IAS	Inhalt	Handbuch §
37	Rückstellungen, Eventualverbindlichkeiten und Eventualforderungen	10, 13
38	Immaterielle Vermögenswerte	4
39	Finanzinstrumente: Ansatz und Bewertung	3, 7, 10–12, 14, 23, 39
40	Als Finanzinvestition gehaltene Immobilien	6
41	Landwirtschaft	41

IFRS	Inhalt	
1	Erstmalige Anwendung der Inte Reporting Standards	
2	Anteilsbasierte Vergütung	
3	Unternehmenszusammenschlüsse	, 37
4	Versicherungsverträge	40
5	Zur Veräußerung gehaltene langfristi ...mögenswerte und aufgegebene Geschäftsbereiche	28
6	Exploration und Evaluierung von Bodenschätzen	42
7	Finanzinstrumente: Angaben	3, 7, 14, 39
8	Geschäftssegmente	21
9	Finanzinstrumente	3, 7, 10–12, 14, 23, 39
10	Konzernabschlüsse	30–32, 34, 35, 37
11	Gemeinsame Vereinbarungen	29
12	Angaben zu Anteilen an anderen Unternehmen	29, 32, 36, 37
13	Bemessung des beizulegenden Zeitwerts	2, 3
14	Regulatorische Abgrenzungsposten	44
15	Erlöse aus Verträgen mit Kunden	9, 15

IFRIC	Inhalt	Handbuch §
1	Änderung bestehender Rückstellungen für Entsorgungs-, Wiederherstellungs- und ähnliche Verpflichtungen	5, 13
2	Geschäftsanteile an Genossenschaften und ähnliche Instrumente	12
3	(vom IASB zurückgezogen)	
4	Feststellung, ob eine Vereinbarung ein Leasingverhältnis enthält	22
5	Rechte auf Anteile an Fonds für Entsorgung, Rekultivierung und Umweltsanierung	13
6	Verbindlichkeiten, die sich aus einer Teilnahme an einem spezifischen Markt ergeben – Elektro- und Elektronik-Altgeräte	13
7	Anwendung des Anpassungsansatzes unter IAS 29, Rechnungslegung in Hochinflationsländern	33
8	(in IFRS 2 übernommen)	
9	Neubeurteilung eingebetteter Derivate	3, 23
10	Zwischenberichterstattung und Wertminderung	43
11	(in IFRS 2 übernommen)	

Beck'sches
IFRS-Handbuch

Beck'sches IFRS-Handbuch

Kommentierung der IFRS/IAS

Herausgegeben von

Dirk Driesch
Wirtschaftsprüfer, Steuerberater,
Certified Public Accountant

Joachim Riese
Wirtschaftsprüfer, Steuerberater

Dr. Jörg Schlüter
Wirtschaftsprüfer, Steuerberater,
Rechtsanwalt

Dr. Thomas Senger
Wirtschaftsprüfer, Steuerberater

Bearbeitet von

Christoph Bonin, M. A. (USA), Wirtschaftsprüfer und Steuerberater in Hamburg; *Dr. Jens Wilfried Brune,* Wirtschaftsprüfer und Steuerberater in Düsseldorf; *Ralf Clemens,* Wirtschaftsprüfer und Steuerberater in Düsseldorf; *Ulrich Diersch,* Wirtschaftsprüfer und Steuerberater in Düsseldorf; *Dirk Driesch,* Wirtschaftsprüfer, Steuerberater und Certified Public Accountant in Hamburg; *Dr. Thoralf Erb,* Certified European Financial Analyst und Diplom-Volkswirt in Hamburg; *Karen Eyck,* Chartered Financial Analyst und Diplom-Kauffrau in Hamburg; *Bernhard Flintrop,* Wirtschaftsprüfer und Steuerberater in Düsseldorf; *Christian Hänel,* Wirtschaftsprüfer in Berlin; *Heike Hartenberger,* Wirtschaftsprüferin und Steuerberaterin mit Certificate in International Accounting in Frankfurt; *Dr. Benita Hayn,* Diplom-Kauffrau in Hamburg; *Dr. Gernot Hebestreit,* Wirtschaftsprüfer und Steuerberater in London; *Udo Heckeler,* Wirtschaftsprüfer und Steuerberater in Berlin; *Christoph Höpken,* Aktuar DAV in Frankfurt; *Dirk Jessen,* Wirtschaftsprüfer und Steuerberater in Hamburg; *Prof. Dr. Martin Jonas,* Wirtschaftsprüfer und Steuerberater in Düsseldorf; *Hendrik Jung,* Wirtschaftsprüfer und Steuerberater in Berlin; *Dr. Lüder Kurz,* Steuerberater in Düsseldorf; *Maike Lübbig,* Diplom-Kauffrau (FH) mit Certificate in International Accounting in Berlin; *Markus Morfeld,* Wirtschaftsprüfer und Steuerberater in Berlin; *André Prengel,* Wirtschaftsprüfer und Steuerberater in Düsseldorf; *Marcel Ramscheid,* Wirtschaftsprüfer in Hamburg; *Joachim Riese,* Wirtschaftsprüfer und Steuerberater in Düsseldorf; *Rainer Rudolph,* Wirtschaftsprüfer und Steuerberater in Köln; *Ronald Rulfs,* Wirtschaftsprüfer und Steuerberater in Düsseldorf; *Astrid Scharfenberg,* Wirtschaftsprüferin und Steuerberaterin in Hamburg; *Dr. Jörg Schlüter,* Wirtschaftsprüfer, Steuerberater und Rechtsanwalt in Hamburg; *Petra Scholvin,* Wirtschaftsprüferin, Steuerberaterin und Certified Public Accountant in Hamburg; *Christian Schönhofer,* Wirtschaftsprüfer und Steuerberater in München; *Dr. Claudia E. Schrimpf-Dörges,* Wirtschaftsprüferin und Steuerberaterin in Düsseldorf; *Martin Schulz-Danso,* Wirtschaftsprüfer und Rechtsanwalt in Köln; *Dr. Reinhard Schubert,* Wirtschaftsprüfer und Steuerberater in Berlin; *Dr. Thomas Senger,* Wirtschaftsprüfer und Steuerberater in Düsseldorf; *Dr. Ingo Thomas,* M. A. (USA) und Chartered Financial Analyst in Düsseldorf; *Marieke Torner,* Aktuarin DAV und Sachverständige IVS in Hamburg; *Cornelia von Oertzen,* Wirtschaftsprüferin, Steuerberaterin und Certified Public Accountant in Hamburg; *Dr. Wolfgang Wawrzinek,* Wirtschaftsprüfer, Steuerberater und Rechtsanwalt in Hamburg; *Dr. Jost Wiechmann,* Wirtschaftsprüfer, Steuerberater und Rechtsanwalt in Hamburg

5., vollständig überarbeitete und erweiterte Auflage

Verlag C. H. BECK München 2016

Zitierweise: Beck-IFRS-HB/Autor § 1 Rn 1

www.beck.de

ISBN 978 3 406 66639 1

Wilhelmstraße 9, 80801 München
Satz, Druck und Bindung: Druckerei C.H. Beck Nördlingen
(Adresse wie Verlag)

Umschlaggestaltung: Druckerei C.H. Beck Nördlingen
Gedruckt auf säurefreiem, alterungsbeständigem Papier
(hergestellt aus chlorfrei gebleichtem Zellstoff)

Vorwort

Die vorliegende 5. Auflage des Beck'schen IFRS-Handbuchs berücksichtigt die vom IASB verabschiedeten Standards und Interpretationen nach dem Rechtsstand vom **31. Juli 2015** (in der vom IASB verabschiedeten sogenannten London-Fassung). Seit dem Stichtag der 4. Auflage, dem 31. Juli 2012, hat der IASB folgende **neue Standards und Interpretationen** verabschiedet:

- **IFRS 9** „Finanzinstrumente" liegt seit Juli 2014 in vollständiger Fassung vor und ersetzt IAS 39. Der IASB fordert die Anwendung der Regelungen des Standards für Geschäftsjahre ab dem 1. Januar 2018. Dieses Erstanwendungsdatum soll auch in der EU gelten; das EU-Endorsementverfahren für diesen Standard ist derzeit (Stand September 2015) jedoch noch nicht abgeschlossen.
- **IFRS 14** „Regulatorische Abgrenzungsposten", konzipiert als Interims-Standard bis zum Abschluss des IASB-Projekts zur Bilanzierung derartiger Posten, ist in der Fassung des IASB erstmalig verpflichtend für Geschäftsjahre ab dem 1. Januar 2016 anzuwenden. Anwender in der EU müssen jedoch beachten, dass das Anerkennungsverfahren für diesen Standard vorläufig ausgesetzt wurde.
- **IFRS 15** „Erlöse aus Verträgen mit Kunden" ersetzt die früheren Regelungen zur Erlösrealisation in IAS 18 und IAS 11. Dieser Standard ist erstmalig verpflichtend für Geschäftsjahre ab dem 1. Januar 2018 anzuwenden. Obwohl das Endorsement-Verfahren der EU derzeit (Stand September 2015) noch nicht abgeschlossen ist, wird eine zeitgleiche Erstanwendung in der EU angestrebt.
- **IFRIC 21** „Abgaben" ergänzt die Regelungen zur Bilanzierung von Schulden. Die Interpretation ist in der EU verpflichtend für Geschäftsjahre anzuwenden, die am oder nach dem 17. Juni 2014 beginnen.

Bereits im Dezember 2010 verabschiedete der IASB eine als „Practice Statement" bezeichnete Stellungnahme zum Managementbericht („Management Commentary"), die bereits in der Vorauflage berücksichtigt wurde. Durch die Aufnahme eines Abschnitts zur **Lageberichterstattung** in § 38 des Handbuchs wird die Stellungnahme nunmehr in diesem Zusammenhang ausführlich erläutert und den Regelungen nach DRS 20 gegenübergestellt.

Der IASB hat im Dezember 2013 zeitgleich zwei Zyklen der jährlichen **„Improvements"** (Verbesserungen) veröffentlicht. Mit den lmprovements werden einzelne Standards in weniger wichtigen Punkten geändert oder ergänzt. Beide Zyklen (2010–2012 und 2011–2013) sind in der Fassung des IASB erstmalig verpflichtend für Geschäftsjahre ab dem 1. Juli 2014 anzuwenden. Für die EU ergeben sich aus dem Endorsement-Verfahren gesonderte Erstanwendungszeitpunkte. Dies gilt ebenso für die begrenzten Standardänderungen an IAS 19 „Leistungen an Arbeitnehmer – Leistungsorientierte Pläne: Arbeitnehmerbeiträge. Die folgenden weiteren begrenzten Standardänderungen, die seit dem 31. Juli 2012 vom IASB veröffentlicht und zwischenzeitlich von der EU übernommen wurden, waren bereits in Geschäftsjahren, die am oder nach dem 1. Januar 2014 begannen, anzuwenden:

- Konzernabschlüsse Gemeinsame Vereinbarungen und Angaben zu Anteilen an anderen Unternehmen: Übergangsleitlinien (Änderungen an IFRS 10, IFRS 11 und IFRS 12),
- Investmentgesellschaften (Änderungen an IFRS 10, IFRS 12 und IAS 27),
- Finanzinstrumente: Ansatz und Bewertung – Novation von Derivaten und Fortsetzung der Bilanzierung von Sicherungsgeschäften (Änderungen am IAS 39),

- Wertminderung von Vermögenswerten: Angaben zum erzielbaren Betrag bei nicht-finanziellen Vermögenswerten (Änderungen an IAS 36).

Nicht endorsed, aber bereits vom IASB verabschiedet sind die folgenden Standardänderungen mit begrenztem Umfang, deren verpflichtender Erstanwendungszeitpunkt mit einer Ausnahme der 1. Januar 2016 ist:

- Investmentgesellschaften: Anwendung der Konsolidierungsausnahme (Änderungen an IFRS 10, IFRS 12 und IAS 28),
- Anhanginitiative (Änderungen an IAS 1),
- Jährliche Verbesserungen der IFRSs 2012–2014 Zyklus,
- Veräußerung oder Einbringung von Vermögenswerten zwischen einem Investor und seinen assoziierten oder Gemeinschaftsunternehmen (Änderungen an IFRS 10 und IAS 28) (Erstanwendungszeitpunkt unbekannt verschoben),
- Equity-Methode im Einzelabschluss (Änderungen an IAS 27),
- Fruchttragende Pflanzen (Änderungen an IAS 16 und IAS 41),
- Klarstellung akzeptabler Abschreibungsmethoden (Änderungen an IAS 36 und IAS 38),
- Bilanzierung des Erwerbs von Anteilen an gemeinschaftlichen Tätigkeiten (Änderungen an IFRS 11).

Wir erläutern die am 31. Juli 2015 geltenden Regeln, soweit sie im Rahmen des Endorsement-Verfahrens bereits von der EU anerkannt sind. Ferner stellen wir die vorstehend aufgeführten Neuerungen dar, auch soweit sie noch nicht in das EU-Recht übernommen worden sind und auch, soweit sie erst nach dem 31. Dezember 2015 in Kraft treten. Darüber hinaus werden verstärkt die Diskussionen des IASB und IFRSIC sowie das Enforcement gewürdigt.

In zwei wichtigen Bereichen konnte der IASB seine Projektarbeiten noch nicht wie ursprünglich geplant beenden. Während der Board die Neuregelungen zur Bilanzierung von Leasingverhältnissen weitgehend abgeschlossen und die Veröffentlichung eines Standards in diesem Bereich noch für das Jahr 2015 angekündigt hat, sind die Regelungen zur Abbildung von Versicherungsverträgen Gegenstand weiterer Diskussionen. Die Veröffentlichung eines Standards in diesem Bereich ist vom IASB erst im Verlauf des Jahres 2016 geplant. Wir stellen zu diesen Bereichen den derzeitigen Rechtstand und den Diskussionsstand bis **31. Juli 2015** dar. Die Projektverzögerungen, die auch bei der Verabschiedung von IFRS 9 und IFRS 15 zu beobachten waren, resultieren zu einem nicht unerheblichen Teil aus politischen und institutionellen Hemmnissen, mit denen sich der IASB konfrontiert sieht. So werden derzeit sowohl in der EU als auch in den USA die IFRS deutlich kritischer gesehen als noch vor wenigen Jahren. Dies führte auch zu weiteren Erschwernissen in Bezug auf die vom IASB und FASB grundsätzlich weiterhin angestrebte inhaltliche Konvergenz der Rechnungslegungsnormen weltweit. Diese internationalen Rahmenbedingungen, werden, ebenso wie Veränderungen innerhalb der Organisation der IFRS Foundation, in § 1 dieses Handbuchs thematisiert.

In Deutschland stoßen die IFRS unverändert in weiten Teilen derjenigen Unternehmen auf Ablehnung, die sich nicht über die öffentlichen Kapitalmärkte finanzieren. Als wesentliche Gründe für diese Ablehnung werden ua die Ermessensausübung durch das Management bei Zukunftsbeurteilungen und Parameterbestimmungen (im Zusammenhang mit den Bewertungen zum *fair value* auf der Grundlage von Bewertungsmodellen), die angeblich einseitige Ausrichtung der IFRS auf die Informationsinteressen von Investoren, die hohe Komplexität vieler Regelungen und der damit verbundene Ressourcenaufwand für die bilanzierenden Unternehmen angeführt. Diese Faktoren erhöhen, aus Sicht der Kritiker, die Subjektivität und Fehleranfälligkeit der Bilanzierung.

Vorwort

Die **IFRS-Anhangcheckliste,** die diesem Handbuch wie in den Vorauflagen beigefügt ist, wurde im Hinblick auf die Neuerungen seit der 4. Auflage angepasst und überarbeitet. Zusätzlich bietet der Beck-Verlag eine erweiterte Version der Checkliste in elektronischer Form **(IFRS-AnhangCheck)** für die Erstellung und Prüfung von IFRS-Abschlüssen an, die separat erhältlich ist.

Die Herausgeber bedanken sich für das harmonisch-konstruktive Arbeitsklima, das die Zusammenarbeit mit den Autoren geprägt hat, die aus dem Kreis der IFRS-erfahrenen Partner und leitenden Mitarbeiter der Roever Broenner Susat Mazars GmbH & Co. KG, Wirtschaftsprüfungsgesellschaft Steuerberatungsgesellschaft, Hamburg, und der Warth & Klein Grant Thornton AG, Wirtschaftsprüfungsgesellschaft, Düsseldorf, stammen. Wertvolle und wesentliche Unterstützung leistete dabei Frau *Dr. Kati Beiersdorf;* des Weiteren danken wir auch Frau *Janice Lea Kah,* Herrn *Peter Lange* und Frau *Daniela Münstermann* für ihren Einsatz.

Besonderen Dank möchten die Herausgeber Herrn Dr. Werner Bohl aussprechen. Mit seiner ebenso engagierten wie sachkundigen Arbeit hat er die Begründung des Beck'schen IFRS-Handbuchs maßgeblich initiiert und über Jahre hinweg die Fortentwicklung des Werks durch intensiven Kontakt mit den Mitherausgebern und Autoren geprägt. Der ab der 5. Auflage erweiterte Herausgeberkreis wird auch die künftige Fortentwicklung dieses Werkes im Sinne von Herrn Dr. Werner Bohl weiterführen.

Das Redaktionsteam wurde von Frau *Dr. Kati Beiersdorf,* Frau *Dr. Benita Hayn* und Frau *Maike Lübbig* ebenso kenntnisreich wie umsichtig geleitet.

Herr *Hans Josef Hunold* vom steuerrechtlichen Lektorat des Verlages stellte uns seine reichliche Verlagserfahrung zur Verfügung und trug damit entscheidend zum Gelingen der 5. Auflage des Handbuchs bei.

Hamburg/Düsseldorf im Oktober 2015 *Die Herausgeber*

Vorwort zur 1. Auflage

Mit der Vorlage dieses Handbuchs haben Herausgeber, Autoren und Verlag eine über hunderte von Seiten gehende „Regelungsmasse" gegliedert und kommentiert, die dem kontinentaleuropäischen Verständnis kurz gefasster und generalisierender Normen völlig fremd ist. Die IFRS sind vom 1. Januar 2005 an in sämtlichen EU-Staaten für Konzernabschlüsse börsenorientierter Gesellschaften verbindlich. Für die Bundesrepublik Deutschland ist eine gesetzliche Regelung zu erwarten, derzufolge auch Gesellschaften, die nicht an der Börse notiert sind, ihre Konzernabschlüsse vom Jahre 2005 an freiwillig nach den IFRS aufstellen können. Des Weiteren werden diese Gesellschaften ihre Veröffentlichungspflichten auch für den Einzelabschluss durch einen IFRS-Abschluss erfüllen können (Art. 5 der IAS-Verordnung).

In Anbetracht dieser Ausgangslage erwarten wir, dass die Internationalisierung der Rechnungslegung durch die IAS/IFRS auch die bisher nicht unmittelbar betroffenen Unternehmen in Deutschland Schritt für Schritt erfassen wird und dass sie die geltenden deutschen Grundsätze mittelfristig verdrängen werden. Für eine Zwischenzeit werden beide Systeme nebeneinander bestehen, weil insbesondere die deutschen Steuergesetze in den unmittelbar vor uns liegenden Jahren an den herkömmlichen Regeln der steuerlichen Gewinnermittlung festhalten werden. Es wird jedoch keiner der im Rechnungswesen Tätigen oder am Rechnungswesen Interessierten umhin können, sich mit den neuen Regeln vertraut zu machen.

Grundlage der vorgelegten Erläuterungen sind *zum Einen* die Standards in der Fassung, in der sie von der EU mit Datum vom 29.9.2003 im EU-Amtsblatt (L. 243 S. 1 ff.) veröffentlicht worden sind (IASB-Stand 14. September 2002). In *dieser* Fassung haben wir die Texte abgedruckt und in Fußnoten auf die wesentlichen Änderungen hingewiesen, die durch die Beschlüsse des IASB vom Dezember 2003 eingetreten sind.

Zum Anderen werden aber auch die vom IASB im Dezember 2003 beschlossenen Änderungen (sog. *Improvements)*, die von der EU bisher noch nicht im Amtsblatt veröffentlicht worden sind, mit kommentiert. Diese Improvements betreffen die Standards 1, 2, 8, 10, 16, 17, 21, 24, 27, 28, 31, 33 und 40 sowie die Neufassung der IAS 32 und 39. Ferner sind *IFRS 1* und *IFRS 2* erläutert und die weitere Entwicklung mit *IFRS 3, IFRS 4* und *IFRS 5* dargestellt.

Das vorliegende Handbuch erläutert damit beide Fassungen und stellt die Abweichungen zueinander dar. Rein technisch erfolgt dies dadurch, dass die durch die Improvements demnächst abgelösten „IAS-Altfassungen" in der von der EU bekannt gemachten Fassung mit Buchstaben-Randziffern erläutert werden.

Um dem Leser den Einstieg in die „Neue Welt" der IAS/IFRS-Rechnungslegung zu erleichtern, haben wir uns bei der Gliederung des Stoffes nicht von der mehr zufälligen und historisch bedingten Reihenfolge der Standards leiten lassen, sondern in Anlehnung an die in Deutschland üblichen Gliederungen des Jahresabschlusses – und damit ausgehend vom Einzelabschluss als Grundlage des Konzernabschlusses – die Bilanz und deren einzelne Posten in den Mittelpunkt gestellt. Dem *Konzernabschluss* haben wir sodann mit einem eigenen Kapitel einen besonderen Schwerpunkt gewidmet (§ 15 des Handbuchs). Derjenige Leser, der gedanklich von den Standards ausgeht, findet einen schnellen Zugang zu den Erläuterungen des Handbuchs über den beiliegenden *„Wegweiser IAS-Standards/Erläuterungen im Handbuch"*.

Das Handbuch verwendet – wie die in deutscher Sprache veröffentlichten IAS – die deutschen Fachbegriffe. Wir greifen nur dort auf englische Begriffe und Texte zurück, wo dies zum Verständnis der einzelnen Bilanzierungs- und Bewertungsfragen sinnvoll erscheint oder wo sich die englischsprachigen Worte in Deutschland eingebürgert haben, wie dies beispielsweise bei den Begriffen leasing, going concern, substance over form, fair value, equity, asset, liability, profit and loss der Fall ist. Dieses Vorgehen scheint uns sachgerecht, weil wir bei der Bearbeitung zu der Überzeugung gelangt sind, dass der im Rechnungswesen praktisch Tätige mit den deutschsprachigen Texten arbeiten kann und nur in Einzelfällen auf die englische Fassung zurückgreifen muss. Bei dieser Beurteilung spielt eine Rolle, dass die Standards im Amtsblatt der EU in allen EU-Sprachen veröffentlicht werden und damit eine amtliche Übersetzung vorliegt. Das gilt allerdings nicht für diejenigen Texte, die das Prüfverfahren der EU (§ 1 des Handbuchs) noch nicht durchlaufen haben.

Mit den am 1. Januar 2004 geltenden Standards ist die Entwicklung der IFRS noch nicht abgeschlossen. Wir gehen auf diese Entwicklung am Schluss eines jeden Kapitels ein. Folgende Teilbereiche, die für die praktische Umsetzung in der nahen Zukunft von besonderer Bedeutung sein werden, seien hier hervorgehoben:

- Die Regeln für Finanzinstrumente sind im Jahre 2003 besonders kontrovers diskutiert worden. Neben den im Dezember 2003 verabschiedeten Neufassungen der IAS 32 und IAS 39 sind im März 2003 weitere Änderungen beschlossen, und es ist damit zu rechnen, dass im Jahr 2004 ergänzende Bestimmungen erlassen werden, zumal die EU bisher (März 2004) weder die älteren Fassungen von IAS 32 und IAS 39 noch die Fassungen vom Dezember 2003 akzeptiert hat. Die Entwicklung ist in den §§ 3 und 18 des Handbuchs dargestellt.
- Für die Konzernbilanzierung hat das IASB im Dezember 2002 einen Entwurf (ED 3) veröffentlicht, der im März 2004 als **IFRS 3** verabschiedet wurde. Wir gehen darauf in § 15 des Handbuchs ausführlich ein.
- Für die Bilanzierung von Versicherungen ist im März 2004 mit **IFRS 4** eine erste Phase abgeschlossen, die wir in § 22 des Handbuchs allgemein darstellen.
- Ebenfalls im März 2004 sind die Regeln für den Bereich, der einzustellenden Geschäftsbereiche und der zum Verkauf stehenden Anlagen mit **IFRS 5** neu gestaltet (Hinweise in § 8 des Handbuchs).

Für die Prüfung von IAS/IFRS-Abschlüssen ist dem Handbuch eine umfangreiche **Checkliste auf CD** beigefügt, die ganz auf die Bedürfnisse der Abschlussprüfer zugeschnitten ist und direkt am PC bearbeitet werden kann.

Ergänzt wird das Handbuch schließlich noch um ein **Glossar,** das einschlägige Begriffe der Rechnungslegung nach IAS/IFRS enthält.

Die Herausgeber bedanken sich für das harmonisch-konstruktive Arbeitsklima, das die Zusammenarbeit mit den Autoren geprägt hat, die ohne Ausnahme aus dem Kreis der IFRS-erfahrenen Partner und leitenden Mitarbeiter der *Susat & Partner OHG,* Wirtschaftsprüfungsgesellschaft, Hamburg, und der *Warth & Klein GmbH,* Wirtschaftsprüfungsgesellschaft, Düsseldorf, stammen. Dank schulden die Herausgeber *Dr. Benita Hayn,* die neben ihrer Autorentätigkeit das Redaktionsteam geleitet hat, sowie *Heike Wilken,* die die Herausgeber und Autoren bei der Endredaktion sachkundig unterstützte. Durch wertvolle Impulse und Diskussionsbeiträge hat *Kai Elprana* die Kommentierung des Konzernkapitels wesentlich unterstützt. Und ohne die Verlagserfahrung von *Albert Buchholz* und *Hans Josef Hunold* wäre uns die jetzt vorgelegte Gestaltung des Buches nicht gelungen.

Hamburg/Düsseldorf im April 2004 *Die Herausgeber*

Inhaltsübersicht

Detaillierte Inhaltsverzeichnisse befinden sich vor den jeweiligen Paragrafen.

Teil D. Konzernabschluss

Teil E. Branchenbesonderheiten

Teil F. Zwischenberichterstattung

Teil G. Sonderfälle der IFRS-Anwendung

Inhaltsverzeichnis

Teil A. Einleitung

Teil B. Abschluss

I. Bilanz

IV. Kapitalflussrechnung

V. Anhang

Teil C. Abschlussspezifische Sonderfragen

Teil E. Branchenbesonderheiten

Teil F. Zwischenberichterstattung

Teil G. Sonderfälle der IFRS-Anwendung

Abkürzungsverzeichnis

A	Auflage
aA	anderer Ansicht
AAA	American Accounting Association
AAB	Allgemeine Auftragsbedingungen für Wirtschaftsprüfer und Wirtschaftsprüfungsgesellschaften
AASB	Australian Accounting Standards Board
ABl EG	Amtsblatt der Europäischen Gemeinschaften
ABl EU	Amtsblatt der Europäischen Union
ABS	asset backed securities
Abs	Absatz
Abschn	Abschnitt
Abt	Abteilung
AC	amortised cost
AcSB	Canadian Accounting Standards Board
ADS	Adler/Düring/Schmaltz, Rechnungslegung und Prüfung der Unternehmen, 6. A, Stuttgart ab 1995 (inklusive Ergänzungsband), (§, Rz)
ADS Int	Adler/Düring/Schmaltz, Rechnungslegung nach Internationalen Standards, Stuttgart ab 2002, (Abschn, Rz)
aE	am Ende
aF	alte Fassung
AfA	Absetzung für Abnutzung
AfaA	Absetzung für außergewöhnliche Abnutzung
AFIZ	Ausschuss für Internationale Zusammenarbeit des Instituts der Wirtschaftsprüfer in Deutschland eV
AfS	Absetzung für Substanzverringerung
AFS	available for sale
aG	auf Gegenseitigkeit
AG	Aktiengesellschaft oder Zeitschrift „Die Aktiengesellschaft"; auch: Application Guidance
AH	Anwendungshinweis
AHK	Anschaffungs- oder Herstellungskosten
AICPA	American Institute of Certified Public Accountants
AIN	Accounting Interpretation
AK	Anschaffungskosten
AktG	Aktiengesetz
AKU	Arbeitskreis Unternehmensbewertung
AKW	Arbeitskreis Weltbilanz des Instituts der Wirtschaftsprüfer in Deutschland eV
AltTZG	Altersteilzeitgesetz
aM	anderer Meinung
AO	Abgabenordnung
AP	Abgrenzungsposten
APAG	Abschlussprüferaufsichtsgesetz
APAK	Abschlussprüferaufsichtskommission
APB	Accounting Principles Board; Accounting Principles Board Opinion No
ARB	Accounting Research Bulletin
ARC	Accounting Regulatory Committee
arg ex	Argument aus
Art	Artikel
ARS	Accounting Series Release
ASAF	Accounting Standards Advisory Forum

Abkürzungen

ASB .... Accounting Standards Board
ASBJ .... Accounting Standards Board of Japan
ASC .... Accounting Standards Codification
AStG .... Außensteuergesetz
AT 1 .... Additional Tier 1
ATG .... Altersteilzeitgesetz
Az .... Aktenzeichen

BA .... Bankenaufsicht
BaBiRiLiG .... Bankbilanzrichtlinie-Gesetz
Baetge/Kirsch/Thiele Bilanzrecht-Komm (*Bearbeiter* in) .... Bilanzrecht, Handelsrecht mit Steuerrecht und den Regelungen des IASB, hrsg von Baetge/Kirsch/Thiele, Bonn ab 2002
Baetge ua IFRS-Komm (*Bearbeiter* in) .... Rechnungslegung nach IFRS, hrsg von Baetge/Wollmert/Kirsch/Oser/Bischof, 2. A, 25. Erglfg, Stuttgart 2015
BaFin .... Bundesanstalt für Finanzdienstleistungsaufsicht
BAG .... Bundesarbeitsgericht
BAnz .... Bundesanzeiger
BauGB .... Baugesetzbuch
BAV .... Bundesaufsichtsamt für das Versicherungswesen
BAW .... Bundesaufsichtsamt für das Wertpapierwesen
BayObLG .... Bayerisches Oberstes Landesgericht
BB .... Betriebs-Berater (Zeitschrift)
BBK .... Buchführung, Bilanz, Kostenrechnung, Zeitschrift für das gesamte Rechnungswesen
BC .... Basis for Conclusions, auch: Bilanzbuchhalter und Controller (Zeitschrift)
BCBS .... Basel Committee on Banking Supervision
BCP .... Business Combinations Project
BCP II .... Business Combinations Phase II
Bd .... Band
BdB .... Bundesverband deutscher Banken
BdF .... Bundesminister der Finanzen (auch BMF)
BDI .... Bundesverband der Deutschen Industrie
BdJ .... Bundesminister der Justiz (auch BMJ)
BDSG .... Bundesdatenschutzgesetz
bearb .... bearbeitet
BeBiKo (*Bearbeiter* in) .... Beck'scher Bilanz-Kommentar, hrsg von Ellrott/Förschle/Grottel/Kozikowski/Schmidt/Winkeljohann, 9. A, München 2014
Beck HdR (*Bearbeiter* in) .... Beck'sches Handbuch der Rechnungslegung, hrsg von Böcking/Castan/Heymann/Pfitzer/Scheffler (Loseblatt), München 2015
BelWertV .... Beleihungswertermittlungsverordnung
BetrAV .... Betriebliche Altersversorgung (Zeitschrift)
BetrAVG .... Gesetz zur Verbesserung der betrieblichen Altersversorgung
BetrVG .... Betriebsverfassungsgesetz
BewDV .... Durchführungsverordnung zum Bewertungsgesetz
BewG .... Bewertungsgesetz
BFA .... Bankenfachausschuss des Instituts der Wirtschaftsprüfer in Deutschland eV
BFH .... Bundesfinanzhof
BFHE .... Sammlung der Entscheidungen des Bundesfinanzhofs, hrsg von Mitgliedern des Bundesfinanzhofs
BFH/NV .... Sammlung amtlich nicht veröffentlichter Entscheidungen des Bundesfinanzhofs
BFuP .... Betriebswirtschaftliche Forschung und Praxis (Zeitschrift)

BGB	Bürgerliches Gesetzbuch
BGBl	Bundesgesetzblatt
BGH	Bundesgerichtshof
BGHZ	Amtliche Sammlung von Entscheidungen des Bundesgerichtshofs in Zivilsachen
BilKoG	Bilanzkontrollgesetz
BilMoG	Bilanzrechtsmodernisierungsgesetz
BilReG	Gesetz zur Einführung internationaler Rechnungslegungsstandards und zur Sicherung der Qualität der Rechnungslegung (Bilanzrechtsreformgesetz)
BilRUG	Bilanzrichtlinie-Umsetzungsgesetz
biom	biometrisch(en)
BiRiLiG	Bilanzrichtlinien-Gesetz
BIZ	Bank für Internationalen Zahlungsausgleich
BMF	Bundesminister der Finanzen (auch BdF)
BMJ	Bundesminister der Justiz (auch BdJ)
BMJV	Bundesministerium der Justiz und für Verbraucherschutz
BMW	Bundesminister für Wirtschaft
BörsG	Börsengesetz
BörsZulVO	Börsenzulassungs-Verordnung
BP	Betriebsprüfung
BPF	British Property Federation
BPGes/BPG	Buchprüfungsgesellschaft
BPg	Die steuerliche Betriebsprüfung (Zeitschrift)
Bp-Kartei	Betriebsprüfungs-Kartei
BRat	Bundesrat
BRat-Drs	Bundesrats-Drucksache
BReg	Bundesregierung
bspw	beispielsweise
BStBl	Bundessteuerblatt
BT	Deutscher Bundestag
BT-Drs	Bundestags-Drucksache
BTR	Besonderer Teil „Risiko" der MaRisk (BA)
Buschhüter/Striegel IFRS (*Bearbeiter* in)	Kommentar Internationale Rechnungslegung IFRS, hrsg von Buschhüter/Striegel, Wiesbaden 2011
BuW	Betrieb und Wirtschaft (Zeitschrift)
BVerfG	Bundesverfassungsgericht
BVerfGE	Amtliche Sammlung von Entscheidungen des Bundesverfassungsgerichts
BVerwG	Bundesverwaltungsgericht
BVerwGE	Entscheidungen des Bundesverwaltungsgerichts
bzgl	bezüglich
bzw	beziehungsweise
ca	circa
CAC	Chinese Accounting Standards
CAPEX	capital expenditures
CAPM	Capital Asset Pricing Modell
CDS	credit default swap
CET 1	Common Equity Tier 1
CESR	Committee of European Securities Regulators
CFO	Chief Financial Officer
CFROI	Cashflow in Relation zum Return on Investment
CGU	cash generating unit
chap	chapter
CHF	Schweizer Franken
cif	cost insurance freight
CLN	credit linked note

Abkürzungen

CoCoBonds	contingent convertible bonds
CON	Statement of Financial Accounting Concepts
COREP	Common Reporting
CPI	Consumer Price Index
CRR	Capital Requirements Regulation
CSR	Corporate Social Responsibility
CVA	credit value adjustment
CVM	Brazilian Securities Commission
D	Draft
DAV	Deutsche Aktuarvereinigung eV
DAX	Deutscher Aktienindex
DB	Der Betrieb (Zeitschrift)
DBA	Doppelbesteuerungsabkommen
DBO	Defined Benefit Obligation (Barwert der bis zum Bilanzstichtag erdienten Pensionsansprüche)
DBW	Die Betriebswirtschaft (Zeitschrift)
DCF	Discounted Cashflow
Deloitte 2015	Deloitte iGAAP 20154 A guide to IFRS reporting, London 2015
DepotG	Gesetz über die Verwahrung und Anschaffung von Wertpapieren (Depotgesetz)
DGfB	Deutsche Gesellschaft für Betriebswirtschaft
DGRV	Deutscher Genossenschafts- und Raiffeisenverband
dh	das heißt
DI	Draft Interpretation
DIHK	Deutscher Industrie- und Handelskammertag
Diss	Dissertation
DJZ	Deutsche Juristenzeitung
DMBEG	D-Markbilanzergänzungsgesetz
DMBG	D-Markbilanzgesetz
DMEB	D-Markeröffnungsbilanz
DNK	Deutscher Nachhaltigkeitskodex
DNotZ	Deutsche Notar-Zeitung
DO	Dissenting Opinion
DP	Discussion Paper
DPOC	Due Process Oversight Committee
DPR	Deutsche Prüfstelle für Rechnungslegung
DPR Fehlerbekanntmachung	DPR Fehlerbekanntmachung vom xx. Monat Jahr veröffentlicht im Bundesanzeiger/Rechnungslegung/Finanzberichte/Fehlerbekanntmachung
Drs	Drucksache
DRÄS	Deutscher Rechnungslegungs Änderungsstandard
DRS	Deutscher Rechnungslegungs Standard
DRSC	Deutsches Rechnungslegungs Standards Committee eV
DRSC-I	Deutsches Rechnungslegungs Standards Committee Interpretation
DSOP	Draft Statement of Principles
DSR	Deutscher Standardisierungsrat
DStJG Bd	Jahrbuch der Deutschen Steuerjuristischen Gesellschaft eV, Köln
DStR	Deutsches Steuerrecht (Zeitschrift)
DStZ/A	Deutsche Steuerzeitung Ausgabe A
DStZ/B	Deutsche Steuerzeitung Ausgabe B (Eildienst)
DTG	Devisentermingeschäft
DV/DVO	Durchführungsverordnung
DVA	debt value adjustment
d Verf	der Verfasser/des Verfassers
DVFA	Deutsche Vereinigung für Finanzanalyse und Asset Management

DVFA/SG	Deutsche Vereinigung für Finanzanalyse und Anlageberatung eV/ Schmalenbach-Gesellschaft – Deutsche Gesellschaft für Betriebswirtschaftslehre
E-AH	DRSC Entwurf Anwendungshinweis
EBA	Europäische Bankenaufsicht
EBIT	Ergebnis vor Zinsen und Steuern
EBITDA	Ergebnis vor Zinsen, Steuern und Abschreibungen
EBT	Earnings before Taxes
ECCS	European Enforcers Coordination Sessions
ED	Exposure Draft
E-DRÄS	Entwurf eines Deutschen Rechnungslegungs Änderungsstandards
E-DRS	Deutscher Rechnungslegungsstandard – Entwurf
EDV	Elektronische Datenverarbeitung
EECS	European Enforcers Coordination Sessions
EFET	European Federation of Energy Traders
EEG	Gesetz für den Vorrang Erneuerbarer Energien (Erneuerbare-Energien-Gesetz)
EFG	Entscheidungen der Finanzgerichte
EFRAG	European Financial Reporting Advisory Group
eG	eingetragene Genossenschaft
EG	Einführungsgesetz oder Europäische Gemeinschaft (bis Oktober 1993)
EGAktG	Einführungsgesetz zum Aktiengesetz
EGAO	Einführungsgesetz zur AO
EGBGB	Einführungsgesetz zum Bürgerlichen Gesetzbuch
EGHGB	Einführungsgesetz zum Handelsgesetzbuch
EGHGB-E	Einführungsgesetz zum Handelsgesetzbuch – Entwurf
EG-RL	Europäische Gemeinschaft Richtlinie
EGV	Europäische Gemeinschaft Vertrag
EG-VO	Europäische Gemeinschaft Verordnung
EIOPA	European Insurance and Corporate Pensions Authority
EIR	Effective Interest Rate
EK	Eigenkapital
ElektroG	Elektro- und Elektronikgerätegesetz
EITF	Emerging Issues Task Force
EMAS	Eco Managment and Audit Scheme
entspr	entsprechend(e, em, en, er, es)
EPRA	European Public Real Estate Association
EPS	Earnings per Share
ErbStG	Erbschaftsteuer- und Schenkungsteuergesetz
ErgBd	Ergänzungsband
Erglfg	Ergänzungslieferung
ERP	Enterprise-Ressource-Planning
ERS	Entwurf IDW Stellungnahme zur Rechnungslegung
ESMA	European Securities and Markets Authority
ESt	Einkommensteuer
EStÄndG	Einkommensteuer-Änderungsgesetz
EStDV	Einkommensteuer-Durchführungsverordnung
EStG	Einkommensteuergesetz
EStR	Einkommensteuer-Richtlinien
etc	et cetera
EU	Europäische Union (ab November 1993)
EuGH	Europäischer Gerichtshof
EuGHE	Entscheidungen des Europäischen Gerichtshofs
EURIBOR	European Interbank Offered Rate
EuroEG	Gesetz zur Einführung des Euro
EU-RL	Europäische Union Richtlinie
EU-Bilanz-RL	Richtlinie 2013/34/EU des Europäischen Parlaments und des Rates vom 26. Juni 2013 über den Jahresabschluss, den konsoli-

	dierten Abschluss und damit verbundene Berichte von Unternehmen bestimmter Rechtsformen und zur Änderung der Richtlinie 2006/43/EG des Europäischen Parlaments und des Rates und zur Aufhebung der Richtlinien 78/660/EWG und 83/349/EWG des Rates (ABl Nr L 182 S 19)
€	Euro
ebd	eben da
eV	eingetragener Verein
EVA	Economic Value Added
evtl	eventuell
EWG	Europäische Wirtschaftsgemeinschaft (siehe auch EG, EU)
EWiR	Europäisches Wirtschaftsrecht (Zeitschrift)
EWR	Europäischer Wirtschaftsraum
EWS	Europäisches Wirtschafts- und Steuerrecht (Zeitschrift)
EWWU	Europäische Wirtschafts- und Währungsunion
EY 2015	EY, International GAAP 2015, London 2015
EZB	Europäische Zentralbank
f; ff	folgend; folgende
F	Framework
FAMA	Fachausschuss für moderne Abrechnungssysteme des Instituts der Wirtschaftsprüfer in Deutschland eV
FAR	Fachausschuss Recht des Instituts der Wirtschaftsprüfer in Deutschland eV
FAZ	Frankfurter Allgemeine Zeitung
FASB	Financial Accounting Standards Board (der Financial Accounting Foundation USA)
FAUB	Fachausschuss für Unternehmensbewertung und Betriebswirtschaft
FB	Finanz Betrieb
FEE	Fédération des Experts-comptables Européens/Federation of European Accountants
FG	Finanzgericht, auch: Fachgutachten
FG 1/19	Fachgutachten des Hauptfachausschusses des Instituts der Wirtschaftsprüfer in Deutschland eV (Nummer, Jahrgang) bis 1998
FGO	Finanzgerichtsordnung
FIFO	first-in-first-out
FIN	Interpretation of Statements of Financial Accounting
FinRep	Financial Reporting
FinVerw	Finanzverwaltung
FK	Fremdkapital
Fn	Fußnote
FN IDW	Fachnachrichten des Instituts der Wirtschaftsprüfer in Deutschland eV (internes Mitteilungsblatt)
fob	free on board
FördGG	Fördergebietsgesetz
FR	Finanz-Rundschau (Zeitschrift)
FRA	Forward Rate Agreement
FRD	Forward Rate Deposit
FRED	Financial Reporting Exposure Draft (des ASB)
FREP	Financial Reporting Enforcement Panel (= DPR)
FRS	Financial Reporting Standards
FS	Festschrift
FSC	Financial Services Commission of Korea
FVOCI	at fair value through other comprehensive income
FVPL	at fair value through profit and loss
FWB-Regelwerk	Frankfurter Wertpapierbörse-Regelwerk

GAAP	Generally Accepted Accounting Principles
GA-Mittel	Mittel aus der Gemeinschaftsaufgabe zur Verbesserung der regionalen Wirtschaftsstruktur
GBO	Grundbuchordnung
GbR	Gesellschaft bürgerlichen Rechts
GE	Geldeinheit(en)
GEFIU	Gesellschaft für Finanzwissenschaft in der Unternehmensführung eV
gem	gemäß
GenG	Gesetz betreffend die Erwerbs- und Wirtschaftsgenossenschaften (Genossenschaftsgesetz)
GewESt	Gewerbeertragsteuer
GewSt	Gewerbesteuer
GewStDV	Gewerbesteuer-Durchführungsverordnung
GewStG	Gewerbesteuergesetz
GewStR	Gewerbesteuer-Richtlinien
GG	Grundgesetz
ggf	gegebenenfalls
ggü	gegenüber
Gj	Geschäftsjahr
GKV	Gesamtkostenverfahren
glA	gleicher Auffassung
GmbH	Gesellschaft mit beschränkter Haftung
GmbHG	Gesetz betreffend die GmbH
GmbHR	GmbH-Rundschau (Zeitschrift)
GN	Guidance Note
GoA	Grundsätze ordnungsmäßiger Abschlussprüfung
GoB	Grundsätze ordnungsmäßiger Buchführung
GoF	Geschäfts- oder Firmenwert
GoI	Grundsätze ordnungsmäßiger Inventur
GoS/GoBS	Grundsätze ordnungsmäßiger Speicherbuchführung
grds	grundsätzlich
GrEStG	Grunderwerbsteuergesetz
GRI	Global Reporting Initiative
GrS	Großer Senat
GuV	Gewinn- und Verlustrechnung
GVBl/GVOBl	Gesetz- und Verordnungsblatt
GWG	Geringwertige Wirtschaftsgüter/Geringwertige Anlagegüter
H	Hinweis (zu Steuerrichtlinie)
hA	herrschende Auffassung
HB	Handelsbilanz
HdJ	Handbuch des Jahresabschlusses, hrsg von von Wysocki/Schulze-Osterloh/Hennrichs/Kuhner, 54. Erglfg, Köln 2012
HdKR (*Bearbeiter* in)	Handbuch der Konzernrechnungslegung, hrsg von Küting/Weber, 2. A, Stuttgart 1998
HdR (*Bearbeiter* in)	Handbuch der Rechnungslegung Einzelabschluss, hrsg von Küting/Pfitzer/Weber (Loseblatt), 5. A, Stuttgart ab 2002
Heuser/Theile	IFRS Handbuch Einzel- und Konzernabschluss, 5. A, Köln 2012
HFA	Hauptfachausschuss des Instituts der Wirtschaftsprüfer in Deutschland eV
HFA 1/19	Stellungnahmen des HFA (Nummer, Jahrgang) bis 1998
HFA-E	Entwurf einer HFA-Stellungnahme
HFT	held for trading
HGB	Handelsgesetzbuch
HGB-E	Entwurf zum HGB
HK	Herstellungskosten
hM	herrschende Meinung
hrsg	herausgegeben

Hrsg	Herausgeber
HTC	hold to collect
HTCS	hold to collect and sell
HTM	held to maturity
IAASB	International Auditing and Assurance Standards Board
IAS	International Accounting Standards
IASB	International Accounting Standards Board
IASC	International Accounting Standards Committee
IASCF	International Accounting Standards Committee Foundation
IAS-VO	International Accounting Standards Verordnung
ICC	International Chamber of Commerce
idF	in der Fassung
idR	in der Regel
idS	in diesem Sinne
IDW	Institut der Wirtschaftsprüfer in Deutschland eV
IDW EPH	IDW Prüfungshinweis Entwurf (Nummer) seit 1998
IDW EPS	IDW Prüfungsstandard Entwurf (Nummer) bis 1998 FG oder Stellungnahme
IDW ERS FAIT	IDW Entwurf Stellungnahmen des Fachausschusses für Informationstechnologie
IDW PH	IDW Prüfungshinweis (Nummer) seit 1998
IDW PS	IDW Prüfungsstandard (Nummer) bis 1998 FG oder Stellungnahme
IDW RH HFA	IDW Rechnungslegungshinweis (Fachausschuss, Nummer) seit 1998
IDW RS HFA	IDW Rechnungslegungsstandard (Fachausschuss, Nummer) bis 1998 FG oder Stellungnahme
IDW S	IDW Standard
IE	Illustrative Examples
ieS	im engeren Sinne
IFAC	International Federation of Accountants
IFRIC	International Financial Reporting Interpretations Committee
IFRS	International Financial Reporting Standards
IFRSAC	International Financial Reporting Standards Advisory Council
IFRSF	International Financial Reporting Standards Foundation
IFRSIC	International Financial Reporting Standards Interpretations Committee
IFRS-Komm	IFRS-Kommentar
IFRS-SMEs-Kommentar (*Bearbeiter* in)	IFRS for SMEs: Kommentar zur Rechnungslegung nach IFRS für nicht kapitalmarktorientierte Unternehmen, hrsg von Bruns/Eierle/Klein/Knorr/Marten, Stuttgart 2010
IFSt	Institut Finanzen und Steuern eV Bonn
IG	Implementation Guidance
IGC Q&A	Implementation Guidance Committee – Question and Answers
IHK	Industrie- und Handelskammer
IIRC	International Integrated Reporting Council
IKS	Internes Kontrollsystem
iL	in Liquidation
ImmoWertV	Immobilienwertermittlungsverordnung
IN	Introduction
Inc	Incorporation
INLB	Informationsnetz landwirtschaftlicher Buchführungen
insbes	insbesondere
InsO	Insolvenzordnung
InvZulG	Investitionszulagengesetz
IOSCO	International Organization of Securities Commissions
IÖW	Institut für ökologische Wirtschaftsförderung
IPO	Initial Public Offering
IPR&D	in progress research and development

IR	Integrated Reporting
IRC	International Revenue Code
IRS	International Revenue Service; auch: Interest Rate Swap
IRZ	Zeitschrift der internationalen Rechnungslegung
ISA	International Standards on Auditing
ISACA	Information Systems Audit and Control Association
iSd	im Sinne der, des
ISDA	International Swap and Derivatives Association
iSe	im Sinne einer, eines
ISRE	International Standards on Review Engagements
IStR	Internationales Steuerrecht (Zeitschrift)
iSv	im Sinne von
IT	Informationstechnologie
iVm	in Verbindung mit
IVS	Institut der versicherungsmathematischen Sachverständigen für Altersversorgung eV
IVSC	International Valuation Standards Committee
IWB	Internationale Wirtschaftsbriefe
iwS	im weiteren Sinne
JAR	Journal of Accounting Research (Zeitschrift)
JbFSt	Jahrbuch der Fachanwälte für Steuerrecht
JFSA	Financial Services Agency of Japan
Jg	Jahrgang
JR	Juristische Rundschau (Zeitschrift)
JW	Juristische Wochenschrift
JWG	Joint Working Group of Standard Setters
JZ	Juristenzeitung
Kap	Kapitel
KapAEG	Kapitalaufnahmeerleichterungsgesetz
KapCo-Gesellschaft	Personenhandelsgesellschaft(en) iSv § 264a HGB (Kapitalgesellschaft & Co)
KapCoRiLiG	Kapitalgesellschaften- und Co-Richtliniengesetz
KapGes	Kapitalgesellschaft(en)
KapESt	Kapitalertragsteuer
kFK	Fremdkapitalkostensatz
Kfz	Kraftfahrzeug
KG	Kammergericht, auch: Kommanditgesellschaft
KGaA	Kommanditgesellschaft auf Aktien
Kj	Kalenderjahr
KMU	kleine und mittlere Unternehmen
KOM	Kommission
KonBefrV	Konzernabschlussbefreiungsverordnung
KonTraG	Gesetz zur Kontrolle und Transparenz im Unternehmensbereich
KonÜV	Konzernabschlussüberleitungsverordnung
KoR	Zeitschrift für internationale und kapitalmarktorientierte Rechnungslegung
KostO	Kostenordnung
KPI	key performance indicators
KPMG 2011/12	KPMG Insights into IFRS, London 2011
KPMG 2014/15	KPMG Insights into IFRS, London 2014
KSt	Körperschaftsteuer
KStDV	Körperschaftsteuer-Durchführungsverordnung
KStG	Körperschaftsteuergesetz
KStR	Körperschaftsteuerrichtlinien
KWG	Kreditwesengesetz

LaR .... loans and receivables
lfd .... laufend(e/er/em/es)
Lfg .... Lieferung
LG .... Landgericht, auch: Leasinggeber
LIBOR .... London Inter-Bank Offered Rate
LIFO .... last-in-first-out
LIP .... Landesförderprogramme
lit .... litera, Buchstabe
LN .... Leasingnehmer
LöschG .... Löschungsgesetz
LStDV .... Lohnsteuer-Durchführungsverordnung
LStR .... Lohnsteuer-Richtlinien
lt .... laut
Lüdenbach/Hoffmann/
Freiberg IFRS
(*Bearbeiter* in) .... IFRS-Kommentar, hrsg von Lüdenbach/Hoffmann/Freiberg, 13. A, Freiburg 2015
LuL .... Lieferung und Leistung

MA .... Musterabkommen
MaBV .... Makler- und Bauträgerverordnung
MaRisk .... Mindestanforderungen an das Risikomanagement
MarkenG .... Markengesetz
maW .... mit anderen Worten
MBS .... mortgage backed securities
MC .... Management Commentary
MD&A .... Managements's Discussion and Analysis of Financial Condition and Results of Operations
MDAX .... Mid-Cap-DAX
MDR .... Monatsschrift für Deutsches Recht
MicroBilG .... Kleinstgesellschaften-Bilanzrechtsänderungsgesetz
MinBl .... Ministerialblatt
Mio .... Million(en)
MitbestG .... Gesetz über die Mitbestimmung der Arbeitnehmer (Mitbestimmungsgesetz)
Montan-MitbestG ...... Gesetz über die Mitbestimmung der Arbeitnehmer in den Aufsichtsräten und Vorständen der Unternehmen des Bergbaus und der Eisen und Stahl erzeugenden Industrie (Montan-Mitbestimmungsgesetz)
MoU .... Memorandum of Understanding
MU .... Mutterunternehmen
NWB Komm Bilanzierung .... Hoffmann/Lüdenbach, NWB Kommentar Bilanzierung, 4. A 2013
MüKo BilR
(*Bearbeiter* in) .... Münchner Kommentar zum Bilanzrecht, hrsg von Hennrichs/Kleindiek/Watrin, München ab 2008
mwN .... mit weiteren Nachweisen

NAV .... Net Asset Value
nF .... neue Fassung
NIF .... Note Insurance Facilities
NIFRIC .... no IFRIC
NIY .... Net Initial Yield
NJW .... Neue Juristische Wochenschrift (Zeitschrift)
NJW-RR .... NJW-Rechtsprechungs-Report Zivilrecht (Zeitschrift)
No .... Number
NOI .... Net Operating Income
NPAE .... Non-publicity Accountable Entities

Nr; Nrn .... Nummer; Nummern
nrkr .... nicht rechtskräftig
NWB .... Neue Wirtschaftsbriefe (Zeitschrift)
NYSE .... New York Stock Exchange
NZG .... Neue Zeitschrift für Gesellschaftsrecht
oÄ .... oder Ähnliche(s/m/n)
OCI........................... other comprehensive income
OECD .... Organization for Economic Cooperation and Development
OECD-KA .... OECD Kommentar
OECD-MA .... OECD Musterabkommen
OECD-RL .... OECD Richtlinie
ökon .... ökonomisch(en)
OFD .... Oberfinanzdirektion
OHG .... offene Handelsgesellschaft
OLG .... Oberlandesgericht
OTC .... over the counter
oV .... ohne Verfasser
OVG .... Oberverwaltungsgericht
OWiG .... Gesetz über Ordnungswidrigkeiten

pa .... per annum/pro anno
PAAinE .... Proactive Accounting Activities in Europe
Par .... Paragraph
PartGG .... Partnerschaftsgesellschaftsgesetz
PersGes .... Personenhandelsgesellschaft(en)
PIPE .... private investment in public equity
PiR .... Praxis der internationalen Rechnungslegung (Zeitschrift)
PIR .... Post-Implementation Review
PoC .... percentage-of-completion
POCI .... purchased or originated credit-impaired
PPA .... Purchase Price Allocation
PPP .... Public Private Partnerships
PRA .... Portfolio Revaluation Approach
PS .... Prüfungsstandard, auch: Practice Statement
PS MC .... Practice Statement Management Commentary
PSVaG .... Pensionssicherungsverein aG, Köln
PublG .... Gesetz über die Rechnungslegung von Unternehmen und Konzernen (Publizitätsgesetz)
pwc 2012 .... pwc Manual of Accounting IFRS 2012, London 2011
pwc 2015 .... pwc Manual of Accounting IFRS 2015, London 2014

Q&A .... Questions and Answers

R .... Richtlinie (zu Steuergesetzen)
RechKredV .... Verordnung über die Rechnungslegung der Kreditinstitute und Finanzdienstleistungsinstitute
RechVersV .... Verordnung über die Rechnungslegung der Versicherungen
RegE .... Regierungsentwurf
REIT .... Real Estate Investment Trust
REITG .... Gesetz über deutsche Immobilien-Aktiengesellschaften mit börsennotierten Anteilen (REIT-Gesetz)
rev .... revised
RfB .... Rückstellung für Beitragsrückerstattung
RFH .... Reichsfinanzhof
RFHE .... Entscheidungen des Reichsfinanzhofs
RFI .... Request for Information
RG .... Reichsgericht
RGBl .... Reichsgesetzblatt

RGj	Rumpfgeschäftsjahr
RGZ	Amtliche Sammlung von Entscheidungen des Reichsgerichts in Zivilsachen
Richtl	Richtlinien
RIC	Rechnungslegungs Interpretations Committee
RICS	Royal Institute of Chartered Surveyors
RiW	Recht der internationalen Wirtschaftspraxis (bis 1974 AWD) (Zeitschrift)
rkr	rechtskräftig
RL	Richtlinie
RMBS	residential mortgage-backed security
Rn	Randnummer(n)
ROI	Return on Investment
RS	Rechnungslegungsstandard
RStBl	Reichssteuerblatt
RStrukFG	Restrukturierungsfondsgesetz
RUF	Revolving Underwriting Facilities
RV	Rentenversicherung
RVO	Rechtsverordnung
RWA	risk weighted asset
RWP	Rechts- und Wirtschaftspraxis, Stuttgart (Zeitschrift)
RWZ	Zeitschrift für Recht und Rechnungswesen
Rz	Randziffer(n)
s	siehe
S	Seite
SAB	Staff Accounting Bulletin
SABI	Sonderausschuss Bilanzrichtlinien-Gesetz des IDW (1986–1988)
SAC	Standards Advisory Council
SAR	Stock Appreciation Rights
SARG	Standards Advice Review Group
SBPT	Share-Based Payment Transaction
SD	Staff Draft
SDAX	Small-Cap-DAX
Sec	Section
SEC	Securities Exchange Commission
SEStEG	Gesetz über steuerliche Begleitmaßnahmen zur Einführung der Europäischen Gesellschaft und zur Änderung weiterer steuerrechtlicher Vorschriften
SFAC	Statement of Financial Accounting Concepts
SFAS	Statement of Financial Accounting Standards
SFCR	Solvency and Financial Condition Report
SG	Schmalenbach-Gesellschaft
SIC	Standing Interpretations Committee
SME	Small and Medium-sized Entities
SMEIG	Small and Medium-sized Entities Implementation Group
sog	sogenannt(e/em/en/er/es)
SOP	Statement of Position
SORIE	Statement of Recognised Income and Expense
Sp	Spalte
SPE	Special Purpose Entities
SpTrUG	Gesetz über die Spaltung der von der Treuhandanstalt verwalteten Unternehmen
SSAP	Statement of Standard Accounting Practice
SSPI	solely payments of principal and interest
ST	Der Schweizer Treuhänder (Zeitschrift)
StÄndG	Steueränderungsgesetz
StAnpG	Steueranpassungsgesetz
StB	Der Steuerberater (Zeitschrift)

Stbg – Die Steuerberatung (Zeitschrift)
StbJb – Steuerberater-Jahrbuch
StBP – Die steuerliche Betriebsprüfung (Zeitschrift)
StGB – Strafgesetzbuch
St/HFA – Stellungnahmen des HFA (Nummer, Jahrgang) bis 1998
StSenkG – Steuersenkungsgesetz
StuB – Steuern und Bilanzen
StuW – Steuer und Wirtschaft (Zeitschrift)

T – Tausend
TAB – tax amortization benefit
TecDax – DAX der Technologiewerte
TEG – Technical Expert Group (von EFRAG)
TEGoVA – The European Group of Valuers' Association
Thiele/von Keitz/Brücks Internationales Bilanzrecht (*Bearbeiter* in) – Internationales Bilanzrecht Kommentar, hrsg von Thiele/von Keitz/Brücks, 23. Erglfg, Bonn 2015

TRANSACC – Transnational Accounting
TransPuG – Transparenz- und Publizitätsgesetz
TranspRL – Transparenzrichtlinie
TranspRLDV – Transparenzrichtlinie-Durchführungsverordnung
TRG – transition resource group
TU – Tochterunternehmen
TUG – Transparenzrichtlinie-Umsetzungsgesetz
TV FlexÜ – Tarifvertrag zum flexiblen Übergang auf die Rente

ua – unter anderem oder und andere
uÄ – und Ähnliches
überar – überarbeitet
uE – unseres Erachtens
UK – Vereinigtes Königreich (Großbritannien und Nordirland)
UKV – Umsatzkostenverfahren
UmwG – Umwandlungsgesetz
UmwStG – Umwandlungssteuergesetz
UmwSt-Erlass – Umwandlungssteuererlass
UN – United Nations
UR – Umsatzsteuer-Rundschau (Zeitschrift)
urspr – ursprünglich(e/es/em/en)
URüV – Unternehmensrückgabeverordnung
US-$ – US Dollar
USA – United States of America
USReg – US Regulations
US-GAAP – United States Generally Accepted Accounting Principles
UStDV – Umsatzsteuer-Durchführungsverordnung
UStG – Umsatzsteuergesetz
UStR – Umsatzsteuer-Rundschau (Zeitschrift); Umsatzsteuer-Richtlinien
usw – und so weiter
uU – unter Umständen
UVR – Umsatzsteuer- und Verkehrsteuer-Recht (Zeitschrift)

VAG – Versicherungsaufsichtsgesetz
VaR – Value at Risk
VBL – Versorgungsanstalt des Bundes und Länder
Vblk – Verbindlichkeiten
VerfGH – Verfassungsgerichtshof
VersR – Versicherungsrecht (Zeitschrift)
VersRiLiG – Versicherungsbilanzrichtlinie-Gesetz

VFA	Versicherungsfachausschuss des Instituts der Wirtschaftsprüfer in Deutschland eV
VFE-Lage	Vermögens-, Finanz- und Ertragslage
vGA	verdeckte Gewinnausschüttung
vgl	vergleiche
vH	vom Hundert
VO	Verordnung
Vorb	Vorbemerkung
VorstAG	Gesetz zur Angemessenheit der Vorstandsvergütung
VorstOG	Vorstandsvergütungs-Offenlegungsgesetz
vT	vom Tausend
VVaG	Versicherungsverein auf Gegenseitigkeit
VW	Versicherungswirtschaft (Zeitschrift)
VwGO	Verwaltungsgerichtsordnung
WACC	Weighted Average Cost of Capital
WertR	Wertermittlungsrichtlinie
WertV	Wertermittlungsverordnung
Wiley IFRS 2015	Mackenzie ua, Wiley 2015 Interpretation and Application of International Financial Reporting Standards, 11. A, New Jersey 2015
Wiley IFRS 2011	Ballwieser ua (Hrsg), Wiley Handbuch International Financial Reporting Standards 2011, 7. A, Weinheim 2011
wistra	Zeitschrift für Wirtschaft – Steuer – Strafrecht
Wj	Wirtschaftsjahr
WM	Wertpapiermitteilungen (Zeitschrift)
WiB	Wirtschaftsrechtliche Beratung (Zeitschrift)
WPG	Wirtschaftsprüfungsgesellschaft
WPg	Die Wirtschaftsprüfung (Zeitschrift)
WpHG	Wertpapierhandelsgesetz
WPH I	Wirtschaftsprüfer-Handbuch, Band I, 14. A, Düsseldorf 2012
WPH II	Wirtschaftsprüfer-Handbuch, Band II, 13. A, Düsseldorf 2008
WPI	Wholesale Price Index
WPK	Wirtschaftsprüferkammer
WPK-Mitt	Wirtschaftsprüferkammer-Mitteilungen (Zeitschrift)
WPO	Wirtschaftsprüferordnung
WpÜG	Wertpapiererwerbs- und -übernahmegesetz
WuB	Entscheidungssammlung zum Wirtschafts- und Bankrecht (Zeitschrift)
WUD	Währungsumrechnungsdifferenz
XBRL	eXtensible Business Reporting Language
zB	zum Beispiel
ZBB	Zeitschrift für Bank-Börsenrecht
ZfA	Zeitschrift für Arbeitsrecht
ZfB	Zeitschrift für Betriebswirtschaft
ZfbF	Zeitschrift für betriebswirtschaftliche Forschung
ZfgK	Zeitschrift für das gesamte Kreditwesen
ZfZ	Zeitschrift für Zölle und Verbrauchsteuern
ZGE	zahlungsmittelgenerierende Einheit(en)
ZGR	Zeitschrift für Unternehmens- und Gesellschaftsrecht
ZHR	Zeitschrift für das gesamte Handels- und Wirtschaftsrecht
Ziff	Ziffer
ZIP	Zeitschrift für Wirtschaftsrecht und Insolvenzpraxis
zT	zum Teil
ZVersW	Zeitschrift für die gesamte Versicherungswirtschaft

Teil A. Einleitung

§ 1. Rechtlicher und organisatorischer Rahmen der Rechnungslegung nach IFRS

Übersicht

Schrifttum: *Berndt/Müller* Extensible Business Reporting Language als Standard einer modernen Unternehmensberichterstattung, BB 2015, 1128; *Buchheim/Knorr/Schmidt* Die Auswirkungen des neuen Endorsement-Verfahrens auf die Rechnungslegung, KoR 2008,

373; *DPR* Tätigkeitsbericht 2014, Berlin 2015; *DRSC* Satzung des Vereins „DRSC – Deutsches Rechnungslegungs Standards Committee“, Stand 27. März 2012, Berlin 2012; *ESMA* Enforcement and regulatory activities of accounting enforcers in 2014, ESMA Report vom 31.3.2015 (ESMA/2015/659); *ESMA* Guidelines on enforcement of financial information, 28.10.2014 (ESMA/2014/1293); *EU-Kommission* Kommentar vom November 2003 zu bestimmten Artikeln der Verordnung (EG) Nr. 1606/ 2002 (IAS-VO); *EU-Kommission* Report by Philippe Maystadt „Should IFRS standards be more ‚European‘? Mission to reinforce the EU's contribution to the development of international accounting standards“, Brüssel 2013; *EU-Kommission* Use of options of the IAS Regulation by Member States, abrufbar unter: ec.europa.eu/finance/accounting/docs/legal_framework/20140718-ias-use-of-optioins_en.pdf, Brüssel 2014; *EU-Kommission* Bericht der Kommission an das Europäische Parlament und den Rat – Bewertung der Verordnung (EG) Nr. 1606/2002 vom 19. Juli 2002 betreffend die Anwendung internationaler Rechnungslegungsstandards, COM(2015)301 final vom 18. Juni 2015, Brüssel 2015; *IASC Foundation (IASCF)* Annual Report 2002, London 2003; *IASB* A Guide to the IFRS for SMEs March 2012, London 2012; *IFRS Foundation/International Accounting Standards Board (IFRSF/IASB)* Über uns und unsere Arbeit, London 2014; *IFRS Foundation (IFRSF)* Due Process Handbook for XBRL Activities, London 2010; *IFRS Foundation (IFRSF)* Satzung (Constitution Revised and approved by the Trustees January 2013), London 2013a; *IFRS Foundation (IFRSF)* IASB and IFRS Interpretations Committee Due Process Handbook for the IASB (Approved by the Trustees January 2013), London 2013b; *IFRS Foundation (IFRSF)* IFRS for SMEs Fact Sheet, London 2014a; *IFRS Foundation (IFRSF)* Charter of the IFRSF Monitoring Board, London 2014b; *IFRS Foundation (IFRSF)* Annual Report 2007, London 2008; *IFRS Foundation (IFRSF)* Annual Report 2008, London 2009; *IFRS Foundation (IFRSF)* Annual Report 2009, London 2010; *IFRS Foundation (IFRSF)* Annual Report 2014, London 2015; *R.J. Kirsch* The International Accounting Standards Committee: A Political History, Leicestershire 2007; *Kleinmanns* Die „offene Gesellschaft der IFRS-Interpreten“ – Über Akteure, Kompetenzen und Bindungswirkungen beim Fehlen ausdrücklich zutreffender IFRS, DB 2014, 1325; *Knospe/Riedel* Empirische Analyse der Finanzierungsstruktur der IFRS Foundation, KoR 2012, 67; *Rechnungslegungs-Report international* Papier des SEC-Stabs zur möglichen Übernahmemethode der IFRS in den USA, KoR 2011, 390; *SEC* Release No 33–8879 vom 21.12.2007, Acceptance from Foreign Private Issuers of Financial Statements Prepared in Accordance with International Financial Reporting Standards without Reconciliation to US GAAP; *SEC Staff* Work Plan for the Consideration of Incorporating International Financial Reporting Standards into the Financial Reporting System for US Issuers – Exploring a Possible Method of Incorporation vom 26.5.2011; *Zülch/Güth* Die neue Satzung der IASCF (IASCF-Constitution Review) – Implikationen für den Standardsetzungsprozess und die künftige Ausrichtung der IFRS, KoR 2010, 177.

A. Die International Financial Reporting Standards Foundation (IFRSF) und das Normenwerk der IFRS

I. Ziele, Struktur und Aufgaben der IFRS Foundation

1. Ziele der IFRS Foundation

1 Die **Ziele** der IFRS Foundation (IFRSF) sind in der Satzung der Stiftung wie folgt formuliert (*IFRSF* 2013a, Rz 2):

(1) Entwicklung eines einheitlichen Regelwerks **hochwertiger, verständlicher, durchsetzbarer und weltweit anerkannter Rechnungslegungsstandards.** Diese sollen auf klar formulierten **Grundsätzen** basieren. Diese Standards sollen zu qualitativ hochwertigen, transparenten und vergleichbaren Finanzberichtinformationen führen, die es **Investoren** und anderen Kapitalmarktteilnehmern erlauben, wirtschaftliche Entscheidungen zu treffen,

(2) Förderung der präzisen Anwendung dieser Standards,
(3) Berücksichtigung – soweit angebracht *(appropriate)* – der **unterschiedlichen Bedürfnisse** von Unternehmen, die hinsichtlich Art, Größe und wirtschaftlichem Umfeld nicht vergleichbar sind, Rücksicht zu nehmen und
(4) Förderung der Übernahme von International Financial Reporting Standards (IFRS) durch **Angleichung** (*convergence*) nationaler Rechnungslegungsstandards an die IFRS.

Die IFRS-Rechnungslegung ist demnach in erster Linie an den Interessen **der Investoren und anderen Teilnehmern der Kapitalmärkte weltweit** orientiert. Eine entspr Definition der Zielgruppe der IFRS-Rechnungslegung enthält auch das **Rahmenkonzept** *(Conceptual Framework)* des IASB. Danach umfasst die Zielgruppe derzeitige und mögliche zukünftige **Investoren, Kreditgeber und andere Gläubiger** (*existing and potential investors, lenders and other creditors*, vgl F. OB2 sowie ausführlich zur Zielgruppe → § 2 Rn 23). 2

Auch wenn die Berichterstattung kapitalmarktorientierter Unternehmen im Fokus steht, soll auch auf die Bedürfnisse anderer, kleinerer Unternehmen eingegangen werden. Um diesem Anspruch gerecht zu werden, wurde etwa der IFRS für kleine und mittelgroße Unternehmen (IFRS for Small and Medium Sized Entities, IFRS for SMEs) entwickelt und im Jahr 2009 veröffentlicht (→ § 46 Rn 1 ff). 3

Prominentes Beispiel der angestrebten Konvergenz mit nationalen Rechnungslegungsstandards sind die diversen Überlegungen des IASB und des US-amerikanischen Standardsetzers FASB die entspr Rechnungslegungsnormen – IFRS und US-GAAP – zu vereinheitlichen. Diese Bemühungen wurden im Jahr 2006 im sog Norwalk Agreement auch formal vereinbart und in zahlreichen Gemeinschaftsprojekte von IASB und FASB vorangetrieben. Zwischenzeitlich wurden die (wenigen) bilateralen Vereinbarungen zwischen dem IASB und einzelnen Jurisdiktionen durch die gemeinsame Absichtserklärung (*Memorandum of Understanding*) zwischen der IFRS Foundation und dem Accounting Standards Advisory Forum (ASAF, → Rn 21) vom 8. April 2013 ersetzt. Es ist die erklärte Absicht des ASAF, die Abstimmungsprozesse zwischen dem IASB und den nationalen Standardsetzern sowie regionalen Institutionen zu standardisieren und koordinieren.

Die IFRSF stellt zudem heraus, dass die Standards auf allgemeinen Grundsätzen basieren *(principle-based)* und nicht von Fall zu Fall angemessene Einzelfallregeln gesucht werden sollen *(rule-based)*. 4

Die Ziele der IFRSF (→ Rn 1) sollen erreicht werden durch (vgl *IFRSF/IASB* 2014, 1): 5

(1) Eine unabhängige Standardisierungsorganisation, die von einem geografisch und fachlich breit gefächerten Treuhändergremium beaufsichtigt wird.
(2) Unterstützung durch einen externen IFRS Advisory Council (IFRSAC) und ein IFRS Interpretations Committee (IFRSIC), die Leitlinien bei abweichenden Umsetzungen in der Praxis geben.
(3) Ein gründliches, offenes, partizipatorisches und transparentes formelles (Standardsetzungs-)Verfahren.
(4) Dialog mit Investoren, Aufsichtsbehörden, Unternehmensentscheidern und dem weltweiten Berufsstand der Wirtschaftsprüfer in jeder Phase des Prozesses.
(5) Weltweite Zusammenarbeit mit anderen Standardsetzern.

Im Folgenden werden die Struktur der IFRSF, die daraus hervorgehenden Wege für den Dialog mit den verschiedenen Akteuren sowie das Standardsetzungsverfahren dargestellt.

2. Drei-Säulen-Struktur

a) Überblick

6 Die IFRSF wurde im **Jahr 2001** gegründet. Doch bereits die Vorgängerinstitution, das International Accounting Standards Committee (IASC), hatte die Harmonisierung der weltweiten Rechnungslegungsnormen zum Ziel. Das IASC wurde bereits im **Jahr 1973** als **privatrechtliche Organisation** von Vertretern von Wirtschaftsprüfervereinigungen aus Australien, Deutschland, Frankreich, Irland, Japan, Kanada, Mexiko, den Niederlanden, dem Vereinigten Königreich und den Vereinigten Staaten von Amerika gegründet. Mit der zunehmenden Verbreitung der vom IASC erarbeiteten International Accounting Standards (IAS) erhöhten sich die organisatorischen Anforderungen an den Standardsetzer und die Erwartungen an dessen Unabhängigkeit. Die Reorganisation im Jahr 2001, ua mit der Gründung der IASC Foundation, war die Konsequenz aus diesen Entwicklungen (zur historischen Entwicklung des IASC vgl *R.J. Kirsch* 2007). Auch die Namensänderung der Stiftung in IFRS Foundation im März 2010 war Resultat der Weiterentwicklung der Organisation.

Die derzeitige **„Drei-Säulen-Struktur"** der IFRSF, die sich durch nach verschiedenen Anpassungen und Weiterentwicklungen seit dem Jahr 2001 herausgebildet hat, ist in der folgenden Abbildung dargestellt.

7 Drei-Säulen-Struktur

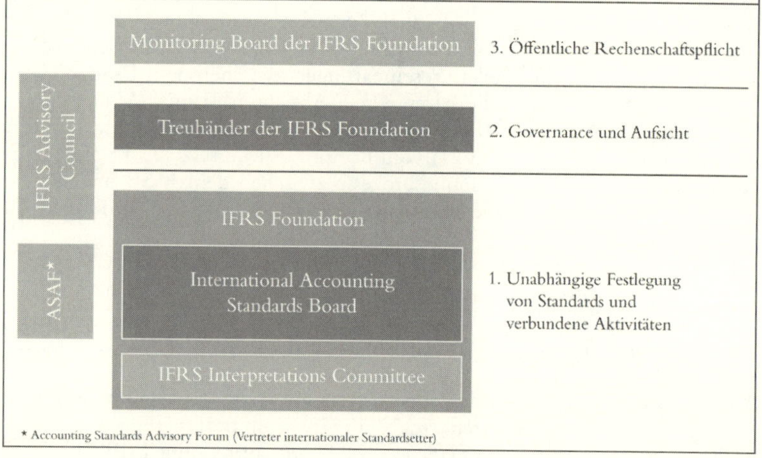

Entnommen aus *IFRSF/IASB* 2014, 3.

b) Treuhänder der IFRS Foundation

8 Die insgesamt **22 Treuhänder** *(Trustees)* nehmen innerhalb der Organisation eine zentrale Position ein. Ihnen obliegt die Steuerung und Überwachung (*governance*) der IFRSF. Auch wenn sie keinen direkten Einfluss auf die Facharbeit ausüben (diese obliegt im Wesentlichen dem IASB, → Rn 16), sind sie nicht nur für die Überwachung der fachlichen Arbeit und Sicherstellung der Finanzierung zuständig, sondern haben zudem die alleinige Entscheidungskompetenz über Satzungsänderungen inne (vgl *IFRSF* 2013a, Rz 13). Zudem **berufen** die Treuhänder die **Mitglieder des IASB,** des IFRS Interpretations Committee **(IFRSIC)**

und des Beratungsgremiums, **IFRS Advisory Council** (IFRSAC → Rn 20; *IFRSF* 2013a, Rz 15).

Die Gruppe der Treuhänder soll sowohl geografisch als auch hinsichtlich der beruflichen Profile **ausgewogen** zusammengesetzt sein. Die Satzung (*IFRSF* 2013a, Rz 6f) gibt folgende Zusammensetzung vor: 9

	gem Satzung	**tatsächlich im Juli 2015**
Nordamerika	6	6
Europa	6	6
Asien/Ozeanien	6	7
Afrika	1	1
Südamerika	1	1
Verschiedene	2	1
	22	22

Die Treuhänder sollen zudem die verschiedenen involvierten Berufsgruppen abbilden: Ersteller, Nutzer von Abschlussinformationen, Wirtschaftsprüfer, Hochschullehrer und Vertreter des öffentlichen Interesses. Zwei Treuhänder sollen Partner von renommierten internationalen Wirtschaftsprüfungsgesellschaften sein (*IFRSF* 2013a, Rz 7).

Vorsitzender der Treuhänder ist seit dem 1. Januar 2012 der Franzose **Michel Prada.** Deutsches Mitglied in diesem Gremium ist seit 1.1.2015 Dr. **Werner Brandt,** Vorsitzender des Vorstands der DPR und ehemaliger CFO der SAP AG. 10

Die Etablierung und Sicherstellung einer **angemessenen Finanzierung** der IFRSF ist eine der wesentlichen Aufgaben der Treuhänder (*IFRSF* 2013a, Rz 13(a)). Im Jahr 2014 erzielte die IFRSF bspw Einnahmen von insgesamt Mio £ 28,4 (per 31.12.2014 ca Mio € 36,6; vgl *IFRSF* 2015, 51). Die wesentlichen Einnahmen (iHv Mio £ 22,6) stammen aus **freiwilligen Zuwendungen** *(contributions)*. Darüber hinaus werden insbes Einnahmen aus **Publikationen** und ähnliche Einnahmen (zB Honorare, eIFRS-Abonnements, Mio £ 5,5) erzielt. Den größten Anteil an der Finanzierung tragen mit insgesamt ca Mio £ 6,4 (je Mio USD 2,5) die Big4-Wirtschaftsprüfungsgesellschaften, gefolgt von der EU-Kommission mit Mio £ 3,1 (zusätzlich zu den freiwilligen Zuwendungen europäischer Staaten). Die Zuwendungen aus Deutschland (iHv Mio £ 0,8) werden von den Unternehmen gezahlt und über den DRSC eV an die IFRSF geleitet. 11

Der hohe Zuwendungsanteil der großen Wirtschaftsprüfungsgesellschaften ist aus der Sicht aller an der Rechnungslegung Interessierten nicht unproblematisch. Die Treuhänder der IFRSF verfolgen bereits seit dem Jahr 2006 das Ziel, die Finanzierung neu zu gestalten (*IFRSF* 2008, 9). So sollen ua sämtliche wichtige Kapitalmarktteilnehmer der Welt, eingeschlossen staatliche Stellen, zur Finanzierung herangezogen werden, sodass auch eine Diversifizierung in der Finanzierung erreicht wird. Auch wenn es seitdem gelungen ist, weitere Länder in die Finanzierung einzubinden und die Finanzierung langfristiger abzusichern, stellen die Zuwendungen der sog Big4-Wirtschaftsprüfungsgesellschaften im Vergleich zum Jahr 2008 (*IFRSF* 2009, 59 iVm 78) unverändert einen Anteil von über 20% der Gesamteinnahmen dar. Für eine weitergehende empirische Analyse der Finanzierungsstruktur der IFRSF s *Knospe/Riedel* KoR 2012, 67 (67). 12

c) Monitoring Board

Der Monitoring Board wurde in Folge der Finanzmarktkrise auf Drängen der G20-Staaten im Jahr 2009 zur Verbesserung der **öffentlichen Rechenschafts-** 13

pflicht gegründet (vgl *Zülch/Güth* KoR 2010, 177 (179)). Es soll als **Bindeglied** zwischen den Treuhändern und staatlichen/öffentlichen Institutionen *(public authorities)* fungieren. Dementsprechend sind im Monitoring Board bedeutende Kapitalmarktinstitutionen vertreten, die ihrerseits Anforderungen an die Finanzberichterstattung im Kapitalmarkt definieren und bspw über die Möglichkeit oder Verpflichtung zur Anwendung der IFRS (in den entspr Jurisdiktionen) entscheiden. Mit der Schaffung dieses Gremiums wurden somit erstmals öffentlich rechenschaftspflichtige Institutionen in die ansonsten privatrechtlich organisierte IFRSF-Struktur eingebunden. Dadurch sollen die Aufsichtsbehörden ihren Aufgaben hinsichtlich des Anlegerschutzes, der Sicherstellung der Integrität der Kapitalmärkte und der Kapitalbildung besser nachkommen können (vgl *IFRSF* 2014b, Präambel).

Eine wichtige Aufgabe des Monitoring Board besteht in der Ernennung der Treuhänder und der Überwachung von deren Arbeit.

14 Die derzeitigen Mitglieder des Monitoring Board sind Vertreter folgender Institutionen:

(1) Board und
(2) Schwellenländer Committee der Internationalen Vereinigung der nationalen Wertpapieraufsichtsbehörden (International Organization of Securities Commissions, IOSCO),
(3) Europäische Kommission,
(4) Japanischen Aufsichtsbehörde für Finanzdienstleister (Financial Services Agency of Japan, JFSA),
(5) US-amerikanische Wertpapier- und Börsenaufsichtsbehörde (Securities and Exchange Commission, SEC),
(6) Brasilianische Wertpapieraufsichtsbehörde (Brazilian Securities Commission, CVM),
(7) Koreanische Finanzdienstleistungs-Kommission (Financial Services Commission of Korea, FSC) und
(6) Basler Ausschuss für Bankenaufsicht (Basel Committee on Banking Supervision, BCBS) mit Beobachterstatus.

15 Die Zusammensetzung des Monitoring Board wird gem *IFRSF* 2013a, Rz 22 „von Zeit zu Zeit“ überprüft.

d) IASB und IFRSIC als Institutionen des Standardsetzungsverfahrens

16 Weder die Treuhänder noch die Mitglieder des Monitoring Board haben einen direkten Einfluss auf die **inhaltliche Ausgestaltung der Regeln zur Rechnungslegung.** Das wichtigste Organ für die Facharbeit ist der **International Accounting Standards Board (IASB).** Der IASB trägt die alleinige Verantwortung für die fachliche Agenda und die damit zusammenhängende Projektorganisation. Seine Kernaufgabe besteht in der Erarbeitung und Verabschiedung von IFRS; die dabei anstehenden inhaltlichen Entscheidungen trifft der IASB gem der Satzung der IFRSF (*IFRSF* 2013a, Rz 37) alleinverantwortlich und unabhängig. Allerdings gibt die IFRSF-Satzung den Rahmen für die Arbeit des IASB vor (*IFRSF* 2013a, Rz 37). So wird bspw der Standardisierungsprozess (*due process*, → Rn 26 ff) konkretisiert, indem ua die Veröffentlichung von Entwürfen *(Exposure Draft, ED)*, Diskussionspapieren *(Discussion Paper, DP)* oder abweichenden Meinungen *(Dissenting Opinion, DO)* vorgeschrieben ist. Auch die (mögliche) Einbindung des Advisory Councils (→ Rn 20), nationaler Standardsetzer oder Arbeitsgruppen sowie die Durchführung öffentlicher Diskussionen wird dargestellt.

17 Der IASB hat 16 Mitglieder, die aufgrund ihrer Kompetenz und Berufserfahrung ausgewählt und von den Treuhändern ernannt werden (*IFRSF* 2013a,

Rz 24 ff, insbes Annex „Criteria for IASB Members"). Die Treuhänder müssen bei der Auswahl sicherstellen, dass der IASB als Gruppe eine **bestmögliche Zusammensetzung** fachlicher Expertise bei gleichzeitig vielfältiger internationaler Unternehmens- und Markterfahrung repräsentiert. Um eine breite internationale Basis sicherzustellen, ist folgende geografische Zusammensetzung vorgeschrieben (*IFRSF* 2013a, Rz 26):

Asien, Ozeanien	4
Europa	4
Nord-Amerika	4
Afrika	1
Süd-Amerika	1
Verschiedene	2
	16

Hinsichtlich der beruflichen Hintergründe ist auf eine angemessene Zusammensetzung aus praktischer Erfahrung von Wirtschaftsprüfern, Abschlusserstellern, Nutzern von Abschlüssen und Wissenschaftlern zu achten (*IFRSF* 2013a, Rz 27). **Vorsitzender** des IASB ist derzeit (Stand: 31. Juli 2015) Hans **Hoogervorst,** zuvor ua Vorsitzender der niederländischen Finanzaufsicht und Mitglied mehrerer niederländischer Regierungen. Deutsches Mitglied des IASB ist derzeit Martin **Edelmann**, ehemals tätig bei der Deutschen Bank und bis zum Jahr 2011 Mitglied des Deutschen Standardisierungsrats des DRSC (→ Rn 87 ff).

Ein weiteres wichtiges, direkt in den Standardsetzungsprozess eingebundenes, Organ ist das **International Financial Reporting Standards Interpretations Committee (IFRSIC,** vormals: International Financial Reporting Interpretations Committee, **IFRIC).** Das IFRSIC soll zeitnah Rechnungslegungsfragen erörtern, die eine über den Einzelfall hinausgehende Bedeutung haben, die jedoch in den IFRS nicht adressiert sind bzw eine unterschiedliche Auslegung zulassen. Daraus kann eine Heterogenität in der praktischen Anwendung der IFRS resultieren. Dies steht dem Ziel der (internationalen) Vergleichbarkeit entgegen. Vor diesem Hintergrund soll das IFRSIC bestimmte Fragestellungen aufgreifen und unter Einbindung des IASB und der Öffentlichkeit diskutieren und ggf Interpretationen von IFRS verabschieden (→ Rn 26 ff zum Standardsetzungsverfahren). 18

Das IFRSIC hat 14 Mitglieder, die von den Treuhändern (→ Rn 8) ernannt werden. Als nicht-stimmberechtigte(n) Vorsitzende(n) ernennen die Treuhänder ein IASB-Mitglied oder eine(n) geeignete(n) (langjährige(n)) Mitarbeiter/in des IASB; derzeit der IASB-Mitarbeiter Wayne Upton. Des Weiteren ist vorgeschrieben, dass mindestens ein IASB-Mitglied an den Sitzungen des IFRSIC teilnimmt (*IFRSF* 2013a, Rz 41). Damit ist zum einen der Austausch zwischen diesen wichtigen Organen gewährleistet. Zum anderen bedürfen die Veröffentlichungen des IFRSIC der Zustimmung des IASB (→ Rn 29). Deutsches Mitglied im IFRSIC ist Dr. Martin **Schloemer,** tätig bei der Bayer AG sowie Mitglied des IFRS-Fachausschusses des DRSC (→ Rn 87 ff). 19

e) Weitere Gremien

20 Der **IFRS Advisory Council** (**IFRSAC,** vormals Standards Advisory Council, SAC) ist ein Beratungsgremium, das Vorschläge für die Agenda und Prioritäten des IASB unterbreitet, über die Meinungen von am Rechnungswesen interessierten Organisationen informiert und den IASB oder die Treuhänder in anderen Fragen **beraten** kann (*IFRSF* 2013a, Rz 44). Die mind 30 Mitglieder des IFRSAC werden von den Treuhändern ernannt. Dabei soll wiederum auf

eine angemessene Zusammensetzung verschiedener geografischer und beruflicher Hintergründe geachtet werden. Deutsche Vertreter sind Dr Christoph **Hütten** (SAP AG) und Dr. Jens **Freiberg** (BDO AG und Mitglied des IFRS-Fachausschusses des DRSC).

21 Im Jahr 2013 wurde mit dem **Accounting Standards Advisory Forum (ASAF)** ein weiteres **Beratungsgremium** ins Leben gerufen (vgl *IFRSF* 2013b, 3.49 ff). Insb aus der inzwischen weit vorangeschrittenen Verbreitung der IFRS (→ Rn 51) resultierte das Erfordernis, die Zusammenarbeit mit nationalen Standardsetzern und regionalen mit Rechnungslegungsfragen betrauten Institutionen zu koordinieren und diese Gremien transparent und effektiv in die IFRSF-Struktur und -Prozesse einzubinden. Damit soll auch der Forderung insbes nationaler Standardsetzer gefolgt werden, schon frühzeitig in den Entscheidungsprozess eingebunden zu werden. Im ASAF sind Mitglieder nationaler Standardsetzer und regionaler Institutionen vertreten, die den IASB in fachlicher Hinsicht beraten sollen. Eins der **zwölf Gründungsmitglieder** ist der deutsche Standardsetzer, das Deutsche Rechnungslegungs Standards Committee eV (DRSC). Die Mitglieder werden jeweils für **drei Jahre** berufen. Im Juni 2015 wurde das DRSC von den Treuhändern für weitere drei Jahre in das ASAF berufen. Bis zur Schaffung der ASAF hat der IASB üblicherweise bilaterale Vereinbarungen mit den nationalen Standardsetzern oder regionalen Interessengruppen abgeschlossen (→ Rn 3).

In den Standardsetzungsprozess sind neben den zuvor beschriebenen Organen zahlreiche **weitere Institutionen** und Gruppen eingebunden (→ Rn 26 ff), die jedoch nicht als Teil der „Drei-Säulen-Struktur" der IFRSF anzusehen sind. Sie können sich jedoch auf den verschiedenen Stufen des Standardisierungsprozesses einbringen, der nachfolgend dargestellt ist.

22–25 *(einstweilen frei)*

II. Standardsetzungsverfahren (Due Process)

26 Die Verlautbarungen des IASB werden nach einem im sog *Due Process Handbook* vorgeschriebenen Standardsetzungsverfahren ***(due process)*** durchgeführt (vgl dazu *IFRSF* 2013b sowie Preface to IFRSs. 17 f). Die Überwachung der Einhaltung und ggf Initiierung von Anpassungen dieses Verfahrens obliegt *dem Due Process Oversight Committee* (DPOC) der Treuhänder (zur konkreten Ausgestaltung des Überwachungsprozesses vgl *IFRSF* 2013b, Abschn 2). Das Standardsetzungsverfahren soll danach transparent und unter umfassender Konsultation interessierter bzw betroffener Gruppen ablaufen. Zudem soll sichergestellt werden, dass der mit der Standardsetzung einhergehenden Verantwortung Rechnung getragen wird. Letzteres soll bspw durch Auswirkungsanalysen sowie Erläuterungen zu Hintergründen und ggf bestehenden Gegenmeinungen erreicht werden (*IFRSF* 2013b, Abschn 3).

27 Das Verfahren zur Entwicklung neuer International Financial Reporting Standards (IFRS) oder wesentlicher Änderungen an bestehenden Standards ist in folgende Schritte gegliedert (vgl im Folgenden *IFRSF* 2013b, Abschn 5 f; einen Überblick gibt Preface to IFRSs. 17 f):

(1) **Festlegung der Agenda.** Die Entscheidung darüber, welche Projekte im Arbeitsprogramm des IASB aufgenommen werden, wird anhand von Kriterien zur Einschätzung von Bedarf und Nutzen getroffen. Berücksichtigt werden bei dieser Entscheidung zudem eigene Forschungs- und Untersuchungsergebnisse sowie Ergebnisse einer ggf vorangegangen Entwicklung und Veröffentlichung eines **Diskussionspapiers** *(Discussion Paper)*. Das Arbeitsprogramm des IASB

wird zudem einer alle drei Jahre durchzuführenden öffentlichen **Agenda-Konsultation** unterzogen. Dabei bittet der IASB um Stellungnahme hinsichtlich der strategischen Ausrichtung und inhaltlichen Gewichtung seines Arbeitsprogramms.

(2) **Entwicklung und Veröffentlichung** eines **Standardentwurfs** *(Exposure Draft).* Der Standardentwurf ist das wesentliche Instrument des IASB zur Konsultation der Öffentlichkeit. Darin fließen bspw Forschungsergebnisse, Erkenntnisse aus den Stellungnahmen zu Diskussionspapieren oder auch Vorschläge des *Advisory Councils,* anderer Standardsetzer, beratenden Gruppen oder öffentlichen Diskussionsrunden ein. Die **Kommentierungsfrist** beträgt nach Veröffentlichung grds mind 120 Tage.

(3) **Erwägung der eingegangenen Stellungnahmen** und der Erkenntnisse aus anderen Informationsgesprächen (zB *investor consultation*) und erneute Beratung durch das IASB. Im Ergebnis können aus Sicht des IASB weitere intensivere Nachforschungen und Überlegungen erforderlich sein. Wichtige Informationen können dann bspw in Öffentlichen Diskussionen oder Gesprächsrunden gewonnen werden. Ggf kann die erneute Veröffentlichung eines **(überarbeiteten) Entwurfs** *(re-exposure)* erforderlich sein.

(4) Finalisierung und Veröffentlichung eines **IFRS,** wobei neben dem Standardtext auch weitere Erläuterungen veröffentlicht werden. Dazu zählen etwa die Grundlagen der Schlussfolgerungen *(basis for conclusion)* oder ggf abweichende Meinungen von IASB-Mitgliedern *(dissenting opinion).*

(5) Das Verfahren **nach Verabschiedung** eines Standards beinhaltet mögliche Schulungen bzw die Entwicklung von Schulungsmaterial *(educational material)* oder Übersetzungen. Denkbar sind auch XBRL-Aktivitäten (zB Entwicklung XBRL-Taxonomie) im Zusammenhang mit neuen oder wesentlich geänderten Standards (vgl dazu *IFRSF* 2010).

(6) Im **Nachgang** zu neuen oder wesentlich geänderten Standards wird nach ca 2-jähriger Anwendungsphase ein sog ***Post-implementation Review*** **(PIR)** durchgeführt. Durch dieses weitere, zeitlich nachgelagerte Element des Standardisierungsverfahrens soll überprüft werden, ob das Ziel der Verbesserung der Finanzberichterstattung erreicht wurde. Des Weiteren sollen die Auswirkungen sowie ggf entstandene Implementierungs-/Anwendungsprobleme erfasst und abgeschätzt werden. Dieser Review kann, muss jedoch nicht zu Anpassungen des Standards führen.

Die verschiedenen Stufen des **Verfahrens,** auch die **IASB-Sitzungen,** sind 28 **öffentlich.** Jeder Interessierte, gleich ob zB Einzelperson, Unternehmen oder Organisation hat die Möglichkeit, sich auf den einzelnen Stufen des Prozesses schriftlich oder in den Diskussionen zu äußern und Verbesserungsvorschläge zu unterbreiten. Die IASB-Mitglieder prüfen die Kritiken und Anregungen. Zur besseren Nachvollziehbarkeit werden die (mündlichen oder schriftlichen) Stellungnahmen und Ergebnisse aus dem Diskussionsprozess für die Öffentlichkeit in sog *Feedback Statements* aufbereitet.

Auch für Interpretationen zu Rechnungslegungsthemen **(IFRIC Interpretationen)** 29 gelten die Anforderungen an einen transparenten, internationalen Standardsetzungsprozess (vgl hier und im Folgenden *IFRSF* 2013b Abschn 7 sowie Preface to IFRSs. 18). Auch wenn Interpretationen vom IFRS Interpretations Committe (IFRSIC, → Rn 18f) in öffentlichen Sitzungen erarbeitet werden, sind sie Bestandteil der IFRS und müssen als solche durch den IASB verabschiedet werden. Der Prozess zur Entwicklung einer Interpretation ist grds vergleichbar mit der Entwicklung von Standards. In einem ersten Schritt wird geprüft, ob die aufgeworfene Rechnungslegungsfrage tatsächlich in das Arbeitsprogramm des IFRSIC aufgenommen werden sollte oder ob eine Klärung anhand einschlägiger

IFRSs, IASB-Rahmenkonzept oder – im Fall von Regelungslücken – anhand der in IAS 8.10ff vorgegebenen Normenhierarchie (→ § 2 Rn 115) möglich ist. Wird eine Interpretation für erforderlich gehalten, ist zwingend ein Entwurf zu erarbeiten und – unter Zustimmung des IASB – zur **Stellungnahme** zu veröffentlichen. Die vorgeschlagenen Interpretationen müssen im Einklang mit den IFRS und dem IASB-Rahmenkonzept (→ § 2 Rn 115) stehen; sofern IFRS und Rahmenkonzept voneinander abweichen, ist der IASB zur Ausrichtung der Weiterentwicklung des Interpretationsentwurfs zu befragen. Die **Kommentierungsfrist** für einen Interpretationsentwurf beträgt grds **90** Tage. Die Auswertung der eingegangenen Stellungnahmen kann in der Weiterentwicklung hin zu einer finalen Interpretation, der erneuten Veröffentlichung eines Entwurfs *(re-exposure)* oder der Einstellung des Projekts resultieren.

30 Für die **Verabschiedung** eines Entwurfs, eines Standards oder einer Interpretation sind **zehn** (von insgesamt 16; oder neun bei insgesamt 15) Stimmen der IASB-Mitglieder erforderlich. Für andere Entscheidungen (zB Diskussionspapier) ist die einfache Mehrheit ausreichend. Die Abstimmungsergebnisse werden bekannt gegeben. In den nicht seltenen Fällen abweichender Meinungen *(dissenting opinion)* einzelner Board-Mitglieder im Zuge der Verabschiedung eines Standards, werden deren Gründe für eine abweichende Meinung ebenfalls veröffentlicht.

31 Von diesem formalen Standardsetzungsprozess ausgenommen sind geringfügige Änderungen der IFRS, die auch die jährlichen Verbesserungen der IFRS *(Annual Improvements)* umfassen (vgl *IFRSF* 2013b Abschn 5.8). Diese Änderungen sind im Rahmen einer (redaktionellen) Bereinigung oder minimalen Klarstellung innerhalb der IFRS erforderlich, um eine möglichst reibungslose Implementierung der IFRS zu gewährleisten.

32 Die verpflichtend **(alle drei Jahre)** durchzuführende öffentliche Konsultation zum Arbeitsprogramm des IASB (→ Rn 27) wurde im Juli 2011 erstmalig initiiert. Das darauf basierende entspr zukünftige Arbeitsprogramm des IASB wurde im Dezember 2012 veröffentlicht. Es ist geplant, die zweite öffentliche Agenda-Konsultation noch im Jahr 2015 anzustoßen.

33 Wie zuvor erwähnt, üben die **Treuhänder** der Stiftung weder eine **fachliche Aufsicht** hinsichtlich des Inhalts der IFRS und IFRIC aus, noch gibt es von den Treuhändern vorgegebene Leitlinien, an die sich der Board bei seinen Einzelentscheidungen halten müsste. Allenfalls das **Rahmenkonzept** *(Conceptual Framework)* kann als Grundlage der inhaltlichen Ausgestaltung der IFRS angesehen werden. Ein explizit erwähnter Zweck der im Rahmenkonzept beschriebenen Prinzipien und Überlegungen ist die Unterstützung des IASB bei der Entwicklung neuer IFRS und der Überprüfung bestehender IFRS (vgl F.Purpose and Status (a)). Es wird allerdings vom IASB selbst entwickelt (zum Rahmenkonzept → § 2 Rn 1 und → Rn 2ff).

Insgesamt soll durch die Strukturen und die Organisation der IFRSF, die für die beteiligten Entscheidungsträger (bei der IFRSF und insbes für IASB-Mitglieder) definierten Auswahlkriterien und nicht zuletzt durch die umfangreichen Vorgaben für das Standardsetzungsverfahren sichergestellt werden, dass das IASB-Normenwerk im Interesse der breiten, zwischenzeitlich weltweiten, Öffentlichkeit entwickelt wird (*IFRSF* 2013a, Rz 17(a) sowie Annex, Rz 8; → Rn 51 zur Verbreitung der IFRS).

34, 35 *(einstweilen frei)*

III. Normenwerk des IASB

1. International Financial Reporting Standards (IFRS)

Die Verlautbarungen des IASB umfassen verpflichtende Standards und Interpretationen, ggf aber auch zusätzliche Leitlinien, Beispiele oder Hintergrunderläuterungen. Das gesamte Gefüge von Verlautbarungen inkl des Verbindlichkeitscharakters ist in → § 2 Rn 1 f dargestellt. Die folgenden Ausführungen beschränken sich auf die IFRS und IFRIC (→ Rn 41 f) als wichtige Bestandteile des **Normenwerks** des IASB. International Financial Reporting **Standards** (IFRS) werden gültig, nachdem sie ein geregeltes Standardsetzungsverfahren (*due process,* → Rn 26 f) durchlaufen haben und vom IASB mit der erforderlichen Stimmenmehrheit (zehn von 16 Stimmen, → Rn 30) verabschiedet worden sind. Die Grundlagen für die inhaltliche Ausgestaltung der IFRS stellt das Rahmenkonzept dar (→ § 2 Rn 9 ff). 36

Die bis zum Mai 2003 vom IASC erlassenen Standards werden als **IAS** (International Accounting Standards) bezeichnet, während spätere – und damit vom IASB – verabschiedete Standards als **IFRS** (International Financial Reporting Standards) bezeichnet werden. Das Kürzel IFRS wird auch als Oberbegriff für das gesamte Normenwerk verwendet, das neben den Standards auch Interpretationen und andere Verlautbarungen beinhaltet (→ § 2 Rn 1).

Die Standards sind nicht systematisch geordnet. Sie behandeln jeweils abgegrenzte Themengebiete, über die zeitlich nacheinander beraten und beschlossen wurde. Die **Nummernfolge der Standards** gibt daher keinen Hinweis auf eine inhaltliche Systematik, sondern ist historisch gewachsen. Da es zu Widersprüchen zwischen bestehenden und neuen Normen kommen kann, werden mit Verabschiedung neuer Standards (IFRS) häufig auch Einzelregelungen früherer Standards (IAS) geändert, auch wenn die bisherige Bezeichnung (bspw IAS 16 Sachanlagen) beibehalten wird. 37

Darüber hinaus verabschiedet und veröffentlicht der IASB seit dem Jahr 2008 ca jährlich sog ***Annual Improvements*** (jährliche Verbesserungen). Diese *Annual Improvements* enthalten weniger bedeutsame Änderungen sowie Klarstellungen einzelner Aspekte der Standards. 38

Änderungen von Standards bzw neue Standards gehen häufig einher mit vielfältigen technisch komplexen oder auch rein redaktionellen Änderungen, die auch auf andere Standards ausstrahlen (sog **Folgeänderungen,** *consequential amendments*). Besonders komplex können dabei die Regelungen zu **Übergangsvorschriften** sowie unterschiedlichen (freiwilligen oder verpflichtenden) Anwendungszeitpunkten sein. Aus europäischer Sicht gilt zudem, dass alle vom IASB verabschiedeten neuen Standards oder Änderungen bestehender Standards nur dann anwendbar sind, wenn sie das EU-Endorsement-Verfahren durchlaufen haben und somit in der EU Gesetzeskraft erlangt haben (→ Rn 77 ff). Eine Übersicht aller aktuell endorsierten IFRS-Normen ist bspw abrufbar auf der Website der European Financial Reporting Advisory Group (EFRAG, unter www.efrag.org, Endorsement Status).

Das IFRS-Normenwerk umfasst derzeit folgende IFRS/IAS (Stand 31. Juli 2015). 39

IFRS	Bezeichnung	Handbuch
IFRS 1	Erstmalige Anwendung der IFRS *(First-time Adoption of IFRS)*	§ 44
IFRS 2	Anteilsbasierte Vergütung *(Share-based Payment)*	§ 24

IFRS	Bezeichnung	Handbuch
IFRS 3	Unternehmenszusammenschlüsse *(Business Combinations)*	§§ 34, 35, 37
IFRS 4	Versicherungsverträge *(Insurance Contracts)*	§ 40
IFRS 5	Zur Veräußerung gehaltene langfristige Vermögenswerte und aufgegebene Geschäftsbereiche *(Non-current Assets Held for Sale and Discontinued Operations)*	§ 28
IFRS 6	Exploration und Evaluierung von Bodenschätzen *(Exploration for and Evaluation of Mineral Resources)*	§ 42
IFRS 7	Finanzinstrumente: Angaben *(Financial Instruments: Disclosures)*	§§ 3, 7, 39
IFRS 8	Geschäftssegmente *(Operating Segments)*	§ 21
IFRS 9	Finanzinstrumente *(Financial Instruments)*	§§ 3, 7, 10–12, 14, 23, 39
IFRS 10	Konzernabschlüsse *(Consolidated Financial Statements)*	§§ 30–32, 34, 35, 37
IFRS 11	Gemeinsame Vereinbarungen *(Joint Arrangements)*	§ 29
IFRS 12	Angaben zu Anteilen an anderen Unternehmen *(Disclosure of Interests in Other Entities)*	§§ 29, 32, 36, 37
IFRS 13	Bemessung des beizulegenden Zeitwerts *(Fair Value Measurement)*	insbes §§ 2, 3
IFRS 14	Regulatorische Abgrenzungsposten *(Regulatory Deferral Accounts)*	§ 44
IFRS 15	Erlöse aus Verträgen mit Kunden *(Revenue from Contracts with Customers)*	§ 15

40

IAS	Bezeichnung	Handbuch
IAS 1	Darstellung des Abschlusses *(Presentation of Financial Statements)*	§ 2
IAS 2	Vorräte *(Inventories)*	§ 8
IAS 7	Kapitalflussrechnungen *(Cash Flow Statements)*	§ 18
IAS 8	Rechnungslegungsmethoden, Änderungen von rechnungslegungsbezogenen Schätzungen und Fehler *(Accounting Policies, Changes in Accounting Estimates and Errors)*	§§ 2, 45

IAS	Bezeichnung	Handbuch
IAS 10	Ereignisse nach dem Bilanzstichtag *(Events after the Reporting Period)*	§ 2
IAS 11	Fertigungsaufträge *(Construction Contracts)*	§ 9
IAS 12	Ertragsteuern *(Income Taxes)*	§ 25
IAS 16	Sachanlagen *(Property, Plant and Equipment)*	§ 5
IAS 17	Leasingverhältnisse *(Leases)*	§ 22
IAS 18	Umsatzerlöse *(Revenue)*	§ 15
IAS 19	Leistungen an Arbeitnehmer *(Employee Benefits)*	§ 26
IAS 20	Bilanzierung und Darstellung von Zuwendungen der öffentlichen Hand *(Accounting for Government Grants and Disclosure of Government Assistance)*	§ 5
IAS 21	Auswirkungen von Wechselkursänderungen *(The Effects of Changes in Foreign Exchange Rates)*	§§ 2, 23, 33
IAS 23	Fremdkapitalkosten *(Borrowing Costs)*	§§ 5, 8
IAS 24	Angaben über Beziehungen zu nahe stehenden Unternehmen und Personen *(Related Party Disclosures)*	§ 20
IAS 26	Bilanzierung und Berichterstattung von Altersversorgungsplänen *(Accounting and Reporting by Retirement Benefit Plans)*	§ 26
IAS 27	Einzelabschlüsse *(Separate Financial Statements)*	§§ 7, 11
IAS 28	Anteile an assoziierten Unternehmen und Gemeinschaftsunternehmen *(Investments in Associates and Joint Ventures)*	§ 36
IAS 29	Rechnungslegung in Hochinflationsländern *(Financial Reporting in Hyperinflationary Economies)*	§ 33
IAS 32	Finanzinstrumente: Darstellung *(Financial Instruments: Presentation)*	§§ 3, 7, 10–12, 14, 23, 39
IAS 33	Ergebnis je Aktie *(Earnings per Share)*	§ 16
IAS 34	Zwischenberichterstattung *(Interim Financial Reporting)*	§ 43

IAS	Bezeichnung	Handbuch
IAS 36	Wertminderung von Vermögenswerten *(Impairment of Assets)*	§§ 2, 5 und insbes 27
IAS 37	Rückstellungen, Eventualschulden und Eventualforderungen *(Provisions, Contingent Liabilities and Contingent Assets)*	§§ 10, 13
IAS 38	Immaterielle Vermögenswerte *(Intangible Assets)*	§ 4
IAS 39	Finanzinstrumente: Ansatz und Bewertung *(Financial Instruments: Recognition and Measurement)*	§§ 3, 7, 10–12, 14, 23, 39
IAS 40	Als Finanzinvestition gehaltene Immobilien *(Investment Property)*	§ 6
IAS 41	Landwirtschaft *(Agriculture)*	§ 41

Diese Standards sind bis auf IFRS 9, IFRS 14 und IFRS 15 durch das Endorsement in europäisches Recht überführt (s *EFRAG* EU Endorsement Status Report vom 23. Juli 2015). Das Endorsement für IFRS 9 und IFRS 15 ist noch für das Jahr 2015 in Aussicht gestellt. Über das weitere Verfahren bzgl IFRS 14 ist noch nicht entschieden; seitens EFRAG wird insbes der Status des IFRS 14 als Interimsstandard kritisch gesehen und eine Übernahme in EU-Recht von den Ergebnissen des einschlägigen IASB-Forschungsprojekts abhängig gemacht.

2. Interpretationen

Die IFRS sind – entspr der Zielsetzung (*IFRSF* 2013a, 2a) – als **prinzipienbasiertes Normensystem** angelegt. Grds soll auf detaillierte, kasuistische Regelungen weitestgehend verzichtet werden. Demzufolge sind Methoden zur bilanziellen Abbildung im Einzelfall häufig aus den übergeordneten Prinzipien abzuleiten. Die Auslegung der IFRS ist jedoch nicht trivial, zumal es sich nicht um ein etabliertes und in sich geschlossenes Normenwerk handelt (sondern nicht nur einzelne Standards, sondern auch die im Rahmenkonzept behandelten Grundlagen einem steten Wandel unterliegen, → § 2 Rn 4ff). Im Ergebnis kann das Fehlen einschlägiger IFRS (sog **Regelungslücken**) zu unterschiedlichen Bilanzierungsmethoden in der Praxis führen (zum Vorgehen bei Regelungslücken, vgl IAS 8.10, → § 2 Rn 115). Dies schränkt nicht nur die Vergleichbarkeit der Unternehmensabschlüsse ein, sondern kann auch zur Verunsicherung der Unternehmen bzgl der Normenkonformität führen (ua im Hinblick auf mögliche Beanstandungen durch Abschlussprüfer oder Enforcement-Institutionen, → Rn 78ff bzw Rn 98ff). Interpretationen der IFRS sollen in solchen Fällen von divergierender IFRS-Auslegung in der Praxis vergleichsweise rasche Abhilfe schaffen (vgl *IFRSF* 2013b, 5.15, vgl zu verschiedenen mit der IFRS-Auslegung befassten Akteuren *Kleinmanns* DB 2014, 1325 (1325ff)). 41

Das IFRS-Normenwerk umfasst daher derzeit neben den IFRS/IAS folgende IFRIC/SIC (Stand 31. Juli 2015). 42

IFRIC	Bezeichnung	Handbuch
IFRIC 1	Änderungen bestehender Rückstellungen für Entsorgungs-, Wiederherstellungs- und ähnliche Verpflichtungen *(Changes in Existing Decommissioning, Restoration and Similar Liabilities)*	§§ 5, 13
IFRIC 2	Geschäftsanteile an Genossenschaften und ähnliche Instrumente *(Members's Shares in Cooperative Entities and Similar Instruments)*	§ 12
IFRIC 4	Feststellung, ob eine Vereinbarung ein Leasingverhältnis enthält (*Determining whether an Arrangement Contains a Lease)*	§ 22
IFRIC 5	Rechte auf Anteile an Fonds für Entsorgung, Rekultivierung und Umweltsanierung *(Rights to Interests arising from Decommissioning, Restoration and Environmental Rehabilitation Funds)*	§ 13
IFRIC 6	Verbindlichkeiten, die sich aus einer Teilnahme an einem spezifischen Markt ergeben – Elektro- und Elektronik-Altgeräte *(Liabilities arising from Participating in a Specific Market-Waste Electrical and Electronic Equipment)*	§ 13
IFRIC 7	Anwendung des Anpassungsansatzes unter IAS 29 Rechnungslegung in Hochinflationsländern *(Applying the Restatement Approach under IAS 29 Financial Reporting in Hyperinflationary Economies)*	§ 33
IFRIC 9	Neubeurteilung eingebetteter Derivate *(Reassessment of Embedded Derivatives)*	§ 3
IFRIC 10	Zwischenberichterstattung und Wertminderung *(Interim Financial Reporting and Impairment)*	§ 43
IFRIC 12	Dienstleistungskonzessionsvereinbarungen (*Service Concession Arrangements)*	§§ 4, 9, 15
IFRIC 13	Kundenbindungsprogramme *(Customer Loyalty Programmes)*	§§ 13, 15
IFRIC 14	IAS 19 – Die Begrenzung eines leistungsorientierten Vermögenswerts, Mindestdotierungsverpflichtungen und ihre Wechselwirkung *(IAS 19 – The Limit on a Defined Benefit Asset, Minimum Funding Requirements and their Interaction)*	§ 26
IFRIC 15	Verträge über die Errichtung von Immobilien (*Agreement for the Construction of Real Estate)*	§§ 9, 15
IFRIC 16	Absicherung einer Nettoinvestition in einen ausländischen Geschäftsbetrieb (*Hedges in a Net Investment in a Foreign Operation)*	§§ 3, 23, 33

IFRIC	Bezeichnung	Handbuch
IFRIC 17	Sachdividenden an Eigentümer *(Distributions of Non-Cash Assets to Owners)*	§ 12
IFRIC 18	Übertragung von Vermögenswerten durch einen Kunden *(Transfer of Assets from Customers)*	§ 15
IFRIC 19	Tilgung finanzieller Verbindlichkeiten durch Eigenkapitalinstrumente *(Extinguishing Financial Liabilities with Equity Instruments)*	§§ 3, 12
IFRIC 20	Abraumkosten in der Produktionsphase eines Tagebaubergwerks *(Stripping Costs in the Production Phase of a Surface Mine)*	§ 42
IFRIC 21	Abgaben *(Levies)*	§ 13

43

SIC	Bezeichnung	Handbuch
SIC-7	Einführung des Euro *(Introduction of the Euro)*	
SIC-10	Beihilfen der öffentlichen Hand – Kein spezifischer Zusammenhang mit betrieblichen Tätigkeiten *(Government Assistance – No Specific Relation to Operating Activities)*	§ 5
SIC-15	Operating-Leasingverhältnisse – Anreizvereinbarungen *(Operating Leases – Incentives)*	§ 22
SIC-25	Ertragsteuern – Änderungen im Steuerstatus eines Unternehmens oder seiner Anteilseigner *(Income Taxes – Changes in the Tax Status of an Enterprise or its Shareholders)*	§ 25
SIC-27	Beurteilung des wirtschaftlichen Gehalts von Transaktionen in der rechtlichen Form von Leasingverhältnissen *(Evaluating the Substance of Transactions Involving the Legal Form of a Lease)*	§ 22
SIC-29	Dienstleistungskonzessionsvereinbarungen: Angaben *(Disclosure – Service Concession Arrangements)*	§ 19
SIC-31	Umsatzerlöse – Tausch von Werbedienstleistungen *(Revenue – Barter Transactions Involving Advertising Services)*	§ 15
SIC-32	Immaterielle Vermögenswerte – Kosten von Internetseiten *(Intangible Assets – Web Site Costs)*	§ 4

Neben diesen Interpretationen, die das Standardsetzungsverfahren (→ Rn 29f) von der Erarbeitung durch das IFRSIC bis zur Verabschiedung durch den IASB durchlaufen haben, veröffentlicht das IFRSIC **informelle Arbeitsergebnisse,** die sog „non-IFRICs" (oder auch NIFRICs). **NIFRICs** werden dann veröffentlicht, wenn das IFRSIC eine Anfrage nicht auf seine Agenda nimmt, also die Abfassung einer Interpretation ablehnt. Im Rahmen dieser Agendaentscheidungen *(agenda decisions)* veröffentlicht das IFRSIC die Überlegungen, die zu der ablehnenden Agendaentscheidung geführt haben *(rejection notice)*. Diese Überlegungen haben für die IFRS-Bilanzierer grds keinen verpflichtenden Charakter, sondern sollen gem *IFRSF* 2013b, 5.22 hilfreich und informativ sein. Jedoch können sie bei der praktischen Arbeit nicht außer Acht gelassen werden. Die NIFRICs werden nach Entscheidung des IFRSIC jeweils in den vom IASB herausgegebenen IFRIC Updates veröffentlicht und sind auf der IASB-Website abrufbar. 44

3. Standard für kleine und mittelgroße Unternehmen

Die IFRS sind an den Bedürfnissen der Adressaten von Abschlüssen kapitalmarktorientierter Unternehmen ausgerichtet. Nach dem Selbstverständnis der IFRSF sind die IFRS jedoch grds auch für nicht-kapitalmarktorientierte Unternehmen geeignet. Um den besonderen Bedürfnissen kleinerer Unternehmen jedoch besser Rechnung zu tragen, hat der IASB am 9. Juli 2009 den **IFRS for Small and Medium-sized Entities** (IFRS for SMEs, im Folgenden SME-IFRS) veröffentlicht und im Jahr 2015 im Rahmen des regelmäßigen Überarbeitungsturnus geringfügig geändert und ergänzt (ausführlich → § 46 Rn 5). Dieser Standard kann – in Abhängigkeit von entspr nationalen Vorgaben – von Unternehmen angewendet werden, die keiner öffentlichen Rechenschaftspflicht unterliegen. Weltweit können oder müssen (ausgewählte) Unternehmen in 63 Jurisdiktionen den SME-IFRS anwenden (vgl *IFRSF* 2014a, 2); Auf europäischer und deutscher Ebene wird die Anwendung des SME-IFRS dagegen nicht für sinnvoll erachtet (→ § 46 Rn 6f). Der deutsche Gesetzgeber hat – auch als Gegenmodell zu dem SME-IFRS – bereits im Jahr 2009 das Bilanzrechtsmodernisierungsgesetz (BilMoG vom 25.5.2009 (BGBl I S 1102)) beschlossen. 45

4. IFRS Practice Statement Management Commentary

Das deutsche HGB schreibt in § 289 vor, dass die Geschäftsführer/Vorstände in einem **Lagebericht** den Geschäftsverlauf und die Lage der Kapitalgesellschaft darstellen müssen (zum Konzernlagebericht → § 38 Rn 1ff). Ein entspr Bericht wird für einen vollständigen IFRS-Abschluss **nicht** gefordert (IAS 1.10). In IAS 1.13 wird lediglich angemerkt, dass viele Unternehmen einen solchen Bericht erstellen. Die IFRS erheben hiergegen keine Einwendungen. 46

Im Dezember 2010 hat der IASB in einer gesonderten Verlautbarung zum Lagebericht Stellung genommen, der als Managementbericht *(Management Commentary)* bezeichnet wird. Diese Verlautbarung wird nicht als „Standard" eingestuft, sondern hat die Bezeichnung **„IFRS Practice Statement"** erhalten. Sie hat somit **nicht** die Verbindlichkeit eines Standards, sondern ist eine Erläuterung und Meinungsäußerung und damit unverbindliche Leitlinie des IASB zum *Management Commentary* (vgl dazu ausführlich → § 38 Rn 90ff). Das *Practice Statement* verlangt, dass sich dieser Managementbericht innerhalb der Vorschriften des Rahmenkonzepts bewegt (PS MC.IN4) und sich auf die Teile des Abschlusses bezieht, die nach den IFRS aufgestellt sind (PS MC.1).

5. XBRL-Taxonomie

47 Der IASB beschäftigt sich auch mit der **praktischen, IT-gestützten Umsetzung** seiner Standards. Die entspr Verlautbarungen werden durch das Schlagwort „XBRL-Taxonomie" gekennzeichnet.

Die IFRS-Taxonomie ist eine Übersetzung der IFRS in die Unternehmensberichterstattungssprache **XBRL (eXtensible Business Reporting Language;** vgl ausführlich *Berndt/Müller* BB 2015, 1128 (1128ff)). Die Taxonomie 2015 berücksichtigt alle IFRS, die vom International Accounting Standards Board (IASB) bis zum 1. Januar 2015 herausgegeben wurden und enthält XBRL-Etiketten für alle IFRS-Angabevorschriften. Die aktuelle Taxonomie und die begleitenden Materialien stehen auf der Internetseite der IFRSF (www.ifrs.org, XBRL) zum Download bereit.

48–50 *(einstweilen frei)*

B. Anwendung der IFRS weltweit

I. Zunehmende Verbreitung der IFRS

51 Die IFRSF hat in einer eigenen Analyse die Verbreitung der Anwendung der IFRS weltweit untersucht. Sie kommt zu dem Schluss, dass **116 der insgesamt 140** untersuchten Länder (83%) die **verpflichtende** Anwendung der IFRS für alle oder die meisten der öffentlichen Rechenschaft unterliegenden Unternehmen (*public accountability*) vorsehen (vgl *IFRSF* Analysis of the IFRS jurisdictional profile, http://www.ifrs.org/Use-around-the-world/Documents/Analysis-of-the-IFRS-jurisdictional-profiles.pdf, vom Mai 2015, Abruf: 24.6.2015). Dabei kann die öffentliche Rechenschaftspflicht verkürzt mit **kapitalmarktorientierten Unternehmen** gleichgesetzt werden.

Dies ist eine beeindruckende Entwicklung, die die IFRS hin zu einem weltweiten Rechnungslegungsstandard in den letzten Jahrzehnten vollzogen haben. So enthält der Jahresbericht 2002 (*IASCF* 2003, 2) noch eine Übersicht von 23 Ländern (kleine und mittelgroße Volkswirtschaften wie zB Costa Rica, Ecuador, Malta oder Peru), in denen kapitalmarktorientierte Unternehmen IFRS verpflichtend anwendeten. Im Jahr 2005 wurden die IFRS in den Ländern der EU (aufgrund der IAS-VO, → Rn 70) oder Australien für bestimmte Unternehmen verpflichtend. Mit diesen politischen Entscheidungen großer Volkswirtschaften nahm der Siegeszug der IFRS weltweit an Fahrt auf.

Häufig beschränkt sich die verpflichtende und/oder freiwillige Anwendung der IFRS (noch) auf (Konzern-)Abschlüsse **kapitalmarktorientierter Unternehmen** und damit idR auf die großen Unternehmen. Dennoch ist auch der SME-IFRS nach Angabe des IASB zwischenzeitlich in ca 80 Ländern anwendbar bzw verpflichtend anzuwenden (s *IASB* A Guide to the IFRS for SMEs März 2012, 5).

II. IFRS-Anwendung zwischen IFRS-Übernahme, Konvergenz, Endorsement und Condorsement

52 Die rasante Ausweitung der weltweiten IFRS-Anwendung ging und geht mit großen Herausforderungen einher. Für die nationalen Jurisdiktionen stellten sich komplexe Fragen zur konkreten Umsetzung der Übernahme der IFRS, bspw zur

Einbettung in nationale Gesetzgebung unter Beachtung möglicher Wechselwirkungen mit dem Steuer- und/oder Gesellschaftsrecht oder zur Definition des (freiwilligen/verpflichteten) Anwenderkreises. Bei der Übernahme der IFRS sind im Ergebnis sehr verschiedene Wege beschritten worden. Grds denkbar sind folgende Optionen:

1) **Umstellung auf IFRS** *(adoption/conversion)* – die bisher geltenden nationalen Regelungen werden für den definierten Anwenderkreis durch die vom IASB verabschiedeten IFRS ersetzt, verpflichtend für die Unternehmen sind auch nach Änderungen/neuen IFRS jeweils die vom IASB verabschiedeten Normen; 53
2) **Endorsementverfahren** – die Übernahme der vom IASB verabschiedeten IFRS in nationales Recht folgt einem vorab definierten Überprüfungsprozess, für die Unternehmen entfalten jeweils nur die vom nationalen Gesetzgeber endorsierten (übernommenen) IFRS bindende Wirkung. Dieses Verfahren ist bspw für die EU in der IAS-VO geregelt (→ Rn 70), sodass für europäische Unternehmen nur die endorsierten „EU-IFRS" zur Anwendung kommen;
3) **Konvergenz** – bestehende nationale Normen und IFRS werden in langwierigen Abstimmungsprozessen zwischen dem IASB und dem jeweiligen nationalen Standardsetzer aneinander angeglichen. Sofern eine vollständige Übereinstimmung erreicht werden kann, können die nationalen Normen im Zeitablauf durch die IFRS ersetzt werden. Diesen Weg hat bspw die USA eingeschlagen. Die im Jahr 2002 initiierten Konvergenzbemühungen resultierten in zahlreichen kurzfristigen und langfristigen gemeinsamen IASB/FASB-Konvergenzprojekten, die erst kürzlich mit dem Abschluss des Projekts zu Finanzinstrumenten zu Ende gingen. Allerdings mit unbefriedigendem Ergebnis, da es weiterhin grds Unterschiede in vielen Bilanzfragen gibt, auch wenn einzelne Regelungen (bspw Segmentberichterstattung (§ 21), Erlöserfassung aus Verträgen mit Kunden (§ 15)) zwischenzeitlich nach IFRS und US-GAAP identisch sind.

   Für US-Unternehmen sind die **IFRS** weiterhin **nicht anwendbar.** Nur ausländische Unternehmen, deren Anteile an einer US-Börse gehandelt werden, dürfen bei der US-amerikanischen Börsenaufsicht *(Securities and Exchange Commission, SEC)* Abschlüsse nach IFRS einreichen (*SEC* Release No 33–8879 vom 21.12.2007, dazu WPg 2008, 95). Die SEC hat die Zulassung von IFRS-Abschlüssen ua von dem Fortschritt der Konvergenzbemühungen abhängig gemacht. Im Jahr 2011 hat die SEC eine Analyse der Unterschiede zwischen IFRS und US-GAAP und der Anwendung der IFRS in der Praxis erstellt sowie einen Arbeitsplan für eine SEC-Empfehlung zur Einbindung der IFRS in das US-amerikanische Finanzberichterstattungssystem veröffentlicht (vgl *SEC-Staff* Work Plan, 2011). Die IFRS-Anwendung für US-Unternehmen scheint jedoch wieder in weitere Ferne gerückt zu sein. Bereits im SEC-Strategiepapier 2014–2018 wird zunächst die Rolle des FASB betont und im Hinblick auf ein einheitliches globales Normensystem werden lediglich (und weiterhin) die Möglichkeiten dafür geprüft.

   Es ist festzuhalten, dass zumeist bilaterale Konvergenzbemühungen für einen internationalen Standardsetzer vor dem Hintergrund zahlreicher teilweise divergierender Interessen weltweit schwer durchführbar und begründbar sind. Vielleicht auch deshalb wurde in einer Rede des SEC-Deputy Chief Accountants, Paul A. Beswick, ein weiterer Weg beschrieben (abrufbar unter www.sec.gov/news/speech/2010/spch120610pab.htm, Abruf: 2.7.2015):
4) **„Condorsement"** – unter Beibehaltung nationaler Normen werden diese auf mögliche Annäherung und Angleichung an die IFRS hin untersucht, ohne die IFRS jedoch in nationales Recht zu übernehmen. Dieser US-amerikanische Vorschlag wurde bislang in der Praxis nicht verfolgt.

54 Darüber hinaus werden auch **Adaptionen** einzelner IFRS vorgenommen, die anstelle einer vollständigen Übernahme (Adoption) des IFRS-Regelwerks treten. Diese können zB die Integration in das nationale Normengefüge erleichtern oder die Akzeptanz der „IFRS" steigern. Allerdings zeigt sich, dass sich durch die unterschiedlichen nationalen Lösungen verschiedene IFRS-Versionen herausbilden, die zB aus nicht endorsierten Normen (sog *carve-outs*), vorgenommenen Anpassungen oder (stark) zeitversetzten Übernahmen neuer Regelungen ergeben können. Hinzu kommen die Abweichungen in der Auslegung der IFRS in der Bilanzierungspraxis, die zwar nicht systemimmanente IFRS-Unterschiede darstellen, die weltweite Vergleichbarkeit der IFRS-Abschlüsse dennoch einschränken. Die Herausforderung besteht für die IFRSF darin, vor diesem Hintergrund einen einheitlichen, globalen, qualitativ-hochwertigen Rechnungslegungsstandard zu etablieren.

55–69 *(einstweilen frei)*

III. Rechtlicher und organisatorischer Rahmen und Anwendung der IFRS in der EU

1. Verordnung der EU zur Übernahme der IFRS (IAS-VO)

70 Das europäische Parlament und der europäische Rat haben mit der Verordnung EU Nr 1606/2002 vom 19. Juli 2002, der sog **IAS-VO** (EU-Amtsblatt vom 11. September 2002, L 243) geändert durch die VO (EG) Nr 297/2008 des europäischen Parlaments und des europäischen Rats vom 11. März 2008 (EU-Amtsblatt vom 9. April 2008, L 97/62) die Einführung der IFRS in das Recht der EU für **Konzernabschlüsse kapitalmarktorientierter Unternehmen ab** dem Jahr **2005** vorgeschrieben. Darüber hinaus sieht die IAS-VO ein Wahlrecht vor, wonach die Mitgliedstaaten jeweils darüber entscheiden können, ob die IFRS für Konzernabschlüsse anderer Unternehmen und/oder für Einzelabschlüsse von Unternehmen verpflichtend anzuwenden sind oder freiwillig angewendet werden dürfen. Die IAS-VO ist im September 2002 in Kraft getreten. Sie ist in allen ihren Teilen verbindlich und gilt **unmittelbar in jedem Mitgliedsstaat.** Eine Transformation durch die Gesetzgeber der Mitgliedsstaaten in das jeweilige nationale Recht ist nicht erforderlich. Die Rechtslage ist hier anders als zB bei der Einführung der EU-Bilanzrichtlinie vom 26. Juni 2013, die eine Transformation in nationales Recht erforderte. Der IAS-VO unterliegen Unternehmen, deren Wertpapiere zum Handel an einem geregelten Markt zugelassen sind (Art 4).

Ziel der IAS-VO war es, durch harmonisierte Rechnungslegungsnormen effizientere EU-Kapital- und Binnenmärkte zu schaffen. Ergebnisse einer Untersuchung der EU-Kommission zur Zielerreichung wurden kürzlich veröffentlicht (vgl *EU-Kommission* 2015) und zeigen auf, dass die Ziele der IAS-VO erreicht wurden. In diesem Zusammenhang wird auch festgestellt, dass der festgelegte IFRS-Anwendungsbereich und die allgemeine Funktionsweise der IAS-VO angemessen sind (vgl *EU-Kommission* 2015, 12).

2. Übernahmeverfahren der EU (Endorsement) und beteiligte europäische Institutionen

71 Mit der Veröffentlichung der IFRS des IASB im EU-Amtsblatt werden diese für Unternehmen in der EU verbindlich. Dieser Veröffentlichung geht jedoch eine Prüfung der IFRS durch die EU-Kommission voraus (vgl Art 3 IAS-VO zu diesem begrenzten **Prüfungsrecht**). Der Prozess zur Übernahme der IFRS in

europäisches Recht wird als **Endorsement** bezeichnet. Die folgende Abbildung zeigt die an dem Prozess beteiligten Institutionen (vgl *EU-Kommission* 2015 Tz 2.2.4):

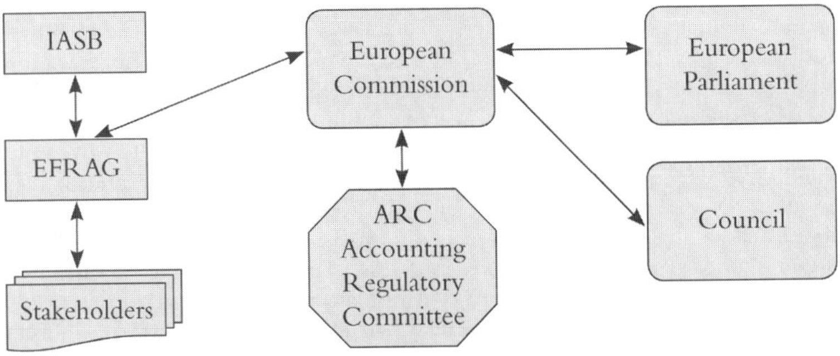

Quelle: http://eur-lex.europa.eu/legal-content/EN/TXT/?uri=CELEX:52015 SC0120

In diesem Prozess wird geprüft, ob die jeweiligen IFRS:
(1) ein den **tatsächlichen Verhältnissen entspr Bild der VFE-Lage** vermitteln (Hinweis: der derzeitige Verweis in Art 3 IAS-VO auf Art 16 Abs 3 der 7. EG-Richtlinie und Art 2 Abs 3 der 4. EG-Richtlinie ist aufgrund der Bilanzrichtlinie aus dem Jahr 2013 überholt),
(2) nicht **europäischen öffentlichen Interessen** entgegenstehen,
(3) verständlich, für die Benutzer relevant und verlässlich sind und mit früheren Abschlüssen des gleichen Unternehmens und mit denjenigen anderer Unternehmen vergleichbar sind, um den Benutzern für ihre wirtschaftlichen Entscheidungen zu dienen und ihnen zu ermöglichen, die Leistungen der Unternehmensleitung zu beurteilen.

Die EU beschließt die Übernahme jedes einzelnen Standards und jedes einzelnen IFRIC im sog **Ausschussverfahren** (auch **Komitologie-Verfahren** genannt). An der Entscheidung der EU-Kommission wirken folgende **Institutionen** mit: 72
(1) Das *Accounting Regulatory Committee* **(ARC),** das mit Regierungsvertretern der Mitgliedsstaaten besetzt ist.
(2) Ein **Ausschuss des europäischen Parlaments**, das seit dem Kommissionsbeschluss vom 17. Juli 2006 eingeschaltet werden muss.
(3) Beratend wirkt die *European Financial Reporting Advisory Group* **(EFRAG)** mit. Dieses Gremium wurde im Jahr 2014 nach entspr Empfehlungen im sog Maystadt-Bericht (vgl *EU-Kommission* 2013) umstrukturiert, um die europäischen Rechnungslegungsinteressen besser bündeln und koordiniert beim IASB einbringen zu können. Die Expertengruppe (*Technical Expert Group;* **TEG**) besteht aus zwölf stimmberechtigten Personen aus den Bereichen Abschlussersteller, Wirtschaftsprüfung und Finanzanalyse (sowie drei nicht stimmberechtigten Vertretern nationaler Standardsetzer). Allerdings kommt der TEG seit der Maystadt-Reform im Jahr 2014 lediglich eine beratende Rolle zu. Die Entscheidungen trifft letztlich der neu etablierte EFRAG **Board,** dem gleichberechtigt Europäische Organisationen und Nationale Standardsetzer angehören. Der Präsident des Boards wird von der EU-Kommission (nach Anhörung von EU-Parlament und ARC) nominiert. Somit ist dieses zuvor privat-rechtlich organisierte Gremium nunmehr zT öffentlich-rechtlich organisiert (und finanziert) und stärker in die öffentlichen, politischen EU-Ent-

scheidungsprozesse eingebunden. Aus Deutschland gehört Prof. Dr. **Andreas Barckow,** Präsident des DRSC, dem EFRAG-Board an.

73 (4) Ein Endorsement kommt nur zustande, wenn das ARC einem entspr Kommissionsvorschlag zustimmt und das europäische Parlament und der Rat der Europäischen Union nicht widersprechen.

Die EU-Kommission trifft die Entscheidungen zur Übernahme einzelner IFRS und IFRIC in Form von IFRS-Übernahme-VO. Die übernommenen IFRS (inkl IFRIC) werden im EU-Amtsblatt veröffentlicht. Bspw sind die jährlichen Verbesserungen der IFRS, Zyklus 2011–2013, veröffentlicht unter EU-Amtsblatt, OJ L 365, vom 19. Dezember 2014, 120ff. Abgesehen von einer konsolidierten EU-IFRS-Fassung der EU-Kommission vom 3. November 2008 (in sämtlichen EU-Sprachen, vgl VO-EG Nr 1126/2008, EU-Amtsblatt vom 29. November 2008, L 320/1) sind die EU-IFRS offiziell lediglich anhand der einzelnen Veröffentlichungen im EU-Amtsblatt nachvollziehbar. Eine aktuelle zusammengefasste – und damit weitaus übersichtlichere – Version in deutscher Sprache (derzeitiger Stand: April 2015) ist bspw auf der Website www.ifrs-portal.com abrufbar.

74 Die **Anwendung** der IFRS in Europa wird durch die Differenzierung zwischen EU-anerkannten und (noch) nicht anerkannten Standards und Interpretationen (→ Rn 53) **erschwert.** Die EU-Kommission hat ihre Auffassung zu den sich daraus ergebenden Fragen in einer Stellungnahme vom November 2003 niedergelegt (vgl *EU-Kommission* Kommentare, 2003). Danach muss ein von der EU (noch) nicht übernommener Standard nicht und in „bestimmten Fällen“ darf er sogar nicht angewandt werden (vgl *EU-Kommission* Kommentare, 2003, 4). Dabei bleibt im Text offen, wann ein „bestimmter Fall“ vorliegt. Gedacht ist wohl in erster Linie an Regeln, die den europäischen öffentlichen Interessen widersprechen. Aus der Sicht der EU liegt eine Regelungslücke vor, wenn bestimmte Standards nicht angewendet werden müssen oder dürfen. Diese sind entspr des Vorgehens für Regelungslücken gem IAS 8.10ff zu schließen (→ § 2 Rn 115f). Dabei können nach Meinung der EU-Kommission die (noch) nicht übernommenen Standards als Auslegungshilfe herangezogen werden, wenn und soweit sie mit den in IAS 8.10f sowie IAS 1.17 und IAS 1.19 genannten Prinzipien übereinstimmen und nicht im Widerspruch zu den Standards stehen, die die EU akzeptiert hat.

Im Rahmen der vorstehenden Ausführungen kann somit eine vorzeitige freiwillige Anwendung von einzelnen IFRS in Betracht kommen, die noch kein Endorsement erhalten haben (zu Einzelheiten *Buchheim/Knorr/Schmidt* KoR 2008, 373 (373)).

75 Der Endorsementprozess, aber auch die Möglichkeiten der Einflussnahme auf die Entwicklung der IFRS und die relevanten europäischen Strukturen (insbes EFRAG, → Rn 72) wurden im Jahr 2013 im Auftrag der Europäischen Kommission untersucht. Die Ergebnisse sind im sog **Maystadt-Bericht** zusammengefasst. Vorgeschlagen wurden darin ua die Ergänzung und Konkretisierung der zuvor genannten Übernahmekriterien sowie die (bereits umgesetzte) Umstrukturierung von EFRAG, dem fachlichen Beratungsgremium der EU-Kommission. Dadurch soll insges eine stärkere Berücksichtigung europäischer Interessen bereits im Zuge des IFRS-Entwicklungsprozesses und ein daran anschließender sorgfältiger Übernahmeprozess gewährleistet werden (vgl *EU-Kommission* 2013, 10f).

76 So ist bspw die zuvor beschriebene Prüfung im Rahmen der Übernahme der IFRS durch die EU-Kommission letztlich nur ein zeitlich nachgelagerter Prozess zur Qualitätssicherung von bereits durch den IASB verabschiedeten IFRS. Zu diesem Zeitpunkt sind die Gestaltungsmöglichkeiten jedoch zwangsläufig limitiert, sodass der europäische Standpunkt zukünftig frühzeitig im Standardsetzungsprozess (→ Rn 26f) eingebracht werden soll. Als problematisch könnten

sich dabei jedoch die nicht zu unterschätzenden Differenzen innerhalb der EU erweisen. Diese waren bereits im Jahr 2002 ein Grund für die IAS-VO; die Übernahme der IFRS erschien aussichtsreicher als einen gemeinsamen europäischen Konsens zu finden und auch heute noch vertreten die verschiedenen europäischen Standardsetzer unterschiedliche Meinungen ggü dem IASB (so *Maystadt* in *EU-Kommission* 2013, 10). Die Umstrukturierung und Stärkung der EFRAG soll hierfür einen wichtigen Beitrag leisten.

3. Anwendung der IFRS in der EU

Wie erwähnt, sieht die IAS-VO neben dem verpflichtenden Anwenderkreis 77 (→ Rn 70) **Wahlrechte** vor, wonach die **Mitgliedstaaten** jeweils darüber entscheiden können, ob die IFRS für Konzernabschlüsse nicht-börsennotierter Unternehmen und/oder für Einzelabschlüsse von Unternehmen verpflichtend anzuwenden sind oder freiwillig angewendet werden dürfen. Eine entspr Auswertung zur Ausübung der Wahlrechte aus dem Jahr 2014 (*EU-Kommission* 2014) zeigt, dass zahlreiche Mitgliedstaaten die Anwendung der IFRS (länderspezifisch und teilweise beschränkt auf bestimmte Unternehmen) auch:

1) für den Jahresabschluss von kapitalmarktorientierten Unternehmen vorschreiben (15 von 28 Mitgliedstaaten) oder erlauben (7),
2) für nicht-börsennotierte Unternehmen die Anwendung der IFRS für den Konzernabschluss vorschreiben (17) bzw erlauben (10) sowie
3) für nicht-börsennotierte Unternehmen die IFRS-Anwendung auch für den Jahresabschluss vorschreiben (13) bzw erlauben (14).

Insgesamt werden gem EU-Kommission die IFRS im Vergleich zur entspr Untersuchung aus dem Jahr 2008 in größerem Umfang angewendet (vgl *EU-Kommission* 2014, 22). Deutschland legt die Wahlrechte der IAS-VO diesbezüglich restriktiv aus, indem die befreiende IFRS-Anwendung lediglich für Konzernabschlüsse nicht-kapitalmarktorientierte Unternehmen erlaubt ist (→ Rn 86).

Es wird geschätzt, dass ca **4.800** europäische kapitalmarktorientierte Unternehmen den **Konzernabschluss** verpflichtend nach IFRS aufstellen, weitere ca **1.000** kapitalmarktorientierte Unternehmen erstellen einen **IFRS-Jahresabschluss** (vgl *EU-Kommission* 2015, 22).

4. Enforcement der IFRS in der EU

In der IAS-VO (Beweggrund 16) ist auch die Notwendigkeit eines wirkungs- 78 vollen Enforcement-Systems zur Sicherstellung der Einhaltung der IFRS-Normen verankert; die TranspRL (insbes Art 24 Nr 4) aus dem Jahr 2004 ergänzt Rahmenbedingungen zur Ausgestaltung der nationalen Enforcement-Institutionen. Grds obliegt die Ausgestaltung des Enforcement-Systems den Mitgliedstaaten, allerdings sollen diese auf einem einheitlichen europäischen Ansatz basieren, der durch das damalige Committee of European Securities Regulators (CESR) vorgegeben wird. Die von CESR entwickelten Standards (CESR/03–073 und CESR/03–317c) wurden zwischenzeitlich von den im Jahr 2014 verabschiedeten Leitlinien zum Enforcement (Guidelines on Enforcement of Financial Information) abgelöst. Diese Leitlinien wurden von der CESR-Nachfolgeorganisation, der European Securities and Markets Authority (ESMA) entwickelt. Die Leitlinien setzen sich mit dem Ziel, Konzept und Geltungsbereich der Überwachung der Einhaltung von Rechnungslegungsnormen auseinander (vgl *ESMA* 2014). Darin werden die Ausgestaltung der europäischen Enforcement-Behörden aber auch Leitlinien für einzelne Aspekte der nationalen Enforcement-Prozesse (*pre-clearance*-Verfahren, Unternehmensauswahl, Maßnahmen zur Durchsetzung) dargestellt, die jedoch den Mitgliedstaaten umfassende Ausgestaltungsspielräume lassen. Das bisherige zweistufige Enforcement-System in Deutschland (→ Rn 98 ff) steht bereits im Einklang mit diesen europäischen Leitlinien (vgl *DPR* 2015, 21).

79 Ein wichtiges Anliegen (auch der neueren Leitlinien) ist der Austausch zwischen den europäischen Enforcement-Behörden. Bereits CESR hatte mit den sog European Enforcers Coordination Sessions (ECCS) ein solches Forum geschaffen, um sich regelmäßig zu IFRS-Anwendungsfällen auszutauschen und ggf über zweifelhafte Sachverhalte zu entscheiden (vgl *ESMA* 2014, 10 ff). Diese Entscheidungen werden in einer europäischen Datenbank erfasst und erleichtern somit die konsistente Anwendung der IFRS in Europa. Ausgewählte Ergebnisse dieser Diskussionen (*ECCS Decisions*) werden anschließend in ca halbjährlich erscheinenden ESMA-Reports veröffentlicht. Diese ESMA-Entscheidungen sind für die Unternehmen ein wichtiger Indikator bei ggf strittigen Bilanzierungsfragen.

80–85 *(einstweilen frei)*

IV. Rechtlicher und organisatorischer Rahmen und Anwendung der IFRS in Deutschland

1. IFRS-Anwendungskreis in Deutschland

86 Der IFRS-Anwenderkreis in Deutschland wird zum einen bestimmt durch den in der IAS-VO verpflichtend vorgegebenen Anwenderkreis und zum anderen durch die spezifische Auslegung der in der IAS-VO enthaltenen Mitgliedstaatenwahlrechte durch den deutschen Gesetzgeber (→ Rn 77). Demzufolge sind gem § 315a HGB zunächst kapitalmarktorientierte Unternehmen, die einen Konzernabschluss erstellen, zur Anwendung der IFRS verpflichtet. Andere (nicht-kapitalmarktorientierte) MU dürfen ihren Konzernabschluss nach IFRS erstellen. Ein IFRS-Jahresabschluss kann weder von kapitalmarktorientierten noch von nicht-kapitalmarktorientierten Unternehmen mit befreiender Wirkung erstellt werden. Gleichwohl könnte – zusätzlich zum HGB-Abschluss – zu Informationszwecken ein IFRS-Jahresabschluss erstellt werden. Ursächlich für die Einschränkung der IFRS-Anwendung für den Jahresabschluss sind ua gesellschafts- und steuerrechtliche Normen, die in Deutschland mit dem Einzelabschluss verbunden sind. In der Praxis werden Unternehmen diesen zusätzlichen Erstellungsaufwand jedoch nur in Ausnahmefällen in Kauf nehmen.

2. Mitwirkung des Deutschen Rechnungslegungs Standards Committee eV (DRSC) bei der Weiterentwicklung und Anwendung der IFRS

87 Das DRSC ist ein **privatrechtliches Rechnungslegungsgremium,** dem das Bundesministerium der Justiz gem § 342 HGB durch Vertrag folgende Aufgaben übertragen kann:

(1) Entwicklung von Empfehlungen zur Anwendung der Grundsätze über die Konzernrechnungslegung,
(2) Beratung des Bundesministeriums der Justiz bei Gesetzgebungsvorhaben zu Rechnungslegungsvorschriften,
(3) Vertretung der Bundesrepublik Deutschland in internationalen Standardisierungsgremien und
(4) Erarbeitung von Interpretationen der internationalen Rechnungslegungsstandards im Sinn des § 315a Abs 1.

Die Einzelheiten regelt ein Vertrag vom 2. Dezember 2011, der die Neu-Organisation des **DRSC** im **Jahr 2011** widerspiegelt und zur Etablierung eines **IFRS- und eines HGB-Fachausschusses** führte (*DRSC* Satzung, Stand 27. März 2012, insbes § 6 und §§ 19 ff).

Die Facharbeit wird seit Anfang des Jahres 2012 in diesen **zwei Ausschüssen** geleistet, die jeweils mit bis zu sieben Mitgliedern besetzt sind: **88**

(1) **IFRS-Fachausschuss**
(IFRS-Interpretationen, Stellungnahmen an IASB/IFRSIC und EFRAG sowie Beratung BMJ zu IFRS/EU, RL);

(2) **HGB-Fachausschuss**
(DRS, Stellungnahmen an EU/BMJ/EFRAG sowie Beratung BMJ zu HGB/EU, RL).

Die in § 342 HGB genannte **Vertretung in internationalen Standardisierungsgremien** ist von zunehmender Bedeutung. Im Jahr 2013 wurde das DRSC Gründungsmitglied von ASAF (→ Rn 21), dem ausgewählte nationale Standardsetzer angehören und wodurch nunmehr auch Mitwirkungsmöglichkeiten insbes in der Phase der Entscheidungsfindung geschaffen wurden. Erst im Juni 2015 wurde das DRSC für dieses wichtige Beratungsgremium des IASB wiedergewählt. Zudem ist das DRSC mit seinem Präsidenten Prof. Dr. Andreas Barckow Mitglied im neu etablierten EFRAG-Board (→ Rn 72). **89**

Die Möglichkeiten hingegen, die IFRS für Deutschland verbindlich auszulegen, sind begrenzt, sodass die entspr Bestimmung in § 342 Abs 1 Nr 4 HGB eine eher geringe Rolle spielt. § 342 Abs 1 Nr 4 HGB wurde durch das BilMoG vom 25. Mai 2009 eingefügt. Gedacht war an spezielle „deutsche" Probleme wie zB die bilanzielle Abbildung der ratierlichen Auszahlung von Körperschaftsteuerguthaben nach der Änderung des Körperschaftsteuergesetzes (vgl Begründung zum Referentenentwurf des BilMoG, zu Nummer 80 (§ 342 HGB), Drucksache 16/10.067 vom 30.7.2008, 97). Es soll jedoch unbedingt vermieden werden, **„deutsche IFRS"** zu schaffen. **90**

(einstweilen frei) **91–95**

3. Zusammenwirken von IFRS und deutschem Konzernrecht

Für den **Konzernabschluss** von kapitalmarktorientierten AG mit Sitz in Deutschland müssen **ergänzend** zu den IFRS folgende Vorschriften beachtet werden: **96**

§ 297 Abs 2 Satz 4 HGB	Erklärung des Vorstands zur wirtschaftlichen Lage (sog „Bilanzeid")
§§ 244, 315a HGB	Aufstellung in deutscher Sprache und in Euro
§§ 245, 315a HGB	Unterzeichnung des Abschlusses durch den Vorstand
§ 313 Abs 2 bis 4 HGB	Anhangangaben
§ 314 Abs 1 Nr 4, 6, 8 und 9 HGB	Angaben – zu den Konzernunternehmen, – zur durchschnittlichen Zahl der Arbeitnehmer, – zu den Bezügen von Vorstand und Aufsichtsrat, – zu den Honoraren des Abschlussprüfers
§ 161 AktG	Erklärung zum Corporate Governance Kodex
§§ 315, 315a HGB	Erstellung eines Konzernlageberichts

97 Der vom **Vorstand** aufgestellte Konzernabschluss einer AG muss dem **Aufsichtsrat** vorgelegt und von diesem geprüft werden (§ 170 AktG). Über das Ergebnis der Prüfung hat der Aufsichtsrat schriftlich an die Hauptversammlung zu berichten. Darin hat er ua mitzuteilen, ob er den Konzernabschluss billigt. Billigt er den Konzernabschluss nicht, so entscheidet die Hauptversammlung über die Billigung (§ 173 Abs 1 HGB). Das Verfahren zur Aufstellung und Billigung des IFRS-Konzernabschlusses richtet sich also nach den Vorschriften des HGB und des AktG; gleiches gilt für die Veröffentlichung. Eine förmliche „Feststellung" ist für den Konzernabschluss weder nach HGB und AktG noch nach IFRS vorgeschrieben.

Wegen weiterer Einzelheiten wird auf die Ausführungen zum Konzernabschluss in § 38 verwiesen.

4. Enforcement-Verfahren in Deutschland

a) Prüfung durch die DPR und die BaFin

98 Im Jahr 2005 wurde in Deutschland ein zweistufiges Enforcement-Verfahren etabliert. Der Prüfung durch die **Deutsche Prüfstelle für Rechnungslegung** (DPR, erste Stufe) und ggf durch die BaFin (zweite Stufe) unterliegen die Abschlüsse von ca 1.200 **kapitalmarktorientierten Unternehmen** mit Sitz in Deutschland. Die Prüfung durch die DPR steht neben der Prüfung durch den von der Hauptversammlung gewählten Abschlussprüfer.

99 Das Verfahren der Prüfstelle ist in den §§ 342b ff HGB geregelt. In § 342b Abs 2 HGB heißt es:

„Die Prüfstelle prüft, ob der zuletzt festgestellte Jahresabschluss und der zugehörige Lagebericht oder der zuletzt gebilligte Konzernabschluss und der zugehörige Konzernlagebericht sowie der zuletzt veröffentlichte verkürzte Abschluss und der zugehörige Zwischenlagebericht eines Unternehmens iSd Satzes 2 den gesetzlichen Vorschriften einschließlich der Grundsätze ordnungsmäßiger Buchführung oder den sonstigen durch Gesetz zugelassenen Rechnungslegungsstandards entspricht."

100 Für den Konzernabschluss wird demzufolge die **„richtige" Anwendung der IFRS** untersucht. Die DPR berichtet der BaFin über ihre Prüfungsergebnisse. Die BaFin ordnet die Veröffentlichung der Fehlerfeststellung an, wenn das Unternehmen die Ergebnisse der Prüfung (Fehlerfeststellung) akzeptiert (§ 37q WpHG). Stimmt das Unternehmen den Ergebnissen nicht zu, übernimmt die BaFin auf zweiter Stufe dieses Enforcement-Verfahrens die Untersuchung und bringt diese in einem ordentlichen Verwaltungsverfahren zu Ende, deren Rechtsmittel in § 37t WpHG geregelt sind. Dabei wird die BaFin die Fehlerfeststellung der DPR entweder bestätigen oder verwerfen. Anschließend wird ggf die Veröffentlichung der Fehlerfeststellung angeordnet. Die bisherige Praxis hat ergeben, dass die Unternehmen bestrebt sind, bereits auf erster Stufe (Prüfung durch die DPR) eine Einigung zu erreichen.

101 Die **Veröffentlichungen** von Fehlerfeststellungen **im Internet** erfolgt auf den Internetseiten des elektronischen Bundesanzeigers. Veröffentlicht werden das betroffene Unternehmen und die beanstandeten Sachverhalte.

Diese Sachverhalte fließen auch in eine europäische Datenbank ein, die die **ESMA** für die Enforcement-Entscheidungen aller nationalen Institutionen der EU unterhält (→ Rn 78 f).

b) Voranfragen an die DPR (sog *pre-clearance*)

102 Unternehmen können sich mit sog **fallbezogenen Voranfragen** an die DPR wenden. Für die Initiierung der Vorabprüfung müssen die anfragenden Unter-

nehmen einen hinreichend konkretisierten Sachverhalt und dessen vom Unternehmen vorgeschlagene bilanzielle Behandlung – nebst einer Stellungnahme des (zuletzt) bestellten Abschlussprüfers – vorlegen. Diese Präventivmaßnahmen sollen den anfragenden Unternehmen eine Sicherheit bei der Bilanzierung geben. Die Verfahrensweise soll sicherstellen, dass die DPR keine allgemeingültige Auslegung von IFRS-Vorschriften und auch keine Gestaltungsberatung vornimmt. Von diesem Instrument zur Prävention, um Fehler bereits bei der Abschlusserstellung zu vermeiden, wird allerdings – gem der Intention – nur in geringem Umfang Gebrauch gemacht (2013: vier Fälle, 2014: ein Fall, vgl *DPR* 2015, 15).

Des Weiteren sollen die von der DPR seit dem Jahr 2012 durchgeführten **Jahresgespräche** mit Vorständen bzw Geschäftsführern von mit den Prüfungen kapitalmarktorientierter Unternehmen beauftragten Wirtschaftsprüfungsgesellschaften und dem IDW einen regelmäßigen Erfahrungsaustausch ermöglichen. Dadurch wird zum einen die Arbeit der DPR transparent und zum anderen ein Forum zur Diskussion identifizierter Bilanzierungsschwachstellen durch die Abschlussprüfer ermöglicht, sodass Bilanzierungsfehlern bei der Abschlusserstellung vorgebeugt werden kann.

(einstweilen frei) **103–105**

C. Ausblick

Die Rechnungslegung von Unternehmen hat seit einigen Jahren, und insbes **106**
seitdem im Jahr 2008 die Regierungen der G20-Staaten über Gegenmaßnahmen zur Finanzmarktkrise beraten haben, an Bedeutung gewonnen. Rechnungslegungsnormen werden nicht mehr von einer überschaubaren Anzahl interessierter Organisationen und Rechnungslegungsinteressierten entwickelt. Vielmehr ist die Entwicklung von Rechnungslegungsnormen auch in den Fokus politischer Entscheidungen gerückt. So haben bspw im Zuge der Finanzmarktkrise die G20-Staaten verschiedene Forderungen an die Standardsetzer formuliert (zur Antwort der IFRSF vgl *IFRSF/IASB* Response, überarbeitete Fassung November 2011).

Grds ist festzustellen, dass gerade in den G20-Staaten, aber auch in den meis- **107**
ten anderen Ländern weltweit ein großes Interesse an der Angleichung der Rechnungslegungsnormen besteht. Ein wichtiger Baustein war dabei lange Zeit die **Angleichung** von US-GAAP und IFRS, obwohl diese Bemühungen stagnieren und (auch neue) Normen wieder Unterschiede aufweisen (bspw Bilanzierung von Leasingverhältnissen, → § 22 Rn 201 ff). In der jüngsten Zeit ist jedoch auch die Angleichung anderer Normen, bspw chinesischer und japanischer Standards an IFRS, zu beobachten.

Die IFRSF hat sich diesen neuen Herausforderungen hinsichtlich der stark gestiegenen Anzahl verschiedenster Interessengruppen und neuen politischen Anforderungen gestellt. Es hat eine Umstrukturierung vollzogen, durch die zwar die grds Unabhängigkeit des IASB im Hinblick auf die Entwicklung der IFRS gewährleistet ist. Gleichzeitig soll dem Bedürfnis nach Mitbestimmung und angemessener Zusammenarbeit vieler (politischer) Institutionen und der Forderung nach mehr Transparenz Rechnung getragen werden. Das spiegelt sich zB in der Schaffung des ASAF, den Governance-Vorgaben und nicht zuletzt den Vorgaben für einen transparenten Standardsetzungsprozess etc wider. Auch die europäischen Strukturen wurden einer grundlegenden Änderung unterzogen (→ Rn 72), wodurch der Kreis der (politischen) Entscheider erweitert werden, die Transparenz verbessert und die europäische Verhandlungsposition ggü dem IASB gestärkt werden soll.

108 In den nächsten Jahren wird sich zeigen, ob die neu aufgestellten Organisationen den Herausforderungen der zunehmenden Verbreitung der IFRS gerecht werden können. Diese liegen ua darin, neben der politischen Übernahme der IFRS auch die inhaltliche IFRS-Anwendung sicherzustellen (und eine mögliche Entwicklung hin zu verschiedenen lokalen IFRS zu vermeiden). Gleichzeitig muss sowohl das Arbeitsprogramm des IASB als auch die konkrete inhaltliche Ausgestaltung von IFRS den verschiedenen, teilweise divergierenden, weltweiten Interessen gerecht werden, ohne dabei das Ziel von qualitativ hochwertigen, prinzipienbasierten Normen aus den Augen zu verlieren.

Teil B. Abschluss

I. Bilanz

§ 2. Ansatz, Bewertung und Ausweis sowie zugrunde liegende Prinzipien der IFRS

Übersicht

Schrifttum: *Ballwieser/Küting/Schildbach* Fair Value – erstrebenswerter Wertansatz im Rahmen einer Reform der handelsrechtlichen Rechnungslegung, BFuP 2004, 529; *Beinsen/Wagenhofer* Das ambivalente Verhältnis des IASB zum Vorsichtsprinzip, IRZ 2013, 413; *Bischof/Fink* Exposure Draft Improvements to IFRS 2011, PiR 2011, 255; *DRSC* Interpretation 1 (IFRS) Bilanzgliederung nach Fristigkeit gemäß IAS 1 Darstellung des Abschlusses, Berlin 2013; *Brown,* Fixing the asset and liability definitions – but only the bits that are broken, IRZ 2014, 423; *Erb/Pelger* Auf dem Weg zum neuen Rahmenkonzept der IFRS-Rechnungslegung, KoR 2013, 517; *Europäische Zentralbank (EZB)* Monatsbericht Februar 2004; *Freiberg* Bedeutung der Geld-Brief-Spanne (bid-ask spread) für den beizulegenden Zeitwert, PiR 2011, 294; *Gassen/Fischken/Hill* Das Rahmenkonzept-Projekt des IASB und des FASB: Eine normendeskriptive Analyse des aktuellen Stands, WPg 2008, 874; *Große* IFRS 13 „Fair Value Measurement" – Was sich (nicht) ändert, KoR 2011, 286; *Grünberger* Das credit value adjustment von Derivaten nach IFRS 13, KoR 2011, 410; *Haaker/Freiberg* Endorsement des IFRS-Rahmenkonzepts?, PiR 2013, 259; *Henselmann/Scherr/Hartmann/Klein* Bilanzstichtag – und dann? Eine impirische Analyse der Berichtspraxis von Unternehmen des HDAX und SDAX zu wertbeeinflussenden Ereignissen, IRZ 2012, 305; *Hitz* Fair Value in der Rechnungslegung, WPg 2005, 1013; *Hoffmann* Ereignisse nach dem Bilanzstichtag, PiR 2012, 33; *Hoffmann/Detzen* Das Joint Conceptual Framework von IASB und FASB – Praktische Implikationen aus dem Abschluss der Phase A für kapitalmarktorientierte Unternehmen, KoR 2012, 53; *Hoogervorst,* The Concept of Prudence: Dead or Alive?, Ansprache vom 18.9.2012, www.ifrs.org; *IDW* RS HFA 47 Ermittlung des Fair Value nach IFRS 13; *Kirsch/Koelen/Olbrich/Dettenrieder* Die Bedeutung der Verlässlichkeit der Berichterstattung im Conceptual Framework des IASB und des FASB, WPg 2012, 761; *Kirsch/Schoo/Kraft* Das Discussion Paper zum Conceptual Framework des IASB – Ein Überblick über Inhalte und Neuerungen, WPg 2014, 301; *Köhlen/Marten* Diskussionsstand der IFRS-Konversion nichtkapitalmarktorientierter Unternehmen in Deutschland, in Marten/Quick/Ruhnke (Hrsg): IFRS für den Mittelstand?, Düsseldorf 2005, 7; *Kümmel* Grundsätze für die Fair Value-Ermittlung mit Barwertkalkülen – Eine Untersuchung auf der Grundlage des Statement of Financial Accounting Concepts No 7, Düsseldorf 2002; *Kümpel* Bilanzielle Behandlung von Wertminderungen bei Vermögenswerten nach IAS 36, BB 2002, 984; *Kümpel/Oldewurtel/Wolz* Der fair value in den IFRS – Das Problem einer systeminhärenten Sackgasse, PiR 2012, 103; *Kümpel/Oldewurtel/Wolz* Der fair value als Wertmaßstab handelsrechtlicher Rechnungslegung – Wieviel Zeitwert passt ins HGB?, StuB 2012, 171; *Küting/Eichenlaub* Einzelbewertungsgrundsatz im HGB- und IFRS-System, BB 2011, 1195; *Kußmaul/Weiler* Fair Value-Bewertung im Licht aktueller Entwicklungen, KoR 2009, 163, 209; *Löw/Antonakopoulos/Weiland* SFAS 157 und das IASB Discussion Paper „Fair Value Measurements", WPg 2007, 730; *Meyer/Braun* Fair Value als Treiber der Komplexität von IFRS, BB 2010, 1779; *Moxter/Engel-Ciric* Erosion des bilanzrechtlichen Vorsichtsprinzips?, BB 2014, 489; *Peemöller* in Wiley Handbuch International Financial Reporting Standards 2012; hrsg von Ballwieser ua, Weinheim 2012; *Pellens ua* Internationale Rechnungslegung, 9. Aufl, Stuttgart 2014; *Pelger* Rechnungslegungszweck und qualitative Anforderungen im Conceptual Framework für Financial Reporting (2010) – Der erste Stein im neuen Fundament der internationalen Rechnungslegung, WPg 2011, 908; *Theile/Salewski* Das neue Diskussionspapier (DP/2013/1) zur Überarbeitung des IFRS-Rahmenkonzepts, BBK 2013, 1033; *Thurow* IFRS-Praxistraining: Behandlung von Ereignissen nach dem Bilanzstichtag sowie von entdeckten Bilanzierungsfehlern, BC 2012, 404; *Weber/Lauer* Die Bewertungsperspektive im Kontext der Ermittlung des Fair Value von Schulden, DB 2014, 2357; *Zülch/Fischer* Die Neuregelungen des überarbeiteten IAS 1 – Financial Statement Presentation, PiR 2007, 257; *Zülch/Höltken* Das other comprehensive income – Aktuelle Erkenntnisse zur deutschen Bilanzierungspraxis, PiR 2014, 114; *Zwirner/Boecker* Fair Value Measurement nach IFRS 13 – Praxishinweise zur Anwendung dieses Bewertungsmaßstabs, IRZ 2014, 7.

Wesentliche Rechtsgrundlagen: Rahmenkonzept, IAS 1, IAS 8, IFRS 13

A. Grundlagen und Rahmenkonzept der IFRS

I. Das Regelwerk des IASB

1. Überblick

Das Regelwerk des IASB besteht im Grundsatz aus mehreren wesentlichen Säulen (siehe dazu näher → § 1 Rn 6ff): 1

(1) Rahmenkonzept für die Finanzberichterstattung *(Conceptual Framework for Financial Reporting).*
Das Rahmenkonzept bildet das theoretische Fundament der IFRS, indem es die **Ziele** und **Grundannahmen** der Rechnungslegungsnormen bestimmt. Es enthält auch **Definitionen,** insbes für **Ansatz** und **Bewertung** von Vermögenswerten und Schulden sowie für Erträge und Aufwendungen und für deren Abbildung im Jahresabschluss. Das aktuelle Rahmenkonzept wurde im September 2010 veröffentlicht und ersetzt in Teilen das alte Rahmenkonzept *(Framework for the Preparation and Presentation of Financial Statements)* aus dem Jahr 1989. Das Rahmenkonzept selbst enthält keine verbindlichen Regelungen, wie die dort definierten Ziele und Grundsätze im Einzelfall erreicht werden sollen.

(2) Einzelstandards – IFRS *(International Financial Reporting Standards)* bzw IAS *(International Accounting Standards).*
Die Einzelregelungen der Finanzberichterstattung sind in den **Standards** niedergelegt, die **verbindlich** sind. Ein Unternehmen kann sich daher über die Regelung in einem Standard nicht unter Verweis auf das Rahmenkonzept hinwegsetzen. Das gilt auch, wenn in einem Fall das Rahmenkonzept in offensichtlichem Widerspruch zu einer Regelung in einem Standard stehen sollte. Hier geht die Spezialregel der **Einzelstandards** immer **dem Rahmenkonzept vor;** dies gilt auch für Einzelstandards untereinander: die Spezialregel geht der allgemeinen Regel vor (zB geht die Spezialregel zu Verpflichtungen aus Leistungen ggü Arbeitnehmern, IAS 19, der Regel zur bilanziellen Abbildung von Verpflichtungen im Allgemeinen, IAS 37, vor).
Die Standards werden in der Reihenfolge ihrer Erarbeitung (und nicht thematisch geordnet) veröffentlicht.

(3) Interpretationen durch das IFRSIC bzw durch das frühere SIC.
Die Standards werden in ausgewählten Einzelfragen ergänzt durch Interpretationen (IFRIC) des IFRSIC *(IFRS Interpretations Committee)* bzw durch noch einige gültige SIC-Interpretationen der Vorgängerorganisation SIC *(Standing Interpretations Committee).* Das IFRSIC wird immer dann tätig, wenn sich in der Praxis zeigt, dass einzelne Standards unterschiedlich oder fehlerhaft interpretiert werden oder wenn die Standards Sachverhalte nicht ausreichend würdigen. Die Interpretationen sind Teil des IFRS-Regelwerks (IAS 1.7). Sie sind, ebenso wie die Standards selbst, **verbindlich.**

(4) Ergänzungen der Standards.
Für alle wichtigen Standards gibt der IASB verschiedenartige Ergänzungen heraus, deren Zweck und Verbindlichkeit unterschiedlich ist. Anzahl und Umfang dieser Ergänzungen haben in letzter Zeit erheblich zugenommen, insbes durch das Konvergenzprojekt mit dem US-amerikanischen Standardsetzer FASB. Durch die Ergänzungen zu den Standards (so zB zu IAS 39)

gehen auch die Lesbarkeit und Übersicht verloren und es besteht die Gefahr, dass anstelle des gewollten prinzipienorientierten Regelwerks ein kasuistisches Normengebilde entsteht. Folgende Ergänzungen werden herausgegeben:

- **Anleitungen zur Anwendung** – *Application Guidances* (AG), die etwa zu IAS 32, IAS 33 oder IAS 39 sowie zu allen IFRS (IFRS 1 bis IFRS 15) integraler Bestandteil der jeweiligen Standards (gem Text der jeweiligen Einleitung) und daher wie diese **verbindlich** anzuwenden (IAS 8.9) sind.
- **Anwendungsleitlinien** – *Guidances on Implementing an IFRS* (IG), zB zu IAS 1, IAS 8, IAS 28 oder IFRS 1, sind **kein** Bestandteil der Standards sondern ergänzen diese lediglich (s jeweils den Einleitungstext). Sie enthalten Definitionen, Erläuterungen und Fallkonstellationen zu einzelnen Standards und haben grds keinen verbindlichen Charakter (IAS 8.9). Soweit ein konkreter Fall nicht in den Standards, sondern nur in diesen IG geregelt ist, dürfte es allerdings schwer fallen, diese Lücke im Standard mit einer abweichenden eigenen Lösung zu füllen. In einem solchen Fall dürften diese IG daher faktisch verbindlich werden (ebenso *Lüdenbach/Hoffmann/Freiberg* IFRS § 1 Rz 55).
- **Erläuternde Beispiele** – *Illustrative Examples* (IE), zB zu IFRS 3, IFRS 11, IFRS 13 oder IAS 7, IAS 11 und IAS 18, stellen praktische Hinweise zur Anwendung, Fallkonstellationen und (typische) Beispiele dar. Sie sind ebenfalls kein Bestandteil der jeweiligen Standards und grds nicht verpflichtend anzuwenden. Es dürfte sich aber auch aus diesen IE bei Übereinstimmung mit einem konkreten Sachverhalt idR eine faktische Verbindlichkeit ergeben.
- **Grundlage der Schlussfolgerungen** – *Basis for Conclusions* (BC) werden grds für alle Standards herausgegeben. Sie enthalten Begründungen und Zielsetzungen, Definitionen, Reflektionen sowie abweichende Auffassungen (*Dissenting Opinions* – DO) einzelner Board-Mitglieder und sonstige Hintergrundinformationen des IASB für seine in den Standards getroffenen Regelungen. Sie sind kein Bestandteil der Standards und nicht verbindlich.
- **Zurückweisung bzw Nichtaufnahme einer Fragestellung auf die IFRSIC-Agenda** – sog Non-IFRICs bzw *Agenda Decisions* kommen in der Praxis ebenfalls eine faktische Verbindlichkeit zu; sie haben lt IASB denselben Status wie die Anwendungsleitlinien.

Zur besseren Orientierung werden die verpflichtend anzuwendenden Normen zwischenzeitlich **getrennt** von den zusätzlichen, nicht verpflichtend anzuwendenden Ergänzungen in zwei Abschnitten (sog *PART A requirements* und *PART B accompanying documents*) veröffentlicht.

Quelle: in Anlehnung an *Pellens ua*[9], 64.

Zu beachten ist auch, dass die Anleitungen zur Implementierung (IG), die erläuternden Beispiele (IE) und die Grundlagen der Schlussfolgerungen (BC) **nicht im Rahmen des formellen EU-Anerkennungsprozesses** (*Endorsement,* → § 1 Rn 71 ff) in europäisches Recht übernommen werden. Es dürfte jedoch unabhängig davon trotzdem eine weitgehende faktische Verbindlichkeit dieser Ergänzungen für den IFRS-Anwender in der EU bestehen. Das Rahmenkonzept ist ebenfalls nicht Bestandteil der in der EU gültigen IFRS, denn es hat nicht den Rang eines Standards und durchläuft daher auch nicht das EU-Anerkennungsverfahren (vgl insbes Art 1 und 2 der IAS-VO 1606/2002; mangels Standard- und Interpretationsqualität lehnte die EU-Kommission ein *Endorsement* des Rahmenkonzepts ab; zum Für und Wider einer Übernahme des Rahmenkonzepts vgl ausführlich *Haaker/Freiberg* PiR 2013, 259 (259 f)). Die EU-Kommission hat das bis September 2010 gültige Rahmenkonzept jedoch wegen seiner grds Bedeutung in die EU-Amtssprachen übersetzt. Für das überarbeitete Rahmenkonzept liegt die Übersetzung durch die EU-Kommission jedoch nicht vor. 2

Große **Bedeutung hat das Rahmenkonzept** insbes für den IASB und das IFRSIC, weil sie die von ihnen zu beschließenden Einzelregelungen hieran ausrichten und bei Auslegungsfragen hierauf zurückgreifen wollen. Außerdem sollen sich auch die anderen Standardsetzer bei der Entwicklung nationaler Regeln am Rahmenkonzept orientieren (F. Zweck und Status). 3

2. Die Entwicklung des Rahmenkonzepts

Das **urspr „Rahmenkonzept** für die Aufstellung und Darstellung von Abschlüssen", ist im Juli **1989** vom damaligen IASC veröffentlicht und im April 2001 von seinem Rechtsnachfolger IASB angenommen worden (s dazu Voraufl, § 2 Rz 5 ff). Es sollte die Konsistenz der seit 1975 in loser Reihenfolge erschienenen Standards als ein zusammenhängendes Gesamtsystem fördern und die Basis für ein **prinzipienbasiertes Rechnungslegungssystem** darstellen. Diese Funktion hat das Rahmenkonzept bisher indessen nicht erfüllt. Es blieb jedoch in seinen wesentlichen Aussagen bis zu seiner teilweisen Neufassung im September 2010 unverändert maßgebend. 4

5 Im Jahr 2004 nahmen der **IASB** und der US-amerikanische Standardsetzer **FASB** im Rahmen eines übergreifenden **Konvergenzprojekts** zur Angleichung der internationalen und der US-amerikanischen Standards die Erarbeitung eines neuen **gemeinsamen Rahmenkonzept** *(Conceptual Framework)* auf ihre Agenda, von dem zukünftig beide Standardsetzer als Grundlage für die weitere Standardsetzung ausgehen wollten (*IASB* Update July 2005, 2). Das langfristig angelegte Projekt zur Entwicklung eines gemeinsamen Rahmenkonzepts wurde anfänglich zunächst in insgesamt acht **Phasen (A–H)** aufgeteilt.

6 Zentraler Diskussionspunkt der Phase A *(objectives and qualitative characteristics)* im Vorfeld der Neufassung war die Bestimmung der **Zwecksetzung der externen Rechnungslegung.** Dabei ging es um die Frage, ob neben dem Hauptzweck der Rechnungslegung, den Adressaten **entscheidungsnützliche Informationen** zu liefern für die Zurverfügungstellung von Ressourcen (Eigenkapital, Darlehen), auch die **Rechenschaftslegung** *(stewardship)* eine prominente Rolle einnehmen sollte, dh der Umgang des Managements und des Aufsichtsrats mit den Ressourcen (*Gassen/Fischkin/Hill* WPg 2008, 874 (877)). Derartige Informationen sind zB relevant für die Frage der Entlastung oder Entlohnung des Managements.

Die Standardsetzer haben sich schlussendlich jedoch – ohne öffentliche Auseinandersetzung – über diese Auffassung hinweggesetzt; eine Tatsache, die für viele Beteiligte die Frage nach dem **Sinn des öffentlichen Konsultationsprozesses** aufwarf. Es wird vermutet, dass mit dieser Entscheidung der Weg für die von den Standardsetzern für überlegen gehaltene **Bewertung zu Zeitwerten** *(fair value)* weiter geebnet werden soll (so zB *Pelger* WPg 2011, 908 (908, 913)). Denn eine **transaktionsorientierte *stewardship*-Ausrichtung** ist mit der gewünschten **zukunftsorientierten bewertungsnützlichen Rechnungslegung** zu Zeitwerten nicht kompatibel. Diese Vermutung wird unterstützt durch den Wegfall der Schranke der Verlässlichkeit zu Gunsten einer glaubwürdigen Darstellung (*Pelger* WPg 2011, 908 (915)). Trotz zunehmender Kritik ebnete Phase A daher den Weg zu einer stärkeren Hinwendung zur Zeitwertbewertung.

7 Urspr geplant von IASB und FASB war, dass die **Abarbeitung der Phasen** des Rahmenkonzepts weitgehend unabhängig durch sukzessive Einarbeitung in das existierende Rahmenkonzept erfolgen sollte. Neben den im September 2010 veröffentlichten zwei Kapiteln der Phase A wurde zeitgleich ein Entwurf zu dem in **Phase D** bearbeiteten Kapitel **„Berichterstattende Einheit"** vorgelegt. Kurz nach Verabschiedung der Ergebnisse aus Phase A in einem geänderten Rahmenkonzept kamen die Standardsetzer im November 2010 überein, die **weiteren Arbeiten am Rahmenkonzept** (Phasen B bis H) **einzustellen,** da andere Projekte vorrangig seien (*IASB* Update November 2010, 2). Insbes unter dem Druck der Finanzmarktkrise mussten sie sich damals dringenderen Bilanzierungsfragen zuwenden, etwa der Bilanzierung von Finanzinstrumenten. Auch Differenzen zwischen IASB und FASB während der Arbeiten an Phase A spielten vermutlich eine Rolle bei der vorzeitigen Beendigung des gemeinsamen Projekts. Der IASB wurde durch seine Agendakonsultation im Jahr 2011 jedoch aufgefordert, die Arbeiten an der Überarbeitung des Rahmenkonzepts wieder aufzunehmen. Er entschied sich jedoch zu einer Fortführung des Projekts ohne Beteiligung des FASB. Der urspr Phasenansatz wurde ebenfalls aufgegeben. Sämtliche noch nicht beendeten Phasen werden fortan in einer einzigen Due-Process-Phase, bestehend aus Diskussionspapier und Entwurf, bearbeitet (vgl *Erb/Pelger* KoR 2013, 517 (517f)). Im Juli 2013 hat der IASB das Diskussionspapier *A Review of the Conceptual Framework for Financial Reporting* (DP/2013/1) veröffentlicht. Unter Berücksichtigung der dazu eingegangenen Rückmeldung und Stellungsnahmen wurde im Mai 2015 der Standardentwurf ED/2015/3 *Conceptual Framework for Financial Reporting* herausgegeben (dazu näher → Rn 330ff).

Das unvollendete, jedoch derzeit gültige **Rahmenkonzept** für die Finanzberichterstattung in der im **September 2010** veröffentlichten Fassung wird bis zum Abschluss des neuen IASB-Projekts als Grundlage dienen. Es wurde im Vergleich zur Vorgängerversion aus dem Jahr 1989 **neu gegliedert** in folgende Teile: 8

Kapitel 1 Ziel und Zweck der Finanzberichterstattung
(The objective of general purpose financial reporting, OB)
Kapitel 2 einstweilen frei
Kapitel 3 Qualitative Merkmale nützlicher Finanzinformationen
(Qualitative characteristics of useful financial information, QC)
Kapitel 4 Rahmenkonzept 1989 – der verbleibende alte Text

- zu Grunde liegende Annahmen
- Abschlussposten
- Erfassung von Abschlussposten
- Bewertung der Abschlussposten
- Kapital- und Kapitalerhaltungskonzepte

Die Paragrafenbezeichnungen der beiden neuen Kapitel 1 und 3 setzen sich aus einem Buchstabenkürzel für das Kapitel und einer Ziffer zusammen, zB „OB1" bzw „QC5". Die in Kapitel 4 wiedergegebenen Teile des alten Rahmenkonzepts wurden neu durchnummeriert. Eine Tabelle mit dem Vergleich der alten und neuen Nummerierung befindet sich im Rahmenkonzept im Anschluss an Kapitel 4. Zur Struktur des derzeitigen Rahmenkonzepts vgl auch → Rn 16.

3. Aussagen und Bedeutung des Rahmenkonzepts

Das Rahmenkonzept selbst hat **nicht** den Rang eines **verbindlichen Standards.** Es werden aber wesentliche Grundaussagen des Rahmenkonzepts in einzelne Standards übernommen, zB in IAS 1 und IAS 8, wodurch diese Grundaussagen dann verbindlich werden. Dadurch gibt es zahlreiche, zT wortgleiche Textpassagen im Rahmenkonzept und in den Standards. 9

Das Rahmenkonzept ist inhaltlich wie folgt strukturiert: 10

Zunächst werden die **Ziele des Rechnungslegungssystems** bestimmt (Kapitel 1; F.OB2ff).

Als **Basisannahme** bei der Aufstellung eines IFRS-Abschlusses gilt unverändert die Unternehmensfortführung auf absehbare Zeit (F.4.1).

Darüber hinaus werden die **qualitativen Anforderungen an die Rechnungslegung** in Kapitel 3 dargestellt und gewichtet (Kapitel 3; F.QC4ff). Dazu werden die Anforderungen in zwei Kategorien aufgeteilt:

(1) sog **grundlegende qualitative Anforderungen** bzw **Fundamentaleigenschaften** (*fundamental qualitative characteristics,* F.QC5ff: Relevanz, glaubwürdige Darstellung) sowie

(2) sog **weiterführende qualitative Anforderungen** bzw **Sekundäreigenschaften** (*enhancing qualitative characteristics,* F.QC19ff: Vergleichbarkeit, Nachprüfbarkeit, Zeitnähe, Verständlichkeit). Die Ausführungen zur „Berichterstattenden Einheit" sind einstweilen frei. Dieses Kapitel wird nach Abschluss des neuen IASB-Projekts zum Rahmenkonzept hinzugefügt.

Die Darstellung der **Abschlussposten** (*elements of financial statements,* Kapitel 4, F.4.4ff) entspricht dem Rahmenkonzept aus dem Jahr 1989.

Der Umgestaltung des Rahmenkonzepts dürfte in der Praxis der Rechtsanwender derzeit nur ein begrenzter inhaltlicher Wert zukommen; dies ist im Wesentlichen dem IASB-Projekt zur vollständigen Überarbeitung des Rahmenkonzepts geschuldet.

Ferner können IAS 1 und IAS 8 nach ihrem Inhalt neben dem Rahmenkonzept als **allgemeine Teile der IFRS** bezeichnet werden. Sie sollen sicherstellen, 11 dass die im Rahmenkonzept formulierten Ziele auch umgesetzt werden. **IAS 1** (Darstellung des Abschlusses) ist der zentrale Standard zu den Grundlagen der Abschlusserstellung. **IAS 8** (Bilanzierungs- und Bewertungsmethoden, Änderungen von Schätzungen und Fehler) befasst sich ua mit der Frage der Anwendung von Bilanzierungs- und Bewertungsmethoden.

12 Die praktische **Bedeutung des Rahmenkonzepts für die Anwender** wird zugleich aus IAS 1 und IAS 8 ersichtlich.

(1) **Vorrang der Standards:** Nur die Standards enthalten verbindliche Rechnungslegungsvorschriften. Sie haben unbedingten Vorrang vor dem Rahmenkonzept (F.Zweck und Status, IAS 8.11(a)). Das gilt auch, wenn es zu Konflikten zwischen einem Standard und dem Rahmenkonzept kommen sollte (F.Zweck und Status). Nur in äußerst seltenen Ausnahmefällen – die nicht näher spezifiziert werden – kann auf die Anwendung der Regelung in einem IFRS verzichtet werden, wenn das Management zu dem Ergebnis gelangt, dass die Einhaltung eines Standards irreführend wäre und im Widerspruch zu den Zwecken und Grundsätzen des Rahmenkonzepts steht (IAS 1.19). Diese Tatsache ist dann entspr anzugeben (IAS 1.20).

13 (2) **Begrenzte Maßgeblichkeit von Definitionen im Rahmenkonzept:** Das Rahmenkonzept enthält Definitionen für Vermögenswerte, Schulden und Eigenkapital (F.4.4 ff) sowie für Erträge und Aufwendungen (F.4.25 ff). Es macht auch Ausführungen zu Ansatz (F.4.37 ff) und Bewertung (F.4.54 ff) von Bilanzposten. Soweit in den Standards auf diese Definitionen und Regelungen verwiesen wird (und nur dann), erhält das Rahmenwerk quasi Standardrang.

14 (3) **Auslegung der Standards:** Das Rahmenkonzept dient als Auslegungshilfe für die Anwendung der Standards durch die Aufsteller, Wirtschaftsprüfer und Abschlussadressaten (F.Zweck und Status (d) bis (f)). Im Falle solcher Regelungslücken sind die Auslegungshilfen in folgender Reihenfolge heranzuziehen:

(a) IFRS, die sich mit ähnlichen Sachverhalten befassen (IAS 8.11(a)),
(b) Regelungen des Rahmenkonzepts (IAS 8.11(b)),
(c) allgemein akzeptierte Übungen der Branche (IAS 8.12) und
(d) Regelungen anderer internationaler Rechnungslegungsinstitutionen bzw nationaler Standardsetzer (IAS 8.12; zB FASB oder DRSC).

Im Übrigen gelten die allgemeinen Auslegungsmethoden, insbes die **Auslegung nach Sinn und Zweck** (teleologische Auslegung) und die **historische Auslegung.** Beim Rückgriff auf die Entstehungsgeschichte ist allerdings Vorsicht geboten, da insbes politisch umstrittene vorhergehende Standards oder Entwürfe oftmals zu erheblichem Änderungsbedarf geführt haben. Das gilt auch für neue Standards vor dem Zeitpunkt ihres Inkrafttretens.

15 *(einstweilen frei)*

4. Übersicht zur Struktur des Rahmenkonzepts

16 In der nachfolgenden Übersicht ist die neue **Struktur des Rahmenkonzepts** mit den darin enthaltenen **Zielen und Grundsätzen** sowie Fundstellen tabellarisch dargestellt. Wiedergegeben sind auch die entspr Fundstellen der Ziele und Grundsätze des Rahmenkonzepts (2010; zudem zur besseren Nachvollziehbarkeit die entspr Fundstellen im alten Rahmenkonzept (1989)) sowie in den IAS 1 bzw IAS 8. Die nachfolgende Kommentierung folgt dieser Reihenfolge.

Rahmenkonzept 2010	Rahmenkonzept 1989	Ziele und Grundsätze	IAS 1	IAS 8	§ 2 Rn
OB2ff	12–14	**Die Zielsetzung von Abschlüssen**	9	–	20ff
gestrichen (BC3.44)	46	*fair presentation*	15–24	10	44ff
		Zu Grunde liegende Annahmen			
F4.1	23	Unternehmensfortführung	25, 26	–	47ff
(OB17)	22	• Periodenabgrenzung	27, 28	–	52ff
QC4	24	**Qualitative Anforderungen an nützliche finanzielle Informationen**			
QC5		**Grundlegende qualitative Anforderungen** *(fundamental qualitative characteristics)*			
QC6–11	26–30	Relevanz	29–31	–	57ff
QC11	29–30	• Wesentlichkeit			59ff
QC12–16	33–34	Glaubwürdige Darstellung	–	10	68ff
QC13	38	• Vollständigkeit	–	10	71
QC14	36	• Neutralität	–	10	72f
QC15		• Fehlerfreiheit			74
QC19		**Erweiterte qualitative Anforderungen** *(enhancing qualitative characteristics)*			
QC20–25	39–42	Vergleichbarkeit – Stetigkeit	38–46	–	76ff
QC26–28		Nachprüfbarkeit			81f
QC29	43	Zeitnähe			83
QC30–32	25	Verständlichkeit			84f
gestrichen (BC3.20ff)	31, 32	• Verlässlichkeit			86
gestrichen (BC3.26)	35	• wirtschaftliche Betrachtungsweise	–	10	87ff
gestrichen (BC3.27)	37	• Vorsicht	–	10	90ff
		Beschränkungen für relevante und verlässliche Informationen			
QC35–39	44	Abwägung von Nutzen und Kosten			95f

5. Vergleich zum HGB

17 Umfang und Inhalt der **Regelungen im HGB** sind **zT geringer** als die Regelungen im Rahmenkonzept. Zum Verständnis des HGB muss daher teilweise auf die Grundsätze ordnungsmäßiger Buchführung (GoB) zurückgegriffen werden. Das Rahmenkonzept erhebt demgegenüber den Anspruch, die Grundsätze für die Aufstellung und Darstellung des Jahresabschlusses möglichst vollständig wiederzugeben. Man kann daher das **Rahmenkonzept** insgesamt auch als schriftlich niedergelegte **Grundsätze ordnungsmäßiger Bilanzierung** verstehen.

Im HGB sind bspw die Grundsätze des Willkürverbots und der Wesentlichkeit nicht kodifiziert. Diese erschließen sich ergänzend nur über die GoB. Das Rahmenkonzept enthält dagegen nähere Ausführungen zu diesen Grundsätzen. Ebenfalls nicht im HGB enthalten sind Definitionen für Vermögensgegenstände, Schulden, Eigenkapital, Aufwendungen und Erträge. Demgegenüber widmet das Rahmenkonzept diesen Definitionen einen breiten Raum.

18 Der nationale Gesetzgeber kann darauf vertrauen, dass die Freiräume, die er im kodifizierten Recht lässt, über Rechtsprechung und Literatur in angemessener Weise ausgefüllt und fortgebildet werden. Dabei spielen in Deutschland neben den Zivilgerichten – insbes den Kammern für Handelssachen – auch die Finanzgerichte eine große Rolle. Der internationale Standardsetzer muss demgegenüber möglichst alle Bereiche mit konkreten Regeln abdecken, denn eine **einheitliche Rechtsfortbildung** dürfte sich in den nationalen Staaten vor dem Hintergrund unterschiedlicher Gerichte und Interessen kaum entwickeln. Der IASB hat es sich zum Ziel gesetzt, die in den nationalen Regelungen bestehenden vielfältigen Unterschiede zu harmonisieren und so eine international einheitliche Regelung zu schaffen (F.Einleitung).

19 *(einstweilen frei)*

II. Ziele der Finanzberichterstattung

1. Informationsfunktion

20 IFRS-Abschlüsse sollen den Adressaten **entscheidungsnützliche Informationen** *(decision usefulness)* zur Verfügung stellen. IAS 1.9 definiert die Ziele des Abschlusses im Einzelnen wie folgt: Zielsetzung eines Abschlusses ist es, Informationen über die VFE-Lage und die Cashflows eines Unternehmens bereitzustellen, die für ein breites Spektrum von Adressaten nützlich sind, um wirtschaftliche Entscheidungen zu treffen. Es handelt sich bei diesen **Entscheidungen** insbes um

(1) Aufnahme,
(2) Nichtaufnahme,
(3) Beibehaltung oder
(4) Beendigung

einer Geschäftsbeziehung mit dem Unternehmen (F.OB2).

Darüber hinaus legt ein Abschluss auch Rechenschaft ab über die Ergebnisse der Verwaltung des dem Management anvertrauten Vermögens (Rechenschaftsfunktion – *stewardship;* IAS 1.9). Hauptziel der IFRS-Standards ist dies gleichwohl nicht (→ Rn 6).

21 Mit dem Schwerpunkt einer Zielsetzung, entscheidungsnützliche Informationen für Investoren zur Verfügung zu stellen, wird zugleich aber auch deutlich, dass die IFRS-Rechnungslegung vornehmlich ausgerichtet ist auf große, insbes **kapitalmarktorientierte Unternehmen** mit einer Vielzahl institutioneller oder privater Aktionäre.

Dies entspricht auch der anglo-amerikanischen Wirklichkeit, in der eine Kapitalbeschaffung stärker über den öffentlichen Kapitalmarkt betrieben wird. Für den Typus der meisten **deutschen mittelständischen Unternehmen,** insbes der familien- und eigentümergeführten Unternehmen passt diese Zielsetzung nur sehr begrenzt. Die einseitige Ausrichtung dahingehend, Investoren entscheidungsnützliche Informationen zur Verfügung zu stellen, dürfte ein wesentlicher Grund dafür sein, dass die IFRS-Rechnungslegung zunehmend **kritisch betrachtet** und **im deutschen Mittelstand nur begrenzt übernommen** wird. Im Jahr 2009 hat der IASB den SME-IFRS, der kleinen und mittleren Unternehmen Erleichterungen ggü den IFRS bietet, verabschiedet (vgl ausführlich → § 46 Rn 1 ff).

Um die Zielsetzung der IFRS-Finanzberichterstattung zu erfüllen, stellt ein IFRS-Abschluss **Informationen** zur Verfügung über 22

(1) Vermögenswerte,
(2) Schulden,
(3) Eigenkapital,
(4) Erträge und Aufwendungen, einschließlich Gewinne und Verluste aus Veräußerungen langfristiger Vermögenswerte und aus Wertänderungen,
(5) Transaktionen mit den Anteilseignern und
(6) Cashflows

eines Unternehmens (IAS 1.9).

Diese Informationen sollen den Adressaten helfen, zusammen mit den anderen Informationen in den Anhangangaben, die **künftigen Cashflows** des Unternehmens sowie insbes Zeitpunkt und Sicherheit des Entstehens von Zahlungsmitteln und Zahlungsmitteläquivalenten vorauszusagen.

Das Rahmenkonzept stellt klar, dass die Finanzberichterstattung **nicht** in der Lage ist, **alle** von den Adressaten **benötigten Informationen** bereitzustellen (F.OB6). Insbes geben die Informationen selbst **nicht den Wert eines Unternehmens** an. Sie sollen den Adressaten lediglich behilflich sein können, den Unternehmenswert selbst zu ermitteln (F.OB7).

2. Adressaten der Rechnungslegung

Der Abschluss soll gem IAS 1.9 Informationen bereitstellen, die „**für ein breites Spektrum von Adressaten** nützlich“ für deren Entscheidungen sind. Das Rahmenkonzept konkretisiert und klassifiziert die Nutzer wie folgt: 23

(1) Hauptadressaten bzw sog **Primärnutzer** *(primary users)* sind die bestehenden und potentiellen **Investoren, Kreditgeber** oder **anderen Gläubiger des Unternehmens** (F.OB2 bis F.OB5). Es handelt sich dabei zB um bestehende oder potentielle **Aktionäre,** auch **Fondsgesellschaften** (Eigenkapitalgeber), die an Dividenden oder Kurssteigerungen interessiert sind, sowie um **Banken** oder **Lieferanten** (Fremdkapitalgeber), die eine Verzinsung und die Rückflüsse ihrer Investments abschätzen wollen. Aktionäre oder am Kauf von Aktien interessierte Investoren haben häufig keinen Zugang zu unternehmensinternen Daten und müssen daher auf die Finanzberichterstattung des Unternehmens vertrauen. Sie sind für ihre Entscheidungen auf eine verlässliche Finanzberichterstattung angewiesen. Das Kriterium der Entscheidungsnützlichkeit ist in erster Linie aus der Sicht dieser Primärnutzer zu sehen.

(2) Nicht als Hauptadressat wird das **Management** angesehen, da es sich selbst interne Informationen über das Unternehmen verschaffen kann (F.OB9). Der IASB stellt die Bedeutung von Abschlussinformationen für das Management zwar nicht in Abrede (vgl F.BC1.19), allerdings werden dessen Interessen bei 24

der Entwicklung von Rechnungslegungsnormen nicht berücksichtigt, da diesen Adressaten bereits alle Informationen zur Verfügung stehen.

(3) Ebenfalls nicht in erster Linie richtet sich die Finanzberichterstattung an sonstige Parteien, wie zB Regulatoren und andere Interessenten in der Öffentlichkeit (F.OB10). Hierunter fallen etwa **Analysten, Berater, Kunden, Arbeitnehmer** und deren Organisationen sowie auch **staatliche Organe** oder **Medien** und **Öffentlichkeit.**

3. Bestandteile des IFRS-Abschlusses

a) Verpflichtende Bestandteile

25 Ein vollständiger IFRS-Abschluss besteht gem IAS 1.10/IAS 1.10 (geändert 2014) aus:

(1) einer **Bilanz** *(statement of financial position)* zum Abschlussstichtag,
(2) einer **Gesamtergebnisrechnung** *(statement of comprehensive income)* für die Periode (dh GuV zuzüglich der im sonstigen Ergebnis erfassten Aufwendungen und Erträge; ausführlich → Rn 313 ff und → § 15 Rn 75 ff),
(3) einer **Eigenkapitalveränderungsrechnung** *(statement of changes in equity)* für die Periode (→ § 17 Rn 15 ff),
(4) einer **Kapitalflussrechnung** *(statement of cash flows)* für die Periode,
(5) einem **Anhang** *(notes),* der eine (zusammenfassende) Darstellung der wesentlichen Rechnungslegungsmethoden und sonstige Erläuterungen sowie bei kapitalmarktorientierten Unternehmen einen Segmentbericht (*segment report* gem IFRS 8) enthält,
(6) **Vergleichsinformationen** für die vorangegangene Berichtsperiode und
(7) ggf einer weiteren **Bilanz aufgestellt auf den Stichtag des Beginns der vorangegangenen Periode (sog „dritte" Bilanz),** wenn ein Unternehmen eine Rechnungslegungsmethode rückwirkend anwendet oder Posten im Abschluss rückwirkend anpasst oder umgliedert.

Ein Unternehmen kann für die Aufstellungen **andere Bezeichnungen** als die im Standard vorgesehenen Begriffe verwenden (IAS 1.10), diese müssen jedoch eindeutig sein (IAS 1.51).

26 Der **Abschluss ist klar** und deutlich als Einzel- oder Konzernabschluss **zu bezeichnen** und von anderen Informationen, die im selben Dokument veröffentlicht sind, zu trennen (IAS 1.49). Die Vorschriften der Standards gelten für Unternehmen aller Rechtsformen und Branchen.

Eine feste **Gliederung der Posten** der Bilanz und Gesamtergebnisrechnung schreiben die IFRS nicht vor (→ Rn 292).

Die **Darstellung in Tausend- oder Millionen-Einheiten** ist zulässig (IAS 1.53).

27 **Vorjahreszahlen** sind grds für jeden Abschlussposten anzugeben, sofern in einem Standard keine Ausnahme angegeben ist (IAS 1.38, IAS 1.38A). Dies gilt grundsätzlich nicht für verbale Informationen; in Einzelfällen sind jedoch verbale Vergleichsinformationen für ein besseres Verständnis geboten (IAS 1.38B). Bei Abschlussänderungen wie die rückwirkende Änderung von Bilanzierungs- und Bewertungsmethoden, Fehlerbeseitigung und Umgliederung von Posten ist gem IAS 1.40A zusätzlich eine dritte Vergleichsbilanz zu erstellen.

Diese **dritte Vergleichsbilanz** (T-2: zum Beginn der Vorperiode) wird zusätzlich zu den Vorjahreszahlen (T-2: zum Ende der Vorperiode) und den Bilanzzahlen (T-1: zum Ende der Berichtsperiode) erstellt (IAS 1.40B; → Rn 80). Sie ist gem (IAS 1.40B(c), IAS 1.BC32B f zu Beginn der Vorperiode zu erstellen, sofern die in IAS 1.40A(a) genannten Änderungen wesentliche Auswirkungen auf den Jahresabschluss haben (IAS 1.40A(b)). Entspr Anhangangaben zu dieser dritten Bilanz sind jedoch nicht erforderlich (IAS 1.40C). Ferner wird explizit normiert, dass freiwillige Vergleichsinformationen (IAS 1.38C f) nicht dem in IAS 1.10 definierten vollständigen Abschluss entsprechen müssen, allerdings sind für alle dargestellten Informationen jeweils die entspr Anhangangaben erforderlich (dazu IAS 1.BC32E f).

In der **Eigenkapitalveränderungsrechnung** selbst sind mittels einer Überleitungsrechnung für jede Eigenkapitalkomponente vom Periodenbeginn zum Periodenende die Veränderungen infolge des Gesamtperiodenergebnisses bestehend aus dem Periodenerfolg und dem sonstigen Ergebnis sowie aus Transaktionen mit Anteilseignern in Bezug auf das Beteiligungsverhältnis darzustellen. Zudem sind in der Eigenkapitalveränderungsrechnung für jede Eigenkapitalkomponente die Beträge, die auf die retrospektive Anpassung oder retrospektive Korrektur nach IAS 8 entfallen, separat darzustellen (IAS 1.106 ff; ausführlich → § 17 Rn 15 ff). 28

Eine **Kapitalflussrechnung** ist für alle Unternehmen, unabhängig von ihrer Rechtsform, verpflichtender Bestandteil der Rechnungslegung nach IFRS (IAS 1.10 (d), IAS 7.1; s ausführlich → § 18 Rn 6 f). 29

Im **Anhang** sind die Grundlagen für die Aufstellung des Abschlusses sowie die besonderen Bilanzierungs- und Bewertungsmethoden (IAS 1.112 ff) anzugeben (→ § 19 Rn 26 f). Ebenfalls angegeben werden müssen hier Informationen, die von einzelnen IFRS gefordert und an keiner anderen Stelle im Abschluss angegeben werden (IAS 1.112(b)). Mit einer Änderung von IAS 1.114 im Rahmen der im Dezember 2014 verabschiedeten Ergänzungen an IAS 1 (Anhanginitiative – *Disclosure Initiative*) wurde klargestellt, dass die in IAS 1 enthaltene Reihenfolge nur eine beispielhafte Darstellung ist und eine andere Struktur des Anhangs durchaus sachgerecht sein kann. Bspw muss die Darstellung der Bilanzierungs- und Bewertungsmethoden nicht zwingend in einem eigenen Kapitel erfolgen, sondern kann Teil der Erläuterungen zu dem entspr Posten sein. 30

Im Anhang hat das für die Aufstellung (nach nationalem Recht) zuständige Management (also zB Vorstand oder Geschäftsführung) auch die **Übereinstimmungserklärung** anzugeben, dh die Erklärung, dass der Abschluss uneingeschränkt mit allen IFRS im Einklang steht (IAS 1.16). Dabei bezieht sich die Erklärung innerhalb der EU nur auf diejenigen IFRS, die von der EU-Kommission für die EU übernommen worden sind (→ Rn 101).

Bestandteil des Anhangs ist auch die **Segmentberichterstattung,** die Unternehmen zu erstellen haben, deren Aktien oder Wertpapiere öffentlich gehandelt werden (IFRS 8; → § 21 Rn 6 ff).

Unternehmen, deren **Aktien** öffentlich gehandelt werden, haben im Anhang zusätzlich das **Ergebnis je Aktie** anzugeben (IAS 33; → § 16 Rn 1). Letztlich gehören auch Angaben in den Anhang, die erforderlich sind, um eine den tatsächlichen Verhältnissen entspr Rechnungslegung darzustellen (s ausführlich → § 19 Rn 3, 6, 19).

b) Lagebericht, Managementbericht

Einen **Lagebericht** (bzw **Managementbericht,** *management commentary*) schreiben die IFRS **nicht** verpflichtend vor. Allerdings erkennt der IASB die Bedeutung von ergänzenden und erläuternden Informationen außerhalb des Jahresabschlusses an und weist in IAS 1.13 f auf solche Berichte hin, die das Management als zusätzliche Information über die Unternehmenslage erstellt. Entspr ist solch ein Managementbericht zwar Teil der in den Regelungsbereich vom IASB fallenden Finanzberichterstattung (*financial reporting,* vgl F.OB1 iVm PS MC.IN4), nicht aber Bestandteil des IFRS-Abschlusses (*financial statements,* vgl IAS 1.10). 31

Abweichend von der IFRS-Konzeption, wonach Managementberichte freiwillig erstellt werden können, besteht für **deutsche KapGes** nach §§ 264 Abs 1 Satz 1 und 290 Abs 1 HGB die **Pflicht** zur (Konzern-)Lageberichterstellung. Ausgenommen sind lediglich kleine KapGes. Dies gilt gleichermaßen für deutsche Unternehmen, die verpflichtend oder freiwillig einen Konzernabschluss nach IFRS aufstellen. Entspr schreibt § 315a HGB auch für diese Unternehmen die Erstellung eines **Konzernlageberichts** nach § 315 HGB verpflichtend vor. Konkretisiert werden die Inhalte von § 315 HGB in DRS 20 Konzernlagebericht. Zu DRS 20 und PS MC ausführlich → § 38 Rn 1 ff.

32–37 *(einstweilen frei)*

4. Vergleich zum HGB

38 Von dem dargestellten Informationsziel, entscheidungsnützliche Informationen für gegenwärtige oder künftige Kapitalgeber zur Verfügung zu stellen, lässt sich der IASB bei der Festlegung neuer Regelungen und Interpretationen leiten. Auch der Anwender muss sich nach diesen Zielen richten.

Damit **unterscheidet** sich das IFRS-Konzept von den **Grundgedanken,** die dem HGB und den anderen in Deutschland geltenden Regeln der Rechnungslegung zugrunde liegen. Das **HGB** verfolgt **mehrere Ziele** und versucht, zwischen den vielfältigen Zielen einen Kompromiss zu erreichen (*Winkeljohann/Schellhorn* in BeBiKo § 264 HGB Rz 35), der – wie jeder Kompromiss – nicht alle Interessen zufrieden stellt. Zu den Aufgaben des Jahresabschlusses nach dem HGB gehören die **Rechenschafts-, die Gewinnermittlungs-, die Ausschüttungsbemessungs-, die Gläubigerschutz- und die Informationsfunktion** (*Winkeljohann/Schellhorn* in BeBiKo § 264 HGB Rz 35).

Gedanken der **Rechenschaftsfunktion** finden sich auch in den IFRS, indem sie Informationen über die Leistungen des Managements bereitstellen wollen (dazu aber → Rn 6).

39 Die **Gewinnermittlungsfunktion** lässt sich insofern mit den IFRS-Zielen in Einklang bringen, als der nach den IFRS-Regeln ermittelte Erfolg ein sehr wesentliches Element der Informationen ist, die dem Adressaten für seine Entscheidungen gegeben werden. Die Gewinnermittlung nach den handelsrechtlichen GoB ist aber auch **maßgeblich** für die **Besteuerung** (§ 5 EStG) und hat insofern eine Bedeutung und eine Funktion, die nicht in das IFRS-Gedankengebäude passt. IFRS-Abschlüsse sollen sachdienliche Informationen für Investoren etc, nicht aber eine sachgerechte Besteuerungsgrundlage liefern.

40 Funktionen des **Gläubigerschutzes** und der **Ausschüttungsbemessung** kann ein IFRS-Abschluss ebenfalls nicht erfüllen, auch wenn dies zumindest theoretisch möglich wäre. Der Gläubigerschutzgedanke verlangt nach dem HGB-Verständnis, dass „vorsichtig" in dem Sinne bewertet wird, dass Vermögensgegenstände tendenziell niedrig und Schulden und Risiken tendenziell hoch angesetzt werden (Imparitätsprinzip). Nur der nach diesen – „vorsichtigen" – Regeln ermittelte Gewinn darf ausgeschüttet werden, weil der Gläubigerschutz höher als das (mögliche) Gesellschafterinteresse an hohen Ausschüttungen gewichtet wird. Nur der **tatsächlich realisierte** Gewinn darf als Gewinn ausgewiesen und ausgeschüttet werden. Diese Gedanken folgen aus § 252 Abs 1 Nr 4 HGB.

41 Im Gegensatz zum HGB nimmt die **Gläubigerschutzfunktion** ggü der Informationsfunktion in einem IFRS-Abschluss einen geringeren Stellenwert ein. Investitionsentscheidungen werden schließlich üblicherweise nicht auf Basis der Tatsache getroffen, ob das Unternehmen im Liquidationsfall seine bestehenden Schulden vollständig begleichen kann, sondern welche zukünftige Ertragskraft in einem Unternehmen steckt.

Der IFRS-Abschluss will deshalb auch **nicht** Auskunft über die Höhe der möglichen **Gewinnausschüttung** geben. Die Antwort auf diese Frage richtet sich nach anderen Regeln, wie zB den Bestimmungen des Gesellschaftsvertrags oder Vereinbarungen, die das Management mit seinen Banken und anderen Gläubigern trifft. Der IFRS-Abschluss hat auch **nicht** das Ziel, Gläubigerschutz zu betreiben, indem ein tendenziell zu niedriges Eigenkapital ausgewiesen wird. 42

Das HGB hat im Jahre 2009 mit dem **BilMoG** eine **Modernisierung** erfahren, die sich in einzelnen Punkten an internationalen Gepflogenheiten orientiert (Abschaffung der Aufwandsrückstellungen, Bildung von Bewertungseinheiten, verbesserte Bewertungsparameter für Pensionsrückstellungen, etc). Damit wurden die Regelungen auch stärker angepasst an die Anforderungen des Kapitalmarkts für eine informationsorientierte Rechnungslegung. Gleichwohl verbleiben erhebliche Unterschiede zur Rechnungslegung nach IFRS. 43

III. Wesentliche Grundlagen der Finanzberichterstattung nach IFRS

1. Zu Grunde liegende Annahmen

a) Fair Presentation

Um die beschriebene Informationsfunktion erfüllen zu können, müssen die Abschlüsse die VFE-Lage *„fairly"* darstellen (IAS 1.15). Dieser Begriff der *„fair presentation"* entspricht dem ***„true and fair view"***, den das englische Bilanzrecht verwendet. Der Begriff hatte bereits über die 4. EG-RL in das deutsche HGB mit der Formulierung „... ein den tatsächlichen Verhältnissen entspr Bild ..." (§ 264 Abs 2 Satz 1 HGB) Eingang gefunden. Auch in der neuen EU-Bilanzrichtlinie 2013/34/EU vom 26. Juli 2013, die die 4. und 7. Bilanzrichtlinien ersetzt, ist in Art 4 der Verweis darauf weiterhin enthalten. Der deutsche Gesetzgeber hat jedoch einen einschränkenden Zusatz aufgenommen: „... unter Beachtung der Grundsätze ordnungsmäßiger Buchführung ...". Dieser Zusatz soll nach dem Verständnis, das § 264 Abs 2 Satz 1 HGB in der deutschen Kommentarliteratur erfahren hat (*Winkeljohann/Schellhorn* in BeBiKo § 264 HGB Rz 24), besagen, dass nicht jeder Bilanzierende frei entscheiden kann, was er im konkreten Fall für *„fair"* (sachgerecht, angemessen) hält. Er muss sich vielmehr im Rahmen der allgemein anerkannten GoB bewegen. Dies bleibt auch durch das Bilanzrichtlinie-Umsetzungsgesetz (BilRuG), mit dem die EU-Bilanzrichtlinie 2013/34/EU in deutsches Recht transformiert wird, erhalten. 44

Auch IAS 1.15 enthält eine vergleichbare Einschränkung: *fair presentation* bedeutet danach, dass der Abschluss **glaubwürdig** *(faithful)* die Folgen der Geschäftsvorfälle und anderer Ereignisse widerspiegeln muss, und zwar in Übereinstimmung mit den Definitionen und Ansatzkriterien für Vermögenswerte, Schulden, Erträge und Aufwendungen, wie sie im Rahmenkonzept niedergelegt sind. Wer die IFRS-Regeln vollständig beachtet, erfüllt nach Ansicht des IASB in aller Regel den Anspruch einer *fair presentation* (IAS 1.15 letzter Satz). Um dies auch dem Bilanzadressaten zu verdeutlichen, hat jeder IFRS-Abschluss im Anhang eine uneingeschränkte Bestätigung zu enthalten, dass der Abschluss in Übereinstimmung mit allen geltenden Standards erstellt wurde, sog **Übereinstimmungserklärung** (IAS 1.16).

IAS 1.19 erkennt jedoch an, dass es **Sonderfälle geben kann,** in denen der Bilanzierende sich über Einzelregelungen hinwegsetzen muss, um eine *fair presentation* zu gewährleisten. In diesem Fall muss die Unternehmensleitung entscheiden, was sie für eine sachgerechte Darstellung iSe *fair presentation* gem IAS 1.17 hält. Allerdings kann es sich nur um „äußerst seltene Fälle" (IAS 1.19) handeln, 45 in denen der Bilanzierende hierauf zurückgreift und sich über einzelne Bestimmungen von Standards hinwegsetzt. Von einem solchen Fall kann dann gesprochen werden, wenn die Darstellung eines Sachverhalts nach Maßgabe eines Standards nicht glaubhaft ist und damit zu falschen Entscheidungen auf Seiten der Bilanzadressaten führen kann (IAS 1.24).

46 Ein Abweichen von Standards auf Grundlage des IAS 1.19 zieht entspr **Angabepflichten** nach sich (IAS 1.20). Diese Angaben sollten unmittelbar mit der obligatorischen Übereinstimmungserklärung gem IAS 1.16 erfolgen.

b) Unternehmensfortführung

47 Die IFRS legen der Bilanzierung das Prinzip der Unternehmensfortführung *(going concern)* zugrunde (F.4.1 und IAS 1.25).

Dieses Prinzip besagt, dass bei der **Bewertung** der Vermögenswerte und Schulden von der Fortführung des Unternehmens auszugehen ist, sofern das Management nicht zur Einstellung des Geschäftsbetriebs entschlossen oder gezwungen ist. Unmittelbare Folge dieses Prinzips ist, dass die Bilanz nicht auf Basis von Zerschlagungs-, sondern auf der Grundlage von Fortführungswerten erstellt wird. Die Tatsache, dass zuweilen auch Nettoveräußerungswerte als Bewertungsmaßstab herangezogen werden, steht dem nicht entgegen, da es sich dabei im Regelfall nur um eine bestimmte Kategorie von Vermögenswerten wie zB Vorräte (IAS 2.28) handelt.

48 Als **Zeithorizont,** für den die Unternehmensfortführung beurteilt werden soll, nennt IAS 1.26 einen Zeitraum von **zwölf Monaten,** gerechnet vom jeweiligen Bilanzstichtag. Der Bilanzierende und der Abschlussprüfer müssen bei jeder Bilanzierung die Frage beantworten, ob das Unternehmen mindestens in diesem Zwölf-Monatszeitraum mit einer ganz überwiegenden Wahrscheinlichkeit fortgeführt werden kann. Grundlage dieser Beurteilung sind die Unternehmensplanungen, deren einzelne Bestandteile darauf zu untersuchen sind, ob die ihnen zugrunde liegenden Annahmen nachvollziehbar sind. Dabei kommt der Liquiditätsplanung eine besondere Bedeutung zu. Die Einschätzung über die Unternehmensfortführung kann auch durch **Ereignisse nach dem Bilanzstichtag** beeinflusst werden. Dies wird durch IAS 10.14 f explizit klargestellt.

49 Verbleiben **erhebliche Zweifel** an der Unternehmensfortführung trotz insgesamt positiver Fortführungsprognose, sollen die dem Management bekannten wesentlichen Unsicherheiten, die zu den Zweifeln führen, im **Anhang** angegeben werden (IAS 1.25). Das kann zB der Fall sein, wenn die Banken ankündigen, die Unternehmenskredite nicht zu prolongieren. Das Management wird in solchen Fällen sehr sorgfältig abzuwägen haben, ob es noch realistische Aussichten sieht, eine Einigung mit diesen Banken herbeizuführen oder ggf eine andere Finanzierung zu organisieren. Kommt das Management hingegen nach Abwägen aller relevanten Informationen, inklusive Überlegungen zu Machbarkeit und Effektivität geplanter Schadensbegrenzungsmaßnahmen, zu der Auffassung, dass keine wesentlichen Unsicherheiten hinsichtlich der Unternehmensfortführung bestehen, hat keine Angabe nach IAS 1.25 zu erfolgen. Diese Entscheidung ist jedoch stark ermessensabhängig *(significant judgement).* Über Ermessensentscheidungen, die die Beträge im IFRS-Abschluss am wesentlichsten beeinflussen, ist gem IAS 1.122 zu berichten (vgl *IFRIC* Update July 2014, 6; *KPMG* 2014/15 Rz 1.2.70.25)). Zu beachten ist außerdem, dass einem EU-konformen (Konzern-)Jahresabschluss ein (Konzern-)**Lagebericht** beizufügen ist, in dem über **bestandsgefährdende Risiken** zu berichten ist (§§ 289, 315 HGB). Da der (Konzern-)Lagebericht und der IFRS-Anhang im EU-Recht den gleichen Rang haben, wird grundsätzlich eine doppelte Angabe im Anhang und Lagebericht

nicht erforderlich sein (so zutreffend *Heuser/Theile,* Rz 291). Eine Angabe im Lagebericht ist dann aufgrund der stärkeren Wahrnehmung durch die Abschlussadressaten vorzuziehen.

Kann **keine positive Fortführungsprognose** mit einer überwiegenden Wahrscheinlichkeit abgegeben werden, dann sind dieser Umstand sowie auch die gebotene Änderung der Bilanzierungsgrundlagen anzugeben (IAS 1.25). Die Standards lassen es allerdings **offen, welche Bilanzierungsgrundlagen** in einem solchen Fall anzuwenden sind. Häufig werden anstelle der fortgeführten Buchwerte die niedrigeren Einzelveräußerungswerte anzusetzen sein. Der Ansatz von Zerschlagungswerten ist grds wohl unzulässig. Vielmehr sind die Art der Abwicklung sowie die Einschätzung aller rechtlichen Gegebenheiten zu berücksichtigen (vgl *Baetge/Kirsch/Wollmert/Brüggemann* in Baetge ua IFRS-Komm Grundlagen Rz 39). Bei einer (freiwilligen) Liquidation von einzelnen Vermögenswerten oder von Geschäftsbereichen gibt IFRS 5 Hinweise zur Bilanzierung (→ § 28 Rn 1 ff). 50

Im Falle einer **Insolvenz** entscheiden die Umstände des Einzelfalls. Der Insolvenzverwalter übernimmt zunächst die dem Grunde nach fortbestehenden Rechnungslegungspflichten des Managements (§ 155 Abs 1 InsO). Er hat den Jahres- und ggf Konzernabschluss der Gesellschaft bis zum Zeitpunkt der Insolvenzeröffnung zu erstellen (§ 155 Abs 2 InsO). Außerdem hat er eine handelsrechtliche Eröffnungsbilanz auf den Zeitpunkt der Insolvenzeröffnung sowie für den Schluss jedes Geschäftsjahrs einen Jahres- und ggf Konzernabschluss zu erstellen. Im diesem Zusammenhang muss der Insolvenzverwalter ebenfalls eine Prognose zur Fortführung des Unternehmens als Ganzem oder von Teilen des Unternehmens treffen. 51

Im Falle einer **Liquidation** kann einer der von IAS 1.19 erwähnten **Ausnahmefälle** gegeben sein, in denen es geboten erscheint, **von einzelnen Standards abzuweichen,** um ein den tatsächlichen Verhältnissen entspr Bild der VFE-Lage des Unternehmens abzugeben. Es sind dann die in IAS 1.20 vorgesehenen Angaben im Anhang zu machen.

c) Periodenabgrenzung

Der Grundsatz der Periodenabgrenzung wurde formal als Basisannahme aus dem Rahmenkonzept (F.22 (1989)) gestrichen. Er wird jedoch im Rahmenkonzept weiter aufgeführt (F.OB17) und bleibt damit ein wesentlicher Bestandteil. Der Grundsatz der Periodenabgrenzung wird darüber hinaus in IAS 1.27 beschrieben: „Ein Unternehmen hat seinen Abschluss, mit Ausnahme der Kapitalflussrechnung, nach dem **Konzept der Periodenabgrenzung** *(accrual basis)* aufzustellen“. Geschäftsvorfälle sollen in derjenigen Periode in der Buchhaltung erfasst und im Abschluss derjenigen Periode ausgewiesen werden, der sie „zuzurechnen“ sind. 52

Dieses Prinzip ist einfach umzusetzen, wenn es um die Abgrenzung zwischen dem Geschäftsvorfall und dem Zahlungsvorgang geht: Zu beurteilen ist der Geschäftsvorfall, nicht der Zeitpunkt der entspr Zahlungen. Im Einzelfall schwierig und vielfach nicht eindeutig ist es jedoch festzulegen, **welchem Geschäftsjahr** einzelne **Aufwendungen und Erträge wirtschaftlich zuzuordnen** sind. Das Rahmenkonzept bestimmt in F.OB17, dass die Auswirkungen von Geschäftsvorfällen in der Periode erfasst werden sollen, in der sie geschehen und nicht, wenn ein Zahlungsmittel dafür eingeht oder hingegeben wird. Aufwendungen sind daher im gleichen Zeitraum wie die entspr Erträge zu erfassen (sog ***matching principle***). Das ist dann nicht einfach zu beantworten, wenn der Zusammenhang „nur grob oder indirekt“ ist. Erwirbt ein Unternehmen zB eine Maschine im 53

Wege des Finanzierungs-Leasings (→ § 22 Rn 25) und wendet es zur Anbahnung des Geschäfts Kosten auf, ist es nicht von vornherein eindeutig, ob diese Transaktionskosten im Jahr ihrer Entstehung als Aufwand erfasst werden sollen oder über die Nutzungsdauer der Maschine verteilt werden müssen. IAS 17.24 entscheidet dies zugunsten der zuletzt genannten Alternative. Ähnliche Abgrenzungsfragen treten zB bei Zinsaufwendungen auf (IAS 23.8 ff). In jedem dieser Fälle bedarf es einer Entscheidung, welchen Perioden spezielle Aufwendungen und Erträge zuzurechnen sind.

54 Die Forderung nach einer wirtschaftlich sachgerechten Periodenzuordnung von Aufwendungen und Erträgen wird begrenzt und relativiert durch eine andere grundlegende Entscheidung des IASB, den sog ***asset-liability-approach.*** Aufwendungen und Erträge dürfen im Jahresabschluss nur insoweit erfasst werden, als sie entweder direkt als Vermögenswert *(asset)* oder Schuld *(liability)* iSd Rahmenkonzepts (F.4.1 ff) eingeordnet werden können oder Teil der Bewertung eines(r) anderen *asset* oder *liability* sind (F.4.37 ff; vgl → Rn 121 ff).

55 Der Grundsatz der Periodenabgrenzung wird deshalb immer dort durchbrochen, wo ein Geschäftsvorfall nicht die Kriterien eines Vermögenswerts nach IAS 1.15 erfüllt, sodass die entspr Aufwendungen nicht aktiviert werden dürfen (F.4.50).

Beispiel: In IAS 38.69(c) wurde am Beispiel von Werbematerialien wie Flyern oder Katalogen klargestellt, dass das Unternehmen die betreffenden Ausgaben zu erfassen hat, sobald es die Kataloge erhält, und nicht erst, wenn sie verteilt werden. Fallen der Zeitpunkt des Erhalts und der Zeitpunkt der Verteilung der Kataloge in unterschiedliche Perioden, so werden die Ausgaben nicht der Periode zugeordnet, in der die (voraussichtlichen) Einnahmen aus dieser Werbemaßnahme erzielt werden. Das spezielle Aktivierungsverbot für Werbekampagnen gem IAS 38.69(c) durchbricht hier den allgemeinen Grundsatz der Periodenabgrenzung.

56 Das Prinzip der Periodenabgrenzung hat somit dort seine **Grenze,** wo aktive oder passive **Abgrenzungsposten** notwendig wären, die die Anforderungen nicht erfüllen, die das Rahmenkonzept an bilanzierungsfähige Vermögenswerte oder Schulden stellt (→ Rn 121 ff), es sei denn, ein IFRS fordert explizit eine Aktivierung/Passivierung zur periodengerechten Abgrenzung bestimmter Aufwendungen oder Erträge (zB passiver Abgrenzungsposten bei *sale-and-lease-back*-Transaktionen gem IAS 17.60).

2. Grundlegende qualitative Anforderungen

a) Relevanz – Wesentlichkeit

57 Die Standardsetzer sehen die **Relevanz von Informationen** (neben der Glaubwürdigkeit der Darstellung) im neu gefassten Rahmenkonzept als erste und damit besonders wichtige der beiden **„grundlegenden qualitativen Anforderungen"** *(fundamental qualitative characteristics)* der internationalen Rechnungslegung an (F.QC5). Die Relevanz hat die Aufgabe, zu selektieren, welche Geschäftsvorfälle überhaupt in der Rechnungslegung als entscheidungsnützliche Informationen auftauchen sollen. Demgegenüber übernimmt die **glaubwürdige Darstellung** die Aufgabe, eine sachgerechte Abbildung der entscheidungsnützlichen Information zu finden (F.QC18).

58 Informationen in einem Abschluss sind nützlich und damit relevant, wenn sie die **Entscheidungen der Adressaten beeinflussen** bzw geeignet sind, diese zu beeinflussen (F.QC6). Das ist der Fall, wenn sie für die Adressaten einen Prognosewert *(predictive value),* einen Bestätigungswert *(confirmatory value)* oder beides haben (F.QC7). Informationen haben einen **Prognosewert,** wenn sie eine Bedeutung für Kapitalgeber und andere Adressaten haben bei deren Beurteilung

von vergangenen, gegenwärtigen oder zukünftigen Entwicklungen. Dabei muss die Information selbst nicht den Charakter einer Vorhersage oder Prognose haben, sie muss nur einen Einfluss haben bei einer Einschätzung des Adressaten. Einen **Bestätigungswert** haben Informationen, wenn sie Beurteilungen aus der Vergangenheit bestätigen oder korrigieren. Die Aspekte der Prognose und Bestätigung sind miteinander verknüpft. So sind zB Informationen über die Vermögenswerte relevant für Adressaten, wenn sie versuchen zu prognostizieren, ob das Unternehmen Chancen nutzen oder auf ungünstige Situationen reagieren, Löhne zahlen und seinen Verpflichtungen nachkommen kann. Dieselben Informationen haben einen bestätigenden Charakter im Hinblick auf frühere Prognosen.

Ausfluss der Anforderung an die Relevanz einer Information ist der **Wesentlichkeitsgrundsatz.** Das Prinzip der Wesentlichkeit *(materiality)* ist als allgemeiner Grundsatz im Rahmenkonzept (F.QC11) enthalten und auch in IAS 1.29ff niedergelegt. Es gilt damit als verbindliche Norm: Eine Information muss nicht mitgeteilt werden, wenn sie nicht wesentlich ist (IAS 1.29). Das bedeutet konkret, dass das Weglassen einer Information keine Auswirkung auf die Entscheidungen der Abschlussadressaten haben darf (F.QC11). Die Wesentlichkeit ist somit eine Größe, die den Grad der Relevanz determiniert. 59

Wichtig ist, wie das Prinzip in der **Praxis der Bilanzierung** ausgestaltet wird, und zwar insbes wenn es darum geht, Angaben und Informationen unter Berufung auf dieses Prinzip wegzulassen bzw Bilanzierungs- und Bewertungsmethoden nicht anzuwenden. Die konkrete Ausgestaltung des Wesentlichkeitspostulats und dessen künftige Entwicklung in Literatur und Rechtsprechung dürfte auch Auswirkungen haben auf die **Wesentlichkeitsgrenzen,** die **von Abschlussprüfern** im Rahmen ihrer risikoorientierten Prüfungsansätze zugrunde gelegt werden.

Nach F.QC11 sind Informationen wesentlich, wenn ihr Weglassen oder ihre fehlerhafte Darstellung die auf der Basis des Abschlusses getroffenen wirtschaftlichen **Entscheidungen** der Adressaten **beeinflussen** könnten. Die Wesentlichkeit ist von der Natur und der Größe des Postens oder des Fehlers abhängig, die sich nach den besonderen Umständen des Weglassens oder der fehlerhaften Darstellung ergibt. Somit ist die Wesentlichkeit eher eine Schwelle oder ein Grenzwert und weniger eine primäre quantitative Anforderung, die eine Information haben muss, um entscheidungsnützlich zu sein. 60

Es sind kaum Fälle denkbar, bei denen die geforderten Mindestbestandteile eines Abschlusses (IAS 1.10) und die Mindestgliederungen der Bilanz und der Gesamtergebnisrechnung (IAS 1.82f) verkürzt werden, weil einzelne Posten unwesentlich sind. Freiwillige Erweiterungen der Gliederungsschemata sollten jedoch nur vorgenommen werden, wenn die Erweiterungen wesentlich sind, also für den Bilanzleser wichtige Informationen enthalten.

Das **Wesentlichkeitsprinzip** kann zB in folgenden Fällen Einfluss auf das **Zahlenwerk** eines Abschlusses haben: 61

(1) **Fehler** iSv IAS 8.4ff und IAS 10.9(c) bleiben unbeachtet, wenn ihre Auswirkungen auf die Vermögenslage oder auf die Ertragslage unwesentlich sind;
(2) ein ggü dem **„marktüblichen Zinssatz"** abweichender Zinssatz führt uE nur dann zu den in IAS 17.42 (Finanzierungs-Leasing) geforderten Neuberechnungen des Verkaufsgewinns, wenn die Abweichung wesentlich ist;
(3) die steuerlichen Auswirkungen von **Umrechnungsdifferenzen** iSv IAS 21.50 brauchen uE nur dann bilanziert zu werden, wenn sie wesentlich sind;
(4) **Wertminderungen** sind nach IAS 36 nur zu berücksichtigen, wenn sie wesentlich sind. Das kommt zB in einer Reihe von Formulierungen in IAS 36.12 zum Ausdruck („deutlich" gesunkener Zins, „signifikante" Veränderungen,

„wesentlich" verminderter erzielter Betrag, „substanzielle" Hinweise auf Überalterung);

(5) auf eine an sich gebotene, im konkreten Fall aber unwesentliche **Abzinsung einer Rückstellung** kann verzichtet werden (IAS 37.46);

(6) im Rahmen der Konzernrechnungslegung kann auf die **Eliminierung von Zwischenergebnissen** verzichtet werden, wenn sie – insgesamt – unwesentlich sind (→ § 35 Rn 102).

62 **Berichtspflichten** können unterbleiben, wenn es um unwesentliche Sachverhalte geht. Hierzu seien folgende Beispiele angeführt:

(1) IAS 1.117 bestimmt, dass nur die „maßgeblichen" Bilanzierungs- und Bewertungsmethoden zusammenfassend darzustellen sind. IAS 1.122 spricht von „wesentlichen" Methoden;

(2) spielen bei einem Handelsbetrieb halbfertige Arbeiten nur eine ganz untergeordnete Rolle, kann auf die Darstellung der bei der Berechnung der Herstellungskosten angewandten Methoden verzichtet werden;

(3) Zahlungsmittel, über die ein Konzern nicht verfügen kann, brauchen nach IAS 7.48 nicht angegeben zu werden, wenn sie nur einen unwesentlichen Teil der aktivierten Zahlungsmittel bilden;

(4) Erläuterungen zu Schätzungen iSv IAS 8.39 brauchen mit ihren Beträgen nur genannt zu werden, wenn sie wesentlich sind;

(5) nach IAS 12.79 sind nur die „Hauptbestandteile" des Steueraufwands oder Steuerertrags anzugeben, was bedeutet, dass unwesentliche Bestandteile nicht erwähnt zu werden brauchen;

(6) berichtspflichtig nach IFRS 8 sind idR nur wesentliche Segmente. Das sind zB Segmente, deren Erlöse von Transaktionen mit externen Kunden und mit anderen Segmenten 10% oder mehr der gesamten externen und internen Erlöse aller Segmente ausmachen (IFRS 8.13; Ausnahme in IFRS 8.13 (a); → § 21 Rn 18 ff zur Bestimmung berichtspflichtiger Segmente);

(7) die in IAS 16.73 ff für Sachanlagen geforderten Angaben brauchen nicht aufgeführt zu werden, wenn sie unwesentlich sind;

(8) Beträge im IFRS-Abschluss können in Währungseinheiten von Tausend oder Millionen angegeben werden, solange dadurch keine wesentlichen Informationen verloren gehen (IAS 1.53).

63 Mit der Verabschiedung von Ergänzungen an IAS 1 im Rahmen der Anhanginitiative *(Disclosure Initiative)* wurde bzgl der Anhangangaben explizit ein stärkerer Fokus auf den Grundsatz der Wesentlichkeit gelegt. Danach sind Anhangangaben nur verpflichtend, sofern diese wesentlich sind. Der Wesentlichkeitsgrundsatz ist somit nicht nur auf Bilanz, Gesamtergebnisrechnung, Kapitalflussrechnung und Eigenkapitalveränderungsrechnung anzuwenden, sondern auch auf den Anhang. Unternehmen haben künftig selbst zu beurteilen, ob eine bestimmte Angabe wesentlich ist, auch wenn diese von einem Standard gefordert wird. Nützliche Informationen dürfen nicht durch Zusammenfassung oder Disaggregation verschleiert werden (IAS 1.30A (geändert 2014) und IAS 1.31 (geändert 2014)).

Die Wesentlichkeit einer Information ist aus der **Sicht der Adressaten** (dazu → Rn 23 f) zu beurteilen. Adressaten sind diejenigen, die die IFRS-Abschlüsse auswerten und gestützt auf diese Informationen **wirtschaftliche Entscheidungen treffen** (F.OB2 ff). Informationen sind nur wesentlich, wenn sie die wirtschaftlichen Entscheidungen der Adressaten „beeinflussen könnten", dh ohne die Information hätte der Adressat möglicherweise anders entschieden. Dies ist in jedem Einzelfall unter Berücksichtigung aller Umstände zu beurteilen. Zu diesen Umständen gehört ua die wirtschaftliche Lage des Unternehmens. Auf Einzelheiten kann es ankommen, wenn sich ein Unternehmen in einer kritischen Verlustlage oder in Liquiditätsschwierigkeiten befindet. Hat ein Unternehmen einen neuen Geschäftszweig eröffnet, kann eine Information hierzu wesentlich sein, auch wenn es sich – bezogen auf den gesamten Konzern – um geringe Zahlen handelt. Bei der Beurteilung aus der Sicht des Adressaten ist uE auch von Bedeutung, auf welchen (gesicherten oder weniger gesicherten) Grundlagen die Schätzungen zu einzelnen Abschlussposten basieren, zB im Bereich der Rückstellungen, der Schätzung latenter Steuern, der Wertminderungstests mit Hilfe von Bewertungsmodellen oder der Schätzung von anteiligen Gewinnen bei der Bewertung halbfertiger Arbeiten.

Wegen des Grundsatzes der Wesentlichkeit hat ein Unternehmen sogar (wert- 64
begründende) **Ereignisse,** die **nach dem Bilanzstichtag** (→ Rn 104ff) entstanden und daher im Abschluss nicht zu berücksichtigen sind, gleichwohl anzugeben, wenn sie für die Entscheidungen des Adressaten der Rechnungslegung wesentlich sein können (IAS 10.21). Anzugeben sind die Art des Ereignisses und eine Schätzung der finanziellen Auswirkungen. IAS 10.22 gibt dazu zahlreiche **Beispiele** an, wie etwa:

(1) ein Unternehmenszusammenschluss nach dem Abschlussstichtag,
(2) die geplante Aufgabe von Geschäftsbereichen,
(3) umfangreiche Käufe von Vermögenswerten,
(4) die Zerstörung von Produktionsstätten nach dem Abschlussstichtag,
(5) die Planung umfangreicher Restrukturierungen,
(6) umfangreiche Transaktionen von Stammaktien oder
(7) den Beginn von umfangreichen Rechtsstreitigkeiten.

Weil somit eine Gesamtschau im Einzelfall notwendig ist, gibt es **keine** 65
schematischen Regeln, an denen der Abschlussersteller sich ausrichten kann. *Winkeljohann/Schellhorn* (in BeBiKo § 264 HGB Rz 57) weisen darauf hin, dass die zur *materiality* entwickelten anglo-amerikanischen Grundsätze hilfreich sein können. Es besteht ein praktisches Bedürfnis nach Anhaltspunkten. Als Messgrößen kommen Prozentsätze vom Umsatz, von den Zwischengewinnen (wenn es um Gewinneliminierung geht), vom *„free-cashflow"*, vom Eigenkapital, von der Summe aller Vorräte oder anderen im Einzelfall relevanten Größen in Betracht.

Peemöller (in Wiley IFRS 2012 Abschn 21 Rz 33) nennt bei einem von ihm zitierten Beispiel eine Grenze von 5% der Umsatzerlöse. UE sollte unabhängig von konkreten Prozentsätzen eine Einzelfallbetrachtung erfolgen, da auch Werte unterhalb von 5% entscheidungsnützlich sein können (→ § 35 Rn 112 in Bezug auf die Zwischengewinneliminierung im Rahmen der Vollkonsolidierung).

Um zu beurteilen, ob eine Diskrepanz zwischen den Zahlen des Abschlusses 66
und den „tatsächlichen" Verhältnissen iSd deutschen HGB (§ 264 Abs 2 HGB) **wesentlich** ist, führen *Winkeljohann/Schellhorn* (in BeBiKo § 264 HGB Rz 57) als **quantitative Anhaltspunkte** ua an

(1) 10% vom **Jahresüberschuss** bzw -fehlbetrag und außerdem 0,25% der Bilanzsumme;
(2) 5% der **Bilanzsumme;**
(3) bei **wichtigen Einzelposten** 10% dieser Posten.

Diese Prozentsätze liegen uE an der oberen Grenze des Ermessensrahmens, der dem Bilanzaufsteller zur Verfügung steht.

Quantitative Wesentlichkeitsgrenzen liegen zweifellos im Interesse der IFRS-Anwender (F. QC.11; primäre Orientierung an absoluten und relativen Größen, so auch *Baetge/Kirsch/Wollmert/Brüggemann* in Baetge ua IFRS-Komm Kapitel II Rz 45). Allerdings ist der IASB gut beraten, an den lediglich qualitativen Grenzen weiterhin festzuhalten, da feste Prozentsätze die Gefahr in sich bergen, dass bilanzielle Sachverhaltsgestaltungen ausschließlich mit dem Ziel vorgenommen werden, diese Grenzen künstlich zu unterschreiten. Die Beurteilung der

Wesentlichkeit und die Einschätzung der Auswirkung auf die Entscheidungsnützlichkeit müssen in letzter Instanz im Ermessen des Abschlussprüfers liegen. Die in der Literatur diskutierten Wesentlichkeitsgrenzen können lediglich Anhaltspunkte liefern. Im Rahmen der Anhanginitiative diskutiert der IASB ebenfalls sein Wesentlichkeitsprojekt, im Rahmen dessen die Anwendung der Wesentlichkeit in der Praxis untersucht und eine mögliche Aufnahme weiterer Leitlinien in IAS 1 geprüft wurde. Der IASB plant die Herausgabe einer Entwurfsfassung eines Practice Statements.

67 Es erscheint sachgerecht und auch erforderlich, wenn zur Beurteilung der Wesentlichkeit im Einzelfall ergänzend auch **qualitative Beurteilungskriterien** mit herangezogen werden, wie dies für den US-amerikanischen Rechtskreis in FASB ASC 250-10-S 99-1 niedergelegt ist: Unzulässig ist danach eine bewusste oder unbewusste Abweichung von den Regeln, wenn dadurch zB:

(1) die **Umkehrung eines Verlusts** in einen Gewinn erfolgt,
(2) die **Umkehrung eines Trends** verschleiert wird,
(3) die **Einhaltung von Budgetvorgaben oder Analystenerwartungen** erreicht wird oder
(4) das **Erreichen von Zielvorgaben** zur Gewährung von Tantiemen, Boni oder anderen Vorteilen für das Management bewirkt wird.

Beispiel: Ein Unternehmen in den USA hat jahrzehntelang stets eine Umsatzsteigerung ausgewiesen. Um diesen Trend beizubehalten, hat das Management einen Umsatzanteil von nur 1,7% vom nächsten Jahr in das lfd Jahr vorgezogen. Die SEC und die Gerichte haben diesen Verstoß als wesentlich angesehen (*Lüdenbach/Hoffmann/Freiberg* IFRS § 1 Rz 65).

Den Gedanken einer **Vermeidung von Missbräuchen** verfolgt auch IAS 8.8: danach ist es unzulässig, bestimmte unwesentliche Abweichungen von den IFRS vorzunehmen oder unberichtigt zu lassen, wenn dadurch eine bestimmte Darstellung erreicht werden soll.

b) Glaubwürdige Darstellung

68 Der IASB postuliert im Rahmenkonzept eine glaubwürdigen Darstellung *(faithful representation)* neben der Relevanz als zweite **„grundlegende qualitative Eigenschaft"** *(fundamental qualitative characteristics)* (F.QC5, F.QC12 ff).

Zuvor war die glaubwürdige Darstellung nur eine Unterkategorie der **Verlässlichkeit,** die nunmehr nur noch eine Nebenrolle spielt (F.QC26 ff). Der IASB begründet dies mit den vielfältigen Interpretationsmöglichkeiten, die der Begriff der Verlässlichkeit bot, insbes weil er mit Verifizierbarkeit, Fehlerfreiheit oder Präzision etc verwechselt werden könnte (F.BC3.23). Indes wird in der Literatur auch die Sorge zum Ausdruck gebracht, dass die Standardsetzer in der Kombination von hierarchischer Aufwertung der Relevanz (als erstes zu prüfendes Kriterium) und begrifflicher Substitution der Verlässlichkeit, den Zielkonflikt bei der Abbildung wirtschaftlicher Sachverhalte in Richtung Relevanz auflösen wollten (*Pelger* WPg 2011, 908 (915); *Kirsch/Koelen/Olbrich/Dettenrieder* WPg 2012, 762 (771)).

Die Umwidmung geht zudem einher mit der **Streichung des Vorsichtsprinzips.** Zusammen mit der **Schranke der Verlässlichkeit** war damit bislang vor allem der Zeitwertbewertung von Vermögenswerten und Schulden, für die keine aktiven Märkte bestehen, eine gewisse Grenze gesetzt. Der Weg zu einer stärkeren Hinwendung zur Zeitwertbewertung dürfte damit weiter geebnet worden sein (*Pelger* WPg 2011, 908 (915)).

69 Den **Grundsatz der wirtschaftlichen Betrachtungsweise** *(substance over form)* erwähnt der IASB nicht (mehr) als separate Komponente einer glaubwürdigen Darstellung im Rahmenkonzept, weil er dies für **redundant** ansah (F.BC3.26).

Nach seiner Auffassung erfordert eine glaubwürdige Darstellung ohnehin stärker die Darstellung des wirtschaftlichen Gehalts eines Vorgangs als nur die Darstellung seiner rechtlichen Form.

Im neuen Rahmenkonzept bestimmt der IASB, dass finanzielle Informationen über Geschäftsvorfälle dann glaubwürdig sind, wenn sie **vollständig, neutral** und **frei von Fehlern sind** (F.QC12). 70

aa) Vollständigkeit. Vollständig *(complete)* ist eine Darstellung, wenn sie alle Informationen enthält, die **notwendig** sind für den Adressaten, um die Darstellung zu verstehen (F.QC13). 71

Ein Weglassen kann dazu führen, dass eine Information falsch oder irreführend und somit nicht hilfreich ist für die Adressaten. Insoweit wird der Grundsatz der Vollständigkeit **begrenzt** durch den Grundsatz der Wesentlichkeit (→ Rn 57 ff).

Es bestehen allerdings vielfach **unvermeidbare inhärente Risiken** beim Ansatz und der Bewertung von Geschäftsvorfällen. So kann die Bewertung der finanziellen Auswirkung eines Sachverhalts so ungewiss sein, dass dieser nicht in den Abschluss aufgenommen wird. Es kann aber auch sachgerecht sein, den Sachverhalt zu erfassen und das mit dem Ansatz und der Bewertung verbundene Fehlerrisiko anzugeben.

bb) Neutralität. Die Neutralität *(neutrality)* einer Darstellung ist gegeben, wenn sie **frei von verzerrenden Einflüssen** ist, mit denen ein bestimmtes Ergebnis erreicht oder ein bestimmtes Verhalten beeinflusst werden soll (F.QC14). Nur ohne verzerrende Einflüsse kann eine glaubwürdige Darstellung erreicht werden. Finanzinformationen sind nicht neutral, wenn sie durch die Auswahl oder Darstellung einer Information eine Entscheidung oder Meinung so beeinflussen, dass sie zu einem bestimmten Resultat oder Ergebnis führen. Dies bedeutet nicht, dass Finanzinformationen zweckfrei sein müssen oder Verhalten nicht beeinflussen sollen, denn Informationen sollen definitionsgemäß gerade geeignet, dh relevant sein, um die Entscheidungen eines Adressaten zu beeinflussen. Sie sollen jedoch neutral, dh nicht verzerrend oder tendenziös sein, damit der Adressat sich ein unbeeinflusstes eigenes Urteil bilden kann (F.BC3.29). 72

Nach Auffassung des IASB entspricht eine **vorsichtige Bewertung** nicht den Anforderungen an eine neutrale Darstellung, weil sie die tatsächliche Entwicklung zunächst unter- und in späteren Perioden dann überzeichnet (F.BC3.27 f). Im neuen Rahmenkonzept wurde der Grundsatz der Vorsicht daher ersatzlos gestrichen. 73

cc) Fehlerfreiheit. Fehlerfreiheit erfordert, dass die **Darstellung** eines Sachverhalts oder der zugehörige Ermittlungsprozess richtig und **ohne Auslassungen** erfolgt (F.QC15). 74

Dabei wird nicht Perfektion in jeder Hinsicht gefordert (vgl auch *EY* 2015, 50 f). Das kann insbes bei Schätzungen, zB für fehlende Marktpreise, ohnehin nur begrenzt erreicht werden (F.QC16). Eine **Schätzung** ist bereits dann **fehlerfrei,** wenn:

(1) der geschätzte Betrag unmissverständlich als Schätzwert bezeichnet wird,
(2) Wesen und Beschränkung des Schätzprozesses erläutert werden und
(3) bei Auswahl und Anwendung des Schätzprozesses keine Fehler unterlaufen sind.

3. Unterstützende qualitative Annahmen

Das Rahmenkonzept nennt vier sog **unterstützende qualitative Anforderungen** *(enhancing qualitative characteristics),* die finanzielle Informationen erfüllen sollen, um entscheidungsnützlich zu sein (F.QC19): 75

(1) Vergleichbarkeit,
(2) Nachprüfbarkeit,
(3) Zeitnähe und
(4) Verständlichkeit.

Diese Anforderungen werden im Rahmenkonzept nicht (mehr) als grundlegend für die Nützlichkeit einer Information angesehen und wurden daher in ihrer Bedeutung ggü dem bisherigen Rahmenkonzept (1989) etwas herabgestuft. Sie sollen dem Ersteller des Abschlusses eine Unterstützung, dh **Entscheidungshilfe,** geben bei der Auswahl zwischen mehreren möglichen relevanten und glaubwürdigen Darstellungen.

a) Vergleichbarkeit – Stetigkeit

76 Die **Vergleichbarkeit** *(comparability)* von Rechnungslegungsinformationen soll den Adressaten in die Lage versetzen, Gleichartigkeiten und Unterschiede von Sachverhalten in der Berichterstattung zu erkennen und zu verstehen (F.QC21). Dazu sollen Abschlüsse **eines Unternehmens** „über die Zeit hinweg" vergleichbar sein und darüber hinaus auch die Abschlüsse **verschiedener Unternehmen** vergleichbar sein (F.QC20). Die zuletzt genannte Forderung ist kaum zu erfüllen, weil die IFRS viele Möglichkeiten eröffnen, gleiche Sachverhalte unterschiedlich zu beurteilen und entspr unterschiedlich zu bilanzieren und weil in der wirtschaftlichen Wirklichkeit vollkommen gleiche Sachverhalte nur selten anzutreffen sind. Demgegenüber ist das Ziel, eine Vergleichbarkeit von Jahresabschlüssen eines Unternehmens im Zeitvergleich zu erreichen, realisierbar. Vergleichbarkeit ist nicht gleichzusetzen mit Uniformität, denn nur wirklich gleiche Sachverhalte sind vergleichbar darzustellen, ungleiche Sachverhalte ziehen eine andere Darstellung nach sich (F.QC23).

77 **Bilanzierungs- und Bewertungsstetigkeit:** Die vorgeschriebene **Stetigkeit** *(consistency)* der Anwendung der Bilanzierungs- und Bewertungsmethoden (F.QC22) ist eine wesentliche Voraussetzung, um die gewünschte Vergleichbarkeit zu erreichen (IAS 8.13, IAS 1.13). **Änderungen der Bilanzierungs- und Bewertungsmethoden** (Rechnungslegungsmethoden) sind daher nur in den Grenzen von IAS 8.14 ff, IAS 1.14 zulässig (vgl im Einzelnen → § 45 Rn 14 ff), dh:

(1) wenn dies durch einen Standard verlangt wird oder
(2) wenn eine Änderung zu einer glaubwürdigeren Darstellung führt.

Eine Änderung der Stetigkeit erfolgt auch bei einer **Änderung von Schätzungen** (IAS 8.32) oder bei **Fehlerkorrekturen** (IAS 8.41).

Erfolgen derartige Änderungen, dann sind dazu jeweils bestimmte **Angaben** zu machen (s IAS 8.29, IAS 8.39, IAS 8.49).

Im Rahmenkonzept wird die Vergleichbarkeit als das Ziel und die Stetigkeit als ein Hilfsmittel bezeichnet, mit dem dieses Ziel erreicht werden kann. Der IASB sieht in einem **Verzicht auf Wahlrechte** in den Standards einen Beitrag zur Erreichung einer Vergleichbarkeit (F.QC25).

78 **Darstellungsstetigkeit:** Zur Vergleichbarkeit gehört auch die Darstellungsstetigkeit *(consistency of presentation).* Danach hat ein Unternehmen den Ausweis von Posten im Abschluss von einer Periode zur nächsten beizubehalten (IAS 1.45). **Ausnahmen** gelten nur:

(1) bei einer wesentlichen Änderung des Tätigkeitsfelds des Unternehmens,
(2) zur Verbesserung der Darstellungsform, wenn eine Überprüfung zeigt, dass dies durch eine Änderung der Darstellung oder des Ausweises erreicht werden kann und
(3) wenn ein IFRS eine geänderte Darstellung vorschreibt.

Ein bedeutender Erwerb, eine bedeutende Veräußerung oder eine Überprüfung der Darstellungsform können es daher nahe legen, dass der Abschluss auf eine andere Art und Weise aufzustellen ist.

Vergleichsangaben: Für Zwecke der Vergleichbarkeit sind für alle Betragsangaben **Vergleichszahlen** für die vorangegangene Berichtsperiode anzugeben, sofern die IFRS nichts anderes erlauben oder vorschreiben (IAS 1.38). Vergleichsinformationen sind auch anzugeben für alle beschreibenden Informationen (zB im Anhang), wenn dies für das Verständnis bedeutsam ist (IAS 1.40 (geändert 2012)). Wird die **Darstellung oder Gliederung von Posten** im Abschluss **geändert,** sind auch die Vergleichsbeträge – unter Angabe von Art, Betrag und Grund der Neugliederung – neu zu gliedern, es sei denn, dass dies nicht praktikabel ist (dann sind Zusatzangaben erforderlich; IAS 1.41 f). Dies gilt nach IAS 8.22 auch für Änderungen der Bilanzierungs- und Bewertungsmethoden sowie für Fehlerkorrekturen. 79

Um die Vergleichbarkeit zu erhöhen wird für bestimmte Fälle eine **dritte Bilanz** vorgeschrieben. Es handelt sich dabei um die Eröffnungsbilanz für den Vergleichszeitraum (IAS 1.10(f) iVm IAS 1.38 und IAS 1.40B). Diese ist gem IAS 1.40A immer dann zu erstellen und offen zu legen, 80

(1) wenn eine Bilanzierungs- oder Bewertungsmethode retrospektiv angewendet wird bzw werden muss,
(2) wenn Fehlerkorrekturen retrospektiv durchzuführen sind oder
(3) wenn Abschlussposten umgegliedert worden sind und
(4) die unter (1) bis (3) genannten Sachverhalte jeweils einen wesentlichen Effekt auf die Bilanz zu Beginn der Vergleichsperiode haben.

In der Praxis führt dies für eine Vielzahl von Unternehmen dazu, dass drei Bilanzen zu erstellen sind. Die **Korrektur von Fehlern** und **Umgliederungen** sowie insbes **retrospektiv anzuwendende Bilanzierungsmethoden,** die sich schon allein aus der Arbeit des IASB aufgrund lfd Projekte ergeben, haben dies zur Folge. Allerdings sieht IAS 1.40C vor, dass für diese dritte Bilanz keine entspr Anhangangaben erforderlich sind.

Zudem sieht der IASB grds **freiwillige Vergleichsangaben** vor. Für über die in IAS 1.38f dargestellten Minimalvergleichsanforderungen hinaus gibt es keine Notwendigkeit, vollständige Jahresabschlüsse für die zusätzliche Vergleichsperiode zu erstellen. Insbes wenn ein Unternehmen die Rechnungslegungsmethoden ändert oder retrospektive Anpassungen vornimmt, und hierzu freiwillige Angaben offenlegt, muss die Eröffnungsbilanz nur so präsentiert werden, wie dies für die verpflichtende Vergleichsperiode der Fall ist. Diese Regelung hilft vor allem europäischen Unternehmen, die auch an der New Yorker Börse (NYSE) gelistet sind und für die SEC zusätzliche Vergleichszahlen anzugeben haben (*Bischof/Fink* PiR 2011, 255 (255)). Für **Erstanwender** der IFRS gelten detaillierte Regelungen zur Herstellung der Vergleichbarkeit (IFRS 1 → § 44 Rn 10ff).

b) Nachprüfbarkeit

Nachprüfbarkeit bedeutet nicht, dass nicht nachprüfbare Informationen (wie zB erwartete Cashflows) dem Adressaten nicht gegeben werden sollen. Denn dann würden ihm möglicherweise besonders nützliche Informationen vorenthalten (F.BC3.36). Der IASB hat diese Problematik durch eine auf die Grundannahmen und Methoden konzentrierte Definition der Nachprüfbarkeit entschärft. Er legt außerdem dar, dass die Nachprüfbarkeit als eine die glaubwürdige Darstellung unterstützende Eigenschaft wünschenswert, aber nicht notwendig ist. 81

Unter **Nachprüfbarkeit** versteht der IASB, dass mehrere fachkundige und unabhängige Betrachter einen Konsens über die glaubwürdige Darstellung eines 82

Sachverhalts erzielen können (F.QC26). Das betrifft insbes **Berechnungen** und **Schätzungen** eines einzelnen Betrags sowie auch einer Bandbreite von Schätzbeträgen mit den zugehörigen Wahrscheinlichkeiten. Bei Modellen, Formeln oder anderen Techniken wird dies erreicht durch Überprüfung der Eingangsdaten und Nutzung der gleichen Methodik (F.QC27).

Beispiel: Eine Nachprüfung des Wertansatzes von Vorräten erfolgt durch Prüfung der Eingangsdaten (zB Menge, Einzelpreise, etc) und der Nachrechnung des ausgewiesenen Werts des Vorratsbestands unter Berücksichtigung des gleichen Verbrauchsfolgeverfahrens (zB der FIFO-Methode). Aus der Nachprüfung sollte sich der gleiche Betrag ergeben.

Bei **zukunftsorientierten Informationen** (Schätzungen) ist es grds notwendig, die zu Grunde liegenden Annahmen, die Eingangsdaten und Methoden der Informationsgewinnung sowie andere Faktoren und Umstände mitzuteilen (F.QC28).

c) Zeitnähe

83 Durch die unterstützende Eigenschaft der **Zeitnähe** *(timeliness)* soll bewirkt werden, dass einem Entscheider Informationen so rechtzeitig zur Verfügung gestellt werden, dass sie seine Entscheidungen beeinflussen können (F.QC29). Zeitnähe ist wünschenswert, aber keine notwendige Eigenschaft (F.BC3.39).

Informationen können ihre **Relevanz** verlieren, wenn sie mit **unangemessenen Verzögerungen** offengelegt werden. Wird zeitnah berichtet, kann das zu Lasten der Richtigkeit gehen. Umgekehrt kann eine vollständige Aufklärung aller Aspekte dazu führen, dass der Nutzen einer Information für den Adressaten nur noch gering ist. Das Management muss daher in vielen Fällen die Vorteile einer zeitnahen Berichterstattung gegen die Vorteile einer verlässlichen Information abwägen.

Insbes bei Großunternehmen hat sich durch die vorherrschende ***fast-close*-Praxis** das Gewicht zugunsten einer zeitnahen Berichterstattung verschoben. Das lässt sich insbes im Hinblick auf die nach dem Rahmenkonzept allein maßgebliche Sicht der Anleger rechtfertigen.

d) Verständlichkeit

84 Die unterstützende Eigenschaft der **Verständlichkeit** *(understandability)* soll für eine klare und prägnante Darstellung der finanziellen Informationen sorgen (F.QC30).

Dem IASB ist bewusst, dass das Weglassen von inhärent komplexen und schwer verständlichen Phänomenen einen Abschluss leichter verständlicher machen könnte. Dies wäre jedoch irreführend und würde gegen den Grundsatz der Vollständigkeit verstoßen (F.QC31). Informationen zu komplexen Themen können daher nicht allein deswegen weggelassen werden, weil sie für bestimmte Adressaten schwer verständlich sein könnten.

85 Der Standardsetzer setzt voraus, dass die Adressaten angemessene **Kenntnisse** in wirtschaftlichen Fragen und auf dem Gebiet der Rechnungslegung besitzen und auch bereit sind, die Informationen mit der entspr Sorgfalt zu lesen (F.BC3.40). Sie müssen hilfsweise den Rat eines Fachmanns hinzuziehen (F.QC32).

e) Verlässlichkeit

86 Der Grundsatz der **Verlässlichkeit** *(reliability)* wurde im Rahmenkonzept als qualitative Anforderung von finanziellen Informationen aufgrund divergierender Begriffsauslegungen (*EY* 2015, 51) gestrichen (F.BC3.20 ff). Er wurde durch den

nicht ganz deckungsgleichen Begriff der **glaubwürdigen Darstellung** *(faithful representation)* ersetzt (F.BC3.19ff; näher → Rn 68).

f) Wirtschaftliche Betrachtungsweise

Die Abschlüsse insgesamt und insbes die Bilanzierung und Bewertung der Vermögenswerte und Schulden müssen den **wirtschaftlichen Gehalt** der Geschäftsvorfälle und Ereignisse widerspiegeln und dürfen sich nicht nur an der rechtlichen Form orientieren (IAS 8.10(b)(ii)). 87

Der Grundsatz ist auch in Deutschland unter dieser schlagwortartigen Bezeichnung seit langem bekannt und im HGB als **wirtschaftliche Betrachtungsweise** anerkannt (*Winkeljohann/Philipps* in BeBiKo § 240 HGB Rz 56f; *Förschle/Ries* in BeBiKo § 246 HGB Rz 5ff; *WPH I* 2012 E 149; *ADS* § 249 HGB Rz 52ff). Bei *Förschle/Ries* (in BeBiKo § 246 HGB Rz 5ff) sind eine Reihe von Beispielen für die Anwendung einer wirtschaftlichen Betrachtung genannt, die auch zur Erläuterung des hier erörterten IFRS-Grundsatzes herangezogen werden können (wirtschaftliches Eigentum, Treuhandverhältnisse, dingliche Sicherungsrechte, Kommissionsgeschäfte, Pensionsgeschäfte, ABS-Transaktionen, Leasing, Nießbrauch).

Einschränkend muss jedoch darauf hingewiesen werden, dass es in IAS 8.10(b) 88
nicht zufällig heißt, dass bei der Bilanzierung „**nicht nur** die rechtliche Form" maßgebend sein soll, was bedeutet, dass die rechtliche Form der Geschäftsvorfälle eine wesentliche – idR **die** wesentliche – Bedeutung bei der Bilanzierung hat, weil die rechtliche Form idR auch den wirtschaftlichen Inhalt wiedergibt. Die Bedeutung der rechtlichen Form kommt zB in IAS 39.14 bzw IFRS 9.3.1.1 bei der Bilanzierung von Finanzinstrumenten zum Ausdruck.

Deutlich wurden die Bemühungen des IASB, den Grundsatz der wirtschaftli- 89
chen Betrachtungsweise in den Standards und Interpretationen umzusetzen, insbes bei der Einbeziehung sog **strukturierte Einheiten** in den Konsolidierungskreis (IFRS 10) oder den Regelungen zur Ausbuchung von Finanzinstrumenten (IAS 39.20ff bzw IFRS 9.3.2.1ff). Durch bestimmte rechtliche Konstruktionen ließen sich bilanzneutrale Finanzierungsgestaltungen herbeiführen. Die wirtschaftliche Betrachtungsweise wurde hier deshalb in einem sog *risk-and-rewards-approach* umgesetzt. Dabei ist für die Frage der Bilanzierung entscheidend, wer die wesentlichen Chancen und Risiken aus einem Sachverhalt trägt, und nicht, wer als rechtlicher Eigentümer gilt (näher → § 3 Rn 104ff).

g) Vorsichtsprinzip

Der Grundsatz der **Vorsicht** *(prudence/conservatism)* wurde als qualitative An- 90
forderung **im Rahmenkonzept** aus dem Jahr **2010** ersatzlos **gestrichen.** Der IASB sah das im alten Rahmenkonzept (F.37 (1989)) sowie auch in den alten US-GAAP-Normen (SFAC 2.91–97) enthaltene, aber von den Standardsetzern wenig geschätzte, Vorsichtsprinzip als einen Verstoß gegen den Grundsatz der Neutralität an (F.BC3.23). Das Prinzip führe zu Verzerrungen, weil es die tatsächliche Entwicklung zunächst unter- und in künftigen Perioden überzeichne (F.BC3.27ff). Der derzeitige Fokus auf dem Grundsatz der Neutralität und die Streichung des Vorsichtsprinzips liegt zudem in der stärkeren Hinwendung der IFRS zur Bewertung zum beizulegenden Zeitwert begründet (*Beinsen/Wagenhofer* IRZ 2013, 413 (416)). Der Vorsitzende des IASB erklärt die Streichung des Vorsichtsgrundsatzes ebenso mit den damaligen Konvergenzbemühungen mit dem FASB (*Hoogervorst* 2012).

In den einzelnen **Standards** lebt das Vorsichtsprinzip jedoch in bestimmten Ausprägungen weiter. Ausdrücklich erwähnt ist es (noch) in IAS 8.10(b)(iv): beim

Fehlen eines Standards hat das Management eine zuverlässige Rechnungslegungsmethode zu wählen, die den Grundsatz der Vorsicht berücksichtigt. Auch die zB für Vorräte zwingend vorgeschriebene Abwertung auf den niedrigeren Nettoveräußerungswert (IAS 2.9) ist letztlich eine Ausprägung des Vorsichtsgrundsatzes. Ebenso implizit ist das Vorsichtsprinzip weiterhin in diversen Regelungen enthalten, ua beim Wertminderungstest, den restriktiven Bedingungen bei der Saldierung von Derivaten, der Bildung von Rückstellungen für noch nicht eingeforderte Garantien sowie der Verminderung von *off-balance-sheet*-Finanzierungen.

91 Das **HGB** enthält in § 252 Abs 1 Nr 4 1. Halbsatz (Imparitätsprinzip) und § 252 Abs 1 Nr 4 2. Halbsatz (Realisationsprinzip) klare gesetzliche Grundlagen für den Vorsichtsgrundsatz. Eine Streichung des Grundsatzes, wie im aktuell geltenden Rahmenkonzept erfolgt, erscheint für das **HGB** undenkbar, weil es sich um einen **fundamentalen** Grundsatz handelt, „der in allen Fragen der Bilanzierung und Bewertung zu beachten ist" (*Winkeljohann/Büssow* in BeBiKo § 252 HGB Rz 30; so auch *Moxter/Engel-Ciric* BB 2014, 489 (489 ff)).

92 Auch bei Anwendung der IFRS wird die Vorsicht als **ein Teil der Sorgfalt,** die man bei der Bilanzierung walten lassen muss, nicht völlig außer Acht gelassen werden können. Das alte Rahmenkonzept (1989) beschrieb die bei jeder **Ermessensausübung** typischerweise entstehende Problematik recht plastisch:

„Die mit der Aufstellung des Abschlusses befassten Personen müssen sich allerdings mit den Ungewissheiten auseinandersetzen, die mit vielen Ereignissen und Umständen unvermeidlich verbunden sind, bspw mit der Wahrscheinlichkeit, zweifelhafte Forderungen einzutreiben, der voraussichtlichen Nutzungsdauer von technischen Anlagen und Betriebs- und Geschäftsausstattung sowie der Zahl von Garantieansprüchen, die auftreten können. Solchen Ungewissheiten wird durch die Angabe ihrer Art und ihres Umfangs sowie dadurch Rechnung getragen, dass bei der Aufstellung des Abschlusses die Vorsicht berücksichtigt wird. Vorsicht bedeutet, dass ein gewisses **Maß an Sorgfalt bei der Ermessensausübung,** die für die erforderlichen Schätzungen unter ungewissen Umständen erforderlich ist, einbezogen wird, sodass Vermögenswerte oder Erträge nicht zu hoch und Schulden oder Aufwendungen nicht zu niedrig angesetzt werden. Allerdings gestattet eine vorsichtige Vorgehensweise bspw nicht, stille Reserven zu legen oder Rückstellungen überzubewerten, den bewusst zu niedrigen Ansatz von Vermögenswerten oder Erträgen oder den bewusst zu hohen Ansatz von Schulden oder Aufwendungen, da der Abschluss dann nicht neutral wäre und deshalb das Kriterium der Zuverlässigkeit nicht erfüllen würde."

93 Diese Formulierungen sind ggü dem HGB von einem anderen Verständnis des Vorsichtsprinzips geprägt, obwohl die Schlussformulierungen das darstellen, was auch nach HGB gilt: Auch das Handelsrecht verbietet einen „**bewusst** zu niedrigen Ansatz von Vermögensgegenständen … oder den **bewusst** zu hohen Ansatz von Schulden …" (vgl die Ausführungen zum Willkürverbot bei *Winkeljohann/Büssow* in BeBiKo § 252 HGB Rz 68 f). Weil bei vielen Bewertungsentscheidungen Zweifel in der einen oder anderen Richtung nicht ausgeräumt werden können, verbleibt – nach HGB wie nach IFRS – schlussendlich eine **subjektive Ermessensentscheidung.**

94 Die Vermeidung des Vorsichtsgrundsatzes im IFRS-Regelwerk beruht letztlich auch darauf, dass der **Gläubigerschutz** – anders als im HGB – **kein primäres Ziel der IFRS-Rechnungslegung** darstellt. Es bleibt dem Gläubiger als einem der potentiellen Adressaten daher selbst überlassen, welche Schlüsse er aus der ihm vorgelegten IFRS-Bilanzierung zieht. Ihm wird daher – insbes vor dem Hintergrund des Ausweises nicht realisierter, dh erfolgsneutral erfasster Gewinne – eine höhere Eigenverantwortung zur Beurteilung der VFE-Lage zugewiesen als durch das HGB.

In einigen IFRS sind gleichwohl **Tendenzen** zu erkennen, die dem deutschen Vorsichtsprinzip nahe kommen. Werden zB von dritter Seite Erstattungen für bestimmte Risiken erwartet, so sollen diese nach IAS 37.53 nur aktiviert werden, wenn deren Einlösung „so gut wie sicher ist". Immaterielle Vermögenswerte dürfen nur dann mit dem beizulegenden Zeitwert bewertet werden, wenn für sie ein aktiver Markt vorhanden ist (IAS 38.81).

4. Beschränkung durch Abwägung von Kosten und Nutzen

Die bereit zu stellenden Informationen können mit zunehmendem Umfang 95
und größerer Qualität erheblich steigende Kosten nach sich ziehen. Im Rahmenkonzept (F.QC35) wird der „Sachzwang" bestätigt, ein angemessenes Verhältnis zwischen den Kosten der Informationsbeschaffung und dem Nutzen der Berichterstattung zu finden. Dabei soll der aus einer Information **ableitbare Nutzen höher** sein als die für die Bereitstellung der Information **erforderlichen Kosten.** Während die Kosten der Informationsbereitstellung ermittelbar oder verlässlich schätzbar sind, ist dies für den Nutzen, den der Informationsnutzer hat, letztlich nicht möglich. Der IASB ist bemüht, die Kosten-Nutzen-Relation bei der Entwicklung von Standards zu berücksichtigen (F.QC38). Dies kann er naturgemäß nicht für jeden individuellen Nutzer sondern nur auf einer generellen Basis vornehmen. Der IASB bezieht dabei offenbar auch die Vorteile mit ein, die sich für die Entscheider daraus ergeben, dass eine relevante und glaubwürdige Finanzberichterstattung zu einem effizienter funktionierenden Kapitalmarkt und zu geringeren Kapitalkosten für die Wirtschaft im Ganzen führen (F.QC37). Bei einem so weit gespannten Nutzenbegriff ist es kaum erstaunlich, dass den Kosten der Informationsbeschaffung bei der Entwicklung neuer Standards letztlich nur ein so geringes Gewicht zukommt.

Der **Bilanzierer** wird sich nur in seltenen Fällen auf den Gesichtspunkt der Kostenbegrenzung berufen können, um Bilanzierungs- und Bewertungsmethoden nicht anzuwenden oder geforderte Informationen nicht im Anhang anzugeben.

Umgesetzt wurde der Grundsatz der Abwägung zwischen Kosten und Nutzen 96
einer Information insbes bei **retrospektiven Anpassungsmaßnahmen** wie der erstmaligen Anwendung der IFRS gem IFRS 1. In IFRS 1.1(c) wird explizit zum Ausdruck gebracht, dass der erstmalige vollständige IFRS-Abschluss nicht zu Kosten erstellt werden darf, die den Nutzen für die Abschlussadressaten übersteigen. Durch verschiedene Ausnahmen vom Gebot der retrospektiven Anpassung wurde dieser Grundsatz in IFRS 1 umgesetzt (→ § 44 Rn 14ff).

Insgesamt werden die **Kosten** *(cost)* einer IFRS-Rechnungslegung vielfach als **zu hoch** kritisiert (*Köhler/Marten,* 7f). Das hängt insbes mit den zahlreichen Angabepflichten und den zT komplexen Modellen zur Zeitwertbewertung zusammen. Dieser Gesichtspunkt spielte bei der Diskussion über Erleichterungen eine wesentliche Rolle, die für kleinere und mittlere Unternehmen umgesetzt wurden (§ 46).

(einstweilen frei) 97–99

IV. Formelle Grundlagen

1. Identifikation des Abschlusses

Der Abschluss eines Unternehmens muss eindeutig als solcher zu identifizieren sein und sich von im **gleichen Dokument** veröffentlichten Informationen unterscheiden (IAS 1.49ff), da die IFRS nur auf den Abschluss und nicht auf andere Informationen Anwendung finden. 100

Folglich sind neben der eindeutigen **Bezeichnung** eines jeden **Bestandteils** des Abschlusses (IAS 1.10: Bilanz, Gesamtergebnisrechnung, Eigenkapitalveränderungsrechnung, Kapitalflussrechnung, Anhang) eine Reihe von **Informationen deutlich sichtbar** darzustellen und im Laufe der weiteren Darstellung zu wiederholen, wenn es für das Verständnis der Informationen erforderlich ist (IAS 1.51 ff; bzgl der Bestandteile im Einzelnen → Rn 288 ff), ua:
(1) Name des berichtenden Unternehmens,
(2) Art des Abschlusses (Jahresabschluss, Konzernabschluss),
(3) Bilanzstichtag bzw Berichtsperiode und
(4) Berichtswährung (und ggf Rundungseinheit, zB T€ oder Mio €).

Diese Angaben müssen auch bei elektronisch veröffentlichten Abschlüssen zweifelsfrei erkennbar sein (IAS 1.51 f).

Bei **Non-Profit-Unternehmen** (Stiftungen, gemeinnützige Vereine, etc) kann die Bezeichnung des Abschlusses oder des jeweiligen Abschlussbestandteils angepasst werden (IAS 1.5), zB Jahresrechnung oder Vermögensrechnung.

2. Übereinstimmungserklärung

101 Im Anhang ist eine ausdrückliche und vorbehaltslose Angabe dazu zu machen, dass der Abschluss in **Übereinstimmung mit den IFRS** erstellt wurde (*compliance statement;* IAS 1.16). Es ist nicht erforderlich oder üblich, diesen Hinweis zB bereits in der Überschrift zu machen (zB „IFRS-Jahresabschluss zum 31.12.X1"). Darüber hinaus sind weitere Angaben zu den angewandten IFRS und bei einer erstmaligen Anwendung der IFRS zu machen (näher → § 19 Rn 27).

Nach der EU-IAS-Verordnung und deren Umsetzung in § 315a HGB sind die IFRS insoweit anzuwenden, als sie von der **EU anerkannt** *(endorsed)* wurden. Das ARC *(Accounting Regulatory Committee)* empfiehlt daher die folgende Übereinstimmungserklärung: „Dieser Abschluss ist in Übereinstimmung mit den IFRS, soweit diese von der EU angenommen wurden, erstellt" (*ARC* Protokoll der Sitzung vom 30. November 2005, 11).

3. Berichtszeitraum

102 Die IFRS gehen grds von einer **Jahresperiode** als Berichtsperiode aus (IAS 1.36). Daneben akzeptieren die IFRS jedoch auch eine Periode von 52 Wochen (IAS 1.37). Für die Praxis in Deutschland ist diese Regelung ohne Bedeutung (zur Zwischenberichterstattung → § 43 Rn 1 ff).

103 Sofern sich der **Bilanzstichtag ändert,** ist es nach IFRS zulässig, einen Abschluss für einen **Zeitraum** aufzustellen, der **länger** oder **kürzer** als **ein Jahr** ist (vgl *EY* 2015, 80). Das Unternehmen hat dann zusätzliche Angaben über den Grund der abweichenden Berichtsperiode zu machen und die Tatsache zu benennen, dass die Bestandteile des Abschlusses nicht vergleichbar sind (IAS 1.36). Ein zwingendes **Rumpfgeschäftsjahr** als Folge von § 240 Abs 2 Satz 2 HGB kennen die IFRS nicht, seine Bildung ist aber wahlweise zulässig. Will ein Unternehmen seinen Abschlussstichtag daher zB vom Jahresende auf den 31. März eines Jahrs umstellen, dann könnte es nach IFRS grds auch einen Jahresabschluss über 15 Monate aufstellen. In Deutschland hat diese Möglichkeit allerdings keine Bedeutung, da nach HGB das Geschäftsjahr eines Abschlusses zwölf Monate nicht überschreiten darf (§ 240 Abs 2 Satz 2 HGB). Es müsste daher zwingend neben dem Jahresabschluss zum 31. Dezember auch ein Abschluss für ein Rumpfgeschäftsjahr von drei Monaten aufgestellt werden.

Im **Konzern** müsste ebenfalls ein Konzernabschluss zum Jahresende aufgestellt werden, da zu diesem Stichtag kein befreiender IFRS-Abschluss vorliegt (§ 315a

HGB) und ein IFRS-Konzernabschluss für 15 Monate keine befreiende Wirkung hat.

4. Stichtagsprinzip und Ereignisse nach dem Bilanzstichtag

Während das Stichtagsprinzip im HGB explizit geregelt ist (§ 252 Abs 1 Nr 3 104
HGB), ergibt sich dieses in den **IFRS** nur **mittelbar** aus den Vorschriften zur Behandlung der „Ereignisse nach dem Bilanzstichtag" (IAS 10), die durch Einzelfallregelungen, wie zB in IAS 1.72, IAS 1.74 und IAS 1.76, ergänzt werden.

Gem IAS 10.3 werden Ereignisse nach dem Abschlussstichtag definiert als sämtliche vorteilhafte und nachteilige Ereignisse, die zwischen dem Abschlussstichtag und dem Tag eintreten, der zur Veröffentlichung (dem sog **Wertaufhellungszeitraum**) genehmigt wird. Unterschieden werden berücksichtigungspflichtige Ereignisse (IAS 10.3(a), *adjusting events*) und nicht zu berücksichtigende Ereignisse (IAS 10.3(b), *non-adjusting events*). Berücksichtigungspflichtige Ereignisse beeinflussen den Ansatz und die Höhe von Posten der Bilanz und Gesamtergebnisrechnung am (vorangegangenen) Abschlussstichtag, da es sich dabei um Sachverhalte handelt, die bereits am Bilanzstichtag vorgelegen haben. Nicht zu berücksichtigende Ereignisse beziehen sich auf Gegebenheiten nach dem Abschlussstichtag und haben demnach keinen Einfluss auf die Abschlussposten.

Berücksichtigungspflichtige Ereignisse werden in der deutschen Rech- 105
nungslegungspraxis auch als wertaufhellende Tatsachen bezeichnet. Die betreffenden Sachverhalte haben bereits ursächlich am dem Bilanzstichtag vorgelegen, werden jedoch erst danach bekannt. IAS 10.9 nennt nicht abschließend einige Beispiele für wertaufhellende Ereignisse (zu weiteren Beispielen vgl auch *Thurow* BC 2012, 404 (405) ff; *Hoffmann* PiR 2012, 33 (34) sowie die empirische Analyse bei *Henselmann/Scherr/Hartmann/Klein* IRZ 2012, 305 (305 ff)):

(1) Eine gerichtliche Entscheidung in einem Verfahren, die bestätigt, dass bereits am Bilanzstichtag für das Unternehmen eine gegenwärtige Verpflichtung bestanden hat. Eine hierfür zuvor angesetzte Rückstellung ist entspr IAS 37 anzupassen bzw neu zu bilden. Ein rechtskräftiges Gerichtsurteil gilt somit im Wertaufhellungszeitraum als berücksichtigungspflichtiges Ereignis (vgl *KPMG* 2014/15 Rz 2.9.20.20),

(2) Erlangen von Informationen darüber, dass ein Vermögenswert am Bilanzstichtag wertgemindert ist bzw der bereits erfasste Wertminderungsbetrag angepasst werden muss (zB nach dem Bilanzstichtag eingeleitetes Insolvenzverfahren eines Kunden dient als Bestätigung für die Wertminderung der entspr Forderungen; Verkauf von Vorräten nach dem Bilanzstichtag kann Aufschluss über deren Nettoveräußerungspreis am Bilanzstichtag geben, insbes bei Verkauf von Saisonware oder sog „Ladenhütern", vgl *Senger/Hoehne* in Buschhüter/Striegel IFRS, IAS 10 Rz 19).

(3) Zuwendungen der öffentlichen Hand sind gem IAS 20.7 erst dann zu erfassen, wenn feststeht, dass ein Unternehmen, die Bedingungen hierfür erfüllen wird. Werden die Nachweise hierfür im Wertaufhellungszeitraum erbracht und handelt es sich zudem um eine reine Formsache, liegt ein berücksichtigungspflichtiges Ereignis vor. Der Sachverhalt ist jedoch anders zu bewerten, wenn die Entscheidung über die Zuwendung im Ermessen der Behörde liegt. In diesem Fall darf eine positive Entscheidung seitens der Behörde im Wertaufhellungszeitraum nicht berücksichtigt werden (vgl *ADS* Int Abschn 2 Rn 88).

(4) Die Entdeckung eines Betrugs oder von Fehlern, die belegen, dass der Abschluss falsch ist.

(5) Wird nach dem Bilanzstichtag festgestellt, dass das bilanzierende Unternehmen nicht fortgeführt werden kann, muss die Tatsache in jedem Fall berücksichtigt werden (→ Rn 47 f).

106 **Nicht berücksichtigungspflichtige Ereignisse** (sog wertbeeinflussende Ereignisse bzw in der Literatur synonym auch als „wertbegründende" Ereignisse bezeichnet) sind Sachverhalte, die am Bilanzstichtag nicht vorgelegen haben. Diese treten erst nach dem Bilanzstichtag ein und wirken sich daher nicht auf den Ansatz und die Bewertung der Abschlussposten aus. IAS 10.11 nennt beispielhaft das Absinken des beizulegenden Zeitwerts einer Finanzinvestition im Werterhellungszeitraum. Das Absinken des Marktwerts hängt gem IAS 10.11 idR nicht mit der Beschaffenheit der Finanzinvestition am Abschlussstichtag zusammen, sondern spiegelt Umstände wider, die nachträglich eingetreten sind. Wertbegründende Ereignisse, deren Nichterfassung einen wesentlichen Einfluss auf die VFE-Lage des Unternehmens haben, sind im Anhang anzugeben. In IAS 10.22 werden Beispiele für nicht berücksichtigungspflichtige Ereignisse genannt, die gesondert im Anhang anzugeben sind:

(1) ein umfangreicher Unternehmenszusammenschluss nach dem Abschlussstichtag bzw die Veräußerung eines bedeutenden TU,
(2) Bekanntgabe eines Plans zur Aufgabe eines Geschäftsbereichs,
(3) wesentliche Verkäufe von Vermögenswerten,
(4) Zerstörung einer wesentlichen Produktionsstätte durch einen Brand nach dem Bilanzstichtag,
(5) Bekanntgabe oder Beginn der Durchführung einer Restrukturierungsmaßnahme. Die Bekanntgabe eines Restrukturierungsplans innerhalb des Wertaufhellungszeitraums führt nicht zu einer Rückstellung am Bilanzstichtag,
(6) umfangreiche Transaktionen mit Stammaktien und potenziellen Stammaktien nach dem Bilanzstichtag,
(7) ungewöhnlich große Änderungen der Preise von Vermögenswerten oder der Wechselkurse nach dem Abschlussstichtag,
(8) Änderung von Steuervorschriften oder -sätzen, die erst nach dem Abschlussstichtag in Kraft treten oder angekündigt werden, und wesentliche Auswirkungen auf tatsächliche und latente Steuern haben,
(9) Eingehen wesentlicher Verpflichtungen oder Eventualschulden, zB durch Zusage beträchtlicher Gewährleistungen.
(10) Beginn wesentlicher Rechtstreitigkeiten nach dem Bilanzstichtag.

Ereignisse, die erst nach dem Wertaufhellungszeitraum auftreten, haben keinerlei Einfluss auf den Abschluss (Ausnahme sind Fehler gem IAS 8.5).

IAS 10.12 f schreibt eine gesonderte Behandlung von **Dividenden** vor. Danach dürfen nach dem Abschlussstichtag zur Ausschüttung beschlossene Dividenden nicht als Schuld im Abschluss des Unternehmens angesetzt werden. Gem IAS 10.13 iVm IAS 10.BC4 gilt dies auch, wenn der Ausschüttungsbeschluss noch im Wertaufhellungszeitraum erfolgt, da keine gegenwärtige Verpflichtung gem IAS 37 vorliegt. Diese Dividenden sind gem IAS 1.137 im Anhang anzugeben.

Von praktischer Bedeutung ist die Frage, **bis zu welchem Zeitpunkt Ereignisse** nach dem Bilanzstichtag zu berücksichtigen sind. Die IFRS definieren diesen Zeitpunkt als das **Datum,** an dem der Abschluss zur **Veröffentlichung** freigegeben wird (IAS 10.7). Der **Zeitpunkt** der Veröffentlichung entspricht dabei nicht deutschen Vorstellungen. Es ist der Zeitpunkt, an dem das Management (idR Vorstand oder Geschäftsführer) beschließt, den **(vollständigen)** Abschluss an ein übergeordnetes Gremium (idR Aufsichtsrat) **weiterzugeben** oder den Abschluss **unmittelbar** zu **veröffentlichen** (IAS 10.5 oder IAS 10.6; s Erläuterungen in Beispielen dort). Informelle Besprechungen über den Abschluss, zB mit dem *Audit Committee,* können diese Voraussetzungen nicht erfüllen, da es sich um vorläufige Daten handelt. Auch erfüllt die Veröffentlichung des Jahresergebnisses oder ausgewählter Finanzinformationen diese Kriterien nicht (IAS 10.7), da es sich nicht um den vollständigen Abschluss handelt.

Da der Abschluss keine Ereignisse nach dem Zeitpunkt der Veröffentlichung widerspiegelt, ist es für die Adressaten wichtig zu erfahren, **wann** die entspr **Freigabe zur Veröffentlichung** erfolgt ist. Dementsprechend sind im Abschluss das **Datum** der Freigabe, das die Freigabe autorisierende **Organ** und (soweit zutreffend) die Tatsache anzugeben, dass die **Gesellschafter** den Abschluss nach diesem Datum noch **ändern** können (IAS 10.17). 107

Für **deutsche** prüfungspflichtige **Unternehmen** ist das Datum der **Freigabe** der Veröffentlichung damit idR das Datum des **Bestätigungsvermerks,** da das Management idR erst zu diesem Zeitpunkt den Abschluss an den Aufsichtsrat oder die Gesellschafter weiterleitet. Das Datum der **Aufstellung** des Abschlusses ist für die hier erörterten Fragen unbedeutend, da die aufstellenden Organe den Abschluss bis zur Erteilung des Bestätigungsvermerks noch ändern können. Bzgl der Besonderheiten in Abhängigkeit von der Rechtsform des Unternehmens, der Art des Abschlusses und der Behandlung von Einzelfällen s *ADS* Int Abschn 2 Rz 23 ff.

Nicht explizit in IAS 10 geregelt und daher fraglich ist, ob nach der Freigabe des Abschlusses aufgrund besonderer Ereignisse (zB im Rahmen eines Börsenzulassungsprospekts, vgl das Beispiel bei *Lüdenbach/Hoffmann/Freiberg* IFRS § 4 Rz 16) Änderungen an dem Abschluss vorgenommen und veröffentlicht werden können. Wird zB der Anhang nach Freigabe des Jahresabschluss um neue Informationen ergänzt, müsste der Abschluss neben dem urspr Datum ebenfalls das Datum der Ergänzung tragen und wäre folglich zweifach datiert. Die Frage nach einer möglicherweise zulässigen Doppeldatierung *(dual dating)* wurde an das IFRSIC gerichtet. Diese **Doppeldatierung** widerspricht allerdings IAS 10.17 f. In seiner Entscheidung hat das IFRSIC zwar keine eindeutige Aussage gemacht und lediglich auf die Regelungen des IAS 10 verwiesen, die eine Frage einer erneuten Veröffentlichung eines Abschlusses nicht adressieren (*IFRIC* Update May 2013, 2f). Implizit lehnte das IFRSIC jedoch eine Doppeldatierung mit seiner Non-IFRIC-Entscheidung ab. Diese Interpretation wird im internationalen Schrifttum geteilt (*EY* 2015, 2631 f; *Deloitte* 2015, 1613 ff).

5. Einzelbewertungsgrundsatz

Der Grundsatz der Einzelbewertung ist **explizit** in **einzelnen IFRS** geregelt und lässt sich aus dem Rahmenkonzept (F.4.37 ff) mittelbar ableiten, zB aus den Formulierungen der IFRS *(„an item", „an individual asset")* im Zusammenhang mit den Bestimmungen zum Einzelausweis von Abschlussposten (IAS 1.29; *Baetge/Kirsch/Wollmert/Brüggemann* in Baetge ua IFRS-Komm Kapitel II Rz 148; *ADS* Int Abschn 1 Rz 256). 108

Der Einzelbewertungsgrundsatz ist zB in IAS 2.23, Einzelzuordnung von individuellen Anschaffungs- oder Herstellungskosten im Vorratsvermögen, formuliert (→ § 8 Rn 81). Daneben finden sich in einzelnen IFRS auch Ausnahmen vom Einzelbewertungsgrundsatz (zB Gruppenbewertung von Vorräten nach IAS 2.29).

Über die in einzelnen IFRS enthaltenen Vorschriften hinaus kann zusammenfassend davon ausgegangen werden, dass der **Grundsatz** der **Einzelbewertung** **Allgemeingültigkeit** hat, soweit die IFRS keine Ausnahmeregelung vorsehen oder bei Regelungslücken die Aussagefähigkeit des Jahresabschlusses durch eine

Einzelbewertung nicht beeinträchtigt wird (vgl *Baetge/Kirsch/Wollmert/Brüggemann* in Baetge ua IFRS-Komm Kapitel II Rz 149).

109 Der Grundsatz der Einzelbewertung wird jedoch von verschiedenen Standards durchbrochen. Die daraus resultierende **Tendenz zur Aufweichung der Einzelbewertung** wird kritisch betrachtet, weil sich damit erhebliche Freiheitsgrade und bilanzpolitische Spielräume ergeben können (vgl *Küting/Eichenlaub* BB 2011, 1195 (1198) mwN). Das erfolgt zB immer dann, wenn im Rahmen eines Wertminderungstests für Vermögenswerte der Nutzungswert von zahlungsmittelgenerierenden Einheiten (ZGE) also einer identifizierbaren Gruppe von Vermögenswerten, die Mittelzuflüsse erzeugen, zu ermitteln ist (IAS 36.74; → § 27 Rn 86 ff).

6. Saldierung von Posten

110 Die IFRS **untersagen** die **Saldierung** von Vermögenswerten mit Schulden und von Erträgen mit Aufwendungen, soweit nicht die Saldierung in den IFRS **gefordert** bzw **gestattet** wird (IAS 1.32) oder die Saldierung dem **wirtschaftlichen Gehalt** eines Geschäftsvorfalls, eines Ereignisses oder einer sonstigen Bedingung entspricht (IAS 1.33). Die Befugnis zur Saldierung befindet sich in zahlreichen Einzelregelungen, insbes für die **Bilanz:**

(1) Kürzung von **Investitionszuwendungen** von den Anschaffungs- oder Herstellungskosten (IAS 20.24). Neben dieser Nettomethode ist wahlweise auch ein Bruttoausweis möglich, indem die Zuwendungen in einen passiven Abgrenzungsposten eingestellt werden;

(2) Kürzung für aus Teilabrechnungen *(progress billings)* vereinnahmte Zahlungen auf die Forderungen aus nach der *percentage-of-completion*-Methode bilanzierten **Fertigungsaufträgen** (IAS 11.43 f bzw IFRS 15.39 ff), soweit sie den Leistungsfortschritt nicht überschreiten. Anderenfalls erfolgt der Ausweis unter den erhaltenen Anzahlungen;

(3) Verrechnung von **aufrechnungsfähigen finanziellen Vermögenswerten (Forderungen)** und **Verbindlichkeiten** aus Finanzinstrumenten, wenn das Unternehmen einen Rechtsanspruch auf die Verrechnung hat und auch beabsichtigt, davon Gebrauch zu machen (IAS 32.42 ff);

(4) Verrechnung von Vermögenswerten und Schulden aus **Pensionsplänen** (IAS 19.116; → § 26 Rn 11);

(5) Verrechnung von **tatsächlichen Steueransprüchen und -schulden** (IAS 12.71 ff; → § 25 Rn 27) und

(6) Verrechnung von **latenten Steueransprüchen und -schulden** (IAS 12.74 ff; → § 25 Rn 182).

111 Voraussetzung für alle dargestellten Verrechnungen von Forderungen und Schulden ist, dass das Unternehmen das **Recht** und die **Absicht** zur Aufrechnung der Posten hat. Das setzt auf beiden Seiten gleiche Vertragspartner voraus. Im Fall von tatsächlichen und latenten Steuern muss es sich um die gleiche Steuerbehörde handeln, was insbes im Konzernabschluss ein Hinderungsgrund für die Saldierung ist. Nach der **generellen Konzeption** des Saldierungsverbots soll durch diese zahlreichen Sonderregelungen in den IFRS möglichst der wirtschaftliche Gehalt der Geschäftsvorfälle abgebildet werden.

Die Berücksichtigung von **Wertberichtigungen,** zB **auf Vorräte** oder **auf Forderungen,** ist nicht als Saldierung anzusehen (IAS 1.33).

Ebenfalls zusammengefasst werden können Posten (mit gleichen Vorzeichen), die für sich allein betrachtet **nicht wesentlich** sind (IAS 1.30).

112 In der **Gesamtergebnisrechnung** bzw **gesonderten GuV** (sofern erstellt; ausführlich → § 15 Rn 75 ff) können bzw sollen saldiert werden:

(1) Erlöse aus **Erlösminderungen** wie Preisnachlässe, Mengenrabatte, Skonti oder Boni (IAS 1.34/IAS 1.34 (geändert 2014)). Demgegenüber kann für zeitversetzte Leistungen (zB nachfolgende Serviceleistungen) die Bildung eines Passivpostens sachgerecht sein, um den Ertrag nicht sofort, sondern über den gesamten Leistungszeitraum zu erfassen (IAS 18.13 bzw IFRS 15.81).

(2) Erträge und Aufwendungen aus Geschäftsvorfällen, die selbst zu keinen Erträgen führen, aber mit den Hauptumsatzträgern anfallen (Nebengeschäfte). Als Beispiele hierfür werden genannt:
  (a) Erlöse aus dem **Abgang von Anlagevermögen** (langfristige Vermögenswerte einschließlich Finanzinvestitionen) sind mit dem Restbuchwert und den Veräußerungskosten zu saldieren (IAS 1.34(a)). Ausgewiesen wird damit der Veräußerungsgewinn oder -verlust. Bei einem wesentlichen Abgang von Posten der Sach- oder Finanzanlagen sind Art und Betrag dieser Posten jedoch gesondert anzugeben (IAS 1.97, IAS 1.98(c) und (d)).
  (b) Aufwendungen aus der Bildung einer Rückstellung können mit Erträgen aus zugehörigen vertraglichen **Erstattungsansprüchen** verrechnet werden (zB Gewährleistungsansprüche von Subunternehmern, Lieferanten, Versicherungen; IAS 1.34(b)).

(3) **Unwesentliche** Gewinne und Verluste, die aus einer Gruppe von ähnlichen Geschäftsvorfällen entstehen, bspw: 113
  (a) **Wechselkursgewinne** mit **Wechselkursverlusten** (IAS 1.35),
  (b) Gewinne und Verluste aus der **Zeitbewertung** von zu Handelszwecken gehaltenen Finanzinstrumenten (IAS 1.35),
  (c) Gewinne und Verluste aus dem **Abgang von Anlagevermögen;** wesentliche Abgänge sind gesondert anzugeben (IAS 1.97, IAS 1.98(c) und (d)),
  (d) Aufwendungen aus der Bildung von **Wertberichtigungen auf Forderungen** mit Erträgen aus der Auflösung von Wertberichtigungen,
  (e) Aufwendungen und Erträge aus der Bildung und Auflösung von **Rückstellungen.** Wesentliche Auflösungen von Rückstellungen sind jedoch gesondert anzugeben (IAS 1.98(g)).

(4) Weitere Saldierungen können aus den Bezeichnungen von Posten der **Gesamtergebnisrechnung** bzw **gesonderten GuV** (sofern erstellt) abgeleitet werden, weil sie in den Standards als **Saldogröße** angegeben werden, zB: 114
  (a) **Bestandsveränderungen** von fertigen und unfertigen Erzeugnissen (IAS 1.102). Danach ist zB eine Saldierung einer Bestandserhöhung bei unfertigen Erzeugnissen mit einer Bestandsminderung von Fertigerzeugnissen zulässig,
  (b) **Ergebnis aus Equity-Beteiligungen** (IAS 1.82(c)) und
  (c) **Steueraufwand** (*tax expense;* IAS 1.82(d)).

7. Vorgehen bei Regelungslücken

Trotz einer hohen Regelungsdichte ist es auch bei der Anwendung der IFRS nicht ausgeschlossen, dass für eine spezielle bilanzielle Fragestellung im IFRS-Regelwerk keine eindeutige Antwort zu finden ist. In diesem Fall von unspezifischen oder fehlenden Regelungen für die Bilanzierung und Bewertung von Geschäftsvorfällen hat die Geschäftsführung gem IAS 8.10 ff **eigene Methoden** zu entwickeln, die den Adressaten entscheidungsnützliche Informationen liefern und zu glaubwürdigen Abschlussinformationen führen (→ Rn 68 ff). Bei der Entwicklung einer Methode gem den Vorgaben in IAS 8.10 sind von der Geschäftsführung anhand einer vorgegebenen Hierarchie verschiedene Quellen zur Urteilsfindung heranzuziehen: An erster Stelle sind die Regelungen in anderen 115

Standards heranzuziehen (IAS 8.11(a)) und an zweiter Stelle die im Rahmenkonzept enthaltenen allgemeinen Bilanzierungs- und Bewertungskriterien (IAS 8.11(b)). Zusätzlich kann die Geschäftsführung auch die Aussagen anderer Standardsetzer (zB Fachausschüsse des DRSC, FASB) zu ähnlichen Sachverhalten zu Hilfe nehmen, sofern kein Konflikt zu anderen Standards oder zum Rahmenkonzept des IASB besteht und sich ein Sachverhalt nicht durch andere IFRS oder IFRIC lösen lässt. Für IFRS-Anwender innerhalb der EU ist zu beachten, dass das Rahmenkonzept nicht von der EU durch Endorsement übernommen wurde. Nach *Hoffmann/Detzen* stellt jedoch der Verweis auf das Rahmenkonzept eine „Legitimationslücke" dar (in KoR 2012, 53 (53)). Denn durch die Übernahme von IAS 8 erhalten die Regelungen des Rahmenkonzepts auch für EU-Anwender offenbar verbindlichen Charakter, da in IAS 8.11 explizit darauf verwiesen wird. Eine weitere Unklarheit besteht hinsichtlich der in IAS 8.10 genannten Kriterien (Vorsicht, Verlässlichkeit), die nicht mehr im derzeit gültigen Rahmenkonzept enthalten sind. Eine entspr Anpassung von IAS 8 an das Rahmenkonzept wäre uE sinnvoll.

Das Institut der Wirtschaftsprüfer in Deutschland eV (IDW) ist nicht als Standardsetzer im obigen Sinne anzusehen, da es nicht wie das DRSC im Auftrag des deutschen Gesetzgebers (vgl § 342 HGB) rechtskräftige Rechnungslegungsnormen erarbeitet, sondern Stellungnahmen bzw Verlautbarungen verabschiedet, die an den Berufsstand der Wirtschaftsprüfer gerichtet sind. Allerdings können gem IAS 8.12 auch sonstige Rechnungslegungs-Verlautbarungen und anerkannte Branchenpraktiken mit berücksichtigt werden. Dazu zählen auch die Verlautbarungen des IDW. Diese zusätzlichen Quellen dürfen allerdings nicht im Konflikt zu den zentralen IFRS-Grundsätzen stehen (IAS 8.12). Damit sind die in IAS 1 sowie im Rahmenkonzept aufgeführten Grundsätze gemeint (→ Rn 44 ff).

116 In der Literatur wird immer wieder die Frage diskutiert, ob auch **Entwürfe von Standards** bzw deren Überarbeitung oder **Interpretationsentwürfe** herangezogen werden dürfen oder nicht (*ADS* Int Abschn 1 Rz 16; *Baetge/Kirsch/Wollmert/Brüggemann* in Baetge ua IFRS-Komm Kapitel 2 Rz 32 ff). Grds ist dies **nicht zulässig,** da der Abschluss eines Unternehmens in Europa die Bemerkung enthalten muss, dass dieser nach den in der EU geltenden Standards erstellt wurde, was dann gerade nicht der Fall ist. Es gibt aber auch Ausnahmefälle: Bei Sachverhalten, zu denen überhaupt keine Regelung durch einen IFRS existiert, sollte es auch möglich sein, sich auf einen Standardentwurf zu berufen. Hierzu ist eine entspr Bemerkung im Rahmen der Übereinstimmungserklärung mit den IFRS erforderlich.

117–119 *(einstweilen frei)*

B. Ansatzregeln

I. Grundlagen

120 Elementare Bedeutung zum Verständnis der IFRS kommt der Definition des **Vermögenswerts** ***(asset)*** und der **Schuld** ***(liability)*** zu.

Diese beiden Begriffe sind die **zentralen Anknüpfungspunkte für die Rechnungslegung nach IFRS** und bilden zusammen mit dem Eigenkapital *(equity)* die drei übergeordneten Abschlussposten (F.4.4). Was nicht als Vermögenswert qualifiziert werden kann, darf nicht aktiviert werden, es sei denn, ein Standard sieht eine Aktivierungspflicht explizit vor. Aufwendungen und Ausgaben dürfen nur dann aktiviert werden, wenn sie einem Vermögenswert als Anschaffungs- oder Herstellungskosten zugeordnet werden können. Was nicht der Definition einer Schuld entspricht, darf nicht passiviert werden. Rückstellungen werden als Untereinheit der Schulden aufgefasst und müssen den Schuldbegriff erfüllen. Auch die Darstellung des **Periodenerfolgs** und seiner Abgrenzung ggü den Vorperioden und den Folgeperioden ist maßgeblich durch die Bilanzierung bestimmt. **Rechnungsabgrenzungsposten** iSd deutschen HGB sehen die IFRS nicht vor. IdR begründen die sich dahinter verbergenden Sachverhalte aber den Ansatz eines (sonstigen) Vermögenswerts bzw einer (sonstigen) Schuld (→ Rn 130 und → Rn 139f).

Sind die Kriterien des Vermögenswerts oder der Schuld erfüllt, so kommt ein Ansatz in der Bilanz darüber hinaus nur in Betracht, wenn sich der Wert oder die Anschaffungs- oder Herstellungskosten des Sachverhalts verlässlich bewerten lassen (F.4.38(b)).

II. Vermögenswerte

1. Definition

Der Vermögenswert ist im **Rahmenkonzept** (F.4.4) definiert. Auf diese Definition wird in IAS 1.15 Bezug genommen, wodurch sie die verbindliche Wirkung eines Standards erhält. Ein Vermögenswert ist nach F.4.4 (a) eine Ressource, die auf Grund von Ereignissen der Vergangenheit in der Verfügungsmacht eines Unternehmens steht und von der erwartet wird, dass dem Unternehmen aus ihr künftiger wirtschaftlicher Nutzen zufließt. Damit müssen in jedem Fall **drei Kriterien kumulativ** erfüllt sein, um einen Sachverhalt als Vermögenswert zu qualifizieren: 121

(1) die Ressource muss aus einem Ereignis der Vergangenheit resultieren;
(2) das Unternehmen übt die Verfügungsmacht über die Ressource aus;
(3) aus der Ressource wird ein zukünftiger wirtschaftlicher Nutzen erwartet.

Das englische Wort *„resource"* könnte auch mit „Ertragsquelle" übersetzt werden, weil zu dem Begriff der Ressource die begründete Erwartung gehört, dass aus ihr künftiger wirtschaftlicher Nutzen, also schließlich Geld fließt (IAS 38.8). So kann zB eine selbsterstellte Software entweder zukünftige Erträge generieren, indem sie verkauft wird, oder durch die unternehmensinterne Nutzung Ausgaben für den Kauf einer Software gespart werden.

Den IFRS liegt ein **zweistufiges Ansatzkonzept** zugrunde, da neben diesen drei allgemeinen definitorischen Kriterien noch zwei Nebenbedingungen zu erfüllen sind: Ein Vermögenswert darf gem F.4.44 nur aktiviert werden, wenn der Zufluss künftigen wirtschaftlichen Nutzens **wahrscheinlich** ist und die Kosten oder der Wert **zuverlässig messbar** sind. 122

Konkrete Bilanzierungsverbote können trotz Erfüllung dieser Kriterien einer Aktivierung entgegenstehen. Beispiele dafür finden sich insbes im Bereich des selbsterstellten immateriellen Vermögens wie zB selbstgeschaffene Markennamen oder Kundenlisten (IAS 38.63).

2. Ereignis der Vergangenheit

Die Verfügungsmacht über die Ressource (Ertragsquelle) muss dem Unternehmen aufgrund **vergangener Geschäftsvorfälle** oder anderer Ereignisse zugefallen sein, dh vor dem Bilanzstichtag (F.4.13). Dies kann zB durch Vertragsabschlüsse, durch eine staatliche Genehmigung oder durch die Entdeckung eines Erzvorkommens verbunden mit einer entspr Abbauerlaubnis geschehen sein. 123

Zukünftige Erwartungen oder Absichten, zB Vorräte zu kaufen, erfüllen die Definition eines Vermögenswerts damit nicht.

3. Verfügungsmacht

124 Bei **schwebenden Verträgen** liegt zwar mit dem Vertragsabschluss ein Ereignis der Vergangenheit vor; jedoch ist vor dem Bilanzstichtag die wirtschaftliche Verfügungsmacht noch nicht auf den Käufer übergegangen bzw ein Vertrag wurde noch nicht vollständig erfüllt, sodass schwebende Geschäfte – abgesehen vom Sonderfall der drohenden Verluste aus schwebenden Geschäften und bestimmten Finanzinstrumenten – keinen bilanziellen Niederschlag finden.

125 Das Unternehmen muss bei **wirtschaftlicher Betrachtungsweise** über den Vermögenswert verfügen, also andere von der Nutzung ausschließen können (F.4.12). Dies ist idR nur durch entspr **Rechtstitel** möglich, wie Eigentumsrechte, Vertragsrechte (zB aufgrund eines Leasingvertrags) oder staatliche Verleihungen.

Die Verfügungsmacht kann ua darin bestehen, dass der wirtschaftliche Eigentümer das Recht hat, für den Vermögenswert einen Kaufpreis oder Gebühren für seine Nutzung zu verlangen.

4. Zufluss wirtschaftlichen Nutzens

126 Der Zufluss wirtschaftlichen Nutzens drückt sich in einem direkten oder indirekten Beitrag zur **Erhöhung** des **Cashflows** aus (F.4.8). Dabei spielt es keine Rolle, ob der Nutzenzufluss durch den Vermögenswert selbst oder nur in Kombination mit anderen Vermögenswerten generiert wird (F.4.10(a)).

Ein künftiger wirtschaftlicher Nutzen kann sich aber auch in der **Verhinderung** eines **Abflusses** von Geld ausdrücken. So kann auch eine Technik zur Verminderung der Produktionskosten diese Anforderung erfüllen (F.4.8). Aktive latente Steuern – insbes solche auf werthaltige steuerliche Verlustvorträge – führen zwar ebenfalls nicht zu einem Zufluss an wirtschaftlichem Nutzen; sie verringern aber den zusätzlichen Abfluss von Geldmitteln für zukünftige Steuerzahlungen, was dem gleichzusetzen ist.

127 Der zukünftige wirtschaftliche Nutzen muss **wahrscheinlich** sein. Die Erwartung muss begründet, darf also nicht nur Hoffnung sein. Es muss mehr für als gegen die Erwartung sprechen (51%-Regel; Gedanke aus IAS 37.23; *ADS* Int Abschn 1 Rz 151; *Lüdenbach/Hoffmann/Freiberg* IFRS § 21 Rz 37 f). Der Ansatz eines Vermögenswerts hat zu unterbleiben, wenn ein wirtschaftlicher Nutzen über die Berichtsperiode hinaus nicht wahrscheinlich ist. Dies impliziert allerdings kein automatisches Aktivierungsverbot für falsche Investitionsentscheidungen des Managements (F.4.45).

Die Beurteilung des Zuflusses künftigen wirtschaftlichen Nutzens ist eine **Ermessensentscheidung,** die neutral auszuüben ist (→ Rn 72). Die Beachtung des Vorsichtsgrundsatzes ist im Rahmenkonzept nicht mehr explizit angesprochen. Fälle von Ermessensentscheidungen liegen zB bei der Beurteilung der Werthaltigkeit eines steuerlichen Verlustvortrags vor (IAS 12.34).

Die Einschätzung des zukünftigen wirtschaftlichen Nutzens schlägt sich auch in der Bewertung des Vermögenswerts nieder:

Beispiel: Über einen Kunden wurde ein Insolvenzverfahren eröffnet. Nach Auskunft des Insolvenzverwalters ist mit einer Bedienungsquote der Schulden von 20% zu rechnen. Die Forderung ggü dem Kunden wird weiterhin angesetzt; da der Zufluss zukünftigen wirtschaftlichen Nutzens aus der Forderung aber nur noch in Höhe von 20% besteht, ist sie in dieser Höhe zu bewerten.

5. Verlässliche Bewertbarkeit

128 Ein Ansatz von Vermögenswerten ist nur möglich und zulässig, wenn diese **verlässlich** bewertet werden können (F.4.41). Das ist dann der Fall, wenn die

Bewertung ohne „wesentliche Fehler" und „frei von verzerrenden Einflüssen" durchführbar ist (F.QC14; → Rn 72f). **Schätzgrößen** schließen eine verlässliche Bewertbarkeit nicht aus. Nur in Ausnahmefällen ist es denkbar, eine verlässliche Bewertung nicht durchführen zu können. Folgendes Beispiel ist in F.4.41 ausgeführt:

Beispiel: Die erwarteten Erlöse aus einem **Rechtsstreit** können sowohl den Definitionen eines Vermögenswerts und eines Ertrags entsprechen, als auch das Kriterium der Wahrscheinlichkeit für die Erfassung erfüllen. Kann die Höhe des Anspruchs jedoch nicht verlässlich bewertet werden, sodass er nach dem zweistufigen Ansatzkonzept (→ Rn 122) nicht als Vermögenswert oder Ertrag zu erfassen ist, wäre die Existenz eines solchen Anspruchs als sog **Eventualforderung** im Anhang, den Erläuterungen oder in den ergänzenden Übersichten anzugeben.

6. Materielle und immaterielle Vermögenswerte

Der Vermögenswertbegriff der IFRS beschränkt sich nicht auf materielle Werte (Grundstücke, Maschinen usw), sondern umfasst auch immaterielle Werte „ohne physische Substanz" (IAS 38.8), wie Computersoftware, Patente, Urheberrechte, Kundenlisten, Fischereilizenzen oder Importquoten (vgl → § 4 Rn 3). **Voraussetzung** für die Bilanzierung dieser Vermögenswerte ist ihre **Identifizierbarkeit,** um sie vom Geschäfts- oder Firmenwert unterscheiden zu können (IAS 38.11). Ein immaterieller Vermögenswert ist identifizierbar (IAS 38.12), wenn: 129

(1) er separierbar ist, dh er kann vom Unternehmen getrennt und somit verkauft, übertragen, lizenziert, vermietet oder getauscht werden. Dies kann einzeln oder iVm einem Vertrag, einem Vermögenswert oder einer Schuld erfolgen; oder wenn

(2) er aus vertraglichen oder anderen gesetzlichen Rechten entsteht, unabhängig davon, ob diese Rechte vom Unternehmen oder von anderen Rechten und Verpflichtungen übertragbar oder separierbar sind.

7. Abgrenzungsposten

Aktive Rechnungsabgrenzungsposten sind im Rahmenkonzept als solche **nicht definiert;** einen vergleichbaren Begriff kennen die IFRS nicht. Die aus dem Konzept der **Periodenabgrenzung** resultierenden antizipativen und transitorischen Posten sind in der Bilanz **nicht anzusetzen,** wenn diese nicht den Begriff des Vermögenswerts nach Maßgabe des Rahmenkonzepts erfüllen (IAS 1.28). 130

Die nach **deutschem Handelsrecht** aktivierten Rechnungsabgrenzungsposten erfüllen idR die Ansatzkriterien von Vermögenswerten (*ADS* Int Abschn 1 Rz 154), zumindest soweit diese sich nach § 250 Abs 1 HGB bemessen bzw Ausgaben für eine bestimmte Zeit nach dem Abschlussstichtag darstellen und ggü Dritten aus Lieferungs- oder Leistungsverträgen entstanden sind.

Dagegen ist das Disagio des Kreditnehmers (vgl § 250 Abs 3 HGB) nach den IFRS nicht als Abgrenzungsposten zu behandeln, sondern wird von den Anschaffungskosten der Verbindlichkeit abgezogen und erhöht über die Laufzeit den Buchwert der Verbindlichkeit (IAS 18.30(a); IAS 39.AG65 bzw IFRS 9.4.2.1).

8. Vergleich zum HGB

Der Begriff des **Vermögenswerts** ist **nicht gleichzusetzen** mit dem handelsrechtlichen Begriff des **Vermögensgegenstands,** sondern ist grds weiter gefasst, 131 da die Identifizierbarkeit eines künftigen wirtschaftlichen Nutzens im Zusammenhang mit einem anderen Vermögenswert (getrennt von einem Geschäfts- oder Firmenwert) ausreicht (vgl *Heuser/Theile,* Rz 323; *Lüdenbach/Hoffmann/Freiberg* IFRS § 1 Rz 97 ff; *Förschle/Usinger* in BeBiKo § 248 HGB Rz 63 ff). Demgegenüber stellt das HGB zur Qualifizierung eines Vermögensgegenstands auf die Einzelverkehrsfähigkeit ab (→ § 4 Rn 11). Auch in anderen Bereichen bestehen häufig Unterschiede in den Definitionen (zB für Entwicklungskosten: IAS 38.8; § 255 Abs 2a HGB).

Grds fremd ist dem HGB eine **Rückkoppelung** zwischen Ansatz und Bewertung. Ist nach den IFRS eine verlässliche Bewertung eines identifizierten Vermögenswerts nicht möglich, scheidet auch ein Ansatz als Vermögenswert aus (F.4.44; ähnlich aber die Begründung des BilMoG zu § 248 Abs 2 HGB in BT-Drucks 16/10067, 50).

Im Rahmen der (konkreten) Ansatzvorschriften werden die (abstrakten) Unterschiede von HGB und IFRS idR aber weitgehend angeglichen.

Beispiel: Ein Unternehmen organisiert einen Werbefeldzug. Da der künftige wirtschaftliche Nutzen nicht ermittelbar ist, ist eine Bilanzierung nach IFRS nicht möglich. Nach dem HGB scheitert eine Aktivierung an der fehlenden Einzelverkehrsfähigkeit. In der Erläuterung im Gesetzesentwurf zum BilMoG wird eine Bilanzierung selbstgeschaffener immaterieller Vermögensgegenstände ebenfalls unter Hinweis einer fehlenden Möglichkeit der Bewertbarkeit abgelehnt. Im Ergebnis bestehen insofern keine Unterschiede zum HGB.

Unterschiede bestehen in einigen Fällen auch bzgl der Pflicht zur Bilanzierung:

Ein **Ansatzgebot** besteht nach den IFRS bei Vorliegen der definierten Voraussetzungen für selbst erstellte immaterielle Vermögenswerte (IAS 38.1), wie zB für Entwicklungskosten von Produkten (IAS 38.57), aber auch für den derivativen Geschäfts- oder Firmenwert (IFRS 3.41) und für bestimmte Guthaben aus latenten Steuern (IAS 12.24). Wegen der umfangreichen Voraussetzungen, die nach IFRS für die Aktivierung von selbst erstellten immateriellen Vermögenswerten erfüllt sein müssen (zB technische Machbarkeit, beabsichtigte Vollendung, Verfügbarkeit der Ressourcen, etc; vgl IAS 38.57), die dem Management einen weitgehenden Ermessensspielraum belassen, spricht man zu Recht von einem faktischen Ansatzwahlrecht. Demgegenüber besteht im HGB ein förmliches **Wahlrecht** zur Aktivierung von selbst geschaffenen immateriellen Vermögensgegenständen des Anlagevermögens, zB Entwicklungskosten von Produkten (§ 255 Abs 2a HGB).

Zahlreiche **Ansatzverbote** sind in den IFRS und im HGB weitgehend gleich geregelt, zB:

(1) Aktivierungsverbot für Anlauf- und Gründungskosten (IAS 38.69 (a); § 248 Abs 1 Ziff 1 HGB),
(2) Aktivierungsverbot für einen selbst geschaffenen Geschäfts- oder Firmenwert (IAS 38.48),
(3) Aktivierungsverbot für Forschungskosten (IAS 38.54; § 255 Abs 2 Satz 4 HGB),
(4) Aktivierungsverbot für den Fall, dass Forschungs- und Entwicklungskosten nicht verlässlich voneinander getrennt werden können (IAS 38.53; § 255 Abs 2a Satz 4 HGB) und
(5) Aktivierungsverbot für einen entgeltlich erworbenen Kundenstamm und Kundenlisten (IAS 38.16), ggf auch für Marken, Drucktitel, Verlagsrechte oder vergleichbare Werte (§ 248 Abs 2 Satz 2 HGB).

Besonderheiten bestehen im HGB für selbst geschaffene immaterielle Vermögensgegenstände: Sie sind in der Bilanz in einem **besonderen Gliederungspos-**

ten auszuweisen (§ 266 Abs 2 HGB) und Erträge aus ihnen unterliegen einer **Ausschüttungssperre** (§ 268 Abs 8 HGB).

III. Schulden

1. Definition

132 Eine **Schuld** ist definiert als eine **gegenwärtige Verpflichtung** eines Unternehmens, die aufgrund eines **Ereignisses** in der Vergangenheit entstanden ist und deren **Erfüllung** erwartungsgemäß zu einem Abfluss von Ressourcen führt, mit denen ein **wirtschaftlicher Nutzen** verbunden ist (F.4.4(b), → § 13 Rn 4). Die Definition ist somit ein Spiegelbild zur Definition von Vermögenswerten (→ Rn 121 f).

Auch für Schulden sieht das Rahmenkonzept ein zweistufiges Ansatzkonzept vor, indem neben diesen definitorischen Voraussetzungen (sog abstraktes Ansatzkriterium) verlangt wird, dass der Abfluss wirtschaftlichen Nutzens wahrscheinlich ist und zuverlässig gemessen werden kann (sog konkrete Ansatzkriterien; F.4.46).

2. Gegenwärtige Verpflichtungen

133 Die **gegenwärtige** Verpflichtung ist ein **wesentliches Merkmal** einer Schuld. Die Verpflichtung besteht bei Vorliegen eines **einklagbaren Rechts,** zB aus einem Vertrag, einer **gesetzlichen Vorschrift** oder auch als faktische Verpflichtung bei **freiwillig übernommenen Pflichten,** zB aus Kulanzleistungen, wenn das Unternehmen sich diesen Verpflichtungen auf Grund des üblichen Geschäftsgebarens faktisch nicht entziehen kann (F.4.15).

134 Die im Rahmenkonzept dargestellten Beispielsfälle lassen erkennen, dass **ausnahmslos Drittverpflichtungen** bzw **Außenverpflichtungen** – nicht dagegen Eigenverpflichtungen – die Tatbestandsmerkmale erfüllen (F.4.18). Hieraus leitet sich das **Verbot** der Bildung von **Aufwandsrückstellungen** ab. Eine Ausnahme hiervon bilden **Rückstellungen für Restrukturierungsmaßnahmen** (IAS 37.70 ff), die zwar ihrem Grunde nach Rückstellungen für zukünftige Aufwendungen sind; unter bestimmten Voraussetzungen sind sie aber als eine faktische Verpflichtung anzusehen und somit passivierungspflichtig (→ § 13 Rn 168 ff).

Die Entscheidung des Managements, in der **Zukunft** Vermögenswerte zu **erwerben,** führt allein **nicht** zu einer **gegenwärtigen Verpflichtung** (F.4.16). Verbindliche Verträge können aber in einigen Fällen schon zur Entstehung einer bilanziellen Schuld führen, obwohl eigentlich noch ein schwebendes Geschäft vorliegt. Dies gilt zB gem IAS 37.66 immer dann, wenn ein sog **belastender Vertrag** vorliegt, dh die unvermeidbaren Kosten zur Erfüllung einer vertraglichen Schuld sind höher als der wirtschaftliche Nutzen aus dem Vertrag. Allerdings begründet ein belastender Vertrag erst dann den Ansatz einer Rückstellung, wenn keine Vermögenswerte im Zusammenhang mit dem Vertrag vorhanden sind (zB unfertige Erzeugnisse), die wertgemindert werden können (IAS 37.69).

3. Ereignis der Vergangenheit

135 Eine Schuld liegt nur dann vor, wenn diese aus einem vergangenen Geschäftsvorfall oder einem anderen Ereignis der Vergangenheit resultiert (F.4.18). Analog zu den Bestimmungen bei den Vermögenswerten (→ Rn 123) muss es sich damit um Geschäftsvorfälle oder Ereignisse **vor dem Bilanzstichtag** handeln.

Konsequenterweise ist in IAS 10.12 klargestellt, dass **Dividenden** für das abgelaufene Geschäftsjahr, die zwar nach dem Bilanzstichtag, aber noch vor dem Zeitpunkt der Freigabe des Abschlusses beschlossen wurden, nicht als Schuld zu passivieren sind. Als „Ereignis" ist hierbei der Ausschüttungsbeschluss anzusehen, der aus Sicht des abgelaufenen Geschäftsjahrs nicht in der Vergangenheit liegt und somit keine passivierungspflichtige Schuld begründet. Es sind in diesem Fall aber entspr Angaben im Anhang zu machen (IAS 1.137).

4. Abfluss einer Ressource mit wirtschaftlichem Nutzen

136 Mit der **Erfüllung** einer **Schuld** muss das Unternehmen idR **Ressourcen aufgeben,** die einen wirtschaftlichen Nutzen enthalten. Dabei kann die Erfüllung auf verschiedene Weise erfolgen, zB durch Zahlung mit Geld, Übertragung anderer Vermögenswerte, etc (F. 4.17).

Nur wenn es **wahrscheinlich** ist, dass die den künftigen wirtschaftlichen Nutzen repräsentierende Ressource aus dem Unternehmen abfließt, darf eine Schuld passiviert werden. Die Wahrscheinlichkeit soll dabei als Erfassungskriterium dem Grad der **Unsicherheit** des tatsächlichen Abflusses Rechnung tragen und gleichzeitig verhindern, dass der Ansatz (nur) aufgrund einer Unsicherheit unterbleibt (F.4.40). Sofern die Ansatzkriterien für eine Schuld erst zu einem **nachfolgenden Stichtag** erfüllt sind, muss diese nach den Vorschriften von IAS 8 dann nachgeholt werden (→ § 45 Rn 35 ff).

Das Kriterium der **Wahrscheinlichkeit** für den Ansatz von Schulden wird vom Rahmenkonzept nicht näher definiert. Es wird zwischen **Rückstellungen** und **sonstigen Schulden** unterschieden. Unterscheidungsmerkmal ist dabei der Grad der Gewissheit über den Eintritt und/oder die Höhe der Schuld.

137 **Rückstellungen** sind Schulden, bei denen die Fälligkeit oder die Höhe ungewiss ist (IAS 37.10). Eine Rückstellung ist **zu bilden,** wenn „mehr dafür als dagegen spricht" (IAS 37.16(a)). Hiermit ist eine Wahrscheinlichkeit von **mehr als 50 %** für das Bestehen der Verpflichtung bzw den Abfluss der Ressource gemeint. Bei den **sonstigen Schulden** ist der Grad der Gewissheit dagegen sehr hoch. Sie sind gem IAS 37.11(b) als abgegrenzte Schulden anzusehen. Beispiele hierfür sind Urlaubsansprüche von Mitarbeitern oder ausstehende Rechnungen.

Bei **Eventualverbindlichkeiten** ist entweder der Abfluss künftigen wirtschaftlichen Nutzens nicht mehr als wahrscheinlich, oder ihre Höhe kann nicht zuverlässig geschätzt werden (IAS 37.10). Eventualverbindlichkeiten erfüllen deshalb nicht die Passivierungskriterien, sind aber im Anhang anzugeben (IAS 37.28; → § 13 Rn 16 ff).

5. Verlässliche Bewertbarkeit

138 Neben dem wahrscheinlichen Abfluss von Ressourcen, die einen künftigen Nutzen repräsentieren (→ Rn 136; → § 13 Rn 48), ist die weitere (konkrete) Voraussetzung zur Erfassung einer Schuld, dass der Erfüllungsbetrag **verlässlich bewertet** werden kann (F.4.46; zu Einzelheiten → § 13 Rn 49 f).

Sofern eine zukünftige Verpflichtung nicht die Ansatzkriterien für eine **Schuld** erfüllt, aber dennoch von wesentlicher **Bedeutung** ist, kann eine **Angabe** als **Eventualschuld** im Anhang oder anderen Bestandteilen des Abschlusses erforderlich sein (F.4.43), wenn dies relevant ist für die Beurteilung des Adressaten und nicht nur eine geringe Wahrscheinlichkeit des Nutzenabflusses besteht (IAS 37.27 f).

6. Abgrenzungsposten

Schulden dürfen nur dann im Abschluss erfasst werden, wenn diese die im Rahmenkonzept enthaltenen Definitionen und Erfassungskriterien erfüllen (IAS 1.28). 139

Die nach **deutschem Handelsrecht** passivierten Rechnungsabgrenzungsposten erfüllen idR die Ansatzkriterien von Schulden, zumindest soweit diese sich nach § 250 Abs 2 HGB bemessen bzw **Einnahmen** für eine bestimmte **Zeit nach** dem **Abschlussstichtag** darstellen und ggü Dritten aus Lieferungs- oder Leistungsverträgen entstanden sind (vgl *ADS* Abschn 1 Rz 177). Dagegen ist das **Disagio** des Kreditgebers nach den IFRS nicht als Abgrenzungsposten zu behandeln, sondern erhöht über die Laufzeit den Buchwert der anfänglich mit den Anschaffungskosten bewerteten Forderung (IAS 18.30(a) bzw IFRS 9.5.4.1).

Dennoch kennen auch die **IFRS passive Abgrenzungsposten,** die für 140
Zwecke der periodengerechten Gewinnermittlung gebildet werden. Beispiele hierfür sind das Wahlrecht zur Bildung eines passiven Abgrenzungspostens für Zuwendungen der öffentlichen Hand (IAS 20.24) oder die Pflicht zur passiven Abgrenzung eines Gewinns aus einem *sale-and-lease-back*-Geschäft, wenn dieses die Kriterien für ein Finanzierungs-Leasingverhältnis erfüllt (IAS 17.59). Umsatzabgrenzungsposten ergeben sich aus Sachverhalten wie sog Mehrkomponentengeschäften (IAS 18.13 bzw IFRS 15.73 ff) oder bei Kundentreueprogrammen (IFRIC 13 bzw IFRS 15.70 ff). Unklar ist der bilanzielle Charakter dieser Posten, da sie sich nicht unter den Schuldbegriff der IFRS subsumieren lassen. So findet in beiden letztgenannten Fällen kein künftiger Abfluss wirtschaftlichen Nutzens statt. Die Passivseite einer IFRS-Bilanz kann somit neben Schulden und Eigenkapital auch reine Erfolgsabgrenzungsposten enthalten.

7. Vergleich zum HGB

Deutlicher und praktisch bedeutsamer als beim Begriff des Vermögenswerts ist 141
die **Abweichung** ggü dem HGB bei dem **Begriff der Schuld.**

Eine dem deutschen handelsrechtlichen Grundsatz des **Imparitätsprinzips** vergleichbare Vorschrift existiert in den IFRS nicht. Der Ansatz von Rückstellungen im Zusammenhang mit künftigen betrieblichen Verlusten ist ausdrücklich untersagt (IAS 37.63). Jedoch besteht für **belastende Verträge** eine **Ausnahme,** soweit unvermeidbare Kosten zur Erfüllung der vertraglichen Verpflichtung höher als der erwartete wirtschaftliche Nutzen sind (IAS 37.66 ff). Insoweit besteht eine weitgehende Übereinstimmung mit der Rückstellungsbildung für **drohende Verluste** nach dem HGB (§ 249 Abs 1 Satz 1 2. Alternative).

Aufwandsrückstellungen sind in beiden Regelungswerken **unzulässig,** da 142
diese nicht aus Leistungsbeziehungen oder Verträgen mit Dritten resultieren und daher keinen Schuldcharakter haben.

Ansammlungsrückstellungen (für Entsorgung, Abbruch, Rekultivierung, etc), die im Zusammenhang mit einem zu aktivierenden Vermögenswert stehen, sind nach den IFRS neben der Passivierung zum Barwert idR zugleich korrespondierend auch als Bestandteil der Anschaffungs- bzw Herstellungskosten zu aktivieren. Sie werden bei ihrer Entstehung erfolgsneutral bilanziert. Im Zeitablauf wird der Vermögenswert dann von dem höheren Betrag abgeschrieben und die Rückstellung ratierlich aufgezinst. Demgegenüber führt die reine Ansammlungsrückstellung gem HGB zu einer Bilanzverkürzung und hat eine geringere Aussagekraft für die zum Ende der Laufzeit bestehende Verpflichtung (vgl Beispiel → § 13 Rn 132).

Bestimmte **ungewisse Verbindlichkeiten,** die nach IFRS als abgegrenzte Schulden angesehen werden, wie zB Urlaubsansprüche der Mitarbeiter oder ausstehende Rechnungen, werden im HGB-Abschluss als Rückstellungen ausgewiesen.

IV. Erträge und Aufwendungen

1. Grundlagen

143 Analog zu den Vorschriften der Bilanz enthält das Rahmenkonzept eine **zweistufige Regelung** hinsichtlich des Ansatzes von Erträgen und Aufwendungen. Auf der ersten Stufe werden Erträge und Aufwendungen, die in der Gesamtergebnisrechnung bzw gesonderten GuV (sofern erstellt) berücksichtigt werden können, (abstrakt) definiert (F.4.25 ff). Auf der zweiten Stufe werden (konkrete) Ansatzkriterien definiert, nach denen bestimmt wird, wann Erträge und Aufwendungen in der Gesamtergebnisrechnung bzw gesonderten GuV (sofern erstellt) zu erfassen sind (F.4.47 ff).

144 Das Rahmenkonzept **definiert** die erste (abstrakte) Stufe wie folgt: **Erträge/Aufwendungen** stellen eine **Zunahme/Abnahme** des **wirtschaftlichen Nutzens** in der Berichtsperiode in Form von Zuflüssen/Abflüssen oder von Erhöhungen/Verminderungen von Vermögenswerten oder einer Abnahme/Erhöhung von Schulden dar, die zu einer **Erhöhung/Abnahme** des **Eigenkapitals** führen, welche nicht auf eine Einlage/Ausschüttung der/an die Anteilseigner zurückzuführen ist (F.4.25).

Diese abstrakte Formulierung besagt weder etwas über die **Höhe** der zu bilanzierenden Erträge und Aufwendungen, noch kann daraus der **Zeitpunkt** abgeleitet werden, zu dem Aufwendungen und Erträge zu erfassen sind. Höhe und Zeitpunkt werden durch die Vermögenswerte und Schulden bestimmt, die den Erträgen und Aufwendungen entsprechen.

Da in den IFRS kein dem § 252 Abs 1 Nr 4 HGB vergleichbares Realisationsprinzip existiert, können Erträge auch unrealisierte Wertsteigerungen enthalten. Deutlich wird dies insbes bei der Bilanzierung von langfristigen Fertigungsaufträgen, bei der unter bestimmten Voraussetzungen ein Ertrag in Abhängigkeit vom Projektfortschritt ausgewiesen werden kann (IAS 11 bzw IFRS 15; → § 9 Rn 56 ff bzw 145 ff), sowie bei der erfolgswirksamen Bewertung bestimmter Finanzinstrumente oder als Finanzinvestition gehaltener Immobilien zum Zeitwert (IAS 39 bzw IFRS 9 und IAS 40; → § 3 Rn 55 ff und Rn 404 ff und → § 6 Rn 40 ff).

2. Erträge

145 Die **Höhe** der Erträge hängt von den Bewertungen der entspr Bilanzwerte ab. Der **Zeitpunkt** ihrer Erfassung wird durch Regelungen in einzelnen Standards bestimmt, zB:

(1) **IAS 18** enthält allgemeine Regelungen zur Gewinnrealisierung ua für den Verkauf von Gütern (IAS 18.14 ff), das Erbringen von Dienstleistungen (IAS 18.20 ff) und für die Nutzung von Vermögenswerten des Unternehmens durch Dritte (zB Zinsen, Nutzungsentgelte und Dividenden) (IAS 18.29 ff); für Geschäftsjahre, die nach dem 1. Januar 2017 beginnen, sind Regelungen des IFRS 15 verpflichtend anzuwenden (→ § 15 Rn 46 ff). Der IASB hat im Mai 2015 mit ED/2015/2 die Verschiebung des Erstanwendungszeitpunkts auf den 1. Januar 2018 vorgeschlagen.

(2) **IAS 11** regelt die Gewinnrealisierung bei **Fertigungsaufträgen,** die sog ***percentage-of-completion*-Methode** (→ § 9 Rn 56 ff); für Geschäftsjahre, die nach dem 1. Januar 2017 (gem ED/2015/2 nach dem 1. Januar 2018) beginnen, sind die Regelungen des IFRS 15 verpflichtend anzuwenden.

(3) **IAS 17** bestimmt die Einbuchung von Erträgen aus **Leasingverträgen** beim Leasinggeber (IAS 17.39ff);
(4) **IAS 39** (bzw IFRS 9, verpflichtend anzuwenden für Geschäftsjahre, die nach dem 1. Januar 2018 beginnen) enthält Regelungen zur Ertragserfassung aus Finanzinstrumenten, (→ § 3 Rn 86ff).

Erträge werden idR **erfolgswirksam** in der Gesamtergebnisrechnung bzw gesonderten GuV (sofern erstellt) erfasst. Im Gegensatz zu der Bilanzierung nach HGB gibt es jedoch **Ausnahmen,** in denen ein Ertrag im **sonstigen Ergebnis** gebucht wird (IAS 1.7). Durch dieses Konzept ist sichergestellt, dass Werterhöhungen, die noch nicht durch eine Veräußerung tatsächlich realisiert sind, nicht ertragswirksam erfasst werden. Entspr Buchungen sind zB vorgesehen für: 146
(1) Erträge aus der Neubewertung einer Sachanlage (IAS 16.39) oder eines immateriellen Vermögenswerts (IAS 38.85),
(2) Neubewertung der Nettoschuld aus leistungsorientierten Versorgungsplänen (IAS 19.120(c)) oder
(3) Erträge aus der Umrechnung des Abschlusses eines ausländischen Geschäftsbetriebs.
(4) Erträge aus Wertveränderungen von Finanzinstrumenten, die als zur Veräußerung verfügbar klassifiziert wurden (IAS 39.55(b)),
(5) den effektiven Teil der Werterhöhung eines Sicherungsgeschäfts, das der Absicherung von Zahlungsströmen dient (IAS 39.95),

Diese Vorgänge werden als sonstiges Ergebnis *(other comprehensive income)* in der Gesamtergebnisrechnung *(statement of comprehensive income)* (IAS 1.7, IAS 1.10A, IAS 1.90ff) erfasst.

Durch die finale Verabschiedung von IFRS 9 im Juli 2014 werden gem IAS 1.7 (geändert 2014) nunmehr folgende Erträge im sonstigen Ergebnis gebucht:
(1) Erträge aus der Neubewertung einer Sachanlage (IAS 16.39) oder eines immateriellen Vermögenswerts (IAS 38.85);
(2) Neubewertung der Nettoschuld aus leistungsorientierten Versorgungsplänen (IAS 19.120(c));
(3) Erträge aus der Umrechnung des Abschlusses eines ausländischen Geschäftsbetriebs;
(4) Erträge aus Anteilen am sonstigen Ergebnis von Beteiligungen, die erfolgsneutral zum beizulegenden Zeitwert bewertet werden (in Einklang mit IFRS 9.5.7.5);
(5) Erträge aus erfolgsneutral zum beizulegenden Zeitwert bewerteten finanziellen Vermögenswerten (in Einklang mit IFRS 9.4.1.2A);
(6) der effektive Teil der Gewinne aus Sicherungsinstrumenten in einem Cash-Flow-Hedge und Gewinne und Verluste aus Sicherungsinstrumenten, die erfolgsneutral zum beizulegenden Zeitwert bewertete Anteile an Equity-Instrumenten (in Einklang mit IFRS 9.5.7.5);
(7) Erträge aus Änderungen des beizulegenden Zeitwerts bestimmter erfolgswirksam zum beizulegenden Zeitwert bewertete finanzielle Verbindlichkeiten, die auf das eigene Kreditrisiko zurückgehen (IFRS 9.5.7.7);
(8) Erträge aus Änderungen des Zeitwerts von Optionen beim Trennen von innerem Wert und Zeitwert einer Option und der Bestimmung der Änderungen des inneren Werts als Sicherungsinstruments;
(9) Erträge aus Wertänderungen von ***forward*-Elementen** bzw ***basis spreads*** im Fremdwährungsbereich, die transaktionsbezogene Grundgeschäfte und zeitraumbezogene Grundgeschäfte absichern, sofern die *forward*-Elemente bzw *basis spreads* vom Gesamtwert des Forwards bzw des Fremdwährungsderivats nach IFRS 9.6.5.16 getrennt werden.

3. Aufwendungen

147 Auch für die Erfassung der Aufwendungen stellt das Rahmenkonzept darauf ab, wann und in welcher Höhe die entspr **Bilanzposten** eingebucht werden (F.4.49 ff). Zwar gilt allgemein das ***matching principle,*** wonach die Aufwendungen zeitgleich mit den entspr Erträgen erfasst werden sollen (F.4.50). Übergeordnet ist jedoch die Regel, wonach Aufwendungen nur dann aktiv abgegrenzt werden dürfen, wenn der entspr Aktivposten die Definition eines Vermögenswerts erfüllt. Beispiele hierfür sind Vorauszahlungen für Mieten oder Versicherungen, die wirtschaftlich erst in die nächste Periode gehören.

Forschungskosten dürfen zB nach IAS 38.54 ff nicht aktiviert werden. Sie werden vielmehr unmittelbar als Aufwand erfasst, obwohl der entspr Ertrag erst in späteren Perioden erwartet wird. Dies lässt sich damit begründen, dass der erwartete Nutzenzufluss noch nicht den notwendigen Grad der Wahrscheinlichkeit erreicht hat.

Beispiele für die zunächst erfolgsneutrale Erfassung von Aufwendungen stellen die in → Rn 146 dargestellten Sachverhalte dar, wenn es sich im umgekehrten Fall um einen Verlust handelt.

4. Vergleich zum HGB

148 Der Zeitpunkt der Gewinnrealisierung (Ertragserfassung) spielt beim Vergleich zwischen HGB und IFRS eine bedeutende Rolle. Eine ggü dem HGB (§ 252 Abs 1 Nr 4) vorgezogene Gewinnrealisierung sehen die IFRS nach Maßgabe des Fertigstellungsgrads grds für die Erbringung von **Dienstleistungen** (IAS 18.20 ff bzw IFRS 15.9) und für die Behandlung von **Fertigungsaufträgen** (IAS 11.22 ff bzw IFRS 15.9) vor (vgl dazu → § 9 Rn 56 ff bzw 145 ff). Demgegenüber weicht der Zeitpunkt der Gewinnrealisierung **beim Verkauf von Gütern nicht** von den HGB-Regeln ab (IAS 18.14 bzw IFRS 15.39).

149–155 *(einstweilen frei)*

C. Bewertungsregeln

I. Allgemeine Bewertungsmaßstäbe

156 Das Regelwerk der IFRS kennt **kein in sich geschlossenes Bewertungskonzept,** sondern greift auf vielfältige Bewertungsmaßstäbe zurück. Das wird deutlich im Rahmenkonzept (F.4.55), in dem lediglich zahlreiche Bewertungsmaßstäbe aufgelistet sind, ohne eine Bedeutung oder Hierarchie anzugeben. Ferner tauchen in einzelnen Standards Bewertungsmaßstäbe auf, die dann für spezifische Sachverhalte gelten. IFRS 13 definiert den vielschichtigen Begriff des beizulegenden Zeitwerts *(fair value)* und gibt ein einheitliches Rahmenkonzept zu seiner Ermittlung vor (ausführlich → Rn 233 ff).

157 Im Bewertungssystem der IFRS sind folgende Bewertungsmaßstäbe von zentraler Bedeutung:

(1) Die (historischen) **Anschaffungs- oder Herstellungskosten** spielen für die Zugangsbewertung eine Hauptrolle (F.4.55(a); → Rn 161 ff). Auch bei der Folgebewertung nehmen sie als fortgeführte Anschaffungs- oder Herstellungskosten einen hohen Stellenwert ein (F.4.55(b); → Rn 183 ff).

(2) Die Bewertung zum **beizulegenden Zeitwert** (*fair value*-Bewertung) stellt ein Kernelement der IFRS und in ihrer vielfältigen Nutzung einen wesentlichen Unterschied ggü dem HGB dar. Entspr der Zielsetzung der IFRS, dem

professionellen Anleger möglichst entscheidungsnützliche Informationen als Grundlage für seine wirtschaftlichen Entscheidungen zur Verfügung zu stellen, sollen bestimmte Vermögenswerte (insbes Finanzinstrumente) und Schulden zum Verkehrswert bzw Marktwert bewertet werden.

(3) Der **Barwert** (*present value,* F.4.55(d)) ist eine Berechnungsmethode, mit der ein Wert zum Bewertungsstichtag ua durch Diskontierung eines künftigen Nominalwerts ermittelt wird. Er kommt immer dann zur Anwendung, wenn un- oder unterverzinsliche langfristige Forderungen oder Schulden abgezinst werden müssen.

(4) Neben den dargestellten zentralen Wertmaßstäben spielen in Teilbereichen auch andere Werte eine Rolle, zB der **Nettoinvestitionswert** bei der Leasingbilanzierung (IAS 17.36; → § 22 Rn 125) oder (als Ausprägung eines Barwerts) **versicherungsmathematische Werte** bei Pensionsverpflichtungen (zB leistungsorientierte Verpflichtungen an Arbeitnehmer; IAS 19.75 ff; → § 26 Rn 58 ff).

(5) Maßgebend für eine Bewertung unter den urspr Anschaffungs- oder Herstellungskosten ist bei Wertminderungen des Sach- und immateriellen Anlagevermögens der **erzielbare Betrag,** der den höheren Betrag von
   (a) **beizulegendem Zeitwert abzüglich Veräußerungskosten** (*fair value less cost of disposal;* IAS 36.74; auch für die Bewertung von zur Veräußerung gehaltenen Vermögenswerten und Veräußerungsgruppen maßgeblich, IFRS 5.15) einerseits und
   (b) **Nutzungswert** (*value in use;* zB IAS 36.30) andererseits
   darstellt.

(6) Bestimmend für eine Bewertung unter den urspr Anschaffungs- oder Herstellungskosten von Vorratsvermögen ist der Nettoveräußerungswert (*net realisable value;* F.4.55(c), IAS 2.28).

Im Folgenden werden die wesentlichen Bewertungsmaßstäbe dargestellt.

(einstweilen frei) 158–160

1. Anschaffungs- oder Herstellungskosten

a) Grundlagen

In den IFRS findet sich keine einheitliche Definition der **Anschaffungs- oder Herstellungskosten,** die für alle Vermögenswerte und Erwerbsformen (Einzelkauf, Kauf im Rahmen eines Unternehmenserwerbs, Tausch, Herstellung, etc) einheitlich gilt. Vielmehr enthalten zahlreiche Standards für jeweils **verschiedene Vermögenswerte** und auch für **verschiedene Erwerbssituationen** Definitionen und Beschreibungen sowie auch fallweise Ergänzungen und Ausnahmen, die zT deckungsgleich sind, im Einzelnen jedoch auch erhebliche Unterschiede aufweisen. Eine systematische **Trennung** von **Anschaffungs**- oder **Herstellungskosten** wird **nicht** vorgenommen. Durch den nicht prinzipienbasierten Aufbau der IFRS ergibt sich eine komplexe und kasuistische Darstellung dieser wesentlichen Bilanzierungsbegriffe. 161

Zu den Definitionen der Anschaffungs- oder Herstellungskosten im HGB bestehen diverse Unterschiede.

b) Anschaffungskosten

Die **Anschaffungskosten** umfassen die folgenden Kostenbestandteile (ausführlich → § 5 Rn 22 ff): 162

(1) **Kaufpreis** (*cost of purchase;* IAS 2.20, IAS 16.16, IAS 38.27 ff), dh das vertragliche Hauptentgelt,

(2) **Anschaffungsnebenkosten** (IAS 2.10, IAS 16.16, IAS 38.27), dh:
   (a) nicht erstattungsfähige Einfuhrzölle und Verbrauchsteuern und
   (b) alle direkt zurechenbaren Kosten, die zur Versetzung in einen betriebsbereiten Zustand erforderlich sind (zB Kosten der Erlangung, des Transports und der Inbetriebnahme),
(3) **Anschaffungspreisminderungen** (IAS 2.11, IAS 16.15, IAS 16.28), dh:
   (a) Nachlässe und Erstattungen (Rabatte, Skonti, Boni) auf Anschaffungspreis und Anschaffungsnebenkosten und
   (b) bestimmte Investitionszuwendungen der öffentlichen Hand. Statt einer Minderung der Anschaffungskosten ist wahlweise auch ein passiver Abgrenzungsposten *(accrual)* bilanzierbar (→ § 5 Rn 59 ff).
(4) anschaffungsbezogene **Fremdkapitalkosten** für Vermögenswerte (IAS 23.8; → § 5 Rn 37 ff) und
(5) **Abbruchkosten**
   (a) Abweichend zum HGB sind die geschätzten Kosten des Abbruchs, der Entsorgung, der Wiederherstellung oder Grundsanierung als Teil der Anschaffungskosten mit zu aktivieren. Zugleich ist dafür eine Rückstellung zu bilden (IAS 16.16 iVm IFRIC 1; → § 5 Rn 51 ff). Die Bewertung erfolgt mit dem Barwert (IAS 37.45, IAS 16.16(c)).
   (b) Schrott- oder Restwerte sind bei der Bestimmung des Abschreibungsvolumens mit zu berücksichtigen (IAS 16.53).

163 *(einstweilen frei)*

c) Herstellungskosten

164 Bei der Herstellung von Vermögenswerten treten mangels einer besonderen Regelung in den Standards die Herstellungskosten grds an die Stelle des Anschaffungspreises.

Eine spezielle Definition der **Herstellungskosten** findet sich nur im Standard für die Bewertung von Vorräten (IAS 2). Sie findet aber auch für die Herstellung anderer Vermögenswerte Anwendung. Grundlage ist ein Vollkostenansatz, der folgende Kostenkomponenten umfasst:
(1) **Materialkosten,** dh:
   (a) Materialeinzelkosten und
   (b) anteilige Materialgemeinkosten,
(2) **Fertigungskosten,** dh:
   (a) Fertigungseinzelkosten,
   (b) anteiliger Wertverzehr des eingesetzten Anlagevermögens,
   (c) anteilige Entwicklungs-, Konstruktions- und Versuchskosten und
   (d) Sondereinzelkosten der Fertigung,
(3) fertigungsbezogene **Verwaltungskosten,** dh:
   (a) Lagerkosten,
   (b) fertigungsbezogene allgemeine Kosten,
   (c) fertigungsbezogene Kosten für freiwillige soziale Leistungen, soziale Einrichtungen und betriebliche Altersvorsorge und
   (d) herstellungsbezogene **Fremdkapitalkosten** (IAS 23).

Einzelheiten zu den Herstellungskosten sind in → § 8 Rn 31 ff dargestellt. Der Unterschied zum HGB ist tabellarisch in → § 8 Rn 57 zusammengestellt.

2. Beizulegender Zeitwert

165 Der beizulegende Zeitwert *(fair value)* als ein grundlegender Bewertungsmaßstab der IFRS-Rechnungslegung wird umfassend in IFRS 13 geregelt.

Als **Definition des beizulegenden Zeitwerts** bestimmt **IFRS 13** den Preis, der im Zuge eines geordneten Geschäftsvorfalls unter Marktteilnehmern zum Bewertungszeitpunkt beim Verkauf eines Vermögenswerts erzielt werden würde oder der bei der Übertragung einer Schuld zu zahlen wäre (IFRS 13.9 iVm IFRS 13.B2 sowie ausführlich → Rn 238ff). 166

IFRS 13 regelt darüber hinaus, auf welchen **Märkten** der Preis zu ermitteln ist und wie vorzugehen ist, wenn kein aktiver Markt existiert (vgl dazu ausführlich → Rn 241).

In IFRS 13 ist hingegen **nicht** geregelt, für **welche Vermögenswerte und Schulden** die Bewertung zum Zeitwert vorgesehen ist. Diese Bestimmungen enthalten – wie bisher auch – die jeweiligen Einzelstandards.

Zu Einzelheiten der Bewertung zum beizulegenden Zeitwert nach IFRS 13 → Rn 233ff.

3. Barwert

Als **Barwert** *(present value/time value)* wird in der Zinseszinsrechnung der mit einem bestimmten Zinssatz auf einen Bewertungsstichtag abgezinste Wert einer künftigen Leistung bezeichnet. Dabei kann die künftige Leistung als Einmalbetrag (Barwert eines Kapitals) oder auch in Form von lfd Raten (Barwert einer Rente) erbracht werden. In der Versicherungsmathematik wird der Barwert auch als **versicherungstechnische Einmalprämie** bezeichnet, da er der Wert ist, der einmalig zu entrichten ist, um eine Anwartschaft auf bestimmte Leistungen zu erwerben. 167

Eine Bewertung mit dem Barwert hat immer dann zu erfolgen, wenn der **Diskontierungseffekt wesentlich** ist (IAS 37.46). Das wird idR der Fall sein bei einem Zeitraum bis zur Erfüllung von mehr als einem Jahr. Allerdings ist zu berücksichtigen, dass die Wesentlichkeit nicht nur von der **Fristigkeit,** sondern auch vom **Zinssatz** und der **absoluten Höhe** des Vermögenswerts bzw der Schuld abhängt. Im Einzelfall kann daher auch bei kurzfristigeren Leistungszeitpunkten eine Diskontierung vorzunehmen sein, wenn es sich um hohe Beträge oder um hohe Abzinsungszinssätze handelt (→ § 13 Rn 75 zu Rückstellungen). 168

Für eine Abzinsung auf den Barwert ist es unerheblich, ob der Vermögenswert oder die Verpflichtung einen **Zinsanteil** enthält.

Als **Zinssatz** für die Diskontierung ist ein Zinssatz vor Steuern zu wählen, der die aktuellen Markteinschätzungen im Hinblick auf die Fristigkeit der Ressourcenzuflüsse oder -abflüsse sowie auch die für den Vermögenswert oder die Verpflichtung spezifischen Risiken widerspiegelt (IAS 39.AG64 und IAS 39.AG76 bzw IFRS 9.B.5.4.8f, IAS 37.47; näher → § 13 Rn 75ff). 169

In der IFRS-Rechnungslegung findet sich diese klassische betriebswirtschaftliche Bewertungsmethode in zahlreichen Standards, zB: 170

(1) **Langfristige finanzielle Vermögenswerte,** wie zB Darlehensforderungen, Anleihen, Wertpapiere, etc, sind immer dann mit dem Barwert anzusetzen, wenn keine Markt- oder Transaktionspreise zur Verfügung stehen. Das führt idR bei **un- oder unterverzinslichen Ausleihungen** zur Abzinsung (IAS 39.AG76 bzw IFRS 9.B.5.4.8f; näher → § 7 Rn 26).

(2) Das Gleiche gilt für langfristige un- oder unterverzinsliche **Forderungen aus Lieferungen und Leistungen** (näher → § 10 Rn 26).

(3) Langfristige Rückstellungen, insbes künftig aufzuwendende **Abbruchkosten, Entsorgungskosten, Wiederherstellungskosten** oder auch **Kosten einer Grundsanierung** sind mit dem Barwert zu ermitteln (IAS 37.45; näher → § 13 Rn 74ff).

(4) Diese Kosten sind in Höhe des ermittelten Barwerts zugleich als **Teil der Anschaffungs- oder Herstellungskosten** für den Vermögenswert zu aktivieren (IAS 16.16 iVm IAS 16.18).

(5) Für **Pensionsverpflichtungen** ist der Barwert der bis zum Bilanzstichtag erdienten Rentenverpflichtung anzusetzen (IAS 19.64).

(6) Bei **Leasingverhältnissen** wird mit Hilfe des sog Barwerttests überprüft, ob es als Finanzierungs-Leasing zu qualifizieren ist. Das ist normalerweise der Fall, wenn der Barwert der Mindestleasingzahlungen zu Beginn des Leasingverhältnisses mindestens dem beizulegenden Zeitwert des Leasinggegenstands entspricht (IAS 17.10(d); ausführlich → § 22 Rn 70ff).

4. Nettoinvestitionswert

171 Der Nettoinvestitionswert spielt bei Leasingverhältnissen eine Rolle. Er beschreibt bei **Finanzierungs-Leasingverhältnissen** die Bruttoinvestition abzüglich des noch nicht realisierten Finanzierungsertrags (IAS 17.4). Das entspricht dem Barwert der Mindestleasingzahlungen zuzüglich des Barwerts des nicht garantierten Restwerts aus Sicht des Leasinggebers. Dieser Wert wiederum entspricht dem beizulegenden Zeitwert des Leasinggegenstands (ausführlich → § 22 Rn 125).

172–179 *(einstweilen frei)*

II. Zugangsbewertung und Folgebewertung

180 Die IFRS unterscheiden zwischen der erstmaligen Bewertung eines Vermögenswerts oder einer Schuld **(Zugangsbewertung)** und den Bewertungen an späteren Bilanzstichtagen **(Folgebewertung).**

1. Zugangsbewertung

181 Beim **Zugang** werden zahlreiche Vermögenswerte in der Bilanz mit den **Anschaffungs- oder Herstellungskosten** bewertet, die idR dem beizulegenden Zeitwert *(fair value)* entsprechen. Ausnahmen gelten für Zuwendungen der öffentlichen Hand (IAS 20.24), bei denen der Betrag der erhaltenen Zuwendung von den Anschaffungskosten gekürzt werden kann.

(1) Die **Anschaffungs- oder Herstellungskosten** sind anzuwenden und sind idR näher beschrieben insbes für:
   (a) immaterielle Vermögenswerte in IAS 38.25ff (→ § 4 Rn 75ff),
   (b) Sachanlagen in IAS 16.16ff (→ § 5 Rn 23ff) mit Ausnahme von Immobilien, die als Finanzinvestitionen gehalten werden (IAS 40),
   (c) Vorräte in IAS 2.9ff (→ § 8 Rn 19ff), ohne Agrarprodukte (IAS 41), Mineralstoffe und Bergbauprodukte,
   (d) Fertigungsaufträge in IAS 11.16ff bzw IFRS 15 (→ § 9 Rn 33ff bzw Rn 145ff),
   (e) Forderungen aus Lieferungen und Leistungen in IAS 39.43 bzw IFRS 9.5.1.1 (→ § 10 Rn 24) und
   (f) sonstige kurzfristige Forderungen, soweit sie nicht auf vertraglichen Ansprüchen beruhen und damit den Regeln für Finanzinstrumente (IAS 32 und IAS 39 bzw IFRS 9 unterliegen (→ § 10 Rn 41, → § 10 Rn 48).

(2) Der **beizulegende Zeitwert** ist demgegenüber in folgenden Fällen anzuwenden:
   (a) Bei **Tauschgeschäften** werden die Anschaffungskosten durch den beizulegenden Zeitwert definiert (IAS 16.24 für Sachanlagen und IAS 38.45 für immaterielle Vermögenswerte).

(b) Beim Erwerb von Vermögenswerten im Rahmen von **Unternehmenszusammenschlüssen** sind die Anschaffungskosten aus den beizulegenden Zeitwerten der erworbenen Vermögenswerte, eingegangenen oder übernommenen Schulden und der vom Erwerber emittierten Eigenkapitalinstrumente zu ermitteln (Einzelheiten in → § 34 Rn 206).

(c) Der Erwerb von **Finanzinstrumenten** (finanzielle Vermögenswerte, finanzielle Verbindlichkeiten und Eigenkapitalinstrumente) ist zum beizulegenden Zeitwert zu bilanzieren (IAS 32 und IAS 39/IFRS 9).

(d) Güter und Dienstleistungen, die bei **aktienbasierten Vergütungen** dem bilanzierenden Unternehmen zugeflossen sind, werden zum beizulegenden Zeitwert bewertet (IFRS 2.10; Einzelheiten → § 24 Rn 36ff).

(e) Für biologische Vermögenswerte erfolgt der erstmalige Ansatz zum beizulegenden Zeitwert abzüglich der geschätzten Veräußerungskosten (IAS 41.12 iVm IAS 41.5; ausführlich → § 41 Rn 9ff).

(f) Leasingnehmer haben beim **Finanzierungs-Leasing** die Vermögenswerte und Schulden ggf zum beizulegenden Zeitwert anzusetzen (IAS 17.20). Der Leasinggeber bilanziert in diesem Fall eine Forderung in Höhe des „**Nettoinvestitionswerts** aus dem Leasingverhältnis" (IAS 17.36; Einzelheiten → § 22 Rn 124ff).

(3) Der **Barwert** ist eine besondere Berechnungsform des beizulegenden Zeit- **182**
werts. Bei langfristiger Fälligkeit, zB einer Forderung, liegt der Zeitwert von Anfang an unter dem Nominalwert. Der Barwert ist daher insbes anzusetzen

(a) bei längerfristigen nicht oder unterverzinslichen **Forderungen** (→ § 10 Rn 26). Bei kurzfristigen Forderungen kann aufgrund von Wesentlichkeitsüberlegungen auf eine Abzinsung verzichtet werden und

(b) bei längerfristigen nicht oder unterverzinslichen Verbindlichkeiten (IAS 39.AG64 bzw IFRS 9.B5.1.1 → § 14 Rn 102ff). Kurzfristige Verbindlichkeiten können zum Rechnungsbetrag bewertet werden, sofern der Abzinsungseffekt nur unwesentlich wäre.

2. Folgebewertung

Für die Bewertung an den jeweils nachfolgenden Bilanzstichtagen sehen die **183**
IFRS – differenziert nach den verschiedenen Vermögenswerten – idR die Bewertung zu **fortgeführten Anschaffungs- oder Herstellungskosten** einerseits und eine Bewertung zum **beizulegenden Zeitwert** andererseits vor. Im Übrigen unterliegen alle Vermögenswerte den Regelungen zur Durchführung von **Wertminderungstests** (→ Rn 186ff), sofern sie nicht durch IAS 36.2 explizit vom Anwendungsbereich des IAS 36 ausgenommen sind (zB Vorräte, IAS 2; aus Fertigungsaufträgen hervorgegangene Vermögenswerte, IAS 11 bzw IFRS 15; Finanzinstrumente, IAS 39 bzw IFRS 9; latente Steueransprüche, IAS 12; ausführlich → § 27 Rn 3ff).

Der **beizulegende Zeitwert** ist als Bewertungsmaßstab, der auch die urspr **184**
Anschaffungs- oder Herstellungskosten **überschreiten** kann, für folgende Bereiche von Bedeutung:

(1) **Sachanlagen:** Als Alternative zum Anschaffungskostenmodell regeln IAS 16.29, IAS 16.31ff ein Neubewertungsmodell (Wahlrecht),

(2) **Immobilien, die als Finanzinvestitionen gehalten werden:** IAS 40.30 bestimmt die Bewertung zum beizulegenden Zeitwert gleichberechtigt neben dem Anschaffungskostenmodell (Wahlrecht),

(3) **Finanzinstrumente:**

(a) Der **beizulegende Zeitwert ist** für Derivate, eingeschlossen eingebettete Derivate, **vorgeschrieben.**

(b) Ebenfalls ist der **beizulegende Zeitwert zwingend** für Wertpapiere, Eigenkapitaltitel und sonstige finanzielle Vermögenswerte, die zu **Handelszwecken** gehalten werden oder die diesen durch Zuordnung gleichgestellt sind (IAS 39.9), vorgeschrieben.

(c) Auch **zur Veräußerung gehaltene Wertpapiere** sind zwingend zum beizulegenden Zeitwert zu bilanzieren.

185 Die Bewertung zum beizulegenden Zeitwert ist **nicht** zugelassen für Kredite und Forderungen, die nicht zu Handelszwecken gehalten werden, und für Finanzinvestitionen mit fester Laufzeit, die bis zur Endfälligkeit gehalten werden.

Für **immaterielle Vermögenswerte** ist zwar eine Neubewertungsmethode als Alternative zugelassen (Wahlrecht), für Geschäftsjahre, die vor dem 1. Januar 2013 beginnen, gilt jedoch die Einschränkung, dass ein aktiver Markt für den jeweiligen Wert vorliegen muss. Dies ist nach Einschätzung von IAS 38.78 idR nicht der Fall.

Finanzielle Verbindlichkeiten sind bei erstmaligem Ansatz mit ihrem beizulegenden Zeitwert zu bewerten (IAS 39.48), der den Anschaffungskosten entspricht. Für die **Folgebewertung** sind nach IAS 39.47 „die fortgeführten Anschaffungskosten unter Anwendung der Effektivzinsmethode" anzusetzen. Ausnahmen von dieser Regel sind in IAS 39.47 festgelegt (→ § 14 Rn 110ff). **Rückstellungen** sind mit dem Betrag anzusetzen, den das Unternehmen bei vernünftiger Betrachtung zur Erfüllung der Verpflichtung aufwenden muss (Einzelheiten → § 13 Rn 53ff).

Auch in IFRS 9 ist grds eine (Folge-)Bewertung zum beizulegenden Zeitwert vorgeschrieben, IFRS 9.4.1.1. Der im Juli 2014 verabschiedete überarbeitete IFRS 9 enthält auch eine neue Bewertungskategorie für erfolgsneutralneutrale Bewertungen zum beizulegenden Zeitwert (*at fair value through other comprehensive income FVOCI,* → § 3 Rn 398).

Die neuen Regelungen des IFRS 9 ändern die bisherigen Bewertungsvorschriften für finanzielle Verbindlichkeiten grundsätzlich nicht. Es sind weiterhin die beiden Bewertungskategorien „erfolgswirksam zum beizulegenden Zeitpunkt" für zu Handelszwecken gehaltene finanzielle Verbindlichkeiten sowie für die restlichen finanziellen Verbindlichkeiten „zu fortgeführten Anschaffungskosten" vorgesehen. Lediglich die Vorschriften im Fall einer Änderung des eigenen Kreditrisikos haben sich für aufgrund der Fair-Value-Option zum beizulegenden Zeitwert bewertete finanzielle Verbindlichkeiten geändert (IFRS 9.4.2.2). Diese sind im sonstigen Ergebnis zu erfassen.

III. Wertminderungen

1. Grundlagen

186 Eine Differenzierung nach vorübergehender und dauerhafter Wertminderung (wie für Finanzanlagen in § 253 Abs 3 Satz 4 HGB) wird in IAS 36 nicht vorgenommen. Das gilt sowohl für die Beurteilung der Anhaltspunkte einer Wertminderung als auch für die Ermittlung der Wertminderung selbst (vgl ausführlich → § 27 Rn 10ff und → § 27 Rn 37ff).

Für derivative **Geschäfts- oder Firmenwerte,** die im Rahmen von Unternehmenszusammenschlüssen entstanden sind, und für **immaterielle** Vermögenswerte mit unbestimmter Nutzungsdauer muss mangels planmäßiger Abschreibung **jährlich** ein Werthaltigkeitstest durchgeführt werden (IAS 36.10). Gleiches gilt für immaterielle Vermögenswerte, die noch nicht genutzt werden können.

Alle anderen Vermögenswerte müssen zu jedem Bilanzstichtag daraufhin überprüft werden, ob **Anhaltspunkte** *(triggering events)* für Wertminderungen vorliegen. Solche Anhaltspunkte sind in IAS 36.12 (vgl → Rn 189 und ausführlich → § 27 Rn 10f) aufgezählt. Die Regeln sind für die nachfolgend angeführten Vermögenswerte in den angegebenen Standards dargestellt und für alle anderen Vermögenswerte in IAS 36 zentral bestimmt.

Bestimmungen in den einzelnen Standards finden sich für: **187**

	Standard	**Kommentierung in §**
Vorräte	IAS 2	8
Vermögenswerte, die aus Fertigungsaufträgen entstehen	IAS 11/ IFRS 15	9
Latente Steueransprüche	IAS 12	7 und 25
Vermögenswerte aus Leistungen an Arbeitnehmer	IAS 19	26
Finanzielle Vermögenswerte aus dem Anwendungsbereich des IAS 39 bzw IFRS 9	IAS 39/ IFRS 9	3, 7, 10, 11 und 23
Als Finanzinvestitionen gehaltene Immobilien, die zum beizulegenden Zeitwert bewertet werden	IAS 40	6
Biologische Vermögenswerte aus landwirtschaftlicher Tätigkeit, gem IAS 36.2(g)	IAS 41	41
Rechte aus Versicherungsverträgen em IAS 36.2(h)	IFRS 4	40
Zur Veräußerung gehaltene Vermögenswerte gem IAS 36.21 und aufgegebene Geschäftsbereiche	IFRS 5	28
Exploration und Wertbestimmung mineralischer Ressourcen	IFRS 6	42

IAS 36 ist für alle anderen Vermögenswerte anzuwenden, also im Wesentlichen für: **188**

(1) **Sachanlagen** (IAS 16),
(2) **immaterielle** Vermögenswerte (IAS 38),
(3) **Geschäfts- oder Firmenwerte** aus Unternehmenszusammenschlüssen (IFRS 3),
(4) **Anteile** an **TU** (IFRS 10), **assoziierten Unternehmen** (IAS 28) und **Gemeinschaftsunternehmen** (IFRS 11) im Einzelabschluss mit Ausnahme der Anteile, die in den Anwendungsbereich des IAS 39 bzw IFRS 9 fallen,
(5) als Finanzinvestition gehaltene **Immobilien,** sofern die Bewertung zu Anschaffungskosten erfolgt (IAS 40) und
(6) Vermögenswerte, die im Rahmen eines **Finanzierungs-Leasings** beschafft wurden (IAS 17).

2. Identifizierung der Wertminderung

189 An jedem Berichtsstichtag ist zu prüfen, ob Anhaltspunkte für eine Wertminderung bestehen (IAS 36.9). Hinweise auf Wertminderungen können sowohl unternehmensinterne als auch unternehmensexterne Informationsquellen liefern, die in IAS 36.12 beispielhaft – aber nicht abschließend – aufgezählt sind.

Hinweise aus **unternehmensexternen Informationsquellen** sind:
(1) der Marktwert eines Vermögenswerts ist deutlich stärker gesunken, als sich dies durch seine gewöhnliche Nutzung ergeben hätte,
(2) das Marktumfeld des Unternehmens hat sich in technischer, ökonomischer oder rechtlicher Hinsicht signifikant geändert,
(3) die Marktzinssätze oder Marktrenditen haben sich erhöht. Bei der Berechnung des Nutzungswerts (→ Rn 190) ergibt sich dann aufgrund der höheren Diskontierung ein niedrigerer Wert oder
(4) der Buchwert des Reinvermögens des Unternehmens ist größer als seine Marktkapitalisierung.

Hinweise aus **unternehmensinternen Informationsquellen** können sein:
(1) der Vermögenswert hat einen technischen Schaden oder ist überaltert,
(2) es gibt signifikante Änderungen im Unternehmen, die auch die Nutzung des Vermögenswerts beeinflussen. Beispiele dafür können Stilllegungen, Produktionskürzungen oder Restrukturierungen sein oder
(3) aus dem internen Berichtswesen werden Hinweise gemeldet, dass sich die Ertragskraft eines Vermögenswerts verschlechtert hat. Solche Hinweise ergeben sich idR aus der Cashflow-Planung (IAS 36.14).

3. Beizulegender Zeitwert abzüglich Veräußerungskosten und Nutzungswert

190 Ein Vermögenswert ist in seinem Wert gemindert, wenn der **erzielbare Betrag** *(recoverable amount)* unter dem Buchwert liegt. IAS 36.18 definiert den erzielbaren Betrag als den höheren Wert aus Nutzungswert und beizulegendem Zeitwert abzüglich Veräußerungskosten (s ausführlich → § 27 Rn 18 ff).

Für die Ermittlung des **beizulegende Zeitwerts abzüglich Veräußerungskosten** gelten die Regeln des IFRS 13 (→ Rn 238 ff).

Der **Nutzungswert** bestimmt sich nach dem individuellen Nutzen, den ein Vermögenswert für ein Unternehmen erbringt. Er wird an den künftigen Cashflows gemessen, die mit dem zu bewertenden Vermögenswert erzielt werden können.

Durch den Vergleich zwischen beizulegendem Zeitwert abzüglich Veräußerungskosten und Nutzungswert soll ein rationales Managementverhalten nachgebildet werden, welches zwischen Verkauf des Vermögenswerts und fortgesetzter Nutzung entscheiden muss (*Kümpel* BB 2002, 984 (984)).

Beispiel: Bei einer Spezialmaschine, die auf die individuellen Bedürfnisse eines Unternehmens zugeschnitten wurde, liegen Anhaltspunkte für eine Wertminderung vor. Da die Maschine von einem anderen Unternehmen nicht genutzt werden kann, entspricht der beizulegende Zeitwert abzüglich Veräußerungskosten höchstens dem Schrottwert. Es wäre irrational, diesen Wert anzusetzen, wenn das Unternehmen gar keine Veräußerung der Maschine beabsichtigt, sondern aus ihrer Nutzung weiterhin Cashflows generiert. In diesem Fall stellt der (höhere) Nutzungswert einen aussagekräftigeren Wertmaßstab dar.

191 Häufig ist die Bestimmung des erzielbaren Betrags isoliert für einen Vermögenswert nicht möglich. In diesen Fällen muss auf die **zahlungsmittelgenerierende Einheit (ZGE)** zurückgegriffen werden, zu der der zu bewertende Vermögenswert gehört. Nach IAS 36.6 ist eine ZGE die jeweils kleinste identifi-

zierbare Gruppe von Vermögenswerten, die Mittelzuflüsse aus der fortgesetzten Nutzung erzeugt, die weitestgehend unabhängig von den Mittelzuflüssen anderer Vermögenswerte oder Gruppen von Vermögenswerten sind. Wesentliches Kriterium bei der Bildung von ZGE ist die unabhängige Erzielung von Zahlungsströmen. Die Einzelheiten zur ZGE sind in → § 27 Rn 86ff dargestellt.

4. Erfassung eines Wertminderungsaufwands

Der **Wertminderungsaufwand** eines einzelnen Vermögenswerts ergibt sich aus dem Vergleich des Buchwerts des Vermögenswerts zum Abschlussstichtag mit dem erzielbaren Betrag. Nur wenn der erzielbare Betrag geringer ist, ist ein Wertminderungsaufwand zu erfassen (IAS 36.59; ausführlich → § 27 Rn 121). **192**

Die **Wertminderung** wird grds als lfd **Aufwand** der Periode im erfolgswirksamen Teil der Gesamtergebnisrechnung bzw in der gesonderten GuV (sofern erstellt) erfasst, es sei denn, der Vermögenswert wird zB gem IAS 16 nach der Neubewertungsmethode (→ Rn 184) angesetzt.

Sofern aus einer vorangegangenen Neubewertung **dieses** Vermögenswerts eine **Neubewertungsrücklage** vorhanden ist, muss der **Wertminderungsaufwand** von der Neubewertungsrücklage über das **sonstige Ergebnis** abgesetzt werden. Soweit der Wertminderungsaufwand größer als der Betrag der entspr Neubewertungsrücklage ist, wird der **überschießende Teil** als **Aufwand** erfolgswirksam erfasst (IAS 36.61). **193**

Über den **Buchwert** hinaus gehende **Wertminderungen** (einschließlich zugehöriger Aufwendungen) sind als Schuld zu erfassen, soweit dies von anderen Standards verlangt wird (IAS 36.62) und die Definition einer Schuld erfüllt ist (→ Rn 132). Als Beispiel hierfür kann die Drohverlustrückstellung angeführt werden, die zwingend zu passivieren ist, wenn ein belastender Vertrag zu einem Verlust führt, und dieser Verlust nicht durch Abschreibung eines bereits aktivierten Vermögenswerts (zB unfertiges Erzeugnis) berücksichtigt werden kann (IAS 37.69). **194**

Nach der Erfassung einer Wertminderung hat eine Anpassung des Abschreibungs- bzw Amortisationsaufwands eines Vermögenswerts zu erfolgen, um den berichtigten Buchwert (ggf abzüglich eines Restwerts) systematisch über die **Restnutzungsdauer** zu verteilen (IAS 36.63).

IV. Wertaufholung

1. Grundlagen

Eine Wertaufholung ist erforderlich, wenn der **erzielbare Betrag** für einen Vermögenswert oder eine ZGE **nach** einer vorangegangenen **Wertminderung gestiegen** ist **(Wertaufholungspflicht).** **195**

Grundgedanke der Regelungen ist es, zu **jedem Abschlussstichtag** die in Vorperioden vorgenommenen Wertminderungen dahingehend zu **überprüfen,** ob Anhaltspunkte für eine zwischenzeitliche Werterhöhung vorliegen, und jede Erhöhung des **erzielbaren Betrags** als Wertaufholung zu erfassen.

Für **Geschäfts- oder Firmenwerte** sind Wertaufholungen **nicht** zulässig (IAS 36.124). Begründet wird dies damit, dass es sich bei einer Erhöhung des erzielbaren Betrags wahrscheinlich um einen selbst geschaffenen Geschäfts- oder Firmenwert handelt, für den nach IAS 38 ein Ansatzverbot besteht (IAS 36.125). **196**

Die **Regelungen** zur Identifizierung, Ermittlung und Erfassung von Wertaufholungen sind **analog** zum System der **Wertminderungen** (→ Rn 186ff) **aufgebaut.** Das gilt auch für ZGE (ausführlich → § 27 Rn 125ff). **197**

2. Identifizierung der Wertaufholung

198 Wurden in Vorperioden Wertminderungen erfasst, ist zu jedem Abschlussstichtag zu prüfen, ob **Anhaltspunkte für Wertaufholungen** dieser Vermögenswerte oder ZGE bestehen (IAS 36.110). Dabei sind analog zur Identifizierung von Wertminderungen unternehmens**externe** und **-interne** Anhaltspunkte zu berücksichtigen, deren Mindestumfang nachfolgend dargestellt ist (vgl auch → § 27 Rn 14ff):

Externe Informationsquellen (IAS 36.111(a) bis (c)):

(1) Signifikante Steigerung des Marktwerts während der Berichtsperiode,

(2) der Eintritt während der Berichtsperiode oder zu erwartende Eintritt von günstigen signifikanten Veränderungen im technischen, ökonomischen, marktbezogenen oder gesetzlichen Unternehmensumfeld oder im preisbildenden Markt für den betreffenden Vermögenswert und

(3) Verminderung der Marktzinssätze oder -renditen während der Berichtsperiode, die wahrscheinlich Auswirkungen auf den heranzuziehenden Abzinsungssatz zur Ermittlung des Nutzungswerts haben werden und den erzielbaren Betrag des Vermögenswerts wesentlich erhöhen.

Interne Informationsquellen (IAS 36.111(d) und (e)):

(1) Eingetretene oder erwartete signifikante günstige Entwicklungen mit Auswirkungen auf Art und Umfang der Nutzung des betreffenden Vermögenswerts. Dazu zählen Investitionen, die zur Verbesserung der Ertragskraft des Vermögenswerts im Vergleich zum Zustand vor der Investition führen oder die Verpflichtung zur Einstellung oder Restrukturierung des Betriebs oder Betriebsteils und

(2) substanzielle Hinweise aus dem internen Rechnungswesen über eine eingetretene oder zu erwartende Verbesserung der Ertragskraft des Vermögenswerts.

199 Analog zum Wertminderungstest ist die vorangegangene Aufzählung **nicht abschließend** und somit kann auch jedes über diesen Mindestumfang an Informationsquellen hinaus bekannte Ereignis oder jede Entwicklung analog zur Durchführung eines Wertaufholungstests verpflichten (zB positive Entwicklung spezieller Unternehmens- oder Branchenkennzahlen).

Aus den Anhaltspunkten zur Identifizierung von Wertaufholungen können darüber hinaus Hinweise zu notwendigen Anpassungen von **Nutzungsdauern** oder **Abschreibungsmethoden** abgeleitet werden, auch wenn tatsächlich keine Wertaufholung erfolgt (IAS 36.113).

3. Ermittlung der Wertaufholung

200 Eine **Wertaufholung** (ausgenommen Geschäfts- oder Firmenwerte) ist notwendig, wenn der **erzielbare Betrag** eines Vermögenswerts gestiegen ist, wobei auf eine **„Änderung der Schätzung"** abgestellt wird (IAS 36.114). Dies kann aber nicht dahin ausgelegt werden, dass nur eine Änderung der spezifischen Annahmen (Gründe) bei der Ermittlung der vorangegangenen Wertminderung eines Vermögenswerts eine Wertaufholung rechtfertigt. Bei der Bestimmung einer Wertaufholung sind jedoch die Regelungen über die Ermittlung des erzielbaren Betrags zugrunde zu legen (IAS 36.18ff).

201 Die Ermittlung einer **Wertaufholung** ist ausschließlich durch **Schätzung** des beizulegenden Zeitwerts abzüglich Veräußerungskosten oder des Nutzungswerts vorzunehmen. Dh, dass Entwicklungen im internen oder externen Unternehmensumfeld, die sich nicht in einer Erhöhung des erzielbaren Betrags konkretisieren, nicht zu einer Wertaufholung führen.

Als **Beispiele für geänderte Schätzungen** werden in IAS 36.115 genannt:

(1) Änderung der Grundlage des erzielbaren Betrags (beizulegender Zeitwert abzüglich Veräußerungskosten anstatt des Nutzungswerts und umgekehrt),

(2) Änderung der Höhe der geschätzten Cashflows, des zeitlichen Anfalls oder des Abzinsungssatzes bei der Ermittlung des Nutzungswerts (Minderung des risikofreien Zinses oder des Risikozuschlags) oder

(3) Änderung der Bestandteile des beizulegenden Zeitwerts abzüglich Veräußerungskosten (Bruttopreis, Veräußerungskosten oder Fertigstellungskosten).

Ein **Wertaufholungsverbot** ist vorgesehen, wenn die Werterhöhung allein durch den Zeitablauf verursacht ist (Erhöhung des Barwerts, weil der Mittelzufluss zeitlich näher gekommen ist; IAS 36.116). 202

4. Erfassung der Wertaufholung

Bei **einem Vermögenswert** wird die **Wertaufholungsobergrenze** durch die Höhe der fortgeführten Anschaffungs- oder Herstellungskosten bestimmt, die sich ergäben, wenn in Vorperioden keine Wertminderung erfasst worden wäre (planmäßiger Abschreibungsverlauf; IAS 36.117). 203

Wird bei einem Wertminderungs- oder Wertaufholungstest festgestellt, dass der erzielbare Betrag **über** der **Wertaufholungsobergrenze** liegt, ist zu prüfen, ob eine Erfassung des überschießenden Betrags nach anderen IFRS zulässig ist, zB im Rahmen der **Neubewertung** (IAS 36.118; → § 5 Rn 211). Da die Anwendung der Neubewertungsmethode für Sachanlagen gem IAS 16 aber nur ein Wahlrecht ist, muss hiervon kein Gebrauch gemacht werden.

Die **Wertaufholung** ist im erfolgswirksamen Teil der Gesamtergebnisrechnung bzw in der gesonderten GuV (sofern erstellt) als Ertrag der lfd Periode zu erfassen, sofern es sich nicht um die Umkehr einer früheren Neubewertung handelt (IAS 36.119). Der Ausweis erfolgt dabei unter den sonstigen betrieblichen Erträgen.

Nach Wertaufholungen für abnutzbare Vermögenswerte ist eine **Anpassung** der **Abschreibungsbeträge** vorzunehmen, um den Restbuchwert auf systematischer Basis über die Restnutzungsdauer zu verteilen (IAS 36.121).

Bei **einer ZGE** erfolgt die **Erfassung der Wertaufholung,** indem die Wertaufholung **anteilig** auf die **Buchwerte** der Vermögenswerte der ZGE **verteilt** und nach den Regeln über die Erfassung von Wertaufholungen bei einzelnen Vermögenswerten bilanziert wird (IAS 36.122). 204

Die **Verteilung des Wertaufholungsbetrags darf** nicht dazu führen, dass der **erzielbare Betrag** eines einzelnen Vermögenswerts oder die **Wertaufholungsobergrenze** (planmäßig fortgeführte Anschaffungs- oder Herstellungskosten) überschritten wird (IAS 36.123). Ist eine anteilige Erfassung auf einen oder mehrere Vermögenswerte deshalb nicht zulässig, ist der überschießende Betrag auf die übrigen Vermögenswerte der Einheit – mit Ausnahme des Geschäfts- oder Firmenwerts – zu verteilen (IAS 36.123; → § 27 Rn 130 zur ZGE).

V. Anhangangaben zu Wertminderungen und Wertaufholungen

Nach IAS 36 sind grds alle **Wertminderungen und Wertaufholungen** der Periode im Anhang anzugeben. Dabei ist einzeln darzustellen, in welchem Umfang die Wertminderungsaufwendungen und Wertaufholungen erfolgswirksam im erfolgswirksamen Teil der Gesamtergebnisrechnung bzw in der gesonderten GuV (sofern erstellt) vorgenommen wurden oder bei Bilanzierung nach der 205

Neubewertungsmethode direkt mit dem **Eigenkapital** über das sonstige Ergebnis verrechnet wurden (IAS 36.126).

Diese Angaben sind jeweils für **Gruppen von Vermögenswerten,** zusammengefasst nach ähnlicher Art und Verwendung im Unternehmen, vorzunehmen (IAS 36.127). Die Informationen können zB auch in einen Sachanlagespiegel integriert werden (IAS 36.128).

Enthält der Abschluss eine **Segmentberichterstattung** nach IFRS 8, sind die vorstehenden Angaben jeweils für die gebildeten Segmente zu ergänzen (IAS 36.129).

Für aus Unternehmenssicht **einzelne Wertminderungen** oder Wertaufholungen sind darüber hinaus folgende Angaben erforderlich (IAS 36.130):

(1) Höhe, Ereignisse und Umstände, die zu Wertminderungen oder Wertaufholungen geführt haben,

(2) für einzelne Vermögenswerte die Art und das berichtspflichtige Segment, zu dem der Vermögenswert gehört,

(3) für eine ZGE eine Beschreibung derselben, inklusive etwaiger Änderungen in der Zusammenfassung der Vermögenswerte sowie die Höhe der Wertminderungen oder Wertaufholungen pro Gruppe und Segment,

(4) die Basis des erzielbaren Betrags (beizulegender Zeitwert abzüglich Veräußerungskosten oder Nutzungswert),

(5) sofern im Fall der Wertminderung der erzielbare Betrag dem beizulegenden Zeitwert abzüglich Veräußerungskosten entspricht (a) die Ebene der Fair-Value-Hierarchie gem IFRS 13, auf der die Bestimmung des beizulegenden Zeitwerts durchgeführt wurde, (b) die angewendeteten Bewertungsmethoden sowie deren Änderungen bei Bewertungen auf Ebene 2 und 3 und (c) ebenfalls für die Ebenen 2 und 3 die Schlüsselannahmen bei der Bewertung des beizulegenden Zeitwerts einschließlich der explizit verpflichtenden Angabe des angewendeten Diskontierungszinssatzes bei Anwendung eines Barwertverfahrens und

(6) der verwendete Abzinsungssatz bei Ermittlung des Nutzungswerts.

206 Ist der **Gesamtbetrag der Wertminderungen oder Wertaufholungen** für den Abschluss des Unternehmens wesentlich bei der Einschätzung der VFE-Lage, so sind folgende Angaben (soweit nicht bereits bei den Angaben über wesentliche Wertminderungen oder Wertaufholungen einzelner Vermögenswerte enthalten) zu ergänzen (IAS 36.131):

(1) Die wichtigsten Gruppen von Vermögenswerten, die von Wertminderungen und Wertaufholungen betroffen sind und

(2) die wichtigsten Ereignisse und Umstände, die ursächlich für die Wertminderung oder Wertaufholung waren.

Darüber hinaus wird empfohlen, die in der Berichtsperiode verwendeten **Grundannahmen des Unternehmens** zur Bestimmung des **erzielbaren Betrags,** wie zB Regeln über die Basis (beizulegender Zeitwert abzüglich Veräußerungskosten oder Nutzungswert) und Prognosezeiträume, anzugeben (IAS 36.132).

Zu **weitergehenden Erläuterungen** der **Anhangangaben** zu Wertminderungen wird auf die Kommentierung zu den einzelnen Bilanzposten verwiesen. Angaben zu Wertminderungen bei ZGE und Geschäfts- oder Firmenwerten sind außerdem in → § 27 Rn 149ff und der Anhangcheckliste (Anlage zu diesem Handbuch) erläutert.

VI. Fremdwährungsumrechnung in Einzelabschlüssen

1. Grundlagen und Abgrenzung

Die Bilanzierung von Geschäftsaktivitäten in Fremdwährung ist in IAS 21 geregelt. Für Finanzinstrumente enthält IAS 39.AG83/IFRS 9.B5.7.2f ergänzende Vorschriften. IAS 21 geht davon aus, dass das Rechnungswesen eines Unternehmens in der Währung seines wirtschaftlichen Umfelds geführt wird, der sog **funktionalen Währung** (IAS 21.8). Das wirtschaftliche Umfeld ist idR dasjenige, in dem das Unternehmen hauptsächlich Zahlungsmittel erwirtschaftet und aufwendet. 207

Die Faktoren, nach denen das Umfeld zu beurteilen ist, sind in IAS 21.9ff aufgeführt und werden in → § 33 Rn 4ff näher erläutert. IdR wird ein Unternehmen auch in der **funktionalen Währung** berichten und seine Abschlüsse in dieser Währung veröffentlichen (**Darstellungswährung;** IAS 21.8). Es ist jedoch denkbar, dass die funktionale Währung von der Darstellungswährung abweicht. Für diesen Fall enthalten IAS 21.38ff Vorschriften zur Umrechnung der Darstellungswährung in die funktionale Währung. 208

Umrechnungen sind im **Einzelabschluss** erforderlich, wenn Geschäftsvorfälle in Fremdwährung berechnet werden. Umrechnungen sind im **Konzernabschluss** vorzunehmen, wenn die Konzernwährung von der funktionalen Währung des Einzelabschlusses abweicht. Für den Konzernabschluss ist die Umrechnung in → § 33 Rn 1ff erläutert.

2. Umrechnung im Einzelabschluss

Für den Einzelabschluss ist die Fremdwährungstransaktion beim **erstmaligen Ansatz** mit dem Wechselkurs (Kassakurs) am Tag des Geschäftsvorfalls (IAS 21.21) umzurechnen. Dies ist der Tag, an dem der Geschäftsvorfall erstmals nach IAS 21.22 im Rechnungswesen zu erfassen ist. 209

Die Verwendung eines **Durchschnittskurses** für eine Woche oder einen Monat für alle Geschäftsvorfälle der jeweiligen Währung ist dann zulässig, wenn die Wechselkurse in diesem Zeitraum nicht stark schwanken (IAS 21.22).

Da die Unterschiede zwischen den Euro-Briefkursen und -Geldkursen keinen wesentlichen Einfluss auf die Darstellung im Abschluss haben, kann der **Euro-Mittelkurs** angewendet werden (vgl *ADS* Int Abschn 5 Rz 31).

Für die Bilanzierung in **Folgeperioden** werden monetäre und nicht monetäre Posten unterschieden, für die IAS 21.23 unterschiedliche Bewertungsvorschriften bestimmt: 210

(1) **Monetäre** Posten sind (erneut) zum **Stichtagskurs** umzurechnen (IAS 21.23(a)).
(2) **Nicht monetäre** Posten, die zu **historischen Anschaffungs- oder Herstellungskosten** bewertet wurden, sind (nur einmalig) mit dem Kurs am Tag des Geschäftsvorfalls (Erwerbszeitpunkt) umzurechnen (IAS 21.23(b)).
(3) **Nicht monetäre** Posten, die mit dem **beizulegenden Zeitwert** bewertet wurden, sind mit dem Kurs am Tag der (erneuten) Ermittlung des beizulegenden Zeitwerts umzurechnen (IAS 21.23(c)).

Monetäre Posten sind Zahlungsmittel und Zahlungsmitteläquivalente sowie alle Vermögenswerte und Schulden, die zu einem Geldeingang oder -ausgang führen (IAS 21.8). Dazu zählen zB Finanzanlagen mit einem Rückzahlungsanspruch, Forderungen, Bank- und Kassenguthaben sowie Verbindlichkeiten.

211 Mit **nicht monetären Posten** ist kein Recht auf eine Gegenleistung in einer Währungseinheit verbunden. Hierzu zählen zB Sachanlagen, immaterielle Vermögenswerte, Vorrate und Anzahlungen.

Besonderheiten in der Bewertung **ggü** dem **HGB** sind bei den **monetären** Posten die **fehlende Begrenzung** auf die Anschaffungskosten (nach oben) oder den Rückzahlungsbetrag (nach unten).

3. Erfassung der Umrechnungsdifferenzen

212 Umrechnungsdifferenzen, die sich aus **monetären Posten** ergeben, sind grds im **Ergebnis** der **Periode** zu erfassen, in der diese Differenzen entstehen, zB bei einer erneuten Stichtagsbewertung oder bei der Zahlung einer im alten Geschäftsjahr erfassten Verbindlichkeit im neuen Geschäftsjahr (IAS 21.28). Dabei führen Umrechnungsdifferenzen zu einem in der GuV zu erfassenden Ertrag oder Aufwand (zur Behandlung von Umrechnungsdifferenzen bei **Sicherungsgeschäften** und **Finanzinstrumenten** des Handelsbestands s IAS 39.AG83 bzw IFRS 9 sowie → § 3 Rn 169). Bei Nettoinvestitionen in einen ausländischen Geschäftsbetrieb werden Umrechnungsdifferenzen aus monetären Posten im Konzernabschluss zunächst im Eigenkapital im sonstigen Ergebnis und erst bei Veräußerung der Nettoinvestition erfolgswirksam erfasst (IAS 21.32f).

213 Bei **nicht monetären Posten** entstehen nach der erstmaligen Einbuchung idR keine Umrechnungsdifferenzen, weil sie zu späteren Stichtagen nicht neu bewertet werden (IAS 21.23(b)). Kommt es jedoch zB zu einer Neubewertung von Sachanlagen gem IAS 16.31 ff, so ist der Neubewertungsbetrag zum Umrechnungskurs am Neubewertungsstichtag umzurechnen. Die Umrechnungsdifferenz ist dann korrespondierend zu der erfolgsneutralen Neubewertung ebenfalls im sonstigen Ergebnis zu erfassen (IAS 21.31).

VII. Latente Steuern

214 IAS 12 regelt die Bilanzierung der tatsächlichen und der latenten Ertragsteuern, wobei auf Letzteren der Schwerpunkt liegt (ausführlich → § 25 Rn 37 ff). Die **Abgrenzung latenter Steuern** dient der Erfassung künftiger steuerlicher Konsequenzen, die sich bei der künftigen Realisierung eines Vermögenswerts oder der künftigen Erfüllung einer Schuld ergeben werden. Ihr Ansatz trägt in erster Linie zu einer zutreffenderen Darstellung der Vermögenslage bei, da zukünftige Steuermehr- oder -minderbelastungen in der Bilanz abgebildet werden. Latente Steuern iSd IFRS sind deshalb auch nicht als bloße Abgrenzungsposten zu interpretieren, die einer periodengerechten Gewinnermittlung dienen, sondern werden als Vermögenswerte bzw Schulden betrachtet.

Der Wert, der einem Vermögenswert bzw einer Schuld in der Steuerbilanz beigemessen wird, wird als **Steuerwert** bezeichnet (IAS 12.7). Nach dem Konzept der temporären Differenzen, welches IAS 12 zugrunde liegt, sind sämtliche Differenzen zwischen dem IFRS-Buchwert und dem Steuerwert zu berücksichtigen. Dies schließt sog quasi-permanente Differenzen, die sich erst bei der Veräußerung eines Vermögenswerts umkehren, mit ein. **Permanente Differenzen** kehren sich dagegen nie um und dürfen deshalb in die Steuerabgrenzung nicht mit einbezogen werden.

215 Da die Bewertungs- und Ansatzregeln der **IFRS** und die daraus resultierende Bilanzierung von Vermögenswerten und Schulden dem Grunde und der Höhe nach oftmals von den Vorschriften des **Steuerrechts** und den damit einhergehenden Steuerbilanzwerten **abweichen,** ist im Rahmen der Anpassungen an die IFRS stets die Notwendigkeit der Abgrenzung latenter Steuern zu überprüfen.

Dabei hat die Erfassung der aktiven und passiven latenten Steuern entspr dem zugrunde liegenden Ausgangssachverhalt entweder erfolgswirksam oder erfolgsneutral zu erfolgen. Dh, wurden zB Wertänderungen bei Vermögenswerten oder Schulden erfolgswirksam erfasst, hat auch die ggf erforderliche korrespondierende Abgrenzung latenter Steuern erfolgswirksam zu erfolgen. Umgekehrt ist vorzugehen, wenn die Wertänderungen des Grundgeschäfts direkt im sonstigen Ergebnis berücksichtigt wurden. Die Abgrenzung der latenten Steuern erfolgt dann ebenfalls im sonstigen Ergebnis.

Eine ausführliche Kommentierung der Abgrenzung latenter Steuern ist in → § 25 Rn 37 ff zu finden.

(einstweilen frei) **216–220**

D. Der beizulegende Zeitwert

I. Grundlagen

Das bilanzielle Bewertungskonzept der IFRS basiert grds auf dem Anschaffungskonzept. Für zahlreiche Fälle wird diesem jedoch (verpflichtend oder wahlweise) ein **(Neu-)Bewertungskonzept** mit der **Ermittlung des beizulegenden Zeitwerts** *(fair value)* gegenübergestellt. **221**

1. Ursprünge der Bewertung zum beizulegenden Zeitwert

Das **(Neu-)Bewertungskonzept** wurde in den USA etwa seit dem Jahr 1990 zunehmend als Bewertungsmethode diskutiert und anerkannt. Es wurde dann vom damaligen IASC aufgegriffen und wird seitdem weltweit kontrovers diskutiert (*Kümmel,* 30 ff; *Hitz* WPg 2005, 1013 (1013 ff); *Kußmaul/Weiler* KoR 2009, 163 (163 ff), 209 (209 ff); *Meyer/Braun* BB 2010, 1779 (1779)). Die (Neu-)Bewertung zum beizulegenden Zeitwert fand vermehrt Eingang in einzelne IFRS, sodass von einem Paradigmenwechsel gesprochen werden kann (*Hitz* WPg 2005, 1013 (1018 ff)). **222**

Die Ermittlung des **beizulegenden Zeitwerts** wird insbes als sinnvoll angesehen für Vermögenswerte und Schulden, die regelmäßig einem **Marktrisiko** ausgesetzt sind (zB Finanzinstrumente). **223**

Demgegenüber bietet der beizulegende Zeitwert nur einen geringeren Informationsgehalt für Vermögenswerte, die bis zum Ende ihrer Nutzung im Unternehmen verwendet werden (zB Sachanlagen). Für diese ist daher grds (noch) die Bewertung zu fortgeführten Anschaffungskosten vorgesehen (IAS 16.30). Allerdings hat der IASB auch für diese Bilanzposten wegen der grds bestehenden Inflationseffekte **Wahlrechte** für eine **Bewertung zum beizulegenden Zeitwert** eingeführt (IAS 16.31; → § 5 Rn 123 ff). Eine Neubewertung für diese Vermögenswerte ist idR nicht jährlich, sondern alle drei bis fünf Jahre vorzunehmen, sofern die beizulegenden Zeitwerte nicht wesentlichen Schwankungen unterliegen (IAS 16.34; → § 5 Rn 134).

Demgegenüber gilt für Vorräte bspw unverändert das Anschaffungskostenprinzip, ein darüber hinaus gestiegener beizulegender Zeitwert bleibt als Bewertungsmaßstab unzulässig (IAS 2.9; → § 8 Rn 102).

Diese differenzierende Bewertung führt zu einer **Mischung aus Anschaffungs- und Zeitwerten** (sog *mixed model approach*). Dies kann zu Problemen führen, wenn wirtschaftlich zusammengehörige Bilanzposten nach unterschiedlichen Modellen bewertet werden, zB bei Sicherungsbeziehungen ein Grundge- **224** schäft zu Anschaffungskosten und ein Sicherungsinstrument zum beizulegenden Zeitwert.

225 Heute sieht der IASB den **beizulegenden Zeitwert** tendenziell als **überlegenen Wertmaßstab** (für möglichst viele Vermögenswerte und Schulden) an. Er bezweckt damit letztlich, dass ein Investor den Unternehmenswert oder jedenfalls die Marktwerte aller wesentlichen Vermögenswerte und Schulden zumindest näherungsweise aus der Bilanz ableiten kann (dazu *Kußmaul/Weiler* KoR 2009, 163 (167)). Wegen der **umfassenden Bedeutung des beizulegenden Zeitwerts** als Bewertungsmaßstab für zahlreiche Bilanzposten hat der IASB die teils divergierenden Definitionen des beizulegenden Zeitwerts, die Annahmen und Bedingungen sowie die Bewertungsmethoden und die daraus entstehenden Angabepflichten in einem im Mai 2011 veröffentlichten neuen Standard **IFRS 13 *Fair Value Measurement*** erstmals vereinheitlicht und zusammengefasst (→ Rn 293 ff und → Rn 266 ff).

2. Kritik an der Bewertung zum beizulegenden Zeitwert

226 An einer vollständigen Umsetzung des Zeitwert-Konzepts sieht sich der IASB durch die zahlreiche und zunehmende **Kritik** gehindert:

Konzeptionell wird bezweifelt, dass die Ausrichtung der IFRS-Bilanzierung an dem **Hauptziel einer Informationsvermittlung für Investoren** (→ Rn 21 ff) sachgerecht und repräsentativ ist für die überwiegende Mehrheit der anderen Adressaten der Rechnungslegung. Insbes die Kreditgeber und sonstigen Gläubiger haben idR kein Interesse an einer **Aufdeckung unrealisierter Gewinne,** insbes, wenn dies die Erwartungen auf **hohe Ausschüttungen** nährt. Fremdkapitalgeber haben ihr Hauptinteresse am Erhalt der Kredittilgungsfähigkeit. Dem werden das Gläubigerschutz- und Vorsichtsprinzip mit seiner Tendenz zum geringeren ausschüttbaren Periodengewinn und damit zum Substanzerhalt besser gerecht (*Kußmaul/Weiler* KoR 2009, 163 (166) mwN). Der IASB versucht diese Problematik ua dadurch zu begrenzen, dass unrealisierte Bewertungsgewinne idR nicht als lfd Gewinn auszuweisen, sondern zB in eine **Neubewertungsrücklage** einzustellen sind (IAS 16.39, IAS 38.85; → § 17 Rn 37 ff).

227 Auch die **Ermittlung der beizulegenden Zeitwerte** unterliegt vielfältiger Kritik. Während der IASB sich grds am Idealbild vollkommener Märkte mit vollständigen Informationen orientiert, auf denen jederzeit objektiv nachvollziehbare, verifizierbare Transaktionspreise für marktgehandelte Vermögenswerte zustande kommen, muss man in der praktischen Anwendung feststellen, dass repräsentative Marktwerte in den wenigsten Fällen vorhanden sind (vgl zB *Meyer/Braun* BB 2010, 1779 (1779) mwN). Zur Ermittlung eines beizulegenden Zeitwerts muss der Bilanzersteller daher weitgehend auf „Ersatzwerte" zurückgreifen, die **geschätzte Werte, Barwerte, Ertragswerte oder fortgeführte Wiederbeschaffungskosten** sein können und im Einzelnen erhebliche Ermessensspielräume eröffnen (s die Studie von *Ballwieser/Küting/Schildbach* BFuP 2004, 529 (539f), die Bewertungsspannen von bis zu 25% dargelegt haben).

228 Häufig sind Wertermittlungen anzustellen, die aus den zukünftigen Zahlungsströmen **(Cashflows)** der internen Unternehmensplanungen abgeleitet werden. Diese wiederum werden vom Management **subjektiv prognostiziert** und sind daher entspr **beeinflussbar.** Sie sind für Dritte kaum objektivierbar, nicht uneingeschränkt nachprüfbar und müssen nicht zwingend die Meinung einer Vielzahl von Marktteilnehmern widerspiegeln. IFRS 13 versucht diese Problematik durch eine gestiegene Anzahl von zu veröffentlichenden Angaben wie Schätzgrundlagen, Erfolgsauswirkungen, Sensitivitäten, etc zu begrenzen oder jedenfalls erkennbar zu machen (IFRS 13.91 ff). Dies führt allerdings zu einer kaum noch

zu übersehenden Flut von Angaben, die allein aufgrund ihrer Menge die Übersichtlichkeit eines Jahresabschlusses beeinträchtigen können.

Planungsmodelle sehen außerdem zusätzliche **Paket-Zuschläge bzw -Abschläge** oder **Illiquiditätsprämien** vor, die der Höhe nach kaum objektivierbar sind. Dies versucht IFRS 13 durch enge Anforderungen zu begrenzen (IFRS 13.69). Danach dürfen **keine Preismodifikationen** vorgenommen werden, die durch einen **Paketverkauf** oder durch einen Verkauf über einen Zeitraum verteilt begründet sind. Es handelt sich bei diesen Verkäufen um eine unternehmensspezifische Entscheidung und nicht um eine Bewertung unter Marktgesichtspunkten (IFRS 13.80). Durch die Veröffentlichung von ED/2014/4 im September 2014 lehnt der IASB jegliche Preisanpassungen am beizulegenden Zeitwert ab. In seinem Entwurf stellt der IASB klar, dass das Bilanzierungsobjekt in Bezug auf Beteiligungen an TU, Gemeinschaftsunternehmen und assoziierten Unternehmen die Beteiligung als Ganzes ist, dh, dass der beizulegende Zeitwert börsennotierter Beteiligungen bzw börsennotierter ZGE das Produkt aus dem Börsenpreis des einzelnen Finanzinstruments und der Anzahl der gehaltenen Finanzinstrumente darstellt. In IFRS 13 soll darüber hinaus anhand eines neuen Beispiels (Example 13A) für die Anwendung der sog *portfolio exception* des IFRS 13.48 aufgezeigt werden, dass für die Bewertung von finanziellen Vermögenswerten und Schulden auf Portfoliobasis vorhandene beobachtbare Marktpreise (Level 1 der Fair-Value-Hierarchie) vorrangig heranzuziehen sind.

Kritisch ist auch die vorgeschriebene Erstermittlung zum beizulegenden Zeit- 229
wert durch die von den Standards vorgeschriebene **Kaufpreisallokation bei Unternehmenserwerben** (IAS 38.33, IFRS 3.13f; → § 4 Rn 80ff und → § 34 Rn 65ff). Die geforderte isolierte Bewertung von Markenrechten, Kundenbeziehungen und sonstigen Vorteilen unterliegt vielfältigen Unsicherheiten, weil der Erfolgsbeitrag dieser immateriellen Werte auch mit den dazu entwickelten Analogieverfahren und kapitalwertorientierten Modellen in den wenigsten Fällen verlässlich ermittelt werden kann.

Die jährlich erforderlichen **Werthaltigkeitstests** für immaterielle Vermögenswerte mit unbestimmter Nutzungsdauer, insbes für den **Geschäfts- oder Firmenwert** (IAS 36.10; näher → § 27 Rn 6ff), beruhen ebenfalls auf Planungsmodellen, die komplex, unvollständig und daher in erheblichem Maße fehleranfällig sind.

Kritisiert wird zudem, dass die Bewertung zum beizulegenden Zeitwert ten- 230
denziell zu einer **höheren Volatilität** führt. Insbes in Krisenzeiten werde der Druck auf die Ergebnisse durch sinkende beizulegende Zeitwerte zusätzlich erhöht, was zur Verstärkung der Krise selbst beitrage (vgl dazu schon früh die fundierte Kritik der *Europäischen Zentralbank (EZB)* Monatsbericht Februar 2004, 82ff). Diese Kritik wurde insbes im Zusammenhang mit der Banken- und Finanzkrise 2007/2008 wieder verstärkt vorgetragen. Der IASB hat dies zum Anlass genommen, durch eine Arbeitsgruppe (sog *Expert Advisory Panel*) im Oktober 2008 einen Bericht erstellen zu lassen, der die Ermittlung und Angaben zum beizulegenden Zeitwert von Finanzinstrumenten in inaktiven Märkten thematisiert *(Measuring and disclosing fair value of financial instruments in markets that are no longer active)*. Aufgrund verschiedener Empfehlungen des Berichts wurden die Transparenzanforderungen im Anhang erhöht.

Letztlich werden auch die mit dem Zeitwertkonzept notwendigerweise ver- 231
bundenen, erheblich **gestiegenen Anforderungen an das Fachpersonal im Rechnungswesen** kritisiert. Während die Ermittlung von Anschaffungs- oder Herstellungskosten noch vergleichsweise einfach ist, erfordern insbes die teilweise komplexen Bewertungsmodelle zur Ermittlung von beizulegenden Zeitwerten umfassende betriebswirtschaftliche Kenntnisse. Der Aufwand steigt auch dadurch,

dass versucht werden muss, das verstreute Wissen über die Parameter von Zeitwerten in gleicher Weise einzusammeln, wie dies lfd durch alle Akteure der Märkte geschieht. Dies führt zur verstärkten Nutzung von (teuren) Datenbanken. Die Ersteller der Rechnungslegung und auch die Wirtschaftsprüfer müssen vermehrt besonders qualifiziertes Personal einsetzen, was tendenziell ebenfalls zu höheren Kosten beiträgt.

232 *(einstweilen frei)*

II. Beizulegender Zeitwert nach IFRS 13

233 Die Bewertung zum beizulegenden Zeitwert *(fair value)* ist in **IFRS 13 Ermittlung des beizulegenden Zeitwerts** *(Fair Value Measurement)* geregelt.

234 *(einstweilen frei)*

235 **IFRS 13 definiert** den **beizulegenden Zeitwert** und regelt, **wie** dieser zu ermitteln ist. Im Standard

(1) wird eine **Definition** für den Begriff des beizulegenden Zeitwerts gegeben,
(2) werden bisher in verschiedenen Standards verstreute **Vorschriften zur Ermittlung des beizulegenden Zeitwerts** zusammengeführt (zB in IAS 39 Finanzinstrumente: Ansatz und Bewertung; in IFRS 9 Finanzinstrumente oder in IAS 40 Als Finanzinvestition gehaltene Immobilien) und
(3) wird die Veröffentlichung umfangreicher **Angaben** zur Ermittlung des beizulegenden Zeitwerts vorgeschrieben.

Nicht geregelt wird in IFRS 13, **welche** Bilanzposten und **wann** diese zum beizulegenden Zeitwert zu bewerten sind, sowie, wann die entspr zusätzlichen Angaben zu machen sind. Das bleibt **weiterhin in den jeweils einschlägigen Einzelstandards geregelt,** insbes in IFRS 1, IFRS 3 bis IFRS 5 und IFRS 9 sowie IAS 16, IAS 18 bis IAS 21, IAS 32 und IAS 40 sowie IAS 41.

236 **Nicht anwendbar** ist IFRS 13 auf die folgenden Standards, die weiterhin eine abweichende Definition des beizulegenden Zeitwerts vorsehen (IFRS 13.6):

(1) IFRS 2 anteilsbasierte Vergütungen (IFRS 2.6A),
(2) IAS 17 Leasingverhältnisse (IAS 17.6A). Für IAS 17 will der IASB zunächst den neuen Standard zur Bilanzierung von Leasingverträgen abwarten;

IFRS 13 ist auch **nicht** anzuwenden, wenn ein dem beizulegenden Zeitwert verwandter Bewertungsmaßstab verwendet wird, wie in:

(1) IAS 2 Vorräte (Nettoveräußerungswert) oder
(2) IAS 36 Wertminderung von Vermögenswerten (Nutzungswert).

237 Drei andere Standards sind teilweise von den umfassenden **Anhangangaben** des IFRS 13 **ausgenommen:**

(1) IAS 19 Leistungen an Arbeitnehmer,
(2) IAS 26 Bilanzierung und Berichterstattung von Altersversorgungsplänen und
(3) IAS 36 Wertminderung von Vermögenswerten.

1. Definition des beizulegenden Zeitwerts

238 IFRS 13.9 definiert den beizulegenden Zeitwert als den **Preis,** der im Zuge eines geordneten Geschäftsvorfalls **unter Marktteilnehmern** zum Bewertungszeitpunkt **beim Verkauf** eines Vermögenswerts **erzielt werden würde** oder der bei der Übertragung einer Schuld zu zahlen wäre. Dabei zeigt die Verwendung des Konjunktivs, dass der zu ermittelnde Preis nicht zwingend aus einer tatsächlich beobachteten Transaktion ableitbar sein muss, sondern – wie im Regelfall – auch aus einer hypothetischen Transaktion abgeleitet werden kann. Ist ein beizulegender Zeitwert nicht auf einem Markt für vergleichbare Vermögens-

werte oder Schulden konkret zu beobachten, dann kann dieser auch anhand von Hilfsüberlegungen oder mit einem Modell ermittelt werden (→ Rn 254 ff).

Es liegt auf der Hand, dass sich daraus im Einzelfall erhebliche **Bewertungsspielräume** ergeben können, insbes beim Vergleich dieses auf Schätzwerten beruhenden Konzepts mit dem relativ klaren, einfachen und verlässlichen Anschaffungskostenkonzept.

Um diese Spielräume etwas einzuengen, hat der IASB in IFRS 13 weitere **Grundlagen** und **Definitionen** zusammengestellt, nach denen bei der Ermittlung des beizulegenden Zeitwerts vorzugehen ist.

Der **Bewertungsgegenstand** *(unit of valuation)* entspricht grds dem Bilanzie- 239
rungsgegenstand *(unit of account)*. Dabei wird der Bilanzierungsgegenstand nicht von IFRS 13 sondern von dem jeweils anzuwendenden Einzelstandard festgelegt, der die Ermittlung des beizulegenden Zeitwerts fordert. IFRS 13 stellt klar, das bei der Ermittlung des beizulegenden Zeitwerts **alle Eigenschaften zu berücksichtigen** sind, die auch ein Marktteilnehmer im Rahmen der Preisfindung beachten würde. Dies sind nach IFRS 13.11 zB:

(1) Zustand und Lage eines Vermögenswerts und

(2) Einschränkungen hinsichtlich der Veräußerung oder Nutzung eines Vermögenswerts.

Der beizulegende Zeitwert ist stets aus dem (potentiellen) **Verkaufspreis** 240
(exit price) abzuleiten. Die im Entstehungsprozess des Standards auch diskutierte Ableitung aus dem Ankaufspreis *(entry price)* wurde verworfen. Der IASB ist der Meinung, dass der Veräußerungspreis eines Vermögenswerts oder einer Schuld die Erwartungen der Marktteilnehmer über die künftigen Zu- oder Abflüsse von Zahlungsmitteln zum Zeitpunkt der Bewertung am besten widerspiegle (IFRS 13.BC39). Das gelte nicht nur, wenn das bewertende Unternehmen tatsächlich einen Verkauf beabsichtige, sondern auch dann, wenn die Nutzung des Vermögenswerts im Produktionsprozess vorgesehen sei.

Sind mehrere Verkaufspreise tatsächlich beobachtbar, stellt sich die Frage, wel- 241
ches der **relevante Markt** ist, aus dem der Preis (Zeitwert) abgeleitet werden soll. Nach der Endfassung von IFRS 13 soll dies der vorrangige Markt (Hauptmarkt) sein (IFRS 13.16). Der IASB präferierte im Diskussionspapier noch den vorteilhaftesten Markt. Da beide Märkte idR identisch sind, hat sich der IASB nun im Grundsatz für den Hauptmarkt entschieden. Nur wenn ein solcher Hauptmarkt nicht identifiziert werden kann, ist der vorteilhafteste Markt zu unterstellen. Eine Erläuterung, wann ein Hauptmarkt nicht existiert, fehlt jedoch in IFRS 13 (vgl *Große* KoR 2011, 286 (288)). Dabei gilt:

Der **vorrangige Markt** (Hauptmarkt; *principle market*) ist derjenige mit den höchsten Umsätzen oder der größten Geschäftstätigkeit für einen Vermögenswert oder eine Schuld aus Sicht des Gesamtmarkts. Dabei wird vermutet (widerlegbar; IFRS 13.17 und IFRS 13.BC48), dass der Hauptmarkt der **Markt** ist, **den das Unternehmen normalerweise nutzt.** Ebenso kommt es darauf an, dass die tatsächliche Möglichkeit der Inanspruchnahme besteht. Deswegen ist für die Bestimmung des relevanten Markts – anders als im Falle der Bewertung (→ Rn 242) – eine unternehmensspezifische Sicht einzunehmen (*Zwirner/Boecker* IRZ 2014, 7 (8)). Existiert ein solcher Hauptmarkt, dann wird dieser für die Preisermittlung herangezogen, selbst wenn ein anderer Markt mit vorteilhafteren Preisen existiert. Bei dem vorrangigen Markt handelt es nicht um den Markt mit der höchsten Handelsaktivität eines Unternehmens. Bei Kenntnis des Transaktionsvolumens aus Sicht des Gesamtmarkts hat ein Unternehmen den vorrangigen Markt als Maßstab für die Ermittlung des beizulegenden Zeitwerts heranzuziehen (Widerlegung der in IFRS 13.17 getroffenen Vermutung; vgl *IDW* RS HFA 47 Rz 9).

Der **vorteilhafteste Markt** *(most advantageous market)* ist dadurch gekennzeichnet, dass er den Betrag maximiert, der für die Veräußerung eines Vermögenswerts geleistet wird bzw den Betrag minimiert, der für die Übertragung einer Schuld erbracht werden muss. Für die Bestimmung des vorteilhaftesten Markts sind Transaktions- und Transportkosten zu berücksichtigen (s IFRS 13. Anhang A).

Für die Ermittlung des relevanten Markts ist **keine erschöpfende Analyse** sämtlicher Märkte weltweit vorzunehmen, jedoch müssen alle leicht verfügbaren Informationen berücksichtigt werden (IFRS 13.17). Der Zugang zum Hauptmarkt oder zum vorteilhaftesten Markt muss am Bewertungsstichtag sichergestellt sein (IFRS 13.19).

242 Die Bewertung hat aus Sicht der Marktteilnehmer zu erfolgen; eine Unternehmenssicht ist folglich unzulässig (vgl *Große* KoR 2011, 286 (288) und *IDW* RS HFA 47 Rz 4). Die **Marktteilnehmer,** Verkäufer und Käufer, sollen ökonomisch rational handelnde Personen sein (IFRS 13.22). Sie sollen daher (s IFRS 13. Anhang A und IFRS 13.BC55 ff):

(1) unabhängig voneinander sein,
(2) alle öffentlich verfügbaren Informationen berücksichtigen einschließlich solcher, die ein Marktteilnehmer durch übliche Nachforschungen *(due diligence efforts)* in Erfahrung bringt (IFRS 13.BC59) sowie
(3) bereit und in der Lage sein, solch eine Transaktion (hypothetisch) zu tätigen. Auch wenn das Unternehmen dafür grds Zugang zum Markt haben muss, ist es jedoch für die Ermittlung des beizulegenden Zeitwerts auf Basis dieses Marktpreises nicht erforderlich, dass das Unternehmen tatsächlich in der Lage sein muss, die Transaktion durchzuführen (IFRS 13.20). Bspw hindert ein vertragliches Veräußerungsverbot für eine Forderung das bilanzierende Unternehmen nicht, einen beizulegenden Zeitwert iSe Preises für eine hypothetische Transaktion zu ermitteln; der beizulegende Zeitwert ist demnach in dieser Konstellation nicht etwa Null. Es darf auch keine Zwangssituation vorliegen.

243 **Transaktionskosten** (Anschaffungsnebenkosten) sind Kosten, die im direkten Zusammenhang mit der Veräußerung eines Vermögenswerts oder der Übertragung einer Schuld anfallen (IFRS 13.Anhang A). Sie sind grds **kein** Bestandteil des beizulegenden Zeitwerts, weil sie kein spezifischer Teil des konkreten Vermögenswerts oder einer Schuld sondern der Transaktion sind (IFRS 13.25, IFRS 13.BC 61). Der Standard verweist daher für die Behandlung der Transaktionskosten auf die jeweiligen Standards (zB IAS 39.43; näher → § 3 Rn 159 ff). Transaktionskosten sind zB Provisionen, Maklerkosten, Notarkosten, Steuern, Gebühren.

244 **Transportkosten** (ebenfalls Anschaffungsnebenkosten) sind die Kosten für den Transport eines Vermögenswerts vom gegenwärtigen Ort zum relevanten Markt. Sie sind kein Bestandteil der Transaktionskosten iSd Standards (IFRS 13.26, IFRS 13.BC62). Sie sind immer dann als Bestandteil des Preises (beizulegender Zeitwert) zu erfassen, wenn der **Standort wesentlich** für die Preisfindung auf dem relevanten Markt ist. Dies dürfte zB für Rohstoffe häufig der Fall sein.

Beispiel (in Anlehnung an *IASB,* IFRS Konferenz, Juni 2012): Ein in Hamburg ansässiges Handelsunternehmen hat Zugang zu den Märkten in Frankfurt und London. Normalerweise verkauft es seine Produkte in Frankfurt, hat gelegentlich aber auch an anderen Märkten gehandelt. Obwohl der Londoner Markt das größte Handelsvolumen und die höchste Aktivität weltweit aufweist, hat das Unternehmen noch nie an diesem Marktplatz verkauft. Für die beiden Märkte ergeben sich die folgenden Preise und Kosten für den Handel des Produkts des Unternehmens (in €). Fraglich ist, welcher beizulegende Zeitwert für das Produkt des Unternehmens anzunehmen ist.

	Frankfurt	London
Erreichter Preis pro Verkaufseinheit	100	103
Transaktionskosten	4	6
Transportkosten	8	10
Nettoerlös	88	87
Beizulegender Zeitwert	92	93

In diesem Fall ist London der vorrangige Markt *(principal market),* da hier die höchsten Umsätze und die größte Handelsaktivität für das Produkt des Unternehmens erreicht werden. Dieser Markt ist demzufolge für die Bestimmung des beizulegenden Zeitwerts zugrunde zu legen.

Dagegen ist Frankfurt der vorteilhafteste Markt *(most advantageous market),* da an diesem Markt die höchstmöglichen Nettoerlöse, dh unter Berücksichtigung der Transaktions- und Transportkosten, erzielt werden können (hier: € 88 ggü € 87).

Der beizulegende Zeitwert wird aus dem vorrangigen Markt *(principal market)* abgeleitet, da das Unternehmen auch Zugang zum Markt in London hat. Dabei werden jedoch, anders als bei der Bestimmung des vorteilhaftesten Markts, nur Transportkosten nicht aber Transaktionskosten, berücksichtigt. Somit ergibt sich für das vom Unternehmen zu bewertende Produkt ein beizulegender Zeitwert von € 93 (Veräußerungspreis abzgl Transportkosten, € 103 – € 10).

2. Bestmögliche Verwendung für nicht-finanzielle Vermögenswerte

Als **besondere Bewertungsprämisse** schreibt IFRS 13.27 ff im Falle einer Zeitwertbewertung für nicht-finanzielle Vermögenswerte (Wahlrecht, s zB IAS 16.29) die **bestmögliche Verwendung** *(highest and best use)* vor. Nicht-finanzielle Vermögenswerte wie zB **Sachanlagen, Vorräte** oder **immaterielle Vermögenswerte** zeichnen sich dadurch aus, dass sie zunächst noch den Leistungsprozess des Unternehmens durchlaufen oder diesem dienen müssen. Sie führen somit nicht unmittelbar zu einem Rechtsanspruch auf Zahlungsmittel. Für diese Ressourcen will der Standard sicherstellen, dass die Bewertung – unabhängig davon, wie die Vermögenswerte tatsächlich im Unternehmen eingesetzt werden (IFRS 13.30) – anhand der wertmäßig **bestmöglichen Verwendung** erfolgt. 245

Diese zu unterstellende Nutzenmaximierung muss nach IFRS 13.28 berücksichtigen: 246

(1) eine **technisch** (physisch) mögliche Nutzung, zB bzgl Standort oder Größe eines Grundstücks,
(2) eine **rechtlich** zulässige Nutzung, zB bezüglich der Bebaubarkeit eines Grundstücks, und
(3) eine **finanziell** machbare Nutzung, die eine risikoadäquate Verzinsung des eingesetzten Kapitals erbringt.

Beispiel (s auch IFRS 13.IE7): Ein erworbenes, mit einem Fabrikgebäude bebautes und auch so genutztes Grundstück hat einen beizulegenden Zeitwert von € 4 Mio. Auf den angrenzenden Grundstücken werden Gebäude mit hochwertigen Eigentumswohnungen errichtet. Ergibt eine Bewertung des Fabrikgeländes nach einem Abriss der Fabrik und Neubau mit entspr Eigentumswohnungen einen beizulegenden Zeitwert von € 6 Mio, dann spiegelt dies die bestmögliche Verwendung wider. Das gilt allerdings nur dann, wenn eine solche Nutzung zB auch baurechtlich zulässig wäre. 247

Ein Unternehmen ist im Falle einer bewertungsmäßig suboptimalen Nutzung **nicht verpflichtet,** das Objekt **anders zu nutzen.** Es muss jedoch (bei Anwendung der Zeitwertbewertung) den höheren beizulegenden Zeitwert ansetzen und die Beibehaltung der schlechteren Nutzung erläutern.

Die Nutzenmaximierung kann sowohl **einzeln** als auch **iVm anderen Vermögenswerten oder Schulden** betrachtet werden (IFRS 13.31). Die Kosten für eine Veränderung der gegenwärtigen zur wertmaximierten Nutzung sind dabei zu berücksichtigen (IFRS 13.BC71). Eine abschließende Suche *(exhaustive search)* ist nicht erforderlich. Es wird jedoch unterstellt, dass das Unternehmen aus eigenem Interesse stets den bestmöglichen Einsatz wählt, wenn keine abweichenden Anhaltspunkte erkennbar sind.

Die Bewertungsprämisse der bestmöglichen Verwendung ermöglicht im Einzelnen **erhebliche Beurteilungs- und Ermessensspielräume.** Sie ist daher auch besonderer **Kritik** ausgesetzt (zB *Löw/Antonakopoulos/Weiland* WPg 2007, 730 (734)). Bedeutung wird diese Bewertungsprämisse insbes auch dann entfalten, wenn im Rahmen von Bewertungsmodellen künftige Erfolgsgrößen prognostiziert werden müssen (so zB bei den einkommensbasierten Modellen *(income approach),* → Rn 256).

3. Beizulegender Zeitwert von Schulden und eigenen Eigenkapitalinstrumenten

248 Für die Ermittlung des beizulegenden Zeitwerts von **Schulden und eigenen Eigenkapitalinstrumenten** legt der Standard die Annahme eines **Transfers** der Schuld oder des Eigenkapitalinstruments an einen Marktteilnehmer zum Bewertungszeitpunkt fest (IFRS 13.34, IFRS 13.BC80). Bedeutsam ist also nicht, welcher Betrag für die Erfüllung einer Schuld oder die Einziehung eines Eigenkapitalinstruments aufzuwenden wäre. Der Standard stellt jedoch klar, dass idR der Wert aus einer Begleichung zum Bewertungsstichtag (nicht zum vertraglichen Erfüllungsstichtag) zu einem identischen Wert führen müsste (IFRS 13.BC82).

Bei der näheren Ausgestaltung dieses **marktbasierten Ansatzes** wird etwas kasuistisch und fragmentarisch unterschieden zwischen Schulden und Eigenkapitalinstrumenten, die ein anderer Marktteilnehmer als Vermögenswert hält (IFRS 13.37 ff) und solchen, bei denen dies nicht der Fall ist (IFRS 13.40 f; zB Entsorgungsverpflichtungen). Dabei soll die Bewertung aus der Sicht des Dritten erfolgen, der die Schuld oder das Eigenkapitalinstrument als Vermögenswert hält (IFRS 13.37), anderenfalls aus der Sicht eines anderen Markteilnehmers, der die Transaktion vollzieht (erwirbt).

249 Grds soll der beizulegende Zeitwert für diese Passivposten mit folgender **Priorität** abgeleitet werden (IFRS 13.34, IFRS 13.37f):

(1) aus dem **Marktpreis** der Übertragung eines **identischen** Passivpostens,
(2) aus dem **Marktpreis** der Übertragung eines **ähnlichen** Passivpostens; dabei ist der Preis ggf um solche Faktoren zu bereinigen, die lediglich auf das Surrogat zutreffen (IFRS 13.39; zB befristete Verkaufsverbote; IFRS 13.IE8),
(3) aus **anderen beobachtbaren Preisen** oder Inputfaktoren (zB aus inaktiven Märkten),
(4) aus spezifischen **Bewertungsmethoden** (zB Barwertmodellen).

250 IFRS 13.42 stellt klar, dass bei der Ermittlung des beizulegenden Zeitwerts von **Schulden** das **eigene Ausfallrisiko** des bilanzierenden Unternehmens zu berücksichtigen ist (IFRS 13.BC92 ff). Damit verringert sich zB der Barwert einer Schuld im Falle einer Verschlechterung des eigenen Kreditratings.

Für **finanzielle Verbindlichkeiten,** die **auf Anforderung** (sofort) **zahlbar** sind (dh mit sog *demand feature* versehen sind, zB Kontokorrentkredite, Sichteinlagen), wird in IFRS 13.47 klargestellt, dass der beizulegende Zeitwert **nicht**

unterhalb des Rückzahlungsbetrags liegen kann, ggf diskontiert bis zum erstmöglichen Zahlungstag.

4. Beizulegender Zeitwert einer Nettoposition von finanziellen Vermögenswerten und Schulden

Finanzielle Vermögenswerte und Schulden (Finanzinstrumente iSv IAS 39 und IFRS 9), deren Markt- und Kreditrisiken (iSv IFRS 7) vom bilanzierenden Unternehmen über **Nettopositionen** gesteuert werden *(hedging),* können abweichend vom Einzelbewertungsgrundsatz mit dem **beizulegenden Zeitwert der Nettoposition** (pro Risikoart) bewertet werden (IFRS 13.48 – Wahlrecht; die sog *portfolio exception* bezieht sich auf alle Verträge, die in den Anwendungsbereich von IAS 39 bzw IFRS 9 fallen; IFRS 13.52; vgl auch *IDW* RS HFA 47 Rz 36). 251

Dazu müssen (im Einklang mit IAS 39 bzw IFRS 9) verschiedene Voraussetzungen erfüllt sein (IFRS 13.49 ff), insbes:

(1) die Gruppe der finanziellen Vermögenswerte und Verbindlichkeiten wird auf Portfolio-Ebene über ein bestimmtes Nettomarktpreis- oder Nettoausfallrisiko gesteuert,
(2) diese Steuerung steht im Einklang mit der dokumentierten Risikomanagement- oder Anlagestrategie des Unternehmens,
(3) die Informationen über die Entwicklung der Nettorisikoposition werden an das Schlüssel-Management des Unternehmens gegeben (*key management personnel* iSv IAS 24),
(4) die Risikoart der Gruppe stimmt im Wesentlichen überein (IFRS 13.54). So können bspw das Zinsänderungsrisiko eines finanziellen Vermögenswerts und das Kreditrisiko einer finanziellen Schuld nicht als Nettoposition bewertet werden,
(5) die Laufzeiten der Vermögenswerte und Schulden sind im Wesentlichen identisch (IFRS 13.55),
(6) als Zeitwert ist der Wert innerhalb des *bid-ask spread* zu wählen, der die offene Risikoposition am besten widerspiegelt (IFRS 13.53),
(7) das Wahlrecht wird stetig (IAS 8, IFRS 13.51) und für alle gleichartigen Sachverhalte angewendet (IFRS 13.49) und
(8) die Ausübung des Wahlrechts ist im Anhang anzugeben (IFRS 13.96).

Es besteht keine Wechselwirkung zwischen **Bewertung und Ausweis** (IFRS 13.50). Erfolgen Steuerung und Bewertung nach den vorstehenden Grundsätzen daher auf Basis der Nettoposition, so ist allein dadurch **kein saldierter Ausweis der Vermögenswerte und Schulden zulässig.** Dies richtet sich nach den für die Bilanzposten geltenden Ausweisvorschriften. Im Falle eines danach getrennt vorzunehmenden Ausweises sind die auf Gruppenebene vorgenommenen Anpassungen *(portfolio level adjustments)* auf den beizulegenden Zeitwert angemessen und konsistent auf die zugrunde liegenden Posten zu verteilen (IFRS 13.53 ff). 252

5. Zugangsgewinne und -verluste

In besonderen Fällen ist es möglich, dass bei einer Zugangsbewertung von Vermögenswerten oder Schulden zum beizulegenden Zeitwert sofort ein **Zugangsgewinn oder -verlust** *(day one gain or loss)* entsteht. Dies beruht auf dem Konzept, nach dem der beizulegende Zeitwert aus einem gedachten Transaktions- bzw Veräußerungspreis *(exit price)* abzuleiten ist (→ Rn 240). Tatsächlich ergeben sich die Zugangswerte in der Unternehmenspraxis aber aus den realen Beschaffungspreisen *(entry price).* Diese Preise werden idR nicht auseinanderfallen 253

(insbes wenn der Markt des tatsächlichen Kaufs mit dem des angenommenen Verkaufs übereinstimmt, so IFRS 13.58)

Falls dies jedoch der Fall ist, sieht der Standard für den Differenzbetrag eine **erfolgswirksame Buchung** vor, soweit keine andere Behandlung in einem anderen IFRS vorgeschrieben ist (IFRS 13.60, IFRS 13.BC137). Der IASB nimmt damit eine **Durchbrechung des Realisationsprinzips** und des tradierten Grundsatzes der Erfolgsneutralität von Beschaffungs- und Finanzierungsvorgängen in Kauf, um sein Zeitwertkonzept konsequent umzusetzen.

Folgende **Beispiele** werden genannt (IFRS 13.B4):

(1) Eine Transaktion wird zwischen **nahestehenden Unternehmen oder Personen** durchgeführt. Dies kann zum Marktpreis aber auch zu einem abweichenden Preis erfolgen.

(2) Der Verkäufer ist gezwungen, einen vom Marktpreis abweichenden Preis zu akzeptieren, etwa weil er sich in **finanziellen Schwierigkeiten** befindet.

(3) Der erworbene Bilanzierungsgegenstand **unterscheidet** sich von dem mit dem beizulegenden Zeitwert zu bewertenden Gegenstand, was bspw beim Unternehmenskauf der Fall sein kann.

(4) Der für den beizulegenden Zeitwert **relevante Markt** unterscheidet sich von dem tatsächlich genutzten Markt, zB wenn ein Wertpapierhändler, der üblicherweise nur am Händlermarkt (etwa für Banken) auftritt, ausnahmsweise einmal eine Transaktion mit einem Endkunden durchführt.

Es wird aber auch in diesem Punkt die allgemeine **Kritik** (→ Rn 226ff; vgl auch *Kümpel/Oldewurtel/Wolz* PiR 2012, 103 (103ff)) deutlich, dass die Bewertung zum beizulegenden Zeitwert dem Bilanzierenden erhebliche Ermessensspielräume eröffnet.

6. Bewertungsverfahren zur Ermittlung beizulegender Zeitwerte

254 IFRS 13 stellt bestimmte **Bewertungsverfahren** dar für eine **sachgerechte Schätzung** des **beizulegenden Zeitwerts** (Preises) eines Vermögenswerts oder einer Schuld.

Ziel ist es, mit Hilfe dieser Bewertungsverfahren den **Preis zu schätzen,** zu dem zum Bewertungszeitpunkt in einer geordneten Transaktion der Verkauf eines Vermögenswerts oder die Übertragung einer Schuld zwischen Marktteilnehmern unter aktuellen Marktkonditionen durchgeführt werden würde (IFRS 13.62).

Dazu soll dasjenige Bewertungsverfahren genutzt werden, für das zur Ermittlung des beizulegenden Zeitwerts **ausreichend Daten verfügbar** sind (sog *Input*-Daten oder Marktparameter). Es gilt dabei der Grundsatz, dass die Nutzung **öffentlich beobachtbarer Marktparameter** *(observable inputs)* **maximiert** und die Nutzung nicht beobachtbarer Marktparameter minimiert werden soll (IFRS 13.67).

255 **Marktparameter** sind Daten, Annahmen und Informationen, die Marktteilnehmer für die Ermittlung des beizulegenden Zeitwerts verwenden, also zB Marktpreise, Zinssätze für bestimmte Laufzeiten, Ausfallrisiken, Wechselkurse, etc.

Solche Daten sind **beobachtbar,** wenn sie aktiven Märkten entnommen werden können. Dazu stellen Agenturen wie zB **Bloomberg** oder **Reuters** umfangreiche und lfd aktualisierte Datenbanken zur Verfügung. Vielfach stellen auch Banken oder Fondsgesellschaften Datenbanken und Rechenprogramme (*fair-value*-Rechner) zusammen, auf die Dritte jedoch idR keinen Zugriff haben.

256 IFRS 13 stellt drei grds nutzbare Verfahren dar (IFRS 13.B5ff):

(1) Der **marktbasierte Ansatz** *(market approach)* legt die von einem Markt generierten beobachtbaren Preise oder andere relevante Informationen zugrun-

de, die für identische oder vergleichbare Vermögenswerte und Schulden erkennbar sind.

(2) Mit dem **einkommensbasierten Ansatz** *(income approach)* werden künftige Zahlungsströme, die den Markterwartungen entsprechen (Cashflows, Ergebnisgrößen, etc) zum Bewertungsstichtag auf einen Zeitwert verdichtet (diskontiert). IFRS 13.B11 nennt folgende Beispiele für Bewertungsmethoden, die den einkommensbasierten Verfahren zuzurechnen sind:
   (a) Barwertmodelle (*present value techniques;* dazu IFRS 13.B12 ff),
   (b) Optionspreismodelle *(option pricing models)* wie zB das Black-Scholes-Merton Berechnungsmodell oder Binomial-Modelle und
   (c) Residualwertmodelle *(multi-period excess earnings method),* insbes genutzt für immaterielle Vermögenswerte.

(3) Der **kostenbasierte Ansatz** *(cost approach)* ermittelt den Preis, der am Bewertungsstichtag zur Wiederbeschaffung eines Vermögenswerts oder einer Schuld erforderlich wäre (Anschaffungskosten). Dieser Ansatz wird insbes zur Bewertung **materieller Vermögenswerte** genutzt, die produktiv im Unternehmen eingesetzt werden. Dabei sind technische, physische oder wirtschaftliche Wertminderungen bei der Ermittlung des beizulegenden Zeitwerts mit zu berücksichtigen. Für **Finanzinstrumente** ist dieser Ansatz nicht nutzbar.

Die Bewertungsverfahren, insbes die Darstellung der Prinzipien der Barwert- **257**
modelle (IFRS 13.Anhang B), lehnen sich eng an die vom FASB entwickelten und schon früher verabschiedeten amerikanischen Normen (FASB ASC 820, zuvor SFAS 157) an. Die Übernahme fügt sich in das Konvergenzprojekt ein.

IFRS 13 legt **keine Hierarchie** bzw Priorität **für ein bestimmtes Bewer-** **258**
tungsverfahren fest. Vielmehr ist das nach den jeweiligen Umständen am besten geeignete Verfahren zu wählen (IFRS 13.BC142). Insoweit unterscheidet sich IFRS 13 von den bisherigen Regeln in einzelnen Standards, die grds einen Vorrang für den marktbasierten Ansatz postulierten (zB die als Folgeänderung des IFRS 13 gestrichenen IAS 16.32 für betrieblich genutzte Sachanlagen und IAS 39.BC102 für Finanzinstrumente). IFRS 13 führt jedoch eine **Priorisierung der Inputfaktoren** (Daten und Annahmen) ein, die in die Bewertungsverfahren einfließen (IFRS 13.74; dazu → Rn 259 ff). Für die typischerweise zur Anwendung kommenden Bewertungsverfahren für einzelne Vermögenswerte sei hier auf die entspr Ausführungen in den einzelnen Abschnitten dieses Handbuchs verwiesen (zB § 3 Finanzinstrumente, § 4 Immaterielle Vermögenswerte, § 5 Sachanlagen oder § 6 Als Finanzinvestition gehaltene Immobilien). Beispiele für typische Bewertungsverfahren enthält die nachfolgende Tabelle:

Vermögenswerte	IFRS	Typische Bewertungsverfahren	Verweis
Immaterielle Vermögenswerte	IFRS 3, IAS 36		
Technologie		Lizenzpreisanalogie, Residualwertmethode	→ § 27 Rn 47 ff, → § 4 Rn 85
Software		Lizenzpreisanalogie, zT auch kostenorientierte Verfahren	→ § 27 Rn 47 ff, → § 4 Rn 85
Marken		Lizenzpreisanalogie, Mehrgewinnmethode	→ § 27 Rn 47 ff, → § 4 Rn 85
Kundenstamm		Residualwertmethode	→ § 27 Rn 47 ff, → § 4 Rn 85

Vermögenswerte	IFRS	Typische Bewertungsverfahren	Verweis
Entwicklungsprojekte (IPR&D)		Methode der unmittelbaren Cashflow-Prognose, Residualwertmethode, Lizenzpreisanalogie	→ § 27 Rn 47 ff, → § 4 Rn 85
Sachanlagevermögen			
Immobilien	IAS 16* IAS 40	Einkommensbasierte Verfahren (Ertragswert nach ImmoWertV, Investment Method, DCF-Verfahren) Vergleichswertverfahren nach ImmoWertV Sachwertverfahren nach ImmoWertV	→ § 5 Rn 123 ff → § 6 Rn 51 ff
Technische Anlagen & Maschinen	IAS 16*	Marktbasierte Verfahren, kostenbasierte Verfahren (fortgeführte Wiederbeschaffungskosten, Indexverfahren)	→ § 5 Rn 123 ff
Finanzinstrumente	IAS 39/ IFRS 9		§ 3, § 23
Eigenkapitalinstrumente		Marktbasierte Verfahren (Preis für den zu bewertenden Vermögenswert auf einem aktiven Markt, Preise für vergleichbare Vermögenswerte) einkommensbasierte Verfahren (DCF-Methode) Optionspreismodelle	→ § 3 Rn 157 ff
Gehaltene Schuldinstrumente (zu Handels- oder Veräußerungszwecken)			→ § 3 Rn 168 ff
Gehaltene Schuldinstrumente mit Hebelwirkung			
Derivative Finanzinstrumente			
Ausgegebene Schuldinstrumente (zu Handelszwecken)			
Gruppen von Vermögenswerten	IFRS 5 IAS 36	DCF-Methode, üblicherweise in der Ausgestaltung der Methode der gewichteten Kapitalkosten (WACC-Ansatz)	

* bei Anwendung der Neubewertungsmethode

7. Hierarchie zur Ermittlung von beizulegenden Zeitwerten

Um die Konsistenz und Vergleichbarkeit von beizulegenden Zeitwerten zu verbessern, legt IFRS 13 in einer **Hierarchie zur Ermittlung von beizulegenden Zeitwerten** *(fair value hierarchy)* verschiedene Qualitäten von beizulegenden Zeitwerten fest (IFRS 13.72). Es handelt sich dabei um die schon von IFRS 7 (Finanzinstrumente: Angaben; s den als Folgeänderung des IFRS 13 nunmehr gestrichenen IFRS 7.27A) bekannten drei Hierarchiestufen *(level)*, allerdings nunmehr mit detaillierteren Vorgaben und einem umfangreicheren Anwendungsbereich. 259

Die Hierarchiestufen werden durch die Art bzw **Qualität der Inputfaktoren** unterschieden, die in die Ermittlung des beizulegenden Zeitwerts eingeflossen sind. An die Hierarchiestufen knüpft der Standard **Angaben** unterschiedlichen Umfangs (→ Rn 269). 260

Die drei Ebenen der Zeitwert-Hierarchie werden wie folgt definiert:

(1) **Ebene 1 Daten** *(level 1 inputs)* sind die in einem aktiven Markt festgestellten **Preise** für mit dem Bewertungsgegenstand **identische Vermögenswerte** oder Schulden (IFRS 13.76), zB:
   (a) Preise von Aktien,
   (b) Preise von Anleihen,
   (c) Preise von Rohstoffen,
   (d) Preise von Zinsswaps mit identischen Laufzeiten oder
   (e) Preise von Optionen mit identischen Laufzeiten, zB für Einjahres- oder Zweijahres-Optionen auf Anteile,

Es handelt sich bei solchen Marktpreisen nach Auffassung des IASB um die **verlässlichste Form der Ermittlung von beizulegenden Zeitwerten** (IFRS 13.77). Besonderes Gewicht kommt dabei der Auswahl des relevanten Markts zu (s verschiedene Märkte in IFRS 13.B34) und der Fähigkeit, eine Transaktion auf diesem Markt auch tatsächlich durchzuführen (IFRS 13.78). Voraussetzung ist auch, dass der zu bewertende Posten auf dem Markt mit ausreichender Häufigkeit und in einem Umfang gehandelt wird, dass sich daraus verlässliche Preisinformationen ergeben (IFRS 13.BC169). Nicht erforderlich ist, dass das gehandelte Tagesvolumen ausreicht, um die zu bewertende Menge auch tatsächlich veräußern zu können (IFRS 13.80).

Der Standard liefert keine allgemeine Regelung, wann und wie **Preisaufschläge und Preisabschläge** bei der Zeitwertermittlung vorgenommen werden dürfen, da dies stets von der speziellen Situation sowie von den Eigenschaften und Ausstattungsmerkmalen des Vermögenswerts und der Schuld abhänge (so IFRS 13.BC159). Durch die Veröffentlichung von ED/2014/4 sollen jedoch Preisaufschläge und -abschläge künftig nicht mehr möglich sein (→ Rn 228). 261

Auf **zwei Sonderfälle** weist der Standard hin:

Liefert ein Markt **mehrere Werte,** zB für Vermögenswerte einen Geldkurs *(bid price)* und für Schulden einen Briefkurs *(ask price)*, dann soll derjenige Wert innerhalb der **Geld-Brief-Spanne** gewählt werden, der den beizulegenden Zeitwert unter den vorherrschenden Umständen am besten repräsentiert (IFRS 13.70). Die Verwendung der jeweiligen Einzelwerte, dh des Geldkurses für die Vermögenswerte bzw des Briefkurses für Schulden wird ebenfalls zugelassen, ist jedoch nicht vorgeschrieben (IFRS 13.BC163). *Freiberg* weist in diesem Zusammenhang auf einen „eklatanten Widerspruch" hin zwischen der in IFRS 13.70 geforderten verpflichtenden Verwendung des Werts, der den beizulegenden Zeitwert innerhalb der Geld-Brief-Spanne am besten repräsentiert, und dem in IFRS 13.70 ebenfalls eingeräumten Wahlrecht, welches keine Verpflichtung zur Verwendung von Geld- oder Briefkursen einräumt. Ebenso verwirrend wird die auch mögliche Verwendung von Marktmittelkursen, die als Ausnahme unter den Vorbehalt einer Verwendung durch Marktakteure gestellt wird, angesehen (*Freiberg* PiR 2011, 294 (297)).

Für die durch ein Aktienpaket repräsentierten **Kontrollmöglichkeiten** *(control premium),* zB eine Sperrminorität für Satzungsänderungen, legt der Standard dar, dass eine darauf beruhende Anpassung zulässig ist, wenn sie Bestandteil des Vermögenswerts selbst ist (IFRS 13.69). Andere Zu- oder Abschläge, die zB aufgrund der großen Menge eines Vermögenswerts denkbar wären, etwa weil diese Menge das am Markt gehandelte Tagesvolumen überschreitet *(blockage factor),* sind nicht Bestandteil des beizulegenden Zeitwerts und daher unzulässig (IFRS 13.69 und IFRS 13.80; → Rn 228).

262 Wenn es – in diesen Fällen und in anderen Ausnahmefällen – erforderlich ist, **Anpassungen dieser Marktpreise** vorzunehmen, zB aufgrund von Ereignissen nach Handelsende, dann führt dies grds zu einer Einordnung in eine niedrigere Ebene (idR Ebene 2; weitere Beispiele IFRS 13.79). Das gilt nicht für eine Preisanpassung durch beobachtbare Verkaufskosten (*fair value less cost to sell,* IFRS 13.73), denn die Verkaufskosten sind nicht Bestandteil des beizulegenden Zeitwerts (→ Rn 243).

263 (2) **Ebene 2 Daten** *(level 2 inputs)* sind alle anderen nicht unter Daten-Ebene 1 fallenden Marktinformationen, die auf einem Markt (direkt oder indirekt) beobachtbar sind (IFRS 13.81). **Beobachtbare Daten** sind zB die folgenden Preisdaten und sonstigen Marktinformationen (IFRS 13.82, IFRS 13.B35):
   (a) Preise für ähnliche Vermögenswerte oder Schulden auf aktiven Märkten, zB:
      i. Quadratmeterpreise für ähnliche Gebäude,
      ii. aus Ankaufspreisen von Rohstoffen abgeleitete Verkaufspreise oder
      iii. Bewertungsfaktoren, die aus beobachtbaren Marktdaten für ähnliche Geschäfte oder Anteile abgeleitet werden, etwa Beta-Faktoren für gehandelte Werte vergleichbarer Unternehmen im Rahmen von Unternehmensbewertungen.
   (b) Notierte Preise für identische oder ähnliche Vermögenswerte sowie Schulden auf inaktiven Märkten,
   (c) Zinsraten, Zinsstrukturkurven zu üblichen Laufzeiten,
   (d) Zinsswapraten, basierend zB auf EURIBOR- *(European Interbank Offered Rate)* oder LIBOR- *(London Interbank Offered Rate)* Swaps, ggf in Fremdwährung,
   (e) implizite Volatilitäten, zB für Laufzeitenbänder von Optionen,
   (f) Kreditrisikokurven *(credit spreads),* zB für Staats- oder Unternehmensanleihen oder
   (g) aus beobachtbaren Marktdaten abgeleitete Daten *(market-corroborated inputs),* zB der (nicht beobachtbare) Preis für eine Dreijahres-Option, der aus den beobachtbaren Preisen für Ein- und Zweijahres-Optionen und der aus bestätigten Marktdaten extrapolierten impliziten Volatilität einer Dreijahres-Option vergleichbarer Anteile abgeleitet wurde (IFRS 13.B35(d)).

264 (3) **Ebene 3 Daten** *(level 3 inputs)* sind alle auf einem Markt (direkt oder indirekt) **nicht beobachtbaren Daten** (IFRS 13.86). Damit wird idR die Anwendung des einkommensbasierten Bewertungsverfahrens (→ Rn 256) erforderlich. Solche nicht beobachtbaren Daten sind zB:
   (a) nicht aktuelle Daten zum Bewertungsstichtag aus Märkten mit geringen oder fehlenden Aktivitäten, zB Beta-Faktoren von selten gehandelten vergleichbaren Anteilen,
   (b) abgeleitete Optionspreise aus nicht aktuellen (historischen) Volatilitäten,

(c) nicht beobachtbare (Währungs-)Swaps, zB mit nicht notierten langen Laufzeiten, die aus Strukturkurven interpoliert werden oder

(d) unternehmensinterne Informationen, Annahmen und Einschätzungen, zB unternehmensinterne Annahmen zu künftigen Cashflow- oder Ertragsströmen, die insbes bei allen Barwertmodellen benötigt werden.

Bei allen nicht beobachtbaren Daten ist zu berücksichtigen, dass nach dem 265
Zeitwertkonzept stets der Veräußerungspreis aus der Sicht eines Marktteilnehmers maßgebende Grundlage ist. Es müssen daher **Korrekturen der eigenen Annahmen und Einschätzungen** vorgenommen werden, wenn die typischen Marktteilnehmer anderer Auffassung sind (IFRS 13.88). Für eine solche Anpassung sind alle anderen verfügbaren Daten von Marktteilnehmern mit zu berücksichtigen (IFRS 13.89).

Für die Kategorisierung eines beizulegenden Zeitwerts in der Fair Value-Hierarchie ist wesentlich, dass **stets die schwächste Qualität der verwendeten Daten,** dh die niedrigste Hierarchiestufe **prägend** ist. Werden also in einem einkommensbasierten Bewertungsverfahren zB neben beobachtbaren Marktinformationen (*level 2*-Daten) auch nicht beobachtbare unternehmensinterne Einschätzungen (*level 3*-Daten) verwendet, dann hat der so ermittelte beizulegende Zeitwert lediglich eine Qualität der Ebene 3 (IFRS 13.73).

Diese Kategorisierung ist bedeutsam für Art und Umfang der offenzulegenden **Anhangangaben.**

8. Offenlegungsvorschriften, Anhangangaben

Der Regelungsbereich von IFRS 13 betrifft auch die Harmonisierung der bis- 266
her verstreut in einzelnen Standards enthaltenen Vorschriften für die Offenlegung von Informationen zur Ermittlung der beizulegenden Zeitwerte. Der Umfang der Anhangangaben wurde dabei zugleich erheblich erweitert. **Ziel der Offenlegungsvorschriften** *(disclosures)* ist es, dem Nutzer Informationen über die Bewertungsverfahren, die verwendeten Marktdaten und Einschätzungen *(inputs)* sowie die Auswirkungen der Zeitwertbewertung auf die Ertragslage *(net income)* und das sonstige Ergebnis *(other comprehensive income)* zur Verfügung zu stellen. Die Unternehmen werden daher verpflichtet, **für sämtliche zum beizulegenden Zeitwert bewerteten Posten** bestimmte **Informationen** zu veröffentlichen (IFRS 13.91). ZT werden sogar Angaben zu beizulegenden Zeitwerten erforderlich, selbst wenn die Posten gar nicht zum beizulegenden Zeitwert bewertet wurde (IFRS 13.97). Die Darstellung der erforderlichen Angaben im Standard ist kasuistisch und nur bedingt geeignet für eine regelbasierende Strukturierung.

Zunächst sind für alle zum beizulegenden Zeitwert bewerteten Vermögens- 267
werte und Schulden sog **Klassen** zu bilden. Diese Klassen sollen nach der Natur, den Charakteristika und den Risiken der Vermögenswerte und Schulden sowie nach den Kategorien *(inputs)* der Zeitwert-Hierarchie unterschieden und bestimmt werden (IFRS 13.94). Die Unterteilung der Klassen kann dadurch größer sein als die Anzahl der Bilanzposten. Es können auch Klassen genutzt werden, die in anderen IFRS-Standards spezifiziert werden.

Der Standard fordert teilweise unterschiedliche Angaben für **regelmäßig** 268
vorzunehmende Zeitwertermittlungen *(recurring fair value measurements)* und für solche Zeitwerte, die **nicht regelmäßig** vorzunehmen sind *(non recurring fair value measurements).* Regelmäßig vorzunehmende Zeitwertermittlungen sind diejenigen, die aufgrund anderer Standards verpflichtend oder wahlweise zum Ende jeder Berichtsperiode vorzunehmen sind (IFRS 13.93(a)). Als Beispiel für eine nicht regelmäßig vorzunehmende Zeitwertermittlung führt der Standard eine

Bewertung zum beizulegenden Zeitwert an, die niedriger ist als der fortgeführte Buchwert (s IFRS 13.93(a) iVm IFRS 5.15).

269 Für jede dieser so gebildeten Klassen von Vermögenswerten und Schulden sind insbes folgende Angaben zu machen:

(1) **Beizulegende Zeitwerte:** Es sind sämtliche beizulegenden Zeitwerte zum Bilanzierungszeitpunkt anzugeben. Für nicht regelmäßig ermittelte beizulegende Zeitwerte ist zusätzlich der **Anlass** für die Bewertung anzugeben (IFRS 13.93(a)).

(2) **Zeitwertkategorien:** Für die beizulegenden Zeitwerte sind die Ebenen der Zeitwertkategorien (*level* 1–2–3) anzugeben, die der Bewertung insgesamt zugrunde liegen (IFRS 13.93(b)).

(3) **Übertragungen** *(transfer)* **zwischen den** ***levels:*** Aufgrund einer veränderten Informationslage können Änderungen des *levels* der Ermittlung der beizulegenden Zeitwerte eintreten (sofern bspw in der aktuellen Berichtsperiode Marktdaten für einen Vermögenswert verfügbar sind, für den zuvor lediglich interne Parameter herangezogen werden konnten). Für solche dann zwischen den *levels* vorgenommenen Übertragungen sind die **Beträge** der übertragenen beizulegenden Zeitwerte anzugeben sowie die **Gründe** für die Übertragung und die **Grundsätze,** nach denen das Unternehmen derartige Übertragungen vornimmt (dazu IFRS 13.95). Dabei sind jeweils gesondert darzustellen und zu erläutern die Transfers hinein in eine Ebene *(level)* und die Transfers heraus aus einer Ebene (*level,* s IFRS 13.93(c) und IFRS 13.93(e)(iv)).

(4) **Für beizulegende Zeitwerte der** ***level*** **2 und 3:** Für die beizulegenden Zeitwerte dieser Kategorien sind zusätzlich die **Bewertungsverfahren** zu beschreiben sowie die in die Bewertung eingeflossenen **Daten und Informationen** *(inputs).* Ein Wechsel des Bewertungsverfahrens oder der Nutzung eines zusätzlichen Bewertungsverfahrens sind anzugeben, ebenso die Gründe dafür (IFRS 13.93(d)).

270 (5) **Für beizulegende Zeitwerte des** ***level*** **3:** Diese Zeitwerte entziehen sich weitgehend **einer Objektivierung und bieten erhebliche Ermessensspielräume.** Um die daraus resultierenden Beträge und die Qualität der beizulegenden Zeitwerte zu erkennen, sind für sie zahlreiche Zusatzangaben zu machen, wie:

(a) **Betragsangaben** *(quantitative informations)* für die wesentlichen bei der Ermittlung des beizulegenden Zeitwerts genutzten nicht beobachtbaren **Daten** und Informationen (*significant unobservable inputs;* IFRS 13.93(d), IFRS 13.BC195).

(b) Bei wiederkehrenden Zeitwertbewertungen ist eine detaillierte **Überleitungsrechnung** vom Periodenbeginn zum Periodenende anzufertigen mit Angabe der Veränderungen und der jeweiligen Gewinne und Verluste, die in der Ertragslage *(net income)* oder im sonstigen Ergebnis *(other comprehensive income)* ausgewiesen sind, sowie mit Angabe des jeweiligen Postens, in dem die Gewinne oder Verluste enthalten sind. **Veränderungen** wie Käufe und Verkäufe von Vermögenswerten oder das Eingehen und Begleichen von Schulden sind jeweils getrennt anzugeben.

(c) Für wiederkehrende Zeitwertbewertungen des *level* 3 ist außerdem der Gesamtbetrag der **Gewinne und Verluste,** einschließlich solcher aus Veränderungen, sowie der zugehörigen Posten der Ergebnisrechnung für diejenigen Vermögenswerte und Schulden anzugeben, die **zum Periodenende gehalten** werden (IFRS 13.93(f)).

(d) Für alle Zeitwerte des *level* 3 sind die genutzten **Bewertungsverfahren** zu beschreiben sowie die im Unternehmen angewandten **Grundsätze** für deren Anwendung und Änderung (IFRS 13.93(g)).

(e) Für wiederkehrende Zeitwertbewertungen des *level* 3 ist eine Beschreibung der **Sensitivität des beizulegenden Zeitwerts** vorzunehmen aus Veränderungen von nicht beobachtbaren Parametern *(unobservable inputs),* falls diese zu wesentlich höheren oder niedrigeren beizulegenden Zeitwerten führen (IFRS 13.93(h)(i)). Wenn Wechselwirkungen zwischen diesen wesentlichen Parametern und anderen nicht beobachtbaren Parametern bestehen, sind auch diese Wechselwirkungen sowie die Effekte aus Veränderungen zu beschreiben.

(f) Falls eine Änderung eines oder mehrerer nicht beobachtbarer Parameter zu einer vernünftigen möglichen **alternativen Annahme** führen würde, die zu einer wesentlichen Änderung des beizulegenden Zeitwerts führt, sind dieser Umstand und die Auswirkungen einer Änderung anzugeben (IFRS 13.93(h)(ii)).

(g) Für **nicht-finanzielle Vermögenswerte,** wie Sachanlagen, Vorräte oder immaterielle Vermögenswerte, ist ein Hinweis zu geben, wenn die tatsächliche Nutzung nicht mit der **bestmöglichen Verwendung** übereinstimmt und diese Nutzung ist zu begründen (IFRS 13.93(i)).

(h) Die Ausübung des Wahlrechts, finanzielle Vermögenswerte und Schulden mit dem beizulegenden Zeitwert der **Nettoposition** zu bewerten (IFRS 13.48), ist anzugeben (IFRS 13.96).

(i) Alle **quantitativen Daten** sind grds **in tabellarischer Form** anzugeben (IFRS 13.99).

(einstweilen frei) **271, 272**

III. Vergleich zum HGB

Das **ökonomische Bewertungskonzept** der IFRS geht ebenso wie das des HGB davon aus, dass Aufwendungen für die Anschaffung oder Herstellung von Vermögenswerten nicht sofort im Aufwand zu verrechnen sind, sondern grds erst in denjenigen Perioden, in denen die Vermögenswerte zur Unternehmensleistung beitragen. Im HGB wird dies bei der Zugangsbewertung durch den Grundsatz der **erfolgsneutralen Bewertung** und in den Folgebewertungen durch **planmäßige** oder **außerplanmäßige Abschreibungen** sowie ggf durch Wertaufholungen erreicht. Die IFRS sprechen diesen ökonomischen Grundsatz durch das ***matching principle*** an. **273**

Das **bilanzielle Bewertungskonzept** der IFRS weicht dagegen in weiten Teilen vom **Anschaffungskostenprinzip** des HGB ab und stellt dem ein **(Neu-) Bewertungskonzept zum beizulegenden Zeitwert** *(fair value)* gegenüber, das in zahlreichen Fällen eine Marktbewertung zulässt oder gar fordert. **274**

Wesentliche Unterschiede zwischen den Konzepten ergeben sich immer dann, wenn der beizulegende Zeitwert sich **über** die Anschaffungskosten hinaus entwickelt. Liegen die Voraussetzungen für eine Neubewertung vor, dann lösen sich die IFRS vom Anschaffungskostenprinzip und knüpfen an den beizulegenden Zeitwert, der idR ein Marktwert sein soll, an. Dabei werden die Anschaffungskosten bewusst nicht als periodenübergreifende Obergrenze einer Bewertung angesehen.

Die IFRS erlauben eine Neubewertung über die Anschaffungskosten hinaus, insbes bei **immateriellen Anlagegütern** (Wahlrecht in IAS 38.75; § 4) und bei **Sachanlagen** (Wahlrecht in IAS 16.31; § 5). Als neuer Wertansatz im Rahmen des Neubewertungsmodells gilt der beizulegende Zeitwert zum Zeitpunkt der Neubewertung abzüglich weiterer Abschreibungen und außerplanmäßiger Wertminderungen *(impairment losses)*. Der so ermittelte Neubewertungsbetrag ist ohne **275**

Berührung der GuV im sonstigen Ergebnis in die **Neubewertungsrücklage** einzustellen (IAS 38.85, IAS 16.39).

276 In bestimmten Fällen kann sogar die **Erstbewertung** zu einem Zeitwert führen, der **über den Anschaffungskosten** liegt (sog *day one profit*). Das kann zB dann der Fall sein, wenn der Verkäufer eines Vermögenswerts gezwungen ist, zB aufgrund eines finanziellen Engpasses, schnell zu verkaufen und dadurch einen vom Marktpreis abweichenden (niedrigeren) Preis zu akzeptieren (IFRS 13.60). Der Differenzbetrag ist erfolgswirksam zu erfassen, soweit keine andere Behandlung in einem spezifischen Standard vorgesehen ist (IFRS 13.BC137).

Demgegenüber stellen im HGB die Anschaffungskosten stets den Ausgangspunkt für die Abschreibungen und bei einer Wertaufholung auch die Obergrenze dar. Ein Buchwert über die Anschaffungskosten hinaus würde gegen das **Realisationsprinzip** verstoßen. Die Anwendung von beizulegenden Zeitwerten durchbricht durch den Ausweis unrealisierter Gewinne über die Anschaffungskosten hinaus zudem auch das Imparitätsprinzip. Ebenso würde eine allgemeine Integration einer Bewertung zum beizulegenden Zeitwert dem im HGB verankerten Gläubigerschutz sowie der Ausschüttungsbemessungsfunktion entgegenstehen (*Kümpel/Oldewurtel/Wolz* StuB 2012, 176f). Zwischen den beiden Konzepten bestehen demgegenüber keine konzeptionellen Unterschiede, wenn sich der **Marktwert nach unten** entwickelt.

277–287 *(einstweilen frei)*

E. Ausweisregeln

I. Bestandteile des Einzel- und des Konzernabschlusses

288 Ein vollständiger Abschluss enthält nach IAS 1.10 mindestens **folgende Bestandteile:**

(1) Bilanz *(statement of financial position),*
(2) Gesamtergebnisrechnung *(statement of comprehensive income),*
(3) Eigenkapitalveränderungsrechnung *(statement of changes in equity),*
(4) Kapitalflussrechnung *(statement of cash flows),*
(5) Anhang *(notes),*
(6) Vergleichsinformationen für die vorangegangene Berichtsperiode
(7) Eröffnungsbilanz für die vorangegangene Periode, sofern im Berichtsjahr retrospektive Anpassungsmaßnahmen oder Umgliederungen vorgenommen wurden.

Diese Bestandteile gelten für **sämtliche** Unternehmen sowie für **Einzel-** und **Konzernabschlüsse** (IAS 1.4).

Einzelheiten zu den Bestandteilen sind in → Rn 25ff wiedergegeben.

289–291 *(einstweilen frei)*

II. Ausweisvorschriften für die Bilanz und die Gesamtergebnisrechnung/Gewinn- und Verlustrechnung

1. Grundlagen und Abgrenzung

292 **Verpflichtende** detaillierte **Gliederungsschemata** für die Bilanz und die Gesamtergebnisrechnung enthalten die IFRS **nicht;** es sind jedoch bestimmte Posten verpflichtend anzugeben, die eine Bilanz (IAS 1.54) und eine Gesamter-

gebnisrechnung (IAS 1.81A) bzw gesonderte GuV (sofern erstellt) enthalten muss. Das DRSC hat am 12. Juli 2013 die DRSC Interpretation 1 (IFRS) (DRSC-I 1) als überarbeitete Fassung der ehemaligen Rechnungslegungs Interpretation Nr 1 „Bilanzgliederung nach **Fristigkeit** gem IAS 1 Darstellung des Abschlusses" veröffentlicht, auf die in → Rn 308 eingegangen wird.

Die IFRS gewähren **Darstellungserleichterungen** ähnlich dem HGB-Abschluss, wonach Informationen wahlweise im Anhang oder in der Bilanz (IAS 1.77 ff) bzw der Gesamtergebnisrechnung (IAS 1.97 ff) dargestellt werden können. 293

Im Übrigen sind **detaillierte Vorschriften** zu Ansatz, Bewertung und Ausweis **einzelnen Standards** vorbehalten. **Branchenspezifische** Abschlussdarstellungen werden daneben in gesonderten Abschnitten erläutert (§§ 39, 40 und 41 für Banken, Versicherungen und Landwirtschaft).

2. Gliederung nach Fristigkeit oder Liquidität

a) Allgemeine Kriterien

Die Vermögenswerte und Schulden müssen jeweils in **langfristige** und **kurzfristige** Posten eingeteilt werden, sofern eine Darstellung nach der **Liquidität** nicht zuverlässiger oder relevanter ist (IAS 1.60). Die Darstellung nach der Liquidität stellt somit ein Ausnahmewahlrecht dar, welches explizit für Banken (§ 39) als geeignet angesehen wird (IAS 1.63). Gem DRSC-I 1 gilt das Ausnahmewahlrecht auch für Versicherungen sowie für Investment- und Beteiligungsgesellschaften, sofern die Bilanz solcher Unternehmen nahezu vollständig aus Finanzinstrumenten besteht (DRSC-I 1.23). Für alle übrigen Unternehmen, die Güter und Dienstleistungen innerhalb eines **eindeutig zu identifizierenden Geschäftszyklus** anbieten, ist eine Untergliederung nach der Fristigkeit grds vorgeschrieben (IAS 1.62). 294

Der **Geschäftszyklus** ist für die Einordnung eines Vermögenswerts oder einer Schuld als langfristig oder kurzfristig von Bedeutung. Der Geschäftszyklus ist als Zeitraum zwischen dem Erwerb von Vermögenswerten (die in Prozesse eingehen) und deren Umwandlung in Zahlungsmittel oder deren Äquivalente definiert (IAS 1.68). Der Geschäftszyklus wird idR, insbes bei Handelsunternehmen, einen Zeitraum von weniger als zwölf Monaten umfassen, ist aber nicht auf diesen Zeitraum beschränkt. Soweit der Geschäftszyklus nicht eindeutig identifizierbar ist, wird von einem Zeitraum von zwölf Monaten ausgegangen, wobei kurzfristige Vermögenswerte und Schulden demselben Geschäftszyklus zugeordnet werden (IAS 1.68 und IAS 1.70). 295

In der Praxis wird der **Darstellung nach der Liquidität** üblicherweise dadurch Rechnung getragen, dass innerhalb der kurz- oder langfristigen Klassen die Vermögenswerte und Schulden zusätzlich nach ihrer Liquiditätsnähe geordnet werden (*Bischof/Kleekämper/Knorr/Wendlandt* in Baetge ua IFRS-Komm IAS 1 Rz 89; gem DRSC-I 1.24 kann eine solche (Unter-)Gliederung nach Liquiditätsnähe sachgerecht sein). 296

Betreibt ein Unternehmen **unterschiedliche Geschäftsfelder,** darf es nach IAS 1.63f einige Vermögenswerte und Schulden nach der Liquidität, andere nach der Fristigkeit darstellen, wenn dies der Informationsvermittlung dient; dies dürfte vor allem dann in Betracht kommen, wenn in einem Konzern Finanzinstitute und andere Unternehmen konsolidiert werden (*Lüdenbach/Hoffmann/Freiberg* IFRS § 2 Rz 31). Dagegen empfiehlt das DRSC-I 1 ausdrücklich, auf eine Mischung der Gliederungsprinzipien zu verzichten (DRSC-I 1.24) und ggf als Ergänzung zur Bilanzgliederung im Anhang für die relevanten Posten eine Segmentierung nach Liquiditätsnähe anzugeben (DRSC-I 1.25). 297

298 Unabhängig von der Darstellungsweise nach Fristigkeit oder Liquidität haben die Unternehmen **fristenspezifische Angaben** zu machen, um den Adressaten Informationen über die erwarteten Fälligkeitstermine von Vermögenswerten und Schulden zu vermitteln (IAS 1.65). Danach ist für jeden Abschlussposten der Betrag anzugeben, von dem eine Realisierung oder Erfüllung erst nach mehr als zwölf Monaten nach dem Bilanzstichtag erwartet wird (IAS 1.61). Die Angabepflicht ist vergleichbar mit der Angabe von Forderungen mit einer Restlaufzeit von mehr als einem Jahr entspr § 268 Abs 4 HGB und kann sowohl in der Bilanz als auch im Anhang erfolgen. Auf die besonderen Angabepflichten für Finanzinstrumente (IFRS 7; → § 3 Rn 271 ff) wird hingewiesen (IAS 1.65).

299 In IAS 1.66 und IAS 1.69 wird definiert, was **kurzfristig** ist: Dazu zählen alle Sachverhalte, die idR innerhalb eines **normalen Geschäftszyklus** realisiert bzw erfüllt werden (→ Rn 300). Alle anderen Vermögenswerte und Schulden gelten demnach als langfristig.

Das **HGB** kennt den Begriff der kurz- und langfristigen Vermögenswerte und Schulden nicht, sondern klassifiziert nach **Anlagevermögen** und **Umlaufvermögen.** Aus der Definition des Anlagevermögens gem § 247 Abs 2 HGB, wonach als Anlagevermögen alle Gegenstände auszuweisen sind, die dauernd dem Geschäftsbetrieb dienen sollen, ergibt sich aber kein wesentlicher Abgrenzungsunterschied zu IAS 1. Denn der Umkehrschluss dieses Wortlauts deutet darauf hin, dass das Umlaufvermögen nach HGB genauso wie das kurzfristige Vermögen gem IAS 1.66 innerhalb eines gewöhnlichen Geschäftszyklus realisiert werden soll, auch wenn dieser in Einzelfällen ein Geschäftsjahr überschreiten kann. Ein Unterschied zwischen HGB und IFRS ergibt sich lediglich bei der Klassifizierung der Schulden, da gem IAS 1.69(c) der kurzfristig fällige Teil einer langfristigen Schuld als kurzfristige Schuld auszuweisen ist. Im HGB existiert keine vergleichbare Regelung.

b) Einordnung von Vermögenswerten in kurz- und langfristige Werte

300 **Kurzfristige Vermögenswerte** sind solche, die mindestens eines der nachfolgenden Kriterien erfüllen:

(1) Die **Realisation** des Vermögenswerts wird innerhalb des normalen Geschäftszyklus **oder** bis zu zwölf Monate nach dem Bilanzstichtag des Unternehmens erwartet (IAS 1.66(a) oder (c)).
(2) Der Vermögenswert wird zum **Verkauf** oder **Verbrauch** innerhalb des normalen Geschäftszyklus gehalten (IAS 1.66(a)).
(3) Der Vermögenswert wird primär für **Handelszwecke** gehalten (IAS 1.66(b)).
(4) Es handelt sich um **Zahlungsmittel** oder deren Äquivalente, es sei denn, der Tausch oder die Nutzung des Vermögenswerts zur Erfüllung einer Verpflichtung sind auf einen Zeitraum von mindestens zwölf Monaten nach dem Bilanzstichtag **beschränkt** (IAS 1.66(d)).

Typische kurzfristige Vermögenswerte sind demnach Vorräte, Forderungen aus Lieferungen und Leistungen, Anzahlungen sowie nicht verpfändete Guthaben bei Kreditinstituten. Vorräte und Forderungen aus Lieferungen und Leistungen gelten – unter der Bedingung, dass sie im gewöhnlichen Geschäftszyklus verkauft, verbraucht oder realisiert werden – selbst dann als kurzfristig, wenn deren Realisation nicht innerhalb von zwölf Monaten nach dem Bilanzstichtag erwartet wird (IAS 1.68). Forderungen aus Lieferungen und Leistungen sind aber dann den langfristigen Vermögenswerten zuzuordnen, wenn zB ungewöhnlich lange Zahlungsziele vereinbart worden sind, die nicht dem üblichen Geschäftszyklus des Unternehmens entsprechen (DRSC-I 1.16).

Dagegen sind **typische langfristige** Vermögenswerte Sachanlagen und immaterielle Vermögenswerte oder Anteile an assoziierten Unternehmen. Wenn die Bilanz nach kurz- und langfristigen Vermögenswerten und Schulden gegliedert ist, gelten **latente Steuern** gem IAS 1.56 immer als langfristig. Dies gilt selbst dann, wenn sie für temporäre Differenzen gebildet wurden, die sich kurzfristig wieder umkehren, zB latente Steuern aufgrund unterschiedlicher Herstellungskosten für Vorräte. Aufgrund dieser strikten Regelung erfährt der Bilanzleser somit nichts darüber, wann mit der zukünftigen Steuermehr- oder -minderbelastung zu rechnen ist. 301

Wertpapiere sind langfristig, wenn die erwartete Haltedauer oder die Restlaufzeit über zwölf Monate – gerechnet vom Bilanzstichtag – hinausgeht. Kurzfristige Teile sind zu separieren. Wertpapiere, die bei der Einbuchung als zu Handelszwecken gehalten eingeordnet werden (→ § 3 Rn 56ff) sind kurzfristig. Ausnahmen gelten für Derivate (IAS 1.68).

Sofern ein langfristiger Vermögenswert oder eine Gruppe von Vermögenswerten **veräußert** werden soll, hat eine Umgliederung in „kurzfristig" zu erfolgen, wenn die Kriterien „zur Veräußerung gehalten" gem IFRS 5 (vor dem Bilanzstichtag) erfüllt sind (IFRS 5.3). Grundvoraussetzung hierfür ist, dass der Buchwert eines Vermögenswerts überwiegend nicht mehr durch die Nutzung im Unternehmen realisiert wird, sondern durch ein Veräußerungsgeschäft (IFRS 5.6ff; im Einzelnen § 28). Zur **Stilllegung** bestimmte Vermögenswerte (oder Veräußerungsgruppen) dürfen nicht als zur Veräußerung gehalten klassifiziert werden, soweit es sich nicht um aufgegebene Geschäftsbereiche (iSv IFRS 5.32) handelt, da der zugehörige Buchwert überwiegend durch die fortgesetzte Nutzung realisiert wird (IFRS 5.13). Gleiches gilt uE für die zur **Verschrottung** bestimmten langfristigen Vermögenswerte. 302

c) Einordnung von Schulden in kurz- und langfristige Werte

Schulden sind als **kurzfristig** zu qualifizieren, wenn sie mindestens eines der nachfolgenden Kriterien erfüllen: 303

(1) Die **Tilgung** wird innerhalb des normalen Geschäftszyklus **oder** innerhalb von zwölf Monaten nach dem Bilanzstichtag des Unternehmens erwartet (IAS 1.69(a) oder (c)).
(2) Die Schuld wird primär für **Handelszwecke** gehalten (IAS 1.69(b)).
(3) Das Unternehmen hat kein uneingeschränktes Recht, die Erfüllung der Verpflichtung um mindestens zwölf Monate nach dem Bilanzstichtag (IAS 1.69(d)) zu verschieben.

Schulden für Verbindlichkeiten aus Lieferungen und Leistungen sowie für personalbezogene und andere betriebliche Aufwendungen sind **immer** als **kurzfristige** Schulden zu klassifizieren, da sie einen Teil des kurzfristigen Betriebskapitals bilden (IAS 1.70). 304

Wird eine finanzielle Schuld innerhalb von zwölf Monaten nach dem Bilanzstichtag fällig, so ist ein Ausweis als **kurzfristig** notwendig. Dies gilt selbst dann, wenn die urspr Laufzeit mehr als zwölf Monate betrug und wenn nach dem Bilanzstichtag eine langfristige Refinanzierungsvereinbarung getroffen worden ist (IAS 1.72). Der im folgenden Geschäftsjahr zu tilgende Betrag aus einer langfristigen Schuld ist daher immer als kurzfristig darzustellen.

Ein Ausweis als **kurzfristig** ist auch notwendig, wenn das Unternehmen an oder vor dem Bilanzstichtag eine Kreditvereinbarung verletzt hat und daher vertragsgemäß die (urspr langfristige) Verpflichtung sofort fällig wird. Dies gilt selbst dann, wenn der Kreditgeber nach dem **Bilanzstichtag** und vor der Freigabe zur Veröffentlichung des Abschlusses nicht mehr auf Zahlung aufgrund der Verletzung besteht.

305 Eine eigentlich kurzfristige Schuld ist als **langfristig** zu klassifizieren, wenn:
(1) das Unternehmen aufgrund einer **bestehenden Kreditvereinbarung** erwarten und verlangen kann, dass eine Verpflichtung **refinanziert** oder verlängert wird, selbst wenn diese sonst innerhalb von zwölf Monaten nach dem Bilanzstichtag fällig wäre (IAS 1.73);
(2) der Kreditgeber **vor** dem **Bilanzstichtag** eine Nachfrist von mindestens zwölf Monaten zur Behebung der Verletzung des Kreditvertrags gewährt hat und die sofortige Zahlung nicht mehr verlangen kann (IAS 1.75).

306 Für als **kurzfristige Schulden klassifizierte Darlehen** sind folgende nach dem Bilanzstichtag eintretende Ereignisse anzugeben:
(1) langfristige Refinanzierung (IAS 1.76(a)),
(2) Behebung der Verletzung einer langfristigen Kreditvereinbarung (IAS 1.76(b)) und
(3) Gewährung einer mindestens zwölf Monate nach dem Bilanzstichtag ablaufenden Nachfrist durch den Kreditgeber zur Behebung der Verletzung einer langfristigen Kreditvereinbarung (IAS 1.76(c)).

3. Gliederung der Bilanz und der Gesamtergebnisrechnung/Gewinn- und Verlustrechnung

a) Bilanz

307 Bestandteile der IFRS-Bilanz zur Darstellung der Vermögens- und Finanzlage sind entspr F.4.4 Vermögenswerte, Schulden und Eigenkapital.

Im Vergleich zum HGB (§ 247) fehlen die Rechnungsabgrenzungsposten, die IAS 1 nicht vorsieht, die aber unter bestimmten Voraussetzungen innerhalb der sonstigen Vermögenswerte bzw Verbindlichkeiten zu finden sind (→ Rn 130 und → Rn 139). Eine Anwendung des Bilanzgliederungsschemas nach § 266 Abs 2 und 3 HGB ist nicht mit IAS 1 vereinbar (DRSC-I 1.35).

Einen **Mindestumfang** der in der Bilanz darzustellenden Informationen, unabhängig von der Darstellungsform, enthält die „Liste von Posten" in IAS 1.54.

308 Das DRSC hat in DRSC-I 1 ein **Beispiel für die Gliederung einer Bilanz** veröffentlicht:

AKTIVA

Langfristige Vermögenswerte
Immaterielle Vermögenswerte
Biologische Vermögenswerte
Sachanlagen
Als Finanzinvestition gehaltene Immobilien
At equity bewertete Beteiligungen
Forderungen aus Lieferungen und Leistungen
Wertpapiere
Sonstige Vermögenswerte
Latente Steueransprüche
Summe langfristige Vermögenswerte

Kurzfristige Vermögenswerte
Vorratsvermögen
Forderungen aus Lieferungen und Leistungen
Wertpapiere
Lfd Ertragsteueransprüche
Zahlungsmittel und Zahlungsmitteläquivalente
Sonstige Vermögenswerte
Zwischensumme kurzfristige Vermögenswerte
Zur Veräußerung gehaltene langfristige Vermögenswerte und Veräußerungsgruppen
Summe kurzfristige Vermögenswerte

BILANZSUMME

PASSIVA 309

Eigenkapital

Den Gesellschaftern des MU zurechenbarer Anteil am Eigenkapital
- Gezeichnetes Kapital
- Rücklagen
- Kumulierte, direkt im sonstigen Ergebnis erfasste Erträge oder Aufwendungen in Zusammenhang mit zur Veräußerung gehaltenen langfristigen Vermögenswerten und Veräußerungsgruppen sowie aufgegebenen Geschäftsbereichen
- Eigene Anteile

Anteile nicht-beherrschender Gesellschafter

Summe Eigenkapital

Schulden

Langfristige Schulden
- Rückstellungen
- Finanzverbindlichkeiten
- Verbindlichkeiten aus Lieferungen und Leistungen
- Abgegrenzte Zuwendungen der Öffentlichen Hand
- Sonstige Verbindlichkeiten
- Latente Steuerverbindlichkeiten

Summe langfristige Schulden

Kurzfristige Schulden
- Rückstellungen
- Lfd Ertragsteuerverbindlichkeiten
- Finanzverbindlichkeiten
- Verbindlichkeiten aus Lieferungen und Leistungen
- Sonstige Verbindlichkeiten

Zwischensumme kurzfristige Schulden
- Schulden in direktem Zusammenhang mit zur Veräußerung gehaltenen langfristigen Vermögenswerten

Summe kurzfristige Schulden

Summe Schulden

BILANZSUMME

Der IASB hat in IAS 1.IG6 Part I ein **Beispiel für die Gliederung einer** 310
Konzernbilanz veröffentlicht:

VERMÖGENSWERTE *(assets)*

Langfristige Vermögenswerte *(non-current assets)*
- Sachanlagen *(property, plant and equipment)*
- Geschäfts- oder Firmenwerte *(goodwill)*
- Sonstige immaterielle Vermögenswerte *(other intangible assets)*
- Anteile an assoziierten Unternehmen *(investments in associates)*
- Zum Verkauf verfügbare finanzielle Vermögenswerte *(available for sale financial assets)*

Summe langfristige Vermögenswerte

Kurzfristige Vermögenswerte *(current assets)*
- Vorratsvermögen *(inventories)*
- Forderungen aus Lieferungen und Leistungen *(trade receivables)*
- Sonstige kurzfristige Vermögenswerte *(other current assets)*
- Zahlungsmittel und Zahlungsmitteläquivalente *(cash and cash equivalents)*

Summe kurzfristige Vermögenswerte

SUMME VERMÖGENSWERTE *(total assets)*

EIGENKAPITAL UND VERBINDLICHKEITEN

Eigenkapital
Den Gesellschaftern des MU zurechenbares Eigenkapital
(equity attributable to owners of the parent)
– Gezeichnetes Kapital *(share capital)*
– Rücklagen *(retained earnings)*
– Sonstige Eigenkapitalkomponenten *(other components of equity)*
Summe Gesellschafterkapital
Anteile nicht-beherrschender Gesellschafter *(non-controlling interests)*
Summe Eigenkapital *(total equity)*

Langfristige Schulden *(non-current liabilities)*
– Finanzverbindlichkeiten *(long-term borrowings)*
– Latente Steuerverbindlichkeiten *(deferred tax)*
– Langfristige Rückstellungen *(long-term provisions)*
Summe langfristige Schulden (total non-current liabilities)

Kurzfristige Schulden *(current liabilities)*
– Verbindlichkeiten aus Lieferungen und Leistungen und sonstige Verbindlichkeiten *(trade and other payables)*
– Kurzfristige Finanzverbindlichkeiten *(short-term borrowings)*
– Kurzfristiger Anteil der langfristigen Finanzverbindlichkeiten *(current portion of long-term borrowings)*
– Steuerverbindlichkeiten *(current tax payable)*
– Rückstellungen *(short-term provisions)*
Summe kurzfristige Schulden (total current liabilities)
SUMME SCHULDEN *(total liabilities)*

SUMME EIGENKAPITAL UND VERBINDLICHKEITEN
(total equity and liabilities)

311 Sofern es für das Verständnis der Finanzlage des Unternehmens relevant ist, sind **zusätzliche Posten,** Überschriften und Zwischensummen in der Bilanz darzustellen (IAS 1.55). Ob zusätzliche Posten auszuweisen sind, hängt von der Art und Liquidität von Vermögenswerten, der Funktion der Vermögenswerte innerhalb des Unternehmens sowie der Beträge, der Art und des Fälligkeitszeitpunkts der Schulden ab (IAS 1.58). Im Rahmen der Änderungen an IAS 1 durch die Anhanginitiative wurden Vorschriften zu Zwischensummen in der Bilanz eingeführt (sofern diese für das Verständnis der VFE-Lage eines Unternehmens sachgerecht sind), die ab 1. Januar 2016 in Kraft treten. Gem dem neu hinzugefügten IAS 1.55A (geändert 2014) müssen sich diese Zwischensummen aus Ausweiszeilen zusammensetzen, die aus Beträgen bestehen, die nach den IFRS erfasst und bewertet werden. Sie müssen darüber hinaus klar und eindeutig bezeichnet und über die Berichtsperioden hinweg konsistent angewendet werden. Ferner dürfen sie nicht mit mehr Prominenz dargestellt werden als in den IFRS geforderte Summen und Zwischensummen.

Eine **Definition** der einzelnen **Posteninhalte** nehmen die IFRS nicht vor. In IAS 1.59 wird hervorgehoben, dass die Anwendung unterschiedlicher Bewertungsgrundlagen für Vermögensgruppen (zB zT Anschaffungskosten, zT Neubewertung) vermuten lässt, dass diese sich in Art und Funktion unterscheiden und deshalb als gesonderte Posten auszuweisen ist.

Das Unternehmen hat darüber hinaus **weitere Unterposten** in einer für die Geschäftstätigkeit geeigneten Weise anzugeben; die Angabe kann **wahlweise** in der **Bilanz** oder im **Anhang** erfolgen (IAS 1.77). IAS 1.78 nennt Beispiele wie das Sachanlagevermögen, Vorräte, Rückstellungen oder das Eigenkapital, bei denen weitere Untergliederungen vorzunehmen sind.

IAS 1.79 enthält darüber hinaus eine Auflistung der in Bilanz oder Anhang verpflichtend zu nennenden Bestandteile des **gezeichneten Kapitals** einschließlich einer Überleitungsrechnung zur Anzahl der im Umlauf befindlichen Anteile (→ § 12 Rn 130) zum Anfang und zum Ende einer Periode (IAS 1.79(a)). Daneben ist die Beschreibung von Art und Zweck jeder Rücklage innerhalb des Eigenkapitals (§ 12) vorzunehmen (IAS 1.79(b)). Für weiterführende Erläuterungen zum Ausweis von ausstehenden Einlagen, Agien, Neubewertungsrücklagen, Gewinnrücklagen, vorgeschlagenen oder beschlossenen Dividenden, eigenen Anteilen, Anteilen nicht-beherrschender Gesellschafter, etc wird auf die §§ 12 und 17 verwiesen. 312

Veröffentlichte IFRS-Abschlüsse sind ua über die Internetpräsenzen vieler kapitalmarktorientierter Unternehmen zugänglich (oft unter dem Stichwort *„Investor Relations"*).

b) Gesamtergebnisrechnung/Gewinn- und Verlustrechnung

Die Gesamtergebnisrechnung *(statement of comprehensive income)* umfasst gem IAS 1.10f zum einen die GuV und zum anderen das sonstige Ergebnis *(other comprehensive income)*, dessen Komponenten direkt im Eigenkapital erfasst werden. 313

IAS 1.10A gewährt ein **Wahlrecht** für die Darstellung der Gesamtergebnisrechnung und des Gesamtergebnisses entweder als:

(1) **einheitliche Darstellung** in einem Rechenwerk (*single statement approach;* s dazu das Beispiel aus IAS 1.IG6 Part I in → § 15 Rn 78 und → § 15 Rn 83), oder als
(2) **zweigeteilte Darstellung** *(two statement approach)*. In diesem Fall wird die bisherige GuV (bis zum Jahreserfolg) als eigene Teilrechnung gesondert dargestellt (IAS 1.81B). Im Anschluss daran sind in einer zweiten Teilrechnung beginnend mit dem Jahreserfolg die Komponenten des sonstigen Ergebnisses darzustellen (→ § 15 Rn 78, → § 15 Rn 83).

Die Mindestbestandteile des erfolgswirksamen Teils der Gesamtergebnisrechnung bzw der gesonderten GuV (sofern erstellt) bestehen nach IAS 1.82(a) bis (ea) aus:

(1) Umsatzerlösen,
(2) Finanzierungsaufwendungen,
(3) Gewinn- und Verlustanteilen an assoziierten Unternehmen und Gemeinschaftsunternehmen, die nach der Equity-Methode bilanziert werden,
(4) Steueraufwendungen,
(5) gesonderter Betrag für die Summe aufgegebener Geschäftsbereiche (s IFRS 5).

Die Verabschiedung von IFRS 9 im Juli 2014 hat zu umfassenden Änderungen an IAS 1.82 geführt. Die Mindestbestandteile des erfolgswirksamen Teils der Gesamtergebnisrechnung bzw der gesonderten GuV (sofern erstellt) bestehen nach IAS 1.82 (geändert 2014) aus:

(1) Umsatzerlösen,
(2) Gewinne und Verluste aus der Ausbuchung finanzieller Vermögenswerte, die zu fortgeführten Anschaffungskosten bewertet werden,
(3) Finanzierungsaufwendungen,
(4) Wertminderungsaufwendungen (einschließlich Erträge aus Wertaufholungen) wie in IFRS 9.5.5 definiert,
(5) Gewinn- und Verlustanteilen an assoziierten Unternehmen und Gemeinschaftsunternehmen, die nach der Equity-Methode bilanziert werden,
(6) Gewinne oder Verluste, die sich aus einer Differenz zwischen dem früheren Buchwert und seinem beizulegenden Zeitwert zum Zeitpunkt der Reklassifizierung (wie in IFRS 9 definiert) ergeben, wenn ein finanzieller Vermögens-

wert von der Bewertung zu Anschaffungskosten in die Kategorie „erfolgswirksam zum beizulegenden Zeitwert“ reklassifiziert wird,

(7) kumulierte Gewinne oder Verluste, die zuvor im sonstigen Ergebnis erfasst und in die GuV umgegliedert wurden, wenn ein finanzieller Vermögenswert von der der Kategorie „erfolgsneutral zum beizulegenden Zeitwert“ in die Kategorie „erfolgswirksam zum beizulegenden Zeitwert“ reklassifiziert wird.

(8) Steueraufwendungen,

(9) gesonderter Betrag für die Summe aufgegebener Geschäftsbereiche (IFRS 5).

Alle in einer Periode erfassten **Ertrags- und Aufwandsposten** sind im Periodenerfolg (Jahreserfolg) zu berücksichtigen, es sei denn, die IFRS schreiben an anderer Stelle etwas Abweichendes vor (IAS 1.88). Ein Ausweis von Erträgen oder Aufwendungen als **außerordentliche Posten** ist **nicht** zulässig (IAS 1.87).

314 Die **Mindestgliederung** der in der GuV darzustellenden Informationen (ausführlich → § 15 Rn 78) endet mit dem Posten **Periodenerfolg** *(profit or loss),* der alle in der Geschäftsperiode realisierten Erfolge umfasst (s die Liste von beispielhaften GuV-Posten in IAS 1.82). Der Jahreserfolg der GuV ist allerdings nur eine Zwischensumme (erfolgswirksames Teilergebnis), die um bestimmte im sonstigen Ergebnis erfasste Eigenkapitalveränderungen (im sonstigen Ergebnis erfasstes Teilergebnis) erweitert wird. Durch diese Darstellung wird das Verhältnis zwischen **realisierten** und **unrealisierten,** dh im sonstigen Ergebnis erfassten **Gewinnen** deutlich. Allerdings kann die GuV unverändert erhebliche nach HGB unrealisierte Gewinne enthalten (zB aus den Wertänderungen von erfolgswirksam zum beizulegenden Zeitwert bewerteten Finanzinstrumenten). In der Eigenkapitalveränderungsrechnung (ausführlich § 17) werden im Detail nur noch die Transaktionen mit den Anteilseignern in Form von Kapitalzuführungen und -rückzahlungen sowie von Dividenden erfasst, während das Gesamtergebnis darin nur noch als Saldo zu berücksichtigen ist.

315 IAS 1.82A schreibt vor, dass das sonstige Ergebnis in **zwei Bestandteile** zu unterteilen ist. Dazu wird unterschieden, ob für den jeweiligen Posten ggf zukünftig eine GuV-Wirksamkeit eintreten wird (sog ***recycling***) oder nicht, dh ob eine **spätere Reklassifizierung (Umbuchung) in die GuV** erfolgt. Der im Rahmen der Anhanginitiative geänderte IAS 1.82A (geändert 2014) stellt klar, dass der Anteil eines Unternehmens am sonstigen Ergebnis von assoziierten Unternehmen oder Gemeinschaftsunternehmen, die *at equity* bilanziert werden, jeweils aggregiert als einzelne Ausweiszeilen auszuweisen ist und zwar auf der Grundlage davon, ob sie später erfolgswirksam in der Gesamtergebnisrechnung bzw in der GuV (sofern erstellt) recycelt werden,.

316 Inhaltlich werden bislang insbes folgende Posten im sonstigen Ergebnis erfasst:

(1) Bewertung nicht-finanzieller Vermögenswerte (ua Neubewertung von Sachanlagen sowie immaterieller Vermögenswerte; IAS 16.31 ff, IAS 38.75 ff);

(2) Neubewertungseffekte der Nettoschuld von leistungsorientierten Versorgungsplänen (IAS 19.122);

(3) Differenzen aus der Währungsumrechnung (IAS 21.39, IAS 21.15 f sowie IAS 39.102(b));

(4) Bewertungseffekte zur Veräußerung gehaltener finanzieller Vermögenswerte (IAS 39.55);

(5) Wertänderungen aus der Absicherung von Zahlungsströmen (IAS 39.95 ff sowie IAS 39.100 f);

Durch die Verabschiedung von IFRS 9 im Juli 2014 wurde IAS 1.7 umfassend ergänzt. Nach IAS 1.7 (geändert 2014) werden im sonstigen Ergebnis folgende Posten erfasst:

(1) Bewertung nicht-finanzieller Vermögenswerte (ua Neubewertung von Sachanlagen sowie immaterieller Vermögenswerte; IAS 16.31 ff, IAS 38.75 ff);

(2) Neubewertungseffekte der Nettoschuld von leistungsorientierten Versorgungsplänen (IAS 19.122);
(3) Differenzen aus der Währungsumrechnung (IAS 21.39, IAS 21.15 f);
(4) Anteile am sonstigen Ergebnis von Beteiligungen, die erfolgsneutral zum beizulegenden Zeitwert bewertet werden (in Einklang mit IFRS 9.5.7.5);
(5) Gewinne und Verluste aus erfolgsneutral zum beizulegenden Zeitwert bewerteten finanziellen Vermögenswerten (in Einklang mit IFRS 9.4.1.2A),
(6) der effektive Teil der Gewinne und Verluste aus Sicherungsinstrumenten in einem Cash-Flow-Hedge und Gewinne und Verluste aus Sicherungsinstrumenten, die erfolgsneutral zum beizulegenden Zeitwert bewertete Anteile an Equity-Instrumenten (in Einklang mit IFRS 9.5.7.5);
(7) Änderungen des beizulegenden Zeitwerts bestimmter erfolgswirksam zum beizulegenden Zeitwert bewertete finanzielle Verbindlichkeiten, die auf das eigene Kreditrisiko zurückgehen (IFRS 9.5.7.7);
(8) Änderungen des Zeitwerts von Optionen beim Trennen von innerem Wert und Zeitwert einer Option und der Bestimmung der Änderungen des inneren Werts als Sicherungsinstruments;
(9) Wertänderungen von ***forward*-Elementen** bzw ***basis spreads*** im Fremdwährungsbereich, die transaktionsbezogene Grundgeschäfte und die zeitraumbezogene Grundgeschäfte absichern, sofern die *forward*-Elemente bzw *basis spreads* vom Gesamtwert des Forwards bzw des Fremdwährungsderivats nach IFRS 9.6.5.16 getrennt werden.

Als **Beispiel** wird in IAS 1.IG6 Part I folgende **(Konzern-)**Gesamtergebnisrechnung nach dem Umsatzkostenverfahren (UKV) dargestellt: **317**

Gesamtergebnisrechnung
(1) **Umsatzerlöse**
(2) Umsatzkosten
(3) Bruttogewinn
(4) Sonstige Erträge
(5) Vertriebskosten
(6) Verwaltungsaufwendungen
(7) Andere Aufwendungen
(8) Finanzierungsaufwendungen
(9) Gewinnanteil an assoziierten Unternehmen
(10) **Gewinn vor Steuern**
(11) Ertragsteueraufwand
(12) Gewinn aus fortzuführenden Geschäftsbereichen
(13) Verlust aus aufgegebenen Geschäftsbereichen
(14) **GEWINN DES JAHRES**
Sonstiges Ergebnis
Posten, die zukünftig nicht aufwands- oder ertragswirksam umgegliedert werden
(15) Gewinne aus der Neubewertung von Immobilien
(16) Neubewertungen von leistungsorientierten Pensionsplänen

Gesamtergebnisrechnung
(17) Anteil am Gewinn (Verlust) aus der Neubewertung von Immobilien assoziierter Unternehmen
(18) Ertragsteuer in Bezug auf Posten, die zukünftig nicht umgegliedert werden
Posten, die ggf zukünftig aufwands- oder ertragswirksam umgegliedert werden
(19) Umrechnungsdifferenzen aus der Umrechnung ausländischer Geschäftsbetriebe
(20) Zur Veräußerung verfügbare finanzielle Vermögenswerte
(21) Absicherung von Zahlungsströmen
(22) Ertragsteuer in Bezug auf Posten, die ggf zukünftig umgegliedert werden
(23) **sonstiges Ergebnis des Jahres, nach Steuern**
(24) **GESAMTERGEBNIS DES JAHRES**

318 Gesamtergebnisrechnung und gesonderte GuV (sofern erstellt) sind um Angaben zur **Ergebniszuordnung** zu erweitern. So sind jeweils die auf die **Anteilseigner des MU** und die auf die Anteile nicht-beherrschender Gesellschafter entfallenden Anteile am Jahreserfolg (IAS 1.81B(a)) und am Gesamtergebnis (IAS 1.81B(b)) darzustellen (s im Einzelnen → § 15 Rn 78). Außerdem haben börsennotierte AG das **Ergebnis je Aktie** (zutreffender: Periodenerfolg je Aktie) in der Gesamtergebnisrechnung bzw – im Fall einer gesonderten Darstellung – in der separaten GuV anzugeben (IAS 33.66ff; → § 16 Rn 45). Die früher auch in der GuV ausweisbaren **beschlossenen Dividenden** sowie der **Betrag je Anteil** sind nunmehr verpflichtend nur noch in der Eigenkapitalveränderungsrechnung oder im Anhang anzugeben (IAS 1.107).

Beispiel (s IAS 1.IG6):

Vom Gewinn entfällt auf:	
Anteilseigner des MU	97
Anteile nicht-beherrschender Gesellschafter	24
	121
Vom Gesamtergebnis entfällt auf:	
Anteilseigner des MU	86
Anteile nicht-beherrschender Gesellschafter	21
	107
Ergebnis je Aktie	0,46

319 Eine **Definition** der **Posteninhalte** nehmen die IFRS grds nicht vor. Eine inhaltliche Beschreibung enthält → § 15 Rn 91ff. Ggf anfallende **Finanzierungserträge** sind aufgrund des Saldierungsverbots grds nicht mit den Finanzierungsaufwendungen zu saldieren sondern innerhalb eines Finanzergebnisses gesondert auszuweisen (*IASB* Update September 2006, 5; → Rn 109; *Lüdenbach/Hoffmann/Freiberg* IFRS § 2 Rz 78; aA *Heuser/Theile* Rz 7447). Außerdem ist das Ergebnis aus Equity-Beteiligungen bei Vorliegen anderer Beteiligungserträge gesondert im Beteiligungsergebnis darzustellen (IAS 1.82). Zur Zusammensetzung des Ergebnisses der aufgegebenen Geschäftsbereiche → § 28 Rn 113ff.

320 Sofern es für das Verständnis der Ertragslage des Unternehmens relevant ist, sind **zusätzliche Posten, Überschriften** und **Zwischensummen** in der Gesamtergebnisrechnung bzw gesonderten GuV (sofern erstellt) darzustellen (IAS 1.85). Im

Rahmen der Änderungen an IAS 1 durch die Anhanginitiative wurden weitere Vorschriften zu Zwischensummen in der Gesamtergebnisrechnung eingeführt (sofern für das Verständnis der VFE-Lage eines Unternehmens sachgerecht sind), die ab 1. Januar 2016 in Kraft treten. Gem dem neu hinzugefügten IAS 1.85A (geändert 2014) und IAS 1.85B müssen sich diese Zwischensummen aus Ausweiszeilen zusammensetzen, die aus Beträgen bestehen, die nach den IFRS erfasst und bewertet werden. Darüber hinaus müssen sie klar und eindeutig bezeichnet und über die Berichtsperioden hinweg konsistent angewendet werden. Ferner dürfen sie nicht mit mehr Prominenz dargestellt werden als in den IFRS geforderte Summen und Zwischensummen. Sie sind auf die Zwischensummen oder Summen überzuleiten, die nach den IFRS erforderlich sind.

Ob zusätzliche Posten auszuweisen sind, hängt von der Wesentlichkeit sowie der Art und Funktion der Bestandteile von Erträgen und Aufwendungen ab (IAS 1.86).

Wesentliche Ertrags- oder Aufwandsposten sind hinsichtlich Art und Betrag 321
immer gesondert anzugeben (IAS 1.97). Dies kann wahlweise auch im Anhang erfolgen. Hierzu nicht abschließende Beispiele für die Angabe von Ertrags- oder Aufwandsposten sind in IAS 1.98 angegeben:

(1) Außerplanmäßige Abschreibungen und Wertaufholungen derselben,
(2) Restrukturierungsaufwendungen oder die Auflösung von Rückstellungen hierfür,
(3) Abgang von Sachanlagen,
(4) Veräußerung von Finanzanlagen,
(5) aufgegebene Geschäftsbereiche,
(6) Beendigung von Rechtsstreitigkeiten und
(7) sonstige Auflösungen von Rückstellungen.

Die Aufwendungen können entweder nach Aufwandsarten (**Gesamtkosten-** 322
verfahren – GKV) oder nach Funktionen (**Umsatzkostenverfahren** – UKV) gegliedert werden (näher → § 15 Rn 94ff). Zwischen beiden Verfahren soll das im Einzelfall aussagekräftigere gewählt werden (IAS 1.105). Die IFRS heben hervor, dass das UKV idR aussagekräftiger ist, aber die Zuordnung von Aufwendungen zu Funktionen willkürlich sein kann und insoweit erhebliche Ermessensentscheidungen enthält (IAS 1.103). Sofern das in der IFRS-Praxis verbreitete UKV gewählt wird, sind zusätzliche Angaben über die Art der Aufwendungen, einschließlich des Aufwands für planmäßige Abschreibungen und Leistungen an Arbeitnehmer entspr IAS 19 (IAS 1.104) zu machen.

Details zur Gesamtergebnisrechnung bzw gesonderten GuV – einschließlich Mindestgliederungen – sind in § 15 dargestellt.

aa) Ausweis von Umgliederungsbeträgen betreffend das sonstige Er- 323
gebnis *(reclassification adjustments)*. Wertveränderungen, die in früheren Perioden im sonstigen Ergebnis erfasst wurden, müssen grds spätestens im Zeitpunkt der Veräußerung des betreffenden Vermögenswerts erfolgswirksam erfasst werden (IAS 1.93ff). Das ist zB der Fall bei zur Veräußerung verfügbaren Wertpapieren, bei denen die erfolgsneutral im Eigenkapital aus den Zeitwerten angesammelten Bewertungsergebnisse beim Abgang erfolgswirksam zu übernehmen sind (IAS 39) oder bei der Erfolgsrealisation von bisher im sonstigen Ergebnis erfassten *cashflow hedges* (IAS 39.97). Es liegt dann ein Fall der sog **Umgliederungsbeträge *(reclassification adjustments)*** vor (IAS 1.7 und IAS 1.92ff). Mit der finalen Verabschiedung von IFRS 9 im Juli 2014 wurden IAS 1.93 und IAS 1.95 um den Verweis auf *cashflow hedges* gem IFRS 9.6.5.11(d) geändert. Mit der finalen Fassung von IFRS 9 sind erfolgsneutral zum beizulegenden Zeitwert bewertete Fremdkapitalinstrumente, die in die Kategorie Halten und Verkaufen (→ § 3 Rn 363) fallen, in die GuV umzugliedern.

Um eine Doppelerfassung dieser Teile des sonstigen Ergebnisses im kumulierten sonstigen Ergebnis und in der Gesamtergebnisrechnung bzw der gesonderten GuV (sofern erstellt) zu vermeiden, wird der bisher im (kumulierten) sonstigen Ergebnis erfasste Betrag über das periodische sonstige Ergebnis in den erfolgswirksamen Teil der Gesamtergebnisrechnung bzw in die gesonderte GuV (sofern erstellt) umgegliedert.

Beispiel für eine Darstellung der Umgliederung im **Anhang** enthält IAS 1.IG6 Part I:

Sonstiges Ergebnis ***(other comprehensive income)***	
Zur Veräußerung verfügbare Vermögenswerte	
Erfolgsneutral erfasste Gewinne der Periode	1.333
Abzüglich Umgliederungsbeträge *(reclassification adjustments)* von Gewinnen in die GuV	– 25.333
	– 24.000

Die Angabe kann wahlweise auch durch eine entspr Darstellung in der **Gesamtergebnisrechnung** erfolgen (IAS 1.94).

324 Nicht von dieser Regelung erfasst werden zum einen erfolgsneutrale Neubewertungen, die gem IAS 16 oder IAS 38 direkt über das sonstige Ergebnis in einer **Neubewertungsrücklage** berücksichtigt wurden, und zum Neubewertungen der Nettoschuld leistungsorientierter Versorgungspläne gem IAS 19 (s IAS 19.120(c) und 19.122 iVm IAS 19.127). Veränderungen der Neubewertungsrücklage gem IAS 16 und IAS 38 können in späteren Perioden bei Nutzung des Vermögenswerts oder bei seiner Ausbuchung in die Gewinnrücklagen umgegliedert werden, während für Neubewertungen der Nettoschuld leistungsorientierter Versorgungspläne eine sofortige Erfassung in den Gewinnrücklagen nicht mehr erforderlich ist, allerdings kann der Betrag innerhalb des Eigenkapitals umgegliedert werden (IAS 19.122). Infolge der Umgliederung in die anderen Gewinnrücklagen liegt bei beiden Sachverhalten kein Fall von Umgliederungsbeträgen *(reclassification adjustments)* gem IAS 1.92 vor (IAS 1.96; ausführlich → § 15 Rn 145).

Durch die finale Fassung von IFRS 9 können Eigenkapitalinstrumente, die nicht zu Handelszwecken gehalten werden und für die die FVOCI-Option (vgl → § 3 Rn 402) angewendet wurde, nicht mehr in die GuV umgegliedert werden (IFRS 9.5.7.1(b) iVm 9.5.7.5). Fair value-Änderungen finanzieller Verbindlichkeiten, die auf das eigene Kreditrisiko zurückgehen (IFRS 9.5 .7.7–9.5.7.9) sind ebenfalls nicht mehr in die GuV umzugliedern (vgl *Zülch/Höltken* PiR 2014, 114 (116)).

325 **bb) Ausweis von Steuereffekten für das sonstige Ergebnis der Periode.** Für jeden in der Gesamtergebnisrechnung im (periodischen) sonstigen Ergebnis ausgewiesenen Posten sind die Ertragsteuereffekte gesondert darzustellen (ausführlich → § 15 Rn 138). Dies kann wahlweise in der Gesamtergebnisrechnung oder im Anhang erfolgen (IAS 1.90). Dadurch ergibt sich gem IAS 1.91 ein Wahlrecht für die Darstellung dieser Ergebnisse in der Gesamtergebnisrechnung vor Steuern **(Bruttomethode)** oder nach Steuern **(Nettomethode).** Wird die Darstellung vor Steuern gewählt, dann können die Ertragsteuereffekte in der Gesamtergebnisrechnung in einem Posten zusammengefasst angegeben werden. Allerdings ist dann im **Anhang** eine Aufgliederung der Steuereffekte für jeden einzelnen Posten des erfolgsneutralen Ergebnisses anzugeben (IAS 1.90).

Nach IAS 1.82A ist der getrennte Ausweis der Komponenten des sonstigen Ergebnisses entspr ihrer möglichen zukünftigen GuV-Wirksamkeit erforderlich. Dementsprechend ist bei Wahl der Bruttomethode auch der getrennte Ausweis der Steuern einerseits für diejenigen Komponenten des sonstigen Ergebnisses, die zukünftig GuV-wirksam umgegliedert werden könnten, und andererseits für Komponenten, die zu keinem Zeitpunkt GuV-wirksam werden, erforderlich (IAS 1.91). Im Rahmen der Anhanginitiative wurde IAS 1.82A bezüglich des Ausweises von *at equity* bewerteten Beteiligungen im sonstigen Ergebnis ergänzt.

Nach IAS 1.82A (geändert 2014) ist der Anteil eines Unternehmens am sonstigen Ergebnis von *at equity* bewerteten assoziierten Unternehmen oder Joint Ventures danach zu untergliedern, ob später eine Umgliederung in die GuV zu erfolgen hat oder nicht.

4. Zusammenfassung von Abschlussposten

Nach den IFRS ist jede **wesentliche Postengruppe** in Erweiterung der 326
Mindestgliederung (→ Rn 308 ff) im Abschluss **gesondert** darzustellen; sofern wesentliche Posten nicht einer Gruppe (hinsichtlich der Art oder Funktion) zugeordnet werden können, sind sie gesondert zu erfassen (IAS 1.29). Der **Wesentlichkeitsmaßstab** leitet sich dabei aus den allgemeinen Grundsätzen ab (→ Rn 59 ff), dh, eine gesonderte Erfassung ist geboten, wenn ein Unterlassen der Angabe die wirtschaftliche Entscheidung des Adressaten beeinflussen könnte. Entspr qualitative und quantitative Dimensionen der Auslegung sind vor dem Hintergrund der besonderen Umstände **für jeden Posten** abzuwägen (IAS 1.7). Die **besonderen Umstände** beziehen sich dabei auf den **Informationsinhalt** im **Einzelfall** und können sich auch in der Unternehmenssituation widerspiegeln, zB in einer angespannten wirtschaftlichen Lage, einem neuen Segment, etc Unwesentliche Posten können in anderen Abschlussposten gleicher Art und Funktion mit erfasst werden.

Wenn ein Posten für sich allein nicht wesentlich ist, kann er dennoch eine **Angabe** im Anhang notwendig machen (IAS 1.30), wobei für die Aufnahme in den Anhang eine geringere Wesentlichkeitsschwelle als für die Abbildung eines Abschlusspostens zugrunde zu legen ist (*Bischof/Kleekämper/Knorr/Wendlandt* in Baetge ua IFRS-Komm IAS 1 Rz 49).

Der **Spielraum** für die Gestaltung der Bilanz und der Gesamtergebnisrech- 327
nung bzw gesonderten GuV (sofern erstellt) ist nach IFRS **weiter** als nach HGB, das für KapGes und für diesen gleichgestellte Gesellschaften verbindliche Schemata für die Bilanz und die GuV vorschreibt (§§ 265 ff HGB) und auch eine Zusammenfassung von Posten explizit reglementiert (§ 265 Abs 7 HGB).

F. Wesentliche Änderungen und deren Anwendungszeitpunkte

Mit dem im Mai 2012 verabschiedeten Änderungen iRd ***Annual Improvements to IFRSs 2009–2011 Cycle*** wurden in IAS 1.10(ea) die auch bislang ge- 328
forderten **Vergleichsinformationen** für die vorangegangene Berichtsperiode explizit in diese Liste der Jahresabschlussbestandteile aufgenommen. Diese Änderungen gelten für IFRS-Anwender in der EU für Geschäftsjahre, die am oder nach dem 1. Juli 2014 begonnen haben.

Mit der Verabschiedung von **IFRS 15** *Erlöse aus Verträgen mit Kunden* im Mai 2014 wurde IAS 1.34 geändert und an die neue Definition der Gegenleistung gem IFRS 15 angepasst. Diese Änderung ist – vorbehaltlich Endorsement – für Geschäftsjahre anzuwenden, die am oder nach dem 1. Januar 2017 beginnen. Im Mai 2015 hat der IASB mit ED/2015/2 die Verschiebung des Erstanwendungszeitpunkts von IFRS 15 um ein Jahr, dh auf den 1. Januar 2016, vorgeschlagen. Im Juli 2015 hat der IASB diese Verschiebung einstimmig beschlossen.

Die finale Verabschiedung von **IFRS 9** *Finanzinstrumente* im Juli 2014 hatte folgende Änderungen an IAS 1 zur Folge: In IAS 1.7 wurde die Definition des sonstigen Ergebnisses zum weitere Posten (IAS 1.7(d) bis (h)) ergänzt. IAS 1.68, IAS 1.71, IAS 1.82, IAS 1.93, IAS 1.95, IAS 1.96, IAS 1.106 und IAS 1.123

wurden geändert. IAS 1.139E, IAS 1.139G und IAS 1.139M wurden gestrichen; IAS 1.139O hinzugefügt. Diese Änderungen sind – vorbehaltlich eines Endorsements – für Geschäftsjahre, die am oder nach dem 1. Januar 2018 beginnen, anzuwenden.

Mit der Verabschiedung von **Änderungen an IAS 16 und IAS 41** bzgl der Bilanzierung von fruchttragenden Pflanzen im Juni 2014 wurde in IAS 1.54(f) klargestellt, dass die Informationen zu biologischen Vermögenswerten, die in der Bilanz dargestellt werden, in den Anwendungsbereich des IAS 41 fallen müssen. Diese Klarstellung ist - vorbehaltlich Endorsement – für Geschäftsjahre anzuwenden, die am oder nach dem 1. Januar 2016 beginnen.

329 Der IASB hat im Dezember 2014 **Änderungen an IAS 1** *Darstellung des Abschlusses* verabschiedet. Die Änderungen sind Ausfluss des *Disclosure Initiative Project* und sollen Verbesserungen der Finanzberichterstattung in Bezug auf die Anhangangaben darstellen. Neu eingefügt wurden IAS 1.30A, IAS 1.55A und IAS 1.85A sowie IAS 1.85B. IAS 130A, IAS 1.82A, IAS 1.114, IAS 1.113 wurden geändert und IAS 1.115 und IAS 1.120 wurden gestrichen. Diese Änderungen sind – vorbehaltlich Endorsement – für Geschäftsjahre anzuwenden, die am oder nach dem 1. Januar 2016 beginnen.

Im Rahmen der ***Annual Improvements to IFRSs 2010–2012 Cycle*** hat der IASB im Dezember 2013 eine Änderung an der *Basis for Conclusions* vorgenommen: In IFRS 13.BC.138A wird klargestellt, dass weiterhin die Möglichkeit besteht, Forderungen und Verbindlichkeiten nicht abzuzinsen, solange die Auswirkungen nicht wesentlich sind. Diese Änderung ist am 1. Januar 2014 in Kraft getreten. Diese Änderung ist jedoch in der von der EU übernommenen Fassung von IFRS 13 nicht enthalten, da die Basis for Conclusions nicht Gegenstand des EU-Endorsements ist. Die übrigen Änderungen durch die *Annual Iprovements to IFRSs 2010–2012 Cycle* sind innerhalb der EU für Geschäftsjahre anzuwenden, die am oder nach dem 1. Februar 2014 beginnen.

Die Verabschiedung der ***Annual Improvements to IFRSs 2011–2013 Cycle*** im Dezember 2013 hat zu einer Änderung an IFRS 13 in Bezug auf den Anwendungsbereich der *portfolio exception* geführt. Die in IFRS 13.52 genannte Ausnahme für Portfolios zur Bewertung auf Nettobasis soll auf alle Verträge ausgedehnt werden, die in den Anwendungsbereich von IFRS 9 bzw IAS 39 fallen. Dies gilt ungeachtet dessen, ob sie die Definition eines finanziellen Vermögenswerts oder einer finanziellen Schuld gem IAS 32 erfüllen. Die Übergangsvorschriften werden hierfür werden in einem neue IFRS 13.C4 geregelt. Diese Änderungen gelten für IFRS-Anwender in der EU für Geschäftsjahre, die am oder nach dem 1. Januar 2015 beginnen.

G. Aktuelle Entwicklungen/IASB-Projekte

I. Überarbeitung des IASB-Rahmenkonzepts (Conceptual Framework)

330 Ende des Jahres 2010 haben IASB und FASB ihre Arbeiten an der Entwicklung eines gemeinsamen Rahmenkonzepts eingestellt. Noch zuvor wurden die Ergebnisse aus Phase A in das heute geltende Rahmenkonzept integriert. Nach seiner Agendakonsultation im Jahr 2011 entschied der IASB, das Projekt zur (erneuten) Überarbeitung des Rahmenkonzepts ohne Mitwirkung des FASB weiter fortzuführen. Der bislang verfolgte Phasenansatz wurde zugunsten eines *due process* (Veröffentlichung von Diskussionspapier und Entwurf mit anschließender

Verabschiedung) aufgegeben. Am 18. Juli 2013 hat der IASB sein Diskussionspapier zur Überarbeitung des Rahmenkonzepts DP/2013/1 mit dem Titel *A Review of the Conceptual Framework for Financial Reporting* veröffentlicht (vgl dazu ausführlich *Erb/Pelger* KoR 2013, 517 (518), *Brown* IRZ 2014, 423 (424)). Am 28. Mai 2015 hat der IASB den entspr Entwurf (ED/2015/3 *Conceptual Framework for Financial Reporting*) herausgegeben. Flankiert wird dieser von einem weiteren Entwurf, der die Aktualisierung von Bezügen auf das Rahmenkonzept in anderen Standards und Interpretationen enthält und lediglich redaktionellen Charakter hat (ED/2015/4 *Updating References to the Conceptual Framework*).

Das neue Rahmenkonzept soll in folgende acht Kapitel unterteilt werden: **331**

	Einführung *(Introduction)*
Kapitel 1	Die Zielsetzung einer Mehrzweckfinanzberichterstattung *(The Objective of General Purpose Financial Reporting)*
Kapitel 2	Qualitative Merkmale entscheidungsnützlicher Finanzinformationen *(Qualitative Characteristics of Useful Financial Information)*
Kapitel 3	Der Abschluss und die Berichtseinheit *(Financial Statements and The Reporting Entity)*
Kapitel 4	Elemente des Abschlusses *(The Elements of Financial Statements)*
Kapitel 5	Ansatz und Ausbuchung *(Recognition and Derecognition)*
Kapitel 6	Bewertung *(Measurement)*
Kapitel 7	Ausweis und Angaben *(Presentation and Disclosure)*
Kapitel 8	Kapital- und Kapitalerhaltungskonzepte *(Concepts of Capital and Capital Maintenance)*
Anhang A	Zahlungsstrombasierte Bewertungsmethoden
Anhang B	Glossar

Kapitel 1 und Kapitel 2 des ED/2015/3 enthalten nur geringfügige Änderungen im Vergleich zum aktuellen Rahmenkonzept. Diese Kapitel stellen größtenteils das Ergebnis des gemeinsamen Projekts mit dem FASB dar. In Kapitel 2 wird jedoch die **Wiederaufnahme des Vorsichtsprinzips** vorgeschlagen mit dem Verweis darauf, dass dies die Ausübung des Grundsatzes der Neutralität unterstützt (ED/2015/3.F.2.18, ED/2015/3.F.BC2.1–2.17). **332**

In Kapitel 3 schlägt der IASB als einzige Bestandteile des Abschlusses lediglich die Vermögensdarstellung (dh Bilanz) und die Darstellung des finanziellen Erfolgs (dh Gesamtergebnisrechnung) vor. Kapitalflussrechnung und Eigenkapitalveränderungsrechnung bleiben unerwähnt.

Der IASB schlägt in Kapitel 4 eine neue **Definition des Begriffs „Vermögenswert"** vor. Nach ED/2015/3.F.4.5 ff ist ein Vermögenswert eine am Abschlussstichtag bestehende gegenwärtige wirtschaftliche Ressource, die von dem Unternehmen als Ergebnis vergangener Ereignisse kontrolliert wird. Es wird darüber hinaus eine gesonderte Definition des Begriffs **„wirtschaftliche Ressource"** vorgestellt (ED/2015/3.F.4.5 ff). Anders als noch im Diskussionspapier vorgesehen, bleiben die Definitionen von Schuld und Eigenkapitel unverändert.

Nach der vorgeschlagenen Definition stellt bereits die wirtschaftliche Ressource selbst und nicht erst der zukünftige Nutzenzu- oder -abfluss einen Vermögenswert dar. Für die Erfüllung der **Vermögenswerteigenschaft** ist somit die grds Möglichkeit (und nicht die tatsächliche Erwartung, vgl *Brown* IRZ 2014,

423 (424)), zukünftige Nutzenzuflüsse zu generieren, ausschlaggebend (zB bei einer Call-Option wäre das vertragliche Kaufrecht die wirtschaftliche Ressource und nicht der der Option zugrunde liegende Vermögenswert; vgl *Kirsch/Schoo/Kraft* WPg 2014, 301 (302)). Der IASB ist der Ansicht, dass ein Abstellen auf die Erwartung künftiger Nutzenzu- oder -abflüsse den Ansatz von Vermögenswerten verhindern kann, weil mit der Erwartung auch eine bestimmte Eintrittswahrscheinlichkeit unterstellt werden kann (vgl *Theile/Salewski* BBK 2013, 1033 (1034)).

333 Vor diesem Hintergrund plant der IASB in Kapitel 5 eine deutlich weiter gefasste Ansatzkonzeption durch die **Streichung der allgemeinen Ansatzvoraussetzungen** (Wahrscheinlichkeit und verlässliche Messbarkeit) aus dem zukünftigen Rahmenkonzept. Nach Ansicht des IASB wirkt die im derzeit geltenden Rahmenkonzept enthaltene Wahrscheinlichkeitsschwelle wie ein „vorgelagerter Informationsfilter", der im künftigen Rahmenkonzept aufgehoben werden soll (ED/2015/3.F.BC5 ff). Dies würde zu einem grds Ansatz aller Vermögenswerte und Schulden führen, der nur von Einzelstandards (zB Aktivierungsverbot von Forschungskosten in IAS 38 oder das Wahrscheinlichkeitskriterium für Rückstellungen in IAS 37) eingeschränkt wird. Sind die Ansatzkriterien nicht mehr erfüllt, schlägt der IASB die **Ausbuchung** vor (ED/2015/3.F.5.25 ff). Bestehende Unsicherheiten in Bezug auf den tatsächlichen Eintritt von künftigen Nutzenzu- und -abflüssen sollen sich künftig ausschließlich in der Bewertung widerspiegeln.

In Kapitel 6 des Entwurfs werden **drei Bewertungskonzepte** ohne Vorgabe einer Hierarchie genannt:

(1) kostenbasierte Bewertung (ED/2015/3.F.6.6 ff),
(2) Bewertung auf Basis gegenwärtiger Marktpreise einschließlich beizulegender Zeitwerte (ED/2015/3.F.6.21 ff),
(3) Bewertung auf Basis der Schätzung zukünftiger Cashflows (ED/2015/3.F.6.34 ff).

334 Damit hält der Bewertungsmaßstab des beizulegenden Zeitwerts erstmalig Eingang in das Rahmenkonzept. ED/2015/3.F.6.47 enthält einen tabellarischen Überblick über Informationen, die aus den dort vorgestellten Bewertungsmaßstäben abgeleitet werden können. Anhang A des Entwurfs ergänzt diesen durch eine Beschreibung von zahlungsstrombasierten Bewertungsmethoden.

In Kapitel 7 seines Entwurfs macht der IASB zum **Ausweis und Angaben** neben übergreifenden Fragen auch detaillierte Vorschläge dazu, welche Aufwendungen und Erträge der GuV und welche dem sonstigen Ergebnis zuzuordnen sind bzw ob und wann im sonstigen Ergebnis erfasste Beträge in die GuV umgegliedert werden sollen. Die Gesamtergebnisrechnung wird künftig als Darstellung des finanziellen Erfolgs *(Statement of Financial Performance)* bezeichnet. Der Entwurf macht jedoch keine Angaben darüber, ob die Erfolgsrechnung in einer einzigen Darstellung oder zwei getrennten Darstellungen erfolgen soll. Der Entwurf schreibt lediglich vor, dass in der Erfolgsrechnung eine Gesamt- oder Zwischensumme für das Periodenergebnis, welches jedoch nicht definiert wird, enthalten soll.

Die Vorschläge für Kapitel 8 des Entwurfs entsprechen größtenteils dem Inhalt des aktuellen Rahmenkonzepts.

II. Weitere IASB-Projekte

335 Der IASB hat im Februar 2015 einen **Änderungsentwurf zu IAS 1** *Darstellung des Abschlusses* veröffentlicht (ED/2015/1 *Klassifizierung von Schulden – Vorgeschlagene Änderungen an IAS 1*). Darin stellt der IASB die Klassifizierung von lang- und kurzfristigen Schulden klar. Diese soll nach den Vorschlägen des IASB

ausschließlich auf der Grundlage von Rechten zur Aufschiebung der Fälligkeit von Schulden geschehen, die am Bilanzstichtag vorliegen. Darüber hinaus soll die Beziehung zwischen der Erfüllung einer Verpflichtung und dem Abfluss von Ressourcen aus dem Unternehmen klargestellt werden. IAS 1.69 wird dahingehend ergänzt, dass die Erfüllung sich auf die „Übertragung von Barmitteln, Eigenkapitaltiteln oder sonstigen Vermögenswerten oder Leistungen an die Gegenpartei" bezieht. Ferner sollen die Leitlinien (insbes die Beispiele) in IAS 1 in Bezug auf die Klassifizierung von Schulden in kurz- oder langfristig neu strukturiert werden.

Durch den vom IASB im Mai 2013 veröffentlichten Entwurf **ED/2013/6 *Leases*** sollen die in IAS 1.54 aufgeführten Mindestangaben in der Bilanz um Leasinggegenstände ergänzt werden (ED/2013/6.IAS 1.54(ba)). Dafür wird der Hinweis auf Leasinggegenstände in IAS 1.123 bzgl der Angaben der Rechnungslegungsmethoden gestrichen.

Im Juni 2013 hat der **IASB ED/2013/7 *Insurance Contracts*** veröffentlicht, 336
der zu einer Änderung an IAS 1.7 führen wird. Das sonstige Ergebnis soll um Gewinne und Verluste aus Verträgen, die in den Anwendungsbereich des neuen Versicherungsstandards fallen, ergänzt werden. Ebenso soll IAS 1.54 (Mindestangaben in der Bilanz) um Vermögenswerte und Schulden aus Versicherungs- und Rückversicherungsverträgen im Rahmen des neuen Versicherungsstandards ergänzt werden.

Der IASB hat im September 2014 einen Änderungsentwurf zur **Bewertung** 337
börsennotierter Beteiligungen an TU, Gemeinschaftsunternehmen und assoziierten Unternehmen zum beizulegenden Zeitwert (ED/2014/4) zur Diskussion gestellt. Der IASB stellt darin klar, dass das Bilanzierungsobjekt in Bezug auf Beteiligungen an TU, Gemeinschafts- und assoziierten Unternehmen die Beteiligung als Ganzes ist, wobei der beizulegende Zeitwert börsennotierter Beteiligungen bzw börsennotierter ZGE das Produkt aus dem Börsenpreis des einzelnen Finanzinstruments und der Anzahl der gehaltenen Finanzinstrumente darstellt. In IFRS 13 soll darüber hinaus anhand eines neuen Beispiels (Example 13A) für die Anwendung der *portfolio exception* des IFRS 13.48 aufgezeigt werden, dass für die Bewertung von finanziellen Vermögenswerten und Schulden auf Portfoliobasis vorhandene beobachtbare Marktpreise (Stufe 1 der Fair-Value-Hierarchie) heranzuziehen sind.

§ 3. Finanzinstrumente

Übersicht

Schrifttum: *Bardens/Meuerer* Neue Anhangangaben bei der Ausbuchung von finanziellen Verbindlichkeiten – Änderungen des IFRS 7 (rev 2010), WPg 2011, 618; *Bäthge/Debus/Eberhardt/Kuhn* Besonderheiten bei der Fair-Value-Ermittlung von Derivaten nach IFRS 13 – unter besonderer Berücksichtigung von IDW ERS HFA 47, WPg 2013, 741; *Berger/Struffert/Nagelschmitt* Neue Klassifizierungs- und Bewertungsvorschriften für Finanzinstrumente: Endgültige Fassung von IFRS 9 veröffentlicht, WPg 2014, 1075 (Teil 1) sowie 1127 (Teil 2); *Brücks/Kerkhoff/Stauber* IFRS 7: Darstellung und Umsetzungsaspekte, Der Konzern 2006, 432; *Driesch/Hartenberger* IFRS 9 – Zunahme der Komplexität, Der Konzern 2013, 1; *Feld* IAS und US-GAAP: Aktuelle Unterschiede und Möglichkeiten zur Konvergenz, WPg 2001, 1025; *Feld* Bilanzierung von ABS-Transaktionen im IFRS Abschluss, Düsseldorf 2007; *Fischer/Flick/Krakuhn* Möglichkeiten und Grenzen zur Übernahme der nach IFRS 9 berechneten Risikovorsorge in die handelsrechtliche Rechnungslegung IRZ 2014, 435; *Gehrer/Krakuhn/Schütz* IFRS 9 Financial Instruments – die finale Fassung im Überblick, IRZ 2014, 385; *Glaum/Förschle* Rechnungslegung für Finanzinstrumente und Risikomanagement: Ergebnisse einer empirischen Untersuchung, DB 2000, 1525; *Hallpop/Lellmann* Die Bedeutung der Geschäftsmodell-Bedingung nach IFRS 9 für Kreditinstitute, WPg 2011, 722; *Hochreiter* Zur Bewertung von Zinscaps im Lichte der IFRS-hedge accounting-Vorschriften, IRZ 2014, 433; *IASB Expert Advisory Panel* Measuring and disclosing the fair value of financial instruments in markets that are no longer active, London 2008; *IDW* RS HFA 8 IDW Stellungnahme zur Rechnungslegung: Zweifelsfragen der Bilanzierung von asset backed securities-Gestaltungen oder ähnlichen securitisations-Transaktionen, WPg 2004, 138; *IDW* RS HFA 9 IDW Stellungnahme zur Rechnungslegung: Einzelfragen zur Bilanzierung von Finanzinstrumenten nach IFRS, FN IDW 2011, 386; *IDW* S 1: Grundsätze zur Durchführung von Unternehmensbewertungen (Stand: 2. April 2008), FN IDW 2008, 271; *IDW* Stellungnahme Financial Instruments – Proposed Amendments to IAS 32 and IAS 39, WPg 2002, 1179; *IDW* Positionspapier des IDW zu Bilanzierungs- und Bewertungsfragen im Zusammenhang mit der Subprime-Krise vom 10.12.2007; *IDW* RS HFA 2 (Stand: 6. Juni 2012) Einzelfragen zur Anwendung der IFRS, FN IDW 2012, 380; *IDW* RS HFA 22 IDW Stellungnahme zur Rechnungslegung: Zur einheitlichen oder getrennten handelsrechtlichen Bilanzierung strukturierter Finanzinstrumente, FN IDW 2008, 455; *IDW* ERS HFA 24 IDW Stellungnahme zur Rechnungslegung: Einzelfragen zu den Angabepflichten des IFRS 7 zu Finanzinstrumenten, FN IDW 2008, 51; *IDW* RS HFA 25 IDW Stellungnahme zur Rechnungslegung: Einzelfragen zur Bilanzierung von Verträgen über den Kauf oder Verkauf von nicht-finanziellen Posten nach IAS 39, FN IDW 2009, 255; *IDW* RS HFA 45 Einzelfragen zur Darstellung von Finanzinstrumenten nach IAS 32, FN IDW 2011, 326; *IDW* RS HFA 47 IDW Stellungnahme zur Rechnungslegung: Einzelfragen zur Ermittlung des *Fair Value* nach IFRS 13, *Jerzembek/Große* Die Fair Value Option nach IAS 39, KoR 2005, 221; *Joint Working Group of Standard Setters (JWG) on Financial Instruments* Draft Standard and Basis for Conclusions „Financial Instruments and Similar Items", London 2002; *Kirsch* Erstellung der IFRS-Eröffnungsbilanz auf der Basis einer HGB-Handelsbilanz, KoR 2005, 384; *KPMG* Offenlegung von Finanzinstrumenten und Risikoberichterstattung nach IFRS 7, London 2007; *Kropp/Klotzbach* Der Exposure Draft zu IAS 39 „Financial Instruments" – Darstellung und kritische Würdigung der geplanten Änderungen des IAS 39, WPg 2002, 1010; *Krumnow/Sprißler/Bellavite-Hövermann,* Rechnungslegung der Kreditinstitute, 2. Aufl, Stuttgart 2004; *Kuhn* Finanzinstrumente: Fair Value-Option in IAS 39 überarbeitet, DB 2005, 1341; *Kuhn/Scharpf* Rechnungslegung von Financial Instruments nach IAS 39, 3. Aufl, Stuttgart 2006; *Kuhn/Scharpf* Finanzinstrumente: neue Vorschläge zum Portfolio hedging zinstragender Positionen nach IAS 39: Überwindung „tradierter Abbildungsregeln" oder lediglich Reparatur?, DB 2003, 2293; *Löw/Blaschke* Verabschiedung des Amendment zu IAS 39 Financial Instruments: Recognition and Measurement – The Fair Value Option, BB 2005, 1727; *Mayer-Wegelin/Gahlen* Abgang von Handelsforderungen nach IAS 39: Voraussetzungen und Grenzen, BB 2008, 882; *Olbrich* IFRS 13 und finanzierungstheoretische Modelle zur Zeitwertbestimmung, KoR 2011, 393; *pwc* IFRS für Banken, 5. Aufl, Frankfurt am Main 2012; *Scharpf/Schaber* Handbuch Bankbilanz, 6. Aufl, Düsseldorf 2015; *Schmidt* Neue Amendments zu IAS 39 im Juni 2005: Die revidierte Fair Value-Option, KoR 2005, 269; *Watrin/Struffert* Probleme der Ausbuchungsregeln in IAS 39 – Anmerkungen zum Entwurf einer Fortsetzung von IDW RS HFA 9, WPg 2007, 237; *Bank für Internationalen Zahlungsausgleich* Konsultationspapier des

Baseler Ausschusses: Leitlinien für die Rechnungslegung des erwarteten Verlusts, Februar 2015.

Wesentliche Rechtsgrundlagen: IAS 32, IAS 39, IFRS 7, IFRS 9, IFRS 13, IFRIC 9, IFRIC 16

A. Einführung

1 Der **IASB** ist seit Ende der 80er Jahre bemüht, für finanzielle Vermögenswerte, finanzielle Verbindlichkeiten und Eigenkapitalinstrumente (zusammengefasst **Finanzinstrumente**) besondere Regeln zu entwickeln, die der zunehmenden Komplexität der Instrumente und den Informationsbedürfnissen der Bilanzleser Rechnung tragen. Die Rechnungslegungsvorschriften für Finanzinstrumente führten seither immer wieder zu kontroversen Diskussionen. In der Finanzmarktkrise erreichten sie einen Höhepunkt. Insbes rückten Fragen nach der Ermittlung des beizulegenden Zeitwerts von Finanzinstrumenten in den Fokus. Dazu wurde im Mai 2011 vom IASB mit **IFRS 13** ein eigener Standard *Fair Value Measurement* veröffentlicht, der einheitlich die Ermittlung des beizulegenden Zeitwerts regelt. Mit der Verabschiedung des finalen IFRS 9 im Juli 2014 wurden die Arbeiten zu einem vorläufigen Ende gebracht.

2 *(einstweilen frei)*

3 Die Arbeit zur Ablösung des IAS 39 durch den IFRS 9 erfolgte in drei Bereichen:

Phase 1 Klassifizierung und Bewertung von Finanzinstrumenten,

Phase 2 Fortgeführte Anschaffungskosten und Wertminderungen und

Phase 3 *hedge accounting*, wobei die Erörterung des *macro hedging* als separates Projekt ausgegliedert wurde.

4 Wie im IAS 39 ist für die Bewertung von Finanzinstrumenten die **Klassifizierung** der Finanzinstrumente maßgeblich. Die Klassifizierung der Finanzinstrumente erfolgt prinzipienorientiert. IFRS 9 beinhaltet umfangreiche Bestimmungen zu der Klassifizierung, zu dem Zahlungsstromkriterium und dem Geschäftsmodell (hierzu ausführlich → Rn 363).

Zur Erfassung von Wertminderungen für zu fortgeführten Anschaffungskosten bilanzierte finanzielle Vermögenswerte wurde ein neues Modell entwickelt, das Modell der erwarteten Verluste (*expected-loss*-Modell (hierzu ausführlich → Rn 385 ff). Die finanziellen Vermögenswerte werden in Abhängigkeit von ihrem Kreditrisiko einer von drei Stufen zugeordnet. Eine Umgliederung zwischen den einzelnen Stufen ist von bestimmten Umständen abhängig. Durch das neue Modell soll eine zeitnähere Buchung und damit Offenlegung von Kreditrisiken erfolgen. Das *expected-loss*-Modell ist auch das Modell, das bereits seit langem im Rahmen des Risikomanagements und -controllings zur Quantifizierung des Kreditrisikos eingesetzt wird. Transaktionspreise zwischen Marktteilnehmern werden ebenfalls auf der Basis dieses Modells beurteilt. Mit dem Wechsel zum *expected-loss*-Modell ist eine weitere Annäherung der Rechnungslegung an die interne Risikosteuerung als auch an die Anforderungen an aufsichtsrechtlich regulierte Unternehmen hinsichtlich der Quantifizierung des Kreditrisikos erfolgt.

5 Die neuen Regelungen zum *general hedge accounting* orientieren sich ebenfalls stärker an dem (internen) Risikomanagement (dazu ausführlich → Rn 529). Für den Abschlussadressaten soll sichtbar werden, wie gut ein Unternehmen seine Risiken steuert. Der Katalog der zulässigen Grund- und Sicherungsgeschäfte wurde erweitert. Zudem lässt IFRS 9 im Vergleich zu IAS 39 vielfältigere Designationsmöglichkeiten zu. Einschränkungen und restriktive Vorgaben des IAS 39

zur Effektivitätsmessung werden durch eine wirtschaftliche Betrachtungsweise abgelöst. Effektivitätstests müssen nur noch prospektiv erfolgen und sind dem Grundsatz nach qualitativ vorzunehmen. Aufgegeben wurde das Wahlrecht zur freiwilligen Dedesignation von Hedgebeziehungen bzw die Möglichkeiten zur Auflösung von Sicherungsbeziehungen wurden eingeschränkt.

(einstweilen frei) 6

Die aktuellen Neuregelungen zeigen, dass es immer wichtiger wird, sich früh 7
mit den teilweise erst in mehreren Jahren verpflichtend anzuwendenden Vorschriften auseinander zu setzen. Dies ist insbes vor dem Hintergrund der eher prinzipienorientierten Ausgestaltung des IFRS 9 erforderlich, da sich daraus zahlreiche Auslegungsfragen für die Praxis ergeben.

Eine wichtige Vorarbeit zur Klassifizierung der Finanzinstrumente ist die Feststellung der Ausgestaltung der Zahlungsströme und der diese beeinflussenden Faktoren, wie auch das Wissen über den Einsatz der Finanzinstrumente. Das **Klassifizierungskriterium „Geschäftsmodell"** des IFRS 9 kann neben einer Überprüfung des Geschäftsmodells ggf auch mit dem Erfordernis der Neugestaltung des Geschäftsmodells und der strategischen Ausrichtung eines Unternehmens verbunden sein.

Am 17. April 2014 hat der IASB das Diskussionspapier *accounting for dynamic management: a portfolio revaluation approach to macro hedging* veröffentlicht. Gegenstand des Diskussionspapiers sind dynamische Hedge-Beziehungen und die Absicherung offener Portfolien *(macro hedging)*.

Unter IAS 39 ist nur eine Absicherung von Zinsänderungsrisiken auf Portfolioebene unter bestimmten Voraussetzungen möglich (IAS 39.81A, → § 23 Rn 59 ff). Dynamische Risikomanagementstrategien sind in der externen Rechnungslegung darüber hinaus nicht entspr abbildbar. Das Diskussionspapier stellt als Lösung für die Abbildung von dynamischen Sicherungsbeziehungen in der externen Rechnungslegung ein Portfolio-Neubewertungsmodell vor. In diesem Modell erfolgt die Neubewertung des Portfolios in Bezug auf die im Risikomanagement gesteuerten Risiken. Das Neubewertungsmodell kann auf alle gesteuerten Risikoarten angewendet werden.

IFRS 9 verweist ebenso wie der IAS 39 auf den IFRS 13 als flankierende Regelung zur Bewertung. Das bedingt, dass bereits bei der Umsetzung des IFRS 13 unter IAS 39 die Anforderungen des IFRS 9 berücksichtigt werden sollten, um letztlich eine effiziente und damit kostensparende Umsetzung zu gewährleisten. Nach dem aktuellen Stand zu urteilen, ergeben sich für Umsetzungsfragen in Bezug auf IFRS 13 keine wesentlichen Änderungen aus dem Übergang von IAS 39 zu IFRS 9.

Des Weiteren bedingen die zunehmenden Bezüge der Rechnungslegung zum 8
Risikocontrolling und -management eines Unternehmens entspr Arbeiten in und an der Datenverarbeitungsstruktur (zB bei Banken) oder sogar den Aufbau eines spezifischen Risikocontrollings und -managements, das als Grundlage für die Erfüllung der neuen Anforderungen an die externe Rechnungslegung dient.

Der folgenden Darstellung sowie der Kommentierung der einzelnen Bilanz- 9
posten liegen IAS 32, IAS 39, IFRS 7, IFRS 9 und IFRS 13 mit dem Rechtsstand zum **31. Juli 2015** zugrunde. Die Bilanzierung von Finanzinstrumenten wird sowohl nach dem derzeit geltenden IAS 39 (→ Rn 49 ff) als auch nach IFRS 9 (Juli 2014) kommentiert (→ Rn 360 ff).

B. Grundlagen der Bilanzierung von Finanzinstrumenten

I. Zielsetzung

10 Finanzinstrumente werden von Unternehmen im Rahmen der Umsetzung ihrer **Anlagestrategien** und zur **Finanzierung** eingesetzt. Die wirtschaftliche Entwicklung in den letzten Jahrzehnten hat zu einer deutlichen Zunahme vielgestaltiger und hochkomplexer Finanzinstrumente geführt. Die **Zunahme der Komplexität** bedeutet in vielen Fällen, dass die Risiken, die den Produkten innewohnen, nicht ohne Weiteres zu erkennen sind.

Die vielfältigen Möglichkeiten der Finanzinstitutionen, bestimmte Produkte maßgeschneidert den Bedürfnissen der bilanzierenden Unternehmen anzupassen, führen dazu, dass Instrumente entwickelt werden, deren Wertentwicklung von unterschiedlichen Faktoren determiniert wird bzw die unterschiedlichsten Risiken ausgesetzt sind. Besonderes Augenmerk ist darauf zu richten, dass für diese Produkte regelmäßig kein Markt besteht oder gar nur der Emittent noch allein die Möglichkeit hat, dieses Produkt zu beurteilen und zu bewerten.

Der starke Preis- bzw Konkurrenzdruck hat zur Entstehung immer schwerer durchschaubarer Finanzprodukte geführt. Zur Abwehr der aus diesen Produkten bspw resultierenden Risiken werden immer komplexere **Sicherungsstrategien,** insbes unter dem Einsatz von Derivaten, entwickelt.

11 Aufgrund der zunehmenden Komplexität der Finanzinstrumente und der damit verbundenen Risiken wurden nicht nur die **aufsichtsrechtlichen Anforderungen** an die Finanzbranche erhöht, sondern auch die **Rechnungslegungs- bzw Offenlegungsvorschriften** für alle Unternehmen massiv ausgeweitet.

IAS 32, IAS 39, IFRS 7 und IFRS 9 haben das Ziel, Bilanzierung, Bewertung, Ausweis und Zusatzangaben für **sämtliche Finanzinstrumente** zu regeln. Dies betrifft originäre wie derivative, bilanzwirksame wie bilanzunwirksame Finanzinstrumente.

12 Inhaltlich ist in den letzten Jahren – trotz der unterschiedlichen Konzeptionen von HGB und IFRS – eine immer weitere Annäherung des HGB an die IFRS festzustellen. Unterschiede zwischen HGB und IFRS sind insbes noch begründet in den folgenden Punkten (s ausführlich auch → Rn 559 ff):

(1) Nur **Vermögenswerte und Schulden** dürfen bilanziert werden *(asset-liability-approach)*. Was nicht die Kriterien eines Vermögenswerts oder einer Schuld erfüllt, darf nicht bilanziert werden. Der Begriff des Vermögenswerts ist aus dem dynamischen Bilanzdenken abgeleitet und nicht identisch mit den Begriffen Vermögensgegenstand oder Wirtschaftsgut der deutschen Rechnungslegung (→ § 2 Rn 120).

(2) Die **Bilanzierung von Sicherungsbeziehungen** wird verbindlich vorgeschrieben; dabei sind sowohl Grundgeschäfte als auch Sicherungsinstrumente abzubilden. Eine *off-balance*-Behandlung schwebender Geschäfte ist im Zusammenhang mit Finanzinstrumenten iSd IAS 39 nicht zulässig.

(3) Die **Bewertung zum beizulegenden Zeitwert** und damit ggf eine Bilanzierung nicht realisierter Gewinne wird nur teilweise eingeführt. Sie gilt für weite Teile der Finanzaktiva und für alle Derivate. Im Übrigen gilt das Anschaffungskostenprinzip. Im Juni 2005 wurde für alle Finanzinstrumente die Möglichkeit einer Option für eine Bewertung zum beizulegenden Zeitwert *(fair value option)* eingeführt, die auf bestimmte Sachverhalte begrenzt ist (→ Rn 60 f). Infolge des Mischansatzes *(mixed model)* zwischen Anschaffungs- und Zeitwertprinzip erhält die Abgrenzung der Vermögenswerte und Schul-

den und die Einteilung in Kategorien eine erhebliche Bedeutung. Sicherungsbeziehungen bedürfen bei diesem Modell besonderer Regelungen.

II. Begriffe

Unter dem Begriff **Finanzinstrumente** werden finanzielle Vermögenswerte, finanzielle Schulden und Eigenkapitalinstrumente zusammengefasst (→ Rn 18 ff). Die Definition findet sich in IAS 32.11: 13

„Ein Finanzinstrument ist ein Vertrag, der gleichzeitig bei dem einen Unternehmen zu einem **finanziellen Vermögenswert** und bei dem anderen Unternehmen zu einer **finanziellen Verbindlichkeit** oder einem **Eigenkapitalinstrument** führt" (IAS 32.11, IAS 32.AG12).

Die Begriffe „Vertrag" und „vertraglich" bezeichnen eine **Vereinbarung** zwischen zwei oder mehr Vertragsparteien, die regelmäßig aufgrund ihrer **rechtlichen Durchsetzbarkeit** klare, für die einzelnen Vertragsparteien kaum oder gar nicht vermeidbare wirtschaftliche Folgen hat. Verträge und damit Finanzinstrumente können die verschiedensten Formen annehmen und müssen nicht in Schriftform abgefasst sein (IAS 32.13).

Entscheidend ist, dass die vertragliche Vereinbarung unmittelbar oder mittelbar auf den **Erhalt** und die **Gewährung von Zahlungsmitteln** oder **Eigenkapitalinstrumenten** gerichtet ist. Sind zB (schwebende) Verträge auf die Lieferung oder den Erwerb von Sachen oder Dienstleistungen für den Unternehmensbedarf gerichtet, liegen regelmäßig keine Finanzinstrumente vor (IAS 39.5, s auch IAS 32.AG10). Auch Verbindlichkeiten, die durch Sachleistungen zu erfüllen sind, erfüllen nicht die Kriterien für ein Finanzinstrument (zB Gewährleistungs- oder Abbruchverpflichtungen), sofern nicht Gegenstand der Sachleistungsverpflichtung die Lieferung eines Finanzinstruments ist (zB Leerverkäufe bei Wertpapierleihegeschäften). Erst das aus der Erfüllung eines Vertrags abgeleitete Recht auf Erfüllung eines Zahlungsanspruchs erfüllt die Definitionskriterien eines Finanzinstruments, da auf beiden Seiten finanzielle Vermögenswerte bzw Verbindlichkeiten vorliegen. 14

Ein vertragliches Recht oder eine vertragliche Verpflichtung auf Empfang, Lieferung oder Übertragung von Finanzinstrumenten stellt **selbst** ein **Finanzinstrument** dar. Eine Kette von vertraglich vereinbarten Rechten oder Verpflichtungen erfüllt die Definition eines Finanzinstruments, wenn sie letztendlich zum Empfang oder zur Abgabe von Finanzmitteln oder zum Erwerb oder zur Emission von Eigenkapitalinstrumenten führt (IAS 32.AG7).

Unerheblich ist, ob die Erfüllung des Vertrags zB an eine **künftige Bedingung** geknüpft ist (IAS 32.AG8). Deshalb sind Bürgschaften als Finanzinstrumente anzusehen (→ Rn 47), obgleich Verpflichtungen aus Bürgschaften nach IAS 37 zu beurteilen sind, auch wenn sie selbst nicht in der Bilanz abgebildet werden (IAS 32.AG8).

Finanzielle Vermögenswerte umfassen bspw flüssige Mittel, Eigenkapitalinstrumente eines anderen Unternehmens sowie vertragliche Rechte darauf, flüssige Mittel oder andere finanzielle Vermögenswerte von einem Dritten zu erhalten. Andere Arten von Finanzinstrumenten sind solche, bei denen der (erwartete bzw begebene) wirtschaftliche Nutzen nicht in flüssigen Mitteln, sondern in einem anderen finanziellen Vermögenswert besteht (IAS 32.A5). 15

Beispiel: Ein Vertrag räumt einem Unternehmen das Recht ein, von einem Dritten die Übertragung von Regierungsanleihen zu verlangen. Die Regierungsanleihen stellen finanzielle Vermögenswerte dar, weil sie eine Verpflichtung der emittierenden Regierung auf Zahlung flüssiger Mittel sind (IAS 32.AG5).

16 **Ewige Schuldinstrumente** (wie bspw ewige schuldrechtliche Papiere, ungesicherte Schuldverschreibungen und Schuldscheine) räumen dem Inhaber ein vertragliches Recht ein, auf unbestimmte Zeit zu festgesetzten Terminen Zinszahlungen zu erhalten. Der Inhaber hat kein Recht auf Rückerhalt des Kapitalbetrags oder er hat dieses Recht zu Bedingungen, die den Erhalt sehr unwahrscheinlich machen bzw ihn auf einen Termin in ferner Zukunft festlegen.

Beispiel: Ein Unternehmen kann ein Finanzinstrument emittieren, mit dem es sich für alle Ewigkeit zu jährlichen Zahlungen zu einem vereinbarten Zinssatz von 5% des ausgewiesenen Nennwerts oder Kapitalbetrags von € 1.000 verpflichtet. Wenn der marktgängige Zinssatz für das Finanzinstrument bei Ausgabe 5% beträgt, übernimmt der Emittent eine vertragliche Verpflichtung zu einer Reihe von künftigen Zinszahlungen, deren beizulegender Zeitwert (Barwert) beim erstmaligen Ansatz € 1.000 beträgt. Der Inhaber des Finanzinstruments hat einen finanziellen Vermögenswert, der Emittent eine finanzielle Verbindlichkeit.

17 Finanzinstrumente sollen grds von materiellen (Sachanlagevermögen, Vorräten) und immateriellen Vermögenswerten (Konzessionen, Patente, Lizenzen, Geschäfts- oder Firmenwerte) abgegrenzt werden. **Wesentliches Abgrenzungsmerkmal** ist, dass die als Finanzinstrumente erfassten vertraglichen Rechte und Verpflichtungen unmittelbar oder mittelbar auf den Austausch von Zahlungsmitteln gerichtet sind. Demgegenüber geben andere Vermögenswerte und Schulden, die erst noch den Leistungsprozess des Unternehmens durchlaufen oder diesem dienen, dem Unternehmen zwar die Möglichkeit, Zahlungsmittelzuflüsse zu generieren, führen aber nicht zu einem bestehenden Rechtsanspruch auf Zahlungsmittel oder andere finanzielle Vermögenswerte (IAS 32.AG10). Vermögenswerte und Verbindlichkeiten, die nicht auf vertraglicher Vereinbarung beruhen, wie Ertragsteuern oder faktische Verpflichtungen (iSd IAS 37) gelten nicht als finanzielle Vermögenswerte oder Verbindlichkeiten (IAS 32.AG12).

18 **Finanzielle Vermögenswerte** umfassen gem IAS 32.11:

(1) flüssige Mittel,

(2) ein als Aktivum gehaltenes Eigenkapitalinstrument eines anderen Unternehmens (zB Aktien),

(3) das vertragliche Recht, flüssige Mittel oder andere finanzielle Vermögenswerte von anderen Unternehmen zu erhalten (zB Anleihen),

(4) das vertragliche Recht, finanzielle Vermögenswerte oder finanzielle Verbindlichkeiten mit einem anderen Unternehmen zu potenziell vorteilhaften Bedingungen austauschen zu können (zB Derivate wie Optionen, Termin- oder Swapgeschäfte), oder

(5) einen Vertrag, der in eigenen Eigenkapitalinstrumenten des Unternehmens erfüllt werden wird oder kann und

  (a) der ein nicht derivatives Finanzinstrument ist, durch den das Unternehmen zur Annahme einer variablen Anzahl eigener Eigenkapitalinstrumente verpflichtet ist oder sein kann, oder

  (b) der ein derivatives Finanzinstrument ist, das auf andere Weise erfüllt werden wird oder kann als durch den Austausch eines bestimmten Geldbetrags oder einer bestimmten Anzahl anderer finanzieller Vermögenswerte gegen eine bestimmte Anzahl von eigenen Eigenkapitalinstrumenten des Unternehmens. Die **eigenen Eigenkapitalinstrumente** umfassen dabei **keine**

    (i) kündbaren Instrumente, die entspr den Regelungen des IAS 32.16A und IAS 32.16B als Eigenkapital klassifiziert werden,

    (ii) Instrumente, die das Unternehmen zum Zeitpunkt seiner Liquidation verpflichten, an einen Dritten einen bestimmten Anteil des Nettovermögens auszukehren und deshalb als Eigenkapitalinstrumente klassifiziert werden oder

(iii) Instrumente, die Verträge über den zukünftigen Erwerb oder die zukünftige Lieferung von eigenen Eigenkapitalinstrumenten darstellen.

Finanzielle Vermögenswerte sind grds in **originäre** und **derivative** finanzielle Vermögenswerte zu unterteilen (zu den derivativen finanziellen Vermögenswerten → § 23 Rn 4). Beispiele für finanzielle Vermögenswerte sind Forderungen aus Lieferungen und Leistungen, Wechsel- oder Darlehens- sowie Anleiheforderungen (IAS 32.AG4). Finanzielle Vermögenswerte sind in der Bilanz als solche **gesondert auszuweisen,** es sei denn, es bestehen weitergehende besondere Ausweispflichten (IAS 1.54(m)). 19

Finanzielle Verbindlichkeiten sind nach IAS 32.11 jede vertragliche Verpflichtung, 20

(1) flüssige Mittel oder einen anderen finanziellen Vermögenswert an ein anderes Unternehmen **abzugeben** (zB Kreditverbindlichkeiten, Lieferverbindlichkeiten), oder

(2) finanzielle Vermögenswerte oder finanzielle Verbindlichkeiten mit einem anderen Unternehmen unter potenziell nachteiligen Bedingungen **austauschen zu müssen,** oder

(3) ein Vertrag, der in eigenen Eigenkapitalinstrumenten des Unternehmens erfüllt werden wird oder kann und
   (a) der ein nicht derivatives Finanzinstrument ist, durch welches das Unternehmen zur Abgabe einer variablen Anzahl eigener Eigenkapitalinstrumente verpflichtet ist oder sein kann, oder
   (b) der ein derivatives Finanzinstrument ist, das auf andere Weise erfüllt werden wird oder kann als durch Austausch eines bestimmten Geldbetrags oder einer bestimmten Anzahl anderer finanzieller Vermögenswerte gegen eine bestimmte Anzahl von eigenen Eigenkapitalinstrumenten. Die eigenen Eigenkapitalinstrumente umfassen **keine**
      (i) kündbaren Instrumente, die entspr den Regelungen des IAS 32.16A und IAS 32.16B als Eigenkapital klassifiziert werden,
      (ii) Instrumente, die das Unternehmen zum Zeitpunkt seiner Liquidation verpflichten, an einen Dritten einen bestimmten prozentualen Anteil des Nettovermögens auszukehren und deshalb als Eigenkapitalinstrumente klassifiziert werden oder
      (iii) Instrumente, die Verträge über den zukünftigen Erwerb oder die zukünftige Lieferung von eigenen Eigenkapitalinstrumenten darstellen.

Die eigenen Eigenkapitalinstrumente umfassen ferner keine Instrumente, die selbst Verträge über den künftigen Erwerb oder die zukünftige Lieferung von eigenen Eigenkapitalinstrumenten darstellen.

Auch auf der Passivseite kann zwischen **originären** finanziellen Verpflichtungen und Verpflichtungsüberhängen aus **derivativen** Finanzinstrumenten unterschieden werden. Finanzielle Verbindlichkeiten sind in der Bilanz gesondert auszuweisen (IAS 1.54(m)).

Nicht selten kommt es in der Praxis zu Abgrenzungsfragen, so auch bei finanziellen Verbindlichkeiten. Für *prepaid cards* wurde festgestellt, dass diese von einer Bank als finanzielle Verbindlichkeit einzustufen sind (*IFRIC* Update January 2015, 6). Als Grund für die Klassifizierung nennt das IFRSIC, dass die *prepaid cards* begebende Bank eine vertragliche Verpflichtung zur Zahlung von Geld an einen Händler eingeht.

Ein **Eigenkapitalinstrument** ist nach IAS 32.11 definiert als ein Vertrag, der einen Residualanspruch an den Vermögenswerten eines Unternehmens nach Abzug aller dazugehörenden Verbindlichkeiten begründet. 21

Verträge, die dem Namen nach Eigenkapital sind, wirtschaftlich betrachtet aber zu einem Abfluss von flüssigen Mitteln oder anderen finanziellen Vermögenswerten führen können (kündbare Instrumente) sowie ähnliche Instrumente sind entspr IAS 32.18(b) grds Fremdkapital.

Die Kapitalkonten von **PersGes** wie OHG, KG und Genossenschaften stellen zunächst grds Fremdkapital dar, weil die Einlagen der Gesellschafter bzw Genossen kündbar sind und dann idR Rückzahlungsansprüche auslösen (näher → § 12 Rn 100). Nur unter bestimmten Voraussetzungen sind sie als Eigenkapital zu beurteilen. Am 14. Februar 2008 wurde auf Druck der deutschen Fachgremien vom IASB eine Ergänzung zu IAS 32 (insbes die Einfügung von IAS 32.16A, IAS 32.16B sowie IAS 32.16C und IAS 32.16D) verabschiedet. Mit dieser Änderung des IAS 32 ist es unter bestimmten Bedingungen nicht nur deutschen PersGes, sondern auch Unternehmen in der Rechtsform einer Genossenschaft möglich, Kapitalkonten als Eigenkapital auszuweisen. Die Erweiterung des IAS 32 beruht grds auf der **Nachrangigkeit der Instrumente.** Weitere Einzelheiten zur Abgrenzung von Eigenkapital und Fremdkapital sowie insbes zu den neuen Regelungen des IAS 32 als auch bestimmter weiterhin bestehender Probleme für deutsche PersGes finden sich in → § 12 Rn 101ff.

22 Zu den **Eigenkapitalinstrumenten** gehören **typischerweise** nicht kündbare Aktien, idR auch Vorzugsaktien und GmbH-Anteile sowie Options- und Bezugsrechte, bei deren Ausübung an den Inhaber Anteile gegen einen festen Betrag an flüssigen Mitteln oder anderen finanziellen Vermögenswerten zu liefern sind. Eine Verpflichtung, eine bestimmte Zahl an Eigenkapitalinstrumenten gegen einen festen Betrag an flüssigen Mitteln oder anderen finanziellen Vermögenswerten zu liefern oder zu erwerben, ist ebenfalls ein Eigenkapitalinstrument. Zu den Eigenkapitalinstrumenten gehören auch bestimmte **kündbare Instrumente,** die ein Unternehmen im Fall der Liquidation des Unternehmens verpflichten, einen prozentualen Anteil am Nettovermögen der Gesellschaft zu liefern (IAS 32.16C; vgl hierzu auch → § 12 Rn 131).

23 Ob ein Instrument **Eigenkapital- oder Fremdkapitalcharakter** hat, ist nach der wirtschaftlichen Substanz der vertraglichen Vereinbarung zu beurteilen (IAS 32.15, *IDW* RS HFA 45 Rz 2). Grds liegt ein Eigenkapitalinstrument **nur dann** vor, wenn beide Grundbedingungen des IAS 32.16 erfüllt sind:

(1) Das Finanzinstrument beinhaltet keine vertragliche Verpflichtung,
   (a) flüssige Mittel oder einen anderen finanziellen Vermögenswert an ein anderes Unternehmen abzugeben, oder
   (b) finanzielle Vermögenswerte oder finanzielle Verbindlichkeiten mit einem anderen Unternehmen zu potenziell nachteiligen Bedingungen für den Emittenten auszutauschen.

(2) Kann das Finanzinstrument in Eigenkapitalinstrumenten des Emittenten erfüllt werden, handelt es sich um:
   (a) ein nicht derivatives Finanzinstrument, das keine vertragliche Verpflichtung seitens des Emittenten beinhaltet, eine variable Anzahl eigener Eigenkapitalinstrumente abzugeben, oder
   (b) ein Derivat, das vom Emittenten nur durch den Austausch eines festen Betrags an flüssigen Mitteln oder anderen finanziellen Vermögenswerten gegen eine feste Anzahl eigener Eigenkapitalinstrumente erfüllt wird. Nicht als Eigenkapitalinstrumente des Emittenten gelten für diesen Zweck Instrumente, die alle Voraussetzungen und Bedingungen der IAS 32.16A, IAS 32.16B, IAS 32.16C oder IAS 32.16D erfüllen, sowie Instrumente, die Verträge über den künftigen Empfang oder die Abgabe von Eigenkapitalinstrumenten des Emittenten darstellen.

Abweichend von diesen Regeln wird ein Instrument, das der Definition einer finanziellen Verbindlichkeit entspricht, als **Eigenkapitalinstrument** eingestuft, wenn es über alle in **IAS 32.16A bis IAS 32.16D** beschriebenen Merkmale verfügt und die dort genannten Bedingungen erfüllt. 24

Finanzgarantien sind Verträge, bei denen der Garantiegeber zur Leistung verpflichtet ist, die den Garantienehmer für einen Verlust entschädigt, der entsteht, weil ein bestimmter Schuldner seinen Zahlungsverpflichtungen gem den urspr oder geänderten Bedingungen eines Schuldinstruments nicht fristgemäß nachkommt (IAS 39.9). 25

Ergeben sich Vermögenswerte oder Schulden aufgrund **gesetzlicher Vorschriften** (zB Forderungen oder Verbindlichkeiten aus Steuern, Abgaben oder Sozialleistungen oder gesetzlicher Schadensersatzansprüche), liegen keine Finanzinstrumente vor (IAS 32.AG12). Das Gleiche gilt für **faktische Verpflichtungen** (dazu IAS 37.10). Für diese sind eigene Posten innerhalb der sonstigen Forderungen oder sonstigen Schulden zu bilden (→ Rn 48). 26

Regelungen zu **finanziellen Vermögenswerten, finanziellen Schulden und Eigenkapitalinstrumenten** sind übergreifend für diverse Bilanzposten in IAS 32, IAS 39 und IFRS 9 geregelt. Die Bilanzierung von **Anteilen an Unternehmen** jedweder Art (originäre finanzielle Vermögenswerte) ist grds in IFRS 10, IAS 27 und IAS 28 geregelt. Nur in bestimmten Fällen werden diese Anteile nach IAS 39 bilanziert (→ Rn 42). 27

Für Vermögenswerte oder Schulden, die Grundgeschäft oder Sicherungsinstrument im Rahmen von **Sicherungsbeziehungen** sind, enthält IAS 39 besondere Regeln (→ Rn 252 und → § 23 Rn 52ff). Bis auf wenige Ausnahmefälle (→ § 23 Rn 59) sind nach IAS 39 als Sicherungsinstrumente ausschließlich Derivate zulässig. 28

Ein **Derivat** ist ein Finanzinstrument oder ein anderer Vertrag, der alle folgenden **Merkmale** aufweist (IAS 39.9):

(1) sein Wert ändert sich infolge der Änderung eines bestimmten Zinssatzes, Preises eines Finanzinstruments, Rohstoffpreises, Wechselkurses oder einer anderen Variablen,

(2) es erfordert keine Anschaffungszahlung oder eine, die im Vergleich zu anderen Vertragsformen, von denen zu erwarten ist, dass sie in ähnlicher Weise auf Änderungen der Marktbedingungen reagieren, geringer ist und

(3) die Begleichung erfolgt zu einem späteren Zeitpunkt.

Die Definitionskriterien des IAS 32 umfassen sowohl **originäre** als auch **derivative** Finanzinstrumente (IAS 32.AG15). 29

IAS 32 und IAS 39 teilen Finanzinstrumente **(Vertragsverhältnisse)** ein in:

Originäre finanzielle Vermögenswerte	**Originäre finanzielle Verbindlichkeiten**	**Eigenkapitalinstrumente**
• Zahlungsmittel • Zahlungsmitteläquivalente • Guthaben bei Kreditinstituten • Forderungen aus Lieferungen und Leistungen • Forderungen aus Darlehen/Ausleihungen • Sonstige Forderungen auf vertraglicher Grundlage • Börsennotierte Eigenkapitalinstrumente (Anteile, Bezugsrechte, Optionen) eines anderen Unternehmens • Eigenkapitalinstrumente (Anteile) an sonstigen Unternehmen • Schuldtitel (Anleihen, Schuldverschreibungen, Schuldscheine) • Wechselforderungen • Investmentanteile	• Verbindlichkeiten ggü Kreditinstituten • Verbindlichkeiten aus Lieferungen und Leistungen • Wechselverbindlichkeiten • Darlehensverbindlichkeiten • Börsennotierte und nicht börsennotierte Schuldtitel (zB emittierte Anleihen) • Genussrechtskapital mit dem Fremdkapitalanteil • Vorzugsaktien, wenn Rücknahme gegen Ausgleich vereinbart ist • Wandel- und Optionsanleihen mit dem schuldrechtlichen Anteil • Fixdividende aus Vorzugsaktien • Minderheitenanteile an TU in der Rechtsform einer PersGes	• Eigene Aktien oder sonstige eigene Anteile • Verpflichtung zur Ausgabe eigener Eigenkapitalinstrumente (zB Aktien, Anteile) aufgrund emittierter Bezugs- und Optionsrechte • Zurückerworbene Options- oder Bezugsrechte auf eigene Anteile • Vorzugsaktien ohne Rückgabeanspruch des Aktionärs

Derivative Vermögenswerte	**Derivative Verbindlichkeiten**	
Derivate (Optionen, Swaps, Forwards, Futures, Zinsbegrenzungsvereinbarungen)		
• Positive Marktwerte	• Negative Marktwerte	

30 **Strukturierte Produkte** sind Vermögenswerte bzw Verbindlichkeiten, die hinsichtlich ihrer Verzinsung, Laufzeit oder Rückzahlung besondere Ausstattungsmerkmale aufweisen. Ein strukturiertes Produkt setzt sich zusammen aus einem nicht-derivativen Basisvertrag und einem (oder mehreren) die Zahlungsströme des Basisvertrags modifizierenden eingebetteten Derivat(en). Der Basisvertrag und das Derivat bilden eine rechtliche und wirtschaftliche Einheit. Weder das Derivat noch der Basisvertrag können separat auf Dritte übertragen werden. Ein strukturiertes Produkt ist ähnlichen Zahlungsstromschwankungen ausgesetzt, wie ein freistehendes Derivat.

Von den strukturierten Produkten streng zu unterscheiden sind die **synthetischen Produkte.** Bei diesen handelt es sich jeweils um eigenständige Vertragsabschlüsse, welche rechtlich und wirtschaftlich voneinander unabhängig sind. Die separaten Verträge werden durch unternehmensinterne Bestimmung zu einer Einheit zusammengefügt (Beispiel: Konstruktion eines synthetisch variabel verzinslichen *corporate bonds* im Depot A einer Bank mittels eines festverzinslichen *corporate bonds* und eines Festzinszahlerswaps). Die **Definition** eines strukturierten Produkts muss **eng ausgelegt** werden. So ist bspw ein *plain vanilla floating rate note* ein Kassainstrument **ohne eingebettetes Derivat.** Grds besteht immer die Möglichkeit, ein Finanzinstrument durch einen Korb anderer Finanzinstrumente – einschließlich der Derivate – abzubilden, dies wäre im genannten Beispiel aber nicht sachgerecht.

Strukturierte Produkte als Ganzes können **Grundgeschäft** sein. Es kann auch eine Absicherung des Basisvertrags oder der derivativen Komponente (soweit nicht getrennt ausgewiesen) oder bestimmter, konkret abgegrenzter Teilaspekte (zB risikofreier Zinssatz) erfolgen.

Eine separat ausgewiesene derivative Komponente eines strukturierten Produkts selbst kann nicht Sicherungsgeschäft sein, weil sie nicht die dafür notwendigen Voraussetzungen des IAS 39 erfüllt.

Auch für den Fall, dass strukturierte Produkte abgesichert werden, gilt der Grundsatz, dass das Grundgeschäft **genau definiert** und klar in Bezug auf das **abzusichernde Risiko abgegrenzt** werden muss. Dies ist insbes bei strukturierten Produkten und deren Bestandteilen in Bezug auf die Gewährleistung einer hohen Hedge-Effektivität wichtig.

Für eine Aufteilung in **kurz- und langfristige Finanzinstrumente** kommt 31
es auf die Art und die mit dem Erwerb oder dem Halten verbundenen Absichten des Unternehmens an (zur Abgrenzung von langfristigen finanziellen Vermögenswerten → § 7 Rn 7 ff; zur Abgrenzung der Fristigkeit von Verbindlichkeiten → § 14 Rn 21 ff). Dies gilt gleichfalls für Derivate, die dann als langfristig auszuweisen sind, wenn sie für einen längeren Zeitraum als zwölf Monate abgeschlossen wurden.

(einstweilen frei) 32–40

III. Anwendungsbereich des IAS 32 und IAS 39

IAS 32 und IAS 39 sind **keine branchenspezifischen Standards.** Ein- 41
schränkungen sind nicht vorgesehen, sie sind sowohl für Handels-, Dienstleistungs- und Industriebetriebe als auch für die Bank-, Finanzdienstleistungs- und Versicherungswirtschaft relevant.

Beide Standards sind grds auf **alle Finanzinstrumente** anzuwenden. Es bestehen jedoch umfangreiche Kataloge mit **Ausnahmen** aus dem **Anwendungsbereich von IAS 32 und IAS 39,** die nicht deckungsgleich sind. Ziel der Ausnahmen ist es, die Grundregeln der beiden Standards für Bilanzierung und Bewertung sowie Angaben und Darstellung von den Fällen abzugrenzen, in denen abweichende Regeln anderer Standards gelten sollen.

Übereinstimmend **aus beiden Standards ausgenommen** sind: 42

(1) **Anteile** an TU, assoziierten Unternehmen und Gemeinschaftsunternehmen, die gem IFRS 10, IAS 27 oder IAS 28 bilanziert werden. Nur in Ausnahmefällen werden Anteile an TU, assoziierten oder Gemeinschaftsunternehmen nach IAS 39 bilanziert. Dagegen gilt für die Bilanzierung von Derivaten auf Anteile an TU, assoziierten und Gemeinschaftsunternehmen grds IAS 39 (IAS 32.4(a), IAS 39.2(a); → § 7 Rn 50 ff).
(2) Vermögenswerte und Schulden eines Arbeitgebers aus **Altersvorsorgeplänen** nach IAS 19 (IAS 32.4(b), IAS 39.2(c)),
(3) emittierte Eigenkapitalinstrumente von **Mitarbeiterbeteiligungsprogrammen** (IAS 32.4(f) mit Rückausnahmen, IAS 39.2(i); IFRS 2 und → § 24 Rn 1 ff),
(4) Ansprüche und Verpflichtungen aus **Versicherungsverträgen** und solchen Verträgen gem IFRS 4, die eine ermessensabhängige Überschussbeteiligung gewähren. Dies gilt nicht für Finanzgarantien (→ Rn 47) und eingebettete Derivate (IAS 32.4(d) und IAS 32.4(e), IAS 39.2(e); → § 40 Rn 16) sowie
(5) anteilsbasierte Vergütungen gem IFRS 2 (→ § 24 Rn 1 ff).

43 Allein aus dem Anwendungsbereich des **IAS 39 ausgenommen** sind darüber hinaus:

(6) Rechte und Pflichten aus **Leasingverträgen** gem IAS 17. Dagegen finden die Vorschriften von IAS 39 auf die Ausbuchung und Wertminderung von Leasingforderungen (IAS 39.2(b)(i)) und Leasingverbindlichkeiten (IAS 39.2(b)(ii)) sowie auf die in Leasingverhältnisse eingebetteten Derivate (IAS 39.2(b)(iii)) Anwendung (→ § 23 Rn 29),

(7) vom Unternehmen selbst emittierte Aktien, Optionen und sonstige **Eigenkapitalinstrumente** (IAS 39.2(d)),

(8) Termingeschäft zwischen dem Käufer und dem verkaufenden Gesellschafter auf den zukünftigen Erwerb oder Verkauf eines Unternehmens, das zu einem Unternehmenszusammenschluss zu einem künftigen Erwerbszeitpunkt führt. Die Laufzeit des Termingeschäfts sollte einen Zeitraum nicht überschreiten, der vernünftigerweise zum Einholen der Genehmigungen und zur Vollendung der Transaktion erforderlich ist (IAS 39.2(g)).

(9) Verträge, die eine Zahlung bei Eintritt bestimmter klimatischer, geologischer oder sonstiger physikalischer Variablen vorsehen (sog **Wetterderivate,** IAS 39.AG1), wenn sie Versicherungsverträge iSd IFRS 4 darstellen (zB Sturm- oder Hagelversicherungen).

44 **Darlehenszusagen** fallen außer in Bezug auf die Vorschriften zur Ausbuchung grds nicht unter die Regeln von IAS 39, sondern unter IAS 37. Nur wenn Darlehenszusagen als finanzielle Verbindlichkeiten eingestuft und vom Unternehmen (freiwillig) in die Kategorie erfolgswirksam zum beizulegenden Zeitwert bewertet (→ Rn 51, → Rn 59 ff) eingeordnet sind (IAS 39.2(h) und IAS 39.4(a)) oder ein Unternehmen für gewöhnlich die Vermögenswerte aus seinen Kreditzusagen kurz nach der Ausreichung verkauft, werden sie gem IAS 39 bilanziert. Dies gilt ebenfalls für Darlehenszusagen, die durch Zahlung oder Lieferung eines anderen Finanzinstruments abgelöst werden können (IAS 39.4(b)) oder für Zusagen, einen Kredit unterhalb des Marktzinssatzes zur Verfügung zu stellen (IAS 39.4(c)).

Bei einer **Herabschreibungsanleihe** *(contingent convertible bonds – CoCoBonds)* handelt es sich um ein Finanzinstrument, welches durch die folgenden Merkmale gekennzeichnet ist:

(1) nicht besicherte, nachrangige Schuldverschreibungen,
(2) unbegrenzte Laufzeit; die Rückzahlung liegt im Ermessen des Schuldners,
(3) Kündigungsrechte stehen ausschließlich den Emittenten zu,
(4) Vereinbarung eines über den Marktzinsniveau liegenden Zinssatzes,
(5) Emittent hat das Recht, die Zinszahlung im freien Ermessen ganz oder teilweise entfallen zu lassen,
(6) lfd Bedienung der Anleihe ist nur im Fall von frei verfügbarem Eigenkapital zulässig (bei Unterschreitung von definierten Kennzahlen bzw auf Anforderung der Aufsicht ist eine Bedienung untersagt),
(7) bei Eintritt eines auslösenden Ereignisses (dh harte Kernkapitalquote nach Kapitaladäquanzverordnung (*Capital Requirements Regulation,* CRR) auf konsolidierter Basis fällt unter eine bestimmte Quote) sind der Rückzahlungsbetrag und der Nennbetrag der Anleihe um den Betrag der betreffenden Herabschreibung zu reduzieren.

Die (Wieder-)Hochschreibung liegt im Ermessen des Schuldners. Herabschreibungsanleihen sind als Eigenkapital nach IAS 32 beim emittierenden Institut (vgl *IFRIC* Update March 2006, 3) zu klassifizieren, weil der Emittent keine Verpflichtung zur Rückzahlung und zu lfd Zinszahlungen hat. Es ist die gesamte Anleihe als Eigenkapitalinstrument zu klassifizieren. Eine Trennung eventuell eingebetter Derivate hat nicht zu erfolgen (*IDW* RS HFA 47 Rz 93 f).

Anteile an assoziierten Unternehmen und an Gemeinschaftsunternehmen, die von **Risikokapitalgesellschaften,** offenen Investmentfonds und ähnlichen Gesellschaften gehalten werden, befinden sich im Hinblick auf den Konzernabschluss in dem Anwendungsbereich des IAS 39, wenn diese Anteile beim erstmaligen Ansatz zu Handelszwecken bzw erfolgswirksam zum beizulegenden Zeitwert bewertet werden; → § 36 Rn 8). 45

Ausdrücklich in den Anwendungsbereich des IAS 39 fallen **Warenkontrakte,** die nicht zur Deckung des erwarteten Einkaufs-, Verkaufs- oder Nutzungsbedarfs des Unternehmens geschlossen und gehalten werden (IAS 39.5). Damit können nicht nur die als Derivate definierten **Warenterminkontrakte,** sondern „auch Lieferverträge und **Verträge über nicht-finanzielle Vermögenswerte mit Optionscharakter**" wie ein Finanzinstrument zu erfassen sein (→ Rn 245 ff). 46

Verpflichtungen aus **finanziellen Garantien** wie zB Bürgschaften oder Akkreditive werden beim Garantiegeber in den Anwendungsbereich beider Standards einbezogen (IAS 39.9, IAS 32.4(d)). Finanzgarantien fallen dann unter den Standard, wenn sie als Versicherungsvertrag zu qualifizieren sind. Hat der Garantiegeber eine Finanzgarantie zuvor ausdrücklich als Versicherungsvertrag behandelt, steht ihm ein **Wahlrecht** zu, IAS 39 oder IFRS 4 anzuwenden (IAS 39.2(e), IAS 39.IN6, IAS 39.AG4, IAS 39.4A und IFRS 4.B18(g)). 47

Die große Bedeutung von IAS 32 und IAS 39 wird durch die Vielzahl der Bilanzposten deutlich, die von diesen Regelungen betroffen sind. Folgende **Übersicht** zeigt, in welchen **Bilanzposten** Finanzinstrumente enthalten sind: 48

Bilanzposten	**Finanz-instrument**	**Anderer Vermögenswert/ Schuld**	**Anwendungsbereich**
Aktiva			
Geleistete Anzahlungen auf Sachanlagen oder immaterielle Vermögenswerte	Nein	Ja	IAS 16, IAS 38
Immaterielle Vermögenswerte	Nein	Ja	IAS 38, IAS 36
Sachanlagen	Nein	Ja	IAS 16, IAS 36
Anteile an TU	Ja	Nein	IAS 27, IAS 32, IAS 39
Anteile an assoziierten Unternehmen	Ja	Nein	IAS 28, IAS 32, IAS 39
Beteiligungen an Gemeinschaftsunternehmen	Ja	Nein	IAS 28, IAS 32, IAS 39
Ausleihungen	Ja	Nein	IAS 32, IAS 39
Vorräte und Fertigungsaufträge sowie erhaltene und geleistete Anzahlungen	Nein	Ja	IAS 2, IAS 11
Sonstige Wertpapiere/ Anteile nicht-beherrschender Gesellschafter	Ja	Nein	IAS 32, IAS 39
Eigene Anteile	Ja	Nein	IAS 32, IAS 1, IAS 24
Derivate (aktiv und passiv) – auf Eigenkapitalinstrumente des eigenen Unternehmens – alle anderen	 Nein Ja	 Ja Nein	 IAS 1 IAS 32, IAS 39
Forderungen aus Lieferungen und Leistungen	Ja	Nein	IAS 32, IAS 39
Forderungen aus Ertragsteuern	Nein	Ja	IAS 12
Latente Steuern (aktiv und passiv)	Nein	Ja	IAS 12
Sonstige Forderungen – vertragliche Ansprüche – nicht-vertragliche Ansprüche	 Ja Nein	 Nein Ja	 IAS 32, IAS 39 IAS 1

Bilanzposten	Finanz-instrument	Anderer Vermögenswert/Schuld	Anwendungsbereich
Forderungen an Kreditinstitute, Kassen- und Bankbestand, sonstige liquide Mittel	Ja	Nein	IAS 32, IAS 39
Abgrenzungsposten	Nein	Ja	IAS 1
Passiva			
Eigenkapital	Ja	Nein	IAS 32, IAS 39
Pensionsverpflichtungen	Nein	Ja	IAS 19
Steuerverpflichtungen	Nein	Ja	IAS 12
Rückstellungen	Nein	Ja	IAS 37
Verbindlichkeiten aus Lieferungen und Leistungen	Ja	Nein	IAS 32, IAS 39
Sonstige Verbindlichkeiten – vertragliche Ansprüche, wenn finanzieller Natur – nicht-vertragliche Ansprüche	Ja Nein	Nein Ja	IAS 32, IAS 39 IAS 1
Verbindlichkeiten ggü Kreditinstituten	Ja	Nein	IAS 32, IAS 39
Anleihe- und Genussrechts-verbindlichkeiten	Ja	Nein	IAS 32, IAS 39
Produkt oder Leistungsgarantien	Nein	Ja	IAS 37
Abgrenzungsposten	Nein	Ja	IAS 20, IAS 1
Passiva			
Schwebende Geschäfte			
Warentermingeschäfte	Ja	Nein	IAS 32, IAS 39
Bestimmte Kreditzusagen (IAS 39.4(a) bis (c))	Ja	Nein	IAS 32, IAS 39 wie Derivate (s IAS 39.4), sonst IAS 37
Sicherungsgeschäfte	Ja	Nein	IAS 32, IAS 39
Finanzielle Garantien beim Garantiegeber	Ja	Nein	IAS 39, Ausnahme IFRS 4

C. Klassifizierung von finanziellen Vermögenswerten

I. Einteilung nach IAS 39

49 Finanzinstrumente werden nach IAS 39.9 in **vier Kategorien** eingeteilt. An die Einteilung in die Kategorien knüpfen sich **unterschiedliche Bewertungskonsequenzen** im Rahmen der Folgebewertung von Finanzinstrumenten. Die Einteilung hat daher materielle Konsequenzen für die Bilanzierung, wie die folgende Gegenüberstellung zeigt:

	Kategorie	Bewertung
(1)	Finanzielle Vermögenswerte und Schulden, die erfolgswirksam zum beizulegenden Zeitwert bewertet werden *(at fair value through profit or loss)*: a) zu Handelszwecken gehaltene *(held for trading)* oder b) designierte Finanzinstrumente	Beizulegender Zeitwert, erfolgswirksam

	Kategorie	Bewertung
(2)	Bis zur Endfälligkeit gehaltene Finanzinvestitionen *(held to maturity)*	Fortgeführte Anschaffungskosten
(3)	Kredite und Forderungen *(loans and receivables)*	Fortgeführte Anschaffungskosten
(4)	Zur Veräußerung verfügbare finanzielle Vermögenswerte *(available for sale)*	Beizulegender Zeitwert, erfolgsneutral

50 Für die Bilanzierung ist folglich **zuerst** die **Klassifizierung** und dann die **Bewertung** durchzuführen. Die Zuordnung zu den einzelnen Kategorien muss **willkürfrei** und **nachvollziehbar** sein. In der Praxis sind dafür unternehmensinterne Richtlinien zu erlassen, die Kriterien für die Zuweisung von Finanzinstrumenten zu den jeweiligen Kategorien bestimmen. Dies ist auch vor dem Hintergrund der Anwendung von IFRS 7 geboten. Die offenzulegenden Informationen müssen auf im Unternehmen nachvollziehbaren Dokumentationen beruhen.

51 Die **erste Kategorie** beinhaltet die zu **Handelszwecken** gehaltenen Finanzinstrumente *(held for trading)* und umfasst darüber hinaus Finanzinstrumente (Vermögenswerte und Schulden), die ein Unternehmen dieser Kategorie zuweist.

Die **Designation** von Finanzinstrumenten in diese Kategorie ist durch die ***fair value option*** auf bestimmte Sachverhalte begrenzt (→ Rn 59 ff).

Bei der **Folgebewertung** werden die in der Kategorie (1) erfassten Finanzinstrumente grds zum beizulegenden Zeitwert bewertet (→ Rn 165 ff). Die sich bei Neubewertungen ergebenden Unterschiedsbeträge werden über den erfolgswirksamen Teil der **Gesamtergebnisrechnung** (ausführlich → § 15 Rn 132) bzw die gesonderte **GuV** (sofern erstellt) geleitet.

52 Die **zweite Kategorie** (**bis zur Endfälligkeit gehaltene Finanzinvestitionen,** *held to maturity*) umfasst alle nicht-derivativen finanziellen Vermögenswerte, die nicht den anderen Kategorien zugeordnet sind und die Voraussetzungen für die Zuordnung zu dieser Kategorie erfüllen. Die Bewertung erfolgt zu fortgeführten Anschaffungskosten.

53 In die **dritte Kategorie** (**Kredite und Forderungen,** *loans and receivables*) fallen **sämtliche** Kredite und Forderungen (auch erworbene). Kredite und Forderungen dieser Kategorie werden in der Folgebewertung mit den fortgeführten Anschaffungskosten bewertet (IAS 39.46).

54 Die **vierte Kategorie** (**zur Veräußerung verfügbare finanzielle Vermögenswerte,** *available for sale*) stellt das Auffangbecken für alle Finanzinstrumente dar, die nicht einer anderen Kategorie zugeordnet werden können oder sollen. Die Bewertung erfolgt zum beizulegenden Zeitwert, wobei die Wertänderungen (zunächst) **im sonstigen Ergebnis** *(other comprehensive income)* erfasst werden.

II. Finanzielle Vermögenswerte und Schulden, die erfolgswirksam zum beizulegenden Zeitwert bewertet werden

55 Wie in → Rn 49 ausgeführt, umfasst diese Kategorie zwei Untergruppen:
(1) zu **Handelszwecken** gehaltene Finanzinstrumente und
(2) dieser Kategorie vom Unternehmen **zugeordnete Finanzinstrumente.**

1. Zu Handelszwecken gehaltene Finanzinstrumente

56 Bei der Einordnung in diese Kategorie wird auf die **Absicht** des Unternehmens zum Ersterfassungszeitpunkt abgestellt.

57 **Finanzinstrumente,** die dieser Kategorie zugeordnet werden, sind (IAS 39.9)
(1) hauptsächlich mit der Absicht eingegangen worden, kurzfristig übertragen zu werden,
(2) Verbindlichkeiten, die Teil eines Portfolios eindeutig identifizierter und gemeinsam verwalteter Finanzinstrumente sind, bei dem es in jüngerer Vergangenheit nachweislich kurzfristige Gewinnmitnahmen gab oder
(3) Derivate (mit Ausnahme solcher, die als finanzielle Garantie oder Sicherungsinstrument designiert wurden und als solche effektiv sind).

Der Ausweis erfolgt im Zeitpunkt des erstmaligen Ansatzes. Ein Unternehmen darf eine solche Einstufung nur vornehmen, wenn dies nach IAS 39.11A zulässig ist (→ Rn 60).

Der Zeitraum „Veräußerungsabsicht in naher Zukunft" ist unternehmensindividuell anhand der „tatsächlichen Handelsaktivitäten und der individuellen Handelsphilosophien" zu bestimmen (*Kuhn/Scharpf,* 397). Vermögenswerte und Verbindlichkeiten dieser Kategorie spielen insbes bei Banken und Versicherungen eine große Rolle.

58 Soweit sich aus einem Derivat am Bilanzstichtag ein negativer beizulegender Zeitwert (Verpflichtungsüberhang) ergibt, handelt es sich um eine **finanzielle Verbindlichkeit,** die der Kategorie zum beizulegenden Zeitwert bewertet zuzuordnen ist.

Umwidmungen in diese oder aus dieser Kategorie sind nur noch in bestimmten Fällen möglich. Die Zuordnung von Finanzinstrumenten zu einer Kategorie ist aufgrund der begrenzt gegebenen Möglichkeiten einer Reklassifizierung und der ggf damit verbundenen Angabepflichten vorausschauend zu planen.

Die Kurzfristigkeit einer Verbindlichkeit ist für sich kein Kriterium dafür, dass es sich um eine dieser Kategorie zuzuweisende Verbindlichkeit handelt. So können bspw dieser Kategorie zuzuweisende Finanzinstrumente auch eine sehr lange Laufzeit aufweisen. Nach dem erstmaligen Ansatz sind Wertänderungen von Finanzinstrumenten dieser Kategorie **erfolgswirksam** in der **Gesamtergebnisrechnung** bzw der gesonderten **GuV** (sofern erstellt) zu erfassen (IAS 39.46; → Rn 49, → Rn 51).

2. Vom Unternehmen der Kategorie erfolgswirksam zum beizulegenden Zeitwert bewertet zugeordnete Finanzinstrumente

59 Die Unternehmen können – nach ihrer freien Wahl – hier grds sämtliche **aktiven Finanzinstrumente** einordnen, die innerhalb des Bereichs von IAS 39 liegen (→ Rn 41 ff) und die entspr Voraussetzungen (→ Rn 13 ff) erfüllen. Ausgenommen sind Eigenkapitalinstrumente, die keinen Marktpreis haben und deren Wert (Wert für das gesamte Finanzinstrument) auch anderweitig nicht verlässlich ermittelt werden kann (IAS 39.9; → Rn 242). Mit der Einführung dieser *fair value option* wird bezweckt, ökonomisch nicht gerechtfertigte **Volatilitäten** im erfolgswirksamen Teil der **Gesamtergebnisrechnung** bzw der gesonderten **GuV** (sofern erstellt) zu mindern. Solche Volatilitäten ergeben sich zB durch die Pflicht zum Ansatz und zur erfolgswirksamen Bewertung von Finanzinstrumenten zum beizulegenden Zeitwert, die wirtschaftlich der Sicherung bestimmter Grundgeschäfte dienen, die zu fortgeführten Anschaffungskosten bewertet werden und für die *hedge accounting* nicht in Betracht kommt.

Durch die Möglichkeit, entspr Grundgeschäfte der gleichen Bewertungskategorie wie das zur Sicherung eingesetzte Derivat zuzuordnen, kann eine Kompensation der Wertentwicklungen des aus wirtschaftlicher Sicht abgesicherten Geschäfts und dem wirtschaftlich sichernden Derivat erreicht werden. Das Wahlrecht ist zum Zeitpunkt der erstmaligen Erfassung auszuüben. Dies ist grds der Zeitpunkt des Vertragsabschlusses (Handelstag). Eine spätere Umgliederung in eine andere Kategorie ist nicht zulässig (IAS 39.50). Daneben dient die *fair value option* im Wesentlichen der **Komplexitätsreduktion,** auch in Bezug auf bestimmte strukturierte Produkte.

Die ***fair value option*** ist für finanzielle Vermögenswerte und Verbindlichkeiten 60
auf **drei normierte Fälle** begrenzt. Die *fair value option* ist nur dann erlaubt, wenn sich durch ihre Ausübung verbesserte Informationen ergeben, es zu einer **Reduktion** der **Komplexität** kommt oder sich eine **Erhöhung** der **Zuverlässigkeit** der **Bewertung** ergibt, sei es,

(1) weil Inkonsistenzen bei der Bewertung oder beim Erfolgsausweis *(accounting mismatch)* beseitigt oder wesentlich reduziert werden (IAS 39.9(b)(i)) oder
(2) weil ein Portfolio aufgrund einer dokumentierten Risikomanagement- oder Anlagestrategie auf Zeitwertbasis geführt und dem verantwortlichen Management auf dieser Basis entspr Bericht erstattet wird (IAS 39.9(b)(ii)).
(3) Darüber hinaus ist die *fair value option* für eingebettete Derivate anwendbar, bei denen auf eine Trennung verzichtet werden kann, weil sie als Ganzes zum beizulegenden Zeitwert bewertet werden (IAS 39.11A).

Eine **Konkretisierung** dieser Fälle nimmt der IASB nicht vor. Die *fair value* 61
option soll vielmehr dazu dienen, unter wirtschaftlichen Gesichtspunkten sinnvoll gestaltete Geschäftsvorfälle bilanziell kongruent abzubilden und damit zu einer höheren Relevanz des Abschlusses zu gelangen.

Im **ersten Fall** ist es erforderlich, dass das bilanzierende Unternehmen über die entspr (inkongruenten) Vermögenswerte und Schulden verfügt, zwischen beiden ein **nachweisbarer ökonomischer Zusammenhang** besteht (*Kuhn/Scharpf,* 108) und durch die Klassifizierung erfolgswirksam zum beizulegenden Zeitwert bewertet, eine Verminderung der Inkongruenz eintritt. Verschiedene Anwendungsbeispiele für diese drei Sachverhaltsgruppen sind dargestellt in IAS 39.AG4E. *Kuhn/Scharpf* zB halten es grds für zulässig, synthetische variable Verbindlichkeiten, die aus einer festverzinslichen Verbindlichkeit und einem Zinsswap bestehen (die nicht als Sicherungsbeziehung designiert wurden), der Kategorie zuzuordnen, sofern dadurch eine Verminderung der Inkongruenz erreicht wird (*Kuhn/Scharpf,* 111). Im Rahmen einer *enforcement*-Entscheidung hält es das *Committee of European Securities Regulators* (CESR) für zulässig, die *fair value option* für Verbindlichkeiten einzusetzen, die der Finanzierung von Renditeobjekten dienen, die nach dem Zeitwertmodell bewertet werden (*ESMA* EECS/1207–06 vom Dezember 2007).

Gem IFRS 7 sind bei Ausübung der Option **umfangreiche Angaben** zu Art, Höhe, Wert und Methoden von zum Zeitwert bewerteten finanziellen Vermögenswerten und finanziellen Verbindlichkeiten offenzulegen (IFRS 7.9 ff).

III. Bis zur Endfälligkeit gehaltene Finanzinvestitionen

Eine Einordnung eines finanziellen Vermögenswerts in die Kategorie bis zur 62
Endfälligkeit gehaltene Finanzinvestitionen ist nur möglich, wenn aufgrund der **Art der Finanzinvestition,** der **Vertragsgestaltung,** der **Absichten** und **Fähigkeiten** des Unternehmens von einem Halten des Vermögenswerts bis zum Ende seiner vertraglichen Laufzeit auszugehen ist (zB möglich bei schuldrechtli-

chen Wertpapieren; IAS 39.AG16). Die Bewertung erfolgt zu fortgeführten Anschaffungskosten.

Auf **allgemeine Risiken,** wie zB Ausfallrisiken, die mit dem Erwerb eines finanziellen Vermögenswerts verbunden sein können, kommt es nicht an (IAS 39.AG17).

Aktien sowie Aktienoptionen, sonstige Options- und Bezugsrechte **(Eigenkapitalinstrumente)** und Investmentanteile ohne fixierte Laufzeitvereinbarungen *(perpetuals)* scheiden aus, da es an einer bestimmbaren Höhe oder einem bestimmbaren Zeitpunkt von Zahlungen mangelt.

63 In die Kategorie fallen im Wesentlichen **schuldrechtliche Wertpapiere** wie zB Inhaberschuldverschreibungen. Eine **variable Zinsvereinbarung** steht der Einordnung eines Finanzinstruments in diese Kategorie nicht entgegen (IAS 39.AG17). Eine Bestimmbarkeit auf Basis eines Zinsindexes reicht aus. Gewinnschuldverschreibungen fallen aufgrund ihrer Abhängigkeit vom Ertrag des Unternehmens nicht unter die Definition eines festverzinslichen Wertpapiers.

Eine fehlende Vereinbarung über Verzinsungsperioden erfüllt nicht die Anforderungen an ein bis zur Endfälligkeit zu haltendes Wertpapier (IAS 39.AG17). Gleiches gilt für vertraglich vorgesehene Kündigungsrechte oder Verkaufsoptionen des Inhabers (IAS 39.AG19). Ein Kündigungsrecht des **Emittenten** hingegen steht der Einordnung in diese Kategorie nicht entgegen, soweit für den Fall der Ausübung keine wesentlichen Verluste aus der Einlösung zu erwarten sind (IAS 39.AG18).

64 Erfüllt die Ausgestaltung des Finanzinstruments die Voraussetzungen für die Einstufung in diese Kategorie (objektives Kriterium), muss das Unternehmen auch die **Absicht** haben, den Vermögenswert bis zu seiner **Endfälligkeit zu halten** (subjektives Kriterium) (IAS 39.AG16). Die Absicht, einen finanziellen Vermögenswert bis zu seiner Endfälligkeit zu halten, setzt auch die **Fähigkeit des Unternehmens** hierzu voraus. Deshalb müssen innerhalb der Laufzeit die Refinanzierung des Vermögenswerts selbst und die Unternehmensliquidität sichergestellt sein. Daneben dürfen keine gesetzlichen oder sonstigen Beschränkungen bestehen. Die Gestellung des Vermögenswerts als Sicherheit ermöglicht weiterhin den Ausweis des Finanzinstruments in dieser Kategorie.

65 Die Absichten des Unternehmens sind durch die Beurteilung der Einhaltung in vergangenen Perioden zu verifizieren. Danach ist eine Zuordnung von finanziellen Vermögenswerten zu der Kategorie bis zur Endfälligkeit zu haltende Finanzinvestitionen nicht möglich, wenn das Unternehmen im lfd und den beiden vorangegangenen Jahren **„mehr als einen unwesentlichen Teil"** der bis zur Endfälligkeit zu haltenden Finanzinvestitionen vor Endfälligkeit verkauft, übertragen, darauf eine Verkaufsoption ausgeübt oder umklassifiziert hat (IAS 39.9; **Zuordnungssperre *„tainting"***). In der Literatur wird der im Standard nicht weiter bestimmte Umfang mit bis zu 10% angegeben (*Kuhn/Scharpf,* 118). Dieser Umfang ist aufgrund des **Gesamtvolumens** innerhalb des genannten Zeitraums zu bestimmen (keine Einbeziehung von Zeiträumen vor Geltung des Standards). Explizit **unschädlich** sind nachfolgende Sachverhalte aufgrund ihrer unwesentlichen Abweichung von einem Halten bis zur Endfälligkeit oder weil sie vom Unternehmen nicht zu vertreten sind (IAS 39.9):

(1) Verkäufe kurz vor der Endfälligkeit oder dem Ausübungstag ohne wesentliche Auswirkungen des Marktzinses auf den beizulegenden Zeitwert des Vermögenswerts (zB weniger als drei Monate vor Fälligkeit),
(2) Verkäufe von finanziellen Vermögenswerten, die zum Verkaufszeitpunkt im Wesentlichen getilgt sind (zB 90% der Tilgungen) und
(3) Verkäufe aufgrund einzelner isolierter unvorhersehbarer Sachverhalte, die außerhalb der Kontrolle des Unternehmens liegen.

Nicht einzubeziehen in die Bestimmung des unwesentlichen Teils des Bestands sind **Verkäufe vor Endfälligkeit** aufgrund (IAS 39.AG22): 66

(1) wesentlicher Verschlechterung der Bonität des Emittenten (internes oder externes Rating),
(2) nachteiliger Änderungen der Steuergesetzgebung bezogen auf die Steuerfreiheit von Zinserträgen aus den Vermögenswerten,
(3) von Unternehmenszusammenschlüssen oder Veräußerungen einzelner Unternehmenssegmente, wenn sie zur Aufrechterhaltung von Zinsänderungsrisikopositionen oder der Ausfallrisikopolitik notwendig sind,
(4) einer Änderung gesetzlicher oder aufsichtsrechtlicher Bestimmungen und
(5) aufsichtsrechtlich geforderter erhöhter Eigenkapitalausstattung oder erhöhter Risikokapitalgewichtung der Finanzinvestition.

Es handelt sich bei den vorstehend genannten Fallgestaltungen um eine abschließende Aufzählung der Ausnahmetatbestände.

Der schädliche Verkauf oder die Umklassifizierung eines wesentlichen Teils 67
der Finanzinvestitionen, die bis zur Endfälligkeit gehalten werden sollten, führt zu einer **zweijährigen Zuordnungssperre,** innerhalb derer Finanzinvestitionen nicht dieser Kategorie zugeordnet werden können (IAS 39.54). Aus diesen Gründen sind alle vorhandenen Vermögenswerte umzugliedern, in der Kategorie zur Veräußerung verfügbare finanzielle Vermögenswerte zu erfassen und folglich erfolgsneutral mit dem beizulegenden Zeitwert zu bewerten (IAS 39.51). Nach Ablauf der zweijährigen Sperrfrist werden die Finanzinvestitionen in die Kategorie bis zur Endfälligkeit gehaltene Finanzinvestitionen zum dann bestehenden Buchwert, der dem beizulegenden Zeitwert entspricht, zurückgeführt. Die im kumulierten sonstigen Ergebnis erfassten Gewinne oder Verluste werden bei Vermögenswerten mit fester Laufzeit über die Laufzeit des Instruments nach der Effektivzinsmethode aufgelöst (IAS 39.54). Bei Vermögenswerten ohne feste Laufzeit werden Gewinne oder Verluste so lange im kumulierten sonstigen Ergebnis erfasst, bis der Vermögenswert abgeht oder verkauft wird.

Da die Umgliederung in die Kategorie zur Veräußerung verfügbare finanzielle Vermögenswerte erhebliche Auswirkungen auf die Bewertung haben kann, empfiehlt es sich, insbes bei **größeren Volumina,** die Kategorie bis zur Endfälligkeit gehaltene Finanzinvestitionen zentral zu steuern.

Nicht als bis zur Endfälligkeit gehalten kategorisierbar sind finanzielle 68
Vermögenswerte, die

(1) die objektiven Kriterien nicht erfüllen (zB Wandelanleihen beim Inhaber (IAS 39.IG C.3) oder Finanzinstrumente ohne feste Laufzeit),
(2) die subjektiven Kriterien nicht erfüllen, zB bei schuldrechtlichen Wertpapieren für die zwar die Absicht (und die Fähigkeit) besteht, diese langfristig (länger als zwölf Monate nach dem Bilanzstichtag) aber nicht bis zu deren individuellen Endfälligkeit zu halten, oder
(3) die während einer Zuordnungssperre zu bewerten sind.

Finanzielle Vermögenswerte, welche nicht die Voraussetzungen für die Kategorie bis zur Endfälligkeit gehalten erfüllen, können den Kategorien **finanzielle Vermögenswerte erfolgswirksam zum beizulegenden Zeitwert bewertet** oder **zur Veräußerung verfügbare finanzielle Vermögenswerte** zugewiesen werden, auch wenn im Einzelfall eine Langfristigkeit angenommen werden kann (→ § 7 Rn 17f).

Das Halten des finanziellen Vermögenswerts bis zu seiner Endfälligkeit führt regelmäßig zu einer Darstellung des Vermögenswerts innerhalb der **Finanzanlagen** bzw **langfristiger Vermögenswerte** (→ Rn 256 und → § 7 Rn 1ff). Soweit die Restlaufzeit der Finanzinvestition weniger als zwölf Monate beträgt, ist ein kurzfristiger Ausweis geboten (IAS 1). Die Bilanzierung folgt unverändert der Kategorisierung.

IV. Kredite und Forderungen

69 Nach IAS 39.9 kann es sich bei dieser Kategorie um **originäre** und **erworbene Darlehen** und **Forderungen** mit festen oder bestimmbaren Zahlungen handeln. Sie dürfen nicht an einem aktiven Markt gehandelt werden, wie zB notierte Anleihen (IAS 39.AG26). **Einschränkend** gilt weiter, dass die dieser Kategorie zugewiesenen Forderungen
(1) nach den Zielen des Unternehmens nicht in naher Zukunft veräußert werden sollen, weil sie dann der Unterkategorie zu Handelszwecken gehaltene Finanzinstrumente zuzuordnen sind,
(2) vom Unternehmen beim erstmaligen Ansatz nicht der Kategorie erfolgswirksam zum beizulegenden Zeitwert (→ Rn 55 ff) bewertet, oder
(3) der Kategorie zur Veräußerung verfügbar (→ Rn 71) zugerechnet werden,
(4) es sich nicht um Forderungen aus Investitionen handelt, für die der Gläubiger nicht seinen vollen Einsatz weitgehend zurückerhält und dies auf anderen Gründen beruht, als einer Bonitätsverschlechterung, und die als zur Veräußerung verfügbar kategorisiert werden oder
(5) es sich nicht um Anteile an einem Pool von Vermögenswerten handelt, die weder Kredite noch Forderungen sind (zB Anteile an einem offenen Fonds) (IAS 39.9).

70 Als Kredite und Forderungen kommen nur Ansprüche aus einer **vertraglichen Grundlage** in Betracht. Gesetzliche Schadensersatzansprüche, Rückzahlungen aus Steuern oder Forderungen aus Investitionszulagen fallen daher nicht in diese Kategorie. Diese Forderungen sind unter den sonstigen Forderungen auszuweisen und gehören auch nicht zu den finanziellen Vermögenswerten, mithin auch in keine Kategorie iSd IAS 39. Sie werden nach den allgemeinen Grundsätzen des Rahmenkonzepts bilanziert.

Beispiele für Kredite und Forderungen sind Ausleihungen, Forderungen aus Lieferungen und Leistungen, Zins- und Dividendenansprüche, Boni- und Rückvergütungsforderungen gegen Lieferanten sowie vertragliche Schadensersatzforderungen.

Die als Kredite und Forderungen klassifizierten Vermögenswerte werden zu **fortgeführten Anschaffungskosten** bewertet. Werden die Kredite oder Forderungen beim erstmaligen Ansatz als erfolgswirksam zum beizulegenden Zeitwert oder als zur Veräußerung verfügbar eingestuft (IAS 39.AG26), sind sie zum beizulegenden Zeitwert zu bewerten.

V. Zur Veräußerung verfügbare finanzielle Vermögenswerte

71 Diese Kategorie von finanziellen Vermögenswerten wird regelmäßig als **„Rest"-Kategorie** bezeichnet. Der Grund dafür ist, dass finanzielle Vermögenswerte immer dann als zur Veräußerung verfügbare finanzielle Vermögenswerte einzuordnen sind, wenn eine andere Kategorisierung mangels erforderlicher objektiver oder subjektiver Voraussetzungen nicht möglich ist. Dies gilt für gehaltene Eigenkapitalinstrumente (bspw Aktien, GmbH-Anteile, Investmentanteile, Anteile an TU, Gemeinschaftsunternehmen sowie assoziierten Unternehmen (→ § 7 Rn 50 ff). Finanzinstrumente in dieser Kategorie sind grds erfolgsneutral zum beizulegenden Zeitwert zu bewerten. Die Wertänderungen werden

(zunächst) im sonstigen Ergebnis erfasst (zur zukünftig möglichen GuV-Wirkung → § 15 Rn 83f, → § 15 Rn 143f). Soweit für Finanzinvestitionen in Eigenkapitalinstrumente (und Derivate darauf) kein Marktpreis vorliegt und der Zeitwert auch nicht anderweitig ermittelt werden kann, hat die Bewertung zu Anschaffungskosten zu erfolgen. Die Zuordnung zur Kategorie zur Veräußerung verfügbar ändert sich dadurch nicht.

VI. Umwidmung zwischen den Kategorien

Umwidmungen von Finanzinstrumenten in andere Kategorien sind grds nur dann möglich, wenn diese Umwidmungen erforderlich sind, um den geänderten Absichten, Fähigkeiten oder Ereignissen und Geschäftsvorfällen bezogen auf das Finanzinstrument an nachfolgenden Bilanzstichtagen Rechnung zu tragen (IAS 39.51). Im Grundsatz gilt das **Stetigkeitsgebot** (F.QC20). Es bestehen im Einzelnen in IAS 39 festgelegte Beschränkungen, die dazu führen, dass nur bestimmte Umwidmungen **zulässig** sind: 72

Eine **Umgliederung** von Vermögenswerten **aus der Kategorie zu Handelszwecken gehandelt oder erfolgswirksam zum beizulegenden Zeitwert designierte Finanzinstrumente** in eine andere Kategorie ist nur unter bestimmten Bedingungen erlaubt. Derivate dürfen nicht aus der Kategorie der erfolgswirksam zum beizulegenden Zeitwert bewerteten Finanzinstrumente umgegliedert werden, solange diese gehalten werden oder begeben sind (IAS 39.50(a)). Es darf kein Finanzinstrument aus der Kategorie der erfolgswirksam zum beizulegenden Zeitwert bewertete Finanzinstrumente umgliedert werden, wenn es beim erstmaligen Ansatz dazu bestimmt wurde, erfolgswirksam zum beizulegenden Zeitwert bewertet zu werden (IAS 39.50(b) *fair value option*). Einen finanziellen Vermögenswert, der nicht mehr in der Absicht gehalten wird, ihn kurzfristig zu veräußern oder zurückzukaufen (auch wenn er möglicherweise zu diesem Zweck erworben oder eingegangen wurde), darf aus der Kategorie der erfolgswirksam zum beizulegenden Zeitwert bewerteten Finanzinstrumente umgegliedert werden, wenn die Bedingungen des IAS 39.50B oder IAS 39.50D erfüllt sind (IAS 39.50(c)). Das heißt vor allem, dass eine Umgliederung nur unter außergewöhnlichen Umständen erfolgen kann (IAS 39.50B), das Unternehmen die Absicht hat und in der Lage ist den finanziellen Vermögenswert auf absehbare Zeit oder bis zu seiner Fälligkeit zu halten (IAS 39.50D). 73

Eine **Umwidmung** von **Vermögenswerten in die Kategorie zu Handelszwecken gehaltene Finanzinstrumente** ist grds nicht möglich, selbst wenn eine Handelsabsicht an späteren Bilanzstichtagen besteht oder zB das Handelsvolumen eines Portfolios, dem ein Vermögenswert zugeordnet ist, zunimmt, sodass eine Handelsabsicht für das Portfolio anzunehmen ist (vgl *Lüdenbach/Hoffmann/Freiberg* IFRS § 28 Rz 167; *Kuhn/Scharpf*, 125).

Wird zB für Finanzinvestitionen in **Eigenkapitalinstrumente,** für die ein beizulegender Zeitwert bisher nicht verlässlich ermittelt werden konnte, nunmehr ein verlässlicher Zeitwert verfügbar (zB weil Aktien börsennotiert werden), wird das Instrument neu bewertet (IAS 39.53), nicht aber aus diesem Grunde der Kategorie zu Handelszwecken gehalten oder zur Veräußerung verfügbar zugeordnet. Das Eigenkapitalinstrument ist zum beizulegenden Zeitwert und die daraus sich ergebenden Gewinne und Verluste nach IAS 39.55 zu erfassen (für erfolgswirksam zum beizulegenden Zeitwert bewertete Finanzinstrumente in der GuV und zur Veräußerung verfügbare Finanzinstrumente nach IAS 39.55(b) im sonstigen Ergebnis).

Folgende Sachverhalte stellen **keine Umgliederungen** iSd IAS 39.50 dar: 74

(1) ein Derivat, das zuvor ein designiertes und wirksames Sicherungsinstrument bei einer Absicherung von Zahlungsströmen oder einem Nettoinvestitionssicherungsgeschäft war, erfüllt diese Funktion nicht mehr,
(2) ein Derivat wird ein designiertes und wirksames Sicherungsinstrument bei einer Absicherung von Zahlungsströmen oder einem Nettoinvestitionssicherungsgeschäft oder
(3) finanzielle Vermögenswerte werden umgegliedert, wenn eine Versicherungsgesellschaft ihre Rechnungslegungsmethoden gem IFRS 4.45 ändert.

75 Eine Umgliederung **aus** der **Kategorie bis zur Endfälligkeit zu haltende Finanzinvestition** in die Kategorie zur Veräußerung verfügbar ist notwendig, wenn die Absicht oder Fähigkeit entfällt, eine Finanzinvestition bis zur Fälligkeit zu halten (IAS 39.51). Eine Umgliederung aller übrigen Finanzinvestitionen dieser Kategorie ist vor allem notwendig, wenn ein wesentlicher Teil von Vermögenswerten aus einem bislang als bis zur Endfälligkeit gehalten geführten Portfolio vorfristig verkauft wurde (IAS 39.52).

76 Nach **Ablauf** der **zweijährigen Sperrfrist** (IAS 39.9) können Finanzinstrumente **aus** der Kategorie **zur Veräußerung verfügbar** in die Kategorie bis zur Endfälligkeit zu haltende Finanzinstrumente umgewidmet werden, wenn die Absicht besteht, diese bis zur Endfälligkeit zu halten. Die im kumulierten sonstigen Ergebnis erfassten Wertänderungen aus der Sperrfrist sind nicht sofort mit der Umgliederung zu vereinnahmen, sondern bei finanziellen Vermögenswerten mit fester Laufzeit über die „Rest"-Laufzeit bis zur Fälligkeit des Vermögenswerts gleichmäßig erfolgswirksam zu buchen (IAS 39.54(a)).

77 Bei Krediten und Forderungen der Kategorie Kredite und Forderungen ist es möglich, dass erst im Nachhinein ein **aktiver Markt** entsteht, der beim erstmaligen Ansatz eine Zuordnung zu dieser Kategorie ausschließen würde. Trotzdem ist unter diesen Umständen eine Umwidmung nicht geboten, weil die möglichen Umklassifizierungen in IAS 39.50 bis IAS 39.54 abgehandelt werden (*IDW* RS HFA 9 Rz 88).

78 Die **Wertänderungen** bei **Umwidmung von zu Anschaffungskosten bilanzierten Finanzinstrumenten** in Kategorien, die eine Folgebewertung zum beizulegenden Zeitwert vorsehen, werden bei Vermögenswerten mit fester Laufzeit nach der Effektivzinsmethode über die Restlaufzeit erfasst und bei Vermögenswerten ohne feste Laufzeit so lange im kumulierten sonstigen Ergebnis geparkt, bis der Vermögenswert abgeht oder veräußert wird (IAS 39.53 iVm IAS 39.55).

79 Für erfolgswirksam bewertete Finanzinstrumente, die keine Derivate sind, so etwa Wertpapiere die zu Handelszwecken gehalten werden (zB Handelsforderungen oder Aktien), besteht unter bestimmten Voraussetzungen das **Wahlrecht,** diese einer der drei anderen Kategorien zuzuordnen, sofern sie nicht kurzfristig veräußert werden sollen (IAS 39.50(c)). Diese Umklassifizierungen können zu einem späteren Zeitpunkt **nicht** wieder **rückgängig** gemacht werden, weil der Standard eine Umklassifizierung in die Kategorie der erfolgswirksam zum beizulegenden Zeitwert zu bewertenden Finanzinstrumente ausdrücklich verbietet (IAS 39.50 Satz 2).

Das Umklassifizierungswahlrecht gem IAS 39.50(c) besteht nicht generell, sondern darf nur unter **selten eintretenden Umständen** *(rare circumstances)* ausgeübt werden (IAS 39.50B). Unter solchen außergewöhnlichen Umständen versteht die EU-Kommission in ihrer Begründung zur Übernahme der Änderungen eine Situation wie eine **Finanzmarktkrise.** Aus der Formulierung *„rare circumstances arise from a single event that is unusual and highly unlikely to recur in the near term"* (IAS 39.BC104D aF vom 13.10.2008) geht hervor, dass eine Umklassifizierung nur sehr restriktiv gestattet sein soll.

Das **Wahlrecht betrifft** Umgliederungen von der Kategorie zu Handelszwecken gehaltene Finanzinstrumente in die Kategorien bis zur Endfälligkeit zu haltende oder zur Veräußerung verfügbare Finanzinstrumente. Für Finanzinstrumente, die zwar der Definition von Krediten und Forderungen entsprechen, aber beim erstmaligen Ansatz als zu Handelszwecken gehalten klassifiziert wurden, wird die Voraussetzung, dass selten eintretende Umstände vorliegen müssen, allerdings ausdrücklich nicht verlangt (IAS 39.50B mit Verweis auf IAS 39.50D). Das Gleiche gilt für Finanzinstrumente die aus der Kategorie zur Veräußerung verfügbar in die Kategorie Kredite und Forderungen umgegliedert werden (IAS 39.50E). In diesen beiden Fällen wird als zusätzliche Voraussetzung gefordert, dass das Finanzinstrument von Anfang an die Kriterien der neuen Kategorie Kredite und Forderungen erfüllt hätte und darüber hinaus nicht nur eine vorübergehende Halteabsicht besteht, sondern der Wille und die Fähigkeit, das Instrument auf absehbare Zeit oder bis zur Endfälligkeit zu halten (IAS 39.50D und IAS 39.50E). Dies **schränkt** die **Umgliederungsmöglichkeiten stark ein.** Handelsforderungen, die urspr erworben wurden, um sie später weiterzuveräußern, können nachträglich den anderen Kategorien zugewiesen werden. Zusammengefasst lassen sich die **Umklassifizierungsmöglichkeiten** und die jeweiligen **Voraussetzungen** wie folgt darstellen: 80

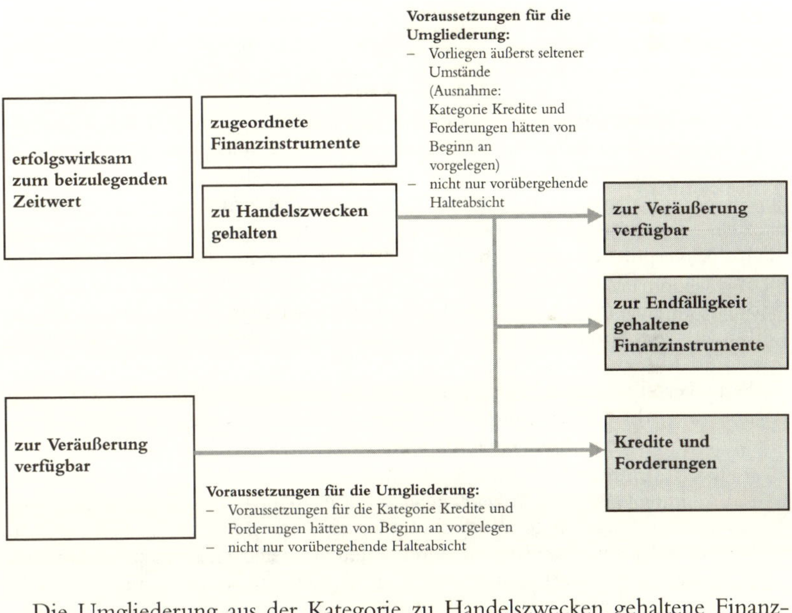

Die Umgliederung aus der Kategorie zu Handelszwecken gehaltene Finanzinstrumente erfolgt grds zu dem **beizulegenden Zeitwert,** der dem Finanzinstrument zum **Zeitpunkt der Umgliederung** beizumessen ist. Dieser Wert bildet zugleich die neuen bzw fortgeführten Anschaffungskosten. Bereits erfolgswirksam erfasste Gewinne und Verluste dürfen nicht zurückgebucht werden (IAS 39.50C, IAS 39.50F Sätze 1 bis 3). Im Zeitpunkt der Umklassifizierung selbst können sich somit keine Erfolgswirkungen ergeben. Bei einer Umklassifizierung aus der Kategorie zur Veräußerung verfügbar, die ebenfalls zum beizulegenden Zeitwert vorzunehmen ist, sind die im sonstigen Ergebnis bereits erfassten früheren Wertänderungen gem IAS 39.54 zu behandeln: Hat das Finanzinstrument eine **feste Laufzeit,** ist der im Eigenkapital erfasste Wertände- 81 rungsbetrag über die Restlaufzeit unter Anwendung der Effektivzinsmethode erfolgswirksam aufzulösen. Dies gilt auch für eine Differenz zwischen den neuen fortgeführten Anschaffungskosten und dem bei Endfälligkeit rückzahlbaren Betrag (IAS 39.54(a)). Hat das Finanzinstrument **keine feste Laufzeit,** ist der im Eigenkapital erfasste Wertänderungsbetrag dort zu belassen und erst bei Veräußerung oder andersweitigem Abgang des Finanzinstruments erfolgswirksam als Umgliederungsbetrag *(reclassification adjustment)* zu berücksichtigen (IAS 39.54(b)).

82–85 *(einstweilen frei)*

D. Ansatz von Finanzinstrumenten

I. Erstmaliger Ansatz

86 Finanzinstrumente sind grds in dem Zeitpunkt anzusetzen, in dem ein Unternehmen **Vertragspartei** und zur Leistung oder Gegenleistung berechtigt oder verpflichtet wird (IAS 39.14). Der Standard stellt nicht auf eine bestimmte Vertragsform (schriftlich, mündlich) ab. Damit sind sämtliche rechtswirksamen Erklärungen über Angebot und Annahme sowie konkludentes Handeln für den Ansatz maßgeblich. **Geplante Transaktionen** sind grds von einer Ansatzpflicht ausgenommen (IAS 39.AG35(e)). Solange keine vertraglichen Beziehungen bestehen, kommt es auf die Wahrscheinlichkeit eines zukünftigen Vertragsabschlusses nicht an. Die Einzelheiten sind bei der Erläuterung der jeweiligen Bilanzposten dargestellt.

87 Die **Ansatzregeln** für Finanzinstrumente **basieren nicht** auf den allgemeinen Ansatzvoraussetzungen des **Rahmenkonzepts** für Vermögenswerte und Verbindlichkeiten (F.4.8 ff und F.4.15 ff). Nach IAS 39.14 wird auf das Vorliegen eines Vertrags abgestellt (eine Ausnahme bilden Zinsforderungen auf ausfallgefährdete Forderungen). Der Zufluss eines zukünftigen wirtschaftlichen Nutzens oder eine Verpflichtung aus dem Finanzinstrument sind nicht als Ansatzkriterium formuliert.

Beispiele für die nach IAS 39.14 geltenden Ansatzregeln liefert IAS 39.AG35:

(1) Unbedingte Forderungen und Verbindlichkeiten sind anzusetzen, wenn das Unternehmen Vertragspartei wird (IAS 39.AG35(a)).

(2) Feste Verpflichtungen *(firm commitments)* zum Kauf oder Verkauf von Gütern und Dienstleistungen führen erst dann zum Ansatz eines Vermögenswerts, wenn mindestens eine Vertragspartei den Vertrag erfüllt hat, dh, die Lieferung oder die Dienstleistung erfolgt ist. In der Zwischenzeit handelt es sich um schwebende Geschäfte *(executory contracts),* die auch nach IAS 39 nicht zu bilanzieren sind. Sofern feste Verpflichtungen zum Erwerb oder dem Verkauf von Gütern oder Dienstleistungen durch Nettoausgleich erfüllt werden können, fallen sie in den Anwendungsbereich des IAS 39 und werden bereits zum Zeitpunkt des Abschlusses des Vertrags als Vermögenswert oder Verbindlichkeit erfasst (→ Rn 89 ff). Werden für feste Verpflichtungen auf den Kauf und Verkauf von Gütern Sicherungsgeschäfte abgeschlossen, gelten die besonderen Regelungen des *hedge accounting* (→ § 23 Rn 52 ff; IAS 39.AG35(b)).

(3) Termingeschäfte sind grds zum Zeitpunkt, zu dem die Verpflichtung eingegangen wird, als Vermögenswert bzw Verbindlichkeit zu erfassen. Zum Zeitpunkt des Vertragsabschlusses haben Rechte und Verpflichtungen aus Termingeschäften häufig den gleichen beizulegenden Zeitwert, sodass der Nettozeitwert Null ist (ausgeglichenes Vertragsverhältnis; IAS 39.AG35(c)). Dies ist bei Termingeschäften von Banken regelmäßig der Fall, da diese verpflichtet sind, Geschäfte zu marktgerechten Bedingungen abzuschließen.

(4) Optionen, die in den Anwendungsbereich des Standards fallen (IAS 39.2 bis IAS 39.7) werden als Vermögenswerte bzw Verbindlichkeiten angesetzt, wenn der Inhaber oder Stillhalter Vertragspartner wird (IAS 39.AG35(d)).

Ziel der Ansatzregelungen ist es, sämtliche originären und derivativen Finanzinstrumente sowie bestimmte **schwebende Vertragsverhältnisse** mit Abschluss des Vertragsverhältnisses zu erfassen. Derivative Finanzinstrumente (zB *forwards, futures*) sind daher vollständig als Aktiv- oder Passivposten anzusetzen. 88

Bei einer geschriebenen **Option** handelt es sich um eine vertragliche Verpflichtung und um eine Stillhalterposition. Ein Beispiel für eine geschriebene Option ist der Verkauf einer Kaufoption auf eine Aktie. Der Verkäufer verpflichtet sich ggü dem Käufer der Option diesem auf dessen Verlagen eine Aktie zu verkaufen. Es handelt sich für den Verkäufer um einen sog *short call.*

Geschriebene Optionen können als einzelner Vertrag bzw Finanzinstrument auftreten. Sehr häufig treten sie in der Praxis als Bestandteil verschiedener Verträge auf.

Des Weiteren fallen in den Anwendungsbereich des IAS 39 **Verträge über den Kauf oder den Verkauf von nicht-finanziellen Vermögenswerten,** die wie derivative Finanzinstrumente zu bilanzieren sind, wenn sie durch Nettoausgleich erfüllt werden können. IAS 39.6 skizziert vier mögliche Szenarien eines Nettoausgleichs: 89

(1) Die Vertragsbedingungen gestatten es jedem der Kontrahenten, den Vertrag durch Ausgleich in bar oder einem Finanzinstrument oder durch den Tausch von Finanzinstrumenten zu erfüllen (IAS 39.6(a)).
(2) Die Möglichkeit, wie unter (1) beschrieben, ist nicht explizit in den Vertragsbedingungen vorgesehen. Das Unternehmen erfüllt jedoch ähnliche Verträge für gewöhnlich in dieser Art (sei es durch Abschluss gegenläufiger Verträge mit der Vertragspartei oder durch Verkauf des Vertrags vor dessen Ausübung oder Verfall)(IAS 39.6(b)).
(3) Das Unternehmen nimmt bei ähnlichen Verträgen den Vertragsgegenstand für gewöhnlich an und veräußert ihn kurz nach der Anlieferung wieder, um Gewinne aus kurzfristigen Schwankungen von Preisen oder von Händlermargen zu erzielen (IAS 39.6(c)).
(4) Der nicht-finanzielle Posten, der Gegenstand des Vertrags ist, kann jederzeit in Zahlungsmittel umgewandelt werden (IAS 39.6(d)).

Hieraus leiten sich Fälle ab, in denen der Vertrag **in jedem Fall** entspr IAS 39 zu bilanzieren ist und Fälle, in denen IAS 39 nur angewendet werden muss, wenn die **sonstigen Bedingungen** des IAS 39.5 erfüllt sind. 90

Sofern (2) oder (3) vorliegen, ist der Vertrag **zwingend** dem Anwendungsbereich des IAS 39 zuzuordnen. Entscheidend für die Beurteilung ist, ob in Bezug auf die nicht-finanziellen Posten Preisdifferenzen realisiert werden oder eine güterwirtschaftliche Veredelung stattfindet. Dies ist vor dem Hintergrund der spezifischen Situation und im Gesamtkontext der zu beurteilenden Verträge zu würdigen. *IDW* RS HFA 25 Rz 14 nennt folgende Abgrenzungsparameter:

(1) Art des operativen Geschäfts sowie der Führung des Geschäfts (Führung auf Basis der Zeitwertänderungen des Vertrags oder auf Basis einer Planung von Beschaffung, Produktion und Absatz). Für eine güterwirtschaftliche Wertschöpfung sprechen bspw folgende Leistungen:
   (a) Veredelung der eingekauften Ware in ihrer Beschaffenheit,
   (b) Losgrößentransformation der Ware nach Anlieferung bzw
   (c) Dienstleistung im Bereich der Distribution oder der Lagerhaltung (räumliche oder zeitliche Transformation).
(2) Art der Erfolgsrealisierung aus dem Vertrag (Erfolgsrealisierung auf Basis kurzfristiger Preisschwankungen bzw der Marge zwischen Angebots- und

Nachfragepreisen oder Schaffung eines Markts zwischen Verkäufer und Käufer bzw Weiterverkauf an einen festen Kundenstamm zu relativ konstanten Konditionen).

Der **Nettoausgleich** kann durch Rückkauf/Rückverkauf des Vertrags, Abschluss eines Gegengeschäfts mit einem Dritten oder den Verkauf des Vertrags an einen Dritten bewirkt werden (*IDW* RS HFA 25 Rz 10).

91 Enthält der Vertrag eine **geschriebene Option** auf den Kauf oder Verkauf eines nicht-finanziellen Postens, der durch Ausgleich in bar oder anderen Finanzinstrumenten, durch den Tausch von Finanzinstrumenten iSd IAS 39.6(a) oder IAS 39.6(d) erfüllt werden kann, fällt er in den Anwendungsbereich des IAS 39. Ein derartiger Vertrag kann nicht zum Zweck des Empfangs oder Verkaufs eines nicht-finanziellen Postens gem dem erwarteten Einkaufs-, Verkaufs- oder Nutzungsbedarf des Unternehmens abgeschlossen werden (IAS 39.7), weil in einem solchen Fall der Warenfluss durch das Unternehmen nicht steuerbar ist (*IDW* RS HFA 25 Rz 37). Dies ist ebenfalls gegeben, wenn der Vertragspartner das Wahlrecht hat, ob die Lieferung durch Warenfluss oder Nettoausgleich erfolgt, sodass der Vertrag als Derivat bilanziert werden muss (IAS 39IG A. 2; *IDW* RS HFA 25 Rz 38).

In der **Praxis** ist zu prüfen, ob der Vertrag eine geschriebene Option enthält. Dies ist insbes der Fall, wenn explizit eine Prämienzahlung für die Option vorgesehen ist (*IDW* RS HFA 25 Rz 39ff). Mehrmengenoptionen, bei denen der Vertragspartner das Recht hat, neben der Mindestmenge (die auch Null sein kann) noch weitere Einheiten des nicht-finanziellen Postens zum Vertragspreis zu beziehen oder Fälle, in denen die zugrunde liegenden Vertragsmengen den Bedarf des Kunden überschreiten, sind Hinweise auf das **Vorliegen** einer **geschriebenen Option.**

92 Fällt ein Vertrag unter IAS 39.6(a) oder IAS 39.6(d) ist zunächst zu prüfen, ob **IAS 39 anzuwenden** ist, da das vertragliche Recht auf Nettoausgleich wie auch die Option zur Umwandlung des zugrunde liegenden nicht-finanziellen Postens in Zahlungsmittel nur **möglich** ist. Wird von dieser Möglichkeit der Ausübung des Rechtsanspruchs auf Nettoausgleich kein Gebrauch gemacht, weil die physische Erfüllung des Geschäfts im Einklang mit dem erwarteten Einkaufs-, Verkaufs- oder Nutzungsbedarf des Unternehmens steht, ist IAS 39 nicht anwendbar (*IDW* RS HFA 25 Rz 28).

93 Wenn Verträge über den Kauf oder Verkauf von nicht-finanziellen Posten gem dem erwarteten Einkaufs-, Verkaufs- oder Nutzungsbedarf des Unternehmens abgeschlossen werden und zu dem vertraglichen Zweck weiter gehalten werden, handelt es sich um Verträge iSd *own use exemption,* die nicht unter IAS 39 fallen.

94 Bei dem Ansatz von **Finanzgarantien beim Garantiegeber** (→ Rn 25), die in IAS 39 geregelt sind, handelt es sich grds um Fälle, in denen der Garantiegeber für einen Schuldner ggü einem Dritten bürgt (Garantienehmer) und daher zu bestimmten Leistungen verpflichtet ist, wenn der Schuldner ausfällt **oder** bestimmten Bedingungen eines Schuldinstruments nicht nachkommt. Der **erstmalige Ansatz** von Finanzgarantien erfolgt nach den allgemeinen Regelungen zum beizulegenden Zeitwert. Wird eine Finanzgarantie mit einem fremden Dritten zu marktgerechten Konditionen abgeschlossen, entspricht ihr beizulegender Zeitwert regelmäßig der erhaltenen Prämie, solange das Gegenteil nicht erwiesen ist. Grds ist diese Prämie zu aktivieren und gleichzeitig eine Verbindlichkeit zu passivieren. Wird die Prämie in Raten gezahlt, kommt für die Darstellung der Bruttoausweis des Barwerts der Prämien und einer korrespondierenden Verbindlichkeit oder der Nettoausweis in Betracht, bei dem zu Beginn ausstehende Prämie und Verbindlichkeit miteinander verrechnet werden (*Kuhn/Scharpf,* 267f).

Geht es um Fragen des erstmaligen Ansatz, ist zu beachten, dass die IFRS nicht den Einzel-, sondern den Konzernabschluss im Fokus haben. Diese Tatsache ist auch im Hinblick auf den erstmaligen Ansatz von Finanzinstrumenten zu beachten. Neben klassischen Beteiligungen, Verbriefungen, Fonds und Leasingstrukturen gilt dies auch für strukturierte Finanzierungen (bspw auch die Finanzierung von Ein-Objekt-Gesellschaften). Bspw ist bei Ein-Objekt-Gesellschafen zu analysieren, ob sich aus den Kreditverträgen und diesen ergänzenden Abreden für die finanzierende Bank Rechte ergeben, die zu einer Konsolidierungspflicht hinsichtlich der Ein-Objekt-Gesellschaft bei der Bank führen. Im Rahmen der Analyse sind insbes die Rechte des Gläubigers, der Bank, daraufhin zu untersuchen, ob diese den Charakter von Schutzrechten oder substanziellen (Mitwirkungs-)Rechten haben. Die im Zeitpunkt der Kreditvergabe getroffenen vertraglichen Vereinbarungen können im Zeitablauf ihren Charakter ändern. Zu Beginn des Kreditverhältnisses können die vereinbarten Sicherheitsleistungen als Schutzrechte beurteilt werden. Geraten Ein-Objekt-Gesellschaften zu einem späteren Zeitpunkt bspw in finanzielle Schwierigkeiten, kann es in der Folge zu einem Vertragsbruch bzgl bestimmter Kreditklauseln (sog *covenants*-Bruch) kommen. Im Fall von *covenants*-Brüchen können im Kreditvertrag vereinbarte Mitwirkungsrechte der finanzierenden Bank wirksam werden bzw sich der Charakter der Schutzrechte in Mitwirkungsrechte wandeln. Mitwirkungs- bzw Einwirkungsrechte können sich für die Bank aufgrund der Sicherheitsleistung des Kreditnehmers bzw der Ein-Objekt-Gesellschaft ergeben. Sicherheitsleistungen können in Form einer (Sach-)Sicherheit (zB Schiffshypothek, *asset pledge*) oder auf der Basis eines Pfandrechts an Gesellschaftsanteilen *(share pledge)* gegeben sein (vgl *Böckem/Bödecker/Freiberg/Nardmann/Weber* WPg 2015, 357 (357f)).

II. Wahlrecht: Handelstag oder Erfüllungstag bei finanziellen Vermögenswerten

Für Verträge über den Kauf oder den Verkauf von Wertpapieren, Devisen, 95
anderen finanziellen Vermögenswerten oder Waren, die innerhalb ganz kurzer Fristen entspr den Marktvorschriften oder -konventionen eines Wertpapierhandels- oder Börsenhandelsplatzes zu erfüllen sind **(marktüblicher Vertrag oder auch Kassageschäfte),** besteht ein **Wahlrecht** (IAS 39.38) zum Ansatz des Vermögenswerts am **Handelstag** (IAS 39.AG55) oder am **Erfüllungstag** (IAS 39.AG56). Der Handelstag ist der Tag, an dem das Unternehmen die Verpflichtung zum Kauf eingegangen ist (IAS 39.AG55), der Erfüllungstag ist der Tag, an dem ein Vermögenswert an oder durch das Unternehmen geliefert wird (IAS 39.AG56). Weicht der Handelstag vom Erfüllungstag ab, entsteht in diesem Zeitraum ein Derivat, das aufgrund der sehr kurzen Laufzeiten nicht nach den Regelungen für Derivate zu erfassen ist (IAS 39.AG12). Für die Qualifizierung eines Vertrags als üblicher Vertrag ist nach dem Standard ein formal eingerichteter Handelsplatz nicht zwingend erforderlich (IAS 39.IG B.28). Als **marktüblicher Vertrag** ist auch ein Vertrag über den Verkauf von GmbH-Anteilen anzusehen, der innerhalb eines Zeitrahmens abgewickelt wird, der üblicherweise notwendig ist, um das Eigentum an den Anteilen dem Erwerber zu verschaffen (IAS 39.AG53ff).

Kein **Kassageschäft** liegt vor, wenn im Vertrag über den Kauf oder Verkauf 96
eines Vermögenswerts vereinbart wird, dass anstelle der gegenseitigen Leistungen nur der Saldo ausgeglichen wird, der sich aus Leistung und Gegenleistung ergibt. Derartige Verträge sind im Zeitraum zwischen Handels- und Erfüllungstag als Derivate zu behandeln und deshalb zum Handelstag zu erfassen (IAS 39.AG54).

Das Entstehen **originärer Forderungen** durch Lieferung oder Leistung sind **keine Kassageschäfte;** ein Ansatz vor Erfüllung durch den Verkäufer ist **ausgeschlossen.**

97 Ein Wahlrecht zur Bilanzierung am Handels- oder Erfüllungstag ist ausschließlich auf den Kauf oder Verkauf von **finanziellen Vermögenswerten** anzuwenden (zB börsengehandelte Aktien und sonstige Wertpapiere). Die Wahlrechtsausübung kann nur jeweils pro **Kategorie** (zu Handelszwecken gehaltene Finanzinstrumente und, getrennt hiervon, die der Kategorie erfolgswirksam zum beizulegenden Zeitwert bewertet zugeordneten Finanzinstrumente, bis zur Endfälligkeit zu haltende Vermögenswerte und zur Veräußerung verfügbare Vermögenswerte) von Finanzinstrumenten erfolgen und ist **stetig** für diese Kategorie beizubehalten (IAS 39.AG53).

98 Wird das Wahlrecht dahingehend ausgeübt, dass eine **Erfassung** des Vermögenswerts **am Handelstag** vorgenommen wird, ist die Behandlung einer Wertänderung bis zum Erfüllungstag nach den allgemeinen Regelungen über die Folgebewertung von finanziellen Vermögenswerten, entspr der Kategorie, vorzunehmen.

99 Wählt das Unternehmen die Bilanzierung zum **Erfüllungstag,** ist jede Änderung des beizulegenden Zeitwerts in der **Zeit zwischen Handels- und Erfüllungstag** in der gleichen Weise zu erfassen, wie dies bei einer Bilanzierung des Vermögenswerts selbst zu erfolgen hätte (IAS 39.AG56). Bei erworbenen Vermögenswerten, die zum beizulegenden Zeitwert bewertet (klassifiziert) werden, erfolgt eine erfolgswirksame Erfassung der Wertänderungen, und bei Vermögenswerten, die als zur Veräußerung verfügbar eingestuft sind, werden die Wertänderungen im sonstigen Ergebnis abgebildet. Die Gegenbuchung wird gegen Forderungen bzw Verbindlichkeiten vorgenommen. Wertänderungen bei Vermögenswerten, die zu fortgeführten Anschaffungskosten bewertet werden, sind nicht zu erfassen (IAS 39.57). Letztendlich hat die Ausübung des Wahlrechts keine Auswirkungen auf Ergebnis oder Kapital (vgl das Beispiel in → § 11 Rn 16).

III. Ausbuchung finanzieller Vermögenswerte

1. Grundkonzept

100 Die Ausbuchungskriterien für einen finanziellen Vermögenswert drücken sich in den im Folgenden dargestellten **Konzepten** aus, denen die Regelungen in IAS 39.15 bis IAS 39.38 zugrunde liegen. Die Kriterien müssen **nicht kumulativ** erfüllt sein, sondern ergeben sich aus einem Entscheidungsbaum, der in IAS 39.AG36 die Prüfung der Ausbuchungsvoraussetzungen veranschaulicht (→ Rn 102).

(1) Die Höhe der Ausbuchung hat sich daran zu orientieren, ob der gesamte Vermögenswert oder nur ein Teil die Kriterien erfüllt *(component approach).*
(2) Außerdem sind finanzielle Vermögenswerte nur dann auszubuchen, wenn das Unternehmen nahezu keine Risiken und Chancen aus diesem Vermögenswert zurückbehält. Dieser Grundsatz findet sich als sog *risks and rewards approach* in IAS 39 wieder.
(3) Ist nicht eindeutig feststellbar, ob das Unternehmen im Wesentlichen alle Risiken und Chancen zurückbehalten hat, ist darauf abzustellen, ob es noch die wirtschaftliche Verfügungsmacht über den finanziellen Vermögenswert innehat *(control approach).*

Eine weitere Besonderheit in IAS 39 stellt das anhaltende Engagement *(continuing involvement)* dar, das eine Bilanzierung in Höhe des verbleibenden Risikopotenzials zum Ausdruck bringen soll.

Im Folgenden sollen die Ausbuchungskriterien in Anlehnung an den Entscheidungsbaum gem IAS 39.AG36 dargestellt werden. **101**

2. Ausbuchungskriterien

In einem IFRS-Abschluss ist die Prüfung der Ausbuchungskriterien für einen finanziellen Vermögenswert aus **Konzernsicht** vorzunehmen (IAS 39.15). Das bedeutet, dass zunächst alle TU zu konsolidieren sind. Dabei ist insbes zu prüfen, ob es sich bei **strukturierten Einheiten** *(structered entities)*, die zB im Rahmen von *asset backed securities* (ABS)-Transaktionen finanzielle Vermögenswerte erwerben, evtl um konsolidierungspflichtige TU handelt (→ § 32 Rn 12 ff). **102**

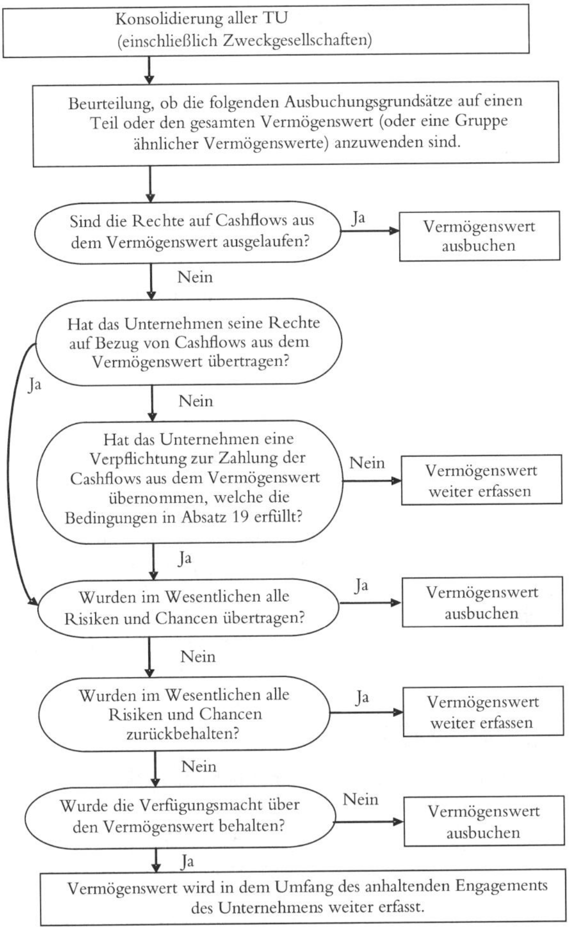

a) Component Approach

Die **Prüfung** der **Ausbuchungskriterien** beginnt mit der Beantwortung der Frage, ob die Ausbuchung für den **gesamten Vermögenswert** bzw eine Gruppe ähnlicher Vermögenswerte vorgenommen werden soll oder nur für einen **Anteil** davon. Die anteilige Ausbuchung eines finanziellen Vermögenswerts setzt **103** zunächst voraus, dass sich der auszubuchende Anteil eindeutig bestimmen lässt. Bei der vollständigen Begleichung einer Forderung durch einen Schuldner oder dem Verkauf eines Wertpapiers gibt es regelmäßig keine weiteren Probleme. IAS 39.16 führt drei verschiedene Voraussetzungen auf, von denen **eine** erfüllt sein muss, wenn eine Ausbuchung nur für einen Teil eines finanziellen Vermögenswerts oder einer Gruppe ähnlicher finanzieller Vermögenswerte vorgenommen werden soll *(component approach)*. Denkbar ist, dass

(1) nur ein **klar abgrenzbarer Anteil** an Zahlungsströmen eines finanziellen Vermögenswerts (oder einer Gruppe finanzieller Vermögenswerte) veräußert wird. Möglich ist dies bei *stripped bonds,* bei denen entweder nur die Zinszahlungen oder nur der zugrunde liegende Tilgungsanspruch auf die Nominalschuld übertragen werden (IAS 39.16(a)(i)). Die Ausbuchungskriterien sind hier nur für diesen abgrenzbaren Teil anzuwenden, der sich dann als separater Vermögenswert betrachten lässt.

(2) In Frage kommt auch der Fall, dass nur ein **proportionaler Anteil** an Zahlungsströmen eines finanziellen Vermögenswerts (oder einer Gruppe finanzieller Vermögenswerte) veräußert wird (IAS 39.16(a)(ii)). Dieser Fall tritt ein, wenn nicht ein gesamtes Forderungsportfolio veräußert wird, sondern bspw nur 80% davon. Wird der Vertrag mit mehr als einer Partei abgeschlossen, ist es unerheblich, ob jede der Parteien den gleichen Prozentsatz erhält, vorausgesetzt, dass das übertragende Unternehmen einen exakt proportionalen Anteil abgibt.

(3) Als dritte Möglichkeit sieht IAS 39.16(a)(iii) den Fall vor, dass nur ein **proportionaler Anteil an speziell abgegrenzten Zahlungsströmen** veräußert wird. Von diesem Fall ist auszugehen, wenn von einem finanziellen Vermögenswert bzw einer Gruppe ähnlicher finanzieller Vermögenswerte nur 90% der Ansprüche auf die Zinszahlungen – nicht aber zugleich auch auf die Tilgungszahlungen – veräußert werden. Auch in diesem Fall gilt, dass es nur darauf ankommt, dass das übertragende Unternehmen einen exakt proportionalen Anteil abgibt. Unerheblich ist, ob jede der Parteien den gleichen Prozentsatz erhält, wenn der Vertrag mit mehr als einer Partei abgeschlossen ist.

In den drei beschriebenen Fällen lassen sich die Ansprüche auf die Zahlungsströme, die veräußert bzw behalten wurden, klar voneinander abgrenzen. Sofern keine dieser Voraussetzungen erfüllt werden kann, lässt sich eine Ausbuchung nicht für einen Anteil des Vermögenswerts vornehmen, sondern nur für den Vermögenswert in seiner **Gesamtheit.** IAS 39.16(b) enthält Beispielsfälle, in denen trotz der Übertragung von Teil-Zahlungsströmen die Ausbuchungsregeln auf den gesamten Vermögenswert anzuwenden sind.

b) Risks and Rewards Approach

104 Der Beantwortung der Frage, ob ein finanzieller Vermögenswert vollständig oder nur teilweise auszubuchen ist, schließt sich eine **Prüfung der speziellen Ausbuchungskriterien** an. Entscheidend ist dabei gem dem *risk and rewards*-Ansatz, dass mit der Übertragung des finanziellen Vermögenswerts alle wirtschaftlichen Risiken und Chancen auf den Erwerber übergegangen sind. Unter den Chancen sind die Möglichkeiten einer Realisierung von Wertsteigerungen, aber auch Zahlungsansprüche (zB auf Dividenden) zu verstehen. Risiken resultieren aus einem finanziellen Vermögenswert in erster Linie aus möglichen Wertminderungen oder Zahlungsausfällen. Für die Beurteilung, ob eine Übertragung von Chancen und Risiken vorliegt, sind **nur** solche **Chancen** und **Risiken** relevant, die sich auf die **Variabilität der Zahlungsströme** aus dem übertragenen Vermögenswert auswirken (*Kuhn/Scharpf,* 202). Relevant ist die Beurteilung der verbleibenden Chancen und Risiken für den Fall, dass die vertraglichen Rechte auf die Zahlungs-

ströme aus einem finanziellen Vermögenswert nicht erlöschen, sondern übertragen werden. Die vertraglichen Rechte **erlöschen,** wenn ein finanzieller Vermögenswert durch einen Schuldner **getilgt** wurde oder ein **Rechtsanspruch** darauf **verfallen** ist, sodass mit keinen weiteren Zahlungsmittelzuflüssen aus dem Vermögenswert mehr zu rechnen ist. Der Verfall einer Option oder der Wegfall einer Forderung nach Abschluss eines Insolvenzverfahrens über das Schuldnervermögen ist ebenfalls als Erlöschen anzusehen (*pwc,* 442). Wesentliche Änderungen der Vertragsbedingungen von finanziellen Verbindlichkeiten oder der Austausch von Schuldinstrumenten mit substanziell verschiedenen Vertragsbedingungen führen dazu, dass die urspr Verbindlichkeit erlischt (IAS 39.40). Ein Erlöschen der vertraglichen Rechte führt unmittelbar zur Ausbuchung (IAS 39.17(a)).

Eine **Übertragung** *(transfer)* findet durch ein Rechtsgeschäft statt, durch das die vertraglichen Rechte auf die Zahlungsströme aus dem finanziellen Vermögenswert auf den Erwerber übergehen (IAS 39.18(a)). In der Praxis gibt es nicht selten Zweifelsfragen, ob mit der Übertragung des finanziellen Vermögenswerts auch tatsächlich **alle wirtschaftlichen Chancen und Risiken** auf den Erwerber übergegangen sind. IAS 39.20 bis IAS 39.22 konkretisieren für den *risks and rewards approach,* dh für die Beurteilung des Übergangs der Risiken und Chancen, folgende Kriterien: **105**

Die Bestimmung, ob mit der Übertragung im Wesentlichen alle Risiken und Chancen übergegangen sind, hat gem IAS 39.21 durch einen **Vergleich der Nettorisikoposition** vor und nach der Übertragung zu erfolgen. Die zurückbehaltenen Risiken können in einem **Ausfall-, Wechselkurs- oder Zinsänderungsrisiko** bestehen (*IDW* RS HFA 9 Rz 130). Die Risikoposition beurteilt sich nach den Schwankungen des Barwerts der künftigen Netto-Zahlungsströme aus dem Vermögenswert. Hat sich diese nicht signifikant geändert, findet keine Ausbuchung statt (IAS 39.20(b)), da die übertragende Gesellschaft weiterhin die wesentlichen Chancen und Risiken trägt. Dies ist zB der Fall, wenn ein Verkauf mit einer **Rückkaufverpflichtung** zu einem festgelegten Preis gekoppelt ist (IAS 39.AG51(a)). Dieser Sachverhalt ist wirtschaftlich vergleichbar mit einer besicherten Kreditaufnahme und wird analog dazu abgebildet (*pwc,* 451). Für die aus der Transaktion erhaltene Gegenleistung ist eine korrespondierende Verbindlichkeit einzubuchen (IAS 39.29). **106**

Ergibt die Überprüfung, dass die mit dem Vermögenswert verbundenen **Chancen und Risiken übergegangen** sind, ist der finanzielle Vermögenswert auszubuchen. Eventuelle Ansprüche oder Verpflichtungen, die durch die Übertragung entstanden sind, werden als Vermögenswerte bzw Verbindlichkeiten gesondert erfasst (IAS 39.20(a)). Verwaltet der Forderungsverkäufer weiterhin die Forderungen, und erhält er dafür eine Gebühr, hindert ihn dies nicht an einer Ausbuchung, sofern die dargelegten Bedingungen erfüllt sind. Vielmehr ist ein Vermögenswert für die Ansprüche aus der Verwaltung zu aktivieren. Sind die Kosten der Verwaltung höher als die veranschlagten Gebühren, ist entspr eine Verbindlichkeit auszuweisen (IAS 39.24). **107**

Beispiel: Ein Unternehmen veräußert Forderungen mit einem Buchwert von T€ 1.000 zu einem Preis von T€ 980. Das Unternehmen übernimmt keine weiteren Garantien.

Die Forderungen werden vollständig ausgebucht, da der Überträger keine Chancen und Risiken mehr trägt. Die Buchung lautet:

per	liquide Mittel	980	
	sonstiger betrieblicher Aufwand	20	
an	Forderungen		1.000.

IAS 39.21 gibt nicht konkret vor, wann die Chancen und Risiken **im Wesentlichen** übergegangen sind. In der Praxis wird ein Übergang von mehr als

90% der Risiken als wesentlich angesehen (*Watrin/Struffert* WPg 2007, 242). Hierbei ist eine umfassende wirtschaftliche Beurteilung unter der Berücksichtigung aller Risiken (insbes des Kreditrisikos) vorzunehmen.

108 Eine Beurteilung des Übergangs der Chancen und Risiken aus dem finanziellen Vermögenswert kann nach IAS 39 auch danach vorgenommen werden, ob evtl eine **Rückkaufoption** des Veräußerers bzw eine **Verkaufsoption** des Erwerbers besteht. Ob die Chancen und Risiken übergegangen sind, richtet sich nach dem Marktwert dieser Option am Stichtag. Hat der Erwerber eine Verkaufsoption ggü dem Veräußerer erhalten und ist die Option **weit im Geld,** dh der Marktpreis ist stark gesunken und es ist äußerst unwahrscheinlich, dass sie vor Fälligkeit aus dem Geld sein wird, liegen die Chancen aus dem Wertpapier weiterhin beim Veräußerer, da davon ausgegangen werden kann, dass der Erwerber die Verkaufsoption in Anspruch nehmen wird. Der Vermögenswert darf deshalb in den beschriebenen Fällen **nicht ausgebucht** werden (IAS 39.AG51(f)).

Ist die Option **weit aus dem Geld,** ist der Vermögenswert **auszubuchen,** da nicht davon auszugehen ist, dass dieser wieder auf den Veräußerer zurückübertragen wird (IAS 39.AG51(g)).

Hat ein Unternehmen das Recht einen veräußerten Vermögenswert zurückzuerwerben und ist diese Option **weder weit im noch aus dem Geld,** ist der Vermögenswert auszubuchen, weil das Unternehmen zwar die wesentlichen Chancen und Risiken weder übertragen noch behalten, aber die Verfügungsmacht verloren hat. Wenn Vermögenswerte nicht jederzeit am Markt verfügbar sind, ist die Ausbuchung für den Teil des Vermögenswerts, welcher der Kaufoption unterliegt, ausgeschlossen, da insoweit Verfügungsmacht besteht (IAS 39.AG51(h)). Weitere Beispiele bietet IAS 39.AG51.

109 Insbes **ABS-Transaktionen** zeichnen sich dadurch aus, dass die vertraglichen Rechte an den Zahlungsströmen **nicht übertragen** werden, der Veräußerer des Vermögenswerts sich aber vertraglich verpflichtet hat, die Zahlungsströme an einen oder mehrere Empfänger **weiterzuleiten.** Der Veräußerer bleibt zwar rechtlicher Eigentümer, da ihm die Zahlungsströme aus dem Vermögenswert nicht zustehen, kann er nicht mehr als wirtschaftlicher Eigentümer angesehen werden. In diesem Fall kann eine Übertragung iSd IAS 39.18 vorliegen, wenn drei Kriterien **kumulativ** erfüllt sind (IAS 39.19):

(1) Der Veräußerer darf nicht verpflichtet sein, Zahlungen zu leisten, die nicht aus dem Vermögenswert stammen.
(2) Außerdem darf er nicht das Recht haben, den Vermögenswert zu verpfänden oder zu veräußern, außer an den oder die Berechtigten selbst.
(3) Die dritte Voraussetzung ist, dass die erhaltenen Zahlungsströme unmittelbar an die Empfänger weitergeleitet werden. Reinvestitionen im Zeitraum zwischen Inkasso und Weiterleitung, außer in kurzfristige Zahlungsmittel und Zahlungsmitteläquivalente iSd IAS 7, sind schädlich.

Die **Übernahme des Inkassos** für die verkauften Forderungen durch den Übertragenden *(servicing)* ist an sich unschädlich. Für die Beurteilung der Übertragung einer Forderung ist entscheidend, dass sämtliche dem Übertragenden zustehenden Rechte (ggf bedingte Rechtsansprüche) auf Zahlungsströme aus den Forderungen unwiderruflich und unbedingt übertragen sind (*IDW* RS HFA 9 Rz 120, → Rn 124ff).

c) Control Approach (Kontrollprinzip)

110 Für den Fall, dass die Überprüfung des *risk and reward*-Prinzips ergeben hat, dass nicht im Wesentlichen alle Risiken und Chancen übertragen wurden aber auch nicht im Wesentlichen alle Risiken und Chancen zurückbehalten wurden, ist im

nächsten Schritt zu bestimmen, ob der Überträger die Kontrolle bzw wirtschaftlichen **Verfügungsmacht** über den finanziellen Vermögenswert verloren hat *(control approach)*. Davon ist grds auszugehen, wenn der Erwerber in der Lage ist, den Vermögenswert zu verkaufen, ohne dass der Überträger dies verhindern kann (IAS 39.23). IAS 39.AG42 unterstellt, dass der Empfänger die praktische Möglichkeit hat, den finanziellen Vermögenswert zu veräußern, wenn dieser auf einem **aktiven Markt** gehandelt wird. Das ist bei allen börsengehandelten Wertpapieren der Fall. Der Empfänger könnte dann den Vermögenswert wieder zurückerwerben, wenn er ihn an den Überträger zurückgeben müsste. Liegt **kein aktiver Markt** vor oder sind dem Empfänger Beschränkungen auferlegt, die ihn von einer freien Verfügung über den Vermögenswert abhalten könnten, hat der Überträger die wirtschaftliche Kontrolle regelmäßig noch nicht verloren (IAS 39.AG43). Folglich darf er den finanziellen Vermögenswert **nicht ausbuchen.** Durch die Weiterführung muss der Überträger ggf Wertminderungen auf den Vermögenswert berücksichtigen. Damit wird auf die tatsächlichen Rechte des Veräußerers und nicht allein auf die ihm vertraglich eingeräumten Rechte abgestellt (IAS 39.AG43).

Auch eine **Garantie des Veräußerers** oder eine **Verkaufsoption** auf den **111** Vermögenswert kann den Erwerber von einer Veräußerung abhalten, wenn sich herausstellt, dass die Inanspruchnahme dieses Rechts aufgrund der Wertentwicklung des Vermögenswerts für den Erwerber sinnvoll ist. Er ist faktisch daran gehindert, den Vermögenswert an einen Dritten weiterzuveräußern (*Kuhn/Scharpf*, 210). Auch in diesem Fall hat der Veräußerer noch nicht die wirtschaftliche Verfügungsmacht an den Erwerber übertragen.

Stellt sich heraus, dass das Unternehmen die **wirtschaftliche Verfügungsmacht verloren** hat, ist der finanzielle Vermögenswert auszubuchen. **112** Im Zuge der Übertragung eingegangene Rechte und Verpflichtungen sind als Vermögenswerte bzw Verbindlichkeiten anzusetzen (IAS 39.20(a)). Dazu gehören Dienstleistungen im Zusammenhang mit den veräußerten Vermögenswerten *(servicing rights)*.

Lässt sich nicht genau bestimmen, ob das Unternehmen **sämtliche Chancen und Risiken** aus dem Vermögenswert übertragen oder behalten hat, steht aber fest, dass es weiterhin die **wirtschaftliche Verfügungsmacht** darüber ausübt, hat es den Vermögenswert nach den Regelungen zum anhaltenden Engagement *(continuing involvement)* zu behandeln (IAS 39.20(c)(ii)).

d) Anhaltendes Engagement

Bei einem **anhaltenden Engagement** *(continuing involvement)* gem IAS 39.30 **113** hat ein Unternehmen einen finanziellen Vermögenswert in dem Umfang weiterhin zu bilanzieren, in dem es voraussichtlich an **Wertänderungen** aus dem Vermögenswert **partizipiert.** So kann bspw vereinbart sein, dass beim Überträger ein festgelegtes Ausfallrisiko aus den übertragenen Forderungen verbleibt. Es wird dann nur der Teil der Forderungen als Abgang erfasst, aus dem das Unternehmen keine Zahlungsmittelzu- oder -abflüsse und somit auch keine Chancen und Risiken mehr zu erwarten hat.

Bei einem anhaltenden Engagement weist das Unternehmen auch eine damit **verbundene Verbindlichkeit** aus, weil neben den Rechten aus dem Vermögenswert zugleich die nach der Übertragung verbleibenden Risiken sichtbar werden sollen. Dazu wird die als *associated liability* bezeichnete Verbindlichkeit aus der Zurückbehaltung von Risiken in der Höhe des Saldos aus der verbliebenen Forderung und der Verbindlichkeit, welche die Ansprüche bzw Verpflichtungen des Unternehmens widerspiegelt, bewertet (IAS 39.31). Hierbei ergeben sich sowohl für den beizubehaltenden Vermögenswert als auch die Verbindlichkeit Bewertungsfragen.

114 Besteht ein anhaltendes Engagement in einer **Garantie** (zB gegen Ausfallverluste), ist gem IAS 39.30(a) der Vermögenswert mit dem niedrigeren Betrag aus dem Buchwert und dem Höchstbetrag der erhaltenen Gegenleistung, die der Veräußerer zurückzahlen müsste, zu bewerten.

Handelt es sich bei dem anhaltenden Engagement um eine **Option** auf den übertragenen Vermögenswert, wird diese mit dem Betrag des übertragenen Vermögenswerts bewertet, zu dem das Unternehmen diesen zurückkaufen kann (IAS 39.30(b)). Beim Verkauf einer Verkaufsoption auf einen Vermögenswert, der zum beizulegenden Zeitwert bewertet wird, ist der Umfang des anhaltenden Engagements des Unternehmens auf den beizulegenden Zeitwert des übertragenen Vermögenswerts oder den Ausübungspreis der Option begrenzt. Es ist auf den niedrigeren der beiden Werte abzustellen (vgl IAS 39.AG48, IAS 39.30(b)).

115 Die Aktiv- und Passivposten bei einem anhaltenden Engagement werden in **Abhängigkeit** von der **Bewertung** des **betreffenden Vermögenswerts** behandelt (*IDW* RS HFA 9 Rz 141). Wurden bspw Wertpapiere der Kategorie zur Veräußerung verfügbare finanzielle Vermögenswerte zugeordnet, werden die Posten aus dem anhaltenden Engagement ebenso erfolgsneutral zum beizulegenden Zeitwert bewertet.

Beispiel: Unternehmen A veräußert an Gesellschaft B ein Forderungsportfolio im Wert von T€ 1.000. A übernimmt eine **Ausfallgarantie** in Höhe von T€ 40 über einen Zeitraum von zwei Jahren. Die historischen Ausfallraten lagen bei 3%. Der beizulegende Zeitwert der Garantie beträgt somit T€ 30. B darf die Forderungen nicht weiterveräußern, außerdem existiert kein aktiver Markt, auf dem die Forderungen gehandelt werden könnten.

A hat weder im Wesentlichen alle Risiken aus den Forderungen veräußert noch zurückbehalten. Er übt weiterhin die Kontrolle über die Forderungen aus, da B diese nicht selbständig weiterveräußern kann. A hat die zurückbehaltenen Risiken im Umfang des anhaltenden Engagements zu bilanzieren. Aufgrund des anhaltenden Engagements sind die Forderungen bei A mit dem niedrigeren Wert aus dem Betrag des Vermögenswerts und der maximal rückzahlbaren Gegenleistung zu bewerten (IAS 39.30(a)). Diese beträgt hier T€ 40. A bucht:

per	liquide Mittel	1.000	
an	Forderungen		960
	sonstige Verbindlichkeiten		40.

In Höhe von T€ 40 können sich aus den Forderungen für A noch Risiken ergeben. Deshalb sind sie nicht vollständig auszubuchen. Gleichzeitig ergibt sich für A eine Verbindlichkeit in dieser Höhe, da er den vollen Kaufpreis bereits vereinnahmt hat. In dieser Höhe müsste A bei einem Ausfall den Kaufpreis zurückzahlen. Der verbleibende Forderungsbetrag darf nicht mit der damit verbundenen Verbindlichkeit verrechnet werden (IAS 39.36). Wäre die Transaktion so ausgestaltet gewesen, dass A keine Ausfallgarantie in Höhe von T€ 40 gibt, sondern B diesen Betrag als **Kaufpreisabschlag** einbehält, hätte A in dieser Höhe einen niedrigeren Zahlungseingang aus dem Kaufpreis, und eine Forderung ggü B (*Kuhn/Scharpf,* 219).

Des Weiteren ist die Verbindlichkeit mit dem Garantiebetrag zuzüglich des beizulegenden Zeitwerts der Garantie zu bewerten (IAS 39.AG48(a)). Letzterer Betrag ist aufwandswirksam zu buchen:

per	sonstiger Aufwand	30	
an	sonstige Verbindlichkeiten		30.

Insgesamt bilanziert A weiterhin einen Forderungsbetrag in Höhe von T€ 40 sowie eine verbundene Verbindlichkeit in Höhe von T€ 70, die dem maximal rückzahlbaren Betrag zuzüglich dem beizulegenden Zeitwert der Garantie entspricht.

Die Anschaffungskosten der Garantie sind planmäßig zu amortisieren, (in Höhe von T€ 30 über die Restlaufzeit der Garantie) (*IDW* RS HFA 9 Rz 144):

per	sonstige Verbindlichkeiten	15	
an	sonstiger Ertrag		15.

Für die korrekte Amortisation empfiehlt es sich, die verbundene Verbindlichkeit aufzusplitten, auch wenn sie in der Bilanz als ein Betrag ausgewiesen wird. Die Aufsplittung erfolgt in (1) den beizulegenden Zeitwert der Garantie, der planmäßig aufgelöst wird, und (2) den maximal rückzahlbaren Betrag, der zum Ende der Garantielaufzeit ausgebucht wird.

Die verbleibenden Forderungen sowie die damit verbundene Verbindlichkeit sind auszubuchen, wenn der Garantiezeitraum abgelaufen ist und A nicht in Anspruch genommen worden ist:

per	sonstige Verbindlichkeiten	40	
an	Forderungen		40.

Wird A hingegen während des Garantiezeitraums aufgrund eines Forderungsausfalls in Anspruch genommen, hat er die verbleibende Forderung abzuschreiben (IAS 39.AG48(a)). Entspr ist dann ein Ausfallbetrag an den Erwerber B zu zahlen und die Verbindlichkeit auszubuchen.

Wird ein zu fortgeführten Anschaffungskosten bewerteter Vermögenswert übertragen ohne dass die Voraussetzungen für eine Ausbuchung erfüllt sind, ist die damit **verbundene Verbindlichkeit** zu **fortgeführten Anschaffungskosten** zu bewerten. Fortgeschrieben werden die Verbindlichkeiten um die Differenz zwischen den Anschaffungskosten des Vermögenswerts und den fortgeführten Anschaffungskosten des Vermögenswerts am Fälligkeitstag (IAS 39.AG48(b)). Bei Vermögenswerten, die zum beizulegenden Zeitwert bewertet werden, wird die korrespondierende Verbindlichkeit so bewertet, dass der Nettobuchwert aus dem übertragenen Vermögenswert und der damit verbundenen Verbindlichkeit gleich dem beizulegenden Zeitwert der vom Unternehmen behaltenen Rechte und Pflichten ist, wenn diese eigenständig bewertet werden würden (IAS 39.31(b)). Beispiele hierzu enthalten IAS 39.AG48(a) ff. 116

3. Gewinne und Verluste aus der Ausbuchung

Wird ein finanzieller Vermögenswert **vollständig** ausgebucht, ist die Differenz zwischen dem Buchwert und dem Wert der erhaltenen Gegenleistung als Gewinn bzw Verlust **erfolgswirksam** zu erfassen (IAS 39.26). Handelt es sich bei dem Finanzinstrument um einen Vermögenswert, der erfolgsneutral zum beizulegenden Zeitwert bewertet wurde, ist der zuvor im kumulierten sonstigen Ergebnis berücksichtigte Gewinn oder Verlust bei der Ausbuchung erfolgswirksam zu erfassen (IAS 39.26(b) iVm IAS 39.55(b)). 117

Wird ein Vermögenswert **teilweise** ausgebucht, weil zB nur die Zinsansprüche aus einem Schuldschein abgetreten werden, müssen der zu veräußernde und der fortzuführende Vermögenswert auf Basis ihrer **beizulegenden Zeitwerte** aufgeteilt werden, um den zu vereinnahmenden Gewinn oder Verlust ermitteln zu können (IAS 39.27). Ein im kumulierten sonstigen Ergebnis berücksichtigter Gewinn oder Verlust ist ebenfalls aufzuteilen. Das auf den abgehenden Teil entfallende kumulierte sonstige Ergebnis ist erfolgswirksam in der GuV (sofern erstellt) zu erfassen. Bilanzierte *servicing assets* gelten als Bestandteil des fortzuführenden Vermögenswerts.

4. Anwendungsfälle

a) Factoring

Bei Factoringgeschäften werden Forderungen verkauft, um die Zahlungsmittelzuflüsse aus den Forderungen schneller realisieren zu können. Da bei einem Forderungsverkauf die Rechte auf die Zahlungsströme aus den Forderungen noch 118 nicht erloschen sind, muss für den Abgang geprüft werden, ob eine **wirksame Übertragung** gem IAS 39.20 vorliegt. Es wird unterschieden zwischen echtem und unechtem Factoring. Beim **echten Factoring** übernimmt der Erwerber der Forderungen (= Factor) auch das damit verbundene Ausfallrisiko. Dieser Vorgang entspricht sowohl juristisch als auch wirtschaftlich einem Forderungsverkauf ohne Rückbehalt evtl Risiken. Die Forderung ist **auszubuchen.** Beim **unechten Factoring** verbleibt das Ausfallrisiko dagegen beim Veräußerer (= Zedent). Eine Übertragung der wesentlichen Chancen und Risiken hat nicht stattgefunden. Das unechte Factoring führt **nicht** zur **Ausbuchung** der Forderung.

Übernimmt der Überträger weiterhin das Inkasso der Forderungen, ist dies kein Hinderungsgrund für eine Ausbuchung, wenn die Rechtsansprüche auf die Zahlungsströme aus den Forderungen unwiderruflich auf den Erwerber übertragen worden sind (*IDW* RS HFA 9 Rz 120).

b) Reverse-Factoring-Transaktionen

119 In einer Reverse-Factoring-Transaktion vereinbaren der Gläubiger/Lieferant und der Schuldner/Kunde einen Verkauf bestehender und/oder zukünftiger Forderungen aus Lieferungen und Leistungen an ein Institut, Factoringgesellschaft oder ähnliche Vertragspartei („Institut"). Im Vergleich zum „typischen" Factoring werden die Transaktionen regelmäßig nicht vom Lieferanten, sondern vom Kunden oder von dem finanzierenden Institut initiiert. Ein Wesensmerkmal von Reverse-Factoring-Transaktionen ist, dass häufig die Vertragsbedingungen der urspr Forderung geändert werden. Das Institut erwirbt die Forderungen des Lieferanten ggü dem Kunden und der Kunde erfüllt seine Verpflichtung unter geänderten vertraglichen Bedingungen. Möglich ist auch, dass sich lediglich Lieferant und Kunde darauf verständigen, dass der Lieferant seine Forderungen ggü dem Kunden im Rahmen einer gesonderten Vertragsbeziehung an ein Institut veräußern darf und der Kunde seine Verpflichtung entspr den geänderten Vertragsbedingungen erfüllen muss.

Verzichtet der Lieferant auf seinen Anspruch und besteht eine Verbindlichkeit vereinbarungsgemäß nur ggü dem Institut (zB aufgrund Schuldanerkenntnisses), ist bei dem Kunden die urspr Verbindlichkeit aus Lieferungen und Leistungen auszubuchen und gleichzeitig eine neue finanzielle Verbindlichkeit ggü dem Institut einzubuchen (IAS 39.39 iVm IAS 39.AG57(b)). Ein Wechsel des Gläubigers aufgrund der Abtretung der Forderung stellt für sich betrachtet keine rechtliche Aufhebung der Verpflichtung gem IAS 39.39 iVm IAS 39.AG57(b) dar, weil es nicht auf den Wechsel des Gläubigers, sondern auf den Inhalt der Verpflichtung des Schuldners ankommt. Liegt ein Schuldanerkenntnis ggü dem Institut vor, ohne dass der Lieferant auf einen Anspruch ggü dem Kunden verzichtet hat, bestehen dem Grunde nach zwei Verbindlichkeiten des Kunden (aus Lieferungen und Leistungen ggü dem Lieferanten und eine neue ggü dem Institut). Nach Abschluss des Schuldanerkenntnisses wird der Buchwert bzw der Barwert der geschätzten Zahlungsströme gem IAS 39.AG8 der Verbindlichkeit regelmäßig Null sein. Wertmäßig verbleibt die neue finanzielle Verbindlichkeit des Kunden ggü der Bank. Während ein Schuldanerkenntnis eine weitere eigenständige Verpflichtung zur urspr Verbindlichkeit aus Lieferungen und Leistungen begründet, wird durch einen Einredeverzicht die Verbindlichkeit aus Lieferungen und Leistungen idR insofern verändert, als der Schuldner auf bestimmte, aus den urspr Lieferungen und Leistungen resultierende Rechte verzichtet.

120 Ist eine Beurteilung vorzunehmen, ob eine **wesentliche Änderung** der **Vertragsbedingungen** vorliegt, sind quantitative und qualitative Faktoren zu berücksichtigen. Bei der quantitativen Beurteilung (Barwerttest) nach IAS 39.AG62 sind alle vertraglichen Änderungen mit Auswirkungen auf die Höhe und den zeitlichen Anfall der Zahlungsströme einzubeziehen. Sofern sich der Charakter der Verbindlichkeit aus Lieferungen und Leistungen durch eine Vertragsänderung wesentlich ändert, ist eine Ausbuchung auch dann sachgerecht, wenn die Barwerte der Zahlungsströme um weniger als 10% abweichen, dh wenn die quantitative Beurteilung nach IAS 39.AG62 isoliert betrachtet nicht zu einer Ausbuchung führen würde. Bei der Gesamtbetrachtung sind regelmäßig verschiedene Kriterien zu berücksichtigen (zB Einredeverzicht des Kunden, Verlängerung Zahlungsziel, Vereinbarung von Zinszahlungen, Preisänderungen der zugrunde liegenden Waren).

Führt eine Beurteilung dazu, dass die ggü dem Lieferanten entstandene Verbindlichkeit aus Lieferungen und Leistungen getilgt wurde, ist diese Verbindlichkeit auszubuchen und eine neue zu erfassen, welche die aktuellen vertraglichen Regelungen abbildet. Ein etwaiger Unterschiedsbetrag ist erfolgswirksam zu erfassen. Ist eine neue finanzielle Verbindlichkeit einzubuchen, ohne dass der Kunde aus der urspr Verbindlichkeit rechtlich entbunden wurde, sind dem Grunde nach zwei finanzielle Verbindlichkeiten zu bilanzieren. Der Wert der weiter bestehenden Verbindlichkeit aus Lieferungen und Leistungen wird regelmäßig Null sein. Ein sich ergebender Unterschiedsbetrag ist erfolgswirksam zu erfassen (vgl *IDW* RS HFA 9E Rz 237 ff).

c) Pensionsgeschäfte

Pensionsgeschäfte sind Verträge, durch die der Eigentümer eines Vermögens- 121
werts (= Pensionsgeber) verpflichtet wird, den Vermögenswert vom Erwerber (= Pensionsnehmer) nach einem bestimmten Zeitraum **zurückzunehmen.** Der Veräußerer kann sich dadurch kurzfristig Liquidität beschaffen, die in Vermögen gebunden ist.

Pensionsgeschäfte werden vom **Anwendungsbereich des IAS 39** erfasst, wenn sie finanzielle Vermögenswerte zum Gegenstand haben, wie bspw Wertpapiere. Bei Pensionsgeschäften ist insbes zu prüfen, ob der Charakter einer besicherten Darlehensaufnahme überwiegt (zB Repo-Geschäfte), sodass die Vermögenswerte weiterhin beim Pensionsgeber bilanziert werden und der Zahlungsmittelzufluss durch eine korrespondierende Verbindlichkeit abgebildet wird.

Je nachdem welche Rechte dem Pensionsnehmer zustehen, ist nach der Art des Pensionsgeschäfts zu differenzieren. Bei einem **echten Pensionsgeschäft** hat der Pensionsnehmer die **Pflicht,** das Wertpapier zu einem bestimmten Zeitpunkt an den Pensionsgeber zurückzugeben. Bei einem **unechten Pensionsgeschäft** hat er dagegen das **Recht,** das Wertpapier zurückzugeben. Aus Sicht des Pensionsnehmers liegt im zweiten Fall eine Verkaufs-Option vor, bei welcher der Pensionsgeber als Stillhalter fungiert (*IDW* RS HFA 9 Rz 205). Von diesem Recht wird der Pensionsnehmer dann Gebrauch machen, wenn der beizulegende Zeitwert des Wertpapiers zwischenzeitlich gesunken ist.

Bei der Beurteilung, ob ein bilanzwirksamer Abgang des finanziellen Vermö- 122
genswerts beim Pensionsgeber vorliegt, ist auf die Chancen und Risiken abzustellen, denen er durch das Geschäft weiterhin ausgesetzt ist. Bei einem **echten Pensionsgeschäft** ist keine Ausbuchung vorzunehmen, da der Pensionsgeber aufgrund der vereinbarten Rückgabe weiterhin die **Chancen und Risiken aus den Marktpreisschwankungen** des Wertpapiers trägt (*IDW* RS HFA 9 Rz 207). Die Risikoposition, die sich gem IAS 39.21 aus den Schwankungen des Barwerts der Netto-Zahlungsströme vor und nach der Veräußerung ableitet, hat sich nicht geändert. In Höhe des erhaltenen Betrags hat der Pensionsgeber eine Verbindlichkeit zu passivieren (IAS 39.29). Der Pensionsnehmer bucht in diesem Fall eine

Forderung, die der Kategorie Kredite und Forderungen zugeordnet werden kann. Unterschiedsbeträge zwischen den Anschaffungskosten der Forderung und dem Betrag, der bei Rückübertragung zu leisten ist, sind erfolgswirksam nach der Effektivzinsmethode zu erfassen (*Kuhn/Scharpf,* 223 und IAS 39.AG50).

123 Komplexer gestaltet sich die Beurteilung bei **unechten Pensionsgeschäften.** Hier ist am Stichtag darauf abzustellen, ob die Rückgabe des Wertpapiers durch den Pensionsnehmer eher wahrscheinlich oder eher unwahrscheinlich ist. Im Fall eines Anstiegs des beizulegenden Zeitwerts, ist eine Rückgabe unwahrscheinlich, da der Pensionsnehmer den Vermögenswert am Markt zu einem höheren Preis verkaufen könnte. Es kann davon ausgegangen werden, dass die Risiken und Chancen übertragen worden sind (IAS 39.AG51(g)). Problematisch ist, wann genau dies der Fall ist. IAS 39.AG51(g) spricht hinsichtlich des Werts der Verkaufsoption von *deeply out of the money,* und zwar so, dass es unwahrscheinlich ist, dass sie vor Ablauf der Optionsfrist wieder im Geld sein wird. Fraglich ist, ob das Wertpapier wieder einzubuchen ist, wenn der beizulegende Zeitwert am darauffolgenden Stichtag so weit gesunken ist, dass eine Rückgabe durch den Pensionsnehmer wieder sehr wahrscheinlich geworden ist. Diese Frage stellt sich insbes bei der Erstellung von Quartalsabschlüssen. Da idR nicht eindeutig geklärt werden kann, ob im Wesentlichen alle Chancen und Risiken übertragen worden sind, ist zu prüfen, ob die **Verfügungsmacht übergegangen** ist. Dies ist gem IAS 39.AG42 der Fall, wenn die Wertpapiere auf einem **aktiven Markt** gehandelt werden können. Die Wertpapiere sind dann auszubuchen. Gleichzeitig ist eine Stillhalterverpflichtung zu passivieren (IAS 39.20(c)(i)), die an jedem Stichtag zum beizulegenden Zeitwert zu bewerten ist (IAS 39.43 und IAS 39.47).

Handelt es sich **nicht** um **börsengehandelte Wertpapiere,** hat der Veräußerer noch nicht die wirtschaftliche Verfügungsmacht verloren, und es liegt ein Fall des anhaltenden Engagements vor (→ Rn 113 ff), bei dem der Pensionsgeber weiterhin an den Chancen und Risiken aus dem Wertpapier beteiligt ist (*IDW* RS HFA 9 Rz 218). Da sich die Risiken und Chancen idR auf das gesamte nicht marktgängige Wertpapier beziehen, wird das anhaltende Engagement dazu führen, dass das Wertpapier in voller Höhe beizubehalten ist (*Kuhn/Scharpf,* 225). Die Stillhalterverpflichtung wird nicht gesondert als Derivat erfasst, wenn dies zu einer Doppelerfassung der Rechte bzw Verpflichtungen aus dem Derivat und der Verbindlichkeit führen würde (IAS 39.AG49).

c) Asset Backed Securities (ABS)

124 Bei *asset backed securities* (ABS)-Transaktionen handelt es sich um eine Finanzierungsform, bei der Vermögenswerte – idR **Forderungen** – an eine eigens dafür vorgesehene strukturierte Einheit *(structured entity)* **veräußert** werden. Dadurch kann die in den Forderungen gebundene Liquidität schneller freigesetzt werden. Die Zweckgesellschaft finanziert den Kaufpreis durch Ausgabe von Schuldverschreibungen und bedient diese aus den Zahlungsströmen der Forderungen. Die Forderungsverwaltung sowie den Forderungseinzug übernimmt häufig weiterhin der Veräußerer (*IDW* RS HFA 8 Rz 4). Wirtschaftlich vergleichbar sind ABS-Transaktionen mit Factoringgeschäften.

Dass es bei der Ausbuchung finanzieller Vermögenswerte nach IAS 39 nicht auf den Übergang des rechtlichen Eigentums, sondern den **Übergang der wirtschaftlichen Risiken** auf den Erwerber ankommt, wird bei ABS-Transaktionen besonders deutlich (*IDW* RS HFA 8 Rz 7). Neben der Frage, ob es sich bei der Zweckgesellschaft evtl um ein konsolidierungspflichtiges TU des Veräußerers (= Originator) handelt (→ § 32 Rn 12 ff), interessiert besonders, wann die Kriterien für eine Ausbuchung der Forderung **aus Konzernsicht** erfüllt sind. Dazu ist zu beurteilen, ob das Vertragsverhältnis zwischen der Konzerngesellschaft und den konzernexternen Teilnehmern die Kriterien für eine Ausbuchung erfüllt.

Handelt es sich bei der strukturierten Einheit um ein konsolidierungspflichtiges TU des Forderungsverkäufers, ist aus Konzernsicht zu beurteilen, wem die **Zahlungsströme aus den Forderungen** zustehen. Gem IAS 39.19 müssen dazu folgende Kriterien erfüllt sein: 125

(1) Es werden nur Zahlungen geleistet, die aus dem urspr Vermögenswert stammen. Kurzfristige Vorauszahlungen verletzen dieses Kriterium nicht (IAS 39.19(a)). Die Garantie einer bestimmten Zahlung aus den Forderungen steht einer Ausbuchung entgegen (*IDW* RS HFA 9 Rz 123), da hierdurch gerade nicht gewährleistet ist, dass tatsächlich nur die Zahlungen aus den Forderungen weitergeleitet werden, sondern möglicherweise darüber hinaus Zahlungen geleistet werden.
(2) Der Vermögenswert darf durch den (rechtlichen) Veräußerer nicht verkauft oder verpfändet werden, es sei denn, er dient als Sicherheitsleistung für die Zahlungsansprüche ggü den Berechtigten (IAS 39.19(b)).
(3) Das Unternehmen muss die Zahlungsmittelzuflüsse aus dem Vermögenswert ohne wesentliche Verzögerung *(without material delay)* weiterleiten (IAS 39.19(c)). Das Unternehmen ist nicht folglich berechtigt, die Zahlungsströme zu reinvestieren, mit Ausnahme in Zahlungsmittel und Zahlungsmitteläquivalente (iSd IAS 7 Kapitalflussrechnung, → § 18 Rn 8ff) und bei Weiterleitung der daraus erzielten Zinsen an den Endempfänger.

Wird die **strukturierte Einheit nicht** in den **Konsolidierungskreis** einbezogen, gelten die allgemeinen Regeln für die Ausbuchung von Forderungen. 126

Um die Bonität eines ABS zu erhöhen, behalten bspw Veräußerer ggf einen Teil der veräußerten Bestände aus wirtschaftlicher Sicht zurück und/oder es werden Kreditsicherheiten bspw in Form von Bürgschaften oder Garantien hereingenommen. Bei den Ausgestaltungsmerkmalen ist zu prüfen, ob diese Maßnahmen ggf einer Ausbuchung entgegenstehen. 127

Die Ausgestaltung einer ABS-Transaktion ist immer dann schädlich, wenn sie so aufgebaut ist, dass der Veräußerer einen wesentlichen Teil der Risiken zurückbehält. Gängig sind:

(1) ein Kaufpreisabschlag,
(2) eine Übersicherung, indem das Volumen der an die strukturierte Einheit übertragenen Forderungen die in den ABS verbrieften Zahlungsansprüche übersteigt;
(3) ein Reservefonds, in welchem finanzielle Mittel zur Absicherung gegen Zahlungsausfälle gesammelt werden. Wird ein **Reservefonds** aus Zahlungen aus den übertragenen Forderungen angesammelt, kann dies einen Verstoß gegen den Grundsatz der unmittelbaren Weiterleitung der Zahlungsströme darstellen (*Watrin/Struffert* WPg 2007, 237 (242)).
(4) Rückkaufzusagen durch den Veräußerer für den Fall, dass sich die Forderungen als nicht werthaltig erweisen sowie
(5) Forderungsausfallgarantien, die eine Ausgleichszahlung in beschränkter oder unbeschränkter Höhe vorsehen.

Bei einem **festen Kaufpreisabschlag** behält der Veräußerer keine weiteren Risiken zurück. Die Forderungen werden folglich ausgebucht. Dagegen ist ein **variabler Kaufpreisabschlag,** der erst bei Eingang bestimmter Zahlungen gezahlt wird, ggf vergleichbar mit einem vorläufigen Rückbehalt (*Mayer-Wegelin/Gahlen* BB 2008, 884). Der Veräußerer ist weiterhin in die Risiken aus den Forderungen involviert. Rückkaufzusagen und Forderungsausfallgarantien in unbeschränkter Höhe haben ebenfalls zur Folge, dass der Veräußerer weiterhin die 128 wesentlichen Risiken aus den Forderungen trägt und daher bei ihm keine Ausbuchung vorgenommen werden kann.

129 Der Abschluss zB einer **Kreditversicherung** *(credit enhancement)* zwischen der Zweckgesellschaft und einem externen Dritten (zB Kreditversicherer) führt zwar dazu, dass die Zweckgesellschaft keine Ausfallrisiken mehr trägt. Dies beeinflusst jedoch nicht die Übertragung vom Verkäufer auf die Zweckgesellschaft, weil der Abschluss der Kreditversicherung eine Transaktion auf Ebene der Zweckgesellschaft ist. Wird die Prämie für die Kreditversicherung vom Verkäufer übernommen, ist im Fall variabler Zahlungen davon auszugehen, dass das Risiko beim Verkäufer bleibt (*Mayer-Wegelin/Gahlen* BB 2008, 882 (884)). Durch diese Absicherung wird gewährleistet, dass der Forderungspool auch bei Ausfällen genügend Zahlungsmittel generiert, um die Zins- und Tilgungsansprüche der Investoren bedienen zu können. Der Originator hat regelmäßig erst nach Abwicklung der Transaktion einen Anspruch auf Auszahlung der Zahlungsströme, die nach vollständiger Bedienung der Wertpapiere verblieben sind (*Feld,* 40).

130 *(einstweilen frei)*

131 Hat die ABS-Transaktion einen **revolvierenden Charakter,** das bedeutet, die Zahlungsmittelzuflüsse aus den Forderungen werden durch die strukturierte Einheit dazu verwendet, neue Forderungen zu erwerben, ist der Reinvestitionsprozess bzw sind die Entscheidungsprozesse über die Reinvestition zu analysieren. Für die Endempfänger eingenommene Zahlungsströme sind ohne wesentliche Verzögerung an diese weiterzuleiten. Anderenfalls kann keine Ausbuchung der Forderung beim Veräußerer stattfinden.

Erfüllt die Veräußerung nicht die Kriterien für eine Ausbuchung, sind die Forderungen weiterhin beim Veräußerer zu bilanzieren. In Höhe des **Verkaufspreises** ist eine **finanzielle Verbindlichkeit** zu passivieren, da der Veräußerer einen Zufluss an Zahlungsmitteln verzeichnet, ohne dafür das wirtschaftliche Eigentum an den Forderungen verloren zu haben.

IV. Ausbuchung finanzieller Verbindlichkeiten

132 Eine finanzielle Verbindlichkeit ist auszubuchen, wenn sie durch **Tilgung** erloschen ist (IAS 39.39). Tilgung bedeutet, dass eine Verbindlichkeit erfüllt, aufgehoben oder ausgelaufen ist.

Wenn ein Schuldner einer dritten Partei eine Zahlung für die Übernahme einer Verbindlichkeit leistet und von seinem Gläubiger aus der Schuld rechtlich entbunden wird, hat der Schuldner ebenfalls die Schuld getilgt (IAS 39.AG60).

133 Im Rahmen von **Umschuldungen** führt der Austausch von Schuldinstrumenten mit substanziell verschiedenen Vertragsbedingungen zur Ausbuchung der urspr Schuld und der gleichzeitigen Einbuchung einer neuen Schuld (IAS 39.40). Die Vertragsbedingungen gelten als substanziell verschieden, wenn die Zahlungsströme des neuen Vertrags unter Berücksichtigung evtl Gebühren um mindestens 10% vom Barwert der ausstehenden Zahlungsströme der urspr Verbindlichkeit abweichen (IAS 39.AG62). Da die Umschuldung wie eine Tilgung behandelt wird, ergeben sich ggf Erfolgswirkungen. Die neue Verbindlichkeit ist mit ihrem beizulegenden Zeitwert einzubuchen. Die Umschuldung ist deshalb in zwei getrennte Buchungsvorgänge aufzuspalten (*Kuhn/Scharpf,* 251). Umschuldungen können durch **Veränderungen von Vertragsbedingungen** oder durch die Tilgung eines Darlehens und Wiederaufnahme eines Darlehens unter veränderten Kreditbedingungen dargestellt werden. Häufig sind in diesem Zusammenhang Gebühren zu entrichten. In einem nächsten Schritt ist auf Basis eines aktuellen Marktzinssatzes der Barwert der neuen Verbindlichkeit zu bestimmen, um Ge-

winne bzw Verluste aus der Transaktion zu ermitteln. Diese ergeben sich als Differenz aus dem Barwert der urspr Verbindlichkeit abzüglich des Barwerts der neuen Verbindlichkeit und der durch die Umschuldung entstandenen Kosten.

Beispiel 1: Am 1. Januar X1 emittiert A eine Schuldverschreibung in Höhe von T€ 1.000 mit einer Laufzeit von zehn Jahren. Der Zinssatz beträgt 10% und ist jährlich am 31. Dezember fällig. Die Rückzahlung der Schuldverschreibung ist am 31. Dezember X10 fällig. Am 1. Januar X6 einigen sich A und die Inhaber der Schuldverschreibung auf folgende vertragliche Änderungen: Es werden keine Zinsen mehr gezahlt, die Schuldverschreibung ist am 31. Dezember X10 mit T€ 1.600 zurückzuzahlen. Hierfür fallen Kosten in Höhe von T€ 50 an.

Der Vergleich des Barwerts der bestehenden Verbindlichkeit in Höhe von T€ 1.000 mit dem Barwert der angepassten Verbindlichkeit (€ 993.474; T€ 1.600 abgezinst über fünf Jahre zu 10%) zuzüglich der entstandenen Kosten in Höhe von T€ 50 ergibt, dass die Verbindlichkeit nicht auszubuchen ist, da die Veränderung der Zahlungsströme die 10%-Grenze nicht übersteigt. Die urspr Schuld darf nicht ausgebucht werden.

Beispiel 2: Gleiche Ausgangssituation wie oben, nur werden in diesem Fall folgende Bedingungen vereinbart: Verlängerung der Schuldverschreibung bis zum 31. Dezember X12, die jährlichen Zinszahlungen werden auf T€ 50 reduziert, der Bond ist am 31. Dezember X12 zu T€ 1.500 zu tilgen und dabei entstehen Kosten in Höhe von T€ 50.

Der Vergleich der Barwerte ergibt, dass die Anpassung nun die Grenze von 10% überschreitet: Der Barwert der urspr Verbindlichkeit beträgt T€ 1.000, der Barwert der neuen Verbindlichkeit beträgt € 1.113.158 (T€ 1.500 abgezinst über sieben Jahre zu 10% zuzüglich des Barwerts der jährlichen Zinszahlungen in Höhe von je T€ 50 und der Kosten in Höhe von T€ 50). Im Zuge der Ausbuchung der urspr Verbindlichkeit und der Einbuchung der neuen Verbindlichkeit zum beizulegenden Zeitwert resultiert ein erfolgswirksam zu erfassender Verlust in Höhe von € 113.158.

Bei einer „Tilgung finanzieller Verbindlichkeiten durch Eigenkapitalinstrumente" *(debt equity swap)* werden zur vollständigen oder teilweisen **Tilgung** einer finanziellen Verbindlichkeit **Eigenkapitalinstrumente** an einen Gläubiger **ausgegeben** (→ § 12 Rn 57). Es handelt sich dabei um ein gezahltes Entgelt gem IAS 39.41 (IFRIC 19.5). 134

Eigenkapitalinstrumente, die zur vollständigen oder teilweisen Tilgung einer finanziellen Verbindlichkeit an einen Gläubiger ausgegeben werden, sind bei ihrem erstmaligen Ansatz zum **beizulegenden Zeitwert** zu bewerten, es sei denn, dieser lässt sich nicht verlässlich ermitteln (IFRIC 19.6). In diesen Fällen ist der Bewertung der beizulegende Zeitwert der getilgten finanziellen Verbindlichkeit zugrunde zu legen. Schließt eine getilgte finanzielle Verbindlichkeit ein sofort fälliges Instrument (wie eine Sichteinlage) ein, ist IFRS 13.47 bei der Bestimmung ihres beizulegenden Zeitwerts nicht anzuwenden (IFRIC 19.7). IFRS 13.47 schreibt vor, dass der beizulegende Zeitwert einer Einlage nicht niedriger sein kann als der Barwert (diskontiert ab dem Tag der frühestmöglichen Abrufbarkeit). Dh, der beizulegende Zeitwert einer Sichteinlage kann **nicht niedriger** sein **als** der **Nominalwert.** Es handelt sich bei IFRS 13.47 im Kern um eine Vorgabe, wie der beizulegende Zeitwert in einer bestimmten Konstellation zu ermitteln ist. Werden mehrere Sichteinlagen betrachtet, kann ein Bodensatz konstatiert werden, der in der bankbetrieblichen Praxis dazu führt, dass der beizulegende Zeitwert einer Gruppe von Sichteinlagen **unter** den **Nominalwerten** liegt (weil der Bodensatz zwar formal am nächsten Tag fällig ist, faktisch aber erst in zehn Jahren). Für Zwecke des IFRIC 19 darf dieser Effekt berücksichtigt werden, bei „normaler" Anwendung des IAS 39 nicht.

Die **Differenz** zwischen dem Buchwert der getilgten finanziellen Verbindlichkeit und dem gezahlten Entgelt ist gem IAS 39.41 **erfolgswirksam** in der Gesamtergebnisrechnung bzw GuV (sofern erstellt) zu erfassen. Die ausgegebenen Eigenkapitalinstrumente sind erstmals an dem Tag anzusetzen und zu bewer- 135 ten, an dem die finanzielle Verbindlichkeit (oder ein Teil derselben) getilgt wird (IFRIC 19.9).

136 Wird nur ein **Teil** der finanziellen Verbindlichkeit **getilgt,** ist zu beurteilen, ob irgendein Teil des gezahlten Entgelts eine **Änderung der Konditionen** des noch ausstehenden Teils der Verbindlichkeit bewirkt. In diesen Fällen ist das gezahlte Entgelt zwischen dem getilgten und dem noch ausstehenden Teil der Verbindlichkeit **aufzuteilen.** Bei dieser Aufteilung sind alle mit der Transaktion zusammenhängenden relevanten Fakten und Umstände zu berücksichtigen (IFRIC 19.8).

Ein gem IFRIC 19.9 (vollständige Tilgung einer Verbindlichkeit) und IFRIC 19.10 (teilweise Tilgung einer Verbindlichkeit) ermittelter Gewinn oder Verlust ist erfolgswirksam in der Gesamtergebnisrechnung bzw in der GuV (sofern erstellt) zu erfassen (IAS 39.41). Dort oder im Anhang sind diese Gewinne oder Verluste als gesonderter Posten darzustellen (IFRIC 19.11).

V. Strukturierte Produkte

1. Beurteilungsgrundlagen

137 Die Grundlage der **Beurteilung** und die Basis für die **Zerlegung** eines strukturierten Produkts bildet der **Vertrag** bzw die **Produktbeschreibung** des Kontrahenten (bei börsennotierten Produkten die Emissions- bzw Anleihebedingungen). Nur im Fall einer nicht ausreichend detaillierten Beschreibung des Produkts (respektive des Fehlens impliziter oder expliziter Vertragsbedingungen) liegt die sachgerechte Zerlegung und Darstellung des Produkts im **Ermessen** des bilanzierenden Unternehmens. In der **Praxis** kann es der Fall sein, dass die Beschreibung des erworbenen strukturierten Produkts und eine vom Emittenten gewollte und tatsächlich geschaffene Konstruktion voneinander abweichen. So kann bspw der Fall eintreten, dass in der Produktbeschreibung und in den Anleihebedingungen von einem Swap berichtet wird, es sich tatsächlich jedoch bei dem eingebetteten Derivat aufgrund seines Charakters um eine Option handelt.

138 Die Beurteilung des strukturierten Produkts hat spätestens zu dem **Zeitpunkt** zu erfolgen, in dem das Unternehmen Vertragspartei für das strukturierte Produkt wird.

Der Bestimmung des eingebetteten Derivats müssen die Konditionen, die zum Zeitpunkt der Emission des Finanzinstruments bestehen, zugrunde gelegt werden. Der Zeitpunkt der Beurteilung eines strukturierten Produkts ist spätestens der **Handelstag.**

139 Eine **spätere Neubeurteilung** muss vorgenommen werden, wenn sich die Vertragsbedingungen während der Laufzeit dergestalt ändern, dass es zu einer **signifikanten Veränderung der Zahlungsströme** kommt (IFRIC 9.7). Können Zweifel hinsichtlich einer signifikanten Änderung eines Zahlungsstroms bestehen, ist ein rechnerischer Vergleich des bestehenden und des erwarteten Zahlungsstroms zu erstellen sowie zu dokumentieren. Diesem ist die Begründung für die Beurteilung einer signifikanten oder nicht signifikanten Zahlungsstromänderung beizufügen. Die Änderung der wirtschaftlichen Substanz kann ein Hinweis auf eine signifikante Änderung der Zahlungsströme geben.

Für diese Beurteilung ist die Änderung der erwarteten Zahlungsströme des bestehenden und des veränderten Vertrags zu ermitteln. Die Veränderungen können sowohl durch den Basisvertrag als auch die derivative Komponente verursacht sein. Eine **signifikante Änderung** der Vertragsbedingungen ist insbes in den Fällen gegeben, in denen eine absolute oder relative Änderung des Risikos, des Zeitpunkts und/oder der Höhe des Zahlungsstroms eintritt.

Strukturierte Produkte, die im Rahmen eines **Unternehmenszusammenschlusses** erworben werden, sind im Zeitpunkt des Unternehmenserwerbs aus der Sicht des Konzerns neu zu beurteilen. 140

2. Einheitlich anzusetzende strukturierte Produkte

Sind die bestimmten Merkmale bzw Kriterien für eine Trennungspflicht nicht erfüllt (→ Rn 143), ist das strukturierte Produkt mit seinem eingebetteten Derivat als **einheitlicher Vermögenswert** respektive als **eine Verbindlichkeit** in der externen Rechnungslegung abzubilden. Es gibt kein Wahlrecht hinsichtlich eines separaten Ausweises des eingebetteten Derivats. Besteht keine Trennungspflicht für das strukturierte Produkt, ist dieses folglich als einheitlicher Vermögenswert bzw einheitliche Verbindlichkeit gem den für den **Basiskontrakt** geltenden Regeln zu bewerten und zu bilanzieren. 141

Börsengehandelte, also standardisierte, strukturierte Produkte werden grds nicht in ihre Bestandteile zerlegt.

In **Finanzinstrumente** oder **Versicherungsverträge eingebettete Rechte** auf Investmentfondsanteile, die Zahlungen in Anteilseinheiten eines internen oder externen Investmentfonds regeln, sind als ein Vermögenswert oder eine Verbindlichkeit abzubilden, wenn die anteilsbestimmten Zahlungen dem aktuellen Anteilswert bzw dem beizulegenden Zeitwert der Vermögenswerte des Fonds entsprechen (IAS 39.AG33(g)).

Der Basisvertrag eines **Bausparvertrags** beinhaltet den Rechtsanspruch auf die Gewährung eines Bauspardarlehens. Dieser optionale Anspruch bedingt grds keinen getrennten Ausweis des eingebetteten Derivats.

3. Getrennt anzusetzende strukturierte Produkte

Die in strukturierten Produkten eingebetteten Derivate sind beim Vorliegen bestimmter Merkmale bzw Kriterien **getrennt** vom Basisvertrag zu bilanzieren (→ Rn 143). In diesem Fall sind der Basisvertrag und das eingebettete Derivat getrennt nach den jeweils für den Basisvertrag und das Derivat geltenden Ansatz- und Bewertungsvorschriften zu bilanzieren und zu bewerten. 142

a) Kriterien für den getrennten Ausweis

Eine **Trennungspflicht** besteht, wenn die drei folgenden Merkmale **kumulativ** erfüllt sind (IAS 39.11): 143

(1) Die wirtschaftlichen Merkmale und Risiken des eingebetteten Derivats sind **nicht eng** mit den wirtschaftlichen Merkmalen und Risiken des Basisvertrags verbunden.

(2) Ein eigenständiges Instrument mit den gleichen Bedingungen, wie das eingebettete Derivat, würde die **Definition eines Derivats** erfüllen.

(3) Das strukturierte Produkt wird **nicht zum beizulegenden Zeitwert** bewertet, dessen Wertänderungen sich unmittelbar erfolgswirksam in der Gesamtergebnisrechnung bzw in der GuV (sofern erstellt) niederschlagen.

Das strukturierte Produkt darf folglich nicht dem **Tradingbestand** zugewiesen worden sein. In diesem Fall würde keine Trennungspflicht bestehen.

Es gilt der Grundsatz, dass Basisvertrag und Derivat getrennt zu bilanzieren und zu bewerten sind, wenn deren Wertentwicklungen nicht von den gleichen Faktoren beeinflusst werden (IAS 39.11(a)). Dies ist zB in den nachfolgend dargestellten Verträgen der Fall:

(1) **Basiswert Zins:** Option zur Prolongation der Laufzeit eines Schuldinstruments, wenn im Zeitpunkt der Verlängerung keine gleichzeitige Anpassung 144

an den aktuellen Marktzins bzw die aktuellen Marktkonditionen stattfindet (IAS 39.AG30(c)). Dem gleichzustellen ist ein eingebettete Option, die es dem Gläubiger des Schuldinstruments ermöglicht, dem Schuldner weitere Tranchen, deren Konditionen bereits im Zeitpunkt des Vertragsabschlusses über das urspr Schuldinstrument festgelegt wurden, anzudienen.

Beispiel: Öffentlicher Namens-Pfandbrief mit Schuldnerkündigungsrecht und Andienungsrecht, Laufzeitbeginn: 10. Mai 01; Anfangsinvestition: Mio € 17; Verzinsung: 3,5% pa, jährlich nachträglich fällig; Fälligkeit: in einer Summe zum Nennwert am 10. Mai 10; Rechte des Schuldners: Der Schuldner hat das Recht, den Pfandbrief am 5. Mai 02 zum 10. Mai 02 zu pari zu kündigen, im Übrigen ist ein ordentliches Kündigungsrecht für die Schuldnerin und die Gläubigerin ausgeschlossen. Im Fall der Nichtkündigung hat die Schuldnerin das Recht, der Gläubigerin einen Öffentlichen Pfandbrief über weitere Mio € 17 zu den gleichen Konditionen zu verkaufen wie bereits bei Emission ab dem 10. Mai 01 vereinbart wurde, also eine feste Verzinsung von 3,5% auf ein Volumen von dann Mio € 34.

(2) **Basiswert Aktienkurs oder Güterpreis:** DAX-*Redemption*-Anleihe, *cash or share* Anleihen, *equity linked bonds* (IAS 39.IG B13f).
   (a) **Anleihe mit Aktienandienungsrecht:** Der Emittent kann im Zeitpunkt der Fälligkeit der eingebetteten Verkaufsoption wahlweise das Nominalkapital der Anleihe zurückzahlen oder eine bestimmte, im Zeitpunkt der Begebung der Anleihe festgelegte Zahl von Aktien auf den Gläubiger übertragen
   (b) **Originäres Schuldinstrument** oder **Versicherungsvertrag,** deren Zins- oder Kapitalzahlungen an Güterpreise oder einen Güterindex gekoppelt sind ((IAS 39.AG30(e), IAS 39.IG B.14); (IAS 39.AG33(e), IAS 39.IG B.14)).

(3) **Basiswert Eigenkapitalinstrument:** Eigenkapitalinstrument mit eingebetteter Kaufoption, die dem Emittenten das Recht einräumt, das Eigenkapitalinstrument zu einem festgelegten Preis zurückzukaufen (IAS 39.AG30(b)) oder Schuldinstrument, verbunden mit dem Wandlungsrecht in ein Eigenkapitalinstrument.
   Voraussetzungen für die Einstufung eines Derivats als Eigenkapitalderivat sind:
   (a) Bei Ausübung des Wandlungsrechts wird eine fest bestimmte Zahl von Aktien gegen den Nominalbetrag des Schuldinstruments eingetauscht (IAS 32.16; IAS 32.22) und
   (b) es wurde dem Emittenten kein Wahlrecht eingeräumt, in bar oder Eigenkapitalinstrumenten zu erfüllen (zB *net share* oder *net cash settlement*) (IAS 32.22f, IAS 32.26, IAS 32.AG27, IAS 32.15, IAS 32.28f).

b) Getrennter Erfolgsausweis

145 Werden Basisvertrag und eingebettetes Derivat separat abgebildet, müssen regelmäßig auch die **Aufwendungen und Erträge** aus den getrennten Bestandteilen des strukturierten Produkts **getrennt** ausgewiesen werden. Dieser Tatbestand muss bei der Ergebnissteuerung und bei der Entscheidung über die Zuweisung des strukturierten Produkts zu einer Risikoart berücksichtigt werden. Bspw ist bei einer Investition in eine *credit linked note* der Ergebnisausfluss aus der Anleihe im Zinsergebnis und der aus dem *credit default swap* im Provisionsergebnis abzubilden.

c) Methode der Zerlegung des strukturierten Produkts

146 Die Zerlegung des strukturierten Produkts kann nach dem **Verhältnis** der **beizulegenden Zeitwerte** von Basisvertrag und derivativer Komponente vor-

genommen werden. Das setzt voraus, dass der beizulegende Zeitwert des Basisvertrags und der beizulegende Zeitwert der derivativen Komponente bewertet werden. Im Verhältnis der beiden ermittelten beizulegenden Zeitwerte zueinander, sind die Anschaffungskosten für das strukturierte Produkt aufzuteilen. Die Bewertung des eingebetteten Derivats muss damit grds selbständig erfolgen. Dh, der beizulegende Zeitwert des Derivats muss selbständig, also getrennt vom Basisvertrag, ermittelt werden. Auch für den Basisvertrag gilt, dass dieser als solcher separat zu bewerten ist.

Nicht selten ist in der Praxis der Fall gegeben, dass es **nicht** oder nur mit **nicht vertretbarem Aufwand** möglich ist, die für die Bewertung eines Finanzinstruments erforderlichen Informationen zu erhalten (und damit keine zuverlässige Ermittlung des beizulegenden Zeitwerts des Derivats durchführbar ist). Ist der Basisvertrag ein finanzieller Vermögenswert bzw eine finanzielle Verbindlichkeit gem IAS 39, darf der Wert des Derivats in diesen Fällen als Differenz zwischen dem gesamten beizulegenden Zeitwert des strukturierten Produkts und dem beizulegenden Zeitwert des Basisvertrags ermittelt werden (sog **Restwertmethode,** IAS 39.13).

Aufgrund der Tatsache, dass in der Praxis nur in wenigen Fällen ausreichende Informationen zur Bepreisung von eingebetteten Derivaten zur Verfügung stehen, ist die Restwertmethode die am häufigsten eingesetzte Methode.

d) Mehrere eingebettete Derivate

Gibt es mehrere eingebettete Derivate in einem strukturierten Produkt, sind 147
diese grds als ein **einziges Derivat** zu bilanzieren und zu bewerten. Beziehen sich mehrere eingebettete Derivate auf unterschiedliche Risiken, können diese getrennt werden. Sind die Derivate voneinander unabhängig, sind diese Derivate jeweils getrennt zu bilanzieren und zu bewerten (IAS 39.AG29).

e) Unmöglichkeit einer sachgerechten Zerlegung

Ist es aufgrund bspw der gegebenen Informationsbasis nicht möglich, das 148
strukturierte Produkt in Basisvertrag sowie Derivat zu zerlegen bzw zu bewerten und zu bilanzieren, ist das strukturierte Produkt **erfolgswirksam zum beizulegenden Zeitwert zu bewerten** und als **ein** Vermögenswert bzw eine Verbindlichkeit auszuweisen (IAS 39.12, IAS 39.AG33(a), IAS 39.AG33B, IAS 39.BC76B). Die damit verbundene Bilanzierung bzw Bewertung zum beizulegenden Zeitwert ist nicht gleichzusetzen mit der Designation „zum beizulegenden Zeitwert bewertete Finanzinstrumente" *(fair value option).*

VI. Sicherheitsleistungen

1. Barsicherheiten

Die Leistung von Barsicherheiten ist beim Sicherungsgeber als **Forderungs-** 149
tausch abzubilden.

Beispiel: An die Bank A ist aufgrund von Finanztermingeschäften eine Barsicherheit in Form eines Geldbetrags in Höhe von Mio € 200 zu leisten. Dieser Geldbetrag wird vom Kontokorrent des Unternehmens an die Bank A überwiesen. Die Forderung aus dem Kontokorrent vermindert sich und in gleicher Höhe bzw im Gegenzug ist eine Forderung gegen die Bank A einzubuchen.

Erhaltene Sicherheitszahlungen in bar sind als Barvermögen bzw als Forderung beim Sicherungsnehmer zu aktivieren. Im Gegenzug dazu, ist eine Verbindlichkeit gegen den Sicherheitensteller bzw den, der die Sicherheit leistet, zu passivieren.

2. Unbare Sicherheiten

150 Bietet der Sicherungsgeber dem Empfänger nicht zahlungswirksame Sicherheiten wie **Schuld- oder Eigenkapitalinstrumente,** ist die Bilanzierung der Sicherheit durch den Sicherungsgeber und den Sicherungsnehmer danach zu bestimmen, ob der Sicherungsnehmer das Recht hat, die Sicherheit zu verkaufen oder weiter zu verpfänden, und davon, ob der Übertragende ausgefallen ist (IAS 39.37).

Hat der Sicherungsnehmer das vertrags- oder gewohnheitsmäßige Recht, die Sicherheit zu **verkaufen oder weiter zu verpfänden,** hat der Sicherungsgeber die als Sicherheiten gestellten Vermögenswerte in seiner Bilanz getrennt von anderen Vermögenswerten neu einzustufen (IAS 39.37(a)). Dies kann zB erfolgen als

(1) verliehener Vermögenswert,
(2) verpfändetes Eigenkapitalinstrument oder
(3) Rückkaufforderung.

151 Verkauft der Sicherungsnehmer die an ihn verpfändete Sicherheit, hat er für die Verpflichtung, die Sicherheit zurückzugeben, den Veräußerungserlös zu aktivieren und eine zum beizulegenden Zeitwert bewertete Verbindlichkeit zu passivieren (IAS 39.37(b)).

152 In den vorstehenden Fällen (IAS 39.37(a) und (b)) hat der Sicherungsgeber die Sicherheit weiterhin als seinen Vermögenswert anzusetzen. Der Sicherungsnehmer darf die Sicherheit nicht als einen Vermögenswert ansetzen.

Ist der **Sicherungsgeber** dem Vertrag zufolge **ausgefallen** und nicht länger zur Rückforderung der Sicherheit berechtigt, hat der Sicherungsgeber die Sicherheit auszubuchen und der Sicherungsnehmer sie als seinen Vermögenswert anzusetzen sowie zum beizulegenden Zeitwert zu bewerten, bzw – wenn er die Sicherheit bereits verkauft hat – seine Verpflichtung zur Rückgabe der Sicherheit auszubuchen (IAS 39.37(c)).

3. Besondere Sicherheitenleistungen

153 Regelmäßig sind bei Abschlüssen von **Futurekontrakten** Barsicherheiten zu leisten. Die Barsicherheiten können zu Beginn des Geschäftsabschlusses zu leisten sein ***(initial margin).*** Bei Futurekontrakten sind Sicherheitenleistungen auch während der Laufzeit des Kontrakts nachzuschießen oder es können geleistete Sicherheiten an den Sicherheitengeber zurückgewährt werden ***(variation margin).***

Geleistete Barsicherheiten – unabhängig ob zu Beginn oder während der Laufzeit – sind als Forderungen ggü dem die Barsicherheit Empfangenden auszuweisen. Bei der Buchung von Sicherheitenleistungen handelt es sich um einen nicht erfolgswirksamen Vorgang, der regelmäßig einen Aktivtausch darstellt. Es findet nur ein Wechsel der Gläubiger statt. Vom Kontrahenten empfangene bare Sicherheitenleistungen sind als Verbindlichkeit zu passivieren.

Der Future ist nach den Regeln für Derivate mit seinem **beizulegenden Zeitwert** in der Bilanz – je nachdem, ob dieser einen positiven oder negativen Marktwert aufweist, – zu aktivieren oder zu passivieren. Eine Verrechnung der Barsicherheiten, die eine Art „Vorauszahlung" auf das Bewertungsergebnis eines Futures darstellt, mit dem beizulegenden Zeitwert des zu bilanzierenden Futures ist dann vorzunehmen, wenn die Voraussetzungen für die Verrechnung der Sicherheitenleistung mit dem beizulegenden Zeitwert des Futures erfüllt sind. Die

Zulässigkeit der Verrechnung ist zB in Vertragsunterlagen oder Rahmenverträgen zu dokumentieren.

(einstweilen frei) 154, 155

E. Bewertung von Finanzinstrumenten

I. Bewertung bei erstmaliger Erfassung

In IAS 39.43 wird festgelegt, dass ein Unternehmen finanzielle Vermögenswerte oder finanzielle Verbindlichkeiten beim **erstmaligen Ansatz** unabhängig von der Zuordnung zu einer Kategorie grds mit dem **beizulegenden Zeitwert** zu bewerten hat. 156

Der beizulegende Zeitwert entspricht bei der erstmaligen Erfassung in der ganz überwiegenden Zahl der Fälle dem **Transaktionspreis** bzw den **Anschaffungskosten.** Wenn ein Teil der Gegenleistung sich auf etwas anderes als auf das Finanzinstrument bezieht, wird der beizulegende Zeitwert des Finanzinstruments unter Anwendung einer Bewertungstechnik über ein Schätzverfahren ermittelt. **Un- oder unterverzinsliche Kredite oder Forderungen** werden zum Barwert aller künftigen Einzahlungen angesetzt. Dabei wird ein Marktzins verwendet, der für ein vergleichbares Instrument ähnlicher Bonitätsbeurteilung gelten würde (IAS 39.AG64). Die Differenz wird nach der Effektivzinsmethode über die Laufzeit des zugrunde liegenden Instruments verteilt.

Bei einem **Darlehen,** das mit einem **Disagio** oder **Agio** ausgereicht wird, erfolgt die erstmalige Bewertung ebenfalls mit den Anschaffungskosten, dh dem ausgezahlten Betrag. Die Differenz zum Nominalbetrag ist nicht (wie nach HGB) in einem Rechnungsabgrenzungsposten abzubilden, sondern wird bei den Folgebewertungen durch die Effektivzinsmethode amortisiert (IAS 39.AG65; → § 14 Rn 117 ff). 157

Dividenden, die aus der Zeit **vor dem Erwerb** der Wertpapiere stammen, sind grds Bestandteil der Anschaffungskosten. Bei späterer Ausschüttung an den neuen Anteilseigner sind sie erfolgswirksam in der Gesamtergebnisrechnung bzw in der GuV (sofern erstellt) zu erfassen. Um auszuschließen, dass die Anteile überbewertet sind, regelt IAS 36.12(h)(ii) Folgendes: Als **Anhaltspunkt** für die **Wertminderung** einer Finanzinvestition (in ein TU, Gemeinschaftsunternehmen oder assoziiertes Unternehmen) gilt, dass die Dividende höher ist als das Gesamtergebnis zB des TU, Gemeinschaftsunternehmens oder assoziierten Unternehmens in der Periode, in der die Dividende festgestellt wird. 158

Transaktionskosten (Anschaffungsnebenkosten) sind nur solchen finanziellen Vermögenswerten oder Verbindlichkeiten zuzuordnen, deren Wertänderungen nicht erfolgswirksam zum beizulegenden Zeitwert erfasst werden (IAS 39.43). Als Transaktionskosten (Definition in IAS 39.9) kommen zB Provisionen, Maklerkosten, Notarkosten sowie Steuern und Gebühren in Betracht (IAS 39.AG13). **Agien** oder **Disagien** gehören grds **nicht** zu den Transaktionskosten. Gleiches gilt für interne Verwaltungsgemeinkosten, die nicht den Transaktionskosten zuzurechnen sind. 159

Die Behandlung der angefallenen Anschaffungsnebenkosten erfolgt **nicht einheitlich.** Sie ist abhängig davon, welcher Kategorie der finanzielle Vermögenswert zugeordnet wird bzw wie die Folgebewertung zu erfolgen hat. Sofern die finanziellen Vermögenswerte in Folgeperioden **nicht erfolgswirksam zum beizulegenden Zeitwert** bewertet werden (zB bei Instrumenten, die als bis zur Endfälligkeit gehalten kategorisiert werden, ausgereichten Darlehen und Forderungen und zur Veräußerung verfügbaren Finanzinstrumenten), sind die An- 160 schaffungsnebenkosten zunächst zu aktivieren. Im Rahmen der Folgebewertung werden sie grds **erfolgswirksam** nach der Effektivzinsmethode verteilt. Dies gilt auch bei zur Veräußerung verfügbaren Wertpapieren mit **festen oder bestimmbaren Zahlungen.** Bei Instrumenten **ohne** bestimmbare Laufzeiten und Zahlungen (zB Aktien) werden Transaktionskosten erst beim Verkauf erfolgswirksam erfasst (*Bellavite-Hövermann/Barckow* in Baetge ua IFRS-Komm IAS 39 Rz 120 aF). Für Wertpapiere der Kategorie zur Veräußerung verfügbar ohne feste oder bestimmbare Zahlungen werden bei Erwerb zunächst die Transaktionskosten erfasst und zum Zeitpunkt der ersten Folgebewertung erfolgsneutral als Minderung des sonstigen Ergebnisses gebucht, da in die sich daran anschließende Marktbewertung Transaktionskosten nicht eingehen. Erst bei Verkauf des Instruments werden die im kumulierten sonstigen Ergebnis für das Instrument erfassten Beträge in den erfolgswirksamen Teil der Gesamtergebnisrechnung bzw in die gesonderte GuV (sofern erstellt) umgebucht und damit aufwandswirksam erfasst (IAS 39.AG67 für ein Beispiel).

161 Demgegenüber sind bei Finanzinstrumenten, die **erfolgswirksam zum beizulegenden Zeitwert** zu bilanzieren sind, die Anschaffungsnebenkosten sofort im Aufwand zu verrechnen (Umkehrschluss aus IAS 39.43). Das betrifft alle zu Handelszwecken gehaltenen sowie vom Unternehmen entspr designierten Finanzinstrumente. **In Zukunft,** dh bei Veräußerung ggf anfallende Transaktionskosten sind weder bei der Erstbewertung noch bei der Folgebewertung zu berücksichtigen.

162 Transaktionskosten beim Eingehen von **Verbindlichkeiten** sind von den Anschaffungskosten abzusetzen und über die Laufzeit zu amortisieren. Beispiele für Transaktionskosten sind Bereitstellungs- oder Zusageentgelte, Gebühren für die Bearbeitung oder Prüfung der Kreditwürdigkeit, Vermittlungs- oder Abschlussprovisionen. Obwohl diese Kosten keinen Zinscharakter bzw nur einen begrenzten Laufzeitbezug (ggf Anbahnung einer dauerhaften Geschäftsbeziehung aufweisen, sind sie vom Auszahlungsbetrag abzusetzen. Bearbeitungsgebühren gehen regelmäßig als gezahlte oder erhaltene Gebühren in die Effektivzinsermittlung ein (IAS 39.9, IAS 18.IE14(a)). Nach der Rechtsprechung ist zu unterscheiden zwischen Entgelten die bereits zu entrichten waren, und Entgelten, die künftig zu leisten sind. Diese Differenzierung ist für den Fall einer vorzeitigen Beendigung des Vertragsverhältnisses relevant. Ergeben sich bspw aus einer vorzeitigen Vertragsbeendigung Rückerstattungsansprüche eines Kunden hinsichtlich der von diesem geleisteten Bearbeitungsentgelte, ist in Höhe der vollständig oder teilweise vereinnahmten Gebühren eine Rückstellung auf Basis der erwarteten Inanspruchnahme, unter der Berücksichtigung eines Verzinsungsanspruchs des Kunden, zu bilden. Die direkt zurechenbaren Transaktionskosten werden wie ein Disagio als Bestandteil der Effektivverzinsung ratierlich realisiert bzw erfolgswirksam als Zinsaufwand erfasst (s auch *Kuhn/Scharpf,* 263 f).

163 **Disagien bzw Agien** sind ebenfalls nach der Effektivzinsmethode über die Laufzeit des Instruments zu verteilen. **Optionsprämien** beim Vertragsabschluss von Optionen oder *upfront payments* bei **Termingeschäften** stellen Anschaffungskosten dieser Finanzinstrumente dar und sind zu aktivieren.

164 *(einstweilen frei)*

II. Folgebewertung von finanziellen Vermögenswerten nach IAS 39

165 Die **Folgebewertung** ist nach IAS 39.45 für die **einzelnen Kategorien** der finanziellen Vermögenswerte **unterschiedlich** geregelt. Die folgende Übersicht gibt dies wieder:

Kategorie		Folgebewertung		
		erfolgswirksam	**sonstiges Ergebnis**	**andere**
(1)	finanzielle Vermögenswerte, die erfolgswirksam zum beizulegenden Zeitwert bewertet werden (zu Handelszwecken gehaltene Finanzinstrumente und Finanzinstrumente die der Kategorie erfolgswirksam zum beizulegenden Zeitwert bewertet zugeordnet werden)	a) beizulegender Zeitwert (ohne Abzug von zukünftigen Veräußerungskosten)		b) Ausnahme: **Eigenkapitalinstrumente** ohne verlässlichen Wert: fortgeführte Anschaffungskosten
(2)	bis zur Endfälligkeit zu haltende Finanzinvestitionen	fortgeführte Anschaffungskosten		
(3)	Kredite und Forderungen	fortgeführte Anschaffungskosten		
(4)	zur Veräußerung verfügbare finanzielle Vermögenswerte		a) beizulegender Zeitwert (ohne Abzug von zukünftigen Verkaufskosten)	b) Ausnahme: **Eigenkapitalinstrumente** ohne verlässlichen Wert: fortgeführte Anschaffungskosten

Finanzinstrumente, die der Kategorie erfolgswirksam zum beizulegenden Zeitwert bewertet zuzuordnen sind, werden nach dem erstmaligen Ansatz grds mit dem **beizulegenden Zeitwert** bewertet, wobei Wertminderungen nicht gesondert berücksichtigt werden, da diese im beizulegenden Zeitwert abgebildet sind. 166

Bis zur Endfälligkeit zu haltende Finanzinvestitionen, Kredite und Forderungen sind – unter Anwendung der Effektivzinsmethode – mit ihren **fortgeführten Anschaffungskosten** zu bewerten (IAS 39.46(a) und (b)). Der Effektivzinssatz ist bei festverzinslichen Instrumenten über die Laufzeit gleichbleibend. Bei variabel verzinslichen finanziellen Vermögenswerten oder finanziellen Verbindlichkeiten ändert sich der Effektivzinssatz durch die periodisch vorgenommene Neueinschätzung der Zahlungsströme aufgrund der geänderten Marktbedingungen (IAS 39.AG7). Bei der Ermittlung des **Effektivzinses** werden sämtliche ausstehenden Zahlungsströme eines Instruments (wie etwa Nominalverzinsung, Tilgungen, Agien, Disagien, Transaktionskosten) berücksichtigt. Bei dem Effektivzinssatz handelt es sich um einen internen Zinssatz. 167

Beispiel (vgl *Bellavite-Hövermann/Barckow* in Baetge ua IFRS-Komm IAS 39 Rz 124 aF): Eine Bank erwirbt ein festverzinsliches Wertpapier über nominal € 1.250 und einer Restlaufzeit von fünf Jahren zum beizulegenden Zeitwert in Höhe von € 1.000. Der Titel ist mit einem Kupon von 4,7% ausgestattet, woraus sich jährliche Zinszahlungen von € 58,75 ergeben (€ 1.250 × 0,047 = € 58,75). Die Anwendung der *Discounted Cashflow*-Methode ergibt aus den vorliegenden Daten eine Effektivverzinsung von 9,9722037%:

$1000 = 58{,}75/(1+i) + 58{,}75/(1+i)^2 + 58{,}75/(1+i)^3 + 58{,}75/(1+i)^4 + 1.250 + 58{,}75/(1+i)^5$

⇨ **i = 0,09972**

Jahr	fortgeführte Anschaffungskosten zum Beginn des Jahres	Zinserträge	Zahlungsströme	fortgeführte Anschaffungskosten zum Ende des Jahres
2006	1.000	100	58,75	1.041
2007	1.041	104	58,75	1.087
2008	1.087	109	58,75	1.137
2009	1.137	114	58,75	1.191
2010	1.191	119	1.308,75	0

Bestehen (objektive) Anhaltspunkte für Wertminderungen von Finanzinstrumenten, deren Folgebewertung zu fortgeführten Anschaffungskosten erfolgt, sind diese grds erfolgswirksam zu erfassen (→ Rn 230 ff).

168 **Zur Veräußerung verfügbare Finanzinstrumente** (4) werden bis zur Ausbuchung bei jeder Folgebewertung grds zum beizulegenden Zeitwert (Ausnahme Eigenkapitalinstrumente für die kein aktiver Markt besteht, → Rn 165) bewertet (IAS 39.55(b)). Die Wertänderungen werden im sonstigen Ergebnis erfasst, unabhängig davon, ob hierdurch das sonstige Ergebnis erhöht oder vermindert wird.

169 Handelt es sich um finanzielle Vermögenswerte, die **monetäre Posten** iSd IAS 21 sind, werden die diesbezüglichen Wertänderungen erfolgswirksam der GuV erfasst (IAS 39.AG83). Das wesentliche Merkmal eines monetären Postens besteht in dem Recht auf Erhalt (oder Verpflichtung zur Zahlung) einer festen oder bestimmbaren Anzahl von **Währungseinheiten** (zB Forderungen oder verzinsliche Wertpapiere). Nicht zu den monetären Posten gehören zB Anzahlungen für Waren oder Dienstleistungen, Geschäfts- oder Firmenwerte, immaterielle Vermögenswerte, Sachanlagen oder Aktien (IAS 21.16).

Bei einem finanziellen Vermögenswert der Kategorie zur Veräußerung verfügbar erfolgt die Währungsumrechnung gem IAS 21 wie für einen finanziellen Vermögenswert bewertet zu fortgeführten Anschaffungskosten. Eine so ermittelte Umrechnungsdifferenz wird erfolgswirksam in der Gesamtergebnisrechnung bzw der GuV (sofern erstellt) erfasst. Alle anderen Wertänderungen sind nach den Vorgaben des IAS 39.55(b)) zu buchen (IAS 39.AG83) (→ Rn 165 ff).

170 Werden **verzinsliche Instrumente** in der Kategorie zur Veräußerung verfügbar erfasst, sind die mittels der Effektivzinsmethode berechneten Zinsen erfolgswirksam zu buchen. Nur in Höhe der Differenz zwischen den fortgeführten Anschaffungskosten und dem Marktwert erfolgt eine Erfassung im sonstigen Ergebnis.

171 Finanzinvestitionen in **Eigenkapitalinstrumente,** für die kein auf einem aktiven Markt notierter Marktpreis existiert (zB GmbH-Anteile, nicht-notierte Aktien) und deren beizulegender Zeitwert nicht verlässlich bestimmt werden kann, sind mit den **Anschaffungskosten** zu bewerten (IAS 39.46(c); s *IDW* RS HFA 45 Rz 5). Dies gilt auch für Derivate auf solche Eigenkapitalinstrumente, die nur durch Andienung erfüllt werden können. Der beizulegende Zeitwert derartiger Instrumente kann verlässlich bestimmt werden, wenn

(1) die Schwankungsbreite der vernünftigen Schätzungen des beizulegenden Zeitwerts für dieses Instrument nicht signifikant ist, was den Regelfall darstellt (IAS 39.AG81), oder

(2) die Eintrittswahrscheinlichkeiten der verschiedenen Schätzungen innerhalb dieser Bandbreite auf angemessene Weise beurteilt und bei der Schätzung des beizulegenden Zeitwerts verwendet werden können (IAS 39.AG80).

Ist eine **Bewertung** zum beizulegenden Zeitwert **nicht möglich,** scheidet eine Kategorisierung erfolgswirksam zum beizulegenden Zeitwert bewertet oder zu Handelszwecken gehaltene Finanzinstrumente entspr IAS 39.9 aus. Folglich kommt nur noch eine Zuordnung zur Kategorie zur Veräußerung verfügbar in Frage.

Sind Finanzinstrumente der Kategorie zur Veräußerung verfügbare finanzielle Vermögenswerte **Bestandteil** einer **effektiven Sicherungsbeziehung,** gelten die besonderen Regelungen der IAS 39.85ff, die in → § 23 Rn 52ff dargestellt werden. 172

Auch **zinstragende Posten** (Fremdkapitalinstrumente) sind in dieser Kategorie zum beizulegenden Zeitwert zu bewerten. Parallel ist zu fortgeführten Anschaffungskosten zu bewerten, da die Vereinnahmung der Zinsen auf Basis der Effektivzinsmethode erfolgt. Agien und Disagien sowie Transaktionskosten, die zu einer Abweichung zwischen dem Nominalbetrag und dem Kauf- oder Ausgabebetrag führen, sind unter Anwendung der Effektivzinsmethode erfolgswirksam zu amortisieren (→ § 7 Rn 32f). 173

Praktisch erfolgt bei diesen Instrumenten eine stufenweise Bewertung in folgender Reihenfolge: Zunächst wird eine erfolgswirksame Bewertungen auf Basis der Effektivzinsmethode sowie hinsichtlich Fremdwährungsdifferenzen vorgenommen. Anschließend wird die erfolgsneutrale Bewertung der Anpassung an den beizulegenden Zeitwert vorgenommen.

Finanzgarantien werden im Rahmen der Folgebewertung entweder der Kategorie erfolgswirksam zum beizulegenden Zeitwert bewertet zugeordnet oder alternativ zum höheren Betrag des 174

(1) urspr angesetzten Betrags abzüglich der kumulierten, in Übereinstimmung mit IAS 18 bereits erfolgswirksam erfassten, Amortisationen bzw dem
(2) nach IAS 37 bestimmten Betrag bewertet.

III. Folgebewertung von finanziellen Verbindlichkeiten

Finanzielle Verbindlichkeiten werden nach IAS 39.47 bei den jeweiligen Folgebewertungen zu **fortgeführten Anschaffungskosten** angesetzt, jedoch mit folgenden Ausnahmen: 175

(1) Finanzielle Verbindlichkeiten, die der Kategorie erfolgswirksam zum beizulegenden Zeitwert bewertet zugeordnet wurden (→ Rn 60) und Derivate mit negativem Marktwert werden mit dem **beizulegenden Zeitwert** bewertet. Für Derivate gilt dies nicht, soweit sie an ein nicht-notiertes Eigenkapitalinstrument gebunden sind, dessen beizulegender Zeitwert nicht verlässlich festgestellt werden kann.
(2) Werden finanzielle Verbindlichkeiten eingebucht, weil die Ausbuchung eines Vermögenswerts trotz entspr Vereinbarung zwischen den Parteien nicht möglich ist, gelten die Sonderregeln von IAS 39.29 und IAS 39.31 (→ Rn 113ff).
(3) Finanzgarantien und Kreditzusagen mit Zinssätzen unterhalb des Marktzinses sind im Rahmen der Folgebewertung entweder zum urspr Betrag abzüglich der kumulierten Amortisationen oder zum höheren Betrag, der sich bei einer Bewertung nach IAS 37 ergibt, zu bewerten (IAS 39.47(c) und (d)).

(einstweilen frei) 176–186

IV. Ermittlung des beizulegenden Zeitwerts nach IFRS 13

187 IFRS 13 definiert den beizulegenden Zeitwert und bestimmt die Anforderungen an dessen Ermittlung (→ § 2 Rn 238 ff). Bewertungsgegenstand nach IAS 39 ist das einzelne Finanzinstrument (IFRS 13.11). Als **Definition des beizulegenden Zeitwerts** bestimmt IFRS 13 den **Preis,** der im Zuge eines geordneten Geschäftsvorfalls unter Marktteilnehmern zum Bewertungszeitpunkt beim Verkauf eines Vermögenswerts erzielt werden würde oder der bei der Übertragung einer Schuld zu zahlen wäre. IFRS 13 regelt darüber hinaus, auf welchen **Märkten** der Preis zu ermitteln ist und wie vorzugehen ist, wenn kein aktiver Markt existiert.

188 Der beizulegende Zeitwert wird durch einen zwischen einem vertragswilligen Käufer und einem vertragswilligen Verkäufer in einer Transaktion zu marktüblichen Bedingungen vereinbarten Preis bestimmt. Die Bestimmung des beizulegenden Zeitwerts für ein an einem aktiven Markt gehandeltes Finanzinstrument dient dem Ziel, zu dem Preis zu gelangen, zu dem am Abschlussstichtag eine Transaktion mit diesem Instrument (dh ohne dessen Änderung oder Umgestaltung) an dem vorteilhaftesten aktiven Markt, zu dem das Unternehmen unmittelbaren Zugang hat, erfolgen würde (→ Rn 215 ff).

Das Konzept des beizulegenden Zeitwerts baut auf einer **hypothetischen Transaktion** am Bewertungsstichtag und einem daraus resultierenden Veräußerungspreis auf. Zu diesem Zweck wird der Prozess der Bildung eines Veräußerungs- bzw Übergangspreises *(exit price* (IFRS 13.24)) an einem Markt nachempfunden.

Für die Ermittlung des beizulegenden Zeitwerts von finanziellen Verbindlichkeiten und Eigenkapitalinstrumenten wird angenommen, dass dieser am Bemessungsstichtag auf einen Marktteilnehmer übertragen wird (IFRS 13.34). Es wird folglich nicht von deren Untergang oder deren Begleichung ausgegangen.

Kann ein Unternehmen für die Übertragung einer identischen oder ähnlichen Schuld oder eigenen Eigenkapitalinstruments nicht auf beobachtbare Marktpreise zurückgreifen und wird das identische Bewertungsobjekt von einem Dritten als Vermögenswert gehalten, hat das Unternehmen den beizulegenden Zeitwert der Schuld bzw des eigenen Eigenkapitalinstruments aus der Perspektive des Marktteilnehmers zu ermitteln, der das identische Bewertungsobjekt als Vermögenswert zum Bewertungsstichtag hält (IFRS 13.37).

Der Definition des beizulegenden Zeitwerts liegt die Prämisse der Unternehmensfortführung zugrunde. Er wird daher nicht durch den Betrag bestimmt, der aufgrund von erzwungenen Geschäften, zwangsweisen Liquidationen oder durch Notverkäufe zu erzielen oder zu bezahlen sein würde (→ § 2 Rn 238).

Für die Ermittlung des beizulegenden Zeitwerts kann der erstmalige Erwerb oder die Ausreichung eines finanziellen Vermögenswerts oder das Eingehen einer finanziellen Verbindlichkeit eine **Markttransaktion** darstellen.

189 Bei der Ermittlung des beizulegenden Zeitwerts ist auf die **Marktbedingungen** zurückzugreifen, die zum Zeitpunkt des Erwerbs oder der Ausreichung gültig waren. Wird ein in einer Vorperiode ermittelter Preis beibehalten, setzt dies voraus, dass angemessene Untersuchungen durchgeführt werden, um Belege für die Änderung bzw Beibehaltung dieser Faktoren zu ermitteln. Sofern derartige Nachweise ermittelt werden können, sind die Auswirkungen dieser Änderung bei der Bestimmung des beizulegenden Zeitwerts des Finanzinstruments zu berücksichtigen.

190 Die Ermittlung des beizulegenden Zeitwerts erfolgt streng **stichtagsbezogen.** Es ist jede Anpassung eines beizulegenden Zeitwerts zum Bewertungsstich-

tag in Bezug auf Preisentwicklungen um den Bewertungsstichtag unzulässig (IFRS 13.15).

Beispiel: Der Preis einer Anleihe notiert auf einem bestimmten Niveau, welches sich aus den allgemeinen Marktbedingungen ergibt. Kurz vor dem 31.12.X1 begibt der Emittent dieser Anleihe weitere Anleihen, für die in dem Jahr X1 zwischen Weihnachten und Jahresende aber keine Nachfrage am Markt gegeben war. Dies führte zu einer Verschlechterung des Kurses der zu bewertenden Anleihe am Bewertungsstichtag. Nach den Bankfeiertagen hat sich das Zusammenspiel zwischen Angebot und Nachfrage wieder ausgeglichen. Im Kursverlauf der Anleihe war nur zum 31.12.X1 – lediglich bedingt durch den vom Emittenten gewählten Emissionszeitpunkt – eine Abweichung vom sonstigen Kurs/Kursverlauf der Anleihe zu beobachten. Das dieser Sondereffekt den Preis der Anleihe zum 31.12.X1 determiniert hatte und der Kurs um den 31.12.X1 ein anderer war, bleibt bei der Ermittlung des beizulegenden Zeitwerts zum 31.12.X1 außer Acht.

Wenn IFRS 13 auch kein konkretes Bewertungsverfahren vorgibt, so befinden sich doch eine Vielzahl von Hinweisen und Kriterien für die Wahl und Ausgestaltung der Bewertungsverfahren in diesem Standard. Ein Unternehmen hat die Bewertungsverfahren anzuwenden, die unter den jeweiligen Umständen sachgerecht sind und für die ausreichend Daten zur Bemessung des beizulegenden Zeitwerts zur Verfügung stehen. Für die Ermittlung des beizulegenden Zeitwerts gilt, dass die Verwendung **beobachtbarer** Bewertungsparameter (Inputfaktoren) ggü den nicht-beobachtbaren Marktparametern zu maximieren ist; bei Verwendung von Marktparametern, die auch andere Marktteilnehmer für die Bewertung heranziehen würden (IFRS 13.61, IFRS 13.67 und IFRS 13.69).

Ein Bewertungsverfahren und die verwendeten Daten haben folglich auf angemessene Weise die inhärenten Markterwartungen und Berechnungen der Risiko-Rentabilitätsfaktoren für die Finanzinstrumente darzustellen. IFRS 13 sieht eine dreistufige **Bewertungshierarchie** vor. Bei der Bewertung sind die Charakteristika des Finanzinstruments zu berücksichtigen, die ein Marktteilnehmer bei dessen Bepreisung am Bemessungsstichtag berücksichtigen würde (IFRS 13.11).

Mit der Anwendung des IFRS 13 werden die Regelungen des IAS 39 weiterhin Gültigkeit haben und diesen im Hinblick auf die Bestimmung des beizulegenden Zeitwerts flankieren.

Grundvoraussetzung für die Ermittlung des beizulegenden Zeitwerts eines 191
Finanzinstruments ist das Verständnis des Finanzinstruments. Dies bedingt, dass alle dafür erforderlichen Informationen eingeholt werden müssen (zB Vertragsunterlagen, Anleihebedingungen, Verkaufsprospekte, Zwischenmitteilungen über Ausübung von Optionsrechten, Informationen über die Gestaltung eines Finanzinstruments zur Bestimmung von Höhe und Zeitpunkt der erwarteten Zahlungsströme). Diese Informationen sind **fortlaufend** zu **überprüfen.** Bereits zu vorangehenden Bewertungsstichtagen erfasste Informationen über erwartete Zahlungsströme sind ggf zu aktualisieren.

Für die Bewertung sind die **Charakteristika** des Finanzinstruments zu berücksichtigen, die ein Marktteilnehmer bei dessen Bepreisung am Bewertungsstichtag berücksichtigen würde (IFRS 13.11). Bei der Ermittlung des beizulegenden Zeitwerts ist auf einen **geordneten Geschäftsvorfall** unter Marktteilnehmern am Bewertungsstichtag abzustellen, der zu aktuellen Marktbedingungen stattfindet (IFRS 13.15).

192

Informationen über die Gestaltung eines Finanzinstruments zur Bestimmung von Höhe und Zeitpunkt der erwarteten Zahlungsströme (Beispiele)	
Zeitpunkt des Anfalls der Zahlungsströme	Zeitpunkte, zu denen das Unternehmen den Anfall der Zahlungsströme erwartet
Berechnung der Zahlungsströme	zB bei Zahlungen in Abhängigkeit von der Entwicklung von Basiswerten oder Indizes
Fälligkeiten und Bedingungen für alle vertraglichen Optionen	– Rückzahlungsoptionen (vor Fälligkeit) – Verlängerungsoptionen – Umtauschoptionen (in ein anderes Finanzinstrument) – Kauf- oder Verkaufsoptionen
Absicherung der Zahlungsströme	– Bedingungen zur Absicherung – *trigger* für Marginzahlungen – Rangfolge der Befriedigung der Gläubiger – Durchsetzbarkeit von Ansprüchen gegen den Gläubiger
Unsicherheit	– Kreditrisiko – Liquidität des Finanzinstruments

1. Bewertungshierarchie nach IFRS 13

193 Für die Bewertung von Finanzinstrumenten gibt IFRS 13 eine **Hierarchie** für die anzuwendenden Bewertungsverfahren in Abhängigkeit von den **Inputfaktoren** vor (IFRS 13.72; allgemein → § 2 Rn 259ff).

Dabei ist zwischen signifikanten und nicht signifikanten Inputfaktoren zu differenzieren. Die Einordnung eines Bewertungsergebnisses in *level* 1–3 orientiert sich am niedrigsten eingestuften und gleichzeitig **signifikanten** Inputfaktor (IFRS 13.72A (geändert 2015)) Die Beurteilung der Signifikanz der einzelnen Inputparameter hat zum jeweiligen Bewertungsstichtag stattzufinden (*IDW* RS HFA 47 Rz 80).

Werden folglich Inputparameter für die Bewertung eines Finanzinstruments über eine Bewertungstechnik herangezogen, die zu einer Zuweisung des Finanzinstruments in *level* 2 oder 3 führen würde, ist für die Einstufung eine Beurteilung des Einflusses der Bewertungsparameter auf das gesamte Bewertungsergebnis vorzunehmen. Hat der im niedrigsten *level* eingestufte Inputparameter einen wesentlichen Einfluss auf die Bewertung der Finanzinstrumente, entspricht die Bewertung des Finanzinstruments diesem niedrigsten *level* der Bewertungshierarchie.

Beispiel: Ein Unternehmen bewertet eine Option nicht mit impliziten Marktvolatilitäten, sondern mit Volatilitäten auf der Basis unternehmensinterner Berechnungen mittels einer unternehmensintern erstellten, historischen Datenbank. Bei dem Parameter Volatilität handelt es sich um einen für das Gesamtbewertungsergebnis bedeutenden Einflussfaktor. Die Bewertung des Finanzinstruments erfolgt nach *level* 3.

a) Level 1

Für die Ermittlung des beizulegenden Zeitwerts gem *level* 1 dürfen ausschließlich notierte Preise von **aktiven Märkten** für identische Instrumente (unverändert übernehmbare Werte) herangezogen werden, zu denen das Unternehmen am Bewertungsstichtag Zugang hat (IFRS 13.76). 194

Somit sind die Existenz und der Zugang zu einem aktiven Markt Grundvoraussetzung für eine Einstufung in *level* 1. Als ein aktiver Markt gilt ein Markt, auf dem Geschäftsvorfälle mit dem Vermögenswert oder der Verbindlichkeiten mit ausreichender Häufigkeit und Volumen auftreten, sodass fortwährende Preisinformationen zur Verfügung stehen (IFRS 13.A).

Ein Finanzinstrument gilt als an einem aktiven Markt notiert (wenn notierte Preise an einer Börse, von einem Händler, Broker, einer Branchengruppe, einem Preisberechnungs-Service oder einer Aufsichtsbehörde leicht und regelmäßig erhältlich sind, geringe Geld-Brief-Spannen vorliegen, es mehrere Preiskontributoren mit nur geringfügig abweichende Preisen gibt und diese Preise aktuelle und regelmäßig auftretende Markttransaktionen unter voneinander unabhängigen Dritten darstellen (*IDW* RS HFA 47 Rz 81). Der beizulegende Zeitwert wird durch einen zwischen einem vertragswilligen Käufer und einem vertragswilligen Verkäufer in einer Transaktion zu marktüblichen Bedingungen vereinbarten Preis bestimmt. Die Bestimmung des beizulegenden Zeitwerts für ein an dem vorteilhaftesten aktiven Markt gehandeltes Finanzinstrument dient dem Ziel, zu dem Preis zu gelangen, zu dem am Abschlussstichtag eine Transaktion mit diesem Instrument (dh ohne dessen Änderung oder Umgestaltung) an dem aktiven Markt, zu dem das Unternehmen unmittelbaren Zugang hat, erfolgen würde. Ein tatsächlich zu beobachtener Handel ist keine notwendige Voraussetzung für einen aktiven Markt. Entscheidend ist vielmehr, dass ein Vertragspartner zum angegebenen Preis zu finden ist. Damit sind von *market makern* gestellte Preise beizulegende Zeitwerte, weil sich diese verpflichten, zu den notierten Preisen tatsächlich einen Geschäftsabschluss zu tätigen.

Im Januar 2015 hatte das IFRSIC über ***third-party consensus prices*** hinsichtlich einer möglichen Qualifizierung als *level* 1 zu entscheiden. Im *IFRIC* Update January 2015, 10 heißt es dazu: Im Fall einer solchen Entscheidung sind die von Dritten herangezogenen Inputparameter zu beurteilen und nicht die Methode, die zur Preisfindung herangezogen wurde. Nur nicht adjustierte, quotierte Preise in aktiven Märkten für identische finanzielle Vermögenswerte und Verbindlichkeiten können zu einer Qualifizierung in *level* 1 führen.

Für finanzielle Vermögenswerte, die das Unternehmen hält, entspricht der notierte Marktpreis üblicherweise dem vom Käufer gebotenen **Geldkurs.** Für Vermögenswerte, deren Erwerb erfolgen soll, ist der aktuelle **Briefkurs** sachgerecht. Hält ein Unternehmen Vermögenswerte und Verbindlichkeiten mit sich kompensierenden Marktrisiken, kann es als Grundlage zur Bestimmung des beizulegenden Zeitwerts für die Kompensierung der Risikopositionen Mittelkurse verwenden und den Geld- bzw Briefkurs ggf auf die offene Nettoposition anwenden. Bei einer Bestimmung des beizulegenden Zeitwerts gem *level* 1 darf der festgestellte Wert **nicht angepasst** werden (IFRS 13.77).

Es dürfen **keine Preismodifikationen** vorgenommen werden, die durch bspw einen **Paketverkauf** oder durch einen Verkauf über einen Zeitraum verteilt begründet sind. Der Grund dafür ist, dass es sich bei diesen Modifikationen um eine unternehmensspezifische Entscheidung und nicht um eine Bewertung unter Marktgesichtspunkten handelt.

b) Level 2

195 In ***level*** **2** erfolgt die Ermittlung des beizulegenden Zeitwerts mittels Inputparametern, die **direkt oder indirekt beobachtbar** und die keine notierten Preise iSd des *level* 1 sind (IFRS 13.81).

Für die Ermittlung des beizulegenden Zeitwerts können auf aktiven Märkten notierte Preise für **ähnliche Instrumente,** aber auch Preise von inaktiven Märkten herangezogen werden. Des Weiteren können Inputparameter, die keine notierten Preise, aber beobachtbar sind sowie aus beobachtbaren Parametern abgeleitete Parameter verwendet oder zur Untermauerung dieser Parameter genutzt werden. Diese Parameter werden vom IASB als weniger subjektiv beurteilt als die unbeobachtbaren Parameter aus *level* 3 (IFRS 13. Anhang A).

Beispiel: Bewertung einer *residential mortgage-backed security* (RMBS) über den beobachtbaren Marktwert eines gleichartigen Finanzinstruments.

Es ist zu prüfen, ob Gleichartigkeit besteht hinsichtlich:
(1) gleicher Sicherheitentyp,
(2) gleiches Kreditrating,
(3) gleicher Rang der Befriedigung (regelmäßig gleiche Tranche) und
(4) gleicher Zeitpunkt der Emission.

196 Selbst wenn ein Markt **inaktiv** ist, sind die auf diesem Markt stattfindenden Transaktionen für die Ermittlung des beizulegenden Zeitwerts nicht außer Acht zu lassen.

Beispiel: Der Marktwert, bspw einer OTC-Aktienoption, kann unter bestimmten Bedingungen aus dem Börsenpreis einer nach Basisinstrument, Basispreis, Restlaufzeit und Ausübungsmöglichkeit vergleichbaren börsengehandelten Option abgeleitet werden.

Vergleichbare Marktdaten dürfen nur dann zur Bewertung herangezogen werden, wenn diese mit dem zu bewertenden Finanzinstrument **hoch korrelieren.** Des Weiteren muss ein logischer und wirtschaftlicher Zusammenhang zwischen dem zu bewertenden Finanzinstrument und dem als Bewertungsgrundlage herangezogenem Finanzinstrument bestehen. Sollte auf direktem Weg keine Marktbewertung möglich sein, ist zu prüfen, ob die Bewertung durch einen Vergleich mit dem aktuellen beizulegenden Zeitwert eines anderen, im Wesentlichen gleichen Finanzinstruments stattfinden kann.

197 Die ggf bestehenden **Unterschiede** zwischen dem zum beizulegenden Zeitwert zu bewertenden Finanzinstrument und dem gleichartigen Finanzinstrument, für das ein Marktpreis gegeben ist, sind festzustellen. Das Unternehmen hat ein Modell zur **Adjustierung** der festgestellten Unterschiede zu entwickeln bzw die notwendigen Adjustierungen vorzunehmen. In *level* 2 ist eine **Anpassung** der **Parameter** zulässig, wenn bspw Umsätze oder Aktivität eines Markts, auf dem diese Parameter beobachtet werden, dies erfordert (IFRS 13.83(c)). Für die Bewertung von Finanzinstrumenten mit Hilfe der Marktwerte von **gleichartigen Finanzinstrumenten** gilt jedoch, dass die Preise **nicht nutzbar** sind, wenn es Hinweise gibt (bspw weil sich die gesamte Tranche eines an einer Börse notierten Wertpapiers bei einem Unternehmen befindet und seit der Emission kein Handel stattfand), dass diese Preise keinen beizulegenden Zeitwert darstellen.

Mögliche Adjustierungen bei beobachtbaren Transaktionspreisen für gleichartige Finanzinstrumente	
Zeitpunkt der Transaktion	Berücksichtigung der zwischenzeitlichen Veränderung der Marktparameter
Bedingungen des Finanzinstruments, die Gegenstand der Transaktion sind	Wenn ein Finanzinstrument komplexe Bedingungen aufweist bzw extensive Dokumentationen zu seiner Erklärung notwendig sind, werden Marktteilnehmer aufgrund dessen ggf höhere Prämien fordern (potenzielle Hedging-Kosten)
Bestehen verbundener Geschäfte	Bspw mit einem finanziellen Vermögenswert verbundene Finanzierungskonzepte
Korrelation zwischen dem Finanzinstrument, für das ein beobachtbarer Marktwert gegeben ist, und dem zu bewertenden Finanzinstrument	Korrelationen können explizit auf der Basis einer historisch festgestellten Datenbasis oder implizit durch die Bewertung von Finanzinstrumenten ermittelt werden, für die Marktpreise vorliegen

Ist bspw keine Bewertung über ähnliche Finanzinstrumente möglich, müssen **Bewertungsmodelle** eingesetzt werden, die möglichst mit aktuellen Marktdaten bzw Parametern befüllt werden. Dies gilt für *over the counter* gehandelte Derivate, bei denen keine notierten Marktpreise für die Bewertung vorliegen. Die zur Bewertung herangezogenen Bewertungsmodelle müssen die **relevantesten** sein. Bei den eingesetzten Bewertungsmodellen und Bewertungsmethoden muss es sich um anerkannte zB finanzmathematische Modelle handeln. Das Bewertungsmodell muss Inputparameter haben, welche die Merkmale des zu bewertenden Finanzinstruments berücksichtigen (IFRS 13.69). Ein anerkanntes finanzmathematisches Modell bspw für festverzinsliche Anleihen und *plain-vanilla*-Zinsswaps ist die sog Kapitalwert- bzw Barwertmethode. 198

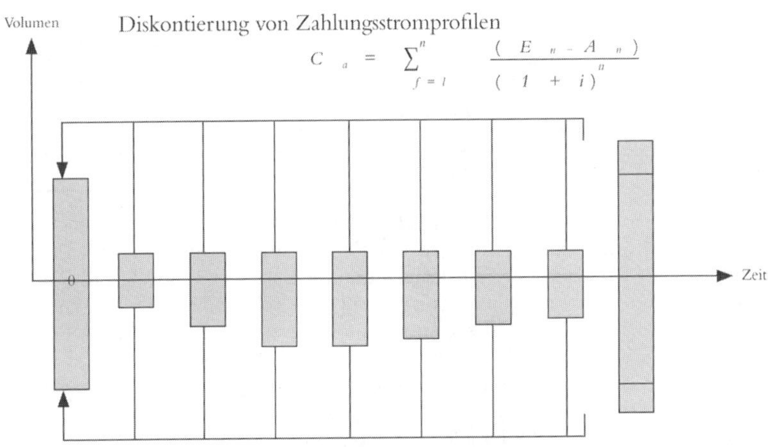

Für die Bestimmung des beizulegenden Zeitwerts sind folglich Bewertungsmodelle anzuwenden, die gewöhnlich von den Marktteilnehmern für die Bewertung dieses Finanzinstruments eingesetzt werden und für die festgestellt wurde, dass **verlässliche Schätzungen** der Preise von Finanzinstrumenten bzw einer aktuellen Markttransaktion gleichkommende Preise geliefert werden.

Ein Unternehmen hat Bewertungsmodelle anzuwenden, die den jeweiligen Umständen **angemessen** sind und für die **ausreichend Informationen** zur Ermittlung des beizulegenden Zeitwerts zur Verfügung stehen. Für die Ermittlung des beizulegenden Zeitwerts gilt, dass der Verwendung von am Markt **beobachtbaren** Bewertungsparametern (Inputfaktoren) ggü nicht-beobachtbaren Marktparametern der Vorzug zu geben ist. Es sind Marktparameter zu verwenden, die auch andere Marktteilnehmer für die Bewertung heranziehen (IFRS 13.61, IFRS 13.67 und IFRS 13.69). Die herangezogenen Inputparameter müssen die Merkmale des zu bewertenden Finanzinstruments abbilden, welche die Marktteilnehmer bei einer Transaktion mit den Finanzinstrumenten berücksichtigen würden (IFRS 13.69).

Bei der Bewertung von Finanzinstrumenten ist die Berücksichtigung des **Bonitätsrisikos** verpflichtend IFRS 13.B13(d). Dies gilt auch für das Kontrahentenrisiko bei Finanzderivaten.

199 Die Parameterversorgung für Bewertungsmodelle ist maximal bzw so weit wie umsetzbar mit verlässlichen Marktparametern vorzunehmen. Die Verwendung von Parametern, die durch das Unternehmen selbst spezifiziert wurden, ist möglichst zu vermeiden.

Werden **unternehmensinterne Daten** für die Ermittlung des beizulegenden Zeitwerts herangezogen, ist eine Anpassung dieser Daten erforderlich, falls andere Marktteilnehmer andere Annahmen als das Unternehmen zugrunde legen würden (IFRS 13.89). Im Ergebnis ist die Bewertung so wenig wie möglich auf unternehmensspezifische Daten zu stützen. Ein Bewertungsmodell sowie die verwendeten Daten sollen auf angemessene Weise die inhärenten Markterwartungen widerspiegeln. Der Grundsatz, bewertungsrelevante Parameter aus Sicht der Marktteilnehmer zu bestimmen, gilt auch für die Ermittlung eines Kapitalkostensatzes.

200 Beispielhaft bestehen für die Bewertung der im Folgenden genannten Optionen diese anerkannten Bewertungsmodelle:

Derivatives Finanzinstrument	**Bewertungsmodell**
Europäische Aktienoption	Black Scholes
Amerikanische Aktienoption	Binomialmodell
Zinsswap	Barwertmodell
Zins-Caps und -Floors	Black 76
Europäische Devisenoptionen	Garman/Kohlhagen

Zu beachten ist, dass die vorstehend genannten Modelle ein mögliches Bonitätsrisiko des Kontrahenten nicht berücksichtigen, was aber nach IFRS 13.B13(c) verpflichtend ist. Demzufolge ist der ermittelte Marktwert aus Sicht des Rechtsinhabers ggf um einen Bonitätsabschlag *(credit value adjustement)* zu korrigieren.

Das Kreditrisiko in Form des Kontrahenten- bzw Gegenparteienrisikos *(counterparty credit risk)* definiert IFRS 13.42 als Gefahr, dass ein Verlust durch den partiellen oder vollständigen Zahlungsausfall eines Geschäftspartners entsteht. Art 271 Nr 1 CRR weist darauf hin, dass ein Gegenparteienrisiko so lange besteht, bis die abschließende Abwicklung aller mit einem Geschäft verbundenen Zahlungen erfolgt ist. Auch wenn diese Definition auf den Ausfall abstellt, sind ein Ausfall und eine Nichterfüllung wirtschaftlich gleichzusetzen.

Die BTR 1 Nr 3 **MaRisk (BA)** bestimmt für Banken neben dem Erfüllungsrisiko auch das Wiedereindeckungsrisiko als Kontrahentenrisiko. Das Wiedereindeckungsrisiko ist die Gefahr, dass durch den Ausfall eines Vertragspartners ein unrealisierter Gewinn aus einem schwebenden Geschäft (zB Derivategeschäfte) nicht mehr vereinnahmt werden kann.

Als Kontrahentenrisiko werden gleichfalls das Vorleistungs- und das Abwicklungsrisiko verstanden. Damit kann sich ein Kontrahentenrisiko auch aus dem Ausfall von Abwicklungs- und Verrechnungssystemen für Finanzinstrumente ergeben. Das Kontrahentenrisiko ist **ein bilaterales Risiko,** welches gem IFRS 13.48 im Rahmen der Bewertung und Beurteilung von Finanzinstrumenten nicht unberücksichtigt bleiben darf. Die Berücksichtigung des Kontrahentenrisikos kann auf Einzel- und Portfolioebene erfolgen.

Für die Abbildung von Optionen in der Rechnungslegung ist von besonderer Relevanz, dass sich der Marktwert aller Optionsarten aus dem **inneren Wert und dem Zeitwert** zusammensetzen. Bei dem inneren Wert handelt es sich um einen Gewinn, welchen der Optionsrechtsinhaber erzielen würde, wenn er die Option sofort ausüben würde und zum gleichen Zeitpunkt ein Kompensationsgeschäft am Kassamarkt abschließt. Der Zeitwert ist die Differenz zwischen dem Marktwert und dem inneren Wert bzw kann als Prämie für die Möglichkeit angesehen werden, dass die Option bis zum Ende ihrer Laufzeit an innerem Wert gewinnt. Der innere Wert vermindert sich mit abnehmender Laufzeit, weil die Chance, dass die Option an innerem Wert gewinnt, umso kleiner ist, je kürzer die verbleibende Optionslaufzeit ist. Im Mittelpunkt der Bewertung steht der innere Wert (*Hochreiter* IRZ 2014, 433 (433 ff)).

Handelt es sich bei den zu bewertenden Finanzinstrumenten um eine **Kombination** aus den vorstehend genannten Finanzinstrumenten, kann ggf eine Bewertung durch eine **Zerlegung des Finanzinstruments** bzw den Nachbau des Finanzinstruments durch andere Finanzinstrumente, die letztendlich den Zahlungsstrom aus dem zu bewertenden Finanzinstrument ergeben, erfolgen *(evaluation by duplication)*. 201

Es ist davon auszugehen, dass eine verlässliche Schätzung des beizulegenden Zeitwerts mittels eines Bewertungsmodells erzielt wird, wenn:

(1) weitgehend die Erwartung des Markts hinsichtlich der Bepreisung eines Finanzinstruments berücksichtigt wird,
(2) die Eingangsdaten für das Bewertungsmodell die Erwartungen des Markts widerspiegeln und eine inhärente Berücksichtigung der *risk-return*-Faktoren bei der Bepreisung des Finanzinstruments erfolgt.

Das Bewertungsmodell muss alle Faktoren berücksichtigen, welche die Marktteilnehmer bei ihrer Preisfindung berücksichtigen würden. So können nach Ansicht des IASB bestimmte Umstände **Bewertungszu- oder -abschläge** rechtfertigen. Dies gilt jedoch nicht für die sog Blockade-Faktoren bzw Paketabschläge (IFRS 13.BC159), Gängigkeitsabschläge und strategische Wertaufschläge. 202

Neben den **Zins- und Tilgungszahlungsströmen** sind weitere **wertbestimmende Faktoren** wie bspw die Risikokosten zu berücksichtigen. Darüber hinaus werden von den Marktteilnehmern auch Verwaltungs- sowie Eigenkapital- und Refinanzierungskosten in die Berechnungen einbezogen.

(einstweilen frei) 203–205

Bei der nach IFRS 13.B18 vorgesehenen Technik zur Anpassung von Abzinsungssätzen **(*discount rate adjustment*-Technik)** werden die vertraglich zugesagten Zahlungsströme bzw die höchst wahrscheinlichen Zahlungsströme (aufgrund 206 optionaler Komponenten) mit aktuell beobachtbaren Marktrenditen diskontiert. Es sind zur Diskontierung Marktrenditen zu verwenden, welche die Charakteristika der zu diskontierenden Zahlungsströme (IFRS 13.B19) aufweisen.

Als weiteres Modell wird nach IFRS 13.B23 die Technik des erwarteten Barwerts (***expected present value*-Technik**), die auf erwarteten iSv wahrscheinlichkeitsgewichteten Zahlungsströmen basiert, für die Bewertung als zulässig erachtet.

Darüber hinaus sind **Mischmodelle** möglich, vorausgesetzt der verwendete Diskontierungsfaktor ist konsistent zu den abgebildeten bzw zu diskontierenden Zahlungsströmen (IFRS 13.B12).

207 Wenn ein **Zinssatz** auf einem **Markt notiert** wird, ist dieser bei der Bewertungsmethode zur Bestimmung des beizulegenden Zeitwerts zu verwenden. Zur Diskontierung der Zahlungsströme sind eine oder mehrere aktuelle **Zinsstrukturkurven** heranzuziehen, entspr den Bedingungen (zB Restlaufzeiten, Währung, Bonität) des Finanzinstruments. Die verschiedenen Zinsstrukturkurven sind hinsichtlich der Eigenschaften des zu bepreisenden Finanzinstruments auf ihre Angemessenheit hin, für die relevante Bewertung zu beurteilen und anzuwenden. Wenn der auf einem Markt notierte Zinssatz kein Kreditrisiko oder andere Faktoren beinhaltet, die bei der Bewertung des Finanzinstruments von den Marktteilnehmern berücksichtigt werden würden, ist eine Anpassung um diese Faktoren vorzunehmen.

In der **Praxis** werden ua **Indizes** für die Bewertung herangezogen. Voraussetzung dafür ist, dass der herangezogene Index die Charakteristika des zu bewertenden Sachverhalts widerspiegelt.

Beispiel: Für die Bewertung einer *credit linked swap* darf nur dann ein Index zur Bewertung des *credit default swap* herangezogen werden, wenn der Index die gleichen Charakteristika aufweist, wie der Basiswert des *credit default swap.*

208 Insbes in der Finanzkrise hat es sich gezeigt, wie unabdingbar die angemessene Berücksichtigung wertbeeinflussender Faktoren ist (zB Liquiditätsspreads, Besicherungsaspekte, Geld-Brief-Anpassungen, Kreditrisiken).

Liegen **Geld-Brief-Kurse** vor, ist der Kurs innerhalb der Geld-Brief-Spanne, der unter den entspr Umständen am repräsentativsten für den beizulegenden Zeitwert ist, zur Ermittlung des beizulegenden Zeitwerts heranzuziehen. Die Verwendung von Geldkursen für Vermögenswertpositionen und Briefkurse für Schuldpositionen ist zulässig, aber nicht vorgeschrieben (IFRS 13.70).

IFRS 13 schließt die Nutzung von Mittelkursen oder anderen Preisbildungskonventionen, die von Marktteilnehmer als praktischer Behelf für die Bemessung des beizulegenden Zeitwerts innerhalb der Geld-Brief-Spanne verwendet werden, nicht aus (IFRS 13.B71).

Das Unternehmen hat die Geld-Brief-Spanne zu erörtern, um den Punkt innerhalb der Geld-Brief-Spanne zu bestimmen, der die herrschenden Rahmenbedingungen am besten widerspiegelt (*IDW* RS HFA 47 Rz 76).

Ergibt sich dadurch eine Abweichung zum Transaktionspreis, ist die Differenz als **Transaktionskosten** zu behandeln (IAS 39.43 bzw IFRS 9.5.1.1; *IDW* RS HFA 47 Rz 77).

In Abhängigkeit vom zu bewertenden Finanzinstrument sind **Kreditrisiken** zu berücksichtigen, ggf auch das eigene Kreditrisiko des bilanzierenden Unternehmens.

Wertanpassungen bei der Ermittlung des beizulegenden Zeitwerts von Dritten erfolgt über das *credit value adjustment* (CVA), Wertanpassungen für das eigene Kreditrisiko des bilanzierenden Unternehmens über das *debt value adjustement* (DVA). Die grundlegende Methodik zur Ermittlung von CVA und DVA ist identisch

(*IDW* RS HFA 47 Rz 93). Im Rahmen der Bewertung des Kreditrisikos sind insbes Ausfallwahrscheinlichkeiten zu ermitteln. Auch hier sind „soweit verfügbar", beobachtbare Daten zu verwenden, die von Marktteilnehmern berücksichtigt werden würden (zB CDS-*spreads*).

Bei der Verwendung von **Ausfallwahrscheinlichkeiten** ist darauf zu achten, dass diese jeweils für bestimmte Zeiträume bzw zukünftige Zeitintervalle ermittelt bzw angeboten werden (*IDW* RS HFA 47 Rz 102f).

Bei der Bewertung von Finanzinstrumenten ist die **Liquidität** des **Markts** 209
bzw Finanzinstruments zu berücksichtigen. Der sich daraus ergebende Illiquiditätsspread ist im Wesentlichen Ausdruck von Angebot und Nachfrage auf dem Markt für das betreffende Finanzinstrument.

Illiquiditätsspreads sind kaum direkt beobachtbar, weil diese weder gesondert von Brokern oder *pricing services* quotiert werden, noch direkt aus dem Transaktionspreis abgeleitet werden können. Des Weiteren handelt es sich bei der Liquidität um einen wertbestimmenden Faktor, der im Bezug auf andere wertbestimmende Faktoren nicht sehr trennscharf ist. Daher bildet in der Praxis häufig der zuletzt auf einem aktiven Markt beobachtete Illiquiditätsspread eine Ausgangsbasis für die Bewertung. Liegen Hinweise für die nachfolgende Veränderung des *spread* vor, ist dieser unter der Berücksichtigung der Art des zu bewertenden Finanzinstruments und der relevanten Marktbedingungen anzupassen.

Für die Gesamtbewertung eines Instruments **signifikante Anpassungen** 210
können zu einer Einstufung der Ermittlung des beizulegenden Zeitwerts nach *level* 3 führen, wenn die Anpassung auf wesentliche, nicht-beobachtbare Parameter zurückgreift (IFRS 13.84).

Die eingesetzten Bewertungsmodelle sind periodisch einem ***backtesting*** zu unterziehen. Wird im Rahmen eines *backtesting* eine Abweichung der mittels des Bewertungsmodells geschätzten Werte von den am Markt später beobachtbaren Preisen festgestellt, ist das Bewertungsmodell zu kalibrieren bzw zu adjustieren. Die eingesetzten Modelle müssen auf ihre **Validität** hin überprüft und ggf neu adjustiert werden (IFRS 13.64).

c) Level 3

Ist weder im ersten noch im zweiten *level* die verlässliche Ermittlung eines bei- 211
zulegenden Zeitwerts möglich, ist dieser mit Hilfe **anerkannter Bewertungsmodelle bzw -methoden** zu bestimmen, sofern diese eine angemessene Annäherung an den Marktwert gewährleisten. Wenn ein Markt inaktiv ist, müssen dennoch **Bewertungsmodelle** eingesetzt werden, die möglichst mit aktuellen Marktdaten bzw Parametern befüllt werden. Bei den eingesetzten Bewertungsmodellen und Bewertungsmethoden muss es sich um anerkannte zB finanzmathematische Verfahren handeln. Die zur Bewertung herangezogenen Bewertungsmodelle müssen die **relevantesten Bewertungsmodelle** sein. Die relevanten Bewertungsmodelle werden nach den folgenden drei Ansätzen systematisiert (IFRS 13.62):

(1) **Marktwertmethode** *(market approach):* nutzt Preise und andere relevante Informationen, die durch Markttransaktionen generiert werden und identische bzw ähnliche oder vergleichbare Vermögenswerte, Schulden oder eine Gruppe von Vermögenswerten und Schulden beinhalten (zB einen Geschäftsbetrieb) (IFRS 13.A). Dieses Verfahren stützt sich im Wesentlichen auf Marktpreise für das Bewertungsobjekt oder nutzt Analogien auf Basis von Marktpreisen für ähnliche Vermögenswerte oder Verbindlichkeiten (Analogiemethode) (*IDW* RS HFA 47 Rz 59). Für die Bewertung eines Finanzinstruments kann ein Unternehmen das Verhältnis eines Wertpapiers zu einem anderen, welches als Vergleichsmaßstab *(benchmark)* dient, und notiert ist,

stützen (IFRS 13.B7). Beim Einsatz der Analogiemethode können Multiplikatoren oder Kennziffer zum Einsatz kommen (IFRS 13.B5).

(2) **Kostenmethode** *(cost approach):* spiegelt den Betrag wider, der gegenwärtig erforderlich wäre, um die Dienstleistungskapazität eines Vermögenswerts zu ersetzen (aktuelle Wiederbeschaffungskosten) (IFRS 13.A).

(3) **Kapitalwertmethode** (*income approach;* bzw einkommensbasierter Ansatz): wandelt zukünftige Beträge (Zahlungsströme oder Aufwendungen und Erträge) in einen einzigen aktuellen (abgezinsten) Betrag um, der die gegenwärtigen Markterwartungen hinsichtlich dieser zukünftigen Beträge widerspiegelt (IFRS 13.A). Als kapitalwertorientiertes Verfahren können DCF-Methoden zur Anwendung kommen. Der beizulegende Zeitwert ergibt sich aus dem Barwert der künftigen Einzahlungen, welche einem Marktteilnehmer während der erwarteten wirtschaftlichen Nutzungsdauer und ggf aus dem Abgang zu- oder abfließen (*IDW* RS HFA 47 Rz 62). Ertragssteuern sind in dem Maße in die Bewertung miteinzubeziehen, wie sie von repräsentativen Marktteilnehmern bei der Preisfindung im Rahmen der hypothetischen Transaktion berücksichtigt werden (*IDW* RS HFA 47 Rz 63).

Bei der Bewertung von Forderungen sind neben Zinssatz und Tilgung weitere Parameter wie die Risikokosten (Kosten für erwartete Ausfälle), Verwaltungskosten sowie Refinanzierungs- einschließlich Eigenkapitalkosten zu berücksichtigen. Bei den Eigenkapitalkosten sind bei den Banken insbes die Eigenkapitalunterlegungskosten für die Forderung relevant. Für die Diskontierung wird auf das Modell der Zerobondabzinsungsfaktoren zurückgegriffen, welches mit laufzeit- und währungskongruenten Zinssätzen arbeitet. Enthalten Forderungen bspw Kündigungsrechte für den Kreditschuldner (eingebettete *swaptions*), sind diese ebenfalls in die Bewertung einzubeziehen. Dies kann mittels eines Optionspreismodells oder auf der Basis (historischer) Beobachtungen erfolgen. Entscheidend für die Wahl der Methode ist das Maß der Rationalität der Entscheidungsfindung des Kreditschuldners. Ist vom Kreditnehmer für die Ausübung des Kündigungsrechts eine Vorfälligkeitsentschädigung zu leisten, ist dies bei der Bewertung der Forderung zu berücksichtigen.

Die im Einzellfall angewendete bzw anzuwendende Bewertungstechnik muss mit einem oder mehreren der vorgenannten Bewertungsverfahren **konsistent** sein (*IDW* RS HFA 47 Rz 57).

Der IASB hat keine **Rangfolge** für den Einsatz der vorstehenden Bewertungsverfahren bestimmt, jedoch sind diese in Abhängigkeit von der Verfügbarkeit der relevanten Inputfaktoren und ihrer relativen Subjektivität (IFRS 13.74 iVm IFRS 13.61, IFRS 13.67) zu verwenden (*IDW* RS HFA 47 Rz 58).

212 Ist der **Einsatz mehrerer Bewertungsverfahren** als angemessen zu beurteilen bzw werden mehrere Bewertungsverfahren zur Ermittlung des beizulegenden Zeitwerts verwendet, sind die Ergebnisse unter der Berücksichtigung der Angemessenheit der durch diese Ergebnisse aufgezeigten Bandbreite von Werten zu beurteilen. Für eine Bewertung zum beizulegenden Zeitwert ist der Punkt innerhalb der Bandbreite, der den beizulegenden Zeitwert unter den gegebenen Umständen am besten repräsentiert, regelmäßig heranzuziehen (IFRS 13.63).

Ist ein Finanzinstrument mittels einer Bewertungstechnik zu bewerten, ist in dem Fall, dass im Zugangszeitpunkt der Transaktionspreis ein beizulegender Zeitwert ist, das Bewertungsmodell so zu **kalibrieren,** dass das Bewertungsergebnis am Zugangszeitpunkt dem Transaktionspreis entspricht.

Greift eine Bewertungstechnik auf **nicht-beobachtbare Inputfaktoren** zurück, muss nicht nur im Zugangszeitpunkt, sondern auch im Rahmen der Folgebewertung dafür Sorge getragen werden, dass die Bewertungsergebnisse möglichst beobachtbare Marktdaten widerspiegeln (IFRS 13.64).

Eine Bewertung über ein Bewertungsmodell mit **nicht-beobachtbaren Marktparametern** ist dann vorzunehmen, wenn es keinen beobachtbaren Marktpreis für das Finanzinstrument gibt (IFRS 13.87) und eine Bewertung über ein Bewertungsmodell nur vornehmlich auf der Basis von **Annahmen des Managements** über erwartete künftige Zahlungsströme und angemessen risikoadjustierte Zinssätze möglich ist (IFRS 13.87). Eine Ermittlung des beizulegenden Zeitwerts nach *level* 3 ist dergestalt vorzunehmen, dass ein marktgerechter beizulegender Zeitwert als **Veräußerungspreis** ermittelt wird (IFRS 13.87). Die **Zielsetzung** bei der Verwendung eines Bewertungsverfahrens besteht darin, den Preis zu schätzen, zu dem unter aktuellen Marktbedingungen am Bemessungsstichtag ein geordneter Geschäftsvorfall zwischen Marktteilnehmern stattfinden würde, im Zuge dessen der Vermögenswert verkauft oder die Schuld übertragen würde (IFRS 13.62).

Ist es notwendig einen beizulegenden Zeitwert mit einem Bewertungsmodell ohne beobachtbare Marktparameter zu bewerten, dann ist – wenn möglich – **mehr als ein Bewertungsmodell** zur Ermittlung eines verlässlichen beizulegenden Zeitwerts zu verwenden. Dies ist bei Unternehmen der Finanzbranche regelmäßig unproblematisch, da hier häufig bspw Software für das aufsichtsrechtliche Anzeigewesen, die risiko-/vermögenswertorientierte Gesamtunternehmenssteuerung und die Rechnungslegung für die Bewertung von Finanzinstrumenten Bewertungsmodule enthalten (vgl jedoch die Identitätsfragen hinsichtlich der einzelnen Modelle). Darüber hinaus erhalten die Unternehmen regelmäßig Bestandsmitteilungen für Finanzinstrumente von ihren Kontrahenten, die Informationen über die Werte am Stichtag der Mitteilung beinhalten. Die Bewertungsergebnisse aus verschiedenen Bewertungsmodulen – einschließlich der Wertmitteilungen von Kontrahenten – sind abzustimmen. Ergeben sich zwischen den Bewertungsergebnissen nicht nur geringfügige Bewertungsunterschiede (die zB lediglich aus einem um ein paar Sekunden abweichenden Abgriff der Bewertungsparameter resultieren), dann sind diese zu analysieren. Es gibt nicht nur stetig Marktdaten von demselben Markt, an dem das Finanzinstrument aufgelegt oder erworben wurde, für die Bewertung heranzuziehen.

Wird in einem ersten Schritt auf unternehmensinterne Daten zurückgegriffen und berücksichtigen andere Marktteilnehmer abweichende Daten, sind die unternehmensinternen Daten verpflichtend anzupassen (IFRS 13.89).

Bei der Bestimmung des **verlässlichsten Bewertungsergebnisses** ist darauf 213
zu achten, dass der Grundsatz der Bewertungsstetigkeit gilt (→ § 2 Rn 77). Es kann nicht frei von Bewertungsstichtag zu Bewertungsstichtag auf ein anderes Modell gewechselt werden. Jedoch müssen die anhand von Bewertungsmodellen ermittelten beizulegenden Zeitwerte die aktuellen Marktbedingungen widerspiegeln.

Zuordnungskriterien	**Kommentierungen**	**Finanzinstrumente und Tatbestände (Beispiele)**
level 1		
• Es müssen notierte Preise für das zu bewertende Finanzinstrument am Bewertungsstichtag verfügbar sein, in einem aktiven Markt, zu dem das Unternehmen am	• Ein Unternehmen muss am Bewertungsstichtag Zugang zum Markt haben. Es muss jedoch nicht in der Lage sein, einen Teil der Vermögenswerte oder Verbind-	Alle börsengehandelten Finanzinstrumente mit aktuellen Preisnotierungen am Bewertungsstichtag auf liquiden Märkten: • Aktien, • Inhaberschuldverschreibungen, insbes

Zuordnungskriterien	Kommentierungen	Finanzinstrumente und Tatbestände (Beispiele)
level 1		
Bewertungsstichtag Zugang hat. • Der Preis darf keiner Anpassung bzw Modifikation unterzogen werden. • Die notierten Preise müssen am Bewertungsstichtag verfügbar sein.	lichkeiten zu diesem Datum zu verkaufen, wenn bspw Restriktionen hinsichtlich der Veräußerung bestehen. Es muss jedoch in der Lage sein, einen Zugang zum Markt nach der Aufhebung der Restriktionen zu erhalten. • Wenn Marktteilnehmer Restriktionen im Rahmen der Bepreisung eines Vermögenswerts berücksichtigen, dann ist ein notierter Preis hinsichtlich bestehender Restriktionen anzupassen, ggf ist das Finanzinstrument dann dem *level* 2 oder 3 zuzuweisen. • Wenn ein notierter Preis auf einem aktiven Markt nicht den beizulegenden Zeitwert eines Vermögenswerts oder einer Verbindlichkeit am Bewertungsstichtag widerspiegelt, ist eine alternative Bepreisungsmethode anzuwenden und es scheidet eine Einstufung des Finanzinstruments in *level* 1 aus bzw ist eine Einstufung in *level* 2 oder 3 vorzunehmen. • Für die Bepreisung eines Finanzinstruments können auch notierte Preise für identische Vermö-	die öffentlicher Emittenten, • börsenfähige und börsennotierte Genussscheine, • börsennotierte Wandelanleihen, • börsennotierte Fondsanteile *(exchange funds)*, • handelbare Forderungen, wenn für diese ein aktiver Markt gegeben ist, • börsengehandelte Derivate, • Aktienoptionen, • Futures oder • Bundfuture-Kontrakte. • Alle Finanzinstrumente, für die ein aktiver OTC-Markt besteht. • Die Verwendung von Mittelkursen statt quotierter Geld-Brief-Kurse widerspricht nicht der Einstufung in *level* 1 (*IDW* RS HFA 47 Rz 83).

Zuordnungskriterien	Kommentierungen	Finanzinstrumente und Tatbestände (Beispiele)
level 1		
	genswerte und Verbindlichkeiten auf einem aktiven Markt herangezogen werden, zu dem das Unternehmen Zugang hat.	
• Sollten keine Transaktionen am Bewertungsstichtag stattfinden, ist der beizulegende Zeitwert aufgrund von Transaktionen kurz vor dem Bewertungsstichtag zu ermitteln. Ein Finanzinstrument, was aufgrund einer kurz vor dem Bewertungsstichtag liegenden Transaktion bewertet wird, ist in *level* 1 auszuweisen, wenn sich die wirtschaftlichen Rahmenbedingungen (zB risikoloser Zinssatz) nicht geändert haben und somit keine Anpassung bzw Fortschreibung des Werts erforderlich ist. Nicht in *level 1* einzugliedern sind Kurszielschätzungen (*IDW* RS HFA 47 Rz 81).	• Jedoch: Ein notierter Preis in aktiven Märkten kann durch den Eintritt von signifikanten Ereignissen nach dem Handelsschluss, aber noch vor dem Bewertungsstichtag (-zeitpunkt), beeinflusst sein. In einem solchen Fall sind Modifikationen des letzten notierten Preises erforderlich, was eine Zuordnung des Finanzinstruments in *level* 1 ausschließt.	• Der Börsenkurs an der Frankfurter Börse vom 30.12.200X (Börsenschluss), wird am 31.12.200X als beizulegender Zeitwert für die Bewertung herangezogen, da keine Informationen bekannt geworden sind, die eine Adjustierung dieses Preises erforderlich machen.

Zuordnungskriterien	Kommentierungen	Finanzinstrumente und Tatbestände (Beispiele)
level 2		
• In *level* 2 sind Finanzinstrumente auszuweisen, für deren Bewertung keine notierten Preise für das Finanzinstrument	• Inputfaktoren, die andere als notierte Preise sind, die jedoch für Vermögenswerte und Verbindlichkeiten beobachtbar sind (zB	• Inhaberschuldverschreibungen *(plain vanilla),* für die zwar ein Preis notiert ist, ein Konzern aber die gesamte Tranche hält und kein Han-

Zuordnungskriterien	**Kommentierungen**	**Finanzinstrumente und Tatbestände (Beispiele)**
level 2		
verwendet bzw Inputfaktoren herangezogen werden, die andere als die in *level* 1 abzubildenden notierten Preise sind und die am Markt beobachtbar sind, entweder direkt (Preis) oder indirekt (abgeleitete Preise). • Ist keine Bewertung mit notierten Preisen aus einem aktiven Markt möglich, ist zu prüfen, ob die Bewertung mittels eines Bewertungsmodells mit beobachtbaren Marktparametern durchgeführt werden kann.	Zinstrukturkurven, Renditekurven aufgrund fortlaufender Notierungen, Volatilitäten, Vorfälligkeitsentschädigungen, *credit spreads,* Ausfallraten) führen, wenn diese zur Bewertung herangezogen werden, zu einer Einstufung des Finanzinstruments in *level* 2. • Spezifische vertragliche Vereinbarungen müssen bei einer Einordnung eines Finanzinstruments in *level* 2 auch entspr durch beobachtbare Marktdaten quantifiziert werden können.	del mit diesem Papier erfolgt, • Ein *level 1*-Inputfaktor kann jedoch vorliegen, wenn auf einem aktiven Markt ausschließlich Transaktionen zwischen dem Emittenten (zB bei Investmentvermögen) und den Inhabern der betreffenden Finanzinstrumente stattfinden (*IDW* RS HFA 47 Rz 82). • Devisentermingeschäfte, • Devisenoptionen: Unter der Voraussetzung, dass hinsichtlich der für die Bewertung herangezogenen Währungen ein aktiver Markt am Bewertungsstichtag besteht. • *swaptions*, • *forward rate agreements,* • Zinsswaps, • Nichtstrukturierte Inhaberschuldverschreibungen *(plain vanilla):* Bewertung über ausschließlich am Markt beobachtbare Parameter.
	• Die beobachtbaren Marktdaten müssen direkt für das Finanzinstrument oder auch indirekt über Korrelationen beobachtbar sein. • Die Parameter müssen über die gesamte Laufzeit des Finanzinstruments im Wesentlichen beobachtbar sein. • Preisservice-Agenturen auf der Basis von ge-	• Kommunalobligationen, • Publikumsfonds und Spezialfonds, mit Anlagen, deren Bepreisung mittels Marktdaten und anerkannter Modelle erfolgt, • Agency ABS/MBS oder • Beteiligungen privater Investoren an (meist kleineren) börsenno-

Zuordnungskriterien	Kommentierungen	Finanzinstrumente und Tatbestände (Beispiele)
level 2		
	meldeten Preisen ermittelte (Cash-)Preise sind *level 2*-Inputfaktoren, wenn es sich bei der Datenbasis um bindende Angebote oder um beobachtbare transaktionsbasierte Preise handelt (*IDW* RS HFA 47 Rz 91). Im Allgemeinen sind von Brokern (oder *arrangern*) ermittelte Preise keine bindenden Angebote. Es ist nicht zwingend von einer gewöhnlichen Transaktion zwischen Marktteilnehmern auszugehen, wenn ein bindendes Angebot vorliegt (*IDW* RS HFA 47 Rz 92). • Wenn der Handel eines Finanzinstruments schwach ist oder der Handel mit einem Finanzinstrument gar eingestellt wird, ist dieses aus dem *level* 1 in *level* 2 abzustufen, wenn die Voraussetzungen für eine Einstufung in *level* 2 gegeben sind. • Wird im Rahmen der Prüfung des letzten am Markt notierten Preises festgestellt, dass dieser nicht dem beizulegenden Zeitwert entspricht, ist er zu adjustieren und in *level* 2 darzustellen, wenn die Voraussetzungen für die Einstufung in *level* 2 gegeben sind. • Ein Ausweis komplex strukturierter Produkte	tierten Unternehmen (PIPEs)

Zuordnungskriterien	Kommentierungen	Finanzinstrumente und Tatbestände (Beispiele)
level 2		
	ist nur dann unter *level* 2 zulässig, wenn für die Bewertung Marktparameter herangezogen werden und die Bestandteile des Finanzinstruments bzw die mit dem Basisvertrag verbundene Kombination der Derivate (mehrere) bewertbar ist oder der Wert einer nicht bewertbaren Komponente nachweisbar nicht signifikant für die Feststellung des Gesamtwerts des strukturierten Produkts ist. • Es ist erforderlich, dass die Bewertung von komplexen Finanzinstrumenten mittels eines anerkannten finanzmathematischen Modells, das die Struktur des Finanzinstruments angemessen bzw sachgerecht widerspiegelt, angewendet wird. Anderenfalls bzw im Fall einer nicht sachgerechten Darstellung von komplexen Optionen, ist der Ausweis in *level* 3 vorzunehmen.	
• Finanzinstrumente, die mittels eines notierten Preises für gleichartige bzw ähnliche Vermögenswerte und Verbindlichkeiten in einem aktiven Markt bewertet werden, sind dem *level* 2 zuzuordnen. • Gleiches gilt für Finanzinstrumente, die mittels notierter	• Ist es für die Bewertung eines Finanzinstruments erforderlich, eine Interpolation oder Extrapolation von Parametern auf der Basis von hochliquiden Marktdaten (zB Markt-Zinsstrukturkurve) durchzuführen, ist eine Einstufung in *level* 2 vorzunehmen, wenn für die Interpolation	• Interpolation zwischen dem Marktparameter für das Jahr 200X sowie das Jahr 200X+1 und für beide Stützpunkte liquide Märkte bestehen: Hier ist eine Einstufung in level 2 vorzunehmen. Jedoch bei einer Extrapolation eines Marktparameters auf einen weit in der Zukunft liegen-

Zuordnungskriterien	Kommentierungen	Finanzinstrumente und Tatbestände (Beispiele)
level 2		
Preise für identische oder gleichartige bzw ähnliche Vermögenswerte oder Verbindlichkeiten in inaktiven Märkten bewertet werden. • Auch die Verwendung von Inputfaktoren, die vornehmlich von beobachtbaren Marktparametern abgeleitet sind oder auf diesen basieren, begründet über Korrelationen bzw marktabgeleitete Inputfaktoren, führen zu einer Einstufung des Finanzinstruments in *level* 2. • Werden die Inputfaktoren dergestalt angepasst, dass die Anpassung für die Gesamtbewertung des Finanzinstruments signifikant ist, dann ist das Finanzinstrument nicht mehr in *level* 2, sondern in *level* 3 auszuweisen.	oder Extrapolation insbes keine die Gesamtbewertung signifikant beeinflussenden Annahmen getroffen werden müssen. • Eine Einstufung in *level 2* setzt voraus, dass alle signifikanten Bewertungsparameter bzw Inputfaktoren beobachtbar sind (direkt oder indirekt). • Erwartungen und Meinungsäußerungen von Marktteilnehmern stellen keinen *level 2*-Inputfaktor dar (*IDW* RS HFA 47 Rz 85).	den Zeitraum, wobei zwischen dem letzten am Markt verfügbaren liquiden Inputdatum sowie dem zukünftigen Zeitpunkt eine sehr lange Zeitspanne liegt und der Marktparameter einer sehr hohen Volatilität unterliegt, müssen Annahmen getroffen werden, die mit hohen Unsicherheiten behaftet sind. Unter der Voraussetzung, dass der zu extrapolierende Marktparameter für die Gesamtbewertung wesentlich ist, hat regelmäßig eine Einstufung in level 3 stattzufinden. • Inhaberschuldverschreibung *credit-linked* auf ein Referenzportfolio gewerblicher Hypothekendarlehen, • *private equity*-Investments, • Finanzinstrumente, deren beizulegender Zeitwert von einem Dritten ermittelt wird und es in diesem Fall nicht die notwendige Transparenz über die Berechnung des beizulegenden Zeitwerts gibt, • IFRS 13 erlaubt die Verwendung von notierten Preisen, die von einem Dritten zur Verfügung gestellt werden (zB von Preisservice-agenturen, Brokern). Bei von Dritten gestellten Preisen handelt es sich nicht an sich um

Zuordnungskriterien	Kommentierungen	Finanzinstrumente und Tatbestände (Beispiele)
level 2		
		beobachtbare Inputfaktoren. Es ist die Art der von Dritten zur Verfügung gestellten Preise zu erörtern (IFRS 13.B45). Werden von Dritten bindende Angebote abgegeben, sind diese höher zu gewichten als indikative Preise (IFRS 13.B47).

Zuordnungskriterien	Kommentierungen	Finanzinstrumente und Tatbestände (Beispiele)
level 3		
• Im *level* 3 sind die beizulegenden Zeitwerte von Finanzinstrumenten mittels eines Bewertungsmodells zu bestimmen, bei dem ein oder mehrere für die Wertermittlung signifikante Inputfaktoren auf nicht-beobachtbaren Marktdaten beruhen. • Die nicht am Markt beobachtbaren Inputfaktoren sollen die Annahmen, welche die Marktteilnehmer bei der Bepreisung der Finanzinstrumente zugrunde legen würden, einschließlich der Annahmen über das Risiko, reflektieren. • Die nicht beobachtbaren Marktdaten sind mittels der besten verfügbaren Informationen, die uU auch unternehmenseigene Daten beinhalten, zu entwickeln.	• Auch bei einer Preisfeststellung in *level* 3 würde es sich um Veräußerungspreise handeln. • Die Bestimmung nicht-beobachtbarer Daten kann auf der Basis unternehmseigener Daten beginnen, die so weit wie möglich mit verlässlichen, verfügbaren, unternehmensexternen Daten angepasst werden, wenn andere Marktteilnehmer andere Daten für die Bewertung verwenden würden oder für das Unternehmen eine Besonderheit gegeben ist, die für andere Marktteilnehmer nicht greifbar ist (zB unternehmensspezifische Synergieeffekte) und das Unternehmen in der Lage ist, diese Effekte bzw Anpassungen zu quantifizieren.	• Alle nicht Agency ABS/MBS, • Finanzinstrumente, deren Bepreisung nicht nur mit Marktdaten und/oder anerkannten Modellen erfolgt und die Nicht-Marktdaten und/oder Modellausprägungen einen signifikanten Einfluss auf das Gesamtbewertungsergebnis haben, • Bewertung von Finanzinstrumenten mittels einer *spread*-Matrix, die auf der Basis der historischen Daten der letzten fünf Jahre erstellt wurde und die jeweils unverändert für ein Jahr zur Bewertung von Finanzinstrumenten herangezogen wird (fiktives Beispiel für Abgrenzungszwecke).

Zuordnungskriterien	Kommentierungen	Finanzinstrumente und Tatbestände (Beispiele)
level 3		
	• Es dürfen bei der Bewertung keine Informationen ignoriert werden, die angemessen verfügbar sind. • Sich im Zeitablauf verändernde unternehmensinterne Daten (zB eigene Verwaltungskosten, Refinanzierungskosten) stellen regelmäßig ein Indiz dafür dar, dass (auch) andere Marktteilnehmer eine Anpassung vornehmen würden, sodass die jeweils aktuellen unternehmensinternen Daten zu verwenden sind. Ein Verzicht auf eine Anpassung ist folglich nur zulässig, wenn dies dem Verhalten der anderen Marktteilnehmer entspricht (*IDW* RS HFA 47 Rz 88).	

Im Zugangszeitpunkt entspricht regelmäßig der **Transaktionspreis** dem beizulegenden Zeitwert (IFRS 13.58). 214

Das ist dann der Fall, wenn zB der Kauf und die Bepreisung eines Finanzinstruments über denselben Markt erfolgen (IFRS 13.58).

In den folgenden Fällen könnte der Transaktionspreis nicht dem beizulegenden Zeitwert entsprechen (IFRS 13.B4):

(1) Geschäftsvorfälle zwischen nahestehenden Personen,

(2) Geschäftsvorfälle unter Zwang, in finanziell schwierigen Situationen,

(3) durch den Geschäftsvorfall dargestellte Bilanzierungseinheit weicht von der zum beizulegenden Zeitwert zu bewertenden Bilanzierungseinheit ab,

(4) Geschäftsvorfall findet auf einem anderen Hauptmarkt oder vorteilhaftesten Markt statt, als die Ermittlung des beizulegenden Zeitwerts.

Mit der Verabschiedung der jährlichen Verbesserungen *(Annual Improvements 2010–2012 Cycle sowie 2011–2013 Cycle)* am 12. Dezember 2013 stellte der IASB klar, dass weiterhin die Möglichkeit besteht, Forderungen und Verbindlichkeiten **nicht abzuzinsen,** solange die Auswirkungen nicht wesentlich sind.

Es handelt sich hier um eine Klarstellung in den *basis for conclusions,* nicht im Standard selbst.

Gibt es keinen beobachtbaren Markt für die Übertragung einer **finanziellen Verbindlichkeit** oder des **Eigenkapitaltitels,** könnte es für solche Werte einen Markt geben, wenn diese von Dritten als Vermögenswert gehalten werden (IFRS 13.35).

Für die Bewertung von **finanziellen Verbindlichkeiten** und **Eigenkapitalinstrumenten** eines Unternehmens ist die folgende absteigende **Bewertungshierarchie** zu beachten:

(1) Beobachtbare Marktpreise für die Übertragung
  (a) der identischen Verbindlichkeiten oder identischen eigenen Eigenkapitalinstrumente,
  (b) einer ähnlichen Verbindlichkeit oder eines ähnlichen eigenen Eigenkapitalinstruments (IFRS 13.34, IFRS 13.36, IFRS 13.37).

(2) (Indirekte) Bewertung mittels eines identischen Instruments, das von einer anderen Partei als Vermögenswert gehalten wird (IFRS 13.37f), zum möglichen Anpassungsbedarf vgl IFRS 13.39.
  (a) Marktpreis des identischen Vermögenswerts auf einem aktiven Markt (IFRS 13.38(a)),
  (b) Verwendung anderer beobachtbarer Inputfaktoren zB Marktpreise eines identischen Vermögenswerts auf einem inaktiven Markt (IFRS 13.38(b)), oder
  (c) Verwendung anderer Bewertungsverfahren zur Wertermittlung des Preises des Vermögenswerts (IFRS 13.38(c)).

(3) Verwendung eines anderen Bewertungsverfahrens zur (direkten) Wertermittlung für die finanzielle Verbindlichkeit bzw das eigene Eigenkapitalinstrument (IFRS 13.40f, *IDW* RS HFA Rz 26).

Wird für die Bewertung einer finanziellen Verbindlichkeit bzw eines eigenen Eigenkapitalinstruments auf beobachtbare Preise eines Vermögenswerts zurückgegriffen, sind nur insoweit Anpassungen vorzunehmen, wie die spezifischen Faktoren eines Vermögenswerts nicht auf die Ermittlung des beizulegenden Zeitwerts des finanziellen Vermögenswerts bzw des eigenen Eigenkapitalinstruments anwendbar sind (zB unterschiedliche Ausfallrisiken, Restriktionen in Bezug auf den Verkauf des Vermögenswerts, zusätzliche Bonitätsverbesserungsmaßnahmen) (IFRS 13.39). Sind Hauptmarkt bzw vorteilhaftester Markt für den Vermögenswert und die finanzielle Verbindlichkeit oder ein eigenes Eigenkapitalinstrument nicht gleich, weil von einer Wertgleichheit von Aktivum und Passivum nur bei Übertragung oder Veräußerung auf dem selben Markt ausgegangen werden kann, ist eine Preisanpassung vorzunehmen (*IDW* RS HFA 47 Rz 29).

Bei der Ermittlung des beizulegenden Zeitwerts von finanziellen Verbindlichkeiten ist das Risiko der Nichterfüllung ***(non-performance risk)*** durch das Unternehmen zu berücksichtigen. Das Nichterfüllungsrisiko umfasst nicht nur das eigene Kreditrisiko des Unternehmens, sondern auch andere Risiken, die dazu führen, dass das Unternehmen seinen Verpflichtungen nicht nachkommt. IFRS 13.42 geht davon aus, dass das Nichterfüllungsrisiko von einer Übertragung nicht berührt wird. Dies gilt auch für zu passivierende Derivate. Somit kann ein *close out*-Preis für die Bewertung eines Derivats nicht herangezogen werden.

Darüber hinaus gilt auch für Verbindlichkeiten, dass im Fall einer Börsennotierung für die Bewertung der Verbindlichkeit primär der Börsenkurs für die Bewertung relevant ist (IFRS 13.72).

2. Bestimmung des für die Bewertung relevanten Markts

215 Bestimmend für den Wert eines Finanzinstruments sind in erster Linie die Preise des **Hauptmarkts** *(principal market).* Ist für die Bewertung eines Finanzinstruments kein Hauptmarkt feststellbar oder ist dieser nicht eindeutig feststellbar, ist subsidiär der **vorteilhafteste Markt** *(most advantegous market)* zu bestimmen (IFRS 13.16). Für die Bewertung mit Preisen des Hauptmarkts wie auch des vorteilhaftesten Markts gilt, dass das Unternehmen zu diesem Markt **Zugang** haben muss. Dies ist aber nicht gleichbedeutend damit, dass das Unternehmen das Finanzinstrument genau am Bewertungsstichtag verkaufen kann (IFRS 13.20).

Beispiel: Schließt ein Unternehmen auf dem (End-)Kundenmarkt einen Zinsswap mit der Bank B ab und hat das Unternehmen ausschließlich Zugang zum (End-)Kundenmarkt während die Bank B auch Zugang zum Interbankenmarkt hat, ist für das Unternehmen A der (End-)Kundenmarkt und für die Bank B der Interbankenmarkt als **Hauptmarkt** relevant (*IDW* RS HFA 47 Rz 14).

Die Bestimmung des Hauptmarkts oder des vorteilhaftesten Markts erfolgt aus der Sicht des bilanzierenden Unternehmens unter der Berücksichtigung der Geschäftsaktivitäten (IFRS 13.19). Nicht gleichbedeutend mit dem Marktzugang ist, dass das Unternehmen seinen gesamten Bestand in einem Finanzinstrument an einem Markt platzieren kann (*IDW* RS HFA 47 Rz 15). Aufgrund der Tatsache, dass unterschiedliche Unternehmen unterschiedliche Tätigkeiten ausüben und Zugang zu unterschiedlichen Märkten haben können, kann für das gleiche Finanzinstrument der Hauptmarkt oder der vorteilhafteste Markt für verschiedene Unternehmen jeweils ein anderer sein (IFRS 13.19). Für ein Beispiel zur Unterscheidung zwischen Hauptmarkt und vorteilhaftestem Markt und Bestimmung des für die Ermittlung des beizulegenden Zeitwerts jeweils relevanten Markts → § 2 Rn 241 ff.

Folglich gilt: Hat ein Unternehmen **mehrere Geschäftsbetriebe** mit unterschiedlichen Geschäftsaktivitäten, können diese Geschäftsbetriebe Zugang zu unterschiedlichen Märkten haben, sodass sich für gleichartige Finanzinstrumente eines Unternehmens der Hauptmarkt und der vorteilhafteste Markt, und damit der **beizulegende Zeitwert** für die Finanzinstrumente der einzelnen Geschäftsbetriebe des Unternehmens **unterscheiden** können (IFRS 13.19). Unterschiedliche maßgebliche Märkte für gleichartige Finanzinstrumente eines Unternehmens oder eines Geschäftsbetriebs können jedoch nicht allein mit **unterschiedlichen Verwertungsabsichten** des Managements oder mit einer unterschiedlichen Verwertung in der Vergangenheit begründet werden (*IDW* RS HFA 47 Rz 14).

a) Hauptmarkt

216 Für die Bestimmung des Hauptmarkts sind die folgenden drei **Kriterien** heranzuziehen:

(1) Handelsvolumen und Marktaktivität (IFRS 13.A),
(2) widerlegbare Vermutung, dass von Unternehmen dieser Markt gewöhnlich in Anspruch genommen wird (IFRS 13.17) und
(3) Zugang zum Markt am Bemessungsstichtag (IFRS 13.19).

Bei der Bestimmung des Hauptmarkts ist auf **gewöhnliche Transaktionen** abzustellen.

Maßgeblich für die Bestimmung des Hauptmarkts sind das allgemeine **Handelsvolumen** und die allgemeine **Marktaktivität.** Bei dem Hauptmarkt handelt es sich nicht zwingend um den Markt, auf dem das Unternehmen die höchste Handelsaktivität entfaltet. Die Vermutung von IFRS 13.17, wonach auf den

Hauptmarkt abzustellen ist, auf dem das Unternehmen normalerweise Vermögenswerte verkauft, ist durch die Kenntnis des allgemeinen Transaktionsvolumens widerlegbar. In Bezug auf das Transaktionsvolumen kommt es auf die Kenntnis aus Sicht des Gesamtmarkts an. Das bedeutet, dass für die Bestimmung des beizulegenden Zeitwerts der Markt, an dem das Unternehmen das Bewertungsobjekt normalerweise veräußert und an dem aus der Sicht des Unternehmens das höchste Transaktionsvolumen erzielt wird, relevant ist, wenn keine Informationen über das anteilige Transaktionsvolumen aus Sicht des Gesamtmarkts vorliegen.

Es erfolgt auch dann eine Bewertung des Finanzinstruments mit den Preisen am Hauptmarkt, wenn das Management plant, mehrere Märkte zur Veräußerung zu nutzen oder gar nicht am Hauptmarkt handelt. Aus einer späteren tatsächlichen Veräußerung der Wertpapiere an einem anderen als dem Hauptmarkt können sich Veräußerungsgewinne oder -verluste ergeben.

b) Vorteilhaftester Markt

217 Bei der Bestimmung des vorteilhaftesten Markts sind die für das Unternehmen anfallenden **Transaktionskosten** zu berücksichtigen. Der vorteilhafteste Markt ist folglich der Markt, auf dem das Unternehmen unter der Berücksichtigung von Transaktionskosten den **höchsten Veräußerungspreis** erzielen würde. Transaktionskosten bilden jedoch keinen Bestandteil des Marktpreises (IFRS 13.25).

Bestehende **Verkaufsrestriktionen** determinieren nicht die Wahl des Hauptmarkts oder des vorteilhaftesten Markts, sondern die Höhe des beizulegenden Zeitwerts, sofern diese auch von anderen Marktteilnehmern bei der Preisfindung berücksichtigt werden (*IDW* RS HFA 47 Rz 16).

Gibt es keine geeigneten Hinweise zur Bestimmung des Hauptmarkts oder des vorteilhaftesten Markts darf der Bilanzierende auf den Markt abstellen, auf dem er normalerweise seine Finanzinstrumente verkauft bzw überträgt (*IDW* RS HFA 47 Rz 8).

3. Ermittlung des beizulegenden Zeitwerts auf Nettobasis nach IFRS 13

218 IFRS 13 räumt Unternehmen die Möglichkeit ein, Finanzinstrumente **portfoliobasiert** zum beizulegenden Zeitwert zu bewerten (IFRS 13.48). Mit der Verabschiedung der jährlichen Verbesserung *(Annual Improvements 2010–2012 Cycle* sowie *2011–2013 Cycle)* wurde der Anwendungsbereich über die finanziellen Vermögenswerte und finanziellen Verbindlichkeiten hinaus auf alle Verträge ausgedehnt, die sich im Anwendungsbereich des IAS 39 und des IFRS 9 befinden. Dies gilt ungeachtet dessen, ob diese die Definition eines finanziellen Vermögenswerts oder einer finanziellen Schuld gem IAS 32 erfüllen (IFRS 13.52). Wird eine Gruppe von Finanzinstrumenten hinsichtlich eines bestimmten Risikos (zB Marktrisiko, Kreditausfallrisiko) auf **Nettobasis gesteuert** und werden alle im Folgenden genannten Voraussetzungen (→ Rn 219) erfüllt, darf der beizulegende Zeitwert der Gruppe als Nettoposition ermittelt werden. Die Ermittlung des beizulegenden Zeitwerts erfolgt für das Portfolio am jeweiligen Bewertungsstichtag. Die Ermittlung des beizulegenden Zeitwerts auf Nettobasis stellt damit nicht auf ein statisches Portfolio ab (*IDW* RS HFA 47 Rz 35). Nutzt das Unternehmen dieses Methodenwahlrecht, ist der Preis zu verwenden, der bei dem Verkauf einer Netto-Long-Position (Vermögenswert) erzielt würde bzw bei der Übertragung einer Netto-Short-Position (Verbindlichkeit) aufzuwenden wäre (IFRS 13.48).

Abweichend von den relevanten Einzel(veräußerungs-)werten ist auf den Preis innerhalb einer Geld-Brief-Spanne abzustellen, der bei einem Transfer der Nettoposition im Rahmen einer **gewöhnlichen Transaktion** zwischen beliebigen Marktteilnehmern erzielt werden würde (IFRS 13.53).

Es sind insbes die folgenden **Voraussetzungen** für die Ermittlung des beizulegenden Zeitwerts auf Nettobasis zu erfüllen (IFRS 13.49 ff): 219

(1) die Gruppe der finanziellen Vermögenswerte und Verbindlichkeiten wird auf Portfolio-Ebene über ein bestimmtes Nettomarktpreis- oder Nettokreditrisiko einer bestimmten Vertragspartei auf der Basis einer schriftlich fixierten Risikomanagement- bzw Anlagestrategie gesteuert,
(2) diese Steuerung steht im Einklang mit der dokumentierten Risikomanagement- oder Anlagestrategie des Unternehmens,
(3) die Informationen des Managements in Schlüsselpositionen des Unternehmens (*key management personnel* iSv IAS 24) basiert auf der Gruppe der finanziellen Vermögenswerte und finanziellen Verbindlichkeiten; das Unternehmen ist verpflichtet, oder hat sich dazu entschieden, diese finanziellen Vermögenswerte und finanziellen Verbindlichkeiten zum beizulegenden Zeitwert in die Bilanz am Ende jeder Berichtsperiode zu bewerten,
(4) das Unternehmen muss davon ausgehen, dass das Marktpreisrisiko der in der Gruppe befindlichen finanziellen Vermögenswerte und finanziellen Verbindlichkeiten substanziell gleich ist (IFRS 13.54). So können bspw das Zinsänderungsrisiko eines finanziellen Vermögenswerts und das Kreditrisiko einer finanziellen Schuld nicht als Nettoposition bewertet werden,
(5) eine im Wesentlichen gleiche Dauer der Belastung durch finanzielle Verbindlichkeiten bzw Vermögenswerte des Unternehmens durch ein bestimmtes Marktrisiko oder mehrere Risiken wird vorausgesetzt (IFRS 13.55),
(6) zur Bewertung der Nettoposition ist ein Preis innerhalb der Geld-Brief-Spanne heranzuziehen, der für die Nettobelastung des Unternehmens im Hinblick auf die eingegangenen Marktpreisrisiken am repräsentativsten ist (IFRS 13.53) und
(7) das Wahlrecht ist stetig (IAS 8, IFRS 13.51) und für alle gleichartigen Sachverhalte entspr auszuüben (IFRS 13.49).

Die Ausübung des Wahlrechts, den beizulegenden Zeitwert auf Nettobasis zu ermitteln, ist im Anhang anzugeben (IFRS 13.96).

Innerhalb desselben Portfolios dürfen **mehrere Risiken** auf Nettobasis bewertet werden. Darüber hinaus ist es zulässig, dass die Vermögenswerte und Verbindlichkeiten in Bezug auf verschiedene Risiken unterschiedlichen Portfolios zugeordnet sind. Bspw kann für das Kreditausfallrisiko eine Nettoposition je Vertragspartner zugrunde gelegt werden, während für die Marktrisiken eine stärkere Aggregation erfolgt (IFRS 13.BC127). 220

Bei der Ermittlung des beizulegenden Zeitwerts auf Nettobasis ist das Kreditrisiko zu berücksichtigen. Die Auswirkungen der Nettobelastungen durch das Kreditrisiko der betreffenden Vertragspartei oder die Nettobelastung des Vertragspartners durch das Kreditrisiko des Unternehmens sind in die Bemessung des beizulegenden Zeitwerts einzubeziehen, wenn die Marktteilnehmer eine bestehende Vereinbarung zur Minderung der Kreditrisikobelastung im Verzugsfall berücksichtigen würden (zB Globale Nettingvereinbarungen). Im Rahmen der Bewertung sind die Erwartungen der Marktteilnehmer hinsichtlich der Wahrscheinlichkeit, dass eine solche Vereinbarung im Verzugsfall Bestand hat, zu verarbeiten (IFRS 13.56).

Nettingvereinbarungen sind in einer Reihe standardisierter Verträge der Finanzbranche geregelt (zB Rahmenvertrag für Finanztermingeschäfte der deutschen Kreditwirtschaft, Master Agreement der European Federation of Energy

Traders (EFET) oder Master Agreements der International Swap and Derivatives Association (ISDA)).

221 Die Ausnahmeregelung zur Bewertung zum beizulegenden Zeitwert auf Nettobasis betrifft nicht den **Ausweis** finanzieller Vermögenswerte und finanzieller Verbindlichkeiten in der Bilanz. Einzelne IFRS untersagen den Nettoausweis oder knüpfen ihn an abweichende Bedingungen (s zB IAS 32.42ff). In diesen Fällen müssen uU die portfoliobasierten Wertanpassungen auf die einzelnen Vermögenswerte und Verbindlichkeiten des Portfolios allokiert werden (IFRS 13.53ff). Der Standard schreibt keine Methode zur **Allokation** vor.

4. Zugangsgewinne und -verluste nach IFRS 13

222 IFRS 13 **differenziert nicht** zwischen **Zugangs- und Folgebewertung**. Entspricht der zu ermittelnde beizulegende Zeitwert nicht dem Transaktionspreis im Zugangszeitpunkt, ergibt sich ein Zugangsgewinn oder -verlust, soweit sich in Einzelstandards keine davon abweichenden Regelungen ergeben (IFRS 13.60). Erwirbt ein Unternehmen eine Beteiligung in Form eines Aktienpakets, zu einem unter dem anteiligen Börsenkapitalisierungswert liegendem Preis, hat das Unternehmen einen Zugangsgewinn auszuweisen. Solch ein Zugangsgewinn kann aus einem im Preis für das Aktienpaket berücksichtigten Illiquidationsabschlag resultieren. Vom Transaktionspreis ist dann abzuweichen, wenn der Transaktionspreis ein anderes als das standardmäßig abgegrenzte Bewertungsobjekt im Fokus hat. Unbeachtlich bleibt, ob diese tatsächlich gezahlt werden. Eine erfolgswirksame Erfassung des Zugangsgewinns oder -verlusts ist nur dann gegeben, wenn die Ermittlung des beizulegenden Zeitwerts auf einem beobachtbaren Marktpreis oder einer Bewertung anhand ausschließlich beobachtbarer Parameter basiert (IAS 39.AG768(a); IFRS 13.BC135). Ist diese objektive Basis für die Ermittlung des beizulegenden Zeitwerts nicht gegeben, ist eine festgestellte Differenz zwischen dem beizulegenden Zeitwert und dem Transaktionspreis im Zugangszeitpunkt abzugrenzen und im Rahmen der Folgebewertung so erfolgswirksam aufzulösen, wie es sich aus der Veränderung eines Faktors (einschließlich des Zeitfaktors) ergibt, den Marktteilnehmer bei der Preisbestimmung beachten würden (IAS 39.AG76(b)). Der abgegrenzte Betrag ist nicht Teil des beizulegenden Zeitwerts des Finanzinstruments.

223–229 *(einstweilen frei)*

V. Wertminderung originärer finanzieller Vermögenswerte (Risikovorsorge)

230 IAS 39 sieht einen gesondert geregelten **Wertminderungstest** nur für finanzielle Vermögenswerte vor, die zu Anschaffungskosten bzw zu fortgeführten Anschaffungskosten (Kategorien bis zur Endfälligkeit gehaltene Finanzinvestitionen und Kredite und Forderungen) und solche, die als zur Veräußerung verfügbar erfolgsneutral zum beizulegenden Zeitwert bewertet werden.

Für finanzielle Vermögenswerte, die erfolgswirksam zum beizulegenden Zeitwert bewertet werden, erfolgt die Erfassung von Wertminderungen implizit im Rahmen der Ermittlung des beizulegenden Zeitwerts (Kategorie erfolgswirksam zum beizulegenden Zeitwert bewertet). Es werden neben dem **Marktpreisrisiko** auch alle anderen denkbaren Risiken (insbes das **Bonitätsrisiko**) unmittelbar in die Zeitwertbewertung einbezogen, sodass ein gesonderter Wertminderungstest nicht erforderlich ist.

Bei den zur Veräußerung verfügbaren finanziellen Vermögenswerten wird zwar regelmäßig ein Zeitwert ermittelt, die Wertänderungen werden aber nicht erfolgswirksam erfasst, sodass dadurch allein einem Wertverlust nicht Rechnung getragen wird.

Der Ermittlung von Wertminderungen von finanziellen Vermögenswerten nach IAS 39 liegt das sog ***incurred-loss*-Modell** zugrunde, das in einem zweistufigen Verfahren durchgeführt wird. Dieses Modell der „eingetretenen Verluste" berücksichtigt in Abgrenzung zum *expected-loss*-Modell Verluste erst dann, wenn der Verlust eingetreten ist und nicht bereits dann, wenn er nur erwartet wird. Im **ersten Schritt** wird untersucht, ob substanzielle Hinweise *(objective evidence)* auf Wertminderungen einzelner Vermögenswerte oder Gruppen von Vermögenswerten vorliegen. Im **zweiten Schritt** wird die Höhe der zu erfassenden Wertminderung anhand der erwarteten zukünftigen Zahlungsströme ermittelt (ua *IDW* RS HFA 9 Rz 240). Eine Wertminderung muss folglich aufgrund eines Ereignisses nach der erstmaligen Erfassung eines finanziellen Vermögenswerts entstanden sein (*Kuhn/Scharpf,* 294 ff). Nicht zulässig ist die Erfassung einer Wertminderung im Zeitpunkt des Zugangs eines finanziellen Vermögenswerts. Dies ergibt sich aus der Definition eines Vermögenswerts. 231

Substanzielle Hinweise auf Wertminderung bieten bspw die folgenden in IAS 39.59 aufgeführten Vorfälle: 232

(1) erhebliche finanzielle Schwierigkeiten des Schuldners/Emittenten,
(2) Vertragsbruch durch Ausfall oder Verzug von Zins- oder Tilgungszahlungen,
(3) Zugeständnisse des Gläubigers aufgrund wirtschaftlicher oder rechtlicher Gründe bei finanziellen Schwierigkeiten des Schuldners/Emittenten,
(4) erhöhte Wahrscheinlichkeit eines Insolvenzverfahrens oder sonstigen Sanierungsverfahrens beim Schuldner/Emittenten,
(5) Verlust eines aktiven Markts für den Vermögenswert aufgrund finanzieller Schwierigkeiten für diesen finanziellen Vermögenswert, oder
(6) Erfahrungen aus der Vergangenheit über die Einbringlichkeit eines Portfolios finanzieller Vermögenswerte einer Gruppe.

Die Europäische Bankenaufsicht (EBA) fördert seit der Einführung des *financial reporting* (FinRep) im September 2014 auch umfangreiche Angaben zur *forbearance*-Maßnahmen.

***Forbearance*-Maßnahmen** liegen vor, wenn eine Bank aufgrund finanzieller Schwierigkeiten eines Kreditnehmers diesem Zugeständnisse gewährt. In der Praxis treten *forbearance*-Maßnahmen in Form von Modifikationen der Verträge mit den Kreditnehmern auf, zu denen es ohne die finanziellen Schwierigkeiten des Kreditnehmers nicht gekommen wäre. Diese können auch in Form von partiellen oder vollständigen Umschuldungen auftreten.

Hinweise auf **finanzielle Schwierigkeiten** sind nach der Definition der EBA Schwierigkeiten des Kreditnehmers hinsichtlich der Erfüllung seiner Zahlungsverpflichtungen. Bei einem Zahlungsverzug von mindestens 30 Tagen gilt die widerlegbare Vermutung finanzieller Schwierigkeiten. Bei notleidenden Krediten (Zahlungsverzug von mehr als 90 Tagen oder Kreditengagements, bei denen die Rückführung des Kredits ohne Berücksichtigung möglicher Erlöse aus der Sicherheitenverwertung unwahrscheinlich ist) kann das Vorliegen finanzieller Schwierigkeiten nicht mehr widerlegt werden.

Modifikationen sind nach FinRep als *forbearance*-Maßnahmen zu melden. Eine besondere Ausweispflicht besteht für das sog *refinancing.* Hier handelt es sich um Zugeständnisse bei finanziellen Schwierigkeiten in Form neuer Kreditverträge zu vorteilhafteren Konditionen und zur Ablösung bestehender Verträge.

Zugeständnisse können auch bei der Inanspruchnahme von Klauseln gegeben sein, die schon bei Abschluss des Vertrags vereinbart wurden und die dem Darlehensnehmer während der Laufzeit des Darlehens eine Vertragsveränderung zu seinem Vorteil ermöglichen, wenn er in finanzielle Schwierigkeiten gerät und die Bank der Inanspruchnahme dieser Klausel zustimmt (*embedded-forbearance*-Maßnahmen).

Zugeständnisse an Darlehensnehmer sind nach IAS 39 stets ein Indikator für eine Wertminderung (sog *impairment trigger,* IAS 39.59). Im Fall von *forbearance*-Maßnahmen ist auch zu überprüfen, ob ein teilweiser oder vollständiger Abgang eines finanziellen Vermögenswerts vorliegt.

Hinweise auf **Zugeständnisse** liegen nach der Bestimmung der EBA vor, wenn Vertragsklauseln zugunsten des Kreditnehmers angepasst werden. Nimmt eine Bank in einem Kreditvertrag vorteilhaftere Klauseln auf, als sie es im Vergleich zu anderen Kreditengagements mit ähnlichem Risikoprofil tut, kann ein Indiz auf ein solches Zugeständnis vorliegen.

In der **Praxis** sind Zugeständnisse in Form von Verlängerungen der Darlehenslaufzeit durch zB Verminderung der Raten, Aussetzungen von Tilgungen und/oder Verminderung der Zinszahlungsverpflichtungen am häufigsten anzutreffen.

Ende Dezember 2012 veröffentlichte die ESMA eine öffentliche Verlautbarung zur Behandlung von Stundungsmaßnahmen in den IFRS-Abschlüssen von Finanzinstituten. Die ESMA ist der Ansicht, dass **Stundungsmaßnahmen** bei gewährten Krediten einen objektiven Hinweis auf Wertminderung iSd IAS 39 darstellen. Aus diesem Grund fordert die ESMA Kreditgeber auf, gestundete Kredite auf Wertminderungen hin zu überprüfen und Angaben zu Stundungsmaßnahmen zu veröffentlichen (Beschreibung der Stundungsmaßnahmen und der damit verbundenen Risiken, angewendete Bilanzierungs- und Bewertungsmethoden, Änderungen zum Vorjahr, entscheidungsnützliche quantitative Angaben) (ESMA Pressemitteilung ref 2012/854 vom 20. Dezember 2012).

233 Für **gehaltene Eigenkapitalinstrumente,** aber auch für **Schuldtitel** ergeben sich **substanzielle Hinweise** zB aus:

(1) negativen Entwicklungen im technologischen, wirtschaftlichen und rechtlichen Umfeld eines Unternehmens an dem Eigenkapitalanteile oder Schuldtitel gehalten werden oder

(2) signifikanten und andauernden Rückgängen des beizulegenden Zeitwerts eines Eigenkapitalinstruments unter dessen Anschaffungskosten (IAS 39.61).

234 Die Beurteilung, ob **substanzielle Hinweise auf Wertminderungen** vorliegen, ist unter Berücksichtigung der Gesamtumstände vorzunehmen. Mögliche zukünftige Ereignisse werden nicht berücksichtigt (IAS 39.59). Wertaufhellende Tatsachen sind iSd allgemeinen Regelungen zu berücksichtigen. Sofern objektive Nachweise für das Vorliegen eines Wertminderungsbedarfs bereits vor dem Stichtag gegeben sind, aber erst nach dem Stichtag bekannt werden, liegt eine Indikation für eine Wertminderung vor. **Pauschale Annahmen** über erfahrungsbedingte künftige Ausfälle können jedoch regelkonform sein (*Kuhn/Scharpf,* 295).

235 Die **Aussetzung des öffentlichen Handels** mit Wertpapieren eines Unternehmens muss nicht zwangsläufig mit finanziellen Schwierigkeiten oder anderen Wertminderungsursachen korrespondieren, obgleich dies wohl praktisch die häufigste Ursache ist. Daneben führt auch ein herabgestuftes **Bonitätsrating** nicht zwangsweise zu einer Wertminderung. Für langfristige Vermögenswerte in den Kategorien Kredite und Forderungen und bis zur Endfälligkeit gehaltene Finanzinvestitionen macht ein steigendes **Marktzinsniveau** einen Wertminderungstest nicht erforderlich, da für diese Vermögenswerte nur Bonitätsrisiken und nicht das Marktzinsrisiko Gegenstand der Wertminderungsüberlegungen sind (IAS 39.63 und IAS 39.AG84).

236 Für die Ermittlung der Wertminderung wird bei festverzinslichen Finanzinstrumenten der urspr **Effektivzinssatz** herangezogen. Bei variabel verzinslichen

Produkten dient der aktuelle, vertraglich vereinbarte Referenzzinssatz als Grundlage für die Abzinsung der künftigen Zahlungsströme (IAS 39.AG84).

Liegt ein substanzieller Wertminderungshinweis vor, ist nach IAS 39.63ff für die einzelnen Kategorien unterschiedlich vorzugehen:

(1) **Vermögenswerte, die zu fortgeführten Anschaffungskosten bewertet werden** (Kredite und Forderungen sowie Vermögenswerte, die bis zur Endfälligkeit zu halten sind (→ Rn 165): Die zu erwartenden Zahlungsströme sind zu schätzen und mit demjenigen Zinssatz zu kapitalisieren, welcher der **erstmaligen** Aktivierung des Vermögenswerts zugrunde lag. Dieser Wert ist mit dem Buchwert zu vergleichen. Ein so errechneter Abwertungsbetrag wird aufwandswirksam ausgebucht. Die Abwertung kann bilanziell entweder direkt gegen den Vermögenswert oder indirekt durch Bildung eines Wertberichtigungspostens erfolgen (IAS 39.63). Veränderungen des Marktzinses wirken sich bei dieser Rechnung nicht aus. Spätere **Wertaufholungen** sind nur bis zur Höhe des Buchwerts zulässig, der sich ohne die Abwertung ergeben hätte (IAS 39.65) und sind erfolgswirksam zu erfassen. Eine detaillierte Beschreibung der Regelungen zur Wertminderung oder Uneinbringlichkeit von Darlehen und Forderungen (mit Beispielen) findet sich in *IDW* RS HFA 9 Rz 237ff. 237

Beispiel: Es wird im Jahr X1 ein endfälliger Festkredit von € 100.000 mit einer Laufzeit von fünf Jahren und einem Zinssatz von 6% pa vergeben. Im Jahr X2 stellt sich heraus, dass der Kreditnehmer keine Zinszahlungen mehr leisten kann. Eine Tilgung zum Ende der Laufzeit im Jahr X5 wird nur noch in Höhe von € 50.000 erwartet.

Zum 31. Dezember X2 ist eine Wertberichtigung zu bilden, in Höhe der Differenz zum Barwert der künftigen Zahlungsströme für die Restlaufzeit (drei Jahre). Bei einem Barwert von € 41.981 ist eine Wertberichtigung von € 58.019 aufwandswirksam (Aufwand Risikovorsorge) zu bilden. Im Folgejahr X3 beträgt der Barwert € 44.500. Der Effekt aus dem im Zeitablauf zunehmenden Barwert wird erfolgswirksam in X3 mit € 2.519, in X4 mit € 2.670 und in X5 mit € 2.830 als Zinsertrag erfasst. Die Ermittlung der Barwerte erfolgt mittels des urspr Effektivzinssatzes, der auch für die Abzinsung der künftigen Zahlungsströme bei der Bestimmung des Wertminderungsaufwands verwendet wurde (6%) (vgl IAS 39.AG84 und IAS 39.AG93).

Die Analyse der **Wertminderungen von Forderungen** erfolgt in mehreren Stufen. Zunächst ist für jede Forderung einzeln zu prüfen, ob objektive Hinweise für eine Wertminderung vorliegen. Liegt für einzelne Forderungen kein Hinweis vor, sind die Forderungen in einer Gruppe zusammenzufassen, die ähnlichen Ausfallrisiken ausgesetzt sind. Dabei werden Forderungen, für die bereits einzelne Wertminderungen erfasst wurden, nicht mit einbezogen (IAS 39.64). Diese **Portfoliobetrachtung** ist auch für solche Forderungen durchzuführen, die einzeln von untergeordneter Bedeutung sind (*IDW* RS HFA 9 Rz 253ff). 238

Für die Ermittlung der Kreditrisikovorsorge auf Portfolioebene sind die Finanzinstrumente auf der Basis ähnlicher Kreditrisikocharakteristika einzuteilen, welche die Fähigkeit der Schuldner zu Erfüllung ihrer Verbindlichkeiten nach den getroffenen vertraglichen Vereinbarungen beschreiben (in IAS 39.AG87). Beispiele für solche Charakteristika sind: Art des Vermögenswerts, Branche, geografischer Standort, Art der Sicherheiten, geschätzte Ausfallwahrscheinlichkeit, Verzugsstatus oder andere relevante Faktoren). Die Bildung von pauschalen Länder-Wertberichtigungen ist ebenfalls nicht zulässig. Die Berücksichtigung von Länderrisiken erfolgt über die Einbeziehung des Merkmals des geografischen Standorts bei der Portfoliobetrachtung (*IDW* RS HFA 9 Rz 258). Die Kreditrisiken sind auf Portfolioebene zu ermitteln. 239

240 Sind **Kreditsicherheiten** für Forderungen (zB für ausgereichte Darlehen oder Lieferantenforderungen) vorhanden, ist bei der Ermittlung des Wertminderungsaufwands der erzielbare Betrag für die Sicherheit zu berücksichtigen, wenn mit einer Verwertung wahrscheinlich zu rechnen ist (IAS 39.AG84).

241 (2) **Vermögenswerte der Kategorie zur Veräußerung verfügbar** (→ Rn 165):

(a) Die in der Kategorie zur Veräußerung verfügbar erfassten Finanzinstrumente werden zu jedem Bilanzstichtag mit dem beizulegenden Zeitwert bewertet. Ergeben sich Wertänderungen, werden diese Beträge nach IAS 39.55(b) grds im sonstigen Ergebnis erfasst. Es wird verlangt, dass die Ursachen für Abwertungen untersucht werden. Ergeben die Untersuchungen, dass zB nicht die allgemeine Zinsentwicklung, sondern andere, in dem Vermögenswert liegende Gründe für einen Wertverfall ursächlich sind (zB Bonitätsrisiken), ist der Unterschied zwischen den Anschaffungskosten und dem beizulegenden Zeitwert zum Stichtag **erfolgswirksam** zu buchen, abzüglich der bereits in den Vorjahren erfolgswirksam erfassten Wertminderungen. Der aufwandswirksam zu erfassende Betrag wird sodann aus dem sonstigen Ergebnis umgebucht. Dies ergibt sich aus dem Wortlaut des IAS 39.68 und dient der Klarheit der Darstellung im sonstigen Ergebnis. Für den Wertverfall müssen objektive Hinweise vorliegen. Sofern die Verlustsituation anhält, sind alle weiteren hierauf beruhenden Wertänderungen in Folgeperioden ebenfalls erfolgswirksam zu erfassen.

(b) Bei **Eigenkapitalinstrumenten,** die der Kategorie zur Veräußerung verfügbare finanzielle Vermögenswerte zugeordnet sind, besteht ebenfalls ein objektiver Hinweis auf eine Wertminderung, wenn eine signifikante oder länger anhaltende Abnahme des beizulegenden Zeitwerts unter dessen Anschaffungskosten vorliegt (IAS 39.61). Da die Begriffe im Standard nicht konkretisiert werden, haben sich in der Praxis hierzu Näherungswerte entwickelt. Signifikant ist ein Kursrückgang um 20% unabhängig von der Dauer der Wertminderung (*Kuhn/Scharpf,* 306 ff mit Verweis auf die Aufgriffsgrenzen des VFA des IDW). Eine länger anhaltende Wertminderung liegt nach hM vor, wenn der Börsenkurs mehr als sechs bis zu zwölf Monaten unterhalb der Anschaffungskosten lag. In diesem Fall ist auf den beizulegenden Zeitwert am Bilanzstichtag abzuschreiben. *Kuhn/Scharpf* (*Kuhn/Scharpf,* 307) schlagen darüber hinaus folgenden *„impairment trigger"* vor, wenn keiner der beiden Schwellenwerte einzeln erreicht wird: Rückgang des beizulegenden Zeitwerts um mehr als 15% über mehr als sechs Monate oder um 10% über mehr als neun Monate. Letztlich muss jedes Unternehmen unter Würdigung aller maßgeblichen Faktoren selbst entscheiden, wann eine signifikante und länger anhaltende Abnahme des beizulegenden Zeitwerts derartiger Instrumente vorliegt. Dies ist in einer Bilanzierungsrichtlinie festzuhalten, um Stetigkeit und Willkürfreiheit zu gewährleisten.

(c) Erfolgswirksam erfasste Wertminderungen für **Eigenkapitalinstrumente,** die als zur Veräußerung verfügbar eingestuft werden, dürfen **nicht erfolgswirksam rückgängig** gemacht werden (IAS 39.69). Steigt der beizulegende Zeitwert nach einer Wertminderung wieder an, wird diese Wertaufholung im sonstigen Ergebnis erfasst.

(d) **Wertaufholungen** bei **Schuldinstrumenten** hingegen sind nur aufgrund neuer Ereignisse zulässig und werden bis zur Höhe der zuvor vorgenommenen Wertminderung erfolgswirksam erfasst (IAS 39.70).

242 Darüber hinaus gibt es eine **Sonderregelung für Eigenkapitalinstrumente,** für die es keine quotierten Preise auf einem aktiven Markt für identische Fi-

nanzinstrumente gibt **und Derivate** auf solche Eigenkapitalinstrumente oder Derivate, die nur durch Andienung dieser Eigenkapitalinstrumente erfüllt werden können: Gem IAS 39.66 sind diese Eigenkapitalinstrumente nicht mit dem beizulegenden Zeitwert bewertbar, da dieser in Ermangelung einer Notierung nicht verlässlich ermittelt werden kann. In diesem Ausnahmefall ist eine Bewertung zu Anschaffungskosten *(at cost)* zulässig (IAS 39.AG80f). Für den Werthaltigkeitstest bzw für die Bestimmung der Wertminderung ist der Zahlungsstrom zu schätzen und mit dem jeweiligen aktuellen Marktzins zu diskontieren, der für vergleichbare Vermögenswerte gilt. Ergibt sich ein Abwertungsbedarf bzw liegt dieser Barwert unter dem Buchwert des Finanzinstruments am Bewertungsstichtag, ist die Differenz aufwandswirksam zu buchen (IAS 39.66). **Wertaufholungen** bei späteren Wertänderungen sind nach IAS 39.66 untersagt.

VI. Derivate

Es wird auf → § 23 Rn 1 ff dieses Handbuchs verwiesen. 243

(einstweilen frei) 244

VII. Warenkontrakte nach IAS 39

Verträge über **nicht-finanzielle Posten** fallen grds nicht in den Regelungs- 245
bereich des IAS 39. Wenn allerdings die Vertragsbedingungen so ausgestaltet sind, dass diese eine Annäherung an Finanzinstrumente erfahren haben, können diese Verträge nach IAS 39 zu bilanzieren sein. Nicht in diesen Bereich fallen solche Verträge, die nahezu ausschließlich dem Eigenbedarf dienen (*own use exemption,* vgl IAS 39.5). Ein solcher Fall liegt vor, wenn der Ausgleich in bar oder in anderen Finanzinstrumenten oder durch den Tausch von Finanzinstrumenten erfolgt (IAS 39.5).

Als Warenkontrakte kommen zum einen klassische **Warenterminkontrakte** 246
(*commodity-futures;* zB auf Kaffee, Getreide, Strom, Metalle) und zum anderen **Verträge mit Optionscharakter** (zB auf Waren, Sachanlagen oder immaterielle Vermögenswerte (sämtliche nicht-finanziellen Vermögenswerte) in Betracht. Zu den Warenkontrakten zählen vertragliche Vereinbarungen dann, wenn

(1) die vertraglichen Vereinbarungen es jedem Vertragspartner gestatten, den Vertrag durch Ausgleich in bar oder einem anderen Finanzinstrument bzw durch Tausch eines Finanzinstruments abzuwickeln (IAS 39.6(a)).
(2) die vertraglichen Vereinbarungen die Möglichkeit zu einem Ausgleich in bar oder einem anderen Finanzinstrument bzw durch Tausch von Finanzinstrumenten nicht explizit vorsehen, jedoch das Unternehmen ähnliche Verträge für gewöhnlich dergestalt erfüllt (sei es durch den Abschluss gegenläufiger Verträge oder durch den Verkauf des Vertrags vor dessen Ausübung oder Verfall (IAS 39.6(b));
(3) das Unternehmen bei ähnlichen Verträgen den Vertragsgegenstand für gewöhnlich annimmt und ihn kurz nach Anlieferung wieder veräußert, um Gewinne aus der kurzfristigen Preisschwankung oder Händlermarge zu erzielen (IAS 39.6(c)) und
(4) der nicht finanzielle Posten, der Gegenstand des Vertrags ist, jederzeit in Zahlungsmittel umgewandelt werden kann.

Bei der Beurteilung dieser Verträge wird im Wesentlichen auf die **Unter-** 247
nehmensabsicht, die Lieferung aus dem Vertragsverhältnis physisch entgegenzunehmen, und auf die vergangene **Unternehmenspraxis** bei der Abwicklung

solcher Verträge abgestellt (IAS 39.6). Damit werden Warenkontrakte, die auf kurzfristige Preisunterschiede abzielen, als Derivate in den Anwendungsbereich des IAS 39 einbezogen (IAS 39.6).

248 Wickelt ein Unternehmen sowohl Verträge ab, die auf physische Lieferung gerichtet sind, als auch Verträge, die durch Nettoausgleich erfüllt werden, kommt der Handhabung bzw internen Abwicklung dieser Geschäfte ebenfalls eine große Bedeutung zu. Nur wenn das Unternehmen eine strikte Trennung der Transaktionsarten vornimmt, zB durch das Führen von unterschiedlichen Büchern, kann die *own use exemption* für die Verträge, die eine physische Lieferung vorsehen, in Anspruch genommen werden.

249 **Warenkontrakte** im Anwendungsbereich des IAS 39 sind nach den Regelungen der Kategorie erfolgswirksam zum beizulegenden Zeitwert bewertet zu bilanzieren. Die Folgebewertung bis zur Erfüllung oder dem Auslaufen erfolgt mit dem beizulegenden Zeitwert. Der beizulegende Zeitwert zB des Warenterminkontrakts ergibt sich aus einem Vergleich des (vereinbarten) Terminpreises mit dem Börsen-/Marktpreis zum Bilanzstichtag.

250 Auf Stillhalterpositionen (*short positions,* geschriebene Optionen) in Bezug auf den Kauf oder Verkauf eines nicht-finanziellen Postens, welche durch Ausgleich in bar oder anderen Finanzinstrumenten bzw durch den Tausch von Finanzinstrumenten gem IAS 39.6(a) oder IAS 39.6(d) erfüllt werden können, ist IAS 39 anzuwenden. Die ***own use exemption*** nach IAS 39.5 kann hier nicht zur Anwendung kommen (IAS 39.7).

251 Ist bei **Optionsverträgen,** die zB in Zusammenhang mit dem Verkauf von Sachanlagen geschlossen werden, von einer physischen Lieferung auszugehen, ist der Kauf-/Verkaufsvertrag mit Option nicht in den Anwendungsbereich des IAS 39 eingeschlossen und Ausbuchung sowie Ansatz der Sachanlage sind ausschließlich nach IAS 16 zu beurteilen; zur Beurteilung von Optionen im Rahmen von Leasingverträgen → § 22 Rn 51 ff.

VIII. Bilanzierung von Sicherungsbeziehungen

252 IAS 39 enthält Regelungen über Sicherungsgeschäfte mit **Finanzinstrumenten** *(hedge accounting).* Neben derivativen Sicherungsinstrumenten können auch nicht-derivative Finanzinstrumente bzw finanzielle Vermögenswerte oder finanzielle Verbindlichkeiten eingesetzt werden, jedoch nur, wenn diese ein Währungsrisiko absichern (IAS 39.72). Hierzu wird auf die Ausführungen in → § 23 Rn 59 ff verwiesen.

253–255 *(einstweilen frei)*

F. Ausweis von Finanzinstrumenten

I. Ausweis

256 Eine **Mindestgliederung** für die Bilanz enthält IAS 1.54. IAS 1.60 fordert darüber hinaus den getrennten Ausweis von kurz- und langfristigen Vermögenswerten und Schulden.

257 Die Unterscheidung zwischen **lang- und kurzfristigen Vermögenswerten** erfolgt nach den Regeln von IAS 1.60 ff. Eine weitere Untergliederung der **finanziellen Vermögenswerte** nach Art, Verwendung oder nach Liquidierbarkeit ist in der Bilanz erforderlich, wenn diese Darstellung zum Verständnis der Vermögens-

und Finanzlage notwendig (relevant) ist (IAS 1.55). Der Einzelausweis von Kapitalanlagen gilt sowohl für Konzern- als auch für Einzelabschlüsse.

Die Gliederungstiefe einer Bilanz wird von den Anforderungen der einzelnen IFRS sowie von Größe, Art und Funktion der einbezogenen Beträge bestimmt (IAS 1.78). 258

Für die Entscheidung über den Detaillierungsgrad der Bilanz bzw Aufnahme weiterer Posten sind folgende Kriterien heranzuziehen (IAS 1.58):
(1) Art und Liquidität von Vermögenswerten,
(2) Beträge, Art und Fälligkeitszeitpunkt von Schulden und
(3) Funktion der Vermögenswerte im Unternehmen.

Zur Gliederung des **Eigenkapitals** wird auf → § 12 Rn 23 ff verwiesen.

II. Saldierung

IAS 32.42 sieht als Ausnahme vom grds **Saldierungsverbot** eine Verrechnungspflicht von finanziellen Vermögenswerten und finanziellen Verbindlichkeiten vor, sofern ein Unternehmen zum gegenwärtigen Zeitpunkt: 259
(1) einen einklagbaren Rechtsanspruch hat, die erfassten Beträge gegeneinander aufzurechnen (IAS 32.42(a)), und
(2) beabsichtigt, entweder den Ausgleich auf Nettobasis herbeizuführen, oder gleichzeitig mit der Verwertung des betreffenden Vermögenswerts die dazugehörige Verbindlichkeit abzulösen (IAS 32.42(b)).

Die Voraussetzungen müssen kumuliert vorliegen. Danach reicht ein rechtswirksam **durchsetzbarer Anspruch** auf Verrechnung nicht aus, wenn die entspr Absicht fehlt.

Die Voraussetzungen für einen zum gegenwärtigen Zeitpunkt einklagbaren Rechtsanspruch sind:
(1) Nichtbestehen einer Abhängigkeit des Rechts von einem künftigen Ereignis und
(2) rechtliche Durchsetzbarkeit, sowohl im normalen Geschäftsbetrieb als auch bei Zahlungsausfall oder Insolvenz aller Parteien (IAS 32.AG38C).

Neben den einzelvertraglichen Vereinbarungen sind die maßgeblichen Rechtsvorschriften zu beachten.

Für die Beurteilung des gegenwärtigen Zeitpunkts sind die Umstände am Bilanzstichtag zugrunde zu legen. Das Aufrechnungsrecht muss am Bilanzstichtag bedingungslos (auch im Fall einer Insolvenz) durchsetzbar sein. Die Beurteilung der Gleichzeitigkeit ist idR unproblematisch, sofern die Aufrechnung zwischen zwei Vertragsparteien bilateral erfolgt. Darüber hinaus werden Kriterien definiert, nach denen eine Saldierung vorzunehmen ist, wenn der Erfüllungsprozess durch eine zentrale Partei und nicht durch eine unmittelbare Vertragspartei vorgenommen wird. Saldierungen im Rahmen von Globalverrechnungsvereinbarungen *(master netting agreements)* sind nur zulässig, wenn die Aufrechnung unbedingt erfolgt. Sollte eine Aufrechnung nur unter bestimmten Bedingungen, wie bspw im Fall des Verzugs des Vertragspartners möglich sein, wäre eine Saldierung nicht zulässig.

Die Voraussetzung der erforderlichen Absicht, eine Verrechnung vorzunehmen, kann auch dann als erfüllt angesehen werden, wenn das Unternehmen einen Nettoausgleich zwar im Vorhinein nicht vereinbart hat, ein Ausgleich der Beträge jedoch dergestalt vorgenommen wurde, dass eine Äquivalenz mit einem Nettoausgleich gegeben ist. Dies ist bei den folgenden Ausgestaltungen des Verrechnungsmechanismusses der Fall: 260

(1) Ausschluss des Kredit- und Liquiditätsrisikos bzw dessen Bestehen in nur unwesentlicher Höhe;
(2) die Abwicklung der finanziellen Vermögenswerte und Verbindlichkeiten wird in einem Schritt, innerhalb eines Prozesses vorgenommen (*IASB* Agenda Paper 5A, Juni 2011).

Diese **Voraussetzungen** sind in den folgenden Fällen im Allgemeinen **nicht erfüllt** (IAS 32.48):
(1) wenn mehrere Finanzinstrumente (bei denen es sich jeweils um einzelne Vertragsverhältnisse handelt) kombiniert werden, um die Merkmale eines einzelnen Finanzinstruments (eines „synthetischen Finanzinstruments") nachzubilden,
(2) wenn sich aus Finanzinstrumenten mit gleichem Risikoprofil, aber unterschiedlichen Gegenparteien, finanzielle Vermögenswerte und finanzielle Verbindlichkeiten ergeben,
(3) wenn finanzielle oder andere Vermögenswerte für finanzielle Verbindlichkeiten als Sicherheiten ohne Rückgriffsmöglichkeit verpfändet wurden,
(4) wenn finanzielle Vermögenswerte von einem Schuldner in ein Treuhandverhältnis gegeben werden, um eine Verpflichtung zu begleichen, ohne dass die Vermögenswerte vom Gläubiger zum Ausgleich der Verbindlichkeit akzeptiert worden sind (bspw eine Tilgungsfondsvereinbarung) oder
(5) wenn bei Verpflichtungen, die aus Schadensereignissen entstehen, zu erwarten ist, dass diese durch Ersatzleistungen von Dritten beglichen werden, weil aus einem Versicherungsvertrag ein entspr Entschädigungsanspruch abgeleitet werden kann.

Sachlich ist die Saldierung auf die Höhe der verrechenbaren Beträge beschränkt. Bedingte Ansprüche zur Aufrechnung, die etwa für den Fall der Zahlungsunfähigkeit zwischen den Vertragsparteien vereinbart sind, reichen nicht aus.

261 Schließt ein Unternehmen mit einer Vertragspartei mehrere Geschäfte in Finanzinstrumenten ab, erfolgt dies in der Praxis regelmäßig auf Basis von Globalverrechnungsvereinbarungen. Bei Nichtzahlung oder Kündigung für auch nur ein unter diese Globalverrechnungsvereinbarung fallendes Finanzinstrument, ist die sofortige Aufrechnung bzw Abwertung aller unter den Rahmenvertrag fallenden Finanzinstrumente die Folge. Ziel ist die Absicherung gegen Verluste, die daraus resultieren, dass eine Vertragspartei ihren Verpflichtungen nicht nachkommt. Solche Globalverrechnungsvereinbarungen stellen nur bedingte Ansprüche auf Verrechnung dar, wenn nicht die Verrechnungsvoraussetzungen gem IAS 32.42 ebenfalls erfüllt werden (IAS 32.50).

Eine direkte **Aufrechnung** kann durch den gleichzeitigen Austausch von Zahlungsströmen von Finanzinstrumenten mit einem Kontrahenten oder über ein Abrechnungssystem einer Clearingstelle erfolgen. Voraussetzung ist, dass ein einziger Zahlungsmitteltransfer stattfindet. Werden zwei separate Zahlungen abgewickelt, bei denen für das Unternehmen jeweils ein Kredit- und Liquiditätsrisiko besteht, ist keine Abwicklung der Zahlung zum selben Zeitpunkt gegeben. Folglich muss im Abrechnungssystem eine simultane Aufrechnung der finanziellen Vermögenswerte und Verbindlichkeiten stattfinden. Es darf sich auch keine Partei dieser Aufrechnung und dem verpflichtenden Ausgleichsanspruch entziehen können. Im Fall der Hinterlegung von Sicherheiten müssen die Regelungen des Abwicklungsmechnanismusses analog greifen und durch dieselbe Stelle erbracht werden (IAS 32.48, IAS 32.AG38F).

262 Für die **Saldierung von Posten im erfolgswirksamen Teil** der **Gesamtergebnisrechnung** bzw der **gesonderten GuV** (sofern erstellt) enthalten IAS 32 und IAS 39 keine gesonderten Regelungen. Gewinne und Verluste aus einer

Gruppe ähnlicher Geschäftsvorfälle werden saldiert dargestellt, wie zB Gewinne und Verluste aus Währungsumrechnung oder aus Finanzinstrumenten, die zu Handelszwecken gehalten werden (IAS 1.35). Unter einer Saldierung versteht der IASB den Ausweis eines oder mehrerer finanzieller Vermögenswerte und finanzieller Verbindlichkeiten als einen Nettobetrag in der Bilanz.

Voraussetzung für die Saldierung ist ein unbedingter, rechtlich durchsetzbarer Aufrechnungsanspruch zum gegenwärtigen Zeitpunkt, auch bei Insolvenz, einer beteiligten Partei (IAS 32.42(a)). Zudem muss das bilanzierende Unternehmen beabsichtigen, diese Aufrechnung (Ausgleich des finanziellen Vermögenswerts und der finanziellen Verbindlichkeiten auf Nettobasis) tatsächlich vorzunehmen (IAS 32.42(b)). Des Weiteren setzt eine Saldierung voraus, dass die erwarteten künftigen Zahlungsmittelzuflüsse bzw -abflüsse transparent bilanziell nachgewiesen werden können. Die Änderung der Saldierungsregelungen sieht eine Saldierung allgemein nur dann vor bzw hält diese sogar für geboten, wenn das bilanzierende Unternehmen einen Anspruch auf Erhalt des Nettobetrags hat bzw wenn es die Verpflichtung lediglich zum Nettobetrag leisten muss. Ein **Saldierungswahlrecht** besteht ausdrücklich **nicht.** 263

(einstweilen frei) 264–269

G. Angaben im Anhang

Finanzinstrumente müssen gem IFRS 7 „Finanzinstrumente: Angaben“ im **Anhang ausführlich** und **sehr differenziert erläutert** werden. Einen Überblick über die Anhangangaben zu Finanzinstrumenten gibt die Anhangcheckliste (Anlage I) dieses Kommentars. IFRS 7 besteht aus dem **eigentlichen Standard,** einem Anhang A, den **Begriffsbestimmungen** sowie einem Anhang B, der **Anwendungsleitlinien** enthält. Diese Anwendungsleitlinien *(implementation guidance)* gehören nicht zu dem von der EU übernommenen Standard, sind aber für das Verständnis und die Umsetzung des Standards hilfreich. 270

I. Anwendungsbereich des IFRS 7 in Bezug auf IAS 39

IFRS 7 ist von **allen Unternehmen** anzuwenden. **Ziel** der Anhangangaben ist es, im Jahresabschluss die Bedeutung der Finanzinstrumente für die Finanzlage und die Ertragskraft des Unternehmens sowie die Art und das Ausmaß der Risiken, die sich aus Finanzinstrumenten ergeben und denen das Unternehmen während des Berichtszeitraums und zum Berichtszeitpunkt ausgesetzt ist, sowie die Art und Weise der Handhabung dieser Risiken herauszustellen (IFRS 7.1). 271

Der Standard ist grds auf **alle Arten von Finanzinstrumenten** anzuwenden. Einige Ausnahmen hiervon werden in IFRS 7.3 aufgelistet (zB Rechte und Pflichten eines Arbeitgebers aus Altersversorgungsplänen, auf die IAS 19 anzuwenden ist; Finanzinstrumente, Verträge und Verpflichtungen im Zusammenhang mit anteilsbasierten Vergütungen, auf die IFRS 2 anzuwenden ist (davon ausgenommen sind die in den Anwendungsbereich von IAS 39.5 ff fallenden Verträge). Explizit gilt der Standard für angesetzte und nicht angesetzte Finanzinstrumente (zB Kreditzusagen) sowie für Verträge über den Kauf und Verkauf nicht-finanzieller Posten, die unter IAS 39 fallen (→ Rn 41 ff; IFRS 7.4 f). In Teilbereichen geht IFRS 7 über den Anwendungsbereich des IAS 39 und IAS 32 hinaus, so zB bei den verpflichtenden Angaben zu Finanzierungs-Leasingverhältnissen.

Der Umfang der Offenlegung nach IFRS 7 wird von dem Umfang der Nutzung von Finanzinstrumenten durch ein Unternehmen und den für das jeweilige 272

Unternehmen damit verbundenen Risiken bestimmt. Der IASB fordert, dass Unternehmen die nur wenige Finanzinstrumente und folglich annahmegemäß geringe Risiken daraus haben, wenige Informationen in Bezug auf Finanzinstrumente offenlegen müssen. Des Weiteren stellt der IASB fest, dass viele der in IFRS 7 geforderten Angaben auf der Basis der internen Berichterstattung an das Management in Schlüsselpositionen zu generieren sind. Diese Tatsache kann als Hilfestellung für die Beurteilung des Berichtsumfangs herangezogen werden (IFRS 7.BC10). Da Angaben zu allen Finanzinstrumenten erforderlich sind, kann nicht mit Verweis auf Wesentlichkeitsgründe auf die Angabepflichten nach IFRS 7 verzichtet werden. Auch ein fehlendes bzw unzureichendes **Managementinformationssystem** ist kein Grund, auf Angaben zu verzichten.

Wenn die Angaben nach IFRS 7 den Einfluss bestimmter Transaktionen, Ereignisse oder Bedingungen nicht hinreichend wiedergeben, sind **zusätzliche,** über IFRS 7 hinausgehende Angaben zu machen (IFRS 7.IG6 iVm IAS 1.17(c)). Es ist davon auszugehen, dass **jedes Unternehmen** von den Angabepflichten des IFRS 7 **betroffen** ist.

II. Kategorien und Klassen gem IFRS 7

273 Zunächst wird in IFRS 7 zwischen **Kategorien und Klassen** unterschieden. **Kategorien** entspr IFRS 7 sind für **Vermögenswerte** die zuvor beschriebenen Bewertungszuordnungen: (1) erfolgswirksam zum beizulegenden Zeitwert bewertet mit den Unterkategorien zu Handelszwecken gehaltene Finanzinstrumente bzw erfolgswirksam zum beizulegenden Zeitwert designiert, (2) zur Veräußerung verfügbar, (3) bis zur Endfälligkeit gehalten und (4) Kredite und Forderungen sowie für **Verbindlichkeiten:** (1) erfolgswirksam zum beizulegenden Zeitwert bewertete Verbindlichkeiten, wobei diejenigen, die beim erstmaligen Ansatz als solche eingestuft werden, und die, welche nach IAS 39 als zu Handelszwecken gehalten eingestuft werden, getrennt voneinander aufzuführen sind und (2) zu fortgeführten Anschaffungskosten bewertete Verbindlichkeiten (IFRS 7.8).

274 **Klassen** sind vom Unternehmen selbst zu bestimmen, wobei die Einordnung der Finanzinstrumente in Klassen so zu erfolgen hat, dass diese in Bezug auf die zu veröffentlichenden Informationen angemessen sind und den Merkmalen dieser Finanzinstrumente Rechnung tragen. Sie werden gebildet nach den Charakteristika der Finanzinstrumente und der Art der vermittelten Information (IFRS 7.B1).

Die Angaben haben so zu erfolgen, dass dem Bilanzleser eine **Überleitung** von den ausgewiesenen Klassen zu den jeweiligen Bilanzposten möglich ist (IFRS 7.6).

275 *(einstweilen frei)*

III. Angaben zur Bilanz

1. Buchwerte und beizulegende Zeitwerte

a) Angaben nach IAS 39

276 Gem IFRS 7.8 sind für jede der in IAS 39.9 definierten **Kategorien** von Finanzinstrumenten sowie für finanzielle Verbindlichkeiten die **Buchwerte in der Bilanz oder im Anhang** anzugeben. Hierbei ist bei der Angabe hinsichtlich der erfolgswirksam zum beizulegenden Zeitwert bewerteten Finanzinstrumente zwischen den zu Handelszwecken gehaltenen und den designierten Finanzinstrumenten zu unterscheiden (IFRS 7.8(a) und (e)). Die Angabe der Kategorien in der Bilanz ist ohne zusätzliche Darstellungen kaum praktikabel, weil die Glie-

derungsvorschriften des IAS 1 nicht kongruent zu den Kategorien sind. Insofern kommt grds nur die Angabe im Rahmen des Anhangs in Betracht.

Für jede der nach IFRS 7.6 gebildeten Klassen von finanziellen Vermögenswerten und finanziellen Verbindlichkeiten ist gem IFRS 7.25 der nach den Regelungen in IAS 39 ermittelte **beizulegende Zeitwert** so anzugeben, dass ein Vergleich mit dem in der Bilanz ausgewiesenen Buchwert möglich ist. Eine Zusammenfassung von Klassen ist nur insoweit zulässig, als auch in der Bilanz ein saldierter Ausweis der Buchwerte erfolgt (IFRS 7.26). 277

Da Bilanzposten, die finanzielle Vermögenswerte und finanzielle Verbindlichkeiten beinhalten, zumeist unterschiedliche Klassen finanzieller Vermögenswerte und finanzielle Verbindlichkeiten umfassen, kann diese Anforderung in aller Regel nur über eine **Matrix-Darstellung** gelöst werden, indem entweder die Klassen auf die Bilanzposten oder umgekehrt, die Bilanzposten auf die Klassen übergeleitet werden. Letzteres ist die in der bisherigen Praxis am häufigsten vorzufindende Darstellungsform.

	Wertansatz Bilanz nach IAS 39						
	Bewertungskategorie IAS 39	Buchwert zum 31.12.0X (T€)	fortgeführte Anschaffungskosten (T€)	beizulegender Zeitwert erfolgsneutral (T€)	beizulegender Zeitwert erfolgswirksam (T€)	nicht von IFRS 7 erfasste Finanzinstrumente (T€)	beizulegender Zeitwert zum 31.12.0X (T€)
Aktiva							
Finanzanlagen							
davon langfristige Wertpapiere	zur Veräußerung verfügbar						
davon sonstige Ausleihungen	Kredite und Forderungen						
Langfristige sonstige finanzielle Vermögenswerte	Kredite und Forderungen						
Forderungen	Kredite und Forderungen						
Sonstige finanzielle Vermögenswerte	Kredite und Forderungen						
Zahlungsmittel und Zahlungsmitteläquivalente	Kredite und Forderungen						
Passiva							
langfristige Finanzverbindlichkeiten	finanzielle Verbindlichkeiten zu fortgeführten Anschaffungskosten						

		Wertansatz Bilanz nach IAS 39					
	Bewertungskategorie IAS 39	Buchwert zum 31.12.0X (T€)	fortgeführte Anschaffungskosten (T€)	beizulegender Zeitwert erfolgsneutral (T€)	beizulegender Zeitwert erfolgswirksam (T€)	nicht von IFRS 7 erfasste Finanzinstrumente (T€)	beizulegender Zeitwert zum 31.12.0X (T€)
langfristige sonstige finanzielle Verbindlichkeiten (Finanzierungsleasing)	Finanzielle Verbindlichkeiten zu fortgeführten Anschaffungskosten						
kurzfristige Finanzverbindlichkeiten	Finanzielle Verbindlichkeiten zu fortgeführten Anschaffungskosten						
Verbindlichkeiten aus Lieferungen und Leistungen	Finanzielle Verbindlichkeiten zu fortgeführten Anschaffungskosten						
sonstige finanzielle Verbindlichkeiten	Finanzielle Verbindlichkeiten zu fortgeführten Anschaffungskosten						

278 Darüber hinaus sind nach IFRS 7.27 für **jede Klasse von Finanzinstrumenten** Angaben zu machen über die bei der Ermittlung des beizulegenden Zeitwerts **angewandten Methoden** sowie – bei Verwendung von Bewertungsverfahren – die diesen **zugrundeliegenden Annahmen.** Bei Änderungen der Bewertungsmethoden sind diese zu erläutern und die Gründe hierfür anzugeben.

Wie IFRS 7.27B schon seit langem forderte, sieht auch IFRS 13 im Anhang eine Berichterstattung über die Bewertung von Finanzinstrumenten zum beizulegenden Zeitwert mittels einer dreistufigen Hierarchie zur Ermittlung der beizulegenden Zeitwerte vor:

(1) ***level* 1:** Börsenkurse aus aktiven Märkten für gleichartige Vermögenswerte oder Verbindlichkeiten,

(2) ***level* 2:** beizulegende Zeitwerte, die auf Basis von beobachtbaren Inputdaten für Vermögenswerte oder Verbindlichkeiten ermittelt werden, die entweder direkt (auf Basis von Preisen) oder indirekt (abgeleitet von Preisen) ermittelt werden,

(3) ***level* 3:** beizulegende Zeitwerte von Vermögenswerten und Verbindlichkeiten, die nicht auf beobachtbaren Marktdaten basieren (unbeobachtbare Inputdaten).

Hierauf basierend sind im Rahmen einer tabellarischen Darstellung Angaben zur Ermittlung der beizulegenden Zeitwerte zu machen, außer eine andere Darstellungsform ist hierfür geeigneter (IFRS 7.IG13A und IFRS 7.IG.13B). Anzugeben sind

(1) der *level* der Bewertung zum beizulegenden Zeitwert nach der oben dargestellten Hierarchie,
(2) **wesentliche** Änderungen von Bewertungen zum beizulegenden Zeitwert, bei denen *level* 1-Bewertungen durch *level* 2-Bewertungen ersetzt werden und umgekehrt, unter Angabe der Gründe. Dabei ist zu trennen zwischen Angaben zu Zu- und Abgängen eines Bewertungslevels. Wesentlichkeit bemisst sich nach dem Ergebnis und der Bilanzsumme; sofern Änderungen im sonstigen Ergebnis erfasst werden, nach dem Eigenkapital.
(3) Folgende zusätzliche Angaben sind für *level* 3-Bewertungen erforderlich:
   (a) sämtliche Gewinne und Verluste, die erfolgswirksam erfasst wurden, und den Posten in der Gesamtergebnisrechnung oder ggf einer separaten GuV (sofern erstellt), in denen diese Gewinne und Verluste ausgewiesen werden; die in der GuV (sofern erstellt) erfasste Summe der Gewinne oder Verluste samt einer Beschreibung, an welcher Stelle der Darstellung/-en in der GuV (sofern erstellt) und sonstigem Ergebnis sie ausgewiesen sind,
   (b) sämtliche Gewinne und Verluste, die im sonstigen Ergebnis erfasst werden,
   (c) Verkäufe, Käufe, Ausgaben und Glattstellungen jeweils in einer getrennten Darstellung sowie
   (d) Zu- und Abgänge bei *level* 3-Bewertungen einschließlich der jeweiligen Gründe. Wesentliche Zu- oder Abgänge sind gesondert und einzeln anzugeben.
(4) Sämtliche Gewinne und Verluste, die erfolgswirksam erfasst wurden für Vermögenswerte und Verbindlichkeiten, die am Jahresende bilanziert werden, und den Posten in der Gesamtergebnisrechnung oder ggf einer separaten GuV (sofern erstellt), in dem diese Gewinne und Verluste ausgewiesen werden.
(5) Sofern die Veränderung von Inputdaten für *level* 3-Bewertungen unter Verwendung grds möglicher Annahmen zu einer wesentlichen Veränderung des beizulegenden Zeitwerts führen würde, ist dies anzugeben und die Auswirkung dieser Veränderung darzustellen. Dabei ist die Berechnungsmethode offenzulegen. Wesentlichkeit bemisst sich nach dem Ergebnis, der Bilanzsumme oder, sofern die Veränderungen im sonstigen Ergebnis erfasst werden, nach dem Eigenkapital.

Neben diesen zusätzlichen Angaben werden Angaben zum **Liquiditätsrisiko** gefordert. In diesem Zusammenhang sind die Fälligkeiten für nicht derivative finanzielle Verbindlichkeiten (einschließlich Finanzgarantien) getrennt von den Fälligkeiten für derivative finanzielle Verbindlichkeiten darzustellen. Ebenso ist die Beschreibung, wie das Unternehmen das Liquiditätsrisiko steuert, zu trennen nach derivativen und nicht derivativen finanziellen Verbindlichkeiten.

Wird der beizulegende Zeitwert aufgrund eines **nicht aktiven Markts** im Rahmen der Ersterfassung unter Zugrundelegung von Bewertungsverfahren bestimmt, kann es zu Differenzen zwischen dem beizulegenden Zeitwert und dem nach einer Bewertungstechnik ermittelten Wert kommen *(day one profit)*. In diesen Fällen ist nach IFRS 7.28 für jede Klasse von Finanzinstrumenten **279**
(1) die Rechnungslegungsmethode anzugeben, nach der entspr Differenzen erfolgswirksam amortisiert werden, um der Änderung von Faktoren Rechnung zu tragen, die Marktteilnehmer bei der Preisbildung berücksichtigen würden, und
(2) der Gesamtbetrag der noch nicht amortisierten Differenzbeträge zum Beginn und Ende der Berichtsperiode anzugeben sowie eine Überleitungsrechnung zu erstellen hinsichtlich der Änderungen in der Bilanz aufgrund dieser Differenz. Des Weiteren ist zu berichten über die Gründe für die Schlussfolgerungen des Unternehmens, dass der Transaktionspreis nicht der beste Nachweis

für den beizulegenden Zeitwert sei, sowie eine Beschreibung der Nachweise, die den beizulegenden Zeitwert belegen.

280 **Angaben zum beizulegenden Zeitwert** sind nach IFRS 7.29 **nicht erforderlich,** wenn

(1) der Buchwert eine vernünftige Annäherung an den beizulegenden Zeitwert darstellt (zB bei **kurzfristigen Forderungen und Verbindlichkeiten aus Lieferungen und Leistungen**),

(2) es sich um **Eigenkapitalinstrumente** handelt, für die kein Preis auf einem aktiven Markt besteht (und mit diesen verbundene Derivate) und die nach den Regelungen in IAS 39 zu ihren Anschaffungskosten angesetzt werden, da ein beizulegender Zeitwert nicht zuverlässig ermittelt werden kann und, wenn

(3) es sich um einen **Vertrag iSv IFRS 4** handelt, der eine ermessensabhängige Überschussbeteiligung vorsieht, deren beizulegender Zeitwert nicht zuverlässig bestimmt werden kann.

281 In den Fällen von IFRS 7.29(b) und (c) sieht IFRS 7.30 **ergänzende Angaben** vor, die dem Informationsempfänger ein Urteil über mögliche Differenzen zwischen dem Buchwert und dem beizulegenden Zeitwert ermöglichen.

Zu diesen Angaben gehören

(1) der Umstand, dass keine Angabe des beizulegenden Zeitwerts erfolgt, da dieser nicht verlässlich bestimmt werden kann,

(2) eine Beschreibung der Finanzinstrumente und deren Buchwert sowie eine Erklärung, warum deren beizulegender Zeitwert nicht zuverlässig bestimmt werden kann,

(3) Informationen über den für diese Instrumente bestehenden Markt sowie

(4) Informationen, ob bzw wie eine Veräußerung vorgesehen ist.

(5) die Tatsache, dass Finanzinstrumente, deren beizulegender Zeitwert früher nicht verlässlich bestimmt werden konnte, ausgebucht werden, deren Buchwerte zum Zeitpunkt der Ausbuchung und den Betrag des realisierten Gewinns oder Verlusts.

b) Angaben nach IFRS 13

282 Ein Unternehmen hat insbes die **Informationen** bereitzustellen, die es seinen Abschlussadressaten ermöglichen,

(1) für die zum beizulegenden Zeitwert bewerteten Vermögenswerte und Verbindlichkeiten (regelmäßig/wiederkehrend oder einmalig) die Bewertungsverfahren sowie die zur Entwicklung dieser Bewertungen verwendeten Eingangsparameter und

(2) für die Bewertungen zum beizulegenden Zeitwert (regelmäßig/wiederkehrend) unter Verwendung bedeutender nicht-beobachtbarer Eingangsparameter (*level* 3) die Auswirkung der Bewertungen auf die GuV (sofern erstellt) oder auf das sonstige Ergebnis der Periode einzuschätzen (IFRS 13.91).

(3) Bei der **Offenlegung** ist Folgendes zu beachten (IFRS 13.92):

  (a) der notwendige Detaillierungsgrad zur Erfüllung der Angabepflichten,

  (b) wie viel Gewicht auf jede der verschiedenen Vorschriften gelegt wird,

  (c) wie viel an Zusammenfassungen oder Aufgliederungen vorgenommen wird, und

  (d) ob Abschlussadressaten zusätzliche Informationen benötigen, um die angegebenen quantitativen Informationen beurteilen zu können.

Sofern die von IFRS 13 oder einem anderen Standard geforderten Angaben **nicht ausreichend** sind, um den Abschlussadressaten eine vorstehend beschriebene Einschätzung zu erlauben, kann es ggf erforderlich sein, dass ein Unternehmen weitere Informationen offenzulegen hat.

Im Anhang sind **mindestens** die folgenden Informationen für jede Klasse von Vermögenswerten und Verbindlichkeiten anzugeben, die in der Bilanz zum beizulegenden Zeitwert bewertet werden (IFRS 13.93): 283

(1) **Bewertung** zum beizulegenden Zeitwert am Abschlussstichtag und für die regelmäßig/wiederkehrend oder einmalige Bewertungen zum beizulegenden Zeitwert; und bei einer einmaligen Bewertung zum beizulegenden Zeitwert die Gründe dafür. Regelmäßige bzw wiederkehrende Bewertungen zum beizulegenden Zeitwert sind solche, die andere IFRS für die Bewertung im Abschluss für das Ende der Berichtsperiode fordern oder erlauben. Bei einmaligen Bewertungen zum beizulegenden Zeitwert handelt es sich um eine Bewertung zum beizulegenden Zeitwert im Abschluss, die von anderen IFRS beim Eintritt bestimmter Umstände gefordert oder erlaubt werden (IFRS 13.93(a)).

(2) **Hierarchiestufe,** der die Bewertungen zum beizulegenden Zeitwert (regelmäßig/wiederkehrend oder einmalig) insgesamt zugeordnet werden (*level* 1, 2 oder 3, IFRS 13.93(b));

(3) für am Anschlussstichtag gehaltene, regelmäßig bzw wiederkehrend zum beizulegenden Zeitwert bewertete Vermögenswerte und Verbindlichkeiten die Beträge aller **Umgliederungen** zwischen *level* 1 und *level* 2 der Hierarchie, die Gründe für diese Umgliederungen und die Methode des Unternehmens zur Bestimmung, wann Umgliederungen zwischen den *levels* als stattgefunden gelten. Umgliederungen in die einzelnen *levels* sind gesondert von Umgliederungen aus den einzelnen *levels* anzugeben und zu erläutern (IFRS 13.93(c));

(4) für Finanzinstrumente, die *level* 2 und *level* 3 zugeordnet sind, eine **Beschreibung des (der) Bewertungsverfahren(s)** und die bei der (regelmäßig/wiederkehrend oder einmalig) Ermittlung des beizulegenden Zeitwerts verwendeten Eingangsparameter. Bei einer Änderung der Bewertungstechnik (zB Änderung von einer Marktmethode in eine Kapital- bzw Barwertmethode oder die Verwendung eines zusätzlichen Bewertungsverfahrens) sind diese Änderungen anzugeben und zu begründen. Für Bewertungen zum beizulegenden Zeitwert, die dem *level* 3 zugeordnet sind, hat ein Unternehmen quantitative Informationen über die bei der Ermittlung des beizulegenden Zeitwerts verwendeten bedeutenden nicht-beobachtbaren Eingangsparameter anzugeben. Es müssen keine quantitativen Informationen erzeugt werden, um diese Angabepflicht zu erfüllen, wenn quantitative nicht-beobachtbare Eingangsparameter bei der Ermittlung des beizulegenden Zeitwerts durch das Unternehmen nicht hergeleitet werden (zB wenn ein Unternehmen Preise früherer Transaktionen oder Preisinformationen eines Dritten ohne Anpassung verwendet). Bei der Bereitstellung dieser Angabe darf ein Unternehmen keine quantitativen nicht-beobachtbaren Eingangsparameter außer Acht lassen, die für die Ermittlung des beizulegenden Zeitwerts von Bedeutung sind und die dem Unternehmen bei vertretbarem Aufwand zur Verfügung stehen (IFRS 13.93(d));

(5) für die regelmäßige bzw wiederkehrende Bewertungen zum beizulegenden Zeitwert nach *level* 3 ist eine **Überleitungsrechnung** erforderlich von den Eröffnungs- zu den Schlusssalden mit gesonderter Angabe der in der Periode stattgefundenen Veränderungen, die zurückzuführen sind auf

   (a) gesamte Gewinne oder Verluste der Periode, die erfolgswirksam erfasst wurden und Posten der Gesamtergebnisrechnung bzw GuV (sofern erstellt), in dem/denen jene Gewinne oder Verluste erfasst sind;

(b) die gesamten Gewinne oder Verluste der Periode, die im sonstigen Ergebnis erfasst wurden und Posten der Gesamtergebnisrechnung, in dem/denen jene Gewinne oder Verluste erfasst sind;

(c) Käufe, Verkäufe, Emissionen und Rückzahlungen/Rückführungen (wobei jede dieser Arten von Änderungen gesondert anzugeben ist);

(6) Beträge aller Umgliederungen in oder aus *level* 3 sowie deren Gründe und die Methode des Unternehmens zur Bestimmung, wann Umgliederungen zwischen den *levels* als stattgefunden gelten. Umgliederungen in *level* 3 hinein und aus *level* 3 heraus sind gesondert anzugeben und zu erläutern (IFRS 13.93(e)); für regelmäßige Bewertungen zum beizulegenden Zeitwert nach *level* 3, den Betrag bzw die Summe der erfolgswirksam erfassten Gewinne oder Verluste der Periode, der bzw die auf die Veränderung nicht realisierter Gewinne oder Verluste aus am Abschlussstichtag gehaltenen Vermögenswerten und Verbindlichkeiten entfällt, sowie der/die Posten der GuV/Gesamtergebnisrechnung, in dem/denen jene nicht realisierten Gewinne oder Verluste erfasst sind (IFRS 13.93(f));

(7) für die regelmäßige/wiederkehrende und einmalige Bewertungen zum beizulegenden Zeitwert nach *level* 3, eine **Beschreibung** des durch das Unternehmen verwendeten **Bewertungsprozesses** (zB wie ein Unternehmen seine Bewertungsmethoden und Verfahren bestimmt und Veränderungen in der Bewertung zum beizulegenden Zeitwert von Periode zu Periode analysiert) (IFRS 13.93(g));

(8) für regelmäßige bzw wiederkehrende Bewertungen zum beizulegenden Zeitwert nach *level* 3 (IFRS 13.93(h)):

(a) eine Schilderung der Sensitivität der Bewertungen zum beizulegenden Zeitwert ggü Änderungen nicht-beobachtbarer Eingangsparameter falls eine Änderung dieser zu einer signifikant höheren oder niedrigeren Bewertung zum beizulegenden Zeitwert führen könnte. Bestehen wechselseitige Zusammenhänge zwischen diesen Eingangsparametern und anderen, bei der Ermittlung des beizulegenden Zeitwerts verwendeten, nicht-beobachtbaren Eingangsparametern, sind diese wechselseitigen Zusammenhänge zu beschreiben. Des Weiteren ist zu beschreiben, wie die Effekte aus der Änderung der nicht-beobachtbaren Eingangsparameter auf die Ermittlung des beizulegenden Zeitwerts abschwächen oder verstärken. Die Angaben sollen wenigstens die Schilderung der Sensitivität ggü den Änderungen nicht-beobachtbarer Eingangsparameter, die zur Erfüllung der Anforderungen angegeben werden, enthalten;

(b) würde sich bei finanziellen Vermögenswerten und finanziellen Verbindlichkeiten der beizulegende Zeitwert signifikant ändern, wenn ein oder mehrere nicht-beobachtbare Eingangsparameter durch angemessenerweise für möglich gehaltene alternative Annahmen ersetzt werden, sind diese Tatsache und die Auswirkungen dieser Änderungen anzugeben. Das Unternehmen hat ferner offenzulegen, wie es die Auswirkung einer Änderung auf eine angemessenerweise für möglich gehaltene alternative Annahme berechnet hat. Für diesen Zweck ist die Signifikanz im Hinblick auf die GuV (sofern erstellt) und die Summe der Vermögenswerte oder Summe der Verbindlichkeiten bzw, wenn die Änderungen des beizulegenden Zeitwerts im sonstigen Ergebnis erfasst werden, auf die Summe des Eigenkapitals zu beurteilen. Die Methode zur Bestimmung, wann **Umgliederungen** zwischen den einzelnen *levels* als stattgefunden gelten, sind gem IFRS 13.93(e) und IFRS 13.93(e)(iv) anzugeben und einheitlich zu befolgen. Die Methode hinsichtlich des Zeitpunkts der Erfassung von Umgliederungen ist für Umgliederungen in einzelne *level* und für Umgliederungen aus einzelnen *levels* gleich.

Beispiel für quantitative Informationen über Bewertungen zum beizulegenden Zeitwert, die auf wesentlichen nicht beobachtbaren Parametern beruhen (*level* 3): 284

Beschreibung	Beizulegender Zeitwert zum 31.12.XX in T€	Bewertungsmethode/-modell	Eingangsparameter	Bandbreite in %
Finanzinstrumente				
– Aktien		*discounted cash-flow*-Modelle	– Gewogene durchschnittliche Kapitalkosten (WACC) – Langfristige Wachstumsrate des Umsatzes – Langfristige EBIT-Marge – Abschlag für fehlende Marktgängigkeit – Kontrollprämie	
		Vergleich mit anderen Unternehmen am Markt	– EBITDA-Multiplikator – Umsatz-Multiplikator – Abschlag für fehlende Marktgängigkeit – Kontrollprämie	
Festverzinsliche Wertpapiere				
– sonstige *backed securities*		*discounted cash-flow*-Modelle	– Quote vorzeitiger Tilgungen – Ausfallwahrscheinlichkeit – Verlustannahme	
– *collateralised debt obligations*		*consensus pricing*	– Gebotene Quoten – Vergleichsanpassungen	
Investitionen bei Fonds				
– Hochverzinsliche Schuldverschreibungen		*net asset value*		
Derivate – Handelspassiva				
– Kreditderivate		Optionspreismodelle	– Annualisierte Volatilität – Ausfallrisiko der Gegenpartei – Eigenes Ausfallrisiko	

285 **Beispiel:** Überleitung Finanzinstrumente, die zum beizulegenden Zeitwert bewertet und in *level* 3 klassifizierte Finanzinstrumente sind:

Bilanzposten	Buchwert (Zeitwert) 01.01.xx	Zugänge aufgrund von Käufen und Emissionen	Umgliederungen aus *level* 3	Zugänge aufgrund von Verkäufen und Abgeltungen
Finanzaktiva				
Erfolgswirksam zum Zeitwert bewertete Finanzaktiva Handelsaktiva: – Festverzinsliche Wertpapiere – Aktien – Derivate Finanzaktiva als „erfolgswirksam zum Zeitwert" klassifiziert: – Festverzinsliche Wertpapiere – Aktien Jederzeit veräußerbare Wertpapiere: – besicherte Anleihen – Staats- und Regierungsanleihen – Industrieanleihen – Aktien				
Finanzpassiva				
Handelspassiva – Derivate Finanzpassiva aus fondgebundenen Verträgen kündbare Eigenkapitalinstrumente				

Geeignete Klassen von Vermögenswerten und Verbindlichkeiten sind gem IFRS 13.94 zu bestimmen nach:

(1) Art, Merkmalen und Risiken des Vermögenswerts oder der Verbindlichkeiten und

(2) welchem *level* die Bewertung zum beizulegenden Zeitwert zugeordnet ist.

286 Für jede Klasse von Vermögenswerten und Verbindlichkeiten, die in der Bilanz **nicht zum beizulegenden Zeitwert bewertet** werden, aber für die der beizulegende Zeitwert angegeben wird, sind die in IFRS 13.93(b), (d) und (i) vorgeschriebenen Informationen anzugeben. Die in IFRS 13.93(d) geforderten quantitativen Angaben über bedeutende nicht-beobachtbare Eingangsparameter, die bei Ermittlungen beizulegender Zeitwerte nach *level* 3 verwendet werden, müssen nicht gemacht werden. Für diese Vermögenswerte und Verbindlichkeiten ist ein Unternehmen von den anderen Angabepflichten des IFRS 13 befreit (IFRS 13.97).

287 Für eine zum beizulegenden Zeitwert bewertete Verbindlichkeit, die mit einer **untrennbaren Kreditsicherheit** eines Dritten begeben wurde, hat ein Emittent die Existenz dieser Kreditsicherheit und ob sie bei der Bewertung zum beizulegenden Zeitwert der Verbindlichkeit berücksichtigt wurde, anzugeben (IFRS 13.98).

Unverändert hält der IASB an seiner Forderung fest, vorgeschriebene quantitative Angaben **tabellarisch** darzustellen, sofern nicht ein anderes Format angemessener ist (IFRS 13.99). 288

2. Zusätzliche Angaben bei Anwendung der Fair Value Option

Die in IAS 39.9 normierte ***fair value option*** kann nur unter bestimmten in → Rn 59f aufgeführten Bedingungen angewandt werden. Gleichzeitig bedingt ihre Anwendung bestimmte **zusätzliche Berichtspflichten** nach IFRS 7, die sich auf der Aktivseite auf Angaben zu Krediten und Forderungen beschränken. 289

Für erfolgswirksam zum beizulegenden Zeitwert bewertete **Kredite und Forderungen** (oder entspr Portfolien) sind nach IFRS 7.9 offenzulegen:

(1) Das **maximale Kreditrisiko.** Das Kreditrisiko ist das Risiko, dass eine Partei eines Finanzinstruments der anderen Partei einen finanziellen Verlust verursacht, indem sie einer Verpflichtung nicht nachkommt (IFRS 7.Anhang A).

(2) Der Betrag, um den das **Kreditrisiko durch Derivate gemindert** wird. Die Sicherung von Kreditrisiken durch Kreditderivate (zB *credit default swaps, total return swaps* oder *credit linked notes*) oder ähnlichen Instrumenten wird zumeist nur von Banken oder großen Unternehmen angewandt. Diese Instrumente erlauben es, Kreditrisiken abzuspalten, aber auch zu bündeln, zu kaufen oder zu verkaufen. Angabepflichtig ist die Minderung des Risikos, die sich aus der Anwendung solcher Instrumente ergibt.

(3) Weiterhin sind Angaben zur **Änderung des beizulegenden Zeitwerts** erforderlich, die darauf beruhen, dass sich die **Bonitäten geändert** haben (im Berichtszeitraum und kumuliert). Hierfür sind zwei Verfahren zulässig:
   (a) Angabe der Änderungen des beizulegenden Zeitwerts, die nicht aufgrund von Änderungen der Marktbedingungen entstehen oder
   (b) durch Verwendung einer anderen sachgerechten Methode (alternative Methode), von der das Unternehmen annimmt, dass sie den Betrag der Änderungen des Kreditrisikos widerspiegelt.

(4) Die **Höhe der Änderung** des beizulegenden Zeitwerts des verbundenen Kreditderivats oder eines ähnlichen (im Berichtszeitraum und kumuliert seit der Designation).

Für finanzielle **Verbindlichkeiten, die erfolgswirksam zum beizulegenden Zeitwert bewertet werden,** sind die folgenden gesonderten Angaben entspr IFRS 7.10 verpflichtend: 290

(1) Der Betrag der Änderung des beizulegenden Zeitwerts, der sich aus der **Änderung des Kundenrisikos der finanziellen Verbindlichkeit** ergibt (im Berichtszeitraum und kumuliert) und resultiert aus:
   (a) Änderungen des beizulegenden Zeitwerts, die nicht aufgrund von Änderungen der Marktbedingungen entstehen (Saldogröße zwischen Änderung des beizulegenden Zeitwerts der Verbindlichkeit insgesamt und der zinsinduzierten Veränderung der Verbindlichkeit; *KPMG,* 34) oder
   (b) durch Verwendung einer anderen sachgerechten Methode (alternative Methode), von der das Unternehmen annimmt, dass sie den Betrag der Änderungen des Kreditrisikos widerspiegelt.

(2) Der **Unterschiedsbetrag** zwischen dem **Buchwert** und dem bei Fälligkeit vereinbarten **Rückzahlungsbetrag.**

Durch diese Regelungen sollen **bonitätsbedingte Veränderungen** von finanziellen Verbindlichkeiten, die erfolgswirksam zum beizulegenden Zeitwert bewertet sind, erkennbar werden. Eine Methodik der Ermittlung kreditrisikobezogener Veränderungen des beizulegenden Zeitwerts, in Fällen, in denen sich ausschließlich der Referenzzinssatz ändert, wird in IFRS 7.B4 beschrieben. Hier- 291 für wird der Barwert auf Basis des Referenzzinssatzes dem Barwert auf Basis der internen Rendite gegenübergestellt.

292 IFRS 7.9 bis IFRS 7.11 bedingen besondere Angabepflichten für Finanzinstrumente, die **ohne Anwendung** der *fair value option* den Kategorien Kredite und Forderungen bzw Verbindlichkeiten zu fortgeführten Anschaffungskosten zuzuordnen wären. Strukturierte Finanzinstrumente, die grds trennungspflichtig wären, aber aufgrund der Anwendung der *fair value option* einheitlich zum beizulegenden Zeitwert bewertet werden, sind als ein Instrument abzubilden (*IDW* RS HFA 24 Rz 15).

3. Saldierung von finanziellen Vermögenswerten und finanziellen Verbindlichkeiten

293 Im Anhang sind die Bruttobeträge vor der Verrechnung und die Nettobeträge nach der Verrechnung gem IAS 32.42 unter Angabe des Saldierungsbetrags anzugeben.

Die Abbildung dieser Angabepflicht kann nach Produktarten oder Kontrahenten erfolgen, wobei eine anonymisierte Kontrahentenangabe zulässig ist (IFRS 7.BQ4). Damit besteht für Banken die Möglichkeit, sich in ihrer Berichterstattung an ihrer Kreditrisikosteuerung zu orientieren. Die Offenlegungspflichten zur Saldierung gelten auch für rechtlich durchsetzbare Globalverrechnungsvereinbarungen *(master netting agreements)* oder vergleichbare Vereinbarungen (zB Repo-Geschäft, *clearing*-Vereinbarungen im Derivategeschäft) unabhängig davon, ob sie nach IAS 32.42 saldiert werden (IFRS 7.13A). Dabei ist die Art dieser Aufrechnungsvereinbarungen zu erläutern. Durch die Offenlegung nach IFRS 7.13A ff soll es dem Abschlussadressaten ermöglicht werden, die Effekte oder potenziellen Effekte aus Verrechnungen beurteilen zu können (IFRS 7.13B). Darüber hinaus sind die Offenlegungspflichten zur Saldierung in Bezug auf die Ausübung des Wahlrechts zur Portfoliobewertung auf Nettobasis bei der Ermittlung des beizulegenden Zeitwerts für OTC-Derivate nach IFRS 13 zu beachten. Wird das Bewertungswahlrecht nach IFRS 13 ausgeübt und keine bilanzielle Saldierung vorgenommen, ist eine Aufteilung des CVA bzw DVA auf die einzelnen Vermögenswerte und Verbindlichkeiten vorzunehmen.

Für den Abschlussstichtag sind des Weiteren quantitative Informationen zB verrechnete Beträge der aktivierten finanziellen Vermögenswerte und der passivierten Verbindlichkeiten, gem IAS 32.42 aufgerechnete Beträge und in der Bilanz ausgewiesene Nettobeträge offenzulegen, getrennt nach finanziellen Vermögenswerten und finanziellen Verbindlichkeiten (IFRS 7.13C). Auch hier bevorzugt der IASB die tabellarische Darstellung.

Darüber hinaus hat das Unternehmen die Rechte auf Verrechnung zu beschreiben, die verbunden sind mit den aktivierten finanziellen Vermögenswerten und passivierten finanziellen Verbindlichkeiten des Unternehmens, vorbehaltlich einer durchsetzbaren Globalverrechnungsvereinbarung und vergleichbarer Vereinbarungen (IFRS 7.13E).

4. Umwidmungen

294 Zur besseren **Vergleichbarkeit der Abschlüsse** bestimmt IFRS 7.12, dass für finanzielle Vermögenswerte, die bisher

(1) zu Anschaffungskosten oder zum Restbuchwert statt zum beizulegenden Zeitwert oder

(2) zum beizulegenden Zeitwert statt zu Anschaffungskosten oder zum Restbuchwert bewertet wurden und die im Geschäftsjahr in Übereinstimmung mit IAS 39.51 ff umgewidmet wurden,

die **Höhe des Betrags** und die **Gründe** für die **Umwidmung** anzugeben sind. Es ist sowohl über die Zu- als auch die Abgänge bei den entspr Kategorien zu berichten. Die Angabepflichten gelten auch für eine verpflichtend vorzunehmende Umwidmung aus der Kategorie bis zur Endfälligkeit gehaltene Finanzinvestitionen in die Kategorie zur Veräußerung verfügbare finanzielle Vermögenswerte.

Erfolgt die Umgliederung nach den **Regeln für Umklassifizierungen,** die im Rahmen der **Finanzmarktkrise** verabschiedet wurden (IAS 39.50B, IAS 39.50D und IAS 39.50E) aus den Kategorien zum beizulegenden Zeitwert bewertet oder zur Veräußerung verfügbar, sind zusätzliche Angaben nach IFRS 7.12A erforderlich: 295

(1) Betrag, der aus und in eine Kategorie umgegliederten Posten,
(2) der Buchwert und der beizulegende Zeitwert aller finanziellen Vermögenswerte, die in der lfd oder in Vorperioden umgegliedert wurden und zwar in jeder Berichtsperiode bis zu dem Zeitpunkt, zu dem die Vermögenswerte ausgebucht werden,
(3) sofern der Vermögenswert entspr IAS 39.50B umgegliedert wurde, ist die „äußerst seltene Situation" darzustellen, die Voraussetzung für die Anwendung von IAS 39.50B ist. Gleichzeitig ist zu begründen, warum die Umstände „äußerst selten" sind,
(4) anzugeben sind darüber hinaus erfolgswirksam erfasste Gewinne oder Verluste aus der Bewertung zum beizulegenden Zeitwert für die Berichtsperiode, in welcher der finanzielle Vermögenswert umgegliedert wurde. Für Gewinne oder Verluste, die im sonstigen Ergebnis erfasst wurden, sind diese Angaben für die Berichtsperiode und das Vorjahr erforderlich,
(5) außerdem ist über erfolgswirksame und erfolgsneutrale Gewinne und Verluste zu berichten, die sich ergeben hätten, wären die finanziellen Vermögenswerte nicht umgegliedert worden, sowie die tatsächlichen Gewinne und Verluste. Diese Angaben sind für alle Berichtsperioden bis zur Ausbuchung des Vermögenswerts erforderlich, einschließlich der Periode, in der die Umgliederung erfolgt,
(6) ferner sind der Effektivzinssatz und die geschätzten Zahlungsströme anzugeben, die das Unternehmen nach eigener Einschätzung erzielen wird.

5. Wertberichtigungskonto für Kreditausfälle

Soweit **Kreditausfälle** nicht unmittelbar buchwertmindernd, sondern über ein **gesondertes (Wertberichtigungs-)Konto** erfasst werden, ist nach IFRS 7.16 für jede Klasse eine **Überleitungsrechnung** anzugeben, aus der die Entwicklung der Risikovorsorge hervorgeht. Die Art der Darstellung in der Überleitungsrechnung ist in IFRS 7 nicht vorgegeben. Da IFRS 7.16 den Begriff *period* verwendet, dürften die Angaben auch in Zwischenabschlüssen erforderlich sein (*Kuhn/Scharpf*, 621). 296

Beispiel: Risikovorsorgespiegel einer Bank für Forderungen an Kreditinstitute

in T€	20x1			20x2		
	einzeln ermittelt	kollektiv ermittelt	insgesamt	einzeln ermittelt	kollektiv ermittelt	insgesamt
Bestand am 01.01.XX						
Zuführung Wertberichtigung – Einzelwertberichtigung – Pauschalwertberichtigung Auflösung – Einzelwertberichtigung – Pauschalwertberichtigung						
Direktabschreibung auf Forderungen Eingänge auf direkt abgeschriebene Forderungen						
Sonstige Veränderung						
Bestand am 31.12.XX						

6. Strukturierte Produkte

297 Bei vom Unternehmen begebenen **strukturierten Produkten** (→ Rn 137 ff), die sowohl eine Fremd- als auch eine Eigenkapitalkomponente aufweisen und in mehrere Derivate eingebettet sind, deren Werte voneinander abhängen, sind nach IFRS 7.17 dieser Umstand sowie ergänzende Informationen zu den Bestandteilen des strukturierten Produkts anzugeben. Unter diese Berichtspflichten fallen bspw Wandelanleihen (Eigenkapital- und Fremdkapitalkomponente) mit Kündigungsrechten.

7. Zahlungsstörungen

298 Mit Blick auf die Kreditwürdigkeit des bilanzierenden Unternehmens fordert IFRS 7 ergänzende Angaben zu **Zahlungsverzug oder Vertragsverletzungen bei eigenen Darlehensverbindlichkeiten**. IFRS 7.18 verlangt diesbezüglich für finanzielle Verbindlichkeiten die Angabe

(1) von Einzelheiten zu in der Berichtsperiode aufgetretenen Ausfällen, die Zins oder Tilgung, Tilgungsfonds oder Tilgungsbedingungen betreffen,

(2) des Buchwerts der ausgefallenen Verbindlichkeiten zum Bilanzstichtag und

(3) dass der Ausfall bis zur Freigabe des Abschlusses behoben wurde oder ob Darlehensbedingungen bis zu diesem Zeitpunkt geändert wurden, sofern dies den tatsächlichen Gegebenheiten entspricht.

Entspr Angaben sind nach IFRS 7.19 ebenfalls zu machen, wenn es während der Berichtsperiode zu einer **anderen Verletzung von Kreditbedingungen** gekommen ist, die es dem Kreditgeber erlaubt, eine vorzeitige Rückzahlung zu fordern, es sei denn, die Verstöße werden **am oder vor** dem Bilanzstichtag behoben oder neu ausgehandelt. Dies trifft insbes in Fällen zu, in denen Kreditbedingungen *(covenants)* verletzt werden. Neben diesen zusätzlichen Angaben ist zu beachten, dass ein derartiger Verstoß gegen Kreditbedingungen zu einem Ausweis der Verbindlichkeit als kurzfristig führt (IAS 1.69). Führt der Verstoß gegen Kreditbedingungen hingegen nur zu einer Erhöhung des Zinssatzes, sind die zusätzlichen Angaben entbehrlich (*IDW* RS HFA 24 Rz 27). Für **Kredite,** die zum Stichtag getilgt sind, entfallen die Angaben.

(einstweilen frei) 299

IV. Angaben zur Gesamtergebnisrechnung

1. Nettogewinne und -verluste

IFRS 7.20(a) verlangt die Angabe eines **Nettoergebnisses** für jede Kategorie von Finanzinstrumenten entweder in der **Gesamtergebnisrechnung** oder im **Anhang.** Entspr der in IFRS 7.8 für die Bilanz getroffenen Regelung hat die Angabe für die Kategorie erfolgswirksam zum beizulegenden Zeitwert bewertet **differenziert** für die zu Handelszwecken gehaltenen und die designierten Finanzinstrumente zu erfolgen. 300

Beispiel: Bewertungsergebnis aus Finanzinstrumenten

in T€	20X1	20X2
Ergebnis aus der Bilanzierung von Sicherungsgeschäften		
Ergebnis aus ohne Handelsabsicht abgeschlossenen derivativen Finanzinstrumenten		
Ergebnis aus erfolgswirksam zum beizulegenden Zeitwert bewerteten Finanzinstrumenten		
Ergebnis aus nicht-derivativen und eingebetteten derivativen Finanzinstrumenten		
Ergebnis aus derivativen Finanzinstrumenten		
Summe		

Für die Kategorie zur Veräußerung verfügbar ist ergänzend anzugeben, welcher Betrag in der Berichtsperiode **erfolgsneutral** im periodischen **sonstigen Ergebnis** erfasst wurde und welcher Betrag dem Eigenkapital **erfolgswirksam** entnommen wurde (IFRS 7.20(a)(ii)). Zur Abgrenzung der Nettoergebnisse enthält IFRS 7 keine Vorgaben; nach IFRS 7.B5(e) ist über die Ermittlung des Nettoergebnisses zu berichten und zB anzugeben, ob hierin auch Zins- und Dividendenerträge einfließen.

Bestandteil der Nettogewinne und -verluste sind Wertminderungen, Zuschreibungen, realisierte Abgangserfolge und nachträgliche Eingänge aus abgeschriebenen Finanzinstrumenten (*Kuhn/Scharpf,* 628).

Nach IFRS 7.20 sind darüber hinaus die unter → Rn 302ff dargestellten **Ergebniskomponenten** gesondert in der Gesamtergebnisrechnung oder im Anhang anzugeben. 301

2. Gesamtzinserträge und -aufwendungen

Nach der **Effektivzinsmethode** ermittelte Gesamtzinserträge und -aufwendungen aus den nicht der Kategorie erfolgswirksam zum beizulegenden Zeitwert bewertet zugeordneten finanziellen Vermögenswerten und Verbindlichkeiten (IFRS 7.20(b)) sind gesondert anzugeben. Dies betrifft insbes nach der Effektivzinsmethode verrechnete Transaktionskosten, Agien und Disagien, aber auch Zin- 302 sen aus Leasingverbindlichkeiten. Die Angabe kann für die betroffenen Kategorien **zusammengefasst** werden, sodass eine Angabe je Kategorie nicht erforderlich ist.

3. Erträge und Aufwendungen aus Gebühren und Provisionen

303 Erträge und Aufwendungen aus Entgelten für finanzielle Vermögenswerte oder Verbindlichkeiten, die nicht in die Ermittlung des Effektivzinssatzes eingeflossen sind und die nicht aus Finanzinstrumenten der Kategorie erfolgswirksam zum beizulegenden Zeitwert bewertet stammen (IFRS 7.20(c)(i)) oder Entgelte, die aus Treuhandtätigkeiten resultieren (IFRS 7.20(c)(ii)), sind **gesondert anzugeben.** Die Regelung umfasst Provisionen, die zum Zeitpunkt ihrer Entstehung **erfolgswirksam** erfasst werden und verlangt eine sachgerechte Aufschlüsselung der Beträge.

4. Zinserträge auf wertberichtigte Forderungen

304 Die nach IAS 39.AG93 ermittelten Zinserträge auf wertgeminderte Forderungen sind **gesondert anzugeben** (IFRS 7.20(d)).

5. Wertminderungen

305 Für **jede Klasse** finanzieller Vermögenswerte ist der Betrag der erfassten **Wertminderungen** (IFRS 7.20(e)) anzugeben. Die Angabe der Wertminderungen ist entspr IFRS 7.20(a) bereits Bestandteil der Nettogewinne und -verluste, die nach Kategorien auszuweisen sind. Sofern die Darstellung der Nettogewinne und -verluste innerhalb einer **Matrix** erfolgt, in der die Bestandteile einzeln aufgeführt werden, sind die Angaben um Klassen zu erweitern.

Für erfolgswirksam zum beizulegenden Zeitwert bewertete finanzielle Vermögenswerte, für welche die Regelungen der IAS 39.58ff nicht einschlägig sind, entstehen keine entspr Angabepflichten.

V. Sonstige Angaben

1. Bilanzierungs- und Bewertungsmethoden

306 IFRS 7 selbst enthält **keine eigenen Angabepflichten** zu den Bilanzierungs- und Bewertungsmethoden. Vielmehr verweist IFRS 7.21 auf die entspr Regelungen in IAS 1.117. Eine Konkretisierung erfolgt in den **Anwendungsleitlinien** (Anhang B). Nach IFRS 7.B5 sind im Einzelnen anzugeben:

(1) Bei aufgrund der Ausübung der *fair value option* erfolgswirksam zum **beizulegenden Zeitwert** bewerteten finanziellen Vermögenswerten und finanziellen Verbindlichkeiten
  (a) die Art,
  (b) die Kriterien für die Designation im Rahmen der Erfassung und,
  (c) wie das Unternehmen die in IAS 39 geregelten Voraussetzungen für eine entspr Designation erfüllt.

  Eine Wiedergabe des Standardtexts wird als nicht ausreichend erachtet. Gefordert ist vielmehr eine **erläuternde Beschreibung,** wie das Unternehmen die Bedingungen für die Anwendung der *fair value option* erfüllt hat. Der reine Hinweis auf das Bestehen eines *accounting mismatch* dürfte zB nicht ausreichend sein (*IDW* RS HFA 24 Rz 32).

(2) Die Kriterien, nach denen das Unternehmen finanzielle Vermögenswerte der Kategorie **zur Veräußerung verfügbar** zuordnet.
(3) Ob die Buchung finanzieller Vermögenswerte (Kassageschäfte) zum **Handels- oder Erfüllungstag** erfolgt (IAS 39.38).
(4) Bei Verwendung eines **Wertberichtigungskontos**
   (a) die Kriterien für eine Direktabschreibung/Zuschreibung von finanziellen Vermögenswerten und wann ein Wertberichtigungskonto verwandt wird,
   (b) die Kriterien für eine Verwendung der auf einem Wertberichtigungskonto erfassten Beträge zur Buchwertreduzierung wertgeminderter finanzieller Vermögenswerte.
(5) Wie die nach IFRS 7.20(a) Nettogewinne oder Nettoverluste für jede Kategorie von Finanzinstrumenten bestimmt werden.
(6) Anhand welcher Kriterien eine objektiv eingetretene **Wertminderung** festgestellt wird. Auch hier reichen allgemeine Hinweise nicht aus (*IDW* RS HFA 24 Rz 33).
(7) Für **finanzielle Vermögenswerte,** deren Konditionen geändert bzw neu verhandelt wurden, da sie ansonsten überfällig oder wertgemindert wären, die Rechnungslegungsmethode.

In der zusammenfassenden Darstellung der wesentlichen Bilanzierungs- und Bewertungsmethoden oder in den sonstigen Erläuterungen ist anzugeben, wie das Management bei der Anwendung der Bilanzierungs- und Bewertungsmethoden die Ermessenspielräume ausgeübt hat. Dies betrifft nicht die Vornahme von Schätzungen. Es ist in diesem Zusammenhang anzugeben, welche Ermessensentscheidungen die Beträge im Abschluss am wesentlichsten beeinflussen.

2. Sicherungsgeschäfte

Für jede der in IAS 39 geregelten **Arten von Sicherungsgeschäften** (→ § 23 307
Rn 52ff) ist nach IFRS 7.22 anzugeben:
(1) eine Beschreibung der Art der Sicherungsgeschäfte,
(2) eine Beschreibung der als Sicherungsinstrument eingesetzten Finanzinstrumente sowie ihr beizulegender Zeitwert und
(3) die Art der abgesicherten Risiken.

Zu ***cashflow hedges*** sind gem IFRS 7.23 ergänzend folgende Angaben offenzu- 308
legen:
(1) In welcher Berichtsperiode mit dem Eintritt des abgesicherten Zahlungsstroms gerechnet wird und wann diese erfolgswirksam werden. Obwohl nicht explizit genannt, kann es sich hierbei nur um die Zahlungsströme aus dem gesicherten Grundgeschäft handeln. Angaben zu den Zahlungsströmen von Sicherungsgeschäften sind nicht vorgeschrieben, werden aber empfohlen (*IDW* RS HFA 24 Rz 35).
(2) Beschreibung jeder in eine Sicherungsbeziehung einbezogenen geplanten Transaktion, mit deren Eintritt nicht mehr gerechnet wird. Die Angabe dient dazu, dem Bilanzleser zu verdeutlichen, wie verlässlich *„highly probable transactions"* sind, die durch das Unternehmen gesichert werden.
(3) Die während der Berichtsperiode direkt im periodischen sonstigen Ergebnis erfassten Beträge. Dabei genügt es, den Gesamtbetrag aller effektiven Änderungen der beizulegenden Zeitwerte von Sicherungsinstrumenten insgesamt anzugeben, unabhängig davon, ob sie positiv oder negativ sind (*Kuhn/Scharpf,* 638).

Beispiel: Direkt im periodischen sonstigen Ergebnis erfasste Beträge aus effektiven Änderungen der beizulegenden Zeitwerte von Sicherungsinstrumenten:

in T€	20X1	20X2
Ergebnis aus Sicherungsinstrumenten Ergebnis aus gesicherten Grundgeschäften		
Ergebnis aus Einzelabsicherung des beizulegenden Zeitwerts		
Ergebnis aus Sicherungsinstrumenten Ergebnis aus gesicherten Grundgeschäften		
Ergebnis aus Portfolio-Absicherungen des beizulegenden Zeitwerts		
Summe (im periodischen sonstigen Ergebnis erfasste erfolgswirksame Ineffektivität der Absicherung)		

(4) Die während der Berichtsperiode dem sonstigen Ergebnis erfolgswirksam entnommenen Beträge (der Betrag ist für jeden hiervon betroffenen Posten des erfolgswirksamen Teils der Gesamtergebnisrechnung bzw der gesonderten GuV (sofern erstellt) gesondert anzugeben).

(5) Die während der Berichtsperiode dem sonstigen Ergebnis entnommenen Beträge, die dem Buchwert eines nicht-finanziellen Vermögenswerts oder einer nicht-finanziellen Verbindlichkeit zugeordnet wurden, der ein mit hoher Wahrscheinlichkeit erwartetes abgesichertes Geschäft zugrunde lag.

309 Darüber hinaus ist für ***cashflow hedges*** (IFRS 7.24(b)) sowie für Absicherungen von **Nettoinvestitionen in eine ausländische Geschäftseinheit** (IFRS 7.24(c)) der Betrag anzugeben, der aufgrund der Ineffektivität der Sicherungsbeziehung unmittelbar erfolgswirksam erfasst wurde.

310 Bei ***fair value hedges*** ist nach IFRS 7.24(a) anzugeben, welche Gewinne oder Verluste aus der Änderung des beizulegenden Zeitwerts des Sicherungsinstruments stammen (IFRS 7.24(a)(i)) sowie die Änderung des beizulegenden Zeitwerts des Grundgeschäfts, die auf das abgesicherte Risiko zurückzuführen ist (IFRS 7.24(a)(ii)).

3. Angaben zu Risiken aus Finanzinstrumenten

311 Durch die in IFRS 7.31 ff geregelten Angaben sollen die Adressaten des Abschlusses in die Lage versetzt werden, sich ein Urteil über Art und Umfang der Risiken aus Finanzinstrumenten zu bilden, denen das Unternehmen am Bilanzstichtag ausgesetzt war (IFRS 7.31). Der Adressat soll auch darüber informiert werden, wie ein Unternehmen die Risiken steuert (IFRS 7.32). Hierzu werden typische Risiken benannt und das Erfordernis sowohl **qualitativer wie quantitativer** Angaben begründet.

Die Ergänzung quantitativer Angaben durch qualitative Angaben, kann dem Abschlussadressaten ermöglichen, eine **Verbindung** zwischen zusammenhängenden Angaben herzustellen und sich ein Gesamtbild von Art und Ausmaß der aus Finanzinstrumenten resultierenden Risiken zu machen. Das Zusammenwirken aus qualitativen und quantitativen Angaben kann dazu beitragen, dass die Adressaten die Risiken, denen das Unternehmen ausgesetzt ist, besser einschätzen können (IFRS 7.32A).

Risikoberichterstattung	
typische Risiken (IFRS 7.32): Kreditrisiko – Liquiditätsrisiko – Marktrisiko	
qualitative Angaben (IFRS 7.33)	quantitative Angaben (IFRS 7.34)
(a) Risikoexposition und -entstehung (b) Ziele, Strategien und Verfahren zur Risikosteuerung, Risikomessungsmethoden (c) Änderungen zu den vorstehenden Sachverhalten ggü früheren Berichtsperioden	(a) Ausmaß des Risikos am Abschlussstichtag (je Risikoart) (b) Entspr den Regelungen in IFRS 7.36 bis IFRS 7.42, soweit nicht bereits in den Angaben zu (a) enthalten oder unwesentlich (c) Risikokonzentrationen, sofern nicht aus (a) und (b) ersichtlich

Wo die geforderten Angaben gemacht werden sollen, wird dem Unternehmen **312**
weitgehend freigestellt, sofern Querverweise auf die Quelle im Abschluss vorliegen. Es können entspr IFRS 7.B6 die Angaben im **Abschluss,** im **Lagebericht** oder **Risikobericht** erfolgen, vorausgesetzt, diese Berichte stehen dem Adressaten unter den gleichen Bedingungen und zur gleichen Zeit wie der Abschluss zur Verfügung.

Die Darstellung der Risiken bezieht sich explizit auf den **Abschlussstichtag** (IFRS 7.31). Zusätzliche Angaben sind erforderlich, wenn die zum Abschlussstichtag angegebenen quantitativen Daten betreffend die Risikoexposition eines Unternehmens nicht repräsentativ für die Berichtsperiode sind (IFRS 7.35).

Qualitative Angaben bestehen im Wesentlichen in der Beschreibung der **313**
oben genannten Punkte. Hinweise auf den Umfang der erforderlichen Angaben gibt IFRS 7.IG15 ff. **Quantitative Angaben** basieren nach IFRS 7.34(a) auf dem internen Managementinformationssystem *(management approach).* Erfolgt die interne Risikoberichterstattung in unterschiedlichen Formen bzw nach unterschiedlichen Methoden, ist für den Abschluss die Form zu wählen, welche die höchste Relevanz und Verlässlichkeit aufweist (IFRS 7.B7).

Die Angaben nach IFRS 7.36 bis IFRS 7.42 werden auch dann gefordert, wenn sie trotz Wesentlichkeit nicht Gegenstand des Managementinformationssystems sind. Hierdurch wird in entspr Fällen faktisch der Zwang zu einer Weiterentwicklung des Systems begründet, um den Berichtspflichten nach IFRS 7 gerecht werden zu können.

a) Kreditrisiko

Das **Kreditrisiko** umfasst nach der in Anhang A von IFRS 7 gegebenen De- **314**
finition das Risiko, dass es, aufgrund der Nichteinhaltung vertraglicher Vereinbarungen einer Vertragspartei, zu finanziellen Verlusten kommt.

Nach IFRS 7.36 ist **für jede Klasse** von Finanzinstrumenten anzugeben:

(1) der Betrag des **maximalen Kreditausfallrisikos** ohne Berücksichtigung von Sicherheiten. Nach IAS 32 saldierte Beträge sowie nach IAS 39 gebildete Wertberichtigungen sind entspr den Vorgaben in IFRS 7.B9 abzusetzen, es sei denn, es handelt sich um Finanzinstrumente, deren Buchwert das maximale Adressenausfallrisiko am besten darstellt:

	Bruttobuchwert (ohne Berücksichtigung von Sicherheiten)
./.	gem IAS 32 saldierter Beträge (IFRS 7.B9(a))
./.	gem IAS 39 gebildete Wertberichtigungen bzw Wertminderungsaufwand (IFRS 7.B9(b))
=	**maximales Kreditrisiko (IFRS 7.36(a))**

(2) eine Beschreibung der hinsichtlich der zu Nummer (1) genannten Beträge erhaltenen Kreditsicherheiten und sonstigen risikomindernden Vereinbarungen und

(3) Informationen über die Werthaltigkeit der finanziellen Vermögenswerte, die nicht überfällig und nicht wertgemindert sind.

315 Am Tag 1 nach Fälligkeit einer Zahlung ist ein Vermögenswert **überfällig** (IFRS 7.Anhang A). Dies gilt auch dann, wenn hinsichtlich der Zahlungsfähigkeit und -willigkeit keinerlei Einschränkungen gelten. Die Beurteilung erfolgt auf Basis der aktuellen Vertragsverhältnisse (IFRS 7.IG26f).

Für **überfällige oder wertberichtigte finanzielle Vermögenswerte** ist darüber hinaus für jede Klasse anzugeben (IFRS 7.37):

(1) eine Analyse der Altersstruktur der überfälligen, aber nicht wertberichtigten Kredite. Als Beispiel für die Überfälligkeitsanalyse enthält IFRS 7.IG28 folgende Untergliederung:
   (a) bis drei Monate,
   (b) über drei Monate bis sechs Monate,
   (c) über sechs Monate bis ein Jahr und
   (d) über ein Jahr

in T€	bis drei Monate	über drei bis sechs Monate	über sechs Monate bis ein Jahr	über ein Jahr
Kredit/Bilanzposten-bezeichnung				

(2) eine Analyse der finanziellen Vermögenswerte, für die am Abschlussstichtag einzeln Wertminderungsbedarf festgestellt wurde, einschließlich Angaben zu den Kriterien, nach denen der Wertminderungsbedarf ermittelt wird. IFRS 7.IG29 empfiehlt die Angabe des Buchwerts (vor Wertminderung), der Wertminderung, der Art und den beizulegenden Zeitwert der erhaltenen Sicherheiten sowie anderer Maßnahmen, welche das Kreditrisiko mindern.

316 *(einstweilen frei)*

b) Liquiditätsrisiko

317 Das Liquiditätsrisiko umfasst das Risiko, dass ein Unternehmen **Schwierigkeiten** bei der **Erfüllung** seiner Verpflichtungen aus finanziellen Verbindlichkeiten hat (IFRS 7.Anhang A).

Als **quantitative Angaben** hierzu verlangt IFRS 7.39 eine **Fälligkeitsanalyse** für **nicht-derivative finanzielle Verbindlichkeiten** (einschließlich begebene Finanzgarantien), aus denen die vertraglichen Laufzeiten hervorgehen (IFRS 7.39(a)). Für derivative finanzielle Verbindlichkeiten ist eine Fälligkeitsanalyse für Instrumente darzustellen, deren vertragliche Laufzeiten für das Verständnis des zeitlichen Eintretens der Zahlungsströme entscheidend sind (IFRS 7.39(b)), wie zB bei einem Zinsswap mit einer Restlaufzeit von fünf Jahren, der als Sicherungsinstrument in einem *cashflow hedge* eines variabel verzinslichen Vermögenswerts oder Verbindlichkeit eingesetzt wird (IFRS 7.B11B). 318

Für die zu erstellende **Restlaufzeitengliederung** enthält IFRS 7 selbst keine Vorgaben, vielmehr sind die Laufzeitbänder – so IFRS 7.B11 – nach dem Ermessen des Unternehmens zu bilden. IFRS 7.B11 gibt hierzu folgendes Beispiel: 319

(1) bis zu einem Monat,
(2) mehr als ein Monat bis zu drei Monaten,
(3) mehr als drei Monate bis zu einem Jahr und
(4) mehr als ein Jahr bis zu fünf Jahren.

Durch IFRS 7.B11C werden die **Zeitpunkte** konkretisiert, die für die **Zuordnung zu den Laufzeitbändern** maßgeblich sind: 320

Für die Zuordnung in die Laufzeitbänder ist jeweils die frühest mögliche Fälligkeit zu wählen. Steht der Rückzahlungstermin **im Ermessen des Gläubigers,** ist der Betrag dem Laufzeitband basierend auf der frühest möglichen Rückzahlung zuzuordnen. So sind Verbindlichkeiten, die auf Anforderung fällig sind, dem frühesten Zeitband zugeordnet (IFRS 7.B11C(a)). Bei Ratenzahlungen sind die einzelnen Raten in den Perioden auszuweisen, in denen sie frühest möglich fällig werden. Noch nicht abgerufene Kreditzusagen und begebene Finanzgarantien sind in dem frühesten Laufzeitband zu zeigen, in dem sie genutzt bzw gezogen werden können (IFRS 7.B11C(b) und (c)).

Der Ausweis der in den Zeitbändern darzustellenden Beträge erfolgt brutto, dh vor Abzinsung (IFRS 7.B11D). Damit ist die **Höhe der in den Zeitbändern auszuweisenden Beträge** unabhängig von der Darstellung in der Bilanz.

IFRS 7.B11D führt **Beispiele** für angabepflichtige Fälligkeiten auf: 321

(1) Bruttoverpflichtungen aus Finanzierungs-Leasingverhältnissen vor Abzug der Finanzierungskosten,
(2) Preise, die in Terminkontrakten über den Erwerb von finanziellen Vermögenswerten in bar genannt werden,
(3) Nettobeträge aus *pay-floating/receive-fix*-Zinsswaps, die mit Nettozu- oder -abflüssen verbunden sind,
(4) vertraglich vereinbarte Beträge, die gegen ein Derivat getauscht werden, für das Brutto-Zahlungsströme ausgetauscht werden (zB Währungsswaps oder Zins-/Währungsswaps) und
(5) Bruttokreditzusagen.

Bei Verkaufsoptionen die **jederzeit ausübbar** (amerikanische Option) und am Stichtag im Geld sind, erfolgt beim Optionskäufer die Einordnung in das Laufzeitband mit dem frühestmöglichen Fälligkeitszeitpunkt. Ist ein Barausgleich vereinbart, wird der auszuweisende Betrag aufgrund der Bedingungen am Stichtag ermittelt. Keine Angabepflichten bestehen für Optionen, die am Stichtag aus dem Geld sind (*IDW* RS HFA 24 Rz 65). Müssen die Angaben entspr IFRS 7.39(a) und (b) zu **hybriden Finanzinstrumenten** gemacht werden, gilt das Gesamtinstrument als nicht-finanzielle Verbindlichkeit und ist in der Folge nach den Regeln des IFRS 7.39(a) zu behandeln. Das eingebettete Derivat ist nicht abzuspalten. 322

Art der finanziellen Verbindlichkeiten	31.12.X2 Buchwert 31.12.X2 (T€)	31.12.X2 Restlaufzeit bis 1 Jahr (T€)	31.12.X2 Restlaufzeit 1–5 Jahre (T€)	31.12.X2 Restlaufzeit mehr als 5 Jahre (T€)	31.12.X1 Buchwert 31.12.X1 (T€)	31.12.X1 Restlaufzeit bis 1 Jahr (T€)	31.12.X1 Restlaufzeit 1–5 Jahre (T€)	31.12.X1 Restlaufzeit mehr als 5 Jahre (T€)
Verbindlichkeiten ggü Kreditinstituten (Kontokorrentdarlehen)								
noch nicht in Anspruch genommen								
Verbindlichkeiten ggü Kreditinstituten (Schuldscheindarlehen)								
sonstige finanzielle Verbindlichkeiten								
sonstige finanzielle Verbindlichkeiten aus Finanzierungs-Leasing								
sonstige unverzinsliche finanzielle Verbindlichkeiten								
finanzielle Verbindlichkeiten	0	0	0	0	0	0	0	0

323 Im Rahmen der **qualitativen Darstellung** von Liquiditätsrisiken hat nach IFRS 7.39(c) eine Beschreibung der Art und Weise der Liquiditätssteuerung nicht-derivativer und derivativer Verbindlichkeiten zu erfolgen. Sofern es für die Beurteilung der Art und des Ausmaßes des Liquiditätsrisikos notwendig ist, muss eine Fälligkeitsanalyse der Vermögenswerte dargestellt werden, die das Unternehmen zur Sicherung des Liquiditätsrisikos hält. Beispielhaft, aber nicht abschließend, werden die Faktoren, die bei der Darstellung der Liquiditätssteuerung berücksichtigt werden können, in IFRS 7.B11F aufgeführt.

c) Marktrisiko

324 Das Marktpreisrisiko umfasst das Risiko, dass der beizulegende Zeitwert oder künftige Zahlungsstrom eines Finanzinstruments aufgrund **veränderter Marktpreise** schwankt (IFRS 7.Anhang A). Zum Marktpreisrisiko gehören das **Aktienkursrisiko**, das **Wechselkursrisiko,** das **Zins(änderungs)risiko** sowie sonstige **Preisrisiken.** Anzugeben sind Risiken sämtlicher marktrisikobehafteter Posten, dh originärer und derivativer Finanzinstrumente. Dabei sind gleichwohl Instrumente einzubeziehen, die der Risikosteuerung dienen als auch Grund- und Sicherungsinstrumente im Rahmen des *hedge accounting.*

325 Vorbehaltlich einer Berichterstattung gem IFRS 7.41 sind nach IFRS 7.40 folgende **Angaben** zu machen:

(1) Für jede Marktrisikoart, der das Unternehmen am Abschlussstichtag ausgesetzt ist, eine **Sensitivitätsanalyse,** aus der die **Auswirkungen auf den Gewinn und Verlust sowie das Eigenkapital** hervorgehen, wenn eine nach vernünftigem Ermessen mögliche Veränderung einer Risikovariablen (zB Wechsel-, Aktienkurs, Zinssatz) eintritt. Dabei sind *„worst-case“*-Betrachtungen ebenso wenig geboten wie die Darstellung nur marginaler Veränderungen (IFRS 7.B18). Die Sensitivitätsanalysen für Marktpreisrisiken sind für

sämtliche marktpreisrisikobehaftete Positionen iSv IFRS 7 durchzuführen (*IDW* RS HFA 24 Rz 71).

(2) Die bei der Sensitivitätsanalyse verwendeten bzw zugrunde gelegten Methoden bzw Annahmen.

(3) Änderungen bzgl der Methoden bzw Annahmen der Sensitivitätsanalyse ggü der früheren Berichtsperiode unter Angabe der Änderungsgründe.

Alternativ zur Sensitivitätsanalyse nach IFRS 7.40 kann nach IFRS 7.41 auch eine Analyse dargestellt werden, die mögliche **Abhängigkeiten einzelner Risikovariablen** erfasst (zB *value-at-risk*), wenn diese Methode auch zur Risikosteuerung verwendet wird. In diesem Fall sind gem IFRS 7.41 Angaben erforderlich 326

(1) zur Erläuterung der Methode sowie zu den wichtigsten Parametern und Annahmen (IFRS 7.B20) sowie

(2) zur Erläuterung der mit dieser Methode verfolgten Ziele und der Restriktionen, die möglicher Weise dazu führen, dass die Angaben den beizulegenden Zeitwert der einbezogenen Vermögenswerte und Verbindlichkeiten nicht angemessen berücksichtigen werden.

Das Zinsrisiko umfasst das Risiko, dass der beizulegende Zeitwert oder die künftigen Zahlungsströme eines Finanzinstruments aufgrund von Änderungen des Marktzinssatzes schwanken. Betroffen sind nur Finanzinstrumente, bei denen Änderungen des Marktzinssatzes Auswirkungen auf den erfolgswirksamen Teil der Gesamtergebnisrechnung bzw die gesonderte GuV (sofern erstellt) haben. Dies gilt vor allem für variabel verzinsliche Finanzinstrumente und Zinsderivate mit oder ohne Sicherungsbeziehung. Freistehende Derivate werden in der Kategorie finanzielle Vermögenswerte und Schulden, die erfolgswirksam zum beizulegenden Zeitwert bewertet werden, erfasst und wirken sich bei Wertänderungen auf den Gewinn und Verlust aus. Bei *cashflow hedges* wirken sich die Wertänderungen der Sicherungsinstrumente auf das sonstige Ergebnis und bei Ineffektivität auf den Gewinn und Verlust aus, sodass im Rahmen der Berichterstattung zu den Zinsrisiken darüber zu berichten ist. Derivate in Sicherungsbeziehungen wirken sich entweder erfolgswirksam oder erfolgsneutral aus. 327

Das **Währungsrisiko** betrifft das Risiko, dass der beizulegende Zeitwert oder künftige Zahlungsströme aufgrund von Wechselkursänderungen schwanken (IFRS 7.Anhang A). Kein Währungsrisiko besteht bei nicht-monetären Posten und bei Finanzinstrumenten, die auf die funktionale Währung lauten. Die Angaben zum Währungsrisiko sind für **jede Währung,** die ein signifikantes Risiko für das Unternehmen darstellt, gesondert darzustellen (IFRS 7.B23f). Sofern wesentliche Zinsrisiken in verschiedenen Währungen bestehen, sollte eine nach Währungen getrennte Angabe erfolgen (IFRS 7.IG34). Wenn sowohl Währungs- als auch Zinsrisiken vorliegen wie bei bestimmten Derivaten und eines der Risiken von untergeordneter Bedeutung ist, erfolgt die Berichterstattung über das signifikante Risiko (*IDW* RS HFA 24 Rz 73). Obwohl im Standard nicht explizit erläutert, sind aufgrund der möglichen Ineffizienzen für Grund- und Sicherungsgeschäfte im Rahmen von *hedge accounting* Angaben zu den Währungsrisiken offenzulegen (*IDW* RS HFA 24 Rz 65). Sofern hieraus keine Auswirkungen auf den Erfolg oder das sonstige Ergebnis resultieren, weil der Sicherungszusammenhang zu 100% effektiv ist, kann uE eine Angabe unterbleiben. 328

Sonstige Preisrisiken betreffen das Risiko, dass der beizulegende Zeitwert oder künftige Zahlungsströme eines Finanzinstruments aufgrund von Änderungen der Marktpreise schwanken und zwar unabhängig davon, ob diese Änderungen durch Faktoren verursacht werden, die für jedes einzelne Finanzinstrument oder seinen Emittenten spezifisch sind, oder durch Faktoren, die alle ähnlichen auf dem Markt gehandelten Finanzinstrumente betreffen (IFRS 7.Anhang A). 329

Solche Risiken sind zB Risiken, die sich aus der Änderung von Rohstoffpreisen ergeben oder Risiken aus Restwertgarantien (IFRS 7.B25).

330 **Eigene Eigenkapitalinstrumente** brauchen nicht in die Sensitivitätsanalyse einbezogen zu werden, weil für sie keine Folgebewertung vorgenommen wird (IFRS 7.B28).

331 Sind die nach IFRS 7.40 oder IFRS 7.41 dargestellten **Sensitivitätsanalysen nicht repräsentativ** für das einem Finanzinstrument inhärente Risiko, da zB der Risikoumfang zum Abschlussstichtag erheblich vom unterjährigen Risikoumfang abweicht, sind dieser Umstand sowie die Gründe, warum die Sensitivitätsanalysen nicht für repräsentativ gehalten werden, anzugeben (IFRS 7.42).

332–339 *(einstweilen frei)*

4. Übertragung finanzieller Vermögenswerte

340 Die Offenlegungspflichten zur Übertragung finanzieller Vermögenswerte sollen einen **verbesserten Einblick in die Chancen und Risiken** bei der Übertragung von finanziellen Vermögenswerten ermöglichen. Die erweiterten Offenlegungsverpflichtungen betreffen insbes vollständig ausgebuchte finanzielle Vermögenswerte, bei denen Rechte oder Pflichten beim Unternehmen verbleiben bzw mit der Übertragung neu hinzukommen (sog *contingent involvement,* → Rn 113ff). Hierzu sind ua Rechte und Pflichten sowie der beizulegende Zeitwert, die Höhe des maximalen Verlustrisikos und der Zeitpunkt sowie die Höhe der Auszahlung anzugeben (vgl IFRS 7.42E). Die Offenlegungspflichten sollen Fälle aufzeigen, bei denen am Ende der Berichtsperiode ein überdurchschnittliches Maß an Übertragungen von Finanzinstrumenten stattgefunden hat *(window dressing).*

Die Angabepflichten sind im Abschluss im **Anhang** zu erfüllen und sind unabhängig vom Übertragungszeitpunkt für alle übertragenen, aber nicht ausgebuchten finanziellen Vermögenswerte sowie für jedes zum Berichtsstichtag bestehende anhaltende Engagement an einem übertragenen Vermögenswert verpflichtend.

Von einer **vollständigen** oder **teilweisen Übertragung** eines finanziellen Vermögenswerts ist nur dann auszugehen, wenn das berichtende Unternehmen entweder

(1) sein vertragliches Anrecht auf die Zahlungsströme aus diesem finanziellen Vermögenswert überträgt oder
(2) sein vertragliches Anrecht auf die Zahlungsströme aus diesem finanziellen Vermögenswert behält, sich aber in einer vertraglichen Vereinbarung zur Zahlung der Zahlungsströme an einen oder mehrere Empfänger verpflichtet (IFRS 7.42A).

341 Die veröffentlichten Angaben müssen gewährleisten, dass die **Beziehung** zwischen übertragenen, aber nicht vollständig ausgebuchten finanziellen Vermögenswerten und dazugehörigen Verbindlichkeiten nachvollziehbar und bewertbar ist. Zudem ist anzugeben, welcher Art das anhaltende Engagement an den ausgebuchten finanziellen Vermögenswerten ist und welche Risiken mit diesem Engagement verbunden sind (IFRS 7.42B).

342 Für die im Folgenden dargestellten Angabepflichten (→ Rn 343ff) ist ein **anhaltendes Engagement** an einem übertragenen finanziellen Vermögenswert dann gegeben, wenn das Unternehmen im Rahmen der Übertragung mit dem übertragenen finanziellen Vermögenswert verbundene vertragliche Rechte oder Pflichten behält oder neue Rechte oder Pflichten in Bezug auf den übertragenen finanziellen Vermögenswert bekommt. Kein anhaltendes Engagement ist gegeben, wenn (IFRS 7.42C):

(1) herkömmliche Zusicherungen und Gewährleistungen in Bezug auf betrügerische Übertragungen und Geltendmachung der Grundsätze Angemessenheit, Treu und Glauben und Redlichkeit, eine Übertragung infolge eines Gerichtsverfahrens ungültig machen könnten,
(2) Termingeschäfte, Optionsgeschäfte und andere Kontrakte zum Rückkauf des übertragenen finanziellen Vermögenswerts existieren, bei denen der vertraglich vereinbarte Preis (oder Basispreis) der beizulegende Zeitwert des übertragenen finanziellen Vermögenswerts ist, oder
(3) eine Vereinbarung besteht, wonach ein Unternehmen sein vertragliches Anrecht auf die Zahlungsströme aus einem finanziellen Vermögenswert behält, sich aber vertraglich zur Zahlung der Zahlungsströme an ein oder mehrere Unternehmen verpflichtet (wobei die in IAS 39.19(a) bis (c) genannten Bedingungen erfüllt sind); → Rn 125 ff.

Die Bewertung des anhaltenden Engagements hat auf der Ebene des berichtenden Unternehmens zu erfolgen (IFRS 7.B29). Mit dem *Annual Improvements to IFRSs 2012–2014 Cycle* von September 2014 werden die Offenlegungspflichten dahingehend klar gestellt, dass Verwaltungsverträge ein anhaltendes Engagement darstellen und bei den Angaben zur Übertragung der finanziellen Vermögenswerte mit einzubeziehen sind. Darüber hinaus wird klar gestellt, welche Angaben zur Saldierung von finanziellen Vermögenswerten und Verbindlichkeiten in Zwischenabschlüssen offenzulegen sind (IFRS 7.B30 (geändert 2014), IFRS 7.30B, IFRS 7.44A (geändert 2014)).

a) Übertragene, aber nicht vollständig ausgebuchte finanzielle Vermögenswerte

Ein Unternehmen kann finanzielle Vermögenswerte so übertragen haben, dass 343
sie **nicht** oder nur **teilweise** die Kriterien für eine Ausbuchung erfüllen. Zu jedem Berichtsstichtag ist für jede Klasse Folgendes offenzulegen (IFRS 7.42D):
(1) Art der übertragenen Vermögenswerte,
(2) Art der Risiken und Chancen, die aus der weiteren Eigentümerschaft erwachsen,
(3) Beschreibung der Art der Beziehung, die zwischen den übertragenen Vermögenswerten und den dazugehörigen Verbindlichkeiten besteht, einschließlich übertragungsbedingter Beschränkungen, die hinsichtlich der Nutzung der übertragenen Vermögenswerte entstehen,
(4) wenn die Gegenpartei der dazugehörigen Verbindlichkeiten nur auf die übertragenen Vermögenswerte zurückgreift, eine Aufstellung des beizulegenden Zeitwerts der übertragenen Vermögenswerte, des beizulegenden Zeitwerts der dazugehörigen Verbindlichkeiten und der Netto-Position (dh der Differenz zwischen dem beizulegenden Zeitwert der übertragenen Vermögenswerte und der dazugehörigen Verbindlichkeiten),
(5) werden die übertragenen Vermögenswerte weiterhin voll angesetzt, den Buchwert der übertragenen Vermögenswerte und der dazugehörigen Verbindlichkeiten,
(6) werden die Vermögenswerte weiterhin nach Maßgabe des anhaltenden Engagements ansetzt (vgl IAS 39.20(c)(ii) und IAS 39.30), den Gesamtbuchwert der urspr Vermögenswerte vor Übertragung, den Buchwert der weiterhin angesetzten Vermögenswerte sowie den Buchwert der dazugehörigen Verbindlichkeiten.

b) Übertragene, vollständig ausgebuchte finanzielle Vermögenswerte

344 Ein Unternehmen, das übertragene finanzielle Vermögenswerte, an denen es aber noch ein anhaltendes Engagement besitzt, vollständig ausbucht (vgl IAS 39.20(a) und (c)(i), hat zu jedem Berichtsstichtag für jede Klasse von anhaltendem Engagement mindestens Folgendes anzugeben (IFRS 7.42E):

(1) den **Buchwert** der Vermögenswerte und der Verbindlichkeiten, die in der Bilanz angesetzt werden und das anhaltende Engagement an den ausgebuchten finanziellen Vermögenswerten darstellen, und die Posten, unter denen der Buchwert dieser Vermögenswerte und Verbindlichkeiten ausgewiesen wird,

(2) **den beizulegenden Zeitwert** der Vermögenswerte und Verbindlichkeiten, die das anhaltende Engagement an den ausgebuchten finanziellen Vermögenswerten darstellen,

(3) den Betrag, der **das maximale Verlustrisiko** aus dem anhaltenden Engagement an den ausgebuchten finanziellen Vermögenswerten am besten widerspiegelt, sowie Angaben darüber, wie das maximale Verlustrisiko bestimmt wird,

(4) die **undiskontierten Zahlungsabflüsse,** die zum Rückkauf ausgebuchter finanzieller Vermögenswerte erforderlich wären oder sein könnten, oder sonstige Beträge, die in Bezug auf die übertragenen Vermögenswerte an den Empfänger zu zahlen sind. Bei variablem Zahlungsabfluss sollte sich der angegebene Betrag auf die Gegebenheiten am jeweiligen Berichtsstichtag stützen,

(5) eine **Restlaufzeitanalyse** für die undiskontierten Zahlungsabflüsse, die zum Rückkauf der ausgebuchten finanziellen Vermögenswerte erforderlich wären oder sein könnten, oder für sonstige Beträge, die in Bezug auf die übertragenen Vermögenswerte an den Empfänger zu zahlen sind. Diese Analyse soll die vertraglichen Restlaufzeiten des anhaltenden Engagements aufzeigen. Dabei ist zwischen Zahlungen, die geleistet werden müssen, Zahlungen, die das Unternehmen möglicherweise leisten muss und Zahlungen, zu denen das Unternehmen sich entschließen könnte, zu unterscheiden (IFRS 7.B34).
Das Unternehmen kann nach **eigenem Ermessen** eine angemessene Zahl von Laufzeitbändern bestimmen. IFRS 7.B35 enthält Beispiele für Zeitbänder. Bei mehreren möglichen Restlaufzeiten ist bei den Zahlungsströmen vom frühestmöglichen Zeitpunkt auszugehen, an dem Zahlung verlangt oder die Zahlung gestattet werden kann (IFRS 7.B36),

(6) **qualitative Angaben** zur Erläuterung und Ergänzung der unter (1) bis (5) verlangten Angaben. Die qualitativen Angaben haben eine Beschreibung der ausgebuchten finanziellen Vermögenswerte sowie eine Beschreibung von Art und Zweck des anhaltenden Engagements, dass das Unternehmen nach Übertragung dieser Vermögenswerte behält, zu umfassen. Sie hat ferner eine Beschreibung der **Risiken** zu beinhalten (IFRS 7.B37). Dazu zählen ua:
   (a) eine Beschreibung, wie das mit dem anhaltenden Engagement an den ausgebuchten finanziellen Vermögenswerten verbundene Risiko gesteuert wird,
   (b) die Erläuterung, ob vor anderen Parteien Verluste übernommen werden müssen, sowie Rangfolge und Höhe der Verluste, die von Parteien getragen werden, deren Engagement an dem Vermögenswert rangniedriger ist (dh rangniedriger als dessen anhaltendes Engagement),
   (c) eine Beschreibung aller möglichen Auslöser, die zur Leistung finanzieller Unterstützung oder zum Rückkauf eines übertragenen finanziellen Vermögenswerts verpflichten.

345 Besitzt ein Unternehmen mehrere, **unterschiedlich geartete** anhaltende Engagements an einem ausgebuchten finanziellen Vermögenswert, besteht das Wahlrecht, die vorstehend verlangten Angaben (IFRS 7.42E) für diesen Vermö-

genswert zu bündeln und in der Berichterstattung als **eine Klasse** von anhaltendem Engagement zu führen (IFRS 7.42F).

Darüber hinaus ist **für jede Klasse von anhaltendem Engagement** Folgendes anzugeben (IFRS 7.42G): 346

(1) der **zum Zeitpunkt der Übertragung** der Vermögenswerte erfasste **Gewinn oder Verlust.** Es ist anzugeben, ob dieser Gewinn oder Verlust darauf zurückzuführen ist, dass den Komponenten des zuvor angesetzten Vermögenswerts ein anderer Zeitwert beigemessen wurde als dem zuvor angesetzten Vermögenswert als Ganzem. In einem solchen Fall ist anzugeben, ob bei den Bewertungen zum beizulegenden Zeitwert in erheblichem Umfang auf Daten zurückgegriffen wurde, die sich nicht auf beobachtbare Marktdaten stützen (IFRS 7.B38),
(2) die sowohl im **Berichtszeitraum** als auch **kumuliert erfassten Erträge und Aufwendungen,** die durch das anhaltende Engagement an den ausgebuchten finanziellen Vermögenswerten bedingt sind,
(3) wenn die in einem Berichtszeitraum erzielten Gesamterlöse aus Übertragungen sich nicht gleichmäßig auf den Berichtszeitraum verteilen:
   (a) wenn der größte Teil der Übertragungen innerhalb dieses Berichtszeitraums (zB in den letzten fünf Tagen vor seinem Ablauf) stattgefunden hat, den Betrag (zB dazugehörige Gewinne oder Verluste), der in diesem Teil des Berichtszeitraums aus Übertragungsaktivität erfasst wurde, und
   (b) die Gesamterlöse aus Übertragungen in diesem Teil des Berichtszeitraums.

Diese Angaben sind für **jeden Zeitraum** zu liefern, für den eine Gesamtergebnisrechnung vorgelegt wird.

Die anhaltenden Engagements können bspw nach **Klassen** von Finanzinstrumenten oder nach **Art der Übertragung gruppiert** werden (IFRS 7.B33).

c) Ergänzende Informationen

Zusätzlich dazu sind ggf weitere Informationen offenzulegen (IFRS 7.42H). 347
Das Unternehmen hat mit Blick auf seine Lage zu entscheiden, wie viele zusätzliche Informationen es vorlegen muss, um den **Informationsbedarf** der Abschlussadressaten zu decken, und wie viel Gewicht es auf einzelne Aspekte dieser zusätzlichen Informationen legt (IFRS 7.B39).

(einstweilen frei) 348–359

H. IFRS 9 Finanzinstrumente

I. Anwendungsbereich des IFRS 9

Im Juli 2014 hat der IASB die finale Version des IFRS 9 veröffentlicht. **Ziel** 360
des IFRS 9 ist die **Schaffung von Prinzipien** für die Finanzberichterstattung über finanzielle Vermögenswerte und finanzielle Verbindlichkeiten, welche für die Berichtsleser relevante und entscheidungsnützliche Informationen liefern. Den Berichtsadressaten sollen Informationen für die Beurteilung der Beträge, des zeitlichen Anfalls und der Unsicherheiten der künftigen Zahlungsströme des Unternehmens offengelegt werden (IFRS 9.1.1).

Der IFRS 9 soll auf alle Arten von Finanzinstrumenten angewendet werden mit den folgenden **Ausnahmen** (IFRS 9.2.1):

(1) **Beteiligungen** an TU, assoziierten und Gemeinschaftsunternehmen, die nach IFRS 10, IAS 27 oder IAS 28 im IFRS-Abschluss abzubilden sind.

Auf Derivate auf diese Beteiligungen ist IFRS 9 jedoch anzuwenden, es sei denn, das Derivat erfüllt die Kriterien für ein Eigenkapitalinstrument nach IAS 32.

(2) Rechte und Verpflichtungen aus **Leasingverhältnissen**, die in den Anwendungsbereich des IAS 17 fallen. Jedoch mit folgenden Ausnahmen:
   (a) Forderungen aus Leasingverhältnissen, die vom Leasinggeber angesetzt wurden, unterliegen den in IFRS 9 enthaltenen Vorschriften zur Ausbuchung und Wertminderung;
   (b) Verbindlichkeiten aus Finanzierungs-Leasingverhältnissen, die vom Leasingnehmer angesetzt wurden unterliegen den in IFRS 9 enthaltenen Vorschriften zur Ausbuchung;
   (c) in Leasingverhältnisse eingebettete Derivate unterliegen den in IFRS 9 enthaltenen Vorschriften für eingebettete Derivate.

(3) Rechte und Verpflichtungen eines Arbeitgebers aus **Altersversorgungsplänen,** für die IAS 19 *Leistungen an Arbeitnehmer* gilt.

(4) Finanzinstrumente, die von dem Unternehmen emittiert wurden und der Definition eines **Eigenkapitalinstruments** gem IAS 32 (einschließlich Optionen und Optionsscheinen) entsprechen oder die gem IAS 32.16A bis IAS 32.16D als Eigenkapitalinstrumente zu klassifizieren sind.
Der Inhaber solcher Eigenkapitalinstrumente hat IFRS 9 jedoch auf diese Instrumente anzuwenden, es sei denn, es liegt der unter (1) genannte Ausnahmefall vor.

(5) Rechte und Verpflichtungen aus einem **Versicherungsvertrag** iSd IFRS 4 *Versicherungsverträge,* bei denen es sich nicht um Rechte und Verpflichtungen eines Emittenten aus einem Versicherungsvertrag handelt, welcher der Definition einer finanziellen Garantie entspricht (→ § 40 Rn 86), oder aus einem Vertrag, der aufgrund der Tatsache, dass er eine ermessensabhängige Überschussbeteiligung vorsieht, in den Anwendungsbereich von IFRS 4 fällt. Für ein Derivat, das in einen unter IFRS 4 fallenden Vertrag eingebettet ist, gilt IFRS 9, wenn das Derivat nicht selbst ein Vertrag ist, der in den Anwendungsbereich von IFRS 4 fällt. Hat ein Finanzgarantiegeber darüber hinaus zuvor ausdrücklich erklärt, dass er diese Garantien als Versicherungsverträge betrachtet, und hat er sie nach den für Versicherungsverträge geltenden Vorschriften bilanziert, kann er auf diese finanziellen Garantien IFRS 9 oder IFRS 4 anwenden. Der Garantiegeber kann diese Entscheidung für jeden Vertrag einzeln treffen. Die für den jeweiligen Vertrag getroffene Entscheidung kann aber nicht revidiert werden.

(6) Alle **Termingeschäfte,** die zwischen einem Erwerber und einem verkaufenden Anteilseigner im Hinblick auf den Erwerb oder die Veräußerung eines Unternehmens geschlossen werden und die zu einem künftigen Erwerbszeitpunkt zu einem Unternehmenszusammenschluss gem IFRS 3 führen werden. Die Laufzeit dieses Termingeschäfts sollte einen angemessenen Zeitraum, der idR für die erforderlichen Genehmigungen und die Durchführung der Transaktion notwendig ist, nicht überschreiten.

(7) **Kreditzusagen,** bei denen es sich nicht um die in IFRS 9.2.3 beschriebenen Zusagen handelt. Auf Kreditzusagen, die nicht anderweitig unter IFRS 9 fallen, sind die Regelungen über Wertminderungen und Ausbuchungen anzuwenden.

(8) Finanzinstrumente, Verträge und Verpflichtungen im Zusammenhang mit **anteilsbasierten Vergütungen,** für die IFRS 2 *Anteilsbasierte Vergütung* einschlägig ist. Davon ausgenommen sind die in den Anwendungsbereich des IFRS 9.2.4 bis IFRS 9.2.7 fallenden Verträge, für die IFRS 9 gilt.

(9) **Erstattungsansprüche** für Ausgaben, zu denen das Unternehmen zur Begleichung einer Schuld verpflichtet ist; wobei die Schuld gem IAS 37 als Rückstellung angesetzt wird oder in einer früheren Periode angesetzt wurde.

(10) Rechte und Verpflichtungen im Anwendungsbereich des **IFRS 15: Umsatzerlöse aus Kundenverträgen** *(revenue from contracts with costomers),* die Finanzinstrumente sind, es sei denn, IFRS 15 regelt, dass diese in den Anwendungsbereich des IFRS 9 fallen.

(11) Vom Anwendungsbereich des IFRS 9 ausgenommen sind Verträge, welche zum Zwecke des Empfangs und der Leistung nicht-finanzieller Posten gem dem erwarteten Erwerbs-, Veräußerungs- oder Nutzungsbedarfs des Unternehmens geschlossen wurden *(own use exemption).* Die *own use exemption* nach IFRS 9 stellt kein Wahlrecht dar und ist folglich bei Vorliegen der Voraussetzungen verpflichtend anzuwenden. Verträge über den Kauf oder Verkauf von nicht-finanziellen Posten, die unter die *own use exemption* fallen, sind schwebende Verträge nach IAS 37 und sind folglich bilanzunwirksam. Der Anwendungsbereich von IAS 39 in Bezug auf Verträge über den Kauf oder Verkauf nicht-finanzieller Posten wurde grds in IFRS 9 fortgeführt. Damit ergeben sich hinsichtlich der Abgrenzung hier relevanter Verträge *(net settlement, own use contracts)* keine Änderungen. Unverändert stellen auch Änderungen des beizulegenden Zeitwerts von solchen Verträgen keine entscheidungsrelevante Information dar. Ergibt sich aus diesen jedoch eine Belastung bzw ein Verpflichtungsüberhang, sind entsprechende Rückstellungen zu bilanzieren.

II. Klassifizierung von finanziellen Vermögenswerten

Finanzielle Vermögenswerte sind nach IFRS 9 in **drei Kategorien** einzuteilen: in Finanzinstrumente, die zu fortgeführten Anschaffungskosten (*amortised cost,* ***AC***) und Finanzinstrumente, die erfolgswirksam oder erfolgsneutral zum beizulegenden Zeitwert bewertet werden (IFRS 9.5.2.1; *fair value through profit or loss,* ***FVPL*** oder *fair value through other comprehensive income,* ***FVOCI***). Die Klassifizierung der finanziellen Vermögenswerte erfolgt auf der **Basis des Geschäftsmodells,** nach dem das Unternehmen seine finanziellen Vermögenswerte steuert, und des Charakters der Zahlungsströme. 361

1. Finanzielle Vermögenswerte zu fortgeführten Anschaffungskosten bewertet (AC)

a) Kriterien für die Klassifizierung

Ein finanzieller Vermögenswert ist der Kategorie zu **fortgeführten Anschaffungskosten *(AC)*** bewertet zuzuordnen, wenn die folgenden **zwei Bedingungen kumulativ** erfüllt sind: 362

(1) Der Zweck des/eines Geschäftsmodells des Unternehmens ist das **Halten** des finanziellen Vermögenswerts zur Vereinnahmung der vertraglichen Zahlungsströme aus diesem Vertrag und

(2) die Vertragsbedingungen des finanziellen Vermögenswerts führen zu festgelegten Zeitpunkten zu Zahlungsströmen, die ausschließlich Tilgung und Zinszahlung auf ausstehende Rückzahlungs-/Kapitalbeträge darstellen (IFRS 9.4.1).

aa) Geschäftsmodell. Die Klassifizierung ist auf der Basis des Geschäftsmodells des Unternehmens (subjektives Kriterium) vorzunehmen, das vom Unternehmen zur Steuerung der finanziellen Vermögenswerte bzw ihrer vertraglichen Zahlungsströme eingesetzt wird. 363

IFRS 9 unterscheidet zwischen drei Geschäftsmodellen:
(1) Halten zur Erzielung vertraglicher Zahlungsströme,
(2) Halten und Verkaufen sowie
(3) Handel(sabsicht).

Damit wird festgelegt, auf welche **Art die Zahlungsströme** aus den finanziellen Vermögenswerten realisiert werden sollen. Für die **Beurteilung** des Geschäftsmodells sind alle relevanten Indizien und Umstände heranzuziehen, bspw:
(1) Beurteilung der **Wertentwicklung** des Geschäftsbereichs und der finanziellen Vermögenswerte innerhalb des Bereichs und der Berichterstattung an Schlüsselpersonen des Unternehmens,
(2) **Art der Risiken,** welche die Wertentwicklung des Geschäftsbereichs determinieren, sowie die Steuerung dieser Risiken und
(3) Grundlage der **Vergütung** für die Verantwortlichen (zB auf Basis des beizulegenden Zeitwerts der finanziellen Vermögenswerte oder auf Basis der vereinnahmten vertraglichen Zahlungsströme).

Die Beurteilung erfolgt auf der Ebene des Managements in Schlüsselpositionen (*key management personnel* iSv IAS 24, → § 20 Rn 22). Die Ebene, auf der die Geschäftsmodellbedingung beurteilt wird, bestimmt sich nach der Art und Weise, wie das Unternehmen sein Geschäft tatsächlich steuert (*management approach,* IFRS 9.B4.1.1). Hinsichtlich der tatsächlichen Steuerung ist auf die Erwartungen der Schlüsselpersonen des Unternehmens abzustellen, von denen diese vernünftigerweise ausgehen können. Auf sog *worst-case-* oder Stressszenarien ist nicht abzustellen (IFRS 9.B4.1.2A). Auch die Bezeichnung eines Geschäftsmodells ist nicht maßgeblich (IFRS 9.B4.1.2B).

364 Für die Beurteilung der Geschäftsmodellbedingung kommt es grds nicht auf die **Verwendungsabsicht** des einzelnen finanziellen Vermögenswerts an. Die Beurteilung erfolgt auf übergeordneter Ebene bzw auf der Ebene der sog **Beurteilungseinheit** (IFRS 9.B4.1.2). Für alle Vermögenswerte innerhalb dieser Beurteilungseinheit gilt **dasselbe Geschäftsmodell.** Für ein Portfolio kann demzufolge nur ein Geschäftsmodell bestehen.

Beispiel: Ein Unternehmen hält ein Trading-Portfolio mit festverzinslichen Anleihen mit dem Ziel, aus kurzfristigen Veränderungen des Marktzinses Kursgewinne zu erzielen (erster Fall). Daneben hat es ein Portfolio gleichartiger festverzinslicher Anleihen, die langfristig gehalten werden, um aus den Kupons dauerhaft stabile Zinserträge zu generieren und einen Bestand für die Generierung von Zusatzerträgen aus Wertpapierleihegeschäften oder einen Bestand an Sicherungsmitteln für die kurzfristige Liquiditätsbeschaffung zu haben (zweiter Fall). Im ersten Fall sind die Anleihebestände als finanzielle Vermögenswerte erfolgswirksam zum beizulegenden Zeitwert bewertet *(FVPL)* und im zweiten Fall als finanzielle Vermögenswerte zu fortgeführten Anschaffungskosten bewertet *(AC)* zu klassifizieren.

Das Portfolio dient als Beurteilungsebene für die Klassifizierung von finanziellen Vermögenswerten. **Portfolien** können auch in Unter- bzw Subportfolien aufgespalten werden, um die Steuerung des Unternehmens zutreffender abzubilden. So können bspw variabel verzinsliche Anleihen, die als Portfolio variabel verzinslicher Anleihen bis zur Endfälligkeit gehalten werden, als finanzielle Vermögenswerte auch dann zu fortgeführten Anschaffungskosten bewertet klassifiziert werden, wenn die Zahlungsströme des Portfolios mittels Derivaten abgesichert werden. Dies kann zB ein Festzinsempfängerswap sein, durch den variable Zahlungsströme in feste Zahlungsströme umgewandelt werden. Dieser Swap bzw die Auswirkungen des Swaps auf die Zahlungsströme wären für die Klassifizierung der Finanzinstrumente des Portfolios nicht maßgeblich.

365 In einem Unternehmen oder in einem Konzern können **verschiedene Geschäftsmodelle nebeneinander** bestehen (IFRS 9.B4.1.2). Die Klassifizierung und somit die Beurteilung des Kriteriums Geschäftsmodell eines finanziellen Vermögenswerts hat im Zeitpunkt seines **Zugangs** zu erfolgen. Für die Beurteilung des vorliegenden Geschäftsmodells sind die Verhältnisse am Erstanwendungstag maßgeblich. Aufgrund der an diesem Tag vorliegenden Verhältnisse ist das Geschäftsmodell festzustellen. Diese Verhältnisse sind die Grundlage der rückwirkenden Anwendung des IFRS 9 (IFRS 9.7.2.3). Es wird folglich unterstellt, dass die Finanzinstrumente zum Zeitpunkt der Erstanwendung erworben werden (IFRS 9.B7.2.1).

Die Bestimmung der Aggregationsebenen für die Einstufung des Geschäftsmodells hat bei **Banken** bspw die folgenden Aspekte zu berücksichtigen (*Hallpop/Lellmann* WPg 2011, 722 (729)): 366

(1) Aufbauorganisation,
(2) internes Berichtswesen,
(3) Gestaltung der unternehmens- und konzerninternen Geschäfte,
(4) Investitions- und Anlagerichtlinien und
(5) Vergütungssysteme der Geschäftsmodellverantwortlichen.

Für **Industrie-, Handels- und Dienstleistungsunternehmen** gilt im Wesentlichen, dass 367

(1) Forderungen gegen Kunden, auch ggü nahestehenden/verbundenen Unternehmen oder Arbeitnehmern,
(2) Forderungen gegen Kunden, die an Kreditinstitute oder Factoringunternehmen veräußert wurden, die wegen Risikorückbehalt jedoch nicht ausgebucht werden, oder bspw
(3) Anlagen freier Mittel, bei denen nicht die Realisierung von Wertsteigerungen im Vordergrund steht,

grds als finanzielle Vermögenswerte bewertet zu fortgeführten Anschaffungskosten klassifiziert werden können. Für diese Unternehmen wird für die Beurteilung der finanziellen Vermögenswerte der Schwerpunkt weniger auf der Bedingung des Geschäftsmodells als vielmehr auf der Bedingung der Zahlungsströme liegen (→ Rn 369ff).

Sofern als Geschäftsmodell eines finanziellen Vermögenswerts „Steuerung mit dem Ziel der Vereinnahmung der vertraglichen Zahlungsströme" identifiziert ist, verbindet sich damit nicht zwingend das **Halten** der finanziellen Vermögenswerte bis zu ihrer **Endfälligkeit.** Eine Veräußerung eines finanziellen Vermögenswerts vor dessen Endfälligkeit führt für sich betrachtet nicht bereits zu einer anderen Klassifizierung. Vielmehr sind die vom Unternehmen in der Vergangenheit getätigten als auch die für die Zukunft erwarteten Veräußerungen zu beurteilen. Dafür ist es notwendig, die Häufigkeit, die Höhe, den zeitlichen Anfall und die Gründe für die Veräußerung in die Beurteilung einzubeziehen. Hierbei sind auch die Verhältnisse, unter denen Veräußerungen in der Vergangenheit vorgenommen wurden, mit den aktuellen Verhältnissen im Beurteilungszeitpunkt zu vergleichen (IFRS 9.B4.1.2.C). Veräußerungsgeschäfte der Vergangenheit können folglich künftige Klassifizierungen finanzieller Vermögenswerte beeinflussen. 368

Falls die Verkäufe hingegen ein größeres Ausmaß annehmen, muss neu beurteilt werden, ob sie sich noch mit dem für ein Portfolio dokumentierten Geschäftsmodell „Steuerung mit dem Ziel der Vereinnahmung der vertraglichen Zahlungsströme" vereinbaren lassen (IFRS 9.B4.1.3). Dies macht eine **detaillierte Analyse** des Geschäftsmodells unter Auswertung der tatsächlich vorgenommenen bzw geplanten Verkäufe notwendig. Finanzinstrumente, bei denen bereits im **Erwerbszeitpunkt** eine Veräußerungsabsicht besteht, dürfen von vornherein nicht als finanzieller Vermögenswert zu fortgeführten Anschaffungskosten bewertet klassifiziert werden.

Erhöht sich bspw das **Kreditrisiko** eines finanziellen Vermögenswerts, ist dies in Bezug auf die AC-Klassifizierung unschädlich (IFRS 9.B4.1.3.A). Gleiches kann unter weiteren Voraussetzungen für Veräußerungen von finanziellen Vermögenswerten zur Vermeidung von Kredit- und Konzentrationsrisiken gelten (IFRS 9.B4.1.3B). Ungeachtet der vorstehend genannten Gründe bzw unabhängig von den für **Verkäufe** vorliegenden Begründungen ist eine *AC*-Klassifizierung unschädlich, wenn Verkäufe

(1) selten stattfinden (selbst bei signifikanten Volumina) oder
(2) der Höhe nach einzeln und insgesamt als nicht signifikant zu beurteilen sind (auch bei regelmäßigem Anfall) oder
(3) nah am Zeitpunkt der Endfälligkeit des finanziellen Vermögenswerts stattfinden und die erzielten Veräußerungserlöse einer fortgesetzten Vereinnahmung vertraglicher Zahlungsströme nahekommen (IFRS 9.B4.1.3).

Ein Unternehmen muss in der Lage sein zu beurteilen, ob und wie Verkäufe zur *AC*-Klassifizierung konsistent sind (IFRS 9.B4.1.3). Für eine **Konsistenz** hat ein Unternehmen schriftliche Nachweise zu erbringen. Veräußerungen bedürfen daher einer Begründung in Bezug auf die Geschäftsmodelle und die mit einem Geschäftsmodell verfolgte Zielsetzung.

369 **bb) Charakter der Zahlungsströme** (Zahlungsstromkriterium). Die Zahlungsströme dürfen ausschließlich Rückzahlung von Kapital und Zins sein (objektives Kriterium; IFRS 9.B4.1.2). Bei Kapital und Zins handelt es sich jeweils um wesentliche Komponenten der Zahlungsströme eines finanziellen Vermögenswerts. Das Kapital *(principal)* ist der beizulegende Zeitwert eines finanziellen Vermögenwerts im Zeitpunkt des erstmaligen Ansatzes (IFRS 9.4.1.3(a); IFRS 9.B4.1.7B). Der Kapitalbetrag ist auch nicht der Betrag, zu dem bspw der originäre Erwerb des finanziellen Vermögenswerts stattfand. Bei dem Kapitalbetrag handelt es sich nicht um den Nominalbetrag. Erwirbt bspw ein Unternehmen A ein Wertpapier mit einem Nominalwert von Mio € 2 im Zeitpunkt der Wertpapieremission zum Wert von Mio € 1,98 und zu einem späteren Zeitpunkt erwirbt das Unternehmen B von Unternehmen A das Wertpapier aufgrund stark gestiegener Zinsen und einer Verschlechterung des Ratings des Emittenten zum Wert von Mio € 1,7, dann ist der Kapitalwert des Wertpapiers für das Unternehmen B Mio € 1,7.

Die **Zinszahlungen** dürfen ausschließlich

(1) ein Äquivalent für den Zeitwert des Geldes und
(2) das übernommene Kreditrisiko,
(3) das mit dem ausstehenden Kapitalbetrag
(4) in der Währung, in welcher der finanzielle Vermögenswert valutiert (IFRS 9.B4.1.8),
(5) über einen bestimmten Zeitraum verbunden ist (IFRS 9.4.1.3(b)), sowie
(6) eines damit einhergehenden Liquiditätsrisikos (IFRS 9.B4.1.7A) darstellen.

Zinszahlungen schließen auch ein Entgelt für das Basis-Kreditrisiko und -kosten sowie eine Gewinnmarge ein. Eingeschlossen sind alle Kosten, die mit dem Halten des finanziellen Vermögenwerts im Zeitablauf verbunden sind (zB Bearbeitungsgebühren, lfd Verwaltungskosten). Darüber hinaus werden bei Banken auch die aufsichtsrechtlichen Eigenkapitalanforderungen berücksichtigt.

Bei der Beurteilung wird von der sog **einfachen Kreditbeziehung** ausgegangen. Eine einfache Kreditbeziehung ist ein nicht strukturierter Kredit. Es kann sich bei dieser auch um eine einfache Anleihe handeln.

370 Beinhaltet der finanzielle Vermögenswert über die vorstehend genannten Komponenten hinaus **weitere Komponenten,** ist der sog *cashflow*-Test durchzuführen. In diesem Test ist festzustellen, ob die Zahlungsströme einerseits Tilgungs- und Zinszahlungen auf einen ausstehenden Kapitalbetrag darstellen und

andererseits gleichzeitig in ihrem wirtschaftlichen Zusammenhang nach den Vertragsbedingungen verändert werden können. Im Rahmen des *cashflow*-Tests sind mögliche Effekte eingebetteter Derivate sowie Auswirkungen anderer Nebenabreden auf die Zahlungsströme zu überprüfen. Hierfür sind die modifizierten Zahlungsströme mit den Zahlungsströmen eines finanziellen Vermögenwerts ohne vertragliche Besonderheiten zu vergleichen. Ergibt dieser Vergleich, dass die Modifikation unwesentlich ist, gilt das Zahlungsstromkriterium als erfüllt. „Unwesentlich" definiert IFRS 9.B4.1.18 als

(1) realitätsferne *(not genuine)* Modifikation, da das Ereignis extrem selten, hochgradig ungewöhnlich und sehr unwahrscheinlich ist oder

(2) das Ausmaß des Einflusses ist zu gering oder ist nicht erwägenswert.

Unter extremen wirtschaftlichen Bedingungen kann es auch eine **Negativverzinsung** geben, was an sich nicht der Erfüllung des Zahlungsstromkriteriums entgegensteht (IFRS 9.B4.1.7A).

Das Zahlungsstromkriterium ist dann nicht erfüllt, wenn die vertraglichen Vereinbarungen bspw auf die Veränderung von Preisen für Eigenkapital oder Rohstoffe abstellen (IFRS 9.B4.1.7A).

Eine Klassifizierung als finanzieller Vermögenswert bewertet zu fortgeführten Anschaffungskosten kann auch dann erfolgen, wenn das Unternehmen damit rechnen muss, die vereinbarten Zahlungsströme aufgrund von **Kreditausfällen** nicht oder nicht vollständig zurückzubekommen.

Der **Charakter** der Zahlungsströme ist für jeden finanziellen Vermögenswert **einzeln** basierend auf den jeweiligen Vertragsbedingungen zu prüfen (IFRS 9.4.1.1). Auch bei der Beurteilung der Zahlungsströme kommt es maßgeblich auf deren wirtschaftlichen Gehalt und nicht deren Bezeichnung an. Im Gegensatz zum Geschäftsmodellkriterium (→ Rn 363) ist beim Zahlungsstromkriterium nicht auf den Zeitpunkt der Erstanwendung von IFRS 9 sondern auf den Zeitpunkt der erstmaligen Erfassung des Finanzinstruments abzustellen.

Insgesamt ist festzustellen, dass für die Zuordnung eines finanziellen Vermögenswerts in eine Kategorie bestimmend die **Substanz der Vereinbarung** ist. So haben vertragliche Vereinbarungen keinen Einfluss auf die Klassifizierung und bleiben ohne Wirkung auf die Klassifizierung des finanziellen Vermögenswerts, wenn diese nur einen **äußerst geringfügigen Effekt** *(de minimis effect)* auf den vertraglichen Zahlungsstrom haben bzw diese hinsichtlich ihres Eintritts nahezu ausgeschlossen sind. Für diese Beurteilung muss ein Unternehmen die möglichen Effekte auf die vertraglichen Zahlungsstromcharakteristika in jeder Berichtsperiode und kumuliert über die gesamte Laufzeit des Finanzinstruments beurteilen.

Bestehen neben Zins und Tilgung auf den ausstehenden Kapitalbetrag bei ei- 371
nem finanziellen Vermögenswert Besonderheiten, sodass eine Abweichung von einer einfachen Kreditbeziehung gegeben ist, liegt eine sog **modifizierte Zeitwertkomponente** vor (IFRS 9.B4.1.9B).

Bei Modifikationen kann es sich um **besondere Zinsermittlungen** wie bspw Durchschnittszinsberechnungen, verzögerte oder indexierte Verzinsung, abweichende Zinsperioden und Fixingzeitpunkte handeln. Modifizierte Zeitwertkomponenten sind nicht generell schädlich. Diese sind vielmehr auf das Vorliegen der Zahlungsstrombedingungen hin zu untersuchen (qualitativ und in bestimmten Fällen auch quantitativ).

Es werden dabei die **undiskontierten Zahlungsströme** einerseits mit den modifizierten vertraglichen Vereinbarungen und andererseits ohne Modifikationen verglichen. Wenn es mit nur einer oder ohne Analyse möglich ist, zu bestimmen, ob der vertragliche (undiskontierte) Zahlungsstrom (IFRS 9.B4.1.9C) eines finanziellen Vermögenswerts signifikant von dem (undiskontierten) Zahlungsstrom einer Benchmark abweicht, braucht ein Unternehmen keine detaillierte Beurteilung vornehmen. Entscheidend ist die Signifikanz einer Modifikation, bezogen auf die Berichtsperioden und die gesamte Laufzeit eines Finanzinstruments.

Im Fall einer **signifikanten Abweichung** der undiskontierten Zahlungsströme ist die Zahlungsstrombedingung nicht mehr gegeben. Eine Erörterung der Ursachen für die Modifikation der Zahlungsströme ist nicht erforderlich, weil diese beim Vorliegen signifikanter Abweichungen nicht mehr relevant sind. Nichtsdestotrotz können diese Indikatoren für das Nichtvorliegen des Zahlungsstromskriteriums relevant sein. Bei der Analyse der Zahlungsströme sind alle künftigen Einflussfaktoren zu berücksichtigen, soweit diese vernünftiger Weise erwartet werden können (IFRS 9.B4.19D). Der IASB hat hinsichtlich der Modifikationen der Zinsanpassungsfrequenz geregelt, dass ein Vergleich mit einem Instrument gleicher Zinsanpassungsfrequenz zu erfolgen hat (IFRS 9.B4.1.9C). Bspw liegt bei *constant maturity bonds* eine von der Laufzeit des Wertpapiers abweichende Zinsanpassungsfrequenz vor. So erfolgt bei einem *constant maturity bond* während einer zehnjährigen Laufzeit eine jährliche Anpassung der Verzinsung an den jeweils im Fixingzeitpunkt aktuellen Zehnjahreszinssatz.

Damit werden dieser Kategorie ausschließlich Schuldinstrumente zugewiesen werden.

b) Ansatz

372 Finanzielle Vermögenswerte sind dann anzusetzen, wenn das Unternehmen **Vertragspartei** wird (IFRS 9.3.1.1). Der Ansatz eines finanziellen Vermögenswerts zum **Handels- oder Erfüllungstag** ist für jede der in IFRS 9 vorgegebenen Bewertungskategorien separat festzulegen (IFRS 9.B.3.1.3, → Rn 95). Die einmal gewählte Methode innerhalb einer Bewertungskategorie ist **stetig** anzuwenden (IFRS 9.B.3.1.3). Grds ist diesbezüglich keine Änderung ggü den Regelungen des IAS 39 eingetreten. Erträge aus finanziellen Vermögenswerten zu fortgeführten Anschaffungskosten ebenso wie Erträge und Aufwendungen aus Wertveränderungen (zB Wertminderungen und mögliche spätere Zuschreibungen) sind in der GuV (sofern erstellt) zu erfassen.

c) Ausbuchung

373 Die Vorschriften zur **Ausbuchung** von finanziellen Vermögenswerten wurden von IAS 39 in IFRS 9 übernommen. Unverändert ist vor der Prüfung einer Ausbuchung finanzieller Vermögenswerte sicherzustellen, dass alle TU und insbesondere Zweckgesellschaften nach IFRS 10 sowie IFRS 12 **konsolidiert** wurden (IFRS 9.3.2.1) (→ § 35 Rn 1 ff).

374 Finanzielle Vermögenswerte sind dann **auszubuchen,** wenn vertragliche Rechte an den Zahlungsströmen aus dem finanziellen Vermögenswert erlöschen oder auslaufen (zB Tilgung, Erlass, Aufrechnung) oder ein Unternehmen den finanziellen Vermögenswert nach IFRS 9.3.2.4 f überträgt und sich die Übertragung für eine Ausbuchung nach IFRS 9.3.2.6 qualifiziert (IFRS 9.3.2.3). Im Anhang sind nun Begründungen zu den Veräußerungen offenzulegen (IFRS 7.20A (geändert 2014)).

375 Ausbuchungen können in Bezug auf einen **vollständigen** Vermögenswert, speziell abgegrenzte Zahlungsströme eines Vermögenswerts, einen exakt proportionalen Teil der Zahlungsströme eines Vermögenswerts oder einen exakt proportionalen Teil speziell abgegrenzter Zahlungsströme eines finanziellen Vermögenswerts relevant sein (IFRS 9.3.2.2 (a)). In allen anderen Fällen sind die Abgangskriterien auf den finanziellen Vermögenswert in seiner Gesamtheit anzuwenden (IFRS 9.3.2.2(b)).

Diese Regelungen gelten auch für einen Teil einer Gruppe ähnlicher finanzieller Vermögenswerte bzw für eine Gruppe ähnlicher finanzieller Vermögenswerte.

Finanziellen Vermögenswert werden **übertragen, wenn vertragliche Rechte** an Zahlungsströmen aus dem finanziellen Vermögenswert übertragen oder vertragliche Rechte an den Zahlungsströmen aus dem finanziellen Vermögenswert zurückbehalten werden, sich aber aus einer Vereinbarung, welche die Anforderungen von IFRS 9.3.2.5 erfüllt, die Verpflichtung zur Zahlung der Zahlungsströme an einen oder mehrere Empfänger ergibt (Durchleitungsvereinbarung, IFRS 9.3.2.4). Dh, für das Unternehmen besteht keine Verpflichtung, Zahlungen weiterzuleiten, wenn keine entspr Beträge aus dem urspr Vermögenswert dem Unternehmen zufließen, das Unternehmen ist nicht berechtigt, den urspr Vermögenswert zu verkaufen oder zu verpfänden (außer als Sicherheit für den eventuellen Empfänger) und das Unternehmen wurde verpflichtet, erhaltene Zahlungsströme ohne wesentliche Verzögerung weiterzuleiten. 376

Ist festzustellen, dass ein Vermögenswert iSv IFRS 9.3.2.4f übertragen wurde, ist zu beurteilen, ob im Wesentlichen alle **Chancen und Risiken** aus dem Eigentum des Vermögenswerts übertragen wurden oder nicht (IFRS 9.3.2.6). Wird die Übertragung im Wesentlichen aller Chancen und Risiken festgestellt, ist der Vermögenswert auszubuchen. Werden im Wesentlichen alle Chancen und Risiken zurückbehalten, ist die Ausbuchung des Vermögenswerts ausgeschlossen (IFRS 9.3.2.6(b)). 377

Wurden im Wesentlichen alle Chancen und Risiken am Eigentum eines übertragenden Vermögenswerts weder übertragen noch zurückbehalten, ist zu prüfen, ob das Unternehmen die **Verfügungsmacht** über den Vermögenswert aufgegeben hat oder nicht. Besitzt das Unternehmen keine Verfügungsmacht mehr über den Vermögenswert, ist dieser auszubuchen. Behält ein Unternehmen die Verfügungsmacht über den Vermögenswert zurück, ist der Vermögenswert vom Unternehmen in dem Umfang seines anhaltenden Engagements weiter zu bilanzieren. Die Verfügungsmacht über den finanziellen Vermögenswert geht über, wenn der Übernehmende tatsächlich die Fähigkeit hat, den Vermögenswert in seiner Gesamtheit an eine nicht nahestehende dritte Partei zu veräußern, ohne dass die Zustimmung des Übertragenden bzw einer anderen Partei erforderlich ist (IFRS 9.B3.2.7ff). 378

Wurden weder im Wesentlichen alle mit dem Eigentum verbundenen Chancen und Risiken zurückbehalten noch übertragen und verbleibt die Verfügungsmacht über den finanziellen Vermögenswert beim Unternehmen, liegt ein Teilabgang vor, der als solches abzubilden ist. **Entstehende oder verbleibende Ansprüche oder Verpflichtungen** bei einer Übertragung bei einem Unternehmen sind als gesonderte Posten zu erfassen (zB aus der Übernahme des Inkassos, sog *servicing asset* oder *servicing liability,* IFRS 9.3.2.6(a)). Der finanzielle Vermögenswert ist in Höhe des anhaltenden Engagements anzusetzen (IFRS 9.3.2.16ff, IFRS 9.B3.2.13). 379

Die Schritte zur Prüfung der Ausbuchung sind in IFRS 9.B3.2.1 abgebildet. 380

Zu einer Ausbuchung eines Finanzinstruments kann es auch durch **Modifikation der vertraglichen Bedingungen** kommen. Findet ein Austausch von Schuldinstrumenten mit substanziell verschiedenen Vertragsbedingungen zwischen bestehenden Vertragspartnern statt oder werden substanzielle Änderungen in den Vertragsbedingungen vorgenommen, ist die Transaktion wie eine Tilgung des urspr Schuldinstruments und dem Ansatz eines neuen Schuldinstruments abzubilden. Ein Gewinn oder Verlust aus der Tilgung des urspr Schuldinstruments ist **erfolgswirksam** zu erfassen.

d) Bewertung

381 **aa) Zugangsbewertung.** Im Zeitpunkt der erstmaligen Erfassung sind finanzielle Vermögenswerte, die der Kategorie zu fortgeführten Anschaffungskosten bewertet zugeordnet wurden, mit ihrem beizulegenden Zeitwert zuzüglich der dem Erwerb direkt zurechenbaren Transaktionskosten anzusetzen (IFRS 9.5.1.1). Der beizulegende Zeitwert wird im Zeitpunkt der Anschaffung grds den **Anschaffungskosten** im Erwerbszeitpunkt entsprechen (IFRS 9.B5.1.1); sofern sich ein Teil des gegebenen oder erhaltenen Entgelts auf etwas anderes als den finanziellen Vermögenswert bezieht, ist der beizulegende Zeitwert unter Anwendung eines Bewertungsverfahrens zu schätzen und ein Differenzbetrag ggf als anderer Vermögenswert zu qualifizieren (IFRS 9.B5.1.1).

382 Die Anschaffungskosten langfristiger **unverzinslicher Kredite** bilden die Barwerte aller künftigen erwarteten Einzahlungen, die mit dem aktuellen Marktzins für ein ähnliches Finanzinstrument (in Bezug auf Währung, Laufzeit, Art des Zinssatzes und sonstige Faktoren mit vergleichbarer Bonitätsbewertung) abgezinst werden. Jeder zusätzlich ausgezahlte Betrag stellt einen Aufwand bzw eine Ertragsminderung dar, sofern er nicht das Kriterium für den Ansatz eines Vermögenswerts anderer Art erfüllt (IFRS 9.B5.1.1).

Für **unterverzinsliche Kredite** bzw Kredite, die sich zu einem **marktunüblichen Zinssatz** verzinsen und bei denen im Voraus dafür eine Ausgleichszahlung *(upfront fee)* vereinbart wird, bildet der beizulegende Zeitwert der Darlehensforderung die Anschaffungskosten (IFRS 9.B5.1.2).

383 Bei der Umsetzung der Zugangsbewertung nach IFRS 9 kann grds auf die Erfahrungen aus der Anwendung von **IAS 39** zurückgegriffen werden.

384 **bb) Folgebewertung.** Die Folgebewertung der finanziellen Vermögenswerte dieser Kategorie wird zu fortgeführten Anschaffungskosten (IFRS 9.5.2.1) vorgenommen. Im Zugangswert berücksichtigte Transaktionskosten werden zur Ermittlung des Effektivzinssatzes einbezogen (IFRS 9.5.4.1 f, IFRS 9.Anhang A). Der Effektivzinssatz ist der Zinssatz, mit dem die geschätzten künftigen Ein- und Auszahlungen über die erwartete Laufzeit exakt auf den Nettobuchwert abgezinst werden. Mittels der Effektivzinsmethode werden durch Amortisation Zinserträge bzw -aufwendungen auf der Basis sämtlicher erwarteter Zahlungsströme (einschließlich erwarteter Kreditausfälle) über die Laufzeit des finanziellen Vermögenswerts verteilt. Im Rahmen der Folgebewertung sind die **Wertminderungsvorschriften** anzuwenden (IFRS 9.5.2.2; diesbezüglich ausführlich → Rn 385 ff).

385 **cc) Wertminderungen.** Die folgenden Ausführungen zu den Wertminderungen gelten nicht nur für die zu fortgeführten Anschaffungskosten bewerteten finanziellen Vermögenswerte (zu denen auch Forderungen aus Lieferungen und Leistungen gehören), sondern auch

(1) für vom Gläubiger gehaltene Schuldinstrumente, die zum beizulegenden Zeitwert mit der Erfassung der Wertänderungen im sonstigen Ergebnis (erfolgsneutral) bewertet werden,
(2) Leasingforderungen,
(3) unwiderrufliche Kreditzusagen und
(4) Finanzgarantien, die nicht erfolgswirksam zum beizulegenden Zeitwert bewertet werden sowie
(5) vertragliche Vermögenswerte *(contract assets)*, die in den Anwendungsbereich des IFRS 15 fallen *(general approach)*.

386 **(1) Das dreistufige Kreditriskiovorsorgemodell.** Der **Wertminderungskonzeption** des IFRS 9 liegt das ***expected-loss*-Modell** zugrunde, welches nach Geschäftsart und Kreditqualität in unterschiedlichen Ausprägungen zur Anwendung kommt.

Die Unternehmen müssen – soweit dies nicht bereits im Risikomanagement erfolgt ist – umfangreiche unternehmensinterne und -externe Informationen erheben. Neben Datenhistorien sind zukunftsgerichtete Informationen für die Umsetzung des *expected-loss*-Modells erforderlich. Die eingesetzten Modelle sind fortlaufend darauf hin zu untersuchen, ob diese noch die zu bewertenden Sachverhalte angemessen abbilden. Die Überprüfung der Modelle schließt die Beurteilung der Angemessenheit der Parametrisierung und der Annahmen ein. Das **dreistufige Kreditrisikovorsorgemodell** *(credit deterioration model)* des IFRS 9 zielt auf die seit dem Zugangszeitpunkt des finanziellen Vermögenswerts zu verzeichnenden Veränderungen des Kreditrisikos ab. Der Umfang der Wertminderungen bestimmt sich aus der Veränderung der Kreditqualität des finanziellen Vermögenswerts seit seinem ersten Ansatz. Damit ist der erwartete Verlust eines finanziellen Vermögenswerts ab dem Zeitpunkt seines bilanziellen Zugangs zu erfassen.

Die drei Stufen **unterscheiden** sich hinsichtlich der **Berücksichtigung** der **Restlaufzeiten** und der **Art der Vereinnahmung der Zinsen.** Das dreistufige Kreditrisikovorsorgemodell stellt bei der Beurteilung der Ausfallwahrscheinlichkeit nicht auf eine absolute, sondern auf eine relative Veränderung der Ausfallwahrscheinlichkeit ab. Bezugszeitpunkt für die Beurteilung der relativen Veränderung ist der Zeitpunkt des erstmaligen Ansatzes der finanziellen Vermögenswerte (IFRS 9.B5.5.9). Ab wann die Veränderung der Kreditqualität als signifikant zu beurteilen ist, hat der Bilanzierende nach IFRS 9 prinzipienorientiert zu entscheiden. Dazu hat er alle **verfügbaren** und **entscheidungsrelevanten** Informationen heranzuziehen. Die Kreditanalyse beinhaltet eine Vielzahl von Faktoren, die für die unterschiedlichen Kreditarten jeweils eine eigene Gewichtung von Beurteilungskriterien aufweist (IFRS 9.B5.5.16).

Die zu berücksichtigenden **Faktoren** können in der Sphäre des Kreditnehmers liegen (zB Veränderung des *working capital*) (IFRS 9B5.5.17(g)) oder das Finanzinstrument oder vergleichbare Finanzinstrumente oder die *credit spreads* (IFRS 9B5.5.17(c)) betreffen.

Liegen **zukunftsbezogene** Informationen vor, sind diese neben vergangenheitsbezogenen Informationen zu berücksichtigen. In Bezug auf das Zusammenspiel der Berücksichtigung von vergangenheits- und zukunftsgerichteten Daten bestimmt IFRS 9.5.5.11, dass im Fall eines Rückstands vertraglich vereinbarter Zahlungen von mehr als 30 Tagen, widerlegbar von einer signifikanten Verschlechterung der Zahlungsqualität ausgegangen werden kann.

Nach IFRS 9 ist im Risikovorsorgespiegel über jede Stufe des Wertberichtigungsmodells separat zu berichten. Eine nach den Stufen differenzierte Berichterstattung hat auch hinsichtlich des Beitrags wesentlicher Änderungen des Bruttobuchwerts zu einer Veränderung des Risikovorsorgebestands zu erfolgen (IFRS 7.35). In diesem Zusammenhang ist ggf auch auf vorgenommene Vertragsmodifikationen einzugehen.

(aa) Stufe 1. Sofern sich das Kreditrisiko eines finanziellen Vermögenswerts 387
seit seinem ersten Ansatz nicht signifikant erhöht hat bzw nach dessen Veränderung weiterhin ein geringes Kreditrisiko besteht, befinden sich finanzielle Vermögenswerte – die ohne Wertminderungszuschlag zugegangen sind – in der Stufe 1. Die **Ausfallwahrscheinlichkeit** der finanziellen Vermögenswerte liegt unter eins bzw unter 100%. Der Stufe 1 können bspw Wertpapiere mit einem Investment-Grade-Rating zugeordnet werden.

Die Risikovorsorge für finanzielle Vermögenswerte der Stufe 1 ist in Höhe des erwarteten Verlusts für einen 12-Monatszeitraum (ausgehend vom jeweiligen Abschlussstichtag) zu bilden. Die Wertminderung ist **erfolgswirksam** zu erfassen.

Die Berechnung des **Zinsertrags** erfolgt auf der Basis des **Bruttobuchwerts.** Die Effektivzinsberechnung wird vor der Berücksichtigung der Risikovorsorge durchgeführt.

388 **(bb) Stufe 2.** Hat sich zum Bilanzierungszeitpunkt das **Kreditrisiko** des finanziellen Vermögenswerts **signifikant erhöht** und treten zusätzliche Ereignisse auf, die einen nachhaltigen Einfluss auf die erwarteten Zahlungsströme für die Restlaufzeit aus dem finanziellen Vermögenswert haben, liegt eine Wertminderung vor (*credit impairment*). Ein niedriges absolutes Kreditrisiko kann auch bei einer **geringen Ausfallwahrscheinlichkeit** bei ungünstiger allgemeiner wirtschaftlicher Entwicklung gegeben sein. Solche Ereignisse sind bspw Veränderung des Ratings des Schuldners, tatsächliche oder erwartete Verschlechterung des Ergebnisses des eingereichten Jahresabschlusses des Schuldners, Verschlechterung der Qualität der Kreditsicherheiten, Verschlechterung der Gesellschafter- und/oder Haftungsstrukturen beim Schuldner. Ein finanzieller Vermögenswert, der bisher von der Stufe 1 abgedeckt wurde, ist dann in die Stufe 2 zu transferieren. Als zusätzliche Ereignisse nennt IFRS 9 beispielhaft signifikante finanzielle Schwierigkeiten, Zahlungsverzüge, Vertragsbrüche, die aufgrund wirtschaftlicher Schwierigkeiten erfolgte Gewährung von Zugeständnissen an den Kreditnehmer bzw Schuldner sowie die Wahrscheinlichkeit einer Insolvenz oder Zahlungsunfähigkeit eines Kreditnehmers bzw Schuldners. Die Ausfallwahrscheinlichkeit ist in der Stufe 2 ggü der Stufe 1 signifikant erhöht, liegt aber auch unter eins bzw unter 100%.

Ein Unternehmen kann annehmen, dass sich das Kreditrisiko seit dem Zugangszeitpunkt **nicht signifikant erhöht** hat, wenn am Bewertungsstichtag ein niedriges absolutes Kreditrisiko gegeben ist (IFRS 9.5.5.10; IFRS 9.B5.5.22f). Bei der Beurteilung des Kreditrisikos kann das Unternehmen sowohl auf die Ratings der Ratingagenturen als auch auf eigene Ratings zurückgreifen (IFRS 9.B5.5.23). Sicherheiten sind bei der Beurteilung des Kreditrisikos außen vor zu lassen (IFRS 9.B5.5.22).

Für finanzielle Vermögenswerte der Stufe 2 ist die Risikovorsorge in Höhe des **erwarteten Verlusts** über die **Restlaufzeit** des finanziellen Vermögenswerts *(life time expected loss)* zu bilden. Für die Stufe 1 und 2 gibt der Standard keine konkrete Methode zur Bestimmung des erwarteten Verlusts vor.

Die Ermittlung des Zinsertrags erfolgt auf der Basis des Bruttobuchwerts. Die Effektivzinsberechnung wird vor der Berücksichtigung der Risikovorsorge durchgeführt.

Die Wertminderung wird **erfolgswirksam** in Höhe des Barwerts aller noch erwarteten Verluste für die Restlaufzeit des finanziellen Vermögenswerts erfasst.

389 **(cc) Stufe 3.** Liegen neben dem signifikant erhöhten Kreditrisiko **objektive Hinweise** auf Wertminderungen vor bzw beträgt die Ausfallwahrscheinlichkeit eins bzw 100%, ist die höchste Wertberichtigungsstufe erreicht.

Die Risikovorsorge ist in Höhe des erwarteten Verlusts über die **Restlaufzeit** des finanziellen Vermögenswerts zu bilden. Diese errechnet sich aus der Differenz zwischen dem Buchwert des finanziellen Vermögenswerts und dem mit dem urspr Effektivzinssatz diskontierten Kapitalbetrag der zukünftig noch erwarteten Zahlungsströme aus dem finanziellen Vermögenswert. Damit ist in der Stufe 3 zusätzlich die Zinsvereinnahmung anzupassen.

Die **Zinsberechnung** erfolgt auf der Basis des **Nettobuchwerts** (Buchwert abzüglich bestehender Risikovorsorge (*net carrying amount,* vgl *Fischer/Flick/Krakuhn* IRZ 2014, 435 (436)).

Schon im **Zugangszeitpunkt** bestehende Kreditrisiken werden bei der Erfassung im Zugangszeitpunkt mit einem kreditrisikoadjustierten Effektivzinssatz diskontiert. Es wird ein entspr Wertminderungsabschlag berücksichtigt. Bei der Folgebewertung werden die finanziellen Vermögenswerte mit demselben kreditadjustierten Effektivzinssatz aufgezinst, soweit keine wesentliche Verschlechterung des Kreditrisikos auftritt.

Die Risikovorsorge ist unmittelbar erfolgswirksam in der Gesamtergebnisrechnung bzw in der GuV (sofern erstellt) zu erfassen.

Beispiel: Eine Bank vergibt am 11. März X1 einen Kredit in Höhe von Mio € 1, der vom Kunden am Ende seiner zehnjährigen Laufzeit vollständig, in einem Betrag zurückzuzahlen ist. Der Kredit wird von der Bank der Kategorie zu fortgeführten Anschaffungskosten bewertet zugewiesen. Der Kredit wird der Stufe 1 zugeordnet. In Höhe des erwarteten Zwölf-Monats-*expected loss* erfolgt die Bildung einer Risikovorsorge (T€ 100). 390

Buchungen am 11. März X1

Forderungen	an	Bank	Mio € 1
Risikovorsorge (GuV)	an	Einzelwertberichtung	T€ 100

Im Rahmen der Bewertung zum Jahresabschluss X1 ist eine signifikante Erhöhung des Kreditrisikos des Kreditnehmers der Bank festzustellen. Der Kredit ist nun der Stufe 2 zuzuordnen. Der erwartete Verlust beträgt in Bezug auf die Kreditrestlaufzeit zum 31. Dezember X1 T€ 500.

Buchungen am 31. Dezember X1

Risikovorsorge (GuV)	an	Einzelwertberichtigung	T€ 400

Im Geschäftsjahr X2 verschärfen sich die finanziellen Schwierigkeiten des Kreditnehmers. Die Bank stellt fest, dass der Kreditnehmer den Kredit nur noch in Höhe von T€ 600 zurückführen kann und erklärt daher ggü dem Kreditnehmer einen Forderungsverzicht in Höhe von T€ 400. Die von der Bank erörterten finanziellen Schwierigkeiten stellen einen objektiven Hinweis auf eine Wertminderung dar. Das Kreditvolumen beträgt nunmehr noch T€ 600 bzw es handelt sich bei dem Kredit nunmehr um einen aufgrund der finanziellen Schwierigkeiten des Kreditnehmers „restrukturierten" bzw modifizierten Kredit. Ein solcher Kredit ist der Stufe 3 zuzuordnen.

Aufwand aus Kreditmodifikation	an	Forderungen	T€ 400
Einzelwertberichtigungen	an	Risikovorsorge (GuV)	T€ 400

Nach der vorgenommenen „Restrukturierung" bzw Modifikation des Kredits bleibt dieser weiterhin in der Stufe 3. Der für die Kreditrestlaufzeit erwartete Verlust beträgt zum 31. Dezember X2 unverändert T€ 500. Damit verbleiben in der Einzelwertberichtigung zu diesem Kredit T€ 100.

Für die Beurteilung des **Kreditrisikos** können die Unternehmen für unterschiedliche finanzielle Vermögenswerte **unterschiedliche Methoden** heranziehen (IFRS 9B5.5.12). Bei der Beurteilung der Veränderung des Kreditrisikos handelt es sich um eine umfassende Bewertung, bei der alle relevanten Faktoren zu berücksichtigen sind. Bspw sind dies (IFRS 9.B5.5.17): 391

(1) tatsächliche oder erwartete Veränderung des wirtschaftlichen Umfelds, wobei anzunehmen ist, dass diese wesentliche Auswirkungen auf die Kreditwürdigkeit des Schuldners hat,

(2) tatsächliche oder erwartete Veränderung des internen oder externen Ratings für einen finanziellen Vermögenswert,

(3) bei einem (fiktiven) Neuabschluss eines finanziellen Vermögenswerts würde sich eine signifikante Änderung der vertraglich vereinbarten Konditionen ergeben, oder

(4) die kreditrisikobezogenen Marktparameter des finanziellen Vermögenswerts erfahren eine signifikante Veränderung (zB Veränderung des *credit spreads* auf dem *credit default market*).

Bei der **Ermittlung des Kreditrisikos** und dessen Veränderungen sind insoweit alle verfügbaren Informationen heranzuziehen, wie diese ohne unangemessene Kosten und Zeitaufwand erlangbar sind (IFRS 9.5.5.9). Dies schließt auch 392 zukunftsorientierte Informationen ein, die neben historischen Ereignissen und gegenwärtigen Verhältnissen zu berücksichtigen sind. In jedem Fall sind Informationen zu verarbeiten, welche bereits am Bilanzstichtag vorliegen. Ein Unternehmen muss aber nicht jedes mögliche Szenario erörtern (IFRS 9.5.5.18). Die Ermittlung des erwarteten Kreditausfalls ist eine wahrscheinlichkeitsgewichtete Schätzung zum Bilanzstichtag in der relevante, mögliche und häufige Szenarien, welche zum Bilanzstichtag erwartet werden, zu betrachten sind (vgl *Transition Resource Group for Management of Financial Instruments* Summary vom 22. April 2015 Rn 15 ff (http://www.ifrs.org/Meetings/MeetingDocs/Other%20Meeting/2015/April/ITG-meeting-summary-22-April-2015.pdf, Abrufdatum: 31.7.2015).

Da IFRS 9 auch auf **zukunfsgerichtete Informationen** abstellt, müssen Unternehmen Prozesse und Verfahren zur Gewinnung dieser Informationen einrichten, soweit diese nicht bereits auf solche Prozesse und Verfahren aus dem Risikomanagement zurückgreifen können. Da diese umfassende Beurteilung den Zeitraum bis zur Endfälligkeit des finanziellen Vermögenswerts einschließt, müssen neben den Informationen zB über den Kreditnehmer auch Informationen über die Märkte und die Branche erhoben werden, in welchen der Kreditnehmer tätig ist, als auch makroökonomische Daten.

In der Stufe 3 ist ein *discounted-cashflow*-Modell zur Ermittlung des erwarteten Verlusts heranzuziehen (IFRS 9.B5.5.33). Für die Stufen 1 und 2 sind keine Methoden zur Bewertung des erwarteten Verlusts vorgegeben. In jedem Fall werden die folgenden Parameter zu berücksichtigen sein:

(1) Ausfallwahrscheinlichkeit bei der Bewertung *(probability of default),*

(2) Verlustquote bei Ausfall *(loss given default),*

(3) Forderungshöhe bei Ausfall *(exposure at default).*

Banken verfügen regelmäßig über Informationen zu den vorgenannten Parametern, weil diese nicht nur für die interne Risikosteuerung der Bank von Bedeutung sind, sondern auch für die Erfüllung des aufsichtsrechtlichen Meldewesens vorgehalten werden müssen.

393 Durch die Einführung des *expected-loss*-Modells findet nur auf den ersten Blick grds eine Annäherung von **regulatorischer** und externer bzw **bilanzieller Rechnungslegungsperspektive** statt. Im Detail zeigen sich jedoch neben Gemeinsamkeiten bedeutende Unterschiede, insbes im Hinblick auf die **Parametrisierung** (vgl *Driesch/Hartenberger,* Der Konzern 2013, 1 (4)).

Da es sich um den **Barwert** der **wahrscheinlichkeitsgewichteten, geschätzten erwarteten Zahlungsausfälle** handelt, ist der Zeitwert des Geldes zu berücksichtigen. Die für die Bewertung herangezogenen Informationen sollen neben vergangenheitsbezogenen Daten sowohl die aktuellen Gegebenheiten als auch Erwartungen an die künftige wirtschaftliche Entwicklung einschließen. Dabei sind nicht nur die Erwartungen in Bezug auf den einzelnen Kreditnehmer relevant, sondern darüber hinaus auch die externen Marktindikatoren für das Kreditrisiko (zB *credit spreads,* Preise für *credit default swaps* für die Kreditnehmer, weitere Marktinformationen über den Kreditnehmer, sowie Preisveränderungen für Schuld- und Eigenkapitaltitel des Kreditnehmers; IFRS 9.B5.5.17(c)).

Hinsichtlich der **Restlaufzeit** ist bei der Bewertung auf die maximale vertragliche Laufzeit, einschließlich möglicher Verlängerungsoptionen, abzustellen. Der erwartete Verlust ist für den Zeitraum zu ermitteln, für den das Unternehmen dem Kreditrisiko wirtschaftlich ausgesetzt ist. In der Praxis ggf darüber hinausgehende Laufzeitbestimmungen sind nicht zu berücksichtigen (IFRS 9.5.5.20). Mögliche **Anschlussfinanzierungsrisiken** bleiben bei der Ermittlung des erwarteten Verlusts unberücksichtigt, auch wenn diese in der Praxis zu erwarten sind (zB Fortführung des Engagements in einer Folgefinanzierung die bereits mit dem Kunden in einem Forwarddarlehen vereinbart wurde). Eine Berücksichtigung von Kreditrisiken über die maximale Vertragslaufzeit hinaus ist nach IFRS 9.5.5.20 für noch nicht in Anspruch genommene Kreditzusagen nur zulässig, wenn das Unternehmen nicht die Möglichkeit hat, sich dieser Verpflichtung ggü dem Kreditnehmer zu entziehen. Beispielhaft sind hier Überziehungskredite, revolvierende Darlehen, Kreditrahmenvereinbarungen, Kreditkartenforderungen sowie Kontokorrentkredite zu nennen.

Die erwarteten Verluste sind auf den Berichtszeitpunkt zu **diskontieren.** Im Fall von festverzinslichen Finanzinstrumenten ist der im Zugangszeitpunkt ermittelte Effektivzinssatz oder der daran angenäherte Wert und im Fall von variabel verzinslichen Finanzinstrumenten der aktuelle Effektivzinssatz zur Diskontierung heranzuziehen (IFRS 9.B5.5.44).

(2) Substanzielle Vertragsmodifikationen. Die substanziellen Vertragsmo- 394
difikationen sind ein weiterer Bereich bei der Abbildung von Wertminderungen. Bei substanziellen Vertragsmodifikationen handelt es sich um Fälle von **finanziellen** Vertragsmodifikationen von finanziellen Vermögenswerten, die bereits im Zugangszeitpunkt *credit-impaired* sind. Substanzielle Vertragsmodifikationen bei einem finanziellen Vermögenswert führen dazu, dass der bisherige finanzielle Vermögenswert abgeht und ein neuer zugeht (IFRS 9.B5.5.25). Dies ist der Fall, wenn sich vertragsbedingte Auswirkungen auf die Einschätzung bzw Veränderungen des Zahlungsstromkriteriums ergeben. Eine Veränderung des Zahlungsstromkriteriums tritt regelmäßig ein, wenn eine Restrukturierung eines Kredits aufgrund finanzieller Schwierigkeiten des Kreditnehmers erfolgt oder im Fall des Erwerbs einer Forderung, bei der nicht mehr erwartet wird, dass der vertraglich vereinbarte Zahlungsstrom auch erzielt werden kann.

Im Fall der Restrukturierung eines Kredits, aufgrund von finanziellen Schwierigkeiten eines Kreditnehmers, liegt regelmäßig auch ein nach FinRep meldepflichtiger Sachverhalt, eine sog ***forbearence*-Maßnahme** vor (→ Rn 232).

Aus dem IAS 39 sind die Regelungen zur Ausbuchung von Finanzinstrumenten unverändert übernommen worden (vgl IAS 39.15 ff).

IFRS 9 enthält konkrete Vorgaben zur bilanziellen Abbildung von Vertragsanpassungen, welche **keinen Abgang** aus der Bilanz zur Folge haben. IFRS 9.5.4.3 regelt die Anpassung des Buchwerts und die direkte Erfassung eines Modifikationsgewinns oder -verlusts. Modifikationsergebnis und der Betrag der Buchwertanpassung sind mittels Diskontierung der angepassten vertraglichen Zahlungsströme mit dem urspr Effektivzinssatz zu berechnen. Modifikationsgewinne und -verluste sind getrennt vom Risikovorsorgeergebnis zu ermitteln und nach IFRS 9 iVm IFRS 7 darzustellen.

(3) POCI-assets. Sofern nach einer Restrukturierung der Verträge nicht er- 395
wartet werden kann, dass alle vertraglich (neu) vereinbarten Zahlungsströme vom Kreditnehmer selbst geleistet werden, handelt es sich bei diesen finanziellen Vermögenswerten um ***purchased*** oder ***originated credit impaired assets (POCI-assets).*** Bei diesen finanziellen Vermögenswerten bzw *POCI-assets* kommt für die Bildung der Risikovorsorge das Dreistufenmodell **nicht** zur Anwendung.

Beispiele für *POCI-assets* sind:

(1) Forderungen, welche aufgrund finanzieller Schwierigkeiten des Schuldners so umfassend einer Restrukturierung zugeführt werden, dass die urspr Forderung aus der Bilanz auszubuchen und eine neue Forderung in die Bilanz einzubuchen ist.

(2) Wurden für bestehende Forderungen objektive Hinweise auf einen Ausfall festgestellt, wird ein neuer Kredit an den Schuldner vergeben zB in Form eines Sanierungsdarlehens,

(3) Erwerb von Forderungen oder Wertpapieren mit einem Kaufpreisabschlag aufgrund von Ausfällen *(non-performing loans)* oder

(4) Forderungen, bei denen die erwarteten Zahlungsströme geringer sind als die neuen vertraglichen Zahlungsströme.

Im Fall eines **bilanziellen Zugangs** einer neu verhandelten Forderung ist zu erörtern, ob ggf eine Zuordnung zur Bewertungskategorie erfolgswirksam zum beizulegenden Zeitwert bewertet erfolgen muss, weil die Forderung das Zahlungsstromkriterium nicht mehr erfüllt (zB in einem Fall, in dem aufgrund einer Vereinbarung ein Kreditinstitut an einer potenziellen wirtschaftlichen Erholung eines Kreditnehmers beteiligt ist; *Gehrer/Krakuhn/Schütz* IRZ 2014, 385 (385)).

Die **Risikovorsorge** ist bei diesen finanziellen Vermögenswerten in Höhe der Veränderung des erwarteten Verlusts bis zur Endfälligkeit des finanziellen Vermögenswerts zu bilden oder aufzulösen. Zu den folgenden Bewertungsstichtagen ist jede Veränderung des *lifetime expected loss* im Risikovorsorgeergebnis zu berücksichtigen.

Für die Ermittlung der **Risikovorsorge** und der zu vereinnahmenden Zinsen ist die ***credit adjusted effective interst rate*** anzuwenden. Dieser Effektivzinssatz berechnet sich aus den erwarteten Zahlungsströmen zum Zugangszeitpunkt. Bei diesem Effektivzinssatz handelt es sich um einen internen Zinssatz, der sich aus prognostizierten Zahlungsreihen unter der Berücksichtigung von Ausfallerwartungen ergibt.

Die Risikovorsorge ist unmittelbar **erfolgswirksam** in der Gesamtergebnisrechnung bzw der GuV (sofern erstellt) zu erfassen. Auf der Basis des anfänglichen Effektivzinssatzes ist der Zins zu vereinnahmen. Neu erwartete Zahlungsströme werden mit dem anfänglichen Effektivzinssatz abgezinst. Auftretende Differenzbeträge zum bisherigen Buchwert werden unmittelbar erfolgswirksam in der Gesamtergebnisrechnung bzw der GuV (sofern erstellt) erfasst.

396 **(4) Vereinfachtes Verfahren *(simplified approach)*.** Für die Abbildung von Wertminderungen besteht unter bestimmten Voraussetzungen die Möglichkeit oder die Pflicht zur Anwendung eines vereinfachten Verfahrens.

Wahlrecht. Für Leasingforderungen sowie Forderungen aus Lieferungen und Leistungen oder vertragliche Vermögenswerte, die aus Transaktionen im Anwendungsbereich des IFRS 15 resultieren und eine wesentliche Finanzierungskomponente enthalten, kann ein vereinfachtes Verfahren angewendet werden. Eine Differenzierung zwischen den drei Stufen des Kreditrisikomodells muss nicht vorgenommen werden. Die Nachverfolgung der Veränderung des Kreditrisikos ist im vereinfachten Verfahren nicht erforderlich. Die Ermittlung der **Risikovorsorge** erfolgt unter Berücksichtigung der gesamten Laufzeit der Forderungen. Handelt es sich um kurzfristige Forderungen, also Forderungen mit einer Restlaufzeit von unter zwölf Monaten, wird es sich bei dem erwarteten Verlauf für die Restlaufzeit um einen erwarteten Verlust für den zwölf-Monatszeitraum handeln.

Pflicht. Eine Verpflichtung zur Anwendung des vereinfachten Verfahrens besteht für Forderungen aus Lieferungen und Leistungen, die keine wesentliche Finanzierungskomponente enthalten. Damit dürfte es sich regelmäßig um kurzfristige Forderungen handeln. Des Weiteren ist eine Pflicht zur Anwendung des vereinfachten Verfahrens gegeben, wenn vertragliche Vermögenswerte (vgl IFRS 15; → § 15 Rn 60) aus Transaktionen resultieren, die in den Anwendungsbereich des IFRS 15 fallen und ebenfalls keine wesentliche Finanzierungskomponente enthalten oder wenn ein Unternehmen die Ausnahmeregelung des IFRS 15 für Verträge mit einer Laufzeit von maximal einem Jahr in Anspruch nimmt. Die Ermittlung der Risikovorsorge erfolgt in Höhe des Barwerts der erwarteten (wahrscheinlichkeitsgewichteten) Zahlungsausfälle innerhalb der verbleibenden Restlaufzeit des finanziellen Vermögenswerts. Die erwarteten Verluste können geschätzt werden. Kriterien, welche zur Bildung von Gruppen für Forderungen mit weitgehend ähnlichen Merkmalen und damit ähnlichen erwarteten Verlusten führen sind bspw neben der Forderungsart (zB Forderungen aus erbrachten Dienstleistungen) das Alter der Forderung, der Vertriebsweg oder ein Scorewert für einen Kunden, an den die Dienstleistung erbracht wurde. Unternehmen können damit wie bisher zurückgreifen auf die auf historischen Daten begründete Erwartungswerte bzw aufgrund von statistisch begründeten Erwartungswerten für die betreffenden Forderungsbestände Wertberichtigungen bilden (pauschale Wertminderungen). Bspw bilden Unternehmen für kleine Forderungsbeträge im Massengeschäft Gruppen aufgrund des Alters oder der Dauer der Überfälligkeit der Forderungen und weisen diesen bestimmte Ausfallwahrscheinlichkeiten bzw Verlusterwartungen zu. Der IASB geht von Wertberichtigungen für Forderungen aus, die mehr als 90 Tage überfällig sind, wobei es sich um eine widerlegbare Vermutung handelt. Regelmäßig sind hier unternehmensindividuelle Kriterien zB aus unternehmenseigenen historischen Zeitreihen zu bestimmen.

Erweiterte Anhangangaben. Verbunden mit dem *expected loss*-Modell ist 397
eine **Erweiterung des Risikovorsorgespiegels,** in dem der Risikovorsorgebestand vom Periodenanfang auf das Ende der Berichtsperiode nach der Stufenzuordnung überzuleiten ist (IFRS 7.35H (geändert 2014)). Dies gilt unabhängig von der gewählten (Brutto- oder Netto-)Darstellung von Wertminderungen.

Im Anhang sind wesentliche Änderungen der Bruttobuchwerte der Finanzinstrumente, welche zu einer Veränderung der Risikovorsorge geführt haben, darzustellen (IFRS 7.35I (geändert 2014)).

Des Weiteren sind umfassende Informationen über das **interne Risikomanagement** darzustellen. Dabei sind die angewendeten Methoden, die gesetzten Annahmen wie auch die herangezogenen Informationen zur Ermittlung des erwarteten Verlusts zu beschreiben (vgl *Bank für Internationalen Zahlungsausgleich* Rz 34ff, 2015).

Die Unternehmen müssen – soweit dies nicht bereits im Rahmen des Risikomanagements erfolgt ist – **umfangreiche unternehmensinterne** und **-externe Informationen** erheben. Neben Datenhistorien sind zukunftsgerichtete Informationen für die Umsetzung des *expected-loss*-Modells erforderlich. Die eingesetzten Modelle sind fortlaufend daraufhin zu untersuchen, ob diese noch die zu bewertenden Sachverhalte angemessen abbilden. Die Überprüfung der Modelle schließt die Beurteilung der **Angemessenheit der Parametrisierung** und der **Annahmen** ein.

2. Finanzielle Vermögenswerte erfolgsneutral zum beizulegenden Zeitwert bewertet (FVOCI)

a) Kriterien für die Klassifizierung

Ein finanzieller Vermögenswert ist der Kategorie **erfolgsneutral zum beizu-** 398
legenden Zeitwert bewertet zuzuordnen, wenn die beiden folgenden Kriterien **kumulativ** erfüllt sind:

(1) Der Zweck des/eines Geschäftsmodells des Unternehmens ist das Halten des finanziellen Vermögenswerts zur Vereinnahmung der vertraglichen Zahlungsströme aus diesem Vertrag als auch der Veräußerung des finanziellen Vermögenswerts und

(2) die Vertragsbedingungen des finanziellen Vermögenswerts führen zu festgelegten Zeitpunkten zu Zahlungsströmen, die ausschließlich Tilgungen und Zinszahlungen auf ausstehende Rückzahlungs-/Kapitalbeträge darstellen (IFRS 9.4.2.1A).

Die Steuerung des finanziellen Vermögenswerts erfolgt innerhalb eines gemischten Geschäftsmodells, dessen Ziel es ist, sowohl die vertraglich vereinbarten Zahlungsströme zu vereinnahmen, als auch Verkaufe zu tätigen. Das **Geschäftsmodell** dieser Kategorie ist das „Halten und Verkaufen" des finanziellen Vermögenswerts. Der IASB spezifiziert für diese Kategorie kein spezielles Geschäftsmodell bzw lässt verschiedene Arten von Geschäftsmodellen zu. Als Beispiele werden folgende Geschäftsmodelle genannt:

(1) Steuerung des täglichen Liquiditätsbedarfs,
(2) Gestaltung/Erhalt eines bestimmten Zinsprofils und
(3) Angleichung der Laufzeit von finanziellen Vermögenswerten an die der finanziellen Verbindlichkeiten, die zu deren Finanzierung herangezogen werden (IFRS 9.B4.1.4A).

Zur Vereinnahmung vertraglicher Zahlungsströme bzw **zum Charakter der Zahlungsströme** (Zahlungsstromkriterium) aus dem Vertrag → Rn 369.

b) Ansatz

399 Zu den **Ansatzvorschriften** vgl die analogen Regelungen bei zu fortgeführten Anschaffungskosten bewerteten finanziellen Vermögenswerten unter → Rn 86ff.

Für den Ergebnisausweis ist eine **Parallelrechnung** erforderlich, in der die fortgeführten Anschaffungskosten für den finanziellen Vermögenswert ermittelt werden. Diese ist Grundlage für die Berechnung der Zinserträge, der Wertminderungen und der Effekte aus der Währungsumrechnung (vgl *Berger/Struffert/Nagelschmitt* WPg 2014, 1075 (1075ff)). Die Differenz zwischen den fortgeführten Anschaffungskosten und dem beizulegenden Zeitwert am Bewertungsstichtag ist im sonstigen Ergebnis zu erfassen (IFRS 9.5.7.1(d)).

Im Zeitpunkt des Abgangs sind die für den finanziellen Vermögenswert im sonstigen Ergebnis erfassten Wertminderungen in den erfolgswirksamen Teil der Gesamtergebnisrechnung bzw die GuV (sofern erstellt) **umzugliedern *(reclassification adjustment)***. Diese Umgliederung ist auch im Zeitpunkt einer Umklassifizierung des finanziellen Vermögenswerts vorzunehmen.

c) Bewertung

400 **aa) Zugangsbewertung.** Im Zeitpunkt ihres Zugangs sind finanzielle Vermögenswerte mit ihrem **beizulegenden Zeitwert** zuzüglich der dem Erwerb direkt zurechenbaren Transaktionskosten zu bewerten Die Anschaffungskosten bzw Transaktionspreise für die Anschaffung eines Finanzinstruments stellen grds die **Schätzung** für den beizulegenden Zeitwert dar. Dennoch ist zu prüfen, ob der Transaktionspreis den beizulegenden Zeitwert im Zugangszeitpunkt widerspiegelt (IFRS 9.5.1.1). Beim Erwerb entstehende **Transaktionskosten** sind erfolgsneutral zu behandeln.

401 **bb) Folgebewertung.** Die Bewertung erfolgt **zum beizulegenden Zeitwert** zum jeweiligen Bewertungsstichtag. Veränderungen des beizulegenden Zeitwerts sind im **sonstigen Ergebnis** zu erfassen. In dem erfolgswirksamen Teil der Gesamtergebnisrechnung bzw der GuV (sofern erstellt) sind die Zinserträge, Fremdwährungsgewinne und -verluste sowie Wertminderungsverluste (und Erträge aus Wertaufholungen) zu erfassen.

d) Erwerb von Eigenkapitalinstrumenten ohne Handelsabsicht

402 Bei einem Erwerb von Eigenkapitalinstrumenten ohne Handelsabsicht und Instrumenten die im Rahmen eines Unternehmenszusammenschlusses nach IFRS 3

keine bedingte Gegenleistung darstellen (IFRS 9.5.7.5, IFRS 9.B5.7.1), besteht beim erstmaligen Ansatz ein unwiderrufliches Wahlrecht (IFRS 9.4.1.4), die Änderungen des beizulegenden Zeitwerts im Rahmen der Folgebewertung im **sonstigen Ergebnis** (FVOCI) zu erfassen. Das Wahlrecht kann bei jedem neu erworbenen Eigenkapitalinstrument erneut ausgeübt werden (IFRS 9.B5.7.1).

Die Bestimmung eines Eigenkapitalinstruments erfolgt nach IAS 32, wobei für kündbare Eigenkapitalinstrumente nach IAS 32.16A bis IAS 32.16D die *FVOCI-option* nicht zur Verfügung steht (IFRS 9.BC5.21).

Erfolgte eine derartige Klassifizierung eines Eigenkapitalinstruments als *FVOCI,* darf folglich weder während der Haltedauer eine **Umgliederung** erfolgsneutral aufgelaufener Beträge aus dem sonstigen kumulierten Ergebnis in den erfolgswirksamen Teil der Gesamtergebnisrechnung bzw in die GuV (sofern erstellt) stattfinden, noch im Zeitpunkt der Ausbuchung des Finanzinstruments (IFRS 9.B5.7.1). Spätere Umgliederungen **innerhalb des Eigenkapitals** sind oben zulässig (IFRS 9.B5.7.1). Im Zeitpunkt des Abgangs des Eigenkapitalinstruments kann so der wertkompensierenden Eigenschaft des sonstigen Ergebnisses für im Bestand bzw im Abschluss ausgewiesene Posten Rechnung getragen werden. Bei den Eigenkapitalinstrumenten dieser Kategorie werden ausschließlich die nicht-kapitalrückführenden Dividendenerträge erfolgswirksam in der Gesamtergebnisrechnung bzw in der GuV (sofern erstellt) abgebildet (IFRS 9.5.7.6). **Wertminderungen** werden nicht erfolgswirksam erfasst.

Bei Eigenkapitalkomponenten eines **hybriden Finanzinstruments** (zB 403
Wandelschuldverschreibungen → § 12 Rn 16) ist zu beachten, dass diese als ein einheitliches Finanzinstrument zu beurteilen sind (IFRS 9.4.3.2).

3. Finanzielle Vermögenswerte erfolgswirksam zum beizulegenden Zeitwert bewertet (FVPL)

a) Kriterien für die Klassifizierung

Sind die Kriterien zur Klassifizierung eines finanziellen Vermögenswerts 404
zu fortgeführten Anschaffungskosten (→ Rn 362) sowie zur Kategorie *FVOCI* (→ Rn 398) nicht erfüllt, ist der finanzielle Vermögenswert als finanzieller Vermögenswert erfolgswirksam zum beizulegenden Zeitwert bewertet (*FVPL*) zu klassifizieren (IFRS 9.4.1.4, **Negativabgrenzung;** zu einer Reihe von Abgrenzungsfällen → Rn 429). Nichtsdestotrotz handelt es sich bei dieser Kategorie nicht um einen Restposten. Vielmehr bestimmt der IASB auch **Kriterien,** die zu einer Klassifizierung eines finanziellen Vermögenswerts erfolgswirksam zum beizulegenden Zeitwert bewertet führen.

aa) Geschäftsmodell. Die im Folgenden genannten Geschäftsmodelle sind 405
Beispiele für Geschäftsmodelle, die zu einer Klassifizierung des finanziellen Vermögenswerts in die Kategorie *FVPL* führen:

Ein **Portfolio** von finanziellen Vermögenswerten wird mit der Absicht gehalten, um

(1) Zahlungsströme durch Veräußerung von Vermögenswerten bzw die Änderungen des beizulegenden Zeitwerts zu erzielen (IFRS 9.B4.1.5),
(2) es auf der Basis des beizulegenden Zeitwerts bzw gem einer dokumentierten Risikomanagement- oder Anlagestrategie zu beurteilen und zu steuern (IFRS 9.B4.1.6) oder
(3) es zu Handelszwecken zu halten.

Alle zu **Handelszwecken** gehaltenen finanziellen Vermögenswerte sind als finanzielle Vermögenswerte *FVPL* auszuweisen.

406 **bb) Charakter der Zahlungsströme (Zahlungsstromkriterium).** Der Kategorie *FVPL* sind grds Eigenkapitalinstrumente zuzuordnen, weil die mit diesen verbundenen Zahlungsströme weder Zins- noch Tilgungsleistungen sind. Dies gilt auch für Derivate auf solche Instrumente (IFRS 9.B5.4.1.14). Die Abgrenzung von Eigen- und Fremdkapitalinstrumenten wird ausschließlich durch die Kriterien des IAS 32 bestimmt.

Beispiele für finanzielle Vermögenswerte, die zum beizulegenden Zeitwert bewertet worden sind:
(1) Derivate (IFRS 9.B4.1.9),
(2) Wandelanleihen (IFRS 9.B4.1.14),
(3) *reverse floater* bzw *inverse floater* (IFRS 9.B4.1.14),
(4) Investmentfondsanteile oder
(5) diverse Formen von Mezzanine Kapital (zB stille Beteiligungen, idR partiarische Darlehen).

b) Ansatz

407 Der Ansatz eines finanziellen Vermögenswerts in die Kategorie *FVPL* erfolgt zu dem Zeitpunkt, zu dem das Unternehmen **Vertragspartei** wird (IFRS 9.3.1.1). Der Ansatz eines finanziellen Vermögenswerts zum Handels- oder Erfüllungstag ist für jede der in IFRS 9 vorgegebenen Bewertungsklassen separat festzulegen (IFRS 9.B.3.1.3). Die mit dem Erwerb bzw Zugang des finanziellen Vermögenswerts verbundenen **Transaktionskosten** sind unmittelbar **erfolgswirksam** in der Gesamtergebnisrechnung bzw in der GuV (sofern erstellt) zu erfassen.

c) Bewertung

408 **aa) Zugangsbewertung.** Die Anschaffungskosten bzw der Transaktionspreis für die Anschaffung eines Finanzinstruments stellen grds die beste Schätzung für den beizulegenden Zeitwert dar (IFRS 9.B.5.1.2.A). Dennoch ist zu prüfen, ob der Transaktionspreis den beizulegenden Zeitwert im Zugangszeitpunkt tatsächlich widerspiegelt.

409 **bb) Ermittlung des beizulegenden Zeitwerts.** Für die Ermittlung des beizulegenden Zeitwerts gelten die unter → Rn 193 ff ausgeführten Regelungen.

Entsprechen die Anschaffungskosten nicht dem beizulegenden Zeitwert im Zugangszeitpunkt, kann es zu einem **Zugangsgewinn oder -verlust** kommen, der auf seine erfolgswirksame Darstellung hin zu beurteilen ist. Ein Zugangsgewinn oder -verlust ist **unmittelbar erfolgswirksam** in der GuV zu erfassen, wenn der beizulegende Zeitwert auf einem quotierten Preis auf einem aktiven Markt beruht (*level* 1) oder im Bewertungsmodell ausschließlich beobachtbare Parameter berücksichtigt werden (*level* 2) (IFRS 13.BC135). In allen anderen Fällen (*level* 3) ist die Differenz **abzugrenzen** und bei der Folgebewertung nur in dem Umfang im erfolgswirksamen Teil der Gesamtergebnisrechnung zu berücksichtigen, in dem auch andere Marktteilnehmer dies bei der Wertermittlung berücksichtigen würden (IFRS 9.B5.1.2A). Es ist jedoch darauf hinzuweisen, dass eine Abweichung zwischen den Anschaffungskosten und dem beizulegenden Zeitwert auch einen Hinweis auf eine notwendig vorzunehmende Kalibrierung des Modells zur Ermittlung des beizulegenden Zeitwerts darstellen kann (IFRS 13.64). Eine Kalibrierung des Modells würde zu einer Anpassung des beizulegenden Zeitwerts an den Transaktionspreis durch eine Anpassung der Bewertungsparameter führen.

410 **cc) Folgebewertung.** Die Folgebewertung der finanziellen Vermögenswerte findet zum beizulegenden Zeitwert statt (IFRS 9.5.2.1). Die Anschaffungskosten

sind grds im Rahmen der Folgebewertung kein angemessener Bewertungsmaßstab. Somit sind Investitionen in Eigenkapitalinstrumente (und Verträge auf solche) zum beizulegenden Zeitwert zu bewerten. Unter bestimmten Umständen können jedoch die **Anschaffungskosten** eine **angemessene Schätzung** des beizulegenden Zeitwerts im Rahmen der Folgebewertung sein. In seltenen Fällen können die **Anschaffungskosten** für Eigenkapitalinstrumente (und Verträge auf diese) eine **angemessene Schätzung** für den beizulegenden Zeitwert darstellen. Dies ist der Fall, wenn nur unzureichende aktuelle Informationen zur Bestimmung des beizulegenden Zeitwerts zur Verfügung stehen oder eine große Bandbreite möglicher beizulegender Zeitwerte existiert und die Anschaffungskosten die beste Schätzung des beizulegenden Zeitwerts innerhalb dieser Bandbreite sind, wobei Werte die bestmögliche Schätzung des beizulegenden Zeitwerts in dieser Bandbreite darstellen (IFRS 9.B5.2.3). Gibt es eine Preisquotierung für Eigenkapitalinstrumente (oder Verträge auf diese), dann sind die Anschaffungskosten keine beste Schätzung für den beizulegenden Zeitwert (IFRS 9.B5.2.6).

Der IASB hat eine nicht abschließende Liste mit **Beispielen** für Fälle erstellt, 411
in denen die Anschaffungskosten **nicht repräsentativ** für den beizulegenden Zeitwert sind (IFRS 9.B5.2.4). In diesen Fällen ist der beizulegende Zeitwert anhand von Bewertungstechniken zu ermitteln (IFRS 9.B5.2.5). Für die Bestimmung des beizulegenden Zeitwerts und die Beurteilung, ob die Anschaffungskosten eines Eigenkapitalinstruments repräsentativ für einen beizulegenden Zeitwert sind, hat ein Unternehmen alle verfügbaren Informationen über die Leistung und Tätigkeiten des Emittenten eines Investments zu nutzen. Finanzinstitute und Investmentfonds (IFRS 9.BC.5.18) können Anschaffungskosten nicht für die Bewertung zum beizulegenden Zeitwert heranziehen, da diese aufgrund der von ihnen zu erfüllenden gesetzlichen und aufsichtsrechtlichen Anforderungen besonderen Bewertungsanforderungen unterliegen.

Auch nicht notierte Eigenkapitalinstrumente (zB GmbH-Anteile) sowie Verträge auf diese Instrumente, die durch Lieferung der nicht notierten Eigenkapitalinstrumente beglichen werden (zB Optionen auf solche Anteile), sind folglich stets zum beizulegenden Zeitwert zu bewerten (IFRS 9.B5.4.14 ff).

Alle **Änderungen** des beizulegenden Zeitwerts sowie Zins- und Dividenden- 412
zahlungen sind grds **erfolgswirksam** in der GuV (sofern erstellt) zu erfassen.

(einstweilen frei) 413–424

4. Fair Value Option

Finanzielle Vermögenswerte können **unwiderruflich erfolgswirksam zum** 425
beizulegenden Zeitwert bewertet *(FVPL)* klassifiziert werden, wenn dadurch Inkonsistenzen bei Ansatz oder Bewertung ***(accounting mismatch)*** vermieden oder wesentlich verringert werden (IFRS 9.4.1.5). Die Ausübung dieser sog *fair value option* kann für finanzielle Vermögenswerte nur im Zugangszeitpunkt ausgeübt werden. Eine spätere Rückgängigmachung der ausgeübten Option ist nicht möglich. Verwerfungen in der Bilanz oder Gesamtergebnisrechnung, die aufgrund unterschiedlicher Folgebewertungen bei im wirtschaftlichen Zusammenhang stehenden Finanzinstrumenten entstehen, stellen solche Inkonsistenzen dar.

Finanzielle Vermögenswerte oder eine **Gruppe** von Finanzinstrumenten (finanzielle Vermögenswerte, finanzielle Verbindlichkeiten oder einer Kombination aus beidem) dürfen, vorbehaltlich der in IFRS 9.4.1.5 und IFRS 9.4.2.2 genannten Bedingungen, zum *FVPL* bewertet werden, wenn dadurch **relevantere Informationen** vermittelt werden (IFRS 9.B4.1.27).

Die Entscheidung eines Unternehmens zur Klassifikation als *FVPL* ist mit der Entscheidung für eine Rechnungslegungsmethode vergleichbar, auch wenn – anders als bei einer gewählten Rechnungslegungsmethode – keine konsequente Anwendung auf alle ähnlichen Geschäftsvorfälle verlangt wird. Besteht ein Wahlrecht, muss die gewählte Methode gem IAS 8.14(b) dazu führen, dass der Abschluss zuverlässige und relevantere Informationen über die Auswirkungen von Geschäftsvorfällen, sonstigen Ereignissen und Bedingungen auf die VFE-Lage des Unternehmens vermittelt (IFRS 9.B4.1.28).

426 Es wird als nicht zulässig beurteilt, nur einige finanzielle Vermögenswerte, die **Ursache** der **Inkongruenzen** sind, als *FVPL* zu designieren, wenn die Inkongruenzen dadurch nicht beseitigt oder erheblich verringert und folglich keine relevanteren Informationen vermittelt werden. Zulässig ist es, aus einer Vielzahl ähnlicher finanzieller Vermögenswerte nur einige wenige zu designieren, wenn die Inkongruenzen dadurch erheblich (und möglicherweise stärker als mit anderen zulässigen Designationen) verringert werden. Da ein Finanzinstrument immer nur als Ganzes als *FVPL* designiert werden kann, muss das Unternehmen einen oder mehrere Vermögenswert(e) in seiner/ihrer Gesamtheit designieren. Das Unternehmen darf die Designation weder auf eine Komponente noch auf einen Anteil eines finanziellen Vermögenswerts beschränken (IFRS 9.B4.1.32).

Ein Unternehmen kann eine **Gruppe** von finanziellen Vermögenswerten so steuern und ihre Wertentwicklung so beurteilen, dass die erfolgswirksame Bewertung dieser Gruppe mit dem beizulegenden Zeitwert zu relevanteren Informationen führt. In diesem Fall liegt das Hauptaugenmerk nicht auf der Art der Finanzinstrumente, sondern auf der Art und Weise, wie das Unternehmen diese steuert und ihre Wertentwicklung beurteilt wird (IFRS 9.B4.1.33). Wenn ein Unternehmen eine Gruppe von Finanzinstrumenten als ein **Portfolio steuert und bewertet** und es daher finanzielle Verbindlichkeiten als *FVPL* designiert hat, dann hat es alle dafür zulässigen finanziellen Verbindlichkeiten, die es gemeinsam steuert und bewertet, zu designieren und damit ebenfalls als *FVPL* abzubilden (IFRS 9.B4.1.35).

427 Die **Dokumentation** über die **Risikomanagement und -anlagestrategie** des Unternehmens muss den Nachweis für die Übereinstimmung mit IFRS 9.4.2.2(b) erbringen. Eine solche Dokumentation ist nicht für jeden einzelnen Posten erforderlich, sondern kann auch auf Basis eines Portfolios erfolgen. Sofern bspw aus dem System zur Steuerung der Wertentwicklung – das vom Management in Schlüsselpositionen des Unternehmens genehmigt wurde – eindeutig hervorgeht, dass die Wertentwicklung auf Basis der Gesamtrendite beurteilt wird, ist für den Nachweis der Übereinstimmung mit IFRS 9.4.2.2(b) keine weitere Dokumentation notwendig (IFRS 9.B4.1.36).

428 Die Ausübung des Wahlrechts, finanzielle Vermögenswerte als *FVPL* zu designieren, ist verbunden mit der Verpflichtung, dies im **Anhang** offenzulegen (IFRS 9.4.1.6).

5. Abgrenzungsfragen zwischen den Kategorien für finanzielle Vermögenswerte

429 Bei der Beurteilung von vertraglichen Vereinbarungen von finanziellen Vermögenswerten im Hinblick auf ihre Klassifikation, ist auf die **Substanz** der Transaktion abzustellen. Folgende Tabelle zeigt Beispiele dafür, bei welchen vertraglichen Vereinbarungen das Zahlungsstromkriterium erfüllt ist und bei welchen nicht (die letzteren sind erfolgswirksam zum beizulegenden Zeitwert zu bewerten *(FVPL)*, s IFRS 9.4.1.4).

Beurteilung vertraglicher Vereinbarungen	**Erfüllung des Zahlungs-stromkriteri-ums**	**Keine Erfüllung des Zahlungs-stromkriteri-ums**
a) Tilgungsvereinbarungen		
Tilgungsvereinbarungen, die durch die Vereinbarung der Rückzahlungsbeträge insgesamt nicht geändert werden und bei denen sich die Verzinsung auf den ausstehenden Kapitalbetrag bezieht.	X	
Vertragliche Vereinbarungen, die den Zeitpunkt und die Höhe der Kapitalrückzahlung und der Zinszahlungen verändern, wenn die Veränderung nur die Veränderung des Zeitwerts des Geldes oder des Kreditrisikos des Finanzinstruments widerspiegelt (IFRS 9.B.4.1.10).	X	
Tilgungsvereinbarungen, bei denen freie Mittel ausschließlich zur Tilgung der Forderungen genutzt werden, sich durch diese Tilgungen nicht der gesamte zu tilgende Betrag ändert und die Zinsverpflichtungen bzw -zahlungen sich ausschließlich auf den noch ausstehenden Betrag beziehen.	X	
Durch die Tilgungsvereinbarung ändert sich der vertraglich vereinbarte Rückzahlungsbetrag (insgesamt) und stellen die geleisteten Zahlungen nicht ausschließlich Zins- und Tilgungsleistungen auf den ausstehenden Kapitalbetrag dar.		X
Verlängerungs- bzw Kündigungsoptionen seitens des Kreditnehmers oder Kreditgebers (IFRS 9.B4.1.11 f); → Rn 431 ff).	X	

Beurteilung vertraglicher Vereinbarungen	Erfüllung des Zahlungs-stromkriteriums	Keine Erfüllung des Zahlungs-stromkriteriums
b) Verzinsungsvereinbarungen		
Vereinbarungen über eine Verzinsung, die einen Wechsel der Verzinsung zwischen einer festen und einer variablen Verzinsung bedingen, wenn der Wechsel zwischen fester und variabler Verzinsung nicht den Charakter der Zahlung als Zinszahlung ändert.	X	
Vereinbarungen über eine variable Verzinsung, wenn die Variabilität ausschließlich den Zeitwert des Geldes widerspiegelt (IFRS 9.B4.1.12f). Dem steht die Vereinbarung von Ober-/Untergrenzen bei der Verzinsung grds nicht entgegen.	X	
Eine Anpassung der Verzinsung an den aktuell vom Schuldner zu leistenden *credit spread* (aufgrund der Verschlechterung seiner Bonität), wenn mit der Anpassung des *credit spread* eine Anpassung an das aktuelle Schuldnerrisiko erfolgt und die Zinszahlungen unverändert ein Äquivalent für den Zeitwert des Geldes und das Bonitätsrisiko des Schuldners darstellen (dazu kann auch eine Anpassung der Verzinsung aufgrund von sog *financial-covenants*-Vereinbarungen gehören; IFRS 9.B4.1.12(a)).	X	
Der *credit spread* wird zu Beginn festgelegt, wodurch sich die Variabilität der Zinszahlungen alleine durch den Zeitwert des Geldes ergibt (IFRS 9.B4.1.12(a)).	X	
Vereinbarungen, die eine Verzinsung des finanziellen Vermögenswerts in Abhängigkeit bspw eines Indizes (zB Aktienindex, Inflationsindex) mit Hebelwirkung regeln (→ Rn 448).		X

430 **Bedingte Zahlungsströme** können durchaus die Zahlungsstrombedingung erfüllen. Sie können aber auch ein Indiz dafür sein, dass diese nicht vorliegt. Es sind daher über die gesamte Laufzeit eines finanziellen Vermögenswerts potenziell auftretende Zahlungsströme auf die Erfüllung der Zahlungsstrombedingung hin zu beurteilen (IFRS 9.B4.1.10).

Bedingungen, die **extrem selten und höchst unwahrscheinlich** sind, determinieren die Klassifizierung hingegen nicht. Dh, sind vertraglich vereinbarte Merkmale von Zahlungsströmen **realitätsfern,** haben diese keinen Einfluss auf die Kategorisierung des finanziellen Vermögenswerts. Dies ist der Fall, wenn die vertraglich vereinbarten Zahlungsströme in Abhängigkeit von Ereignissen beeinflusst werden, die extrem selten, äußerst ungewöhnlich und sehr unwahrscheinlich sind (IFRS 9.B4.1.18).

Auf **Nebenabreden** ist bei der Beurteilung besonderes Augenmerk zu richten, weil diese den regulären Zahlungsstrom aus dem Vertrag **hinsichtlich des zeitlichen Anfalls und der Höhe** verändern können. Im Fall von Nebenabreden muss das Unternehmen die Zahlungsströme daraufhin untersuchen, ob diese ausschließlich Zahlungen auf den ausstehenden Kapitalbetrag und Zins darstellen. Dabei sind die vertraglichen Zahlungsströme vor und nach Eintritt der Veränderung der vertraglichen Zahlungsströme zu beurteilen. Darüber hinaus sind alle bedingten Ereignisse (zB *trigger*) auf ihre Art hin zu bewerten. Führen Nebenabreden zu einer Hebelwirkung, dh wird die Variabilität der Zahlungsströme derart erhöht, dass sie nicht mehr die ökonomischen Eigenschaften von Zinszahlungen aufweisen, lässt dies den Schluss zu, dass die vertraglichen Zahlungsströme nicht ausschließlich Zins- und Tilgungszahlungen auf den ausstehenden Kapitalbetrag darstellen (IFRS 9.B4.1.10). 431

In den folgenden Fällen ist nach der Beurteilung des IASB das **Zahlungsstromkriterium** gegeben:

(1) Rückzahlung eines Kredits vor dessen (End-)Fälligkeit gegen Zahlung einer angemessenen Vorfälligkeitsentschädigung (IFRS 9.B4.1.11(b)).

(2) Verlängerungsoption für die Rückzahlung eines Kredits, wobei die Zahlungen während der Verlängerungsperiode Zahlungen auf den ausstehenden Kapitalbetrag und Zins darstellen; dabei können diese Zahlungen einen angemessenen Ausgleich für die Verlängerung der Erfüllungszeitpunkte einschließen (IFRS 9.B4.1.11(c)).

(3) Erhöhung des Zinssatzes für einen Kredit, weil der Kreditnehmer mangels Bonität mehrfach diese Zins- und Tilgungsleistungen nicht vertragsgerecht erbracht hat (*convenant*-Verletzungen; IFRS 9.B1.10).

Kündigungs- und Verlängerungsoptionen in Kreditverträgen sind dann unkritisch, wenn der Rückzahlungsbetrag im Wesentlichen in der Rückführung/-zahlung des ausstehenden Kapitalbetrags und Zinszahlungen auf den ausstehenden Kapitalbetrag besteht. Der IASB hat keine Kriterien für die Bestimmung der Angemessenheit von Entgelten für die vorzeitige oder spätere Rückführung von Krediten bestimmt. In Deutschland kann hinsichtlich der Angemessenheit eines Entgelts auf die einschlägige Rechtsprechung des BGH verwiesen werden. Unangemessene, dh nicht marktgerechte Vorfälligkeitsentschädigungen im Fall einer Kündigung stehen einer Klassifizierung als finanzieller Vermögenswert bewertet zu fortgeführten Anschaffungskosten *(AC)* entgegen.

Kündigungsrechte und **Verlängerungsoptionen** werden aufgrund ihres wirtschaftlichen Charakters spiegelbildlich beurteilt. Kündigungs- und Verlängerungsoptionen bzw -rechte in Verträgen determinieren den zeitlichen Anfall und die Höhe der Zahlungsströme.

Vereinbarungen von **Kündigungsrechten** bzw Rechten zur Rückführung von Schuldtiteln vor Endfälligkeit seitens des Kreditnehmers und Kreditgebers sind dann unschädlich für die Klassifizierung als finanzieller Vermögenswert bewertet zu fortgeführten Anschaffungskosten, wenn der Rückzahlungsbetrag im Wesentlichen den noch ausstehenden Zins- und Tilgungsleistungen auf den ausstehenden Nominalbetrag entspricht, die Zahlungen unbedingt erfolgen und nicht an ungewisse künftige Ereignisse anknüpfen (*IASB* Update February 2012, 432

2f). Mit der Rückzahlung kann auch zusätzlich ein angemessener Betrag für die vorzeitige Rückzahlung des Vertrags verbunden sein, ohne dass die Klassifizierung als finanzieller Vermögenswert bewertet zu fortgeführten Anschaffungskosten dadurch beeinträchtigt wird (IFRS 9.B4.1.10).

433 **Beispiele** für solche unschädlichen Kündigungsrechte stellen Rechte dar, die den Inhaber vor der Verschlechterung der Kreditqualität des Emittenten schützen (zB Kündigungsrechte bei einer Verletzung von Kreditvereinbarungen) und andererseits Kündigungsrechte aufgrund von *change of control*-Klauseln des Emittenten sowie Kündigungsrechte des Inhabers oder Emittenten von Schuldtiteln bei steuerrechtlichen oder gesetzlichen Änderungen in Bezug auf die zugrunde liegenden Vereinbarungen (IFRS 9.B4.1.10). Das ordentliche Kündigungsrecht nach **§ 489 BGB** schließt eine Klassifizierung als finanziellen Vermögenswert zu fortgeführten Anschaffungskosten bewertet ebenfalls nicht aus.

434 Unangemessene, dh **nicht marktgerechte Vorfälligkeitsentschädigungen** im Fall einer Kündigung stehen einer Klassifizierung als finanzieller Vermögenswert bewertet zu fortgeführten Anschaffungskosten allerdings **entgegen.** Analog führen auch Kündigungsrechte, die aufgrund von Marktpreisänderungen möglich sind, zu einer Klassifizierung als finanzieller Vermögenswert zum beizulegenden Zeitwert bewertet.

435 Werden **Verlängerungsoptionen** vereinbart, müssen diese dahingehend analysiert werden, ob die Rechte nicht an ungewisse zukünftige Ereignisse anknüpfen und die Konditionen der Laufzeitverlängerung während der zusätzlichen Laufzeit zu vertraglich vereinbarten Zahlungsströmen führen, die ausschließlich Zins- und Tilgungsleistungen auf den ausstehenden Nominalbetrag darstellen. Beide Merkmale müssen kumulativ erfüllt sein, um eine Klassifizierung als finanzieller Vermögenswert zu fortgeführten Anschaffungskosten bewertet vornehmen zu können (IFRS 9.B4.1.11).

436 Der Umstand, ob ein Kredit besichert ist (**besicherte Kredite** mit vollem Rückgriffsrecht *(full recourse loans)*), beeinflusst die Beurteilung, ob die vertraglich vereinbarten Zahlungsströme ausschließlich Zins- und Tilgungszahlungen auf den ausstehenden Kapitalbetrag darstellen, für sich betrachtet nicht (IFRS 9.B4.1.13). Bei einer besicherten Forderung, bei der ein Gläubiger im Fall der Nichterfüllung ausschließlich auf die sichernden Vermögenswerte (finanzielle oder nicht-finanzielle) Rückgriff nehmen kann, um seine Ansprüche zu befriedigen, handelt es sich um die sog Vereinbarungen mit einer **Nicht-Rückgriffsklausel** *(non recourse provision)*. Bei dieser Vertragslage ist die Klassifizierung eines finanziellen Vermögenswerts bewertet zu fortgeführten Anschaffungskosten nicht zwingend ausgeschlossen (IFRS 9.B4.1.17). Es ist das Durchschauprinzip (→ Rn 438f) zu beachten. Die vertraglichen Zahlungsströme des finanziellen Vermögenswerts sind darauf hin zu untersuchen, ob diese ausschließlich Zins- und Tilgungszahlungsströme darstellen. Ist dies nicht der Fall, ist die Forderung vollumfänglich als finanzieller Vermögenswert zum beizulegenden Zeitwert bewertet zu klassifizieren.

437 Schuldinstrumente mit **Nachrangabreden** weisen Zahlungsströme auf, die ebenfalls Zins- und Tilgungsleistungen auf den ausstehenden Nominalbetrag darstellen konnen, wenn die Nichtzahlung des Schuldners einen Vertragsbruch darstellt und der Inhaber des Finanzinstruments auch im Fall der Insolvenz des Schuldners einen vertraglichen Anspruch auf die ausstehenden Zins- und Tilgungsleistungen hat (IFRS 9.B4.1.19), auch wenn dieser rechtliche Anspruch aufgrund der Nachrangigkeit erst nach Erfüllung sämtlicher Ansprüche anderer Gläubiger erfüllt wird und dessen Erfüllung äußerst unwahrscheinlich sein sollte. Dies hat zur Folge, dass diese Schuldinstrumente die Voraussetzungen für eine Bewertung zu fortgeführten Anschaffungskosten erfüllen.

Das in der Praxis relevanteste Beispiel für **vertraglich verknüpfte Finanzinstrumente (Tranchen)** sind Verbriefungstransaktionen. Bei Verbriefungstransaktionen handelt es sich bspw um die Übertragung von Vermögenswerten (zB *true sale transaction* in Form von ABS) oder die mit diesen verbundenen Kreditrisiken auf Dritte (zB *synthetic transaction* in Form von *credit linked notes*). Im Rahmen dieser Verbriefungstransaktionen werden Wertpapieremissionen vorgenommen, bei denen regelmäßig ein Bestand an Wertpapieren emittiert wird, der in Tranchen mit unterschiedlichen Qualitätsmerkmalen hinsichtlich der Bonität geclustert ist. Die Wertpapiere sind mit einem Bestand an Finanzinstrumenten **(Pool)** verknüpft, dh die Erträge der Wertpapiere werden aus diesem Pool bedient (ggf in Abhängigkeit von bestimmten Bonitätsstufen). Hält ein Unternehmen bspw mehrere Tranchen aus einer Emission in seinem Bestand, hat es die jeweilige Tranche auf ihre Zahlungsstromeigenschaften hin zu prüfen. Es besteht für die Beurteilung der einzelnen Tranchen das **Durchschauprinzip.** Das bedeutet, dass die Struktur des Finanzinstruments so zu analysieren ist, dass der zugrunde liegende Bestand an Finanzinstrumenten des Pools, der den Zahlungsstrom erzeugt, identifiziert werden kann (IFRS 9.B4.1.20 ff). 438

Die **Durchschaumöglichkeit** wird als gegeben angesehen, wenn hinreichend genaue Informationen zum Portfolio vorliegen oder der Pool über sog *eligibility criteria* hinreichend konkret spezifiziert ist. Folglich ist ein Detaillierungsgrad der bereitgestellten Informationen erforderlich, der eine Prüfung der Einhaltung der Kriterien für die Erfüllung der Zahlungsstrombedingung ermöglicht. **Eignungskriterien** (sog Auswahlkriterien, *eligbility*-Kriterien) sind Bestimmungen, welche Finanzinstrumente anfänglich oder während der Laufzeit (zB revolvierend für fällige oder aus dem Pool ausscheidende Finanzinstrumente) in den Pool eingegliedert werden dürfen. 439

Ist die Durchschau bei einer Tranche im Zeitpunkt ihres erstmaligen Ansatzes nicht möglich, muss diese als finanzieller Vermögenswert erfolgswirksam zum beizulegenden Zeitwert bewertet klassifiziert werden. Damit sind ***blind pools*** stets als finanzielle Vermögenswerte erfolgswirksam zum beizulegenden Zeitwert bewertet *(FVPL)* zu klassifizieren. Die Möglichkeit einer späteren Umklassifizierung besteht nicht.

Eine **Tranche** erfüllt dann die Zahlungsstrombedingung, wenn die Zahlungsströme ausschließlich Zins- und Tilgungszahlungen auf den ausstehenden Kapital- bzw Rückzahlungsbetrag darstellen, auch wenn Finanzinstrumente des Pools diese Eigenschaften besitzen und das Kreditrisiko der Tranche gleich oder geringer als das durchschnittliche Kreditrisiko des zugrunde liegenden Pools von Finanzinstrumenten ist (IFRS 9.B4.1.21(c)). Nicht zwingend erforderlich ist eine Analyse jedes einzelnen Finanzinstruments des Pools (IFRS 9.B4.1.15). 440

Instrumente des zugrunde liegenden Pools, welche die **Variabilität** der Zahlungsströme verringern oder die Zahlungsströme der Tranche mit den Zahlungsströmen des zugrunde liegenden Pools in Einklang stellen, können eine Klassifizierung als finanzieller Vermögenswert bewertet zu fortgeführten Anschaffungskosten zulassen (IFRS 9.B4.1.24). 441

Insgesamt kann eine **erworbene Tranche** die Zahlungstrombedingung erfüllen, wenn die folgenden **Voraussetzungen** erfüllt sind:

(1) Das Referenzvermögen (dh der Pool) enthält mindestens ein Finanzinstrument, dessen Zahlungen ausschließlich ungehebelte Zins- und Tilgungszahlungen auf den ausstehenden Kapitalbetrag darstellen und das mit keinen weiteren schädlichen Nebenabreden ausgestaltet ist (zB ist eine synthetische Verbriefung mit einem reinen Derivate-Pool nicht als finanzieller Vermögenswert, der zu fortgeführten Anschaffungskosten bewertet wird, klassifizierbar).

(2) Ergänzend zu einem solchen Kassainstrument darf das Referenzvermögen weitere Instrumente (typischerweise Derivate) enthalten, welche die Zahlungsstromvariabilität des zugrunde liegenden Bestands an Finanzinstrumenten verringert und dazu beiträgt, dass die Zahlungsströme lediglich aus Zinsen und Tilgungen bestehen. Auch der Erwerb von *credit default swaps* oder vergleichbarer kreditrisikomindernder Instrumente zur Absicherung der Refinanzierungsinstrumente wirkt regelmäßig risikominimierend. IFRS 9 lässt ausschließlich **risikomindernde, derivative** Instrumente zu.

(3) Im Referenzvermögen dürfen auch Finanzinstrumente enthalten sein, welche die Zahlungsströme der emittierten Tranchen an die Zahlungsströme aus dem Pool angleichen, um Unterschiede im Zeitpunkt des Anfalls der Zahlungsströme, Währungen oder durch fixe und variable Zinszahlungen (einschließlich Inflation) auszugleichen.

Die übrigen in IFRS 9.B4.1.20ff genannten Voraussetzungen müssen ebenfalls gegeben sein.

442 Wie unter → Rn 441 geschildert, erfüllt eine Tranche nur dann das Zahlungsstromkriterium, wenn das **Kreditrisiko** der zu beurteilenden Tranche immer zumindest gleich oder niedriger als das Kreditrisiko des Referenzvermögens ist (Kreditrisikotest). Bei den *most senior* Tranchen kann der Kreditrisikotest grds als erfüllt angesehen werden, da der prozentual erwartete Verlust auf diese Tranche immer kleiner oder gleich dem prozentual erwarteten Verlust aus dem gesamten Referenzpool ist (IFRS 9.B4.1.21(c)). Für diese kann eine Beurteilung bzgl der Kreditrisikobedingungen häufig rein qualitativ erfolgen. Für alle anderen Tranchen ist ein quantitativer Kreditrisikotest vorzunehmen.

Damit ist faktisch die Durchschau auf ein Referenzvermögen vorzunehmen und zu vergleichen, ob das Kreditrisiko der zu erörternden Tranche gleich oder geringer ist als das einer fiktiven, einzigen Tranche, welche das Referenzvermögen refinanziert.

Des Weiteren kann der Kreditrisikotest auf der Basis des ***credit spreads*** der Tranche erfolgen. Die Tranche ist mit dem durchschnittlich gewichteten *credit spread* des zugrunde liegenden Referenzvermögens zu beurteilen.

Beispiel: Der Referenzpool erleidet aufgrund von Kreditausfällen 50% Verlust. Auf die Tranche werden 50% Verlust der Tranche oder weniger allokiert. Dies erfolgt in Form des sog Wasserfallprinzips: Zins- und Tilgungsleistungen aus dem zugrunde liegenden Forderungspool werden zuerst den Investoren der Tranche mit dem besten Rating und danach den Investoren der Tranchen mit einem schlechteren Rating entspr der Emissionsbedingungen zugewiesen. Die Kreditrisikobedingung ist erfüllt, sofern der prozentual erwartete Verlust der Tranche kleiner oder gleich dem prozentual erwarteten Verlust des Referenzvermögens ist. Eine Simulation der gesamten Verlustverteilung ist zur Durchführung des Kreditrisikotests nicht zwingend erforderlich.

Die Beurteilung des Kreditrisikos ist zum **Erwerbszeitpunkt** vorzunehmen. Bei **Sekundärerwerben** ist zu berücksichtigen, dass einige Tranchen bereits vollständig oder teilweise ausgefallen sein können. In diesen Fällen weicht die Verteilung des Kreditrisikos auf die einzelnen Tranchen ggü dem Emissionszeitpunkt entspr ab.

Bei der **Vergütung** darf es sich nur um eine für die gesamte Laufzeit feste oder variable ungehebelte Verzinsung handeln. Zu einer Klassifizierung als finanzieller Vermögenswert, der erfolgswirksam zum beizulegenden Zeitwert bewertet wird, führen zB auf *equity-trigger* basierende Zinszahlungen oder *reverse floater* (IFRS 9.B.14).

Für die Beurteilung von ***clean up calls*** (Vereinbarung, die es den Vertragsparteien ermöglicht, die Transaktion bereits vorzeitig zu beenden, um die für Verbriefungstransaktionen typisch hohen Kosten zu minimieren, die für einen kleinen, noch nicht zurückgeführten Bestand anfallen würden) sind **Wesentlichkeitsaspekte** zu erörtern.

Bei der **Verbriefung bestimmter Vermögenswertklassen,** ist ausschließlich eine Klassifizierung als finanzieller Vermögenswert, der erfolgswirksam zum beizulegenden Zeitwert bewertet wird, zulässig. Zu diesen Vermögenswertklassen gehören Verbriefungen von erst künftig entstehenden Zahlungsströmen und Verbriefungen der gesamten oder wesentlichen Teile der Zahlungsströme eines Unternehmens. 443

Kann ein Kreditnehmer **wahlweise statt der Rückzahlung** des Kredits die Übereignung des Sicherungsgegenstands an den Gläubiger vornehmen, ist dieser Kredit als finanzieller Vermögenswert erfolgswirksam bewertet zum beizulegenden Zeitwert zu klassifizieren. 444

Bei **dynamischen Pools** sind die *eligibility criteria* zu überprüfen. ZB dürfen bei Kriterien, die eine ggf fortlaufende Zuführung neuer Forderungen in den zugrunde liegenden Pool erlauben, weitere kurzfristig fällige Forderungen fortlaufend hereingenommen werden, um eine längerfristige Tranche emittierter Wertpapiere abzusichern, wenn diese bestimmte Kriterien erfüllen. 445

Erfüllen diese Forderungen regelmäßig die Zahlungsstrombedingung und die Voraussetzung zur Klassifizierung als finanzieller Vermögenswert, der zu fortgeführten Anschaffungskosten bewertet wird, ist eine entspr Klassifizierung vorzunehmen. Besteht die Möglichkeit, dass in den Pool nachträglich **geschriebene Kreditderivate** eingebracht werden können, wird die Zahlungsstrombedingung nicht erfüllt sein. Es ist eine Klassifizierung als finanzieller Vermögenswert erfolgswirksam bewertet zum beizulegenden Zeitwert vorzunehmen. 446

Sind **Zwischengeldanlagen** möglich, müssen diese hinsichtlich des Vorliegens der Zahlungsstrombedingung ebenfalls geprüft werden (zB aufgrund des *trustee reports*). 447

Werden vertraglich vereinbarte Zins- und Tilgungsleistungen auf den ausstehenden Nominalbetrag an einen **Inflationsindex** in der gleichen Währung (Inflationsindexierung) gekoppelt, ohne dass eine Hebelwirkung vorliegt, ist das Kriterium, dass die Zahlungsströme ausschließlich Zins- und Tilgungsleistungen auf den ausstehenden Kapitalbetrag darstellen, unverändert gegeben. Voraussetzung ist, dass nur eine Anpassung des Zeitwerts des Geldes an das aktuelle Niveau (IFRS 9.B4.1.13). 448

Bei Inflationsindexierung hat eine Bewertung erfolgswirksam zum beizulegenden Zeitwert zu erfolgen, sofern der Zeitversatz zwischen Veröffentlichung von Inflationsdaten und dem Zeitraum, auf den sich diese beziehen, über die praktischen Notwendigkeiten hinausgeht, da der Charakter der Zahlungsströme wirtschaftlich nicht mehr ausschließlich Zins- und Tilgungsleistungen darstellen (wenn der Zeitversatz bei der Bestimmung des Basisindexwerts berücksichtigt wird; *Lüdenbach/Hoffmann/Freiberg* IFRS § 28 Rz 126). Auch im Fall von Zinszahlungen, die bspw an das Jahresergebnis des Schuldners oder einen Eigenkapitalindex gekoppelt sind, ist eine Klassifizierung als finanzieller Vermögenswert erfolgswirksam zum beizulegenden Zeitwert vorzunehmen (IFRS 9.B4.1.13).

Währungsoptionen, die dem Schuldner das Recht einräumen, sich noch vor der Auszahlung des Forderungsbetrags zu entscheiden, ob er den Betrag in Währung ausgezahlt bekommt (auf Basis des zu diesem Zeitpunkt gültigen Wechselkurses) und später die im Vertrag bestimmten (festen) Zins- und Tilgungsleistungen in Währung erbringt, führen zu einer Einstufung des finanziellen Vermögenswerts zu fortgeführten Anschaffungskosten bewertet. Währungsoptionen, die hingegen das Recht einräumen, die Währung, in der Zins- und Tilgung geleistet werden, zu einem bereits bei Auszahlung festgelegten Währungskurs zu wechseln, werden das Zahlungsstromkriterium regelmäßig nicht erfüllen. 449

Hinsichtlich **Verzinsungsvereinbarungen** ist Folgendes zu beachten: Hat ein Schuldner die Möglichkeit, für einen bestimmten Zeitraum (bspw drei Monate) den Ein-Monats-Geldmarktzinssatz zu wählen, und erfolgt keine monatliche Anpassung des Zinssatzes, ist eine Klassifizierung als finanzieller Vermögenswert erfolgswirksam bewertet zum beizulegenden Zeitwert vorzunehmen (zeitliche Divergenzen zwischen Zinszahlungen und zugrunde liegendem Index/ Referenzzins; → Rn 441). Dies gilt entspr, sofern ein Zinssatz vertraglich vereinbart wurde, dessen zugrunde liegende Laufzeit die Restlaufzeit des Finanzinstruments überschreitet und für Finanzinstrumente, bei denen die Zinszahlungen (Marktzinssatz) durch den Emittenten nur erfolgen, soweit dieser unmittelbar danach noch zahlungsfähig bleibt und die aufgeschobenen Zinszahlungen nicht verzinst werden.

Geht ein Finanzinstrument einem Unternehmen mit einem **Auf-** oder **Abschlag** auf den Kapitalbetrag zu, ist für das Vorliegen des Zahlungsstromkriteriums eine weitere Bedingung zu beachten: Der beizulegende Zeitwert der vorzeitigen Rückzahlungsmöglichkeit muss im Zugangszeitpunkt unwesentlich sein (IFRS 9.B4.1.12). Auf- oder Abschläge auf den Kapitalbetrag sind in der Praxis bspw beim Erwerb bereits wertgeminderter Kredite anzutreffen, da bei diesen Krediten auch eine vorzeitige Rückzahlung des Kreditbetrags kaum wahrscheinlich sein dürfte.

450 **Instrumente mit unbegrenzter Laufzeit *(perpetual bonds)*,** die jederzeit durch den Emittenten gekündigt werden können, sind als finanzielle Vermögenswerte als *FVPL* zu klassifizieren, wenn sich der Rückzahlungsbetrag aus dem Nominalbetrag sowie den aufgelaufenen Zinsen zusammensetzt und die aufgeschobenen Zinsbeträge nicht verzinst werden. Würden die aufgeschobenen Zinszahlungen verzinst, könnten die vertraglich vereinbarten Zahlungsströme als Zins- und Tilgungsleistungen auf den ausstehenden Nominalbetrag beurteilt werden (IFRS 9.B4.1.14).

451 Lassen **besondere Darlehensvereinbarungen** darauf schließen, dass die vertraglichen Zahlungsströme eines Darlehens faktisch auf eine Investition in Vermögenswerte abzielen bzw die vertraglichen Zahlungsströme mit der Leistung des Vermögenswerts schwanken, ist dieser als finanzieller Vermögenswert erfolgswirksam zum beizulegenden Zeitwert zu bewerten. Besteht hingegen für den nicht rückführbaren Betrag eine **Nachschusspflicht** des Kreditnehmers, kann ggf eine hiervon abweichende Beurteilung relevant sein. Eine Klassifizierung als finanzieller Vermögenswert zu fortgeführten Anschaffungskosten bewertet kann möglich sein, wenn der Wert des finanzierten Vermögenswerts nur geringen Schwankungen unterliegt, die Höhe, in der dieser als Beleihungsobjekt dient, niedrig ist und der aus diesem generierte Zahlungsstrom Zins- und Tilgungsleistungen auf den ausstehenden Kapitalbetrag darstellt.

452 Die Finanzinstrumente mit folgenden **Ausstattungsmerkmalen** erfüllen nicht das Zahlungsstromkriterium:

(1) Zinsgleitklauseln (zB vierteljährliche Anpassung des Zinssatzes an Veränderungen einer Sekundärmarktrendite und den EURIBOR in einem bestimmten Verhältnis (50:50) beim Überschreiten einer vereinbarten Schwelle).

(2) Kopplung der Verzinsung einer Anleihe an die Verzinsung einer Staatsanleihe mit einer anderen Laufzeit.

(3) Der Basiswert hat eine feste Laufzeit. Die Verzinsung wird regelmäßig an externe Gegebenheiten angepasst, sodass der vereinbarte Zins nicht laufzeitkonform zum Basiswert ist (zB tägliche Anpassung eines variablen Zinssatzes an den Drei-Monats-EURIBOR).

(4) Die Ausübung eines Kündigungsrechts wird von der Entwicklung eines Indexes determiniert.

(5) Vertragliche Vereinbarungen mit einem Kündigungsrecht, bei welchen der Zins auf Basis eines kürzeren Zeitraums als die Gesamtlaufzeit vereinbart und für diesen oder einen anderen beliebigen Zeitraum ein Kündigungsrecht eingeräumt wird.

(einstweilen frei) 453–479

6. Reklassifizierung

Eine **Reklassifizierung** von finanziellen Vermögenswerten ist dann vorzunehmen, wenn sich die Zielsetzung des Geschäftsmodells zur Steuerung dieser finanziellen Vermögenswerte eines Unternehmens ändert (IFRS 9.4.4.1). In diesem Fall besteht eine Pflicht zu Reklassifizierung. Derartige Änderungen, die eine Reklassifizierung bedingen, werden nach den Erwartungen des IASB jedoch nur sehr selten eintreten. 480

Das Kriterium der **Änderung** des **Geschäftsmodells** ist dann erfüllt, wenn folgende Voraussetzungen gegeben sind:

(1) Die Änderung des Geschäftsmodells muss als Ergebnis externer oder interner Änderungen durch das Senior-Management beschlossen sein.
(2) Die Änderung ist signifikant für die Arbeitsabläufe des Unternehmens.
(3) Die Änderung muss externen Dritten ggü nachweisbar sein.
(4) Zum Zeitpunkt der Änderungen der Klassifizierung sind die Änderungen bereits beschlossen (IFRS 9.B4.4.1).

Von einer Änderung des Geschäftsmodells wird ausgegangen, wenn ein Unternehmen eine Tätigkeit beginnt oder einstellt, welche signifikant für die Geschäftstätigkeit ist (IFRS 9.B4.4.1). Die Änderung des Geschäftsmodells muss vor der Reklassifizierung erfolgt sein (IFRS 9.B4.4.2). 481

Beispiele für eine **Änderung des Geschäftsmodells** sind ua (IFRS 9.4.4.1):

(1) Ein Unternehmen hält ein Portfolio von gewerblichen Krediten, um diese kurzfristig zu veräußern. Es erwirbt ein Unternehmen, das gewerbliche Kredite verwaltet und ein Geschäftsmodell mit der Zielsetzung hat, die Kredite zur Vereinnahmung der vertraglichen Zahlungsströme zu halten. Das Portfolio von gewerblichen Krediten ist nicht mehr für den Verkauf bestimmt und es wird zum Zweck gehalten, die vertraglichen Zahlungsströme zu vereinnahmen.
(2) Ein Unternehmen beschließt, sein Geschäft mit Privathypotheken einzustellen. Es schließt keine neuen Geschäfte mehr ab und bietet sein Hypothekenportfolio aktiv zum Verkauf an.

Die folgenden Sachverhalte stellen **keine Veränderung des Geschäftsmodells** dar (IFRS 9.B4.4.3): 482

(1) eine Veränderung der Absicht in Bezug auf bestimmte finanzielle Vermögenswerte (auch bei wesentlichen Veränderungen der Marktbedingungen),
(2) das zeitweilige Verschwinden eines bestimmten Markts für finanzielle Vermögenswerte,
(3) eine Übertragung von finanziellen Vermögenswerten zwischen Teilen des Unternehmens mit unterschiedlichen Geschäftsmodellen.

Eine Reklassifizierung von finanziellen Vermögenswerten hat **prospektiv** zu erfolgen (IFRS 9.5.6.1). Der **Tag der Reklassifizierung** ist der erste Tag des Berichtszeitraums, welcher der wirksamen Änderung des Geschäftsmodells folgt, die zur Änderung der Klassifizierung führt (IFRS 9.Anhang A). 483

Beispiel: Ein Unternehmen beschließt am 15. Februar, sein Geschäft mit Privathypotheken einzustellen. Um die Änderung des Geschäftsmodells nachzuweisen, darf das Unternehmen nach dem 15. Februar keine neuen Privathypothekengeschäfte mehr abschließen oder andere Tätigkeiten ausüben, die seinem früheren Geschäftsmodell entsprechen (IFRS 9.B4.4.2). Unter dieser Bedingung sind alle betroffenen finanziellen Vermögenswerte am 1. April (dem ersten Tag seiner nächsten Berichtsperiode) umzugliedern.

Die Reklassifizierung ist nach den **allgemeinen Klassifizierungsvorschriften** gem IFRS 9.4.4.1 ff vorzunehmen. Bis zum Reklassifizierungszeitpunkt entstandene Gewinne, Verluste und Zinsen sind nicht anzupassen, Reklassifizierungen sind prospektiv vorzunehmen (IFRS 9.5.6.1).

484 Ist ein finanzieller Vermögenswert von der Kategorie finanzielle Vermögenswerte zu fortgeführten Anschaffungskosten *(AC)* oder erfolgsneutral zum beizulegenden Zeitwert bewertet *(FVOCI)* zur Kategorie finanzielle Vermögenswerte erfolgswirksam zum beizulegenden Zeitwert bewertet *(FVPL)* zu reklassifizieren, ist der beizulegende Zeitwert zum Zeitpunkt der Reklassifizierung zu ermitteln. Der Unterschiedsbetrag zu den bisherigen fortgeführten Anschaffungskosten bzw dem Buchwert ist erfolgswirksam in der Gesamtergebnisrechnung bzw der GuV (sofern erstellt) zu erfassen (IFRS 9.7.5.6.2). Wird ein finanzieller Vermögenswert von der Kategorie *FVPL* zur Kategorie *AC* reklassifiziert, stellt der beizulegende Zeitwert zum Zeitpunkt der Reklassifizierung die neuen fortgeführten Anschaffungskosten bzw den Bruttobarwert dar (IFRS 9.5.3.3).

Wird ein finanzieller Vermögenswert aus der Kategorie *AC* in die Kategorie *FVOCI* reklassifiziert, ist der beizulegende Zeitwert des finanziellen Vermögenswerts zum Zeitpunkt der Reklassifizierung zu ermitteln. Alle sich ergebenden Gewinne oder Verluste zwischen dem vorherigen Buchwert bzw fortgeführten Anschaffungskosten und dem beizulegendem Zeitwert sind im sonstigen Ergebnis zu erfassen. Weder der Effektivzinssatz noch der erwartete Kreditausfall sind als Ergebnis der Reklassifizierung anzupassen (IFRS 9.5.6.4).

Im Fall der Neuklassifizierung eines finanziellen Vermögenswerts aus der Kategorie *FVOCI* in die Kategorie *AC,* ist die Reklassifizierung zum beizulegenden Zeitwert des finanziellen Vermögenswerts zum Zeitpunkt der Reklassifizierung vorzunehmen. Die im sonstigen Ergebnis angesammelten Gewinne und Verluste aus vorangegangenen Perioden sind gegen den beizulegenden Zeitwert am Reklassifikationstag auszubuchen. In Folge dessen wird der finanzielle Vermögenswert so bilanziert, als wäre er schon immer zu fortgeführten Anschaffungskosten bewertet worden. Es wird damit nur das sonstige Ergebnis und nicht der erfolgswirksame Teil der Gesamtergebnisrechnung bzw die GuV (sofern erstellt) berührt (es findet kein *reclassification adjustment* statt vgl IAS 1.40A ff); → § 15 Rn 143 ff). Der Effektivzins und der erwartete Kreditausfall werden in Folge der Reklassifizierung nicht adjustiert (IFRS 9.5.6.5).

Eine Reklassifikation eines finanziellen Vermögenswerts aus der Kategorie *FVPL* in die Kategorie *FVOCI* erfolgt zum beizulegenden Zeitwert (IFRS 9.5.6.6).

Ein finanzieller Vermögenswert, der erfolgsneutral und nach der Reklassifikation erfolgswirksam zum beizulegenden Zeitwert bewertet wird, ist somit unverändert bzw weiterhin zum beizulegenden Zeitwert zu bewerten.

Die im sonstigen Ergebnis angesammelten Gewinne und Verluste sind aus dem sonstigen Ergebnis erfolgswirksam in die Gesamtergebnisrechnung bzw die GuV (sofern erstellt) umzubuchen (IFRS 9.5.6.7).

485 Die Klassifizierung als *AC* und *FVOCI* fordern die Ermittlung des Effektivzinssatzes zum Zeitpunkt des Zugangs des finanziellen Vermögenswerts. Der erwartete Kreditausfall ist ebenfalls für beide Kategorien zum Zugangszeitpunkt zu bestimmen. Auf das Zinsergebnis ergeben sich keine Auswirkungen. Da für beide Kategorien der gleiche Wertminderungsansatz gilt, ändert sich der festzustellende erwartete Kreditverlust nicht.

Wird ein finanzieller Vermögenswert aus der Kategorie *FVOCI* in die Kategorie *AC* reklassifiziert, korrigieren die eingetretenen Wertminderungen den Bruttowert des finanziellen Vermögenswerts.

Im Fall der Umklassifizierung aus der Kategorie *AC* in die Kategorie *FVOCI*, sind die erwarteten Kreditverluste auszubuchen (IFRS 9.B5.6.1).

Ein Unternehmen ist nicht verpflichtet eine separate Erfassung und Fortschreibung für die **Effektivzinsermittlung und die Ermittlung des erwarteten Kreditausfalls** für finanzielle Vermögenswerte der Kategorie *FVPL* zu führen. Folglich muss die Ermittlung des Effektivzinssatzes im Zeitpunkt der Reklassifizierung aus der Kategorie *FVPL* heraus auf der Basis des beizulegenden Zeitwerts im Zeitpunkt der Reklassifikation erfolgen. Auch für die Beurteilung von Wertminderungen ist der Reklassifikationstag als Zugangszeitpunkt zu unterstellen (IFRS 9.B5.6.2). 486

Die Beurteilung des Kriteriums **Zahlungsstrom** erfolgt bei Entstehung finanzieller Vermögenswerte bzw dem Erstansatz. In Bezug auf dieses Kriterium findet später keine erneute Beurteilung und folglich auch keine Reklassifizierung statt.

(einstweilen frei) 487–490

III. Finanzielle Verbindlichkeiten

1. Finanzielle Verbindlichkeiten zu fortgeführten Anschaffungskosten bewertet

a) Kriterien für die Klassifizierung

Alle finanziellen Verbindlichkeiten sind grds als zu fortgeführten Anschaffungskosten – unter Anwendung der Effektivzinsmethode – bewertet zu klassifizieren, es sei denn, IFRS 9.4.2.1 nimmt diese davon aus (→ Rn 497). 491

Die Kategorisierung von finanziellen Verbindlichkeiten erfolgt **nicht** wie bei den finanziellen Vermögenswerten mittels der Kriterien Geschäftsmodell und Zahlungsstromcharakteristika bzw -bedingung.

b) Ansatz

Finanzielle Verbindlichkeiten sind dann anzusetzen, wenn das Unternehmen **Vertragspartei** wird. Zum gleichen Zeitpunkt ist die Klassifizierung der Verbindlichkeit vorzunehmen (IFRS 9.3.1.1). 492

Bei **hybriden Finanzinstrumenten** mit Charakteristika von Eigen- und Fremdkapital (zB Wandelschuldverschreibungen) ist wie unter dem derzeit geltenden IAS 39 eine Aufteilung des Emissionserlöses geboten.

Das durch IFRS 9 eingeführte Trennungsverbot für **strukturierte Produkte** gilt nicht für Verbindlichkeiten (IFRS 9.4.3.3).

c) Ausbuchung

Auch für die **finanziellen Verbindlichkeiten** wurden die Regelungen des IAS 39 in IFRS 9 übernommen. 493

Die **Ausbuchung** einer Verbindlichkeit oder eines Teils der Verbindlichkeit erfolgt im Zeitpunkt ihrer Erfüllung, des Rückkaufs oder des Schuldenerlasses (IFRS 9.3.3.1). Haben sich die Bedingungen der finanziellen Verbindlichkeit substanziell aufgrund eines Tauschs geändert, ist die bisher bilanzierte Verbindlichkeit auszubuchen und eine neue Verbindlichkeit zu ihrem beizulegenden Zeitwert zu passivieren (IFRS 9.3.3.2). Ein sich zwischen der abgehenden und der hinzukommenden finanziellen Verbindlichkeit ergebender Differenzbetrag ist erfolgswirksam in der Gesamtergebnisrechnung bzw der GuV (sofern erstellt) zu erfassen (IFRS 9.3.3.3). Entspr gilt auch, sofern die Ausbuchung einer

Verbindlichkeit erfolgt, weil sich die vertraglichen Bedingungen einer Verbindlichkeit **substanziell geändert** haben oder diese in eine andere Verbindlichkeit mit substanziell unterschiedlichen Bedingungen getauscht wird (IFRS 9.3.3.2, IFRS 9.B3.3.6).

d) Bewertung

494 **aa) Zugangsbewertung.** Die Bewertung im Zugangszeitpunkt erfolgt ggü IAS 39 unverändert **zum beizulegenden Zeitwert** (IFRS 9.5.1.1). Die Anschaffungskosten stellen in vielen Fällen den am besten geeigneten Bewertungsmaßstab für finanzielle Verbindlichkeiten und damit den beizulegenden Zeitwert dar (IFRS 9.B5.1.2A). Dabei werden direkt zurechenbare **Transaktionskosten** von den Anschaffungskosten abgesetzt (IFRS 9.5.1.1).

495 *(einstweilen frei)*

496 **bb) Folgebewertung.** Die Folgebewertung von finanziellen Verbindlichkeiten dieser Kategorie ist zu fortgeführten Anschaffungskosten unter Anwendung der Effektivzinsmethode vorzunehmen (IFRS 9.5.3.1). Änderungen ggü den Regelungen des IAS 39 ergeben sich insoweit nicht.

Auf eine finanzielle Verbindlichkeit, die als **gesichertes Grundgeschäft** designiert ist, sind die Vorschriften zur Bilanzierung von Sicherungsbeziehungen (IFRS 9.6.5.8 bis IFRS 9.6.5.14 und für Portfoliohedges in Bezug auf Zinsänderungsrisiken IAS 39.89 bis IAS 39.94 anzuwenden (IFRS 9.5.3.2).

2. Finanzielle Verbindlichkeiten erfolgswirksam zum beizulegenden Zeitwert bewertet

a) Kriterien für die Klassifizierung

497 Die folgenden finanziellen Verbindlichkeiten **sind** erfolgswirksam zum beizulegenden Zeitwert **zu bewerten:**

(1) Verbindlichkeiten, für welche die *fair value option* ausgeübt wurde,
(2) Derivate mit negativem Marktwert,
(3) Handels-*(trading-)*Bestände,
(4) finanzielle Verbindlichkeiten, die entstehen, wenn die Übertragung eines finanziellen Vermögenswerts nicht zu einer Ausbuchung berechtigt oder die Bilanzierung unter Zugrundelegung eines anhaltenden Engagements erfolgt,
(5) die in IFRS 9.Anhang A definierten finanziellen Garantien,
(6) Zusagen, einen Kredit unter dem Marktzinssatz zur Verfügung zu stellen.

Finanzielle Verbindlichkeiten und derivative Verbindlichkeiten, die **an nicht börsennotierte Eigenkapitalinstrumente gebunden** und durch diese zu erfüllen sind, dürfen nicht mehr unter Berufung auf mangelnde verlässliche Bewertbarkeit zu Anschaffungskosten bewertet werden (IFRS 9.BC5.20). Sie sind zwingend zum beizulegenden Zeitwert zu bewerten. Darüber hinaus sind derivative finanzielle Verbindlichkeiten, die sich auf nicht gehandelte und physisch zu erfüllende Eigenkapitalinstrumente eines anderen Unternehmens beziehen, als finanzielle Verbindlichkeiten bewertet zum beizulegenden Zeitwert zu klassifizieren (IFRS 9.IN7(b)).

Die Ausübung der *fair value option* kann nur einmalig im **Zugangszeitpunkt** ausgeübt und nicht mehr rückgängig gemacht werden (IFRS 9.B5.7.7).

b) Ansatz zum beizulegenden Zeitwert

498 Der Ansatz einer finanziellen Verbindlichkeit als erfolgswirksam zum beizulegenden Zeitwert bewertet ist im **Zugangszeitpunkt** vorzunehmen. Sollten

Transaktionskosten mit dem Zugang der finanziellen Verbindlichkeit verbunden sein, sind diese direkt in der Gesamtergebnisrechnung bzw GuV (sofern erstellt) auszuweisen. Zinsen, Gewinne und Verluste aus finanziellen Verbindlichkeiten erfolgswirksam zum beizulegenden Zeitwert bewertet *(FVPL)* sind in der Gesamtergebnisrechnung bzw GuV (sofern erstellt) abzubilden (IFRS 9.4.2.1 f).

c) Bewertung

aa) Zugangsbewertung. Die Bewertung der finanziellen Verbindlichkeit erfolgt zum **beizulegenden Zeitwert im Zugangszeitpunkt.** Transaktionskosten werden unmittelbar erfolgswirksam abgebildet. 499

bb) Ermittlung des beizulegenden Zeitwerts. Bei der Ermittlung des beizulegenden Zeitwerts finanzieller oder nicht-finanzieller Verbindlichkeiten oder eigener Eigenkapitalinstrumente des Unternehmens wird angenommen, dass diese am Bewertungsstichtag auf einen Marktteilnehmer übertragen werden, ohne dass es an diesem Tag zur Begleichung, zum Erlöschen oder zur Annullierung kommt (IFRS 13.34). Dabei fließt das **Risiko der Nichterfüllung** in die Bewertung ein (IFRS 13.42, IFRS 13.Anhang A). Dieses umfasst das Kreditausfallrisiko des bilanzierenden Unternehmens sowie alle anderen Risiken dahingehend, dass es seinen Verpflichtungen nicht nachkommt, zB leistungsbezogene Risiken aus Sachleistungsverpflichtungen. Im Rahmen der Ermittlung des beizulegenden Zeitwerts wird unterstellt, dass sich das Risiko der Nichterfüllung durch die Übertragung der Verbindlichkeit nicht ändert (IFRS 13.42, zur Begründung vgl IFRS 13.BC94). Bei der Bewertung der Verbindlichkeit sind zudem die Erwartungen der Marktteilnehmer hinsichtlich der Liquidität, der Unsicherheit und anderer Faktoren des Bewertungsobjekts zu berücksichtigen (IFRS 13.BC81 f). 500

Es besteht die unwiderlegbare Vermutung, dass der beizulegende Zeitwert **stets verlässlich ermittelbar** ist (IFRS 9.BC5.20).

(einstweilen frei) 501–504

Für die Ermittlung des beizulegenden Zeitwerts für Verbindlichkeiten besteht aus der Perspektive eines Dritten die folgende Bewertungshierarchie. 505

In derartigen Fällen hat ein Unternehmen die Verbindlichkeiten wie folgt zu bewerten:

(1) Bewertung anhand einer Marktpreisnotierung in einem aktiven Markt für einen korrespondierenden identischen Vermögenswert (IFRS 13.38(a)),
(2) Bewertung mittels anderer beobachtbarer Inputparameter wie der Marktpreisnotierung für korrespondierende identische Vermögenswerte in einem nicht aktiven Markt (IFRS 13.38(b)) oder
(3) Einsatz anderer Bewertungstechniken (IFRS 13.38(c))
   (a) einkommensbasierter Ansatz (→ Rn 211)
   (b) marktbasierter Ansatz (→ Rn 211).

Unter bestimmten Bedingungen kann die Ermittlung des beizulegenden Zeitwerts einer Verbindlichkeit mittels des **beobachtbaren Preises** des **korrespondierenden Vermögenswerts** erfolgen. Steht kein beobachtbarer Marktpreis für die Übertragung einer identischen oder ähnlichen Verbindlichkeit bzw eines identischen oder ähnlichen eigenen Eigenkapitalinstruments zur Verfügung und wird das identische Finanzinstrument von einem Dritten als Vermögenswert gehalten, muss das Unternehmen den beizulegenden Zeitwert der Verbindlichkeit aus der **Perspektive des Marktteilnehmers** ermitteln, der das identische Bewertungsobjekt als Vermögenswert zum Bewertungsstichtag hält (IFRS 13.37).

Eine solche Bewertung ist anzupassen, wenn die **spezifischen Faktoren** des Vermögenswerts nicht auf die Ermittlung des beizulegenden Zeitwerts für die 506

Verbindlichkeit anwendbar sind. Ein **Anpassungsbedarf** ist gegeben, wenn (IFRS 13.39):

(1) sich der beobachtbare Preis des Vermögenswerts auf eine ähnliche, aber nicht identische Verbindlichkeit bezieht,

(2) ein Anpassungsbedarf bspw aus unterschiedlichen Kreditrisiken und aus Restriktionen in Bezug auf den Verkauf des Vermögenswerts oder die Übertragung der Verpflichtung resultiert.

Die **Veränderungen** des beizulegenden Zeitwerts finanzieller Verbindlichkeiten sind **aufzuspalten** in die Wertveränderungen, die aus der Veränderung des **eigenen Kreditrisikos** des Unternehmens resultieren und die anderen Veränderungen des beizulegenden Zeitwerts. Wertveränderungen, die auf das geänderte eigene Kreditrisiko des Unternehmens zurückgeführt werden können, sind im **sonstigen Ergebnis** zu erfassen (IFRS 9.5.7.7(a)). Die darüber hinaus gehende Veränderung des beizulegenden Zeitwerts der finanziellen Verbindlichkeit ist **erfolgswirksam** in der Gesamtergebnisrechnung bzw in der GuV (sofern erstellt) zu buchen (IFRS 9.5.7.7(b)).

In seltenen Fällen könnte die Ermittlung der kreditrisikobedingten Zeitwertänderungen nach der Restwertmethode zur Entstehung bzw Vergrößerung einer Inkonsistenz im Periodenerfolg führen, mit der Folge, dass dann sämtliche Zeitwertänderungen erfolgswirksam in der Gesamtergebnisrechnung bzw der GuV (sofern erstellt) zu erfassen sind (IFRS 9.5.7.7f, IFRS 9B.5.7.5). Bei dieser Beurteilung kommt es darauf an, ob das Unternehmen erwartet, dass die Auswirkungen der Änderung des Kreditrisikos der Schuld im Periodenerfolg durch eine Änderung des beizulegenden Zeitwerts eines anderen Finanzinstruments ausgeglichen werden, das ebenfalls erfolgswirksam zum beizulegenden Zeitwert bewertet wird. Eine solche Erwartung muss auf einer wirtschaftlichen Beziehung zwischen den Eigenschaften der Verbindlichkeit und den Eigenschaften des anderen Finanzinstruments basieren (IFRS 9.B5.7.6). Eine derartige wirtschaftliche Beziehung kann in vielen Fällen auf einer vertraglichen Verbindung zwischen den betroffenen Finanzinstrumenten beruhen (IFRS 9.B5.7.10f).

Mit der Anwendung des IFRS 9 gewinnen **bonitätsinduzierte Änderungen** des beizulegenden Zeitwerts von bestimmten Verbindlichkeiten eine größere Bedeutung und werden für Dritte sichtbarer.

507 Das Kreditrisiko ist „die Gefahr, dass ein Vertragspartner bei einem Geschäft über ein Finanzinstrument bei dem anderen Partner finanzielle Verluste verursacht, da er seinen Verpflichtungen nicht nachkommt" (IFRS 9.B5.7.13, IFRS 7. Anhang A). Das **eigene Kreditrisiko** ist das Risiko, dass bspw der Emittent seinen Verpflichtungen bei dieser bestimmten Verbindlichkeit nicht nachkommt. Wenn ein Unternehmen bspw eine besicherte Verbindlichkeit und eine unbesicherte Verbindlichkeit mit ansonsten identischen Merkmalen ausgibt, ist das Kreditrisiko dieser beiden Verbindlichkeiten unterschiedlich, obgleich es sich um denselben Emittenten handelt. Das Kreditrisiko der besicherten Verbindlichkeit ist geringer als das der unbesicherten Verbindlichkeit. Das Kreditrisiko einer besicherten Verbindlichkeit kann gegen Null gehen (IFRS 9.B5.7.13).

Das eigene Kreditrisiko eines Unternehmens ist hierbei vom Kreditrisiko eines Finanzinstruments zu unterscheiden (IFRS 9.B5.7.14).

Diese Unterscheidung ist bei der Anwendung der *fair value option* gem IFRS 9.5.7.7 bedeutend. Wird die *fair value option* für eigene Verbindlichkeiten ausgeübt, hat ein Unternehmen den Betrag der Änderung des beizulegenden Zeitwerts der finanziellen Verbindlichkeit zu bestimmen, der auf Änderungen beim eigenen Kreditrisiko dieser Verbindlichkeit zurückzuführen ist. Gewinne bzw Verluste, die sich aus Änderungen des eigenen Kreditrisikos der finanziellen Verbindlichkeit ergeben, sind innerhalb des sonstigen Ergebnisses auszuweisen, es sei denn, der Ausweis innerhalb des sonstigen Ergebnisses führt zu einer (Zunahme einer) Rechnungslegungsanomalie.

Für die Ermittlung der Änderungen des beizulegenden Zeitwerts, der auf die Veränderungen des eigenen Kreditrisikos des Unternehmens zurückzuführen ist, bestimmt IFRS 9.B5.7.16 zwei Methoden:

(1) Ermittlung der Änderung des beizulegenden Zeitwerts, soweit diese nicht auf Änderungen der Marktbedingungen zurückzuführen ist (IFRS 9.B5.7.16(a)); sog **Restwertmethode**) oder

(2) Ermittlung des Anteils der nach Ansicht des Unternehmens glaubwürdiger ermittelt werden kann, in Bezug auf den Umfang in dem sich der beizulegende Zeitwert der Verbindlichkeit durch das geänderte Ausfallrisiko verändert (IFRS 9.B5.7.16(b)) (**alternative** Methode).

Zu den Änderungen der Marktbedingungen, die das **Marktrisiko** beeinflussen, gehören insbes Änderungen eines Referenzzinssatzes, des Preises eines Finanzinstruments eines anderen Unternehmens, eines Rohstoffpreises, Wechselkurses sowie Preis- oder Zinsindizes (IFRS 9.B5.7.17).

Bestehen die einzigen signifikant relevanten Änderungen der Marktbedingun- 508
gen bei einer Verbindlichkeit in Änderungen eines beobachtbaren **(Referenz-) Zinssatzes,** kann der in IFRS 9.B5.7.16(a) angegebene Betrag wie folgt geschätzt werden (IFRS 9.B5.7.18):

(1) Zuerst ist auf der Basis des beizulegenden Zeitwerts sowie der vertraglichen Zahlungsströme der Verbindlichkeit zu Beginn der Berichtsperiode die interne Verzinsung der Verbindlichkeit zu berechnen. Von dieser Verzinsung ist der beobachtbare (Referenz-)Zinssatz zu Beginn der Berichtsperiode abzuziehen, um den instrumentspezifischen Bestandteil der internen Verzinsung zu ermitteln (IFRS 9.B5.7.18(a)).

(2) Anschließend ist der Barwert der mit der Verbindlichkeit verbundenen vertraglich vereinbarten Zahlungsströme zu errechnen. Zu diesem Zweck sind die vertraglichen Zahlungsströme der Verbindlichkeit am Ende der Berichtsperiode sowie ein Abzinsungssatz heranzuziehen, welcher der Summe aus dem beobachtbaren (Referenz-)Zinssatz am Ende der Berichtsperiode und dem unter (1) ermittelten instrumentspezifischen Bestandteil der internen Verzinsung entspricht (IFRS 9.B5.7.18(b)).

Die Differenz zwischen dem beizulegenden Zeitwert der Verbindlichkeit am Ende der Berichtsperiode und dem im zweiten Schritt ermittelten Betrag entspricht der Änderung des beizulegenden Zeitwerts, die nicht auf Änderungen des beobachtbaren (Referenz-)Zinssatzes zurückzuführen ist (IFRS 9.B5.7.18(c)).

Unabhängig von der Stufe der Bewertungshierarchie sind (relevante) **beobachtbare** Inputfaktoren ggü **nicht beobachtbaren Inputfaktoren vorzuziehen** (IFRS 9.B5.7.20, IFRS 13.36).

Sind andere Faktoren neben dem eigenen Kreditrisiko des Unternehmens und dem (Referenz-)Zinssatz signifikant, ist eine **alternative Methode** anzuwenden (IFRS 9.B5.7.19).

Für unterschiedliche finanzielle Verbindlichkeiten können unterschiedliche Methoden genutzt werden, wobei die Anforderung der Methodenstetigkeit zu beachten ist. Damit sind für finanzielle Verbindlichkeiten gleichen Typs grds auch die gleichen Methoden anzuwenden (vgl IAS 8.13).

Abweichungen ergeben sich ua, wenn der Preis des Vermögenswerts die Zahlungen aus der Forderung sowie eine zusätzliche Bonitätsverbesserungsmaßnahme abbildet. Für die Bewertung der Verbindlichkeit ist der Effekt dieser zusätzlichen Sicherheit zu eliminieren.

Der beizulegende Zeitwert der Verbindlichkeit wird darüber hinaus häufig nicht mit dem beizulegenden Zeitwert des Vermögenswerts der Gegenpartei übereinstimmen. Gründe sind bspw unterschiedliche relevante Märkte, Preise innerhalb einer Geld-Brief-Spanne und Zinskurven bei der Modellbewertung in Abhängigkeit vom unternehmensspezifischen *funding spread*. Der beobachtbare Preis des korrespondierenden Vermögenswerts muss gleichfalls angepasst werden, wenn sich der Hauptmarkt bzw der vorteilhafteste Markt für Aktivum und Passivum unterschreitet. Wertgleichheit für Aktivum und Passivum darf nur bei Veräußerung bzw Übertragung auf demselben Markt angenommen werden (IFRS 13.BC88).

509 **cc) Folgebewertung.** Die finanzielle Verbindlichkeit ist in den Folgeperioden zum beizulegenden Zeitwert zu den jeweiligen Bewertungsstichtagen nach den in → Rn 175 ff dargestellten Regeln zu bewerten.

3. Fair Value Option

510 Die Ausübung der *fair value option* ist für finanzielle Verbindlichkeiten nach IFRS 9 unter den folgenden **Voraussetzungen** möglich:

(1) Beseitigung oder signifikante Reduktion einer Ansatz- oder Bewertungsinkonsistenz (IFRS 9.4.2.2(a)) oder

(2) eine Gruppe von finanziellen Verbindlichkeiten oder eine Gruppe finanzieller Verbindlichkeiten und finanzieller Vermögenswerte wird auf der Basis des beizulegenden Zeitwerts gemanagt, ihre Performance wird auf dieser Basis beurteilt und an das Management in Schlüsselpositionen berichtet (IFRS 9.4.2.2(b)).

Für finanzielle Verbindlichkeiten mit einem oder mehreren **eingebetteten Derivaten** kann in bestimmten Fällen ebenfalls die *fair value option* ausgeübt werden (IFRS 9.4.3.5, → Rn 520).

511 Auch bei Anwendung der *fair value option* bei finanziellen Verbindlichkeiten sind die Wertveränderungen differenziert zu behandeln. Die Wertveränderungen sind aufzuspalten in Wertveränderungen, welche aus der Veränderung des eigenen **Kreditrisikos** resultieren, und in die anderen Wertveränderungen, es sei denn, dadurch würde sich eine Bilanzierungsinkonsistenz in dem erfolgswirksamen Teil der Gesamtergebnisrechnung bzw der GuV (sofern erstellt) ergeben oder vergrößern (IFRS 9.B5.7.1(c), IFRS 9.B5.7.5).

Daher ist bei Anwendung der *fair value option* zunächst zu beurteilen, ob durch den Ausweis der Auswirkungen von Änderungen beim eigenen Kreditrisiko der Verbindlichkeit im sonstigen Ergebnis sich eine Rechnungslegungsanomalie in der GuV ergeben oder vergrößert würde. Dies ist der Fall, wenn der Ausweis der Auswirkungen von Änderungen beim eigenen Kreditrisiko der Verbindlichkeit im sonstigen Ergebnis eine größere Rechnungslegungsanomalie in der GuV zur Folge hätte, als wenn diese Beträge in der GuV ausgewiesen werden würden (IFRS 9.B5.7.5). Bei dieser Beurteilung ist abzuschätzen, ob die Auswirkungen von Änderungen beim eigenen Kreditrisiko der Verbindlichkeit in der GuV voraussichtlich durch eine Änderung des beizulegenden Zeitwerts eines anderen erfolgswirksam zum beizulegenden Zeitwert bewerteten Finanzinstruments ausgeglichen werden. Diese Erwartung muss auf einer wirtschaftlichen Beziehung zwischen den Merkmalen der Verbindlichkeit und denen des anderen Finanzinstruments basieren (IFRS 9.B5.7.6). Aus **Praktikabilitätsgründen** brauchen nicht alle Vermögenswerte und Verbindlichkeiten, die zu einer Rechnungslegungsanomalie führen, genau zeitgleich kontrahiert worden sein. Eine angemessene Verzögerung ist möglich.

512 Die Beurteilung, ob durch den Ausweis der Auswirkungen von Änderungen beim Ausfallrisiko der Verbindlichkeit im sonstigen Ergebnis eine Rechnungslegungsanomalie in der GuV (sofern erstellt) entstehen oder vergrößert würde, ist stets im **Zugangszeitpunkt** einer finanziellen Verbindlichkeit vorzunehmen

(IFRS 9.B5.7.7.7). Es ist keine spätere Neubeurteilung durchzuführen. Die verwendete Beurteilungsmethodik ist stetig anzuwenden (IFRS 9.B5.7.7). Es dürfen jedoch unterschiedliche Methoden angewendet werden, wenn unterschiedliche wirtschaftliche Beziehungen zwischen den Merkmalen der als erfolgswirksam zum beizulegenden Zeitwert bewertet designierten Verbindlichkeiten und den Merkmalen der anderen Finanzinstrumente bestehen.

Wird die *fair value option* für eine finanzielle Verbindlichkeit ausgeübt, ist die 513
Änderung des beizulegenden Zeitwerts in einen auf die Änderung des eigenen **Kreditrisikos** zurückzuführenden Teil und einen danach **rechnerisch verbleibenden Rest** aufzuteilen (zu der Vorgehensweise der Aufteilung → Rn 500ff). Der kreditrisikobedingte Teil ist im sonstigen Ergebnis und der verbleibende Teil erfolgswirksam in der GuV (sofern erstellt) zu erfassen (IFRS 9.5.7.1(c), IFRS 9.5.7.7 und IFRS 9.B5.7.8). Wenn eine **Inkonsistenz** entsteht oder vergrößert würde, sind alle Änderungen des beizulegenden Zeitwerts (einschließlich der Auswirkungen von Änderungen beim eigenen Kreditrisiko der Verbindlichkeit) in der GuV (sofern erstellt) auszuweisen. Hinsichtlich der Bilanzierungsinkonsistenz darf es sich nicht zB um eine Bewertungsungenauigkeit handeln. Vielmehr muss für diese ein wirtschaftlicher Hintergrund bestehen (IFRS 9.B5.7.12). Anderenfalls sind die Auswirkungen von Änderungen beim eigenen Kreditrisiko der Verbindlichkeit im sonstigen Ergebnis zu erfassen (IFRS 9.B5.7.8).

Im **sonstigen Ergebnis** erfasste Beträge dürfen später nicht mehr in die GuV umgegliedert werden. Die Umbuchung des kumulierten Bewertungseffekts des eigenen Kreditrisikos innerhalb des Eigenkapitals darf jedoch stattfinden (IFRS 9.B5.7.9; → § 17 Rn 45).

Die Neuregelungen des IFRS 9 bedingen zur Ausübung der *fair value option* 514
für finanzielle Verbindlichkeiten eine detailliertere Analyse der Veränderungen des beizulegenden Zeitwerts, um insbes auch den erweiterten Offenlegungsvorschriften des IFRS 7 (geändert 2014) nachkommen zu können. Im Hinblick auf Veränderungen des beizulegenden Zeitwerts, welche auf die Veränderungen des Kreditrisikos der Verbindlichkeit zurückzuführen und im **sonstigen Ergebnis zu erfassen** sind, muss offengelegt werden:

(1) der Betrag der Veränderung (kumuliert) des beizulegenden Zeitwerts der Verbindlichkeit, der auf die Veränderung des Kreditrisikos der Verbindlichkeit zurückzuführen ist,
(2) die Differenz zwischen dem Buchwert der Verbindlichkeit und dem Betrag, den das Unternehmen am Ende der Laufzeit ihrem Gläubiger zurückzahlen muss,
(3) Übertragungen kumulierter Gewinne oder Verluste innerhalb des Eigenkapitals, in der Periode, einschließlich der Risiken für diese Übertragungen und
(4) wenn eine Verbindlichkeit während der Periode ausgebucht wird: der Betrag der ggf im sonstigen Ergebnis ausgewiesen wurde, das im Zuge der Ausbuchung realisiert wurde.

Hat ein Unternehmen eine finanzielle Verbindlichkeit als erfolgswirksam zum beizulegenden Zeitwert bewertet designiert und werden infolge eines sich ansonsten ergebenden oder erhöhten *accounting mismatch* alle Veränderungen des beizulegenden Zeitwerts (einschließlich der aus der Veränderung des Kreditrisikos aus der Verbindlichkeit) im **Gewinn und Verlust** erfasst, sind Offenlegungspflichten zu erfüllen (IFRS 7.10A (geändert 2014)).Wenn ein Unternehmen die Veränderungen des Kreditrisikos der Verbindlichkeit in der GuV (sofern erstellt) ausweist (IFRS 9.5.7.8), hat die Offenlegung eine detaillierte Beschreibung der wirtschaftlichen Zusammenhänge nach IFRS 9.B5.7.6 zu enthalten.

4. Reklassifizierung

515 Für finanzielle Verbindlichkeiten ist eine Reklassifizierung **ausgeschlossen** (IFRS 9.4.4.2).

IV. Eingebettete Derivate

516 Eingebettete Derivate nach IFRS 9 sind **Teil strukturierter Instrumente,** die aus einem nicht-derivaten Basisvertrag und einem (eingebetteten) Derivat zusammengesetzt sind (IFRS 9.4.3.1).

IFRS 9 sieht keine Trennung von eingebetteten Derivaten im Vergleich zu IAS 39 mehr vor, sofern der Basisvertrag ein finanzieller Vermögenswert im Anwendungsbereich des IFRS 9 ist (IFRS 9.4.3.2). Für sämtliche andere Basisverträge – dh (finanzielle) Vermögenswerte außerhalb des IFRS 9 und (finanzielle) Verbindlichkeiten – hat eine Überprüfung des eingebetteten Derivats auf Trennung von dem jeweiligen Basisvertrag gem IFRS 9.4.3.3 ff zu erfolgen, die inhaltsgleich mit den Vorschriften nach IAS 39 sind.

517 Die Beurteilung, ob ein eingebettetes Derivat und der Basisvertrag **separat** voneinander zu bilanzieren sind, erfolgt unverändert zu dem Zeitpunkt, zu dem das Unternehmen erstmals Vertragspartei wird. Eine spätere **Neubeurteilung** ist nur im Fall einer Vertragsänderung, die eine signifikante bzw erhebliche Änderung der Zahlungsströme bewirkt, vorzunehmen. Um zu ermitteln, ob die Änderung der Zahlungsströme signifikant bzw erheblich ist, muss anhand des Ausmaßes, in dem sich die erwarteten Zahlungsströme in Bezug auf das eingebettete Derivat, den Basisvertrag oder beide ändern, sowie der Wesentlichkeit dieser Änderungen im Vergleich zu den vorher erwarteten Zahlungsströmen durch die Vertragsänderung beurteilt werden (IFRS 9.7.3.1, IFRS 9.B4.3.11 f und IFRS 9.BC4.98).

518 Nach IFRS 9.4.3.3 ist jedes eingebettete Derivat (sofern es sich bei dem Basisvertrag nicht um einen finanziellen Vermögenswert innerhalb des Anwendungsbereichs des IFRS 9 handelt) zu **identifizieren** und daraufhin zu beurteilen, ob es vom Basisvertrag **getrennt** werden muss.

519 Ein eingebettetes Derivat ist von einem **Basisvertrag zu trennen** und nach Maßgabe des IFRS 9 als **Derivat** zu bilanzieren, wenn:

(1) die wirtschaftlichen Merkmale und Risiken des eingebetteten Derivats nicht eng mit den wirtschaftlichen Merkmalen und Risiken des Basisvertrags verbunden sind (IFRS 9.4.3.3(a)),

(2) ein eigenständiges Instrument mit den gleichen Bedingungen wie das eingebettete Derivat die Definition eines Derivats erfüllen würde (IFRS 9.4.3.3(b)), und

(3) das strukturierte Produkt nicht erfolgswirksam zum beizulegenden Zeitwert bewertet wird (dh ein Derivat, das in eine erfolgswirksam zum beizulegenden Zeitwert bewertete finanzielle Verbindlichkeit eingebettet ist, wird nicht getrennt; IFRS 9.4.3.3(c)).

Ist ein eingebettetes Derivat zu trennen, ist der **Basisvertrag** nach den **einschlägigen IFRS** zu bilanzieren (IFRS 9.4.3.4). Für **abgespaltene nicht-finanzielle Basisverträge** (zB Dienstleistungs- oder Mietverträge) bzw finanzielle Vermögenswerte außerhalb des Anwendungsbereichs des IFRS 9 sowie finanzielle Verbindlichkeiten gelten ebenfalls die einschlägigen IFRS.

Für abzuspaltende positive beizulegende Zeitwerte finanzieller Vermögenswerte gelten die Vorschriften der Klassifizierung des IFRS 9.4.1.

520 Wenn ein Vertrag **ein** oder **mehrere eingebettete Derivat(e)** enthält und der Basisvertrag kein finanzieller Vermögenswert im Anwendungsbereich des

IFRS 9 ist, kann ein Unternehmen das gesamte strukturierte Produkt nach IFRS 9.4.3.5 als erfolgswirksam zum beizulegenden Zeitwert bewertet designieren (*fair value option;* → Rn 510), es sei denn, es ist ein Fall des IFRS 9.4.3.5(a) oder (b) gegeben. Das bedeutet, im ersten Fall verändert das eingebettete Derivat die vertraglichen Zahlungsströme nur unwesentlich. Im zweiten Fall ist ersichtlich, dass eine Abtrennung des eingebetteten Derivats unzulässig ist (zB Kredite mit eingebetteter Vorfälligkeitsoption).

Wenn ein Unternehmen nach IFRS 9 verpflichtet ist, ein eingebettetes Derivat getrennt von seinem Basisvertrag zu erfassen, eine gesonderte Bewertung des eingebetteten Derivats aber weder bei Erwerb noch an den folgenden Abschlussstichtagen möglich ist, ist das **gesamte strukturierte Produkt** als erfolgswirksam zum beizulegenden Zeitwert bewertet zu designieren (IFRS 9.4.3.6).

Wenn ein Unternehmen nicht in der Lage ist, den beizulegenden Zeitwert eines finanziellen Vermögenswerts auf der Basis seiner Konditionen und Bedingungen verlässlich zu ermitteln, hat es den beizulegenden Zeitwert des eingebetteten Derivats als Differenzwert zwischen dem beizulegenden Zeitwert des strukturierten Produkts und dem beizulegenden Zeitwert des Basisvertrags zu ermitteln (IFRS 9.4.3.7). Dies stellt für Unternehmen eine Erleichterung zur ansonsten vorzunehmenden Aufspaltung des beizulegenden Zeitwerts des strukturierten Produkts nach dem Verhältnis der Zeitwerte seiner Bestandteile (Basisvertrag und derivative Komponente) dar.

V. Saldierung

Unter einer Saldierung versteht der IASB den Ausweis eines oder mehrerer finanzieller Vermögenswerte und finanzieller Verbindlichkeiten als einen **Nettobetrag** in der Bilanz. Voraussetzung für die Saldierung ist ein unbedingter, rechtlich durchsetzbarer **Aufrechnungsanspruch,** auch bei Insolvenz einer beteiligten Partei. Ein Nettoausweis wird nur dann als zulässig beurteilt, wenn ein unbedingtes sowie rechtlich durchsetzbares Recht zur Aufrechnung besteht und beabsichtigt ist, diese Aufrechnung (Ausgleich des finanziellen Vermögenswerts und der finanziellen Verbindlichkeit auf Nettobasis) tatsächlich vorzunehmen. Des Weiteren setzt eine Saldierung voraus, dass die erwarteten künftigen Zahlungsmittelzuflüsse bzw -abflüsse transparent bilanziell nachgewiesen werden können. Ein **Saldierungswahlrecht** besteht ausdrücklich **nicht.** Darüber hinaus werden in IAS 32.42 ff beispielhaft **Kriterien** angeführt, unter denen eine **Bruttoerfüllung** von finanziellem Vermögenswert und finanzieller Verbindlichkeit zu einer Saldierung führen kann. 521

Die **Angabepflichten** (im Zusammenhang mit bestimmten Aufrechnungsvereinbarungen) **regeln IFRS 7** (IFRS 7.13A ff). Die Pflicht zur Offenlegung gilt ungeachtet dessen, ob die Aufrechnungsvereinbarung tatsächlich zu einer Aufrechnung der betroffenen finanziellen Vermögenswerte und finanziellen Verbindlichkeiten geführt hat. Neben einer qualitativen Beschreibung der Aufrechnungsansprüche sind insbes die folgenden Angaben vorgesehen: 522

(1) der Bruttobetrag der betroffenen finanziellen Vermögenswerte und finanziellen Verbindlichkeiten vor Saldierung,
(2) der betragsmäßige Umfang der bilanziellen Aufrechnung,
(3) der Nettobetrag der betroffenen Vermögenswerte und finanziellen Verbindlichkeiten nach Saldierung, wie sie in der Bilanz dargestellt werden,
(4) der Betrag der finanziellen Vermögenswerte und finanziellen Verbindlichkeiten, die Gegenstand von Aufrechnungsvereinbarungen (rechtlich durchsetz-

bare Globalnettingvereinbarungen oder ähnliche Vereinbarungen) sind, ohne dass eine Saldierung in der Bilanz erfolgt sein muss,
(5) der beizulegende Zeitwert von Finanzinstrumenten, die als finanzielle Sicherheiten (einschließlich Barsicherheiten) erhalten bzw gewährt wurden und
(6) der Nettobetrag der betroffenen Vermögenswerte und finanziellen Verbindlichkeiten unter Zugrundelegung einer Saldierung im Rahmen der nicht berücksichtigen Aufrechnungsvereinbarungen sowie Sicherheiten.

Eine **Zusammenfassung** der Angaben kann entweder nach Art des Finanzinstruments oder nach Art der Transaktion vorgenommen werden.

VI. Hedge Accounting

523 Ziel des IFRS 9 ist die stärkere Orientierung der **externen Rechnungslegung** an dem vom Unternehmen **praktizierte Risikomanagement.** Es sollen die Effekte des Einsatzes von Finanzinstrumenten im Risikomanagement auf das Ergebnis des Unternehmens im Jahresabschluss abgebildet werden (IFRS 9.6.1.1).

IFRS 9 zeigt mit der Orientierung am **Risikomanagement** eine weitere Annäherung der externen Rechnungslegung und Berichterstattung an die interne Risikosteuerung des Unternehmens. Ziel ist es, den Abschlussadressaten darüber zu informieren, wie das Unternehmen die beabsichtigten Sicherungseffekte erzielen wird. Damit verbunden ist eine deutliche Erweiterung der Offenlegungspflichten zum Risikomanagement; so sind künftig auch Angaben zur Risikomanagementstrategie gefordert. Die Informationen des internen Risikomanagements und die darauf begründeten Sicherungsgeschäfte sollen sich in der externen Rechnungslegung widerspiegeln. Die Annäherung der externen Rechnungslegung an das Risikomanagement führt jedoch nicht zu einem *overriding* der externen IFRS-konformen Rechnungslegung durch das Risikomanagement. Sowohl das Risikomanagement als auch die Rechnungslegung werden jeweils weiterhin von ihren eigenen Zielsetzungen und Anforderungen determiniert, auch wenn beide sich annähern.

1. General Hedge Accounting

Zulässige Sicherungsgeschäfte

524 IFRS 9 lässt als **Sicherungsgeschäfte** grds **derivative** (IFRS 9.6.2.1) und **originäre Finanzinstrumente** (IFRS 9.6.2.2) zu, welche erfolgswirksam zum beizulegenden Zeitwert bewertet werden und mit einer externen Partei abgeschlossen sind.

Ein Derivat, welches erfolgswirksam zum beizulegenden Zeitwert bewertet wird, kann als Sicherungsgeschäft designiert werden; hiervon ausgenommen sind geschriebene Optionen (IFRS 9.6.2.1). Nicht-derivative finanzielle Vermögenswerte oder nicht-derivative finanzielle Verbindlichkeiten (wie auch Kassageschäfte), die erfolgswirksam zum beizulegenden Zeitwert bewertet werden, können als **Sicherungsgeschäft** designiert werden. Ausgenommen sind finanzielle Verbindlichkeiten, die als erfolgswirksam zum beizulegenden Zeitwert bewertet klassifiziert wurden und bei denen Änderungen des beizulegenden Zeitwerts aufgrund von Veränderungen des eigenen Kreditrisikos der Verbindlichkeit im sonstigen Ergebnis nach IFRS 9.5.7.7 (IFRS 9.6.2.2) ausgewiesen werden.

525 Durch die isolierte Fremdwährungskomponente eines nicht-derivativen Finanzinstruments dürfen Fremdwährungsrisiken abgesichert werden, ausgenommen sind

Eigenkapitalinstrumente, für welche die OCI-Option nach IFRS 9.5.7.5 ausgeübt wurde (IFRS 9.6.2.2).

Als Sicherungsgeschäfte dürfen nur mit **externen Parteien** bzw Dritten abgeschlossene Geschäfte designiert werden (IFRS 9.6.2.3). 526

Unverändert gilt, dass ein Sicherungsgeschäft grds nur in seiner **Gesamtheit** zu designieren ist. **Ausnahmen** werden lediglich in den folgenden Fällen als zulässig erachtet:

(1) Separierung des inneren Werts und des Zeitwerts einer Option und Designation der Veränderung des inneren Werts der Option als Sicherungsgeschäft, ohne Berücksichtigung der Veränderung des Zeitwerts der Option (IFRS 9.6.2.4(a)) oder

(2) Separierung der Zinskomponente und des Kassakurses eines *forwards* und Designation der Kassakomponente als Sicherungsgeschäft in einer Sicherungsbeziehung ohne Berücksichtigung der *forward*-Komponente. In gleicher Weise kann auch der Fremdwährungsbasis-*spread* eines Finanzinstruments separiert werden und das Finanzinstrument ohne diesen als Sicherungsinstrument bestimmt werden (IFRS 9.6.2.4(b)).

(3) Bestimmung eines **bestimmten Prozentsatzes** des **Nominalbetrags** als Sicherungsbeziehung (zB 50% bezogen auf das entspr Nominalvolumen; IFRS 9.6.4(c)).

(einstweilen frei) 527

Zur Minimierung der Aufwendungen für Sicherungsinstrumente werden in der **Praxis** häufig **maßgeschneiderte Lösungen** konstruiert, die den vom Unternehmen tatsächlich benötigten Sicherungsbedarf abdecken. Dies führt dazu, dass diese Lösungen auch geschriebene Optionen beinhalten. IFRS 9 erlaubt eine Kombination von mehreren Sicherungsinstrumenten, auch unter Einsatz von geschriebenen Optionen, soweit sich aus der Kombination insgesamt keine Stillhalterposition ergibt (IFRS 9.6.2.5). Die Zinsbegrenzungsvereinbarung *„collar"* ist eine Kombination eines Sicherungsinstruments mit einer geschriebenen Option. Der Grund für diese Kombination liegt nicht nur in einer maßgeschneiderten Lösung für den Sicherungszweck, sondern auch in der Kostenersparnis. Die hier vorgenommene Kombination des Kaufs eines *call* mit dem Verkauf eines *floor* kann es ermöglichen, dass für eine Absicherung gegen steigende Zinsen keine Optionsprämie gezahlt werden muss *(zero cost collar)*. 528

(einstweilen frei) 529

2. Zulässige Grundgeschäfte

Voraussetzung für die Designation eines Grundgeschäfts ist es, dass dieses **Risiken** aus der Veränderung des beizulegenden Zeitwerts oder der Zahlungsströme für das Unternehmen mit sich bringt. Die Risiken müssen eindeutig identifiziert und bestimmt werden können. Dh, es muss eine zuverlässige Bewertbarkeit möglich sein. 530

Als **Grundgeschäft** kommen in Frage:

(1) ein einzelner Vermögenswert, eine einzelne Schuld, eine bilanzunwirksame feste Verpflichtung, erwartete und mit hoher Wahrscheinlichkeit eintretende künftige Transaktionen oder eine Nettoinvestition in einen ausländischen Geschäftsbetrieb (IFRS 9.6.3.1(a)),

(2) ein einzelnes Geschäft oder eine Gruppe Nettopositionen bzw ein **Portfolio** (IFRS 9.6.6.1 bis IFRS 9.6.6.6, IFRS 9.6.3.1(b)).

(3) Als Grundgeschäft kann auch eine **Komponente** dieser Geschäfte oder eine Gruppe dieser Geschäfte (IFRS 9.6.3.1) bestimmt werden. Des Weiteren kann

eine aggregierte Risikoposition, die eine Kombination aus einer Risikoposition und einem Derivat ist, ebenfalls als Grundgeschäft designiert werden).

Grundgeschäfte können bspw sein:

(1) die Veränderungen des Zahlungsstroms oder des beizulegenden Zeitwerts in Bezug auf ein bestimmtes Risiko oder bestimmte Risiken (Risikokomponenten), vorausgesetzt diese sind separierbar und verlässlich bewertbar (IFRS 9.6.3.7(a)),
(2) ein oder mehrere ausgewählte vertragliche Zahlungsströme (IFRS 9.6.3.7(b)) oder
(3) ein bestimmter Teil eines Nominalbetrags (IFRS 9.6.3.7(c)).

Neben einzelnen Risikokomponenten können folglich auch **Zahlungsstromkomponenten** (IFRS 9.6.3.7 (b)) und **Komponenten vom Nominalbetrag** (IFRS 9.6.3.7 (c)) als Grundgeschäft designiert werden.

531 Hinsichtlich der Komponenten vom Nominalbetrag (IFRS 9.B6.3.16) werden die Fälle (1) **prozentualer Anteil** (zB 60% einer Gesamtemission) und (2) eine **Schicht** *(layer)* unterschieden. Beispiele für *layer* können die ersten T€ 50 eines Darlehens aus einem Darlehensspezialprogramm einer Bank mit einem Gesamtdarlehensbetrag von T€ 100 *(bottom-layer)* oder die letzten T€ einer begebenen Anleihe der Bank mit einer Stückelung von T€ 200 *(top-layer)* sein. Neben finanziellen Layern können auch nicht-finanzielle Layer als Grundgeschäfte designiert werden (IFRS 9.B6.3.18). Voraussetzung ist, dass im Risikomanagement entsprechend verfahren wird.

Unternehmen steuern im Risikomanagement gleichzeitig mehrere Risiken, denen sie im Rahmen ihrer Geschäftstätigkeit ausgesetzt sind. Dadurch können sich **aggregierte Risikopositionen** ergeben, welche ihrerseits ein Grundgeschäft in einer Sicherungsbeziehung bilden können. Eine Bank bietet bspw Kunden Kredite in Fremdwährung an, damit die Kunden an den günstigeren Zinsen dieses Markts partizipieren können. Mit der Ausreichung eines Darlehens in Fremdwährung ist die Bank ein Zinsänderungsrisiko eingegangen (Risikoposition). Zur Vermeidung dieses Zinsänderungsrisikos schließt die Bank einen Zinsswap in Fremdwährung ab. Das in Fremdwährung ausgereichte Darlehen und der Zinsswap in Fremdwährung bilden zusammen eine aggregierte Risikoposition. Im Rahmen der regelmäßigen Überwachung der Steuerungslimite im Risikomanagement stellt die Bank fest, dass ihr Fremdwährungslimit in der Fremdwährung, in dem das Darlehen ausgereicht wurde, nahezu ausgeschöpft ist. Für die Bank ist es nun erforderlich eine Steuerungs- bzw Sicherungsmaßnahme gegen den Anstieg des Fremdwährungsrisikos zu ergreifen. Sie sichert die aggregierte Risikoposition, bestehend aus dem endfälligen Darlehen und dem Zinsswap in Fremdwährung mit einem Devisentermingeschäft ab. Werden verschiedene Finanzinstrumente aufgrund der Entscheidungen des Risikomanagements miteinander in Beziehung gesetzt, sind diese – wie im vorstehenden Fall – getrennt auszuweisen. Der Zinsswap in Fremdwährung und das Devisentermingeschäft sind als Bestandteile einer aggregierten Risikoposition zum beizulegenden Zeitwert zu bewerten und separat als Vermögenswert oder Schuld zu bilanzieren. Für die Bank besteht im vorstehenden Beispiel keine Verpflichtung, die Bestandteile der Risikoposition als Sicherungsbeziehung zu designieren (IFRS 9.6.3.4).

IFRS 9 ermöglicht die Abbildung **mehrstufiger Sicherungsbeziehungen** in der externen Rechnungslegung. Voraussetzung dafür ist, dass durch diese Kombination eine andere Risikoposition entsteht, die Gegenstand des Risikomanagements ist bzw die das bilanzierende Unternehmen steuert und gegen Risiken sichert.

Voraussetzung für die Designation eines Grundgeschäfts ist in jedem Fall seine **verlässliche Bewertbarkeit** (IFRS 9.6.3.2).

Als Grundgeschäfte sollen grds wie unter IAS 39 nur Geschäftsabschlüsse mit **externen Dritten** (keine gruppeninternen Geschäfte) zulässig sein (IFRS 9.6.3.5).

Ist das Grundgeschäft eine **vorhersagbare Transaktion** oder ein Teil von 532
dieser, muss diese Transaktion **hochwahrscheinlich** sein (IFRS 9.6.3.3).

Bei allen in einer Gruppe bzw in einem Portfolio enthaltenen Posten oder Kom- 533
ponenten muss es sich jeweils um geeignete Grundgeschäfte handeln. Die einbezogenen Posten sollen im Risikomanagement auf Portfoliobasis gesteuert werden.

Bestandteile der Portfolien können finanzielle und nicht-finanzielle Posten sein, soweit diese jeweils die allgemeinen Anforderungen an zulässige Grundgeschäfte erfüllen (IFRS 9.6.6.1(a)). Werden die vorstehenden Voraussetzungen erfüllt, können Bestandteile solcher Portfolien auch gegenläufige Risikocharakteristika aufweisen und in Summe zu einer **Nettoposition** führen (IFRS 9.6.6.1).

Das Grundgeschäft ist grds das gesamte Portfolio. Nimmt das Risikomanagement eine Absicherung auf Basis einer Nettoposition vor und sieht dies die Risikomanagementstrategie des Unternehmens vor, wird die Designation einer Nettoposition als zulässig erachtet (IFRS 9.B6.6.1).

IFRS 9 berücksichtigt darüber hinaus auch sog **natürliche Sicherungsbe-** 534
ziehungen. Natürliche Sicherungsbeziehungen ergeben sich bei Unternehmen bspw durch Investitions- und Finanzierungsentscheidungen. Ein Absatzfinanzierungsprogramm in Fremdwährung für bestimmte Investitionsgüter für Kunden eines Maschinenbauunternehmens und die dafür maßgeschneiderte Refinanzierung des Maschinenbauunternehmens mit seiner Hausbank können als Bestandteile einer Sicherungsbeziehung ohne Sicherungsinstrument designiert werden, wenn die Absicherung Teil einer rollierenden Netto-Absicherungsstrategie ist (IFRS 9.6.6.6(a)). Verändert sich das auf der Aktivaseite abzubildende Absatzfinanzierungsprogramm oder die auf der Passivseite zu erfassende Refinanzierung bei der Hausbank, hat das Unternehmen geeignete Sicherungsinstrumente einzusetzen, soweit die Nettoposition nicht Null ist (IFRS 9.6.6.6(b)).

Nach IFRS 9 können Wertänderungen eines Grundgeschäfts abgesichert wer- 535
den, die einem bestimmten Risiko oder mehreren bestimmten Risiken zuzuordnen sind, wenn die abzusichernde **Risikokomponente** separat identifizierbar und zuverlässig bewertbar ist (IFRS 9.6.3.8).

3. Voraussetzungen für das Hedge Accounting

Für die Anerkennung einer Bewertungs- bzw Sicherungsbeziehung wird die 536
Erfüllung der folgenden **Kriterien** gefordert:

(1) Es muss sich um zulässige Grund- und zulässige Sicherungsgeschäfte handeln (IFRS 9.6.4.1(a)).

(2) Es muss eine formale Designation und Dokumentation der Sicherungsbeziehung ebenso wie der Risikomanagementstrategie und der Risikomanagementziele erfolgt sein. Die **Dokumentation** muss die genaue Bestimmung des Sicherungsgeschäfts und des Grundgeschäfts sowie Angaben zur Art bzw zu den Charakteristika der abgesicherten Risiken beinhalten. Des Weiteren soll erläutert werden, wie das Unternehmen feststellt, ob die Sicherungsbeziehung die Effektivitätsanforderungen erfüllt. Zudem soll eine Analyse der Quellen für Ineffizienzen in der Sicherungsbeziehung und der Bestimmung des *hedge ratio* offen gelegt werden (IFRS 9.6.4.1(b)). Die Designation erwarteter Transaktionen macht insbes Dokumentationen hinsichtlich Art und Umfang sowie eintretender Ergebniswirkungen erforderlich (IFRS 9.BC455).

Die Designation und Dokumentation hat zu **Beginn** der Sicherungsbeziehung 537
zu erfolgen. Wird die Sicherungsbeziehung im Zeitablauf angepasst *(rebalancing),*

ist die Dokumentation zu aktualisieren. Des Weiteren sind die in → Rn 538 dargestellten Effektivitätsanforderungen zu erfüllen.

Die Dokumentationserfordernisse des *hedge accountings* werden bspw bei Banken und Versicherungsunternehmen von weiteren Dokumentationserfordernissen flankiert, die sich aus dem KWG, dem VAG und diese flankierende Verordnungen und Schreiben ergeben. Besondere Dokumentationserfordernisse ergeben sich insbes aus den jeweiligen MaRisk.

a) Effektivität der Sicherungsbeziehung

538 Die Beurteilung der Effektivität erfolgt **prinzipienbasiert.** Der retrospektive quantitative Effektivitätstest und die damit zusammenhängenden Bandbreiten sind im Gegensatz zu IAS 39 nicht mehr Gegenstand der Anforderungen an das *hedge accounting*. Eine Methode zur Beurteilung der Kompensation und der Effektivität der Sicherungsbeziehung ist nicht vorgegeben. Die zur Effektivitätsbeurteilung herangezogenen Methoden haben die relevanten Eigenschaften der Sicherungsbeziehung sowie mögliche Ursachen für Ineffektivitäten zu berücksichtigen. Es muss eine wirtschaftliche Beziehung zwischen Grund- und Sicherungsgeschäft nachgewiesen werden, wobei es den Unternehmen überlassen wird, wie sie diese nachweisen (IFRS 9.6.4.1(c)(i)). Die gewählte Methode kann quantitativer wie auch qualitativer Natur sein. Damit könnten **wahlweise** der ***critical term match,*** die ***dollar offset*-Methode** sowie **statistische Methoden** (zB Regressionsanalyse) ua zur Anwendung kommen. Die **hypothetische Derivate-Methode** kann ebenfalls weiter zum Einsatz kommen. Unverändert ist das Erfordernis, dass Effekte aus der Veränderung des Kreditrisikos nicht die Wertveränderungen aus der wirtschaftlichen Beziehung dominieren dürfen (IFRS 9.6.4.1(c)(ii)).

539 Zur Erfüllung des Kriteriums, dass ein Sicherungsgeschäft zu einem unverzerrten Sicherungsergebnis führt und erwartete Ineffektivitäten der Sicherungsbeziehung minimiert werden, soll ein ***hedge ratio*** bestimmt werden. Die Wertveränderungen des Sicherungsgeschäfts dürfen nicht systematisch höher oder niedriger ausfallen als die Wertveränderungen des Grundgeschäfts. Zur Verbesserung der Effektivität ist die *hedge ratio* bei einer geschlossenen Sicherungsbeziehung uU fortlaufend und ggf auch antizipativ anzupassen (IFRS 9.6.4.1(c)(ii)).

b) Nachweis

540 Der **Nachweis** ist mittels zukunftsgerichteter Analysen des wirtschaftlichen Zusammenhangs zwischen Grund- und Sicherungsgeschäft zu erbringen.

Die Beurteilung der Effektivität einer Sicherungsbeziehung ist rein **prospektiv** in Bezug auf die Kompensationswirkung und mögliche Ineffektivitäten vorzunehmen. Sie hat zu Beginn und während der Sicherungsbeziehung fortlaufend zu erfolgen, mindestens zu jedem Abschlussstichtag sowie bei wesentlichen Veränderungen der Verhältnisse, die sich auf die Erfüllung der Effektivitätsanforderungen auswirken können.

c) Arten von Sicherungsbeziehungen

541 IFRS 9 regelt drei Arten von Sicherungsbeziehungen (IFRS 9.6.5.2):

(1) *fair value hedge:* Absicherung des Risikos aus der Veränderung des beizulegenden Zeitwerts in Bezug auf ein bestimmtes Risiko, welches sich in dem erfolgswirksamen Teil der Gesamtergebnisrechnung bzw der GuV (sofern erstellt) niederschlägt,

(2) *cashflow hedge:* Absicherung der Variabilität der Zahlungsströme in Bezug auf ein bestimmtes Risiko, welches sich in dem erfolgswirksamen Teil der Gesamtergebnisrechnung bzw der GuV (sofern erstellt) niederschlägt sowie
(3) Absicherung einer **Nettoinvestition in einen ausländischen Geschäftsbetrieb.**

Ist das Grundgeschäft ein Eigenkapitalinstrument, dessen Wertänderung ein Unternehmen im sonstigen Ergebnis nach IFRS 9.5.7.5 abbildet, muss das abgesicherte Risiko ein Risiko sein, dessen Auswirkungen das sonstige Ergebnis berühren. In allen anderen Fällen sind Ineffektivitäten im erfolgswirksamen Teil der Gesamtergebnisrechnung abzubilden.

4. Anpassung und Beendigung von Sicherungsbeziehungen

Einmal begründete bilanzielle Sicherungsbeziehungen dürfen grds nicht mehr willkürlich aufgelöst werden, sondern sind ggf an die veränderten Umstände anzupassen. Sind die Effektivitätsanforderungen einer Sicherungsbeziehung nicht mehr erfüllt, ist eine **Anpassung** der Sicherungsbeziehung vorzunehmen, soweit die Sicherungsbeziehung nach der Risikomanagementzielsetzung weiter fortbesteht und die Effektivitätsanforderungen wieder erfüllt werden können (IFRS 9.6.5.5). 542

Ist ein *hedge* **ineffektiv,** ist das Risikomanagementziel für die Sicherungsbeziehung zu überprüfen. Wird dieses geändert, kann die Folge sein, dass eine Sicherungsbeziehung zwingend vollständig oder partiell aufzulösen ist (IFRS 9.6.5.6).

Bei aufgetretenen Ineffektivitäten ist in erster Linie die Anpassung von Sicherungsbeziehungen über die Adjustierung der *hedge ratios (rebalancing)* vorzunehmen. Dies kann durch Erhöhung oder Verminderung der Volumina von Grund- und Sicherungsgeschäft geschehen. Ist eine Anpassung der *hedge ratios* erfolgreich, muss diese fortlaufend und ggf auch antizipativ durchgeführt werden. Die Anpassung der *hedge ratio* wird als alleinige Möglichkeit geregelt. So ist der Einsatz zusätzlicher Derivate zur Anpassung an das erforderliche Risikoprofil nicht zulässig. Die Ineffektivitäten sind erfolgswirksam in der Gesamtergebnisrechnung bzw in der GuV (sofern erstellt) zu erfassen.

Eine **freiwillige Auflösung** von Sicherungsbeziehungen bspw aufgrund der Entscheidung des Managements ist im Vergleich zu IAS 39 **nicht** mehr möglich. Eine veränderte Neudesignation ist jedoch zulässig (IFRS 9.6.5.6).

5. Erweiterung der Offenlegungspflichten

Künftig sind im Anhang Angaben zur **Risikomanagementstrategie** des Unternehmens und der Umsetzung im Rahmen der Risikosteuerung, zu den Auswirkungen der Sicherungsaktivitäten auf Höhe, Zeitpunkt und Unsicherheit künftiger Zahlungsströme sowie die Effekte des *hedge accounting* auf die Bilanz, die Gesamtergebnisrechnung und die Eigenkapitalveränderungsrechnung offenzulegen (IFRS 7.21A (geändert 2014)). Dabei wird von einer differenzierten Darstellung nach Risikokategorien ausgegangen, die einheitlich auf der Basis der im Rahmen von bilanziellen Sicherungsbeziehungen gesicherten Risiken festgelegt werden sollen (IFRS 7.21C (geändert 2014)). 543

Als **Ausgangspunkt** der weiteren Angaben ist für jede Risikokategorie die gewählte Risikomanagementstrategie zu erläutern. Darauf aufbauend ist pro Risikokategorie die Risikoposition, der Umfang des mittels der Bildung von Sicherungsbeziehungen bilanziell gesicherten Risikos sowie die Änderung der Risikoposition durch die Sicherung darzustellen. Des Weiteren sind umfangreiche Angaben im Abschluss zu den aus dem *hedge accounting* resultierenden Beträgen offenzulegen. Für die quantitativen Angaben im Bereich des IFRS 7 ist grds eine tabellarische Form zu wählen.

6. Macro Hedging und dynamisches Risikomanagement

544 Unternehmen können ihre Risiken auf der Ebene eines einzelnen Geschäfts *(micro hedge),* eines Portfolios bestimmter Geschäfte (Portfolio-*hedge*) und/oder darüber hinaus auch auf **Gesamtunternehmensebene** *(macro-hedge)* absichern. Nicht nur bei Banken sind alle drei vorstehend genannten Sicherungsmaßnahmen und ein **dynamisches Management** zur Steuerung von Risiken anzutreffen. In einem fortlaufenden Prozess werden Risiken auf verschiedenen Ebenen erfasst, gemessen und gesteuert bzw abgesichert.

Der IASB veröffentlichte am 17. April 2014 das Diskussionspapier DP/2014/1 *Accounting for Dynamic Risk Management: a Portfolio Revaluation Approach to Macro Hedging*. In diesem Papier stellt der IASB ein Portfolio-Neubewertungsmodell, den sog *portfolio revaluation approach (PRA)* zur Diskussion. Im Fokus der Betrachtung steht in einem ersten Schritt die **Zinsbuchsteuerung** von Banken, welche auf der Ebene des Gesamtbankzinsbuchs erfolgt. Diese Fokussierung schließt die Übertragung auf andere Risikoarten auch bei anderen Unternehmen bzw Branchen nicht aus.

Für das Gesamtbankzinsbuch ist eine ständige Änderung typisch. Dies hat zur Folge, dass im Wesentlichen ein Nettorisiko Gegenstand der Messung und Steuerung ist. So auch beim *PRA*. Eine Nettoposition soll in Bezug auf ein bestimmtes Risiko neu bewertet werden. Bei der Nettoposition handelt es sich um ein gesteuertes Portfolio mit lfd Zu- sowie Abgängen und nicht um eine Näherungslösung. Der *PRA* geht nicht wie der bestehende IAS 39 von eine Absicherung einer Änderung eines beizulegenden Zeitwerts oder eines Zahlungsstroms aus, sondern einer Marge bzw eines *spreads*. Der festgestellte (Neu-)Bewertungseffekt *(revaluation adjustment)* soll in einem besonderen Bewertungsposten der Bilanz erfasst und erfolgswirksam in der Gesamtergebnisrechnung bzw in der GuV (sofern erstellt) gebucht werden.

Bei der **Bildung der Nettoposition** sieht das DP/2014/1 neben der Berücksichtigung von Risiken aus bereits kontrahierten Geschäften auch die aus erwarteten Transaktionen *(pipeline transactions),* bei denen es sich aber nicht um hochwahrscheinlich erwartete Transaktionen handeln muss, sowie erwartete Änderungen bereits geschlossener Transaktionen vor. Damit kann die Nettoposition Bestandteile (*exposures* bzw *items*) einschließen, die bereits in der Bilanz erfasst, die kontrahiert aber noch nicht ansatzfähig und die noch nicht kontrahiert *(behavioural* oder *deemed exposures)* sind. Es werden verschiedene verhaltensbedingte Erwartungen hinsichtlich der bestehenden wie auch künftigen Geschäfte berücksichtigt (bspw Sockelbeträge *(bottom layer)* oder prozentuale Anteile *(proportion)* bei bestimmten Kundenforderungen oder -verbindlichkeiten).

Des Weiteren sieht das DP/2014/1 vor, dass die Nettoposition ein **Replikationsportfolio** *(equity model book)* einschließen kann, welches eine Mindestrendite für das Eigenkapital unterstellt bzw dieses als implizite Zahlungsverpflichtung modelliert.

Der *PRA* berücksichtigt gleichfalls die bei Banken typischen Steuerungsansätze für das Gesamtbankzinsbuch bspw mit Risikolimiten oder Benchmarks.

VII. Erstanwendungszeitpunkt

545 Als Erstanwendungszeitpunkt des IFRS 9 wurde vom IASB der 1. Januar 2018 bestimmt (IFRS 9.7.1.1).

Eine vorzeitige freiwillige Anwendung des IFRS 9 ist dann zulässig, wenn das Unternehmen alle im Juli 2014 veröffentlichten Kapitel und Folgeänderungen gleichzeitig anwendet und dies im Anhang offenlegt (IFRS 9.7.1.1).

IFRS-Anwender in der EU können IFRS 9 nach der Übernahme in europäisches Recht anwenden. Dieses Endorsement soll für alle Teilbereiche des IFRS 9 gleichzeitig erfolgen; voraussichtlich im zweiten Halbjahr 2015 (Stand: 31. Juli 2015).

VIII. Übergangsvorschriften

1. Grundsätzliche Regelungen

IFRS 9 ist mit Ausnahme der Vorschriften in IFRS 9.7.2.4 bis IFRS 9.7.2.26 546
und IFRS 9.7.2.28 **retrospektiv** in Übereinstimmung mit den Bestimmungen von IAS 8 (→ § 45 Rn 21) anzuwenden. Gefordert ist eine retrospektive Wertermittlung, als ob IFRS 9 schon immer anzuwenden gewesen wäre. Wertunterschiede zwischen der Eröffnungsbilanz nach IFRS 9 und der Schlussbilanz nach IAS 39 sind erfolgsneutral zu verrechnen.

Die retrospektive Ermittlung von Wertansätzen in der Eröffnungsbilanz bedeutet bspw in Bezug auf **Zahlungsstrombedingungen,** dass sich die Verlustschätzungen zur Durchführung des Kreditrisikotests auf den Zeitpunkt des Zugangs des finanziellen Vermögenswerts beziehen und somit insbes die Marktparameter zum **Zugangszeitpunkt** berücksichtigen müssen. Aktuelle Verlustschätzungen können daher nicht zur Durchführung des Kreditrisikotests für den Altbestand herangezogen werden.

Im Zeitpunkt der Umstellung besteht **einmalig** die Möglichkeit, im Rahmen der vorgegebenen Kriterien für die Kategorisierung der Finanzinstrumente eine **Neukategorisierung** zwischen finanziellen Vermögenswerten zu fortgeführten Anschaffungskosten bewertet und finanziellen Vermögenswerten zum beizulegenden Zeitwert bewertet vorzunehmen.

Auf finanzielle Vermögenswerte, die bereits zum Zeitpunkt der erstmaligen Anwendung ausgebucht waren, ist IFRS 9 nicht anzuwenden. Es bedarf für diese Finanzinstrumente keiner Klassifizierung nach IFRS 9 (IFRS 9.7.2.1).

2. Übergangsregeln in Bezug auf Klassifizierung und Bewertung

Die Beurteilung des **Geschäftsmodells** für Zwecke des Übergangs von IAS 39 547
auf IFRS 9 ist zum Erstanwendungszeitpunkt vorzunehmen. Dh, dass zum Zeitpunkt der erstmaligen Anwendung von IFRS 9 die Zielsetzung des Geschäftsmodells zur Steuerung finanzieller Vermögenswerte zu überprüfen ist. Die sich daraus ergebende Klassifizierung ist unabhängig vom Geschäftsmodell des Unternehmens in früheren Berichtsperioden **rückwirkend** anzuwenden. Die Faktoren und Umstände, welche bei der Klassifizierung der Finanzinstrumente relevant sind, müssen folglich in ihrer **Ausprägung zum Zeitpunkt** der erstmaligen Anwendung des IFRS 9 beurteilt werden. Auf der Basis der zu diesem Zeitpunkt vorgenommenen Klassifizierung erfolgt die rückwirkende Anwendung des IFRS 9 (IFRS 9.7.2.3).

Wenn es für ein Unternehmen unpraktikabel ist, den **modifizierten Zeitwert des Geldes** für diesen finanziellen Vermögenswert gem IFRS 9.B4.1.9B bis IFRS 9.B4.1.9D auf der Grundlage der Fakten und Umstände zum Erstanwendungszeitpunkt zu ermitteln, hat ein Unternehmen die vertraglichen Zahlungsstromcharakteristika dieses finanziellen Vermögenswerts auf der Basis der Faktoren und Umstände, die zum Zeitpunkt des erstmaligen Ansatzes dieses finanziellen Vermögenswerts bestanden, zugrunde zu legen. Dabei sind die Anforderungen in Bezug auf die Modifikation des Zeitwerts des Geldes gem IFRS 9.B4.1.9B bis IFRS 9.B4.1.9D (IFRS 9.7.2.24) nicht zu berucksichtigen.

Entspr kann bei **Vorauszahlungsvereinbarungen** *(prepayment features)* nach IFRS 9.7.2.5 verfahren werden.

548 Sind **strukturierte Finanzinstrumente** nach den Anforderungen des IFRS 9 als einheitliches Finanzinstrument in der Kategorie erfolgswirksam zum beizulegenden Zeitwert bewertet auszuweisen, wurde dieses nach IAS 39 als Basiskontrakt sowie derivative Komponente bilanziert und ist für das Unternehmen kein Preis für das strukturierte Finanzinstrument erhältlich, ist der Preis des Finanzinstruments zum Zeitpunkt der erstmaligen Anwendung des IFRS 9 aus der Summe seiner Bestandteile zu ermitteln (IFRS 9.7.2.6). Ergibt sich eine Differenz zwischen dem beizulegenden Zeitwert des einheitlichen Finanzinstruments und der Summe aus dem Basiskontrakt sowie der derivativen Komponente, ist diese im Eigenkapital bzw in den Gewinnrücklagen im Zeitpunkt der erstmaligen Anwendung des IFRS 9 zu erfassen (IFRS 9.7.2.7).

Wurde der beizulegende Zeitwert für ein strukturiertes Finanzinstrument nicht nach IFRS 9.4.1.2A, IFRS 9.4.1.4 oder IFRS 9.4.1.5 bewertet, kann für die Vergleichsperiode auf die Summe der beizulegenden Zeitwerte der einzelnen Bestandteile (Basisvertrag und derivative Komponente; IFRS 9.7.2.6) zurückgegriffen werden.

In den letzten Jahren ist eine Vielzahl komplexer strukturierter Finanzinstrumente auf den Markt gekommen, die zB aufgrund ihrer Ausgestaltung eingebetteter Optionen im Zeitablauf ihre wirtschaftliche Substanz verändern. Bei derart komplexen strukturierten Finanzinstrumenten ist im Zeitpunkt der erstmaligen Anwendung des IFRS 9 ein solches Instrument auf mögliche Veränderungen der wirtschaftlichen Substanz zu beurteilen.

Frühere Designationen von finanziellen Vermögenswerten als erfolgswirksam zum beizulegenden Zeitwert bewertete finanzielle Vermögenswerte sind rückgängig zu machen, wenn diese zum Erstanwendungszeitpunkt des IFRS 9 die Anforderungen des IFRS 9.4.1.5 nicht erfüllen (IFRS 9.7.2.10(a)).

Erfüllen diese finanziellen Vermögenswerte die Anforderungen des IFRS 9.4.1.5, kann das Unternehmen die frühere Designation des finanziellen Vermögenwerts als erfolgswirksam zum beizulegenden Zeitwert bewertet beibehalten oder – soweit die Voraussetzungen dafür gegeben sind – eine andere Designation des finanziellen Vermögenswerts vornehmen (IFRS 9.7.2.9(b)).

Zum Zeitpunkt der Erstanwendung des IFRS 9 kann ein Unternehmen eine finanzielle Verbindlichkeit als **finanzielle Verbindlichkeit** erfolgswirksam zum beizulegenden Zeitwert bewertet designieren.

Wurde eine finanzielle Verbindlichkeit im Zeitpunkt ihres Zugangs erfolgswirksam zum beizulegenden Zeitwert bewertet und erfüllt die Verbindlichkeit die Anforderungen des IFRS 9.4.2.2(a) im Zeitpunkt der Erstanwendung des IFRS 9 nicht, ist diese Designation rückgängig zu machen (IFRS 9.7.2.10).

549 Zum Zeitpunkt der erstmaligen Anwendung ist eine frühere Designation eines **finanziellen Vermögenswerts** als erfolgswirksam zum beizulegenden Zeitwert bewertet aufzuheben, sofern dieser finanzielle Vermögenswert die Bedingung für die Ausübung der ***fair value option*** nicht erfüllt (IFRS 9.7.2.9(a)).

Eine frühere Designation eines finanziellen Vermögenswerts als erfolgswirksam zum beizulegenden Zeitwert bewertet kann aber auch dann aufgehoben werden, wenn dieser finanzielle Vermögenswert die Bedingung für die Ausübung der *fair value option* erfüllt (IFRS 9.7.2.9(b)). Eine solche Aufhebung ist auf Grundlage der zum Zeitpunkt der erstmaligen Anwendung bestehenden Tatsachen und Umstände vorzunehmen. Diese Klassifizierung ist rückwirkend anzuwenden.

Würde im Fall einer finanziellen Verbindlichkeit eine unter IAS 39 festgestellte Inkonsistenz unter IFRS 9 weiter bestehen, kann über die Fortführung oder Aufgabe der *fair value option* entschieden werden. Beurteilungszeitpunkt ist der Zeitpunkt der erstmaligen Anwendung von IFRS 9. Die Beurteilung basiert auf den Fakten und Umständen zu diesem Zeitpunkt (IFRS 9.7.2.9(a)). Auf Basis dieser Beurteilung hat eine retrospektive Anpassung zu erfolgen.

Finanzielle Verbindlichkeiten sind unter der retrospektiven Anwendung der Effektivzinsmethode im Zeitpunkt der erstmaligen Anwendung des IFRS 9 mit den fortgeführten Anschaffungskosten zu bilanzieren, mit einer Ausnahme: Hat ein Unternehmen bisher finanzielle Verbindlichkeiten erfolgswirksam zum beizulegenden Zeitwert bewertet und ist es dem Unternehmen nicht möglich über die Effektivzinsmethode die fortgeführten Anschaffungskosten zu ermitteln, hat es den beizulegenden Zeitwert der finanziellen Verbindlichkeit im Zeitpunkt der erstmaligen Anwendung des IFRS 9 und am Ende jeder Vergleichsperiode als fortgeführte Anschaffungskosten anzusetzen. Der beizulegende Zeitwert eines finanziellen Vermögenswerts bzw einer finanziellen Verbindlichkeit zum Zeitpunkt der Erstanwendung des IFRS 9 ist der neue Bruttobuchwert des finanziellen Vermögenswerts bzw der neue fortgeführte Anschaffungskostenwert der finanziellen Verbindlichkeit am Tag der Erstanwendung des IFRS 9 (IFRS 9.7.2.11).

Bei **Eigenkapitalinstrumenten,** die unter der Berücksichtigung der Tatsa- 550
chen und Umstände zum Zeitpunkt der erstmaligen Anwendung erstmals der Kategorie erfolgsneutral zum beizulegenden Zeitwert bewertet zugeordnet werden, hat grds eine retrospektive Anwendung zu erfolgen (IFRS 9.7.2.8(b)).

(einstweilen frei) 551

Wurde eine Finanzinvestition in ein **nicht notiertes Eigenkapitalinstru-** 552
ment (oder ein Derivat, das mit einem nicht notierten Eigenkapitalinstrument verbunden ist und das durch Lieferung eines solchen erfüllt werden muss) bisher gem IAS 39 zu fortgeführten Anschaffungskosten bilanziert, ist dieses Instrument zum Zeitpunkt der erstmaligen Anwendung zum beizulegenden Zeitwert zu bewerten. Eine etwaige Differenz zwischen dem früheren Buchwert und dem beizulegenden Zeitwert ist im Eröffnungsbilanzwert der Gewinnrücklagen der Berichtsperiode zu erfassen, in die der Zeitpunkt der erstmaligen Anwendung des IFRS 9 fällt (IFRS 9.7.2.12).

Wurde eine Finanzinvestition in eine derivative Verbindlichkeit, die mit einem 553
nicht notierten Eigenkapitalinstrument verbunden ist und die durch Lieferung eines solchen erfüllt werden muss, bisher gem IAS 39 zu fortgeführten Anschaffungskosten bilanziert, ist dieses Instrument zum Zeitpunkt der erstmaligen Anwendung zum beizulegenden Zeitwert zu bewerten. Eine mögliche Differenz zwischen dem früheren Buchwert und dem beizulegenden Zeitwert ist im Eröffnungsbilanzwert der Gewinnrücklagen der Berichtsperiode zu erfassen, in die der Zeitpunkt der erstmaligen Anwendung fällt (IFRS 9.7.2.13).

Die Vorschriften des IFRS 9.5.5 zu den **Wertminderungen** sind rückwirkend nach IAS 8 anzuwenden (IFRS 9.7.2.17). Im Rahmen der Erstanwendung des IFRS 9 ist festzustellen, ob ein signifikanter Anstieg des Kreditrisikos eingetreten ist. Dafür ist das Kreditrisiko im Zeitpunkt der erstmaligen Bilanzierung mit dem Kreditrisiko zum Zeitpunkt der erstmaligen Anwendung des IFRS 9 zu vergleichen (IFRS 9.7.2.18). Ein Unternehmen hat mit zumutbarem bzw vertretbarem Aufwand das Kreditrisiko für den Zeitpunkt des erstmaligen Ansatzes des finanziellen Vermögenswerts bzw bei allen Fällen die unter die Anforderungen des IFRS 9 zu den Wertminderungen fallen (→ Rn 385) nach IFRS 9.5.5.6 zu ermitteln und mit dem Kreditrisiko am Tag der erstmaligen Anwendung des IFRS 9 zu vergleichen (IFRS 9.7.2.19). Bei der Feststellung, ob eine signifikante

Erhöhung des Kreditrisikos seit der erstmaligen Erfassung vorliegt, kann das Unternehmen
(1) die Regelungen des IFRS 9.5.5.10 und des IFRS 9.B5.5.22 bis IFRS 9.B.5.5.24 sowie
(2) die bekannten Annahmen des IFRS 9.5.5.11, für mehr als 30 Tage überfällige vertraglich vereinbarte Zahlungen, anwenden, wenn das Unternehmen die Wertminderungsanforderungen durch die Identifikation signifikanter Erhöhungen des Kreditrisikos seit dem erstmaligen Ansatz eines Finanzinstruments auf der Basis vergangenheitsbezogener Informationen durchführt (IFRS 9.7.2.19).

Wenn im Zeitpunkt der erstmaligen Anwendung des IFRS 9 die Feststellung, ob eine **signifikante Erhöhung des Kreditrisikos** seit dem erstmaligen Ansatzzeitpunkt vorliegt, zu einem unvertretbaren Aufwand für das Unternehmen führen würde, hat das Unternehmen Wertminderungen in Höhe des für die Restlaufzeit erwarteten Kreditausfalls zu jedem Berichtszeitpunkt bis zur Ausbuchung anzusetzen (es sei denn, dass das Finanzinstrument im Berichtszeitpunkt ein niedriges Kreditrisiko hat; vgl Anwendung des IFRS 9.7.2.19(a), IFRS 9.7.2.20). Das bedeutet, wäre der Kosten- und Zeitaufwand für diesen Vergleich unangemessen, ist die Risikovorsorge bzw Wertminderung anhand des erwarteten Verlusts für die Restlaufzeit des finanziellen Vermögenswerts zu ermitteln. Stellt sich später aufgrund der dann gegebenen Informationen heraus, dass der finanzielle Vermögenswert ein geringeres Ausfallrisiko hat, ist die Risikovorsorge bzw der Wertminderungsbedarf über den erwarteten Verlust auf den Zwölf-Monatszeitraum zu ermitteln (IFRS 9.B7.2.2, IFRS 9.B7.2.20).

Die neuen Vorschriften zur Erfassung von Änderungen im **eigenen Kreditrisiko** können **vorzeitig** und **isoliert** von den anderen Vorschriften des IFRS 9 angewendet werden, unter der Voraussetzung, dass das EU-Endorsement erfolgt ist.

Im Rahmen der Erstanwendung des IFRS 9 können **Sicherungsbeziehungen** ausschließlich **prospektiv** zum Zeitpunkt der erstmaligen Anwendung des IFRS 9 angewendet werden. Wurden unter der Anwendung des IAS 39 Sicherungsbeziehungen gebildet, welche unter IFRS 9 fortgeführt werden, ist zu überprüfen, ob diese auch die neuen Anforderungen des Effektivitätstests (→ Rn 538) des IFRS 9 erfüllen (fortgeführte Sicherungsbeziehungen). Sollte sich aus der Überprüfung die Notwendigkeit zur Anpassung der Sicherungsbeziehung ergeben, sind sich daraus ergebende Ergebniswirkungen erfolgswirksam zu erfassen (IFRS 9.7.2.25). Für die Bildung neuer Sicherungsbeziehungen müssen im Zeitpunkt der erstmaligen Anwendung des IFRS 9 die dafür erforderlichen Voraussetzungen und insbes Dokumentationen vorliegen. Wird in einer Sicherungsbeziehung nur der innere Wert einer Option als Sicherungsgeschäft designiert, sind die Vorgaben des IFRS 9 zur bilanziellen Abbildung des Zeitwerts der Option retrospektiv anzuwenden (IFRS 9.7.2.26).

3. Vergleichswerte

554 Ein Unternehmen, welches die Anforderungen an die Klassifizierung und Bewertung des IFRS 9 umsetzt, muss die **Vergleichswerte** früherer Perioden **nicht anpassen.** Ein Unternehmen kann frühere Perioden-Vergleichswerte anpassen, wenn dies im Nachhinein möglich ist. Passt ein Unternehmen die Vergleichswerte früherer Perioden nicht an, hat das Unternehmen alle Differenzbeträge zwischen dem vorherigen Buchwert und dem Buchwert zu Beginn der Jahresberichtsperiode (Zeitpunkt der erstmaligen Anwendung des IFRS 9) im Eigenkapital zu erfassen (IFRS 9.7.2.15).

Eine **Verpflichtung** zur Anpassung der Vorjahreszahlen ist jedoch dann gegeben, wenn der innere Wert einer Option als Sicherungsgeschäft im Rahmen einer Sicherungsbeziehung designiert wurde. In diesem Fall sind die Vorjahreswerte retrospektiv anzupassen.

Ist ein Unternehmen zur **Zwischenberichterstattung** verpflichtet, muss es den IFRS 9 nicht erstmals auf einen Zwischenbericht anwenden, wenn dies gem IAS 8.23 nicht praktikabel ist (IFRS 9.7.2.16, → § 45 Rn 24).

4. Anhangangaben zur erstmaligen Anwendung des IFRS 9

In der Berichtsperiode, in der **erstmals IFRS 9 zur Anwendung** kommt, 555
hat das Unternehmen die folgenden Informationen offenzulegen, für jede Klasse von finanziellen Vermögenswerten und finanziellen Verbindlichkeiten (IFRS 7.42I (geändert 2014)):

(1) urspr Bewertungskategorie und den Buchwert nach IAS 39 oder einer früheren Fassung des IFRS 9,
(2) neue Bewertungskategorie und den Buchwert nach IFRS 9 und
(3) Betrag jedes finanziellen Vermögenswerts und jeder finanziellen Verbindlichkeit in der Bilanz, welche bereits in der Vergangenheit erfolgswirksam zum beizulegenden Zeitwert bewertet wurden, mit der Anwendung des IFRS 9 aber nicht mehr als solche designiert wurden, getrennt nach denen, bei denen IFRS 9 eine Klassifizierung erfolgswirksam zum beizulegenden Zeitwert bewertet fordert, und denen, bei denen sich das Unternehmen am Tag der erstmaligen Anwendung des IFRS 9 für eine Reklassifizierung entschieden hat.

Das Unternehmen hat die **quantitativen Angaben** in einer Tabelle offenzulegen, es sei denn, ein anderes Format ist angemessener.

Des Weiteren hat ein Unternehmen qualitative Informationen offenzulegen, die dem Berichtsempfänger ein Verständnis dafür ermöglichen (IFRS 7.42J (geändert 2014)):

(1) wie es die Klassifizierungsanforderungen des IFRS 9 auf finanzielle Vermögenswerte anwendet, deren Klassifikation sich aufgrund der Anwendung des IFRS 9 geändert hat und
(2) welche Gründe das Unternehmen für die Designation oder De-Designation von finanziellen Vermögenswerten und finanziellen Verbindlichkeiten erfolgswirksam bewertet zum beizulegenden Zeitwert im Erstanwendungszeitpunkt des IFRS 9 hat.

Das Unternehmen hat die **Veränderungen in der Klassifikation** der finanziellen Vermögenswerte und finanziellen Verbindlichkeiten zum Zeitpunkt der Erstanwendung des IFRS 9 offenzulegen, getrennt nach (IFRS 7.42L (geändert 2014)):

(1) Veränderungen des Buchwerts auf der Basis der Bewertungskategorie nach IAS 39 und
(2) Veränderungen des Buchwerts, die aus der Umstellung der Bewertung auf die Anforderungen des IFRS 9 resultieren.

Für finanzielle Vermögenswerte und finanzielle Verbindlichkeiten, die dergestalt reklassifiziert wurden, dass diese nach Erstanwendung des IFRS 9 zu fortgeführten Anschaffungskosten bewertet werden, und für finanzielle Vermögenswerte, die von der Bewertung erfolgswirksam zum beizulegenden Zeitwert bewertet in erfolgsneutral zum beizulegenden Zeitwert bewertet **reklassifiziert** wurden, sind folgende Informationen offenzulegen:

(1) beizulegender Zeitwert des finanziellen Vermögenswerts oder der finanziellen Verbindlichkeit am Ende der Berichtsperiode,

(2) aus der Bewertung zum beizulegenden Zeitwert resultierende Gewinne und Verluste, die in dem erfolgswirksamen Teil der Gesamtergebnisrechnung bzw der GuV (sofern erstellt) oder im sonstigen Ergebnis in der Berichtsperiode erfasst werden, wenn der finanzielle Vermögenswert oder die finanzielle Verbindlichkeit nicht reklassifiziert wurde (IFRS 7.42M (geändert 2014)).

556 Für finanzielle Vermögenswerte und finanzielle Verbindlichkeiten, welche im Rahmen der Umstellung auf IFRS 9 aus der Kategorie erfolgswirksam zum beizulegenden Zeitwert bewertet reklassifiziert wurden, sind offenzulegen (IFRS 7.42N (geändert 2014)):
(1) der Effektivzinssatz zum Erstanwendungszeitpunkt des IFRS 9 sowie
(2) der erfasste Zinsertrag oder -aufwand.

Setzt ein Unternehmen den beizulegenden Zeitwert eines finanziellen Vermögenswerts oder einer finanziellen Verbindlichkeit als **neuen Bruttobuchwert** im Erstanwendungszeitpunkt an (vgl IFRS 9.7.2.11), hat es für jede Berichtsperiode bis zur Ausbuchung des finanziellen Vermögenswerts oder der finanziellen Verbindlichkeit die beiden vorstehend genannten Informationen offenzulegen.

Wenn ein Unternehmen die vorstehenden Informationen (IFRS 7.42K (geändert 2014) bis IFRS 7.42N (geändert 2014)) sowie nach IFRS 7.25 offenlegt, muss dies eine Überleitungsrechnung zwischen den Bewertungskategorien nach IAS 39 und IFRS 9 sowie die Klassen der Finanzinstrumente zum Zeitpunkt der Erstanwendung des IFRS 9 ermöglichen (IFRS 7.42O (geändert 2014)).

Zum Zeitpunkt der Erstanwendung des IFRS 9.5.5 hat ein Unternehmen Informationen offenzulegen, welche die Überleitung der letzten **Wertminderung** nach IAS 39 und der Rückstellungen nach IAS 37 auf die neu nach IFRS 9 zu bildenden Wertminderungen erlaubt. Die Offenlegung soll getrennt für die finanziellen Vermögenswerte nach den Bewertungskategorien für finanzielle Vermögenswerte gem IAS 39 sowie gem IFRS 9 erfolgen und soll die Veränderungen der Wertminderungsaufwendungen in den jeweiligen Bewertungskategorien zeigen (IFRS 7.42P (geändert 2014)).

557 Nach IFRS 7.42Q (geändert 2014) ist ein Unternehmen nicht verpflichtet, die Bilanzposten nach den Anforderungen des IFRS 9 für **Zeitpunkte vor der Erstanwendung** des IFRS 9 und gem IAS 39 für den Zeitpunkt der Erstanwendung des IFRS 9 offenzulegen.

Ggf ist es für ein Unternehmen nicht praktikabel *(impracticable)* (gem IAS 8.23 ff) für einen finanziellen Vermögenswert den **Zeitwert des Geldes** auf der Grundlage der Faktoren und Umstände zum Zeitpunkt der erstmaligen Anwendung des IFRS 9 zu ermitteln (vgl IFRS 9.7.2.4 und IFRS 9.B4.1.9B bis IFRS 9.B4.1.9D). Für diesen Fall hat ein Unternehmen die vertraglichen Zahlungsstromcharakteristika des finanziellen Vermögenswerts auf der Basis der Faktoren und Umstände, die im Zeitpunkt des erstmaligen Ansatzes des finanziellen Vermögenswerts bestehen, ohne Berücksichtigung der Anforderungen an die Modifikation des Zeitwerts des Geldes nach IFRS 9.B4.1.9B bis IFRS 9.B4.1.9D, zu bewerten. Der Buchwert dieser finanziellen Vermögenswerte am Berichtsstichtag ist offenzulegen (IFRS 7.42R (geändert 2014)).

Ist es für ein Unternehmen zum Zeitpunkt der Erstanwendung des IFRS 9 auf der Grundlage der zum Zeitpunkt des erstmaligen Ansatzes des finanziellen Vermögenswerts vorliegenden Faktoren und Umstände nicht praktikabel *(impracticable)* (iSd IAS 8.23 ff) zu beurteilen, ob der beizulegenden Zeitwert der Vorauszahlungsvereinbarungen *(prepayment feature)* signifikant iSd IFRS 9.B4.1.12(d) ist, sind die Charakteristika des vertraglichen Zahlungsstroms auf der Basis der Faktoren und Umstände, die zum Zeitpunkt des erstmaligen Ansatzes des finanziellen Vermögenswerts gegeben waren, zu bewerten. Die Bewertung hat ohne die Berücksichtigung der Ausnahme für Vorauszahlungsvereinbarungen nach IFRS 9.B.4.1.12 zu erfolgen. Der Buchwert dieser finanziellen Vermögenswerte ist offenzulegen (IFRS 7.42S (geändert 2014)).

I. Weitere wesentliche Änderungen und deren Anwendungszeitpunkte

558 IFRS 9 in seiner erneuerten Form ist – vorbehaltlich einer Übernahme in der EU – für Geschäftsjahre beginnend ab dem 1. Januar 2018 anzuwenden. Die Inhalte des IFRS 9 sind zuvor ausführlich kommentiert (→ Rn 360 ff).

J. Gegenüberstellung zum HGB

I. Grundsätze

559 Im HGB gibt es kein geschlossenes **System** von Regelungen zur Erfassung und Bewertung von **Finanzinstrumenten.** Schwebende Verträge mit Derivaten und Warenkontrakten werden entspr dem **Realisations- und Vorsichtsprinzip** des HGB erfasst, wenn sich Verpflichtungsüberschüsse aus den schwebenden Geschäften ergeben oder wenn die Geschäfte realisiert werden.

Bedeutende Abweichungen treten bei der Bilanzierung von **Derivaten** (→ § 23 Rn 9 ff) und von **Sicherungsbeziehungen** auf (→ § 23 Rn 52 ff). Dies betrifft vor allem die Finanzdienstleistungsbranche. Die **Folgebewertung von Finanzinstrumenten** zum beizulegenden Zeitwert führt ebenfalls zu erheblichen Unterschieden, sodass sich für Unternehmen große Unterschiede zu IFRS ergeben. Welche Auswirkungen die stärkere Orientierung des *management approach* in IFRS 9 im Vergleich zum vom Vorsichtsprinzip getragenen HGB auf das Verhältnis von HGB und IFRS hat, wird die Umsetzung des IFRS 9 in der Praxis zeigen.

Die §§ 285 Nr 18, 289 Nr 2 HGB für den Einzelabschluss als auch gem §§ 314 Nr 10 und 11, 315 Abs 2 Nr 2 HGB für den Konzernabschluss sehen zahlreiche Offenlegungspflichten im Anhang und Lagebericht zu Finanzinstrumenten vor, die jedoch weit weniger umfangreich sind, als nach IFRS und weitaus weniger quantitative Angaben fordern.

Im **Bilanzrichtlinie-Umsetzungsgesetz** (BilRUG) (Erstanwendungszeitpunkt für Geschäftsjahre, die nach dem 31. Dezember 2015 beginnen) spiegelt sich ebenfalls der Trend zur Erweiterung der Offenlegungspflichten zu Finanzinstrumenten und finanziellen Verpflichtungen wider. Künftig wird das Bestehen von **Genussscheinen, Genussrechten, Wandelschuldverschreibungen, Optionsscheinen, Optionen, Besserungsscheinen, vergleichbaren Wertpapieren oder Rechten** unter der Angabe der Zahl und der Rechte, die sie verbriefen, im Anhang offenzulegen sein (§ 285 Nr 15a E-HGB). Diese Verpflichtung ist von allen KapGes zu erfüllen, die solche Rechte gewähren oder Wertpapiere ausgeben. Ein klarerer Ausweis hinsichtlich der **Fälligkeiten bestehender Verbindlichkeiten** wird dergestalt gefordert, dass bei allen gesondert ausgewiesenen Verbindlichkeiten, die Verbindlichkeiten mit einer Restlaufzeit von über einem Jahr jeweils explizit anzugeben sind (§ 268 Abs 5 E-HGB). KapGes können dieser Verpflichtung durch die Erstellung eines Verbindlichkeitenspiegels nachkommen, der mindestens die nach § 266 Abs 3 Buchstabe C HGB geforderten Angabepflichten erfüllt sowie nach § 265 Abs 2 HGB die Vorjahreszahlen angibt und ggf erläutert. Die Verpflichtung der Offenlegung von Verbindlichkeiten mit einer Restlaufzeit von mehr als fünf Jahren bleibt davon unberührt. Im Vergleich zum bisherigen deutschen Recht sind nun zwingend im Anhang und nicht mehr möglicherweise unter dem Bilanzstrich von KapGes künftig der **Gesamtbetrag etwaiger finanzieller Verpflichtungen, Garantien oder Eventualverbindlichkeiten,** die nicht Gegenstand der Bilanzierung sind, und mit diesen zusammenhängende Informationen offenzulegen. § 268 Abs 7 HGB beinhaltet nicht nur eine Ausweisänderung, sondern auch die Offenlegung zusätzlicher Angaben zu Verpflichtungen betreffend die Altersversorgung und Angaben zu Verpflichtungen ggü assoziierten Unternehmen.

II. Kategorisierung und Fristigkeit

560 In HGB und IFRS werden Finanzinstrumente **unterschiedlichen Kategorien** bzw **Bilanzposten** zugewiesen. Damit ist sowohl nach HGB als auch nach IFRS nicht nur ein differenzierter Ausweis, sondern gleichfalls eine unterschiedliche Bewertung der Finanzinstrumente verbunden. Die Einteilung nach der Fristigkeit ist nach HGB, wie auch nach IFRS eine reine Darstellungsregelung, ohne jegliche materielle Bilanzierungsfolgen. Die Fristigkeiten beziehen sich jeweils auf die Restlaufzeiten der Forderungen und Verbindlichkeiten (*Scharpf/Schaber*, 19).

III. Ansatz

1. Erstmaliger Ansatz

561 Der erstmalige Ansatz eines **Finanzinstruments** wird nach HGB unter Berücksichtigung des Gesamtbilds der Verhältnisse nach der Zurechnung des wirtschaftlichen Eigentums beurteilt (§§ 246 und 264 Abs 2 HGB). Das HGB beinhaltet nur **Grundregeln.** Für Sonder- und Grenzfälle sind die GoB heranzuziehen. In IAS 39 und IFRS 9 sind detailliertere Regelungen über die Zurechnung von Finanzinstrumenten enthalten. Dies betrifft neben der Einbuchung insbes Fragen der Ausbuchung von Finanzinstrumenten (IAS 39.15 ff, IAS 39.AG34 ff, IFRS 9.3.2.1 ff). Im Gegensatz zum HGB werden nach IFRS alle schwebenden Verträge mit Finanzderivaten erfasst (ggf mit einem beizulegenden Zeitwert von Null) unabhängig davon, ob der beizulegende Zeitwert positiv oder negativ ist. Nach HGB werden nur solche schwebenden Verträge erfasst, deren beizulegender Zeitwert negativ ist.

Der Unterscheidung zwischen Geschäften, die durch **physische Erfüllung** geschlossen werden und solchen, die einen **Nettoausgleich** in Zahlungsmitteln ermöglichen, wird im Grundsatz gleichfalls im Handelsrecht gefolgt, wenn auch nur für Angabepflichten (§ 285 Satz 2 HGB). Wertpapier-, Devisen- und Geldhandelsgeschäfte sind nach HGB valutagerecht zu buchen. Die Geschäfte sind nicht am Tag der tatsächlichen Lieferung und nicht am Tag des Geschäftsabschlusses (hier jedoch Erfassung im Nebenbuch), sondern am Tag der Fälligkeit der Lieferung im Hauptbuchkonto zu erfassen. Das gilt auch für Aufgabegeschäfte (Geschäfte, bei denen sich der Kursmakler die Benennung des Kontrahenten vorbehält). Geschäfte in Derivaten sind stets am Handelstag im Hauptbuch zu erfassen (→ Rn 372; → Rn 95).

Der erstmalige Ansatz einer **Verbindlichkeit** erfolgt nach § 253 Abs 1 Satz 2 HGB grds zum Erfüllungsbetrag, gleiches gilt für Fremdwährungsverbindlichkeiten.

2. Ausbuchung

562 Ein **Vermögensgegenstand** wird nach HGB ausgebucht, wenn der Vermögensgegenstand übertragen wird, Ansprüche daraus erfüllt werden oder Rechte aus dem Vermögensgegenstand verfallen. Bei einer **Übertragung** wird auf den Zeitpunkt abgestellt, an dem das **wirtschaftliche Eigentum** an dem Vermögensgegenstand auf den Erwerber übergeht. Der wirtschaftliche Eigentümer ist derjenige, der „die tatsächliche Sachherrschaft über den Vermögensgegenstand in der Weise ausübt, dass dadurch der nach bürgerlichem Recht Berechtigte auf Dauer von der Einwirkung ausgeschlossen ist" (*Förschle/Ries* in BeBiKo § 246 HGB Rz 6). Die **tatsächliche Sachherrschaft** übt derjenige aus, bei dem Besitz, Gefahr, Nutzen und Lasten des Vermögensgegenstands liegen. Für Finanzinstrumente ist entscheidend, wer Chancen, Risiken, Nutzen und Lasten aus den Rechten an dem Finanzinstrument trägt. Es ist nach HGB jeweils eine Einzelentscheidung nach dem Gesamtbild der Verhältnisse zu fällen. Regelmäßig **hindern** nach HGB zB Rückkaufvereinbarungen oder Optionsrechte an Vermögensgegenständen eine Übertragung des wirtschaftlichen Eigentums vor Ausübung **nicht** (BFH-Urteil vom 27. September 1979 IV R 149/72; BFH-Urteil vom 16. Mai 1989 VIII R 196/84; BFH-Urteil vom 17. Juni 1998 XI R 55/97). Sind die Vereinbarungen so ausgestaltet, dass die Übertragung wirtschaftlich hinter das Optionsrecht zurücktritt, wird keine Übertragung angenommen.

Nach IFRS ist die Ausbuchung von Finanzinstrumenten detailliert geregelt (→ Rn 100 ff, → Rn 373, → Rn 493).

Die **Ausbuchung** von **Verbindlichkeiten** knüpft nach HGB und IFRS an das rechtliche Bestehen an. Insoweit ergeben sich keine Unterschiede.

IV. Bewertung

563 Die Bewertung von finanziellen Vermögenswerten **bei erstmaliger Erfassung** ist in beiden Regelungswerken grds identisch geregelt. Ein wesentlicher Unterschied besteht bspw bei Darlehen mit **Disagien oder Agien.** Während nach HGB der Unterschiedsbetrag in einem aktiven Rechnungsabgrenzungsposten erfasst werden kann, ist nach IFRS die ausgereichte Summe zu aktivieren. Der Differenzbetrag wird im Rahmen einer Effektivzinsrechnung über die Laufzeit verteilt. Die **Folgebewertung finanzieller Vermögenswerte** nach IAS 39 und IFRS 9 ist von der Kategorisierung der Finanzinstrumente abhängig. Eine erfolgsneutrale Zeitwertbilanzierung, in der Zeitwertänderungen ohne Berührung der GuV (sofern erstellt) in einer Rücklage (zumindest in einem ersten Schritt) erfasst werden, ist dem HGB unbekannt.

564 Besteht bei einem Derivat bzw **Termingeschäft** ein Forderungsüberhang, ist ein Anspruch aus dem Termingeschäft nach IFRS zu aktivieren, was nach Handelsrecht nicht zulässig ist, da es sich um ein schwebendes Geschäft handelt, das nach den handelsrechtlichen Vorschriften nicht bilanzierungsfähig ist. Bei einem Verpflichtungsüberhang ist nach IAS 39 und IFRS 9 eine Verbindlichkeit zu passivieren. Gem HGB ist in diesem Fall eine Drohverlustrückstellung (§ 249 Abs 1 HGB) zu bilden.

565 Unterschiede bei der Behandlung von Wertveränderungen ergeben sich darüber hinaus im Bereich der **Währungsumrechnung.** Im Unterschied zu IFRS ist eine Vereinnahmung nicht realisierter Kursgewinne aus sinkenden Wechselkursen aufgrund des Realisationsprinzips grds unzulässig (§ 252 Abs 1 Nr 4 HGB), mit Ausnahme für Vermögensgegenstände und Verbindlichkeiten mit einer Restlaufzeit von einem Jahr oder weniger (§ 256a HGB). Nach § 256a HGB

wird die Währungsumrechnung im Einzel- und Konzernabschluss einheitlich geregelt. Die Umrechnung in Euro erfolgt zum Devisenkassamittelkurs.

Weitere Unterschiede werden sich durch die Umsetzung von IFRS 9 ergeben. Die prinzipienorientierte Ausrichtung des IFRS 9 wird noch für die Praxis in verschiedenen Punkten zu konkretisieren sein, sodass die Unterschiede hier noch nicht im Detail dargestellt werden können. Für die Ausgestaltung des IFRS 9 verweisen wir auf → Rn 360 ff.

V. Wertminderung

566 Ein System zur Erkennung und Erfassung von Wertminderungen mittels **substanzieller Hinweise** nach IAS 39 und IFRS 9 ist im HGB formal nicht enthalten.

IAS 39 und IFRS 9 beinhalten eine Differenzierung zwischen einer **vorübergehenden oder einer dauerhaften Wertminderung.** Nach HGB besteht bei voraussichtlich vorübergehender Wertminderung von Finanzanlagen ein Abwertungswahlrecht (§ 253 Abs 3 Satz 4 HGB, sog gemildertes Niederstwertprinzip). Im Rahmen der **Bewertung** wird für nicht-verbriefte Ausleihungen und Kreditforderungen grds in beiden Regelungswerken auf den Zeitwert der zu erwartenden Zahlungen abgestellt.

567 Bei **Unternehmensanteilen** ist der niedrigere beizulegende Zeitwert nach hM mittels **Ertragswert- oder DCF-Verfahren** bzw durch Ermittlung eines Veräußerungswerts bestimmt. Dabei ist auf *IDW* S 1 abzustellen, der vorhandene Börsenkurse zur Plausibilisierung der Wertermittlung verwendet (zur Kritik daran s *Lüdenbach* BB 2002, 2113 (2113)). Bei speziellen Bewertungsanlässen ist der Börsenkurs maßgebend (*IDW* S 1). Daneben kann die Werthaltigkeit von Unternehmensanteilen auf positive Kombinationseffekte (Preis- oder Wettbewerbsvorteile, Entlastung von eigenen Aufwendungen, Einflussnahme) gestützt werden. Die rechnerische Greifbarkeit ist nicht erforderlich.

Nach IAS 39 und IFRS 9 ist eine Ausrichtung am Börsen- oder Marktwert gefordert. Mit dem Halten von Unternehmensanteilen verbundene Vorteile fließen nur in die Bewertung ein, soweit diese Marktwerte haben, was letztlich eine Übertragbarkeit voraussetzt. Ertragswert- oder Zahlungsstromermittlungen sind als Hilfsverfahren vorgesehen, wenn keine Börsen-/Transaktionspreise vorhanden sind. Die Ertragswertberechnungen müssen auf die Einschätzung der Marktteilnehmer ausgerichtet sein. Ist kein Marktwert ermittelbar, sind die Anteile zu Anschaffungskosten anzusetzen.

568 **Wertpapiere** sind in beiden Regelungswerken mit dem Börsen- bzw Marktpreisen am Bilanzstichtag zu bewerten.

569 **Wertaufholungen** sind nach HGB auf den Wegfall der Gründe zur außerplanmäßigen Abschreibung beschränkt. Nach IFRS kann prinzipiell jedes unternehmensexterne Ereignis zu einer Wertaufholung führen, was jedoch praktisch zu keinen großen Abweichungen führt. Gem HGB dürfen bei Wertaufholungen die fortgeführten Anschaffungskosten nicht überschritten werden. Eine solche Beschränkung gibt es nach dem bisherigen IAS 39 nur für Vermögenswerte in den Kategorien Forderungen, Darlehen und bis zur Endfälligkeit gehaltene Finanzinvestitionen. Bei IFRS 9 besteht eine solche Begrenzung für die Kategorie zu fortgeführten Anschaffungskosten bewertet.

VI. Strukturierte Produkte

Die **Bilanzierung strukturierter Produkte** ist im HGB selbst **nicht geregelt.** Deren Abbildung wird in der IDW-Stellungnahme „Zur einheitlichen oder getrennten handelsrechtlichen Bilanzierung strukturierter Finanzinstrumente" (*IDW* RS HFA 22) behandelt. Durch den *IDW* RS HFA 22 wurden Regelungen getroffen, die für alle Unternehmen gelten und zu einer gewissen Annäherung an die Regelungen des IAS 39 führen (→ § 23 Rn 24ff). 570

Nach IAS 39 müssen diese Produkte unter bestimmten Bedingungen aufgespalten und getrennt bilanziert werden, es sei denn, für diese Produkte wird die *fair value option* in Anspruch genommen. IFRS 9 regelt die grds einheitliche Bilanzierung von finanziellen Vermögenswerten.

Nach *IDW* RS HFA 22 sind Bestandteile strukturierter Finanzinstrumente dann als separate Vermögensgegenstände (zB Forderungen, Wertpapiere) und Schulden (zB Verbindlichkeiten, Drohverlustrückstellungen) zu bilanzieren, wenn sie aufgrund des eingebetteten Derivats im Vergleich zum Basisinstrument wesentlich erhöhte oder zusätzliche (andersartige) Risiken oder Chancen aufweisen (*IDW* RS HFA 22 Rz 15).

Solche wesentlich erhöhten oder zusätzlichen (andersartigen) Risiken oder Chancen aufgrund des eingebetteten Derivats liegen bspw vor, wenn das eingebettete Derivat bedingte oder unbedingte Abnahmeverpflichtungen für weitere Finanzinstrumente zu festgelegten Konditionen vorsieht, sodass die Möglichkeit besteht, dass die Abnahme der weiteren Finanzinstrumente nicht zum künftigen beizulegenden Zeitwert erfolgt (*IDW* RS HFA 22 Rz 15). Unter diese Regelungen fallen die sog **Multitranchenanleihen.**

Beispiel: Ein Investor kauft eine klassische Kuponanleihe mit einem Nominalvolumen von Mio € 5, einer festen Verzinsung von 4,48% und einer Endfälligkeit im Jahr 2034, welche mit einer bzw in diesem Beispiel mehreren Abnahmeverpflichtungen für weitere fünf Tranchen mit den gleichen Ausstattungsmerkmalen wie die erste Tranche ausgestattet ist. Die weiteren Tranchen können ab 2019 jeweils zu einem bestimmten Tag im Jahr dem Investor angedient werden, ohne dass es zu diesen Zeitpunkten zu einer Anpassung der Ausgestaltung der Tranchen an die aktuellen Marktkonditionen kommt.

Liegen die Voraussetzungen für eine getrennte Bilanzierung vor, sind die Bestandteile **strukturierter Finanzinstrumente** unter Beachtung der jeweils maßgeblichen handelsrechtlichen Grundsätze als **einzelne Vermögensgegenstände und Verbindlichkeiten** zu bilanzieren (*IDW* RS HFA 22 Rz 18). Da alle Tranchen die gleiche Endfälligkeit haben, scheidet die Beurteilung dieser Multitranchenanleihe als Vereinbarung über eine Laufzeitverlängerung aus. Die Investition in eine solche Multitranchenanleihe ist in einen *long call* auf die erste Kuponanleihe und in mehrere Verkaufsoptionen *(short put)* auf die weiteren Tranchen zu zerlegen. Die Bewertung der Optionen hat zum beizulegenden Zeitwert zu erfolgen. Für die Zerlegung dieser Investition in ihre Bestandteile stehen zwei Möglichkeiten zur Verfügung. Die Investition kann im Zugangszeitpunkt in ihre wertmäßigen Bestandteile nach dem Verhältnis der beizulegenden Zeitwerte der einzelnen Bestandteile bzw des Basisvertrags und der derivativen Komponente aufgespalten werden. Des Weiteren hat der Investor die Möglichkeit, das am verlässlichsten zu bewertende Instrument – was regelmäßig der nicht-derivative Basiskontrakt ist – zu bewerten und dessen Wert von den Anschaffungskosten abzuziehen, um so den Wert der derivativen Komponente zu ermitteln. Die einzelnen Werte bilden dann die Anschaffungskosten des zu aktivierenden Vermögensgegenstands und der zu passivierenden sonstigen Verbindlichkeit. 571

Ist der Investor bspw eine Bank, hat diese nicht nur über die Bilanzierung und Bewertung von strukturierten Produkten im Anhang zu berichten. Vielmehr hat sie auch über die aus Multitranchenanleihen übernommenen Stillhalterverpflichtungen nach § 36 RechkredV zu berichten. Zwar verzichtet § 36 RechkredV auf eine Nennung der Nominalvolumina, jedoch wird auch im Schrifttum in einem solchen Fall eine Angabe des Nominalvolumens neben einer angemessenen Quantifizierung als „sehr sinnvoll" (*Krumnow/Sprißler/Bellavite-Hövermann,* 1301) erachtet.

572–579 *(einstweilen frei)*

VII. Angaben im Anhang

580 Zentral für die in Zusammenhang mit Finanzinstrumenten zu erbringenden Anhangangaben ist für den IFRS-Abschluss **IFRS 7** (→ Rn 270 ff und → Rn 555 ff), welcher insbes hinsichtlich der quantitativen Angaben erheblich über die Anhangangaben nach HGB hinausgeht, wobei der Umfang der Anhangangaben mit jeder Reform des HGB zunimmt. Darüber hinaus ist zu beachten, dass sich bestimmte Angabepflichten des HGB in den Offenlegungspflichten zur Lageberichterstattung (§§ 289 bzw 315 HGB) befinden, während diese nach IFRS 7 im Anhang zu erfüllen sind.

K. Aktuelle Entwicklungen/IASB-Projekte

581 Die **Prinzipienorientierung** des IFRS 9 bedingt das Erfordernis der **Auslegung** für die Praxis. Auslegungsbedarf ist nicht nur hinsichtlich der Umsetzung der neuen Anforderungen gegeben. Auch in Bezug auf den Anwendungsbereich des IFRS 9 selbst sind noch Fragen offen. Dafür wurde vom IASB eine *Transition Group for Impairment of Financial Instruments (ITG)* von Praktikern aus der Bank- und Wirtschaftsprüfungsbranche zusammengestellt, um bspw in der Praxis aufgetretene Fragen zu diskutieren. Diese ITG Mitglieder repräsentieren ein breites Spektrum an Expertise im Bereich des Models für erwartete Kreditausfälle bei Wertminderungen *(expected credit loss model for impairment)* sowie im Bereich Rechnungslegung nach IFRS für Finanzinstrumente. In diesem Rahmen wurde bspw die Frage im Hinblick auf Wertminderungen diskutiert, ob die Eröffnung eines Einkaufskontos für Kunden, auf dem dem Kunden ein Kredit eingeräumt wird, sobald der Kunden Waren und Dienstleistungen vom Einzelhändler in der Zukunft erwirbt, eine Kreditzusage ist und damit der Einzelhändler die Regelungen zu den Wertminderungen (vgl Abschnitt Wertminderungen) auf die Einrichtung des Einkaufskontos anzuwenden hat (Bank für Internationalen Zahlungsausgleich 2015).

582 Im Bankenbereich ist unverändert der Trend zur immer engeren Verflechtung von Rechnungslegung, Risikocontrolling und -managementprozessen sowie aufsichtsrechtlichem Meldewesen zu beobachten. Der Basler Ausschuss hat im Februar 2015 ein Konsultationspapier zu **Leitlinien für die Rechnungslegung des erwarteten Verlusts** herausgegeben. Diese Leitlinien beinhalten elf Prinzipien zur sachgerechten Rechnungslegung des erwarteten Verlusts, unter Nutzung des Kreditrisikomanagementprozesses *(Bank für Internationalen Zahlungsausgleich 2015).*

Im Februar 2015 veröffentlichte der IASB den ED/2015/1 *classification of liabilities.* Dieser sieht vor, dass Verbindlichkeiten als kurzfristig zu klassifizieren sind, wenn sie zu Handelszwecken eingegangen wurden, diese zwölf Monate nach dem Ende der Berichtsperiode erfüllt werden oder die Vertragspartei zwölf Monate **kein Recht** hat, die Erfüllung der Verbindlichkeit nach dem Ende der Berichtsperiode hinaus zu verlangen.

Vertragliche Vereinbarungen in Form einer Option der Vertragspartei, die zur Erfüllung der Verbindlichkeit durch die Ausgabe von Eigenkapitalinstrumenten führen können, berühren diese Zuordnung zu kurzfristigen Verbindlichkeiten nicht.

Alle anderen Verbindlichkeiten sind als nicht kurzfristig zu klassifizieren. Im Hinblick auf die Klassifizierung einer Verbindlichkeit als kurz oder nicht kurzfristig führen die Übertragung von Geld, Eigenkapitalinstrumenten, anderen Vermögenswerten oder Dienstleistungen zu einer Erfüllung der Verbindlichkeit.

Der IASB hat sich entschieden, zum Thema ***macro hedge accounting*** zunächst 583
ein Diskussionspapier zu erstellen (DP/2014/1 *Accounting for Dynamic Risk Management: a Portfolio Revaluation Approach to Macro Hedging*) und zu veröffentlichen, sodass bislang keine neuen *macro hedge accounting*-Regelungen in den IFRS 9 aufgenommen wurden. Stattdessen werden die bestehenden *macro hedge accounting*-Regelungen des IAS 39 unverändert in IFRS 9 übernommen, bis diese zu einem späteren Zeitpunkt durch die neuen Regelungen abgelöst werden. Im Fokus des Teilprojekts zum *macro hedge accounting* ist weiterhin die bilanzielle Abbildung des Risikomanagements von Zinsänderungsrisiken (inklusive *prepayments*) bei Kreditinstituten. Die Berücksichtigung anderer Risiken sowie anderer Branchen soll später diskutiert werden. Grundlage des Ansatzes für das *macro hedging* ist das Bewertungskonzept mit einer erfolgswirksamen Abbildung der Sicherungsderivate und abgesicherten Positionen zum beizulegenden Zeitwert – ähnlich den bestehenden Vorschriften des IAS 39.

Über die nächsten Schritte in diesem Projekt diskutiert der IASB zur Zeit. Konkrete Veröffentlichungen sind derzeit (Stand: 31. Juli 2015) nicht absehbar.

§ 4. Immaterielle Vermögenswerte

Übersicht

Schrifttum: *Behrendt-Geißler/Weißenberger* Branchentypische Aktivierung von Entwicklungskosten nach IAS 38 – Eine empirische Analyse von Aktivierungsmodellen, KoR 2012, 56; *Christian/Kern* Aktivierung von Entwicklungskosten und Phasentrennung nach IAS 38, DB 2014, 30; *Eppinger/Hägele/Orterer* Praxisprobleme bei der Bilanzierung von selbst erstellten immateriellen Vermögenswerten nach IAS 38 Abgrenzungsproblematik Forschungs- und Entwicklungsphase?, IRZ 2013, 421; *Fülbier/Honold/Klar* Bilanzierung immaterieller Vermögenswerte, RiW 2000, 833; *IDW* S 1: Grundsätze zur Durchführung von Unternehmensbewertungen (Stand: 2. April 2008), FN IDW 2008, 271; *IDW* Stellungnahme HFA 1/1984 Ausweis von Zuschüssen in der Bilanz, WPg 1984 612; *IDW* S 5 Grundsätze zur Bewertung immaterieller Vermögenswerte, FN IDW 2015, 447; *IDW* RS HFA 16 Stellungnahme zur Rechnungslegung: Bewertungen bei Abbildungen von Unternehmenserwerben und bei Werthaltigkeitsprüfungen, WPg 2005, 1415; *IDW* RS HFA 2 Stellungnahme zur Rechnungslegung: Einzelfragen zur Anwendung von IFRS (Stand: 6. Juni 2012), FN IDW 2012, 380; *Hoffmann* Kundengewinnungskosten, PiR 2012, 232; *Hommel/Buhleier/Pauly* Bewertung von Marken in der Rechnungslegung – eine kritische Analyse des IDW ES 5, BB 2007, 371; *Kasperzak/Nestler* Zur Berücksichtigung des Tax Amortisation Benefit bei der Fair Value-Ermittlung immaterieller Vermögenswerte nach IFRS 3, DB 2007, 473; *Kasperzak/Nestler* Bewertung von immateriellem Vermögen, Weinheim 2010; *Küting/Pilhofer/Kirchhof* Die Bilanzierung von Software aus Sicht des Herstellers nach US-GAAP und IAS, WPg 2002, 73; *Link/Oldewurtel/Kümpel* Die Bilanzierung von Entwicklungskosten nach IAS 38 – Vermittlung entscheidungsnützlicher Informationen iSd IFRS-Framework?, KoR 2013, 421; *Lüdenbach* Rückerwerb eines lizensierten Rechts, PiR 2012, 198; *Röhr* Bilanzierung von Kundengewinnungskosten in der mobilen Telekommunikation, IRZ 2006, 211; *Rzepka/Scholze* Die Bewertung kundenorientierter immaterieller Vermögenswerte im Rahmen von IFRS 3, KoR 2010, 297; *Wehrheim* Die Bilanzierung immaterieller Vermögensgegenstände („Intangible Assets") nach IAS 38, DStR 2000, 86; *Wulf* IAS 38 und IFRS 3: Bilanzierung immaterieller Vermögenswerte nach IFRS, IRZ 2009, 109.

Wesentliche Rechtsgrundlagen: IAS 38, IFRIC 12, SIC-32

A. Grundlagen

I. Überblick über die Standards

1 Für die Bilanzierung von **immateriellen Vermögenswerten** ist IAS 38 maßgebend. Der Standard regelt die Besonderheiten von Ausgaben, die zur Anschaffung und Herstellung von immateriellen Vermögenswerten führen können. Ergeben sich keine Besonderheiten aus der Eigenart immaterieller Vermögenswerte, entsprechen die Regelungen denen zur Bilanzierung von Sachanlagen (IAS 16, s auch § 5).

Umfangreiche **Definitions- und Ansatzkriterien** sollen eine Abgrenzung immaterieller Werte zu originären und derivativen Geschäfts- oder Firmenwerten sicherstellen. Darüber hinaus führen die speziellen Regelungen für immaterielle Vermögenswerte zu einem im Vergleich zu anderen Vermögenswerten erhöhten Maß an bilanzieller Vorsicht, die in der Eigenart dieser Vermögenswerte begründet ist.

Der Standard enthält ein Ansatzverbot für **originäre Geschäfts- oder Firmenwerte** und diesen wesensähnliche Werte wie Marken, Drucktitel, Verlagsrechte und Kundenlisten (zu derivativen Geschäfts- oder Firmenwerten → § 34 Rn 238ff).

2 Der Entstehungsprozess von **selbst geschaffenen immateriellen Vermögenswerten** wird in eine Forschungs- und eine Entwicklungsphase zerlegt.

Entspr der Bilanzierung von Sachanlagen sind die ergänzenden Regelungen des IAS 20 (Bilanzierung und Darstellung von Zuwendungen der öffentlichen Hand), IAS 21 (Auswirkungen von Änderungen der Wechselkurse), IAS 23 (Fremdkapitalkosten) und IAS 36 (Wertminderungen) anzuwenden (§ 5).

IAS 38 beinhaltet besondere Regelungen zur **Abschreibung** und enthält Beschränkungen bei der Neubewertung von immateriellen Vermögenswerten.

II. Begriff und Definitionen

3 „Ein **immaterieller Vermögenswert** ist ein identifizierbarer, nicht monetärer Vermögenswert ohne physische Substanz" (IAS 38.8).

Als immaterielle Vermögenswerte kommen bspw **folgende Werte** in Betracht:

(1) Rechte, wie zB Patente, Gebrauchsmuster, Warenzeichen, Unternehmensmarken, Dach- oder Produktmarken, Drucktitel, Verlagsrechte, Urheberrechte, Leistungsschutzrechte, Filmmaterial, Sende- oder Verwertungsrechte, Merchandisingrechte,

(2) Software, Datenplattformen, Websites (SIC-32),

(3) Rechtspositionen, vertragliche Nutzungsrechte, Belieferungsrechte, wie zB Bierlieferungsverträge, Vertriebsrechte, langfristige vertragliche Geschäftsbeziehungen (auch auf der Beschaffungsseite), staatlich verliehene oder privatvertragliche Lizenz- und Franchiseverträge, zB UMTS-Lizenzen oder Fischereilizenzen, Wettbewerbsverbote, Konkurrenzklauseln, Stillhaltevereinbarungen, Gewerbeberechtigungen, Konzessionen, Im- und Exportquoten, Kontingente, gewerbliche Schutzrechte, Rahmenlieferverträge,

(4) wirtschaftliche Werte wie ungeschützte Erfindungen, Rezepte, Geheimverfahren, Know-how, Technologien, Modelle, Prototypen, Produktionsverfahren, Auftragsbestände, Kundenlisten,

(5) künstlerische Werte wie Archive, Film- und Tonaufzeichnungen, Rechte an Theaterstücken, Oper- oder Ballettaufführungen, Kompositionen, Texten, Bildern, Fotografien, Videos (*Kozikowski/Huber* in BeBiKo § 247 HGB Rz 383; *IDW* S 5 Rz 3),
(6) Erbbaurechte,
(7) Emissionsrechte (→ Rn 132),
(8) Dienstleistungskonzessionen ausgestaltet mit dem Recht zur direkten Gebührenerhebung vom Nutzer bei dem Betrieb einer Infrastruktureinrichtung (IFRIC 12.17; → § 9 Rn 103ff; → § 15 Rn 44),
(9) Abbau-, Schürf- und Gewinnungsrechte, Verwertungsrechte,
(10) derivative Geschäfts- oder Firmenwerte oder
(11) Spielervermögen zB im Profifußball.

4 IAS 38 enthält kein grds Ansatzverbot **selbst geschaffener immaterieller Vermögenswerte,** sondern bei der kumulativen Erfüllung der einzelnen Voraussetzungen und Definitionen eine **Ansatzpflicht** (zB im Fall von Entwicklungskosten für eigenentwickelte Produkte, Filme, Produktionsverfahren, Rezepturen; zu speziellen Ansatzvoraussetzungen → Rn 30ff, zu expliziten Ansatzverboten → Rn 48ff).

5 Zur Qualifizierung als **immaterieller Vermögenswert** nach IAS 38 sind folgende **Kriterien** zu erfüllen:
(1) langfristig im Unternehmen genutzter Vermögenswert bzw keine Veräußerung im normalen Geschäftsgang (IAS 38.3),
(2) nicht monetärer Vermögenswert ohne physische Substanz (IAS 38.9),
(3) Identifizierbarkeit (IAS 38.11f),
(4) Beherrschung (IAS 38.13ff),
(5) künftiger wirtschaftlicher Nutzen (IAS 38.17).

6 Eine Aktivierung als immaterieller Vermögenswert nach IAS 38 setzt eine **langfristige Nutzung** im Leistungsprozess des Unternehmens voraus. Dabei gelten die gleichen Grundsätze wie für die Beurteilung bei Sachanlagen (→ § 5 Rn 2). Bei der Beurteilung ist die Verwendungsabsicht des Managements maßgebend. Eine Abgrenzung zu kurzfristigen immateriellen Vermögenswerten erfolgt bereits durch den beschränkten Anwendungsbereich des IAS 38 (IAS 38.3 und → Rn 17).

Beispiel: So liegt zB bei einer entwickelten Software ein **langfristiger immaterieller Vermögenswert** vor, wenn die Herstellung nicht im Kundenauftrag, sondern für einen anonymen Markt erfolgt. Die zum Vertrieb gefertigten Kopien stellen jeweils aufgrund der Veräußerungsabsicht kurzfristige Vermögenswerte dar, die nach IAS 2 zu erfassen sind (*Baetge/von Keitz* in Baetge ua IFRS-Komm IAS 38 Rz 17).

7 In Abgrenzung zu Sachanlagen sind **immaterielle Vermögenswerte** ohne **physische Substanz.** Vielfach sind materielle Vermögenswerte Träger oder Speichermedium eines immateriellen Vermögenswerts (zB Daten-/Tonträger bei Software und Filmen). Ob ein immaterieller Vermögenswert oder eine Sachanlage vorliegt, ist danach zu beurteilen, welches der beiden Elemente überwiegt (IAS 38.4). Im Standard werden Beispiele genannt, bei denen jeweils die Sachanlage nicht ohne den immateriellen Vermögenswert funktionsfähig ist und deshalb der immaterielle Vermögenswert als integraler Bestandteil der Sachanlage aufzufassen ist (Software einer Werkzeugmaschine, Betriebssystem eines Computers (IAS 38.4)). Damit ist Systemsoftware regelmäßig ein Bestandteil der aktivierten Sachanlage (*Küting/Pilhofer/Kirchhof* WPg 2002, 73 (75)). Durch die Abgrenzung nach der Funktionsfähigkeit liegen damit Kosten der Versetzung in einen betriebsbereiten Zustand der Sachanlage vor (→ § 5 Rn 30ff).

8 Ob das materielle oder das immaterielle Element eines Vermögenswerts überwiegt, ist auch nach den Wertverhältnissen feststellbar. ZB treten regelmäßig materielle Speichermedien wertmäßig hinter den Wert der darauf gespeicherten immateriellen Werte zurück (*Kozikowski/Huber* in BeBiKo § 247 HGB Rz 384).

9 Ein immaterieller Vermögenswert kann auch vorliegen, wenn **Entwicklungsleistungen** eines Unternehmens zu materiellen Prototypen führen, wenn das entstandene Know-how in einer Gesamtbetrachtung überwiegt und sich über den Prototyp hinaus in Verfahrens- und Design-Know-how niederschlägt (IAS 38.5). Die Herstellungskosten für den **Prototypen** (soweit eine Trennung von der Herstellung der darauf folgenden Produkte möglich ist) sind als Sachanlage zu aktivieren (IAS 16.7). Neben den allgemeinen Aktivierungsvoraussetzungen ist hier entscheidend, ob der Prototyp zu künftigem wirtschaftlichen Nutzen für das Unternehmen führt (zB Tests, Vorführung, Markteinführung).

10 Ist der Wertanteil des immateriellen Bestandteils eines Vermögenswerts zwar geringer als der Wertanteil der Sachanlage, aber im Rahmen einer Gesamtbetrachtung als wesentlicher Bestandteil anzusehen, der eine abweichende Nutzungsdauer von der Gesamtnutzungsdauer aufweist, ist eine getrennte Bilanzierung nach dem **Komponentenansatz** in einen Vermögenswert des Sachanlagevermögens und einen immateriellen Vermögenswert sachgerecht (zB Steuersoftware einer Werkzeugmaschine; IAS 16.13, → § 5 Rn 16).

11 Es wird eine **Identifizierbarkeit** des einzelnen Vermögenswerts gefordert, um eine eindeutige **Abgrenzung bzw Separierbarkeit von Geschäfts- oder Firmenwerten** des Unternehmens sicherzustellen (IAS 38.12). Eine Identifizierbarkeit des Vermögenswerts liegt immer dann vor, wenn:

(1) eine vom Unternehmen **getrennte Verwertung** erfolgen kann, wobei die Verwertung entweder einzeln oder gemeinsam mit einem anderen Vermögenswert oder einer anderen Schuld erfolgen kann oder

(2) der Vermögenswert aus vertraglichen oder gesetzlichen **Rechten** entsteht, unabhängig davon ob diese Rechte vom Unternehmen oder von anderen Rechten und Verpflichtungen übertragbar oder separierbar sind.

12 Als **Verwertung** werden der separate Verkauf, die Lizenzierung, die Vermietung sowie der Tausch der aus der künftigen Nutzung entstehenden Zahlungsströme angesehen. Bei erworbenen Rechten, zB Eintritt in schwebende Absatzverträge, wird die Identifizierbarkeit gerade durch den Erwerb des Rechts begründet. „Die Identifizierbarkeit kann zB durch Besitz- oder Schutzrechte gegeben sein" (*Wehrheim* DStR 2000, 86 (87)). Durch die Voraussetzung nach (2) wird klargestellt, dass es nicht auf die konkrete Einzelveräußerbarkeit für den Ansatz ankommt. ZB kann die separate Übertragbarkeit von Rechten entweder gesetzlich oder privatrechtlich ausgeschlossen sein (IAS 38.BC9 f). In diesem Fall reicht die abstrakte Möglichkeit der Übertragung des Vermögenswerts auf der Basis von gesetzlichen oder vertraglichen Rechten aus, um einen Ansatz getrennt von einem Geschäfts- oder Firmenwert zu rechtfertigen. ZB kann es sein, dass staatlich gewährte Konzessionen, die entgeltlich erworben worden sind, nicht auf Dritte übertragen werden dürfen. Trotz der gesetzlich ausgeschlossenen Verwertung getrennt vom Unternehmen erfüllt die Konzession aufgrund ihrer gesetzlichen Grundlage die Voraussetzungen für einen immateriellen Vermögenswert nach IAS 38.12.

13 Die **Verkehrsfähigkeit** ist indes nur in Abgrenzung zum Geschäfts- oder Firmenwert erforderlich (IAS 38.11 f). Im Verhältnis zu anderen Vermögenswerten (zB Sachanlagen) ist eine Einzelverkehrsfähigkeit nicht erforderlich. Ein immaterieller Vermögenswert liegt demnach auch vor, wenn durch die gemeinsame Nutzung mit anderen Vermögenswerten zukünftiger wirtschaftlicher Nutzen wahrscheinlich erzielt werden kann. Die grds Übertragbarkeit oder Verwertbar-

keit gemeinsam mit einem Vertrag, einem Vermögenswert oder einer Schuld reicht aus. Die Identifizierbarkeit und der künftige wirtschaftliche Nutzen des immateriellen Vermögenswerts kann durch Nutzung eines damit in Zusammenhang stehenden Vermögenswerts nachgewiesen werden.

Beispiel 1: Ein Ticketing-Unternehmen vereinbart mit dem Opernhaus der Stadt J einen Exklusivvertrag über Ticketing-Dienstleistungen für die kommenden fünf Jahre, indem die Kunden des Opernhauses exklusiv über das Ticketing-Unternehmen unter Einbehaltung einer Provision abgerechnet werden. a) Das Ticketing-Unternehmen zahlt eine Einmalprämie an das Opernhaus für die exklusive Erbringung der Ticketing-Dienstleistungen an die Kunden des Opernhauses. b) Das Ticketing-Unternehmen hat Aufwendungen für die Anpassung der eigenen Software an die speziellen Bedürfnisse des Opernhauses.

Die Einmalprämie (Fall (a)) ist als immaterieller Vermögenswert mit begrenzter Nutzungsdauer anzusehen. Es liegt ein vertraglich geschütztes Recht zur Ausführung der Dienstleistungen vor (IAS 38.12), welches derivativ erworben wurde. Die Kosten aus der Anpassung der Software (Fall (b)) könnten Folgeausgaben für die Software sein (Entwicklungskosten). Da diese Kosten jedoch spezifisch zur Erbringung der Serviceleistungen für den Vertragspartner „Opernhaus" anfallen, liegen Anschaffungs- bzw Anschaffungsnebenkosten des „Servicerechts" vor. Die Kostenbestandteile nach (a) und (b) werden folglich als ein einheitlicher immaterieller Vermögenswert aktiviert und werden durch die künftigen Erträge aus dem Ticketing gedeckt.

Beispiel 2: Ein Kunststoffunternehmen veräußert an die Folien GmbH einen Rahmenvertrag zur Belieferung eines Hygieneartikelherstellers mit Verpackungsfolie zu einem Kaufpreis von T€ 50. Die Zustimmung des Hygieneartikelherstellers liegt vor. Der Rahmenvertrag regelt technische Spezifikationen, das Prozedere zur jährlichen Preisfindung sowie allgemeine Lieferbedingungen. Fest- oder Mindestabnahmemengen sind nicht vereinbart. Die Ausgaben von T€ 50 sind nicht aktivierbar. Zwar liegt eine vertragliche Grundlage nach IAS 38.12(b) vor, allerdings verfügt die Folien GmbH nicht über die erforderliche Beherrschung nach IAS 38.13 ff, da sie aufgrund des Rahmenvertrags ohne Mindestabnahmeverpflichtungen lediglich Erwartungen über den künftigen Nutzen haben kann, während sie aber nicht in der Lage ist, diesen wirtschaftlichen Nutzen zu kontrollieren.

14 Neben dem allgemeinen Erfordernis der **Verfügungsmacht** (Ansatzkriterium iSd Sicherung des wahrscheinlichen Nutzenzuflusses; → § 5 Rn 12) wird aufgrund der Eigenart immaterieller Vermögenswerte zusätzlich die Fähigkeit des Unternehmens gefordert, Dritte von der Nutzung des Vermögenswerts auszuschließen (IAS 38.13, von dieser Fähigkeit kann bspw bei Sachanlagen regelmäßig ausgegangen werden, weshalb ein entspr Kriterium nicht erforderlich ist). Diese **Beherrschung** über den immateriellen Vermögenswert ergibt sich grds, wenn dem Vermögenswert **rechtlich durchsetzbare Ansprüche** zugrunde liegen. Das sind sowohl vertragliche Rechte (zB erworbene Lieferrechte, Gebietsschutz aus Händlerverträgen, Wettbewerbsverbote, Erbbaurechte) als auch gesetzliche Rechte (zB Patente, Warenzeichen, geschützte Marken nach §§ 4, 14 MarkenG).

15 Ein Ausschluss Dritter von dem künftigen wirtschaftlichen Nutzen kann auch bei **nicht** durch **rechtlich durchsetzbare Ansprüche** gesicherten Vermögenswerten vorliegen (F.4.12). ZB kann ein Unternehmen technische Erkenntnisse aus Entwicklungsleistungen durch Geheimhaltung oder vertragliche Vertraulichkeitspflichten der Mitarbeiter schützen (IAS 38.14). Sofern bei Erwerb von Know-how entspr pönalisierte Vertragsvereinbarungen vorliegen, die den Veräußerer von einer weiteren Verwendung abhalten, liegt ein wirksamer Ausschluss Dritter vor (*Fülbier/Honold/Klar* RiW 2000, 833 (838)). Ist das Unternehmen nicht in der Lage, einen (rechtlich oder faktisch) wirksamen Ausschluss Dritter sicherzustellen, liegt kein immaterieller Vermögenswert vor. Ggf sind dafür geleistete Ausgaben Bestandteile eines selbst geschaffenen Geschäfts- oder Firmenwerts (zB Mitarbeiterqualifikation aus Schulungen oder vorhandenem Know-

how, Kundenstamm, Marktanteile, Kundenbeziehungen (IAS 38.15 f)), für den ein Aktivierungsverbot besteht.

16 Der Nachweis des **künftigen wirtschaftlichen Nutzens** (IAS 38.17) hängt von dem Anwendungsbereich des Vermögenswerts ab. Unterschieden werden können dabei absatzseitige Umsatzsteigerungspotenziale, beschaffungs- und produktionsbezogene Kostenreduktionspotenziale sowie interne Nutzungsmöglichkeiten, wie zB bei zu Verwaltungszwecken eingesetzter Software (→ Rn 56 f).

III. Anwendungsbereich

17 IAS 38 regelt **Ansatz, Bewertung, Ausweis und Anhangangaben** für immaterielle Vermögenswerte **des Anlagevermögens** und wesensähnliche Ausgaben (wie Gründungs- und Anlaufkosten, Werbung, Personalentwicklungskosten).

Der Standard ist **nicht anzuwenden** auf:

(1) immaterielle Vermögenswerte, für die Regelungen in anderen Standards getroffen sind; dazu zählen nach IAS 38.3:
  (a) immaterielle Vermögenswerte, die zum Verkauf in einem normalen Geschäftsgang vorgehalten werden (IAS 2; → § 8 Rn 129 ff),
  (b) immaterielle Vermögenswerte, die im Kundenauftrag hergestellt werden (Softwareerstellung, Erarbeitung von Planungs- und Verfahrensunterlagen; IAS 11; → § 9 Rn 8 ff),
  (c) latente Steueransprüche (IAS 12; → § 25 Rn 1 ff),
  (d) Vermögenswerte aus Leasingverhältnissen im Anwendungsbereich des IAS 17 (§ 22),
  (e) Vermögenswerte aus Leistungen an Arbeitnehmer (IAS 19; → § 26 Rn 38 ff),
  (f) Geschäfts- oder Firmenwerte aus Unternehmenszusammenschlüssen (IFRS 3; → § 34 Rn 238 ff),
  (g) finanzielle Vermögenswerte (definiert in IAS 32 und normiert ua in IAS 27, IAS 28 und IAS 31; → § 3 Rn 49 ff) und
  (h) langfristige immaterielle Vermögenswerte, die zur Veräußerung vorgesehen sind und deshalb in den Anwendungsbereich des IFRS 5 fallen (§ 28).

(2) **branchenspezifische** immaterielle Vermögenswerte, wie zB:
  (a) Abbau- und Schürfrechte und Ausgaben für die Erschließung, Förderung oder den Abbau von Mineralien, Öl, Erdgas und ähnlichen nicht regenerativen Ressourcen (IFRS 6; § 42),
  (b) immaterielle Vermögenswerte, die aus vertraglichen Rechten eines Versicherers bei Versicherungsverträgen resultieren (IFRS 4; → § 40 Rn 44 ff).

18 **Leasingverhältnisse,** die **nicht** in den Anwendungsbereich des IAS 17 fallen, sind „Lizenzvereinbarungen zB über Filme, Videoaufnahmen, Theaterstücke, Manuskripte, Patente und Copyrights" (IAS 17.2(b)). Diese sind nach den Regeln des IAS 38 zu bilanzieren. Werden aufgrund eines Finanzierungsleasing-Verhältnisses immaterielle Vermögenswerte im Abschluss des Leasingnehmers erfasst, fällt die Folgebewertung in den Anwendungsbereich des IAS 38 (IAS 38.6). Ist ein immaterieller Vermögenswert Gegenstand einer Operating-Leasingvereinbarung, so ist die Erfassung beim Leasinggeber ebenfalls nach IAS 38 vorzunehmen.

19 In IAS 38.7 werden spezielle **branchentypische Sachverhalte** ausgeschlossen zB Vermögenswerte, die bei der Erschließung von Rohstoffvorkommen oder in der Versicherungswirtschaft entstehen können. Eine Nichtanwendung setzt voraus, dass eine Bilanzierung nach IAS 38 nicht zur Vermittlung eines den tat-

sächlichen Verhältnissen entspr Bilds der VFE-Lage des Unternehmens führen würde (IAS 1.15 ff; → § 2 Rn 44 ff) oder Branchenregelungen vorhanden sind (IFRS 4, IFRS 6).

20 Im **Anwendungsbereich** des IAS 38 eingeschlossen sind hingegen immaterielle Vermögenswerte, die zB in der rohstoffgewinnenden Industrie und der Versicherungsbranche auftreten, aber selbst keine branchenspezifischen Besonderheiten aufweisen (zB Standardsoftware, Patente (IAS 38.7)). Eine Konkretisierung und **branchenspezifische Anwendung** des IAS 38 durch Berücksichtigung vorhandener branchenspezifischer Regelungen der US-GAAP ist sachgerecht, soweit diese Regelungen nicht im Widerspruch zu den IFRS stehen (IAS 8.12). Für die Film- und Medienbranche kann hierbei auf FASB ASC Topic 926 und FASB ASC 926-20-25 zurückgegriffen werden. Dort sind ua konkrete Hinweise zum Umfang der Herstellungskosten und zur Abschreibungsmethode für das Film- oder Vorführvermögen enthalten (FASB ASC 926-35, → Rn 110).

21 Durch die Regelungen über die Erfassung von **Forschungs- und Entwicklungskosten** ist der Standard insbes für Branchen relevant, die umfangreiche Forschungs- und Entwicklungsleistungen erbringen oder Kosten zur Entstehung von immateriellen Vermögenswerten aufwenden (zB Pharma-, Software-, Automobil- sowie Film- und Medienindustrie). Auf die Art der Forschung und Entwicklung oder des Entstehungsprozesses kommt es dabei nicht an. Zu selbst entwickelter Software, die zur Veräußerung über einen anonymen Markt oder zur Eigennutzung vorgesehen ist → Rn 36 ff, → Rn 54 ff.

22 Der Standard regelt zudem die Erfassung bestimmter **Ausgaben,** wie zB für Werbung, Aus- und Weiterbildung, Gründungs- und Anlaufkosten eines Geschäftsbetriebs und die Schaffung oder Erhaltung von Geschäfts- oder Firmenwerten (IAS 38.5, → Rn 48 ff).

23 *(einstweilen frei)*

B. Ansatz von immateriellen Vermögenswerten

I. Grundsätze

24 Die **Ansatzvoraussetzungen** für immaterielle Vermögenswerte sind differenziert nach der Zugangsart der Vermögenswerte geregelt. Für **erworbene Vermögenswerte** (Anschaffung) sind die allgemeinen Ansatzvoraussetzungen des Rahmenkonzepts zu erfüllen (F.4.8 ff und F.4.44 f sowie → § 2 Rn 121 ff). **Selbst geschaffene immaterielle Vermögenswerte** (Herstellung) müssen darüber hinaus die in IAS 38.51 ff konkretisierten Ansatzvoraussetzungen erfüllen. Insoweit sind die im Folgenden dargestellten Ansatzvoraussetzungen für erworbene immaterielle Vermögenswerte (→ Rn 30 ff) als Basisansatzvoraussetzungen für selbst geschaffene Vermögenswerte (→ Rn 36 ff)) aufzufassen (IAS 38.51).

25 Bei der **Abgrenzung zwischen erworbenen und selbst geschaffenen immateriellen Vermögenswerten** können folgende Arten von Rechtsbeziehungen unterschieden werden:

(1) Ausgaben zur Erlangung von *konkret* bereits *vorhandenen* Rechtsbeziehungen (zB entgeltliche Übertragung von Rechten bzw Pflichten aus einem vorhandenen Vertragsverhältnis auf eine andere Partei),
(2) Ausgaben zur Erlangung von *abstrakt* bereits *vorhandenen* Rechtsbeziehungen (zB die entgeltliche Überlassung von Nutzungsrechten im Wege der Konzessionierung durch öffentliche Stellen) oder
(3) Ausgaben zur Erlangung von *neu* geschaffenen Rechtsbeziehungen (zB zwischen Produzent und Abnehmer vereinbarte Belieferungsrechte).

Erwerbsvorgänge bedürfen eines bereits vorhandenen Vermögenswerts wie unter (1) und (2) beschrieben. Sollte der Vermögenswert hingegen erst durch den Anschaffungsvorgang neu entstehen, liegt ein originärer und damit selbst geschaffener Vermögenswert vor, wie unter (3) dargestellt. Da für bestimmte selbst geschaffene immaterielle Vermögenswerte nach IAS 38.63f ein Bilanzierungsverbot besteht, ist die Unterscheidung zwischen erworbenen und selbst geschaffenen immateriellen Vermögenswerten für eine Aktivierung entscheidend.

(einstweilen frei) 26–28

Der Bilanzierung von **langfristigen Vermögenswerten** liegt jeweils die Grundkonzeption zugrunde, dass eine mangelnde **Zuverlässigkeit** bei der **Ermittlung der Anschaffungs- oder Herstellungskosten** oder des beizulegenden Zeitwerts des Vermögenswerts (ieS Bewertungsfragen) zu einem **Ansatzverbot** führt, auch wenn die übrigen Ansatzvoraussetzungen erfüllt sind (IAS 16.7(b), IFRS 3.10ff, IAS 38.21(b)). IdS ist die Zuverlässigkeit der Ermittlung der Anschaffungs- oder Herstellungskosten oder des beizulegenden Zeitwerts als **Ansatzvoraussetzung** aufzufassen (bei gesonderter Anschaffung IAS 38.25ff, → Rn 75f; Erwerb im Rahmen eines Unternehmenszusammenschlusses IAS 38.33, → Rn 80; Erwerb durch Zuwendung der öffentlichen Hand IAS 38.44, → Rn 87; Tausch IAS 38.45ff, → Rn 89; Herstellung IAS 38.51ff, → Rn 90ff; Einlage → Rn 94). Bei einer gesonderten Anschaffung eines immateriellen Vermögenswerts wird – abgeleitet aus einer direkten Kaufpreiszuordnung – unterstellt, dass die zuverlässige Ermittlung der Anschaffungskosten gegeben ist (IAS 38.25). Mangelnde Zuverlässigkeit kann sich zB aus einer fehlenden oder unsicheren Zuordnung von Ausgaben zu einem Vermögenswert oder aus einer nicht vermögenswertbezogenen Erfassung von Ausgaben ergeben. 29

II. Ansatz von erworbenen immateriellen Vermögenswerten

1. Allgemeine Voraussetzungen zum Ansatz von erworbenen immateriellen Vermögenswerten

Bei Erfüllung der Definitionskriterien (→ Rn 5) ist ein **immaterieller Vermögenswert** anzusetzen, wenn: 30

(a) es wahrscheinlich ist, dass dem Unternehmen der künftige wirtschaftliche Nutzen aus dem Vermögenswert zufließen wird und

(b) die Anschaffungskosten des Vermögenswerts verlässlich ermittelt werden können (IAS 38.21).

Damit sind die **allgemeinen Ansatzkriterien** nach dem Rahmenkonzept (F.4.8ff und F.4.37ff) zum Zeitpunkt der Aufstellung des Abschlusses zu erfüllen (→ § 2 Rn 121ff).

Der **Zufluss des künftigen wirtschaftlichen Nutzens** setzt bei erworbenen immateriellen Vermögenswerten zunächst wirtschaftliches Eigentum an dem Vermögenswert voraus. Zu dieser Voraussetzung kann vollumfänglich auf die Ausführungen zu den Sachanlagen verwiesen werden (→ § 5 Rn 12ff). 31

Darüber hinaus muss das Unternehmen „anhand von vernünftigen und begründeten Annahmen" (IAS 38.22) beurteilen, ob ein **künftiger wirtschaftlicher Nutzen** erwartet werden kann.

Maßgeblich ist, wie das **Management** die Rahmenbedingungen einschätzt, die während der Nutzungsdauer des Vermögenswerts bestehen werden. Dabei sind externe substanzielle Hinweise stärker zu gewichten als unternehmensinterne Informationen (IAS 38.23).

Der **künftige wirtschaftliche Nutzen** eines Vermögenswerts kann sich sowohl absatzseitig aus Marktchancen von Produkten oder Dienstleistungen als 32 auch durch Verbesserungen im Beschaffungs- und Produktionsprozess, die zu Kosteneinsparungen oder sonstigen Vorteilen führen, ergeben (IAS 38.17).

Führen etwa verbesserte Produktionsverfahren zu Kosteneinsparungen, könnten im Einzelfall jedoch auch **nachträgliche Anschaffungskosten** für bereits vorhandene immaterielle Vermögenswerte vorliegen (vgl analog für Sachanlagen IAS 16.12; → § 5 Rn 85). Dabei besteht grds die Problematik, dass sich mögliche Kosteneinsparungen nicht in erhöhter Ertragskraft auswirken, wenn Rationalisierungsvorteile an den Markt weitergegeben werden müssen, ohne dass Marktanteile hinzugewonnen werden können. Eine Aktivierung scheidet dann aus.

Die Wahrscheinlichkeit des **künftigen wirtschaftlichen Nutzens** setzt bei immateriellen Vermögenswerten auch die Fähigkeit des Unternehmens voraus, Dritte von diesem Nutzen auszuschließen. Diese Anforderung ist explizit Teil der Definitionskriterien für immaterielle Vermögenswerte (→ Rn 14; F.4.12, IAS 38.13).

Das zweite allgemeine Ansatzkriterium – eine **zuverlässige Ermittlung** der Anschaffungskosten – ist im Fall des Erwerbs immaterieller Vermögenswerte regelmäßig technischer Natur. Die Ermittlung von Anschaffungskosten ist aus dem Erwerb bzw aus dem internen Rechnungswesen ableitbar.

2. Besondere Regelungen beim Erwerb von immateriellen Vermögenswerten im Rahmen eines Unternehmenszusammenschlusses

33 Beim Ansatz von immateriellen Vermögenswerten im Rahmen eines **Unternehmenszusammenschlusses** wird generell davon ausgegangen, dass der künftige Nutzenzufluss wahrscheinlich und der beizulegende Zeitwert zuverlässig bestimmbar ist, sofern der immaterielle Vermögenswert separierbar ist oder aus vertraglichen oder gesetzlichen Rechten entsteht. Hier wird davon ausgegangen, dass der beizulegende Zeitwert im Rahmen der Kaufpreisallokation bereits die zukünftigen Erwartungen reflektiert und ausreichend Informationen vorhanden sind, um den beizulegenden Zeitwert zu bestimmen (IAS 38.33; darin wird zudem klargestellt, dass die zukünftigen Erwartungen der Marktteilnehmer, nicht die des Unternehmens, relevant sind).

34 IFRS 3.13f und IFRS 3.B31ff regeln die Voraussetzungen zum Ansatz von immateriellen Vermögenswerten im Rahmen eines Unternehmenszusammenschlusses (→ § 34 Rn 102ff). Im Rahmen von **Unternehmenserwerben** können aufgrund der Fiktion der Einzelanschaffung von Vermögenswerten und Schulden grds auch **immaterielle Vermögenswerte** identifiziert werden, die im Abschluss des erworbenen Unternehmens nicht angesetzt waren. Die Regelungen in IFRS 3 zielen darauf ab, sämtliche **identifizierbaren immateriellen Vermögenswerte** separat vom Geschäfts- oder Firmenwert zu erfassen. Sie sind nicht auf langfristige immaterielle Vermögenswerte beschränkt. Die Identifizierbarkeit ist gegeben, wenn entweder der Vermögenswert vom Unternehmen getrennt und separat verwertet werden kann (IFRS 3.B33) oder der Vermögenswert auf einem vertraglichen oder gesetzlichen Recht beruht (IFRS 3.B32; → Rn 11). Das Kriterium der **Verkehrsfähigkeit** ist nicht auf den einzelnen immateriellen Vermögenswert bezogen; eine grds Übertragbarkeit oder Verwertung zusammen mit einem anderen Vermögenswert ist ausreichend (IFRS 3.B33f; → Rn 12). Bei dem zweiten Kriterium – vertragliches oder gesetzliches Recht – ist eine vom Unternehmen getrennte Verwertung oder Verwertungsmöglichkeit nicht gefordert.

Beispiele für identifizierbare immaterielle Vermögenswerte aus vertraglichen oder gesetzlichen Rechten sind:

(1) Vorteilhafte Vertragsbedingungen in Leasing-, Miet- oder Pachtverträgen vor allem in Bezug auf den Preis in Relation zu Marktverhältnissen im Zeitpunkt des Unternehmenszusammenschlusses (IFRS 3.B32(a)),

(2) Genehmigungen zum Betrieb von industriellen Großanlagen, die grds übertragbar sind, aber aufgrund der Investitionsbindung praktisch nicht trennbar von dem Unternehmen sind (Kraftwerk oÄ; IFRS 3.B32(b)),

(3) geschützte Patente und auf deren Basis erteilte Lizenzen, auch wenn eine getrennte Verwertung nicht möglich ist (IFRS 3.B32(c)).

Wesentliche Voraussetzung für den Ansatz zuvor nicht bilanzierter immate- 35
rieller Vermögenswerte ist, dass aus Sicht des erwerbenden Unternehmens die Definitionskriterien erfüllt werden. Dies kann zB der Fall sein für beim Verkäufer nicht aktivierte Forschungs- und Entwicklungsprojekte (→ Rn 64ff), vom erworbenen Unternehmen selbst geschaffene aber vertraglich gesicherte Kundenbeziehungen, Produkt- oder Dachmarken sowie besondere Produktionsverfahren. Kann insbes eine Abgrenzung zum **Geschäfts- oder Firmenwert** oder eine vertragliche Grundlage nicht sichergestellt werden, scheidet ein separater Ansatz aus, und es liegt ein Bestandteil des Geschäfts- oder Firmenwerts vor (IAS 38.36f ua mit weiteren Beispielen). Ist eine Trennung des immateriellen Vermögenswerts vom Unternehmen, aber nicht von einem anderen Vermögenswert möglich, so ist ein zusammengefasster Ansatz vorzunehmen (zB Warenzeichen für Mineralwasser und die dazugehörige Quelle). Auf die konkrete Veräußerungsabsicht kommt es nicht an (→ Rn 11; IAS 38.12(a), IAS 38.36).

III. Ansatz von selbst geschaffenen immateriellen Vermögenswerten

IAS 38 sieht aufgrund der Komplexität der Identifizierung von **selbst ge-** 36
schaffenen immateriellen Vermögenswerten und der Ermittlung ihrer Herstellungskosten zusätzliche **Ansatzvoraussetzungen** vor (IAS 38.51). Hierfür wird der interne Erstellungs- oder Entstehungsprozess in eine **Forschungs- und eine Entwicklungsphase** aufgeteilt und versucht, die Wahrscheinlichkeit des zukünftigen Nutzens aus selbst geschaffenen immateriellen Vermögenswerten zu konkretisieren (IAS 38.52). Der typisierte Erstellungs- oder Entstehungsprozess, der sich unterteilt in eine Forschungs- und eine Entwicklungsphase, ist auf sämtliche selbst geschaffenen immateriellen Vermögenswerte anzuwenden, die nicht dem Ansatzverbot des IAS 38.63f unterliegen (zB Softwareerstellung für die eigene Nutzung oder die Massenvermarktung, Medikamentenentwicklung, Entwicklung von Fertigungs- oder Dienstleistungsprozessen sowie Produktentwicklung). Die Definitionen lassen schon erkennen, dass zB marketingbezogene oder kundenorientierte immaterielle Vermögenswerte nicht erfasst werden, sondern auf die technologiebasierte Entwicklung abgestellt wird.

Die **Forschung** ist danach „die eigenständige und planmäßige Suche mit der Aussicht, zu neuen wissenschaftlichen oder technischen Erkenntnissen zu gelangen" (IAS 38.8).

„**Entwicklung** ist die Anwendung von Forschungsergebnissen oder anderem Wissen auf einen Plan oder Entwurf für die Produktion von neuen oder beträchtlich verbesserten Materialien, Vorrichtungen, Produkten, Verfahren, Systemen oder Dienstleistungen. Die Entwicklung findet dabei vor Beginn der kommerziellen Produktion oder Nutzung statt" (IAS 38.8).

37 Die Anforderungen an die Zuordnung von **Ausgaben** zu einer der beiden Phasen und die eindeutige Trennung der Ausgaben von Kosten der allgemeinen Unternehmensentwicklung sind als Kriterien der Zuverlässigkeit der Ermittlung der Herstellungskosten zu interpretieren (IAS 38.57f, IAS 38.62).

Ist eine Trennung der beiden Phasen nicht möglich, sind sämtliche Ausgaben als Ausgaben der Forschungsphase anzusehen und unterliegen dem **Ansatzverbot** (IAS 38.53). Demnach ist eine ausschließlich pauschale Aufteilung von Kosten einer Forschungs- und Entwicklungsabteilung unzulässig.

Die Aktivierung von Entwicklungskosten führt zu **passiven latenten Steuern** (→ § 25 Rn 102), sofern für steuerliche Zwecke keine Entwicklungskosten oder Entwicklungskosten in unterschiedlicher Höhe aktiviert werden.

1. Forschungsphase

38 Innerhalb der Forschungsphase entstehende immaterielle Vermögenswerte bzw Ausgaben, die dieser Phase zugeordnet werden können, sind als Aufwand der Periode zu erfassen, in der sie anfallen (IAS 38.54). Dieses pauschale **Ansatzverbot** wird selbst bei entstandenen immateriellen Vermögenswerten damit begründet, dass in der Forschungsphase (die der Entwicklungsphase regelmäßig zeitlich vorgelagert ist) ein künftiger wirtschaftlicher Nutzen für selbst geschaffene Werte nicht nachweisbar ist (IAS 38.55).

39 Das pauschale **Ansatzverbot** ist jedoch nicht auf erworbene immaterielle Vermögenswerte auszudehnen, die für Forschungszwecke im Unternehmen eingesetzt werden, wie zB Standardsoftware in der Forschungsabteilung (gegenteilige Auffassung für Software *Küting/Pilhofer/Kirchhof* WPg 2002, 73 (75)). Eine zwingende Aufwandserfassung von Ausgaben, die aufgrund des Einsatzes für Forschungstätigkeiten grds als Sachanlagen oder erworbene immaterielle Vermögenswerte aktivierungsfähig sind, widerspricht dem Grundgedanken, dass der künftige wirtschaftliche Nutzen von gemeinschaftlichen Vermögenswerten mit Hilfe des erzielbaren Betrags einer zahlungsmittelgenerierenden Einheit (ZGE) gemessen werden kann (IAS 36.100ff; → § 27 Rn 109). Gleichermaßen fällt der Erwerb eines Entwicklungsprojekts, bei dem ggf neben Entwicklungsleistungen auch Aufwendungen für die zugrunde liegenden Forschungsleistungen mitbezahlt werden, nicht (auch nicht teilweise) unter das Ansatzverbot.

40 In Abgrenzung zur Entwicklungsphase ist die **Forschungsphase** von Aktivitäten geprägt, die zu neuen wissenschaftlichen oder technischen Erkenntnissen führen können. Es mangelt an einem unmittelbaren Bezug zu konkreten Produkten oder Produktionsverfahren und damit an einer marktorientierten Beurteilungsbasis. Beispiele für Forschungsaktivitäten sind gem IAS 38.56:

(a) Aktivitäten, die auf die Erlangung neuer Erkenntnisse ausgerichtet sind,
(b) die Suche nach sowie die Abschätzung und endgültige Auswahl von Anwendungen für Forschungsergebnisse und für anderes Wissen,
(c) die Suche nach Alternativen für Materialien, Vorrichtungen, Produkte, Verfahren, Systeme oder Dienstleistungen, und
(d) die Formulierung, der Entwurf sowie die Abschätzung und endgültige Auswahl von möglichen Alternativen für neue oder verbesserte Materialien, Vorrichtungen, Produkte, Verfahren, Systeme oder Dienstleistungen (zur Abgrenzung die Beispiele zur Entwicklungsphase in → Rn 42).

41 Da unternehmerische **Forschungstätigkeiten** letztlich immer auf die Vermarktung oder Verwertung der Ergebnisse ausgerichtet sind, sind sämtliche Tätigkeiten, die gedanklich den Entwicklungstätigkeiten vorgelagert sind, als Forschungstätigkeiten aufzufassen. Eine Zuordnung zur Forschungsphase ist demnach im Wesentlichen durch **Negativabgrenzung** zur Entwicklungsphase vorzuneh-

men (zu praktischen Problemen bei der Softwareentwicklung → Rn 54 ff). Wird in praktischen Fällen von dieser idealtypischen Reihenfolge abgewichen oder ist keine Trennung möglich, scheidet eine Aktivierung aus.

2. Entwicklungsphase

In der **zeitlich nachgelagerten** Entwicklungsphase hält IAS 38 es für grds möglich, dass ein zukünftiger wirtschaftlicher Nutzen für entstehende immaterielle Vermögenswerte nachgewiesen werden kann (IAS 38.58). Dies wird im Wesentlichen mit dem **Reifegrad** der Entwicklungsprojekte und mit konkreten Umsetzungsplänen, die zu einer Marktfähigkeit der immateriellen Vermögenswerte führen, begründet. 42

„**Beispiele für Entwicklungstätigkeiten** sind (IAS 38.59):
(a) der Entwurf, die Konstruktion und das Testen von Prototypen und Modellen vor Aufnahme der eigentlichen Produktion und Nutzung,
(b) der Entwurf von Werkzeugen, Spannvorrichtungen, Prägestempeln und Gussformen unter Verwendung neuer Technologien,
(c) der Entwurf, die Konstruktion und der Betrieb einer Pilotanlage, die von ihrer Größe her für eine kommerzielle Produktion wirtschaftlich ungeeignet ist und
(d) der Entwurf, die Konstruktion und das Testen einer gewählten Alternative für neue und verbesserte Materialien, Vorrichtungen, Produkte, Verfahren, Systeme oder Dienstleistungen".

Anhand der Beispiele wird deutlich, dass die Einordnung von Tätigkeiten in die **Entwicklungsphase** konkrete Umsetzungspläne in Form von Entwürfen, Konstruktionsplanungen, sonstige Planungsunterlagen oder Projektbeschreibungen für zu entwickelnde Produkte, marktfähige Techniken oder Fertigungsverfahren voraussetzt (IAS 38.57). Für die Nachweisführung sind Unterlagen erforderlich, die regelmäßig erst im Stadium konkreter Produkt- oder Verfahrensentwicklung vorliegen (zB Unterlagen zur technischen Realisierbarkeit, Schätzung von Investitionskosten, Marktanalysen, Ertragsprognosen, Unternehmenspläne zur Finanzierung und Projektbetreibung).

Die Ausgaben im Zusammenhang mit der Entwicklung eines selbst geschaffenen immateriellen Vermögenswerts sind unter folgenden **Voraussetzungen** zu aktivieren: 43
(1) technische Realisierbarkeit bis zur Fertigstellung des immateriellen Vermögenswerts für die interne Nutzung oder den Verkauf (zB durch Konstruktionspläne, Programmdesign, Modelle, Verfahrens- oder Produktbeschreibungen, technische Einschätzungen über die Realisierbarkeit; IAS 38.57(a)),
(2) Absicht des Unternehmens, den Vermögenswert fertig zu stellen, zu nutzen oder zu verkaufen (zB durch Investitions- oder Entwicklungsplanungen, projektbezogene Finanzierungspläne, die die Kosten für die Fertigstellung und Markteinführung beinhalten; IAS 38.57(b)),
(3) Fähigkeit des Unternehmens, den immateriellen Vermögenswert zu nutzen oder zu verkaufen und Verfügbarkeit der dafür erforderlichen technischen, finanziellen und sonstigen Ressourcen (zB durch Unternehmens- und Finanzierungspläne, die sämtliche Kosten für die Nutzung im Leistungsprozess enthalten, durch Finanzierungspläne oder -zusagen für die Entwicklungskosten oder Vermarktung (IAS 38.57(c) und (e), IAS 38.61),
(4) Konkretisierung des zukünftigen wirtschaftlichen Nutzens durch Nachweis eines Markts für den Vermögenswert oder für Produkte und Verfahren, die mit Hilfe des Vermögenswerts hergestellt oder verkauft werden sollen oder durch Nachweis von verminderten Kosten im Leistungsprozess oder sonstiger

Vorteile aus der Nutzung des Vermögenswerts (zB durch Marktanalysen, Wirtschaftlichkeitsberechnungen; IAS 38.57(d)) und

(5) Ermittlung des erzielbaren Betrags nach IAS 36 (durch Dokumentation der Berechnungen nach IAS 36, IAS 38.60 sowie → § 27 Rn 20ff und → § 27 Rn 154).

Werden die vorstehenden Kriterien kumulativ erfüllt und die Entwicklungsleistungen unterliegen nicht dem expliziten Ansatzverbot des IAS 38.63ff, besteht nach IAS 38.57 eine Ansatzpflicht.

Beispiel 1: Die Maschinenbau GmbH lässt verschiedene Materialien auf Belastbarkeit bei einem Materialprüfungsinstitut prüfen. Auf Basis der Belastbarkeitstests entscheidet sich das Unternehmen, eine neue Rahmenkonstruktion für die Baumaschinen zu entwickeln, da ab diesem Zeitpunkt die Ingenieure keine Bedenken hinsichtlich der technischen Realisierung haben. Die Nachfrage nach diesem neuen Maschinentyp ist vorhanden und die übrigen Voraussetzungen für die Aktivierung sind nachgewiesen. Folglich aktiviert die Maschinenbau GmbH mit Abschluss der Belastungstests die Entwicklungskosten.

Beispiel 2: In der **Pharmaindustrie** durchlaufen die Produkte verschiedene Phasen (Forschung, vorklinische Entwicklung, klinische Entwicklung, Zulassung und Markteinführung). Zwar können die einzelnen Phasen und die entspr Ausgaben regelmäßig voneinander abgegrenzt werden, allerdings hängt die Zulassung des Medikaments von der Wirksamkeit und weiteren Faktoren (wie zB Nebenwirkungen, Testergebnisse, Verträglichkeit) ab. IdR kann der Nachweis dieser Faktoren erst im Rahmen der staatlichen Zulassung erbracht werden, sodass es bis zum Zeitpunkt der staatlichen Zulassung regelmäßig nicht als ausreichend sicher (gem IAS 38.57(d)) angesehen wird, dass ein voraussichtlicher künftiger Nutzen erzielt wird (*Behrendt-Geißler/Weißenberger* KoR 2012, 56 (59)). Die Aktivierungsvoraussetzungen wären demzufolge erst mit der Erteilung der staatlichen Zulassung erfüllt. Unternehmen der Pharmaindustrie geben die Ausgaben für Forschung und Entwicklung daher eher im Anhang an (IAS 38.126).

Beispiel 3: Im Gegensatz zur Pharmaindustrie werden Entwicklungskosten im **Automobilbau** regelmäßig aktiviert. Die Marktchancen eines neuen Modells einer etablierten Automarke sind deutlich besser und zeitlich früher in der Entwicklungsphase nachweisbar, als Marktchancen eines neuen Medikaments. Der Erhalt der allgemeinen Betriebserlaubnis für neue Modelle im Automobilbau hat durch die technische Variierbarkeit nicht diesen Ausschließlichkeitscharakter (*Behrendt-Geißler/Weißenberger* KoR 2012, 56 (60)).

44 Entwicklungsprozesse bergen ihrer Natur nach das grds **Risiko** eines ungewissen Projekterfolgs, sodass ein sicherer Nachweis für die **Realisierbarkeit** erst nach Fertigstellung des Projekts möglich ist. Die Anforderungen an das Kriterium „technische Realisierbarkeit" (IAS 38.57(a)) können indes nicht über die grds Anforderungen der Wahrscheinlichkeit eines künftigen wirtschaftlichen Nutzens hinausgehen. Danach muss es zum Bilanzierungszeitpunkt **wahrscheinlich** sein, dass das Projekt technisch realisiert werden kann und etwaige erforderliche Genehmigungsverfahren (zB Zulassungsverfahren in der Pharmaindustrie) positiv durchlaufen werden. In diese Beurteilung können grds vergleichbare abgeschlossene Entwicklungsprojekte des Unternehmens mit einbezogen werden, da sich hieraus Hinweise auf vorhandenes Know-how und die allgemeine Fähigkeit des Unternehmens, derartige Projekte durchzuführen, ergeben. **Anhaltspunkte** können dabei aus einer Betrachtung der in der Vergangenheit erfolgreich durchgeführten Entwicklungsprojekte im Vergleich zu den gesamten Entwicklungsprojekten abgleitet werden. Eine Annahme des Realisierungskriteriums, zB erst bei abschließender Sicherheit über die Realisierbarkeit, geht über die Anforderungen des Wahrscheinlichkeitskriteriums hinaus, wenn nicht im Einzelfall besondere Umstände vorliegen (zB keine Entwicklungshistorie, junge Unternehmensgeschichte, besondere Entwicklungsrisiken).

Nach IAS 38.57(d) muss für die Darlegung der technischen Realisierbarkeit zunächst lediglich nachgewiesen werden, **wie** der immaterielle Vermögenswert einen **wahrscheinlichen Nutzen** erzeugen wird. Dabei wird ergänzt, dass dies bei einer unternehmensinternen Verwendung auch durch die Nutzungsfähigkeit belegt werden kann. Dieser Nachweis verlangt noch keine quantitative Beurteilung. Allerdings wird nach IAS 38.60 klargestellt, dass der Nachweis des künftigen wirtschaftlichen Nutzens dagegen durch die Ermittlung des erzielbaren Betrags (IAS 36) zu erfolgen hat. Dieser quantitative Nutzennachweis ist dabei sowohl für die externe als auch für die unternehmensinterne Verwendung vorzunehmen. Sofern der immaterielle Vermögenswert lediglich in Zusammenhang mit anderen Vermögenswerten Zahlungsströme erwirtschaftet, ist das Konzept der zahlungsmittelgenerierenden Einheiten (ZGE) anzuwenden. 45

Für die **Ansatzvoraussetzung „verlässliche Ermittlung der Herstellungskosten"** fordert IAS 38.62 interne Kostenrechnungssysteme, die in der Lage sind, sämtliche Ausgaben der Entwicklungsphase eindeutig sachlich zuzuordnen (IAS 38.53). Das kann durch eine Kostenträger- und eine ausreichend gegliederte Kostenstellenrechnung gewährleistet werden, die direkte Kosten und Gemeinkosten der Entwicklungsprojekte erfassen. 46

Eine Aktivierung von Ausgaben für immaterielle Vermögenswerte in der Entwicklungsphase ist frühestens ab dem Zeitpunkt möglich, in dem die vorgenannten Nachweise (→ Rn 43) vollständig erbracht wurden (IAS 38.65). Diese Regelung über den **Ansatzzeitpunkt** ist dynamisch aufzufassen. Kosten, die vor diesem Zeitpunkt angefallen sind, sind nicht aktivierungsfähig, auch wenn sie dem Entwicklungsprozess nachträglich explizit zugeordnet werden können und durch den erzielbaren Betrag gedeckt sind (Beispiel zu IAS 38.65). Durch die bewusste Steuerung von Aktivierungsvoraussetzungen hinsichtlich der zu erbringenden Dokumentation kann somit Einfluss auf die Höhe der Aktivierung genommen werden. Jegliche Wertaufhellung ist ausgeschlossen, es ist auf den speziellen unterjährigen Zeitpunkt abzustellen (*EY* 2015, 1224f).

Beispiel: Die Industrie AG stellt für ein lfd internes ERP-Softwareprojekt fest, dass die Vorbereitungen abgeschlossen sind und dass unter Berücksichtigung der Finanzierungszusage am 27. Mai des lfd Jahrs von der Realisierung des Projekts ausgegangen werden kann. Alle sonstigen Voraussetzungen lagen bereits vor. Sämtliche Aufwendungen, die zeitlich nach dem 27. Mai anfallen, wie Programmierungsleistungen eines EDV-Dienstleisters, eigene Personalkosten für die Projektdurchführung und Kosten für Testläufe, sind bis zur Fertigstellung des Projekts zu aktivieren.

Eine **Nachaktivierung** von **Kosten** aus **Vorperioden** für später ansatzfähige immaterielle Vermögenswerte ist unzulässig (IAS 38.65, IAS 38.71). Dieses Nachaktivierungsverbot gilt nicht für die nachträgliche Identifizierung oder Bewertungsänderung von immateriellen Vermögenswerten im Rahmen von Unternehmenserwerben (IFRS 3.45ff; zum Regelungsgehalt → § 34 Rn 93ff und → § 34 Rn 250ff). 47

3. Ansatzverbote

Ein Ansatzverbot besteht für aus **Forschungstätigkeit** entstandene immaterielle Vermögenswerte (IAS 38.54; → Rn 36) und Entwicklungstätigkeiten, für die die Voraussetzungen nach IAS 38.57 nicht erfüllt sind. 48

Daneben nennt IAS 38.63 **bestimmte immaterielle Vermögenswerte,** für die ein Ansatz ausgeschlossen ist, da eine Trennung von den Ausgaben für die Entwicklung des Unternehmens als Ganzes nicht möglich ist (IAS 38.64). Darunter fallen Ausgaben für selbst geschaffene Markennamen, Verlagsrechte, Drucktitel, Kundenlisten sowie Kosten für wesensähnliche Sachverhalte (IAS 38.16,

IAS 38.63). Dieser Beispielkatalog kann darüber hinaus verwendet werden, um die Definitionskriterien für das Vorliegen eines **erworbenen immateriellen Vermögenswerts** bei externen Ausgaben dieser Art zu beurteilen.

49 Die genannten Kosten können Teil eines **selbst geschaffenen Geschäfts- oder Firmenwerts** sein, der einem expliziten Ansatzverbot unterliegt (IAS 38.48). Das Ansatzverbot hat vor allem klarstellende Bedeutung, da ein selbst geschaffener Geschäfts- oder Firmenwert sich aus einer Reihe von Vorteilen oder Chancen im wirtschaftlichen Verkehr zusammensetzt, die regelmäßig nicht die Definitionskriterien für immaterielle Vermögenswerte – insbes Identifizierung und Beherrschung – erfüllen.

50 Daneben werden weitere **Ausgaben für wesensähnliche Sachverhalte** (IAS 38.69; → Rn 1) explizit von einer Aktivierung als immaterielle Vermögenswerte ausgenommen. Dazu zählen:

(1) Gründungskosten (Rechts- und sonstige Kosten bei der Gründung einer rechtlichen Einheit für ein Unternehmen, Eröffnungskosten),
(2) Anlauf- und Erweiterungskosten für Geschäftsbetriebe, Betriebsstätten, Produktionsstätten, Produktfelder, Tätigkeitsbereiche, Produktionsverfahren, soweit die Kosten keine Bestandteile von Sachanlagen sind,
(3) Ausgaben für Aus- und Weiterbildungen von Personal,
(4) Ausgaben für Werbung, Verkaufsförderung, sonstige Maßnahmen zur Gewinnung der Kundenloyalität,
(5) Ausgaben für Verlegung oder Reorganisation von Unternehmensteilen oder des Gesamtunternehmens.

51 Da eine Erfassung als immaterieller Vermögenswert ausscheidet, sind diese Ausgaben **periodengerecht abzugrenzen** und **aufwandswirksam** zu erfassen (IAS 38.68). In IAS 38.69 und IAS 38.69A wird der konkrete **Zeitpunkt der Aufwandserfassung** determiniert. Danach ist der Aufwand im Zeitpunkt der Erlangung der Verfügungsmacht über zB Werbemittel wie Kataloge oder zum Erfüllungszeitpunkt einer Dienstleistung zu erfassen. Eine Verteilung nach dem *matching principle* oder nach dem Verbrauch zB entspr der Verteilung der Kataloge oder Werbemittel scheidet aus. Bei Vorauszahlungen für nichtaktivierungsfähige Güter oder Leistungen ist bis zur Erfüllung ein entspr Vermögenswert für die Rückgewähr der geleisteten Anzahlung zu bilanzieren (IAS 38.70).

Beispiel: Die Erstellung einer Website kann grds in eine Forschungs- und Entwicklungsphase unterteilt werden. Dient die Website ausschließlich zu Werbezwecken oder Kundeninformationen, so scheidet eine Aktivierung der Entwicklungskosten aufgrund des Ansatzverbots aus (SIC-32.8). Die Erfassung des Werbeaufwands ist in dem Zeitpunkt vorzunehmen (bzw über den Zeitraum), in dem (bzw über den) der Dienstleister seine Verpflichtungen gem der Dienstleistungsvereinbarung erfüllt.

IV. Sonderfälle im Zusammenhang mit dem Ansatz von immateriellen Vermögenswerten

1. Kundenakquisitionskosten

52 Sofern der direkte Vertragspartner Vergütungen im Zusammenhang mit dem Abschluss des Vertrags erhält (zB verbilligte Abgabe von Mobiltelefonen bei einem mehrjährigen Nutzungsvertrag), kann die **Einstiegsvergütung an den Kunden** auf zwei unterschiedliche Art und Weisen interpretiert werden:

(a) Entweder als Grundlage für den Erwerb des Kundenvertrags, oder
(b) als Leistungserbringung im Rahmen des bestehenden Kundenvertrags.

Sofern die Einstiegsvergütung als Grundlage zum **Erwerb eines Kundenvertrags** interpretiert wird, handelt es sich bei diesem Kundenvertrag um einen selbst geschaffenen immateriellen Vermögenswert, weil der Vertrag nicht bereits vor der Vergütung an den Kunden vorhanden ist, sondern in dem Vertrag mit dem Kunden selbst die Vergütung an den Kunden geregelt ist. Nach IAS 38.63f besteht aber ein Ansatzverbot, sofern es sich bei dem selbst geschaffenen immateriellen Vermögenswert um eine selbst geschaffene Kundenliste bzw ihrem Wesen nach um einen ähnlichen immateriellen Vermögenswert handelt (IAS 38.63f). Fraglich ist allerdings, inwieweit Kundenverträge analog zu Kundenlisten uÄ angesehen werden können oder müssen. Zur Wesensbestimmung der Kundenverträge findet sich keine Erläuterung in IAS 38.BCZ45. In der Literatur wird diese Frage somit auch unterschiedlich gesehen. Während nach *Lüdenbach/Hoffmann/Freiberg* IFRS § 13 Rz 55 eine Aktivierung als vertretbar angesehen wird, schließen *pwc* 2015 Rz 15.68 *(Example)* und auch *KPMG* 2014/15 Rz 2.6.740ff eine Aktivierung in diesem Fall aus. Begründet wird das Aktivierungsverbot nach IAS 38.64 mit dem Umstand, dass Ausgaben für diese selbstgeschaffenen immateriellen Vermögenswerte nicht von den Ausgaben für die Entwicklung des Unternehmens als Ganzes unterschieden werden können. Da uE die Schaffung von neuen Verträgen bzw die Erweiterung der Kundenbasis dem Unternehmenszweck als Ganzes dient, fallen daher die Ausgaben für den Abschluss von neuen Kundenverträgen unter das **Aktivierungsverbot** nach IAS 38.63.

Sofern die Einstiegsvergütung als **Leistungserbringung im Rahmen des bestehenden Kundenvertrags** interpretiert wird (s oben (b)), sind die Regelungen zur Umsatzrealisierung nach IAS 18 (→ § 15 Rn 10ff) bzw IFRS 15 (→ § 15 Rn 46ff) anzuwenden. Da Einstiegsvergütungen nach IFRS 15 nunmehr eindeutig geregelt sind, bleibt für die Interpretation eines zu aktivierenden immateriellen Vermögenswerts zukünftig kein Raum mehr. Insofern kann es zu entspr Anpassungen bei der erstmaligen Anwendung des IFRS 15 kommen (→ § 15 Rn 66f).

Davon zu unterscheiden ist die Aktivierung von sog **Kundenakquisitionskosten, die an fremde Dritte** (zB Handelsvertreter) gezahlt werden. Da Grundlage für die Provisionszahlung ein bereits vorhandener Kundenvertrag ist, gilt dieser demzufolge als derivativ erworben (vgl *KPMG* 2014/15 Rz 2.6.760ff)). Diese Sichtweise wird auch unter Bezugnahme auf IFRS 15.91f bestätigt. 53

2. Software

Abgrenzungsprobleme kann zudem die Klassifizierung von Software als **erworbener oder selbst geschaffener immaterieller Vermögenswert** bereiten. Sollte mit einem Softwareunternehmen zur Programmierung einer Software ein Werkvertrag abgeschlossen worden sein, so ist davon auszugehen, dass das Softwareunternehmen eine in seiner Verantwortung erstellte Software programmiert hat und damit der Auftraggeber einen bereits vorhandenen immateriellen Vermögenswert erwerben kann. Sollte hingegen ein Dienstleistungsvertrag abgeschlossen werden, ist davon auszugehen, dass das Softwareunternehmen eher als Erfüllungsgehilfe ähnlich interner Mitarbeitern agiert. In diesem Fall handelt es sich um eine selbst erstellte Software, die nach den Grundsätzen von selbst geschaffenen immateriellen Vermögenswerten zu bilanzieren ist (→ Rn 36ff). 54

Nach IFRS bestehen für die Aktivierung von Ausgaben im Rahmen der **Softwareentwicklung** für einen anonymen Markt und für die Eigennutzung keine spezifischen Vorschriften. Daher kann zur Auslegung von Zweifelsfragen unter Bezugnahme auf IAS 8.12 auf die Regelungen nach US-GAAP zurückgegriffen werden, die auf die **technische Durchführbarkeit** abstellen (FASB ASC 985-20-25). Das Kriterium beinhaltet neben der technischen Komponente auch 55 eine Beurteilung der Absicht und der Fähigkeit des Unternehmens, den Entstehungsprozess erfolgreich abzuschließen. Insoweit besteht kein wesentlicher Unterschied zu IAS 38.57.

56 Als Konkretisierung wird für selbst erstellte und **zur Eigennutzung vorgesehene Software** eine Einteilung des Softwareentstehungsprozesses in **drei Phasen** empfohlen (FASB ASC 350-40):
(1) Projektvorbereitungsphase (Auswahl und Bewertung von konzeptionellen Alternativen, Erstellung eines Programmdesigns),
(2) Entwicklungsphase (Erarbeitung des Quellcodes, Konfigurationen, Schnittstelleneinrichtung, Test),
(3) Einführungs- und Anwendungsphase (sämtliche Prozesse nach Fertigstellung der Software wie Mitarbeiterschulung und Training).

57 Die Phase (1) „Projektvorbereitungsphase" wäre dementsprechend mit der Phase der Forschung nach IAS 38.54 ff gleichzusetzen. In der Praxis können die **Phasen** (1) und (2) **zeitlich** nicht immer eindeutig voneinander **abgegrenzt** werden, da sie regelmäßig nicht sequentiell, sondern überlappend oder iterativ erfolgen. ZB ist es Wesen jeder Softwareentwicklung, dass lfd Modifikationen und Anpassungen vorgenommen werden, die wiederum zu Tätigkeiten führen können, die der Phase (1) bzw der Forschungstätigkeit zugeordnet werden. In der Literatur wird eine Aktivierung bei iterativen Entwicklungsprozessen überwiegend abgelehnt (so *Lüdenbach/Hoffmann/Freiberg* IFRS § 13 Rz 40; *Christian/Kern* PiR 2014, 168 (170)). Gleichzeitig erfolgt die Aktivierung von Kosten der Softwareentwicklung in der Praxis aber uneinheitlich (*Behrendt-Geißler/Weißenberger* KoR 2012, 56 (61); *Eppinger/Hägele/Orterer* IRZ 2013, 421 (423)). Dies wird insbes mit der ermessensbehafteten Entscheidung begründet, ob überhaupt ein iterativer oder sequenzieller Entwicklungsprozess vorliegt (*Christian/Kern* PiR 2014, 168 (170)). Vor dem Hintergrund der Vorschriften in IAS 38 kann eine Aktivierung dabei wie folgt begründet werden:
(1) Sämtliche Tätigkeiten im Zusammenhang mit nachträglichen lfd Anpassungen/Modifikationen sind vollständig der Entwicklung zuzuordnen, weil lfd Anpassungen Wesen einer regulären Softwareentwicklung sind.
(2) Tätigkeiten im Zusammenhang mit nachträglichen lfd Anpassungen/Modifikationen führen zu einem neuen immateriellen Vermögenswert, der separat in eine Forschungs- und Entwicklungsphase zu unterteilen ist. Die Entwicklung eines Softwareprojekts würde folglich in mehrere Forschungs- und Entwicklungsphasen unterteilt werden. Eine zusammengefasste Bilanzierung wäre unter den Voraussetzungen von IAS 38.57 zulässig.
(3) Eine sequenzielle Abfolge von Forschungs- und Entwicklungsphase wird nach dem Wortlaut des IAS 38 nicht explizit verlangt, sondern nur eine konkrete Zuordnung von Tätigkeiten auf Forschungs- bzw Entwicklungsphase. Die Trennung der Phasen dürfte in diesem Fall nicht zeitlich sequenziell, sondern inhaltlich funktional verstanden werden. Forschungs- und Entwicklungsphase könnten in diesem Fall nebeneinander bestehen.

UE sind alle diese Sichtweisen denkbar, um eine Aktivierung von Ausgaben bei der Softwareentwicklung vor dem Hintergrund der Anforderungen des IAS 38 begründen zu können. Vor dem Hintergrund der unterschiedlichen Möglichkeiten zur Interpretation von Bestimmungen und deren ermessensbehaftetes Auslegen (ua iZ mit der Aktivierung von Entwicklungskosten) hat die DPR bereits die „mangelnde Durchsetzbarkeit" des Standards kritisiert (*DPR* Tätigkeitsbericht 2012, 9).

58 Für **Software,** die auf einem **anonymen Markt** vertrieben werden soll, wird – nach US-GAAP – ebenfalls ein Phasenmodell verwendet. Hiernach wird der Entstehungsprozess in eine Planungs-, Design- und Herstellungsphase unterteilt

(FASB ASC 985-20-25). Handelt es sich um ein Softwarepaket, das für einen anonymen Markt bestimmt ist, findet folgende Regelung in den US-GAAP Anwendung: Das Entwicklungsprojekt kann als technisch durchführbar angesehen werden, wenn ein detailliertes **Produkt- und Programmdesign** vorliegt. Regelmäßig wird dies innerhalb der Designphase erarbeitet. Bzgl der Anpassung/ Modifikation des Programmdesigns und der Abgrenzung zwischen Forschung und Entwicklung gelten die voranstehenden Ausführungen (→ Rn 56 ff). Liegt das Programmdesign nicht vor, wird neben dem Produktdesign ein **Arbeitsmodell** der zu entwickelnden Software verlangt, das die theoretischen Voraussetzungen des Programmdesigns sozusagen tatsächlich nachweist (*Behrendt-Geißler/Weißenberger* KoR 2012, 56 (62)).

3. Website Costs

SIC-32 enthält für die Erstellung einer Unternehmens-Website ein der Softwareentwicklung (→ Rn 54 ff) ähnliches Phasenmodell mit einer Unterteilung in Planung, Entwicklung und Betrieb (SIC 32.2). Demnach können die Ausgaben für die Entwicklungstätigkeiten nur dann aktiviert werden, wenn sie die Voraussetzungen von IAS 38.57 erfüllen. Dabei muss insbes zum Nachweis eines zusätzlichen wirtschaftlichen Nutzens nach IAS 38.57(d) die Generierung von Umsatzerlösen über die Möglichkeit zur Bestellung von Produkten über die Website gegeben sein. Sollte die Website nicht über eine solche Bestellfunktion verfügen, sind die Ausgaben zur Entwicklung der Website hingegen dem Marketing bzw der Werbung zuzuordnen mit der Folge, dass eine Aktivierung nicht möglich ist (SIC-32.8, IAS 38.69(c)). 59

4. Regulatorische Abgrenzungsposten

Der IASB hat am 30. Januar 2014 den Interimsstandard IFRS 14 Regulatorische Abgrenzungsposten *(Regulatory Deferral Accounts)* verabschiedet. Das IFRS-Regelwerk normiert die Bilanzierung von preisregulierten Absatzgeschäften derzeit nicht. Unter einer Preisregulierung versteht man die Preisfestsetzung für Dienstleistungen oder Produkte aufgrund staatlicher Regulierungen (zB durch eine Aufsichtsbehörde oder Regierung). Dabei kann es auf Basis nationaler Vorschriften ua zulässig sein, einen Vermögenswert auf der Basis entstandener Kosten zu bilanzieren, noch bevor diese Kosten durch eine entspr Realisierung von Umsatzerlösen im Rahmen von Vertriebsaktivitäten mit Kunden wieder gedeckt werden. 60

IFRS 14 erlaubt, dass Unternehmen bei erstmaliger Anwendung der IFRS ggf bestehende nationalen Vorschriften zur Aktivierung solcher Vermögenswerte bzw Verbindlichkeiten als regulatorische Abgrenzungsposten weiterhin beibehalten dürfen. IFRS 14 ist somit ausschließlich für IFRS-Erstanwender einschlägig, die diesen Standard im Rahmen der Anwendung von IFRS 1 (→ § 44 Rn 117 ff) berücksichtigen können. 61

Fraglich ist, ob für bereits nach IFRS bilanzierende Unternehmen die Bilanzierung eines Vermögenswerts auch nach den derzeitigen Regelungen sachgerecht ist bzw sein kann. In der Literatur wird dies teilweise mit der Begründung verneint, dass das entspr Absatzgeschäft zum Bilanzstichtag noch nicht abgeschlossen ist (*KPMG* 2014/15 Rz 3.3.180; *EY* 2015, 1249). 62

Demgegenüber ist uE zu überprüfen, mit welcher Eintrittswahrscheinlichkeit der zukünftige Umsatz erwirtschaftet werden wird. Sollte die Eintrittswahrscheinlichkeit nicht so gut wie sicher sein, liegt eine Eventualforderung nach IAS 37.31 ff vor, die nicht bilanziert werden darf. In diesem Fall wäre die Eventualforderung lediglich im Anhang offenzulegen, sofern die Realisierung wahrscheinlich ist (IAS 37.35). Sollte hingegen die Erwirtschaftung der zukünftigen Umsatzerlöse so gut wie sicher sein, wäre ein entspr Vermögenswert zu bilanzieren (IAS 37.35). Wenn zB die Abrechnung von entstandenen Kosten auf einer gesetzlichen Grundlage beruht und das bilanzierende Unternehmen zudem über eine Monopolstellung in seinem Geschäftsfeld verfügt, kann eine solche Einschätzung uE durchaus sachgerecht sein (zB bei Unternehmen der Luftfahrtsicherung, die auf Basis einer staatlich kontrollierten Monopolstellung ihre entstandenen Kosten im Rahmen einer festgelegten Berechnungsgrundlage zukünftig an ihre Kunden weiterbelasten).

63 Fraglich ist dabei, welche Art von Vermögenswert in dem Fall denkbar ist, wenn im Unternehmen entstandene Kosten, deren zukünftige Fakturierung ggü Kunden so gut wie sicher ist, zur Aktivierung eines Vermögenswerts führen. Die Aktivierung eines immateriellen Vermögenswerts halten wir dabei für schwierig, da die entstandenen Kosten uE weder den Erwerb einer bereits vorhandenen noch die Schaffung einer neuen Rechtsposition betreffen. Ferner dürften die zukünftigen Fakturierungen häufig eine kurzfristige Laufzeit aufweisen, während immaterielle Vermögenswerte langfristig nutzbar sind (IAS 38.3(a), IAS 38.88 ff). Daher ist uE sowohl die Bilanzierung eines Abgrenzungsposten als auch einer Forderung (→ § 10) denkbar.

5. Im Rahmen von Unternehmenszusammenschlüssen erworbene Forschungs- und Entwicklungsleistungen

64 Aufgrund der Fiktion der Einzelanschaffung von Vermögenswerten und Schulden im Rahmen von Unternehmenszusammenschlüssen, sind auch übernommene Forschungs- und Entwicklungsleistungen im Rahmen der **Erstbewertung** zu aktivieren (→ § 34 Rn 123 f), sofern die Voraussetzungen für einen Vermögenswert vorliegen und der Vermögenswert identifizierbar ist (IAS 38.34). Da es sich nicht um einen selbst geschaffenen immateriellen Vermögenswert handelt, müssen die allgemeinen Voraussetzungen zur Aktivierung nach IAS 38.51 ff nicht erfüllt sein. Ob demnach der aktivierte immaterielle Vermögenswert auf der Basis einer (reinen) Forschungstätigkeit beruht oder bestimmte Dokumentationsvorschriften nicht erfüllt sind, ist demzufolge ohne Bedeutung.

65 Demzufolge gelten auch für die **Folgebewertung** die allgemeinen Vorschriften für aktivierte immaterielle Vermögenswerte. Dies umfasst die Bestimmung der Nutzungsdauer, den Beginn der planmäßigen Abschreibung und die Durchführung einer Werthaltigkeitsbeurteilung. Im Vergleich zu intern hergestellten immateriellen Vermögenswerten kann somit ein höherer Betrag aktiviert sein mit der Folge von höheren planmäßigen Abschreibungen bzw Wertberichtigungen (ähnlich *EY* 2015, 1214).

66 **Folgeausgaben** im Zusammenhang mit erworbenen Forschungs- und Entwicklungsleistungen können hingegen nur unter den allgemeinen Voraussetzungen nach IAS 38.54 bis IAS 38.62 aktiviert werden (IAS 38.42). Folglich gelten für die Folgeausgaben wieder die Einschränkungen für selbst erstellte immaterielle Vermögenswerte, auch wenn die anfänglichen Forschungs- bzw Entwicklungsleistungen erworben wurden.

6. Werbemaßnahmen

67 Nach IAS 38.69(c) sind Ausgaben für **Werbung und Maßnahmen der Verkaufsförderung** (einschließlich Versandhauskatalogen oder Onlinekatalogen) in der Periode als Aufwand zu erfassen, in der sie angefallen sind. Dadurch wird

allerdings nicht die aktive Abgrenzung von Vorauszahlungen ausgeschlossen, sofern die Vorauszahlung das Recht zum Erhalt von Gütern oder Dienstleistungen beinhaltet. In der Praxis kann es zu Zweifelsfragen dahingehend kommen, ob Ausgaben als zu aktivierender immaterieller Vermögenswert, als aktiver Abgrenzungsposten oder unmittelbar als Aufwand zu erfassen sind.

Beispiel 1: Ein Mobilfunkanbieter schließt einen Vertrag mit einem Kaufhaus ab, wodurch der Mobilfunkanbieter berechtigt wird, über einen Zeitraum von drei Jahren seine Produkte in den Räumlichkeiten des Kaufhauses zu vertreiben und zu vermarkten.

Beispiel 2: Ein Mobilfunkanbieter schließt einen Vertrag mit einem Kaufhaus ab, wodurch der Mobilfunkanbieter berechtigt wird, über einen Zeitraum von drei Jahren Werbung für die Produkte des Mobilfunkanbieters in den Räumlichkeiten des Kaufhauses vorzunehmen.

Beispiel 3: Ein Mobilfunkanbieter beauftragt im September 01 eine Agentur, um Flyer und Kataloge für seine Produkte zu entwerfen und zu drucken. Die Werbeaktion soll im Frühjahr 02 stattfinden. Im Dezember 01 werden die Flyer und Kataloge von der Agentur an den Mobilfunkanbieter ausgeliefert. Im Januar 02 werden die Flyer und Kataloge an potenzielle Kunden oder an ein Kaufhaus versendet.

Lösung Beispiel 1: Der Vertrag beinhaltet nicht nur die Berechtigung Werbung durchzuführen, sondern räumt dem Mobilfunkanbieter einen zusätzlichen Vertriebsweg zur Veräußerung seiner Produkte ein. Die zusätzliche Einräumung eines vertraglich geschützten Vertriebswegs geht über die reine Werbung und Verkaufsförderung hinaus und fällt folglich nicht unter das Aktivierungsverbot nach IAS 38.69(c). Sofern die allgemeinen Voraussetzungen zur Aktivierung eines immateriellen Vermögenswerts nach IAS 38.11ff erfüllt sind (→ Rn 30ff), ist eine Aktivierung als immaterieller Vermögenswert sachgerecht.

Lösung Beispiel 2: Der Vertrag bietet lediglich die Möglichkeit zur Durchführung von Werbemaßnahmen. Folglich fallen die Ausgaben für den Vertrag (und die Werbemaßnahmen) unter das Aktivierungsverbot nach IAS 38.69(c). Eine Aktivierung als immaterieller Vermögenswert ist somit nicht sachgerecht. Sofern allerdings Vorauszahlungen für zukünftige Jahre geleistet worden sind, können diese nach IAS 38.70 abgegrenzt werden.

Lösung Beispiel 3: Ausgaben für Flyer und Kataloge zum Versand fallen explizit unter das Aktivierungsverbot nach IAS 38.69(c). Die Aktivierung eines immateriellen Vermögenswerts scheidet folglich insoweit aus. Fraglich ist aber, ob die Ausgaben mit Bestellung, Lieferung oder Versand als angefallen gelten und wann demzufolge die Ausgaben aufwandswirksam zu erfassen sind. Nach IAS 38.70 darf eine Ausgabe dann als Vorauszahlung abgegrenzt werden, wenn sie zum Erhalt von Waren und/oder Dienstleistungen berechtigt. Da die Agentur im Dezember 01 mit Auslieferung der Flyer ihre Leistungsverpflichtung erfüllt hat, besteht folglich von diesem Zeitpunkt an keine Grundlage mehr für eine Abgrenzung als Vorauszahlung. Die Ausgaben für die Flyer und Kataloge sind im Dezember 01 aufwandswirksam zu erfassen. Sofern davor Vorauszahlungen an die Agentur geleistet worden sind, wären diese bis zum Zeitpunkt der Auslieferung im Dezember 01 abzugrenzen (*Lüdenbach/Hoffmann/Freiberg* IFRS § 13 Rz 57).

(einstweilen frei) **68–72**

C. Bewertung von immateriellen Vermögenswerten

I. Bewertung beim erstmaligen Ansatz

Der Ermittlung der Anschaffungs- oder Herstellungskosten bei erstmaligem Ansatz eines immateriellen Vermögenswerts liegt grds das Prinzip der Maßgeblichkeit der Gegenleistung zugrunde (IAS 38.24ff). Es wird bei der **Erstbewertung** differenziert nach der Art des Erwerbs in: **73**

(1) gesonderte Anschaffung (IAS 38.25 ff),
(2) Erwerb im Rahmen eines Unternehmenszusammenschlusses (IAS 38.33 ff),
(3) Öffentliche Zuwendungen (IAS 38.44),
(4) Tausch (IAS 38.45 ff),
(5) Herstellung (IAS 38.66 ff) und
(6) Einlage.

74 Für die Bilanzierung von immateriellen Vermögenswerten bei **Finanzierungs-Leasingverhältnissen** sind in IAS 17 spezielle Regelungen für die Bestimmung der Anschaffungskosten getroffen (→ § 22 Rn 130).

Die Anschaffungskosten der einzelnen Vermögenswerte bei **Unternehmenserwerben** bestimmen sich grds nach den beizulegenden Zeitwerten im Erwerbszeitpunkt (IAS 38.33, IFRS 3.18; → § 34 Rn 80 ff).

1. Bewertung bei gesonderter Anschaffung

75 Die Erstbewertung von **immateriellen Vermögenswerten** bei gesonderter Anschaffung entspricht grds der Erstbewertung von Sachanlagen. Insoweit wird bei der nachfolgenden Kommentierung auf die Ausführungen zu den Sachanlagen verwiesen (→ § 5 Rn 22 ff). Die Anschaffungskosten umfassen:

(1) Kaufpreis,
(2) Anschaffungsnebenkosten:
 (a) Einfuhrzölle und nicht erstattungsfähige Erwerbssteuern (zB nicht abzugsfähige Vorsteuer),
 (b) alle direkt zurechenbaren Kosten, die zur Versetzung des immateriellen Vermögenswerts in einen betriebsbereiten Zustand nach der vom Management beabsichtigten Nutzung notwendig sind (verwendungsbereiter Zustand), einschließlich der Kosten für Funktionstests,
 (c) die Anschaffungsnebenkosten sind um Nettoerlöse, die im Rahmen der Versetzung in den betriebsbereiten (verwendungsbereiten) Zustand oder der Entwicklung (aus Nebenaktivitäten) des immateriellen Vermögenswerts anfallen, zu kürzen
(3) Abzug von Anschaffungspreisminderungen wie Rabatte, Skonti und Boni (vollumfänglich → § 5 Rn 36) und
(4) Fremdkapitalkosten nach IAS 23 soweit es sich bei der Anschaffung um einen qualifizierten Vermögenswert handelt.

76 Der **Anschaffungspreis** ist nach den entrichteten Zahlungsmitteln bzw Zahlungsmitteläquivalenten zu bestimmen (IAS 38.25 f). Wenn bei der Zahlung des Kaufpreises übliche Zahlungsfristen überschritten werden, sind die Anschaffungskosten nach dem **Barpreisäquivalent** zu bestimmen (IAS 38.32; → § 5 Rn 25).

Für die Ermittlung der **Anschaffungskosten in Fremdwährung** und bei Erwerb von immateriellen Vermögenswerten durch ausländische Teileinheiten eines Unternehmens und Umrechnung dieses Postens ist der Kassakurs am Transaktionstag zugrunde zu legen (IAS 21.21; → § 2 Rn 209). Unter Wesentlichkeitsgesichtspunkten und praktischen Erwägungen sind (zB bei zeitraumbezogenen Entwicklungen) Durchschnittskurse anwendbar (IAS 21.22).

Sind im Anschaffungspreis Bestandteile enthalten, die unter Ansatzverbote fallen (zB Schulungskosten bei Softwareanschaffung), ist eine **sachgerechte Aufteilung** vorzunehmen (IAS 38.63, IAS 38.68).

77 **Anschaffungsnebenkosten** sind bei erstmaligem Ansatz nur einzubeziehen, wenn sie dem Anschaffungsvorgang **direkt** zugeordnet werden können. Beispiele des IAS 38.28 für **direkt zurechenbare Kosten** sind:

(1) in direktem Zusammenhang mit der Versetzung in einen betriebsbereiten (verwendungsbereiten) Zustand angefallene Leistungen an Arbeitnehmer nach der Definition in IAS 19 (im weitesten Sinn Personalkosten),
(2) Honorare und
(3) Kosten für Testläufe, die sicherstellen, dass der Vermögenswert ordnungsgemäß funktioniert.

Beispiele für **nicht einzubeziehende Kosten** sind:
(1) Kosten, die nach der Versetzung in einen betriebsbereiten (verwendungsbereiten) Zustand aber vor Verwendung/Einsatz des immateriellen Vermögenswerts anfallen,
(2) Anlaufkostenverluste, Betriebsverluste, Einführungskosten, Werbe- und Produktförderungskosten sowie Schulungskosten und
(3) Verwaltungs- und andere Gemeinkosten (IAS 38.29(c)).

Für die **Bewertung** der immateriellen Vermögenswerte im Rahmen einer **gesonderten Anschaffung** gelten dieselben Regelungen wie für Anlagevermögen nach IAS 16.16(a) und IAS 16.16(b) oder für Vorräte nach IAS 2.11. Zur Abgrenzung zwischen direkt und indirekt zuordenbaren Kosten → Rn 91. 78

Der ggü der Steuerbilanz erweiterte Umfang aktivierbarer Anschaffungsnebenkosten führt zu **passiven latenten Steuern** (→ § 25 Rn 102).

Fremdkapitalkosten für erworbene qualifizierte immaterielle Vermögenswerte sind nach IAS 23 zu aktivieren. Anwendungsfälle gibt es bei solchen immateriellen Vermögenswerten, bei denen ein erheblicher Zeitraum für die Versetzung in einen betriebsbereiten Zustand erforderlich ist (zB Softwareinstallationen oder -umstellungen sowie andere Entwicklungstätigkeiten). Bei einer Aktivierung von Fremdkapitalkosten ist mittels Werthaltigkeitstest zu überprüfen, dass der neue Buchwert den erzielbaren Betrag nicht übersteigt (IAS 23.16; → § 27 Rn 27 ff sowie analog für Sachanlagen → § 5 Rn 152 ff). 79

2. Erwerb im Rahmen eines Unternehmenszusammenschlusses

IAS 38.33 sieht für immaterielle Vermögenswerte, die im Rahmen eines **Unternehmenszusammenschlusses** (IFRS 3.37) angeschafft werden, **eine Erstbewertung zum beizulegenden Zeitwert** vor (→ § 34 Rn 113 ff; zum Erwerbszeitpunkt → § 34 Rn 80 ff). Der IASB geht in den Erläuterungen zu IAS 38.35 ff davon aus, dass eine Ermittlung des beizulegenden Zeitwerts grds möglich ist, da für einen identifizierbaren immateriellen Vermögenswert grds ausreichend Informationen verfügbar sind, um eine Ermittlung des beizulegenden Zeitwerts im Rahmen eines Unternehmenserwerbs vorzunehmen. 80

Gem IFRS 13 ist der beizulegende Zeitwert hierarchisch entspr der folgenden Reihenfolge zu bestimmen: 81
(1) auf der Basis von notierten Preisen auf einem aktiven Markt für identische Vermögenswerte (*level* 1, IFRS 13.76 ff),
(2) auf der Basis von beobachtbaren Marktdaten, die auf direkte oder indirekte Weise ermittelt werden können (*level* 2, IFRS 13.81 ff),
(3) auf der Basis von nichtbeobachtbaren Marktdaten (*level* 3, IFRS 13.86 ff).

Gem IFRS 13.2 wird dargelegt, dass es sich bei der Bestimmung des beizulegenden Zeitwerts um einen sog ***„exit price"***, dh den Verkaufspreis aus Sicht des Veräußerers handelt. Ferner regelt IFRS 13.27, dass der beizulegende Zeitwert auf der Basis der **bestmöglichen Verwendungsmöglichkeit** *(highest and best use)* zu bestimmen ist. Grds wird allerdings gem IFRS 13.29 davon ausgegangen, dass die gegenwärtige Verwendung der bestmöglichen Verwendungsmöglichkeit entspricht. 82

83 Die bestmögliche Verwendung bestimmt sich jedoch auf Basis der **Erwartungen** von **unabhängigen Marktteilnehmern.** Sollte der Erwerber andere Nutzungsabsichten und andere Einschätzungen verfolgen als ein unabhängiger Marktteilnehmer, sind demzufolge dennoch die Nutzungsabsichten und Einschätzungen des unabhängigen Marktteilnehmers entscheidend (IFRS 3.B43). Daher hat eine erstmalige Erfassung und Bewertung zum beizulegenden Zeitwert (aus Sicht des unabhängigen Marktteilnehmers) auch dann zu erfolgen, wenn der immaterielle Vermögenswert im Extremfall durch den Erwerber nicht genutzt werden soll (zur Folgebewertung → Rn 99). Eine solche **(Nicht-)Nutzung** kann entweder vorliegen, weil der im Rahmen des Unternehmenszusammenschlusses erworbene immaterielle Vermögenswert keine Bedeutung hat oder aber weil dessen Nutzung anderen Wettbewerbern gezielt entzogen werden soll (IFRS 13.30).

84 **Voraussetzung** für die Bewertung von immateriellen Vermögenswerten im Rahmen der Kaufpreisallokation (→ § 34 Rn 102 ff) ist die **Isolierung der Zahlungsströme,** die auf die immateriellen Vermögenswerte entfallen (*IDW* S 5 Rz 24). Während für kunden- oder leistungsbezogene immaterielle Vermögenswerte eine Ableitung von Zahlungsströmen zB aus gesicherten Liefer-/Abnahme- oder Fördervolumina oder aus einem Auftragsbestand unmittelbar möglich ist, ist zB eine Isolierung von Zahlungsströmen für Unternehmensmarken regelmäßig mit Problemen behaftet. Demgegenüber ist zB bei Produktmarken, bei denen der Herstellungsprozess sowie das Unternehmen für die Kundenakzeptanz von untergeordneter Bedeutung sind, eine produktbezogene Ableitung möglich.

Beispiel 1: Im Rahmen der Übernahme eines internationalen Nahrungs- und Genussmittelkonzerns ist der beizulegende Zeitwert der Produktmarke für einen kakao- und nusshaltigen Brotaufstrich zu ermitteln. Ein Produktpreisvergleich weist nach, dass dieses Markenprodukt mit einem Aufschlag ggü vergleichbaren Produkten verkauft wird. Ergebnisse einer Verbraucherbefragung zeigen, dass die Kunden die Produktmarke und den Geschmack miteinander verbinden, aber überwiegend weder das Unternehmen kennen, noch das Produkt mit anderen Produkten des Unternehmens in Verbindung bringen. Deshalb ist eine Ermittlung des beizulegenden Zeitwerts der Produktmarke nach der Mehrgewinnmethode (*IDW* S 5 Rz 33 ff; *Hommel/Buhleier/Pauly* BB 2007, 371 (371)) durch Bewertung der zusätzlichen Zahlungsströme sinnvoll und möglich, da eine Abhängigkeit vom Unternehmen nicht erkennbar ist und der markenbezogene Vorteil dominiert. Eine Zusammenfassung der Rezeptur, des Produktionsverfahrens und der Produktmarke erscheint aufgrund der Produktmarke/Geschmack-Assoziation der Verbraucher geboten. Bei dieser Vorgehensweise wird unterstellt, dass das Produktionsverfahren keine höheren Kosten als die Produktionsverfahren der Vergleichsprodukte verursacht.

Beispiel 2: Der Sportgerätehersteller Rot-Weiß AG hat sich auf die Herstellung von Alpin-Skiausrüstungen spezialisiert und andere Produkte bereits in Vorjahren im Rahmen einer Reorganisation entweder abgestoßen oder eingestellt. Bei einer Kaufpreisallokation ist eine Trennung der eingeführten und unbestritten werthaltigen Produktmarke für die Modelle der Rot-Weiß AG vom Geschäfts- oder Firmenwert aufgrund der Einproduktausrichtung nicht möglich. Ein besonderer Vorteil (Mehrgewinn) ist aus der Preisstruktur und dem Preisvergleich mit anderen Produkten nicht erkennbar. Damit wird deutlich, dass die Ermittlung isolierter Zahlungsströme scheitert, obgleich eine Übertragung der geschützten Produktmarke denkbar wäre.

85 *IDW* S 5 stellt die **betriebswirtschaftlich verfügbaren Bewertungsverfahren** in *IDW* S 5 Rz 18 zusammen und führt neben der in IAS 38.41(b) genannten Methode der Lizenzpreisanalogie die Methode der unmittelbaren Cashflow Prognose, die Residualwertmethode und die Mehrgewinnmethode als kapitalwertorientierte Verfahren an, die unter IAS 38.41(a) verwendbar sind (*IDW* RS HFA 16; s dazu ausführlich → § 34 Rn 113 ff, → § 27 Rn 47 ff). Die Anwendung

der Bewertungsverfahren unterscheidet sich nicht danach, ob eine erstmalige Bewertung im Rahmen der Kaufpreisallokation oder eine Werthaltigkeitsüberprüfung im Rahmen eines Wertminderungstests durchgeführt wird. Insofern kann auf die Bewertung von immateriellen Vermögenswerten unter → § 27 Rn 47ff verwiesen werden, die auf die Anwendung der unterschiedlichen Bewertungsverfahren eingeht.

Die Ermittlung des beizulegenden Zeitwerts erfordert eine Berücksichtigung 86
von **Unternehmenssteuern** bei der Ableitung der künftigen Zahlungsströme (kapitalwertorientierte Verfahren) und korrespondierend eine Berücksichtigung des Steuersatzes bei der Ermittlung des Diskontierungssatzes (→ § 34 Rn 84). Weiterhin ist bei den kapitalwertorientierten Verfahren die steuerliche Abschreibungsfähigkeit des immateriellen Vermögenswerts zu berücksichtigen (*IDW* RS HFA 16 Rz 38) und der Steuervorteil in die Berechnung des beizulegenden Zeitwerts einzubeziehen. Dabei kommt es auf die tatsächliche Abschreibungsfähigkeit bei der Ermittlung des beizulegenden Zeitwerts nicht an, da typisiert von einem abschreibungsbedingten Steuervorteil ausgegangen wird (*IDW* S 5 Rz 47; *Kasperzak/Nestler* DB 2007, 473 (473) mit Hinweis auf die Regelungslücke in den IFRS). Der abschreibungsbedingte Steuervorteil (*tax amortization benefit* (TAB)) wird auf Basis eines typisierten Unternehmenssteuersatzes ermittelt und mit dem vermögenswertspezifischen Kapitalisierungszinssatz abgezinst (→ § 34 Rn 84). Ist eine steuerliche Abschreibungsfähigkeit für den konkreten immateriellen Vermögenswert nicht gegeben oder liegt ein abweichender Ansatz oder Abschreibungsverlauf der Steuerbilanz zugrunde, so ergibt sich eine temporäre Steuerlatenz (IAS 12.15; → § 34 Rn 164ff).

3. Öffentliche Zuwendungen

Zuwendungen der öffentlichen Hand für immaterielle Vermögenswerte 87
können nach dem Wahlrecht des IAS 20.24 entweder vom Buchwert des immateriellen Vermögenswerts abgesetzt (Bilanzierung des Vermögenswerts zum Nominalwert) oder als passiver Abgrenzungsposten dargestellt werden (Erfassung des zugewendeten Vermögenswerts zum beizulegenden Zeitwert). Für Zuwendungen betreffend immaterielle Vermögenswerte gelten die Regelungen des IAS 20 vollumfänglich (→ § 5 Rn 59ff).

Nach Einschätzung des IASB ergeben sich Anwendungsfälle für **nichtmone-** 88
täre Zuwendungen insbes bei immateriellen Vermögenswerten (IAS 38.44, IAS 20.23). Beispiele dafür sind die kostenlose oder preisreduzierte Übertragung von Flughafenlanderechten, Lizenzen für Rundfunk- oder Fernsehanstalten, Importlizenzen oder -quoten und ähnliche Übertragungen von Rechten für begrenzt zugängliche Ressourcen. Es besteht ein Wahlrecht, den zugewendeten Vermögenswert zum beizulegenden Zeitwert oder zu seinem Nominalwert zu erfassen (IAS 20.23). Eine Bilanzierung zum beizulegenden Zeitwert setzt bei immateriellen Vermögenswerten das Vorhandensein eines aktiven Markts für den zugewendeten Vermögenswert voraus (IAS 38.75). Eine Ableitung aus den Wiederbeschaffungskosten ist unzulässig. Ob danach noch Anwendungsfälle in der Praxis verbleiben, ist im Einzelfall zu beurteilen. Wird der zugewendete Vermögenswert mit seinem beizulegenden Zeitwert bilanziert, ist ein korrespondierender Betrag in einem passiven Abgrenzungsposten zu erfassen (zu Anhangangaben → § 5 Rn 81). Der Nominalbetrag (bei kostenloser Übertragung ein Merkposten) oder der beizulegende Zeitwert treten an die Stelle des Kaufpreises. Der **passive Abgrenzungsposten** ist über die Nutzungsdauer des zugewendeten Vermögenswerts planmäßig ertragswirksam aufzulösen (IAS 20.26; → § 5 Rn 70).

4. Tausch

89 Die Regelungen zum Erwerb von Sachanlagen durch **Tausch** (IAS 16.24ff) wurden **inhaltsgleich** in den IAS 38.45f übertragen (→ § 5 Rn 55ff). Demnach hat eine Bewertung zum beizulegenden Zeitwert zu erfolgen, es sei denn der Transaktion fehlt es an wirtschaftlicher Substanz oder der beizulegende Zeitwert des hingegebenen und des erworbenen Vermögenswerts kann nicht zuverlässig bestimmt werden. Sofern der beizulegende Zeitwert des hingegebenen Vermögenswerts und des erworbenen immateriellen Vermögenswerts zuverlässig bestimmbar sind, ist der beizulegende Zeitwert des hingegebenen Vermögenswerts zu verwenden, es sei denn, der beizulegende Zeitwert des erhaltenen Vermögenswerts ist eindeutiger zu ermitteln (IAS 38.47). Sollte weder der beizulegende Zeitwert des hingegebenen noch des erhaltenen Vermögenswerts zuverlässig bestimmbar sein, ist der Buchwert des hingegebenen Vermögenswerts heranzuziehen (IAS 38.45).

5. Herstellung

90 Ab dem Zeitpunkt, ab dem ein selbst geschaffener Wert in der Entwicklungsphase die Definitionskriterien eines immateriellen Vermögenswerts erfüllt, sind alle anfallenden Entwicklungskosten (Herstellungskosten) zu aktivieren (IAS 38.65; → Rn 48). Die **Herstellungskosten** umfassen alle direkt zurechenbaren Kosten, die für die Entwicklung, Herstellung und Versetzung des immateriellen Vermögenswerts in seinen betriebsbereiten (verwendungsbereiten) Zustand anfallen (IAS 38.66f). Dazu gehören

(1) Ausgaben für Material und Dienstleistungen (IAS 38.66(a)),
(2) Lohn-, Gehalts- und andere Personalkosten für Mitarbeiter, die direkt mit der Erzeugung des Vermögenswerts beschäftigt sind (IAS 38.66(b)),
(3) sämtliche der Erzeugung des Vermögenswerts direkt zurechenbaren Kosten wie Rechts-, Patent-, Registrierungs- und Lizenzkosten sowie deren Abschreibungen für eingesetzte Vermögenswerte (IAS 38.66(c) und (d)) und
(4) Fremdkapitalkosten, wenn qualifizierte Vermögenswerte hergestellt werden (IAS 23; → § 5 Rn 37ff).

91 Die **Abgrenzung** der direkt zuordenbaren von den nicht direkt zuordenbaren (Gemein-)Kosten ist nicht unproblematisch. Da die Voraussetzung der *direkt* zuordenbaren Kosten explizit genannt wird, dürften im Umkehrschluss dazu die zur Bewertung der Vorräte in IAS 2.12ff genannten nur *indirekt* zuordenbaren fixen und variablen Kosten nicht als aktivierungsfähige Ausgaben enthalten sein. Allerdings bedingt die Definition der direkten Zuordenbarkeit nicht auch deren Variabilität, was insbes für die Bestimmung der Lohnkosten nach IAS 19 bedeutend ist, denn Löhne werden als Grundgehälter unabhängig von einer erbrachten Leistung gezahlt und sind somit idR nicht variabel.

Die Frage der **direkten Zuordnung** von Lohnkosten bezieht sich dabei zum einen auf die Frage, welche Anzahl von Stunden einem selbst erstellten immateriellen Vermögenswert zugeordnet werden kann, und zum anderen wie die jeweilige Stunde zu bewerten ist. Eine Berücksichtigung einer **Stundenanzahl** bei übergreifenden bzw allgemeinen Tätigkeiten ist dabei nicht auf Basis einer systematischen Zurechnung, sondern nur im Falle einer Einzelerfassung bezogen auf den jeweiligen immateriellen Vermögenswert denkbar. Diese wird aber im Regelfall schwierig oder gar unmöglich sein. Die **Bewertung** der angesetzten Stunden umfasst hingegen nicht nur gegenwärtige Ansprüche auf lfd Arbeitslohn, sondern auch zukünftige Ansprüche wie zB auf Leistungen nach Beendigung des Arbeitsverhältnisses, Jubiläumsrückstellungen sowie Urlaub und damit zusammenhängender Sozialversicherungsabgaben, die üblicherweise der einzelnen Arbeitsstunde als prozentualer Aufschlag hinzugerechnet werden. Da jede einzelne Arbeitsstunde neben der lfd Vergütung auch die Erbringung dieser zusätzlichen zukünftigen Leistungen verursacht, können diese Kosten damit auch direkt der einzelnen Arbeitsstunde zugeordnet werden und erfüllen somit auch die Aktivierungsvoraussetzungen nach IAS 38.66(b) (*pwc* 2015 Rz 15.154 ff).

Verwaltungsgemeinkosten und Vertriebskosten sind ausgenommen (IAS 38.67(a)). 92

Nicht einzubeziehende Kosten sind zB Anlaufverluste in der Phase der Einführung des Vermögenswerts, sonstige damit verbundene Ineffizienzen und Schulungskosten von Mitarbeitern (IAS 38.67; → Rn 60). 93

6. Einlage

Die Einlage von einzelnen immateriellen Vermögenswerten gegen die **Ausgabe von Gesellschaftsrechten** erfolgt nach IFRS 2.10. Demnach sind die eingelegten immateriellen Vermögenswerte mit deren beizulegendem Zeitwert zu bewerten. Sofern der beizulegende Zeitwert der erhaltenen Vermögenswerte nicht verlässlich bestimmbar ist, hat eine Bewertung mit dem beizulegenden Zeitwert der gewährten Gesellschaftsrechte zu erfolgen. 94

Nicht geregelt ist hingegen die Einlage von (immateriellen) Vermögenswerten **ohne Ausgabe von Gesellschaftsrechten.** Diese wird idR dann erfolgen, wenn der Gesellschafter bereits 100% der Anteile hält. Nach IAS 8.10f sind für solche Fälle Regelungen von anderen Standards, die ähnliche Sachverhalte behandeln, oder auch des Rahmenkonzepts heranzuziehen (→ § 2 Rn 115 ff).

Am ähnlichsten dürfte dabei die Regelung des oben genannten IFRS 2.10 sein. Bei Anwendung dieser Vorschrift auf Einlagevorgänge ohne die neue Ausgabe von Gesellschaftsrechten wäre demzufolge eine Bewertung zum beizulegenden Zeitwert vorzunehmen (zu der Vorgehensweise zur Bestimmung des beizulegenden Zeitwerts → Rn 80 ff).

Sollte man aber den Vorgang als eine **konzerninterne Umstrukturierung** analog zu *IDW* RS HFA 2 Rz 33 ff auffassen, wäre ebenfalls eine Bewertung der eingebrachten Vermögenswerte und Schulden mit den Konzernbuchwerten des MU im Zeitpunkt der Transaktion denkbar (*IDW* RS HFA 2 Rz 44). Allerdings gelten diese Regelungen nur für konzerninterne Unternehmenszusammenschlüsse und nicht für die konzerninterne Übertragung von einzelnen Vermögenswerten und Schulden.

Da bisher keine Regelungen nach IFRS zu einer Einlage ohne Ausgabe von Gesellschaftsrechten vorliegen, sind uE sowohl die Bewertung zum beizulegenden Zeitwert als auch die (Konzern-)Buchwertfortführung denkbar, wobei diese Ermessensausübung in Übereinstimmung mit den Grundsätzen der Stetigkeit getroffen werden muss (→ § 2 Rn 76 ff).

II. Folgeausgaben

Ausgaben für einen immateriellen Vermögenswert nach Versetzung in den betriebsbereiten (verwendungsbereiten) Zustand sind als **nachträgliche Anschaffungs- oder Herstellungskosten** zuzüglich zu dem Buchwert des immateriellen Vermögenswerts zu aktivieren, wenn und nur wenn es wahrscheinlich ist, dass durch diese Ausgaben der zukünftige Nutzen des immateriellen Vermögenswerts erhöht wird. Als Vergleichsmaßstab für die Feststellung eines erhöhten Nutzens ist die übliche Leistung des immateriellen Vermögenswerts im Zeit- 95 punkt unmittelbar vor der Ausführung des nachträglichen Anschaffungs- oder Herstellungsvorgangs heranzuziehen (→ § 5 Rn 85).

Beispiel: Unternehmen A erwirbt im Jahr X1 eine Lizenz vom Unternehmen B zur alleinigen Nutzung einer Marke für fünf Jahre zu einem marktgerechten Entgelt von T€ 100. Ein Jahr später im Jahr X2 erwirbt das Unternehmen A die Marke selbst für ein marktgerechtes Entgelt von T€ 200. Abschreibungen sollen vereinfachungsbedingt vernachlässigt werden. Da die Lizenz eine ausschließliche Nutzung gewährleistet, spiegelt das Entgelt der Marke selbst die Nutzungsmöglichkeit ab dem Jahr X6 wider (davor ist das Nutzungsrecht bereits durch die Lizenz erworben und kann in die Entgeltberechnung nicht einfließen). Demzufolge stehen sowohl der Ausgabe für die Lizenz in Höhe von T€ 100 als auch der „nachträglichen" Ausgabe der Marke in Höhe von T€ 200 ein separater zukünftiger Nutzen durch die Verwendungsmöglichkeit der Marke ggü. Folglich ist eine Aktivierung der uneingeschränkt nutzbaren Marke von insgesamt T€ 300 sachgerecht. Ggf kann es geboten sein, den neuen Buchwert auf Wertminderungsbedarf zu prüfen. (Sollte hingegen die Lizenz lediglich zur Mitnutzung der Marke berechtigen, würde der Erwerb der Marke selbst eine sofortige Abschreibung der Ausgaben für die Lizenz bedeuten, da die Lizenz keinen zukünftigen Nutzen mehr über die Anschaffung der Marke mit sich bringen würde.)

Bei einer Weiterentwicklung eines selbst entwickelten immateriellen Vermögenswerts (zB einer bestehenden Software) muss damit eine **Steigerung der Ertragskraft** am Absatzmarkt oder bei interner Nutzung eine verbesserte oder verlängerte Verwendungsmöglichkeit verbunden sein. Eine gesteigerte Ertragskraft könnte sich aus einer verlängerten Absatzdauer oder weiteren Absatzmöglichkeiten nach Ausweitung der Leistungsparameter ergeben. Beim Erwerb von Softwareaktualisierungen für vorhandene System- oder Standardsoftware ist entscheidend, ob durch die Aktualisierung ein erhöhter Nutzen im Produktions- oder Dienstleistungsprozess (zB aus verlängerter Nutzungsdauer oder erweiterbaren Anwendungsmöglichkeiten) des Unternehmens gegeben ist.

96 Fraglich ist dabei, wie der **quantitative Werthaltigkeitstest** nach IAS 38.57(d) iVm IAS 38.60 vorzunehmen ist, da die Folgeausgaben für sich genommen idR keine eigenständigen Zahlungszuflüsse generieren. Während IAS 38.57(d) nur eine qualitative Aussage verlangt, **wie** der immaterielle Vermögenswert bzw die Weiterentwicklung zu einem zusätzlichen Nutzen führt, verlangt IAS 38.60 eine quantitative Beurteilung auf Basis der Regelungen zur Wertminderung nach IAS 36. Sofern der immaterielle Vermögenswert dabei nur in Kombination mit anderen Vermögenswerten genutzt werden kann, ist das Konzept der ZGE nach IAS 36 anzuwenden. Dabei ist unklar, ob dieses quantitative Beurteilungskriterium erst dann erfüllt ist, wenn (1) der erzielbare Betrag der Software mit Erweiterung den erzielbaren Betrag der Software ohne Erweiterung überschreitet oder ob (2) lediglich der erzielbare Betrag der Software mit Erweiterung die fortgeführten Anschaffungskosten der Software zuzüglich der Ausgaben für die Erweiterung überschreiten muss. Variante (1) würde eine doppelte Ermittlung des erzielbaren Betrags erfordern und Variante (2) lediglich eine einmalige Ermittlung. UE kann die Pflicht zu einer doppelten Ermittlung des erzielbaren Betrags vor und nach Erweiterung (mithin Variante (1)) dem IAS 38.60 nicht entnommen werden.

97 Dabei müssen die allgemeinen **Aktivierungsvoraussetzungen,** eine zuverlässige Ermittlung der Anschaffungs- oder Herstellungskosten und Zuordnung der Ausgaben zu dem Vermögenswert, erfüllt sein (→ Rn 36).

98 Die besonderen **Ansatzvoraussetzungen und Ansatzverbote** für selbst geschaffene immaterielle Vermögenswerte sind bei erstmaligem Ansatz zu beachten (IAS 38.63, IAS 38.69; → Rn 42 ff). Dabei dehnt IAS 38.20 ggü IAS 38.63 das Ansatzverbot auf sämtliche nachträglichen Ausgaben für „Markennamen, Druck-

titel, Verlagsrechte, Kundenlisten und ihrem Wesen nach ähnliche Sachverhalte" aus, unabhängig davon, ob sie selbst geschaffen oder erworben worden sind. IAS 38.20 geht hier davon aus, dass eine Abgrenzung dieser nachträglichen Ausgaben von einem selbst geschaffenen Geschäfts- oder Firmenwert nicht möglich ist und weist darauf hin, dass die Aktivierungsfähigkeit nachträglicher Ausgaben für immaterielle Vermögenswerte nur unter engen Voraussetzungen gegeben ist. Voraussetzung ist die direkte Zurechnung zu einem bestimmten immateriellen Vermögenswert. Klarstellend sei aber darauf hingewiesen, dass eine nachträgliche **Änderung** der urspr Anschaffungskosten (zB nach einem Rechtsstreit) nicht zu nachträglichen Ausgaben, sondern zu einer **Korrektur des Erstansatzes** führt und daher bei der Bewertung zu berücksichtigen ist.

III. Folgebewertung

Für die Folgebewertung kann grds zwischen einer Bewertung mit den **fortgeführten Anschaffungs- oder Herstellungskosten** oder einer **Neubewertung** gewählt werden (IAS 38.72). In der Praxis hat die Neubewertungsmethode für immaterielle Vermögenswerte wegen der Anwendungseinschränkungen – die Anwendung erfordert einen aktiven Markt – bislang keine Bedeutung erlangt. Der zu Beginn des Jahres 2005 eingeführte Handel mit Emissionsrechten erfüllt die Voraussetzungen grds (→ Rn 117). 99

Ob und in welchem Umfang **Wertminderungen** vorliegen und zu erfassen bzw fortzuführen sind, ist für beide Bewertungsmethoden nach IAS 36 zu beurteilen (IAS 38.111; → § 5 Rn 152ff).

Um die Besonderheiten immaterieller Vermögenswerte zu berücksichtigen, wird eine Unterscheidung in immaterielle Vermögenswerte mit **begrenzter und unbegrenzter Nutzungsdauer** vorgenommen. Die Regelungen über die **Folgebewertung** von immateriellen Vermögenswerten mit begrenzter Nutzungsdauer entsprechen den Grundsätzen der Folgebewertung von Sachanlagen.

Wesentliche Besonderheiten ergeben sich daneben für die Ermittlung des Restwerts und aus eingeschränkten Anwendungsmöglichkeiten der Neubewertungsmethode.

1. Begrenzte oder unbegrenzte Nutzungsdauer

Für die Fortführung der Anschaffungs- oder Herstellungskosten unterscheidet der Standard zwischen immateriellen Vermögenswerten mit unbegrenzter und begrenzter Nutzungsdauer. Nach der Definition liegt ein immaterieller Vermögenswert mit einer **unbegrenzten Nutzungsdauer** vor, „wenn es aufgrund einer Analyse aller relevanten Faktoren keine vorhersehbare Begrenzung der Periode gibt, in der der Vermögenswert voraussichtlich Netto-Cashflows für das Unternehmen erzeugen wird" (IAS 38.88). Es ist auf die Einschätzung künftiger Cashflows als einzig anerkanntes Kriterium abzustellen. Sind die Cashflows für einen bestimmbaren Zeitraum zu erwarten, so liegt eine begrenzte Nutzungsdauer vor (zB befristete Lizenzverträge ohne kostenfreie Verlängerungsoption, durch Produktlebenszyklus begrenzte Nutzungsdauer). Als relevante Faktoren sind dabei unternehmensinterne und -externe Erwartungen sowie die Planung des Managements über die Zukunft des Vermögenswerts bzw den daraus resultierenden Einnahmenstrom zu berücksichtigen. **Relevante Faktoren** sind (IAS 38.90): 100

(1) erwarteter Nutzen im Unternehmen,
(2) typischer Produktlebenszyklus für diesen Vermögenswert,

(3) technische und kommerzielle Veralterung,
(4) Entwicklung des Markts oder der Industrie, in der der Vermögenswert eingesetzt wird,
(5) erwartetes Marktverhalten der Wettbewerber,
(6) notwendige bzw erwartete Kosten zur Instandhaltung oder Erhaltung der Marktfähigkeit des Vermögenswerts und die Unternehmensabsicht diese Kosten aufzuwenden,
(7) Zeitraum, über den die Beherrschung des Vermögenswerts gegeben ist und
(8) Abhängigkeit der Nutzungsdauer von anderen Vermögenswerten.

Eine unbegrenzte Nutzungsdauer ist bei dem **Erwerb** von **bedeutenden Marken** denkbar, die aufgrund ihrer Tradition eine unbegrenzte Nutzung erwarten lassen. In den *Illustrative Examples* zu IAS 38 sind Beispiele aufgeführt. Danach ist zB die Nutzungsdauer von erworbenen Kundenlisten, Patenten oder Copyrights durch das Kundenverhalten bzw die Erwartungen des Managements über den Zeitraum von erzielbaren Cashflows begrenzt. Vermögenswerte mit unbegrenzten Nutzungsdauern liegen zB bei unbefristet erteilten Rundfunklizenzen oder bei mit geringen Kosten ständig verlängerbaren Warenzeichen vor.

2. Fortführung der Anschaffungs- oder Herstellungskosten bei begrenzter Nutzungsdauer

101 Die Folgebewertung von immateriellen Vermögenswerten erfolgt im Fall einer begrenzten Nutzungsdauer zu Anschaffungs- oder Herstellungskosten abzüglich kumulierter Abschreibungen und kumulierter Wertminderungsaufwendungen (IAS 38.74). Die Abschreibung ist systematisch über den Zeitraum vorzunehmen, in dem der wirtschaftliche Nutzen des immateriellen Vermögenswerts in dem jeweiligen Unternehmen verbraucht wird.

102 Das **Abschreibungsvolumen** ermittelt sich grds aus den Anschaffungs- oder Herstellungskosten unter Abzug des Restwerts des immateriellen Vermögenswerts (IAS 38.101). Es besteht die widerlegbare Vermutung, dass der Restwert eines immateriellen Vermögenswerts null ist. Ein Restwert kann gem IAS 38.100 nur angesetzt werden, wenn:
(1) eine Verpflichtung seitens einer dritten Partei besteht, den Vermögenswert am Ende seiner Nutzungsdauer zu erwerben; oder
(2) ein aktiver Markt für den Vermögenswert besteht, und
  (a) der Restwert unter Bezugnahme auf diesen Markt ermittelt werden kann und
  (b) es wahrscheinlich ist, dass ein solcher Markt am Ende der Nutzungsdauer des Vermögenswerts bestehen wird.

103 Der **Restwert** ist definiert als der durch Veräußerung erzielbare Betrag für einen ähnlichen immateriellen Vermögenswert, der zum Zeitpunkt der Schätzung bereits das Ende der Nutzungsdauer erreicht hat und unter ähnlichen Bedingungen genutzt wurde wie der immaterielle Vermögenswert, für den der Restwert ermittelt werden soll (IAS 38.102).

In der Bilanzierungspraxis haben Restwerte immaterieller Vermögenswerte kaum Bedeutung, da nach Ablauf der Nutzungsdauer regelmäßig eine Zugriffsbeschränkung Dritter rechtlich nicht mehr möglich ist und darüber hinaus der wirtschaftliche Nutzen regelmäßig verbraucht ist. Aus diesen Gründen ist der vorausgesetzte **Veräußerungsmarkt** für immaterielle Vermögenswerte mit abgelaufener Nutzungsdauer regelmäßig nicht vorhanden.

Wird ein **Restwert** nach Erfüllung der genannten Voraussetzungen angesetzt, ist dieser zu jedem Abschlussstichtag **zu überprüfen** (IAS 38.102). **Änderungen des Restwerts** sind als Änderungen von Schätzungen für lfd und zukünftige Abschreibungsbeträge zu berücksichtigen (IAS 38.102, IAS 8.24), indem das geänderte Abschreibungsvolumen auf die Restnutzungsdauer verteilt wird. Die Verminderung eines Restwerts kann dabei ein Anhaltspunkt für eine Wertminderung des immateriellen Vermögenswerts sein (IAS 36.12).

Die **Nutzungsdauer** bestimmt sich grds nach dem Zeitraum, in dem der 104
immaterielle Vermögenswert wirtschaftlichen Nutzen für das betreffende Unternehmen erbringt. Es ist auf den **betriebsindividuellen erwarteten Zeitraum** abzustellen. Allgemeine oder branchenspezifische durchschnittliche Nutzungsdauern können lediglich Anhaltspunkte sein, da dabei marktspezifische Einflüsse, Technologiewandel und rechtliche Beschränkungen in der Nutzbarkeit unberücksichtigt bleiben. Insbes die fiskalisch beeinflussten Tabellen zur Absetzung für Abnutzung (BStBl I 2000, 1552) und standardisierte oder pauschalierte Abschreibungssätze (§ 7 Abs 1 Satz 3 EStG) stellen nicht auf die geforderte betriebsindividuelle Ermittlung ab und sind daher nicht pauschal verwendbar (IAS 38.90; → § 5 Rn 105 ff; zu latenten Steuern → § 25 Rn 102).

Der zugrunde zu legende Nutzungszeitraum ist durch die **technische, wirt-** 105
schaftliche Nutzbarkeit im Rahmen des Leistungsprozesses des Unternehmens, insbes die Kontrolle des Nutzenzuflusses (→ Rn 16) bestimmt. Für die Schätzung der Nutzungsdauer eines immateriellen Vermögenswerts sind dieselben Faktoren zu berücksichtigen, die bereits bei Beurteilung der (un-)begrenzten Nutzungsdauer heranzuziehen sind (IAS 38.90; → Rn 100).

Die **Nutzungsdauer** orientiert sich bei immateriellen Vermögenswerten, die 106
aus vertraglichen oder gesetzlichen Rechten entstehen, an dem Zeitraum, in dem das Unternehmen Dritte von dem Nutzenzufluss aus dem Vermögenswert ausschließen kann (IAS 38.94; Definitionskriterium Beherrschung → Rn 14).

Eine **Nutzungsdauer,** die über den zum Bilanzierungszeitraum geltenden Zeitraum gesicherter Rechtsansprüche (vertraglich oder gesetzlich) **hinausgeht,** ist nur möglich, wenn die Rechtsansprüche erneuerbar und die Erneuerung bzw Verlängerung ohne erhebliche Kosten so gut wie sicher vorgenommen werden kann (IAS 38.94). Der Sicherheitsgrad (so gut wie sicher) geht damit über das allgemeine Wahrscheinlichkeitskriterium einer mehr als 50-prozentigen Wahrscheinlichkeit *(probable)* hinsichtlich des Nutzenzuflusses hinaus und erfordert, dass zum Bilanzierungszeitpunkt keine Informationen bekannt sein dürfen, die gegen eine Erneuerung oder Verlängerung ohne erhebliche Kosten sprechen (IAS 38.94 ff). Für sog im Rahmen von Unternehmenszusammenschlüssen zurückerworbene Rechte *(reacquired rights)* legt IAS 38.94 die Nutzungsdauer auf die vertragliche Restlaufzeit fest (→ § 34 Rn 122).

Eine **kürzere Nutzungsdauer** als der Zeitraum vertraglich oder gesetzlich gesicherter Ansprüche ist ebenfalls denkbar, sofern der Zeitraum, über den ein wirtschaftlicher Nutzen erwirtschaftet werden kann entspr kürzer ist als der vertraglich oder gesetzlich gesicherte Zeitraum (zB ist ein Patent zur zeitlich begrenzten Vermarktung eines Produkts über 50 Jahre und mit einem erwarteten Vermarktungszyklus von 20 Jahren über den kürzeren Zeitraum von 20 Jahren abzuschreiben).

Die **Nutzungsdauer** eines immateriellen Vermögenswerts ist mindestens 107
zum Ende eines jeden Geschäftsjahrs **zu überprüfen** (IAS 38.104). Ergibt sich eine Abweichung von der bisher zugrunde gelegten Nutzungsdauer, so ist eine **Anpassung der Abschreibungsbeträge** für die lfd Periode und für die zukünftigen Perioden vorzunehmen (Änderung des Abschreibungsplans). Dabei kann insbes die **Veränderung der betriebsindividuellen Faktoren,** die maßgeblichen Einfluss auf die urspr oder vorhergehende Schätzung des Nutzungszeitraums hatten, zu verlängerten oder verkürzten Nutzungsdauern führen (IAS 38.105 ff).

108 **Nachträgliche Anschaffungs- oder Herstellungskosten,** die zu einer Verlängerung der Nutzungsdauer führen, machen regelmäßig eine Anpassung der Nutzungsdauer erforderlich (IAS 38.105).

Die **Anpassung der Nutzungsdauer** wirkt damit als Ereignis der Rechnungslegungsperiode auf die Abschreibung der lfd und der zukünftigen Perioden durch Abschreibungsermittlung auf Basis des Restbuchwerts und der neuen Restnutzungsdauer. Eine Korrektur für vergangene Perioden wird nicht vorgenommen (IAS 38.104; keine Änderung von vorangegangenen Perioden bei Änderung einer geschätzten Nutzungsdauer s IAS 8.27).

Sachverhalte oder Ereignisse, die zu einer **Verkürzung der geschätzten Nutzungsdauer** führen (zB verminderte Marktgängigkeit), sind gleichzeitig Anhaltspunkte für **Wertminderungen von Vermögenswerten** (IAS 36.12). Liegt nach einem Wertminderungstest der erzielbare Betrag unter dem Buchwert des Vermögenswerts, ist ein entspr Wertminderungsaufwand zu erfassen. Die Anpassung der Abschreibungsbeträge ist dann auf Basis des wertgeminderten Restbuchwerts für die Folgejahre vorzunehmen (IAS 36.63).

Eine Erhöhung des Buchwerts bei einer **Verlängerung der Nutzungsdauer** scheidet hingegen aus, da Wertaufholungen nur bei vorangegangener Wertminderung möglich sind (IAS 36.117).

109 Die angewandte **Abschreibungsmethode** soll das Abschreibungsvolumen auf systematischer Grundlage verteilen und dabei den **Verbrauch des wirtschaftlichen Nutzens** des Vermögenswerts widerspiegeln (IAS 38.97; zu steuerlichen Abschreibungsmethoden und Sonderposten (→ § 5 Rn 120ff). Die Anforderungen an eine systematische Verteilung werden ua durch die lineare, die degressive (degressive und arithmetisch degressive) und die leistungsabhängige Abschreibungsmethode erfüllt. Die Anwendung anderer systematischer Abschreibungsmethoden ist nicht ausgeschlossen, wenn diese den tatsächlichen Nutzungsverlauf des Vermögenswerts abbilden (IAS 38.98).

Durch die Veröffentlichung des *Amendments to IAS 16 and IAS 38 (Clarification of Acceptable Methods of Depreciation and Amortisation)* im Mai 2014 wird nunmehr in IAS 38.98A bis IAS 39.98C (geändert 2014) klargestellt, dass eine Vermutung besteht, dass eine **umsatzbasierte Abschreibung** nicht sachgerecht ist. Diese Vermutungsregelung gilt aber dann nicht, wenn der immaterielle Vermögenswert nach IAS 38.98A (geändert 2014) durch die Erwirtschaftung von Umsatzerlösen begrenzt ist (zB bei einem Recht, eine bestimmte Umsatzhöhe aus dem Abbau von Gold zu erwirtschaften) oder der Verbrauch des immateriellen Vermögenswerts und der erwirtschaftete Umsatz hoch korreliert sind. Demzufolge wird eine umsatzbasierte Abschreibung unter den beschriebenen Annahmen als zulässig erachtet. IAS 38 (geändert 2014) ist für Geschäftsjahre anzuwenden, die am oder nach dem 1. Januar 2016 beginnen, wobei eine vorzeitige Anwendung erlaubt ist. Ein Endorsement durch die EU steht derzeit (Stand: 31. Juli 2015) jedoch noch aus.

110 Hinsichtlich branchenspezifischer Abschreibungsmethoden für **Filme oder Lizenzrechte** an Filmen in der Film- und Medienindustrie kann auf FASB ASC Topic 926 zurückgegriffen werden. Die Abschreibungen sind danach aus dem Verhältnis der im Berichtszeitraum erzielten Verwertungserlöse (Vorführung, Verleih) und den gesamten geschätzten Erlösen im Verwertungszeitraum (Nutzungsdauer) zu ermitteln.

111 Die gewählte Abschreibungsmethode ist **stetig beizubehalten,** solange keine Änderungen im erwarteten Nutzenverlauf eintreten (IAS 38.98).

Es ist mindestens am Ende eines Geschäftsjahrs eine **Überprüfung der Abschreibungsmethode** dahingehend vorzunehmen, ob die Abschreibungsmethode noch der Verbrauchsstruktur des wirtschaftlichen Nutzens des Vermögenswerts entspricht (IAS 38.104, IAS 38.106). Eine **Änderung der Abschreibungsmethode** aufgrund eines geänderten Nutzenverlaufs ist als Änderung einer Schätzung zu behandeln (IAS 38.104, IAS 8.27).

Eine **Abschreibung** ist vorzunehmen, sobald sich der Vermögenswert in einem betriebsbereiten (verwendungsbereiten) Zustand befindet (IAS 38.97). 112

Mangels expliziter Regelung und unter Beachtung des *matching principle* ist im **Erstjahr** nur eine **zeitanteilige Abschreibung** zulässig (pro rata temporis; → § 5 Rn 118).

Abschreibungen sind in jeder Periode der Nutzungsdauer zu erfassen, auch wenn der Wert des Vermögenswerts (erzielbarer Betrag) über dem Buchwert liegt (IAS 16.42). Die Abschreibung ist auszusetzen, wenn der Restwert über dem Buchwert liegt (IAS 38.103). Eine Saldierung mit einem etwaigen Neubewertungsbetrag bei Anwendung der Neubewertungsmethode ist unzulässig (IAS 38.75). 113

Unterlassene Abschreibungen sind als Fehler rückwirkend zu korrigieren, die Auswirkungen der Vorperioden sind dabei jeweils mit dem Eigenkapital zu verrechnen (IAS 8.31ff; → § 45 Rn 41ff).

3. Folgebewertung von immateriellen Vermögenswerten mit unbegrenzter Nutzungsdauer

Immaterielle Vermögenswerte mit **unbegrenzter Nutzungsdauer** werden nicht planmäßig abgeschrieben. IAS 38.108 fordert stattdessen einen jährlichen **Wertminderungstest** und zusätzlich einen Wertminderungstest dann, wenn Anzeichen für eine Wertminderung vorliegen (→ Rn 121; s auch → § 27 Rn 6ff). Wertminderungen werden dann ebenso wie ggf später eintretende Wertaufholungen erfolgswirksam erfasst. Eine Zuschreibung über die Anschaffungs- oder Herstellungskosten hinaus ist nicht möglich (keine Durchbrechung des Anschaffungskostenprinzips). Die Neubewertungsmethode ist für immaterielle Vermögenswerte mit unbegrenzter Nutzungsdauer nicht anwendbar. Damit stützt sich die Bewertung überwiegend auf den **internen Nutzungswert** des immateriellen Vermögenswerts (→ § 27 Rn 57ff; → § 5 Rn 168ff). Die zweite Bewertungskategorie des erzielbaren Betrags nach IAS 36, der beizulegende Zeitwert unter Abzug von Transaktionskosten, kann für frei bzw losgelöst übertragbare immaterielle Vermögenswerte (zB Lizenzrechte) relevant sein. 114

Bei Lizenzvergaben oder Einräumung von ähnlichen Rechten an einen Dritten können Zahlungsströme direkt dem Vermögenswert zugerechnet werden.

Beispiel (in Anlehnung an IAS 38.IG7 und IAS 38.IG8): Ein Warenzeichen ist noch für weitere fünf Jahre geschützt und darüber hinaus gegen geringe Gebühren verlängerbar. Die Analyse des Produktlebenszyklus, der Markt-, Wettbewerbs- und Umweltentwicklung sowie der Markenentwicklung lassen keine Begrenzung der Cashflows erkennen. Die Anschaffungskosten des Warenzeichens werden nicht planmäßig abgeschrieben und mindestens jährlich auf Wertminderung getestet.

Zwei Jahre später kommen erstmals Konkurrenzprodukte auf den Markt, die zu erheblichen Absatzrückgängen führen. Das Management entscheidet, das Produkt für weitere drei Jahre herzustellen und zu vertreiben, das Warenzeichen nicht zu verlängern und dann die Produktion einzustellen. Zunächst ist ein Wertminderungstest durchzuführen und der Buchwert ggf erfolgswirksam anzupassen. Ab dem Jahr X3 ist das Warenzeichen planmäßig mit einer Nutzungsdauer von drei Jahren abzuschreiben. Umstellungen sind als Änderungen von Schätzungen prospektiv zu bilanzieren (IAS 8.32).

Die Annahme einer unbegrenzten Nutzungsdauer ist in **jeder Berichtsperiode** zu **überprüfen** (IAS 38.109). Dies gilt somit auch für **Zwischenab-** 115

schlüsse Die Feststellung einer Begrenzung der Nutzungsdauer wird gleichzeitig als Hinweis für eine Wertminderung angesehen (IAS 38.110; → Rn 121).

Um einen etwaigen Wertminderungsbedarf ermitteln zu können, wird der erzielbare Betrag einer **zahlungsmittelgenerierenden Einheit** (ZGE) deren Buchwert gegenübergestellt (→ § 27 Rn 27 ff).

Die nicht planmäßige Abschreibung dieses Vermögenswerts sowie die lfd erfolgswirksame Bewertung führt zu **Steuerlatenzen** (→ § 25 Rn 102).

4. Neubewertungsmethode

116 Bei immateriellen Vermögenswerten mit **begrenzter** Nutzungsdauer kann nach dem Standard grds die **Neubewertungsmethode** angewandt werden (IAS 38.75).. Die praktische Bedeutung der Neubewertungsmethode liegt jedoch fast vollständig bei Sachanlagen mit langen Nutzungsdauern (oder Grundstücken), bei denen Inflationseffekte dazu führen können, dass die Wiederbeschaffungskosten dieser Sachanlagen deutlich über den durch Abschreibung aufgezehrten historischen Anschaffungs- oder Herstellungskosten liegen.

117 Für die Anwendung der Neubewertungsmethode für **immaterielle Vermögenswerte** muss zwingend ein aktiver Markt vorhanden sein. Eine Neubewertung durch Schätzungen des beizulegenden Zeitwerts oder auf Basis von (indizierten) Wiederbeschaffungskosten ist unzulässig. Ein individueller Angebotspreis ist nicht ausreichend. Der Standard selbst hält es für **überwiegend unwahrscheinlich,** dass repräsentative **aktive Märkte** für immaterielle Vermögenswerte vorhanden sind (IAS 38.78). Als Gründe werden die Individualität immaterieller Vermögenswerte und die überwiegend einzelvertraglich vereinbarten Transaktionen genannt. Im Ergebnis setzt eine standardkonforme Ermittlung frei handelbare immaterielle Vermögenswerte voraus (*Wiley* IFRS 2015, 210 f). Selbst bei denkbaren Anwendungsfällen für staatlich ausgereichte Lizenzen (zB Taxi- oder Fischereilizenzen; *Baetge/von Keitz* in Baetge ua IFRS-Komm IAS 38 Rz 111) ist die Anwendung der Neubewertungsmethode mangels Fungibilität fraglich. Für Entwicklungskosten erscheint aufgrund deren Einzigartigkeit die Anwendung nahezu ausgeschlossen (*Wiley* IFRS 2015, 211 f). Einen praktisch relevanten Anwendungsfall bieten die seit dem Jahr 2005 ausgereichten und handelbaren Emissionsrechte, für die eine entspr Notierung vorliegt.

118 Daneben unterliegt die **Neubewertungsmethode** weiteren **Anwendungseinschränkungen.** Nach IAS 38.76 ist sie nicht anwendbar, sofern die Erstbewertung zum beizulegenden Zeitwert erfolgte (Ausnahmen: Erwerb im Rahmen von Unternehmenszusammenschlüssen → Rn 80 und Erwerb durch Zuwendung → Rn 120). Voraussetzung ist somit die Erstbewertung eines **immateriellen Vermögenswerts** mit seinen Anschaffungs- oder Herstellungskosten. Damit ist es auch unzulässig, einen Vermögenswert, der in Vorperioden nicht angesetzt wurde (weil die Definitionskriterien oder Ansatzvoraussetzungen nicht oder noch nicht erfüllt waren), bei erstmaliger Erfassung einer Neubewertung zu unterziehen (IAS 38.76).

119 Für Vermögenswerte, deren künftiger wirtschaftlicher Nutzen innerhalb der **Entwicklungsphase** nachgewiesen wurde und für die ab diesem Zeitpunkt Entwicklungskosten (Herstellungskosten) aktiviert wurden, ist theoretisch eine **Neubewertung** zu jedem Abschlussstichtag nach der erstmaligen Erfassung mit den Herstellungskosten (oder Teilen davon) zulässig (IAS 38.77). Orientiert am Wortlaut ist die Neubewertung auch nicht auf den nach Identifizierung eines Vermögenswerts aktivierten Anteil der Entwicklungskosten beschränkt. Sofern eine solche Aktivierung zum Neubewertungsbetrag erfolgt, ist es dann durchaus denkbar, dass zuvor im Aufwand erfasste Entwicklungskosten nachträglich akti-

viert werden können. Die praktische Relevanz von selbstentwickelter Software oder von Entwicklungskosten im Allgemeinen, die auf einem aktiven Markt gehandelt wird, dürfte aber vernachlässigbar sein (*Baetge/von Keitz* Baetge ua IFRS-Komm IAS 38 Rz 113).

Explizit zulässig ist hingegen die Anwendung der Neubewertungsmethode bei **Vermögenswerten, die durch Zuwendung der öffentlichen Hand** (→ Rn 87) erworben und beim erstmaligen Ansatz mit dem Nominalwert (ggf Merkposten) angesetzt wurden (IAS 38.77). Die Gruppenbildung, Stetigkeit, Häufigkeit der Neubewertung, Methoden zur Anpassung des Buchwerts und der kumulierten Abschreibungen sowie die Ermittlung und Erfassung der Neubewertungserträge in der Neubewertungsrücklage entsprechen den Regelungen für Sachanlagen (→ § 5 Rn 123ff). Der **Buchwertansatz** ermittelt sich auf Basis des **beizulegenden Zeitwerts** am Tag der Neubewertung abzüglich nachfolgend kumulierter planmäßiger Abschreibungen und nachfolgender Wertminderungen (IAS 38.75). 120

Im Dezember 2013 hat der IASB die ***Annual Improvements to IFRSs 2010–2012 Cycle*** veröffentlicht, die sich bei den immateriellen Vermögenswerten auf die **Anwendung** der **Neubewertungsmethode** auswirken. Sofern bei Anwendung der Neubewertungsmethode die Anpassung auf den neubewerteten Betrag durch eine Bruttoanpassung von Bruttobuchwert und Nettobuchwert erfolgt, wird klargestellt, dass die Anpassung zwischen Bruttobuchwert und (neubewertetem) Nettobuchwert lediglich „konsistent" erfolgen muss, ohne dabei eine spezifische Vorgehensweise vorzuschreiben (IAS 38.80). ZB kann eine solche konsistente Anpassung durch eine proportionale Anpassung von Bruttobuchwert und Nettobuchwert oder aber auch durch eine Anpassung des Bruttobuchwerts an beobachtbare Marktdaten erreicht werden. Daneben ist weiterhin die direkte Verrechnung der Abschreibungen mit dem Bruttobuchwert und die anschließende Anpassung des Nettobuchwerts an den neubewerteten Betrag möglich. Die Änderung ist für Geschäftsjahre anzuwenden, die am oder nach dem 1. Juli 2014 beginnen, wobei eine vorzeitige Anwendung erlaubt ist. Das Endorsement durch die EU erfolgte im Dezember 2014. 121

5. Wertminderungen

Die **Anlässe** und **Regelungen** zur Ermittlung und Erfassung von Wertminderungen oder Wertaufholungen sind für immaterielle Vermögenswerte in **IAS 36** geregelt (IAS 38.111; → § 27 Rn 6ff zu Anlässen von Wertminderungen). Danach ist ein Wertminderungstest immer dann durchzuführen, wenn Anhaltspunkte für Wertminderungen vorliegen (IAS 38.108(b)). Für immaterielle Vermögenswerte sind **Wertminderungstests** neben diesen anlassbezogenen Tests zwingend in folgenden Fällen vorgeschrieben: 122

(1) zum Nachweis des erzielbaren künftigen wirtschaftlichen Nutzens bei Ersterfassung eines selbst geschaffenen Vermögenswerts (Entwicklungskosten; IAS 38.60),

(2) jährlich bei immateriellen Vermögenswerten, die noch nicht zum Gebrauch verfügbar sind (zB innerhalb der Entwicklungsphase nach Erstaktivierung) und

(3) zu jedem Bilanzstichtag bei immateriellen Vermögenswerten mit unbegrenzter Nutzungsdauer (IAS 38.108(a)).

Bei der jährlichen Überprüfung der Anhaltspunkte für Wertminderungen (IAS 36.9ff) sind die immateriellen Vermögenswerte selbst sowie die Produkte und Leistungen eines Unternehmens einzubeziehen, die mittels der immateriellen Vermögenswerte hergestellt werden (FASB ASC Topic 926) enthält einen Katalog zu speziellen Anhaltspunkten für Filme und Lizenzrechte an Filmen).

Für die Ermittlung des **Nutzungswerts** immaterieller Vermögenswerte, die erstmalig im Rahmen eines Unternehmenserwerbs bilanziert wurden, ist auf die nach IAS 38.41 zulässigen Bewertungsverfahren zurückzugreifen (→ § 27 Rn 45 ff). Die bei erstmaliger Bewertung zugrunde gelegte Berechnung ist unter Verwendung aktueller Planannahmen und Bewertungsparameter zu wiederholen (→ § 27 Rn 21 ff, → § 27 Rn 57 ff).

6. Stilllegungen und Abgänge

123 Ein **immaterieller Vermögenswert** ist bei Abgang auszubuchen oder wenn kein zukünftiger wirtschaftlicher Nutzen von der weiteren Nutzung oder dem Abgang zu erwarten ist (IAS 38.112). Der Ertrag oder Aufwand aus dem Abgang ermittelt sich als Differenz zwischen dem Nettoveräußerungserlös und dem Buchwert zum Zeitpunkt des Abgangs. Der **Nettoveräußerungserlös/-verlust** ergibt sich aus der Differenz zwischen Veräußerungserlös und Veräußerungskosten.

Der **Veräußerungserlös/-verlust** ist im Jahr des Verkaufs oder des Abgangs erfolgswirksam zu erfassen. Der Zeitpunkt ist dabei nach allgemeinen Grundsätzen über den Verkauf von Gütern zu bestimmen (IAS 38.114, IAS 18.1 ff). Der Ausweis erfolgt saldiert mit dem Anlagenabgang und den Veräußerungskosten in den sonstigen betrieblichen Erträgen bzw den sonstigen betrieblichen Aufwendungen (IAS 1.34(a), IAS 38.113). Ein Ausweis als Umsatzerlös ist unzulässig (IAS 38.113).

124 Wird ein immaterieller Vermögenswert mit bestimmter Nutzungsdauer **vorübergehend stillgelegt,** ist die Abschreibung planmäßig fortzuführen (IAS 38.117). Der Buchwert ist durch einen Wertminderungstest zu überprüfen (IAS 36.12(f)).

125 Für Verkäufe im Rahmen von ***sale-and-lease-back*-Transaktionen** ist für die Bestimmung des Verkaufs-/Abgangszeitpunkts und die Erfassung eines Veräußerungserlöses IAS 17 anzuwenden (IAS 38.113; → § 22 Rn 156 ff).

126 **Forderungen aus dem Verkauf** immaterieller Vermögenswerte sind mit ihrem beizulegenden Zeitwert anzusetzen, der sich regelmäßig aus dem vereinbarten Kaufpreis ergibt (→ § 10 Rn 24 ff). Ist die Forderung gestundet, ist sie mit ihrem Barwert zu bewerten. Differenzen zwischen Nominalwert der Forderung und ihrem Barwert sind dann als Zinsertrag zeitproportional über die Laufzeit der Stundung zu erfassen (IAS 38.116, IAS 18.20).

7. Zur Veräußerung gehaltene immaterielle Vermögenswerte

127 Nach IFRS 5 sind **langfristige immaterielle Vermögenswerte,** deren künftiger wirtschaftlicher Nutzen zu einem Stichtag durch **Veräußerung** realisiert werden soll, gesondert von den langfristigen Vermögenswerten zu erfassen, zu bewerten und in der Bilanz auszuweisen (IFRS 5.6; zur Einordnung in diese Kategorie → § 28 Rn 30 ff). Werden immaterielle Vermögenswerte allerdings zum Verkauf im normalen Geschäftsgang gehalten, handelt es sich um Vorräte (IAS 2.6), die demzufolge nicht gesondert nach IFRS 5 zu erfassen sind. Zur Veräußerung gehaltene immaterielle Vermögenswerte können sowohl einzeln gesondert bilanziert werden, als auch Teil einer Gruppe von zur Veräußerung gehaltenen langfristigen Vermögenswerten sein. Zu den Bilanzierungsfolgen einer Einordnung der Vermögenswerte in diese Kategorie (→ § 5 Rn 141 ff.

128–131 *(einstweilen frei)*

IV. Sonderfälle im Zusammenhang mit der Bewertung von immateriellen Vermögenswerten

1. Emissionsrechte

Emissionsrechte berechtigen den Inhaber zum Ausstoß einer bestimmten Menge an umweltbelastenden Substanzen. Emissionsrechte werden entweder unentgeltlich im Rahmen einer öffentlichen Zuwendung zugeteilt oder können entgeltlich über die Börse erworben werden. **Emissionsrechte** sind nach den allgemeinen Grundsätzen des IAS 38 zu bilanzieren, sofern sie nicht zum Verkauf im normalen Geschäftsgang nach IAS 2.6(a) gehalten werden. Bei der Bilanzierung im Rahmen einer öffentlichen Zuwendung besteht wie in → Rn 87 dargestellt ein Wahlrecht, den zugewendeten Vermögenswert zum beizulegenden Zeitwert oder zu seinem Nominalwert (Null) zu erfassen (IAS 20.23). Bei einem entgeltlichen Erwerb erfolgt die Erstbewertung zu Anschaffungskosten (→ Rn 75ff). Im Rahmen der Folgebewertung ist die Verwendung der leistungsabhängigen Abschreibung in Abhängigkeit vom Schadstoffausstoß sachgerecht (*Lüdenbach/Hoffmann/Freiberg* IFRS § 13 Rz 48). 132

2. Dienstleistungskonzessionsvereinbarungen

IFRIC 12 regelt die Bilanzierung von **Dienstleistungskonzessionsvereinbarungen** zwischen öffentlichen Konzessionsgebern und privaten Konzessionsnehmern (s ausführlich → § 9 Rn 103ff). Dabei ist der private Konzessionsnehmer für die Errichtung und den Betrieb einer Infrastruktur verantwortlich, die dazu bestimmt ist, öffentliche Aufgaben zu erfüllen. Der private Konzessionsnehmer übernimmt dabei die Funktion eines Dienstleisters. Die Erfassung von Erträgen und Aufwendungen auf Basis der Errichtung und des Betriebs der Infrastruktur richtet sich nach IAS 11 iVm IFRIC 12.14. 133

Als **Gegenleistung** für die Errichtung und den Betrieb der Infrastruktur erhält der private Konzessionsnehmer entweder (1) ein unbedingtes Recht auf Zahlungen seitens des öffentlichen Konzessionsgebers oder (2) das Recht auf die Zahlung von Nutzungsentgelten durch die Nutzer der Infrastruktur. In Fall (1) wird ein finanzieller Vermögenswert, in Fall (2) ein immaterieller Vermögenswert erfasst (IFRIC 12.15ff). 134

Im Fall der Bilanzierung eines immateriellen Vermögenswerts ist dieser mit dem **beizulegenden Zeitwert** nach IFRIC 12.15 iVm IFRIC 12.17 zu bewerten. Nach IFRIC 12.IE14 richtet sich der beizulegende Zeitwert nach dem Wert der hingegebenen Leistung. IFRIC 12.IE15 führt dafür beispielhaft an, dass sich der beizulegende Zeitwert an den geleisteten Ausgaben für die zu errichtende Infrastruktur zuzüglich einer Marge orientieren kann. Darüber hinaus sind ggf **Fremdkapitalkosten** nach IFRIC 12.22 iVm IAS 23 zu berücksichtigen. 135

3. Zurückerworbene Rechte *(reacquired rights)*

Als Sonderfallregelung beschreiben IFRS 3.B35f iVm IFRS 3.29 die Bilanzierung von im Zusammenhang mit einem Unternehmenserwerb zurückerworbenen Rechten ***(reacquired rights),*** dh Rechten, die der Erwerber dem erworbenen Unternehmen vor dem Unternehmenszusammenschluss eingeräumt hat (zB Franchisegeber übernimmt Franchisenehmer, Lizenzgeber erwirbt Lizenznehmer). Ein – aus Konzernsicht – zurückerworbenes Recht ist ein identifizierbarer immaterieller Vermögenswert (IFRS 3.B35) (Zu Bilanzierung → § 34 Rn 118ff). 136

4. Bewertung bei von Marktteilnehmern abweichenden Nutzungsabsichten

137 Immaterielle Vermögenswerte sind im Rahmen eines Unternehmenszusammenschlusses bei **Erstbewertung** – unabhängig von der eigenen Verwendungsabsicht – stets mit dem beizulegenden Zeitwert aus Sicht eines unabhängigen Marktteilnehmers zu bewerten (→ Rn 80).

138 Sollte der Bilanzierende eine von anderen unabhängigen Marktteilnehmern unterschiedliche Nutzungsabsicht mit dem Erwerb des immateriellen Vermögenswerts verfolgen, stellt sich die Frage, ob die **Folgebewertung** auf Basis der internen Verwendungsmöglichkeit oder auf Basis der Verwendungsmöglichkeit aus externer Marktteilnehmersicht vorgenommen werden soll. Auftreten kann dieser Fall insbes bei Unternehmenszusammenschlüssen, bei denen zB Marken, Software ua erworben wurden, die aber nicht weiter genutzt werden sollen. Grund hierfür kann entweder sein, dass immaterielle Vermögenswerte „miterworben" werden, denen aber kein besonderer unternehmensindividueller Nutzen seitens des Erwerbers zugeordnet wird, oder dass der Erwerb aus strategischen Gründen durchgeführt wurde, um andere Marktteilnehmer von der Nutzung der erworbenen immateriellen Vermögenswerte ausschließen zu können *(defensive assets)*.

139 IFRS 3.B43 stellt dazu klar, dass auch bei einem **Wertminderungstest** im Rahmen der Folgebewertung der beizulegende Zeitwert abzüglich Veräußerungskosten auf Basis der bestmöglichen Nutzungsmöglichkeit von Marktteilnehmern bestimmt werden muss. Eine sofortige erfolgswirksame Wertminderung im Rahmen eines Wertminderungstests ist somit nicht sachgerecht.

140 Allerdings bleiben IAS 38 und IFRS 3 bei der Bestimmung einer Nutzungsdauer für solche Vermögenswerte weiterhin unklar. Demgegenüber stellen die US-GAAP im Fall von sog ***defensive assets*** in FASB ASC 350-30-35-5A fest, dass es sich hierbei um einen Vermögenswert mit einer bestimmbaren Nutzungsdauer handelt, dessen Dauer sich über den Zeitraum erstreckt, über den zusätzliche Cashflows durch den Ausschluss der Nutzung des immateriellen Vermögenswerts durch andere Marktteilnehmer erwirtschaftet werden können. (zur Folgebewertung → § 34 Rn 125 ff).

141 Sofern es sich allerdings nicht um ein sog *defensive asset* handelt, sondern um einen **miterworbenen immateriellen Vermögenswert, für den keine Verwendung mehr besteht** (zB eine miterworbene Softwarelizenz) kann diesem immateriellen Vermögenswert keine Nutzungsdauer zugrunde gelegt werden. Insofern erscheint eine sofortige „planmäßige" vollständige Wertberichtigung sachgerecht, während eine außerplanmäßige Abschreibung nach IAS 36 nicht vorgenommen werden darf, sofern dem immateriellen Vermögenswert ein positiver beizulegender Zeitwert auf Basis der bestmöglichen Verwendungsmöglichkeit nach IFRS 3.B43 zugeordnet werden kann.

D. Ausweis von immateriellen Vermögenswerten

142 Nach der **Mindestgliederung** (IAS 1.54) sind **immaterielle Vermögenswerte** separat in der Bilanz darzustellen. Eine weitere **Untergliederung immaterieller Vermögenswerte** nach Art, Verwendung oder nach Liquidierbarkeit ist in der Bilanz erforderlich, wenn diese Darstellung zum Verständnis der Vermögens- und Finanzlage notwendig ist (IAS 1.55 ff). Für eine Gruppenbildung nach Art und Funktion im Unternehmen kann auf die Beispielgliederung in

IAS 38.119 zurückgegriffen werden, die gleichsam für Angaben im Anhang relevant ist (→ Rn 126). Danach können zB folgende Gruppen von immateriellen Vermögenswerten gebildet werden:
(1) Markennamen,
(2) Drucktitel und Verlagsrechte,
(3) Computersoftware,
(4) Lizenzen und Franchiseverträge,
(5) Urheberrechte, Patente und sonstige gewerbliche Schutzrechte, Nutzungs- und Betriebskonzessionen,
(6) Rezepte, Geheimverfahren, Modelle, Entwürfe und Prototypen und
(7) in der Entwicklung befindliche immaterielle Vermögenswerte.

Eine Zusammenfassung je nach Informationsgehalt für ein Unternehmen ist möglich. Für immaterielle Vermögenswerte, die zum Verkauf vorgesehen sind (IFRS 5), ist ein separater Ausweis erforderlich (IAS 1.54; → § 28 Rn 123).

Ein separater Ausweis von **Anzahlungen** für immaterielle Vermögenswerte ist 143
in IAS 38 nicht explizit vorgesehen. Eine Erfassung für derartige Ausgaben erfolgt regelmäßig unter den entspr Gruppen von Vermögenswerten, für die Vorauszahlungen geleistet werden (IAS 38.70).

Abschreibungen auf immaterielle Vermögenswerte sind grds in der Gesamt- 144
ergebnisrechnung bzw gesonderten GuV (sofern erstellt; → § 15 Rn 75 ff) unter Aufwendungen für Abschreibungen auszuweisen (IAS 1.104). Sind die Abschreibungen Bestandteil von Anschaffungsnebenkosten oder Herstellungskosten anderer Vermögenswerte, werden diese in deren Buchwert mit einbezogen (IAS 38.99).

Wertminderungsaufwendungen werden ebenfalls unter den Abschreibungen erfasst, wobei diese Beträge für jede Gruppe von Vermögenswerten gesondert anzugeben sind (IAS 38.126(a), IAS 36.128).

(einstweilen frei) 145–148

E. Angaben im Anhang

Die für den Anhang erforderlichen **Basisangaben** sind jeweils für **Gruppen** 149
von immateriellen Vermögenswerten darzustellen, wobei zwischen erworbenen und selbst geschaffenen immateriellen Vermögenswerten zu unterscheiden ist (IAS 38.118). Die Gruppen sind für immaterielle Vermögenswerte ähnlicher Art und Verwendung zu bilden (→ Rn 142). Für jede Gruppe sind anzugeben (IAS 38.118 f):
(1) Begrenzung der Nutzungsdauer und hierbei angewandte Abschreibungsmethode, Nutzungsdauer, Abschreibungssätze,
(2) Bruttobuchwert (historische Anschaffungs- oder Herstellungskosten) und kumulierte Abschreibungen jeweils zum Beginn und Ende der Periode,
(3) die Posten in der Gesamtergebnisrechnung bzw gesonderten GuV, die Abschreibungen enthalten,
(4) Überleitung des Buchwerts zu Beginn und zum Ende einer Periode unter gesonderter Angabe der Zugänge, Abgänge, Erwerbe durch Unternehmenszusammenschlüsse, Erhöhungen und Verminderungen aus Neubewertungen, Wertminderungen und Wertaufholungen (beide vorgenannten inklusive direkt im Eigenkapital erfasster Beträge), Abschreibungen, Nettoumrechnungsdifferenzen aus Währungsumrechnung und sonstige Buchwertänderungen während der Periode,
(5) immaterielle Vermögenswerte, die nach IFRS 5 zur Veräußerung gehalten bilanziert werden.

150 Nach § 315a HGB ist ein **Bruttoanlagespiegel** nicht mehr erforderlich, praktisch jedoch sinnvoll.

151 Die Angaben zu **Wertminderungen** sind neben den Angaben nach IAS 38 erforderlich (→ § 15 Rn 125).

Des Weiteren sind gem IAS 38.122 anzugeben:

(1) Gründe für die Einschätzung, dass eine unbegrenzte Nutzungsdauer eines immateriellen Vermögenswerts vorliegt und dessen Buchwert,
(2) eine Beschreibung, der Buchwert und die Restnutzungsdauer einzelner immaterieller Vermögenswerte, die für den Abschluss von wesentlicher Bedeutung sind,
(3) für immaterielle Vermögenswerte, die durch Zuwendung erworben wurden und mit dem beizulegenden Zeitwert erfasst wurden:
  (a) der beizulegende Zeitwert bei Ersterfassung,
  (b) der Buchwert und
  (c) die Folgebewertungsmethode,
(4) Beschränkungen der Eigentumsrechte an immateriellen Vermögenswerten, die Gewährung von immateriellen Vermögenswerten als Sicherheiten und die jeweiligen Buchwerte sowie
(5) vertragliche Verpflichtungen für den Erwerb von immateriellen Vermögenswerten.

152 Bei Anwendung der **Neubewertungsmethode** sind folgende Angaben für jede Gruppe von Vermögenswerten zu ergänzen (IAS 38.124):

(1) Stichtag der Neubewertung,
(2) Buchwert der neubewerteten immateriellen Vermögenswerte,
(3) Buchwert dieser Vermögenswerte, der sich bei Fortführung der Anschaffungs- oder Herstellungskosten ergeben hätte,
(4) Höhe und Veränderung der Neubewertungsrücklage und etwaige Ausschüttungsbeschränkungen sowie
(5) Methoden und grundlegende Annahmen, die bei der Ermittlung des beizulegenden Zeitwerts angewandt wurden.

153 Im Anhang ist darüber hinaus die Summe der **Forschungs- und Entwicklungsausgaben,** die als Aufwand erfasst wurden, anzugeben (IAS 38.126).

Werden **Änderungen von Schätzungen** (zB Nutzungsdauern oder Abschreibungsmethoden) mit wesentlichem Effekt auf den Abschluss vorgenommen, so sind Angaben über Art und Auswirkung der Änderungen erforderlich (IAS 38.121, IAS 8.39).

154 Weitere Anhangangaben sind notwendig bei der **Aktivierung von Fremdkapitalkosten** (IAS 23.26; → § 5 Rn 50), bei der **Bilanzierung von Zuwendungen** der öffentlichen Hand (IAS 20.39; → § 5 Rn 81) und Angaben in Zusammenhang mit Dienstleistungskonzessionen (SIC-29.6).

Werden in der Bilanz des Unternehmens immaterielle Vermögenswerte ausgewiesen, die durch **Finanzierungs-Leasingverhältnisse** finanziert werden, sind ergänzende Angaben erforderlich (IAS 17.31; → § 22 Rn 146).

Über die vorgenannten Pflichtangaben hinaus, enthält IAS 38.128 einen Katalog von **freiwilligen,** empfohlenen Angaben:

(1) Beschreibung der immateriellen Vermögenswerte, die vollständig abgeschrieben und noch im Gebrauch des Unternehmens sind und
(2) kurze Beschreibung von Ressourcen in der Verfügungsmacht des Unternehmens, die nicht als immaterielle Vermögenswerte aktiviert sind.

F. Wesentliche Änderungen und deren Anwendungszeitpunkte

Durch die Veröffentlichung des *Amendments to IAS 16 and IAS 38 (Clarification of Acceptable Methods of Depreciation and Amortisation)* im Mai 2014 wird nunmehr in IAS 38.98AC (geändert 2014) klargestellt, dass eine widerlegbare Vermutungsregelung besteht, dass eine umsatzbasierte Abschreibung nicht sachgerecht ist. IAS 38 (geändert 2014) ist für Geschäftsjahre anzuwenden, die am oder nach dem 1. Januar 2016 beginnen, wobei eine vorzeitige Anwendung erlaubt ist. Ein *Endorsement* durch die EU steht derzeit (Stand: 31. Juli 2015) jedoch noch aus (→ Rn 109). 155

Im Dezember 2013 hat der IASB ***Annual Improvements to IFRSs 2010–2012 Cycle*** veröffentlicht, die sich bei den immateriellen Vermögenswerten auf die **Anwendung** der **Neubewertungsmethode** auswirken (IAS 38.80). Die Änderung ist für Geschäftsjahre anzuwenden, die am oder nach dem 1. Juli 2014 beginnen, wobei eine vorzeitige Anwendung erlaubt ist. Das *Endorsement* durch die EU erfolgte im Dezember 2014 (→ Rn 121). 156

Im Mai 2014 hat der IASB IFRS 15 zur Umsatzrealisierung von Verträgen mit Kunden veröffentlicht. Dadurch ergeben sich **terminologische Folgeänderungen** bei den immateriellen Vermögenswerten in IAS 38.3, IAS 38.114 und IAS 38.116 (geändert 2014), die sich insbes auf den Zeitpunkt und die Höhe der Umsatzrealisierung beziehen. IFRS 15 ist für Geschäftsjahre anzuwenden, die am oder nach dem 1. Januar 2017 beginnen, wobei eine vorzeitige Anwendung erlaubt ist. Ein *Endorsement* durch die EU steht derzeit (Stand: 31. Juli 2015) jedoch noch aus. 157

(einstweilen frei) 158–162

G. Gegenüberstellung zum HGB

IAS 38 sieht die verpflichtende Aktivierung von erworbenen und selbst geschaffenen immateriellen Vermögenswerten vor, sofern bei selbst geschaffenen immateriellen Vermögenswerten bestimmte Voraussetzungen erfüllt sind (insbes IAS 38.57 ff) und dem keine Bilanzierungsverbote (IAS 38.20, IAS 38.63 f und IAS 38.69) entgegenstehen. Demgegenüber besteht gem § 248 Abs 2 Satz 1 HGB ein **gesetzliches Aktivierungswahlrecht** für selbst geschaffene immaterielle Vermögenswerte des Anlagevermögens, sofern es sich nicht um selbst geschaffene Marken, Drucktitel, Verlagsrechte, Kundenlisten oder vergleichbare immaterielle Vermögensgegenstände handelt (vergleichbar mit den Aktivierungsverboten gem IAS 38.63). Sollte von dem Aktivierungswahlrecht Gebrauch gemacht werden, muss gem § 268 Abs 8 HGB eine **ausschüttungsgesperrte Rücklage** in Höhe der aktivierten Ausgaben abzüglich der dafür gebildeten passiven latenten Steuern bilanziert werden. 163

Ebenso wie nach IAS 38 sind gem § 255 Abs 2a HGB nur die bei der **Entwicklung** eines selbst geschaffenen immateriellen Vermögensgegenstands des Anlagevermögens angefallenen (Herstellungs-)Kosten aktivierungsfähig, nicht aber die Forschungskosten.

Zudem geht IAS 38 davon aus, dass es immaterielle Vermögenswerte gibt, die **keiner begrenzten Nutzungsdauer** unterliegen. In diesem Fall wird auf die Schätzung einer Nutzungsdauer verzichtet und der Vermögenswert einem jährlichen Wertminderungstest unterzogen. Festgestellte Wertminderungen werden in 164 der Periode der Entstehung ergebniswirksam erfasst. Dagegen definiert § 246 Abs 1 Satz 4 HGB den Geschäfts- oder Firmenwert derart, dass dieser als zeitlich begrenzt nutzbarer Vermögensgegenstand gilt. Für andere immaterielle Vermögenswerte ist im Zweifel nach dem Grundsatz der Vorsicht gem § 252 Abs 1 Nr 4 HGB ebenfalls von einer begrenzten Nutzung auszugehen (*Kozikowski/Roscher/Andrejewski* in BeBiKo § 253 Rz 213).

165 Immaterielle Vermögensgegenstände des Anlagevermögens sind nur dann mit dem niedrigeren Wert anzusetzen, der ihnen am Abschlussstichtag beizulegen ist, sofern es sich um eine **voraussichtlich dauernde Wertminderung** handelt (§ 253 Abs 3 HGB).

166 Das DRSC hat am 18. Februar 2015 den **E-DRS 32 „Immaterielle Vermögensgegenstände im Konzernabschluss"** veröffentlicht. Der Entwurf enthält über die gesetzlichen Vorschriften hinaus zahlreiche Angaben: ua Abgrenzung zwischen selbst geschaffenen und erworbenen immateriellen Vermögensgegenständen (E-DRS 32.24ff), Angaben zur Nutzungsdauer von immateriellen Vermögensgegenständen (E-DRS 32.94ff) sowie zur Bilanzierung von erworbenen Forschungs- und Entwicklungsprojekten (E-DRS 32.91f).

I. Ansatz

167 Die **Definitions- und Ansatzkriterien** für immaterielle Vermögenswerte nach IAS 38 sind geprägt von Abgrenzungsmerkmalen zu Geschäfts- oder Firmenwerten.

Im Ergebnis führen die **Definitions- und Abgrenzungskriterien** des IAS 38 idR dazu, dass nach deutschen steuerlichen- und HGB-Regelungen ansatzfähige immaterielle Vermögensgegenstände gleichzeitig auch immaterielle Vermögenswerte nach IFRS darstellen (*Kozikowski/Huber* in BeBiKo § 247 HGB Rz 379). Der Begriff des immateriellen Vermögenswerts ist indes weiter gefasst, da eine Identifizierbarkeit eines künftigen wirtschaftlichen Nutzens im Zusammenhang mit einem anderen Vermögenswert (getrennt von einem Geschäfts- oder Firmenwert) ausreicht (IAS 38.12). Damit wird nicht die Einzelverkehrsfähigkeit gefordert, die zur Qualifizierung eines Vermögensgegenstands erforderlich ist (*Ellrott/Krämer* in BeBiKo § 247 Rz 13).

168 § 248 Abs 1 iVm § 255 Abs 2a HGB führt ein **Aktivierungswahlrecht für Entwicklungskosten** ein. Die Definition der Entwicklung ist in § 255 Abs 2a HGB abweichend zu IFRS 38.8 gefasst, lässt aber praktische Unterschiede nicht erkennen. Korrespondierend geregelt ist das Aktivierungsverbot von Forschungskosten, das Aktivierungsverbot für den Fall, dass Forschung und Entwicklung nicht verlässlich voneinander getrennt werden können, sowie das Aktivierungsverbot für nicht entgeltlich erworbene Marken, Drucktitel, Verlagsrechte, Kundenlisten oder vergleichbare immaterielle Vermögensgegenstände des Anlagevermögens (§ 248 Abs 2 Satz 2 HGB; *Förschle/Usinger* in BeBiKo § 247 HGB Rz 15ff, 67). Damit nähert sich dieser wesentliche und für eine Reihe von Branchen relevante Regelungsbereich den IFRS an. Die in IAS 38.57ff niedergelegten Aktivierungsvoraussetzungen sowie der notwendige Wertminderungstest nach IAS 36 sind im HGB nicht explizit geregelt, allerdings im Rahmen des **Vorsichtsprinzips** in § 252 Abs 1 Nr 4 HGB und § 253 Abs 3 HGB zu beachten. Das Gliederungsschema wird in § 266 Abs 2 HGB um selbst geschaffene immaterielle Vermögensgegenstände erweitert. Nach § 268 Abs 8 HGB sind die Erträge aus der Aktivierung von selbst geschaffenen immateriellen Vermögensgegenständen mit einer Ausschüttungssperre belegt. In der Steuerbilanz bleibt es weiterhin bei dem Ansatzverbot in § 5 Abs 2 EStG für nicht entgeltlich erworbene Vermögensgegenstände und führt damit ggf zum Ansatz latenter Steuern (§ 274 HGB).

(einstweilen frei) 169, 170

II. Bewertung

Für immaterielle Vermögenswerte, für die **keine Nutzungsdauer** bestimmbar ist, wird ein jährlicher **Wertminderungstest** vorgesehen. IAS 38.108 verpflichtet die Anwender, bei entspr Anzeichen wie zB Preisverfall am Absatzmarkt, technischem Verschleiß etc einen Wertminderungstest auch unterjährig durchzuführen. Eine planmäßige Abschreibung erfolgt nicht. Das HGB regelt mit § 246 Abs 1 HGB ausdrücklich, dass Geschäfts- oder Firmenwerte, die im IAS 38 eine wesentliche Gruppe nicht-abnutzbarer Vermögenswerte bilden, als zeitlich begrenzt nutzbare Vermögensgegenstände anzusehen sind und damit einer planmäßigen Abschreibung unterliegen. 171

Die nach IAS 38 grds mögliche **Neubewertung** ist nach HGB nicht vorgesehen.

Für **Entwicklungskosten** nach IAS 38 ist sowohl beim erstmaligen Ansatz als auch während der Entwicklungsphase ein Wertminderungstest als Nachweis für den Ansatz zu führen. Eine vergleichbare Regelung fehlt im HGB.

(einstweilen frei) 172, 173

H. Aktuelle Entwicklungen/IASB-Projekte

Im September 2013 hat der IASB einen überarbeiteten Entwurf zur Bilanzierung von Leasingverträgen veröffentlicht ***(ED/2013/6 Leases)***. Im Fall der Verabschiedung dieses Entwurfs würden sich **terminologische Folgeänderungen** bei den immateriellen Vermögenswerten in IAS 38.3, IAS 38.6, IAS 38.113 und IAS 38.114 ergeben. 174

§ 5. Sachanlagen

Übersicht

Schrifttum: *Brune* Erfassung von Erlösen aus der Durchführung von Testläufen von Vermögenswerten des Sachanlagevermögens – Der Fall – die Lösung, IRZ 2015, 175; *Busch/Zwirner* Planmäßige Abschreibung materieller und immaterieller Vermögenswerte – Änderungen von IAS 16 und IAS 38, IRZ 2014, 415; *Busch/Zwirner* Bilanzierung von Immobilien nach IFRS – IAS 16 und IAS 40 im Vergleich, IRZ 2015, 226; *Castedello/Klingbeil* IFRS 13: Anwendungsfragen bei nicht-finanziellen Vermögenswerten in der Praxis, WPg 2012, 482; *Gutsche* IFRS 13 *Fair Value Measurement:* From Cost to Value-Eine Bestandsaufnahme des Status quo, IRZ 2015, 107; *IDW* RH HFA 1.016 Handelsrechtliche Zulässigkeit einer komponentenweisen planmäßigen Abschreibung von Sachanlagen, FN IDW 2009, 362; *IDW* HFA 1/1984 idF 1990 Bilanzierungsfragen bei Zuwendungen, dargestellt am Beispiel finanzieller Zuwendungen der öffentlichen Hand, FN IDW 1984, 362 und FN IDW 1990, 66; *IDW* RS HFA 16 Stellungnahme zur Rechnungslegung: Bewertung bei der Abbildung von Unternehmenserwerben und bei Werthaltigkeitsprüfungen nach IFRS, FN IDW 2005, 721; *IDW* RS HFA 37 Einzelfragen zur Bilanzierung von Fremdkapitalkosten nach IAS 23, FN IDW 2010, 490; *Knorr/Ebbers* IASC – Individual Accounts, in: TRANSACC Transnational Accounting, Ordelheide/

KPMG (Hrsg), Vol 2, 2. Aufl, Houndsmill et al 2001, 1451; *Kümpel* Bilanzielle Behandlung von Wertminderungen bei Vermögenswerten nach IAS 36, BB 2002, 983; *Küting/Harth* Herstellungskosten von Inventories und Self-Constructed Assets nach IAS und US-GAAP (Teil I und II), BB 1999, 2343, 2393; *Küting/Ranker* Umsetzung des Komponentenansatzes bei Immobilien in der IFRS-Bilanzierung, DB 2007, 753; *Lüdenbach* Aufwendungen für verlorengegangene Aufwendungen und Baumängelbeseitigung, PiR 2014, 29; *Lüdenbach* Bilanzierung von Dauerkulturen, PiR 2014, 191; *Schmidt/Seidel* Planmäßige Abschreibungen im Rahmen der Neubewertung des Sachanlagevermögens gemäß IAS 16: fehlende Systematik und Verstoß gegen das Kongruenzprinzip, BB 2006, 596; *Telkamp/Bruns* Wertminderungen von Vermögenswerten nach IAS 36: Erfahrungen aus der Praxis, FB 2000, Beilage 1/2000, 24; *Vater* Überarbeitung von IAS 23 „Fremdkapitalkosten" – Konvergenz um der Konvergenzwillen?, WPg 2006, 1337; *Wiechers* Bilanzierung des Sachanlagevermögens nach IAS 16, BBK 2006, 2158; *Wohlgemuth/Radde* Bewertungsmaßstab „Anschaffungskosten" nach HGB und IAS, WPg 2000, 903; *Zülch/Teuteberg* Änderungen an IAS 16 und IAS 38 zur Angemessenheit von Abschreibungsmethoden - Kein striktes Verbot der Umsatzbasierung, DB 2014, 1629.

Wesentliche Rechtsgrundlagen: IAS 16, IAS 20, IAS 23, IAS 36, IAS 38, IFRS 13, IFRS 15, IFRIC 1, IFRIC 18

A. Grundlagen

I. Überblick über die Standards

Die Bilanzierung von **Sachanlagen** ist in folgenden IFRS geregelt: 1

(1) IAS 16 (Sachanlagen),
(2) IAS 20 (Bilanzierung und Darstellung von Zuwendungen der öffentlichen Hand),
(3) IAS 21 (Auswirkungen von Wechselkursänderungen),
(4) IAS 23 (Fremdkapitalkosten) und
(5) IAS 36 (Wertminderung von Vermögenswerten).

Auch für gem IAS 40 bilanzierte als Finanzinvestition gehaltene **Immobilien** kann mit IAS 16 der Standard für Sachanlagen zur Anwendung kommen. Dies gilt immer dann, wenn das in IAS 40 enthaltene Wahlrecht der Bewertung der Immobilien zum beizulegenden Zeitwert (IAS 40.30 ff; → § 6 Rn 34 ff) nicht ausgeübt wird. In diesem Fall ist die Bewertung dieser Immobilien zu fortgeführten Anschaffungs- oder Herstellungskosten nach IAS 16 vorzunehmen (IAS 40.56 mit Verweis auf IAS 16).

Die in IAS 21 geregelten **Auswirkungen von Wechselkursänderungen** betreffen ua Sachanlagen beim Erwerb in Fremdwährungen oder die Bilanzierung von Sachanlagen eines ausländischen Geschäftsbetriebs als Teil des berichtenden Unternehmens (IAS 21).

II. Begriff

Die **Sachanlagen** umfassen gem IAS 16.6/IAS 16.6 (geändert 2014) **materielle Vermögenswerte,** 2

(a) die für Zwecke der Herstellung oder der Lieferung von Gütern und Dienstleistungen, zur Vermietung an Dritte oder für Verwaltungszwecke gehalten werden; und die
(b) erwartungsgemäß länger als eine Periode genutzt werden.

3 Zu den **Sachanlagen** gehören insbes (IAS 16.37):
(1) unbebaute Grundstücke,
(2) Grundstücke und Gebäude,
(3) Maschinen und technische Anlagen,
(4) Schiffe,
(5) Flugzeuge,
(6) Kraftfahrzeuge,
(7) Betriebsausstattung und
(8) Geschäftsausstattung.

Im Zuge der Veröffentlichung des Änderungsstandards *Agriculture: Bearer Plants – Amendments to IAS 16 and IAS 38* im Juni 2014 wurde IAS 16.37 um **fruchttragende Pflanzen** ergänzt. Auch diese zählen – eine Übernahme des Standards durch die EU vorausgesetzt – für Geschäftsjahre, die am oder nach dem 1. Januar 2016 beginnen, zum Sachanlagevermögen und unterliegen somit den Regelungen des IAS 16 und nicht mehr wie derzeit noch, den Regelungen des IAS 41. Fruchttragende Pflanzen zeichnen sich nach IAS 16.6 (geändert 2014) dadurch aus, dass es sich um lebende Pflanzen handelt, die
(1) für die Erstellung landwirtschaftlicher Erzeugnisse genutzt werden,
(2) voraussichtlich mehr als eine Berichtsperiode Früchte tragen werden und
(3) nur mit geringer *(remote)* Wahrscheinlichkeit selbst als landwirtschaftliches Erzeugnis verkauft werden.

Ausgenommen sind nicht geplante Verkäufe zum Restwert. Nach den Änderungen, die – eine Übernahme durch die EU vorausgesetzt - retrospektiv für Geschäftsjahre anzuwenden sind, die am oder nach dem 1. Januar 2016 beginnen, fallen somit bspw Weinstöcke, Bananenbäume sowie Ölpalmen aufgrund ihrer den Produktionsanlagen ähnlichen Eigenschaften künftig in den Anwendungsbereich von IAS 16. Die Bilanzierung der Früchte erfolgt jedoch weiterhin gem IAS 41.

Aus dem Standard geht nicht zweifelsfrei hervor, ob als Periode („… one period …“) ein Geschäftsjahr anzusehen ist. In **Einzelfällen** kann daher nach der Eigenart des Vermögenswerts und des Geschäftsgegenstands des Unternehmens ein Ausweis im Sachanlagevermögen auch bei einer kürzeren Nutzungsdauer denkbar sein (*Ballwieser* in Baetge ua IFRS-Komm IAS 16 Rz 10). Scheidet eine Erfassung im Sachanlagevermögen aus, ist unter Berücksichtigung der erwarteten Nutzungsdauer und der insofern gem IAS 1.60 vorgesehenen Gliederungsgruppen (kurzfristige sowie langfristige Vermögenswerte) ein gesonderter Posten innerhalb der sonstigen Vermögenswerte zu bilden.

4 Ein separater Ausweis von **Anlagen im Bau** oder von **Anzahlungen für Sachanlagen** ist in IAS 16 nicht explizit vorgesehen. Eine Erfassung derartiger Ausgaben erfolgt regelmäßig unter den entspr Gruppen von Sachanlagen, für die Vorauszahlungen geleistet werden (analog für immaterielle Vermögenswerte IAS 38.70; → Rn 218). Ein Ausweis als sonstiger Vermögenswert ist in der Praxis ebenfalls anzutreffen.

III. Anwendungsbereich

5 IAS 16 regelt **Ansatz, Bewertung, Ausweis und Anhangangaben für Sachanlagen.** Dabei werden **biologische Vermögenswerte** in Zusammenhang mit land- oder forstwirtschaftlicher Tätigkeit grds nicht erfasst (IAS 16.3(b) (geändert 2014)), da IAS 41 besondere Regeln für diese Vermögenswerte enthält (→ § 41 Rn 8 ff). Wie oben (→ Rn 3) dargestellt, hat der IASB jedoch im Juni 2014 Änderungen an IAS 16 und IAS 41 vorgenommen, nach denen auch

fruchttragende Pflanzen in den Anwendungsbereich des IAS 16 fallen (IAS 16.3(b) (geändert 2014)). **Waldbestände** sind als biologische Vermögenswerte entspr IAS 41.6 zu erfassen. Aus dem Anwendungsbereich des IAS 16 ist ferner die Bilanzierung von **Abbau- und Schürfrechten (Gewinnungsrechten) und Rohstoffvorkommen** wie Öl, Gas und ähnlichen nichtregenerativen Ressourcen ausgenommen (IAS 16.3(d)). Für diese und ähnliche nichtregenerative Ressourcen wie zB für Braun- und Steinkohle-, Kies- sowie Tonvorkommen ist IFRS 6 anzuwenden (→ § 42 Rn 1 ff). Hingegen sind Sachanlagen, die für landwirtschaftliche Tätigkeiten oder Aktivitäten in Zusammenhang mit Gewinnungsrechten und Rohstoffvorkommen verwendet werden und von biologischen Vermögenswerten oder Gewinnungsrechten und Rohstoffvorkommen getrennt werden können, nach IAS 16 zu bilanzieren (IAS 16.3); dazu gehören zB Grundstücke und Sachanlagen, die zur Herstellung, Aufzucht, zum Anbau, zur Pflege von lebenden Tieren und Pflanzen sowie Sachanlagen, die zur Erkundung, Messung, Bewertung, Freilegung, Förderung, zum Abbau, Transport von Rohstoffvorkommen und zur Verwaltung in solchen Unternehmen dienen).

Bei **Immobilien** erfolgt innerhalb der Sachanlagen eine Unterscheidung in 6
Immobilien, die für eigene Zwecke des Unternehmens gehalten werden und in Immobilien, die als Finanzinvestition einzuordnen sind (IAS 40.5 ff) und nach IAS 40 bilanziert werden. Danach ist eine Immobilie als Finanzinvestition zu qualifizieren, wenn die Immobilie „zur Erzielung von Mieteinnahmen und/oder zum Zwecke der Wertsteigerung gehalten" wird (IAS 40.5; zur Abgrenzung → § 6 Rn 9 ff; zur Abgrenzung von Immobilien des Sachanlagevermögens zu Immobilien des Vorratsvermögens → § 8 Rn 6). Nebenleistungen, die üblicherweise im Rahmen der Immobilienvermietung erbracht werden und insgesamt einen unbedeutenden Bestandteil der Nutzungsvereinbarung darstellen, führen nicht zu einer abweichenden Klassifizierung (IAS 40.11). Nebenleistungen von erheblicher Bedeutung, zB bei kurzfristiger Vermietung im Rahmen eines Hotelbetriebs durch den Eigentümer der Immobilie, führen zu einer Bilanzierung nach IAS 16 (IAS 40.12). Ausdrücklich vom Anwendungsbereich des IAS 40 ausgenommen sind an Arbeitnehmer des Unternehmens vermietete Immobilien. Dabei spielt es keine Rolle, ob der Mietzins marktüblich ist (IAS 40.9(c)). Bei gemischter Nutzung einer Immobilie ist ggf eine Aufteilung möglich (IAS 40.10; → Rn 15).

Immobilien, die nach der Nutzung im Leistungsprozess des Unternehmens 7
kurzfristig veräußert werden sollen, sind nach IAS 16 und IFRS 5 zu bilanzieren (→ Rn 142 f).

Nicht nach IAS 16, sondern nach IFRS 3 werden Sachanlagen bei der Erstererfassung bilanziert, die im Rahmen von **Unternehmenszusammenschlüssen** erworben wurden (→ § 34 Rn 99 ff).

In IAS 17 sind im Rahmen von **Leasingverhältnissen,** die nach IAS 17.20 ff 8
als Finanzierungs-Leasingverhältnisse zu qualifizieren sind, für den Leasingnehmer besondere Regeln für die Erstbewertung von Sachanlagen enthalten (→ § 22 Rn 130).

(einstweilen frei) 9, 10

B. Ansatz von Sachanlagen

I. Ansatzkriterien

Die beiden **Ansatzkriterien** des IAS 16.7, die die Vorgaben des Rahmenkon- 11
zepts (F.4.4 ff) konkretisieren, sind kumulativ zu erfüllen. Danach ist eine Sachanlage als „Vermögenswert anzusetzen, ausschließlich wenn

(1) es wahrscheinlich ist, dass ein mit der Sachanlage verbundener künftiger wirtschaftlicher Nutzen dem Unternehmen zufließen wird, und wenn
(2) die Anschaffungs- oder Herstellungskosten der Sachanlage verlässlich bewertet werden können“ (IAS 16.7; zum Vermögenswertbegriff → § 2 Rn 121 ff).

12 **Grundvoraussetzung** dafür, dass der künftige wirtschaftliche Nutzen zufließen kann, ist, dass ein Übergang auf das bilanzierende Unternehmen stattgefunden hat. Es ist eine **Gesamtbetrachtung** vorzunehmen, die den Übergang des wirtschaftlichen Eigentums an der Sachanlage (zB Rücktrittsmöglichkeiten und sonstige Vertragsbedingungen) und die Faktoren im Unternehmensumfeld (Nutzbarkeit, Amortisation der Sachanlage im Unternehmen) berücksichtigt. Vor dem Übergang der Chancen und Risiken der Sachanlage auf das Unternehmen ist der erforderliche Grad an Sicherheit über den zukünftigen Nutzenzufluss regelmäßig nicht gegeben. Das rechtliche Eigentum an der Sachanlage tritt hinter das der Bilanzierung zugrunde zu legende wirtschaftliche Eigentum zurück (zB IAS 17.10 bei Leasingverhältnissen). Der Grad der Wahrscheinlichkeit, mit der ein künftiger Nutzen für den Vermögenswert zufließen muss, um das Ansatzkriterium zu erfüllen, wird in den IFRS nicht angegeben. Nach dem Framework (s F.4.5) ist eine hinreichende Sicherheit erforderlich. Die Quantität für den Wahrscheinlichkeitsbegriff in IAS 37.23 für den Ansatz einer Schuld – es spricht mehr dafür als dagegen (→ § 13 Rn 26) – entfaltet keine standardübergreifende Wirkung und ist insbes nicht auf Vermögenswerte zu übertragen. In der Literatur wird teilweise eine Wahrscheinlichkeit von 70–80% gefordert, mit der ein künftiger wirtschaftlicher Nutzen erwartet werden muss, um einen Vermögenswert anzusetzen (vgl zB *Knorr/Ebbers,* 1479; *Ballwieser* in Baetge ua IFRS-Komm IAS 16 Rz 14). Es handelt sich um eine Ansatztechnik, die dem Unsicherheitsgrad zukünftiger Ereignisse Rechnung tragen soll. Es wird dabei nicht auf die Höhe der zukünftigen Nutzenzuflüsse abgestellt. So kann zB die Aktivierung einer Fehlinvestition im Erwerbsjahr an diesem Ansatzkriterium scheitern, wenn keine Zuflüsse aus der angeschafften Sachanlage zu erwarten sind. Das Ansatzkriterium ist beim erstmaligen Ansatz zu erfüllen (IAS 16.10).

IFRIC 18 *Transfer of Assets from Customers* enthält Erläuterungen zur Beurteilung der Ansatzkriterien für Sachanlagen, die dem bilanzierenden Unternehmen (vor allem **Versorgungsunternehmen**) von seinen Kunden bereitgestellt werden. Nach IFRIC 18.9 sind die Ansatzkriterien erfüllt, wenn das Versorgungsunternehmen über die wirtschaftliche Kontrolle, zB über die auf Kosten der Kunden installierten Leitungs-, Anschluss- oder Zählereinrichtungen, verfügt. Es reicht danach aus, dass das Versorgungsunternehmen in Erfüllung des Servicevertrags über den Betrieb, die Instandhaltung sowie den Austausch der Sachanlage entscheidet. Die rechtliche Eigentümerstellung ist für den Ansatz bei dem Unternehmen nicht erforderlich (IFRIC 18.10). IFRIC 18 ist ebenfalls anzuwenden, wenn im Rahmen von **Outsourcing-Verträgen** (zB IT-Rechenzentrumsdienstleistungen) Sachanlagen an das Serviceunternehmen übertragen werden. Auch wenn das rechtliche Eigentum nicht übertragen wird, erfolgt ein Ansatz, wenn dem Serviceunternehmen die wirtschaftliche Verfügungsmacht zusteht (zur Bilanzierung der Zuwendung → § 15 Rn 45).

IFRIC 18 wurde durch den im Mai 2014 veröffentlichten **IFRS 15** ersetzt. Nach IFRS 15.31 bis IFRS 15.33 wird Verfügungsmacht über einen Vermögenswert als die Möglichkeit definiert, den Nutzen aus dem Vermögenswert zu ziehen und den weiteren Gebrauch zu bestimmen. Dies schließt die Fähigkeit ein, zu verhindern, dass andere den Nutzen aus dem Vermögenswert ziehen und den weiteren Gebrauch bestimmen können. Bei dem Nutzen, der aus dem Vermögenswert gezogen werden kann, handelt es sich um potenzielle Zahlungen

(Zuflüsse oder ersparte Abflüsse), die in unterschiedlicher Weise unmittelbar oder mittelbar generiert werden können, etwa durch:
(1) Verwendung des Vermögenswerts zur Herstellung von Gütern oder Erbringung von Dienstleistungen,
(2) Verwendung des Vermögenswerts zur Steigerung des Werts anderer Vermögenswerte,
(3) Verwendung des Vermögenswerts zur Begleichung von Schulden oder zur Reduzierung von Aufwendungen,
(4) Veräußerung oder Tausch des Vermögenswerts,
(5) Hinterlegung des Vermögenswerts als Sicherheit für einen Kredit, und
(6) Halten des Vermögenswerts.

Der Erstanwendungszeitpunkt (→ Rn 231) von IFRS 15 soll gem ED/2015/2 um ein Jahr verschoben werden auf Geschäftsjahre, die am oder nach dem 1. Januar 2018 beginnen.

Das zweite allgemeine Ansatzkriterium – eine **zuverlässige Ermittlung** der Anschaffungs- oder Herstellungskosten – ist im Fall von Sachanlagen regelmäßig technischer Natur. Die Ermittlung von Anschaffungs- oder Herstellungskosten ist aus dem Preis bzw aus dem internen Rechnungswesen ableitbar. Diese werden als historische Kosten fortgeschrieben. 13

(einstweilen frei) 14

II. Komponentenansatz

Eine **Aufteilung eines Vermögenswerts** in seine Komponenten (Bestandteile) ist vorgeschrieben, wenn 15
(1) der Vermögenswert aus Komponenten mit unterschiedlichen Nutzungsdauern besteht, die regelmäßig und ggf mehrmals während der Gesamtnutzungsdauer eines Vermögenswerts ausgetauscht werden (IAS 16.13) und
(2) jede Komponente einen signifikanten Teil der Anschaffungs- oder Herstellungskosten ausmacht (IAS 16.43).

Der **Anwendungsbereich** liegt bei **Großanlagen,** die bei regelmäßigem Austausch oder Erneuerung von wesentlichen – eigenständigen – Komponenten längere Nutzungsdauern aufweisen oder bei unterschiedlich genutzten Gebäudeteilen (für Gebäudebestandteile besteht im Ergebnis keine wesentliche Abweichung zur HGB Bilanzierung, s *Schubert/Andrejewski/Roscher* in BeBiKo § 253 HGB Rz 396ff, Rz 413ff). Eine Einzelverwertbarkeit für die Komponenten ist nicht gefordert. In der Literatur wird als erforderliche Signifikanz für den Ansatz einer Komponente mindestens 5–10% der Anschaffungs- oder Herstellungskosten des Vermögenswerts oder der Abschreibungsdifferenz genannt (*Küting/Ranker* DB 2007, 753 (753)). Mit Blick auf das Regelungsziel – sachgerechte Verteilung des Abschreibungsaufwands – ist zu fordern, dass sich die Nutzungsdauern der Komponenten so unterscheiden, dass sich materielle Auswirkungen auf die Ertragslage ergeben. Insoweit kann eine Zusammenfassung von Komponenten sachgerecht sein, die zwar jeweils einen wesentlichen Anteil an den Anschaffungs- oder Herstellungskosten des Vermögenswerts ausmachen, aber nur geringe Abweichungen der Nutzungsdauern oder des Abschreibungsverlaufs aufweisen (IAS 16.45). IAS 16.47 sieht für Komponenten mit **nicht signifikanten Anteilen** an den Anschaffungskosten ein **Wahlrecht** zur Anwendung des Komponentenansatzes vor.

Der **Komponentenansatz** ist auch anzuwenden auf die Kosten für **Generalüberholungen oder Großinspektionen.** Soweit solche Kosten nicht einzeln im Buchwert ausgewiesen werden, kann die Komponente mit den zu erwarten- 16 den Kosten für Generalüberholungen oder Großinspektionen bewertet werden (IAS 16.13, IAS 16.14). Das gilt nicht für normale Reparatur- und Serviceausgaben (IAS 16.12). Der Austausch von **Komponenten** oder die Durchführung einer Großreparatur führen zum Abgang des Restbuchwerts der verbrauchten Komponente und zur Aktivierung der Kosten für den Komponentenersatz oder der Großreparatur, vorausgesetzt die allgemeinen Ansatzbedingungen des IAS 16.7 sind erfüllt (→ Rn 11 ff). Der Buchwert des Abgangs der Komponente kann hilfsweise auf der Basis des fortgeschriebenen Werts der Kosten für den Komponentenaustausch ermittelt werden.

Beispiel: Die Chemie AG betreibt eine neu in 20X0 errichtete Polymerisationsanlage. Die Anschaffung hat Mio € 16 gekostet und die Nutzungsdauer wird mit 20 Jahren geschätzt. In einem zweijährigen Turnus ist die Anlage stillzulegen und eine Großinspektion durchzuführen. Die Kosten für diese Großinspektionen werden auf jeweils T€ 400 geschätzt. Daneben wird erwartet, dass der Anlagenteil Extruder nach zehn Jahren ausgetauscht werden muss. Die anteiligen Anschaffungskosten dafür betragen Mio € 2. Nach Errichtung der Anlage aktiviert die Chemie AG folgende Sachanlagen:

Polymerisationsanlage Mio € 13,6	Nutzungsdauer 20 Jahre
Komponente Extruder Mio € 2,0	Nutzungsdauer 10 Jahre
Komponente Großinspektion Mio € 0,4	Nutzungsdauer 2 Jahre

Der Wert der Großinspektion erscheint verhältnismäßig gering. Jedes zweite Geschäftsjahr der Chemie AG ist allerdings neben den Kosten der Großinspektion auch mit den Opportunitätskosten des Anlagestillstands von drei Wochen belastet. Vor diesem Hintergrund führt der Komponentenansatz auch für die Inspektionskosten zu einer besseren Darstellung der Ertragslage.

17 Bei der **Bilanzierung von Gebäuden** nach IAS 16 sind neben dem Dach und dem Mauerwerk auch die Fassade, Fenster, Heizung/Lüftung/Klima, Elektrotechnik sowie der Innenausbau (oder Teile) daraufhin zu untersuchen, ob abweichende Nutzungsdauern und wiederholte Erneuerung über die Gesamtnutzungsdauer des Gebäudes vorliegen (IAS 16.13). Sollten die Aufteilung bzw die Schätzung mit **erheblichen Unsicherheiten** zB bei Erwerb eines gebrauchten Gebäudes verbunden sein, so wird in der Literatur auch die Auffassung vertreten, dass entweder zwei Komponenten (Bauwerk und Technik) oder eine Substanz- und eine Erneuerungskomponente die Anforderungen des IAS 16 erfüllen können. Wesentlich ist, dass bei Erneuerung einer Komponente (zB eines Dachs) die urspr fortgeführten Anschaffungskosten für diese Komponente entspr ermittelt und ausgebucht werden (*Wiechers* BBK 2006, 2158 (2158 ff)).

Soweit bei **vermieteten Objekten** die Bilanzierung nach IAS 16 gewählt wird, können Komponenten für den Innenausbau zu bilden sein, wenn davon ausgegangen wird, das entspr Raumaufteilungen und Innenausstattungen auf Mieterwunsch eingebaut wurden und bei Anschlussvermietung nicht mehr verwendbar und zu erneuern sind.

III. Zusammenfassungen von Vermögenswerten

18 Unter Berücksichtigung der Eigenart einzelner Sachanlagen oder Gruppen von Sachanlagen und des Geschäftsbetriebs des Unternehmens ist eine **Zusammenfassung von einzelnen unbedeutenden Vermögenswerten** und die Anwendung der Bilanzierungsregeln auf den zusammengefassten Wert sachgerecht. Exemplarisch nennt IAS 16.9 Press- und Gussformen sowie Werkzeuge. Auf eine selbstständige Nutzbarkeit der einzelnen Vermögenswerte oder die Fähigkeit, zukünftige Nutzenzuflüsse für den zusammengefassten Wert zu ermitteln, kommt es nicht an. Es handelt sich um eine Vereinfachungsregelung, orien-

tiert an der Zielsetzung des Abschlusses, entscheidungsnützliche Informationen zu liefern. Eine **Wertgrenze** – etwa vergleichbar zu den Regelungen über geringwertige Wirtschaftsgüter in § 6 Abs 2 EStG – ist explizit **nicht** gegeben und ist daher anhand der Wertverhältnisse im Sachanlagevermögen unter Berücksichtigung der Vermögensstruktur und des Geschäftsbetriebs des einzelnen Unternehmens zu ermitteln (→ Rn 118). Die Vereinfachungsregelung ist damit grds mit der **Gruppenbildung** nach § 240 Abs 4 HGB vergleichbar. Das HGB setzt jedoch für Sachanlagen eine Gleichartigkeit oder annähernde Gleichwertigkeit der einbezogenen Vermögensgegenstände voraus und ist nicht auf Vermögensgegenstände von untergeordneter Bedeutung beschränkt. Nach HGB gebildete Gruppen für einzelne unbedeutende Vermögenswerte können in einen IFRS-Abschluss übernommen werden.

Festwertansätze für Vermögenswerte von untergeordneter Bedeutung entspr 19
§ 240 Abs 3 HGB sind in den IFRS **nicht** explizit vorgesehen. Eine Übernahme der HGB-Festwertansätze ist aufgrund des Rahmenkonzepts F.QC4 ff und von IAS 1.24, IAS 1.29 ff aus Wesentlichkeits- oder Kosten-/Nutzenüberlegungen grds zulässig (*Ballwieser* in Baetge ua IFRS-Komm IAS 16 Rz 66).

Ersatzteile und Wartungsgeräte sind unabhängig davon, ob sie nur in Zu- 20
sammenhang mit einer Sachanlage oder separat genutzt werden können, generell als Sachanlage zu aktivieren, sofern sie die entspr Definition (IAS 16.6) erfüllen. Anderenfalls hat eine Aktivierung unter den Vorräten zu erfolgen (IAS 16.8). Für Bereitschaftsausrüstungen und auch für ungenutzte Ersatzteile sind planmäßige Abschreibungen zu verrechnen.

Sachanlagen, die nicht unmittelbar für den Leistungsprozess des Unterneh- 21
mens erforderlich sind, aber aus **Sicherheits- oder Umweltschutzgründen** erworben werden, sind als Vermögenswerte anzusetzen, auch wenn aus diesen Vermögenswerten kein eigenständiger künftiger wirtschaftlicher Nutzen zufließt. Der Ansatz begründet sich aus dem Erfordernis solcher Investitionen zum Weiterbetrieb vorhandener Anlagen. Somit ist der bloße Erhalt der zukünftigen Nutzenzuflüsse aus den vorhandenen Sachanlagen ausreichend für den Ansatz dieser Sachanlagen. Der Ansatz dieser Sachanlagen hat jedoch nur zu erfolgen, soweit deren Buchwert durch den erzielbaren Betrag der produktiven Sachanlage gedeckt ist (IAS 16.11).

C. Bewertung von Sachanlagen bei erstmaligem Ansatz

Der **Ermittlung der Anschaffungs- oder Herstellungskosten bei erst-** 22
maligem Ansatz einer Sachanlage liegt grds das Prinzip der Maßgeblichkeit der Gegenleistung zugrunde (IAS 16.15). Nach IAS 16 ist die Ermittlung der Anschaffungskosten für Sachanlagen zu differenzieren nach der Art des Erwerbs in Kauf, Herstellung und Tausch. Für die Bilanzierung von Sachanlagen bei Finanzierungs-Leasingverhältnissen sind in IAS 17 spezielle Regelungen für die Bestimmung der Anschaffungskosten getroffen. Anschaffungskosten der einzelnen Vermögenswerte bei **Unternehmenserwerben** bestimmen sich grds nach den beizulegenden Zeitwerten (IFRS 3.18); zu Anpassungen der Gegenleistung oder Änderung der Anschaffungskosten bei Unternehmenserwerben → § 34 Rn 93 ff und → Rn 211 ff; zu Anpassungen der Anschaffungskosten bei erworbenen Sachanlagen, bei denen der Erwerber in die Stellung des Leasinggebers eintritt (IAS 16.44) → § 22 Rn 104.

I. Bestandteile der Anschaffungs- oder Herstellungskosten

23 Die **Anschaffungs- oder Herstellungskosten umfassen:**
(1) Kaufpreis oder Herstellungskosten,
(2) die Anschaffungsnebenkosten:
 (a) wie Einfuhrzölle und nicht erstattungsfähige Erwerbsteuern (zB nicht abzugsfähige Vorsteuer),
 (b) alle direkt zurechenbaren Kosten für Transport, Standortvorbereitung und sonstige Kosten, die zur Versetzung der Sachanlage in einen betriebsbereiten Zustand nach der vom Management beabsichtigten Nutzung notwendig sind, einschließlich der Kosten für Funktionstests,
 (c) die Anschaffungsnebenkosten sind zu kürzen um Nettoerlöse, die aus dem Verkauf von Gütern stammen, die in Zusammenhang mit dem Transport, der Standortvorbereitung, Montage oder dem Funktionstest der Sachanlage anfallen,
(3) Abzug von Anschaffungspreisminderungen wie Rabatte, Skonti und Boni,
(4) Fremdkapitalkosten nach IAS 23,
(5) Kosten für den Abbruch, den Abbau und die Beseitigung der Sachanlage von ihrem Standort und für die Wiederherstellung des Standorts.

24 Bei der **Herstellung** treten an die Stelle des Anschaffungspreises die Herstellungskosten der Sachanlage. Dabei ist mangels besonderer Definition in IAS 16.22 und aufgrund des Verweises auf IAS 2 auf die Definition der Herstellungskosten nach IAS 2 zurückzugreifen (→ § 8 Rn 31 ff). Der Verweis erfolgt jedoch explizit nur für den Fall, dass vergleichbare Vermögenswerte auch für den Verkauf im normalen Geschäftsgang hergestellt werden. Es ist jedoch nicht erkennbar, dass selbsterstellte Sachanlagen anders behandelt werden sollen, zumal insbes für typische Vorfälle bei – einmaliger/nicht regelmäßiger – Eigenherstellung von Sachanlagen ergänzende Regelungen (Ausschluss von Kosten für ungewöhnliche Ausschussmengen, erhöhte Inanspruchnahme von Arbeitsaufwand und anderen Produktionsfaktoren) in IAS 16.22 getroffen sind. Danach sind neben den Einzel- und Sondereinzelkosten der Fertigung auch variable und fixe Material- und Fertigungsgemeinkosten (Produktionsgemeinkosten) in die Herstellungskosten einzubeziehen (zu den Anforderungen an die angemessene und systematische Verteilung von Gemeinkosten → § 8 Rn 36 ff). Eine Aktivierung nicht produktionsbezogener Gemeinkosten, wie zB allgemeinen Management- und Verwaltungskosten, ist unzulässig (IAS 16.19(d)).

Im Zuge der Veröffentlichung des Änderungsstandards *Agriculture: Bearer Plants – Amendments to IAS 16 and IAS 38* im Juni 2014 wurde IAS 16.22A eingefügt. Nach IAS 16.22A sind die Herstellungskosten für fruchttragende Pflanzen (zur Definition → Rn 3) wie bei selbsterstellten Sachanlagen zu bewerten. Die Herstellung bezieht sich in diesem Zusammenhang auf die Maßnahmen, die zur Fruchtnutzung erforderlich sind. Der Änderungsstandard ist für Geschäftsjahre anzuwenden, die am oder nach dem 1. Januar 2016 beginnen. Eine Übernahme des Standards durch die EU steht derzeit (Stand: 31. Juli 2015) noch aus.

Bei der Ermittlung und Hinzurechnung der Produktionsgemeinkosten ist auf die **Normalauslastung** der Produktionskapazitäten abzustellen. Leerkosten sind zu eliminieren, da diese Kosten nicht in Zusammenhang mit der Herstellung anfallen (IAS 16.20(a); *Küting/Harth* BB 1999, 2343 (2345)).

1. Anschaffungspreis

25 Der Anschaffungspreis ist nach den **entrichteten Zahlungsmitteln bzw Zahlungsmitteläquivalenten** zu bestimmen. Wenn bei der Zahlung des Kauf-

preises übliche Zahlungsfristen überschritten werden, sind die Anschaffungskosten nach dem **Barpreisäquivalent** zu bestimmen (IAS 16.23; auch bei Erwerb auf Rentenbasis). Übliche Zahlungsfristen sind nach der tatsächlichen Branchenübung des jeweiligen Lieferanten zu bestimmen (*Wohlgemuth/Radde* WPg 2000, 903 (907)). Für Sachanlagen, die dem Begriff eines qualifizierten Vermögenswerts nach IAS 23.5 entsprechen (zB Fabrikationsanlagen, Energieversorgungseinrichtungen; Voraussetzung: beträchtlicher Zeitraum vom Beginn der Investition bis zur Betriebsbereitschaft erforderlich), kommt eine Abzinsung nur für Zeiträume nach Herstellung der Betriebsbereitschaft bis zur Fälligkeit der Verbindlichkeit in Betracht.

Für die Ermittlung der **Anschaffungskosten in Fremdwährung** und bei Erwerb von Sachanlagen durch ausländische Teileinheiten eines Unternehmens und Umrechnung dieses Postens von der funktionalen Währung der Teileinheit in die Darstellungswährung des Abschlusses ist der Kassakurs am Transaktionstag zugrunde zu legen (IAS 21.21; → § 2 Rn 209). Unter Wesentlichkeitsgesichtspunkten und praktischen Erwägungen sind Durchschnittskurse der Erwerbsperiode anwendbar (IAS 21.22; → § 2 Rn 209). Die Bilanzierung von Kurssicherungsgeschäften bei Anschaffungsvorgängen ist nach IAS 39 zu beurteilen (IAS 21.27; → § 23 Rn 46ff). 26

Nachträgliche **Anschaffungspreisänderungen** beeinflussen grds die Anschaffungskosten. Auf den Zeitraum zwischen Ersterfassung und Änderung kommt es nicht an, solange der Vermögenswert noch in der Bilanz erfasst ist. Basieren Anschaffungspreisänderungen auf Fehlern vergangener Perioden (zB unzulässiger Vorsteuerabzug, nicht vollständige Aktivierung), so ist eine Korrektur nach den Grundsätzen über die Berücksichtigung von Fehlern in der Rechnungslegung vorzunehmen (IAS 8.41; → § 45 Rn 45ff; zu Anschaffungspreisänderungen aus Vorsteuerberichtigungen nach § 15(a) UStG → Rn 34). Ergeben sich Anschaffungspreisänderungen aufgrund vertraglicher Bedingungen, so ist eine Änderung im Zeitpunkt des Bedingungseintritts zu erfassen, soweit die Vermögenswerte noch in der Bilanz erfasst sind. 27

Werden mehrere Vermögenswerte erworben (zB Grundstücke und Gebäude) und ist ein **unaufgeteilter Kaufpreis** vereinbart, so bestimmen sich die Anschaffungskosten der getrennt zu erfassenden Vermögenswerte nach dem Verhältnis der beizulegenden Zeitwerte (*Schubert/Gadek* in BeBiKo § 255 HGB Rz 81ff). Das gilt analog für die Aufteilung eines Gesamtkaufpreises oder von Gesamtherstellungskosten auf identifizierte Komponenten. (zum beizulegenden Zeitwert nach IFRS 13 → Rn 125). 28

Eine Regelungslücke in den IFRS bildet der **unentgeltliche Erwerb** von Vermögenswerten (zB durch Schenkung, Erbschaft, Gesellschafterzuwendung). Dies betrifft sowohl die Frage nach der Bewertung des erhaltenen Vermögenswerts mit einem Merkposten oder seinem beizulegenden Zeitwert als auch die Frage nach der Erfassung der Vermögensmehrung im Ertrag oder dem Eigenkapital. Analog zu den Regelungen über den Erwerb durch Tausch (IAS 16.24) wird eine Erfassung von unentgeltlich erworbenen Vermögenswerten zum beizulegenden Zeitwert im Erwerbszeitpunkt für sachgerecht gehalten (F.4.8ff; *Ballwieser* in Baetge ua IFRS-Komm IAS 16 Rz 59, insbes für Sacheinlagen). Problematisch ist jedoch, dass sowohl beim Tausch als auch bei entgeltlichem Erwerb grds auf den beizulegenden Zeitwert der Gegenleistung, auf marktübliche Transaktionen bzw die wirtschaftliche Substanz des Tauschgeschäfts abgestellt wird, an denen es für den Fall des unentgeltlichen Erwerbs mangelt. Eine direkte Anwendung der Regelung über den Erwerb durch Zuwendung (IAS 38.44, IAS 20.23) scheidet nach dem Anwendungsbereich des IAS 20 aus. Eine Erfassung von unentgeltlich übertragenen Vermögenswerten zum beizulegenden Zeitwert ist in 29

Analogie zum Erwerb durch Zuwendung zulässig, solange die IFRS keine explizite Regelung treffen. Aufgrund der Regelungslücke wird auch eine Erfassung mit einem Merkposten für zulässig gehalten (*ADS* Int Abschn 9 Rz 71). Nach IAS 1.109 ist davon auszugehen, dass Zuwendungen, die im Gesellschaftsverhältnis begründet sind, bei der Erfassung zum beizulegenden Zeitwert direkt im Eigenkapital zu erfassen sind (→ § 12 Rn 59). Für von Kunden übereignete Sachanlagen, vor allem bei **Versorgungsunternehmen,** ist in IFRIC 18 geregelt, dass die Anschaffungskosten entspr IAS 16.24 mit dem beizulegenden Zeitwert – hier abgeleitet von den vom Kunden aufgewendeten Kosten – bei der erstmaligen Erfassung zu ermitteln sind (→ § 12 Rn 45). IFRIC 18 wurde durch IFRS 15 ersetzt (→ Rn 12). Für alle übrigen unentgeltlichen Erwerbe, die zum beizulegenden Zeitwert erfasst werden, ist eine ertragswirksame Erfassung vorzunehmen (*ADS* Int Abschn 9 Rz 71).

2. Anschaffungsnebenkosten

30 Das Kriterium für die Einbeziehung von Kosten bei erstmaligem Ansatz ist die sachlich **direkte Zurechenbarkeit** zum Anschaffungs- oder Herstellungsvorgang der Sachanlage. Beispiele in IAS 16.17 für **direkt zurechenbare Kosten** in Zusammenhang mit der Anschaffung oder Herstellung einer Sachanlage sind:

(1) Kosten für Leistungen an Arbeitnehmer, die direkt durch den Bau oder Erwerb einer Sachanlage verursacht werden,
(2) Standortvorbereitungskosten,
(3) Kosten der erstmaligen Lieferung und Verbringung,
(4) Installations-, Montage- und Testkosten und
(5) Honorare.

31 Beispiele für **nicht einzubeziehende Kosten** sind:

(1) Kosten der Eröffnung für neue Verkaufs-, Produktions- oder Lagereinrichtungen,
(2) Einführungskosten für neue Produkte und Dienstleistungen einschließlich Kosten für Werbung und Verkaufsförderung,
(3) Kosten für Geschäftsaktivitäten in einer neuen Umgebung/Markt oder Kosten für Geschäftsaktivitäten mit einer neuen Klasse von Kunden einschließlich Kosten der dafür notwendigen Personalschulungsmaßnahmen,
(4) Kosten der Entscheidungsvorbereitung und
(5) Verwaltungs- und andere allgemeine – nicht produktionsbezogene – Gemeinkosten (IAS 16.19).

32 Bei der Einbeziehung von **„innerbetrieblichen" Anschaffungsnebenkosten** ist analog der Herstellung auf IAS 2 zurückzugreifen (→ Rn 24).

Hinsichtlich der **zeitlichen Abgrenzung** ist für die Zurechnung der Anschaffungsnebenkosten der Bezug auf den konkreten Anschaffungs- oder Herstellungsvorgang erforderlich.

33 Kosten, die nach der **Erlangung der Betriebsbereitschaft** – in der vom Management beabsichtigten Weise – der Sachanlage anfallen, sind von einer Aktivierung ausgeschlossen (IAS 16.20).

Hierunter fallen zB:

(1) Kosten der Wiedereinsetzung (zu unterscheiden von Kosten, die zur Verbesserung der Leistungsfähigkeit der Sachanlage anfallen),
(2) Kosten der Unterauslastung,
(3) Anlaufverluste und
(4) Kosten der Verlegung oder Umorganisation von Geschäftsbereichen oder dem Geschäftsbetrieb.

Grds zählen nicht abzugsfähige Vorsteuerbeträge ebenso wie Grunderwerbsteuern zu den Anschaffungsnebenkosten (IAS 16.16, § 9b Abs 1 EStG). 34

Ob sich nachträgliche Änderungen der Anschaffungsnebenkosten aus **Vorsteuerberichtigungen** nach § 15a UStG ergeben, hängt vom Berichtigungsumfang ab. Eine betragsunabhängige Aufwands- oder Ertragserfassung ohne Berührung der Anschaffungskosten nach § 9b Abs 2 EStG kann nicht als sachgerecht angesehen werden. Es kommt vielmehr auf die Wertverhältnisse im Einzelfall und deren Auswirkungen auf die Darstellung der Vermögens- und Ertragslage des Unternehmens an.

Nebenerlöse und damit korrespondierende Kosten, die während oder in Vorbereitung der Entwicklung oder Errichtung von Sachanlagen anfallen, sind nicht Bestandteil der Anschaffungs- oder Herstellungskosten, da ein direkter Zusammenhang zur Herstellung eines betriebsbereiten Zustands nicht vorliegt (zB kurzfristige Vermietung oder Verpachtung eines Bauplatzes während der Planung und Vorbereitung eines Bauvorhabens). Sie sind als lfd Ertrag und Aufwand zu erfassen (IAS 16.21). IAS 16 enthält keine expliziten Regelungen zu derartigen Nebenerlösen. Zu unterscheiden sind jedoch Nettoerlöse, die in unmittelbarem Zusammenhang mit der Versetzung von Sachanlagen in die Betriebsbereitschaft erzielt werden (zB aus dem Verkauf von Produkten, die während des Anlagentests produziert werden; IAS 16.17(e)). Die Kosten für Testläufe, die gem IAS 16.17(e) zu den Anschaffungs- oder Herstellungskosten zählen, sind um die Nettoerträge resultierend aus dem Verkauf der Gegenstände aus dem Testbetrieb zu kürzen. Aus der Regelungssystematik des IAS 16.17(e) ist abzuleiten, dass die Berücksichtigung der Erträge aus den Testläufen maximal bis zur Höhe der entspr Kosten erfolgen kann. Negative Anschaffungs- oder Herstellungskostenbestandteile wären vom systematischen Aufbau der Vorschriften in IAS 16.17 als inkonsistent anzusehen. Die die Kosten der Testläufe übersteigenden Erträge unterliegen daher den Regelungen zur Erlöserfassung nach IFRS 15. Diese Ansicht vertritt auch das IFRSIC auf eine entspr Anfrage hin. Das IFRSIC hat im November 2014 beschlossen, ein Projekt zu diesem Themenkomplex in seinen Arbeitsplan aufzunehmen (*Brune* IRZ 2015, 175 (175 ff)). 35

3. Anschaffungspreisminderungen

Sämtliche **Rabatte, Skonti und Boni,** die für den Kaufpreis oder die Anschaffungsnebenkosten in Anspruch genommen worden sind oder die aufgrund vertraglicher Vereinbarungen wahrscheinlich vereinnahmt werden, sind von den Anschaffungs- oder Herstellungskosten abzusetzen (IAS 16.16(a)). Nach dem zugrunde liegenden Prinzip der Erstbewertung nach der hingegebenen Gegenleistung sind sämtliche Formen von Kaufpreisminderungen zu kürzen, soweit diese in unmittelbarem Zusammenhang mit dem Anschaffungsvorgang stehen (zB Anschaffungskostenminderung wegen Schlechtlieferung). Abweichungen zur Erfassung von Anschaffungspreisminderungen nach HGB bestehen insoweit nicht (*Schubert/Gadek* in BeBiKo § 255 HGB Rz 61 ff). 36

4. Fremdkapitalkosten

Für die Anschaffung (IAS 16.23) und Herstellung (IAS 16.22) von Sachanlagen enthält IAS 23 Regelungen zur Erfassung von **Fremdkapitalkosten.** IAS 23 regelt die Erfassung sämtlicher Fremdkapitalkosten, nicht jedoch tatsächliche oder kalkulatorische Eigenkapitalkosten, die ggf mit Sachanlageinvestitionen in Zusammenhang stehen können. Der Anwendungsbereich des IAS 23 ist nicht auf Sachanlagen beschränkt, sondern stellt auf qualifizierte Vermögenswerte ab (→ Rn 41). Die Kommentierung orientiert sich deshalb an Fremdkapitalkos- 37 ten für langfristige Vermögenswerte und gilt gleichermaßen für Sachanlagen und immaterielle Vermögenswerte. Der Anwendungsschwerpunkt liegt jedoch im Bereich Sachanlagen und in der Auftragsfertigung (→ § 9 Rn 46ff).

38 Nach IAS 23.8 besteht eine **Aktivierungspflicht** für Fremdkapitalkosten, die direkt dem Erwerb, dem Bau oder der Herstellung eines qualifizierten Vermögenswerts zugeordnet werden können. Für eine sachgerechte Ermittlung der zu aktivierenden Fremdkapitalkosten ist eine Erfassung der Anschaffungs- oder Herstellungszeiträume sowie eine zeitbezogene Erfassung von Projektein- und -auszahlungen notwendig (projektbezogener Liquiditätssaldo bei Anschaffung von qualifizierten Vermögenswerten zB Errichtung von Produktionsanlagen etc).

39 Eine Erfassung von **Eigenkapitalkosten** im Rahmen von Sachanlageinvestitionen ist nach IFRS nicht zulässig (ausführlich *Bischof/Sterzenbach* in Baetge ua IFRS-Komm IAS 23 Rz 26f; IAS 23.3).

40 Nach der Begriffsdefinition zählen Zinsen und weitere im Zusammenhang mit der Aufnahme von Fremdkapital angefallene Kosten eines Unternehmens zu den **Fremdkapitalkosten,** die somit Folgendes umfassen:

(1) Zinsaufwand, der nach der in IAS 39 beschriebenen Effektivzinsmethode berechnet wird,
(2) Finanzierungskosten aus Finanzierungs-Leasingverhältnissen, die gem IAS 17 Leasingverhältnisse bilanziert werden und
(3) Währungsdifferenzen aus Fremdwährungskrediten, soweit sie als Zinskorrektur anzusehen sind (Zinsparität, IAS 23.6(e)).

Es findet damit eine sehr weite Definition der **Fremdkapitalkosten** Anwendung, die auch Kosten der Fremdkapitalbeschaffung einbezieht (Vermittlungs-, Makler- und Ratingkosten bedingt durch Fremdkapitalaufnahme, Bereitstellungsprovisionen). Daneben können auch „derivative Finanzierungskosten (Aufwendungen für Zinsswaps, Zinsoptionen und ähnliche Zinsderivate) in die Fremdkapitalkosten“ (*Bischof/Sterzenbach* in Baetge ua IFRS-Komm IAS 23 Rz 5) grds mit einbezogen werden. Aufwendungen für Derivate, die zu Handelszwecken gehalten werden, sind nicht als Finanzierungskosten anzusehen.

Gem IFRSIC stellt die Behandlung von Währungsdifferenzen aus Fremdwährungskrediten, soweit diese als Zinskorrektur anzusehen sind, einen Bestandteil des bilanzpolitischen Spielraums eines Unternehmens dar, der eine Ermessensausübung erfordert (*IFRIC* Update January 2008, 3f). Die angewandte Methode ist, sofern sie einen wesentlichen Bestandteil der Bewertungsgrundsätze darstellt, im Anhang zu erläutern (IAS 1.112ff).

Gewinne und Verluste aus der Ausbuchung von Krediten (zB Vorfälligkeitsentschädigungen) dürfen bei der Aktivierung von Fremdkapitalkosten nicht berücksichtigt werden (*IDW* RS HFA 37 Rz 16).

41 Ein **qualifizierter Vermögenswert** liegt nach IAS 23.5 vor, wenn „… ein beträchtlicher Zeitraum erforderlich ist, um ihn in seinen beabsichtigten gebrauchs- oder verkaufsfähigen Zustand zu versetzen.“ Mit Bezug auf das Anlagevermögen nennen IAS 23.7 und IAS 23.25 als Beispiele Fabrikationsanlagen, Energieversorgungseinrichtungen, in der Erschließung befindliche Gewerbeparks und als Finanzinvestition gehaltene Immobilien; letztere bei entspr Wahlrechtsausübung (hier: Bewertung zu fortgeführten Anschaffungs- oder Herstellungskosten) bzw sofern der beizulegende Zeitwert während der Zeit der Entwicklung nicht verlässlich ermittelbar ist (s IAS 40.53 und → § 6 Rn 11 sowie zum Wahlrecht → § 6 Rn 34). Bei Grundstücken liegt ein qualifizierter Vermögenswert nur bei Erschließung, Parzellierung zur Bauvorbereitung oder sonstiger Versetzung in einen nutzungsfähigen Zustand vor. Das reine Vorhalten von Grundstücken berechtigt ebenso wenig zu einer Aktivierung von Zinsen, wie Zeiträume nach Fertigstellung bis zum Einzug von Mietern oder bis zum eige-

nen Nutzungsbeginn (IAS 23.17, IAS 23.19, IAS 23.22). Soweit ein Vermögenswert zum Zeitpunkt des Erwerbs bereits den beabsichtigten gebrauchsfertigen Zustand aufweist, liegt kein qualifizierter Vermögenswert vor. Die Regelungen zum Aktivierungszeitraum in IAS 23.17 bis IAS 23.25 verdeutlichen, dass qualifizierte Vermögenswerte vorliegen, wenn die Herstellung, Errichtung oder die Versetzung in den betriebsbereiten Zustand einen beträchtlichen Zeitraum in Anspruch nimmt. Eine Eingrenzung des Zeitraums wird nicht gegeben. Ziel der Aktivierung von Fremdkapitalkosten ist die Gleichbehandlung von Investitionen über längere Zeiträume mit wesentlichem Vorfinanzierungsbedarf. Dabei soll kein Unterschied in der Höhe von aktivierungsfähigen Ausgaben entstehen, unabhängig davon, ob der Erwerber/Hersteller oder der Lieferant den Vorfinanzierungsaufwand übernimmt und dieser im Kaufpreis entspr kalkuliert ist (*Wiley* IFRS 2015, 188). In Anlehnung an FASB ASC 835-20 (zuvor SFAS 34) sind **qualifizierte Vermögenswerte** anzunehmen, wenn:

(1) Vermögenswerte für die Eigennutzung durch das Unternehmen errichtet werden oder Sicherheiten hinterlegt oder Fortschrittzahlungen geleistet werden und

(2) Einzelprojekte errichtet werden, mit der Absicht, diese zu vermieten oder zu verkaufen (*Wiley* IFRS 2015, 189 f).

Als **weitere Voraussetzung** muss eine **direkte Zuordnung der Fremdkapitalkosten** zum Erwerb, dem Bau oder der Herstellung des qualifizierten Vermögenswerts möglich sein (IAS 23.9). In der Definition der Fremdkapitalkosten mit direkter Zuordnung in IAS 23.10 wird jedoch deutlich, dass ein kausaler mittelbarer Zusammenhang zwischen Investition in den Vermögenswert und Fremdkapitalinanspruchnahme ausreicht. Danach sind Fremdkapitalkosten, die direkt zugeordnet werden können, solche, „... die vermieden worden wären, wenn die Ausgaben für den qualifizierten Vermögenswert nicht getätigt worden wären" (IAS 23.10). Aktivierungsfähige Fremdkapitalkosten liegen damit immer vor, wenn **Fremdkapital mit dem Verwendungszweck** der Anschaffung von qualifizierten Sachanlagen aufgenommen wird (Gleiches gilt für immaterielle Vermögenswerte, → § 4 Rn 79). Eine direkte Zuordnung kann aber auch gegeben sein, wenn Fremdkapitalmittel im Rahmen einer **allgemeinen Unternehmensfinanzierung** aufgenommen werden oder vorhanden sind und diese Mittel für Investitionen in qualifizierte Vermögenswerte verwendet werden. Nach IAS 23.11 und IAS 23.15 sind Mittel, die im Rahmen von Konzernfinanzierungen TU zur Verfügung gestellt werden, mit eingeschlossen. Eine vertraglich vereinbarte Zweckbindung ist nicht erforderlich (*Vater* WPg 2006, 1337 (1337)). 42

Daneben muss als allgemeine Aktivierungsvoraussetzung eine **verlässliche Ermittlung der Fremdkapitalkosten** möglich sein.

Die Ermittlung der **aktivierbaren Fremdkapitalkosten** unterscheidet sich nach der Art der Finanzierung des Vermögenswerts. Liegt eine **speziell zuordenbare Fremdkapitalaufnahme** für eine qualifizierte Sachanlageinvestition vor, so sind die tatsächlich in dieser Periode (bis zum Abschluss aller wesentlichen Arbeiten am qualifizierten Vermögenswert; → Rn 48) angefallenen Nettofremdkapitalkosten zu aktivieren (IAS 23.12). Zur Ermittlung der Nettofremdkapitalkosten sind etwaige Fremdkapitalerträge, die aus einer vorübergehenden Anlage der ausgereichten Finanzierungsmittel bis zu den jeweiligen Investitionsauszahlungen erzielt worden sind, von den aufgewendeten Fremdkapitalkosten abzusetzen (IAS 23.13). 43

Wenn die Investition in einen qualifizierten Vermögenswert durch eine **allgemeine Unternehmensfinanzierung** abgedeckt wird, sind die aktivierbaren Fremdkapitalkosten durch Anwendung eines gewogenen Durchschnittskostensatzes der allgemeinen Fremdkapitalaufnahmen des Unternehmens auf die geleiste- 44 ten Investitionsauszahlungen zu ermitteln (IAS 23.14). Die Höhe der so ermittelten aktivierbaren Fremdkapitalkosten ist dabei auf die tatsächlich angefallenen Fremdkapitalkosten beschränkt. Ein zeitraumbezogener Vergleich beschränkt auf den Investitionszeitraum wird nicht gefordert. Die Ermittlung des **gewogenen Durchschnittskostensatzes** ist auf Basis aller allgemeinen Unternehmensfinanzierungen (uU unter Einbeziehung der Unternehmensfinanzierungen des MU (IAS 23.15)) vorzunehmen. Speziell aufgenommene Fremdmittel für die Finanzierung von qualifizierten Vermögenswerten dürfen nicht in die Durchschnittsberechnung eingehen (IAS 23.14). Etwaige allgemein erzielte Zinserträge sind nicht zu berücksichtigen (*Bischof/Sterzenbach* in Baetge ua IFRS-Komm IAS 23 Rz 22).

Eine Verwendung von **Konzernfinanzierungssätzen** ist nur möglich, wenn das zugrunde liegende Prinzip – Orientierung an der aufgewendeten Gegenleistung – für das berichtende Gesamtunternehmen beachtet wird.

45 Wird ein gewogener Fremdkapitalkostensatz auf die Investitionsauszahlungen angewandt, sind aus der Bemessungsgrundlage sämtliche mit der qualifizierten Sachanlageinvestition zusammenhängende **Einzahlungen,** wie **erhaltene Abschlagszahlungen** (regelmäßig nur im Bereich Vorräte) und Zuwendungen, auszuklammern (IAS 23.18). Neben den Zuwendungen der öffentlichen Hand sind zB **Mieterzuschüsse** bei Errichtung von Einkaufszentren von den Investitionsausgaben zu kürzen. Die Ausgaben für die qualifizierte Sachanlage können näherungsweise auf Basis des **durchschnittlichen Buchwerts** im betreffenden Zeitraum ermittelt werden (IAS 23.18).

Neben den sachlichen Grenzen der Aktivierung von Fremdkapitalkosten (Zuordenbarkeit → Rn 42, Nettoauszahlungen → Rn 43 und Aktivierungszeitraum → Rn 46) ist die Aktivierung der Fremdkapitalkosten grds der Höhe nach auf den **erzielbaren Betrag** für den Vermögenswert beschränkt (IAS 23.16). Deshalb ist bei Fremdkapitalkostenaktivierungen auf qualifizierte Sachanlagen grds ein **Wertminderungstest** nach IAS 36 durchzuführen (→ Rn 159f). Soweit die unter Einbeziehung der Fremdkapitalkosten ermittelten Anschaffungs- oder Herstellungskosten über dem erzielbaren Betrag der Sachanlage liegen, ist ein Wertminderungsaufwand für den Vermögenswert zu erfassen.

46 Der **Aktivierungszeitraum** beginnt, wenn

(1) Ausgaben für den Vermögenswert anfallen,
(2) Fremdkapitalkosten anfallen und
(3) die erforderlichen Arbeiten begonnen haben, um den Vermögenswert für seinen beabsichtigten Gebrauch oder Verkauf herzurichten (IAS 23.17).

Dies schließt nicht die nach IAS 23.13 vorzunehmende Kürzung von Anlageerträgen aus einem Anlagezeitraum vor Auszahlungen oder vor Beginn der Arbeiten aus. Der **Beginn** der erforderlichen Arbeiten ist erfolgt, wenn das Unternehmen vorbereitende Tätigkeiten wie Planungs- und Konstruktionsarbeiten oder die Einholung von Genehmigungen ausführen lässt. Da die genannten Voraussetzungen kumulativ zu erfüllen sind, kann der Aktivierungszeitraum nicht vor Aufnahme/Einsatz des Fremdkapitals erfolgen. Ein davor liegender Zeitraum, in dem Investitionsausgaben aus Eigenkapital geleistet werden, scheidet aus. Entscheidend ist die Absicht, die Sachanlage zur Nutzung im Unternehmen herzustellen, zu entwickeln oder zu errichten. Ein bloßes Halten eines Vermögenswerts ohne jedwede Bearbeitung oder Entwicklung, die seinen Zustand verändert, schließt eine Aktivierung aus (IAS 23.19).

47 Die Fremdkapitalkostenaktivierung ist auszusetzen, wenn die aktive Entwicklung, Herstellung oder Errichtung für einen längeren **Zeitraum unterbrochen** ist. Eine **Aktivierung von Fremdkapitalkosten** für das bloße Halten von teilweise fertig gestellten Vermögenswerten (zB aufgrund der Marktsituation ruhen-

de Erschließung/Entwicklung eines Gewerbeparks) ist nicht zulässig. Eine Unterbrechung der aktiven Tätigkeit für prozessbedingte Unterbrechungen (einkalkulierte wetterbedingte Unterbrechungen der Arbeiten) ist hingegen unschädlich (IAS 23.21). Produktionsprozessbedingte Trocknungs- oder Reifephasen führen zu keiner Unterbrechung des Aktivierungszeitraums (*Vater* WPg 2006, 1337 (1337)).

Der **Aktivierungszeitraum** endet, wenn im Wesentlichen alle Arbeiten abgeschlossen sind, um den qualifizierten Vermögenswert für seinen beabsichtigten Gebrauch oder Verkauf herzurichten (IAS 23.22). Abgestellt wird dabei auf die physische Fertigstellung der Sachanlage. Geringfügige Änderungen oder ausstehende Arbeiten stehen der Beendigung des Aktivierungszeitraums nicht entgegen (zB Ausstattung eines Gebäudes nach individuellen Käufer- oder Nutzerwünschen). Das **Ende des Aktivierungszeitraums** ist bei Sachanlagen, deren Teile einzeln genutzt werden können (zB Gewerbepark mit mehreren Einzelgebäuden), nach dem Abschluss der wesentlichen Arbeiten für die einzelnen Teile zu ermitteln (IAS 23.24). Damit sind insbes Zeiträume zwischen Abschluss der wesentlichen Arbeiten und vollständiger bestimmungsgemäßer Nutzung (zB Vermietung oder Eigennutzung bei Gebäuden – schrittweiser Bezug) nicht vom Aktivierungszeitraum erfasst. Bei industriellen Großanlagen, die schrittweise fertig gestellt, aber erst bei Fertigstellung der Gesamtanlage genutzt werden können, endet der Aktivierungszeitraum für alle Teile (ggf Komponenten) erst mit Gesamtfertigstellung (zB Stahlwerk oder Polymerisationsanlagen). Streng genommen setzt IAS 23 eine auszahlungsbezogene Betrachtung voraus, dh, dass die Zeitpunkte der Investitionsauszahlungen für die Ermittlung der Fremdkapitalkosten herangezogen werden müssen. Damit ist zB eine Schlussrechnungszahlung (10%), die bei Inbetriebnahme/Nutzungsbeginn gezahlt wird, nicht in die Berechnung der aktivierungspflichtigen Zinsen einzubeziehen. 48

Beispiel: Die XYZ-AG lässt im Geschäftsjahr X1 ein Produktions- und Verwaltungsgebäude auf eigenem Grund und Boden errichten. Das Unternehmen finanziert sich durch ein langfristiges Darlehen zum Nominalbetrag von Mio € 10. Das Darlehen ist prolongiert bis zum Jahr X5 und wird mit 10% pa verzinst. Daneben besteht eine Kontokorrentlinie in Höhe von Mio € 6, die in X1 mit durchschnittlich Mio € 5 in Anspruch genommen und mit 12% pa verzinst wird. Das im Januar X1 beginnende Bauvorhaben wird in Höhe von Mio € 8 durch ein Darlehen mit einer Laufzeit von zehn Jahren und einem Zins von 7% pa finanziert. Die Auszahlung betrug 97,5%. Zwischenzeitlich nicht benötigte Darlehensmittel werden mit 4% angelegt. Die letzte Zahlung wurde mit Fertigstellung am 30. November X1 geleistet. Bis zum Zeitpunkt der Fertigstellung ergibt sich folgende Übersicht für das speziell aufgenommene Darlehen:

Zeitraum	Darlehensauszahlungen in €	Ausgaben in €	Zinsen/Kosten in €
31. März X1	1.800.000	1.000.000	93.333
31. Mai X1	2.000.000	2.000.000	70.000
31. August X1	2.000.000	4.000.000	35.000
30. November X1	2.000.000	4.000.000	0
Summe	7.800.000	11.000.000	198.333
Anlageertrag			– 13.333
Abschreibung Disagio			13.333
Zinskosten gesamt			198.333

Für die allgemeine Unternehmensfinanzierung ergibt sich bedingt durch die Investitionsauszahlungen folgende Übersicht:

Finanzierung	Durchschnittliche Inanspruchnahme in €	Zinssatz	Zinsen pa in €
Kontokorrent	5.000.000	12,00 %	600.000
Langfristiges Darlehen	10.000.000	10,00 %	1.000.000
Summe/Durchschnitt	15.000.000	10,67 %	1.600.000
Inanspruchnahme 31. August X1	1.200.000	10,67 %	32.010
Inanspruchnahme 30. November X1	2.000.000	10,67 %	0
Zinskosten gesamt			32.010

Insgesamt ergeben sich damit aktivierungsfähige Fremdkapitalkosten in Höhe von € 230.343. Eine Wertminderung der um die Fremdkapitalkosten erhöhten Sachanlage ist nicht erkennbar. Im Anhang sind der aktivierte Betrag von € 230.343 sowie der Zinssatz von 10,67 % für den nicht unmittelbar zuordenbaren Finanzierungsanteil anzugeben.

49 Bei **allgemeiner Unternehmensfinanzierung** reicht ein mittelbarer Zusammenhang zwischen Fremdkapitalaufnahme und Investitionsauszahlungen aus. Gefordert wird lediglich, dass das Fremdkapital für die Beschaffung eines qualifizierten Vermögenswerts verwendet wird (IAS 23.14). Eine Verwendung von allgemeinen Fremdkapitalmitteln ist aber nur dann gegeben, wenn im Rahmen der Gesamtunternehmensfinanzierung die betreffende Sachanlageinvestition durch Fremdkapital tatsächlich „mit"-finanziert wird. Ein detaillierter Nachweis ist indes nach IAS 23 nicht zu erbringen und wird auch von der Literatur nicht gefordert (*Bischof/Sterzenbach* in Baetge ua IFRS-Komm IAS 23 Rz 16), obgleich nach allgemeinen Finanzierungsregeln auch eine anteilige Eigenkapitalfinanzierung im Rahmen der Finanzierung des Sachanlagevermögens unterstellt werden muss. IAS 23.10 enthält keine Regelungen zur Berücksichtigung der Finanzierungsstruktur und stellt ausschließlich auf die Finanzierungskosten ab, die bei Nichtinvestition vermieden worden wären. Die Auswirkungen werden an folgendem Beispiel deutlich:

Beispiel: Die Schrauben AG produziert Befestigungsmaterial wie Schrauben, Nägel und Beschläge in großen Stückzahlen. Diese Vorräte sind nicht als qualifizierte Vermögenswerte anzusehen (IAS 23.4). Das Unternehmen errichtet ein neues Produktionsgebäude. Die Bauzeit beträgt zehn Monate und es entstehen Baukosten inklusive der notwendigen Betriebsvorrichtungen von Mio € 20. Zur Finanzierung wird ein Darlehensvertrag über Mio € 14 geschlossen. Weitere Mio € 6 Investitionskosten sollen durch Eigenmittel bzw aus der lfd Unternehmensfinanzierung erbracht werden. Für das steigende Working Capital stehen lfd Kreditlinien zur Verfügung. Die Bilanz unmittelbar nach Investitionsabschluss und Erhalt der Schlussrechnung über Mio € 4 zeigt folgendes Bild:

AKTIVA		PASSIVA	
	Mio €		Mio €
Anlagevermögen (alt)	7	Eigenkapital	20
Anlagevermögen (neu)	20	Kontokorrent	13
Vorräte	17	Investitionskredit	10
Liquide Mittel	1	Sonstige Verbindlichkeiten	4
Sonstige Aktiva	6	Investitionsverbindlichkeiten	4
	51		51

Je nachdem auf welcher Basis eine Verrechnung des Eigenkapitals vorgenommen wird, ergeben sich folgende unterschiedliche Bemessungsgrundlagen zur Ermittlung der aktivierungspflichtigen Fremdkapitalkosten:

Finanzierungsstruktur	Verrechnung Eigenkapital auf:		
	Bestand	Kreditvereinbarung	gewichtet
Working Capital	20,0	20,0	20,0
Anlagevermögen Bestand	7,0	7,0	7,0
Eigenkapital	– 20,0	– 14,0	– 12,6
Fremdkapitalbedarf auf Bestand	**7,0**	**13,0**	**14,4**
Inanspruchnahme Kontokorrentlinie Bestandsfinanzierung	7,0	13,0	13,0
Investitionsausgaben	**16,0**	**16,0**	**16,0**
Investitionskredit	10,0	10,0	8,6
Eigenkapital	0,0	6,0	7,4
Inanspruchnahme Kontokorrentlinie für Investition	6,0	0,0	0,0
Bemessungsgrundlage Zinsaktivierung	**16,0**	**10,0**	**8,6**

Das Vermeidungsprinzip des IAS 23.10 führt zu einer Eigenkapitalverrechnung auf den vorhandenen Bestand an Vermögenswerten und Schulden und impliziert, dass – ohne Investition – die Inanspruchnahme der Kontokorrentlinie rückläufig verlaufen wäre. Zudem wird die allgemeine Unternehmensfinanzierung in die Ermittlung der Bemessungsgrundlage mit einbezogen (Mio € 16). Die anzuwendenden Zinssätze ergeben sich für den Investitionskredit von Mio € 10 aus dem Kreditvertrag und für den Restbetrag von Mio € 6 aus dem durchschnittlichen Zinssatz der Kontokorrentkreditvereinbarungen.

Im **Anhang** sind der aktivierte Betrag an Fremdkapitalkosten der Berichtsperiode und der Kapitalisierungszinssatz anzugeben (IAS 23.26). Bei spezieller zuordenbarer Fremdkapitalaufnahme dürfte aufgrund der Fremdkapitalkostenermittlung anhand der aufgewendeten Beträge (IAS 23.12) keine Angabe des Fremdkapitalkostensatzes erforderlich sein. 50

5. Abbruch-/Beseitigungs- und Wiederherstellungskosten

Kosten für den Abbruch und die Beseitigung der Sachanlagen und die Wiederherstellung des Standorts, die in Zusammenhang mit der Anschaffung oder Herstellung oder der Nutzung stehen, sind Bestandteile der Anschaffungs- oder Herstellungskosten (IAS 16.16(c)). IAS 16.18 ist eine separate **Ansatzvorschrift** für diese Kosten. Die Bewertung der Kosten hat nach den Bewertungsregeln des IAS 2 (→ § 8 Rn 71 ff) und IAS 37 (→ § 13 Rn 53 ff) zu erfolgen. Der Anwendungsbereich umfasst damit Abbruch- und Wiederherstellungskosten für industrielle Anlagen und Gebäude oder -teile, deren Beseitigung auf vertraglicher Vereinbarung oder öffentlich-rechtlicher Verpflichtung beruht. Ziel ist es, die Gesamtkosten der Sachanlagen über die Abschreibungsverteilung den Erlösen während der Nutzungsdauer ggü zu stellen. 51

Für **Wiederherstellungskosten von Grundstücken** ist eine entspr Behandlung vorgesehen (IAS 16.59). Die Wiederherstellungskosten sind dem Grundstück zuzuschlagen (soweit diese nicht Bestandteil der darauf errichteten Anlagen sind) und über die Laufzeit der korrespondierenden Erträge abzuschreiben. Wenn das Grundstück selbst eine begrenzte Nutzungsdauer aufweist (abnutzbar 52 ist, zB Abbaugrundstücke im Bergbau, → § 42 Rn 28), ist eine Abschreibung des Grundstücks unter Berücksichtigung der Art der korrespondierenden Erlöse vorzunehmen (IAS 16.59). Keine Einbeziehung in die Anschaffungs- oder Herstellungskosten erfolgt zB für Rekultivierungskosten (Tagebaue und Kiesgruben) die mit schrittweisem Abbau verursacht werden. Wird der Grundstückswert für die Abbauflächen mit verbraucht (zB bei anschließend kostenloser Übereignung an öffentliche Gebietskörperschaften), sind die originären Anschaffungskosten des Grundstücks mit abzuschreiben. Einzubeziehen sind hingegen zB Deponienachsorgekosten für einen zu aktivierenden Deponiekörper, da diese Kosten durch die Nutzung der Sachanlage verursacht sind (IAS 16.16(c), IFRIC 1.2).

53 Soweit **Schrotterlöse oder Restwerte** aus verwertbaren Sachanlagen erwartet werden, sind diese nicht mit den Abbruch- und Wiederherstellungskosten zu saldieren, sondern bei der Bestimmung des Abschreibungsvolumens zu berücksichtigen (IAS 16.53; → Rn 104).

54 Die **Bewertung** der Abbruch-, Beseitigungs- und Wiederherstellungskosten basiert auf der bestmöglichen Schätzung (IAS 37.36) mit dem Barwert (IAS 37.45, IAS 16.16(c); → § 13 Rn 53).

Soweit sich die Kosten für Abbruch/Beseitigung der Sachanlagen und Wiederherstellung des Standorts im **Zeitablauf ändern,** ergibt sich nach den Grundsätzen des IAS 8 (Änderungen einer Schätzung) unter analoger Anwendung von IAS 37.36 eine Erhöhung oder Verminderung des Buchwerts der Sachanlage zu Beginn des lfd Geschäftsjahrs mit Folgewirkungen des geänderten Abschreibungsvolumens (IFRIC 1.5(a)). Bei einer Verminderung des Rückstellungsbetrags (der Abbruch-/Wiederherstellungskosten), die größer als der Restbuchwert der Sachanlage ist, ist der überschießende Betrag erfolgswirksam zu erfassen (IFRIC 1.5(b)). Eine Erhöhung des Rückstellungsbetrags (der Abbruch-/Wiederherstellungskosten) ist als Anlass für einen Wertminderungstest anzusehen (IFRIC 1.5(c)). Die lfd Aufzinsung der Rückstellungen ist im Zinsaufwand zu erfassen; eine Aktivierung der Aufzinsungsbeträge scheidet auch nach den Regeln des IAS 23 aus (IFRIC 1.8). Zur Behandlung von Änderungen des Abzinsungssatzes → § 45 Rn 36.

Beispiel: Die Kies KG erwirbt Anfang X1 eine Kiesaufbereitungs- und Sortieranlage für Mio € 8. Das vorhandene Vorratsvolumen reicht für eine Auskiesung über zehn Jahre. Das entspricht der Nutzungsdauer der Aufbereitungs- und Sortieranlage, deren Abbruchkosten auf € 400.000 und deren Schrottwert auf € 60.000 geschätzt werden. Im landschaftspflegerischen Begleitplan zum Betrieb des Kieswerks sind für die Wiederherstellung der durch die Aufbereitungs- und Sortieranlage in Anspruch genommenen Fläche € 80.000 vorgesehen. Der landschaftspflegerische Begleitplan regelt darüber hinaus die einzelnen Rekultivierungsschritte (zB Auffüllung) betreffend die Kiesgrube. Der Abzinsungssatz beträgt 5 % pa.

	Erwerb X1 in €	AK X1 in €	Rückstellung X1 in €
Kaufpreis	8.000.000	8.000.000	
Abbruchkosten geschätzt	400.000	245.560	245.560
Wiederherstellung Fläche	80.000	49.112	49.112
Schrottwert	60.000	0	
Summe		8.294.672	294.672
Abschreibungsvolumen		8.234.672	
Abschreibung pa		823.467	

Nach vollständiger Abschreibung beträgt der Restwert am Ende des zehnten Jahrs (Ende des Jahrs X11) € 60.000 in Höhe des Schrottwerts. Die Rückstellung weist nach jährlicher Zuführung des Verzinsungsbetrags € 480.000 aus.

II. Anschaffungskosten bei Tausch

Nach IAS 16.24 ist jeder **Erwerb von Sachanlagen** durch Tausch grds zum beizulegenden Zeitwert zu bewerten. Ein Tausch von Sachanlagen liegt vor, wenn die Gegenleistung durch Übertragung von Sachanlagen oder anderer Vermögenswerte erbracht wird. Die Gegenleistung ist nicht auf Sachanlagen beschränkt. Auf den Anteil an Ausgleichszahlungen kommt es dabei nicht an. Voraussetzung ist, dass die zugrunde liegende Transaktion wirtschaftlichen Gehalt hat, also auf einen Leistungsaustausch gerichtet ist (IAS 16.24). Dies wird angenommen, wenn: 55

(1) Risiko, Zeit und Betrag des zu erwartenden Cashflow unterschiedlich vom Cashflow des hingegebenen Vermögenswerts ist, oder
(2) der unternehmensspezifische Wert eines Teils der Geschäftstätigkeit des Unternehmens durch den Tausch beeinflusst ist und
(3) die Unterschiede (in (1) oder (2)) wesentlich im Vergleich zum beizulegenden Zeitwert der getauschten Vermögenswerte sind (IAS 16.25).

Unerheblich ist, ob vergleichbare oder nicht vergleichbare Vermögenswerte getauscht werden. Es kommt beim Tausch von Vermögenswerten regelmäßig zur Erfolgsrealisierung.

Die **Anschaffungskosten des erworbenen Vermögenswerts** bestimmen 56
sich dabei durch den beizulegenden Zeitwert des **hingegebenen** Vermögenswerts zum Zeitpunkt des Sachanlagentauschs. Ausgleichszahlungen in Form von Zahlungsmitteln oder Zahlungsmitteläquivalenten sind entspr zu berücksichtigen.

Für den **Ausnahmefall,** dass der beizulegende Zeitwert des erworbenen 57
Vermögenswerts eindeutig verlässlicher als der beizulegende Zeitwert des abgegebenen Vermögenswerts bestimmt werden kann, ist dieser als Anschaffungskosten zugrunde zu legen (IAS 16.26). Kann weder der beizulegende Zeitwert des hingegebenen noch des erworbenen Vermögenswerts verlässlich bestimmt werden, ist der Buchwert des abgegebenen Vermögenswerts als Anschaffungskosten des erworbenen Vermögenswerts anzusehen (Buchwertfortführung, IAS 16.24).

Eine **zuverlässige Ermittlung der beizulegenden Zeitwerte** der zu tauschenden Vermögenswerte ist zB nicht möglich, wenn kein oder nur ein Markt mit geringem Transaktionsvolumen für die Vermögenswerte vorliegt oder eine alternative Berechnung des Nutzungswerts nicht möglich ist.

Beispiel 1: Die Maschinenbau AG verhandelt mit der Stadt N über einen Flächentausch mit Barausgleich. Dabei sollen Randflächen rund um den derzeitigen Standort und Verkehrsflächen auf die Stadt N übertragen werden und die Maschinenbau AG soll den unmittelbar angrenzenden Sportplatz als Vorführfläche erhalten. Die Rand- und Verkehrsflächen sind 30.000 m^2 groß und bisher mit einem Buchwert von € 15 pro m^2 bilanziert. Der Sportplatz ist 20.000 m^2 groß. Als Bodenwert haben die Vertragspartner € 20 pro m^2 vereinbart. Ein wirtschaftlicher Gehalt liegt nach IAS 16.25 vor, da sowohl die Stadt N als auch die Maschinenbau AG ein wirtschaftliches Interesse haben. Die Stadt N möchte durch Infrastrukturmaßnahmen den Industriestandort aufwerten und die Rahmenbedingungen für weitere Ansiedlungen in der Nachbarschaft schaffen. Die Maschinenbau AG benötigt die Fläche dringend für Vorführ-, Präsentations- und Lagerzwecke.

Die Maschinenbau AG bucht für Erwerb, Abgang und Wertausgleich:

per Grundstück Sportplatz	€ 400.000	
per Liquide Mittel	€ 50.000	
an Altgrundstück		€ 450.000

Liegt wirtschaftliche Substanz vor, so kann bei Tauschvorgängen eine entspr Gewinnrealisierung eintreten.

Beispiel 2: Im Zuge von Straßenbaumaßnahmen soll die Tankstelle M verlegt werden. Das bisherige zentrumsnahe Grundstück wird mit € 220 pro m² bewertet und ist 10.000 m² groß. Der Buchwert beträgt € 180 pro m². Die Gebäude und Anlagen sind vollständig abgeschrieben. Die Neubewertungsrücklage für das Grundstück wird mit € 1.400.000 ausgewiesen. Die Stadt L übernimmt die Abbruchkosten von € 60.000. Im Zuge der Verhandlungen mit der Stadt L beschließt der Tankstellenbetreiber, seine Tankstelle in das Gewerbegebiet der Stadt nahe der Autobahn zu verlegen. Hier werden 8.000 m² benötigt. Der Bodenrichtwert liegt bei 80 € pro m². Die Tankstelle erfasst den Tauschvorgang wie folgt (ohne latente Steuern):

Erwerb und Abgang		
per neues Grundstück im Gewerbegebiet	€ 640.000	
per Liquide Mittel	€ 1.560.000	
an Veräußerungsgewinn		€ 400.000
an Grundstück alte Tankstelle		€ 1.800.000
Umbuchung Neubewertungsrücklage		
per Neubewertungsrücklage	€ 1.400.000	
an Gewinnrücklagen		€ 1.400.000
Abbruchkosten		
per Rückstellung für Beseitigungskosten	€ 60.000	
an Ertrag aus der Rückstellungsauflösung		€ 60.000

Es wird ein erfolgswirksam zu erfassender Ertrag von € 460.000 erzielt sowie die gebildete Neubewertungsrücklage realisiert und im Eigenkapital umgegliedert. Tatsächliche und latente Steuern sind im Beispiel aus Vereinfachungsgründen nicht dargestellt.

58 *(einstweilen frei)*

III. Bilanzierung von Zuwendungen der öffentlichen Hand

59 Die Buchwerte von Sachanlagen (oder immateriellen Vermögenswerten und sonstigen Vermögenswerten) können bei Erstverbuchung, aber auch bei Folgebewertungen durch **Zuwendungen der öffentlichen Hand** beeinflusst werden (IAS 16.28, IAS 20.24). Die IFRS fassen Zuwendungen der öffentlichen Hand als Finanzierungen auf, die keinen Einfluss auf die Anschaffungs- oder Herstellungskosten haben. Definitionsgemäß wird nach dem Bilanzierungswahlrecht des IAS 20.24 ff von der Darstellung als passiver Abgrenzungsposten oder von der Berücksichtigung bei der **Feststellung des Buchwerts** des Vermögenswerts gesprochen. Nach dem Stetigkeitsgrundsatz (F.QC22, IAS 8.13) ist der **Wahlrechtsausübung** eine **stetige Anwendung** für alle vergleichbaren Zuwendungen zugrunde zu legen. Das Wahlrecht ist bei der erstmaligen Erfassung der Zuwendung auszuüben.

1. Anwendungsbereich

60 **Zuwendungen der öffentlichen Hand** werden in IAS 20 unterteilt in Beihilfen, Zuwendungen in Zusammenhang mit der Erfüllung von Bedingungen, Zuwendungen für Vermögenswerte, erfolgsbezogene Zuwendungen und erlassbare Darlehen. Geregelt – mit Bezug auf Sachanlagen und immaterielle und sonstige Vermögenswerte – sind damit Zuwendungen für Vermögenswerte, die unter der Hauptbedingung der **Anschaffung** von langfristigen Vermögenswerten (insbes Sachanlagen und immaterielle Vermögenswerte) gewährt werden (Investitionszuschüsse). Dabei soll eine am ***matching principle*** orientierte Erfassung der Zuwendungen erfolgen, dh, dass die Zuwendungen in derjenigen (denjenigen)

Periode(n) erfasst werden sollen, in der auch der Aufwand erfasst wird, der durch die Zuwendungen kompensiert werden soll (IAS 20.12). Nicht im Regelungsumfang des IAS 20 enthalten sind Beihilfen für Unternehmen in Form von Vorteilen aus der Minderung der Einkommensteuerschuld oder deren Erlass, Investitionssteuergutschriften, erhöhte Abschreibungsmöglichkeiten und ermäßigte Einkommensteuersätze, die ggf in Zusammenhang mit Investitionen in Sachanlagen stehen. Für unbedingt rückzahlbare Zuwendungen und für Zuwendungen, die vor Erfüllung der Hauptbedingungen (zB Durchführung von Investitionen) ausgezahlt werden, enthält IAS 20 keine Regelungen. Diese sind nach den allgemeinen Grundsätzen als Schuld zu erfassen. Nach IAS 20.2 ist die Bilanzierung von indirekten Vorteilen aus der Beteiligung der öffentlichen Hand an Unternehmen nicht im Standard erfasst. Es werden umfangreiche Anhangangaben gefordert (IAS 20.39). Zu Zuwendungen der öffentlichen Hand, die nicht durch die Anschaffung oder Herstellung von Sachanlagen bedingt sind (zB Ertragszuschüsse), → § 8 Rn 23 und → § 15 Rn 38. Nicht erfasst von IAS 20 sind **nicht öffentliche Zuwendungen** (Schenkungen, Erbschaften sowie Gesellschafterzuschüsse, Zahlungen, die dem Gesellschaftskapital zugeführt werden, auch bei Kapitalbeteiligungen der öffentlichen Hand).

2. Grundlagen und Begriffsabgrenzung

Der Begriff **öffentliche Hand** schließt lokale, nationale und internationale Regierungsbehörden, Gebiets- und andere Körperschaften und Institutionen mit hoheitlichen Aufgaben ein. Damit ist jede Übertragung von Ressourcen, die ausgerichtet an öffentlichen Interessen gewährt werden, erfasst. Auf die Bezeichnung kommt es dabei nicht an. **Sach- oder Geldleistungen** werden gleich behandelt (Erfassung von Sachleistungen zum beizulegenden Zeitwert zulässig nach IAS 20.7, IAS 20.23). Für Sachleistungen ist alternativ der Ansatz eines Merkpostens möglich (IAS 20.23). Unerheblich ist, ob die Zuwendungen direkt oder durch zwischengeschaltete Institutionen (zB Kreditinstitute) gewährt werden, solange dabei der öffentliche Zuwendungscharakter erhalten bleibt. Es muss sich um eine unmittelbare Zuwendung für ein bestimmtes Unternehmen oder eine bestimmte Gruppe von Unternehmen handeln, die die jeweiligen Zuwendungsbedingungen erfüllen. Dabei reicht es aus, wenn sich die Zuwendungsbedingungen auf die Aufrechterhaltung eines Industriezweigs in einer bestimmten Region beschränken und keine weiteren Bedingungen, wie zB Investitionsmaßnahmen, zu erfüllen sind (SIC-10). Allgemeine Förderungen von Unternehmen durch Bereitstellung von Infrastruktur oder ordnungspolitische Maßnahmen, durch die Unternehmen indirekte Vorteile bei der Ausübung ihrer Geschäftstätigkeit erfahren, sind von IAS 20 nicht erfasst (→ Rn 60). Hierunter fallen auch Vorteile, die keiner zuverlässigen Bewertung zugänglich sind (unentgeltliche Beratung durch die öffentliche Hand) oder Vorteile, die aus Geschäftsbeziehungen mit der öffentlichen Hand resultieren, die von der normalen Geschäftstätigkeit nicht zu unterscheiden sind (IAS 20.3 und IAS 20.34ff; zB Vorteile aus der Gewährung von Bürgschaften). Zinsvorteile aus der Überlassung von zinslosen oder verbilligten Darlehen der öffentlichen Hand sind als Zuwendung zu bilanzieren (IAS 20.10A, IAS 20.BC3f). 61

Unterschieden wird in IAS 20.3 in **Zuwendungen für Vermögenswerte, erlassbare Darlehen** sowie **erfolgsbezogene Zuwendungen** und **Beihilfen.** Soweit erlassbare Darlehen mit dem Verwendungszweck „Investition in Vermögenswerte" ausgereicht wurden und der Darlehenserlass an ähnliche Bedingungen wie bei Zuwendungen für Vermögenswerte geknüpft ist (Investitions- und 62

Arbeitsplatzverpflichtung), ist eine Bilanzierung nach den Grundsätzen für Zuwendungen geboten (IAS 20.10).

3. Voraussetzungen für die Erfassung von Zuwendungen für Vermögenswerte

63 Eine Erfassung von Zuwendungen ist nach den speziellen Ansatzkriterien des IAS 20.7 nur zulässig, wenn **angemessene Sicherheit** darüber besteht, dass:
(1) das Unternehmen die damit verbundenen Bedingungen erfüllen wird und
(2) die Zuwendungen gewährt werden.

Der Umstand, dass eine Zuwendung ausgezahlt bzw geleistet wurde, reicht für die **Erfüllung der Voraussetzungen** nicht aus (IAS 20.8).

Die Anforderungen, die IAS 20.7 an den Grad der Wahrscheinlichkeit über den Zufluss der Zuwendungen stellt (angemessene Sicherheit), sind im Verhältnis zum Vermögenswertbegriff (F.4.8 ff, F.4.40 ff) und den Abgrenzungsregeln zu Eventualforderungen („so gut wie sicher"; IAS 37.33) weniger streng (umfangreich *Staß/Piesbergen/Prasse* in Baetge ua IFRS-Komm IAS 20 Rz 18 f). Aus dem Wortlaut „angemessene Sicherheit" ist abzuleiten, dass eine höhere Eintrittswahrscheinlichkeit gefordert wird, als mit dem allgemeinen Wahrscheinlichkeitsbegriff verbunden ist (*Küting/Koch* DB 2006, 569 (569)).

64 **Zuwendungen für Vermögenswerte** der öffentlichen Hand sind durch eine **Hauptbedingung** wie Anschaffung/Erwerb oder Herstellung und Versetzung in einen betriebsbereiten Zustand eines langfristigen Vermögenswerts sowie regelmäßig durch **Nebenbedingungen** wie Standort-, Beschäftigungs-, Ausbildungs- oder weitere Investitionsgarantien, Verbleibensvoraussetzungen, Einsatzreglementierungen oder sonstige Verwendungsbedingungen gekennzeichnet. Daneben sind regelmäßig allgemeine Verwendungsbedingungen (zB Förderrichtlinien, Landessubventionsschutzgesetze, sonstige Nebenbestimmungen der Förderprogramme) hinsichtlich der Einordnung und Bewertung der erworbenen Vermögenswerte zu erfüllen. Die Verwendungsbestimmungen orientieren sich regelmäßig an steuerlichen Vorschriften (zB Qualifizierung als Wirtschaftsgut, Aktivierung beim Leasingnehmer, Beschränkungen bei Erwerb/Herstellung im Unternehmensverbund) unter Einbeziehung der Begriffssystematik des HGB. Ferner sind Nebenbedingungen über den zeitlichen Investitionsverlauf (regelmäßig Beginn nach Antragstellung oder Bewilligung, Abschlusszeitpunkt etc) vorgesehen.

65 Zentrale Voraussetzung zur Erfassung der Zuwendung für einen Vermögenswert im Abschluss ist die zum Bilanzstichtag erfüllte Hauptbedingung – Investition in einen langfristigen Vermögenswert – unter Berücksichtigung allgemeiner Förderbedingungen. Dabei ist zu unterscheiden in **Zuwendungen mit Rechtsanspruch** (zB Investitionszulagen nach InvZulG), die bei Erfüllung gesetzlicher Förderbedingungen bestehen, und **Zuwendungen ohne Rechtsanspruch** (zB Förderungen aus dem Rahmenprogramm der Gemeinschaftsaufgabe – Verbesserung der regionalen Wirtschaftsstruktur).

66 Für **Zuwendungen mit Rechtsanspruch** besteht angemessene Sicherheit, wenn die gesetzlichen Anforderungen zum Bilanzstichtag erfüllt sind und wenn darüber hinaus aufgrund betrieblicher Übung davon ausgegangen werden kann, dass weitere Zuwendungsbedingungen erfüllt werden. Dies betrifft eine erforderliche Antragstellung (zB § 7 InvZulG) und ggf Hinweise auf eine förderschädliche Verwendung (zB § 2 Abs 1 InvZulG) des Vermögenswerts oder die Unmöglichkeit des Unternehmens, allgemeine Förderbedingungen zu erfüllen (zB Unternehmensfortführung). Soweit nach den Unternehmensplanungen das Management von einer beabsichtigten Verwendung der Investition entspr dem För-

derzweck ausgeht und keine Hindernisse hinsichtlich der Erfüllung der **formellen Voraussetzungen** bekannt sind, dürfte regelmäßig das Kriterium angemessene Sicherheit erfüllt sein. Die Vorlage eines formellen Zuwendungsbescheids zum Zeitpunkt der Abschlussaufstellung ist nicht Voraussetzung für eine Erfassung der Zuwendung.

Eine angemessene Sicherheit über den Zufluss von **Zuwendungen ohne** 67
Rechtsanspruch (zB aus dem Rahmenprogramm der Gemeinschaftsaufgabe – Verbesserung der regionalen Wirtschaftsstruktur oder Landesförderprogrammen) besteht erst dann, wenn, neben der ggf teilweise durchgeführten Investition, ein **Zuwendungsbescheid** vorliegt. Diese Voraussetzung leitet sich daraus ab, dass es sich bei diesen Förderungen grds um Ermessensentscheidungen in Abhängigkeit von individuellen Förderzielen und dem Stand der Mittelverwendung der Gebietskörperschaften handelt. Darüber hinaus ist aufgrund der Vielzahl der detaillierten Förderkriterien (wie Unternehmensgröße, Struktur der Anteilseigner, Veränderung rechtlicher Rahmenbedingungen bei lfd Umstrukturierungen, Einordnung des Unternehmens in Förderklassen, ausstehende Gutachten, Beachtung von Förderhöchstgrenzen) eine angemessene Sicherheit vor Vorlage eines Zuwendungsbescheids nicht zu erreichen. Verschiedene Landesförderprogramme sehen zB eine Investitionsdurchführung erst nach Bewilligung vor.

Sowohl bei Zuwendungen mit Rechtsanspruch, als auch ohne Rechtsan- 68
spruch kann bei ausstehenden **EU-Notifizierungsverfahren** grds davon ausgegangen werden, dass dadurch die angemessene Sicherheit nicht beeinträchtigt ist, soweit nicht andere Erkenntnisse im Einzelfall vorliegen.

Ob das Unternehmen die mit den Zuwendungen **verbundenen Bedingun-** 69
gen in Zukunft erfüllen wird, ist anhand der Unternehmensplanungen und der Entwicklung, die unter normalen Geschäftsbedingungen zu erwarten ist, zu beurteilen. Die regelmäßig über eine gewisse Laufzeit nach Sachanlageinvestition zu erfüllenden Verwendungsbedingungen stehen der Erfassung der Zuwendungen grds nicht entgegen, da es sich hierbei um **auflösende Bedingungen** handelt (*IDW* HFA 1/1984 idF 1990, 363).

Sind die Kriterien angemessener Sicherheit nicht erfüllt, zB bei **vorausgezahlten Zuwendungen oder Überzahlungen** im Verhältnis zu den durchgeführten Investitionen, sind diese nach den allgemeinen Grundsätzen als Schulden zu erfassen.

4. Darstellung und Erfassung von Zuwendungen für Vermögenswerte

IAS 20.24 sieht für die **bilanzielle Darstellung** von Zuwendungen für Ver- 70
mögenswerte zwei gleichwertige Alternativen vor (keine Hervorhebung einer Benchmark-Methode). Dabei kann zwischen der Darstellung der Zuwendungen als **passiver Abgrenzungsposten** und der **Absetzung der Zuwendung vom Buchwert des Vermögenswerts** gewählt werden.

Wird die Zuwendung der öffentlichen Hand als **passiver Abgrenzungsposten** dargestellt, so ist dieser Bilanzposten planmäßig während der Nutzungsdauer der geförderten Investition aufzulösen und als Ertrag zu erfassen (IAS 20.26). Um abweichende Ertragsauswirkungen beider Methoden zu vermeiden, ist der **Auflösung** des passiven Abgrenzungspostens grds die Nutzungsdauer des geförderten Vermögenswerts zugrunde zu legen. Eine zusammengefasste Behandlung einer Zuwendung für mehrere Vermögenswerte einer geförderten Investitionsmaßnahme und Auflösung auf Basis einer durchschnittlichen Nutzungsdauer ist unter Beachtung von IAS 1.29 ff zulässig.

71 Änderungen aus der **Neuschätzung der Nutzungsdauer** (→ Rn 107), dem **Wechsel der Abschreibungsmethode** (→ Rn 116) und aus der **Erfassung von Wertminderungen/Wertaufholungen** (→ Rn 162 ff) sind sowohl im Buchwert, als auch im passiven Abgrenzungsposten korrespondierend zu erfassen.

Soweit einzelne Zuwendungsbedingungen **längere Bindungsfristen** (zB längere Aufrechterhaltung des Produktionsstandorts als die Nutzungsdauer des einzelnen Vermögenswerts) vorsehen, rechtfertigt dies keine Änderung der Verteilungsbasis (Verstoß gegen das *matching principle,* → Rn 60).

72 Bei **Absetzung der Zuwendung der öffentlichen Hand vom Buchwert des Vermögenswerts** bleiben die historischen Anschaffungs- oder Herstellungskosten unberührt. Das Abschreibungsvolumen wird auf Basis des verminderten Buchwerts ermittelt (IAS 20.27). Nach beiden zulässigen Methoden beginnt die ertragswirksame Vereinnahmung korrespondierend mit dem Abschreibungsbeginn (→ Rn 117).

73 Wird eine Zuwendung für einen **nicht abschreibungsfähigen Vermögenswert** gewährt (Hauptanwendungsfall Grund und Boden), ist eine ertragswirksame Auflösung der Zuwendung auf Basis der Nutzungsdauern der damit verbundenen Investitionen in Vermögenswerte vorzunehmen (IAS 20.18). Danach kann es angemessen sein, zB die Nutzungsdauer der auf dem Grund und Boden errichteten Produktionsanlagen oder Gebäude zugrunde zu legen (IAS 20.18). Nach aA (*Staß/Piesbergen/Prasse* in Baetge ua IFRS-Komm IAS 20 Rz 41) wird abweichend vom Wortlaut des IAS 20.18 kein Zwang zur erfolgswirksamen Auflösung gesehen. Der Auffassung, dass die auf dem Grund und Boden errichteten Anlagen und Gebäude nur Hilfsmittel bei der Erreichung der Förderziele sind, kann jedoch nicht gefolgt werden. Die Anschaffung von Grund und Boden tritt vielmehr hinter den Förderzweck zurück. Wirtschaftlich zutreffender und explizit geregelt ist die ertragswirksame Verteilung der Zuwendung für den Erwerb des Grund und Bodens über den Zeitraum der Zuwendungsverpflichtungen (IAS 20.18). Problematisch ist jedoch, dass sich aus der Anwendung von IAS 20.18 eine abweichende Ertragsentwicklung ergibt, wenn die Zuwendung vom **Buchwert des Grundstücks** abgesetzt wird.

74 Die **Auflösung des passiven Sonderpostens** ist als **sonstiger Ertrag** zu erfassen (IAS 20.26). Bei wesentlichen Posten ist ein Einzelausweis von Zuwendungserträgen sachgerecht (IAS 1.29). Eine Saldierung mit den korrespondierenden Abschreibungen ist ausdrücklich nicht vorgesehen. Das Wahlrecht zur Saldierung von ertragsbezogenen Zuwendungen mit den korrespondierenden Aufwendungen (IAS 20.29 ff) ist nicht auf Zuwendungen für Vermögenswerte auszudehnen. Bei Darstellung der Zuwendungen in einem passiven Sonderposten ist eine Saldierung der Auflösungserträge mit den Abschreibungen irreführend und daher unzulässig (Vermischung von Bilanzierungsfolgen der Wahlrechte; F.QC31).

Eine direkte Erfassung der Zuwendungen bei Erhalt oder bei Auflösung des passiven Abgrenzungspostens im **Eigenkapital** ist unzulässig (IAS 20.12; lediglich Darstellung unterschiedlicher Auffassungen in IAS 20.13 ff).

5. Erfassung von Rückzahlungsrisiken und -verpflichtungen

75 Nach erstmaliger Erfassung sind Erkenntnisse und Geschäftsvorfälle, die zu Rückzahlungen oder Nachzahlungen führen können, nach IAS 37.27 ff in den Kategorien **Eventualschuld, Rückstellung und Eventualforderung** zu behandeln (→ § 13 Rn 4 ff). Dabei ist zwischen Zuwendungen mit und ohne Rechtsanspruch zu unterscheiden.

Bei **Zuwendungen mit Rechtsanspruch** führt ein Verstoß gegen die gesetzlich verankerten Zuwendungsbedingungen (zB Verbleib/Einsatz im Fördergebiet nach § 2 Abs 1 Nr 2 InvZulG oder in einem Betrieb des verarbeitenden Gewerbes) automatisch zu einer Rückzahlungsverpflichtung, soweit nicht der sachliche Rückzahlungsgrund auf berechtigten Auslegungszweifeln von Fördergesetzen basiert. 76

In die Beurteilung, ob eine **Zuwendung ohne Rechtsanspruch** zurückzuzahlen ist, ist der Ermessensspielraum des Zuwendungsgebers mit einzubeziehen. In den Förderrichtlinien einzelner Bundesländer sind Befreiungen und der Erlass von Rückzahlungen bei unverschuldeter Nichterfüllung oder Anderserfüllung der Zuwendungsbedingungen in das Ermessen des Zuwendungsgebers gestellt. 77

Eine Zuwendung, die rückzahlungspflichtig wird, ist als Berichtigung einer Schätzung zu behandeln (IAS 20.32) und führt nicht zu einer Berichtigung von Abschlüssen der Vorperioden (IAS 8.32ff). **Rückzahlungsverpflichtungen für Zuwendungen für Vermögenswerte** führen je nach urspr Wahlrechtsausübung zu einer Zuschreibung zum Buchwert des Vermögenswerts oder Verminderung des passiven Abgrenzungspostens.

Hat die Zuwendung den Buchwert des Vermögenswerts gemindert, ist eine **Abschreibungsberichtigung** vorzunehmen. Der Buchwert des Vermögenswerts und korrespondierend der kumulative Abschreibungsbetrag müssen so erfasst werden, als wäre die zurückzuzahlende Zuwendung (oder der zurückzuzahlende Teil) von Anfang an nicht gewährt worden (IAS 20.32). Dabei ergibt sich aus der Korrektur des Zuwendungsbetrags keine Ertragsauswirkung. Erst durch die Abschreibungskorrektur wird das Jahresergebnis beeinflusst. 78

Entspr gilt bei Erfassung der Zuwendung in einem **„passiven Abgrenzungsposten“:** in Höhe des Rückzahlungsbetrags ist eine zunächst erfolgsneutrale Reduzierung des passiven Abgrenzungspostens vorzunehmen (IAS 20.32). Die Korrektur der Auflösung des Abgrenzungspostens erfolgt sodann erfolgswirksam. 79

Beispiel: Die Anschaffung einer Sachanlage mit Anschaffungskosten von € 20.000 wird mit € 4.000 durch eine Zuwendung der öffentlichen Hand gefördert. Die Anlage hat eine Nutzungsdauer von fünf Jahren. Aufgrund einer nicht eingehaltenen Personalverpflichtung macht der Zuwendungsgeber im Jahr X3 eine Teilrückzahlung der Zuwendung in Höhe von € 2.000 geltend. Nachfolgend ist die Bilanzierung für beide alternativen Methoden dargestellt.

Methode	Kürzung Buchwert		Passiver Ausweis			
	Sachanlage		Sachanlage		Abgrenzungsposten	
Jahr	Buchwert in €	Abschreibung in €	Buchwert in €	Abschreibung in €	Buchwert in €	Auflösung in €
AK	20.000		20.000			
Zuwendung	4.000				4.000	
X1	12.800	3.200	16.000	4.000	3.200	800
X2	9.600	3.200	12.000	4.000	2.400	800
Rückzahlung	2.000	800			– 2.000	– 800
X3	7.200	3.600	8.000	4.000	800	400
X4	3.600	3.600	4.000	4.000	400	400
X5	0	3.600	0	4.000	0	400

Es ergeben sich folgende Buchungssätze:
Bei Kürzung Buchwert:
per Sachanlage € 2.000 an Verbindlichkeit aus Rückzahlung € 2.000
per sonstiger Aufwand € 800 an Sachanlage € 800.
Bei passivem Ausweis:
per passiver Abgrenzungsposten € 2.000 an Verbindlichkeit aus Rückzahlung € 2.000
per sonstiger Aufwand € 800 an passiver Abgrenzungsposten € 800.

80 Ist der **passive Abgrenzungsposten** bei Erfassung der Rückzahlungsverpflichtung geringer als diese oder der Buchwert bereits vollständig abgeschrieben, so ergeben sich unmittelbare Erfolgsauswirkungen.

Für beide Bilanzierungsmethoden sind die **erfolgswirksamen Auswirkungen** im lfd Periodenergebnis unter den urspr Posten in der GuV (sofern erstellt) bzw im erfolgswirksamen Teil der Gesamtergebnisrechnung (*statement of comprehensive income;* s ausführlich → § 15 Rn 75 ff) zu erfassen und entspr zu erläutern.

In IAS 20.33 wird ein Hinweis gegeben, dass die Rückzahlung von Zuwendungen für Vermögenswerte ein Anlass sein kann, den Buchwert hinsichtlich seines **erzielbaren Betrags** zu überprüfen. Dies ist insbes dann zu erwarten, wenn die urspr geplanten Zahlungsrückflüsse aus der Investition nur unter Einbeziehung der Zuwendungen für den Vermögenswert eine Deckung der Investitionsausgaben gewährleisten. Der **Wertminderungstest** ist nach IAS 36 vorzunehmen.

6. Anhangangaben zu Zuwendungen

81 Im **Anhang** sind, neben den angewandten Bilanzierungs- und Bewertungsmethoden einschließlich der Darstellungsmethode nach IAS 20.24ff, Art und Umfang der erfassten Zuwendungen anzugeben. Weiterhin sind unerfüllte Zuwendungsbedingungen und Erfolgsunsicherheiten über den Eintritt der Bedingungen zu nennen (IAS 20.39, IAS 37.86). Sonstige Beihilfen der öffentlichen Hand, die ggf nicht betragsmäßig bewertbar sind, sind bei wesentlichem Einfluss auf die VFE-Lage im Anhang mit Beschreibung des Umfangs anzugeben (IAS 20.39(b)).

IV. Folgeausgaben für Vermögenswerte

1. Ersatz oder Erneuerung von Komponenten

82 Für **wesentliche Teile** (Komponenten) einer Sachanlage ist eine separate Erfassung vorgeschrieben, soweit die Komponenten abweichende Nutzungsdauern aufweisen (IAS 16.13, IAS 16.43; → Rn 15). Auf eine selbstständige Nutzbarkeit oder Veräußerbarkeit der Komponenten kommt es dabei nicht an.

Fallen während der Nutzungsdauer der „Gesamt-"Sachanlage Kosten für den **Ersatz oder die Erneuerung von einzelnen Komponenten** an (zB Auskleidungen von Hochöfen, Flugzeugsitze oder Bordküchen, wobei die Komponenten mehrmals während der Nutzungsdauer der „Gesamt-"Sachanlage ausgetauscht werden), so sind diese wie die Anschaffung von einzelnen Vermögenswerten zu behandeln (IAS 16.13). Gleichzeitig ist eine Ausbuchung des Buchwerts für die verbrauchte (auszutauschende oder zu erneuernde) Komponente vorzunehmen. Die Kosten für den Ersatz oder die Erneuerung der Komponente sind nach den Grundsätzen der Anschaffung von Vermögenswerten zu aktivieren (IAS 16.7 ff). Die Nutzungsdauer für die einzelne Komponente ist dabei separat, allerdings unter Berücksichtigung der Restnutzungsdauer für die Gesamtanlage, zu bestimmen (Beispiel → Rn 16).

Der **Komponentenansatz** ist weiterhin auf während der Nutzungsdauer einer Sachanlage in regelmäßigen Intervallen durchzuführende **Generalüberholungen und Großinspektionen** anzuwenden (IAS 16.14). Voraussetzung ist, dass die allgemeinen Ansatzkriterien (wahrscheinlicher Zufluss von künftigem Nutzen und verlässliche Ermittlung der Kosten für die Generalüberholung oder Großinspektion) erfüllt sind (IAS 16.14, IAS 16.7). Allerdings dürfte für den zukünftigen Nutzenzufluss bei Generalüberholungen und Großinspektionen in Anlehnung an IAS 16.11 gelten, dass damit lediglich der Erhalt des zuvor aus der Sachanlage erwarteten künftigen Nutzenzuflusses, nicht aber eine Erhöhung desselben, sichergestellt werden muss. Diese Regelung zielt auf Anwendungsfälle von zB gesetzlich vorgeschriebenen oder technisch notwendigen Wartungsarbeiten mit bedeutendem Umfang (zB an Flugzeugen) ab. Eine Außenverpflichtung ist nicht erforderlich. Technisch erforderliche oder nach dem Anlagenverschleiß zu erwartende Generalüberholungen und Großinspektionen erfüllen das Kriterium. Der Komponentenansatz ist hier allerdings auf Generalüberholungen und Großinspektionen, die mit wesentlichen Ausgaben verbunden sind, beschränkt. Lfd Instandhaltungen und Reparaturen, die zur Aufrechterhaltung der Betriebsfähigkeit dienen, sind auch für Komponenten nicht aktivierungsfähig (IAS 16.12). Das Wesentlichkeitskriterium ist anhand der Sachanlagenstruktur und der Wertverhältnisse der einzelnen Sachanlage zu bestimmen. 83

Angefallene Ausgaben für **Generalüberholungen und Großinspektionen** sind zu aktivieren. Die Nutzungsdauer bestimmt sich dabei nach dem Überholungs- oder Inspektionsintervall. Vorhandene Buchwerte, resultierend aus der Aktivierung von Ausgaben für das vorherige Überholungs- oder Inspektionsintervall, sind auszubuchen bzw abzuschreiben (IAS 16.14). 84

Fortführung Beispiel → Rn 16 1): Aufgrund einer Havarie am 29. Juni 20X3 am Extruder wird beschlossen, dass die für das Ende des Jahrs 20X3 vorgesehene Großinspektion der Anlage zusammen mit der Instandsetzung des Havarieschadens durchgeführt wird, um einen weiteren Anlagenstillstand zu vermeiden. Die Beseitigung des Havarieschadens führt nicht zu einer Verlängerung der Nutzungsdauer des Extruders und kostet ca Mio € 0,3.

Im Halbjahresabschluss zum 30. Juni 20X3 wird der Restbuchwert der Komponente Großinspektion von Mio € 0,1 als Abgang erfasst. Die Kosten für die Beseitigung des Havarieschadens werden nach Anfall im Juli im Aufwand erfasst. Im Juli 20X3 werden nach durchgeführter Großinspektion die angefallenen Kosten von Mio € 0,4 mit dem folgenden Buchungssatz erfasst:

Komponente Großinspektion Juni 20X5 Mio € 0,4 an Verbindlichkeiten Mio € 0,4.

Wurde bei der Erstaktivierung keine Komponente Großinspektion gebildet (zB mangels verlässlicher Kostenschätzung), so ist auf Basis der ersten durchgeführten Großinspektion der Buchwert der anderen Anlagen zu korrigieren (*Heuser/Theile* Rz 1231).

Fortführung Beispiel → Rn 16 2): Nach zehn Jahren wird der Extruder planmäßig ausgetauscht. Die Kosten für den ausgetauschten neuen Extruder betragen Mio € 2,5 und werden als Komponente Extruder aktiviert und über 10 Jahre abgeschrieben. Eine Anpassung der Anschaffungskosten für einzelne Komponenten aufgrund von Preissteigerungen innerhalb der Nutzungsdauer ist nicht vorgesehen, da jeweils nur angefallene Anschaffungs- oder Herstellungskosten auf die entspr Perioden verteilt werden (anders bei in die Anschaffungs- oder Herstellungskosten einbezogenen Abbruch-/Rekultivierungskosten → Rn 54).

2. Nachträgliche Anschaffungs- oder Herstellungskosten

Ausgaben für eine Sachanlage **nach Versetzung in den betriebsbereiten Zustand** sind als nachträgliche Anschaffungs- oder Herstellungskosten zu dem Buchwert der Sachanlage zu aktivieren, wenn und nur wenn es wahrscheinlich 85 ist, dass durch diese Ausgaben der **zukünftige Nutzen** der Sachanlage **erhöht** wird (IAS 16.10). Als Vergleichsmaßstab für die Feststellung eines erhöhten Nutzens ist die übliche Leistung der Sachanlage im Zeitpunkt unmittelbar vor der Ausführung des nachträglichen Anschaffungs- oder Herstellungsvorgangs heranzuziehen (IAS 16.10).

Eine Änderung der Leistung der Sachanlage kann in folgenden Fällen gegeben sein:

(1) Änderungen an einer Anlage/Maschine, die zu einer Verlängerung der Restnutzungsdauer führen,
(2) Änderungen an einer Anlage/Maschine, die zu einer Kapazitätserhöhung führen,
(3) Aufrüstung von Maschinenteilen zur Erzielung einer wesentlich verbesserten Produktqualität oder
(4) Entwicklung eines neuen Produktionsverfahrens zur wesentlichen Minderung der Produktionskosten.

86 IAS 16 zielt erkennbar darauf ab, diejenigen Ausgaben, denen nach dem ***matching principle*** **zukünftige Mehrerlöse** oder **Mehrerlösanteile** zugerechnet werden können, zu aktivieren. Damit gilt für nachträgliche Anschaffungs- oder Herstellungskosten eine identische Ansatz- und Bewertungsdefinition wie für erstmalige Anschaffungs- oder Herstellungskosten. Hieraus folgt, dass die nach der Durchführung der nachträglichen Anschaffungs- oder Herstellungsmaßnahmen zu erwartenden Zuflüsse aus der Sachanlage mit den zu erwartenden Zuflüssen im Zustand unmittelbar vor Durchführung der Maßnahme zu vergleichen sind. Damit können nachträgliche Ausgaben, die zB zu Produktionskostenvorteilen führen, nicht aktiviert werden, wenn anzunehmen ist, dass diese Kostenvorteile an den Absatzmarkt der Produkte weitergegeben werden müssen.

Beispiel: Die Moderna AG betreibt eine Maschinenbaufabrik. In der Lackiererei wird die Heizleistung der Trockenräume erhöht, um eine bessere Qualität der Beschichtung zu erzielen. Mit dieser Maßnahme verkürzt sich die Trockenzeit. Die Abläufe in der darauffolgenden Montage führen aber nicht zu einer kürzeren Gesamtproduktionszeit, sodass sich hieraus keine Vorteile ergeben. Die entspr Beschichtungsqualität wird von den Kunden erwartet und nicht separat vergütet. Die Umbauarbeiten der Heizung führen in einer Gesamtbetrachtung nicht zu künftigen wirtschaftlichen Vorteilen über den Zustand der Trocknungsanlage hinaus, der unmittelbar vor Ausführung der Umbaumaßnahmen bestand. Die Moderna AG aktiviert diese Kosten nicht, sondern erfasst diese im lfd Aufwand.

87 Bei **nachträglichen Anschaffungskosten zu Grundstücken** ist ein erhöhter zukünftiger Nutzen durch eine Wertsteigerung des Grundstücks oder die Erhöhung der Nutzbarkeit des Grundstücks erforderlich. Erstanschlüsse für Gas, Strom, Kanalisation und Erstanbindung an eine öffentliche Straße führen als Ersterschließungsmaßnahmen regelmäßig zu Wertsteigerungen. Ob bei Ergänzungsabgaben für vorhandene Kanalisation und weiteren Anliegerbeiträgen für Straßenumbauten oder -sanierungen nachträgliche Anschaffungskosten vorliegen, ist nach vorgenannten Kriterien im Einzelfall zu entscheiden. Die steuerliche Rechtsprechung des BFH kann grds nicht übertragen werden (*Schubert/Gadek* in BeBiKo § 255 HGB Rz 75 ff).

88 Für **nachträgliche Herstellungskosten** kann nicht auf die steuerlich geprägten Grundsätze zur Auslegung des § 255 Abs 2 Satz 1 HGB – **Erweiterungen und wesentliche Verbesserungen** einer Sachanlage – zurückgegriffen werden. § 255 Abs 2 Satz 1 HGB basiert auf einem Vergleich des urspr Zustands zum Zeitpunkt der Anschaffung.

89 Ausgaben, die in **Zusammenhang mit der Anschaffung** von Sachanlagen anfallen und kaufpreismindernd berücksichtigt wurden (zB erforderlicher Reno-

vierungsbedarf eines Gebäudes, Abbruchkosten), führen regelmäßig zu einer nachträglichen Aktivierung.

Nachträgliche Ausgaben, die wahrscheinlich nicht zu einem erhöhten Nutzen der Sachanlage führen (zB lfd Instandhaltungen und Wartungen, Reparaturen – Wiederherstellung der Funktionsfähigkeit), sowie **unwesentlicher Ersatz oder Erneuerung** sind als lfd Aufwand zu erfassen (IAS 16.10). Betreffen die Ausgaben den Ersatz oder die Erneuerung einer Komponente, so ist die Bilanzierung dieser Ausgaben nach dem **Komponentenansatz** zu beurteilen (→ Rn 82; IAS 16.13). 90

Eine zur Aktivierung der nachträglichen Anschaffungs- oder Herstellungskosten **alternative Methode** der Herabsetzung der Abschreibungsbeträge, insbes bei Verlängerung der Nutzungsdauer, ist von IAS 16.56f (geändert 2014) nicht gedeckt. Eine Anpassung der Nutzungsdauer ist nach IAS 16.51 zu beurteilen und kann neben der Aktivierung der nachträglichen Anschaffungs- oder Herstellungskosten erforderlich sein (→ Rn 107ff). 91

(einstweilen frei) 92–101

D. Folgebewertung von Sachanlagen

Für die Folgebewertung stehen die Bewertung mit den **fortgeführten Anschaffungs- oder Herstellungskosten** und die **Neubewertungsmethode** zur Verfügung (IAS 16.29f; zur Stetigkeit → Rn 123). Es besteht ein echtes Wahlrecht für die Folgebewertung von Sachanlagen. Ob und in welchem Umfang **Wertminderungen** vorliegen und zu erfassen bzw fortzuführen sind, ist nach IAS 36 zu beurteilen (IAS 16.63; → Rn 154, → Rn 202ff). Daneben ist explizit die Folgebewertung für zum Verkauf vorgesehene Sachanlagen (IFRS 5) und vorübergehend ungenutzte/stillgelegte Sachanlagen geregelt (IAS 16.55ff). 102

I. Fortgeführte Anschaffungs- oder Herstellungskosten

Die Buchwerte von Sachanlagen oder Komponenten ergeben sich aus den **Anschaffungs- oder Herstellungskosten abzüglich kumulierter Abschreibungen** und kumulierter Wertminderungsaufwendungen (IAS 16.30). Die Abschreibung ist **systematisch** über den Zeitraum vorzunehmen, in dem der wirtschaftliche Nutzen der Sachanlage oder Komponente in dem jeweiligen Unternehmen verbraucht wird (IAS 16.50). Werden zum Bilanzstichtag Verbindlichkeiten in Fremdwährung aus dem Erwerb von Sachanlagen oder Komponenten ausgewiesen, so sind diese nach der Zeitbezugsmethode umzurechnen und entstehende Differenzen erfolgswirksam zu erfassen (IAS 21.28). 103

1. Ermittlung des Abschreibungsvolumens

Das Abschreibungsvolumen ergibt sich aus den Anschaffungs- oder Herstellungskosten unter Abzug des Restwerts der Sachanlage oder Komponente (IAS 16.50ff). Der **Restwert** ist definiert als der durch Veräußerung erzielbare Betrag für eine ähnliche Sachanlage im Zeitpunkt der Schätzung, die bereits das Ende der Nutzungsdauer erreicht hat und unter ähnlichen Bedingungen genutzt wurde, wie die Sachanlage genutzt werden soll (IAS 16.6). Mit dieser Definition ist der Restwert dynamisch definiert und bestimmt das Preisniveau stichtagsaktuell, um Prognoseunsicherheiten aus der Ermittlung des Restwerts am Ende der eigenen Nutzungsdauer zu vermeiden. Eine Berücksichtigung nach dem Bilanzstichtag erwarteter Preissteigerung ist nicht zulässig. 104

Der Standard weist darauf hin, dass der Restwert in der Praxis oft von **untergeordneter Bedeutung** sein kann, zumal etwaige Verkaufskosten abzusetzen sind. Wenn der Restwert voraussichtlich wesentlich sein wird, ist zum Anschaffungs- oder Herstellungszeitpunkt eine Schätzung des Restwerts vorzunehmen und bei der Ermittlung des Abschreibungsvolumens zu berücksichtigen. Nach einer ESMA-Entscheidung aus dem Jahr 2013 (*ESMA* EECS/0113-10 vom 3. April 2013) entspricht die Ermittlung des Restwerts auf Basis der Anschaffungskosten nicht den Anforderungen des IAS 16.6, selbst wenn diese auf den diskontierten Zahlungsflüssen bis zum Ende der Nutzungsdauer basieren. Stattdessen ist der Restwert anhand von marktbezogenen Wertermittlungen *(„broker valuation“)* zu jedem Abschlussstichtag auf eine Weise zu ermitteln, die suggeriert, dass der entspr Vermögenswert bereits seine wirtschaftliche Nutzungsdauer erreicht hat, auch wenn dies im Zeitablauf zu einer deutlich höheren Volatilität der Restwerte führt.

Wird ein **Restwert** angesetzt, ist dieser zu jedem Abschlussstichtag **zu überprüfen** (IAS 16.51). Ein sachlicher Grund für kürzere Überprüfungsintervalle als bei der Überprüfung der Nutzungsdauer oder der Angemessenheit der Abschreibungsmethode (jeweils mindestens zum Ende eines jeden Geschäftsjahrs) ist nicht erkennbar.

Änderungen des Restwerts sind als Änderungen von Schätzungen für lfd und zukünftige Abschreibungsbeträge zu berücksichtigen (IAS 16.51, IAS 8.32), indem das geänderte Abschreibungsvolumen auf die Restnutzungsdauer verteilt wird. Die Verminderung eines Restwerts kann dabei ein Indikator für eine Wertminderung der Sachanlage sein (IAS 36.9 ff; analoge Behandlung → § 27 Rn 9 ff).

2. Ermittlung der Nutzungsdauer

105 Die Nutzungsdauer bestimmt sich grds nach dem Zeitraum, in dem die Sachanlage oder Komponente wirtschaftlichen Nutzen für das betreffende Unternehmen erbringt. Es ist auf den **betriebsindividuell erwarteten Zeitraum** abzustellen. Allgemeine oder branchenspezifische durchschnittliche Nutzungsdauern können lediglich Anhaltspunkte sein, da dabei marktspezifische Einflüsse, betriebsindividuelle Investitionszyklen und rechtliche Beschränkungen in der Nutzbarkeit unberücksichtigt bleiben. Insbes die fiskalisch beeinflussten Tabellen zur Absetzung für Abnutzung (BStBl I 2000, 1532) und die gesetzlich kodifizierten Abschreibungsregelungen (standardisierte Gebäudeabschreibungssätze § 7 Abs 4, 5 EStG) stellen nicht auf die geforderte betriebsindividuelle Ermittlung ab und sind daher nicht pauschal verwendbar (IAS 16.56 ff (geändert 2014)).

106 Der zugrunde zu legende Nutzungszeitraum ist durch die **technische und wirtschaftliche Nutzbarkeit** im Rahmen des Leistungsprozesses des Unternehmens und durch äußere Einflussfaktoren bestimmt. Folgende Faktoren sind bei der Schätzung der Nutzungsdauer zu berücksichtigen (IAS 16.56 f (geändert 2014)):

(1) Nutzung der Sachanlage/Komponente anhand der geplanten Kapazität oder Ausbringungsmenge des Unternehmens (zB Abbauvorkommen, geplante Stückzahlen),

(2) erwarteter physischer Verschleiß in Abhängigkeit der Nutzungsintensität (zB Mehrschichtnutzung, Auslastungsgrad) und des betrieblichen Wartungs- und Instandhaltungsprogramms,

(3) technische Überholung der Sachanlage/Komponente aufgrund von Weiterentwicklungen,

(4) Einfluss von Produktänderungen oder Marktnachfrage nach den mit der Sachanlage/Komponente hergestellten Gütern oder Leistungen (zB Produktlebenszyklen, wirtschaftlicher Verschleiß),
(5) rechtliche, vertragliche oder ähnliche Nutzungsbeschränkungen aus Laufzeitabreden (zB Mietverträge, Leasingverträge, Lizenzverträge) und
(6) betriebliche Investitionspolitik oder -zyklen entspr betrieblicher Übung oder Erfahrung im Unternehmen (zB vorbestimmte Veräußerungszeitpunkte, kurze Ersatzinvestitionszyklen aufgrund modischen Geschmackwandels, projektbezogene Anschaffungen).

Sachanlagen oder Komponenten, die keiner Abnutzung unterliegen (im Regelfall Grundstücke), haben – Unternehmensfortführung unterstellt – eine unbegrenzte Nutzungsdauer. Etwaige Wertsteigerungen eines Grundstücks sind bei der Schätzung der Nutzungsdauer des darauf stehenden Gebäudes außer Acht zu lassen (IAS 16.58).

Die **Nutzungsdauer** einer Sachanlage oder Komponente ist mindestens zum 107
Ende eines jeden Geschäftsjahrs **zu überprüfen** (IAS 16.51). Ergibt sich eine Abweichung von der bisher zugrunde gelegten Nutzungsdauer, so ist eine **Anpassung der Abschreibungsbeträge** für die lfd und die zukünftigen Perioden vorzunehmen (Änderung des Abschreibungsplans). Dabei kann insbes die **Veränderung der betriebsindividuellen Faktoren,** die maßgeblichen Einfluss auf die urspr oder vorhergehende Schätzung des Nutzungszeitraums hatten, zu verlängerten oder verkürzten Nutzungsdauern führen (→ Rn 105; IAS 16.56 (geändert 2014)).

Nachträgliche Anschaffungs- oder Herstellungskosten, die zu einer 108
Verlängerung der Nutzungsdauer führen, machen regelmäßig eine Anpassung der Nutzungsdauer erforderlich.

Die **Anpassung der Nutzungsdauern** wirkt damit als Ereignis der Rech- 109
nungslegungsperiode auf die Abschreibung der lfd und zukünftigen Perioden. Die Abschreibung ist auf der Basis des Restbuchwerts und der neuen Restnutzungsdauer zu ermitteln. Eine Korrektur für vergangene Perioden wird nicht vorgenommen (IAS 16.51, IAS 8.32ff).

Sachverhalte oder Ereignisse, die zu einer **Verkürzung der geschätzten** 110
Nutzungsdauer führen (zB verminderte Marktgängigkeit von auf einer spezifischen Sachanlage hergestellten Produkten, vorzeitige Einstellung der Produktlinie aus betrieblichen oder rechtlichen Gründen), sind gleichzeitig Anhaltspunkte für **Wertminderungen von Vermögenswerten** (IAS 36.9). Liegt nach einem Wertminderungstest der erzielbare Betrag unter dem Buchwert des Vermögenswerts, ist ein entspr Wertminderungsaufwand zu erfassen. Die Anpassung der Abschreibungsbeträge ist dann auf Basis des wertgeminderten Restbuchwerts vorzunehmen (IAS 36.63).

Eine Erhöhung des Buchwerts bei einer **Verlängerung der Nutzungsdauer** scheidet hingegen aus, da Wertaufholungen nur bei vorangegangener Wertminderung möglich sind (IAS 36.117ff). Durch Anwendung der alternativ möglichen Neubewertungsmethode ist jedoch grds eine Anpassung des Buchwerts möglich (IAS 16.31; → Rn 123ff).

3. Planmäßige Abschreibungsmethoden

Die **angewandte Abschreibungsmethode** soll das Abschreibungsvolumen 111
auf systematischer Grundlage verteilen und dabei den **Verbrauch des wirtschaftlichen Nutzens** des Vermögenswerts oder der Komponente widerspiegeln (IAS 16.60). Die Anforderungen an eine systematische Verteilung können ua durch die lineare, die degressive und die leistungsabhängige Abschreibungs-

methode erfüllt werden. Die Anwendung anderer systematischer Abschreibungsmethoden ist nicht ausgeschlossen (IAS 16.62). IAS 16.62 enthält **kein echtes Wahlrecht** zwischen Abschreibungsmethoden, sondern stellt lediglich fest, dass die genannten Abschreibungsmethoden systematisch sind. Es ist die Abschreibungsmethode auszuwählen, die den wirtschaftlichen Nutzungsverlauf der jeweiligen Sachanlage oder Komponente am besten abbildet (*Wiley* IFRS 2015, 160).

Ziel ist es, – orientiert am ***matching principle*** – die Anschaffungskosten über die Nutzungsdauer sachgerecht nach diesem Nutzenverbrauch (jährliche Produktionsstückzahlen, erwarteter Verschleiß, notwendige Wartungs- und Reparaturausgaben) den Erlösen gegenüber zu stellen. Dabei können unterschiedliche Komponenten einer Sachanlage entspr dem individuellen Nutzungsverlauf mit unterschiedlichen Abschreibungsmethoden abgebildet werden (IAS 16.45; zB mengenabhängige Abschreibung für chemische Produktionsanlage und gleichmäßiger, linearer Werteverzehr für Komponente Tanklager ohne wesentlichen Verschleiß).

112 Ist der wirtschaftliche **Nutzenverlauf** der Sachanlage oder Komponente nicht zuverlässig ermittelbar, so ist die lineare Abschreibungsmethode anzuwenden (IAS 38.97).

Die **lineare Abschreibungsmethode** dürfte vor allem für Sachanlagen und Komponenten, die produktionsmengenunabhängig eingesetzt werden, die geringe Instandhaltungskosten verursachen (zB Betriebs- und Geschäftsausstattung) oder bei Sachanlagen/Komponenten, in deren Anschaffungspreis Instandhaltungskosten pauschal mit abgegolten sind, zur Anwendung kommen.

113 **Degressive oder leistungsabhängige** Abschreibungsmethoden spiegeln regelmäßig den Nutzenverlauf von produktionsmengenabhängig eingesetzten Sachanlagen oder zB Rohstoffvorkommen wider, die insbes unter Gesichtspunkten von Mengen oder Produktionseinheiten angeschafft werden und gegen Ende der Nutzungsdauer überproportionalen Instandhaltungsaufwand verursachen.

Der IASB hat im Mai 2014 im Zuge des Standards *Clarification of Acceptable Methods of Depreciation and Amortisation (Amendments to IAS 16 and IAS 38)* IAS 16.56 geändert und IAS 16.62A hinzugefügt. Die Anpassungen beziehen sich auf die zulässigen Abschreibungsmethoden. Demnach spiegelt eine umsatzbasierte Abschreibungsmethode den Werteverzehr einer Sachanlage nicht sachgerecht wider und ist folglich unzulässig. Die Änderungen sind für Geschäftsjahre anzuwenden, die am oder nach dem 1. Januar 2016 beginnen, wobei eine vorzeitige Anwendung erlaubt ist. Ein Endorsement durch die EU steht derzeit (Stand: 31. Juli 2015) jedoch noch aus.

114 Durch die erforderlichen **Anhangangaben** kann der Bilanzadressat den Einfluss der gewählten Abschreibungsmethode auf die Vermögens- und Ertragslage ausreichend einschätzen (IAS 16.73).

115 Eine **Kombination oder ein planmäßiger Wechsel** zwischen den Abschreibungsmethoden ist grds möglich, wenn der sich dadurch ergebende Abschreibungsverlauf den Nutzenverbrauch der Sachanlage oder Komponente widerspiegelt.

Die gewählte Abschreibungsmethode ist **stetig beizubehalten,** so lange keine Änderungen im erwarteten Nutzenverlauf eintreten (IAS 16.62).

116 Es ist mindestens am Ende eines Geschäftsjahrs eine **Überprüfung der Abschreibungsmethode** dahingehend vorzunehmen, ob die Abschreibungsmethode noch der Verbrauchsstruktur des wirtschaftlichen Nutzens des Vermögenswerts entspricht (IAS 16.61). Eine **Änderung der Abschreibungsmethode** aufgrund eines geänderten Nutzenverlaufs ist als Änderung einer Schätzung zu behandeln (IAS 16.61, IAS 8.32(d)).

Eine **Abschreibung** ist **ab dem Zeitpunkt** zu erfassen, ab dem die Sachanlage oder Komponente sich in betriebsbereitem Zustand befindet (IAS 16.55). Unter Beachtung des *matching principle* ist im **Erstjahr** nur eine **zeitanteilige Abschreibung** zulässig (pro rata temporis; → Rn 111), wobei dies im Standard nicht explizit geregelt ist. 117

Gegen eine Übertragung der steuerlichen **Regelung über geringwertige bewegliche Wirtschaftgüter** (§ 6 Abs 2 EStG) auf einen IFRS-Abschluss bestehen keine Bedenken. Aus Wesentlichkeits- und Kosten-Nutzenerwägungen (F.QC11, F.QC35, IAS 1.29 ff) ist eine entspr Regelung mit betragsmäßig höheren Nichtaktivierungsgrenzen für alle Vermögenswerte denkbar, die unter Abwägung der Wertverhältnisse der Sachanlagen bestimmt werden können. 118

Abschreibungen sind in jeder Periode der Nutzungsdauer zu erfassen, auch wenn der beizulegende Zeitwert des Vermögenswerts (erzielbarer Betrag) über dem Buchwert liegt (IAS 16.52). 119

Unterlassene Abschreibungen sind – sofern wesentlich oder bei absichtlicher Unterlassung mit dem Ziel, eine bestimmte Darstellung der VFE-Lage oder der Cashflows des Unternehmens zu erreichen – als Fehler rückwirkend zu korrigieren, die Auswirkungen der Vorperioden sind dabei jeweils mit dem Eigenkapital zu verrechnen (IAS 8.41 ff; → § 45 Rn 45).

(einstweilen frei) 120–122

II. Neubewertungsmethode

1. Überblick

Als **gleichberechtigte Bewertungsmethode** kann bei der Fortführung der Buchwerte von Sachanlagen eine **Neubewertung** erfolgen, sofern der beizulegende Zeitwert verlässlich bestimmt werden kann (IAS 16.31). Ziel der Neubewertungsmethode ist es, den Abschluss unverzerrt von **Inflationseffekten** zu präsentieren. Insbes bei Vermögenswerten mit langen Nutzungsdauern können Inflationseffekte dazu führen, dass die Wiederbeschaffungskosten dieser Sachanlagen deutlich über den durch Abschreibung aufgezehrten historischen Anschaffungs- oder Herstellungskosten liegen. Die Neubewertungsmethode hat damit Kapitalerhaltungsfunktion vor allem in anlagenintensiven Branchen. Es wird sichtbar, ob die erwirtschafteten Investitionsrenditen ausreichen, gestiegene Wiederbeschaffungskosten abzudecken oder ob die nominalen Renditen unterhalb der Inflationsraten liegen und damit über Jahre ein Substanzverzehr erfolgt. Der Bilanzadressat ist dadurch in der Lage einzuschätzen, ob das Unternehmen ausreichend rentabel ist, Ersatzinvestitionen durchzuführen, oder ob für Ersatzinvestitionen Fremdkapital oder Eigenkapital benötigt werden wird, was zu einer Verminderung der erwarteten Eigenkapitalrendite führen könnte. 123

Die Neubewertung ist nicht auf die Anschaffungs- oder Herstellungskosten als **Bewertungsobergrenze** beschränkt. Überschreitungen der Anschaffungs- oder Herstellungskosten dürften insbes bei Vermögenswerten ohne Nutzenverbrauch auftreten; insofern stellen nicht abnutzbare Vermögenswerte wie Grund und Boden auch den Hauptanwendungsfall für die Neubewertungsmethode in der Praxis dar.

Der **Buchwertansatz** wird auf Basis des **beizulegenden Zeitwerts** am Tag der Neubewertung abzüglich nachfolgend kumulierter planmäßiger Abschreibungen und nachfolgender Wertminderungen ermittelt (IAS 16.31).

Wird das **Bewertungswahlrecht** für eine Sachanlage ausgeübt, so ist die Neubewertung für die ganze Gruppe dieser Sachanlage vorzunehmen (IAS 16.36f).

Nach **Ausübung des Bewertungswahlrechts** sind Neubewertungen stetig vorzunehmen. Eine Änderung ist nur nach allgemeinen Grundsätzen möglich (IAS 1.24).

Praktische Relevanz hat die Neubewertungsmethode in Deutschland vor allem bei **Grundstücken** erreicht, ua weil die Ertragslage der Geschäftsjahre nach Neubewertung nicht durch höhere Abschreibungen belastet wird und bei einer Vielzahl von Unternehmen erhebliche stille Reserven in den Grundstücken liegen.

Da die Neubewertung in Deutschland steuerlich nicht zulässig ist, entsteht bei einer Aufwertung von Vermögenswerten eine **passive latente Steuer,** die die Neubewertungsrücklage entspr reduziert. Die gilt gem IAS 12.51B auch für nicht abnutzbare Vermögenswerte, wie Grund und Boden.

2. Gruppenbildung

124 **Neubewertungen** sind grds für **Gruppen von Sachanlagen** ähnlicher Art und ähnlicher Verwendung vorzunehmen (IAS 16.36f). Danach sind beide Kriterien durch die Sachanlagen einer Gruppe zu erfüllen. Beispiele für eigenständige Gruppen sind unbebaute Grundstücke, Grundstücke und Gebäude, Maschinen und technische Anlagen, Schiffe, Flugzeuge, Kraftfahrzeuge und Betriebs- und Geschäftsausstattung (IAS 16.37 (geändert 2014)).

Die Bildung getrennter Gruppen für **betriebsnotwendige und für nicht betriebsnotwendige Sachanlagen** (insbes für Grundstücke) ist als sachgerecht anzusehen, da jeweils eine unterschiedliche Verwendung vorliegt.

Ausgerichtet an der Zielsetzung der Neubewertungsmethode – Berücksichtigung von Inflationseffekten – wäre eine **Gruppenbildung** anhand regionaler Gesichtspunkte sinnvoll (Neubewertung für Vermögenswerte in Ländern mit erheblichen Inflationsraten und Benchmark-Methode für ähnliche Vermögenswerte mit unwesentlichen Inflationsraten). Nach dem Wortlaut stellt der Standard jedoch bei der Gruppenbildung auf Art und Verwendung ab. Eine weitere Gruppendifferenzierung (zB auf Basis von Segmenten nach IFRS 8 oder zahlungsmittelgenerierenden Einheiten (ZGE) nach IAS 36) ist nicht gefordert und nicht zulässig, soweit dadurch Untergruppen entstehen.

Ziel der **Gruppenbildung** ist es, eine selektive Neubewertung und eine Mischung der beiden Methoden der Folgebewertung unter ähnlichen Sachanlagen zu vermeiden.

3. Ermittlung des Neubewertungsbetrags

125 Der **beizulegende Zeitwert** stellt nach IAS 16.6 denjenigen Preis dar, zu dem im Rahmen eines ordentlichen Geschäftsvorfalls zwischen Marktteilnehmern am Bewertungsstichtag ein Vermögenswert veräußert oder eine Schuld abgelöst werden könnte. Mit den Details zum beizulegenden Zeitwert als Bewertungsmaßstab sowie den relevanten Ermittlungsmethoden setzt sich **IFRS 13** auseinander (→ § 2 Rn 165 ff). Der beizulegende Zeitwert als Transaktionspreis – und zwar als Abgangspreis *(exit price)* – ist damit Bestandteil eines Preiskonzepts und wird gerade nicht in ein Wertkonzept eingebettet. Der Preisfindung wird eine mögliche (hypothetische) Transaktion zum Bewertungsstichtag zugrunde gelegt, sodass auch kurzfristige Preisschwankungen Eingang in die Bewertung finden. Der Wert, der einem Vermögenswert langfristig vom bilanzierenden Unternehmen beigemessen wird, spielt für die Bemessung des beizulegenden Zeit-

werts hingegen keine Rolle (*Castedello/Klingbeil* WPg 2012, 482 (484)). Nach IFRS 13 sind die möglichen Bewertungsverfahren in Abweichung zur bisherigen Vorgehensweise (*IDW* RS HFA 16 Rz 19) vom theoretischen Ansatz her nicht mehr in einer vorgegebenen Reihenfolge anzuwenden, sondern grds als gleichwertig anzusehen; eine Hierarchie wird jedoch bzgl der Beobachtbarkeit von Bewertungsparametern eingeführt (*Castedello/Klingbeil* WPg 2012, 482 (485f)). Bislang war dem marktpreisorientierten Verfahren der Vorrang vor kapitalwertorientierten Verfahren einzuräumen. Das kostenorientierte Verfahren (Wiederbeschaffungskosten) kam lediglich dann in Betracht, wenn die beiden erstgenannten Verfahren nicht anwendbar waren. Nunmehr soll demjenigen Bewertungsverfahren der Vorrang eingeräumt werden, welches aufgrund der zur Verfügung stehenden Parameter die **größte Marktnähe** aufweist. Der beizulegende Zeitwert ist demnach hierarchisch entspr der folgenden Reihenfolge von Inputfaktoren zu bestimmen:

(1) auf der Basis von notierten Preisen auf einem aktiven Markt für identische Vermögenswerte (***level* 1,** IFRS 13.76ff),
(2) auf der Basis von beobachtbaren Marktdaten, die auf direkte oder indirekte Weise ermittelt werden können (***level* 2,** IFRS 13.81ff),
(3) auf der Basis von nichtbeobachtbaren Marktdaten (***level* 3,** IFRS 13.86ff).

Gem IFRS 13.27ff ist der beizulegende Zeitwert für Sachanlagen (mithin der Neubewertungsbetrag) anhand der **bestmöglichen Verwendung** *(highest and best use)* zu ermitteln. Der so ermittelte beizulegende Zeitwert berücksichtigt sowohl die Möglichkeiten des Unternehmens zur eigenen bestmöglichen Nutzung *(highest and best use),* als auch die Möglichkeit des Verkaufs der Sachanlage und damit der bestmöglichen Nutzung durch einen anderen Marktteilnehmer. Dabei sind die technische Möglichkeit, die rechtliche Zulässigkeit und die finanzielle Realisierbarkeit der entspr Nutzung als Nebenbedingungen zu berücksichtigen (IFRS 13.28). Die bestmögliche Verwendung wird dabei aus der **Sicht** der **Marktteilnehmer** bestimmt, selbst wenn das Unternehmen eine abweichende Nutzung beabsichtigt oder gegenwärtig vornimmt (IFRS 13.29). IFRS 13 gestattet jedoch insofern die bislang in der Praxis angewendete Vorgehensweise, in der unterstellt wird, dass der potentielle Verkäufer den Vermögenswert auch bisher unter Berücksichtigung der Nutzenmaximierung einsetzt, sofern keine entgegenstehenden Tatsachen vorliegen (IFRS 13.30; *Castedello/Klingbeil* WPg 2012, 482 (482)). Gegen eine bestmögliche Verwendung durch das Unternehmen selbst spricht bspw, wenn im Rahmen eines Unternehmenszusammenschlusses Vermögenswerte erworben wurden, die vom Unternehmen in Zukunft aus Wettbewerbsgründen nicht genutzt werden (jedoch damit auch potenziellen Wettbewerbern entzogen sind, s IFRS 13.30). In diesem Fall wäre für die Ermittlung des beizulegenden Zeitwerts dennoch die Perspektive der Marktteilnehmer zugrunde zu legen. Zusammenfassend lässt sich feststellen, dass sich aus der Anwendung des IFRS 13 **keine bedeutsamen Veränderungen** im Zusammenhang mit der Neubewertung von Sachanlagen ergeben werden. Zu wesentlichen Auswirkungen des IFRS 13 auf die Bemessung des beizulegenden Zeitwerts → § 2 Rn 221ff.

Die Ermittlung des Neubewertungsbetrags (beizulegender Zeitwert) erfolgt grds **absatzmarktorientiert.** Der Neubewertungsbetrag ist der Marktwert eines Vermögenswerts auf einem aktiven Absatzmarkt ohne Berücksichtigung von Transaktionskosten. Ausgerichtet am Ziel der Neubewertung (Berücksichtigung von Inflationseffekten bei Unternehmensfortführung) ist der so ermittelte **beizulegende Zeitwert** nicht um etwaige Veräußerungskosten zu kürzen.

Kann ein Marktwert nicht unmittelbar aus lfd und aktuellen Transaktionen abgeleitet werden (*level* 1), können durch **Schätzung** ermittelte Marktwerte anstelle eines direkt ermittelten Marktwerts der Neubewertung zugrunde gelegt werden. Der Schätzung sind zB Marktwerte ähnlicher Vermögenswerte oder zurückliegende Transaktionspreise (identische Vermögenswerte auf inaktiven Märkten bzw ähnliche Vermögenswerte auf aktiven Märkten: jeweils *level* 2) bzw unternehmensinterne Daten (nicht beobachtbar, *level* 3) zugrunde zu legen. Auf die tatsächliche Verwendung des Vermögenswerts im Unternehmen kommt es nicht an. Damit ist zB eine Neubewertung selbstgenutzter Immobilien (Verwaltungs- oder Produktionsgebäude) auf den Ertragswert zu stützen, der sich auf Basis des aktuellen Mietpreisniveaus oder von Transaktionspreisen vergleichbarer Objekte ergibt (*level* 2).

126 Beizulegende Zeitwerte von **Grundstücken und Gebäuden** sind regelmäßig durch **Ertragswertberechnungen** hauptamtlicher Gutachter zu ermitteln. Da für Grundstücke und Immobilien – im Gegensatz zu anderen nicht finanziellen Vermögenswerten wie etwa Sachanlagen – idR häufiger Märkte und damit Preisinformationen verfügbar sind, dürfte in diesen Fällen häufiger eine *level* 1-Bewertung, zumindest jedoch eine *level* 2-Bewertung durchführbar sein. Unternehmenseigene Berechnungen sind nach dem Wortlaut nur in Ausnahmefällen zulässig und nur wenn vergleichbare Objektivierungskriterien erfüllt sind (IFRS 13.86 ff). Aufgrund der Absatzmarktorientierung der Neubewertungsmethode ist die Ermittlung der fortgeführten Anschaffungs- oder Herstellungskosten mithilfe von Baukostenindizes nur in Ausnahmenfällen zulässig, wenn zB aufgrund der speziellen Art des Grundstücks oder Gebäudes keine absatzmarktorientierte Ermittlung möglich ist. Für ungenutzte Immobilien reduziert sich die Bewertung ggf auf eine Ermittlung des Werts des Grund und Bodens unter Berücksichtigung von Abbruch- oder Umbaukosten und Altlastenbeseitigungskosten.

127 Für **technische Anlagen sowie Betriebs- und Geschäftsausstattung** ist der Bewertung eine Schätzung des Marktwerts zugrunde zu legen. Diese dürfte regelmäßig für marktgängige Sachanlagen möglich sein, da für diese ein entspr Markt vorhanden ist (zB Gebrauchtmaschinenpreise anhand Marktpreissammlungen, Angebotsbörsen, Sachverständigengutachten: Da in jedem Fall Preise ähnlicher Vermögenswerte auf aktiven Märkten herangezogen werden, handelt es sich hierbei um *level* 2-Ermittlungen). Ist eine Marktpreisableitung nicht möglich, so kommt regelmäßig nur eine Ermittlung auf Basis fortgeführter Wiederbeschaffungskosten (*level* 3) in Betracht.

Beispiel: Der Chemie AG liegt ein Angebot zur Errichtung einer zweiten Fertigungsanlage (Linie II) vor, die bautechnisch identisch mit der vorhandenen und seit drei Jahren genutzten Anlage der Linie I ist. Während Linie I Anschaffungskosten von Mio € 3,5 verursacht hat und eine Nutzungsdauer von acht Jahren aufweist, betragen die endverhandelten Investitionskosten für die geplante Linie II Mio € 4,2. Die Kostensteigerung von 20% führt zu einem Neubewertungsbetrag von Mio € 2,625 (Restbuchwert Linie I nach drei Jahren Mio € 2,187 erhöht um 20%). Der Neubewertungsertrag beträgt Mio € 0,438. Anzupassen sind die kumulierten Abschreibungen und die historischen Anschaffungskosten (vgl Beispiel in → Rn 130).

128 *(einstweilen frei)*

129 Die Behandlung der kumulierten Abschreibung war Gegenstand des *Annual Improvements to IFRSs 2010–2012 Cycle,* der im Dezember 2013 veröffentlicht und im Dezember 2014 in europäisches Recht übernommen wurde. IAS 16.35 wurde in diesem Zusammenhang neu gefasst. Sofern demnach bei Anwendung der Neubewertungsmethode die Anpassung auf den neubewerteten Betrag durch eine Bruttoanpassung von Bruttobuchwert und Nettobuchwert erfolgt, wird geregelt, dass die Anpassung zwischen Bruttobuchwert und (neubewertetem) Nettobuchwert lediglich „konsistent" erfolgen muss, ohne dabei eine spezifische Vorgehensweise vorzuschreiben. Durch diese Änderung wird im Fall der Bruttoanpassung klargestellt, dass neben der bisherigen proportionalen Anpassung der kumulierten Abschreibungen zum Zeitpunkt der Neubewertung nunmehr auch eine Anpassung an beobachtbare Daten zulässig ist (→ Rn 130). Die Änderung ist für Geschäftsjahre anzuwenden, die am oder nach dem 1. Juli 2014 beginnen, wobei eine vorzeitige Anwendung erlaubt ist. Das *Endorsement* durch die EU erfolgte im Dezember 2014.

Für die Behandlung der **kumulierten Abschreibung** für den Zeitraum bis 130
zur Neubewertung (von der Anschaffung oder Herstellung oder der vorangegangenen Neubewertung) sind nunmehr folgende Methoden vorgesehen (IAS 16.35 (geändert 2013)):

(1) Berichtigung des **Bruttobuchwerts** auf eine Weise, die mit der Neubewertung des **Buchwerts** in Einklang steht: Proportionale Anpassung des Bruttobuchwerts (gemessen an der Veränderung des Buchwerts) oder
(2) Anpassung des Bruttobuchwerts gemessen an beobachtbaren Marktdaten oder
(3) Ausbuchung der kumulierten Abschreibung gegen den **Bruttobuchwert.**

Der Bruttobuchwert entspricht den urspr Anschaffungs- oder Herstellungskosten.

Bei der **Methode (1)** wird aus dem Verhältnis des Neubewertungsbetrags zum Buchwert ein historischer Bruttobuchwert im Zeitpunkt der Neubewertung ermittelt, um die kumulierten Abschreibungen nach Neubewertung zum gleichen Zeitpunkt festzustellen.

Beispiel: Eine Kiesaufbereitungsanlage wird für Mio € 1 angeschafft, die Nutzungsdauer beträgt anhand der geschätzten Ausbeutedauer im Kieswerk zehn Jahre. Die Abschreibung erfolgt linear. Das Unternehmen nimmt in Intervallen von drei Jahren Neubewertungen der technischen Anlagen vor. Danach ergibt sich folgende Berechnung:

Jahr X9	Fortgeführte AHK in €	Neubewertung in €
Anschaffungskosten	1.000.000	1.120.000
Kumulierte Abschreibung	300.000	336.000
Buchwert	700.000	784.000
Neubewertungssatz		12%
Neubewertungsertrag brutto		120.000
Anpassung kumulierter Abschreibung		– 36.000
Neubewertungsertrag netto		84.000

Aus dem Verhältnis des Neubewertungsbetrags zum Buchwert vor Neubewertung wird der angepasste Bruttobuchwert ermittelt (€784.000/€700.000) × €1.000.000 = €1.120.000. Auf dieser Basis erfolgt die Ableitung der kumulierten Abschreibungen nach Neubewertung: € 1.120.000 ./. € 784.000 = € 336.000.

Bei Anwendung der **Methode (2)** wird dem Buchwert (ermittelt durch Ab- 131
setzung der kumulierten Abschreibungen von den Anschaffungs- oder Herstellungskosten) direkt der **Nettoneubewertungsbetrag** gegenübergestellt. Diese Methode wird angewendet, wenn für die Sachanlage **Marktwerte** zum Neubewertungsstichtag vorliegen.

Beispiel: Ein Industrieunternehmen nimmt eine Neubewertung für ein selbstgenutztes Verwaltungsgebäude vor, welches vor fünf Jahren errichtet wurde. Das zugrunde liegende

Ertragswertgutachten weist einen Ertragswert zum Neubewertungsstichtag von Mio € 19,8 aus. Aufgrund von Bodenrichtwerten ergibt sich ein Bodenwertanteil von Mio € 4,8.

	Grund und Boden in €	Gebäude in €	Summe in €
AHK	4.000.000	16.000.000	20.000.000
Kumulierte Abschreibungen	0	2.000.000	2.000.000
Buchwerte nach fortgeführten AHK	4.000.000	14.000.000	18.000.000
Ertragswert (Neubewertungsbetrag)	4.800.000	15.000.000	19.800.000
Neubewertungsertrag netto	800.000	1.000.000	1.800.000

Bei Anwendung der Methode (3) betragen die kumulierten Abschreibungen im Zeitpunkt der Neubewertung jeweils € 0.

Beispiel: s Kiesaufbereitungsanlage; → Rn 130.

Jahr X9	in €
Anschaffungskosten	1.000.000
Kumulierte Abschreibung	300.000
Buchwert vor Neubewertung	700.000
Neubewertungsbetrag	784.000
Neubewertungsertrag	84.000
Kumulierte Abschreibung	0

Im Zeitpunkt der Neubewertung werden die kumulierten Abschreibungen gegen den Bruttobuchwert ausgebucht; es verbleibt der Buchwert, der nun der Neubewertung unterzogen wird. Ab Neubewertung erfolgen entspr Abschreibungen.

Der Nettoneubewertungsertrag/-aufwand wird **saldiert ausgewiesen.** Eine getrennte Darstellung des Neubewertungsertrags (brutto) und der Anpassung der kumulierten Abschreibung (nach Methode (1)) ist unzulässig (IAS 16.35 (geändert 2013)).

132 Innerhalb einer Gruppe von Sachanlagen ist eine **rollierende Neubewertung** zulässig, sofern die Neubewertungen aller Sachanlagen dieser Gruppe in kurzen Zeitabständen erfolgt (IAS 16.38). Dieser Zeitabstand ist unter Beachtung der Volatilität der beizulegenden Zeitwerte der Sachanlagen der betreffenden Gruppe zu bestimmen. Das gilt sowohl für die erstmalige Neubewertung als auch für Folgeperioden.

133 Mit der Vornahme von **Neubewertungen** ist eine Prüfung der **Erzielbarkeit des „Neubewertungs-"Buchwerts** für in die Neubewertung einbezogene Vermögenswerte verbunden (IAS 36.5; → Rn 159). Danach ist ein **Wertminderungstest** (IAS 36) durchzuführen, wenn eine Neubewertung auf Basis von Marktwerten vorgenommen wurde und anzunehmen ist, dass durch bedeutende **Veräußerungskosten** der beizulegende Zeitwert abzüglich Veräußerungskosten unter dem beizulegenden Zeitwert liegt (IAS 36.5(c)).

4. Fortführung der Neubewertung

134 In welcher **Häufigkeit Neubewertungen** durchzuführen sind, ist nach der Volatilität des beizulegenden Zeitwerts für die betreffende Art von Sachanlagen zu bestimmen (IAS 16.34). Sind für die Gruppe von Sachanlagen signifikante

Marktwertschwankungen zu erwarten, kann eine jährliche Neubewertung erforderlich sein. Für Sachanlagen, deren beizulegende Zeitwerte keinen wesentlichen Schwankungen unterliegen, reichen Neubewertungen alle drei bis fünf Jahre aus (IAS 16.34). Die **Neubewertungsintervalle** sind für die Gruppen von Sachanlagen so zu wählen, dass sichergestellt ist, dass die beizulegenden Zeitwerte nicht wesentlich von den fortgeführten Neubewertungsbeträgen abweichen (IAS 16.31).

Bei der **Ermittlung der Abschreibungsbeträge** nach Neubewertungen ist zu unterscheiden zwischen den beiden Methoden der Ermittlung des Neubewertungsbetrags (→ Rn 130).

Werden der Neubewertung die **Wiederbeschaffungskosten** eines neuen Äquivalents der Sachanlage zugrunde gelegt (Methode (1), → Rn 130), kann die Abschreibung auf Basis dieser Bruttowiederbeschaffungskosten erfolgen.

Erfolgt indes eine **Marktwertermittlung** auf den Stichtag der Neubewertung, stehen die Wiederbeschaffungskosten nicht zu Verfügung (Methode (2), → Rn 131). Die **Abschreibungen** sind auf Basis des Neubewertungsbetrags und der Restnutzungsdauer am Neubewertungsstichtag zu ermitteln und sollten aus Praktikabilitätsgründen vorzugsweise erfolgswirksam erfasst werden. In der Literatur wird die erfolgsneutrale Verrechnung von Abschreibungsanteilen mit der Neubewertungsrücklage teilweise für unzulässig erachtet (*Schmidt/Seidel* BB 2006, 596 (599)).

Ergeben sich im Rahmen der Neubewertung Erkenntnisse darüber, dass die 135
Nutzungsdauer von der bisherigen Nutzungsdauer abweicht oder die gewählte **Abschreibungsmethode** nicht mehr den Nutzenverbrauch des Vermögenswerts abbildet, sind entspr Anpassungen vorzunehmen (IAS 16.51 und IAS 16.61; → Rn 107 und → Rn 116).

Ergebnisauswirkungen aus der Neubewertung und der Anpassung der Nutzungsdauer oder der Änderung der Abschreibungsmethode sind dabei getrennt zu erfassen.

5. Erfassung der Neubewertungserträge und -aufwendungen

Neubewertungserträge oder -aufwendungen setzen sich aus der **Differenz** 136
zwischen dem Neubewertungsbetrag und dem fortgeführten Buchwert und dem Anpassungsbetrag für die vor Neubewertung kumulierte Abschreibung zusammen. Die Ermittlung des „Netto-“Neubewertungsertrags/-aufwands ist für jeden Vermögenswert ungeachtet der Gruppenbildung einzeln vorzunehmen.

Neubewertungserträge sind wie folgt zu behandeln:

(1) gesonderte Darstellung im sonstigen Ergebnis *(other comprehensive income)* (IAS 1.7 iVm IAS 16.39; → § 12 Rn 71, → § 15 Rn 143, → § 17 Rn 37 ff) und
(2) erfolgswirksame Erfassung als sonstiger betrieblicher Ertrag, soweit für den Vermögenswert in Vorperioden aufwandswirksame Wertminderungen erfasst wurden (IAS 16.39 ff).

Dabei kommt es nicht darauf an, ob in Vorperioden erfasste Wertminderungen aus der Anwendung der Neubewertungsmethode (IAS 16.31 ff) oder aus einem Wertminderungstest (IAS 16.63, IAS 36.119) für den Vermögenswert resultieren. **Die Wertaufholung** ist erfolgswirksam zu erfassen und betragsmäßig auf in Vorperioden erfasste Wertminderungen beschränkt. Der Anteil des Neubewertungsbetrags, der in Vorperioden erfasste Wertminderungen übersteigt, ist erfolgsneutral im sonstigen Ergebnis zu erfassen. Eine Wertaufholung planmäßiger Abschreibungen ist unzulässig.

Neubewertungsaufwendungen sind wie folgt zu behandeln:

(1) gesonderte Darstellung im sonstigen Ergebnis der Periode und
(2) erfolgswirksame Erfassung, soweit keine Neubewertungsrücklage für den Vermögenswert vorhanden ist oder der Neubewertungsaufwand eine vorhandene Neubewertungsrücklage übersteigt (IAS 16.40).

Die Neubewertungserträge und -aufwendungen sind jeweils **pro Vermögenswert** zu ermitteln und dann in der Summe als Veränderungen der Neubewertungsrücklage im sonstigen Ergebnis (der Periode und kumuliert) darzustellen.

137 Eine direkte **Umgliederung der Neubewertungsrücklage** in die Gewinnrücklagen ohne Berührung der Gesamtergebnisrechnung (*statement of comprehensive income;* ausführlich → § 15 Rn 75 ff) bzw der gesonderten GuV (sofern erstellt) kann vorgenommen werden, soweit der Vermögenswert realisiert ist. Als Realisierung gelten planmäßige Abschreibung, Stilllegung oder Verschrottung und Verkauf (IAS 16.41, IAS 16.67, IAS 18; für *sale-and-lease-back*-Transaktionen gem IAS 17, → § 22 Rn 159 f).

Wird im Rahmen des Abgangs oder des Verkaufs der Buchwert des Vermögenswerts nicht realisiert, ist zuerst eine Verminderung der noch vorhandenen Neubewertungsrücklage für diesen Vermögenswert vorzunehmen. Ein übersteigender **Buchverlust** ist erfolgswirksam zu erfassen.

138 Bei **schrittweiser Realisierung** des Nutzens des Vermögenswerts durch jährliche Abschreibung ist eine schrittweise Umgliederung von der Neubewertungsrücklage in die Gewinnrücklagen vorzunehmen (IAS 16.41; → § 17 Rn 38). Der jährlich freiwerdende Umgliederungsbetrag ergibt sich aus der Differenz zwischen dem Abschreibungsbetrag nach (höherer) Neubewertung und dem urspr Abschreibungsbetrag (zu notwendigen Anhangangaben → Rn 224). Es kommt auf eine korrespondierende Erfassung mit dem Abschreibungsaufwand an.

139 In die **Gewinnrücklagen** umgegliederte Beträge (bei schrittweiser Realisierung entspr der planmäßigen Abschreibung) bleiben bei der Erfassung von späteren Wertminderungsaufwendungen des Vermögenswerts unberührt (IAS 16.40).

Orientiert am Wortlaut des Standards (IAS 16.41 „… *may be transferred* …") wird in der Literatur die Vorschrift zT dahingehend interpretiert, dass eine schrittweise Umgliederung aus der **Neubewertungsrücklage** in die Gewinnrücklage nicht zwingend erforderlich ist (*Ballwieser* in Baetge ua IAS Komm IAS 16 Rz 38). Mit Blick auf den Informationsgehalt der Eigenkapitalgliederung ist jedoch zu jedem Bilanzstichtag nur der Teil in der Neubewertungsrücklage auszuweisen, der dem nicht realisierten Anteil des Neubewertungsertrags entspricht (IAS 1.96). Insoweit ist eine **schrittweise Umgliederung** in Höhe der erfolgswirksam verrechneten Abschreibungen **geboten.** Da nach der Erfassung eines Neubewertungsertrags in der Neubewertungsrücklage bei später auftretenden Neubewertungs- oder Wertminderungsaufwendungen Ergebnisunterschiede durch unterschiedlich hoch zur Verfügung stehende Neubewertungsrücklagen auftreten können, wäre eine Klarstellung wünschenswert. Praktisch relevant könnte dieser Fall bei Industrieanlagen mit langen Nutzungsdauer werden, die zB nach inflationsbedingten Aufwertungen aufgrund sich ändernder Umweltschutzbestimmungen oder Markteinflüsse in späteren Jahren Wertminderungen erfahren. Eine Umbuchung des Neubewertungsertrags **in einer Summe** in die Gewinnrücklage zum Abgangszeitpunkt ist nur für Vermögenswerte ohne planmäßige Abschreibung, zB Grundstücke, sachgerecht (→ § 17 Rn 38).

140 Darüber hinaus ist nicht einsichtig, dass ein endgültig realisierter Neubewertungsertrag, zB nach Anlagenverkauf, weiterhin in der **Neubewertungsrücklage** ausgewiesen werden kann.

Beispiel: Bei einer Sachanlage mit historischen Anschaffungs- oder Herstellungskosten von € 800.000 (Nutzungsdauer acht Jahre, lineare Abschreibungsmethode, vereinfachend ohne latente Steuern) ergeben sich im Jahr X3 Wiederbeschaffungskosten von € 840.000 und im Jahr X6 von € 780.000.

Jahr	Buchwert in €	Abschreibung in €	Neubewertung in €		Gewinnrücklage in €	Wertminderung in €
	31. Dezember		Betrag	Rücklage		Aufwand
X1	700.000	100.000				
X2	600.000	100.000				
X3	500.000	100.000				
	525.000	15.000	840.000	25.000		
X4	420.000	105.000		20.000	5.000	
X5	315.000	105.000		15.000	10.000	
X6	210.000	105.000		10.000	15.000	
	195.000		780.000	0	15.000	5.000
X7	97.500	97.500				
X8	0	97.500				

Der Bruttoneubewertungsertrag von € 40.000 im Jahr X3 reduziert sich um die Anpassung der kumulierten Abschreibung der Jahre X1 bis X3 (€ 40.000/8 × 3 = € 15.000) auf € 25.000 (Nettoneubewertungsbetrag) und wird in der Neubewertungsrücklage ausgewiesen. Korrespondierend mit der Abschreibung erfolgt eine erfolgsneutrale Umgliederung des jeweils freiwerdenden Betrags von € 5.000 (€ 105.000 – € 100.000 = € 5.000 aus Abschreibungsdifferenz) in die Gewinnrücklage. Im Jahr X6 ergibt die Neubewertung einen Neubewertungsaufwand von € 15.000, der zuerst in Höhe von € 10.000 erfolgsneutral über das sonstige Ergebnis der Periode mit der vorhandenen Neubewertungsrücklage verrechnet wird. Der übersteigende Betrag von € 5.000 wird als Aufwand aus Neubewertung erfolgswirksam erfasst.

Wäre die Neubewertungsrücklage nicht sukzessiv nach Maßgabe der verrechneten Abschreibungsbeträge aufgelöst worden, ergäbe sich im Jahr X6 ein abweichender Erfolgsbeitrag: der Neubewertungsaufwand wäre in diesem Fall (unzutreffenderweise) vollständig mit der Neubewertungsrücklage verrechnet worden; in der GuV (sofern erstellt) wäre kein Aufwand erfasst worden.

III. Stilllegungen und Abgänge

IFRS 5 regelt die Bilanzierung von zur Veräußerung gehaltenen langfristigen Vermögenswerten und aufgegebenen Geschäftsbereichen (→ § 28 Rn 30 ff). Davon zu unterscheiden sind sonstige Abgänge und Stilllegungen. Sonstige Abgänge und Stilllegungen sind weiterhin in IAS 16.67 ff geregelt. Die Regelungen des IFRS 5 gelten für alle langfristigen Vermögenswerte. Insoweit sind die folgenden Ausführungen nicht nur für Sachanlagen, sondern auch für immaterielle Vermögenswerte maßgeblich. 141

1. Zur Veräußerung gehaltene Sachanlagen

Liegen die **Voraussetzungen** zur Klassifizierung einer Sachanlage (oder eines immateriellen Vermögenswerts) als zur Veräußerung gehalten vor, sind nicht 142 mehr die Regelungen der Folgebewertung des IAS 16 und die Ausweisregelungen anzuwenden (→ § 28 Rn 39 ff und → § 28 Rn 123 ff).

Die **zur Veräußerung vorgesehenen Sachanlagen** sind ggf zu **Veräußerungsgruppen** zusammenzufassen (IFRS 5.4; zB rechtlich unselbstständige Betriebsteile, die durch *asset deal,* oder Vermögenswerte von TU, die im Konzernabschluss übertragen werden sollen; → § 28 Rn 16). Der Bilanzausweis erfolgt gesondert innerhalb der kurzfristigen Vermögenswerte (→ § 28 Rn 123). Die Bewertung erfolgt zum niedrigeren Wert aus Buchwert und beizulegendem Zeitwert abzüglich der Veräußerungskosten. Der Zeitpunkt der erstmaligen Bewertung nach diesen Grundsätzen ist der erste Berichtszeitpunkt, nach dem die Voraussetzungen vorliegen. IFRS 5.18 ist dynamisch auszulegen. Bis zum Eintritt der Voraussetzungen ist die Folgebewertung des IAS 16 fortzuführen, danach ist die planmäßige Abschreibung auszusetzen.

Beispiel: Der Vorstand der Industrie AG beschließt in einer Vorstandssitzung am 31. Oktober X1, dass die Betriebsstätte zur Herstellung von Spezialbaumaschinen veräußert werden soll, da entspr der strategischen Ausrichtung des Unternehmens diese Produkte nicht mehr zur Kernkompetenz gehören. Unmittelbar im Anschluss werden die Verkaufsvorbereitungen getroffen und der Betriebsteil dem bisherigen Kooperationspartner Spezialbaumaschinen GmbH auf Basis einer Unternehmensbewertung zu einem Kaufpreis von Mio € 1,2 angeboten. Die Abschreibung der Vermögenswerte des Betriebsteils wird bis zum 31. Oktober X1 planmäßig fortgeführt. Ab dem 1. November X1 werden keine Abschreibungen mehr verrechnet. Abgeleitet aus der Bewertung des Betriebsteils sind die Buchwerte der Vermögenswerte unter Abzug von Transaktionskosten gedeckt. Alle langfristigen Vermögenswerte des Betriebsteils werden zu einer Gruppe von Vermögenswerten zusammengefasst.

Betriebsteil Spezialbaumaschinen	**Buchwert zum 31.10.X1 T€**
Grundstück	800
Produktionshallen	380
Produktionsanlagen	420
Vorräte	60
Forderungen	140
Schulden	– 860
Eigenkapital des Betriebsteils	**940**
Kaufpreis auf Basis Bewertung	1.200
geplante Veräußerungskosten	– 80
Deckung der Buchwerte	**180**

Im Jahresabschluss zum 31. Dezember X1 werden die langfristigen Vermögenswerte mit dem Restbuchwert zum 31. Oktober X1 ausgewiesen, da die beizulegenden Zeitwerte unter Berücksichtigung der Veräußerungskosten die Restbuchwerte übersteigen. Die Vermögenswerte und Schulden sowie die Erfolgsrechnung des Betriebsteils sind separat im Jahresabschluss auszuweisen (→ § 28 Rn 123 ff).

143 Wird bei der Bewertung der Sachanlagen in der Kategorie „zur Veräußerung gehaltene langfristige Vermögenswerte" ein **beizulegender Zeitwert** nach Abzug der **Veräußerungskosten** ermittelt, der unterhalb der Buchwerte liegt, so ist ein Wertminderungsaufwand erfolgswirksam zu erfassen (→ § 28 Rn 51). Führt die Bewertung in einer späteren Berichtsperiode zu einem höheren beizulegenden Zeitwert unter Berücksichtigung der Transaktionskosten, so ist die Wertaufholung erfolgswirksam zu erfassen. Steht für den Vermögenswert allerdings eine Neubewertungsrücklage zur Verfügung, ist die Wertminderung in Höhe der Neubewertungsrücklage zunächst erfolgsneutral im sonstigen Ergebnis

und nur der überschießende Teil erfolgswirksam zu erfassen (IFRS 5.19). Die Wertaufholung kann bis zu der Höhe erfolgen, zu der Wertminderungen nach IAS 36 über die Nutzungsdauer des Vermögenswerts oder nach IFRS 5 erfasst wurden (IFRS 5.21). Damit können auch Wertminderungen vor dem Tag der erstmaligen Kategorisierung des Vermögenswerts als zur Veräußerung gehalten, wertaufgeholt werden. Eine Erfassung von Bewertungsgewinnen über die historischen Wertminderungen hinaus ist nicht zulässig (keine Erfassung in einer Neubewertungsrücklage).

Bewertungen nach der Sondervorschrift des IFRS 5 führen regelmäßig zu passiven latenten Steuern, wenn die Abschreibungen ausgesetzt werden (→ § 25 Rn 55).

Wird der **Veräußerungsplan** vom Management **geändert** bzw die Veräußerungsabsicht **aufgegeben,** so scheiden die betreffenden Vermögenswerte aus der Kategorie „zur Veräußerung gehaltene Vermögenswerte" zum nächsten Berichtsstichtag aus und werden wieder innerhalb der Sachanlagen oder immateriellen Vermögenswerte ausgewiesen. Die Bewertung ist anzupassen. Soweit die Abschreibungsbeträge ausgesetzt wurden, sind diese **nachzuholen.** Ergänzend ist ein Wertminderungstest vorzunehmen. Die Bewertung ist mit dem niedrigeren Wert aus der Fortführung des Buchwerts für die Perioden, in denen der Vermögenswert als „zur Veräußerung gehalten" kategorisiert wurde, und dem erzielbaren Betrag nach IAS 36 anzusetzen (IFRS 5.27). Sämtliche Ergebnisauswirkungen aus der Bewertungsanpassung sind als Ergebnis aus fortzuführenden Geschäftsbereichen separat in der Gesamtergebnisrechnung bzw der gesonderten GuV (sofern erstellt) auszuweisen (IFRS 5.28 iVm IFRS 5.33A). 144

Beispiel in Fortführung des Falls unter → Rn 142: In der Vorstandssitzung der Industrie AG am 30. Mai X2 wird folgender Beschluss gefasst: Die Verhandlungen mit der Spezialbaumaschinen GmbH führten zu keinem messbaren Ergebnis, da der gebotene Preis weit unter den Vorstellungen des Vorstands liegt und zudem die Spezialbaumaschinen GmbH die Verhandlungen verschleppt, da sie bislang die Finanzierung der Übernahme nicht sicherstellen konnte. Die zwischenzeitlich akquirierten Auslandsaufträge für den Betriebsteil sind renditestark, sodass diese Geschäftstätigkeit zwar nach wie vor nicht zur Kernkompetenz der Industrie AG zählt, aber ein Handlungsbedarf nicht mehr gesehen wird. Die Verkaufsbemühungen werden eingestellt.

Im Quartalsabschluss weist die Industriebau AG die langfristigen Vermögenswerte nach IAS 16 und IAS 38 unter den urspr Bilanzposten aus (entspr gilt dies auch für die übrigen Vermögenswerte und Schulden der ehemaligen Veräußerungsgruppe). Der ausgesetzte Abschreibungsbetrag zwischen dem 1. November X1 und dem 30. Mai X2 betrug T€ 200 und wird gesondert in der Gesamtergebnisrechnung bzw der gesonderten GuV (sofern erstellt) als Aufwand aus fortzuführenden Geschäftsbereichen ausgewiesen. Die ermittelten Buchwerte sind durch den Nutzungswert des Betriebsteils gedeckt. Für den Monat Juni X2 werden Abschreibungen planmäßig erfasst.

2. Anlagenverkauf und Abgänge

Eine Sachanlage ist auszubuchen, wenn der Vermögenswert abgegangen ist oder wenn **kein zukünftiger wirtschaftlicher Nutzen** von der weiteren Nutzung oder seinem Abgang zu erwarten ist (IAS 16.67). Ertrag oder Aufwand aus dem Anlagenabgang ermitteln sich als Differenz aus dem Nettoveräußerungserlös und dem Buchwert zum Zeitpunkt des Abgangs (IAS 16.71). Der **Nettoveräußerungserlös/-verlust** ergibt sich dabei aus der Differenz zwischen Veräußerungserlös und Veräußerungs- oder Verschrottungskosten. Soweit etwaige Abbruchkosten nicht im Rahmen der Ermittlung der Anschaffungskosten als Rückstellungen erfasst wurden (IAS 16.16(c); → Rn 51), mindern diese den Veräußerungserlös. 145

146 Der **Veräußerungsgewinn/-verlust** ist erfolgswirksam im Jahr des Anlagenverkaufs oder des Abgangs zu erfassen. Der Zeitpunkt ist dabei nach allgemeinen Grundsätzen über den Verkauf von Gütern zu bestimmen (IAS 16.69; IAS 18.14 ff; → § 15 Rn 10 ff).

Für Anlagenverkäufe im Rahmen von ***sale-and-lease-back*-Transaktionen** ist für die Bestimmung des Verkaufs-/Abgangszeitpunkts und die Erfassung eines Veräußerungserlöses IAS 17 anzuwenden (IAS 16.68 f; → § 22 Rn 156 ff; zu Verkäufen im regelmäßigen Geschäftsverkehr nach Vermietung → Rn 217).

147 **Forderungen aus dem Anlagenverkauf** sind mit ihrem beizulegenden Zeitwert anzusetzen. Ist die Forderung gestundet, ist die Forderung mit ihrem Barwert zu bewerten. Differenzen zwischen dem Nominalwert der Forderung und ihrem Barwert sind als Zinsertrag zeitproportional über die Laufzeit der Stundung zu erfassen (IAS 16.72, IAS 18.29 ff).

3. Vorübergehende oder endgültige Stilllegung

148 Für Sachanlagen, die vorübergehend nicht genutzt *(stand by)* oder die stillgelegt werden, ist die **Abschreibung** nicht auszusetzen, soweit noch Restbuchwerte vorhanden sind (IAS 16.55). Bei fortdauernder Stilllegung ist für die Bilanzierung die Frage nach der Veräußerbarkeit relevant. Fehlt ein Markt für die Veräußerung der Sachanlage, so ist die planmäßige Abschreibung nach IAS 16 fortzusetzen und ein entspr Wertminderungstest vorzunehmen. Eine Bilanzierung nach IFRS 5 scheidet aus, da gerade der zur Bestimmung des beizulegenden Zeitwerts notwendige Markt nicht vorhanden ist (→ § 28 Rn 7, → Rn 23). Bei Anwendung einer verbrauchsabhängigen Abschreibungsmethode kann es zu einer Abschreibung von null kommen.

149 Für alle vorübergehend oder endgültig stillgelegten Sachanlagen ist ein **Wertminderungstest** nach IAS 36 mindestens am Ende eines jeden Geschäftsjahrs vorzunehmen (→ Rn 162). Stilllegung gilt als Indiz für eine Wertminderung. Daneben sind die Nutzungsdauer und die angewandte Abschreibungsmethode mindestens am Ende eines jeden Geschäftsjahrs zu überprüfen (IAS 16.51, IAS 16.61).

Beispiel: Die Hartstein- und Kiesabbau AG beschließt aufgrund der schlechten Nachfrage am 1. Juli X1, drei Werke vorübergehend stillzulegen, bis in den betreffenden Lieferregionen wieder ein ansteigender Bedarf zu verzeichnen ist. Das Bergwerkseigentum wurde bislang verbrauchsabhängig abgeschrieben. Die Produktionsanlagen der Werke werden mit Nutzungsdauern zwischen zehn und 30 Jahren linear abgeschrieben. Mangels Abbau wird auf das Bergwerkseigentum im zweiten Halbjahr X1 keine Abschreibung mehr erfasst. Die lineare Abschreibung für die Produktionsanlagen wird fortgeführt, da die Nutzungsdauern noch nicht erreicht sind. Damit werden auch die in der Abschreibungsbemessungsgrundlage enthaltenen Abbruch- und Rekultivierungskosten für die Produktionsanlagen weiter aufwandswirksam verteilt. Sowohl für das Bergwerkseigentum als auch für die Produktionsanlagen werden Wertminderungstests durchgeführt. Mangels Nutzung ist auf Veräußerungspreise abzustellen.

Sobald für stillgelegte Sachanlagen eine **Veräußerung überwiegend wahrscheinlich** wird, also nach den Kriterien des IFRS 5.6 vom Management geplant bzw aktiv begonnen worden ist, folgt die Bilanzierung gem IFRS 5 (IFRS 5.13, IFRS 5.32; → Rn 142 ff und → § 28 Rn 23; zum geänderten Ausweis in der Gesamtergebnisrechnung bzw der gesonderten GuV (sofern erstellt) → § 28 Rn 128 ff).

150, 151 *(einstweilen frei)*

E. Wertminderungen von Vermögenswerten

I. Vorbemerkungen

In § 27 Rn 1 ff ist das System der IFRS zur Identifizierung und Ermittlung 152
von **Wertminderungen** nach IAS 36 dargelegt und es werden dort die zugrunde liegenden Bewertungskonzeptionen erläutert (→ § 27 Rn 1 ff; zu ZGE → § 27 Rn 23 ff und → § 27 Rn 86 ff). In diesem Abschn werden Anwendungsbeispiele aufgegriffen und die Bilanzierung der **Wertminderung** von Vermögenswerten, die in den Anwendungsbereich des IAS 36 fallen, kommentiert (zum Anwendungsbereich des IAS 36 → § 27 Rn 3 f). IAS 36 beinhaltet darüber hinaus Regelungen zur Erfassung und Darstellung der **Wertaufholung** für diese Vermögenswerte. Der vorliegende Abschn basiert auf der ausführlichen Darstellung der Bewertungskonzeption in → § 27 Rn 37 ff.

Ziel des IAS 36 ist es, ein System zu installieren, das sicherstellt, dass der Buchwert eines Vermögenswerts nicht über dem erzielbaren Betrag für diesen Vermögenswert liegt (Wertminderung). Der **erzielbare Betrag** ist dabei als der höhere Betrag, der dem Unternehmen aus der fortgesetzten Nutzung (Nutzungswert) oder der Veräußerung des Vermögenswerts (beizulegender Zeitwert abzüglich Veräußerungskosten) zufließen wird, definiert (IAS 36.6). Damit soll ein rationales Managementverhalten nachgebildet werden, welches zwischen Verkauf des Vermögenswerts und fortgesetzter Nutzung entscheiden muss (→ § 27 Rn 19; *Kümpel* BB 2002, 983 (984)).

Eine Differenzierung wie im deutschen HGB nach vorübergehender und dauerhafter **Wertminderung** (§ 253 Abs 3 HGB) wird in IAS 36 nicht vorgenommen. Das gilt sowohl für die Beurteilung der Anhaltspunkte einer Wertminderung als auch für die Ermittlung und Beurteilung der Wertminderung selbst.

Wesentliche **Wertminderungsrisiken** ergeben sich aus Entwicklungen auf Absatz- oder Beschaffungsmärkten, die nachteilig auf ein Unternehmen wirken. Marktbedingte Wertminderungen erfassen dabei nicht nur isoliert einzelne Vermögenswerte, sondern regelmäßig bestimmte Gruppen von Vermögenswerten, denen oftmals auch derivative Geschäfts- oder Firmenwerte zuzuordnen sind. Für spezifische Vermögenswerte (zB Produktionsanlagen) kann oftmals kein isolierter beizulegender Zeitwert abzüglich Veräußerungskosten festgestellt werden, da sich der Wert solcher Vermögenswerte nur durch seine Nutzung im Produktions- oder Dienstleistungsprozess (durch damit bediente Marktanteile) rechtfertigt. Das gilt oftmals auch für vielseitig einsetzbare Vermögenswerte, deren beizulegender Zeitwert abzüglich Veräußerungskosten erheblichen Abschlägen aufgrund eines vorherrschenden Käufermarkts unterliegt.

Der Schwerpunkt des IAS 36 liegt deshalb auf der Identifizierung, Bestimmung und Erfassung von Wertminderungen für **zahlungsmittelgenerierende Einheiten** (ZGE) auf Basis von **Nutzungswerten** (→ § 27 Rn 57 ff). Die nachfolgende Kommentierung gilt für Wertminderungs- und Wertaufholungstests für **einzelne** Vermögenswerte im Anwendungsbereich des IAS 36.

Der Anhang zu IAS 36 enthält **ausführliche Beispiele** zu allen Ermittlungsschritten, auf die verwiesen wird.

II. Anwendungsbereich

Der **Anwendungsbereich** des IAS 36 ist durch Negativabgrenzung („Anwendung auf alle Vermögenswerte ausgenommen …") festgelegt. Danach sind 153
folgende Vermögenswerte von IAS 36 erfasst:

(1) Immaterielle Vermögenswerte (IAS 38.60, IAS 36.10(a)),
(2) Geschäfts- oder Firmenwerte aus Unternehmenserwerben und Konsolidierungsvorgängen (IFRS 3.32/IAS 36.10(b)),
(3) Sachanlagen, mit Ausnahme von Immobilien, die mit dem beizulegenden Zeitwert nach IAS 40.27 ff bewertet werden (IAS 16.63) und
(4) grds Anteile an TU (IFRS 10), assoziierten Unternehmen (IAS 28) und Gemeinschaftsunternehmen (IFRS 11) im Konzern- und Einzelabschluss mit Ausnahme der Anteile, die in den Anwendungsbereich des IAS 39 fallen.

Negativ abgegrenzt sind Vermögenswerte, für die besondere Regelungen zur Sicherstellung der Werthaltigkeit oder zur grds Bewertung existieren, wie Vorräte, Fertigungsaufträge, latente Steuern, Arbeitnehmeransprüche, Finanzinstrumente, Immobilien, die nach IAS 40 bilanziert werden, und biologische Vermögenswerte (→ § 27 Rn 3 f).

III. Identifizierung von potenziell wertgeminderten Vermögenswerten

1. Anhaltspunkte für Wertminderungen

154 IAS 36 verpflichtet die Unternehmen, den sog ***„triggering approach"*** umzusetzen. Danach ist zu jedem Abschlussstichtag (auch Zwischenabschlüsse) einzuschätzen, ob für die erfassten Vermögenswerte Anhaltspunkte für mögliche Wertminderungen vorliegen (sog Indikatoren für *triggering events,* IAS 36.9). Liegen Anhaltspunkte vor, ist der Wertminderungstest formal durchzuführen und der erzielbare Betrag für den oder die betroffenen Vermögenswerte zu bestimmen. Die Beurteilung der unternehmensinternen und -externen Anhaltspunkte mit Einfluss auf die Wertentwicklung von Sachanlagen ist zu dokumentieren. Die im Standard katalogisierten Anhaltspunkte sind in → § 27 Rn 10 f aufgelistet.

155 Der **Betrachtungszeitpunkt** richtet sich dabei grds nach den allgemeinen Regeln des IAS 10. Danach sind sämtliche berücksichtigungspflichtigen Ereignisse (wertaufhellende Ereignisse) nach dem Bilanzstichtag bis zum Veröffentlichungszeitpunkt (Aufstellungszeitpunkt) bei der Identifizierung von wertgeminderten Vermögenswerten zu berücksichtigen. Das bedeutet, dass für die Anhaltspunkte des IAS 36.12(a), (c) und (e) nachteilige Entwicklungen bis zum Veröffentlichungs-/Aufstellungszeitpunkt des Jahresabschlusses nur zu einem Wertminderungstest verpflichten, wenn die Ereignisse (Gründe) für diese Entwicklungen bereits am Abschlussstichtag eingetreten waren (bestanden haben; IAS 10.3). Es besteht eine Angabepflicht im Anhang.

156 Über den allgemeinen **Betrachtungszeitpunkt** hinaus sehen IAS 36.12(b), (f) und (g) bei diesen Anhaltspunkten eine Einbeziehung von zu erwartenden negativen Entwicklungen vor. Der Betrachtungszeitraum kann dabei nicht über den Zeitraum der Einschätzung der **Unternehmensfortführung** (IAS 1.26) hinausgehen und wird regelmäßig zwölf Monate nach dem Bilanzstichtag betragen.

157 Bei der **Identifizierung von wertgeminderten Vermögenswerten** sind Erkenntnisse aus vorangegangenen Wertminderungstests zu verwerten. Ist aufgrund dieser Erkenntnisse nicht zu erwarten, dass zwischenzeitlich eingetretene Ereignisse zu einer Wertminderung führen, kann trotz vorliegender Anhaltspunkte auf einen Wertminderungstest verzichtet werden (IAS 36.15). Zum Nachweis können dabei Ergebnisse von in Vorperioden vorgenommenen **Sensitivitätsanalysen** dienen (IAS 36.15).

Die Regelungen über die Anhaltspunkte von Wertminderungen von Vermögenswerten sind analog für einmal wertgeminderte Vermögenswerte anzuwenden, um festzustellen, ob **Wertaufholungen** vorliegen können (IAS 36.110ff). 158

Aus den Anhaltspunkten zur Identifizierung von Wertminderungen können darüber hinaus Hinweise zu notwendigen Anpassungen von **Nutzungsdauern** oder **Abschreibungsmethoden** abgeleitet werden (IAS 36.17, IAS 16.51 und IAS 16.61).

Beispiel 1: Ein Betriebsteil der Mineraljungbrunnen AG in O weist per 30. September X1 eine erhebliche negative Planabweichung auf. Die Auslastung sinkt auf 65% ab. Nach Einschätzung des Managements wird das Ergebnis zum Jahresende zwar leicht positiv sein, aber erheblich von den Erwartungen bei Errichtung des Betriebsteils abweichen. Der Investitionsrechnung war eine 88%ige Auslastung unterstellt.

Die Mineraljungbrunnen AG ist verpflichtet, einen Wertminderungstest durchzuführen. Ein Wertminderungstest ist nicht erst bei Eintritt von Verlusten durchzuführen, eine derartige Planabweichung bzw Absinken der Ertragserwartungen reicht aus.

Beispiel 2: Der mittelständische Möbelhändler „Eiche-Rustikal" hat vor drei Jahren mehrere Möbelkaufhäuser im Umkreis der Großstadt L von einem Konkurrenten übernommen. In unmittelbarer Nähe zum Möbelkaufhaus in L beginnt die Handelskette „Moose" mit der Errichtung eines neuen Möbelmarkts. Der Möbelhändler geht davon aus, dass sich der Wettbewerb nicht nur in L, sondern im gesamten Umland von L erheblich verändern und er Marktanteile verlieren wird.

Es liegt ein externes Ereignis vor, das den Möbelhändler zu einem Wertminderungstest verpflichtet. Dabei sind die Unternehmensplanungen zu überarbeiten und die Umsatzerwartungen an die bevorstehende Markteröffnung anzupassen. Davon sind alle Kaufhäuser im Einzugsgebiet betroffen. Ob dabei eine zusammengefasste Beurteilung erfolgen kann, hängt von den Wechselwirkungen im Marktraum ab.

2. Sonstige Anlässe für Wertminderungstests

IAS 36 selbst und einzelne Standards sehen in nachstehend beschriebenen Fällen die zwingende Durchführung von **Wertminderungstests** vor und unterstellen dabei, dass Anhaltspunkte für Wertminderungen vorliegen. 159

Wertminderungstests sind danach zwingend im Rahmen von **Neubewertungen** von Sachanlagen und immateriellen Vermögenswerten erforderlich (IAS 36.5).

Bei der erstmaligen (innerhalb der Entwicklungsphase schrittweisen) Erfassung von selbstgeschaffenen immateriellen Vermögenswerten ist der zukünftige wirtschaftliche Nutzen durch die Ermittlung des erzielbaren Betrags nachzuweisen (IAS 38.60).

Für vorübergehend oder abschließend **stillgelegte** (→ Rn 148) oder zum **Verkauf vorgesehene** Sachanlagen und immaterielle Vermögenswerte iSv IFRS 5 ist ein Wertminderungstest unmittelbar vor Klassifizierung als langfristige zur Veräußerung vorgesehene Vermögenswerte durchzuführen (IFRS 5.18; → § 28 Rn 43).

Werden im Rahmen der Ersterfassung eines Vermögenswerts **Fremdkapitalkosten** aktiviert, ist mittels eines Wertminderungstests sicherzustellen, dass nicht durch Aktivierung der Fremdkapitalkosten der erzielbare Betrag überschritten wird (IAS 23.16).

(einstweilen frei) 160

IV. Vorgehen bei Wertminderungen

1. Grundsätze

Die Einschätzung, ob **Wertminderungen** vorliegen, basiert auf dem Vergleich des Buchwerts mit dem erzielbaren Betrag aus der fortgeführten Nutzung 161 oder dem Verkauf eines Vermögenswerts (zu den Anlässen eines Wertminderungstests → § 27 Rn 6 ff). Können diese potenziellen Einnahmen nicht einem Vermögenswert einzeln zugeordnet werden, ist die Bildung von **ZGE** vorgesehen (IAS 36.66, → § 27 Rn 23 ff). Das kann sowohl bei der Zuordnung eines beizulegenden Zeitwertes abzüglich Veräußerungskosten als auch bei der Zuordnung des Nutzungswerts erforderlich sein (IAS 36.66, IAS 36.18). Als Beispiel seien hier einzelne Vermögenswerte genannt, die aufgrund technischer Gründe nur gemeinsam veräußert werden, oder gemeinschaftlich genutzte Vermögenswerte, die keine eigenen Zahlungsströme generieren. So haben Verwaltungsgebäude oder Geschäfts- oder Firmenwerte nur in Zusammenhang mit Sachanlagen und funktionierenden Geschäftsbetrieben überhaupt einen Wert (→ § 27 Rn 21 ff).

162 Ein **Wertminderungsaufwand** ergibt sich grds, wenn der Buchwert eines Vermögenswerts oder einer ZGE über dem erzielbaren Betrag liegt (IAS 36.59). Der **erzielbare Betrag** ist definiert als der höhere der beiden Beträge aus beizulegendem Zeitwert abzüglich Veräußerungskosten und Nutzungswert (IAS 36.18).

Liegt bereits der **beizulegende Zeitwert abzüglich Veräußerungskosten** über dem Buchwert, kann demnach auf eine Ermittlung des Nutzungswerts verzichtet werden (IAS 36.19; → § 27 Rn 18 ff; gilt gleichermaßen, wenn der Nutzungswert über dem Buchwert liegt).

Auf eine Ermittlung des Nutzungswerts kann auch verzichtet werden, wenn der **Nutzungswert** nicht wesentlich von dem ermittelbaren Nettoveräußerungspreis abweicht (zB bei Vermögenswerten, deren Nutzen durch Veräußerung bestimmt ist; IAS 36.21 f).

Bei ausschließlicher Bestimmung des **beizulegenden Zeitwerts abzüglich Veräußerungskosten** ist es grds unerheblich, ob für den Vermögenswert konkret auch ein Verkauf vorgesehen ist. IAS 36 stellt lediglich auf die **marktorientierte Ermittelbarkeit** (und damit Veräußerungsmöglichkeit) eines beizulegenden Zeitwertes abzüglich Veräußerungskosten ab und impliziert, dass das Management eines Unternehmens rational nach der Prämisse des höheren Werts handelt.

163 Wertminderungen von **gemeinschaftlichen Vermögenswerten** (zB Fabrik- oder Verwaltungsgebäuden) können oftmals nur durch Bestimmung des Nutzungswerts der entspr ZGE ermittelt werden. Ist vom Management der Verkauf des gemeinschaftlichen Vermögenswerts beschlossen, so ergibt sich der erzielbare Betrag aus dem Nettoveräußerungspreis (*Telkamp/Bruns* FB 2000, 24 (25)).

Bei **nicht betriebsnotwendigen Immobilien** ist nur der beizulegende Zeitwert abzüglich Veräußerungskosten als Liquidationswert ermittelbar, soweit nicht zB aus einer Vermietung ein Nutzungswert abgeleitet werden kann.

2. Ermittlung des erzielbaren Betrags

164 Der erzielbare Betrag ist als der **höhere Betrag** aus **beizulegendem Zeitwert abzüglich Veräußerungskosten** und **Nutzungswert** definiert (IAS 16.6). In der gegenwärtigen Fassung des IAS 36 wird im Wesentlichen auf Transaktions- oder sonstige Vergleichspreise für die Vermögenswerte abgestellt (→ § 27 Rn 37 ff). Praktisch bedeutsamer ist die Ermittlung des Nutzungswerts, der letztlich auch für eine fiktive Veräußerung die Bewertungsgrundlage bildet. Zur Ermittlung des erzielbaren Betrags s ausführlich → § 27 Rn 18.

165–175 *(einstweilen frei)*

3. Ermittlung und Erfassung des Wertminderungsaufwands

Ein **Wertminderungsaufwand** liegt vor, wenn der erzielbare Betrag eines Vermögenswerts geringer als sein Buchwert ist (IAS 36.59; zu den Regelungen bei ZGE → § 27 Rn 121 ff). In diesem Fall ist der Buchwert auf den erzielbaren Betrag abzuschreiben. 176

Die **Wertminderung** wird grds als lfd **Aufwand** der Periode in der Gesamtergebnisrechnung bzw der gesonderten GuV (sofern erstellt) erfasst. Steht für Sachanlagen oder für immaterielle Vermögenswerte eine **Neubewertungsrücklage** aus vorangegangener Neubewertung des Vermögenswerts (IAS 16.40, IAS 38.86) zur Verfügung, ist der Wertminderungsaufwand von der Neubewertungsrücklage abzusetzen (Behandlung als Neubewertungsabnahme; IAS 36.60 f). Nach IAS 1.96 sind diese Änderungen gesondert im sonstigen Ergebnis der Periode und im kumulierten sonstigen Ergebnis auszuweisen (→ § 17 Rn 39). Soweit der Wertminderungsaufwand größer als der Betrag der Neubewertungsrücklage ist, wird der überschießende Teil aufwandswirksam in der Gesamtergebnisrechnung bzw der gesonderten GuV (sofern erstellt) erfasst (→ Rn 136).

Überschreitet der Wertminderungsaufwand den Buchwert des Vermögenswerts, ist eine Erfassung der Wertminderung bis zu einem Buchwert von null vorzunehmen (IAS 36.62). Über den Buchwert hinausgehende Wertminderungen sind als Schuld zu erfassen, soweit die Voraussetzungen nach IAS 37.14 erfüllt sind (IAS 36.62; zB Abbruchkosten für stillgelegte Anlagen auf gemieteten Betriebsgrundstücken).

Wurden Wertminderungen für einen Vermögenswert verrechnet, ist eine **Anpassung des Abschreibungsbetrags** vorzunehmen, um eine systematische Abschreibung über die Restnutzungsdauer zu erreichen (IAS 36.63). Für Zwecke der Ermittlung latenter Steuern ist der berichtigte Buchwert dem entspr steuerlichen Wert gegenüberzustellen (IAS 36.64). 177

V. Entschädigung für Wertminderungen und Wiederbeschaffungen

Entschädigungen Dritter, die ein Unternehmen für Wertminderungen, Verlust, Untergang oder Beschädigung von Sachanlagen erhält, sind grds als getrennte Geschäftsvorfälle in den sonstigen betrieblichen Erträgen zu erfassen (IAS 16.65 f). Eine **Saldierung** mit zB der Wertminderung oder dem Anlagenabgang ist ebenso unzulässig wie eine Saldierung mit dem Ersatz der Sachanlage. 178

Unzulässig ist auch eine schrittweise **Vereinnahmung** nach den Grundsätzen über die Bilanzierung von Zuwendungen der öffentlichen Hand (IAS 20; → Rn 59). Das gilt auch, soweit zB öffentliche Entschädigungen unter Auflagen zur Durchführung von Ersatzinvestitionen gewährt werden, da mit der Entschädigung der bereits erfasste Aufwand für das außerordentliche Ereignis korrespondiert.

Je nach **Wesentlichkeit** des Betrags ist eine separate Erfassung der Entschädigung in der Gesamtergebnisrechnung bzw der gesonderten GuV (sofern erstellt) oder eine Anhangangabe möglich (IAS 16.65).

Beispiele für **Entschädigungen Dritter** sind:

(1) Leistungen von Versicherungsunternehmen,
(2) Abfindungs- oder Entschädigungszahlungen der Regierung bei Enteignungen oder der öffentlichen Hand bei Verlegung von Sachanlagen aufgrund öffentlicher Baumaßnahmen,

(3) Ersatz oder Entschädigungszahlungen bei Wertminderung oder Untergang infolge Naturkatastrophen.

Dabei sind monetäre und nicht-monetäre Entschädigungen gleich zu behandeln. Die Bewertung erhaltener **nicht-monetärer Entschädigungen** ist auf der Grundlage des Gegenleistungsprinzips zum beizulegenden Zeitwert vorzunehmen.

Der Zeitpunkt der Erfassung von Entschädigungen richtet sich nach den allgemeinen Grundsätzen (IAS 1).

179–201 *(einstweilen frei)*

F. Wertaufholungen von Vermögenswerten

I. Grundsätze

202 Eine **Wertaufholung** liegt grds vor, wenn der erzielbare Betrag für einen Vermögenswert nach einer vorangegangenen Wertminderung gestiegen ist. Es besteht **Wertaufholungspflicht.** Grundgedanke der Regelungen ist, zu jedem Abschlussstichtag die in Vorperioden vorgenommenen Wertminderungen zu überprüfen und jede Erhöhung des **erzielbaren Betrags** als Wertaufholung zu erfassen. Ausgerichtet am *matching principle* kann sich zB eine Wertaufholung bereits ergeben, wenn der Vermögenswert Bestandteil eines verbindlich beschlossenen Restrukturierungsplans geworden ist und die entspr Aufwendungen als Restrukturierungsverpflichtung erfasst sind und zu einer gestiegenen Ertragskraft des Vermögenswerts führen werden.

203 Die Regelungen zur Identifizierung, Ermittlung und Erfassung von Wertaufholungen sind analog zum System der Wertminderungen (→ Rn 152 ff) aufgebaut.

II. Identifizierung von potenziellen Wertaufholungen

204 Wurden in Vorperioden Wertminderungen erfasst, ist zu jedem Abschlussstichtag zu prüfen, ob **Anhaltspunkte für Wertaufholungen** dieser Vermögenswerte bestehen (IAS 36.110). Dabei sind analog zur Identifizierung von Wertminderungen unternehmensexterne und -interne Anhaltspunkte zu berücksichtigen.

205 Mindestens sind folgende **externe Informationsquellen** relevant (IAS 36.111(a) bis (c)):

(1) sichtbare Anzeichen für eine signifikante Steigerung des Marktwerts,

(2) der Eintritt während der Berichtsperiode oder zu erwartende Eintritt von günstigen signifikanten Veränderungen im technischen, ökonomischen, marktbezogenen oder gesetzlichen Unternehmensumfeld oder im preisbildenden Markt für den betreffenden Vermögenswert,

(3) Verminderung der Marktzinssätze oder -renditen während der Berichtsperiode, die wahrscheinlich Auswirkungen auf den heranzuziehenden Abzinsungssatz haben werden.

206 Zum Mindestumfang **interner Informationsquellen** gehören (IAS 36.111(d) und IAS 36.111(e)):

(1) eingetretene oder erwartete signifikante günstige Entwicklungen mit Auswirkungen auf Art und Umfang der Nutzung des betreffenden Vermögenswerts, dazu zählen Investitionen, die zur Verbesserung der Ertragskraft des Vermögenswerts im Vergleich zum Zustand vor der Investition führen oder die Ver-

pflichtung zur Einstellung oder Restrukturierung des Betriebs oder Betriebsteils,
(2) substanzielle Hinweise aus dem internen Rechnungswesen über eine eingetretene oder zu erwartende Verbesserung der Ertragskraft des Vermögenswerts.

Jeder über den **Mindestumfang** hinaus vorliegende Anhaltspunkt verpflichtet analog zur Durchführung eines Wertaufholungstests. Auf die Regelungen zur Identifizierung von Wertminderungen kann vollumfänglich verwiesen werden (→ Rn 154 ff).

Aus den Anhaltspunkten zur Identifizierung von Wertaufholungen können darüber hinaus Hinweise zu notwendigen Anpassungen von **Nutzungsdauern** oder **Abschreibungsmethoden** abgeleitet werden (IAS 36.113).

III. Ermittlung einer Wertaufholung

Eine **Wertaufholung** ergibt sich, wenn der **erzielbare Betrag** eines Vermö- 207
genswerts gestiegen ist (IAS 36.114). Die Regelung stellt auf eine **„Änderung der Schätzung"** (IAS 36.114) ab, kann aber nicht dahingehend ausgelegt werden, dass nur eine Änderung der spezifischen Annahmen (Gründe) bei der Ermittlung der vorangegangenen Wertminderungen eines Vermögenswerts eine Wertaufholung rechtfertigt. Regelungszweck ist vielmehr, dass bei der Bestimmung einer Wertaufholung die Regelungen über die Ermittlung des erzielbaren Betrags zugrunde zu legen sind (IAS 36.18 ff).

Die Ermittlung einer **Wertaufholung** ist ausschließlich durch **Schätzung** des beizulegenden Zeitwertes abzüglich Veräußerungskosten oder des Nutzungswerts vorzunehmen. Dh, dass Entwicklungen im internen oder externen Unternehmensumfeld, die sich nicht in einer Erhöhung des erzielbaren Betrags konkretisieren, nicht zu einer Wertaufholung führen. Der **erzielbare Betrag** ist dabei analog der Wertminderungen als der höhere Betrag aus beizulegendem Zeitwert abzüglich Veräußerungskosten und Nutzungswert definiert (IAS 36.114).

Als **Beispiele für geänderte Schätzungen** werden in IAS 36.115 genannt:
(1) Änderung der Grundlage des erzielbaren Betrags (beizulegender Zeitwert abzüglich Veräußerungskosten anstatt des Nutzungswerts und umgekehrt),
(2) eine Änderung der Höhe der geschätzten Cashflows, des zeitlichen Anfalls oder des Abzinsungssatzes bei der Ermittlung des Nutzungswerts (Minderung des risikofreien Zinses oder des Risikozuschlags),
(3) Änderung der Bestandteile eines zugrunde gelegten beizulegenden Zeitwerts abzüglich Veräußerungskosten: Bruttopreis, Veräußerungskosten oder Fertigstellungskosten).

Dieser Beispielkatalog macht deutlich, dass die Regelungen lediglich auf eine **Veränderung des erzielbaren Betrags** abstellen. Es ist auch keine Stetigkeit der Ermittlung, zB auf Basis des beizulegenden Zeitwerts abzüglich Veräußerungskosten, vorgeschrieben, wenn die vorangegangene Wertminderung auf dieser Basis ermittelt wurde. Vielmehr sind die Regelungen über die Ermittlung der Wertminderung wiederholt anzuwenden. Welche Gründe zur Erhöhung des erzielbaren Betrags geführt haben, ist nicht relevant (Ausnahme bei Geschäfts- oder Firmenwerten, für die ein Wertaufholungsverbot besteht).

Ein **Wertaufholungsverbot** ist vorgesehen, wenn die ermittelte Wertauf- 208
holung ausschließlich auf der verminderten Diskontierung infolge des Zeitablaufs zwischen der letzten Wertminderung und der Überprüfung beruht (IAS 36.116).

IV. Erfassung einer Wertaufholung

209 Die **Wertaufholungsobergrenze** wird durch die Höhe der fortgeführten Anschaffungs- oder Herstellungskosten bestimmt, die sich ergäben, wenn keine Wertminderung in Vorperioden erfasst worden wäre (planmäßiger Abschreibungsverlauf, IAS 36.117). Wird bei einem Wertminderungs- oder Wertaufholungstest festgestellt, dass der erzielbare Betrag über der Wertaufholungsobergrenze liegt, ist zu prüfen, ob eine Erfassung des überschießenden Betrags nach anderen IFRS zulässig ist (IAS 16.31; → Rn 123).

210 Für **Sachanlagen** kommt zB eine Erfassung in Betracht, wenn für den betreffenden Vermögenswert **Neubewertungen** vorgenommen werden (IAS 16.31). Wird dabei der erzielbare Betrag aufgrund des beizulegenden Zeitwerts abzüglich Veräußerungskosten ermittelt, kann dieser unter Korrektur der Veräußerungskosten der Neubewertung zugrunde gelegt werden (→ Rn 125). Ein auf Basis des Nutzungswerts bestimmter erzielbarer Betrag ist indes nicht für eine Neubewertung maßgebend.

Die **Wertaufholung** ist in der Gesamtergebnisrechnung bzw der gesonderten GuV (sofern erstellt) als Ertrag der lfd Periode zu erfassen. Der Ausweis erfolgt dabei unter den sonstigen betrieblichen Erträgen (→ § 15 Rn 126).

211 Für Vermögenswerte (Sachanlagen oder immaterielle Vermögenswerte), die nach der **Neubewertungsmethode** bilanziert werden, erfolgt eine Erfassung von Wertaufholungen analog den Regelungen zur Erfassung von Neubewertungserträgen in der Neubewertungsrücklage (IAS 36.119; nach IAS 1.96 Ausweis im sonstigen Ergebnis). Wurde also eine bestehende Neubewertungsrücklage durch eine Wertminderung in Vorperioden herabgesetzt, ist eine Wertaufholung erfolgsneutral als Veränderung der Neubewertungsrücklage im sonstigen Ergebnis bis zur Höhe der urspr Neubewertungsrücklage zu erfassen (IAS 36.119). Eine ertragswirksame Erfassung der Wertaufholung erfolgt hingegen lediglich in der Höhe, in der eine vorangegangene Wertminderung aufwandswirksam berücksichtigt wurde (IAS 36.120 und → § 17 Rn 40).

212 Nach Wertaufholungen für abnutzbare Vermögenswerte ist eine **Anpassung** der **Abschreibungsbeträge** vorzunehmen, um den Restbuchwert auf systematischer Basis über die Restnutzungsdauer zu verteilen (IAS 36.121).

V. Anhangangaben zu Wertminderungen und Wertaufholungen

213 Nach IAS 36 sind grds alle **Wertminderungen und Wertaufholungen** der Periode im Anhang anzugeben. Dabei ist einzeln darzustellen, in welchem Umfang sowie in welchen Posten die Wertminderungsaufwendungen und Wertaufholungen erfolgswirksam in der **GuV** (sofern erstellt) bzw dem erfolgswirksamen Teil der Gesamtergebnisrechnung erfasst wurden oder bei Bilanzierung von Sachanlagen oder immateriellen Vermögenswerten nach der **Neubewertungsmethode** im sonstigen Ergebnis verrechnet wurden (IAS 36.126).

Diese Angaben sind jeweils für **Gruppen von Vermögenswerten** (IAS 36.127, zusammengefasst nach ähnlicher Art und Verwendung analog IAS 16.36f; → Rn 3) vorzunehmen. Die Informationen können zB auch in einen Sachanlagespiegel integriert werden (IAS 36.128).

Enthält der Abschluss eine **Segmentberichterstattung** nach IFRS 8, sind die vorstehenden Angaben jeweils für die gebildeten Segmente zu ergänzen (IAS 36.129).

Für aus Unternehmenssicht **einzelne wesentliche Wertminderungen** oder Wertaufholungen sind darüber hinaus folgende Angaben erforderlich (IAS 36.130): 214

(1) Höhe, Ereignisse und Umstände, die zu Wertminderungen oder Wertaufholungen geführt haben,
(2) für einzelne Vermögenswerte: die Art und das berichtspflichtige Segment, zu dem der Vermögenswert gehört,
(3) die Basis des erzielbaren Betrags (beizulegender Zeitwert abzüglich der Verkaufskosten oder Nutzungswert),
(4) im Falle der Bestimmung des erzielbaren Betrags auf Basis des beizulegenden Zeitwerts abzüglich Veräußerungskosten sind folgende Angaben zu machen:
   (a) die Stufe *(level)* der *fair-value*-Hierarchie, zu der die Bewertung des Vermögenswerts zugeordnet wird,
   (b) bei Zuordnung zu *level* 2 oder 3, eine Beschreibung des Bewertungsverfahrens,
   (c) bei Zuordnung zu *level* 2 oder 3, Informationen zu den wesentlichen Bewertungsannahmen.
   Diese Ergänzungen wurden im Mai 2013 veröffentlicht und sind für Geschäftsjahre anzuwenden, die am 1. Januar 2014 oder später beginnen.
(5) der verwendete Abzinsungssatz bei Ermittlung des Nutzungswerts.

Ist der **Gesamtbetrag der Wertminderungen oder Wertaufholungen** für den Abschluss des Unternehmens wesentlich bei der Einschätzung der **VFE-Lage,** so sind folgende Angaben (soweit nicht bereits bei den Angaben über wesentliche Wertminderungen oder Wertaufholungen einzelner Vermögenswerte enthalten) zu ergänzen (IAS 36.131):

(1) die wichtigsten Gruppen von Vermögenswerten, die von Wertminderungen und Wertaufholungen betroffen sind,
(2) die wichtigsten Ereignisse und Umstände, die Ursachen für die Wertminderung oder Wertaufholung waren.

Darüber hinaus wird empfohlen, die in der Berichtsperiode verwendeten **Grundannahmen des Unternehmens** zur Bestimmung des **erzielbaren Betrags,** wie zB Regeln über die Basis beizulegender Zeitwerte abzüglich der Verkaufskosten oder Nutzungswert und Prognosezeiträume, anzugeben (IAS 36.132). 215

G. Ausweis von Sachanlagen

Nach der **Mindestgliederung** (IAS 1.54) sind die **Sachanlagen** getrennt von den als Finanzinvestitionen gehaltenen Immobilien (IAS 40) und von den immateriellen Vermögenswerten (IAS 38) in der Bilanz darzustellen. Eine weitere **Untergliederung der Sachanlagen** nach Art, Verwendung oder Liquidierbarkeit ist in der Bilanz erforderlich, wenn diese Darstellung zum Verständnis der Vermögens- und Finanzlage notwendig ist (IAS 1.55 ff). Für eine Gruppenbildung nach Art und Funktion im Unternehmen kann auf die Beispielsgliederung in IAS 16.37/IAS 16.37 (geändert 2014) zurückgegriffen werden, die gleichsam für Angaben im Anhang relevant ist (IAS 16.37/IAS 16.37 (geändert 2014); → Rn 3). Danach können zB folgende Gruppen von Sachanlagen gebildet werden: 216

(1) unbebaute Grundstücke,
(2) Grundstücke und Gebäude,
(3) Maschinen und technische Anlagen,

(4) Schiffe,
(5) Flugzeuge,
(6) Kraftfahrzeuge,
(7) Betriebsausstattung und
(8) Geschäftsausstattung
(9) fruchttragende Pflanzen (IAS 16.37 (geändert 2014)).

217 Für wesentliche Sachanlagen, die zum Verkauf vorgesehen sind, ist eine separate Darstellung als Sachanlagen des **kurzfristigen Vermögens** erforderlich (IFRS 5.38).

In IAS 16.68A/IAS 16.68A (geändert 2014) wird geregelt, dass **vermietete Vermögenswerte,** die im Rahmen des gewöhnlichen Geschäftsbetriebs veräußert werden (zB regelmäßiger Verkauf von Mietwagen durch das Vermietungsunternehmen), bei beabsichtigter Veräußerung nicht nach IFRS 5 zu bilanzieren sind, sondern vielmehr in den Vorräten des Vermietungsunternehmens auszuweisen sind. Entspr Erträge und Aufwendungen sind solche der gewöhnlichen Geschäftstätigkeit und damit in den Umsatzerlösen und im Materialaufwand auszuweisen.

218 **Anlagen im Bau** oder Anzahlungen für Sachanlagen werden unter den entspr Gruppen von Sachanlagen ausgewiesen, für die Vorauszahlungen geleistet wurden (IAS 38.70). Es ist eine Anhangangabe über den aktivierten Betrag für Anlagen im Bau erforderlich (IAS 16.74). Ist der erfasste Betrag für Anlagen im Bau oder geleistete Anzahlungen für Sachanlagen wesentlich für die Darstellung der Vermögens- und Finanzlage, ist eine entspr Untergliederung in der Bilanz geboten.

219 **Abschreibungen** auf Sachanlagen sind grds in der GuV (sofern erstellt) bzw dem erfolgswirksamen Teil der Gesamtergebnisrechnung unter Aufwendungen für Abschreibungen auszuweisen (zum UKV → § 15 Rn 111). Sind die Abschreibungen Bestandteil von Anschaffungsnebenkosten oder Herstellungskosten anderer Vermögenswerte, werden diese in deren Buchwert einbezogen (IAS 16.49).

220 Soweit Wertminderungsaufwendungen, Erträge aus Wertaufholungen, Neubewertungserträge oder Gewinne und Verluste aus dem Abgang von Sachanlagen wesentlich für die Einschätzung der Ertragslage des Unternehmens sind, ist ein **gesonderter Ausweis** in der GuV (sofern erstellt) bzw dem erfolgswirksamen Teil der Gesamtergebnisrechnung vorzunehmen.

H. Angaben im Anhang

221 Die für den Anhang erforderlichen **Basisangaben** sind jeweils für **Gruppen von Sachanlagen** darzustellen. Die Gruppen sind für Sachanlagen ähnlicher Art und Verwendung zu bilden (→ Rn 216). Für jede Gruppe von Sachanlagen ist anzugeben (IAS 16.73):

(1) Bewertungsgrundlage für die Bestimmung des Bruttobuchwerts der Anschaffungs- oder Herstellungskosten,
(2) angewandte Abschreibungsmethoden,
(3) verwendete Nutzungsdauern oder Abschreibungssätze,
(4) Bruttobuchwert (historische Anschaffungs- oder Herstellungskosten) und kumulierte Abschreibungen jeweils zum Beginn und Ende der Periode und
(5) Überleitung des Buchwerts von Beginn bis zum Ende einer Periode mit Ausweis der Zugänge, Abgänge, Erwerbe durch Unternehmenszusammenschlüsse, Erhöhungen und Verminderungen aus Neubewertungen, Wertminderungen und Wertaufholungen (beide vorgenannten inklusive Erfassung im

Eigenkapital), Abschreibungen, Nettoumrechnungsdifferenzen aus Währungsumrechnung und sonstige Bewegungen.

Nach § 315a HGB ist ein **Bruttoanlagespiegel** nicht mehr erforderlich, praktisch jedoch sinnvoll. 222

Die Angaben zu **Wertminderungen** sind neben den Angaben nach IAS 16 (→ Rn 214) erforderlich (IAS 16.78). 223

Weiterhin sind anzugeben (IAS 16.74):

(1) Beschränkungen der Verfügungsrechte von Sachanlagen und die Gewährung von Sachanlagen als Sicherheiten,

(2) Betrag an aktivierten Ausgaben für Anlagen im Bau,

(3) Betrag für vertragliche Verpflichtungen für den Erwerb von Sachanlagen und

(4) der im Jahreserfolg erfasste Entschädigungsbetrag für wertgeminderte, untergegangene oder außer Betrieb genommene Sachanlagen, sofern dieser nicht separat in der Gesamtergebnisrechnung dargestellt wird.

Bei Anwendung der **Neubewertungsmethode** sind zusätzlich zu den nach IFRS 13 vorgeschriebenen Angaben (→ § 2 Rn 180 ff und → § 2 Rn 205 ff) folgende Angaben zu ergänzen (IAS 16.77): 224

(1) Grundlage und Zeitpunkt der Neubewertungen von Vermögenswerten,

(2) Angaben, ob die Neubewertungen auf Gutachten unabhängiger Gutachter basieren,

(3) Buchwerte jeder Gruppe von Vermögenswerten, die sich bei Anwendung des Anschaffungskosten-Modells ergeben hätten und

(4) Höhe und Veränderung der Neubewertungsrücklage und etwaige Ausschüttungsbeschränkungen.

Über die vorgenannten Pflichtangaben hinaus enthält IAS 16.79 einen Katalog von **Sachverhalten,** deren Angabe empfohlen wird: 225

(1) Buchwert vorübergehend ungenutzter Sachanlagen,

(2) Bruttobuchwert voll abgeschriebener aber noch genutzter Sachanlagen,

(3) Buchwert ungenutzter und zum Verkauf vorgesehener Sachanlagen und

(4) ergänzende Angabe des beizulegenden Zeitwerts bei Anwendung der Anschaffungs- oder Herstellungskostenmethode.

Werden **Änderungen von Schätzungen** (zB Nutzungsdauern oder Abschreibungsmethoden) mit wesentlichem Effekt auf den Abschluss vorgenommen, so sind Angaben über Art und Auswirkung der Änderungen erforderlich (IAS 16.76, IAS 8). 226

Weitere Anhangangaben sind notwendig bei der **Aktivierung von Fremdkapitalkosten** (IAS 23.26; → Rn 50), bei der **Bilanzierung von Zuwendungen** der öffentlichen Hand (IAS 20.39; → Rn 81) und der Erfassung von **Wertminderungen oder Wertaufholungen** (IAS 36.126 ff; → Rn 213 ff). 227

Werden Sachanlagen, die durch **Finanzierungs-Leasingverhältnisse** finanziert werden, in der Bilanz des Unternehmens ausgewiesen, sind ergänzende Angaben erforderlich (IAS 17.47 f; → § 22 Rn 146). 228

(einstweilen frei) 229, 230

I. Wesentliche Änderungen und deren Anwendungszeitpunkte

Im Rahmen des *Annual Improvements Project 2010–2012* wurde IAS 16.35 überarbeitet und IAS 16.80A sowie IAS 16.81H wurden angefügt. Die Änderungen sind für IFRS-Anwender in der EU auf alle Neubewertungen anzuwenden, die in Geschäftsjahren, die am oder nach dem 1. Februar 2015 beginnen, 231 durchgeführt werden, sowie im unmittelbar vorangehenden Geschäftsjahr erfasst werden.

Die im Mai 2014 veröffentlichten *Amendments to IAS 16 and IAS 38 Clarification of Acceptable Methods of Depreciation and Amortisation* führten zu Änderungen an IAS 16.62A und IAS 16.56. Die Änderungen sind prospektiv für Geschäftsjahre anzuwenden, die am oder nach dem 1. Januar 2016 beginnen. Das EU-Endorsement steht derzeit (Stand: 31. Juli 2015) noch aus.

IFRIC 18 *Transfer of Assets from Customers* wurde durch den im Mai 2014 veröffentlichten **IFRS 15** ersetzt. Darüber hinaus führte IFRS 15 auch zu Folgeänderungen des IAS 16 in IAS 16.68A, IAS 16.69 und IAS 16.72.

IFRS 15 sollte urspr für Geschäftsjahre, die am oder nach dem 1. Januar 2017 beginnen anzuwenden sein. Der am 19. Mai 2015 veröffentlichte ED/2015/2 enthält jedoch einen Vorschlag zur Verschiebung des verpflichtenden Erstanwendungszeitpunkts des Standards um ein Jahr auf Geschäftsjahre, die am oder nach dem 1. Januar 2018 beginnen.

Für europäische Anwender setzt dies, ebenso wie eine freiwillige frühere Anwendung des Standards, das vorhergehende Endorsement durch die EU-Kommission voraus.

Im Juni 2014 hat der IASB Änderungen an IAS 16 sowie IAS 41 im Rahmen des Standards *Agriculture: Bearer Plants* verabschiedet. Die Änderungen in IAS 16 betreffen die Paragrafen IAS 16.3, IAS 16.6 und IAS 16.37 sowie die Hinzufügung der Paragrafen IAS 16.22A, IAS 16.80B und IAS 16.80C. Die Änderungen sind retrospektiv für Geschäftsjahre anzuwenden, die am oder nach dem 1. Januar 2016 beginnen. Das EU-Endorsement steht derzeit (Stand: 31. Juli 2015) noch aus.

J. Gegenüberstellung zum HGB

I. Ansatz

232 Der **Einzelbewertungsgrundsatz** des HGB (§ 252 Abs 1 Nr 3 HGB) hat in den IFRS nicht die zentrale Bedeutung (→ § 2 Rn 108f). Nach der dynamischen Bilanzauffassung wird auf zukünftige Zahlungsströme aus der Nutzung von Vermögenswerten oder Gruppen von Vermögenswerten abgestellt (zB Zusammenfassung unwesentlicher Vermögenswerte → Rn 18; Komponentenansatz → Rn 15; Erfassung von Großinspektionen und Generalüberholungen → Rn 16; Einbeziehung von Abbruchkosten in die Anschaffungskosten → Rn 51).

233 Das wird insbes an den Regelungen zum **Komponentenansatz** deutlich (IAS 16.13, IAS 16.43f). Hier wird darauf abgestellt, dass einzelne wesentliche Komponenten einer Sachanlage eine von der Gesamtnutzungsdauer abweichende Nutzungsdauer haben. Nach HGB ist grds eine weitere Aufteilung eines Vermögensgegenstands nicht möglich. Eine Ausnahme hat sich hier hinsichtlich der Trennung von Gebäuden und Grundstücken sowie bei Gebäudebestandteilen herausgebildet. Danach kann ein Gebäude aus einzelnen Vermögensgegenständen bestehen, wenn Gebäudeteile unterschiedlichen Nutzen und Funktion haben (*Schubert/Hubert* in BeBiKo § 247 HGB Rz 450).

Verschiedene Bilanzierungswahlrechte (Bilanzierung von Zuwendungen der öffentlichen Hand, Neubewertungen) können nach IFRS nicht für einzelne Vermögenswerte unterschiedlich ausgeübt werden, sondern sind für bestimmte Gruppen bzw konzerneinheitlich vorzunehmen.

II. Bewertung

1. Ermittlung der Anschaffungs- oder Herstellungskosten

Auf der Basis des für beide Regelungswerke geltenden Gegenleistungsprinzips ergeben sich keine grds Unterschiede bei der Ermittlung der Anschaffungs- oder Herstellungskosten. Abweichungen zu § 255 HGB bestehen für folgende Sachverhalte: 234

(1) Nach IAS 16.16(b) ist keine Einzelzurechenbarkeit der **Anschaffungsnebenkosten** (§ 255 Abs 1 Satz 1 HGB) erforderlich. Produktionsbezogene Gemeinkosten, die entstehen, um den Vermögenswert in einen betriebsbereiten Zustand zu versetzen, können einbezogen werden (→ Rn 30). 235

(2) Gem § 255 Abs 3 HGB besteht ein Wahlrecht, **Zinsen für Fremdkapital** als Herstellungskosten (iSe handelsrechtlichen Bewertungshilfe, *Schubert/Pastor* in BeBiKo § 255 HGB Rz 502) zu aktivieren. Seit 2009 beinhaltet IAS 23.8 eine Aktivierungspflicht für Fremdkapitalkosten, die im Rahmen der Anschaffung oder Herstellung von qualifizierten Vermögenswerten anfallen. Damit kann auch für Anschaffungsvorgänge, die durch längere Zeiträume der Versetzung in den betriebsbereiten Zustand geprägt sind, eine Aktivierung von Fremdkapitalkosten erfolgen (IAS 23.6; → Rn 37). Der Umfang der aktivierungsfähigen Kosten ist nach IAS 23.6 nicht auf Fremdkapitalzinsen ieS beschränkt (§ 255 Abs 3 HGB; *WPH I* E 324), sondern schließt zB auch Nebenkosten der Fremdkapitalbeschaffung mit ein (→ Rn 40), sodass auch bei Wahlrechtsausübung nach § 255 Abs 3 HGB Bewertungsunterschiede verbleiben können. 236

(3) In die Anschaffungs- oder Herstellungskosten sind die geschätzten und abgezinsten Kosten für den **Abbruch von Sachanlagen** und die Wiederherstellung von Grundstücken einzubeziehen und über die Abschreibungen während der Nutzungsdauer erfolgswirksam zu erfassen. Derartige Kosten werden nach § 249 Abs 1 HGB als Rückstellungen antizipiert. Hierbei wird unterschieden in echte und unechte Ansammlungsrückstellungen (zB verursachungsgerechte Ansammlung von Rekultivierungsrückstellungen und zeitanteilige Ansammlung von Abbruchkostenrückstellungen). Seit der Einführung des BilMoG sind Rückstellungen mit einer Laufzeit größer ein Jahr nach § 253 Abs 2 HGB abzuzinsen und damit die Ergebnisauswirkungen (IAS 16 über Abschreibung, § 253 Abs 2 HGB Ansammlung der Rückstellung) systematisch gleich. Unterschiede ergeben sich aus der Ermittlung des Zinssatzes (→ § 13 Rn 74ff). Die konkrete Zinsberechnung wird für handelsrechtliche Zwecke von der Deutschen Bundesbank vorgegeben und in einer Rechtsverordnung geregelt. 237

(4) Hinsichtlich der Ermittlung von **Herstellungskosten** für Sachanlagen und immaterielle Vermögenswerte bestehen seit BilMoG keine wesentlichen Unterscheidungen mehr zwischen HGB und IFRS. Nach IFRS dürfen allgemeine Verwaltungskosten nicht einbezogen werden, sondern lediglich produktionsbezogene Verwaltungskosten (IAS 2.16). Gem § 255 Abs 2 HGB dürfen dagegen angemessene Teile der allgemeinen Verwaltungskosten aktiviert werden, soweit diese auf den Zeitraum der Herstellung entfallen. Dadurch ist nach IFRS eine differenziertere Erfassung von Verwaltungskosten nach produktionsbezogenen und allgemeinen Kostenstellen als nach HGB erforderlich. Eine annähernde Synchronisation mit dem Herstellungskostenumfang nach § 255 Abs 2 HGB ist möglich, wenn auf das HGB-Wahlrecht zur Aktivierung von Kosten der allgemeinen Verwaltung und von Aufwendungen 238

für soziale Einrichtungen des Betriebs (fixe produktionsunabhängige Kosten) verzichtet wird. Aufwendungen für freiwillige soziale Leistungen und für betriebliche Altersversorgung sind, soweit diese auf produktionsbezogene Bereiche entfallen, in die Herstellungskosten nach IFRS mit einzubeziehen. Anteile an diesen Kosten, die dem allgemeinen Verwaltungsbereich zuzuordnen sind, unterliegen hingegen dem Ansatzverbot (IAS 16.19, IAS 38.67(a)). Diese Aufteilung nach produktionsbezogenen und allgemeinen Kosten für freiwillige soziale Leistungen und Altersvorsorge kennt § 255 HGB nicht.

239 (5) Der **unentgeltliche Erwerb** ist weder in den IFRS noch im HGB explizit geregelt. Die Literatur zum HGB und zu den IFRS geht von einem Wahlrecht aus, unentgeltlich erworbene Sachanlagen (oder immaterielle Vermögenswerte) zum beizulegenden Zeitwert oder mit einem Merkposten zu erfassen.

240 (6) Um Ausgaben als **nachträgliche Anschaffungs- oder Herstellungskosten** zu qualifizieren, ist nach § 255 Abs 1 und 2 HGB eine Erweiterung oder eine über den urspr Zustand hinausgehende Verbesserung des Vermögensgegenstands erforderlich. Ausgerichtet am *matching principle* können nach IAS 16.7 und IAS 16.12ff sämtliche Ausgaben aktiviert werden, die im Vergleich zum Zustand des Vermögenswerts unmittelbar vor Ausgabe (bzw des zugrunde liegenden Geschäftsvorfalls) zu einer erhöhten Ertragskraft führen. Eine Erhöhung der Ertragskraft über die urspr Ertragskraft zum Zeitpunkt der Anschaffung oder Herstellung hinaus (nach HGB unterstellt bei Erweiterungen und Verbesserungen) ist nicht erforderlich.

241 (7) Unter bestimmten Voraussetzungen ist ein Vermögenswert nach IAS 16 in seine **Komponenten** aufzuteilen (→ Rn 15ff). Gem *IDW* RH HFA 1.016 Rz 5 ist die Anwendung des Komponentenansatzes handelsrechtlich in den Fällen zulässig, „… in denen physisch separierbare Komponenten ausgetauscht werden, die in Relation zum gesamten Sachanlagevermögensgegenstand wesentlich sind."

2. Folgebewertung

242 Für die Folgebewertung ist nach HGB ausschließlich die **Fortführung der Anschaffungs- oder Herstellungskosten** vorgesehen (§ 253 Abs 1 HGB). Eine Inflationsanpassung durch eine Neubewertung von Sachanlagen ist nur nach IFRS möglich.

Die Regelungen für **Abschreibungsmethoden** und die Ermittlung der **Nutzungsdauer** sind vergleichbar, obgleich in IAS 16.56/IAS 16.56 (geändert 2014) die Orientierung am individuellen Nutzenverlauf der Sachanlage stärker betont wird (*Schubert/Andrejewski/Roscher* in BeBiKo § 253 HGB Rz 239).

In beiden Regelwerken werden Restwerte bei der Ermittlung des Abschreibungsvolumens nur berücksichtigt, wenn es sich um wesentliche Beträge handelt (→ Rn 104; *Schubert/Andrejewski/Roscher* in BeBiKo § 253 HGB Rz 223). Wird ein Restwert berücksichtigt, so unterscheidet sich allerdings dessen Bewertung. Während nach HGB der Restwert am Ende der Nutzungsdauer des Vermögensgegenstands zu schätzen ist, soll nach IAS 16.51, IAS 16.6 (geändert 2014) eine Bewertung zum Stichtag anhand eines ähnlichen Vermögenswerts vorgenommen werden, der bereits das Ende der Nutzungsdauer erreicht hat (→ Rn 104).

3. Wertminderungen

243 Zwischen den Regelungen zur Identifizierung, Ermittlung und Erfassung von Wertminderungen nach IAS 36 und den Vorschriften zur Ermittlung des niedri-

geren beizulegenden Werts nach § 253 Abs 3 Satz 3 HGB bestehen folgende konzeptionellen Unterschiede:

(1) IAS 36 enthält umfangreiche Erläuterungen und Regelungen zu einer systematischen **Identifizierung von Wertminderungen** (→ Rn 154ff). Dazu gehören auch die Pflichten zur jährlichen Überprüfung der Abschreibungsmethode, der Nutzungsdauer und des Restwerts in IAS 16 und IAS 38. Diese Regelungen können als Konkretisierung des Vorsichtsprinzips nach § 252 Abs 1 Nr 4 HGB angesehen werden.

(2) Die Ermittlung des niedrigeren **beizulegenden Werts** nach HGB kann grds aus Käufer- oder Verkäufersicht erfolgen. Bei gegebener Unternehmensfortführung kann die Werthaltigkeit von Sachanlagen oder immateriellen Vermögenswerten auf Wiederbeschaffungs- oder Reproduktionswerte gestützt werden (*Schubert/Andrejewski/Roscher* in BeBiKo § 253 HGB Rz 308ff). Der Absatzmarkt hat für die Wertbestimmung von Vermögenswerten nach HGB untergeordnete Bedeutung und ist nur heranzuziehen, soweit kein Wiederbeschaffungswert ermittelt werden kann. Identisch in beiden Regelwerken ist indes, dass der auf dem Absatzmarkt gebildete Liquidationswert die Bewertungsuntergrenze darstellt (IAS 36.15, § 6 Abs 1 Nr 1 Satz 3 EStG, § 253 Abs 3 HGB). IAS 36 beruht auf der ausschließlichen Wertermittlung auf Basis des Absatzmarkts. Dabei ist davon auszugehen, dass der Nutzenwert eines Vermögenswerts grds den Nettoveräußerungswert induziert. Ob sich die Werthaltigkeit aus der fortgesetzten Nutzung oder der Veräußerung des Vermögenswerts ergibt, ist grds unerheblich (→ Rn 162).

(3) Der niedrigere beizulegende Wert nach HGB ist unter wesentlicher Berücksichtigung des **Einzelbewertungsgrundsatzes** zu ermitteln. Deshalb kann der Ertragswert zur Bestimmung des niedrigeren beizulegenden Werts nur für Beteiligungen oder zB Patente und Lizenzen herangezogen werden. Für die absatzseitige Bestimmung des erzielbaren Betrags nach IAS 36 sind umfangreiche Regelungen zur Bildung von ZGE vorhanden.

(4) Wertminderungen sind nach IAS 36 unabhängig davon zu erfassen, ob es sich um **dauernde oder vorübergehende Wertminderungen** handelt, während nach § 253 Abs 3 Satz 3 HGB eine Abwertungspflicht für KapGes und PersGes nach § 264a HGB nur bei dauernder Wertminderung besteht. Nach § 253 Abs 3 Satz 3 HGB besteht für Vermögensgegenstände des Anlagevermögens, die nicht Finanzanlagen sind, ein Abwertungsverbot bei nur vorübergehender Wertminderung.

(5) **Wertaufholungen** für Sachanlagen sind nach § 253 Abs 5 HGB auf den Wegfall des Grunds beschränkt, der in Vorperioden zu außerplanmäßigen Abschreibungen geführt hat. Das Wertminderungssystem des IAS 36 fasst Wertaufholungen eher als Überprüfung vorangegangener Wertminderungen auf und führt eine jährlich wiederholte Bestimmung des erzielbaren Betrags durch. Aus welchen Gründen sich dabei verminderte Wertminderungen ergeben, ist grds unerheblich (Ausnahme: Zinsänderung, → Rn 208). Für Geschäfts- oder Firmenwerte ist wie nach IFRS eine Wertaufholung unzulässig (§ 253 Abs 5 HGB).

(6) Die Erfassung von **Aufwendungen für Wertminderungen** oder **Erträgen aus Wertaufholungen** weicht nach IFRS ab, soweit für den Vermögenswert Erträge aus Neubewertungen in Vorperioden in der Neubewertungsrücklage erfasst wurden (Ausweis im sonstigen Ergebnis). Nach HGB sind Wertminderungen und Wertaufholungen grds erfolgswirksam zu erfassen.

III. Ausweis und Angaben im Anhang

244 Mangels detaillierter Gliederungsangaben für langfristige Vermögenswerte in IAS 16 wird die **Bilanzgliederung** für Sachanlagen und immaterielle Vermögenswerte regelmäßig von § 266 HGB abweichen. Zur **Veräußerung** vorgesehene Sachanlagen oder immaterielle Vermögenswerte sind im kurzfristigen Vermögen auszuweisen, während nach HGB ein unveränderter Ausweis innerhalb des Anlagevermögens möglich ist.

245 Die IFRS sehen grds erheblich umfangreichere und detailliertere Angaben für Sachanlagen und immaterielle Vermögenswerte im **Anhang** vor. Ein **Anlagespiegel** in der durch § 268 Abs 2 HGB geforderten Form ist jedoch nach IAS 16 nicht erforderlich, obgleich ähnliche Informationen nach IAS 16.73 ff anzugeben sind.

K. Aktuelle Entwicklungen/IASB-Projekte

246 Eine wesentliche Überarbeitung von IAS 16 ist gegenwärtig nicht vorgesehen. IAS 16 ist auch nicht Gegenstand der gegenwärtig veröffentlichten *Annual Improvements to IFRSs.*

247 Das IFRSIC wird ein Projekt zur Frage der Behandlung von Erträgen aus Testläufen aufnehmen, die die entspr Kosten übersteigen (→ Rn 35). In diesem Zusammenhang sollen auch weitere Themen zu IAS 16 adressiert werden, wie zB Umfang der dem Testbetrieb zuzurechnenden Kosten, Erfassung weiterer, nicht aus Testläufen resultierender Erträge, die vor Herstellung der Betriebsbereitschaft anfallen, Ermittlung des Zeitpunkts der Betriebsbereitschaft (*IFRIC* Update November 2014, 4; *Brune* IRZ 2015, 175 (175 ff)).

§ 6. Als Finanzinvestition gehaltene Immobilien

Übersicht

Schrifttum: *Castedello/Klingbeil* IFRS 13: Anwendungsfragen bei nicht-finanziellen Vermögenswerten in der Praxis, WPg 2012, 482; *European Public Real Estate Association (EPRA)* Best Practices Recommendations, Brüssel, Dezember 2014; *EPRA* Best Practices Recommendations – Additional Guidance, Brüssel, Januar 2014; *Fierz* Wert und Zins bei Immobilien, 4. Aufl, Zürich 2001; *Gottschalk* Immobilienwertermittlung, 2. Aufl, München 2003; *Heidenheim/Kormaier* Fair-Value-Ermittlung von Investment Properties mit Hilfe des Ertragswertverfahrens nach WertV, DStR 2004, 2024; *Hoffmann/Lüdenbach* IFRS 5 – Bilanzierung bei beabsichtigter Veräußerung von Anlagen und Einstellung von Geschäftsfeldern, BB 2004, 2006; *IDW* S 1 Grundsätze zur Durchführung von Unternehmensbewertungen (Stand: 2. April 2008), *IDW* S 10 Grundsätze zur Bewertung von Immobilien (Stand: 14. August 2013), FN IDW 2008, 271; *International Valuation Standards Committee* International Valuation Standards, 8. Aufl, London 2011; *Kleiber* Wertermittlungsrichtlinien (2012), 11. Aufl, Köln 2013; *Kleiber* Verkehrswertermittlung von Grundstücken, 7. Aufl, Köln 2014; *Köhling,* Barwertorientierte Fair Value-Ermittlung für Renditeimmobilien in der IFRS-Rechnungslegung, Lohmar 2011; *Köhler* Die Fair Value-Bewertung von Renditeimmobilien gem IFRS 13, KoR 2011, 567; *Matzen* Unternehmensbewertung von Wohnungsbauunternehmen, Köln 2005; *Kühnberger* Der Ertragswert nach ImmoWertVO als fair value iS von IAS 40?, KoR 2012, 217; *Kühnberger/Thurmann* Bilanzielle Besonderheiten in den IFRS-Konzernabschlüssen bei deutschen Immobilien-AG, KoR 2014, 345; *Kühnberger/Werling* Praktische Probleme der Fair Value Ermittlung für Anlageimmobilien – Auswirkungen von IFRS 13 auf die Bewertungsmethodik, WPg 2012, 988; *Lange/Müller* Ermittlung des beizulegenden Zeitwerts im Rahmen der Immobilienbewertung, KoR 2014, 387; *Mol* Problemkind Ertragswert: „Undurchsichtig“ und „schwer vermittelbar“, Immobilien Zeitung vom 10. Februar 2005, 1; *Moser* Behandlung der Reinvestitionen bei der Ermittlung des Terminal Value, BB 2002, Beilage 6 zu Heft 38, 17; *Rehkugler* Schafft endlich den Fair Value ab, Immobilien Zeitung vom 3. November 2011, 7; *Riedl/Götze* Ausgewählte Aspekte der IFRS-Bilanzierung bei Immobiliengesellschaften, PiR 2012, 314; *Schäfer/Conzen* Praxishandbuch Immobilien-Investition, München 2005; *The European Group of Valuers' Association (TEGoVA)* Europäische Bewertungsstandards, Bonn 2004; *Trappmann/Ranker* Immobilienportfolios im IFRS Abschluss, DB 2008, 1450; *Zülch* Die Bilanzierung von Investment Properties nach IAS 40, Düsseldorf 2003; *Zülch/Lienau* Die Bedeutung der Steuerabgrenzung für die fair-value-Bilanzierung nicht-finanzieller Vermögenswerte nach den Rechnungslegungsvorschriften des IASB, WPg 2004, 565; *Zülch/Willms* Anwendung des Fair Value Model nach IAS 40 im Sanierungsfall, BB 2005, 372.

Wesentliche Rechtsgrundlage: IAS 40

A. Einführung

IAS 40 regelt die Bilanzierung und Bewertung von **als Finanzinvestition gehaltenen Immobilien** sowie damit verbundene Anhangangaben. Die Definition der als Finanzinvestition gehaltenen Immobilien umfasst Grundstücke, grundstücksgleiche Rechte und Gebäude, die langfristig unter Renditegesichtspunkten, dh **zur Erzielung von Mieteinnahmen und zum Zwecke von Wertsteigerungen,** gehalten werden **(Renditeimmobilien).** Sie unterscheiden sich insofern von den von der Gesellschaft selbst im operativen Geschäft als Produktions- oder Verwaltungsgebäude genutzten Immobilien, die nach IAS 16 als **Sachanlagen** zu bilanzieren sind. 1

IAS 40 enthält das **Wahlrecht,** die als Finanzinvestition gehaltenen Immobilien entweder nach
(1) der Methode des **beizulegenden Zeitwerts** oder
(2) nach dem **Anschaffungskostenmodell**
zu bewerten.

Die vom IASB bei Finanzanlagen grds favorisierte Methode ist die Bewertung zum beizulegenden Zeitwert. Da es sich bei **Immobilien** allerdings um **nichtfinanzielle Vermögenswerte** *(non-financial assets)* handelt, für die keine Börsenpreise vorliegen, sowie aufgrund der aus der Bewertung zum beizulegenden Zeitwert resultierenden Bilanzierungs- und Bewertungsfragen, wurde das Anschaffungskostenmodell als Alternativmethode in den IAS 40 aufgenommen. 2

Der **grds Zielrichtung** einer **kapitalmarktorientierten Rechnungslegung** entspr sind dennoch unabhängig von der für die Bilanz gewählten Bewertungsmethode die beizulegenden Zeitwerte der als Finanzinvestition gehaltenen Immobilien stets zu ermitteln. Bei Anwendung des Anschaffungskostenmodells sind diese alternativ zum direkten Bilanzausweis im **Anhang** darzustellen. 3

Die Bewertung der Immobilien zum beizulegenden Zeitwert erfolgt gem **IFRS 13,** der die Definition sowie Normen zur Ermittlung des **beizulegenden Zeitwerts** für sämtliche Vermögenswerte und Schulden enthält. Aufgrund seiner eher generellen Ausrichtung werden in IFRS 13 allerdings keine konkreten immobilienspezifischen Regelungen getroffen.

Die wohl wesentlichste Auswirkung hat IAS 40 für Gesellschaften, bei denen Immobilien einen Großteil des Vermögens ausmachen bzw deren Geschäftszweck insbes in der Verwaltung und Renditeerzielung aus eigenem Grundbesitz besteht. Bei den deutschen **Immobiliengesellschaften,** zumindest in der Rechtsform einer AG, hat sich dabei mittlerweile die Bilanzierung nach der Methode des beizulegenden Zeitwerts durchgesetzt (*Kühnberger/Thurmann* KoR 2014, 345 (348). Ursächlich hierfür sind auch die über die IFRS hinausgehenden Entwicklungen zur Vereinheitlichung der Berichterstattung von Immobiliengesellschaften in Europa. Die *European Public Real Estate Association (EPRA),* deren Mitglieder im Wesentlichen Immobiliengesellschaften in Europa sind, haben hierfür sog *Best Practices Recommendations* veröffentlicht (*EPRA,* Dezember 2014 sowie dazugehörige Leitlinien *(additional guidance)* Januar 2014).

Entspr der Bilanzierung nach der Methode zum beizulegenden Zeitwert sind die Immobilien in der Bilanz mit ihrem **Verkehrswert** auszuweisen und sich ergebene **Wertveränderungen erfolgswirksam** darzustellen. Je nach aktueller Lage auf den Immobilienmärkten kann sich diese Darstellungsform insbes für Immobiliengesellschaften positiv aber auch negativ auf die Ertragslage auswirken. Die Ergebnisentwicklung wird hierdurch zum einen volatiler und ist zum anderen stärker von externen Marktgegebenheiten beeinflusst. Vor diesem Hintergrund gibt es auch Forderungen, den erfolgswirksamen Ausweis der Wertän- 4 derungen der Immobilien gem IAS 40 abzuschaffen und diese stattdessen im sonstigen Ergebnis auszuweisen (*Rehkugler* Immobilien Zeitung 2011, 7).

5 Eine besondere Bedeutung hat IAS 40 für die mit dem Gesetz über deutsche Immobilien-Aktiengesellschaften mit börsennotierten Anteilen (REITG) vom 28. Mai 2007 in Deutschland eingeführte **REIT-AG** (*Real Estate Investment Trust,* REIT), da diese Gesellschaften per Gesetz (§ 12 REITG) verpflichtet sind, einen Konzern- bzw Einzelabschluss nach IFRS zu erstellen. Hintergrund dieser Anforderung ist im Wesentlichen, dass die besondere steuerliche Ausgestaltung der REIT-AG unmittelbar an die Erfüllung bestimmter Quoten iVm der Immobilienbewertung nach IAS 40 anknüpft (§ 12 REITG).

6 Ebenfalls in den Anwendungsbereich von IAS 40 können im Rahmen eines **Leasingverhältnis** gehaltene Immobilien sowie noch in der **Projektentwicklung** befindliche Immobilien fallen. Voraussetzung hierfür ist, dass die grds Ansatzvorschriften für **Renditeimmobilien** erfüllt sind.

7, 8 *(einstweilen frei)*

B. Definition von als Finanzinvestition gehaltenen Immobilien

I. Definition

9 Als Finanzinvestition gehaltene Immobilien sind solche Immobilien (Grundstücke, Gebäude oder Teile von Gebäuden), die vom Eigentümer oder vom Leasingnehmer im Rahmen eines Finanzierungs-Leasingverhältnis zur **Erzielung von Mieteinnahmen** und/oder zum Zwecke der **Wertsteigerung** gehalten werden (IAS 40.5). Ein wesentliches Abgrenzungskriterium ist dabei, dass die erzielten Einnahmen unabhängig von sonstigen Wertschöpfungsprozessen im Unternehmen generiert werden. Immobilien, die von Unternehmen zur Herstellung von Gütern oder zur Erbringung von Dienstleistungen oder für eigene Verwaltungszwecke genutzt werden, sind keine als Finanzinvestition gehaltenen Immobilien und fallen daher auch nicht unter die Regelungen von IAS 40. Auf derartige Immobilien ist idR IAS 16 (Sachanlagen → § 5 Rn 6f) anzuwenden (IAS 40.7).

10 Unter IAS 40.8(a) bis (e) sind **Beispiele** für als Finanzinvestition gehaltene Immobilien aufgeführt:

(1) Grundstücke, die langfristig zum Zwecke der Wertsteigerung und nicht kurzfristig zum Verkauf im Rahmen der gewöhnlichen Geschäftstätigkeit gehalten werden,

(2) Grundstücke, die für eine gegenwärtig unbestimmte künftige Nutzung gehalten werden,

(3) Gebäude, die sich im Besitz des Unternehmens befinden (oder vom Unternehmen im Rahmen eines Finanzierungs-Leasingverhältnis gehalten werden) und im Rahmen eines oder mehrerer Operating-Leasingverhältnisse vermietet werden,

(4) leer stehende Gebäude, die zur Vermietung im Rahmen eines oder mehrerer Operating-Leasingverhältnisse gehalten werden,

(5) in der Entwicklung oder im Bau befindliche Objekte, die zukünftig als Renditeimmobilien gehalten werden sollen.

Anhand der Beispiele wird deutlich, dass diejenigen Immobilien eine gesonderte Bilanzierung und Bewertung nach IAS 40 erfahren, die im Wesentlichen den Charakter einer Kapitalanlage aufweisen.

Die unter (5) aufgeführten Immobilien befinden sich zwar noch im Stadium der **Entwicklung.** Es wird allerdings das Ziel verfolgt, diese nach Fertigstellung als Renditeobjekte im eigenen Bestand zu halten. Als **Besonderheit** sind die für diese Entwicklungsobjekte spezifizierten Bewertungsvorschriften zu beachten (IAS 40.53). Diese lassen ua auch einen späteren Wechsel der Bewertung vom **Anschaffungskostenmodell** zum **Modell des beizulegenden Zeitwerts** zu (→ Rn 46). 11

Darüber hinaus können auch bestimmte im Rahmen von Leasingverhältnissen gehaltene Immobilien in den Anwendungsbereich des IAS 40 fallen (→ Rn 6, → Rn 15).

II. Abgrenzung zu nicht als Finanzinvestition gehaltenen Immobilien

Die wichtigsten **Abgrenzungskriterien** für als Finanzinvestition gehaltene Immobilien iSd IAS 40 sind zum einen die vom Unternehmen beabsichtigte **Haltedauer** sowie zum anderen die Art der **Nutzung.** 12

Wie in IAS 40.8(a) angeführt, ist das **langfristige Festhalten** an einer Immobilie eine Grundvoraussetzung für die Klassifizierung von als Finanzinvestition gehaltenen Immobilien. Insofern sind daher alle Immobilien, die im Rahmen der gewöhnlichen Geschäftstätigkeit zum sofortigen Wiederverkauf oder mit der baldigen Weiterveräußerung gehalten werden, keine als Finanzinvestition gehaltenen Immobilien.

Hierzu zählen ua unbebaute bzw bebaute Grundstücke oder im **Erstellungs- und Entwicklungsprozess** befindliche Objekte, die mit der Absicht erworben wurden, diese nach der Weiterentwicklung (als eigentlichem Wertschöpfungsprozess) wieder zu veräußern. In diesen Fällen ist IAS 2 (Bilanzierung von Vorräten; § 8) maßgeblich (IAS 40.9(a)).

Immobilien, die für Dritte erstellt oder entwickelt werden, stellen ebenfalls **keine Finanzinvestition** dar, sondern sind den **Fertigungsaufträgen** nach IAS 11 → § 9 Rn 111 ff zuzuordnen (IAS 40.9(b)). 13

Neben der mit der Immobilie verbundenen Haltedauer ist die damit verbundene **Nutzung** das zweitwichtigste Abgrenzungskriterium. Sämtliche Immobilien, die vom Unternehmen selbst genutzt bzw für die spätere **Eigennutzung** gekauft oder entwickelt werden, sind keine Finanzinvestition iSd IAS 40 (IAS 40.9(c)), sondern sind nach IAS 16 zu bilanzieren. Hierzu zählen beispielhaft Produktions-, Lager- und Verwaltungsgebäude, die im Rahmen des lfd operativen Geschäfts für den eigentlichen im Unternehmen stattfindenden Wertschöpfungsprozess Verwendung finden. Bei einer Immobiliengesellschaft ist dementsprechend das selbst genutzte Verwaltungsgebäude keine Renditeimmobilie und stattdessen gem IAS 16 zu erfassen.

Ausdrücklich ausgenommen vom Anwendungsbereich des IAS 40 sind auch Immobilien, die an **Arbeitnehmer vermietet** werden (IAS 40.9(c)). Dies gilt unabhängig von den vereinbarten Mietkonditionen. Die Begründung hierfür ist, dass der Arbeitgeber mit der Vermietung Ziele verfolgt, die über die reine Erwirtschaftung von Mieteinnahmen hinausgehen, wie zB die Motivation und Bindung von Mitarbeitern.

III. Abgrenzung zu gemischt genutzten Immobilien

Die Abgrenzung von als Finanzinvestition gehaltenen Immobilien kann erschwert werden, wenn diese an Dritte vermietet werden und daher grds den 14

Charakter einer Renditeimmobilie aufweisen, ein Teil des Gebäudes aber auch vom Unternehmen selbst genutzt wird **(Eigennutzung).** IAS 40.10 sieht in diesen Fällen eine **Aufteilung des Gebäudes** vor, jedoch unter der Voraussetzung, dass der fremd vermietete Teil gesondert verkauft oder im Rahmen eines Finanzierungs-Leasings vermietet werden könnte. Das Kriterium der separaten Veräußerbarkeit scheint dabei eher theoretischer Natur zu sein. Im Vordergrund steht vielmehr der Gedanke, dass die jeweilige Vermietung keine oder nur vernachlässigbare Interdependenzen mit der Eigennutzung aufweist.

Gelingt diese Aufteilung nicht, so ist die Immobilie nur dann als Finanzinvestition zu erfassen, wenn der Anteil der **Eigennutzung unbedeutend** ist. Das Kriterium der untergeordneten Bedeutung gilt auch, wenn über die reine Vermietung hinaus Nebenleistungen wie Sicherheits- oder Instandhaltungsmaßnahmen vereinbart sind (IAS 40.11).

Was im konkreten Fall als bedeutend bzw unbedeutend gilt, ist bewusst nicht geregelt (IAS 40.BC39). Stattdessen sind die vom Unternehmen in diesen Fällen angesetzten Kriterien nach IAS 40.14 im **Anhang** offenzulegen.

In der Literatur werden Schwellenwerte diskutiert, die von 5% bis zu 30% Eigennutzungsanteil reichen (*Lüdenbach/Hoffmann/Freiberg* IFRS § 16 Rz 18; *KPMG* 2014/15 Rz 3.4.90).

IV. Leasingobjekte

15 Leasingimmobilien können grds als Renditeimmobilien klassifiziert werden, soweit sie die oben genannten Ansatzkriterien nach IAS 40 erfüllen. Für die Bilanzierungsfähigkeit ist bei geleasten und verleasten Immobilien dabei die Frage zu klären, wer das wirtschaftliche Eigentum an der Immobilie hält. Rechtliche Eigentumsverhältnisse sind für diese Beurteilung nicht ausschlaggebend → § 22 Rn 90ff. Bei Leasingverhältnissen wird nach dem derzeit geltenden Standard IAS 17 zwischen dem **Finanzierungs-Leasing** und dem **Operating-Leasing** unterschieden. Aus der Abgrenzung dieser beiden Leasingformen lässt sich idR bereits das wirtschaftliche Eigentum ableiten. Aus der Klassifizierung der Leasingverhältnisse ergeben sich für Leasingnehmer und Leasinggeber unterschiedliche Bilanzierungsanforderungen.

16 Im Rahmen eines **Finanzierungs-Leasingverhältnis** geleaste Renditeimmobilien sind beim **Leasingnehmer** nach den Vorschriften von IAS 40 zu bilanzieren (IAS 40.3). Der **Leasinggeber** hingegen hat nach den Ansatzvorschriften des IAS 17 (Leasingverhältnisse) zu bilanzieren → § 22 Rn 124ff. Da dieser Vorgang wirtschaftlich einem Verkauf gleichzusetzen ist, erfüllen solche Leasingverhältnisse aus Sicht des Leasinggebers nicht die Ansatzkriterien für Renditeimmobilien und sind daher in IAS 40.9(e) vom Anwendungsbereich des IAS 40 ausgenommen. Eine bilanzielle Doppelerfassung von ein und derselben Immobilie als Finanzinvestition ist damit ausgeschlossen, soweit von beiden Vertragsparteien der Vorgang einheitlich als Finanzierungs-Leasing eingestuft wird.

17 Im Rahmen eines **Operating-Leasingverhältnisses** gehaltene Immobilien unterliegen hingegen beim **Leasinggeber** den Vorschriften des IAS 40 (s IAS 17.2(a)), während der **Leasingnehmer** im **Normalfall** gem IAS 17.33ff die korrespondierenden Leasingraten aufwandswirksam – entspr den Abbildungsvorschriften für solche Leasingverhältnisse – erfasst (→ § 22 Rn 115).

18 Erfüllt die vom **Leasingnehmer** im Rahmen eines **Operating-Leasingverhältnisses** geleaste Immobilie jedoch grds die Ansatzkriterien einer als Finanzinvestition gehaltenen Immobilie, darf der Leasingnehmer diese gem IAS 40.6 ebenfalls nach IAS 40 bilanzieren.

Mit diesem **Wahlrecht** hat auch der Leasingnehmer gem IAS 40.6 die Möglichkeit, eine im Rahmen eines Operating-Leasingverhältnisses geleaste Immobilie wie ein **Finanzierungs-Leasingverhältnis** zu behandeln und gem IAS 40 zum beizulegenden Zeitwert zu bilanzieren. Voraussetzung hierfür ist aber, dass **sämtliche Renditeimmobilien** nach dem **Modell des beizulegenden Zeitwerts** bilanziert werden (IAS 40.6).

Hintergrund des Wahlrechts ist, dass aufgrund der zeitlich unbegrenzten Nutzungsdauer von Grundstücken gem IAS 17.14 Grundstücks-Leasingverhältnisse grds als Operating-Leasingverhältnisse zu klassifizieren sind, soweit das Eigentum bei Vertragsende nicht auf den Leasingnehmer übertragen wird (→ § 22 Rn 90). Dennoch kann aufgrund der langen Laufzeit und der Vertragsausgestaltung das wirtschaftliche Eigentum beim Leasingnehmer liegen.

Die größte praktische Bedeutung und Verbreitung von solchen Rechtsgeschäften dürften hierbei in Deutschland das **Erbbaurecht,** der **Nießbrauch** oder die **Erbpacht** haben. 19

Voraussetzung für die Inanspruchnahme des Wahlrechts ist allerdings, dass im Wesentlichen sämtliche Chancen und Risiken an der Immobilie auf den Leasingnehmer übertragen wurden (IAS 40.BC4ff). Das **Wahlrecht,** ein Operating-Leasingverhältnis als Finanzierungs-Leasingverhältnis zu klassifizieren, kann vom Leasingnehmer für jede die entspr Voraussetzungen erfüllende Immobilie **einzeln** in Anspruch genommen werden.

Wird ein solches Operating-Leasingverhältnis als Finanzierungs-Leasingverhältnis behandelt, besteht nach IAS 17.19 die Besonderheit, dass die Bilanzierung als Finanzierungs-Leasing auch dann beizubehalten ist, wenn zu einem späteren Zeitpunkt eine **Nutzungsänderung** dergestalt vorgenommen wird, dass die Immobilie dem Grunde nach nicht mehr als Finanzinvestition klassifiziert werden kann (s die Beispiele in IAS 17.19(a) und (b)). 20

Darüber hinaus kann diese Vorgehensweise zu einer **Doppelbilanzierung** führen, soweit der rechtliche Eigentümer (Leasinggeber) die Immobilien ebenfalls in seiner Bilanz als Finanzinvestition nach IAS 40 ausweist. 21

Die Bilanzierung von **Renditeimmobilien** im Rahmen von **Operating- und Finanzierungs-Leasingverhältnissen** ist in folgender Tabelle zur besseren Veranschaulichung zusammengefasst:

	Anwendungsbereich	Erstbewertung	Folgebewertung
Operating-Leasingverhältnisse			
Leasinggeber			
Immer	IAS 40 (IAS 40.3, 40.8(c), IAS 17.2 (a))	IAS 40.20: Anschaffungs- oder Herstellungskosten	IAS 40.30: fortgeführte Anschaffungs- oder Herstellungskosten oder beizulegender Zeitwert
Leasingnehmer			
Normalfall	IAS 17 (IAS 40.2(a))	Kein Vermögenswert; Leasingzahlungen werden gem IAS 17.33 ff aufwandswirksam erfasst	
Leasingnehmer klassifiziert Renditeimmobilie in Finanzierungs-Leasing um	IAS 40 (IAS 17.19; IAS 40.6)	IAS 40.25 iVm IAS 17.20: niedrigerer Wert von beizulegendem Zeitwert und Barwert der Mindestleasingraten	IAS 40.34: beizulegender Zeitwert (zwingend für alle IAS 40.6: Renditeimmobilien)
Finanzierungs-Leasingverhältnisse			
Leasinggeber			
Immer	IAS 17 (IAS 40.3, 40.9 (e))	IAS 17.36 ff: Ansatz einer Leasingforderung zum Nettoinvestitionswert	IAS 17.39 ff: Aufteilung der Leasingraten in Tilgungs- und Zinsanteil
Leasingnehmer			
Immer	IAS 40 (IAS 40.3, 40.8(c), IAS 17.2(a))	IAS 40.25 iVm IAS 17.20: niedrigerer Wert von beizulegendem Zeitwert und Barwert der Mindestleasingraten	IAS 40.30: fortgeführte Anschaffungs- oder Herstellungskosten oder beizulegender Zeitwert

22 Im Rahmen des Konvergenzprojekts von IASB und FASB zur Annäherung der Rechnungslegung nach IFRS und US-GAAP wird die Leasingbilanzierung neu geregelt. Mit dem neuen Standard ist voraussichtlich in der zweiten Jahreshälfte 2015 zu rechnen. Soweit es sich bei den als Finanzinvestition gehaltenen Immobilien um Leasingobjekte handelt, können sich aus diesen Neuregelungen auch Auswirkungen auf Bilanzierung von Renditeimmobilien ergeben. Wir verweisen in dieser Stelle auf → § 22 Rn 96 ff sowie → Rn 134.

V. Entscheidungsbaum zum Anwendungsbereich des IAS 40

23 Zur Illustration der als Finanzinvestition zu klassifizierenden Immobilien und der nach IAS 40 bestehenden **Wahlmöglichkeiten** dient folgender Entscheidungsbaum:

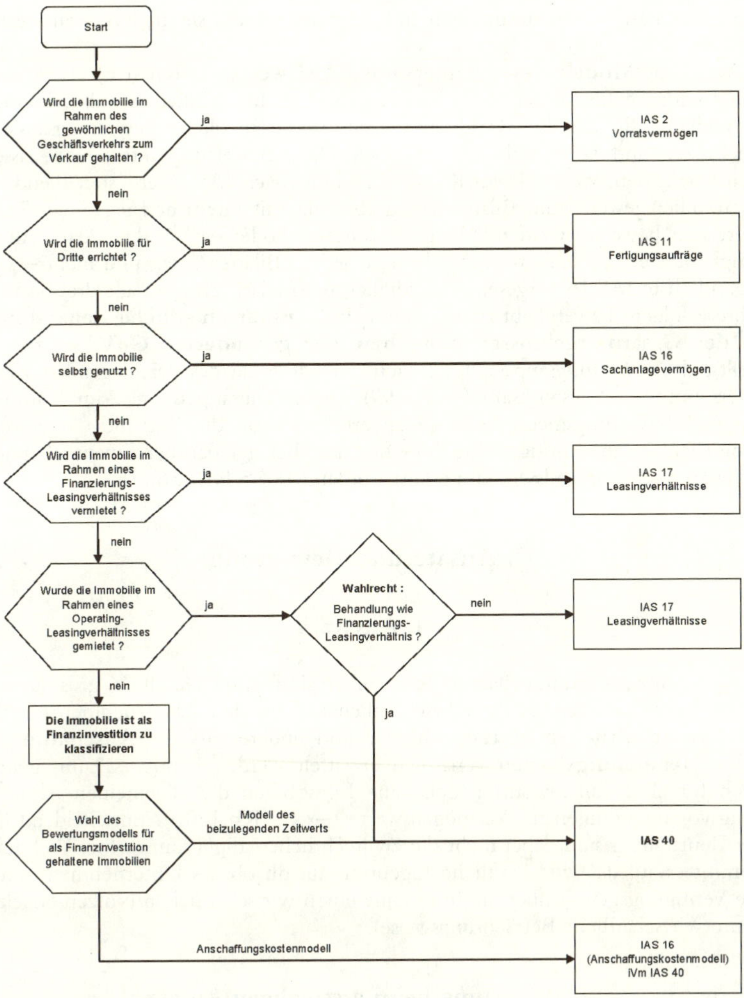

Quelle: in Anlehnung an IAS 40 (2000), Anhang A.

Die Darstellung ist angelehnt an den in IAS 40 (2000) Anhang A veröffentlichten Entscheidungsbaum und wurde um den Bereich der Leasingverhältnisse erweitert. Keine gesonderte Abfrage besteht für **in der Entwicklung befindliche Immobilien,** die nach Fertigstellung als Renditeimmobilien gehalten werden sollen, da diese bereits von Beginn an nach IAS 40 zu bilanzieren sind.

VI. Als Finanzinvestition gehaltene Immobilien im Konzernabschluss

Immobilien, die von einem Unternehmen an ein verbundenes Unternehmen vermietet werden, sind für Zwecke des Konzernabschlusses **nicht als Finanzinvestition** nach IAS 40 zu klassifizieren, da es sich aus Konzernsicht um selbst genutzte Immobilien handelt. Im Einzelabschluss des TU sind solche Immobilien 24 gleichwohl als Renditeimmobilien zu bilanzieren, soweit sie die Kriterien hierfür erfüllen.

25 Wird das **Modell des beizulegenden Zeitwerts** (→ Rn 40 ff) als Bewertungsmethode für als Finanzinvestition gehaltene Immobilien gewählt, können sich hieraus für dieselbe Renditeimmobilie unterschiedliche Bewertungsansätze im Einzel- und Konzernabschluss ergeben. Diese Bewertungsunterschiede lassen sich vermeiden, wenn die im Konzernabschluss nach IAS 16 erfassten Renditeimmobilien jeweils zum Bilanzstichtag ebenfalls mit ihrem beizulegenden Zeitwert neu bewertet werden (Neubewertungsmethode; → § 5 Rn 123 ff). Allerdings müsste die Neubewertung dann zu jedem Bilanzstichtag und nicht – wie eigentlich in IAS 16 vorgesehen – lediglich bei Bedarf, zB etwa alle drei bis fünf Jahre erfolgen. Es verbleibt zudem dennoch die **unterschiedliche Behandlung in der Gesamtergebnisrechnung bzw der gesonderten GuV** (sofern erstellt), da Bewertungsanpassungen nach der Methode des beizulegenden Zeitwerts immer erfolgswirksam (→ Rn 99), Bewertungsanpassungen im Rahmen der Neubewertungsmethode hingegen erfolgsneutral, dh über die Neubewertungsrücklage im sonstigen Ergebnis und nur bei ggf darüber hinausgehenden Abwertungen aufwandswirksam erfasst werden (→ § 5 Rn 136).

C. Ansatz und Bewertung

I. Ansatz

26 Als Finanzinvestition gehaltene Immobilien sind entspr IAS 40.16 grds nur anzusetzen, wenn es einerseits wahrscheinlich ist, dass dem Unternehmen hieraus **ein wirtschaftlicher Nutzen** zufließt und andererseits die **Anschaffungs- oder Herstellungskosten** verlässlich ermittelt werden können. Damit gelten auch für als Finanzinvestition gehaltene Immobilien die allgemeinen Aktivierungsvoraussetzungen für Vermögenswerte (→ § 2 Rn 120 ff). Entscheidend für die Beurteilung sind dabei nicht die zivilrechtlichen Eigentumsrechte. Vielmehr kommt es auf das wirtschaftliche Eigentum an, dh ob das Unternehmen durch die Verfügungsgewalt über die Immobilie einen wirtschaftlichen Nutzen erzielen kann (wirtschaftliche Betrachtungsweise).

II. Bewertung beim erstmaligen Ansatz

1. Anschaffungs- oder Herstellungskosten

27 Als Finanzinvestition gehaltene Immobilien sind beim erstmaligen Ansatz zunächst mit den Anschaffungs- oder Herstellungskosten zu bewerten (IAS 40.20). Bei der Abgrenzung und Zuordnung der aktivierbaren Kosten gelten hierbei die Ansatzkriterien für Anschaffungs- oder Herstellungskosten von Sachanlagen gem IAS 16. Die **Anschaffungskosten** setzen sich dabei im Wesentlichen aus dem Kaufpreis und den mit dem Anschaffungsvorgang verbundenen Nebenkosten zusammen. Für eine detaillierte Darstellung der Anschaffungs- oder Herstellungskosten von Sachanlagen gem IAS 16 wird an dieser Stelle auf → § 5 Rn 22 ff verwiesen.

28 Als Bestandteil der Anschaffungs- oder Herstellungskosten sind – wie nach IAS 16.16(b) – die **Kosten** zu aktivieren, die entstanden sind, um die als Finanzinvestition gehaltene Immobilie in einen vom Management **beabsichtigten Zustand zu versetzen** (IAS 40.23(a)). Hierbei wird insbes auf Sanierungsob-

jekte oder Immobilien, an denen Erweiterungsinvestitionen vorgenommen werden sollen, abgestellt. Eine Aktivierungsfähigkeit besteht nur, sofern diese Maßnahmen zu einer wirtschaftlichen Verbesserung der Immobilie führen. Soweit die geplanten nachträglichen Aufwendungen beim Erwerb bereits als Kaufpreisminderung berücksichtigt worden sind, sollte die Nachaktivierung dieser Kosten nicht zu einer Überbewertung des Objekts führen.

Erfolgt die Anschaffung in **fremder Währung,** sind die jeweiligen Beträge (Anschaffungs- oder Herstellungskosten) zum Zeitpunkt des Geschäftsvorfalls mit dem entspr Wechselkurs in die Berichtswährung umzurechnen (IAS 21.21). Zu Auswirkungen von Wechselkursänderungen im Rahmen der Folgebewertung → Rn 45. 29

Erfolgt die Anschaffung nicht durch Zahlung eines Kaufpreises, sondern im Rahmen eines **Tauschgeschäfts,** so entsprechen die Anschaffungskosten der erworbenen Immobilie ihrem **beizulegenden Zeitwert.** Kann dieser nicht verlässlich ermittelt werden, ist alternativ der hingegebene Tauschgegenstand zum beizulegenden Zeitwert zu bewerten und dieser Betrag anzusetzen. Wenn auch das nicht möglich ist, ist der Buchwert des hingegebenen Tauschgegenstands zu übernehmen (IAS 40.27). 30

2. Nachträgliche Anschaffungskosten bzw Investitionen

Nachträgliche Anschaffungskosten für bereits als Finanzinvestition gehaltene Immobilien sind dem bereits bestehenden **Buchwert** (dem bilanzierten Zeitwert) zunächst **hinzuzurechnen,** wenn hierdurch ein zusätzlicher wirtschaftlicher Nutzen für das Unternehmen generiert wird. Dasselbe gilt für **Investitionsmaßnahmen** bzw Instandsetzungen. Eine Erhöhung des wirtschaftlichen Nutzens ist dann anzunehmen, wenn die durchgeführten Maßnahmen zu einer direkten **Steigerung der Ertragskraft** der Immobilie führen, zB durch steigende Mieteinnahmen, eine wesentliche Verminderung der Betriebskosten oder eine wesentliche Verlängerung der Nutzungsdauer. Abzugrenzen hiervon sind lfd **Instandhaltungsmaßnahmen.** Diese erhöhen den bestehenden Leistungsgrad der Immobilie nicht wesentlich, sondern dienen lediglich dem lfd Erhalt der Immobilie. Die Kosten für die Instandhaltung sind daher sofort **erfolgswirksam als Bewirtschaftungsaufwand** zu erfassen. 31

Naturgemäß können sich insbes bei der Beurteilung, welche Maßnahmen lediglich als lfd Instandhaltung oder aber als Instandsetzung zu beurteilen sind, Abgrenzungsprobleme ergeben, da fast jede Investition zu einer Leistungssteigerung der Immobilie und damit Erhöhung des wirtschaftlichen Nutzens führt. Auf eine Differenzierung zwischen **erfolgswirksamen Bewirtschaftungsaufwand** und **zu aktivierenden Instandhaltungsmaßnahmen** sollte dennoch nicht verzichtet werden. Solche Ausgaben vereinfachend pauschal im Aufwand zu erfassen erscheint nur angemessen, soweit der Umfang insgesamt für die Gesellschaft von untergeordneter Bedeutung ist.

IdR ist bereits für steuerliche Zwecke ohnehin eine Zuordnung zu aktivierungspflichtigen oder aufwandswirksamen Ausgaben vorzunehmen. Soweit für die handelsrechtliche Bilanzierung keine gesonderte Einschätzung getroffen wird, sollte zumindest dieser Zuordnung gefolgt werden.

Bei Immobiliengesellschaften ist hingegen eine entspr **sachgerechte Zuordnung** der Investitionen bei wesentlichen Beträgen uE geboten, um sowohl ein den tatsächlichen wirtschaftlichen Verhältnissen entspr Bewirtschaftungsergebnis als auch ein diesem Anspruch genügendes **Bewertungsergebnis** aus der Marktwertanpassung ausweisen zu können. Eine sofortige aufwandswirksame Erfassung von dem Grunde nach aktivierungspflichtigen Investitionsmaßnahmen würde zu 33 einem zu geringen **Bewirtschaftungsergebnis** und im Gegenzug einem zu hohen Ergebnis aus der Marktwertanpassung führen und ist daher abzulehnen.

Bei der Bilanzierung nach der Methode des beizulegenden Zeitwerts erfolgt kein Werthaltigkeitstest der dem Buchwert hinzugerechneten Investitionen. Stattdessen wird lediglich der neue Verkehrswert zum Bilanzstichtag unter Berücksichtigung der durchgeführten Investitionen ermittelt. Der Unterschiedsbetrag zwischen dem fortgeführten Buchwert und dem Verkehrswert spiegelt sich dann in dem erfolgswirksamen Ausweis der Marktwertanpassung wider (→ Rn 99).

Zu den Besonderheiten bei der Bewertung von Immobilien, bei denen Investitionsmaßnahmen durchgeführt werden verweisen wir des Weiteren auf → Rn 90 und → Rn 94.

Beispiel für aktivierungspflichtige Investitionen: Das bisher nicht nutzungsfähige Dachgeschoss einer Immobilie wird ausgebaut und in einen vermietungsfähigen Zustand versetzt. Die zusätzlich geschaffene Vermietungsfläche erhöht die Ertragskraft der Immobilie und dementsprechend den Gesamtwert des Objekts. Bei den in diesem Zusammenhang entstandenen Aufwendungen handelt es sich um nachträgliche Anschaffungskosten, die aktivierungsfähig sind. Ob der Buchwert durch die nachträgliche Aktivierung den beizulegenden Zeitwert der Immobilie übersteigt, ist beim Anschaffungskostenmodell anschließend durch einen Wertminderungstest zu überprüfen. Bei der Folgebewertung zum beizulegenden Zeitwert ist die Immobilie zum Bilanzstichtag ohnehin mit dem Verkehrswert anzusetzen und der verbleibende Unterschiedsbetrag in der Marktwertanpassung auszuweisen.

3. Leasingobjekte

32 Beim erstmaligen Ansatz sind im Rahmen eines **Operating-Leasingverhältnisses** gehaltene Renditeimmobilien vom **Leasinggeber** gem IAS 40.20 zu ihren Anschaffungs- oder Herstellungskosten zu bewerten.

Als Finanzinvestition gehaltene Immobilien sind bei **Finanzierungs-Leasingverhältnissen** beim **Leasingnehmer** zunächst entspr den Kriterien für den erstmaligen Ansatz von Leasingverhältnissen nach IAS 17.20 ff anzusetzen. Hierbei ist der niedrigere Wert aus beizulegendem Zeitwert oder dem Barwert der Mindestleasingzahlungen (IAS 40.25) zu ermitteln. Dasselbe gilt auch für **Operating-Leasingverhältnisse,** soweit das Wahlrecht (Behandlung als Finanzierungsleasing) gem IAS 40.6 durch den Leasingnehmer (→ Rn 17) in Anspruch genommen wird.

33 Bei der Ermittlung des **beizulegenden Zeitwerts** durch den Leasingnehmer ist zu beachten, dass nicht die Immobilie selbst, sondern lediglich das erworbene Recht an der Immobilie zu bewerten ist (IAS 40.26). So sollte der beizulegende Zeitwert des zu Marktkonditionen abgeschlossenen Leasingverhältnisses in etwa dem Barwert sämtlicher Leasingzahlungen entsprechen (IAS 40.41). Ein höherer Wertansatz (Einwertungsgewinn) erscheint grds unwahrscheinlich und sollte nochmals überprüft werden. Für die Bewertung eines Leasingverhältnisses zum beizulegenden Zeitwert gelten dabei die Regelungen von IAS 40.33 ff entspr (→ Rn 51 ff). Dieser beizulegende Zeitwert ist den **Anschaffungskosten** der Leasingimmobilie gegenüberzustellen. Hierzu zählen der Barwert der vereinbarten Mindestleasingzahlungen (→ § 22 Rn 29) sowie sämtliche bereits geleisteten Sonderzahlungen (IAS 40.26). Der erstmalige Ansatz beim Leasingnehmer erfolgt dann zu dem niedrigeren der beiden Werte. In Höhe des Barwerts der noch zu leistenden Leasingzahlungen ist eine **Verbindlichkeit** anzusetzen (IAS 17.20; zu Einzelheiten betreffend die Bilanzierung von Finanzierungs-Leasingverhältnissen → § 22 Rn 124 ff).

Wir verweisen in dieser Stelle auf → § 22 Rn 201 ff sowie → Rn 134, da sich aus der Neuregelung der Leasingbilanzierung (Verabschiedung voraussichtlich in der zweiten Jahreshälfte 2015) Anpassungen ergeben können.

III. Folgebewertung

1. Wahlrecht der Bewertungsmethode

34 Im Rahmen der Folgebewertung gewährt IAS 40.30 das Wahlrecht, die als Finanzinvestition gehaltenen Immobilien entweder nach dem **Anschaffungskostenmodell** oder nach dem **Modell des beizulegenden Zeitwerts** zu bewerten. Das gewählte Bewertungsmodell ist grds einheitlich auf **sämtliche** als Finanzinvestition gehaltene Immobilien anzuwenden (IAS 40.30).

35 Trotz des bestehenden Wahlrechts ergeben sich für Unternehmen, die sich für das **Anschaffungskostenmodell** entschieden haben, **keine Erleichterungen** hinsichtlich der jeweils zum Bilanzstichtag zu erhebenden Daten. Unternehmen, die als Finanzinvestition gehaltene Immobilien zu fortgeführten Anschaffungs- oder Herstellungskosten in der Bilanz bewerten, sind nach IAS 40.32 ebenfalls verpflichtet, die beizulegenden Zeitwerte zu ermitteln und zusätzlich im Anhang anzugeben (IAS 40.79(e)).

36 Das Wahlrecht besteht nicht, wenn im Rahmen eines **Operating-Leasingverhältnisses** gehaltene Immobilien beim Leasingnehmer gem IAS 40.6 als Finanzinvestition klassifiziert wurden. Entscheidet sich ein Unternehmen nur bei einer im Rahmen eines Operating-Leasingverhältnisses geleasten Immobilie, diese wie ein Finanzierungs-Leasingverhältnis zu behandeln, so sind **sämtliche** als Finanzinvestition gehaltenen Immobilien ausschließlich nach dem **Modell des beizulegenden Zeitwerts** zu bilanzieren (IAS 40.6). Das grds bestehende Wahlrecht, alle Renditeimmobilien entweder zum beizulegenden Zeitwert oder zu fortgeführten Anschaffungs- oder Herstellungskosten zu bewerten (IAS 40.30; → Rn 34), entfällt hierdurch.

37 ISd Bewertungsstetigkeit ist ein **Methodenwechsel** nur zulässig, wenn dies zu einer sachgerechteren Darstellung der VFE-Lage führt. IAS 40.31 impliziert, dass dies nur für den Wechsel vom Anschaffungskostenmodell zum Zeitwertmodell gegeben ist. Der umgekehrte Methodenwechsel vom beizulegenden Zeitwert zurück zum Anschaffungskostenmodell wird hingegen als unwahrscheinlich dargestellt (aA im Sanierungsfall von Immobilien, wobei zur Lösung von Bewertungsproblemen ein Methodenwechsel nach IAS 8 vorgeschlagen wird, *Zülch/Willms* BB 2005, 372 (375 f); → Rn 90 ff).

Bei einem Methodenwechsel ist hinsichtlich der bilanziellen Auswirkungen und des Ausweises IAS 8 zu beachten (→ § 45 Rn 21 f).

38 Grds wird vom IASB empfohlen, bei der Bewertung der Immobilien auf externe **Gutachter** mit entspr beruflicher Qualifikation und Kenntnis zurückzugreifen (IAS 40.32). Insbes bei größeren Immobilien AG ist dies in Deutschland auch Standard (*Kühnberger/Thurmann* KoR 2014, 345 (353)) Dennoch kann, auch vor dem Hintergrund der damit verbundenen Aufwendungen, die Bewertung vom Unternehmen selbst durchgeführt werden. Voraussetzung hierfür ist allerdings das Vorhandensein ausreichender interner Ressourcen (IAS 40.BC55 f) und die Einhaltung der Anforderungen an die Ermittlung von beizulegenden Zeitwerten von Immobilien (hierzu auch → Rn 51 ff).

2. Anschaffungskostenmodell

39 Bei der Bewertung nach dem **Anschaffungskostenmodell** ist der gesamte als Finanzinvestition gehaltene Immobilienbestand nach den entspr Vorschriften von

IAS 16 zu bewerten (IAS 40.56). Hiernach sind die als Finanzinvestition gehaltenen Immobilien zu ihren Anschaffungs- oder Herstellungskosten abzüglich kumulierter plan- und außerplanmäßiger Abschreibungen (Wertminderungen) zu bewerten. Die Anwendung der **Neubewertungsmethode** (IAS 16.31) ist hierbei aber **nicht zulässig** (für eine detaillierte Darstellung des Anschaffungskostenmodells → § 5 Rn 102 ff, für Ausführungen zu Wertminderungen von Vermögenswerten → § 5 Rn 152 ff und → § 27 Rn 1 ff).

3. Modell des beizulegenden Zeitwerts

a) Bilanzierung nach dem Zeitwertmodell

40 Das Modell des beizulegenden Zeitwerts stellt die vom IASB bevorzugte Bilanzierungsmethode dar. Hierbei sind sämtliche **Immobilien,** die als Finanzinvestition gehalten werden, grds zu **Marktwerten** (zum beizulegenden Zeitwert) zu bewerten (→ Rn 51). Planmäßige Gebäudeabschreibungen und außerplanmäßige Abschreibungen aufgrund von Wertminderungen werden hierdurch hinfällig. Stattdessen sind die jeweiligen Wertdifferenzen, die sich aus der Neubewertung ergeben, **erfolgswirksam** (→ Rn 99) zu erfassen (IAS 40.35). Nicht realisierte Gewinne werden ebenso erfolgswirksam berücksichtigt wie Verluste durch Wertminderungen. Im Vergleich zum Anschaffungskostenmodell nach IAS 16 werden keine stillen Reserven aufgebaut. Die Folge ist eine höhere Volatilität im Ausweis der Vermögenssituation und der Ergebnisentwicklung (*Schäfer/Conzen,* 158).

41 Der beizulegende Zeitwert hat jeweils die am Markt vorherrschenden Bedingungen zum Bilanzstichtag zu berücksichtigen. Hieraus ergibt sich, dass der gesamte Bestand von als Finanzinvestition gehaltenen Immobilien **einmal pro Berichtsperiode** zum Berichtsstichtag nach **marktorientierten Gesichtspunkten** neu zu bewerten ist. IAS 40 (IAS 40.53 ff) unterstellt dabei, dass es dem Unternehmen grds möglich ist, fortwährend verlässliche Marktwerte für die als Finanzinvestition gehaltenen Immobilien zu bestimmen (zur Ermittlung des beizulegenden Zeitwerts → Rn 68 ff und → Rn 81 ff).

42 Ist es im Rahmen der **fortlaufenden Bewertung** zu einem Bewertungsstichtag nicht möglich, den beizulegenden Zeitwert, zB aufgrund inaktiver Teilmärkte oder sonstiger fehlender Bemessungsgrundlagen, zu bestimmen, so ist es gestattet, hilfsweise den Verkehrswert der Vorperiode anzusetzen (IAS 40.55).

43 Liegen hingegen bei der **erstmaligen Bewertung** mangels vergleichbarer Markttransaktionen oder der fehlenden Möglichkeit anderweitiger zuverlässiger Schätzungen Hinweise dafür vor, dass eine verlässliche Bewertung zum beizulegenden Zeitwert fortlaufend nicht möglich sein wird, so sind die davon betroffenen Immobilien nach dem **Anschaffungskostenmodell** nach IAS 16 zu bewerten. Dabei ist diese Bewertungsmethode bis zum Abgang der Immobilie aus dem Bestand der als Finanzinvestition gehaltenen Immobilien beizubehalten. Eine Bewertung zum beizulegenden Zeitwert in späteren Perioden ist nicht gestattet (IAS 40.53). Darüber hinaus sind bei Inanspruchnahme der Ausnahmeregelung die Gründe hierfür im **Anhang** offenzulegen (IAS 40.78).

44 Eine weitere Besonderheit stellen noch in der **Entwicklung befindliche Immobilien** (IAS 40.53 ff; → Rn 46 ff) dar, da bei diesen wiederum ein Methodenwechsel vom Anschaffungskostenmodell zum Zeitwertmodell auch später noch jederzeit möglich und sogar ausdrücklich gewünscht ist.

Ungeachtet der dargestellten Besonderheiten für Renditeimmobilien, bei denen eine verlässliche Bewertung zum beizulegenden Zeitwert nicht möglich ist, sind alle übrigen als Finanzinvestition gehaltenen Immobilien weiterhin und kontinuierlich zum beizulegenden Zeitwert zu bewerten (IAS 40.54).

45 Werden von einem Unternehmen als Finanzinvestition klassifizierte Immobilien im Ausland gehalten, so sind deren beizulegende Zeitwerte auf Basis der **Fremdwährung** zum **Wechselkurs,** der am **Bewertungsstichtag** gültig war, umzurechnen (IAS 21.23(c)). Sich daraus ergebende Wechselkursgewinne oder -verluste sind ebenfalls **erfolgswirksam** zu erfassen (IAS 21.30; → § 2 Rn 207 ff).

b) In der Entwicklung befindliche Immobilien

46 **Entwicklungsobjekte** sind, soweit eine Bewertung zu Verkehrswerten von Beginn an nicht möglich erscheint, zunächst mit ihren Anschaffungs- oder Herstellungskosten zu bewerten. Mit steigendem Fertigstellungsgrad und damit verbundener zunehmender Verlässlichkeit bei der Bewertung ist ein **Methodenwechsel** zum beizulegenden Zeitwert nicht nur erlaubt, sondern ausdrücklich **vorgesehen** (IAS 40.53A). Hierin unterscheiden sich Entwicklungsobjekte von den übrigen Renditeimmobilien (→ Rn 43), bei denen ein Methodenwechsel in der Bewertung nicht möglich ist.

47 Spätestens nach der **Fertigstellung** ist die Immobilie zum beizulegenden Zeitwert zu bilanzieren. Nur wenn auch dann noch keine verlässliche Verkehrswertermittlung möglich ist, ist das Anschaffungskostenmodell bis zum Abgang der Immobilie anzuwenden. Eine während der Entwicklungsphase zu Verkehrswerten bilanzierte Immobilie darf nach Fertigstellung nicht wieder nach der Anschaffungskostenmethode bewertet werden (IAS 40.53B).

48 UE führt die Bewertung von Entwicklungsobjekten zum beizulegenden Zeitwert vor der Fertigstellung nur unter sehr **begrenzten Voraussetzungen** zu einer **verbesserten Darstellung** der Vermögens- und Ertragslage, da die Bewertung insbes am Anfang der Projektentwicklung mit einer erheblichen **Ungewissheit** verbunden ist. Aktive Märkte für solche Objekte bestehen idR nicht, sodass Immobilien in ihrer Entwicklungsphase quasi unverkäuflich sind. Zumindest muss davon ausgegangen werden, dass sich der innere Wert kaum am Markt realisieren lässt. Ursächlich hierfür sind insbes für einen Käufer schwer abschätzbare Baukostenrisiken, Baumängel sowie die anschließende Vermietungssituation.

49 Die Bilanzierung nach dem Zeitwertmodell von noch in der Entwicklung befindlichen Immobilien erscheint insofern nur bei Objekten **sachgerecht,** die weitgehend fertiggestellt sind, die eine **hohe Vorvermietungsquote** aufweisen oder bei denen die Baukosten bis zur Fertigstellung entweder auf Basis bestehender Verträge oder anderweitig abgesichert eingeschätzt werden können.

Vor dem Hintergrund der über die reine Immobilienbewertung hinaus gehenden zusätzlichen Anforderungen, die bei der Bewertung von Entwicklungsobjekten zu berücksichtigen sind, hat ua das *International Valuation Standards Committee* (IVS C) sowohl die Leitlinien, Guidance Note 17 (Februar 2010), als auch einen Entwurf, Exposure Draft Development Property (Januar 2014), veröffentlicht. Diese dienen als Hilfestellung und legen weitere Parameter fest, die es bei der Bewertung zu beachten gilt (→ Rn 94).

c) Auswirkungen auf den Ausweis latenter Steuern

50 Im Zuge der Bewertung zum beizulegenden Zeitwert werden die Immobilien mit ihren **voraussichtlich zu erzielenden Marktwerten** ausgewiesen. Damit unterscheiden sich die Wertansätze idR im Vergleich zu den Buchwerten der steuerlichen Gewinnermittlung. Soweit dieser **Buchgewinn** eine entspr Steuerbelastung auf Ebene des Unternehmens nach sich ziehen würde, ist hierfür korrespondierend eine **latente Steuerrückstellung** in Höhe der Differenz zwischen dem Buchwert lt Steuerbilanz und dem im Jahresabschluss ausgewiesenen

beizulegenden Zeitwert unter Berücksichtigung des geltenden Steuersatzes zu bilden. Bildung und Auflösung der latenten Steuerrückstellungen sind **erfolgswirksam** zu erfassen (weiterführend zu latenten Steuern → § 25 Rn 112 ff).

4. Immobilienbewertung nach IAS 40

a) Definition des beizulegenden Zeitwerts von Immobilien

51 Sowohl die Definition als auch die grds methodischen Ansätze der Ermittlung des beizulegenden Zeitwerts sind, auch für die als Finanzinvestition gehaltenen Immobilien, in IFRS 13 geregelt.

Nach IFRS 13.9 ist der beizulegende Zeitwert als der Preis definiert, der in einem geordneten Geschäftsvorfall zwischen Marktteilnehmern am Bemessungsstichtag mit dem Verkauf eines Vermögenswerts (im Fall des IAS 40 eine Immobilie) erzielt bzw für die Übertragung einer Schuld gezahlt würde.

52 Der beizulegende Zeitwert ist hiernach in erster Linie ein **theoretischer Preis,** zu dem ein Vermögenswert am Markt veräußert werden könnte. Dieser Preis ist dabei nicht um **Transaktionskosten** zu mindern, die auf Ebene der bilanzierenden Gesellschaft im Falle eines Verkaufs entstehen würden (IFRS 13. 25). Er stellt insofern einen reinen **Veräußerungs**- oder **Exit-Preis** dar. Durch geeignete Methoden und Verfahren ist dieser Betrag zu schätzen bzw vom Markt abzuleiten. Unterstellt werden dabei unabhängige Marktteilnehmer mit entspr Sachverstand und Marktkenntnis, die hinsichtlich ihrer Kaufentscheidung weder übereilt handeln noch unter Kaufzwang stehen. Subjektive Entscheidungsparameter bleiben außer Ansatz **(objektivierter Wert).** Der beizulegende Zeitwert hat dabei sämtliche Marktbedingungen und öffentlich zugängliche Informationen am Bilanzstichtag widerzuspiegeln.

Im Zusammenhang mit IFRS 13 ist auch das Konzept des ***highest and best use*** sowie das Zulassen von zukünftigen Investitionen bei der Bewertung (→ Rn 90 sowie allgemein zum IFRS 13 → § 2 Rn 233 ff) zu berücksichtigen.

53 Die Definition des beizulegenden Zeitwerts dürfte inhaltlich weitestgehend identisch mit dem Begriff des **Marktwerts** nach den *International Valuation Standards* des *International Valuation Standards Committee* (IVS C) (→ Rn 64) sowie den Europäischen Bewertungsstandards der *European Group of Valuers' Association* (*The European Group of Valuers' Association, TEGoVA,* 4.10) sein.

54 In der deutschen Gesetzgebung ist der Begriff des **Verkehrswerts** in § 194 BauGB definiert. Hiernach handelt es sich um einen theoretischen Preis, der zu dem Zeitpunkt, auf den sich die Ermittlung bezieht, im gewöhnlichen Geschäftsverkehr nach den rechtlichen Gegebenheiten und tatsächlichen Eigenschaften, der sonstigen Beschaffenheit und Lage des Grundstücks oder des sonstigen Gegenstands der Wertermittlung ohne Rücksicht auf ungewöhnliche oder persönliche Verhältnisse zu erzielen wäre.

55 Dem Grunde nach sind damit die verschiedenen Begriffe **„beizulegender Zeitwert", „Marktwert"** bzw **„Verkehrswert"** in ihrer wirtschaftlichen Bedeutung weitgehend identisch (*Kühnberger/Werling* WPg 2012, 988 (989)). Sie beschreiben einen objektivierten, stichtagsbezogenen, auf einem entspr Markt theoretisch erzielbaren Preis für einen zu bewertenden Vermögenswert.

Mit dem Konzept des ***„highest and best use"*** (höchste und beste Verwendung) wird dabei die **Nutzungsalternative** unterstellt, mit der sich der höchste Preis am Markt erzielen ließe. Insofern müssen auch mögliche zukünftige Nutzungsänderungen der Immobilie in Betracht gezogen werden, soweit diese physisch möglich, rechtlich zulässig und auch finanziell durchführbar sind (IFRS 13.28, IFRS 13.BC68). Diese könnten zB darin bestehen, eine Büroimmobilie in Wohnraum oder ein Hotel **umzuwandeln.** Im Umkehrschluss ergibt sich daraus, dass es bei der Bewertung auf die aktuelle Nutzung ggf gar nicht ankommt. Allerdings ist dann aber auch zu beachten, dass sich mit einer anderen Nutzung ggf die Risikostruktur und damit die Renditeerwartung ändert (*Riedl/Götze* PiR 2012, 314 (314f)).

Von dem bilanzierenden Unternehmen wird dabei allerdings nicht verlangt, weitreichende Analysen zu alternativen Nutzungsmöglichkeiten durchzuführen, soweit nicht deutliche Indikatoren dafür vorliegen. IdR wird man davon ausgehen können, dass die bestehende Nutzung auch die beste Verwendung der Immobilie darstellt (so auch der IASB, vgl IFRS 13.BC71). Dies gilt insbes deshalb, weil eine Umwandlung nicht unerhebliche Kosten verursachen dürfte.

Alternative Nutzungsmöglichkeiten sollten allerdings dann im Betracht gezogen werden, wenn Objekte einen hohen Leerstand aufweisen oder die erzielten Mieten deutlich unterhalb der ortsüblichen Miete liegen. In diesem Zusammenhang wäre die baurechtliche Situation für das zu bewertende Grundstück ua tiefergehender als bei einer Bestandsimmobilie zu prüfen. Die zu unterstellende Nutzung hat dabei zwingend aus der Sicht des Markts und der relevanten Käufer zu erfolgen, auch wenn das Unternehmen selbst eine andere Nutzung plant (IFRS 13.29). Allerdings enthält damit die Bewertung zusätzliche Annahmen und Komponenten einer Projektentwicklung oder zumindest der Bewertung von Entwicklungspotenzialen (vgl *Kühnberger/Werling* WPg 2012, 988 (990)).

b) Bewertungshierarchie und Bewertungsmethoden

Da IFRS 13 ein genereller Standard zur Ermittlung des beizulegenden Zeit- 56
werts für Vermögenswerte und Schulden ist, wird darin nicht näher auf die Bewertung von Immobilien eingegangen. Nach IFRS 13 sind Bewertungstechniken anzuwenden, die sachgerecht sind und für die ausreichend Daten zur Bemessung des beizulegenden Zeitwerts zur Verfügung stehen (IFRS 13.61). Die hierzu verwendeten beobachtbaren Inputfaktoren werden einer dreistufigen „*Fair-Value*-Hierarchie zugeordnet (IFRS 13.72, → § 2 Rn 259ff).

Bei den Inputfaktoren auf der **Stufe 1** handelt es sich um Preise, die für iden- 57
tische Vermögenswerte oder auch Schulden auf aktiven Märkten (dh zB Börsen) beobachtbar sind. Es handelt sich insofern um **Börsenpreise** für **identische Güter** wie bspw Aktien, Rohstoffe oder Währungen.

Anders als zB bei Wertpapieren, bei denen sehr hohe Stückzahlen einer Aktie, Anleihe oder anderer verbriefter Werte (finanzielle Vermögenswerte) täglich an Börsen gehandelt werden, handelt es sich bei Immobilien (nicht-finanzielle Vermögenswerte) zum einen immer um **Unikate,** für die zum anderen aufgrund der **geringen Umschlagshäufigkeit** kaum echte stichtagsbezogene Marktpreise vorliegen. Ein Ablesen des beizulegenden Zeitwerts anhand von Börsen- oder anderen Marktnotierungen ist insofern kaum möglich. Die Verwendung von Inputfaktoren auf Stufe 1 scheint daher für Immobilien nahezu ausgeschlossen (*Lange/Müller* KoR 2014, 387 (390)).

Inputfaktoren der **Stufe 2** werden anhand von direkt oder indirekt **beobachtbaren Preisen ähnlicher Immobilien** auf aktiven aber auch inaktiven Märkten abgeleitet (IFRS 13.81ff., IFRS 13BC.171). Die Inputfaktoren sind an den zu bewertenden Vermögensgegenstand anzupassen. Bei Immobilien bedeutet dies, dass die zu bewertenden Immobilie mit den Vergleichsimmobilien, für die Preise vorliegen, verglichen werden muss. **Abweichungen** in Typ, Alter, Lage, Nutzungsmöglichkeit, Zustand und vieles mehr müssen bewertet und entspr mit den Vergleichsgrundstücken normiert werden. Wird auf vergangene Preise auf inaktiven Märkten zurückgegriffen, sind diese dahingehend anzupassen, dass sie die geänderten wirtschaftlichen Rahmenbedingungen zum Bewertungsstichtag im Vergleich zum Zeitpunkt der Vergleichstransaktion widerspiegeln (Beispiele von Inputfaktoren der Stufe 2 → § 2 Rn 263).

Inputfaktoren der **Stufe 3** sind solche, die **nicht** am Markt **beobachtbar** sind. Diese Faktoren finden dann in der Bewertung Berücksichtigung, wenn keine beobachtbaren Faktoren (Stufe 2) verfügbar sind. Die nicht beobachtbaren Faktoren müssen dennoch geeignet sein, die preisbildenden Annahmen der Marktteilnehmer abzubilden. Ein, wenn nicht sogar der wichtigste nicht beobachtbare Bewertungsfaktor dürfte dabei die Einschätzung über das mit der Immobilie bzw. der Immobilieninvestition verbundene Risiko sein. In IFRS 13.84 ist ebenfalls dargestellt, dass notwendige Anpassungen von Inputfaktoren auf Stufe 2 dazu führen können, dass diese hiernach eher der Stufe 3 zuzuordnen sind. (Beispiele von Inputfaktoren der Stufe 3 → § 2 Rn 264).

Insgesamt erscheint der Übergang und die Einstufung zwischen Inputfaktoren der Stufen 2 und 3 fließend (IFRS 13BC.173(b)). Eine genaue Abgrenzung ist nicht immer möglich (*Lange/Müller* KoR 2014, 387 (390)).

58 In der Bewertungshierarchie des IFRS 13 wird grds einer Bewertung mit Inputfaktoren der **Stufe 1** die **höchste Priorität** eingeräumt. Eine Bewertung mit Bewertungsfaktoren, welche der Stufe 3 zuzuordnen sind, hat die geringste Priorität. Die Bewertung sollte sich daher auf relevante Bewertungsfaktoren auf der geringsten Stufe, dh im Falle von **Immobilien**, idR der **Stufe 2** stützen.

Als Bewertungsmethoden lässt IFRS 13 (IFRS 13.62) sog marktbasierte Ansätze (***market approach,*** IFRS 13.B5), einkommensbasierte Ansätze (***income approach,*** IFRS 13.B10) aber auch kostenorientierte Verfahren (***cost approach,*** IFRS 13.B8) bzw Sachwertverfahren zu.

59 Da bei als Finanzinvestition gehaltenen Immobilien nicht das Objekt als solches, sondern die damit erzielbaren Erträge bzw Veräußerungserlöse im Vordergrund der Preisfindung stehen, ist idR davon auszugehen, dass solche Faktoren den maßgeblichen Einfluss auf die Bewertung haben.

Auf die **praktische Bewertung** von als Finanzinvestitionen gehaltenen Immobilien hat die mit dem IFRS 13 implementierte Bewertungshierarchie der Bewertungsparameter daher wenig Einfluss bzw es ergeben sich kaum Gründe, die methodischen Ansätze zu ändern (*Kühnberger/Werlin* WPg 2012, 988 (991)), da in den wenigsten Fällen eine Bewertung von Renditeimmobilien durch reine Marktvergleiche oder Sachwertverfahren möglich sein wird. Entweder sind hierfür notwendige Marktinformationen nicht zugänglich bzw nicht relevant oder es finden zu wenig Vergleichstransaktionen statt (*Köhling* KoR 2011, 567 (567 f). Somit verbleiben auch weiterhin als vornehmliche Methode zur Bewertung die verschiedenen Verfahren auf Basis des ***„income approach“.*** Diese wiederum können auf Inputfaktoren der Stufe 2 oder der Stufe 3 basieren. Sollten mehrere Bewertungsverfahren zur Auswahl stehen, ist nach IFRS 13 grds jenes zu verwenden, was vornehmlich Faktoren der zweiten Bewertungsstufe verwendet. Allerdings sind im Rahmen der Bewertung idR Annahmen zu treffen oder Anpassungen bei den Faktoren vorzunehmen, sodass die Bewertungen letztendlich überwiegend der Stufe 3 zuzuordnen sein dürften (uA *Kühnberger/Werling* WPg 2012, 988 (991)).

c) Einzelbewertung und Unterschiede zur Portfoliobewertung

60 Der Wert eines **Immobilienportfolios** kann von der Summe der Einzelwerte der Immobilien abweichen. Zum Tragen kommt diese Unterscheidung insbes bei der Bilanzierung von Unternehmenszusammenschlüssen nach IFRS 3 (→ § 34 Rn 9 f) im Zusammenhang mit dem Kauf oder der Übernahme einer Immobiliengesellschaft oder eines Immobilienportfolios. Aus dem Kaufpreis

kann nicht direkt auf den nach IAS 40 zu bilanzierenden Wert der Renditeimmobilien geschlossen werden. Ein Unterschiedsbetrag kann sich ua aus positiven Zukunftserwartungen oder durch Fehleinschätzungen ergeben (*Trappmann/Ranker* DB 2008, 1447 (1450)). Darüber hinaus kann sich auch die zum Erwerbszeitpunkt bestehende Situation am Kapitalmarkt auf den gezahlten Preis eines Portfolios auswirken, wobei sich die am Kapitalmarkt gebildeten Risikoeinschätzungen für ein Immobilienportfolio von den Risikoeinschätzungen der eigentlichen Immobilienanlage gelöst haben (vgl *Trappmann/Ranker* DB 2008, 1447 (1450)). Auch vor diesem Hintergrund ist in IAS 40.14A klargestellt, dass bei Unternehmenszusammenschlüssen sowohl IFRS 3 als auch IAS 40 zu beachten sind.

(einstweilen frei) 61

Darüber hinaus ist eine **Trennung zwischen Einzel- und Portfoliowert** 62
teilweise nicht praktikabel. Dies gilt ua dann, wenn dem Kaufpreisangebot im Wesentlichen nur eine Verkehrswertschätzung des Immobilienvermögens zugrunde liegt und sonst keine Auf- oder Abschläge in der Berechnung vorgenommen wurden. In der Praxis ist in solchen Fällen zu beobachten, dass die zum Zwecke der Kaufpreisfindung festgestellten Werte im Rahmen der Kaufpreisallokation nach IFRS 3 (→ § 34 Rn 65 ff) übernommen und unter den als Finanzinvestition gehaltenen Immobilien nach IAS 40 ausgewiesen werden.

Dies ist nach unserer Auffassung nur dann vertretbar, wenn die der Kaufpreisbestimmung zugrunde gelegte Immobilienbewertung den Anforderungen an die Bestimmung des beizulegenden Zeitwerts entsprochen hat und die Bewertung **differenziert** für jede einzelne Immobilie vorgenommen wurde.

Eine **aggregierte Bewertung** des Gesamtportfolios nach bestimmten Ertragsgesichtspunkten oder anderen Parametern (zB undifferenzierte Bewertung des Immobilienportfolios oder der Gesellschaft nach der DCF-Methode) ist für die Bewertung nach IAS 40 hingegen nicht ausreichend.

Die Regelungen in IFRS 13 sind zwar dahingehend nicht so restriktiv, erfordern jedoch auch weitgehend eine Einzelbewertung (IFRS 13.13(a)).

Grds ist jede Immobilie einzeln zu bewerten. Aus Gründen der Effizienz und unter dem Kosten- /Nutzengesichtspunkt wird dennoch in der Praxis teilweise auf eine reine Einzelbewertung des Gesamtportfolios verzichtet. Stattdessen werden nur die wirtschaftlich relevantesten Immobilien einmal jährlich (von externen Immobiliensachverständigen) bewertet. Die verbleibenden Immobilien werden nach einheitlichen Kriterien zusammengefasst und in einer rollierenden Paketbewertung bewertet (*Lüdenbach/Hoffmann/Freiberg* IFRS § 16 Rz 48). Nach unserer Einschätzung spricht nichts gegen ein solches Vorgehen, da sich „Bewertungsfehler", dh positive und negative Wertabweichungen bei einem größeren Portfolio idR ausgleichen, soweit insgesamt geeignete und marktgerechte Bewertungsfaktoren herangezogen werden. Der Gesamtwert des Portfolios ist dennoch auf die einzelnen Immobilien nach sachgerechten Faktoren aufzuteilen, sodass jeweils separate beizulegende Zeitwerte für jede Immobilie vorliegen.

d) Internationale Standards der Immobilienbewertung

Die **Anwendung internationaler Rechnungslegungsstandards** führen 63
nur dann zu vergleichbaren Abschlüssen der Unternehmen, wenn auch die ausgewiesenen Vermögenswerte nach vergleichbaren Verfahren und Methoden bewertet werden. Ohne die landes- und markttypischen Faktoren zu vernachlässigen, sind hierfür **allgemeingültige Bewertungsgrundsätze** und **Qualitätsstandards** festzulegen.

64 Auf **internationaler Ebene** wurde hierzu im Jahr 1981 das IVS C gegründet. Das wesentliche Ziel des IVS C besteht darin, allgemeingültige Bewertungsstandards zu entwickeln und deren Anwendung und Verbreitung zu fördern (*International Valuation Standards Committee* 3ff). Ein Schwerpunkt ist die Vereinheitlichung der Bewertung in der IFRS-Rechnungslegung. Das IVS C (www.ivsc.org) als private Organisation arbeitet hierzu neben dem IASB auf internationaler Ebene mit verschiedenen Organisationen auf nationaler Ebene zusammen. Die vom IVS C entwickelten Grundsätze sind in den *International Valuation Standards* zusammengefasst (sog ***white book***).

65 Auf europäischer Ebene ist der Dachverband der nationalen Verbände von Immobilienbewertern, ***The European Group of Valuers Association*** **(TEGoVA),** zu nennen. Die von der TEGoVA entwickelten Standards, Bewertungsmethoden und grds bei der Bewertung zu berücksichtigenden Rahmenbedingungen sind in den Europäischen Bewertungsstandards (sog ***blue book***) zusammengefasst.

66 Als weiterer Standardsetter mit dem Schwerpunkt Immobilienbewertung versteht sich das ***Royal Institute of Chartered Surveyors*** **(RICS)** mit Sitz in Großbritannien. Die Zielrichtung und Unterstützung der darin vereinigten internationalen Mitglieder ist vergleichbar mit der TEGoVA. Die vom RICS herausgegebenen Qualitätsstandards und Anwendungshinweise, ***The Red Book – RICS Appraisal and Valuation Standards,*** sind dabei von den dem RICS angehörigen Bewertern einzuhalten und führen dadurch zu einer Vereinheitlichung der angewendeten Standards.

67 Im Zuge der Verbreitung der **IFRS** wächst insbes der Einfluss der ***International Valuation Standards*** in der Bewertungspraxis mit einer entspr Ausstrahlwirkung auf die Standards der TEGoVA und des RICS. Insofern haben sie allgemeingültigen Charakter und erlangen über Landesgrenzen hinweg globale Bedeutung.

Im Unterschied zu der in Deutschland gesetzlich normierten Immobilienbewertung schreiben die **Standards** dabei **keine konkreten Bewertungsmethoden oder -verfahren** vor. Es wird lediglich dargestellt, welche Wertmaßstäbe in den einzelnen Bewertungssituationen relevant sind und welche Rahmenbedingungen und Annahmen berücksichtigt werden müssen.

68 In der **internationalen Bewertungspraxis** dominiert das **DCF-Verfahren** zur rechnerischen Ableitung des beizulegenden Zeitwerts. Immobilien werden ebenso wie andere Investitionsobjekte behandelt. Insofern ergeben sich hinsichtlich der Berechnung auf Basis der DCF-Methode keine grds Unterschiede zu anderen Finanzierungs- und Investitionsentscheidungen.

Der im Ergebnis des DCF-Verfahrens ermittelte Wert der Immobilie entspricht dabei dem **Barwert sämtlicher diskontierten Einzahlungsüberschüsse,** die sich aus der Bewirtschaftung und einer ggf späteren Veräußerung der Renditeimmobilie im gewöhnlichen Geschäftsverkehr erzielen lassen. ISe objektivierten Bewertung sind dabei nicht marktübliche eigentümer- oder investorenspezifische Kriterien zu vernachlässigen. Sämtliche Einnahmen- und Ausgabenpositionen sollten somit einem Drittvergleich standhalten und aktuelle und zukünftig erwartete Marktkonditionen widerspiegeln.

69 Die **Prognose der Einnahmenüberschüsse** erfolgt üblicherweise auf Jahresbasis für einen Zeitraum von bis zu zehn Jahren (*Zülch,* 246). In Ausnahmefällen kann der Zeitraum länger sein. Mit steigendem Prognosehorizont steigt idR der Grad der Ungewissheit hinsichtlich der unterstellten **Zahlungsströme,** was sich als begrenzender Faktor auf die Länge des Prognosezeitraums auswirkt. Allerdings besteht bei Immobilien der Vorteil, dass sich Einnahmen und Ausgaben im Vergleich zu anderen Vermögenswerten (zB Unternehmensbeteiligungen) auch über einen längeren Zeitraum relativ genau prognostizieren lassen. Für das

Ende des Prognosezeitraums ist idR ein **Veräußerungspreis** für die Immobilie (Restwert, *terminal value*) zu schätzen. Wird der Prognosezeitraum zu kurz (wenige Jahre) gewählt, so wird der Gesamtwert der Cashflowreihe ggf durch diesen Restwert dominiert (vgl analog zum DCF-Verfahren bei Unternehmensbewertungen *Moser* BB 2002, 17 (17); *IDW* S 1 Rz 79).

Ausgangspunkt der Berechnung sind bei Immobilien die erwarteten **Mieten,** 70
Pachten und anderen Erträge. Hierzu muss eine wahrscheinliche Prognose über einen längeren Zeitraum abgegeben werden. Zu berücksichtigen sind aktuelle Mietverträge und deren Entwicklung, der Objektzustand, die Lage, allgemeine wirtschaftliche Rahmenbedingungen etc, dh sämtliche Faktoren, die die Höhe der Einnahmen innerhalb des Prognosezeitraums wesentlich beeinflussen werden.

Von den Einnahmen sind sämtliche lfd **Mittelabflüsse** aus dem Vermietungs- 71
geschäft abzuziehen. Hierzu zählen Instandhaltungs-, Bewirtschaftungs- und nicht umlagefähige Betriebskosten. In der Planung können hierbei auch zyklische Entwicklungen abgebildet werden, wie nur selten durchzuführende Großinstandsetzungen, Anreizsetzung für Neuvermietungen, Leerstände etc.

Der als Differenzbetrag von Einnahmen und Ausgaben verbleibende prognostizierte **Zahlungsmittelüberschuss** pro Planungsperiode, das sog *Net Operating Income* (NOI), ist auf den Bewertungsstichtag abzuzinsen.

Am Ende des Planungszeitraums wird bei den DCF-Bewertungsverfahren idR 72
ein theoretischer Veräußerungswert für die Immobilie angesetzt ***(terminal value).*** Als Ausgangsbasis zur Ableitung dieses **Restwerts** wird idR der Zahlungsmittelüberschuss am Ende des Prognosezeitraums herangezogen (*Zülch,* 276). Hierbei ist die noch zu erwartende Restnutzungsdauer der Immobilie sowie die zu unterstellende Rendite zu berücksichtigen. Aufgrund der Komplexität der zu treffenden Annahmen ist es ebenfalls nicht unüblich, den Restwert nach der **Maklermethode** (*Gottschalk,* 473) zu schätzen. Dieser errechnet sich dabei pauschal aus dem x-fachen der zuletzt prognostizierten Netto-Kalt-Miete.

Die Barwertberechnung erfolgt auf Basis eines **marktorientierten Ver-** 73
gleichszinssatzes, wie er für ähnliche Investitionen zu erzielen wäre.

Idealerweise sollte dieser aus **Börsennotierungen** bzw anderen Transaktionen auf einem relevanten Markt gewonnen werden. Eine Herleitung mittels CAPM-Modell aus dem Vergleich mit börsennotierten Immobilien-AGs ist grds möglich.

Die verschiedenen Ansätze zur Ableitung des Diskontierungszinses werden in der Fachliteratur konträr diskutiert. Vor dem Hintergrund ineffizienter Immobilienmärkte und den daraus resultierenden Schwierigkeiten wird als praktischer Ansatz die mit dem Objekt erzielte **Anfangsrendite** als Diskontierungszins vorgeschlagen (*Zülch,* 272).

In der Praxis ist darüber hinaus ein weiterer Ansatz zu beobachten. Ausgangs- 74
punkt hierfür ist die Annahme, dass eine starke Korrelation zwischen marktüblichen Refinanzierungszinsen und den Renditeanforderungen an eine Immobilie besteht. Der **Diskontierungszins** wird aus einem am Kapitalmarkt ableitbaren Basiszins (zB die Umlaufrendite) und einem **immobilienspezifischen Risikoaufschlag** zusammengesetzt. In dem immobilienspezifischen Risikoaufschlag spiegeln sich Kriterien wie Immobilientyp (Gewerbe-, Wohn- oder Spezialimmobilie), Lage, Ausstattung, Zustand, etc wider. Es gibt Anbieter, die solche Marktanalysen durchführen und entspr Einschätzungen für die Immobilien anhand einer Vielzahl von Kriterien vornehmen (zB TEGoVA-Rating). Auch wenn diese Herleitung des Diskontierungszinses nicht unmittelbar auf tatsächlichen Immobilientransaktionen aufbaut, hat sie doch den Vorteil, dass die Vorgehensweise für den Bilanzleser transparent und auch zu einem anderen Bewertungsstichtag nachvollziehbar ist. Dennoch verbleibt auch hier die Schwierigkeit,

die immobilienspezifischen Komponenten vollständig im Risikoaufschlag abzubilden.

Aufgrund der in IFRS 13 geforderten Datenqualität sowie den bei der Parameterableitung notwendigen Anpassungen basiert eine DCF-Bewertung auf Inputfaktoren der Stufe 3 der Bewertungshierarchie des IFRS 13 (*Kühnberger* KoR 2012, 217 (223).

e) Nationale Standards der Immobilienbewertung

75 In Deutschland besteht aufgrund gesetzlich normierter Rahmenbedingungen und Vorgaben eine vergleichsweise **hohe Harmonisierung** in der Immobilienbewertung. Denn diese hat nicht nur Bedeutung in der Rechnungslegung und Kaufpreisfindung, sondern auch für Finanz-, Justiz- und andere Behörden.

Maßgebliche Gesetze und Richtlinien, insbes für die Ermittlung von Verkehrswerten, sind das **Baugesetzbuch** (BauGB), die **Immobilienwertermittlungsverordnung** (ImmoWertV) und die **Wertermittlungsrichtlinie** (WertR). Darüber hinaus bestehen weitere gesetzliche Normen für spezielle Bewertungszwecke, wie das Bewertungsgesetz (BewG) und die Beleihungswertermittlungsverordnung (BelWertV).

76 Die wesentlichen Normen, die zum einen für Transparenz auf dem Immobilienmarkt sorgen und die Informationsbeschaffung ermöglichen, ergeben sich aus dem BauGB. Nach § 192 BauGB sind zur Ermittlung von Grundstückswerten selbstständige und unabhängige **Gutachterausschüsse** zu bilden. Im Hinblick auf die Schaffung eines transparenten Immobilienmarkts besteht eine der wichtigsten Aufgaben in der Führung einer Kaufpreissammlung. Um für die Kaufpreissammlung auf entspr Datenmaterial zurückgreifen zu können, ist nach § 195 BauGB jeder Grundstücksverkauf (auch Tausch) den Gutachterausschüssen zu melden und die entspr (Kauf-)Verträge sind in Kopie einzureichen. Hierdurch liegen den Gutachterausschüssen jegliche am Markt realisierten Preise und die entspr Objektdaten vor. Auf Basis der erhobenen Marktdaten werden durch die Gutachterausschüsse **Bodenrichtwerte** ermittelt (§ 196 BauGB). Der Bodenrichtwert wird einmal jährlich angepasst und stellt einen typisierten Marktpreis für ein Grundstück entspr seiner Lage dar. Darüber hinaus werden aus der Kaufpreissammlung **Liegenschaftszinssätze** (§ 14 ImmoWertV) sowie Umrechnungskoeffizienten abgeleitet. Diese marktorientierten Bewertungsfaktoren werden anonymisiert öffentlich, teilweise bereits kostenlos im Internet, zur Verfügung gestellt und ermöglichen so interessierten Bewertern ein gewisses Maß an Markttransparenz.

77 Die Immobilienbewertung ist in der **ImmoWertV** geregelt, die in der derzeit geltenden Fassung am 1. Juli 2010 in Kraft trat. Der Ursprung der ImmoWertV ist die erstmals im Jahr 1961 veröffentlichte Wertermittlungsverordnung (WertV), die bereits in der Vergangenheit mit der WertV 1972, WertV 1988 und der WertV 1998 mehrmals überarbeitet worden ist.

Abweichend zu der internationalen Immobilienbewertung und den Verlautbarungen des IVS C oder der TEGoVA, werden in der ImmoWertV nicht nur die **Grundlagen** und **Rahmenbedingungen** der Wertermittlung geregelt, sondern auch die zu verwendenden **Bewertungsverfahren.**

Nach § 8 ImmoWertV ist der Verkehrswert einer Immobilie auf Basis des **Vergleichs-, Ertrags- oder Substanzwertverfahrens** zu ermitteln. Damit bietet die ImmoWertV grds dieselben methodischen Ansätze wie der IFRS 13 (→ § 2 Rn 254 ff). Die ImmoWertV enthält keine explizite Öffnungsklausel oder Verweise auf alternative Verfahren, wie zB die international üblichen DCF-

Verfahren. Ausdrücklich ausgeschlossen oder verboten sind solche Verfahren gem der ImmoWertV allerdings auch nicht (*Kleiber,* 910).

Das **Vergleichswertverfahren** nach § 15 ImmoWertV entspricht im Wesentlichen der Ableitung des beizulegenden Zeitwerts anhand von Marktpreisen oder aus Vergleichstransaktionen nach IFRS 13.B5 *(market approach).* Vergleichspreise werden im Wesentlichen bei der Schätzung des Werts des **Grund und Bodens** herangezogen, da es sich hierbei um ein vergleichsweise homogenes Gut handelt. Unterschiede in Lage, maximal zulässiger Bebauung, Form und Beschaffenheit werden anhand geeigneter **Umrechnungskoeffizienten** berücksichtigt. Darüber hinaus findet das Vergleichswertverfahren bspw auch bei kleineren Einheiten wie der Bewertung von Eigentumswohnungen oder auch Einfamilienhäusern Anwendung. Die hierbei verwendeten Bewertungsfaktoren können Inputfaktoren der **Stufe 2** gem IFRS 13.81 sein. Insofern hat eine solche Bewertung, soweit diese Daten vorliegen, Vorrang vor anderen Methoden, die Inputfaktoren der Stufe 3 mit einem höheren Abstraktionsgrad verwenden. Allerdings wird argumentiert, dass die notwendigen Anpassungen der Bewertungsparameter bereits dazu führen, dass die Bewertung auch nach dem Vergleichswertverfahren nur noch der Stufe 3 entspricht (*Kühnberger/Werling* WPg 2012, 998 (991)). 78

Bei größeren oder komplexeren Immobilien, bei denen sich der Wert im Wesentlichen aus den Ertragspotenzialen ergibt, ist das Vergleichswertverfahren idR nicht umsetzbar, da kaum vergleichbare Immobilientransaktionen vorliegen, anhand derer der Vergleichswert abgeleitet werden kann.

Das **Ertragswertverfahren** *(income approach)* leitet den Wert einer Immobilie auf einer abstrakteren Ebene analog zu den Bewertungsregeln des IFRS 13.B10 auf Basis der erzielbaren Erträge ab. Die dafür verwendeten Inputfaktoren können sowohl Inputfaktoren der Stufe 2, als auch der Stufe 3 sein. 79

Als dritte Bewertungsmethode beinhaltet die ImmoWertV das **Sachwertverfahren** *(cost approach).* Dabei orientiert sich die Wertableitung an Herstellungskosten für ein typisiertes Objekt mit vergleichbaren Eigenschaften wie Alter, Ausstattung und Güte. Die Herleitung des beizulegenden Zeitwerts einer Immobilie anhand alternativer Kosten findet erst mit der Einführung des IFRS 13 (13.62) explizite Erwähnung. Allerdings scheint vor dem Hintergrund einer marktorientierten Wertfindung anhand von Veräußerungspreisen das Sachwertverfahren grds ungeeignet. 80

Dennoch ist nicht auszuschließen, dass insbes auf sonst inaktiven Märkten, bei denen die Errichtung eines neuen Objekts eine echte Alternative zum Erwerb der zu bewertenden bereits bestehenden Immobilie darstellt, mittels des Sachwertverfahrens ein plausibler beizulegender Zeitwert abgeleitet werden kann (zum Sachwertverfahren s *Fierz,* 129 ff). Des Weiteren findet das Ergebnis aus dem Sachwertverfahren als Teilergebnis Eingang in das sog **Residualwertverfahren,** was wiederum bei der Bewertung von in der Entwicklung befindlichen Immobilien Anwendung findet. Insofern hat auch das Sachwertverfahren in bestimmten Bereichen eine Bedeutung für die Ermittlung des beizulegenden Zeitwerts. Ob die Anwendung im Ergebnis zu einem verlässlichen Wert führt, ist im Einzelfall zu prüfen, ggf anhand von Vergleichsrechnungen und Plausibilitätsprüfungen anhand anderer Verfahren.

f) Bewertung von Immobilien nach dem Ertragswertverfahren

Aufgrund der bestehenden Einschränkungen in der Anwendung des Vergleichswert- oder des Sachwertverfahrens, ist das **Ertragswertverfahren** nach §§ 17 ff ImmoWertV das gebräuchlichste Verfahren zur Bewertung von Rendite- 81 immobilien. Hinsichtlich der anzusetzenden Prämissen und Vergleichsdaten können die Bewerter dabei auf die von den Gutachterausschüssen zur Verfügung gestellten Marktdaten wie Bodenrichtwerte und Liegenschaftszinsen zurückgreifen. Bei den **Bodenrichtwerten** handelt es sich um Inputfaktoren die tendenziell noch die Voraussetzung der **Stufe 2** der Bewertungshierarchie des IFRS 13 erfüllen dürften, soweit diese von den Gutachterausschüssen direkt aus Vergleichstransaktionen abgeleitet werden. Soweit als Vergleichstransaktionen nur bebaute Grundstücke vorliegen, werden allerdings Bereinigungen vorgenommen und zusätzliche Annahmen getroffen, sodass auch hier der Übergang fließend sein kann und selbst Bodenrichtwerte nur die Voraussetzungen der Stufe 3 erfüllen. Die **Liegenschaftszinssätze** hingegen dürften uE eher der **Stufe 3** zuzuordnen sein (→ Rn 57). Darüber hinaus sind marktübliche Bewirtschaftungskosten und Nutzungsdauern anzusetzen. Bei diesen Parametern kann es sich sowohl um Inputfaktoren der Stufe 2, aber auch der Stufe 3 handeln, je nachdem wie stark diese aus Marktbeobachtungen abgeleitet werden. Insgesamt kommen damit im Ertragswertverfahren sowohl Inputfaktoren der Stufe 2 als auch der Stufe 3 zum Ansatz.

Das Ertragswertverfahren **differenziert** bei der Berechnung des Verkehrswerts idR zwischen **Grund- und Bodenwert** und dem **Gebäude** und nimmt eine entspr Aufteilung vor. Für die Zeitwertbewertung des IAS 40 ist diese Aufteilung idR unerheblich, da hier Grund und Boden sowie das Gebäude als eine Bewertungseinheit Immobilie angesehen und dementsprechend als ein Vermögenswert bilanziert werden. Die Ableitung des Verkehrswerts nach dem Ertragswertverfahren erfolgt üblicherweise auf Basis eines Einperiodenmodells. Soweit die Ertragsverhältnisse im Zeitablauf voraussichtlich starken Schwankungen unterworfen sind oder wesentlich von den marktüblich erzielbaren Erträgen abweichen, kann der Ertragswert aber auch auf der Grundlage eines Mehrperiodenmodells ermittelt werden (§ 17 ImmoWertV). Diese Berechnungsform gleicht hinsichtlich der Vorgehensweise dem DCF-Modell, allerdings mit Unterschieden in der Ertragsableitung und im Diskontierungszins.

82 Ausgangsbasis für die Ertragswertberechnung ist der nachhaltig erzielbare **Rohertrag** der Immobilie, der in § 18 ImmoWertV näher definiert ist. Der Rohertrag ist der jährliche Gesamtbetrag der Miet- oder Pachtzahlungen, die bei marktüblichen Konditionen unter Berücksichtigung der Nutzungsart, der Lage und Güte durch das Objekt erwirtschaftet werden kann. Hierbei bleiben die gezahlte Umsatzsteuer und idR umgelegte Kostenbestandteile der Miete wie Betriebskosten außer Ansatz. Der Rohertrag ist insoweit die marktübliche Nettokaltmiete für das zu bewertende Objekt. Unterschiede zwischen den tatsächlichen Vertragsmieten und dem angesetzten Rohertrag sind im späteren Verlauf der Berechnung zumindest im Einperiodenmodell als Zu- und Abschläge in Form von **Überrenditen** bzw **Unterrenditen** anzusetzen.

83 Vom Rohertrag abzusetzen sind die Aufwendungen, die nicht auf die Mieter umgelegt werden können, sondern vom Eigentümer selbst zu tragen sind. Zu den wesentlichen **Bewirtschaftungskosten** zählen Instandhaltungs- und Verwaltungskosten, nicht umlegbare Betriebskosten sowie das Mietausfallwagnis. Im Einperiodenmodell sind für die Bewirtschaftungskosten Durchschnittsbeträge anzusetzen, wie sie im Laufe der Nutzungsdauer der Immobilie zu erwarten sind. Hierfür existieren empirische Untersuchungen und Aufstellungen, an denen der Bewertende sich orientieren kann (*Kleiber,* 1817ff; Wertermittlungsrichtlinien (2012), 242). Besondere einmalige Aufwendungen zB für eine notwendige Großinstandsetzung, oder aber auch auf einen bestimmten Zeitraum begrenzte geringere Kosten als Üblich, sind idR durch entspr **Zu- oder Abschläge** zu berücksichtigen.

84 Der Rohertrag abzüglich der Bewirtschaftungskosten ergibt den **Reinertrag** der Immobilie. Dieser Betrag entspricht dem jährlichen Nettoertrag, den die Immobilie bei Bewirtschaftung zu marktüblichen Konditionen erzielen kann. Da es sich hierbei um einen kalkulatorischen Durchschnittsertrag handelt, unterscheidet sich dieser idR von den tatsächlich erzielten Erträgen.

Für die weitere Berechnung ist die Ermittlung des Liegenschaftszinses von Bedeutung. Der **Liegenschaftszins** ist das Pendant zum Diskontierungszinsfuß in der DCF-Methode. Er unterscheidet sich insofern, als er primär nicht durch objektbezogene Anfangsrenditen, Vergleichszinssätze am Kapitalmarkt oder modellhaft durch das CAPM abgeleitet wird, sondern durch retrograde Berechnungen aus vergangenen tatsächlichen Immobilientransaktionen (§ 14 Abs 3 ImmoWertV) Aufgrund der Vielzahl von Annahmen und Berechnungen, die der Gutachterausschuss zu diesem Zweck vornimmt, handelt es sich hierbei um einen nicht beobachtbaren Inputfaktor, der uE eher der **Stufe 3** nach IFRS 13.86 zuzuordnen ist (ähnlich *Kühnberger* KoR 2012, 217 (222), wobei in der Literatur auch die Meinung vertreten wird, dass dieser noch der Stufe 2 entspricht (vgl *Kühnberger/Werling* WPg 2012, 988 (993)). Die Liegenschaftszinssätze werden, wenn auch nicht in allen Regionen, von den Gutachterausschüssen ermittelt und in Form von ortsüblichen Bandbreiten, teilweise kostenlos im Internet, bereitgestellt. Es obliegt dem Gutachter, sich an diesen Bandbreiten zu orientieren oder auf Basis eigener Erfahrung und Erkenntnisse einen anderen Zins festzulegen. Auch Vergleichsüberlegungen anhand aktueller Anlagezinssätze am Kapitalmarkt oder Hypothekenzinsen können in die Schätzung mit einbezogen werden. Liegenschaftszinssätze sind ebenfalls (idR geringer als am Kapitalmarkt) Schwankungen unterworfen. Dauerhaft gültige Richtgrößen anzugeben ist daher nicht möglich. Mit aller Vorsicht betragen diese für Wohnimmobilien idR zwischen 2,5 bis 5,0%, für Gewerbeimmobilien 5,0% bis 7,5%, und für Spezialimmobilien 7,0 bis 10%. Dabei zeigen Untersuchungen, dass der Liegenschaftszins stark abhängig von der Lage der Immobilie ist (*Kleiber,* 1204 ff). Aufgrund der starken Immobiliennachfrage, insbes in den Großstädten, sehr geringer Kapitalmarktzinsen und fehlender Alternativanlagemöglichkeiten sind die Renditen von Immobilien und damit auch die Liegenschaftszinssätze seit der Finanzmarktkrise teilweise sehr stark gesunken. Insofern handelt es sich bei den genannten Liegenschaftszinssätzen nur um Anhaltspunkte. Die tatsächlichen Renditen können hiervon im Einzelfall deutlich (sowohl nach oben als auch nach unten) abweichen.

85 Soweit eine rechnerische Aufteilung zwischen Gebäudewert und Grund und Boden vorgenommen wird, ist vom Reinertrag die kalkulatorische Verzinsung des Grund und Bodens **(Bodenwertverzinsung)** abzuziehen. Die Bodenwertverzinsung entspricht dem Bodenwert verzinst zum beizulegenden Liegenschaftszins (Bodenwert × Liegenschaftszins in %; § 17 Abs 2 Nr 1 ImmoWertV). Hierzu wird der Wert des Grund und Bodens anhand von Vergleichswerten, dem **Bodenrichtwert,** geschätzt. Die Bodenrichtwerte werden von den Gutachterausschüssen ermittelt und als Wert pro Quadratmeter sowie mit der für das entspr Grundstück vorgesehenen Nutzungsart veröffentlicht. Bei dem Bodenrichtwert handelt es sich um einen Durchschnittswert für ein typisiertes Grundstück. Soweit das zu bewertende Grundstück in seinen Merkmalen von dem typisierten Grundstück abweicht, sind Anpassungen vorzunehmen. Bei der Grundstücksbewertung handelt es sich um eine Form des Vergleichswertverfahrens *(comparison approach),* das innerhalb der Ertragswertberechnung als Nebenrechnung zur Anwendung kommt. Wie dargestellt (→ Rn 78) sind uE die Bodenrichtwerte, je nach Ermittlungsform und der herangezogenen Vergleichstransaktionen, Inputfaktoren der **Stufe 2** gem IFRS 13.81.

86 Der Reinertrag vermindert um die Bodenverzinsung ist der **Gebäudeertragsanteil,** dh der wirtschaftliche Ertrag, der kalkulatorisch auf das Gebäude entfällt. Im Ertragswertverfahren wird der Gebäudeertragsanteil wie eine jährliche Rente behandelt. Der **Gebäudeertragswert** entspricht dabei dem Barwert dieser Rentenzahlung und errechnet sich als Produkt aus Gebäudeertragsanteil und Rentenbarwertfaktor. Der **Rentenbarwertfaktor** ist determiniert durch die Restnutzungsdauer des Gebäudes und dem zugrunde gelegten Liegenschaftszins. Er kann entweder konkret berechnet oder in entspr Tabellen (Anlage 1 zu § 20 ImmoWertV) abgelesen werden.

87 Die Summe aus Gebäudeertragswert und Bodenwert ergibt den **Ertragswert** der Immobilie. Dieser unterscheidet sich vom Verkehrswert insofern, als es sich hierbei lediglich um einen rechnerisch hergeleiteten Wert handelt und dieser nicht zwangsläufig einem am Markt erzielbaren Preis entsprechen muss. Er dient im Wesentlichen als Referenzwert und ist Grundlage für die **Überleitung zu einem Verkehrswert.** Dabei sind ggf Zu- oder Abschläge zu berücksichtigen, zB für
(1) Marktgängigkeit,
(2) Instandhaltungsstau,
(3) Vermietbarkeit etc.

Beispiel: Bei der zu bewertenden Immobilie handelt es sich um ein Gewerbeobjekt in guter Lage. Das Grundstück hat eine Fläche von 1.000 m². Die vermietbare Fläche des Gebäudes beträgt 2.500 m². Zurzeit ist eine Fläche von 1.500 m² zu einer marktüblichen Miete in Höhe von 15,00 €/m²/Monat vermietet, der Rest steht leer. Es wird geschätzt, dass der Leerstand noch für zwölf Monate besteht und danach das Objekt voll vermietet sein wird. Der Gutachterausschuss gibt für die Adresse einen Bodenrichtwert von 900 €/m² und einen Liegenschaftszins von 6% an.

Es wird unterstellt, dass das Grundstück in seinen Merkmalen (insb der baulichen Ausnutzung) dem typisierten Grundstücksmerkmalen aus der Bodenrichtwertkarte entsprechen. Auf Basis der Angaben ergibt sich ein Wert für das Grundstück von T€ 900 (1.000 m² × € 900/m²). Die Bodenwertverzinsung beträgt hiernach T€ 54 (€ 900.000 × 6%).

Mit dem Gebäude kann ein Rohertrag in Höhe von T€ 450 (2.500 m² × € 15 × 12 Monate) erzielt werden. Entspr der Lage und dem Objektzustand wird bei einer Nutzungsdauer von 30 Jahren mit Instandhaltungskosten von T€ 25/pa (€ 10/m²/pa), einem Mietausfall von T€ 18/pa (4% der Nettomiete) und Verwaltungskosten in Höhe von T€ 9/pa (2% der Nettomiete) gerechnet.

Der Reinertrag beträgt hiernach T€ 398. Von diesem Reinertrag entfallen T€ 54 auf die Bodenwertverzinsung, sodass für das Gebäude ein Betrag von T€ 344 verbleibt. Aus der Nutzungsdauer von 30 Jahren und einem Liegenschaftszins von 6% ergibt sich ein Bewertungsfaktor von 13,76. Der Ertragswert für das Gesamtobjekt setzt sich aus dem Gebäudewert in Höhe von T€ 4.733 und dem Grundstückswert in Höhe von T€ 900 zusammen. Da zum Bewertungsstichtag noch eine Fläche von 1.000 m² für einen Zeitraum von 12 Monaten unvermietet bleibt, ist der Mietausfall in einer Nebenrechnung als *underrent* wertmindernd zu berücksichtigen. Soweit keine weiteren Anpassungen an die Marktverhältnisse notwendig sind, beträgt der Verkehrswert auf Basis des Ertragswertverfahrens für dieses Objekt T€ 5.453 (Gebäudewert zuzüglich Grundstückswert abzüglich *underrent* in Höhe von T€ 180) bzw gerundet Mio € 5,5.

g) Methodenvergleich und praktische Anwendung im IAS 40

88 Zusammenfassend lässt sich feststellen, dass das gesetzlich normierte Ertragswertverfahren eine Reihe von **Unterschieden** im Vergleich zum nicht normierten DCF-Verfahren aufweist (s hierzu auch *Matzen,* 38ff).

Das Ertragswertverfahren sieht idR eine **Aufteilung** zwischen einem **Boden- und Gebäudewert** vor. Im DCF-Verfahren wird idR keine Aufteilung vorgenommen.

Dem **Ertragswertverfahren** liegt idR eine **einperiodische Betrachtungsweise** zugrunde. Die Einnahmenschätzung im Ertragswertverfahren fußt auf einem dauerhaft und nachhaltig zu erzielenden Rohertrag (Marktmiete). Diese kann von den tatsächlichen Vertragsmieten erheblich abweichen. Für die Bewertung nach dem **DCF-Verfahren** wird eine **Ertragsprognose** über einen längeren Zeitraum (idR über zehn Jahre) vorgenommen, wobei die Erträge aus den tatsächlichen Mietvertragsverhältnissen und objektspezifischen Mietprognosen abgeleitet werden. Die für das Gebäude zu **erwartende Restnutzungsdauer** wird im Ertragswertverfahren über den Rentenbarwertfaktor abgebildet. Im DCF-Modell spielt diese Annahme eher eine untergeordnete Rolle und ist ein Bestandteil der Restwertschätzung.

Der im Ertragswertverfahren zugrunde gelegte **Liegenschaftszins** wird von den lokalen Gutachterausschüssen auf Basis von tatsächlichen (historischen) Grundstücksverkäufen abgeleitet. Da hierbei auf Transaktionen der letzten Jahre zurückgegriffen wird, spiegelt der Liegenschaftszins die **Renditeforderungen** der Vergangenheit wider, sodass eine schätzweise Anpassung an die Verhältnisse zum Bewertungsstichtag notwendig wird.

Ein weiterer wesentlicher Unterschied zum **Diskontierungszins** im DCF-Verfahren ist, dass zukünftige Mietsteigerungen ua für den Inflationsausgleich im Liegenschaftszins bereits als Wachstumsabschlag berücksichtigt sind. Der Liegenschaftszins ist dementsprechend in Höhe der inflationsbedingten Mietsteigerungsrate geringer als der Diskontierungszins im DCF-Modell.

Darüber hinaus ist zu berücksichtigen, dass ua die im Ertragswertverfahren anzusetzenden Liegenschaftszinssätze nicht beobachtbare Inputfaktoren der Stufe 3 sind, wobei hingegen Diskontierungszinssätze theoretisch aus direkt am Markt beobachtbaren Transaktionen abgeleitet werden können. Soweit die Diskontierungszinssätze dann Inputfaktoren der Stufe 2 sind, wäre zu prüfen, ob diese aufgrund der Bewertungshierarchie das IFRS 13 nicht vorrangig zu berücksichtigen wären.

Ergibt sich im Methodenvergleich, dass mittels **DCF-Verfahren** eine verlässliche Bewertung mit belastbaren Inputfaktoren mehrheitlich der Stufe 2 (mittelbar oder unmittelbar beobachtbare Bewertungsfaktoren) möglich ist, hat diese Bewertung nach DCF-Verfahren **Vorrang** vor einer Bewertung auf Basis des Ertragswertverfahrens.

Aufgrund der zu treffenden Annahmen und dem Rückgriff auf **historische** 89
Marktparameter neigt das Ertragswertverfahren dazu, träger auf Marktwertveränderungen zu reagieren. In der Vergangenheit wurden daher teilweise Kritik und Bedenken geäußert, ob das deutsche Ertragswertverfahren geeignet ist, den beizulegenden Zeitwert zu bestimmen. Im Fokus standen insbes nicht marktgerechte Nutzungsdauern bzw Mietansätze (*Mol* Immobilien Zeitung vom 10. Februar 2005, 1). Dennoch hat das Ertragswertverfahren in der Bewertungspraxis in Deutschland nicht an Bedeutung verloren (*Kühnberger* KoR 2012, 217 (217).

Insgesamt bleibt festzustellen, dass jedes Verfahren nur **marktgerechte Werte** liefern kann, wenn auch marktgerechte Annahmen getroffen und marktgerechte Parameter Eingang in die Berechnung finden. Dies gilt sowohl für das Ertragswertverfahren als auch für das DCF-Verfahren. Soweit insofern in der Ertragswertberechnung lückenlos marktkonforme Annahmen und Prämissen zum Ansatz gelangen, spricht uE nichts gegen die Anwendung des Ertragswertverfahrens nach der ImmoWertV, um den beizulegenden Zeitwert von Immobilien nach IFRS 13 zu bestimmen (*Heidenheim/Kormaier* DStR 2004, 2024 (2024)).

h) Besonderheiten bei der Berücksichtigung von zukünftigen Investitionsmaßnahmen

90 Mit IFRS 13 sind die Wertsteigerungsmöglichkeiten durch **Gebäudesanierungsmaßnahmen** bzw größere **Investitionen** bei der Ermittlung des beizulegenden Zeitwerts insoweit zu berücksichtigen, als Marktteilnehmer diese Maßnahmen ebenfalls bei ihrer Wertfindung einpreisen würden. IFRS 13 geht noch einen Schritt weiter und beinhaltet die Bewertung nach dem Konzept des sog ***„highest and best use"*** (→ Rn 55 sowie → § 2 Rn 245). Damit ist auch eine komplette Nutzungsänderung in die Wertfindung einzubeziehen, soweit Hinweise hierfür vorliegen, dass Marktteilnehmer die Immobilie hierdurch höher bewerten würden.

91 Es ist darauf hinzuweisen, dass hingegen mit dem in 2013 eingeführten **IDW S 10** Investitionen nur dann zu berücksichtigen sind, wenn diese ausreichend konkretisiert sind. Für die rechnungslegungsbezogenen Bewertung nach HGB liegt eine ausreichende Konkretisierung somit erst dann vor, wenn die **Planung** abgeschlossen ist, die **Baugenehmigung** vorliegt, der Termin für den **Baubeginn** feststeht und die **Finanzierung** sichergestellt ist (*IDW* S 10.25).

Aufgrund dieser Einschränkungen kann es sein, dass eine Immobilienbewertung nach IDW S 10 nicht mehr den Anforderungen einer Bewertung zum beizulegenden Zeitwert nach IAS 40 iVm IFRS 13 entspricht. Die Auswirkungen und Unterschiede in Bezug auf Investitionsmaßnahmen sind im Einzelfall zu prüfen.

92, 93 *(einstweilen frei)*

i) Besonderheiten bei der Bewertung von in der Entwicklung befindlichen Immobilien

94 Bezogen auf den Gesamtwert der Immobilien weisen die noch in der Entwicklung befindlichen Immobilien (am Anfang der Maßnahme) den **höchsten** Anteil an **zukünftigen Investitionen** und den **geringsten Fertigstellungsgrad** auf. Als Hilfestellung für die bei der Bewertung solcher Immobilien zu berücksichtigenden Annahmen und Prinzipien hat das IVS C die *Guidance Note 17* (GN 17) veröffentlicht.

Das IVS C stellt zunächst fest, dass eine Bewertung auf Basis des **Vergleichswertverfahrens** idR nicht möglich sein wird, da es nur sehr wenige Vergleichstransaktionen gibt und selbst im Fall der Existenz von vergleichbaren Transaktionen sich die Projekte hinsichtlich des Fertigstellungsgrads unterscheiden werden. Vor diesem Hintergrund sind bei einer Vergleichsbewertung entweder weitgehende Anpassungen vorzunehmen oder die Bewertung erfolgt auf einer abstrakteren Ebene nach dem DCF-Verfahren (oder Ertragswertverfahren). Bei der Bewertung ist danach wie folgt vorzugehen:

1. Der Wert der teilweise fertiggestellten Immobilie spiegelt die **Markterwartungen** über den Wert der fertiggestellten Immobilie zum Zeitpunkt der Fertigstellung abzüglich aller erwarteten Kosten zur Fertigstellung sowie Abschlägen für eine Gewinnmarge und des bestehenden Risikos wider (GN 17 Rz 3.4).
2. Die hierfür zutreffenden Einschätzungen entsprechen den **Marktverhältnissen zum Bewertungsstichtag.** Es ist daher nicht sachgerecht, eine Bewertung auf Basis historischer Daten und Kostenschätzungen oder der urspr Projektplanung vorzunehmen. Auch der Fertigstellungsgrad kann nicht anhand der historischen Planung abgeleitet werden.
3. Bei der Bewertung ist der zeitliche Verlauf von Kosten und Erträgen in einem **Barwertmodell** zu berücksichtigen, soweit diese relevant für die Bewertung sind.

4. Bei der Bewertung sind die bereits angefallenen Kosten bzw getätigten Investitionen irrelevant. Da die Bewertung anhand des Werts der fertiggestellten Immobilie erfolgt, sind lediglich die noch für die bis zur endgültigen Fertigstellung **erwarteten Kosten** zu berücksichtigen.
5. Darüber hinaus sind **Finanzierungskosten,** andere Kosten (Beratung, etc), Risiken (Baukosten, Vermarktung, Vermietung) und die **Gewinnmarge,** die ein potenzieller Projektentwickler einpreisen würde, zu berücksichtigen.

Dies gilt grds **unabhängig** vom **Umfang** der getätigten Investitionen. Ausgangspunkt der Bewertung ist eine marktgerechte Bewertung der fertiggestellten Immobilie zum **Fertigstellungszeitpunkt.** Der Verkehrswert zum Bewertungsstichtag mindert sich um die bis zur Fertigstellung erforderlichen Investitionen, einhergehende Risiken und die verbleibende Projektdauer. 95

Insbes bei großen und in ihrem zeitlichen Verlauf ungewissen Projekten führen die bewerteten **Risiken** dazu, dass am Anfang solcher Maßnahmen noch keine oder kaum positive Marktwertänderungen (über die Investitionen hinaus) zu erwarten sind. Erst mit einem weitgehenden Projekt- oder Baufortschritt nimmt die Unsicherheit ab. Die Gewinnmarge bzw Marktwertsteigerung, die sich aus einer Investition realisieren lässt, verhält sich daher idR nicht linear zu dem Fertigstellungsgrad.

Beispiel 1: Eine als Finanzinvestition gehaltene Immobilie ist ein vermietetes Wohnhaus mit einer Gesamtmietfläche von 1.000 m², allerdings in einem nicht mehr zeitgemäßen Zustand, mit Ofenheizung, alten Fenstern, schlecht isoliertem Dach und Fassaden, etc. Die zurzeit erzielte Nettokaltmiete beträgt 5,00 €/m² monatlich (netto-kalt). Die Häuser in der Nachbarschaft, die einen zeitgemäßen Wohnstandard aufweisen, werden hingegen für 10,00 €/m² monatlich vermietet.

Der Marktwertfaktor für eine dem aktuellen Stand entspr Immobilie beträgt das 15-fache der Jahresnettokaltmiete. Wäre die Immobilie saniert, wäre sie damit Mio € 1,8 wert (1.000 m² × 10 €/m² × 12 × Faktor 15 = Mio € 1,8). Derselbe Marktwertfaktor bezogen auf die alte Immobilie führt hingegen lediglich zu einem rechnerischen Wert von Mio € 0,9 (1.000 m² × 5 €/m² × 12 × Faktor 15 = Mio € 0,9). Die Immobilie kann zu marktüblichen Konditionen für 500 €/m² innerhalb von sechs Monaten saniert und auf den aktuellen technischen Stand gebracht werden.

Da für die Immobilie mit einer Investition von lediglich Mio € 0,5 ein Wert von Mio € 1,8 erreicht werden kann, antizipiert der Markt dieses Wertsteigerungspotenzial bereits teilweise, sodass die alte Immobilie nicht zum 15-fachen sondern zum 18-fachen der aktuellen Miete, dh für ca Mio € 1,1 am Markt gehandelt wird.

Für die Bauzeit, die entgangene Miete von sechs Monaten, etwaige Risiken und erwartete Sanierungsgewinne ergibt sich noch eine Differenz von Mio € 0,2, die erst realisiert werden kann, wenn die Sanierung abgeschlossen und das Objekt wieder voll vermietet worden ist.

Im Hinblick auf die Bilanzierung zum beizulegenden Zeitwert unter Berücksichtigung von Investitionen ergibt sich hiernach Folgendes: Zum Bilanzstichtag beträgt der Verkehrswert für das alte unsanierte Gebäude Mio € 1,1. Es sind nicht Mio € 0,9 aber auch nicht Mio € 1,3 (Mio € 1,8 abzgl Investitionen von Mio € 0,5).

Mit dem Beginn der Investition wird das Gebäude zunächst entmietet. Der Verkehrswert sinkt hierdurch nicht, da in dem Verkehrswert das Sanierungspotenzial bereits zT antizipiert wurde. Angenommen, es erfolgt nun eine Bewertung zur Mitte der Bauzeit, also nach drei Monaten: Die noch erwarteten Investitionen bis zur Fertigstellung betragen wie urspr geplant noch Mio € 0,25 und der Verkehrswert der fertiggestellten Immobilie sei unverändert geblieben. Der Verkehrswert der teilweise sanierten Immobilie beträgt hiernach Mio € 1,8 abzüglich der noch verbleibenden Baukosten von Mio € 0,25, abzüglich bewertete Risiken und Gewinnmargen der Projektentwicklung von Mio € 0,1, dh somit Mio € 1,45. Durch die noch nicht abgeschlossenen Sanierungsmaßnahmen ergibt sich ein Gewinn aus der Marktwertanpassung von Mio € 0,1. Die anderen Bestandteile der Verkehrswerterhöhung sind die getätigten Investitionen in Höhe von Mio € 0,25, welche erfolgsneutral als Zugang bei der Immobilie zu erfassen sind.

Für die Fertigstellung sind tatsächlich Baukosten von Mio € 0,55 entstanden. Nach dem Abschluss aller Maßnahmen ist die Immobilie nun für 10 €/m² monatlich vermietet. Der Marktwertfaktor beträgt unverändert das 15-Fache der Jahresmiete. Daraus ergibt sich nun ein Verkehrswert von Mio € 1,8, allerdings nur noch eine über die Investitionskosten hinausgehende Marktwertsteigerung von Mio € 0,05, da für die letzte Bauphase höhere Kosten von Mio € 0,05 entstanden sind.

96 *(einstweilen frei)*

D. Ausweis

I. Bilanz

97 Der Ausweis der als Finanzinvestition gehaltenen Immobilien hat nach IAS 1.54b unter den langfristigen Vermögenswerten neben den Sach- und Finanzanlagen in der Bilanz als gesonderter Posten zu erfolgen. Dieser ist entspr mit **„Als Finanzinvestition gehaltene Immobilien“** oä zu bezeichnen. Ebenso sehen es die *Best Practices Recommendations* der EPRA vor (*EPRA Best Practices Recommendations* Juli 2009, 18).

II. Gesamtergebnisrechnung

98 Erfolgt die Bewertung der als Finanzinvestition gehaltenen Immobilien auf Basis der **Anschaffungskostenmethode,** ist IAS 16 entspr anzuwenden. Hiernach sind planmäßige Abschreibungen und ggf aufgrund von Wertminderungen entstehende außerplanmäßige Abschreibungen aufwandswirksam zu erfassen (im Einzelnen → § 5 Rn 102ff). Erfolgswirkungen aufgrund von Änderungen des beizulegenden Zeitwerts ergeben sich nicht.

99 Bei der Bewertung von als Finanzinvestition gehaltenen Immobilien nach der **Methode des beizulegenden Zeitwerts** sind Wertschwankungen grds **erfolgswirksam** zu erfassen (IAS 40.35, s auch IAS 40.65). Dabei ist in IAS 40 allerdings nicht spezifiziert, wie und an welcher Stelle diese Erfolgsauswirkungen auszuweisen sind.

Die in der GuV zu erfassenden Wertschwankungen betreffen nur die tatsächlichen **Änderungen im Verkehrswert** des Immobilienbestands. Wertänderungen im Gesamtbestand der Renditeimmobilien, die auf reine Zugänge in Form von Käufen oder Investitionen zurückzuführen sind oder Abgänge in Form von Verkäufen, werden hier nicht erfasst. Diese sind im Anhang darzustellen.

100 Hinsichtlich der GuV stellt sich die Frage, ob die Wertschwankungen innerhalb der **operativen Geschäftstätigkeit** des Unternehmens oder eher dem Bereich der Finanzierungs- und Investitionstätigkeit zuzuordnen sind.

Nach den *Best Practices Recommendations* der EPRA ergibt sich, dass sowohl reine Wertschwankungen, als auch Veräußerungsgewinne und -verluste **nicht** Bestandteil des **operativen Ergebnis** sind (*EPRA Best Practices Recommendations* Dez 2014, 6). Eine ähnliche Auffassung wird auch in der deutschen Literatur vertreten, allerdings dann, wenn zB Renditeimmobilien eher eine **Nebentätigkeit** des Unternehmens darstellen (*Zülch,* 342f). Hiernach wird ein Ausweis im **Finanzergebnis** vorgeschlagen.

101 Es gibt aber auch gegenteilige Auffassungen (*Lüdenbach/Hoffmann/Freiberg* IFRS § 16 Rz 129). Insbes bei Immobiliengesellschaften, bei denen die als Finanzinvestition gehaltenen Immobilien der **wesentliche Bestandteil** des Geschäftsmodells sind, beschränkt sich die Geschäftstätigkeit nicht nur auf die Erzielung eines positiven Bewirtschaftungsergebnis (Mieten, Bewirtschaftungskosten etc), sondern grds auch auf den Erhalt und die Erhöhung des Werts des Immobilienbestands. Demzufolge wären auch erzielte Wertänderungen Teil des operativen Ergebnisses der Immobiliengesellschaft.

Im Ergebnis ist für die Einschätzung des Werts der als Finanzinvestitionen gehaltenen Immobilien im Wesentlichen das reine immobilienwirtschaftliche operative Ergebnis ausschlaggebend. Wertänderungen im beizulegenden Zeitwert der Immobilien sind hingegen nur das Resultat aus zwei aufeinanderfolgenden Immobilienbewertungen.

Vor dem Hintergrund, das mit dem operativen Ergebnis der Gesellschaft die wirtschaftliche Leistungsfähigkeit zum Ausdruck gebracht werden soll, schlagen wir daher ebenfalls vor, die Wertänderungen **nicht** in das **operative Ergebnis** der Gesellschaft einzubeziehen, da dies die Beurteilung der operativen Leistungsfähigkeit der Gesellschaft erschwert.

Neben der Stellung in der Gesamtergebnisrechnung gibt IAS 40 ebenfalls **102** nicht vor, wo der Ausweis konkret zu erfolgen hat. In der Praxis wird in der GuV ein Posten eingefügt und mit **„Nettoergebnis aus der Bewertung von Renditeimmobilien“, „Ergebnis aus der Fair Value Anpassung“** oÄ bezeichnet. Allerdings führt der in einer Zeile saldierte Ausweis, insbes bei großen Immobilienbeständen, zu einer sehr undifferenzierten Darstellung, da sich gegenläufige Bewertungseffekte verschiedener Immobilien ausgleichen können. Für den Bilanzleser wird dadurch die Beurteilung der Wertanpassung erschwert.

Die EPRA (European Public Real Estate Association) hat hierzu in ihren *Best* **103** *Practices Recommendations* Juli 2009, 16 weitere Differenzierungen empfohlen. Zunächst sind hiernach die Gewinne oder Verluste aus der tatsächlichen **Veräußerung** von Renditeimmobilien separat auszuweisen **(realisierte Marktwertänderungen).** Die reine Marktwertanpassung der im Bestand befindlichen Immobilien hat differenziert nach **Bewertungsverlusten** und **Bewertungsgewinnen** zu erfolgen **(unrealisierte Marktwertänderungen).**

Die detaillierte Darstellung schafft für den Bilanzleser die **höchste Transpa-** **104** **renz** im Hinblick auf den erfolgswirksamen Ausweis der Marktwertänderungen der Renditeimmobilien. Allerdings wird auch die Übersichtlichkeit der GuV geringer, je mehr Positionen eingeführt werden. Die EPRA hat auch vor diesem Hintergrund die Aufgliederung der Positionen in der GuV aus ihren *Best Practices Recommendations* Januar 2014, 21 gestrichen. Im Gegenzug wird eine detaillierte Darstellung von Informationen im Anhang gefordert. Hierzu wurden eine Reihe von normierten Kennzahlen wie EPRA *earnings,* EPRA NAV, EPRA NIY, etc definiert, die entspr abzuleiten und deren Zusammensetzung offenzulegen ist.

Zusammenfassend ergibt sich hiernach uE, dass zum Zweck einer angemessenen Informationsversorgung des Bilanzadressaten und dem dafür notwendigen Detaillierungsgrad, der separate Ausweis von **realisierten** und **unrealisierten Marktwertänderungen** in der GuV ausreichend sein sollte. Weitere Informationen, die ohnehin nicht alle in der GuV dargestellt werden können, sind in den Anhang (→ Rn 122 ff) aufzunehmen.

(einstweilen frei) **105, 106**

E. Behandlung von Zu- und Abgängen

I. Umgliederungen

Im Zuge von **Nutzungsänderungen** sind **Umgliederungen** von als Finanz- **107** investition gehaltenen Immobilien in andere Bilanzposten (Vorräte oder Sachanlagen, dh selbst genutzte Immobilien) vorzunehmen und umgekehrt.

1. Anschaffungskostenmodell

108 Bei Anwendung des **Anschaffungskostenmodells** führen Umgliederungen von und zu den als Finanzinvestition gehaltenen Immobilien weder zu Buchwertänderungen noch zu Anpassungen der Anschaffungs- oder Herstellungskosten der übertragenen Immobilien (IAS 40.59). Erfolgsauswirkungen ergeben sich somit nicht, da bestehende Buchwerte lediglich unter anderer Bezeichnung fortgeschrieben werden. Dies gilt auch für den Fall, dass in der Entwicklung befindliche Immobilien, die weiterhin zu **Anschaffungs- oder Herstellungskosten** bewertet werden, nunmehr aufgrund von IAS 40.8(e) vom Sachanlagevermögen (IAS 16) in die als Finanzinvestition gehaltenen Immobilien (IAS 40) umgegliedert werden.

2. Modell des beizulegenden Zeitwerts

109 Bei Anwendung des **Modells des beizulegenden Zeitwerts** ist hinsichtlich der bilanziellen Behandlung und dem Ergebnisausweis nach dem Anlass und der Richtung der Umgliederung zu differenzieren.

110 Eine Umgliederung mit einem entspr **Abgang** bei den als Finanzinvestition gehaltenen Immobilien ist vorzunehmen, wenn

(1) eine bisher als Finanzinvestition gehaltene Immobilie in Zukunft selbst genutzt werden soll (IAS 40.57(a)),

(2) begonnen wird, eine bisher als Finanzinvestition gehaltene Immobilie mit der Absicht zu entwickeln, diese im späteren Verlauf zu veräußern (IAS 40.57(b)). Eine reine **Veräußerungsabsicht** ohne eine vorgelagerte Entwicklung begründet hingegen keinen Umgliederungsanlass in das Vorratsvermögen (IAS 40.58); es ist jedoch **IFRS 5** zu beachten (→ Rn 118).

Aus diesen **Abgängen** ergeben sich **keine Erfolgsauswirkungen.** Als Anschaffungs- oder Herstellungskosten werden die beizulegenden Zeitwerte zum Zeitpunkt der Nutzungsänderung unterstellt. Entspr den für diese Bilanzposten anzuwendenden Bewertungsvorschriften (IAS 16, IAS 2) sind diese dann fortzuführen (IAS 40.60).

111 **Zugänge** zu den als Finanzinvestitionen gehaltenen Immobilien sind zu erfassen, wenn

(1) eine bisher selbst genutzte Immobilie in Zukunft vermietet werden soll und damit nun die Voraussetzungen für eine als Finanzinvestition gehaltene Immobilie erfüllt werden (IAS 40.57(c)),

(2) eine bisher im Vorratsvermögen ausgewiesene Immobilie in Zukunft im Rahmen eines Operating-Leasingverhältnisses vermietet wird (IAS 40.57(d)).

112 **Selbst erstellte** oder **in Entwicklung befindliche Immobilien,** die später als Renditeimmobilien gehalten werden sollen, sind bereits von Beginn an als Finanzinvestitionen zu klassifizieren, sodass sich hieraus kein Sachverhalt ergibt, der einen Zugang begründet.

Im Rahmen des **Zugangs** sind die bisher nach den Vorschriften für Vorräte (IAS 2) oder Sachanlagen (IAS 16) ermittelten **Buchwerte** durch den **beizulegenden Zeitwert** zu ersetzen. IdR führt der Bilanzansatz zum beizulegenden Zeitwert zur Aufdeckung stiller Reserven und folglich zu einem höheren Bilanzausweis. Ein geringerer Wertansatz ist aufgrund der bis dahin lfd durchzuführenden Wertminderungstests seltener zu erwarten. Auszuschließen ist dies dennoch nicht. Zum einen können sich die Marktbedingungen seit der letzten Bewertung verschlechtert haben oder aber der der Immobilie beigemessene Nutzungswert lag oberhalb des beizulegenden Zeitwerts als Vermietungsobjekt.

113 Im Falle einer **bisher selbst genutzten Immobilie,** die zukünftig vermietet werden soll und damit die Voraussetzungen einer als Finanzinvestition gehaltenen

Immobilie erfüllt, wird im Zugangszeitpunkt hinsichtlich der Erfolgsauswirkung und der bilanziellen Behandlung zwischen einer positiven oder einer negativen Bewertungsdifferenz unterschieden. **Buchwertminderungen** sind dabei **erfolgswirksam** zu erfassen. Nur soweit für die Immobilie noch eine Neubewertungsrücklage besteht, sind die Wertminderungen zunächst erfolgsneutral mit dieser zu verrechnen (IAS 40.62(a)). **Buchwerterhöhungen** sind generell **erfolgsneutral** (IAS 40.61) im sonstigen Ergebnis (Neubewertungsrücklage) zu erfassen. Lediglich wenn die Erhöhung zur Aufhebung eines früheren Wertminderungsaufwands führt, ist dies erfolgswirksam (maximal in Höhe des urspr Wertminderungsaufwands) zu zeigen (IAS 40.62(b)). Bei einem späteren Abgang der als Finanzinvestition gehaltenen Immobilie ist die Neubewertungsrücklage erfolgsneutral in die Gewinnrücklagen umzubuchen (IAS 40.62(b)(ii)).

Bei Zugängen von bisher im **Vorratsvermögen** ausgewiesenen Immobilien, die durch eine Nutzungsänderung nunmehr als Finanzinvestition klassifiziert werden, sind die Bewertungsunterschiede zwischen dem bisherigen Buchwert und dem beizulegenden Zeitwert (unabhängig ob positiv oder negativ) **erfolgswirksam** zu erfassen (IAS 40.63). **114**

Ebenfalls erfolgswirksam (IAS 40.65) sind die Bewertungsdifferenzen bei den nach IAS 40.8(e) **in der Entwicklung befindlichen Immobilen** zu erfassen, wenn diese erstmalig mit ihrem Verkehrswert bewertet werden.

II. Veräußerungen und Abgänge

Mit dem **Verkauf** oder dem Abschluss eines **Finanzierungs-Leasingverhältnisses** ist eine als Finanzinvestition gehaltene Immobilie auszubuchen (IAS 40.66f). Der Unterschiedsbetrag zwischen dem Nettoveräußerungserlös und dem Buchwert der Immobilie ist **erfolgswirksam** zu zeigen (IAS 40.69). In welcher Form der Erfolgsausweis zu erfolgen hat, ist in IAS 40 nicht vorgeschrieben. Sollten solche Unterschiedsbeträge in größerem Umfang vorliegen, erscheint uE der Ausweis in einem **separaten Posten** zur Verbesserung der Transparenz sinnvoll (→ Rn 104). Darüber hinaus lassen sich hierdurch auch bessere Rückschlüsse auf die Güte der ausgewiesenen Verkehrswerte ziehen. **115**

Ausnahmen können sich für *sale-and-lease-back*-Transaktionen ergeben (→ § 22 Rn 156f). Unterschiede in der bilanziellen Behandlung des Abgangs und der erfolgsmäßigen Erfassung zwischen der Methode des beizulegenden Zeitwerts oder dem Anschaffungskostenmodell bestehen grds nicht.

Die im Rahmen des Abgangs erhaltene **Gegenleistung** ist mit ihrem beizulegenden Zeitwert zu erfassen. Unterschiede zwischen beizulegendem Zeitwert und Nennwert der Gegenleistung entstehen ua bei langen Zahlungszielen. Diese Differenz ist als Zinsertrag zu berücksichtigen. **116**

Ebenfalls **auszubuchen** sind Immobilien, denen dauerhaft kein Nutzen mehr beigemessen wird und bei denen auch durch Abverkauf kein Veräußerungserlös mehr zu erwarten ist. Allerdings dürfte dies bei Immobilien nur selten der Fall sein, da idR der Grund und Boden nicht vollkommen wertlos werden dürfte (soweit nicht belastet). Die Buchwertdifferenz ist erfolgswirksam als außerplanmäßige Abschreibung **(Anschaffungskostenmodell)** bzw als Bewertungsanpassung **(Methode des beizulegenden Zeitwerts)** im entspr Posten im erfolgswirksamen Teil der Gesamtergebnisrechnung bzw der GuV (sofern erstellt; → Rn 98ff) zu erfassen (IAS 40.69). **117**

III. Übertragungen durch Veräußerungsabsicht (IFRS 5)

118 Neben den in IAS 40 dargestellten Umgliederungsanlässen aufgrund von Nutzungsänderungen enthält IFRS 5 für **zum Verkauf stehende** langfristige Vermögenswerte gesonderte Bilanzierungs- und Bewertungsvorschriften (→ § 28 Rn 1 ff), die grds auch auf als Finanzinvestition gehaltene Immobilien anzuwenden sind.

Werden die entspr Ansatzkriterien von IFRS 5 erfüllt (ausführlich → § 28 Rn 30 ff), ist die Immobilie in den **Bilanzposten** „zur Veräußerung gehaltene langfristige Vermögenswerte" **umzugliedern** (hinsichtlich der Kritik an den geltenden unscharfen Klassifizierungs- und Umgliederungskriterien *Hoffmann/Lüdenbach* BB 2004, 2006 (2007 ff).

119 Zunächst scheint die gesonderte **Ausweispflicht** im Widerspruch zu IAS 40.58 (→ Rn 110) zu stehen, wonach zum Verkauf bestimmte Immobilien auch weiterhin als Finanzinvestition zu behandeln sind. IAS 40.58 muss dabei allerdings als Erläuterung dahingehend interpretiert werden, dass eine lediglich bestehende Veräußerungsabsicht keine Umklassifizierungspflicht einer urspr langfristigen Finanzanlage vom Anlagevermögen in das Umlaufvermögen (Vorratsvermögen) bewirkt.

120 Ist das **Veräußerungsvorhaben** schließlich **hinreichend konkretisiert,** ist eine Umgliederung von den Finanzanlagen in die zur Veräußerung bestimmten Vermögenswerte vorzunehmen. Der grds Charakter einer als Finanzinvestition gehaltenen Immobilie als Finanzanlage wird dadurch nicht verändert.

121 IFRS 5 beinhaltet neben der bilanziellen **Ausweispflicht** gesonderte **Bewertungsvorschriften.** Diese sind bei als Finanzinvestitionen gehaltenen Immobilien nur dann anzuwenden, wenn vor der Umgliederung nach der **Anschaffungskostenmethode** bilanziert wurde. Der in diesem Fall bei der Umgliederung anzusetzende Buchwert ist der niedrigere Wert aus dem bisherigen Buchwert und dem beizulegenden Zeitwert abzüglich Veräußerungskosten (IFRS 5.15). Planmäßige Abschreibungen sind dann nicht mehr vorzunehmen (s im Einzelnen → § 28 Rn 62 ff).

Werden die als Finanzinvestition gehaltenen Immobilien vor der Umgliederung nach der **Methode des beizulegenden Zeitwerts** bilanziert, ist diese Bewertung **beizubehalten** (IFRS 5.5(d)).

F. Angaben im Anhang

I. Allgemeine Angaben

122 Mit als Finanzinvestition gehaltenen Immobilien sind vielfältige Angabepflichten im Anhang verbunden. Dabei richtet sich ein Teil der Angaben nach der gewählten Bewertungsmethode. Bei den als Finanzinvestition gehaltenen Immobilien ergeben sich bereits eine Vielzahl von Anhangangaben aus IAS 1 und IFRS 13.

So ist nach IAS 1 ua darzustellen, wie sich Schätzunsicherheiten auf den Abschluss auswirken könnten und welche Sensitivitäten die Wertschätzungen im Hinblick auf bestimmte Bewertungsannahmen aufweisen (*ESMA* EECS/0112-03 vom 10. Oktober 2012). Zu den Anhangangaben des IAS 1 im Detail verweisen wir auf → § 2 Rn 266 ff.

Des Weiteren ergeben sich Anhangangaben aus IFRS 13. Es ist ua darzustellen, nach welchen Methoden und auf Basis welcher Annahmen die Bewertung erfolgte. Dabei ist auch auf die verwendeten Inputfaktoren und deren Einstufung einzugehen. Besonders umfangreich sind die Anhangangaben, wenn die Bewertung auf Parametern der Stufe 3 nach IFRS 13 erfolgt (*Kühnberger* KoR 2012, 217 (222)). Zu den Anhangangaben des IFRS 13 im Detail verweisen wir auf → § 2 Rn 266ff.

Darüber hinaus ergeben sich nach IAS 40.75 noch folgende Anhangangaben, die **unabhängig von der Bewertungsmethode** zu machen sind:
(1) gewählte **Bewertungsmethode** (Modell des beizulegenden Zeitwerts oder Anschaffungskostenmodell),
(2) ob und unter welchen Umständen im Rahmen von **Operating-Leasingverhältnissen** gehaltene Immobilien beim **Leasingnehmer** als Finanzinvestition eingestuft worden sind,
(3) sofern sich bei der **Abgrenzung** von als Finanzinvestition gehaltenen Immobilien Schwierigkeiten ergeben (→ Rn 12), sind die verwendeten **Zuordnungskriterien** (zB weniger als 15% Eigennutzung, mehr als 90 % Vermietungsumsätze etc) darzulegen,
(4) ob und in welchem Umfang die Bewertung des Renditeimmobilienbestands durch **unabhängige Gutachter** erfolgte,
(5) **Mieteinnahmen** und sämtliche mit den als Finanzinvestition gehaltenen Immobilien verbundenen Bewirtschaftungskosten,
(6) Existenz und Höhe von **Beschränkungen** hinsichtlich der Veräußerbarkeit oder Abführungsverpflichtungen von Erträgen und Veräußerungserlösen und
(7) mit den Immobilien verbundene **sonstige vertragliche Verpflichtungen.**

II. Anschaffungskostenmodell

Erfolgt die Bilanzierung nach dem **Anschaffungskostenmodell,** ergeben 123
sich folgende zusätzliche Pflichtangaben zum Buchwert (IAS 40.79(a) bis (d)):
(1) verwendete Abschreibungsmethode,
(2) zugrunde gelegte Nutzungsdauer und
(3) Darstellung der Buchwertentwicklung zu fortgeführten Anschaffungskosten (von Anfang bis Ende der Berichtsperiode) in Form eines Anlagespiegels, aufgeteilt nach Bruttobuchwerten, kumulierten Abschreibungen, Zugängen, Abgängen, lfd Abschreibungen und Wertminderungen.

Die Wahl des Anschaffungskostenmodells entbindet den Bilanzierenden nicht davon, den als Finanzinvestition gehaltenen Immobilienbestand einmal jährlich nach marktorientierten Gesichtspunkten zu bewerten, denn IAS 40.79(e) verpflichtet das bilanzierende Unternehmen, im Anhang die **beizulegenden Zeitwerte** der als Finanzinvestition gehaltenen Immobilien anzugeben.

Ist in Ausnahmefällen die Bewertung von Einzelobjekten (IAS 40.53) zum 124
beizulegenden Zeitwert nicht möglich, sind gem IAS 40.79(e):
(1) diese Objekte zu beschreiben,
(2) die Gründe darzustellen, warum eine Bewertung nicht möglich ist und
(3) wenn möglich, Schätzwerte anzugeben.

III. Modell des beizulegenden Zeitwerts

Wurde das Modell des **beizulegenden Zeitwerts** gewählt, ist über die allge- 125
meinen Angaben hinaus noch folgendes anzugeben (IAS 40.76):
(1) Darstellung der Buchwertentwicklung zu Zeitwerten (von Anfang bis Ende der Berichtsperiode) in Form eines Anlagespiegels aufgeteilt nach Zugängen, Abgängen, Wertänderungen, Übertragungen etc (IAS 40.76) und

(2) Überleitungsrechnung bei wesentlichen Anpassungen von Bewertungsgrundlagen und Verfahrensänderungen (IAS 40.77).

126 Nimmt ein Unternehmen im Rahmen des Modells des beizulegenden Zeitwerts die **Ausnahmeregelung** nach IAS 40.53 (Bestimmung des Zeitwerts nicht möglich) in Anspruch und bewertet einen Teil seiner als Finanzinvestition gehaltenen Immobilien alternativ nach dem Anschaffungskostenmodell, sind gem IAS 40.78 weitere Angaben erforderlich:

(1) Beschreibung der jeweiligen Immobilien,
(2) Erklärungen, warum eine Bewertung zum beizulegenden Zeitwert nicht möglich war,
(3) sofern möglich, Schätzung der beizulegenden Zeitwerte und,
(4) Erläuterung von Abgängen dieser Immobilien.

Zusätzlich zu den Pflichtangaben der IFRS werden ua von der EPRA in ihren *Best Practices Recommendations* Januar 2014 weitere normierte Kennzahlen wie EPRA *earnings,* EPRA NAV, EPRA NIY aufgeführt und erläutert, die im Anhang dargestellt werden sollen. Die *Best Practices Recommendations* sind auf Immobiliengesellschaften zugeschnitten und sollen vor allem dazu dienen, Immobiliengesellschaften untereinander besser vergleichbar und deren Ertragslage transparenter zu machen. So sind diese auch nur von Unternehmen einzuhalten, die der EPRA angeschlossen sind bzw angeben, EPRA-konform zu bilanzieren.

G. Wesentliche Änderungen und deren Anwendungszeitpunkte

127 **IAS 40** ist für Geschäftsjahre, die am oder nach dem 1. Januar 2005 beginnen, anzuwenden (IAS 40.85).

Es ergaben sich in IAS 40 ausschließlich minimale redaktionelle Folgeänderungen aufgrund der Verabschiedung von IFRS 15 Erlöse aus Verträgen mit Kunden (Verweise innerhalb von IAS 40 nunmehr auf IFRS 15) sowie aufgrund der Änderungen in IAS 16 und IAS 41 bezüglich fruchttragender Pflanzen. Bezüglich materieller zukünftiger Änderungen → Rn 134.

128, 129 *(einstweilen frei)*

H. Gegenüberstellung zu HGB

130 In der handelsrechtlichen Rechnungslegung werden Immobilien des Anlagevermögens nicht dahingehend unterschieden, ob sie vom Unternehmen selbst genutzt oder als Finanzinvestition gehalten werden. Sie werden einheitlich nach den Grundsätzen für **Sachanlagen** bilanziert.

Im Rahmen des **Zugangs** sind als Finanzinvestition gehaltene Immobilien zu ihren **Anschaffungs- oder Herstellungskosten** zu bewerten. Die nach handelsrechtlichen Gesichtspunkten zu aktivierenden Anschaffungs- oder Herstellungskosten entsprechen dabei weitestgehend den nach IFRS anzusetzenden Kosten. Unterschiede ergeben sich bei der Behandlung einzelner Gemein- sowie Finanzierungskosten und bei Tauschvorgängen oder Leasingverhältnissen.

131 Im Rahmen der **Folgebewertung** besteht im Gegensatz zum HGB nach IAS 40 das Wahlrecht, als Finanzinvestition gehaltene Immobilien entweder nach der

(1) Anschaffungskostenmethode oder
(2) der Methode des beizulegenden Zeitwerts

zu bewerten.

Hinsichtlich der **Anschaffungskostenmethode** bestehen keine wesentlichen Unterschiede im methodischen Vorgehen zwischen Handelsrecht und IAS 40. Die Buchwerte werden vermindert um plan- und außerplanmäßige Abschreibungen fortgeschrieben. Bilanzielle und erfolgswirksame Abweichungen können sich durch unterschiedliche Abschreibungsdauern ergeben. Eine Offenlegungspflicht der beizulegenden Zeitwerte im Anhang besteht nach HGB nicht, ausgenommen davon sind Versicherungen gem § 56 RechVersV.

Die Anwendung der Methode des beizulegenden Zeitwerts ist nach HGB hingegen vollkommen unbekannt. Die Bewertung von Vermögenswerten zu Marktwerten mit einem entspr Ergebnisausweis von Wertschwankungen steht dabei im Widerspruch zu den deutschen GoB sowie zu dem dem HGB innewohnenden Vorsichtsprinzip.

Gem IFRS 13 sind **ausstehende Investitionsmaßnahmen** und damit verbundene Ertragssteigerungen grds in der Bewertung zu berücksichtigen. Dieser Ansatz entspricht grds auch der in der ImmoWertV verankerten deutschen Immobilienbewertung.

Der im Jahr 2013 eingeführte IDW S 10 enthält hingegen in Bezug auf die Berücksichtigung von zukünftigen Investitionen Beschränkungen. Nach IDW S 10.25 sind zukünftige Investitionen nur dann zu berücksichtigen, soweit diese ausreichend konkretisiert sind. Für die rechnungslegungsbezogenen Bewertung nach HGB liegt eine ausreichende Konkretisierung erst dann vor, wenn die Planung abgeschlossen, die Baugenehmigung vorliegt, der Termin für den Baubeginn feststeht und die Finanzierung sichergestellt ist.

Letztendlich kann die Regelung dazu führen, dass nach IDW S 10 ermittelte Immobilienwerte in Bezug auf Investitionsmaßnahmen ggf nicht konsistent mit einer Bewertung nach IFRS 13 sind.

I. Anwendung im Zusammenhang mit dem REITG

Eine besondere Bedeutung erhält IAS 40 durch die mit dem Gesetz über 132
deutsche Immobilien-AG mit börsennotierten Anteilen **(REITG)** nun auch in Deutschland zugelassenen REIT-AG. Hierbei handelt es sich um Immobilien-AG, die von der KSt sowie der GewSt befreit sind. Die Besteuerung erfolgt stattdessen vollständig auf Ebene der Anteilseigner.

REIT-Gesellschaften sind verpflichtet, einen Konzern- oder ggf Einzelabschluss nach IFRS zu erstellen. Den **steuerlichen Sonderstatus** erhält eine REIT-AG nur, wenn (neben einer Reihe von weiteren Anforderungen) mindestens 75% der Aktiva zum unbeweglichen Vermögen gehören (§ 12 Abs 2 REITG) sowie zum Bilanzstichtag mindestens 45% des unbeweglichen Vermögens durch Eigenkapital finanziert sind. Zum Zwecke der Bewertung des unbeweglichen Vermögens ist für die als Finanzinvestition gehaltenen Immobilien der beizulegende Zeitwert iSd IAS 40 iVm IFRS 13 maßgebend (§ 12 Abs 1 REITG).

Um den Status eines REITs zu erlangen, ist damit in Deutschland erstmal für 133
eine Gesellschaft erforderlich, einen **Jahres- oder Konzernabschluss** nach IFRS zu erstellen und die als Finanzinvestition gehaltenen Immobilien zum beizulegenden Zeitwert zu bilanzieren. Erstaunlich daran ist insbes die Geschwindigkeit, mit der der Gesetzgeber auf die noch nicht allzu lange bestehende Zeitwertbewertung von nicht-finanziellen Vermögenswerten zurückgriff und dies zur Grundlage eines Gesetzes gemacht hat. Auch hierdurch wird deutlich, dass im Bereich des Immobilienvermögens dem beizulegenden Zeitwert zum Zwecke der wirtschaftlichen Beurteilung ein höheres Maß an Bedeutung und eine höhe-

re Entscheidungsnützlichkeit beigemessen wird, als der Bewertung zu fortgeführten Anschaffungs- oder Herstellungskosten.

Allerdings können uE mit den über die Bilanzierungsnormen hinausgehenden zusätzlichen Anforderungen auch Risiken verbunden sein, da, insbes wenn Mindestquoten zu erfüllen sind, **Zielkonflikte** im Zusammenhang mit der Immobilienbewertung bestehen können. Diesen kann entgegengewirkt werden, indem bekannte und unabhängige Sachverständige für die Bewertung herangezogen und wesentliche wertbestimmende Parameter im Anhang offengelegt werden, sodass die Bewertung plausibilisiert und nachvollzogen werden kann.

J. Aktuelle Entwicklungen/IASB-Projekte

134 Zur weiteren Annäherung der Rechnungslegung nach IFRS und US-GAAP wird seit einiger Zeit die Leasingbilanzierung überarbeitet, → § 22 Rn 201 ff. Kritikpunkte an der bestehenden Leasingbilanzierung, welche auf einem *risk-and-reward*-Ansatz basiert, sind im Wesentlichen die ausgeprägte *off-balance*-Bilanzierung von Operating-Leasingverhältnissen auf Leasingnehmerseite.

Das nunmehr vorgeschlagene Nutzungsrechte-Konzept (sog *right-of-use*-Ansatz) sieht eine Abkehr von der im Rahmen des *risk-and-reward*-Ansatzes notwendigen Unterscheidung zwischen Finanzierungs- und Operating-Leasingverhältnissen hin zu einer generellen bilanziellen Erfassung von Nutzungsrechten und Pflichten aus Leasingverträgen in den Bilanzen sowohl des Leasingnehmers als auch des Leasinggebers vor. Die Umsetzung dieses *right-of-use*-Ansatzes wird voraussichtlich zu einer fundamentalen Änderung der Leasingbilanzierung führen. Dies wird sich auch auf die Bilanzierung von Renditeimmobilien auswirken, soweit diese in einem Leasingverhältnis stehen.

§ 7. Sonstige langfristige Vermögenswerte

Übersicht

Schrifttum: *DRSC* Interpretation 1 (IFRS) Bilanzierung nach Fristigkeit gemäß IAS 1 Darstellung des Abschlusses, Berlin 2013; *IDW* HFA 1/1986 Zur Bilanzierung von Zero-Bonds, WPg 1986, 248; *IDW* RS HFA 9 Einzelfragen zur Bilanzierung von Finanzinstrumenten, FN IDW 2011, 386; *IDW* RS HFA 45 Einzelfragen zur Darstellung von Finanzinstrumenten nach IAS 32, FN IDW 2011, 326; *Kirsch* Erstellung der IFRS-Eröffnungsbilanz auf der Basis einer HGB-Handelsbilanz, KoR 2005, 384; *Kropp/Klotzbach* Der Exposure Draft zu IAS 39 „Financial Instruments" – Darstellung und kritische Würdigung der geplanten Änderungen des IAS 39, WPg 2002, 1010; *Kuhn/Scharpf* Rechnungslegung von Financial Instruments nach IAS 39, 3. Aufl, Stuttgart 2006; *Lüdenbach/Hoffmann* IFRS-Rechnungslegung für Personengesellschaften als Theater des Absurden, DB 2005, 404; *Meyer* Wiedereinführung der equity-Methode und ihre Konsequenzen für die Bilanzierung latenter Steuern auf Beteiligungen, PiR 2014, 65; *Meyer/Bornhofen/Homrighausen* Anteile an Personengesellschaften nach Steuerrecht und nach IFRS, KoR 2005, 285; *Schröder* Expected Loss im Kreditgeschäft nach IFRS 9 und Basel III – Kompatibilität von Rechnungslegung und Regulatorik?, KoR 2015, 245.

Wesentliche Rechtsgrundlagen: IAS 1, IAS 12, IAS 27, IAS 27 (geändert 2014), IAS 28, IAS 32, IAS 39, IFRS 5, IFRS 7, IFRS 9, IFRS 10, IFRS 11, IFRS 12, IFRS 13

A. Grundlagen

I. Vorbemerkungen und Rechtsstand

1 **Vermögenswerte** sind neben den jeweils gesondert in eigenen Kapiteln dieses Handbuchs dargestellten immateriellen Vermögenswerten (§ 4), materiellen Vermögenswerten (Sachanlagen, § 5), Renditeimmobilien (§ 6) und Vorräten (§ 8) insbes die **finanziellen Vermögenswerte** einschließlich **Eigenkapitalwerte** (§ 3) und die **übrigen Vermögenswerte,** wie zB Steuererstattungsansprüche (§ 11) und latente Steuern (§ 25). Sofern diese „sonstigen Vermögenswerte" langfristig im Unternehmen verbleiben, werden sie – entspr der bilanzpostenorientierten Konzeption und Gliederung dieses Handbuchs – im Folgenden dargestellt. Dabei handelt es sich einerseits um finanzielle Vermögenswerte, die unter dem Posten langfristige sonstige Forderungen (zu den sonstigen Forderungen ausführlich → § 10 Rn 41 ff) oder ansonsten unter den langfristigen finanziellen Vermögenswerten auszuweisen sind und andererseits um die übrigen langfristigen Vermögenswerte, hier beschränkt auf die latenten Steueransprüche.

2 Finanzielle Vermögenswerte und Eigenkapitalwerte werden als **Finanzinstrumente** in IAS 32.11 näher bestimmt. **Finanzielle Vermögenswerte** umfassen insbes vertragliche Rechte, die unmittelbar auf den Austausch von Zahlungsmitteln gerichtet sind (zB Forderungen). Hierzu gehören auch **Eigenkapitalinstrumente.** Eigenkapitalinstrumente sind definitionsgemäß Verträge, die einen Residualanspruch an den Vermögenswerten eines Unternehmens nach Abzug aller dazugehörigen Schulden begründen (zB Aktien, GmbH-Anteile oder Optionen darauf).

Materielle Vermögenswerte (wie zB Sachanlagevermögen oder Vorräte) und **immaterielle Vermögenswerte** (zB Konzessionen, Patente, Geschäfts- oder Firmenwerte) sind **keine finanziellen Vermögenswerte** iSv IAS 32, da sie keine unmittelbaren Rechtsansprüche auf flüssige Mittel gewähren. Ansprüche aufgrund von gesetzlichen Vorschriften (zB aus Steuern und Abgaben oder gesetzliche Schadensersatzansprüche) stellen ebenfalls keine finanziellen Vermögenswerte idS dar. Zur Definition und Abgrenzung **finanzieller Vermögenswerte** im Einzelnen wird auf die Ausführungen in → § 3 Rn 13 ff verwiesen.

3 **Langfristige Vermögenswerte** liegen insbes dann vor, wenn mit ihrer Realisierung erst nach einem Zeitraum von **mehr als zwölf Monaten** gerech-

net werden kann und wenn sie **nicht zu Handelszwecken** gehalten werden (IAS 1.66). Langfristige Vermögenswerte sind in der Bilanz von kurzfristigen Vermögenswerten getrennt auszuweisen, sofern nicht eine Gliederung nach der Liquidität zu verlässlichen und gleichzeitig relevanteren Informationen führt (IAS 1.60 ff; zB für Banken, IAS 1.63). Sofern dies zutrifft, sind alle Vermögenswerte nach der Liquidität anzuordnen. Ebenfalls getrennt auszuweisen sind **latente Steueransprüche** (IAS 1.54(o)), und zwar stets als langfristig (IAS 1.56; s auch DRSC-I 1.28). Demgegenüber sind **tatsächliche Steuererstattungsansprüche** idR als kurzfristige Vermögenswerte auszuweisen (→ § 11 Rn 41).

Die Vorschriften zum **Ansatz** und zur **Bewertung** von langfristigen finanziellen Vermögenswerten sind in IAS 39/IFRS 9 enthalten (im Einzelnen → § 3 Rn 86 ff, → § 3 Rn 156 ff und → § 3 Rn 361 ff). Für die sonstigen langfristigen Vermögenswerte gibt es in den IFRS keine speziellen Regelungen, sodass die allgemeinen Regelungen zur Anwendung kommen. Den **Ausweis** in der Bilanz bzw der Gesamtergebnisrechnung regelt IAS 1 und Angabepflichten für Finanzinstrumente darüber hinausgehend IFRS 7 (→ Rn 94 ff sowie → § 3 Rn 256 ff, → § 3 Rn 270 ff, → § 3 Rn 555 ff und → § 25 Rn 181 ff sowie → § 25 Rn 212 ff). 4

Die vorliegende Kommentierung basiert auf dem **Rechtsstand** zum 31. Juli 2015. Durch den im Juli 2014 verabschiedeten **IFRS 9** *Finanzinstrumente* ergeben sich weitreichende Änderungen hinsichtlich der Klassifizierung und Bewertung von Finanzinstrumenten, der Erfassung von Wertminderungen sowie der bilanziellen Abbildung von Sicherungsbeziehungen. IFRS 9 ist in der EU vorbehaltlich eines Endorsement für Geschäftsjahre anzuwenden, die am oder nach dem 1. Januar 2018 beginnen. 5

Des Weiteren sind für Geschäftsjahre, die am oder nach dem 1. Januar 2016 beginnen – ein Endorsement durch die EU vorausgesetzt – die **Änderungen an IAS 27** *Equity Method in Separate Financial Statements* anzuwenden, die im August 2014 vom IASB veröffentlicht wurden. Diese gewähren Unternehmen das Wahlrecht, Anteile an TU, Gemeinschaftsunternehmen und assoziierten Unternehmen im Einzelabschluss nach der Equity-Methode zu bilanzieren.

Zudem wurden durch die im Oktober 2012 verabschiedeten Änderungen an *IFRS 10, IFRS 12 und IAS 27 Investmentgesellschaften* für MU, die die **Definition einer Investmentgesellschaft** nach IFRS 10 erfüllen, eine **Ausnahme von der Konsolidierungspflicht** für deren Beteiligungen eingeführt (→ Rn 52). Die Änderungen wurden bereits im November 2013 von der EU übernommen und waren verpflichtend für Geschäftsjahre anzuwenden, die am oder nach dem 1. Januar 2014 beginnen.

(einstweilen frei) 6

II. Überblick über die sonstigen langfristigen Vermögenswerte

Sonstige langfristige Vermögenswerte können unterschieden werden in **finanzielle Vermögenswerte** und **nicht-finanzielle Vermögenswerte** (übrige). Zu den **sonstigen finanziellen Vermögenswerten** gehören: 7

(1) **Ausleihungen** (zB Darlehensforderungen, Kredite, sonstige Kapitalforderungen, auch an verbundene Unternehmen, Anleihen, Personaldarlehen; → Rn 15 ff),

(2) **schuldrechtliche Wertpapiere** (zB Schuldverschreibungen, Handels- und Industrieobligationen, Zero-Bonds, öffentliche Anleihen, Schatzwechsel des Bundes oder der Länder, Bundesschatzbriefe, Kommunalobligationen, abgetrennte Zins- oder Dividendenscheine, Pfandbriefe, Wechselforderungen; → Rn 42 ff),

(3) **Unternehmensanteile** (zB Aktien, GmbH-Anteile, Anteile an PersGes, Genossenschaften oder Gemeinschaftsunternehmen, Anteile an Investment- oder offenen Immobilienfonds, Gewinnschuldverschreibungen, Eigenkapitalinstrumente, Genussrechte oder -scheine; → Rn 50 ff).

Übrige langfristige Vermögenswerte sind Vermögenswerte, denen keine vertragliche Verpflichtung zugrunde liegt (zB latente Steuerguthaben; → Rn 90) oder die keinen Zufluss von finanziellen Mitteln bewirken (zB geleistete Anzahlungen). Latente Steueransprüche gelten per definitionem als langfristig und sind folglich stets dementsprechend auszuweisen (IAS 1.56).

III. Abgrenzung zu kurzfristigen Vermögenswerten

8 Der Ausweis eines Vermögenswerts in der Bilanz unter den **langfristigen Vermögenswerten** in Abgrenzung zu den kurzfristigen Vermögenswerten gem IAS 1.66 ergibt sich im Umkehrschluss zu den dort aufgeführten Kriterien für kurzfristige Vermögenswerte aus der **Absicht des Unternehmens,** den finanziellen Vermögenswert:

(1) **nicht** im **gewöhnlichen Geschäftsverlauf** (IAS 1.68) zu realisieren oder nicht zum Verkauf oder Verbrauch zu halten,

(2) **nicht** vorrangig zu **Handelszwecken** zu halten oder

(3) **nicht** innerhalb von **zwölf Monaten** nach dem Bilanzstichtag zu realisieren.

Damit wird auf die Art des Vermögenswerts und auf die beabsichtigte Nutzung durch das Unternehmen am Bilanzstichtag abgestellt. **Forderungen aus Lieferungen und Leistungen** und liquide Mittel sind bereits nach ihrer Art als kurzfristig anzusehen, während bei Anteilen an Unternehmen, Wertpapieren oder ausgereichten Darlehen auf die Absicht des Unternehmens abzustellen ist. Forderungen aus Lieferungen und Leistungen, die im Rahmen des gewöhnlichen Geschäftszyklus realisiert werden, sind selbst dann als kurzfristige Vermögenswerte auszuweisen, wenn ihre Realisation nicht innerhalb von zwölf Monaten erwartet wird (IAS 1.68). Langfristige Forderungen aus Lieferungen und Leistungen liegen daher ausnahmsweise nur dann vor, wenn sie außerhalb des typischen Geschäftsverlaufs entstanden sind und eine entspr Laufzeit aufweisen.

9 Gesonderte Regeln bestehen für **langfristige Vermögenswerte und aufgegebene Geschäftsbereiche,** die gem IFRS 5 **zur Veräußerung bestimmt** sind (s hierzu auch § 28). Diese Posten sind in der Bilanz unter der Bezeichnung „zur Veräußerung gehaltene langfristige Vermögenswerte" gesondert auszuweisen (IFRS 5.38). In Anlehnung an die Anwendungsleitlinien zu IFRS 5 (IFRS 5.IG Beispiel 5) schlägt das DRSC den Ausweis als letzten Posten der kurzfristigen Vermögenswerte getrennt durch eine Zwischensumme vor (DRSC-I 1.19).

10 Maßgeblich für die Absicht des Unternehmens sind stets die **Verhältnisse am Bilanzstichtag.** Dieses strenge Stichtagsprinzip gilt auch für die Realisationseinschätzung bei allen anderen Vermögenswerten (IAS 1.66 ff). Sachverhalte, die zwischen Bilanzstichtag und Bilanzfeststellung eintreten, haben nur dann Rückwirkung auf den Bilanzstichtag, wenn sie werterhellend bzgl des Zustands am Bilanzstichtag sind („berücksichtigungspflichtige Ereignisse"). Sind sie es nicht, sind bei wesentlichen Ereignissen weitere Anhangangaben zu erbringen (IAS 10.21).

Für eine **Umgliederung** in die kurzfristigen Vermögenswerte kommt es auf die geänderten zukunftsbezogenen Absichten des Unternehmens am Bilanzstichtag an. Eine Umgliederung von Vermögenswerten, die gem IAS 1 als langfristige Vermögenswerte eingestuft wurden, in kurzfristige Vermögenswerte ist daneben nur dann zulässig, wenn sie die Kriterien für eine Klassifizierung als „zur Veräußerung gehalten" gem IFRS 5.6f erfüllen (IFRS 5.3).

Für Zwecke des Bilanzausweises werden Vermögenswerte, die insgesamt aus lang- und kurzfristigen Komponenten bestehen (wie zB Darlehen), aufgespalten. Der **kurzfristige Anteil** von langfristigen Vermögenswerten (zB der innerhalb von zwölf Monaten fällige Anteil an einer langfristigen ratierlich zu tilgenden Forderung) wird unter den kurzfristigen Vermögenswerten gezeigt (IAS 1.68, so auch DRSC-I 1.27). Dies ist der Regelfall. Nur wenn die Darstellung nach der Liquidität verlässlich und gleichzeitig relevanter *(reliable and more relevant)* ist, erfolgt sie liquiditätsorientiert. Nach IAS 1.61 ist bei allen Posten, die kurz- **und** langfristige Anteile enthalten, der langfristige Betrag anzugeben. Soweit urspr langfristige Vermögenswerte nur noch eine **kurzfristige Restlaufzeit** haben, ist folglich eine Umgliederung in die kurzfristigen Vermögenswerte vorzunehmen (anders in der **Kapitalflussrechnung:** hier können urspr langfristige Posten nicht als Zahlungsmitteläquivalente verwendet werden, wenn die Restlaufzeit geringer als drei Monate ist; vgl dazu → § 18 Rn 10). 11

Die **Kategorisierung** von Finanzinstrumenten (→ Rn 17ff) ist grds unabhängig von ihrem Ausweis in der Bilanz (Ausnahme: zu Handelszwecken gehalten; → Rn 8). Vielmehr handelt es sich bei der Kategorisierung um eine reine Frage des betrieblichen Zwecks und in der Folge der **Bewertung** von finanziellen Vermögenswerten (→ § 3 Rn 49ff, → § 3 Rn 156ff, → § 3 Rn 361ff). 12

Im Vergleich zum **HGB** ergibt sich für **Wertpapiere des Anlagevermögens** und **Ausleihungen** mit einer Gesamtlaufzeit von mehr als zwölf Monaten hinsichtlich der Abgrenzung zu den kurzfristigen Vermögenswerten grds keine Abweichung, da auch zur Qualifizierung als Finanzanlage auf die subjektive Absicht des Unternehmens abgestellt wird, den Vermögensgegenstand dauerhaft im Unternehmen zu nutzen (*Schubert/F. Huber* in BeBiKo § 247 HGB Rz 356ff). Allerdings ist nach HGB nicht vorgesehen, kurzfristige Bestandteile langfristiger Vermögenswerte separat auszuweisen. 13

Die **Bezeichnungen** „Anlagevermögen" für langfristige Vermögenswerte und „Umlaufvermögen" für kurzfristige Vermögenswerte des HGB sind für IFRS-Abschlüsse wegen der unterschiedlichen Konzeption jedoch **nicht** sachgerecht (DRSC-I 1.21 und DRSC-I 1.35).

IV. Ansatz und Bewertung

Die grds Regelungen zu Ansatz und Bewertung von finanziellen Vermögenswerten sind in § 3 dargestellt. Bei den übrigen langfristigen Vermögenswerten richten sich Ansatz und Bewertung nach den **allgemeinen Regelungen des Rahmenkonzepts** (→ § 2 Rn 120ff und → § 2 Rn 156ff), sofern nicht spezielle Regelungen gelten, wie zB für latente Steuerforderungen (IAS 12; → § 25 Rn 47ff und → § 25 Rn 160ff) oder langfristige Forderungen aus Finanzierungs-Leasingverhältnissen (IAS 17; → § 22 Rn 124ff). 14

Besonderheiten betreffend Einzelsachverhalte (insbes Ausleihungen (→ Rn 15ff), schuldrechtliche Wertpapiere (→ Rn 42ff), unternehmerische Beteiligungen (→ Rn 50ff) und Finanzbeteiligungen (→ Rn 72ff)) werden in diesem Kapitel beschrieben.

B. Sonstige finanzielle Vermögenswerte

I. Ausleihungen

1. Anwendungsbereich und Fristigkeit

15 **Ausleihungen** sind finanzielle Vermögenswerte, die in den Anwendungsbereich des IAS 32, IAS 39/IFRS 9 und IFRS 7 fallen (→ § 3 Rn 29, → § 3 Rn 48, → § 3 Rn 70). **Beispiele** für Ausleihungen sind

(1) Darlehensforderungen (Kredite),
(2) Konsortialkredite,
(3) partiarische Darlehen,
(4) Bauspardarlehen,
(5) sonstige Kapitalforderungen, auch an verbundene Unternehmen,
(6) staatliche oder private Anleihen,
(7) Pfandbriefe (s dazu *IDW* RS HFA 9 Rz 105 ff),
(8) Personaldarlehen,
(9) nicht notierte (Inhaber-)Schuldverschreibungen (zur Abgrenzung von Schuldscheindarlehen zu börsennotierten Anleihen vgl *IDW* RS HFA 9 Rz 94 ff) sowie
(10) stille Beteiligungen ohne Verlustübernahme.

Ob und in welcher Höhe **Risiken** mit Ausleihungen verbunden sind, ist für die Zuordnung grds unerheblich, daher können auch hoch risikoreiche Anleihen (sog *junk bonds*) zu den Ausleihungen zählen.

16 Hinsichtlich einer Einteilung in **kurzfristige und langfristige finanzielle Vermögenswerte** kommt es auf die Restlaufzeit der Ausleihung bzw ihrer Tilgungstranchen am Bilanzstichtag an (→ Rn 8). Eine Restlaufzeit unter zwölf Monaten führt zu einem Ausweis innerhalb der kurzfristigen Vermögenswerte. Bei unbefristeten Ausleihungen ist Langfristigkeit anzunehmen, soweit keine Rückzahlung innerhalb von zwölf Monaten nach dem Bilanzstichtag zu erwarten ist (zB Rückzahlung auf Veranlassung des Schuldners oder aufgrund eigenen Finanzmittelbedarfs).

2. Kategorisierung

17 **Forderungen oder Darlehen** werden grds in der **Kategorie Kredite und Forderungen** erfasst (IAS 39.AG26). Voraussetzung sind feste oder bestimmbare Zahlungen und kein Handel auf einem aktiven Markt (IAS 39.9, IFRS 13.Anhang A). Eine Zuordnung zu der Kategorie Kredite und Forderungen ist daher für börsennotierte finanzielle Vermögenswerte grds ausgeschlossen (IAS 39.9).

18 Nach IFRS 9.4.1.1 richtet sich die Kategorisierung nach dem **Geschäftsmodell** für den finanziellen Vermögenswert und der **Charakteristik seiner vertraglichen Cashflows.** Solange Forderungen und Darlehen gehalten werden, um die hieraus entstehenden vertraglichen Cashflows zu erzielen, und die zugrunde liegenden vertraglichen Regelungen vorsehen, dass die zu bestimmten Zeitpunkten fälligen Cashflows nur aus Zinsen und Tilgung bestehen, sind sie der Kategorie zu **fortgeführten Anschaffungskosten bewertet** *(amortised costs)* zuzuordnen (IFRS 9.4.1.2). Andernfalls sind die Vermögenswerte in Abhängigkeit der Ausgestaltung des Geschäftsmodells und der Charakteristik der vertraglichen Cashflows den Kategorien erfolgsneutral oder erfolgswirksam zum **beizulegenden Zeitwert bewertet** zuzuordnen.

Die bilanziellen Folgen inaktiver Märkte auf börsennotierte Vermögenswerte werden in → § 3 Rn 196 ff dargestellt.

Wird mit der Ausleihung das Ziel verfolgt, den Vermögenswert kurzfristig nach der Ausreichung zu veräußern, oder besteht Handelsabsicht, so ist dieser finanzielle Vermögenswert nach IAS 39 in die **Kategorie zu Handelszwecken** gehaltene Finanzinstrumente bzw nach IFRS 9 in die Kategorie **erfolgswirksam zum beizulegenden Zeitwert bewertet** einzuordnen (IAS 39.9/ IFRS 9.B4.1.5; zur Bilanzierung von Vermögenswerten dieser Kategorie → § 3 Rn 56 ff, → § 3 Rn 407 ff) und als kurzfristig auszuweisen (IAS 1.68/IAS 1.68 (geändert 2014)). 19

Im Übrigen besteht für Ausleihungen nach **IAS 39** beim erstmaligen Ansatz das **Wahlrecht,** diese als **erfolgswirksam zum beizulegenden Zeitwert** (unter den Voraussetzungen der eingeschränkten *fair value option* → § 3 Rn 60) oder als **zur Veräußerung verfügbar** einzustufen (IAS 39.AG26; hinsichtlich der Möglichkeit zur Einstufung als erfolgswirksam zum beizulegenden Zeitwert bewertet nach IFRS 9 vgl IFRS 9.4.1.5 und → § 3 Rn 425 ff). 20

Eine Einordnung von **Ausleihungen** in die **Kategorie bis zur Endfälligkeit zu haltende Finanzinvestitionen** nach IAS 39 ist wohl nur möglich, wenn für die Ausleihungen ein aktiver Markt besteht. Dies lässt sich aus der Formulierung der Legaldefinition ableiten, wonach in diese Kategorie einzuordnende Vermögenswerte nicht die (übrigen) Definitionsmerkmale der Kategorie Kredite und Forderungen erfüllen dürfen. Damit kommt diese Kategorie im Wesentlichen für börsennotierte Schuldverschreibungen (ieS schuldrechtliche Wertpapiere) in Betracht.

Auch **erworbene Ausleihungen** sind nach der mit dem Erwerb oder dem Halten verbundenen Absicht des Unternehmens in die Kategorie Kredite und Forderungen, zu Handelszwecken gehaltene Finanzinstrumente, zur Veräußerung verfügbare finanzielle Vermögenswerte oder bis zur Endfälligkeit zu haltende Finanzinvestitionen einzuordnen (IAS 39.9).

Eine Übersicht über die **Zuordnungsmöglichkeiten** von Ausleihungen zu den Kategorien nach IAS 39 gibt die folgende Tabelle: 21

Kategorie	Anwendungsfall	Voraussetzung
Kredite und Forderungen	Regelfall	kein aktiver Markt; feste oder bestimmbare Zahlungen
zu Handelszwecken gehalten	Ausnahme	kurzfristiger Verkauf
erfolgswirksam zum beizulegenden Zeitwert bewertet	Ausnahme, umfangreiche Dokumentationsanforderungen	Verringerung von Inkongruenzen (IAS 39.9(b)(i)/ IFRS 9.B4.1.29 ff) Portfoliosteuerung zum Zeitwert (IAS 39.9(b)(ii)/ IFRS 9.B4.1.33 ff)
zur Veräußerung verfügbar	Wahlmöglichkeit	Restkategorie
bis zur Endfälligkeit gehalten	entfällt für Ausleihungen im Regelfall	feste oder bestimmbare Zahlungen; Halteabsicht bis zur Endfälligkeit

22 Finanzielle Vermögenswerte im Allgemeinen und Ausleihungen im Besonderen sind im Gegensatz zu IAS 39 nach **IFRS 9** nur noch in drei Kategorien einzuteilen: in Finanzinstrumente, die zu fortgeführten Anschaffungskosten *(amortised cost, AC)* bewertet werden, in Finanzinstrumente, die erfolgswirksam zum beizulegenden Zeitwert bewertet werden *(fair value through profit or loss, FVPL),* und in Finanzinstrumente, die erfolgsneutral zum beizulegenden Zeitwert bewertet werden *(fair value through other comprehensive income, FVOCI)* (vgl IFRS 9.4.1.1; zu Besonderheiten bzgl **Investments in Eigenkapitalpapiere** eines anderen Unternehmens, die nicht zu Handelszwecken gehalten werden, → Rn 61, → Rn 75). Eine Kategorisierung hat dabei anhand des Geschäftsmodells und des Charakters der Zahlungsströme zu erfolgen. Eine freiwillige Designation von finanziellen Vermögenswerten in die Kategorie zum beizulegenden Zeitwert bewertet *(fair value option)* setzt wie nach IAS 39 die Verringerung von Inkonsistenzen *(accounting mismatch)* voraus (im Einzelnen → § 3 Rn 60f, → § 3 Rn 425ff). Ausleihungen fallen idR in die Kategorie zu **fortgeführten Anschaffungskosten bewertet.**

3. Ansatz

23 Grds hat ein Unternehmen einen finanziellen Vermögenswert dann in der Bilanz anzusetzen, wenn das Unternehmen **Vertragspartei** der Regelungen des Finanzinstruments wird (IAS 39.14, IAS 39.AG35/IFRS 9.3.1.1, IFRS 9.B3.1.2; → § 3 Rn 86ff, → § 3 Rn 372, → § 3 Rn 399 und → § 3 Rn 407). Dies ist bei einer originären Ausleihung der Fall, wenn die Leistung erbracht wurde, dh Zahlungen an den Schuldner aufgrund des Vertragsverhältnisses geleistet wurden (unbedingte Forderung). Erworbene Ausleihungen sind grds zu dem Zeitpunkt anzusetzen, zu dem das Unternehmen vertragsgemäß Berechtigter von Leistung oder Gegenleistung wird.

Geplante Ausleihungen sind grds von einer Ansatzpflicht ausgenommen (IAS 39.AG35(e)/IFRS 9.B3.1.2(e)). Dies gilt idR auch für den Zeitraum, in dem das Vertragsverhältnis noch von keiner Seite erfüllt wurde (**schwebendes Geschäft;** IAS 39.AG35(b)/IFRS 9.B3.1.2(b)). Sonderregelungen gelten für Kreditzusagen (IAS 39.2(h) und IAS 39.4/IFRS 9.2.1(g) und IFRS 9.2.3); die Regelungen betreffen jedoch unmittelbar nur die Bilanzierung beim Kreditgeber.

24 Das Entstehen **originärer Ausleihungen oder Darlehensforderungen** ist kein Kassageschäft, deshalb ist ein Ansatz vor Erfüllung durch den Gläubiger ausgeschlossen. Der Ansatz erfolgt immer am **Erfüllungstag.** Auch der Erwerb von **Ausleihungen** wird regelmäßig kein Kassageschäft darstellen, da es an einem durch Marktvorschriften und Marktkonventionen regulierten Handel mangelt (IFRS 13.Anhang A). Der Ansatzzeitpunkt wird daher durch den Zeitpunkt bestimmt, zu dem der Anspruch entsteht. Dies entspricht im Regelfall dem Zeitpunkt der Übertragung der finanziellen Vermögenswerte.

Grds ist beim Ansatz von erworbenen Ausleihungen die **Interaktion** mit den **Ausbuchungsvoraussetzungen** beim Veräußerer zu berücksichtigen (IAS 39.AG50/IFRS 9.B3.2.15).

4. Bewertung bei erstmaliger Erfassung

25 Die **Bewertung** von Ausleihungen beim erstmaligen Ansatz erfolgt, unabhängig von der Einordnung in die verschiedenen Kategorien von Finanzinstrumenten, in der Bilanzierungspraxis idR mit den **Anschaffungskosten.** IAS 39.43/ IFRS 9.5.1.1 schreibt den Ansatz mit dem **beizulegenden Zeitwert** vor, der beim erstmaligen Ansatz in aller Regel den Anschaffungskosten entspricht

(Transaktionspreis; s IAS 39.AG64/IFRS 9.B5.1.1; → § 3 Rn 156, → § 3 Rn 381, → § 3 Rn 400 und → § 3 Rn 408). Dies entspricht auch den Regelungen des IFRS 13.58. In Situationen, in denen der Transaktionspreis nicht mit dem beizulegenden Zeitwert übereinstimmt, ist der Differenzbetrag **erfolgswirksam** zu erfassen, es sei denn, in einem Standard sind hierfür andere Regelungen vorgesehen (IFRS 9.5.1.1A iVm IFRS 9.B5.1.2A, IFRS 13.60). Sofern hierbei die Bewertung auf einem Marktpreis beruht oder einem Preis, der auf Basis eines Bewertungsmodells ermittelt wurde, ist dieser Differenzbetrag unmittelbar erfolgswirksam zu erfassen. In allen anderen Fällen wird der Differenzbetrag entspr den wirtschaftlichen Gegebenheiten auf die Laufzeit verteilt, wenn dies bei der Preisbemessung des Vermögenswerts grds eine Rolle spielt (IAS 39.AG76/IFRS 9.B5.1.2A).

Damit ist zB bei Ausreichung von Darlehen auf den beizulegenden Zeitwert des hingegebenen Darlehensbetrags und bei Erwerb auf den beizulegenden Zeitwert der hingegebenen Gegenleistung unter Berücksichtigung von Anschaffungsnebenkosten abzustellen.

Stehen keine **Markt- oder Transaktionspreise** zur Verfügung (zB bei originärer Ausreichung), so sind die Anschaffungskosten entspr der *fair value*-Hierarchie von Inputfaktoren des IFRS 13 (→ § 2 Rn 259 ff) anhand von Vergleichspreisen (*level* 2) bzw aus dem Barwert der zu erwartenden Einzahlungen zum Zeitpunkt der Ausreichung zu ermitteln (*level* 3). Eine **Abzinsung** ist vorzunehmen, wenn bei Anwendung eines Marktzinses für vergleichbare Ausleihungen wesentliche Diskontierungseffekte entstehen. Einzelheiten zur Zugangsbewertung entspr IFRS 13 werden in → § 2 Rn 233 ff und → § 3 Rn 193 ff erläutert. 26

Dies führt regelmäßig zu Abzinsungen bei ausgereichten **un- oder unterverzinslichen Ausleihungen** (s IAS 39.AG64 bzw IFRS 9.B5.1.1 sowie IFRS 13.69). Schon aus pragmatischen Gründen wird man eine gesonderte Bewertung zum beizulegenden Zeitwert nur bei wesentlicher Unterverzinslichkeit vornehmen (F.QC11 und IFRS 13.BC138A zur Wesentlichkeit bei kurzfristigen Forderungen). Liegt dieser Fall vor, so ist der Differenzbetrag im Zugangszeitpunkt aufwandswirksam zu erfassen.

Zwischen **fremden Dritten** werden un- oder unterverzinsliche Ausleihungen idR nur gegen ein Entgelt, zB ein **Disagio,** gewährt. Die Ausleihung ist dann zum beizulegenden Zeitwert, dh ohne das Disagio, anzusetzen. Bei den Folgebewertungen wird sodann das Disagio erfolgswirksam unter Anwendung der Effektivzinsmethode zugeschrieben (IAS 39.AG65/IFRS 9.B5.1.2).

Auf die zukünftigen Zuflüsse aus dem Vermögenswert ist ebenso abzustellen, wenn der Anschaffungspreis des Finanzinstruments auch **andere Leistungen** des Erwerbers enthält und aus diesem Grund die Anschaffungskosten nicht direkt ermittelbar sind (Aufteilung nach dem Wert der zu erwartenden Gegenleistung). Der IASB hat dabei Fälle vor Augen, in denen zB nichtverzinsliche Ausleihungen gewährt werden und der Kreditgeber sich damit gleichzeitig **Lieferungsrechte** zusichern lässt. Die Nichtverzinsung wird in diesem Fall als Teil der Anschaffungskosten interpretiert, der auf den Vorteil – Lieferungsrechte – entfällt (*Kropp/Klotzbach* WPg 2002, 1010 (1020)). Damit ist eine Aufteilung der erwarteten Gegenleistung vorzunehmen und die Aktivierungsfähigkeit für jede Gegenleistung einzeln zu beurteilen. Bei in Zusammenhang mit der Ausleihung gewährten Lieferrechten wäre in Abhängigkeit von der vertraglichen Vereinbarung das Vorliegen eines immateriellen Vermögenswerts zu prüfen. 27

Transaktionskosten, die bei der Ausgabe oder beim Erwerb einer Ausleihung entstehen, sind grds im Rahmen der Anschaffungskosten mit **zu aktivieren** (IAS 39.43/IFRS 9.5.1.1), es sei denn, dass eine Einordnung in die Kategorie erfolgswirksam zum beizulegenden Zeitwert bewertet erfolgt. Bei finanziellen 28

Vermögenswerten dieser Kategorie werden Transaktionskosten stets unmittelbar erfolgswirksam erfasst. Unzulässig ist daher eine Aktivierung von Transaktionskosten bei Handelswerten.

Transaktionskosten sind zusätzlich anfallende Kosten, die der Ausgabe, dem Erwerb oder der Veräußerung eines Vermögenswerts **unmittelbar** zurechenbar sind (IAS 39.9/IFRS 9.Anhang A). Dazu gehören an Vermittler, Berater, Makler und Händler gezahlte Gebühren sowie Steuern (zB Verkehrs- und Stempelsteuern), Abgaben und Gebühren. Disagien, Finanzierungs- oder Verwaltungskosten stellen keine Transaktionskosten dar (IAS 39.AG13/IFRS 9.B5.4.8).

29 Nach **IFRS 13.25** sind Transaktionskosten **kein Bestandteil** des beizulegenden Zeitwerts und daher entspr den separaten Regelungen der für den Geschäftsvorfall einschlägigen Standards zu erfassen (*Lüdenbach/Hoffmann/Freiberg* § 8a Rz 120; *EY* 2015, 971f). Damit behalten auch nach Inkrafttreten des IFRS 13 die Regelungen des IAS 39 Geltung, die ebenso wenig durch IFRS 9 verändert werden (IFRS 9.5.1.1).

30 Die Behandlung von **Stückzinsen** ist in IAS 39/IFRS 9 nicht ausführlich geregelt (s ansatzweise IAS 39.AG6/IFRS 9.B5.4.4). Stückzinsen erhöhen den Kaufpreis einer verzinslichen Ausleihung, weil der Verkäufer für die aufgelaufenen, aber noch nicht fälligen Zinsen (Stückzinsen) eine Vergütung erwartet. Stückzinsen stellen daher dem Grunde nach eine kurzfristige Zinsforderung dar, die von den Anschaffungskosten zu trennen und als **kurzfristiger finanzieller Vermögenswert** auszuweisen ist (*Heuser/Theile* Rz 2567; *Kuhn/Scharpf*, 146f; IAS 39.16(a)(i)/IFRS 9.3.2.2(a)(i) und DRSC-I 1.27). Jedoch wird der Grundsatz der Wesentlichkeit zu beachten sein. Nur Zinsen nach dem Erwerb eines zinstragenden Papiers führen zu Zinsertrag. Zinsen, die auf den Zeitraum vor dem Erwerb fallen, sind erfolgsneutral zu erfassen (IAS 18.32).

5. Folgebewertung

31 **Ausleihungen** in der Kategorie Kredite und Forderungen sind mit **fortgeführten Anschaffungskosten** unter Anwendung der Effektivzinsmethode zu bewerten (IAS 39.46(a)). Entspr gilt, sofern Ausleihungen nach IFRS 9 der Kategorie zu fortgeführten Anschaffungskosten bewertet zugeordnet werden (IFRS 9.4.1.2, IFRS 9.5.2.1). Demgegenüber sind Ausleihungen, die in der Kategorie **erfolgswirksam** zum beizulegenden Zeitwert (einschließlich der Handelswerte) eingeordnet werden, mit dem **beizulegenden Zeitwert** anzusetzen (IAS 39.9/IFRS 9.5.2.1). Wertänderungen sind erfolgswirksam zu erfassen. Wurden die Ausleihungen nach IAS 39 freiwillig in die Kategorie zur Veräußerung verfügbar eingestellt, sind Wertänderungen des beizulegenden Zeitwerts im sonstigen Ergebnis (*other comprehensive income;* ausführlich → § 15 Rn 143ff) zu erfassen. Die Berechnung erfolgt bei zinstragenden Vermögenswerten ebenfalls nach der Effektivzinsmethode. In Abhängigkeit vom zugrunde liegenden Geschäftsmodell kommt nach IFRS 9.4.2.1A eine erfolgsneutrale Bewertung zum beizulegenden Zeitwert ebenfalls in Frage.

32 Ob **Disagien** oder **Agien** schrittweise vereinnahmt werden können, ist davon abhängig, ob für die Ausleihung ebenso wie für das schuldrechtliche Wertpapier feste Laufzeiten vereinbart wurden oder der Vermögenswert keine feste Laufzeit hat (IAS 39.46/IFRS 9.B5.1.2.A; → Rn 35).

33 Unabhängig davon, ob eine Laufzeitabrede vorliegt oder nicht, hat das Unternehmen zu jedem Bilanzstichtag zu prüfen, ob objektive substanzielle Hinweise auf eine **Wertminderung** der Vermögenswerte vorliegen (IAS 39.58, zu den Wertminderungsvorschriften des IFRS 9 → Rn 40). Bei Ausleihungen ggü assoziierten Unternehmen oder Gemeinschaftsunternehmen können Verlus-

te dieser Unternehmen, die das im Konzernabschluss anteilig nach der Equity-Methode bilanzierte Kapital übersteigen, zu Wertminderungen der Ausleihung führen (IAS 28.29 ff; ausführlich → § 36 Rn 82 ff). Bei einer Anwendung der Equity-Methode im Einzelabschluss gilt dies analog (→ Rn 52).

a) Ausleihungen mit fester Laufzeit

Ausleihungen mit fester Laufzeit sind typischerweise Schuldverschreibungen, Anleihen sowie Fest- und Ratenkredite. Die Anschaffungskosten sind unter Verwendung der **Effektivzinsmethode** fortzuschreiben (IAS 39.46/IFRS 9.5.4 und IFRS 9.Anhang A; → Rn 31). 34

Damit wird eine **zeitanteilige Realisierung** von Disagien, Agien oder Barwertabschlägen aufgrund von Unter- oder Nichtverzinslichkeit vorgenommen. Soweit die zugrunde liegenden Vertragsbedingungen keine Laufzeitabrede vorsehen oder die Laufzeit des Vermögenswerts nicht befristet ist, scheidet die Anwendung der Effektivzinsmethode aus und es kommt keine Realisierung vor Fälligkeit in Betracht. 35

Beispiel: Ein Unternehmen erwirbt eine Schuldverschreibung mit einer Laufzeit von fünf Jahren. Die Anschaffungskosten inklusive Transaktions- und sonstigen Anschaffungsnebenkosten betragen € 1.000. Der Nominalwert des Wertpapiers liegt bei € 1.250 und es ist eine jährliche Verzinsung mit 4,7% vereinbart. Daraus ergeben sich jährliche Zinszahlungen von € 58,75. Der effektive Zins des Wertpapiers beträgt 9,972%.

Jahr	Buchwert am Perioden-anfang in €	Zinszahlung in €	Rückzahlung in €	Gesamtertrag in €	Buchwert am Periodenende in €
	(a)	(b)	(c)	(d) = (a) × 9,972%	(e) = (a) + (d) – (b) – (c)
1	1.000,00	58,75		99,72	1.040,97
2	1.040,97	58,75		103,81	1.086,03
3	1.086,03	58,75		108,30	1.135,58
4	1.135,58	58,75		113,24	1.190,07
5	1.190,07	58,75	1.250,00	118,67	–

Die dargestellte Bewertung führt nicht zu einem gleich bleibenden Zinsertrag. Vielmehr entsteht aufgrund der periodischen Zuschreibung ein Anstieg des Zinsertrags (*Bellavite-Hövermann/Barckow* in Baetge ua IFRS-Komm aF IAS 39 Rz 124).

Die jährliche Zuschreibung des Buchwerts ist als **Zinsertrag** zu erfassen (IAS 39.55/IFRS 9.5.7.2; zur Erfassung nach Wertminderungen → Rn 41). 36

Neben der im Standard ausdrücklich genannten Effektivzinsmethode kann unter Berücksichtigung des Wesentlichkeitsgrundsatzes auch eine **lineare Verteilung** der Disagien oder Agien als zulässig angesehen werden (*Bellavite-Hövermann/Barckow* in Baetge ua IFRS-Komm aF IAS 39 Rz 101).

Darlehen im Konzernkreis werden in vielen Fällen zu nicht marktgerechten Zinsen oder ohne Tilgungsplan ausgereicht. Der beizulegende Zeitwert des Darlehens entspricht in diesem Fall dem Barwert der Zahlungen auf Basis eines Zinssatzes, der unter vergleichbaren Bedingungen unter fremden Dritten vereinbart würde. 37

Wenn ein MU einem TU ein Darlehen zu festgelegten, aber nicht marktadäquaten Konditionen gewährt, ist daher der Unterschied zwischen dem beizulegenden Zeitwert des Darlehens und dem Darlehensbetrag (im Einzelabschluss des MU) als

Investition in die Beteiligung zu erfassen. Das TU erfasst diesen Betrag korrespondierend im **Eigenkapital.** In der Folge ist der Differenzbetrag nach der Effektivzinsmethode erfolgswirksam gegen das Zinsergebnis aufzulösen. Wird das gleiche Darlehen zwischen TU gewährt, ist der Unterschiedsbetrag erfolgswirksam zu erfassen, es sei denn, die Kreditgewährung erfolgt auf Veranlassung des MU. In diesem Fall ist es uE auch zulässig, den Differenzbetrag im sonstigen Ergebnis zu erfassen.

38 Ist nicht festgelegt, wann oder ob ein Darlehen von einem TU **getilgt** wird, ist zunächst aus Sicht des MU zu klären, wann die Rückzahlung erfolgen wird. Ist keine Rückzahlung in absehbarer Zukunft vorgesehen, handelt es sich um eine **Einlage.** Erfolgt keine Rückzahlung, weil das TU nicht zahlen kann, liegt eine Wertminderung vor.

Beispiel: MU gewährt TU ein zinsloses Darlehen in Höhe von 100 am 31. Dezember X1 mit einer Laufzeit von drei Jahren. Der marktadäquate Zins für Darlehen ähnlicher Laufzeit für TU liegt bei 8%. Damit beträgt der Barwert des Darlehens 79 (Nominalbetrag 100 diskontiert über drei Jahre zu 8%). MU erfasst die Differenz zwischen dem Nominalbetrag des Darlehens und dem beizulegenden Zeitwert als Einlage und bucht:

zum 31. Dezember X1			
Beteiligung TU	21		
Darlehen	79		
		an Bank 100	
TU bucht korrespondierend:			
Bank	100		
		an Darlehensverbindlichkeit	79
		und Eigenkapital (Kapitalrücklage)	21.

In X2 und den Folgejahren wird das Darlehen aufgezinst, sodass insgesamt 21 im Zinsertrag (bei TU Zinsaufwand) erfasst werden.

Im **Konzernabschluss** werden Transaktionen zwischen Konzernunternehmen eliminiert (→ § 35 Rn 77 ff). Diese differenzierte Bilanzierung von Darlehen im Konzernkreis im Rahmen der Erstellung von IFRS-Einzelabschlüssen ist nur dann vorzunehmen, wenn die Auswirkungen auf Bilanz und/oder Gesamtergebnisrechnung bzw gesonderte GuV (sofern erstellt) wesentlich sind.

b) Ausleihungen ohne feste Laufzeit

39 Vermögenswerte ohne feste Laufzeit können **unbefristet ausgereichte Ausleihungen** *(perpetuals)* sein (IAS 32.AG6). Die **Folgebewertung** erfolgt grds zu fortgeführten Anschaffungskosten (IAS 39.46(a)/IFRS 9.5.2.1).

6. Wertminderung

40 Für **Ausleihungen** (und schuldrechtliche Wertpapiere) der Kategorie Kredite und Forderungen oder bis zur Endfälligkeit zu haltende Finanzinvestitionen sind **Wertminderungen** im Wesentlichen für Bonitätsrisiken und Währungsrisiken zu prüfen. Das Risiko einer vom Marktzinsniveau abweichenden Verzinsung wird in diesen Kategorien nicht als Wertminderungsrisiko erfasst (→ § 3 Rn 235 ff). Damit sind vor allem Zahlungsverzug beim Ausgleich von Zins- und Tilgungszahlungen, Beitreibungsmaßnahmen und verschlechtertes Bonitätsrating als **Wertminderungshinweise** und gleichzeitig -ursachen zu nennen (ausführlich → § 3 Rn 232 ff).

Die zu erwartenden **Cashflows** sind mit dem **urspr Zins** (bei festen Zinsvereinbarungen) bzw mit dem vertraglich vereinbarten Zins (bei variablen Zinsvereinbarungen) zu diskontieren. Werden aufgrund finanzieller Schwierigkeiten des Schuldners oder Emittenten Vertragsbedingungen geändert, so ist auf die zu erwartenden Zahlungseingänge der urspr Zinssatz und nicht ein ggf nachverhandelter Zinssatz anzuwenden (IAS 39.AG84). Bei Ausleihungen in Fremdwährung ist der Stichtagskurs zugrunde zu legen.

Der Wertminderungsumfang ist grds durch den beizulegenden Zeitwert von verwertbaren **Sicherheiten** (zB Pfandrechte, Hypotheken, Grundschulden, Sicherungsübereignungen, Bürgschaften und Garantien) unter Berücksichtigung von Verwertungskosten beschränkt. Wertminderungen und **Wertaufholungen** sind für beide Kategorien erfolgswirksam zu erfassen und auf die fortgeführten Anschaffungskosten begrenzt (→ § 3 Rn 237). 41

Die fortgesetzte Erfassung von **Zinserträgen** für wertgeminderte Darlehensforderungen, bei denen der Schuldner die Zins- und Tilgungszahlungen nicht mehr oder nicht vertragsgemäß leistet, ist unzulässig. Tritt für wertgeminderte Darlehensforderungen eine **Wertaufholung** ein, so ist der Zinssatz, der zuvor zur Ermittlung des erzielbaren Betrags verwendet wurde, der schrittweisen Vereinnahmung von Zinsanteilen zugrunde zu legen (IAS 39.AG93).

Für Ausleihungen in der Kategorie **zu fortgeführten Anschaffungskosten bewertet** ist das **dreistufige Kreditvorsorgemodell** *(expected loss model)* des **IFRS 9** (→ § 3 Rn 385 ff) anzuwenden. Sofern sich das Kreditrisiko von Ausleihungen seit ihrem erstmaligen Ansatz nicht signifikant erhöht hat oder die Ausleihungen ein geringes Kreditrisiko aufweisen, ist die Risikovorsorge in Höhe des erwarteten Verlusts für einen Zwölf-Monatszeitraum zu bilden (Stufe 1). Ein **geringes Kreditrisiko** ist grds bei Ausleihungen mit einem Investment-Grade-Rating anzunehmen (IFRS 9.B5.5.23; *Schröder* KoR 2015, 245 (246)). Zu weiteren Faktoren, die auf das Vorliegen eines geringen Kreditrisikos hinweisen vgl → § 3 Rn 387 f.

Hat sich zum Bilanzierungszeitpunkt das Kreditrisiko der Ausleihungen **signifikant erhöht,** ist die Risikovorsorge in Höhe des erwarteten Verlusts über die Restlaufzeit der Ausleihungen zu bilden (Stufe 2). Dies gilt auch, wenn neben einer signifikanten Erhöhung des Kreditrisikos objektive Hinweise für eine Wertminderung vorliegen (Stufe 3). Die Risikovorsorge ist unmittelbar erfolgswirksam in der GuV zu erfassen.

In Stufe 1 und Stufe 2 erfolgt die Ermittlung des **Zinsertrags** auf der Basis des Bruttobuchwerts, wohingegen auf Stufe 3 der Zinsertrag auf Basis des Bruttobuchwerts nach Abzug der Risikovorsorge ermittelt wird.

Die Bewertung der erwarteten Kreditausfälle hat unter Berücksichtigung von **verwertbaren Sicherheiten** zu erfolgen. Unterschiede zu den diesbezüglichen Regelungen in IAS 39 ergeben sich hierbei nicht.

II. Schuldrechtliche Wertpapiere

1. Anwendungsbereich und Fristigkeit

Schuldrechtliche Wertpapiere sind Wertpapiere über Forderungen wie zB Inhaberschuldverschreibungen, Wechselforderungen oder sonstige festverzinsliche Wertpapiere. Sie sind finanzielle Vermögenswerte, die in den Anwendungsbereich des IAS 32, IAS 39/IFRS 9 und IFRS 7 fallen (→ Rn 7). Hinsichtlich einer Einteilung in kurzfristige und langfristige finanzielle Vermögenswerte kommt es auf die Restlaufzeit am Bilanzstichtag an. Eine Restlaufzeit über zwölf Monaten führt zu einem Ausweis innerhalb der langfristigen Vermögenswerte (→ Rn 8). 42

2. Kategorisierung

Schuldrechtliche Wertpapiere können nach IAS 39 in die Kategorie **bis zur Endfälligkeit zu haltende Wertpapiere** eingeordnet werden, wenn neben den objektiven vertraglichen Voraussetzungen die Absicht und die Fähigkeit 43 des Unternehmens besteht, diese Wertpapiere bis zu ihrer Endfälligkeit zu halten (→ § 3 Rn 62f).

Für **schuldrechtliche Wertpapiere,**
(1) die die objektiven Kriterien nicht erfüllen (vertragliche Voraussetzungen wie bestimmbare Zahlungen, Laufzeit) oder
(2) die die subjektiven Kriterien nicht erfüllen, zB bei schuldrechtlichen Wertpapieren zwar die Absicht (und die Fähigkeit) besteht, diese langfristig (länger als zwölf Monate nach dem Bilanzstichtag), aber nicht bis zu deren individuellen Endfälligkeit zu halten oder
(3) denen es an der Fähigkeit fehlt, die Wertpapiere bis zu ihrer Endfälligkeit zu halten (zB Liquiditätsbedarf vor Endfälligkeit) oder
(4) die einer Zuordnungssperre unterliegen,
scheidet eine Erfassung in dieser Kategorie aus.

Das dürfte auch gelten, sofern für die Wertpapiere **kein aktiver Markt** besteht (→ Rn 20).

44 Bei bestehender Handelsabsicht sind erworbene schuldrechtliche Wertpapiere in die Kategorie zu **Handelszwecken gehaltene Finanzinstrumente** einzuordnen und dann als kurzfristig auszuweisen (→ Rn 8). Sie können nach IAS 39.9 anderenfalls wahlweise (und unter den Begrenzungen der *fair value option;* dazu → § 3 Rn 60) auch in die Kategorie **erfolgswirksam zum beizulegenden Zeitwert** oder in die „Restkategorie" zur **Veräußerung verfügbare finanzielle Vermögenswerte** eingeordnet werden, auch wenn im Einzelfall eine Langfristigkeit angenommen werden kann, ohne dass die Kriterien für bis zur Endfälligkeit gehaltene finanzielle Vermögenswerte erfüllt werden.

Nach **IFRS 9** sind schuldrechtlicher Wertpapiere idR der Kategorie zu fortgeführten Anschaffungskosten bewertet zuzuordnen.

3. Ansatz

45 Beim Erwerb von börsennotierten **schuldrechtlichen Wertpapieren** kann regelmäßig davon ausgegangen werden, dass es sich um Kassageschäfte handelt und das Wahlrecht zum Ansatz am **Handelstag** oder am **Erfüllungstag** für die gesamte Kategorie ausgeübt werden kann (IAS 39.38/IFRS 9.3.1.2; *Heuser/Theile* Rz 2460f). Für nicht börsennotierte schuldrechtliche Wertpapiere ist dies im Einzelfall zu prüfen (→ § 3 Rn 95ff).

Für **schuldrechtliche Wertpapiere,** die nach IAS 39 in der Kategorie bis zur Endfälligkeit gehaltene Finanzinvestitionen erfasst werden, sind Wertsteigerungen zwischen Handels- und Erfüllungstag unbeachtlich und Wertminderungen nach den allgemeinen Regeln zu erfassen (→ § 3 Rn 167, → § 3 Rn 230ff).

4. Bewertung bei erstmaliger Erfassung

46 Die **Bewertung** von schuldrechtlichen Wertpapieren beim erstmaligen Ansatz erfolgt unabhängig von der Einordnung in die verschiedenen Kategorien von Finanzinstrumenten mit dem **beizulegenden Zeitwert,** der idR den **Anschaffungskosten** entspricht (→ Rn 25; IAS 39.43, IAS 39.AG64/IFRS 9.5.1.1, IFRS 9.B5.1.1). Markt- oder Transaktionspreise stehen regelmäßig zur Verfügung. Die Bewertungsanforderungen entsprechen den Regelungen des IFRS 13.57ff. In Situationen, in denen der Transaktionspreis nicht mit dem beizulegenden Zeitwert übereinstimmt, ist der Differenzbetrag erfolgswirksam zu erfassen, es sei denn, in einem Standard sind hierfür andere Regelungen vorgesehen (IAS 39.AG64f, IFRS 13.60, IFRS 9.5.1.1A und IFRS 9.B5.1.2.A; → Rn 25).

Mit dem Kaufpreis mitvergütete **Stückzinsen** gelten nicht als Anschaffungskosten, sondern sind getrennt als Zinsansprüche zu erfassen (→ Rn 30).

Für Wertpapiere in **Fremdwährung** ist den Anschaffungskosten der **Stichtagskurs** im Zeitpunkt der erstmaligen Erfassung zugrunde zu legen.

5. Folgebewertung

Für **schuldrechtliche Wertpapiere** in der Kategorie bis zur Endfälligkeit gehaltene Finanzinvestitionen oder in der Kategorie Kredite und Forderungen nach IAS 39 bzw in der Kategorie zu fortgeführten Anschaffungskosten bewertet nach IFRS 9 ist eine Folgebewertung zu **fortgeführten Anschaffungskosten** vorgesehen (IAS 39.46/IFRS 9.5.2.1; → § 3 Rn 167, → § 3 Rn 384). Zur Folgebewertung schuldrechtlicher Wertpapiere in der Kategorie zu Handelszwecken gehalten und in der Kategorie zur Veräußerung verfügbare finanzielle Vermögenswerte nach IAS 39 bzw der Kategorie erfolgswirksam zum beizulegenden Zeitwert bewertet nach IFRS 9 → Rn 31. 47

Eine schrittweise Vereinnahmung von Disagien oder Agien bei der Fortführung der Anschaffungskosten ist nach denselben Regeln wie für Ausleihungen zu bilanzieren (zB Zero-Bonds; → Rn 35).

Wird zB ein schuldrechtliches Wertpapier mit **Zu- oder Abschlägen** zur Anpassung an den Marktzins oder zur Berücksichtigung geänderter Bonität des Schuldners erworben, so ist die Differenz zum Nominalbetrag über die Laufzeit bis zur nächsten Preisfestsetzung bzw bis zur Endfälligkeit zu vereinnahmen.

Beispiel: Eine Schuldverschreibung mit einer Laufzeit von zehn Jahren und einem Rückzahlungsbetrag von € 1.000.000 wird variabel mit 1% über dem Dreimonats-LIBOR verzinst. Der Erwerber zahlt € 950.000 aufgrund eines verschlechterten Bonitätsratings des Emittenten und ordnet das Wertpapier in die Kategorie Halten bis zu Endfälligkeit ein. Das Disagio ist über die Laufzeit bis zur Endfälligkeit zu vereinnahmen, da der Abschlag bonitätsbedingt verursacht ist. Der Erwerber nimmt an jedem Bilanzstichtag eine Überprüfung der Wertminderung vor.

Hat das Unternehmen die Wertpapiere in die Unterkategorie **erfolgswirksam zum beizulegenden Zeitwert** eingeordnet, wird die Folgebewertung zum beizulegenden Zeitwert vorgenommen (→ § 3 Rn 166, → § 3 Rn 410ff). 48

6. Wertminderung

Unabhängig davon, ob eine Laufzeitabrede vorliegt oder nicht, hat das Unternehmen zu jedem Bilanzstichtag zu prüfen, ob objektive substanzielle Hinweise auf eine **Wertminderung** der Vermögenswerte vorliegen (IAS 39.58). Die Bestimmung des **erzielbaren Betrags** schuldrechtlicher Wertpapiere anhand der Börsennotierung führt im Wertminderungsfall zu einer Zeitwertbewertung, da im Börsenpreis das Marktpreisrisiko der Zinsentwicklung enthalten ist. Eine Verwendung von Börsennotierungen zur Ermittlung von Wertminderungen für schuldrechtliche Vermögenswerte in der Kategorie bis zur Endfälligkeit gehaltene Finanzinvestitionen ist aus praktischen Erwägungen sowohl für Vermögenswerte mit festen als auch mit variablen Zinsvereinbarungen zulässig. 49

Auf schuldrechtliche Wertpapiere, die nach IFRS 9 der Kategorie zu fortgeführten Anschaffungskosten bewertet zugeordnet werden, findet das dreistufige Kreditvorsorgemodell Anwendung (→ Rn 41 und → § 3 Rn 386ff).

III. Unternehmerische Beteiligungen

1. Anwendungsbereich

Als **unternehmerische Beteiligungen** werden im Folgenden **Anteile an TU, Gemeinschaftsunternehmen sowie assoziierten Unternehmen** (→ § 30 50

Rn 10 ff und → § 30 Rn 68 ff) bezeichnet. Die so abgegrenzten Unternehmensanteile sind Finanzinstrumente und fallen grds in den Anwendungsbereich des IAS 32, IAS 39/IFRS 9 und IFRS 7. Nach IAS 32.4(a) und IAS 39.2(a)/IFRS 9.2.1(a) sind Unternehmensanteile jedoch den Sonderregeln von IFRS 10 (Konzernabschlüsse), IAS 27 (Einzelabschlüsse) und IAS 28 (Anteile an assoziierten Unternehmen und Gemeinschaftsunternehmen) unterworfen. Damit sind die betreffenden Anteile dem Anwendungsbereich von IAS 39/IFRS 9 entzogen, es sei denn, in Übereinstimmung mit IAS 27/IAS 27 (geändert 2014), IAS 28 oder IFRS 10 wird eine Bilanzierung gem IAS 39/IFRS 9 gefordert.

51 Im **Einzelabschluss** des MU richtet sich die Bilanzierung von Anteilen an TU, Gemeinschaftsunternehmen und assoziierten Unternehmen nach IAS 27 bzw IAS 27 (geändert 2014). Für Anteile an **TU,** die nicht als zur Veräußerung gehaltene Vermögenswerte/Veräußerungsgruppen gem IFRS 5 klassifiziert werden, besteht nach IAS 27.10 ein Wahlrecht zur Bilanzierung der Anteile zu **Anschaffungskosten** oder gem **IAS 39/IFRS 9.** Das Wahlrecht ist einheitlich für alle Kategorien von Anteilen anzuwenden (IAS 27.10) und stellt eine Ermessensentscheidung iSd IAS 1.122 dar. Besteht Veräußerungsabsicht, muss die Bilanzierung für Anteile, die zu Anschaffungskosten erfasst werden, nach den Regelungen des IFRS 5 erfolgen; für Anteile, die nach IAS 39/IFRS 9 bilanziert werden, bleibt es auch bei Veräußerungsabsicht bei der Bewertung nach IAS 39/IFRS 9 (IAS 27.10).

52 Für Anteile an **assoziierten Unternehmen** gelten im **Einzelabschluss** die gleichen Grundsätze wie für Anteile an TU (IAS 28.44, welcher auf die analoge Anwendung des IAS 27.10 verweist).

Für die Bilanzierung von Anteilen an **Gemeinschaftsunternehmen** im **Einzelabschluss** des Partnerunternehmens *(venturer)* verweist IAS 28.44 ebenfalls auf die analoge Anwendung des IAS 27.10. Somit besteht auch hier ein Wahlrecht zur Bilanzierung zu Anschaffungskosten oder gem IAS 39/IFRS 9 bzw im Fall der Veräußerungsabsicht die Pflicht zur Bilanzierung nach IFRS 5. Der Gesellschafter eines Gemeinschaftsunternehmens, der nicht über eine gemeinschaftliche Kontrolle verfügt, bilanziert nach IAS 39/IFRS 9.

Mit der Verabschiedung der Änderungen an IAS 27 im August 2014 wird des Weiteren die Equity-Methode als Bilanzierungswahlrecht für **Anteile an TU, Gemeinschaftsunternehmen sowie assoziierten Unternehmen** im **Einzelabschluss** zugelassen (IAS 27.10 (geändert 2014)). Der Anwendungsbereich der Equity-Methode im Einzelabschluss ist damit weiter gefasst als im Konzernabschluss, da er sich auch auf die Bilanzierung von Anteilen an TU erstreckt (*Meyer* PiR 2014, 65 (67)). Zum Vorgehen bei Anwendung der Equity-Methode vgl → § 36 Rn 34 ff und zum Erstanwendungszeitpunkt der Änderungen an IAS 27 → Rn 103. Auch bei der Anwendung der Equity-Methode im Einzelabschluss ist die einheitliche Ausübung des Wahlrechts zu beachten (IAS 27.10 (geändert 2014)).

53 Anteile an **TU** werden im **Konzernabschluss** idR nicht gesondert ausgewiesen, weil sie im Rahmen der Kapitalkonsolidierung eliminiert werden (→ § 35 Rn 10 ff). Von diesem Grundsatz wird nur abgewichen, wenn die TU aus **Wesentlichkeitsgründen** nicht in den Konsolidierungskreis einbezogen werden. Dann erfolgt die Bilanzierung grds entspr IAS 39/IFRS 9, da IFRS 10 für den Konzernabschluss keine Sonderregelungen vorsieht und somit die allgemeinen Bilanzierungsregeln für Finanzinstrumente nach IAS 39/IFRS 9 zur Anwendung gelangen. Besteht für diese Anteile Veräußerungsabsicht, richtet sich die Bilanzierung hingegen nach IFRS 5.

54 Anteile an **assoziierten und Gemeinschaftsunternehmen** sind im **Konzernabschluss** nach der Equity-Methode zu bewerten (IAS 28.17; → § 36 Rn 6 ff), es sei denn,

(1) die Anteile werden als zur Veräußerung gehalten gem IFRS 5 klassifiziert (IAS 28.20) oder
(2) das MU erfüllt die Voraussetzungen des IFRS 10.4(a) und stellt folglich keinen Konzernabschluss auf,
(3) IAS 28.17(a) bis (d) sind anwendbar, oder
(4) die Anteile werden von Wagniskapital-Organisationen oder Investmentfonds, Unit Trusts und ähnlichen Unternehmen gehalten, die von dem Wahlrecht des IAS 28.18 Gebrauch machen und die Anteile nach IAS 39/IFRS 9 erfolgswirksam zum beizulegenden Zeitwert bewerten, oder
(5) es handelt sich um unwesentliche Anteile.

Wenn die Equity-Methode wegen vorstehender Ausnahmen nicht anwendbar ist, wird nach **IAS 39/IFRS 9 bilanziert** bzw im Fall des IAS 28.20 (Veräußerungsabsicht) nach **IFRS 5**.

Der **Gesellschafter** eines Gemeinschaftsunternehmens, der **nicht** über eine gemeinschaftliche Kontrolle verfügt, bilanziert seine Anteile im Konzernabschluss nach IAS 39/IFRS 9 oder – bei Vorliegen eines maßgeblichen Einflusses – nach IAS 28. 55

(einstweilen frei) 56, 57

Die **Zusammenhänge** zwischen der Anteilsbilanzierung im **Einzelabschluss** und der Einbeziehung von unternehmerischen Beteiligungen im **konsolidierten Abschluss** zeigt die nachfolgende Übersicht: 58

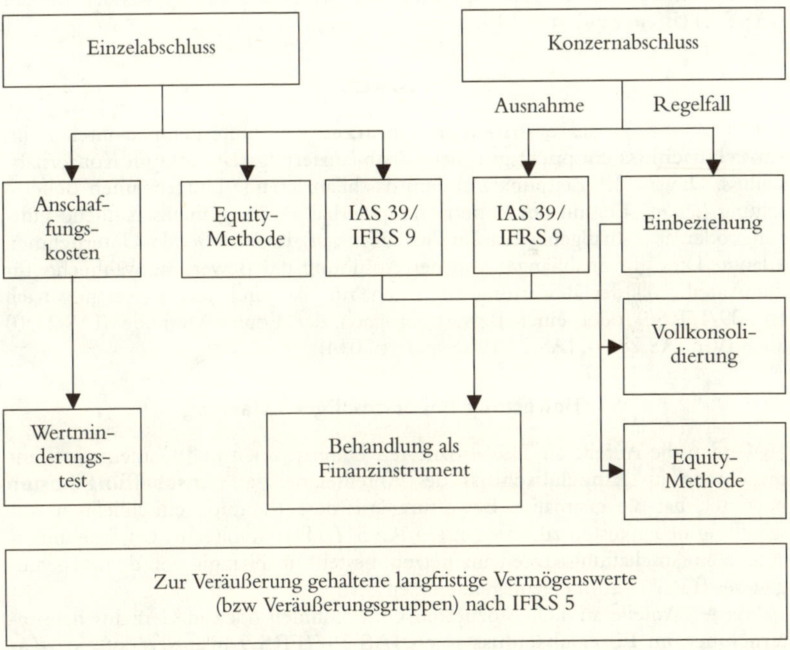

Besondere Regelungen hinsichtlich der Bilanzierung von Anteilen an TU gelten für **Investmentgesellschaften** (zur Definition von Investmentgesellschaften → § 32 Rn 19 ff). Nach den im November 2013 von der EU übernommenen Änderungen an IFRS 10, IFRS 11 und IAS 27 *Investmentgesellschaften* dürfen MU, die die Kriterien einer Investmentgesellschaft nach IFRS 10.27 erfüllen,

Anteile an TU nicht mehr im Rahmen der Vollkonsolidierung in den **Konzernabschluss** einbeziehen. Stattdessen sind die Anteile im Regelfall **erfolgswirksam zum beizulegenden Zeitwert nach IAS 39/IFRS 9** zu bewerten (IFRS 10.31; zur Ausnahmeregelung vgl IFRS 10.32). MU, die erstmals die Kriterien einer Investmentgesellschaft erfüllen, haben daher zu diesem Zeitpunkt die Anteile an TU entspr IFRS 10.25 entzukonsolidieren. Über IAS 27.11A gilt die beschriebene bilanzielle Behandlung auch für die Bewertung von Anteilen an TU im **Einzelabschluss** einer Investmentgesellschaft. Aus den Regelungen folgt, dass Investmentgesellschaften, die sämtliche TU erfolgswirksam zum beizulegenden Zeitwert bewerten, keinen Konzernabschluss aufstellen müssen (IAS 27.8A). Verliert ein MU seinen Status als Investmentgesellschaft hat es nach IFRS 27.11B das Wahlrecht die Anteile weiterhin zum beizulegenden Zeitwert oder zu Anschaffungskosten zu bewerten. Als Ersatz für die Anschaffungskosten ist dabei nach IAS 27.11B(a)(i) der beizulegende Zeitwert des TU zum Zeitpunkt der Statusänderung zugrunde zu legen.

Im Rahmen der **Änderungen an IAS 27** (→ Rn 52) wurde das in IAS 27.11B verankerte Wahlrecht gestrichen und stattdessen ein allgemeiner Verweis auf IAS 27.10 (geändert 2014) aufgenommen. Danach ist es MU, die nicht mehr die Definition einer Investmentgesellschaft erfüllen, möglich, Anteile an TU neben einer Bewertung zu Anschaffungskosten oder zum beizulegenden Zeitwert nach IAS 39/IFRS 9 auch nach der Equity-Methode zu bilanzieren. Als Ersatz für die Anschaffungskosten kann weiterhin der beizulegende Zeitwert des TU im Zeitpunkt der Statusänderung verwendet werden (IAS 27.11B(a)(geändert 2014)).

2. Ansatz

59 Der Zeitpunkt des **erstmaligen Ansatzes** von Unternehmensanteilen im **Einzelabschluss** entspricht grds dem Erstbilanzierungszeitpunkt im Konzernabschluss. Dies ist der Zeitpunkt, in dem das bilanzierende Unternehmen Beherrschung (*control,* Beginn des Beherrschungsverhältnisses), gemeinschaftliche Führung oder aber maßgeblichen Einfluss über/auf das betreffende Unternehmen erlangt. Dies gilt unabhängig von der Ausübung des Bewertungswahlrechts für die Anteile, dh der Bewertung zu Anschaffungskosten, einer Bewertung nach IAS 39/IFRS 9 oder einer Bewertung nach der Equity-Methode (IAS 27.10 auch iVm IAS 28.44, IAS 27.10 (geändert 2014)).

3. Bewertung bei erstmaliger Erfassung

60 Werden die Anteile an TU, assoziierten Unternehmen und Gemeinschaftsunternehmen im **Einzelabschluss** des Anteilseigners zu **Anschaffungskosten** bewertet, hat die erstmalige Bewertung mit dem Kaufpreis einschließlich Anschaffungsnebenkosten zu erfolgen (→ Rn 51 f). Das Wahlrecht, Unternehmensanteile zu Anschaffungskosten anzusetzen, besteht unabhängig von den Regelungen des IFRS 13 zum beizulegenden Zeitwert.

Werden Anteile an TU, assoziierten Unternehmen oder an Gemeinschaftsunternehmen im **Einzelabschluss nach IAS 39/IFRS 9** bilanziert, ist eine **Kategorisierung** erforderlich.

Da es sich bei Unternehmensanteilen nicht um Forderungen handelt und diese finanziellen Vermögenswerte auch keiner festen Laufzeit unterliegen, kommen nach **IAS 39.9** für die Kategorisierung von Anteilen an TU, Gemeinschaftsunternehmen und assoziierten Unternehmen lediglich die Kategorien erfolgswirksam zum beizulegenden Zeitwert bewertete finanzielle Vermögenswerte (wegen tatsächlich bestehender Veräußerungsabsicht in naher Zukunft oder aufgrund der Designation in diese Kategorie) oder zur Veräußerung verfügbar in Betracht (vgl auch → § 3 Rn 49). Beim erstmaligen Ansatz von Unternehmensanteilen, die nach IAS 39 bilanziert werden, erfolgt die Bewertung grds mit dem **beizulegenden Zeitwert zuzüglich Anschaffungsnebenkosten** (zur Bewertung in Zusammenhang mit Sicherungszusammenhängen vgl → § 23 Rn 52ff). Da der beizulegende Zeitwert eines finanziellen Vermögenswerts nach IAS 39.9 iVm IFRS 13.9 als der Preis definiert ist, der im Zuge eines geordneten Geschäftsvorfalls unter Marktteilnehmern zum Bewertungszeitpunkt beim Verkauf eines Vermögenswerts erzielt werden würde, entspricht der beizulegende Zeitwert der Anteile im Zugangszeitpunkt im Normalfall deren Kaufpreis einschließlich der direkt zurechenbaren Anschaffungsnebenkosten. Im Fall der Kategorie erfolgswirksam zum beizulegenden Zeitwert bewertete finanzielle Vermögenswerte sind die Anschaffungsnebenkosten hingegen im lfd Aufwand zu erfassen (IAS 39.43).

Nach **IFRS 9** sind Unternehmensanteile zum Zugangszeitpunkt und in der Folge stets zum beizulegenden Zeitwert zu bewerten. Eine Kategorisierung von Unternehmensanteilen zu Anschaffungskosten ist nach IFRS 9 nicht mehr zulässig. Entspr IFRS 9.B5.1.1 handelt es sich bei dem beizulegenden Zeitwert regelmäßig um den Transaktionspreis, dh um den beizulegenden Zeitwert der hingegebenen oder erhaltenen Gegenleistung. Zum Zeitpunkt der erstmaligen Erfassung besteht dabei ein **einmaliges, unwiderrufliches Wahlrecht,** Unternehmensbeteiligungen in die Kategorie erfolgsneutral zum beizulegenden Zeitwert bewertet zu designieren, vorausgesetzt diese Instrumente werden nicht zu Handelszwecken gehalten (IFRS 9.4.1.4 iVm IFRS 9.5.7.5). Die Entscheidung kann für **jeden** dieser Vermögenswerte einzeln getroffen werden und bietet daher erhebliche bilanzpolitische Spielräume. Wird das Wahlrecht zur Designation als erfolgsneutral zum beizulegenden Zeitwert bewertet ausgeübt, gehen die Anschaffungsnebenkosten (Transaktionskosten) in die Erstbewertung ein; ansonsten – die Unternehmensanteile werden erfolgswirksam zum beizulegenden Zeitwert bewertet – sind die Transaktionskosten aufwandswirksam zu erfassen (IFRS 9.5.1.1). 61

Für den Fall, dass ein MU (Investmentgesellschaft) Anteile an TU in Übereinstimmung mit IFRS 10.31 in seinem Konzernabschluss (eine Aufstellungspflicht gem IFRS 10.32 unterstellt, → § 31 Rn 32) nicht vollkonsolidiert, bestimmt IAS 27.11A, dass die Bilanzierung und damit auch die Kategorisierung von Finanzinstrumenten im Konzernabschluss nicht von derjenigen im Einzelabschluss abweichen darf. Die Erstbewertung im Einzelabschluss richtet sich sodann ebenso nach den unter → Rn 60f dargestellten Grundsätzen des IAS 39.43/IFRS 9.5.1.1. Entspr gilt gem IAS 27.11, sofern Wagniskapital-Organisationen oder Investmentfonds, Unit Trusts und ähnliche Unternehmen ihre Anteile an assoziierten oder Gemeinschaftsunternehmen in ihrem Konzernabschluss in Ausübung des Wahlrechts des IAS 28.18 nicht auf der Grundlage der Equity-Methode, sondern nach IAS 39/IFRS 9 erfolgswirksam zum beizulegenden Zeitwert bewerten. 62

Werden **Anteile an TU, assoziierten Unternehmen und Gemeinschaftsunternehmen im Einzelabschluss** nach der Equity-Methode bewertet, sind die Anteile bei der Zugangsbilanzierung mit ihren Anschaffungskosten anzusetzen (IAS 28.10). Für weitere Ausführungen zur Vorgehensweise bei der erstmaligen Anwendung der Equity-Methode → § 36 Rn 34ff.

Unternehmensanteile an assoziierten Unternehmen und **Gemeinschaftsunternehmen,** die in einen **Konzernabschluss** des Anteilseigners nach IAS 28 einbezogen werden, sind verpflichtend durch Erstbewertung nach der Equity-Methode zu erfassen (→ § 36 Rn 34ff). 63

4. Folgebewertung

a) Fortführung der Anschaffungskosten

64 Wird das Wahlrecht in IAS 27.10 hinsichtlich einer Bilanzierung von Anteilen an TU, assoziierten Unternehmen oder Gemeinschaftsunternehmen zu Anschaffungskosten in einem zusätzlichen **IFRS-Einzelabschluss** ausgeübt, ist die Folgebewertung zu fortgeführten Anschaffungskosten vorzunehmen. Die Folgebewertung richtet sich hinsichtlich einer möglichen Wertminderung nicht nach IAS 39/IFRS 9, sondern nach IAS 36, da der Anwendungsausschluss des IAS 36.2 in diesem Fall nicht greift (*Meyer/Bornhofen/Homrighausen* KoR 2005, 285 (292)). Somit ist zu jedem Bilanzstichtag durch Vergleich des Beteiligungsbuchwerts mit dessen erzielbarem Betrag (der höhere Wert von Nutzungswert und beizulegendem Zeitwert abzüglich Veräußerungskosten) ein möglicher Wertminderungsbedarf zu prüfen und ggf erfolgswirksam zu erfassen (IAS 36.59).

65 Dies gilt inhaltlich ebenso für **Unternehmensanteile,** die zwar generell gem IAS 39, **ausnahmsweise** aber zu **Anschaffungskosten** im Konzernabschluss oder im Einzelabschluss bilanziert werden, weil es sich um Eigenkapitalinstrumente handelt, die nicht auf einem aktiven Markt gehandelt werden und deren beizulegender Zeitwert nicht zuverlässig bestimmbar ist (IAS 39.46(c); analog für Anteile, die aus Wesentlichkeitsgründen nicht konsolidiert werden (F.QC11)). Für diese Anteile ist ein Wertminderungstest jedoch nicht nach IAS 36, sondern nach IAS 39.66 durchzuführen. Zu jedem Bilanzstichtag ist zu prüfen, ob objektive substanzielle Hinweise auf eine **Wertminderung** der Unternehmensanteile vorliegen. Für Unternehmensanteile sind dabei insbes negative Entwicklungen im technologischen, wirtschaftlichen und rechtlichen Unternehmensumfeld relevant (IAS 39.59). Obgleich eine Bilanzierung zu Anschaffungskosten erfolgt, ist ein nachhaltiger wesentlicher Rückgang des Barwerts der erwarteten zukünftigen Zahlungsströme aus den Anteilen ein substanzieller Hinweis auf eine Wertminderung. Liegen solche Hinweise vor, so ist ein möglicher Wertminderungsbedarf für die Anteile durch Vergleich des Buchwerts der Beteiligung mit dem Barwert der erwarteten zukünftigen Zahlungsströme aus diesen Anteilen zu ermitteln. Die Diskontierung erfolgt mittels eines aktuellen Marktzinses, der den Rückflüssen vergleichbarer finanzieller Vermögenswerte entspricht. Eine solche Wertminderung darf in der Folgezeit nicht mehr rückgängig gemacht werden (IAS 39.66).

66 **Vereinnahmungen von Gewinnen** sind nach IAS 18.29 iVm IAS 18.30(c) bzw IFRS 9.5.7.1A/IAS 27.12 zu erfassen, sobald der **Rechtsanspruch** auf Zahlung entstanden ist und es hinreichend wahrscheinlich ist, dass der Gewinn vereinnahmt wird und dessen Höhe zuverlässig ermittelt werden kann. Eine hinreichende Sicherheit kann jedoch zumindest bei KapGes frühestens nach Feststellung des Jahresabschlusses entstehen, sodass nach den Kriterien des IAS 18.30(c) keine phasengleiche Gewinnvereinnahmung möglich ist.

Im Fall von **Dividendenausschüttungen** ist nach IAS 36 zu prüfen, ob daraus eine **Wertminderung** resultiert. Denn als Anhaltspunkt für eine Wertminderung gelten auch Fälle, in denen

(1) Dividenden vereinnahmt werden und nachweislich der Buchwert im Einzelabschluss den Buchwert des Nettovermögens einschließlich Geschäfts- oder Firmenwert im Konzernabschluss übersteigt (IAS 36.12(h)(i)) oder

(2) die Dividende zum Zeitpunkt ihrer Vereinnahmung das Gesamtergebnis (→ § 15 Rn 75 ff) in der Periode, in der die Dividende festgestellt wird, übersteigt (IAS 36.12(h)(ii)).

Lediglich bei Bestehen eines **Ergebnisabführungsvertrags** (§ 291 Abs 1 AktG) entsteht der Rechtsanspruch des MU auf das Jahresergebnis der **Tochter-**

KapGes bereits mit Ablauf dessen Geschäftsjahrs, sodass nur in diesem Fall eine Bilanzierung einer entspr Forderung bereits zum Abschlussstichtag des abgelaufenen Geschäftsjahrs möglich ist.

Die **Übernahme von Verlusten** führt nur dann zur Bilanzierung einer 67 Schuld beim MU, wenn eine gesetzliche oder vertragliche Verpflichtung zum Verlustausgleich besteht. Dies ist bei **KapGes** grds nicht der Fall. Bei PersGes ist der **Komplementär** erst im Fall der Liquidation der Gesellschaft zum Ausgleich verpflichtet. Hat er hingegen die Verlustübernahme erklärt oder ist er hierzu gesellschaftsvertraglich verpflichtet, sind die anteiligen Verluste beim MU durch Berücksichtigung einer Schuld abzubilden. Der **Kommanditist** ist nach Leistung seiner Hafteinlage grds nicht zum Verlustausgleich verpflichtet. Auch hier kann es somit nur im Fall der vereinbarten Nachschussverpflichtung zu einer Berücksichtigung einer Schuld beim MU kommen. Gleiches gilt für KapGes im Fall einer erklärten Verlustausgleichsverpflichtung. Da es sich in diesen Fällen um eine Schuld zur Zahlung von Finanzmitteln aufgrund einer vertraglichen Verpflichtung handelt, ist die Definition des IAS 32.11 für eine finanzielle Schuld erfüllt. Somit handelt es sich um einen Schuldposten, dessen Ansatz und Bewertung sich nach den Grundsätzen des IAS 39 richtet.

Wurde im **Einzelabschluss** des MU für die **Anschaffungskostenbilanzierung** optiert (IAS 27.10), führt die Erfassung dieser Finanzschuld zu einer entspr Erhöhung der Anschaffungskosten des Beteiligungsbuchwerts. Rechtsformunabhängig muss zum Stichtag zusätzlich geprüft werden, ob infolge der Verluste beim TU eine Wertminderung der Anteile beim MU eingetreten ist. Dies erfolgt bei Anschaffungskostenbilanzierung wiederum nach den Grundsätzen des IAS 36 (*Meyer/Bornhofen/Homrighausen* KoR 2005, 285 (293)).

b) Folgebewertung zum beizulegenden Zeitwert

Wird das Wahlrecht für die Anteile an TU, assoziierten Unternehmen oder 68 Gemeinschaftsunternehmen in einem **Einzelabschluss** dahingehend ausgeübt, dass nach den Kategorien des **IAS 39** bilanziert wird, so sind die Anteile mit den beizulegenden Zeitwerten in der Kategorie zur **Veräußerung verfügbare finanzielle Vermögenswerte** bzw **erfolgswirksam zum beizulegenden Zeitwert bewertete finanzielle Vermögenswerte** zu bewerten (IAS 39.46). Die Ermittlung des beizulegenden Zeitwerts richtet sich nach IFRS 13. Hiernach ist entspr der Priorisierung von Inputfaktoren der Börsen- oder Marktpreis, der auf aktiven Märkten ermittelt wird, für die Bewertung heranzuziehen (*level* 1). Steht ein Marktpreis als Inputfaktor für den Vermögenswert nicht zur Verfügung, können notierte Preise für ähnliche Vermögenswerte verwendet werden (*level* 2), andernfalls erfolgt die Ermittlung des beizulegenden Zeitwerts auf Basis von Modellen (*level* 3). Zur Ermittlung des beizulegenden Zeitwerts s auch → § 2 Rn 233 ff. Veränderungen der beizulegenden Zeitwerte sind gem IAS 39.55 für die Kategorie erfolgswirksam zum beizulegenden Zeitwert bewertete finanzielle Vermögenswerte **erfolgswirksam** im Periodenerfolg und für die Kategorie zur Veräußerung verfügbare finanzielle Vermögenswerte als Bestandteil des **sonstigen Ergebnisses** zu erfassen, wobei Wertminderungsverluste bei der letztgenannten Kategorie erfolgswirksam nach IAS 39.67 ff zu behandeln sind.

Nach **IFRS 9** sind Unternehmensanteile erfolgswirksam oder bei Ausübung des Wahlrechts des IFRS 9.4.1.4 iVm IFRS 9.5.7.5 erfolgsneutral zum beizulegenden Zeitwert entspr den Vorgaben des IFRS 13 zu bewerten. In Ausnahmefällen (ausführlich → § 3 Rn 410) können jedoch die **Anschaffungskosten** eine **angemessene Schätzung** des beizulegenden Zeitwerts im Rahmen der Folgebewertung darstellen (IFRS 9.B5.2.3). Der Standard erläutert allerdings in IFRS 9.B5.2.4 eine Reihe von Gründen, in denen eine Bewertung zu Anschaffungskosten nicht angebracht ist. Dies gilt insbes für börsennotierte Anteile, die stets mit dem Börsenkurs anzusetzen sind. Hinsichtlich aktueller Entwicklungen im Hinblick auf die Bestimmung des beizulegenden Zeitwertes von notierten Anteilen → Rn 105. Die Erfassung der Wertänderungen der Unternehmensanteile erfolgt je nach gewählter Kategorie erfolgswirksam (erfolgswirksam zum beizulegenden Zeitwert bewertet) oder im sonstigen Ergebnis (designiert als erfolgsneutral zum beizulegenden Zeitwert bewertet).

69 Besteht für das MU eine gesetzliche oder vertragliche Verpflichtung zum **Verlustausgleich,** führt die Finanzschuld zunächst zu einer **Erhöhung des Beteiligungsansatzes.** Zusätzlich ist rechtsformunabhängig zu prüfen, ob infolge der Verluste beim TU eine Wertminderung der Anteile beim MU eingetreten ist. Dies erfolgt nach den Prinzipien des IAS 39, dh grds durch Neubewertung des beizulegenden Zeitwerts der Anteile zum Stichtag oder – falls kein aktiver Markt vorhanden ist und der beizulegende Zeitwert nicht zuverlässig ermittelbar ist – gem IAS 39.66 (*Meyer/Bornhofen/Homrighausen* KoR 2005, 285 (293)).

70 Die dargestellten Grundsätze gelten analog, sofern die Anteile an einem TU, assoziierten Unternehmen oder Gemeinschaftsunternehmen infolge des Vorliegens eines Ausnahmetatbestands (→ Rn 53 ff) in einem **Konzernabschluss** nach IAS 39/IFRS 9 bewertet werden.

c) Folgebewertung nach IAS 28

71 Anteile an TU, assoziierten Unternehmen und Gemeinschaftsunternehmen, die aufgrund des Wahlrechts des IFRS 27.10 (geändert 2014) nach der Equity-Methode in den **Einzelabschluss** einbezogen werden (→ Rn 52), sind im Rahmen der Folgebewertung durch Fortschreibung des Equity-Werts zu erfassen. Entspr gilt für Anteile an assoziierten Unternehmen oder an Gemeinschaftsunternehmen, die im Konzernabschluss nach IAS 28 bewertet werden (→ Rn 63).

Etwaige **Wertminderungen** sind dem Grunde nach gem IAS 39/IAS 28.41A bis IAS 28.41C (geändert 2014) zu beurteilen (IAS 28.40/IAS 28.40 (geändert 2014)). Die Höhe der Wertminderung ist nach den Grundsätzen des IAS 36 zu ermitteln (IAS 28.42/IAS 28.42 (geändert 2014)).

Vereinnahmte **Dividenden** von TU, assoziierten Unternehmen und Gemeinschaftsunternehmen sind bei der Fortschreibung des Equity-Werts erfolgsneutral zum Abzug zu bringen (IAS 27.12 (geändert 2014)).

IV. Finanzbeteiligungen

72 Für Anteile an Unternehmen (→ Rn 7), die nicht in einen Konzernabschluss des MU gem IFRS 10 oder IAS 28 einbezogen werden, dh **nicht konsolidiert** werden bzw nicht der Equity-Bewertung unterliegen (Beteiligungsquote unter 20%, kein Kontrollverhältnis oder unwesentliche Anteile), gelten die allgemeinen **Regeln des IAS 39/IFRS 9 für Finanzinstrumente.**

1. Kategorisierung

73 Die Anteile (zB Aktien, GmbH-Anteile, Anteile an PersGes oder Genossenschaften, an Investment- oder offenen Immobilienfonds sowie Anteile an strukturierten Einheiten) können nach **IAS 39** einer der drei folgenden Kategorien zugeordnet werden:

(1) Besteht eine Handelsabsicht, kommt die Kategorie **zu Handelszwecken gehaltene Finanzinstrumente** in Betracht. Der Ausweis erfolgt dann als kurzfristiger Vermögenswert (→ Rn 8).

Weiter stehen die Kategorien:

(2) **erfolgswirksam zum beizulegenden** Zeitwert und

(3) **zur Veräußerung verfügbare finanzielle Vermögenswerte** zur Auswahl.

Bei der Wahl für die Kategorie erfolgswirksam zum beizulegenden Zeitwert sind die Begrenzungen der *fair value option* zu berücksichtigen (→ § 3 Rn 60). In der Bilanzierungspraxis werden Unternehmensanteile zumeist in der Restkategorie zur Veräußerung verfügbar erfasst.

Auch für **Anteile an PersGes** und **Genossenschaftsanteile** (→ § 12 74 Rn 100ff) ergeben sich für die Kategorisierung keine Auswirkungen, da in jedem Falle Finanzinstrumente vorliegen (diese umfassen finanzielle Vermögenswerte und Eigenkapitalinstrumente) und die übrigen Kategorisierungsmerkmale für KapGes und PersGes identisch sind.

Nach **IFRS 9.4.1.4** sind Finanzbeteiligungen stets zum beizulegenden Zeit- 75 wert zu bewerten. Beim erstmaligen Ansatz besteht die Möglichkeit, Anteile entweder der Kategorie erfolgswirksam zum beizulegenden Zeitwert bewertet oder erfolgsneutral zum beizulegenden Zeitwert bewertet zuzuordnen.

2. Ansatz

Unabhängig von der Kategorisierung sind die Anteile zu dem Zeitpunkt zu 76 bilanzieren, zu dem „das (bilanzierende) Unternehmen **Vertragspartei** der Regelungen des Finanzinstruments wird" (IAS 39.14/IFRS 9.3.1.1). Dies ist idR der Zeitpunkt, von dem an das bilanzierte Unternehmen die Rechte aus den Anteilen wahrnehmen kann (→ § 3 Rn 86, → § 3 Rn 399, → § 3 Rn 407).

3. Bewertung bei erstmaliger Erfassung

Ebenfalls unabhängig von der Kategorisierung sind die Anteile beim **erstmaligen Ansatz** mit dem **beizulegenden Zeitwert** zu bewerten. Dieser entspricht 77 idR den **Anschaffungskosten** (→ § 3 Rn 156, → § 3 Rn 400, → § 3 Rn 408; IAS 39.AG64/IFRS 9.B5.1.1 sowie IFRS 13.58). In Situationen, in denen der Transaktionspreis nicht mit dem beizulegenden Zeitwert übereinstimmt, ist der Differenzbetrag erfolgswirksam zu erfassen, es sei denn in einem Standard sind hierfür andere Regelungen vorgesehen (IFRS 13.60, IAS 39.43A iVm IAS 39.AG76/IFRS 9.5.1.1A iVm IFRS 9.B5.1.2A; → Rn 25).

Die Behandlung von **Anschaffungsnebenkosten** (IAS 39.AG13: Transak- 78 tionskosten wie zB Provisionen, Maklerkosten, Notarkosten sowie Steuern und Gebühren) erfolgt nach IAS 39 nicht einheitlich. Sie ist abhängig von der Kategorisierung bzw der daraus resultierenden Folgebewertung (→ § 3 Rn 160f). In den Kategorien zu Handelszwecken gehalten (nur für **kurzfristige Vermögenswerte**; → Rn 8) oder erfolgswirksam zum beizulegenden Zeitwert bewertet sind die Anschaffungsnebenkosten sofort erfolgswirksam zu erfassen. Demgegenüber sind sie in der Kategorie zur Veräußerung verfügbar zu aktivieren. Sie werden erst beim Verkauf der Anteile erfolgswirksam.

Nach **IFRS 9** werden **Transaktionskosten** (IFRS 9.B5.4.8) bei zu fortge- 79 führten Anschaffungskosten sowie bei erfolgsneutral zum beizulegenden Zeitwert bewerteten Vermögenswerten beim erstmaligen Ansatz aktiviert (IFRS 9.5.1.1 bzw IFRS 9.B5.2.2). Eine erfolgswirksame Erfassung von Transaktionskosten im Zeitpunkt der erstmaligen Erfassung ist somit nicht zulässig. Bei Vermögenswerten, die erfolgswirksam zum beizulegenden Zeitwert bewertet werden, sind die

Transaktionskosten hingegen im Zeitpunkt der Erstbewertung aufwandswirksam zu erfassen.

4. Folgebewertung

80 Die **Folgebewertung** wird für alle drei nach **IAS 39** möglichen Kategorien nach dem beizulegenden Zeitwert ohne Abzug von Transaktionskosten, die beim Verkauf oder einer anders gearteten Veräußerung anfallen könnten, vorgenommen (IAS 39.46, IFRS 13.25). Dies gilt unabhängig davon, ob es sich um ein Eigen- oder Fremdkapitalinstrument handelt. Entspr gilt auch nach **IFRS 9** (IFRS 9.B5.2.2, IFRS 13.25).

81 Eine wichtige **Ausnahme** erfährt die Regel betreffend die Bewertung zum beizulegenden Zeitwert nach **IAS 39** jedoch in IAS 39.46(c): **Finanzinvestitionen** in **Eigenkapitalinstrumente,** für die **kein** auf einem **aktiven Markt** (dazu *IDW* RS HFA 9 Rz 74 ff) notierter **Preis** vorliegt und deren beizulegender Zeitwert **nicht verlässlich** ermittelt werden kann, sind mit den Anschaffungskosten zu bewerten. Eine verlässliche Bewertung ist nach IAS 39.AG80 möglich, wenn

(1) die Schwankungsbreite der vernünftigen Schätzung für dieses Instrument nicht signifikant ist oder
(2) die Eintrittswahrscheinlichkeit der verschiedenen Schätzungen innerhalb dieser Bandbreite auf angemessene Weise beurteilt und bei der Schätzung des beizulegenden Zeitwerts verwendet werden kann.

Sollte aber nach diesen Kriterien eine „verlässliche Bewertung" nicht möglich sein, sind die Anteile mit den **Anschaffungskosten** zu bewerten (→ § 3 Rn 242).

Für **nicht notierte Aktien, GmbH-Anteile,** etc fehlt idR ein aktiver Markt. Darüber hinaus wird der Einfluss des Inhabers von kleineren Unternehmensanteilen häufig nicht ausreichen, um qualifizierte Daten erhalten zu können, die ihm eine verlässliche Unternehmensbewertung zum beizulegenden Zeitwert ermöglichen. In der Praxis werden daher idR die (fortgeführten) Anschaffungskosten anzusetzen sein. Für **PersGes und Genossenschaftsanteile** kann die Ausnahmeregel des IAS 39.46(c) nicht genutzt werden, wenn die Anteile **keine Eigenkapitalinstrumente** darstellen. Ein finanzieller Vermögenswert ist zwingend zum beizulegenden Zeitwert anzusetzen. Daraus können sich insbes bei steigenden nachhaltigen Gewinnerwartungen und bei Gewinnthesaurierungen Zuschreibungspflichten ergeben, die je nach Kategorie erfolgswirksam bzw erfolgsneutral zu erfassen sind. Da die Problematik der Informationsbeschaffung jedenfalls für Prognosewerte auch bei kleineren Anteilen an PersGes besteht, werden auch insoweit häufig die fortgeführten Anschaffungskosten anzusetzen sein.

82 Die Bestimmung des beizulegenden Zeitwerts ist in **IFRS 13** geregelt. Hiernach sind der Bewertung Marktpreise **aktiver Märkte** zugrunde zu legen (*level* 1). Liegen diese nicht vor, sind Vergleichspreise heranzuziehen (*level* 2). Bewertungsmodelle (*level* 3) sind nur dann für die Bewertung maßgeblich, wenn sich der beizulegende Zeitwert anders nicht bestimmen lässt (→ Rn 68 und → § 2 Rn 254 ff). Im Ergebnis ist eine Bewertung anhand möglichst vieler unternehmensexterner Inputparameter vorzunehmen.

83 Die **Folgebewertung nach IFRS 9** richtet sich nach der gewählten Kategorie und erfolgt entweder erfolgswirksam oder aber erfolgsneutral zum beizulegenden Zeitwert. In eng begrenzten Ausnahmefällen (→ § 3 Rn 410) können die **Anschaffungskosten** eine **angemessene Schätzung** des beizulegenden Zeitwerts im Rahmen der Folgebewertung darstellen (IFRS 9.B5.2.3).

5. Wertminderungstest, Wertaufholung

Die nach IAS 39.46(c) zu Anschaffungskosten bewerteten Anteile müssen zu jedem Bilanzstichtag daraufhin untersucht werden, ob „objektive Hinweise darauf schließen lassen, dass eine Wertminderung vorliegt" (IAS 39.58). Wegen der Einzelheiten wird auf → § 3 Rn 230ff verwiesen. Kommt es zu einer **Abwertung,** ist der Abwertungsbetrag **erfolgswirksam** zu erfassen (IAS 39.63). Entspr gilt für Wertaufholungen in späteren Perioden. Sofern die Anteile der Kategorie zur Veräußerung verfügbar zugeordnet wurden, sind Wertminderungen ebenfalls erfolgswirksam zu erfassen. Kommt es in der Folgezeit zu **Wertaufholungen,** so sind diese bei gehaltenen Eigenkapitalinstrumenten **erfolgsneutral** zu behandeln (IAS 39.69). 84

Nach **IFRS 9** sind alle Wertminderungen und Wertaufholungen von Anteilen Bestandteil der Bewertung zum beizulegenden Zeitwert. Die Erfassung richtet sich nach der entspr Kategorie, dh sie erfolgt erfolgswirksam oder – bei entspr Designation des Eigenkapitalinstruments – erfolgsneutral.

6. (Keine) Equity-Methode

Eine Bewertung von einfachen Finanzbeteiligungen nach der Equity-Methode ist im **Einzelabschluss** des MU **nicht zugelassen** (IAS 27.10). Dies gilt auch nach der Änderung des IAS 27.10 (geändert 2014) durch den Standard *Equity-Methode im Einzelabschluss,* der eine alternative Bewertung nach der Equity-Methode nur für Anteile an TU, assoziierten Unternehmen und Gemeinschaftsunternehmen zulässt (→ Rn 52, → Rn 71). Zum Erstanwendungszeitpunkt der Änderungen → Rn 103. 85

7. Zur Veräußerung gehaltene Anteile

Anteile an anderen Unternehmen sind nach **IFRS 5** zu bilanzieren, wenn sie als zur Veräußerung gehalten zu klassifizieren sind (zu Details § 28). 86

8. Gewinnansprüche, Verluste

Ansprüche auf Dividenden sind beim Anteilseigner an dem Zeitpunkt einzubuchen, an dem der **Dividendenanspruch entsteht;** an dem also die notwendigen Beschlüsse beim Beteiligungsunternehmen gefasst sind. Eine phasengleiche Gewinnvereinnahmung bei KapGes ist daher grds nicht möglich (→ Rn 66). Für die Berücksichtigung von Verlusten wird auf → Rn 67 und → Rn 69 verwiesen. Zur Prüfung von Wertminderungen im Zusammenhang mit Dividendenausschüttungen → Rn 66. 87

V. Übrige finanzielle Vermögenswerte

Unter den übrigen langfristigen finanziellen Vermögenswerten sind ua **Forderungen aus Finanzierungs-Leasingverhältnissen** auszuweisen. Diese entstehen beim **Leasinggeber** und sind bei der Erstbewertung zum Nettoinvestitionswert anzusetzen. In den Folgeperioden wird der Nettoinvestitionswert aufgezinst. Einzelheiten zur Bilanzierung von Finanzierungs-Leasingverhältnissen beim Leasinggeber sind in → § 22 Rn 124ff dargestellt. Zum Ende jeder Berichtsperiode ist unter den langfristigen Vermögenswerten der Teil der Gesamtforderung auszuweisen, der eine Restlaufzeit von mehr als zwölf Monaten hat (IAS 1.56). Der beizulegende Zeitwert dieser Forderungen entspricht idR dem Nettoinvestitionswert, sodass zumeist eine separate Berechnung, die ansonsten 88 für die Anhangangaben entpr IFRS 7.25 erforderlich wäre, unterbleiben kann. Anders ist es, wenn sich zB der anfängliche Zins, der der Berechnung des Nettoinvestitionswerts zugrunde liegt, unter Berücksichtigung der aktuellen Bedingungen ändern würde. In diesen Fällen ergibt sich ein geänderter beizulegender Zeitwert, der entspr ausgewiesen werden muss.

89 Zu den übrigen finanziellen Vermögenswerten können auch Vermögenswerte gehören, die nach IFRS 11 **gemeinschaftlichen Tätigkeiten** zuzuordnen sind. Es handelt sich dabei um vollständig oder gemeinschaftlich gehaltene Vermögenswerte, die entspr der Anteilsquote bilanziert werden (IFRS 11.20; dazu und zur Klassifizierung vgl → § 29 Rn 15 ff und → § 29 Rn 32 ff). Ausweis und Bewertung folgen den jeweils für diese Vermögenswerte geltenden Regelungen.

C. Sonstige übrige Vermögenswerte – latente Steuerguthaben

90 Die Bilanzierung latenter Steuern dient der **Erfassung steuerlicher Konsequenzen,** die sich bei der zukünftigen Realisierung eines Vermögenswerts oder der zukünftigen Erfüllung einer Schuld infolge einer abweichenden Bilanzierung in der Steuerbilanz ergeben. Verwiesen wird auf → § 25 Rn 37 ff.

91, 92 *(einstweilen frei)*

D. Ausbuchung

93 Die Ausbuchung von finanziellen Vermögenswerten ist **zentral** in → § 3 Rn 100 ff dargestellt (zur Ausbuchung im Zusammenhang mit Zweckgesellschaften → § 10 Rn 69).

Die Ausbuchung latenter Steuerguthaben wird in → § 25 Rn 112 ff ausführlich dargestellt.

E. Ausweis und Angaben im Anhang

94 **Langfristige finanzielle Vermögenswerte** sind getrennt von den kurzfristigen finanziellen Vermögenswerten auszuweisen. Als Mindestgliederung ist eine Aufteilung in Kapitalanlagen, die nach der Equity-Methode bewertet werden, und in sonstige langfristige finanzielle Vermögenswerte gefordert. Besondere Angabepflichten für finanzielle Vermögenswerte ergeben sich aus IFRS 7 (→ § 3 Rn 270 ff). Da die sonstigen langfristigen Vermögenswerte je nach Art höchst unterschiedlich ausgestaltet sein können, ist zu prüfen, ob die nach IFRS 7 geforderten Angaben zu beachten sind oder nicht.

95 Für langfristige finanzielle Vermögenswerte ist im Rahmen der Angaben zur Bilanz darzustellen, welchen **Kategorien und Klassen** die langfristigen finanziellen Vermögenswerte zugeordnet werden und welche Buchwerte die einzelnen Kategorien haben (IFRS 7.8). Für jede Klasse von finanziellen Vermögenswerten ist grds der beizulegende Zeitwert anzugeben, sofern die Angabepflicht nicht entspr IFRS 7.29 unterbleiben kann (IFRS 7.25 f). Weitere Angaben zur Bewertung zum beizulegenden Zeitwert sind in IFRS 13 kodifiziert. Der Umfang dieser Angaben, die für jede Klasse von Finanzinstrumenten einzeln erfolgen, ergibt sich aus IFRS 13.93 ff und stützt sich auf das Hierarchiestufenmodell des beizulegenden Zeitwerts, das in IFRS 13.72 ff dargestellt wird (s im Einzelnen → § 3 Rn 276 ff).

Wird die ***fair value option*** in Anspruch genommen, sind zusätzliche Angaben gefordert. 96

Für langfristige finanzielle Vermögenswerte sind insbes die Angaben der **Nettoergebnisse** für jede Kategorie von Finanzinstrumenten relevant. Im Einzelnen ist in diesem Zusammenhang über Nettogewinne und -verluste aus Wertminderungen, Zuschreibungen, Abgangserfolgen und nachträglichen Eingängen aus abgeschriebenen Finanzinstrumenten zu berichten (*Kuhn/Scharpf,* 628). Dabei ist auch anzugeben, ob Zins- und Dividendenerträge Bestandteil des Nettoergebnisses sind (IFRS 7.B5(e)).

Entspr IFRS 7.20 ist daneben über die **Gesamtzinserträge** und -aufwendungen, Erträge und Aufwendungen aus Gebühren und Zinserträge aus wertberichtigten Forderungen sowie Wertminderungen in der Gesamtergebnisrechnung oder im Anhang zu berichten. 97

Ähnlich wie nach **HGB** sind gesonderte Angaben zu den Bilanzierungs- und Bewertungsmethoden zu machen, die aber bei weitem den Umfang der nach HGB gewohnten Angaben übersteigen. Ein Überblick dieser Angaben findet sich in IFRS 7.B5 und in → § 3 Rn 306. 98

Im Rahmen der Berichterstattung zu den **Risiken** sind für sonstige langfristige Vermögenswerte Angaben zu **Kreditrisiken** und **Marktpreisrisiken** gefordert. Im Rahmen der Berichterstattung zu den **Kreditrisiken** sind entspr IFRS 7.36 folgende Angaben zu jeder Klasse von Finanzinstrumenten zu machen: 99

(1) der Betrag des maximalen Kreditausfallrisikos ohne Berücksichtigung von Sicherheiten. Nach IAS 32 saldierte Beträge sowie nach IAS 39 gebildete Wertberichtigungen sind entspr den Vorgaben in IFRS 7.B9 abzusetzen,
(2) eine Beschreibung der mit den unter Ziffer (1) genannten Beträgen korrespondierenden erhaltenen Kreditsicherheiten und sonstigen risikomindernden Vereinbarungen (IFRS 7.BC51 bis IFRS 7.BC53, IFRS 7.IG22),
(3) Informationen über die Qualität der finanziellen Vermögenswerte, die nicht überfällig und nicht wertgemindert sind,
(4) der Buchwert der finanziellen Vermögenswerte, deren Vertragsbedingungen geändert wurden und die ansonsten überfällig oder wertgemindert wären.

Für **überfällige oder wertberichtigte finanzielle Vermögenswerte** ist darüber hinaus für jede Klasse anzugeben: 100

(1) eine Analyse der Altersstruktur der nicht wertberichtigten Kredite. Laufzeitbänder für die Untergliederung der Überfälligkeitsanalyse gibt IFRS 7 nicht vor. Die Ausgestaltung liegt damit im Ermessen des Unternehmens und sollte sich an den unternehmensspezifischen Gegebenheiten orientieren (vgl *Lüdenbach/Hoffmann/Freiberg* IFRS § 28 Rz 386). Als Beispiel für die Überfälligkeitsanalyse ist die folgende Untergliederung denkbar:
   (a) bis drei Monate,
   (b) über drei Monate bis sechs Monate,
   (c) über sechs Monate bis ein Jahr und
   (d) über ein Jahr;
(2) hinsichtlich der unter den Nummern (1) und (2) in → Rn 99 angegebenen Beträge eine Beschreibung der erhaltenen Sicherheiten und – soweit möglich – eine Schätzung des beizulegenden Zeitwerts (IFRS 7.BC51 ff).

Marktpreisrisiken sind Zinsrisiken, Währungsrisiken und sonstige Preisrisiken. Für diese Risiken sind **Sensitivitätsanalysen** zu erstellen, aus denen ersichtlich wird, welche Auswirkungen sich auf das sonstige Ergebnis und den Periodenerfolg ergeben, wenn eine nach vernünftigem Ermessen mögliche Veränderung einer Risikovariablen eintritt (IFRS 7.40). Dabei sind die verwendeten Methoden und Annahmen offenzulegen sowie Änderungen von Methoden ggü Vorperioden einschließlich der Gründe für die Änderungen. Sensitivitäten, die sich auf den Erfolg auswirken, sind getrennt von denen, die sich auf das sonstige Ergebnis auswirken, darzustellen (IFRS 7.B27). Eigenkapitalinstrumente, die keiner Folgebewertung unterliegen, werden für diese Zwecke nicht neu bewertet, da weder der Periodenerfolg noch das sonstige Ergebnis durch das Kursrisiko dieser Instrumente beeinflusst werden (IFRS 7.B28).

101 Weitere Angabepflichten ergeben sich aus **IFRS 12 *Disclosures of Interests in Other Entities.*** Der Bilanzleser soll durch die dort kodifizierten Erläuterungspflichten mehr Einblick in Art und Umfang der Risiken einschließlich ihrer Auswirkungen auf die VFE-Lage erhalten, die sich aus Anteilen an anderen Unternehmen ergeben. Dies betrifft Anteile an TU, Gemeinschaftsunternehmen oder assoziierten Unternehmen im Konzernabschluss sowie Anteile an strukturierten Einheiten, die nicht konsolidiert werden und daher unter den langfristigen Vermögenswerten ausgewiesen werden (Näheres hierzu unter → § 30 Rn 41 ff, → § 32 Rn 56 ff).

Anzugeben sind **qualitative und quantitative Informationen** betreffend Art, Zweck, Größe und Aktivitäten der nicht konsolidierten strukturierten Einheiten sowie deren Finanzierung (IFRS 12.26). Die Darstellung hat grds in tabellarischer Form zu erfolgen (IFRS 12.28). Darüber hinaus ist ebenfalls tabellarisch eine Übersicht über die von der strukturierten Einheit bilanzierten Buchwerte der Vermögenswerte und Schulden einschließlich der entspr Bilanzposten anzugeben.

Das **maximale Verlustrisiko** aus der Einheit ist zu ermitteln (IFRS 12.29(c)) und dem Buchwert der Vermögenswerte gegenüberzustellen, die den Anteilen an der Einheit entsprechen (IFRS 12.29(d)). Finanzielle oder andere Unterstützung, die das Unternehmen der Einheit oder einer ehemaligen Einheit in der Berichtsperiode zukommen lässt oder künftig plant zukommen zu lassen, sind zu erläutern, wenn sie ohne rechtliche Verpflichtung erbracht wurden/werden (IFRS 12.30). Damit soll dem Bilanzleser ein umfassendes Bild über die Risiken aus Anteilen an solchen strukturierten Einheiten vermittelt werden.

Anhangangaben zu langfristigen finanziellen Vermögenswerten sind in der Anhangcheckliste in der Anlage zu diesem Handbuch aufgeführt. Für Investmentgesellschaften gelten hierfür die Regelungen des IFRS 12.19A ff einschließlich der entspr Erleichterungen, die in IFRS 12.21A und IFRS 12.25A geregelt sind.

102 Latente Steueransprüche und -schulden sind in der Bilanz **getrennt** von tatsächlichen bzw lfd Steueransprüchen und -schulden auszuweisen. Da sich **latente Steuerguthaben** erst in zukünftigen Geschäftsjahren wieder auflösen, sind sie in der Bilanz gem IAS 1.56 als langfristige Vermögenswerte **gesondert auszuweisen.** Für bestimmte Fälle fordert IAS 12.74 eine Saldierung latenter Steuerguthaben mit latenten Steuerschulden (vgl hierzu → § 25 Rn 182).

Die Bilanzierung latenter Steuern erfordert zahlreiche **Anhangangaben,** welche ausführlich in → § 25 Rn 212 ff dargestellt werden.

F. Wesentliche Änderungen und deren Anwendungszeitpunkte

103 Auswirkungen im weitesten Sinne auf Bilanzierung, Bewertung und Ausweis der **langfristigen Vermögenswerte** nach IFRS haben die Änderungen der folgenden Standards:

Mannigfaltige Änderungen ergeben sich aus **IFRS 9**, der im Juli 2014 verabschiedet wurde und – vorbehaltlich einer Übernahme durch die EU – für Geschäftsjahre, die am oder nach dem 1. Januar 2018 beginnen, anzuwenden ist.

Mit den im August 2014 veröffentlichten **Änderungen an IAS 27** wird die Equity-Methode als Bilanzierungsalternative für Anteile an TU, assoziierten Unternehmen und Gemeinschaftsunternehmen im Einzelabschluss zugelassen (vgl hierzu → Rn 52). Durch den Standard wurden IAS 27.4 bis IAS 27.7, IAS 27.10 sowie IAS 27.11B und IAS 27.12 geändert. Diese Änderungen sind – vorbehaltlich eines Endorsement durch die EU – für Geschäftsjahre anzuwenden, die am oder nach dem 1. Januar 2016 beginnen; eine frühere Anwendung ist ebenfalls unter der Voraussetzung eines Endorsement zulässig. Die Änderungen sind retrospektiv unter Beachtung von IAS 8.22 ff anzuwenden.

G. Gegenüberstellung zu HGB/DRS

Es wird auf → § 3 Rn 559 ff und → § 25 Rn 215 ff verwiesen. 104

H. Aktuelle Entwicklungen/IASB-Projekte

Der IASB hat im September 2014 den Exposure Draft ED/2014/4 ***Bewertung*** 105
von notierten Beteiligungen an Tochterunternehmen, Gemeinschaftsunternehmen und assoziierten Unternehmen zum beizulegenden Zeitwert veröffentlicht. Mit den vorgeschlagenen Änderungen wird klargestellt werden, dass in Bezug auf Anteile an TU, assoziierten Unternehmen und Gemeinschaftsunternehmen die Beteiligung als Ganzes das Bilanzierungsobjekt darstellt. Dies begründet der IASB dahingehend, dass der Grad der Einflussnahme auf eine Beteiligung wesentliches Merkmal dafür ist, dass die Beteiligungen in den Anwendungsbereich des IAS 27, IAS 28 bzw IFRS 10 fallen. Bei den in den Standards enthaltenen Verweisen auf IFRS 9 handelt es sich um Hinweise auf die anzuwendende Bewertungssystematik.

Des Weiteren schlägt der IASB im ED/2014/4 eine Klarstellung hinsichtlich der Bewertung von Beteiligungen vor, wenn die die Beteiligung begründenden Anteile an einem **aktiven Markt** gehandelt werden. In diesem Fall ergibt sich entspr dem Vorschlag des IASB der beizulegende Zeitwert solcher Beteiligungen als Produkt aus dem notierten Preis je Einheit und der Anzahl der gehaltenen Finanzinstrumente ohne weitere Anpassungen. Hiermit stellt der IASB klar, dass *level* 1-Inputfaktoren zu priorisieren sind, auch wenn sie nicht mit dem Bilanzierungsobjekt, der Beteiligung als Ganzes, korrespondieren.

Hinsichtlich der aktuellen Entwicklungen in Bezug auf **latente Steueransprüche** vgl → § 25 Rn 225 ff.

§ 8. Vorräte

Übersicht

Schrifttum: *Achleitner/Behr/Schäfer* International Accounting Standards, 4. Aufl, München 2009; *Henselmann/Roos* Bilanzierung von Vorräten nach IFRS, KoR 2007, 496; *Kümpel* Vorratsbewertung nach IAS 2, DStR 2005, 1153; *Kümpel* Abwertungskonzeption beim Vorratsvermögen im IFRS-Regelwerk: Nettoveräußerungswert und Roh-, Hilfs- und Betriebsstoffe, IRZ 2012, 69; *Küting* Die Ermittlung der Herstellungskosten nach den Änderungen durch das Bilanzrechtsmodernisierungsgesetz, StuB 2008, 419; *Küting/Harth* Herstellungskosten von Inventories und Self-Constructed Assets nach IAS und US-GAAP (Teil I und II), BB 1999, 2343 und 2393; *Kuhner* Die immateriellen Vermögensgegenstände und -werte des Anlagevermögens, in HdJ 2007 Abt II/1; *Padberg* IFRS: Vorräte, Fertigungsaufträge, Forderungen, Berlin 2008; *Reinhart* Bilanzierung langfristiger Fertigungsaufträge nach IAS und HGB, RIW 1999, 417; *Wohlgemuth/Radde* Der Bewertungsmaßstab „Anschaffungskosten" nach HGB und IAS – Darstellung der Besonderheiten und kritische Gegenüberstellung, WPg 2000, 903; *Wohlgemuth/Stander* Der Bewertungsmaßstab „Herstellungskosten" nach HGB und IAS, WPg 2003, 203.

Wesentliche Rechtsgrundlage: IAS 2

A. Allgemeines

I. Vorbemerkung

Dieses Kapitel behandelt Bilanzierungs- und Bewertungsfragen sowie Regelungen zu erforderlichen Anhangangaben hinsichtlich solcher Vermögenswerte, 1 die innerhalb des kurzfristigen Vermögens als Vorräte zu erfassen sind. Relevanter Standard ist IAS 2. Die Vorräte umfassen die auch nach HGB hierunter auszuweisenden Posten Roh-, Hilfs- und Betriebsstoffe, unfertige Erzeugnisse und unfertige Leistungen, Fertigerzeugnisse sowie Handelswaren.

II. Zielsetzung und Anwendungsbereich von IAS 2

2 **IAS 2** regelt die bilanzrechtliche Behandlung von Vorräten. **Primäre Fragestellung** ist die Bestimmung der Anschaffungs- oder Herstellungskosten, die bis zur Erlösrealisierung aktiviert und sodann als Aufwand erfasst werden. Auch Abwertungen auf den Nettoveräußerungswert führen in der Periode des Anfalls des Wertverlusts zu Aufwand. Neben Bewertungs- und Bilanzierungsregeln enthält der Standard Anwendungshilfen sowie Anleitungen zu Verfahren, nach denen die Anschaffungs- oder Herstellungskosten den Vorräten zugeordnet werden (IAS 2.1).

Die Bilanzierungsfähigkeit von den Vorräten zuzurechnenden Vermögenswerten ist, als vorgelagerte Fragestellung, nicht Gegenstand dieses Standards; Ansatzvorschriften für diese Vermögenswerte werden in IAS 1.15 iVm mit F.4.4(a) und F.4.37 ff geregelt (→ § 2 Rn 120 ff; *Jacobs/Schmitt* in Baetge ua IFRS-Komm IAS 2 Rz 1).

3 **Nicht anzuwenden** ist der Standard gem IAS 2.2 auf:

(1) Unfertige Erzeugnisse einschließlich damit verbundener Dienstleistungsverträge, die als Fertigungsaufträge zu qualifizieren sind. Diese werden durch IAS 11 erfasst und regelmäßig nach der sog *percentage-of-completion*-Methode bilanziert (→ § 9 Rn 56 ff). Zugehörige Dienstleistungen, zB von Projektleitern und Architekten (IAS 11.5(a)), werden nach denselben Grundsätzen behandelt. Dies gilt auch für andere Dienstleistungen, sofern derartige Geschäfte bestimmte, in IAS 18.20 genannte Voraussetzungen erfüllen. Deren bilanzielle Behandlung erfolgt dann analog IAS 11 (→ § 9 Rn 17 ff).
Im Zuge der Folgeänderungen des IAS 2 durch IFRS 15 wurde diese Ausnahme vom Anwendungsbereich des Standards in IAS 2.2(a) (geändert 2014) gestrichen, da IAS 11 nunmehr durch IFRS 15 ersetzt wird. Durch die Ertragserfassung im Zeitablauf nach IFRS 15 fallen indes Erzeugnisse, die der Erfüllung vertraglicher Leistungsbeziehungen dienen, nach IAS 2.8 (geändert 2014) ebenfalls nicht unter den Anwendungsbereich des IAS 2, sofern die Voraussetzungen des IFRS 15.35 (kontinuierlicher Kontrollübergang) erfüllt sind (→ § 9 Rn 142 und → § 15 Rn 58 ff).

(2) Finanzinstrumente, deren bilanzielle Behandlung durch IAS 32 und IAS 39/IFRS 9 geregelt wird (→ § 3 Rn 41 ff und → § 3 Rn 360).

(3) Biologische Vermögenswerte im Zusammenhang mit landwirtschaftlicher Tätigkeit und Produktion zum Zeitpunkt der Ernte. Deren Bilanzierung wird in IAS 41 geregelt (→ § 41 Rn 1). Danach erfolgt die Bewertung grds zum beizulegenden Zeitwert abzüglich geschätzter Veräußerungskosten (IAS 41.12).

Der Standard gilt nicht für die **Bewertung** von Vorräten in folgenden Fällen:

4 (1) Vorräte von Erzeugern, die land- und forstwirtschaftliche Güter produzieren, landwirtschaftliche Produkte nach der Ernte sowie Mineralien und mineralische Stoffe (zB Erze, Erdöl, Erdgas), die iSd branchenüblichen Bilanzierungspraxis mit dem Nettoveräußerungserlös bewertet werden. Die von der Anwendung dieses Standards ausgenommenen mineralischen Produkte werden nach deutscher HGB-Bilanzierung üblicherweise zu Anschaffungs- oder Herstellungskosten bewertet. Eine hiervon nach IFRS abweichende Bewertung zum Nettoveräußerungswert hat auch für deutsche Anwender Bedeutung, sofern sie als „gut eingeführte Praxis ihrer Branche" in anderen wichti-

gen Ländern anerkannt ist (vgl *Lüdenbach/Hoffmann/Freiberg* IFRS § 17 Rz 1). In diesem Fall sind Änderungen des Nettoveräußerungserlöses in der Periode zu erfassen, in der die Wertänderung eintritt (IAS 2.3(a)).

(2) Bestände von Handelsmaklern, die ihre Handelswaren zum beizulegenden Zeitwert abzüglich Verkaufskosten bewerten. Änderungen dieses Werts sind gleichfalls in der Periode zu erfassen, in der diese Wertänderung eintritt (IAS 2.3(b)). Soweit Warentermingeschäfte abgeschlossen werden, ist zu prüfen, ob diese als Finanzinstrumente nach IAS 39/IFRS 9 zu qualifizieren sind (vgl → § 3 Rn 46). Zielen solche Geschäfte jedoch auf die physische Lieferung zB eines Rohstoffs entspr dem Einkaufs- oder Nutzungsbedarf des Unternehmens ab (IAS 39.AG10; IFRS 9.BA.2), so fallen derartige Geschäfte nicht in den Anwendungsbereich von IAS 39/IFRS 9. 5

III. Terminologie von IAS 2

Nach IAS 2.6 fallen unter den **Begriff der Vorräte** alle Vermögenswerte, 6

(1) die zum Verkauf innerhalb des normalen Geschäftsgangs bestimmt sind (Fertigerzeugnisse oder Handelswaren),
(2) die sich im Herstellungsprozess für den Verkauf befinden (unfertige Erzeugnisse) oder
(3) die als Roh-, Hilfs- und Betriebsstoffe im Produktionsprozess oder bei der Erbringung von Dienstleistungen verbraucht werden.

Vermögenswerte, die einem der genannten Kriterien entsprechen und nicht unter den Ausnahmebereich des IAS 2.2 fallen, sind unter den kurzfristigen Vermögenswerten separat als Vorräte auszuweisen. Hierzu können neben den im klassischen Produktionsprozess verwendeten oder hergestellten Vermögenswerten zB auch zum Weiterverkauf gehaltene Grundstücke oder Gebäude gehören. Bei Dienstleistungsunternehmen sind unter den Vorräten die Kosten der erbrachten Leistungen zu erfassen (IAS 2.8, IAS 18).

Nach IAS 2 sind damit im Wesentlichen die auch nach HGB unter den Vorräten zu erfassenden Vermögenswerte zu subsumieren (vgl IAS 2.37, IAS 2.8):

(1) Handelswaren,
(2) Roh-, Hilfs- und Betriebsstoffe,
(3) unfertige Erzeugnisse und unfertige Leistungen,
(4) Fertigerzeugnisse.

Als wesentliche Ausnahme sind die als **Fertigungsaufträge** iSv IAS 11 qualifizierten Vermögenswerte zu nennen, die entspr ihrem Charakter eher als Forderungen zu verstehen sind (→ § 9 Rn 3 ff; zum Ausweis der Vorräte → Rn 116 ff). 7

Nicht unter die Vorräte nach IFRS fallen die geleisteten Anzahlungen, welche gem HGB innerhalb der Vorräte ausgewiesen werden (§ 266 Abs 2 HGB). Allerdings wird in der IFRS-Bilanzierungspraxis eine Einbeziehung in die Vorräte für vertretbar gehalten (vgl → Rn 118; so auch *Lüdenbach/Hoffmann/Freiberg* IFRS § 17 Rz 44 und *Kümpel* DStR 2005, 1153 (1153); aA *Henselmann/Roos* KoR 2007, 496 (496)).

Durch IFRS 15 wird die Definition von Vorräten durch Änderung von IAS 2.8 (geändert 2014) und Streichung von IAS 2.19 (geändert 2014) insofern geändert, als dass erbrachte Leistungen von Dienstleistungsunternehmen bei Anwendung von IFRS 15 nicht weiter unter den Begriff der Vorräte fallen. Die Bilanzierung von mit diesen kundenbezogenen Leistungen zusammenhängenden Ausgaben fällt fortan unter den Anwendungsbereich des IFRS 15 (→ § 15 Rn 47 f). Unfertige Leistungen, bei denen ein kontinuierlicher Kontrollübergang vorliegt, sind folglich mit Anwendung des IFRS 15 nicht mehr Teil des Vorratsvermögens. Kontinuierlich ist ein Kontrollübergang nach IFRS 15.35 dann (im Detail → § 9 Rn 142), wenn:

(1) der Leistungsempfänger im Rahmen eines Dienstleistungsvertrags die Leistung während ihrer Erbringung verbraucht (IFRS 15.B3f) oder
(2) der Leistungsempfänger die Verfügungsmacht über einen Vermögenswert innehat, der im Rahmen eines Werkvertrags erstellt oder verbessert wird (IFRS 15.B5) oder
(3) die Leistung im Rahmen eines Fertigungsauftrags erbracht wird, der erstellte Vermögenswert keine alternative Nutzungsmöglichkeit bietet (IFRS 15.B6 bis IFRS 15.B8) und ein Anspruch auf Vergütung der erbrachten Leistung besteht (IFRS 15.B9 bis IFRS 15.B13).

8 Die Bewertung der Vorräte erfolgt zum niedrigeren Wert aus **Anschaffungs- oder Herstellungskosten** und dem Nettoveräußerungswert. Der **Nettoveräußerungswert** bestimmt sich nach IAS 2.6 als der geschätzte, im normalen Geschäftsgang erzielbare Verkaufserlös abzüglich der geschätzten Kosten bis zur Fertigstellung und der geschätzten notwendigen Vertriebskosten.

Die Ermittlung des Nettoveräußerungswerts erfolgt grds über den Absatzmarkt. Dabei werden – unter Berücksichtigung des Zwecks des jeweiligen Vermögenswerts – vom geschätzten Verkaufserlös alle noch zu erwartenden Kosten abgezogen. Somit weicht der Nettoveräußerungswert vom Marktpreis eines Vermögenswerts ab. Der **beizulegende Zeitwert** ***(fair value)*** ist definiert als der Preis, der in einem geordneten Geschäftsvorfall zwischen Marktteilnehmern am Bemessungsstichtag für den Verkauf eines Vermögenswerts eingenommen bzw für die Übertragung einer Schuld gezahlt würde (IAS 2.6 iVm IFRS 13; → § 2 Rn 238ff). Während sich der Nettoveräußerungswert somit als unternehmensspezifische Wertkategorie darstellt, weist der beizulegende Zeitwert diesen Bezug nicht auf. Der Nettoveräußerungspreis und der beizulegende Zeitwert abzüglich Veräußerungskosten können somit voneinander abweichen (IAS 2.7).

Unfertige Erzeugnisse und Roh-, Hilfs- und Betriebsstoffe werden nur dann zum Nettoveräußerungswert bilanziert, wenn der erwartete Verkaufserlös der Fertigerzeugnisse, in die sie eingehen, unter die Anschaffungs- oder Herstellungskosten gesunken ist.

9, 10 *(einstweilen frei)*

B. Ansatz von Vorräten

11 IAS 2 beinhaltet **keine Ansatzvorschriften** für Vorräte. Diese sind den allgemeinen Regelungen des Rahmenkonzepts zu entnehmen. Gem F.4.44 ist eine Voraussetzung für die Aktivierung die Erfüllung der Definition von Vermögenswerten. Somit sind folgende wesentliche Voraussetzungen für den Ansatz von Vorräten als Vermögenswerte zu nennen:

(1) Die Vorräte liegen, als Ergebnis vergangener Geschäftsvorfälle oder anderer Ereignisse der Vergangenheit, in der Verfügungsgewalt des Bilanzierenden (F.4.12f).
(2) Aus den Vorräten fließt dem Bilanzierenden wahrscheinlich ein wirtschaftlicher Nutzen zu, zB durch Verkauf oder Tausch (F.4.38, F.4.44, F.4.10).
(3) Die Anschaffungs- oder Herstellungskosten der Vorräte lassen sich verlässlich ermitteln (F.4.41).

Hinsichtlich weiterer Einzelheiten vgl → § 2 Rn 121ff.

12–15 *(einstweilen frei)*

C. Bewertung von Vorräten

16 Vorräte sind nach IAS 2.9 mit dem **niedrigeren Wert** aus Anschaffungs- oder Herstellungskosten und dem Nettoveräußerungswert zu bewerten.

Zur Ermittlung der Anschaffungs- oder Herstellungskosten der Vorräte sind dabei alle Kosten des Erwerbs und der Be- und Verarbeitung zu berücksichtigen, die angefallen sind, um den Vermögenswert an seinen derzeitigen Ort und in seinen derzeitigen Zustand zu versetzen (IAS 2.10).

17 Grds ist hinsichtlich der Ausübung der Bewertungswahlrechte das **Stetigkeitsgebot** zu beachten. Gem IAS 8.13 sind daher für jede Periode dieselben Bilanzierungs- und Bewertungsmethoden anzuwenden. Eine **Änderung** ist nur vorzunehmen, wenn dies durch einen Standard oder eine Interpretation verlangt wird oder wenn mit der Änderung der Bilanzierungs- oder Bewertungsmethode eine bessere Darstellung von Ereignissen oder Geschäftsvorfällen im Abschluss verbunden ist und dies zu einer besseren oder verlässlicheren Information über die Lage oder die Finanzströme des Unternehmens führt (IAS 8.14). In Fällen neuer oder wesentlich geänderter Produkte oder Produktpaletten, der Einführung neuer Fertigungsverfahren etc ist dagegen das Stetigkeitsgebot nicht zu beachten (IAS 8.16). Die Bewertungswahlrechte dürfen dann unabhängig von der Bewertungsentscheidung in Vorperioden ausgeübt werden (→ § 45 Rn 3).

18 IFRS 5 sieht besondere Bewertungs- und Ausweisregeln vor, falls ein **Geschäftsbereich aufgegeben** *(discontinued operations)* oder eine **Sachgesamtheit** *(disposal group)* **veräußert** werden soll. Vorräte können Bestandteil solcher Veräußerungsgruppen sein (IFRS 5.4; vgl im Einzelnen → § 28 Rn 16 ff).

Gleichwohl finden auf Vorräte, die Bestandteil einer Veräußerungsgruppe sind, zunächst die Bewertungsvorschriften von IAS 2 Anwendung (IFRS 5.4 und IFRS 5.18). Die Bewertungsregeln von IFRS 5 sind dagegen auf die Veräußerungsgruppe insgesamt anzuwenden. Der Ausweis des betreffenden Vorratsvermögens in der Bilanz richtet sich nach IFRS 5.

I. Begriff und Abgrenzung von Anschaffungskosten

19 IAS 2 geht konzeptionell von den historischen Kosten aus. Daher sind fremdbezogene Vorräte grds mit den **Anschaffungskosten** zu bewerten. Sie „sind der ursprüngliche Bewertungsmaßstab aller fremdbezogenen Vermögensgegenstände, d.h. all derjenigen Güter, die eine Unternehmung von Dritten erworben hat" (*Wohlgemuth/Radde* WPg 2000, 903 (903)). Die historischen Kosten bilden grds den Ausgangspunkt für die Bewertung, sofern nicht der Nettoveräußerungswert darunter liegt (IAS 2.9).

Eine Übersicht zu den Bestandteilen der Anschaffungskosten gibt IAS 2.11. Die Anschaffungskosten enthalten iSe **Wertuntergrenze** folgende **Bestandteile:**

	Kaufpreis
+	Anschaffungsnebenkosten
–	Anschaffungspreisminderungen
+	sonstige Kosten bzw nachträgliche Anschaffungskosten
=	Anschaffungskosten

20 Den Hauptbestandteil der Anschaffungskosten bildet der **Kaufpreis** (Rechnungsbetrag), ggf vermindert um die abziehbare Vorsteuer. Nicht abziehbare Umsatzsteuer und sonstige, von den Steuerbehörden nicht rückforderbare Steuern sind in den Kaufpreis einzubeziehen.

Im Fall langfristiger zinsloser oder -begünstigter Lieferantenkredite ist – wesentliche Zinseffekte vorausgesetzt – analog IAS 16.23 eine Abzinsung des Kaufpreises zur Ermittlung des als Anschaffungskosten anzusetzenden Barpreisäquivalents geboten. Der Abzinsungsbetrag ist abzugrenzen und über die Kreditlaufzeit als Aufwand zu erfassen (so auch *ADS* Int Abschn 15 Rz 40).

21 Nach IAS 2.11 gehören zu den **Anschaffungsnebenkosten** die dem Anschaffungsvorgang direkt zurechenbaren Kosten wie Einfuhrzölle (sofern das Unternehmen keinen korrespondierenden Erstattungsanspruch hat) und Transportkosten sowie sonstige Kosten der Beschaffung, wie zB Vermittlungsgebühren, Kommissionskosten, Kosten für Zwischenlagerungen etc (*ADS* Int Abschn 15 Rz 41).

22 Als **Anschaffungspreisminderungen** sind nach IAS 2.11 Skonti, Rabatte und andere vergleichbare Beträge vom Kaufpreis zu kürzen. Minderungen, die zum Zeitpunkt des Erwerbs noch nicht eingetreten sind, deren Eintritt aber wahrscheinlich ist, sind bereits im Zeitpunkt des Erwerbs im Kaufpreis zu berücksichtigen. Diese auf künftigen Zahlungsminderungen beruhende Bewertung ist laufend zu prüfen und ggf anzupassen (*KPMG* 2014/15 Rz 3.8.160.20).

Die Minderung der Anschaffungskosten um Skonti, Rabatte und andere vergleichbare Beträge entspricht auch der Sichtweise des IFRSIC, wonach Skonti und Rabatte, die nicht als Ersatz von Verkaufskosten anzusehen sind, nicht ertragswirksam zu vereinnahmen, sondern von den Anschaffungskosten abzusetzen sind (s *IFRIC* Update November 2004, 3 mit der Darstellung, dass dieser Sachverhalt in IAS 2 ausreichend geregelt ist und daher nicht auf die Agenda des IFRSIC genommen wird, sog NIFRIC, → § 1 Rn 44).

Sonstige Kosten sind nach einem weiten Anschaffungskostenbegriff gem IAS 2.15 insoweit einzubeziehen, als sie angefallen sind, um den jeweiligen Vermögenswert an seinen aktuellen Ort und in seinen derzeitigen Zustand zu versetzen. Die hier angesprochenen Gemeinkosten des Anschaffungsvorgangs lassen sich in der Praxis kaum durch plausible Schlüsselungen ermitteln, sodass unter Beachtung des Grundsatzes der Wesentlichkeit regelmäßig von einer Aktivierung abgesehen werden kann (so *Kümpel* DStR 2005, 1153 (1155)).

23 Keine expliziten Regelungen enthält IAS 2 zur Behandlung **privater** oder **öffentlicher Zuschüsse** zu Vorräten. Diese sind, insbes im Unterschied zu Zuwendungen für langfristige Vermögenswerte, eher selten anzutreffen. Der Regelungsbereich von IAS 20, der sich auf die Bilanzierung von Zuwendungen der öffentlichen Hand erstreckt, unterscheidet zwischen objektbezogenen Zuwendungen für langfristige Vermögenswerte und erfolgsbezogenen Zuwendungen. Für erfolgswirksame Zuwendungen nimmt IAS 20.3 eine Negativabgrenzung vor. Danach sind Zuschüsse für Vorräte, da es sich bei ihnen aufgrund ihrer Zweckbestimmung regelmäßig nicht um langfristige Vermögenswerte handeln wird, nach den für erfolgsbezogene Zuwendungen geltenden Regelungen zu behandeln. Grds sieht IAS 20.12 eine erfolgswirksame Behandlung für Zuschüsse vor. Dabei sind die Zuschüsse **ertragswirksam** den Perioden zuzuordnen, die durch die korrespondierenden Aufwendungen belastet sind. Dies kann im vorliegenden Kontext zB beim Verbrauch bezuschusster Materialien im Zusammenhang mit der Herstellung und Veräußerung von Erzeugnissen der Fall sein. Zuschüsse für Vorräte werden danach überwiegend in der Periode der Anspruchsentstehung, periodengleich mit der Aufwandsbelastung, vereinnahmt, es

sei denn, dass die Bildung eines passiven Abgrenzungsposten *(deferred income)* erforderlich ist, weil sich die bezuschussten Vorräte am Stichtag noch im Bestand befinden. Eine aktivische Kürzung der Zuschüsse von den Anschaffungskosten der Vorräte kann nicht in Betracht kommen, weil das diesbezügliche Wahlrecht gem IAS 20.24 auf langfristige Vermögenswerte begrenzt ist (*Jacobs/Schmitt* in Baetge ua IFRS-Komm IAS 2 Rz 38).

Für **Fremdkapitalkosten** besteht nach IAS 23.8 eine **Aktivierungspflicht** 24
unter folgenden Voraussetzungen:
(1) Vorliegen eines qualifizierten Vermögenswerts,
(2) direkte Zuordnung der Fremdkapitalkosten zu einem Anschaffungsvorgang.

Liegen diese Voraussetzungen nicht vor, sind die Fremdkapitalkosten bei Anfall im Periodenaufwand zu erfassen (IAS 23.8).

Ein **qualifizierter Vermögenswert** nach IAS 23.5 liegt vor, wenn ein erheblicher Zeitraum – der im Allgemeinen ab zwölf Monaten angenommen wird – erforderlich ist, um den Vermögenswert in einen Zustand der beabsichtigten Nutzung zu versetzen oder ihn verkaufsfähig zu machen. Daher sind bei der Anschaffung von Vorräten idR nicht die Voraussetzungen eines qualifizierten Vermögenswerts nach IAS 23.5 und IAS 23.7 erfüllt; eine Aktivierung von Fremdkapitalkosten bei der Anschaffung von Vorräten ist regelmäßig nicht möglich. (Zur abweichenden Auffassung in Einzelfällen vgl *Jacobs/Schmitt* in Baetge ua IFRS-Komm IAS 2 Rz 50 und *Bischof/Sterzenbach* in Baetge ua IFRS-Komm IAS 23 Rz 2).

Werden Vorräte in **Fremdwährung** angeschafft, so sind die Anschaffungskos- 25
ten mit dem Kassakurs in die Berichtswährung (= funktionale Währung iSv IAS 21.8) umzurechnen (IAS 21.21). Aus Vereinfachungsgründen ist es nach IAS 21.22 auch zulässig, anstelle des Tageskurses, unter der Voraussetzung relativ konstanter Wechselkurse, einen Wochen- oder Monatsdurchschnittskurs zu verwenden.

Soweit **Fremdwährungsdifferenzen** aus der monetären Abwicklung eines 26
in Fremdwährung erworbenen Vorrats anfallen, sind die Unterschiede in der Periode des Entstehens dieser Differenzen erfolgswirksam zu berücksichtigen (IAS 21.28). Eine Einbeziehung in die Anschaffungskosten ist nicht möglich.

Dagegen können sich **Sicherungsgeschäfte,** die zur Absicherung von Währungsrisiken im Rahmen von Beschaffungskontrakten über Rohstoffe abgeschlossen werden, auf die Anschaffungskosten dieser Vorräte auswirken. Änderungen des **beizulegenden Zeitwerts *(fair value)*** eines für die Absicherung solcher Geschäfte getätigten ***cashflow hedges*** (→ § 23 Rn 77) werden zunächst im sonstigen Ergebnis *(other comprehensive income)* erfasst und dort bis zur Abwicklung des gesicherten Grundgeschäfts gespeichert (IAS 39.95). Erst bei Lieferung der dem Sicherungsgeschäft zugrunde liegenden Rohstoffe wird die Differenz zwischen den beizulegenden Zeitwerten dem sonstigen Ergebnis entnommen und gegen die **Anschaffungskosten der Rohstoffe** – erhöhend oder vermindernd – gebucht (IAS 39.98(b)).

Alternativ ist es denkbar, diesen zunächst vom sonstigen Ergebnis aufgefangenen Bewertungsunterschied in der Periode erfolgswirksam werden zu lassen, in der auch die korrespondierenden gesicherten Vermögenswerte erfolgswirksam werden; im vorliegenden Fall im Zeitpunkt der Erfassung in den Umsatzkosten (IAS 39.98(a)).

Beispiel: Ein Produktionsunternehmen schließt einen Vertrag zum Erwerb von Vorräten in Fremdwährung auf Ziel ab. Die Vorräte sollen zu einem späteren Zeitpunkt geliefert werden. Die Verpflichtung beläuft sich bei Abschluss des Geschäfts auf umgerechnet T€ 1.000. Das Fremdwährungsrisiko sichert das Produktionsunternehmen durch ein Sicherungsgeschäft ab. Durch eine Kursänderung steigt der zu begleichende Betrag um T€

50. Während die Verpflichtung als Grundgeschäft nicht in der Bilanz abgebildet wird, wird die Wertsteigerung des Sicherungsgeschäfts im sonstigen Ergebnis erfasst:

per Sicherungsgeschäft	T€ 50
an sonstiges Ergebnis (OCI)	T€ 50

Bei Lieferung der Vorräte zahlt das Produktionsunternehmen die Verpflichtung von T€ 1.050 an den Lieferanten und erhält die Mittel aus der bereits aktivierten Forderung aus dem Sicherungsgeschäft von T€ 50. Die tatsächliche Anschaffungsauszahlung für die erhaltenen Vorräte (T€ 1.050) wird zur Berechnung der Anschaffungskosten um den im sonstigen Ergebnis erfassten Betrag (T€ 50) gemindert:

per Vorräte	T€ 1.000
per sonstiges Ergebnis (OCI)	T€ 50
an flüssige Mittel (an Lieferant)/Verbindlichkeiten LuL	T€ 1.050

sowie

per flüssige Mittel (aus Sicherungsgeschäft)	T€ 50
an Sicherungsgeschäft	T€ 50

Bei Verbrauch der Vorräte ist ein Materialaufwand von T€ 1.000 zu erfassen. Im Ergebnis entsprechen die Anschaffungskosten der Vorräte den Wertverhältnissen bei Abschluss des Geschäfts. Das Unternehmen bildet somit nur das wirtschaftlich getragene Risiko ab.

Die gewählte Methode ist im Anhang anzugeben. Im Geschäftsbericht der Evonik Industries AG 2014 (S 172) wird hierzu beispielhaft ausgeführt: „Die Kosten für Vorräte können auch aus den anderen Erfolgsbestandteilen der Gesamterfolgsrechnung entnommene Gewinne oder Verluste aus Cashflow-Hedges, die für den Kauf von Rohstoffen abgeschlossen wurden, sowie Fremdkapitalkosten im Falle eines qualifizierten Vermögenswerts beinhalten."

IFRS 9 sieht zur Absicherung von Währungsrisiken im Rahmen von Beschaffungskontrakten über Rohstoffe, wie bisher IAS 39, die oben dargestellte Abbildung als *cashflow hedge* vor (IFRS 9.6.5.11). Zudem ermöglicht IFRS 9 für die Sicherung von Währungsrisiken im Rahmen von festen Beschaffungsverpflichtungen neben der Anwendung als *cashflow hedge* auch die Bilanzierung eines *fair value hedges* (IFRS 9.6.5.4). In diesem Fall werden Änderungen des beizulegenden Zeitwerts *(fair value)* eines für die Absicherung solcher Geschäfte getätigten Sicherungsgeschäfts erfolgswirksam in der GuV erfasst. Spiegelbildlich werden die gesicherten Wertänderungen der festen Beschaffungsverpflichtung als Vermögenswert bzw Schuld angesetzt (IFRS 9.6.5.8). Bei Lieferung der erworbenen Vorräte ergeben sich deren Anschaffungskosten aus dem Wert der Vorräte am Tag des Erwerbs verrechnet mit den als Vermögenswert oder Schuld erfassten kumulativen Wertänderungen des Beschaffungsgeschäfts (IFRS 9.6.5.9).

Beispiel: Die Situation des Produktionsunternehmens sei wie in obigem Beispiel. Bei Kursänderung wird die Wertsteigerung des Sicherungsgeschäfts erfolgswirksam in der GuV erfasst:

per Sicherungsgeschäft	T€ 50
an sonstiger betrieblicher Ertrag	T€ 50

Die Wertänderung der festen Beschaffungsverpflichtung wird erfolgswirksam als Schuld passiviert:

per sonstiger betrieblicher Aufwand	T€ 50
an Verbindlichkeit	T€ 50

Bei Lieferung der Vorräte werden die Anschaffungskosten der erhaltenen Vorräte um die als Schuld erfasste Wertänderung des festen Beschaffungsgeschäfts gemindert:

per Vorräte	T€ 1.000
per Verbindlichkeit	T€ 50
an flüssige Mittel (an Lieferant)/Verbindlichkeiten LuL	T€ 1.050

sowie

per flüssige Mittel (aus Sicherungsgeschäft)	T€	50
an Sicherungsgeschäft	T€	50

Wie im obigen Beispiel ist bei Verbrauch der Vorräte ein Materialaufwand von T€ 1.000 zu erfassen.

Im Ergebnis sollten sich somit die Anschaffungskosten der Vorräte bei Bilanzierung nach dem *fair value hedge* oder dem *cashflow hedge* nicht unterscheiden. Sie basieren hinsichtlich des abgesicherten Risikos bei beiden Alternativen auf dem abgesicherten beizulegenden Zeitwert *(fair value)* der Vorräte zu Beginn der Sicherungsbeziehung (zur bilanziellen Behandlung von *cashflow hedges* und *fair value hedges* vgl auch die Beispiele in → § 23 Rn 78 und → § 23 Rn 82).

Nachträgliche Anschaffungskosten können entweder durch eine Erhöhung des Anschaffungspreises oder der Anschaffungsnebenkosten – zB infolge eines Prozesses oder Vergleichs – oder auch durch nachträgliche Ausgaben für bereits vorhandene Vorräte entstehen (*ADS* Int Abschn 15 Rz 48). Letztere sind in der Praxis selten anzutreffen. 27

Werden Vorräte im Wege des **Tauschs** erworben, so ist nach den für Sachanlagen entwickelten Grundsätzen (IAS 16.24) zu verfahren (→ § 5 Rn 55 ff). Danach bestimmen sich die **Anschaffungskosten** des erworbenen Vermögenswerts grds nach dem **beizulegenden Zeitwert** des **hingegebenen Vermögenswerts.** Der Anschaffungsvorgang ist insoweit erfolgswirksam, als die so ermittelten Anschaffungskosten über oder unter dem bisherigen Bilanzansatz des abgehenden Vermögenswerts liegen. Nur in einigen Ausnahmefällen ist gem IAS 16.24 der beizulegende Zeitwert des erworbenen oder der Buchwert des hingegebenen Vermögenswerts als Anschaffungskosten anzusetzen. 28

Weder IAS 2 noch andere IFRS enthalten Regelungen zur Bemessung der Anschaffungskosten **unentgeltlich** erworbener Vorräte. Es ist sachgerecht, in Analogie zu den für Zuwendungen der öffentlichen Hand bestehenden Regelungen (IAS 20.23, IAS 38.44) die Anschaffungskosten nach dem beizulegenden Zeitwert des Vermögenswerts zu bemessen (*Kahle/Schulz* in Baetge/Kirsch/Thiele Bilanzrecht-Komm § 255 Rz 542; *Grottel/Pastor* in BeBiKo § 255 HGB Rz 572). Auch ein Ansatz mit Anschaffungskosten von null wird als zulässig erachtet, solange in IAS 2 keine explizite Klarstellung erfolgt (*ADS* Int Abschn 15 Rz 53). 29

(einstweilen frei) 30

II. Begriff und Abgrenzung von Herstellungskosten

Die Definition der Herstellungskosten in IAS 2.10 und IAS 2.12 führt zu einem Vollkostenansatz für Vorräte. Es sind alle Kosten anzusetzen, die angefallen sind, um die Vorräte in ihren gegenwärtigen Zustand und an ihren gegenwärtigen Ort zu versetzen. IAS 2 lässt bei der Ermittlung der Herstellungskosten insoweit keine Ansatzspielräume. Folgende Kosten sind als **Pflichtbestandteil** in die Herstellungskosten einzubeziehen: 31

(1) Einzelkosten, dh den Produktionseinheiten direkt zurechenbare Kosten,
(2) Produktionsgemeinkosten, die als fixe oder variable Gemeinkosten anfallen,
(3) sonstige Kosten, die angefallen sind, um die Vorräte an ihren derzeitigen Ort und in ihren derzeitigen Zustand zu versetzen.

Nach IAS 2.12 fallen unter die Herstellungskosten die Kosten, die einer Produkteinheit direkt zugerechnet werden können, zB Fertigungslöhne als **Einzelkosten,** sowie alle systematisch zurechenbaren **fixen** (zB Abschreibung von Be- 32 triebsgebäuden) und **variablen Gemeinkosten** (zB Materialgemeinkosten). Gemeinkosten fallen idR bei der Umwandlung von Rohstoffen in Fertigerzeugnisse an. Ein Ansatzverbot besteht für **Vertriebskosten** und sämtliche anderen Kosten, die dem Herstellungsvorgang nicht direkt zugerechnet werden können (IAS 2.15f). Nachlaufende Kosten sind erst bei Umsatzrealisierung aufwandsmäßig als Rückstellungsbildung zu erfassen, ohne im Vorfeld zu den Herstellungskosten zu gehören (*Jacobs/Schmitt* in Baetge ua IFRS-Komm IAS 2 Rz 43).

33 Das **Handelsrecht** enthält in § 255 Abs 2, 2a und 3 HGB eine umfassende Definition der Herstellungskosten, ohne jedoch ihren Umfang einheitlich festzulegen. Pflichtbestandteile sind Materialeinzel-, Fertigungseinzel- und Sondereinzelkosten der Fertigung. Gleichfalls sind angemessene Teile der Material- und Fertigungsgemeinkosten sowie der Werteverzehr des Anlagevermögens, soweit er durch die Fertigung veranlasst ist, in die Herstellungskosten einzubeziehen (§ 255 Abs 2 HGB).

34 Das **Vollkostenprinzip** nach IFRS ist Ausdruck des *matching principle,* wonach alle Aufwendungen der Periode zuzurechnen sind, in der die die Aufwendungen verursachenden Leistungen realisiert und die mit den Leistungen korrespondierenden Erträge in der Gesamtergebnisrechnung bzw gesonderten GuV (sofern erstellt; ausführlich → § 15 Rn 75ff) erfasst werden. Für die Ermittlung der Herstellungskosten bedeutet dies, dass sämtliche während des Produktionsvorgangs angefallenen Aufwendungen erst dann erfolgswirksam zu erfassen sind, wenn die entspr Güter abgesetzt wurden (*Küting/Harth* BB 1999, 2343 (2343f)).

35 Die **Wertuntergrenze** für Kosten bilden nach IAS 2.12 alle einem Herstellungsvorgang direkt zurechenbaren Einzelkosten sowie fixe und variable Produktionsgemeinkosten in einem angemessenen Umfang.

Im Bereich der **Einzelkosten** nennt IAS 2.12 explizit Fertigungseinzelkosten. Zusätzlich sind den Herstellungskosten alle Materialeinzel- und Sondereinzelkosten der Fertigung zuzuordnen. Hierzu gehören entspr der für die Anschaffungskosten geltenden Regelung gem IAS 2.11 auch bereits angefallene Verbrauchsteuern, für die kein Anspruch auf Rückforderung besteht (*ADS* Int Abschn 15 Rz 74).

36 Neben den Einzelkosten sind bestimmte **fixe und variable Produktionsgemeinkosten** in die Herstellungskosten der Vorräte einzubeziehen. Diese sind in angemessener Höhe zu berücksichtigen, wenn sie produktionsbezogen und während der Herstellung angefallen sind. Hinsichtlich des Umfangs der einzubeziehenden Gemeinkosten besteht grds kein Unterschied zu den Regelungen des § 255 Abs 2 HGB, wonach nur angemessene und auf die Herstellung entfallende Gemeinkosten sowie der durch die Fertigung anfallende Werteverzehr des Anlagevermögens einzurechnen sind (*Küting/Harth* BB 1999, 2343 (2344); *Wohlgemuth/Ständer* WPg 2003, 203 (207)).

37 Unter **fixen Produktionsgemeinkosten** (IAS 2.12) sind Kosten zu verstehen, die der Produktion nicht direkt zugerechnet werden können und von der Produktionsmenge unabhängig und weitgehend konstant anfallen. Als Beispiel sind hier der planmäßige Werteverzehr des Sachanlagevermögens, Aufwendungen für die Instandhaltung der Produktionsgebäude und -anlagen, Kosten der Betriebsleitung und der Qualitätskontrolle sowie fertigungsbezogene Verwaltungskosten zu nennen. Die fixen Produktionsgemeinkosten werden auf Basis einer **Normalauslastung** der Produktionskapazitäten zugerechnet. In Perioden ungewöhnlich hoher Auslastung der Kapazitäten sind die fixen Gemeinkosten je Produktionseinheit herabzusetzen, um eine Überbewertung der Bestände zu vermeiden (IAS 2.13).

38 Unter die **variablen Produktionsgemeinkosten** fallen alle nicht direkt zurechenbaren Kosten eines Herstellungsvorgangs, die sich unmittelbar mit dem

Produktionsvolumen ändern, zB Material- und Fertigungsgemeinkosten. Dazu zählen auch die unechten Gemeinkosten, dh Kosten, die einem Kostenträger unmittelbar zugerechnet werden können, jedoch aus wirtschaftlichen Gründen geschlüsselt aufgeschlagen werden.

Dem Konzept des produktionsbezogenen Vollkostenansatzes folgend sind alle einem Produktionsvorgang zurechenbaren Kosten zu aktivieren, unabhängig davon, ob es sich um Einzel- oder Gemeinkosten handelt. Dazu gehören auch die direkt zurechenbaren **Kosten der Verwaltung.** Vor dem Hintergrund der grds Einbeziehungspflicht produktionsbezogener Kosten müssen daher alle **Verwaltungskosten** aufgeschlüsselt und einer betrieblichen Funktion zugeordnet werden. Die Schlüsselung sollte stetig erfolgen (*EY* 2015, 1536). Betreffen sie den Fertigungs- oder Materialbereich, werden sie in die fixen oder variablen Produktionsgemeinkosten einbezogen. Handelt es sich dagegen um Verwaltungskosten des Vertriebs, so unterliegen sie wie die primären Vertriebskosten einem Aktivierungsverbot (IAS 2.16(c)). 39

Verbleibende **Kosten der allgemeinen Verwaltung** müssen ebenfalls daraufhin untersucht werden, ob ein Bezug zum Produktionsbereich besteht; in diesem Falle müssen diese Kosten als Herstellungskosten aktiviert werden. So lassen sich zB die Kosten des Rechnungswesens dem Produktionsbereich (zB Lohnbuchhaltung), dem Vertriebsbereich (zB Umsatzstatistiken) und dem allgemeinen Verwaltungsbereich (zB Jahresabschlusserstellung) zurechnen. Für die der Fertigung zuzurechnenden Kosten besteht eine Aktivierungspflicht, für die dem Vertriebsbereich zuzuordnenden allgemeinen Verwaltungskosten und für diejenigen des allgemeinen Verwaltungsbereichs dagegen ein Aktivierungsverbot. 40

Eine derart differenzierte Kostenaufteilung setzt das Vorhandensein einer entspr aufgebauten **Kostenrechnung** voraus, die Daten für die aktivierungspflichtigen Bestandteile der Kosten der allgemeinen Verwaltung bereitstellt. Eine sinnvolle Anwendung des Grundsatzes der Wesentlichkeit sollte bei Fehlen einer solchermaßen differenzierten Kostenrechnung auch eine pauschalierte Verrechnung der produktionsbezogenen Kosten der allgemeinen Verwaltung ermöglichen (so auch *Lüdenbach/Hoffmann/Freiberg* IFRS § 8 Rz 21). Aus der Abwägung von Nutzen und Kosten bei der Bereitstellung von Informationen (F.QC35 ff) kann es im Einzelfall auch vertretbar erscheinen, die Kosten des allgemeinen Verwaltungsbereichs in voller Höhe als Periodenaufwand zu erfassen. 41

Nach handelsrechtlichen Vorschriften gelten Verwaltungskosten als eigenständiger Bestandteil der Herstellungskosten, für die ein Aktivierungswahlrecht besteht (§ 255 Abs 2 HGB). 42

Als **sonstige Kosten** dürfen in die Herstellungskosten nur die Kosten einbezogen werden, die, ohne Einzel- oder Produktionsgemeinkosten zu sein, mit dem Vermögenswert in einem kausalen Zusammenhang stehen. Hierzu zählen nach IAS 2.15 zB kundenspezifische Kosten der Produktentwicklung.

Die Hinzurechnung von **Fremdkapitalkosten** zu den Herstellungskosten eines Produktionsvorgangs entspricht der Vorgehensweise zur Ermittlung der Anschaffungskosten. Grds sind Fremdkapitalkosten zu aktivieren, wenn folgende Voraussetzungen vorliegen (IAS 23.8): 43

(1) Es muss sich um die Herstellung eines qualifizierten Vermögenswerts handeln und

(2) die Fremdkapitalkosten können dem Bau oder dem Herstellungsvorgang direkt zugeordnet werden.

Liegen diese Voraussetzungen nicht vor, sind die Fremdkapitalkosten als Periodenaufwand zu erfassen (IAS 23.8).

Ein direkter Zusammenhang zwischen Fremdkapitalkosten und Herstellungsvorgang ist nach IAS 23.10 gegeben, wenn ohne die Herstellung des betreffenden Vermögenswerts die Fremdkapitalaufnahme vermieden worden wäre. Zudem müssen die Finanzierungskosten zuverlässig ermittelt werden können (IAS 23.9) und auf den entspr Produktionszeitraum entfallen (IAS 23.17 und IAS 23.22).

44 Unter den Definitionsbereich des qualifizierten Vermögenswerts fallen keine **Massenprodukte,** da diese routinemäßig, in hohen Stückzahlen und in kurzer Zeit hergestellt werden (IAS 23.7). Eine Aktivierung von Fremdkapitalkosten ist in diesem Fall ebenso wenig möglich wie bei Handelswaren. Sie wird vorwiegend im Bereich der Auftrags- bzw Einzelfertigung in Betracht kommen.

45 Aktivierungsfähige Finanzierungskosten nach IAS 23.5 sind **Zinsaufwendungen** sowie jegliche Kosten, die mit der Aufnahme von **Fremdkapital** verbunden sind. IAS 23.6 ordnet auch Disagien den Finanzierungskosten zu. IAS 23.6 verweist hinsichtlich der wesentlichen Bestandteile von Fremdkapitalkosten auf IAS 39.9 bzw nach Folgeänderung durch IFRS 9 auf IFRS 9, Anhang A, in denen eine Abgrenzung der bei Anwendung der Effektivzinsmethode zu berücksichtigenden Kosten vorgenommen wird. Folglich zählen auch Disagien zu den berücksichtigungspflichtigen Kosten, da sie dem Zinsaufwand nach der Effektivzinsmethode äquivalent sind (IAS 23.BC20). Wird Fremdkapital ausschließlich zur Finanzierung eines qualifizierten Vermögenswerts aufgenommen, so sind die spezifisch angefallenen Finanzierungskosten eindeutig bestimmbar (objektgebundene Fremdfinanzierung). Nicht objektgebundene Fremdmittel, die gleichwohl der Finanzierung eines qualifizierten Vermögenswerts dienen, werden pauschaliert durch die Anwendung eines Finanzierungskostensatzes auf den investierten Betrag berücksichtigt. Der Finanzierungskostensatz wird als gewogener Durchschnitt der Fremdkapitalkosten der nicht objektgebundenen Kredite ermittelt (IAS 23.14). Weitere Erläuterungen finden sich in → § 5 Rn 37 ff.

46 IAS 2 beinhaltet keine expliziten Regelungen, ob **Kosten des sozialen Bereichs,** wie zB Kosten für freiwillige soziale Leistungen, für soziale Einrichtungen und für betriebliche Altersversorgung, in die Herstellungskosten einzubeziehen sind. Unter Berücksichtigung des Vollkostenprinzips müssen Sozialkosten in die Herstellungskosten einbezogen werden, wenn sie dem Herstellungsvorgang direkt zugeordnet werden können. Dafür bedarf es in den meisten Fällen einer Aufschlüsselung der sozialen Kosten auf die Funktionsbereiche. Der nicht auf den Produktionsprozess entfallende Teil der Sozialkosten ist in der Periode des Anfalls als Aufwand zu buchen. Eine Aufteilung der **betrieblichen Altersversorgung** und der **freiwilligen sozialen Leistungen** (zB Wohnungsbeihilfen, Jubiläen) kann insofern sachgerecht erfolgen, als sämtliche Personaleinzelkosten einschließlich der Aufwendungen für Altersversorgung für im Produktionsprozess beschäftigte Mitarbeiter den aktivierungspflichtigen Herstellungskosten zuzurechnen sind. Eine analog der Verrechnung der allgemeinen Verwaltungskosten vereinfachende Vorgehensweise dergestalt, dass nur die Kosten des sozialen Bereichs einbezogen werden, die einen eindeutigen Zusammenhang mit dem Produktionsprozess aufweisen, ist uE einer pauschalierenden, nicht willkürfreien Aufschlüsselung vorzuziehen. Aufwendungen für **soziale Betriebseinrichtungen** weisen dagegen häufig keinen engen Zusammenhang mit der Produktion auf (zB medizinische Versorgung), sodass aus diesem Bereich aktivierbare Kosten auf Ausnahmefälle beschränkt bleiben. Nach handelsrechtlichen Vorschriften brauchen Aufwendungen für soziale Einrichtungen des Betriebs, für freiwillige soziale Leistungen und für die betriebliche Altersversorgung nicht in die Herstellungskosten einbezogen zu werden (Wahlrecht nach § 255 Abs 2 Satz 3 HGB).

47 IAS 2 enthält keine explizite Regelung zur Einbeziehung von **Steuern** in die Herstellungskosten. Vielmehr ist unter Beachtung des Vollkostenprinzips zu

prüfen, ob einzelne Steuerarten in die Herstellungskosten einzubeziehen sind. Soweit Substanzsteuern, wie zB die Grundsteuer, auf einen Vermögenswert entfallen, der der Herstellung dient und auf den entspr Zeitraum der Herstellung entfällt, sind sie als Fertigungsgemeinkosten in die Herstellungskosten einzubeziehen. Unter diesen Voraussetzungen besteht auch nach HGB eine Aktivierungspflicht, die sämtliche produktionsbezogenen Fertigungsgemeinkosten umfasst. Soweit die Substanzsteuern den Verwaltungskosten zugeordnet werden, besteht nach HGB ein Aktivierungswahlrecht. Bei Zuordnung zu den Vertriebskosten besteht nach HGB dagegen ein Aktivierungsverbot (*Schubert/Pastor* in BeBiKo § 255 HGB Rz 470). Ein Einbeziehungsverbot besteht für ertragsabhängige Steuern (zB ESt und KSt), da sie nicht einem bestimmten Vorrat zugeordnet werden können und ihre Entstehung nicht in den entspr Herstellungszeitraum fällt, sondern diesem nachgelagert ist. Hinsichtlich des Ansatzes der Ertragsteuern bestehen zwischen IFRS und HGB keine Unterschiede.

In IAS 2 findet sich für die bilanzielle Behandlung von **Forschungs- und** 48 **Entwicklungskosten** keine besondere Regelung, da dies durch IAS 38 abgedeckt ist. IAS 38.8 definiert **Forschung** als „eigenständige und planmäßige Suche mit der Aussicht, zu neuen wissenschaftlichen oder technischen Erkenntnissen zu gelangen". Nach IAS 38.54 dürfen Forschungskosten nicht aktiviert werden, sondern sind in der Periode des Anfalls als Aufwand zu verrechnen (ausführlich → § 4 Rn 38ff). Hier bestehen keine Unterschiede zwischen IFRS und den handelsrechtlichen Vorschriften des HGB. Allerdings ist die Auftragsforschung für Dritte, dh die von einem Kunden in Auftrag gegebene und zu vergütende Auftragsforschung, von dem Aktivierungsverbot ausgenommen, da diese als Sondereinzelkosten der Fertigung den Herstellungskosten des Vermögenswerts direkt zuzurechnen ist (so *Kuhner,* Rz 75). Unter **Entwicklungskosten** versteht IAS 38.8 Aufwendungen, die bei der Anwendung von Forschungsergebnissen oder von anderem Wissen auf einen Plan oder Entwurf für die Schaffung von neuen oder beträchtlich verbesserten Materialien, Produkten oder Verfahren anfallen. Die Entwicklung ist dabei der Aufnahme der kommerziellen Produktion oder Nutzung zeitlich vorgelagert. Entwicklungskosten weisen eine größere Nähe zum Absatzmarkt auf als Forschungskosten und bilden die Verbindung zwischen der Grundlagenforschung und der wirtschaftlichen Verwertung. In IAS 38.57 ist geregelt, unter welchen Voraussetzungen Entwicklungskosten als immaterielle Vermögenswerte aktiviert werden müssen. Können die aktivierten Entwicklungskosten einem Produktionsvorgang zugeordnet werden, sind die korrespondierenden Abschreibungen analog dem Werteverzehr des Sachanlagevermögens in die Herstellungskosten der Produkte einzubeziehen (IAS 38.97). **Weiterentwicklungskosten** sind von den Aufwendungen für Neuentwicklung eines Produkts zu unterscheiden. Sie stellen Ausgaben der Weiterentwicklung eines bereits bestehenden Produkts dar. Anders als Neuentwicklungskosten können sie ggf einem Erzeugnis zugeordnet werden.

Weiterentwicklungskosten sind nach IAS 38.20 nur unter engen Voraussetzungen ebenfalls als Fertigungsgemeinkosten in den Herstellungskosten zu aktivieren. In aller Regel stellen sie Periodenaufwand dar. Nach HGB können Ausgaben für die Weiterentwicklung als Fertigungsgemeinkosten in die Herstellungskosten eines Erzeugnisses einzubeziehen sein. Ausgaben für die Neuentwicklung sollten nach HGB mangels Zuordnung auf ein konkretes Erzeugnis regelmäßig nicht aktivierbar sein (vgl *Schubert/Pastor* in BeBiKo § 255 HGB Rz 485).

Praktische Probleme können sich bei der Abgrenzung der Forschungs- von 49 den Entwicklungskosten ergeben, da häufig Interdependenzen bestehen. Dies führt im Ergebnis zu einem nicht unerheblichen Ermessensspielraum für den

Bilanzierenden hinsichtlich der Aktivierung oder Aufwandsverrechnung (*Küting/Harth* BB 1999, 2393 (2398f); dazu ausführlich → § 4 Rn 38 und → § 4 Rn 43).

50 IAS 2.16 enthält keine abschließende Aufzählung von **Aktivierungsverboten.** Vielmehr werden beispielhaft einzelne Kosten aufgeführt, die aufgrund des produktionsbezogenen Vollkostenprinzips von der Aktivierung ausgeschlossen sind.

51 Nicht aktivierungsfähig sind danach **Lagerkosten,** da sie nicht anfallen, um ein Produkt in seinem derzeitigen Zustand an seinen jeweiligen Ort zu versetzen. Sie sind idR dem Produktionsprozess nachgelagert. Sie können nur dann in die Produktionsgemeinkosten einbezogen und als solche den Herstellungskosten zugeordnet werden, wenn sie vor oder während des Herstellungsprozesses anfallen, zB bei der Lagerung von Rohstoffen oder der Zwischenlagerung unfertiger Erzeugnisse. Diese Abgrenzung stimmt mit der Vorgehensweise nach HGB überein.

52 Zu den nicht aktivierungsfähigen Kosten gehören ebenfalls die **Leerkosten** (→ Rn 62).

53 Auch **überhöhte Kosten,** die für nicht angemessenen Materialaufwand, durch Fehlarbeiten oÄ anfallen, dürfen nicht in die Herstellungskosten einbezogen werden. Sie werden in der jeweiligen Periode als Aufwand verrechnet. Diese Regelung stimmt mit den handelsrechtlichen Vorschriften überein, nach denen Gemeinkosten nur in angemessener Höhe einbezogen werden dürfen (*Jacobs/Schmitt* in Baetge ua IFRS-Komm IAS 2 Rz 62; *Küting/Harth* BB 1999, 2393 (2398)). Erhöhte Kosten, die durch einen frühen Zeitraum in einer ökonomischen Lernkurve begründet sind, sind indes durch den üblichen Anlauf des Produktionsprozesses begründet und daher nicht überhöht bzw unangemessen idS. Sie sind Teil der Herstellungskosten (*KPMG* 2014/15 Rz 3.8.215.10ff).

54 **Vertriebskosten** dürfen weder nach IAS 2.16 noch nach § 255 Abs 2 Satz 4 HGB in die Herstellungskosten einbezogen werden. Eine Zuordnung der Vertriebskosten zu einem Herstellungsvorgang ist nicht möglich, daher werden sie in der Periode ihres Anfalls als Aufwand erfasst.

55 Nach IAS 2.19 beinhalten **Herstellungskosten bei Dienstleistungsunternehmen** (unfertige Leistungen) im Wesentlichen Personalkosten des für die Leistungserbringung eingesetzten Personals. Dazu gehören auch Kosten für das Aufsichtspersonal und die zurechenbaren Gemeinkosten. Personalkosten des Vertriebs und der allgemeinen Verwaltung dürfen nicht in die Herstellungskosten einbezogen werden. Diese Kosten werden in der anfallenden Periode als Aufwand erfasst. Einem Ansatzverbot unterliegen auch nicht direkt zuordenbare Gemeinkosten sowie der Gewinnaufschlag.

56 Unter bestimmten, in IAS 18.20 genannten Voraussetzungen erfolgt die bilanzielle Behandlung von Dienstleistungsgeschäften nach der *percentage-of-completion*-Methode analog der für Fertigungsaufträge nach IAS 11 geltenden Regeln (→ § 9 Rn 17ff). Durch die Anwendung von IFRS 15 fallen Leistungen von Dienstleistungsunternehmen, welche durch einen kontinuierlichen Kontrollübergang definiert sind, nicht mehr in den Anwendungsbereich des IAS 2. Sie sind somit nicht mehr unter den Begriff des Vorratsvermögens zu fassen. Vielmehr sind die entspr Ausgaben nach den Regeln des IFRS 15 zu behandeln (→ § 15 Rn 46ff).

Zusammenfassende Darstellung über den **Umfang der Herstellungskosten:**

	Herstellungskosten nach IFRS	Herstellungskosten nach § 255 Abs 2, 2a und 3 HGB
Einzelkosten		
Materialeinzelkosten	Pflicht	Pflicht
Fertigungseinzelkosten	Pflicht	Pflicht
Sondereinzelkosten der Fertigung	Pflicht	Pflicht
Gemeinkosten		
Materialgemeinkosten	Pflicht	Pflicht
Fertigungsgemeinkosten	Pflicht	Pflicht
Abschreibungen	Pflicht	Pflicht
Verwaltungskosten des Material- und Fertigungsbereichs sowie produktionsbezogene allgemeine Verwaltungskosten	Pflicht	Pflicht
Verwaltungskosten des Vertriebsbereichs	Verbot	Verbot
Übrige allgemeine Verwaltungskosten	Verbot	Wahlrecht
Kosten für freiwillige soziale Leistungen, soziale Einrichtungen und betriebliche Altersvorsorge, soweit produktionsbezogen	Pflicht	Wahlrecht
Übrige Kosten für freiwillige soziale Leistungen, soziale Einrichtungen und betriebliche Altersvorsorge	Verbot	Wahlrecht
Fremdkapitalkosten	Pflicht	Wahlrecht
Steuern		
Substanzsteuern, soweit produktionsbezogen	Pflicht	Pflicht
Ertragsteuern und sonstige Substanzsteuern	Verbot	Verbot
Forschungs- und Entwicklungskosten		
Grundlagenforschung	Verbot	Verbot
Kosten der Neuentwicklung	Pflicht[1)]	Verbot[2)]
Kosten der Weiterentwicklung	Pflicht[1)]	Wahlrecht[3)]
Vertriebskosten	Verbot	Verbot
Sonstige Kosten		
Leerkosten	Verbot	Verbot
Lagerkosten für Fertigerzeugnisse	Verbot	Verbot

[1)] Zu den Voraussetzungen s IAS 38.57, IAS 38.65.
[2)] S hierzu *Schubert/Pastor* in BeBiKo § 255 HGB Rz 485.
[3)] Das Wahlrecht bezieht sich auf die Aktivierung von Entwicklungskosten als selbstgeschaffene immaterielle Vermögensgegenstände des Anlagevermögens, nicht auf den verpflichtenden Einbezug zuzuordnender Abschreibungen von aktivierten Entwicklungsausgaben als Fertigungsgemeinkosten in die Herstellungskosten (vgl *Schubert/Pastor* in BeBiKo § 255 HGB Rz 345 und Rz 485).

Soweit sich Unterschiede im Umfang der Herstellungskosten der Vorräte in der nach IFRS aufgestellten Bilanz zur Steuerbilanz ergeben, ist die Notwendig- 57 keit zu einer Abgrenzung **latenter Steuern** zu prüfen (zu Beispielsfällen → § 25 Rn 105).

58–60 *(einstweilen frei)*

III. Kalkulation von Herstellungskosten

61 **Einzelkosten** wie Rohstoffe oder Löhne können den Kostenträgern regelmäßig direkt zugeordnet werden. Im Gegensatz dazu sind **Gemeinkosten,** zB Mieten für Produktionshallen oder Abschreibungen auf maschinelle Anlagen, nicht ohne weiteres den Kosten einzelner Produkte zuordenbar. Die Aufschlüsselung der Gemeinkosten, welche häufig einen wesentlichen Teil der Gesamtkosten ausmachen, auf die Kostenträger erfolgt mittels der Kostenrechnung (*Achleitner/Behr/Schäfer,* 157).

62 **Produktionsgemeinkosten** beinhalten sowohl **variable** (zB Kosten der Arbeitsvorbereitung) als auch **fixe** Bestandteile. Während **variable Produktionsgemeinkosten** in tatsächlich angefallener Höhe, also auf Basis der tatsächlichen Beschäftigung den Herstellungskosten zugerechnet werden, wird für **fixe Produktionsgemeinkosten** nach IAS 2.13 als Kalkulationsbasis die Normalauslastung der Produktionskapazitäten verwendet. Die **Normalkapazität** wird dabei als unter normalen Umständen über verschiedene Perioden bzw Saisons zu erwartendes durchschnittliches Produktionsvolumen verstanden. In diese Betrachtung werden Ausfälle aufgrund planmäßiger Instandhaltungen einbezogen. Der Kalkulation kann auch der Umfang der aktuellen Produktion zugrunde gelegt werden, wenn die aktuelle Auslastung auf ähnlichem Niveau liegt wie die Normalauslastung (vgl auch *KPMG* 2014/15 Rz 3.8.190.20; *pwc* 2015 Rz 20.59). Die Normalauslastung determiniert die zurechenbaren fixen Produktionsgemeinkosten pro Stück, die bei Unterauslastung nicht erhöht werden. Dadurch wird der Ansatz von **Leerkosten** vermieden (IAS 2.13). Diese werden somit als Periodenaufwand verrechnet. Liegt die Auslastung einer Produktion über der Normalauslastung, muss der auf jede Produktionseinheit entfallende Betrag an fixen Gemeinkosten vermindert werden. Somit bestimmen die tatsächlich angefallenen Istkosten die **Obergrenze** für den Ansatz der Vorräte. Auch nach handelsrechtlichen Vorschriften ist es zulässig, für eine Kalkulation der fixen Gemeinkosten die Normalauslastung zugrunde zu legen. Der Bezug auf die Normalbeschäftigung entspricht dem Grundsatz, nur angemessene Kosten in die Herstellungskosten einzubeziehen.

63 **Kuppelproduktion** ist dadurch gekennzeichnet, dass ein einheitlicher Produktionsvorgang zwei unterschiedliche Produkte hervorbringt. Überwiegend handelt es sich um ein Haupt- und ein oder mehrere Nebenprodukte; es ist aber auch denkbar, dass zwei Hauptprodukte hergestellt werden.

Regelungen zur **Kalkulation** von Kuppelprodukten finden sich in IAS 2.14. Durch den einheitlichen Herstellungsvorgang sind die Herstellungskosten jedes Kuppelprodukts nicht separat ermittelbar. Die in IAS 2.14 genannten Kalkulationsmethoden entsprechen auch den nach HGB gängigen Kalkulationsverfahren. Bei der **Marktwertmethode** erfolgt die Zurechnung der Herstellungskosten nach Maßgabe der jeweiligen Verkaufswerte der Hauptprodukte. Relevanter Zeitpunkt der Zurechnung ist der, zu dem es möglich ist, die Hauptprodukte als solche zu identifizieren, oder der Zeitpunkt der Beendigung der Herstellung.

64 Bei Vorliegen eines Haupt- und eines Nebenprodukts kommt häufig die **Restwertmethode** zur Anwendung. Dieser liegt die Annahme zugrunde, dass Nebenprodukte relativ unbedeutend sind, also im Vergleich zum Hauptprodukt einen sehr geringen Wert besitzen. In diesem Fall wird das Nebenprodukt mit seinem Nettoveräußerungswert bewertet und von den gesamten Herstellungskosten des Produktionsvorgangs abgezogen, um so die Herstellungskosten des Hauptprodukts zu ermitteln. Der Buchwert des Hauptprodukts unterscheidet sich dadurch nicht wesentlich von seinen Herstellungskosten. Die Nebenprodukte werden mit ihren Nettoveräußerungswerten in der Bilanz angesetzt (*Schubert/Pastor* in BeBiKo § 255 HGB Rz 470; *Jacobs/Schmitt* in Baetge ua IFRS-Komm IAS 2 Rz 74; *KPMG* 2014/15 Rz 3.8.250.10 ff).

(einstweilen frei) **65–70**

IV. Bewertungsvereinfachungsverfahren

Grds werden zur Ermittlung der aktivierbaren Kosten die tatsächlich angefallenen **Istkosten** herangezogen. Diese Art der Ermittlung ist uU aufwendig und nicht immer zweckmäßig. Daher können die Anschaffungs- oder Herstellungskosten nach IAS 2.21 auch mittels **vereinfachender Verfahren** nach der Standardkostenmethode oder der retrograden Methode ermittelt werden. Voraussetzung hierfür ist, dass die auf Basis dieser Methoden ermittelten Anschaffungs- oder Herstellungskosten sich den tatsächlichen Anschaffungs- oder Herstellungskosten auf Istkosten-Basis annähern (*Achleitner/Behr/Schäfer*, 159). **71**

Die **Standardkostenmethode** basiert auf einer Normalauslastung der Kapazitäten sowie einem normalisierten Materialverbrauch und Lohnaufwand. Die Standardkosten werden auf Grundlage regelmäßiger Schätzungen der entstehenden Kosten, der Betriebstätigkeit und Effizienz kalkuliert. Nach IAS 2.21 ist eine **regelmäßige Überprüfung** der Standardkostensätze geboten. Bei Bedarf ist eine Anpassung an die aktuellen Gegebenheiten erforderlich. Dabei ist nicht vorgeschrieben, in welchem Abstand die Überprüfung vorzunehmen ist. Dies ist vielmehr abhängig von den Gegebenheiten des jeweiligen Betriebs. Ob eine periodische Überprüfung anlässlich einer jeden Zwischenberichterstattung sinnvoll ist (*Jacobs/Schmitt* in Baetge ua IFRS-Komm IAS 2 Rz 76) erscheint fraglich, da andernfalls der Zweck der Standardisierung, nämlich eine vereinfachende Kostenermittlung, nur bedingt erreicht würde. Nur bei Vorliegen weiterer Gesichtspunkte (erheblicher Umfang der Vorräte, hohe Preisvolatilität etc) erscheint eine mehrfache unterjährige Überprüfung der Standards angezeigt. **72**

Vorräte dürfen nur auf Basis der Standardkostenmethode bewertet werden, solange die nach dieser Methode ermittelten Kosten den tatsächlichen Kosten weitgehend entsprechen. Treten Abweichungen zu häufig oder in zu hohem Umfang auf, müssen die verwendeten Kostensätze überarbeitet werden.

Neben der vereinfachenden Kostenermittlung liegt ein weiterer Vorteil dieser Methode darin, dass eine **Überbewertung der Vorräte** grds **nicht möglich** ist: Auf der Kalkulationsgrundlage einer Normalauslastung sind Kosten der Unterbeschäftigung von der Aktivierung systematisch ausgeschlossen. Die Istkosten bilden bei der Standardkostenmethode die Obergrenze. Unter bestimmten Voraussetzungen wird die Verwendung von Standardkosten auch nach HGB für zulässig erachtet (*Schubert/Pastor* in BeBiKo§ 255 HGB Rz 417; *Jacobs/Schmitt* in Baetge ua IFRS-Komm IAS 2 Rz 77). **73**

Der Einzelhandel ist regelmäßig durch eine große Anzahl von Vorräten mit hoher Umschlagshäufigkeit charakterisiert. IAS 2.22 ermöglicht für solche Vorratsposten, die gleichzeitig eine ähnliche Bruttogewinnspanne aufweisen müssen, die Bewertung nach der **retrograden Methode.** Nach dieser Methode werden die Anschaffungskosten in der Weise ermittelt, dass der Bilanzierende den Verkaufswert eines Produkts um einen **prozentualen Gewinnabschlag** (zB Bruttomarge, Handelsspanne) vermindert. Für Vorräte, deren Preise bereits herabge- **74** setzt wurden, zB im Rahmen eines Sonderverkaufs, ist nach IAS 2.22 bei der Ermittlung der Bruttogewinnspanne von den bereits verminderten Preisen auszugehen, nicht von den urspr Anschaffungskosten.

Um eine sachgerechte Ermittlung zu gewährleisten, müssen spezifische Bruttogewinnspannen für jede Warengruppe ermittelt werden (*Achleitner/Behr/Schäfer*, 159). Auch nach HGB kann die retrograde Methode der Bilanzierung zugrunde gelegt werden (*Schubert/Gadek* in BeBiKo § 255 HGB Rz 211f).

75–80 *(einstweilen frei)*

V. Verfahren zur Zuordnung der Anschaffungs- oder Herstellungskosten

81 Das grds anzuwendende Verfahren zur Ermittlung der Anschaffungs- oder Herstellungskosten ist nach IAS 2.23 die **Einzelzuordnung (Einzelbewertung).** Hierbei werden einzelnen Vorratsgegenständen die individuellen Kosten anhand ihrer tatsächlichen Verbrauchsfolge zugeordnet. Waren, die für bestimmte Aufträge beschafft oder die nach spezifischen Kundenwünschen hergestellt wurden, sind demnach einzeln zu bewerten.

Eine Einzelbewertung ist nach IAS 2.24 für solche Vorräte ungeeignet, die in großer Stückzahl vorhanden und untereinander austauschbar sind. Hier handelt es sich zB um Rohstoffe oder Massenprodukte.

Auch nach handelsrechtlichen Vorschriften des HGB ist grds eine Einzelbewertung durchzuführen (§ 252 Abs 1 Nr 3 HGB). Sammelbewertungen sind jedoch nach § 256 HGB unter bestimmten Voraussetzungen zulässig. Die Anwendungsvoraussetzungen für die Verfahren weisen nach IFRS und HGB keine Unterschiede auf.

82 IAS 2 lässt neben der Einzelbewertung vereinfachend auch **Durchschnitts- und Verbrauchsfolgeverfahren** zu. Nach IAS 2.25 sind Anschaffungs- oder Herstellungskosten, wenn sie nicht nach IAS 2.23 einzeln bewertet werden, mit dem ***first-in-first-out*-Verfahren (FIFO)** oder mit der Methode des gewogenen Durchschnitts zu ermitteln. Das FIFO-Verfahren gehört zu den **Verbrauchsfolgeverfahren** und geht davon aus, dass zuerst angeschaffte Vorräte auch zuerst verbraucht werden. Diesem Ansatz liegt demnach die Annahme zugrunde, dass zuletzt beschaffte oder produzierte Vermögenswerte noch im Bestand sind (IAS 2.27). Diese Bewertungsmethode erfasst mithin die aktuellen Preisentwicklungen im Bestand der Vorräte. Bei steigenden Preisen wird der Vorratsverbrauch tendenziell niedriger verrechnet. Fallende Preise führen dagegen aufgrund des wertmäßig höheren Materialverbrauchs eher zu einem niedrigeren Ausweis der Bestände.

Beispiel: Ein Handelsunternehmen erwirbt und veräußert Vorräte, es bewertet diese Vorräte nach dem Verbrauchsfolgeverfahren **FIFO.** Im Januar werden 100 Stück zu insgesamt T€ 500 erworben. Der Buchwert umfasst die Anschaffungskosten von T€ 500. Im März erwirbt das Unternehmen weitere 200 Stück zu einem Wert von T€ 1.200. Der Buchwert steigt hierdurch um T€ 1.200 auf T€ 1.700. Im Juni veräußert das Unternehmen 200 Stück. Gem dem Grundsatz first-in-first-out setzen sich diese 200 Einheiten aus den im Januar erworbenen 100 Einheiten mit einem Stückpreis von T€ 500/100 Stück = T€/Stück 5 und 100 der im März erworbenen Einheiten mit einem Stückpreis von T€ 1.200/200 Stück = T€/Stück 6 zusammen. Durch die Veräußerung sinkt der Buchwert somit um 100 Stück × T€/Stück 5 + 100 Stück × T€/Stück 6 = T€ 1.100. Es verbleibt somit ein Buchwert von T€ 600. Im August erwirbt das Unternehmen 200 Stück zu insgesamt T€ 1.400. Der Buchwert nach FIFO beträgt hiernach T€ 2.000.

83 Andere Verbrauchsfolgeverfahren, wie zB das ***last-in-first-out*-Verfahren (LIFO),** sind nach IFRS nicht zulässig, es sei denn, sie entsprechen der tatsächlichen Verbrauchsfolge. In diesem Fall wären diese Verfahren indes auch nicht als vereinfachende Verbrauchsfolgeverfahren sondern als bestmögliche Abbildungen der tatsächlichen Vorratsströme einzustufen (IAS 2.BC17 ff).

Bei der **Methode des gewogenen Durchschnitts** werden den Anschaffungs- oder Herstellungskosten ähnlicher Vorräte zu Periodenbeginn die Anschaffungs- oder Herstellungskosten der entspr Vorräte der lfd Periode hinzugerechnet, um hieraus den gewogenen Durchschnitt zu bilden. Berechnet werden kann dieser Durchschnitt pro Berichtsperiode oder als gleitender Durchschnitt mit jeder neuen Lieferung (IAS 2.27). Auch nach den handelsrechtlichen Vorschriften des HGB ist der gewogene Durchschnitt gem § 256 Satz 2 HGB iVm § 240 Abs 4 HGB für Gruppenbewertungen zulässig und wird auf dieselbe Weise ermittelt wie nach IFRS. Zusätzlich ist nach HGB eine Bewertung mit dem gleitenden Durchschnitt möglich. Wurden alle Vorräte aufgebraucht, besteht die Möglichkeit, eine neue Durchschnittsbewertung zu beginnen. 84

Beispiel: Ein Handelsunternehmen erwirbt und veräußert wie in obigem Beispiel Vorräte, es bewertet diese Vorräte nach dem **Durchschnitt pro Berichtsperiode.** In diesem Verfahren werden der Anfangsbestand und die Zugänge unabhängig von den unterjährigen Abgängen zur Ermittlung des Durchschnittspreises herangezogen. Hier berechnet sich der Durchschnittspreis zum Gesamtwert der Zugänge, geteilt durch die Gesamtsumme der Zugänge: (T€ 500 + T€ 1.200 + T€ 1.400)/500 Stück = T€/Stück 6,20. Dieser Durchschnittspreis wird mit der Menge am Periodenende multipliziert, um den Buchwert am Periodenende zu erhalten: T€/Stück 6,20 × 300 Stück = T€ 1.860/Stück. Auch der Abgang im Juni wird mit diesem Durchschnittspreis bemessen. Bei steigenden Preisen führt die Bewertung zum Durchschnitt der Berichtsperiode ggü dem oben dargestellten FIFO-Verfahren somit zu geringeren Vorratsbeständen. Dieser Effekt kehrt sich bei sinkenden Einkaufspreisen um.

Im gleichen Beispiel wird der Buchwert bei Verwendung der Bewertung nach dem **gleitenden Durchschnitt** bis zur Veräußerung im Juni wie beim FIFO-Verfahren beschrieben ermittelt. Der Abgang bemisst sich nun allerdings zum Durchschnittspreis von (T€ 500 + T€ 1.200)/300 Stück = T€/Stück 5,70. Durch die Veräußerung sinkt der Buchwert somit um 200 Stück × T€/Stück 5,70 = T€ 1.133. Es verbleibt somit ein Buchwert von T€ 567. Nach dem Zugang im August bemisst sich der Buchwert zum Periodenende mit dem Durchschnittspreis von (100 Stück × T€/Stück 5,70 + 200 Stück × T€/Stück 7)/300 Stück = T€/Stück 6,60. Der Buchwert zum Periodenende beträgt somit T€ 1.967. Beim Verfahren des gleitenden Durchschnitts zeigt sich somit ggü dem FIFO-Verfahren der gleiche Effekt wie bei Verwendung des Verfahrens des Durchschnitts pro Berichtsperiode. Er ist allerdings ggü diesem abgeschwächt.

IAS 2.25 verlangt, dass für artgleiche und in einem gleichen Gebrauchszusammenhang stehende Vermögenswerte des Vorratsvermögens die Bewertungsverfahren **einheitlich anzuwenden** sind (vgl *Padberg,* 24). Unterscheiden sich die Vorräte jedoch hinsichtlich ihrer Art oder ihres Gebrauchszusammenhangs in einem Unternehmen oder einem Konzern, so ist die Anwendung **unterschiedlicher Bewertungsverfahren** für gleiche Vorräte gestattet. Dies kann zB für Rohstoffe gelten, die in verschiedenen Geschäftssegmenten verwendet werden (vgl *Jacobs/Schmitt* in Baetge ua IFRS-Komm IAS 2 Rz 90). Diese Unterschiede in Art oder Gebrauchszusammenhang dürften indes in der Praxis eher selten anzutreffen sein, sodass die Verwendung unterschiedlicher Verfahren nur in Ausnahmen gerechtfertigt sein dürfte (vgl *pwc* 2015 Rz 20.80). 85

Nach IAS 2.26 sind unterschiedliche geographische Standorte der Vorräte oder spezifische steuerliche Vorschriften für sich keine Merkmale, die zu einer differenzierenden Anwendung der Bewertungsverfahren führen können.

Zu beachten bleibt das **Stetigkeitsgebot** für das einmal gewählte Verfahren. Wechsel zwischen den Verfahren FiFo und gewogener Durchschnitt, die trotz des Stetigkeitsgebots, zB aufgrund gewünschter Übereinstimmung mit der Branchenpraxis, vorgenommen werden, könnten sowohl als Schätzungsänderungen als auch als Änderungen von Bewertungsverfahren angesehen werden. Für letzteres spricht, dass diese Verfahren statt der hier ungeeigneten Einzelbewertung verwendet werden (IAS 2.24). Sie stellen daher nicht bloße Schätzungen einer Summe von Einzelwerten dar. Vielmehr sind sie als hiervon getrennte Bewertungsmethoden anzusehen, die nicht im Wege der Schätzung zu einer sachgerechten Bewertung führen. Diese Sichtweise wird auch in IAS 2.36(a) deutlich, in dem der Wechsel des Verfahrens unter die Änderungen von Bewertungsverfahren subsumiert wird. Im Ergebnis erscheint es daher sachgerecht, Wechsel zwischen den Verfahren FIFO und gewogener Durchschnitt als Änderungen von Bewertungsverfahren zu beurteilen, die, soweit sie wesentlich sind, nach IAS 8 zu behandeln sind (vgl *Deloitte* 2015, 685; *EY* 2015, 1542).

86 In IAS 2 finden **Festpreisverfahren** keine Erwähnung. Die Bildung von Festwerten ist uE gleichwohl auch in IFRS-Abschlüssen denkbar, da Festwerte ohnehin den tatsächlichen Werten regelmäßig anzunähern sind und die zum Festwert bewerteten Vermögenswerte in Relation zu den gesamten Vermögenswerten eher nachrangig sein müssen (so auch *Jacobs/Schmitt* in Baetge ua IFRS-Komm IAS 2 Rz 84; aA *Achleitner/Behr/Schäfer*, 160).

87–90 *(einstweilen frei)*

VI. Nettoveräußerungswert

91 Grds werden die Vorräte zu historischen Anschaffungs- oder Herstellungskosten bewertet. Die Bewertung zum **Nettoveräußerungswert** ist nach IAS 2.9 zwingend, wenn dieser niedriger als die Anschaffungs- oder Herstellungskosten ist. Nach der Definition von IAS 2.6 wird der Nettoveräußerungswert als der geschätzte, im normalen Geschäftsbetrieb erzielbare Erlös abzüglich der geschätzten noch anfallenden Kosten der Fertigstellung und des Vertriebs definiert. Der zwingende Ansatz zum niedrigeren Nettoveräußerungswert folgt dem Prinzip, dass Vermögenswerte nicht mit höheren als bei ihrem Verkauf oder Gebrauch realisierbaren Beträgen bilanziert werden dürfen (IAS 2.28).

92 Ermittelt wird der Nettoveräußerungswert idR über den **Absatzmarkt** und nicht über den Beschaffungsmarkt (retrograde Ermittlung). Die Ermittlung über den Absatzmarkt bedeutet indes nicht, dass der Nettoveräußerungswert dem **Marktpreis** entspricht. Anderenfalls erfolgte für Vermögenswerte, für die in der vorliegenden, teilverarbeiteten Form keine Verkaufsabsicht vorliegt oder für die derzeit kein Verkauf angestrebt ist (da bspw Weiterverarbeitung erfolgen soll), kein sachgerechter Ausweis (*Jacobs/Schmitt* in Baetge ua IFRS-Komm IAS 2 Rz 96). Diese Güter würden nicht sachgerecht zum Stichtag mit einem Nettoverkaufswert von null bewertet, wenn sie – wie etwa unfertige Erzeugnisse – uU keinen eigenständigen Wert als marktfähiges Produkt haben. Eine Bewertung zum niedrigeren Nettoveräußerungswert ist daher nicht möglich, wenn die Erzeugnisse, in die die Vorräte eingehen werden, **wenigstens zu deren Herstellungskosten** verkauft werden können (*Kümpel* IRZ 2012, 69 (70)). Der Nettoveräußerungswert ist wie folgt abzuleiten:

	geschätzter Verkaufspreis
–	geschätzte noch anfallende Kosten der Fertigstellung
–	Erlösschmälerungen
–	geschätzte notwendige Vertriebskosten
=	Nettoveräußerungswert am Bilanzstichtag

Die Ermittlung des Nettoveräußerungswerts nach IFRS unterscheidet sich damit grds nicht von der Ermittlung des beizulegenden Werts nach HGB (§ 253 Abs 4 Satz 2 HGB). Dieser wird für fertige und unfertige Erzeugnisse sowie Waren ebenfalls absatzmarktorientiert am Stichtag festgestellt. Zu Besonderheiten bei Roh-, Hilfs- und Betriebsstoffen (→ Rn 97 ff).

Eine **Abschreibung auf den Nettoveräußerungswert** muss erfolgen, wenn dieser unterhalb der Anschaffungs- oder Herstellungskosten des jeweiligen Vorratswerts liegt (IAS 2.28). Angesetzt werden Vorräte mit dem niedrigeren Wert aus Anschaffungs- oder Herstellungskosten und dem Nettoveräußerungswert (Niederstwertprinzip). Gründe für eine Abwertung können allgemein fallende Verkaufspreise (unter die Herstellungskosten), wesentliche Kostenerhöhungen, die nicht weitergegeben werden können, Beschädigungen oder Überalterung der Vorräte sein. 93

Nach IAS 2.29 werden Vorräte idR auf Basis einer **Einzelbetrachtung** abgewertet (Einzelwertberichtigung). Bei einer homogenen Gruppe von Vorräten hingegen kann in Ausnahmefällen eine **pauschale Betrachtung** durch Zusammenfassung zu einer Gruppe sachgerecht sein. IAS 2.29 nennt hier als Beispiel Vorräte, die derselben Produktlinie angehören, die in derselben Region hergestellt und vermarktet werden und die nicht unabhängig von anderen Vorratswerten dieser Produktlinie bewertet werden können (*Kümpel* DStR 2005, 1153 (1157)). Die Abwertung von Vorräten auf Basis einer Gruppenbildung mittels pauschaler Klassifizierungen, zB Fertigerzeugnisse oder Vorratswerte eines bestimmten Industriezweigs, kommt nach IAS 2.26 nicht in Betracht. Insofern ist eine Gruppenbildung bei Dienstleistungsunternehmen prinzipiell ausgeschlossen. Abwertungen über den Nettoveräußerungswert hinaus auf darunter liegende Wiederbeschaffungs- oder Wiederherstellungskosten sind, anders als nach HGB, nicht zulässig. Ein Abwertungsverbot besteht für Vorräte, für die eine **Festpreisvereinbarung** besteht, da der Verkaufspreis unabhängig vom Marktpreis ist. 94

Zum Stichtag muss der Nettoveräußerungswert anhand der zuverlässigsten Angaben, die zu diesem Zeitpunkt zur Verfügung stehen, **geschätzt** werden (IAS 2.30). Berücksichtigt werden müssen Preis- und Kostenänderungen, die zwar nach dem Stichtag auftreten, aber Sachverhalte vor dem Bilanzstichtag aufhellen. Insoweit fließen **wertaufhellende Ereignisse** in die Ermittlung des Nettoveräußerungswerts ein. **Wertbegründende Ereignisse** sind dagegen nicht zu berücksichtigen. 95

Der **Börsen- oder Marktpreis** stellt idR den besten verfügbaren Schätzwert dar. Nur wenn dieser nicht zu ermitteln oder nicht vorhanden ist, muss eine weiterführende Ermittlung des Nettoveräußerungswerts vorgenommen werden (so auch *Jacobs/Schmitt* in Baetge ua IFRS-Komm IAS 2 Rz 103). Die Bezugnahme auf Schätzungen zur Ermittlung des Nettoveräußerungswerts folgt ähnlichen Grundsätzen wie die handelsrechtlichen Bewertungsvorschriften des § 253 Abs 4 Satz 1 und 2 HGB. Danach ist der niedrigere beizulegende Wert anzusetzen, wenn Börsen- oder Marktpreise nicht feststellbar sind. 96

Weitere Anknüpfungspunkte, Vorratswerte unter ihren Anschaffungs- oder Herstellungswerten anzusetzen, bestehen nach IFRS – wie auch nach HGB – nicht.

Nach IAS 2.31 ist bei der Schätzung des Nettoveräußerungserlöses auch der Zweck, zu dem der jeweilige Vermögenswert gehalten wird, zu berücksichtigen. Dies ist insbes bei **Roh-, Hilfs- und Betriebsstoffen** sowie bei **Festpreisvereinbarungen** von Bedeutung. Der im Vertrag vereinbarte Festpreis gilt als Basis des Nettoveräußerungswerts. Fällt nur ein Teil der im Bestand befindlichen Vorräte unter diese Festpreisvereinbarung, müssen die Nettoveräußerungswerte der 97 übrigen, nicht der Vertragsbindung unterliegenden Vorräte auf Basis der Verkaufspreise ermittelt werden. Im Bereich der Festpreisvereinbarungen legt IAS 2 lediglich den Ausgangswert fest, von dem aus Vorräte aus einem schwebenden Absatz- oder Beschaffungsgeschäft verlustfrei bewertet werden.

98 Zur Berücksichtigung von Verlusten aus schwebenden Geschäften ist davon auszugehen, dass zunächst eine aktivische Absetzung der Wertminderung von den korrespondierenden Vorratswerten zu erfolgen hat, bevor über den aktivierten Vorrat hinausgehende Verluste durch die Bildung einer **Rückstellung** abgedeckt werden (vgl hierzu auch → § 13 Rn 121). Hiernach zu bildende Rückstellungen oder anzugebende Eventualschulden sind nach den Regeln von IAS 37 zu behandeln (vgl → § 13 Rn 8 ff, → § 13 Rn 16 ff).

99 IAS 2.32 regelt die Ermittlung der Nettoveräußerungswerte von **Roh-, Hilfs- und Betriebsstoffen** gesondert. Für die Frage, ob sie auf den unter ihren Anschaffungs- oder Herstellungskosten liegenden Nettoveräußerungswert abzuwerten sind, ist von Bedeutung, ob die Erzeugnisse, in die sie im Rahmen der Weiterverarbeitung eingehen sollen, wenigstens zu den Herstellungskosten veräußert werden können. Ist dies der Fall, ist eine Abschreibung der jeweiligen Vorratswerte ausgeschlossen. Bewertungsrelevant ist somit zunächst der **Absatzmarkt** der jeweiligen **Fertigerzeugnisse.**

100 Zeichnet sich hingegen ein Preisrückgang der Fertigerzeugnisse ab, der zu Nettoveräußerungswerten unterhalb ihrer Herstellungskosten führt, werden die Roh-, Hilfs- und Betriebsstoffe mit deren Nettoveräußerungswert bewertet. In diesem Fall ist für die Schätzung nicht vom Absatzmarkt, sondern vom **Beschaffungsmarkt,** dh vom Wiederbeschaffungswert der Stoffe auszugehen (IAS 2.32). Den Preisentwicklungen auf dem Beschaffungsmarkt kommt mithin eine Indikatorfunktion für eine mögliche Abwertung der korrespondierenden Fertigerzeugnisse zu. Diese ist branchenspezifisch zu würdigen. So werden zB gesunkene Einstandspreise für Papier in der Verlagsbranche kaum einen Einfluss auf den Verkaufspreis des Endprodukts haben. Die Preisrückgänge für Grundstoffe in der chemischen Industrie sind dagegen als Indikator für gesunkene Verkaufspreise der Endprodukte geeignet (*Kümpel* IRZ 2012, 69 (73)). Künftige Preisschwankungen sind zu beachten und mit in die Bewertung einzubeziehen, wenn es sich um wertaufhellende Vorgänge handelt.

Wie vorstehend erläutert, ist nach IAS 2.31 in die Überlegungen zur Ermittlung des Nettoveräußerungswerts eines Vorrats-Vermögenswerts der Zweck, zu dem der jeweilige Vermögenswert gehalten wird, einzubeziehen. Bei Roh-, Hilfs- und Betriebsstoffen weitet sich das Betrachtungsfeld auf ihre Weiterverarbeitung zu Fertigerzeugnissen aus. Insoweit unterscheidet sich diese Vorgehensweise fundamental von den **Bewertungsprinzipien nach HGB.** Hier dominiert der Grundsatz der Einzelbewertung, wonach die Abwertung eines Vermögensgegenstands der Roh-, Hilfs- und Betriebsstoffe beschaffungsmarktorientiert erfolgt und nicht von der Höhe des Verkaufserlöses eines anderen Vermögensgegenstands beeinflusst wird (*Jacobs/Schmitt* in Baetge ua IFRS-Komm IAS 2 Rz 101).

101 **Beispiel:** Ein Produzent von Rasenmähern hat neben einem Bestand von Fertigprodukten auch fremdbezogene Elektromotoren auf Lager, die zur Montage in die Rasenmäher vorgesehen sind. Ausgangsdaten am Abschlussstichtag: Die Anschaffungskosten des Elektromotors betragen € 50, die Wiederbeschaffungskosten liegen bei € 40. Die Rasenmäher können beim Abnehmer zu € 150 abgesetzt werden, es fallen noch € 15 Vertriebskosten an. Die Herstellungskosten betragen € 125.

Bewertung Rasenmäher	IFRS/HGB
	€
geschätzter Verkaufserlös	150
geschätzte Vertriebskosten	– 15
Nettoveräußerungswert	135

Der Nettoveräußerungswert von € 135 liegt oberhalb der Herstellungskosten von € 125, sodass nach IFRS und nach HGB die Bilanzbewertung zu Herstellungskosten erfolgt.

Bewertung Elektromotor

Für die Bewertung nach HGB ist eine Abwertung auf die Wiederbeschaffungskosten von € 40 geboten. Nach IFRS kommt eine Wertberichtigung dagegen nicht in Betracht, da das Endprodukt Rasenmäher voraussichtlich zu einem über seinen Herstellungskosten liegenden Preis veräußert werden kann.

In der Weiterführung des Beispiels sei der Preisrückgang der Elektromotoren ein Indiz dafür, dass auch die voraussichtlichen Verkaufspreise der Rasenmäher (auf € 130) sinken werden.

Bewertung Rasenmäher	IFRS/HGB
	€
geschätzter Verkaufserlös	130
geschätzte Vertriebskosten	– 15
Nettoveräußerungswert	115

Die Rasenmäher sind um € 10 abzuwerten und in der Bilanz mit € 115 anzusetzen, da der Nettoveräußerungswert unter die Herstellungskosten von € 125 gefallen ist.

Bewertung Elektromotor

Der nach IAS 2.32 herzustellende Bezug zu den Fertigungserzeugnissen führt zu einer zwingenden Abwertung der Elektromotoren auf die Wiederbeschaffungskosten von € 40, falls keine besseren Bewertungsgrundlagen für den Nettoveräußerungswert gegeben sind.

Nach IAS 2.33 ist der Nettoveräußerungswert in jeder Folgeperiode neu zu ermitteln. Entfallen die Voraussetzungen für eine Abwertung oder weisen geänderte wirtschaftliche Verhältnisse eindeutig auf eine Erhöhung des Nettoveräußerungswerts hin, so muss die Abwertung rückgängig gemacht werden. Bewertet wird der Vorrat demnach mit dem niedrigeren Wert aus Anschaffungs- oder Herstellungskosten und dem ggf adjustierten Nettoveräußerungswert. Die **Wertaufholung** ist zwingend. Hat sich der Verkaufspreis eines in der Vorperiode zum Nettoveräußerungswert bilanzierten Vorrats-Vermögenswerts zum folgenden Bilanzstichtag wieder erhöht, ist eine Wertaufholung auf den nun höheren Nettoveräußerungswert vorzunehmen. Dabei ist die Wertaufholung auf den Betrag der urspr Abschreibung begrenzt. Die **Anschaffungs- oder Herstellungskosten** bilden die **Obergrenze** der Wertaufholung. Dies folgt aus IAS 2.9, wonach Vorräte zu dem niedrigeren Wert aus Anschaffungs- oder Herstellungskosten und dem Nettoveräußerungswert anzusetzen sind. Das Wertaufholungsgebot nach IFRS bedingt, dass die **Bildung stiller Reserven** nicht möglich ist. Die sich aus der Erhöhung des Nettoveräußerungswerts ergebende Wertaufholung ist in der Gesamtergebnisrechnung bzw gesonderten GuV (sofern erstellt) als Minderung des Materialaufwands in der Periode, in der die Wertaufholung eintritt, zu erfassen (IAS 2.34). **102**

(einstweilen frei) **103–110**

VII. Erfassung als Aufwand

Nach IAS 2.34 werden verkaufte Vorräte in der Periode als **Aufwand** erfasst, **111** in der die entspr Erträge realisiert wurden, dh es kommt zu einer periodengerechten Verrechnung. Soweit keine Ertragsrealisierung erfolgt, gilt der Kontrollverlust über die Vorräte als Zeitpunkt, in dem die Vorräte erfolgswirksam auszubuchen sind (*EY* 2015, 1548). Das Prinzip der **periodengerechten Verrechnung** von Aufwendungen und Erträgen gilt ebenso für alle Abschreibungen von Vorräten auf den Nettoveräußerungswert und alle Verluste im Bereich der Vorräte. Sie sind in der Periode des Verlusteintritts als Aufwand zu erfassen. Entspr gilt für Wertaufholungen. Diese mindern den Materialaufwand in der Periode, in der die Wertaufholung eintritt. Durch diese Art der Zurechnung von Aufwendungen zu den Erträgen wird eine sachgerechte Zuordnung erreicht.

Eine Verteilung des Buchwerts auf mehrere Perioden kommt nur in Ausnahmefällen zum Tragen. Dies kann nach IAS 2.35 der Fall sein, wenn die Vorräte als Teil selbsterstellter Sachanlagen verwendet und aktiviert werden. In diesem Fall werden die dem selbsterstellten Vermögenswert zugeordneten Vorräte über die Nutzungsdauer als Aufwand erfasst.

112–115 *(einstweilen frei)*

D. Ausweis von Vorräten

116 IAS 2 schreibt für Vorräte kein **Gliederungsschema** vor. IAS 2.37 und IAS 2.8 führen jedoch die im Allgemeinen für die Vorräte vorzunehmende Untergliederung wie folgt auf: Handelswaren, Roh-, Hilfs- und Betriebsstoffe, unfertige Erzeugnisse, Fertigerzeugnisse. Vorräte eines Dienstleisters können bis zur Anwendung des IFRS 15 als unfertige Erzeugnisse bezeichnet werden (IAS 2.37). Mit der Anwendung des IFRS 15 entfällt ein entspr Posten für Dienstleistungen, da kundenbezogene Aufwendungen zur Erfüllung eines Dienstleistungsvertrags fortan nicht mehr als Vorräte nach IAS 2, sondern nach IFRS 15 zu bilanzieren sind (→ § 15 Rn 60). Sie sollen hiernach als vertragliche Vermögenswerte oder als Forderungen ausgewiesen werden (IFRS 15.105).

Nach IAS 2.36(b) ist die Gliederung der Vorräte jedoch den unternehmensspezifischen Besonderheiten anzupassen und ggf zu erweitern. Die Aufgliederung kann nach IAS 1.77 iVm IAS 1.78(c) wahlweise in der Bilanz oder im Anhang vorgenommen werden.

Im Wesentlichen sind unter den Vorräten nach IFRS und HGB die gleichen Vermögenswerte zu subsumieren. **Unterschiede** ergeben sich lediglich im Bereich der Betriebsstoffe und bei den geleisteten und erhaltenen Anzahlungen auf Vorräte.

117 Nach IFRS dürfen dem Vorratsvermögen nur **Betriebsstoffe** zugerechnet werden, die unmittelbar in den Produktionsprozess einfließen. Werden diese in anderen Bereichen verbraucht, sind sie außerhalb des Vorratsvermögens auszuweisen. Zu nennen sind hier zB Büromaterial, nicht für die Produktion bestimmte Heizmittel, dem Vertrieb zuzurechnende Treibstoffe etc (*ADS* Int Abschn 15 Rz 22). Oft wird eine Trennung dieser Betriebsstoffe hinsichtlich der vorgesehenen Verwendung nicht möglich sein. Daher wird unter dem Aspekt der Wesentlichkeit häufig auf die Bildung eines gesonderten Postens verzichtet. Nach handelsrechtlichen Vorschriften des HGB sind dagegen die unter den Vorräten auszuweisenden Betriebsstoffe hinsichtlich ihrer Verwendung nicht auf den Fertigungsbereich beschränkt (*Jacobs/Schmitt* in Baetge ua IFRS-Komm IAS 2 Rz 22 unter Verweis auf den Grundsatz der Wesentlichkeit).

118 **Geleistete Anzahlungen auf Vorräte** sind grds, zusammen mit anderen geleisteten Anzahlungen, als gesonderter Posten außerhalb der Vorräte auszuweisen. Gleichwohl wird ihre Einbeziehung in die Vorräte als vertretbar erachtet (*ADS* Int Abschn 15 Rz 149; *Lüdenbach/Hoffmann/Freiberg* IFRS § 17 Rz 44; aA *Henselmann/Roos* KoR 2007, 496 (496)).

Danach ist eine Gliederung des Bilanzpostens Vorräte möglich, die mit dem HGB-Gliederungsschema deckungsgleich ist:

Gliederungsschema Vorräte
Roh-, Hilfs- und Betriebsstoffe
Unfertige Erzeugnisse, unfertige Leistungen
Fertige Erzeugnisse und Waren
Geleistete Anzahlungen

Der Ausweis von Vorräten, die Bestandteil einer Veräußerungsgruppe sind, unterliegt den besonderen Regelungen in IFRS 5 (im Einzelnen → § 28 Rn 123).

Bei Anwendung von IFRS 15 entfällt der Ausweis von unfertigen Leistungen, → Rn 116.

(einstweilen frei) **119, 120**

E. Angaben im Anhang

Nach IAS 2.36 ff sind für den Bereich der Vorräte im Jahresabschluss **zusätzliche Angaben** zu machen. Es besteht keine Verpflichtung, die zusätzlichen Angaben in den Anhang aufzunehmen, sondern auch die Möglichkeit, diese in Bilanz oder Gesamtergebnisrechnung bzw gesonderter GuV (sofern erstellt) offen zu legen. Es erscheint indes zweckmäßig, die relevanten Angaben im Zusammenhang im Anhang darzustellen. **121**

Obwohl IAS 2 keine spezifische Untergliederung des Postens Vorräte vorgibt, muss die aus IAS 2.37 abzuleitende Klassifizierung als übliche Bilanzierungspraxis angesehen werden. Danach wäre der Posten Vorräte in Handelswaren, Roh-, Hilfs- und Betriebsstoffe, unfertige Erzeugnisse und Fertigerzeugnisse aufzuteilen. Bei Dienstleistungsunternehmen ist – bis zur Anwendung des IFRS 15 – die Bezeichnung der Vorräte als „unfertige Leistungen" sinnvoll.

Im Einzelnen sind **folgende Angaben** zu machen: **122**

(1) Angabe der angewendeten Bilanzierungs- und Bewertungsmethoden einschließlich der angewendeten Bewertungsvereinfachungsverfahren (Durchschnittsmethode oder FIFO-Methode, IAS 2.36(a)),

(2) Angabe der Einbeziehung von Fremdkapitalkosten in die Bewertung der Vorräte unter Angabe des Betrags und des angewendeten Finanzierungskostensatzes (IAS 23.26),

(3) Angabe des Gesamtbetrags der zum beizulegenden Zeitwert abzüglich Veräußerungskosten bewerteten Vorräte (IAS 2.36(c)),

(4) bei Aufstellung der GuV nach dem UKV: Angabe der als Aufwand der Berichtsperiode erfassten Anschaffungs- oder Herstellungskosten. Hier sind auch bisher nicht aktivierte Produktionskosten wie zB nicht zugeordnete Produktionsgemeinkosten oder abnormal hohe oder niedrige Produktionskosten sowie ggf Vertriebskosten zu berücksichtigen (IAS 2.36(d), IAS 2.38),

(5) bei Aufstellung der GuV nach dem GKV: Angabe der für die gesamten Periodenerträge erforderlichen Aufwendungen, unterteilt nach Kostenarten, sowie Angabe der Bestandsveränderungen (IAS 2.36(d), IAS 2.39),

(6) Angabe der gesamten Buchwerte der Vorräte sowie eine der Geschäftstätigkeit des Unternehmens entspr Untergliederung der Buchwerte (IAS 2.36(b)),

(7) Angabe des Gesamtbetrags aller Abwertungen von Vorräten (IAS 2.36(e)),

(8) Angabe des gem IAS 2.33 f im Geschäftsjahr aufwandsmindernd erfassten Betrags der vorgenommenen Wertaufholungen (IAS 2.36(f)),

(9) Angabe der Ursachen, die zu den Wertaufholungen geführt haben (IAS 2.36(g)),
(10) Angabe des Buchwerts der als Sicherheit für Verbindlichkeiten verpfändeten Vorräte (IAS 2.36(h)),
(11) Angabe wertbegründender Ereignisse nach dem Bilanzstichtag mit Bezug zu den Vorräten (IAS 10.20).

123, 124 *(einstweilen frei)*

F. Wesentliche Änderungen und deren Anwendungszeitpunkte

125 **IAS 2** ist für Geschäftsjahre, die am oder nach dem 1. Januar 2005 beginnen, anzuwenden (IAS 2.40).

Die zuletzt erfolgten Änderungen des IAS 2 resultieren aus Änderungen einzelner IFRS (vgl IAS 2.40E und IAS 2.40F). Als Folgeänderung von **IFRS 15** wurden die Regelungen in IAS 2.2, IAS 2.8, IAS 2.29 und IAS 2.37 geändert. IAS 2.19 wurde gestrichen. Im Wesentlichen beinhalten diese Änderungen die Streichung von Regelungen zu Leistungen von Dienstleistungsunternehmen, da diese künftig gem IFRS 15 abzubilden sind. Als Folgeänderung der Verabschiedung von **IFRS 9** wurde der Verweis auf diesen Standard in IAS 2.2(b) aktualisiert und IAS 2.40A, IAS 2.40B und IAS 2.40D gestrichen.

Die infolge von IFRS 15 und IFRS 9 geänderten Absätze des IAS 2 sind jeweils zeitgleich mit der Anwendung der Vorschriften der IFRS 15 und IFRS 9 anzuwenden, dh unter Berücksichtigung der Verschiebung des Zeitpunkts der verpflichtenden erstmaligen Anwendung von IFRS 15 für Geschäftsjahre, die am oder nach dem 1. Januar 2018 beginnen.

Die Übernahme von IFRS 15 und IFRS 9 und der entspr Folgeänderungen durch die EU steht derzeit (Stand: 31. Juli 2015) noch aus.

Die vorliegende Kommentierung hat wesentliche materielle Änderungen herausgehoben. Darüber hinaus haben die Überarbeitungen klarstellenden Charakter.

G. Gegenüberstellung zu HGB

126 Nach HGB sind Vorräte „Vermögensgegenstände, die zum Verbrauch oder zur Weiterveräußerung angeschafft oder hergestellt worden sind" (*Schubert/Roscher* in BeBiKo § 247 HGB Rz 60). Diese **Begriffsabgrenzung** ist umfassender als diejenige nach IAS 2.6. Betriebsstoffe, die nicht der Fertigung dienen, wie zB Büromaterial oder Heizmittel, sind nach IFRS nicht Bestandteil der Vorräte, sondern unter den sonstigen Vermögenswerten zu aktivieren. Dies trifft auch auf geleistete Anzahlungen auf das Vorratsvermögen zu. Bei Anwendung von IFRS 15 sind zudem unfertige Leistungen nicht mehr Teil des Vorratsvermögens nach IFRS.

127 Hinsichtlich des **Umfangs der Anschaffungskosten** weichen HGB und IFRS in der Behandlung von Fremdkapitalkosten voneinander ab. Diese sind nach IAS 2.17 unter bestimmten Voraussetzungen aktivierungspflichtig; nach HGB ist das grds nicht möglich.

Vereinnahmte finanzielle Zuschüsse der öffentlichen Hand für Vorräte sind nach IFRS grds erfolgswirksam zu behandeln; ggf ist die Bildung eines passiven Abgrenzungspostens erforderlich. Die nach HGB denkbare direkte Absetzung des Zuschussbetrags von den Anschaffungskosten ist dagegen nach IFRS bei Vorräten nicht möglich.

Hinsichtlich des **Umfangs der Herstellungskosten** weichen IFRS und HGB in einigen Bereichen voneinander ab. So besteht nach HGB ein Wahlrecht zur Aktivierung nicht-produktionsbezogener allgemeiner Verwaltungskosten sowie sämtlicher Kosten des sozialen Bereichs (§ 255 Abs 2 HGB). Ebensolches gilt für die Aktivierung von Fremdkapitalkosten (§ 255 Abs 3 HGB). Zudem ist die Aktivierung von Entwicklungskosten nach IFRS umfassender möglich als nach HGB, da unter bestimmten Voraussetzungen als immaterielle Vermögenswerte aktivierte Neuentwicklungskosten mit ihrem Werteverzehr als Bestandteil der Herstellungskosten zu behandeln sind. Kosten der Weiterentwicklung dagegen, die handelsrechtlich als Fertigungsgemeinkosten aktiviert werden können, sind nach IFRS nur unter bestimmten Voraussetzungen als Herstellungskosten zu behandeln (*Küting/Harth* BB 1999, 2393 (2399)). 128

Die Anwendungsvoraussetzungen für **Verfahren der Durchschnittsbewertung** oder des **FIFO-Verfahrens** sind nach HGB und IFRS deckungsgleich. Nach HGB sind nur noch die Anwendung des LIFO-Verfahrens und des FIFO-Verfahrens sowie die Bewertung zu Durchschnittskosten zulässig (§ 256 Satz 1 HGB). Nach der hier vertretenen Auffassung ist die Festbewertung mit IFRS vereinbar, sodass sich hier keine Unterschiede zum HGB ergeben. 129

Im Hinblick auf **Wertminderungen der Vorräte** verfolgen sowohl die IFRS als auch das HGB das strenge Niederstwertprinzip. Die Ermittlung des Nettoveräußerungswerts nach IFRS erfolgt grds absatzmarktbezogen; als Besonderheit tritt hinzu, dass bei Roh-, Hilfs- und Betriebsstoffen darauf abgestellt wird, ob das Erzeugnis, in das die zu bewertenden Roh-, Hilfs- und Betriebsstoffe eingehen werden, zu seinen vollen Herstellungskosten verkauft werden kann. Dagegen kommt bei der Ermittlung des niedrigeren beizulegenden Werts nach HGB neben dem absatzmarktbezogenen auch ein beschaffungsmarktorientierter Wertansatz in Betracht. 130

Wesentliche Unterschiede im **Ausweis** ergeben sich im Wesentlichen nur im Bereich der Anzahlungen. Erhaltene Anzahlungen auf Vorräte dürfen nach IFRS nur bei langfristigen Aufträgen von den Vorräten abgesetzt werden. Nach HGB besteht diese Einschränkung nicht. Geleistete Anzahlungen sind nach HGB unter den Vorräten auszuweisen; nach IFRS erfolgt der Ausweis grds gesondert unter den sonstigen Vermögenswerten. 131

Ein DRS, der Regelungen zum Bereich Vorräte beinhaltet, existiert derzeit nicht. 132

H. Aktuelle Entwicklungen/IASB-Projekte

Änderungen des IAS 2 werden sich voraussichtlich **aus** der Überarbeitung der Leasingbilanzierung in IAS 17 ergeben. In den im Februar und März 2015 veröffentlichen Project-Updates *„Leases: Definition of a Lease"* und *„Leases: Practical implications of the new Leases Standard"* präsentiert der IASB ein zusammen mit dem FASB konzipiertes überarbeitetes Modell der Leasingbilanzierung. Durch die neuen Regeln werden beim Leasingnehmer nahezu sämtliche Leasingverträge mit Ausnahme von geringfügigen und kurzfristigen Verträgen in der Bilanz zu erfassen sein (→ § 22 Rn 213). 133

Die Regelungen zur Leasingbilanzierung wirken auf die Herstellungskosten von Vorräten, soweit bei deren Herstellung ein geleaster Vermögenswert verwendet wird. Als Folge der Überarbeitung der aktuellen Regelungen ist abzusehen, dass die Verrechnung von Aufwendungen eines geleasten Vermögenswerts in die Herstellungskosten in IAS 2 angepasst wird. Die zuzurechnenden Abschreibungen der durch die neuen Regeln aktivierten Nutzungsrechte werden voraussichtlich verpflichtend in die Herstellungskosten unfertiger und fertiger Erzeugnisse eingehen. Die zuzurechnenden Leasingraten von Leasingverträgen für Vermögenswerte, die vom Leasingnehmer nicht in der Bilanz erfasst werden, sowie die zuzurechnenden Ausgaben für Serviceverträge, werden voraussichtlich ebenfalls in die Herstellungskosten einzubeziehen sein. Näheres wird der überarbeitete Standard IAS 17 regeln, dessen Veröffentlichung von Seiten des IASB für das 4. Quartal 2015 geplant ist (Stand: 31. Juli 2015).

§ 9. Fertigungsaufträge

Übersicht

Schrifttum: *Ammann/Müller* Vergleichende Darstellung der Gewinnrealisierung gem HGB, US-GAAP und IAS bei langfristiger Fertigung, BBK 2002, Fach 20, 601; *Fischer* Umsatzrealisation bei Fertigungsaufträgen nach IFRS 15, PiR 2014, 253; *Hagemann* Realisation von Umsatzerlösen dem Grunde nach, PiR 2013, 7; *Fischer/Burghardt* Der überarbeitete Standardentwurf „Revenue Recognition from Contracts with Customers" (ED/2011/6), PiR 2011, 356; *Kirsch* Bewertung von Fertigungsaufträgen nach der Percentage-of-Completion-Methode, KoR 2006, 52; *Kühnberger* Ausgewählte Probleme der Bilanzierung von Fertigungsaufträgen nach IAS 11, KoR 2006, 658; *Menze* Der management approach am Beispiel von IAS 11, PiR 2011, 225; *Morich* IFRS 15: Neue Regeln zur Erlöserfassung nach IFRS, DB 2014, 1997; *Oepen/Reck* Ermittlung und Bewertung der Bauleistung, Baumarkt + Bauwirtschaft 2006, 30; *Oversberg* IFRIC 15 – Agreements for the Construction of Real Estate, PiR 2008, 247; *Pottgießer/Velte/Weber* Die langfristige Auftragsfertigung nach IAS 11, KoR 2005, 310; *Reinhart* Bilanzierung langfristiger Fertigungsaufträge nach IAS und HGB, RiW 1999, 417; *von Keitz/Schmieszek* Ertragserfassung – Anforderungen nach den Vorschriften des IASB und deren praktische Umsetzung, KoR 2004, 121.

Wesentliche Rechtsgrundlagen: IAS 11, IFRS 15, IFRIC 12, IFRIC 15

A. Allgemeines

I. Vorbemerkung

1 Innerhalb der IFRS wird die Bilanzierung und Bewertung von Gütern und Dienstleistungen des Vorratsvermögens grds durch die Regelungen des IAS 2 (§ 8) determiniert. Eine Ausnahme bilden zum Abschlussstichtag **noch nicht abgeschlossene Arbeiten** oder **unfertige Leistungen,** welche die Charakteristika von Fertigungsaufträgen iSd IFRS aufweisen. Aufgrund der Bedeutung dieser Aufträge für bestimmte Branchen (zB Anlagen-/Großanlagenbau, in der Bauindustrie oder im Dienstleistungsbereich) sowie zur Erfüllung des Grundsatzes der zutreffenden Abbildung der Vermögens- und Ertragslage hat der IASB in der Vergangenheit für diese Aufträge gesonderte Vorschriften zur Bilanzierung, Bewertung und Darstellung veröffentlicht. Diese sollten sicherstellen, dass die wirtschaftlichen Konsequenzen dieser Projekte sowohl in der Bilanz als auch in der Gesamtergebnisrechnung dargestellt werden. Dies erfolgt durch die Umsatz- und Gewinnrealisierung bei Fertigungsaufträgen entspr dem Auftragsfortschritt. Die damit einhergehende bilanzielle Behandlung führt daher zum Ausweis von Forderungen in der Bilanz und von Umsatzerlösen im erfolgswirksamen Teil der Gesamtergebnisrechnung (ausführlich → § 15 Rn 43) bzw der gesonderten GuV (sofern erstellt).

2 Bisher waren die Vorschriften zu Fertigungsaufträgen in IAS 11 enthalten. Ausgehend von einer Abgrenzung von Fertigungsaufträgen legt dieser Standard den Schwerpunkt auf Sonderregelungen zur **Aufwands-** und **Ertragserfassung.** Aus konzeptionellen Gründen hat sich der IASB jedoch entschlossen die Sonderregelungen für Fertigungsaufträge zugunsten einer einheitlichen Regelung zur Realisation aller Kundenerlöse aufzugeben. Im Zuge der Überarbeitung der Regelungen zur Ertragsrealisierung werden Fertigungsaufträge deshalb nunmehr in den Anwendungsbereich des IFRS 15 integriert, der alle Formen der Realisierung von Erträgen umfassend regelt (vgl auch → § 15 Rn 46 ff). Die im Folgenden zunächst geschlossen dargestellten Regelungen des IAS 11 zu Fertigungsaufträgen, die bis zum Inkrafttreten des IFRS 15 anzuwenden sind, werden deshalb in Abschnitt H um einen Ausblick auf diejenigen Regelungen des IFRS 15 ergänzt, die Relevanz für Fertigungsaufträge iSd bisherigen IAS 11 ha-

ben. (→ Rn 130ff). Nach Inkrafttreten von IFRS 15 werden somit keine dem IAS 11 vergleichbaren Sonderregelungen für Fertigungsaufträge mehr gelten. Die Realisation von Erlösen aus Fertigungsaufträgen wird damit zukünftig Bestandteil der allgemeinen Ausführungen der Erlösrealisation, die in → § 15 Rn 46ff für alle Kundenverträge im Zusammenhang dargestellt werden.

II. Zielsetzung und Anwendungsbereich von IAS 11

IAS 11 regelt die Bilanzierung, Bewertung und Darstellung periodenübergreifender **Fertigungsaufträge** in den IFRS-Abschlüssen der betroffenen Berichtsperioden. Fertigungsbeginn und Fertigungsende fallen bei diesen Aufträgen in unterschiedliche Berichtszeiträume (IAS 11, Zielsetzung). Für diese Aufträge sieht IAS 2 als relevanter Standard für die bilanzielle Behandlung von Vorräten explizit einen Ausschluss aus seinem Anwendungsbereich vor (IAS 2.2) und verweist auf deren gesonderte Behandlung nach Maßgabe der Sonderregelungen des IAS 11. 3

Der **primäre Fokus** des Standards liegt auf dem **Zeitpunkt der Gewinnrealisierung,** also auf der Verteilung der Auftragserlöse und Auftragskosten auf die einzelnen Perioden der Auftragsdurchführung nach dem Prinzip der Periodenabgrenzung der IAS 1.27f. Durch die Regelungen des IAS 11 soll die Ertragskraft des Auftragnehmers im Abschluss wirtschaftlich zutreffend dargestellt werden, indem Erlöse, Aufwendungen und damit das Auftragsergebnis nicht nach Maßgabe der formalen vertraglichen Ausgestaltung, sondern nach wirtschaftlichen Gesichtspunkten erfasst und im Abschluss dargestellt werden. Dies soll dadurch gewährleistet werden, dass die Gewinnrealisierung für Fertigungsaufträge grds nach Maßgabe des Auftragsfortschritts **(*percentage-of-completion* (PoC)-Methode)** erfolgt. Die Anwendung dieser Methode führt zu einer Glättung des Erfolgsausweises über die Auftragsdauer (*Reinhart* RiW 1999, 417 (418)). 4

Nach den **handelsrechtlichen Vorschriften** ist eine Gewinnrealisierung nach dem Leistungsfortschritt grds nicht zulässig, da sie gegen das handelsrechtliche Anschaffungskostenprinzip und das Realisationsprinzip verstößt. Insoweit tritt hier das Ziel der zutreffenden wirtschaftlichen Darstellung innerhalb der einzelnen Rechnungslegungsperioden ggü dem **Ziel einer vorsichtigen Bilanzierung** zurück. Die Rechnungslegungsgrundsätze des HGB sehen als maßgeblichen Ansatzzeitpunkt erst die Endabnahme und Stellung einer Endabrechnung (ausführlich → Rn 163). Erst dann sind bei kurzfristigen Fertigungsaufträgen ein Umsatzausweis und eine entspr Erfolgsrealisierung möglich **(*completed-contract*-Methode).** Ungeachtet dieses grds Verbots einer Teilgewinnrealisierung werden in der handelsrechtlichen Literatur unter bestimmten Voraussetzungen verschiedene Formen der sukzessiven Umsatz- und Ertragsrealisierung als sachgerecht angesehen (einen Überblick geben *Lüdenbach/Hoffmann/Freiberg* IFRS § 18 Rz 20ff). 5

Der **Anwendungsbereich** des IAS 11 bezieht sich auf die Bilanzierung periodenübergreifender Fertigungsaufträge beim Auftragnehmer (IAS 11.1) und umfasst nur kundenspezifische Fertigungsaufträge, welche die definitorischen Voraussetzungen nach IAS 11.3 sämtlich erfüllen (→ Rn 8). Fehlt es an einzelnen Kriterien, fallen die entspr Aufträge nicht in den Anwendungsbereich der Sondervorschriften des IAS 11. Dementsprechend erfolgt die Bilanzierung und Bewertung dieser Aufträge dann nach den allgemeinen Grundsätzen des IAS 2. 6

Der Standard sieht, entspr seiner Konzeption als Spezialvorschrift, keine expliziten Ausnahmen vom Anwendungsbereich vor. Allerdings ist die Anwendung der Vorschriften des IAS 11 vor dem Hintergrund des **Wesentlichkeitsgrundsatzes** (F.QC11; vgl auch → § 2 Rn 57ff) nur für solche Fertigungsaufträge verpflichtend, die einzeln oder in ihrer Gesamtheit für die Darstellung der VFE-Lage wesentlich sind. Insoweit können uU kurzfristige oder unbedeutende Aufträge, die hinsichtlich der Gewinnrealisierung nach dem Leistungsfortschritt keine wesentlichen Unterschiede zu einer Realisierung nach Endabrechnung aufweisen, nach den allgemeinen Grundsätzen des IAS 2 behandelt werden.

7 IFRS 5 sieht besondere Bewertungs- und Ausweisregeln vor, falls ein **Geschäftsfeld aufgegeben** *(discontinued operations)* oder eine **Sachgesamtheit** *(disposal group)* **veräußert** werden soll. Fertigungsaufträge können Bestandteil solcher Veräußerungsprozesse sein (IFRS 5.4; vgl im Einzelnen auch § 28).

Gleichwohl finden auf die Fertigungsaufträge, die Bestandteil einer Veräußerungsgruppe sind, bei der erstmaligen Klassifizierung als „zur Veräußerung gehalten" zunächst die Regelungen von IAS 11 Anwendung (IFRS 5.4 und IFRS 5.18). Die speziellen Bewertungsregeln von IFRS 5 sind dagegen lediglich auf die **Veräußerungsgruppe insgesamt** anzuwenden. Der Ausweis der betreffenden Fertigungsaufträge in der Bilanz richtet sich ebenfalls nach IFRS 5, hinsichtlich der Anhangangaben zu diesen Aufträgen sind gleichwohl die Regelungen von IAS 11.39 ff anzuwenden.

III. Definitionen

1. Fertigungsaufträge

8 Nach IAS 11.3 wird der **Fertigungsauftrag** definiert als „ein Vertrag über die kundenspezifische Fertigung einzelner Gegenstände oder einer Anzahl von Gegenständen, die hinsichtlich Design, Technologie und Funktion oder hinsichtlich ihrer Verwendung aufeinander abgestimmt oder voneinander abhängig sind". Wesentliches Merkmal eines Fertigungsauftrags ist mithin neben dem Bestehen eines vertraglichen Verhältnisses insbes **die kundenspezifische Projektierung;** die Erstellung des Vertragsobjekts erfolgt speziell für den Auftraggeber. Nach deutschem Rechtsverständnis sind der Werkvertrag nach §§ 631 ff BGB oder der Werklieferungsvertrag nach § 651 BGB die dem Fertigungsauftrag nach IAS 11 entspr Vertragstypen (*Ammann/Müller* BBK 2002, 601 (601 f)). Weitere häufige Charakteristika von Fertigungsaufträgen sind die Komplexität der Projekte (geringer Standardisierungsgrad), die Einbeziehung in Projektphasen mit definierten Projektabschnitten und die Vereinbarung von Voraus- bzw Abschlagszahlungen. Auch das Fehlen eines Absatzrisikos aufgrund des bereits feststehenden Abnehmers ist ein Kriterium für das Vorliegen eines Fertigungsauftrags (*Heuser/Theile* Rz 2306). Dagegen ist die Längerfristigkeit der Auftragsabwicklung kein Kriterium zur begrifflichen Abgrenzung von Fertigungsaufträgen (*Lüdenbach/Hoffmann/Freiberg* IFRS § 18 Rz 6; zur Bedeutung der Dauer eines Fertigungsauftrags → Rn 12).

9 Die Begriffsabgrenzung für Fertigungsaufträge umfasst nach IAS 11.5 auch **Dienstleistungsverträge,** die direkt mit der Fertigung von Vermögenswerten zusammenhängen, zB Verträge mit Projektleitern oder Architekten. Besonderheiten gelten für Einzelverträge über die Erbringung von Dienstleistungen, zB für die Entwicklung kundenspezifischer Software. Diese Verträge werden konzeptionell von IAS 18 abgedeckt und fallen nicht originär in den Regelungsbereich von IAS 11. Sie werden bilanziell aber analog den Regeln für Fertigungsaufträge behandelt (→ Rn 15 ff).

10 **Beispiele** für Fertigungsaufträge iSd IAS 11.4 sind Bauprojekte wie die Fertigung einer Brücke, eines Damms oder eines Gebäudes bei kundenspezifischer Projektierung. Fertigungsaufträge können auch die Erbringung einer Anzahl von Leistungen oder Teilleistungen umfassen, wodurch zB die Fertigung komplexer

Anlagen, etwa von Kraftwerken oder industriellen Anlagen, charakterisiert ist. Weitere Anwendungsfälle sind Verträge über die – nicht standardisierte – Fertigung von Flugzeugen oder Schiffen oder Spezialmaschinen. Ferner gehören auch die mit der Erbringung dieser Leistungen in Zusammenhang stehenden Beratungsverträge von Architekten oder Engineering Firmen in den Bereich der Fertigungsaufträge.

Verträge außerhalb der kundenspezifischen Auftragsfertigung entsprechen 11
nicht der Definition von Fertigungsaufträgen iSv IAS 11. Auch wenn nach kundenspezifischen Vorgaben gefertigt wird, sind solche Verträge nicht hier zu subsumieren, wenn die Fertigung im Rahmen **standardisierter Herstellungsprozesse** erfolgt und der Verkauf dieser Produkte im Rahmen der vorhandenen Vertriebsstrukturen abgewickelt wird (ähnlich *Buhleier* in MüKo BilR IAS 11 Rz 13). Als typisches Beispiel hierfür ist die Automobilindustrie zu nennen. Zwar werden hier typischerweise kundenspezifische Ausstattungswünsche bei der Fertigung von Kraftfahrzeugen berücksichtigt, jedoch ohne dass der Charakter einer Massenfertigung grds in Frage steht. Ähnliches gilt für die Möbelindustrie, hier insbes bei der Anfertigung von passgenauen Einbaumöbeln zB in Küchen. In solchen Fällen kann nicht von speziell ausgehandelten Verträgen ausgegangen werden, weil sich die Ausstattungs- und Ausführungsvarianten regelmäßig innerhalb eines feststehenden Katalogs bewegen.

Die **Abwicklungsdauer eines Fertigungsauftrags** wird in IAS 11.3 nicht 12
als Abgrenzungsmerkmal verwendet (so auch *Heuser/Theile* Rz 2307). Die Zielvorstellung des IAS 11 impliziert jedoch, dass ein Fertigungsauftrag mindestens zwei Berichtsperioden betrifft (*Reinhart* RiW 1999, 417 (417f)). Dabei ist zu beachten, dass unter einer „Berichtsperiode" auch eine Periode zu verstehen ist, die kein volles Geschäftsjahr umfasst, soweit sie durch einen **Zwischenabschluss** begrenzt wird. Somit ist, wenn die übrigen Voraussetzungen für das Vorliegen eines Fertigungsauftrags gegeben sind, auch ein unterjährig abgewickelter Auftrag nach IAS 11 zu behandeln, sofern zwischen Auftragsbeginn und Auftragsende der Stichtag eines Zwischenabschlusses liegt (zur Zwischenberichterstattung → § 43). Inwieweit in solchen Fällen der Grundsatz der Wesentlichkeit zu Vereinfachungen führen kann, ist im Einzelfall zu prüfen. Der Wesentlichkeitsgrundsatz kann jedoch nicht willkürlich herangezogen werden und darf nicht zu unterschiedlichen Abgrenzungsergebnissen in Zwischen- und Jahresabschluss führen.

Ebenfalls unerheblich für die Identifikation eines Fertigungsauftrags iSv 13
IAS 11.3 ist außerdem, auf welche Weise der Auftragnehmer dem Käufer das **wirtschaftliche Eigentum,** also im Wesentlichen alle mit dem Eigentum verbundenen Chancen und Risiken an dem gefertigten Vermögenswert überträgt. Neben dem Regelfall des entgeltlichen Erwerbs kann dies auch zB im Rahmen eines Finanzierungs-Leasingverhältnisses geschehen (*IDW* RS HFA 2 Rz 4; zu Voraussetzungen für die Einstufung als Finanzierungs-Leasing → § 22 Rn 38ff). Die Übertragung des wirtschaftlichen Eigentums selbst ist allerdings Voraussetzung für das Vorliegen eines Fertigungsauftrags. Vermögenswerte, die dauerhaft im wirtschaftlichen Eigentum des Auftragnehmers verbleiben (zB vermietete Gebäude oder verleaste Spezialmaschinen) können nicht Gegenstand eines Fertigungsauftrags sein.

Weitere Hinweise auf das Vorliegen eines Fertigungsauftrags können die **begrenzte Anzahl** der insgesamt gefertigten Vermögenswerte sowie deren **Exklusivität** (Fertigung für einen einzigen Kunden oder für einen beschränkten Abnehmerkreis) sein. Eine abschließende **Gesamtbeurteilung,** ob ein Fertigungsauftrag iSv IAS 11.3 vorliegt oder nicht, kann nur unter Berücksichtigung sämtlicher relevanten Faktoren im Einzelfall erfolgen (*IDW* RS HFA 2 Rz 1). 14

2. Vertragstypen

15 IAS 11 unterscheidet hinsichtlich der **Vertragstypen** für Fertigungsaufträge Festpreisverträge und Kostenzuschlagsverträge. Nach IAS 11.3 wird bei einem **Festpreisvertrag** ein fester Preis bzw ein fester Preis pro Outputeinheit festgelegt, wobei die Kopplung der Preise an Preisgleitklauseln unschädlich für die Klassifikation ist. Dagegen werden bei **Kostenzuschlagsverträgen** dem Auftragnehmer die vertraglich abrechenbaren Kosten zuzüglich eines vereinbarten Prozentsatzes der Kosten oder ein festes Entgelt (Marge) vergütet (IAS 11.3).

16 Weisen Verträge Bestandteile **beider Vertragsarten** auf, zB in Form eines Kostenzuschlagsvertrags mit vereinbartem Höchstpreis, so hat die Gewinnrealisierung nach Maßgabe der für beide Vertragstypen formulierten Voraussetzungen (IAS 11.23 f) zu erfolgen (IAS 11.6).

Bedeutung hat die Unterscheidung der Vertragstypen insofern, als dass sich aus ihnen eine unterschiedliche Risikoverteilung zwischen Auftraggeber und Auftragnehmer ergibt, was konzeptionell innerhalb des Standards zu **unterschiedlichen Anforderungen** an die Verlässlichkeit von Schätzungen der für die Bilanzierung von Fertigungsaufträgen relevanten Determinanten (Auftragserlöse, Auftragskosten und Fertigstellungsgrad) führt (vgl → Rn 70 ff; *ADS* Int Abschn 16 Rz 20).

3. Dienstleistungsverträge

17 Die **Beurteilung, Bilanzierung, Bewertung und Darstellung** von Dienstleistungsverträgen nach der Systematik der PoC-Methode des IAS 11 ist nicht nur auf solche Verträge beschränkt, die unmittelbar mit Fertigungsaufträgen zusammenhängende Dienstleistungen (zB von Projektleitern oder Architekten; IAS 11.5(a)) umfassen. Vielmehr ist die Methodik der leistungsfortschrittbezogenen Umsatz- und Erlösrealisierung gem IAS 18.20 auch auf Dienstleistungsverträge mit unfertigem Leistungsstand anzuwenden, wenn das Ergebnis eines Dienstleistungsgeschäfts **verlässlich geschätzt** werden kann. Dies ist dann der Fall, wenn folgende Bedingungen kumulativ erfüllt sind:

(1) verlässliche Bestimmung der Auftragserlöse,
(2) hinreichende Wahrscheinlichkeit für den Nutzenzufluss aus dem Geschäft,
(3) verlässliche Bestimmung des Fertigstellungsgrads am Bilanzstichtag und
(4) verlässliche Bestimmung der angefallenen bzw Schätzung der noch anfallenden Auftragskosten.

Diese Bestimmungen entsprechen inhaltlich den in IAS 11 für Fertigungsaufträge bestehenden Regelungen. Daher ist von einer **analogen Anwendbarkeit** der Regelungen des IAS 11 auch für Dienstleistungsaufträge auszugehen (*von Keitz/Schmieszek* KoR 2004, 121 (121)). Softwareentwickler, die Werbebranche, Personaldienstleister, aber auch Wirtschaftsprüfungsleistungen werden somit von IAS 18.20 f erfasst. Ein Verweis auf eine IAS 11 entspr Anwendung der PoC-Methode in diesen Fällen findet sich in IAS 18.21.

18 Die **Dauer** des Auftragsverhältnisses ist auch bei den nach IAS 18.20 zu behandelnden Dienstleistungsverträgen kein Abgrenzungsmerkmal zur Anwendung der Regelungen zur fertigstellungsgradproportionalen Erlösrealisierung. Demnach ist auch hier davon auszugehen, dass Dienstleistungen nach der PoC-Methode zu bilanzieren sind, sofern Auftragsbeginn und Auftragsende in zwei Berichtsperioden fallen (→ Rn 12).

19 Soweit Dienstleistungen auf **Zeithonorarbasis** erbracht werden, erfolgt die Erlösrealisierung auf Basis der geleisteten, abrechenbaren Stunden. Bei Dienstleistungsverträgen, die eine **pauschalierte Vergütung** vorsehen, kann aus Praktikabilitätsgründen eine lineare Ertragserfassung, bezogen auf den Leistungszeitraum, vorgenommen werden (IAS 18.25).

Beispiel: Eine Werbeagentur schließt einen Vertrag über Beratungsleistungen gegen ein Pauschalhonorar von € 200.000. Leistungszeitraum ist November X1 bis Juni X2. Der Auftrag umfasst eine Vielzahl von Teilleistungen. Zum 31. Dezember X1 ist ein Erlös von € 50.000 (= ¼ des Gesamthonorars) zu realisieren.

Eine solche **lineare Erlösverteilung** wäre jedoch **nicht sachgerecht,** wenn 20 bestimmte Teilleistungen von wesentlichem Umfang erst im Jahr X2 anfielen, also einen deutlich **asymmetrischen Leistungsverlauf** charakterisierten.

Beispiel: Eine Jahresabschlussprüfung mit einem (in den berufsrechtlichen Grenzen) pauschalierten Honorar von € 100.000 beginnt im November X1 mit der Vorprüfung und ist mit der Hauptprüfung in den Monaten Februar und März X2 und der Berichtsauslieferung beendet. In diesen beiden Monaten fallen 80% der kalkulierten Stunden an. Im Januar werden nur geringfügige Tätigkeiten mit einem Umfang von ca. 5% für den Prüfungsauftrag ausgeführt. Eine lineare Erlösverrechnung, die zu einem Umsatzausweis von € 40.000 in X1 führen würde, wäre in diesem Fall nicht sachgerecht; in X1 sind € 15.000 (= (100% – 5% – 80%) × € 100.000) als Erlös zu realisieren.

B. Segmentierung und Zusammenfassung von Fertigungsaufträgen

I. Überblick

Der **Grundsatz der Einzelbewertung** gilt auch für Fertigungsaufträge nach 21 IAS 11. Bilanzierungsgrundlagen für Fertigungsaufträge sind damit regelmäßig die in einem Vertrag festgelegten Ansprüche und Verpflichtungen von Auftraggeber und Auftragnehmer. Bei Vorliegen bestimmter, in IAS 11.8f genannter Voraussetzungen, besteht nach Ansicht des IASB die Notwendigkeit, zur Sicherstellung wirtschaftlich relevanter Informationen für die Abschlussadressaten eine **Gruppe von Verträgen** zu einer Bewertungseinheit zusammenzufassen oder aber einzeln **abgrenzbare Teile** eines Gesamtauftrags getrennt zu bilanzieren. So soll der wirtschaftliche Gehalt eines Vertrags oder einer Gruppe von Verträgen besser bestimmt und bilanziell abgebildet werden (IAS 11.7).

Sowohl die **Zusammenfassung** einer Gruppe von Verträgen zu einem Fertigungsauftrag als auch die **Segmentierung** von Gesamtaufträgen hat Auswirkungen auf die Abbildung im Jahresabschluss. So kann die Zusammenfassung von Verträgen eine Kompensation von Auftragsverlusten durch Auftragsgewinne bewirken und eine andernfalls gebotene Verlustantizipation eines Einzelauftrags vermeiden. Die Segmentierung kann demgegenüber nach Maßgabe unterschiedlicher Erfolgsperiodisierung der disaggregierten Vertragsteile zu einer anderen zeitlichen Verteilung des Erfolgsanfalls führen. Willkürliche Abgrenzungen sollen durch die Regelungen von IAS 11.8f verhindert werden; ein Wahlrecht zur Segmentierung oder Zusammenfassung von Verträgen besteht nicht (*Lüdenbach/Hoffmann/Freiberg* IFRS § 18 Rz 40; zu Beurteilungs- und Gestaltungsspielräumen → Rn 29).

Im Zusammenhang mit der Aggregation und Segmentierung von Verträgen werden in IAS 11.10 auch Regelungen zur **Behandlung von Folgeaufträgen** in Bezug auf die Einbeziehung in einen Fertigungsvertrag festgelegt. Dieser Abschnitt des Standards kann somit wie folgt grafisch dargestellt werden:

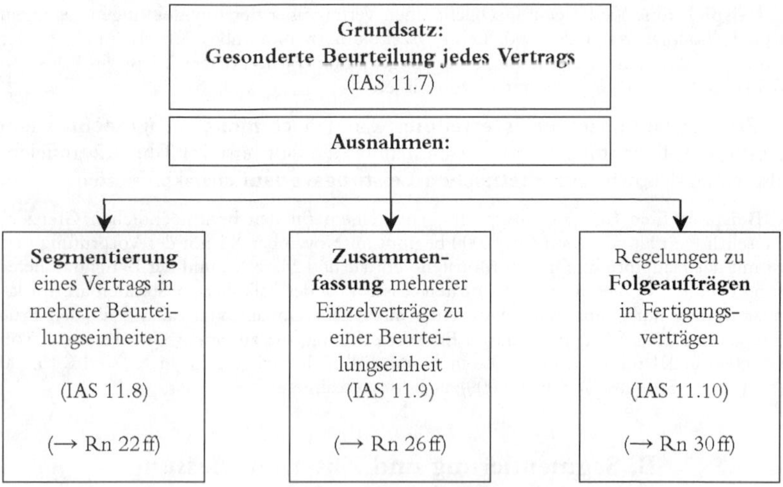

II. Segmentierung von Fertigungsaufträgen

22 Vertragspartner von Fertigungsaufträgen können unter bestimmten rechtlichen und faktischen Rahmenbedingungen ein Interesse daran haben, verschiedene, wirtschaftlich voneinander (weitgehend) **unabhängige Teilleistungen** in einem Vertragswerk zusammen zu fassen.

Beispiel: Ein Unternehmen bietet die Errichtung eines Gebäudes sowie dessen Instandhaltung und Gebäudeverwaltung nach Übergabe an den Auftraggeber gemeinsam in einem Vertrag an. Beide Teilleistungen sind wirtschaftlich voneinander unabhängig und werden von dem Unternehmen grds auch getrennt angeboten. Auch die Vertragsverhandlungen über die beiden Teilleistungen wurden getrennt voneinander und mit verschiedenen Repräsentanten des Unternehmens geführt. Ein Vertragsabschluss wäre auch bzgl der Teilleistungen separat möglich gewesen, jedoch wurde für die „Paketlösung" ein Gesamtpreis in den Vertrag aufgenommen. Die Auftragsmargen der beiden Teilleistungen unterscheiden sich dabei deutlich.

Wirtschaftlich handelt es sich um zwei Teilleistungen, die aus juristischen (Gewährleistung) und wirtschaftlichen Gründen (Paketpreis) letztlich in einem Vertragswerk zusammengefasst werden.

23 Nach IAS 11.8 sind deshalb bei einem Vertrag oder einer Gruppe von Verträgen, die mehrere Einzelleistungen umfassen, diese jeweils als einzelne Fertigungsaufträge **(Segmentierung)** zu behandeln, wenn folgende **Voraussetzungen gleichzeitig** erfüllt sind:

(1) Für jede Einzelleistung werden separate Angebote unterbreitet.
(2) Über jede Einzelleistung wird getrennt verhandelt, und sowohl Auftragnehmer als auch der Kunde können die Vertragsbestandteile jeder Einzelleistung getrennt voneinander ablehnen oder akzeptieren.
(3) Bei jeder Einzelleistung können Kosten und Erlöse getrennt voneinander ermittelt werden.

24 Die **Intention** der **Vertragspartner** im Hinblick auf die Vertragsgestaltung einerseits und auf deren wirtschaftliche Wirkung andererseits kann ebenfalls Hinweise im Einzelfall liefern, ob eine Segmentierung entspr den vertraglichen (Teil-)Vereinbarungen und deren Klassifikation als eigenständige Fertigungsaufträge sachgerecht ist. Beispiele hierfür finden sich häufig im Maschinen- bzw Großanlagenbau. In diesem Bereich ist oft eine Vielzahl verschiedener Einzelverträge hinsichtlich der

Erstellung einer Großanlage zu verhandeln. Hierbei ist es durchaus nicht unüblich, Engineering, Bereitstellung der Komponenten und Montage als Einzelleistungen getrennt voneinander anzubieten. Auch die separate Ermittlung von Kosten und Erlösen stellt für diese Einzelleistungen grds kein Problem dar. Gleichwohl finden sich häufig Verträge, die die vorgenannten Leistungen letztlich als einheitliches Paket zusammenfassen und kontrahieren. Dieses Beispiel zeigt, dass die Grenzziehung zwischen einheitlichem Fertigungsauftrag und einzeln zu betrachtenden Vertragsteilen in der Praxis verschwimmen kann und in gewissen Grenzen einer **Sachverhaltsgestaltung der Vertragspartner** unterliegt. Ein Indiz für die Disaggregation von Verträgen kann auch in der Vereinbarung von Teilgewinnrechnungen und Teilabnahmen gesehen werden; gleichwohl schließt auch die getrennte Abnahme von Teilleistungen eine Gesamtbetrachtung als einheitlicher Fertigungsauftrag nicht aus, sofern die übrigen Voraussetzungen hierfür vorliegen.

(einstweilen frei) 25

III. Zusammenfassung von Fertigungsaufträgen

Eine **Gruppe von Verträgen** mit einem oder mehreren Kunden ist zu einem **Fertigungsauftrag zusammenzufassen,** wenn folgende Voraussetzungen gleichzeitig erfüllt sind (IAS 11.9): 26

(1) Die Verträge werden gemeinsam als Paket verhandelt und somit wie ein Einzelvertrag behandelt. IdR finden die Verhandlungen dabei zeitgleich oder innerhalb einer kurzen Zeitspanne statt.

(2) Die einzelnen Verträge sind so eng miteinander verbunden, dass sie als einheitliches Projekt mit einer (Gesamt-)Gewinnmarge zu verstehen sind.

(3) Die Aufträge werden gleichzeitig oder unmittelbar aufeinanderfolgend abgewickelt.

Beispiel: Hersteller und Kunde schließen im Zusammenhang verhandelte Verträge (Vertragspaket) zur Herstellung und Lieferung von zehn Flugzeugen eines neuen, für den Kunden spezifisch weiterentwickelten Typs ab (zB Militärvariante eines zunächst als Zivilvariante entwickelten Flugzeugs). Die Flugzeuge sind grds baugleich, unterscheiden sich jedoch in der Ausstattung in verschiedenen wesentlichen Details. Für die Flugzeuge werden einheitliche Stückpreise vereinbart, sie werden jeweils nach Fertigstellung innerhalb eines Zeitraums von drei Jahren ausgeliefert und bezahlt.

Grds ist hier von Fertigungsleistungen auszugehen, die in den Anwendungsbereich von IAS 11 fallen (zur Abgrenzung zur standardisierten – und damit nicht IAS 11 unterliegenden – Fertigung → Rn 11; *ADS* Int Abschn 16 Rz 14). Es ist zu entscheiden, ob das Vertragspaket als **einheitlicher** Fertigungsauftrag anzusehen ist, oder ob es sich um zehn separat zu betrachtende Fertigungsaufträge handelt.

In der geschilderten Konstellation könnte die Behandlung als Einzelaufträge dazu führen, dass die ersten Einheiten aufgrund noch nicht optimierter Produktionsabläufe Verluste, die letzten Einheiten hingegen aufgrund produktionsspezifisch positiver Lernkurveneffekte hohe Erfolgsbeiträge erwirtschaften. Daher wird für solche Aufträge häufig aus wirtschaftlicher Sicht eine Gesamtgewinnmarge kalkuliert. Die Gesamtumstände indizieren die bilanzielle Abbildung der zehn Einheiten als eine Gruppe von Verträgen und damit als einen einheitlichen Fertigungsauftrag.

Die Motivation der Vertragsparteien zur Aufteilung einer wirtschaftlich einheitlichen Leistung auf mehrere Verträge kann **verschiedene Ursachen** haben. Zum einen kann sie darin begründet sein, dass die Leistung juristisch ggü mehreren Kunden erbracht wird. Zum anderen ist es möglich, dass eine Aufteilung der Gesamtleistung auf verschiedene Verträge steuerlich und/oder finanzierungsbedingt vorgenommen wird. Schließlich ist auch denkbar, dass eine Aufteilung im Hinblick auf eine getrennte Erfassung nach Maßgabe des Komponentenansatzes des IAS 16.43 beim Abnehmer motiviert ist (vgl hierzu ausführlich → § 5 Rn 15 ff). 27

28 Sollten sich im Zeitablauf bei der Bearbeitung des aggregierten Fertigungsauftrags die **Voraussetzungen,** die zu einer Zusammenfassung geführt haben **wesentlich ändern,** so ist bei Vorliegen der Voraussetzungen des IAS 11.8 eine Trennung in zwei oder mehr Fertigungsaufträge vorzunehmen (*Buhleier* in MüKo BilR IAS 11 Rz 36). Dies kann zB der Fall sein, wenn nachträglich die Preise für Teilleistungen neu und unabhängig von den übrigen Teilleistungen zwischen den Vertragsparteien vereinbart werden.

29 Aus den Regelungen in IAS 11.8f lässt sich konzeptionell **kein Wahlrecht** zur Segmentierung oder Aggregation von Verträgen ableiten. Vielmehr ist für jede vertragliche Konstellation im Einzelfall zu prüfen, ob die Voraussetzungen für eine Zusammenfassung von Verträgen im Hinblick auf die Darstellung als einheitlicher Fertigungsauftrag vorliegen. Damit soll verhindert werden, dass bei unterschiedlichen Margen in den einzelnen Teilleistungen durch eine Aggregation zB eine Verlustantizipation durch die Zusammenfassung mit einem gewinnträchtigen (Teil-)Auftrag umgangen werden kann. Gleichwohl ist festzustellen, dass in der betrieblichen Praxis in diesem Bereich einerseits ein beträchtlicher **sachverhaltsgestaltender Spielraum** durch entspr Vertragsgestaltungen und Verhandlungsdokumentationen im Hinblick auf die in IAS 11.8f genannten Kriterien und andererseits ein deutlicher **Ermessensspielraum** bei der Beurteilung und Gewichtung dieser Kriterien durch das bilanzierende Unternehmen im Einzelfall besteht.

IV. Behandlung von Folgeaufträgen

30 Ein Vertrag kann bereits einen **Folgeauftrag** vorsehen oder nachträglich darum ergänzt werden. Dies kann in Form einer bereits bindenden Vereinbarung zu Vertragsbeginn, als Option während der Vertragslaufzeit bzw eines Teils davon, oder als selbständige Vereinbarung unter Bezugnahme auf die zuvor für den Vorgängerauftrag vereinbarten Konditionen geschehen. Deshalb enthält IAS 11.10 Regelungen in Bezug darauf, wann ein Folgeauftrag als **eigenständiger Fertigungsauftrag** behandelt wird. Dies ist unter folgenden Voraussetzungen der Fall:

(1) Der Vertrag unterscheidet sich wesentlich vom urspr Vertrag, zB hinsichtlich Funktion, Technik oder Design, oder

(2) die Preisverhandlungen über den Folgeauftrag werden losgelöst von den Verhandlungen zum urspr Vertrag geführt.

Sind diese Voraussetzungen nicht erfüllt, ist der Folgeauftrag mit dem urspr Vertrag als ein einheitlicher Fertigungsvertrag zusammenzufassen. In diesem Fall müssen wiederum die Voraussetzungen des IAS 11.9 erfüllt sein. Ist dies nicht der Fall, werden Folgeaufträge als Änderungen des zugrunde liegenden Vertrags betrachtet.

Beispiel: Flugzeugbauer und Kunde (Beispiel → Rn 26) haben in den vertraglichen Vereinbarungen zusätzlich die Option zum Kauf weiterer fünf Flugzeuge dieses Typs in ähnlicher Ausstattung vereinbart. Die Preise waren, unter Anwendung einer Gleitklausel, vertraglich fixiert. Die optionierten Flugzeuge bilden mit dem urspr Auftragsvolumen einen einheitlich zu bilanzierenden Fertigungsauftrag.

War dagegen über die Preisstellung des Optionsvolumens nichts vereinbart, sondern werden separate Preisverhandlungen erforderlich, so bilden die fünf Flugzeuge der Optionsklausel eine eigene Auftragseinheit iSv IAS 11.

31 Abgrenzungsprobleme können sich in der Praxis regelmäßig zwischen Folgeaufträgen und **Nachträgen** ergeben (→ Rn 37ff). Nachträge haben ihrer Natur nach einen unmittelbaren Bezug zum Ursprungsauftrag bzw dem dort vereinbarten Leistungsumfang und bilden im Allgemeinen eine Auftragseinheit mit dem

Hauptauftrag. Folgeaufträge dagegen beziehen sich uU auf vertragliche Details des Vorauftrags, der Leistungsumfang bezieht sich jedoch nicht direkt auf den im Rahmen dieses Vorauftrags gefertigten Vermögenswert. In diesen Fällen ist nach den Kriterien des IAS 11.10 und ggf IAS 11.8 im Einzelfall zu beurteilen, ob der Folgeauftrag eigenständig als Fertigungsauftrag zu behandeln ist.

(einstweilen frei) 32

C. Bewertung von Fertigungsaufträgen

Kernprinzip des IAS 11 ist die **zutreffende Allokation** von Erträgen und Aufwendungen zu den **Berichtsperioden** der Auftragsdurchführung. Die verursachungsgerechte Zuordnung dieser Größen auf die unterschiedlichen Rechnungslegungsperioden impliziert eine entspr **Verteilung des Auftragsergebnisses** über die Ausführungszeit eines Fertigungsauftrags. Dabei richtet sich die Art und Weise der Zuordnung auf die einzelnen Berichtsperioden nach den Kriterien der Zuverlässigkeit der Prognose von Auftragsergebnissen einerseits und der Qualität dieses Ergebnisses (Gewinn oder Verlust) andererseits: 33

(1) Ist das Ergebnis eines Fertigungsauftrags **verlässlich schätzbar** und lässt diese verlässliche Schätzung einen **Auftragsgewinn** erwarten, so schreibt IAS 11.22 eine Erfassung der Auftragserlöse und Auftragskosten nach Maßgabe des Leistungsfortschritts bzw Fertigstellungsgrads vor (PoC-Methode).
(2) In Einzelfällen ist eine Schätzung des Auftragsergebnisses mit **größeren Unsicherheiten** belastet, ohne dass konkret Anhaltspunkte für einen Auftragsverlust vorliegen. In diesen Fällen verlangt IAS 11.32ff die Erfassung der Auftragserlöse nur bis zur Höhe der Auftragskosten, dh eine Ergebnisrealisation findet nicht statt (*zero-profit*-Methode).
(3) Wird aus der Auftragsabwicklung insgesamt ein **Auftragsverlust** erwartet, so ist dieser Verlust im Zeitpunkt seiner Erkennung vollständig zu erfassen, unabhängig von der bis zu diesem Zeitpunkt angewendeten Realisationsmethode.

Auftragserlöse, Auftragskosten und Fertigstellungsgrad stellen damit die **zentralen Determinanten der Umsatz- und Ergebnisrealisation** dar und werden in IAS 11.11ff (Auftragserlöse), IAS 11.16ff (Auftragskosten) bzw IAS 11.30f (Fertigstellungsgrad) abgegrenzt und erläutert. 34

I. Abgrenzung von Auftragserlösen und Auftragskosten

1. Auftragserlöse

Die Auftragserlöse umfassen nach IAS 11.11 den im Vertrag vereinbarten Gesamterlös als **Gegenleistung für die Vertragserfüllung** durch den Auftragnehmer. In die Auftragserlöse fließen deshalb idR die folgenden Komponenten ein, auf die in IAS 11.11ff Bezug genommen wird: 35

(1) vertraglich vereinbarter Preis,
(2) Zahlungen für Abweichungen vom urspr vereinbarten Vertrag (Erhöhungen oder Minderungen),
(3) Zahlungen für Nachforderungen, die in der urspr dem Vertragspreis zugrunde gelegten Kalkulation nicht eingeplant waren (sog *claims*) und
(4) Prämien bzw Vertragsstrafen.

Die Erlöskomponenten dürfen jeweils nur dann einbezogen werden, wenn sie wahrscheinlich zu Erlösen bzw Erlösminderungen führen und zudem **verlässlich ermittelt** werden können. Die Wahrscheinlichkeit der zukünftigen Realisierung muss regelmäßig überprüft und die Auftragserlöse ggf angepasst werden. Schätzungen sind an geänderte Verhältnisse anzupassen, zB vereinbarte Abweichungen für Folgeperioden durch Preisgleitklauseln oder Vertragsstrafen etc (dazu IAS 11.12).

36 Der **vertraglich vereinbarte Preis** umfasst den urspr für die Gesamtleistung zwischen den Vertragsparteien vereinbarten Preis. Bezieht sich dieser auf eine Fremdwährung, so ist er unter Verwendung der Stichtagskursmethode in die funktionale Währung des berichtenden Unternehmens umzurechnen. Wie sämtliche Erlöskomponenten ist auch dieser Bestandteil zum beizulegenden Zeitwert der vertraglichen Gegenleistung zu bewerten. Hierdurch soll die Höhe der Auftragserlöse unabhängig von unterschiedlichen Finanzierungsverfahren dargestellt werden (zur Berücksichtigung von Zinsvorteilen im Rahmen der Bestimmung der Auftragserlöse → Rn 44).

37 Nach IAS 11.13 ist eine **Abweichung** eine Anweisung des Kunden, den vertraglich zu erbringenden Leistungsumfang zu ändern. Diese kann zu einer Erhöhung oder Minderung des Auftragserlöses führen. Die Gesamterlöse sind am nächstmöglichen Stichtag um Ansprüche aus den Abweichungen zu ergänzen, soweit über die Abweichung und eine eventuell aus ihr resultierende Preiserhöhung oder Preisminderung wahrscheinlich Einvernehmen erzielt wird. Aus den Abweichungen resultierende Kosten sind bei der Ermittlung der Gesamtkosten und des Fertigstellungsgrads zu berücksichtigen. Besteht nur Einvernehmen über die Abweichung, nicht aber über die damit verbundenen Preisänderungen, dürfen diese nur in dem Umfang berücksichtigt werden, in dem sie vom Auftraggeber voraussichtlich genehmigt werden. Dabei ist der Unsicherheitsgrad aus Sicht des berichtenden Unternehmens auf der Grundlage von Erfahrungswerten abzuschätzen.

38 **Nachforderungen** nach IAS 11.14 sind Beträge, die dem Kunden oder einer anderen Partei als Vergütung für nicht im Vertragspreis enthaltene Kosten in Rechnung gestellt werden. Nachforderungen resultieren idR aus Auftragsmodifikationen, vom Kunden verursachten zeitlichen Verzögerungen oder im Vertrag nicht enthaltenen, zur Auftragsausführung aber erforderlichen Kosten. Für den Auftragnehmer besteht im Fall einer solchen **Nachforderung** die Unsicherheit, ob diese vom Kunden akzeptiert wird. Daher dürfen Nachforderungen nur unter folgenden **Voraussetzungen** in den erwarteten Erlös einberechnet werden:

(1) Die Verhandlungen sind so weit fortgeschritten, dass die Nachforderung voraussichtlich vom Kunden akzeptiert wird, und

(2) die Höhe der Nachforderung kann zuverlässig bestimmt werden.

Diese Voraussetzungen sind nur dann als erfüllt anzusehen, wenn es sich um identifizierbare, verhältnismäßige und nicht durch mangelnde Leistungsfähigkeit des Auftragnehmers begründete Zusatzkosten handelt; diese müssen unter rechtlicher Würdigung als Ansprüche aus dem zugrunde liegenden Vertrag auf einer anderen rechtlichen Grundlage bestehen (ähnlich *Seeberg* in Baetge ua IFRS-Komm IAS 11 Rz 28).

39 IAS 11.14 verlangt als Voraussetzung für eine Einbeziehung von Nachträgen in die Auftragserlöse explizit nicht die tatsächlich erfolgte Anerkennung der Nachforderungsbeträge durch den Kunden, sondern lediglich die **voraussichtliche Akzeptanz.** In der Praxis finden sich unterschiedlich enge Auslegungen dieses Kriteriums. So wird von einigen Bilanzierenden (vor allem in der Bauindustrie) eine Einbeziehung von Nachforderungen in die Auftragserlöse erst vorgenommen, wenn der Kunde die entspr Forderungen explizit anerkannt hat. Dies stellt eine sehr dem Vorsichtsprinzip verpflichtete Sichtweise dar. Andere Unternehmen legen im Einzelfall fest, wann eine Nachforderung die Anforderungen des IAS 11.14 auch vor dem Zeitpunkt der formalen Anerkennung durch den Kunden erfüllt. ISe objektiv nachvollziehbaren Bewertung kommt in diesen Fällen der Dokumentation des Verhandlungsstands eine besondere Bedeu-

tung zu, da diese Dokumentation die Grundlage für die Beurteilung der Voraussetzung des IAS 11.14(a) darstellt.

In der Baubranche und im Anlagenbau wird die Anmeldung von Nachforderungen häufig mit der kompensatorischen Geltendmachung von **Gegenforderungen** beantwortet. Die vorgenannten Voraussetzungen zur Einbeziehung einer Nachforderung in die Auftragserlöse sind unter solchen Umständen in vielen Fällen nicht gegeben. Darüber hinaus ist sorgfältig zu prüfen, inwieweit sich Nachforderung und Gegenforderung innerhalb des Auftragsergebnisses wirtschaftlich kompensieren bzw ob Teile der Gegenforderung den Auftragskosten zuzurechnen sind. 40

Nach IAS 11.14(b) ist der Betrag der Bewertung der Auftragserlöse aus Nachforderungen zugrunde zu legen, der wahrscheinlich vom Kunden akzeptiert wird. Dies wird in vielen Fällen nicht der urspr geforderte Betrag sein, vielmehr werden sich Auftraggeber und Auftragnehmer regelmäßig im Zuge der Nachverhandlungen auf einen **Betrag** einigen, der **unterhalb des urspr Forderungsbetrags** liegt. Anhaltspunkte für die verlässliche Bestimmung dieses Betrags ergeben sich zum einen aus dem dokumentierten Verhandlungsstand. Zum anderen können auch Einigungsbeträge aus früheren, vergleichbaren Verhandlungen als Schätzgrundlage mit herangezogen werden. Der Abgleich mit unternehmens- und branchenspezifischen Realisationsquoten von Nachtragsforderungen kann die Verlässlichkeit der Schätzung weiter erhöhen. 41

Nach IAS 11.15 sind **Prämien** als Anreize zu einer effizienten Auftragsabwicklung zusätzlich an den Auftragnehmer zu zahlende Beträge bei Erreichen oder Überschreiten vertraglicher Leistungsanforderungen. Als Teil der Auftragserlöse sind die Prämien zu berücksichtigen, wenn das Gesamtprojekt so weit fortgeschritten ist, dass ein Erreichen oder Überschreiten der Leistungsanforderungen wahrscheinlich ist und die Prämie hinreichend sicher quantifiziert werden kann. 42

Nicht explizit in IAS 11.15 aufgeführt sind negative Anreizmechanismen, wie sie typischerweise in Form von **Vertragsstrafen** vereinbart werden können. In diesen Fällen vermindern sich die Auftragserlöse, falls ein Unterschreiten der Leistungsanforderungen (in vielen Fällen ein zeitlicher Verzug in der Auftragsabwicklung) wahrscheinlich und die daraus resultierende Vertragsstrafe zuverlässig quantifizierbar ist. 43

Die im Rahmen der Auftragsabwicklung zwischen Auftraggeber und Auftragnehmer vereinbarten Zahlungskonditionen müssen nicht unbedingt dem tatsächlichen Leistungsverlauf entsprechen. Sieht der Zahlungsplan vor, dass der Auftraggeber in erheblichem Umfang oder über längere Zeit in Vorleistung tritt, so können sich hieraus uU wesentliche **Zinsvorteile** für das berichtende Unternehmen ergeben. Obwohl IAS 11 keine explizite Regelung hinsichtlich dieser Zinsvorteile enthält, erscheint es konzeptionell sachgerecht, den finanziellen Vorteil, der sich aus der Verzinsung des Vorfinanzierungsanteils ergibt, in die Auftragserlöse einzubeziehen (so auch *IDW* RS HFA 2 Rz 11). Entspr soll für Zinsvorteile gelten, die aus einer überwiegenden oder vollständigen Vorfinanzierung durch vom Auftraggeber erhaltene Anzahlungen resultieren (*Kühnberger* KoR 2006, 658 (682)). Die Einbeziehung solcher Zinsvorteile erlaubt eine Darstellung des Fertigungsauftrags unabhängig von der konkreten Ausgestaltung der Auftragsfinanzierung. Gleichwohl sind im Einzelfall Schwierigkeiten in der Ermittlung der Höhe des Zinsvorteils (Zinssatz, Verteilung über die Projektlaufzeit, Zuordnung zum Fertigstellungsgrad) festzustellen (*Lüdenbach/Hoffmann/Freiberg* IFRS § 18 Rz 53), sodass sich die Einbeziehung von Zinsvorteilen in die Auftragserlöse nur bei wesentlicher Auswirkung auf die Höhe der Gesamterlöse bei gleichzeitig zuverlässig bestimmbaren Parametern anbietet (*Buhleier* in MüKo BilR IAS 11 Rz 77f). 44

45 Die vorgenannten Erlösbestandteile sind idR mit nicht unerheblichen **Ermessensspielräumen** behaftet; gerade zu Beginn eines Auftrags lassen sich diese Erlöskomponenten häufig nur grob schätzen (*Pottgießer/Velte/Weber* KoR 2005, 310 (314)).

2. Auftragskosten

46 Die im Rahmen der Bilanzierung vor Fertigungsaufträgen zu berücksichtigenden **Auftragskosten** unterteilen sich nach IAS 11.16 in **drei Kategorien:** direkte, dem Vertrag zurechenbare Kosten, indirekte und dem Vertrag allgemein zurechenbare Kosten sowie sonstige, dem Kunden vertragsgemäß in Rechnung zu stellende Kosten. Die Auftragskosten umfassen somit alle dem Vertrag zurechenbaren Kosten von der Auftragserlangung bis zur Vertragserfüllung (IAS 11.21), unabhängig davon, ob sie bereits entstanden sind oder noch bis zur endgültigen Vertragserfüllung anfallen werden. Die Kosten, die zur **Erlangung eines konkreten Auftrags** erforderlich sind, gehören ebenfalls zu den Auftragskosten, auch wenn sie naturgemäß zeitlich vor der Auftragserlangung anfallen. Zu den Voraussetzungen s IAS 11.21. Eine **Nachaktivierung** bereits als Aufwand erfasster Kosten ist nicht zulässig. **Nachlaufende Herstellungskosten** (zB für Nacharbeiten oder Erfüllung von Gewährleistungsansprüchen) entfallen ursächlich auf den Zeitraum der Herstellung und sind daher ebenfalls in die Auftragskosten einzubeziehen (*IDW* RS HFA 2 Rz 8).

Im Bereich der Fertigungsaufträge werden häufig **Generalunternehmer-Verträge** abgeschlossen. Der Generalunternehmer, der die komplette Vertragsleistung schuldet, bedient sich zur Leistungserbringung idR sog Nachunternehmer. Die dem Generalunternehmer seitens der Subunternehmer in Rechnung gestellten Leistungen stellen für den Generalunternehmer entspr Auftragskosten dar.

Insbes im Rahmen einer langfristigen, über mehrere Perioden reichenden Auftragsfertigung ist es notwendig, voraussichtliche Lohn- und/oder Preisveränderungen innerhalb der Ermittlung der Gesamtkosten zu berücksichtigen.

47 Die **direkt einem Fertigungsauftrag zurechenbaren Kosten** umfassen nach IAS 11.17 die folgenden Komponenten:
(1) Fertigungslöhne und Löhne bzw Gehälter für die Projektüberwachung,
(2) Fertigungsmaterial,
(3) Abschreibungen der für die Vertragsleistung eingesetzten Maschinen und Anlagen,
(4) Transportkosten für Anlagen, Maschinen, Ausrüstung und Materialien zum und vom Erfüllungsort,
(5) Kosten für die Anmietung von Anlagen und Maschinen,
(6) Kosten der Ausgestaltung und der technischen Projektunterstützung,
(7) Kosten für Nachbesserungen und Garantieleistungen einschließlich Gewährleistungsaufwand (als Schätzgrößen) und
(8) Nachforderungen Dritter.

48 Werden **zusätzliche Erträge** erzielt, die nicht zum vereinbarten Auftragserlös (→ Rn 35 ff) gehören, zB durch den Verkauf von überschüssigem Material oder nicht mehr benötigten Anlagen nach Fertigstellung des Projekts, sind die Kosten um diese Beträge zu reduzieren (IAS 11.17). Entspr gilt für sich im Projektverlauf einstellende sog Einkaufsvorteile beim Fertigungsmaterial oder konkretisierte Minderkosten durch Kalkulationsunterschreitungen im Bereich der Fertigungslöhne. Während dies bei Festpreisaufträgen zu einer Margenerhöhung führt, erfahren bei Kostenzuschlagsverträgen auch die Gesamterlöse eine entspr erlösmindernde Korrektur. Kosten, die auf einen **überhöhten Materialverbrauch** zurückzuführen sind und einem bestimmten Auftrag zugeordnet werden können,

sind gleichwohl als Bestandteil der Auftragskosten zu erfassen (*IDW* RS HFA 2 Rz 6). Gleiches gilt für **Leerkosten**, zB wenn sie auf planmäßigen Abschreibungen zeitweilig ungenutzter Anlagen beruhen, die speziell zur Abwicklung eines bestimmten Auftrags eingesetzt werden. Darüber hinaus sind Leerkosten aus nicht genutzten Anlagen dem Auftrag weder direkt noch als Gemeinkosten zuzurechnen und daher sofort im Periodenaufwand zu verrechnen (IAS 11.20(d)).

Die einem Fertigungsauftrag nach IAS 11.18 **indirekt zurechenbaren Kosten** umfassen: 49

(1) Versicherungsprämien (zB Sachversicherungen für eingesetzte Maschinen und Anlagen),
(2) Kosten der Ausgestaltung und der Projektunterstützung, die nicht unmittelbar mit dem Projekt zusammenhängen, sowie
(3) Fertigungsgemeinkosten. Hierunter fallen zB auch Kosten für die Lohnabrechnung der im Fertigungsbereich eingesetzten Mitarbeiter.

Fertigungsaufträge sind häufig (aber nicht notwendigerweise) durch **langfristige Fertigungszeiten** charakterisiert. Sie erfüllen dann regelmäßig die Merkmale eines **qualifizierten Vermögenswerts,** womit eine Einbeziehung von Fremdkapitalkosten in die Auftragskosten erfolgt. Zu den Voraussetzungen der Aktivierung von Fremdkapitalkosten s ausführlich → § 5 Rn 37 ff. Grds sieht IAS 23.8 bei Vorliegen der entspr Voraussetzungen eine Aktivierungspflicht für Fremdkapitalkosten während der Erstellung von qualifizierten Vermögenswerten vor. Der frühere Verweis in IAS 11.18 auf die Einbeziehung von Fremdkapitalkosten nach IAS 23 in die Herstellungskosten ist jedoch in IAS 11.18 gestrichen worden (IAS 23.BC27). Dies ist sachlogisch, da IAS 11 konzeptionell nicht eine Aktivierung von Kosten, sondern von (anteiligen) Erlösen beinhaltet. Dies schließt eine gesonderte Aktivierung von Zinsen systematisch aus. Die Zuordnung von Fremdkapitalkosten zu den Herstellungskosten der Aufträge hat vielmehr Einfluss auf den Ausweis im erfolgswirksamen Teil der Gesamtergebnisrechnung bzw der gesonderten GuV (sofern erstellt): Bei ihrer Einbeziehung in die Herstellungskosten sind die Zinsen bereits im Betriebsergebnis berücksichtigt, ohne ihre Einbeziehung erfolgt die Erfassung dagegen im Zinsaufwand. Der Periodenerfolg insgesamt ist nicht tangiert. Darüber hinaus beeinflussen die Fremdkapitalkosten als Bestandteil der Auftragskosten bei Anwendung der *cost-to-cost*-Methode auch die Höhe des Fertigstellungsgrads und haben damit Einfluss auf die Höhe der zu realisierenden Umsatzerlöse aus Fertigungsaufträgen. 50

Der Ermittlung der indirekten Kosten wird nach IAS 11.18 eine **normale Kapazitätsauslastung** zugrunde gelegt. Alle ähnlichen bzw vergleichbaren Kosten(-arten) sind auf Basis einer einheitlichen und stetigen Zuordnungsmethode zu bewerten. Die Kosten müssen grds auf den Herstellungszeitraum entfallen und mittels planmäßiger und sachgerechter Methoden zugerechnet werden. 51

Zu den **sonstigen**, dem Kunden in Rechnung zu stellenden und hier zu erfassenden **Auftragskosten** zählen nach IAS 11.19 zB vertragsgemäß abrechenbare allgemeine Verwaltungskosten und Entwicklungskosten. Kosten zur Erlangung eines konkreten Auftrags **(Sondereinzelkosten des Vertriebs)** gehören zu den Auftragskosten, sofern sie einzeln bestimmbar sind und verlässlich ermittelt werden können. Zudem muss es wahrscheinlich sein, dass es zum Vertragsabschluss kommt (IAS 11.29). Zu diesen Kosten zählen zB Beraterhonorare, Rechtsanwaltskosten (*ADS* Int Abschn 16 Rz 96) sowie direkt dem Vertrag zurechenbare Abschlussprovisionen oÄ (*Lüdenbach/Hoffmann/Freiberg* IFRS § 18 Rz 60). In einer Periode als Aufwand erfasste Akquisitionskosten für einen in einer späteren Periode zum Vertragsabschluss gelangten Fertigungsauftrag sind dagegen nach IAS 11.21 von einer Nachaktivierung ausgeschlossen. 52

53 Für den Fall, dass Kosten einzelnen Aufträgen nicht direkt zugeordnet werden können, ist es nach IAS 11.20 nicht zulässig, diese unter den Kosten eines Fertigungsauftrags auszuweisen. Unter dieses **Einbeziehungsverbot** fallen folgende Kosten:

(1) Kosten der allgemeinen Verwaltung, soweit deren Abrechnung nicht vertraglich vereinbart wurde,
(2) Vertriebskosten,
(3) Forschungs- und Entwicklungskosten, soweit eine Erstattung nicht vertraglich vereinbart wurde, sowie
(4) planmäßige Abschreibungen auf ungenutzte Anlagen, die nicht für die Erfüllung eines bestimmten Fertigungsauftrags verwendet werden (Leerkosten).

Darüber hinaus sind alle einem Auftrag nicht sinnvoll zurechenbaren Kosten nicht in die Auftragskosten einzubeziehen, sondern als Periodenaufwand zu verrechnen.

54 Auch im Rahmen der Kostenabgrenzung sind in vielen Fällen **erhebliche Ermessensspielräume** zu berücksichtigen. Neben Beurteilungsspannen im Bereich der Kostenzurechnung resultieren diese aus der relativ weiten und nicht immer trennscharfen Abgrenzung des Kostenbegriffs, verbunden mit dem Gebot einer verlässlichen Kostenschätzung. Die damit notwendig verbundenen Einschätzungen durch das Management können zu nicht unerheblichen bilanzpolitischen Gestaltungsspielräumen führen (*Pottgießer/Velte/Weber* KoR 2005, 310 (315)).

55 *(einstweilen frei)*

II. Gewinnrealisierung nach Leistungsfortschritt

1. Grundsätze

56 Die Methode der Gewinnrealisierung nach dem Leistungsfortschritt (auch *percentage-of-completion*-Methode oder **PoC-Methode**) ist nach IAS 11.22 auf alle Fertigungsaufträge anzuwenden, bei denen Gesamterlöse, Gesamtkosten und Fertigstellungsgrad zuverlässig ermittelt werden können. Ein **Erfolgsbeitrag** entsteht danach nicht erst im Zeitpunkt der Vertragserfüllung bzw der Abnahme durch den Kunden, vielmehr fällt ein solcher Erfolgsbeitrag bereits nach Maßgabe des Leistungsfortschritts kontinuierlich über die Auftragsbearbeitungsdauer an. So erfolgt eine Gewinnrealisierung bereits auch dann, wenn noch kein rechtlicher Anspruch auf Abrechnung des Gesamtauftrags besteht, womit es zu einer deutlichen Trennung zwischen formaler und wirtschaftlicher Sichtweise kommt, wobei für IAS 11 konzeptionell die wirtschaftlich sinnvolle Zuordnung von Erträgen und Aufwendungen als entscheidungsrelevant angesehen wird.

Ist nach IAS 11.22 eine **verlässliche Schätzung** von Auftragskosten, Auftragserlös und Fertigstellungsgrad möglich, so sind entspr dem Leistungsfortschritt des Auftrags die Kosten und Erlöse am Bilanzstichtag jeweils als Aufwendungen oder Erträge zu erfassen. Ein erwarteter Verlust ist in voller Höhe zu erfassen (IAS 11.22, IAS 11.36).

57 Bei **Festpreisverträgen** liegen nach IAS 11.23 die Voraussetzungen für eine verlässliche Schätzung nur vor, wenn

(1) die Auftragserlöse zuverlässig ermittelt werden können,
(2) dem Unternehmen wahrscheinlich der wirtschaftliche Nutzen aus dem Fertigungsauftrag zufließen wird,
(3) die noch anfallenden Kosten bis zum Ende der Fertigstellung und der Fertigstellungsgrad des Projekts am Bilanzstichtag zuverlässig ermittelt werden können und

(4) die im Rahmen des Fertigungsauftrags anfallenden Kosten eindeutig bestimmt und verlässlich ermittelt werden, sodass ein Vergleich der bereits angefallenen Kosten mit vorherigen Schätzungen möglich ist.

Bei Vorliegen eines **Kostenzuschlagsvertrags** ist das Auftragsrisiko für den 58
Auftragnehmer deutlich geringer. Dementsprechend kann das Ergebnis des Auftrags nach IAS 11.24 bereits dann zuverlässig geschätzt werden, wenn folgende Voraussetzungen gleichzeitig erfüllt sind:

(1) Aller Voraussicht nach fließt der wirtschaftliche Nutzen dem Auftragnehmer zu, und

(2) die zurechenbaren Auftragskosten können eindeutig und verlässlich bestimmt werden, auch wenn sie nicht gesondert abrechenbar sind.

Sind die genannten Voraussetzungen nicht sämtlich erfüllt, muss eine **Schätzung** nach IFRS als **nicht verlässlich eingestuft** werden. In diesem Fall kann eine Realisierung der Ergebnisse nach dem Leistungsfortschritt nicht vorgenommen werden; die Erträge sind nur bis zur Höhe der angefallenen Aufwendungen anzusetzen (*zero-profit-method,* IAS 11.32; → Rn 76).

Im Rahmen der PoC-Bilanzierung erfolgt die Ermittlung der **Auftragsmar-** 59
ge durch die Gegenüberstellung von Auftragserlösen und Auftragskosten. Unter Berücksichtigung der in → Rn 33 ff dargestellten Erlös- und Kostenkomponenten lässt sich dies grafisch wie folgt veranschaulichen:

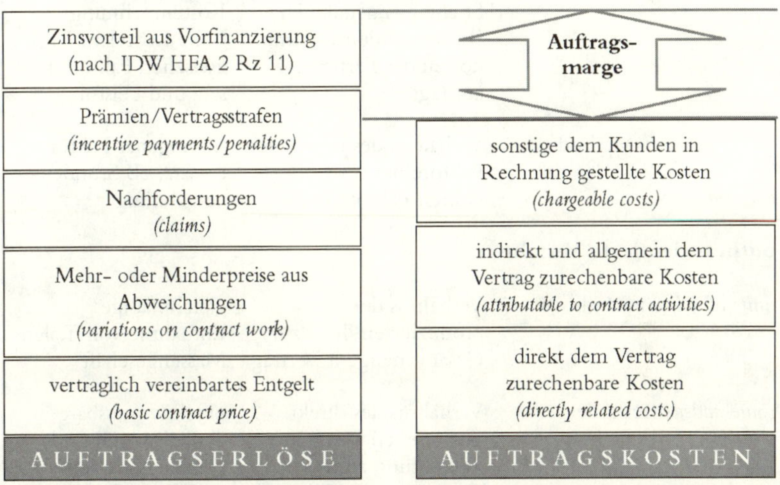

Da das primäre Ziel der PoC-Methode nach IAS 11 die verursachungs- und 60
sachgerechte Verteilung von Auftragserlösen und -kosten (und damit der Auftragsmarge) über die Projektlaufzeit ist, ist zu jedem Stichtag ein **Aufteilungsschlüssel** in Form des Fertigstellungsgrads, bezogen auf das Gesamtprojekt, zu ermitteln und der Verteilung zu Grunde zu legen.

2. Ermittlung des Fertigstellungsgrads

Bei der Anwendung der PoC-Methode kommt der Ermittlung des **Auf-** 61
teilungsmaßstabs neben der zutreffenden Abgrenzung von Auftragserlösen und Auftragskosten eine zentrale Funktion zu. IAS 11.30 beschreibt **verschiedene Verfahren** nach denen der **Fertigstellungsgrad** (auch als **PoC-Faktor** bezeichnet) eines Auftrags **bestimmt** werden kann. Anzuwenden ist dasjenige Verfahren, mittels dessen die erbrachte Leistung verlässlich zu ermitteln ist. Welche

dieser Methoden am besten geeignet ist, hängt von der Art des Auftrags und den vorhandenen Instrumenten der betrieblichen Kosten- und Leistungsrechnung ab. Der Bilanzierende ist nach dem Standardwortlaut in der Wahl der Methode unter der Voraussetzung grds frei, soweit mit der angewendeten Methode die erbrachte Leistung verlässlich bewertet werden kann (IAS 11.29). Bei mehreren möglichen Verfahren ist dasjenige anzuwenden, dass wirtschaftlich am besten in der Lage ist, den tatsächlichen Leistungsfortschritt abzubilden. Gleichwohl wird jedoch auch durch die Methodenwahl ein **bilanzpolitischer Gestaltungsspielraum** eröffnet (*Pottgießer/Velte/Weber* KoR 2005, 310 (315)).

62 Die Methoden zur Bestimmung des Fertigstellungsgrads eines Auftrags lassen sich grds in **inputorientierte Methoden** (Orientierung am Faktoreinsatz) und **outputorientierte Methoden** (Orientierung an der erbrachten Leistung) einteilen (*Kirsch* KoR 2006, 52 (53ff)). Einen (nicht abschließenden) Überblick über die in der betrieblichen Praxis am häufigsten angewandten Verfahren liefert die nachfolgende Übersicht:

Methode	Kurzbeschreibung	Voraussetzung
inputorientierte Verfahren		
cost-to-cost-Methode	Verhältnis der bis zum Stichtag angefallenen Kosten zu den Gesamtkosten des Fertigungsauftrags	funktionierende Kostenrechnung, hohe Korrelation zwischen Faktoreinsatz und Leistung
effort-expended-Methode	Verhältnis des erbrachten Faktoreinsatzes zum gesamten Faktoreinsatz	homogener Faktoreinsatz, zB Stundenabrechnung
outputorientierte Verfahren		
units-of-delivery-Methode	Verhältnis der produzierten Teile zur Gesamtmenge lt Vertrag	gleichmäßige Entnahme von Teilen, Massengeschäft
value-added-Methode	Verhältnis des direkt gemessenen Werts der Teilleistung zum Gesamtwert lt Vertrag	objektiv messbare Teilleistungen und Leistungszuwächse
contract milestones	Erreichen von zuvor vereinbarten Zwischenzielen	objektiv messbare Zwischenergebnisse

63 Beide Gruppen von Ermittlungsverfahren weisen **spezifische Vor- und Nachteile** auf. So entsprechen die outputorientierten Verfahren konzeptionell eher dem Konzept des Fertigstellungsgrads. Zudem sind sie aufgrund ihrer direkten Leistungserfassung in ihrer Anwendung nicht abhängig von einer Korrelation von Einsatzfaktoren und erbrachter Leistung. Andererseits ist eine direkte Leistungserfassung in vielen Fällen nicht möglich, sodass eine inputorientierte Methode eine verlässlichere Schätzung des Fertigstellungsgrads gewährleisten kann, wenn die notwendige Korrelation zwischen Inputfaktoren und erbrachter Leistung nachgewiesen werden kann.

64 Bei den inputorientierten Verfahren ist die ***cost-to-cost*-Methode** am weitesten verbreitet. Hierbei wird der Fertigstellungsgrad anhand der Relation der am Stichtag angefallenen Auftragskosten zu den geschätzten gesamten Auftragskosten ermittelt. Diese Methode kann nur dort sinnvolle Ergebnisse liefern, wo auf eine **verlässliche Kostenrechnung** zurückgegriffen werden kann und zudem von einer Korrelation von Kostenanfall und Leistungsfortschritt ausgegangen werden kann.

Bei Anwendung der *cost-to-cost*-Methode sind deshalb nur diejenigen Auftragskosten in den bereits angefallenen Kosten zu erfassen, die mit der erbrachten Leistung **korrespondieren.** Dies schließt nach IAS 11.31 aus, dass bereits bezogene, aber noch auf Lager befindliche und zur Verarbeitung bestimmte Materialien in die Ermittlung des Fertigstellungsgrads einbezogen werden. Dies gilt ebenso für an Subunternehmer geleistete Vorauszahlungen für noch zu erbringende Leistungen. Dagegen sind dem Leistungsfortschritt entspr Anzahlungen an Subunternehmer sowie noch nicht verbrauchte, jedoch speziell für den Auftrag hergestellte Materialien (auftragsgebundenes Material IAS 11.31(a)) in die Auftragskosten einzubeziehen.

Der PoC-Faktor wird zu jedem Stichtag unter Berücksichtigung neuester Erkenntnisse aus der Schätzung der gesamten Auftragskosten wie folgt ermittelt:

$$\text{PoC-Faktor} = \frac{\text{zum Stichtag gebuchte Ist-Kosten (Eigenkosten + Fremdkosten)}}{\text{neueste geschätzte Gesamtkosten}}$$

Beispiel: Die geschätzten Auftragskosten betragen insgesamt € 500.000. Bislang sind Eigenkosten von € 90.000 angefallen, Subunternehmer haben € 120.000 in Rechnung gestellt. In den Eigenkosten sind noch auf Lager befindliche, noch nicht verbaute allgemeine Materialien von € 10.000 enthalten. Der Grad der Fertigstellung beträgt somit 40 %.

65 Ist die Auftragsleistung durch einen relativ homogenen Faktoreinsatz gekennzeichnet, kann zur Ermittlung des PoC-Faktors einfacher und dennoch verlässlich auf einen Vergleich des erbrachten Faktoreinsatzes mit dem geschätzten gesamten Faktoreinsatz **(*effort-expended*-Methode)** abgestellt werden, zB anhand der Relation der erbrachten zu den insgesamt kalkulierten Engineeringstunden **(*labour-hours*-Methode).** Der PoC-Faktor wird dann aus der nachfolgenden Relation abgeleitet:

$$\text{PoC-Faktor} = \frac{\text{Geleistete Arbeitsstunden}}{\text{Kalkulierte Gesamtstunden}}$$

In diesen Fällen weitgehend homogener Einsatzfaktoren kann zudem die *effort-expended-method* in die *cost-to-cost-method* überführt werden, indem die geleisteten und die gesamten Stunden mit entspr Stundensätzen bewertet werden, sodass sowohl die mengen- als auch kostenorientierte Ermittlung des Fertigstellungsgrads zu annähernd demselben Ergebnis führen.

66 Die **outputorientierten Verfahren** stellen auf die Leistungsseite ab und ermitteln den Fertigstellungsgrad anhand des Verhältnisses der erreichten zur insgesamt geschuldeten Leistung. Sie entsprechen konzeptionell eher einer direkten Leistungsermittlung und sind darüber hinaus in ihrer Anwendung nicht von einer Korrelation zwischen Inputfaktoren und wirtschaftlichem Output abhängig. Maßstab für die Ermittlung des Fertigstellungsgrads des Auftrags ist hier zB die Anzahl produzierter oder ausgelieferter Teile zur Zahl der lt Vertrag insgesamt zu liefernden Teile **(*units-of-delivery*-Methode).**

Beispiel: Von dem als ein einheitlicher Fertigungsauftrag behandelten Vertragsvolumen von insgesamt zehn Flugzeugen (s Beispiel → Rn 26) sind bereits drei Einheiten ausgeliefert: der PoC-Faktor beträgt mithin 30 %.

67 Ferner kann auf die Vollendung eines physischen Teils des Vertragswerks, zB anhand erreichter *milestones,* abgestellt werden **(*milestones*-Methode).** Diese Methode findet bspw in der Bauindustrie Anwendung, wo gem Makler- und Bauträgerverordnung festgeschriebene Sätze für den Bauablauf der einzelnen Gewerke angegeben sind (MaBV § 3 Abs 2).

68 Eine andere in der Bauindustrie verwendete outputorientierte Methode ist die Ermittlung des Fertigstellungsgrads nach Aufmaß, also die physische Erfassung des Leistungsstands **(*value-added*-Methode)** durch einen internen oder externen Sachverständigen. Dem Vorteil einer direkten Leistungserfassung steht hierbei der Nachteil eines relativ hohen Aufwands gegenüber, sodass eine Ermittlung des PoC-Faktors mittels Aufmaßerstellung nur bei größeren Objekten wirtschaftlich sinnvoll scheint. Wird aus anderen Gründen (zB für Abrechnungs- oder Teilabnahmezwecke) jedoch ohnehin ein Aufmaß zeitnah zum Abschlussstichtag erstellt, so erscheint es sinnvoll, dieses Aufmaß zur Plausibilisierung des ggf nach einer anderen Methode ermittelten Fertigstellungsgrads heranzuziehen.

Erhaltene Abschlagszahlungen und Anzahlungen sind dagegen nach IAS 11.30 idR kein geeigneter Maßstab zur Ermittlung oder Plausibilisierung des Fertigstellungsgrads.

69 Zur Ermittlung des jeweiligen **Periodengewinns** wird der nach Maßgabe des PoC-Faktors ermittelte Teilgewinn um die in vergangenen Perioden bereits vereinnahmten Gewinne vermindert.

Beispiel: Der Vertrag zur Errichtung einer Großanlage sieht eine vierjährige Fertigstellungszeit vor. Dem vereinbarten Festpreis von T€ 160.000 stehen kalkulierte Gesamtkosten von T€ 140.000 ggü. Eine auf Wunsch des Auftraggebers in Periode X2 beantragte technische Abänderung führt bei Mehrkosten von T€ 4.000 zu einer Vertragspreiserhöhung von T€ 6.000. In Periode X3 ist konkret absehbar, dass zur vertragsgemäßen Fertigstellung in Periode X4 noch Beschleunigungskosten in Höhe von T€ 10.000 anfallen werden. Der Fertigstellungsgrad wird nach der *cost-to-cost*-**Methode** ermittelt. Aus diesen Angaben lassen sich zunächst folgende Daten gewinnen:

	Periode X1 T€	Periode X2 T€	Periode X3 T€	Periode X4 T€
(1) Vertragspreis	160.000	160.000	160.000	160.000
(2) Nachträge	–	6.000	6.000	6.000
(3) = Auftragserlöse	160.000	166.000	166.000	166.000
(4) Kalkulierte Auftragskosten (urspr)	140.000	140.000	140.000	140.000
(5) Mehrkosten aus Nachträgen und mitlaufender Kalkulation	–	4.000	14.000	14.000
(6) Auftragskosten	140.000	144.000	154.000	154.000
(7) Angefallene Kosten (kumulativ)	28.000	72.000	123.200	154.000
(8) Geschätzter Gesamtgewinn (3) – (6)	20.000	22.000	12.000	12.000
(9) Fertigstellungsgrad (7) : (6)	20%	50%	80%	100%

Nach Maßgabe des Fertigstellungsgrads werden die anteiligen Erlöse und Kosten der jeweiligen Periode gegenübergestellt und daraus, unter Berücksichtigung der in den jeweiligen Vorperioden bereits vereinnahmten Gewinnanteile, der Periodenerfolg abgeleitet. Es ergibt sich folgende Ermittlung:

Periode		kumuliert T€	lfd Periode T€
X1	Umsatz	32.000	32.000
	Kosten	28.000	28.000
	Erfolge	4.000	4.000
X2	Umsatz	83.000	51.000
	Kosten	72.000	44.000
	Erfolge	11.000	7.000
X3	Umsatz	132.800	49.800
	Kosten	123.200	51.200
	Erfolge	9.600	– 1.400
X4	Umsatz	166.000	33.200
	Kosten	154.000	30.800
	Erfolge	12.000	2.400

Infolge des in Periode X3 geschätzten Gesamtgewinns von nur noch T€ 12.000 ggü der Schätzung aus Periode X2 von bisher T€ 22.000 ergibt sich die Notwendigkeit, in den Perioden X1 und X2 bereits vereinnahmte Teilgewinne zu korrigieren; dies führt in Periode X3 zu einem Verlust von T€ 1.400 (T€ 12.000 × 0,8 = T€ 9.600 abzüglich Periodengewinn X1 und X2 von zusammen T€ 11.000).

III. Verlässlichkeit der Schätzung zukünftiger Ergebnisse

IAS 11.29 beschreibt sowohl vertragsspezifische als auch unternehmensspezifische **Voraussetzungen,** nach denen davon auszugehen ist, dass Schätzungen der relevanten Komponenten der PoC-Methode mit der erforderlichen Verlässlichkeit möglich sind. Schätzungen sind zu jedem Abschluss- bzw Zwischenabschlussstichtag zu aktualisieren, da sich naturgemäß sowohl die äußeren Rahmenbedingungen als auch die erwarteten Gesamterlöse und -kosten im Zuge der Auftragsabarbeitung ändern können. Die Kriterien des IAS 11.29 sind somit zu jedem Bewertungszeitpunkt kritisch zu überprüfen. 70

Zunächst muss der Vertrag jeder Vertragspartei **durchsetzbare Rechte und Pflichten** hinsichtlich der zu erbringenden Leistung einräumen, die zu erbringende Gegenleistung sowie Art und Bedingungen der Auftragserfüllung festlegen. Während der Auftragsbearbeitung sind diese Vertragsbestandteile zB durch Nachträge zum Vertrag aufgrund von geänderten Rahmenbedingungen, Erlös- und Kostenstrukturen anzupassen. In die Schätzung sind auch noch nicht vertraglich fixierte Vereinbarungen, deren Bestimmbarkeit gleichwohl hinreichend gesichert ist (zB aus Nachtragsarbeiten), einzubeziehen. 71

Das Unternehmen muss darüber hinaus über ein geeignetes **Kostenrechnungssystem** verfügen, das eine Kostenzurechnung und eine Kostenbudgetierung ermöglicht. Schließlich sind Kosten, Erlöse und Fertigstellungsgrad regelmäßig zu überprüfen und ggf anzupassen. Dies bedingt das Vorhandensein eines funktionierenden Auftragscontrollings mit den relevanten Instrumenten der mitlaufenden Kalkulation und der Restkostenschätzung (*IDW* RS HFA 2 Rz 13). In diesem Zusammenhang kann bei AG, die im Bereich von Fertigungsaufträgen tätig sind, auch die Qualität des nach § 91 Abs 1 AktG erforderlichen **Risikofrüherkennungssystems** Hinweise auf die Verlässlichkeit von Schätzungen geben. Sollten im Rahmen der Prüfung dieser Systeme durch den Abschlussprüfer erhebliche Einwendungen bestehen, könnte die Anwendbarkeit der PoC-Methode fraglich sein. Es wäre dann nach der *zero-profit*-Methode zu bilanzieren (→ Rn 76; *ADS* Int Abschn 15 Rz 51). 72

IAS 11 geht zwar von der Notwendigkeit eines **geeigneten Kostenrechnungs- und -budgetierungssystems** aus, enthält jedoch keine spezifischen Vorgaben, wann ein solches System als geeignet anzusehen ist. Dies erscheint vor dem Hintergrund der Verschiedenartigkeit von Fertigungsaufträgen sinnvoll. Im Einzelfall kann eine Kostenrechnung auf Kostenstellenbasis ausreichend sein, wenn nur wenige (große) Fertigungsaufträge abgewickelt werden (zB im Schiffbau) und die Kosten- und Erlöszuordnung zu einzelnen Fertigungsaufträgen sichergestellt ist. Für die Mehrheit der Unternehmen, die Fertigungsaufträge bearbeiten, dürfte die Forderung nach einem geeigneten Kostenrechnungssystem jedoch auf die Verfügbarkeit einer Kostenträgerrechnung hinauslaufen, welche die angefallenen Kosten verursachungsgerecht den einzelnen Fertigungsaufträgen zuordnet.

73 Da IAS 11.29 die lfd Überprüfung der Kosten- und Erlössituation sowie, damit einhergehend, ggf die Anpassung der Schätzungen fordert, hat das unternehmensinterne Kostenrechnungssystem darüber hinaus eine regelmäßige Aktualisierung der Auftragsdaten zu gewährleisten. Dies impliziert die Verfügbarkeit eines Systems der **mitlaufenden Auftrags-** bzw **Projektkalkulation** oder eines vergleichbar zeitnah aussagekräftigen Informationssystems (*IDW* RS HFA 2 Rz 13). Aufbau, Komplexität und EDV-technische Implementierung richten sich dabei nach Art, Umfang, Anzahl und Komplexität der von einem Unternehmen jeweils erbrachten kundenspezifischen Fertigungsleistungen.

74 Weitere **Indikatoren für die Verlässlichkeit** von Schätzungen sind uU vorhandene Erfahrungen mit ähnlichen Projekten und die Bewährung der Vorgehensweise bei Schätzungen in der Vergangenheit. In der betriebswirtschaftlichen Literatur wird auch die Auffassung vertreten, dass das Kriterium „Verlässlichkeit" als Anwendungsvoraussetzung der PoC-Methode letztlich so große Wertungsspielräume zulasse, dass damit ein faktisches Methodenwahlrecht zwischen der PoC-Methode und der *zero-profit*-Methode eingeräumt werde, womit eine weitgehend individuelle Gestaltung der Gewinnrealisierung aus Fertigungsaufträgen möglich werde (so zB *Lüdenbach/Hoffmann/Freiberg* IFRS § 18 Rz 33). Allerdings weist *Buhleier* in MüKo BilR IAS 11 Rz 55 zutreffend darauf hin, dass ein solches Wahlrecht in der Praxis aufgrund von Branchenkonventionen, des Stetigkeitsgrundsatzes und durch Anhangsangabevorschriften so weitgehend eingeschränkt ist, dass an dieser Stelle der PoC-Bilanzierung ein substanzieller Gestaltungsspielraum für die bilanzierenden Unternehmen nicht gesehen werden kann.

Eine verlässliche Schätzung des Auftragsergebnisses, insbes der Auftragskosten, ist häufig nur innerhalb von **Bandbreiten** möglich. Relevant ist dann, unter analoger Anwendung der Regelungen in IAS 37, der **wahrscheinliche Wert** (hierzu ausführlich → § 13 Rn 53 ff; so auch *ADS* Int Abschn 15 Rz 52).

75 Im Verlauf eines Projekts können Ereignisse eintreten, die zu einer veränderten Schätzung von Auftragserlösen oder -kosten und damit auch zu einem anderen Auftragsergebnis führen. Die Effekte dieser **geänderten Schätzungen** werden nach IAS 11.38 entspr den Grundsätzen von IAS 8.32 ff behandelt. Danach werden die Effekte der Änderungen erfolgswirksam in der Berichtsperiode, in der die Änderung vorgenommen wurde, sowie den nachfolgenden Berichtsperioden verrechnet. Eine Anpassung vorausgegangener Perioden erfolgt nicht (*cumulative catch-up method;* s hierzu das Beispiel → Rn 69). Eine zeitanteilige Aufteilung der Schätzungsänderungen auf die Folgejahre *(reallocation method)* wird hier als nicht mit IAS 8 in Einklang stehend beurteilt (ebenso *Seeberg* in Baetge ua IFRS-Komm IAS 11 Rz 41).

76 Ist es im Einzelfall nicht möglich, das Ergebnis eines Fertigungsauftrags verlässlich zu schätzen, sind die Voraussetzungen zur Anwendung der PoC-Methode nicht kumulativ erfüllt. Insbes in der Anfangsphase eines Fertigungsauftrags oder bei Pilotprojekten kann das Ergebnis uU nicht sicher geschätzt werden. In diesem Fall sind gem IAS 11.32f Erlöse nur in der Höhe der angefallenen, wahrscheinlich einbringbaren Auftragskosten zu erfassen (***zero-profit*-Ertragsrealisierung).** Es wird somit kein Gewinn realisiert, da das Ergebnis noch nicht zuverlässig geschätzt werden kann. Übersteigen die Auftragskosten voraussichtlich die Auftragserlöse, wird dieser erwartete Differenzbetrag sofort im **Aufwand** erfasst (IAS 11.32f). Erst bei Wegfall der Unsicherheiten erfolgt eine den Regelungen von IAS 11.22ff folgende Erfassung von Auftragserlösen und Auftragskosten (IAS 11.35).

Beispiel: Eine Großanlage, mit der eine neue Technologie zum Einsatz kommen wird *(first of its kind)*, soll in dreijähriger Bauzeit zu einem Festpreis von T€ 30.000 und kalkulierten Kosten von T€ 26.000 errichtet werden. In der Anfangsphase treten erhebliche technische Probleme auf, die keine verlässliche Kostenschätzung zum Bilanzstichtag X1 ermöglichen. Gleichwohl ist es wahrscheinlich, dass das Projekt mit einem positiven Erfolg abgeschlossen werden kann. In Periode X2 sind die Probleme überwunden, zusätzliche Kosten sind nicht angefallen. Bei Anwendung der *cost-to-cost*-Methode ergeben sich folgende Ausgangsdaten:

	Periode X1 T€	Periode X2 T€	Periode X3 T€
Vertragspreis	30.000	30.000	30.000
Kalkulierte Auftragskosten	ungewiss	26.000	26.000
Angefallene Kosten (kumuliert)	5.000	19.500	26.000
Geschätztes Gesamtergebnis	ungewiss	4.000	4.000
Fertigstellungsgrad	ungewiss	75%	100%

Aufgrund der Zweifel an der Verlässlichkeit der Schätzung darf in Periode X1 kein anteiliger Gewinn realisiert werden. Der Erlösausweis ist daher nur in Höhe der angefallenen Kosten von T€ 5.000 möglich. Nach Wegfall der Zweifel wird in Periode X2 der sich auf Basis des PoC-Faktors von 75% ergebende Teilgewinn von T€ 3.000 realisiert, der auch den zuvor nicht realisierten Gewinn der Periode X1 mit umfasst. Es ergibt sich:

Periode		kumuliert T€	lfd Periode T€
X1	Umsatz	5.000	5.000
	Kosten	5.000	5.000
	Erfolg	0	0
X2	Umsatz	22.500	17.500
	Kosten	19.500	14.500
	Erfolg	3.000	3.000
X3	Umsatz	30.000	7.500
	Kosten	26.000	6.500
	Erfolg	4.000	1.000

Da gerade die **Anfangsphase** eines langfristigen Fertigungsauftrags häufig von 77
Prognoseunsicherheiten gekennzeichnet ist, wird in der Praxis in solchen Fällen – vereinfachend und zur Vermeidung von Prognoserisiken – die Ertragsrealisation nach Maßgabe des Fertigstellungsgrads oft erst mit Erreichen eines vorgegebenen PoC-Faktors begonnen. Solche Unsicherheiten treten insbes bei sog *first-of-its-kind-* oder Pilotaufträgen im Großanlagenbau auf. Liegt der Anarbeitungsgrad zum Stichtag unter dieser ***percentage-of-completion*-Einstiegsschwelle,** werden die Umsatzerlöse entspr der *zero-profit*-Methode nur in Höhe der Auftragskosten ausgewiesen; es kommt zu einem **„Null-Gewinn-Ausweis"** und damit im Projektverlauf zu einer verzögerten Gewinnrealisierung. Dabei ist allerdings zu beachten, dass die Anwendung der *zero-profit*-Methode bei Vorliegen zuverlässiger Schätz-

werte konzeptionell nicht zulässig ist. Die Verwendung von Einstiegs- oder Anwendungsschwellen ist damit auf Projekte beschränkt, die erhöhten Schätzunsicherheiten unterliegen. Bei zuverlässigen Erfahrungswerten hingegen scheidet auch die zeitlich beschränkte Anwendung der *zero-profit*-Methode aus.

78 Daneben finden sich in der Bilanzierungspraxis häufig **Wesentlichkeitsgrenzen** für Auftragswerte, bei deren Nichterreichen auf die Anwendung der PoC-Methode generell verzichtet und stattdessen nach der *completed-contract*-Methode bilanziert wird. Diese **Vereinfachungen** der Praxis sind uE so lange nicht zu beanstanden, wie dem Wesentlichkeitsgrundsatz entsprochen und das Prinzip der *„fair presentation"* beachtet wird.

79 *(einstweilen frei)*

IV. Behandlung erwarteter Verluste

80 Droht aus der Bearbeitung eines Fertigungsauftrags iSv IAS 11 ein Auftragsverlust, übersteigen also die erwarteten Gesamtkosten voraussichtlich die gesamten Erlöse, sind die **erwarteten Verluste** sofort als Aufwand zu erfassen (IAS 11.36). Verluste drohen ua, wenn die angefallenen Auftragskosten nicht oder nicht vollständig durch die Auftragserlöse gedeckt sind. Dies ist nach IAS 11.34 ua der Fall, wenn

(1) Verträge aufgrund zweifelhafter Gültigkeit nicht in vollem Umfang durchsetzbar sind,
(2) die Fertigstellung eines Auftrags vom Ausgang eines schwebenden Rechtsstreits oder Gesetzgebungsverfahrens abhängig ist,
(3) die Beschlagnahme oder Enteignung mit dem Auftrag in Verbindung stehender Vermögenswerte droht,
(4) der Kunde seinen Verpflichtungen nicht oder nicht in voller Höhe nachkommen kann oder
(5) der Auftragnehmer nicht in der Lage ist, den Auftrag vertragsgemäß durchzuführen oder durchführen zu lassen.

Da ein Vertrag idR zumindest kostendeckend abgeschlossen wird, entstehen Verlustsituationen in der betrieblichen Praxis meistens durch **geleistete Nachtragsarbeiten**, die jedoch nicht oder nicht vollständig an den Auftraggeber berechnet werden können.

81 Die Höhe des Verlusts wird unabhängig davon bestimmt, ob mit der Auftragsfertigung bereits begonnen wurde, wie hoch der Fertigstellungsgrad des Auftrags ist und ob Gewinne aus anderen unabhängigen Verträgen anfallen (IAS 11.37). Die sofortige **Antizipation** des Verlusts gilt sowohl für die PoC-Methode als auch für die *zero-profit*-Ertragsrealisierung (dazu IAS 11.22, IAS 11.32 und IAS 11.36). Damit ist in jeder Phase der Auftragsabwicklung eine Gesamtbetrachtung des voraussichtlichen Auftragsergebnisses erforderlich: Verluste werden immer voll und nicht nur nach dem Fertigstellungsgrad berücksichtigt. Bereits vereinnahmte Gewinne bzw Verluste aus vorangegangenen Perioden erhöhen oder mindern den periodenbezogen zu berücksichtigenden Verlust. Schlägt ein Auftrag, für den bereits in Vorperioden Gewinne ausgewiesen wurden, in einen Verlustauftrag um, kumuliert sich der negative Ergebniseffekt, indem nunmehr nicht nur der erwartete Verlust, sondern auch die Korrektur des vorherigen Gewinnausweises den Periodenerfolg belastet. In einem solchen Fall kehrt sich die mit der Anwendung der PoC-Methode intendierte Verstetigung des Erfolgsausweises in eine erhöhte Ergebnisvolatilität um.

Beispiel: Anknüpfend an das Beispiel in → Rn 69 werden aufgrund einer in Periode X3 erkannten Fehleinschätzung weitere T€ 15.000 Mehrkosten anfallen. Damit schlägt die

Gewinnschätzung von T€ 12.000 in eine Verlusterwartung von T€ 3.000 um. Dies führt zu nachfolgender Entwicklung:

	Periode X1 T€	Periode X2 T€	Periode X3 T€	Periode X4 T€
(1) Vertragspreis	160.000	160.000	160.000	160.000
(2) Nachträge	–	6.000	6.000	6.000
(3) = Auftragserlöse	160.000	166.000	166.000	166.000
(4) Kalkulierte Auftragskosten	140.000	140.000	140.000	140.000
(5) Mehrkosten	–	4.000	29.000	29.000
(6) = Auftragskosten	140.000	144.000	169.000	169.000
(7) Angefallene Kosten (kumuliert)	28.000	72.000	135.200	169.000
(8) Geschätzter Gesamterfolg	20.000	22.000	– 3.000	– 3.000
(9) Fertigstellungsgrad	20%	50%	80%	100%

Der erwartete Verlust von T€ 3.000 ist sofort, dh in Periode X3, in voller Höhe zu erfassen. Eine anteilige Verlustrealisation, zB nach Maßgabe des Fertigstellungsgrads, ist nicht möglich. Die Verrechnung des Verlusts ist innerhalb des gem IAS 11.42 ff zu bildenden aktiven oder passiven Postens für Fertigungsaufträge vorzunehmen (→ Rn 88 ff).

Periode		kumuliert T€	lfd Periode T€
X1	Umsatz	32.000	32.000
	Kosten	28.000	28.000
	Erfolg	4.000	4.000
X2	Umsatz	83.000	51.000
	Kosten	72.000	44.000
	Erfolg	11.000	7.000
X3	erwarteter Verlust	– 3.000	– 3.000
	Umsatz	132.800	49.800
	Kosten	132.800	60.800
	Erfolg	– 3.000	– 14.000
X4	Umsatz	166.000	33.200
	Kosten	166.000	33.200
	Erfolg	– 3.000	0

Infolge der sofortigen Verlustverrechnung in Periode X3 stellt sich der Periodenverlust auf T€ 14.000 und beinhaltet neben dem erwarteten Gesamtverlust von T€ 3.000 auch die Stornierung der bereits in Vorperioden vereinnahmten Gewinne von T€ 11.000. Für die Periodisierung der Kosten stehen daher ab der Periode X3 nur noch T€ 166.000 zur Verfügung. Die Differenz der in den Perioden X3 und X4 tatsächlich angefallenen Auftragskosten (Periode X3: T€ 135.200 – T€ 72.000 = T€ 63.200; Periode X4: T€ 169.000 – T€ 135.200 = T€ 33.800) zu den aufwandswirksam erfassten Kosten (Periode X3: T€ 60.800; Periode X4: T€ 33.200) ist als implizite „Inanspruchnahme" der Verlustantizipation (Periode X3: T€ 2.400; Periode X4: T€ 600) zu verstehen. Einer gesonderten Buchung dieser „Inanspruchnahme" bedarf es nicht, da diese durch die Höhe der Auftragskosten und damit über den Fertigstellungsgrad systematisch bereits berücksichtigt werden.

Rückstellungen aus Fertigungsaufträgen können ua aus Gewährleistungskos- 82
ten, Nachforderungen oder Vertragsstrafen nach Abschluss der Fertigungszeit erwachsen und werden nach IAS 37 behandelt (IAS 11.45), allerdings muss dabei IAS 37.5(a) beachtet werden. Entspr Kosten vor Abschluss der Fertigungsaufträge sind innerhalb der Auftragskalkulation in die Auftragskosten einzubeziehen. Bei

Anwendung der *cost-to-cost*-Methode sind dabei die Auswirkungen auf den Fertigstellungsgrad des betroffenen Fertigungsauftrags zu berücksichtigen. So führt jede Erhöhung der geplanten Gesamtauftragskosten ceteris paribus zu einer Reduzierung des Fertigstellungsgrads. Dagegen hat eine Erhöhung der Ist-Kosten (bspw aus Verlustantizipation in Form einer Abwertung der betroffenen PoC-Forderung oder infolge einer Rückstellungsbildung) zunächst einen gegenläufigen Effekt auf den Fertigstellungsgrad. Deshalb ist gerade im Fall von Verlustantizipationen sorgfältig zu beurteilen, welche Bestandteile der Ist-Kosten als Schätzgrundlage für den Fertigstellungsgrad heranzuziehen sind, da ansonsten systematisch die Gefahr einer Überbewertung des Fertigungsauftrags besteht.

83 *(einstweilen frei)*

V. Währungsumrechnung

84 Besondere Überlegungen sind anzustellen, wenn Fertigungsaufträge in fremder Währung abgeschlossen werden. Die **Grundproblematik** besteht darin, dass sich die Umsatzrealisierung in diesen Fällen über einen längeren Zeitraum vollzieht.

85 Grds schreibt IAS 21.21 vor, dass beim **erstmaligen Ansatz** eine Umrechnung der relevanten Posten mit dem Kassakurs am Tag des Geschäftsvorfalls zu erfolgen hat. Dieser Kurs ist zB beim Verkauf einer Ware einfach und eindeutig zu bestimmen. Bezogen auf die Bilanzierung von Fertigungsaufträgen bedeutet dies jedoch, dass die Währungsumrechnung mit dem Kassakurs zu dem Zeitpunkt (oder den Zeitpunkten) durchzuführen ist, die in Einklang mit den nach IAS 11 relevanten Zeitpunkten der Erlösrealisierung stehen. Diese hat nach Maßgabe des Auftragsfortschritts zu erfolgen. Hieraus folgt, dass unter dem Gesichtspunkt der Währungsumrechnung

(1) die Bestimmung des umzurechnenden Auftragserlöses in der fremden Währung und

(2) die Umrechnung dieses Fremdwährungsumsatzes in die funktionale Währung mit dem Kassakurs zum jeweiligen Realisierungszeitpunkt vorzunehmen ist.

In der Praxis werden oftmals monatliche **Durchschnittskurse** verwendet; dies ist sachgerecht, wenn innerhalb der jeweiligen Periode die Wechselkursschwankungen nur geringfügig sind (IAS 21.22; zur Zulässigkeit der Verwendung von Durchschnittskursen vgl auch → § 33 Rn 14).

86 Die **Folgebewertung** unterscheidet hinsichtlich der anzuwendenden Umrechnungskurse danach, ob es sich bei den umzurechnenden Vermögenswerten oder Schulden um monetäre oder nicht-monetäre Posten handelt (IAS 21.23). Hierbei ist zu unterscheiden, ob sich aus der Abrechnungs- und Leistungssituation bei einem Fertigungsvertrag ein aktiver oder ein passiver Saldo ergibt:

(1) Ist für einen Fertigungsauftrag ein aktiver Saldo auszuweisen, so repräsentiert der entspr **Vermögenswert** wirtschaftlich den Anspruch auf die zukünftige Zahlung von Fremdwährung für die zwar geleistete, aber noch nicht vergütete Fertigungstätigkeit. Er ist damit grds als **monetärer Posten** zu klassifizieren und mit dem Stichtagskurs am Bilanzstichtag umzurechnen. Durch eine Änderung des Fremdwährungskurses verändert sich damit der Gegenwert dieses monetären Postens, was als Aufwand oder Ertrag zu erfassen ist.

(2) Wird für einen Fertigungsauftrag ein passiver Saldo ausgewiesen, so besteht für das bilanzierende Unternehmen grds eine **Sachleistungsverpflichtung**, die nicht zu einem Abfluss von Zahlungsmitteln in Fremdwährung führt und damit als **nicht-monetärer Posten** einzuordnen ist. Für diese Posten können konzeptionell keine in der Erfolgsrechnung zu berücksichtigenden Um-

rechnungsdifferenzen entstehen, da sie unverändert zum Transaktionskurs umzurechnen sind. Nur in den seltenen Fällen, in denen der passive Saldo tatsächlich zu Rückflüssen finanzieller Mittel an den Auftraggeber führen wird, ist eine Klassifikation als monetärer Posten angezeigt, der zu Umrechnungsdifferenzen führen kann.

Beispiel: Ein deutscher Anlagenbauer wickelt einen Auftrag vom 1. Januar X1 bis zum 31. Dezember X1 für einen amerikanischen Kunden ab, Auftragswert $ 100.000. Fertigstellungsgrad am 30. November X1 = 60%, entspr werden $ 60.000 realisiert. Fertigstellungsgrad am 31. Dezember X1 = 100%, entspr werden $ 100.000 realisiert.

In diesem Zeitraum haben sich die Währungskurse wie folgt entwickelt: 1. Januar bis 30. November X1: Durchschnittskurs € 0,6 = $ 1 (keine Schwankungen in diesem Zeitraum), Dezember X1: Durchschnittskurs € 0,7 = $ 1, 31. Dezember X1: Stichtagskurs € 0,8 = $ 1.

Fall 1: Zahlungseingang zu 100% nach dem 31. Dezember X1.
Die monatlichen Umsätze sind zum jeweiligen Durchschnittskurs umzurechnen:
1. Januar bis 30. November X1: $ 60.000 × 0,6 = € 36.000, Dezember X1: $ 40.000 × 0,7 = € 28.000. Der Gesamterlös beträgt somit € 64.000.

Da die Forderungen aus Fertigungsaufträgen monetäre Posten darstellen, sind sie zum Stichtagskurs am Periodenende umzurechnen. Die Währungsgewinne/-verluste sind nicht innerhalb der Umsatzerlöse, sondern als sonstige Erträge auszuweisen. Zum 31. Dezember X1 ergibt sich nach folgenden Überlegungen ein Währungsgewinn von € 16.000:

Zwischen dem 1. Januar X1 und dem 30. November X1 sind keine Währungsverschiebungen aufgetreten, sodass der in diesem Zeitraum entstandene, zum Durchschnittskurs umgerechnete (nicht fakturierte) Umsatz zum Jahresende zum Stichtagskurs umzurechnen ist. Entspr gilt für den Dezember-Umsatz:
$ 60.000 × (0,8 – 0,6) = € 12.000
$ 40.000 × (0,8 – 0,7) = € 4.000.

Zum 31. Dezember X1 realisiert der Anlagenbauer $ 100.000, die nach dem Stichtagskurs € 80.000 entsprechen. Dies korrespondiert mit dem in Euro umgerechneten Umsatz von € 64.000 und dem Währungsgewinn von € 16.000.

Fall 2: Anzahlung von 100% am 1. Januar X1.
Durch die Anzahlung, die wirtschaftlich einer Vorauszahlung der gesamten Auftragssumme entspricht, entsteht auf Seiten des ausführenden Unternehmens eine Sachleistungsverpflichtung, die im Zuge der Auftragsbearbeitung sukzessive abgebaut wird. Die an den einzelnen Bewertungsstichtagen auszuweisende Restschuld ist als nicht-monetärer Posten nicht zum Stichtagskurs, sondern zum Transaktionskurs umzurechnen. Als Folge dieser Klassifikation entstehen keine Umrechnungsdifferenzen, die zu einem Bestandteil des Gewinns oder Verlusts der Periode werden könnten.

(einstweilen frei) 87

D. Ausweis von Fertigungsaufträgen in Bilanz und Gesamtergebnisrechnung/Gewinn- und Verlustrechnung

IAS 11 enthält keine gesonderten Regelungen hinsichtlich der **bilanziellen** 88
Abbildung von Fertigungsaufträgen. Gleichwohl geben die Angaberegelungen in IAS 11.42 Hinweise auf Ausweis und Darstellung in der Bilanz. Danach sind Fertigungsaufträge mit einem **aktiven Saldo** als **Vermögenswert,** mit einem **passiven Saldo** als **Schuld** anzusetzen. Nach IAS 11.43 beinhaltet der aktive Posten die aktivierbaren Auftragskosten zuzüglich anteiliger Gewinne, gekürzt um die ausgewiesenen kumulierten Verluste und die hieraus gelegten Teilabrechnungen. Ein passiver Saldo ergibt sich dagegen für alle lfd Aufträge, bei denen nach IAS 11.44 die Teilabrechnungen die angefallenen Kosten zuzüglich Gewinnanteile abzüglich ausgewiesener Verluste übersteigen. Eine Verrechnung

aktiver mit passiven Posten bei mehreren Fertigungsaufträgen widerspricht dem **Saldierungsverbot** nach IAS 1.32, sodass in der Bilanz regelmäßig beide Posten zu finden sind.

89 Hinsichtlich der **Zuordnung** der Aktiv- oder Passivposten aus Fertigungsaufträgen zu bestimmten **Bilanzposten** trifft IAS 11 keine Aussage. Entspr dem Grundgedanken der Bilanzierung von Fertigungsaufträgen mit der Maßgabe der Umsatz- und (Teil-)Gewinnrealisierung unabhängig von formalrechtlichen Gesichtspunkten (Abnahme, Gefahrenübergang) überwiegt der Forderungscharakter des **Aktivpostens**; dies führt zu einem Ausweis unter den Forderungen (so auch *IDW* RS HFA 2 Rz 17). Eine Zuordnung zu den Vorräten erscheint dagegen nicht sachgerecht, da nach IAS 2.2(a) Fertigungsaufträge iSv IAS 11 explizit von den Regelungen zu Vorräten ausgenommen sind. Auch die Bilanzierungspraxis folgt nahezu ausnahmslos einem Ausweis unter den Forderungen. Der Ausweis des Postens kann, soweit er einen aktiven Saldo ausweist, zB als **„Künftige Forderungen aus Fertigungsaufträgen“** erfolgen. Das IDW sieht als Postenbezeichnung **„Fertigungsaufträge mit einem aktivischen Saldo ggü Kunden“** vor (vgl *IDW* RS HFA 2 Rz 17). Vereinzelt ist in der Praxis eine Zusammenfassung mit den übrigen Forderungen bei entspr Angabe im Anhang zu finden; diese Ausweismöglichkeit wird vom IDW zwar abgelehnt (vgl *IDW* RS HFA 2 Rz 20), sollte aber bei stark aggregierten Bilanzen grds möglich sein.

90 Für Posten mit **passivem Saldo** ist hinsichtlich des Ausweises zu **differenzieren.** Je nachdem, ob ein passiver Posten auf überhängende Teilabrechnungen oder aber auf eine Verlustantizipation zurückzuführen ist, kommt im Falle eines Bilanzausweises die Zuordnung zu den sonstigen Schulden oder den Rückstellungen in Betracht (zur Abgrenzung sonstiger Schulden von Rückstellungen → § 13 Rn 4f). Im Fall des Überwiegens von Teilabrechnungen als Ursache eines Passivpostens sollte nach überwiegender und auch nach der hier vertretenen Auffassung die Bildung eines gesonderten Postens unter den Schulden, zB als **„Verpflichtungen aus Fertigungsaufträgen“,** erfolgen. In Betracht kommt auch die Postenbezeichnung **„Fertigungsaufträge mit passivem Saldo ggü Kunden“** (vgl *IDW* RS HFA 2 Rz 19). Ist der Passivposten dagegen ausschließlich auf eine Verlustantizipation zurückzuführen, wird ein Ausweis unter den Rückstellungen für möglich gehalten (so auch *ADS* Int Abschn 16 Rz 155; aA zB *Heuser/Theile* Rz 2365).

91 Sind **verschiedene Fertigungsaufträge** mit passivem Saldo, aber **unterschiedlichem Charakter** (Rückstellung bzw Schuld) vorhanden, würde eine dem Charakter der Verpflichtung folgende Zuordnung zu verschiedenen Bilanzposten zu einer Aufsplittung des gem IAS 11.44 für alle Aufträge zusammen anzugebenden Passivpostens führen. Diese spezifische Aufteilung in der Bilanz sollte möglich sein, wenn gleichzeitig die gem IAS 11.44 geforderte zusammengefasste Darstellung des Passivpostens im Anhang gemacht wird.

Eine **Saldierung** von aktiven und passiven Salden aus unterschiedlichen Fertigungsaufträgen ist nicht zulässig (*IDW* RS HFA 2 Rz 19), sie verstößt gegen das Saldierungsverbot des IAS 1.32.

92 Hinsichtlich der von den Auftraggebern geleisteten Beträge unterscheidet IAS 11.41 ausdrücklich zwischen **Teilabrechnungen** entspr dem Leistungsfortschritt *(progress billings),* **Einbehalten** *(retentions)* und **erhaltenen Anzahlungen** *(advances).* Teilabrechnungen sind für eine vertragsgemäß erbrachte Leistung in Rechnung gestellte Beträge. Einbehalte sind Beträge für Teilabrechnungen, die erst bei Erfüllung festgelegter Bedingungen oder bei erfolgter Fehlerbehebung vom Kunden bezahlt werden. Erhaltene Anzahlungen schließlich sind Beträge, die beim Auftragnehmer eingehen, bevor die korrespondierende Leistung erbracht ist. IAS 11.41 geht implizit von Vertragsgestaltungen aus, bei denen frü-

her erhaltene Anzahlungen nach den vertraglichen Regelungen von den späteren Teilabrechnungen entspr dem Leistungsfortschritt offen abgesetzt werden. Teilabrechnungen und erhaltene Anzahlungen werden nach folgenden Grundsätzen ausgewiesen:

93 **Teilabrechnungen,** die vor Fertigstellung des Gesamtauftrags bereits geleistete Auftragsteile zur Abrechnung bringen, sind unabhängig davon, ob bereits eine Zahlung erfolgt ist, von dem PoC-Auftragswert abzuziehen (IAS 11.43(b)). Ist die Zahlung noch nicht eingegangen, erfolgt ein Ausweis des offenen Betrags unter Forderungen aus Lieferungen und Leistungen:

Beispiel:	Auftrag A	Auftrag B
Auftragskosten	80.000	60.000
Realisierter Erfolg		
– Gewinn		5.000
– Verlust	– 10.000	
Teilabrechnungen	– 75.000	– 40.000
Künftige Forderungen aus Fertigungsaufträgen		25.000
Verpflichtungen aus Fertigungsaufträgen	5.000	

94 **Anzahlungen** iSv IAS 11.41 werden dagegen unabhängig vom Leistungsfortschritt als Vorauszahlung auf noch nicht erbrachte Leistungen vereinnahmt. Erhaltene Anzahlungen sind grds als gesonderter Posten in der Bilanz auszuweisen. Sowohl in weiten Teilen der Literatur (zB *Lüdenbach/Hoffmann/Freiberg* IFRS § 18 Rz 73) als auch in der beobachtbaren deutschen Bilanzierungspraxis wird, entgegen dem Wortlaut von IAS 11.43, überwiegend die Auffassung vertreten, dass erhaltene Anzahlungen zunächst gegen den Fertigungsauftrag verrechnet werden könnten, da eine Abgrenzung von Anzahlungen zu Teilabrechnungen in der Praxis größere Schwierigkeiten verursache. Ein noch verbleibender Zahlungsüberhang sei sodann als Verbindlichkeit auszuweisen (ähnlich *Heuser/Theile* Rz 2365).

95 In der **Gesamtergebnisrechnung** (erfolgswirksamer Teil) bzw der gesonderten **GuV** (sofern erstellt) wird gedanklich eine Teilfakturierung unterstellt, indem die erbrachte Leistung als Umsatz gebucht und der Fertigungsaufwand ergebnisbelastend verrechnet wird. Die Erlöse aus Fertigungsaufträgen sind bei den Umsatzerlösen gesondert anzugeben; alternativ kommt eine Anhangangabe in Betracht (*IDW* RS HFA 2 Rz 22).

96 Die Differenz aus Umsatz (ggf einschließlich Gewinnanteil) und Fertigungsaufwand ergibt den anteiligen Gewinn der Periode. IAS 11.22 verlangt dabei die Erfassung der Auftragserlöse und der Auftragskosten jeweils entspr dem Fertigstellungsgrad. Werden zur Ermittlung des Fertigstellungsgrads Methoden verwendet, die sich nicht wie die *cost-to-cost*-Methode an den als Aufwand erfassten Auftragskosten orientieren, so kann zur Darstellung des zutreffenden Periodengewinns eine **Kostenabgrenzung** erforderlich werden. Überschreiten die gebuchten Auftragskosten einer Periode die nach Maßgabe des Fertigstellungsgrads zu verrechnenden Auftragskosten, so ist eine aktive Anpassung, im umgekehrten Fall eine passive Abgrenzung vorzunehmen.

Beispiel: Hinsichtlich der Ermittlung des Fertigstellungsgrads einer innerhalb von drei Perioden zu errichtenden Großanlage wird das *milestones*-Verfahren angewendet. Bei Gesamtkosten von T€ 9.000 wird ein Festpreis von T€ 12.000 vereinbart.

			Periode X1 T€	Periode X2 T€	Periode X3 T€
	Ausgangsdaten				
(1)	Auftragserlöse		12.000	12.000	12.000
(2)	Auftragskosten		9.000	9.000	9.000
(3)	angefallene Auftragskosten		3.000	2.000	4.000
(4)	kumulierte Auftragskosten		3.000	5.000	9.000
(5)	Gesamtgewinn		3.000	3.000	3.000
(6)	Fertigstellungsgrad		20%	70%	100%
	Periodenerfolge				
(7)	Umsatzerlöse		2.400	6.000	3.600
(8)	Auftragskosten		1.800	4.500	2.700
(9)	Periodengewinn		600	1.500	900
(10)	Abgrenzung	aktiv	1.200	–	–
		passiv	–	1.300	–

Die in Periode X1 gebuchten Auftragskosten von T€ 3.000 sind in Höhe von T€ 1.200 mittels eines aktiven Abgrenzungspostens zu neutralisieren (3.000 – 9.000 × 0,2). Dagegen unterschreiten in Periode X2 die kumulierten gebuchten Auftragskosten von T€ 5.000 die nach Maßgabe des Fertigstellungsgrads von 70% zu verrechnenden Auftragskosten von T€ 6.300 (9.000 × 0,7) um T€ 1.300, sodass hier die Bildung eines entspr passiven Abgrenzungspostens erforderlich ist.

97 Die **Anpassung** der gebuchten Auftragskosten an die entspr dem Fertigstellungsgrad auszuweisenden Auftragserlöse und -kosten steht mit IAS 11.22 in Einklang ***(revenue-cost approach)***. Die alternative Vorgehensweise, nämlich eine Anpassung der Umsatzerlöse entspr dem zu verrechnenden Gewinnanteil unter Ansatz der tatsächlichen Kosten vorzunehmen *(gross-profit approach)*, ist dagegen als mit IAS 11.22 nicht vereinbar abzulehnen (so auch *ADS* Int Abschn 16 Rz 161; aA *Seeberg* in Baetge ua IFRS-Komm IAS 11 Rz 43).

98, 99 *(einstweilen frei)*

E. Anwendung von IAS 11 in besonderen Fällen

I. Fertigungsaufträge im Konzernverbund

100 Bei der **Bearbeitung** von Fertigungsaufträgen **durch verschiedene Unternehmen innerhalb eines Konzernverbunds** können sich im Hinblick auf die Darstellung dieser Aufträge in den Einzelabschlüssen einerseits und dem Konzernabschluss andererseits verschiedene Probleme ergeben, die eine entspr Berücksichtigung bzw Anpassungen im Konzernabschluss erfordern.

101 Dies betrifft zunächst Konstellationen, in denen **mehrere Konzernunternehmen** mit einem Dritten **separate Fertigungsaufträge** abschließen, die sich jedoch sämtlich auf ein Großprojekt beziehen. So ist es zB denkbar, dass bei einem Anlagenbauprojekt ein Konzernunternehmen mit der Zuwegung beauftragt wird, ein zweites das Engineering übernimmt und ein drittes mit der eigentlichen Errichtung der Anlage betraut ist.

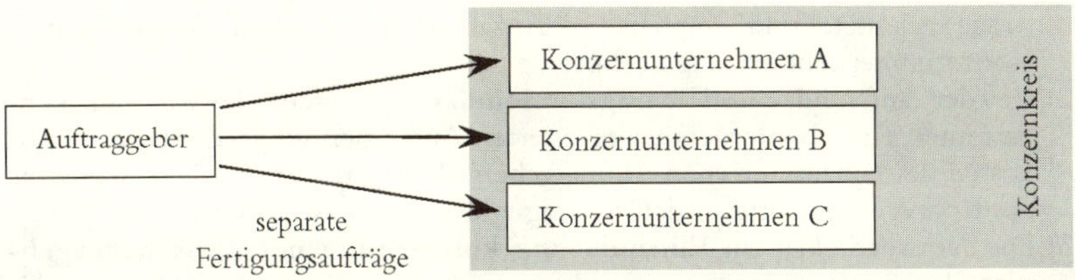

Unter Berücksichtigung der **Einheitstheorie** ist bei diesen Konstellationen zu untersuchen, ob die Fertigungsaufträge der Konzernunternehmen nicht nach IFRS 10.Anhang A zu einem (konzernweiten) Fertigungsauftrag zusammenzufassen sind. Maßstab für die Beurteilung sind wiederum die Kriterien des IAS 11.9 (→ Rn 26), jedoch aus Sicht des Gesamtkonzerns. Eine Zusammenfassung ist dabei nicht immer zwingend: Während bei dem eingangs dargestellten Beispiel eine separate Verhandlung, Preisfindung und Marge für Zuwegung, Engineering und Anlagenerstellung durchaus möglich und eine Zusammenfassung damit nicht vorzunehmen ist, können bspw bei der Lieferung von verschiedenen Anlagenaggregaten durch unterschiedliche Konzernunternehmen die Voraussetzungen für eine Aggregation vorliegen.

Ist eine Zusammenfassung verschiedener Teilaufträge aus Konzernsicht erforderlich, kann es zu Verschiebungen zwischen der Summe der Auftragsergebnisse der verschiedenen Konzernunternehmen und dem Auftragsergebnis aus Konzernsicht kommen. Für dieses Konzern-Auftragsergebnis ist in der Literatur auch der Begriff des **Weltergebnisses des Gesamtauftrags** (vgl *Buhleier* in MüKo BilR IAS 11 Rz 174) geprägt worden. Soweit die Konzernunternehmen unabhängig voneinander Fertigungsleistungen an den beauftragenden Dritten erbringen, ergibt sich keine Notwendigkeit zu Konsolidierungsmaßnahmen im Konzernabschluss.

Dies ändert sich, sobald Liefer- und Leistungsbeziehungen aus Fertigungsaufträgen zwischen den Konzernunternehmen bestehen. So sind Situationen denkbar, in denen **ein Konzernunternehmen** den **Hauptfertigungsauftrag** mit einem konzernfremden Dritten abschließt und an andere Konzernunternehmen **Unterfertigungsaufträge** vergibt. 102

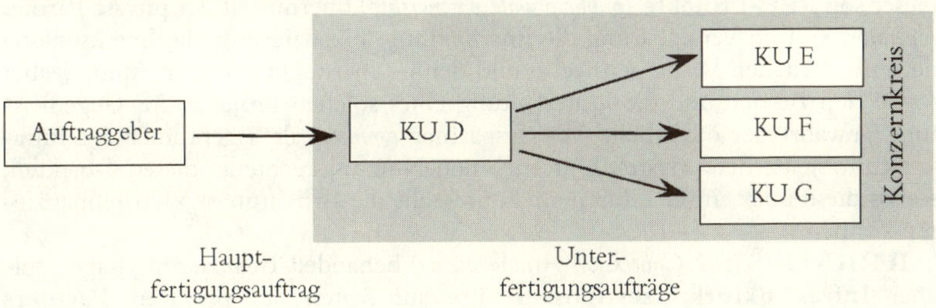

Um diese Fertigungsaufträge aus Gesamtkonzernsicht auf Basis des Grundsatzes der wirtschaftlichen Einheit des Konzerns in IFRS 10.Anhang A zutreffend darzustellen, sind **Konsolidierungsmaßnahmen** im Konzernabschluss zu berücksichtigen, welche konzerninterne Aufwendungen und Erträge, konzerninterne Forderungen und Schulden sowie konzerninterne Zwischenergebnisse eliminieren (IFRS 10.B86(c)):

(1) Im Rahmen der **Schuldenkonsolidierung** werden die aus den konzerninternen Fertigungsaufträgen resultierenden Forderungen und Verbindlichkeiten

sowie geleistete und empfangene Anzahlungen zwischen den beteiligten Konzernunternehmen aufgerechnet.

(2) Bei der **Aufwands- und Ertragskonsolidierung** werden die von dem konzerninternen Subunternehmer realisierten Auftragserlöse gegen die Auftragskosten des konzerninternen Auftraggebers eliminiert, um auf diese Weise die aus Konzernsicht zutreffenden Auftragserlöse und -kosten darzustellen.

(3) Die Notwendigkeit zur **Eliminierung konzerninterner Zwischenergebnisse** bei Fertigungsaufträgen im Konzern kann sich aus zwei unterschiedlichen Sachverhalten ergeben: Zum einen ist eine Zwischenergebniseliminierung vorzunehmen, wenn es Abweichungen bei den Fertigstellungsgraden von Hauptauftrag und konzerninternen Unterfertigungsaufträgen gibt. In diesem Fall lässt sich durch die Addition der Auftragsergebnisse der Konzernunternehmen kein zutreffendes Auftragsergebnis aggregieren. Maßgeblich für die Darstellung des Gesamtauftrags aus Konzernsicht ist vielmehr der konzernweite Fertigstellungsgrad und das konzernweite Gesamtauftragsgesamtergebnis, um daraus das aus Konzernsicht zutreffende Auftragsergebnis der jeweiligen Berichtsperiode bestimmen zu können. Zum anderen ist eine Zwischenergebniseliminierung notwendig, wenn aus Sicht eines oder mehrerer Konzernunternehmen Auftragsverluste aus Sicht dieser Unternehmen unmittelbar und in voller Höhe zu berücksichtigen sind, der Gesamtauftrag aus Konzernsicht jedoch noch profitabel ist. In diesem Fall sind die antizipierten Verluste zu bereinigen.

II. Dienstleistungskonzessionsvereinbarungen nach IFRIC 12

103 Vor dem Hintergrund knapper Mittel der öffentlichen Hand sind in den vergangenen Jahren im Bereich von **Infrastrukturmaßnahmen** zunehmend innovative Vertragskonstruktionen zwischen Privatunternehmen und dem öffentlichen Sektor entstanden. Diese sind darauf gerichtet, an Infrastrukturaufgaben, die traditionell dem öffentlichen Sektor zugewiesen sind – Straßen-, Brücken- und Tunnelbau, Einrichtungen der Wasser- oder Energieversorgung, Krankenhäuser, Gefängnisse etc – auch Privatunternehmen zu beteiligen. Im Rahmen dieser sog **PPP-Projekte** *(public private partnership)* übernimmt der private Partner *(operator)* je nach Vereinbarung die Entwicklung, Finanzierung, die Bereitstellung der erforderlichen Vermögenswerte und deren Übertragung an den Auftraggeber sowie den Betrieb und die Unterhaltung eines solchen Projekts. Als Gegenleistung gewährt der öffentliche Vertragspartner *(grantor)* als Eigentümer der Infrastrukturobjekte den privaten Unternehmen Nutzungsrechte an diesen Objekten, sodass diese über ein Gebührenerhebungsrecht die Errichtungskosten refinanzieren können.

104 **IFRIC 12** *(Service Concession Arrangements)* behandelt Bilanzierungsfragen solcher **Infrastrukturkonzessionsverträge** auf Seiten des **privaten Partners** (Konzessionsnehmers) in den Fällen, in denen dieser die Erstellung der neuen oder die grundlegende Verbesserung einer bereits vorhandenen Infrastruktur im Rahmen eines Fertigungsauftrags iSv IAS 11 übernimmt und diese für einen definierten Zeitraum betreibt und unterhält. Hierfür erhält der Konzessionsnehmer seitens des öffentlichen Vertragspartners eine Vergütung.

Die Anwendung von IFRIC 12 setzt voraus, dass

(1) der öffentliche Partner maßgeblichen Einfluss auf die Art der Dienstleistung, den Empfänger der Dienstleistung und die von den Nutzern der Einrichtung erhobenen Gebühren (IFRIC 12.5(a), IFRIC 12.AG3) hat und

(2) der öffentliche Partner über den Restwert der Einrichtung nach Vertragsablauf verfügen kann; dies beschränkt den Konzessionsnehmer praktisch die Einrichtung zu verkaufen oder zu verpfänden (IFRIC 12.5(b), IFRIC 12.AG4).

Sind diese Voraussetzungen nicht erfüllt, ist zu prüfen, ob die Vereinbarungen zwischen dem Konzessionsgeber und dem Konzessionsnehmer nicht ein **Leasingverhältnis** begründen, das eine Bilanzierung nach IAS 17 erfordert (IFRIC 12.AG8).

Typische Merkmale von nach IFRIC 12 zu behandelnden Dienstleistungskonzessionsvereinbarungen sind ferner (IFRIC 12.3): **105**

(1) der private Partner ist wesentlich für die Leitung des Infrastrukturprojekts verantwortlich,

(2) der Vertrag legt den Preis sowie Modalitäten zu Preisanpassungen fest oder

(3) der private Partner ist verpflichtet, die Einrichtung am Ende der Vertragslaufzeit in einem festgelegten Zustand an den öffentlichen Vertragspartner zurückzugeben.

Hinsichtlich der Bilanzierung von unter IFRIC 12 fallenden Dienstleistungskonzessionsverträgen sind die **Errichtungsphase** und die **Betriebsphase** zu unterscheiden. **106**

Die im Rahmen der **Errichtungsphase** entstehenden Umsätze und Aufwendungen sind nach IAS 11 zu behandeln und im Jahresabschluss mittels der PoC-Methode abzubilden (IFRIC 12.14). Dabei sind allerdings Rückwirkungen aus der Beurteilung der späteren Betriebsphase insoweit zu berücksichtigen, dass die erbrachten Fertigungsleistungen bei Anwendbarkeit von IFRIC 12 nicht zur Entstehung einer PoC-Forderung im üblichen Sinne führen, sondern Anschaffungskosten eines finanziellen bzw eines immateriellen Vermögenswerts im Rahmen des jeweils zur Anwendung gelangenden Modells nach IFRIC 12 sind. Sieht der Vertrag ein unbedingtes Recht auf Zahlung durch den **öffentlichen Partner** für die Errichtung und den Betrieb des Infrastrukturprojekts vor, so ist diese Gegenleistung beim Konzessionsnehmer im Zuge der Errichtungsphase als **finanzieller Vermögenswert** zu bilanzieren (*financial asset model,* IFRIC 12.16, IFRIC 12.23 ff, IFRIC 12.BC37). Sind hingegen die **Nutzer** des Infrastrukturprojekts zur Zahlung von **Nutzungsentgelten** verpflichtet, ist das seitens des öffentlichen Partners eingeräumte Recht/die Lizenz, Nutzungsgebühren zu erheben, in der Errichtungsphase als ein **immaterieller Vermögenswert** zu behandeln (*intangible asset model,* IFRIC 12.17 und IFRIC 12.26).

Die je nach Vertragsgestaltung differenzierte Betrachtung setzt sich in der **Betriebsphase** fort: Danach tilgen die im Laufe der Betriebsphase anfallenden Einnahmen beim *financial asset model* den finanziellen Vermögenswert, der während der Errichtungsphase entstanden ist. Im Fall des *intangible asset model* ist hingegen das Recht über die Laufzeit des Vertrags abzuschreiben. Dagegen stehen Erlöse aus dem PoC-Auftrag und aus den Nutzungsentgelten. **107**

Schließlich sind Konstellationen denkbar, nach denen ein Vertrag sowohl zu einem **finanziellen** als auch zu einem **immateriellen Vermögenswert** führt (IFRIC 12.18): Garantiert der Konzessionsgeber Mindesteinnahmen für im Übrigen von den Nutzern der Infrastruktur aufzubringende Entgelte, so ist für die kapitalisierten Mindesteinnahmen von einem finanziellen Vermögenswert, für die darüber hinausgehenden Ertragserwartungen dagegen von einem immateriellen Vermögenswert auszugehen (*Lüdenbach/Hoffmann/Freiberg* IFRS § 18 Rz 66). **108**

Die Erfassung von **Erlösen** und **Kosten** für **Dienstleistungen** im Rahmen des Betriebs der Einrichtung richtet sich nach IAS 18 (IFRIC 12.20). Oftmals **109** beinhalten die Vertragsvereinbarungen eine Verpflichtung des Konzessionsnehmers, die Infrastruktureinrichtung instand zu halten oder sie am Ende der Vertragslaufzeit in einem definierten Zustand zu übergeben. Hierfür sind nach den Regeln von IAS 37 **Rückstellungen** zu bilden (IFRIC 12.21).

Im Hinblick auf die Behandlung von **Fremdkapitalkosten** ist gem IFRIC 12.22 zu differenzieren: Soweit diese in der Errichtungsphase auf einen finanziellen Vermögenswert entfallen, sind sie sofort aufwandswirksam in der Periode ihres Entstehens zu erfassen. Beziehen sich die Fremdkapitalkosten hingegen auf den Zeitraum der Erstellung eines immateriellen Vermögenswerts, so sind sie gem den Vorschriften des IAS 23 in den Bilanzansatz dieses Vermögenswerts einzubeziehen. Bei Anwendung der *cost-to-cost*-Methode sind diese Fremdkapitalkosten darüber hinaus als leistungsbezogene Auftragskosten bei der Ermittlung des Fertigstellungsgrads zu berücksichtigen.

110 Hinsichtlich der **Folgebilanzierung** sind für einen im Rahmen von IFRIC 12 bilanzierten finanziellen Vermögenswert die Regelungen von IAS 32, IAS 39 sowie IFRS 7 anwendbar (IFRIC 12.23). Dies impliziert insbes auch die Einordnung des Vermögenswerts in die Kategorien für finanzielle Vermögenswerte nach IAS 39.45. Obwohl IFRIC 12.24 hierbei explizit die Möglichkeit der Einstufung als zur Veräußerung verfügbarer Vermögenswert sowie die Möglichkeit der Ausübung der *fair value option* vorsieht, dürfte aufgrund der Ausgestaltung der zugrunde liegenden Konzessionsvereinbarung überwiegend von einer Einordnung in die Kategorie „Kredite und Forderungen" auszugehen sein. Führt die Bilanzierung nach IFRIC 12 hingegen zum Ansatz eines immateriellen Vermögenswerts, so sind für diesen die Regelungen des IAS 38 anwendbar (IFRIC 12.26).

Beispiel (Grundsachverhalt): Eine Kommune vergibt den Bau eines Tunnels an die private Tube AG; dieser obliegen Bau und Finanzierung dieses Projekts. Die kalkulierten Baukosten belaufen sich auf T€ 2.000, der kalkulatorische Gewinnaufschlag beträgt 12%. Die Vertragsdauer beläuft sich auf 6 Jahre nach Errichtung und Inbetriebnahme, die annahmegemäß innerhalb eines Jahres (X1) abgeschlossen sind. Nach Vertragsablauf geht der Tunnel ohne Entschädigung auf die Kommune über. Die Voraussetzungen für eine Einordnung des Vertrags unter IFRIC 12 sollen vorliegen.

Fall 1 *(financial asset model):* Als Gegenleistung erhält die Tube AG für die Vertragslaufzeit jährliche Zahlungen von T€ 484, insgesamt also T€ 2.904. Der Kalkulationszinssatz beträgt 8%. Die Forderung entwickelt sich in der **Bilanz** danach wie folgt (vgl auch das ausführliche Beispiel in IFRIC 12.IE8 ff):

(1) Ausweis eines finanziellen Vermögenswerts von T€ 2.240 entspr der Fertigstellung des Tunnels im Jahr X1 unter Realisierung des Gewinns von T€ 240.

(2) Verrechnung der Forderung in den Jahren X2 bis X7 mit den jährlichen (annuitätischen) Zahlungen unter Berücksichtigung der vorzunehmenden Aufzinsung der Forderung.

Bilanz							
Jahr	X1	X2	X3	X4	X5	X6	X7
Forderung 1.1.		2.240	1.935	1.606	1.249	864	449
Zahlung		– 484	– 484	– 484	– 484	– 484	– 484
Aufzinsung		179	155	127	99	69	35
Forderung 31.12.	2.240	1.935	1.606	1.249	864	449	0

In der **Gesamtergebnisrechnung** bzw der gesonderten **GuV** (sofern erstellt) wird bei den Erlösen zum Ende des ersten Jahrs ein Umsatz aus PoC-Aufträgen von T€ 2.240 ausgewiesen; in den Jahren X2 bis X7 wird der Ertrag aus der Aufzinsung der Forderung von insgesamt T€ 664 vereinnahmt. Die Summe aus Umsatzerlös und Zinsertrag entspricht mit T€ 2.904 den erzielten Einnahmen.

Gesamtergebnisrechnung/GuV								
Jahr	X1	X2	X3	X4	X5	X6	X7	Gesamt
PoC-Umsatz	2.240							2.240
Zinsertrag		179	155	127	99	69	35	664
								2.904

Fall 2 ***(intangible asset model):*** Die Kommune räumt der Tube AG als Gegenleistung für die Errichtung und den Betrieb des Tunnels das Recht ein, für eine Laufzeit von 6 Jahren von den Nutzern des Tunnels Mautgebühren in einer kalkulierten Gesamtsumme von T€ 2.904 zu erheben. Die **bilanzielle** Behandlung des PoC-Auftrags hat nunmehr zu berücksichtigen, dass die Tube AG durch die Fertigstellung des Tunnels einen durch die Fertigungsleistung begründeten immateriellen Vermögenswert erwirbt, nämlich das Recht, Mautgebühren zu erheben. Dieser immaterielle Vermögenswert ist über die 6-jährige Vertragslaufzeit abzuschreiben.

Bilanz							
Jahr	X1	X2	X3	X4	X5	X6	X7
Immaterielles Vermögen 1.1.		2.240	1.867	1.494	1.121	748	375
Abschreibung		– 373	– 373	– 373	– 373	– 373	– 375
Immaterielles Vermögen 31.12.	2.240	1.867	1.494	1.121	748	375	0

In der **Gesamtergebnisrechnung** bzw der gesonderten **GuV** (sofern erstellt) werden neben dem PoC-Umsatz von T€ 2.240 auch die jährlichen Mauterlöse von T€ 484 sowie gegenläufig die Abschreibung des immateriellen Vermögenswerts wirksam.

Gesamtergebnisrechnung/GuV								
Jahr	X1	X2	X3	X4	X5	X6	X7	Gesamt
PoC-Umsatz	2.240							2.240
Mautgebühren		484	484	484	484	484	484	2.904
Abschreibung		– 373	– 373	– 373	– 373	– 373	– 375	– 2.240
								2.904

In diesem Beispiel wurde vereinfachend unterstellt, dass Errichtung und Inbetriebnahme vollständig in der Periode X1 abgeschlossen werden. Sollte sich die **Errichtung,** wie bei größeren Infrastrukturprojekten regelmäßig, **über mehr als eine Periode** erstrecken, so baut sich über die Errichtungsphase je nach angewandtem Modell entweder ein finanzieller oder ein immaterieller Vermögenswert nach Maßgabe des jeweiligen Fertigstellungsgrads nach den allgemeinen Regelungen der Bilanzierung von Fertigungsaufträgen des IAS 11 auf. Die zuvor dargestellten Effekte während der Betriebsphase bleiben davon unberührt.

III. Vereinbarungen über die Errichtung von Immobilien nach IFRIC 15

Bei der Anwendung der Regelungen des IAS 11 durch Unternehmen der Bauwirtschaft stellte das IFRSIC in der Praxis uneinheitliche Vorgehensweisen hinsichtlich der bilanziellen Behandlung des **Verkaufs von Immobilien** in solchen Fällen fest, in denen bei Vertragsabschluss das **Bauvorhaben noch nicht abgeschlossen** oder noch gar nicht begonnen wurde (IFRIC 15.BC14ff). Die als Reaktion darauf am 3. Juli 2008 veröffentlichte Interpretation IFRIC 15 zeigt die Leitlinien auf, nach denen zu entscheiden ist, ob die jeweilige Vereinbarung in den Anwendungsbereich des IAS 11 Fertigungsaufträge oder des IAS 18 Umsatzerlöse fällt und wann die Umsatzrealisierung zu erfolgen hat (IFRIC 15.6; 111

→ § 15 Rn 43). Entspr des Interpretationscharakters stellt IFRIC 15 dabei keine neuen Regelungen hinsichtlich der Abgrenzung von Fertigungsaufträgen auf, sondern spezifiziert die bereits in IAS 11 enthaltenen Voraussetzungen für das Vorliegen eines Fertigungsauftrags für die hier relevanten Vereinbarungen in der Bauwirtschaft, um eine einheitliche Bilanzierungspraxis sicherzustellen.

112 Als **Fertigungsauftrag iSv IAS 11** sind Vereinbarungen über die Errichtung einer Immobilie dann anzusehen, wenn der **Käufer** vertraglich in der Lage ist, die **strukturellen Hauptelemente** des Bauplans vor Baubeginn oder die Änderung wesentlicher Elemente nach Baubeginn zu **bestimmen.** Unerheblich ist dabei, ob er von dieser Einflussmöglichkeit tatsächlich Gebrauch macht, die vertraglich begründete Möglichkeit einer solchen reicht aus. Allerdings fehlt in der Interpretation eine konkrete Abgrenzung des Begriffs der „strukturellen Hauptelemente", sodass sich im Einzelfall ein erheblicher Ermessensspielraum hinsichtlich dieser Elemente ergeben kann (vgl *Oversberg* PiR 2008, 247 (250)). In der Praxis des Wohnungsbau- und Projektentwicklungsgeschäfts haben sich die Raumaufteilung, Heizung/Lüftung und die Infrastruktur (Strom, Gas, Wasser, etc) eines Objekts als dessen Hauptelemente herausgebildet. Hat der Käufer wesentlichen Einfluss auf diese Elemente, erfolgt die Bilanzierung des Fertigungsauftrags, ggf einschließlich der hiermit in unmittelbarem Zusammenhang stehenden Verträge für weitere Dienstleistungen, entspr den Regeln von IAS 11 (Anwendung der PoC-Methode), sofern die erforderlichen Schätzungen des Baufortschritts und der Kosten verlässlich erfolgen können (IFRIC 15.11 und IFRIC 15.13).

113 Dagegen ist die **Anwendung von IAS 18** geboten, wenn dem **Erwerber** die **Rechte** zur Einflussnahme auf die strukturellen Hauptelemente **nicht zustehen.** Dies betrifft Verträge, bei denen der Käufer nur in einem untergeordneten Maß oder gar keinen Einfluss auf die Gestaltung nehmen kann, zB durch die Möglichkeit der Auswahl von Ausstattungselementen aus einem vom Verkäufer vorgegebenen Katalog (IFRIC 15.12). Diese Fälle scheiden aus dem Anwendungsbereich des IAS 11 aus. Für sie ist in einer zweiten Stufe jedoch zu prüfen, ob die vertragliche Vereinbarung als ein **reiner Dienstleistungsvertrag** iSv IAS 18 zu beurteilen ist. Dies kann der Fall sein, wenn der Vertrag den Kauf und die Bereitstellung der Baumaterialien nicht mit einschließt. Die bilanzielle Abbildung hat dann nach IAS 18.20 zu erfolgen, der eine Umsatzrealisierung nach Auftragsfortschritt (entspr IAS 11) fordert (IFRIC 15.15). Damit kommt auch in diesen Fällen die PoC-Methode zur Anwendung, allerdings lediglich in analoger Anwendung der Vorschriften des IAS 11. Umfasst der Vertrag aber sowohl die Bereitstellung der Materialien als auch die Errichtung der Immobilie, handelt es sich hingegen grds um eine **reine Lieferung,** auf welche die Grundsätze von IAS 18.14 anzuwenden sind. Dies bedeutet, dass die Umsatz- und Ergebnisrealisierung im Zeitpunkt der Verschaffung der Verfügungsmacht und des Übergangs der Rechte und Pflichten auf den Käufer vorzunehmen ist; eine Realisierung nach dem Leistungsfortschritt scheidet insoweit aus (IFRIC 15.16 und IFRIC 15.18).

114 Obwohl der IASB mit der Veröffentlichung von IFRS 15 zu einer **Vereinheitlichung der Bilanzierungspraxis** beitragen wollte, ist **fraglich,** ob dies in substanziellem Umfang gelungen ist. Zwar stellt IFRIC 15 klar, dass ein kundenspezifischer Vertrag Voraussetzung für die Anwendung der Regelungen des IAS 11 ist. Ohne Kundenvertrag scheidet die Anwendung der PoC-Methode somit regelmäßig aus. Andererseits eröffnen die Formulierungen der Interpretation neue Ermessens- und Beurteilungsspielräume, die in IFRIC 15.10 explizit anerkannt werden. Neben den dargestellten Unschärfen im Bereich der Abgrenzung der strukturellen Hauptelemente eines Bauplans bestehen weiterhin Unsi-

cherheiten bei der Abgrenzung der Betrachtungseinheit *(unit of account)* sowie der Ausstrahlungswirkung der Regelungen auf Verträge außerhalb der Bauwirtschaft aufgrund des Hinweises in IFRIC 15.BC6 (vgl *Lüdenbach/Hoffmann/Freiberg* IFRS § 18 Rz 16).

(einstweilen frei) 115

F. Angaben im Anhang

Folgende Angaben sind, sofern nicht aus Bilanz oder Gesamtergebnisrechnung bzw gesonderter GuV (sofern erstellt) unmittelbar ersichtlich, im **Anhang** zu machen: 116

(1) die in der Berichtsperiode erfassten Erlöse aus Fertigungsaufträgen (IAS 11.39(a)),
(2) die Methoden zur Ermittlung der in der Berichtsperiode erfassten Erlöse aus Fertigungsaufträgen (IAS 11.39(b)), dh Anwendung der PoC-Methode und/oder der *zero-profit*-Methode,
(3) die Methoden zur Ermittlung des Fertigstellungsgrads der lfd Projekte (IAS 11.39(c)).

Zu lfd Projekten sind nach IAS 11.40 zusätzlich folgende Angaben zu machen:

(4) die kumulierten angefallenen Kosten und realisierten Gewinne (abzüglich geschätzter Verluste) für lfd Projekte (IAS 11.40(a)),
(5) der Betrag erhaltener Anzahlungen für lfd Projekte (IAS 11.40(b)),
(6) Beträge für Einbehalte lfd Projekte, die dem Kunden in Rechnung gestellt wurden und erst bei der Erfüllung bestimmter Voraussetzungen oder nach erfolgter Fehlerbehebung fällig werden (IAS 11.40(c)).

Weiterhin sind nach IAS 11.42 folgende Angaben von einem Unternehmen zu machen, die aber idR durch den Ausweis entspr Bilanzposten erfüllt sind (→ Rn 88 ff):

(7) als Vermögenswert sind Aufträge ggü dem Kunden mit aktivem Saldo anzugeben und
(8) Aufträge mit passivem Saldo sind als Schulden auszuweisen.

Darüber hinaus können sich **weitere Angabepflichten** hinsichtlich der mit Fertigungsaufträgen in Verbindung stehenden Rückstellungen, Eventualschulden und -forderungen (Gewährleistungen, Vertragsstrafen etc) ergeben. Es wird auf die entspr Angabepflichten aus IAS 37 verwiesen. 117

Nachfolgend wird **ein Beispiel** für die Pflichtangaben sowie deren betragsmäßige Ermittlung dargestellt. 118

Beispiel: Ein Anlagenbauer hat in der Periode X1 drei Aufträge in Bearbeitung, die in Folgeperioden zum Abschluss kommen werden. Es ist von folgenden Daten auszugehen:

	A T€	B T€	C T€	Gesamt T€
Auftragserlöse	100.000	80.000	80.000	260.000
Angefallene Auftragskosten	80.000	50.000	80.000	210.000
Realisierte Gewinne	20.000	–	–	20.000
Verrechnete Verluste	–	30.000	15.000	45.000
Teilabrechnungen	70.000	–	–	70.000
Abschlagszahlungen	–	40.000	–	40.000
Erhaltene Anzahlungen	–	–	30.000	30.000

Aus den vorstehenden Angaben lassen sich die nachstehenden Angabepflichten ableiten; auf die Nennung qualitativer Angaben (zB Methoden zur Ermittlung des Fertigstellungsgrads) wird hier verzichtet.

IAS 11	Angaben	Betrag T€
39(a)	In Periode X1 erfasste Auftragserlöse	260.000
40(a)	In Periode X1 angefallene Auftragskosten und ausgewiesene Gewinne abzüglich ausgewiesener Verluste	185.000
40(b)	Erhaltene Anzahlungen	30.000
42(a)	Fertigungsaufträge mit aktivem Saldo ggü Kunden	95.000
42(b)	Fertigungsaufträge mit passivem Saldo ggü Kunden	– 20.000

Die Berechnung der vorstehenden Betragsangaben ist nachstehender Tabelle zu entnehmen:

	A T€	B T€	C T€	Gesamt T€
Angefallene Auftragskosten	80.000	50.000	80.000	210.000
Ausgewiesene Gewinne	20.000	–	–	20.000
Ausgewiesene Verluste	–	– 30.000	– 15.000	– 45.000
	100.000	20.000	65.000	185.000
Teilabrechnungen, Abschlagszahlungen	70.000	40.000	–	110.000
Fertigungsaufträge mit aktivem Saldo	30.000		65.000	95.000
Fertigungsaufträge mit passivem Saldo	–	– 20.000	–	– 20.000

119 Die Angabe gem IAS 11.39(a) im Anhang ist **entbehrlich,** soweit die Periodenerlöse aus der Auftragsfertigung in der Gesamtergebnisrechnung bzw gesonderten GuV (sofern erstellt) separat ausgewiesen werden. Entspr gilt für die Angaben gem IAS 11.42(a) und IAS 11.42(b), soweit die Aktiv- und Passivposten in der Bilanz zB als „künftige Forderungen aus Fertigungsaufträgen" oder „Verpflichtungen aus Fertigungsaufträgen" ausgewiesen werden (→ Rn 89f).

Da es bei Fertigungsaufträgen im Zeitablauf regelmäßig zu einer Aktualisierung der Erlös- und Kostenschätzungen kommt (→ Rn 75), sind außerdem Angaben zu Art und Betrag dieser **Schätzungsänderungen** nach IAS 8.39 in den Anhang aufzunehmen. Eine Undurchführbarkeit der Quantifizierung der Auswirkungen iSv IAS 8.40 wird dabei regelmäßig auszuschließen sein, da die Verlässlichkeit der Schätzung Voraussetzung für die Anwendbarkeit der PoC-Methode ist. Bei einem wesentlichen Anteil von Fertigungsaufträgen an der Gesamtunternehmensleistung sind darüber hinaus Angaben zu Fertigungsaufträgen innerhalb der Ausführungen zu **Quellen von Schätzungsunsicherheiten** nach IAS 1.125ff in den Anhang aufzunehmen.

G. Latente Steuern

120 Das deutsche Handels- und Steuerrecht ist hinsichtlich der Umsatz- und Ertragsrealisierung vom **Realisationsprinzip** getragen. Danach kann der gesamte Gewinn eines Fertigungsauftrags erst im Zeitpunkt der Fertigstellung mit Gefahrenübergang auf den Kunden realisiert werden. Nach IAS 11 ist dagegen über die Anwendung der PoC-Methode eine anteilige Gewinnrealisierung entspr dem Auftragsfortschritt vorzunehmen. Es kommt damit zu einem höheren Bilanzausweis parallel zur vorgezogenen (anteiligen) Gewinnrealisierung. Unabhängig von der Benennung und Zuordnung des Aktivpostens für Fertigungsaufträge (→ Rn 89) weichen damit steuerlicher Buchwert und IFRS-Wertansatz voneinander ab. Diese **temporären Differenzen** führen zum Ansatz eines **Passivpostens** für latente Steuern (→ § 25 Rn 55f).

Bei **Verlustaufträgen** ist sowohl nach IAS 11 als auch nach den handelsrecht- 121
lichen Vorschriften des HGB der voraussichtliche Verlust sofort in die Bilanzierung einzubeziehen. Jedoch sind nach Auffassung der Finanzverwaltung Auftragsverluste nur begrenzt zu berücksichtigen. Soweit Fertigungsaufträge zum Bilanzstichtag angearbeitet sind, ist ein voraussichtlicher Auftragsverlust lediglich in Höhe des Aktivpostens als Teilwertabschreibung zu erfassen (vgl *BFH* Urteil vom 7.9.2005, VIII R/03, BStBl II 2006, 299). Die Bildung einer **Rückstellung für drohende Verluste** aus schwebenden Geschäften für über die aktive Kürzung hinausgehende Verlustbeträge ist steuerlich nicht gestattet. Die von der steuerlichen Vorgehensweise abweichende vollständige Verlusterfassung im IFRS-Abschluss führt zur Abgrenzung eines **aktiven latenten Steueranspruchs** (→ § 25 Rn 47ff).

(einstweilen frei) 122–129

H. Fertigungsaufträge nach IFRS 15

I. Grundlagen der Erlösrealisation nach IFRS 15

Obwohl die Regelungen des IAS 11 in verschiedenen Bereichen mit den all- 130
gemeinen Erlösrealisationsvorschriften des IAS 18 verknüpft sind, stellen sie konzeptionell Sonderregelungen für die Erlöserfassung von Fertigungsaufträgen dar. Der allgemeinen Zielsetzung der IFRS als prinzipienbasierte Standards folgend, hatte sich der IASB im Zusammenhang mit der Aufnahme eines Projekts zur Überarbeitung der Erlösrealisation in seinen Projektplan im Juni 2001 für eine **Integration der bisherigen Sonderregelungen** in ein allgemeines und einheitliches System entschieden. Nach einem sehr langwierigen Projektverlauf mit zwei kontrovers diskutierten Standardentwürfen wurde als Ergebnis im Mai 2014 IFRS 15 „Erlöse aus Verträgen mit Kunden" veröffentlicht. Dieser Standard ersetzt neben IAS 11 und IAS 18 auch IFRIC 15 und führt darüber hinaus zu Änderungen an IFRIC 12.

Im Folgenden wird zunächst kurz auf das dem neuen Standard zugrunde liegende Realisationsmodell eingegangen und anschließend werden die zentralen Punkte zur Erlösrealisation bei Fertigungsaufträgen dargestellt. Eine detaillierte Darstellung auch der übrigen Bestandteile des Standards findet sich in → § 15 Rn 46ff.

Mit IFRS 15 führt der IASB als konzeptionell neue Grundlage der Erlösreali- 131
sation den Begriff der **Leistungsverpflichtung** ein. Eine Leistungsverpflichtung ist dabei ein einklagbares Versprechen in einem Kundenvertrag, eine Ware zu übertragen oder eine Dienstleistung zu erbringen. Mit Abschluss einer vertraglichen Vereinbarung werden **Leistungsverpflichtungen** auf Seiten des **Verkäufers** und eine **Vergütungsverpflichtung** auf Seiten des **Käufers** begründet:

(1) Der Verkäufer verpflichtet sich zur Lieferung eines oder mehrerer Güter oder zur Erbringung einer oder mehrerer Dienstleistungen.
(2) Der Käufer verpflichtet sich im Gegenzug zur Abnahme und zur Zahlung der vereinbarten Vergütung.

132 Erlöse aus dem Vertragsverhältnis werden beim Leistungserbringer im Zeitablauf in dem Umfang realisiert, indem aus der Erfüllung seiner Leistungsverpflichtung(en) ein Anspruch auf die vereinbarte Zahlung durch den Kunden entsteht. Damit ergibt sich zu jedem Zeitpunkt eine **Nettovertragsposition** des Leistenden, die bilanziell den Stand der Vertragserfüllung abbildet. Übersteigt die abgeleistete Leistungsverpflichtung den bis zu diesem Zeitpunkt vereinnahmten Betrag, ergibt sich ein Vermögenswert als Nettovertragsposition, im umgekehrten Fall eine Schuld (vgl *Morich* DB 2014, 1997 (2002f)). Dieser Zusammenhang kann wie folgt grafisch dargestellt werden:

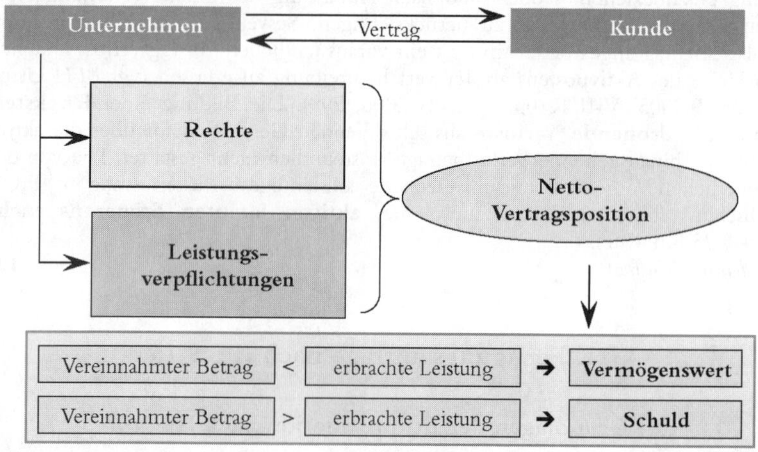

133 Damit richtet sich der Standard konzeptionell vollständig an dem vom IASB präferierten **Vermögenswert/Schuld-Konzept** *(asset/liability-approach)* aus. Die Erlösrealisation folgt darüber hinaus dem *control*-Konzept des IASB: Der Realisationszeitpunkt für Erträge wird durch den Übergang der Beherrschungsmacht *(control)* über einen Gegenstand oder eine sonstige Leistung auf den Kunden determiniert.

134 Zur Operationalisierung dieses Konzepts werden in IFRS 15.IN7 **fünf Schritte** vorgegeben, die im Zuge der Erfassung von Erlösen zu berücksichtigen sind:

(1) Identifizierung von Verträgen mit Kunden,
(2) Identifizierung einer oder mehrerer Leistungsverpflichtungen aus dem Vertrag,
(3) Bestimmung des Transaktionspreises,
(4) Aufteilung des Transaktionspreises auf mehrere Leistungsverpflichtungen (wenn zutreffend) und
(5) Ertragsrealisation zum Zeitpunkt der Erfüllung der Leistungsverpflichtung(en).

135 Im Rahmen der **Identifizierung von Kundenverträgen** wird zunächst der Vertragsbegriff bestimmt. Nach IFRS 15.Anhang A ist ein Vertrag eine Vereinbarung zwischen zwei oder mehr Parteien, mit der durchsetzbare Rechte und Pflichten entstehen. Dabei ist es grds unerheblich, welche Form ein Vertrag hat, auch mündliche Verträge sind durch die Abgrenzung mit abgedeckt. Ein Vertrag kann gem IFRS 15.9 jedoch nur dann zu einer Erlösrealisation führen, wenn die folgenden Kriterien kumulativ erfüllt sind:

(1) Die Vertragsparteien haben den Vertrag angenommen und sich verpflichtet, ihre vertraglichen Pflichten zu erfüllen;

(2) für jede Vertragspartei können die entspr Rechte bzgl der zu übertragenden Güter oder der zu erbringenden Dienstleistungen identifiziert werden;
(3) die Zahlungsbedingungen für die zu übertragenden Güter oder die zu erbringenden Dienstleistungen können identifiziert werden;
(4) der Vertrag hat wirtschaftliche Substanz, dh das Risiko, der Zeitpunkt oder die Höhe der künftigen Cashflows des Unternehmens wird sich infolge des Vertrags voraussichtlich ändern; und
(5) es ist wahrscheinlich, dass das Unternehmen die Gegenleistung, auf die es im Tausch für die auf den Kunden zu übertragenden Güter oder Dienstleistungen Anspruch hat, erhalten wird.

136 Eine **aggregierte Betrachtung** mehrerer Verträge als ein Vertrag ist möglich, wenn die Verträge zur Erreichung eines gemeinschaftlichen Zwecks abgeschlossen wurden, die Höhe des Entgelts für die Güter oder Dienstleistungen eines Vertrags von denen eines anderen Vertrags abhängig sind oder mit verschiedenen Verträgen lediglich eine gemeinsame Leistungsverpflichtung abgedeckt wird (vgl *Fischer* PiR 2014, 253 (253)). Im Zusammenhang mit Fertigungsaufträgen werden damit im Ergebnis viele der bisher nach IAS 11 vorgenommenen Aggregationskriterien (→ Rn 26f) auch zu einer Vertragszusammenfassung nach IFRS 15 führen. Vorgaben zur **Segregation** von Verträgen sind hingegen im Standard nicht enthalten. Sie sind konzeptionell entbehrlich, da auf einzelne Leistungsverpflichtungen und deren Erfüllung abgestellt wird. Enthält ein Vertrag mehr als eine Leistungsverpflichtung, so erfolgt eine Segregation implizit bereits durch die Differenzierung der Leistungsverpflichtungen. Dagegen enthält der Standard umfangreiche Vorgaben, wann eine Vertragsmodifikation zu einer Anpassung der Leistungsverpflichtung innerhalb des bestehenden Vertrags oder zu einem neuen Vertragsverhältnis führt.

137 Jeder Kundenvertrag ist im Hinblick auf die **Identifikation von Leistungsverpflichtungen** zu analysieren. Sind mehrere Leistungsverpflichtungen in einem Vertrag enthalten, so sind sie separat zu bilanzieren, wenn die betroffenen Güter oder Leistungen verschieden *(distinct)* sind. Dies ist nach IFRS 15.27 dann der Fall, wenn der Kunde aus den Gütern oder Dienstleistungen (einzeln oder zusammen mit anderen jederzeit verfügbaren Ressourcen) Nutzen ziehen kann und die Zusage des Unternehmens, das Gut bzw die Dienstleistung auf den Kunden zu übertragen, gesondert von anderen Zusagen aus dem Vertrag identifiziert werden kann. Aus Vereinfachungsgründen können verschiedene Leistungsverpflichtungen, die nach der zuvor genannten Regelung grds trennungspflichtig wären, dennoch zu einer **einheitlichen Leistungsverpflichtung zusammengefasst** werden, wenn einer der beiden folgenden Ausnahmetatbestände gegeben ist:
(1) Die Güter oder Dienstleistungen können als „Leistungsbündel" betrachtet werden, wenn sie untereinander in einer engen Verknüpfung stehen und das berichtende Unternehmen eine wesentliche Dienstleistung erbringt, in der es die Bestandteile zu einer einheitlichen Leistung verarbeitet sowie die Güter und/oder Dienstleistungen in erheblichem Umfang für die Vertragserfüllung angepasst werden. Dies dürfte für viele Fertigungsverträge im Bereich der Bauwirtschaft oder im Maschinenbau zutreffen.
(2) Zwei oder mehr einzeln abgrenzbare Güter und/oder Dienstleistungen können zu einer einheitlichen Leistungsverpflichtung zusammengefasst werden, wenn die zeitliche Struktur der Übertragung der Beherrschungsmacht identisch ist.

138 Bei der **Bestimmung des Transaktionspreises,** also der Höhe des insgesamt zu realisierenden Betrags, ist von den vertraglichen Regelungen auszugehen. Darüber hinaus ist bei Schätzungen ggf auch die Geschäftspraxis mit zu berücksichtigen. Explizit sieht der Standard folgende Faktoren vor, die bei der Ermittlung mit einfließen sollen:

(1) variable Vergütungsbestandteile,
(2) begrenzende Faktoren bei der Schätzung variabler Vergütungsbestandteile,
(3) die Existenz von wesentlichen Finanzierungskomponenten im Vertrag,
(4) nicht zahlungswirksame Gegenleistungen des Kunden und
(5) gegenläufige Entgelte des berichtenden Unternehmens an den Kunden.

Sofern der Vertrag eine wesentliche Finanzierungskomponente enthält, ist der Betrag auf den Stichtag abzuzinsen. Bei Unsicherheiten hinsichtlich der Höhe der Entgelte oder deren zeitlichem Anfall sind Schätzungen vorzunehmen. Insgesamt ist davon auszugehen, dass die in → Rn 35 dargestellten Vergütungskomponenten bei Fertigungsaufträgen grds auch nach IFRS 15 zu berücksichtigen sind. Besteht die Gegenleistung nicht aus finanziellen Mitteln, so sind die nicht finanziellen Vergütungen mit dem beizulegenden Zeitwert zu bewerten (IFRS 15.67).

139 Nach der Bestimmung des gesamten Transaktionspreises ist dieser **auf die einzelnen Leistungsverpflichtungen aufzuteilen.** Bezieht sich das vertragliche Entgelt nur auf eine Leistungsverpflichtung (zB auch auf eine durch „Bündelung" entstandene Gesamtleistungsverpflichtung), ist dieser Teilschritt nicht vorzunehmen. Die Aufteilung erfolgt gem IFRS 15.76 grds nach dem Grundsatz des relativen Verhältnisses der beobachtbaren Einzelverkaufspreise der einzelnen Leistungsverpflichtungen. Ist es nicht möglich, die Einzelveräußerungspreise direkt aus den Transaktionen des Unternehmens zu ermitteln, so sind diese zu schätzen, wobei eine möglichst breite Datenbasis zugrunde zu legen ist. Obwohl eine Schätzung notwendigerweise mit Unsicherheiten behaftet ist, soll sie nach nachvollziehbaren Maßstäben erfolgen. Dies können Marktdaten oder unternehmensbasierte Daten sein. Der Standard nennt als Beispiel hierfür eine Aufteilung auf der Basis der Kosten zuzüglich einer Gewinnmarge (IFRS 15.79(b)). Unter bestimmten Voraussetzungen kann auch eine Residualwertbetrachtung zur Aufteilung herangezogen werden (IFRS 15.79(c)), bei der bei Kenntnis des Gesamttransaktionspreises und einzelner Teiltransaktionspreise eine verbleibende Größe für die nicht unmittelbar bepreisten Bestandteile ermittelt wird. Die Aufteilung des Transaktionspreises auf die einzelnen Leistungsverpflichtungen ist einmalig zu Vertragsbeginn vorzunehmen und im weiteren Zeitverlauf nur dann anzupassen, wenn sich der Umfang der Leistungsverpflichtungen materiell verändert hat.

140 Die eigentliche **Erlösrealisation** als fünfter und letzter Schritt erfolgt dann in Abhängigkeit von der Erfüllung der zuvor identifizierten Leistungsverpflichtungen. Dabei gilt eine Leistungsverpflichtung gem dem *control*-Konzept dann als erfüllt, wenn dem Kunden **Verfügungsmacht** über ein Gut verschafft wurde bzw dieser den Nutzen aus einer erbrachten Dienstleistung ziehen kann.

Der Standard nennt verschiedene **Indikatoren,** die zur Bestimmung herangezogen werden können, wann der Übergang der Verfügungsmacht stattfindet. Die – nicht abschließende – Aufzählung solcher Indikatoren findet sich in IFRS 15.38:

(1) das leistende Unternehmen hat einen gegenwärtigen Anspruch auf den Erhalt der vereinbarten Gegenleistung für einen übertragenen Vermögenswert, da der Kunde dessen Verwendung bestimmen kann und im Wesentlichen allen Nutzen aus dieser Verwendung hat,
(2) der Kunde ist rechtlicher Eigentümer eines zu übertragenden Vermögenswerts geworden,
(3) das leistende Unternehmen hat den physischen Besitz an dem betroffenen Vermögenswert auf den Kunden übertragen,

(4) die mit dem Eigentum an dem Vermögenswert verbundenen Risiken und Chancen wurden auf den Kunden übertragen (Gefahrenübergang) oder
(5) das leistende Unternehmen verfügt über den Nachweis, dass der Kunde den Vermögenswert akzeptiert hat.

IFRS 15 unterscheidet zwischen **zeitpunktbezogenen und zeitraumbe- 141
zogenen Leistungsverpflichtungen**. Während zeitpunktbezogene Leistungsverpflichtungen vorrangig bei Verkauf von Gütern anzutreffen sind, stellen Fertigungsaufträge idR zeitraumbezogene Leistungen dar, bei denen die Verschaffung der Verfügungsmacht als ein sukzessiver Prozess angesehen werden kann. Entspr erfolgt im zweiten Fall auch die Umsatzrealisation als zeitraumbezogener Prozess, wobei der Anteil des zu realisierenden Umsatzes nach Maßgabe des Fertigstellungsgrads zu erfolgen hat (vgl *Fischer/Burghardt* PiR 2011, 356 (357)). Diese Unterscheidung kann grafisch wie folgt veranschaulicht werden:

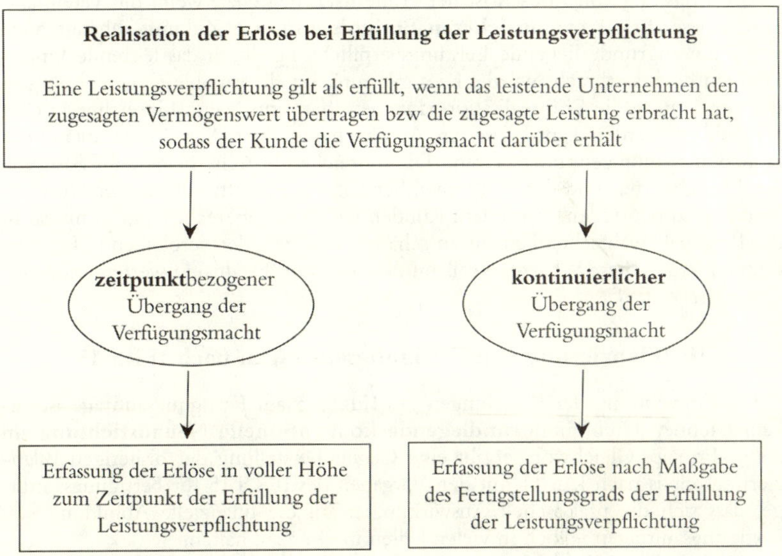

Systematisch grenzt der IASB zunächst die Fälle einer zeitraumbezogenen Ertragsrealisation ab. Alle durch diese Abgrenzung nicht erfassten übrigen Fälle werden dann in IFRS 15.38 als zeitpunktbezogene Erlösrealisation definiert.

Der Standard macht die Möglichkeit der fertigstellungsgradbezogenen Erlösre- 142
alisation vom Vorliegen eines **kontinuierlichen Übergangs der Verfügungsmacht** *(continuous transfer of control)* abhängig. Ist diese gegeben, verweist IFRS 15.41 iVm IFRS 15.B14 ff auf verschiedene input- bzw outputorientierte Verfahren der Ermittlung des Fertigstellungsgrads, die im Wesentlichen den zuvor gültigen Regelungen des IAS 11 entsprechen (→ Rn 61 ff). Ein kontinuierlicher Übergang der Verfügungsmacht liegt nach Maßgabe von IFRS 15.35 in drei Fällen vor:

(1) Mit Erfüllung durch das Unternehmen erhält der Kunde den Nutzen aus der erbrachten Leistung und verbraucht ihn gleichzeitig. Dies ist idR bei Dienstleistungen der Fall.
(2) Mit seiner Leistung erzeugt oder verbessert das Unternehmen einen Vermögenswert, über den der Kunde die Verfügungsmacht während der Erzeugung oder Verbesserung besitzt. Dies kann bei Bauleistungen auf dem Gelände des Kunden der Fall sein.

(3) Mit seiner Leistung erzeugt das Unternehmen einen Vermögenswert, der vom Unternehmen nicht anderweitig genutzt werden kann; dabei hat das Unternehmen einen Zahlungsanspruch für die bisher erbrachten Leistungen und kann zudem erwarten, dass der Vertrag wie vereinbart erfüllt wird. Dies kann bspw die kundenspezifische Fertigung einer Maschine oder Anlage sein, die erst nach Fertigstellung an den Kunden ausgeliefert wird.

Durch diese eher **weite Abgrenzung** zeitraumbezogener Leistungen hat der IASB der Kritik insbes der Bauindustrie sowie des Maschinen- und Anlagenbaus als typische Anwender einer leistungsfortschrittsbezogenen Erlösrealisation an den zunächst restriktiver gefassten Anforderungen in den Standardentwürfen Rechnung getragen. Im Ergebnis kommt es – ungeachtet der konzeptionell neu ausgerichteten Erlöserfassung – in der Praxis nur zu wenigen Änderungen in der Anwendung einer leistungsfortschrittsbezogenen Erlösrealisation.

143 Die Erfassung von Erlösen ist der Höhe nach begrenzt, wenn die Vereinnahmung dieser Erlöse von **unsicheren Ereignissen** in der Zukunft abhängt, auch wenn die zugrunde liegende Leistungsverpflichtung durch das leistende Unternehmen bereits erbracht wurde. Dies gilt zunächst für variable Gegenleistungen, die nur dann in die Erlösrealisation einzubeziehen sind, wenn hinreichend sicher abgeschätzt werden kann, dass ein Anspruch auf diese Vergütungsbestandteile zum Beurteilungszeitpunkt besteht. Die hinreichende Sicherheit ist auf Basis von Erfahrungswerten und der Wahrscheinlichkeit des Eintritts bestimmter Umweltzustände zu beurteilen. Wird dem Kunden ein Rückgaberecht eingeräumt, so ist die Rückgabewahrscheinlichkeit zu schätzen und nur der verbleibende Erlös zu erfassen. Auch diese Schätzung soll auf der Basis von Erfahrungswerten erfolgen.

144 *(einstweilen frei)*

II. Bilanzierung von Fertigungsaufträgen nach IFRS 15

145 Die Anwendung der Regelungen des IFRS 15 auf Fertigungsaufträge ist gekennzeichnet durch eine **grundlegende konzeptionelle Neuausrichtung** am *control*-Prinzip. Gleichwohl ergibt eine Gegenüberstellung der bisherigen Bilanzierungspraxis nach IAS 11 mit den Vorgaben des IFRS 15 für Fertigungsaufträge, dass sich die praktischen Auswirkungen auf die bilanzielle Abbildung von Fertigungsaufträgen jedoch in vielen Fällen in Grenzen halten.

146 Bei der **Identifikation des relevanten Kundenvertrags** ist zu beachten, dass es nach Inkrafttreten des Standards keine vertragstypspezifischen Unterscheidungen mehr gibt. Der Begriff des Fertigungsauftrags hat somit keine Entsprechung in IFRS 15. Vielmehr sind die allgemeinen Regelungen des IFRS 15.9 zugrunde zu legen, die im Kern von einem rechtswirksam zustande gekommenen, allen Vertragspartnern bekannten Vertrag ausgehen, der wirtschaftliche Substanz besitzt und wahrscheinlich von beiden Vertragsparteien erfüllt werden wird (vgl *Fischer* PiR 2014, 253 (253)). Sollten mehrere (Teil-)Verträge mit gleicher zeitlicher Struktur der Leistungserfüllung vorliegen, ist zudem eine Zusammenfassung dieser Verträge zu einem übergeordneten Kundenvertrag iSv IFRS 15.17 in Betracht zu ziehen.

147 Hinsichtlich der **Abgrenzung der relevanten Leistungsverpflichtungen** ist festzustellen, dass eine Aufgliederung einheitlicher Verträge in verschiedene Leistungsverpflichtungen bei der Definition als Leistungsbündel gem IFRS 15.23 in den meisten Fällen unterbleiben kann. Dies gilt insbes dann, wenn es sich um Werkverträge handelt, bei denen eine Gesamtleistung geschuldet wird, welche dann die entspr Leistungsverpflichtung als Bilanzierungsobjekt determiniert. Nur bei echten Mehrkomponentenverträgen kann es zur Notwendigkeit der Identifikation und Bewertung separater Leistungsverpflichtungen kommen.

Beispiel: Ein Kundenvertrag regelt das Engineering, den Bau und die Wartung einer großindustriellen Anlage. Dabei wird ein einheitlicher Fixpreis vereinbart, der auch die Wartung innerhalb der ersten fünf Betriebsjahre umfasst.

Es sind drei Leistungsverpflichtungen abzugrenzen, da die Leistungen „Engineering", „Errichtung" und „Wartung" voneinander abgrenzbar (*distinct*) iSv IFRS 15.27 sind und sich auch hinsichtlich der zeitlichen Struktur der Leistungserbringung deutlich voneinander unterscheiden, sodass eine Bündelung nach IFRS 15.22(b) nicht in Betracht kommt. Dies impliziert innerhalb des fünfstufigen Erlösrealisationsmodells auch die Aufteilung des vereinbarten Fixpreises auf die drei Leistungsverpflichtungen auf der Basis der relativen Einzelpreise gem IFRS 15.73.

Die Bestimmung der relevanten Erlöse in Form des **Transaktionspreises** kann in Einzelfällen zu Abweichungen von der zuvor nach IAS 11 bestehenden Abgrenzungspraxis führen, insbes bei Vorliegen variabler Gegenleistungen. Der Transaktionspreis umfasst die gesamte Gegenleistung, welche das berichtende Unternehmen für die gelieferten Güter und/oder erbrachten Dienstleistungen erwartet zu erhalten. Dabei ggf zu berücksichtigende variable Gegenleistungen können aus vertraglichen Nebenabreden wie Bonus- oder Rabattvereinbarungen resultieren (IFRS 15.50 ff). Zur Ermittlung des Transaktionspreises sind variable Entgeltbestandteile ihrer Höhe nach zu schätzen. Dabei kann entweder der statistische Erwartungswert oder das als am wahrscheinlichsten eingeschätzte Szenario nach IFRS 15.53 der Schätzung zugrunde gelegt werden. Die Einbeziehung variabler Gegenleistungen ist jedoch nur insoweit zulässig, als diese erwartungsgemäß nicht zu einer bedeutsamen Korrektur des urspr realisierten Umsatzes führen (*significant reversal of revenue,* IFRS 15.56 ff). Bei der Bestimmung des Umfangs der Gesamterlöse im Rahmen der Anwendung der PoC-Methode ergeben sich grds dieselben Überlegungen im Hinblick auf Nachforderungen *(claims)* wie unter IAS 11 (→ Rn 38 ff), wobei diese in vielen Fällen einen erheblichen Anteil an den zu berücksichtigenden Gesamtvergütungen darstellen. 148

Bei der Bestimmung des Transaktionspreises ist darüber hinaus zu berücksichtigen, dass Fertigungsaufträge oftmals über einen längeren Zeitraum abgewickelt werden. In diesen Fällen ist deshalb zu beurteilen, ob und in welchem Umfang implizite oder explizite Finanzierungsvereinbarungen im Vertrag enthalten sind und bei der Preisfestsetzung berücksichtigt wurden. Liegt eine wesentliche **Finanzierungskomponente** iSv IFRS 15.60 ff vor, muss diese, dh der Zinsanteil der Gegenleistung, bei der Ermittlung des Transaktionspreises abgesetzt und separat als Zinsertrag im Finanzergebnis erfasst werden. Wurden Voraus-, Abschlags- und/oder Teilzahlungen vereinbart und weichen deren Zahlungszeitpunkte wesentlich vom zeitlichen Verlauf der Leistungserbringung ab, so ergeben sich regelmäßig Beurteilungs- und Ermessensspielräume, die in der Praxis durch sachgerechte Zuordnungskriterien zu füllen und gem IAS 1.125 im Anhang zu erläutern sind.

Wurden in einem Kundenvertrag verschiedene Leistungsverpflichtungen identifiziert, so ist der **Transaktionspreis** nach Maßgabe der Einzelveräußerungspreise auf die einzelnen Leistungsverpflichtungen **zu verteilen.** Dabei sollen die maßgeblichen Einzelveräußerungspreise zu Beginn des Vertrags möglichst auf Basis beobachtbarer Einzelveräußerungspreise im Rahmen vergleichbarer Transaktionen bestimmt werden. Ist dies nicht möglich, sind die Einzelveräußerungspreise nach IFRS 15.77 f zu schätzen, wobei so weit wie möglich beobachtbare Informationen sowie geeignete Schätzmethoden verwendet werden sollen. Dies wird bei Fertigungsaufträgen regelmäßig erforderlich sein, da aufgrund der Kundenspezifität der Auftragsfertigung beobachtbare Marktwerte als Grundlage der Ermittlung von Einzelveräußerungspreisen in den meisten Fällen ausscheiden und damit eine Schätzung des Einzelveräußerungspreises für den gesamten Ferti- 149 gungsauftrag (als eine abgrenzbare Komponente des Kundenvertrags) erfolgen muss.

150 Hinsichtlich der **Erlösrealisation** dürfte in den meisten Fällen von einem kontinuierlichen Übergang der Verfügungsmacht auszugehen sein, sodass die Erfassung der Erlöse aus Fertigungsaufträgen auch nach Inkrafttreten von IFRS 15 idR nach Maßgabe ihres Fertigstellungsgrads erfolgt. Auch wenn der Begriff der PoC-Methode im Standard nicht mehr verwendet wird, erfolgt die Erlösvereinnahmung nach Maßgabe des Standards dennoch in einer vergleichbaren Konzeption. IFRS 15 gewährt – ebenso wie zuvor IAS 11 – eine Methodenwahl zur Bestimmung des Fertigstellungsgrads, solange die gewählte Methode zur sachgerechten Abbildung des Leistungsfortschritts führt und dem Grundgedanken des Beherrschungskonzepts mit Übergang der Beherrschungsmacht *(control)* entspricht (IFRS 15.BC159 iVm IFRS 15.42). Die Wahl zwischen input- und outputorientierten Verfahren entspricht somit derjenigen nach IAS 11 (→ Rn 62 ff).

151 Neben der weitgehenden Kontinuität bei der Bilanzierung von Fertigungsaufträgen nach IAS 11 und IFRS 15 gibt es jedoch auch Unterschiede zwischen beiden Standards. Hier ist zunächst die **Abgrenzung der Auftragskosten** zu nennen. Diese schließen nach IFRS 15.91 auch Kosten der Auftragserlangung ein, sofern diese einem (späteren) Kundenvertrag direkt zurechenbar sind (also nicht zu den allgemeinen Vertriebskosten gehören) und das bilanzierende Unternehmen davon ausgehen kann, dass diese Kosten durch den Auftrag erwirtschaftet werden. Dies kann entweder direkt durch Kostenerstattung oder aber indirekt über die Auftragsmarge erfolgen. Mit dieser Regelung geht der IASB über den Auftragskostenbegriff des IAS 11 hinaus, der systematisch erst das Vorliegen eines Fertigungsauftrags als Voraussetzung für die Anwendung des Standards selbst erfordert. Damit werden Kosten zur Auftragserlangung regelmäßig nicht von dem Auftragskostenbegriff des IAS 11.16 ff erfasst.

152 Ein weiterer konzeptioneller Unterschied zwischen IAS 11 und den auf Fertigungsaufträge anzuwendenden Regelungen des IFRS 15 besteht darin, dass die noch in IAS 11.36 f enthaltenen Regelungen zur **Abbildung drohender Verluste** aus Fertigungsaufträgen (→ Rn 80 ff) nicht in den neuen Standard übernommen wurden. Stattdessen sind erwartete Verluste aus Kundenaufträgen nach den allgemeinen Regelungen für die Abbildung von nachteiligen Verträgen nach IAS 37 zu berücksichtigen. Da diese umfänglicher als die zuvor in IAS 11 enthaltenen Regelungen sind (→ § 13 Rn 117 ff), kann es in Einzelfällen zu einer Änderung der Vertragsbewertung kommen. In den meisten Fällen jedoch ist keine große praktische Relevanz dieser konzeptionellen Änderung zu erwarten.

153 Eine deutliche Änderung gegenüber IAS 11 ergibt sich hinsichtlich des Umfangs der nach IFRS 15 darzustellenden **Angaben im Anhang.** Die Angabepflichten gem IFRS 15.110 ff zu Erlösen aus Kundenaufträgen umfassen auch kundenspezifische Fertigungsaufträge und gehen deutlich über die nach IAS 11.39 ff anzugebenden Sachverhalte hinaus. Eine detaillierte Darstellung der nach IFRS 15 erforderlichen Angaben ist in → § 15 Rn 161 enthalten.

154 Mit Inkrafttreten von IFRS 15 ergeben sich für die meisten bisher nach IAS 11 als Fertigungsaufträge eingestuften Kundenaufträge – ungeachtet der konzeptionellen Neuausrichtung der Erlösrealisation – keine fundamentalen Änderungen in der praktischen Bilanzierung. Gleichwohl ist aufgrund der geänderten Systematik des Standards sowie im Hinblick auf abweichende Detailregelungen beim **Übergang auf IFRS 15** eine Analyse der betroffenen Kundenaufträge im Hinblick auf ihre Abbildung nach dem überarbeiteten Erlösrealisationskonzept erforderlich. Insbes sind dabei die Abgrenzung der vertraglichen Leistungsverpflichtungen, die Bestimmung und ggf Aufteilung des Transaktionspreises und das Vorliegen der Voraussetzungen für einen kontinuierlichen Übergang der Be-

herrschung als Voraussetzung für die Anwendung der PoC-Methode zu beurteilen. Darüber hinaus sind die Übergangsvorschriften in IFRS 15.Anhang C zu beachten (→ § 15 Rn 66).

Durch Neukonzeption der Erlösrealisation in IFRS 15 wurden auch **Folgeänderungen an IFRIC 12** induziert. Neben der generellen Umstellung der Verweise von IAS 11 und IAS 18 auf IFRS 15 ist hier insbes die Klarstellung in IFRIC 12.19 (geändert 2014) zu beachten, dass sowohl ein im Rahmen der Vereinbarung zu bilanzierender finanzieller Vermögenswert (bei Anwendung des *financial asset model*) als auch ein immaterieller Vermögenswert (im Rahmen des *intangible asset model*) als vertraglicher Vermögenswert *(contract asset)* iSv IFRS 15 zu klassifizieren ist und dementsprechend aktiviert werden muss. Darüber hinaus wurde IFRIC 12.27 dahingehend geändert, dass die separaten Bewertungsvorschriften für Vermögenswerte gestrichen wurden, die vom Konzessionsgeber an den Konzessionsnehmer als Bestandteil des Transaktionspreises überlassen werden. Stattdessen wird klargestellt, dass für diese Vermögenswerte die allgemeinen Vorschriften hinsichtlich der Bewertung von Transaktionskostenbestandteilen des IFRS 15 gelten. 155

(einstweilen frei) 156–159

I. Wesentliche Änderungen und deren Anwendungszeitpunkte

IFRS 15 ist – vorbehaltlich einer Anerkennung durch die EU – erstmalig verpflichtend für Geschäftsjahre anzuwenden, die am oder nach dem 1. Januar 2017 beginnen. Der Standard ersetzt neben IAS 11 und IAS 18 auch die Interpretationen IFRIC 13, IFRIC 15, IFRIC 18 und SIC 31.Weiterhin gültig ist IFRIC 12, der jedoch durch IFRS 15 Folgeänderungen in IFRIC 12.13 bis IFRIC 12.15, IFRIC 12.18 bis IFRIC 12.20 sowie IFRIC 12.27 erfahren hat. Diese Änderungen sind gem IFRIC 12.28D zeitgleich mit IFRS 15 erstmalig verpflichtend anzuwenden. 160

(einstweilen frei) 161

J. Gegenüberstellung zu HGB/DRS

Die Bilanzierung bei langfristiger Auftragsfertigung nach HGB ist vom **Realisationsprinzip** geprägt und weicht insoweit und mit materiellen Auswirkungen von den IFRS-Regeln zur Bilanzierung von Fertigungsaufträgen ab. Die langfristige Fertigung von Vermögensgegenständen ist nach handelsrechtlicher Auffassung dadurch gekennzeichnet, dass zwischen Auftragsbeginn und Fertigstellung mindestens ein Bilanzstichtag liegt bzw der Herstellungsprozess sich sogar über mehrere Geschäftsjahre erstreckt (*Schubert/Gadek* in BeBiKo § 255 HGB Rz 457 ff mwN). Dagegen ist nach IFRS die Dauer der Abwicklung eines Fertigungsauftrags kein Abgrenzungskriterium (*IDW* RS HFA 2 Rz 3; *Heuser/Theile* Rz 2307); auch nur wenige Monate lfd Aufträge werden, wenn die Voraussetzungen von IAS 11.3 ff bzw IFRS 15.35 erfüllt sind, nach den relevanten IFRS behandelt. Dies hat unterjährig insbes bei der Aufstellung von Zwischenabschlüssen Bedeutung, in denen ebenso wie im Jahresabschluss eine Gewinnrealisierung entspr dem Leistungsfortschritt zu erfolgen hat. 162

Infolge des Realisationsprinzips nach HGB ist eine Realisierung des Auftragsgewinns erst dann möglich, wenn der Auftraggeber das Werk abgenommen und 163 dieses damit die Gefahrensphäre des Leistenden verlassen hat. Die Gewinnrealisierung stellt mithin auf die vollständige Vertragsabwicklung ab **(*completed-contract*-Methode).** Dagegen sind die vor oder während des Herstellungsprozesses anfallenden nicht aktivierungsfähigen Kosten (zB Vertriebskosten; Teile der Verwaltungskosten) bereits bei Anfall als Aufwand zu verrechnen. Dies kann im Ergebnis zu einem Ertragsausweis führen, der einem den tatsächlichen Verhältnissen entspr Bild iSd Generalnorm des § 264 Abs 2 Satz 1 HGB entgegensteht (zB *Schubert/Gadek* in BeBiKo § 255 HGB Rz 457). Dagegen wird der dem Leistungsfortschritt entspr Ergebnisausweis entspr der **PoC-Methode** als eher mit der **Generalklausel** in Einklang stehend beurteilt.

164 Um zu vermeiden, dass, bedingt durch die Anwendung der HGB-konformen *completed-contract*-Methode mit der Folge eines uU auftretenden verzerrten Gewinnausweises, ein unzutreffendes Bild von der Lage des Unternehmens gezeichnet wird, finden sich in der Praxis häufig Vertragsgestaltungen, die handelsrechtlich zulässige Teilgewinnrealisierungen mittels **Teilabrechnungen** ermöglichen. Einheitliche Kriterien für die Zulässigkeit haben sich gleichwohl nicht herausgebildet. Es darf aber davon ausgegangen werden, dass folgende Voraussetzungen für die Zulässigkeit von Teilabrechnungen zwingend vorliegen müssen (zB *Baetge/Ziesemer* in Baetge/Kirsch/Thiele Bilanzrecht-Komm § 252 HGB Rz 204):

(1) Im Auftrag müssen qualifizierte Teilabnahmen vereinbart sein;
(2) der Gesamtauftrag muss sich, gleichsam als Rahmenvertrag, wirtschaftlich sinnvoll in Teilleistungen zerlegen lassen;
(3) die abgenommene Teilleistung darf das Gesamtfunktionsrisiko für den Auftrag nicht mehr beeinflussen;
(4) aus dem Gesamtauftrag darf sich voraussichtlich kein Verlust ergeben.

165 Darüber hinaus wird in Teilen der Literatur diskutiert, ob die Langfristfertigung nicht grds einen **Ausnahmefall** nach § 252 Abs 2 HGB begründet, wonach eine Durchbrechung des Realisationsprinzips gerechtfertigt wäre (zum Meinungsstand vgl *Schubert/Gadek* in BeBiKo § 255 HGB Rz 460). Dabei wird die zustimmende Position vom Vorliegen verschiedener Voraussetzungen abhängig gemacht, die kumulativ erfüllt sein müssen (vgl hier insbes *ADS* § 252 HGB Rz 86 ff). In diesem Rahmen wird diskutiert, welchen **Umfang** die **Teilgewinnrealisierung,** die sich faktisch aus einem Ansatz der unfertigen Leistungen über die bilanziell höchstmöglichen Herstellungskosten hinaus ergibt, annehmen kann. Hier reichen die Auffassungen von einer Erhöhung der Herstellungskosten bis zu den am Stichtag erreichten Selbstkosten, also unter Einschluss der Vertriebskosten und der nicht aktivierungsfähigen Teile der Verwaltungskosten, bis zu einer Einbeziehung anteiliger Gewinne. Letztgenannte Position, die nach der hier vertretenen Auffassung jedoch abzulehnen ist, kommt einer Teilgewinnrealisierung nach IFRS durch Anwendung der PoC-Methode im Ergebnis sehr nahe; allerdings sind die Voraussetzungen, nach denen eine Teilgewinnrealisierung als Ausnahmefall des § 252 Abs 2 HGB als zulässig erachtet wird, wesentlich enger als die allgemeinen Voraussetzungen nach IAS 11 (vgl hierzu *ADS* Int Abschn 16 Rz 181).

166 Im **Ergebnis** bleibt festzuhalten, dass die nach handelsrechtlichen Prinzipien zwingend anzuwendende *completed-contract*-Methode bei der Bilanzierung von Fertigungsaufträgen nach IAS 11 unzulässig ist. Dasselbe gilt nach Inkrafttreten des IFRS 15 für die bei Fertigungsaufträgen regelmäßig vorliegende Erlösrealisation bei kontinuierlichem Übergang der Beherrschungsmacht iSv IFRS 15.35. Es kommt daher bei der Bilanzierung von Fertigungsaufträgen regelmäßig zu **materiellen Bewertungsunterschieden** zwischen einem HGB- und einem IFRS-Abschluss. Diese werden im Falle von Teilabrechnungen oder von Teilgewinnrealisierungen als Ausnahmefall des § 252 Abs 2 HGB graduell abgemildert.

Neben der abweichenden Bewertungsmethodik bestehen Unterschiede bei der **Darstellung von Fertigungsaufträgen** nach IFRS und HGB in Bilanz und Erfolgsrechnung. Während nach IFRS jeweils ein eigenständiger Forderungs- bzw. Schuldposten für den Bestand an Fertigungsaufträgen auszuweisen ist (→ Rn 91), sind diese Posten nach dem Gliederungsschema des § 266 Abs 2 HGB innerhalb der Vorräte als unfertige Erzeugnisse/unfertige Leistungen auszuweisen. Aufgrund der Nichtanwendung der PoC-Methode werden in der deutschen handelsrechtlichen GuV auch keine Umsatzerlöse aus Fertigungsaufträgen realisiert, stattdessen wird die Veränderung der unfertigen Erzeugnisse/unfertigen Leistungen bei Anwendung des Gesamtkostenverfahrens innerhalb der Bestandsveränderung nach § 275 Abs 2 Nr 2 HGB bzw bei Anwendung des Umsatzkostenverfahren innerhalb der Herstellungskosten der zur Erzielung der Umsatzerlöse erbrachten Leistungen nach § 275 Abs 3 Nr 2 HGB berücksichtigt. 167

Im Hinblick auf die Bilanzierung von Fertigungsaufträgen ist außerdem aus Gründen der Vollständigkeit der im Mai 2002 durch den DSR veröffentlichte Standardentwurf **E-DRS 17 „Erlöse"** zu nennen, der Regelungen für die Behandlung und Bewertung von Erlösen im Zusammenhang mit dem Verkauf von Dienstleistungen aus der gewöhnlichen Geschäftstätigkeit für den Konzernabschluss enthielt. In diesem Rahmen befasste sich E-DRS 17 auch mit Erlösen aus periodenübergreifenden Aufträgen. Konzeptionell fasste der Standardentwurf die innerhalb der IFRS in zwei unterschiedlichen Standards, nämlich IAS 11 und IAS 18, getroffenen Regelungen zusammen. Dieser Standardentwurf wurde jedoch nicht in einen DRS überführt, vielmehr wurde das Projekt vor dem Hintergrund der internationalen Entwicklungen zur Erlösrealisation, die im Ergebnis zur Veröffentlichung von IFRS 15 mit einem völlig überarbeiteten Erlösrealisationsmodell führten (→ Rn 130 ff), nicht weiter verfolgt. 168

(einstweilen frei) 169

K. Aktuelle Entwicklungen/IASB-Projekte

Im Rahmen des umfassenden Projekts zur Realisation von Umsatzerlösen aus Verträgen mit Kunden hat der IASB sich zur **Integration der Sondervorschriften für Fertigungsaufträge** in ein allgemeines und umfassendes Konzept der Erlösrealisation entschieden. Nachdem dieses Projekt mit der Veröffentlichung von IFRS 15 im Mai 2014 beendet wurde, sind keine weiteren Aktivitäten des IASB zur Weiterentwicklung von Regelungen mit spezifischem Bezug zu Fertigungsverträgen zu erwarten. 170

Im Zusammenhang mit der Implementierung von IFRS 15 wurde von IASB und FASB eine ***Joint Transition Resource Group*** *for Revenue Recognition (TRG)* gebildet. Aufgabe des Gremiums ist, im Zeitraum bis zur erstmaligen Pflichtanwendung von IFRS 15 Zweifelsfragen der Anwendung des neuen Standards zu identifizieren und ggf entspr Änderungen bzw Klarstellungen durch den IASB im Rahmen von Standardergänzungen zu initiieren. Unter den bisher von der TRG identifizierten Sachverhalten, die im Juli 2015 zur Veröffentlichung des Standard-Ergänzungsentwurfs ED/2015/6 „Klarstellungen zu IFRS 15" geführt haben, befinden sich keine Regelungen mit unmittelbarem Bezug zu Fertigungsaufträgen. 171

§ 10. Forderungen aus Lieferungen und Leistungen und sonstige Forderungen

Übersicht

Schrifttum: *Feld* Bilanzierung von ABS-Transaktionen im IFRS-Abschluss, Düsseldorf 2007; *Hultsch* Wirtschaftliche Zurechnung von Forderungen bei Asset-Backed-Securities-Transaktionen, DB 2000, 2129; *Kuhn/Scharpf* Rechnungslegung von Financial Instruments nach IAS 39, 3. Aufl, Stuttgart 2006; *Lüdenbach* Abtretung bundesgedeckter Forderungen (preinsured assets), PiR 2009, 56; *Schmidt/Reinholdt* Eventualschulden/-forderungen bei Unternehmenszusammenschlüssen und im Einzelabschluss nach IFRS, IRZ 2011, 215.

Wesentliche Rechtsgrundlagen: IAS 27, IAS 32, IAS 39, IFRS 7, IFRS 9, IFRS 10, IFRS 13

A. Grundlagen

1 In diesem Kapitel wird die Bilanzierung von **Forderungen aus Warenlieferungen und Leistungen und sonstigen Forderungen** bilanzpostenorientiert dargestellt (zu Eventualforderungen → Rn 73f, zu den Grundlagen der Bilanzierung von Finanzinstrumenten → § 3 Rn 10ff). Zu den Regelungen über **Ausweis** und **Anhangangaben** von Forderungen wird auf das Kapitel Finanzinstrumente (→ § 3 Rn 256ff und → § 3 Rn 270ff) sowie die Anhangcheckliste (s Anlage zu diesem Handbuch) verwiesen.

2 Bis zum Inkrafttreten des im Juli 2014 verabschiedeten **IFRS 9** der – vorbehaltlich einer Übernahme durch die EU – für Geschäftsjahre, die am oder nach dem 1. Januar 2018 beginnen, verpflichtend anzuwenden ist, gelten für Finanzinstrumente die Bewertungsvorschriften des IAS 39 iVm IFRS 13. Dies setzt voraus, dass von der Möglichkeit einer vorzeitigen Anwendung von IFRS 9 (nach Endorsement) kein Gebrauch gemacht wird.

3 Für die Bilanzierung von Forderungen nach IFRS ist zunächst zwischen Forderungen auf **vertraglicher Basis** und Forderungen auf **nicht vertraglicher Basis** zu unterscheiden.

(1) Forderungen aufgrund von Verträgen sind zB Forderungen aus Warenlieferungen und Leistungen, sonstige Forderungen, wie zB aus dem Verkauf von Anlagevermögen, Bonus- und Prämienansprüchen, Rückvergütungen, Reisekosten- und Gehaltsvorschüssen, Schadensersatz aus Verträgen, Rückgriffsansprüchen aus Bürgschaften, separaten Zinsansprüchen, Dividendenansprüchen oder durch Abtretung erworbene Forderungen zB aus Factoring;

(2) sonstige Forderungen ohne vertragliche Grundlage betreffen zB gesetzliche Schadensersatzansprüche, Zuwendungen der öffentlichen Hand, Rückzahlungsansprüche aus Sozialabgaben, Steuerforderungen und Forderungen aus Investitionszulagen.

4 Forderungen auf vertraglicher Basis sind **Finanzinstrumente** und daher entspr IAS 32 und IAS 39/IFRS 9 zu bilanzieren. Liegen keine vertraglichen Ansprüche zugrunde, handelt es sich um sonstige Vermögenswerte, die nach den allgemeinen Grundsätzen des Rahmenkonzepts bzw aufgrund spezieller Standards zu bilanzieren sind (zB Forderungen aus öffentlichen Zuwendungen nach IAS 20).

5 Eine **Abgrenzung** zwischen Forderungen aus Lieferungen und Leistungen und sonstigen Forderungen nach der **Haupttätigkeit** des Unternehmens wie nach HGB wird nach IFRS nicht vorgenommen (*Schubert/Krämer* in BeBiKo § 266 HGB Rz 112f). Insoweit werden Forderungen aus Lieferungen und Leistungen und sonstige Forderungen regelmäßig gemeinsam ausgewiesen. Forderungen iSd IAS 1 umfassen neben den Forderungen aus Lieferungen und Leistungen (Forderungen ggü Handelskunden) auch Forderungen ggü nahestehenden Unternehmen und Personen (§ 20), Vorauszahlungen und sonstige Beträge.

Forderungen aus Lieferungen und Leistungen sind **grds als kurzfristige** Vermögenswerte (→ § 7 Rn 8) anzusehen, da ihre Realisation zumeist innerhalb von zwölf Monaten bzw dem normalen Geschäftszyklus erwartet wird (IAS 1.61). Nur in Ausnahmefällen kommt ein Ausweis unter den langfristigen Vermögenswerten in Betracht.

6 Im Gegensatz hierzu liegen **Ausleihungen** regelmäßig erst dann vor, wenn nicht mehr der Zahlungsausgleich für Lieferungen oder Leistungen im Vordergrund steht, sondern die **Kapitalgewährung.** Werden zB Maschinen bei gleichzeitiger langfristiger Kreditgewährung durch den Händler veräußert, so sind diese Forderungen innerhalb der Finanzanlagen auszuweisen (zur Abgrenzung langfristiger Vermögenswerte → § 3 Rn 31; zu Leasingverträgen → § 22 Rn 124ff).

B. Forderungen aus Lieferungen und Leistungen

I. Anwendungsbereich

Forderungen aus Lieferungen und Leistungen oder sonstigen Lieferungen (zB Anlagenverkäufen, Forderungserwerb) sind entspr IAS 32.11 **finanzielle Vermögenswerte**, deren Bilanzierung und Bewertung durch IAS 32 und IAS 39/ IFRS 9 geregelt ist (→ § 3 Rn 48 ff). 7

II. Kategorisierung

Finanzielle Vermögenswerte sind nach den Regelungen des IAS 39 zum Zeitpunkt ihres Entstehens bestimmten Kategorien zuzuordnen. Für Forderungen kommt dabei im Wesentlichen die Kategorie **Kredite und Forderungen** *(loans and receivables)* in Frage, der sowohl originär entstandene als auch erworbene Forderungen zugeordnet werden können. Voraussetzung für die Zuordnung ist, dass den Forderungen **feste** oder **bestimmbare Zahlungen** zugrunde liegen und die Forderungen nicht auf einem aktiven Markt gehandelt werden (zum Begriff → § 3 Rn 194). Forderungen, die das Unternehmen kurzfristig zu verkaufen beabsichtigt oder die Handelszwecken dienen, sind hingegen der Kategorie **zu Handelszwecken gehalten** *(held for trading)* zuzuordnen. 8

Besteht **keine Handelsabsicht,** so verbleibt die „Restkategorie" **zur Veräußerung verfügbare** *(available for sale)* Vermögenswerte (zB für erfüllungshalber abgetretene Forderungen, erworbene Forderungen mit Realisierung durch Zahlungseingang). Wenn durch die Bewertung der Forderungen zum beizulegenden Zeitwert Inkongruenzen vermieden werden können oder das Unternehmen Portfolien, die Forderungen beinhalten, nach dem Zeitwert steuert und dies der vom Unternehmen verfolgten Risikostrategie entspricht, ist unter bestimmten engen Voraussetzungen (→ § 3 Rn 60) auch eine Zuordnung in die Kategorie **erfolgswirksam zum beizulegenden Zeitwert bewertet** *(at fair value through profit or loss, FVPL)* zulässig. Eine Übersicht über die Zuordnungsmöglichkeiten nach IAS 39 gibt die folgende Tabelle: 9

Kategorie	Anwendungsfall	Voraussetzung
Kredite und Forderungen	Regelfall	kein aktiver Markt; feste oder bestimmbare Zahlungen
zu Handelszwecken gehalten	Ausnahme	kurzfristiger Verkauf/ Handelszwecke
zur Veräußerung verfügbar	Wahlmöglichkeit	Restkategorie
erfolgswirksam zum beizulegenden Zeitwert bewertet	Ausnahme, umfangreiche Dokumentationsanforderungen	Verringerung von Inkongruenzen (IAS 39.9(b)(i)/ IFRS 9.B4.1.29 ff) Portfoliosteuerung zum Zeitwert (IAS 39.9(b)(ii)/ IFRS 9.B4.1.33 ff)
bis zur Endfälligkeit gehalten	entfällt für Forderungen aus Lieferungen und Leistungen	feste oder bestimmbare Zahlungen; Halteabsicht bis zur Endfälligkeit

Nach den Neuregelungen des IFRS 9 (ausführlich → § 3 Rn 360 ff) verbleiben von den urspr vier Kategorien noch drei. Die Zuordnung zu den Kategorien richtet sich nunmehr nach dem zugrunde liegenden Geschäftsmodell und den vertraglichen Zahlungsströmen. Damit erfolgt eine Abkehr von der individuellen Zuordnung von Finanzinstrumenten im Modell des IAS 39 hin zu einer Sortierung nach den wirtschaftlichen Zielen, sodass diese eher *„a matter of fact and not merely an assertion"* (IFRS 9.B4.1.2B) ist.

Zu unterscheiden sind **Geschäftsmodelle,** die dem Zweck dienen, die vertraglichen Zahlungsströme des Finanzinstruments zu vereinnahmen *(hold to collect)* und solche, die neben der Vereinnahmung der Zahlungsströme auch den Verkauf des Finanzinstruments vorsehen *(hold to collect and sell).* Vereinzelte und unwesentliche Verkäufe sowie Verkäufe, die aufgrund der Verschlechterung der Bonität erfolgen, sind für das *hold to collect*-Modell grds nicht schädlich, solange für die Zukunft die grundlegenden Voraussetzungen für das Geschäftsmodell vorliegen. Bei Finanzinstrumenten, die dem *hold to collect and sell*-Modell zuzuordnen sind, sind Verkäufe häufiger und in wesentlicherem Umfang zu verzeichnen.

Die Bewertung richtet sich danach, ob die **vereinnahmten Zahlungsströme** ausschließlich Tilgungen und Zinsen auf den ausstehenden Basiswert darstellen (*solely payments of principal and interest* – SPPI) (ausführlich → § 3 Rn 369 ff) oder nicht. Ist dies nicht der Fall, wird das Finanzinstrument zum beizulegenden Zeitwert bewertet und Wertänderungen werden erfolgswirksam in der GuV erfasst.

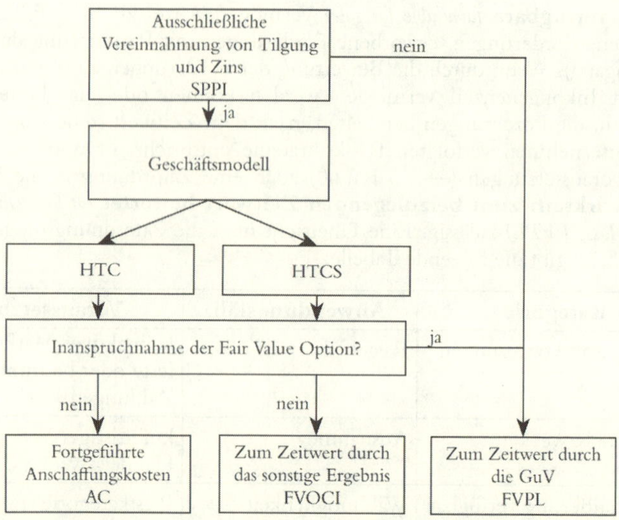

Die Kategorie erfolgsneutral zum beizulegenden Zeitwert bewertet (*fair value through other comprehensive income, FVOCI*) entspricht im Wesentlichen der Kategorie *available for sale* des IAS 39. Finanzinstrumente, die dieser Kategorie zugeordnet sind, spiegeln in der GuV die Bewertung zu fortgeführten Anschaffungskosten und in der Bilanz die Bewertung zum beizulegenden Zeitwert.

Für Forderungen aus Lieferungen und Leistungen und sonstige Forderungen kommt im **Regelfall** nur die Bewertung zu **fortgeführten Anschaffungskosten** in Frage. Ausnahmen können sich ergeben, wenn zB Forderungen als Portfolio behandelt werden, dessen Performance zum beizulegenden Zeitwert bewertet wird.

III. Ansatz

Forderungen, die aufgrund **eigener Werk-** oder **Dienstleistungen** entstehen, sind in der Bilanz erstmalig in dem Zeitpunkt zu erfassen, in dem die Lieferung oder Leistung erbracht wurde, dh wenn die vertraglich geschuldete Verpflichtung zur Lieferung von Waren oder Erbringung von Dienstleistungen erfüllt ist und damit ein Anspruch auf das vereinbarte Entgelt besteht (unbedingte Forderung; IAS 39.AG35(b)/IFRS 9.B3.1.2(b); zum Zeitpunkt der Ertragsrealisierung nach IAS 18 → § 15 Rn 10ff). Das verbleibende **Ausfallrisiko** ist durch die Forderungsbewertung und das **Gewährleistungsrisiko** durch entspr Gewährleistungsrückstellungen zu berücksichtigen (→ § 13 Rn 143). 10

Auch nach IFRS 15, der die Umsatzrealisierung umfassend neu regelt und nach der Verschiebung des Erstanwendungszeitpunkts (Beschluss des IASB vom 22. Juli 2015; *IASB* Update July 2015, 7) für Geschäftsjahre gilt, die am oder nach dem 1. Januar 2018 beginnen, ändert sich an diesen grds Regelungen nichts: Das „Fünf-Schritte-Modell" zur Umsatzrealisierung (ausführlich → § 15 Rn 49ff) führt dazu, dass Forderungen genau zu dem Zeitpunkt zu erfassen sind, wenn (1) ein Vertrag vorliegt, (2) dessen Leistungsverpflichtungen identifizierbar sind, (3) die Gegenleistung bestimmt werden kann und (4) diese auf die entspr Leistungsverpflichtungen aufgeteilt wurde. In der Folge sind (5) die Umsatzerlöse zum Zeitpunkt der Erfüllung der Leistungsverpflichtung zur erfassen (→ § 15 Rn 58ff).

Bei **Kaufverträgen** kommt es grds wie nach HGB auf den Zeitpunkt der Übertragung der Chancen und Risiken an (durch Übergabe, Auslieferung an den Spediteur, *fob*- oder *cif*-Klauseln; *Schubert/Roscher* in BeBiKo § 247 HGB Rz 82ff). Sind Anzeichen vorhanden, dass der Verkäufer wesentliche Chancen und Risiken aus dem Verkauf zurückbehält, ist keine Forderung anzusetzen. **Beispiele** hierfür sind (IAS 18.16(a) bis IAS 18.16(d)): 11

(1) Übernahme von Gewährleistungsverpflichtungen über das übliche Maß hinaus,
(2) Abhängigkeit der Erlöse vom Weiterverkauf der Ware,
(3) Erbringen von wesentlichen Zusatzleistungen noch ausstehend (zB wesentliche Montage und Aufstellungsleistungen),
(4) Rücktrittsrechte, wenn der Verkäufer die Wahrscheinlichkeit des Rücktritts nicht einschätzen kann.

Über die Wahrscheinlichkeit der Inanspruchnahme von **Rücktritts- oder Rückgaberechten** sind im Rahmen des üblichen Lieferverkehrs idR Erfahrungswerte vorhanden, die beim Ansatz der Forderung berücksichtigt werden (nach HGB wird hier eine Rückstellung gebildet). Sind Forderungen ausgeglichen, bevor die Ware zurückgeht, ist für das Rückgaberisiko eine Rückstellung zu bilden. Sind keine Erfahrungswerte vorhanden, kann die Forderung erst erfasst werden, wenn die Rückgabefrist beendet ist oder der Käufer zu einem früheren Zeitpunkt die Ware endgültig abgenommen hat. 12

Verträge über **Verkäufe mit Rückkaufsrechten** des Verkäufers *(call option)* oder Vereinbarungen, bei denen der Käufer dem Verkäufer die Ware wieder andienen kann und der Verkäufer dies annehmen muss (geschriebener *put*) müssen auf ihren wirtschaftlichen Inhalt untersucht werden. Bleiben die wesentlichen Chancen und Risiken beim Verkäufer, werden keine Forderungen erfasst. 13

Die Bilanzierung von **Verträgen mit Rücktritts- oder Rückgaberechten** nach **IFRS 15** ist im Standard klarstellend behandelt (IFRS 15.B20ff). Hiernach werden Forderungen und damit Umsatzerlöse in der Höhe erfasst, in der das Unternehmen erwartungsgemäß einen Anspruch auf Gegenleistung hat. Zu beachten sind dabei die Regelungen zu variablen Kaufpreisen. Bei variablen Kaufpreisen wird die Gegenleistung in Höhe des auf der Grundlage von Erwartungswerten oder des wahrscheinlichsten Werts ermittelten geschätzten Betrags erfasst, wobei diese Schätzung so verlässlich sein muss, dass später keine wesentliche Reduktion der erfassten Umsatzerlöse eintritt (IFRS 15.B20 ff).

14 Bei **Werkverträgen** gehen abhängig von der Vertragsgestaltung die Chancen und Risiken mit Fertigstellung (§ 646 BGB) oder mit Abnahme (§ 644 Abs 1 BGB) auf den Besteller über. Handelt es sich dabei um **langfristige Fertigungsaufträge,** sind Forderungen entspr dem Fertigstellungsgrad zu aktivieren, sofern die Voraussetzungen des IAS 11 erfüllt sind (weiteres hierzu → § 9 Rn 56 ff), mindestens aber in Höhe der angefallenen Herstellungskosten *(zero-profit-method)*. Teilabrechnungen *(progress billings)* für vertragsbedingt erbrachte Leistungen aus Fertigungsaufträgen mindern die Forderungen (IAS 11.43; → § 9 Rn 93 f).

Für **langfristige Fertigungsaufträgen** ist nach **IFRS 15** (→ § 9 Rn 145 ff) zu ermitteln, ob die Erfassung der Forderungen/Umsatzerlöse zum **Zeitpunkt** des Übergangs des Gutes oder der Dienstleistung an den Kunden oder über den **Zeitraum** der Erbringung der Leistung erfolgen kann. Das Erfassen von Umsatzerlösen über einen Zeitraum ähnlich der bestehenden Regelungen nach IAS 11 ist nur möglich, wenn

(1) der Kunde den Nutzen gleichzeitig mit der Erbringung der Leistung durch das Unternehmen erhält und verbraucht oder
(2) durch die Leistung ein Vermögenswert hergestellt oder verbessert wird, der durch den Kunden während der Leistungserbringung kontrolliert wird oder
(3) die Leistung des Unternehmens zu einem Vermögenswert ohne alternative Nutzung für das Unternehmen führt und das Unternehmen über ein durchsetzbares Recht auf Zahlung für die bis dato ausgeführte Leistung verfügt (IFRS 15.35).

15 Für die Bilanzierung von **Mehrkomponentenverträgen** gibt es nach IFRS im Gegensatz zu US-GAAP bisher keine umfassenden Regelungen, daher erfolgt idR eine Anlehnung an die allgemeinen Regelungen des Rahmenkonzepts und an die US-GAAP (IAS 8.10 ff). Mehrkomponentenverträge treten häufig beim Verkauf von Software auf. Einzelheiten zur Erlösrealisierung finden sich in → § 15 Rn 33. Die korrespondierenden Forderungen sind einzubuchen, wenn die entspr Leistungen (Lieferung der Lizenz, Hotline, Wartung etc) erbracht werden.

Mit Verabschiedung des IFRS 15 wurde insbes im Bereich der Mehrkomponentenverträge Klarheit geschaffen. Hiernach sind in Schritt (2) (→ Rn 10) die einzelnen Leistungsverpflichtungen zu erfassen und die in Schritt (3) (→ Rn 10) ermittelte Gegenleistung ist den entspr Leistungsverpflichtungen zuzuordnen (Schritt (4) → Rn 10). Die Forderungen werden in Schritt (5) (→ Rn 10) erfasst, wenn die jeweilige Leistungsverpflichtung durch das Unternehmen erbracht wurde.

16 Allgemein kommt es für Forderungen aus **Dienstleistungsverträgen** auf den Zeitpunkt der Erbringung der Dienstleistung an (zur Ertragsvereinnahmung bei Dienstleistungsverträgen → § 15 Rn 20 ff). Handelt es sich um eine Forderung, deren Entstehen an den Eintritt von weiteren Bedingungen geknüpft ist (wie zB Geschäftsabschluss bei Vermittlungsprovisionen), so kann eine Forderung erst mit Eintritt der Bedingung bilanziert werden, da die Leistungserbringung hier nicht ausreicht.

17 Für die Bilanzierung von Forderungen aus **Zinsen** oder **Nutzungsentgelten** ist eine zeitproportionale bzw periodengerechte Ermittlung zugrunde zu legen (zur Erfassung von Dividendenforderungen → § 7 Rn 66).

Der Zeitpunkt der Ertragsrealisierung wird durch IFRS 15 konkretisiert und anhand eines einheitlichen Modells abgeleitet *(performance obligation)*. Einzelheiten hierzu werden in → § 9 Rn 130 ff und → § 15 Rn 46 ff erläutert. Für Lizenzen gelten dann spezifischere Regelungen, nach denen beurteilt wird, ob Forderungen/Umsatzerlöse zu einem Zeitpunkt oder über einen Zeitraum erfasst werden. Die Beurteilung richtet sich nach dem Recht, das die Lizenz beinhaltet. Wird mit der Lizenz die Nutzung von geistigem Eigentum gewährt, wie es zum Zeitpunkt der Gewährung der Lizenz zur Verfügung steht, und dieses später nicht verändert, erfolgt die Erfassung der Umsatzerlöse zum Zeitpunkt der Gewährung der Lizenz. Erfolgt der Zugang zu geistigem Eigentum über den Zeitraum der Lizensierung, bspw wenn Inhalte in dieser Periode verändert werden, werden die Erlöse ebenfalls über den Zeitraum erfasst (IFRS 15.B54ff; → § 15 Rn 60; zu aktuellen Entwicklungen → Rn 80).

Vertraglich vereinbarte **Anzahlungen** – auch wenn diese zB nach Leistungsfortschritt eines Bauvorhabens fällig werden – sind entspr der Definition des IAS 32.11 keine Finanzinstrumente. Bis zum Zeitpunkt der Zahlung bzw des Erhalts handelt es sich um schwebende Geschäfte, die weder nach HGB noch nach IFRS zu bilanzieren sind. 18

Geleistete Anzahlungen auf Vorräte sind unter den kurzfristigen Vermögenswerten zu zeigen. **Erhaltene Anzahlungen auf Vorräte** sind im Gegensatz zu § 268 Abs 5 HGB nicht offen von den Vorräten abzusetzen, sondern als kurzfristige Verbindlichkeiten getrennt auszuweisen, da entspr IAS 1.60 kurz- und langfristige Vermögenswerte und kurz- und langfristige Schulden getrennt voneinander auszuweisen sind. Saldierungen sind nur zulässig, wenn dies von einem Standard erlaubt oder gefordert wird (IAS 1.32). 19

Anzahlungen für Sachanlagen sind langfristige Vermögenswerte, die unter dem Posten zu erfassen sind, für den sie geleistet wurden (→ § 5 Rn 218). 20

Bei **Forderungen** aus dem eigenen Lieferungs- und Leistungsverkehr gibt es keine Unterschiede zwischen Handels- und Erfüllungstag. Der Ansatz erfolgt damit immer am **Erfüllungstag.** 21

Erworbene Forderungen sind grds in dem Zeitpunkt anzusetzen, in dem das Unternehmen Vertragspartner ist und zur Leistung oder Gegenleistung berechtigt bzw verpflichtet wird (IAS 39.14/IFRS 9.3.1.1). Der Ansatzzeitpunkt wird regelmäßig durch den Übertragungszeitpunkt (Abtretung) der Forderung bestimmt. 22

Grds ist beim Ansatz von erworbenen Forderungen die **Interaktion** mit den **Ausbuchungsvoraussetzungen** beim Veräußerer zu berücksichtigen (IAS 39.AG50/IFRS 9.B3.2.15). 23

IV. Bewertung bei erstmaliger Erfassung

Die Bewertung von Forderungen aus Lieferungen und Leistungen beim erstmaligen Ansatz erfolgt unabhängig von der Einordnung in die verschiedenen Kategorien von Finanzinstrumenten zum beizulegenden Zeitwert, der idR den **Anschaffungskosten** entspricht (IAS 39.43 iVm IFRS 13.58). Nach IFRS 9.5.1.1, IFRS 9.B5.1.1 und IFRS 9.5.1.3 iVm IFRS 15.46ff sind Forderungen aus Lieferungen und Leistungen zum Transaktionspreis anzusetzen (→ § 3 Rn 156, → § 3 Rn 381, → § 3 Rn 400, → § 3 Rn 408). 24

Für **erworbene Forderungen** ergeben sich die Anschaffungskosten ebenfalls aus dem Wert der Gegenleistung. In den meisten Fällen entspricht diese dem Betrag an hingegebenen oder vereinbarten Zahlungsmitteln. Der urspr Nominalwert der erworbenen Forderungen ist unerheblich. 25

Nicht- oder unterverzinsliche Forderungen sind mit ihrem **Barwert** zum Zeitpunkt der Ausreichung oder des Erwerbs anzusetzen, wenn der Diskontierungsbetrag wesentlich ist (F.QC11 und IFRS 13.BC138A). Zur Abzinsung wird ein Zinssatz verwendet, der für Finanzinstrumente gleicher Bedingungen, 26

Laufzeit, Bonität, Währung und sonstiger den Zinssatz determinierender Faktoren verwendet wird (IFRS 13.B19). Kurzfristige Forderungen aus Lieferungen und Leistungen sind deshalb regelmäßig zum Nominalwert zu erfassen.

In Situationen, in denen der Transaktionspreis nicht mit dem beizulegenden Zeitwert übereinstimmt, ist der Differenzbetrag grds erfolgswirksam zu erfassen, es sei denn, in einem Standard sind hierfür andere Regelungen vorgesehen (IFRS 13.60 iVm IAS 39.AG76 bzw IFRS 9.5.1.1A und IFRS 9.B5.1.2A).

27 **Transaktionskosten** sind nach IFRS 13.25 kein Bestandteil des beizulegenden Zeitwerts und daher entspr den separaten Regelungen der für den Geschäftsvorfall einschlägigen Standards zu erfassen. Folglich richtet sich die Bilanzierung von Transaktionskosten auch nach Inkrafttreten des IFRS 13 nach den Regelungen des IAS 39, die unverändert in IFRS 9 übernommen wurden (IFRS 9.5.1.1). Somit sind Transaktionskosten Bestandteil der Anschaffungskosten für alle Forderungen, die in der Folge nicht zum beizulegenden Zeitwert bewertet werden.

V. Folgebewertung

28 Forderungen, die in der Kategorie Kredite und Forderungen (IAS 39) bzw zu fortgeführten Anschaffungskosten bewertet (IFRS 9) erfasst werden, sind zu **fortgeführten Anschaffungskosten** zu bewerten (IAS 39.9 iVm IAS 39.46(a)/ IFRS 9.5.2.1 iVm IFRS 9.4.12). Fortgeführte Anschaffungskosten im Zusammenhang mit Forderungen entsprechen der Fortentwicklung der Erstbewertung wie folgt:

Gegenleistung ggf Barwert
\+ Aufzinsung
./. Tilgung
./. Wertminderung
= fortgeführte Anschaffungskosten

Wird beim erstmaligen Ansatz von un- oder unterverzinslichen Forderungen der Barwert angesetzt, ist die Forderung bis zur Fälligkeit aufzuzinsen. Dies erfolgt nach der **Effektivzinsmethode** unter Anwendung des beim erstmaligen Ansatz verwendeten Zinssatzes. Die entspr Zinsen sind Bestandteil des Finanzergebnisses.

Regelmäßig sind bei Forderungen aus Lieferungen und Leistungen bis zum Zahlungseingang die urspr Anschaffungskosten zu bilanzieren, so lange keine substanziellen Hinweise auf Wertminderungen vorliegen und damit kein Wertminderungstest ausgelöst wird (→ § 3 Rn 230, betreffend IFRS 9 vgl → § 3 Rn 385 ff).

29 Bei **Fremdwährungsforderungen** ist der Stichtagskurs der Bewertung zugrunde zu legen. Wertänderungen sind erfolgswirksam zu erfassen.

30 Werden Forderungen aus Lieferungen und Leistungen aufgrund bestehender **Handelsabsicht** bis zur Veräußerung nach IAS 39.9/IFRS 9.4.1.4f der Kategorie erfolgswirksam zum beizulegenden Zeitwert zugeordnet, ist die Folgebewertung zum beizulegenden Zeitwert vorzunehmen. Dieser wird auf Basis des Barwerts der zu erwartenden Zahlungen unter Berücksichtigung der entspr Bonitäten ermittelt (ausführlich → § 3 Rn 187 ff).

VI. Wertminderung

31 **Forderungen** aus Lieferungen und Leistungen der Kategorie Kredite und Forderungen (IAS 39) bzw zu fortgeführten Anschaffungskosten bewertet

(IFRS 9) sind auf Wertminderungen zu prüfen (IAS 39.58 bis IAS 39.65, IAS 39.AG84 bis IAS 39.AG93, IFRS 9.5.2.2 iVm IFRS 9.5.5ff). Aufgrund der grds konzeptionellen Änderungen in diesem Bereich werden im Folgenden zunächst die Wertminderungsregelungen des IAS 39 und nachfolgend diejenigen in IFRS 9 dargestellt.

Die Prüfung von Wertminderungen erstreckt sich im Wesentlichen auf **Bonitätsrisiken**. Das Risiko einer vom Marktzinsniveau abweichenden Verzinsung wird in dieser Kategorie nicht als Wertminderungsrisiko erfasst (→ § 3 Rn 230ff). Erst im Rahmen der Anhangangaben entspr IFRS 7.25 sind diese bei der Ermittlung des beizulegenden Zeitwerts relevant. Währungsrisiken werden durch die Umrechnung von Fremdwährungsforderungen zum Stichtagskurs berücksichtigt.

Die Ermittlung von Wertminderungen von Forderungen nach **IAS 39** erfolgt 32
nach dem ***incurred loss*-Modell.** Wertminderungen liegen hiernach vor, wenn es objektive Hinweise auf Wertminderungen gibt, die auf konkreten Ereignissen nach dem erstmaligen Ansatz der Forderung beruhen und Auswirkungen auf künftige Zahlungsströme aus der Forderung haben, die verlässlich ermittelt werden können (IAS 39.59). Künftige Ereignisse sind nicht in die Ermittlung der Wertminderung einzubeziehen.

Die Ermittlung des Wertminderungsbedarfs erfolgt nach einem **zweistufigen** 33
Verfahren, das in → § 3 Rn 231ff beschrieben ist. Hierfür werden Forderungen zunächst **einzeln** auf Wertminderungsbedarf untersucht.

Neben den zum Bilanzstichtag einzeln als wertgemindert identifizierten Forderungen enthalten Forderungsbestände grds immanente Wertminderungsrisiken (IAS 39.58). Bestehen **substanzielle Hinweise** auf Wertminderungsrisiken, die den Forderungsbestand über die einzeln erfassten Risiken hinaus treffen können, ist eine **pauschale Wertberichtigung auf Portfoliobasis** vorzunehmen (→ § 3 Rn 238f). Für diese Beurteilung sind die bereits einzeln wertgeminderten Forderungen nicht einzubeziehen (IAS 39.64). Die Gruppierung des **Forderungsportfolios** erfolgt nach möglichen Kreditrisiken (zB Art des Vermögenswerts, Branche des Schuldners, Art der Besicherung, Warenkreditversicherung, Zahlungsverhalten der Vergangenheit). Durch die Gruppenbildung ist insbes auszuschließen, dass Wertminderungen nicht mit Wertsteigerungen verrechnet werden (IAS 39.64). Hat ein Unternehmen keine Gruppe von Vermögenswerten mit ähnlichen Risikoeigenschaften, entfällt die Schätzung des Wertminderungsbedarfs auf Gruppenebene (IAS 39.AG87). Die Vorgehensweise wird an folgendem Beispiel deutlich:

Beispiel: Die Mayer AG (M-AG) vertreibt Maschinenbauteile an eine Vielzahl von Kunden unterschiedlichster Art. M-AG teilt die Kunden in 3 Bonitätsgruppen auf:

1. Gruppe Staatliche und Großunternehmen: Bei diesen Unternehmen kam es in der Vergangenheit zu minimalen Ausfällen. Im Durchschnitt wurden Rechnungen innerhalb von 45 Tagen bezahlt. Trotzdem zahlen manche der Kunden sehr schleppend. Der Marktzinssatz für kurzfristige ungesicherte Darlehen an diese Kundengruppe wird mit 4% geschätzt. Forderungen von diesen Kunden sind für sich betrachtet wesentlich.

2. Gruppe Mittlere Unternehmen und Unternehmen mit guter Bonität: In dieser Gruppe gab es in der Vergangenheit Ausfälle von ca 1 bis 2%. Im Durchschnitt wurden Rechnungen innerhalb von 45 Tagen bezahlt. Trotzdem ist es nicht ungewöhnlich, dass manche Kunden erst in 60 Tagen zahlen. Vergangenheitsdaten belegen, dass das Ausfallrisiko 5% beträgt, wenn Beträge 60 bis 90 Tage ausstehen; danach steigt es. Der Marktzinssatz für kurzfristige ungesicherte Darlehen an diese Kundengruppe wird mit 10% geschätzt. Keiner der Beträge ist einzeln betrachtet wesentlich.

3. Gruppe Kleine Unternehmen und Unternehmen mit begrenzter oder unbekannter Bonität: In dieser Gruppe gab es in der Vergangenheit Ausfälle von ca 5%. Im Durchschnitt wurden Rechnungen innerhalb von 90 Tagen bezahlt. Vergangenheitsdaten belegen, dass das Ausfallrisiko 10% beträgt, wenn dieser Zeitraum überschritten wird und danach weiter steigt. Der Marktzinssatz für kurzfristige ungesicherte Darlehen an diese Kundengruppe wird mit 25% geschätzt. Keiner der Beträge ist einzeln betrachtet wesentlich.

Für die Identifizierung des Wertminderungsaufwand verfährt M-AG wie folgt:

	Gruppe 1	Gruppe 2	Gruppe 3
Erstansatz	Rechnungsbetrag	Rechnungsbetrag	Barwert auf Basis eines Zinssatzes von 25% über 90 Tage (5,7% entspricht dem erwarteten Ausfallrisiko)
Einzelbetrachtung	Alle	bei Vorliegen entspr Informationen	bei Vorliegen entspr Informationen
Gruppenbetrachtung	alle Forderungen, die im Rahmen der Einzelanalyse nicht wertgemindert waren	alle Forderungen, die im Rahmen der Einzelanalyse nicht wertgemindert waren	alle Forderungen, die im Rahmen der Einzelanalyse nicht wertgemindert waren
typische Verlustereignisse	einzeln: finanzielle Schwierigkeiten, Insolvenzen auf Gruppenebene: wesentliche Veränderung der Zahlungszeitpunkte	einzeln: finanzielle Schwierigkeiten, Insolvenzen auf Gruppenebene: Forderungen sind älter als 60 Tage	einzeln: finanzielle Schwierigkeiten, Insolvenzen auf Gruppenebene: Forderungen sind überfällig
Ermittlung des Wertminderungsbedarfs	einzeln: Wertminderung wird erfasst, wenn sicher ist, dass weniger als 100% der Forderung realisiert wird auf Gruppenebene: da keine Erfahrungswerte vorhanden sind, je nach Einschätzung des Unternehmens	für Forderungen: 60 Tage nach Überfälligkeitskategorien, die auf Vergangenheitsdaten beruhen. Keine Abzinsung, da unwesentlich	auf Basis von Überfälligkeitskategorien, denen Prozentsätze zugeordnet werden, die sich aus Vergangenheitsdaten ableiten lassen. Abzinsung auf Basis des urspr Zinssatzes

34 **Pauschalwertberichtigungen** sind nach den oben beschriebenen Grundsätzen nicht zulässig, **pauschalierte Einzelwertberichtigungen** sind grds nur auf Basis von belegbaren Ausfallraten ansetzbar. Dennoch verkennt der Standardsetter nicht, dass gerade im Bereich der Forderungen das erforderliche Datenmaterial zur Beurteilung des erwarteten Ausfalls nur begrenzt zur Verfügung steht. Das Unternehmen greift dann auf Erfahrungswerte zurück und stützt sich, wenn keine eigenen Daten vorhanden sind, auf Daten von Vergleichsunternehmen (IAS 39.62 iVm IAS 39.AG89). Im Zweifel müssen vernünftige Schätzungen verwendet werden, wobei in IAS 39.AG86 auf das in IAS 37 angewandte Verfahren zur Ermittlung von bestmöglichen Schätzungen hingewiesen wird (→ § 13 Rn 53ff). Methoden und Annahmen zu den Schätzungen werden regelmäßig überprüft und angepasst.

35 Einen Überblick über den Wertminderungstest bei Forderungsportfolien gibt die folgende Darstellung:

Ablaufdiagramm für eine Werthaltigkeitsprüfung des Bestands der Forderungen aus Lieferungen und Leistungen

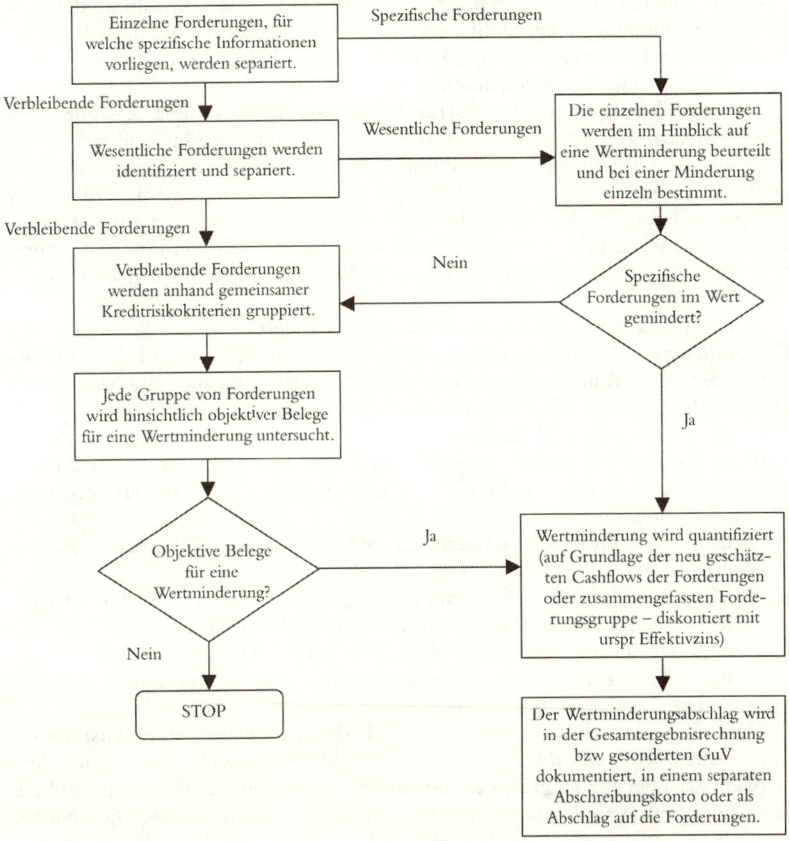

Beispiel: Ein Kreditkartenunternehmen stellt fest, dass einer der Hauptgründe für den Forderungsausfall bei Kreditkartenforderungen der Tod des Kreditnehmers ist. Zwar ändert sich die Sterblichkeitsrate von einem zum anderen Jahr nicht, dennoch kann das Unternehmen davon ausgehen, dass einige Kreditnehmer zum Bilanzstichtag nicht mehr zu den Lebenden gehören, was aber dem Unternehmen zu diesem Zeitpunkt noch nicht bekannt ist. In diesem Fall ist es zulässig, einen Wertminderungsaufwand für die eingetretenen, aber noch nicht bekannt gewordenen Verluste zu bilden, nicht aber für Sterbefälle die erwartungsgemäß in künftigen Perioden eintreten werden. 36

Verzögern sich die Zahlungen aus der Forderung oder werden Ratenzahlungen vereinbart, sind, soweit die Abzinsungseffekte als wesentlich anzusehen sind, die zu erwartenden **Cashflows** mit dem urspr (bei festen Zinsvereinbarungen) bzw vertraglich vereinbarten Zins (bei variablen Zinsvereinbarungen) zu diskontieren. Bei Forderungen in Fremdwährung ist der Stichtagskurs zugrunde zu legen. 37

Die Wertminderung ist durch einen pauschalen **Wertminderungsabschlag** jeweils für die gebildete Gruppe zu erfassen. 38

Der Wertminderungsumfang ist grds durch den beizulegenden Zeitwert von verwertbaren **Sicherheiten** (zB Pfandrechte, Sicherungsübereignungen, Bürgschaften und Garantien) unter Berücksichtigung von Verwertungskosten beschränkt (IAS 39.AG84). Analog sind Versicherungsleistungen von Warenkreditversicherungen zu berücksichtigen. Dabei kommt es auf die Höhe der Versicherungsleistung, den vereinbarten Selbstbehalt und die Einhaltung der Versicherungsbedingungen an. Stehen einer Forderung aufrechnungsfähige Verbindlichkeiten des Unternehmens ggü, kann eine Wertminderung auf den überschießenden Forderungsbetrag beschränkt sein.

39 **Wertminderungen** sowie **Wertaufholungen** sind für diese Kategorie **erfolgswirksam** zu erfassen (→ § 3 Rn 237). Wertaufholungen sind der Höhe nach auf die fortgeführten Anschaffungskosten beschränkt. Bei einzeln identifizierten Wertminderungen kann die Wertminderung direkt im Bilanzansatz der wertgeminderten Forderungen oder wahlweise unter Verwendung eines Wertberichtigungspostens gebucht werden. Für Wertminderungen von Forderungsportfolios kommt nur die Erfassung in einem Wertberichtigungsposten in Betracht (IAS 39.63 und IAS 39.AG89).

Durch **IFRS 9** ergeben sich grundlegende Änderungen der Systematik der Ermittlung von Wertminderungen. Wesentlich ist insbes die Abkehr vom ***incurred loss*-Modell** hin zu dem ***expected loss*-Modell** und damit eine vermeintliche Annäherung an die Regelungen des HGB.

Nach umfangreichen Diskussionen des Entwurfs wurde letztendlich ein **dreistufiges Modell** zur Ermittlung und Berücksichtigung von Bonitätsrisiken verabschiedet Einzelheiten zu diesem Modell sind in → § 3 Rn 384 ff erläutert. Hiernach werden in

(1) **Stufe 1** Ausfallrisiken berücksichtigt, die innerhalb von 12 Monaten erwartet werden;
(2) **Stufe 2** Ausfallrisiken erfasst, die sich ergeben, wenn sich das Risiko nach dem Zeitpunkt der erstmaligen Erfassung maßgeblich erhöht und dies gleichzeitig insgesamt nicht zu einem niedrigen Ausfallrisiko führt;
(3) **Stufe 3** Finanzinstrumente einbezogen, die tatsächlich ganz oder teilweise ausfallen.

Ausgangspunkt der Bewertung sind die **insgesamt erwarteten Ausfälle** eines Finanzinstruments *(lifetime expected credit losses)*, die sich ergeben aus dem Barwert der über die Laufzeit des Instruments erwarteten Ausfälle bestehend aus dem Ausfallrisiko multipliziert mit der Ausfallwahrscheinlichkeit. Die Berechnung des Ausfalls von Zahlungsmitteln ergibt sich aus dem Vergleich der vertraglichen Zahlungen mit den tatsächlich erwarteten Zahlungen. Da hierbei Barwerte angesetzt werden, kann ein erwarteter Ausfall auch dann eintreten, wenn insgesamt in voller Höhe aber verspätet gezahlt wird (IFRS 9.B5.5.28).

Ausfallrisiken, die innerhalb von **zwölf Monaten** erwartet werden, sind ein Teil der insgesamt erwarteten Ausfälle eines Finanzinstruments gewichtet mit der Wahrscheinlichkeit, dass der Ausfall innerhalb der nächsten zwölf Monate stattfindet (IFRS 9.B5.5.43). Weil die Ermittlung auf den **Ausfallwahrscheinlichkeiten** beruht, wird im Standard klargestellt, dass die in zwölf Monaten erwarteten Verluste nicht die insgesamt erwarteten Ausfälle sind, die erwartungsgemäß in den nächsten 12 Monaten eintreten (zB in Fällen in denen die Eintrittswahrscheinlichkeit für einen Ausfall in den nächsten zwölf Monaten größer als 50% ist). Wenn zB die Eintrittswahrscheinlichkeit für Ausfälle 25% beträgt, ist diese heranzuziehen, um die in den nächsten zwölf Monaten erwarteten Verluste zu berechnen, obwohl es nicht wahrscheinlich ist, dass dieses Ereignis eintritt. Ebenso sind die in zwölf Monaten erwarteten Ausfälle nicht gleichzusetzen mit der Unterdeckung an Zahlungsmitteln die in den nächsten zwölf Monaten erwartet wird. Für einen ausfallgefährdeten Vermögenswert sind die insgesamt erwarteten Ausfälle idR wesentlich größer als nur die Zahlungsmittel, die in den ersten zwölf Monaten fällig werden (*EY* 2015, 3475).

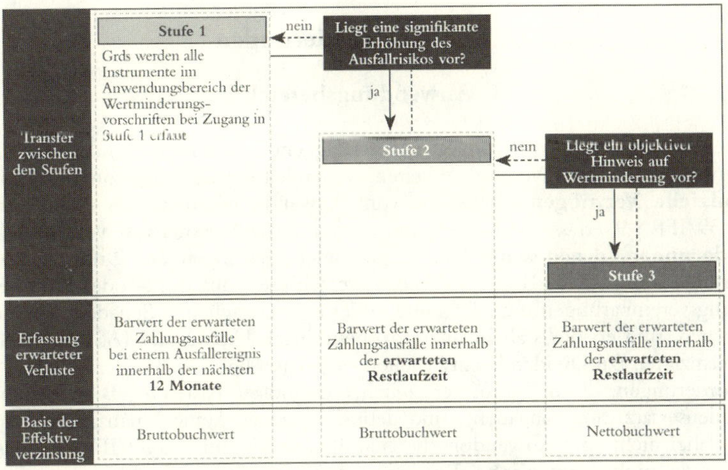

Nach IFRS 9.5.5.15 besteht unter bestimmten Voraussetzungen das Wahlrecht **40** bzw die Pflicht, Wertminderungen unter Anwendung eines vereinfachten Verfahrens zu bestimmen, nach dem die insgesamt erwarteten Ausfälle als Wertminderung angesetzt werden (→ § 3 Rn 396). Wertminderungen für Forderungen aus Lieferungen und Leistungen (sowie vertragliche Vermögenswerte iSd IFRS 15.105 *(contract assets)*, → § 15 Rn 60), die **keine wesentliche** Finanzierungskomponente iSd IFRS 15 enthalten oder die unter Anwendung der Ausnahmeregelung des IFRS 15.63 für kurzfristige Verträge bewertet werden, sind **verpflichtend** auf der Grundlage des vereinfachten Verfahrens zu bewerten (IFRS 9.5.5.15(a)(i)). Für Forderungen aus Lieferungen und Leistungen (sowie vertragliche Vermögenswerte iSd IFRS 15.105), die eine **wesentliche** Finanzierungskomponente iSd IFRS 15 enthalten, besteht ein **Wahlrecht** zur Ermittlung der Wertminderung auf Basis der *lifetime expected credit losses.* Sofern das Wahlrecht ausgeübt wird, ist es einheitlich für sämtliche Forderungen aus Lieferungen und Leistungen bzw vertraglichen Vermögenswerte anzuwenden, es kann aber für Forderungen aus Lieferungen und Leistungen einerseits und *contract assets* andererseits unterschiedlich ausgeübt werden (IFRS 9.5.5.15(a)(ii)). Eine entspr Wahlmöglichkeit zur Anwendung des vereinfachten Verfahrens besteht auch für die Ermittlung der Wertminderungen von Leasingforderungen. Eine unterschiedliche Ausübung für (sämtliche) Forderungen aus Finanzierungs- und Operating-Leasingverhältnissen ist zulässig (IFRS 9.5.5.15(b)).

Gerade aber nicht ausschließlich für Forderungen aus Lieferungen und Leistungen sind bei der Bewertung des Ausfallrisikos **historische Daten** zu verwenden, die anzupassen sind, wenn die angewandten Methoden und Annahmen nicht mehr zutreffend sind (IFRS 9.B5.5.52). Auf dieser Basis kann zB eine **Wertminderungsmatrix** verwendet werden, in der bestimmte Wertminderungs-Prozentsätze für bestimmte Überfälligkeiten angesetzt werden. Hierbei ist darauf zu achten, dass Gruppierungen vorzunehmen sind, wenn Teile des Forderungsbestands unterschiedliche Ausfallwahrscheinlichkeiten aufweisen (IFRS 9.B5.5.35).

C. Sonstige Forderungen

I. Anwendungsbereich

41 Beruhen sonstige Forderungen auf vertraglichen Ansprüchen auf finanzielle Vermögenswerte oder Verbindlichkeiten, so handelt es sich definitionsgemäß um **finanzielle Vermögenswerte,** die vom Anwendungsbereich des IAS 32 und IAS 39/IFRS 9 erfasst sind (→ Rn 4, → § 3 Rn 48). **Sonstige vertragliche Forderungen,** denen keine Lieferungen oder Leistungen des Unternehmens zugrunde liegen, wie zB aus Reisekostenvorschüssen, aus Boni- oder Rückvergütungsvereinbarungen mit Lieferanten oder aus vertraglichen Schadensersatzansprüchen, sind ebenfalls als Finanzinstrumente nach IAS 32 und IAS 39/IFRS 9 zu bilanzieren (zu Dividendenansprüchen → § 7 Rn 66).

42 Forderungen, die nicht auf vertraglicher Grundlage basieren (zB gesetzlicher Schadensersatz, Sozialabgaben), sind definitionsgemäß keine Finanzinstrumente und daher nicht vom Anwendungsbereich des IAS 32 und IAS 39/IFRS 9 erfasst **(sonstige nichtvertragliche Forderungen).** Sie sind nach den allgemeinen Grundsätzen des Rahmenkonzepts über die Bilanzierung von Vermögenswerten zu bilanzieren (→ § 2 Rn 121 ff) oder nach anderen speziellen Grundsätzen wie zB IAS 20 (→ § 2 Rn 181). Die Aktivierung erfolgt, wenn das Unternehmen die Verfügungsmacht über die Ressource besitzt, der Nutzenzufluss wahrscheinlich ist und die Anschaffungs- oder Herstellungskosten verlässlich ermittelt werden können. Für die Bewertung gilt das Anschaffungskostenprinzip.

II. Kategorisierung

43 Für sonstige finanzielle Forderungen besteht, wenn die entspr Voraussetzungen erfüllt werden (→ Rn 8 f und → § 3 Rn 69 f), nach IAS 39 die Möglichkeit der **Kategorisierung** als zur Veräußerung verfügbar *(available for sale)* oder erfolgswirksam zum beizulegenden Zeitwert bewertet *(at fair value through profit or loss).* Daneben ist im Gegensatz zu den Forderungen aus Lieferungen und Leistungen zB für Mitarbeiterdarlehen eine Kategorisierung bis zur Endfälligkeit gehaltene Finanzinstrumente *(held to maturity)* denkbar. Nach IFRS 9.4.1.2 ist zu prüfen, ob die entspr Forderungen die Voraussetzungen als zu Anschaffungskosten bewertet erfüllen. Ansonsten sind sie der Kategorie erfolgswirksam zum beizulegenden Zeitwert bewertet zuzuordnen.

44 Für **nichtvertragliche Forderungen** erfolgt keine Kategorisierung (→ § 3 Rn 70).

III. Ansatz

45 Der Ansatz sonstiger vertraglicher Forderungen erfolgt im **Zeitpunkt der Entstehung des vertraglichen Anspruchs** (zu vertraglichen Ansprüchen, die von zukünftigen Ereignissen abhängen (Eventualforderungen) → Rn 73 f).

46 Bei **Boni- oder Rückvergütungsvereinbarungen** mit Lieferanten entsteht der Anspruch bei Erreichen oder Überschreiten der vereinbarten Abnahme, Bestellmenge oder sonstiger Zielvereinbarung. Der Ansatzzeitpunkt ist nach den individuellen Vertragsvereinbarungen zu bestimmen.

47 Ansatzkriterium für **nichtvertragliche Forderungen** ist nach dem Rahmenkonzept die Wahrscheinlichkeit, dass ein zukünftiger wirtschaftlicher Nutzen aus dem Vermögenswert zufließt und die Anschaffungskosten zuverlässig bestimmbar

sind (F.4.38). Damit ist zB das tatsächliche Bestehen eines gesetzlichen Schadensersatzanspruchs sowie die Wahrscheinlichkeit der Realisierung bereits in die Beurteilung über den Ansatz mit einzubeziehen (zur Abgrenzung zu Eventualforderungen → Rn 73f; zum Ansatz von Forderungen aus öffentlichen Zuwendungen → § 5 Rn 63).

IV. Bewertung bei erstmaliger Erfassung

Die Bewertung von sonstigen vertraglichen Forderungen beim erstmaligen Ansatz erfolgt unabhängig von der Einordnung in die verschiedenen Kategorien von Finanzinstrumenten mit dem **beizulegenden Zeitwert,** der zum Zeitpunkt des Erwerbs idR dem Nominalwert bzw den Anschaffungskosten entspricht (IAS 39.43/IFRS 9.5.1.1 f iVm IFRS 9.B5.1.1f; → § 3 Rn 156, → § 3 Rn 381, → § 3 Rn 408). 48

Alternativ werden **Bewertungsverfahren** angewendet. Hierbei wird im Falle von langfristigen Forderungen die Summe der künftigen Einzahlungen auf den Ersterfassungszeitpunkt abgezinst, wenn der Zinseffekt wesentlich ist (IAS 39.AG64/IFRS 9.B5.1.1). IFRS 13 regelt die Leitlinien für die Ermittlung des beizulegenden Zeitwerts (→ § 2 Rn 233ff).

Sonstige nichtvertragliche Forderungen sind bei erstmaliger Erfassung mit dem Betrag der voraussichtlichen Einzahlungen zu bewerten. 49

V. Folgebewertung

Für sonstige vertragliche Forderungen in der **Kategorie** Kredite und Forderungen oder bis zur Endfälligkeit gehaltene Finanzinstrumente ist eine Folgebewertung zu **fortgeführten Anschaffungskosten** vorgesehen (IAS 39.46/IFRS 9.4.1.2 dort, wenn die entspr Voraussetzungen vorliegen). Soweit zum Ersterfassungszeitpunkt der Barwert einer Forderung angesetzt wurde und die Forderung eine definierte Endfälligkeit besitzt, ist die Forderung nach der Effektivzinsmethode (→ § 3 Rn 167) fortzuentwickeln. Hiernach ist der Zinsanteil auf Basis des urspr Zinssatzes in jeder Periode erfolgswirksam zuzuschreiben (Buchung: per Forderung an Zinsertrag). Die Erfassung der Zinserträge außerhalb des Finanzergebnisses ist uE nicht sachgerecht. 50

Auch für sonstige vertragliche Forderungen ist bei Vorliegen von objektiven substanziellen Hinweisen ein **Wertminderungstest** durchzuführen (→ Rn 31ff). Der erzielbare Betrag ergibt sich regelmäßig aus den zu erwartenden Rück- oder Einzahlungen auf den Vermögenswert.

Für **sonstige vertragliche Forderungen** der Kategorie zur Veräußerung verfügbare Vermögenswerte, zu Handelszwecken gehaltene Finanzinstrumente oder erfolgswirksam zum beizulegenden Zeitwert bewertet ist eine Folgebewertung zum **beizulegenden Zeitwert** vorzunehmen, der sich zB aus der Höhe der bestehenden Ansprüche oder den zu erwartenden Einzahlungen am Bilanzstichtag ergibt. Sämtliche Wertminderungsaspekte sind dabei unmittelbarer Bewertungsbestandteil (→ § 3 Rn 230; zur Erfassung von Wertminderungen bei Vermögenswerten der Kategorie zur Veräußerung verfügbare Vermögenswerte → § 3 Rn 241). 51

Bei **sonstigen nichtvertraglichen Forderungen** sind der Folgebewertung die zu erwartenden Zahlungseingänge zugrunde zu legen. 52

D. Ausbuchung

I. Ausbuchung vertraglicher Forderungen

53 Die Grundlagen der **Ausbuchung** von finanziellen Vermögenswerten sind in → § 3 Rn 100ff ausführlich dargestellt. Die Regelungen des IAS 39 zur Ausbuchung von finanziellen Vermögenswerten wurden unverändert in IFRS 9 übernommen (IFRS 9.3.2).

Für die Ausbuchung von Forderungen aus Lieferungen und Leistungen kommen im Wesentlichen die folgenden zwei Möglichkeiten in Betracht.

54 **Erlöschen des Anspruchs:** Der vertragliche Anspruch auf den Erhalt einer Zahlung oder eines anderen finanziellen Vermögenswerts ist erloschen (Zahlung, Verzicht, Verjährung und Umschuldung).

Das Erlöschen eines Anspruchs erfolgt idR durch **Zahlung** des Schuldners. Bei einem **Forderungsverzicht** durch den Gläubiger kommt es auf die rechtliche Gestaltung des Einzelfalls an. Verzichtet der Gläubiger auf die Zahlung der Forderung ist diese grds erloschen, was zu einer Ausbuchung führt (*Lüdenbach/Hoffmann/Freiberg* IFRS § 28 Rz 57f).

Dagegen führt die **Umschuldung sowie die Modifizierung von Krediten** erst bei einem substanziellen Unterschied der urspr und der neuen Vertragsbedingungen zu einer Ausbuchung der alten bzw Einbuchung der neuen Forderung. Als substanzieller Unterschied wird eine **Differenz von 10%** des Barwerts der urspr und der neuen Forderung angenommen. Zur Berechnung des Barwerts ist die Effektivverzinsung des alten Kredits maßgeblich (IAS 39.AG62/IFRS 9.B3.3.6; → § 3 Rn 133).

55 Die **Übertragung des Anspruchs** setzt voraus, dass der bestehende vertragliche Anspruch auf den Erhalt einer Zahlung oder eines anderen Vermögenswerts auf eine andere Person übertragen (Abtretung, Factoring und *asset-backed-securities*-Transaktionen) wird.

Während das Erlöschen einer Forderung idR durch die Prüfung der Vertragsgrundlagen zu keinen Schwierigkeiten führt, sind die Regelungen zur Übertragung einer Forderung **sehr komplex.** Vor der Betrachtung der Frage, ob eine Forderung auszubuchen ist, muss zunächst geprüft werden, ob die Regelungen der Ausbuchung auf die gesamte Forderung oder nur auf einen Teil der Forderung anzuwenden sind (IAS 39.16/IFRS 9.3.2.2). Eine Ausbuchung ist nach den Grundsätzen der IAS 39.15ff/IFRS 9.3.2.1ff zu beurteilen. Demnach ist die Ausbuchung einer Forderung **nur** möglich, wenn die vertraglich festgelegten Ansprüche auf den **Erhalt der Zahlungsströme** auf den Käufer einer Forderung übertragen werden.

Dies ist auch dann gegeben, wenn der Verkäufer das Recht auf den Erhalt der Zahlungsströme zurückbehält, sich aber vertraglich verpflichtet, die Zahlungsströme und nur diese unverzüglich an den Erwerber weiterzuleiten ***(pass-through-arrangement).*** Darüber hinaus muss es dem Verkäufer vertraglich untersagt sein, die den Zahlungsströmen zugrunde liegenden Forderungen zu verpfänden oder an Dritte zu verkaufen (IAS 39.19/IFRS 9.3.2.5). Garantien, Optionen oder sonstige Entschädigungsvereinbarungen, die es dem Erwerber ermöglichen, Forderungen zurück zu übertragen sind Indizien dafür, dass die Übertragung nicht oder nicht vollständig erfolgt ist.

56 Neben der vollständigen Übertragung ist auch eine **partielle Ausbuchung** der Forderung möglich, wenn es sich bei den auszubuchenden Komponenten um **genau identifizierbare Cashflows,** wie zB einen Anspruch auf den Zinsanteil, nicht aber die Kapitalzahlung der Forderung handelt oder der übertragene

Teil einen strikt proportionalen Anteil der gesamten Cashflows darstellt (zB 70% des gesamten Cashflows aus der Forderung). Als dritte Möglichkeit nennt IAS 39.16/IFRS 9.3.2.2 eine Kombination der beiden zuvor beschriebenen Sachverhalte (zB 80% des Cashflows aus dem Zinsstrip einer Forderung). In allen anderen Fällen sind die nachfolgenden Regelungen auf die gesamte Forderung anzuwenden.

In einem zweiten Schritt ist zu prüfen, ob **wesentliche Risiken und Chancen** (*substantially all,* IAS 39.20(b)/IFRS 9.3.2.6(b)) zurückbehalten werden. Die Risikoverteilung ist nach IAS 39.21/IFRS 9.3.2.7 anhand eines Vergleichs der Risikoposition des Veräußerers vor und nach der Übertragung zu beurteilen. Verändert sich die Risikosituation des Veräußerers hinsichtlich der Höhe und des Eintrittszeitpunkts der Netto-Cashflows einer Forderung nach der Veräußerung nicht signifikant zu der Risikosituation vor der Veräußerung, sind die wesentlichen Risiken und Chancen nicht übertragen worden. In IAS 39.AG39 und IAS 39.AG40/IFRS 9.B3.2.4 und IFRS 9.B3.2.5 werden Fälle dargestellt, bei denen die mit dem Eigentum verbundenen Risiken und Chancen übergehen bzw nicht übergehen: 57

Der **Übergang** von **Risiken** und **Chancen** liegt vor bei 58

(1) einem unbedingten Verkauf eines Vermögenswerts,
(2) dem Verkauf mit der gleichzeitigen Option auf den Rückkauf des Vermögenswerts zum beizulegenden Zeitwert,
(3) dem Verkauf eines Vermögenswerts in Kombination mit einer Verkaufs- oder Kaufoption, die weit aus dem Geld ist, sodass es unwahrscheinlich ist, dass sie vor Fälligkeit im Geld sein wird.

Kein Übergang von Risiken und Chancen liegt vor bei 59

(1) einem Verkauf mit anschließendem Rückkauf zu einem festgelegten Rückkaufspreis oder dem Verkaufspreis zuzüglich Verzinsung,
(2) Wertpapierleihe,
(3) einem Verkauf gekoppelt mit einem *total-return-swap*, bei dem das Marktrisiko auf das Unternehmen zurückübertragen wird,
(4) dem Verkauf eines Vermögenswerts in Kombination mit einer Verkaufs- oder Kaufoption, die weit im Geld ist, sodass es unwahrscheinlich ist, dass sie vor Fälligkeit aus dem Geld sein wird.

Beispiel: A schließt mit F folgenden Vertrag: F zahlt an A 85% des Nominalwerts von Forderungen bestimmter Kunden, die T€ 100 übersteigen. Die Kunden werden angewiesen, an F zu zahlen. F zieht von den eingegangenen Beträgen seine Servicegebühren sowie Zinsen ab und überweist den Restbetrag an A. Wenn weniger als 85% der Forderung gezahlt werden, hat F keine Ersatzansprüche an A. A erwartet 5% Ausfälle und hält es für möglich, dass bis zu 10% insgesamt ausfallen.

In diesem Fall muss F nur Verluste tragen, die 15% übersteigen, die wesentlichen Ausfallrisiken verbleiben bei A. Daher erfüllt diese Vereinbarung nicht die Voraussetzungen für die Ausbuchung der Forderungen, da weder das rechtliche Eigentum übertragen wird, noch die übertragenen Rechte rechtlichem Eigentum entsprechen. Fraglich ist, ob es sich bei der Vereinbarung um einen Vertrag handelt, bei dem nur 85% der Cashflows übertragen werden. Dies scheitert uE auch, da F letztlich keinen prozentualen Anteil der Cashflows erhält. Die Forderungen dürfen daher nicht ausgebucht werden. Für die Zahlungen des F bucht A eine Verbindlichkeit ein.

Überträgt der Veräußerer **alle wesentlichen Risiken und Chancen** aus einer Forderung, so hat er diese auszubuchen und sämtliche neu entstandenen oder zurückbehaltenen Rechte und Verpflichtungen getrennt als Vermögenswert oder Verbindlichkeit zu bilanzieren (IAS 39.20(a)/IFRS 9.3.2.6(a)). 60

Beispiel: Die B-AG überträgt Forderungen an die P-GmbH mit einem Nominalwert von T€ 100. Die B-AG erhält T€ 98 und verpflichtet sich, uneinbringliche Forderungen zu gleichen Bedingungen zurückzukaufen. Das Risiko des Forderungsbestands wird mit 15% eingeschätzt.

Erwarteter Cashflow vor Übertragung: T€ 100 – 15% = T€ 85

Erwarteter Cashflow nach Übertragung: T€ 98.

Die Abweichung beträgt 13%. Unabhängig von der prozentualen Ermittlung der signifikanten Abweichung ist das gesamte Risiko bei der B-AG verblieben. Der Forderungsbestand darf nicht ausgebucht werden. Die Wertminderung von T€ 15 ist zu bilanzieren, wenn sie die entspr Voraussetzungen erfüllt. Die Zahlung der P-GmbH in Höhe von T€ 98 ist als Verbindlichkeit auszuweisen (besicherte Kreditaufnahme).

61 Werden die wesentlichen Risiken und Chancen **weder übertragen noch zurückbehalten**, ist zu prüfen, welche Partei die tatsächliche **Verfügungsmacht** über die Forderung besitzt (IAS 39.AG42 bis IAS 39.AG44/IFRS 9.B3.2.7 bis IFRS 9.B3.2.9). Dabei kommt es darauf an, ob der Erwerber die Forderung veräußern kann, ohne dazu der Zustimmung eines Dritten zu bedürfen (IAS 39.23). Hat der Veräußerer die Verfügungsmacht aufgegeben, ist die Forderung vollständig auszubuchen und die zurückbehaltenen oder neu entstandenen Rechte und Verpflichtungen (→ § 3 Rn 112) sind zu bilanzieren (IAS 39.20(c)(i)/ IFRS 9.3.2.6(c)(i)).

Wird dagegen die **Verfügungsmacht** an der übertragenen Forderung **beibehalten,** hat der Verkäufer die Forderung in dem Umfang fortzuführen, der seinem fortdauernden Engagement *(continuing involvement)* entspricht (IAS 39.20(c)(ii)/ IFRS 9.3.2.6(c)(ii)). Übernimmt der Verkäufer der Forderungen zB eine Forderungsausfallgarantie, wird die Forderung in Höhe des Garantiebetrags fortgeführt und gleichzeitig eine entspr Verbindlichkeit (*associated liability;* IAS 39.31/ IFRS 9.3.2.17) erfasst.

Beispiel: A veräußert den Anspruch auf die Zahlungsströme aus einem Forderungsbestand in Höhe von T€ 100 für T€ 85 an F. Es gilt als unwahrscheinlich, dass mehr als T€ 10 der Forderungen ausfallen. Es wird vereinbart, dass A 30% der Forderungsausfälle übernimmt. Es besteht keine eindeutige Risikoallokation.

a) A besitzt keine Verfügungsmacht mehr an dem Forderungspool

Per Bank	85			
Per Aufwand	15	an	Forderung	100

b) A besitzt die Verfügungsmacht an dem Forderungspool

Per Bank	85	an	Verbindlichkeit	3
Per Aufwand	15		Forderung	97.

62 Eine **Forderungsausfallgarantie** ist nur zu berücksichtigen, wenn der tatsächliche Eintritt eines Forderungsausfalls wahrscheinlich ist. Bspw ist es unwahrscheinlich, dass Forderungen ggü einem öffentlichen Träger ausfallen. Eine solche Risikoübernahme hat keine Auswirkung auf eine bilanzbefreiende Übertragung der Forderung.

63 Das folgende **Prüfschema** veranschaulicht, ob und in welchem Umfang ein finanzieller Vermögenswert ausgebucht wird (IAS 39.AG36/IFRS 9.B3.2.1):

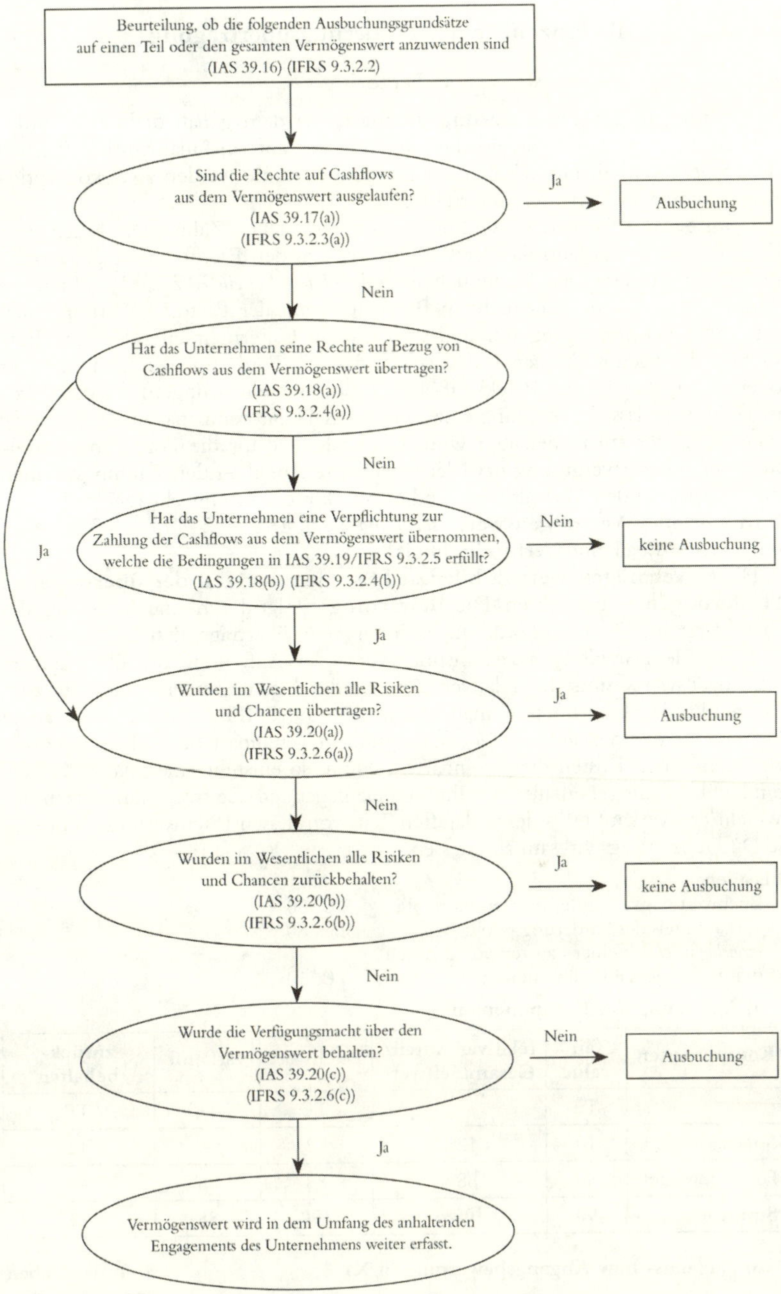
Beurteilung, ob die folgenden Ausbuchungsgrundsätze auf einen Teil oder den gesamten Vermögenswert anzuwenden sind (IAS 39.16) (IFRS 9.3.2.2)
Sind die Rechte auf Cashflows aus dem Vermögenswert ausgelaufen? (IAS 39.17(a)) (IFRS 9.3.2.3(a))
Ja
Ausbuchung
Nein
Hat das Unternehmen seine Rechte auf Bezug von Cashflows aus dem Vermögenswert übertragen? (IAS 39.18(a)) (IFRS 9.3.2.4(a))
Ja
Nein
Hat das Unternehmen eine Verpflichtung zur Zahlung der Cashflows aus dem Vermögenswert übernommen, welche die Bedingungen in IAS 39.19/IFRS 9.3.2.5 erfüllt? (IAS 39.18(b)) (IFRS 9.3.2.4(b))
Nein
keine Ausbuchung
Ja
Wurden im Wesentlichen alle Risiken und Chancen übertragen? (IAS 39.20(a)) (IFRS 9.3.2.6(a))
Ja
Ausbuchung
Nein
Wurden im Wesentlichen alle Risiken und Chancen zurückbehalten? (IAS 39.20(b)) (IFRS 9.3.2.6(b))
Ja
keine Ausbuchung
Nein
Wurde die Verfügungsmacht über den Vermögenswert behalten? (IAS 39.20(c)) (IFRS 9.3.2.6(c))
Nein
Ausbuchung
Ja
Vermögenswert wird in dem Umfang des anhaltenden Engagements des Unternehmens weiter erfasst.

II. Einzelfälle der Forderungsübertragung

1. Factoring

64 Factoring ist ein **Finanzierungsgeschäft,** bei dem genau definierte Forderungen im Wege einer entgeltlichen Veräußerung auf ein Finanzinstitut (Factor) übertragen werden. Hinsichtlich der Risikoübernahme werden zwei konzeptionell verschiedene Varianten unterschieden.

65 Beim **echten Factoring** wird neben dem rechtlichen Zahlungsanspruch auch das vollständige Ausfallrisiko der Forderungen auf den Factor übertragen, sodass die entspr Forderungen auszubuchen sind (*Heuser/Theile* Rz 2551). Hingegen kommt eine Ausbuchung nicht in Betracht, wenn der Factoring-Vertrag einen Rückkauf der Forderung durch das abtretende Unternehmen oder eine Put-Option des Factors für den Fall vorsieht, dass die Forderung wertgemindert ist oder ausfällt (schädliche Rückkauf- bzw Optionsvereinbarungen). In der Praxis ist es üblich, dass der Zahlungseinzug und das Debitorenmanagement *(servicing)* vom Verkäufer zurückbehalten wird. Übersteigt die für die Forderungsverwaltung vereinbarte Vergütung bzw der vereinbarte Anteil an den Zahlungsströmen die zu erwartenden Verwaltungs- und Servicekosten, so entsteht regelmäßig ein **immaterieller Vermögenswert** (***servicing asset,*** IAS 39.24/IFRS 9.3.2.10) im umgekehrten Fall eine **Verbindlichkeit.**

66 Dieser **Vermögenswert** ist **bilanziell** als **separater Teil der übertragenen Forderungen** zu betrachten. Die **Bewertung** erfolgt durch eine Aufteilung des Buchwerts der gesamten Forderungen in einen zu übertragenden Teil und einen Teil, der dem ***servicing asset*** entspricht. Bei der Aufteilung des übertragenen Vermögenswerts sind die relativen Anteile des beizulegenden Zeitwerts zum Zeitpunkt der Übertragung maßgeblich (IAS 39.27/IFRS 9.3.2.13). Ist keine Gebühr für die verbleibende Verwaltungspflicht vereinbart oder übersteigen die zu erwartenden Kosten die vereinbarte Gebühr, so entsteht eine finanzielle Verbindlichkeit, die ebenfalls mit ihrem beizulegenden Zeitwert anzusetzen ist. Weicht der Verkaufserlös des verkauften Teils von dessen Buchwert ab, so ist diese Differenz erfolgswirksam zu erfassen.

Beispiel:

Buchwert des verkauften Forderungspools:	T€ 100
Verkaufspreis des Forderungspools:	T€ 80
servicing asset mit einer Laufzeit von 2 Jahren (wird vom Verkäufer übernommen):	T€ 10

a) Aufteilung der Komponenten

Komponenten	fair value	relativer Anteil/ Gesamtzeitwert	Buchwert	verkauft	zurück-behalten
	T€		T€	T€	T€
Servicing asset	10	12%	12	–	12
Forderungspool	80	88%	88	88	–
Summe	**90**	**100%**	**100**	**88**	**12**

b) Zugangs- bzw Abgangsbewertung in X1	**Soll**	**Haben**
	T€	T€
Bank	80	
servicing asset (immaterieller Vermögenswert)	10	
Verlust aus dem Forderungsverkauf	8	
Verlust aus der *fair value* Bewertung des *servicing assets*	2	
Buchwert der Forderungen		100

c) Folgebewertung des *servicing asset* in X2	**Soll**	**Haben**
	T€	T€
Abschreibung *servicing asset*	5	
servicing asset		5

d) Folgebewertung des *servicing asset* in X3	**Soll**	**Haben**
	T€	T€
Abschreibung *servicing asset*	5	
servicing asset		5

Das *servicing asset* darf maximal mit dem beizulegenden Zeitwert bilanziert werden. Die Differenz zwischen anteiligem Buch- und Zeitwert ist erfolgswirksam zu erfassen. Zur Ermittlung des beizulegenden Zeitwerts sind die allgemeinen Regeln in IFRS 13 anzuwenden.

Die zweite Variante des Factoring ist das sog **unechte Factoring,** bei dem der Käufer nur den rechtlichen Anspruch an den Zahlungsströmen der Forderung erwirbt und das vollständige Ausfallrisiko vom Verkäufer der Forderung getragen wird. In diesem Fall führt die Übertragung nicht zu einer Ausbuchung der Forderung, da der Verkäufer die wesentlichen Risiken (IAS 39.20(b)/IFRS 9.3.2.6(b)) behalten hat. Die Forderungen sind weiterhin vollständig zu erfassen, für den erhaltenen Kaufpreis ist eine Verbindlichkeit zu passivieren (IAS 39.29/IFRS 9.3.2.15). 67

Neben den beiden oben genannten Varianten des Factoring sind Vereinbarungen in der Praxis anzutreffen, bei denen die Risiken aus den übertragenen Forderungen zwischen dem Forderungsverkäufer und dem Factor aufgeteilt werden. In diesem Fall ist die **Risikoverteilung** (→ Rn 57 ff) zwischen beiden Parteien zu beurteilen und festzustellen, ob die wesentlichen Risiken und Chancen übertragen wurden. Ist eine abschließende Beurteilung der Verteilung der wesentlichen Risiken nicht möglich, ist zu bestimmen, ob die **Verfügungsmacht** übertragen wurde (IAS 39.20(c)/IFRS 9.3.2.6(c)). Die bilanzielle Übertragung wird nach den oben genannten allgemeinen Regeln der Ausbuchung (Abgang, Teilabgang → Rn 55 f) bestimmt. 68

In der Praxis etabliert sich als weiteres Finanzierungsinstrument zunehmend das sog ***reverse factoring,*** bei dem ein Finanzdienstleister Verbindlichkeiten aus dem lfd Lieferverkehr eines Unternehmens übernimmt und an den Lieferanten entrichtet. Die verbleibenden Verbindlichkeiten werden dann letztlich vom Unternehmen an den Finanzdienstleister entrichtet (Näheres hierzu in → § 14 Rn 76 f).

2. Strukturierte Einheiten

Strukturierte Einheiten in Form von **Zweckgesellschaften** (SPE – *Special Purpose Entities*) sind in der Praxis ua zur **Finanzierung** von **Waren- oder Kreditforderungen** anzutreffen. Hierzu werden Forderungen bester Bonität von einem Unternehmen (Originator) auf eine Zweckgesellschaft übertragen, die sich durch Ausgabe von Wertpapieren (meist Schuldverschreibungen) am Kapitalmarkt refinanziert (*asset-backed-securities*-Transaktionen; *Kuhn/Scharpf*, 238 ff; *Feld*, 22 ff). Die Vertragsgestaltungen sind dabei vielfältig und im Kern darauf ausgelegt, dass die Vermögenswerte vom Bonitätsrisiko des Originators losgelöst werden, wodurch das Risiko einer mangelnden Bedienung der Zins- und Tilgungsleistungen aus den Zahlungseingängen durch den Originator für die Zweckgesellschaft bzw für die Investoren nahezu ausgeschlossen wird. Hinsichtlich der bilanziellen Forderungsübertragung im Einzelabschluss sind die allge- 69 meinen Regeln der Ausbuchung (Abgang, Teilabgang) anzuwenden. Problematisch gestaltet sich dagegen die bilanzbefreiende Ausbuchung unter Konzerngesichtspunkten. Qualifiziert die Übertragung der Forderungen auf eine SPE im Einzelabschluss zur Ausbuchung, so muss im Konzernabschluss die Ausbuchung rückgängig gemacht werden, wenn die Zweckgesellschaft in den Konzernabschluss nach IFRS 10 einzubeziehen ist (IAS 39.15/IFRS 9.3.2.1; → § 32 Rn 12ff).

70 Für **strukturierte Einheiten** im Zusammenhang mit Forderungsübertragungen ergeben sich hieraus **klarstellende Hinweise,** die dazu führen können, dass insbes für bereits bestehende Vertragsverhältnisse Zweckgesellschaften vorliegen können, die bisher nicht als solche erkannt wurden (sog „Silo"-Konstruktionen *(sale-in/lease-out);* → § 30 Rn 13).

3. Ausbuchung nichtvertraglicher Forderungen

71 Nichtvertragliche Forderungen sind auszubuchen, wenn die Forderung zB durch Zahlungsausgleich erloschen ist oder aus anderen Gründen der Vermögenswert nicht mehr in der **Verfügungsmacht** des Unternehmens steht (F.4.4ff). Für die Übertragung der Verfügungsmacht ist dabei eine Gesamtbetrachtung des **wirtschaftlichen Gehalts** der Übertragung vorzunehmen. Nach den Gesamtumständen muss davon ausgegangen werden können, dass die nichtvertraglichen Forderungen erloschen oder endgültig auf den Erwerber übergegangen sind.

E. Ausweis und Anhangangaben

72 Nach IAS 1.54 sind Forderungen aus Lieferungen und Leistungen und sonstige Forderungen in der Bilanz gesondert auszuweisen und entspr IAS 1.77 **in der Bilanz oder im Anhang** entspr der Geschäftstätigkeit des Unternehmens weiter **aufzugliedern.** Mindestens sind Forderungen wie folgt aufzugliedern (IAS 1.78(b)):

(1) Forderungen ggü Handelskunden,
(2) Forderungen ggü nahestehenden Unternehmen und Personen (→ § 20 Rn 43f),
(3) Vorauszahlungen und
(4) sonstige Beträge.

In der Bilanz ist eine Untergliederung in weitere Posten vorzunehmen, wenn sich die Vermögenswerte nach ihrer Art oder Funktion unterscheiden (IAS 1.59). Gleichermaßen sind die Art und die Liquidität sowie der Zweck von Vermögenswerten Maßgrößen zur Abgrenzung von Posten (IAS 1.58(a) und (b); zu Einzelheiten bzgl des Ausweises von Forderungen aus Lieferungen und Leistungen und sonstigen Forderungen wird auf → § 3 Rn 256ff verwiesen).

Hinweise zu **Anhangangaben** finden sich in → § 3 Rn 270ff sowie in der Anhangcheckliste (s Anlage zu diesem Handbuch).

Bzgl einer Darstellung der **Angabepflichten** des IFRS 12 für **strukturierte Einheiten** (Zweckgesellschaften) vgl → § 32 Rn 55ff.

F. Eventualforderungen

73 Die IFRS kennen Eventualforderungen, die definiert sind als „**mögliche Vermögenswerte,** die aus vergangenen Ereignissen resultieren und deren Exis-

tenz durch das Eintreten oder Nichteintreten eines oder mehrerer unsicherer **künftiger Ereignisse** erst noch bestätigt werden, die nicht vollständig unter der Kontrolle des Unternehmens stehen" (IAS 37.10).

Eventualforderungen können vertragliche oder nichtvertragliche Beziehungen zugrunde liegen. Damit soll die Bilanzierung von möglichen zukünftigen Zuflüssen geregelt werden, für die aufgrund ausstehender zukünftiger Ereignisse noch keine Qualifizierung als Vermögenswert möglich ist, aber aus vergangenen Ereignissen ein Nutzenpotenzial vorhanden sein kann (zB Schadensersatzforderungen aus Wettbewerbsprozessen, Vertragsverletzungen oder aus sonstigen gerichtlichen Verfahren, Entschädigungszahlungen der öffentlichen Hand). Ob die Eventualforderungen nach Eintritt zukünftiger Ereignisse ggf zu **finanziellen Vermögenswerten** führen können, ist unerheblich.

Eine Eventualforderung darf nicht bilanziert werden (IAS 37.31). Liegt die 74
Wahrscheinlichkeit, dass aus der Eventualforderung zukünftig mit einem Zufluss eines **wirtschaftlichen Nutzens** zu rechnen ist, unter 50%, ist weder eine **Erfassung** noch eine **Anhangangabe** zulässig. Bei einer Wahrscheinlichkeit über 50% ist eine kurze Beschreibung der Art der Eventualforderung und eine Schätzung der finanziellen Auswirkungen (soweit praktikabel) in den **Anhang** aufzunehmen (IAS 37.89). Ein **Ansatz** als Forderung ist erst zulässig, wenn die Unsicherheit durch Eintritt der ausstehenden Ereignisse beseitigt ist oder so gut wie sicher mit der Realisation der Erträge gerechnet werden kann – also ein **Vermögenswert** vorliegt (IAS 37.33).

G. Wesentliche Änderungen und deren Anwendungszeitpunkte

Die Regelungen des IAS 39 sind durch die Verabschiedung von **IFRS 9 *Financial Instruments*** im Juli 2014 ersetzt worden. IFRS 9 ist für Geschäftsjahre, 75
die am oder nach dem 1. Januar 2018 beginnen, anzuwenden. Ein Endorsement des Standards durch die EU steht derzeit (Stand: 31. Juli 2015) noch aus.

H. Gegenüberstellung zum HGB

Eine Gegenüberstellung der Bilanzierung und Bewertung von finanziellen 76
Vermögenswerten mit dem HGB enthält → § 3 Rn 559ff.

Grds Unterschiede bei **Ansatz** und **Bewertung** von Forderungen aus Lieferungen und Leistungen sowie sonstigen Vermögensgegenständen nach HGB zu IFRS bestehen zum einen beim Ansatz sowie auch bei der Bewertung.

Insgesamt ergeben sich in vielen Fällen keine wesentlichen Unterschiede zum Ansatz von **Forderungen nach HGB** (*Schubert/Roscher* in BeBiKo § 247 HGB Rz 80ff; *Barckow* in Baetge ua IFRS-Komm IAS 39 Rz 112ff). Bei Besonderheiten wie Fertigungsaufträgen oder Verkäufen von Software oä kann aber die Bilanzierung nach IFRS zu erheblichen Unterschieden zu HGB führen.

Nach HGB ist es nur unter bestimmten engen Voraussetzungen zulässig, Forderungen aus **Teilgewinnrealisierung** zu erfassen, nach IAS 11/IFRS 15 ist dies Pflicht, wenn die entspr Voraussetzungen erfüllt sind. Bei **Mehrkomponentenverträgen** wird nach IFRS in Anlehnung an US-GAAP eine Trennung der Vertragskomponenten erforderlich, während dies nach HGB idR unterbleibt.

Nach HGB sind Forderungen aus Lieferungen und Leistungen und sonstige 77
Vermögensgegenstände Posten des Umlaufvermögens und somit bei der Erstbe-

wertung zu **Anschaffungskosten** und in der Folge zum niedrigeren beizulegenden Wert zu erfassen. Nach IFRS ergeben sich je nach Art des Vermögenswerts unterschiedliche Bewertungsmöglichkeiten (→ Rn 8 ff). Für Wertminderungen gibt IAS 39 Regelungen vor, die im Gegensatz zum HGB den dort herrschenden bilanzpolitischen Spielraum einschränken. Die Neuregelungen des IFRS 9 führen an dieser Stelle zu einer Annäherung an die Vorschriften des HGB, wobei aufgrund der deutlich klareren Regelungen eine reine Übernahme von vielen „Praktikerlösungen" nicht ohne weiteres in Frage kommt.

Pauschalwertberichtigungen sind nach IAS 39 wie nach IFRS 9 gänzlich unzulässig. Der **Unterschied zum HGB** ergibt sich uE insbes aus der verpflichtenden Objektivierung der Grundlagen der Schätzung und der damit einhergehenden Dokumentation sowie dem Grundsatz, dass nur für bereits bestehende Ausfälle Wertminderungen zu erfassen sind.

78 Darüber hinaus ergeben sich Abweichungen insbes in Zusammenhang mit der **Übertragung von Forderungen auf Factoring-Unternehmen** und **Zweckgesellschaften,** wobei sich aufgrund von § 290 Abs 2 Nr 4 HGB, der eine Konsolidierung von Zweckgesellschaften selbst dann erfordert, wenn bei nur wirtschaftlicher Betrachtung Risiken und Chancen von MU getragen werden, zumindest Annäherungen ergeben haben.

79 Für eine Bilanzierung nach HGB werden **Factoring-Verträge** in echtes und unechtes Factoring unterschieden. Verbleibt das Ausfallrisiko der Forderungen beim übertragenden Unternehmen (unechtes Factoring), so wird eine gesicherte Darlehensaufnahme bilanziert und die Forderungen verbleiben bis zum Zahlungseingang durch die Kunden in der Bilanz des übertragenden Unternehmens erfasst. Auf welcher vertraglichen Grundlage das Ausfallrisiko bei dem übertragenden Unternehmen verbleibt (Rückkaufvereinbarung oder Bonitätsgarantie), ist im Unterschied zu IFRS unerheblich. Es kommt auf eine Gesamtbetrachtung des wirtschaftlichen Gehalts an. Die Übernahme einer Bonitätsgarantie steht einer Ausbuchung nach HGB regelmäßig entgegen. In Teilen der Literatur wird bei unechtem Factoring unterschieden in Konstruktionen mit stiller und offener Abtretung an den Factor. Im Falle einer offenen Abtretung wird eine Ausbuchung beim übertragenden Unternehmen für zulässig erachtet (*WPH I* E 55).

Bei der Übertragung des Ausfallsrisikos auf den Factor (echtes Factoring) wird in beiden Regelungswerken, soweit die übrigen Voraussetzungen erfüllt sind, eine Ausbuchung vorgenommen.

I. Aktuelle Entwicklungen/IASB-Projekte

80 IFRS 15 als zukünftig maßgebender Standard für die Ertragsrealisation und damit – im Zusammenspiel mit IFRS 9 – für die Bilanzierung und Bewertung von Forderungen aus Lieferungen und Leistungen in seiner bisherigen Form wurde vom IASB am 28. Mai 2014 herausgegeben. Nach Veröffentlichung des neuen Erlöserfassungsstandards, der im Wesentlichen mit ASU 2014-09 „Erlöse aus Verträgen mit Kunden" des FASB identisch ist, haben der IASB und der FASB eine gemeinsame **Beratungsgruppe** betreffend den **Übergang auf IFRS 15** *(Joint Transition Resource Group for Revenue Recognition, TRG)* ins Leben gerufen, um die Umsetzung des neuen Standards zu unterstützen. Die überwiegende Mehrheit der Sachverhalte, die von der TRG erörtert wurden, ist – nach Ansicht der Gruppe – aus dem Wortlaut des Standards heraus lösbar und erfordert deshalb keine Änderung des IFRS 15. Bei den folgenden **fünf Themen** wurde jedoch eine Standardergänzung für sinnvoll erachtet:

(1) Identifizierung von Leistungsverpflichtungen,

(2) Prinzipal/Agent-Erwägungen,
(3) Lizenzen,
(4) Einbringlichkeit,
(5) Bewertung unbarer Gegenleistungen.

Darüber hinaus hatten einige Anwender um praktische Erleichterungen gebeten. Der IASB hat daraufhin die vorstehend genannten Bereiche erörtert und am 30. Juli 2015 den Entwurf eines **Änderungsstandards mit Klarstellungen zu IFRS 15 „Erlöse aus Verträgen mit Kunden" (ED/2015/6)** veröffentlicht. Die vorgeschlagenen Änderungen betreffen die drei Themenbereiche Identifizierung von Leistungsverpflichtungen, Prinzipal/Agent-Erwägungen und Lizenzen. Darüber hinaus wurden Übergangserleichterungen vorgeschlagen (s weitergehend hierzu → § 15 Rn 169). Zu aktuellen Entwicklungen betreffend IFRS 9 insbes im Hinblick auf die Ergebnisse der Beratungsgruppe *Impairment Transition Resource Group* (ITG) für die Implementierung der neuen Wertminderungsvorschriften vgl → § 3 Rn 581.

§ 11. Sonstige kurzfristige Vermögenswerte

Übersicht

Schrifttum: *DRSC* Interpretation 1 (IFRS) Bilanzierung nach Fristigkeit gemäß IAS 1 Darstellung des Abschlusses, Berlin 2013; *IDW* RS HFA 2 Stellungnahme zur Rechnungslegung: Einzelfragen zur Anwendung von IFRS aF (Stand: 2. September 2008), FN IDW 2008, 483; *Küting/Kessler/Wirth* Die IFRS-Bilanzierung von nur einem temporären Controleinfluss unterliegenden Tochterunternehmen, KoR 2003, 533; *B. Naumann/T. Naumann* Folgebewertung von Beteiligungen im Jahresabschluss nach HGB und im Konzernabschluss nach IFRS, WPg-Sonderheft 2004, 130; *Ruhnke/Schmidt/Seidel* Einbeziehungswahlrechte und -verbote im IAS-Konzernabschluss, DB 2001, 657; *Schaber/*

Kuhn/Eichhorn Eigenkapitalcharakter von Genussrechten in der Rechnungslegung nach HGB und IFRS, BB 2004, 315; *Scharpf/Kuhn* Erfassung von Aufwendungen und Erträgen im Zusammenhang mit Finanzinstrumenten nach IFRS, KoR 2005, 154.

Wesentliche Rechtsgrundlagen: IAS 12, IAS 27, IAS 27 (geändert 2014), IAS 28, IAS 32, IAS 39, IFRS 5, IFRS 7, IFRS 9, IFRS 10, IFRS 11, IFRS 13

A. Vorbemerkungen und Rechtsstand

1 Neben den Vorräten (§ 8) sowie den Forderungen aus Lieferungen und Leistungen sowie den sonstigen Forderungen (§§ 9, 10) gibt es eine Vielzahl sonstiger Vermögenswerte, die als kurzfristig zu klassifizieren sind. Hierzu zählen neben den sonstigen **finanziellen Vermögenswerten** einschließlich **Eigenkapitalwerte** (§ 3) sowie den **Zahlungsmitteln und Zahlungsmitteläquivalenten** auch die **übrigen Vermögenswerte,** wie zB Steuererstattungsansprüche und vertragliche Vermögenswerte gem IFRS 15.105 *(contract assets)*. Entspr der bilanzpostenorientierten Konzeption und Gliederung dieses Handbuchs wird die Bilanzierung dieser sonstigen kurzfristigen Vermögenswerte im Folgenden in aller Kürze dargestellt.

2 Die Kommentierung basiert auf dem **Rechtsstand** zum 31. Juli 2015 und beinhaltet sowohl Änderungen, die sich aus der Verabschiedung von **IFRS 9** im Juli 2014 in Bezug auf Finanzinstrumente ergeben werden als auch die im August 2014 veröffentlichten **Änderungen an IAS 27,** mit denen die Equity-Methode als Bilanzierungswahlrecht für Anteile an TU, Gemeinschaftsunternehmen sowie assoziierten Unternehmen im Einzelabschluss zugelassen wird (zum Erstanwendungszeitpunkt der Regelungen → Rn 46).

B. Sonstige finanzielle Vermögenswerte

I. Allgemeines

3 Die Bilanzierung und Bewertung finanzieller Vermögenswerte ist in **IAS 32** und **IAS 39/IFRS 9** geregelt; spezielle Angabepflichten ergeben sich aus **IFRS 7** (→ § 3 Rn 13ff). Welche Vermögenswerte den finanziellen Vermögenswerten zuzurechnen sind, ergibt sich aus IAS 32.11 (→ § 3 Rn 29). IAS 32.AG10ff grenzen den Begriff der **finanziellen** Vermögenswerte negativ ab. Vermögenswerte, die nicht auf einer **vertraglichen Vereinbarung** basieren, gelten nicht als finanzielle Vermögenswerte. Ebenso sind Vermögenswerte, bei denen der Zufluss künftigen wirtschaftlichen Nutzens nicht in flüssigen Mitteln oder anderen finanziellen Vermögenswerten besteht, keine finanziellen Vermögenswerte.

4 **Finanzielle Vermögenswerte** sind gem IAS 1.54(d) als **gesonderter Bilanzposten** darzustellen, wenn sie nicht bereits aufgrund der Gliederungsvorschriften unter einem anderen Posten auszuweisen sind (als nach der Equity-Methode bilanzierte Finanzanlagen, Forderungen aus Lieferungen und Leistungen und sonstige Forderungen oder als Zahlungsmittel und Zahlungsmitteläquivalente; IAS 1.54(e), (h) und (i)). Kurz- und langfristige Vermögenswerte sind als getrennte Gliederungsgruppen in der Bilanz darzustellen (IAS 1.60). Im Bereich der Aktiva tritt diese Unterteilung an die Stelle der im HGB kodifizierten Ein-

teilung in Anlage- und Umlaufvermögen. Dabei ist die Übernahme der Begriffe Anlage- und Umlaufvermögen nicht sachgerecht (DRSC-I 1.21). Die übrigen sonstigen kurzfristigen Vermögenswerte nach IFRS enthalten in der Diktion des HGB weitgehend die sonstigen Vermögensgegenstände, Wertpapiere des Umlaufvermögens und Rechnungsabgrenzungsposten, soweit diese überhaupt Vermögenswerte sind (IAS 1.28; zur begrifflichen Abgrenzung zwischen **Vermögenswert** iSd IFRS und Vermögensgegenstand iSd HGB → § 2 Rn 131).

Die Kriterien für **Kurzfristigkeit** sind in IAS 1.66 dargestellt, wobei das Vorliegen einer der nachfolgenden Voraussetzungen ausreichend ist: 5

(1) die Realisation des Vermögenswerts wird innerhalb des normalen Verlaufs des Geschäftszyklus des Unternehmens erwartet oder er wird zum Verkauf oder Verbrauch innerhalb dieses Zeitraums gehalten,
(2) er wird primär für Handelszwecke gehalten,
(3) seine Realisation wird innerhalb von zwölf Monaten nach dem Bilanzstichtag erwartet oder
(4) es handelt sich um Zahlungsmittel oder Zahlungsmitteläquivalente (gem der Definition in IAS 7), es sei denn, der Tausch oder die Nutzung des Vermögenswerts zur Erfüllung einer Verpflichtung sind für einen Zeitraum von mindestens zwölf Monaten nach dem Bilanzstichtag eingeschränkt.

Im Gegensatz zu den Regelungen des HGB, nach denen **Restlaufzeiten** über davon-Vermerke abgebildet werden, ist nach IAS 1.66 ff jeweils der **kurzfristige Teil langfristiger Posten umzugliedern.** Auswirkungen auf die Bewertung ergeben sich hieraus nicht. Bewertungsfragen knüpfen ausschließlich an die Kategorisierung der Vermögenswerte an. Das DRSC hat am 12. Juli 2013 die DRSC Interpretation 1 (IFRS) (DRSC-I 1) als überarbeitete Fassung der ehemaligen Rechnungslegungs-Interpretation Nr 1 „Bilanzgliederung nach **Fristigkeit** gem IAS 1 Darstellung des Abschlusses“ veröffentlicht. Die Interpretation setzt sich mit einzelnen Fragestellungen zur Bilanzgliederung nach der Fristigkeit gem IAS 1 auseinander. 6

In diesem Kapitel werden zunächst die übrigen kurzfristigen finanziellen Vermögenswerte nach IAS 32 und IAS 39/IFRS 9, anschließend kurzfristige Unternehmensbeteiligungen kommentiert. Zu den Regelungen über die **Ausbuchung** und den **Ausweis** von kurzfristigen finanziellen Vermögenswerten wird auf das Kapitel „Finanzinstrumente“ (→ § 3 Rn 100 ff, → § 3 Rn 256 ff und → § 3 Rn 361 ff) sowie hinsichtlich der Anhangangaben auf → § 3 Rn 270 ff sowie die Anhangcheckliste (s Anlage zu diesem Handbuch) verwiesen.

II. ABC der sonstigen kurzfristigen finanziellen Vermögenswerte

In der nachstehenden **Übersicht** sind häufig auftretende kurzfristige finanzielle Vermögenswerte zusammengestellt. Die Bewertung nach IAS 39/IFRS 9 richtet sich nach der **Kategorisierung** der Vermögenswerte (→ Rn 17 ff). Die Tabelle gibt Auskunft darüber, welchen Kategorien des IAS 39 die angegebenen Vermögenswerte grds zugeordnet werden können. Die tatsächliche Zuordnung ist abhängig von den im Einzelfall vereinbarten vertraglichen Bedingungen und den unternehmensspezifischen Voraussetzungen, die für eine Zuordnung in eine bestimmte Kategorie erfüllt sein müssen (→ § 3 Rn 49 ff). 7

Kategorie 1: Erfolgswirksam zum beizulegenden Zeitwert bewertete finanzielle Vermögenswerte *(at fair value through profit or loss, FVPL)* sind dieser Kategorie unter bestimmten Bedingungen zugeordnete Vermögenswerte (→ § 3 Rn 59 ff) oder zu Handelszwecken gehaltene Vermögenswerte (→ § 3 Rn 56 ff).

Kategorie 2: Bis zur Endfälligkeit gehaltene Finanzinvestitionen (*held to maturity;* → § 3 Rn 62 ff).
Kategorie 3: Kredite und Forderungen (*loans and receivables;* → § 3 Rn 69 f).
Kategorie 4: Zur Veräußerung verfügbare finanzielle Vermögenswerte (*available for sale;* → § 3 Rn 71).

	Kategorie			
	1	2	3	4
Aktien	×			×
Anteile an assoziierten Unternehmen	×			×
Anteile an Gemeinschaftsunternehmen	×			×
Anteile an TU	×			×
Ausleihungen (verbrieft oder nicht verbrieft)	×	×	×	×
Aktivwert einer Rückdeckungsversicherung	×		×	×
Debitorische Kreditoren, Überzahlungen	×		×	×
Dividendenforderungen	×		×	×
Freistehende Derivate	×			
Forderungen an Broker	×		×	×
Genossenschaftsanteile	×			×
Genussrechte	×	×	×	×
Gesellschaftsanteile (zB GmbH-Anteile)	×			×
Kautionen	×		×	×
Mitarbeiterdarlehen	×		×	×
Partiarische Darlehen	×		×	×
Reisekostenvorschüsse	×		×	×
Schuldrechtliche Wertpapiere (zB Schuldverschreibungen, Pfandbriefe, öffentliche Anleihen, Bundesschatzwechsel, Zero-Bonds)	×	×	×	×
Stille Beteiligungen	×		×	×
Versicherungserstattungen	×		×	×
Vorauszahlungen (zB Mietvorauszahlungen)	×		×	×

8 Nach **IFRS 9** bestehen für finanzielle Vermögenswerte die drei Kategorien zu fortgeführten Anschaffungskosten bewertet (*amortised cost, AC),* erfolgsneutral zum beizulegenden Zeitwert bewertet *(at fair value through other comprehensive income, FVOCI)* sowie erfolgswirksam zum beizulegenden Zeitwert bewertet *(at fair value through profit or loss, FVPL).* Eine Zuordnung von finanziellen Vermögenswerten in eine der genannten Kategorien richtet sich grds nach dem Geschäftsmodell und dem Zahlungsstromkriterium (zu Einzelheiten → § 3 Rn 361 ff). Für Investments in **Eigenkapitalinstrumente anderer Unternehmen,** die nicht zu Handelszwecken gehalten werden, besteht des Weiteren das Wahlrecht diese unwiderruflich als erfolgsneutral zum beizulegenden Zeitwert bewertet *(FVOCI)* zu designieren (IFRS 9.4.1.4 iVm IFRS 9.5.7.5).

Die folgende Tabelle zeigt, welchen Kategorien häufig auftretende finanzielle Vermögenswerte nach IFRS 9 zugeordnet werden können.

Kategorie 1: Zu fortgeführten Anschaffungskosten bewertet (*AC;* → § 3 Rn 362 ff).
Kategorie 2: Erfolgsneutral zum beizulegenden Zeitwert bewertet (*FVOCI;* → § 3 Rn 398 ff).
Kategorie 3: Erfolgswirksam zum beizulegenden Zeitwert bewertet (*FVPL;* → § 3 Rn 404 ff).

In jedem Fall folgt die Kategorisierung dem zugrundeliegenden Geschäftsmodell und weniger bilanzpolitischen Überlegungen. Daher ist im Einzelfall zu untersuchen, welche Zuordnung sachgerecht ist.

	Kategorie		
	1	2	3
Aktien		×	×
Anteile an assoziierten Unternehmen		×	×
Anteile an Gemeinschaftsunternehmen		×	×
Anteile an TU		×	×
Ausleihungen (verbrieft oder nicht verbrieft)	×		
Aktivwert einer Rückdeckungsversicherung			×
Debitorische Kreditoren, Überzahlungen	×		
Dividendenforderungen	×	×	
Freistehende Derivate			×
Forderungen an Broker	×		
Genossenschaftsanteile			×
Genussrechte		×	×
Gesellschaftsanteile (zB GmbH-Anteile)		×	×
Kautionen	×		
Mitarbeiterdarlehen	×		
Partiarische Darlehen			×
Reisekostenvorschüsse	×		
Schuldrechtliche Wertpapiere (zB Schuldverschreibungen, Pfandbriefe, öffentliche Anleihen, Bundesschatzwechsel, Zero-Bonds)	×	×	×
Stille Beteiligungen			×
Versicherungserstattungen	×		
Vorauszahlungen (zB Mietvorauszahlungen)	×		

Zum **Aktivwert einer Rückdeckungsversicherung** → § 26 Rn 41, 9
→ § 26 Rn 44, → § 26 Rn 46 f.

Dividenden sind mit dem Ausschüttungsbeschluss (Entstehung des Rechtsan- 10
spruchs auf Zahlung) zu bilanzieren (IAS 18.30(c)). Eine **phasengleiche Vereinnahmung** von Dividenden (BGH-Urteil vom 12. Januar 1998 DB 1998, 567; BGH-Urteil vom 3. November 1975 WPg 1976, 80) durch den Mehrheitsgesellschafter steht **nicht** in Übereinstimmung mit den **IFRS.** Aus dem Verbot der Passivierung von Dividenden zum Bilanzstichtag, die das ausschüttende Unternehmen erst nach diesem Zeitpunkt beschlossen hat (IAS 10.12), ergibt sich im Umkehrschluss, dass eine Aktivierung des Anspruchs beim Gesellschafter ebenfalls

ausscheidet (*IDW* RS HFA 2 aF, Vorbemerkung Abs 6). Zur Bilanzierung von Dividenden aus der Zeit vor dem Erwerb einer Beteiligung → § 7 Rn 66. Im Gegensatz zu IAS 18 enthält **IFRS 15** keine Regelungen zur Dividendenerfassung. Stattdessen wurden diesbezüglich entspr Folgeänderungen in IAS 39/IFRS 9 aufgenommen, die sich jedoch nicht von den bisherigen Regelungen in IAS 18 unterscheiden. Damit führen die Änderungen an IAS 39/IFRS 9 zu keinen materiellen Änderungen hinsichtlich der Bilanzierung von Dividenden.

11 **Genussrechte** können je nach vertraglicher Gestaltung beim Emittenten Eigen- oder Fremdkapital darstellen. Räumen Genussrechte ein Recht zur ordentlichen Kündigung ein oder sind sie von vornherein befristet, so liegt Fremdkapital vor (IAS 32.18(b), IAS 32.16f; → § 12 Rn 13, → § 12 Rn 151). Der **Inhaber** bilanziert in diesem Fall eine Finanzforderung. Erfüllen die Genussrechtsbedingungen in Ausnahmefällen die Fremdkapitaldefinition nach IFRS nicht (zB Ertragszuschuss), sondern handelt es sich um ein Eigenkapitalinstrument, bilanziert der Inhaber eine Unternehmensbeteiligung.

12 **Partiarische Darlehen** und **stille Beteiligungen** sind als Ausleihungen anzusehen, sofern sie mit einer zeitlichen Befristung eingegangen wurden. Eine Unterscheidung der **Ausleihungen** hinsichtlich der Schuldner (entspr § 266 Abs 2 A. III. HGB, § 42 Abs 3 GmbHG) ist für die Bilanzierung nach IFRS grds unerheblich, kann aber aufgrund der erforderlichen Angaben über die Beziehungen zu nahestehenden Unternehmen und Personen notwendig sein (IAS 1.78(b), IAS 24; § 20).

13 **Derivate** sind ebenfalls Finanzinstrumente (Definition in IAS 39.9/IFRS 9. Anhang A; → § 23 Rn 4). Zum Zeitpunkt des Vertragsabschlusses beträgt der Marktwert idR null (Termingeschäfte, *forwards*), sodass kein Ansatz erfolgt. Finden bei Abschluss des Geschäfts Zahlungen zB für *upfront-payments* oder Optionsprämien statt, sind diese zu aktivieren. Sofern Derivate nicht zu Sicherungszwecken verwendet werden, sind sie grds der Kategorie *held for trading* (IAS 39.9) bzw *FVPL* (IFRS 9.4.1.1, IFRS 9.B4.1.9) zuzuordnen und folglich zu jedem Bewertungszeitpunkt erfolgswirksam zum beizulegenden Zeitwert zu bewerten. Dienen Derivate **Sicherungszwecken,** bilden sie eine Klasse eigener Art. Je nach Laufzeit bzw Fälligkeit erfolgt der Ausweis unter den kurz- oder langfristigen finanziellen Vermögenswerten (IAS 1.68 und IAS 1.BC38C (für finanzielle Verbindlichkeiten)). Die neuen Regelungen des IFRS 9 ändern hieran grds nichts (im Einzelnen auch § 23).

14 **Eigene Anteile** sind definitionsgemäß keine Finanzinstrumente und grds als Abzug vom Eigenkapital darzustellen (IAS 32.33; → § 12 Rn 86ff). Dies gilt auch für Anteile an einem MU, die von einem TU gehalten werden. Im Einzelabschluss des TU ist eine Erfassung als kurzfristiger finanzieller Vermögenswert geboten, da ein langfristiger Ausweis aufgrund des Herausgaberechts des MU ausscheidet (§ 71d AktG).

III. Sonstige finanzielle Vermögenswerte nach IAS 32 und IAS 39/IFRS 9

1. Ansatz

15 Hinsichtlich der sonstigen finanziellen Vermögenswerte nach IAS 32 und IAS 39/IFRS 9 ist als **Ansatzvorschrift** IAS 39.14/IFRS 9.3.1.1 zu berücksichtigen. Danach darf und muss das bilanzierende Unternehmen den finanziellen Vermögenswert in seiner Bilanz ansetzen, wenn es **Vertragspartei** der Regelungen des Finanzinstruments wird. IAS 39.AG35/IFRS 9.B3.1.2 regelt Besonderheiten hinsichtlich des Ansatzzeitpunkts für näher definierte Einzelfälle (→ § 3 Rn 86f).

16 Für sog marktübliche Verträge (Kassa-Geschäfte) über den Kauf oder Verkauf finanzieller Vermögenswerte besteht ein **Wahlrecht hinsichtlich des Ansatzzeitpunkts:** Die Bilanzierung kann zum **Handelstag** oder zum **Erfüllungstag** erfolgen (IAS 39.AG53/IFRS 9.B3.1.3). Der Handelstag ist der Tag, an dem die Verträge abgeschlossen werden, der Erfüllungstag der Tag an dem die Lieferung erfolgt (IAS 39.AG55 f/IFRS 9.B3.1.5 f). Die gewählte Methode ist innerhalb der einzelnen Kategorien finanzieller Vermögenswerte einheitlich auszuüben, wobei für diesen Zweck als zu Handelszwecken gehaltene Vermögenswerte und solche, die beim erstmaligen Ansatz als *FVPL* designiert wurden, gesondert berücksichtigt werden können (*Heuser/Theile* Rz 2461). Die praktische Bedeutung dieses Wahlrechts betrifft allein den **Ansatzzeitpunkt** des Vermögenswerts, nicht jedoch den Ansatzwert (vgl IAS 39.44/IFRS 9.5.1.2). Die Erfassung der Ergebnisauswirkung durch zwischenzeitliche Wertänderungen wird durch die Zuordnung zu einer Kategorie finanzieller Vermögenswerte bestimmt.

Beispiel: Ein Unternehmen ist zum Bilanzstichtag 31. Dezember X1 eine Verpflichtung zum Kauf kurzfristiger finanzieller Vermögenswerte zu T€ 70 eingegangen (Handelstag). Am Erfüllungstag 4. Februar X2 liegt der beizulegende Zeitwert bei T€ 85. Die Übersicht stellt die Ansatzwerte innerhalb der jeweiligen Kategorie (→ Rn 7) sowie die Behandlung der Wertänderung zwischen Handels- und Erfüllungstag dar (in T€):

	Kategorie (Rn 7)		
	1	**2 und 3**	**4**
(1) Bilanzierung zum Handelstag			
Handelstag (31. Dezember X1)	70	70	70
Erfüllungstag (4. Februar X2)	85	70	85
Erfolgswirksame Abbildung der Wertänderung (in X2)	+ 15	–	–
Abbildung der Wertänderung im periodischen sonstigen Ergebnis (in X2)	–	–	+ 15
(2) Bilanzierung zum Erfüllungstag			
Handelstag	–	–	–
Erfüllungstag (4. Februar X2)	85	70	85
Erfolgswirksame Abbildung der Wertänderung	–	–	–
Abbildung der Wertänderung im periodischen sonstigen Ergebnis	–	–	–

Bei einer Bilanzierung zum **Handelstag** werden die Vermögenswerte bereits im Jahresabschluss zum 31. Dezember X1 erfasst. Die Art und Weise der Berücksichtigung der Wertänderung bis zum Erfüllungstag ist von der Kategorisierung der Vermögenswerte abhängig.

Bei einer Bilanzierung zum **Erfüllungstag** erfolgt ein erstmaliger Ansatz der Vermögenswerte erst in X2. Wertänderungen sind folglich nicht zu erfassen.

Unabhängig vom gewählten Ansatzzeitpunkt stimmen die Wertansätze zum Erfüllungstag pro Kategorie jeweils überein. Dies wird durch den Ansatz des beizulegenden Zeitwerts am Handelstag für Vermögenswerte der Kategorien bis zur Endfälligkeit gehaltene Finanzinvestitionen und Kredite und Forderungen erreicht, für die die Bilanzierung zum Erfüllungstag gewählt wurde (IAS 39.44). Entspr gilt für finanzielle Vermögenswerte, die gem IFRS 9.4.1.2 der Kategorie zu fortgeführten Anschaffungskosten bewertet zugeordnet werden (IFRS 9.5.1.2).

Sofern zum Erfüllungstag bilanziert wird, zwischen Handels- und Erfüllungstag ein Bilanzstichtag liegt und eine Wertänderung bereits bis zum Bilanzstichtag eingetreten ist, wird diese bei Vermögenswerten, die zu Anschaffungskosten bzw fortgeführten Anschaffungskosten angesetzt werden, nicht erfasst. Bei Vermögenswerten, die erfolgswirksam zum beizulegenden Zeitwert bewertet werden, erfolgt eine Erfassung im Periodenerfolg und bei Vermögenswerten, die zur Veräußerung verfügbar eingestuft sind, eine Erfassung im periodischen sonstigen Ergebnis (IAS 39.AG56). Wenn demnach die Wertänderung zu erfassen ist und eine Bilanzierung zum Erfüllungstag gewählt wird, aktiviert das Unternehmen zum Bilanzstichtag eine **Forderung** in Höhe der Wertänderung. Die vorgenannten Regelungen gelten entspr für finanzielle Vermögenswerte, die nach IFRS 9.4.1.3 der Kategorie erfolgswirksam zum beizulegenden Zeitwert bewertet oder nach IFRS 9.4.1.2A bzw IFRS 9.5.7.5 der Kategorie erfolgsneutral zum beizulegenden Zeitwert bewertet zugeordnet wurden (IFRS 9.B3.1.3 ff).

2. Bewertung, Kategorisierung, Wertminderung

17 Die **Zugangsbewertung** (IAS 39.43/IFRS 9.5.1.1) erfolgt zum **beizulegenden Zeitwert** (*fair value* zu Einzelheiten → § 2 Rn 181 ff und → § 3 Rn 156, → § 3 Rn 381, → § 3 Rn 400, → § 3 Rn 408), der bei Transaktionen zwischen fremden Dritten regelmäßig den **Anschaffungskosten** des Vermögenswerts entspricht (IFRS 13.57). In Situationen, in denen der Transaktionspreis nicht mit dem beizulegenden Zeitwert übereinstimmt, ist der Differenzbetrag erfolgswirksam zu erfassen, es sei denn in einem Standard sind hierfür andere Regelungen vorgesehen (IAS 39.43A iVm IAS 39.AG76/ IFRS 9.5.1.1A iVm IFRS 9B5.1.2A und IFRS 13.60).

18 Maßgeblicher Zeitpunkt für die Bestimmung des beizulegenden Zeitwerts ist der **Zugangszeitpunkt.** Dies ist grds der Zeitpunkt des Vertragsabschlusses (→ Rn 15). Bei einer (erstmaligen) Bilanzierung zum Erfüllungstag gilt dieser Tag als Zugangstag; dennoch ist der beizulegende Zeitwert des Handelstags der Zugangsbewertung zugrunde zu legen, wenn die Folgebewertung zu Anschaffungskosten bzw fortgeführten Anschaffungskosten vorzunehmen ist (→ Rn 16). Die Art und Weise der Berücksichtigung von Transaktionskosten bzw **Anschaffungsnebenkosten** ist abhängig von der nachstehend dargestellten Kategorisierung des Vermögenswerts: Anschaffungsnebenkosten sind nur dann unmittelbar erfolgswirksam zu erfassen, wenn es sich um erfolgswirksam zum beizulegenden Zeitwert bewertete finanzielle Vermögenswerte handelt; anderenfalls sind sie im Rahmen der Zugangsbewertung zu aktivieren (IAS 39.43/IFRS 9.5.1.1). Nach IFRS 13.25 sind Transaktionskosten grds kein Bestandteil des beizulegenden Zeitwerts und daher entspr den separaten Regelungen der für den Geschäftsvorfall einschlägigen Standards zu erfassen (*Lüdenbach/Hoffmann/Freiberg* § 8a Rz 120).

19 Sämtliche finanziellen Vermögenswerte sind für Zwecke der **Folgebewertung** einer der nachfolgenden **Kategorien** (→ Rn 20 ff) zuzuordnen (IAS 39.9/ IFRS 9.4.1 ff). Diese Zuordnung determiniert einerseits die **Bewertung** und andererseits **Art und Weise** sowie **Zeitpunkt** der **Erfolgsrealisierung** (zu weiteren Einzelheiten hinsichtlich der verschiedenen Kategorien → § 3 Rn 49 ff, → § 3 Rn 362 ff, → § 3 Rn 398 ff, → § 3 Rn 404 ff; zur Frage der **Umgliederung** zwischen den einzelnen Kategorien → § 3 Rn 72 ff).

a) Erfolgswirksam zum beizulegenden Zeitwert bewertete finanzielle Vermögenswerte

20 Der Kategorie **erfolgswirksam zum beizulegenden Zeitwert bewertete finanzielle Vermögenswerte** *(FVPL)* sind finanzielle Vermögenswerte zuzuordnen,

(1) die für Zwecke einer kurzfristigen Weiterveräußerung, dh zu Handelszwecken (*held for trading;* genau definiert in IAS 39.9), erworben wurden, **oder**

(2) die das Unternehmen **bei dem erstmaligen Ansatz** (diese Einschränkung dient der Begrenzung der Bilanzpolitik) entspr zuordnet. Es handelt sich

hierbei um die *fair value option,* deren Ausübung an verschiedene Bedingungen geknüpft ist (→ § 3 Rn 60f). Eigenkapitalinstrumente für die kein auf einem aktiven Markt notierter Marktpreis existiert und deren beizulegender Zeitwert nicht verlässlich bestimmt werden kann, können dieser Kategorie nicht zugeordnet werden.

Derivate, die keiner Sicherungsbeziehung zuzuordnen sind, werden als zu Handelszwecken gehaltene Finanzinstrumente kategorisiert.

Wertmaßstab für die Folgebewertung ist der **beizulegende Zeitwert** (IAS 39.46). Bewertungsbedingte **Änderungen** des Postens sind in der jeweiligen Berichtsperiode unter den übrigen Finanzerträgen bzw unter den übrigen Finanzaufwendungen **erfolgswirksam** abzubilden (IAS 39.55(a)). Die Bestimmung des beizulegenden Zeitwerts eines finanziellen Vermögenswerts ist IFRS 13 zu entnehmen (→ § 3 Rn 187ff). Eine Überprüfung auf Wertminderung nach IAS 39.58ff und IAS 39.AG84ff ist entbehrlich (IAS 39.46).

b) Bis zur Endfälligkeit gehaltene Finanzinvestitionen

Der Kategorie **bis zur Endfälligkeit gehaltene Finanzinvestitionen** *(held to maturity)* sind – nicht derivative – finanzielle Vermögenswerte zuzuordnen, 21

(1) die feste oder bestimmbare Zahlungsströme generieren,
(2) eine feste Laufzeit aufweisen **und**
(3) die das Unternehmen bis zur Endfälligkeit halten will und kann.

Für Vermögenswerte dieser Kategorie besteht die Möglichkeit, im Anschaffungszeitpunkt auch eine Zuordnung zur Kategorie erfolgswirksam zum beizulegenden Zeitwert bewertete finanzielle Vermögenswerte vorzunehmen, sofern die Voraussetzungen der *fair value option* (→ § 3 Rn 60) erfüllt werden.

Die Zuordnung zur sehr **restriktiv** definierten Kategorie bis zur Endfälligkeit gehaltene Finanzinvestitionen hängt von der Einschätzung und Planung des Managements ab. Sofern ein Unternehmen im Berichtsjahr oder in den beiden vorangegangenen Jahren mehr als einen unwesentlichen Teil dieser Kategorie vor Endfälligkeit veräußert oder umgegliedert hat, darf es dieser Kategorie grds neu angeschaffte Finanzinstrumente nicht mehr zuordnen (*tainting;* → § 3 Rn 65ff). Sofern finanzielle Vermögenswerte die Definition der Kategorie Kredite und Forderungen erfüllen, hat die Zuordnung dort zu erfolgen (IAS 39.9). Insoweit hat die Kategorisierung unter Kredite und Forderungen Vorrang. Dies ergibt sich aus IAS 39.9 (hierzu → § 3 Rn 69f).

Wertmaßstab für die Folgebewertung sind die **fortgeführten Anschaffungskosten** (→ § 2 Rn 183) unter Anwendung der **Effektivzinsmethode** (IAS 39.46(b)). Hierbei wird der Effektivzinssatz des Finanzinstruments zur Diskontierung der zukünftigen Zins- und Tilgungszahlungen herangezogen, sodass bei erstmaliger Erfassung der ermittelte Barwert genau dem Buchwert des Finanzinstruments entspricht. In der Folge wird mit dem urspr Zinssatz auf- bzw abgezinst. Wertänderungen werden jeweils erfolgswirksam im Zinsergebnis erfasst.

Nachhaltige **Wertminderungen** führen zu einer außerplanmäßigen Abschreibung des finanziellen Vermögenswerts nach IAS 39.58ff (IAS 36 ist nicht anwendbar) auf den Barwert der erwarteten Cashflows (IAS 39.63). Maßgeblich ist der bei Anschaffung des Finanzinstruments ermittelte Effektivzins (IAS 39.AG84). Der Abschreibungsbetrag ist **erfolgswirksam** zu erfassen. Gleiches gilt für eine ggf zu berücksichtigende Verminderung des Wertberichtigungsbedarfs in Folgeperioden.

c) Kredite und Forderungen

22 Der Kategorie **Kredite und Forderungen** *(loans and receivables)* sind – nicht derivative – finanzielle Vermögenswerte zuzuordnen, die
(1) feste oder bestimmbare Zahlungsströme generieren **und**
(2) nicht in einem aktiven Markt notiert sind.

Für Vermögenswerte dieser Kategorie besteht die Möglichkeit, im Anschaffungszeitpunkt auch eine Zuordnung zur Kategorie erfolgswirksam zum beizulegenden Zeitwert bewertete finanzielle Vermögenswerte vorzunehmen, wenn die Voraussetzung der *fair value option* erfüllt werden (→ § 3 Rn 60f).

Wertmaßstab für die Folgebewertung sind – wie bei bis zur Endfälligkeit gehaltenen Finanzinvestitionen – die **fortgeführten Anschaffungskosten** unter Anwendung der **Effektivzinsmethode.** Auch hinsichtlich nachhaltiger Wertminderungen besteht Übereinstimmung mit der Kategorie bis zur Endfälligkeit gehaltene Finanzinvestitionen.

d) Zur Veräußerung verfügbare finanzielle Vermögenswerte

23 Die Kategorie **zur Veräußerung verfügbare finanzielle Vermögenswerte** *(available for sale)* betrifft als Auffangtatbestand – nicht derivative – finanzielle Vermögenswerte, die keiner anderen Kategorie zugeordnet wurden (erfolgswirksam zum beizulegenden Zeitwert bewertete finanzielle Vermögenswerte) oder durften (alle übrigen Kategorien). Eine alsbaldige Veräußerungsabsicht ist jedoch nicht erforderlich.

Wertmaßstab für die Folgebewertung ist der **beizulegende Zeitwert** (IAS 39.46). Bewertungsbedingte **Änderungen** des Postens sind – anders als im Rahmen der Kategorie erfolgswirksam zum beizulegenden Zeitwert bewertete finanzielle Vermögenswerte – grds in der jeweiligen Berichtsperiode **im sonstigen Ergebnis** (Rücklage für Marktbewertung; → § 17 Rn 42f) zu erfassen (IAS 39.55(b)). Diese Behandlung ist auf die Tatsache zurückzuführen, dass hinsichtlich des Vermögenswerts noch keine explizite Verwertungsabsicht besteht. Erst im Zeitpunkt der Ausbuchung wird das Abgangsergebnis unter gleichzeitiger Auflösung der Rücklage erfolgswirksam realisiert (Umgliederungsbeträge *(reclassification adjustments)*). Transaktionskosten, die Bestandteil der Erstbewertung sind (→ Rn 18) sind erst im Wertminderungs- bzw Veräußerungszeitpunkt zu berücksichtigen (IAS 39.AG67).

Beispiel: Ein Unternehmen erwirbt am 10. Oktober X1 kurzfristige Aktiva zu T€ 100, die der Kategorie zur Veräußerung verfügbare finanzielle Vermögenswerte zugeordnet werden. Zum 31. Dezember X1 beträgt der beizulegende Zeitwert T€ 104. Am 20. Februar X2 werden die Vermögenswerte zu T€ 107 veräußert. Hierbei werden latente Steuern vernachlässigt. Folgende Buchungen sind erforderlich:

10. Oktober X1:	Per kurzfristige Vermögenswerte	T€ 100	
	An Bank		T€ 100
31. Dezember X1:	Per kurzfristige Vermögenswerte	T€ 4	
	An Rücklage für Marktbewertung		T€ 4
20. Februar X2:	Per Bank	T€ 107	
	Rücklage für Marktbewertung	T€ 4	
	An kurzfristige Vermögenswerte		T€ 104
	übrige Finanzerträge		T€ 7

Sofern ein Agio oä vereinbart wurde, welches den Charakter eines Effektivzinsbestandteils aufweist, ist der mittels der Effektivzinsmethode errechnete Zinsanteil **erfolgswirksam** zu berücksichtigen.

In den nachstehenden Fällen sieht IAS 39.55(b) ebenfalls **Ausnahmen von der erfolgsneutralen Erfassung** von Wertänderungen vor:

(1) Wertberichtigungen wegen Wertminderungen,
(2) Wertänderungen aus der Währungsumrechnung.

Zu Einzelheiten im Rahmen der Bilanzierung von Wertminderungen von zur Veräußerung verfügbaren Instrumenten, → § 3 Rn 237. Nachhaltige **Wertminderungen** führen zu einer außerplanmäßigen Abschreibung des finanziellen Vermögenswerts nach IAS 39.58f (IAS 36 ist nicht anwendbar) auf den aktuellen beizulegenden Zeitwert (IAS 39.68). Die Bestimmung des beizulegenden Zeitwerts eines finanziellen Vermögenswerts ist IFRS 13 zu entnehmen (→ § 3 Rn 187ff).

e) Kategorien nach IFRS 9

Nach **IFRS 9** werden die vier Kategorien des IAS 39 auf **drei Kategorien** 24 reduziert. Die Zuordnung der Vermögenswerte in eine Kategorie richtet sich dabei nach dem **Geschäftsmodell** für die jeweiligen Vermögenswerte sowie den **Charakteristika der vertraglichen Cashflows** (hierzu ausführlich → § 3 Rn 361ff). Vermögenswerte, die grds gehalten werden, um vertragliche Cashflows zu erzielen und deren Cashflows ausschließlich Zins und Tilgung umfassen, die zu vertraglich festgelegten Zeitpunkten fließen, sind der Kategorie **zu fortgeführten Anschaffungskosten bewertet** *(amortised cost)* zuzuordnen. Sieht das Geschäftsmodell neben einem Halten der finanziellen Vermögenswerte auch deren Veräußerung vor und umfassen die vertraglichen Cashflows ausschließlich Zins- und Tilgungszahlungen, hat eine Einstufung in die Kategorie **erfolgsneutral zum beizulegenden Zeitwert bewertet** *(FVOCI)* zu erfolgen. Alle anderen finanziellen Vermögenswerte, die keiner der zuvor genannten Bewertungskategorien zugeordnet werden können, sind **erfolgswirksam zum beizulegenden Zeitwert** zu bewerten (*FVPL;* IFRS 9.4.1.1 iVm IFRS 9.4.1.4). Daneben ist es zulässig, finanzielle Vermögenswerte in die Kategorie erfolgswirksam zum beizulegenden Zeitwert bewertet zu designieren, wenn dies der Vermeidung von Inkonsistenzen *(accounting mismatch)* dient (IFRS 9.4.1.5).

Bei **Eigenkapitalinstrumenten** besteht für jedes Instrument, das nicht zu Handelszwecken gehalten wird, zum Zeitpunkt des Erwerbs das unwiderrufliche Wahlrecht, Wertänderungen die sich im Rahmen der Folgebewertung ergeben, im **sonstigen Ergebnis** zu erfassen (*at fair value through OCI;* IFRS 9.5.7.5). Eine erfolgswirksame Umgliederung *(reclassification adjustment, recycling)* der im sonstigen Ergebnis erfassten Beträge ist zu **keinem Zeitpunkt** zulässig. Damit ist die Kategorie 4 des IAS 39 lediglich teilweise erhalten geblieben.

3. Ausbuchung

Die Grundsätze zur Ausbuchung von finanziellen Vermögenswerten sind in 25 IAS 39 und inhaltsgleich in IFRS 9 geregelt (IAS 39.15ff/IFRS 9.3.2ff) und stellen auf folgende **Voraussetzungen** ab (zu Einzelheiten → § 3 Rn 102ff):

(1) Auslaufen der vertraglichen Rechte auf Cashflows aus einem finanziellen Vermögenswert **oder**
(2) Übertragung des finanziellen Vermögenswerts auf eine andere Person, wobei die relevanten Risiken und Chancen ganz oder teilweise auf den Erwerber übergehen.

Bei **vollständiger Ausbuchung** eines finanziellen Vermögenswerts ist das Abgangsergebnis (Veräußerungserlös abzüglich Buchwert zuzüglich (bei Haben-Saldo)/abzüglich (bei Soll-Saldo) Rücklage für Marktbewertung) **erfolgswirksam** zu realisieren (ausführlich zum Thema Ausbuchung von finanziellen Vermögenswerten → § 3 Rn 100ff).

4. Ausweis

26 Kurzfristige finanzielle Vermögenswerte sind **getrennt** von den langfristigen finanziellen Vermögenswerten auszuweisen. Zur Verbesserung der Einschätzung der Vermögens- und Finanzlage des Unternehmens ist eine **weitere Untergliederung** nach den Kategorien des IAS 39/IFRS 9 sinnvoll und nach IFRS 7 als Wahlrecht geregelt (→ § 3 Rn 256f, → § 3 Rn 273ff). Ggf kann weiter nach der Art der Vermögenswerte untergliedert werden.

IV. Unternehmensbeteiligungen

27 Unternehmensbeteiligungen sind idR langfristig gehaltene finanzielle Vermögenswerte. Da für Unternehmensbeteiligungen, die einen kurzfristigen Charakter haben, **keine Sonderregelungen** bestehen, wird auf die Erläuterungen unter → § 7 Rn 50ff verwiesen.

Ein Kriterium für **Kurzfristigkeit** gem IAS 1.66 ist die erwartete Realisation der Anteile innerhalb von zwölf Monaten nach dem Bilanzstichtag. Nach IFRS 5.8 liegen demgegenüber **zur Veräußerung gehaltene langfristige Anteile** vor, sofern die Veräußerung innerhalb eines Jahrs (ab dem Zeitpunkt der Klassifizierung als zur Veräußerung gehalten) stattfinden soll.

Eine wörtliche Auslegung dieser Vorschriften führt zu dem Schluss, dass **langfristige** Anteile, die innerhalb eines Jahrs veräußert werden sollen, nicht existieren und IFRS 5 insoweit nicht anzuwenden ist. IFRS 5 kann aber nur dann den angestrebten Regelungsgehalt entfalten, wenn eine weiter gefasste Interpretation der Fristigkeit zur Anwendung gelangt. *Lüdenbach/Hoffmann/Freiberg* (IFRS § 29 Rz 6f) ordnen langfristige Vermögenswerte in Vermögenswerte, die urspr mit Dauerverwendungsabsicht erworben oder hergestellt wurden, und solche, die beim Unternehmen „typischerweise" Anlagevermögen sind. Entfällt zu einem späteren Zeitpunkt die Weiterverwendungsabsicht, handelt es sich um langfristige Vermögenswerte, die zum Verkauf stehen, die entspr IFRS 5 bilanziert werden.

Bei Erwerb von **Konzernen** oder **Teilkonzernen** mit geplanter Weiterveräußerung einzelner Unternehmen innerhalb von zwölf Monaten ist ein Ausweis dieser Anteile als zur Veräußerung gehaltene langfristige Anteile gem IFRS 5.38 und IAS 1.54(j) sachgerecht. Sofern ein Unternehmen Anteile primär zu Handelszwecken erwirbt, handelt es sich dagegen um kurzfristige Vermögenswerte. Die Abgrenzung zwischen der Zuordnung zu kurzfristigen Vermögenswerten oder zu als zur Veräußerung gehaltenen langfristigen Anteilen ist nicht allgemeingültig definierbar, sondern einer Einzelfallbetrachtung zu unterziehen. Die gewählte Zuordnung determiniert die maßgebenden Bewertungsvorschriften.

V. Zahlungsmittel und Zahlungsmitteläquivalente

1. Allgemeines

28 Bei Zahlungsmitteln und Zahlungsmitteläquivalenten handelt es sich grds um **finanzielle Vermögenswerte** (→ Rn 4), die in den Anwendungsbereich von IAS 32, IAS 39/IFRS 9 und IFRS 7 fallen.

29 **Zahlungsmittel** umfassen Kassenbestände inländischer und ausländischer Währungen, sonstige Barbestände und Sichteinlagen. Zu den **Zahlungsmitteläquivalenten** zählen „… kurzfristige, äußert liquide Finanzinvestitionen, die jederzeit in bestimmte Zahlungsmittelbeträge umgewandelt werden können und nur unwesentlichen Wertschwankungsrisiken unterliegen" (IAS 7.6), zB Schecks und Wertzeichen (Postwertzeichen, verfügbare Frankierreserven, Wechselmar-

ken). Eine Einlage flüssiger Mittel auf einem Bankkonto ist ein finanzieller Vermögenswert, weil sie das vertragliche Recht darstellt, flüssige Mittel von der Bank zu erhalten bzw einen Scheck oder ein ähnliches Finanzinstrument zu Gunsten des Gläubigers zur Bezahlung einer finanziellen Verbindlichkeit zu verwenden (IAS 32.AG3). Finanzinvestitionen sind grds nur dann den Zahlungsmitteläquivalenten zuzurechnen, wenn sie eine Restlaufzeit von nicht mehr als drei Monaten **(ab Erwerbszeitpunkt)** besitzen (IAS 7.7). Damit sind zB Finanzinstrumente der Kategorie bis zur Endfälligkeit gehaltene Finanzinvestitionen mit einer verbleibenden Restlaufzeit von 3 Monaten keine Zahlungsmitteläquivalente. Kapitalbeteiligungen gehören ausnahmsweise dann zu den Zahlungsmitteläquivalenten, wenn dies ihrem wirtschaftlichen Gehalt entspricht (IAS 7.7; bspw Vorzugsaktien mit kurzer Restlaufzeit und festgelegtem Einlösungszeitpunkt oder Geldmarktfonds). Sofern Kontokorrentkredite einen integralen Bestandteil der Zahlungsmitteldisposition des Unternehmens bilden, werden sie den Zahlungsmitteln und -äquivalenten zugerechnet (IAS 7.8).

Soweit es sich bei Bankguthaben um **langfristige nicht disponible** Guthaben handelt (zB *compensating balances,* dh Zahlungsmittel, über die der Eigentümer nicht sofort verfügen kann), ist eine Zuordnung zu den langfristigen Vermögenswerten zu prüfen. Sofern eine kurzfristige Verfügungsbeschränkung besteht, wird ein Ausweis unter einer separaten Überschrift innerhalb der kurzfristigen Vermögenswerte als praktikabel erachtet. *Compensating balances* sind jedoch in keinem Fall im Posten Zahlungsmittel und Zahlungsmitteläquivalente auszuweisen. 30

2. Ansatz

Zahlungsmittel und -äquivalente sind anzusetzen, wenn das Unternehmen diese erhalten hat. **Erhaltene Schecks** sind anzusetzen, sobald das Unternehmen im Besitz der Schecks ist (IAS 39.14 und IAS 39.AG35/IFRS 9.3.1.1 und IFRS 9.B3.1.2). Das gilt analog für Zahlungseingänge auf Bankkonten. Für zurückerhaltene Schecks oder Schecks mit Protestvermerk ist die zugrunde liegende Forderung zu bilanzieren (*Schubert/Krämer* in BeBiKo § 266 HGB Rz 158). 31

Ein bilanzverlängernder Ansatz nicht ausgeschöpfter Kreditlinien ist unzulässig (IAS 39.AG35(e)/IFRS 9.B3.1.2(e)).

3. Kategorisierung und Bewertung

Zahlungsmitteln und Zahlungsmitteläquivalenten stehen nach IAS 39 grds die Kategorien **erfolgswirksam zum beizulegenden Zeitwert** bewertete finanzielle Vermögenswerte und **zur Veräußerung verfügbare finanzielle Vermögenswerte** offen. Nach IFRS 9 sind Zahlungsmittel und Zahlungsmitteläquivalente grds in die Kategorie **zu fortgeführten Anschaffungskosten bewertet** einzustufen. Werden zB Fremdwährungsbestände mit dem Zweck kurzfristiger Gewinnerzielung erworben bzw gehalten, so sind diese der Kategorie zu Handelszwecken gehaltene Finanzinstrumente zuzuordnen. Nach IFRS 9 werden diese Instrumente der Kategorie erfolgswirksam zum beizulegenden Zeitwert bewertet zugerechnet (IFRS 9.4.1.4, IFRS 9.B4.1.5). 32

Die **Bewertung** von Zahlungsmitteln und Zahlungsmitteläquivalenten erfolgt mit dem **beizulegenden Zeitwert.** Bei Zahlungsmitteln und Zahlungsmitteläquivalenten in der Berichtswährung des Unternehmens entspricht dieser dem Nominalwert der flüssigen Mittel. Für Fremdwährungsbestände ermittelt sich der beizulegende Zeitwert durch Umrechnung in die Berichtswährung mit dem Stichtagskurs (IAS 21.23). Dabei ist grds der **Kassakurs** zugrunde zu legen. 33

Wertänderungen an Folgestichtagen sind entspr der vorgenommenen Kategorisierung zu erfassen.

4. Ausbuchung

34 Die Grundlagen für die **Ausbuchung** von finanziellen Vermögenswerten sind zentral in → § 3 Rn 100 ff dargestellt.

5. Ausweis

35 Gem IAS 1.54(i) sind Zahlungsmittel und -äquivalente innerhalb eines **gesonderten Bilanzpostens** unter identischer Bezeichnung auszuweisen. Zahlungsmittel und Zahlungsmitteläquivalente stellen für Zwecke der Darstellung nach IFRS 7 idR eine eigene Klasse dar, wobei dies in der Praxis recht unterschiedlich gehandhabt wird.

36 *(einstweilen frei)*

VI. Veräußerungsgruppen und aufgegebene Geschäftsbereiche

37 Mit Hilfe des IFRS 5 soll den Bilanzadressaten ermöglicht werden, eine höhere Prognosesicherheit insbes in Bezug auf die zukünftige wirtschaftliche Tätigkeit und den Erfolg eines Unternehmens zu erhalten, indem die Absicht (zu den einzelnen Voraussetzungen für die Anwendung von IFRS 5 → § 28 Rn 30 ff) zur Veräußerung von **langfristigen** Vermögenswerten und Veräußerungsgruppen bzw zur Aufgabe von Unternehmensbereichen im Abschluss offen zu legen ist. IFRS 5 hält für diese Fälle besondere Bewertungs- und Ausweisvorschriften bereit.

Kurzfristige Vermögenswerte werden zwar generell **nicht** vom Anwendungsbereich des IFRS 5 erfasst; sie können jedoch Bestandteil von Veräußerungsgruppen oder aufgegebenen Geschäftsbereichen sein (IFRS 5.4; vgl im Einzelnen auch → § 28 Rn 9 ff, → § 28 Rn 16 ff). Gleichwohl unterliegen gem IFRS 5.18 kurzfristige finanzielle Vermögenswerte in diesen Fällen zunächst den Bewertungsvorschriften des IAS 39/IFRS 9 bzw den übrigen einschlägigen Bewertungsregeln (Unternehmensanteile im Einzelabschluss zu Anschaffungskosten, nach IAS 39/IFRS 9 (IAS 27.10) oder nach der Equity-Methode (IAS 27.10 (geändert 2014)). Die Bewertungsregeln von IFRS 5 sind dagegen auf die Veräußerungsgruppe insgesamt anzuwenden. Sofern sich ein Abwertungsbedarf ergibt, ist eine anteilige Zuordnung dieses Betrags zu den einzelnen Bestandteilen von Veräußerungsgruppen oder aufgegebenen Geschäftsbereichen davon abhängig, welche Bewertungsregeln auf die einzelnen Bestandteile angewendet wurden (→ § 28 Rn 52, → § 28 Rn 57 ff). Der Ausweis der betreffenden kurzfristigen finanziellen Vermögenswerte in der Bilanz richtet sich nach IFRS 5.38. Sie sind entspr DRSC-I 1.19 auf der Aktivseite **separat** als **letzter Posten der kurzfristigen Vermögenswerte** unter der Postenbezeichnung „Zur Veräußerung gehaltene Vermögenswerte“ auszuweisen (zu Einzelheiten vgl § 28).

VII. Angaben im Anhang

38 Es wird auf → § 3 Rn 270 ff und die Anhangcheckliste in der Anlage zu diesem Handbuch verwiesen.

C. Übrige sonstige Vermögenswerte

I. Allgemeines

Neben den übrigen finanziellen Vermögenswerten, für die die Vorschriften der IAS 32, IAS 39/IFRS 9 und IFRS 7 einschlägig sind, gibt es Vermögenswerte, die **nicht auf einem Vertrag** basieren, der bei dem einen Unternehmen zu einem finanziellen Vermögenswert und bei dem anderen Unternehmen zu einer finanziellen Verbindlichkeit führt (IAS 32.11). Dies sind insbes Vermögenswerte, die auf Basis gesetzlicher Vorschriften entstehen (zB Steuererstattungsansprüche (→ Rn 41), Zuwendungen der öffentlichen Hand oder Rückzahlungsansprüche aus Sozialabgaben) und verschiedene andere Vermögenswerte, die nicht zu finanziellen Verbindlichkeiten führen (Anzahlungen). Zudem zählen zu den übrigen sonstigen Vermögenswerten auch **vertragliche Vermögenswerte** *(contract assets)* iSd IFRS 15, die anzusetzen sind, wenn die Leistungsverpflichtung erbracht wurde (IFRS 15.105), hieraus jedoch noch kein unbedingter Anspruch auf die Gegenleistung erwächst (IFRS 15.107; → § 15 Rn 60). Hiervon zu unterscheiden sind Forderungen, die anzusetzen sind, wenn ein unbedingtes Recht auf Zahlung besteht. 39

II. Ansatz, Bewertung, Ausweis, Anhangangaben

Sofern für diese Vermögenswerte keine gesonderten Regelungen bestehen (zB IAS 20, IFRS 15), ist für **Ansatz** und **Bewertung** auf die **allgemeinen Regelungen** des Rahmenkonzepts zurückzugreifen. 40

Der **Ausweis** dieser Vermögenswerte erfolgt unter dem Posten Forderungen und sonstige Vermögenswerte (IAS 1.54(h)), es sei denn, die Mindestausweispflichten werden aus Gründen der Klarheit erweitert.

Der Umfang der **Anhangangaben** richtet sich nach den anzuwendenden Standards, bzw den allgemeinen Regelungen. Einzelheiten zu den sonstigen Forderungen werden ausführlich in § 10 erläutert.

D. Steuererstattungsansprüche

Steuerüberzahlungen für das lfd oder frühere Geschäftsjahre sind als Steuererstattungsansprüche zu aktivieren. Sie sind mit dem Betrag anzusetzen, in dessen Höhe eine Zahlung seitens der Steuerbehörden erwartet wird. 41

Die Bilanzierung von Steuererstattungsansprüchen ist ausführlich in → § 25 Rn 9 ff erläutert.

(einstweilen frei) 42–45

E. Wesentliche Änderungen und deren Anwendungszeitpunkte

Auswirkungen im weitesten Sinne auf Bilanzierung, Bewertung und Ausweis der sonstigen kurzfristigen Vermögenswerte nach IFRS hatten die Änderungen der folgenden Standards: 46

Maßgebliche Änderungen ergeben sich aus **IFRS 9,** der im Juli 2014 verabschiedet wurde und – vorbehaltlich einer Übernahme durch die EU – für Geschäftsjahre, die am oder nach dem 1. Januar 2018 beginnen, anzuwenden ist. Einzelheiten hierzu werden in → § 3 Rn 360 ff erläutert.

Mit den im August 2014 veröffentlichten **Änderungen an IAS 27** ist die Bewertung von Anteilen an TU, Gemeinschaftsunternehmen und assoziierten Unternehmen im Einzelabschluss nach der Equity-Methode als Alternative zu einer Bewertung zu Anschaffungskosten oder zum beizulegenden Zeitwert möglich (vgl hierzu → § 7 Rn 71). Diese Änderungen sind vorbehaltlich eines Endorsement für Geschäftsjahre anzuwenden, die am oder nach dem 1. Januar 2016 beginnen.

F. Gegenüberstellung zu HGB/DRS

47 Verwiesen wird auf → § 3 Rn 559 ff und → § 25 Rn 215 ff.

G. Aktuelle Entwicklungen/IASB-Projekte

48 Verwiesen wird auf → § 3 Rn 581.

§ 12. Eigenkapital

Übersicht

Schrifttum: *BMF* Schreiben vom 4. Juli zur Zinsschranke, BStBl I 2008, 718; *Breh/Dörschell/Heise* Umschuldungsmaßnahmen bei zusammengesetzten Finanzinstrumenten: Bilanzielle Abbildung anhand des Beispiels einer Wandelanleihe, IRZ 2010, 55; *DRSC* Interpretation 1 (IFRS) Bilanzgliederung nach Fristigkeit gemäß IAS 1 Darstellung des Abschlusses, Berlin 2013; *DRSC* Interpretation 3 (IFRS) Auslegungsfragen zu Instrumenten mit Gläubigerkündigungsrecht gemäß IAS 32, Berlin 2013; *Europäische Kommission* Kommentare zu bestimmten Artikeln der Verordnung (EG) Nr. 1606/2002 des Europäischen Parlaments und des Rates vom 19. Juli 2002 betreffend die Anwendung internationaler Rechnungslegungsstandards und zur Vierten Richtlinie 78/660/EWG des Rates vom 25. Juli 1978 sowie zur Siebten Richtlinie 83/349/EWG des Rates vom 13. Juni 1983 über Rechnungslegung, Beck'sche Textausgaben IFRS-Texte, München 2014; *FAR* Konsequenzen unterlassener Pflichtprüfungen für die Prüfung des Folgeabschlusses, FN IDW 2002, 214; *Freiberg* Wechselseitige Optionen bei Wandelschuldverschreibungen, PiR 2008, 239; *Freiberg* Behandlung von Andienungsrechten für nicht-beherrschende Gesellschafter (NCI puts), PiR 2012, 228; *Hennrichs* Zinsschranke, Eigenkapitalvergleich und IFRS, DB 2007, 2101; *Hoffmann/Lüdenbach* IFRS-Rechnungslegung für Personengesellschaften als Theater des Absurden, DB 2005, 404; *Hüttche/Lopatta* Bilanzierung von Kosten der Eigenkapitalbeschaffung nach IFRS, BB 2007, 2447; *IDW* RS HFA 9 aF Einzelfragen zur Bilanzierung von Finanzinstrumenten nach IFRS, FN IDW 2007, 326; *IDW* RS HFA 45 Einzelfragen zur Darstellung von Finanzinstrumenten nach IAS 32, FN IDW 2011, 326; *IDW* RS HFA 7 Zur Rechnungslegung bei Personenhandelsgesellschaften, FN IDW 2012, 189; *IDW* PS 900 Grundsätze für die prüferische Durchsicht von Abschlüssen, FN IDW 2001, 512; *IDW* Stellungnahme HFA 1/1994: Zur Behandlung von Genussrechten im Jahresabschluss von Kapitalgesellschaften, FN IDW 2002, 395; *Isert/Schaber* Bilanzierung von Wandelanleihen nach IFRS, BB 2005, 2287; *Kampmann* Die Kapitalstruktur der Unternehmung in der handelsrechtlichen Rechnungslegung, Bielefeld 2001; *Kelle* Die Bilanzierung von Stock Options, Düsseldorf 2002; *Köster* Zinsschranke: Eigenkapitaltest und Bilanzpolitik, BB 2007, 2278; *Kuhn/Scharpf* Rechnungslegung von Financial Instruments nach IFRS, 3. Aufl, Stuttgart 2006; *Redeker* Kontrollerwerb an Krisengesellschaften: Chancen und Risiken des Debt-Equity-Swap, BB 2007, 673; *Rückle* Das Eigenkapital der Personengesellschaft, IRZ 2008, 227; *Schmidt* Die drei Ansätze des FASB zur Abgrenzung zwischen Eigen- und Fremdkapitalinstrumenten, IRZ 2008, 235; *Schreiber/Schmidt* Begleichung finanzieller Verbindlichkeiten durch Eigenkapitalinstrumente nach IFRS – Darstellung und kritische Würdigung der Interpretation IFRIC 19, WPg 2010, 637; *Schwarzkopf/Hachmeister* Put-Optionen auf Anteile nicht-beherrschender Gesellschafter, WPg 2015, 533; *Senger* Ausweis von Ertragsteuerkonsequenzen auf Zahlungen an Inhaber eines Eigenkapitalinstruments: im Eigenkapital oder in der Gesamtergebnisrechnung?, IRZ 2013, 173; *Thiele* Das Eigenkapital im handelsrechtlichen Jahresabschluß, Düsseldorf 1998; *Weidenhammer* Die Eigenkapitalqualität kündbarer Anteile nach dem Amendment zu IAS 32 – Diskussion von Zweifelsfragen, PiR 2008, 213; *Zwirner/König* Gesellschaftsvertragliche Vereinbarungen bei Personenhandelsgesellschaften und ihre Auswirkungen auf die Abgrenzung von Eigen- und Fremdkapital nach IAS 32, KoR 2013, 1.

Wesentliche Rechtsgrundlagen: IAS 1, IAS 32, IAS 39, IFRS 9, IFRIC 2, IFRIC 17, IFRIC 19.

A. Allgemeines

Aussagen zu **gesellschaftsrechtlichen Aspekten** wie Kapitalaufbringungs- bzw -erhaltungsgrundsätzen oder zu den **Funktionen** des Eigenkapitals enthalten die IFRS nicht. Insoweit sind die jeweiligen nationalstaatlichen Vorschriften einschlägig. 1

Quellen des Eigenkapitals sind die Gegenwerte der dem Unternehmen von seinen Anteilseignern aufgrund (gesellschafts-)vertraglicher Verpflichtungen überlassenen Vermögenswerte sowie nicht entzogene bzw entziehbare Gewinne (IAS 1.109). Bilanziell wird nach F.4.4(c) das Eigenkapital als Residualgröße aus bilanzierten Vermögenswerten abzüglich Schulden ermittelt. Auf das so ermittelte Reinvermögen bzw bilanzielle Eigenkapital nehmen die Bilanzierungs- und Bewertungsmethoden der einzelnen IFRS sowie das Rahmenkonzept Einfluss (F.4.22). 2

Aufgrund der erheblichen Beeinflussung von Definition und Ausweis des Eigenkapitals durch gesellschaftsrechtliche Vorschriften einzelner Nationalstaaten beschränken sich die IFRS-Regelungen im Wesentlichen auf die **Abgrenzung** von **Eigenkapital** und **Schulden** sowie einzelne Ausweispflichten, die unabhängig von der Rechtsform zu beachten sind. KapGes bzw KapCo-Gesellschaften mit Sitz in der EU haben neben IAS 1 grds auch die jeweiligen gesellschaftsrechtlichen Vorschriften zu beachten. Die Einhaltung der Gliederungsschemata der Richtlinie 2013/34/EU ist den gem § 315a Abs 1 oder Abs 2 HGB verpflichtend nach IFRS bilanzierenden Unternehmen freigestellt. Entspr gilt für Unternehmen, die gem § 315a Abs 3 HGB freiwillig einen Konzernabschluss nach IFRS aufstellen sowie für Unternehmen, die gem § 325 Abs 2a HGB einen für Offenlegungszwecke befreienden Einzelabschluss nach IFRS aufstellen. Aus Gründen der Vergleichbarkeit und wegen der engen Verzahnung der Eigenkapitalbilanzierung mit dem Gesellschaftsrecht wird die Berücksichtigung der Gliederungsvorschriften des § 266 Abs 3 lit A HGB bei der Gliederung des Eigenkapitalausweises empfohlen. 3

B. Abgrenzung von Eigenkapital und Schulden

Die IFRS unterscheiden nur zwischen Eigenkapital und Schulden (dichotome Kapitalstruktur bzw Zweiteilung der Kapitalgliederung; *Kampmann,* 76 ff). Da das 4

Eigenkapital eine **Residualgröße** aus bilanzierten Vermögenswerten abzüglich Schulden darstellt, sind die Kriterien für Schulden von ausschlaggebender Bedeutung. Anhand dieser Kriterien ist für jeden Finanzierungsvertrag bzw sich ergebende Finanzinstrumente zu beurteilen, ob es sich um Eigenkapital oder Schulden handelt.

Entspr der Zweiteilung der Kapitalgliederung ist nach IAS 32.15 der Ausweis als Eigenkapital oder Schuld zwingend; ein besonderer Posten zwischen Eigenkapital und Schulden ist nicht zulässig. Die Festlegung des Ausweises erfolgt bei der erstmaligen Bilanzierung vorwiegend nach dem wirtschaftlichen Charakter eines Finanzinstruments und nicht nach seiner rechtlichen Ausgestaltung (sog Grundsatz der wirtschaftlichen Betrachtungsweise *(substance over form)*), auf dem die glaubwürdige Darstellung basiert (F.QC12ff iVm F. BC3.26; vgl → § 2 Rn 68ff). Im Einzelnen kann folgende Unterscheidung getroffen werden:

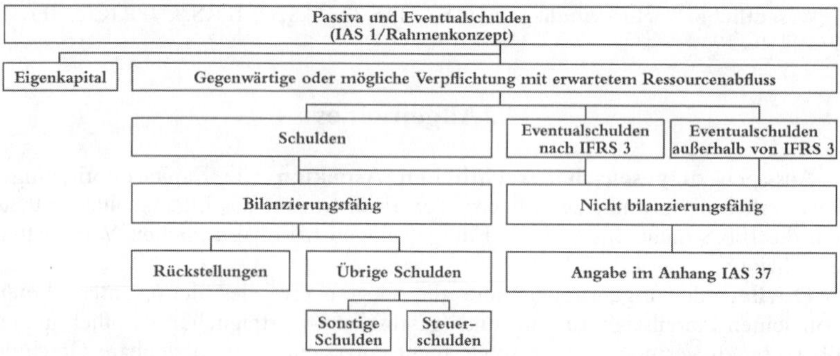

I. Eigenkapital

5 Eigenkapital wird nach F.4.4(c) als Residualgröße aus bilanzierten Vermögenswerten abzüglich bilanzierter Schulden ermittelt. Entspr wird unter einem Eigenkapitalinstrument ein Finanzinstrument verstanden, das dem Vertragspartner ausschließlich einen **Residualanspruch** an den nach Abzug aller Schulden verbliebenen Vermögenswerten gewährt (IAS 32.11, IAS 39.8). Hieraus folgt, dass ggü dem Vertragspartner zu keiner Zeit eine vertragliche Verpflichtung zur Übertragung von Geld oder anderen finanziellen Vermögenswerten bestehen darf; eine Rangfolge der Bedienung von (nicht kündbaren) Eigenkapitalinstrumenten mit Dividenden und/oder Liquidationserlösen ist unerheblich (IAS 32.16f und IAS 32.25(b); *IDW* RS HFA 45 Rz 4; *Kuhn/Scharpf,* 527). Dies gilt nicht für Verpflichtungen im Rahmen der Ergebnisverwendung, soweit sie auf einem gültigen Gesellschafterbeschluss beruhen (IAS 32.17 Satz 3). Zu den Besonderheiten bei kündbaren Finanzinstrumenten, die wie Eigenkapital bilanziert werden vgl → Rn 101ff. Die Frage, wie ein Finanzinstrument zu bilanzieren ist, ist nach IAS 32.15 bei seinem erstmaligen Ansatz zu beantworten. **Konsequenzen** ergeben sich **neben dem Ausweis auch für die Bewertung;** so sind Eigenkapitalinstrumente nur im Zeitpunkt der Emission zu bewerten, eine Folgebewertung wird anders als bei Schulden nicht durchgeführt (*IDW* RS HFA 45 Rz 5).

Beispiele für Eigenkapitalinstrumente sind Aktien, GmbH-Anteile (nichtderivative Eigenkapitalinstrumente), aber auch Optionsscheine und Rückkaufsrechte für eigene Anteile (derivative Eigenkapitalinstrumente; vgl *Kuhn/Scharpf,* 83; zu Besonderheiten bei Vorzugsaktien → Rn 43ff). Zu den möglichen bilanziellen Problemen bei Komplementär- und Kommanditeinlagen bzw Geschäftsanteilen bei Genossenschaften vgl → Rn 100ff.

1. Nicht-derivative Eigenkapitalinstrumente

Nach IAS 32.19 ist Voraussetzung für die Qualifikation eines nicht-derivativen Finanzinstruments – auch als **Kassainstrument** bezeichnet – als Eigenkapitalinstrument, dass ein Unternehmen über das uneingeschränkte Recht verfügt, sich bei der Erfüllung der vertraglichen Verpflichtung der Abgabe von flüssigen Mitteln oder anderen finanziellen Vermögenswerten zu entziehen, mithin **keine Rückzahlungsverpflichtung** besteht. Ein Kündigungsrecht des Emittenten ist unbeachtlich, da die Rückzahlung im Ermessen des Emittenten steht. Im Einzelfall reicht nach IAS 32.20 eine rein faktische Rückzahlungsverpflichtung aus, um eine Qualifikation als Eigenkapitalinstrument zu verhindern, zB da die vereinbarten Konditionen aufgrund einer steigenden Belastung des Emittenten eine Tilgung zu einem bestimmten Zeitpunkt höchstwahrscheinlich machen. Gleiches gilt nach IAS 32.25 bei Finanzinstrumenten, deren Erfüllungsart vom Eintritt unsicherer zukünftiger Ereignisse abhängt, die sowohl außerhalb der Kontrolle des Emittenten wie des Inhabers liegen (sog *contingent settlement provisions;* vgl IAS 32.25 mit Erläuterung der Ausnahmen, die zu einer Qualifikation als Eigenkapitalinstrument führen). Nach IAS 32.16(b)(i) kann ein nicht-derivatives Finanzinstrument ferner nur dann als Eigenkapitalinstrument bilanziert werden, wenn es keine vertragliche Verpflichtung seitens des Unternehmens zur Abgabe bzw Erfüllung mit einer variablen Anzahl eigener Eigenkapitalinstrumente beinhaltet. Gem der *fixed-for-fixed*-Regel dieser Norm ist nur bei bereits zu Beginn der Emission des nicht-derivativen Finanzinstruments feststehender Erfüllungsrelation, also fixer Anzahl eigener Eigenkapitalinstrumente, ein Eigenkapitalausweis möglich. 6

Nach IAS 32.18(b) sind **Finanzinstrumente mit** (ordentlichen) **Kündigungsrechten** zu Gunsten der Inhaber (sog *puttable instruments*) ebenfalls nicht als Eigenkapitalinstrumente zu qualifizieren, sofern nicht sämtliche Kriterien der in IAS 32.16Aff aufgeführten Bedingungen erfüllt sind (→ Rn 102); die Länge der Kündigungsfristen ist unbeachtlich. Bedingte Kündigungsrechte sind wie unbedingte Kündigungsrechte zu behandeln. Außerordentliche Kündigungsrechte, die an den Wegfall der Geschäftsgrundlage (§ 313 BGB) geknüpft sind und bei denen der Eintritt dieser Voraussetzungen sehr unwahrscheinlich ist, sind hingegen unschädlich (IAS 32.25(a); vgl *IDW* RS HFA 45 Rz 17). 7

2. Derivative Eigenkapitalinstrumente

Derivative Instrumente, die in eigenen Eigenkapitalinstrumenten des bilanzierenden Unternehmens (also des Emittenten) erfüllt werden, stellen nach IAS 32.16(b)(ii) ihrerseits Eigenkapitalinstrumente dar, wenn im Emissionszeitpunkt die **Anzahl der zu liefernden Eigenkapitalinstrumente** sowie der **Betrag der Gegenleistung** feststehen *(gross physical settlement)*. In diesem Fall ist die erhaltene Prämie für die Stillhalterverpflichtung bzw die gezahlte Prämie für das Optionsrecht nach IAS 32.22 im Eigenkapital zu erfassen. Besteht für eine der beiden Vertragsparteien (Emittent oder Inhaber) ein **Wahlrecht im Hinblick auf die Art der Erfüllung** *(settlement options),* so müssen nach IAS 32.26 alle Erfüllungsalternativen zu einer Qualifikation als Eigenkapitalinstrument führen; andernfalls ist das Finanzinstrument unter den Schulden auszuweisen. Erfolgt am Ausübungs- bzw Erfüllungstag ein Ausgleich zwischen dem Emittenten und dem Vertragspartner durch Verrechnung der gegenseitigen Ansprüche und Verpflichtungen zu diesem Zeitpunkt in bar *(net cash settlement)* oder in Anteilen 8 des Emittenten *(net share settlement)*, handelt es sich hingegen nicht um ein Eigenkapitalinstrument.

9 Ist ein Emittent aufgrund vertraglicher Vereinbarungen verpflichtet, Eigenkapitalinstrumente zu einem späteren Zeitpunkt zurückzukaufen, stellen diese Finanzinstrumente zwar rechtlich, aber nicht mehr wirtschaftlich Eigenkapitalinstrumente dar (IAS 32.BC11 und IAS 32.IN7). Daher ist nach IAS 32.23 in diesem Fall eine finanzielle Verbindlichkeit in Höhe des Barwerts des Ausübungspreises bzw Terminpreises zu erfassen (zu Beispielen vgl IAS 32.IE5 f sowie IAS 32.IE30 f). Zu diesen sog **Finanzinstrumenten mit einer synthetischen Verbindlichkeit** gehören Verkaufsoptionen mit Stillhalterverpflichtung des Emittenten *(written put options)* oder Terminrückkaufvereinbarungen *(forward to buy shares)*. Dazu wird im Zugangszeitpunkt der Barwert der möglichen Zahlungsverpflichtung vom Eigenkapital in die finanziellen Verbindlichkeiten umgegliedert. Die Folgebewertung der finanziellen Verbindlichkeit erfolgt entspr den Regelungen in IAS 39 bzw IFRS 13 (→ § 3 Rn 175 ff und → § 3 Rn 509). Läuft der dem Finanzinstrument zugrunde liegende Vertrag ohne Durchführung aus, ist der zu diesem Zeitpunkt bestehende Buchwert wieder in das Eigenkapital umzugliedern (zu Beispielen vgl IAS 32.IE2 ff, IAS 32.IE27 ff; umfassend *Kuhn/Scharpf*, 547 ff). Bilanziell sollten diese Buchungen wie der Erwerb eigener Anteile behandelt werden (→ Rn 86 ff), wobei die Vorgehensweise einheitlich zur Bilanzierung eigener Anteile erfolgen sollte. **Latente Steuern** sind für synthetische Verbindlichkeiten nach IAS 12.8 nicht zu bilden, da der Buchwert dem Steuerwert entspricht. Zu den Besonderheiten bei der Bilanzierung bestehender Optionen der nicht-beherrschenden Gesellschafter im Konzern zum Verkauf ihrer Anteile an TU an das MU (vgl → Rn 131 f sowie → § 35 Rn 61 ff).

3. Prüfungsschema zur Abgrenzung von Schulden

10 Das *IDW* hatte zur Abgrenzung von Eigenkapital und Schulden (Fremdkapital) in RS HFA 9 aF Rz 62 ein Prüfschema veröffentlicht, an welches das nachfolgend dargestellte Prüfschema, ergänzt um die Neuregelungen des IAS 32.16A ff, angelehnt wurde. Dieses Prüfschema wurde vom *IDW* nicht in RS HFA 45 übernommen:

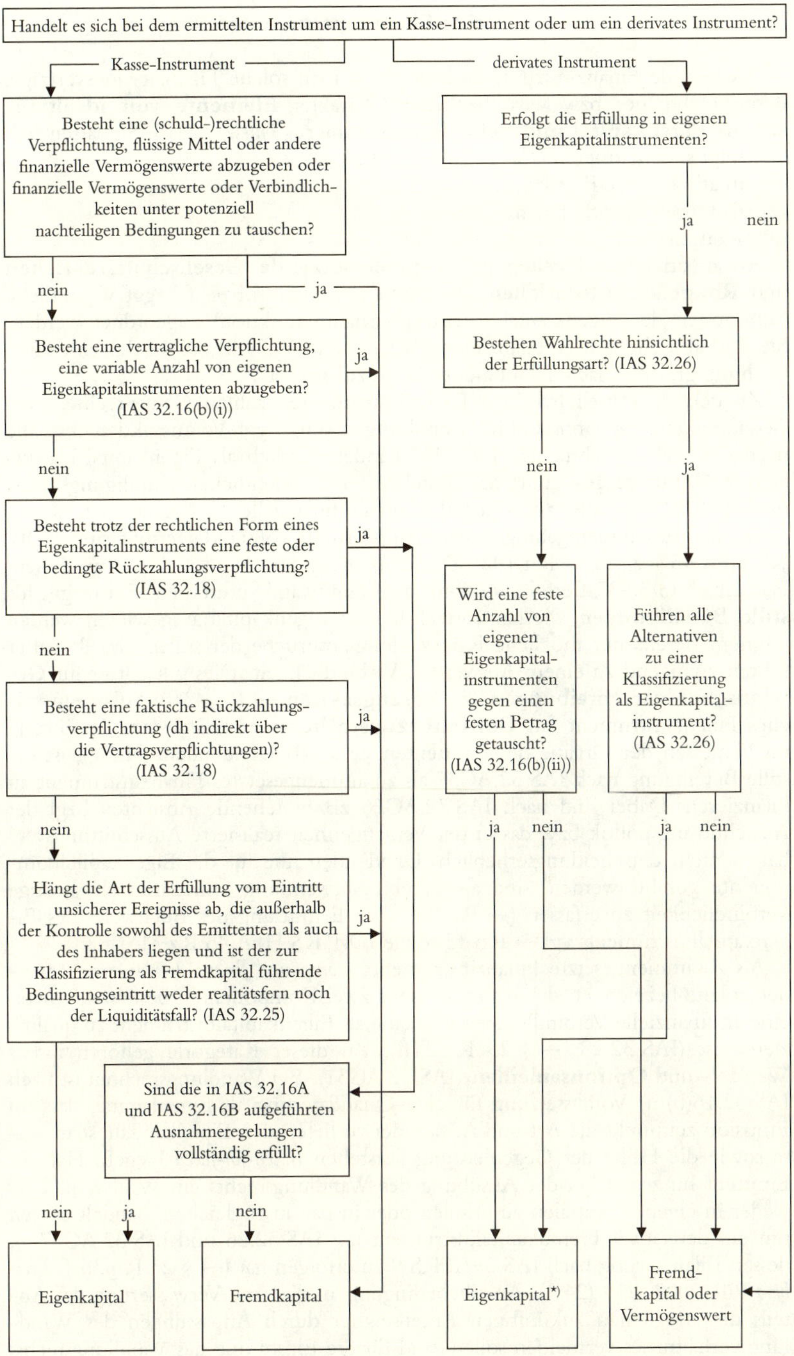

*) Erfassung einer Verbindlichkeit in Höhe des Barwerts des Ausübungspreises *(written put option)* bzw des Terminpreises *(forward to buy shares)* bei *gross physical settlement* (IAS 32.23; → Rn 9).

4. Hybride Finanzinstrumente

11 Als hybride Finanzinstrumente bezeichnet man solche Finanzierungsverträge, deren rechtlicher bzw wirtschaftlicher Charakter **Elemente von idealtypischem Eigenkapital und Schulden** kombiniert (*Thiele,* 225 ff). Sie lassen sich wie folgt systematisieren (*Kampmann,* 120 ff):
(1) situativ hybride Finanzinstrumente,
(2) strukturell hybride Finanzinstrumente,
(3) zusammengesetzte Finanzinstrumente.

12 Als situativ hybrid gelten iwS **kapitalersetzende Gesellschafterdarlehen** und **Rangrücktrittsdarlehen,** da diesen nur im Insolvenzfall ggf wesentliche Funktionen des Eigenkapitals (Verlustübernahmefunktion) zugeordnet werden. Sie sind als Schulden zu bilanzieren, da nach IAS 39.39/IFRS 9.3.3.1 eine Ausbuchung grds nur nach Tilgung oder Erlass zulässig ist.

13 Zu den strukturell hybriden Finanzinstrumenten zählen Genussrechte, stille Beteiligungen, Gewinnschuldverschreibungen sowie ggf Vorzugsaktien. Für die nach der Stellungnahme *HFA* 1/1994 handelsrechtlich als Eigenkapital klassifizierten **Genussrechte** führt das Bestehen eines ordentlichen Kündigungsrechts nach IAS 32.18 ff idR zur Qualifikation als finanzielle Verbindlichkeit, sofern nicht die Ausnahmeregelungen der IAS 32.16A ff vollständig erfüllt sind (*IDW* RS HFA 45 Rz 13; → Rn 102). Die Bedienung der Genussrechte ist in diesem Fall nach IAS 32.35 ff erfolgswirksam im Zinsaufwand zu erfassen. Entspr gilt für **stille Beteiligungen,** die handelsrechtlich als Eigenkapital ausgewiesen werden können. Bereits nur mögliche Rückzahlungsansprüche der stillen Gesellschafter führen zwingend zu einem Ausweis als Verbindlichkeit. Dies gilt entspr für **Gewinnschuldverschreibungen** (zu **Vorzugsaktien** → Rn 43 ff). Sollte ein solches Finanzinstrument ein **Gewinnbezugsrecht** vorsehen, dessen Gewährung im Ermessen der Organe des Emittenten steht (zB Dividendenzahlung), ist die stille Beteiligung nach IAS 32.AG37 als zusammengesetztes Finanzinstrument zu bilanzieren. Dabei sind nach IAS 32.AG26 zB bestehende Absichten bzgl der Ausschüttungspolitik bzw das in der Vergangenheit realisierte Ausschüttungsverhalten nicht entscheidungserheblich. Dividenden, die für die Eigenkapitalkomponente gezahlt werden, sind als Ergebnisverwendung und damit als sonstige Verbindlichkeit zu erfassen (→ Rn 95). Zur Ermittlung des Buchwerts des Eigenkapitalinstruments vgl → Rn 15 sowie *IDW* RS HFA 45 Rz 31.

14 Als zusammengesetzte Finanzinstrumente *(compound financial instruments)* werden solche bezeichnet, die aus mindestens zwei Komponenten bestehen, wovon eine als finanzielle Verbindlichkeit und eine als Eigenkapitalinstrument zu qualifizieren ist (IAS 32.28; → § 23 Rn 24 ff). Zu dieser Kategorie gehören insbes **Wandel-** und **Optionsanleihen** (IAS 32.AG31). Bei Wandlungsrechten ist nach IAS 32.16(b)(ii) Voraussetzung für eine Qualifizierung als Eigenkapital, dass im Emissionszeitpunkt die Art und Anzahl der zu liefernden Eigenkapitalinstrumente sowie die Höhe der Gegenleistung feststehen (*fixed-for-fixed*-Regel). Hat der Emittent hingegen bei der Ausübung des Wandlungsrechts ein Wahlrecht, entweder in eigenen Anteilen zu erfüllen oder in bar auszugleichen, handelt es sich um ein derivatives Fremdkapitalinstrument iSv IAS 32.26 und IAS 32.AG27(c), dessen Bilanzierung nach IAS 39/IFRS 9 zu erfolgen hat (→ § 23 Rn 36 ff; *Freiberg* PiR 2008, 239 (241)). Anleihebedingungen, die eine Verwässerung des Anteils der möglichen zukünftigen Anteilseigner durch Anpassungen des Wandlungsverhältnisses vermeiden sollen, sind für die Einstufung des Wandlungsrechts als Eigenkapitalinstrument unschädlich, solange die die Anpassung auslösenden Entscheidungen im Ermessen der Organe des Emittenten stehen (zB Aktiensplit, außerordentliche Bardividenden oder Gratisaktien, Kapitalerhöhungen etc; vgl

IDW RS HFA 45 Rz 32f; *Isert/Schaber* BB 2005, 2287 (2292)). Die zusätzliche Gewährung einer Anpassung bei Nichteinhaltung von *financial covenants* (zB Eigenkapitalquote oder Herabstufung eines Ratings) führt hingegen zur vollständigen Erfassung als Fremdkapital (*IDW* RS HFA 45 Rz 34).

Bei Emission solcher nicht derivativen Finanzinstrumente ist nach IAS 32.29 iVm IAS 32.AG31(b) bzw IAS 32.28 iVm IAS 32.AG31(b) der Erlös in den der finanziellen Verbindlichkeit (zB Anleihe) und den dem Eigenkapitalinstrument (zB Wandlungs- bzw Optionsrecht oder Dividendenbezugsrecht) zuzurechnenden Ausgabebetrag **erfolgsneutral** aufzuteilen (sog **gesplittete Bilanzierung** bzw *split accounting*). IAS 32.32 nennt nur die **Restwertmethode** als zulässiges Aufteilungsverfahren. Hierbei wird zunächst der Wert der finanziellen Verbindlichkeit ermittelt und anschließend vom Gesamtwert abgezogen; der Restwert wird dem Eigenkapitalinstrument zugeordnet. Diese Vorgehensweise ist auch für die Bilanzierung im handelsrechtlichen Jahresabschluss zulässig. Zur Frage der Entstehung und Bilanzierung latenter Steuern bei zusammengesetzten Finanzinstrumenten vgl → § 25 Rn 108. 15

Zu beachten ist, dass die **Summe der Komponenten** dem Buchwert des Finanzinstruments entsprechen muss, der bei dessen nicht gesplittetem Ausweis anzusetzen wäre (*IDW* RS HFA 45 Rz 31). Der dem Eigenkapitalinstrument (zB Wandlungs- bzw Optionsrecht) zugerechnete Wert wird in der Kapitalrücklage erfasst (→ Rn 63).

Beispiel: Im Rahmen ihrer Finanzierungsstrategie emittiert eine AG eine Wandelschuldverschreibung mit niedrigerer Verzinsung als marktüblich. Insgesamt werden 10.000 Wandelanleihen mit einem Wert von T€ 1 ausgegeben, sodass das Emissionsvolumen insgesamt T€ 10.000 beträgt. Der Nominalzinssatz beträgt 4,5%, während für eine Industrieobligation mit vergleichbarem Rating ohne Wandlungsrecht ein Marktzinssatz von 6% zu beobachten ist. Je Wandelanleihe werden bei Wandlung 100 Aktien mit einem Nennwert von € 1 gewährt. Die Laufzeit beträgt 3 Jahre. Aufgrund der festzustellenden Zinsdifferenz (4,5% zu 6%) ist der Emissionserlös entspr IAS 32.31 f aufzuteilen.

Im ersten Schritt ist der Wert der finanziellen Verbindlichkeit zu ermitteln. Hierzu werden die Barwerte des Anleihebetrags sowie der nachschüssigen Zinsen ermittelt.

Jahr	Zahlungsreihe T€	Barwertfaktor bei 6%	Barwert T€
X1	450	0,943396	424,53
X2	450	0,889996	400,50
X3	10.450	0,839619	8.774,02
			9.599,05

Dieser Barwert wird vom Emissionserlös von T€ 10.000 abgezogen und der sich ergebende Restwert von T€ 401 dem Wandlungsrecht und damit der Eigenkapitalkomponente zugeordnet. Der Buchungssatz lautet per Bank T€ 10.000 an Kapitalrücklage T€ 401 und an Schulden T€ 9.599.

Die finanzielle Verbindlichkeit erhöht sich aufgrund der Anwendung der Effektivzinsmethode nach IAS 39.9, IAS 39.47/IFRS 9.4.2.1 im Zeitablauf in Höhe der Differenz zwischen dem effektiven Zinsaufwand und dem hypothetischen Marktzins (Wert der finanziellen Verbindlichkeit × Marktzinssatz):

Jahr	Buchwert zum 1. 1. T€	Effektivzins T€	Auszahlungen T€	Zusätzlicher Zinsaufwand T€	Buchwert der finanziellen Verbindlichkeit am Periodenende T€
X1	9.599,05	575,94	450	125,94	9.724,99
X2	9.724,99	583,50	450	133,50	9.858,49
X3	9.858,49	591,51	10.450	141,51	0,00
		1.750,91		400,95	

Bei einer Wandlung nach Ablauf der zweiten Periode würde der Buchungssatz lauten: per Schulden T€ 9.858 an gezeichnetes Kapital T€ 1.000 und an Kapitalrücklage T€ 8.858. Unter Berücksichtigung der bereits bei der erstmaligen Bilanzierung gebuchten Eigenkapitalkomponente ergäbe sich insgesamt eine Erhöhung des Eigenkapitals um T€ 10.259. Die Differenz zum Emissionsvolumen in Höhe von T€ 259 entspricht dabei dem zuvor aufwandswirksam – und damit das Eigenkapital mindernd – gebuchten zusätzlichen Zinsaufwand aufgrund der Anwendung der Effektivzinsmethode. Nach Wandlung oder Rückzahlung darf nach IAS 32.AG32 der aufwandswirksam gebuchte zusätzliche Zinsaufwand von T€ 401 aus der Kapitalrücklage wieder in die Gewinnrücklagen umgebucht werden (per Kapitalrücklage an Gewinnrücklagen). Zu weiteren Beispielen vgl *Isert/Schaber* BB 2005, 2287 (2288).

16 Zu den zusammengesetzten Finanzinstrumenten zählen auch **strukturierte (zusammengesetzte) Finanzinstrumente** (auch: *hybrid (combined) instruments* bzw *embedded derivatives*). Hierunter werden Verträge verstanden, die ein nicht-derivatives mit einem derivativen Finanzinstrument kombinieren wie Wertpapiere oder Schuldscheindarlehen mit Kündigungsrechten und Aktienanleihen (vgl → § 23 Rn 24 ff; *Kuhn/Scharpf,* 477 ff).

Nach IAS 39.11/IFRS 9.4.3.3, IFRIC 9.2 ist eine **gesplittete Bilanzierung** strukturierter (zusammengesetzter) Finanzinstrumente zwingend, wenn
(1) die wirtschaftlichen Merkmale und Risiken des derivativen Finanzinstruments nicht eng mit denen des nicht-derivativen verbunden sind (IAS 39.11(a)/ IFRS 9.4.3.3(a)),
(2) das hier kombinierte derivative Finanzinstrument auch eigenständig als derivativ anzusehen wäre (IAS 39.11(b)/IFRS 9.4.3.3(b)) und
(3) das strukturierte Produkt nicht mit dem beizulegenden Zeitwert bilanziert wird, dessen Änderung den Periodenerfolg beeinflusst (IAS 39.11(c)/ IFRS 9.4.3.3(c); zu Beispielen vgl IAS 39.AG30 ff/IFRS 9.B4.3.1 ff).

Die Aufteilung der Komponenten erfolgt ebenfalls nach der **Restwertmethode.** Hierzu ist vom Emissionserlös der beizulegende Zeitwert des eingebetteten Derivats abzuziehen. Der Restwert wird dem nicht-derivativen Basisinstrument zugeordnet (vgl IAS 39.AG28/IFRS 9.B4.3.3). Nach IAS 39.12 kann auf eine gesplittete Bilanzierung nur dann verzichtet werden, wenn eine zuverlässige Bewertung des eingebetteten Derivats zu keinem Zeitpunkt möglich ist; in diesem Fall ist das gesamte Finanzinstrument wie eine zu Handelszwecken gehaltene finanzielle Verbindlichkeit (*held for trading;* IAS 39.9) zu bilanzieren → § 23 Rn 37 ff; vergleichbare Ausnahmen finden sich in IFRS 9.4.3.5.

17 Zu den Angabepflichten nach IFRS 7.17 bei emittierten zusammengesetzten Finanzinstrumenten vgl → § 3 Rn 297.

18 Zur bilanziellen Behandlung der mit der **Emission** von hybriden Finanzinstrumenten verbundenen **Aufwendungen** s IAS 32.38 (→ Rn 37).

II. Schulden und Eventualschulden

19 Nach F.4.4(b), F.4.15 ff ist eine **Schuld** eine zum Stichtag bestehende Verpflichtung der Gesellschaft aus vor dem Stichtag eingetretenen Ereignissen, die sich nicht auf ein Eigenkapitalinstrument bezieht und deren Erfüllung wahrscheinlich zu einem Abfluss solcher Ressourcen führt, die für die Gesellschaft einen wirtschaftlichen Nutzen verkörpern. Wesentliches Merkmal ist das Bestehen einer gesetzlichen, vertraglichen oder wirtschaftlichen Verpflichtung ggü einem Dritten, deren Erfüllung zu einem Abfluss von Vermögenswerten führen wird. Zu den Schulden zählen Rückstellungen wie Verbindlichkeiten.

20 Nach IAS 37.10 sind **Rückstellungen** *(provisions)* solche Schulden, die der Höhe oder der Fälligkeit nach sicher sind (zu Rückstellungen vgl ausführlich

→ § 13 Rn 8 ff). Voraussetzung für den Ansatz ist eine zuverlässige Schätzung der Höhe dieser Verpflichtung (IAS 37.14(c)).

Eine **sonstige Schuld** *(liability)* besteht in Abgrenzung zu Rückstellungen dann, wenn sie dem Grund, der Höhe sowie der Fälligkeit nach (quasi-)sicher ist (zu sonstigen Schulden vgl ausführlich → § 14 Rn 1 ff). Zu einer **finanziellen Verbindlichkeit** führt nach IAS 39.8 iVm IAS 32.11 jeder Vertrag bzw jedes Finanzinstrument, das eine Verpflichtung 21

(1) zur Übertragung von Geld oder anderen finanziellen Vermögenswerten auf einen Dritten oder
(2) zum Tausch von Finanzinstrumenten mit einem Dritten unter potenziell nachteiligen Bedingungen begründet.

Sofern ein Unternehmen eine vertragliche Verpflichtung durch Eigenkapitalinstrumente erfüllen kann, ist sie nach IAS 32.11, IAS 32.21 als finanzielle Verbindlichkeit zu behandeln, sofern die Anzahl der zu liefernden Eigenkapitalinstrumente mit den Änderungen des Zeitwerts dieser Eigenkapitalinstrumente korreliert, dh immer dem Betrag der vertraglichen Verpflichtung entspricht. Ansonsten handelt es sich um eine **sonstige Verbindlichkeit.**

Für Verpflichtungen, die keine Schuld iSd IFRS darstellen sowie für Schulden, die nicht bilanzierungsfähig sind, ist das Bestehen einer **Eventualschuld** und damit eine Angabe im Anhang zu prüfen → § 13 Rn 16 ff. 22

C. Mindestgliederung

Nach IAS 1.54(r) sind mindestens das gezeichnete Kapital sowie die Rücklagen in der Bilanz auszuweisen. Nach IAS 1.55 sowie F.4.20 ist unter Berücksichtigung des Grundsatzes der *fair presentation* eine angemessene Untergliederung des Eigenkapitals erforderlich. Die **Mindestangaben** nach IAS 1.79 können alternativ in der Bilanz, der Eigenkapitalveränderungsrechnung oder im Anhang ausgewiesen werden, wobei der Anhang zu präferieren ist. 23

Unternehmen, die gem § 315a Abs 1 oder 2 HGB verpflichtet sind nach IFRS zu bilanzieren, ist die Einhaltung des **handelsrechtlichen Gliederungsschemas** freigestellt (*EU-Kommission* Ziff 4.2 aE). Entspr gilt für Unternehmen, die gem § 315a Abs 3 HGB freiwillig einen Konzernabschluss nach IFRS aufstellen sowie für Unternehmen, die gem § 325 Abs 2a HGB einen für Offenlegungszwecke befreienden Einzelabschluss nach IFRS aufstellen. Aus Gründen der Vergleichbarkeit und wegen der engen Verzahnung der Eigenkapitalbilanzierung mit dem Gesellschaftsrecht wird jedoch die Berücksichtigung der Gliederungsvorschriften des § 266 Abs 3 lit A HGB bei der Gliederung des Eigenkapitalausweises empfohlen. PersGes wird unter Berücksichtigung der spezifischen Ausweisfragen (→ Rn 101 ff) eine entspr Anwendung wegen IAS 1.80 aE empfohlen (*Lüdenbach/Hoffmann/Freiberg* IFRS § 20 Rz 41 ff). Ggf sind weitere rechtsformspezifische Vorschriften zu beachten. 24

Ferner können Modifikationen der Gliederung zur Einhaltung von Vorgaben durch **Aufsichtsbehörden,** zB BaFin für Kreditinstitute und Versicherungen, oder **nationaler branchenspezifischer Gesetzgebung** sinnvoll sein, auch wenn eine (gesetzliche) Pflicht hierzu nicht besteht (*EU-Kommission* Ziff 4.2 aE). 25

Unter Berücksichtigung der einzelnen IFRS sowie des Rahmenkonzepts wird für die Eigenkapitalbilanzierung im Vergleich zu IAS 1.54(r) folgende **Gliederung** empfohlen: 26

Gliederung des Eigenkapitals		Mindestgliederung nach IAS 1.54(r) *und DRSC-I 1*	
Eigenkapital		Eigenkapital *bzw den Gesellschaftern des MU zurechenbarer Anteil am Eigenkapital*	
I.	Gezeichnetes Kapital	I.	Gezeichnetes Kapital
II.	Kapitalrücklage	II.	Rücklagen
III.	Gewinnrücklagen 1. gesetzliche Rücklage 2. satzungsmäßige Rücklage 3. andere Gewinnrücklagen	III.	Sonstige Eigenkapitalkomponenten
IV.	Neubewertungsrücklage		
V.	Rücklage für Marktbewertungen		
VI.	Rücklage aus Fremdwährungsumrechnung		
VII.	Ergebnisvortrag		
VIII.	Ergebnis des Geschäftsjahrs		
ggf	abzüglich eigene Aktien zu Anschaffungskosten	*ggf*	*abzüglich eigene Anteile*
ggf	im kumulierten sonstigen Ergebnis erfasste Erträge oder Aufwendungen in Zusammenhang mit zur Veräußerung gehaltenen langfristigen Vermögenswerten und Veräußerungsgruppen sowie aufgegebenen Geschäftsbereichen	*ggf*	*im kumulierten sonstigen Ergebnis erfasste Erträge oder Aufwendungen in Zusammenhang mit zur Veräußerung gehaltenen langfristigen Vermögenswerten und Veräußerungsgruppen sowie aufgegebenen Geschäftsbereichen*
ggf	abzüglich Eigenkapitalbeschaffungskosten		

27 IAS 1 verwendet für die unter der Neubewertungsrücklage, der Rücklage für Marktbewertungen und der Rücklage aus Fremdwährungsumrechnung erfolgsneutral erfassten Gewinne und Verluste den Begriff **„sonstiges Ergebnis“** *(„other comprehensive income“)*. Nach IAS 1.82A ist das sonstige Ergebnis in der **Gesamtergebnisrechnung** zu **unterteilen** in jene Bestandteile, die zu einem späteren Zeitpunkt erfolgswirksam erfasst werden (sog *recycling*), und solche, die zu keinem Zeitpunkt erfolgswirksam erfasst werden. Ob sich diese Aufgliederung auch in der Bilanz widerspiegeln muss oder die derzeit in der Praxis vorkommende Zusammenfassung dieser Eigenkapitalposten als „kumuliertes sonstiges Ergebnis“ oder „Rücklage für erfolgsneutral erfasste Ergebnisse“ beibehalten werden kann, ist aus IAS 1 nicht ersichtlich (zur Eigenkapitalveränderungsrechnung vgl → § 17 Rn 45).

In der **Praxis** werden oftmals in der Bilanz nur das gezeichnete Kapital und die Kapitalrücklage gesondert ausgewiesen und die übrigen Eigenkapitalbestandteile als „sonstige Rücklagen“ zusammengefasst; in diesen Fällen erfolgt eine weitere Untergliederung entspr dem vorgeschlagenen Schema im Anhang.

Nach IAS 1.38 sind die entspr Vorjahreswerte auszuweisen. Die gewählte Darstellung sowie der Ausweis des Eigenkapitals sind nach IAS 1.45 grds beizubehalten. Zu Anhangangaben im Zusammenhang mit dem Eigenkapitalausweis vgl → Rn 140ff.

Nach IAS 1.106 iVm IAS 1.10(c) ist für den (Konzern-)Jahresabschluss zwingend eine gesonderte **Eigenkapitalveränderungsrechnung** zu erstellen, die sämtliche Veränderungen des Eigenkapitals aus **Transaktionen mit Anteilseignern** in deren Eigenschaft als Eigentümer einerseits und alle realisierten oder unrealisierten, direkt im Eigenkapital verrechneten **Ergebnisse** andererseits darstellt (vgl zur Eigenkapitalveränderungsrechnung ausführlich § 17). Zusätzlich sind dort oder im Anhang die an die Anteilseigner gezahlten Dividendenbeträge anzugeben (IAS 1.107; vgl im Hinblick auf Sachdividenden auch → Rn 96). 28

Nach IFRS 1.23 muss ein Unternehmen bei **erstmaliger Anwendung** der IFRS im ersten IFRS-Abschluss im Anhang die Effekte erläutern, die die erstmalige Anwendung der IFRS auf die VFE-Lage hatte. Hierzu gehört die nach IFRS 1.24 zu erstellende Überleitungsrechnung. Nach IFRS 1.24(a) ist das Eigenkapital zum Zeitpunkt der Umstellung von HGB auf IFRS, also für die IFRS-Eröffnungsbilanz (*date of transition;* IFRS 1.6), sowie zum Ende des ersten nach IFRS bilanzierten Geschäftsjahrs *(transition period)* von HGB auf IFRS überzuleiten. Ferner ist nach IFRS 1.24(b) der im letzten Abschluss nach HGB ausgewiesene Periodenerfolg auf den Periodenerfolg derselben Periode nach IFRS überzuleiten. Nach IFRS 1.26 sind in der Überleitungsrechnung 29

(1) reine Umstellungseffekte aufgrund differierender Bilanzierungs- und Bewertungsgrundsätze und
(2) die Korrektur von Fehlern, die zuvor im Rahmen der HGB-Bilanzierung entstanden,

getrennt darzustellen. Die kumulierten Eigenkapitaländerungen aus der Umstellung werden in den **anderen Gewinnrücklagen** bzw, sofern diese ansonsten negativ würden, im Ergebnisvortrag erfasst. Damit werden den Abschlussadressaten die Auswirkungen der Umstellung auf das Eigenkapital transparent dargestellt und eine nachvollziehbare Überleitung zwischen dem letzten Abschluss nach HGB auf die Vorjahreswerte im ersten (vollständigen) IFRS-Abschluss geboten → § 44 Rn 168ff.

D. Gezeichnetes Kapital

I. Begriff und Abgrenzung

Bei KapGes wird das Kapital, auf welches die **Haftung der Gesellschafter** für Verbindlichkeiten der Gesellschaft ggü Gläubigern beschränkt ist und welches die Beteiligung der Gesellschafter am Gesellschaftsvermögen repräsentiert, für bilanzielle Zwecke einheitlich als gezeichnetes Kapital bezeichnet (§ 152 Abs 1 Satz 1 AktG, § 42 Abs 1 GmbHG). Die Höhe des gezeichneten Kapitals wird unter Beachtung der rechtsformspezifischen Mindestbeträge durch die Gesellschafter im **Gesellschaftsvertrag** festgelegt. 30

II. Bewertung und Ausweis

1. Bewertung

Der Ansatz des gezeichneten Kapitals erfolgt zum **Nennwert.** Die Höhe wird durch das im Gesellschaftsvertrag festgelegte und im Handelsregister eingetragene Grundkapital (§ 152 Abs 1 Satz 1 AktG) bzw Stammkapital (§ 42 Abs 1 GmbHG) bestimmt. Bei Kapitalveränderungen ist unabhängig von der Rechtsform der zum Bilanzstichtag im Handelsregister festgeschriebene Wert maßgeblich (→ Rn 46). 31

32 Sofern die Ausnahmevorschriften nach **IAS 32.16A und IAS 32.16B** nicht vollständig erfüllt sind, können gesellschaftsvertragliche Regelungen dazu führen, dass das Stammkapital nicht als Eigenkapital zu bilanzieren ist. Beispiele sind ein bestehendes Gesellschafterkündigungsrecht oder der automatische Einzug von Geschäftsanteilen in Abhängigkeit vom Eintritt unsicherer künftiger Ereignisse, die weder das Unternehmen noch der Gesellschafter kontrollieren kann, zB Insolvenz oder Tod des Gesellschafters (*IDW* RS HFA 45 Rz 58f; → Rn 7). Demgegenüber führen die besonderen Regelungen des Gesetzes über deutsche Immobilien-AG mit börsennotierten Anteilen, sog **REIT,** nicht zur Klassifizierung der Aktien von Gesellschaften dieser Art als Schulden (*IDW* RS HFA 45 Rz 60).

33 Bei **Sacheinlagen** ist auf Basis der für die jeweilige Rechtsform geltenden Vorschriften die Einlagefähigkeit der Vermögenswerte zu prüfen. Sofern die Einlagefähigkeit gegeben ist und das im Gegenzug herausgegebene Finanzinstrument als Eigenkapitalinstrument zu werten ist (→ Rn 5ff), ist die Sacheinlage erfolgsneutral zu buchen. Sofern es aufgrund unterschiedlicher Vorschriften zwischen HGB und IFRS zu **Bewertungsdifferenzen** bei Sacheinlagen kommen sollte, ist für das gezeichnete Kapital der Wertansatz nach HGB wegen seiner Verzahnung mit dem Gesellschaftsrecht maßgebend. Differenzen sind entspr in der Kapitalrücklage zu erfassen und im Anhang hinreichend zu erläutern. Zu Besonderheiten beim Erwerb eines anderen Unternehmens vgl → Rn 48, zu Besonderheiten bei Anwendung von IFRS 2 vgl → Rn 53ff.

2. Aufwendungen der Eigenkapitalbeschaffung

34 Aufwendungen, die unmittelbar einer tatsächlich durchgeführten Beschaffung von Eigenkapital zuzurechnen sind, zB durch die Ausgabe neuer Aktien im Rahmen eines Börsengangs, sind nach IAS 32.35 als **Abzug vom Eigenkapital** zu bilanzieren. Zu berücksichtigen sind dabei nur solche Aufwendungen, die der Eigenkapitaltransaktion direkt zurechenbar sind, dh die ohne diese Transaktion nicht entstanden wären, was insoweit einem Opportunitätskostenansatz entspricht (*IDW* RS HFA 45 Rz 45). Sofern die Aufwendungen den Erlös aus der Eigenkapitalbeschaffung ausnahmsweise übersteigen sollten, ist die sich hieraus ergebende Eigenkapitalminderung mangels anderslautender Vorschriften trotzdem erfolgsneutral zu erfassen. Aufwendungen im Zusammenhang mit einer Kapitalerhöhung aus Gesellschaftsmitteln, einem Aktiensplitt oder einem Börsengang ohne Ausgabe neuer Aktien sind hingegen **aufwandswirksam** zu erfassen, da es sich zwar um eine Eigenkapitaltransaktion handelt, diese jedoch nicht zu einem Nettozufluss an Eigenkapital führt (vgl *ADS* Int Abschn 22 Rz 97).

35 Als **abzugsfähige Aufwendungen** nennt IAS 32.37 zB Register- und andere behördliche Gebühren, Honorare von Rechtsberatern und Wirtschaftsprüfern sowie Druckkosten und Börsenumsatzsteuer, die ohne die Eigenkapitalbeschaffung vermieden worden wären. Interne Gemeinkosten wie Personalaufwand sind grds nicht abziehbar, da sie nicht unmittelbar zuzurechnen sind (vgl *Lüdenbach/Hoffmann/Freiberg* IFRS § 20 Rz 75; zwischen echten und unechten Gemeinkosten differenzierend *Hüttche/Lopatta* BB 2007, 2447 (2450)). Aus IAS 32.35, IAS 32.35A und IAS 12.61A(b) ergibt sich, dass steuerliche Effekte aus dem Aufwand der Eigenkapitalbeschaffung, dh die Verringerung des nach jeweiligem Steuerrecht ermittelten zu versteuerndem Einkommen des Emittenten, unmittelbar im Eigenkapital zu erfassen sind. Entspr ist der abzuziehende Betrag um **Ertragsteuervorteile** zu mindern (IAS 12.61A). Dies gilt auch dann, wenn durch die Emission ein steuerlicher Verlustvortrag entsteht oder erhöht wird. Für die daran anschließende Folgebewertung des steuerlichen Verlustvortrags gelten

die allgemeinen Vorschriften im Hinblick auf die Bilanzierung aktiver latenter Steuern auf steuerliche Verlustvorträge (→ § 25 Rn 60ff). Sofern bei einer verschobenen Transaktion einzelne Arbeitsergebnisse zukünftig noch genutzt werden können, sind die diesen eindeutig zurechenbaren Aufwendungen durch Abgrenzung erfolgsneutral vorzutragen und im Anhang zu erläutern (Beispiel in → Rn 36; vgl erläuternd *Hüttche/Lopatta* BB 2007, 2447 (2452f)). Aufwendungen für eine nicht durchgeführte Eigenkapitalmaßnahme sind zum Zeitpunkt der Beschlussfassung hierüber aufwandswirksam – idR als sonstige betriebliche Aufwendungen – zu erfassen. Sofern einzelne Teilleistungen zu einem späteren Zeitpunkt noch genutzt werden können und zB aufgrund einer nur vorübergehenden Marktfriktion zu einem späteren Zeitpunkt auch genutzt werden sollen, können die hierauf entfallenden Aufwendungen abgegrenzt werden, bis diese Teilleistungen durch Zeitablauf entweder nicht mehr genutzt werden können oder die Transaktion nicht mehr hinreichend wahrscheinlich ist.

Steht eine Maßnahme zur Kapitalerhöhung in einem engen zeitlichen oder sachlichen Zusammenhang mit einem **Unternehmenserwerb,** der **nach IFRS 3** zu bilanzieren ist, ist im Hinblick auf die in Summe der anfallenden Transaktionskosten sicherzustellen, dass diese zwischen den Aufwendungen, die dem Unternehmenserwerb zuzurechnen sind und den Aufwendungen, die direkt Aufwendungen der Eigenkapitalbeschaffung darstellen, unterschieden werden kann. IFRS 3.53 stellt klar, dass diese Aufwendungen der Eigenkapitalbeschaffung nicht zu den Anschaffungsnebenkosten eines Unternehmenszusammenschlusses gehören, sondern vielmehr auch in diesem Fall die Aufwendungen als Abzug vom zugegangenen Eigenkapital zu bilanzieren sind. 36

Beispiel: Eine AG hat Mitte des Jahres X2 durch die Emission von neuen Aktien das gezeichnete Kapital um T€ 10.000 erhöht. Der Emissionserlös betrug T€ 50.000. Die Vorbereitung der Kapitalerhöhung begann Mitte des Jahres X1. In den Jahren X1 und X2 sind folgende Aufwendungen angefallen:

	Jahr X1 T€	Jahr X2 T€	Gesamt T€
Investmentbank	0	1.500	1.500
Rechtsberater	250	500	750
Wirtschaftsprüfer	25	125	150
Prospektdruck	0	150	150
Werbung für Emission (Roadshow)	0	250	250
Sonstige direkt zurechenbare Aufwendungen	25	175	200
Summe	300	2.700	3.000

Zum Stichtag 31. Dezember X1 werden die Aufwendungen in Höhe von T€ 300 in einem aktiven Abgrenzungsposten erfasst, da sie nicht den Erfolg der Periode X1 mindern dürfen. Da es sich nach Steuerrecht um Aufwand der Periode X1 handelt, ist eine passive latente Steuer zu bilanzieren; bei einem Steuersatz von 40% somit T€ 120 (Buchungssatz: Per Steueraufwand an passive latente Steuern). Entspr werden die in der Periode X2 anfallenden Aufwendungen gebucht, sodass nach Abschluss der Emission der aktive Abgrenzungsposten T€ 3.000 und die passiven latenten Steuern T€ 1.200 betragen. Die im Rahmen der Emission gebuchte Erhöhung der Kapitalrücklage um T€ 40.000 ist abschließend – über ein gesondertes Korrekturkonto – um T€ 1.800 zu mindern (Buchungssatz: Per Kapitalrücklage T€ 1.800 und per passive latente Steuern T€ 1.200 an aktiven Abgrenzungsposten T€ 3.000). Der von *Hüttche/Lopatta* BB 2007, 2447 (2453) vertretenen Auffassung, dass die in Periode X1 angefallenen Aufwendungen bereits mit dem Eigenkapital vor Durchführung der Kapitalmaßnahme verrechnet werden können, kann nicht gefolgt werden (im Ergebnis wohl glA *Lüdenbach/Hoffmann/Freiberg* IFRS § 20 Rz 73, die davon sprechen, die Aufwendungen vom zugegangenen Eigenkapital zu kürzen).

Sofern durch die Aufwendungen ein bestehender steuerlicher Verlustvortrag erhöht wird, ist zu prüfen, inwieweit sich der hieraus gem IAS 12.34 resultierende latente Steueranspruch erhöht. Im Beispiel würde der steuerliche Verlustvortrag entspr um T€ 3.000 erhöht; bei einem Steuersatz von 40% würde sich der latente Steueranspruch um T€ 1.200 erhöhen (Buchungssatz: Per aktive latente Steuern an Steuerertrag (vgl → § 25 Rn 60 ff)). Durch diese Buchung wird bei unterstellter Realisierbarkeit des Verlustvortrags der steuerliche Vorteil der Abzugsfähigkeit der Aufwendungen erst generiert, während bei einem Jahresüberschuss sich dieser Vorteil in einem entspr niedrigeren effektiven Steueraufwand ausdrückt. Der steuerliche Vorteil der Abzugsfähigkeit der Aufwendungen wird bei Erhöhung des steuerlichen Verlustvortrags erst dann realisiert, wenn die AG zu versteuerndes Einkommen erzielt und dieses gegen den steuerlichen Verlustvortrag verrechnet wird. Falls die AG endgültig die steuerlichen Verlustvorträge nicht mehr in Anspruch nehmen kann, zB bei (anteiligem) Wegfall aufgrund von § 8c KStG, sind die aktiven latenten Steuern auf den steuerlichen Verlustvortrag aufwandswirksam auszubuchen und der steuerliche Vorteil der Abzugsfähigkeit der Aufwendungen der Eigenkapitalbeschaffung geht endgültig verloren.

37 Bei einem **Börsengang** mit gleichzeitiger Ausgabe neuer Aktien sind die Aufwendungen, die eindeutig der Kapitalerhöhung zugerechnet werden können, unmittelbar vom Eigenkapital abzusetzen. Aufwendungen, die nicht eindeutig den im Rahmen der Börsennotierung emittierten neuen Aktien zugerechnet werden können, sind in der Periode aufwandswirksam zu erfassen. Aufwendungen, die nicht zugeordnet werden können sind entspr IAS 32.38 sachgerecht auf die im Rahmen der Kapitalerhöhung emittierten neuen Aktien und die dem Börsengang zugrunde liegende Gesamtzahl der Aktien aufzuteilen (vgl *IDW* RS HFA 45 Rz 46).

Beispiel: Eine AG geht an die Börse, wobei das Kapital um 500.000 Aktien erhöht wird und insgesamt 750.000 Aktien gelistet werden. Die anfallenden Aufwendungen umfassen mit T€ 200 *underwriting fees,* mit T€ 100 Börsenzulassungsgebühren, mit T€ 300 Rechtsanwalts- und Beraterkosten sowie T€ 150 für eine Roadshow. Unter Vernachlässigung der steuerlichen Effekte sind die T€ 200 *underwriting fees* sowie anteilig T€ 367 der Rechtsanwalts- und Beraterkosten vom Eigenkapital abzuziehen (T€ 550 × 500.000 Aktien/750.000 Aktien).

Wird die Kapitalerhöhung zunächst von einem **Bankenkonsortium** übernommen und später zusammen mit einer Börseneinführung an die Aktionäre weitergegeben, kann dies die Zuordnung der insgesamt entstehenden Aufwendungen erleichtern.

38 Abzugsfähige Aufwendungen, die im Zusammenhang mit **zusammengesetzten Finanzinstrumenten** stehen, sind nach IAS 32.38 der Eigen- und Schuldkomponente proportional zuzurechnen (*IDW* RS HFA 45 Rz 47).

Beispiel: Die AG aus dem Beispiel in → Rn 15 hatte abzugsfähige Aufwendungen in Höhe von T€ 250. Davon sind T€ 10 (T€ 250 × (T€ 401 / T€ 10.000)) dem Eigenkapital zuzurechnen. Für die verbleibenden T€ 240 geltenden die Regelungen für Transaktionskosten bei finanziellen Verbindlichkeiten (→ § 3 Rn 159 und → § 3 Rn 162).

39 Nach IAS 32.39 sind die Abzugsbeträge inklusive Steuervorteile der Berichtsperiode gesondert in Bilanz oder Anhang anzugeben. Aufgrund der gesellschaftsrechtlichen Verwendungsrestriktionen des gezeichneten Kapitals bzw der Kapitalrücklage kommt nur eine **Absetzung in einem gesonderten Posten** oder ein **offener Ausweis in einer Vorspalte zur Kapitalrücklage** bzw zum gezeichneten Kapital in Frage. In der Bilanzierungspraxis lässt sich aber auch eine Saldierung im Eigenkapital beobachten.

3. Ausweis

Das gezeichnete Kapital ist als **erster Posten des Eigenkapitals** auszuweisen (→ Rn 26). Nach § 152 Abs 1 AktG haben AG zusätzlich innerhalb dieses Postens oder im Anhang folgende Angabepflichten: 40

(1) bei mehreren Aktiengattungen der jeweilige Anteil am Grundkapital,
(2) der Nennwert eines bestehenden bedingten Kapitals,
(3) bei noch bestehenden Mehrstimmrechtsaktien die Gesamtstimmenzahl der Mehrstimmrechtsaktien und die der übrigen Aktien.

Bei der KGaA sind nach § 286 Abs 2 Satz 1 AktG die Kapitalanteile der persönlich haftenden Gesellschafter nach dem Posten gezeichnetes Kapital als gesonderter Posten auszuweisen, sofern Vermögenseinlagen der persönlich haftenden Gesellschafter als Eigenkapital zu qualifizieren sind. Aufgrund des hybriden Charakters der Rechtsform KGaA gelten jedoch für diese Vermögenseinlagen aufgrund von § 278 Abs 2 AktG die §§ 161 Abs 2, 105 Abs 2 HGB und §§ 705ff BGB, also die Vorschriften für PersGes (→ Rn 100ff).

III. Ausstehende Einlagen

Gesellschaftsrechtliche Vorschriften können vorsehen, dass **Bareinlagen** vor Eintragung der Gesellschaft in das Handelsregister nur teilweise geleistet werden müssen. Nach § 152 Abs 1 Satz 1 AktG ist das in der Satzung festgelegte Grundkapital jedoch in voller Höhe als gezeichnetes Kapital auszuweisen. Entspr gilt für die GmbH. 41

Der Ausweis ausstehender Einlagen auf das gezeichnete Kapital ist in den IFRS nicht geregelt. Unter Berücksichtigung des Regelungsgedankens in IAS 32.33 sowie allgemeiner Grundsätze ist der Ausweis **ausstehender Einlagen,** unabhängig davon, ob diese bereits eingefordert sind oder nicht, als Vermögenswert nicht zulässig. Alternativ ist rechtsformunabhängig auch die Darstellung des gesamten gezeichneten Kapitals sowie eines Korrekturpostens für die ausstehenden Einlagen innerhalb des Eigenkapitals, wie bei den eigenen Anteilen, denkbar (→ Rn 86f; *Lüdenbach/Hoffmann/Freiberg* IFRS § 20 Rz 71). 42

IV. Vorzugsaktien

Vorzugsaktien iSd §§ 11, 139ff AktG sind unter dem Posten **gezeichnetes Kapital** zu erfassen; ein mögliches Recht auf Nachzahlung der im Vorjahr ausgefallenen Vorzugsdividende steht dem nicht entgegen, wenn über eine Dividendenzahlung erst zukünftig beschlossen wird (*IDW* RS HFA 45 Rz 59). 43

Sehen die Satzungsregelungen vor, dass eine – betragsmäßig feststehende – **Mehrdividende** gewährt wird, deren Zahlung unabhängig von Organbeschlüssen des Emittenten – also ermessensunabhängig – erfolgt, liegt insoweit eine (Rück-)Zahlungsverpflichtung vor. In diesem Fall ist die Vorzugsaktie als zusammengesetztes Finanzinstrument zu werten und der Barwert der erwarteten ermessenunabhängigen Mehrdividende ist als finanzielle Verbindlichkeit zu erfassen; es gelten in diesem Fall für die Vorzugsaktie die Regelungen für zusammengesetzte Finanzinstrumente (→ Rn 15; vgl *IDW* RS HFA 45 Rz 30; zur Kritik hieran vgl *Lüdenbach/Hoffmann/Freiberg* IFRS § 20 Rz 17f; im Ergebnis ist *Lüdenbach/Hoffmann/Freiberg* zuzustimmen, dass nach deutschem Aktienrecht sowohl Vorzugsaktien mit Vorwegdividenden, wie auch solche mit Mehrdividenden, als reine Eigenkapitalinstrumente anzusehen sind, da in jedem Fall ein Beschluss der Hauptversammlung über die Gewinnverwendung notwendig ist). 44

45 Außerhalb des Geltungsbereichs des AktG sind Vorzugsaktien bekannt, die dem Inhaber zu einem bestimmten oder von ihm bestimmbaren Zeitpunkt den **Anspruch auf Rücknahme durch den Emittenten** oder **ergebnisunabhängige Vergütungen** gewähren. Diese Vorzugsaktien sind nach IAS 32.18(a), IAS 32.19 f, IAS 32.AG25 f als Schuld zu charakterisieren und auszuweisen (*WPH I* N 409). Dividenden auf diese Vorzugsaktien sind entspr aufwandswirksam zu erfassen (→ Rn 97).

V. Veränderungen des gezeichneten Kapitals

1. Kapitalerhöhungen

46 Die Durchführung und Bilanzierung von Kapitalerhöhungen bestimmt sich im Wesentlichen nach **gesellschaftsrechtlichen Vorschriften** unter Beachtung der allgemeinen Bilanzierungsmethoden nach IFRS. Es wird zwischen Kapitalerhöhungen gegen Einlagen und aus Gesellschaftsmitteln unterschieden. Bei AG sind ferner die bedingte Kapitalerhöhung (§§ 192 bis 201 AktG) sowie das genehmigte Kapital (§§ 202 bis 206 AktG) zu berücksichtigen (vgl ausführlich *Förschle/Hoffmann* in BeBiKo § 272 HGB Rz 50 ff).

47 Voraussetzung für die Bilanzierung der Kapitalerhöhung ist die konstitutiv wirkende Eintragung der Durchführung der Kapitalerhöhung im Handelsregister. Solange diese Eintragung aussteht, sind geleistete Einlagen als gesonderter Posten **„Zur Durchführung der beschlossenen Kapitalerhöhung geleistete Einlagen"** innerhalb der finanziellen Verbindlichkeiten auszuweisen, da die Zeichner bei Insolvenz der Gesellschaft Insolvenzgläubiger wären (vgl zum Ausweis nach HGB *ADS* § 272 HGB Rz 19). Der für die Handelsbilanz als zulässig erachtete gesonderte Ausweis innerhalb des Eigenkapitals bei Eintragung der Kapitalerhöhung im Handelsregister bis zur Bilanzaufstellung (*ADS* § 272 HGB Rz 19) ist nicht mit IAS 10.10 vereinbar und daher unzulässig; eine Angabe im Anhang ist nach IAS 10.21 geboten. *Lüdenbach/Hoffmann/Freiberg* (IFRS § 20 Rz 72) vertreten unter Bezugnahme auf IAS 32.16 und IAS 32.19 die Auffassung, dass die geleisteten Einlagen auch vor der Eintragung der Kapitalerhöhung im Handelsregister im Eigenkapital ausgewiesen werden können, sofern a) die Einlage zur freien Verfügung der Gesellschaft steht, b) die Geschäftsführung die Kapitalerhöhung beim Handelsregister angemeldet hat und c) ihr keine möglichen Eintragungshindernisse wie Mängel beim Zustandekommen des Gesellschafterbeschlusses oder Zweifel an der Werthaltigkeit von Sacheinlagen bekannt sind (diese Auffassung teilend: *ADS* Int Abschn 22 Rz 85 f).

48 Bei Unternehmenszusammenschlüssen zB in Form einer **Verschmelzung** erfolgt die Übernahme des Zielunternehmens durch eine Kapitalerhöhung des übernehmenden Unternehmens und der Ausgabe neuer Anteile an die vormaligen Gesellschafter des Zielunternehmens. Nach IFRS 3.33 ist in diesem Fall der Wert der Sacheinlage grds nach dem beizulegenden Zeitwert der auszugebenden neuen Anteile des übernehmenden Unternehmens ggf zuzüglich der direkt zurechenbaren Anschaffungsnebenkosten zu bestimmen. Dies gilt nur dann nicht, wenn der Börsenkurs zum Transaktionszeitpunkt ausnahmsweise nicht ein verlässlicher Wertindikator ist, zB bei Illiquidität des Markts. In diesem Fall ist der Marktwert zu schätzen, wobei auch eine Orientierung am Wert der erworbenen Anteile zulässig ist, sofern dieser zuverlässig ermittelbar ist; nur wenn also der beizulegende Zeitwert der zu übernehmenden Anteile zuverlässiger zu ermitteln ist als der Wert der auszugebenden neuen Anteile, bestimmt sich der Wert der Sacheinlage nach dem beizulegenden Zeitwert der zu übernehmenden Anteile (*Lüdenbach/Hoffmann/Freiberg* IFRS § 31 Rz 42 ff). Werden Finanzinstrumente

iSv IAS 39 eingelegt, sind diese nach IAS 39.43/IFRS 9.5.1.1 mit ihrem beizulegenden Zeitwert im Zeitpunkt ihrer Übertragung zu bewerten (zu Besonderheiten der Bewertung beim zeitlichen Auseinanderfallen der obligatorischen und dinglichen Übertragung der Finanzinstrumente vgl *Lüdenbach/Hoffmann/Freiberg* IFRS § 20 Rz 81).

Eine **Kapitalerhöhung aus Gesellschaftsmitteln** führt zu keinem Zugang neuen Eigenkapitals; entspr ist sie als Umbuchung zwischen den Gewinnrücklagen und dem gezeichneten Kapital auszuweisen; maßgeblicher Zeitpunkt ist dabei die Eintragung der Kapitalerhöhung in das Handelsregister. 49

2. Kapitalherabsetzung

Nach IAS 32.33 ff sowie IAS 32.AG36 ist eine Kapitalherabsetzung im IFRS Einzel- oder Konzernabschluss zwingend erfolgsneutral darzustellen. Die **ordentliche Kapitalherabsetzung** ist für AG und KGaA in den §§ 222–228 AktG, für die GmbH in § 58 GmbHG geregelt. Bei der AG wird sie mit der Eintragung in das Handelsregister wirksam (§ 224 AktG). Für die GmbH gilt entspr, wobei jedoch der Gesellschafterbeschluss nach § 58 Abs 1 Nr 3 GmbHG erst nach Ablauf des Sperrjahrs zur Eintragung in das Handelsregister angemeldet werden kann. 50

Die bei einer **vereinfachten Kapitalherabsetzung** nach § 234 AktG bzw § 58e GmbHG zulässige bilanzielle Rückwirkung ist mit IAS 10.9 unvereinbar und daher unzulässig. Entspr gilt für gleichzeitige Kapitalerhöhungen (§ 235 AktG, § 58f GmbHG). 51

Bei AG/KGaA ist nach §§ 240, 158 Abs 1 AktG der aus der Kapitalherabsetzung gewonnene Betrag grds in der **GuV** als Posten „Ertrag aus der Kapitalherabsetzung" nach dem Posten „Entnahmen aus Gewinnrücklagen" gesondert auszuweisen. Einstellungen in die Kapitalrücklage im Rahmen der vereinfachten Kapitalherabsetzung nach §§ 229 Abs 1, 232 AktG sind grds in der GuV als gesonderter Posten „Einstellung in die Kapitalrücklage" nach den Vorschriften über die vereinfachte Kapitalherabsetzung auszuweisen. Ferner haben AG die nach § 240 Satz 3 AktG geforderten Anhangangaben zu machen; für die GmbH wird dies empfohlen (*ADS* § 240 AktG Rz 1). Ein entspr Ausweis ist nach IFRS nicht zulässig, da es sich um eine Transaktion mit den Anteilseignern handelt, die in keinem Fall erfolgswirksam behandelt werden darf, sondern unmittelbar im Eigenkapital zu erfassen ist. Im Anhang sind die nach IAS 1.81B(a) geforderten Angaben entspr zu ergänzen. 52

3. Aktienbasierte Vergütungstransaktionen mit Kapitalerhöhung

Nach IFRS 2.2 werden aktienbasierte **Vergütungstransaktionen** unterschieden, die als Gegenleistung 53
(1) Eigenkapitalinstrumente inklusive Aktienoptionen *(equity-settled share-based payment transactions)* oder
(2) Zahlungsmittel *(cash-settled share-based payment transactions)* vorsehen.

Entspr können aktienbasierte Vergütungstransaktionen in solche
(1) mit und
(2) ohne Kapitalerhöhung eingeteilt werden.

Zu den aktienbasierten Vergütungstransaktionen gehören insbes **Aktienoptionsprogramme** (vgl hierzu ausführlich → § 24 Rn 17 ff; zu unterschiedlichen Programmarten vgl auch *Förschle/Hoffmann* in BeBiKo § 272 HGB Rz 500 ff). Programme, die als Gegenleistung Optionsbezugsrechte für den zukünftigen Erwerb neuer Aktien aus bedingtem Kapital gewähren (§ 192 Abs 2 Nr 3 AktG), stellen Aktienoptionsprogramme mit Kapitalerhöhung dar. Für diese schreibt IFRS 2.7 vor, dass das Eigenkapital in Höhe des bereits erhaltenen oder er- 54 worbenen Vorteils aus Gütern oder Dienstleistungen zu erhöhen ist. Nach IFRS 2.10f erfolgt die Bewertung idR mit dem beizulegenden Zeitwert der erhaltenen oder erworbenen Güter oder Dienstleistungen; nur wenn dieser Wert ausnahmsweise nicht zuverlässig ermittelbar ist, erfolgt die Bewertung mit dem beizulegenden Zeitwert der auszugebenden Anteile am Tag der Anteilsgewährung (vgl ausführlich → § 24 Rn 28).

Die Erhöhung des Eigenkapitals erfolgt nach IFRS 2.15 idR ratierlich. Nur wenn das gewährte Eigenkapitalinstrument sofort ausübbar ist, ist nach IFRS 2.14 das Eigenkapital unmittelbar in voller Höhe zu erhöhen.

55 **Bedingte aktienbasierte Vergütungstransaktionen** im Zusammenhang mit bedingten Gegenleistungen im Rahmen von Unternehmensverbindungen iSv IFRS 3.39 sind nach IFRS 3.30 grds entspr den Regelungen in IFRS 2 zu bewerten. Die Einbringung eines Geschäftsbetriebs *(business)* bei der Gründung eines Gemeinschaftsunternehmens bzw Joint Ventures sowie Transaktionen zwischen Unternehmen unter gemeinsamer Beherrschung *(transactions under common control)* fallen nach IFRS 2.5 nicht in den Anwendungsbereich. Dabei ist die Frage, ob es sich bei der Vergütung um ein Eigenkapitalinstrument handelt oder nicht, gem IFRS 3.40 nach den allgemeinen Kriterien des IAS 32.11 zu beurteilen. Sofern die bedingte Gegenleistung als Eigenkapitalinstrument zu beurteilen ist, schreibt IFRS 3.58(a) vor, dass nachträgliche Anpassungen der gem IFRS 3.39 urspr Schätzung der erwarteten Gegenleistung nicht erfolgen, sondern bei Erfüllung unmittelbar das Eigenkapital zu korrigieren ist. Hiervon zu unterscheiden sind aktienbasierte Vergütungstransaktionen für Leistungen nach Inkrafttreten der Unternehmensverbindung *(post-acquisition services)*, für welche die nachfolgend dargestellten Regelungen des IFRS 2 gelten.

Beispiel: Am 31. Dezember X1 erwirbt die A-AG die B-GmbH von B. Als Gegenleistung erhält B 80.000 Aktien von A sowie einen bedingten Anspruch auf weitere 20.000 Aktien, wenn die B-GmbH bestimmte Ertragsziele in den Geschäftsjahren X2 und X3 erreicht. Die zusätzlichen 20.000 Aktien werden bei Zielerreichung am 31. Dezember X4 emittiert; annahmegemäß gibt es keine weiteren Akquisitionskosten. Der beizulegende Zeitwert der Vermögenswerte, Schulden und Eventualschulden beträgt T€ 750. Zum Erwerbszeitpunkt geht der Vorstand der A-AG davon aus, dass die B-GmbH die Ertragsziele nicht erreichen wird. Aufgrund der Verbesserung der Ertragslage der B-GmbH im Geschäftsjahr X2 schätzt der Vorstand der A-AG zum 31. Dezember X2, dass es nunmehr wahrscheinlich ist, dass die B-GmbH ihre Ziele erreichen wird. Der beizulegende Zeitwert der A-Aktien beträgt zum 31. Dezember X1 € 10, der erwartete Zeitwert der A-Aktien zum 31. Dezember X4 beträgt hingegen nur € 9. Zum 31. Dezember X2 beträgt der beizulegende Zeitwert der A-Aktien € 15, der erwartete Zeitwert der A-Aktien zum 31. Dezember X4 € 14. Zum 31. Dezember X3 steht fest, dass die B-GmbH ihre Ertragsziele erreicht hat und die 20.000 zusätzlichen Aktien zum 31. Dezember X4 emittiert werden.

Nach der Regelung des IFRS 3.58(a) wird das Eigenkapital zum 31. Dezember X1 um T€ 800 erhöht (80.000 Aktien zu € 10) und neben den Vermögenswerten, Schulden und Eventualschulden in Höhe von T€ 750 ein Geschäfts- oder Firmenwert in Höhe von T€ 50 eingebucht. Aufgrund der Einschätzung, dass die bedingte aktienbasierte Vergütung nicht fällig wird, erfolgt keine Berücksichtigung bei der Erstbewertung. Eine spätere Anpassung des Geschäfts- oder Firmenwerts scheidet aus. Die zum 31. Dezember X4 zusätzlich zu emittierenden 20.000 zusätzlichen Aktien sind entspr erfolgsneutral durch Umbuchung innerhalb des Eigenkapitals zu erfassen – dies entspricht der Vorgehensweise bei einer Kapitalerhöhung aus Gesellschaftsmitteln.

56 IFRS 2 beinhaltet keine detaillierten Ausweisvorschriften. Der vom DRSC nicht weiter verfolgte E-DRS 11.7f iVm E-DRS 11.15f sah für den Ausweis nach HGB im Zusammenhang mit Aktienoptionsprogrammen in analoger Anwendung von § 272 Abs 2 Nr 2 HGB vor, dass der Gesamtwert des Vorteils ra-

tierlich über den Personalaufwand in der **Kapitalrücklage** zu erfassen sei. Dieses Ergebnis war in der Literatur umstritten, erfuhr jedoch überwiegend Zustimmung (*Kelle,* 91 mwN; *WPH I* F 148; *Förschle/Hoffmann* in BeBiKo § 272 HGB Rz 505). Zur Erfüllung der Regelung des IFRS 2.7 ist der Wert der Optionsbezugsrechte nach IFRS entspr ratierlich in der Kapitalrücklage zu erfassen. Welchen rechtlichen Charakter diese Kapitalrücklage hat und welche Verwendungsrestriktionen sich hieraus ergeben, ist bislang nicht geklärt; jedoch ist eine Einstellung in die Kapitalrücklage nach § 272 Abs 2 Nr 1 sachgerecht (*Förschle/Hoffmann* in BeBiKo § 272 HGB Rz 503ff; zu den sich hieraus ergebenden Einschränkungen bzgl der Eigenkapitalverwendung → Rn 64). Die Veränderung ist nach IAS 1.106 in der Eigenkapitalveränderungsrechnung anzugeben.

4. Umwandlung von Schulden in Eigenkapital

Bis zum Inkrafttreten von **IFRIC 19** enthielten die IFRS keine spezifischen 57
Regelungen zur Bilanzierung der **Umwandlung von Schulden in Eigenkapital** *(debt-equity-swap)* beim Schuldner. Regelmäßig werden solche Umwandlungen durchgeführt bei drohender Insolvenz des Schuldners im Rahmen einer Sanierung (auch *turnaround management* oder *workout*). Rechtstechnisch erfolgt dies idR im Rahmen einer Kapitalherabsetzung (→ Rn 50) mit anschließender Kapitalerhöhung, wobei der Gläubiger seine Forderungen als Sacheinlage einbringt. Die Einbringung der Forderung erfolgt entweder durch Übertragung der Forderung auf den Gläubiger, wobei diese dann durch Konfusion entfällt, oder durch einen Erlassvertrag gem § 387 BGB (vgl zu den rechtlichen Rahmenbedingungen und Risiken *Redeker* BB 2007, 673 (673f)). Nach IFRIC 19.3 sind die nachfolgenden Regelungen nicht anwendbar, wenn a) der Gläubiger zum Zeitpunkt der Umwandlung gleichzeitig auch ein direkter oder indirekter Anteilseigner ist und in dieser Eigenschaft handelt, b) der Gläubiger und der Schuldner vor und nach der Transaktion von derselben Partei beherrscht werden und die Transaktion bei wirtschaftlicher Betrachtung eine Kapitalausschüttung des Schuldners oder eine Kapitaleinlage zu Gunsten des Schuldners einschließt und c) wenn bereits die urspr Konditionen der finanziellen Verbindlichkeit die Möglichkeit einer Tilgung durch Ausgabe von Eigenkapitalinstrumenten vorsahen. Im Ergebnis sind damit Transaktionen zwischen einer Gesellschaft als Schuldner und ihren Gesellschaftern idR von der Anwendung der Regelungen nach IFRIC 19 ausgenommen.

Nach IAS 39.41/IFRS 9.3.3.3 sind etwaige **Differenzen zwischen** dem **Buchwert** einer finanziellen Verbindlichkeit **und** der **Tilgungsleistung erfolgswirksam** zu erfassen. Nach IFRIC 19.5 sind die zur Tilgung der finanziellen Verbindlichkeit herausgegebenen Eigenkapitalinstrumente Entgelt iSv IAS 39.41/IFRS 9.3.3.3. Entspr IAS 39.39/IFRS 9.3.3.1 darf eine Ausbuchung der finanziellen Verbindlichkeit daher nur dann erfolgen, wenn diese getilgt wurde oder auf andere Art und Weise aufgehoben oder ausgelaufen ist. Der Wert der herausgegebenen Eigenkapitalinstrumente bemisst sich dabei gem IFRIC 19.6 nach ihrem beizulegenden Zeitwert im Zeitpunkt der Tilgung (IFRIC 19.9). Die Aufteilung auf gezeichnetes Kapital und Kapitalrücklage erfolgt dabei entspr der handelsrechtlichen Vorgehensweise. Nur ausnahmsweise, wenn der beizulegende Zeitwert der Eigenkapitalinstrumente nicht verlässlich ermittelbar sein sollte, sind diese mit dem beizulegenden Zeitwert der zu tilgenden Verbindlichkeit zu bewerten. Diese Vorgehensweise entspricht grds auch der ständigen Rechtsprechung des BFH, wonach der nicht werthaltige Teil der durch die Herausgabe von Eigenkapitalinstrumenten getilgten Verbindlichkeit die steuerliche Bemessungsgrundlage und damit das zu versteuernde Einkommen erhöht. Insoweit wird die getilgte Verbindlichkeit für steuerliche Zwecke in einen werthaltigen Teil, der erfolgsneutral den neuen Anteilen zugerechnet wird, und einen nicht werthaltigen Teil, der erfolgswirksam in der steuerlichen GuV erfasst wird, aufgeteilt. Methodische Vergleichbarkeit des ermittelten nicht werthaltigen Teils unterstellt, führt damit die Bilanzierung der Umwandlung von Schulden in Eigenkapital nach IFRIC 19 nicht zu einer steuerlichen Latenz.

Bei einer **nur teilweisen Tilgung** der Verbindlichkeit ist eine mögliche Differenz des Werts der herausgegebenen Eigenkapitalinstrumente und der anteilig getilgten Verbindlichkeit auf ihre Ursache hin zu untersuchen. So kann eine positive (passive) Differenz ein Indiz für ein Entgelt zur Modifikation der urspr Bedingungen der anteilig getilgten Verbindlichkeit darstellen oder eine angemessene Vorfälligkeitsentschädigung. Sofern es zu einer wesentlichen Veränderung der urspr Bedingungen kommen sollte, wären auch die Regelungen zur Ausbuchung der urspr, nur noch anteilig bestehenden Verbindlichkeit und der Einbuchung einer neuen Verbindlichkeit nach IAS 39.40/IFRS 9.3.3.2 (→ § 14 Rn 72f; vgl mit Beispielen *Schreiber/Schmidt,* WPg 2010, 637 (640ff)) zu beachten.

58 Sofern **IFRIC 19** aufgrund der Regelungen in IFRIC 19.3 **nicht anwendbar** ist, ist die **Transaktion erfolgsneutral im Eigenkapital zu erfassen;** hierzu sind die auszugebenden neuen Anteile mit dem Buchwert der Schulden zum Zeitpunkt der Umwandlung in Eigenkapital zu bewerten. Eine aufgrund der ständigen Rechtsprechung des BFH abweichende Behandlung der Umwandlung für steuerliche Zwecke führt dabei nicht zu einer steuerlichen Latenz, da es sich insoweit um eine permanente Differenz handelt.

Handelsrechtlich wird die Umwandlung von Schulden in Eigenkapital im Anwendungsfall des IFRIC 19 regelmäßig im Rahmen einer Kapitalerhöhung gegen Sacheinlage erfolgen. Der Wert der Sacheinlage kann dabei maximal dem beizulegenden Zeitwert des Darlehens im Zeitpunkt der Umwandlung entsprechen; folglich führt handelsrechtlich die Umwandlung von Schulden in Eigenkapital regelmäßig zu einem Ertrag in Höhe der Differenz zwischen dem Buchwert der Schulden sowie ihres beizulegenden Zeitwerts zum Zeitpunkt der Umwandlung. Bei Beteiligung von Gesellschaftern wird die Umwandlung hingegen regelmäßig durch Zuzahlung des Gesellschafters in die Kapitalrücklage gem § 272 Abs 2 Nr 4 HGB erfolgen; auch dies dürfte idR konform mit der Lösung nach IFRS sein.

Beispiel: Die börsennotierte A-AG schließt am 1. Januar X1 mit der X-Bank einen Darlehensvertrag über Mio € 50 mit einer Laufzeit von 5 Jahren. Zum 31. Dezember X3 ist die A-AG in finanziellen Schwierigkeiten und die X-Bank stimmt einer vollständigen Umwandlung des Darlehens in Eigenkapital zu. Die auszugebenden Anteile haben einen Marktwert von Mio € 30, wobei Mio € 5 auf das gezeichnete Kapital entfallen. Entspr wird im Eigenkapital das gezeichnete Kapital um Mio € 5 und die Kapitalrücklage um T€ 25 erhöht. Der verbleibende Teil des insoweit vollständig getilgten Darlehens wird entspr ertragswirksam ausgebucht und erhöht das Periodenergebnis vor Steuern um € 20 Mio.

59 Zur Umschuldung bei zusammengesetzten Finanzinstrumenten vgl mit Beispiel *Breh/Dörschell/Heise* IRZ 2010, 55 (57ff); zur Umschuldung und Schuldumwandlung übriger Finanzinstrumente → § 14 Rn 73ff.

E. Kapitalrücklage

I. Begriff und Abgrenzung

60 Eine Kapitalrücklage existiert aus gesellschaftsrechtlichen Gründen grds nur bei KapGes. Sie enthält im Wesentlichen Beträge, die dem Unternehmen im

Rahmen der **Außenfinanzierung** über das gezeichnete Kapital hinaus als **Agio** zufließen. Der Posten Kapitalrücklage wird weder im Rahmenkonzept noch in einem IFRS verwendet. Das Rahmenkonzept erwähnt zwar in F.4.21 die Dotierung von Rücklagen aufgrund gesetzlicher Vorschriften bzw Gesellschaftsvertrag, trennt jedoch nicht zwischen Rücklagen, deren Dotierung Ergebnisverwendung darstellt, und solchen, die zu keinem Zeitpunkt Bestandteil des Ergebnisses waren. Aufgrund von IAS 1.79 ist die Kapitalrücklage getrennt von den übrigen Rücklagen auszuweisen. Unterschiede zwischen der nach HGB und IFRS zu bilanzierenden Kapitalrücklage bestehen grds nicht (zu Einflüssen von Aufwendungen für die Eigenkapitalbeschaffung auf die Kapitalrücklage → Rn 39; zu möglichen Bewertungsdifferenzen bei Sacheinlagen → Rn 33).

Eine Emission von Anteilen unter Nennwert ist nach deutschem Recht nicht 61 zulässig (§ 9 Abs 1 AktG, § 5 Abs 3 Satz 3 GmbHG). Ausländische Rechtsvorschriften können jedoch eine solche Emission erlauben, sodass ein **Disagio** zu verzeichnen ist. In diesem Fall ist die Postenbezeichnung entspr anzupassen. Besteht darüber hinaus aus einer anderen Emission ein Agio, hat ein gesonderter Ausweis zu erfolgen; eine Verrechnung von Agio und Disagio ist nicht zulässig.

II. Veränderungen der Kapitalrücklage

Einstellungen sowie Auflösungen der Kapitalrücklage sind bei der Aufstellung 62 der Bilanz zu berücksichtigen, sofern die entspr **Beschlussfassung** spätestens bis zum Bilanzstichtag erfolgt ist (arg ex IAS 10.10; vgl ausführlich *Förschle/Taetzner* in BeBiKo § 270 HGB Rz 7 ff).

1. Einstellung

Unter dem Posten Kapitalrücklage sind folgende **Sachverhalte** zu erfassen 63 (*Förschle/Hoffmann* in BeBiKo § 272 HGB Rz 165 ff):

(1) das Agio bei der Emission von Anteilen einschließlich von Bezugsanteilen,
(2) das Agio bei der Emission von Schuldverschreibungen für Wandlungs- oder Optionsrechte,
(3) Zuzahlungen der Gesellschafter als Gegenleistung für die Gewährung eines Vorzugsrechts,
(4) andere Zuzahlungen der Gesellschafter in das Eigenkapital.

Bei einer vereinfachten Kapitalherabsetzung nach den §§ 229, 230, 232 AktG bzw §§ 58a ff GmbHG sind jene Beträge, die nicht dem Ausgleich von Bilanzverlusten dienen, in die Kapitalrücklage einzustellen (§ 232 AktG, § 58b Abs 2 GmbHG).

Bei AG/KGaA sind unter der Kapitalrücklage auch die nach § 218 Satz 2 AktG zu bildende Rücklage für bedingtes Kapital nach einer Kapitalerhöhung aus Gesellschaftsmitteln sowie die Kapitalrücklage aus der vereinfachten Einziehung von Aktien gem § 237 Abs 5 AktG zu erfassen (*ADS* § 272 HGB Rz 88; *Förschle/Hoffmann* in BeBiKo § 272 HGB Rz 200).

Bei der GmbH ist in Höhe der von den Gesellschaftern eingeforderten Nachschüsse innerhalb der Kapitalrücklage nach § 42 Abs 2 GmbHG ein gesonderter Posten „Nachschusskapital" auszuweisen (*Förschle/Hoffmann* in BeBiKo § 272 HGB Rz 215 ff).

2. Verwendung

Die Verwendung der Beträge nach § 272 Abs 2 Nr 1–3 unterliegt den **Verwendungsrestriktionen** nach § 150 Abs 3, 4 AktG (Verwendung nur zum Ver- 64 lustausgleich bzw zur Kapitalerhöhung aus Gesellschaftsmitteln). Hingegen können Beträge nach § 272 Abs 2 Nr 4 frei verwendet werden (*ADS* § 272 HGB Rz 86; *ADS* § 150 AktG Rz 48, Rz 52ff; ausführlich *Förschle/Hoffmann* in BeBiKo § 272 HGB Rz 205ff). Für die GmbH bestehen grds keine gesetzlichen Vorschriften.

65 Neben diesen allgemeinen Verwendungsrestriktionen sind weitere rechtsformspezifische Normen zu beachten.

Bei **AG/KGaA** sind dies:

(1) nach § 218 AktG zu bildende Rücklagen, die bei Ausübung des Wandlungs- oder Optionsrechts in entspr Höhe in das gezeichnete Kapital umgebucht werden,
(2) Kapitalrücklage aus vereinfachter Kapitalherabsetzung nach §§ 229 Abs 1, 232 AktG sowie
(3) Rücklagen nach § 237 Abs 5 AktG aus der vereinfachten Einziehung von Aktien, die jeweils den Verwendungsrestriktionen nach § 150 Abs 3, 4 AktG unterliegen.

66 Bei **GmbH** sind dies:

(1) Kapitalrücklage aus vereinfachter Kapitalherabsetzung nach §§ 58b Abs 2, 58c GmbHG, solange diese nach § 58b Abs 3 GmbHG nur eingeschränkt verwendbar ist,
(2) Nachschüsse der Gesellschafter nach § 42 Abs 2 Satz 3 GmbHG, sofern deren Einziehung bereits beschlossen ist und sich der Gesellschafter nicht nach § 27 Abs 1 GmbHG durch Verweis auf seinen Gesellschaftsanteil entziehen kann.

67 Aufgrund der unterschiedlichen Beschränkungen der Nutzung der einzelnen Teilbeträge der Kapitalrücklage sind Art und Höhe der Teilbeträge sowie der Beschränkung im **Anhang** gesondert anzugeben (arg ex IAS 1.78(e); für HGB einen getrennten Ausweis empfehlend *ADS* § 272 HGB Rz 87).

F. Gewinnrücklagen

I. Begriff und Abgrenzung

68 Aus IAS 1.54 iVm IAS 1.79(b) ergibt sich, dass die IFRS keine verpflichtende **Untergliederung** der Gewinnrücklagen iSd Anhangs III, Passiva, lit A IV und des Anhangs IV, lit L IV der Richtl 2013/34/EU bzw § 266 Abs 3 lit A III HGB in der **Bilanz** kennen. Aufgrund von IAS 1.79(b) empfehlen wir jedoch einen entspr Ausweis. Einstellungen sowie Auflösungen von Gewinnrücklagen sind bei der Bilanzaufstellung zu berücksichtigen, sofern die Beschlussfassung spätestens bis zum Bilanzstichtag erfolgt (arg ex IAS 10.10; *Förschle/Taetzner* in BeBiKo § 270 HGB Rz 15).

69 Aus Gründen der *fair presentation* sollte auch für den IFRS-Abschluss die Erstellung einer **Gewinnverwendungsrechnung** nach § 158 AktG geprüft werden, wozu entweder in der Gesamtergebnisrechnung oder im Anhang die nach IAS 1.81B geforderten Angaben unter explizitem Hinweis auf die nationalen, gesellschaftsrechtlichen Vorschriften entspr ergänzt werden.

70 Über die anderen Gewinnrücklagen bzw, sofern diese ansonsten negativ würden, über den Ergebnisvortrag werden auch die **Berichtigung fehlerhafter Abschlüsse** und die **Änderung von Bilanzierungs- und Bewertungsmethoden** nach IAS 8 vorgenommen → § 45 Rn 21ff und → § 45 Rn 45ff sowie ggf spezielle Übergangsvorschriften eines IFRS abgebildet. Dies gilt auch für Anpassungen im Rahmen der Erstellung der **IFRS-Eröffnungsbilanz** nach IFRS 1 (→ Rn 29).

II. Arten

1. Gesetzliche Rücklage

Für AG/KGaA besteht zum Schutz der Gläubiger nach den §§ 150 Abs 1 und 2, 300 AktG die Verpflichtung zur **Bildung** einer gesetzlichen Rücklage. In diese sind nach § 150 Abs 2 AktG zwingend 5% des um einen Verlustvortrag gekürzten Jahresüberschusses einzustellen, bis die Summe aus gesetzlicher Rücklage und der Kapitalrücklage den zehnten oder den in der Satzung festgelegten höheren Teil des gezeichneten Kapitals erreicht. Die Bildung ist wegen der gesetzlichen Verpflichtung bei der Bilanzaufstellung zwingend vorzunehmen. Die Nichtbeachtung führt gem § 256 Abs 1 Nr 4 AktG zur Nichtigkeit des festgestellten Jahresabschlusses (*ADS* § 256 Rz 33; *Förschle/Hoffmann* in BeBiKo § 272 HGB Rz 235 ff). Der maßgebliche Jahresüberschuss ist dabei solange nach handelsrechtlichen Vorschriften zu ermitteln, bis die deutschen gesellschaftsrechtlichen Vorschriften eine Ermittlung entspr den IFRS zumindest zulassen. 71

Entnahmen sind hingegen nur zu berücksichtigen, sofern eine entspr Beschlussfassung spätestens bis zum Bilanzstichtag erfolgt ist (arg ex IAS 10.10). Aufgrund der Verwendungsrestriktionen gem § 150 Abs 3 und 4 AktG ist die Nutzung der gesetzlichen Rücklage im Zusammenhang mit IAS 8 grds nicht zulässig. 72

2. Satzungsmäßige Rücklagen

Satzungsmäßige Rücklagen sind aufgrund von Regelungen im **Gesellschaftsvertrag/Satzung** zwingend zu bilden. Ihre **Verwendung** kann an einen Zweck gebunden oder zweckfrei sein. Die Voraussetzungen der Zulässigkeit von Zuführungen bzw Entnahmen bei der Bilanzaufstellung entsprechen denen der gesetzlichen Rücklage (→ Rn 71 f; ausführlich *ADS* § 272 HGB Rz 151 ff). Soweit satzungsmäßige Rücklagen zweckgebunden sind, ist wie bei der gesetzlichen Rücklage ihre Nutzung im Zusammenhang mit IAS 8 nicht zulässig. 73

3. Andere Gewinnrücklagen

Andere Gewinnrücklagen sind alle **übrigen** aus dem Ergebnis gebildeten (freien) Gewinnrücklagen, die weder gesetzliche noch satzungsmäßige Rücklagen sind (*Förschle/Hoffmann* in BeBiKo § 272 HGB Rz 255 ff). **Gründe** für die Bildung von anderen Gewinnrücklagen können sein: 74

(1) satzungsmäßige Einstellungen nach § 58 Abs 1 AktG,
(2) Einstellungen durch Vorstand/Aufsichtsrat nach § 58 Abs 2 AktG bzw durch die Geschäftsführung einer GmbH aufgrund einer Ermächtigung im Gesellschaftsvertrag,
(3) Einstellung des Eigenkapitalanteils von Wertaufholungen durch Vorstand/Aufsichtsrat nach § 58 Abs 2a AktG, § 29 Abs 4 GmbHG (→ Rn 79),
(4) Einstellung durch Beschluss der Hauptversammlung bzw Gesellschafterversammlung im Rahmen der Ergebnisverwendung (§ 58 Abs 3 AktG, § 29 Abs 2 GmbHG).

Einstellungen nach (4) können wegen des **strengen Stichtagsprinzips** nach IAS 10.10 nur im der Berichtsperiode folgenden Jahresabschluss erfolgen; dies wird durch das in IAS 10.12 niedergelegte Verbot der Bilanzierung von (vorgeschlagenen) Dividenden als Verbindlichkeit bestätigt.

G. Spezifische Eigenkapitalposten

Die nachfolgend beschriebenen Bestandteile des EK stellen zugleich Komponenten des kumulierten sonstigen Ergebnisses dar (→ § 17 Rn 36 ff). 75

I. Neubewertungsrücklage

Für immaterielle Vermögenswerte (IAS 38.75 f) und Sachanlagevermögen (IAS 16.31 f) ist die **Neubewertungsmethode** *(revaluation model)* als alternativ zulässige Bewertungsmethode anerkannt (vgl → § 4 Rn 116 ff; → § 5 Rn 123).

Die Neubewertung wirkt sich bei der erstmaligen Anwendung aufgrund des Konzepts der Reinvermögensbilanzierung – unter Vernachlässigung von Steuereffekten – unmittelbar in Höhe der **Differenz** zwischen **Marktwert** bzw beizulegendem Zeitwert des neu bewerteten Vermögenswerts und dessen **Buchwert** auf das Eigenkapital aus. Die Differenz ist um die anteiligen lfd bzw latenten Ertragsteuern zu korrigieren (IAS 12.61A) und wird als Aufwertungsbetrag bezeichnet (*Förschle/Kroner* in BeBiKo § 272 HGB Rz 487). Der **Aufwertungsbetrag** ist nach F.4.36 kein Erfolgsbeitrag und daher entspr dem finanzwirtschaftlichen Kapitalkonzept der IFRS (F.4.59(a), F.4.63) grds nicht im erfolgswirksamen Teil der Gesamtergebnisrechnung bzw in der gesonderten GuV (sofern erstellt), sondern unmittelbar über das periodische sonstige Ergebnis **in** der **Neubewertungsrücklage zu erfassen** (IAS 16.39, IAS 38.85 Satz 1).

76 Der Neubewertungsbetrag im Anlagevermögen wird in den nachfolgenden Perioden zwingend **planmäßig abgeschrieben** und mindert entweder den Jahreserfolg oder die Neubewertungsrücklage (→ § 5 Rn 134; *Lüdenbach/Hoffmann/Freiberg* IFRS § 8 Rz 83 f). Zur Vermeidung, dass für bereits (teilweise) erfolgswirksam abgeschriebene Vermögenswerte noch (anteilige) Aufwertungsbeträge in der Neubewertungsrücklage bestehen, sollte die Auflösung der Neubewertungsrücklage nach IAS 16.41 bzw IAS 38.87 über die Nutzungsdauer des Vermögenswerts durch anteilige, erfolgsneutrale Umbuchung des Aufwertungsbetrags in die Gewinnrücklagen erfolgen; in diesem Fall verbleibt der Einfluss der höheren Abschreibungen auf den Jahreserfolg.

Sofern nach der erstmaligen Neubewertung eine **außerplanmäßige Abschreibung** nach IAS 36 vorzunehmen ist, hat diese Abwertung nach IAS 36.61 Satz 2 soweit möglich zunächst erfolgsneutral zu Lasten des Aufwertungsbetrags zu erfolgen; nur ein eventuell darüber hinausgehender Betrag ist erfolgswirksam zu erfassen. Steigt der beizulegende Zeitwert nach einer außerplanmäßigen Abschreibung wieder an, ist nach IAS 36.120 wie bei der erstmaligen Anwendung der Neubewertungsmethode der Aufwertungsbetrag zwischen den fortgeführten Anschaffungskosten und dem Neubewertungsbetrag in die Neubewertungsrücklage einzustellen. Nur ausnahmsweise ist nach IAS 16.39 bzw IAS 38.85 die Differenz als Ertrag zu erfassen, soweit eine in vorangegangenen Perioden erfolgswirksam erfasste Abwertung rückgängig gemacht wird. Im Übrigen wird auf die Ausführungen und Beispiele in → § 5 Rn 136 ff verwiesen.

77 Bei einem **Wechsel von einer eigentümergenutzten Immobilie zu einer als Finanzinvestition gehaltenen Immobilie** sind nach IAS 40.61 die Regeln von IAS 16 entspr anzuwenden. Danach ist eine positive Differenz zwischen Buchwert und beizulegendem Zeitwert am Tag des Bestimmungswechsels in die Neubewertungsrücklage einzustellen (→ § 6 Rn 113; *Ballwieser* in Baetge ua IFRS-Komm IAS 40 Rz 38; *ADS* Int Abschn 9 Rz 158).

78 Nach IFRIC 1.6(d) sind Änderungen von **Rückstellungen für Entsorgungs-, Wiederherstellungs- und ähnliche Verpflichtungen** als erfolgsneutrale Änderung der Neubewertungsrücklage zu behandeln, wenn der zugehörige Vermögenswert nach der Neubewertungsmethode bewertet wird. Zu Besonderheiten bei der Eigenkapitalveränderungsrechnung → § 17 Rn 41.

79 Die nach den Vorschriften des § 58 Abs 2a AktG, § 29 Abs 4 GmbHG zulässige **Rücklagenbildung bei Wertaufholungen** stellt keine Neubewertung iSv

IAS 16.31 bzw IAS 38.64f dar. Diese Wertaufholungen sind zwingend erfolgswirksam zu bilanzieren. Die Rücklagenbildung in Höhe des Eigenkapitalanteils stellt eine Ergebnisverwendung dar und ist unter den anderen Gewinnrücklagen auszuweisen. Die Rücklage ist entweder in der Bilanz gesondert auszuweisen oder im Anhang anzugeben (*ADS* § 58 AktG Rz 89ff).

II. Rücklage für Marktbewertung

Kumulierte Gewinne/Verluste aus der **Bewertung von Finanzinstrumenten** sind unmittelbar in einer Rücklage für Marktbewertung zu erfassen, wenn es sich um Sicherungsinstrumente handelt, deren Wertänderung nicht oder nur teilweise in der GuV ausgewiesen werden muss oder der Gewinn/Verlust aus einer **Wechselkursdifferenz eines finanziellen Vermögenswerts** resultiert, der Teil einer Nettobeteiligung eines Unternehmens an einem wirtschaftlich selbstständigen ausländischen TU ist → § 23 Rn 52ff. In Anhang III, Passiva, lit A IV bzw Anhang IV, lit L IV der Richtl 2013/34/EU wird die Rücklage für Marktbewertung als Zeitwertrücklage bezeichnet. 80

Bis zum Inkrafttreten von IFRS 9 sind Änderungen des beizulegenden Zeitwerts von finanziellen Vermögenswerten **(Finanzinstrumente),** die **der Kategorie „zur Veräußerung verfügbar"** zugeordnet wurden, nach IAS 39.55(b) innerhalb der Rücklage für Marktbewertung zu erfassen, bis der entspr finanzielle Vermögenswert verkauft, eingezogen oder anderweitig abgegangen ist. Ausgenommen von dieser Regelung sind uU Wertminderungsverluste und Ergebnisse aus Fremdwährungsumrechnungen sowie Zinsen und Dividenden. Nach IAS 39.67 sind dauerhafte Wertminderungen, die zuvor als negative Rücklage für Marktbewertungen berücksichtigt wurden, aufwandswirksam zu erfassen. Differenzen aus Fremdwährungsumrechnungen sind nach IAS 39.AG83, IAS 21.28 und IAS 21.30 bei monetären Posten erfolgswirksam, bei nicht-monetären Posten grds erfolgsneutral zu berücksichtigen (*Kuhn/Scharpf,* 278, 303). Soweit bei der Bewertung von dieser Kategorie zugewiesenen Wertpapieren die Effektivzinsmethode nach IAS 39.9 zur Anwendung kommt, ist zunächst der Barwert zu berechnen, der im Zugangszeitpunkt als Anschaffungskosten zu Grunde gelegt wird. In den nachfolgenden Perioden werden diese Aufzinsungsbeträge als Zinsertrag und damit erfolgswirksam erfasst (IAS 39.55; *Lüdenbach/Hoffmann/Freiberg* IFRS § 28 Rz 159). Die übrigen Marktwertänderungen werden dagegen über das sonstige Ergebnis in der Rücklage für Marktbewertung erfasst. Bei Abgang des Wertpapiers ist die Rücklage für Marktbewertung nach IAS 39.55(b) erfolgswirksam aufzulösen. Die Nutzung fortgeführter Anschaffungskosten als ersatzweisen Bewertungsmaßstab wird von IAS 39.46(c) auf solche Eigenkapitalinstrumente beschränkt, für die keine an einem aktiven Markt ermittelten Marktpreise bestehen und deren beizulegender Zeitwert auch nicht auf andere Weise zuverlässig ermittelt werden kann. Anleitungen zur Ermittlung des beizulegenden Zeitwerts sind in IFRS 13.9ff enthalten. Die gewählte Bilanzierungsmethode ist im Anhang zu erläutern und stetig anzuwenden. Im Gegensatz zur Bewertung der Vermögenswerte im Rahmen der Neubewertungsmethode ist die Bewertung der zu beizulegenden Zeitwerten bilanzierten Vermögenswerte zu jedem Bilanzstichtag zu prüfen → § 3 Rn 165ff. 81

Nach Inkrafttreten des neuen IFRS 9 (zum Erstanwendungszeitpunkt → Rn 149) wird sich die Zusammensetzung der Rücklage für Marktbewertung ggf deutlich ändern, da die Bewertungskategorien für finanzielle Vermögenswerte gestrafft werden. Nach IFRS 9.5.2.1 iVm IFRS 9.4.1.1 bis IFRS 9.4.1.5 sind finanzielle Vermögenswerte grds zum beizulegenden Zeitwert zu bilanzie- 82 ren; dabei sind Bewertungsänderungen **erfolgswirksam** zu erfassen. Insoweit ist eine Rücklage für Marktbewertung nicht mehr erforderlich. Nur ausnahmsweise verbleibt nach IFRS 9.5.7.5 ein bei der Zugangsbilanzierung einmaliges Wahlrecht für solche finanziellen Vermögenswerte, die Eigenkapitalinstrumente darstellen, welche nicht zu Handelszwecken gehalten werden. Für diese Eigenkapitalinstrumente besteht nach IFRS 9.5.7.1(b) iVm IFRS 9.5.7.5 die Möglichkeit, Änderungen des beizulegenden Zeitwerts auch weiterhin über das sonstige Ergebnis zu erfassen *(designated at fair value through OCI)*. Lfd Dividenden aus diesen Eigenkapitalinstrumenten sind nach IFRS 9.5.7.6 hingegen zwingend erfolgswirksam zu erfassen. Darüber hinaus sind finanzielle Vermögenswerte, die innerhalb des Geschäftsmodells des Unternehmens **sowohl zur Vereinnahmung vertraglicher Cashflows als auch zur möglichen Veräußerung** gehalten werden und die regelmäßige Zahlungstermine aufweisen *(hold to collect and sell, HTCS)*, nach IFRS 9.4.1.2A zwingend erfolgsneutral zum beizulegenden Zeitwert *(FVOCI)* zu bewerten. Ausgenommen von der Erfassung der Wertänderungen innerhalb des sonstigen Ergebnisses sind auch hier Wertminderungsverluste und Ergebnisse aus Fremdwährungsumrechnungen, Transaktionskosten sowie Zinsen und Dividenden. Zu weiteren Einzelheiten wird auf → § 3 Rn 398 ff, → § 15 Rn 148 und → § 17 Rn 44 verwiesen.

83 Bei **finanziellen Verbindlichkeiten,** deren Wertänderung erfolgswirksam erfasst werden, sind solche Wertänderungen, die bedingt sind durch eine **Veränderung** des **Kreditrisikos,** nach IFRS 9.5.7.7 und IFRS 9.B5.7.134 ff im sonstigen Ergebnis zu erfassen, sofern diese Vorgehensweise nicht zu einer Inkonsistenz *(accounting mismatch)* iSv IFRS 9.5.7.1(c), IFRS 9.5.7.7 und IFRS 9.B4.7.8 führt; zu den Einzelheiten → § 3 Rn 511 ff, → § 17 Rn 45.

84 Bei **derivativen Sicherungsinstrumenten,** die als *cashflow hedges* zu charakterisieren sind, werden nach IAS 39.95/IFRS 9.6.5.11 Bewertungsänderungen zunächst zwingend über das sonstige Ergebnis innerhalb der Rücklage für Marktbewertung erfasst. Sie werden erst erfolgswirksam aufgelöst, wenn Verluste bzw Gewinne aus dem durch sie gesicherten Grundgeschäft auszugleichen sind (→ § 23 Rn 58 und → § 23 Rn 82 ff, → § 33 Rn 26 ff). Zu Besonderheiten bei teileffektiven Sicherungsverhältnissen → § 17 Rn 48 sowie zu weiteren im sonstigen Ergebnis zu erfassenden Komponenten aus Sicherungsbeziehungen (IAS 1.7(g) (geändert 2014) und IAS 1.7(h) (geändert 2014)) → § 15 Rn 148.

85 Eine **Zusammenfassung** der **Rücklage für Marktbewertung** mit der **Neubewertungsrücklage** sollte aufgrund der expliziten Differenzierung in Anhang III, Passiva, lit A IV bzw Anhang IV, lit L IV der Richtl 2013/34/EU zwischen „Neubewertungsrücklage" *(revaluation reserve)* und „Zeitwertrücklage" *(fair value reserve)* nicht erfolgen (ebenfalls einen getrennten Ausweis präferierend *ADS* Int Abschn 7 Rz 118). Demgegenüber entspricht die Berücksichtigung der Rücklagen für *cashflow hedges* innerhalb der Rücklage für Marktbewertung der bisherigen Bilanzierungspraxis nach IAS 39; zur Darstellung in der Eigenkapitalveränderungsrechnung → § 17 Rn 47 ff.

III. Eigene Anteile

86 Die Zulässigkeit des Erwerbs eigener Anteile *(treasury shares)* hängt von der Rechtsform ab (§§ 71 bis 71e, 93 Abs 3 Nr 3 AktG; §§ 33, 43 Abs 3 GmbHG). Da eigene Anteile weder finanzielle Vermögenswerte oder Schulden noch Sicherungsinstrumente (IAS 39.AG97) darstellen, ist nach IAS 32.33 das **Eigenkapital** zwingend **erfolgsneutral um** die **Anschaffungskosten** der eigenen Anteile zu **mindern** (IAS 32.AG36); dies gilt auch dann, wenn das Eigenkapital im

Konzern durch den Rückkauf negativ wird, zB weil es aufgrund früherer Verrechnungen von Geschäfts- oder Firmenwerten mit Gewinnrücklagen gemindert und diese in Folge der Ausübung des Wahlrechts nach IFRS 1.B2 nicht rückgängig gemacht wurde. Die Minderung des Eigenkapitals entspricht auch dem von § 272 Abs 1a HGB geforderten Ausweis in der Handelsbilanz bzw dem Ausweis in der handelsrechtlichen Konzern-Eigenkapitalveränderungsrechnung nach DRS 7.11 ff (→ Rn 154).

Der Abzugsbetrag ist in der Bilanz oder im Anhang anzugeben und die Verän- **87**
derung des Eigenkapitals in der Eigenkapitalveränderungsrechnung darzustellen. Die Art und Weise der Verrechnung wird durch IAS 32 nicht festgelegt, nachfolgend werden **drei zulässige Methoden** dargestellt (*IDW* RS HFA 45 Rz 41):

(1) Verminderung des Eigenkapitals in Höhe der Anschaffungskosten durch einen gesonderten Posten (sog *cost method* oder *one-line adjustment*),

(2) Verrechnung des Nennwerts der erworbenen Anteile mit dem gezeichneten Kapital sowie des urspr Agios mit der Kapitalrücklage. Ein ggf verbleibender Restbetrag zu den Anschaffungskosten wird von jenen Gewinnrücklagen abgezogen, die keinen Verwendungsrestriktionen unterliegen (sog *par value method*),

(3) Verrechnung des Nennwerts der erworbenen Anteile mit dem gezeichneten Kapital. Die ggf verbleibende Differenz zu den Anschaffungskosten wird nach Ermessen des Unternehmens unter Beachtung der gesellschaftsrechtlichen Beschränkungen mit den übrigen Eigenkapitalposten verrechnet (sog *constructive retirement method* oder modifizierte *par value method*).

In diesem Zusammenhang sind auch die ggf bilanzierten anteiligen **Eigenkapitalbeschaffungskosten** zu korrigieren.

Beispiel: Eine AG hat 1 Mio eigene Aktien mit einem Nennwert von jeweils € 1 zu € 10 erworben. Das gezeichnete Kapital beträgt T€ 15.000, die Gewinnrücklagen T€ 10.000. Bei der urspr Emission betrug die Kapitalrücklage a) € 9, b) € 6 bzw c) € 11 pro Aktie. Der Vorstand hat eine Bilanzierung nach der *par value method* beschlossen. Hieraus ergeben sich folgende Auswirkungen:

	Fall a) T€	Fall b) T€	Fall c) T€
Gezeichnetes Kapital (alt) Nennwert erworbene Aktien Gezeichnetes Kapital (neu)	15.000 ./. 1.000 14.000	15.000 ./. 1.000 14.000	15.000 ./. 1.000 14.000
Kapitalrücklage (alt) abzüglich anteiliger Kaufpreis erworbene Aktien Kapitalrücklage (neu)	135.000 ./. 9.000 126.000	90.000 ./. 6.000 84.000	165.000 ./. 9.000 156.000
Gewinnrücklage (alt) abzüglich anteiliger Kaufpreis erworbene Aktien	10.000 0	10.000 ./. 3.000	10.000 0
Gewinnrücklage (neu)	10.000	7.000	10.000

Da das Grundkapital bei einem Aktienrückkauf zunächst unverändert bleibt, ist der Betrag wie bei ausstehenden Einlagen uE **offen vom Posten gezeichnetes Kapital abzusetzen** bis eine Kapitalherabsetzung wirksam geworden ist (→ Rn 50). Solange eigene Anteile gehalten werden, ist für jede Klasse von Anteilen der Betrag im Anhang anzugeben (IAS 32.34, IAS 1.79(a)(vi)), wobei auch die gewählte Art der Verrechnung angegeben werden sollte.

88 Für die Bilanzierung eines erneuten Verkaufs der eigenen Anteile regelt IAS 32.33, dass auch der **erneute Verkauf der eigenen Anteile** wie eine erstmalige Emission erfolgsneutral zu erfassen ist. Bei urspr Anwendung der *cost method* ist der gesonderte Posten um den Ausgabekurs der verkauften eigenen Anteile zu mindern. Unterschreitet der Emissionserlös die urspr Anschaffungskosten ist im Zeitpunkt des Verkaufs zum Ausgleich des gesonderten Postens zunächst die Kapitalrücklage anteilig aufzulösen; ein ggf verbleibender Betrag ist mit den Gewinnrücklagen zu verrechnen. Insgesamt ist sicherzustellen, dass der gesonderte Posten bei vollständigem Verkauf der eigenen Anteile vollständig aufgelöst wird. Wurden eigene Anteile zu unterschiedlichen Zeitpunkten und/oder Kursen erworben, können die Anschaffungskosten der veräußerten eigenen Anteile nach der Durchschnittsmethode oder einem anderen sachgerechten Verbrauchsfolgeverfahren ermittelt werden (*IDW* RS HFA 45 Rz 42 aE).

89 Für die Emission und den Rückkauf von **Optionen auf eigene Anteile,** zB Going Public-Optionsanleihen, sehen IAS 32.22, IAS 32.23 vor, dass Einzahlungen bzw Auszahlungen aus der Emission bzw dem Erwerb keinen Vermögenswert darstellen, sondern erfolgsneutral als Veränderung des Eigenkapitals zu erfassen sind. Dies gilt nach IAS 32.22A jedoch nicht für solche Eigenkapitalinstrumente des Emittenten, die kündbare Finanzinstrumente darstellen und nur aufgrund der Erfüllung sämtlicher in IAS 32.16A und IAS 32.16B bzw IAS 32.16C und IAS 32.16D genannten Merkmale als Eigenkapital ausgewiesen werden dürfen. Entspr gilt nach IAS 32.16(a)(i) auch nicht, wenn die Erfüllung der Verpflichtung auch in Geld oder anderen finanziellen Vermögenswerten erfolgen kann.

90 Erwerbe von **nahestehenden Unternehmen** oder **Personen** sind nach IAS 32.34 gesondert im Anhang anzugeben. Dabei sind die Art der Beziehung, die Transaktion selbst sowie die zum Verständnis des Abschlusses notwendigen wesentlichen Konditionen zu erläutern (IAS 24.18f). Bei AG/KGaA ist § 160 Abs 1 Nr 2 AktG zu beachten. Die Regelungen zur Bilanzierung eigener Anteile sowie die damit verbundenen Angabepflichten sind bei Erwerb durch konsolidierte TU im Konzernabschluss entspr anzuwenden.

IV. Neubewertungen der Nettoschuld nach IAS 19

91 Mit Inkrafttreten der derzeit gültigen Fassung des IAS 19 im Jahr 2011 wurde das zuvor bestehende Wahlrecht zur erfolgsneutralen Erfassung von versicherungsmathematischen Ergebnissen im sonstigen Ergebnis durch eine entspr Verpflichtung ersetzt (IAS 19.120(c) iVm IAS 19.122) und gleichzeitig der Kreis der so zu erfassenden Wertänderungen auf alle **Neubewertungen der Nettoschuld aus leistungsorientierten Plänen** erweitert (zu Einzelheiten vgl → § 26 Rn 87ff). Nach IAS 19.127 gehören hierzu

(1) versicherungsmathematische Gewinne und Verluste,
(2) der Ertrag aus Planvermögen ohne Nettozinsen auf die Nettoschuld aus leistungsorientierten Versorgungsplänen, und
(3) Veränderungen in der Auswirkung der Vermögensobergrenze ohne Nettozinsen auf die Nettoschuld aus leistungsorientierten Versorgungsplänen.

Zur Darstellung in der Eigenkapitalveränderungsrechnung → § 17 Rn 50ff.

V. Angabepflichten nach IFRS 5

92 Nach IFRS 5.38 aE sind alle im **sonstigen Ergebnis** erfassten kumulativen Erträge oder Aufwendungen, die iVm langfristigen Vermögenswerten oder Ver-

äußerungsgruppen stehen, die als zur Veräußerung gehalten klassifiziert werden, gesondert innerhalb des Eigenkapitals auszuweisen; der Bilanzposten kann als **„Eigenkapitalbestandteile gem IFRS 5"** bezeichnet und nach der Rücklage für Marktbewertungen ausgewiesen werden. Entspr sind die jeweiligen Beträge, soweit sie bisher in anderen Eigenkapitalposten erfasst wurden, umzugliedern (→ Rn 26).

H. Ergebnisdarstellung

Die IFRS sehen keine **Aufgliederung** der erwirtschafteten Ergebnisse in Gewinnrücklagen, Ergebnisvortrag und Ergebnis der Berichtsperiode vor, obwohl sich eine solche Aufgliederung empfiehlt. Danach sind der Ergebnisvortrag sowie das Ergebnis der lfd Periode getrennt von den Gewinnrücklagen auszuweisen (→ Rn 24). 93

Der **Gewinnvortrag** ergibt sich nach Abzug der Gewinnverwendung gem Beschluss der Hauptversammlung bzw Gesellschafterversammlung über die Verwendung des Bilanzgewinns der Vorperiode (§ 174 Abs 2 Nr 4 AktG; § 29 Abs 2 GmbHG; zu möglichen Besonderheiten bei anschließendem Rumpf-Geschäftsjahr *Ellrott/Krämer* in BeBiKo § 266 HGB Rz 181; zu Angabepflichten IAS 1.107). Der **Verlustvortrag** entspricht dem Bilanzverlust der Vorperioden. Die Deckung des Verlustvortrags durch Auflösung von Gewinn- bzw Kapitalrücklagen steht ausschließlich im Ermessen der Gesellschafter. **Jahresüberschuss** bzw **Jahresfehlbetrag** ergeben sich als Residualgröße der im erfolgswirksamen Teil der Gesamtergebnisrechnung bzw in der gesonderten GuV (sofern erstellt) erfassten Erträge und Aufwendungen der jeweiligen Berichtsperiode (→ § 15 Rn 142; *ADS* Int Abschn 7 Rz 152ff). Bei Vorliegen eines wirksamen Gewinnabführungsvertrags nach § 291 Abs 1 AktG ist die sich hierzu zum Stichtag ergebende finanzielle Forderung bzw Verbindlichkeit zu erfassen. Nach § 277 Abs 3 Satz 2 hat die Erfassung zwingend erfolgswirksam zu erfolgen. Bei einem Gewinnabführungsvertrag handelt es sich um einen privatrechtlichen Vertrag, der idR zwischen der KapGes und ihrem beherrschenden Gesellschafter abgeschlossen wird. Dabei handelt der beherrschende Gesellschafter bei Abschluss des Vertrags im Regelfall in seiner Stellung als Anteilseigner. Ferner wird der Gewinnabführungsvertrag nach § 293 AktG nur bei Zustimmung der Gesellschafter der KapGes wirksam. Insoweit ist die Gewinnabführung bzw Verlustübernahme durch den Vertragspartner als Transaktion mit dem Gesellschafter in seiner Eigenschaft als Eigentümer iSv IAS 1.109 zu verstehen – auch wenn die in IAS 1.109 genannten Beispiele gerade nicht einschlägig und vergleichbar sind. Zudem ist zu beachten, dass sich der Gewinnabführungsvertrag nur auf das nach den handelsrechtlichen Rechnungslegungsvorschriften ermittelte Ergebnis, wie es im zugrunde liegenden Einzelabschluss ermittelt worden ist, bezieht. In der Eigenkapitalveränderungsrechnung ist die Zuführung zum Eigenkapital als Einlage (bei Verlustübernahme durch den Vertragspartner) bzw Entnahme (bei Gewinnabführung an den Vertragspartner) gesondert innerhalb der Gewinnrücklagen bzw dem erwirtschafteten Eigenkapital darzustellen. 94

Auch die Erfassung des nach § 304 AktG den außenstehenden Aktionären zu gewährenden angemessenen Ausgleichs (Garantiedividende) hat erfolgsneutral zu erfolgen. Mithin ist im Zeitpunkt des Abschlusses des Unternehmensvertrags der Barwert dieser Zahlungsverpflichtung bis zur erstmaligen Kündigungsmöglichkeit vom Eigenkapital in die finanziellen Verbindlichkeiten umzugliedern (*Förschle/Hoffmann* in BeBiKo § 307 Rz 95). Der Eigenkapitalcharakter der Anteile nicht-beherrschender Gesellschafter bleibt hiervon unberührt.

95 **Zahlungen auf als Eigenkapital qualifizierte Finanzinstrumente** werden als Ausschüttungen – ggf gemindert um damit verbundene Ertragsteuervorteile – erfolgsneutral vom Eigenkapital abgezogen. Nach dem Bilanzstichtag vorgeschlagene oder beschlossene Dividenden auf Eigenkapitalinstrumente dürfen nach IAS 10.12 zum Bilanzstichtag weder als Rückstellungen noch als Verbindlichkeiten bilanziert werden; eine phasengleiche Gewinnvereinnahmung ist damit ausgeschlossen (*Kuhn/Scharpf,* 158f mwN). Sie sind jedoch nach IAS 1.137 ebenso im Anhang anzugeben wie der Betrag aufgelaufener, noch nicht bilanzierter Vorzugsdividenden.

Nach IAS 32.35A sind mögliche steuerliche Effekte, die aus der Zahlung von Dividenden resultieren, in Übereinstimmung mit den Regelungen in IAS 12.52B erfolgswirksam zu erfassen sind, sofern nicht die besonderen Regelungen aus IAS 12.58(a) bzw (b) greifen.

96 Bei **Sachdividenden** bzw Dividenden, die ein **Wahlrecht des Gesellschafters auf Sach- oder Geldleistung** vorsehen und alle Gesellschafter einer Klasse von Eigenkapitalinstrumenten einheitlich behandeln, ist nach IFRIC 17.11 zunächst die aus dem Ausschüttungsbeschluss resultierende Verbindlichkeit mit dem beizulegenden Zeitwert der an die Gesellschafter zu übertragenen Sachwerte *(non-cash assets)* zu bewerten. Zu jedem Berichtszeitpunkt sowie zum Zeitpunkt der Erfüllung der Verbindlichkeit ist die Bewertung der Verbindlichkeit zu prüfen und ggf zu Lasten des Eigenkapitals anzupassen (Anpassung des Ausschüttungsbetrags). Bei Erfüllung der Sachdividende ist dann nach IFRIC 17.14 ein möglicher Unterschiedsbetrag zwischen dem Buchwert der übertragenen Vermögenswerte und dem Buchwert der Verbindlichkeit erfolgswirksam zu erfassen und nach IFRIC 17.15 gesondert auszuweisen. Nach IFRIC 17.5 und IFRIC 17.6 gilt diese Regelung nicht für Sachdividenden, bei denen der zu Grunde liegende Sachwert vor und nach Ausschüttung durch die gleiche oberste beherrschende Person *(ultimate controlling party)* oder eine Personengruppe, die das Unternehmen aufgrund vertraglicher Vereinbarungen, wie Stimmrechtsbindung, beherrscht, kontrolliert wird. Schließlich finden diese Regelung nach IFRIC 17.7 keine Anwendung auf solche Sachdividenden, die nicht zu einem Kontrollverlust iSv IFRS 10 führen; vgl hierzu → Rn 125.

Beispiel (ohne Berücksichtigung möglicher steuerlicher Latenzen): Die XYZ AG ist ein diversifizierter Konzern mit drei wesentlichen Geschäftsfeldern, an deren Spitze jeweils eine Zwischenholding die jeweiligen Aktivitäten bündelt. Der Vorstand der XYZ AG plant, das Geschäftsfeld Z aus der XYZ AG herauszulösen und die Anteile an der Z-AG, der Zwischenholding für das Geschäftsfeld Z, auf die Aktionäre der XYZ AG entspr ihren Anteilen an der XYZ AG zu übertragen. Hierzu sollen die Anteile an der Z-AG als Sachdividende an die Aktionäre der XYZ AG ausgeschüttet werden. Der Aufsichtsrat stimmt diesem Vorschlag des Vorstands am 15. Dezember zu. Dem Vorstand der XYZ AG ist bekannt, dass es weder einen beherrschenden Aktionär noch eine Gruppe von Aktionären gibt, welche die XYZ AG zusammen beherrschen. Der Bilanzstichtag der Gesellschaft ist der 31. Dezember. Aufgrund der aktienrechtlichen Vorschriften müssen die Aktionäre die Sachdividende auf der Hauptversammlung am 30. Juni des Folgejahrs beschließen. Der Vorstand geht davon aus, dass die Aktionäre dem Vorschlag mit überwältigender Mehrheit zustimmen werden, die Zustimmung als höchstwahrscheinlich gelten kann.

Mit Zustimmung des Aufsichtsrats am 15. Dezember sind die Vermögenswerte und Schulden des Teilkonzerns der Z-AG als zur Ausschüttung gehalten zu klassifizieren, da der Vorstand die notwendige Zustimmung als höchstwahrscheinlich annimmt und angenommen wird, dass die Voraussetzungen des IFRS 5 im Übrigen erfüllt sind. Entspr sind nach IFRS 5 auf den Teilkonzern Z-AG die Regelungen zum Ausweis und zur Bewertung einer Abgangsgruppe anzuwenden, da es nach IFRS 5.12A bereits ausreicht, dass mit den Maßnahmen zur Durchführung der Ausschüttung begonnen wurde (hier: Beschlussfassung von Vorstand und Aufsichtsrat) und die Ausschüttung innerhalb eines Jahrs nach dem Tag der Einstufung (15. Dezember) vollendet ist (Beschlussfassung der Aktionäre am

30. Juni gilt als höchstwahrscheinlich). Andererseits ist aufgrund der fehlenden Beschlussfassung der Aktionäre im Konzernabschluss zum 31. Dezember noch keine Verbindlichkeit aus einer Dividendenverpflichtung zu erfassen (IFRIC 17.10).

Nach Zustimmung der Hauptversammlung zur Sachdividende ist im Quartalsabschluss zum 30. Juni die Verbindlichkeit aus der Ausschüttung in Höhe des beizulegenden Zeitwerts (IFRIC 17.11) der Z-AG, welcher T€ 100.000 betrage, als Dividendenbeschluss erfolgsneutral zu Lasten des Konzerneigenkapitals zu erfassen. Diese Verbindlichkeit ist mangels Zugehörigkeit zur Abgangsgruppe nicht mit dieser zusammenzufassen. Der Buchwert der Abgangsgruppe (vgl auch IFRS 5.15A) betrage zu diesem Zeitpunkt T€ 75.000. Insgesamt resultiert hieraus eine zusätzliche Minderung des Konzerneigenkapitals iHv T€ 25.000 (T€ 100.000 - T€ 75.000). Für den verkürzten Konzernanhang sind die Erläuterungspflichten nach IFRIC 17.16 ff zu beachten.

Aufgrund der notwendigen verwaltungstechnischen Vorarbeiten ist die Umsetzung der Ausschüttung zum 30. September noch nicht erfolgt; folglich ist die Verbindlichkeit aus der Ausschüttung der Sachdividende gem IFRIC 17.13 erneut zu bewerten. Die Veränderung des beizulegenden Zeitwerts des Teilkonzerns der Z-AG um + T€ 20.000 auf T€ 120.000 ist als Anpassung des Ausschüttungsbetrags erfolgsneutral zu Lasten des Konzerneigenkapitals der XYZ AG zu erfassen. Der Buchwert der Abgangsgruppe betrage zu diesem Zeitpunkt T€ 90.000, was einer Veränderung um + T€ 15.000 entspricht. Im Ergebnis wird damit das Konzerneigenkapital um weitere T€ 5.000 gemindert (T€ 20.000 – T€ 15.000); die Minderung beträgt damit zu diesem Zeitpunkt insgesamt T€ 30.000.

Die Ausschüttung der Sachdividende erfolgt schließlich am 15. Oktober. Zu diesem Zeitpunkt beträgt der Buchwert der Abgangsgruppe T€ 95.000 (+ T€ 5.000), der beizulegende Zeitwert der Z-AG T€ 145.000 (+ T€ 25.000). Aufgrund der letztmalig notwendigen Anpassung der Verbindlichkeit aus der Ausschüttung an den beizulegenden Zeitwert (IFRIC 17.13) ist die Erhöhung zunächst erfolgsneutral zu Lasten des Konzerneigenkapitals zu erfassen; die zwischenzeitliche Minderung des Konzerneigenkapitals beträgt damit insgesamt T€ 50.000 (T€ 30.000 per 30. September zuzüglich T€ 20.000 per 15. Oktober – letzteres als T€ 25.000 – T€ 5.000). Sodann ist die Übertragung der Abgangsgruppe Z-AG auf die Aktionäre der XYZ AG erfolgsneutral gegen die Verbindlichkeit aus der Ausschüttung zu buchen. Entspr mindert sich die Verbindlichkeit aus der Ausschüttung um T€ 95.000 auf T€ 50.000. Da die Verbindlichkeit aus der Ausschüttung mit der Übertragung der Sachdividende erfüllt ist, ist der verbleibende Buchwert der Verbindlichkeit aus der Ausschüttung gem IFRIC 17.14 erfolgswirksam auszubuchen und in der Gesamtergebnisrechnung nach IFRIC 17.15 gesondert auszuweisen.

Im Konzernabschluss zum 31. Dezember des Folgejahrs werden damit weder die Abgangsgruppe noch die Verbindlichkeit aus der Ausschüttung mehr ausgewiesen. In der GuV wird ein Ertrag iHv T€ 50.000 gesondert als zB „Ertrag aus Erfüllung einer gewährten Sachdividende" ausgewiesen, und damit im Ergebnis die zwischenzeitliche Reduktion des Konzerneigenkapitals von T€ 50.000 wieder ausgeglichen. Die Sachdividende ist nicht in der Kapitalflussrechnung erfassbar, jedoch nach IAS 7.43 als nicht zahlungswirksame Transaktion hinreichend zu erläutern.

Zahlungen auf als Schulden qualifizierte Finanzinstrumente, also zB Zinsen oder Dividenden, sind unabhängig von ihrem Ausweis im handelsrechtlichen Jahresabschluss in der Periode aufwandswirksam zu erfassen, für die sie geleistet werden (IAS 32.36; *IDW* RS HFA 45 Rz 44; für PersGes → Rn 110 f). Die Höhe richtet sich nach den vertraglichen Bedingungen des Finanzinstruments; ggf ist sie zu schätzen, zB anhand des Gewinnverwendungsvorschlags. Aufgrund der ggf bestehenden Unsicherheit sollte der Ausweis entspr dem in IAS 32.40 enthaltenen Wahlrecht in einem gesonderten Posten im erfolgswirksamen Teil der Gesamtergebnisrechnung bzw der separaten GuV (sofern erstellt) erfolgen. 97

Für Zwecke der Ergebnisverwendung ist das **Ergebnis so lange nach handelsrechtlichen Vorschriften** zu ermitteln, bis das Verhältnis der gesellschaftsrechtlichen Vorschriften zu den IFRS abschließend geregelt ist. Das auf diese Weise ermittelte, verwendbare Ergebnis – also der Bilanzgewinn nach HGB – ist im Anhang anzugeben, um den Adressaten mögliche Unterschiede zwischen 98 dem wirtschaftlich möglichen und dem rechtlich zulässigen Ausschüttungspotenzial zu verdeutlichen.

99 Bei AG/KGaA sind die gem § 158 Abs 1 AktG geforderten zusätzlichen Angaben zu den **Veränderungen der Kapital- und Gewinnrücklagen** entweder durch eine entspr Fortführung der Gesamtergebnisrechnung auszuweisen oder im Anhang anzugeben. Eine entspr Anwendung für GmbH ist zu empfehlen (für HGB vgl *Förschle* in BeBiKo § 275 HGB Rz 311). Aus Gründen der *fair presentation* empfiehlt sich auch für den IFRS-Abschluss die Erstellung einer **Gewinnverwendungsrechnung** nach § 158 AktG, wozu entweder in der Gesamtergebnisrechnung oder im Anhang die nach IAS 1.81B(a) geforderten Angaben unter explizitem Hinweis auf die nationalen, gesellschaftsrechtlichen Vorschriften entspr ergänzt werden.

I. Besonderheiten des Eigenkapitalausweises bei Personenhandelsgesellschaften und Genossenschaften

100 Nach IAS 32.19 führt grds jede bei einem Finanzinstrument bestehende **Rückzahlungsverpflichtung,** derer sich das Unternehmen nicht entziehen kann, zur Qualifizierung dieses Finanzinstruments als **Schuld.** Ob diese Rückzahlungsverpflichtung aufgrund vertraglicher Regelungen oder im Rahmen vertraglicher oder gesetzlicher Kündigungsrechte besteht, ist unerheblich (→ Rn 6). Somit wird **die Definition des Residualanspruchs** (→ Rn 5) sehr eng gefasst. Die kontroversen Diskussionen um die Bilanzierung von Eigenkapital bei PersGes und Genossenschaften zeigte, dass der vom IASB gewählte Maßstab für die Definition von als Eigenkapital zu qualifizierenden Finanzinstrumenten den deutschen gesellschaftsrechtlichen Regelungen sowie der bilanziellen Praxis unter HGB nicht in ausreichendem Maße Rechnung trug. Für Genossenschaften wurden Ende November 2004 die Regelungen des IAS 32 durch IFRIC 2 „Mitgliedsanteile an Genossenschaften und ähnliche Instrumente" ergänzend interpretiert, ohne das grds Problem aus deutscher Sicht hiermit zu lösen. Im Februar 2008 hat schließlich der IASB nach langen Diskussionen eine ergänzte Version des IAS 32 (mit Folgeänderungen insbes für IAS 1) verabschiedet, mit der **Ausnahmeregelungen** vom zuvor beschriebenen Grundprinzip eingeführt werden, ohne das Grundproblem der „zutreffenden" Abgrenzung von Eigenkapital und Schulden zu lösen. Die Ausnahmeregelungen betreffen gem IAS 32.16A und IAS 32.16B kündbare Instrumente sowie gem IAS 32.16C und IAS 32.16D Finanzinstrumente, aus denen im Fall der Liquidation eine Zahlungspflicht resultiert. Damit wird neben dem originären Eigenkapital auch **„gewillkürtes" Eigenkapital** geschaffen. Die Definition von Schulden und damit der residuale Charakter des Eigenkapitals bleibt im Übrigen jedoch unberührt, und damit das Grundproblem der Abgrenzung von Eigenkapital und Schulden unverändert bestehen.

Mit IAS 32.16Aff ist zwar das vordringliche Problem der deutschen PersGes bzgl des Ausweises von Eigenkapital für den Einzelabschluss behoben. Es bleiben jedoch Probleme wie bspw der Ausweis von **nicht-beherrschenden Gesellschaftern** an **PersGes** im **Konzernabschluss** (→ Rn 130ff). Insgesamt sind diese Regelungen zur kurzfristigen Behebung des in der Bilanzierungspraxis empfundenen Problems statt einer auch formal überzeugenden Neuregelung nur aus dem Druck der interessierten Öffentlichkeit an einer kurzfristigen Lösung einerseits und den mittel- bis langfristigen Bemühungen des IASB, in Zusammenarbeit mit dem FASB den Begriff der Verbindlichkeiten und Schulden neu zu definieren, andererseits zu verstehen (→ Rn 160).

I. Ausweis von Eigenkapital bei Personenhandelsgesellschaften

Nach §§ 131f HGB haben Gesellschafter von PersGes *(partnerships)* ein **gesetzliches ordentliches Kündigungsrecht,** das durch den Gesellschaftsvertrag zwar ausgestaltet, nicht aber ausgeschlossen werden darf. Damit gehören die Anteile an PersGes zu den kündbaren Finanzinstrumenten (*IDW* RS HFA 45 Rz 48). Finanzinstrumente, die im Fall der Liquidation eine Zahlungspflicht auslösen, liegen vor, wenn nur für den Fall der Liquidation für den Emittenten eine vertragliche Verpflichtung besteht, einen Anteil am verbliebenen Nettovermögen auszuzahlen, die Liquidation sicher ist und außerhalb des Einflussbereichs des Emittenten liegt, zB bei Gesellschaften mit bestimmter Lebensdauer. Entspr gilt, wenn die Entscheidung zur Liquidation im Ermessen des Emittenten liegt, aber nicht sicher ist, ob und wenn ja, wann die Liquidation tatsächlich erfolgt. 101

Kündbare Instrumente sind nach IAS 32.16A und IAS 32.16B **als Eigenkapital** zu klassifizieren, **wenn alle Voraussetzungen erfüllt** sind: 102

(1) bei Liquidation des Emittenten hat der Inhaber des Finanzinstruments einen beteiligungsproportionalen Anspruch auf dessen Nettovermögen (DRSC-I 3.11ff),
(2) das Finanzinstrument befindet sich im Vergleich zu den anderen Finanzinstrumenten in der aus rechtlicher Sicht nachrangigsten Klasse; dh im Falle der Liquidation sind erst alle anderen Finanzinstrumente zu bedienen, bevor ein Auszahlungsanspruch aus dem Finanzinstrument entsteht. Es dürfen auch weder Vorzugsrechte im Verhältnis zu anderen Inhabern vergleichbarer Finanzinstrumente bestehen, noch darf eine vorherige Umwandlung erforderlich sein,
(3) sofern nur eine Klasse von Finanzinstrumenten emittiert wird, gilt diese als die nachrangigste Klasse,
(4) alle Finanzinstrumente dieser Klasse haben die gleichen rechtlichen Ausstattungsmerkmale: sie sind zB alle kündbar und basieren auf der gleichen Berechnungsformel oder -methode für die Bemessung des Rückkaufwerts,
(5) das Finanzinstrument enthält keine weiteren vertraglichen Ansprüche, Zahlungsmittel oder andere finanzielle Vermögenswerte an eine andere Einheit zu Bedingungen abzugeben, die für den Emittenten unvorteilhaft sind. Ferner darf es sich nicht um einen Vertrag handeln, der durch die Ausgabe von Eigenkapitalinstrumenten des Emittenten erfüllt werden kann,
(6) die Cashflows aus dem Finanzinstrument basieren über dessen Laufzeit im Wesentlichen aus dem erzielten Ergebnis, dh Gewinnen und Verlusten oder der Veränderung des bilanziellen Nettovermögens oder den beizulegenden Zeitwerten des bilanzierten und nicht bilanzierten Nettovermögens des Emittenten,
(7) der Emittent hat kein weiteres Finanzinstrument ausgegeben oder Vertrag abgeschlossen, dessen Cashflows denen aus Ziffer (6) entsprechen und hierdurch die Zahlung an die Inhaber des kündbaren Finanzinstruments begrenzt oder festlegt.

Weidenhammer (PiR 2008, 213 (218)) stellt nach Diskussion der **Kriterien** fest, dass **deutsche PersGes** diese idR **erfüllen** und damit künftig ihr gesellschaftsrechtliches Eigenkapital auch nach IFRS als **bilanzielles Eigenkapital** ausweisen können (zu Detailfragen gesellschaftsvertraglicher Ausgestaltungen vgl *Zwirner/König* KoR 2013, 1 (6); zu den Besonderheiten im Konzernabschluss → Rn 131 und → § 35 Rn 12f). Nach DRSC-I 3.9 stellt die unterschiedliche Außenhaftung von Komplementären und Kommanditisten keine Verletzung der Bedingung in IAS 32.16A(a) dar, da die persönliche Haftung des Komplementärs 103 gem IAS 32.AG14F und IAS 32.AG14G von der Einlage abgespalten und als gesondertes Finanzinstrument betrachtet wird. Insoweit können auch bei einer KG bzw GmbH & Co KG die Einlagen der Kommanditisten bei Erfüllung der übrigen Voraussetzungen als Eigenkapital ausgewiesen werden. Selbst eine ergebnisunabhängige Vergütung für den Komplementär ändert nach DRSC-I 3.10 hieran nichts, solange die Vergütung einem Fremdvergleich iSv IAS 32.AG14I standhält. Zudem ist eine nicht-proportionale Ausgestaltung der Stimmrechte der Gesellschafter einer PersGes in dem von DRSC-I 3.18 diskutierten Rahmen, zB beteiligungsproportional, unschädlich. Dies gilt im Übrigen auch für sonstige, nicht-finanzielle Ausstattungsmerkmale der Finanzinstrumente, zB unterschiedlich ausgestaltete Informationsrechte (DRSC-I 3.15 ff).

104 Im Hinblick auf die **Abfindungsklausel** stellt *Weidenhammer* fest, dass eine handelsrechtliche Buchwertklausel vor dem Hintergrund des IAS 32.AG14E kritisch zu sehen ist; allerdings werde der beizulegende Zeitwert des Unternehmens regelmäßig nicht in unangemessener Weise unterschritten, da dem die einschlägige BGH-Rechtsprechung entgegenstünde (PiR 2008, 213 (214f); vgl auch *Lüdenbach/Hoffmann/Freiberg* IFRS § 20 Rz 40). Schädlich für die Eigenkapitalqualifizierung sind Zahlungen an Gesellschafter, die nicht vom Gewinn, Änderungen des realisierten Nettovermögens oder Änderungen des beizulegenden Zeitwerts abhängen. *Rückle* (IRZ 2008, 227 (232)) vertritt die Auffassung, dass daher das erfolgsunabhängige Entnahmerecht der Gesellschafter einer deutschen PersGes im Gesellschaftsvertrag auszuschließen ist, was nach § 109 HGB aufgrund des dispositiven Charakters möglich ist (DRSC-I 3.20 ff). In jedem Fall sind bestehende Abfindungsklauseln auf ihre Konformität mit IAS 32.16A(e) zu überprüfen und ggf anzupassen (vgl umfassend DRSC-I 3.29 ff; *IDW* RS HFA 45 Rz 49). Bei der Gewährung oder Modifikation von **Gesellschafterdarlehen** ist darauf zu achten, dass die Ausgestaltung der Darlehensbedingungen auch die Einordnung der Einlagen als Eigenkapitalinstrument gefährden kann. So kann zB die Ausgestaltung eines qualifizierten Rangrücktritts schädlich sein (DRSC-I 3.39). Da es sich bei diesen Fällen regelmäßig um PersGes in einer Krise handelt, könnte der damit verbundene Verlust des bilanziellen Eigenkapitals nach IFRS weiterhin ungewollte Konsequenzen für die Einhaltung finanzieller Bedingungen gewährter anderer Darlehen haben (→ § 14 Rn 22).

105 Nach IAS 1.80 haben PersGes **Angaben** zum Gesellschaftskapital zu machen, die denen von IAS 1.79 gleichwertig sind. Soweit also nicht ohnehin aufgrund der Klassifizierung Teile des Gesellschaftskapitals von PersGes als Eigenkapital auszuweisen sind, sind insbes die Veränderungen innerhalb jeder Kategorie des Gesellschaftskapitals sowie die Rechte, Vorrechte und Beschränkungen zu jeder Kategorie anzugeben. Diese relativ offene Formulierung trägt der Vielfalt nationaler Besonderheiten bei PersGes Rechnung und lässt entspr Ermessensspielräume offen. Zu weiteren Anhangangaben → Rn 142.

II. Ausweis von Fremdkapital bei Personenhandelsgesellschaften

1. Vermögenseinlagen

106 Sofern die Voraussetzungen in IAS 32.16A ff **nicht erfüllt** sind, kommt ein Ausweis als Eigenkapital nicht in Betracht. In diesem Fall ist der Ausweis als **finanzielle Verbindlichkeiten** zwingend. Hieraus folgt, dass sich die Bewertung der Vermögenseinlagen nach den Vorschriften für Schulden richtet, also eine Bewertung zu jedem Stichtag erforderlich ist. Für die **Erstbewertung** der Verbindlichkeit ist nach IAS 32.23 der Barwert des möglichen Abfindungsanspruchs als beizulegender Zeitwert heranzuziehen. Dieser Wert darf nach IFRS 13.47,

IFRIC 2.10 jedoch nicht niedriger sein als der maximal an den Gesellschafter bei Kündigung rückzahlbare Betrag, diskontiert ab dem Tag, zu dem dieser Betrag bei Kündigung frühestens zurückgezahlt werden müsste – also über die Kündigungsfrist. Ein Ansatz mit dem handelsrechtlichen Eigenkapital ergänzt um IFRS-spezifische Eigenkapitalposten ist nicht zulässig, da idR der Abfindungsanspruch nur zufällig betragsmäßig übereinstimmen wird.

Eine Regelung zur **Folgebewertung** ist IAS 39/IFRS 9 nicht zu entnehmen; 107
das IDW geht davon aus, dass auch in diesem Fall der Barwert des Abfindungsanspruchs als beizulegender Zeitwert angesetzt werden muss (IDW RS HFA 45 Rz 51). Die Höhe des Abfindungsanspruchs richtet sich dabei – unter Beachtung der einschlägigen Rechtsprechung – nach den Berechnungsregelungen im Gesellschaftsvertrag. Änderungen des Abfindungsanspruchs im Zeitablauf sind grds aufwandswirksam zu erfassen. Wie genau die Veränderungen des Rückzahlungsanspruchs jedoch zu erfassen sind, bleibt unklar. Eine klarstellende Regelung sehen weder IAS 32, IAS 39 bzw IFRS 9 noch IFRIC 2 vor; vielmehr wird in IFRIC 2.BC19 hervorgehoben, dass die Umgliederung vom Eigenkapital in die Schulden im Vordergrund der bisherigen Überlegungen des IASB steht und die Problematik der Folgebewertung einem weiteren, zukünftigen (!) Projekt vorbehalten bleibt. Insoweit muss die weitere Entwicklung auf internationaler Ebene abgewartet werden (zu einer möglichen Neuregelung der Abgrenzungskriterien von Eigenkapital und Schulden → Rn 160).

Nach IAS 32.18(b) ist ein **Ausweis** innerhalb der Schulden **in einem gesonderten Posten** zulässig, der dem besonderen Charakter der Schulden Rechnung trägt; dieser ist im Anhang zu erläutern (vgl das Anwendungsbeispiel in IAS 32.IE32ff). Vom IASB wird im englischen Original die Bezeichnung *„net asset value attributable to unitholders"* vorgeschlagen, was in der amtlichen EU-Übersetzung mit „Inventarwert pro Anteil" übersetzt wird. Denkbare Varianten sind „Reinvermögen der Anteilseigner", „den Anteilseignern zuzurechnender Nettovermögenswert", „Nettovermögen der Anteilseigner", „wirtschaftliches Eigenkapital" (*Lüdenbach/Hoffmann/Freiberg* IFRS § 20 Rz 54). Alternativ können auch Vermögenseinlagen und Gesellschafterdarlehen als Posten „Finanzierung durch Gesellschafter" zusammengefasst werden. In beiden Fällen ist im Anhang zu erläutern, dass den Vermögenseinlagen nach deutschem Recht Eigenkapitalcharakter zukommt. 108

2. Rücklagen

Bei PersGes werden Rücklagen ausschließlich aufgrund des **Gesellschaftsvertrags** oder eines **Mehrheitsbeschlusses** der Gesellschafter gebildet. Eine Aufteilung in Kapital- und Gewinnrücklagen ist nicht vorgeschrieben. Da es sich um gesamthänderisch gebundene Rücklagen handelt, für die ohne weiteren Gesellschafterbeschluss keine Rückzahlungsverpflichtung besteht, sind diese grds als **Eigenkapital** zu qualifizieren. Erstreckt sich jedoch ein möglicher Abfindungsanspruch der Gesellschafter auch auf die Rücklagen, so sind diese als **Schuld** zu qualifizieren. 109

Für den Ausweis innerhalb des Eigenkapitals ist der Bilanzposten als Rücklage zu bezeichnen (*IDW* RS HFA 7 Rz 44); ein gleichzeitiger Ausweis von Vermögenseinlagen als Kapitalanteile ist keine Voraussetzung hierfür.

3. Ergebnisdarstellung

Bei PersGes wird den Gesellschaftern nach Handelsrecht das Ergebnis grds 110
zum Abschlussstichtag zugerechnet, wobei Gewinne entnommen werden kön-

nen. Daher sind **Gewinnanteile** der persönlich haftenden Gesellschafter (§ 120 Abs 2 HGB) sowie der Kommanditisten (§ 167 Abs 2 HGB) nach IAS 32.11, IAS 32.16f unmittelbar **als Schuld** zu bilanzieren, sofern nicht der Gesellschaftsvertrag einen Gesellschafterbeschluss fordert oder wegen fehlender Abschlussprüfung bei PersGes iSd § 264a HGB ein Jahresergebnis bzw bis zur erfolgten Abschlussprüfung in Folgeperioden ein Gewinnvortrag auszuweisen ist (*FAR* FN IDW 2002, 217ff).

111 Nach IFRS ist die Einbuchung der Schuld **erfolgswirksam** vorzunehmen, wenn die Vermögenseinlage eine **finanzielle Verbindlichkeit** darstellt, sodass es insoweit nicht zum Ausweis eines Jahresüberschusses in der Erfolgsrechnung kommt. Dies kann dazu führen, dass eine PersGes in der Erfolgsrechnung keinen Jahresüberschuss bzw Jahresfehlbetrag mehr ausweist. Wird die Vermögenseinlage hingegen in Übereinstimmung mit IAS 32.16Aff als **Eigenkapitalinstrument** bilanziert, ist das Ergebnis bei der Aufstellung des Jahresabschlusses den Gesellschaftern im Rahmen der Ergebnisverwendung **erfolgsneutral** zuzurechnen und – soweit Entnahmerechte bestehen – als finanzielle Verbindlichkeit auszuweisen. Diese Vorgehensweise ist Konsequenz der Würdigung des geltenden Gesellschaftsrechts vor dem Hintergrund des IAS 32.

112 Die Zurechnung des Ergebnisses wird auch in der **Eigenkapitalveränderungsrechnung** dargestellt.

III. Auswirkungen auf den Eigenkapitalausweis bei Genossenschaften

113 Deutsche Genossenschaften stellen *mutual entities* iSv IAS 32.18(b) dar. Für Genossenschaftsanteile bestehen nach §§ 65, 73 GenG **nicht abdingbare Kündigungsrechte der Genossen.** Sie sind daher wie Vermögenseinlagen bei PersGes als kündbares Instrument *(puttable instruments)* und damit als Schulden zu qualifizieren. Insoweit kann auf die Ausführungen zum Ausweis von Fremdkapital bei PersGes verwiesen werden (→ Rn 101ff).

Nur in Ausnahmefällen wäre eine Qualifikation als Eigenkapital denkbar; nach IFRIC 2.7 zB, wenn die Genossenschaft ein uneingeschränktes Recht auf Ablehnung der Rücknahme von Geschäftsanteilen hätte; dies ist jedoch nach dem GenG nicht möglich. Bei einem nur partiellen gesetzlichen oder vertraglichen Verbot der Rücknahme von Geschäftsanteilen sind nach IFRIC 2.9 die nicht dem Verbot unterliegenden Geschäftsanteile als finanzielle Verbindlichkeit zu erfassen (zu Beispielen vgl IFRIC 2.A7ff); auch eine solche Regelung steht im Widerspruch zum GenG.

Zu Fragen der **Bewertung** sowie dem **Ausweis** der Genossenschaftsanteile wird auf die Ausführungen in → Rn 103 verwiesen. Ergänzend sei angemerkt, dass der Abfindungsanspruch – ein hinreichendes Vermögen der Genossenschaft unterstellt – gem § 73 Abs 2 GenG das anteilige Geschäftsguthaben des Genossen nicht unterschreiten darf.

114–119 *(einstweilen frei)*

J. Besonderheiten des Konzerneigenkapitals

120 Im Konzernabschluss sind das gezeichnete Kapital und die – ggf um konzernspezifische Korrekturen aufgrund von IFRS 2 bzw dem Erwerb eigener Anteile angepasste – Kapitalrücklage des MU sowie die vom Konzern erwirtschafteten Gewinne auszuweisen (vgl ausführlich *Ebeling* BB 2007, 1613f). Für die **Gliederung** des

Konzerneigenkapitals sollte neben den IFRS aus Gründen der Vergleichbarkeit auch das nach Richtl 2013/34/EU für den Konzernabschluss geltende Gliederungsschema des Anhangs III, Passiva, lit A bzw des Anhangs IV, lit L beachtet werden (→ Rn 24ff).

I. Währungsumrechnungsdifferenzen nach IAS 21

Nach IAS 21.15, IAS 21.32 werden wirtschaftlich selbständige TU, deren lokale Rechnungslegung nicht in Euro erfolgt, nach dem Konzept der funktionalen Währung umgerechnet (vgl zur Währungsumrechnung im Konzern ausführlich § 33). Die Umrechnung erfolgt gem IAS 21.39 nach der modifizierten Stichtagskursmethode. Die entstehenden Umrechnungsdifferenzen werden nach IAS 21.39(c) bis zum Ausscheiden des TU aus dem Konsolidierungskreis erfolgsneutral als **gesonderter Bestandteil des Konzern-Eigenkapitals** erfasst. Zu weiteren Einzelheiten vgl ausführlich § 33 und → § 35 Rn 36. Besonderheiten bei der Aufstellung der **IFRS-Eröffnungsbilanz** sind in IFRS 1.D12f geregelt (→ § 44 Rn 93ff). 121

II. Erwerb und Verkauf von Anteilen in Teilschritten

Finden innerhalb eines Konzerns **mehrere Transaktionen** zum Erwerb weiterer Anteile statt, ist zu differenzieren, ob durch die jeweilige Transaktion erstmals ein Beherrschungsverhältnis begründet wird oder nicht. Entspr ist zu prüfen, ob der erstmalige oder weitere Verkauf von Anteilen das Beherrschungsverhältnis beendet der nicht. 122

Bei einem sukzessiven Unternehmenszusammenschluss **mit einem Statuswechsel** der vormaligen Beteiligung beim MU zu einem TU, ist nach IFRS 3.42 die im Zeitpunkt des Übergangs von der Bilanzierung einer Finanzinvestition auf die Vollkonsolidierung gehaltene Beteiligung (dh der Eigenkapitalanteil) mit ihrem beizulegenden Zeitwert zu bewerten. Dies gilt auch für zuvor nach der *Equity-Methode* bewertete Anteile. Die sich ergebende Bewertungsdifferenz ist **erfolgswirksam** beim MU zu erfassen → § 17 Rn 61 sowie → § 34 Rn 253ff und → § 37 Rn 11ff. Eine ggf zuvor über das sonstige Ergebnis im Konzerneigenkapital erfasste Wertänderung der urspr Anschaffungskosten der Beteiligung zu einem beizulegenden Zeitwert ist nach IFRS 3.42 iVm IAS 39.55(b) und IAS 1.95 in diesem Zusammenhang ebenfalls erfolgswirksam zu erfassen; für bislang aufgrund der Designation als *at fair value through OCI* gem IFRS 9.5.7.1(b) im sonstigen Ergebnis erfasste Wertänderungen dieser (Alt-)Anteile kommt eine erfolgswirksame Erfassung indessen nicht in Betracht. Es besteht jedoch die Möglichkeit die entspr Beträge im Zeitpunkt der erstmaligen Vollkonsolidierung in die Konzerngewinnrücklagen des Konzerns umzugliedern (IFRS 3.42 (geändert 2014) iVm IFRS 9.B5.7.1). Bei einem assoziierten Unternehmen sind über das sonstige Ergebnis im Konzerneigenkapital erfasste Beträge nach IAS 28.23 iVm IAS 3.42/IFRS 3.42 (geändert 2014) so zu realisieren, als ob die zu Grunde liegenden Vermögenswerte oder Schulden direkt veräußert würden (zur Übergangskonsolidierung mit Aufwärtswechsel ausführlich → § 37 Rn 11ff). 123

Bei einem sukzessiven Unternehmenszusammenschluss **ohne einen Statuswechsel,** dh der Aufstockung einer bestehenden Beteiligung an einem bereits beherrschten Unternehmen, ist diese Transaktion nach IFRS 10.23 iVm IFRS 10.B96 **erfolgsneutral** als Eigenkapitaltransaktion zwischen Gesellschaftern (dh den Anteilen nicht-beherrschender Gesellschafter und den Anteilen der beherrschenden Gesellschafter) zu bilanzieren. Dabei sind die jeweiligen Anteile der beherrschenden Gesellschafter und der nicht-beherrschenden Gesellschafter 124 am Konzerneigenkapital nach IFRS 10.B96 so anzupassen, dass sie die Änderungen der bestehenden Beteiligungsquoten am TU widerspiegeln. Eine mögliche Differenz aus dem so ermittelten umzugliedernden Betrag der Anteile nicht-beherrschender Gesellschafter am Eigenkapital des TU und dem beizulegenden Zeitwert der von den beherrschenden Gesellschaftern gewährten Gegenleistung ist unmittelbar mit dem auf die Anteilseigner des MU entfallenden Konzerneigenkapital zu verrechnen. Hierzu sind zunächst die Konzerngewinnrücklagen und, sofern diese ansonsten negativ würden, der Konzernergebnisvortrag anzusprechen (→ Rn 70). Im Hinblick auf anfallende, direkt zurechenbare Anschaffungsnebenkosten ist *Lüdenbach/Hoffmann/Freiberg* im Ergebnis zuzustimmen, wonach diese in Analogie zu IAS 32.37 ebenfalls erfolgsneutral im Konzerneigenkapital zu erfassen sind (*Lüdenbach/Hoffmann/Freiberg* IFRS § 31 Rz 161).

125 Bei einer **Veräußerung** von Anteilen an einem TU **ohne** dass es zu einem **Statuswechsel** kommt sind die Regelungen für einen sukzessiven Unternehmenszusammenschluss ohne Statuswechsel nach IFRS 10.23 iVm IFRS 10.B96 entspr anzuwenden. Eine mögliche Differenz aus dem umzugliedernden Betrag und dem beizulegenden Zeitwert der von den nicht-beherrschenden Gesellschaftern gewährten Gegenleistung ist unmittelbar mit dem auf die Anteilseigner des MU entfallenden Konzerneigenkapital zu verrechnen (zur Ermittlung der Höhe des umzugliedernden Betrags → § 35 Rn 45). Hierbei sind entspr zunächst die Konzerngewinnrücklagen anzusprechen.

126 Bei einer **Veräußerung** von Anteilen an einem TU, assoziierten Unternehmen oder Gemeinschaftsunternehmen, die **mit** einem **Statuswechsel** endet, ist eine **erfolgswirksame Entkonsolidierung** für die veräußerten Anteile vorzunehmen; eine verbleibende Restbeteiligung ist erfolgswirksam zum beizulegenden Zeitwert zu bewerten (IFRS 10.25 iVm IFRS 10.B98, IAS 28.22(b)/IAS 28.22(b) (geändert 2014); vgl ausführlich → § 37 Rn 55 ff).

III. Umgekehrter Unternehmenserwerb

127 Für die Abbildung eines Unternehmenserwerbs im IFRS-Konzernabschluss ist ausschließlich der wirtschaftliche Gehalt des Unternehmenserwerbs, nicht aber dessen formalrechtliche Gestaltung maßgeblich. Von einem umgekehrten Unternehmenserwerb *(reverse acquisition)* wird gesprochen, wenn die im Rahmen der Transaktion **aus dem erworbenen Unternehmen ausscheidenden Gesellschafter** nach Durchführung der Transaktion **das erwerbende Unternehmen beherrschen** können; dies wird idR bei Stimmrechtsmehrheit der Fall sein (IFRS 3.B15). Die Bilanzierung des umgekehrten Unternehmenserwerbs wird in IFRS 3.B19 ausführlich geregelt und dargestellt (vgl auch → § 34 Rn 54 ff und → § 34 Rn 198 f).

128 Bei einem umgekehrten Unternehmenserwerb wird als **Eigenkapital** nicht das Eigenkapital des rechtlichen MU, sondern das **des wirtschaftlichen MU** (in diesem Fall des rechtlichen TU) ausgewiesen. Die Auswirkungen auf das Konzerneigenkapital sind in IFRS 3.B21 geregelt. Danach ergibt sich die Höhe des konsolidierten Konzerneigenkapitals unmittelbar nach Abschluss des umgekehrten Unternehmenserwerbs aus der Summe des Eigenkapitals des wirtschaftlichen MU zum Erwerbszeitpunkt sowie den Anschaffungskosten des Unternehmenserwerbs. Als **gezeichnetes Kapital** ist dabei jedoch das gezeichnete Kapital des rechtlichen MU auszuweisen, wie es im Handelsregister eingetragen ist. Die Überleitung des gezeichneten Kapitals auf das des wirtschaftlichen MU erfolgt entweder über eine Vorspalte oder einen gesonderten Ausgleichsposten. Soweit

die Konsolidierungsbuchungen über den Ausgleichsposten zum gezeichneten Kapital hinausgehen, ist der Differenzbetrag von der **Kapitalrücklage** abzusetzen bzw in die Kapitalrücklage einzustellen (*Förschle/Deubert* in BeBiKo § 301 HGB Rz 520). Ein offener Ausweis wie bei dem gezeichneten Kapital ist nicht erforderlich. Wir empfehlen daher die Angabe der Kapitalrücklage des rechtlichen MU im Anhang. Das Ergebnis je Aktie wird auf Basis der Anzahl der Aktien des rechtlichen MU ermittelt (IFRS 3.B26).

Besonderheiten bestehen für ggf existierende **Anteile nicht-beherrschender** 129
Gesellschafter. Da bei einem umgekehrten Unternehmenserwerb das wirtschaftliche MU rechtlich das TU ist, werden die Anteile nicht-beherrschender Gesellschafter an dem rechtlichen TU als Minderheitenanteil im Konzerneigenkapital des wirtschaftlichen MU ausgewiesen. Da das rechtliche TU jedoch als wirtschaftlicher Erwerber die urspr Buchwerte fortführt, wird nach IFRS 3.B24 auch der Anteil nicht-beherrschender Gesellschafter auf Basis der fortgeführten Buchwerte berechnet.

IV. Anteile nicht-beherrschender Gesellschafter

Nach IFRS 10.22 iVm IAS 1.54 werden die Anteile nicht-beherrschender 130
Gesellschafter, dh konzernfremder Dritter, als **gesonderter Posten innerhalb** des **Konzerneigenkapitals** ausgewiesen; dies entspricht der Vorgehensweise nach HGB. In diesem Posten sind ua auch das anteilige Konzernergebnis (IFRS 10.B94), die anteiligen Währungsumrechnungsdifferenzen (IAS 21.39(c)) sowie die übrigen anteiligen Posten des sonstigen Ergebnisses zu erfassen. Ein negativer Ausweis innerhalb des Eigenkapitals ist nach IFRS 10.B94 zulässig (vgl ausführlich → § 35 Rn 50ff).

Unabhängig von den Neuregelungen in IAS 32.16A ist auch zukünftig das im 131
Einzelabschluss eines TU in der Rechtsform einer PersGes ausgewiesene Eigenkapital im Konzernabschluss des MU entspr den Regelungen in IAS 32.AG29A als **Fremdkapitalinstrument** auszuweisen, soweit es auf nicht-beherrschende Gesellschafter *(non-controlling interests)* entfällt. Zur Begründung wird angeführt, dass eine **Liquidationshierarchie** innerhalb des Konzerns zu beachten ist, bei der die TU zeitlich vor dem MU zu liquidieren seien. Deshalb könnten Anteile nicht-beherrschender Gesellschafter das zur Eigenkapitalqualifikation erforderliche Nachrangigkeitskriterium des IAS 32.16A(b) bzw IAS 32.16C(b) nicht erfüllen. Zur Erfassung dieser Verbindlichkeit iSv IAS 32.AG29A erläutert das *IDW* die sog „Antizipierte Erwerbsmethode" (*IDW* RS HFA 45 Rz 55f). Danach wird das Inhaberkündigungsrecht so bilanziert, als wäre es bereits ausgeübt und die Anteile nicht–beherrschender Gesellschafter erworben worden; im Ergebnis unterbleibt damit der Ausweis der Anteile nicht-beherrschender Gesellschafter. Die Gegenbuchung zur erstmaligen Erfassung der Verbindlichkeit hängt davon ab, in welchem Kontext die Buchung erfolgt. Erfolgt die Erfassung im Zusammenhang mit einem Unternehmenszusammenschluss iSv IFRS 3, beeinflusst der Unterschiedsbetrag zwischen dem Buchwert der Anteile nicht-beherrschender Gesellschafter, der sich ergäbe, wenn kein Erwerb dieser Anteile antizipiert würde, und der Verbindlichkeit den Geschäfts- oder Firmenwert. Ansonsten ist der Unterschiedsbetrag erfolgsneutral im Konzerneigenkapital zu verrechnen, da es sich insoweit um den Erwerb weiterer Anteile an einem bereits vollkonsolidierten TU handelt (IFRS 10.23 iVm IFRS 10.B96). Spätere Wertänderungen der Verbindlichkeit sind erfolgswirksam zu erfassen, sofern es sich nicht ausnahmsweise um eine Anpassung nach IFRS 3.58 *(measurement period adjustment)* handelt.

132 Bei Unternehmenszusammenschlüssen iSv IFRS 3 übernehmen uU Mitglieder der Unternehmensleitung des TU Anteile oder behalten Alt-Gesellschafter Anteile, die sie erst zu einem späteren Zeitpunkt an das MU verkaufen wollen bzw können. Die Bilanzierung **erworbener Call-Optionen** (*non-controlling interest call options:* Recht des MU, die Anteile nicht-beherrschender Gesellschafter zu erwerben) bzw **geschriebener Put-Optionen** (*non-controlling interest put options:* Recht der nicht-beherrschenden Gesellschafter des TU, ihre Anteile an das MU zu verkaufen) bzgl der Anteile nicht-beherrschenden Gesellschafter eines TU muss grds entspr der Bilanzierung vergleichbarer Optionen für eigene Anteile des MU erfolgen, dh wenn die Voraussetzungen für die Existenz eines Eigenkapitalinstruments vorliegen (vgl ausführlich → § 35 Rn 55 ff). Nach IAS 32.23 erfolgt die Zugangsbewertung der synthetischen Verbindlichkeit (→ Rn 9) im Fall von Put-Optionen unabhängig von der Zuordnung als Eigen- oder Fremdkapitalinstrument mit dem Barwert des Rückkaufbetrags, also des Andienungsrechts der nicht-beherrschenden Gesellschafter. Der so ermittelte Betrag ist erfolgsneutral aus dem Eigenkapital umzugliedern; hierzu sind zunächst die Gewinnrücklagen und, sofern diese ansonsten negativ würden, der Ergebnisvortrag anzusprechen (→ Rn 70). Für die Folgebewertung geschriebener Put-Optionen, die als Fremdkapital zu bilanzieren sind, sah der Entwurf DI/2012/2 des IFRSIC, der nicht mehr verfolgt wird, eine erfolgswirksame Bewertung entspr den Regelungen in IAS 39.55 f bzw IFRS 9.5.7.1 f vor (*Freiberg* PiR 2012, 228 (228 ff), *Schwarzkopf/Hachmeister* WPg 2015, 533 (533 ff) sowie ausführlich → § 35 Rn 63 f und → § 35 Rn 66 ff). Nunmehr sollen die hiermit verbundenen Fragen im Forschungsprojekt *Financial Instruments with Characteristics of Equity* des IFRS behandelt werden → Rn 160.

133–139 *(einstweilen frei)*

K. Angaben im Anhang

140 Sowohl **diverse IFRS** wie auch **gesellschaftsrechtliche Vorschriften** verlangen bzw erlauben zusätzliche Angaben im Anhang → § 19 Rn 15.

Zum Eigenkapital sind nach IAS 1.79(a) entweder in der Bilanz oder im Anhang von KapGes folgende Angaben für jede Kategorie von Anteilen zu machen (→ § 19 Rn 24; vgl *ADS* Int Abschn 7 Rz 115):

(1) Anzahl der ausgegebenen und voll eingezahlten sowie nicht voll eingezahlten Anteile (IAS 1.79(a)(ii); § 160 Abs 1 Nr 3 AktG),
(2) Nennwert der Anteile bzw Angabe, dass kein Nennwert besteht (IAS 1.79 (a)(iii); § 160 Abs 1 Nr 3 AktG),
(3) Überleitungsrechnung der im Umlauf befindlichen Anteile von Beginn bis Ende der Berichtsperiode (IAS 1.79(a)(iv)),
(4) Anzahl der genehmigten Anteile bzw das genehmigte Kapital (§ 160 Abs 1 Nr 4),
(5) Rechte, Vorzugsrechte und Beschränkungen, einschließlich der Beschränkungen bzgl der Gewinnverwendung und Kapitalrückzahlung (IAS 1.79(a)(v)),
(6) Beschreibung von Art und Zweck jeder Eigenkapitalrücklage unter Angabe bestehender Verwendungsrestriktionen (IAS 1.79(b)),
(7) die vom Unternehmen, einem TU oder assoziierten Unternehmen gehaltenen eigenen Anteile (IAS 1.79(a)(vi)),
(8) die für die Ausgabe aufgrund bestehender Optionen oder Verkaufsverträge vorgehaltenen eigenen Anteile unter Angabe der Modalitäten und Beträge (IAS 1.79(a)(vii)),

(9) Betrag der Dividenden, der nach dem Bilanzstichtag, jedoch vor Freigabe des Abschlusses zur Veröffentlichung vorgeschlagen oder angekündigt wurde (IAS 1.137(a) iVm IAS 10.12),

(10) Betrag der aufgelaufenen, noch nicht bilanzierten Vorzugsdividenden (IAS 1.137(b)); *ADS* Int Abschn 7 Rz 122).

PersGes haben nach IAS 1.80 vergleichbare Angaben zu machen, insbes die Veränderungen je Eigenkapital-Kategorie darzustellen sowie deren Rechte, Vorzugsrechte und Beschränkungen zu beschreiben.

In IAS 1.134 werden **rechtformunabhängige Erläuterungspflichten** im Zusammenhang mit dem **Kapitalmanagement** gefordert. Als Kapital gilt dabei die Summe aus Schulden und Eigenkapital. Offenzulegen sind zunächst die Ziele und Verfahren des Eigenkapitalmanagements. Dabei sollten auch alle das Kapital betreffenden gesellschaftsrechtlichen Beschlüsse erläutert und über den Status ihrer Umsetzung berichtet werden (*Lüdenbach/Hoffmann/Freiberg* IFRS § 20 Rz 102ff). Nach IAS 1.135 sind darüber hinaus die qualitative Abgrenzung des (wirtschaftlichen) Eigenkapitals, die Art von sowie der Umgang mit regulatorischen Eigenkapitalanforderungen (zB bei Banken), die Zielsetzung der Unternehmensleitung hinsichtlich der Entwicklung des Kapitals, der Eigenkapitalquote sowie der Grad der Zielerreichung und quantitative Informationen zur Zusammensetzung und Entwicklung des Kapitals angabepflichtig. In das wirtschaftliche Eigenkapital könnten zB nachrangige Schulden oder auch nicht als Eigenkapital zu qualifizierende Finanzinstrumente einbezogen werden, die in der nationalen Rechnungslegung jedoch als Eigenkapital qualifiziert werden dürfen (zB bestimmte Ausgestaltungen stiller Gesellschaften; vgl auch → Rn 13) und aufgrund des Zusammenhangs zwischen Insolvenzrecht und nationaler Rechnungslegung im Fokus des Kapitalmanagements stehen. Damit erhält der Abschlussadressat Informationen, welche das mit der Kapitalstruktur verbundene Risiko sowie dessen intendierte Entwicklung aufzeigen und die Transparenz des Investitionsrisikos erhöht. 141

Ferner sind nach IAS 1.136A für „gewillkürtes Eigenkapital" folgende **ergänzende Angaben im Anhang** zu machen: 142

(1) der Gesamtbetrag der als Eigenkapital klassifizierten Instrumente,

(2) eine Beschreibung der Ziele, Strategien und Prozesse bei der Steuerung der Rückzahlungsverpflichtung, wenn das Kündigungsrecht ausgeübt wird sowie Veränderungen zum Vorjahr,

(3) der erwartete Betrag, der im Falle des Rückkaufs oder der Rückgabe zu leisten wäre sowie,

(4) Informationen darüber, wie der (voraussichtliche) Rückkaufs- bzw Rückzahlungsbetrag ermittelt wurde.

Nach IAS 1.136A(c) ist im Anhang der erwartete Zahlungsmittelabfluss anzugeben, der sich aufgrund des **gesetzlichen Kündigungsrechts** eines Gesellschafters ergeben kann, um eine Einschätzung der voraussichtlichen Auswirkungen auf die Liquiditätslage der PersGes zu ermöglichen. Auf eine quantitative Angabe im Anhang kann daher in solchen Fällen verzichtet werden, in denen unter Berücksichtigung der Vergangenheit sowie der Erwartungen für die Zukunft mit keiner Kündigung zu rechnen ist (DRSC-I 3.40). Sofern eine Kündigung nicht als unwahrscheinlich betrachtet werden kann, sind zusätzlich zur notwendigen quantitativen Angabe auch die Art und Weise sowie die grundlegenden Annahmen anzugeben, die der Ermittlung des angegebenen Abfindungsbetrags zugrunde liegen. Diese umfangreichen Angabepflichten sind als Kompromiss der Diskussion im und mit dem IASB im Rahmen der Schaffung des **„gewillkürten" Eigenkapitals** anzusehen. Als wesentliche Belastung für die Praxis wird sich die Angabepflicht unter Ziffer (3) erweisen, die im Regelfall für jeden Abschlussstichtag eine Unternehmensbewertung erforderlich macht, damit der Zeitwert des kündbaren Finanzinstruments ermittelt werden kann. Vor dem Hintergrund der weitgehenden Methodenfreiheit geht DRSC-I 3.41 jedoch davon aus, dass auch überschlägige oder branchenspezifisch übliche Vereinfachungsverfahren akzeptabel sind.

143–148 *(einstweilen frei)*

L. Wesentliche Änderungen und deren Anwendungszeitpunkte

149 Mit Bezug auf die hier kommentierten Regelungen zum Eigenkapital ist auf folgende Änderungen und Neuerungen hinzuweisen.

Durch die Verabschiedung von **IFRS 9** im Juli 2014 ergaben sich diverse Folgeänderungen in IAS 1, IAS 32, IAS 39 sowie IFRIC 2 und IFRIC 19. IFRS 9 und sämtliche Folgeänderungen sind unter dem Vorbehalt eines Endorsement für Geschäftsjahre, die am oder nach dem 1. Januar 2018 beginnen, verpflichtend anzuwenden.

M. Gegenüberstellung zu HGB/DRS

150 Da weder die IFRS noch das Rahmenkonzept detaillierte Aussagen zum Eigenkapital enthalten, ergeben sich die zu beachtenden Vorschriften im Wesentlichen aus den **nationalen Gesetzen** bzw dem **jeweiligen Gesellschaftsvertrag.** Es bestehen jedoch einige wesentliche Unterschiede.

I. Ansatz

151 Der Ansatz von Finanzinstrumenten als Eigenkapital unterliegt nach HGB dem Grundsatz der wirtschaftlichen Betrachtungsweise. So ist in der Literatur allgemein anerkannt, dass zB **Genussrechte** oder das **Kapital stiller Gesellschafter** unter bestimmten Voraussetzungen, die ihre rechtliche Ausgestaltung betreffen, als Eigenkapitalinstrumente ausgewiesen werden dürfen. Dem steht der strenge, nicht auslegbare Begriff der Schulden nach IFRS entgegen. Dieser führt dazu, dass Genussrechte bzw das Kapital stiller Gesellschafter idR nicht als Eigenkapital ausgewiesen werden dürfen (→ Rn 13). Durch die Regelungen in IAS 32.16Aff besteht zwar auch bei **deutschen PersGes** nunmehr idR die Möglichkeit zum Eigenkapitalausweis. Trotzdem bleibt der Ansatz von Eigenkapital nach IFRS ggü dem HGB eingeschränkt, da die Definition von Schulden zunächst unverändert bleibt (→ Rn 100).

Aufgrund der fehlenden Ausschüttungsbemessungsfunktion eines IFRS-Abschlusses kommt auch der Ansatz einer **ausschüttungsgesperrten Rücklage** für Beteiligungserträge, auf deren Zahlung das bilanzierende Unternehmen noch keinen Anspruch hat, nach § 272 Abs 2 HGB idF des BilRuG aus systematischen Überlegungen nicht in Frage.

II. Bewertung

152 Die Bewertung von Vermögenswerten zum beizulegenden Zeitwert und damit die Bilanzierung einer **Neubewertungs- und Zeitwertrücklage** bzw Rücklage für Marktbewertung stehen im Widerspruch zu den Bilanzierungs-

und Bewertungsmethoden für Vermögensgegenstände nach HGB. Auf die Umsetzung der Regelungen zur Neubewertung von Sach- und Finanzanlagen nach Art 7 der Richtl 2013/34/EU hat der deutsche Gesetzgeber bislang verzichtet. Die Umsetzung des zur Harmonisierung mit IAS 39 in Richtl 2013/34/EU enthaltenen Art 8 in deutsches Recht erfolgt im HGB nur eingeschränkt durch § 253 Abs 1 Satz 4 HGB; danach sind nur nach § 246 Abs 2 Satz 2 HGB zu verrechnende Vermögensgegenstände (im Wesentlichen im Zusammenhang mit Altersversorgungsverpflichtungen) mit ihrem beizulegenden Zeitwert zu bewerten. Im Übrigen lassen die Bewertungsregelungen des HGB eine Bewertung zum beizulegenden Zeitwert nicht zu, sodass methodische Unterschiede bestehen bleiben und auch zukünftig im handelsrechtlichen Eigenkapital weder eine Neubewertungsrücklage noch eine Rücklage für Marktbewertungen enthalten sein werden.

III. Ausweis

Eine Minderung des Eigenkapitals um die unmittelbar durch die tatsächliche **Eigenkapitalbeschaffung** verursachten **Aufwendungen** wie nach IFRS vorgesehen, ist nach HGB nicht zulässig. Die Aufwendungen sind nach HGB erfolgswirksam in der Periode des Anfalls zu erfassen; eine Aktivierung ist gem § 248 Nr 2 HGB verboten. 153

Obwohl die Bilanzierung des **Erwerbs eigener Anteile** durch § 272 Abs 1a HGB an die Bilanzierung nach IFRS angenähert wurde, verbleiben methodische Differenzen. Nach HGB sind die Anschaffungskosten für die eigenen Anteile demnach zunächst vom gezeichneten Kapital abzusetzen und ein ggf verbleibender Differenzbetrag ist mit den frei verfügbaren Rücklagen zu verrechnen; dies schließt die Anwendung der sog *cost method* aus (→ Rn 86). Ferner stellen Anschaffungsnebenkosten handelsrechtlich nach § 272 Abs 1a Satz 3 HGB Aufwand der Periode dar, während nach IFRS die Anschaffungsnebenkosten nicht gesondert betrachtet werden. E-DRS 31, der den bisherigen DRS 7 zum Konzerneigenkapital für Geschäftsjahre, die am oder nach dem 1. Januar 2016 beginnen, ersetzen soll, sieht in E-DRS 31.29 für den Konzernabschluss nach HGB ergänzend vor, dass die Verrechnung der Anschaffungskosten nicht wie im Jahresabschluss auf die frei verfügbaren Rücklagen beschränkt sein soll. Sind im Jahresabschluss des MU keine ausreichenden frei verfügbaren Rücklagen vorhanden, soll nach E-DRS 31.34 sodann eine Verrechnung mit den Rücklagen auf Konzernebene erfolgen. Erst wenn auch dies nicht möglich ist, soll die Verrechnung zu Lasten des Periodenergebnisses erfolgen. Für den erneuten Verkauf der nicht eingezogenen eigenen Anteile sieht § 272 Abs 1b HGB vor, dass die Korrekturposten aus dem vorangegangenen Erwerb rückgängig gemacht werden; ein möglicher Mehrerlös ist hingegen zwingend in die Kapitalrücklage nach § 272 Abs 2 Nr 1 HGB einzustellen. Auch hier stellen die Verkaufsnebenkosten Aufwand der Periode dar. 154

Nach § 272 Abs 4 HGB ist eine Rücklage für Anteile an einem herrschenden oder mit Mehrheit beteiligten Unternehmen in Höhe deren Buchwerts zu bilden. Diese Rücklage ist entspr im IFRS-Abschluss mangels vergleichbarer Vorschriften aufzulösen. Für einen Konzernabschluss nach HGB und IFRS ergeben sich hinsichtlich der Bilanzierung von Anteilen an MU, die TU gehören, aufgrund der nach § 301 Abs 4 HGB vorgesehenen offenen Absetzung der Anteile vom gezeichneten Kapital verbunden mit einer Auflösung der Rücklage nach § 272 Abs 4 HGB keine Unterschiede. Dies wird in E-DRS 31.48 entspr klargestellt.

155 Nach § 268 Abs 3 HGB ist bei **negativem Eigenkapital** auf der Aktivseite der das Eigenkapital übersteigende Betrag als gesonderter Posten „Nicht durch Eigenkapital gedeckter Fehlbetrag" auszuweisen; das nach HGB auf der Passivseite bilanzierte Eigenkapital wird somit niemals negativ ausgewiesen. Ein solcher Ausweis ist nach IFRS nicht zulässig; vielmehr wird das Eigenkapital mit seinem negativen Wert auf der Passivseite gezeigt.

Zu Unterschieden zwischen der **Eigenkapitalveränderungsrechnung** nach IAS 1.106ff und jener nach § 297 Abs 1 Satz 2 iVm DRS 7 bzw E-DRS 31 vgl → § 17 Rn 92ff.

156 Sowohl nach HGB wie auch Richtl 2013/34/EU ist die Bilanzierung eines Unternehmenserwerbs als **umgekehrter Unternehmenserwerb** im nach handelsrechtlichen Rechnungslegungsvorschriften aufgestellten Konzernabschluss nicht zulässig (vgl erläuternd DRS 4.A5). Hieraus kann im Umkehrschluss nicht gefolgert werden, dass eine Anwendung der Vorschriften des IFRS 3 in einem nach den Regelungen des § 315a HGB aufgestellten Konzernabschluss nicht anwendbar sind; durch das vollständige Endorsement des IFRS 3 durch die EU ist vielmehr klargestellt, dass diese Regelungen zwingend anwendbar sind.

IV. IFRS und deutsches Steuerrecht

157 Die **Zinsabzugsbegrenzung („Zinsschranke")** nach § 4h EStG beschränkt unter bestimmten Voraussetzungen die sofortige Berücksichtigung des Zinsaufwands als eine die steuerliche Bemessungsgrundlage mindernde Betriebsausgabe. Nach § 4h Abs 2 lit c Satz 8 EStG basiert der Eigenkapitalvergleich grds auf Abschlüssen, die nach IFRS erstellt wurden (vgl auch Rz 77 des *BMF*-Schreibens vom 4. Juli 2008 zur Zinsschranke). Alternativ sind auch unter bestimmten Bedingungen Abschlüsse nach dem Handelsrecht eines anderen EU-Mitgliedsstaats oder nach US GAAP zulässig; die Verwendung von Abschlüssen, die auf anderen Rechnungslegungsstandards basieren, ist dagegen nicht erlaubt. Wurde der (Jahres-)Abschluss des Betriebs nicht nach denselben Rechnungslegungsvorschriften wie der Konzernabschluss aufgestellt, ist nach § 4h Abs 2 lit c Satz 11f EStG für den Betrieb eine Überleitungsrechnung zu erstellen, die einer prüferischen Durchsicht *(„review")* iSv *IDW* PS 900 zu unterziehen ist, sofern nicht die Finanzverwaltung gar eine Prüfung durch einen Abschlussprüfer verlangt. Im Ergebnis wird damit erstmals in der deutschen Rechtsgeschichte eine steuerlich induzierte Obliegenheit zur IFRS-Rechnungslegung auf Betriebsebene festgeschrieben (*Hennrichs* DB 2007, 2101 (2101)).

158 Von den drei in § 4h Abs 2 EStG genannten **Ausnahmeregelungen** zur Zinsschranke haben zwei einen Bezug zur Rechnungslegung nach IFRS. Die Zinsschranke gilt demnach nicht, wenn

(1) der negative Zinssaldo drei Mio Euro nicht übersteigt (§ 4h Abs 2 lit a EStG),
(2) der Betrieb nicht zu einem Konzern gehört (§ 4h Abs 2 lit b EStG), oder
(3) der Betrieb zwar zu einem Konzern gehört, aber die Eigenkapitalquote des Betriebs die Eigenkapitalquote des Konzerns nicht um mehr als einen Prozentpunkt unterschreitet („Escape-Klausel"; § 4h Abs 2 lit c EStG).

Nach Rz 59 des *BMF*-Schreibens gehört ein Betrieb zu einem Konzern, wenn er nach dem einschlägigen Rechnungslegungsstandard in einen **Konzernabschluss** einzubeziehen ist oder einbezogen werden könnte. Nach Rz 67 des *BMF*-Schreibens sind **Zweckgesellschaften** grds konzernangehörige Betriebe, wenn nach den jeweils zur Anwendung kommenden Rechnungslegungsstandards eine Konsolidierung in den Konzernabschluss zu erfolgen hat. Dabei ist nach

Rz 68 des *BMF*-Schreibens grds auf die Verhältnisse am vorangegangenen Abschlussstichtag abzustellen. Nach Rz 72 des *BMF*-Schreibens werden bestehende Konzernabschlüsse in den Fällen des § 4h Abs 3 Satz 5 EStG grds unverändert für den Eigenkapitalvergleich herangezogen, wenn entweder die handelsrechtlichen Vorschriften erfüllt werden oder ihnen nach §§ 291, 292 oder 315a HGB befreiende Wirkung zukommt. Zulässigerweise nicht konsolidierte Unternehmen müssen nicht aufgenommen werden. Eine quotale Einbeziehung von Unternehmen ist grds nicht zulässig, der Konzernabschluss ist entspr zu bereinigen. Auch sog Verbriefungszweckgesellschaften sind aus dem Konzernabschluss herauszurechnen, wenn sie nach Rz 67 des *BMF*-Schreibens als nicht konzernzugehörig gelten. Die Korrekturen können unterbleiben, sofern sich dadurch keine „erheblichen" (sic!) Veränderungen der Konzerneigenkapitalquote ergäben; dabei bleibt unklar, wie die Erheblichkeit bestimmt werden kann. Um die Auswirkungen beurteilen zu können, ist jedoch eine Proberechnung erforderlich, sodass diese Ausnahmeregelung keine Erleichterung für die Praxis mit sich bringen dürfte. Nach Rz 73 des *BMF*-Schreibens sind die dem Betrieb zugeordneten Vermögenswerte und Schulden mit den im Konzern zugeordneten Werten anzusetzen; ein im Konzernabschluss enthaltener Geschäfts- oder Firmenwert sowie mitbezahlte stille Reserven sind dem Betrieb zuzuordnen (zu näheren Einzelheiten zu den Bereinigungsrechnungen auf Betriebsebene wird auf die Rz 75f des *BMF*-Schreibens verwiesen; vgl auch *Hennrichs* DB 2007, 2101 (2105f)). Zu den Möglichkeiten und Grenzen zur Beeinflussung der Eigenkapitalquote durch bilanzpolitische Maßnahmen vgl *Köster* BB 2007, 2278 (2282f).

(einstweilen frei) 159

N. Aktuelle Entwicklungen/IASB-Projekte

Nachdem im Oktober 2010 der IASB und der FASB gemeinsam beschlossen hatten, die Arbeiten an dem Projekt ***„Financial Instruments with Characteristics of Equity (formerly Liabilities and Equity)"*** vorübergehend einzustellen, hat der IASB das Projekt als Forschungsprojekt im Dezember 2012 wieder in seinen Arbeitsplan aufgenommen; der FASB beteiligt sich jedoch nicht mehr daran. Aktuell (31. Juli 2015) geht der IASB davon aus, dass in einem nächsten Schritt ein Diskussionspapier hierzu veröffentlicht werden soll, ohne jedoch Aussagen zu einem möglichen Zeitpunkt zu treffen. Dessen ungeachtet hat die EFRAG zusammen mit dem DRSC sowie weiteren europäischen Standardsetzern im Juli 2014 das Diskussionspapier *Classification of Claims* veröffentlicht. Dieses Diskussionspapier soll den IASB bei seinen eigenen Bemühungen zur Entwicklung eines Diskussionspapiers zur Unterscheidung von Eigenkapital und Schulden unterstützen. 160

Im Rahmen der kommenden Diskussionen ist eine **ganzheitliche Betrachtung** der möglichen Unterscheidungskriterien von Finanzinstrumenten, ihrer wirtschaftlichen Wirkungsweise sowie ihrer Entscheidungsrelevanz bzw -nützlichkeit zu erwarten, dh eine Diskussion, die das Framework und damit die Definition von Schulden einbezieht. Trotz der seitens des IASB wieder aufgenommenen Arbeiten an dem Projekt ist mit einer kurzfristigen Neuordnung der Definitionen von Eigenkapital und Schulden jedoch nicht zu rechnen. 161

§ 13. Rückstellungen

Übersicht

Schrifttum: *Albrecht* Die Bankenabgabe im Licht von IFRIC 21, PiR 2013, 338; *Baetge/Zülch/Brüggemann/Nellessen* Management's best estimate – Abbildung singulärer Risiken im HGB- und IFRS-Abschluss, PiR 2007, 316; *DRSC* Interpretation 1 (IFRS) Bilanzgliederung nach Fristigkeit gemäß IAS 1 Darstellung des Abschlusses, Berlin 2013; *DRSC* Anwendungshinweis (AH) 1 (IFRS) Einzelfragen zur Bilanzierung von Altersteilzeitverhältnissen nach IFRS, Berlin 2012; *Europäische Kommission* Empfehlung der Kommission vom 30. Mai 2001 zur Berücksichtigung von Umweltaspekten in Jahresabschluss und Lagebericht von Unternehmen: Ausweis, Bewertung und Offenlegung ABl EG L 156 vom 13. Juni 2001, 33; *Freiberg/Lüdenbach* Die risiko- und laufzeitäquivalente Diskontierung von Rückstellungen nach IAS 37, PiR 2007, 330; *Haaker* Das Wahrscheinlichkeitsproblem bei der Rückstellungsbilanzierung nach IAS 37 und IFRS 3, KoR 2005, 8; *Henselmann* Ungewisse Verpflichtungen nach IFRS, KoR 2007, 232; *Hommel* Rückstellungsbewertung im Spannungsfeld von Management-Approach und Fair-Value-Approach, PiR 2007, 323; *Hommel/Wilch* Neues zur Entwicklung der Rückstellungsbilanzierung nach IFRS, WPg 2007, 509; *IASB* Staff Paper: Liabilities – IFRS to replace IAS 37 – Recognising liabilities arising from lawsuits vom 7. April 2010; *IASCF* Working Draft International Financial Reporting Standard Liabilities vom 19. Februar 2010; *IDW* RS HFA 3 Stellungnahme zur Rechnungslegung: Handelsrechtliche Bilanzierung von Altersteilzeitregelungen, FN IDW 2013, 309; *Kessler/Scholz-Görlach* Die Abgrenzung des Saldierungsbereichs bei Drohverlustrückstellungen, PiR 2007, 305; *Kirchhof* Die Bilanzierung von Restrukturierungsrückstellungen nach IFRS, WPg 2005, 589; *KPMG* Accounting News, Ausgabe Juni 2013; *Kühne/Schween* Konzeptionelle Basis der Rückstellungsbilanzierung: Verbesserung durch Bilanzierung von ‚Stand ready'-Verpflichtungen?, KoR 2006, 171; *Kümpel* Bilanzielle Behandlung von Entsorgungs-, Rekultivierungs- und ähnlichen Verpflichtungen im IFRS-Regelwerk, DStR 2004, 1227; *Küting/Kessler/Cassel/Metz* Die bilanzielle Würdigung bestandsunsicherer Schadenersatzverpflichtungen nach IFRS und HGB, WPg 2010, 315; *Küting/Wohlgemuth* Implikationen der angedachten Änderungen der Rückstellungsbilanzierung nach ED IAS 37 für die Bilanzanalyse, DStR 2006, 2327; *Lüdenbach/Hoffmann* Imparitätische Wahrscheinlichkeit – Zukunftswerte im IAS-Regelwerk, KoR 2003, 5; *Marx/Berg* Rückstellungen für Dokumentationsverpflichtungen nach HGB, IFRS und EStG, DB 2006, 169; *Oser/Roß* Rückstellungen aufgrund der Pflicht zur Rücknahme und Entsorgung von sog. Elektroschrott beim Hersteller, WPg 2005, 1069; *Pelger* Rechnungslegungszweck und qualitative Anforderungen im Conceptual Framework for Financial Reporting (2010) – Der erste Stein im neuen Fundament der internationalen Rechnungslegung, WPg 2011, 908; *Schrimpf-Dörges* Umweltschutzverpflichtungen in der Rechnungslegung nach HGB und IFRS, Wiesbaden 2007; *Theile* Sozialplanverpflichtungen und Restrukturierungen, PiR 2007, 298; *Thiele* Schwebende Rechtsstreitigkeiten in der Rechnungslegung nach IFRS/IAS, WPg 2004, 737; *Urbanczik* IFRIC 21 „Levies" – Interpretation zur bilanziellen Abbildung von staatlich erhobenen Abgaben, KoR 2013, 413; *Zülch/Willms* Rückstellungen für Entsorgungs-, Wiederherstellungs- und ähnliche Verpflichtungen: Umstellung von HGB auf IFRS, DB 2005, 1178.

Wesentliche Rechtsgrundlagen: IAS 1, IAS 10, IAS 19, IAS 37, IAS 39, IFRS 3, IFRS 9, IFRIC 1, IFRIC 5, IFRIC 6, IFRIC 13, IFRIC 21

A. Allgemeines

Ansatz und Bewertung von Rückstellungen, Eventualschulden und Eventualforderungen sowie die im Anhang anzugebenden Informationen sind grundlegend in **IAS 37** geregelt. Dieser Standard fand erstmalig Anwendung für Geschäftsjahre, die am oder nach dem 1. Juli 1999 begannen. 1

Der IASB hat im Juni 2005 einen Standardentwurf *Amendments to IAS 37* veröffentlicht. Aufgrund der Reaktionen auf diesen Standardentwurf hat der IASB im Folgenden mit dem Standardentwurf *Measurement of Liabilities* in IAS 37 (ED/2010/1) weitere Leitlinien zur Bewertung von Schulden entwickelt. Im Februar 2010 folgte eine Arbeitsversion eines neuen Standardentwurfs *Liabilities* mit **einschneidenden Änderungsvorschlägen** zu IAS 37 (→ Rn 225 ff).

Der IASB hat mit der Neuausrichtung des Verbindlichkeitenbegriffs im Zusammenhang mit der Fortentwicklung des Rahmenkonzepts den Standardentwurf im Jahr 2012 auf sein *research programme* aufgenommen. Für das Jahr 2015 ist die Diskussion in den IASB-Sitzungen über mögliche Änderungen des IAS 37 angedacht. Es ist aber noch ungewiss, ob und ggf wann die geplanten Änderungen eintreten werden.

B. Anwendungsbereich

2 IAS 37 ist grds auf die Bilanzierung und Bewertung von **Rückstellungen, Eventualschulden** und **Eventualforderungen** von Unternehmen aller Rechtsformen anzuwenden, die ihren Abschluss nach IFRS erstellen.

3 **Ausnahmen** hinsichtlich des Anwendungsbereichs von IAS 37 bestehen für folgende Sachverhalte:

(1) Finanzverbindlichkeiten und -instrumente (einschließlich Garantien), die in den Anwendungsbereich von IAS 39/IFRS 9 fallen (IAS 37.2). Hinsichtlich finanzieller Garantien nach IAS 39/IFRS 9 richten sich Ansatz und Ausbuchung einer entspr Rückstellung nach IAS 39.14/IFRS 9.3.1.1 und IAS 39.39 ff/IFRS 9.3.3.1 ff. Die erstmalige Bewertung erfolgt zum beizulegenden Zeitwert (IAS 39.43/IFRS 9.5.1.1) und in der Folge zum höheren Wert, der sich aus IAS 37 bzw der Wertberichtigungshöhe nach IFRS 9.5.5 und dem urspr erfassten Betrag, ggf abzüglich der gem IAS 18/IFRS 15 erfassten kumulierten Wertberichtigungen ergibt (IAS 39.47(c)/IFRS 9.4.2.1(c)).

(2) Noch zu erfüllende (schwebende) Verträge ohne Belastungen (IAS 37.3).

(3) Bis zum Inkrafttreten des IFRS 15 die drohenden Verluste aus Fertigungsaufträgen nach IAS 11 (IAS 37.5(a)). Übersteigen bei Fertigungsaufträgen die prognostizierten Auftragskosten die voraussichtlichen Auftragserlöse, ist der erwartete Verlust von den aktivierten Auftragskosten abzusetzen und nur ein hierüber hinausgehender Verlust als Rückstellung auszuweisen → § 9 Rn 80 ff sowie → Rn 117 ff. Mit Inkrafttreten des IFRS 15 wird diese bisherige Regelung wegen der Streichung des IAS 37.5(a) (geändert 2014) aufgehoben (→ § 9 Rn 152), inhaltlich aber durch eine ähnliche Regelung mit IFRS 15.101 ersetzt.

(4) Tatsächliche und latente Ertragsteuerschulden nach IAS 12 (IAS 37.5(b)). Neben tatsächlichen Ertragsteuerschulden sind nach IAS 12 latente Ertragsteuerschulden bilanziell auszuweisen, wenn temporäre oder quasi-permanente Differenzen zwischen den Ansätzen in der IFRS-Bilanz und der Steuerbilanz in späteren Perioden zu einer erhöhten bzw verminderten Steuerlast in der IFRS-Bilanz führen → § 25 Rn 55 ff.

(5) Verpflichtungen aus Leasingverhältnissen beim Leasingnehmer nach IAS 17, mit Ausnahme drohender Verluste aus Operating-Leasingverhältnissen (IAS 37.5(c); → § 22 Rn 117 und → § 22 Rn 142).

(6) Leistungen an Arbeitnehmer (Altersversorgung, sonstige Leistungen an Arbeitnehmer nach IAS 19 (IAS 37.5(d)). Dieser Standard ist gleichermaßen für kurzfristig (zB Urlaubs- oder Weihnachtsgeld, Tantiemen) wie auch langfristig fällige Leistungen (Jubiläumsverpflichtungen) sowie Leistungen aus Anlass der oder nach Beendigung des Arbeitsverhältnisses (zB Abfindungen, Pensionen, Altersteilzeitvereinbarungen) an Arbeitnehmer anzuwenden. Leistungen an Arbeitnehmer beinhalten Leistungen sowohl an die Arbeitnehmer selbst, als auch an von diesen wirtschaftlich abhängige Personen (Ehepartner, Kinder). Neben Geldleistungen werden auch Sachleistungen erfasst. Zu den Arbeitnehmern iSd Standards zählen ebenfalls Mitglieder der Geschäftsführungs- und der Aufsichtsratorgane sowie sonstige leitende Angestellte (IAS 19.7). Zur bilanziellen Abbildung von betrieblichen Altersver-

sorgungen → § 26 Rn 158ff. Hinsichtlich des Ansatzes und der Bewertung anderer Leistungen an Arbeitnehmer → Rn 90ff, → Rn 103ff, → Rn 146 → Rn 149ff, → Rn 186f.

(7) Verpflichtungen aus Versicherungsverträgen nach IFRS 4 (IAS 37.5(e); → § 40 Rn 1ff).

(8) Bedingte Gegenleistung eines Erwerbers bei einem Unternehmenszusammenschluss (IAS 37.5(f) (geändert 2013) iVm IFRS 3.58 (geändert 2013)). Bedingte Gegenleistungen werden, unabhängig ob die Schuld in den Anwendungsbereich des IAS 39/IFRS 9 fällt, zum beizulegenden Zeitwert bewertet. Dabei stellen bedingte Gegenleistungen im allgemeinen Verpflichtungen des Erwerbers dar, zusätzliche Vermögenswerte oder Eigenkapitalanteile den ehemaligen Eigentümern eines erworbenen Unternehmens als Teil des Austauschs für die Beherrschung des erworbenen Unternehmens zu übertragen, wenn bestimmte zukünftige Ereignisse auftreten oder Bedingungen erfüllt werden. Eine bedingte Gegenleistung kann dem Erwerber jedoch auch das Recht auf Rückgabe der zuvor übertragenen Gegenleistung einräumen, falls bestimmte Bedingungen erfüllt werden (IFRS 3.Anhang A *contingent consideration*).

(9) Verpflichtungen im Zusammenhang mit aktienbasierten Vergütungen, die nach IFRS 2 (→ § 24 Rn 17ff) zu bilanzieren sind.

(10) Eventualschulden nach IFRS 3, die im Rahmen von Unternehmenszusammenschlüssen angesetzt werden (IFRS 3.23). Gem IFRS 3 sind Unternehmenszusammenschlüsse unter Anwendung der Erwerbsmethode zu bilanzieren (IFRS 3.4; → § 34 Rn 19). Nach dieser Methode setzt der Erwerber zum Erwerbszeitpunkt im Rahmen der Verteilung der Anschaffungskosten neben den identifizierbaren Vermögenswerten und Schulden auch die Eventualschulden des erworbenen Unternehmens zu ihren im Erwerbszeitpunkt beizulegenden Zeitwerten an (IFRS 3.23 iVm IFRS 3.18).

(11) Bis zum Inkrafttreten des IFRS 15 die Erfassung von Umsatzerlösen nach IAS 18 (IAS 37.6). Auch wenn einige Rückstellungen mit der Erfassung von Umsatzerlösen zusammenhängen können, hat IAS 37 keinen Einfluss auf die Vorschriften des IAS 18. Mit Inkrafttreten des IFRS 15 ist aus dem Anwendungsbereich des IAS 37 ebenfalls die Erfassung von Umsatzerlösen aus Kundenverträgen nach IFRS 15 (IAS 37.5(g) (geändert 2014)) ausgenommen. Da IFRS 15 allerdings keine Aussagen zu belastenden Kundenaufträgen macht, ist für diese Fälle wiederum IAS 37 anzuwenden (IAS 37 ebd).

C. Definitionen und Abgrenzungen

I. Grundlagen

In den IFRS gibt es keinen expliziten **Oberbegriff** für die im Rahmenkonzept und in IAS 37 verwendeten Begriffe „Schulden“ und „Eventualschulden“. 4
In der Definition einer Schuld nach F.4.4(b) und IAS 37.10 sowie einer Eventualschuld nach IAS 37.10 wird als gemeinsame Voraussetzung die Existenz einer gegenwärtigen bzw möglichen **Verpflichtung** gefordert, die auf vergangenen Ereignissen beruht. Insofern erscheint es sachgerecht, den Begriff der Verpflichtung als Oberbegriff zu verwenden.

Da die Zuordnung eines verpflichtenden Ereignisses zu einer bestimmten Verpflichtungsart Ansatz-, Bewertungs- und Ausweisfolgen hat, sind Rückstellungen von anderen Verpflichtungsarten abzugrenzen. Im Einzelnen können Verpflichtungen wie folgt differenziert werden:

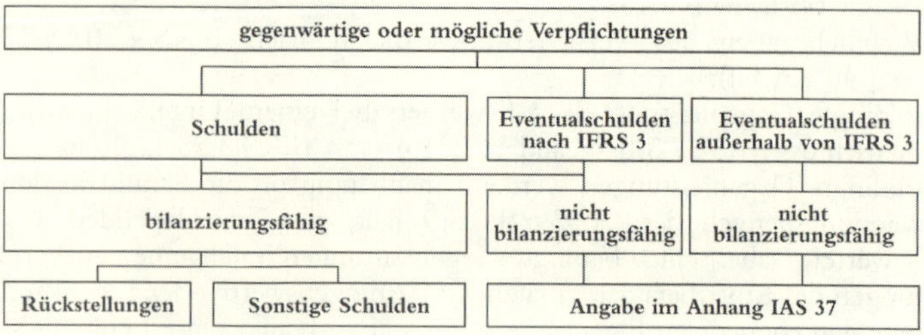

5 Allgemein stellt eine **Schuld** eine gegenwärtige Verpflichtung des Unternehmens aus Ereignissen der Vergangenheit dar, von deren Erfüllung erwartet wird, dass aus dem Unternehmen Ressourcen mit wirtschaftlichem Nutzen abfließen (F.4.4(b)). Diese Definition ist notwendige Voraussetzung für das Vorliegen einer Schuld, jedoch für den bilanziellen Ansatz nicht hinreichend (F.4.5, sog abstrakte Bilanzierungsfähigkeit). Für die konkrete **Bilanzierungsfähigkeit** und die damit einhergehende **Bilanzierungspflicht** einer Schuld muss zusätzlich zu diesen Kriterien deren Erfüllungsbetrag verlässlich ermittelt werden können (F.4.46). Ist die Bilanzierungspflicht gegeben, ist die Schuld als Rückstellung oder sonstige Schuld auszuweisen.

6 Nicht bilanzierungsfähige Schulden und Verpflichtungen, die nicht die notwendigen Bedingungen einer Schuld erfüllen, stellen **Eventualschulden** dar, die grds im Anhang anzugeben sind. In Einzelfällen findet auch keine Berücksichtigung im Anhang statt (→ Rn 19 und → Rn 31). Zu den nach IFRS 3 passivierungsfähigen und -pflichtigen Eventualschulden → Rn 22ff und → § 34 Rn 152ff.

7 Wesentliches **Unterscheidungskriterium** von Rückstellungen zu anderen Verpflichtungsarten ist der **Grad der Unsicherheit** hinsichtlich Grund, Höhe und/oder Zeitpunkt eines verpflichtenden Sachverhalts. Charakteristisches Merkmal sämtlicher Rückstellungen ist, dass sie zu einem gewissen Grad unsicher sind. Bei sonstigen Schulden ist entweder ein niedrigerer Grad an Unsicherheit oder sogar Sicherheit vorhanden. Im Vergleich zu Rückstellungen weisen Eventualschulden ein noch höheres Maß an Unsicherheit auf.

II. Rückstellungen

8 Nach IAS 37.14 besteht eine Pflicht zum **Ansatz** einer Rückstellung, wenn folgende **Kriterien** kumulativ erfüllt sind:

(1) Ein Unternehmen hat eine gegenwärtige rechtliche oder faktische Verpflichtung, die durch ein Ereignis der Vergangenheit verursacht worden ist, und
(2) es ist wahrscheinlich, dass es zur Erfüllung dieser Verpflichtung zu einem Abfluss von Ressourcen mit wirtschaftlichem Nutzen kommen wird, und
(3) es ist eine zuverlässige Ermittlung der Verpflichtungshöhe möglich.

Neben diese allgemeinen Kriterien für eine bilanzierungspflichtige Schuld (F.4.4(b) und F.4.5) treten für die Qualifizierung einer Verpflichtung als Rückstellung vier weitere Kriterien, die die den Rückstellungen immanente **Unsicherheit** repräsentieren:

(1) Unsicherheit hinsichtlich des Bestehens,
(2) Unsicherheit hinsichtlich des Ressourcenabflusses,
(3) Unsicherheit hinsichtlich der Höhe oder
(4) Unsicherheit hinsichtlich des Zeitpunkts der Fälligkeit.

IAS 37.16 geht davon aus, dass es in nahezu allen Fällen eindeutig sein wird, ob am Bilanzstichtag eine gegenwärtige Verpflichtung aus einem Ereignis der Vergangenheit vorliegt oder nicht. In unklaren Fällen sind alle substanziellen Hinweise für das Bestehen einer gegenwärtigen Verpflichtung zum Bilanzstichtag heranzuziehen (IAS 37.15). Diese substanziellen Hinweise umfassen alle zusätzlichen, durch Ereignisse nach dem Bilanzstichtag entstandenen Fakten, Meinungen und Beweisanzeichen (→ Rn 53 und → Rn 87). Es kann zweckdienlich sein, den Rat von Sachverständigen, zB bei Gerichtsverfahren, hinzuzuziehen.

In Fällen, in denen unklar ist, ob eine gegenwärtige Verpflichtung aus einem unstrittig vorliegenden, vergangenen Ereignis besteht, ist dann auf der Grundlage dieser verfügbaren Hinweise bei Vorliegen aller weiteren Voraussetzungen in der Bilanz eine Rückstellung anzusetzen, wenn zum Bilanzstichtag für das **Bestehen einer gegenwärtigen Verpflichtung** mehr Gründe als dagegen sprechen. Demgegenüber ist im Anhang grds eine Eventualschuld auszuweisen, wenn am Bilanzstichtag mehr Gründe für das Nichtbestehen einer gegenwärtigen Verpflichtung als dagegen sprechen, es sei denn, ein Abfluss von wirtschaftlichen Ressourcen ist (gänzlich) unwahrscheinlich (*remote,* IAS 37.16; zum Wahrscheinlichkeitsbegriff → Rn 26 ff). Damit ist eine Rückstellung auch durch Unsicherheit hinsichtlich des Bestehens einer gegenwärtigen Verpflichtung aus einem vergangenen Ereignis gekennzeichnet (IAS 37.23 f), selbst wenn dies in den grundlegenden Definitionen so nicht ausgeführt wird. 9

Auch wenn eine gegenwärtige Verpflichtung besteht, ist ein zukünftiger **Ressourcenabfluss** nicht immer wahrscheinlich bzw (so gut wie) sicher. Für einen Ressourcenabfluss kommt es darauf an, dass der Gläubiger mit ausreichender Wahrscheinlichkeit von dem Anspruch Kenntnis gewinnen kann und diesen auch einfordern wird. Nicht erforderlich ist hingegen, dass der Gläubiger den Anspruch bereits kennt und ggf geltend gemacht hat (→ Rn 42 und → Rn 48). Eine Rückstellung kann somit auch durch Unsicherheit über den zukünftigen Ressourcenabfluss gekennzeichnet sein. 10

Ferner sind bei Rückstellungen **Höhe** und **Zeitpunkt** der **Fälligkeit** entweder mit ausreichender Wahrscheinlichkeit bestimmbar oder (so gut wie) sicher. Kann die Höhe nicht zuverlässig ermittelt werden, liegt keine bilanzierungsfähige Schuld vor, und es ist eine Angabe im Anhang zu prüfen (→ Rn 16 ff und → Rn 49 f). Ist nur der Zeitpunkt der Fälligkeit unsicher, bleibt es bei einer bilanzierungsfähigen und -pflichtigen Rückstellung. 11

Für die Passivierung einer Rückstellung kommt es somit darauf an, dass **Unsicherheit** in Bezug auf eines der vier obigen Kriterien besteht. Sind alle vier Kriterien (so gut wie) sicher, liegt eine sonstige Schuld vor (→ Rn 13 ff, → § 14 Rn 5 ff). Ist eines der ersten drei Kriterien nicht ausreichend wahrscheinlich bzw ermittelbar, kann eine im Anhang angabepflichtige Eventualschuld vorliegen. Unsicherheit in Bezug auf den Zeitpunkt der Fälligkeit reicht hingegen nicht aus, um eine Eventualschuld zu begründen. 12

III. Sonstige Schulden

Nach IAS 37.11 sind Rückstellungen und sonstige Schulden zu unterscheiden. Auch sonstige Schulden müssen die allgemeinen Kriterien bilanzierungsfähiger Schulden erfüllen (→ Rn 5). Bestehen, Ressourcenabfluss, Höhe und Zeitpunkt der Fälligkeit der sonstigen Schulden weisen jedoch im Unterschied zu Rückstellungen einen deutlich niedrigeren **Grad der Unsicherheit** auf; sie sind so gut wie sicher oder sogar sicher (zum Wahrscheinlichkeitsbegriff 13

→ Rn 26ff). IAS 37.11 nennt als Beispiele für sonstige Schulden Verbindlichkeiten aus Lieferungen und Leistungen sowie abgegrenzte Schulden.

14 **Verbindlichkeiten aus Lieferungen und Leistungen** sind nach IAS 37.11(a) Schulden aus erhaltenen Gütern oder Dienstleistungen, die vom Lieferanten in Rechnung gestellt oder formal vereinbart worden sind. Diese Verbindlichkeiten haben sich durch das Vorliegen von Rechnungen bzw formaler Vereinbarungen (ggf Lieferscheinen, Bestellungen, etc) soweit konkretisiert, dass für den Faktor Unsicherheit in Bezug auf Bestehen, Ressourcenabfluss, Höhe und Zeitpunkt der Fälligkeit (so gut wie) kein Raum mehr besteht. Verbindlichkeiten aus Lieferungen und Leistungen stellen grds (so gut wie) sichere Verpflichtungen dar, die bilanziell als sonstige Schulden auszuweisen sind.

15 Inhaltliche Abgrenzungsprobleme treten regelmäßig bei der Verwendung des Begriffs **„abgegrenzte Schuld"** *(accrual)* auf. Abgegrenzte Schulden sind nach IAS 37.11(b) Schulden aus erhaltenen Gütern oder Dienstleistungen, die weder vom Lieferanten in Rechnung gestellt noch formal vereinbart worden sind. Ein Leistungsaustausch hat zwar bereits stattgefunden, sodass das Bestehen einer Verpflichtung und ein zukünftiger Ressourcenabfluss (so gut wie) sicher ist, die Höhe und/oder Fälligkeit des Entgelts ist allerdings noch in einem gewissen Rahmen unsicher, zB wenn noch keine endgültige Einigung hinsichtlich der abschließenden Höhe des Entgelts erzielt werden konnte. Auch wenn zur Bestimmung der Höhe und/oder Fälligkeit der abgegrenzten Schulden Schätzungen erforderlich sind, ist die Unsicherheit im Allgemeinen deutlich geringer als bei Rückstellungen. Abgegrenzte Schulden sind daher nicht unter den Rückstellungen, sondern unter den sonstigen Schulden auszuweisen (*ADS* Int Abschn 18 Rz 27; *Heuser/Theile* Rz 3408), sodass sich das Abgrenzungsproblem Verbindlichkeit/abgegrenzte Schuld in praxi nicht ergibt.

IV. Eventualschulden

1. Grundsatz

16 **Eventualschulden** sind dadurch gekennzeichnet, dass sie deutlich unsicherer sind als Rückstellungen. Das Vorliegen einer Eventualschuld ist immer dann zu prüfen, wenn die Ansatz- und Bewertungskriterien von Rückstellungen negiert werden müssen.

IAS 37.10 definiert eine Eventualschuld als

(1) eine mögliche Verpflichtung, die aus vergangenen Ereignissen resultiert und deren Existenz durch das Eintreten oder Nichteintreten eines oder mehrerer unsicherer künftiger Ereignisse erst noch bestätigt wird, die nicht vollständig unter der Kontrolle des Unternehmens stehen (IAS 37.10(a)), oder

(2) eine gegenwärtige Verpflichtung, die auf vergangenen Ereignissen beruht, jedoch nicht als Rückstellung erfasst wird, weil ein Abfluss von Ressourcen mit wirtschaftlichem Nutzen zur Erfüllung dieser Verpflichtung unwahrscheinlich ist oder die Höhe der Verpflichtung nicht ausreichend zuverlässig geschätzt werden kann (IAS 37.10(b)).

17 **Eventualschulden nach IAS 37.10(a)** unterscheiden sich somit von Rückstellungen dadurch, dass noch keine gegenwärtige, sondern lediglich eine mögliche Verpflichtung vorliegt. Die Existenz einer derartigen Verpflichtung hängt noch von dem Eintreten eines oder mehrerer ungewisser zukünftiger Ereignisse ab, die nicht im Einflussbereich des Unternehmens liegen und deren Eintritt bzw Nichteintritt die künftige finanzielle Situation des Unternehmens beeinflussen.

18 **Bei Eventualschulden nach IAS 37.10(b)** liegt im Gegensatz zur ersten Alternative bereits eine gegenwärtige Verpflichtung und damit keine Unsicher-

heit hinsichtlich des Bestehens vor. Gegenwärtige Verpflichtungen begründen nach IAS 37.13 stets Eventualschulden und somit keine Rückstellungen, wenn die weiteren Voraussetzungen der Rückstellungsbildung, die Wahrscheinlichkeit des Ressourcenabflusses (IAS 37.10(b)(i)) oder die zuverlässige Schätzbarkeit des Erfüllungsbetrags (IAS 37.10(b)(ii)) nicht gegeben sind.

Eventualschulden sind nach IAS 37.27 nicht zu bilanzieren. Sie sind jedoch grds im **Anhang** anzugeben. Von einer Berichterstattung im Anhang ist nach IAS 37.28 lediglich abzusehen, wenn der zukünftige Ressourcenabfluss (gänzlich) unwahrscheinlich ist (→ Rn 31). 19

Eventualschulden, die erst im Zeitablauf die Merkmale einer Rückstellung erfüllen, sind zum ersten Bilanzstichtag als **Rückstellung** auszuweisen, an dem die Kriterien erfüllt sind (ähnlich *Lüdenbach/Hoffmann/Freiberg* IFRS § 21 Rz 123). 20

Als **Beispiel** für Eventualschulden kann eine in den USA anhängige Schadensersatzklage angeführt werden, bei der auch über den tatsächlichen Schaden hinausgehender Schadenersatz (sog *punitive damages*) eingefordert wird und bei der davon ausgegangen werden kann, dass die Klage abgewiesen wird oder deren Höhe nicht mit der gebotenen Zuverlässigkeit bestimmt werden kann, was den Regelfall darstellen dürfte. 21

Unter Eventualschulden nach IAS 37.10(a) sind grds die **Haftungsverhältnisse** nach § 251 HGB zu subsumieren, da es auch bei Letzteren vor Eintritt der Bedingung (des haftungsbegründenden Ereignisses) an einer gegenwärtigen Verpflichtung mangelt. Die Eventualschulden nach IAS 37.10 gehen aber über die Haftungsverhältnisse iSv § 251 HGB insofern hinaus, dass sie auch gesetzliche und branchenübliche Verpflichtungen beinhalten. Zudem umfasst IAS 37.10 auch Primärverpflichtungen des Unternehmens, deren Inanspruchnahme nicht wahrscheinlich ist, während § 251 HGB vorwiegend auf Dritthaftungen fokussiert (*Grottel/Haußer* in BeBiKo § 251 HGB Rz 60, Rz 220).

2. Unternehmenszusammenschlüsse

Gem IFRS 3 sind Unternehmenszusammenschlüsse unter Anwendung der **Erwerbsmethode** zu bilanzieren (IFRS 3.4; → § 34 Rn 19). Nach dieser Methode setzt der Erwerber zum Erwerbszeitpunkt im Rahmen der Verteilung der Anschaffungskosten neben den identifizierbaren Vermögenswerten und Schulden auch bestimmte **Eventualschulden** des erworbenen Unternehmens zu ihren beizulegenden Zeitwerten an, wenn diese verlässlich ermittelt werden können (IFRS 3.23 iVm IFRS 3.18). 22

Dabei sind nach IFRS 3.23 nur die Eventualschulden nach IAS 37.10(b)(i) bei der Kaufpreisallokation zu passivieren. Es kommen demnach nur Eventualschulden zum Ansatz, die auf einer gegenwärtigen, unbedingten Verpflichtung beruhen, wobei der Erfüllungsbetrag zuverlässig schätzbar ist. Damit entfällt eine Passivierung von möglichen (bedingten) Verpflichtungen (zur Unterscheidung zwischen unbedingten und bedingten Verpflichtungen auch → Rn 228f). 23

In der Folge bestimmt sich die Höhe der angesetzten Eventualschuld nach dem höheren aus dem nach IAS 37 anzusetzenden Betrag sowie dem unter Berücksichtigung des nach IAS 18/IFRS 15 fortgeführten Bilanzwerts (IFRS 3.56/IFRS 3.56 (geändert 2014)). 24

Kann der beizulegende Zeitwert einer Eventualschuld nicht **verlässlich bewertet** werden, wirkt sich dies auf den als Geschäfts- oder Firmenwert angesetzten oder nach IFRS 3.34ff bilanzierten passiven Unterschiedsbetrag aus. Der Erwerber hat die Gründe für die fehlende Bewertbarkeit und weitere Informationen über diese Eventualschuld gem den Angabepflichten von IAS 37 anzugeben (IFRS 3.B64(j)). 25

V. Wahrscheinlichkeitsbegriff

26 Der Begriff der **Wahrscheinlichkeit** ist für die Abgrenzung von sonstigen Schulden, Rückstellungen und Eventualschulden von entscheidender Bedeutung. Für den Ansatz einer Rückstellung sind die wahrscheinliche Existenz einer gegenwärtigen Verpflichtung und der wahrscheinliche Abfluss von Ressourcen notwendige, wenn auch nicht hinreichende Voraussetzungen. UE ist der Wahrscheinlichkeitsbegriff im Kontext von IAS 37 **einheitlich auszulegen.**

IAS 37 enthält keine genauen Werte, ab wann eine gegenwärtige Verpflichtung als wahrscheinlich zu werten ist. Gerade diese **inhaltliche Konkretisierung** ist jedoch notwendig, da dem Wahrscheinlichkeitsbegriff international unterschiedliche Bedeutung.

27 Die Interpretation des Wahrscheinlichkeitsbegriffs hängt grds eng zusammen mit der Stellung des **Vorsichtsprinzips** in einem Normensystem. Wird dem Vorsichtsprinzip eine hohe Bedeutung iSe übergeordneten Grundsatzes, sog *overriding principle,* beigemessen, wird der Wahrscheinlichkeitsbegriff tendenziell recht weit ausgelegt in dem Sinne, dass auch schon geringe Wahrscheinlichkeiten zu einer bilanziellen Abbildung (von Schulden bzw Rückstellungen) führen; wird das Vorsichtsprinzip hingegen auf ein reines Ansatz- und Bewertungsprinzip zurückgedrängt oder im Normensystem gar nicht aufgeführt, wird der Wahrscheinlichkeitsbegriff tendenziell eher restriktiv gehandhabt.

Mit Einführung des neuen Rahmenkonzepts wurde das Vorsichtsprinzip aus dem Normensystem gestrichen. Ein Grund war wohl die bisherige Unvereinbarkeit dieses Prinzips mit der immer stärker an Bedeutung gewinnenden Zeitwertbilanzierung (→ § 2 Rn 68 und → § 2 Rn 90; *Pelger* WPg 2011, 908 (915)). Zudem kann das Vorsichtsprinzip nach F.BC3.28 zu unerwünschten Verzerrungen führen, da eine Überbewertung von Schulden (hier insbes von Rückstellungen) in einer Periode häufig zu einer zu positiven Darstellung der Ertragslage in späteren Perioden führt. Durch IAS 8.10(b)(iv) ist der Begriff der Vorsicht aber weiterhin relevant, nunmehr jedoch als Unterpunkt für das Kriterium des verlässlichen Abschlusses zu werten. Folglich ist nach IFRS die Auslegung des Wahrscheinlichkeitsbegriffs eher restriktiv zu handhaben.

28 Gem IAS 37.15 führt ein Ereignis der Vergangenheit zu einer gegenwärtigen Verpflichtung, wenn unter Berücksichtigung aller substanziellen Hinweise für das Bestehen einer gegenwärtigen Verpflichtung zum Bilanzstichtag **mehr als dagegen** spricht. Nach IAS 37.23 wird ein Abfluss von Ressourcen ebenfalls als wahrscheinlich angesehen, wenn mehr dafür als dagegen spricht, dh die Wahrscheinlichkeit, dass ein Ereignis eintritt, ist größer als die Wahrscheinlichkeit, dass es nicht eintritt. Dabei ist nicht die Anzahl der Gründe, sondern deren Inhalt entscheidend.

Mathematisch betrachtet ergibt die Summe aus Wahrscheinlichkeit und Gegenwahrscheinlichkeit immer 100%. Da die geforderte Wahrscheinlichkeit größer als die Gegenwahrscheinlichkeit sein muss, liegt die geforderte Mindestwahrscheinlichkeit folglich bei mehr als 50% (*Lüdenbach/Hoffmann* KoR 2003, 5 (6); *Heuser/Theile* Rz 3430f; *KPMG* 2014/15 Rz 3.12.10.40 in Abgrenzung zur Eventualschuld; *EY* 2015, 1765).

29 Die Ausführungen in IAS 37 zum Wahrscheinlichkeitsbegriff legen die Schlussfolgerung nahe, dass die Auslegung des Begriffs anhand **mathematisch-statistischer Maßstäbe** zu erfolgen hat (*Lüdenbach/Hoffmann* KoR 2003, 5 (6)). Wenn eine entspr große Grundgesamtheit gegeben ist, gilt das Gesetz der großen Zahl. Sind darüber hinaus die Verhältnisse innerhalb der Grundgesamtheit im Zeitverlauf unverändert geblieben, ist die Verwendung mathematisch-statistischer

Wahrscheinlichkeiten sachgerecht (*Lüdenbach/Hoffmann* KoR 2003, 5 (6)). Bei Einzelsachverhalten, bei denen keine statistisch belastbaren Grundgesamtheiten vorliegen, ist uE aufgrund der wirtschaftlichen Betrachtungsweise eher die Qualität – iSv intersubjektiver Nachvollziehbarkeit – aller Gründe und Begründungen für einen bilanzierungsfähigen Sachverhalt maßgeblich. Vor allem bei Einzelsachverhalten wird daher idR an die Stelle einer statistisch begründbaren Wahrscheinlichkeit die Wahrscheinlichkeit des besseren Arguments treten (*Lüdenbach/Hoffmann* KoR 2003, 5 (6f)).

Bei einer **großen Anzahl** (wirtschaftlich) **ähnlicher Verpflichtungen** wird die Wahrscheinlichkeit des Bestehens einer Verpflichtung oder des Mittelabflusses nicht in Bezug auf die einzelne Verpflichtung, sondern in Bezug auf die jeweilige Grundgesamtheit ermittelt. Auch wenn daher die Wahrscheinlichkeit des Bestehens einer Verpflichtung oder des Mittelabflusses im Einzelfall niedrig ist, können bei der Betrachtung der ganzen Grundgesamtheit das Bestehen einer gegenwärtigen Verpflichtung und ein Mittelabfluss durchaus wahrscheinlich sein (IAS 37.24), wie zB bei Produktgarantien oder Retouren. 30

Sind die Existenz einer gegenwärtigen Verpflichtung oder ein Ressourcenabfluss **unwahrscheinlich,** dh die Wahrscheinlichkeit ist 50% oder kleiner als 50%, ist im Anhang eine Eventualschuld anzugeben, sofern ein Abfluss von Ressourcen mit wirtschaftlichem Nutzen nicht (gänzlich) unwahrscheinlich ist. Wie der Wahrscheinlichkeitsbegriff **„gänzlich unwahrscheinlich"** zu verstehen ist, bleibt nach IAS 37 ebenfalls offen. Absolute oder relative Grenzwerte werden nicht genannt. Der Begriff „gänzlich unwahrscheinlich" sollte grds sehr restriktiv ausgelegt werden, um die Informationsfunktion des Anhangs nicht zu unterlaufen. Im Umkehrschluss zur Definition des Begriffs „so gut wie sicher" (→ Rn 69) sollte eine Wahrscheinlichkeit von rund 10% oder weniger als Anhaltspunkt herangezogen werden. 31

Die Beurteilung, ob nach dem **Gesamtbild der Verhältnisse** mehr Gründe für oder gegen eine Rückstellung sprechen, ist in der Praxis grds lösbar. Weitaus schwieriger gestaltet sich die Abgrenzung zwischen Rückstellungen und sonstigen Schulden bzw angabepflichtigen und nicht angabepflichtigen Eventualschulden, bei denen zu beurteilen ist, ob eine hinreichend große Wahrscheinlichkeit (rund 90% oder mehr bzw rund 10% oder weniger) für oder gegen den Ansatz einer sonstigen Schuld bzw Eventualschuld vorliegt. In diesen Fällen verbleibt auch bei der sorgfältigsten Analyse aller Argumente und Gegenargumente immer ein (relativ großer) **subjektiver Ermessensspielraum.** Dabei ist die Unterscheidung zwischen Rückstellung und sonstiger Schuld lediglich eine Ausweisfrage. Der Sachverhalt wird in jedem Fall passiviert. Im Hinblick auf die Abgrenzung zwischen passivierungspflichtigen Rückstellungen und lediglich angabepflichtigen Eventualschulden bzw angabepflichtigen und nicht angabepflichtigen Eventualschulden sollte uE unter Berücksichtigung der restriktiven Handhabung des Wahrscheinlichkeitsbegriffs und der 50%- und 10%-Grenze in absoluten Zweifelsfällen eher der Passivierung bzw der Angabe im Anhang der Vorzug gegeben werden. 32

D. Ansatz

I. Ereignis der Vergangenheit

Notwendige Voraussetzung einer Schuld im Allgemeinen und einer Rückstellung im Besonderen ist gem F.4.4(b) bzw IAS 37.15f, dass ein Unternehmen 33 eine gegenwärtige Verpflichtung aus einem vergangenen Ereignis hat. Diese beiden Periodisierungskriterien sind eng durch eine **Ursache** (vergangenes Ereignis) – **Wirkung** (gegenwärtige Verpflichtung) – **Beziehung** miteinander verbunden.

Nach IAS 37.19 sind Rückstellungen nur für diejenigen aus Ereignissen der Vergangenheit resultierenden Verpflichtungen anzusetzen, die **unabhängig von der künftigen Geschäftstätigkeit** eines Unternehmens bestehen. Eine in der Vergangenheit begründete Verpflichtung darf damit nicht durch künftiges Handeln des Unternehmens noch umgangen werden können. Die Entscheidung über die Erfüllung der Verpflichtung muss folglich dem Einfluss des Unternehmens entzogen sein. Soweit daher ein Unternehmen zB aufgrund veränderter gesetzlicher Rahmenbedingungen – möglicherweise aufgrund von Umweltauflagen – verpflichtet wird, in seine Produktionsverfahren zu investieren, besteht keine gegenwärtige Verpflichtung, da sich das Unternehmen dieser Verpflichtung zB durch eine Änderung oder Aufgabe der Produktion noch entziehen kann.

34 Eine kalendermäßige Bestimmung, für welchen Zeitraum der Vergangenheit eine Schuld begründet werden kann, existiert nicht. Da der Vergangenheitszeitraum nicht eingeschränkt ist, ist für das **Ereignis** der Vergangenheit ein Geschäftsvorfall seit Unternehmensgründung **bis zum Bilanzstichtag** in Betracht zu ziehen.

35 Von den vergangenen Ereignissen abzugrenzen sind **zukünftige Ereignisse.** Verpflichtungen, die erst aus Ereignissen nach dem Bilanzstichtag resultieren, begründen keine Schuld (IAS 37.18).

II. Gegenwärtige Verpflichtung

36 Voraussetzung einer gegenwärtigen Verpflichtung ist ein Ereignis der Vergangenheit, das spätestens bis zum Bilanzstichtag eine **rechtliche oder faktische Verpflichtung** begründet, aufgrund welcher das Unternehmen keine realistische Alternative hat, sich der Erfüllung der Verpflichtung zu entziehen. Das Kriterium der **Unentziehbarkeit** bedeutet, dass neben der Erfüllung der Verpflichtung keine **Alternativen** bestehen dürfen, mittels derer ein Abfluss von Ressourcen an einen Dritten vermieden werden kann, zB durch Einstellung, Änderung oder Verlagerung der Produktion. Diese führen stets zum Passivierungsverbot (*Lüdenbach/Hoffmann/Freiberg* IFRS § 21 Rz 20). Die Alternative der **Unternehmensliquidation** scheidet uE aus, sofern das Unternehmen nicht bereits in die Liquidationsphase eingetreten ist. Rückstellungsfähig sind damit nur Verpflichtungen, die nicht mehr durch die künftige Geschäftstätigkeit beeinflusst werden können. Das Kriterium der Unentziehbarkeit schließt auch zukünftige Ausgaben, die zwingend erforderlich sind, um das Unternehmen in einer bestimmten Weise fortzuführen (zB Ausgaben für die Durchführung behördlich angeordneter Maßnahmen), aus der Rückstellungsfähigkeit aus, wenn diese Ausgaben durch künftige Handlungen vermieden werden könnten (zB durch die Einstellung oder Verlagerung der Produktion; *ADS* Int Abschn 18 Rz 35).

37 Ein **verpflichtendes Ereignis** als **Passivierungsvoraussetzung** liegt nach IAS 37.20 nur vor, wenn die zugrunde liegende Verpflichtung ggü einem einzelnen oder mehreren Dritten oder ggü der (gesamten) Öffentlichkeit besteht (*Lüdenbach/Hoffmann/Freiberg* IFRS § 21 Rz 25). Folglich muss es sich um eine **Außenverpflichtung** handeln. In Abgrenzung dazu sind bloße Innenverpflichtungen nicht passivierungsfähig. Innenverpflichtungen können sich jedoch durch das Handeln des Unternehmens in eine Außenverpflichtung wandeln, ohne dass hierzu eine rechtliche Verpflichtung begründet werden muss. Für die Beantwortung der Frage, ob eine Innen- oder Außenverpflichtung vorliegt, ist der Zeit-

punkt entscheidend, ab dem sich das Unternehmen aufgrund einer für Dritte erkennbar nach außen gerichteten Willenserklärung der Erfüllung der Innenverpflichtung aus tatsächlichen oder wirtschaftlichen Gründen nicht mehr entziehen kann. Daher können auch solche Restrukturierungsmaßnahmen, die zunächst nur auf einer Innenverpflichtung beruhen, nach IAS 37.70ff unter bestimmten Voraussetzungen unter die Außenverpflichtungen zu subsumieren sein (→ Rn 168ff). Regelmäßig sind für diese Restrukturierungsmaßnahmen dann die Voraussetzungen von faktischen Verpflichtungen (→ Rn 43f) gegeben.

Rechtliche Verpflichtungen leiten sich gem IAS 37.10 aus Verträgen und ihren Bedingungen, Gesetzen oder sonstigen unmittelbaren Auswirkungen gesetzlicher Regelungen ab. Merkmal einer rechtlichen Verpflichtung ist ihre tatsächliche Durchsetzbarkeit. 38

Eine **gesetzliche Verpflichtung** liegt nach IAS 37.22 auch bei noch nicht endgültigen Gesetzentwürfen vor, wenn die Verabschiedung des Gesetzentwurfs so gut wie sicher feststeht. Für die Rückstellungsbildung wird in diesem Fall die rechtliche Verpflichtung bereits fingiert. In vielen Fällen dürfte es aber unmöglich sein, die tatsächliche Verabschiedung eines Gesetzes mit der erforderlichen Sicherheit vorherzusagen. 39

Nach IAS 8.10(b) hat ein Abschluss den wirtschaftlichen Gehalt von Geschäftsvorfällen widerzuspiegeln und nicht nur deren rechtliche Form. Aus diesem Grund ist hinsichtlich des Vorliegens einer Schuld die rechtliche Durchsetzbarkeit keine notwendige Passivierungsvoraussetzung, es reicht das Vorliegen einer wirtschaftlichen Verpflichtung. Ein Unternehmen hat daher unabhängig von etwaigen gesetzlichen oder vertraglichen Regelungen zu prüfen, welche Konsequenzen die wirtschaftlichen Auswirkungen eines Geschäftsvorfalls haben. Daher sind neben den rechtlichen Verpflichtungen auch **faktische** Verpflichtungen passivierungspflichtig. 40

Es ergeben sich aus den IFRS keine Hinweise darauf, ob befristete **Widerrufsrechte** kraft Gesetz oder rechtsgeschäftlicher Vereinbarung oder **Wandlungsrechte** aufgrund von Sachmängeln einer gegenwärtigen Verpflichtung entgegenstehen. In Übereinstimmung mit dem deutschen Recht ist bis zum Eintreten der Bedingung ein unbedingtes Rechtsgeschäft und somit eine gegenwärtige Verpflichtung anzunehmen. 41

Eine (rechtliche) Verpflichtung liegt auch dann vor, wenn dem Schuldner die **Identität des** anspruchsberechtigten **Gläubigers** (noch) nicht bekannt ist. 42

Faktische Verpflichtungen werden in IAS 37.10 als aus den Aktivitäten eines Unternehmens entstehende Verpflichtungen ohne Rechtsgrund definiert, wenn das Unternehmen durch sein bisher übliches **Geschäftsgebaren, öffentlich angekündigte Maßnahmen** oder eine ausreichend **spezifische, aktuelle Aussage anderen Parteien ggü** die Übernahme gewisser Verpflichtungen angedeutet hat, und es dadurch bei ihnen eine gerechtfertigte Erwartung geweckt hat, diesen Verpflichtungen nachzukommen. Faktische Verpflichtungen sind somit nicht einklagbare Leistungspflichten, denen sich das Unternehmen aus tatsächlichen oder wirtschaftlichen Gründen nicht entziehen kann. Aus IAS 37.10 ergeben sich keine Maßstäbe, anhand derer beurteilt werden kann, ab wann ein faktischer Leistungszwang so stark ist, dass sich das Unternehmen ihm nicht entziehen kann. Nach dem deutschen Handelsrecht ist diese Frage dagegen unter objektiven Gesichtspunkten aus der Sicht eines ordentlichen Kaufmanns zu beurteilen und zu entscheiden (*Schubert* in BeBiKo § 247 HGB Rz 204). Dieser Maßstab kann uE auch nach IFRS herangezogen werden. 43

Für Unternehmen kann es aus diversen Gründen notwendig sein, eine tatsächliche wirtschaftliche Verpflichtung zu erfüllen, zB aus dem Wunsch, gute Geschäftsbeziehungen zu pflegen, aus Reputationsgründen oder aufgrund von

Handelsbräuchen und Usancen. Die Verpflichtung kann auf sittlichen, moralischen oder geschäftlichen Erwägungen beruhen. Auch freiwillige Selbstverpflichtungen sind faktische Verpflichtungen (IAS 37.IE.C4).

44 Notwendige Voraussetzung für den Ansatz einer faktischen Verpflichtung ist, dass das Unternehmen wesentliche **nachteilige Entwicklungen** befürchtet, sollte es die Verpflichtung nicht erfüllen. Eine faktische Verpflichtung ist zB bei einem vom Unternehmen verursachten Umweltschaden gegeben, wenn sich das Unternehmen ohne gesetzliche Verpflichtung aufgrund einer bestehenden veröffentlichten Umweltleitlinie zur Beseitigung des Schadens verpflichtet (*Schrimpf-Dörges,* 222) und bereits mehrfach bewiesen hat, dass es diese veröffentlichte Politik auch einhält (IAS 37.IE.C2B). Bei Nichterfüllung droht dem Unternehmen die Gefahr, sich massivem öffentlichem Druck auszusetzen und erhebliche wirtschaftliche Einbußen in Kauf nehmen zu müssen (ähnlich *Lüdenbach/Hoffmann/Freiberg* IFRS § 21 Rz 32).

Offen ist, wie das Unternehmen den **Nachweis** erbringen kann, dass es eine gerechtfertigte Erwartung ggü Dritten geweckt hat, einer Verpflichtung nachzukommen, insbes wenn das Unternehmen erstmals eine freiwillige Selbstverpflichtung eingeht. UE setzt eine faktische Verpflichtung die Kenntnis des/der Dritten über die Selbstverpflichtung voraus. Rein interne Entscheidungen, die den Betroffenen ggü (noch) nicht kommuniziert worden sind, führen damit nicht zu einer faktischen Verpflichtung. Bei kommunizierten Selbstverpflichtungen tritt hinzu, dass sich das Unternehmen durch sein bisheriges Verhalten nicht in Widerspruch zur angekündigten Verhaltensweise gesetzt hat.

45 Von den gegenwärtigen Verpflichtungen abzugrenzen sind **zukünftige Verpflichtungen.** Künftige Verpflichtungen begründen keine Rückstellung. Eine Passivierung künftiger Verpflichtungen würde gegen das *matching principle* verstoßen, nach dem die entstandenen Aufwendungen sachlich und zeitlich den zugehörigen realisierten Erträgen zugeordnet werden. Aufwendungen, die erforderlich sind, um künftige Erträge zu erzielen, sind daher nicht als Rückstellung passivierungsfähig (*Heuser/Theile* Rz 3423).

Plant ein Unternehmen zB aufgrund von **öffentlichem Druck** oder **gesetzlichen Anforderungen** bestimmte Ausgaben, um seine Betriebstätigkeit künftig in einer bestimmten Weise zu ermöglichen, liegt keine gegenwärtige Verpflichtung vor. Das Unternehmen kann diese Ausgaben durch seine künftigen Aktivitäten vermeiden. Auch die Entscheidung des Unternehmens, in der Zukunft Vermögenswerte herzustellen oder zu erwerben, führt grds nicht zu einer gegenwärtigen Verpflichtung, da sich das Unternehmen diesen Verpflichtungen noch entziehen kann. Selbst wenn dieser Entscheidung eine rechtliche Verpflichtung folgt, kommt eine Verpflichtung, die eine Rückstellung begründet, nur dann in Betracht, wenn es sich um einen belastenden Vertrag handelt (→ Rn 117ff).

46 Auch **künftige betriebliche Verluste,** die nicht auf einem belastenden Vertrag beruhen, entsprechen nicht der Definition einer Schuld und sind nicht rückstellungsfähig (IAS 37.63). Sie sind als Anzeichen einer möglichen Wertminderung (IAS 36) bestimmter Vermögenswerte des Unternehmensbereichs zu werten.

Nicht zulässig ist die Bildung von Rückstellungen, für die weder eine gegenwärtige rechtliche noch faktische Verpflichtung ggü Dritten vorliegt, zB bei

(1) Kosten für eine beabsichtigte oder notwendige Änderung der Produktionsmethoden aufgrund geschäftspolitischer Notwendigkeiten oder gesetzlicher Auflagen (IAS 37.19),

(2) künftig entstehenden Geschäftsverlusten (die Verluste wären ggf ein Indiz für notwendige Wertminderungen (IAS 36)),

(3) unterlassener Instandhaltung,
(4) Großreparaturen,
(5) künftigen Aufwendungen für Schulungsmaßnahmen, Werbung oder Forschung sowie
(6) sämtlichen Innenverpflichtungen.

Die folgenden **Beispiele** sollen den Tatbestand der gegenwärtigen Verpflichtung aus einem vergangenen Ereignis verdeutlichen: 47

Beispiel 1: Ein Hersteller übernimmt für seine verkauften Produkte die Gewährleistung für drei Jahre ab Verkaufszeitpunkt. Diese Gewährleistungsfrist ist im Kaufvertrag fixiert. Aus der Erfahrung der Vergangenheit ist es wahrscheinlich, dass aus diesen Gewährleistungen Verpflichtungen hervorgehen.

Lösung: Das verpflichtende Ereignis ist der Verkauf der Produkte mit einer Gewährleistung, die zu einer rechtlichen Verpflichtung führt. Ein Abfluss von wirtschaftlichen Ressourcen erscheint wahrscheinlich. Eine Rückstellung wird in Höhe der bestmöglichen Schätzung des Aufwands angesetzt, der für die Beseitigung von Fehlern an Produkten entsteht, die vor dem Bilanzstichtag mit Gewährleistung verkauft wurden (IAS 37.IE.C1).

Beispiel 2: Ein Händler gestattet unzufriedenen Kunden die Wandlung ihrer Käufe, obwohl keine rechtliche Verpflichtung vorliegt. Den Kunden ist diese Unternehmenspolitik bekannt. Sie machen regen Gebrauch von der Rückgabe der Produkte.

Lösung: Das verpflichtende Ereignis ist der Verkauf der Produkte. Es entsteht eine faktische Verpflichtung, da die bisherige betriebliche Praxis bei den Kunden eine gerechtfertigte Erwartung geweckt hat, dass sie vom Vertrag zurücktreten können und der Händler den Kaufpreis erstattet. Ein Abfluss von wirtschaftlichen Ressourcen ist wahrscheinlich. Eine Rückstellung ist in Höhe der bestmöglichen Schätzung des Aufwands für die Zurücknahme zu bilden (IAS 37.IE.C4).

Beispiel 3: Aufgrund einer Gesetzesänderung ist ein Unternehmen zum Einbau von Rauchfiltern in seine Fabriken bis zum 30. Juni X1 verpflichtet. Die Rauchfilter werden nicht eingebaut.

Lösung: Zum 31. Dezember X0 liegt keine gegenwärtige Verpflichtung vor, da durch das Gesetz weder für die Einbaukosten noch für Geldstrafen ein verpflichtendes Ereignis eingetreten ist. Zum 31. Dezember X1 besteht unverändert keine Verpflichtung für die Einbaukosten, da kein verpflichtendes Ereignis hinsichtlich des Einbaus der Filter vorliegt. Das Unternehmen kann sich dem Einbau durch eine Stilllegung der Fabriken bzw eine Verlagerung der Produktion in ein anderes Land entziehen. Es kann aber eine Verpflichtung zur Zahlung einer Geldstrafe existieren, für die das nicht den gesetzlichen Anforderungen entspr Betreiben der Fabriken das verpflichtende Ereignis darstellt. Es wird dann keine Rückstellung für die Einbaukosten, sondern für die drohende Geldstrafe angesetzt (IAS 37.IE.C6).

III. Wahrscheinlicher Abfluss von Ressourcen mit wirtschaftlichem Nutzen

Ein Abfluss wirtschaftlicher Ressourcen liegt regelmäßig bei der **Erfüllung einer Verpflichtung** vor. Grds kann die Erfüllung einer Verpflichtung durch Zahlung flüssiger Mittel, Übertragung von Vermögenswerten, Erbringung von Sach- oder Dienstleistungen, Ersatz der bestehenden Verpflichtung durch eine andere Verpflichtung oder Umwandlung der Verpflichtung in Eigenkapital erfolgen. Ein Erlass oder eine Übertragung sind denkbare, aber in praxi eher unwahrscheinliche Szenarien, sich einer Verpflichtung zu entledigen. 48

Für einen wahrscheinlichen Ressourcenabfluss ist es nicht erforderlich, dass der Gläubiger seinen Anspruch tatsächlich kennt. Es reicht aus, wenn der Gläubiger die Möglichkeit der Kenntnisnahme hat und seinen Anspruch mit ausreichender Wahrscheinlichkeit auch durchsetzen wird. Zum Begriff der Wahrscheinlichkeit → Rn 26ff.

IV. Zuverlässige Schätzbarkeit der Verpflichtung

49 Zwingende Ansatzvoraussetzung einer Rückstellung ist nach IAS 37.14 iVm IAS 37.25 f eine zuverlässige Schätzbarkeit der Verpflichtungshöhe. Anders als nach deutschem Handelsrecht stellt die Schätzbarkeit der Verpflichtungshöhe ein **Ansatz- und kein Bewertungskriterium** dar. Die Schätzbarkeit der Verpflichtungshöhe sowie die eigentliche Bewertung einer Rückstellung sind jedoch eng verbunden, sodass eine strikte Trennung von Ansatz und Bewertung zunächst nur schwer möglich ist. Die Frage, ob ein Sachverhalt bilanziert wird (Ansatz), zielt ausschließlich darauf ab, ob für das Bestehen sowie den Ressourcenabfluss einer Verpflichtung in Höhe eines bestimmten (Minimum-)Betrags eine Wahrscheinlichkeit größer 50% gegeben ist. Die Frage, mit welchem Wert dieser Sachverhalt in der Bilanz berücksichtigt wird (Bewertung), geht darüber hinaus und berücksichtigt grds die gesamte Bandbreite aller Beträge, auch wenn einzelnen Beträgen eine Eintrittswahrscheinlichkeit von weniger als 50% beizumessen ist (*Lüdenbach/Hoffmann* KoR 2003, 5 (8)).

Die Frage der **Bewertung** ist damit eine von der Frage des Ansatzes zu trennende Fragestellung. Wird der Ansatz einer Rückstellung bejaht, sind für die Ermittlung der Rückstellungshöhe sämtliche ermittelbaren bzw ermittelten Eintrittswahrscheinlichkeiten und Werte zu berücksichtigen, auch wenn einzelne dieser Parameter bei der Entscheidung über den Ansatz der Rückstellung außer acht geblieben sind.

Regelmäßig ist ein Unternehmen in der Lage, zumindest eine **Bandbreite möglicher Werte** zu bestimmen und daher auch eine Schätzung der Verpflichtung vorzunehmen. Die Bestimmung einer Bandbreite möglicher Werte reicht für den Umfang der erwarteten Verpflichtung hinsichtlich des Kriteriums der zuverlässigen Schätzbarkeit bereits aus.

50 Nur in Ausnahmefällen kann die Verpflichtungshöhe nicht zuverlässig bestimmt werden. In diesem seltenen Fall ist nach IAS 37.26 keine Rückstellung zu passivieren. Derartige Verpflichtungen sind gem IAS 37.26 grds im Anhang als **Eventualschulden** offen zu legen. Zudem sind im Anhang die Gründe anzugeben, warum keine verlässliche Schätzung vorgenommen werden kann (so zB in Bezug auf Umweltverpflichtungen *Europäische Kommission,* Empfehlung, ABl EG L 156 vom 13. Juni 2001, 39). Die Angabepflicht entfällt, wenn der Sachverhalt (gänzlich) unwahrscheinlich ist (IAS 37.86; → Rn 31).

Grds sind aber Unsicherheiten hinsichtlich der Verpflichtungshöhe bei der Bewertung zu berücksichtigen und sollten keinen Grund für einen nicht vorzunehmenden Ansatz darstellen (*KPMG* 2014/15 Rz 3.12.460.10).

V. Zeitpunkt der Rückstellungsbildung

51 Eine Rückstellung ist zu bilden, sobald die grundlegenden **Ansatzkriterien erfüllt** sind. Insbes bei Eventualschulden ist daher regelmäßig zu prüfen, ob sich die Wahrscheinlichkeit in Bezug auf das Bestehen einer Verpflichtung und eines zukünftigen Ressourcenabflusses so weit konkretisiert hat, dass nunmehr eine Rückstellung zu passivieren ist (IAS 37.30).

VI. Ausbuchung

52 In IAS 37 sind Fragen der Ausbuchung nicht normiert. Jedoch ist eine Rückstellung in Anlehnung an IAS 39.39/IFRS 9.3.3.1 grds dann auszubuchen, wenn

die zugrunde liegende **Verpflichtung erfüllt** (→ Rn 48), **aufgehoben** oder **verjährt** ist. Da die Ausbuchung der Auflösung einer Rückstellung wirtschaftlich entspricht, wird auf die Ausführungen in → Rn 83 verwiesen.

E. Bewertung

I. Bestmögliche Schätzung

Der als Rückstellung anzusetzende Betrag stellt die bestmögliche Schätzung der Ausgabe dar, die zur Erfüllung einer gegenwärtigen Verpflichtung zum Bilanzstichtag erforderlich ist (IAS 37.36). Die Verpflichtungshöhe entspricht nach IAS 37.37 dem Betrag, den das Unternehmen bei vernünftiger Betrachtung zur **Erfüllung der Verpflichtung** (Eigenerfüllungsbetrag) respektive zur **Übertragung dieser Verpflichtung auf einen unabhängigen Dritten** (Entpflichtungsbetrag) zum Bilanzstichtag zahlen müsste. IAS 37 lässt keine Präferenz für einen dieser Werte erkennen (*Lüdenbach/Hoffmann/Freiberg* IFRS § 21 Rz 130). Die Wertmaßstäbe können jedoch zu unterschiedlichen Wertansätzen führen. Während der Eigenerfüllungsbetrag ggf die Berücksichtigung schuldnerspezifischer Risiken zulassen würde, zB bei der Einbeziehung der Bonität des Unternehmens in den Diskontierungssatz, stellt der Entpflichtungsbetrag ausschließlich auf marktspezifische Risiken ab, würde also zB die Bonität des Unternehmens außer acht lassen (zur Diskussion → Rn 75 ff sowie weiterführend *Hommel* PiR 2007, 323 (323 f)). 53

Die Schätzung der finanziellen Auswirkungen aus der Begleichung respektive Übertragung der Verpflichtung obliegt dem **Management** (IAS 37.38). Hilfreich für die Ermittlung des Erfüllungsbetrags können Erfahrungswerte aus ähnlichen Transaktionen, Einschätzungen von Experten oder unabhängige Sachverständigengutachten sein. Die zugrunde liegenden **substanziellen Hinweise,** die das Management zu beachten hat, umfassen alle zusätzlichen, durch Entwicklungen nach dem Bilanzstichtag entstandenen werterhellenden Tatsachen, Ereignisse und Informationen (IAS 37.38).

Die Ausführungen in IAS 37 zur Bewertung von Rückstellungen weisen wie bereits bei der Auslegung des Wahrscheinlichkeitsbegriffs im Rahmen der Ansatzkriterien auf eine **mathematisch-statistische Bestimmung** der bestmöglichen Schätzung hin, die nach IAS 37.39 grds dem Erwartungswert entspricht. Da der Erwartungswert jedoch bei singulären Sachverhalten oder bei größeren Grundgesamtheiten mit sich im Zeitablauf verändernden Verhältnissen nicht aussagefähig ist (*Lüdenbach/Hoffmann* KoR 2003, 5 (6)), weil er zu Ergebnissen führt, die nicht annähernd dem späteren Ressourcenabfluss entsprechen, nimmt IAS 37.39 f eine entspr Differenzierung vor. 54

Umfasst der zu bewertende Sachverhalt eine **große Anzahl ähnlicher Geschäftsvorfälle** (zB Gewährleistungsverpflichtungen) und liegt den möglichen Erfüllungsbeträgen eine Wahrscheinlichkeitsverteilung zugrunde, ist nach IAS 37.39 die **Erwartungswertmethode** anzuwenden. Der gesamte Verpflichtungsumfang wird durch Gewichtung aller möglichen Verpflichtungseinzelbeträge mit den korrespondierenden Eintrittswahrscheinlichkeiten geschätzt. Aufgrund des Gesetzes der großen Zahl ist es in diesen Fällen hinreichend wahrscheinlich, dass der zukünftige Ressourcenabfluss zur Erfüllung der Verpflichtung durch den Erwartungswert zuverlässig repräsentiert wird. Bei einer Bandbreite möglicher Ereignisse, innerhalb derer die Eintrittswahrscheinlichkeit der einzelnen Ereignisse gleich groß ist, ist nach IAS 37.39 der Mittelpunkt der Bandbreite zu verwenden. 55

IAS 37.39 lässt im Zusammenhang mit dem Erwartungswert zwei Fragestellungen offen. Zum einen wird nicht näher ausgeführt, ab wann eine **hinreichend große Anzahl** von **Geschäftsvorfällen** vorliegt. Zum anderen wird nicht definiert, unter welchen **Voraussetzungen** gleichartige bzw ähnliche Verpflichtungen gegeben sind. Hinsichtlich der erforderlichen großen Anzahl ergibt sich die Antwort aus dem Gesetz der großen Zahl und den Anwendungsvoraussetzungen des Verfahrens, mit dem die Wahrscheinlichkeitsverteilung bestimmt werden soll, und dürfte in praxi grds wenig Schwierigkeiten bereiten. Die Beurteilung, welche Geschäftsvorfälle zu einer weitgehend homogenen Grundgesamtheit zusammengefasst werden können, sollte in praxi idR ebenfalls unproblematisch sein. Bei der Identifikation dieser Geschäftsvorfälle ist nicht der rechtliche, sondern der wirtschaftliche Verpflichtungscharakter maßgeblich. Dies bedeutet zB bei Gewährleistungsrückstellungen, dass verschiedene Produktgruppen mitunter zu einer Grundgesamtheit zusammengefasst werden können. Rückstellungsbegründendes Moment ist der Verkauf der Produkte, wertbestimmend der Schadensverlauf innerhalb der Grundgesamtheit im Zeitablauf.

56 Bei **einzelnen Geschäftsvorfällen** oder im Zeitablauf **inhomogenen größeren Grundgesamtheiten** sind die statistischen Voraussetzungen für die Anwendung des Erwartungswertverfahrens nicht gegeben. In diesen Fällen sieht IAS 37.40 grds die Bewertung der Verpflichtung mit dem **wahrscheinlichsten Ereignis** vor. Die Berücksichtigung des wahrscheinlichsten Ereignisses impliziert, dass das bilanzierende Unternehmen eine Schätzung mehrerer möglicher Ereignisse, zB in Form einer Bandbreitenschätzung, vorgenommen hat.

57 Aufgrund der im Vergleich zu einer großen Anzahl von Geschäftsvorfällen deutlich höheren Unsicherheit hinsichtlich des wahrscheinlichsten Verpflichtungsumfangs wird dieser Grundsatz jedoch durchbrochen, indem nach IAS 37.40 auch die anderen möglichen Ereignisse nicht zu vernachlässigen sind. Bestehen **größtenteils höhere oder größtenteils niedrigere Erfüllungsbeträge,** als der Betrag mit der höchsten Wahrscheinlichkeit, ist eine Betrachtung der gesamten Bandbreite möglicher Ereignisse erforderlich. In diesem Fall ist auf den Wert mit der höchsten Eintrittswahrscheinlichkeit ein letztendlich subjektiver Zu- oder Abschlag vorzunehmen.

Offen bleibt, was genau unter größtenteils höheren oder größtenteils niedrigeren Erfüllungsbeträgen zu verstehen ist. IAS 37 gibt keine nähere Erläuterung dazu, ob sich der Begriff „größtenteils" auf die Wahrscheinlichkeiten, Erfüllungsbeträge oder eine etwaige Gewichtung aus beiden Faktoren bezieht. Insbes ist fraglich, ob sich die inhaltliche Interpretation des Begriffs „größtenteils" auf die Gesamtwahrscheinlichkeit erstreckt oder Bezug zu nehmen ist auf das Ereignis mit der höchsten Eintrittswahrscheinlichkeit. Da zudem die Höhe des Zuschlags/Abschlags nicht geregelt ist, verbleibt dem Bilanzierenden ähnlich wie nach HGB ein **nicht unerheblicher Ermessensspielraum.**

58 UE ist diese Vorgehensweise nur in den Fällen mit dem **Grundprinzip** – Ansatz des wahrscheinlichsten Werts – vereinbar, wenn bei mehreren möglichen Erfüllungsbeträgen keiner dieser Beträge eine Eintrittswahrscheinlichkeit von mehr als 50% aufweist. Ist bei einem Erfüllungsbetrag eine Eintrittswahrscheinlichkeit von mehr als 50% gegeben, stellt dieser Wert per definitionem die bestmögliche Schätzung dar. Hieraus folgt, dass bei einem wahrscheinlichsten Wert, dessen Eintrittswahrscheinlichkeit kleiner oder gleich 50% ist, ein Zuschlag erforderlich werden kann, der so bemessen ist, dass ein Wert erreicht wird, dessen Eintrittswahrscheinlichkeit mehr als 50% beträgt (*ADS* Int Abschn 18 Rz 79). Falls der wahrscheinlichste Wert nicht den untersten Wert darstellt, sondern auch geringere Werte mit niedrigeren Eintrittswahrscheinlichkeiten abdeckt, kann der Ansatz des wahrscheinlichsten Werts ausreichend sein, wenn über diesen Ansatz bereits ein Wert erfasst wird, dessen kumulierte Eintrittswahrscheinlichkeit mehr als 50% beträgt. In diesem Fall kann auch ein Abschlag auf den wahrscheinlichsten Wert in Betracht kommen.

Beispiel 1: Ein Unternehmen schätzt die Höhe einer Schadensersatzverpflichtung aus verspäteter Fertigstellung eines Hotels wie folgt ein: Mio € 5 mit 40%, Mio € 7 mit 35% und Mio € 10 mit 25%.

Lösung: Der niedrigste Wert (Mio € 5), den das Unternehmen erwartet, ist zugleich der wahrscheinlichste Wert. Dieser Wert hat eine *stand-alone*-Eintrittswahrscheinlichkeit von kleiner 50%, ist aber als niedrigster Wert in allen anderen Werten, die das Unternehmen für wahrscheinlich hält, enthalten. Die kumulierte Eintrittswahrscheinlichkeit für diesen Wert liegt damit bei 100%. Die Rückstellung ist folglich mit mindestens Mio € 5 zu dotieren.

Die Wahrscheinlichkeit, dass der „wahre" Wert der Rückstellung größer als Mio € 5 ist, liegt nach den subjektiven Einschätzungen des Unternehmens allerdings bei 60%. Der nächst höhere Wert beträgt Mio € 7 und schließt den Wert von Mio € 5 mit ein. Ein Wert mit einer Eintrittswahrscheinlichkeit von mindestens 50% wird somit zwischen Mio € 5 und Mio € 7 liegen, sodass ein Zuschlag bis zu Mio € 2 erforderlich sein kann. Die Dotierung der Rückstellung mit Mio € 10 kommt hingegen nicht in Betracht.

Beispiel 2: Ein Unternehmen schätzt die Höhe einer Schadensersatzverpflichtung aus verspäteter Fertigstellung eines Hotels wie folgt ein: Mio € 5 mit 35%, Mio € 7 mit 40% und Mio € 10 mit 25%.

Lösung: Der wahrscheinlichste Wert ist Mio € 7. Dieser Wert hat jedoch eine *stand-alone*-Eintrittswahrscheinlichkeit von weniger als 50%. Wie im vorherigen Beispiel stellt der Betrag von Mio € 5 den Erfüllungsbetrag dar, den das Unternehmen in allen Szenarien (mindestens) erwartet.

Da der wahrscheinlichste Wert den niedrigsten Erfüllungsbetrag von Mio € 5 mit einschließt, beträgt die kumulierte Wahrscheinlichkeit, dass der Wert von Mio € 7 zur Erfüllung der Verpflichtung ausreicht, 75%. In diesem Fall kann ein Abschlag von dem wahrscheinlichsten Wert vorgenommen werden, der in Anlehnung an das vorhergehende Beispiel bis zu Mio € 2 betragen kann.

Hinweis: Wäre der wahrscheinlichste Wert der höchste Wert, ohne dass dieser eine Eintrittswahrscheinlichkeit von mehr als 50% hat, würde sich an der grds Lösung nur die Höhe des Abschlags ändern.

Besteht eine Bandbreite möglicher **Erfüllungsbeträge,** die **gleichwahrscheinlich** sind, existiert kein Ereignis mit einer höchsten Eintrittswahrscheinlichkeit. Da IAS 37.40 nicht näher auf diesen Fall eingeht, wird in der Literatur analog zu der Bewertung einer großen Anzahl von Sachverhalten IAS 37.39 herangezogen und der Mittelpunkt der Bandbreite angesetzt (*Lüdenbach/Hoffmann/Freiberg* IFRS § 21 Rz 136). Dies ist uE jedoch nicht sachgerecht. Da die Eintrittswahrscheinlichkeit gleichwahrscheinlicher Ereignisse stets bei oder unter 50% liegt, sind solche Fälle uE ebenfalls mit Hilfe obiger Vorgehensweise zu lösen. 59

Trotz der vorstehend aufgezeigten Hinweise zur Konkretisierung des Wahrscheinlichkeitsbegriffs bzw zum Umgang mit subjektiv geschätzten Wahrscheinlichkeiten darf nicht verkannt werden, dass der Ermittlung von Eintrittshöhen und -wahrscheinlichkeiten ein hoher Grad an **subjektivem Ermessensspielraum** inhärent ist. Dieser wird nur dann iSe belastbaren intersubjektiven Nachprüfbarkeit reduziert, wenn das Gesetz der großen Zahl gilt. In allen anderen Fällen, also insbes bei singulären Fällen, kommt es durch den Ansatz subjektiv geschätzter Erfüllungsbeträge und Wahrscheinlichkeiten zwangsläufig zu einer **Scheingenauigkeit,** die aus der Sicht des Bilanzierenden zwar die bestmögliche Schätzung darstellen mag, aber nicht notwendigerweise von einem Dritten (also auch dem Abschlussprüfer) geteilt werden muss. Hierin unterscheiden sich die IFRS nicht vom HGB. 60

61 Die in die Ermittlung einzelner Rückstellungsbeträge einzubeziehenden **Kostenarten** umfassen analog zur verlustfreien Bewertung beim Vorratsvermögen alle der Verpflichtung zuzurechnenden Einzel- und Gemeinkosten (Vollkostenansatz). Allgemeine Verwaltungs- und Vertriebsgemeinkosten sind nicht zu berücksichtigen, wohingegen verpflichtungsbezogene direkt zurechenbare Verwaltungs- und Vertriebskosten, wie Verpackungs- oder Transportkosten, grds anzusetzen sind (*Heuser/Theile* Rz 3464; *ADS* Int Abschn 18 Rz 66ff). Es kommt darauf an, dass die Einzel- und Gemeinkosten zusätzlich durch die Verpflichtung entstehen (*ADS* Int Abschn 18 Rz 67).

Beispiel 1: Ein Hersteller bildet für diverse kleinere Garantiefälle Pauschalrückstellungen (zur Zulässigkeit → Rn 157). Die geschätzten Kosten für den Austausch von Kleinmaterial, die Verpackung und den Rücktransport betragen Mio € 1. Daneben sind einzelne Mitarbeiter der Warenannahme, des Lagers und des Versands ausschließlich für die Abwicklung der Garantiefälle abgestellt. Ihre jährliche Lohnsumme beträgt T€ 500. Der Geschäftsführer selbst mit einem Gehalt von T€ 300 telefoniert zur Kundenpflege regelmäßig mit den Kunden und überprüft in Stichproben die reparierten Teile auf Funktionalität.

Die Rückstellung umfasst neben den Einzelkosten auch verpflichtungsbezogene Gemeinkosten, also auch die Lohnsumme der abgestellten Mitarbeiter. Der Geschäftsführer dagegen erhält sein Gehalt unabhängig von der Kontrolle. Die Rückstellung ist in Höhe von Mio € 1,5 zu dotieren.

62 Die **Bewertung** der Rückstellungen hat **vor Steuern** zu erfolgen (IAS 37.41). Steuerliche Auswirkungen aus der Passivierung von Rückstellungen sind gem IAS 12 zu behandeln (→ § 25 Rn 1ff).

63 Bei der Bewertung von Rückstellungen verbleibt ähnlich wie nach HGB ein erheblicher **subjektiver Ermessensspielraum,** der allerdings nach IAS 37 enger gefasst ist. Einerseits hat auch nach IAS 37.43 eine vorsichtige Bewertung sämtliche wertrelevanten Faktoren zu berücksichtigen und demzufolge auch negativen Entwicklungen ausreichend Rechnung zu tragen. So soll vermieden werden, dass Verbindlichkeiten zu niedrig und somit der Periodenerfolg zu hoch ausgewiesen wird. Andererseits rechtfertigen Unsicherheiten nicht die Bildung stiller Reserven durch übermäßige Rückstellungsbildung und somit eine Überbewertung von Schulden. Der Vorsichtsgedanke darf daher nicht im handelsrechtlichen Sinne verstanden werden (→ Rn 27). F.BC3.28 führt hierzu ausführlich aus, dass die Überbewertung von Schulden (also auch von Rückstellungen) in einer Periode oftmals in Folgeperioden zu einer zu positiven Darstellung der Ertragslage führt. Diese zu positive Darstellung der Ertragslage kann dann nicht als vorsichtig bezeichnet werden.

II. Zukünftige Ereignisse

64 Bei der Bewertung von Rückstellungen sind künftige Ereignisse, die den zur Erfüllung einer Verpflichtung erforderlichen Betrag beeinflussen können, zu berücksichtigen, soweit **objektiv mit ausreichender Sicherheit** mit ihrem Eintritt gerechnet werden kann (IAS 37.48). Die Einbeziehung künftiger Ereignisse wie rechtlicher, technischer oder wirtschaftlicher Entwicklungen und daraus resultierender Veränderungen kann sowohl zu einem höheren als auch zu einem niedrigeren Rückstellungsbetrag führen als eine ausschließlich auf den Verhältnissen am Bilanzstichtag basierende Bewertung.

Voraussetzung für die bilanzielle Berücksichtigung eines künftigen Ereignisses ist, dass sein Eintritt begründet sowie hinreichend und objektiv nachprüfbar ist (IAS 37.49; *Heuser/Theile* Rz 3463). Die bloße Ermessensentscheidung des Managements reicht nicht aus.

Die Wirkung einer **möglichen Gesetzesänderung** oder eines neuen Gesetzes wird bei der Rückstellungsbewertung berücksichtigt, wenn ausreichend objektive und substanzielle Hinweise über den Inhalt des Gesetzes vorliegen und seine Verabschiedung so gut wie sicher ist (IAS 37.50; zum Wahrscheinlichkeitsbegriff → Rn 26 ff). In vielen Fällen dürfte jedoch bis zur Verabschiedung eines Gesetzes im Bundestag und Bundesrat nicht die nach IAS 37.50 geforderte Sicherheit gegeben sein. Es besteht dann keine objektive Vorhersehbarkeit der Wirkungen, sodass eine Berücksichtigung bei der Bemessung der Rückstellung nicht erfolgen darf. 65

Die geforderte **Objektivierung technischer Entwicklungen** ist grds anzunehmen, wenn der Eintritt des zukünftigen Ereignisses durch einen neutralen sowie technisch qualifizierten Gutachter bestätigt wird und ggf weiteres Beweismaterial für seine Aussage vorliegt. ZB führt die begründete Annahme, dass sich die Kosten für die Erfüllung der Verpflichtung zur Entsorgung einer Anlage aufgrund bereits erwiesener technischer (Weiter-)Entwicklungen vermindern, grds zu einer Reduzierung des Rückstellungsbetrags. Die Auswirkungen vollständig neuer Technologien, für deren Entwicklung bzw Bestehen noch keine substanziellen Hinweise existieren, sind dagegen nicht in die Bewertung einzubeziehen.

III. Preisänderungen

In Analogie zur Berücksichtigung künftiger Ereignisse sind auch Preisänderungen in die Rückstellungsbewertung einzubeziehen, sofern ausreichend **objektive** und **nachprüfbare Hinweise** über ihren Eintritt vorliegen. Die Objektivierung hat anhand der Kriterien zu erfolgen, die allgemein für die Berücksichtigung künftiger Ereignisse gelten (→ Rn 64 f). Die Einbeziehung künftiger Tariferhöhungen hat zB in dem Fall eines kurz vor dem Abschluss stehenden Tarifvertrags zu erfolgen, sofern der Inhalt des Tarifvertrags feststeht und seine Verabschiedung so gut wie sicher ist. Bei langfristigen Rückstellungen entspricht der Erfüllungsbetrag normalerweise nicht dem Betrag, der am Bilanzstichtag für die Begleichung dieser Verpflichtung aufgewendet werden müsste. Es sind bei langfristigen Rückstellungen regelmäßig Preissteigerungen, ggf auch Preissenkungen, einzukalkulieren. 66

IV. Erwarteter Abgang von Vermögenswerten

Erträge aus dem erwarteten Abgang von zum Bilanzstichtag aktivierten Vermögenswerten sind bei der Bildung einer Rückstellung **nicht** zu **berücksichtigen,** selbst dann, wenn der Abgang des Vermögenswerts in engem Zusammenhang mit der Bildung der Rückstellung steht (IAS 37.51 f). Die zur Veräußerung vorgesehenen Vermögenswerte sind auf eine Wertminderung gem IAS 36 zu prüfen. Eine Ausnahme besteht bei Rückstellungen für belastende Verträge, bei denen ein Verpflichtungssaldo zu passivieren ist (→ Rn 117 ff). 67

Soweit Vermögenswerte in Erfüllung der Verpflichtung erst **zukünftig erworben** werden, zB bei Verpflichtungen zur Rücknahme verkaufter Produkte, und aus der Veräußerung (von Bestandteilen) der Vermögenswerte Erträge resultieren, zB Schrotterlöse, sind diese Erträge bei der Bemessung der Rückstellung zu berücksichtigen, wenn die Veräußerung hinreichend sicher und der Erlös zuverlässig schätzbar ist (ähnlich *ADS* Int Abschn 18 Rz 101).

V. Erstattungsansprüche

68 Die Berücksichtigung von Erstattungsansprüchen gegen Dritte, die die zur Erfüllung einer Verpflichtung erforderlichen Ausgaben ganz oder teilweise abdecken, zB aus Versicherungsverträgen, Entschädigungsklauseln oder Gewährleistungsansprüchen, ist davon abhängig, ob das Unternehmen bei Nichtzahlung des Dritten für den Verpflichtungsbetrag haftbar bleibt (IAS 37.53 ff). Ist die Haftung des Unternehmens bei Nichtzahlung des Dritten unverändert gegeben, wird eine **Rückstellung in voller Höhe** der Schuld sowie ein **separater Vermögenswert** für die erwartete Erstattung angesetzt, wenn der Erhalt der **Erstattung so gut wie sicher** ist.

69 Die bilanzielle Behandlung eines zu erwartenden Erstattungsanspruchs ist damit von der **Eintrittswahrscheinlichkeit der Erstattung** abhängig. An den Ansatz von Erstattungsansprüchen werden höhere Ansprüche gestellt als an den Ansatz von Rückstellungen (sog imparitätischer Wahrscheinlichkeitsbegriff: *Lüdenbach/Hoffmann* KoR 2003, 5 (5 ff)). Der bilanzielle Ansatz eines Anspruchs ist abzulehnen, wenn er lediglich das Wahrscheinlichkeitskriterium für Rückstellungen erfüllt (größer 50%). Aufgrund des restriktiveren Kriteriums „so gut wie sicher" muss daher eine deutlich höhere Wahrscheinlichkeit gegeben sein. Als Anhaltewert kann aufgrund der Vermögenswerteigenschaft uE von einer Wahrscheinlichkeit von rund 90% ausgegangen werden (weitergehend *EY* 2015, 1767, die für *virtually certain* einen Wert nahe 100% fordern). Dies ist etwa der Fall, wenn ein Versicherungsunternehmen in einem Schreiben den Erstattungsanspruch des Unternehmens anerkennt und keine Zweifel an der Bonität des Versicherers bestehen. Der Erstattungsanspruch darf der Höhe nach die passivierte Rückstellung nicht übersteigen (IAS 37.53).

Steht (noch) nicht so gut wie sicher fest, dass dem Unternehmen ein Erstattungsanspruch zusteht, ist der Ansatz eines Vermögenswerts aufgrund der fehlenden Ansatzvoraussetzung **ausgeschlossen.** Häufig bestehen Zweifel, ob ein Dritter überhaupt in Anspruch genommen werden kann bzw ob dieser den Anspruch tatsächlich anerkennt. In einigen Fällen weiß der Dritte bis zum Tag der Bilanzaufstellung noch nicht um seine Inanspruchnahme. In anderen Fällen wird sich der Dritte so lange der Erstattungsverpflichtung entziehen, bis eindeutig feststeht, ob bestimmte Kriterien für dessen Haftung, wie Vorsatz oder grobe Fahrlässigkeit, vorliegen. In diesen Fällen kann die Angabe einer Eventualforderung im Anhang in Betracht kommen oder überhaupt keine Angabepflicht bestehen.

70 Besteht eine **gesamtschuldnerische Haftung** für eine Verpflichtung, ist zu prüfen, ob die anderen Gesamtschuldner ihrer Verpflichtung nachkommen (können). Sofern dies nach Einschätzung des Unternehmens der Fall ist, sind für den Teil der Gesamtschuld, der durch Dritte erfüllt wird, die Voraussetzungen für den Ansatz einer Rückstellung nicht gegeben, weil ein Ressourcenabfluss unwahrscheinlich ist. Eine Rückstellung ist nur in Höhe des Betrags zu passivieren, für den das Unternehmen anteilig haftet (IAS 37.58 iVm IAS 37.29).

Wirtschaftlich ist dieser Sachverhalt mit dem Bestehen eines Erstattungsanspruchs **vergleichbar.** Wird das Unternehmen aufgrund der Gesamtschuld vom Gläubiger auf den gesamten Betrag in Anspruch genommen, steht dem Unternehmen im Innenverhältnis ein Anspruch gegen die anderen Gesamtschuldner zu. An die Aktivierung dieses Regressanspruchs sind uE die gleichen Anforderungen zu stellen wie an alle anderen Erstattungsansprüche. Hieraus folgt uE zugleich, dass an die Beurteilung der Wahrscheinlichkeit, mit der die anderen Gesamtschuldner ihrer Verpflichtung nachkommen, ebenfalls die gleichen Anforderungen zu stellen sind. Eine Passivierung des auf die anderen Gesamtschuldner entfallenden Anteils kann somit nur dann unterbleiben, wenn das Eintreten der anderen Gesamtschuldner so gut wie sicher ist, mithin eine Wahrscheinlichkeit von rund 90% oder mehr gegeben ist (→ Rn 69). Sofern nach Prüfung des Sachverhalts nur der anteilige Betrag zu passivieren ist, ist für den durch Dritte zu erfüllenden Betrag die Angabe einer Eventualschuld im Anhang erforderlich (IAS 37.58).

Eine Saldierung von Rückstellung und Erstattungsanspruch ist nach IAS 1.32 verboten; IAS 37 sieht von diesem **bilanziellen Saldierungsverbot** keine Ausnahme vor. Das Saldierungsverbot von Verpflichtung und Erstattung steht jedoch im Widerspruch zum Grundsatz der wirtschaftlichen Betrachtungsweise und auch zur Bewertungskonzeption des bestmöglichen Schätzungsbetrags. Ein Dritter würde in sein Bewertungskalkül nicht nur die wirtschaftliche Belastung aus der Übernahme einer Verpflichtung einbeziehen, sondern auch die eng damit verbundenen wahrscheinlichen Erstattungen (*Lüdenbach/Hoffmann/Freiberg* IFRS § 21 Rz 170; *ADS* Int Abschn 18 Rz 101 f). 71

In den seltenen Fällen, in denen das Unternehmen unter Bezug auf Rückgriffsansprüche vom Gläubiger nicht mehr in Anspruch genommen werden kann, ist dagegen eine Saldierung von Rückstellung und Rückgriffsrecht geboten (IAS 37.57 iVm IAS 1.32 und IAS 1.34(b)). Diese Situation ist möglich, wenn das bilanzierende Unternehmen seine **Haftung rechtswirksam ausgeschlossen** und/oder der Gläubiger der Übertragung der Verpflichtung auf den Dritten im Rahmen einer **befreienden Schuldübernahme** zugestimmt hat. Das bilanzierende Unternehmen darf selbst dann nicht mehr haftbar sein, wenn der Dritte insolvent geworden ist (ähnlich *EY* 2015, 1781). Für das Unternehmen besteht dann keine Verpflichtung mehr, sodass die Ansatzvoraussetzungen einer Rückstellung in Höhe des Erstattungsanspruchs nicht mehr vorliegen. Im Anhang sollten die unsaldierten Beträge der Rückstellung sowie des Erstattungsanspruchs offengelegt werden (so beispielhaft für Umweltrückstellungen, *Europäische Kommission,* Empfehlung, ABl EG L 156 vom 13. Juni 2001, 37). Gleiches gilt uE auch, wenn das Unternehmen eine Aufrechnungsmöglichkeit hat und diese auch ausüben wird. 72

Im Unterschied zum generellen Saldierungsverbot besteht für die **Gesamtergebnisrechnung** bzw gesonderte GuV (sofern erstellt) (IAS 1.10A) ein **Saldierungswahlrecht.** Der Aufwand aus der Rückstellungsbildung kann nach IAS 37.54 in der Gesamtergebnisrechnung bzw gesonderten GuV (sofern erstellt) vor oder nach Abzug der Erstattung ausgewiesen werden. Diese Bestimmung steht im Widerspruch zu IAS 1.34(b), der in diesen Fällen ein Saldierungsgebot vorsieht. UE sollte in der Gesamtergebnisrechnung bzw gesonderten GuV (sofern erstellt) ein saldierter Ausweis erfolgen. 73

VI. Abzinsung

Nach IAS 37.45 ist eine Rückstellung abzuzinsen und mit dem Barwert anzusetzen, wenn der aus der Diskontierung resultierende Zinseffekt (Unterschiedsbetrag zwischen Barwert und Rückzahlungsbetrag) wesentlich ist. Dabei ist es unerheblich, ob die Rückstellung einen **Zinsanteil** enthält. Maßgebliche Einflussfaktoren zur Beurteilung der Wesentlichkeit sind die Fristigkeit, die absolute Höhe der Verpflichtung sowie der Zinssatz (*Heuser/Theile* Rz 3467). 74

Aufgrund des Wesentlichkeitsgrundsatzes wird eine Abzinsung mehrheitlich nur in Betracht kommen, wenn der **Erfüllungszeitpunkt nicht vor Ablauf eines Jahrs** nach dem Bilanzstichtag zu erwarten ist (*Lüdenbach/Hoffmann/Freiberg* IFRS § 21 Rz 142). Aber auch bei kurzfristigen Rückstellungen kann eine Abzinsung erforderlich werden, wenn es sich um Rückstellungen mit sehr hohen Beträgen handelt und hohe Diskontierungszinsfüße zugrunde zu legen sind (*Heuser/Theile* Rz 3467). Gleichzeitig kann die Abzinsung von Verpflichtungen, deren Erfüllungszeitpunkt nach Ablauf eines Jahrs erwartet wird, unterbleiben, wenn der Zinseffekt unwesentlich ist. Sofern der zeitliche Anfall der zukünftigen Ressourcenabflüsse nicht zuverlässig bestimmbar ist, hat ebenfalls eine Abzinsung zu unterbleiben.

Nach dem Wortlaut von IAS 37.45 ist grds für **jede Rückstellung gesondert zu prüfen,** ob eine Abzinsung einen wesentlichen Einfluss hat. UE ist aber die Wesentlichkeit des Abzinsungseffekts auch für jede Gruppe (→ Rn 201 f) von Rückstellungen sowie den gesamten Bilanzposten Rückstellungen zu prüfen. In diese Prüfung sind alle Rückstellungen einzubeziehen, die nicht bereits aufgrund der individuellen Analyse zu diskontieren sind.

IAS 37.45 gibt keine Anhaltspunkte dafür, nach welchen Kriterien die **Wesentlichkeit** zu bestimmen ist. Es ist daher von einem wesentlichen Zinseffekt auszugehen, wenn durch die Abzinsung eine einzelne Rückstellung, eine einzelne Gruppe von Rückstellungen, der gesamte Bilanzposten Rückstellungen oder das Jahresergebnis (oder andere Referenzgrößen, die zur Beurteilung der Wesentlichkeit herangezogen werden) wesentlich (iSv entscheidungsnützlich) beeinflusst wird (näher zur Wesentlichkeit → § 2 Rn 59 ff).

Eine Bewertung zum Barwert erfordert Informationen über die Faktoren, die die Zeitpunkte und Beträge der für die Bewertung erforderlichen Zahlungsabflüsse beeinflussen können sowie die Festlegung eines Abzinsungssatzes (so zB für Umweltrückstellungen *Europäische Kommission,* Empfehlung, ABl EG L 156 vom 13. Juni 2001, 39). Eine doppelte Berücksichtigung von **(Risiko-)Faktoren** sowohl bei den zugrunde gelegten zukünftigen Zahlungsströmen als auch im Zinssatz ist nach IAS 37.47 nicht zulässig.

75 Als Abzinsungssatz ist gem IAS 37.47 ein Satz vor Steuern heranzuziehen, der die aktuellen Markteinschätzungen im Hinblick auf die Fristigkeit der Ressourcenabflüsse und die für die Schuld spezifischen Risiken widerspiegelt. Ein Satz vor Steuern ist heranzuziehen, da die Rückstellungen gleichfalls auf einer Vor-Steuer-Basis berechnet werden (*KPMG* 2014/15 Rz 3.12.140.10; *EY* 2015, 1775). Bei den für die Schuld spezifischen Risiken ist grds zwischen direkten schuldspezifischen Risiken, also Risiken im Zusammenhang mit Bestehen und Höhe der Schuld, und schuldnerspezifischen Risiken, dem Bonitätsrisiko, zu differenzieren. IAS 37 lässt dabei nicht erkennen, ob das Bonitätsrisiko zu berücksichtigen ist. Nach Auffassung des IFRIC wird das Bonitätsrisiko im Zinssatz nicht einbezogen, da dieses eher als Unternehmensrisiko denn als für eine Schuld spezifisches Risiko angesehen wird (*IFRIC* Update März 2011, 4; ähnlich *KPMG* 2014/15 Rz 3.12.120.20; *EY* 2015, 1775). Erwartet wird eine Klarstellung in dem neuen Standard.

76 UE kommt als Diskontierungszinssatz grds auch ein **fristadäquater Zinssatz** in Betracht, zu dem das Unternehmen gegenwärtig Fremdkapital aufnehmen kann, da dieser Zinssatz die individuellen Finanzierungsrisiken des gesamten Unternehmens und damit den tatsächlichen Zinseffekt aus der Bildung der Rückstellung am zutreffendsten widerspiegelt. Dabei ist uE der fristadäquate Zinssatz für die Restlaufzeit der Verpflichtung maßgebend (so auch *ADS* Int Abschn 18 Rz 82). Bei der Ableitung des frist- und risikoadäquaten Zinssatzes aus dem risikofreien Zinssatz bedeutet dies, dass der risikoadjustierte Zinssatz unter dem risikofreien Zinssatz liegt, also ein Risikoabschlag vorgenommen wird, weil es sich um eine Schuld handelt.

77 **Alternativ** wird in der Literatur auch der **marktübliche Zinssatz** für Kredite vergleichbarer Laufzeit (unabhängig von der spezifischen Kapitalstruktur des Unternehmens) oder der Zinssatz für risikolose Anlagen (Staatsanleihen) mit fristgerechter Laufzeit (unabhängig von jedwedem schuldnerspezifischen Risiko) in Betracht gezogen (*Lüdenbach/Hoffmann/Freiberg* IFRS § 21 Rz 146f; *Freiberg/Lüdenbach* PiR 2007, 330 (333)).

Gesonderte **Zu- oder Abschläge** zum Diskontierungszinsfuß aufgrund der **schuldspezifischen Risiken,** die dem rückstellungsbegründenden Sachverhalt zugrunde liegen und die den Ansatz und die Höhe der Rückstellung beeinflussen, sind nicht vorzunehmen, da diese Risiken aufgrund der unter → Rn 57ff diskutierten Bewertungsmethodik bereits explizit in die Ermittlung des rückzustellenden Betrags eingeflossen sind (ähnlich *Lüdenbach/Hoffmann/Freiberg* IFRS § 21 Rz 143; differenzierend *Freiberg/Lüdenbach* PiR 2007, 330 (334)). Risiken, die den Zeitpunkt der zukünftigen Ressourcenabflüsse betreffen, sollten uE eher über eine ausgewogene Festlegung dieser Zeitpunkte als über Zu- oder Abschläge zum Diskontierungszinsfuß berücksichtigt werden. 78

Bei realen Zahlungsabflüssen ist in Analogie zu IAS 36.40 ein realer Diskontierungssatz (Nominalzinssatz abzüglich Inflationsrate), bei nominalen Abflüssen ein nominaler Diskontierungssatz heranzuziehen (*EY* 2015, 1772; *KPMG* 2014/15 Rz 3.12.130 iVm Rz 3.10.340).

Die in den Folgejahren durchzuführende **Aufzinsung** der Rückstellung ist nach IAS 37.60 erfolgswirksam unter dem Posten Fremdkapitalkosten, dh „Zinsen und ähnliche Aufwendungen", zu erfassen. Dies gilt auch dann, wenn die Verpflichtung, für die eine Rückstellung gebildet wurde, als Bestandteil der Anschaffungs- oder Herstellungskosten aktiviert wurde (→ Rn 109, → Rn 132). 79

Die **Frist- und Risikoadäquanz** des bisher verwendeten Diskontierungszinsfußes **ist zu jedem Bilanzstichtag zu überprüfen.** Allein durch Zeitablauf kann sich somit über die eigentliche Aufzinsung hinaus eine Veränderung der Rückstellung durch Verwendung eines anderen, fristadäquateren Zinssatzes ergeben. Der sich aus einer Zinsänderung ergebende Anpassungsbetrag einer Rückstellung ist in vollem Umfang in der Periode erfolgswirksam als Zinsaufwand oder -ertrag zu erfassen, in der die Anpassung erforderlich wurde, mit Ausnahme von Anpassungsbeträgen der unter IFRIC 1 fallenden Rückstellungen für Entsorgungs-, Wiederherstellungs- und ähnliche Verpflichtungen (→ Rn 132ff). Gegenläufige Effekte aus Restlaufzeit- und Marktrisikoänderungen können saldiert und der gesamte Anpassungsbetrag als Zinsaufwand oder Zinsertrag ausgewiesen werden. Gegen das grds Saldierungsverbot spricht, dass die Auswirkungen aus der Erhöhung des Zinssatzes nach IAS 37.84 im Anhang anzugeben und daher erkennbar sind und auch nach IAS 37.54 und IAS 37.60 Saldierungen in der Gesamtergebnisrechnung bzw gesonderten GuV (sofern erstellt) erlaubt sind (*ADS* Int Abschn 18 Rz 92). 80

VII. Folgebewertung

Ansatz und Bewertung von Rückstellungen sind zu jedem Bilanzstichtag neu zu prüfen. Bei **Änderungen** der zugrunde gelegten **Prämissen** und **Schätzungen** sowie bei **neuen Erkenntnissen** sind die gebildeten Rückstellungen anzupassen, damit sie die bestmögliche Schätzung widerspiegeln (IAS 37.59). Änderungen können sich sowohl dem Grunde (Ansatz) als auch der Höhe (Bewertung) nach ergeben. Es ist zwischen Anpassungseffekten der eigentlichen Verpflichtung und Änderungen des Zinssatzes zu unterscheiden (*Heuser/Theile* Rz 3470). 81

Eine Änderung in der Beurteilung, ob aufgrund neuer Erkenntnisse die Ansatzkriterien erfüllt sind oder die Bewertung anzupassen ist, führt idR nicht zu einem **Fehler** iSv IAS 8.41ff. Die sich aus der Änderung ergebende Anpassung oder der erstmalige Ansatz einer Rückstellung ist in der Periode in vollem Umfang erfolgswirksam zu erfassen, in der der Anpassungsbedarf erkannt wird, es sei denn, es handelt sich um unter IFRIC 1 fallende Rückstellungen für Entsorgungs-, Wiederherstellungs- und ähnliche Verpflichtungen (→ Rn 132ff).

1. Verbrauch/Inanspruchnahme

82 Hat ein Unternehmen eine Verpflichtung beglichen, für die es in früheren Jahren eine Rückstellung gebildet hat, hat die Inanspruchnahme der Rückstellung **erfolgsneutral** zu erfolgen. Lediglich die Differenz zwischen den tatsächlich angefallenen Ausgaben und dem zurückgestellten Betrag ist erfolgswirksam als Aufwand bzw Ertrag (Auflösung der Rückstellung) zu behandeln (→ Rn 83).

Die Inanspruchnahme einer Rückstellung darf nur für diejenigen **Zwecke** erfolgen, für die die Rückstellung urspr gebildet wurde (IAS 37.61). Die angefallenen Ausgaben müssen daher in unmittelbarem Zusammenhang mit der Bildung der Rückstellung stehen.

Eine Rückstellung darf folglich nicht **umgewidmet** werden, wenn ihr Grund entfallen ist, gleichzeitig aber die Passivierungsvoraussetzungen für eine andere ungewisse (ähnliche) Verpflichtung erfüllt sind, für die bisher keine Rückstellung passiviert worden ist. In diesem Fall ist die bereits gebildete Rückstellung erfolgswirksam aufzulösen und die neue Rückstellung ebenfalls erfolgswirksam zu bilden (IAS 1.32).

2. Auflösung

83 Sind die Kriterien für die Passivierung einer in früheren Jahren gebildeten Rückstellung nicht mehr (in voller Höhe) erfüllt, ist die Rückstellung (insoweit) aufzulösen/auszubuchen (IAS 37.59; → Rn 52). Eine erfolgsneutrale **Umwidmung** der Rückstellung für einen neuen (ähnlichen) Sachverhalt ist nicht zulässig (IAS 37.62; → Rn 82; *EY* 2015, 1783). Bei Auflösung einer Rückstellung ist zu prüfen, ob die Voraussetzungen für eine (angabepflichtige) **Eventualschuld** gegeben sind.

Nach IAS 1.35 sind Gewinne und Verluste aus einer Vielzahl von ähnlichen Transaktionen in der Gesamtergebnisrechnung bzw gesonderten GuV (sofern erstellt) **saldiert** auszuweisen. UE ist dieser Grundsatz auch auf die Zuführung zu und die Auflösung von pauschalen Rückstellungen, zB der pauschalen Gewährleistungsrückstellung, übertragbar.

Der **gesonderte Ausweis** einer Auflösung (nach Saldierung) in der Gesamtergebnisrechnung bzw gesonderten GuV (sofern erstellt) ist nach IAS 1.35 und IAS 1.97 nur bei Wesentlichkeit vorgesehen. In IAS 1.98(b) werden als Beispiele die Auflösung von Restrukturierungsrückstellungen (→ Rn 168ff) und sonstigen Rückstellungen genannt.

3. Zuführung

84 Ist davon auszugehen, dass die Rückstellungshöhe aufgrund neuer Erkenntnisse den Erfüllungsbetrag nicht mehr abdeckt, entspricht sie nicht mehr der bestmöglichen Schätzung. Die Differenz zwischen dem neuen, nach den → Rn 53ff ermittelten, voraussichtlichen Erfüllungsbetrag und der bisherigen Rückstellungshöhe ist **erfolgswirksam** zuzuführen, es sei denn, es handelt sich um Rückstellungen für Entsorgungs-, Wiederherstellungs- und ähnliche Verpflichtungen, die unter IFRIC 1 fallen (→ Rn 132ff).

In Ausnahmefällen kommen **erfolgsneutrale** Anpassungen von Rückstellungen in Betracht (*ADS* Int Abschn 18 Rz 51), zB Anpassungen nach einem Unternehmenszusammenschluss (IFRS 3) oder aufgrund eines materiellen Fehlers (IAS 8). Unter bestimmten Voraussetzungen sind Rückstellungen für (faktische) Verpflichtungen zum Abbruch, zur Entfernung oder zur Wiederherstellung des urspr Zustands zugleich als Anschaffungs- oder Herstellungskosten der zugrunde liegenden Vermögenswerte zu erfassen. Auch in diesen Fällen ist die Zuführung zur Rückstellung insoweit erfolgsneutral.

Der **gesonderte Ausweis** einer Zuführung in der Gesamtergebnisrechnung bzw gesonderten GuV (sofern erstellt) ist nach IAS 1.35 und IAS 1.97 nur bei Wesentlichkeit vorgesehen.

In den Zuführungen zu den Rückstellungen spiegeln sich auch die periodischen Erhöhungen der Buchwerte der Rückstellungen in Folge vorausgegangener **Abzinsungen** wider. In der Gesamtergebnisrechnung bzw gesonderten GuV (sofern erstellt) wird diese Erhöhung sowie eine ggf vorzunehmende Anpassung aufgrund einer Änderung des Diskontierungszinssatzes unter den Fremdkapitalkosten erfasst (→ Rn 80).

VIII. Fremdwährungsumrechnung

85 Rückstellungen für Verpflichtungen in ausländischer Währung sind, wie andere Bilanzposten auch, gem IAS 21.21 mit dem **Kassakurs** des Tages, an dem **erstmalig** die Voraussetzungen für die Passivierung der Rückstellung vorliegen, in die funktionale Währung umzurechnen. In der Folge sind die Rückstellungen als grds monetäre Verpflichtungen gem IAS 21.23 mit dem jeweiligen Kurs am Bilanzstichtag in die funktionale Währung zu übertragen. **Umrechnungsdifferenzen** sind gem IAS 21.28 **erfolgswirksam** zu erfassen.

F. Ausweis

86 Nach IAS 1.54(l) und IAS 37.11 bilden Rückstellungen einen **eigenständigen Bilanzposten** (→ § 2 Rn 309 ff). Eine **weitere Untergliederung** in Bilanz oder Anhang richtet sich gem IAS 1.77 f iVm IAS 1.58(c) und IAS 37.87 nach Art, Größe und Fristigkeit einzelner Rückstellungen oder Rückstellungsgruppen (→ Rn 201 ff). IAS 1.78(d) nennt als Beispiel eine Untergliederung in Leistungen an Arbeitnehmer und andere Rückstellungen. Grds sind Rückstellungen mit einer (wahrscheinlichen) Erfüllung von mehr als zwölf Monaten nach dem Bilanzstichtag in Bilanz oder Anhang gesondert auszuweisen. Hiervon unberührt bleiben die weiteren Angabepflichten im Anhang nach IAS 37.84 ff (→ Rn 201 ff).

G. Berücksichtigung von Ereignissen und Erkenntnissen nach dem Bilanzstichtag

87 Für den Ansatz und die Bewertung von Rückstellungen sowie für die Angabe von Eventualschulden im Anhang sind sämtliche **substanziellen Hinweise** heranzuziehen, die für die Abbildung eines Sachverhalts im Abschluss Bedeutung haben. Insbes zählen zu diesen Hinweisen zusätzliche, durch Ereignisse nach dem Bilanzstichtag erlangte Informationen (IAS 37.16). Die Berichtspflicht für Ereignisse nach dem Bilanzstichtag ist in IAS 10 geregelt.

Nach IAS 10.3 sind Ereignisse nach dem Bilanzstichtag danach zu unterscheiden, ob sie lediglich weitere substanzielle Hinweise zu Gegebenheiten liefern, die bereits am Bilanzstichtag vorgelegen haben **(werterhellende Tatsachen)** oder ob sie Gegebenheiten anzeigen, die erst nach dem Bilanzstichtag eingetreten sind **(wertbegründende Tatsachen).** Werterhellende Tatsachen sind nach IAS 10.8 in Bilanz oder Anhang zu berücksichtigen, während wertbegründende Tatsachen nach IAS 10.10 keine Wertänderungen zur Folge haben, unter bestimmten in IAS 10.21 definierten Voraussetzungen aber zu Angaben im Anhang führen. Der Werterhellungszeitraum reicht nach IAS 10.3ff bis zum Tag der Freigabe der Veröffentlichung des Abschlusses (→ § 2 Rn 106f).

Eine werterhellende Tatsache liegt zB bei Abschluss eines Gerichtsverfahrens nach dem Bilanzstichtag vor, durch den das Bestehen einer gegenwärtigen Verpflichtung bestätigt wird, sodass eine Rückstellung oder sonstige Schuld an Stelle der bloßen Angabe einer Eventualschuld anzusetzen oder eine bereits passivierte Rückstellung anzupassen ist (IAS 10.9(a)).

Sind wesentliche wertbegründende Tatsachen eingetreten, könnte das **Unterlassen von Angaben** über diese Tatsachen die Möglichkeiten der Abschlussadressaten zur angemessenen Einschätzung und Entscheidungsfindung beeinträchtigen. Aus diesem Grund ist im Anhang über die Art des Ereignisses und grds auch über die möglichen finanziellen Auswirkungen zu berichten (IAS 10.21). Beispiele für derartige Sachverhalte stellen eine Restrukturierung dar, die erst nach dem Bilanzstichtag angekündigt oder begonnen wurde und deshalb die Voraussetzungen für eine Rückstellung zum Bilanzstichtag noch nicht erfüllte (IAS 10.22(e)) sowie der Beginn umfangreicher Rechtsstreitigkeiten, die ausschließlich auf Ereignissen beruhen, die nach dem Bilanzstichtag eingetreten sind (IAS 10.22 (j)).

H. Nachholung bisher unterlassener Rückstellungen

88 Rückstellungen sind ab dem Zeitpunkt nachzuholen, dh erstmalig zu passivieren, ab dem die Unterlassung einer Rückstellung erkannt wird, sofern die grundlegenden Ansatzvoraussetzungen erfüllt sind (→ Rn 8ff, → Rn 33ff). Dabei ist der gesamte Betrag **erfolgswirksam** in der Periode zu erfassen, in der die Unterlassung erkannt wird, es sei denn, es handelt sich um unter IFRIC 1 fallende Rückstellungen für Entsorgungs-, Wiederherstellungs- und ähnliche Verpflichtungen (→ Rn 132ff). Zudem darf es sich nicht um einen **Fehler** iSv IAS 8.41ff handeln. In diesem Fall sind die Vorjahreszahlen anzupassen, und eine dritte Bilanz zu Beginn der Vorjahresperiode ist in den Abschluss aufzunehmen.

I. ABC der Rückstellungen

89 Im Folgenden werden **praxisorientiert** Erläuterungen zu bestimmten Anwendungsfällen gegeben. Dabei ist stets zu beachten, dass die grds Voraussetzungen für eine Rückstellungsbildung erfüllt sein müssen. Daher sind in einem ersten Schritt die allgemeinen Ansatzkriterien zu prüfen. Es muss eine gegenwärtige rechtliche oder faktische Verpflichtung des Unternehmens aus einem vergangenen Ereignis vorliegen, für die es zur Erfüllung wahrscheinlich zu einem Abfluss von Ressourcen mit wirtschaftlichem Nutzen kommen wird und deren Verpflichtungshöhe grds zuverlässig ermittelt werden kann.

Ferner ist eine **Abgrenzung** zu Eventualschulden bzw sonstigen Schulden vorzunehmen. Hat sich der abzubildende Sachverhalt so sehr konkretisiert, dass er eine (so gut wie) sichere Verpflichtung darstellt, ist bilanziell eine sonstige Schuld zu passivieren (→ Rn 13ff). Ergibt sich aus dem Sachverhalt eine nur mögliche Verpflichtung, die zwar aus vergangenen Ereignissen resultiert, deren Existenz aber durch das Eintreten oder Nichteintreten eines oder mehrerer unsicherer künftiger Ereignisse erst noch bestätigt wird, ist wie bei einer gegenwärtigen Verpflichtung, deren Abfluss wirtschaftlicher Ressourcen unwahrscheinlich ist, im Anhang eine Eventualschuld anzugeben (→ Rn 16 ff). Folgende Anwendungsfälle für Rückstellungen werden erläutert:

Abfindungen
Abgaben
Altersteilzeit
Ansammlungsrückstellungen
Aufbewahrung und Dokumentation
Aufsichtsratsvergütungen
Aufwandsrückstellungen
Ausstehende Rechnungen
Belastende Verträge/Drohende Verluste aus schwebenden Geschäften
Berufsgenossenschaftsbeiträge
Boni und Rabatte
Bonusprogramme
Bürgschaften
Darlehenszinsen
Elektroschrott
Emissionsrechte
Entsorgungs-, Wiederherstellungs- und ähnliche Verpflichtungen
Erbbaurecht
Finanzierungs-Leasingverträge
Garantie-/Gewährleistungsverpflichtungen
Instandhaltung (unterlassene)
Jahresabschlusskosten
Jubiläumsverpflichtungen
Künftige betriebliche Verluste
Kundenbindungsprogramme
Kurzfristig fällige Leistungen an Arbeitnehmer
Mietereinbauten
Pauschalrückstellungen
Pensionsverpflichtungen
Rechtsstreitigkeiten
Rekultivierung
Restrukturierungsmaßnahmen
Rückbauverpflichtungen
Schulden im Zusammenhang mit zur Veräußerung gehaltenen langfristigen Vermögenswerten und Veräußerungsgruppen
Steuerschulden
Tantiemen und Prämien
Urlaubsgeld

I. Abfindungen

Abfindungen an Mitarbeiter, die nicht als Restrukturierungsmaßnahmen iSv IAS 37.10 gelten, sind als Leistungen an Arbeitnehmer aus Anlass der Beendigung des Arbeitsverhältnisses iSv IAS 19.8 zu qualifizieren. Erfassung und Bewertung richten sich nach IAS 19.159 ff (→ § 26 Rn 140 ff). 90

Dabei kann die Abfindungsleistung auf einer aus Sicht des Arbeitnehmers unfreiwilligen oder freiwilligen Beendigung des Arbeitsverhältnisses basieren.

91 Abfindungen können zum einen aus Angeboten an Arbeitnehmer zur Förderung ihres freiwilligen, vorzeitigen Ausscheidens resultieren **(freiwillige Abfindungsleistungen;** IAS 19.165). Eine Verpflichtung seitens des Unternehmens ist nach IAS 19.166f erst dann gegeben, wenn der Arbeitnehmer das Angebot annimmt oder aber eine Restriktion zur möglichen Rücknahme des Angebots besteht (oder bspw nach Zeitablauf eintritt) und das Unternehmen somit eine Stillhalterposition ausübt. Erst dann liegt eine unentziehbare Verpflichtung vor.

92 Daneben erwachsen Abfindungen aus dem unternehmerischen Entschluss, ein Beschäftigungsverhältnis vorzeitig zu beenden **(unfreiwillige Abfindungsleistungen).** Eine bilanzielle Verpflichtung erwächst für das Unternehmen, wenn für die vorzeitige Beendigung des Arbeitsverhältnisses ein hinreichend detaillierter, formaler Plan existiert und für das Unternehmen keine realistische Möglichkeit besteht, sich der Verpflichtung zu entziehen (→ § 26 Rn 141). Der **formale Plan** muss nach IAS 19.167 mindestens folgende Kriterien kumulativ erfüllen:

(1) Die zum Abschluss des Plans erforderlichen Maßnahmen lassen wahrscheinlich keine wesentlichen Änderungen zu.
(2) Nennung der Anzahl der Arbeitnehmer, deren Arbeitsverhältnis beendet werden soll, deren Tätigkeitsschwerpunkte bzw Aufgabenbereiche sowie deren Standorte und den erwarteten Beendigungszeitpunkt; eine Benennung der einzelnen Arbeitnehmer wird nicht gefordert.
(3) Hinreichend detallierte Festlegung der Leistungen, sodass betroffende Arbeitnehmer Art und Höhe ermitteln können, die sie bei Beendigung des Arbeitsverhältnises erhalten werden.

IAS 19.167 stellt heraus, dass der Plan den betroffenen Mitarbeitern mitgeteilt sein muss, wobei er dabei explizit noch nicht die Personen, deren Beschäftigung beendet werden soll, benennen muss. Dabei hat das Unternehmen alle Handlungen durchzuführen, die darauf hindeuten, dass der den Arbeitnehmern mitgeteilte Plan ohne große Abänderungen beendet werden kann. IAS 19.167 stellt hier auf den Beendigungszeitpunkt und nicht auf den Umsetzungszeitpunkt des Plans ab.

Die Kriterien entsprechen grds den Anforderungen, die an einen formalen Plan bei Restrukturierungsmaßnahmen gestellt werden (→ Rn 173ff).

93 Die vorstehenden Ausführungen gelten gleichermaßen für **Lohn- und Gehaltsfortzahlungen** bis zum Ende der Kündigungsfrist – ohne dass der Arbeitnehmer weitere Arbeitsleistungen erbringt, die dem Unternehmen einen wirtschaftlichen Nutzen verschaffen – und die Erhöhung von **Altersversorgungsleistungen** oder anderer Leistungen nach Beendigung des Arbeitsverhältnisses (IAS 19.161).

94 Soweit die anlässlich des unfreiwilligen Ausscheidens gewährten Leistungen für **zukünftige Leistungen** des Arbeitnehmers gewährt werden, zB bei Fortsetzung der Beschäftigung bis zum frühestmöglichen Ausscheidenszeitpunkt oder bei Erhöhung der üblicherweise gewährten Abfindung als Gegenleistung für einen Verbleib bis zu einem bestimmten Zeitpunkt (s auch das Beispiel in IAS 19.170), ist nach IAS 19.170 keine Rückstellung für den Gesamtbetrag der zugesagten Leistungen zu bilden, sondern der Betrag zeitanteilig in der Bilanz und der Gesamtergebnisrechnung bzw GuV (sofern erstellt) zu erfassen.

95 Die **Bewertung** der Verpflichtungen richtet sich nach der Höhe der im formalen Plan vorgesehenen Leistungen. Bei einer Fälligkeit von mehr als zwölf Monaten nach dem Bilanzstichtag sind die Verpflichtungen zu diskontieren. Der Zinssatz hat sich am fristadäquaten Zinssatz für erstrangige, festverzinsliche Industrieanleihen zu orientieren (IAS 19.169, IAS 19.83).

96 Beruhen die Leistungen des Arbeitgebers auf rechtlichen, idR vertraglichen Vereinbarungen, ist uE die Verpflichtung soweit konkretisiert, dass diese unter

den **sonstigen Schulden** und nicht mehr unter den Rückstellungen auszuweisen ist. Bei der Bilanzierung freiwilliger Abfindungsleistungen sind noch die Wahrscheinlichkeiten der Inanspruchnahme zu berücksichtigen. Ein Ausweis unter den sonstigen Schulden ist nach IAS 19 vorzunehmen, wenn sich die Leistungen hinreichend genug konkretisiert haben. Für die Abgrenzung sind sämtliche bis zum Aufstellungszeitpunkt erlangten Kenntnisse zu berücksichtigen.

II. Abgaben

1. Allgemeines

Das IFRSIC hat im Jahr 2013 mit **IFRIC 21 Abgaben** *(levies)* Leitlinien zur bilanziellen Erfassung von Abgaben, zu deren Entrichtung ein Unternehmen von der öffentlichen Hand verpflichtet wird, herausgegeben und damit insbes klargestellt, **wann** solche Verpflichtungen zu passivieren sind. Dabei konkretisiert die Interpretation die Grundsätze des IAS 37 und gilt gleichermaßen für Abgaben, die noch durch eine gewisse Unsicherheit gekennzeichnet sind (Rückstellungen), als auch für solche, bei denen Zeitpunkt und Betrag feststehen (sonstige Schulden; IFRIC 21.2). 97

In den Anwendungsbereich von IFRIC 21 fallen Abgaben, die Unternehmen von Regierungsbehörden, Institutionen mit hoheitlichen Aufgaben und ähnlichen Körperschaften – unabhängig von ihrem möglichen internationalen, nationalen oder lokalen Wirkungskreis – im Rahmen von **Gesetzen** oder **anderen Regulierungsvorschriften** auferlegt werden. In Deutschland fällt hierunter insbes die sog **Bankenabgabe,** die Unternehmen iSd § 1 Abs 1 KWG (Kreditinstitute) seit dem Jahr 2011 als Folge der Finanzmarktkrise zur Übernahme des systemischen Risikos aus dem Kredit- und Handelsgeschäft zu entrichten haben. Ebenso fällt in den Anwendungsbereich deutscher Unternehmen die **Grundsteuer.** Der hoheitliche Charakter steht im Vordergrund, weshalb Rechtsgeschäfte mit der öffentlichen Hand (Erwerb von Vermögenswerten, Erbringung von Dienstleistungen) nicht in den Anwendungsbereich von IFRIC 21 fallen (IFRIC 21.5). Ebenfalls außerhalb des Anwendungsbereichs von IFRIC 21 liegen Zahlungspflichten, die in anderen Standards geregelt sind, wie Ertragsteuern nach IAS 12, Verpflichtungen zur Rücknahme und Entsorgung von Elektroschrott (→ Rn 129f) und Geldstrafen oder ähnliche Sanktionen, die bei der Verletzung von Rechtsvorschriften verhängt werden. Die USt fällt wegen fehlender Belastung für das Unternehmen ebenfalls nicht in den Anwendungsbereich des IFRIC 21. Explizit fallen auch Verpflichtungen aus Emissionshandelssystemen nicht unter IFRIC 21 (IFRIC 21.6). 98

Das **Ereignis,** das eine Verpflichtung zur Entrichtung einer Abgabe auslöst, ist die Tätigkeit, an die die gesetzliche oder regulatorische Vorschrift die Abgabe knüpft (IFRIC 21.8). Eine frühere bilanzielle Erfassung ist nicht zulässig, auch dann nicht, wenn das Unternehmen keine realistische Möglichkeit hat, sich dem Ereignis, das die Abgabe auslöst, zu entziehen. 99

Die **Grundsteuer** entsteht mit Beginn des Kalenderjahres, für das die Steuer festzusetzen ist (§ 9 Abs. 2 GrStG). Daher ist die Abgabe zu Jahresbeginn in voller Höhe zurückzustellen. Die Rückstellung wird pro rata temporis im Geschäftsjahr in Anspruch genommen, sodass bei abweichenden Wirtschaftsjahren Unternehmen diese in den Bilanzen anteilig auszuweisen haben.

Wird die Verpflichtung erst durch **Erreichen** eines **Mindestschwellenwerts** ausgelöst, ist die Verpflichtung auch erst dann anzusetzen, wenn der Schwellenwert erreicht ist. Dagegen ist die Verpflichtung **pro rata temporis** anzusetzen, wenn sich das verpflichtende Ereignis über einen Zeitraum erstreckt. Unerheblich ist der Zahlungszeitpunkt (IFRIC 21.BC13).

100 Ein Unternehmen, das wirtschaftlich gezwungen ist, seine **Geschäftstätigkeit** in **künftigen Perioden fortzuführen,** ist (rechtlich wie auch) faktisch nicht zur Entrichtung einer an künftige Perioden anknüpfenden Abgabe verpflichtet (IFRIC 21.10). Auch die Erstellung des Jahresabschlusses unter der Prämisse der Unternehmensfortführung verpflichtet das Unternehmen nicht zur Entrichtung von an künftige Perioden anknüpfenden Abgaben (→ Rn 45).

Hat ein Unternehmen ohne gegenwärtige Verpflichtung bereits (Vorauszahlungen auf) Abgaben geleistet, ist für diese **Anzahlung** ein Vermögenswert anzusetzen. IFRIC 21 behandelt nicht die Frage der Gegenbuchung der tatsächlich zu entrichtenden Abgaben als Vermögenswert oder lfd Aufwand der Periode (IFRIC 21.3), welche anhand der einschlägigen Standards zu bestimmen ist.

Die Interpretation trat für Geschäftsjahre ab dem 1. Januar 2014 in Kraft. Die Erstanwendung erfolgt in Einklang mit IAS 8, sodass die entspr Vorschriften rückwirkend angewendet werden.

2. Bankenabgabe

101 **Kreditinstitute,** die am 1. Januar eines Jahrs eine Erlaubnis nach dem KWG besitzen, haben zum 30. September dieses Jahrs eine sog **Bankenabgabe** zu leisten (§ 2 RStrukFG). Basis für die Berechnung der Abgabe ist der festgestellte Jahresabschluss des vor dem 1. März des jeweiligen Beitragsjahrs endenden Geschäftsjahrs. Der Beitrag vermindert sich für Kreditinstitute, deren Erlaubnis in der Zeit vom 1. Januar bis zum 31. März aufgehoben oder zurückgezogen wird, um 75% und für Kreditinstitute, deren Erlaubnis zwischen dem 1. April und dem 30. Juni vor Beitragsfälligkeit aufgehoben oder zurückgezogen wird, um 50% (§ 1 Abs 5 RStrukFG).

102 In der Literatur wird über den **Entstehungszeitpunkt** der Rückstellung erheblich diskutiert. Einigkeit besteht darüber, dass – bei einem dem Kalenderjahr entspr Geschäftsjahr, von dem im Folgenden ausgegangen wird – zum 31. Dezember des Jahrs, das als Bemessungsgrenze dient, eine Rückstellung noch nicht entstanden sein kann, da es an einem verpflichtenden Ereignis mangelt (*Lüdenbach/Hoffmann/Freiberg* IFRS § 21 Rz 114). In der Literatur wird zT die Auffassung vertreten, dass eine **Vollrückstellung** zum 1. Januar zu bilanzieren sei, mit der Begründung, dass der Besitz der Bankenerlaubnis am 1. Januar das verpflichtende Ereignis darstelle und evtl Erlassmöglichkeiten durch Rückgabe der Bankenerlaubnis nicht zu berücksichtigen seien, wenn keine ausreichend objektiven Hinweise auf eine solche Entwicklung vorlägen (*Lüdenbach/Hoffmann/Freiberg* IFRS § 21 Rz 115; so auch *Albrecht* PiR 2013, 338 (341)). Gegen die Bildung einer Vollrückstellung wird unter Heranziehung des Unentziehbarkeitskriteriums argumentiert, dass sich das Kreditinstitut sehr wohl durch Rückgabe der Erlaubnis bis spätestens zum 30. Juni der Bankenabgabe zumindest anteilig entziehen könne (*KPMG* 2013, 7). Bei Annahme einer **stufenweisen rechtlichen Vollentstehung** sei der geschätzte Jahresbeitrag am Ende des ersten Quartals mit 25%, am Ende des zweiten Quartals mit 50% und zum dritten Quartal in voller Höhe zu passivieren. Da es sich bei der Abgabe um einen Jahresbeitrag handele und die Zeitkomponente damit zu berücksichtigen sei, könne alternativ ebenso eine quartalsweise Verteilung für zulässig erachtet werden (*KPMG* 2013, 7; *Urbanczik* KoR 2013, 413 (415f)).

Das Kreditinstitut kann die Bankenerlaubnis im ersten Quartal bzw Halbjahr eines Jahrs zurückgeben. Es besteht somit eine Alternative, mittels derer der Abfluss von Ressourcen anteilig vermieden werden kann, sodass das **Unentzieh-**

barkeitskriterium anteilig nicht greift. Somit liegt zum 1. Januar keine gegenwärtige Verpflichtung für die Abgabe in voller Höhe vor (→ Rn 36). Während des ersten Quartals besteht eine unentziehbare Verpflichtung zur Zahlung von 25% der Abgabe. Hat das Kreditinstitut am 31. März (Quartalsabschluss) von der Rückgabe keinen Gebrauch gemacht, ist es durch Ablauf des Quartals zu einer Zahlung von 50% verpflichtet, da die Erlaubnis nicht zwischen dem 1. Januar und dem 31. März entfallen ist. Gibt das Kreditinstitut die Bankenerlaubnis während des zweiten Quartals zurück, besteht weiterhin eine unentziehbare Verpflichtung zur Zahlung von 50% der Abgabe. Hat das Kreditinstitut auch am 30. Juni (Halbjahresabschluss) von der Rückgabe keinen Gebrauch gemacht, ist es durch Ablauf des zweiten Quartals zur vollständigen Zahlung verpflichtet, da die Erlaubnis nicht zwischen dem 1. Januar und dem 30. Juni entfallen ist. Somit ist uE im Halbjahresabschluss wegen der vollständigen Unentziehbarkeit eine Vollrückstellung anzusetzen (so auch *Albrecht* PiR 2013, 338 (341), der dieser Argumentation aber nicht folgt). Einer sukzessiven Zuführung zu den Rückstellungen wie von der *KPMG* oder *Urbanczik* vorgeschlagen – am Ende des ersten Quartals 25% und am Ende des zweiten Quartals 50% –, kann der Höhe nach aus den dargelegten Argumentationsgründen nicht gefolgt werden.

Der **Ausweis der Bankenabgabe** als Rückstellung ist vertretbar, da die Bundesanstalt für Finanzmarktstabilisierung ein Prüfungsrecht besitzt und somit eine gewisse Unsicherheit über die Höhe des festzusetzenden Betrags besteht. Allerdings erscheint ein Ausweis unter den Verbindlichkeiten ebenfalls als sachgerecht.

III. Altersteilzeit

Das am 1. August 1996 in Kraft getretene Altersteilzeitgesetz (AltTZG), zu- **103**
letzt geändert durch Art 3a des Gesetzes vom 23. Juni 2014, eröffnet Arbeitnehmern für den Zeitraum nach Vollendung des 55. Lebensjahrs die Möglichkeit, mit den jeweiligen Arbeitgebern Altersteilzeitverhältnisse zu vereinbaren. Dabei sieht § 2 AltTZG zwei verschiedene Modelle vor, wie die Tätigkeit des Arbeitnehmers während der Altersteilzeitphase zeitlich ausgestaltet werden kann. Nach dem **Gleichverteilungsmodell** ist der Arbeitnehmer während des gesamten Altersteilzeitzeitraums bis zur Pensionierung mit einer idR hälftig reduzierten Arbeitszeit (50%) tätig, während er nach dem **Blockmodell** in der ersten Phase des Altersteilzeitzeitraums (sog Beschäftigungsphase) weiterhin mit unverminderter Arbeitszeit arbeitet und in der zweiten Phase (sog Freistellungsphase) vollständig von seiner Arbeitszeit freigestellt ist (*IDW* RS HFA 3 Rz 6). Die Festlegung der Ausgestaltung der Altersteilzeitvereinbarung mit verminderter Arbeitszeit, einem dementsprechend geminderten Arbeitsentgelt und einem vom Arbeitgeber zu leistenden Aufstockungsbetrag erfolgt entweder in einer Kollektivvereinbarung (Tarifvertrag, Betriebsvereinbarung) oder in einer Individualvereinbarung (→ Rn 106).

Altersteilzeitvereinbarungen zwischen dem Arbeitgeber und den Arbeitnehmern dienten entspr der urspr Zielsetzung des AltTZG vorrangig dazu, den gleitenden Übergang älterer Arbeitnehmer in den Ruhestand zu fördern. Daneben existieren jedoch zunehmend Altersteilzeitvereinbarungen, mittels derer die langjährige Betriebszugehörigkeit der Mitarbeiter zusätzlich honoriert wird und/oder mittels derer ein Anreiz zur Verlängerung der Gesamtlebensarbeitszeit geschaffen werden soll (*IDW* RS HFA 3 Rz 3 und Rz 9).

Wird über eine tarifvertragliche, betriebsinterne oä Vereinbarung einem be- **104**
stimmten **Personenkreis** die unentziehbare Möglichkeit zur Inanspruchnahme der Altersteilzeitregelung eingeräumt, kann sich der Arbeitgeber seiner Ver-

pflichtung nicht entziehen, wenn betroffene Arbeitnehmer in die Altersteilzeitregelung einwilligen (→ Rn 36). Der Tarifvertrag bzw die Betriebsvereinbarung begründen eine Stillhalteverpflichtung des Arbeitgebers, der das Optionsrecht des einzelnen Arbeitnehmers gegenübersteht (*IDW* RS HFA 3 Rz 13). Diese Vereinbarung stellt dabei einen detaillierten, formalen Plan dar, dessen Vorliegen nach IAS 19.167 notwendige Voraussetzung für die bilanzielle Behandlung als Verpflichtung ist (→ Rn 92). Regelmäßig beinhaltet eine solche Vereinbarung alle erforderlichen Angaben nach IAS 19.167(a) bis (c).

Bei der Beurteilung, wie viele der Anspruchsberechtigten die **Option ausüben** werden (Wahrscheinlichkeit der Inanspruchnahme), ist von inner- oder zwischenbetrieblichen Erfahrungswerten bzw von Umfrageergebnissen innerhalb der relevanten Belegschaft auszugehen (→ Rn 8; *IDW* RS HFA 3 Rz 14, auch wenn die Stellungnahme nur für die handelsrechtliche Bilanzierung (HGB) Gültigkeit besitzt). Eine unreflektierte Einbeziehung aller Anspruchsberechtigten scheidet somit aus.

Sieht der Tarifvertrag bzw die Betriebsvereinbarung eine Ablehnungsmöglichkeit des Arbeitgebers für den Fall vor, dass eine bestimmte Anzahl potenzieller Anspruchsberechtigter die Altersteilzeitregelung bereits in Anspruch genommen hat, ist die Passivierung einer Rückstellung/sonstigen Schuld auf die Zahl der Anspruchsberechtigten begrenzt, für die keine Ablehnungsmöglichkeit des Arbeitgebers besteht. Eine Berücksichtigung als Rückstellung/sonstige Schuld ist nur insoweit zulässig, als dass der Arbeitgeber aus einem dem Arbeitnehmer unterbreiteten Angebot zur vorzeitigen Beendigung des Arbeitsverhältnisses nachweislich verpflichtet ist (IAS 19.165f). Ansonsten liegt keine Unentziehbarkeit iSd IAS 19.165f vor.

105 Bei der Altersteilzeitregelung in der Ausgestaltung des Blockmodells erbringt der Arbeitnehmer in der Aktivphase die volle Arbeitsleistung, während das Arbeitsentgelt und die Aufstockungsbeträge nur für 50% der Arbeitsleistung ausgezahlt werden (*DRSC* AH 1 (IFRS) Rz 4). Daher baut sich beim Arbeitgeber während der Beschäftigungsphase in Höhe des noch nicht entlohnten Anteils der Arbeitsleistung ein **Erfüllungsrückstand** ggf unter Berücksichtigung eines Gehaltstrends auf. Diesem wird durch die Ansammlung einer Verpflichtung Rechnung getragen (*DRSC* AH 1 (IFRS) Rz 9). In den Perioden, in denen der Arbeitnehmer entspr der Altersteilzeitregelung entlohnt wird, ohne eine Arbeitsleistung zu erbringen, erfolgt die Inanspruchnahme (evtl Auflösung) (*DRSC* AH (IFRS) Rz 9).

Erfüllungsrückstände aus aufgeschobenen Vergütungen im sog Blockmodell stellen langfristig fällige Leistungen an Arbeitnehmer dar. Sie unterliegen hinsichtlich Bestehen, Ressourcenabfluss, Höhe und Fälligkeit einer Quasi-Sicherheit, die einen Ausweis unter den sonstigen Schulden rechtfertigt (*DRSC* AH 1 (IFRS) Rz 9). Unter dem Gesichtspunkt eines einheitlichen Ausweises ist eine Zusammenfassung von Erfüllungsrückständen mit den deutlich unsichereren Aufstockungsbeträgen in einem Betrag unter dem Posten Rückstellungen für Altersteilzeit aber uE ebenfalls sachgerecht.

Der Gesetzgeber fordert für den Erfüllungsrückstand für das Blockmodell eine Insolvenzsicherung zum Schutz der Vorleistungen des Arbeitnehmers. Soweit diese Insolvenzsicherung die Voraussetzungen für einen **Plan-Vermögenswert** erfüllt, sind Plan-Vermögenswert und Rückstellung/sonstige Schuld zu saldieren (→ § 26 Rn 38).

Bei dem Gleichverteilungsmodell entsteht kein Erfüllungsrückstand.

Mit den Aufstockungsbeträgen wird das aus der verminderten Arbeitsleistung herrührende ebenfalls verminderte Arbeitsentgelt der Arbeitnehmer auf ein Niveau von regelmäßig 70–80% des Regelarbeitsentgelts angehoben.

IAS 19 unterscheidet bei der **Entstehung** der Verpflichtung aus Aufstockungsleistungen zwischen **Kollektiv- und Individualvereinbarungen.** Nach IAS 19 entsteht die Verpflichtung zur Gewährung von Aufstockungsbeträgen bei Kollektivvereinbarungen mit Entstehung des Anspruchs der betroffenen Arbeitnehmer auf Abschluss eines Altersteilzeitvertrags. Ab diesem Zeitpunkt ist das Unternehmen rechtlich bzw faktisch unentziehbar zur Gewährung von Aufstockungsleistungen verpflichtet, wenn betroffene Arbeitnehmer den Abschluss von Altersteilzeitvereinbarungen verlangen würden. Beim Vorliegen von Individualvereinbarungen ist eine unentziehbare Verpflichtung seitens des Unternehmens zum Zeitpunkt der Unterbreitung eines verbindlichen Angebots an den einzelnen Arbeitnehmer auf Altersteilzeit gegeben, spätestens aber mit Abschluss der individuellen Altersteilzeitvereinbarung zwischen dem Arbeitgeber und dem Arbeitnehmer (*DRSC* AH 1 (IFRS) Rz 18). 106

Die Vorgaben der Planformel nach IAS 19.53ff iVm IAS 19.70 bestimmen den Zeitpunkt der **Erdienung** der vereinbarten Aufstockungsleistungen und somit den Zeitpunkt des Beginns der Ansammlung der sonstigen Schuld bzw Rückstellung (näher hierzu → § 26 Rn 134). Bei Individualvereinbarungen bestimmt regelmäßig der Abschluss des Altersteilzeitvertrags das Entstehen der Verpflichtung und den Beginn des Ansammlungszeitraums. Der Zeitpunkt, ab dem die künftigen Aufstockungsleistungen bei Kollektivvereinbarungen erdient werden und somit als Schuld auszuweisen sind, fällt aber nicht immer mit dem Zeitpunkt des Entstehens der Verpflichtung zusammen (*DRSC* AH 1 (IFRS) Rz 18 und Rz 22ff; → § 26 Rn 134). Das Ende des Ansammlungszeitraums wird bestimmt durch den Zeitpunkt der Unverfallbarkeit der Aufstockungsleistungen. So kann die jeweils erbrachte Arbeitsleistung kontinuierlich für die Unverfallbarkeit der Aufstockungsleistungen maßgebend sein oder erst das Ableisten der gesamten Altersteilzeit ohne Störfall (Tod des Arbeitnehmers, Auflösung des Arbeitsvertrags; *DRSC* AH 1 (IFRS) Rz 29ff; hierzu ausführlich → § 26 Rn 135ff).

Ist als **Voraussetzung** für den Abschluss einer Altersteilzeitvereinbarung eine **bestimmte Mindestzeit der Beschäftigung** des Arbeitnehmers im Unternehmen gefordert, liegt nachzuverrechnender Dienstzeitaufwand iSv IAS 19.153ff iVm IAS 19.103(a) vor, wenn sich der Mindestbeschäftigungszeitraum teilweise oder vollumfänglich auf den Zeitraum vor Entstehung der Schuld erstreckt. Da der Arbeitnehmer in diesen Fällen nicht erst ab Vereinbarung des Altersteilzeitverhältnisses die Aufstockungsbeträge erdient, sondern teilweise ab Beginn des Zeitraums der Mindestbetriebszugehörigkeit bis zur Vereinbarung des Altersteilzeitverhältnisses, ist der auf die vor dem Abschluss der Vereinbarung bereits erbrachten Arbeitsleistungen entfallende Barwert der Leistungsverpflichtung ebenfalls bilanziell zu erfassen (→ § 26 Rn 134).

Aufstockungsbeträge im Rahmen von **Individualvereinbarungen** sind nach IAS 19.155f iVm IAS 19.56ff zu bewerten. Sie werden nicht in voller Höhe, sondern ratierlich über den Zeitraum der Beschäftigungsphase angesammelt (IAS 19.56ff, IAS 19.123ff; *DRSC* AH 1 (IFRS) Rz 25). Bei Aufstockungsbeträgen im Rahmen von **Kollektivverträgen** ist, soweit noch keine Konkretisierung durch Vertragsabschluss mit einzelnen Arbeitnehmern erfolgt ist, aufgrund des Wahlrechts der Arbeitnehmer zur künftigen Altersteilzeitregelung dabei der Grad der wahrscheinlichen Inanspruchnahme unter Beachtung von Ablehnungsmöglichkeiten des Arbeitgebers zu berücksichtigen. Bei der Bewertung der Aufstockungsbeträge ist unter versicherungsmathematischen Grundsätzen zu beachten, dass die Verpflichtung mit dem Eintritt von Invalidität oder Tod des Arbeitnehmers erlischt. Ebenso sind zukünftige Gehaltstrends zu berücksichtigen (IAS 19.155f). 107

Nach IAS 19.162 sind Aufstockungsleistungen vom weiteren Dienstzeitraum des Arbeitnehmers bis zu seinem Ausscheiden abhängig und damit nicht unabhängig von seiner künftigen Arbeitsleistung, weshalb sie als andere langfristig fällige Leistungen an Arbeitnehmer einzustufen sind (IAS 19.8 und IAS 19.153 ff sowie *DRSC* AH 1 (IFRS) Rz 11).

In den (seltenen) Fällen, in denen die Aufstockungsleistungen an Arbeitnehmer voraussichtlich innerhalb von zwölf Monaten nach Ende der jährlichen Berichtsperiode, in der die entspr Arbeitsleistung erbracht wird, in voller Höhe beglichen werden, ist **ausnahmsweise** eine Einstufung als **kurzfristig fällige Leistung** an Arbeitnehmer nach IAS 19.8 bzw IAS 19.9 ff vorzunehmen (*DRSC* AH 1 (IFRS) Rz 11 f). Sind die passivierten Verpflichtungen (Erfüllungsrückstand und Aufstockungsbetrag) erst nach Ablauf von zwölf Monaten fällig, sind sie nach IAS 37.45 mit dem Barwert anzusetzen (IAS 19.169). Der Abzinsung ist grds der durchschnittliche, am Abschlussstichtag für Industrieanleihen geltende frist- und währungsadäquate Marktzinssatz zugrunde zu legen (→ Rn 95). Eine Abzinsung kann unterbleiben, wenn die Zinseffekte unwesentlich sind.

Beispiel (in Anlehnung an *DRSC* AH 1 (IFRS) Rz 12): Ein Unternehmen gewährt Altersteilzeitvereinbarungen nur unter der Voraussetzung einer mindestens zweijährigen Betriebszugehörigkeit. Die Aktivphase eines Arbeitnehmers beginnt am 1.1.20X1 und endet am 30.6.20X1, die Passivphase endet am 31.12.20X1.

Lösung: Die Aufstockungsleistungen werden über einen Arbeitszeitraum von zweieinhalb Jahren erdient, sodass die Aufstockungsbeträge nicht innerhalb von zwölf Monaten nach Ende der jährlichen Berichtsperiode, in der die jeweilige Arbeitsleistung erbracht wird, in voller Höhe beglichen werden.

Eine Zuordnung der Aufstockungsleistungen zu den Leistungen nach Beendigung des Arbeitsverhältnisses bzw Leistungen aus Anlass der Beendigung des Arbeitsverhältnisses ist nicht möglich. Die Aufstockungsleistungen stellen Arbeitsentgelt iSd §§ 611 f BGB dar, das noch vor Beendigung des Arbeitsverhältnisses (Ende der Passivphase) ausgezahlt wird und vor dem Hintergrund noch zu erbringender Arbeitsleistungen dem Arbeitnehmer gewährt wird (*DRSC* AH 1 (IFRS) Rz 11 ff).

108 Hinsichtlich des **Ausweises** als **Rückstellung** oder **sonstige Schuld** ist grds zwischen Erfüllungsrückstand und Aufstockungsbetrag zu differenzieren. Ersterer stellt idR wegen der höheren Konkretisierung eine sonstige Schuld, letzterer insbes wegen der Möglichkeit des Erlöschens infolge Invalidität oder Tod eine Rückstellung dar. Unter dem Gesichtspunkt eines einheitlichen Ausweises ist eine Zusammenfassung von Erfüllungsrückständen und Aufstockungsbeträgen in einem Betrag unter dem Posten Rückstellungen oder sonstige Schulden vertretbar (→ Rn 105).

Unter den Voraussetzungen des Beginns der Altersteilzeit vor dem 1. Januar 2010, der Entrichtung von bestimmten Beiträgen an die gesetzliche Rentenversicherung und der Wiederbesetzung des frei gewordenen Arbeitsplatzes mit einem Arbeitslosen, einem Arbeitnehmer nach Abschluss der Ausbildung oder ggf einem Auszubildenden, erstattet die Bundesversicherungsanstalt für Angestellte dem Arbeitgeber nach § 4 AltTZG gesetzlich vorgesehene Mindestzahlungen (Mindestaufstockungszahlungen und die Aufstockungen zur gesetzlichen Rentenversicherung). Nach IAS 37.53 sind **Erstattungsansprüche** als Vermögenswert zu aktivieren, wenn so gut wie sicher ist, dass sie dem Bilanzierenden zufließen werden. Das künftige Entstehen eines Anspruchs auf die Leistung von Erstattungsbeiträgen kann daher vor der Wiederbesetzung regelmäßig nicht mit der geforderten Sicherheit erwartet werden. Erstattungsansprüche sind nur dann zu aktivieren, wenn die Altersteilzeit vor dem 1. Januar 2010 begonnen hat und sämtliche in den §§ 2, 3 AltTZG aufgeführten Voraussetzungen tatsächlich vorliegen. Die Erstattungsbeiträge können entspr IAS 37.53 vor Erfüllung der Leistungsvoraussetzungen auch nicht rückstellungsmindernd berücksichtigt werden (→ Rn 68 ff). Im Blockmodell findet damit grds frühestens zu Beginn der Freistellungsphase eine Aktivierung des Erstattungsanspruchs statt.

IV. Ansammlungsrückstellungen

Ansammlungsrückstellungen, zB für Rückbauverpflichtungen, sind nach IFRS grds nicht vorgesehen, wenn die Verpflichtung im Zusammenhang mit einem **langfristigen Vermögenswert** steht. IdR sind Erwerb/Herstellung des langfristigen Vermögenswerts, zB der Bau eines Kraftwerks oder einer Ölplattform, das verpflichtungsbegründende Ereignis. Voraussetzung ist auch in diesen Fällen, dass sich das Unternehmen der Verpflichtung rechtlich oder faktisch nicht mehr entziehen kann, zB durch einen Produktionsstop oder die Verlagerung des Geschäftsbetriebs an einen anderen Standort bei behördlichen Auflagen. Daher ist zu diesem Zeitpunkt eine Vollrückstellung anzusetzen. Die Rückstellung wird in Höhe des abgezinsten und unter Berücksichtigung zukünftiger Preissteigerungen ermittelten Verpflichtungsumfangs im Zugangszeitpunkt des Vermögenswerts gleichzeitig quasi Bestandteil der Anschaffungs- bzw Herstellungskosten des Vermögenswerts (Buchung: per Vermögenswert an Rückstellung) und über die Abschreibung des Vermögenswerts erfolgswirksam (IAS 16.16(c); → Rn 132). 109

Bei Verpflichtungen, die sich aus der **Nutzung von** im Eigentum stehenden oder angemieteten **langfristigen Vermögenswerten** bzw dem Erwerb, der Herstellung oder der Nutzung kurzfristiger Vermögenswerte ergeben, sind auch nach IFRS Ansammlungsrückstellungen (iSv ratierlich aufbauender Vollrückstellung) denkbar. Dies gilt insbes für das Vorratsvermögen, bei dem IAS 2.12 ff indirekt eine IAS 16.16(c) vergleichbare Einbeziehung der Verpflichtung in die Anschaffungs- oder Herstellungskosten vorsehen (IAS 16.18 iVm IAS 2.12 ff). 110

Beispiel: Wird zB eine Kiesgrube ausgebeutet, kann sich das Unternehmen nur in Höhe des bisher vorgenommenen Abbaus der Rekultivierungsverpflichtung nicht mehr entziehen. Jede weitere künftige Verpflichtung kann hingegen durch einen Produktionsstop vermieden werden.

Lösung: Die Rekultivierungsverpflichtung ist somit ratierlich entspr dem Abbauvolumen anzusammeln (*Lüdenbach/Hoffmann/Freiberg* IFRS § 21 Rz 89). Die Gegenbuchung erfolgt erfolgsneutral, dh über eine Einbeziehung in die Herstellungskosten des Kieses und nicht der Anschaffungskosten der Kiesgrube (IAS 16.16(c)), soweit der Kies am Bilanzstichtag als Vorratsvermögen bilanziert wird.

In allen Fällen ist zu prüfen, ob der Erwerb bzw die Herstellung oder erst die ggf spätere Nutzung des Vermögenswerts das **verpflichtungsbegründende Ereignis** darstellen. Soweit erst die Nutzung zu einer Verpflichtung führt, ist stets auch nach IFRS eine Ansammlung der Rückstellung vorzunehmen.

Die **Bewertung** richtet sich nach allgemeinen Grundsätzen. Aufgrund der idR gegebenen Langfristigkeit ist zu prüfen, ob der anteilig am Bilanzstichtag verursachte Barwert oder nicht abgezinste Erfüllungsbetrag zurückzustellen ist.

V. Aufbewahrung und Dokumentation

Unternehmen sind durch § 257 HGB und § 147 AO allgemein zur **Aufbewahrung** von Belegen, Handelsbriefen und -büchern sowie Jahresabschlüssen bzw zur **Dokumentation** bestimmter Geschäftsvorfälle verpflichtet. Es besteht mit § 147 Abs 6 AO für Finanzbehörden die Möglichkeit des Zugriffs auf die 111 elektronischen Datenverarbeitungssysteme von Unternehmen. Zudem wurde mit § 90 Abs 3 AO die Verpflichtung geschaffen, die Ermittlung von Verrechnungspreisen bei grenzüberschreitenden Geschäftsbeziehungen mit nahe stehenden Personen zu dokumentieren (im Folgenden *Marx/Berg* DB 2006, 169 (169 ff)).

Für diese öffentlich-rechtliche Verpflichtung ist gem IAS 37.10 eine **Rückstellung** zu passivieren. Bei der Bewertung ist grds der beste Schätzwert heranzuziehen, wobei der Höhe nach die Aufwendungen zu berücksichtigen sind, die erforderlich sind, um die Verpflichtung am Abschlussstichtag zu erfüllen. Werden Teilprozesse outgesourct, ist der allgemeine Marktpreis zB für das Scannen von Belegen bis hin zur Bereitstellung eines Online-Archivierungssystems anzusetzen. Für Prozesse, die das Unternehmen selbst durchführt, sind alle Einzel- und Gemeinkosten anzusetzen, die den Tätigkeiten direkt zurechenbar sind (→ Rn 61). Dies sind im allgemeinen Personal-, Material- sowie Raumkosten (Miete und Energie). Bei der Erfüllung der Verrechnungspreisdokumentation gehört zu den rückstellungsfähigen bzw -pflichtigen Kosten auch die Erstellung und Pflege eines Datenbanksystems.

Wegen der mehrjährigen Laufzeit ist grds eine Abzinsung auf den Barwert der Rückstellung vorzunehmen (→ Rn 74 ff).

VI. Aufsichtsratsvergütungen

112 Sind Aufsichtsratsmitglieder im abgelaufenen Geschäftsjahr für das Unternehmen tätig geworden, ist für die **Entlohnung** grds eine abgegrenzte sonstige Schuld und keine Rückstellung anzusetzen, da das zugrunde liegende Entlohnungssystem regelmäßig die Höhe und auch die Fälligkeit der Verpflichtung benennt (→ Rn 13 ff).

VII. Aufwandsrückstellungen

113 Aufgrund des Erfordernisses eines Dritten und damit einer **Außenverpflichtung** (IAS 37.20) kommt die Erfassung von Aufwandsrückstellungen nicht in Betracht.

114 Es wird die Auffassung vertreten, dass entgegen diesem Grundsatz IAS 37 eingeschränkt Aufwandsrückstellungen für **Restrukturierungsmaßnahmen** zulässt (*Lüdenbach/Hoffmann/Freiberg* IFRS § 21 Rz 100). Hierbei wird uE verkannt, dass bei Erfüllung der an Restrukturierungsrückstellungen gestellten Anforderungen ggü den Betroffenen zumindest eine Außenverpflichtung in Form einer faktischen Verpflichtung besteht (→ Rn 168 ff).

115 Nach IAS 16.13 und IAS 16.14 können die Aufwendungen, die während der Nutzungsdauer eines Vermögenswerts des Sachanlagevermögens in regelmäßigen Zeitabständen für **Großinspektionen oder Generalüberholungen** anfallen und eine weitere Nutzung des Vermögenswerts ermöglichen, unter bestimmten Voraussetzungen aktiviert und als Bestandteil des Vermögenswerts über die Restlaufzeit abgeschrieben werden (→ § 5 Rn 83 f). Eine Rückstellung kann hierfür nicht gebildet werden (IAS 37.IE.C11A und IAS 37.IE.C11B).

VIII. Ausstehende Rechnungen

116 Sind Lieferungen und Leistungen im abgelaufenen Geschäftsjahr erbracht worden, die zugehörigen Rechnungen bis zur Bilanzaufstellung aber noch nicht eingegangen, sind nach IAS 37 keine Rückstellungen, sondern **sonstige Schulden** anzusetzen (→ Rn 13 ff).

IX. Belastende Verträge/Drohende Verluste aus schwebenden Geschäften

Drohverlustrückstellungen können sich grds auf Absatz- und Beschaffungsverträge (IAS 2.31) sowie auf Dauerschuldverhältnisse beziehen (IAS 37.IE.C8). Prämisse für die Passivierung einer Drohverlustrückstellung ist das Vorliegen eines **belastenden Vertrags** (IAS 37.66). Dabei handelt es sich um einen Vertrag (IAS 37.10), bei dem die unvermeidbaren Kosten zur Erfüllung der vertraglichen Verpflichtungen (Leistung) höher sind als der erwartete wirtschaftliche Nutzen (Gegenleistung), folglich ein Verpflichtungsüberhang besteht (*Heuser/Theile* Rz 3445). 117

Bei Verträgen, die erst durch das Handeln des Unternehmens belastend werden, ist fraglich, ob eine Rückstellung bereits mit der Entscheidung des Managements oder erst mit Beginn der Umsetzung der Entscheidung zu passivieren ist. Gem vorstehender Definition wird ein Vertrag zu dem Zeitpunkt zu einem belastenden Vertrag, zu dem die unvermeidbaren Kosten den zukünftigen Nutzen übersteigen. Dieser Zeitpunkt ist idR der Zeitpunkt, zu dem die Entscheidung des Managements getroffen wird, wenn mit einer Umsetzung der Entscheidung ernsthaft zu rechnen ist, da ab diesem Zeitpunkt eine Betrachtung des Vertrags über die gesamte verbleibende Restlaufzeit erfolgt und bereits in diesem Zeitraum die unvermeidbaren Kosten regelmäßig höher sind als der künftige Nutzen.

Beispiele für Verträge, die ggf belastend werden können, sind:
(1) Leasing-/Mietverträge, bei denen die angemietete Kapazität ungenutzt bleibt,
(2) Festpreis-Kaufverträge oder -Verkaufverträge (soweit diese keine Finanzinstrumente darstellen),
(3) Bohrverpflichtungen über das Datum hinaus, an dem die Entscheidung zum Abbruch von Explorationstätigkeiten getroffen wurde.

Eine Rückstellung ist nicht anzusetzen, wenn die realistische Möglichkeit besteht, einen belastenden Vertrag einseitig zu kündigen, ohne dass hierdurch Kosten entstehen, und diese Möglichkeit vom Unternehmen auch voraussichtlich wahrgenommen wird (IAS 37.67).

Die **unvermeidbaren Kosten** stellen den niedrigeren der beiden alternativen Beträge aus Kosten für die Erfüllung oder Entschädigungszahlungen bzw Strafgeldern für die Nichterfüllung dar (IAS 37.68). Kritisch zu prüfen ist die Wahl zwischen Vertragserfüllung und Entschädigungszahlung, wenn zwischen dem Grundgeschäft und evtl Folgeaufträgen Verbundeffekte entstehen. Werden negative Folgen aus den Verbundgeschäften mit einbezogen, könnten auch die höheren Erfüllungskosten als unvermeidbare Kosten zu werten sein (*Henselmann* KoR 2007, 232 (238)). UE ist hier kritisch zu prüfen, ob diese Verbundeffekte Bestandteil des belastenden Vertrags und somit rückstellungsfähig sind oder zukünftige betriebliche Verluste darstellen. 118

Drohverlustrückstellungen sind von vornherein auf eine **Saldierung von Aufwendungen und Erträgen** angelegt, da nur ein drohender Verpflichtungsüberhang bilanziell berücksichtigt wird. Die unvermeidbaren Kosten spiegeln somit die anfallenden Nettokosten wider. 119

IAS 37 trifft keine Aussage zur Abgrenzung des Saldierungsbereichs bei Drohverlustrückstellungen. UE ist bei einem engen wirtschaftlichen Zusammenhang zwischen zwei oder mehr Verträgen mit dem gleichen Vertragspartner zu prüfen, inwieweit die sich bei isolierter Betrachtung eines Vertrags ergebende Belastung durch positive Effekte aus einem anderen (Folge-)Vertrag kompensiert wird.

Beispiel (entnommen aus *Kessler/Scholz-Görlach* PiR 2007, 305 (306)): Ein Hersteller von Druckergeräten geht die Verpflichtung ein, diese unter dem Niveau der Herstellungskosten an diverse Großkunden zu verkaufen. Die Drucker funktionieren nur mit Spezialpatronen des Druckerherstellers. Die Druckerpatronen werden mit einem hohen Gewinnaufschlag verkauft, der den Verlust aus dem Geräteverkauf kompensiert.

Lösung: Das Unternehmen ist bewusst einen belastenden Vertrag zur Erzielung der mit dem Verkauf der Druckerpatronen einhergehenden Vermögensvorteile eingegangen. Bei wirtschaftlicher Betrachtung droht aus dem schwebenden Geschäft mit den Druckergeräten kein Verlust, sodass keine Drohverlustrückstellung anzusetzen ist.

Dem Vorschlag von *Kessler/Scholz-Görlach* folgend, sollte bei bewusst eingegangenen, belastenden Verträgen folgende widerlegbare Ausgeglichenheitsvermutung gelten: Wenn aus einem Vertrag oder mehreren verbundenen Verträgen ein Verpflichtungsüberschuss bewusst begründet wird, um an anderer Stelle Vorteile zu erzielen, so ist insgesamt von der Ausgeglichenheit von Leistungen und Vorteilen auszugehen, es sei denn, es liegt eine deutliche Indikation für das Gegenteil vor (*Kessler/Scholz-Görlach* PiR 2007, 305 (307)).

120 Bei schwebenden Geschäften ist zur Ermittlung der drohenden Verluste grds eine **absatzmarktorientierte Bewertung** vorzunehmen. Soweit daher bei schwebenden (Beschaffungs-)Verträgen die Vermögenswerte oder die fertigen Erzeugnisse und Leistungen, in die sie eingehen, mindestens noch zu Anschaffungs- oder Herstellungskosten verkauft werden können, ist keine Drohverlustrückstellung zu passivieren (IAS 2.31 f; → § 8 Rn 91 ff).

121 Eine **Wertminderung** auf das mit dem schwebenden Geschäft in unmittelbarem Zusammenhang stehende Aktivvermögen geht der Passivierung einer Rückstellung vor (IAS 37.69). Rückstellungen für drohende Verluste aus schwebenden Geschäften sind daher erst dann zu passivieren, wenn die unvermeidbaren Nettokosten größer sind als die Buchwerte der betroffenen Vermögenswerte (ähnlich *Lüdenbach/Hoffmann/Freiberg* IFRS § 21 Rz 69). IAS 37.69 verweist diesbezüglich zwar ausschließlich auf IAS 36 und schließt damit für bestimmte Vermögenswerte, insbes für das Vorratsvermögen, die **vorrangige aktive Absetzung** aus (IAS 36.2). Nach IAS 2.9 sind jedoch zB Vorräte mit dem niedrigeren Wert aus Anschaffungs- oder Herstellungskosten und Nettoveräußerungswert anzusetzen. Letzterer ist nach IAS 2.28 und IAS 2.31 unter Berücksichtigung drohender Verluste zu ermitteln. UE handelt es sich daher um eine sprachliche Ungenauigkeit, sodass in allen Fällen erst eine aktivische Abwertung vorzunehmen ist (→ § 8 Rn 98; *ADS* Int Abschn 18 Rz 154). Mit Inkrafttreten des IFRS 15 wird die bisherige Regelung der vorrangigen aktivischen Abwertung bei Fertigungsaufträgen durch die Streichung von IAS 37.5(a) (geändert 2014) aufgehoben, inhaltlich aber ähnlich durch die Regelung des IFRS 15.101 ersetzt.

122 Entspr dem Grundsatz, dass Rückstellungen nur für Verpflichtungen ggü Dritten zu passivieren sind, sind für **zukünftige betriebliche Verluste,** die sich nicht auf am Bilanzstichtag bilanzierte Vermögenswerte oder belastende Verträge zurückführen lassen, keine Drohverlustrückstellungen anzusetzen.

123 Zu drohenden Verlusten bei **langfristiger Fertigung** → § 9 Rn 80 ff.

X. Berufsgenossenschaftsbeiträge

124 Beiträge zu Berufsgenossenschaften stellen nach IAS 37 keine Rückstellungen, sondern **abgegrenzte, sonstige Schulden** dar (→ Rn 13 ff). Zu den Berufsgenossenschaftsbeiträgen zählt auch die Umlage für das **Konkursausfallgeld.**

XI. Boni und Rabatte

125 Wird einem Kunden eine Rückvergütung für die im abgelaufenen Geschäftsjahr abgenommenen Lieferungen und Leistungen gewährt, ist – vorausgesetzt die

Regelungen des IFRS 15 kommen noch nicht zur Anwendung – eine Rückstellungsbildung vorzunehmen, sofern aufgrund der in der Vergangenheit getätigten Umsätze eine **Verpflichtung ggü dem Kunden** besteht, der Abfluss von Ressourcen mit wirtschaftlichem Nutzen wahrscheinlich ist sowie die zu gewährenden Boni und Rabatte zuverlässig schätzbar sind (IAS 37.14). In Abhängigkeit von den getroffenen Vereinbarungen können Bestehen, Ressourcenabfluss, Höhe und Fälligkeit auch so sicher sein, dass eine sonstige Schuld zu passivieren ist (→ Rn 13ff). Ist die Gewährung der Rückvergütung noch von künftigen Ereignissen abhängig, liegt dagegen keine gegenwärtige Verpflichtung vor. Ggf ist in diesem Fall eine **Eventualschuld** im Anhang anzugeben.

Basis für die Höhe der Verpflichtung sind die mit dem Kunden eingegangenen Bonusregelungen bzw Rabattaktionen. Da die Zahlungen idR kurzfristiger Natur sind, unterbleibt regelmäßig eine Diskontierung.

In der Gesamtergebnisrechnung bzw gesonderten GuV (sofern erstellt) erfolgt der Ausweis der Rückstellungszuführung nur dann unter den **Umsatzerlösen** (negativ), wenn sich die Rückstellung auf Umsatzerlöse der gleichen Periode bezieht.

Nach **IFRS 15** ist als Umsatzerlös der Betrag zu erfassen, der als Gegenleistung für die Übertragung von Gütern oder Dienstleitungen an Kunden erwartet wird. Bei Anwendung des IFRS 15 sind variable Leistungskomponenten wie Rabatte und Boni bei der Bestimmung der Gegenleistung auf Basis einer Schätzung zu berücksichtigen. Damit entfällt in Ermangelung einer Umsatzerfassung eine Rückstellungsbildung.

XII. Bonusprogramme

Zu Verpflichtungen aus Bonusprogrammen → Rn 148 **Kundenbindungsprogramme.** 126

XIII. Bürgschaften

Ansatz und Ausbuchung von **Finanzbürgschaften** werden in **IAS 39/IFRS 9** geregelt, die dem Anwendungsbereich des IAS 37 **vorrangig** sind (→ Rn 3). Bei **sonstigen** übernommenen Bürgschaften, die nicht unter IAS 39/IFRS 9 fallen, ist danach zu differenzieren, ob eine Inanspruchnahme zum Bilanzstichtag wahrscheinlich ist oder nicht. Ist eine Inanspruchnahme unwahrscheinlich, darf nach IAS 37 keine Rückstellung bilanziert werden. Ggf ist eine Eventualschuld im Anhang anzugeben. Droht dem Unternehmen dagegen eine Inanspruchnahme, ist nach IAS 37 eine Rückstellung anzusetzen (→ Rn 8). Eine Rückgriffsforderung ggü dem Schuldner ist, sobald die Rückstellung passiviert wird, zu aktivieren und ggf mangels Werthaltigkeit abzuschreiben. Zur Bilanzierung von Erstattungsansprüchen → Rn 68ff und zur (gesamtschuldnerischen) Haftung von Unternehmen → Rn 70. 127

XIV. Darlehenszinsen

Hat das Unternehmen **feste Darlehenszinsen** aus einem abgeschlossenen Darlehensvertrag zu entrichten und ist das allgemeine Zinsniveau nach Vertragsabschluss gesunken, ist zu prüfen, ob ein **belastender Vertrag** vorliegt. Kann das Unternehmen den Vertrag nicht entschädigungslos kündigen, ist ein belastender Vertrag grds gegeben. Die Drohverlustrückstellung ist in Abhängigkeit 128 von der Differenz aus beiden Zinssätzen und unter Berücksichtigung der Laufzeit zu bilden. Besteht seitens des Unternehmens die Möglichkeit der Kündigung, ggf gegen eine Vorfälligkeitsgebühr, bestimmt sich die Rückstellung nach der Entschädigung, wenn diese niedriger ist als die Kosten der Vertragserfüllung (→ Rn 118).

XV. Elektroschrott

129 Mit dem ElektroG vom 16. März 2005 hat der deutsche Gesetzgeber die sog Elektroschrott-Richtl in nationales Recht umgesetzt. Inhaltlich führt das Gesetz für bestimmte Unternehmen zu einer **Verpflichtung zur Rücknahme und Entsorgung von Elektroschrott,** wobei zeitlich zu unterscheiden ist, ob die betreffenden Geräte vor oder nach dem 13. August 2005 in den Verkehr gebracht wurden (Alt-Altgeräte bzw Neu-Altgeräte) und ob die Rücknahme von privaten Haushalten oder gewerblichen Nutzern erfolgt. Zu dieser Richtl hat das IFRIC am 1. September 2005 IFRIC 6 veröffentlicht, der sich allerdings gem IFRIC 6.7 grds nur mit der Bilanzierung von historischem Abfall privater Haushalte beschäftigt (vgl im Folgenden *Oser/Roß* WPg 2005, 1069 (1069 ff)).

Für **Alt-Altgeräte,** die von **privaten Haushalten** zurückgegeben werden, ergibt sich eine grds Rücknahme- und Entsorgungsverpflichtung der Hersteller aus § 10 Abs 1 ElektroG. Dabei bestimmt sich die Abholverpflichtung jedes Herstellers nach seinem Anteil an der im Jahr des Rücklaufs in Verkehr gebrachten Menge an Elektro- und Elektronikgeräten pro Geräteart. Nach IAS 37 ist notwendige Bedingung für die Bildung einer Rückstellung eine gegenwärtige Verpflichtung aus einem vergangenen Ereignis. IFRIC 6.9 stellt klar, dass erst die künftige Marktteilnahme das rückstellungsbegründende Ereignis sei. Es wird seitens des IFRIC abgelehnt, dass es sich bei der Anknüpfung an einen künftigen Marktanteil nur um eine Bewertungskomponente handele, die die Rückstellungspflicht dem Grunde nach zum Zeitpunkt der Herstellung bzw des Verkaufs unberührt lasse (*Oser/Roß* WPg 2005, 1069 (1072)). Die Bildung einer Rückstellung zum Zeitpunkt des Inverkehrbringens der Alt-Altgeräte kommt folglich nicht in Betracht.

130 Bei **Alt-Altgeräten,** die von **gewerblichen Nutzern** zurückgegeben werden, sieht die Richtl ein Mitgliedstaatenwahlrecht hinsichtlich der Kostenübernahme vor. Der deutsche Gesetzgeber hat sich in der Folge dahingehend entschieden, die Rücknahme- und Entsorgungskosten den gewerblichen Nutzern und nicht den Herstellern aufzuerlegen. Vor dem Hintergrund der deutschen Umsetzung der Richtl ist demzufolge wegen fehlender Verpflichtung und Kosten bei den Herstellern keine Rückstellung zu bilanzieren. UE hat bei den gewerblichen Nutzern die Passivierung einer Rückstellung zu erfolgen. Die Gegenbuchung erfolgt bei Nutzung der Geräte als langfristige Vermögenswerte oder als kurzfristige Vermögenswerte zur Produktion von Vorratsvermögen erfolgsneutral, dh anschaffungs- bzw herstellungskostenerhöhend, und in allen anderen Fällen erfolgswirksam im Zeitpunkt des Erwerbs der Geräte.

Für **Neu-Altgeräte** aus **privaten Haushalten** besteht ebenfalls eine Abholverpflichtung seitens der Hersteller. Dabei lässt der deutsche Gesetzgeber nach Wahl des Herstellers zwei Verfahren zur Ermittlung der abzuholenden Abfallmenge zu. Zum einen kann die abzuholende Altgerätemenge nach dem Anteil der Altgeräte des Herstellers an der gesamten Altgerätemenge pro Geräteart berechnet werden (§ 14 Abs 5 Satz 3 Nr 1 ElektroG). Zum anderen berechnet sich die Verpflichtung nach dem Anteil des Herstellers an der gesamten im Kalenderjahr in Verkehr gebrachten Menge an Elektro- und Elektronikgeräten pro Geräteart (§ 14 Abs 5 Satz 3 Nr 2 ElektroG). Die Wahl des Verfahrens hat Konsequenzen auf die Rückstellungsbildung. Im ersten Fall ist das Inverkehrbringen der Geräte direkt mit der Verpflichtung der Rücknahme des Herstellers verbunden. Das rückstellungsbegründende Ereignis liegt in der Vergangenheit. Hinsichtlich der zweiten Alternative gibt IFRIC 6.7 den Hinweis, dass eine ähnliche Behandlung von Neu-Altgeräten und Alt-Altgeräten denkbar sei und dann IFRIC 6 auch auf die Bilanzierung von Neu-Altgeräten ausstrahle. Diese Ausstrahlungswirkung hat die Nichtpassivierung einer Rückstellung zum Zeitpunkt des Invehrkehrbringens bzw die Passivierung einer Rückstellung erst im Zeitpunkt der Rücknahme zur Folge.

Hinsichtlich **Neu-Altgeräten** von **gewerblichen Nutzern** sind die einzelnen Hersteller verpflichtet, eine zumutbare Möglichkeit zur Rückgabe zu schaffen und die Altgeräte zu entsorgen. Die dabei anfallenden Entsorgungskosten tragen die Hersteller. Das rückstellungsbegründende Ereignis ist das Inverkehrbringen der Elektrogeräte. Zu diesem Zeitpunkt ist daher eine Rückstellung zu bilden.

Die **Bewertung** der Rückstellung richtet sich nach allgemeinen Grundsätzen.

XVI. Emissionsrechte

Die Behandlung von Emissionsrechten und Verpflichtungen aus der Nutzung 131 solcher Rechte ergab sich bis zum Jahr 2005 aus **IFRIC 3,** den der IASB am 25. Juni 2005 aufgrund der unterschiedlichen Bewertung des Rechts (Anschaffungskosten) und der Verpflichtung (Marktwert) und sich hieraus ergebender Ergebnisauswirkungen *(accounting mismatch)* **zurückgezogen** hat.

Bis zur Veröffentlichung neuer Normen sind Emissionsverpflichtungen daher nach den **allgemeinen Grundsätzen** von **IAS 37** zu behandeln. Die Verpflichtung ist mit dem besten Schätzwert anzusetzen, der auf den Erfüllungszeitpunkt – dh den Erwerbszeitpunkt entspr Rechte – zu ermitteln ist. Der sich hiernach ergebende Wert kann von dem Marktwert der Emissionsrechte im Bewertungszeitpunkt abweichen.

XVII. Entsorgungs-, Wiederherstellungs- und ähnliche Verpflichtungen

Entsorgungs-, Wiederherstellungs- und ähnliche Verpflichtungen stellen zB 132 Verpflichtungen zur Stilllegung von Kernkraftwerken, zur Demontage von Sachanlagen wie Ölplattformen oder Erdgasförderanlagen wie auch Rekultivierungsverpflichtungen, Rückbauverpflichtungen von Mietereinbauten oder Verpflichtungen zur Beseitigung von Fabrik- oder Lagerhallen dar (vgl im folgenden *Kümpel* DStR 2004, 1227 (1227 ff); *Zülch/Willms* DB 2005, 1178 (1178 ff); *Schrimpf-Dörges,* 235 ff). Die Verpflichtungen können öffentlich-rechtlich, privatrechtlich oder rein faktisch begründet sein. Die Verpflichtung entsteht regelmäßig zum Zeitpunkt der **Anschaffung/Herstellung** oder **Inbetriebnahme** eines Vermögenswerts (so auch *EY* 2015, 1800).

Für eine Entsorgungs-, Wiederherstellungs- und ähnliche Verpflichtung (zB Abbruch) ist grds eine Rückstellung nach IAS 37 zu bilden (IAS 37.IE.C3). Da Entsorgungs-, Wiederherstellungs- und ähnliche Verpflichtungen oftmals langfristiger Natur sind, ist aufgrund des Umfangs der Verpflichtung regelmäßig der **Barwert der Verpflichtung** anzusetzen (→ Rn 74 ff). Liegt ein unbefristeter Vertrag vor, steht die mangelnde Schätzbarkeit des Vertragsendes einer Rückstellungsbildung nicht entgegen (ähnlich *KPMG* 2014/15 Rz 3.12.460.10). In diesem Fall kann ggf für die Bewertung die (Rest-)Nutzungsdauer des zugrunde liegenden Vermögenswerts herangezogen werden.

Die Bildung einer **Ansammlungsrückstellung** kommt dagegen nicht in Betracht. Das Spannungsverhältnis zwischen einem korrekten Vermögensausweis und einer sachgerechten Periodisierung wird vielmehr über die gleichzeitige Aktivierung dieser Aufwendungen gelöst (*Zülch/Willms* DB 2005, 1178 (1179)). Nach IAS 16.18 sind die Aufwendungen für die Entsorgung und Wiederherstellung, die im Zusammenhang mit der Anschaffung oder Herstellung eines langfristigen Vermögenswerts stehen, mit ihrem abgezinsten Erfüllungsbetrag als **Bestandteil der Anschaffungs- oder Herstellungskosten** zu aktivieren und über die betriebsgewöhnliche (Rest-)Nutzungsdauer abzuschreiben (→ § 5 Rn 51 ff). Die Rückstellungsbildung erfolgt somit de facto **erfolgsneutral.**

Beispiel: Die Genehmigung einer Müllverbrennungsanlage beinhaltet die Verpflichtung der Standortwiederherstellung, deren Kosten auf ca Mio € 50 geschätzt werden. Es ist geplant, die Anlage 30 Jahre zu betreiben.

Lösung: Zunächst ist der Barwert der Kosten zum Anschaffungszeitpunkt zu ermitteln. Bei einem angenommenen Diskontierungszinsfuß von 5,5% pa sind dies Mio € 10,3. Diese Kosten werden aktiviert, und in gleicher Höhe wird eine Rückstellung nach IAS 37 dotiert. Eine Wertminderung des Vermögenswerts ist nicht vorzunehmen, da die Entsorgungsverpflichtung ein Nutzenpotenzial verkörpert. Die Inbetriebnahme ist nur unter der Restriktion der Entsorgung möglich. In der Folge wird der um die Entsorgungs- und Wiederherstellungskosten erhöhte Vermögenswert planmäßig abgeschrieben. Zudem wird die Rückstellung entspr IAS 37.60 jährlich erfolgswirksam aufgezinst. Wegen des höheren Abschreibungspotenzials des Vermögenswerts wirkt die Regelung wirtschaftlich wie eine Ansammlungsrückstellung (*Schrimpf-Dörges,* 244).

133 Soweit die Aufwendungen hingegen mit der **Nutzung eines Vermögenswerts** im Zusammenhang stehen, kommt eine Einbeziehung in die Anschaffungs- oder Herstellungskosten des Vermögenswerts nicht in Betracht. Stattdessen ist eine aufwandswirksame (ratierliche) Dotierung der Rückstellung vorzunehmen.

Eine Aktivierung nach IAS 16.18 kommt auch dann bei langfristigen Vermögenswerten nicht in Betracht, wenn die Verpflichtung während der Nutzung des Vermögenswerts für die Produktion von Vorratsvermögen entsteht (*Schrimpf-Dörges,* 244). Allerdings sind dann, bei Bilanzierung des entspr Vorratsvermögens zum Bilanzstichtag, die Aufwendungen als Herstellungskosten bei den Vorräten zu aktivieren (IAS 16.16(c) iVm IAS 2.12 ff) und passivisch als Rückstellung zu erfassen.

134 Aufgrund des Langfristcharakters und der damit verbundenen Unsicherheit dieser Rückstellung können folgende **Ereignisse mit Auswirkungen auf die Bewertung** eintreten (IFRIC 1.3):

(1) eine Änderung des geschätzten Abflusses von Ressourcen mit wirtschaftlichem Nutzen, der für die Erfüllung der Verpflichtung erforderlich ist (Zahlungsstromänderungen),

(2) eine Änderung des aktuellen auf dem Markt basierenden Abzinsungssatzes gem IAS 37.47 (Zinssatzänderungen) und

(3) eine Erhöhung, die den Zeitablauf widerspiegelt (Aufzinsungsänderungen).

Die Behandlung dieser Änderungen hängt von der Folgebewertung des korrespondierenden Vermögenswerts (Anschaffungskosten- oder Neubewertungsmethode) ab.

135 Wird der korrespondierende Vermögenswert nach der **Anschaffungskostenmethode** bewertet, sind **Zahlungsstrom- und Zinssatzänderungen** erfolgsneutral zu den Anschaffungskosten des dazugehörigen Vermögenswerts in

der lfd Periode hinzuzufügen oder davon abzuziehen (IFRIC 1.5(a)). Soweit diese Änderungen zu einem negativen Buchwert des Vermögenswerts führen würden, bildet der Nullwert die Untergrenze (IFRIC 1.5(b)). Ein evtl Überhang ist sofort erfolgswirksam zu erfassen. Umgekehrt ist in den Fällen, in denen eine Schätzdatenänderung einen Zugang zum Rückstellungsbetrag zur Folge hat, der entspr Vermögenswert grds einem Werthaltigkeitstest nach IAS 36 zu unterziehen (IFRIC 1.5(c)).

Wird der korrespondierende Vermögenswert nach der **Neubewertungsmethode** bewertet, sind **Zahlungsstrom- und Zinssatzänderungen** nach IFRIC 1.6 in Übereinstimmung mit IAS 16.39f zu berücksichtigen. Eine Reduzierung der Verpflichtung ist grds im sonstigen Ergebnis in der Gesamtergebnisrechnung zu erfassen und in die Neubewertungsrücklage der entspr Sachanlage einzustellen (IFRIC 1.6(a)(i)). Macht die Abnahme der Rückstellung allerdings eine in der Vergangenheit als Aufwand erfasste Abwertung desselben Vermögenswerts rückgängig, ist sie erfolgswirksam zu erfassen. Ebenso ist nach IFRIC 1.6(b) in den Fällen, in denen der Abstockungsbetrag der Rückstellung die fortgeführten historischen Kosten nach der Anschaffungskostenmethode übersteigt, eine erfolgswirksame Erfassung vorzunehmen. Umgekehrt wird eine Rückstellungserhöhung, soweit sie den Betrag der entspr Neubewertungsrücklage nicht übersteigt, im sonstigen Ergebnis in der Gesamtergebnisrechnung erfasst und zu Lasten der Neubewertungsrücklage passiviert (IFRIC 1.6(a)(ii)). Nur in den Fällen, in denen die Rückstellungserhöhung nicht durch eine Neubewertungsrücklage gedeckt ist, hat eine erfolgswirksame Passivierung zu erfolgen. Die Anpassung der Neubewertungsrücklage aufgrund von Zahlungsstrom- und Zinssatzänderungen ist nach IFRIC 1.6(d) in der Gesamtergebnisrechnung gesondert zu zeigen. 136

Nach beiden Methoden werden **Aufzinsungsänderungen** gem IFRIC 1.8 erfolgswirksam als Zinsaufwand in der Periode gebucht, in der die Änderung auftritt. Eine Aktivierung als Finanzierungskosten gem IAS 23 kommt nicht in Betracht.

Nach **vollständiger Abschreibung des Vermögenswerts** ist jede Änderung der Verpflichtung im Zeitpunkt der Änderung erfolgswirksam als Aufwand oder Ertrag zu berücksichtigen. Dies gilt gleichermaßen für die Anschaffungskosten- und Neubewertungsmethode (IFRIC 1.7). 137

Auf Verpflichtungen im Zusammenhang mit der **Exploration von Bodenschätzen** findet IAS 37 und damit IFRIC 1 entspr Anwendung (IFRS 6.11). 138

Die **Bewertung** der Rückstellung richtet sich nach den allgemeinen Grundsätzen von IAS 37. 139

Da Entsorgungs-, Wiederherstellungs- und ähnliche Verpflichtungen meist einen beträchtlichen Umfang haben, werden in praxi zunehmend **Fonds** aufgelegt. Ziel der Fonds ist die Deckung dieser Verpflichtungen mittels Ansammlung von Vermögenswerten (IFRIC 5.1). IFRIC 5 regelt, wie Unternehmen Anteile an diesen Fonds sowie die zugrundeliegenden Verpflichtungen zu bilanzieren haben (IFRIC 5.6). 140

Die **(lfd) Beitragszahlungen** an den Fonds sind idR als sonstige Schulden zu passivieren. Sofern das bilanzierende Unternehmen verpflichtet ist, **Sonderbeiträge bzw Nachschüsse** zu leisten, die über die anteiligen Beitragszahlungen hinaus gehen, zB bei Insolvenz eines anderen Beitragszahlers, liegt nach IFRIC 5.10 eine Eventualschuld oder ggf eine Rückstellung/sonstige Schuld vor, die nach den allgemeinen Grundsätzen anzugeben bzw zu bilanzieren ist.

Hat das Unternehmen seine **Verpflichtung zur Entsorgung oder Wiederherstellung** rechtswirksam und ohne ein Rückgriffsrecht Dritter auf den Fonds übertragen, kommt die Bilanzierung einer Rückstellung wegen fehlender

Verpflichtung nicht mehr in Betracht (IFRIC 5.7). Gleichzeitig werden auch keine **Anteile am Fondsvermögen** bilanziert.

Verbleibt die Verpflichtung zur Entsorgung oder Wiederherstellung dagegen beim Unternehmen, ist aufgrund des Saldierungsverbots nach IAS 1.32 eine Rückstellung zu passivieren und der Anteil des Unternehmens am Fondsvermögen bzw der Erstattungsanspruch (IFRIC 5.7) zu aktivieren. Die Rückstellung ist gem den Bestimmungen des IAS 37 sowie des IFRIC 1 abzubilden und zu bewerten. Der Anteil am Fondsvermögen bzw der Erstattungsanspruch ist mit dem niedrigeren Wert aus der bilanzierten Verpflichtung (IFRIC 5.9(a)) und einem um Zugriffsbeschränkungen auf das Fondsvermögen angepassten beizulegenden Zeitwert des Anteils am Fonds (IFRIC 5.9(b)) zu bilanzieren. IFRIC 5 übernimmt hierbei faktisch die Vorschriften, die IAS 37 zur Bilanzierung von Erstattungsansprüchen aufstellt (*Schrimpf-Dörges,* 322). Sofern die Anteile am Fonds in einen Konzernabschluss einbezogen werden, gelten für diese Anteile die Bestimmungen von IAS 28, IFRS 10, IFRS 11 oder IFRS 12.

XVIII. Erbbaurecht

141 Wird ein Erbbaurecht wie ein gewöhnliches Miet- oder Pachtverhältnis behandelt, liegt ein schwebendes Geschäft vor, das bilanziell nicht zu erfassen ist, wenn sich Leistung und Gegenleistung **gleichwertig** gegenüberstehen. Übersteigt dagegen der Barwert der zu erbringenden Leistung (Erbbauzinsen) den Barwert der Gegenleistung (Nutzung des Grundstücks), ist die Existenz eines belastenden Vertrags zu prüfen (→ Rn 117 ff), zB bei einer fehlenden zukünftigen Nutzungsmöglichkeit des Grundstücks.

XIX. Finanzierungs-Leasingverträge

142 Finanzierungs-Leasingverträge werden **nicht** durch **IAS 37** erfasst (IAS 37.5). Aufgrund der Zurechnung des Leasinggegenstands zum Leasingnehmer geht bei einem belastenden Vertrag die aktive Absetzung der Passivierung einer Rückstellung für drohende Verluste vor.

XX. Garantie-/Gewährleistungsverpflichtungen

143 Gewährleistungsverpflichtungen und sonstige Garantien sind grds danach zu unterscheiden, ob ihnen ein Finanz- oder Handelsgeschäft zugrunde liegt.

Finanzielle Garantien, die den Garanten zur Zahlung verpflichten, falls der Schuldner seinen Zahlungsverpflichtungen nicht nachkommt, stellen insbes Bürgschaften (*ADS* Int Abschn 18 Rz 172; → Rn 127) dar. Ansatz und Ausbuchung finanzieller Haftungsverhältnisse richten sich nach IAS 39/IFRS 9 (→ Rn 3). Gewährleistungsverpflichtungen in Zusammenhang mit einem **Handelsgeschäft** treten regelmäßig bei Produktverkäufen auf (Beispiel → Rn 47). Dabei ist der Hersteller oder Händler gesetzlich, vertraglich oder faktisch (Kulanz) verpflichtet, für eine bestimmte Zeit nach der Veräußerung Reparaturen durchzuführen bzw Ersatz zu leisten, falls das Produkt bei Erwerb nicht fehlerfrei war.

Sind insbes der Eintritt wahrscheinlich sowie die Schätzbarkeit gegeben (→ Rn 48 ff), sind diese Verpflichtungen grds bilanziell als Rückstellungen zu erfassen, falls der Anwendungsbereich des IAS 37 gegeben ist (→ Rn 3). Da Gewährleistungsverpflichtungen regelmäßig in größerer Anzahl zu erwarten sind, ist für die Bewertung die Bildung von **Erwartungswerten** geboten (→ Rn 55;

zur Bildung von Pauschalrückstellungen → Rn 157). Zu Rückgriffs- bzw Erstattungsansprüchen → Rn 68 ff. Liegen die Voraussetzungen hinsichtlich der Eintrittswahrscheinlichkeit oder Schätzbarkeit nicht vor, sind die Gewährleistungsverpflichtungen als Eventualschulden grds im Anhang anzugeben (→ Rn 16 ff).

Aus dem Anwendungbereich des IAS 37 ausgenommen sind mit Inkrafttreten von **IFRS 15 separat gehandelte Mängelansprüche/Garantien** (IFRS 15.B30), wie eine über die gesetzliche Gewährleistungsfrist hinausgehende vertraglich vereinbarte verlängerte Gewährleistung oder besondere zugesicherte Eigenschaften. Liegt aber keine separate Leistungsverpflichtung vor, fällt die Gewährleistung nicht unter IFRS 15. Im Unterschied zu IAS 11.17(g) stellen die Aufwendungen keinen Bestandteil der Vertragskosten dar (IFRS 15.98(c)), weshalb sich keine Auswirkungen auf den Fertigstellungsgrad bzw die Verteilung der Umsatzerlöse ergeben. Bei Vorliegen aller Rückstellungskriterien nach IAS 37.14 ist eine Rückstellung für Gewährleistung vollständig zu bilden.

XXI. Instandhaltung (unterlassene)

Da bei (unterlassener) Instandhaltung das Erfordernis einer Außenverpflichtung regelmäßig fehlt (IAS 37.14(a)), kommt eine **Rückstellung** nach IAS 37 **nicht** in Betracht (→ Rn 113 ff). Zudem sind die aus der Nachholung solcher Maßnahmen resultierenden Belastungen mit der künftigen Unternehmenstätigkeit verbunden und damit nicht rückstellungsfähig (IAS 37.18 f). Zu prüfen ist jedoch, ob die durchzuführenden Maßnahmen als sog Komponenten der Anschaffungs- oder Herstellungskosten des betroffenen Vermögenswerts zu **aktivieren** sind (→ § 5 Rn 82 ff). 144

Eine Rückstellung ist auch dann unzulässig, wenn der (gesetzlich vorgeschriebene) Zeitraum zur Durchführung von Instandhaltungsmaßnahmen vor dem Abschlussstichtag abgelaufen ist, da sich das Unternehmen diesen Maßnahmen selbst dann noch durch die Einstellung der Nutzung des Vermögenswerts entziehen kann. In diesem Fall ist aber bei Sanktionsbewehrung eine Rückstellung für solche Strafen zu bilanzieren (*ADS* Int Abschn 18 Rz 181 ff).

Etwas anderes gilt, wenn sich die Verpflichtung zur Durchführung der Instandhaltung aus einer **vertraglichen Vereinbarung,** zB bei Miet- und Pachtverträgen, ergibt (zB Pachterneuerungsverpflichtungen). In diesem Fall ist eine Rückstellung zu bilden, die über den Verpflichtungszeitraum verursachungsgerecht anzusammeln ist (→ Rn 109 f).

XXII. Jahresabschlusskosten

Für die Aufstellung, Prüfung sowie Veröffentlichung des Jahresabschlusses liegt regelmäßig eine gegenwärtige rechtliche Verpflichtung vor, die mit Ablauf des Geschäftsjahrs entsteht und der sich das Unternehmen nicht entziehen kann. In Abhängigkeit des Grads der Unsicherheit ist entweder eine **Rückstellung** nach IAS 37 (→ Rn 8 ff) oder eine **abgegrenzte, sonstige Schuld** (→ Rn 13 ff) zu bilden für: 145

(1) die gesetzliche Verpflichtung zur Aufstellung, Prüfung und Veröffentlichung von Jahresabschluss und Lagebericht,
(2) die privatrechtliche Verpflichtung zur Prüfung von Jahresabschluss und Lagebericht (Satzung, Gesellschaftsvertrag),
(3) die gesetzliche Verpflichtung zur Erstellung der die Betriebsteuern des abgelaufenen Geschäftsjahrs betreffenden Steuererklärungen.

Neben externen Kosten sind auch unvermeidbare interne Einzel- und Gemeinkosten zu berücksichtigen, wie zB abschlussbezogene Überstunden eigenen Personals (*ADS* Int Abschn 18 Rz 125).

XXIII. Jubiläumsverpflichtungen

146 Jubiläumsverpflichtungen stellen andere **langfristig,** dh nicht innerhalb eines Zeitraums von zwölf Monaten, fällige Leistungen an Arbeitnehmer (IAS 19.8) dar (IAS 19.153(b)). Es handelt sich um Verpflichtungen, die dem Grunde und der Höhe nach unsicher und damit als Rückstellung auszuweisen sind.

Nach IAS 19 richtet sich die **Bewertung** dieser Verpflichtungen grds nach den gleichen versicherungsmathematischen Grundsätzen wie die Bewertung von (leistungsorientierten) Pensionsverpflichtungen (IAS 19.155 und → § 26 Rn 131). Da Jubiläumszusagen jedoch nicht den gleichen Unsicherheiten wie Pensionsrückstellungen unterliegen, sind versicherungsmathematische Gewinne und Verluste sowie die Differenz zwischen tatsächlichen und kalkulierten Planerträgen sofort, dh im Jahr ihres Entstehens, zu erfassen. Gleichermaßen ist (nachzuverrechnender) Dienstzeitaufwand sofort in voller Höhe zu berücksichtigen (IAS 19.156). Die Rückstellung stellt den Saldo aus dem Barwert der Verpflichtung zum Bilanzstichtag abzüglich des Zeitwerts evtl vorhandenen Planvermögens dar (→ § 26 Rn 131). Die gesamte Veränderung im Verpflichtungsumfang zwischen zwei Bilanzstichtagen ist damit erfolgswirksam zu erfassen.

XXIV. Künftige betriebliche Verluste

147 Künftige betriebliche Verluste, die nicht auf einem belastenden Vertrag beruhen, entsprechen nicht der Definition einer Schuld und sind nach IAS 37 **nicht rückstellungsfähig** (IAS 37.63). Sie sind ggf Anzeichen einer möglichen Wertminderung bestimmter Vermögenswerte des Unternehmensbereichs.

XXV. Kundenbindungsprogramme

148 **Prämienprogramme** in Form von Kundenkarten mit Gutschrift von Prämien- oder Treuepunkten werden in den letzten Jahren verstärkt als Instrument zur Bindung von Kunden eingesetzt. **IFRIC 13** normiert die Bilanzierung von Umsatzerlösen aus diesen Programmen derzeit, wird aber zukünftig durch IFRS 15 ersetzt.

Kundenbindungsprogramme gem IFRIC 13 und IFRS 15 werden als **Mehrkomponentenvertrag** qualifiziert, bei dem das Unternehmen zwei Leistungen erbringt (Lieferung der Produkte und Lieferung der Prämie). Die für die Kauftransaktion erhaltene Gegenleistung ist folglich auf die beiden Leistungen aufzuteilen (IFRIC 13.5/IFRS 15.76f). Es wird nur der Teil der Gegenleistung als Umsatz realisiert, für den die Bedingungen für die Umsatzrealisation bereits erfüllt sind (näher → § 15 Rn 10ff). Der andere Teil ist als **sonstige Schuld** zu erfassen und wird erst dann realisiert, wenn die Bonuspunkte eingelöst werden oder verfallen (IFRIC 13.7/IFRS 15.16).

Gem IFRIC 13.9 kann eine **Drohverlust-Rückstellung** nach IAS 37 in den Fällen in Betracht kommen, in denen eine für das Unternehmen nachteilige Prämiengewährung vorliegt, weil zB mehr Kunden als erwartet ihre Bonuspunkte tatsächlich eintauschen und sich hierbei für eine bestimmte Prämie entscheiden, die mit besonders hohen unvermeidbaren Kosten verbunden ist. Da auch IFRS 15 keine Aussagen zu belastenden Kundenaufträgen enthält, gelten auch unter Heranziehung dieses Standards die Regelungen des IAS 37 fort; vgl IAS 37.5(g) (geändert 2014).

XXVI. Kurzfristig fällige Leistungen an Arbeitnehmer

Die Erfassung und die Bewertung kurzfristig fälliger Leistungen an Arbeitnehmer (IAS 19.9f), wie zB **Urlaubsgeld, Tantiemen und Prämien,** richtet sich nach IAS 19.11. Kurzfristig fällige Leistungen an Arbeitnehmer sind Leistungen des Unternehmens an Arbeitnehmer (außer Leistungen aus Anlass der Beendigung des Arbeitsverhältnisses), die erwartungsgemäß innerhalb von zwölf Monaten nach Ende der Periode, in der die entspr Arbeitsleistung erbracht wurde, in voller Höhe gezahlt werden (IAS 19.8). Die Verpflichtung des Arbeitgebers ist als abgegrenzte, sonstige Schuld mit dem nicht abgezinsten Betrag der kurzfristig fälligen Leistungen aufwandswirksam zu erfassen (→ § 26 Rn 126). 149

Bei kurzfristig fälligen **Abwesenheitsvergütungen** ist zwischen ansammelbaren und nicht ansammelbaren Ansprüchen zu unterscheiden (→ § 26 Rn 126). Ansammelbare Ansprüche auf vergütete Abwesenheit sind Ansprüche, die in die Zukunft vorgetragen und in späteren Perioden genutzt werden können, sofern die die Berichtsperiode betreffenden Ansprüche nicht vollständig genutzt wurden, wie zB Urlaubsgeld (IAS 19.15). Derartige Verpflichtungen sind zu passivieren, sobald die Arbeitsleistung durch den Arbeitnehmer erbracht worden ist, durch die sich der Anspruch auf vergütete künftige Abwesenheit ergibt (IAS 19.13(a)). Zum Bilanzstichtag ist der Betrag anzusetzen, den das Unternehmen aufgrund der bis zu diesem Stichtag angesammelten, nicht genutzten Ansprüche voraussichtlich zahlen muss. Nicht ansammelbare Ansprüche sind dagegen unabhängig von der Arbeitsleistung des Arbeitnehmers. Bei diesen nicht ansammelbaren Ansprüchen, wie zB Lohnfortzahlung im Krankheitsfall, bestehen zum Bilanzstichtag keine Verpflichtungen des Arbeitgebers zur Vergütung zukünftiger Abwesenheit (IAS 19.13(b) und IAS 19.18). Eine Passivierung derartiger Ansprüche scheidet daher aus. 150

Die erwarteten Aufwendungen aus einer **Gewinn- oder Erfolgsbeteiligung** (Tantiemen, Prämien) sind dann zu bilanzieren, wenn die allgemeinen Erfassungskriterien einer Schuld erfüllt sind (→ § 26 Rn 127). Bei faktischen Verpflichtungen (→ Rn 40ff) darf das Unternehmen darüber hinaus keine realistische Alternative zur Zahlung der Gewinn- oder Erfolgsbeteiligung haben (IAS 19.19). Eine Verpflichtung zur Zahlung einer Gewinn- oder Erfolgsbeteiligung kann nur dann verlässlich geschätzt werden, wenn ein formaler Plan eine Methode zur Bestimmung der Leistungshöhe vorsieht und das Unternehmen die zu zahlenden Beträge bis zur Freigabe der Veröffentlichung des Abschlusses ermittelt hat oder aber aufgrund früherer Übung die Höhe der faktischen Verpflichtung des Unternehmens eindeutig bestimmbar ist (IAS 19.22). Bei freiwilligen Leistungen liegt uE ein ausreichend formaler Plan vor, wenn bei den Mitarbeitern aufgrund einer Ankündigung durch den Arbeitgeber oder einer betrieblichen Übung in vergleichbaren Fällen die gerechtfertigte Erwartung geweckt worden ist, dass das Unternehmen auch für die aktuelle Berichtsperiode eine Gewinn- oder Erfolgsbeteiligung zahlen wird und der Kreis der betroffenen Mitarbeiter namentlich und mit den zu zahlenden Beträgen feststeht.

Kurzfristig fällige Leistungen an Arbeitnehmer erfüllen zwar grds die allgemeinen Erfassungskriterien für Rückstellungen. Aufgrund der bei diesen Verpflichtungen idR weitgehenden Konkretisierung von Bestehen, Ressourcenabfluss, Höhe und Fälligkeit (so gut wie sicher; → Rn 31 und → Rn 69) ist ggf ein Aus- 151 weis unter den **sonstigen Schulden** vorzunehmen (→ § 26 Rn 127; ähnlich *Heuser/Theile* Rz 3700).

152–155 *(einstweilen frei)*

XXVII. Mietereinbauten

156 Zu Verpflichtungen im Zusammenhang mit Mietereinbauten vgl → Rn 132ff zu **Entsorgungs-, Wiederherstellungs- und ähnlichen Verpflichtungen.**

XXVIII. Pauschalrückstellungen

157 Pauschalrückstellungen sind auch nach IFRS zulässig, wenn sich – bei Erfüllung aller anderen Voraussetzungen – die Pauschalierung aus der zusammengefassten Bewertung einer **größeren Anzahl von ähnlichen Geschäftsvorfällen** ergibt (→ Rn 55), zB bei Gewährleistungen (ähnlich *ADS* Int Abschn 18 Rz 45; *Heuser/Theile* Rz 3480). Des Weiteren erfordert die zuverlässige Bewertbarkeit der Verpflichtung, dass der beste Schätzwert durch in der Vergangenheit beobachtete Ressourcenabflüsse unterlegt werden kann.

XXIX. Pensionsverpflichtungen

158 Pensionszusagen können in **unterschiedlichen Ausgestaltungen** vorliegen. Sofern die Verpflichtung eines Unternehmens aus Pensionszusagen auf eine bestimmte Beitragszahlung an eine eigenständige Einheit (Fonds) begrenzt ist, liegen sog **beitragsorientierte Zusagen** vor. Die Höhe der Leistungen richtet sich nach der Höhe der Beiträge (einschließlich der Erträge aus deren Anlage), die das Unternehmen an die Einheit gezahlt hat. Mithin trägt der Arbeitnehmer das versicherungsmathematische Risiko und das Kapitalanlagerisiko (IAS 19.28). In Deutschland jedoch entbindet eine Beitragszahlung an eine externe Einheit das Unternehmen aufgrund der arbeitsvertraglichen Gesetzgebung nicht von seiner Haftung. Daher ist fraglich, ob in Deutschland beitragsorientierte Zusagen überhaupt existieren. In praxi jedoch werden die Durchführungswege über eine Direktversicherung, Pensionskasse oder mit Einschränkungen über einen Pensionsfonds als beitragsorientierte Zusagen klassifiziert (ausführlich → § 26 Rn 21f).

Bei sog **leistungsorientierten Zusagen** trägt dagegen der Arbeitgeber sowohl das versicherungsmathematische Risiko als auch das Kapitalanlagerisiko. Als leistungsorientierte Zusagen werden in praxi die Durchführungswege der Direktzusage und der Unterstützungskasse eingestuft.

159 Pensionsverpflichtungen sind, sofern es sich um vom Unternehmen als Arbeitgeber zugesagte **Leistungen an Arbeitnehmer** (aktive oder ehemalige) handelt, nach IAS 19 zu behandeln.

160 Die Bilanzierung und Berichterstattung von Altersversorgungsplänen der **externen Einheit (Fonds)** wird dagegen nicht in IAS 19, sondern in IAS 26 behandelt. IAS 26 ist auf Altersversorgungspläne der vom Arbeitgeber der Begünstigten losgelösten Einheiten anzuwenden, die für ihn Leistungsverpflichtungen erfüllen (→ § 26 Rn 150ff).

161 Nach der Zielsetzung von IAS 19 ist eine Schuld immer dann zu bilanzieren, wenn ein Arbeitnehmer bereits Arbeitsleistungen im Austausch gegen erst in der Zukunft zu zahlende Leistungen erbracht hat. Dies ist bei leistungsorientierten Pensionsverpflichtungen regelmäßig der Fall, da die Leistungen erst nach Beendigung des Arbeitsverhältnisses fällig werden.

Den **Aufwand** hat das Unternehmen nach IAS 19 in dem Jahr zu erfassen, in dem es den wirtschaftlichen Nutzen aus der im Austausch für spätere Leistungen von einem Arbeitnehmer erbrachten Arbeitsleistung vereinnahmt hat. Die zu bilanzierende Verpflichtung ergibt sich aus dem hinzugekommenen Anspruch des lfd Geschäftsjahrs und der Verzinsung der in den vorangegangenen Geschäftsjahren entstandenen Aufwendungen, soweit noch kein Verbrauch oder keine Auflösung stattgefunden hat. Die Verpflichtung ist unter bestimmten Voraussetzungen mit dem Zeitwert eines ggf vorhandenen Planvermögens zu saldieren (→ § 26 Rn 38ff). 162

Wegen weiterer Einzelheiten zur Behandlung der Leistungen an Arbeitnehmer nach Beendigung des Arbeitsverhältnisses und zur Bilanzierung externer Versorgungsträger → § 26 Rn 20 und → § 26 Rn 150ff.

XXX. Rechtsstreitigkeiten

Bei **Passivprozessen** liegt regelmäßig eine unvermeidbare Verpflichtung aus einem vergangenen Ereignis vor. Dabei reichen die Geltendmachung eines Anspruchs oder das Drohen einer Klage für sich genommen nicht aus, um ein verpflichtendes Ereignis zu begründen. Vielmehr muss der Anspruch zu Recht geltend gemacht worden sein. Es muss sich folglich um einen durchsetzbaren Anspruch gegen das Unternehmen handeln (*Küting/Kessler/Cassel/Metz* WPg 2010, 315 (317)). Dabei ist der Anspruch als durchsetzbar zu werten, wenn das Unternehmen eine Rechtsverletzung (Handlung oder Unterlassung) begangen hat (ähnlich *KPMG* 2014/15 Rz 3.12.740.10 mit einem Beispiel). Dann aber würde der bloße Ansatz einer Rückstellung schon als Schuldeingeständnis gewertet werden können. Daher ist es uE ausreichend, wenn die Rechtsverletzung als verpflichtendes Ereignis unter Heranziehung aller substanziellen Hinweise als wahrscheinlich eingestuft werden kann. 163

Mitunter ist die **Wahrscheinlichkeit des Ressourcenabflusses** nicht hinreichend sicher oder der Erfüllungsbetrag nicht zuverlässig schätzbar. Verpflichtungen aus Rechtsstreitigkeiten sind dann im Anhang als Eventualschulden anzugeben. Dies gilt insbes bei Schadensersatzansprüchen, die der Anspruchsgegner nur dem Grunde nach angezeigt hat, ohne die Forderungshöhe zu benennen (→ Rn 21; *Küting/Kessler/Cassel/Metz* WPg 2010, 315 (318)). Gem IAS 37.86 hat ein Unternehmen neben der Beschreibung der Eventualschuld und der Angabe von Unsicherheiten hinsichtlich des Betrags oder der Fälligkeiten von Ressourcenabflüssen (IAS 37.86(b)) sowie der Möglichkeit von Erstattungen (IAS 37.86(c)) insbes eine Schätzung der finanziellen Auswirkungen (*financial effect;* IAS 37.86 (a)) anzugeben. UE reichen hier verbale Erläuterungen aus, da der Standard Auswirkungen *(effect)* und nicht Zahlenangaben *(amount)* fordert. 164

Regelmäßig sollte sich aber eine Bandbreite von Schätzwerten für die mögliche Inanspruchnahme durch den Anspruchgegner ermitteln lassen, da von dem Tatbestandsmerkmal der verlässlichen Schätzbarkeit eine rückstellungsbegrenzende Wirkung nur sehr selten ausgeht (*Küting/Kessler/Cassel/Metz* WPg 2010, 315 (317f)). Soweit Ressourcenabfluss und Höhe, zB aufgrund von entspr (belastbaren) Stellungnahmen der eingeschalteten Anwälte oder von Gutachtern, mit hinreichender Sicherheit bestimmt werden können, ist eine Rückstellung in Höhe der voraussichtlichen Rechtsverfolgungskosten und des Erfüllungsbetrags zu passivieren. Während Prozesskosten (zu den einzelnen Kostenarten *Thiele* WPg 2004, 737 (737)) erst mit Kenntnis von der (begründeten) Klage zu passivieren sind (*Thiele* WPg 2004, 737 (739)), kann eine Rückstellung für den möglichen Erfüllungsbetrag bei Vorliegen aller anderen Voraussetzungen auch schon vor diesem Zeitpunkt gebildet werden.

165 Bei **Aktivprozessen** kann sich das Unternehmen einer Verpflichtung jederzeit durch die Einstellung des Verfahrens entziehen. Rückstellungsfähig sind daher nur die zum Bilanzstichtag noch nicht abgerechneten außerprozessualen Rechtsverfolgungskosten und Prozesskosten (Gerichtskosten und außergerichtliche Kosten). Eine Rückstellung für Prozesskosten kommt nur insoweit in Betracht, als der Kläger davon ausgeht, dass er das Verfahren verliert bzw nur teilweise obsiegt, da ihm in diesem Fall die Kosten vollständig oder anteilig auferlegt werden (*Thiele* WPg 2004, 737 (737)).

166 IASB-Mitarbeiter haben in einem Dokument *(staff paper)* vom 7. April 2010 in Ergänzung zu ED-IAS 37 (2005) sowie ED/2010/1 (→ Rn 225 ff) verdeutlicht, dass der geplante Wegfall des Wahrscheinlichkeitskriteriums als **Ansatzvoraussetzung** nicht zu einer Passivierung aller Rechtsstreitigkeiten führe. Ein Rechtsstreit sei nicht gleichzusetzen mit einer gegenwärtigen Verpflichtung. Vielmehr resultiere eine Verpflichtung nur aus einer begangenen Rechtsverletzung, die dem Kläger eine fundierte Klage gegen das Unternehmen ermögliche. Nach dem *staff paper* soll daher die bisher übliche Fragestellung nach dem wahrscheinlichen Ausgang des Rechtsstreits durch die Ansatzfrage einer gegenwärtigen Verpflichtung ersetzt werden, wobei typischerweise beide Fragestellungen zur gleichen bilanziellen Abbildung führen würden. Zahlungen, die ein Unternehmen ohne Bestehen einer Verpflichtung leistet (zB inkonsistentes Gerichtsurteil, außergerichtlicher Vergleich), sind nach dem *staff paper* nicht rückstellungsfähig, da diese aus zukünftigen verpflichtenden Ereignissen resultieren. UE sind die Grundsätze dieses *staff papers* auch schon auf den jetzigen IAS 37 anzuwenden, da das Wahrscheinlichkeitskriterium durch das Kriterium des verpflichtenden Ereignisses interpretiert bzw ersetzt wird.

XXXI. Rekultivierung

167 Unter Rekultivierung sind Maßnahmen zur **wirtschaftlichen Neugestaltung** des **oberflächennahen und -fernen Bodens** zu subsumieren mit dem Ziel der Wiederherstellung des durch die Tätigkeit des Unternehmens in Mitleidenschaft gezogenen, aber zuvor vorhandenen Umweltzustands. Rekultivierungsverpflichtungen ergeben sich zB aus der Wiederauffüllung von Kiesgruben bzw Tagebaugebieten oder aus der Wiederherstellung des Meeresbodens nach der Förderung von Öl bzw Gas. Für diese Verpflichtungen ist nach IAS 37 eine Rückstellung zu bilden. Soweit eine Aktivierung bei dem betreffenden Vermögenswert nicht in Betracht kommt, zB bei angemieteten Vermögenswerten, oder die Aufwendungen mit der Nutzung eines Vermögenswerts in Zusammenhang stehen → Rn 110), ist zum Abschlussstichtag nur der Betrag zurückzustellen, dessen Ursache in der Vergangenheit liegt (verursachungsgerechter, sukzessiver Aufbau der Rückstellung), da nur für diesen Teil eine gegenwärtige Verpflichtung besteht (→ Rn 103 f zu Ansammlungsrückstellungen und → Rn 132 ff zu Entsorgungs-, Wiederherstellungs- und ähnlichen Verpflichtungen).

XXXII. Restrukturierungsmaßnahmen

1. Grundsatz

168 Voraussetzung für die Passivierung einer Restrukturierungsrückstellung ist zunächst, dass die **Definition** einer Restrukturierungsmaßnahme iSv IAS 37.10 erfüllt ist. Erst danach sind die allgemeinen Ansatz- und Bewertungskriterien für Rückstellungen und die diese weiter konkretisierenden Kriterien aus IAS 37.70 ff zu prüfen.

Eine **Restrukturierungsmaßnahme** ist ein Programm, das vom Management geplant und kontrolliert wird und entweder ein vom Unternehmen abgedecktes Geschäftsfeld oder die Art, in der dieses Geschäft durchgeführt wird, wesentlich verändert (IAS 37.10). Konkret werden unter Restrukturierungsmaßnahmen zB der Verkauf oder die Einstellung eines Geschäftszweigs, die Stilllegung von Standorten in einem Land oder einer Region, die Verlegung von Geschäftsaktivitäten von einem Land oder einer Region in ein anderes bzw eine andere, Strukturänderungen im Management und grundlegende Umorganisationen mit wesentlichen Auswirkungen auf den Charakter und Schwerpunkt der Geschäftstätigkeit des Unternehmens verstanden (IAS 37.70). **169**

Aus der Definition einer Restrukturierungsmaßnahme und den Anwendungsbeispielen folgt, dass nicht jede **Freisetzung von Mitarbeitern** als Restrukturierungsmaßnahme verstanden werden kann. Zu einem Abbau von Mitarbeitern müssen weitere Maßnahmen hinzutreten, um das in IAS 37.10 geforderte Kriterium einer wesentlichen Veränderung der Geschäftsaktivitäten zu erfüllen. IdR wird die Aufgabe einzelner wesentlicher Funktionsbereiche, zB Einstellung oder Outsourcing der Forschungs- und Entwicklungsaktivitäten oder der Logistik, als Restrukturierungsmaßnahme zu qualifizieren sein, wenn hierdurch eine bisher durch das Unternehmen selbst ausgeübte Aktivität ersatzlos entfällt oder aber vollständig auf einen Dritten übertragen wird. Eine Zusammenlegung von zB administrativen Funktionsbereichen wird hingegen idR nicht die Voraussetzungen für eine Restrukturierungsmaßnahme erfüllen, da hierdurch nicht die Art, in der die Unternehmenstätigkeit durchgeführt wird, wesentlich verändert wird. **170**

Auch bei Änderungen in der **Struktur des Managements** ist nicht jede Veränderung als Restrukturierungsmaßnahme zu qualifizieren. Durch den Bezug auf die Struktur des Managements müssen durch die Restrukturierung einzelne Führungsebenen aufgelöst, zusammengelegt oder in der Aufgabenverteilung zwischen den Mitgliedern grundlegend neu ausgerichtet werden, zB bei einem Wandel von einer Management-Holding in einen Stammhaus-Konzern. Eine Zusammenlegung von Zuständigkeiten bei Ausscheiden eines Mitglieds des Managements reicht somit nicht aus. Durch die Verwendung des Begriffs „Management" ist zugleich klargestellt, dass nicht nur Veränderungen im Vorstand oder in der Geschäftsführung, sondern auch auf nachgelagerten Führungsebenen zu einer Restrukturierungsmaßnahme iSv IAS 37.10 führen können. **171**

Ferner wird durch die Verwendung des Begriffs **„Geschäftsfeld"** anstelle von „Segment" (IFRS 8.5) verdeutlicht, dass sich die Restrukturierungsmaßnahme nicht nur auf diese größeren, übergeordneten, sondern auch auf kleinere, untergeordnete Organisationseinheiten beziehen kann.

Bei Restrukturierungsmaßnahmen kann zwischen **personalbezogenen und sonstigen Maßnahmen** differenziert werden (zur Systematik *Theile* PiR 2007, 298 (300)). Abfindungszahlungen und Sozialpläne sind zwar idR Bestandteil einer Restrukturierungsmaßnahme iSv IAS 37, ihre Passivierung richtet sich gleichwohl nach IAS 19. Allerdings sind die Passivierungsvoraussetzungen materiell grds die gleichen wie die nach IAS 37 für sonstige Maßnahmen (*Theile* PiR 2007, 298 (299f)). **172**

Bei den Ausführungen in IAS 37.70ff handelt es sich um eine Konkretisierung der allgemeinen Ansatz- und Bewertungskriterien (*Schubert* in BeBiKo § 249 HGB Rz 339), um klarzustellen, ab wann Restrukturierungsmaßnahmen als **faktische Verpflichtungen** nach IAS 37.10 und IAS 37.17(b) zurückzustellen sind (IAS 37.71). Dementsprechend kommen die Ausführungen in IAS 37.70ff nur so lange zur Anwendung, wie durch den Abschluss vertraglich bindender Vereinbarungen keine rechtliche Verpflichtung begründet wurde. **173**

Nach IAS 37.10 liegt eine **faktische Verpflichtung** vor, wenn das Unternehmen durch öffentlich angekündigte Maßnahmen oder eine ausreichend spezifische, aktuelle Aussage anderen Parteien ggü vor dem Bilanzstichtag die Übernahme gewisser Verpflichtungen angedeutet hat und hierdurch bei den anderen Parteien eine gerechtfertigte Erwartung geweckt hat, dass es diesen Verpflichtungen nachkommt. Ferner darf das Unternehmen keine realistische Alternative zur Erfüllung der Verpflichtung haben. Zur **Konkretisierung** dieser allgemeinen Kriterien muss daher ein detaillierter, formaler Restrukturierungsplan vorliegen und durch die Ankündigung seiner wesentlichen Bestandteile oder den Beginn der Umsetzung des Plans bei den Betroffenen eine gerechtfertigte Erwartung geweckt worden sein, dass der Restrukturierungsplan tatsächlich durchgeführt wird (IAS 37.72).

Beide Voraussetzungen, Restrukturierungsplan und Ankündigung bzw Umsetzungsbeginn, müssen **am Bilanzstichtag** erfüllt sein (s auch IAS 37.IE.C5A und IAS 37.IE.C5B).

174 Der **Restrukturierungsplan** hat nach IAS 37.72 mindestens folgende **Angaben** zu enthalten:

(1) den betroffenen (Teil des) Geschäftsbereich(s) und
(2) die wichtigsten betroffenen Standorte und
(3) Standort, Funktion und ungefähre Anzahl der Arbeitnehmer, die für die Beendigung ihres Beschäftigungsverhältnisses eine Abfindung erhalten werden, und
(4) die entstehenden Ausgaben und
(5) den Umsetzungszeitpunkt.

Der Restrukturierungsplan muss formal, dh uE **schriftlich,** ausgearbeitet sein und ein Konzept darstellen, das alle wesentlichen Maßnahmen, einschließlich der Ausgaben und Umsetzungszeitpunkte für die einzelnen Maßnahmen, benennt. Falls für die Umsetzung einzelner Maßnahmen mehrere Alternativen bestehen, muss sich das Unternehmen für eine der **Alternativen** entscheiden. Ist diese Entscheidung nicht bis zum Bilanzstichtag getroffen, weil zB noch Informationen benötigt werden, scheidet uE zumindest diese Maßnahme aus dem Kreis der rückstellungsfähigen bzw -pflichtigen Maßnahmen aus, weil das Unternehmen seine Meinung noch nicht abschließend festgelegt hat und damit die erforderliche inhaltliche und zeitliche Konkretisierung für das Bestehen einer faktischen Verpflichtung noch nicht gegeben ist (ähnlich IAS 37.79 in Verkaufsfällen). Diese Maßnahme darf allerdings innerhalb des Gesamtplans nicht von so zentraler Bedeutung sein, dass die Definition eines Restrukturierungsplans nicht mehr erfüllt ist.

175 Soweit der Restrukturierungsplan des Vorstands oder der Geschäftsführung der **Zustimmung eines Aufsichtsgremiums** bedarf, liegt ein formaler Plan iSv IAS 37.72(b) erst ab dem Zeitpunkt der Erteilung der Zustimmung durch das Aufsichtsgremium vor (IAS 37.76).

176 Sofern die Maßnahmen des Restrukturierungsplans den **Verkauf** eines Geschäftsfelds oder von Teilen hiervon vorsehen, entsteht so lange keine faktische Verpflichtung, bis das Unternehmen den Verkauf verbindlich abgeschlossen hat, dh ein bindender Verkaufsvertrag existiert (IAS 37.78f). Dies gilt auch dann, wenn der Verkauf bereits vor dem Bilanzstichtag öffentlich verkündet wurde. Ohne einen bindenden Verkaufsvertrag liegt kein verpflichtendes Ereignis nach IAS 37.10 vor, aufgrund dessen das Unternehmen keine realistische Alternative zur Erfüllung der Verpflichtung hat. Zum einen kann das Unternehmen seine Meinung jederzeit noch ändern. Zum anderen wird das Unternehmen andere Maßnahmen ergreifen müssen, wenn kein Käufer zu akzeptablen Bedingungen gefunden werden kann (IAS 37.79). Bis zum Abschluss eines bindenden Ver-

kaufsvertrags kann jedoch eine Bewertung der zur Veräußerung vorgesehenen Vermögenswerte nach IFRS 5.15 ff erforderlich werden (→ § 28 Rn 1 ff) bzw können diese auf eine Wertminderung nach IAS 36 zu prüfen sein (IAS 37.79). Wenn ein Verkauf Teil eines Restrukturierungsplans ist, kann für die anderen Teile des Restrukturierungsplans eine faktische Verpflichtung entstehen, bevor für den zum Verkauf stehenden Teil ein bindender Verkaufsvertrag vorliegt (IAS 37.79).

Als bindende Verkaufsverträge sind uE auch **aufschiebend** oder **auflösend bedingte Verträge** zu qualifizieren, wenn der Bedingungseintritt nicht durch das Unternehmen, sondern nur durch den Vertragspartner bzw Dritte, zB Kartellbehörde, herbeigeführt werden kann und mehr dafür als dagegen spricht, dass die Bedingung nicht eintreten wird. In diesem Fall hat sich das Unternehmen festgelegt und hat aus eigener Kraft keine realistische Alternative zur Erfüllung des Vertrags.

Entspr dem Wortlaut von IAS 37.72 muss zwar der **Abfindungsbetrag** für 177
die Gesamtheit der betroffenen Mitarbeiter zuverlässig schätzbar sein, nicht aber die Abfindungshöhe für jeden einzelnen betroffenen Arbeitnehmer bereits am Bilanzstichtag feststehen.

Unter **Umsetzungszeitpunkt** des Plans ist uE nicht nur der Zeitpunkt der 178
Durchführung der ersten Maßnahme zu verstehen. Vielmehr sind für alle wesentlichen Maßnahmen, die zu einer Verpflichtung führen werden, der geplante Umsetzungsbeginn und das Umsetzungsende anzugeben. Erst hierdurch wird erkennbar, ob der Umsetzungsbeginn des Plans zum frühest möglichen Zeitpunkt vorgesehen ist und die Umsetzung des Plans in einem Zeitraum vollzogen wird, der wesentliche Änderungen unwahrscheinlich erscheinen lässt. Wenn der Beginn der Umsetzung des Plans erst nach einer längeren Verzögerung erwartet wird oder ein unverhältnismäßig langer Zeitraum für die Durchführung geplant ist, besteht die unwiderlegbare Vermutung, dass bei den Betroffenen nicht die gerechtfertigte Erwartung an eine gegenwärtige Bereitschaft des Unternehmens zur Durchführung der Restrukturierung geweckt wurde (IAS 37.74). Die Begriffe „längere Verzögerung" und „unverhältnismäßig langer Zeitraum" stellen unbestimmte Rechtsbegriffe dar, die anhand des konkreten Sachverhalts zu beurteilen sind.

Soweit bei einzelnen Maßnahmen Beginn oder Umsetzungszeitraum diesen Anforderungen nicht genügen, gefährdet dies uE nicht zwangsläufig die **Rückstellungsfähigkeit** der übrigen Maßnahmen. Allerdings darf es sich hierbei nicht um Maßnahmen handeln, die – wenn sie nicht Bestandteil des Plans wären – bei den Betroffenen den Eindruck erwecken würden, dass das Unternehmen die Restrukturierung nicht ernsthaft betreiben wird.

Die bloße Entscheidung des Managements zur Restrukturierung einschließ- 179
lich der Zustimmung eines Aufsichtsgremiums reicht auch bei Existenz eines detaillierten, formalen Restrukturierungsplans für eine Rückstellung grds nicht aus. Bei den durch die Restrukturierung **Betroffenen** muss zusätzlich die Erwartung geweckt worden sein, dass der Plan auch tatsächlich durchgeführt wird. Erst dann liegt eine faktische Verpflichtung bzw Außenverpflichtung vor.

Durch die Verwendung des Begriffs „Betroffene" wird der Kreis der Personen, die über einen Restrukturierungsplan zu informieren sind, **enger** gefasst als in der allgemeinen Definition einer faktischen Verpflichtung in IAS 37.10. Nach IAS 37.10 reicht es aus, wenn das Unternehmen ggü der Öffentlichkeit und anderen Parteien die Übernahme einer Verpflichtung angedeutet hat. Für eine rückstellungsfähige und -pflichtige Restrukturierungsmaßnahme müssen damit alle Personen, denen ggü eine faktische Verpflichtung bilanziert werden soll, über den Plan informiert worden sein.

UE ist es nicht erforderlich, dass der Plan ggü jedem einzelnen Betroffenen unmittelbar bekannt gegeben worden ist. Es ist vielmehr ausreichend, wenn den betroffenen Personengruppen vor dem Bilanzstichtag die angemessene Möglichkeit geboten worden ist, sich zu informieren, zB über eine Mitarbeiterzeitung, die Einstellung in das Intranet oder Mitteilungen an Kunden und Lieferanten (s auch IAS 37.IE.C5B).

180 Die Information der Betroffenen über die Restrukturierung und damit die Weckung einer gerechtfertigten Erwartung an deren Durchführung kann entweder durch den Beginn der Umsetzung des Plans oder durch die Mitteilung seiner wesentlichen Bestandteile erfolgen (IAS 37.72). Hinweise für den **Beginn der Umsetzung** liefert die Vornahme eindeutiger Handlungen des Unternehmens, zB die Demontage von Anlagen oder der Verkauf von Vermögenswerten (IAS 37.73). Nach dem Wortlaut von IAS 37.72(b) ist es in diesem Fall nicht erforderlich, dass die wesentlichen Bestandteile des Plans den Betroffenen vorher angekündigt wurden. Vielmehr ist durch den der Ankündigung grds zeitlich nachgelagerten Eintritt in die Umsetzungsphase davon auszugehen, dass bei den Betroffenen eine hinreichende Erwartung an die Durchführung des Plans geweckt worden ist. Dies setzt jedoch voraus, dass die Betroffenen den Eintritt in die Umsetzungsphase als Teil eines umfassenden Restrukturierungsplans erkennen können. Hierzu wird idR ein Mindestmaß an Vorabinformationen bereitgestellt worden sein müssen, das grds mit den wesentlichen Bestandteilen des Plans identisch ist, da ohne diese Informationen der konkrete Verpflichtungsumfang für Dritte nicht ausreichend erkennbar ist.

181 Ist noch nicht mit der Umsetzung des Plans begonnen worden, kann eine faktische Verpflichtung bereits dann bestehen, wenn ggü den Betroffenen eine **Ankündigung der wesentlichen Bestandteile des Restrukturierungsplans** bis zum Bilanzstichtag erfolgt ist. Zu den wesentlichen Bestandteilen zählen uE die nach IAS 37.72(a) im Plan anzugebenden Mindestinformationen. Durch diese Konkretisierung soll die Unentziehbarkeit der beschlossenen Maßnahmen objektiviert werden (*Heuser/Theile* Rz 3450).

182 Bei der Freisetzung von Mitarbeitern reicht bereits die Information der **Arbeitnehmervertreter** über die wesentlichen Bestandteile des Plans aus (IAS 37.73 und IAS 37.77). Soweit der Plan der Genehmigung durch ein Aufsichtsgremium bedarf, dem Arbeitnehmervertreter angehören, oder die Zustimmung des Betriebsrats erforderlich ist, ist bereits mit der Zustimmung dieser Gremien in Bezug auf die Maßnahmen, die zu Verpflichtungen ggü Mitarbeitern führen werden, eine faktische Verpflichtung begründet worden (IAS 37.77).

183 Restrukturierungsrückstellungen sind grds für **Sach- und Personalaufwendungen** zu bilden (*Heuser/Theile* Rz 3452; *Lüdenbach/Hoffmann/Freiberg* IFRS § 21 Rz 94). Rückstellungsfähig sind nur solche Aufwendungen, die zwangsweise im Zuge der Restrukturierung entstehen, wie zB Abfindungsleistungen an die betroffenen Mitarbeiter oder Beratungsleistungen für Unternehmen, die die Restrukturierung durchführen (*Heuser/Theile* Rz 3452) und die nicht mit den lfd Geschäftstätigkeiten des Unternehmens im Zusammenhang stehen (IAS 37.80). Aufwendungen für Umschulungsmaßnahmen, die Versetzung weiterbeschäftigter Mitarbeiter, Marketing in Bezug auf neue Geschäftsfelder sowie (nicht aktivierbare) Investitionen in neue Systeme und Vertriebsnetze sind der künftigen Geschäftstätigkeit zuzuordnen und daher nicht rückstellungsfähig (IAS 37.81; *Lüdenbach/Hoffmann/Freiberg* IFRS § 21 Rz 103; *Kirchhof* WPg 2005, 589 (596)).

184 Für die Passivierung der Sach- und Personalaufwendungen reicht es nach hM (vgl ua *ADS* Int Abschn 18 Rz 68) bisher aus, wenn in Bezug auf die geplanten Restrukturierungsmaßnahmen die vorstehenden **Voraussetzungen insgesamt erfüllt** sind. Es ist nicht erforderlich, dass in Bezug auf jeden einzelnen Sachverhalt, für den ein Betrag zurückgestellt wird, die Voraussetzungen für die Passivierung einer Rückstellung vorliegen. UE sind jedoch auch nach IAS 37 nur solche Sach- und Personalaufwendungen zu passivieren, die auf Maßnahmen zurückzuführen sind, die ihrerseits innerhalb eines Restrukturierungsplans die Anforderungen nach IAS 37.72 erfüllen (→ Rn 174).

In diesem Zusammenhang ist auch zu prüfen, ob die Restrukturierungsmaßnahme nicht zu einem belastenden Vertrag führt, für den eine **Drohverlustrückstellung** zu bilden ist (→ Rn 117 ff), zB bei Miet- und Pachtverträgen. Ein Vertrag wird erst mit einer auf den konkreten Vertrag bezogenen Ankündigung oder Umsetzung der Restrukturierungsmaßnahme zu einem belastenden Vertrag. Aus der Ankündigung oder Umsetzung muss somit grds für den Vertragspartner (Betroffenen) zumindest abstrakt erkennbar sein, dass auch das bestehende Vertragsverhältnis durch die Restrukturierungsmaßnahme betroffen ist. 185

Eine Restrukturierungsmaßnahme kann zugleich der Definition **„von zur Veräußerung gehaltenen langfristigen Vermögenswerten“** oder **„aufgegebenen Geschäftsbereichen“** nach IFRS 5 entsprechen (IAS 37.9). In diesem Fall sind die betroffenen Vermögenswerte nach IFRS 5.15 ff zu bewerten und zusätzliche Anhangangaben nach IFRS 5.30 ff zu machen (→ § 28 Rn 39 ff und → § 28 Rn 122 ff). Umgekehrt stellt uE die Aufgabe eines Geschäftsbereichs grds immer eine Restrukturierungsmaßnahme nach IAS 37.70 dar. 186

Falls zum Bilanzstichtag die Voraussetzungen für die Passivierung einer Restrukturierungsrückstellung nicht erfüllt sind, kann unter den Voraussetzungen von IAS 10 (Ereignisse nach dem Bilanzstichtag) eine **Angabe im Anhang** erforderlich werden. 187

In der **Gesamtergebnisrechnung** bzw gesonderten GuV (sofern erstellt) sind die Aufwendungen aus der Passivierung der Rückstellung bei **Wesentlichkeit** gesondert auszuweisen (IAS 1.97 f); zu Recht kritisch zu diesem Ausweis *Theile* PiR 2007, 298 (298). 188

Die restriktiven Zusatzvoraussetzungen für die Bildung von Restrukturierungsrückstellungen sind erforderlich, um dem Kriterium der **Verlässlichkeit** zu genügen. Die Konkretisierungserfordernisse sind in praxi allerdings nicht unproblematisch, da zB durch die bewusste Hinauszögerung einer in IAS 37.72 geforderten Angabe im Restrukturierungsplan die bilanzielle Erfassung einer entspr Verpflichtung ggf erst über einen Abschlussstichtag hinaus erfolgt (*Kirchhof* WPg 2005, 589 (592)). 189

2. Unternehmenszusammenschlüsse

Von den in IAS 37 dargestellten Restrukturierungsrückstellungen sind Restrukturierungsmaßnahmen zu unterscheiden, die sich im Rahmen von Unternehmenszusammenschlüssen nach IFRS 3.11 ergeben (→ § 34 Rn 160). Im Rahmen der **Verteilung der Anschaffungskosten** des Zusammenschlusses setzt der Erwerber nur die Vermögenswerte und Schulden (einschließlich Eventualschulden) an, die zum Erwerbszeitpunkt bereits bestanden haben. Der Ansatz von Restrukturierungsrückstellungen ist daher nur möglich, wenn die Restrukturierungsverpflichtung bereits vor der Übernahme beim erworbenen Unternehmen existierte. 190

Sofern sich Unternehmen außerhalb des Unternehmenskaufvertrags vertraglich verpflichtet haben, **Zahlungen** zB an Arbeitnehmer oder Lieferanten zu leisten, **falls ein Unternehmenszusammenschluss erfolgt,** ist zu prüfen, ob diese Zahlungen Gegenleistungen für zukünftig noch zu erbringende Leistungen darstellen. Ist dies der Fall, ist die Zahlung erfolgsneutral abzugrenzen und entspr der Realisation der Leistung erfolgswirksam zu erfassen. Ist dies nicht der Fall, 191 handelt es sich uE um Eventualschulden iSv möglichen, dh bedingten Verpflichtungen nach IAS 37.10(a) (zur Unterscheidung zwischen unbedingten und bedingten Verpflichtungen → Rn 228f). Diese Verpflichtungen stellen so lange Eventualschulden des erworbenen Unternehmens dar, bis eine ausreichende Wahrscheinlichkeit für einen Unternehmenszusammenschluss gegeben ist. UE kommt hierfür der Zeitpunkt eines das Unternehmen bindenden (Vor-)Vertrags in Betracht, wenn zu diesem Zeitpunkt mehr dafür als dagegen spricht, dass der Unternehmenszusammenschluss realisiert wird. Ab diesem Zeitpunkt liegen gegenwärtige, unbedingte Verpflichtungen vor. Da die Schuld regelmäßig verlässlich bewertet werden kann, ist eine Rückstellung nach IAS 37 zu bilden.

Beim Erwerber ist die Verpflichtung des erworbenen Unternehmens in die Kaufpreisallokation zu übernehmen und mit dem Zeitwert zu bewerten, da es sich nicht um eine durch Vereinbarung zwischen Erwerber und Verkäufer, sondern um eine durch das veräußernde Unternehmen vor Abschluss des Unternehmenskaufvertrags mit einem Dritten begründete Verpflichtung handelt (IFRS 3.10).

192 Ein **Restrukturierungsplan,** dessen Ausführung vom Zustandekommen des Unternehmenszusammenschlusses abhängig bzw dessen Folge ist, stellt im Zeitpunkt des Zusammenschlusses keine gegenwärtige, unbedingte Verpflichtung dar (zur Unterscheidung zwischen unbedingten und bedingten Verpflichtungen → Rn 228f). Es liegt auch keine Eventualschuld vor, da keine mögliche Verpflichtung aus einem vergangenen Ereignis besteht, deren Existenz durch das Eintreten oder Nichteintreten eines oder mehrerer unsicherer künftiger Ereignisse bedingt ist, die nicht vollständig unter der Kontrolle des erworbenen Unternehmens stehen. Beim Erwerber ist daher nach IFRS 3 keine Schuld für derartige Restrukturierungspläne im Rahmen der Verteilung der Anschaffungskosten des Zusammenschlusses anzusetzen. Restrukturierungspläne des Erwerbers finden folglich keinen Eingang in die Kaufpreisallokation (IFRS 3.11 und IFRS 3.22).

XXXIII. Rückbauverpflichtungen

193 Zu Rückbauverpflichtungen → Rn 109f zu Ansammlungsrückstellungen und → Rn 132ff zu Entsorgungs-, Wiederherstellungs- und ähnlichen Verpflichtungen.

Ein **Sonderfall** der Rückbauverpflichtungen betrifft Verpflichtungen in Zusammenhang mit der Nutzung geleaster/gemieteter Vermögenswerte, bei denen der Vermögenswert dem Leasinggeber/Vermieter zuzurechnen ist *(operating lease)* und die Rückbaukosten nicht bereits in der Leasingrate/Miete enthalten sind. In diesem Fall fehlt es an aufstockungsfähigen Anschaffungs- bzw Herstellungskosten.

UE scheidet aufgrund des insoweit eindeutigen Wortlauts von IAS 16.16 iVm IAS 16.15 eine „Aktivierung" und Passivierung der Verpflichtung aus.

Stattdessen bestehen in diesem Fall grds **zwei Varianten** zur Erfassung und Bewertung der Verpflichtung, die sich hinsichtlich des Zeitpunkts ihrer Aufwandswirksamkeit unterscheiden. Zum einen kann die Verpflichtung zum Zeitpunkt des Nutzungsbeginns als auslösendem Ereignis mit ihrem Barwert bilanziert werden. Zum anderen kann die Rückstellung ratierlich über die Leasingdauer angesammelt werden. UE führt allein die erste Variante – Erfassung der Verpflichtung mit dem Barwert im Zeitpunkt des Nutzungsbeginns – zu einem zutreffenden Ergebnis, da nur hierdurch ein vollständiger Ausweis der gegenwärtigen Verpflichtungen des Unternehmens erreicht wird.

XXXIV. Schulden im Zusammenhang mit zur Veräußerung gehaltenen langfristigen Vermögenswerten und Veräußerungsgruppen

Schulden, die mit zur Veräußerung gehaltenen langfristigen Vermögenswerten und Veräußerungsgruppen in Zusammenhang stehen, sind nach IFRS 5.18 **unmittelbar** vor der **ersten Umklassifizierung** neu zu bewerten. Dabei richtet sich die Bewertung der Schulden nach den für sie **einschlägigen Normen.** Rückstellungen, die unter den Anwendungsbereich des IFRS 5 fallen, sind demnach weiterhin gem IAS 37 zu bewerten. 194

Für diese Schulden (Rückstellungen) sind ferner die **Ausweisvorschriften** des IFRS 5 zu beachten. Nach IFRS 5.38 sind solche Schulden (Rückstellungen) in der Bilanz gesondert und als letzter Posten der kurzfristigen Schulden auszuweisen, wobei die übrigen kurzfristigen Schulden durch eine Zwischensumme getrennt werden sollten. Geboten ist ein Ausweis als „Schulden in direktem Zusammenhang mit zur Veräußerung gehaltenen langfristigen Vermögenswerten und Veräußerungsgruppen". Der gesonderte Posten ist nach IFRS 5.38 entweder in der Bilanz oder im Anhang in wesentliche Gruppen zu untergliedern (→ Rn 201). Eine Saldierung der Schulden (Rückstellung) mit einem korrespondierenden Vermögenswert kommt nicht in Betracht (IFRS 5.38).

XXXV. Steuerschulden

Verpflichtungen ggü dem Finanzamt aus Steuern vom Einkommen und vom Ertrag sind nach IAS 12 zu berücksichtigen (→ § 25 Rn 9 ff). Dabei sind die **tatsächlichen Ertragsteuern** für die lfd und frühere Perioden in dem Umfang, in dem sie noch nicht bezahlt sind, als sonstige Schuld anzusetzen (IAS 12.12). Die Anwendbarkeit von IAS 37 ist nicht gegeben. Für Steuerschulden, die nicht in den Anwendungsbereich von IAS 12 fallen, wie etwa **Umsatzsteuerschulden,** ist zu prüfen, ob nach IAS 37 eine Rückstellung anzusetzen ist. Regelmäßig wird sich die noch zu zahlende Umsatzsteuer am Abschlussstichtag der Höhe nach bemessen lassen. Da die Fälligkeit der Umsatzsteuerlast nach dem UStG feststeht und die Verpflichtung damit so gut wie sicher ist, ist grds eine sonstige Schuld auszuweisen. 195

XXXVI. Tantiemen und Prämien

Zur Behandlung von Tantiemen → Rn 149 ff **kurzfristig fällige Leistungen** an Arbeitnehmer. 196

XXXVII. Urlaubsgeld

Zur Behandlung von Urlaubsgeld → Rn 149 ff **kurzfristig fällige Leistungen** an Arbeitnehmer. 197

(einstweilen frei) **198–200**

J. Angaben im Anhang

Für die quantitativen und qualitativen Angabepflichten nach IAS 37.84 ff sind die einzelnen **Rückstellungen oder Eventualschulden zu Gruppen zu-** 201

sammenzufassen. Nach IAS 37.87 sind nur solche Rückstellungen in einer Gruppe zusammenzufassen, die nach ihrer Art, ihrer Fälligkeit, dem Grad der Unsicherheit und der Berücksichtigung zukünftiger Ereignisse hinreichend ähnlich sind (*ADS* Int Abschn 18 Rz 252; *Heuser/Theile* Rz 3500; ähnlich *Lüdenbach/Hoffmann/Freiberg* IFRS § 21 Rz 178). Die Grenzen der Untergliederung ergeben sich aus dem Grundsatz der Wesentlichkeit.

Rückstellungen für **pauschale Gewährleistungsverpflichtungen** können auch für unterschiedliche Produkte grds in einer Gruppe zusammengefasst werden. Individuelle (Sonder-)Gewährleistungsrückstellungen sind, insbes wenn der Sachverhalt rechtsanhängig ist, wie auch Restrukturierungsrückstellungen als eigene Gruppe auszuweisen (IAS 37.87). Weitere Gruppen können Verpflichtungen ggü Mitarbeitern (soweit keine abgegrenzten Schulden), Umweltschutzverpflichtungen, Vertragsstrafen und Schadensersatz, drohende Verluste aus schwebenden Geschäften, Abbruch-, Entfernungs- oder Wiederherstellungsverpflichtungen sowie Rechtsstreitigkeiten darstellen (ähnlich *EY* 2015, 1831). Als Rückstellungsgruppen können daher grds die auch nach HGB üblichen Zusammenfassungen verwendet werden.

202 IAS 37.84 verlangt für jede Gruppe die **betragsmäßige Angabe** der Buchwerte zu Beginn und zum Ende der Berichtsperiode sowie der Inanspruchnahmen, Zuführungen und Auflösungen während der Berichtsperiode. Ferner sind Erhöhungen von diskontierten Rückstellungen aus dem Zeitablauf und aufgrund der Änderung des Zinssatzes gesondert anzugeben. Dabei sind Rückstellungen mit einer (wahrscheinlichen) Erfüllung von mehr als zwölf Monaten nach dem Bilanzstichtag gem IAS 1.61 in Bilanz oder Anhang gesondert auszuweisen. Vorjahresbeträge müssen nicht genannt werden.

203 **Langfristige Rückstellungen** sind in einen kurzfristigen Teil, dessen Erfüllung innerhalb von zwölf Monaten zu erwarten ist, und einen tatsächlich langfristigen Teil zu trennen. Auch der kurzfristige Teil einer langfristigen Rückstellung ist stets als Rückstellung auszuweisen.

204 Das DRSC hat am 12. Juli 2013 die DRSC Interpretation 1 (IFRS) (DRSC-I 1) als überarbeitete Fassung der ehemaligen Rechnungslegungs Interpretation Nr 1 „Bilanzgliederung nach **Fristigkeit** gem IAS 1 Darstellung des Abschlusses" veröffentlicht. Die Interpretation folgt der Vorgehensweise des IASB, die Grenze zwischen kurzfristigen Vermögenswerten und Schulden grds bei zwölf Monaten zu ziehen (DRSC-I 1.11). Alternativ ist eine Klassifizierung in kurzfristig geboten, wenn die erwartete Realisation von Vermögenswerten bzw Tilgung von Schulden innerhalb des normalen Verlaufs eines Geschäftszyklus' zu erwarten ist (DRSC-I 1.13). Für den Bereich der sonstigen Rückstellungen stellt die Interpretation klar, dass auch der kurzfristige Teil einer langfristigen Rückstellung trotz ggf höherer Sicherheit hinsichtlich Bestehen, Ressourcenabfluss, Höhe und Fälligkeit als Rückstellung auszuweisen ist. Ein Ausweis des kurzfristigen Teils zB bei Garantierückstellungen unter den sonstigen Schulden kommt nicht in Betracht (DRSC-I 1.31). Daneben macht die Interpretation deutlich, dass in Vermögensgruppen enthaltene Schulden (Rückstellungen), die gem IFRS 5 zur Veräußerung bestimmt sind, gesondert unter dem Posten „Schulden in direktem Zusammenhang mit zur Veräußerung gehaltenen langfristigen Vermögenswerten" auszuweisen sind. Dabei ist der Posten von den übrigen kurzfristigen Schulden durch eine Zwischensumme zu trennen und unterhalb dieser Summe auszuweisen (DRSC-I 1.19f).

205 Die geforderten Angaben sind zweckmäßigerweise in einem **Rückstellungsspiegel** zusammenzufassen, der unter Berücksichtigung konsolidierungsspezifischer Sachverhalte wie folgt aussehen kann (ähnlich *EY* 2015, 1831):

Rück-stel-lungs-art	Buch-wert 1. 1.	Änderun-gen im Konsoli-dierungs-kreis (+/–)	Währungs-umrech-nungs-differenz (+/–)	Zu-füh-rung (+)	Zins-effekt (+/–)	Inan-spruch-nahme (–)	Auf-lösung (–)	Buch-wert 31. 12.
lang-fristig								
kurz-fristig								
IFRS 5								

Eine Trennung der Zinseffekte in Aufzinsungs- und Zinsänderungseffekte kann im Rückstellungsspiegel oder über gesonderte Angaben erfolgen.

Der **gesonderte Ausweis** von Zuführungen bzw Auflösungen einzelner Rückstellungen ist grds nicht vorgesehen. Eine Angabepflicht kann sich aber unter den in IAS 1.97 genannten Voraussetzungen ergeben. Gleiches gilt nach IAS 1.35 bei der Saldierung von Zuführungen und Auflösungen für die jeweiligen Salden.

Darüber hinaus sind nach IAS 37.85 für jede einzelne Rückstellungsgruppe **206**
erläuternde Angaben in Form einer kurzen Beschreibung der Art und des Erfüllungszeitpunkts der zugrunde liegenden Verpflichtungen, der Unsicherheit hinsichtlich Höhe und Zeitpunkt des Ressourcenabflusses sowie der Höhe aller erwarteten Erstattungsansprüche und der entspr aktivierten Beträge zu machen. Zusätzlich sollten Faktoren angegeben werden, von deren Einfluss die Schätzung der zukünftigen finanziellen Auswirkungen abhängt; dies sind die der Bewertung zugrunde liegenden Annahmen wie Zinssätze, Nominalbetrag der Verpflichtung auf gegenwärtiger und künftiger Preisbasis und Preissteigerungsfaktoren.

Beispiel: Ein im Bereich der Kernenergie tätiges Unternehmen setzt im Jahr 2015 eine Rückstellung für Entsorgungsverpflichtungen in Höhe von Mio € 300 an. Die Rückstellung beruht auf der Prämisse, dass die Entsorgung in ca 60–70 Jahren stattfinden wird, jedoch kann das Unternehmen nicht ausschließen, dass die Entsorgung erst in 100–110 Jahren erfolgen könnte. In diesem Fall wäre der Barwert der Rückstellung deutlich geringer (IAS 37.IE.D2).

Lösung: Für Umweltschutzverpflichtungen (Entsorgungsaufwendungen) wurde eine Rückstellung von Mio € 300 bilanziert. Erwartungsgemäß wird der Aufwand zwischen 2075 und 2085 anfallen. Bewertet wurde die Rückstellung auf der Grundlage bestehender Technologie und aktueller Preise sowie mit einem Real-Zinssatz von 2% abgezinst. Es besteht jedoch die Möglichkeit, dass die Entsorgung erst in den Jahren zwischen 2115 und 2125 stattfinden wird. Auf Basis des letzteren Zeitrahmens würde sich die Rückstellung auf lediglich Mio € 136 belaufen (IAS 37.IE.D2).

In äußerst seltenen Fällen kann die **Angabe** einiger oder aller nach IAS 37 ge- **207**
forderten Anhangangaben **unterbleiben,** wenn durch die Offenlegung die Unternehmensinteressen in erheblichem Maße gefährdet werden (IAS 37.92). Nachteilige Angaben liegen vor, wenn zB durch die Offenlegung die eigene Position in einem Rechtsstreit mit einem Dritten beeinträchtigt wird. In diesem Fall sind allerdings allgemeine Ausführungen zum Rechtsstreit zu machen, und es ist anzugeben, dass und aus welchem Grund den Offenlegungsvorschriften nicht gefolgt wird (IAS 37.92 und IAS 37.IE.D3). UE können für die Beurteilung, ob dem Unternehmen ernsthafte Nachteile drohen, grds die Kommentierungen zu § 286 HGB herangezogen werden (*Grottel* in BeBiKo § 286 HGB Rz 1 ff).

K. Wesentliche Änderungen und deren Anwendungszeitpunkte

208 Im Rahmen der ***Annual Improvements 2010–2012 Cycle*** wurde IAS 37.5 geändert und IAS 37.99 neu eingefügt. Die Änderungen sind für IFRS-Anwender in der EU für Geschäftsjahre, die am oder nach dem 1. Februar 2015 beginnen, erstmals anzuwenden.

Darüber hinaus wurde IAS 37.5 als Folgeänderung des **IFRS 15** erneut geändert und ergänzt sowie IAS 37.6 gestrichen und IAS 37.100 neu eingefügt. Diese Folgeänderungen sind – vorbehaltlich eines Endorsement – für Geschäftsjahre, die am oder nach dem 1. Januar 2018 beginnen, anzuwenden.

Letztlich wurde IAS 37.2 als Folge der Verabschiedung von **IFRS 9** geändert und IAS 37.101 hinzugefügt. Diese Folgeänderungen sind ebenfalls – vorbehaltlich einer Übernahme in die EU – für Geschäftsjahre, die am oder nach dem 1. Januar 2018 beginnen, anzuwenden.

Die vorliegende Kommentierung hat wesentliche materielle Änderungen herausgehoben, darüber hinaus haben die Überarbeitungen klarstellenden Charakter.

209 *(einstweilen frei)*

L. Gegenüberstellung zum HGB

210 Rückstellungen nach IFRS sind durch **Unsicherheit** über das Bestehen, den Ressourcenabfluss, die Höhe und/oder den Zeitpunkt der Fälligkeit einer Verpflichtung gekennzeichnet (→ Rn 8). Der Ansatz einer Rückstellung erfolgt nach IFRS nur, wenn mehr Gründe für als gegen eine Verpflichtung sprechen. Nach HGB reichen bereits stichhaltige Gründe für die Existenz einer Verpflichtung, um eine Rückstellung zu passivieren (ähnlich *Schubert* in BeBiKo § 249 HGB Rz 26). In Einzelfällen können daher Verpflichtungen nach IFRS als Eventualschulden zu qualifizieren sein, während der gleiche Sachverhalt nach HGB zur Passivierung einer Rückstellung führt. Ferner begründet nach HGB Unsicherheit über die Fälligkeit nicht den Ausweis einer Rückstellung, sondern führt zum Ausweis einer Verbindlichkeit. Umgekehrt wird nach IFRS bei ausreichender Wahrscheinlichkeit hinsichtlich des Bestehens einer Verpflichtung keine Rückstellung, sondern eine sonstige Verbindlichkeit bilanziert, zB bei Urlaubs- oder Tantiemeverpflichtungen, während nach HGB eine Rückstellung auszuweisen ist (→ Rn 149 ff).

211 Der Ansatz von Rückstellungen unterscheidet sich auch durch die Beschränkung auf **Außen- bzw Drittverpflichtungen.** Die Bildung von Aufwandsrückstellungen ist nach IFRS nicht zulässig, während nach HGB Rückstellungen für bestimmte Innenverpflichtungen möglich sind, namentlich für im Geschäftsjahr unterlassene Aufwendungen für Instandhaltung, die im folgenden Geschäftsjahr innerhalb von drei Monaten, oder für Abraumbeseitigung, die im folgenden Geschäftsjahr nachgeholt werden. Während die IFRS den Unternehmen die Möglichkeit geben, Aufwendungen für Großreparaturen und umfangreiche Wartungsmaßnahmen periodengerecht aktiv über die Erhöhung der Anschaffungskosten nach IAS 16.13 f (→ Rn 115) zu allokieren, ist dies nach HGB nicht möglich.

212 Die für Außenverpflichtungen geltenden Ansatzvoraussetzungen nach IFRS entsprechen grds dem HGB. Abweichungen zwischen IFRS und HGB können

sich im Zusammenhang mit der **zuverlässigen Schätzbarkeit des Erfüllungsbetrags** ergeben. Während nach IFRS im Fall einer nicht zuverlässigen Schätzbarkeit eine Angabe im Anhang erforderlich sein kann, wird nach HGB in praxi oft eine vorsichtig bemessene Rückstellung bilanziert. Dies erfolgt vor dem Hintergrund, dass das Kriterium nach IFRS eine Ansatzvorschrift und nach HGB eine Bewertungsvorschrift darstellt.

Soweit sog **Ansammlungsrückstellungen** im Zusammenhang mit einem aktivierten Vermögenswert stehen, sehen die IFRS einen vollständigen Ansatz der Rückstellung im Zugangszeitpunkt des Vermögenswerts als Bestandteil der Anschaffungs- bzw Herstellungskosten vor, während die Rückstellung nach HGB sukzessive im Zeitablauf aufgebaut wird. Nach IFRS wird die Rückstellung über die Abschreibung des Vermögenswerts erfolgswirksam, nach HGB über die periodische Rückstellungszuführung. 213

Pensionsrückstellungen sind nach HGB unter Berücksichtigung des Teilwert- oder des Anwartschaftsbarwertverfahrens anzusetzen, während nach IAS 19 zwingend das Anwartschaftsbarwertverfahren anzuwenden ist. Für vorhandenes Planvermögen besteht nach beiden Rechenwerken ein Saldierungsgebot. Nach HGB ist eine sofortige erfolgswirksame Berücksichtigung von Zuführungen bzw Auflösungen zwingend, während nach IFRS die gesamte Neubewertung der Nettoschuld, dh auch versicherungsmathematische Gewinne und Verluste, im sonstigen Ergebnis erfasst werden (IAS 19.120 (c), IAS 19.122; → § 26 Rn 87 ff). 214

Bei der **Bewertung** ist nach IFRS grds der beste Schätzwert heranzuziehen. Nach HGB ist der nach vernünftiger kaufmännischer Beurteilung notwendige Erfüllungsbetrag relevant, der aufgrund des im HGB dominierenden Vorsichtsprinzips tendenziell höher ausfällt als der nach IFRS ermittelte Wert. So wird zB nach HGB idR eher der höchste von mehreren möglichen Wertansätzen zurückgestellt, während nach IFRS bei einer großen Anzahl ähnlicher Verpflichtungen der Erwartungswert und bei einer Einzelverpflichtung der ggf um Zu- oder Abschläge modifizierte wahrscheinlichste Wert zum Tragen kommt (→ Rn 53). 215

Die nach IFRS einzubeziehenden **Kostenarten** umfassen alle dem Herstellungsprozess zuzurechnenden Einzel- und Gemeinkosten. Allgemeine Verwaltungs- und Vertriebsgemeinkosten sind nicht anzusetzen. Da die Herstellungskosten nach § 255 Abs 2 Satz 2 HGB aktivisch verpflichtend zu Vollkosten anzusetzen sind, sind auch die noch anfallenden Kosten für die Bildung von (Verlust-)Rückstellungen mit den Vollkosten zu bilanzieren (*Schubert* in BeBiKo § 253 HGB Rz 169). 216

Zukünftige **Preissteigerungen** und **neue Technologien** sind ebenso nach IFRS zu berücksichtigen wie nach HGB, wenn Wertentwicklungen vorliegen, denen am Bilanzstichtag eine hinreichende Eintrittswahrscheinlichkeit zugesprochen werden kann. Dies ergibt sich aus dem Wortlaut des Erfüllungsbetrags. 217

Eine **Abzinsung** von Rückstellungen ist nach IFRS bei einem wesentlichen Unterschied zwischen Buch- und Nominalwert vorzunehmen. Daher sind Rückstellungen nach IFRS abzuzinsen, wenn der aus der Diskontierung resultierende Zinseffekt (Unterschiedsbetrag zwischen Barwert und Rückzahlungsbetrag) wesentlich ist (→ Rn 74 ff). Mithin sind uE ggf auch kurzfristige Rückstellungen zu diskontieren. Dabei ist als Abzinsungssatz ein Satz vor Steuern heranzuziehen, der die aktuellen Markteinschätzungen im Hinblick auf die Fristigkeit der Ressourcenabflüsse und die für die Schuld spezifischen Risiken widerspiegelt (IAS 37.47). Nach HGB sind gem § 253 Abs 2 Satz 1 HGB Rückstellungen mit einer Restlaufzeit von mehr als einem Jahr mit dem durchschnittlichen Marktzinssatz der vergangenen sieben Jahre abzuzinsen. Hiervon abweichend darf gem § 253 Abs 2 Satz 2 HGB für Altersversorgungsverpflichtungen 218 oder vergleichbare langfristig fällige Verpflichtungen pauschal eine Restlaufzeit von 15 Jahren unter Beachtung der Grenzen des § 264 Abs. 2 HGB unterstellt werden. Der Zinssatz wird von der Deutschen Bundesbank vorgegeben. Da er auf Grundlage erstklassiger deutscher Industrieanleihen ermittelt wird, beinhaltet er keine für das Unternehmen oder die Schuld spezifischen Risiken.

219 Unterschiede zwischen IFRS und HGB können sich auch bei der Behandlung von **Rückgriffs- bzw Erstattungsansprüchen** im Rahmen der Bewertung von Rückstellungen ergeben (IAS 37.53 ff und *Schubert* in BeBiKo § 253 HGB Rz 157).

220 **Haftungsverhältnisse** nach § 251 HGB sind oft, aber nicht immer Eventualschulden nach IFRS. Haftungsverhältnisse sind nach HGB auch dann anzugeben, wenn ein Abfluss von Ressourcen so gut wie ausgeschlossen ist. Umgekehrt umfassen Eventualschulden nach IAS 37.10 auch gesetzliche und branchenübliche Verpflichtungen sowie Primärverpflichtungen des Unternehmens, während Haftungsverhältnisse nach HGB vorwiegend auf die Unüblichkeit und Dritthaftungen fokussieren (→ Rn 21).

221 Die vorgenannten Unterschiede in Ansatz und Bewertung von Rückstellungen und Eventualschulden nach IFRS und HGB begründen regelmäßig auch wegen der Ähnlichkeit von Handelsrecht und Steuerrecht die Notwendigkeit zu überprüfen, ob eine Abgrenzung aktiver oder passiver **latenter Steuern** zu erfolgen hat (→ § 25 Rn 1 ff). Beispielhaft sei auf die fehlende steuerliche Akzeptanz von Drohverlustrückstellungen hingewiesen.

222–224 *(einstweilen frei)*

M. Aktuelle Entwicklungen/IASB-Projekte

225 Im Juni 2005 wurde der Standardentwurf ***„ED of Proposed Amendments to IAS 37 Provisions, Contingent Liabilities and Contingent Assets"*** als Ergebnis des Konvergenzprojekts zwischen dem IASB und dem FASB sowie der zweiten Phase des Projekts Unternehmenszusammenschlüsse veröffentlicht. Ferner wurde nach einer Beratungs- und Überarbeitungsphase in der Folge im Januar 2010 der Standardentwurf ***„ED Measurement of Liabilities in IAS 37"*** zur Sicherstellung der Klarheit hinsichtlich Fragen zur Bewertung von Schulden herausgegeben. Kurz darauf hat der IASB im Februar 2010 eine Arbeitsversion *(working draft)* eines IFRS mit den geänderten Vorschriften veröffentlicht, die sowohl die Neuerungen aus dem Jahr 2005 als auch aus Januar 2010 umfasst. Im April 2010 wurden in einem von IASB-Mitarbeitern erarbeiteten Dokument *(staff paper)* zusätzlich Klarstellungen bzgl der Ansatzkriterien von Schulden veröffentlicht, die aus Gerichtsprozessen resultieren. Trotz der intensiven Befassung mit der Thematik steht die Überarbeitung von IAS 37 derzeit nicht direkt auf der **Agenda** des IASB. Allerdings entwickelt der IASB den Standardentwurf *„Liabilities – amendments to IAS 37"* weiter fort, um mögliche Ergebnisse in das Projekt des Rahmenkonzepts einfließen zu lassen. Es wird im Rahmen eines Forschungsprojekts zudem angedacht, IAS 37 im Licht der wahrscheinlichen Änderungen des Rahmenkonzepts zu ändern oder zu ersetzen. Darüber hinaus besteht ein Forschungsprojekt bzgl der Vereinheitlichung von Abzinsungssätzen im IFRS-Regelwerk. Es ist ungewiss, ob und ggf wann die geplanten Änderungen eintreten werden.

Im Folgenden wird ein **kurzer Überblick** über die wesentlichen angedachten Änderungen gegeben. Dabei wendet sich der IASB konzeptionell dem *full fair value accounting* zu (*Hommel/Wilch* WPg 2007, 509 (509)). Der Ertragswert des Unternehmens steht als relevante Entscheidungsgröße der Investoren im Vordergrund. Die Bilanz als Informationsbilanz sollte daher alle Ein- und Auszahlungspotenziale widerspiegeln, sodass der Bilanzposten Rückstellungen von dieser konzeptionellen Änderung massiv betroffen ist (*Haaker* KoR 2005, 8 (8)).

Die Arbeitsversion gibt den Begriff der Rückstellung bzw der Eventualschuld 226
auf und führt stattdessen als Oberbegriff den Begriff der **nicht finanziellen Schuld** ein in Abgrenzung zur Definition einer finanziellen Schuld in IAS 32. Nach der Arbeitsversion können Unternehmen aber weiterhin den Begriff Rückstellung verwenden. Eventualforderungen sollen in den Anwendungsbereich des IAS 38 fallen, sofern sie die Definition eines Vermögenswerts erfüllen.

Die Arbeitsversion verweist hinsichtlich der Definition einer Schuld auf das 227
Rahmenkonzept aus dem Jahr 1989. Danach muss ein Unternehmen eine gegenwärtige Verpflichtung haben. Bilanziell angesetzt werden kann die Schuld nur dann, wenn es möglich ist, sie zuverlässig zu bestimmen. Eine Verpflichtung liegt nur dann vor, wenn ein Unternehmen die Pflicht oder Verantwortung hat, in einer bestimmten Weise eine Leistung zu erbringen und diese Pflicht bzw Verantwortung einer Gegenpartei ggü besteht, die von der Leistung des Unternehmens profitiert oder durch die Nicht-Leistung einen Nachteil erleidet. Hinsichtlich der **Ansatzkriterien** von Verpflichtungen stellt der Arbeitsentwurf klar, dass nur gegenwärtige (unentziehbare) und nicht nur mögliche Verpflichtungen passiviert werden dürfen. Entscheidend für den Ansatz einer Rückstellung ist, dass die Erfüllung der Verpflichtung zu (irgendeinem) Ressourcenabfluss führen wird. Das bisher gültige Ansatzkriterium der Wahrscheinlichkeit des Ressourcenabflusses wird abgeschafft. Diese Unsicherheit bzw Wahrscheinlichkeit wird zukünftig nur noch bei der Bewertung heranzuziehen sein. Damit entscheiden unterschiedliche subjektive Einschätzungen von Wahrscheinlichkeiten nicht mehr über den Ansatz einer Rückstellung, sondern wirken sich lediglich auf die Bewertung der Rückstellung aus. Aus dem im April 2010 veröffentlichten Dokument der IASB-Mitarbeiter geht aber explizit hervor, dass durch den Wegfall des Wahrscheinlichkeitskriteriums nicht zwangsläufig mehr Schulden angesetzt werden. Vielmehr ist vorangestellt zu prüfen, ob überhaupt die Definition einer Verpflichtung erfüllt ist.

Zur Untersuchung, ob das Merkmal der gegenwärtigen Verpflichtung ge- 228
geben ist, soll zukünftig das vergangene Ereignis darauf untersucht werden, ob die aus ihm resultierende Verpflichtung unbedingt oder bedingt ist (*Küting/Wohlgemuth* DStR 2006, 2327 (2327)). Eine **unbedingte Verpflichtung** besteht unabhängig von künftigen Ereignissen. Wenn zum Bilanzstichtag eine solche unbedingte Verpflichtung besteht, ist die Verpflichtung zu passivieren (*Hommel/Wilch* WPg 2007, 509 (513)). **Bedingte Verpflichtungen** sind dadurch gekennzeichnet, dass sie von zukünftigen Ereignissen abhängen und somit unsicher sind. Bedingte Verpflichtungen sind nicht bilanzierungsfähig.

Bei den bedingten Verpflichtungen ist jedoch stets zu prüfen, ob diese nicht 229
mit einer unbedingten, sog ***stand-ready*-Verpflichtung** verbunden sind. *Stand-ready*-Verpflichtungen zeichnen sich dadurch aus, dass

(1) sich das Unternehmen in der Vergangenheit zu einem bestimmten Verhalten verpflichtet hat (Gegenwärtigkeit der Verpflichtung),
(2) in der Vergangenheit auch ein Ereignis eingetreten ist, das ein potenzielles Leistungs- oder Auszahlungsrisiko abstrakt begründet,
(3) aber noch kein konkretes Ereignis vorliegt, das die abstrakte Verpflichtung zu einer konkreten Verpflichtung werden ließe (*Kühne/Schween* KoR 2006, 171 (172)).

Stand-ready-Verpflichtungen sind grds bilanzierungsfähig und -pflichtig. Dabei ist Voraussetzung, dass die *stand-ready*-Verpflichtung selbst sicher, dh gegenwärtig ist.

230 Der Arbeitsentwurf führt hinsichtlich der **Bewertung** einer nicht finanziellen Schuld den *expected cashflow approach* ein, nach dem Schulden – ungeachtet dessen, ob es sich um eine Vielzahl von ähnlichen Verpflichtungen oder um eine singuläre Verpflichtung handelt – mit dem Erwartungswert zu bewerten sind. Der bisher bei singulären Verpflichtungen angenommene wahrscheinlichste Wert führt künftig also nicht mehr zu einer zutreffenden Bewertung. Zur berechtigten Kritik an diesem Konzept vgl ua *Baetge/Zülch/Brüggemann/Nellessen* PiR 2007, 316 (320f). Die Bewertung einer Schuld hat mit dem niedrigsten Betrag aus ihrer Erfüllung, ihrem Erlass oder ihrer Übertragung auf einen Dritten zu erfolgen, wobei auf Rückstellungen regelmäßig nur die erste Variante zutrifft. Hinsichtlich des Erfüllungsbetrags ist zu differenzieren, ob es sich um eine leistungsbezogene oder nicht leistungsbezogene Verpflichtung handelt. Erfolgt die Erfüllung einer Verpflichtung bei Fälligkeit durch Zahlung an einen Dritten (monetäre Leistung), ist der erwartete, abdiskontierte künftige Auszahlungsbetrag einschließlich anfallender Nebenkosten anzusetzen. Erfolgt die Erfüllung dagegen durch eine Sach- bzw Dienstleistung, ist der Betrag zurückzustellen, den das Unternehmen für die Durchführung der Arbeiten ausgeben würde.

Es bleibt abzuwarten, inwieweit die Änderungen durch ED/2015/1 und ED/2015/3 (→ Rn 231) insbes hinsichtlich der Definition einer Schuld Folgeänderungen im Arbeitsentwurf hervorrufen werden.

231 Der IASB schlägt in **ED/2015/1** Änderungen an IAS 1 hinsichtlich der **Klassifizierung von Schulden** vor. Zum einen soll klargestellt werden, dass die Klassifizierung als kurz- oder langfristig auf den Rechten basieren muss, die zum Bilanzstichtag vorliegen, indem IAS 1.69(d) und IAS 1.73 geändert werden und nur Rechte, die zum Ende der Berichtsperiode bestehen, Auswirkungen auf die Schuldenklassifizierung haben. Zudem wird der Zusammenhang zwischen der Erfüllung einer Verpflichtung und dem Abfluss von wirtschaftlichen Ressourcen verdeutlicht, indem die Erfüllung durch Übertragung von Barmitteln, Eigenkapitaltiteln oder sonstigen Vermögenswerten oder Leistungen an die Gegenpartei erfolgen kann.

Mit **ED/2015/3** will der IASB das **Rahmenkonzept** für die Finanzberichterstattung in weiten Teilen **modifizieren.** Danach ist eine Schuld eine gegenwärtige Verpflichtung des Unternehmens, eine wirtschaftliche Ressource als Ergebnis früherer Ereignisse zu übertragen. Die Erwartungshaltung, wie sie derzeit in F.4.4(b) zum Ausdruck kommt, wird nicht mehr explizit genannt (→ Rn 5). Zudem soll ein expliziter Verweis auf das Konzept der Vorsicht wieder in das Rahmenkonzept eingefügt werden, wobei Vorsicht die Neutralität unterstützen soll.

§ 14. Sonstige Schulden

Übersicht

Schrifttum: *DRSC* Interpretation 1 (IFRS) Bilanzgliederung nach Fristigkeit gemäß IAS 1 Darstellung des Abschlusses, Berlin 2013; *Grünberger* Bilanzierung von Finanzgarantien nach der Neufassung von IAS 39, KoR 2006, 81; *Hachmeister* Verbindlichkeiten nach IFRS – Bilanzierung von kurz- und langfristigen Verbindlichkeiten, Rückstellungen und Eventualschulden, München 2006; *IDW* RS HFA 9 Einzelfragen zur Bilanzierung von Finanzinstrumenten nach IFRS, FN IDW 2011, 326; *IDW* RS HFA 9 Entwurf einer Fortsetzung der IDW Stellungnahme zur Rechnungslegung: Einzelfragen zur Bilanzierung von Finanzinstrumenten nach IFRS, FN IDW 2015, 331; *Kropp/Klotzbach* Der Exposure Draft zu IAS 39 „Financial Instruments" – Darstellung und kritische Würdigung der geplanten Änderungen des IAS 39, WPg 2002, 1010; *Küting/Trappmann/Ranker* Gegenüberstellung der Bewertungskonzeption von beizulegendem Wert und Fair Value im Sachanlagevermögen, DB 2007, 1709; *Kuhn/Scharpf* Rechnungslegung von Financial Instruments nach IFRS, 3. Aufl, Stuttgart 2006; *Scharpf/Weigel/Löw* Die Bilanzierung von Finanzgarantien und Kreditzusagen nach IFRS, WPg 2006, 1492.

Wesentliche Rechtsgrundlagen: Rahmenkonzept, IAS 1, IAS 21, IAS 32, IAS 39, IFRS 7, IFRS 9, IFRS 13

A. Allgemeines

1 Die sonstigen Schulden umfassen eine **Vielzahl und Vielfalt von Verpflichtungen** des Unternehmens, die im Normenwerk der IFRS aufgrund ihrer themenbezogenen Ausrichtung in verschiedenen Standards behandelt werden.

2 Grds sind Schulden danach zu unterscheiden, ob die zugrunde liegende Verpflichtung (relativ) sicher eintreten wird oder noch ungewiss ist **(Verbindlichkeiten versus Rückstellungen)** bzw ob die Begleichung der Schuld monetär oder in einer Sachleistung erfolgt **(finanzielle vs nicht-finanzielle Schulden).**

Konzeptionell ist es Ziel der nachfolgenden Ausführungen, die verschiedenen Geschäftsvorfälle, die zu Schulden führen, im Zusammenhang darzustellen. Ausgeklammert werden nach deren bilanzieller Einordnung die Rückstellungen (→ § 13 Rn 1 ff), sodass nachfolgend nur die sonstigen finanziellen und nicht-finanziellen Schulden thematisiert werden. Da die Bilanzierung von Finanzinstrumenten, zu denen auch finanzielle Schulden gehören, sehr umfangreich ist, werden Finanzinstrumente zudem insgesamt ausführlich in § 3 behandelt. Das vorliegende Kapitel stellt deshalb die Bilanzierung finanzieller Schulden im Überblick dar, bevor es auf die bilanzielle Darstellung nicht-finanzieller Schulden eingeht. Dadurch soll eine klare Abgrenzung der beiden Schuldarten ermöglicht werden.

B. Anwendungsbereich

3 Die nachfolgend thematisierten Schulden weisen keinen oder nur einen sehr geringen Unsicherheitsgrad auf. **Unsichere Schulden,** insbes die Rückstellungen, werden maßgeblich in IAS 37 behandelt (→ § 13 Rn 1 ff). Ausnahmen für

dessen Anwendungsbereich ergeben sich immer dann, wenn andere Standards auf bestimmte Themen im Speziellen eingehen, sodass IAS 37 für bestimmte Sachverhalte Ausnahmen im Anwendungsbereich vorsieht (→ § 13 Rn 3).

4 Ein einzelner Standard für **sichere oder quasi-sichere Verpflichtungen** existiert nicht. Vom IASB wurde bei der Konzeption des IAS 37 seine Ausweitung auf die gesamten Schulden in Betracht gezogen, weshalb der Standard bspw auf die Definition des Rahmenkonzepts zu Schulden zurückgreift (→ § 13 Rn 4ff, → § 13 Rn 8ff). Diese angestrebte und zeitweise in einem eigenen IASB-Projekt betriebene Ausweitung des Regelungsbereichs des IAS 37 wurde aber aufgegeben und aufgrund der Bedeutung finanzieller Schulden mit IAS 39, der nach seinem Endorsement durch IFRS 9 ersetzt wird, IAS 32 und IFRS 7 eigene Standards geschaffen. Für nicht-finanzielle Schulden besteht dagegen kein eigener Standard, weshalb für Verpflichtungen in Abhängigkeit ihres finanziellen oder nicht-finanziellen Charakters unterschiedliche Normen und Standards für die Bilanzierung und Bewertung sowie für den Ausweis und die Anhangangaben einschlägig sind.

C. Definitionen und Abgrenzungen

5 Im Normenwerk der IFRS ist nur der Begriff der Schuld *(liability)*, nicht hingegen der Begriff der sonstigen Schuld definiert. Letzterer ist daher teleologisch abzuleiten.

Gem. F.4.4(b) und F.4.15ff ist Voraussetzung für das Bestehen einer **Schuld** die Existenz einer gegenwärtigen Verpflichtung des Unternehmens aus einem vergangenen Ereignis, deren Erfüllung wahrscheinlich zu einem Abfluss von Ressourcen mit wirtschaftlichem Nutzen führen wird. Dieser Verpflichtungscharakter ggü Dritten grenzt Schulden von Eigenkapitalposten des Unternehmens ab (zu den einzelnen Voraussetzungen → § 13 Rn 4ff, → § 13 Rn 33ff).

6 Die Definition ist für das Vorliegen einer Schuld notwendige, wenn für die konkrete Bilanzierungsfähigkeit auch nicht hinreichende Voraussetzung (F.4.5). Für die mit der konkreten **Bilanzierungsfähigkeit** einhergehende **Bilanzierungspflicht** einer Schuld muss zusätzlich der Erfüllungsbetrag der Verpflichtung verlässlich ermittelt werden können (F.4.46). Ist die Bilanzierungspflicht gegeben, ist die Verpflichtung in Abhängigkeit vom Grad der Unsicherheit hinsichtlich Grund, Höhe und/oder Zeitpunkt eines verpflichtenden Sachverhalts als Rückstellung oder als sonstige iSv übrige Schuld auszuweisen (→ § 13 Rn 7ff). Bei sonstigen Schulden ist entweder ein hoher Grad an oder sogar Sicherheit vorhanden. Im Vergleich zu den sonstigen Schulden weisen Rückstellungen einen höheren Unsicherheitsgrad auf.

7 Unter den **sonstigen Schulden** werden uE im deutschen Sprachgebrauch die (relativ sicheren) finanziellen und nicht-finanziellen Schulden bzw Verbindlichkeiten verstanden (ohne Rückstellungen), während in den Originaltexten der IFRS die *other liabilities* als Abgrenzung zu den *other financial liabilities* ggf auch rückstellungspflichtige Sachverhalte einschließen. Im weiteren Verlauf wird der Begriff iSd deutschen Sprachgebrauchs ausgelegt.

8 Verpflichtungen, die die Kriterien einer Schuld nicht erfüllen (zB weil keine gegenwärtige, sondern nur eine mögliche Verpflichtung besteht oder ein sehr hoher Grad an Unsicherheit vorliegt), stellen mitunter **Eventualschulden** dar, die grds im Anhang anzugeben sind (→ § 13 Rn 16ff).

9 Im Einzelnen können Verpflichtungen – insbes nach dem Grad der Sicherheit bzw Unsicherheit – wie folgt differenziert werden:

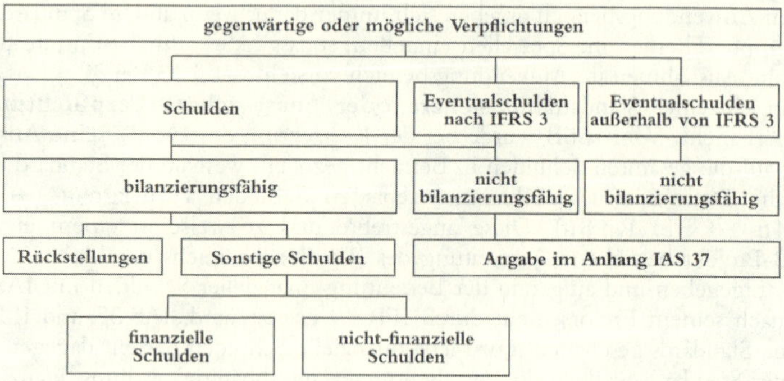

10 Innerhalb der Schulden bestehen im Normenwerk der IFRS neben den sog sicheren Schulden (zB *trade payables*) die sog **abgegrenzten Schulden** *(accruals)*. Diese stellen nach IAS 37.11(b) zB Schulden aus erhaltenen Gütern oder Dienstleistungen dar, die weder vom Lieferanten bereits in Rechnung gestellt noch anderweitig formal vereinbart worden sind (ausstehende Rechnungen). Ein Leistungsaustausch hat hier zwar bereits stattgefunden, sodass das Bestehen einer Verpflichtung und ein zukünftiger Ressourcenabfluss (so gut wie) sicher sind, die Höhe und/oder Fälligkeit des Entgelts ist allerdings noch in einem gewissen Rahmen unsicher (zB weil noch keine endgültige Einigung hinsichtlich der abschließenden Höhe des Entgelts erzielt werden konnte). Zu den abgegrenzten Schulden gehören nach IAS 37.11(b) auch Urlaubsverpflichtungen ggü Mitarbeitern. Auch wenn zur Bestimmung der Höhe und/oder Fälligkeit der abgegrenzten Schulden Schätzungen erforderlich sind, ist – auch wenn noch keine 100%ige Sicherheit besteht – die Unsicherheit im Allgemeinen deutlich geringer als bei Rückstellungen (*KPMG* 2014/15 Rz 3.12.10.30; *EY* 2015, 1758). Es sind demzufolge alle **quasi-sicheren Verpflichtungen** unter die abgegrenzten Schulden zu subsumieren, wie Beiträge zur Berufsgenossenschaft, IHK-Beiträge, Kosten der Jahresabschlussprüfung, die – anders als nach HGB (als Rückstellungen) – nach IFRS unter den Schulden auszuweisen sind (näher hierzu das ABC der Rückstellungen → § 13 Rn 89 ff, aus dem ebenfalls hervorgeht, dass bei starker inhaltlicher Konkretisierung nach IFRS eher eine Schuld als eine Rückstellung anzusetzen ist). Innerhalb der Schulden hängt ihr Ausweis vom zugrunde liegenden Sachverhalt ab, weshalb sie unter die finanziellen Schulden (→ Rn 35 ff), die Verbindlichkeiten aus Lieferungen und Leistungen oder die nicht-finanziellen Schulden (→ Rn 43 f, → Rn 165 ff) fallen können. Die bilanzielle Einordnung einer unsicheren Verpflichtung als Rückstellung oder abgegrenzte Schuld hat für die Anhangangaben entscheidende Bedeutung, da im Fall der Einordnung als Rückstellung umfangreiche Angaben über die Unsicherheit bzgl Höhe und Fälligkeit des Ressourcenabflusses zu treffen sind (*EY* 2015, 1758, → § 13 Rn 206).

11 Abgegrenzte Schulden lassen sich folglich auch **keiner bestimmten Kategorie von Schulden** (finanziell versus nicht-finanziell) in einem Standard zuordnen; so sind erhaltene Lieferungen ohne Rechnung nach IAS 39/IFRS 9, Urlaubsverpflichtungen nach IAS 19 und Kosten der Jahresabschlussprüfung nach IAS 37 zu beurteilen (zur unsystematischen Aufzählung *Heuser/Theile* Rz 3408).

12 Grds kann die **Erfüllung einer Verpflichtung** durch Zahlung flüssiger Mittel, Übertragung von Vermögenswerten, Erbringung von Sach- oder Dienstleistungen, Ersatz der bestehenden Verpflichtung durch eine andere Verpflichtung oder Umwandlung der Verpflichtung in Eigenkapital erfolgen. Es wird für die

Klassifizierung bedeutend sein, welche Erfüllungsalternative im Vordergrund steht.

(einstweilen frei) 13–15

D. Gliederungskonzeption

I. Bilanzgliederung nach Art der Schuld

Die **allgemeinen Ausweis- und Gliederungsvorschriften** für Schulden sind in **IAS 1** geregelt. Der Standard gibt dabei kein Pflichtschema ähnlich § 266 Abs 3 HGB vor, in der Reihenfolge und Gliederung relativ starr festgelegt sind. Vielmehr enthält IAS 1.54 eine Liste von (Schuld-)Posten, die ihrem Wesen und ihrer Funktion nach so unterschiedlich sind, dass ein **getrennter Bilanzausweis** erforderlich wird. So sind die folgenden Posten gesondert auszuweisen: 16

(1) Verbindlichkeiten aus Lieferungen und Leistungen und sonstige Verbindlichkeiten (IAS 1.54(k)),
(2) Rückstellungen (IAS 1.54(l)),
(3) finanzielle Schulden ohne die Beträge, die unter IAS 1.54 (k) und (l) ausgewiesen werden (IAS 1.54(m)),
(4) tatsächliche Steuerschulden gem IAS 12 (IAS 1.54(n)),
(5) latente Steuerschulden gem IAS 12 (IAS 1.54(o)) und
(6) die Schulden, die den Veräußerungsgruppen zugeordnet sind, die gem IFRS 5 als zur Veräußerung gehalten eingestuft werden (IAS 1.54(p)).

Sofern sich aus **anderen IFRS-Standards** gesonderte Vorschriften zum Ausweis bestimmter Schulden ergeben, sind diese Normen ebenfalls zu berücksichtigen, wie der passive Abgrenzungsposten für öffentliche Investitionszuschüsse nach IAS 20 (→ § 5 Rn 59ff), Verbindlichkeiten aus Fertigungsaufträgen nach IAS 11/IFRS 15 (→ Rn 190, → § 9 Rn 94) oder Leasingverbindlichkeiten nach IAS 17 (→ § 22 Rn 130ff). 17

Zusätzliche Posten, Überschriften und **Zwischensummen** sind in die Bilanz aufzunehmen, wenn sich dies aus dem Grundsatz der *fair presentation* ergibt. IAS 1.58(c) iVm IAS 1.77 nennt Art, Höhe, Funktion sowie Fälligkeit als angemessenen Entscheidungsmaßstab für eine weitere Untergliederung (der Schulden), die nach IAS 1.77 alternativ in Bilanz oder Anhang erfolgen kann. IAS 1.78 enthält hierzu eine nicht abschließende Aufzählung von Beispielen, so dass ggf eine gesonderte Darstellung von **Schulden ggü verbundenen Unternehmen,** ggü Unternehmen, mit denen ein Beteiligungsverhältnis besteht oder ggü Gesellschaftern erforderlich wird. 18

II. Bilanzgliederung nach Fristigkeit oder Liquidität

Nach IAS 1.60 sind über die Bilanzgliederung nach Art der Schuld hinaus grds zwei alternative Methoden der Gliederung der Schulden in der Bilanz vorgesehen, wobei der **Grundsatz** der Gliederung der Schulden nach ihrer **Fristigkeit** gilt, so dass kurz- und langfristige Schulden als getrennte Gliederungsgruppen auszuweisen sind. Sofern eine Gliederung der Schulden nach der **Liquidität zuverlässigere und relevantere Informationen** bietet, ist diese Alternative vorzuziehen. Damit verbunden ist dann ein grds Ausweis sämtlicher Vermögenswerte und Schulden unter Liquiditätsaspekten. Eine Kombination aus Fristigkeit und Liquidität ist statthaft, wenn hierdurch zuverlässigere und relevantere Infor- 19 mationen zu erzielen sind (IAS 1.64), als bei einer ausschließlichen Differenzierung nach Fristigkeit oder Liquidität.

20 Unabhängig von der Wahl der Darstellungsmethode hat ein Unternehmen im Anhang für jeden bilanziellen (zusammengefassten) Schuldposten die Beträge anzugeben, die erwartungsgemäß innerhalb der nächsten **zwölf Monate** nach dem Abschlussstichtag und die Beträge, die erst nach zwölf Monaten nach dem Abschlussstichtag erfüllt werden (IAS 1.61).

1. Fristigkeit

21 IAS 1.60 iVm IAS 1.62 präferieren eindeutig eine Gliederung der Bilanz nach Fristigkeit (näher hierzu → § 2 Rn 294 ff).

22 Bei der Einstufung als lang- oder kurzfristige sind im Hinblick auf die Schulden die folgende **Besonderheiten bzw Klarstellungen** zu beachten (IAS 1.69 ff):

(1) Es ist nicht von der urspr Laufzeit einer Schuld, sondern von deren **Restlaufzeit** auszugehen. Daher sind urspr langfristige finanzielle Schulden, deren Restlaufzeit am Bilanzstichtag zwölf oder weniger Monate beträgt, als kurzfristig auszuweisen (IAS 1.72(a)).

(2) Kurzfristige Schulden, bei denen der Schuldner ***im Geschäftsjahr*** vom Gläubiger eine **Prolongation bzw Refinanzierung** für mindestens zwölf Monate nach dem Abschlussstichtag erwarten oder verlangen kann (einseitige Prolongation), sind als langfristig auszuweisen (IAS 1.73). Ist eine Refinanzierung bzw Prolongation nur mit Zustimmung des Gläubigers möglich, ist die Schuld weiterhin als kurzfristig auszuweisen, da die Refinanzierungs- bzw Prolongationsoption nicht im alleinigen Entscheidungsbereich des Unternehmens liegt.

(3) Eine **Prolongation bzw Refinanzierung** einer Schuld ***nach dem Bilanzstichtag*** stellt ein wertbegründendes Ereignis nach IAS 10 dar, sodass eine kurzfristige Schuld auch weiterhin als kurzfristig auszuweisen ist, selbst wenn deren Restlaufzeit daraufhin am Bilanzstichtag mehr als zwölf Monate betragen würde (IAS 1.72). Allerdings ist im Anhang eine ergänzende Angabe erforderlich (IAS 1.76).

(4) **Verletzt** ein Unternehmen im Geschäftsjahr eine **Vertragsbestimmung** (zB *covenants*) mit der Folge der Möglichkeit der sofortigen Fälligstellung der zugrunde liegenden (langfristigen) Schuld durch den Gläubiger, ist diese als kurzfristig einzustufen (IAS 1.74). Dies gilt selbst dann, wenn der Gläubiger nach dem Bilanzstichtag zustimmt, die Schuld nicht einzufordern. Setzt der Gläubiger bis zum Bilanzstichtag eine Nachfrist von mindestens zwölf Monaten, in der das Unternehmen die Vertragsverletzung beheben kann, ist die Schuld als langfristig auszuweisen (IAS 1.75). Gewährt der Gläubiger die Nachfrist *nach dem Bilanzstichtag*, ist die Schuld als kurzfristig zu klassifizieren. In diesem Fall liegt ein Ereignis nach dem Bilanzstichtag vor, das zu einer Anhangangabe führt (IAS 1.76). Subjektive und objektive Vertragsklauseln sind dabei gleichermaßen im Hinblick auf den Vertragsbruch zu behandeln, auch wenn subjektive Klauseln einer intensiveren Prüfung bedürfen (*KPMG* 2014/15 Rz 3.1.40.100)

(5) **Verbindlichkeiten aus Lieferungen und Leistungen** sowie **Rückstellungen für personalbezogene Aufwendungen** und für **andere betriebliche Aufwendungen** stellen selbst dann kurzfristige Schulden dar, wenn sie später als zwölf Monate nach dem Bilanzstichtag fällig werden, da sie Bestandteil des *working capitals* sind (IAS 1.70).

Auch eine Schuld **ohne bestimmte Laufzeit,** deren Rückzahlung nach mehr als einem Jahr nach dem Bilanzstichtag geplant ist, die aber vom Kreditgeber jederzeit fällig gestellt werden kann, gilt als kurzfristig (*EY* 2015, 89). 23

Enthält eine grds langfristige Schuld einen **Teilbetrag,** der innerhalb der nächsten zwölf Monate nach dem Bilanzstichtag fällig ist, ist diese Schuld in einen lang- und einen kurzfristigen Teil aufzugliedern (*KPMG* 2014/15 Rz 3.1.40.80). Fraglich ist eine Aufteilung bei Derivaten; für eine Aufteilung spricht die Regelung des IAS 1.71, dagegen die des IAS 1.BC38(c), die nur in singulärer Form von Fälligkeit spricht (näher *Lüdenbach/Hoffmann/Freiberg* IFRS § 2 Rz 38). 24

Vertragsgestaltungen, die ein Wahlrecht des Gläubigers vorsehen, die Schuld in **Eigenkapital umzuwandeln**, haben keinen Einfluss auf die Klassifizierung als kurz- oder langfristige Schuld. 25

In der Praxis hat sich eine Mindestgliederung der Passivseite mit **primärer Untergliederung** der Schulden in lang- und kurzfristig und erst sekundärer Untergliederung nach Art der Schuld und/oder Liquiditätsnähe durchgesetzt (*Lüdenbach/Hoffmann/Freiberg* IFRS § 2 Rz 48). 26

Die dargestellten Grundsätze zur Bilanzgliederung nach Fristigkeit haben uE natürlich nur dann Gültigkeit, wenn die Bilanz unter dem **Grundsatz der Unternehmensfortführung** aufgestellt wird. 27

2. Liquidität

Eine Gliederung nach Liquidität stellt den **Ausnahmetatbestand** dar und darf nur erfolgen, wenn hierdurch zuverlässigere und relevantere Informationen erzielt werden können und keine Waren oder Dienstleistungen innerhalb eines eindeutig identifizierbaren Geschäftszyklus' angeboten werden (IAS 1.63). Dieser verbesserte Informationsgehalt bei einer Gliederung nach Liquidität wird bei Banken und Finanzinstituten angenommen. Daneben kommen für diese abweichende Regelung auch die Bilanzen von Versicherungsunternehmen, Investmentgesellschaften und Beteiligungsgesellschaften in Betracht (DRSC-I 1.23). Der Ausweis kann dabei mit fallender oder steigender Liquiditätsnähe vorgenommen werden (*ADS* Int Abschn 7 Rz 110). 28

(einstweilen frei) 29–34

E. Finanzielle Schulden

Da finanzielle Schulden **Finanzinstrumente** darstellen, ist die bilanzielle Darstellung dieser Schulden vornehmlich in den einschlägigen (drei) Standards zu Finanzinstrumenten geregelt: 35

(1) **IAS 39** enthält Vorschriften zum **Ansatz** und zur **Bewertung** finanzieller Schulden. Der Standard wird nach dessen Inkrafttreten durch IFRS 9 ersetzt. IAS 39/IFRS 9 werden durch IFRS 13 zur Bemessung des beizulegenden Zeitwerts ergänzt.

(2) IAS 32 regelt die **Ausweisvorschriften** von Finanzinstrumenten sowie vornehmlich die **Abgrenzung** finanzieller Schulden vom Eigenkapital.

(3) IFRS 7 stellt die **Angabepflichten** im Anhang dar.

Zudem ergänzen zahlreiche Interpretationen die bilanzielle Darstellung von Finanzinstrumenten (näher *Heuser/Theile* Rz 2406). Einschlägig für finanzielle Schulden sind hier vornehmlich

(1) SIC 27: Beurteilung des wirtschaftlichen Gehalts von Transaktionen in der rechtlichen Form von Leasingverhältnissen (→ § 22 Rn 20f),

(2) IFRIC 9: Neubewertung eingebetteter Derivate (→ § 23 Rn 32),

(3) IFRIC 19: Tilgung finanzieller Schulden durch Eigenkapitalinstrumente (→ § 3 Rn 134 ff oder → § 12 Rn 57 ff).

Für (finanzielle) Schulden enthält IAS 21 darüber hinaus Vorschriften für die Umrechnung der auf fremde Währungen lautenden Verbindlichkeiten.

I. Ausnahmen vom Anwendungsbereich

36 Grds sind IAS 32, IAS 39/IFRS 9 und IFRS 7 von **allen Unternehmen** auf alle Arten von Finanzinstrumenten anzuwenden (*EY* 2015, 3108; → § 3 Rn 41). Nicht in den Anwendungsbereich des IAS 32, IAS 39/IFRS 9 und IFRS 7 fallen jedoch folgende schuldspezifischen Sachverhalte, da spezielle Regelungen in anderen Standards bestehen (näher → § 3 Rn 42):

(1) **Altersversorgungsverpflichtungen,** für die IAS 19 gilt (IAS 32.4(b), IAS 39.2(c)/IFRS 9.2.1(c); → § 26 Rn 1 ff),

(2) Finanzinstrumente, Verträge und Verpflichtungen im Zusammenhang mit **anteilsbasierten Vergütungen,** für die IFRS 2 zur Anwendung kommt (IAS 32.4(f), IAS 39.2(i)/IFRS 9.2.1(h); → § 24 Rn 8 ff) und

(3) **Versicherungsverträge und Finanzinstrumente mit ermessensabhängiger Überschussbeteiligung,** für die mit Ausnahmen (wie zB in Versicherungsverträgen eingebettete Derivate) grds IFRS 4 anzuwenden ist (IAS 32.4(d), IAS 32.4(e), IAS 39.2(e)/IFRS 9.2.1(e); näher hierzu → § 40 Rn 47 ff).

37 Aus dem **alleinigen Anwendungsbereich des IAS 39/IFRS 9 fallen** zusätzlich heraus:

(4) **Verpflichtungen aus Leasingverträgen,** die nach IAS 17 behandelt werden. Allerdings werden Finanzierungsleasingverpflichtungen beim Leasingnehmer nach den Regelungen der IAS 39/IFRS 9 ausgebucht (IAS 39.2(b)(ii)/IFRS 9.2.1(b)(ii)); ebenso werden in Leasingverträgen eingebettete Derivate nach den Regelungen des IAS 39/IFRS 9 bilanziert (IAS 39.2(b)(iii)/IFRS 9.2.1(b)(iii)),

(5) vom Unternehmen emittierte Finanzinstrumente, die der Definition eines **Eigenkapitalinstruments** nach IAS 32 entsprechen oder als solche gem IAS 32.16Aff einzustufen sind (IAS 39.2(d)/IFRS 9.2.1(d)),

(6) **Termingeschäfte** zwischen einem Käufer und dem verkaufenden Anteilseigner, die auf den Erwerb oder die Veräußerung eines Unternehmens gerichtet sind und zu einem Unternehmenszusammenschluss iSv IFRS 3 führen (IAS 39.2(g)/IFRS 9.2.1(f)),

(7) **Rückgriffsansprüche aus Verpflichtungen,** die unter IAS 37 fallen (IAS 39.2(j)/IFRS 9.2.1(i)) und

(8) **Kreditzusagen,** die nach IAS 37 zu behandeln sind, mit (Rück-)Ausnahme von

(a) Kreditzusagen, deren Bewertung erfolgswirksam zum beizulegenden Zeitwert erfolgt (IAS 39.4(a)/IFRS 9.2.1(g) iVm IFRS 9.2.3(a)),

(b) Kreditzusagen mit Derivatcharakter, die durch Zahlung oder Lieferung bzw Emission eines anderen Finanzinstruments erfüllt werden können (IAS 39.4(b)/IFRS 9.2.1(g) iVm IFRS 9.2.3(b)) oder

(c) Zusagen, einen Kredit unter Marktzinssatz zur Verfügung zu stellen (IAS 39.4(c)/IFRS 9.2.1(g) iVm IFRS 9.2.3(c)).

Die Ausbuchungsvorschriften von IAS 39/IFRS 9 sind jedoch auf alle Arten von Kreditzusagen anzuwenden (IAS 39.2(h)/IFRS 9.2.1(g)).

IFRS 9 ist zusätzlich **nicht** auf Verpflichtungen im Zusammenhang mit IFRS 15 anzuwenden, es sei denn, IFRS 15 erlaubt die Anwendung des IFRS 9 (IFRS 9.2.1(j)).

IAS 32, IAS 39/IFRS 9 und IFRS 7 enthalten zahlreiche **Rückverweise,** weil die speziellen Standards nicht alle Aspekte regeln (*Heuser/Theile* Rz 2407). Zudem fordert IFRS 7 Anhangangaben bspw aus Finanzierungs-Leasingverträgen, obwohl die Verpflichtungen selbst nicht Gegenstand des IAS 39/IFRS 9 sind (→ § 3 Rn 271). 38

II. Definitionen und Einordnungen

Die Definition einer finanziellen Schuld baut auf der Definition eines Finanzinstruments auf. Nach IAS 32.11 ist ein **Finanzinstrument** ein Vertrag, der bei einem Unternehmen zu einem finanziellen Vermögenswert und bei einem anderen Unternehmen zu einer finanziellen Schuld oder einem Eigenkapitalinstrument führt (IAS 32.11; → § 3 Rn 13 ff). 39

Der Begriff **Vertrag** umfasst dabei Vereinbarungen zwischen Vertragsparteien, die aufgrund ihrer rechtlichen Durchsetzbarkeit eindeutige wirtschaftliche Folgen begründen, die von den Vertragsparteien nicht oder nur kaum vermeidbar sind (IAS 32.13). Die Vertragsform ist dabei unerheblich (IAS 32.13), sodass Verträge mündlich oder schriftlich geschlossen werden können. Ein Finanzinstrument kann auf einem Einzel-, Rahmen- oder sonstigen Vertrag oder auf Vertragsketten (IAS 32.AG7) beruhen. 40

Schulden, die **nicht** auf einer **rechtsgeschäftlichen Basis,** sondern auf einem gesetzlichen, hoheitlichen Akt basieren, wie Steuerschulden und Sozialabgaben, stellen daher keine Finanzinstrumente dar (IAS 32.AG12). Ebenso stellen faktische Verpflichtungen somit nie finanzielle Schulden dar. 41

Voraussetzung ist, dass die Rechte und Pflichten aus einem Vertrag **finanzielle Sachverhalte** zum Inhalt haben (*Kuhn/Scharpf,* 58; *Hachmeister,* 13). Finanzinstrumente führen stets unmittelbar oder mittelbar zum Austausch von Zahlungsmitteln. Aufgrund dieser weiten Definition können die Finanzinstrumente sowohl **originärer** (Forderungen, Schulden, Eigenkapitaltitel) als auch **derivativer** (*options, forwards, swaps, futures* (→ § 3 Rn 29 und → § 23 Rn 9 ff)) **Natur** sein (IAS 32.AG15), da mittels Derivaten Finanzrisiken als separate Rechte bzw Verpflichtungen zwischen Vertragsparteien übertragen werden können. Dabei ist es unerheblich, ob Derivate zur Absicherung oder zur Spekulation gehalten werden. Neben den klassischen Finanzinstrumenten bestehen auch komplexe, auf das Unternehmen zugeschnittene Finanzinstrumente, die regelmäßig eine erhöhte Komplexität in der Bilanzierung erfordern (*Heuser/Theile* Rz 2405). 42

Aufbauend auf der Definition von Finanzinstrumenten ist eine **finanzielle Schuld** gem IAS 32.11(a) jede vertragliche Verpflichtung, flüssige Mittel oder einen anderen finanziellen Vermögenswert an ein anderes Unternehmen abzugeben oder mit einem anderen Unternehmen finanzielle Vermögenswerte oder Verbindlichkeiten unter potenziell nachteiligen Bedingungen austauschen zu müssen. Alle monetären Verbindlichkeiten (IAS 32.AG4) stellen grds finanzielle Verbindlichkeiten dar, wie Verbindlichkeiten aus Lieferungen und Leistungen, Verbindlichkeiten ggü Kreditinstituten, Darlehensverbindlichkeiten, Wechselverbindlichkeiten und Anleiheverbindlichkeiten. Auch Derivate mit negativen Marktwerten sind unter die finanziellen Verbindlichkeiten zu subsumieren. Dagegen stellt die Verpflichtung zur Lieferung von Edelmetallen (Gold, Silber), seien sie auch noch so liquide, keine finanzielle Verpflichtung dar (*EY* 2015, 3104). 43

Die Einordnung von **Warentermingeschäften** ist anhand wirtschaftlicher Kriterien hauptsächlich bzgl der beabsichtigten Erfüllung vorzunehmen und hat für den Bilanzansatz entscheidende Bedeutung. Während Warentermingeschäfte 44 als Derivate eingestuft (IAS 32.8) auch bei erwartetem Gewinn anzusetzen sind, werden sie als nicht finanzielles Geschäft nur bei einem Drohverlust angesetzt. Die Einstufung als Finanzderivat ist immer dann vorzunehmen, wenn es nicht auf physische Lieferung gerichtet, sondern am Erfüllungstag ein Barausgleich vorgesehen ist (IAS 32.9(a)), der Vermögenswert aus dem Termingeschäft jederzeit am Markt in Geld umgesetzt werden kann (IAS 32.9(d)) oder das Unternehmen in der Vergangenheit entspr Verträge immer bar erledigt hat (IAS 32.9(b); *Lüdenbach/Hoffmann/Freiberg* IFRS § 28 Rz 21). Bestehen Warentermingeschäfte, deren Wert sich zB am aktuellen Ölpreis orientiert und die bei Fälligkeit grds eine bestimmte Lieferung in Öleinheiten vorsehen, die aber tatsächlich in Geldeinheiten beglichen werden, liegt eine finanzielle Schuld vor (näher zur Abgrenzung *EY* 2015, 3104).

45 UE sind Verpflichtungen zur Zahlung von **Urlaubsgeld** finanzielle Schulden, Urlaubsverpflichtungen, die darauf abzielen, den Erfüllungsrückstand durch die Gewährung von Urlaubstagen auszugleichen, nicht-finanzielle Schulden (→ Rn 10).

46 **Verbindlichkeiten aus Lieferungen und Leistungen** sind nach IAS 37.11(a) Schulden zur Zahlung von erhaltenen oder gelieferten Gütern oder Dienstleistungen, die vom Lieferanten in Rechnung gestellt oder formal vereinbart wurden. Da es sich bei Verbindlichkeiten aus Lieferungen und Leistungen regelmäßig um Geld- und nicht um Sachleistungsverbindlichkeiten handelt, erfüllen sie die Kriterien eines Finanzinstruments und stellen finanzielle Schulden dar. Die für finanzielle Schulden geltenden Bilanzierungs- und Bewertungsvorschriften sind somit auch auf Verbindlichkeiten aus Lieferungen und Leistungen anzuwenden. Besonderheiten bestehen hinsichtlich des separaten Ausweises von Verbindlichkeiten aus Lieferungen und Leistungen (→ Rn 16). Sie sind gem IAS 1.70 dem kurzfristigen Betriebskapital zuzurechnen, das zur Aufrechterhaltung des gewöhnlichen Geschäftsbetriebs eingesetzt wird (→ Rn 22).

47 Auch andere monetäre Verpflichtungen, wie solche aus der Begebung von **Prepaidkarten** stellen finanzielle Verpflichtungen dar, da die begebende Bank eine vertragliche Verpflichtung zur Zahlung von Geld an einen Händler eingeht (*IFRIC* Update January 2015, 4).

48 Nicht unter die Abgrenzungskriterien einer finanziellen Schuld fallen somit regelmäßig solche vertraglichen Verpflichtungen, die eine **Begleichung** nicht durch die Abgabe von Zahlungsmitteln bzw Zahlungsmitteläquivalenten, sondern durch die **Lieferung von Waren** oder die **Erbringung von Dienstleistungen** vorsehen. Hierunter fallen neben Gewährleistungen auch erhaltene Anzahlungen auf Bestellungen (IAS 32.AG11). Maßgeblich ist dabei die Erkenntnis im Zeitpunkt der erstmaligen Erfassung der Verbindlichkeit. Ob die (urspr) vertragliche Verpflichtung tatsächlich durch den Abfluss flüssiger Mittel bzw sonstiger finanzieller Vermögenswerte oder durch die Lieferung von Waren bzw Erbringung von Dienstleistungen erfüllt wird, ist für die erstmalige Erfassung nicht maßgebend (*Kuhn/Scharpf,* 87).

49 Die Definition der finanziellen Schuld trifft somit auf nahezu alle **Verbindlichkeiten des handelsrechtlichen Gliederungsschemas** gem § 266 Abs 3 C HGB zu. Dies gilt auch für ggf rechtsformspezifische Erweiterungen des Gliederungsschemas (zB Verbindlichkeiten ggü Gesellschaftern gem § 42 GmbHG).

50 Eine **Vertragserfüllung in eigenen Eigenkapitalinstrumenten** des Unternehmens hindert nach IAS 32.11(b) nicht den Ansatz einer finanziellen Schuld, wenn es sich um

(i) ein **nicht derivatives** Finanzinstrument handelt, durch das das Unternehmen zur Abgabe einer variablen Anzahl von Eigenkapitalinstrumenten verpflichtet ist oder werden kann; oder

(ii) ein **derivatives** Finanzinstrument handelt, das nicht durch Austausch eines festen Betrags an flüssigen Mitteln oder anderen finanziellen Vermögenswerten gegen eine feste Anzahl von eigenen Eigenkapitalinstrumenten erfüllt wird oder werden kann. Rechte, Optionen oder Optionsscheine, die zum Erwerb einer festen Anzahl von eigenen Eigenkapitalinstrumenten zu einem festen Betrag in beliebiger Währung berechtigen, stellen zu diesem Zweck Eigenkapitalinstrumente dar, wenn das Unternehmen sie anteilsgemäß allen gegenwärtigen Eigentümern derselben Klasse seiner nicht derivativen Eigenkapitalinstrumente anbietet. Keine Eigenkapitalinstrumente stellen kündbare Finanzinstrumente dar, wenn sie gem IAS 32.16A und IAS 32.16B als Eigenkapitalinstrumente eingestuft sind, Instrumente, die das Unternehmen dazu verpflichten, einem Dritten nur im Fall der Liquidation einen proportionalen Anteil an seinem Nettovermögen zu liefern und die gem IAS 32.16C und IAS 32.16D als Eigenkapitalinstrumente klassifiziert sind, oder Instrumente, bei denen es sich um Verträge über den künftigen Empfang oder die künftige Lieferung von eigenen Eigenkapitalinstrumenten handelt.

In den Fällen, in denen die vertragliche Vereinbarung des Finanzinstruments 51
nicht eindeutig die Merkmale einer finanziellen Schuld trägt, ist die Entscheidung auf Basis der **wirtschaftlichen Substanz** der vertraglichen Vereinbarung und der Begriffsbestimmungen für finanzielle Schulden zu treffen. Ggf ist eine Zerlegung dieser Finanzinstrumente sowie die getrennte Bilanzierung ihrer einzelnen Bestandteile notwendig *(split accounting)*.

III. Abgrenzung zum Eigenkapital

Die **Klassifizierung** eines Finanzinstruments in eine finanzielle Schuld res- 52
pektive einen finanziellen Vermögenswert oder in ein Eigenkapitalinstrument hat beim **erstmaligen Ansatz** unter Heranziehung des Grundsatzes der **wirtschaftlichen Betrachtungsweise** bei der Vertragsauslegung und der Definitionen nach IAS 32.11 zu erfolgen (IAS 32.15). Ob ein Finanzinstrument Eigen- oder Fremdkapitalcharakter hat, hängt daher von der wirtschaftlichen Substanz der zugrunde liegenden vertraglichen Vereinbarung ab (näher hierzu → § 3 Rn 23f).

Dabei stellt die **Eigenkapitaldefinition im Rahmenkonzept** (F.4.4(c)) und 53
in IAS 32.11 den **Residualcharakter** heraus. Die eigentliche Abgrenzung zum Eigenkapital ist aber in IAS 32.16 dargestellt. Danach ist ein Finanzinstrument als Eigenkapital zu bilanzieren, wenn es keine vertragliche Verpflichtung enthält, Zahlungsmittel bzw finanzielle Vermögenswerte an ein anderes Unternehmen abgeben oder finanzielle Vermögenswerte bzw finanzielle Schulden mit einem anderen Unternehmen unter potenziell nachteiligen Bedingungen austauschen zu müssen (IAS 32.16(a)).

In Ausnahme von diesem Grundsatz sind auch Finanzinstrumente, die eine 54
vertragliche Verpflichtung enthalten, Zahlungsmittel bzw finanzielle Vermögenswerte an ein anderes Unternehmen abzugeben als Eigenkapital zu klassifizieren, wenn sie **bestimmte weitere Anforderungen** erfüllen (näher hierzu → § 3 Rn 21, → § 12 Rn 100ff; IAS 32.16(b)). Dabei handelt es sich im Wesentlichen um kündbare Instrumente, die allen anderen Instrumentenklassen im Rang nachgehen und den Inhaber zu einem proportionalen Anteil am Nettovermögen des Unternehmens im Falle von dessen Liquidation berechtigen. Der Inhaber des Finanzinstruments hat das Recht, das Instrument gegen bar oder andere finanzielle Vermögenswerte zurückzugeben oder es fällt bei Eintritt eines unsicheren künftigen Ereignisses, wie Tod oder Eintritt des Halters in den Ru-

hestand, an den Emittenten zurück. Ferner kann es sich um nachrangige Instrumente handeln, die einem Unternehmen nur im Liquidationsfall die Verpflichtung auferlegen, an ein anderes Unternehmen einen proportionalen Anteil am seinem eigenen Nettovermögen abzugeben (IAS 32.16A ff). Mit diesen Regelungen ist es deutschen Unternehmen in der Rechtsform der PersGes möglich, Kapitalkonten als Eigenkapital auszuweisen (→ § 12 Rn 101 ff).

55 Damit ist für die Abgrenzung von Eigen- und Fremdkapital weniger der Residualcharakter, sondern vornehmlich die **vertragliche Verpflichtung zu einer (Rück-)Zahlung** entscheidend. Besteht eine solche Verpflichtung, handelt es sich um eine finanzielle Schuld; fehlt eine solche Verpflichtung, handelt es sich idR um ein Eigenkapitalinstrument, sofern nicht die Sondervorschriften für kündbare Instrumente zum Tragen kommen (IAS 32.17; *Hachmeister,* 15).

56 Die Vertragserfüllung in eigenen Eigenkapitalinstrumenten reicht nicht aus, den Vertrag als Eigenkapitalinstrument zu klassifizieren. Entspricht der Wert einer abzugebenden variablen Anzahl eigener Aktien oder Eigenkapitalinstrumente dem beizulegenden Zeitwert einer vertraglich bemessenen Verpflichtung, ist von einer finanziellen Schuld auszugehen, da keine bestimmte Anzahl als Währung zur Bezahlung einer Verpflichtung verwendet wird (IAS 32.21). Näher zur Abgrenzung siehe auch → § 12 Rn 1 ff.

IV. Besonderheiten bei Finanzgarantien

57 Zur Absicherung von Kreditrisiken (Ausfallrisiken) setzen Unternehmen häufig **Finanzgarantien** ein, die sowohl Merkmale von **Finanzinstrumenten** (IAS 39/IFRS 9) als auch von **Versicherungsverträgen** (IFRS 4) aufweisen. In praxi bestehen neben standardisierten Produkten wie Bürgschaften, Bankgarantien, Zahlungsgarantien, Akkreditiven und Kreditversicherungen auch eine Vielzahl von innovativen, den individuellen Bedürfnissen des Unternehmens oder der Unternehmensbranche angepassten Finanzprodukten (zB *stand by letter of credit*).

58 Gem IAS 39.9/IFRS 9.Anhang A und IFRS 4.Anhang A ist eine Finanzgarantie gleichlautend ein **Vertrag,** bei dem der **Garantiegeber** zur Leistung bestimmter Zahlungen verpflichtet ist, die den **Garantienehmer** (Begünstigter) für einen Verlust entschädigen, der entsteht, weil ein bestimmter Schuldner seinen Zahlungsverpflichtungen gem den urspr oder geänderten Bedingungen eines Schuldinstruments nicht (fristgerecht) nachkommt.

59 Notwendige Merkmale einer Finanzgarantie sind eine **vertragliche Vereinbarung,** ein zugrunde liegendes **Schuldinstrument** und eine bestimmbare **Entschädigungsleistung** bei einem **Zahlungsausfall.**

60 Der Begriff Schuldinstrument ist nach IAS 39/IFRS 9 bzw IFRS 4 definiert. Es ist sachgerecht, sich hierbei an dem Begriff der finanziellen Schuld (IAS 32.11) zu orientieren (*Scharpf/Weigel/Löw* WPg 2006, 1492 (1493)). Andere Risiken als das Zahlungsausfallrisiko, wie zB eine Zins- oder Bietungsgarantie, eine Gewährleistungs- oder eine Fertigstellungsgarantie wie auch eine Patronatserklärung sind nicht Gegenstand einer Finanzgarantie iSd IAS 39.9/IFRS 9.Anhang A.

61 Unabhängig von der rechtlichen Ausgestaltung der Finanzgarantie wird hinsichtlich der bilanziellen Abbildung zwischen **unselbstständig begründeten Finanzgarantien** (im Rahmen der Veräußerung einer Forderung abgegebene Garantie) und **selbstständig begründeten Finanzgarantien** unterschieden.

62 Unselbstständig begründete Finanzgarantien sind nach IFRS analog zu den Regeln zur Ausbuchung von Forderungen zu behandeln (→ § 10 Rn 53 ff).

63 Für selbstständig begründete Finanzgarantien kommt sowohl eine Anwendung von IFRS 4 als auch von IAS 39/IFRS 9 in Betracht (*KPMG* 2014/15 Rz 3.12.750; *Lüdenbach/Hoffmann/Freiberg* IFRS § 28 Rz 186f). Eine **Abgrenzung** zwischen **Versicherungsverträgen** gem IFRS 4 und **Finanzgarantien** nach IAS 39/IFRS 9 ergibt sich aus IFRS 4.4(d) und IAS 39.2(e)/IFRS 9.2.1(e). Hat der Garantiegeber in der Vergangenheit ausdrücklich erklärt, dass es sich um einen Versicherungsvertrag handelt, und hat er diesen nach den für Versicherungsverträge geltenden Vorschriften bilanziert, ist wahlweise IFRS 4 oder IAS 39/IFRS 9 anzuwenden (IFRS 4.B18(g), IAS 39.AG4/IFRS 9.B2.5). Die Erklärung kann sich aus dem Vertrag selbst, aus Stellungnahmen ggü Aufsichts- und Regulierungsbehörden oder sonstigen Geschäftsunterlagen wie auch der Korrespondenz mit Kunden ergeben (IAS 39.AG4A/IFRS 9.B2.6). Die Entscheidung zur Anwendung von IFRS 4 oder IAS 39/IFRS 9 kann für jeden einzelnen Vertrag gesondert gefällt werden, ist dann aber unwiderruflich (IAS 39.2(e)/IFRS 9.2.1(e)). Fällt eine Entscheidung gegen die Anwendung von IFRS 4, ist IAS 39/IFRS 9 zwingend anzuwenden, dh auch dann, wenn der Vertrag die Definitionskriterien eines Versicherungsvertrags aufweist.

V. Ansatz

1. Einbuchung

64 Die **Ansatzvorschriften für finanzielle Schulden** ergeben sich aus IAS 39.14/IFRS 9.3.1.1. Danach ist ein Unternehmen verpflichtet, eine finanzielle Schuld in der Bilanz anzusetzen, sobald es Vertragspartei von vertraglichen Regelungen über ein Finanzinstrument geworden ist. Somit ist das Vorhandensein eines Vertrags und vertraglicher Verpflichtungen grundlegende Voraussetzung für den Bilanzansatz, wobei die entspr Verträge **keinen besonderen Formvorschriften** unterliegen (→ Rn 40).

65 Die Ansatzpflicht wird unabhängig von der zuverlässigen Bewertbarkeit der Verbindlichkeit und der Überprüfung der Wahrscheinlichkeit eines Ressourcenabflusses begründet.

66 Allein aus der Ansatzvorschrift des IAS 39.14/IFRS 9.3.1.1 könnte man zu der Auffassung gelangen, dass Verpflichtungen aus **schwebenden Geschäften** grds zu bilanzieren seien. IAS 39.AG35/IFRS 9.B3.1.2 stellt allerdings klar, dass solche Geschäfte nicht ansatzfähig sind, es sei denn, es handelt sich entweder um belastende Verträge (→ § 13 Rn 117ff) oder um bestimmte Derivate iSv IAS 39.A35(c)/IFRS 9.B3.1.2(c).

67 Nach IAS 39.AG5(b)/IFRS 9.B3.1.2(b) sind Verbindlichkeiten in Folge einer **festen Verpflichtung** *(firm commitment)* zum Kauf von Gütern oder Dienstleistungen grds erst dann anzusetzen, wenn mindestens eine Vertragspartei den Vertrag erfüllt hat. Dies kann uE nur die Gegenpartei sein, da ansonsten grds ein Vermögenswert (geleistete Anzahlung) anzusetzen wäre. So führt eine Bestellung zur Lieferung auch bei bereits vorliegender Auftragsbestätigung durch den Vertragspartner noch nicht zu einer finanziellen Schuld beim beauftragenden Unternehmen. Erst im Zeitpunkt der (einseitigen) Erfüllung durch das beauftragte Unternehmen (Erbringung der Lieferung oder Dienstleistung) ist die finanzielle Schuld anzusetzen, wenn die Vergütung daraus noch aussteht. Dann liegt iSv IAS 39.AG35(a)/IFRS 9.B3.1.2(a) eine **unbedingte Verpflichtung** *(unconditional payables)* vor.

68 Verpflichtungen aus **Finanzgarantien,** die nach den Regelungen des IAS 39/IFRS 9 zu behandeln sind, sind in der Bilanz des Garantiegebers mit

Vertragsunterzeichnung und Annahme des Garantieangebots als Zugangszeitpunkt anzusetzen. Auf die Fälligkeit der Garantieprämien und den Beginn des Garantiezeitraums kommt es nicht an.

2. Ausbuchung

69 Eine Ausbuchung entspricht der tatsächlichen, vollständigen oder partiellen **Eliminierung** von Schulden aus der Bilanz. Da IAS 39/IFRS 9 zum Ansatz von finanziellen Schulden auf das Vorhandensein eines Vertrags und auf vertragliche Verpflichtungen abstellt, knüpfen auch die Vorschriften zur Ausbuchung von **finanziellen Schulden** an diese vertraglichen Bedingungen an (*legal approach; Hachmeister,* 20).

70 Eine **finanzielle Schuld** ist gem IAS 39.39/IFRS 9.3.3.1 dann aus der Bilanz des Unternehmens auszubuchen, wenn die entspr vertragliche Verpflichtung **erloschen** ist. Dies kann durch Erfüllung, Aufhebung oder Auslauf begründet sein. Die Voraussetzungen zur Ausbuchung sind regelmäßig erfüllt, wenn der Schuldner seiner Pflicht durch Bezahlung oder Leistung nachgekommen oder durch den Gläubiger bzw durch Gesetz aus der Schuld entlassen worden ist (IAS 39.AG57/IFRS 9.B3.3.1).

71 Die Ausbuchung einer Verbindlichkeit erfolgt regelmäßig erfolgsneutral. Weicht jedoch bei schuldbefreiender Erfüllung durch Zahlung das gezahlte Entgelt vom Buchwert der Schuld ab, ist die Differenz erfolgswirksam im Gewinn oder Verlust der Gesamtergebnisrechnung zu erfassen (IAS 39.41/IFRS 9.3.3.3). Gleiches gilt bei einem teilweise oder vollständigen Schuldenerlass.

72 Ein Austausch von Schuldinstrumenten mit grundverschiedenen Vertragsbedingungen ist wie die Tilgung der urspr finanziellen Schuld und der Ansatz einer neuen finanziellen Schuld zu behandeln (IAS 39.40/IFRS 9.3.3.2).

73 Mitunter begründen aber auch **Umschuldungen** die Ausbuchung der urspr Schuld. Bei einer Umschuldung einer finanziellen Schuld werden Vertragsbedingungen insbes zu Rückzahlungsmodalitäten und -konditionen verändert oder neu gefasst. Für die Frage der Ausbuchung der urspr Verpflichtung ist zu prüfen, ob die neuen Vertragsbedingungen **substanziell verschieden** von den urspr Bedingungen sind. Hat sich der Barwert der finanziellen Schuld unter Einbeziehung von Finanzierungskosten aufgrund der Anpassung der Vertragsbedingungen und unter Heranziehung des urspr Zinssatzes um mindestens 10% ggü dem urspr Barwert der Verbindlichkeit verändert (IAS 39.AG62/IFRS 9.B.3.3.6), sind die **Vertragsbedingungen** so substanziell verschieden, dass die Umschuldung zu zwei gesondert zu bilanzierenden Geschäftsvorfällen führt. Die urspr Verpflichtung gilt als erloschen und führt demzufolge zu einer Ausbuchung der urspr Schuld, die neue Verpflichtung ist als Zugang einer neuen Schuld zu erfassen. Die anfallenden Transaktions- und Finanzierungskosten sind erfolgswirksam in der Periode zu erfassen, in der die Altschuld erloschen ist (IAS 39.AG62/IFRS 9.B.3.3.6).

74 Ergeben sich aus der Umschuldung **keine substanziell verschiedenen Vertragsbedingungen,** gilt die urspr Verpflichtung als nicht erloschen. Eine erfolgswirksame Erfassung der aus der Umschuldung resultierenden Transaktionskosten erfolgt nicht (IAS 39.AG62/IFRS 9.B.3.3.6). Etwaig anfallende Kosten oder Gebühren werden nicht sofort erfolgswirksam erfasst, sondern führen zu einer Anpassung des Buchwerts der Verbindlichkeit und werden über die verbleibende Laufzeit des geänderten Kreditvertrags amortisiert.

75 Wird ein Schuldner durch die **Übernahme der Schuld** durch einen Dritten aus der urspr Verpflichtung entlassen, ist die finanzielle Schuld aus der Bilanz des

Schuldners auszubuchen, wenn die rechtliche Entbindung durch den Gläubiger erfolgt oder gesetzlich möglich ist (befreiende Schuldübernahme). Die bloße Zahlung an einen Dritten stellt dagegen keine Entlassung aus dem Schuldverhältnis dar (IAS 39.AG59/IFRS 9.B3.3.3).

Beim sog ***reverse-factoring*** – auch Lieferanten- oder Einkaufsfactoring genannt – werden Verbindlichkeiten ggü einem zuvor definierten Lieferanten (Kreditor) durch einen finanzierenden Factor (Bank) des Kunden erworben. Dabei werden häufig die Vertragsbedingungen geändert, zB mit dem Ziel längerer Zahlungsfristen (unter Ausnutzung der Skontoziehung durch den Factor), die Vereinbarung zusätzlicher Zinszahlungen oder die Erklärung eines Einredeverzichts durch den Kunden (*IDW* RS HFA 9 (Entwurf) Rz 245). Bei dieser Transaktion ist aus Sicht des Kunden zu prüfen, ob die urspr Verbindlichkeit aus Lieferungen und Leistungen weiter auszuweisen ist oder ob sie aufgrund der *reverse-factoring*-Vereinbarung auszubuchen und eine neue Verbindlichkeit zu erfassen ist (→ Rn 64 ff). Da die neue finanzielle Schuld nicht als Verbindlichkeit aus Lieferungen und Leistungen (IAS 1.54(k)) auszuweisen wäre, käme es zu einer **Ausweisänderung** (IAS 1.54(m); → Rn 16). 76

Rechtlich kommen für die **dingliche Durchführung** des Verkaufs die Forderungsabtretung oder die Übernahme einer neuen, selbstständigen Verpflichtung seitens des Schuldners ggü dem Factor (zB Schuldanerkenntnis) in Betracht. Die neue Verpflichtung kann dabei neben die weiter bestehende Verpflichtung treten oder die urspr Verpflichtung ersetzen. Nach *IDW* RS HFA 9 (Entwurf) kommt es bei der Fragestellung der Ausbuchung zunächst darauf an, ob der Kunde von seiner urspr Verpflichtung rechtlich entbunden wird (*IDW* RS HFA 9 (Entwurf) Rz 250). Dies liegt vor, wenn die urspr Verpflichtung ersetzt wird, weil der Lieferant auf seinen Anspruch ggü dem Kunden verzichtet und der Kunde fortan allein gegen den Factor verpflichtet ist. Es hat dann nicht nur der Gläubiger gewechselt, sondern durch den Verzicht hat eine **rechtliche Entbindung** des Schuldners ggü dem Lieferanten stattgefunden, und eine neue (veränderte) Verbindlichkeit ggü dem Factor ist entstanden. Der bloße Gläubigerwechsel (wie bei der Abtretung) stellt für sich alleine nach IAS 39.39 iVm IAS 39.AG57(b)/IFRS 9.3.3.1 iVm IFRS 9.B3.3.1 noch keine Entbindung dar. Ein etwaiger Unterschiedsbetrag ist bei der Aus-/Einbuchung **erfolgswirksam** zu erfassen. Liegt keine rechtliche Entbindung vor, ist weiter zu prüfen, ob durch die *reverse-factoring*-Vereinbarung eine neue Verpflichtung des Kunden ggü dem Factor begründet wird, die neben die weiter bestehende Verpflichtung des Kunden ggü dem Lieferanten tritt (IDW RS HFA 9 (Entwurf) Rz 251). Liegt ein Schuldanerkenntnis ggü dem Factor vor, ohne dass der Lieferant auf seinen Anspruch verzichtet, bestehen dem Grunde nach zwei Verbindlichkeiten, die urspr Verbindlichkeit aus Lieferungen und Leistungen ggü dem Lieferanten und die neue finanzielle Verbindlichkeit ggü dem Factor. Auf Bewertungsebene ist nach Abschluss des Schuldanerkenntnisses der Barwert der geschätzten *cash outflows* der Verbindlichkeit aus Lieferungen und Leistungen nach IAS 39.AG8/IFRS 9.B5.4.6 mit null anzusetzen, sodass es zu keiner Doppelerfassung kommt. Wertmäßig verbleibt die neue finanzielle Schuld des Kunden, wobei ein etwaiger Unterschiedsbetrag erfolgswirksam zu erfassen ist. Ergibt sich keine neue Verpflichtung ggü dem Factor (wie bei einer Abtretung), ist in einem dritten Schritt zu prüfen, ob es infolge der *reverse-factoring*-Vereinbarung zu einer wesentlichen Änderung der Vertragsbedingungen kommt (IDW RS HFA 9 (Entwurf) Rz 252). Hier ist der Barwerttest nach → Rn 73 f (IAS 39.AG62/IFRS 9.B3.3.6) durchzuführen, wobei es nach IDW RS HFA 9 (Entwurf) Rz 252 für *reverse-factoring*-Vereinbarungen sachgerecht ist, neben die quantitative Anforderung auch qualitative Änderungen der Vertragsbedingungen (zB Einredeverzicht des Kunden) zu stellen. Ggf ist auch bei Unterschreiten der 77

10% Grenze aufgrund qualitativer, wesentlicher Änderungen eine Ausbuchung vorzunehmen. Auch hier ist ein etwaiger Unterschiedsbetrag zur neuen Schuld erfolgswirksam zu erfassen.

78 In praxi wird zur Abwendung einer bestehenden oder drohenden Überschuldung häufig eine **Rangrücktrittserklärung** (des Gesellschafters) eingesetzt. Bei der Ermittlung des Überschuldungsstatus' ist die zugrunde liegende Verpflichtung nicht zu passivieren (§ 19 Abs 2 InsO). Die Rangrücktrittsvereinbarung führt nach deutschem Recht aber nicht zum Erlöschen der zugrunde liegenden Verbindlichkeit in der Handelsbilanz (HGB und IFRS), sodass diese weiterhin anzusetzen ist.

79 Sofern der Schuldner ggü dem Gläubiger eine **Finanzgarantie** oder Vergleichbares für den Fall übernommenen hat, dass der die urspr finanzielle Schuld übernehmende Dritte seiner Verpflichtung nicht nachkommt, ist für diese Finanzgarantie gem IAS 39.AG63/IFRS 9.B3.3.7 eine neue Verpflichtung zu passivieren.

80 Eine vollständige oder teilweise Tilgung einer finanziellen Schuld iSv IAS 39/IFRS 9 kann auch durch die **Ausgabe von Eigenkapitalinstrumenten** *(debt-equity-swap)* an den Gläubiger erfolgen. Diese Form der Erfüllung von Verbindlichkeiten wird häufig bei wirtschaftlich notleidenden Unternehmen verwendet, wenn der Schuldner Kapitaldienstleistungen nicht mehr bedienen kann. Einzelfragen zu dieser Art von Transaktion aus Sicht des Schuldners regelt IFRIC 19 (→ § 12 Rn 57 ff).

81 Es existieren Vertragsgestaltungen beim **Forderungsverkauf,** bei denen die wesentlichen Risiken weder übertragen noch zurückbehalten werden. Für die bilanzielle Folge der Ausbuchung ist zu prüfen, ob die Verfügungsmacht weiterhin beim Verkäufer besteht und dieser weiterhin den Wertänderungen der Forderung ausgesetzt ist (IAS 39.AG42 ff/IFRS 9.B3.2.7 ff). Wird diese Verfügungsmacht beibehalten, ist nur ein Teilabgang der Forderungen unter Berücksichtigung des verbleibenden **anhaltenden Engagements** *(continuing involvement)* zu erfassen. Dem Aktivposten aus diesem anhaltenden Engagement ist nach IAS 39.31/IFRS 9.3.2.17 eine *associated liability* gegenüberzustellen und so zu bemessen, dass der Nettobetrag aus Aktiv- und Passivposten die beim Übertragenden verbliebenen Ansprüche und Verpflichtungen widerspiegelt. Dieser Nettoposten stellt bilanziell ein Posten sui generis dar (*IDW* RS HFA 9 Rz 141).

VI. Bewertung

1. Klassifizierung finanzieller Schulden

82 Für die Bewertung finanzieller Schulden ist deren Klassifizierung als Finanzinstrumente nach Maßgabe der Regelungen in IAS 39/IFRS 9 maßgeblich. Aufgrund der **konzeptionellen Unterschiede** der diesbezüglichen Regelungen gem IAS 39 und gem IFRS 9 zur Klassifizierung von Schulden werden zunächst diejenigen aus IAS 39 und anschließend diejenigen aus IFRS 9 dargestellt.

83 Aus **IAS 39** ergeben sich für finanzielle Schulden **zwei Bewertungskategorien.**

Der **ersten Kategorie** sind vom Unternehmen zu Handelszwecken gehaltene finanzielle Schulden und gem der *fair value option* erfolgswirksam zum beizulegenden Zeitwert bewertete, designierte finanzielle Schulden zuzuordnen (IAS 39.9).

84 Finanzielle Schulden werden vornehmlich als für **Handelszwecke** gehalten eingestuft, wenn die Absicht besteht, durch aktiven und regelmäßigen Handel Gewinne aus kurzfristigen Preisschwankungen zu realisieren. Eine Kategorisie-

rung zu Handelszwecken kann unter bestimmten Umständen auch dann erfolgen, wenn das Unternehmen beabsichtigt, das Finanzinstrument nicht kurzfristig zu veräußern (→ § 3 Rn 56 ff). Eine nicht abschließende Aufzählung von Beispielen gibt IAS 39.AG15. So gelten Lieferverpflichtungen aus Leerverkäufen oder nicht zu Sicherungszwecken eingesetzte Derivate mit negativem Marktwert als zu Handelszwecken eingesetzte finanzielle Schulden. Allein die Tatsache, dass eine Verbindlichkeit der Finanzierung von Handelszwecken dient, ist hingegen zur Qualifizierung als eine zu Handelszwecken gehaltene Verbindlichkeit nicht ausreichend (IAS 39.AG15). Insbes für Kreditinstitute und sonstige Finanzdienstleistungsunternehmen spielt eine Zuordnung als zu Handelszwecken gehalten eine maßgebliche Rolle.

Die **fair value Option** ist im Wesentlichen auf drei normierte Anwendungsbereiche beschränkt. Zum einen ist die Option auf eingebettete Derivate (→ § 3 Rn 60 f) anzuwenden, um den gesamten hybriden Vertrag bilanziell zusammengefasst darzustellen (IAS 39.11A). Zum anderen kann eine solche Einstufung vorgenommen werden, wenn dadurch zweckdienlichere Informationen vermittelt werden (IAS 39.9/IFRS 9.4.2.2(a)). Als Beispiele für den Fall der Vermittlung relevanterer Informationen nennt IAS 39/IFRS 9 die Beseitigung von ggf auftretenden Rechnungslegungsanomalien und Inkongruenzen in der Gesamtergebnisrechnung aus dem Ansatz oder der Bewertung von finanziellen Schulden. So kann die unterschiedliche Entwicklung von Grund- und Sicherungsgeschäften erfolgsmäßig kompensiert und aufgrund des wirtschaftlichen Zusammenhangs der beiden Geschäfte bilanziell *ein* abgesichertes Geschäft dargestellt werden. Auch dokumentierte Risikostrategien eines Unternehmens, das die Risiken aus (einer Gruppe von) finanziellen Schulden oder deren Entwicklung einheitlich mittels des beizulegenden Zeitwerts steuert (IAS 39.9/IFRS 9.4.2.2(b)), fallen hierunter. Die Umstände, die zur Designation führen, sind nachzuweisen (IAS 39.AG4C). 85

Alle übrigen finanziellen Schulden sind einer **zweiten Bewertungskategorie** zuzuordnen, die nach IAS 39 nicht weiter ausgeführt wird. Als Beispiele für diese übrigen finanziellen Schulden iSd zweiten Bewertungskategorie können Verbindlichkeiten aus Lieferungen und Leistungen, Verbindlichkeiten ggü Kreditinstituten, Wechsel- und Darlehensverbindlichkeiten, Schuldtitel, Anleiheschulden oder Derivate mit negativem Marktwert angeführt werden (*Kuhn/Scharpf,* 88). 86

Die Zuordnung der finanziellen Schulden gem IAS 39.9 in die Kategorien erfolgswirksam zum beizulegenden Zeitwert bewertete und übrige finanzielle Schulden erfolgt einmalig beim **Zugang** der Verbindlichkeit. Sie muss jederzeit für Dritte anhand von eindeutigen und dokumentierten Kriterien **nachvollziehbar** sein (*Kuhn/Scharpf,* 101). 87

Durch die **Änderungen des IFRS 9** ergeben sich bzgl der Klassifizierung von finanziellen Schulden keine wesentlichen Änderungen (näher zur Klassifizierung von IFRS 9 → § 3 Rn 490 ff; *Heuser/Theile* Rz 3003). Nach IFRS 9.4.2.1 sind alle Verbindlichkeiten grds (unter Anwendung der Effektivzinsmethode) als zu **fortgeführten Anschaffungskosten** bewertet zu klassifizieren. **Ausnahmen** bestehen für 88

(1) finanzielle Schulden, die erfolgswirksam zum beizulegenden Zeitwert bewertet werden (*fair value option,* → Rn 85) einschließlich zu Handelszwecken gehaltene Finanzpassiva und Derivate mit negativem Marktwert (IFRS 9.4.2.1(a) iVm IFRS 9.4.2.2);
(2) finanzielle Schulden, die entstehen, wenn die Übertragung eines finanziellen Vermögenswerts nicht zur Ausbuchung berechtigt oder die Bilanzierung der finanziellen Schuld unter Zugrundelegung eines anhaltenden Engagements

(*continuing involvement*) erfolgt (IFRS 9.4.2.1(b)). Ein Beispiel für eine nach IAS 39.29/IFRS 9.3.2.15 zu erfassende Verbindlichkeit ergibt sich beim sog unechten *factoring,* bei der der Vermögenswert weiterhin beim Veräußerer zu bilanzieren ist, da dieser weiterhin das Ausfallrisiko trägt. Für den erhaltenen Kaufpreis ist eine entspr Verbindlichkeit einzubuchen. Grundlegendes Merkmal des anhaltenden Engagements ist, dass der Verkäufer die Verfügungsmacht über den Vermögenswert behält. IAS 39.AG48/IFRS 9.B3.2.13 enthält Beispiele eines anhaltenden Engagements gem IAS 39.30/ IFRS 9.3.2.16;

(3) Finanzgarantien gem Definition nach IFRS 9.A (IFRS 9.4.2.1(c)) und

(4) finanzielle Schulden, die aus einer Zusage resultieren, einen Kredit zu Konditionen unterhalb des Marktzinssatzes zur Verfügung zu stellen (IFRS 9.4.2.1(d)).

89 Die Klassifizierung bei Zugang ist unwiderruflich; eine Umklassifizierung ist gem IFRS 9.4.4.2 nicht statthaft.

90 Als Alternative zur grds Klassifizierungsvorgabe kann ein Unternehmen eine finanzielle Schuld oder eine Gruppe von finanziellen Schulden beim erstmaligen Ansatz **unwiderruflich** als zum **beizulegenden Zeitwert** bewertet **designieren** (*fair value option;* IFRS 9.4.2.1(a) iVm IFRS 9.4.2.2), wenn durch diese Designation für den Abschlussadressaten relevantere Informationen zur Verfügung gestellt werden oder dies nach IFRS 9.4.3.5 zulässig ist.

91 Als **Beispiele** für den Fall der Vermittlung relevanterer Informationen nennt IFRS 9 die durch die Option ermöglichte gleichartige Bewertung von finanziellen Vermögenswerten, die zum beizulegenden Zeitwert bewertet werden müssen, mit den korrespondierenden finanziellen Schulden, die ansonsten ggf zu Anschaffungskosten zu bewerten wären (IFRS 9.4.1.5 iVm IFRS 9.B4.1.29). Auch dokumentierte Risikostrategien eines Unternehmens (näher hierzu IFRS 9.B4.1.36), das die Risiken aus (einer Gruppe von) finanziellen Schulden oder deren Entwicklung einheitlich mittels des beizulegenden Zeitwerts steuert, fallen unter die Option (IFRS 9.4.2.2(b)).

92 Auch nach IFRS 9 sind die Umstände nachzuweisen, die zur Designation geführt haben (IFRS 9.B4.1.28).

2. Zugangsbewertung

93 Nach IAS 39.43/IFRS 9.5.1.1 hat ein Unternehmen finanzielle Schulden beim erstmaligen Ansatz unabhängig von der Zuordnung zu einer Kategorie grds mit dem beizulegenden Zeitwert zu bewerten.

94 IFRS 13 definiert den **beizulegenden Zeitwert** als den Preis, der im Zuge eines geordneten Geschäftsvorfalls unter Marktteilnehmern zum Bewertungszeitpunkt (beim Verkauf eines Vermögenswerts erzielt werden würde oder) bei einer Übertragung einer Schuld zu zahlen wäre (IFRS 13.9). Der Veräußerungspreis (*exit price*) muss nicht notwendigerweise tatsächlich durch das Vorliegen einer Transaktion beobachtbar sein, vielmehr kann es sich auch um einen Preis einer hypothetischen Transaktion handeln. Bewertungsgegenstand ist dabei die einzelne Verpflichtung. Es sind die relevanten Charakteristika (zB Zahlungsströme) und Besonderheiten der jeweiligen Verbindlichkeit zu berücksichtigen (IFRS 13.11), wie bestimmte Restriktionen bei deren Übertragung (*EY* 2015, 947).

95 Unter der grds Annahme, dass eine **verlässliche Bestimmung** des beizulegenden Zeitwerts möglich ist, stellt IFRS 13 eine **Bewertungshierarchie** für die Ermittlung des beizulegenden Zeitwerts (finanzieller Schulden) dar (näher hierzu → § 2 Rn 248 ff, → § 3 Rn 190 ff), die in **absteigender Folge** zu verwenden ist. IFRS 13.36 stellt explizit heraus, dass unabhängig von der geschilderten Bewertungshierarchie relevante, beobachtbare und wertbeeinflussende Marktparameter *(relevant observable inputs)* den nicht beobachtbaren (zB Annahmen oder Berechnungen) vorzuziehen sind.

Bei Vorliegen eines **aktiven Markts** bieten notierte Preise den bestmöglichen und objektiven Hinweis zur Bestimmung des beizulegenden Zeitwerts (IFRS 13.72). Der beizulegende Zeitwert entspricht bei der erstmaligen Bewertung von finanziellen Schulden regelmäßig dem Transaktionspreis bzw den Anschaffungskosten (IAS 39.AG64/IFRS 9.B5.1.1; → § 3 Rn 156). **96**

Liegen **keine Transaktions-, Vertrags- oder Marktpreise** vor (kein aktiver Markt), ermittelt das Unternehmen den beizulegenden Zeitwert mithilfe einer **Bewertungsmethode** (IFRS 13.61 ff). Allgemein akzeptierte Bewertungsmethoden stellen der *market approach,* der *cost approach* und der *income approach* dar (IFRS 13.62; näher hierzu → § 3 Rn 211 ff). Bei der Bewertung stützt sich das Unternehmen im größtmöglichen Umfang auf Marktdaten und vergleichbare Transaktionen zwischen sachverständigen, vertragswilligen und insbes unabhängigen Vertragspartnern (IFRS 13.67). IFRS 13.B8ff enthalten eine Aufzählung von möglichen Faktoren, die im Rahmen der Bewertung zur Ermittlung des beizulegenden Zeitwerts zu berücksichtigen sind. **97**

Der beizulegende Zeitwert eines Darlehens, das mit einem **Agio bzw Disagio** versehen ist, entspricht dem Auszahlungsbetrag, nicht dem Rückzahlungsbetrag. Eine erfolgswirksame Erfassung – wie nach HGB – kommt demnach nicht in Betracht (*Kropp/Klotzbach* WPg 2002, 1010 (1020)). **98**

Transaktionskosten stellen nach IAS 39.9/IFRS 9.Anhang A zusätzlich anfallende Kosten dar, die dem Erwerb, der Emission oder der Veräußerung einer finanziellen Schuld direkt zuzuordnen sind, wie bspw Bereitstellungsentgelte, Gebühren für die Prüfung der Kreditwürdigkeit oder Vermittlungsprovisionen (IFRS 39.AG13/IFRS 9.B5.4.8). Disagien und interne Verwaltungs- und Haltekosten sind ausdrücklich nicht in die Transaktionskosten einzubeziehen (IFRS 39.AG13/IFRS 9.B5.4.8). **99**

Die Behandlung der Transaktionskosten im Rahmen der **erstmaligen Bewertung** finanzieller Schulden richtet sich danach, welcher Bewertungskategorie finanzieller Schulden die jeweilige Verbindlichkeit zuzuordnen ist. **100**

Im Fall von **erfolgswirksam zum beizulegenden Zeitwert bewerteten finanziellen Schulden,** einschließlich der zu **Handelszwecken** gehaltenen finanziellen Schulden, sind keine Transaktionskosten im Erstbuchwert zu berücksichtigen (IAS 39.43/IFRS 9.5.1.1); sie sind **unmittelbar erfolgswirksam** zu erfassen. In allen anderen Fällen finanzieller Schulden sind Transaktionskosten bei der Bestimmung des beizulegenden Zeitwerts der finanziellen Schulden im Rahmen der erstmaligen Bewertung **einzubeziehen.** Auf der Passivseite erfolgt somit eine Subtraktion vom beizulegenden Zeitwert der finanziellen Verpflichtung. Die Transaktionskosten bewirken über die Laufzeit eine Erhöhung des Zinsaufwands, eine erfolgswirksame Erfassung der Transaktionskosten im Zeitpunkt der Erstbewertung erfolgt nicht (*Kuhn/Scharpf,* 263 f; → § 3 Rn 162). **101**

Der beizulegende Zeitwert eines Finanzinstruments entspricht bei der erstmaligen Bewertung grds dem Transaktionspreis (→ Rn 95). Entfällt aber ein Teil des Transaktionspreises nicht auf das Finanzinstrument selbst, wie die zinslose Gewährung bzw Gewährung unter dem Marktzins bei einer **langfristigen un- oder unterverzinslichen Schuld,** ist dies bei der Bewertung so zu berücksichtigen, dass der beizulegende Zeitwert der finanziellen Schuld dem **Barwert** der geschätzten Summe aller zukünftigen Auszahlungen entspricht (IAS 39.AG64/IFRS 9.B5.1.1). Als **Zinssatz** ist dabei der Marktzins eines im Hinblick auf die Währung, Laufzeit und sonstigen Faktoren vergleichbaren Finanzinstruments heranzuziehen. **102**

103 Finanzielle Schulden **in fremder Währung** sind im Rahmen der erstmaligen Bewertung in die funktionale Währung (IAS 21.9 ff) mit dem **Kassakurs** zum Zeitpunkt der zugrunde liegenden Transaktion umzurechnen (IAS 21.20 ff). IAS 21 regelt nicht, welcher Kassakurs (Geld-, Brief- oder Mittelkurs) bei der Umrechnung anzuwenden ist. Den allgemeinen Grundsätzen der Bewertung folgend, sollte für finanzielle Schulden der Geldkurs zur Anwendung kommen. Eine einheitliche Verwendung des **Mittelkurses** wird in der Literatur uE zutreffend als zulässig angesehen (*Kuhn/Scharpf,* 163).

104 Als finanzielle Schuld sind Verpflichtungen aus **Finanzgarantien** nach den allgemeinen Regelungen des IAS 39.43 ff/IFRS 9.5.1.1 ff im Zeitpunkt der erstmaligen Erfassung mit dem beizulegenden Zeitwert zu bewerten. Als beizulegender Zeitwert ist regelmäßig der Transaktionspreis nach IAS 39.AG64/IFRS 9.B5.1.1 anzunehmen.

105 Handelt es sich um eine **entgeltlich vereinbarte Finanzgarantie** unter fremden Dritten *at arm's length,* entspricht der beizulegende Zeitwert regelmäßig dem Barwert der vereinbarten Garantieprämien. Bei Garantieprämien, die (einmalig) im Voraus entrichtet werden, ist die Garantieverbindlichkeit mit Zahlungseingang zu buchen. Bei nachschüssigen oder ratierlich über die Laufzeit zu zahlenden Garantieprämien sind die Forderung auf die Garantieprämie und die Garantieverbindlichkeit getrennt auszuweisen (Bruttoausweis). Da aus Unternehmenssicht der Gesamtwert der Finanzgarantie null ist, favorisiert die hM (*Scharpf/Weigel/Löw* WPg 2006, 1492 (1492)) aber im Hinblick auf IAS 39.AG4(a)/IFRS 9.B2.5(a) den Nettoausweis. Nach IAS 32.42 ist eine Saldierung von finanziellen Vermögenswerten und finanziellen Schulden statthaft, wenn eine eindeutige Aufrechnungslage gegeben ist. Eine Aufrechnungslage ist im Falle einer Bürgschaft regelmäßig nicht gegeben, da die Garantieverpflichtung ggü dem außenstehenden Gläubiger der Hauptforderung, der Anspruch auf die Garantieprämie jedoch ggü dem Schuldner (Vertragspartner) besteht (*Lüdenbach/Hoffmann/Freiberg* IFRS § 28 Rz 191). Folglich ist uE ein Bruttoausweis vorzunehmen.

106 Im Fall von **unentgeltlich vereinbarten Finanzgarantien** (zB zwischen Konzernunternehmen) liegt in Ermangelung einer Garantieprämie kein aktivierungsfähiger Vermögensvorteil vor. Gleichwohl entsteht eine finanzielle Schuld. In diesem Fall ist die Garantie **aufwandswirksam** zu erfassen und der beizulegende Zeitwert unter Anwendung der Vorgaben aus IAS 39.AG64 ff/IFRS 9.B5.1.1 ff zu schätzen. Unter Berücksichtigung des Gesamtbetrags der garantierten Hauptschuld hängt der beizulegende Zeitwert maßgeblich von dem Risiko des Zahlungsausfalls ab (*Lüdenbach/Hoffmann/Freiberg* IFRS § 28 Rz 193).

107 Ist das Entgelt von Finanzgarantien dem offensichtlichen Risiko der zugrunde liegenden Garantie nicht angemessen oder entspricht es nicht dem Entgelt, das unter fremden Dritten zu entrichten wäre, ist die Transaktion entspr in eine entgeltliche und eine unentgeltliche Komponente zu gliedern (*Lüdenbach/Hoffmann/Freiberg* IFRS § 28 Rz 194).

108 **Transaktionskosten** (wie Gebühren oder Provisionen an Vermittler) **im Zusammenhang mit Finanzgarantien** sind nicht in die Bestimmung des beizulegenden Zeitwerts einzubeziehen, sondern unmittelbar erfolgswirksam zu erfassen (IAS 39.43/IFRS 9.5.1.1).

109 Beim **anhaltenden Engagement** (→ Rn 81) hängt die Bewertung des Nettobetrags zu fortgeführten Anschaffungskosten bzw zum beizulegenden Zeitwert von der Bewertung der zugrunde liegenden Forderungen zu fortgeführten Anschaffungskosten bzw zum beizulegenden Zeitwert ab (näher mit einem Beispiel hierzu → § 3 Rn 115, *IDW* RS HFA 9 Rz 142 ff).

3. Folgebewertung

Nach IAS 39.47/IFRS 9.5.3.1 iVm IFRS 9.4.2.1 sind grds alle finanziellen Schulden im Rahmen der Folgebewertung unter Anwendung der Effektivzinsmethode zu **fortgeführten Anschaffungskosten** zu bewerten. Dabei entsprechen die fortgeführten Anschaffungskosten den historischen Anschaffungskosten abzüglich bereits erfolgter Tilgungen zuzüglich oder abzüglich der kumulierten Amortisation eines etwaigen Agios oder Disagios sowie abzüglich einer ggf eingetretenen außerordentlichen Verringerung der Verbindlichkeit (IAS 39.9/IFRS 9.Anhang A). 110

Von diesem Grundsatz der Bewertung finanzieller Schulden zu fortgeführten Anschaffungskosten im Rahmen der Folgebewertung ergeben sich nach IAS 39.47/IFRS 9.5.3.1 iVm IFRS 9.4.2.1 folgende **Ausnahmen:** 111

(1) Finanzielle Schulden, die im Rahmen des erstmaligen Ansatzes der Kategorie erfolgswirksam zum beizulegenden Zeitwert bewertet zugeordnet wurden sowie derivative Finanzinstrumente mit negativem Marktwert sind mit dem jeweiligen beizulegenden Zeitwert zu bewerten (IAS 39.47(a)/IFRS 9.4.2.1(a), IFRS 9.4.2.2; → Rn 93ff).

(2) Finanzielle Schulden, die nach Maßgabe von IAS 39.29ff/IFRS 9.3.2.15ff erfasst wurden, weil die Übertragung eines Vermögenswerts nicht zu einer Ausbuchung berechtigte oder die Bilanzierung der finanziellen Schuld unter Zugrundelegung eines anhaltenden Engagements *(continuing involvement)* erfolgte (IAS 39.47(b)/IFRS 9.4.2.1(b)), sind entspr der Klassifizierung der Verbindlichkeit bei erstmaligem Ansatz zu fortgeführten Anschaffungskosten oder zum beizulegenden Zeitwert zu bewerten.

(3) Finanzielle Schulden aus Finanzgarantien und finanzielle Schulden, die aus einer Zusage resultieren, einen Kredit zu Konditionen unterhalb des Marktzinssatzes zur Verfügung zu stellen (IAS 39.47(c) und IAS 39.47(d)/IFRS 9.4.2.1(c) und IFRS 9.4.2.1(d)), sind entweder zum urspr Betrag abzüglich kumulierter Amortisationen oder zum höheren Betrag zu bewerten, der sich bei einer Bewertung nach IAS 37 ergibt.

Ein **Gewinn oder Verlust aus der Folgebewertung** finanzieller Verbindlichkeiten zu fortgeführten Anschaffungskosten wird – abgesehen von der Amortisation von Unterschiedsbeträgen nach der Effektivzinsmethode oder einer ggf außerplanmäßigen Verringerung der Verbindlichkeit – erst im Zeitpunkt der Ausbuchung der Verbindlichkeit erfasst. 112

Somit sind insbes alle finanziellen Schulden, die beim erstmaligen Ansatz im Rahmen der *fair value option* als erfolgswirksam zum beizulegenden Zeitwert bewertet wurden, im Rahmen der Folgebewertung ebenfalls mit dem **beizulegenden Zeitwert** anzusetzen. 113

Die **Veränderungen** des **beizulegenden Zeitwerts** sind dabei wie folgt abzubilden: 114

(1) Gewinne/Verluste, die auf einer Veränderung des Kreditrisikos einer erfolgswirksam zum beizulegenden Zeitwert designierten finanziellen Schuld beruhen, sind unwiderruflich im sonstigen Ergebnis auszuweisen (IFRS 9.5.7.1(c) iVm IFRS 9.5.7.7(a)). Eine entspr Regelung enthält IAS 39 nicht.

(2) Alle anderen Gewinne/Verluste aus der Veränderung des beizulegenden Zeitwerts sind aufwands- und ertragswirksam zu erfassen (IAS 39.55(a)/IFRS 9.5.7.1 iVm IFRS 9.5.7.7(b)).

(3) Im Fall von möglicherweise in der Gesamtergebnisrechnung entstehenden oder sich vergrößernden Rechnungslegungsanomalien bzw Inkongruenzen sind alle Veränderungen des beizulegenden Zeitwerts, also auch die, die auf einer Veränderung des Kreditrisikos beruhen, aufwands- und ertragswirksam zu erfassen (IFRS 9.5.7.8). Eine entspr Regelung enthält IAS 39 nicht.

115 Für einmal im sonstigen Ergebnis erfasste Veränderungen des beizulegenden Zeitwerts kann **keine** spätere aufwands- oder ertragswirksame Erfassung in der Gesamtergebnisrechnung erfolgen. **Umgliederungen** innerhalb des Eigenkapitals hingegen sind möglich (IFRS 9.B5.7.9).

116 Gem IFRS 7 ergeben sich durch die (Folge-)Bewertung zum beizulegenden Zeitwert zusätzliche Angaben im Anhang (→ Rn 145 ff).

117 Im Rahmen der Ermittlung der fortgeführten Anschaffungskosten der finanziellen Schuld erfolgt eine Amortisation des **Agios bzw Disagios** über eine **sukzessive erfolgswirksame Aufzinsung,** die den Buchwert der Verbindlichkeit zeitanteilig erhöht (IAS 39.56/IFRS 9.5.7.2). Damit entspricht der Buchwert der Verbindlichkeit bei Fälligkeit dem Rückzahlungsbetrag der Verpflichtung. Die Amortisation des Unterschiedsbetrags über die Laufzeit der Verbindlichkeit wird regelmäßig unter Verwendung des Zinssatzes nach der **Effektivzinsmethode** berechnet. Der Effektivzins entspricht dabei dem Kalkulationszinssatz, mit dem der zukünftige Zahlungsmittelabfluss aus Zins- und Tilgungsleistungen bis zur Endfälligkeit der Verbindlichkeit bzw bis zum nächsten Zinsanpassungstermin auf den Nettobuchwert der finanziellen Schuld abgezinst wird (IAS 39.9/IFRS 9.Anhang A). Auf Basis dieses Kalkulationszinssatzes wird im Rahmen der Folgebewertung der auf das Geschäftsjahr entfallende Teil des Unterschiedsbetrags erfasst und amortisiert. Zur Behandlung eines Agios bzw Disagios im Rahmen der Erstbewertung → Rn 98.

118 **Ziel** der Effektivzinsmethode ist es, über die Laufzeit der Verbindlichkeit eine konstante Verzinsung abzubilden. Die Anschaffungskosten der Verbindlichkeit sind in Höhe der Differenz zwischen dem nominalen Zinsaufwand und dem effektiven Zinsaufwand fortzuschreiben.

Beispiel: Ein Unternehmen nimmt ein endfälliges Darlehen (Laufzeit vier Jahre) in Höhe von € 500.000 auf. Der Nominalzins beträgt 5 % und ist jährlich zu entrichten. Unter Berücksichtigung eines Disagios von € 20.000 beträgt die Auszahlung in t_0 € 480.000. Der Effektivzins beträgt dann 6,15854 %. Zum Zeitpunkt der Auszahlung der Verbindlichkeit (t_0) ist die Verbindlichkeit mit ihrem Auszahlungsbetrag zu passivieren. Die Zinsbelastung ist jährlich erfolgswirksam zu berücksichtigen. In den Perioden t_1 bis t_4 ist die Differenz zu den fortgeführten Anschaffungskosten der Vorperiode erfolgswirksam zu erfassen.

		Zinsaufwand			
Jahr	AK (€)	Nominalzins (€)	Aufzinsung (€)	Tilgung (€)	fortgeführte AK (€)
(t_0)	480.000				
(t_1)	480.000	25.000	4.561	0	484.561
(t_2)	484.561	25.000	4.842	0	489.403
(t_3)	489.403	25.000	5.140	0	494.543
(t_4)	494.543	25.000	5.457	– 500.000	0

119 **Langfristige und unverzinsliche finanzielle Schulden** sind im Zeitpunkt der Erstbewertung mit dem beizulegenden Zeitwert (Barwert) zu erfassen (→ Rn 102). Analog zur Amortisation eines Agios oder Disagios ist im Rahmen der Folgebewertung eine **erfolgswirksame Zinsabgrenzung** nach der **Effektivzinsmethode** vorzunehmen.

120 Hinsichtlich der Folgebewertung von **Fremdwährungsverbindlichkeiten** ist zwischen **monetären Posten** und **nicht monetären Posten** zu unterscheiden (Zeitbezugsmethode). Gem der Definition in IAS 21.8 sind monetäre Posten ua

Verbindlichkeiten, die zu einem festen oder bestimmbaren Betrag an Geld (Währungseinheit) zurückzuzahlen sind. Finanzielle Schulden stellen regelmäßig monetäre Posten iSd IAS 21.8 dar (zur Abgrenzung *EY* 2015, 1108). Bei nicht monetären Posten liegt dagegen kein Anspruch auf einen festen oder bestimmbaren Betrag an Geld vor.

Gem IAS 21.23(a) sind **monetäre Verbindlichkeiten** im Rahmen der Fol- 121
gebewertung mit dem Stichtagskurs umzurechnen und zu bewerten. Wertänderungen in Folge von Wechselkursschwankungen (Kursgewinne und -verluste) sind in der Berichtsperiode der Entstehung erfolgswirksam im Gewinn/Verlust zu erfassen (IAS 21.28, IAS 39.AG83/IFRS 9.B5.7.2).

Finanzgarantien, die im Rahmen des erstmaligen Ansatzes der Kategorie **er-** 122
folgswirksam zum beizulegenden Zeitwert bewertet zugeordnet wurden, sind im Rahmen der Folgebewertung ebenfalls mit dem beizulegenden Zeitwert zu bewerten (IAS 39.47(a)/IFRS 9.4.2.1(a)). Ergebnisse aus der Veränderung des beizulegenden Zeitwerts sind im Rahmen der Folgebewertung erfolgswirksam im Periodenergebnis zu erfassen (IAS 39.55(a)/IFRS 9.5.7.1 sowie IFRS 9.5.7.9). Eine Aufteilung der Veränderung des beizulegenden Zeitwerts gem IFRS 9.5.7.7 erfolgt somit nicht.

Für alle **anderen Finanzgarantien** ergibt sich die Folgebewertung aus dem 123
nach IAS 39.47(c)/IFRS 9.4.2.1(c) erforderlichen Höchstwerttest. Demnach sind Finanzgarantien im Rahmen der Folgebewertung mit dem **höheren Wert** des sich gem **IAS 37** ergebenden Betrags (IAS 39.47(c)(i)/IFRS 9.4.2.1(c)(i)) oder den **fortgeführten Zugangswerten** abzüglich ggf nach IAS 18/IFRS 15 zu erfassenden Amortisationen (IAS 39.47(c)(ii)/IFRS 9.4.2.1(c)(ii)) zu bewerten. Der Ansatz des sich aus der Bewertung nach IAS 37 im Rahmen der **bestmöglichen Schätzung** ergebenden Betrags kommt nur dann zur Anwendung, wenn eine drohende Inanspruchnahme (iSv IAS 37) des Garantiegebers aus der Finanzgarantie vorliegt (*KPMG* 2014/15 Rz 3.12.750; zur Bewertung nach IAS 37 → § 13 Rn 53 ff).

Im Fall der Garantie für ein der **Ratentilgung unterliegendes Darlehen** 124
ergibt sich die Realisierung der Garantieprämie entspr dem Tilgungsverlauf. Dieses Vorgehen entspricht inhaltlich dem abnehmenden Risiko des Garantiegebers, da sich entspr dem planmäßigen Tilgungsverlauf das Risiko eines Zahlungsausfalls des Garantienehmers und somit die Inanspruchnahme des Garantiegebers verringert (*Lüdenbach/Hoffmann/Freiberg* IFRS § 28 Rz 201; aA *Grünberger* KoR 2006, 81 (81)).

Im Fall der Garantie für ein **endfälliges Darlehen** stellt sich die Frage, ob 125
eine ratierliche Ertragsrealisierung und Auflösung der Garantieprämie über die Laufzeit des Vertrags oder erst mit Ablauf des Garantiezeitraums, wenn der Garantiegeber aus der Haftung entlassen wird, sachgerecht ist. Im Fall des endfälligen Darlehens ergibt sich im Regelfall über die Laufzeit der Garantie keine Veränderung des Risikos einer Inanspruchnahme beim Garantiegeber. Aus IAS 39/IFRS 9 ergeben sich hinsichtlich dieser Frage keine eindeutigen Vorgaben. Nach einer in der Praxis üblichen Vorgehensweise erfolgt auch im Fall von endfälligen Darlehen gleichwohl eine **ratierliche Realisierung** der Garantieprämie über den Zeitraum der Garantie. Der Garantiegeber schuldet seine Leistung ggü dem Garantienehmer unabhängig vom grds gleichbleibenden Risiko der Inanspruchnahme über den Garantiezeitraum bis zum Zeitpunkt der endfälligen Darlehenstilgung. Es fehlt im Regelfall an einer herausragenden zeitpunktbezogenen Hauptleistung des Garantiegebers, weshalb die Garantieprovision unabhängig vom zeitlichen Anfall über die Dauer des Bürgschaftsvertrags zu realisieren ist (*Lüdenbach/Hoffmann/Freiberg* IFRS § 28 Rz 200).

VII. Ausweis

126 **Finanzielle Schulden** sind in der Bilanz nach IAS 1.54(m) **gesondert auszuweisen.** Sie sind weiterhin in kurz- und langfristig zu gliedern (→ Rn 21 ff).

Abweichend vom grds Saldierungsverbot nach IAS 1.32 ist eine **Saldierung** dann erlaubt und sogar erforderlich, wenn dies durch spezielle Standards explizit gefordert wird. Nach IAS 32.42 ff. ist eine Saldierung von finanziellen Vermögenswerten und Schulden dann vorzunehmen, wenn der Schuldner einen gegenwärtigen durchsetzbaren Rechtsanspruch zur Aufrechnung besitzt und zugleich beabsichtigt, gleichzeitig entweder eine Verrechnung herbeizuführen und nur den übersteigenden Betrag zu zahlen (IAS 32.42(a), IAS 32.AG38A ff) oder mit der Verwertung des Vermögenswerts die zugehörige Verbindlichkeit zu tilgen (IAS 32.42(b), IAS 32.AG38E f).

127 Die Beurteilung, ob von der **Absicht der Verrechnung** auch **tatsächlich** Gebrauch gemacht wird, lässt sich in der Praxis im Regelfall nur anhand von Erfahrungen aus der Vergangenheit und unter Berücksichtigung der faktischen Möglichkeiten beurteilen. Die bloße Absicht eines Vertragspartners, ohne rechtlichen Anspruch eine Saldierung vorzunehmen, ist keine ausreichende Grundlage, da die mit den finanziellen Vermögenswerten und Schulden verbundenen Rechte und Pflichten unverändert fortbestehen (IAS 32.46).

128 Eine Saldierung ist auch möglich, wenn ein Schuldner berechtigt ist, eine finanzielle Forderung gegen einen **Dritten** mit einer Verbindlichkeit ggü einem anderen Gläubiger zu verrechnen. Voraussetzung ist in diesem Fall, dass zwischen allen Vertragsparteien ein eindeutiger und durchsetzbarer Rechtsanspruch auf die Aufrechnung auf Basis des länderspezifischen Rechts vorliegt (IAS 32.45).

VIII. Anhangangaben

129 In IFRS 7 sind die **Angabe- und Offenlegungspflichten zu Finanzinstrumenten** in einem Standard zusammengefasst. Ziel des IFRS 7 ist eine strukturierte Darstellung aller Risiken, die sich für das Unternehmen aus unterjährig oder zum Bilanzstichtag gehaltenen Finanzinstrumenten ergeben können. Die Angabepflichten aus IFRS 7 schließen insbes auch Angaben zu Risiken aus nicht in der Bilanz ausgewiesenen Finanzinstrumenten mit ein. Diese Darstellung soll es dem Abschlussadressaten ermöglichen, die Bedeutung der eingesetzten Finanzinstrumente sowie die daraus resultierenden Risiken vor dem Hintergrund der VFE-Lage des Unternehmens besser einschätzen zu können.

130 IFRS 7 verweist auf den Grundsatz der **Wesentlichkeit** von geforderten Informationen (zB IFRS 7.6, IFRS 7.B3). Danach sind nur entscheidungsnützliche Informationen angabepflichtig. Im Rahmen der aktuellen IASB-Projekte zur sog Angabeinitiative *(disclosure initiative)* werden vom IASB Leitlinien entwickelt, um Ermessensentscheidungen in Bezug auf die Wesentlichkeit von Angaben besser treffen zu können. Erste Ergebnisse dieser Initiative haben zu entspr Ergänzungen des IAS 1 (geändert 2014) geführt (→ Rn 221).

1. Angaben zur Bilanz

131 Im Rahmen der Angabepflichten nach IFRS 7 ist gem IFRS 7.6 eine Unterteilung finanzieller Schulden in verschiedene **Klassen** vorzunehmen. Dabei gibt der Standard nicht konkret vor, welche **Kriterien** die Einstufung finanzieller Schulden zu Klassen im Hinblick auf die Berichterstattung begründen. Diese sind grds vom Unternehmen **frei bestimmbar,** sollten sich aber daran orientie-

ren, dass sie in Bezug auf die zu veröffentlichenden Informationen angemessen sind und den Merkmalen und Charakteristika der Finanzinstrumente Rechnung tragen (IFRS 7.B1). Die Klassen sind nicht mit den Kategorisierungen finanzieller Schulden nach IAS 39/IFRS 9 zu verwechseln (IFRS 7.B1). Allerdings sind nach IFRS 7.B2 zumindest folgende drei Klassen zu bilden: Finanzielle Schulden, die zu fortgeführten Anschaffungskosten und solche, die zum beizulegenden Zeitwert bewertet werden, sowie nicht von IFRS 7 erfasste Verbindlichkeiten (sonstige Verbindlichkeiten).

Innerhalb der einzelnen Klassen sind die **bilanziellen Buchwerte** finanzieller 132
Schulden der nach IAS 39/IFRS 9 vorgegebenen Kategorien (→ Rn 82 ff) wahlweise in der Bilanz oder im Anhang anzugeben. Dabei ist die Angabe innerhalb der zum beizulegenden Zeitwert bewerteten finanziellen Schulden gem IFRS 7.8(e) separat darzustellen für diejenigen, die beim erstmaligen Ansatz als erfolgswirksam zum beizulegenden Zeitwert designiert werden und diejenigen, die zu Handelszwecken gehalten werden.

Für jede Klasse von finanziellen Schulden ist nach IFRS 7.25 der beizulegende 133
Zeitwert so anzugeben, dass ein Vergleich mit dem in der Bilanz ausgewiesenen Buchwert möglich ist; dabei ist eine Zusammenfassung von Klassen nur zulässig, soweit in der Bilanz ein saldierter Ausweis der Buchwerte dargestellt wird (IFRS 7.26). Die Umsetzung dieser Vorgabe kann in Form einer **Matrix** erfolgen, die die Angabe der Kategorien gem IFRS 7.8 einerseits sowie die finanziellen Schulden gem Bilanzgliederung andererseits unter Angabe von Einzelwerten und Summenbildung enthält (→ § 3 Rn 277).

Bei erfolgswirksam zum beizulegenden Zeitwert bewerteten, designierten 134
Verbindlichkeiten sind bei **Auswirkungen eines geänderten Ausfallrisikos** der finanziellen Schuld der Betrag dieser ausfallrisikoinduzierten Veränderung sowie der Unterschiedsbetrag zwischen dem Buchwert der zum beizulegenden Zeitwert erfassten finanziellen Schuld und dem bei Fälligkeit vereinbarten Rückzahlungsbetrag anzugeben (IFRS 7.10). Unter Angabe der Methoden, die zur Ermittlung dieses Werts angewendet wurden (IFRS 7.11(a)), hat die Angabe getrennt sowohl für den Zeitraum der Berichtsperiode als auch in kumulierter Form zu erfolgen (IFRS 7.10(a)). Sofern das Unternehmen die Auffassung vertritt, dass die Angaben gem IFRS 7.10(a) nicht glaubwürdig die durch die Änderung des Kreditrisikos bedingte Änderung des beizulegenden Zeitwerts der finanziellen Schuld widerspiegeln, sind die Gründe und Faktoren für die Annahme darzulegen (IFRS 7.11(b)).

Soweit eine **Saldierung** finanzieller Schulden und finanzieller Vermögenswer- 135
te erfolgt, sind zusätzliche Angaben notwendig, die es dem Abschlussadressaten ermöglichen, die Auswirkungen der Saldierungsvereinbarungen auf die Finanzlage des Unternehmens beurteilen zu können (IFRS 7.13B). Diese Angabevorschriften beinhalten neben einer Beschreibung der Saldierungsgrundlagen (IFRS 7.13E) insbes eine Überleitungsrechnung der finanziellen Schulden und finanziellen Vermögenswerte vor Saldierung (Bruttoposition) zum Nettoausweis nach Saldierung (IFRS 7.13C).

Nach IFRS 7.14 hat das Unternehmen den Buchwert der **finanziellen Ver-** 136
mögenswerte, die es als **Sicherheit für Verbindlichkeiten** hingegeben hat, einschließlich der Vertrags-/Sicherungsbedingungen (zB Konditionen, Laufzeiten, Verwertungsrechte) anzugeben. Diese Angabepflicht schließt auch hingegebene Sicherheiten ein, die der Sicherungsgeber gem den Vorgaben aus IAS 39.37(a)/IFRS 9.3.2.23(a) getrennt von anderen Vermögenswerten auszuweisen hat, weil dem Sicherungsnehmer ein Verwertungsrecht zusteht.

Mit Blick auf die Kreditwürdigkeit des bilanzierenden Unternehmens verlangt 137
IFRS 7 weitere, ergänzende Angabepflichten hinsichtlich von **Ausfällen, Zah-**

lungsverzug oder Vertragsverletzungen bei Darlehensverbindlichkeiten. Für am Bilanzstichtag ausgesetzte Darlehensverbindlichkeiten sieht IFRS 7.18 daher explizite Angaben zu den Zahlungsverzögerungen bzw -ausfällen, den angesetzten Buchwerten der Verbindlichkeiten und möglichen Behebungen der Zahlungsverzögerungen/-ausfälle vor.

138 Entspr Angaben sind nach IFRS 7.19 in Bezug auf andere, während der Berichtsperiode aufgetretene **Vertragsverletzungen** zu machen. Dies gilt nicht, wenn die Verletzung der Vertragsbedingungen bis zum Abschlussstichtag behoben wurde oder die Darlehenskonditionen vor dem Abschlussstichtag neu festgelegt wurden.

2. Angaben zur Gesamtergebnisrechnung

139 Für finanzielle Schulden sind Angaben zu **Nettoergebnissen** einerseits sowie anderen spezifischen Ergebniskomponenten andererseits alternativ in der Gesamtergebnisrechnung oder im Anhang zu zeigen (IFRS 7.20).

140 IFRS 7.20(a) fordert die Angabe eines Nettoergebnisses für **jede Kategorie** von Finanzinstrumenten. Die Kategorisierung erfolgt dabei entspr den Vorgaben aus IFRS 7.8 nach finanziellen Schulden, die zu fortgeführten Anschaffungskosten bewertet werden sowie denen, die erfolgswirksam zum beizulegenden Zeitwert bewertet werden (IFRS 7.20(a)). Dabei ist das Nettoergebnis getrennt auszuweisen für finanzielle Schulden, die erfolgswirksam zum beizulegenden Zeitwert bewertet werden (Designation), und für finanzielle Schulden, die zu Handelszwecken gehalten werden.

141 Zusätzlich fordert IFRS 7.20 die Angabe für **nicht zum beizulegenden Zeitwert bewertete** finanzielle Schulden der nach der Effektivzinsmethode ermittelten Gesamtzinserträge und -aufwendungen (IFRS 7.20(b)) sowie der sonstigen entgeltlichen Erträge und Aufwendungen (zB Provisionen und Gebühren), die nicht in die Berechnung des Effektivzinssatzes eingeflossen sind (IFRS 7.20(c)(i)).

142 **Ziel** der Angabe der Gesamtzinserträge und -aufwendungen ist es, dem Adressaten des Abschlusses zu ermöglichen, zwischen Zinserträgen/-aufwendungen für Finanzinstrumente und sonstigen Zinserträgen/-aufwendungen zu unterscheiden.

3. Angaben zu den Bilanzierungs- und Bewertungsmethoden

143 Hinsichtlich der Angaben der Bilanzierungs- und Bewertungsmethoden für finanzielle Schulden verweist IFRS 7.21 zunächst auf IAS 1.117. Danach sind sämtliche **Bilanzierungs- und Bewertungsmethoden** für finanzielle Schulden anzugeben, einschließlich Ermessensspielräumen und Schätzparameter (IFRS 7.B5 iVm IAS 1.122).

144 Aus IFRS 7.B5 ergeben sich darüber hinaus für zu **erfolgswirksam zum beizulegenden Zeitwert** bewertete Verbindlichkeiten im Wesentlichen folgende konkreten Angabevorschriften:

(1) Angabe der Art der finanziellen Schulden, die beim erstmaligen Ansatz als erfolgswirksam zum beizulegenden Zeitwert bewertet designiert wurden (IFRS 7.B5(a)(i)),

(2) Angabe der Kriterien für die Designation als zum beizulegenden Zeitwert zu bewertende finanzielle Schulden (IFRS 7.B5(a)(ii)),

(3) Angabe, wie das Unternehmen die in IAS 39.9/IFRS 9.4.2.2 festgelegten Bedingungen zur Designation als zum beizulegenden Zeitwert zu bewertende finanzielle Schulden erfüllt hat (IFRS 7.B5(a)(iii)).

4. Angaben zum beizulegenden Zeitwert

IFRS 7 enthält die Angabe- und Offenlegungsvorschriften für Finanzinstrumente, IFRS 13 allgemein die Angabevorschriften für beizulegende Zeitwerte. 145

Für jede nach IFRS 7.6 gebildete Klasse von finanziellen Schulden ist gem IFRS 7.25 der **beizulegende Zeitwert** so anzugeben, dass ein **Vergleich** mit dem in der Bilanz ausgewiesenen **Buchwert** möglich ist. Eine Saldierung zwischen den jeweiligen Klassen ist dabei nur insoweit zulässig, als auch in der Bilanz ein saldierter Ausweis der Buchwerte erfolgt (IFRS 7.26; → Rn 126). 146

Wird der beizulegende Zeitwert einer finanziellen Schuld aufgrund eines **nicht aktiven Markts** im Rahmen der Ersterfassung (Transaktionspreis) unter Zugrundelegung von Bewertungstechniken bestimmt (IFRS 13.B12), kann eine Differenz zwischen dem beizulegenden Zeitwert beim erstmaligen Ansatz und dem nach der Bewertungstechnik ermittelten Wert entstehen. In diesem Fall sind gem IFRS 7.28 für **jede Klasse** von finanziellen Schulden die Rechnungslegungsmethoden und -grundsätze dieser erfolgswirksam erfassten Differenzbeträge gesondert anzugeben, um die Einflussfaktoren einschließlich des Zeitfaktors, die andere Marktteilnehmer bei der Preisfestsetzung berücksichtigen würden, einzubeziehen (IFRS 7.28(a)) sowie der Gesamtbetrag der noch nicht amortisierten Differenzbeträge zum Beginn und zum Ende der Berichtsperiode und eine Überleitung der aus der Differenz resultierenden Änderungen in der Bilanz (IFRS 7.28(b)). Als Folgeänderung aus der Veröffentlichung von IFRS 13 ist nach dessen Inkrafttreten darüber hinaus anzugeben, warum die berichtende Einheit im Einzelfall der Meinung ist, dass der Transaktionspreis nicht der geeignete Maßstab zur Bestimmung des beizulegenden Zeitwerts ist. Diese Angabe beinhaltet auch eine Beschreibung der Anhaltspunkte, die eine geeignetere Grundlage zur Bestimmung des beizulegenden Zeitwerts darstellen (IFRS 7.28(c)). 147

Gem IFRS 7.29 sind **keine Angaben zum beizulegenden Zeitwert** finanzieller Schulden gem IAS 39/IFRS 9 erforderlich, wenn der Buchwert der finanziellen Schuld diesen hinreichend genau (vernünftige Annäherung) wiedergibt. Dies ist regelmäßig bei kurzfristigen Verbindlichkeiten der Fall. 148

Nach IFRS 13.91 ff. sind darüber hinaus für Verbindlichkeiten, die zum beizulegenden Zeitwert bewertet werden, alle Informationen zu den Bewertungstechniken und Annahmen darzustellen. Sind ferner Annahmen im Rahmen der dreistufigen Hierarchie iSd IFRS 13 *level* 3 getroffen worden (→ § 3 Rn 283), ist der Ergebniseffekt für die Gesamtergebnisrechnung oder das Eigenkapital ebenfalls darzustellen. 149

5. Angaben zu Risiken

Um den Jahresabschlussadressaten eine Einschätzung der mit den finanziellen Schulden verbundenen Risiken zu ermöglichen, fordert IFRS 7.31 ff umfangreiche ergänzende Angaben zu entspr Risiken, denen das Unternehmen am Bilanzstichtag ausgesetzt ist. IFRS 7.32 nennt als typische Risiken das **Ausfallrisiko** (Kreditrisiko), das **Liquiditätsrisiko** sowie das **Marktrisiko** aus Finanzinstrumenten, wobei diese Aufzählung explizit nicht abschließend ist. 150

IFRS 7 definiert das **Ausfallrisiko** (Kreditrisiko) als das Risiko eines finanziellen Verlusts, der durch die Verletzung von Vertragspflichten (Zahlungsausfall) eines Vertragspartners eintritt (IFRS 7.Anhang A). Nach IFRS 7.36(a) ist dabei für jede Klasse von finanziellen Schulden das maximale Ausfallrisiko ohne Berücksichtigung von Sicherheiten anzugeben, es sei denn, der Buchwert der finanziellen Schuld stellt das maximale Ausfallrisiko dar; daneben sind Angaben zur Besicherung zu machen (IFRS 7.36(b)). Im Fall von **Finanzgarantien** 151 hat der Sicherungsgeber als maximales Ausfallrisiko den Höchstbetrag anzugeben, mit dem er bei Fälligkeit in Anspruch genommen werden könnte (IFRS 7.B10(c)). Dieser Betrag kann erheblich über dem der ausgewiesenen Verbindlichkeit liegen.

152 Das **Liquiditätsrisiko** stellt das Risiko eines Unternehmens dar, die Verpflichtungen aus finanziellen Schulden, die in bar oder im Austausch gegen einen anderen finanziellen Vermögenswert erfüllt werden, nur unter Schwierigkeiten erfüllen zu können (IFRS 7.Anhang A). Nach IFRS 7.39 ist getrennt für derivative und nicht derivative finanzielle Schulden sowie auch Finanzgarantien eine Fälligkeitsanalyse (Restlaufzeiten) darzustellen, wobei die Verbindlichkeiten, die innerhalb des nächsten Monats, zwischen einem und drei Monaten, zwischen drei Monaten und einem Jahr und zwischen einem und fünf Jahren fällig werden, anzugeben sind (IFRS 7.B11). Ergänzend ist zu erläutern, wie das Unternehmen das Liquiditätsrisiko steuert (IFRS 7.39(c)).

153 Als **Marktrisiko** wird nach IFRS 7.Anhang A das Risiko eines Unternehmens verstanden, dass der beizulegende Zeitwert oder zukünftige Zahlungsstrom einer finanziellen Schuld aufgrund zukünftig veränderter Marktpreise schwankt.

154 Das **Marktrisiko gliedert sich** in das Währungs-, Zins- und sonstige Preisrisiko (IFRS 7.B22ff). Für jede Marktrisikoart ist dabei grds eine **Sensitivitätsanalyse** darzustellen, die die Auswirkungen einer möglichen Veränderung der Risikofaktoren auf den Gewinn/Verlust der Berichtsperiode und das Eigenkapital beschreibt, einschließlich der zugrunde liegenden Annahmen der Analyse und ggf vorgenommener Veränderungen in den Annahmen im Vergleich zur Vorperiode (IFRS 7.40). Alternativ zur Sensitivitätsanalyse ermöglicht IFRS 7.41 mitunter auch die Verwendung einer Analysemethode, die die wechselseitigen Abhängigkeiten der Risikoparameter erfasst *(value at risk approach)*.

155 Nach IAS 7.32A besitzen sowohl **qualitative als auch quantitative Angaben** zu Risiken eine hohe Wertigkeit für die Abschlussadressaten, da nur durch beide Angaben zusammen entscheidungsnützliche Informationen abgeleitet werden können. Daher unterscheidet IFRS 7 zwischen qualitativen (IFRS 7.33) und quantitativen Angabepflichten (IFRS 7.34).

156 In **qualitativer Hinsicht** sind für jede Risikoart neben dem Ausmaß der Risiken sowie der Art und Weise ihrer Entstehung (IFRS 7.33(a)) auch das Risikomanagementsystem (Ziele, Richtlinien, Prozesse, Strategien) zur Steuerung der Risiken darzustellen sowie die Methoden der Bewertung der Risiken (IFRS 7.33(b)) zu nennen. Sofern Änderungen zum Vorjahr eingetreten sind, sind auch diese angabepflichtig (IFRS 7.33(c)).

157 In **quantitativer Hinsicht** sind für jede Risikoart zusammengefasste Angaben über das Ausmaß des Risikos am Bilanzstichtag, Einzelangaben zum Ausfall-, Liquiditäts- und Marktrisiko nach IFRS 7.36ff und Angaben zu einer ggf sich ergebenden Risikokonzentration zu tätigen (IFRS 7.34). Dabei soll sich die Berichterstattung auf die Angaben des internen Managementinformationssystems oder – falls das interne Managementinformationssystem keine angemessenen verlässlichen Quantifizierungen bietet – auf andere repräsentative Informationen stützen (IFRS 7.B7, IFRS 7.35).

6. Weitere Angaben

158 Neben den umfangreichen Angabepflichten von IFRS 7 (näher hierzu → § 3 Rn 270ff) sowie den sich aus den Ausweisvorschriften von IAS 1 ergebenden Angabepflichten (→ Rn 22) bestehen in verschiedenen Standards **zusätzliche Angabepflichten** für den Anhang (ausführlich § 19 und die Checkliste in der Anlage zu diesem Handbuch). So sind bspw Verbindlichkeiten aus **Leasingver-**

hältnissen zwar aus dem Anwendungsbereich des IAS 39/IFRS 9 explizit ausgeschlossen (IAS 39.2/IFRS 9.2.1(b)), dennoch unterliegen sie den Angabepflichten des IAS 32.

Zudem sind bei der Umstellung von IAS 39 auf IFRS 9 zahlreiche Umstellungsvorschriften zur erstmaligen Anwendung des IFRS 9 zu beachten (→ § 3 Rn 555 ff). **159**

(einstweilen frei) **160–164**

F. Nicht-Finanzielle Schulden

I. Anwendungsbereich

Ausgehend von der **Definition** eines Finanzinstruments stellt die **Mehrzahl** der Verpflichtungen eines Unternehmens (neben Rückstellungen) finanzielle Schulden dar, da sie regelmäßig auf Verträgen basieren und durch flüssige Mittel oder finanzielle Vermögenswerte beglichen werden (→ Rn 43). **165**

Verpflichtungen, die **nicht auf vertraglichen Grundlagen** zwischen Unternehmen iSv IAS 32.14 basieren oder **nicht durch flüssige Mittel bzw finanzielle Vermögenswerte beglichen werden,** stellen definitionsgemäß keine Finanzinstrumente dar (→ Rn 39 ff), weshalb sie auch nicht in den Anwendungsbereich von IAS 32 und IAS 39/IFRS 9 fallen. Letztere werden primär durch Lieferung von Waren oder Erbringung von Dienstleistungen erfüllt. Sie sind – wenn Spezialregelungen (zB IAS 17 für Leasingverhältnisse; § 22) und auch die Regelungen des IAS 37 (§ 13) nicht anwendbar sind – den (sonstigen) nicht-finanziellen Schulden zuzuordnen. Die nicht-finanziellen Schulden ergeben sich als Residualgröße ggü den finanziellen Schulden. **166**

Eine **eigene Bilanzierungs- und Bewertungskonzeption** für diese sonstigen nicht-finanziellen Schulden ergibt sich nicht aus den IFRS. Kommen keine spezifischen Ansatz-, Bewertungs- und Ausweisvorschriften in Betracht, sind die allgemeinen Vorschriften des Rahmenkonzepts und des IAS 1 über die Bilanzierung und Bewertung von Schulden anzuwenden. Nicht-finanzielle Schulden nach IFRS werden unabhängig von der Größe, der Rechtsform oder der Branchenzugehörigkeit bilanziert (*Hachmeister,* 93). **167**

Unter die nicht-finanziellen Schulden fallen insbes die folgenden Verpflichtungen:

Verpflichtungen, die durch **Sachleistungen** zu erfüllen sind. Zu den Sachleistungsverpflichtungen zählen zB Gewährleistungen, die das Unternehmen regelmäßig zur Reparatur oder Ersatzlieferung verpflichten, oder Abbruchverpflichtungen. Die Erfüllung hat nicht-finanziellen Charakter. Zur Abgrenzung von den Rückstellungen → § 13 Rn 7 ff und zu den Besonderheiten bei Abbruchverpflichtungen → § 13 Rn 132 ff. Stellen die Gewährleistungen eine separierbare Leistung iSv IFRS 15 dar, sind diese gesondert abzugrenzen (→ § 15 Rn 53 f). Ein Finanzinstrument ist aber dann anzunehmen, wenn Gegenstand der Sachleistungsverpflichtung die Lieferung eines Finanzinstrumentes ist (IAS 32.AG7). **168**

Verpflichtungen aus **Bonusprogrammen** stellen in Höhe des noch nicht realisierten Teils der Gegenleistung nach IFRS 15 sonstige nicht-finanzielle Schulden dar. Dies gilt unabhängig von der Art der Prämiengewährung (somit auch Gutschriften, Auszahlungen), da IFRS 15 die Anwendung des IFRS 9 ausschließt (IFRS 9.2.1(j)). Dabei werden Bonusprogramme gem IFRS 15 als Mehrkomponentenvertrag qualifiziert, bei dem das Unternehmen zwei Leistungen erbringt (Lieferung der Produkte und Lieferung der Prämie). Die für die **169**

Kauftransaktion erhaltene Gegenleistung ist auf die beiden Leistungen aufzuteilen (IFRS 15.76f), wobei nur der Teil der Gegenleistung als Umsatz realisiert ist, für den die Bedingungen für die Umsatzrealisation bereits erfüllt sind (näher → § 15 Rn 58ff). Der andere Teil ist als **sonstige Schuld** zu erfassen und wird erst dann realisiert, wenn die Bonuspunkte eingelöst werden oder verfallen (IFRS 15.16).

170 Auch bei **Warentermingeschäften,** die voraussichtlich durch Lieferung beglichen werden, steht die Erfüllung in Form nicht-finanzieller Maßnahmen im Vordergrund. Daher zählen sie auch zu den nicht-finanziellen Schulden (IAS 32.AG20; → Rn 43).

171 **Erhaltene Anzahlungen auf Bestellungen** sind den nicht-finanziellen Schulden zuzuordnen (IAS 32.AG11), da sie ebenfalls zu einem Abgang von nicht-finanziellen Vermögenswerten oder zur Erbringung einer Dienstleistung führen.

172 Für nach IFRS abzugrenzende passive **Rechnungsabgrenzungen** ist weder ein eigenständiger Bilanzposten wie nach HGB vorgesehen, noch liegen gesonderte Regelungen vor. Gem dem *accrual*-Prinzip (→ § 2 Rn 52ff) sind Aufwendungen und Erträge grds periodengerecht abzugrenzen. Dies schließt die Abgrenzung sowohl transitorischer als auch antizipativer Geschäftsvorfälle ein (aA *ADS* Int Abschn 1 Rz 172), auch wenn diese ggf nicht die Ansatzkriterien eines Vermögenswerts oder einer Schuld erfüllen (bspw → Rn 174). Dabei kann der Ertrag bei einem passiven Rechnungsabgrenzungsposten – anders als bei den Anzahlungen – einem bestimmten Zeitraum nach dem Bilanzstichtag zugerechnet werden (zB im Voraus erhaltene Mieteinnahmen für den nächsten Monat). Ein passiver Rechnungsabgrenzungsposten erfüllt im Regelfall die Kriterien einer sonstigen Schuld, wobei die zugrunde liegenden Sachverhalte grds als abgegrenzte Schulden zu subsumieren sind.

173 **Verbindlichkeiten aus Steuern** basieren nicht auf einer rechtsgeschäftlichen Basis, sondern auf einem hoheitlichen Akt. Sie stellen daher keine Finanzinstrumente und somit auch keine finanziellen Schulden dar (IAS 32.AG12). Ob **Verbindlichkeiten im Rahmen der sozialen Sicherheit** als finanzielle oder nicht-finanzielle Schulden auszuweisen sind, hängt von der Einstufung des Vertragspartners (gesetzlichen Krankenkasse und Rentenversicherung) als Unternehmen oder staatliche Institution ab. Dabei ist nach IAS 32.14 der Unternehmensbegriff weit auszulegen und umfasst auch öffentliche Institutionen, weshalb uE finanzielle Schulden vorliegen.

174 **Zuwendungen der öffentlichen Hand** für Vermögenswerte iSv IAS 20.24 können bilanziell aktivisch vom entspr Vermögenswert abgezogen oder passivisch als passiver Abgrenzungsposten *(deferred income)* gezeigt werden. Der Abgrenzungsposten stellt eine sonstige Verbindlichkeit dar und ist über die Nutzungsdauer des Vermögenswerts auf einer planmäßigen Grundlage aufzulösen (IAS 20.27).

II. Ansatz

1. Einbuchung

175 Wegen grds mangelnder spezifischer Normen für die bilanzielle Abbildung nicht-finanzieller Schulden sind für deren Ansatz die Normen des **Rahmenkonzepts** heranzuziehen. Danach ist die abstrakte Passivierungsfähigkeit mit ggf eingehender konkreter Passivierungspflicht aus den Definitionskriterien einer Schuld abzuleiten (→ Rn 6).

176 Nach F.4.37f iVm F 4.46 ist eine Verbindlichkeit **konkret dann anzusetzen,** wenn es sich um eine gegenwärtige Verpflichtung des Unternehmens aus Ereignis-

sen der Vergangenheit handelt, bei deren Erfüllung Ressourcen mit wirtschaftlichem Nutzen aus dem Unternehmen abfließen. Zudem muss der Erfüllungsbetrag so verlässlich bestimmt werden können, dass er dem Grundsatz der den tatsächlichen Verhältnissen entspr Darstellung entspricht, ausgedrückt in den Leitlinien der Vollständigkeit, Neutralität und Fehlerfreiheit (F.4.38 iVm F. QC.12).

Beispiel: Das Unternehmen hat eine Anzahlung auf eine Bestellung für eine Maschine erhalten. Es hat aufgrund des abgeschlossenen Vertrags und der Anzahlung eine gegenwärtige Verpflichtung aus einem vergangenen Ereignis zur Lieferung der Maschine. Aufgrund der Vertragsbestimmungen und der Anzahlung ist der Erfüllungsbetrag der Verpflichtung zudem verlässlich ermittelbar.

2. Ausbuchung

Die Ausbuchung sonstiger nicht-finanzieller Verbindlichkeiten richtet sich ebenfalls nach den **allgemeinen Kriterien des Rahmenkonzepts** zur Erfüllung einer gegenwärtigen Verpflichtung (F.4.17). Dabei sind nicht-finanzielle Schulden dann auszubuchen, wenn die zugrunde liegende Verpflichtung erloschen ist. **177**

Nach F.4.17 erfolgt eine **Erfüllung** der Verpflichtung regelmäßig durch Zahlung, Übertragung von Vermögenswerten, Erbringung von Dienstleistungen, Ersatz einer Verpflichtung durch eine andere Verpflichtung oder Umwandlung der Verpflichtung in Eigenkapital. Diese Aufzählung ist jedoch nicht abschließend, da eine gegenwärtige sonstige nicht-finanzielle Verbindlichkeit auch auf anderem Wege erlöschen kann, zB durch Gläubigerverzicht, Schuldübernahme durch einen Dritten oder Verjährung. **178**

III. Bewertung

1. Zugangsbewertung

Die Bewertung nicht-finanzieller Schulden ist im Rahmenkonzept nicht explizit geregelt. Vielmehr sieht das Rahmenkonzept im Allgemeinen **vier Bewertungskategorien** vor, unter die auch die nicht-finanziellen Schulden zu subsumieren sind (F.4.55): **179**

(1) Die **Anschaffungskosten** entsprechen bei Schulden dem Betrag, der dem Unternehmen im Austausch für die Verpflichtung zugegangen ist. In einigen Fällen, wie bspw bei Ertragsteuern, ist der Höhe nach der Betrag an Zahlungsmitteln (bzw Zahlungsmitteläquivalenten) zu wählen, der erwartungsgemäß zu zahlen ist, um die Schuld im gewöhnlichen Geschäftsablauf zu begleichen.

(2) Der **Tageswert** entspricht bei Schulden dem nicht abgezinsten Betrag an Zahlungsmitteln (bzw Zahlungsmitteläquivalenten), der aufzubringen ist, um die Schuld zum gegenwärtigen Zeitpunkt zu begleichen.

(3) Der **Erfüllungsbetrag** entspricht bei Schulden dem nicht abgezinsten Betrag an Zahlungsmitteln (bzw Zahlungsmitteläquivalenten), der erwartungsgemäß aufzubringen ist, um die Schuld im gewöhnlichen Geschäftsablauf zu begleichen.

(4) Der **Barwert** entspricht bei Schulden dem abgezinsten Betrag der zukünftigen Zahlungsmittelabflüsse, der erwartungsgemäß zu zahlen ist, um die Schuld im gewöhnlichen Geschäftsablauf zu begleichen.

Nach F.4.56 ist die Bewertung zu **Anschaffungskosten** die in der Praxis gebräuchlichste. **180**

Sonstige nicht-finanzielle Schulden sind bei der erstmaligen Erfassung mit dem Betrag zu bewerten, der dem **voraussichtlichen Ressourcenabfluss** ent- **181** spricht (F.4.38 ff, F.4.54 ff). Regelmäßig dürften bei nicht-finanziellen Schulden keine Bewertungsprobleme bestehen, da vertragliche Grundlagen oder öffentliche Bescheide die entspr Beträge ausweisen. Nur in Ausnahmefällen, wie zB bei Sachleistungsverpflichtungen, ist der Ressourcenabfluss zu schätzen, was einer verlässlichen Bewertung aber nicht entgegensteht (F.4.41).

182 Die Bewertung der **Steuerschulden** erfolgt gem IAS 12.46 unter Anwendung derjenigen Steuervorschriften und Steuersätze, die zum jeweiligen Abschlussstichtag Gültigkeit entfalten (vgl → § 25 Rn 22 f).

183 **Fremdwährungsverbindlichkeiten** sind nach IAS 21.21 erstmalig in der funktionalen Währung anzusetzen (näher zur funktionalen Währung → § 2 Rn 207 ff), indem der Fremdwährungsbetrag mit dem am jeweiligen Tag des Geschäftsvorfalls gültigen Kassakurs zwischen der funktionalen Währung und der Fremdwährung umgerechnet wird. Dabei kann bei nicht stark schwankenden Wechselkursen auch ein Durchschnittskurs einer Woche oder eines Monats für alle Geschäftsvorfälle in der jeweilige Fremdwährung verwendet werden (IAS 21.22).

2. Folgebewertung

184 Für die Folgebewertung nicht-finanzieller Schulden ergeben sich aus dem Rahmenkonzept **keine gesonderten Vorschriften.** Daher sind analog die Grundsätze zur erstmaligen Bewertung und die allgemeinen Grundsätze (zB Unternehmensfortführung) anzuwenden. Wertänderungen, die sich aus neuen Erkenntnissen ergeben, sind entspr **erfolgswirksam** zu erfassen. Es ist der Betrag der bestmöglichen Schätzung anzusetzen, der zur Erfüllung der Verpflichtung zum Bilanzstichtag erforderlich ist.

185 Die Folgebewertung von nicht-finanziellen **Fremdwährungsverbindlichkeiten** richtet sich nach IAS 21.23. IAS 21.23 differenziert bei der Folgebewertung nicht nur zwischen monetären und nicht-monetären Posten (→ Rn 120 f), sondern auch, ob der nicht monetäre Posten bei der Erstbewertung urspr zu historischen Anschaffungs- oder Herstellungskosten oder zum beizulegenden Zeitwert in einer Fremdwährung bewertet wurde. Ein Beispiel für nicht-monetäre Posten im Bereich sonstiger Schulden stellen erhaltene Anzahlungen oder auch Verpflichtungen aus einem Tauschgeschäft dar (*Kuhn/Scharpf*, 163 f). Gem IAS 21.23(b) sind nicht monetäre Verbindlichkeiten, die zu fortgeführten Anschaffungskosten bewertet wurden, unverändert mit dem Kurs zum Zeitpunkt der Erstverbuchung umzurechnen und zu bewerten. Für nicht monetäre Verbindlichkeiten, die mit dem beizulegenden Zeitwert erfasst wurden, erfolgt gem IAS 21.23(c) eine Umrechnung zum Stichtagskurs.

186 Nicht-finanzielle Verpflichtungen sind bei der urspr Bewertung nach F.4.55 f grds mit den **Anschaffungskosten** zu bewerten. Daher hat die Folgebewertung bei Fremdwährungsverbindlichkeiten grds in Übereinstimmung mit IAS 21.23(b) mit dem Kurs am Tag Geschäftsvorfalls zu erfolgen, dh die Verbindlichkeit ist **unverändert** mit dem Kurs zum Zeitpunkt der Erstverbuchung zu bewerten.

IV. Ausweis

187 Unabhängig davon, ob eine Bilanzgliederung nach Fristigkeit oder Liquidität gewählt wird, ergeben sich nach IAS 1.61 für jedes Unternehmen besondere **fristigkeitsspezifische Angabepflichten.** Danach müssen bei Verbindlichkeiten, in denen Beträge mit einer Fristigkeit von unter und von über einem Jahr

zusammengefasst werden, die Beträge angegeben werden, die eine Fristigkeit von über einem Jahr haben. Zu den allgemeinen Gliederungs- bzw Ausweisanforderungen → Rn 16ff.

Ein separater Ausweis der sonstigen nicht-finanziellen Verpflichtungen ist im Gliederungsschema der Bilanz nach IAS 1.54 nicht vorgesehen. Diese sind **zusammen mit den Verbindlichkeiten aus Lieferungen und Leistungen** gem IAS 1.54(k) als Verbindlichkeiten aus Lieferungen und Leistungen und sonstige Verbindlichkeiten auszuweisen. Ein eigenständiger Ausweis der sonstigen Verbindlichkeiten sollte aber erfolgen, wenn durch die geänderte Darstellung das Verständnis der Vermögens- und Finanzlage des Unternehmens verbessert wird (IAS 1.55 iVm IAS 1.57(b)). Gleichzeitig wird dadurch ein separater Ausweis der Verbindlichkeiten aus Lieferungen und Leistungen erzielt. 188

Verpflichtungen, die durch **Sachleistungen** zu erfüllen sind, stellen im Wesentlichen Gewährleistungen oder Abbruchverpflichtungen dar. Aufgrund von Unsicherheiten hinsichtlich des Ressourcenabflusses, der Höhe und/oder der Fälligkeit der Sachleistungsverpflichtung (→ § 13 Rn 8ff) kommt regelmäßig ein Ausweis unter den Rückstellungen in Betracht (näher hierzu → § 13 Rn 143, insbes auch zur Anwendung des IFRS 15 bei separierbaren Gewährleistungsansprüchen). Ist für die Unsicherheiten wenig oder kein Raum gegeben, sind diese unter den sonstigen Schulden auszuweisen. Dabei wäre insbes bei der gesetzlichen Gewährleistungspflicht von zwei Jahren die Fristigkeit zu beachten und die Schuld in einen kurz- und langfristigen Teil aufzuteilen (→ Rn 24). Allerdings werden nach IAS 1.70 diese Schulden, da sie im Zusammenhang mit dem *working capital* stehen, als kurzfristig ausgewiesen (→ Rn 22). Abbruchverpflichtungen sind regelmäßig langfristiger Natur. 189

Bei **erhaltenen Anzahlungen** ist zu prüfen, ob sie ggf einen eigenständigen passivischen Ausweis begründen. Dies kann grds bei wesentlichen Beträgen angenommen werden. Da erhaltene Anzahlungen eher ein Umsatzindikator als ein Indikator für einen (kurzfristigen) Ressourcenabfluss sind, ist auch unter finanzanalytischen Gesichtspunkten ein getrennter Ausweis von den übrigen Verbindlichkeiten wünschenswert (*Hachmeister,* 98). 190

Erhaltene Anzahlungen auf Fertigungsaufträge nach IAS 11 müssen, soweit sie dem Leistungsfortschritt entsprechen, grds zunächst gegen den Fertigstellungsauftrag saldiert werden, sodass nur ein weiterer Zahlungsüberschuss als Verbindlichkeit auszuweisen ist (*Lüdenbach/Hoffmann/Freiberg* IFRS § 18 Rz 73; *Heuser/Theile* Rz 2365, → § 9 Rn 94). Erhaltene Anzahlungen auf Vorräte (§ 8) dürfen dagegen nicht saldiert werden. Eine Saldierung verstößt gegen das Saldierungsverbot nach IAS 1.33 sowie die Gliederungskonzeption des IAS 1.60, nach dem Vermögenswerte und Schulden getrennt darzustellen sind (*Lüdenbach/Hoffmann/Freiberg* IFRS § 2 Rz 28). Nach hM ist auch das offene Absetzen der erhaltenen Anzahlungen von den Vorräten nicht erlaubt (*KPMG* 2014/15 Rz 3.8.440.30; *Lüdenbach/Hoffmann/Freiberg* IFRS § 2 Rz 28), während eine Mindermeinung dies insoweit für zulässig hält, als die auftragsbezogenen Vorräte nicht überschritten werden (*ADS* Int Abschn 15 Rz 149). UE ist im Hinblick auf das Saldierungsverbot sowie die Gliederungskonzeption ein getrennter Ausweis vorzunehmen (→ § 8 Rn 131). Nach IFRS 15 ist die Differenz zwischen einer noch ausstehenden Leistungsverpflichtung eines Unternehmens und einer erhaltenen (An-)Zahlung je nach Vorzeichen als *contract asset* oder *contract liability* auszuweisen (IFRS 15.105ff, → § 15 Rn 60).

Passive Rechnungsabgrenzungen sind unter den kurzfristigen Verbindlichkeiten auszuweisen, wenn die Einnahmen innerhalb eines Jahres als Ertrag verrechnet werden können. Sollten die Einnahmen erst nach einem Jahr zu Ertrag werden, sind sie als langfristige sonstige Verbindlichkeiten auszuweisen (*Lüden-* 191 *bach/Hoffmann/Freiberg* IFRS § 2 Rz 50). Ein separater Bilanzposten wie nach HGB ist nach IFRS nicht vorgesehen.

192 Für die **tatsächlichen und latenten Steuerschulden,** die in den Anwendungsbereich des IAS 12 fallen, sehen IAS 1.54(n) und IAS 1.54(o) **jeweils einen separaten Bilanzposten** vor.

193 Unter die tatsächlichen **Ertragsteuerverpflichtungen** des lfd Geschäftsjahrs und früherer Geschäftsjahre, soweit diese noch nicht an die Finanzbehörden abgeführt wurden, fallen für Unternehmen mit Sitz in Deutschland insbes Verpflichtungen aus KSt, Solidaritätszuschlag und GewSt sowie entspr Ertragsteuern auf Basis des AStG bzw Doppelbesteuerungsabkommen. Tatsächliche Steuerschulden sind im Gegensatz zu latenten Steuerschulden grds kurzfristiger Natur und daher getrennt von diesen auszuweisen. Unter gewissen Voraussetzungen besteht eine Saldierungspflicht tatsächlicher Steuerschulden mit Steuererstattungsansprüchen (→ § 25 Rn 27). Zu Ausweisfragen im Konzern sowie bei steuerlichen Organschaftsverhältnissen → § 25 Rn 30 ff.

194 **Latente Steuerschulden** sind unter Beachtung des Temporary-Konzepts sowie der Liability-Methode anzusetzen, wenn in Folgeperioden höhere Ertragsteuerzahlungen geleistet werden müssen, als sich nach dem handelsrechtlichen Gewinnausweis ergeben. Diese sind stets unter den langfristigen Schulden auszuweisen (IAS 1.56). Zu Einzelheiten zur Zielsetzung der Steuerabgrenzung, ihrer theoretischen Konzeption, zu Ansatz, Bewertung und Ausweis latenter Steuerschulden sowie zu den erforderlichen Anhangangaben s → § 25 Rn 37 ff.

195 **Andere Steuerarten,** die nicht auf den Ertrag des Unternehmens fokussieren, wie die Umsatzsteuer oder die Lohn- und Kirchensteuer, einschließlich damit zusammenhängender Bußgelder sowie Säumnis- und Verspätungszuschläge sind dagegen unter den **sonstigen nicht-finanziellen Verbindlichkeiten** auszuweisen.

196 **Zuwendungen der öffentlichen Hand** umfassen zum einen die Investitionszuschüsse wie auch die Investitionszulagen (*Lüdenbach/Hoffmann/Freiberg* IFRS § 12 Rz 25). Der Abschreibungsverlauf der Zuschüsse hat proportional zu dem des korrespondierenden bezuschussten Vermögenswerts zu erfolgen (IAS 20.12, IAS 20.17; zur Erfassung der Zuwendungen für Vermögenswerte (→ § 5 Rn 70 ff). Dies kann erreicht werden durch eine sofortige Kürzung der Anschaffungs-/Herstellungskosten mit der Folge einer sofortigen niedrigeren Abschreibungsverrechnung (Nettomethode) oder durch Bilanzierung der vollen Anschaffungs-/Herstellungskosten mit gleichzeitigem Ausweis eines passiven Abgrenzungspostens *(deferred income),* der abschreibungsproportional aufgelöst wird (Bruttomethode) (IAS 20.24). Dieser passive Abgrenzungsposten stellt keinen eigenen Posten dar (wie etwa der passive Rechnungsabgrenzungsposten nach HGB), sondern wird im Rahmen der sonstigen Schulden gezeigt. Eine sofortige erfolgswirksame Vereinnahmung ist nicht möglich.

V. Anhangangaben

197 Anders als IFRS 7, der die Angabepflichten für Finanzverbindlichkeiten grds bündelt, gibt es für nicht-finanzielle Verpflichtungen keinen eigenen Standard bzgl Anhangangaben. Es sind daher die allgemeinen Angabepflichten des Rahmenkonzepts bzw IAS 1 anzuwenden. Gem IAS 1.77 kann entweder in der Bilanz oder im Anhang eine weitere angemessene **Untergliederung der Verbindlichkeiten** erfolgen. Inwieweit der Detaillierungsgrad der Untergliederung angemessen ist, richtet sich nach der Geschäftstätigkeit des Unternehmens, der

Art und Höhe der Verbindlichkeiten sowie der Funktion der einbezogenen Beträge für das Unternehmen. So sind uE in Analogie zu IAS 1.78(b) Verbindlichkeiten ggü nahestehenden Unternehmen und Personen gesondert anzugeben.

Erhaltene Anzahlungen können grds bei nicht wesentlichen Beträgen innerhalb des Postens „Verbindlichkeiten aus Lieferungen und Leistungen und sonstige Verbindlichkeiten" ausgewiesen werden. In diesem Fall sollten sie uE in analoger Anwendung zu IAS 1.78(b) als quasi Vorauszahlung separat angegeben werden. **198**

Darüber hinaus sind ggf einschlägige Anhangangaben aus **speziellen Standards** anzuwenden. So sind nach IAS 20.39 für Zuwendungen der öffentlichen Hand die angewandten Rechnungslegungs- und Darstellungsmethoden, Art und Umfang der im Abschluss erfassten Zuwendungen und Hinweise auf andere Formen von Beihilfen der öffentlichen Hand, von denen das Unternehmen unmittelbar begünstigt wurde sowie unerfüllte Bedingungen und andere Erfolgsunsicherheiten im Zusammenhang mit den erfassten Beihilfen anzugeben (IAS 20.39). Zu den Anhangangaben im Zusammenhang mit Steuerschulden vgl → § 25 Rn 212ff. Allgemein zu den umfangreichen Angaben im Anhang vgl die Checkliste in der Anlage zu diesem Handbuch. **199**

(einstweilen frei) **200–205**

G. Wesentliche Änderungen und deren Anwendungszeitpunkte

Im Dezember 2014 erfolgten **Änderungen des IAS 1** im Rahmen der **Angabeinitiative des IASB,** wobei insbes die Regelungen zur Wesentlichkeit ergänzt wurden. Diese Änderungen sollen, soweit eine entspr Anerkennung durch die EU erfolgt, für Geschäftsjahre ab dem 1. Januar 2016 verpflichtend anzuwenden sein. **206**

Weiterhin wurde **IAS 1** aufgrund der neuen Standards **IFRS 9** und **IFRS 15** hauptsächlich redaktionell geändert. Die erstmalige verpflichtende Anwendung der in IAS 1 geänderten Regelungen fällt mit derjenigen der beiden Standards zusammen. Das derzeit noch ausstehende Endorsement durch die EU vorausgesetzt, wird dies für Geschäftsjahre ab dem 1. Januar 2018 zutreffen.

Die Regelungen des IAS 39 werden durch die neuen Vorschriften in **IFRS 9** ersetzt. IFRS 9 ist für Geschäftsjahre, die am oder nach dem 1. Januar 2018 beginnen, anzuwenden. Eine freiwillige frühere Anwendung des IFRS 9 ist unter Berücksichtigung der damit verbundenen erforderlichen Anhangangabepflicht möglich. Ein Endorsement des Standards durch die EU steht derzeit (Stand: 31. Juli 2015) noch aus. Wesentliche Auswirkungen auf die Bilanzierung und Bewertung der sonstigen Schulden ergeben sich allerdings nicht.

IFRS 7 wurde durch **IFRS 9 umfangreich geändert.** Diese Änderungen sind in Ermangelung eines Endorsements des IFRS 9 ebenfalls noch nicht von der EU anerkannt. Vorbehaltlich dieser Anerkennung sind sie verpflichtend für Geschäftsjahre ab dem 1. Januar 2018 anzuwenden.

Auch **IFRS 13** wurde durch die *Annual Improvements to IFRSs 2011–2013 Cycle* insofern geändert, als der Anwendungsbereich für die Ausnahme nach IFRS 13.48 auf andere Verträge erweitert wurde, auch wenn sie die Definition von finanziellen Vermögenswerten oder finanziellen Schulden nach IAS 32 nicht erfüllen. Diese Änderung ist für Geschäftsjahre, die am oder nach dem 1. Januar 2015 begonnen haben, erstmalig verpflichten anzuwenden.

Die vorliegende Kommentierung hat wesentliche materielle Änderungen herausgehoben, darüber hinaus haben die Überarbeitungen klarstellenden Charakter.

H. Gegenüberstellung zum HGB

I. Ansatz

207 Der Jahresabschluss nach HGB hat neben Vermögensgegenständen, Rechnungsabgrenzungsposten, Aufwendungen und Erträgen sämtliche **Schulden** zu enthalten (§ 246 Abs 1 HGB), wobei sich aus dem Gesetz keine Definition dieses Begriffs ergibt. Inhaltlich steht er als Oberbegriff für Verbindlichkeiten und Rückstellungen. Schulden im handelsrechtlichen Sinn sind durch einen Leistungszwang ggü einem Dritten gekennzeichnet, dem sich der Kaufmann nicht entziehen kann, einer wirtschaftlichen Belastung am Abschlussstichtag und der Wahrscheinlichkeit der Inanspruchnahme (*Schubert* in BeBiKo § 247 HGB Rz 201 ff). Unterschiede ergeben sich bei der Auslegung des Wahrscheinlichkeitskriteriums (→ § 13 Rn 26 ff). Nach IFRS begründet auch eine quasi-sichere Verpflichtung den Ansatz einer Schuld *(accrual),* während nach HGB hierfür Rückstellungen anzusetzen sind (→ Rn 10). Zusätzlich muss nach IFRS als Ansatzvoraussetzung für die Bilanzierungsfähigkeit einer Schuld der Erfüllungsbetrag der Verpflichtung verlässlich ermittelt werden können (F.4.46). Dagegen stellt die zuverlässige Schätzbarkeit nach HGB eher ein Bewertungskriterium dar, welches in Zweifelsfällen durch das Vorsichtsprinzip zu tendenziell höheren Wertansätzen führt.

208 Die IFRS unterscheiden beim Ansatz von Verbindlichkeiten danach, ob diese **finanzieller oder nicht-finanzieller Natur** sind. Die weitere bilanzielle Darstellung, die je nach Einstufung auf den Anwendungsvorschriften des IAS 32, IAS 39/IFRS 9 und IFRS 7 basiert, ist von eben dieser Einstufung abhängig. Diese Unterscheidung ist dem HGB grds fremd; bei der Bewertung bestehen jedoch in Abhängigkeit davon, ob die Verpflichtung in Geld- oder Sachleistungen zu erfüllen ist, Unterschiede bei der Ermittlung der Verpflichtungshöhe.

209 Nach der Ansatzvorschrift für **finanzielle Schulden** ist ein Unternehmen grds verpflichtet, eine finanzielle Schuld in der Bilanz anzusetzen, sobald es Vertragspartei von vertraglichen Regelungen über ein Finanzinstrument geworden ist. Dem Grunde nach sind somit auch schwebende Geschäfte bilanzwirksam, wenn auch die Ausnahmetatbestände wiederum dazu führen, dass dies nur für derivative Finanzinstrumente gilt, für die bei Ausgeglichenheitsvermutung kein Wertansatz zum Tragen kommt. Bei drohenden Verlusten ist jedoch nach HGB eine Rückstellung (für drohende Verluste aus schwebenden Geschäften), nach IFRS eine Verbindlichkeit anzusetzen.

210 Nach § 246 Abs 2 Satz 1 HGB gilt für Vermögensgegenstände und Schulden (wie auch für Aufwendungen und Erträge) ein grds **Saldierungsverbot,** ähnlich IAS 1.32. In beiden Normenwerken bestehen jedoch Ausnahmen von diesem Saldierungsverbot, die teilweise identisch oder recht ähnlich sind, wie bei der Aufrechnung (→ Rn 126) oder bei Planvermögen bzw Vermögensgegenständen, die dem Zugriff aller übrigen Gläubiger entzogen sind und ausschließlich der Erfüllung von Schulden aus Altersversorgungsverpflichtungen oder vergleichbaren langfristig fälligen Verpflichtungen dienen (→ § 26 Rn 11, § 246 Abs 2 Satz 2 HGB).

Abweichend zu den Vorschriften nach § 250 Abs 3 Satz 1 HGB, wonach ein **Disagio** aktiv abgegrenzt werden kann, wird nach IFRS im Zeitpunkt der Erstbewertung ein Disagio weder als Bestandteil der Anschaffungskosten noch erfolgswirksam erfasst. Vielmehr erfolgt nach IFRS die Bewertung der Verbindlichkeit zu dem um das Disagio geminderten Auszahlungsbetrag. 211

Nach **HGB** sind Verbindlichkeiten dann **auszubuchen,** wenn die rechtlichen Tatbestandsmerkmale (Erfüllung, Erlass, Aufrechnung, Schuldübernahme ua) nach BGB erfüllt sind und die Verbindlichkeit damit erloschen ist. Insoweit bestehen keine grundlegenden Unterschiede zu den Vorschriften nach IFRS. 212

II. Bewertung

Die **erstmalige Bewertung** von Verbindlichkeiten hängt von der Anwendbarkeit des IAS 39/IFRS 9 ab. Nach IAS 39.43/IFRS 9.5.1.1 hat ein Unternehmen finanzielle Schulden beim erstmaligen Ansatz unabhängig von der Zuordnung zu einer Kategorie grds mit dem beizulegenden Zeitwert zu bewerten. Für nicht-finanzielle Schulden ist die Bewertung zu Anschaffungskosten die in praxi gebräuchlichste. Der beizulegende Zeitwert nach § 255 Abs 4 HGB ist bei der Berücksichtigung von Deckungsvermögen für Altersversorgungsverpflichtungen iSd § 246 Abs 2 Satz 2 HGB sowie fondsgebundenen Altersversorgungsverpflichtungen iSd § 253 Abs 1 Satz 3 HGB zu berücksichtigen, nicht aber mit dem weitaus gebräuchlicheren beizulegenden Wert zu verwechseln (*Küting/Trappmann/Ranker* DB 2007, 1709 (1709f)). Verbindlichkeiten nach HGB sind gem § 253 Abs 1 Satz 2 HGB mit ihrem Erfüllungsbetrag anzusetzen, der gleichermaßen Geld- wie auch Sachleistungsverpflichtungen umfasst. Aufgrund der Bewertung zum Erfüllungsbetrag ergibt sich nach HGB keine Notwendigkeit zur Unterscheidung zwischen finanziellen und nicht-finanziellen Schulden. 213

Un- und unterverzinsliche Kredite sind nach IFRS mit dem **Barwert** der geschätzten Summe aller zukünftigen Auszahlungen (IAS 39.AG64/IFRS 9.B5.1.1) anzusetzen (→ Rn 102). Dagegen sind Verbindlichkeiten nach HGB – anders als Rückstellungen – nicht abzuzinsen, da eine Abzinsung ein Verstoß gegen das Realisationsprinzip bedeuten würde. 214

§ 256a HGB regelt die zur Umrechnung von auf **fremde Währung lautenden Verbindlichkeiten** im Rahmen der **Folgebewertung** zum **Devisenkassamittelkurs** am Abschlussstichtag (Stichtagskurs). Bei Verbindlichkeiten mit einer Restlaufzeit von einem Jahr oder weniger sind sämtliche positiven und negativen Umrechnungsdifferenzen erfolgswirksam zu berücksichtigen (§ 256a Satz 2 HGB). Die Bewertung von Verbindlichkeiten mit einer Restlaufzeit von über einem Jahr unterliegt den Maßgaben des Realisations- und des Imparitätsprinzips (§ 252 Abs 1 Nr 4 Halbsatz 2 HGB). Nach IFRS sind **monetäre Verbindlichkeiten** im Rahmen der Folgebewertung unabhängig von der Restlaufzeit erfolgswirksam mit dem Stichtagskurs umzurechnen und zu bewerten (→ Rn 120f). **Nicht monetäre Verbindlichkeiten,** die zu fortgeführten Anschaffungskosten bewertet wurden, sind dagegen unverändert mit dem Kurs zum Zeitpunkt der Erstverbuchung umzurechnen und zu bewerten. 215

Die vorgenannten Unterschiede im Ansatz und in der Bewertung von Schulden zwischen IFRS und HGB sowie die zusätzlichen Unterschiede zwischen der handels- und steuerrechtlichen Bewertung von Verbindlichkeiten (zB Abzinsungsgebot von unverzinslichen Verbindlichkeiten gem § 6 Abs 1 Nr 3 Satz 1 EStG) begründen regelmäßig die Notwendigkeit der Berücksichtigung von **Steuerlatenzen** (→ § 25 Rn 37ff). 216

III. Ausweis und Anhangangaben

217 Aufgrund der IFRS-Vorschriften zur **Mindestgliederung** von Verbindlichkeiten in der Bilanz sowie der Verpflichtung, zusätzliche Posten, Überschriften und Zwischensummen zu bilden und eine angemessene Untergliederung von Verbindlichkeiten in der Bilanz vorzunehmen (IAS 1.54ff), kann der Ausweis von Verbindlichkeiten nach IFRS grds entspr § 266 Abs 3 C HGB erreicht werden. Nach IFRS sind allerdings einige Schuldarten (Verbindlichkeiten aus Lieferungen und Leistungen, bestimmte Rückstellungen für personalbezogene Aufwendungen und andere betriebliche Aufwendungen) stets als kurzfristig auszuweisen, selbst wenn sie später als zwölf Monate nach dem Bilanzstichtag fällig werden (IAS 1.70). Diese Ausnahme von der Fristigkeitszuordnung ist nach HGB nicht vorgesehen. Durch die Änderungen des BilRUG wird § 268 Abs 5 HGB dahingehend angepasst, dass nunmehr nicht nur der Betrag der Verbindlichkeiten mit einer Restlaufzeit bis zu einem Jahr, sondern auch der Betrag der Verbindlichkeiten mit einer Restlaufzeit von mehr als einem Jahr anzugeben ist. Damit nähern sich die Regelungen in diesem Bereich zwischen HGB und IFRS weiter an. Inhaltlich ist auch zu beachten, dass einzelne Geschäftsvorfälle nach IFRS den Verbindlichkeiten, nach HGB den Rückstellungen zugeordnet werden (zB abgegrenzte Schulden, Drohverluste aus Derivaten). Zudem ist zu beachten, dass ein passiver Rechnungsabgrenzungsposten wie nach § 266 Abs 3 D HGB nach IFRS nicht existiert.

218 **Übereinstimmend** mit dem HGB kommt dem **Anhang** nach IFRS eine Erläuterungs- und Ergänzungsfunktion ggü den sonstigen Bestandteilen des Jahresabschlusses zu, wobei die einzelnen Angaben nach IFRS deutlich umfangreicher sind. So existiert mit IFRS 7 ein eigener Standard bzgl der Angabepflichten finanzieller Schulden.

I. Aktuelle Entwicklungen/IASB-Projekte

219 Der IASB schlägt mit ED/2015/1 Änderungen an IAS 1 hinsichtlich der **Klassifizierung von Schulden** vor. Dabei wird herausgestellt, dass die Klassifizierung als kurz- oder langfristig auf den Rechten basieren muss, die zum Bilanzstichtag vorliegen, indem IAS 1.69(d) und IAS 1.73 geändert werden und nur Rechte, die zum Ende der Berichtsperiode bestehen, Auswirkungen auf die Schuldenklassifizierung haben. Zudem wird der Zusammenhang zwischen der Erfüllung einer Verpflichtung und dem Abfluss von wirtschaftlichen Ressourcen verdeutlicht, indem die Erfüllung durch Übertragung von Barmitteln, Eigenkapitaltiteln oder sonstigen Vermögenswerten oder Leistungen an die Gegenpartei erfolgen kann.

220 Mit ED/2015/3 will der IASB das **Rahmenkonzept** für die Finanzberichterstattung in weiten Teilen modifizieren. Danach ist eine Schuld eine gegenwärtige Verpflichtung des Unternehmens, eine wirtschaftliche Ressource als Ergebnis früherer Ereignisse zu übertragen. Die Erwartungshaltung, wie sie derzeit in F.4.4(b) zum Ausdruck kommt, wird nicht mehr explizit genannt. Zudem soll ein explizierter Verweis auf das Konzept der **Vorsicht** wieder in das Rahmenkonzept eingefügt werden, wobei Vorsicht die Neutralität unterstützen soll.

221 Im Rahmen des Umsetzungs- und Forschungsprojektes **Angabeinitiative** (*disclosure initiative*) werden Änderungen von Bilanzierungs- und Bewertungsmethoden und Schätzungen, Angabeprinzipien und der Grundsatz der Wesentlichkeit von Angaben thematisiert. Dabei sollen die in der Praxis artikulierten Unsi-

cherheiten hinsichtlich der Unterscheidung zwischen Änderungen von Bilanzierungs- und Bewertungsmethoden und Schätzungsänderungen geklärt sowie Prinzipien für die Angaben im Anhang und Leitlinien entwickelt werden, um Ermessensentscheidungen in Bezug auf die Wesentlichkeit von Angaben besser treffen zu können. Nach der in einem ersten Schritt bereits im Dezember 2014 erfolgten Veröffentlichung von Ergänzungen des IAS 1 werden derzeit noch drei weitere Teilprojekte vom IASB in seinem Arbeitsplan ausgewiesen. Wann diese jedoch zu Standardänderungen bzw -ergänzungen führen werden und welchen Umfang diese Anpassungen haben werden, ist derzeit (Stand: 31. Juli 2015) aufgrund der bisherigen Projektfortschritte noch nicht absehbar.

II. Gesamtergebnisrechnung/ Gewinn- und Verlustrechnung

§ 15. Gesamtergebnisrechnung/ Gewinn- und Verlustrechnung

Übersicht

Schrifttum: *Alexander/Archer* International Accounting/Financial Reporting Standards Guide, New York 2008; *Amshoff/Jungius* Neuregelung der Darstellung der Gesamtergebnisrechnung, PiR 2011, 245; *Baetge/Celik* Umsatzerlöse nach IFRS 15 – ein inkonsistenter Ansatz, IRZ 2014, 365; *Baur/Lüpold/Witte* Ermessensspielräume im Umgang mit IFRS 15, IRZ 2014, 469; *Beiersdorf/Schmidt* Umsatzerfassung- Bestimmung von Auftraggeber (Prinzipal) und Vermittler (Agent) Der Fall – die Lösung, IRZ 2014, 457; *Brandt/Heiden/Hütten* Gegenwart und Zukunft der Softwareumsatzrealisierung nach internationalen Vorschriften – das Beispiel SAP, FS für Liesel Knorr Globale Finanzberichterstattung, Stuttgart 2008, 371; *Breidenbach* Realisation von Umsatzerlösen nach IFRS 15, BBK 2014, 631; *Brücks/Diem/Kerkhoff* IAS 1 (2003) in Thiele/von Keitz/Brücks Internationales Bilanzrecht, Bonn 2012; *Brune* Erlöse aus Lizenzen nach IFRS 15 – Grundsätze und praktische Anwendungsfragen, WPg 2015, 114; *Driesch* Die Bilanzierung von Kundenbindungsprogrammen nach IFRIC 13, WPg 2007, 1059; *Fischer* Bilanzierung von Mehrkomponentenverträgen nach IFRS 15, PiR 2014, 217; *Fischer* Umsatzrealisation bei Fertigungaufträgen nach IFRS 15, PiR 2014, 253; *Grote/Hold/Pilhofer* IFRS 15: Die neuen Vorschriften zur Umsatz- und Gewinnrealisierung – Was sich (nicht) ändert!, IRZ 2014, 339; *Grote/Hold/Pilhofer* IFRS 15: Die neuen Vorschriften zur Umsatz- und Gewinnrealisierung (Teil 1 und 2), KoR 2014, 405 und 474; *Hagemann* IFRS 15 – Erfassung von Umsatzerlösen aus Kundenverträgen, PiR 2014, 227; *Kirsch* Bilanzierung von langfristigen Kundenaufträgen nach IFRS 15, KoR 2014, 505; *Konold/Müller* Umsatzrealisierung bei Mehrkomponentenverträgen nach IFRS 15 Der Fall – Die Lösung, IRZ 2015, 5; *Lühn* Bilanzierung von Kundenbindungsprogrammen nach IFRS 15, PiR 2014, 261; *Morich* IFRS 15: Neue Regeln zur Erlöserfassung nach IFRS, DB 2014, 1997; *Oser/Orth/Wirtz* Neue Vorschriften zur Rechnungslegung und Prüfung durch das Bilanzrichtlinie-

Umsetzungsgesetz – Anmerkung zum Referentenentwurf –, DB 2014, 1877; *Ruhnke/Nerlich* Abbildung von Filmrechten in einem IAS/IFRS-Jahresabschluss, WPg 2003, 753; *Sandleben/Reinholdt* IFRS 15 – Revenue Recognition neu gefasst, IRZ 2014, 269; *Schmidt* Phasenspezifische Methoden zur Messung des Leistungsfortschritts bei zeitraumbezogener Erlöserfassung nach IFRS 15? Der Fall – die Lösung, IRZ 2015, 267; *Schreiber/Schmidt* BB-IFRIC-Report: IFRIC 15 und 16 – Darstellung und kritische Würdigung, BB 2008, 2058; *Schmidt/Barekzai/Hüttermann* Umsatzrealisierung nach IFRS 15 – Implikation auf die Bilanzierungspraxis (Teil 1 und 2), DB 2015, 77 und 137; *Schurbohm-Ebneth/Ohmen* Implikation von IFRS 15 für den Anlagebau, KoR 2015, 7; *Sellhorn/Hahn/Müller* Zur Darstellung des Other Comprehensive Income nach IAS 1 (rev 2011), WPg 2011, 1013; *Thurow* Erstanwendungsregeln des IFRS 15 machen den Standard bereits ab 2015 relevant, IRZ 2014, 464; *J. Wüstemann/S. Wüstemann* Grundsätze für die Erfassung von Umsatzerlösen aus Verträgen mit Kunden, WPg 2014, 929; *Zaug/Krämer/Noffke* IFRS in der Immobilienbranche – Auswirkungen des neuen Rechnungslegungsstandards zur Umsatzlegung, Der Schweizer Treuhänder 2014, 894; *Zeyer/Engler* Brutto- oder Netto-Umsatzausweis nach IFRS – Strukturierungshilfe bei der Ermessensausübung in der Prinzipal-Agenten-Frage, KoR 2012, 121.

Wesentliche Rechtsgrundlagen: IAS 1, IAS 18, IFRS 15, IFRIC 12, IFRIC 13, IFRIC 15, IFRIC 18

A. Allgemeines

Die Gesamtergebnisrechnung *(statement of comprehensive income)* ist ein **Pflichtbestandteil** des IFRS-Jahresabschlusses (vgl IAS 1.10(b)). Sie stellt das **zentrale Rechnungslegungsinstrument** für die Darstellung der Ertragslage des Unternehmens dar. Besonderheit der Gesamtergebnisrechnung ist, dass in ihr alle Aufwendungen und Erträge auszuweisen sind, dh sowohl die erfolgswirksam erfassten (GuV) als auch die im sonstigen Ergebnis (*other comprehensive income,* OCI) verrechneten Komponenten. Ausgangspunkt der Gesamtergebnisrechnung bleibt als eine Teilrechnung die klassische GuV, deren Periodenerfolg allerdings nur ein Zwischenergebnis darstellt. Aufbauend auf diesem Periodenerfolg wird durch Erweiterung um das sonstige Ergebnis *(other comprehensive income)* das **Gesamtergebnis** *(total comprehensive income)* ermittelt (IAS 1.10(b) sowie die Beispiele in IAS 1.IG6). 1

Die Gesamtergebnisrechnung stellt damit den Abschlussbestandteil dar, in dem grds **sämtliche Veränderungen des Eigenkapitals** des berichtenden Unternehmens dargestellt werden, die nicht aus Transaktionen mit Anteilseignern resultieren. Einzige Ausnahme stellen Änderungen der Bilanzierungsmethoden (sog *accounting policy changes*) sowie Fehlerkorrekturen dar, die in der Eigenkapitalveränderungsrechnung dargestellt werden (→ § 17 Rn 21 f). Da somit in der Gesamtergebnisrechnung neben sämtlichen „erfolgswirksamen" Geschäftsvorfällen (dh in der GuV erfassten Erträgen und Aufwendungen) auch alle „erfolgsneutralen" Geschäftsvorfälle, dh die im sonstigen Ergebnis erfassten Erträge und Aufwendungen abgebildet werden, erhält der Bilanzleser eine komprimierte Darstellung wichtiger Informationen über die in der **Periode insgesamt erzielten Aufwendungen und Erträge.** 2

Grds ist es daher konzeptionell zutreffender, nicht die Begriffe „erfolgswirksam" und „erfolgsneutral" zu verwenden und damit wiederum auf das traditionell ermittelte Periodenergebnis abzustellen; vielmehr würde die Bezeichnung „GuV-wirksame/GuV-unwirksame Ertrags- und Aufwandserfassung" dem Gedanken der umfassenden Berücksichtigung der nicht anteilseignerinduzierten Eigenkapitalveränderungen bei der Ermittlung des Unternehmensergebnisses eher gerecht, denn das sonstige Ergebnis wird als integraler Bestand des Unter- 3 nehmensergebnisses und gerade nicht als „ergebnis-/erfolgsneutral" verstanden (vgl zur Bedeutung des sonstigen Ergebnisses am Beispiel der DAX30-Unternehmen etwa *Sellhorn/Hahn/Müller* WPg 2011, 1013 (1015)). In diesem Werk wird jedoch – konventionsbedingt – teilweise weiterhin zwischen erfolgswirksam (iSv GuV-wirksam) und erfolgsneutral (iSv nicht GuV-wirksam bzw im sonstigen Ergebnis erfasst) unterschieden.

4 Der Bilanzierende hat bei der Aufstellung der Gesamtergebnisrechnung die Wahl zwischen **zwei Formaten.** Die Gesamtergebnisrechnung ist entweder in einem Abschlussbestandteil darzustellen (sog *single statement approach;* → Rn 83 f) **oder** in **zwei** separate Abschlussbestandteile zu zerlegen (sog *two statement approach;* → Rn 85). Sofern die separate Darstellung gewählt wird, sind die beiden Bestandteile jedoch unmittelbar aufeinanderfolgend zu präsentieren (IAS 1.10A).

5 Das **Gesamtergebnis** wird in die Eigenkapitalveränderungsrechnung übernommen und dort den entspr Eigenkapitalposten zugewiesen (→ § 17 Rn 12). In der Eigenkapitalveränderungsrechnung sind darüber hinaus lediglich eigentümerbezogene Eigenkapitalveränderungen (zB Dividendenzahlungen, Thesaurierungen von Jahresergebnissen, Kapitalmaßnahmen) sowie durch IAS 8 ausgelöste Änderungen mit erfolgsneutraler Auswirkung (retrospektiv zu erfassende Fehlerkorrekturen und Änderungen der Bilanzierungsmethoden) auszuweisen (→ § 17 Rn 15 ff).

6 Änderungen hat die Gesamtergebnisrechnung durch den im Mai 2014 verabschiedeten **IFRS 15** Umsatzerlöse aus Verträgen mit Kunden (→ Rn 46 ff), den im Juli 2014 verabschiedeten **IFRS 9** Finanzinstrumente (→ Rn 79 sowie allgemein zu Finanzinstrumenten, § 3) sowie die im Dezember 2014 veröffentlichten ersten Ergebnisse der ***Disclosure Initiative*** (sog Anhanginitiative, → Rn 166) erfahren.

7 Die folgende Kommentierung basiert auf dem im Dezember 2014 letztmalig ergänzten **IAS 1.** Die angeführten Änderungen sind ab dem 1. Januar 2016 *(Disclosure Initiative)* sowie dem 1. Januar 2018 (IFRS 9 bzw IFRS 15, dazu → Rn 165 f) anzuwenden. Das Endorsement der Änderungen steht derzeit (Stand: 31. Juli 2015) noch aus, wird jedoch vor dem jeweiligen Zeitpunkt der erstmaligen Anwendung erwartet.

Zu den weiteren Entwicklungen → Rn 169.

B. Ertragsrealisation nach IFRS

8 Die Regelungen zur Ertragsrealisation wurden mit der Verabschiedung des **IFRS 15** Umsatzerlöse aus Verträgen mit Kunden im Mai 2014 vollständig neu gefasst. Dieser Standard ist, entspr der IASB-Entscheidung vom Juli 2015 für Geschäftsjahre beginnend ab dem 1. Januar 2018 anzuwenden (und nicht wie urspr geplant ab 1. Januar 2017). Eine frühere Anwendung ist erlaubt, wobei dies für IFRS-Anwender in EU-Mitgliedstaaten das derzeit (Stand: 31. Juli 2015) für das erste Quartal 2016 geplante EU-Endorsement voraussetzt. Mit IFRS 15 werden die bisherigen allgemeinen Regelungen in IAS 18 und IAS 11 sowie die einzelfallspezifischen Interpretationen IFRIC 13, IFRIC 15, IFRIC 18 und SIC-31 ersetzt (vgl IFRS 15.C10). Zum besseren Verständnis der Vorschriften zur Gesamtergebnisrechnung stellen wir zunächst die derzeit geltenden **allgemeinen Regelungen** zur **Ertragsrealisation** gem IAS 18 iVm IAS 11 sowie die in weiteren Standards und Interpretationen enthaltenen spezifischen Regelungen zur Ertragsrealisation dar. Im Anschluss daran werden die Neureglungen des IFRS 15 dargestellt (→ Rn 46 ff).

Grds ist bei Erträgen zwischen **Umsatzerlösen** *(revenue)* und **sonstigen Erträgen** *(other income, gains)* zu unterscheiden. 9

I. IAS 18

1. Allgemeine Realisationskriterien

Neben dem realisierten Zufluss in der Berichtsperiode (zB IAS 18.7) ist ein Ertrag (bereits) zu erfassen, wenn **hinreichend wahrscheinlich** ist, dass ein **künftiger Nutzen** (idR ein Zahlungseingang) aus der Transaktion erwächst (IAS 18 Zielsetzung, konkretisiert zB in IAS 18.18, IAS 18.22 und IAS 18.34). Unzureichend wahrscheinliche Erträge dürfen demnach nicht vorübergehend realisiert und anschließend durch Wertberichtigung korrigiert werden. In diesem Fall ist eine Ertragsrealisation ausgeschlossen; etwas anderes gilt, wenn zu einem späteren Zeitpunkt Zweifel an der Werthaltigkeit der (zu Recht) eingebuchten Forderung entstehen (IAS 18.18). Zudem ist Voraussetzung für die Ertragsrealisation, dass dieser der Höhe nach zuverlässig messbar ist (F.4.41). 10

Eine **Realisierung** als **Ertrag** ist nach IAS 18.19 dann **verboten,** wenn der aus dem Geschäftsvorfall resultierende Aufwand insgesamt nicht verlässlich geschätzt werden kann (Ausfluss des *matching principle*). Ggf bereits erhaltene Zahlungen des Kunden sind dann als Schulden zu bilanzieren, um die Erfolgsneutralität der noch nicht realisierten Transaktionen zu gewährleisten. Eine solche Konstellation ist zB denkbar, wenn die Höhe der Nachbesserungsaufwendungen oder Garantieleistungen für eine gelieferte und nicht funktionsfähige Anlage nicht realistisch einschätzbar sind. Eine Ertragsrealisation mit einer entspr Rückstellung für nachlaufende Kosten scheidet hier aus, da keine realistische Einschätzung des Aufwands getroffen werden kann. 11

Grds sind die **Realisationskriterien einzeln** für jeden Geschäftsvorfall anzuwenden. Die Vertragsgestaltung ist unter Einbeziehung des wirtschaftlich Gewollten für die Beurteilung der Realisierung von entscheidender Bedeutung. IAS 18.13 bestimmt aber auch, dass eine Zerlegung eines Gesamtgeschäfts in abgrenzbare Leistungskomponenten vorzunehmen ist, wenn nur so bei wirtschaftlicher Betrachtungsweise das Vertragsverhältnis, das der Transaktion zugrunde liegt, richtig abgebildet werden kann. Dies kommt zB bei einem Kaufvertrag, der mit Dienstleistungselementen (zB *after sale service,* IT-Lizenz und Wartung) verbunden ist, zum Tragen (→ Rn 20 ff). Es sind aber auch umgekehrte Verhältnisse denkbar, wenn zB neben einem (unbedingten) Kauf- und Übertragungsvertrag in einer gesonderten Vereinbarung ein Rückkaufsrecht eingeräumt wird. In diesem Fall sind beide Verträge nach dem Grundsatz der wirtschaftlichen Betrachtungsweise (F.QC12 ff iVm F.BC3.26) für die Frage der Ertragsrealisation gemeinsam zu würdigen (*J. Wüstemann/S. Wüstemann/Neumann* in Baetge ua IFRS-Komm IAS 18 Rz 84; *Lüdenbach/Hoffmann/Freiberg* IFRS § 25 Rz 51 ff). 12

2. Erträge aus dem Verkauf von Gütern

Zu den Erträgen aus dem **Verkauf von Gütern** können Erträge aus dem Verkauf von selbsterstellten oder erworbenen, abnutzbaren oder nicht abnutzbaren Vermögenswerten zählen. Maßgebliche Kriterien für die Ertragsrealisation aus dem Verkauf von Gütern sind nach IAS 18.14 der Übergang der maßgeblichen **Chancen und Risiken** auf den Käufer sowie das **Erlöschen der Verfügungsmacht.** Entscheidendes Kriterium ist demnach der Eigentumsübergang. Hierzu verdeutlicht IAS 18.16, dass maßgebliche Chancen und Risiken beim Verkäufer verbleiben, wenn das Unternehmen ungewöhnliche Verpflichtungen 13 für Schlechterfüllung übernimmt, die eigenen Erträge von der Weiterveräußerung des Käufers abhängen, wesentliche vertragliche Nebenleistungen wie Aufstellung und Montage noch nicht erbracht sind oder wenn die Ausübung eines bestehenden Rücktrittsrechts durch den Käufer nicht verlässlich eingeschätzt werden kann (für ein Beispiel zu den Kriterien des IAS 18.14 vgl *ESMA* EECS/0112-04 vom 10. Oktober 2012). Daneben müssen die allgemeinen Bilanzierungsvoraussetzungen, dh die verlässliche Bestimmbarkeit der Erträge und der Veräußerungskosten sowie die hinreichende Wahrscheinlichkeit des Zuflusses eines wirtschaftlichen Nutzens, erfüllt sein (zu den Abgrenzungen → § 2 Rn 144ff).

Da nicht alle Unternehmenstransaktionen den Realisationskriterien klar zuzuordnen sind und insbes die wirtschaftlich gewollten Konsequenzen aus einer Transaktion oftmals von den schlichten zivilrechtlichen Prinzipien abweichen, werden im Folgenden wesentliche Fälle komplexerer Veräußerungsgeschäfte dargestellt.

14 So kann bspw das Kriterium des Eigentumsübergangs durch Vereinbarungen abgewandelt werden. Die IFRS bezeichnen diesen Fall als ***bill-and-hold*-Verkäufe** (vgl IAS 18.IE1). Bei *bill-and-hold*-Verkäufen handelt es sich um Veräußerungsgeschäfte, bei denen das rechtliche Eigentum auf den Käufer übergegangen ist, die Auslieferung des Vermögenswerts an den Käufer auf dessen Wunsch aber erst später erfolgt. Die Ertragsrealisation ist in diesem Fall vom Vorliegen **sämtlicher** folgender Kriterien abhängig:

(1) die Lieferung hat auf eine gesonderte **Weisung** des Käufers zu erfolgen,
(2) die Lieferung ist **wahrscheinlich,**
(3) der Vermögenswert muss zum Zeitpunkt der Ertragsrealisation **verfügbar** sein und für den Käufer bereitgehalten werden,
(4) der Käufer hat die aufschiebenden **Lieferbedingungen** ausdrücklich **bestätigt und**
(5) die im gewöhnlichen Geschäftsverkehr geltenden **Zahlungsbedingungen** müssen **vereinbart** sein.

Sind diese Kriterien erfüllt, ist der Ertrag zu realisieren. Erfolgt die Zahlung in Raten, so kann der Ertrag realisiert werden, sofern ein wesentlicher Teil der Raten geleistet wurde und mit den restlichen Zahlungen zu rechnen ist.

15 Einen Sonderfall stellen auch sog Veräußerungsgeschäfte mit **vereinbarten Nebenbedingungen** dar. Im deutschen Zivilrecht ist hiermit zumeist ein Werkvertrag gem § 631 BGB angesprochen. Bei Veräußerungsgeschäften, bei denen etwa **Montagearbeiten oder Endkontrollen** notwendig sind, ist der Ertrag erst dann zu realisieren, wenn der Käufer die Lieferung akzeptiert und des Weiteren Installation und/oder Endkontrolle abgeschlossen sind (IAS 18.IE2(a)). Nicht gelten soll dieser Realisationsgrundsatz allerdings, wenn lediglich ein geringer Installationsaufwand notwendig oder die Endkontrolle/Abnahme nur für die abschließende Bestimmung des Vertragspreises erforderlich ist. In diesen beiden Fällen erfolgt eine Ertragsrealisation direkt mit der Abnahme der Vermögenswerte durch den Käufer. Gleiches gilt, wenn die Montage nicht vom Lieferanten geschuldet wird und der Käufer damit einen Dritten beauftragt hat.

16 Des Weiteren sind Veräußerungsgeschäfte mit **Rückgaberecht des Käufers** zu erwähnen. Hierbei richtet sich die Ertragsrealisation nach der Wahrscheinlichkeit, mit der mit Rückgaben zu rechnen ist. Kann die Inanspruchnahme des Rückgaberechts durch den Käufer aus Erfahrungswerten abgeleitet werden, so ist der Ertrag sofort zu realisieren und gleichzeitig für die geschätzte Inanspruchnahme (Rückgabequote) eine Schuld zu passivieren. Dies ist zumeist im Massengeschäft (Einzelhandel) der Fall. Ist eine zuverlässige Schätzung nicht möglich (zB mangels Erfahrung), so darf erst dann ein Ertrag realisiert werden, wenn der

Käufer die Lieferung des Vermögenswerts formal akzeptiert hat oder der vereinbarte Vermögenswert geliefert und die vereinbarte oder gesetzliche Rücktrittsfrist abgelaufen ist (IAS 18.IE2(b)). An die Verlässlichkeit der Schätzung sind uE keine überzogenen Anforderungen zu stellen. Liegen Kenntnisse zu dem tatsächlichen Kundenverhalten bis zur Bilanzaufstellung vor, sind diese als bilanzaufhellend zu berücksichtigen.

17 Besonderheiten bieten außerdem sog **aufschiebend bedingte** Verkäufe (*lay-away*-Verkäufe). Darunter werden Verträge verstanden, bei denen die Lieferung des Vermögenswerts erst dann erfolgt, wenn der Käufer die letzte Rate von vereinbarten Teilzahlungen geleistet hat. Im Normalfall würde eine Ertragsrealisation erst dann stattfinden, wenn die Lieferung erfolgt ist. Allerdings gestattet IAS 18 eine Ertragsrealisation vor der Lieferung, wenn wesentliche Teilzahlungen bereits geleistet sind, der Käufer bereits mehrere solcher Transaktionen planmäßig abgewickelt hat und der Vermögenswert beim Verkäufer zur Auslieferung bereit liegt (IAS 18.IE3). Im Gegenzug muss für die noch ausstehende Zahlung eine Passivierung erfolgen.

18 Bei Geschäften mit Kunden, die bereits im **Lieferzeitpunkt Zahlungsschwierigkeiten** haben, ist das Realisationskriterium der Wahrscheinlichkeit eines Nutzenzuflusses in Frage zu stellen. In diesem Fall könnte ein Ertrag einerseits und eine adäquate Wertberichtigung auf Forderungen andererseits gebucht werden. Allerdings verbietet IAS 18.18 diese Buchungsvariante; vielmehr wird verlangt, dass bis zur Beseitigung der Ungewissheit keine Ertragsrealisation vorgenommen wird. Nicht einschlägig ist dieses Realisationsverbot allerdings, wenn die Zahlungsschwierigkeiten des Kunden erst nach der Lieferung eintreten oder der Lieferant erst danach davon erfährt.

19 Die Ertragsrealisation ist auch dann eingeschränkt, wenn die mit dem Eigentum der Güter verbundenen Chancen und Risiken nicht (vollständig) auf den Käufer übergegangen sind. Dies kann etwa bei Grundstücksveräußerungen mit **Renditegarantien** gegeben sein. Hier ergibt sich aus IAS 18.16(b) iVm IFRIC 15.IE10, dass zB bei Vorliegen einer Mietgarantie ggü dem Käufer über einen über der derzeitigen Marktmiete erzielbaren Mieterlös der Veräußerungserlös nicht voll realisiert werden darf. In Höhe des Barwerts der über der marktüblichen Miete liegenden Garantie ist der Veräußerungserlös als *deferred income* abzugrenzen. Wenn eine Vermietbarkeit des verkauften Grundstücks/Gebäudes auch zu den der Garantie zugrunde gelegten Mieten zweifelhaft erscheint und damit der Verkaufserlös weitgehend durch den Barwert der Mietgarantie aufgezehrt werden dürfte, ist eine Ertragsrealisation insgesamt unzulässig. Es sind dann jährlich nur die abgegrenzten Garantien pro rata temporis aufzulösen bzw der Veräußerungserlös bei Wegfall des Garantierisikos (Zeitablauf oder deutliche Verbesserung des Mietmarkts; → § 13 Rn 117 ff) zu vereinnahmen.

3. Erträge aus der Erbringung von Dienstleistungen

20 Bei der Realisation von Erlösen aus **Dienstleistungsgeschäften** stellt die verlässliche Schätzbarkeit des Ergebnisses des Dienstleistungsgeschäfts das entscheidende Kriterium der Ertragsrealisation dar. Erträge aus der Erbringung von Dienstleistungen sind entspr dem **Leistungsfortschritt** zum Abschlussstichtag zu erfassen, wenn das Ergebnis des gesamten Geschäftsvorfalls zuverlässig geschätzt werden kann. **Eine zuverlässige Schätzung** ist gem IAS 18.20 gewährleistet, wenn sich kumulativ die Höhe der Umsatzerlöse zuverlässig schätzen lässt, der wirtschaftliche Nutzen wahrscheinlich zufließen wird, der Leistungsfortschritt zuverlässig ermittelt werden kann und bereits angefallene Aufwendungen sowie die für die Fertigstellung erforderlichen Aufwendungen zuverlässig messbar sind.

Es ist von einer zuverlässigen Schätzung auszugehen, wenn ein effektives internes Kostenrechnungssystem besteht und zwischen den Vertragsparteien die durchsetzbaren Ansprüche auf die jeweiligen Dienstleistungen, die Gegenleistungen und die Modalitäten der Vertragserfüllung festgehalten wurden (IAS 18.23).

21 Zur **Bemessung des Leistungsfortschritts** können verschiedene Methoden angewandt werden. Grds gilt, dass jede Methode, die zu verlässlichen Ergebnissen führt, zulässig ist. Gem IAS 18.21 lassen sich die Regelungen des IAS 11.11 ff für die Erfassung von Umsatzerlösen und zugehörigen Aufwendungen nach der sog *percentage-of-completion*-Methode (PoC-Methode) auf zu erbringende Dienstleistungen übertragen. Entspr führt IAS 18.24 mit IAS 11.30 vergleichbare Methoden zur Bemessung des Leistungsfortschritts an. Dazu zählen die Feststellung der erbrachten Arbeitsleistung, das Verhältnis der zum Stichtag erbrachten Leistungen zur vereinbarten Gesamtleistung oder das Verhältnis der zum Stichtag bereits angefallenen Kosten zu den geschätzten Gesamtkosten (im Detail zur PoC-Methode → § 9 Rn 56 ff). Dabei wird idR eine lineare Ertragsrealisation möglich sein. Dies gilt – aus Praktikabilitätsgründen – insbes dann, wenn eine Vielzahl von Teilleistungen über einen festgelegten Zeitraum erbracht wird und keine einzelne Teilleistung von erheblich größerer Bedeutung ist (IAS 18.25).

Vergleichsweise unproblematisch ist die Ertragsrealisation hingegen, wenn Dienstleistungen gegen **Zeithonorar** geschuldet werden und die Dienstleistung ordentlich erbracht, alle Arbeitsstunden abrechenbar und der Leistungsempfänger zahlungsfähig ist.

22 **Voraussetzung** für die Ertragsrealisierung bei Dienstleistungen ist, dass der Zufluss wirtschaftlichen Nutzens hinreichend wahrscheinlich ist. Wenn sich bereits während der Leistungserbringung Zweifel an der Einbringlichkeit der Gegenleistung ergeben, so ist eine Realisation nicht zulässig. Ergeben sich die Zweifel dagegen erst nach (zulässig) erfolgter Ertragsrealisation, ist der wahrscheinlich uneinbringlich gewordene Betrag als Wertberichtigungsaufwand zu erfassen und nicht gegen den zunächst zu Recht realisierten Umsatz zu verrechnen (IAS 18.22). Die Realisation ist grds erfolgt, wenn nur noch Inkasso- und (allgemeine) Gewährleistungsrisiken bestehen. Eine qualifizierte Abnahme der (Teil-)Leistung (wie nach HGB) wird nicht für erforderlich gehalten, da gem IAS 18.21 auch bei Dienstleistungsgeschäften die in IAS 11 geregelten Prinzipien der *percentage-of-completion*-Methode (→ Rn 21; → § 9 Rn 56 ff) anwendbar sind.

23 Entscheidend ist, dass neben einer **zuverlässigen Ertragsschätzung** auch eine **Aufwandsschätzung** möglich ist, sodass das Ergebnis des Dienstleistungsauftrags insgesamt verlässlich geschätzt werden kann. Andernfalls sind nur in der Höhe Erträge realisierbar, in der die angefallenen Aufwendungen einbringlich *(recoverable)* sind (IAS 18.26); mithin kommt es bei einem nicht verlässlich schätzbaren Geschäftsergebnis nicht zu einem Gewinnausweis (vgl auch IAS 18.27). Grds ergibt sich aus dieser Konzeption jedoch insgesamt eine frühe (Teil-)Ertragsrealisierung. Wenn weder das Ergebnis des Dienstleistungsgeschäfts hinreichend abschätzbar ist, noch mit hinreichender Wahrscheinlichkeit davon ausgegangen werden kann, dass die angefallenen Kosten wiedererlangt werden, ist eine Ertragsrealisation ausgeschlossen (IAS 18.28). Es ergibt sich dann eine ausschließliche Aufwandsverrechnung; auch eine Ertragsrealisierung gem IAS 18.26 in Höhe der bisher angefallenen, einbringlichen Aufwendungen ist unzulässig. Bei späterer zuverlässiger Schätzbasis für das Ergebnis kann eine Realisierung gem IAS 18.20 nach dem Leistungsfortschritt vorgenommen werden (s auch *J. Wüstemann/S. Wüstemann/Neumann* in Baetge ua IFRS-Komm IAS 18 Rz 69).

Wie bei Erträgen aus dem Verkauf von Gütern (→ Rn 13) können sich auch im Zusammenhang mit Erträgen aus der Erbringung von Dienstleistungen Abgrenzungsprobleme ergeben. Einige werden im Folgenden beispielhaft dargestellt.

Bei **Versicherungsprovisionen** handelt es sich um Vermittlungsprovisionen, die ein Versicherungsvertreter bei einem Vertragsabschluss erhält. Normalerweise erfolgt eine Ertragsrealisation mit Beginn des (ggf neuen) Versicherungszeitraums des entspr Versicherungsvertrags. Hat der Versicherungsvermittler jedoch in der Folgezeit weitere Leistungsverpflichtungen (zB Inkasso, Schadenabwicklung) zu erbringen, ist ein Teil der Provision passiv abzugrenzen (IAS 18.IE13) und über die Laufzeit des Vertrags zu vereinnahmen. 24

Ist im Veräußerungspreis von Vermögenswerten ein (separat identifizierbares) Entgelt für künftig zu erbringende Dienstleistungen enthalten, so ist dieses **Dienstleistungsentgelt** passiv abzugrenzen und über den Zeitraum der Dienstleistungserbringung als Ertrag zu vereinnahmen (IAS 18.IE11). Solche Dienstleistungsentgelte können bspw enthalten sein bei dem Verkauf von Software mit anschließender Kundenbetreuung, dem Verkauf von Gütern mit kostenloser Wartung über einen bestimmten Zeitraum oder bei Franchisegebühren, die sowohl die Einstandsleistung als auch nachfolgende Betreuung durch den Franchisegeber enthalten. Dabei ist für die erwarteten Kosten der *after-sales*-Dienstleistungen einschließlich eines angemessenen Gewinnaufschlags für diese Leistungen eine Abgrenzung vorzunehmen. Wegen der möglichen, insbes bei Software auftretenden Fragestellungen verweisen wir auf → Rn 33. 25

Im Zusammenhang mit **Finanzdienstleistungen** können verschiedene Gebühren oder Provisionen anfallen. IdR stellt sich im Zuge der Ertragsrealisation die Frage, ob es sich bei den vereinnahmten Gebühren oder Provisionen um Zinsbestandteile eines Finanzinstruments oder eigenständige Erträge handelt, die sofort oder über die Laufzeit der Finanzdienstleistung verdient werden. Zur Vereinfachung geben IAS 18.IE14(a) bis (c) drei wirtschaftliche Betrachtungsweisen vor, aus denen sich der Realisationszeitpunkt ergibt: 26

(1) Entgelte, die **Bestandteil der Effektivverzinsung** sind, zB Gebühren für Bonitätsprüfung eines Kreditnehmers oder andere zu Beginn eines Schuldverhältnisses anfallende Bearbeitungsgebühren, sind als Teil der Effektivverzinsung über die Laufzeit des Finanzinstruments zu realisieren. Fallen Gebühren für die Kreditbereitstellung an und wird der Kredit nicht in Anspruch genommen, so ist der Ertrag am Ende des Zusagezeitraums erfolgswirksam zu erfassen (diese Gebühren sind als Bereitstellungs- oder Zusageprovisionen zu interpretieren, die sofort zu vereinnahmen sind).
Ausgenommen von dieser laufzeitkonformen Erfassung als Bestandteil der Effektivverzinsung sind jedoch Entgelte, die im Zusammenhang mit Finanzinstrumenten anfallen, welche gem IAS 39/IFRS 9 erfolgswirksam zum beizulegenden Zeitwert bewertet werden (→ § 3 Rn 160f). Diese Entgelte sind bei erstmaligem Ansatz des Finanzinstruments erfolgswirksam zu erfassen (IAS 18.IE14(a)).

(2) Entgelte, die über den **Zeitraum der Leistungserbringung** hinweg verdient werden, zB lfd Bearbeitungs- und Abwicklungsleistungen, Kontoführungsgebühren, sind jeweils nach Leistungserbringung über die Zeit zu realisieren.

(3) Entgelte, die bei **Ausführung bestimmter übergeordneter Tätigkeiten** *(execution of a significant act)* erfolgswirksam vereinnahmt werden. Dazu gehören zB Gebühren für Aktienzuteilung, Kreditvermittlungsprovisionen oder Gebühren für die Konsortialführerschaft. So gelten Gebühren für die Aktienzuteilung im Zeitpunkt der Zuteilung der Aktien als realisiert. Kreditvermittlungsprovisionen sind zum Zeitpunkt des Vertragsabschlusses als Ertrag zu erfassen. Gebühren für die Konsortialführerschaft sind mit der Kreditplatzie-

rung verdient, wenn für den Konsortialführer und die übrigen Konsortialmitglieder eine einheitliche Verzinsung gilt. Sollen die Gebühren jedoch wiederum eine niedrigere Verzinsung ausgleichen, so sind sie als Bestandteil der Effektivverzinsung anzusehen (vgl (1)), passiv abzugrenzen und über die Kreditlaufzeit zu vereinnahmen.

27 Auch Erträge aus **Lehrtätigkeiten** und **künstlerischen Veranstaltungen** sind Dienstleistungserlöse. Erträge aus der Lehrtätigkeit werden über den Zeitraum der Lehrtätigkeit linear realisiert (IAS 18.IE16), Erträge aus künstlerischen Veranstaltungen sind hingegen in dem Zeitpunkt zu realisieren, in dem die Veranstaltung stattfindet. Eine Verteilung erfolgt lediglich bei mehreren Terminen zu einer einmalig bezahlten Veranstaltung. In diesem Fall sind Erträge unter Beachtung des beizulegenden Zeitwerts zeitanteilig entspr der Anzahl der Veranstaltungen zu realisieren (IAS 18.IE15).

28 Im Falle von **Mitgliedschaftsbeiträgen** ist die Ertragsrealisation vom Umfang der Leistungsverpflichtung abhängig. Wird durch den Beitrag lediglich eine Mitgliedschaft gewährt und müssen zukünftige Leistungen und Waren separat vergütet werden, so wird der Ertrag aus Mitgliedschaftsbeiträgen bei Zahlung realisiert. Entstehen dem Kunden jedoch aufgrund des Mitgliedschaftsbeitrags während der Mitgliedschaftsdauer Vorteile in Form von zu gewährenden Leistungen oder Vergünstigungen beim Waren- oder Dienstleistungskauf, so wird der Ertrag entspr dem zeitlichen Anfall, der Art und Weise und des Werts der eingeräumten Vorteile realisiert (IAS 18.IE18).

4. Erträge aus Nutzungsüberlassung

29 Die Realisation von Erträgen aus Nutzungsüberlassung sowie die Realisation von **Zinserträgen, Lizenzerträgen und Dividendenerträgen** erfolgt nach den allgemeinen Realisationskriterien (verlässliche Bestimmbarkeit der Erträge und hinreichende Wahrscheinlichkeit des Zuflusses des wirtschaftlichen Nutzens; IAS 18.29(a) und (b)).

So sind **Zinserträge** zeitproportional unter Berücksichtigung der in IAS 39.9 iVm IAS 39.AG5 bis IAS 39.AG8 bzw IFRS 9.5.4.1 iVm IFRS 9.Anhang A normierten Effektivverzinsung des Vermögenswerts zu erfassen (IAS 18.30(a)).

30 Bei **Dividendenerträgen** handelt es sich um Erträge, die aus Gewinnausschüttungen eines anderen Unternehmens resultieren, an dem Eigenkapitaltitel gehalten werden. Dividendenerträge sind gem IAS 18.5(c) mit der Entstehung des Rechtsanspruchs zu realisieren. Dieser resultiert nicht aus der bloßen Existenz eines Gewinns eines Beteiligungsunternehmens; vielmehr sind etwa bei deutschen KapGes die Gewinnverwendungsbeschlüsse der Haupt- bzw Gesellschafterversammlung maßgeblich. Somit werden Dividenden erst in dem Jahr realisiert, das der wirtschaftlichen Entstehung dieser Erträge folgt (IAS 18.30(c); *J. Wüstemann/S. Wüstemann/Neumann* in Baetge ua IFRS-Komm IAS 18 Rz 105 ff).

31 **Lizenzerträge** ergeben sich aus der Nutzung von Vermögenswerten, wie Software, Patenten, Warenzeichen und Filmrechten. Grds sind diese Erträge im Einklang mit den vertraglichen Regelungen periodengerecht zu erfassen (IAS 18.30(b)). Sofern dies der ökonomischen Substanz der Lizenzvereinbarung entspricht, kann vereinfachend eine lineare Nutzung angenommen werden (vgl IAS 18.IE20). Allerdings ist von einer linearen Ertragsrealisation gem der dem Geschäftsvorfall zugrunde liegenden Vereinbarung abzuweichen, falls eine andere Methode ökonomisch sinnvoller erscheint.

32 So ist etwa bei der unkündbaren Gewährung exklusiver **Filmrechte** an unabhängige Dritte, bei denen der Lizenzgeber keinen weiteren Einfluss auf die Ver-

wertung des Filmmaterials ausüben kann und keine weiteren Erträge – bspw aus dem Kartenverkauf – erwartet, der Ertrag sofort zu erfassen. Wirtschaftlich betrachtet liegt hier ein Verkauf vor (IAS 18.IE20).Weitere Voraussetzungen für die (ggf sofortige) Erfassung von **Lizenzerträgen aus der Filmindustrie** sind in den IFRS nicht konkretisiert. In Ermangelung spezifischer IFRS-Normen und im Einklang mit den Anforderungen an die Berücksichtigung von Verlautbarungen anderer Standardsetzer (gem IAS 8.12; vgl zur Ausfüllung von Regelungslücken → § 2 Rn 115 ff) können die branchenspezifischen Normen der US-GAAP mit FASB ASC 926-605 herangezogen werden. Danach setzt die sofortige Ertragsvereinnahmung voraus, dass der Film fertig gestellt und übergeben oder zur Lieferung bereitgestellt ist (vgl *J. Wüstemann/S. Wüstemann/Neumann* in Baetge ua IFRS-Komm, § 18 Rz 100). Ferner sehen die **US-GAAP** vor, dass für den Zeitpunkt der Ertragsrealisierung bei Lizenzerträgen der Filmindustrie das Vergütungsmodell maßgeblich ist. So wird unterschieden zwischen einer **festen Vergütung** *(flat fee)* für den Lizenzgeber, die im Zeitpunkt der Vertragserfüllung (Lizenzeinräumung) zu einer Ertragsrealisation führt, und einer **erfolgsbasierten Vergütung**, bei der der Ertrag nach Maßgabe der Erfolgsvariablen zu realisieren ist. Zudem gibt es jedoch Lizenzvereinbarungen, die sowohl eine erfolgsbasierte Vergütung als auch eine **garantierte Mindestvergütung** vorsehen. Zu diesem Sachverhalt existieren im Schrifttum unterschiedliche Auffassungen (vgl *Ruhnke/Nerlich* WPg 2003, 753 (753 ff); *Lüdenbach/Hoffmann/Freiberg* IFRS § 25 Rz 199). UE hat eine Realisation der Mindestvergütung analog zum Fall der festen Vergütung sofort zu erfolgen, da insoweit die Realisation sicher ist. Auch die Realisation des erfolgsabhängigen Vergütungsbestandteils sollte uE erfolgs- bzw ertragsabhängig erfolgen (so auch *Lüdenbach/Hoffmann/Freiberg* IFRS § 25 Rz 199). Gegen diese Ansicht spricht allerdings, dass IAS 18.30(b) eine periodengerechte Ertragsvereinnahmung fordert. Für die Einschlägigkeit dieses Grundsatzes spricht, dass in diesem Fall wirtschaftlich betrachtet kein Verkauf vorliegt und damit auch keine Grundlage für eine sofortige Ertragsvereinnahmung besteht (vgl *Ruhnke/Nerlich* WPg 2003, 753 (753 ff)). Allerdings sieht IAS 18.30(b) auch vor, dass die Abgrenzung der Erträge entspr des wirtschaftlichen Gehalts der Vereinbarungen erfolgt; demzufolge ist auch eine unterschiedliche Behandlung der fixen und variablen Vergütungsbestandteile gerechtfertigt.

Auch im Fall von **Lizenzerlösen aus Softwarekomponenten** ist die Er- 33
tragsrealisation in linearer Form über den Leistungszeitraum eindeutig geregelt, sofern dem Lizenzgeber nach der Lieferung keine Verpflichtungen in Gestalt von Wartung, Reparatur, Updates, etc verbleiben und lediglich eine einfache Lizenz zeitlich befristet überlassen wird (IAS 18.IE20). Aber auch hier kann der Ertrag durchaus einen anderen Charakter als den einer reinen Nutzungsüberlassung haben. Häufig basiert die Softwareumsatzrealisierung nicht auf einfachen Lizenzverträgen, sondern auf sog **Mehrkomponentenverträgen**, in denen oben genannte Komponenten, wie Wartung oder Reparatur und somit verschiedene Vertragstypen, mit eingeschlossen sind. Derzeit sind solche Mehrkomponentenverträge in IAS 18 nicht explizit geregelt (zu dieser Problematik im Detail → Rn 41). In Ermangelung detaillierter Vorschriften in den IFRS empfiehlt sich daher bis zur erstmaligen Anwendung von IFRS 15 für diese Verträge der Rückgriff auf die US-GAAP (FASB ASC 985-605; ein ausführliches Praxisbeispiel findet sich bei *Brandt/Heiden/Hütten,* 397 ff). Zur Frage, ob es sich um Lizenzerträge oder einen Verkauf oder eine Dienstleistung handelt, sind in den IFRS Konkretisierungen enthalten. So gilt die **zeitlich unbefristete** Lizenzierung wirtschaftlich als Verkauf (IAS 18.IE20), die Entwicklung kundenspezifischer Software wird als Serviceaktivität angesehen (IAS 18.IE19) und die **zeitlich befristete** Lizenzierung gilt als Nutzungsüberlassung. Handelt es sich um

Lizenzverträge, so hängt der Realisationszeitpunkt von der zeitlichen Befristung ab. Eine unbefristete Lizenzvergabe führt zu einer sofortigen Ertragsrealisation und eine befristete wird pro rata über den Zeitraum der Nutzung aufgeteilt.

34 Erträge aus **Vermietung und Verpachtung** sind in IAS 18 nicht explizit aufgeführt, allerdings werden sie im Rahmenkonzept (F.4.29) im Zusammenhang mit dem Begriff *revenue* genannt. Somit fallen Erträge aus Vermietung und Verpachtung, da keine anderweitige Regelung existiert, in den Anwendungsbereich des IAS 18 und dort am ehesten in die Rubrik der Nutzungsüberlassung. Abgeleitet aus den allgemeinen Grundsätzen der Ertragsrealisation bei Nutzungsüberlassung gilt für die Erträge aus Vermietung und Verpachtung der Grundsatz der periodengerechten Erfolgsermittlung, wonach Miet- und Pachterträge zeitraumbezogen realisiert werden.

5. Erträge aus Tauschgeschäften

35 Die Ertragsrealisation von Tauschgeschäften richtet sich maßgeblich nach der Unterscheidung der Tauschgeschäfte in den **Tausch gleichartiger und gleichwertiger Güter** sowie den Tausch **unterschiedlicher Güter.**

36 Beim Tausch **gleichartiger und gleichwertiger Güter** wird prinzipiell kein Ertrag realisiert (IAS 18.12). Bilanziell ist dieser Vorgang als reiner Aktivtausch zu interpretieren. Dieser Fall tritt bspw auf, wenn Lieferanten Vorräte wie Rohstoffe austauschen, um zeitliche Nachfrageschwankungen an unterschiedlichen Standorten kurzfristig auszugleichen. Mit dem Realisationsverbot soll insbes eine bilanzpolitisch motivierte Aufblähung der Erträge verhindert werden (vgl *Lüdenbach/Hoffmann/Freiberg* IFRS § 25 Rz 113f). Nicht immer wird die Frage, ob ein Tausch gleichartiger Leistungen vorliegt, ohne weiteres zu beantworten sein. UE ist es sachgerecht, bei wirtschaftlich motivierten Tauschgeschäften (zB zur Ersparnis von erheblichen Transportkosten) eine weite Auslegung des Begriffs „Gleichartigkeit" vorzunehmen.

37 Werden jedoch Güter oder Dienstleistungen gegen der Art und dem Wert nach **unterschiedliche Güter und Dienstleistungen** getauscht, so sind Erträge zu realisieren. Diese Handhabung entspricht weitgehend der deutschen steuerlichen Würdigung. Etwaige Zahlungsmittel sind als Indiz für das Vorhandensein unterschiedlicher Güter und Dienstleistungen zu interpretieren. Der zu realisierende Ertrag bemisst sich nach dem beizulegenden **Zeitwert der erhaltenen** Güter oder Dienstleistungen korrigiert um ggf zusätzlich geleistete Zahlungsmittel (IAS 18.12). Lässt sich der beizulegende Zeitwert der Gegenleistung nicht hinreichend zuverlässig ermitteln, so bemessen sich die zu realisierenden Erträge nach dem beizulegenden Zeitwert der hingegebenen Leistung.

38 Der in der Medienwirtschaft häufig auftretende Fall der **wechselseitigen** (jedoch nach der Art unterschiedlichen) **Werbeleistungen** wird in SIC-31 geregelt. Eine solche wechselseitige Werbeleistung liegt bspw vor, wenn zwei Unternehmen auf den Internetseiten des jeweils anderen Unternehmens Werbung platzieren bzw auf der eigenen Internetseite Werbeplätze verkaufen. Hier ist der beizulegende Zeitwert der **erbrachten** Leistung maßgeblich, da dieser für das leistende Unternehmen relativ leicht zuverlässig ermittelt werden kann, wenn gleichartige Werbeleistungen im gewöhnlichen Geschäftsverkehr erbracht werden (zB feste Preise für Printanzeigen; zu Details vgl *J. Wüstemann/S. Wüstemann/Neumann* in Baetge ua IFRS-Komm IAS 18 Rz 111f).

II. Übrige Ertragsrealisation

39 Erträge, die **nicht** nach **Maßgabe** des **IAS 18.6** realisiert werden, betreffen im Wesentlichen Erträge aus dem Verkauf von Vorräten (IAS 2), Umsatzerlöse

aus Fertigungsaufträgen (IAS 11), Umsatzerlöse aus Leasingverträgen (IAS 17), Umsatzerlöse aus landwirtschaftlicher Tätigkeit (IAS 41), Umsatzerlöse aus Versicherungsverträgen (IFRS 4) und Erträge aus der Änderung des beizulegenden Zeitwerts von Finanzinstrumenten sowie Veräußerungserlöse in Bezug auf Finanzinstrumente (IAS 39/IFRS 9) und sind in den entspr Standards gesondert geregelt. Bzgl der Ertragsrealisation dieser Fälle wird auf die einschlägigen Kapitel des Handbuchs verwiesen (vgl Aufstellung unter → Rn 105).

Außerdem behandelt IAS 20 die Frage, wie Zuwendungen der öffentlichen Hand, etwa Investitionszulagen, Aufwandszuschüsse, etc als Erträge erfasst werden (→ § 5 Rn 59ff, → § 8 Rn 23). Öffentliche Zuwendungen für (langfristige) Vermögenswerte sind in den Perioden erfolgswirksam zu erfassen, die durch die korrespondierenden Aufwendungen belastet sind (IAS 20.13). Demgegenüber sind öffentliche Zuschüsse für bereits angefallene Aufwendungen und Verluste sowie für Zuschüsse zum Zweck der sofortigen finanziellen Unterstützung ohne zukünftig damit verbundenen Aufwand (erfolgsbezogene Zuwendungen) als Ertrag in der Periode zu vereinnahmen, in der der entspr Anspruch entsteht (IAS 20.20).

Erträge aus der **Neubewertung** und **Veräußerung von langfristigen Vermögenswerten** etc sind keine Umsatzerlöse, sondern gehören in die Gruppe der sonstigen Erträge *(gains)*, da es sich hierbei nicht um Erträge aus der ordentlichen Geschäftstätigkeit handelt; diese werden in → Rn 126 detailliert dargestellt. 40

III. Sonderfälle der Ertragsrealisation

Einen Sonderfall der Ertragsrealisation stellen sog **Mehrkomponentenverträge** dar. Gem IAS 18.13 gilt der Grundsatz, dass die Ertragsrealisationskriterien (→ Rn 12) separat für jeden Geschäftsvorfall zu prüfen sind. Um den wirtschaftlichen Gehalt eines Geschäftsvorfalls widerzuspiegeln, kann es allerdings erforderlich sein, mehrere Komponenten einer Transaktion zu identifizieren und die daraus resultierenden Erträge separat zu würdigen und ggf zu erfassen. Dabei können diese Komponenten in einem Vertrag vereinbart sein. Als Beispiel wird in IAS 18.13 der Verkauf eines Vermögenswerts angeführt, der auch die anschließende Wartung des Vermögenswerts beinhaltet (→ Rn 33 mit dem Beispiel Softwarelizenz- und Wartungsvereinbarung). Mehrkomponentenverträge stellen auch solche Vertragsverbindungen dar, bei denen mehrere separate Verträge abgeschlossen werden, die in einem engen wirtschaftlichen Zusammenhang stehen. Dies ist bspw bei gleichzeitiger Veräußerung von Mobiltelefonen nebst Abschluss von laufzeitgebundenen Mobilfunkdienstleistungsverträgen gegeben. Bei Mehrkomponentengeschäften stellt sich grds die Frage, ob die Beurteilung der Realisationszeitpunkte der daraus resultierenden Erträge getrennt für die einzelnen Komponenten oder für die Komponenten gemeinsam zu erfolgen hat (vgl *Haas/Kreher* KoR 2012, 114 (117)). Bislang enthalten die IFRS keine konkretisierenden Normen zur Ertragsaufteilung aus Mehrkomponentenaufträgen. Im zukünftig anzuwendenden IFRS 15 ist die Identifikation von Verträgen mit Kunden bzw die Identifikation der jeweils erlöstechnisch insgesamt zu betrachtenden Leistungsverpflichtungen explizit normiert (vgl IFRS 15.9ff sowie IFRS 15.22ff, dazu → Rn 60f). 41

Bislang ist eine ähnlich gelagerte Frage in IFRIC 13 adressiert. Anhand von **Kundenbindungsprogrammen** wurde erörtert, wann und inwieweit diese Mehrkomponentengeschäfte die Bilanzierung von Erträgen (Umsatzerlösen) beeinflussen. Bei Kundenbindungsprogrammen bietet das Unternehmen seinen Kunden **Anreize,** auch zukünftig die eigenen Produkte oder Dienstleistungen zu erwerben. Die Anreize erfolgen in Form von Prämien, die den Kunden dazu 42 berechtigen, zukünftig Produkte oder Dienstleistungen des Unternehmens kostenlos oder vergünstigt zu erhalten. Beispiele für solche Kundenbindungsprogramme sind Bonusmeilen, Payback-Karten oder auch kostenlose Treuepunkte und ähnliche Programme. IFRIC 13 regelt, dass bei diesen Mehrkomponentengeschäften eine getrennte Erfassung der separat identifizierbaren Bestandteile eines Geschäftsvorfalls erforderlich ist, um den wirtschaftlich zutreffenden Gehalt des Geschäftsvorfalls abzubilden (zu Details *Driesch* WPg 2007, 1059 (1059)). Dies führt zu einer Umsatzabgrenzung für die gewährten Prämien und nicht – wie vor IFRIC 13 in der Praxis häufig zu beobachten – zu einer vollständigen Umsatzrealisierung nebst Rückstellungsbildung. Die Bewertung der Prämie erfolgt zum beizulegenden Zeitwert, der dem Betrag entspricht, zu dem die jeweilige Prämie veräußert werden könnte. Die so erfolgte Umsatzabgrenzung ist dann zu realisieren, wenn der Kunde die Prämie einlöst und das Unternehmen seine eingegangene Verpflichtung erfüllt.

Beispiel 1: Einzelhändler A gewährt Kunden bei einem Einkauf ab € 50 einen Gutschein über € 10 für ein in seinem Kaufhaus befindliches Restaurant. Es ist davon auszugehen, dass jeder Kunde seinen Gutschein einlösen wird. Ein Kunde kauft für € 100 ein. Der Einkaufspreis für A für diese Artikel lag bei € 50. Der Materialeinsatz zur Erfüllung des € 10-Gutscheins für Speisen und Getränke beträgt € 3.

Wird das Ziel dieser Werbemaßnahme darin gesehen, Kunden einen Anreiz zu verschaffen über € 50 einzukaufen, steht diese Maßnahme in unmittelbarem Zusammenhang mit dem bereits erzielten Umsatz und stellt daher eine Erlösschmälerung dar, die gem IAS 18.9 zum beizulegenden Zeitwert zu bewerten ist. Dieser ist aufgrund der Erfahrungswerte verlässlich ermittelbar; lägen hingegen noch keine verlässlichen Erfahrungen zum Abschätzen des beizulegenden Zeitwerts vor, wäre ggf der gesamte Umsatz bis zum Ablauf der Aktion abzugrenzen. Die Buchung des Einzelhändlers A beim Kauf der Ware durch den Kunden lautet wie folgt:

Per Kasse	€ 100		
		an Umsatzerlöse	€ 100
Per Materialaufwand	€ 50		
		an Vorräte	€ 50
Per Umsatzerlöse (100 × 10/110)	€ 9		
		an Abgrenzungsposten	€ 9

Bei Einlösung des Restaurantgutscheins wird wie folgt gebucht:

Per Abgrenzungsposten	€ 9		
		an Umsatzerlöse	€ 9
Per Materialaufwand	€ 3		
		an Vorräte	€ 3.

Beispiel 2: Einzelhändler A veröffentlicht einen Werbecoupon in der Zeitung, der jedem Kunden 10 % Rabatt bei seinem nächsten Einkauf über € 100 gewährt.

Da der wirtschaftliche Gehalt dieser Maßnahme die Schaffung eines Anreizes zur Tätigung neuer Umsätze ist und damit ein direkter Zusammenhang zur Umsatzerzielung gegebenen ist, liegt eine Erlösschmälerung für diesen neuen Umsatz vor. Löst ein Kunde diesen Coupon bei seinem nächsten Einkauf über € 150 ein, lautet die entspr Buchung

Per Kasse	€ 135		
Per Umsatzerlöse (Erlösschmälerung)	€ 15		
		an Umsatzerlöse	€ 150.

43 Als einen weiteren Sonderfall hinsichtlich des Zeitpunkts der Umsatzrealisierung adressiert IFRIC 15 „Verträge über die Errichtung von Immobilien" (dazu *Schreiber/Schmidt* BB 2008, 2058 (2058)). Gegenstand dieser Interpretation ist der **Verkauf von Immobilien** in solchen Fällen, in denen bei Vertragsabschluss das **Bauvorhaben noch nicht abgeschlossen** oder noch gar nicht begonnen wurde. Fraglich ist, ob die jeweilige Vereinbarung in den Anwendungsbereich des

IAS 11 „Fertigungsaufträge" mit einer Ertragsrealisierung nach Leistungsfortschritt oder des IAS 18 „Umsatzerlöse" fällt. Dabei hängt die Frage der Umsatzrealisierung davon ab, ob es sich bei den Immobilien um solche handelt, die nach Kundenspezifikation zu erstellen sind, denn IAS 11 ist nur auf Fertigungsaufträge anwendbar. Diese setzen regelmäßig die Erstellung nach Kundenspezifika voraus. Liegt dagegen keine kundenspezifische Fertigung vor, sind nicht die Spezialregelungen des IAS 11 einschlägig, sondern die Vorschriften zur Umsatzrealisierung gem IAS 18 (Verkauf von Gütern). Hierzu definieren IFRIC 15.10 ff Kriterien, in welchen Fällen welcher Standard Anwendung findet und wann die Umsatzrealisierung zu erfolgen hat. Als **Fertigungsauftrag iSv IAS 11** sind Vereinbarungen über die Errichtung einer Immobilie dann anzusehen, wenn der Käufer vertraglich in der Lage ist, die strukturellen Hauptelemente des Bauplans vor Baubeginn oder die Änderung wesentlicher Elemente nach Baubeginn zu bestimmen. In diesem Fall liegt ein Fertigungsauftrag iSd IAS 11 vor, sodass sich die Bilanzierung, ggf einschließlich der hiermit in unmittelbarem Zusammenhang stehenden Verträge für weitere Dienstleistungen, nach den Regelungen des IAS 11 (Anwendung der POC-Methode) richtet, sofern die erforderlichen Schätzungen des Baufortschritts und der Kosten verlässlich erfolgen können (IFRIC 15.11 und IFRIC 15.13; weitere Details zur Anwendung von IAS 11 → § 9 Rn 111 ff). **IAS 18** findet demgegenüber Anwendung, wenn der Käufer aus der Vertragsgestaltung heraus nicht in der Lage ist, die strukturellen Hauptelemente des Bauplans vor Baubeginn oder die Änderung wesentlicher Elemente nach Baubeginn zu bestimmen, er also nur in einem untergeordneten Maß Einfluss auf die Gestaltung nimmt, zB durch die Möglichkeit der Auswahl von Ausstattungselementen aus einem vom Verkäufer vorgegebenen Katalog (IFRIC 15.12). Im Falle der Anwendung von IAS 18 ist sodann in einem nächsten Schritt zu bestimmen, ob die Vereinbarung die **Lieferung von Dienstleistungen** betrifft oder den **Verkauf** bzw die **Lieferung** von **Gütern.** Handelt es sich um einen reinen Dienstleistungsvertrag, bspw weil der Vertrag nicht den Erwerb und die Bereitstellung von Baumaterialien beinhaltet, so hat die Bilanzierung nach IAS 18.20 zu erfolgen, der – analog zu IAS 11 – eine Umsatzrealisierung nach Auftragsfortschritt fordert (IFRIC 15.15). Umfasst der Vertrag hingegen auch die Bereitstellung der Materialien und die Errichtung der Immobilie, handelt es sich um einen Verkauf von Gütern, auf den die Grundsätze von IAS 18.14 anzuwenden sind. Die Umsatz- und Ergebnisrealisation richtet sich dann nach den Grundsätzen von IAS 18.14 (→ Rn 13 ff), dh sie erfolgt erst im Zeitpunkt der Verschaffung der Verfügungsmacht und dem Übergang der Rechte und Pflichten betreffend die Immobilie auf den Käufer. Dies kann entweder im Rahmen einer einzigen Aktion erfolgen oder nach abgrenzbaren Teilabschnitten. Im ersten Fall – Verschaffung der Verfügungsmacht und Übergang der Rechte und Pflichten in ihrer Gesamtheit in einer einzigen Aktion zB bei Fertigstellung oder Lieferung der Immobilie – ist dieser Zeitpunkt auch maßgebend für die (einmalige) Umsatzrealisation, da diese erst bei Erfüllung aller Kriterien des IAS 18.14 durchzuführen ist (IFRIC 15.18). Demgegenüber ist es jedoch auch möglich, dass die Kriterien des IAS 18.14 während des Baufortschritts kontinuierlich für abgrenzbare Teilabschnitte erfüllt werden. In diesem Fall bilanziert das berichtende Unternehmen die entspr Umsätze und Erträge für jeden Teilabschnitt nach Maßgabe des Grades der Fertigstellung in Übereinstimmung mit der *percentage-of-completion*-Methode gem IAS 11 (IFRIC 15.17).

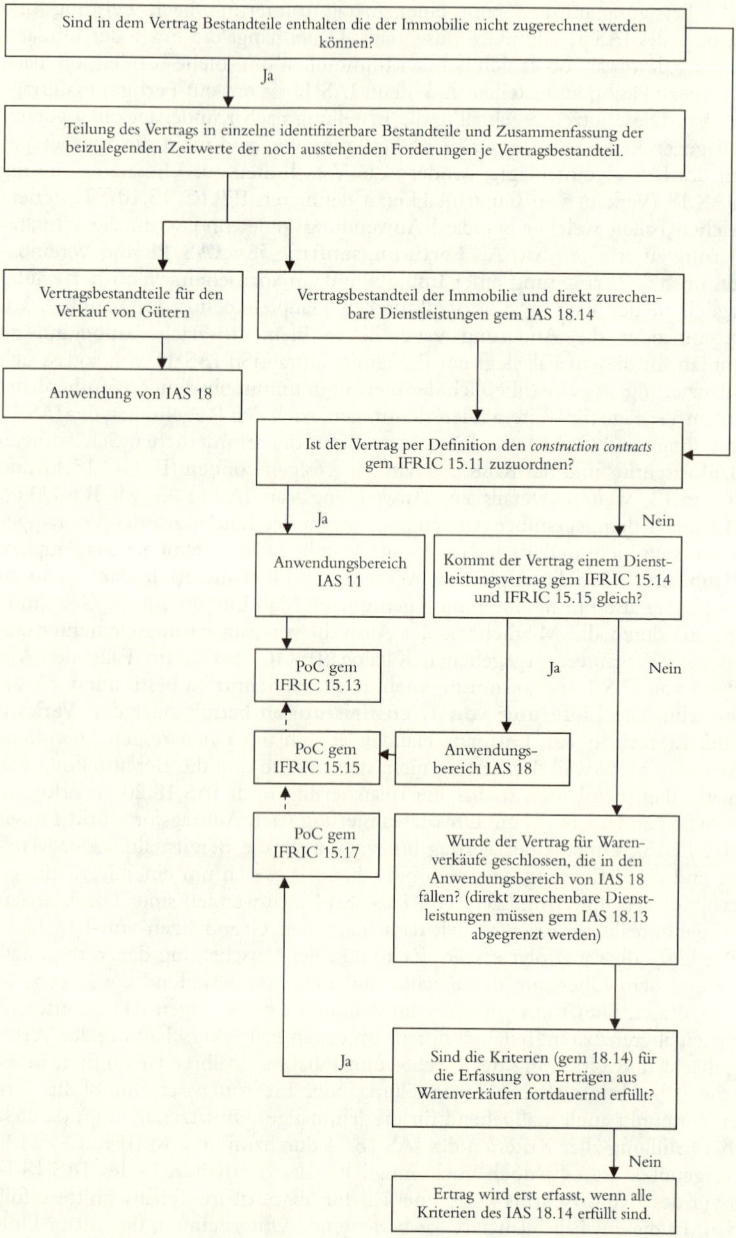

44 Einen weiteren Sonderfall stellt die Bilanzierung von **Erlösen aus Dienstleistungskonzessionsvereinbarungen** dar, die im gleichnamigen IFRIC 12 adressiert ist. Dienstleistungskonzessionsverträge betreffen Vereinbarungen, durch die eine öffentlich-rechtliche Institution Aufträge vergibt, um durch private Betreiber öffentliche Leistungen wie zB Straßen, Energieversorgung, Gefängnisse oder Krankenhäuser bereitzustellen (sog *public private partnership*-Verträge). Grds

ist unter Erlösrealisierungsgesichtspunkten die Gliederung des Projekts in eine Errichtungsphase und eine Betriebsphase relevant. Der Betreiber einer Dienstleistungskonzessionsvereinbarung hat im Rahmen der Errichtungsphase entstehende Erträge und auch Kosten nach IAS 11 zu behandeln und im Jahresabschluss mittels der PoC-Methode als Umsatzerlöse und Forderungen aus Fertigungsaufträgen abzubilden (IFRIC 12.14). Eine Saldierung ist nicht möglich. Dies gilt unabhängig davon, ob der Auftrag durch das Unternehmen selbst oder ein Sub-Unternehmen ausgeführt wird (vgl *ESMA* EECS/0113-03 vom 3. April 2013). Die Erfassung von Erlösen und Kosten für Dienstleistungen im Rahmen der Betriebsphase richtet sich demgegenüber nach IAS 18 (IFRIC 12.20; zu Details → § 9 Rn 103 ff).

Auch die Gewährung von **privaten Zuschüssen** in Form von **Sachkapital** 45
oder **Geldkapital** stellt einen Sonderfall der Ertragsrealisation dar. Sofern Vermögenswerte des Sachanlagevermögens oder Barmittel durch Kunden übertragen werden, welche nicht zwingend vom tatsächlichen (End-)Kunden erbracht werden müssen, erfolgt die Bilanzierung von Umsatzerlösen nach den Regelungen des IFRIC 18. Dieser bezieht sich im Detail auf die Bilanzierung von Zuwendungen bei Versorgungsunternehmen (zB Gas-, Wasser- oder Elektrizitätsversorger) und Outsourcingverträge (zB IT-Outsourcing). Durch den weitgefassten Kundenbegriff (der nicht notwendigerweise nur Endkunden umfasst) findet die Interpretation – neben den explizit in der Interpretation aufgeführten – auf eine Vielzahl weiterer (Vertrags-)Konstellationen Anwendung. Entscheidend ist, dass Vereinbarungen vorliegen, bei denen ein Unternehmen von einem Kunden ein Objekt, eine Anlage oder Betriebsmittel erhält, die das Unternehmen dann entweder dazu verwenden muss, den Kunden mit einem Leitungsnetz zu verbinden oder dem Kunden einen permanenten Zugang zur Versorgung mit Gütern oder Dienstleistungen zu gewähren.

Die **Bilanzierungsfähigkeit** dieser Zuwendungen von Kunden ist an diverse nutzungsspezifische Voraussetzungen geknüpft (IFRIC 18.8 ff, → § 5 Rn 12). Liegen nach den Kriterien des IFRIC 18 die Zuwendungen durch Kunden in Form von Sachanlagevermögen oder Barmitteln vor, so ist der betreffende Vermögenswert zum **beizulegenden Zeitwert** gem IAS 16.24 zu bewerten, wobei die Gegenbuchung zunächst als sonstige Verbindlichkeit oder als separater (Abgrenzungs-)Posten auf der Passivseite zu erfolgen hat. Für die sich daran anschließende Erfassung von Umsatzerlösen ist jede aus der Zuwendungsvereinbarung resultierende (Dienst-)Leistungsverpflichtung getrennt zu betrachten, wobei die konkrete Ausgestaltung abhängig von der Art der Leistungsverpflichtung ist (s Abbildung).

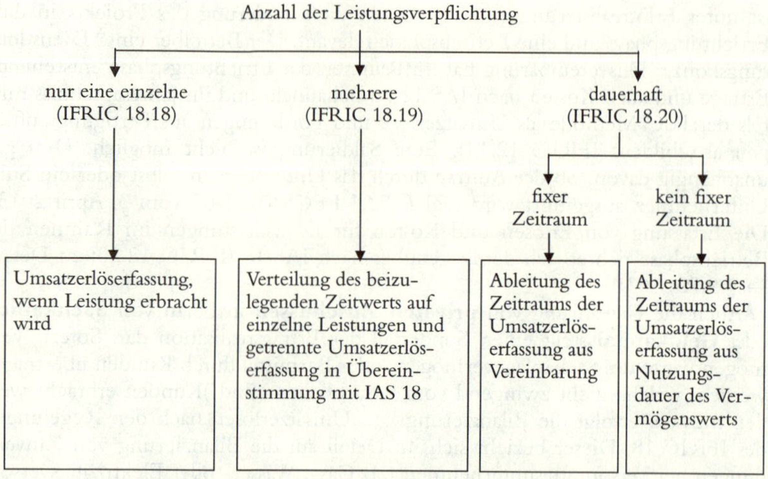

(1) Falls das Unternehmen nur eine **einzelne Dienstleistungsverpflichtung** eingegangen ist, erfasst es den Umsatzerlös zu dem Zeitpunkt, zu dem es die Dienstleistung erbringt (IFRIC 18.19).

(2) Ist das Unternehmen **mehr** als nur eine eigenständige identifizierbare Dienstleistungsverpflichtung eingegangen, hat es den beizulegenden Zeitwert der insgesamt erhaltenen Gegenleistung auf die einzelnen Dienstleistungen zu verteilen und die Umsatzerlöse für jede Dienstleistung getrennt in Übereinstimmung mit IAS 18 zu erfassen. Die Verteilung des gesamten beizulegenden Zeitwerts hat dabei entspr den Vorschriften von IFRIC 12.13 bzw IFRIC 13.5 ff zu erfolgen (IFRIC 18.19).

(3) Ist das Unternehmen eine Verpflichtung eingegangen, **fortwährend Dienstleistungen** zu erbringen, wird der Zeitraum, über den die Umsatzerlösrealisation erfolgt im Allgemeinen aus den Bedingungen der mit dem Kunden geschlossenen Vereinbarung abgeleitet. Enthält die Vereinbarung dabei keinen festen Zeitraum, erfolgt die Umsatzerlösrealisation über einen Zeitraum, der die Nutzungsdauer des übertragenen Vermögenswerts, der zur fortwährenden Erbringung der Dienstleistung genutzt wird, nicht übersteigen darf (IFRIC 18.20).

IV. Ertragsrealisation nach IFRS 15

1. Projekthintergrund

46 Der IASB hat im Mai 2014 den neuen Standard **IFRS 15 Erlöse aus Verträgen mit Kunden** veröffentlicht. Er ist Ergebnis des seit dem Jahr 2002 gemeinsam mit dem US-amerikanischen Standardsetzer FASB verfolgten Projekts zur Überarbeitung bestehender Vorschriften zur Erlöserfassung. Der IASB hat damit die in verschiedenen Standards und Interpretationen enthaltenen Normen zur Erlöserfassung umfassend überarbeitet und in einem übergreifenden, allgemeingültigen prinzipienorientierten Standard zusammengeführt. Dabei standen – neben der mit der Verabschiedung des ASC Topic 606 weitgehend erreichten Annäherung zwischen IFRS und US-GAAP – die Beseitigung von Inkonsistenzen zwischen IAS 11 und IAS 18, die Schließung von Regelungslücken (ua Mehrkomponentenverträge) und eine Zusammenführung der bisher auf ver-

schiedene IFRS und Interpretationen verteilten Normen im Vordergrund. Die konzeptionelle Neuausrichtung sieht vor, dass Umsatzerlöse entspr dem ***control*-Prinzip** grds erst bei Übergang der Verfügungsmacht über die zugesagte Ware oder zu erbringenden Dienstleistungen auf den Kunden zu erfassen sind. Trotz der grundlegenden konzeptionellen Überarbeitung der Normen, erwarten die Boards selbst jedoch überwiegend **nur punktuelle Auswirkungen** für einzelne Transaktionsarten und einzelne Unternehmen (vgl *IASB,* Project Summary, 2014, 7). Es bleibt abzuwarten inwieweit sich bei der praktischen Umsetzung wie vom IASB erwartet nur punktuelle Auswirkungen ergeben.

2. Anwendungsbereich

Der **Anwendungsbereich** des IFRS 15 erstreckt sich **ausschließlich** auf **Verträge mit Kunden** *(contracts with customers).* Davon **ausgenommen** sind gem IFRS 15.5: 47

(1) Leasingverträge im Anwendungsbereich von IAS 17 (§ 22),
(2) Versicherungsverträge im Anwendungsbereich von IFRS 4 (§ 40),
(3) Finanzinstrumente und andere vertragliche Rechte oder Verpflichtungen im Anwendungsbereich von IFRS 9, IFRS 10, IFRS 11, IAS 27 und IAS 28 (§§ 3, 29, 30, 31, 32, 34, 35, 36, 37) sowie
(4) bestimmte nicht-monetäre Tauschtransaktionen zwischen Unternehmen der gleichen Branche, sofern dadurch das Geschäft mit (potenziellen) Kunden gefördert werden soll.

Ein Beispiel für den **Ausnahmetatbestand** der **Tauschtransaktion** ist ein Vertrag zwischen zwei Öllieferanten, die die gegenseitige Zurverfügungstellung von Öl in spezifischen Regionen vereinbaren, um dadurch jeweils zeitnahe Lieferungen an Kunden zu ermöglichen.

Voraussetzung für die Anwendung des IFRS 15 ist demnach, dass die **Vertragspartei Kunde** iSd Standards ist. Dies ist dann der Fall, wenn sich der Vertrag auf die Abnahme von Gütern oder Dienstleistungen bezieht, die das Unternehmen im Rahmen der **gewöhnlichen Geschäftstätigkeit** anbietet und für die eine Gegenleistung vereinbart ist. Sofern es sich jedoch um Vereinbarungen handelt, bei denen Risiken und Nutzen aus der Geschäftstätigkeit geteilt werden (und weder Gut noch Dienstleistung erworben werden), fällt diese nicht in den Anwendungsbereich des IFRS 15. Darunter fallen bspw Kooperationsvereinbarungen (zur Forschung und Entwicklung) oder Partnerunternehmen von Gemeinschaftsunternehmen iSv IFRS 11. 48

Auch das **Rahmenkonzept** (F.4.29) definiert Erlöse über die Erwirtschaftung im Rahmen der gewöhnlichen Geschäftstätigkeit. Insofern steht IFRS 15 im Einklang mit dem Rahmenkonzept. Allerdings wird von dem Standard aufgrund des Erfordernisses des **gegenseitigen Vertrags** (→ Rn 50) nur eine Teilmenge der Erlöse erfasst (vgl *J. Wüstemann/S. Wüstemann* WPg 2014, 929 (930)). Ausgeschlossen sind Dividenden, Erlöse aus einseitigen Geschäften und aus Wertänderungen (die im Rahmen der gewöhnlichen Geschäftstätigkeit anfallen, bspw bei zu Investitionszwecken von Immobilienunternehmen gehaltenen Immobilien).

3. Grundzüge der Erlöserfassung

Die Vorschriften des IFRS 15 richten sich an dem neu eingeführten Begriff der **Leistungsverpflichtung** *(performance obligation)* aus. Ein Unternehmen soll in dem Zeitpunkt und in der Höhe Erlöse aus Verträgen mit Kunden realisieren, wie die vertraglichen Verpflichtungen erfüllt werden. Dabei ist eine Leistungsverpflichtung die vertragliche Zusage ggü einem Kunden, eine Ware zu übereignen oder eine Dienstleistung zu erbringen, die (1) eigenständig abgrenzbar 49 *(distinct)* sind oder (2) eine Reihe von eigenständig abgrenzbaren Gütern oder Dienstleistungen darstellen, die im Wesentlichen gleich sind und in gleicher Art und Weise an den Kunden übertragen werden (vgl IFRS 15.Anhang A).

Basierend auf dem Konzept der Abgrenzung von Leistungsverpflichtungen gliedert IFRS 15 die Erlöserfassung systematisch in fünf Schritte (sog **Fünf-Schritte-Modell**). Dabei bilden Schritt 1, 2 und 5 Ansatzvorschriften und Schritt 3 und 4 Bewertungsvorschriften ab.

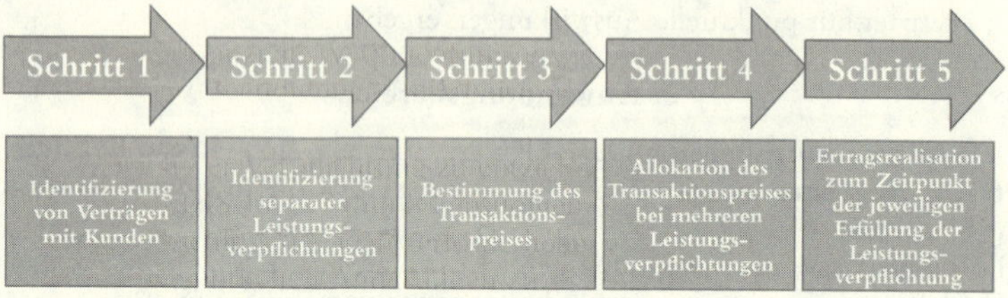

Das Fünf-Schritte-Modell wird nachfolgend erläutert.

a) Identifizierung von Verträgen mit Kunden

50 Im **ersten Schritt** sind **Verträge zu identifizieren,** die entspr IFRS 15 abzubilden sind. Ein Vertrag ist definiert als **Vereinbarung** zwischen zwei oder mehr Parteien, die **durchsetzbare Rechte und Pflichten** begründen (IFRS 15.10). Ob die vertraglichen Ansprüche und Verpflichtungen durchsetzbar sind, ist gem IFRS 15.10 eine rechtliche Frage, die vor dem Hintergrund entspr nationaler Normen zu beurteilen ist. IFRS 15.9 beschreibt darüber hinaus **kumulativ** zu erfüllende **Merkmale:**

(1) Vertragsparteien haben den Vertragsinhalten (schriftlich, mündlich oder entspr spezifischer Geschäftspraktiken) zugestimmt,
(2) Identifizierbarkeit der mit der Leistungserbringung (Güter und/oder Dienstleistungen) verbundenen durchsetzbaren vertraglichen Rechte und Pflichten,
(3) Identifizierbarkeit der mit der Leistungserbringung verbundenen Zahlungsbedingungen,
(4) wirtschaftlicher Gehalt des Vertrags und
(5) Gegenleistung für die Leistungserbringung ist wahrscheinlich einbringlich (unter Berücksichtigung der Fähigkeit und der Intention des Kunden zu zahlen). Diese Gegenleistung *(consideration)* kann geringer sein, als der vertraglich vereinbarte Preis, sofern es sich aufgrund von Preisnachlässen um eine variable Gegenleistung handelt (→ Rn 55 f).

Vergütungen vom Kunden, die ein Unternehmen erhält, **bevor** entspr der aufgeführten Merkmale ein Vertrag vorliegt, sind zunächst als **erhaltene Anzahlung** auszuweisen. Eine Ertragsrealisation kann nur dann erfolgten, wenn die Vorauszahlung nicht rückerstattungspflichtig ist und mit keinen weiteren Verpflichtungen des Unternehmens verbunden ist oder das Vertragsverhältnis beendet ist (IFRS 15.15).

51 Sofern ein Vertrag iSd IFRS 15 vorliegt, müssen die Merkmale **grds** nicht zu **jedem Abschlussstichtag erneut überprüft werden**, es sei denn, es liegen Anzeichen für eine wesentliche Änderung der Sachverhalte und Umstände vor. Sind die Merkmale jedoch noch nicht kumulativ erfüllt und liegt demzufolge noch kein Vertrag iSd IFRS 15 vor, ist regelmäßig zu prüfen, ob die Kriterien zu einem zukünftigen Zeitpunkt erfüllt sind (IFRS 15.14). Eine **wesentliche Änderung des Sachverhalts** stellt bspw die maßgebliche Verschlechterung der Zahlungsfähigkeit des Kunden dar. In diesem Fall ist eine neue Beurteilung hin-

sichtlich der wahrscheinlichen Einbringlichkeit der Gegenleistung für die verbleibenden noch an den Kunden zu übertragenden Güter oder Dienstleistungen erforderlich.

Ggf sind zwei oder mehrere **Verträge,** die in zeitlicher Nähe *(at or near the same time)* geschlossen wurden, **zusammenzufassen.** Dies gilt dann, wenn:
(1) die Verträge als Paket verhandelt wurden,
(2) Preisinterdependenzen bestehen oder
(3) die in den Verträgen vereinbarten Lieferungen von Gütern oder Erbringung von Dienstleistungen als **eine** Leistungsverpflichtung (→ Rn 53f) anzusehen sind.

IFRS 15.18ff regeln die Behandlung von **Vertragsmodifikationen** in Abhängigkeit davon, ob die Änderungen des Leistungsumfangs und/oder des Preises eines Vertrags einzeln abgrenzbar sind und der für die Leistungsänderung vereinbarte Preis deren Einzelveräußerungspreis zum Zeitpunkt der Vertragsänderung *(stand-alone selling price)* entspricht. Sind diese Bedingungen erfüllt, ist die Vertragsänderung gem IFRS 15.20 als ein separater Vertrag anzusehen. Anderenfalls gilt im Fall von abgrenzbaren Gütern oder Dienstleistungen, dass die Veränderung letztlich zur Beendigung des Altvertrags und einem neuen Vertragsabschluss (unter Berücksichtigung der Vertragsänderung) führt. Sofern die neu vereinbarten Vertragsbedingungen jedoch nicht einzeln abgrenzbar sind, ist die Vertragsveränderung als Teil des bestehenden Vertrags zu bilanzieren. 52

Beispiel: Ein Unternehmen hat den Verkauf von 130 Produkten für insgesamt € 13.000 (€ 100/Stück) vereinbart. Die Produkte sind einzeln veräußerbar. Es wird die Lieferung über drei Monate vereinbart. Der Kontrollübergang erfolgt bei Lieferung. Nach erfolgter Lieferung von 60 Stück wird eine zusätzliche Lieferung von 20 Stück zu einem Preis von € 80/Stück vereinbart wird (vgl IFRS 15.IE 19ff).

Fall A: Der für die zusätzliche Lieferung von 20 Stück vereinbarte Preis in Höhe von € 80 entspricht dem zum Zeitpunkt der Modifikation geltenden Einzelveräußerungspreis. Es gilt demzufolge, dass sowohl die Produkte abgrenzbar sind als auch der Einzelveräußerungspreis vereinbart wurde. Die zusätzliche Vereinbarung entspricht einem **separaten Vertrag.**

Fall B: Der für die zusätzliche Lieferung von 20 Stück vereinbarte Preis in Höhe von € 80 entspricht nicht dem zum Zeitpunkt der Modifikation geltenden Einzelveräußerungspreis. In diesem Fall führt die zusätzliche Vereinbarung zur Beendigung des Altvertrags und Abschluss eines **Neuvertrags** über insgesamt 90 Produkte (70 noch nicht gelieferte Produkte des Altvertrags und 20 zusätzlich vereinbarte Produkte) mit einem Gesamtvolumen von € 8.600 (und damit € 95,56/Stück).

Fall C: Sofern es sich bei der späteren Vereinbarung jedoch nicht um zusätzliche Produkte, sondern bspw um eine Vereinbarung über eine andere Produktlegierung handelt, die gerade nicht einzeln – unabhängig vom urspr Produkt – abgrenzbar ist, wäre die Vertragsänderung im Rahmen des bestehenden Vertrags zu berücksichtigen. Würden bspw die noch nicht gelieferten 70 Produkte nunmehr mit einer anderen Legierung versehen und dafür ein Preis von € 110/Stück vereinbart, würde der modifizierte Altvertrag über 130 Produkte mit einem Volumen von € 13.700 lauten. In diesem Beispiel wäre jedoch keine rückwirkende Erlösanpassung erforderlich, da lediglich die noch ausstehenden Produkte mit einer anderen Legierung versehen werden und die bereits erfassten Erlöse dem bereits erwirtschafteten Anteil am (geänderten) Gesamtvertrag entsprechen. Es ist jedoch auch denkbar, dass nicht abgrenzbare Vertragsänderungen zu einer Anpassung von bereits erfassten Erlösen führen, um dadurch Änderungen hinsichtlich der bereits erbrachten Leistungen im Vergleich zum (geänderten) Gesamtvertrag abzubilden (sog *cumulative catch-up*).

b) Identifizierung separater Leistungsverpflichtungen

Wie zuvor dargestellt, stellt IFRS 15 hinsichtlich der Erlöserfassung nicht auf den Vertrag, sondern auf **einzelne Leistungsverpflichtungen** ab. Dadurch soll 53 die Erlöserfassung den wirtschaftlichen Gehalt der Transaktionen zutreffend abbilden. Deshalb sind im **zweiten Schritt** des Ablaufschemas nach IFRS 15.9 die vertraglich abgedeckten **einzelnen Leistungsverpflichtungen zu unterscheiden.** Dies wird sich in der Praxis insbes dann auswirken, wenn innerhalb eines Vertrags verschiedene Leistungsverpflichtungen mit signifikant divergierenden Gewinnmargen vereinbart wurden (zB lediglich kostendeckender Verkauf von Gütern iVm zugehörigen hochmargigen Dienstleistungen). Die Aufspaltung von sog **Mehrkomponentenverträgen** in separate Leistungsverpflichtungen gilt ausnahmlos. Ausnahmeregelungen etwa für zeitlich begrenzte Marketingaktionen sind nicht vorgesehen. Derzeit häufig als Vertriebsaufwand erfasste Vertriebsanreize (bspw Sachprämien iVm mit dem Abschluss eines Zeitschriftenabonnements) sind zukünftig ebenfalls als separate Leistungsverpflichtungen abzubilden (vgl *Grote/Hold/Pilhofer* KoR 2014, 405 (409)).

Eine bilanziell separat abzubildende Leistungsverpflichtung ist gem IFRS 15.27:

(1) grds **abgrenzungsfähig** *(capable of being distinct)* und
(2) abgrenzbar im konkreten **Vertragskontext** *(distinct within the context of the contract).*

Abgrenzungsfähig sind Güter bzw Dienstleistungen dann, wenn diese vom Kunden alleine oder zusammen mit anderen verfügbaren Ressourcen nutzbar sind. Verschiedene Faktoren können auf die Abgrenzungsfähigkeit schließen lassen. Ein Faktor ist gem IFRS 15.28 bspw, dass das Unternehmen die Güter/Dienstleistungen regelmäßig separat verkauft.

Die Abgrenzbarkeit im Vertragskontext ist gegeben, wenn sich das diesbezügliche Leistungsversprechen eindeutig von anderen vertraglichen Leistungsversprechen abgrenzen lässt. Indikatoren dafür sind (IFRS 15.29):

(1) Unternehmen erbringt keine wesentlichen Integrationsleistungen (zur Integration einzelner Güter/Dienstleistungen in ein Gesamtprodukt *(combined output),*
(2) keine wesentlichen kundenspezifischen Anpassungen,
(3) Güter/Dienstleistung nicht in hohem Maße abhängig von oder verbunden mit anderen vertraglich vereinbarten Gütern/Dienstleistungen.

54 **Beispiel:** Ein Unternehmen schließt mit einem Kunden einen Vertrag über den Bau eines Krankenhauses ab. Das Unternehmen ist gesamtverantwortlich für das Projekt und hat verschiedene Güter und Dienstleistungen, wie etwa Aushub der Baugrube, Roh-, Trocken- und Fensterbau, Elektro- und Sanitärinstallation oder Tischlerarbeiten. Grds sind die Arbeiten aller einzelnen Gewerke abgrenzungsfähig, was sich insbes auch darin zeigt, dass Arbeiten einzelner Gewerke regelmäßig von Wettbewerbern und auch vom Unternehmen selbst separat angeboten werden. Dennoch handelt es sich hierbei nicht um einzelne Leistungsverpflichtungen, da diese im konkreten Vertragskontext nicht abgrenzbar sind. Stattdessen sind die einzelnen Gewerke erforderliche Arbeiten *(inputs),* die in ein vertraglich zugesagtes Gesamtprodukt „Krankenhaus" *(combined output)* integriert werden (vgl IFRS 15.IE45 ff).

Die vertraglichen Leistungsversprechen sind zusammenzufassen, bis ein Paket *(bundle)* solcher Leistungsversprechen insgesamt die Merkmale einer separaten Leistungsverpflichtung erfüllt (IFRS 15.30).

Erlöse sind (zeitpunkt- oder zeitraumbezogen) zu erfassen, wenn die identifizierte separate Leistungsverpflichtung durch Übergang der zugesagten Ware oder Erbringung der Dienstleistung erfüllt ist und entspr des *control*-Prinzips die **Verfügungsmacht** *(control)* an der zugesagten Ware bzw Dienstleistung übergegangen ist (vgl IFRS 15.31 sowie → Rn 58 ff).

c) Ermittlung des Transaktionspreises

Im **dritten Schritt** wird der Transaktionspreis des relevanten Kundenvertrags bestimmt, der – sofern erforderlich – im nächsten Schritt (→ Rn 57) auf die identifizierten separaten Leistungsverpflichtungen (→ Rn 53f) allokiert wird. Der Transaktionspreis ist in IFRS 15.Anhang A definiert als das vom Unternehmen erwartete Entgelt für die gelieferten Waren bzw für den Kunden erbrachten Dienstleistungen, auf das das Unternehmen einen Anspruch hat. Ausgenommen sind Beträge, die im Auftrag von Dritten eingezogen werden (zB Umsatzsteuer; zur Prinzipal-Agenten-Problematik → Rn 169). Die vertraglich vereinbarte Gegenleistung kann **feste und/oder variable Komponenten** umfassen (IFRS 15.47). Bei der Ermittlung des Transaktionspreises sind zu berücksichtigen: 55

(1) variable Vergütungsbestandteile (unter Berücksichtigung der Wahrscheinlichkeit für eine spätere Reduzierung/Stornierung *(reversal)* des einmal erfassten Erlöses),
(2) Finanzierungskomponenten,
(3) nicht in Geld geleistete Vergütungen *(non-cash considernation),*
(4) an den Kunden zu zahlende Gegenleistungen.

Die variablen Vergütungsbestandteile sind vom Unternehmen bei entspr großer Anzahl an **ähnlichen Geschäftstransaktionen** gem IFRS 15.53 anhand des **wahrscheinlichkeitsgewichteten Werts** (Erwartungswert, *expected value*) einzubeziehen oder anhand des wahrscheinlichsten Werts *(most likely amount)*. Der wahrscheinlichste Wert kommt etwa dann in Frage, wenn es nur zwei mögliche Ausprägungen gibt. Grds gilt für die variablen Bestandteile, dass diese nur dann im Transaktionspreis zu berücksichtigen sind, wenn spätere Stornierungen der daraufhin realisierten Umsatzerlöse hochwahrscheinlich *(highly probable)* nicht zu erwarten sind. Faktoren, die die Wahrscheinlichkeit für eine solche Umkehr von Umsatzerlösen erhöhen, sind gem IFRS 15.57 bspw: 56

(1) die hohe Abhängigkeit von externen Faktoren (zB Marktvolatilität, Ermessensentscheidungen Dritter, Wetterbedingungen),
(2) länger andauernde Unsicherheiten bzgl der Höhe der zu zahlenden Gegenleistung,
(3) lediglich begrenzte Erfahrungen des Unternehmens mit ähnlichen Transaktionen,
(4) erfahrungsgemäß bei ähnlichen Transaktionen Preiszugeständnisse, oder
(5) eine hohe Anzahl an möglichen Ausprägungen für den Vertrag.

Es wird in der Literatur die Meinung vertreten, dass es in der **Immobilienbranche** zu einer Verschärfung der Realisationskriterien kommen wird (vgl zB *Zaugg/Krämer/Noffke* Der Schweizer Treuhänder 2014, 894 (896)).

Grds ist eine Aufteilung der Gegenleistung in Leistungs- und Finanzierungskomponenten erforderlich (vgl IFRS 15.60). Implizite oder explizit vereinbarte wesentliche Finanzierungskomponenten sind demnach bei der Ermittlung des Transaktionspreises zu berücksichtigen. Aus Vereinfachungsgründen gilt allerdings, dass diese als unwesentlich angesehen werden können, wenn zwischen der Leistungserbringung und Zahlung weniger als ein Jahr liegt (IFRS 15.63).

d) Allokation des Transaktionspreises

Im **Schritt 4** ist der geschätzte Transaktionspreis auf die im Schritt 2 **identifizierten Leistungsverpflichtungen** zu **verteilen.** Diese Verteilung erfolgt auf Basis der **Einzelveräußerungspreise** *(relative stand-alone selling price)* der separaten Leistungsverpflichtungen im Zeitpunkt des Vertragsabschlusses (IFRS 15.76ff). Geeignete Nachweise für die Einzelveräußerungspreise sind beobachtbare Markt- 57 preise für die Güter bzw Dienstleistungen, sofern das Unternehmen diese in vergleichbaren Umständen auch separat an ähnliche Kunden verkauft. Sofern Einzelveräußerungspreise nicht direkt beobachtbar sind, sind diese vom Unternehmen zu schätzen. Dabei sind alle verfügbaren Informationen, zB Marktumfeld, unternehmens- und kundenspezifische Informationen, zu berücksichtigen.

Der IASB gibt in IFRS 15.79 mögliche Methoden zur Schätzung der Einzelveräußerungspreise vor: *adjusted market assessment approach*, *expected cost plus a margin approach* oder *residual approach*. Allerdings ist die Residualmethode *(residual approach)* nur dann zulässig, wenn (1) sich für die fraglichen Waren bzw Dienstleistungen noch keine Preise etabliert haben oder diese zuvor noch nicht separat verkauft wurden oder (2) die Einzelveräußerungspreise stark schwanken und diese nicht aus früheren Geschäftstransaktionen ableitbar sind (IFRS 15.79(c)). Preisnachlässe sind grds anteilig auf die einzelnen Leistungsverpflichtungen zu allokieren, soweit sie nicht einer oder mehrerer ausgewählten Leistungsverpflichtungen zuzuordnen sind (und dies bspw anhand beobachtbarer Preise für diese separat gehandelten Güter bzw Dienstleistungen verifizierbar ist).

e) Ertragsrealisation zum Zeitpunkt der Erfüllung der Leistungsverpflichtung

58 In **Schritt 5** wird der Umsatz **zeitpunkt-** oder **zeitraumbezogen** für die zuvor identifizierten Leistungsverpflichtungen erfasst. Entspr des dem IFRS 15 zugrundeliegenden *control*-Konzepts erfolgt die Umsatzrealisation im Zeitpunkt des Übergangs der Verfügungsmacht. Der Regelfall ist daher die zeitpunktbezogene Umsatzrealisation. Eine **zeitraumbezogene** Umsatzrealisation ist unter der Fiktion eines **kontinuierlichen Übergangs** der Verfügungsmacht möglich (vgl *J. Wüstemann/S. Wüstemann* WPg 2014, 929 (929f)). Dafür etabliert der IASB in IFRS 15.35 **drei Kriterien,** von denen zumindest ein Kriterium erfüllt sein muss:

(1) Der Kunde profitiert von einem kontinuierlichen Nutzenzufluss, oder
(2) im Zeitraum der Herstellung oder Bearbeitung des Vermögenswerts ist dieser in der Verfügungsmacht des Kunden, oder
(3) der geschaffene Vermögenswert kann nicht alternativ genutzt werden und das Unternehmen hat einen rechtlich durchsetzbaren Anspruch auf Zahlung der bisher erbrachten Leistung.

59 Die Umsatzrealisation ist dann entspr des Leistungsfortschritts vorzunehmen. Der IASB nennt als Ziel der **Messung des Leistungsfortschritts,** die Unternehmensleistung hinsichtlich der bereits vollzogenen Übertragung der Kontrolle über die Waren an den Kunden abzubilden (IFRS 15.39). Vor dem Hintergrund dieses Ziels argumentiert der IASB daher, dass grds **outputorientierte** Methoden konzeptionell die „glaubwürdigere Abbildung“ der Unternehmensleistung *(most faithful depiction of entity's performance)* darstellen, da dadurch direkt die (anteilig) an den Kunden übertragenen Waren (oder Dienstleistungen) bewertet werden (IFRS 15.BC164 sowie unter der Voraussetzung zustimmend, dass der Output verlässlich bewertet werden kann, *KPMG* 2014/15 Rz 4.2.290.30 sowie zu den Grenzen outputbasierter Methoden *Lüdenbach/Hoffmann/Freiberg* IFRS § 25 Rz 139ff). Der Leistungsfortschritt soll dabei nach derjenigen Methode bemessen werden, die dem tatsächlichen Kontrollübergang und damit der tatsächlichen Unternehmensleistung am ehesten entspricht. Die Entscheidung, welche Methode dieser Vorgabe im Einzelfall am ehesten entspricht, ist ermessensbehaftet. Für die Ausübung des Ermessens ist gem IFRS 15.41 und IFRS 15.BC159ff auch die Art der erbrachten bzw noch zu erbringenden Leistung zu berücksichtigen. Eine einmal **gewählte Methode** zur Messung des

Leistungsfortschritts ist nach IFRS 15.40 (und IFRS 15.BC161) im Zeitablauf **beizubehalten** und auch für vergleichbare Leistungsverpflichtungen anzuwenden. Es gilt folglich das **sachliche** und **zeitliche Stetigkeitsprinzip,** auch wenn dies ggf der ökonomischen Realität komplexer langfristiger Aufträge nicht entspricht (vgl zu einem Beispiel *Schmidt* IRZ 2015, 267 (267ff)) sowie → § 9 Rn 130ff).

Als Methoden kommen sowohl input- als auch outputorientierte Verfahren in Betracht. IFRS 15.B14ff. beschreiben mögliche Methoden; die Auswahl ist indes nicht abschließend. Outputorientierte Verfahren basieren auf der Bewertung der relativ zum Gesamtvolumen bereits erbrachten (fingiert übertragenen) Güter oder Dienstleistungen. Typische Methoden sind der bewertete Leistungsfortschritt, Bemessung der Fertigstellung anhand erreichter Meilensteine, erbrachtem Zeitanteil oder produzierten/gelieferten Einheiten. Inputorientierte Verfahren stellen demgegenüber auf den durch das Unternehmen bereits erbrachten, anteiligen Faktoreinsatz (*efforts or inputs,* zB insbes *cost-to-cost*-Methode) ab. 60

Überträgt das Unternehmen Güter oder Dienstleistungen an einen Kunden vor dessen Zahlung bzw vor Fälligkeit und ist noch kein unbedingtes Recht auf Zahlung durch den Kunden entstanden, hat das Unternehmen gem IFRS 15.105 einen **vertraglichen Vermögenswert** *(contract asset)* auszuweisen. Das betrifft insbes Leistungen im Zusammenhang mit Fertigungsaufträgen, die zeitraumbezogen erfasst werden, deren endgültige Zahlung allerdings von der Abnahme abhängt. Ein unbedingtes Recht auf Zahlung seitens des Kunden, das nur noch von der Fälligkeit abhängt, ist wiederum als Forderung auszuweisen (IFRS 15.108). Sofern der Kunde bereits (An-)Zahlungen geleistet hat oder das Unternehmen einen unbedingten Anspruch auf Zahlung vor Leistungserbringung innehat, ist eine entspr **vertragliche Verbindlichkeit** *(contract liability)* auszuweisen (IFRS 15.106).

Hinsichtlich der **Realisierung von Lizenzerträgen** – sofern es sich bei der Lizenz um eine separate Leistung handelt – ist zu beurteilen, ob die Einnahmen aus dieser Lizenzierung zeitpunkt- oder zeitraumbezogen zu realisieren sind. Nach IFRS 15.B56 ist zu unterscheiden, ob eine Lizenz das Recht auf Zugang zum geistigen Eigentum *(intellectual property)* des Unternehmens wie es über den Zeitraum der Lizenz besteht (**zeitraumbezogene Erfassung,** IFRS 15.B56(a)) oder wie es zum Zeitpunkt der Vergabe der Lizenz besteht (**zeitpunktbezogene Erfassung,** IFRS 15.B56(b)) gewährt. Nach IFRS 15.B58(a) ist Voraussetzung für IFRS 15.56(a), dass das Unternehmen entweder verpflichtet ist oder der Kunde erwarten kann, dass Aktivitäten zur wesentlichen Beeinflussung/Veränderung des geistigen Eigentums vorgenommen werden. Diese Veränderung muss wesentlich, nicht jedoch rechtlich verpflichtend sein. Eine faktische Verpflichtung aus der Erwartungshaltung des Kunden ist ausreichend. Bspw sind Lizenzeinnahmen aus der Veräußerung von Computerspielen über ein Hardwaremedium (wie DVD) zeitpunktbezogen zu realisieren, während die Veräußerung von virtuellen Geldeinheiten im Rahmen eines Online-Computerspiels, das lfd Veränderungen unterliegt, zeitraumbezogen zu realisieren ist. Wie bzw über welchen Zeitraum die zeitraumbezogene Auflösung zu erfolgen hat, muss vor dem Hintergrund des jeweiligen Sachverhalts im Ermessen des Unternehmens entschieden werden, da hierzu keine expliziten Vorschriften bestehen. Für die Implementierung der neuen Vorschriften des IFRS 15 hat der IASB einen ***Transition Resource Group for Revenue Recognition*** (TRG) eingerichtet, die mögliche Anwendungsschwierigkeiten im Zusammenhang mit der Einführung von IFRS 15 identifiziert und ggf klarstellt. So wurde bereits ein weiterer Änderungsentwurf **(ED/2015/6)** zu IFRS 15 veröffentlicht, der ua Klarstellungen zur Umsatzrealisierung von Lizenzentgelten enthält (→ Rn 169).

Grds erwartet der IASB nur für bestimmte Transaktionen Änderungen in der der Ertragsrealisation. Allerdings kann der IFRS 15 in Abhängigkeit von der Branche zT erhebliche Auswirkungen haben. Dies betrifft zB die Branchen Telekommunikation, Software, Unterhaltung und Medien sowie Pharma/Biotec mit den hier häufig vorzufindenden **Mehrkomponentenverträgen** (vgl dazu ausführlich *Grote/Hold/Pilhofer,* KoR 2012, 105 (105 ff) und 170 (170 ff)). Nachfolgend wird die Beurteilung eines solchen Vertrags nach den neuen Normen dargestellt.

61 **Beispiel 1:** Fünfstufige Prüfung der Umsatzrealisierung am Beispiel eines Mehrkomponentenvertrags – Verkauf eines 24-Monats-Mobilfunkvertrags nebst Mobiltelefon.

Sachverhalt: Unternehmen T bietet Mobilfunkverträge mit 24 Monaten Laufzeit gemeinsam mit einem neuen Mobiltelefon an. Das neue Mobiltelefon des Unternehmens P, das PearPhone 5.0, kann gegen Zuzahlung eines Betrags von € 99 iVm einem 24-Monats-Mobilfunkvertrag erworben werden. Der Vertrag sieht vor, dass neben einer monatlichen Grundgebühr in Höhe von € 44,90 nutzungsabhängige Entgelte anfallen. Daneben werden 120 entgeltfreie Minuten in alle Netze, 100 entgeltfreie SMS sowie unbegrenzte Internetnutzung gewährt. Ein ansonsten inhaltsgleicher Vertrag wird auch ohne Mobiltelefon angeboten; dann gilt allerdings eine monatliche Grundgebühr in Höhe von € 24,90. Dasselbe Mobiltelefon kann direkt beim Hersteller – dem Unternehmen P – zu einem Preis von € 690 erworben werden.

Lösung: Annahmegemäß stellen (1) der 24-Monats-Mobilfunkvertrag nebst (2) Kaufvertrag über das Mobiltelefon die zwei **Verträge** (Schritt 1). Dabei sind beide Verträge gemeinsam zu beurteilen, da sie auf einen wirtschaftlichen Zweck ausgerichtet sind und die beiden **Preise interdependent** sind: Für den Kunden besteht kein ökonomischer Anreiz, einen (vergleichsweise teureren) Mobilfunkvertrag abzuschließen, ohne zugleich ein verbilligtes Mobiltelefon zu erwerben und umgekehrt wäre ein Kauf des Mobiltelefons zum Preis von € 99 nicht möglich ohne den Abschluss des (vergleichsweise teureren) Mobilfunkvertrags.

Aus der Sicht des Unternehmens T sind zwei separate **Leistungsverpflichtungen zu identifizieren** (Schritt 2): Zum einen die Verpflichtung zur **Übereignung des Mobiltelefons**, zum anderen die **Bereitstellung des Mobilfunkanschlusses,** welche die Erreichbarkeit des Kunden (Telefonate, Kurznachrichten) und die mit der Grundgebühr abgegoltenen Dienstleistungen im Rahmen des Mobilfunkvertrags (Abwicklung von Telefonaten, Weiterleitung von Kurznachrichten, mobiler Zugang zum Internet) umfasst. Die vertraglich vereinbarte Bereitschaft, bei Inanspruchnahme durch den Kunden weitere Leistungen (über die vereinbarten Freiminuten und Frei-SMS hinaus) zu erbringen, wird bei Nutzung separat entgolten (Nutzungsentgelte). Diese stellen demzufolge weitere Leistungskomponenten dar, die separat zu würdigen wären. Auf diese Leistungen wird im Folgenden nicht weiter eingegangen.

62 Eine **Erfassung** von **Umsatzerlösen** erfolgt **separat** für beide Leistungskomponenten jeweils dann, wenn die Dienstleistung erbracht bzw die Ware übertragen wurde, sodass der Kunde die Verfügungsmacht über die Ware erlangt. Daraus folgt, dass der Umsatz für den Verkauf des Mobiltelefons mit Lieferung/Übergabe des Mobiltelefons zu erfassen ist. Dagegen erfolgt die Umsatzerfassung für den Mobilfunkvertrag über die Laufzeit.

Der im Schritt 3 zu ermittelnde **gesamte Transaktionspreis** bestimmt sich durch 24 × € 44,90 zuzüglich Einmalzahlung von € 99. Zur Ermittlung des Gesamttransaktionspreises sind die Ratenzahlungen unter Verwendung eines risikoadäquaten Zinssatzes in einen Barwert umzurechnen. Im nächsten Schritt ist für die Umsatzerfassung dieser, durch den Kunden zu zahlende gesamte Transaktionspreis auf die beiden Leistungsverpflichtungen **aufzuteilen** (Schritt 4). Im einfachsten Fall können für beide Leistungsverpflichtungen (Einzel-)Verkaufspreise beobachtet werden und die Summe dieser beiden (Einzel-) Verkaufspreise entspricht der für den Gesamtvertrag vereinbarten Gegenleistung (dh dem gesamten Transaktionspreis). Dieser Fall wird jedoch in der Praxis selten gegeben sein. Zum einen sind (Einzel-)Verkaufspreise oftmals schwer zu schätzen, weil sie nicht beobachtet werden können; zum anderen weicht der Gesamtpreis oftmals von der Summe der (Einzel-)Verkaufspreise ab. Dann ist der gesamte Transaktionspreis proportional auf der Grundlage der (Einzel-)Verkaufspreise auf die (hier: zwei) Leistungskomponenten zu verteilen. Eine Begrenzung auf die von weiteren Leistungen unabhängige Zahlungsverpflichtung (hier: € 99 für das Mobiltelefon) – sog *contingent revenue cap* oder *cash restriction* – ist explizit ausgeschlossen.

Bei der Schätzung der (Einzel-)Verkaufspreise ist auch der Zeitwert des Geldes zu berücksichtigen, wenn dieser wesentlich ist, sodass ein (fiktiver) sofort zahlbarer (Einzel-) Verkaufspreis von dem vertraglich vereinbarten (bspw über einen Zeitraum zu zahlenden) Preis abweicht. In diesem Fall ist der (Einzel-)Verkaufspreis als Barwert auf der Grundlage eines angemessenen Zinssatzes zu bestimmen. Die dann ebenfalls zu erfassende Forderung aus Lieferung und Leistung ist nach den Normen für Finanzinstrumente fortzuführen.

Im vorliegenden Beispiel würde der Kunde bei (fiktivem) Einzelbezug der beiden Leis- **63**
tungskomponenten über einen Zeitraum von 24 Monaten jeweils zu Beginn des Monats eine Grundgebühr in Höhe von € 24,90 sowie einen Kaufpreis von € 690 für das Telefon zahlen. Im Rahmen des Mehrkomponentenvertrags zahlt er jedoch nur 24 monatliche Raten von € 44,90 zuzüglich einer Einmalzahlung in Höhe von € 99. In beiden Varianten kommt eine **Diskontierung** der auf den Mobilfunkvertrag zu allokierenden Zahlungen nicht in Betracht, weil es sich nicht um eine gestundete Zahlung handelt, sondern auch die Leistung des Mobilfunkanbieters erst – analog zu den Zahlungen des Kunden – über die Vertragslaufzeit erbracht wird. Dagegen ist derjenige Teil der monatlichen Beträge, der im Fall des Mehrkomponentenvertrags auf den Kaufpreis des Mobiltelefons entfällt, zu diskontieren, weil es sich insoweit um eine Stundung des (Bar-)Kaufpreises handelt.

Offensichtlich ist, dass der Kunde im Fall des Mehrkomponentenvertrags einen Rabatt erhält. Um die **Höhe des Rabatts** exakt zu ermitteln, sind die Zahlungen beider Varianten (Einzelbezug und Mehrkomponentenvertrag) zu diskontieren. Unterstellt sei, dass der adäquate Zinssatz 12% betrage. Unter dieser Annahme ergeben sich Barwerte in folgender Höhe:

	(fiktiver) Einzelbezug	**(abgeschlossener) Mehrkomponentenvertrag**
Monatliche Zahlungen	24 × € 24,90	24 × € 44,90
Barwert	€ 537	€ 969
Einmalzahlung	€ 690	€ 99
Summe	€ 1.227	€ 1.067

Zu beachten ist, dass diese Diskontierung lediglich für Zwecke der Rabattermittlung und damit für die Ermittlung der Grundlage der Aufteilung der gesamten Transaktionskosten auf die Leistungsverpflichtungen erfolgt. Diese Barwerte stellen die Gesamttransaktionspreise beider Varianten bei sofortiger Zahlung dar. Der Vergleich der beiden Gesamttransaktionspreise zeigt, dass der Kunde beim Mehrkomponentenvertrag faktisch einen **Rabatt von 13%** ggü dem Einzelbezug erhält. Der rabattierte Gesamttransaktionspreis des Mehrkomponentenvertrags ist nun nach Maßgabe der (Einzel-)Verkaufspreise auf die Leistungsverpflichtungen zu verteilen (Schritt 4). Im vorliegenden Beispiel lässt sich die verlangte proportionale Aufteilung dadurch erzielen, dass für beide Leistungskomponenten ein um den bereits ermittelten Rabatt von 13% reduzierter Transaktionspreis angesetzt wird.

Im Schritt 5 ergibt sich somit für den Verkauf des Mobiltelefons ein darauf allokierter **64**
Transaktionspreis und damit Umsatzerlös in Höhe von € 690 × (100% – 13%) = € 600. Dieser wiederum entfällt in Höhe von € 99 auf eine Zuzahlung bei Vertragsabschluss; der Rest (€ 501) stellt eine gestundete Kaufpreiszahlung dar, die über die monatlichen Zahlungen der nächsten 24 Monate getilgt wird. Dabei entsprechen € 501 dem Barwert von 24 monatlichen vorschüssigen Zahlungen in Höhe von € 23,22 bei am Jahresende zu berechnenden Zinsen in Höhe von 12%.

Es ist demnach zu buchen:

(1) in Bezug auf den Verkauf des Mobiltelefons (einmalig):

Per Kasse	€ 99	an	Umsatzerlöse	€ 600
Forderungen L und L	€ 501			

(2) in Bezug auf den Mobilfunkvertrag jeweils monatlich:

Per Kasse	€ 21,68	an	Umsatzerlöse	€ 21,68.

Die Buchung zu (2) ergibt sich jedoch nicht direkt, weil der vom Kunden monatlich zu zahlende Betrag in Höhe von € 44,90 zwei Teilbeträge enthält, die ebenfalls auf die beiden Leistungskomponenten aufzuteilen sind: Ein Teilbetrag in Höhe von € 21,68 entfällt auf den Vertrag (iSd obigen Buchung (2)); der Rest (€ 23,22) entfällt auf das Mobiltelefon und stellt ökonomisch die Abzahlung des im Wege des Ratenkaufs erworbenen Mobiltelefons dar, sodass zu buchen ist:

Per Kasse	€ 44,90	an	Forderungen L und L	€ 23,22
			Umsatzerlöse	€ 21,68.

Am Jahresende sind in Bezug auf das Mobiltelefon zwölf Raten zu € 23,22 eingegangen (€ 279), sodass die Forderung aus Lieferung und Leistung noch € 501 – € 279 = € 222 beträgt. Daneben sind aber gem IAS 39/IFRS 9 noch Zinsen zu erfassen; diese stellen das Entgelt für die Stundung des Kaufpreises in Bezug auf das Mobiltelefon dar. Bei zwölf monatlichen vorschüssigen Zahlungen ergibt sich bei einem Jahreszins von 12% am Jahresende ein Zinsertrag in Höhe von € 42, sodass zusätzlich zu buchen ist:

Per Forderung aus L und L	an	Zinsertrag	€ 42.

Der Buchwert der Forderung aus Lieferung und Leistung beträgt damit € 222 + € 42 = € 264. Dies entspricht der Summe von zwölf weiteren Zahlungen (12 × € 23,22) sowie dem Zinsertrag auf die Restschuld (€ 14).

Die 24 monatlichen Raten in Bezug auf den Mobilfunkvertrag in Höhe von € 21,68 ergeben bei Betrachtung als vorschüssige Zahlungen und am Jahresende zu berechnenden Zinsen in Höhe von 12% einen Barwert von € 520. Dies entspricht einem um 13% rabattierten Preis ggü dem Mobilfunkvertrag bei Einzelbezug.

65 **Beispiel 2:** Mehrkomponentenvertrag – Verkauf eines 24-Monats-Mobilfunkvertrags nebst Mobiltelefon mit **explizit** im Vertrag vereinbarten Zahlungen für die Überlassung eines Mobiltelefons.

Sachverhalt: Wie Sachverhalt aus Beispiel 1, allerdings enthält der Vertrag die explizite Bestimmung, dass zusätzlich zu der „Grundgebühr" des Mobilfunkvertrags in Höhe von € 34,90 noch monatlich € 10 für das Mobiltelefon (zusätzlich zur einmaligen Zuzahlung in Höhe von € 99) zu zahlen sind.

Lösung: Wie Beispiel 1. Auch die explizite Vereinbarung eines Entgelts für die beiden Leistungsverpflichtungen ändert nichts daran, dass diese Verpflichtungen gemeinsam zu würdigen sind, da beide Verträge zum selben Zeitpunkt mit demselben Kunden abgeschlossen wurden und die jeweils vereinbarten **Preise interdependent** sind. Damit subventioniert faktisch der teurere Mobilfunkvertrag das Mobiltelefon. Die Frage wäre, ob der Kunde das Mobiltelefon zu einem Preis von € 99 nebst 24 Raten zu € 10 auch ohne Abschluss des Mobilfunkvertrags hätte erwerben können. Da dies zu verneinen ist, besteht eine Interdependenz, die eine Gesamtwürdigung und Neuaufteilung des Gesamttransaktionspreises auf die Leistungsverpflichtungen erforderlich macht. Diese Aufteilung des Transaktionspreises wird regelmäßig anders sein als eine aus anderen (zB Marketing-)Erwägungen explizit im Vertrag vereinbarte Aufteilung. Nur dann, wenn die Preise für beide Leistungskomponenten so festgelegt werden, dass sie nicht interdependent sind (also Mobilfunkvertrag und Kaufvertrag über das Mobiltelefon auch separat zu diesen Preisen hätten abgeschlossen werden können), kommt eine gemeinsame Betrachtung beider Leistungsverpflichtungen iSe Mehrkomponentenvertrags nicht in Betracht.

4. Erstmalige Anwendung des IFRS 15

66 IFRS 15 ist verpflichtend für Geschäftsjahre anzuwenden, die am oder nach dem **1. Januar 2018** beginnen, da der IASB im Juli 2015 eine einjährige Verschiebung des Anwendungszeitpunkts beschlossen hat (*IASB* Update July 2015, 6f). Eine vorzeitige Anwendung ist zulässig, setzt jedoch für IFRS-Anwender in der EU die Übernahme des Standards in europäisches Recht voraus. Derzeit (Stand: 31. Juli 2015) ist dieses Endorsement für das erste Quartal 2016 geplant.

IFRS 15.C3 sieht für die erstmalige Anwendung des Standards ein Wahlrecht vor, diesen entweder:

(1) **retrospektiv** in Übereinstimmung mit IAS 8 und unter Inanspruchnahme bestimmter Erleichterungen oder
(2) entspr einer **modifizierten retrospektiven Methode** (*Grote/Hold/Pilhofer* KoR 2014, 405 (480), auch *cumulative catch-up transition*) anzuwenden (→ Rn 67).

Im Fall (1) gelten grds die Regelungen des IAS 8.19, sodass die Eröffnungsbilanzwerte für die früheste im Abschluss dargestellte Vergleichsperiode unter Anwendung des IFRS 15 anzupassen sind. Erleichterungen bestehen darin, dass die im Zeitpunkt der Erstanwendung bereits vollständig erbrachten Leistungen nicht rückwirkend angepasst werden müssen, sofern die Verträge innerhalb einer Berichtsperiode abgeschlossen wurden (IFRS 15.C5(a)). Von dieser Erleichterung dürften viele Unternehmen profitieren (so auch *Thurow* IRZ 2014, 464 (465)). Sofern Leistungen bereits vollständig erbracht wurden und dafür eine variable Vergütung vereinbart war, kann auch rückwirkend der (im Umstellungszeitpunkt bereits final ermittelte) Transaktionspreis zum Zeitpunkt der Erfüllung des Vertrags herangezogen werden. Es sind rückwirkend keine Schätzungen desselben zum Zweck der Darstellung in den Vergleichsperioden erforderlich (IFRS 15.C5(b)). Zudem sind für die Vergleichsperioden keine Angaben zum auf andere Leistungsverpflichtungen allokierten Anteil des Transaktionspreises und Angaben zum erwarteten Zeitpunkt der Erlöserfassung erforderlich. Die jeweils ausgewählten Erleichterungen sind auf alle Verträge anzuwenden und ziehen eine entspr Angabepflicht nach sich. Die Umstellungseffekte aus der retrospektiven Erstanwendung sind zu Beginn der ersten dargestellten Vergleichsperiode erfolgsneutral gem IAS 8.22 abzubilden. Bei einer Erstanwendung im Jahr 2018 wären aufgrund der sog „dritten Bilanz" die Umsätze bereits für die Jahre 2016 und 2017 nach IFRS 15 zu ermitteln.

Bei Anwendung der **modifizierten retrospektiven Methode** (Fall (2)) ist 67
IFRS 15 nur auf diejenigen Verträge anzuwenden, die zum Zeitpunkt der erstmaligen Anwendung noch nicht vollständig erfüllt sind. Dieser Zeitpunkt ist bspw bei spätestmöglicher Anwendung und Übereinstimmung von Geschäftsjahr und Kalenderjahr der 1. Januar 2018. Der für diese Verträge ermittelte Anpassungsbetrag ist lediglich kumuliert *(cumulative effect)* in der Eröffnungsbilanz des Abschlusses des Geschäftsjahrs der Erstanwendung in den Gewinnrücklagen (oder einer anderen geeigneten Eigenkapitalkomponente) zu erfassen. Allerdings sind für diese Berichtsperiode zusätzliche Anhangangaben dazu erforderlich, wie sich die Anwendung des IFRS 15 auf jeden Bilanzposten auswirkt. Gründe für wesentliche Änderungen sind darzulegen. Mithin sind die Umsätze somit auch im Jahr der Erstanwendung parallel nach den bisherigen Normen zu ermitteln. Der Gleichlauf der Normen wäre jedoch auch im Fall (1) für die abzubildenden Verträge erforderlich. Insgesamt ist davon auszugehen, dass die Anwendung der Methode (2) in den Unternehmen eine längere Vorbereitungszeit für den Übergang auf IFRS 15 erfordert.

5. Weiterentwicklung des IFRS 15

Bereits unmittelbar nach Verabschiedung des IFRS 15 im Jahr 2014 wurden 68
mögliche **Auslegungs-, Implementierungs- und Anwendungsfragen** diskutiert. Der IASB hat im Juli 2015 einen Entwurf (ED/2015/6 *Clarifications to IFRS 15*) veröffentlicht, in dem nunmehr bereits umfangreiche – auch konzeptionelle – Anpassungen des IFRS 15 vorgeschlagen werden (→ Rn 169). Aus Sicht der Unternehmen können dadurch ggf bestehende offene Fragen adressiert werden.

(einstweilen frei) 69–74

C. Darstellung und Struktur der Gesamtergebnisrechnung nach IAS 1

75 Vorschriften zur **Darstellung und Struktur der Gesamtergebnisrechnung** finden sich ausschließlich in IAS 1. Des Weiteren sind zum einen die im Wesentlichen im Rahmenkonzept und in IAS 1 enthaltenen allgemeinen Anforderungen an die Finanzinformationen, wie zB die Fundamentaleigenschaften Relevanz und glaubwürdige Darstellung sowie die Sekundäreigenschaften wie Vergleichbarkeit, Nachprüfbarkeit und Verständlichkeit (→ § 2 Rn 57ff) zu beachten. Zum anderen können Sondervorschriften in einzelnen Standards, bspw für immaterielle Vermögenswerte (→ § 4 Rn 141ff), einschlägig sein.

76 Gem IAS 1.88 iVm IAS 1.81A sind in der Gesamtergebnisrechnung **sämtliche** Erträge und Aufwendungen (bzgl der Definition von Erträgen und Aufwendungen → § 2 Rn 143ff) zu berücksichtigen. Neben den erfolgswirksam zu erfassenden Aufwendungen und Erträgen, deren Summe den Periodenerfolg *(profit or loss for the period)* darstellt, betrifft dies auch die im sonstigen Ergebnis zu berücksichtigenden Erträge und Aufwendungen (zu den Komponenten des sonstigen Ergebnisses → Rn 143f). Der Abschlussbestandteil „Gesamtergebnisrechnung" stellt somit eine **stromgrößenorientierte Periodenrechnung** dar.

77 Die Summe aus Periodenerfolg und sonstigem Ergebnis ergibt das **Gesamtergebnis**. Während Änderungen von Schätzungen aufgrund ihrer zwingenden erfolgswirksamen Erfassung (IAS 8.36) in den Periodenerfolg und somit ins Gesamtergebnis eingehen, werden die gem IAS 8.19ff und IAS 8.42 retrospektiv (erfolgsneutral) zu berücksichtigenden Auswirkungen der Änderungen von Rechnungslegungsmethoden sowie der Berichtigung wesentlicher Fehler nicht in der Gesamtergebnisrechnung, sondern in der Eigenkapitalveränderungsrechnung erfasst (IAS 1.89 iVm IAS 8; → § 17 Rn 21f sowie → § 45 Rn 21ff und → § 45 Rn 45f).

I. Inhalt und Darstellungsvarianten der Gesamtergebnisrechnung

78 Die Gesamtergebnisrechnung muss gem IAS 1.81A zunächst neben den Abschnitten „GuV" (IAS 1.82, → Rn 94) und „sonstiges Ergebnis" (IAS 1.82A, → Rn 143f) folgende Angaben enthalten:
(1) Periodenerfolg (Gewinn oder Verlust),
(2) sonstiges Ergebnis insgesamt und
(3) Gesamtergebnis (dh Summe aus Periodenerfolg und sonstigem Ergebnis).

Sofern eine **separate GuV** erstellt wird (*two statement approach;* IAS 1.10A), beginnt die Darstellung des sonstigen Ergebnisses mit dem Periodenerfolg und setzt so die Darstellung des Gesamtergebnisses fort.

Darüber hinaus hat zusätzlich zu den Abschnitten GuV und sonstiges Ergebnis gem IAS 1.81B eine Ergebniszuordnung auf Anteilseigner und nicht-beherrschende Gesellschafter wie folgt zu erfolgen:
(1) Gewinn oder Verlust der Periode, der
  (a) den nicht-beherrschenden Gesellschaftern und
  (b) den Anteilseignern des MU zuzurechnen ist.
(2) Gesamtergebnis der Periode, das
  (a) den nicht-beherrschenden Gesellschaftern und
  (b) den Anteilseignern des MU zuzurechnen ist.

79 Sofern eine **separate GuV** erstellt wird *(two statement approach)*, sind die einzelnen Bestandteile des Gewinns oder Verlusts gem (1) dort auszuweisen.

Für die GuV sind – neben den in anderen IFRS geforderten Informationen – **mindestens folgende Posten** vorgeschrieben (IAS 1.82):
(1) Umsatzerlöse,
(2) Finanzierungsaufwendungen (Finanzergebnis ohne nach der Equity-Methode bewertete Unternehmen),
(3) Gewinn- und Verlustanteile an assoziierten Unternehmen und Gemeinschaftsunternehmen, die nach der Equity-Methode bilanziert werden,
(4) Steueraufwendungen und
(6) gesonderter Betrag für die Gesamtsumme des Ergebnisbeitrags der aufgegebenen Geschäftsbereiche (IFRS 5, § 28).

Unter Berücksichtigung der **Änderungen durch IFRS 9** fordert IAS 1.82 (geändert 2014) zumindest folgende Angaben:
(1) Umsatzerlöse (mit separatem Ausweis von unter Anwendung der Effektivzinsmethode ermittelten Zinserlösen),
(2) Gewinne und Verluste aus der Ausbuchung von zu fortgeführten Anschaffungskosten bewerteten finanziellen Vermögenswerten,
(3) Finanzierungsaufwendungen,
(4) gem IFRS 9.5.5 ff ermittelte Wertminderungen (inklusive von Wertaufholungen sowie Reduzierung von Werterhöhungen),
(5) Gewinn- und Verlustanteile an assoziierten Unternehmen und Gemeinschaftsunternehmen, die nach der Equity-Methode bilanziert werden,
(6) Unterschiede zwischen dem bisherigen Buchwert und dem beizulegenden Zeitwert (am Tag der Neuzuordnung) von finanziellen Vermögenswerten, die aufgrund einer Reklassifizierung (IFRS 9.4.4 und → § 3 Rn 480 ff) nicht mehr zu fortgeführten Anschaffungskosten, sondern zum beizulegenden Zeitwert bewertet werden,
(7) Beträge, die aufgrund einer Umklassifizierung von finanziellen Vermögenswerten aus der Kategorie *FVOCI* hin zu einer zum *FVPL,* vom sonstigen Ergebnis in die GuV umgegliedert werden,
(8) Steueraufwendungen und
(9) gesonderter Betrag für die Gesamtsumme des Ergebnisbeitrags der aufgegebenen Geschäftsbereiche (IFRS 5, § 28).

Die Komponenten des **sonstigen Ergebnisses** sind gem IAS 1.82A nach ihrer Art zu klassifizieren und entspr ihrer potenziellen **GuV-Wirkung in einer künftigen Periode** zu gruppieren. Dh Komponenten, die zukünftig GuV-wirksam umgegliedert werden könnten *(reclassified),* sind getrennt von zukünftig zu keinem Zeitpunkt mehr GuV-wirksam werdenden Komponenten darzustellen. Diese Aufteilung ermöglicht dem Abschlussadressaten eine Einschätzung der potenziellen zukünftigen Auswirkung der Komponenten des sonstigen Ergebnisses auf den zukünftigen Periodenerfolg. Eine solche Einschätzung erscheint bedeutsam insbes vor dem Hintergrund, dass das sonstige Ergebnis einen wesentlichen Anteil des Gesamtergebnisses ausmachen kann und auch tatsächlich ausmacht (hierzu *Sellhorn/Hahn/Müller* WPg 2011, 1013 (1015)). 80

Für die Darstellung der derzeitigen und zukünftigen Komponenten, die sich zukünftig aufgrund der **Verpflichtung** zur **Umgliederung** *(reclassification adjustment)* auf die GuV auswirken können sowie eine Darstellung solcher Komponenten, die sich zu keinem Zeitpunkt mehr auf die GuV auswirken werden → Rn 145 ff.

Bereits IAS 1.82A in der derzeitig anzuwendenden Version fordert eine Einbeziehung der im Rahmen der **Fortschreibung** des **Equity-Buchwerts** berücksichtigten Beträge des **sonstigen Ergebnisses** von **assoziierten** oder **Gemeinschaftsunternehmens** in die zweigeteilte Darstellung nach umgliederungsfähigen und nicht umgliederungsfähigen Komponenten des sonstigen Er- 81 gebnisses. Im Rahmen des im Dezember 2014 veröffentlichten Änderungsstandards *Disclosure Initiative* wurde IAS 1.82A neu gegliedert und ergänzt sowie das Beispiel in IAS 1.IG6 überarbeitet, um die vom IASB beabsichtigte Darstellung zu präzisieren (IAS 1.BC105D). Aus IAS 1.82A(b) (geändert 2014) iVm IAS 1.IG6 (geändert 2014) ergibt sich nunmehr, dass im Hinblick auf den Anteil eines Investors am sonstigen Ergebnis von assoziierten oder Gemeinschaftsunternehmen der Ausweis jeweils **eines** Postens im (nicht) umgliederungsfähigen Teilbereich ausreichend ist. Eine weitergehende Unterteilung nach einzelnen Komponenten (Posten) des sonstigen Ergebnisses, wie sie ansonsten (dh für Beiträge des MU und der vollkonsolidierten TU) gefordert ist (IAS 1.82A/IAS 1.82A(a) (geändert 2014)) ist hingegen nicht erforderlich (vgl für ein Beispiel → § 36 Rn 140).

Der IASB hat in der *Basis for Conclusions* zum Änderungsstandard *Disclosure Initiative* zudem klargestellt, dass der Anteil eines Investors am sonstigen Ergebnis seines assoziierten oder Gemeinschaftsunternehmens ein Betrag **nach Steuern** und – im Fall der Einbeziehung eines Konzernabschlusses eines assoziierten oder Gemeinschaftsunternehmens – **ohne Berücksichtigung der Anteile nicht beherrschender Gesellschafter** ist. Insoweit greifen die Erläuterungspflichten der IAS 1.90 f in Bezug auf das sonstige Ergebnis von assoziierten oder Gemeinschaftsunternehmen nicht. Die Erläuterungspflichten der IAS 1.90 f sind jedoch dann einschlägig, wenn der Anteilseigner selbst steuerpflichtig in Bezug auf seinen Anteil am sonstigen Ergebnis des assoziierten oder Gemeinschaftsunternehmens ist (IAS 1.BC54L (geändert 2014)).

82 Die Gesamtergebnisrechnung kann entweder ein **einziges Rechenwerk** ***(single statement approach)*** umfassen oder aber **zweigeteilt** ***(two statement approach)*** dargestellt werden (IAS 1.10A). Die folgenden Darstellungen tragen dabei jeweils den Änderungen durch **IFRS 9** Rechnung (dazu ausführlicher → Rn 84).

83 Die Gesamtergebnisrechnung nach dem ***single statement approach*** stellt sich gem nachfolgender Übersicht dar (vgl IAS 1.10A):

I.		**Gewinne und Verluste (erfolgswirksam)**
		Umsatzerlöse
		Aufwendungen
		……
I.		**Periodenerfolg**
II.		**Sonstiges Ergebnis (erfolgsneutral)**
	1.	In künftigen Perioden in die GuV **umzugliedern**
	a.	+/– Währungsumrechnungsdifferenzen wirtschaftlich selbständiger ausländischer Einheiten
	b.	+/– Ergebnis aus *cashflow hedges* und *hedges* von Nettoinvestitionen
	c.	+/– Änderungen des Zeitwerts von Optionen beim Trennen von innerem Wert und Zeitwert einer Option
	d.	+/– Wertänderungen von *Forward* Elementen bzw *basis spreads* im Fremdwährungsbereich, sofern diese vom Gesamtwert des Forwards bzw Fremdwährungsderivats nach IFRS 9.6.5.16 getrennt werden.
	e.	./. Steuern auf diese Komponenten des sonstigen Ergebnisses

	2.	In künftigen Perioden **nicht** in die GuV umzugliedern
	a.	+/– Ergebnis aus Neubewertung Sachanlagevermögen und immaterieller Vermögenswerte
	b.	+/– Veränderungen aus der Neubewertung der Nettoschuld leistungsorientierter Versorgungspläne gem IAS 19
	ca.	Bei Anwendung IAS 39: +/– Ergebnis aus zur Veräußerung verfügbaren Finanzinstrumenten (IAS 39.55(b))
	cb.	Bei Anwendung IFRS 9: +/– Änderungen des beizulegenden Zeitwerts von finanziellen Verbindlichkeiten, die zur erfolgswirksamen Bewertung zum beizulegenden Zeitwert designiert sind und die auf Änderungen des eigenen Kreditrisikos zurückzuführen sind (IFRS 9.5.7.7(a) iVm IFRS 9.B5.7.9)
	d.	Bei Anwendung IFRS 9: +/– Ergebnis aus der Bewertung von ohne Handelsabsicht gehaltenen Eigenkapitalinstrumenten zum beizulegenden Zeitwert gem IFRS 9.5.7.5 iVm IFRS 9.B5.7.1
	e.	./. Steuern auf diese Komponenten des sonstigen Ergebnisses
II.		**Sonstiges Ergebnis (Summe 1. + 2.)**
III.		**Gesamtergebnis (Summe I. + II.)**
IV.		**Ergebniszuordnung Periodenerfolg und Gesamtergebnis**

Aus **IFRS 9** resultierende Änderungen (Wegfall +/– Ergebnis aus zur Veräußerung verfügbaren Finanzinstrumenten gem IAS 39.55(b) (dh II.2.ca der obigen Übersicht, → Rn 83) und Hinzufügung von II.2.cb. und II.2.d. der obigen Übersicht) sind voraussichtlich ab 1. Januar 2018 anzuwenden (vgl zum Anwendungszeitpunkt von IFRS 9 → § 3 Rn 545). 84

Die Gesamtergebnisrechnung nach dem ***two statement approach*** stellt sich wie folgt dar: 85

Teilrechnung 1

I.		**GuV (erfolgswirksam)**
		Umsatzerlöse
		Aufwendungen
		……
I.		**Periodenerfolg**
II.		**Ergebniszuordnung Periodenerfolg**

Teilrechnung 2 (eigentliche Gesamtergebnisrechnung)

I.		**Periodenerfolg**
II.		**Sonstiges Ergebnis (erfolgsneutral)**
	1.–2.	analog *single statement*
II.		**Sonstiges Ergebnis**
IV.		**Gesamtergebnis (Summe I. + II.)**
V.		**Ergebniszuordnung Gesamtergebnis**

Bzgl der branchenspezifischen Gliederung bei Banken → § 39 Rn 51 ff und bei Versicherungsunternehmen → § 40 Rn 62.

86 Bei der Entscheidung, ob der **Darstellungsoption** *single statement approach* oder *two statement approach* der Vorzug zu geben ist, gilt es vom Bilanzierenden zu berücksichtigen, auf welche Ergebnisgröße er das Augenmerk des Bilanzlesers lenken möchte. Durch die „optische" Gleichstellung von erfolgswirksamen und im sonstigen Ergebnis erfassten Komponenten kann es durchaus zu Fehlinterpretationen kommen. Aus unserer Sicht ist eine Darstellung nach dem *two statement approach* zu **präferieren,** da die erforderlichen Angaben zur Ergebniszuordnung (→ Rn 153) auf nicht-beherrschende Gesellschafter und die Anteilseigner des MU nach IAS 1.83(a) iVm IAS 1.81B hier besser im optischen Zusammenhang mit dem jeweiligen Ergebnis, auf das sie sich beziehen, stehen. In Deutschland wird im Wesentlichen die Darstellung nach dem *two statement approach* gewählt. Bspw wenden **alle DAX30-Unternehmen** in den im Jahr 2014 veröffentlichten Abschlüssen diese Darstellungsform an.

87 Reihenfolge und Bezeichnung der Mindestgliederungsposten sind zu ändern sowie weitere Posten und Zwischensummen (ggf aufgrund der Disaggreation der Mindestgliederungsposten → Rn 79) einzufügen, wenn dies für das **Verständnis der einzelnen Faktoren der Ertragskraft** des Unternehmens relevant ist (IAS 1.85 (geändert 2014)). Zu möglichen weiteren Zwischensummen in der Gesamtergebnisrechnung wird durch den Änderungsstandard *Disclosure Initiative* aus dem Jahr 2014 IAS 1.85A (geändert 2014) ergänzt. Es wird darin klargestellt, dass diese Zwischensummen auf IFRS-Ansatz- und Bewertungsnormen basieren müssen; ersichtlich sein muss, welche Beträge diesen Zwischensummen zuzuordnen sind; deren Darstellung dem Stetigkeitsgrundsatz unterliegt (→ § 2 Rn 77 ff) und diese zusätzlichen Zwischensummen nicht ggü den gem IAS 1.82 geforderten Zwischensummen hervorgehoben werden dürfen. Sofern erforderlich, sind die freiwilligen Zwischensummen auf die nach IAS 1.82 geforderten Zwischensummen überzuleiten.

88 Zudem sind die Art und der Betrag wesentlicher Aufwands- und Ertragsposten gesondert anzugeben (IAS 1.97). IAS 1.98 nennt beispielhaft Sachverhalte, die ggf eine solche **separate Berichterstattung** von Aufwands- und Ertragsposten in der Gesamtergebnisrechnung (bzw in der separat dargestellten GuV) **oder** im **Anhang** erforderlich machen:

(1) außerplanmäßige Abschreibungen von Vorratsvermögen auf den Nettoveräußerungswert oder von Sachanlagen auf den erzielbaren Betrag sowie die Wertaufholung solcher Abschreibungen (→ § 8 Rn 93 f; → § 5 Rn 214 f, → § 5 Rn 223),
(2) eine Restrukturierung von Unternehmensaktivitäten und die Auflösung von etwaigen Rückstellungen für Restrukturierungsaufwand (→ § 13 Rn 83),
(3) Abgang von Sachanlagen (→ § 5 Rn 220),
(4) Abgang von Finanzanlagen (→ § 3 Rn 270 ff),

(5) aufgegebene Geschäftsbereiche (→ § 28 Rn 129),
(6) Beendigung von Rechtsstreitigkeiten (→ § 13 Rn 163 ff) oder
(7) sonstige Auflösung von Rückstellungen (→ § 13 Rn 83).

Des Weiteren existieren einige **Einzelvorschriften** zu Posten, die wahlweise in der Gesamtergebnisrechnung (bzw in der separat dargestellten GuV) oder im Anhang ausgewiesen werden können (s zB IAS 12.79 ff zu den Bestandteilen des Steueraufwands, IAS 16.73(e)(i) bis (vii) zur Überleitungsrechnung für Buchwerte von Gruppen von Sachanlagen).

Entspr IAS 1.87 dürfen Aufwendungen und Erträge weder in der Gesamtergebnisrechnung (bzw in der separat dargestellten GuV) noch im Anhang als **„außerordentlich“** gekennzeichnet werden. Vielmehr wird in IAS 1.BC60 ff erläuternd klargestellt, dass auch „außerordentliche“ Aufwendungen und Erträge stets Ausfluss des „normalen“ Betriebsrisikos des Unternehmens sind und entspr darzustellen sind. Allerdings kann hierzu abweichend im Rahmen der Kapitalflussrechnung dennoch ein separater Ausweis außerordentlicher Ausgaben und Einnahmen im Anhang sinnvoll sein (→ § 18 Rn 60). **89**

Aufwendungen und Erträge dürfen gem IAS 1.32 nur insoweit saldiert werden, als ein IFRS dies fordert oder erlaubt (→ § 2 Rn 110 ff). Ausnahmen vom **Saldierungsverbot** finden sich bspw in IAS 1.34, IAS 2.34, IAS 1.34 iVm IAS 18.10 sowie IAS 37.54, aus denen zB die Saldierung von Rückstellungen und dazugehöriger Rückerstattungsansprüche von Dritten oder die Saldierung von Veräußerungserlösen aus dem Verkauf langfristiger Vermögenswerte mit dem Buchwert und den dazugehörigen Veräußerungskosten hervorgeht. **90**

Bzgl der **Darstellungsform** trifft IAS 1 keine verbindliche Aussage. Es besteht ein uneingeschränktes Wahlrecht zwischen der **Kontoform** und der **Staffelform,** wobei die Darstellung in Staffelform die international bevorzugte Form ist (*Förschle/Kroner* in BeBiKo § 275 HGB Rz 334). Die einmal getroffene Wahl für eine Darstellungsform unterliegt dem Grundsatz der Darstellungsstetigkeit. **91**

Besonders bei **erstmaliger Anwendung** der **IFRS** gilt es zu beachten, dass Vergleichszahlen darzustellen sind. So muss der erste IFRS-Abschluss mindestens drei Bilanzen, zwei Gesamtergebnisrechnungen bzw zwei gesonderte GuV (sofern erstellt), zwei Kapitalflussrechnungen und zwei Eigenkapitalveränderungsrechnungen sowie die zugehörigen Anhangangaben, einschließlich Vergleichsinformationen, enthalten (IFRS 1.21; → § 44 Rn 166). Im Rahmen der **Zwischenberichterstattung** (IAS 34.20) gilt, dass nicht nur eine Gesamtergebnisrechnung für die aktuelle Periode (zB Drei-Monatszeitraum) mit Vergleichszahlen für die entspr Periode des vorherigen Geschäftsjahrs zu erstellen ist. Vielmehr ist darüber hinaus auch die Darstellung einer Gesamtergebnisrechnung für den gesamten Zeitraum vom Beginn des aktuellen Geschäftsjahrs bis zum Stichtag der Zwischenberichtsperiode (kumulierte Gesamtergebnisrechnung) mit Vergleichszahlen für die entspr Periode des vorherigen Geschäftsjahrs erforderlich (vgl weitere Erläuterungen zur Gesamtergebnisrechnung im Rahmen der Zwischenberichterstattung in → § 43 Rn 22). **92**

(einstweilen frei) **93**

II. Erfolgswirksame Teilrechnung (Gewinn- und Verlustrechnung)

Für die **Gliederung** der erfolgswirksamen Teilrechnung der Gesamtergebnisrechnung, die der bisherigen GuV entspricht, kann wahlweise das **Gesamtkostenverfahren** (GKV) oder das **Umsatzkostenverfahren** (UKV) herangezogen werden (IAS 1.99). Die Entscheidung für eines der beiden Gliederungsformate ist gem IAS 1.105 in Abhängigkeit vom Unternehmenstyp unter Einbeziehung **94** historischer, branchenbezogener und organisatorischer Faktoren zu treffen. Es ist stets die Gliederungsform zu wählen, die verlässliche und gleichzeitig relevantere Informationen bzgl der Komponenten der Ertragskraft eines Unternehmens bereitstellt (IAS 1.99). Die beiden Verfahren unterscheiden sich durch die Vorgehensweise bei der Disaggregation der Aufwendungen sowie in der Darstellung von Bestandsveränderungen. Im Regelfall ist davon auszugehen, dass eine Gliederung nach dem UKV eine entspr Umsetzung in der Kostenrechnung erforderlich macht, die – abhängig von Geschäftsbetrieb und Strukturen – im Einzelfall eine intensive informationstechnische Vorbereitung im Rechnungswesen verlangt.

1. Gesamtkostenverfahren

95 Dem **GKV** liegt die Untergliederung der Aufwendungen nach **Aufwandsarten** zugrunde. Das GKV wird nur von wenigen der im DAX notierten IFRS-Anwender verwendet (in den im Jahr 2014 veröffentlichten Jahresabschlüssen haben nur sechs der DAX30-Industrie- und Handelsunternehmen das GKV angewendet); es ist jedoch bei mittelständischen IFRS-Anwendern in Deutschland weit verbreitet. Die Aufwendungen sind nach Kostenarten disaggregiert. Weiteres Unterscheidungsmerkmal ggü dem UKV ist die Erfassung der Bestandsveränderungen in der GuV, die den gesamten Kosten der Periode einschließlich der Kosten der Herstellung der nicht umgesetzten Leistungen (Bestandserhöhungen) gegenübergestellt werden (Anpassung der Erträge an die Aufwendungen der Periode). Unter Berücksichtigung der bereits erläuterten Grundsätze und der Beispielgliederung in IAS 1.102 kann eine IFRS-GuV nach dem GKV folgende Form haben:

GuV nach dem GKV:

I.		Umsatzerlöse
II.		Sonstige Erträge
III.		Erhöhung oder Verminderung des Bestands an fertigen und unfertigen Erzeugnissen und aktivierte Eigenleistungen
IV.		Spezielle betriebliche Aufwendungen
	1.	Materialaufwand
	2.	Personalaufwand
	3.	Abschreibungen
V.		Sonstige Aufwendungen
VI.		Finanzergebnis (mindestens aufzuteilen in die beiden Komponenten gem IAS 1.82(b) und (c))
VII.		Ergebnis vor (Ertrag-)Steuern
VIII.		Ertragsteueraufwand
IX.		Nachsteuerergebnis aufgegebener Geschäftsbereiche
X.		Periodenerfolg nach Steuern

2. Umsatzkostenverfahren

96 Aus IAS 1.103 kann gefolgert werden, dass generell von der Anwendung des UKV ausgegangen werden sollte, da es „relevantere Informationen als die Auftei-

lung nach den Aufwandsarten" (IAS 1.103) liefert. Das **UKV** ist die in der (deutschen) IFRS-Praxis zunehmend **bevorzugte Gliederungsform** großer Unternehmen (in den im Jahr 2014 veröffentlichten Jahresabschlüssen haben 20 der DAX30-Industrie- und Handelsunternehmen das UKV angewendet; anders jedoch in mittelständischen Unternehmen, die IFRS-Abschlüsse erstellen). Im UKV sind die Aufwendungen nach betrieblichen **Funktionsbereichen** (Umsatzkosten, Vertriebskosten, Verwaltungskosten, etc) zu gliedern. Bestandsveränderungen werden in der GuV nicht erfasst, die Herstellungskosten umfassen nur die zur Erzielung der abgesetzten Leistungen angefallenen Kosten (Anpassung der Aufwendungen an die Erträge der Periode). Zu beachten ist, dass beim UKV **zusätzliche Angaben** zu Aufwandsarten, insbes Abschreibungen und Personalaufwand, gefordert werden (IAS 1.104). Damit ergibt sich folgende „Mindest"-Gliederung:

GuV nach dem UKV:

I.		(Umsatz-)Erlöse
II.		Kosten der umgesetzten Leistung
III.		Bruttoergebnis
IV.		Sonstige Erträge
V.		Weitere funktionsspezifische Aufwendungen
	1.	Vertriebskosten
	2.	Forschungs- und Entwicklungskosten
	3.	Allgemeine Verwaltungskosten
VI.		Sonstige Aufwendungen
VII.		Finanzergebnis (mindestens aufzuteilen in die beiden Komponenten gem IAS 1.82(b) und (c))
VIII.		Ergebnis vor (Ertrag-)Steuern
IX.		Ertragsteueraufwand
X.		Nachsteuerergebnis aufgegebener Geschäftsbereiche
XI.		Periodenerfolg nach Steuern

IAS 1.100 enthält die Empfehlung, auch die über die Mindestgliederung hinausgehenden Aufwandsposten nach GKV oder UKV direkt in der **Gesamtergebnisrechnung** bzw der separaten GuV (sofern erstellt) anzugeben. Werden demgegenüber in der Gesamtergebnisrechnung bzw in der GuV lediglich die Posten der Mindestgliederung aufgeführt, so sind die Aufwendungen verpflichtend im **Anhang** entspr einem der beiden Gliederungsverfahren darzustellen. 97

III. Sonstiges Ergebnis

Das sonstige Ergebnis, das die nach IAS 1 die erfolgswirksame Teilrechnung zur Gesamtergebnisrechnung vervollständigt, besteht aus der **Aufschlüsselung aller Eigenkapitalveränderungen,** die nicht auf Transaktionen mit Gesellschaftern beruhen (→ Rn 143f). Dieser Teil der Gesamtergebnisrechnung ist nach dem Umsatzkosten- und dem Gesamtkostenverfahren inhaltsgleich und setzt auf dem Periodenerfolg nach Steuern auf. 98

Die einzelnen Komponenten des sonstigen Ergebnisses können wahlweise vor oder nach **Steuern** dargestellt werden (IAS 1.91). Bei einer Darstellung vor Steuern sind die Steuern aus dem sonstigen Ergebnis in einer weiteren Zeile als Gesamtsumme zu erfassen und auszuweisen (IAS 1.91). IAS 1.82A fordert die Aufteilung des sonstigen Ergebnisses entspr der möglichen zukünftigen GuV-Wirkung in solche Komponenten, die in einer späteren Periode in die GuV umgegliedert werden könnten (sog *reclassification adjustment*) und solche Komponenten, die zukünftig keine GuV-Wirkung mehr entfalten werden (→ Rn 145 ff). Dieser Unterteilung folgend, fordert IAS 1.91 die entspr Aufteilung der diesen zwei Gruppen zuzuordnenden Steuern. Darüber hinaus sind für jede Komponente des sonstigen Ergebnisses die darauf entfallenden Steuern alternativ in der Gesamtergebnisrechnung oder im Anhang auszuweisen (IAS 1.90 und IAS 1.94).

99 Um die Transparenz von **Umgliederungen** von Komponenten des sonstigen Ergebnisses in die GuV zu erhöhen, hat zudem gem IAS 1.90 (iVm IAS 1.93 ff und IAS 1.7) ein separater Ausweis der postenbezogenen Umgliederungsbeträge zu erfolgen. Diese Angaben können wahlweise direkt in der Gesamtergebnisrechnung oder im Anhang gemacht werden (→ Rn 149 ff). Zur weiteren Verbesserung der hier angesprochenen Transparenz bzgl der Darstellung möglicher Auswirkungen auf die GuV durch Umgliederungen der Komponenten des sonstigen Ergebnisses gem IAS 1.82A durch die separate Darstellung von in einer späteren Periode GuV-wirksamen Komponenten → Rn 145 ff.

D. Einzelne Posten der erfolgswirksamen Teilrechnung

100 Die **Erläuterung** der einzelnen Posten der erfolgswirksamen Teilrechnung bezieht sich sowohl auf Posten des UKV als auch des GKV. Zu Beginn der Erläuterungen eines jeden Postens wird auf sein Vorhandensein in den jeweiligen GuV-Formaten hingewiesen. Die nachfolgend aufgeführten Posten und Angaben sind unabhängig davon darzustellen, ob die Gesamtergebnisrechnung nach dem *single statement approach* oder aber nach dem *two statement approach* aufgestellt wird.

I. (Umsatz-)Erlöse

1. IAS 18

101 Ausgangsgröße der Gesamtergebnisrechnung entspr der Mindestgliederung gem IAS 1.82 sind die **(Umsatz-)Erlöse *(revenue)*,** die nach UKV und GKV inhaltsgleich sind. IAS 18 definiert, dass Umsatzerlöse solche Erträge sind, die im Rahmen der **gewöhnlichen Geschäftstätigkeit** eines Unternehmens anfallen und eine Vielzahl unterschiedlicher Bezeichnungen haben wie Verkaufserlöse, Dienstleistungsentgelte, Zinsen, Dividenden und Lizenzerträge (IAS 18.Zielsetzung iVm IAS 18.7). In IAS 18 selbst wird die Behandlung von Umsatzerlösen aus bestimmten Geschäftsvorfällen und Ereignissen insbes hinsichtlich des Zeitpunkts ihrer Erfassung normiert (→ Rn 10 ff).

102 Für eine korrekte Zuordnung einzelner Geschäftsvorfälle gem der Beispielgliederung in → Rn 83 f ist ein **zweistufiges Verfahren** hinsichtlich der Definitions- und Ansatzkriterien von Erträgen und Aufwendungen zu durchlaufen.

Die **Definition** der Umsatzerlöse ergibt sich aus IAS 18.7. Danach stellt der aus der gewöhnlichen Tätigkeit des Unternehmens resultierende **Bruttozufluss** wirtschaftlichen Nutzens während der Berichtsperiode, der zu einer Erhöhung des Eigenkapitals führt, soweit er nicht aus Einlagen der Anteilseigner resultiert, einen Umsatzerlös dar. Diese Definition schließt an die Begriffsbestimmung in

F.4.29 an, wonach zu den Erträgen Umsatzerlöse, Dienstleistungsentgelte, Zinsen, Mieten, Dividenden und Lizenzerträge (abhängig vom Kerngeschäftsfeld oder der gewöhnlichen Tätigkeit des bilanzierenden Unternehmens) gehören. Handelt es sich bei den Erträgen **nicht** um typische Erlöse aus dem **Kerngeschäft** eines Unternehmens, so dürfen sie **nicht** den (Umsatz-)Erlösen zugerechnet werden, sondern sind unter den sonstigen Erträgen auszuweisen (→ Rn 126). Dies ist im Einzelfall entspr den tatsächlichen Verhältnissen im Unternehmen zu entscheiden, gilt aber bspw oftmals für Mieteinnahmen, Lizenzerträge, Zinsen und Dividenden.

Grds kann von einer weitgehenden inhaltlichen **Deckungsgleichheit** des in IAS 1 und IAS 18 verwendeten Begriffs **der Umsatzerlöse** und dem in § 277 Abs 1 **HGB** definierten Begriff der **Umsatzerlöse** ausgegangen werden (*Förschle/Kroner* in BeBiKo § 275 HGB Rz 336). 103

Abweichungen treten dennoch auf. So ist der Ansatz nach IFRS einerseits restriktiver, da mangels Zufluss keine Erträge aus Wertaufholungen oder der Auflösung von Rückstellungen als Umsatzerlöse erfasst werden dürfen, andererseits ist der Begriff nach IFRS weiter gefasst, weil bspw die Mieterträge aus Werkswohnungen oder Erträge aus Nebenbetrieben wie zB Kantinen, die nach HGB regelmäßig nicht den Umsatzerlösen zugeordnet werden, hierunter subsumiert werden können (vgl *Zülch* in Winkeljohann IFRS, 245).

Unter die **Definition** der Umsatzerlöse nach IAS 18.1 ff fallen sowohl Erlöse aus dem Verkauf von Gütern als auch solche aus der Erbringung von Dienstleistungen, Zins-, Miet- und Dividendeneinkünfte aus der Nutzungsüberlassung von Vermögenswerten (vgl IAS 18.14 ff) sowie Erlöse aus Tauschgeschäften (IAS 18.12). 104

Daneben wird in verschiedenen IFRS einzelfallbezogen geregelt, was unter den GuV-Posten Umsatzerlöse fällt. So befasst sich IAS 2 mit Umsatzerlösen aus dem Verkauf von Vorräten, IAS 17 mit Umsatzerlösen aus Leasingverträgen, IAS 40 mit Umsatzerlösen aus landwirtschaftlicher Tätigkeit und IFRS 5 mit Erlösen aus aufgegebenen Geschäftsbereichen. Für **Fertigungsaufträge** regelt IAS 11 die anzuwendenden Bilanzierungs-, Bewertungs- und Realisationsgrundsätze. Die Erlöse aus Fertigungsaufträgen nach IAS 11 sind bei den Umsatzerlösen gesondert anzugeben (→ § 9 Rn 95 mwN zur Behandlung von Kosten, Erlösen und Angabepflichten). Gleiches gilt nach IAS 18.35 für die einzelnen Kategorien der (Umsatz-)Erlöse (zB Verkauf von Gütern, Erbringen von Dienstleistungen, Nutzungsentgelte, etc).

Detailliert können im Einzelnen im Posten Umsatzerlöse nach IFRS folgende **Komponenten** – abhängig vom Kerngeschäftsfeld des Unternehmens – enthalten sein: 105

Erträge aus
(1) dem Verkauf von Gütern (IAS 18.14 ff; → Rn 13 ff),
(2) der Erbringung von Dienstleistungen (IAS 18.20 ff; → Rn 20 ff),
(3) der Nutzungsüberlassung sowie Vermietung und Verpachtung (IAS 18.29 ff; → Rn 29 ff),
(4) Tauschvorgängen (IAS 18.35(c); → Rn 35 ff),
(5) dem Verkauf von Vorräten (§ 8),
(6) langfristigen Fertigungsaufträgen (IAS 11.22; → § 9 Rn 95),
(7) Leasing-Verhältnissen (IAS 17.42, IAS 17.50; → § 22 Rn 151 ff),
(8) landwirtschaftlicher Tätigkeit (IAS 41; → § 41 Rn 25) oder
(9) Versicherungsverträgen (→ § 40 Rn 62).

Wenn der zu betrachtende Ertrag den **Definitionsmerkmalen von Erträgen** entspricht, ist zu überprüfen, ob die **Ansatzkriterien** zur **Realisation** erfüllt sind, woraus sich der Zeitpunkt der Ertragserfassung ergibt. Im Rahmen- 106 konzept (F.4.25(a)) sind Erträge *(income)* definiert als Zunahme des wirtschaftlichen Nutzens während der Berichtsperiode in Form von Zuflüssen oder Wertsteigerungen von Vermögenswerten oder einer Verringerung von Schulden, die zu einer Erhöhung des Eigenkapitals führen, welche nicht auf eine Einlage der Anteilseigner zurückzuführen ist. Die Vereinnahmung von (Umsatz-)Erlösen *(revenue)* setzt idR den Zugang der entspr Forderungen aus Lieferungen und Leistungen bzw bei Bargeschäften den Zugang der Zahlungsmittel voraus (vgl *J. Wüstemann/S. Wüstemann/Neumann* in Baetge ua IFRS-Komm IAS 18 Rz 12). In F.4.38 sind die allgemeinen Kriterien ua der Erlöserfassung beschrieben. Dementsprechend bestimmt sich der **Zeitpunkt der Erfassung** für Erträge bzw Umsatzerlöse danach, ob hinreichend wahrscheinlich ist, dass dem Unternehmen ein wirtschaftlicher Nutzen zufließen wird und sich dieser verlässlich quantifizieren lässt (so auch IAS 18.Zielsetzung bzw daran angelehnt IAS 18.14, IAS 18.20, IAS 18.29). IAS 18 regelt zudem im Einzelnen, wann die Umsatzrealisation bei Verkäufen von Gütern (IAS 18.14 ff), der Erbringung von Dienstleistungsaufträgen (IAS 18.20) und aus Zinsen, Dividenden und Lizenzeinnahmen (IAS 18.29 ff) gegeben ist. Darüber hinaus sind im Anhang zu IAS 18 Beispiele zur Konkretisierung der Umsatzrealisationskriterien anhand von Geschäftssituationen dargestellt. Auch wenn die Beispiele keine umfassende Auflistung aller relevanten Faktoren enthalten, so erläutern sie doch außerhalb der bindenden Vorschriften des IAS 18 verständlich und praxisbezogen entscheidende Realisationskriterien (im Detail → Rn 160 ff). Damit nimmt IAS 18 für die in seinen Anwendungsbereich (→ Rn 39) fallenden Umsatzkategorien eine Präzisierung der allgemeinen Ansatzkriterien in F.4.37 ff und F.4.47 f vor (vgl *J. Wüstemann/S. Wüstemann/Neumann* in Baetge ua IFRS-Komm IAS 18 Rz 12 ff).

107 Die **Bemessung** der Erträge erfolgt anhand des **beizulegenden Zeitwerts** der **Gegenleistung,** die das Unternehmen erhalten hat oder beanspruchen kann (IAS 18.9). Dies bedeutet, dass bei zeitlicher Verzögerung des Zuflusses der Zahlungen der beizulegende Zeitwert der Gegenleistung unter dem Nominalwert der Zahlungsmittel liegen kann. Wenn die Vereinbarung zum Zahlungsziel effektiv einen Finanzierungsvorgang darstellt, ist der beizulegende Zeitwert für das Umsatzgeschäft durch **Abzinsung** zu ermitteln. Die Differenz zum Nominalwert wird als Zinsertrag erfasst (IAS 18.11). Diese zuvor genannten Regelungen in IAS 18 sind konsistent mit den Vorgaben in IAS 39 bzw IFRS 9, nach denen ein Finanzinstrument (zB eine Forderung aus Lieferung und Leistung) bei erstmaliger Erfassung mit dem beizulegenden Zeitwert zu bewerten ist (IAS 39.43, IFRS 9.5.1.1) und etwaige Differenzen zum Tilgungsbetrag effektivzinskonform als Zinsertrag zu erfassen sind. Daraus lässt sich auch ableiten, dass eine Abzugspflicht für Erlösschmälerungen besteht, da ansonsten die Umsatzerlöse den beizulegenden Zeitwert überschreiten würden. Demzufolge wirken zB Preisnachlässe oder nachträglich gewährte Boni und Treuerabatte erlösschmälernd (IAS 18.10).

108 Der Ertrag umfasst nur Bruttozuflüsse wirtschaftlichen Nutzens, die ein Unternehmen für **eigene Rechnung** erhält (dh die zu einer Erhöhung des Eigenkapitals führen). Beträge, die im Interesse Dritter eingezogen werden, werden daher nicht unter den Begriff Ertrag subsumiert (IAS 18.8). Entspr sind die Umsatzerlöse netto, dh nach Abzug der USt oder anderer Verkehrsteuern auszuweisen. Eine offene Absetzung von zB Tabak- oder Mineralölsteuer von den Umsatzerlösen kommt nach IFRS nicht in Betracht.

IAS 18.8 führt dazu weiter aus, dass demzufolge zu unterscheiden ist, ob ein Unternehmen als Vermittler ***(agent)*** oder als Auftraggeber ***(principal)*** tätig ist. Ganz iSd allgemeinen *risk and rewards*-Ansatzes ist ein Unternehmen dann als Auftraggeber anzusehen, wenn es die wesentlichen Chancen und Risiken trägt, die mit dem Verkauf von Gütern oder dem Erbringen von Leistungen verbunden sind. Konkrete **Anhaltspunkte** hierfür enthält IAS 18.IE21, die einzeln oder in Kombination darauf hinweisen, dass ein Unternehmen als Auftraggeber zu qualifizieren ist:

(1) das Unternehmen trägt die Hauptverantwortung dafür, dass der Kunde die Lieferung bzw Leistung erhält und sie auch akzeptiert,
(2) das Unternehmen trägt das Risiko eines wert- oder mengenmäßigen Verlusts der Lieferung vor oder während der Bestellung, während des Transports oder der Rücksendung,
(3) das Unternehmen hat einen direkten oder indirekten Spielraum hinsichtlich der Preisgestaltung, zB indem es zusätzliche Güter oder Dienste anbietet oder
(4) das Unternehmen trägt das Ausfallrisiko aus der Forderung ggü dem Kunden.

Ist das Unternehmen als **Auftraggeber** anzusehen, so hat es die Umsatzerlöse aus dem Verkauf der Güter oder der Erbringung der Dienstleistungen in voller Höhe und korrespondierende Aufwendungen iSd *matching principles* auszuweisen.

Ist das bilanzierende Unternehmen hingegen nach Maßgabe dieser Indikatoren nicht als Auftraggeber, sondern als **Vermittler** anzusehen, weil es nicht die wesentlichen Chancen und Risiken trägt, so sind die Einnahmen aus dem Geschäftsvorfall nicht als eigene Umsatzerlöse auszuweisen. Vielmehr wird nur die Vergütung für die Vermittlung des Geschäftsvorfalls (zB Provision) als Umsatzerlös ausgewiesen. Ein weiterer Anhaltspunkt für eine reine **Vermittlungstätigkeit** wird in IAS 18.IE21 darin gesehen, dass der Betrag, den das Unternehmen an dem Geschäftsvorfall verdient, vorher festgelegt ist, sei es als festes Honorar oder als ein bestimmter Anteil am Umsatz. Zur Operationalisierbarkeit dieser Kriterien vgl *Zeyer/Engler* KoR 2012, 121 (121) sowie zu einem Beispiel *Beiersdorf/Schmidt* IRZ 2014, 457 (457). Zu Änderungen in der Frage der Beurteilung der Prinzipal-Agenten-Stellung des Unternehmens durch IFRS 15 → Rn 169.

2. IFRS 15

Gem F.4.29 umfassen die Erträge *(income)* neben den Erlösen *(revenue)* auch andere Erträge *(gains)*. Kennzeichen der Erlöse gem F.4.29 iVm IFRS 15.Anhang A ist, dass diese im Rahmen der gewöhnlichen (Geschäfts-)Tätigkeit des Unternehmens anfallen. *Gains* können sowohl im Rahmen der gewöhnlichen als auch im Rahmen der nicht gewöhnlichen Geschäftstätigkeit anfallen. Neben der Abgrenzung nach F.4.29 bestehen Erlöse idR aus Bruttobeträgen, während es sich bei *gains* vor allem um Differenzgrößen (zB aus Veräußerungen oder Neubewertungen) handelt. Das Abgrenzungskriterium gewöhnlich *(ordinary)* ist insoweit fraglich, als dass außergewöhnliche *(extraordinary)* Geschäfttätigkeiten nach IAS 1.87 explizit nicht mehr ausgewiesen werden dürfen. Gem F.4.27 werden hierunter insbes solche Sachverhalte verstanden, bei denen davon ausgegangen wird, dass sie wiederkehrend auftreten. Hierzu gehören nach F.4.29 neben Umsatzerlösen auch Zinseinnahmen, Mieteinnahmen, Dividendenerträge ua. Ob dagegen *revenues* im Rahmen der Umsatzerlöse oder an anderer Stelle innerhalb der GuV ausgewiesen werden, richtet sich nach den Vorschriften des IAS 1 (die dazu nur sehr wenige Regelungen enthalten) und tangiert nicht den Anwendungsbereich nach IFRS 15, soweit sie gewöhnlich bzw wiederkehrend sind. Die Einstufung von Erlösen als wiederkehrend/*ordinary* führt uE nicht zu einem automatischen Ausweis als Umsatzerlöse. Dieser richtet sich nach der Unterscheidung, welche Geschäftstätigkeiten typischerweise zum Geschäftsbetrieb gehören (→ Rn 102). Die Begriffe wiederkehrend/*ordinary* und typisch sind demzufolge nicht gleichzusetzen. 109

IFRS 15 selbst regelt die Bilanzierung und Bewertung eines Teilbereichs dieser (wiederkehrenden/*ordinary*) Erlöse, konkret der Erlöse **aus Verträgen mit Kunden,** soweit sie nicht aus Leasingverträgen nach IAS 17, Versicherungsverträgen nach IFRS 4 oder Finanzinstrumenten sowie anderen Rechten und Verpflichtungen, die in den Anwendungsbereich von IFRS 9, IFRS 10, IFRS 11, IAS 27 oder IAS 28 fallen, resultieren (IFRS 15.5). Fraglich ist in diesem Zusammenhang, ob der Anwendungsbereich auch auf nicht wiederkehrende *(non ordinary)* Sachverhalte (analog) Anwendung findet. UE ist dieses der Fall, sofern der Sachverhalt nicht auf Basis anderer Vorschriften geregelt wird (wie zB die Veräußerung von Anlagevermögen nach IAS 16.68, IAS 16.68A).

Zu beachten ist in diesem Zusammenhang die Angabepflicht des IFRS 15.113(a), der zwingend die Offenlegung der Erlöse aus Verträgen im Anwendungsbereich des IFRS 15 fordert.

3. Vergleich IFRS/HGB

110 Wie bereits in → Rn 103 für die bisherige Rechtslage erläutert, ist bislang von einer weitgehenden Deckungsgleichheit zwischen dem Begriff der Umsatzerlöse in IAS 1 iVm IAS 18 sowie § 277 Abs 1 HGB auszugehen. Mit Inkrafttreten des BilRUG am 23. Juli 2015 hat sich jedoch der Anwendungsbereich der Umsatzerlöse nach HGB merklich ausgeweitet. Im Vergleich zur bisherigen gesetzlichen Regelung entfallen nunmehr die Eigenschaften des typischen Leistungsangebots und der gewöhnlichen Geschäftstätigkeit als entscheidende Kriterien für die Einordnung als Umsatzerlös. Infolge des Wegfalls dieser einschränkenden Voraussetzungen iVm dem Wegfall des gesonderten Ausweises von außerordentlichen Erfolgskomponenten ist nunmehr auch für bislang als außerordentliche oder sonstige betriebliche Erträge ausgewiesene Beträge ein Ausweis im Bereich Umsatzerlöse zu prüfen.

Die durch das BilRUG erfolgte Ausdehnung der im Posten Umsatzerlöse auszuweisenden Erträge führt somit ggü der Umsatzerlösabgrenzung des IAS 18/IFRS 15 iVm IAS 1 zu einem (neuen) Unterschied zwischen beiden Rechnungslegungswerken.

II. Umsatzkosten

111 Der Posten **Umsatzkosten** (umsatzbezogene Herstellungskosten, Kosten der umgesetzten Leistungen oder Kosten der zur Erzielung der Umsatzerlöse erbrachten Leistungen) tritt ausschließlich in der Struktur des UKV auf. Unter diesen Posten fallen Aufwendungen ieS, die im Rahmen der gewöhnlichen Geschäftstätigkeit anfallen und den Herstellungskosten entsprechen, die den Umsatzerlösen zuzurechnen sind. Gem IAS 2.12 zählen zu den Umsatzkosten respektive den Kosten der umgesetzten Leistungen sämtliche den Produktionseinheiten direkt zurechenbare (Einzel-)Kosten sowie systematisch zugerechnete fixe und variable (Gemein-)Kosten. Grds bestehen keine Wahlrechte bzgl der einzubeziehenden Komponenten; vielmehr sind **sämtliche produktbezogenen Vollkosten** zwingend in die Umsatzkosten einzubeziehen. Diese umfassen zB Materialeinzel- und -gemeinkosten, Fertigungseinzel- und -gemeinkosten, Sonderkosten der Fertigung, Abschreibungen und Instandhaltungskosten von Betriebsgebäuden und -einrichtungen sowie die Kosten des Managements und die produktbezogenen Verwaltungskosten (→ § 8 Rn 31 ff). Der Posten **Abschreibungen** umfasst dabei sowohl **planmäßige** als auch **außerplanmäßige Komponenten.** Im Fall von außerplanmäßigen Abschreibungen sind die Beträge für jede Gruppe von Vermögenswerten im Anlagespiegel darzustellen (vgl IAS 36.128). Außerdem ist anzugeben, in welchem Posten die Beträge in der GuV ausgewiesen sind (IAS 36.126(a)).

Ein aus einer **Verlustberücksichtigung** bei langfristiger Fertigung (→ § 9 Rn 80 ff) zu erwartender Mehraufwand – zB infolge einer erkannten Fehlkalkulation – ist daher (zwangsläufig) unverzüglich unter den Umsatzkosten zu berücksichtigen.

Diese Kosten müssen gem IAS 2.38 der Bewertung der **Vorräte** entsprechen und in der Periode erfasst werden, in der der entspr Umsatz realisiert wird. Dies umfasst auch im Zuge von **Unternehmenszusammenschlüssen** vorgenommene Aufwertungen des Vorratsvermögens *(fair value step-up)*. Es ist nicht zulässig, lediglich die (beim erworbenen Unternehmen) urspr bilanzierten Kosten als Umsatzkosten darzustellen und die aufwertungsbedingten Kosten separat als nicht-wiederkehrenden Posten auszuweisen (vgl *ESMA* EECS/0213-06 vom 29. Oktober 2015).

III. Bruttoergebnis

Das Bruttoergebnis stellt im **UKV** eine **Zwischensumme** dar und wird ermittelt indem Umsatzerlöse und Umsatzkosten saldiert werden. Das Bruttoergebnis ist nicht verpflichtend auszuweisen, allerdings ist es für den Mehrjahresvergleich im Unternehmen und für den zwischenbetrieblichen Vergleich eine durchaus **sinnvolle Angabe.** 112

IV. Weitere funktionsspezifische Aufwendungen

Im **UKV** werden die Aufwendungen den einzelnen **Funktionsbereichen** des Unternehmens zugeordnet (IAS 1.103). Neben der Produktion (umsatzbezogene Herstellungskosten) sind als wesentliche Funktionsbereiche generell der Vertrieb, die Forschung und Entwicklung sowie die allgemeine Verwaltung anzusehen. 113

Für Versicherungsunternehmen ist ein Ausweis im Zinsergebnis verpflichtend. Da allgemein auch betriebswirtschaftlich eher ein Zinscharakter unterstellt werden kann, erscheint ein Ausweis im Zinsergebnis sachgerechter.

Den einzelnen funktionsspezifischen Kostenarten ist gemein, dass sie stets **periodenbezogen** als Teil der betrieblichen Aufwendungen auszuweisen sind.

1. Vertriebskosten

Unter **Vertriebskosten** werden die Kosten subsumiert, die in direktem Zusammenhang mit dem Absatzerfolg des Unternehmens stehen. Sie umfassen in erster Linie „Aufwendungen der Verkaufs-, Werbe- und Marketingabteilungen sowie des Vertreternetzes und der Vertriebsläger“ (*Förschle* in BeBiKo § 275 HGB Rz 282). Die Vertriebskosten lassen sich in Vertriebseinzelkosten, -gemeinkosten und -sonderkosten aufteilen (im Einzelnen *Förschle* in BeBiKo § 275 HGB Rz 283 ff). Eine Einbeziehung in die Herstellungskosten respektive die Umsatzkosten ist gem IAS 2.16(d) **nicht** zugelassen. 114

2. Forschungs- und Entwicklungskosten

Die Aktivierung von Kosten der **Forschungsphase** (s zur begrifflichen Abgrenzung IAS 38.8 sowie → § 4 Rn 40) ist nach IFRS ausnahmslos nicht gestattet (IAS 38.54). Demgegenüber sind die Kosten der nachgelagerten **Entwicklungsphase** in Bezug auf einen immateriellen Vermögenswert (vgl Definition in IAS 38.8 sowie → § 4 Rn 42) bei Vorliegen der in IAS 38.57 genannten restrik- 115 tiven Voraussetzungen zu aktivieren. Sind die Voraussetzungen zur Aktivierung von Entwicklungskosten in Bezug auf einen immateriellen Vermögenswert nicht gegeben, müssen Entwicklungskosten periodenbezogen aufwandswirksam erfasst werden (→ § 4 Rn 43). Sofern indessen Entwicklungskosten aktiviert werden (zur Ermittlung der Höhe ausführlich → § 4 Rn 90ff), sind die Abschreibungen in Folgeperioden ebenfalls unter dem Posten Forschungs- und Entwicklungskosten in der GuV zu erfassen.

116 Die aufwandswirksam zu berücksichtigenden Forschungs- und Entwicklungskosten umfassen **sämtliche den Forschungs- und Entwicklungsaktivitäten** direkt zurechenbare oder auf einer sachgerechten und stetigen Basis zuordenbare Ausgaben. Somit fallen hierunter neben Material- und Personalkosten auch Verwaltungsgemeinkosten sowie Abschreibungen, die dem Bereich Forschung und Entwicklung eindeutig zurechenbar sind. Werden die Forschungs- und Entwicklungskosten nicht in einem gesonderten Posten als Teil der betrieblichen Aufwendungen ausgewiesen, sondern unter dem Sammelposten sonstige Aufwendungen erfasst, ist die Höhe der aufwandswirksam verrechneten Forschungs- und Entwicklungskosten im Anhang offenzulegen (IAS 38.126).

3. Allgemeine Verwaltungskosten

117 Unter den **allgemeinen Verwaltungskosten** sind Aufwendungen zu erfassen, die weder produktbezogen, dh direkt im Zusammenhang mit der Herstellung, angefallen sind und daher nicht in den Posten Umsatzkosten bzw in die Herstellungskosten einbezogen werden dürfen (IAS 2.16(c)), noch als Verwaltungskosten des Vertriebs klassifiziert werden können. Periodenbezogen als Aufwand sind demnach sämtliche in direktem Zusammenhang mit der Verwaltung der Unternehmenstätigkeiten stehende Kosten wie zB Gehälter von Verwaltungsmitarbeitern, Abschreibungen auf Büroausstattungen, verwaltungsbezogene Post- und Telefonkosten auszuweisen (*Wiley* IFRS 2015, 86f).

V. Bestandsveränderungen und andere aktivierte Eigenleistungen

118 Die Angabe der **Bestandsveränderungen** bezieht sich auf die fertigen und unfertigen Erzeugnisse. Dieser Posten ergibt sich nur im **GKV,** da hier die gesamten Aufwendungen einer Periode (Gesamtkosten) erfasst werden und nicht nur die Aufwendungen der Leistungserstellung, welche den Umsatzerlösen zugeordnet werden können (**umsatzbezogene** Herstellungskosten). Der Posten Umsatzerlöse wird mit Hilfe der Bestandsveränderungen iSe Gesamtleistung ergänzt, falls eine Bestandserhöhung oder eine Bestandsminderung ausgewiesen wird.

119 Bestandsveränderungen sind **mengenmäßig** und/oder **wertmäßig** bedingt. Eine Differenzierung zwischen den fertigen und unfertigen Erzeugnissen wird nicht vorgenommen, da es sich um eine **Saldo**-Angabe handelt, die aussagt, ob eine Erhöhung oder Verminderung der Bilanzwerte stattgefunden hat. Die Höhe des auszuweisenden Betrags ist von der jeweiligen Definition der Herstellungskosten (zwingende produktbezogene Vollkosten nach IFRS) abhängig (*Kirsch/Siefke/Ewelt-Knauer* in Baetge/Kirsch/Thiele Bilanzrecht-Komm § 275 HGB Rz 525 sowie → § 8 Rn 32ff).

120 Mit Hilfe des Postens **andere aktivierte Eigenleistungen** werden insbes Personal- und Materialaufwendungen für selbsterstellte und selbstgenutzte Vermögenswerte des langfristigen Vermögens ausgewiesen. Derartige Eigenleistungen müssen nach IAS 1.29 nur dann gesondert in der GuV erfasst werden, wenn sie **wesentlich** sind. Anderenfalls sind sie unter den sonstigen Erträgen auszuweisen.

VI. Spezielle betriebliche Aufwendungen

121 Im **GKV** werden die Aufwendungen nach **Aufwandsarten** gegliedert, insbes unterteilt in Materialaufwand, Personalaufwand und Abschreibungen. Des Weiteren werden in IAS 1.102 beispielhaft Transportkosten sowie Werbeaufwendungen genannt. Unternehmen, die ihre GuV nach dem **UKV** aufstellen, haben gem IAS 1.104 zusätzlich Informationen über die Art der Aufwendungen, einschließlich des Aufwands aus planmäßigen Abschreibungen sowie Leistungen an Arbeitnehmer anzugeben (→ Rn 162f).

1. Materialaufwand

122 Unter dem Posten **Materialaufwand** sind neben den Aufwendungen für Roh-, Hilfs- und Betriebsstoffe sämtliche Aufwendungen für bezogene Waren und Leistungen zu erfassen (vgl ausführlich *Förschle/Penn* in BeBiKo § 275 HGB Rz 115ff). Daneben sind unter diesem Posten auch sämtliche Wertminderungen und ggf Wertaufholungen des Vorratsvermögens auszuweisen, soweit sich kein Ausweis unter den Bestandsveränderungen ergibt. Ein ggf erforderlicher gesonderter Ausweis aufgrund wesentlicher Abwertungen gem IAS 1.97 bleibt indessen hiervon unberührt (so auch *Kirsch/Siefke/Ewelt-Knauer* in Baetge/Kirsch/Thiele Bilanzrecht-Komm § 275 HGB Rz 542f).

2. Personalaufwand

123 Als **Personalaufwand** werden neben den Löhnen und Gehältern auch sämtliche Sozialabgaben ausgewiesen. Generell werden unter diesem Posten zusätzlich die Komponenten des Pensionsaufwands (IAS 19.141) berücksichtigt. Alternativ besteht indessen ebenfalls die Möglichkeit, den Zinsaufwand aus der Aufzinsung der Pensionsverpflichtung sowie Zinserträge aus der Verzinsung des Planvermögens gesondert im Zinsergebnis als Teil des Finanzergebnisses zu erfassen (→ Rn 130f; diese Ausweisform präferierend: *Kirsch/Siefke/Ewelt-Knauer* in Baetge/Kirsch/Thiele Bilanzrecht-Komm § 275 HGB Rz 545).

Zur aufwandswirksamen Behandlung von Aktienoptionsplänen für Vorstände und Mitarbeiter → § 24 Rn 48.

3. Abschreibungen

124 Der Posten **Abschreibungen** umfasst sämtliche planmäßigen und außerplanmäßigen Abschreibungen auf aktivierte Vermögenswerte des immateriellen Anlagevermögens und des Sachanlagevermögens (zur Berechnung → § 5 Rn 104). Mithin sind auch Abschreibungen auf geleaste Vermögenswerte hier zu erfassen, falls es sich um ein Finanzierungsleasing handelt (→ § 22 Rn 132). Demgegenüber sollten Abschreibungen auf Finanzanlagen ebenso wie Abschreibungen auf kurzfristige Wertpapiere bevorzugt innerhalb des Finanzergebnisses ausgewiesen werden, da sie nicht innerhalb der betrieblichen Tätigkeit anfallen, sondern Teil des gesondert darzustellenden Finanzergebnisses sind (glA *Kirsch/Siefke/Ewelt-Knauer* in Baetge/Kirsch/Thiele Bilanzrecht-Komm § 275 HGB Rz 546).

Abschreibungen auf aktivierte Entwicklungskosten sind als solche auszuweisen.

125 Weiter sind für **außerplanmäßige Abschreibungen** die Beträge für jede Gruppe von Vermögenswerten anzugeben. Dies erfolgt im Anlagespiegel (vgl IAS 36.128). Angabepflichtig ist weiterhin, in welchem Posten die Beträge in der Gesamtergebnisrechnung (bzw der GuV, sofern erstellt) ausgewiesen sind (IAS 36.126(a); im GKV in aller Regel der Posten Abschreibungen).

VII. Sonstige Erträge

126 Der Inhalt des Postens sonstige Erträge ist bei Anwendung des **UKV** und des **GKV deckungsgleich.** Unter den Posten fallen alle übrigen Erträge, die keinen Bezug zum Kerngeschäft des Unternehmens aufweisen, aber dennoch im Rahmen der betrieblichen Tätigkeit, dh im Gegensatz zu den Aufwendungen und Erträgen des Finanzergebnisses als Resultat der eigentlichen operativen Tätigkeit, anfallen (*Wiley* IFRS 2015, 86f). Darüber hinaus sind diese Erträge dadurch charakterisiert, dass sie **keinem Funktionsbereich** zuzuordnen sind. Wesentliche Beträge der sonstigen Erträge sind im **Anhang** darzustellen, um eine Erläuterung über ihre Zusammensetzung zu erhalten (IAS 1.97 iVm IAS 1.112; zum Begriff der Wesentlichkeit → § 2 Rn 57ff). Unter diesem Posten werden zB Erträge aus dem Abgang von Vermögenswerten des Anlagevermögens, Versicherungsentschädigungen, Erträge aus Wertaufholungen, Fremdwährungsgewinne, Miet-, Lizenz- und Pachteinnahmen (sofern nicht dem Kerngeschäft und damit den Umsatzerlösen zuzuordnen, → Rn 126) sowie Erträge aus der Auflösung von Sonderposten und öffentliche Zuwendungen (bei erfolgsbezogenen Zuwendungen nur soweit keine Saldierung mit den korrespondierenden Aufwendungen gem IAS 20.29ff erfolgt) ausgewiesen. Weiter kann ein Ausweis von Erträgen, die im Zusammenhang mit **Sicherungsgeschäften** stehen, unter den sonstigen Erträgen oder im Finanzergebnis vorgenommen werden (→ § 23 Rn 92). Insbes bei Sicherungsbeziehungen mit Warentermingeschäften (*commodity*-Derivaten) ist es uE jedoch vorziehenswürdig, die Ergebnisbeiträge in Bezug auf das als Sicherungsinstrument eingesetzte Termingeschäft unter demjenigen GuV-Posten auszuweisen, in der auch die Ergebnisbeiträge des gesicherten Grundgeschäfts erfasst werden (→ Rn 128).

VIII. Sonstige Aufwendungen

127 Unter den Posten sonstige Aufwendungen fallen im **GKV** und **UKV** Aufwendungen, die keinen Bezug zum Kerngeschäft des Unternehmens haben, aber dennoch im Rahmen der betrieblichen Tätigkeit, dh im Gegensatz zu den Aufwendungen und Erträgen des Finanzergebnisses als Resultat der eigentlichen operativen Tätigkeit, anfallen (*Wiley* IFRS 2015, 86f). Darüber hinaus sind diese Aufwendungen dadurch charakterisiert, dass sie **keinem Funktionsbereich** zuzuordnen sind (*Förschle/Penn* in BeBiKo § 275 HGB Rz 305) und ihre **geringe Bedeutsamkeit** einen separaten Ausweis nicht erforderlich macht.

Wesentliche Beträge der sonstigen Aufwendungen sind im Anhang darzustellen, um eine Erläuterung über ihre Zusammensetzung zu erhalten (IAS 1.97 iVm IAS 1.103 zum Begriff der Wesentlichkeit → § 2 Rn 57ff).

128 Die **sonstigen Aufwendungen** sind der Gegenposten zu den sonstigen Erträgen. Dieser Posten stellt einen Sammelposten für alle während des Geschäftsjahrs im Rahmen der betrieblichen Tätigkeit angefallenen Aufwendungen dar. Hierunter werden zB Verluste aus dem Abgang von lang- und kurzfristigen Vermögenswerten, Einzelwertberichtigungen auf Forderungen aus Lieferungen und Leistungen, Fremdwährungsverluste, sonstige Steuern – soweit nicht den Funktionsbereichen Produktion, Vertrieb oder Verwaltung zuordenbar – sowie Miet- und Pachtaufwendungen ausgewiesen. Eine Besonderheit existiert bei Aufwendungen, die im Zusammenhang mit **Sicherungsgeschäften** stehen: Diese können wahlweise unter den sonstigen Aufwendungen oder im Finanzergebnis ausgewiesen werden. Soweit es sich um Sicherungsgeschäfte im Zusammenhang mit Rohstoffen handelt, sind die Aufwendungen innerhalb derjenigen Aufwandskom-

ponente zu erfassen, auf die sich die Sicherung bezieht. Bspw werden Aufwendungen in Bezug auf eine Sicherung des Rohstoffpreisrisikos im Materialaufwand (GKV) oder den umsatzbezogenen Herstellungskosten (UKV) erfasst. Eine Sicherung des Fremdwährungsrisikos in Bezug auf den Kaufpreis einer dem Anlagevermögen zuzuordnende Maschine wird dagegen (bei Bilanzierung nach IAS 39.98(a)) in den planmäßigen Abschreibungen (GKV) erfasst. Sofern die Ergebnisbeiträge aus dem Sicherungsgeschäft positiv sind, kann die Erfassung unter dem von dem gesicherten Grundgeschäft berührten GuV-Posten eine Verrechnung mit Aufwendungen zur Folge haben. Gleichwohl handelt es sich uE nicht um einen Verstoß gegen das Saldierungsgebot. Vielmehr wird nur so erreicht, dass der Aufwand in der „gesicherten" Höhe erfolgt und sich so die Wirkung der Sicherungsmaßnahme auch in dem gesicherten Aufwandsposten niederschlägt.

Der Posten „Sonstige Aufwendungen" ist häufig ein Auffangposten für Auf- 129
wendungen, die zwar nicht regelmäßig anfallen, jedoch dennoch im Zusammenhang mit der operativen Geschäftstätigkeit eines Unternehmens stehen. Einen Ausweis des operativen Ergebnisses sieht IAS 1 nicht vor (und definiert das operative Ergebnis entspr auch nicht); dennoch stellt IAS 1.BC56 klar, dass Unternehmen, die einen solchen Ausweis wählen, eine zutreffende Zuordnung sicherstellen müssen. Es soll damit vermieden werden, dass ein irreführendes Bild der Ergebnisse aus operativer Tätigkeit vermittelt wird. Die Bedeutung der Zuordnung zum operativen Ergebnis/Betriebsergebnis hat auch die europäische Enforcementbehörde ESMA unterstrichen. Auch wenn konkrete Ausweisregeln fehlen, ist von den Unternehmen jeweils zu überprüfen, ob ein Ausweis innerhalb/außerhalb des operativen Ergebnisses gerechtfertigt ist. In einem Fall hat ein Immobilienunternehmen Wertänderungen des beizulegenden Zeitwerts seiner Immobilien mangels expliziter Regelungen außerhalb des Betriebs- (und Finanz-)Ergebnisses ausgewiesen. Da diese Wertänderungen jedoch im Zusammenhang mit der gewöhnlichen Geschäftstätigkeit eines Immobilienunternehmens stehen, ist der Ausweis im Betriebsergebnis zu gewährleisten. Dies gilt auch dann, wenn solche Ergebnisbeiträge selten, unregelmäßig oder in ungewöhnlicher Höhe auftreten (wie zB Wertminderungen bei Vorräten oder Restrukturierungsaufwendungen), vgl hierzu *ESMA* EECS/0211-08 vom 16. August 2011. So sind bspw Aufwendungen auch dann dem operativen Ergebnis zuzuordnen, wenn sie aufgrund der Start-up-Phase einmalig auftreten (vgl *ESMA* EECS/0114-06 vom 9. April 2014). Häufig kann dann bspw ein Ausweis unter den sonstigen Aufwendungen in Betracht kommen.

IX. Finanz- und Equity-Ergebnis

Das **Finanzergebnis** ist im **GKV** und **UKV** deckungsgleich und setzt sich 130
aus den sog Finanzierungsaufwendungen (übriges Finanzergebnis) und Finanzierungserträgen sowie den Gewinn- und Verlustanteilen nach Steuern an assoziierten Unternehmen und Gemeinschaftsunternehmen, die nach der Equity-Methode bilanziert werden, zusammen. Der letztere Posten ist zwingend gesondert als Ergebnis aus Equity-Beteiligungen in der GuV auszuweisen (→ § 36 Rn 142, IAS 1.82(c)/IAS 1.82(c) (geändert 2014)). Da für Geschäftsjahre ab dem 1. Januar 2016 die Anwendung der Equity-Methode auch im Einzelabschluss wieder zulässig ist, und für Anteile an TU, assoziierten Unternehmen und Gemeinschaftsunternehmen gem IAS 27.10 (geändert 2014) die Bilanzierung zu Anschaffungskosten, in Übereinstimmung mit IAS 39/IFRS 9 oder nach der Equity-Methode möglich ist, kommt dieser (Unter-)Posten zukünftig auch in Einzelabschlüssen und nicht nur in einer Konzern-Gesamtergebnisrechnung in

Betracht; anders die derzeitige Regelung in IAS 27.10 (2011). Das Endorsement für diese Ergänzung des IAS 27 aus dem Jahr 2014 ist derzeit (Stand: 31. Juli 2015) für Ende 2015 geplant. Mit der zukünftigen Anwendung des IFRS 9 werden weitere separate Angaben innerhalb des bisherigen Finanzergebnisses erforderlich (IAS 1.82 (geändert 2014) sowie → Rn 132).

Obwohl in IAS 1.82/IAS 1.82 (geändert 2014) lediglich **Finanzierungsaufwendungen** *(financial cost)* erwähnt werden, sind unter diesem Posten nicht nur die Aufwendungen, sondern auch sämtliche Erträge betreffend die Finanzierung des Unternehmens zu erfassen. Eine **Saldierung** der Aufwendungen und Erträge ist allerdings **ausgeschlossen,** Finanzerträge und Finanzaufwendungen sind separat anzugeben.

131 Unter die **Finanzierungserträge** fallen ua sowohl erhaltene Dividenden als auch Zinserträge aus der Anlage der für die Altersversorgung bestimmten Vermögenswerte – falls nicht saldiert mit den Aufwendungen den Funktionsbereichen zugeordnet (→ Rn 87 sowie → § 26 Rn 70 ff) –, Zinsen und Erträge aus Bankguthaben, Ausleihungen, sonstigen Forderungen sowie Stückzinsen (→ § 7 Rn 97; vgl auch die beispielhafte Aufzählung bei *ADS* Int Abschn 7 Rz 177 f). Allerdings führen nur Stückzinsen nach dem Erwerb eines zinstragenden Papiers zu Zinsertrag (IAS 18.32). Zinsen, die auf den Zeitraum vor dem Erwerb fallen, sind als Teil des Anschaffungspreises erfolgsneutral zu erfassen. Die Finanzierungserträge umfassen ebenfalls Zuschreibungen auf Finanzinstrumente, Erfolgsbeiträge aus der Verwertung von Finanzinstrumenten zum beizulegenden Zeitwert sowie Veräußerungsergebnisse aus Finanzinstrumenten.

132 Zu den **Finanzierungsaufwendungen** zählen zunächst Zinsaufwendungen aus lang- und kurzfristigen Krediten. Das IFRSIC hat sich auch mit der Frage des Ausweises **negativer Einlagezinsen** befasst (vgl *IFRIC* Update September 2012, 8) und in einer vorläufigen Agendaentscheidung festgestellt, dass diese weder Zinserträge noch Zinsaufwendungen darstellen. Stattdessen sei die in IAS 1.85 (iVm IAS 1.112(c)) vorgesehene separate Darstellung zum Verständnis der Erfolgslage des Unternehmens sinnvoll. Eine finale Entscheidung hat das IFRSIC dazu nicht getroffen (vgl *IFRIC* Update January 2013, 15 f). Zu den Finanzierungsaufwendungen zählen ferner die **sonstigen Fremdkapitalkosten** (vgl die Aufzählung in IAS 23.5 f). Bedeutsam ist bei auf Fremdwährung lautenden Verbindlichkeiten, dass Fremdwährungsumrechnungsdifferenzen in bestimmten Konstellationen Ergebnisbeiträge darstellen können, die den Finanzierungskosten zuzurechnen sind. Dies ist dann der Fall, wenn die Umrechnungsdifferenz einen sog Report bzw Deport darstellt. Die Aufwertung der Fremdwährung (Report) bzw Abwertung der Fremdwährung (Deport) gleicht dann den höheren (niedrigeren) Zins in der Fremdwährung aus und korrigiert insofern den Zinsaufwand in Bezug auf die Fremdwährungsverbindlichkeit), Wertminderungen von zu Anschaffungskosten bewerteten **Finanzanlagen** gem IAS 39. Dagegen sollten Wertminderungen auf Forderungen aus Lieferung und Leistung uE im operativen Ergebnis erfasst werden (sonstige Aufwendungen), → Rn 128), der Zinsanteil bei Zuführungen zu Pensionsrückstellungen (→ Rn 119) sowie erfolgswirksame Änderungen des beizulegenden Zeitwerts bestimmter Finanzinstrumente (IAS 39.55(a)) und Aufwendungen für Sicherungsgeschäfte (IAS 39.89, IAS 39.95). Nicht zum Finanzierungsergebnis gehören die unter den Herstellungskosten (→ § 8 Rn 43 ff) zu erfassenden Zinsen.

Bei Anwendung des **IFRS 9** gilt zukünftig, dass Wertminderungen (inklusive Wertaufholungen und -zuschreibungen) aus finanziellen Vermögenswerten, die gem IFRS 9.5.5 ermittelt werden, nicht mehr Bestandteil des Finanzergebnisses, sondern gem IAS 1.82(ba) (geändert 2014) separat auszuweisen sind. Darüber hinaus wird aufgrund der Änderungen durch IFRS 9 zukünftig der separate

Ausweis von Wertänderungen des beizulegenden Zeitwerts finanzieller Vermögenswerte aufgrund einer anderen Klassifizierung als zu fortgeführten Anschaffungskosten bewertet *(at cost – AC)* sowie der separate Ausweis von im sonstigen Ergebnis erfassten Gewinnen oder Verlusten beim Wechsel von der Klassifizierung von als erfolgsneutral zum beizulegenden Zeitwert bewertet *(at fair value through other comprehensive income – FVOCI)* hinzu als erfolgswirksam zum beizulegenden Zeitwert bewertet *(at fair value through profit and loss – FVPL)* erforderlich sein.

Entspr der Mindestgliederung ist der Ausweis einer – in aller Regel negativen – **Saldogröße** in der GuV als ausreichend anzusehen. Da einzelne Erträge und Aufwendungen jedoch ohnehin entweder in der Gesamtergebnisrechnung oder im Anhang offenzulegen sind (vgl zB IFRS 7.20(b) für Gesamtzinsertrag und Gesamtzinsaufwand für finanzielle Vermögenswerte oder Verbindlichkeiten, die nicht erfolgswirksam zum beizulegenden Zeitwert bewertet werden; IAS 21.52(a) iVm IAS 23.6(e) für bestimmte Währungsdifferenzen aus Fremdwährungskrediten), bietet es sich an, in der GuV eine **Bruttodarstellung** vorzunehmen. 133

Folgende **Gliederung** erfüllt bspw die Anforderungen an die Darstellung des Finanz- und Equity-Ergebnisses gem IAS 1.82 (s auch *Lüdenbach/Hoffmann/Freiberg* IFRS § 2 Rz 81): 134

+/– Ergebnis aus Equity-Bewertung
+/– übriges Beteiligungsergebnis (Abschreibungen, Zuschreibungen, Dividenden, Veräußerungsergebnisse)
+/– Ergebnis aus übrigen Anteilen (zB aus Ausleihungen an Beteiligungsunternehmen)
+/– Zinsergebnis
+/– übriges Finanzergebnis
= **Finanzergebnis.**

X. Ergebnis vor (Ertrag-)Steuern

Das Ergebnis vor Steuern bildet sowohl im **GKV** als auch im **UKV** eine **Zwischensumme,** die sich als Saldo der bisher erläuterten Posten darstellt. Da die IFRS keinen separaten Ausweis der sonstigen Steuern kennen und diese Steuern daher entweder unter den entspr Aufwandsposten oder aber bei unwesentlichen Beträgen unter den sonstigen Aufwendungen/Erträgen auszuweisen sind (*Förschle/Kroner* in BeBiKo § 275 HGB Rz 354; *ADS* Int Abschn 7 Rz 180), empfehlen wir die präzisere Bezeichnung **„Ergebnis vor Ertragsteuern“.** 135

XI. Ertragsteueraufwand

Unter dem Posten **Ertragsteueraufwand** bzw Steueraufwendungen gem Mindestgliederungsschema (vgl IAS 1.82(d); → Rn 95 f) sind im **GKV** und **UKV** die Ertragsteueraufwendungen und -erstattungen gem IAS 12 auszuweisen. Diese umfassen sowohl **lfd** als auch Erträge und Aufwendungen aus der Bildung und Auflösung **latenter** Steuern. Für Unternehmen mit Sitz in Deutschland sind dies derzeit die KSt, die Zinsabschlagsteuer, der Solidaritätszuschlag, die GewSt sowie ggf entspr ausländische Ertragsteuern, für die eine Steueranrechnung oder ein Abzug von der Bemessungsgrundlage gewährt wird (vgl § 34 Abs 1 EStG; § 26 KStG). 136

Dieser Posten stellt trotz der Bezeichnung als Ertragsteueraufwand eine **Saldogröße** dar, weil neben den für das aktuelle Geschäftsjahr zu leistenden tatsächlichen

Ertragsteuern hier auch Steuermehraufwendungen für Vorjahre und Erträge aus Steuererstattungen, Zuführungen und Auflösungen von Steuerrückstellungen sowie Erträge und Aufwendungen aus der Auflösung bzw Bildung latenter Steuern auszuweisen sind. Im Extremfall – in einer Verlustsituation – kann es, zB durch Verlustvor- und -rückträge sogar zum Ausweis eines Steuerertrags kommen.

137 **Nicht** enthalten in dieser Saldogröße sind Steueraufwendungen und -erträge, die im Zusammenhang mit **aufgegebenen Geschäftsbereichen** stehen. Diese werden in einem gesonderten Ergebnisposten zu aufgegebenen Geschäftsbereichen in der GuV erfasst (→ Rn 95f und → § 28 Rn 128ff).

Beruht die Bildung von **latenten Steuern** auf einem **erfolgsneutralen** Sachverhalt, so wird die sich hieraus ergebende Veränderung unmittelbar mit dem Eigenkapital verrechnet. Der Posten Ertragsteueraufwand wird in diesem Fall nicht berührt (→ § 25 Rn 112ff).

Ebenfalls **in den Ertragsteuern nicht enthalten sind die sonstigen Steuern** (→ Rn 135). Diese sind nach IFRS-Grundsätzen als sonstige Aufwendungen/Erträge auszuweisen; ggf ist eine Zuordnung zu den ausgewiesenen Aufwandsarten geboten.

138 Für die **Bewertung** der Ertragsteuern ist zwischen lfd und latenten Ertragsteueraufwendungen und -erträgen zu differenzieren. Tatsächliche Ertragsteuern sind gem IAS 12.46ff mit dem Betrag zu bemessen, in dessen Höhe eine Zahlung/Erstattung erwartet wird. Latente Steuern sind grds anhand der Steuervorschriften und Steuersätze zu bewerten, die zum Zeitpunkt der Umkehrung der Steuerlatenzen gültig sind (→ § 25 Rn 160ff). Bzgl der Bewertungsbesonderheiten für den Konzern → § 35 Rn 135ff.

Die tatsächlichen Ertragsteueraufwendungen werden auf der Basis von adäquaten Ermittlungen zum jeweiligen Abschlussstichtag (Bilanzstichtag, Zwischenbericht) berechnet.

XII. Nachsteuerergebnis aufgegebener Geschäftsbereiche

139 Entspr dem Mindestgliederungsschema ist unabhängig von der Darstellung der GuV in Form des GKV oder UKV im Anschluss an die Steueraufwendungen das Nachsteuerergebnis aufgegebener Geschäftsbereiche anzugeben (IFRS 5.33A). Gem IAS 1.82/IAS 1.82 (geändert 2014) iVm IFRS 5.33(a) ist in diesem der **Nettobetrag** aus Nachsteuergewinnen und -verlusten auszuweisen, welcher sich aus der Geschäftstätigkeit der aufgegebenen Geschäftsbereiche im Berichtsjahr ergibt. Zudem enthält das Nachsteuerergebnis aus aufgegebenen Geschäftsbereichen das Ergebnis, das bei der Bewertung zum beizulegenden Zeitwert abzüglich Veräußerungskosten gem IFRS 5.15ff oder bei der Veräußerung der Vermögenswerte oder Veräußerungsgruppe(n), die den aufgegebenen Geschäftsbereich darstellen, erfasst wurde. Aus der Tatsache, dass an dieser Stelle explizit ein Nachsteuerergebnis gefordert wird, lässt sich ableiten, dass eine strikte Trennung des Steueraufwands aus fortgeführten und aufgegebenen Geschäftsbereichen zu erfolgen hat. Im Gegensatz zu den übrigen Angaben, die nach IFRS 5.33(b) gefordert werden (→ § 28 Rn 129ff), ist das Nachsteuerergebnis aus der Aufgabe von Geschäftsbereichen zwingend in der **GuV** gesondert auszuweisen (IFRS 5.33(a), IFRS 5.33A). Dies gilt unabhängig davon, dass gem IAS 1.82(ea) der Ausweis eines gesonderten Betrags für die Gesamtsumme der aufgegebenen Geschäftsbereiche gefordert wird.

140 Sofern von dem Wahlrecht Gebrauch gemacht wird, auch die gem IFRS 5.33(b) erforderliche Aufgliederung des Nettobetrags in die GuV zu verlagern, kann dies in **vertikaler** oder aber in **horizontaler Anordnung** erfolgen (→ § 28 Rn 134f).

Aus IFRS 5 lässt sich nicht ableiten, ob bei mehreren aufgegebenen Geschäftsbereichen in einem Berichtsjahr die Angaben für jeden **einzelnen** aufgegebenen Geschäftsbereich vorzunehmen sind oder ob eine Summierung über alle Bereiche stattfinden darf. Eine summierte Darstellung erscheint sowohl vor dem Hintergrund des Beispiels in IFRS 5.IG11 als auch angesichts der in IAS 1.82(ea) geforderten Gesamtsumme und der Beispiele in IAS 1.IG6 vertretbar.

Die in der GuV erforderlichen Angaben zu aufgegebenen Geschäftsbereichen sind mit den entspr **Vorjahresangaben** zu veröffentlichen (vgl IFRS 5.34). Zudem ist eine Aufteilung des Ergebnisses aus fortgeführten und aufgegebenen Geschäftsbereichen auf die nicht-beherrschenden Gesellschafter und die Anteilseigner des MU verpflichtend. Diese Aufteilung kann alternativ in der Gesamtergebnisrechnung bzw der separaten GuV oder aber im Anhang erfolgen (IFRS 5.33(d)). 141

XIII. Periodenerfolg nach Steuern

Als Saldo des Ergebnisses vor Steuern und des Ertragsteueraufwands resultiert der Periodenerfolg nach Steuern *(profit or loss)*. Handelt es sich um eine **Konzern-GuV** und sind im Konzern **nicht-beherrschende Gesellschafter** vorhanden, sind im Anschluss an das Nettoergebnis die darauf entfallenden Anteile nicht-beherrschender Gesellschafter (zur Ermittlung dieser Anteile → § 35 Rn 50 ff) gesondert von den auf die Anteilseigner des MU entfallenden Erfolgsanteilen auszuweisen (IAS 1.81B iVm IFRS 10.22, → Rn 153). 142

E. Sonstiges Ergebnis

I. Komponenten des sonstigen Ergebnisses

Die Posten **des sonstigen Ergebnisses** sind integraler Bestandteil der Gesamtergebnisrechnung. Diese erfolgsneutrale Teilrechnung der Gesamtergebnisrechnung muss gem IAS 1.7(a) bis (f) derzeit die folgenden Bestandteile beinhalten: 143

(1) Veränderungen der Neubewertungsrücklage aus der Neubewertung von Vermögenswerten des Sachanlagevermögens oder immateriellen Vermögenswerten (IAS 16.39 f, IAS 38.85 f; → § 17 Rn 37 ff),
(2) Neubewertungen der Nettoschuld gem IAS 19 (IAS 19.120(c) und 19.122 iVm IAS 19.127, → § 26 Rn 89),
(3) Gewinne und Verluste aus der Währungsumrechnung von Abschlüssen ausländischer Geschäftsbetriebe (IAS 21.32; → § 17 Rn 53 ff),
(4) Änderungen des beizulegenden Zeitwerts von zur Veräußerung verfügbaren Wertpapieren (IAS 39.55(b); → § 17 Rn 42 ff) sowie
(5) den effektiven Teil der Gewinne und Verluste in Bezug auf Sicherungsinstrumente bei *cashflow hedges* (IAS 39.95(a)) sowie *hedges* einer Nettoinvestition gem IAS 39.102(a), die analog zu *cashflow hedges* gebucht werden (→ § 17 Rn 46 ff).

Aufgrund der Finalisierung des **IFRS 9** (→ § 3 Rn 360) umfasst das **sonstige Ergebnis** (die Anwendung des IFRS 9 vorausgesetzt) gem IAS 1.7(d) (geändert 2014) bis IAS 1.7(h) (geändert 2014) anstelle der bisherigen IAS 39-induzierten derzeitigen Komponenten (zuvor (4) und (5) in → Rn 143, gem IAS 1.7(d) und IAS 1.7(e)) folgende IFRS 9-Komponenten: 144

(4) Gewinne und Verluste aus der Bewertung von gehaltenen Eigenkapitalinstrumenten, die gem IFRS 9.5.7.5 in die Kategorie *FVOCI (fair value through other comprehensive income)* designiert wurden (→ § 3 Rn 398),

(5) Gewinne und Verluste aus der Bewertung von finanziellen Vermögenswerten, die gem IFRS 9.4.1.2A (→ § 3 Rn 548) zum *FVOCI* bewertet werden,
(6) effektiver Teil der Gewinne und Verluste bei *cashflow hedges* (IFRS 9.6.5.11(b)) und Gewinne und Verluste aus Sicherungsbeziehungen, bei denen gehaltene Eigenkapitalinstrumente (bewertet zum *FVOCI* gem IFRS 9.5.7.5) abgesichert werden (→ § 3 Rn 541),
(7) auf Veränderungen des eigenen Kreditrisikos zurückzuführende Wertänderungen des beizulegenden Zeitwerts von finanziellen Schulden, die nach ihrer erstmaligen Erfassung in die Kategorie zum *FVPL (fair value through profit or loss)* designiert sind (IFRS 9.5.7.7(a), → § 3 Rn 506),
(8) Wertänderungen des Marktwerts von Optionen, sofern dieser gem IFRS 9.6.2.4(a) in inneren Wert und Zeitwert der Option aufgespalten wurde und nur die Veränderungen des inneren Werts der Option als Sicherungsinstrument designiert wurden (IFRS 9.6.5.15, → § 3 Rn 526) und
(9) Wertänderungen der Zinskomponente eines *forwards,* sofern lediglich die Kassakomponente des *forward*-Vertrags als Sicherungsinstrument designiert wird sowie Wertänderungen eines Fremdwährungsbasis-*spread,* sofern dieser von der Designation des Finanzinstruments als Sicherungsinstrument ausgenommen wird (IFRS 9.6.2.4(b) iVm IFRS 9.6.5.16, → § 3 Rn 526).

II. Umgliederung in die GuV

145 Die **Komponenten** des sonstigen Ergebnisses sowie der ihnen zuzuordnenden Steuereffekte sind gem IAS 1.82A entspr ihrer potenziellen **GuV-Wirkung in einer künftigen Periode** (sog *recyling*) aufzuteilen. Dh, Komponenten, die zukünftig GuV-wirksam umgegliedert werden könnten *(reclassified),* sind getrennt von zukünftig nicht mehr GuV-wirksamen werdenden Komponenten darzustellen (→ Rn 80f).

146 Zukünftige Auswirkungen auf die GuV aufgrund der **Verpflichtung** zur **Umgliederung** *(reclassification adjustment)* bestehen **derzeit** für:
(1) Gewinne und Verluste aus der Währungsumrechnung von Abschlüssen ausländischer Geschäftsbetriebe zum Zeitpunkt des (teilweisen) Abgangs desselben (IAS 21.32),
(2) Veränderungen der beizulegenden Zeitwerte von zur Veräußerung gehaltenen finanziellen Vermögenswerten (IAS 39.55(b)) und
(3) den effektiven Teil der Gewinne und Verluste in Bezug auf Sicherungsinstrumente bei *cashflow hedges* (IAS 39.95(a)) sowie *hedges* einer Nettoinvestition (*hedges of a net investment,* gem IAS 39.102(a), die analog zu *cashflow hedges* gebucht werden).

147 Zu keinem Zeitpunkt erfolgswirksam erfasst (dh nicht in die GuV umgegliedert) werden hingegen Veränderungen der Neubewertungsrücklagen für Sachanlagen und immaterielle Vermögenswerte sowie sämtliche Neubewertungen der Nettoschuld aus leistungsorientierten Versorgungsplänen (IAS 19.122 iVm IAS 19.127).

148 Die Bedeutung dieser Komponenten des sonstigen Ergebnisses, die zu **keinem Zeitpunkt erfolgswirksam** erfasst werden, wird **zukünftig** zunehmen. Mit der Anwendung des **IFRS 9** stellen sich die Umgliederungsnormen für die Komponenten des sonstigen Ergebnisses (entspr der Nummerierung in → Rn 144) wie folgt dar:
(4) Gewinne und Verluste aus der Bewertung von gehaltenen Eigenkapitalinstrumenten, die gem IFRS 9.5.7.5 in die Kategorie *FVOCI (fair value through other comprehensive income)* designiert wurden: **keine** Umgliederung in die GuV (IFRS 9.B5.7.1),

(5) Gewinne und Verluste aus der Bewertung von finanziellen Vermögenswerten, die gem IFRS 9.4.1.2A zum *FVOCI* bewertet werden: **Umgliederung** in die GuV, sofern der finanzielle Vermögenswert ausgebucht wird (IFRS 9.5.7.10) bzw **keine** Umgliederung in die GuV, sofern die finanziellen Vermögenswerte nicht ausgebucht, sondern (in *AC, amortised costs*) umklassifiziert werden (IFRS 9.5.6.5),

(6) effektiver Teil der Gewinne und Verluste bei *cashflow hedges* (IFRS 9.6.5.11(b)): grds **Umgliederung** in die GuV zu dem Zeitpunkt, in dem die abgesicherten Zahlungsströme in der GuV erfasst werden (IFRS 9.6.5.11(d)(ii)); es sei denn, (a) eine abgesicherte *forecast transaction* führt zur Bilanzierung von nicht-finanziellen Vermögenswerten/Schulden oder (b) die *forecast transaction* wird zu einer festen Vereinbarung *(firm committment),* für welche die Absicherung anhand eines *fair value hedges* erfolgt. In diesen Fällen erfolgt **keine** GuV-wirksame Umgliederung; stattdessen wird der im sonstigen Ergebnis kumulierte Betrag bei der Bewertung des Vermögenswerts/der Schuld berücksichtigt. Sofern die Sicherungsbeziehung nicht fortgeführt wird (IFRS 9.6.5.12), ist die Umgliederung in die GuV davon abhängig, ob die bis dahin abgesicherten zukünftigen Zahlungsströme weiterhin erwartet werden (Umgliederung erst im Zeitpunkt von deren GuV-Wirksamkeit) oder nicht (sofortige Umgliederung in die GuV). Dabei ist zu beachten, dass Zahlungsströme, die nicht mehr hochwahrscheinlich *(highly probable)* sind, dennoch weiterhin „erwartet" *(expected to occur)* werden können.
Gewinne und Verluste aus Sicherungsbeziehungen, bei denen gehaltene Eigenkapitalinstrumente (bewertet zum *FVOCI* gem IFRS 9.5.7.5) abgesichert werden: **keine** Umgliederung in die GuV (IFRS 9.6.5.8(b)),

(7) auf Veränderungen des eigenen Kreditrisikos zurückzuführende Wertänderungen des beizulegenden Zeitwerts von finanziellen Schulden, die nach ihrer erstmaligen Erfassung in die Kategorie zum *FVPL (fair value through profit or loss)* designiert sind (IFRS 9.5.7.7(a)): **keine** Umgliederung in die GuV (IFRS 9.5B.7.9),

(8) Wertänderungen des Marktwerts von Optionen, sofern dieser gem IFRS 9.6.2.4(a) in inneren Wert und Zeitwert der Option aufgespalten wurde und nur die Veränderungen des inneren Werts der Option als Sicherungsinstrument designiert wurden (IFRS 9.6.5.15): grds **Umgliederung** in die GuV im Zeitpunkt der GuV-Wirkung der gesicherten Zahlungsströme (IFRS 9.6.5.15(b)(ii)), es sei denn, das abgesicherte Geschäft führt (a) zur Bilanzierung von nicht-finanziellen Vermögenswerten/Schulden oder (b) zu einer festen Vereinbarung *(firm committment),* für welche die Absicherung anhand eines *fair value hedges* erfolgt. In diesen Fällen erfolgt **keine** GuV-wirksame Umgliederung; stattdessen wird der im sonstigen Ergebnis kumulierte Betrag bei der Bewertung des Vermögenswerts/der Schuld berücksichtigt (IFRS 9.6.5.15(b)(i)).

(9) Wertänderungen der Zinskomponente eines *forwards,* sofern lediglich die Kassakomponente des *forward*-Vertrags als Sicherungsinstrument designiert wird sowie Wertänderungen eines Fremdwährungsbasis-*spread,* sofern dieser von der Designation des Finanzinstruments als Sicherungsinstrument ausgenommen wird (IFRS 9.6.2.4(b) iVm IFRS 9.6.5.16, → § 3 Rn 526): **Umgliederung** entspr IFRS 9.6.5.15.

III. Überleitungsrechnung

Das Unternehmen hat zwingend eine **Überleitungsrechnung** *(reclassifications* 149
adjustments) der Posten des sonstigen Ergebnisses zu erstellen. Die Überleitung

soll die Auswirkungen auf die GuV darstellen, die aus der Umgliederung *(reclassification)* bzw der unter dem Begriff des *recycling* bekannten erfolgswirksamen Erfassung bislang nur im sonstigen Ergebnis berücksichtigter Komponenten resultieren (IAS 1.93, → Rn 148). Die Angabepflicht besteht für **jede** in IAS 1.7(a) bis (e) iVm IAS 1.81A (bzw nach IFRS 9: IAS 1.7(a) (geändert 2014) bis IAS 1.7(h) (geändert 2014) iVm IAS 1.81A) aufgeführte **Komponente** des sonstigen Ergebnisses. Notwendig ist diese Angabe der Umgliederung aus dem sonstigen Ergebnis heraus, um eine doppelte Erfassung in der Gesamtergebnisrechnung (GuV und sonstiges Ergebnis) zu vermeiden. Die Überleitungsrechnung für die Umgliederungsbeträge der Komponenten des sonstigen Ergebnisses kann gem IAS 1.94 entweder in der Gesamtergebnisrechnung oder im Anhang erfolgen. Werden diese Angaben zur Umgliederung in der Gesamtergebnisrechnung gemacht, ist es empfehlenswert, je Berichtsperiode eine **Vorspalte** in die Gesamtergebnisrechnung einzufügen und die Wertänderung und die Umgliederung je Komponente des sonstigen Ergebnisses anzugeben. Ob eine erfolgswirksame Umgliederung überhaupt zu erfolgen hat, ist nicht in IAS 1 geregelt, sondern in den einzelnen Standards. Für eine Übersicht der nach IAS 1 umzugliedernden Komponenten verweisen wir auf → Rn 146 (derzeit) bzw → Rn 148 (unter Berücksichtigung von IFRS 9).

150 Neben der Überleitungsrechnung ist nach IAS 1.90 die auf jede Komponente des sonstigen Ergebnisses entfallende **Steuerbelastung** entweder in der Gesamtergebnisrechnung oder im Anhang anzugeben. Nach IAS 1.91 sind die Komponenten des sonstigen Ergebnisses entweder nach Steuern oder vor Steuern auszuweisen. Werden die Komponenten des sonstigen Ergebnisses vor Steuern ausgewiesen, ist der Gesamtbetrag der Steuern, der auf die Komponenten des sonstigen Ergebnisses entfällt, in einer Summe am Ende der erfolgsneutralen Teilrechnung zu zeigen (→ Rn 98). IAS 1.91 sieht entspr der gem IAS 1.82A vorgesehenen Unterteilung des sonstigen Ergebnisses nach der in künftigen Perioden ggf resultierenden GuV-Wirksamkeit auch den danach getrennten Ausweis der Steuereffekte vor (→ Rn 83).

151, 152 *(einstweilen frei)*

F. Erweiterung der Gesamtergebnisrechnung

153 Eine Erweiterung der Gesamtergebnisrechnung ist in jedem Fall zwingend, sofern diese für einen **Konzern** mit nicht-beherrschenden Gesellschaftern erstellt wird. In diesem Fall sind gem IAS 1.81B iVm IFRS 12.12(e) sowohl der Periodenerfolg als auch das Gesamtergebnis der Periode aufzuteilen auf die nicht-beherrschenden Gesellschafter und die Anteilseigner des MU (→ Rn 78 und → Rn 141). Wird bei der Erstellung der Konzern-Gesamtergebnisrechnung dem *two statement approach* gefolgt, hat die Aufteilung des Periodenerfolgs auf die nicht-beherrschenden Gesellschafter und die Anteilseigner des MU in der separat erstellten GuV zu erfolgen, während in der eigentlichen Gesamtergebnisrechnung sodann nur noch das Gesamtergebnis der Periode getrennt nach den beiden Gesellschaftergruppen ausgewiesen wird (IAS 1.81B).

154 Schließlich fordern IAS 33.66 ff iVm IAS 33.2 von allen Unternehmen, deren (potenzielle) **Stammaktien öffentlich gehandelt** werden (sollen), für sämtliche dargestellten Perioden den Ausweis des unverwässerten und ggf des **verwässerten Ergebnisses je Aktie:**

(1) aus fortzuführenden Geschäftsbereichen sowie
(2) aus aufgegebenen Geschäftsbereichen

in Bezug auf den Periodenerfolg unabhängig davon, ob die angegebenen Beträge positiv oder negativ sind (IAS 33.69). Die Angaben sind separat für jede Klasse von Stammaktien, die unterschiedliche Rechte am Periodenergebnis gewähren, vorzunehmen. Die Darstellung hat am Ende der Gesamtergebnisrechnung *(single statement approach)* oder im Anschluss an den Periodenerfolg in der GuV *(two statement approach)* zu erfolgen, eine Erläuterung dieser Beträge im **Anhang genügt nicht.** Lediglich das verwässerte und ggf unverwässerte Ergebnis je Aktie aus aufgegebenen Geschäftsbereichen kann alternativ im Anhang ausgewiesen werden (IAS 33.68, IAS 33.68A). Wird ein verwässertes Ergebnis je Aktie für zumindest eine Periode veröffentlicht, so ist für sämtliche dargestellten Perioden ein verwässertes Ergebnis zu präsentieren, auch wenn es dem unverwässerten Ergebnis entspricht. Lediglich für den Fall, dass in keiner Periode ein verwässertes Ergebnis je Aktie existiert, sind die unverwässerten Ergebnisse je Aktie mit den verwässerten betraglich identisch und können in einer Zeile dargestellt werden (IAS 33.67; Einzelheiten in → § 16 Rn 45 ff).

Daneben ist gem IAS 1.85 eine **Ergänzung** der Mindestgliederung der Gesamtergebnisrechnung um zusätzliche Posten sowie Zwischensummen verpflichtend, wenn dies für das **Verständnis der einzelnen Faktoren der Ertragskraft** des Unternehmens relevant ist. **155**

Obwohl in IAS 8.32 ff kein konkreter Hinweis darauf besteht, in welchem GuV-Posten wesentliche **Schätzungsänderungen** auszuweisen sind, ist davon auszugehen, dass wie nachfolgend beschrieben vorgegangen werden kann: erfolgswirksam zu erfassende Änderungen von Schätzungen führen zu keiner Erweiterung der GuV-Gliederung, da die entspr aus der Schätzänderung resultierenden Aufwendungen und Erträge jeweils innerhalb derjenigen GuV-Posten ausgewiesen werden, in die auch die urspr Schätzung eingegangen ist. Allerdings ist bei wesentlichen Schätzungsänderungen eine Anhangangabe notwendig. **156**

(einstweilen frei) **157–159**

G. Angaben im Anhang

Grds ist bei der **Erstellung des Anhangs** zu beachten, dass jeder GuV-Posten einen Querverweis zu sämtlichen dazugehörenden Informationen im Anhang erhält (vgl zu Details bzgl Struktur und Format der Angaben → § 19 Rn 11 ff). **160**

Von Bedeutung ist insbes, dass im Anhang eine Aufgliederung der in IAS 18.1 genannten möglichen **Umsatzkomponenten** (zB Verkaufserlöse, Dienstleistungsumsätze, Nutzungsentgelte etc) vorgenommen wird (IAS 18.35(b)). Soweit in den Umsätzen solche aus Tauschgeschäften (→ Rn 35 ff) enthalten sind, sind diese je Kategorie mit ihren Erträgen zu nennen. Von größerer Bedeutung ist die verpflichtende Angabe der für die Ertragsrealisation und die Ermittlung des Fertigstellungsgrads bei evtl Dienstleistungsgeschäften angewandten Methoden (IAS 18.35(a)). Eine die individuellen Kriterien und unternehmensspezifischen Grundsätze des Ertragsmanagements berücksichtigende Darstellung dieser Ertragsrealisationsprinzipien erscheint insbes bei komplexen Geschäftsmodellen und komplizierten Vertragsgestaltungen erforderlich, um einen sachgerechten Einblick in die wirtschaftliche Lage zu vermitteln (s auch *Lüdenbach* PiR 2005, 15 (16)).

IFRS 15 sieht zukünftig **deutlich umfangreichere Anhangangaben** vor. Im Vordergrund steht dabei jedoch die Vermittlung nützlicher Informationen, um die **Art, die Höhe,** den **zeitlichen Anfall** von **Erlösen** und damit verbundene Unsicherheiten nachvollziehen zu können (IFRS 15.110). Jeweils unternehmensabhängig ist daher die Hervorhebung bestimmter Informationen bzw **161**

der Detaillierungsgrad abzuwägen. Grds ist die Abgrenzung von Erlösen aus Verträgen mit Kunden und anderen Erträgen erforderlich (IFRS 15.113). Die in IFRS 15.114 geforderte Aufgliederung der Erlöse aus Verträgen mit Kunden in verschiedene Kategorien erfolgt entspr unternehmensspezifisch. Die Kategorisierung soll zudem die Umsatzdarstellung außerhalb des Jahresabschlusses, die regelmäßigen Informationen an den Hauptentscheidungsträger hinsichtlich der Umsatzevaluierung für Segmente und ähnliche – zur Ressourcenallokation im Unternehmen genutzte – Informationen berücksichtigen (IFRS 15.B88). Mögliche Umsatzkategorien sind in IFRS 15.B89 dargestellt und umfassen ua Erlöse unterteilt nach Produkten/Dienstleistungen, geografischen Regionen, Kundengruppen, Vertragsarten etc.

Zu den **Kundenverträgen** sind zudem die einschlägigen Bilanzposten (dh Forderungen aus Lieferungen und Leistungen, vertragliche Vermögenswerte und Verbindlichkeiten) mit Anfangs- und Endsalden sowie Erläuterungen zu wesentlichen Änderungen (bspw aufgrund von Unternehmenszusammenschlüssen oder Wertminderungen) in der Berichtsperiode darzustellen (IFRS 15.116ff). Ferner sind die Leistungsverpflichtungen zu beschreiben, wobei zumindest einzugehen ist auf den Realisationszeitpunkt bzw die üblichen Bedingungen zur Erfüllung der Leistungsverpflichtungen (zB durch Lieferung oder mit Erbringen/Abschluss der Dienstleistung), die wesentlichen Zahlungsvereinbarungen (zB Zahlungsfrist, variable Vergütung), die Art der zu übertragenden Güter und/oder Dienstleistungen, mögliche Rücknahmeverpflichtungen und Garantie- bzw ähnliche Verpflichtungen (IFRS 15.119). Insbes sind auch qualitative und quantitative Angaben zum Auftragsbestand zum Bilanzstichtag erforderlich. Ausgenommen sind Verträge mit einer urspr Laufzeit unter einem Jahr oder Verträge, bei denen die Leistungserbringung jeweils unmittelbar zu einem Wertzuwachs beim Kunden führt (bspw je geleisteter Stunde abrechenbare Dienstleistungen; vgl IFRS 15.120ff).

Des Weiteren sind **wesentliche Schätzungen** darzustellen, die der Bestimmung der Höhe und des Zeitpunkts zukünftiger Erlöse zugrunde liegen (IFRS 15.124ff). Dies beinhaltet insbes Angaben zur Erlöserfassung bei langfristigen Aufträgen und Annahmen hinsichtlich der Ermittlung und Zuordnung von Transaktionspreisen auf separate Leistungsverpflichtungen.

Für eine umfassende Darstellung aller Anhangangaben → Checkliste in der Anlage zu diesem Handbuch. IFRS 15 ersetzt die bisherigen Normen zur Erlösrealisation (→ Rn 10ff). Ein Endorsement durch die EU vorausgesetzt, ist IFRS 15 erstmalig verpflichtend für Geschäftsjahre anzuwenden, die am oder nach dem 1. Januar 2018 beginnen. Eine frühzeitige Analyse der Anhangangaben ist insbes vor dem Hintergrund neuer Anforderungen (zB Aufgliederungen, Überleitungen, ggf Laufzeitbänder, qualitative Informationen) und der retrospektiven Anwendung (→ Rn 66f) erforderlich (so auch *Grote/Hold/Pilhofer* KoR 2014, 405 (480)).

162 Zur **Gesamtergebnisrechnung** (unabhängig vom gewählten Format) sehen die IFRS zahlreiche Anhangangaben vor (s die Checkliste in der Anlage zu diesem Handbuch). Ausschließlich im Anhang als Erläuterungen anzugeben sind zB diverse Angaben betreffend die Komponenten des Pensionsaufwands (→ § 26 Rn 160ff).

163 Daneben stellen es die IFRS den Bilanzierenden in einer Reihe von Fällen frei, die geforderten Angaben **alternativ** in der **Gesamtergebnisrechnung oder im Anhang** des Abschlusses darzulegen (in der Praxis werden diese Angabepflichten überwiegend im Anhang dargestellt). Zu diesen zählen im Wesentlichen:

(1) separater Ausweis von im Hinblick auf Höhe und Charakter wesentlichen Aufwendungen und Erträgen (IAS 1.97). Hierzu verweist IAS 1.98 auf eine Reihe von Sachverhalten, die zu einer Anhangangabe führen können, wie

zB Umstrukturierungen im Unternehmen, Veräußerung von Sach- oder Finanzanlagen oder die Beilegung von Rechtsstreitigkeiten,
(2) Gliederung der betrieblichen Aufwendungen nach Funktionsbereichen (UKV) oder Aufwandsarten (GKV) (IAS 1.99),
(3) bei Anwendung des UKV Informationen über die Art der Aufwendungen, einschließlich des Aufwands für planmäßige Abschreibungen sowie des Personalaufwands (IAS 1.104),
(4) bedeutsame Arten von Erträgen wie in IAS 18.35(b) aufgezählt, zB Erträge aus dem Verkauf von Gütern oder der Erbringung von Dienstleistungen sowie die Erträge aus Tauschgeschäften mit Waren oder Dienstleistungen, die darin enthalten sind (IAS 18.35(c)),
(5) Aufwendungen und Erträge, die im Zusammenhang mit einer Abwertung oder Wertaufholung von Vorräten stehen (IAS 2.36(d) bis (f)),
(6) die in der Berichtsperiode erfassten Erlöse und Aufwendungen aus Fertigungsaufträgen (IAS 11.39(a), IAS 11.40) und damit im Zusammenhang stehende Ermittlungsmethoden (IAS 11.39(b)),
(7) planmäßige und außerplanmäßige Abschreibungen sowie die Wertaufholungen der Berichtsperiode von immateriellen Vermögenswerten (IAS 38.118(e)(iv) bis (vi)),
(8) Ausweis der Summe der Forschungs- und Entwicklungskosten, die als Aufwand erfasst wurden (IAS 38.126),
(9) verschiedene Aufwendungen und Erträge, die im Zusammenhang mit Leasinggeschäften stehen (IAS 17.31, IAS 17.35, IAS 17.47, IAS 17.56),
(10) Aufwendungen und Erträge, die im Zusammenhang mit als Finanzinvestitionen gehaltenen Immobilien stehen (IAS 40.75(f) und IAS 40.76(d)),
(11) diverse Angaben bzgl planmäßiger Abschreibungen, Wertminderungsaufwendungen und Wertaufholungen von Sachanlagen (IAS 16.73(e)(iv) bis (vii)),
(12) verschiedene Angaben hinsichtlich der Erfassung von Finanzinstrumenten (vgl detaillierte Ausführungen in → § 3 Rn 270ff, zB IFRS 7.20ff),
(13) im Regelfall die Angabe von Zuwendungen der öffentlichen Hand (IAS 20.31),
(14) diverse Angaben zum Personalaufwand wie zB Leistungen aus Anlass der Beendigung des Arbeitsverhältnisses (IAS 19.171; andere: IAS 19.141, IAS 19.158),
(15) diverse Angaben die Steueraufwendungen und -erträge betreffend (IAS 12.79ff),
(16) Angabe des Betrags von Differenzen aus der Währungsumrechnung, der im Periodenerfolg erfasst worden ist (IAS 21.52(a)),
(17) die Erlöse, Aufwendungen und das Ergebnis vor Steuern sowie der entspr Ertragsteueraufwand/-ertrag, die dem aufgegebenen Geschäftsbereich zuzurechnen sind, sowie der Gewinn/Verlust, der bei der Neubewertung der aufgegebenen Geschäftsbereiche erfasst wurde mit dem zugehörigen Ertragsteueraufwand/-ertrag (IFRS 5.33(b)),
(18) die Aufteilung des Ergebnisses aus fortgeführten Geschäftsbereichen auf die nicht-beherrschenden Gesellschafter und die Anteilseigner des MU, sowie die Angabe des auf die Anteilseigner des MU entfallenden Anteils des Ergebnisses aus aufgegebenen Geschäftsbereichen (IFRS 5.33(d)),
(19) das verwässerte und ggf unverwässerte Ergebnis je Aktie aus aufgegebenen Geschäftsbereichen (IAS 33.68) und
(20) diverse Angaben im Hinblick auf Änderungen von Schätzungen (IAS 8.39f) und die Korrektur von Fehlern (IAS 8.49) soweit dies nicht unverhältnismäßige Kosten oder Arbeitsaufwand verursacht.

(einstweilen frei) **164**

H. Wesentliche Änderungen und deren Anwendungszeitpunkte

165 Die bedeutsamsten Änderungen ergeben sich aus **IFRS 15 Erlöse aus Verträgen mit Kunden** *(Revenue from Contracts with Customers)*, der im Mai 2014 verabschiedet wurde. IFRS 15 ersetzt die bisherigen Standards und Interpretationen zu Fragen der Umsatzrealisation und enthält ein neues umfassendes Konzept zur Erlösrealisation (vgl dazu insbes → Rn 46 ff). Der Standard ist gem der Entscheidung des IASB zur Verschiebung des Erstanwendungszeitpunkts vom Juli 2015 erstmalig für Geschäftsjahre ab dem 1. Januar 2018 anzuwenden. Die Übernahme des Standards durch die EU steht aus; ist jedoch derzeit (Stand: 31. Juli 2015) für das erste Quartal 2016 angekündigt.

Änderungen hinsichtlich der Zusammensetzung des sonstigen Ergebnisses und den Anforderungen bzgl der (nicht) GuV-wirksamen zukünftigen Behandlung dieser Komponenten und entspr separaten Darstellung ergeben sich aus dem im Juli 2014 verabschiedeten **IFRS 9** (→ Rn 144 ff sowie allgemein zu IFRS 9 → § 3 Rn 360 ff) IFRS 9 ist für Geschäftsjahre anzuwenden, die am oder nach dem 1. Januar 2018 beginnen. Das Endorsement durch die EU wird derzeit (Stand: 31. Juli 2015) für das zweite Halbjahr 2015 erwartet.

166 Weitere Änderungen ergeben sich aus Ergänzungen des IAS 1 im Rahmen der ***Disclosure Initiative*** (Anhanginitiative) vom Dezember 2014. Die hier relevanten Änderungen betreffen IAS 1.82A (Klarstellung hinsichtlich des separaten Ausweises des sonstigen Ergebnisses aus *at equity*-bewerteten assoziierten Unternehmen und Gemeinschaftsunternehmen, → Rn 81 ff), IAS 1.85 sowie der Einfügung des IAS 1.85A f (Formulierung zusätzlicher Anforderungen an die Darstellung von Zwischenergebnissen gem IAS 1.85, → Rn 87 ff). Diese Änderungen an IAS 1 sind für Geschäftsjahre anzuwenden, die am oder nach dem 1. Januar 2016 beginnen. Die Übernahme durch die EU ist für das vierte Quartal 2015 vorgesehen.

I. Gegenüberstellung zum HGB

167 Eine pauschale Beantwortung der Frage, ob gem IFRS idR eine **frühere Ertragsrealisierung** erfolgt als unter HGB-Gesichtspunkten scheint insbes wegen der dargestellten **Kasuistik** (s Abschnitt B) nicht möglich. Hier ist derzeit unter IFRS stärker als nach HGB der Einzelfall unter Hinzuziehung einer Vielzahl von Detailvorgaben des IAS 18/IFRS 15 zu würdigen.

168 Die **Abweichungen** zwischen einer GuV bzw Gesamtergebnisrechnung nach IFRS im Vergleich mit einer GuV nach HGB lassen sich wie folgt zusammenfassen:

(1) Wie bereits unter → Rn 110 näher erläutert, unterscheiden sich die Definition des Umsatzerlöses in IFRS 15 und HGB nach BilRUG im Allgemeinen nicht stark voneinander, da beide durch die allgemeine Fassung eine Ausweitung des Begriffs schaffen. Lediglich ihre Kasuistik unterscheidet sich maßgeblich.

(2) Die GuV für KapGes und KapGes & Co ist als solche zwingend auf der Grundlage konkreter und detaillierter Gliederungsschemata entweder nach dem GKV (§ 275 Abs 2 HGB) oder dem UKV (§ 275 Abs 3 HGB) aufzustellen. Abweichungen sind nur innerhalb des Rahmens von § 265 Abs 4 bis 8 HGB erlaubt.

(3) Im Gegensatz zum HGB fordern die IFRS bei zahlreichen Sachverhalten keine Berücksichtigung in der GuV, sondern eine (zT endgültige) Berücksichtigung im sonstigen Ergebnis (→ Rn 143ff) oder eine direkte Verrechnung im Eigenkapital (Fehlerberichtigungen, Methodenänderungen).

(4) Die Darstellung einer **Ergebnisverwendungsrechnung** analog § 158 AktG ist den IFRS fremd. Vielmehr haben alle Unternehmen sämtliche Veränderungen des Eigenkapitals des Berichts- und des Vorjahrs in einer Eigenkapitalveränderungsrechnung, die einen eigenständigen Abschlussbestandteil bildet (vgl § 17), darzustellen, sodass die Ergebnisverwendung indirekt erkennbar ist. Fakultativ kann zusätzlich eine Ergebnisverwendungsrechnung analog § 158 AktG als Teil der GuV gezeigt werden (so auch *ADS* Int Abschn 7 Rz 191).

(5) Aufwendungen und Erträge werden nach HGB zT zu anderen Zeitpunkten erfasst als nach IFRS. Dies gilt zB bei den Umsatzerlösen, die nach IFRS bereits dann zu realisieren sind, wenn es wahrscheinlich ist, dass dem Unternehmen ein Nutzen zufließt (→ § 2 Rn 148, sowie bei langfristiger Fertigung → § 9 Rn 56ff) oder in Bezug auf bestimmte Instandhaltungsaufwendungen, die nach § 249 Abs 1 Satz 2 Nr 1 HGB früher als nach IFRS (erst im Zeitpunkt ihres Anfalls) erfolgswirksam zu erfassen sind.

(6) Die Darstellungsform respektive -tiefe der GuV nach HGB ist abhängig von der Rechtsform, Größe (Erleichterungsvorschriften) und Branche des Unternehmens (§§ 243 Abs 2, 265ff und 275ff HGB).

(7) Entspr § 275 Abs 1 Satz 1 HGB ist die GuV zwingend in Staffelform aufzustellen.

(8) Nach HGB sind die sonstigen Steuern in einem separaten Posten auszuweisen. Zudem ist es gängige Praxis, dass Unternehmen branchentypische Steuern wie die Tabak- oder Mineralölsteuer offen von den Umsatzerlösen absetzen.

(9) Durch die fehlende detaillierte und verbindliche Gliederung der IFRS-GuV sowie die eingeschränkte Ausweispflicht nur einiger Posten ist die Gleichwertigkeit der GuV nach IAS 1 mit einer handelsrechtlichen GuV nicht zwingend gegeben. Sie wird erreicht durch entspr Gliederungstiefe, dh eine Erweiterung des Mindeststandards zur Erfüllung der Anforderungen nach §§ 275, 315a HGB.

(10) Das Saldierungsverbot (§ 246 Abs 2 HGB) nach HGB ist strikter als das nach IFRS.

(11) Im Hinblick auf die Zuordnung von Geschäftsvorfällen und Ereignissen zu einzelnen GuV-Posten können sich Differenzen zwischen einer GuV nach HGB und IFRS ergeben.

(12) Die Bewertungen von Tauschumsätzen können sich unterscheiden (IFRS: beizulegender Zeitwert, HGB: Wahlrechte).

(13) Die GuV nach § 275 HGB differenziert zwischen dem Ergebnis der gewöhnlichen Geschäftstätigkeit und einem außerordentlichen Ergebnis. Im Gegensatz dazu ist der Ausweis von außerordentlichen Aufwendungen und Erträgen in einer GuV nach IAS 1.78ff ausgeschlossen. Die entspr Erfolgsposten werden üblicherweise unter den sonstigen Erträgen/Aufwendungen erfasst. Mit Inkrafttreten des BilRUG am 23. Juli 2015 entfällt künftig zwingend die Unterscheidung zwischen ordentlichen und außerordentlichen Posten. Aufwendungen und Erträge von außerordentlicher Größenordnung sind im Anhang anzugeben.

(14) Die nach HGB geforderten Angabepflichten sind inhaltlich teilweise weniger ausführlich als die nach IFRS erforderlichen Angaben. Dies gilt bspw in Bezug auf die nur nach IFRS geforderte gesonderte Angabe der

Gewinn- und Verlustanteile an assoziierten Unternehmen und Gemeinschaftsunternehmen, die nach der Equity-Methode bilanziert werden (IAS 1.82(c) und IAS 1.82A(b) (geändert 2014)), den Gewinn/Verlust aus aufgegebenen Geschäftsbereichen (IFRS 5.33) sowie den verpflichtenden Ausweis diverser Ergebnisse pro Aktie (IAS 33.66ff).

(15) Die Ergebnisanteile von nicht-beherrschenden Gesellschaftern sind im Gegensatz zu § 307 Abs 2 HGB nach IAS 1.81B, IFRS 12.12(e) im Rahmen der (Konzern-)Ergebniszuordnung zu berücksichtigen.

J. Aktuelle Entwicklungen/IASB-Projekte

169 Die wesentliche Überarbeitung bzw Neukonzeption der Erlöserfassung wurde mit der Verabschiedung des IFRS 15 im Mai 2014 abgeschlossen. Allerdings hat der IASB für die Etablierung des IFRS 15 erstmalig in seiner Geschichtern eine sog ***Transition Resource Group for Revenue Recognition (TRG)*** ins Leben gerufen. Die TRG hat 27 Mitglieder, darunter ua Vertreter aus Unternehmen, WP-Gesellschaften und Hochschulen weltweit. Diese Gruppe soll mögliche (Auslegungs-, Implementierungs- und Anwendungs-)Probleme der Unternehmen in der Anwendung des IFRS 15 identifizieren. Diese Themen wurden vom IASB gemeinsam mit dem US-amerikanischen Standardsetzer FASB im Hinblick auf mögliche Ergänzungen des IFRS 15 diskutiert. Im Ergebnis hat der IASB am 30. Juli 2015 einen entspr Entwurf (ED/2015/6 **Clarifications to IFRS 15**) veröffentlicht. Darin werden insbes Klarstellungen zur **Identifizierung von Leistungsverpflichtungen,** zur **Prinzipal-Agenten-Problematik** und zur **Umsatzrealisierung von Lizenzentgelten** vorgenommen. Gem IFRS 15.22 **identifiziert** ein Unternehmen seine **Leistungsverpflichtungen** auf Basis eigenständig abgrenzbarer zugesagter Waren oder Dienstleistungen. Zur Erläuterung der eigenständigen Abgrenzbarkeit hat der IASB in den *Illustratrive Examples* zu IFRS 15 die Beispiele 10 und 11 um weitere Fälle ergänzt.

In Bezug auf **Prinzip-Agenten-Beziehungen** stellt der IASB klar, dass bei einer Beteiligung einer dritten Partei bei der Lieferung von Waren bzw der Erbringung von Dienstleistungen ein Unternehmen zu prüfen hat, ob es bei diesem Geschäftsvorfall als Prinzipal (Auftraggeber) oder als Agent (Vermittler) handelt. Beherrscht ein Unternehmen die Güter oder Dienstleistungen vor deren Übertragung an den Kunden, ist es als Prinzipal tätig. Um die Beurteilung der Beherrschung klarzustellen, schlägt der IASB vor, die in den Anwendungsleitlinien genannten Beispiele zu ändern und zwei neue Beispiele hinzuzufügen (ED-IFRS 15.B34 bis ED-IFRS 15.B38). Nach dem neu hinzugefügten ED-IFRS 15.B35A kommt es im Falle der Beteiligung von Dritten bei der Bereitstellung von Gütern oder Dienstleistungen für eine Einstufung als Prinzipal darauf an, dass das Unternehmen (1) das Gut vor Übertragung an den Kunden kontrolliert; (2) das Recht darauf kontrolliert, dass ein Dritter eine Dienstleistung ausführt, wodurch das Unternehmen die Möglichkeit bekommt, den Dritten bei der Erfüllung der Dienstleistung für den Kunden zu leiten oder (3) das Gut oder die Dienstleistung des Dritten kontrolliert und mit einer oder mehreren anderen Gütern oder Dienstleistungen kombiniert, um dem Kunden das vertraglich bestellte spezifische Gut oder die spezifische Dienstleistung bereitzustellen. Bei einem Vertrag mit mehreren unterscheidbaren Gütern oder Dienstleistungen kann ein Unternehmen für einige Güter Prinzipal und für andere wiederum Agent sein.

Hinsichtlich der **zeitraumbezogenen Realisierung von Lizenzerträgen** stellt der IASB klar, wann Aktivitäten eines Unternehmens maßgebliche Auswirkungen auf das geistige Eigentum haben. Denn die in IFRS 15.B58 kumulativ zu erfüllenden Bedingungen für eine zeitraumbezogene Umsatzrealisation sehen ua vor, dass der Lizenzvertrag bestimmte Aktivitäten des Unternehmens vorsehen muss (→ Rn 60). Besitzt das geistige Eigentum, an dem ein Kunde Rechte hat, eine wesentliche eigenständige Funktionalität und zieht der Kunde aus dieser Funktionalität einen wesentlichen Nutzen (ED-IFRS 15.B59), haben die Aktivitäten des Unternehmen nur dann wesentliche Auswirkungen auf das geistige Eigentum, wenn sie die Funktionalität ändern. Des Weiteren schlägt der IASB mit ED-IFRS 15.B63A und ED-IFRS 15.63B eine Klarstellung zu umsatz- und nutzungsabhängigen Lizenzentgelten vor.

In Bezug auf die retrospektive Anwendung von IFRS 15 schlägt der IASB folgende **Übergangserleichterungen** vor: Zum einen können Unternehmen bei der Identifizierung erfüllter und nicht erfüllter Leistungsverpflichtungen in einem Vertrag, der vor der frühesten dargestellten Periode modifiziert wurde, sowie bei der Bestimmung des Transaktionspreises nachträglich bessere Erkenntnisse rückwirkend nutzen. Zum anderen können bei der vollständigen retrospektiven Anwendung von IFRS 15 Verträge unberücksichtigt bleiben, die zu Beginn der frühesten dargestellten Periode erfüllt waren.

Die vorgeschlagenen Änderungen sollen zeitgleich mit IFRS 15 eingeführt werden, dh sie gelten für Geschäftsjahre beginnend ab dem 1. Januar 2018.

Es ist zudem denkbar, dass zukünftige Überlegungen im Rahmen der **Disclosure Initiative** zu Ergänzungen und Konkretisierungen des IAS 1 in Bezug auf Anforderungen an die Wesentlichkeit oder auch konkret hinsichtlich der Darstellung der Aufgliederung nach dem Umsatzkostenverfahren führen können. Das IFRSIC hatte den IASB auf die Notwendigkeit der Überarbeitung des IAS 1 hingewiesen (vgl *IFRIC* Update May 2014, 7). Teilweise wurden entspr Änderungen im IAS 1 bereits umgesetzt (zB in Bezug auf Anforderungen an Zwischensummen, → Rn 87). Offene Punkte könnten in den nächsten Abschnitten der *Disclosure Initiative* aufgegriffen werden. Bspw ist ein Entwurf zu Wesentlichkeitsaspekten *(Materiality Practice Statement)* für das dritte Quartal 2015 geplant. 170

§ 16. Ergebnis je Aktie (EPS)

Übersicht

Schrifttum: *Buschhüter* Der Standardentwurf „Simplifying Earnings per Share", IRZ 2008, 401; *Busse von Colbe ua* Ergebnis je Aktie nach DVFA/SG, 3. Aufl, Stuttgart 2000; *Freiberg* Berechnung des verwässerten Ergebnisses je Aktie, PiR 2006, 266; *IDW* RS HFA 2 Stellungnahme zur Rechnungslegung: Einzelfragen zur Anwendung von IFRS, FN IDW 2012, 380; *Schmitz* Gewinn pro Aktie, in: Ballwieser ua (Hrsg), Enzyklopädie der Betriebswirtschaftslehre, Handwörterbuch der Rechnungslegung und Prüfung, 3. Aufl, Stuttgart 2002, 963; *Scott/Wier* On Constructing an EPS Measure: An Assessment of the Properties of Dilution, Contemporary Accounting Research 2000, 303.

Wesentliche Rechtsgrundlage: IAS 33

A. Überblick und Definitionen

1 IAS 33 verlangt von Unternehmen, deren Stammaktien oder potenzielle **Stammaktien öffentlich gehandelt** werden oder die die Ausgabe derartiger Instrumente in die Wege geleitet haben – und nur von diesen Unternehmen – die Angabe des Ergebnisses je Aktie (ausführlich IAS 33.2). Das Ergebnis je Aktie gilt als wichtige Kennzahl am Kapitalmarkt zur Verbindung von Unternehmensbewertung und Rechnungslegung. Durch die Regelungen des IAS 33 soll die Vergleichbarkeit dieser Kennzahl sichergestellt werden. Vom Unternehmen anzugeben sind die „unverwässerten" und die „verwässerten" Ergebnisse je Aktiengattung (*earnings per share,* EPS). Bei Aufstellung eines Konzernabschlusses und eines Einzelabschlusses brauchen die Angaben nur auf Basis der konsolidierten Zahlen zu erfolgen (IAS 33.4); sollten die *EPS* zusätzlich auf Basis des Einzelabschlusses ermittelt worden sein, so dürfen diese nur dort ausgewiesen werden. Auch bei freiwilliger Anwendung sind die in einem IFRS-Abschluss ausgewiesenen EPS nach diesem Standard zu ermitteln (IAS 33.3).

2 IAS 33 baut grds auf der Ermittlung des **unverwässerten Ergebnisses** je Stammaktie *(ordinary shares)* auf. Die Stammaktie wird in IAS 33.5 als Eigenkapitalinstrument definiert, das allen anderen Gruppen von Eigenkapitalinstrumenten nachgeordnet ist, wobei diese **Nachrangigkeit** allein an der Reihenfolge der **Dividendenverteilung** festgemacht wird (IAS 33.6). Stammaktien sind Eigenkapitalinstrumente, die im Liquidationsfall erst nach Tilgung sämtlicher Schulden und nach Tilgung aller anderen Eigenkapitalinstrumente (zB Genussscheine) bedient werden. Es ist daher möglich, dass nicht das gesamte gem IAS 32 in der Bilanz ausgewiesene Grundkapital zur Ermittlung des Ergebnisses je Aktie (im Nenner) heranzuziehen ist, sondern lediglich eine Teilmenge. Dies resultiert aus der Tatsache, dass der Begriff des Eigenkapitalinstruments gem IAS 32 weiter gefasst ist als die Definition der Stammaktie in IAS 33. Nach deutschem Aktienrecht fallen von den in den §§ 10, 11, 139 AktG genannten Aktiengattungen (Inhaber- und Namensaktien sowie Aktien mit nachzuzahlendem Vorzug bei der Gewinnverteilung) in jedem Fall die Inhaber- und Namensstammaktien unter die in IAS 33.5 erwähnten Stammaktien *(ordinary shares).* Hinsichtlich der **Vorzugsaktien** ist zu unterscheiden: Ist in der Satzung bestimmt, dass die Vorzugsdividende an die Dividende der Stammaktien gekoppelt wird und wird in diesen Fällen ein Dividendenzuschlag gewährt, aber der Mehrbetrag nicht vorrangig bedient, sind diese Vorzugsaktien als *ordinary shares* einzustufen (vgl *IDW* RS HFA 2 Rz 26). Andernfalls handelt es sich um Vorzugsaktien *(preference shares)* iSv IAS 33. Der Begriff der Stammaktie nach IAS 33 stimmt insoweit nicht mit dem des deutschen Aktienrechts überein, vielmehr können auch Vorzugsaktien nach deutschem Recht unter diesen Begriff fallen. Gibt es mehrere Aktiengattungen (zB Stammaktien und Vorzugsaktien iSv § 139 AktG, die unter den Begriff der *ordinary shares* fallen (s oben)), sind die EPS je Aktiengattung zu ermitteln (IAS 33.66). **Genussscheine** sind aufgrund der steuerlichen Rahmenbedingungen idR so ausgestaltet, dass sie keinen Anspruch am Liquidationserlös verkörpern, da sie in diesem Fall entspr ihrem Charakter als Fremdkapital vorab beglichen werden. Daher ist der Zinsaufwand im Periodenerfolg zu berücksichtigen.

3 Mathematisches Grundgerüst für die Ermittlung der EPS ist die Division des den **Stammaktionären des MU zurechenbaren Periodenerfolgs** durch die **gewichtete durchschnittliche Anzahl** der innerhalb der Berichtsperiode im Umlauf gewesenen **Stammaktien** (IAS 33.10). Ausgangspunkt für das im Zäh-

ler zu berücksichtigende Ergebnis ist der den Stammaktionären iSd IAS 33.12, IAS 33.A1 zurechenbare Periodenerfolg. Grds handelt es sich bei diesem zu verwendenden Erfolg um den in der gesonderten GuV (sofern erstellt) bzw dem erfolgswirksamen Teil der Gesamtergebnisrechnung (*statement of comprehensive income;* ausführlich → § 15 Rn 75 ff) ausgewiesenen Periodenerfolg (zur detaillierten Ermittlung des Periodenerfolgs → § 15 Rn 1 ff), ggf nach Berücksichtigung von Minderheitenanteilen, der um die Anteile korrigiert wird, die nicht auf die Stammaktien entfallen. So sind für die Ermittlung der EPS die Vorzugsdividenden abzuziehen (IAS 33.14).

Für die Ermittlung des **verwässerten Ergebnisses** werden die Stammaktien iSv → Rn 2 erhöht um potenzielle Aktien. Potenzielle Aktien sind gem IAS 33.5 Finanzinstrumente (zur Definition der Finanzinstrumente vgl IAS 32.11 sowie → § 3 Rn 13 ff) oder andere Vertragsrechte, die dem Inhaber das Recht geben, Stammaktien zu erwerben (zB Optionen auf Aktien, Bezugsrechte; Einzelheiten nachstehend in → Rn 11 ff). Daneben findet auch eine Korrektur der Zählergröße statt (IAS 33.33). 4

Werden **Geschäftsbereiche aufgegeben,** so sind die (verwässerten und unverwässerten) EPS zusätzlich auf der Basis des Periodenerfolgs aus fortgeführten Geschäftsbereichen (IAS 33.9, IAS 33.30) zu ermitteln, der Gewinn/Verlust aus aufgegebenen Geschäftsbereichen ist nicht mit einzubeziehen. Somit sind die EPS separat für fortgeführte Geschäftsbereiche sowie für den gesamten Periodenerfolg anzugeben (IAS 33.12, IAS 33.33). Darüber hinaus sind (verwässerte und unverwässerte) EPS auch für aufgegebene Geschäftsbereiche gesondert auszuweisen. Die Angabepflichten ergeben sich aus IAS 33.66 und IAS 33.68. 5

B. Unverwässertes Ergebnis je Aktie

Für die Ermittlung der **Aktienanzahl** sind sowohl die Aktien zu berücksichtigen, die sich zu **Periodenbeginn im Umlauf** befanden, als auch die Aktien, welche **während** der **Periode ausgegeben** oder **zurückgekauft** wurden. Neu ausgegebene Aktien sind vom **Ausgabezeitpunkt** an zu berücksichtigen. Zurückgekaufte Aktien fließen bis zu dem Zeitpunkt, an dem sie sich nicht mehr im Umlauf befinden, in die Berechnung mit ein, berechnet mit einem Gewichtungsfaktor. Dieser ergibt sich aus dem Verhältnis zwischen der Anzahl von Tagen, in denen sich die Aktien im Umlauf befanden, und der Gesamtzahl von Tagen der Periode. Als Ergebnis erhält man so die durchschnittlich gewichtete Anzahl der während der Periode ausstehenden Aktien. Die Anzahl von Tagen, an der sich die Aktien im Umlauf befanden, entspricht dabei zB dem Zeitraum zwischen Emissionsdatum und dem Ende der Periode. Dabei kann der Emissionszeitpunkt zB der Tag sein, an dem das Unternehmen die Gegenleistung in Form von Geld erhält oder der Tag, an dem das Unternehmen bei einer Sacheinlage den Vermögenszugang realisiert (vgl IAS 33.21). 6

Ist die Ausgabe von Aktien an bestimmte **Voraussetzungen** gebunden, so werden diese erst ab dem Zeitpunkt in die Ermittlung des unverwässerten Ergebnisses je Aktie einbezogen, von dem ab sämtliche Voraussetzungen erfüllt sind (vgl IAS 33.24). 7

Nicht vollständig einbezahlte Aktien sind entspr ihrer Dividendenberechtigung zu erfassen (vgl IAS 33.A15).

Insbes bei **Kapitalerhöhungen** ist für die Berechnung der EPS die Nennergröße anzupassen. Hierbei ist zu unterscheiden, ob bei der Ausgabe neuer Aktien der Gesellschaft neue Mittel zufließen. Fließen **keine Mittel** zu, so wird gem IAS 33.28 wie bei einer Kapitalerhöhung aus Gesellschaftsmitteln die Er- 8 höhung der Aktienzahl für den **Beginn** der Periode angenommen. Auch die EPS-Berechnungen der Vorperioden sind entspr anzupassen. Bestehen Bezugsrechte, so haben diese einen Wert größer Null, sofern der Bezugskurs der neuen Aktien unter dem beizulegenden Zeitwert liegt. Die EPS-Werte der Vorperioden sind in diesem Fall unter der Annahme einer konstanten Eigenkapitalrendite verzerrt, da mit dem zufließenden Emissionserlös der alte EPS-Wert nicht mehr erreicht werden kann. Aus diesem Grund sind die vorherigen Ergebnisse anzupassen.

Beispiel für eine Kapitalerhöhung mit Bezugsrecht: Eine Kapitalerhöhung mit Bezugsrecht fällt in den Anwendungsbereich von IAS 33.27(b), IAS 33.A2, sofern die Bezugsrechte unter dem beizulegenden Zeitwert ausgegeben werden. In diesem Fall besteht die Möglichkeit, die Bezugsrechte rechnerisch aufzuteilen in solche, die zum beizulegenden Zeitwert ausgegeben werden und in solche, die ohne Gegenleistung, dh ohne die Veränderung von Ressourcen, emittiert werden. Bei Letzteren handelt es sich um Gratiselemente iSd IAS 33.27(b). Im nachstehenden Beispiel wurden 72 Gratisaktien ausgegeben.

	Daten/Berechnung	**Ergebnis**
Anzahl Aktien X1	1.000 Stück	
Jahresüberschuss nach Steuern X1	€ 1.000	
Jahresüberschuss nach Steuern X2	€ 2.000	
EPS X1	€ 1.000/1.000 Stück	€ 1
Beizulegender Zeitwert Aktien (unmittelbar vor der Bezugsrechtsausübung)	€ 100	
Ausgabe Bezugsrechte per 30. Juni X2, Bezugsverhältnis	eine neue Aktie auf zwei alte Aktien	
Bezugskurs	€ 80	
Ermittlung des theoretischen beizulegenden Zeitwerts je Aktie nach Bezugsrecht:		
Summe aus Marktwerten der Aktien unmittelbar vor der Bezugsrechtsausübung und aus Ausübung der Bezugsrechte geteilt durch die Anzahl der sich nach Bezugsrechtsausübung in Umlauf befindlichen Aktien	(1.000 Stück × € 100 + 500 Stück × € 80)/(1.000 Stück + 500 Stück)	€ 140.000/1.500 Stück = €/Aktie 93,33
Ermittlung des Faktors zur Berechnung der Aktienanzahl bei Bezugsrechtsausgabe mit Bonuselementen:		
Beizulegender Zeitwert je Aktie unmittelbar vor der Bezugsrechtsausübung/theoretischer beizulegender Zeitwert je Aktie nach Bezugsrecht	€ 100/€ 93,33	1,0715
Angepasste Anzahl Aktien X1	1.000 × 1,072	1.072
Angepasstes EPS X1	€ 1.000/1.072	€ 0,93
Gewichtete Anzahl Aktien X2	(1.072 × 181 + 1.500 × 184)/365	1.288 Stück
EPS X2	2.000/1.288	€ 1,55

9 Bei Aktien, die für die Akquisition eines Unternehmens, dh im Rahmen eines **Unternehmenszusammenschlusses,** durch das MU emittiert wurden, richtet sich die Bestimmung der ergebnisberechtigten Tage nach dem Erwerbszeitpunkt. Ab diesem Datum (inklusive des Erwerbstags) sind die Aktien in den gewichteten Durchschnitt mit einzubeziehen. Dies resultiert aus der Tatsache, dass ab diesem Zeitpunkt die Gewinne und Verluste des erworbenen TU als vom Konzern erwirtschaftet gelten und somit ab diesem Zeitpunkt auch in der Konzern-Erfolgsrechnung zu zeigen sind.

10 Ausgangspunkt für die Berechnung der **Zählergröße** der unverwässerten EPS ist der den Stammaktionären iSd IAS 33.12, IAS 33.A1 zurechenbare **Periodenerfolg.** Da allein der auf die Stammaktionäre des MU entfallende Periodenerfolg zu berücksichtigen ist, gehen Anteile nicht-beherrschender Gesellschafter am Periodenerfolg in die Berechnung nicht mit ein. Darüber hinaus ist dieser auf die Stammaktionäre des MU entfallende Periodenerfolg um sämtliche Nachsteuerbeträge von Vorzugsaktien (*preference shares* iSd IAS 33), Differenzen bei der Erfüllung von Vorzugsaktien sowie ähnliche Auswirkungen aus der Klassifizierung von Vorzugsaktien als Eigenkapital zu korrigieren. Zu den zu korrigierenden Nachsteuerbeträgen von Vorzugsaktien zählen einerseits sämtliche für die Periode beschlossenen Vorzugsdividenden auf nicht kumulierende Vorzugsaktien und andererseits der für kumulierte Vorzugsdividenden in der Berichtsperiode benötigte Betrag unabhängig davon, ob die Dividenden beschlossen wurden oder nicht (IAS 33.14).

C. Verwässertes Ergebnis je Aktie

I. Grundlagen

11 Neben der Angabe der unverwässerten EPS sind gem IAS 33.30 auch für jede Aktiengattung die **verwässerten EPS** *(diluted EPS)* anzugeben. Hierbei ist der „maximale Verwässerungseffekt" aufgrund eingeräumter Options- und Wandelrechte zu berücksichtigen.

Dabei sind potenzielle Stammaktien nur dann in die Berechnung einzubeziehen, wenn die Umwandlung in Stammaktien die EPS **für fortgeführte Geschäftsbereiche** schmälern würde (vgl IAS 33.41). Für die Ermittlung der Verwässerung werden die fortgeführten Geschäftsbereiche als Kontrollgröße herangezogen, da lediglich diese für die zukünftige Entwicklung eines Unternehmens relevant sind und da die Heranziehung des gesamten Unternehmenserfolgs zu einem verzerrten Ergebnis führen könnte: Sofern der Jahresfehlbetrag eines Unternehmens aus einem Gewinn aus dem fortgeführten Geschäftsbereich und einem diesen übersteigenden Fehlbetrag aus dem aufgegebenen Geschäftsbereich resultiert, würde die Ermittlung der EPS unter Einbeziehung potenzieller Stammaktien auf Basis des Gesamtergebnisses einen Verwässerungsschutz anzeigen *(antidilutiv),* da der Jahresfehlbetrag durch eine größere Anzahl von Aktien dividiert würde und somit das verwässerte Ergebnis je Aktie einen geringeren negativen Wert auswiese als das unverwässerte Ergebnis je Aktie (vgl hierzu das Beispiel in IAS 33.A3).

12 Die Berechnung der Zähler- und Nennergröße der verwässerten EPS basiert auf der folgenden **Formel** (vgl IAS 33.32(a) und (b)):

$$\text{EPS} = \frac{\begin{array}{c}\text{(den Stammaktionären des MU gem IAS 33.12 zurechenbarer}\\ \text{Periodenerfolg + auf potenzielle Stammaktien entfallende Dividenden}\\ \text{und Zinsen (Nachsteuerbeträge) +/– sonstige indirekte Änderungen des}\\ \text{Periodenerfolgs aufgrund der Umwandlung von potenziellen}\\ \text{Stammaktien mit Verwässerungseffekt)}\end{array}}{\begin{array}{c}\text{gewichtete durchschnittliche Anzahl im Umlauf befindlicher}\\ \text{Stammakten + gewichtete durchschnittliche Anzahl potenzieller}\\ \text{Stammaktien mit Verwässerungseffekt}\end{array}}$$

Im **Zähler** ist der auf die Stammaktionäre des MU entfallende Periodenerfolg (anteilig) um die Beträge anzupassen, die zB als Zinsaufwendungen für die verwässernden Aktien gebucht wurden. Hierzu zählen auch mit den potenziellen Stammaktien verbundene nach der Effektivzinsmethode behandelte Transaktionskosten und Disagien (IAS 33.34). Zu berücksichtigen sind zudem Folgewirkungen (zB Steuern, Tantiemen ua) der vorgenommenen Änderungen (vgl IAS 33.33, IAS 33.35). Im **Nenner** ist die gewichtete durchschnittliche Anzahl der im Umlauf befindlichen Stammaktien um die gewichtete durchschnittliche Anzahl der verwässernden potenziellen Stammaktien zu erhöhen.

13 Bei der Ermittlung der Kennzahl ist auf die **Verhältnisse am Abschlussstichtag** abzustellen. Gem IAS 33.36 sind demnach alle bis zum Abschlussstichtag ausgegebenen potenziellen Stammaktien einzubeziehen. Zu beachten gilt, dass das verwässerte Ergebnis je Aktie „unabhängig" (iSv eigenständig) für jede berichtete Periode bestimmt werden soll. Somit entspricht die Aktienanzahl zum Abschlussstichtag nicht dem gewogenen Durchschnitt aus eventuellen Zwischenabschlüssen (IAS 33.37).

II. Ermittlung der potenziellen Aktienanzahl

1. Umwandlungszeitpunkt

14 Als Umwandlungszeitpunkt wird gem IAS 33.36 entweder der **Beginn des Berichtszeitraums** oder der **Emissionszeitpunkt** der potenziellen Aktien, sofern dieser später liegt, angenommen.

2. Ermittlung der Aktienanzahl mit Verwässerungseffekten

15 Anhang A zu IAS 33 enthält umfangreiche Vorschriften, wie die Aktienanzahl bei **ausgewählten Finanztransaktionen** zu berechnen ist. Dabei sind potenzielle Aktien jeweils lediglich dann einzubeziehen, wenn eine verwässernde Wirkung zu verzeichnen ist. Grundannahme für die Berechnung ist immer die günstigste Bedingung aus der vorteilhaftesten Umwandlungsrate oder dem günstigsten Ausübungskurs aus Sicht des Inhabers (IAS 33.39). Wenn unter dieser Prämisse neue Aktien hinzukommen, sind diese mit einzubeziehen. Ebenfalls sind die Aktien zu berücksichtigen, die von TU, Gemeinschaftsunternehmen oder assoziierten Unternehmen emittiert wurden (IAS 33.40, IAS 33.A11). Hierunter fallen jedoch nicht von Dritten ausgegebene Optionsrechte, wie zB gedeckte Optionsscheine *(covered warrants)*.

16 Ist die Einräumung des **Umtauschrechts** an bestimmte **Bedingungen** geknüpft (zB Höhe des Periodenerfolgs), so sind die potenziellen Aktien in die Berechnung mit einzubeziehen, sofern diese Bedingungen eingetreten bzw vorläufig eingetreten sind (→ Rn 26ff).

Bei **Zahlungen,** an die der zB aus Bezugs- oder Optionsrechten resultierende Erwerb potenzieller Aktien geknüpft ist, ist der zufließende Betrag bei der EPS-

Berechnung zu berücksichtigen (IAS 33.45). Stimmen der Zuzahlungsbetrag und der beizulegende Aktienkurs überein, so wirkt der Umtausch der Rechte nicht verwässernd. Hierbei wird angenommen, dass die Eigenkapitalrendite auch unter Berücksichtigung der zugeflossenen Mittel konstant bleibt. Liegt jedoch der **Zuzahlungsbetrag** unter dem beizulegenden Aktienkurs, so wird sich die EPS-Größe annahmegemäß vermindern. Somit tritt ein **Verwässerungseffekt** ein.

D. Einzelfallbetrachtungen

I. Genehmigtes Kapital

Die Schaffung von genehmigtem Kapital iSd §§ 202 ff AktG ist potenziell verwässernd, wenn der **Beschluss** über die Schaffung des genehmigten Kapitals eine Ermächtigung für den Ausschluss des Bezugsrechts gem § 203 Abs 2 AktG iVm § 186 AktG vorsieht. Solange der Vorstand von dem genehmigten Kapital noch keinen **Gebrauch** gemacht hat, wird die (potenzielle) Verwässerung nicht berücksichtigt, führt aber gem IAS 33.70(c) zu einer **Anhangangabe.** 17

II. Rückkauf eigener Aktien

Liegt eine Ermächtigung zum Rückkauf eigener Aktien nach § 71 Abs 1 Nr 8 AktG vor, so werden diese bei der Berechnung der verwässerten EPS nicht berücksichtigt, denn der Rückkauf hängt einerseits noch von einer **Vorstandsentscheidung** ab und andererseits reduziert der Rückkauf die Anzahl ausstehender Aktien und wirkt damit einer Verwässerung entgegen. 18

III. Bezugsrechte

Bei einer Kapitalerhöhung gegen Einlagen steht den Altaktionären gem § 186 Abs 1 AktG grds ein Bezugsrecht zu. Berechtigen diese Bezugsrechte zum Bezug neuer Aktien **unter dem aktuellen Kurswert,** so wirken sie gem IAS 33.41 verwässernd (→ Rn 11). 19

IV. Geschriebene Put-Optionen und übrige Termingeschäfte

Ist das Unternehmen Verträge eingegangen, die es dazu verpflichten, seine eigenen Aktien zurückzukaufen (insbes aufgrund geschriebener Put-Optionen oder Aktien-Termingeschäfte), so können diese Verträge Einfluss auf die verwässerten EPS haben (IAS 33.63 sowie IAS 33.A10). Dies ist der Fall, wenn diese Verträge innerhalb der relevanten Periode ein aus Sicht des Kontrahenten **vorteilhaftes Geschäft** darstellen, wenn also der Basis- bzw Terminpreis den Börsenkurs der Aktien übersteigt und die Papiere damit „im Geld" sind. 20

Annahmegemäß hat das Unternehmen dabei zum **Periodenbeginn** Aktien verkauft, deren Gegenwert zur Befriedigung der Ansprüche der Optionsrechteinhaber ausreicht. Werden nun die Optionen ausgeübt, so wird annahmegemäß der aus dem Verkauf der Aktien erhaltene Betrag zum Ankauf der Aktien aus dem Optionsgeschäft verwendet. Liegt der Aktienkurs zu Beginn der Periode (bei gedanklichem Verkauf der Aktien) unter dem im Optionsgeschäft vereinbarten Preis, sind saldiert mehr Aktien ausgegeben als zurück erworben worden. Die Aktienanzahl würde dadurch zunehmen und zu einer Verwässerung führen.

Beispiel zu geschriebenen Put-Optionen (vgl IAS 33.A10): Ein Unternehmen hat 120 Put-Optionen zu einem Ausübungspreis von € 35 verkauft. Dies entspricht einer Gesamtverpflichtung bei Ausübung von € 35 × 120 Stück = € 4.200. Der durchschnittliche Aktienkurs liegt für die Periode bei € 28. Um die Verpflichtung aus der Put-Option befriedigen zu können, hätte das Unternehmen zu Beginn der Periode zur Erzielung des Betrags von € 4.200 150 Aktien zu € 28 zu emittieren. Die Differenz zwischen den annahmegemäß ausgegebenen und den zurückerhaltenen Aktien (30 zusätzliche Aktien) fließt bei der Berechnung der verwässerten EPS in den Nenner mit ein.

V. Aktien von Tochter-, Gemeinschafts- oder assoziierten Unternehmen

21 **Potenzielle Stammaktien** von TU, Gemeinschafts- und/oder assoziierten Unternehmen fließen gem IAS 33.A11 und IAS 33.A12 in die Berechnung der verwässerten EPS wie folgt mit ein:

(1) Wertpapiere von TU, Gemeinschafts- und/oder assoziierten Unternehmen, die es dem Besitzer ermöglichen, diese in **Stammaktien des TU, Gemeinschafts- und/oder assoziierten Unternehmens** einzutauschen, werden in die Berechnung der verwässerten EPS des TU, Gemeinschafts- und/oder assoziierten Unternehmens aufgenommen. Diese verwässerten EPS werden sodann im Rahmen der Bestimmung der Zählergröße anteilig in Höhe der Beteiligung des MU in die Berechnung der verwässerten EPS für die (Stamm-)Aktionäre des MU mit einbezogen (s auch IAS 33.IE10).

(2) Wertpapiere von TU, Gemeinschafts- und/oder assoziierten Unternehmen, die in **Stammaktien des berichtenden Unternehmens** (MU, Risikokapitalgeber, Investor) umgewandelt werden können, fließen direkt in die Berechnung der verwässerten EPS dieses Unternehmens mit ein. Das gilt auch für Optionen und Optionsscheine.

(3) **Wertpapiere des berichtenden Unternehmens,** die in Stammaktien von TU, Gemeinschafts- und/oder assoziierten Unternehmen eingetauscht werden können, haben Einfluss auf den Zähler der EPS-Berechnung. Dieser wird von jeder Änderung beeinflusst, die sich auf den Nettogewinn bzw -verlust auswirkt. Auf den Nenner haben die Änderungen hingegen keinen Einfluss, da sich die Aktienanzahl nicht verändert.

VI. Nicht voll eingezahlte Aktien

22 Aktien, die ausgegeben, aber nicht voll eingezahlt sind, werden zur Ermittlung **des unverwässerten Ergebnisses** je Aktie in Abhängigkeit von ihrer **Dividendenberechtigung quotal** bei der Aktienzahlberechnung berücksichtigt (vgl IAS 33.A15).

Der übrige, **unbezahlte (Rest-)Betrag** des Grundkapitals wird wie bei Optionen und Optionsscheinen in die Berechnung der verwässerten EPS mit einbezogen (vgl IAS 33.A16), indem unterstellt wird, dass mit dem unbezahlten Betrag der Kauf von Stammaktien vorgenommen wird. Dabei werden die teilweise bezahlten und somit auch nur teilweise dividendenberechtigten Aktien in eine Teilmenge vollständig bezahlter Aktien und eine andere Teilmenge überhaupt nicht eingezahlter Aktien zerlegt. Lediglich die Teilmenge der nicht eingezahlten Aktien ist für die Berechnung des verwässerten Ergebnisses je Aktie zu berücksichtigen. Sofern der (durchschnittliche) Marktpreis dem Ausgabepreis der Aktien entspricht, entsteht kein Verwässerungseffekt. Übersteigt der (durchschnittliche) Marktpreis hingegen den Ausgabepreis, so tritt ein Verwässerungseffekt ein: in diesem Fall kann am Markt nur eine geringere Anzahl an Aktien erworben werden, als dies zum Ausgabekurs möglich wäre. Die Differenz aus der Anzahl nicht bezahlter Aktien und der Anzahl an Aktien, die zum Bilanzstichtag am Markt erworben werden könnte (gemessen am durchschnittlichen Börsenkurs), ist zusätzlich in die Berechnung des verwässerten Ergebnisses je Aktie einzubeziehen.

Beispiel: Auf 1.000 dividendenberechtigte Aktien werden 20% der Einlage voll eingezahlt. In die EPS-Berechnung (unverwässert) fließen dementsprechend 200 Aktien (20% von 1.000 Aktien) ein. Die übrigen 800 Aktien repräsentieren ausstehende Einlagen von € 40.000 (entspricht einem Ausgabekurs von € 50 je Aktie). Da das Unternehmen allerdings für diesen Betrag am Aktienmarkt nur 400 Aktien zum aktuellen Marktpreis von € 100 erwerben kann, fließen zusätzlich 400 Aktien (= 800 ./. 400 Aktien) in die verwässerten EPS ein.

VII. Options- und Wandelrechte

Die Ermittlung des Verwässerungseffekts bei **eingeräumten Optionen und Optionsscheinen** erfolgt nach der ***treasury stock*-Methode** gem IAS 33.46, bei der lediglich die Anzahl der potenziellen Aktien im Nenner, nicht aber Ergebniseffekte im Zähler zu berücksichtigen sind. Zunächst wird die Gesamtzahl der potenziellen Aktien bei Ausübung aller Optionen – sofern vorteilhaft (IAS 33.A6) – ermittelt (IAS 33.45). Auf Basis des beizulegenden Aktienzeitwerts (es handelt sich hierbei um den durchschnittlichen Marktpreis der Periode; vgl zur Berechnung IAS 33.A4f) wird in einem nächsten Schritt die Aktienanzahl berechnet, die sich aus der Gesamthöhe der Zahlung iVm der Ausübung sämtlicher Optionen ergibt. Ist die Differenz zwischen diesen beiden Werten gleich null, so tritt keine verwässernde Wirkung ein. Bei einer positiven Differenz werden jedoch die verbleibenden Aktien hypothetisch als Gratisaktien behandelt (IAS 33.46(b)). 23

Bei diesem Ansatz wird jedoch die **Aktienkursentwicklung außer Acht** gelassen. Steigt der Aktienkurs im Laufe der Zeit, wird ein Teil der Verwässerung nicht erfasst. So kann eine Option mit aktuellem inneren Wert von null aufgrund von Aktienkurssteigerungen einen positiven Wert erlangen. Über optionspreistheoretische Verfahren könnte die gesamte Verwässerung analysiert werden (vgl *Scott/Wier,* 303). 24

Beispiel zur Anwendung der *treasury stock*-Methode:

	Daten/Berechnung	Ergebnis
Anzahl Aktien X1	1.000 Stück	
Jahresüberschuss nach Steuern X1	€ 1.000	
Unverwässerte EPS	€ 1.000/1.000 Stück	€ 1
Beizulegender Zeitwert Aktien	€ 100	
Anzahl ausgegebener Optionsscheine	2.000	
Bezugsverhältnis	zwei Optionsscheine: eine Aktie zu € 50	
Gesamtzahl der potenziellen Aktien bei Ausübung aller Optionen	2.000/2	1.000 Stück
Anzahl der Aktien, die aus der Einzahlung aus dem Optionsgeschäft zum beizulegenden Zeitwert ausgegeben werden können	(1.000 × € 50)/(€ 100)	500 Stück

	Daten/Berechnung	Ergebnis
Anzahl „Gratisaktien“	1.000 – 500	500 Stück
Anzahl Aktien für die Berechnung der verwässerten EPS	1.000 + 500	1.500 Stück
Verwässerte EPS	1.000/1.500	€ 0,67

25 Zur Ermittlung des Verwässerungseffekts bei **wandelbaren Schulden** ist die ***if-converted*-Methode** heranzuziehen, bei der Zähler und Nenner anzupassen sind (IAS 33.49). Die ehemaligen Gläubiger erhalten in diesem Fall keine Zinsen mehr, partizipieren jedoch nach Wandlung des Finanzinstruments am Ergebnis je Aktie (vgl *Freiberg* PiR 2006, 266 (266 f)). Bei der Bereinigung des **Zählers** sind sämtliche Folgewirkungen zu berücksichtigen (zB Veränderung von Tantiemen und Steuern); im **Nenner** sind alle wandelbaren Instrumente zusätzlich anzusetzen.

VIII. Bedingt emissionsfähige Aktien

26 Bei bedingt emissionsfähigen Aktien handelt es sich um Stammaktien, die gegen eine geringe oder gar keine Zahlung oder andere Gegenleistung ausgegeben werden, sofern im Vorwege in einer **gesonderten Vereinbarung festgelegte Voraussetzungen eingetreten** bzw geschaffen worden sind (IAS 33.5). Die tatsächliche Ausgabe der Aktien ist insoweit nicht relevant, sondern die Erfüllung der Bedingungen.

Sofern die Bedingungen spätestens zum **Ende der Berichtsperiode erfüllt** sind, werden die entspr Aktien in die Berechnung des **verwässerten** Ergebnisses je Aktie – wie auch in diejenige des **unverwässerten** Ergebnisses je Aktie, → Rn 7 – einbezogen: durch die Erfüllung der Voraussetzungen ist die bedingte Emissionsfähigkeit entfallen, die Aktien werden in jedem Fall ausgegeben. Dabei werden die bedingt emissionsfähigen Aktien ab dem Datum mit einbezogen, zu dem alle erforderlichen Voraussetzungen erfüllt sind (IAS 33.24).

27 Sind die Emissionsbedingungen zum Bilanzstichtag nicht **abschließend erfüllbar,** weil sie erst am Ende einer mehrjährigen Periode eintreten und damit erst dann abschließend beurteilt werden können, so werden – falls die Bedingungen vorläufig eingehalten wurden – bedingt emissionsfähige Aktien lediglich zur Berechnung des **verwässerten** Ergebnisses je Aktie, nicht aber zur Berechnung des unverwässerten Ergebnisses je Aktie, herangezogen. Bedingt emissionsfähige Aktien sind jedoch auch in diesem Fall nur bei **verwässernder Wirkung** zu berücksichtigen. Zur Ermittlung der Anzahl der einzubeziehenden Aktien wird unterstellt, dass der Bilanzstichtag das Ende der Periode darstellt, innerhalb der die Bedingungen vereinbarungsgemäß eintreten können. Unter dieser Prämisse wird ermittelt, inwieweit die Bedingungen zum Bilanzstichtag vorliegen. Die hieraus resultierende Aktienanzahl wird in die Berechnung der verwässerten EPS einbezogen; die Bedingungen gelten insoweit als erfüllt. Dabei werden die bedingt emissionsfähigen Aktien mit **Beginn der Periode** bzw ab dem Tag der **Vereinbarung** der **bedingten Emission,** sofern diese zeitlich nachgelagert ist, erfasst. Sind die Bedingungen nach endgültigem Ablauf der für ihren Eintritt relevanten Periode tatsächlich nicht eingetreten, so ist eine retrospektive Anpassung der Berechnung der verwässerten EPS nicht gestattet (IAS 33.52).

28 Liegen **ergebnisabhängige** Emissionskriterien vor, deren Einhaltung erst nach Ablauf eines bestimmten Zeitraums **nach** dem **Bilanzstichtag** abschließend beurteilt werden kann, so ist für die Berechnung der verwässerten EPS die

Anzahl der auszugebenden Aktien anhand der Verhältnisse am Bilanzstichtag zu ermitteln. Es wird unterstellt, dass das Ende der Berichtsperiode dem Ende der Periode entspricht, in der die Bedingungen vereinbarungsgemäß eintreten können. Nur wenn die Bedingungen zum jeweiligen Stichtag – vorläufig – vollständig erfüllt wurden, sind die hieraus resultierenden Aktien in die Ermittlung der verwässerten EPS einzubeziehen, sofern ein Verwässerungseffekt eintritt. Der im Standard explizit genannte Fall betrifft die Erzielung oder Aufrechterhaltung eines bestimmten Periodenerfolgs über einen Zeitraum nach dem Ende der Berichtsperiode (IAS 33.53).

Beispiel: Unternehmen A erwirbt sämtliche Anteile an Unternehmen B zu einem Nominalkaufpreis von Mio € 15. Im Unternehmenskaufvertrag ist eine Anpassung des Kaufpreises vorgesehen für den Fall, dass Unternehmen B in den folgenden fünf Jahren einen Jahreserfolg von **insgesamt** T€ 500 erwirtschaftet. Der zusätzliche Kaufpreis bestünde vertragsgemäß in einer Ausgabe von 200 jungen Aktien durch Unternehmen A. Im Jahr X1 nach der Transaktion wurde ein Jahreserfolg von T€ 150 erzielt.

Zum Bilanzstichtag X1 sind die 200 bedingt emissionsfähigen Aktien nicht in die Ermittlung der verwässerten EPS einzubeziehen, da zu diesem Zeitpunkt die Bedingung nicht erfüllt ist: Der Erfolg von T€ 150 liegt unter dem vorgegebenen kumulierten Jahreserfolg von T€ 500. Der Standard bezieht sich auf eine Verhältniszahl, die EPS, deren Ermittlung auf historischen Daten beruht. Eine Hochrechnung der verwässerten EPS unter Zugrundelegung einer erwarteten Erfolgsentwicklung widerspräche diesem Ansatz. In einem solchen Fall wäre ein Vergleich zwischen unverwässerten EPS und der entspr verwässerten Kennzahl nicht mehr zielführend, weil die Grundannahmen nicht mehr als gleichnamig zu bezeichnen wären. Die verwässerten EPS sollen vielmehr ausgehend von den unverwässerten EPS zeigen, inwieweit sich das Ergebnis je Aktie unter Berücksichtigung aller potenziellen Stammaktien verringern würde (vgl *pwc* 2015 Rz 14.146). Würde das Unternehmen B zum Bilanzstichtag X2 einen Erfolg von T€ 350 ausweisen, so wäre die Bedingung zu diesem Bilanzstichtag, der für die Ermittlung der verwässerten EPS als Ende der Periode gelten würde, in der die Bedingung eintreten kann, erfüllt. In diesem Fall wären für die Ermittlung der verwässerten EPS in die Aktienanzahl zusätzlich 200 junge Aktien einzubeziehen. Eine Anpassung der Vorjahreszahl ist nicht zulässig.

Sofern die Anzahl der auszugebenden Aktien vom **Börsenkurs abhängig** ist, sind zur Ermittlung der verwässerten EPS die Verhältnisse am Bilanzstichtag zugrunde zu legen. Bis zum festgelegten Ende der Periode, in der die Bedingung eintreten kann, sind somit zu jedem Bilanzstichtag jeweils der Börsenkurs und der Kurs gem Bedingung zu vergleichen. Ist die Bedingung – vorläufig – eingehalten, sind die auszugebenden Aktien einzubeziehen, wenn ein Verwässerungseffekt eintritt. Falls die Bedingung auf einen Durchschnittskurs für eine Periode abstellt, die erst nach dem Bilanzstichtag abläuft, so ist zum Bilanzstichtag der bis dato entstandene Durchschnittskurs heranzuziehen (IAS 33.54). **29**

Falls die Anzahl der auszugebenden Aktien sowohl **erfolgsabhängig** als auch **börsenkursabhängig** ist, basiert die Ermittlung des verwässerten Ergebnisses je Aktie kumulativ auf beiden Bedingungen: Nur wenn beide Bedingungen zum Bilanzstichtag eingehalten sind (→ Rn 28f), werden die bedingt emissionsfähigen Aktien in die Ermittlung des verwässerten Ergebnisses je Aktie einbezogen (IAS 33.55). **30**

Wenn **andere** – erfolgs- und/oder börsenkursunabhängige – **Emissionsbedingungen** vorliegen (zB die Eröffnung einer bestimmten Anzahl von Einzelhandelsgeschäften), so sind die bedingt emissionsfähigen Aktien unter der Annahme, dass der derzeitige Stand bis zum Ende der Periode, in der die Bedingung eintreten kann, unverändert bleibt, in die Ermittlung des verwässerten Ergebnisses je Aktie einzubeziehen (IAS 33.56).

Bedingt emissionsfähige potenzielle Stammaktien (außer denjenigen, die einer Vereinbarung zur bedingten Emission unterliegen) werden gem IAS **31**

33.57 in die Berechnung des verwässerten Ergebnisses je Aktie einbezogen, falls sie aufgrund ihrer Emissionsbedingungen in Übereinstimmung mit IAS 33.52 bis IAS 33.56 als emissionsfähig angesehen werden können. Dabei erfolgt die Einbeziehung in die Berechnung in Abhängigkeit von der Art der vorliegenden potenziellen Stammaktien nach den Vorschriften für Optionen oder Optionsscheine (IAS 33.45 bis IAS 33.48), für wandelbare Instrumente (IAS 33.49 bis IAS 33.51) sowie für Verträge, die in Stammaktien oder in liquiden Mitteln erfüllt werden können (IAS 33.58 bis IAS 33.61). Eine Einbeziehung in die Berechnung der verwässerten EPS erfolgt indessen nur unter der (zusätzlichen) Voraussetzung, dass von einer Ausübung bzw Umwandlung ähnlicher potenzieller, nicht bedingt emissionsfähiger Stammaktien ausgegangen werden kann.

IX. Mitarbeiteroptionsprogramme

32 Im Fall der **Ausgabe tatsächlicher Aktienoptionen** kann eine Verwässerung auftreten. Bei lediglich virtuellen Optionen liegen keine Eigenkapitaltransaktionen vor, vielmehr erhöht sich in diesem Fall der Personalaufwand unmittelbar. Daher haben sie auch keine direkte Relevanz bei der Ermittlung der EPS.

Werden Mitarbeitern Optionen auf (tatsächliche) Aktien zugesagt, so sind die Optionsrechte nach IAS 33.47A mit dem **beizulegenden Zeitwert** zu berücksichtigen.

Sind die Optionen an das **Erreichen bestimmter Kennzahlen** oder **Kursziele** gebunden, so sind diese Optionen einzubeziehen, wenn es wahrscheinlich ist, dass die Ziele erreicht werden.

X. Behandlung mehrerer Optionsrechte – Emissionen

33 Hat ein Unternehmen mehrere Wandel- oder Optionsanleihen emittiert, so ist nach IAS 33.41 die **maximal mögliche Verwässerung** zu ermitteln. Hierzu muss zunächst ermittelt werden, ob und in welcher Reihenfolge die einzelnen Finanzierungsarten zu berücksichtigen sind. Nach IAS 33.44 sind zunächst die Effekte zu berücksichtigen, bei denen die Verwässerung am stärksten wäre. Durch die Berücksichtigung der stärksten Verwässerung lässt sich die kumulative Verwässerung am schnellsten errechnen, da alle schwächeren Effekte diesem Wert ggü keine dilutive Wirkung haben und dadurch ohnehin auszusparen sind. Für die Ermittlung des größtmöglichen Verwässerungseffekts werden gem IAS 33.39 wiederum die für die Optionsrechteinhaber günstigsten Bedingungen angenommen. Hierzu zählt auch die Annahme, dass der Umwandlungszeitpunkt am Beginn der Berichtsperiode liegt (IAS 33.36).

34 Der Umtausch eines Finanzierungsinstruments kann Auswirkungen sowohl auf die Zähler- als auch auf die Nennergröße bei der Berechnung der EPS haben. Liegt das Verhältnis der Änderungen von Zähler und Nenner unter dessen Ursprungswert, so tritt ein Verwässerungseffekt ein.

Beispiel für die Ermittlung der verwässerten EPS bei mehreren Finanzinstrumenten:

	Daten/Berechnung	**Ergebnis**
Anzahl Aktien	1.000 Stück	
Beizulegender Zeitwert je Aktie	€ 100	
Periodenerfolg aus fortzuführenden Geschäftsbereichen	€ 5.000	
Ausgegebene Bezugsrechte	100 Stück	

	Daten/Berechnung	Ergebnis
Bezugsverhältnis	ein Bezugsrecht: eine Aktie	
Bezugskurs	€ 50	
Ausgegebene Wandelanleihe A	50 Stück	
Nennwert Wandelanleihe A	€ 100	
Zinssatz Wandelanleihe A	2%	
Umtauschverhältnis Wandelanleihe A	eine Wandelanleihe für eine Aktie	
Zuzahlung Wandelanleihe A	€ 50	
Ausgegebene Wandelanleihe B	6 Stück	
Nennwert Wandelanleihe B	€ 50	
Zinssatz Wandelanleihe B	6%	
Umtauschverhältnis Wandelanleihe B	eine Wandelanleihe: fünf Aktien	
Zuzahlung Wandelanleihe B	€ 0	
Steuersatz des Unternehmens	25%	

Schritt 1:
Isolierte Untersuchung der potenziellen Aktien je Finanzierungsquelle (da pro Finanzierungsquelle unterschiedliche verwässernde Wirkungen auftreten können):

	Daten/Berechnung	Ergebnis
(1) Analyse der Bezugsrechte:		
Anzahl Aktien, die zum beizulegenden Kurs ausgegeben werden können	(100 Stück × € 50)/€ 100	50 Stück
Anzahl „Gratisaktien" = Veränderung Aktienanzahl	100 Stück – 50 Stück	50 Stück
Veränderung des Erfolgs	€ 0	
Ergebnis je zusätzliche Aktie	€ 0/50 Stück	€ 0
(2) Berechnung für Wandelanleihe A		
Anzahl Aktien, die zum beizulegenden Zeitwert ausgegeben werden können	(50 Stück × € 50)/€ 100	25 Stück
Anzahl „Gratisaktien" = Veränderung Aktienanzahl	50 Stück – 25 Stück	25 Stück
Veränderung des Erfolgs	(50 Stück × € 100) × 2% × (1–0,25)	€ 75
Ergebnis je zusätzliche Aktie	€ 75/25 Stück	€ 3
(3) Berechnung für Wandelanleihe B		
Anzahl „Gratisaktien" = Veränderung Aktienanzahl	6 × 5 Stück	30 Stück
Veränderung des Erfolgs	(30 Stück × € 50) × 6% × (1–0,25)	€ 67,5
Ergebnis je zusätzliche Aktie	€ 67,5/30 Stück	€ 2,25

Schritt 2:
Ab einem vorherigen EPS-Wert von Null werden die Bezugsrechte eine verwässernde Auswirkung haben. Bei der Wandelanleihe B treten diese Effekte bei einem vorherigen EPS-Wert von € 2,25, bei der Wandelanleihe A entspr bei einem vorherigen EPS-Wert von € 3 auf. Gem dieser Berechnungen sind zunächst die Bezugsrechte, dann die Wandelanleihe B und danach die Wandelanleihe A auf die Berücksichtigung der Ermittlung des verwässerten Ergebnisses hin zu überprüfen.

	Daten/Berechnung	**Ergebnis**
Unverwässerte EPS	€ 5.000/1.000 Stück	€ 5
Berechnung der verwässerten EPS:		
(1) Aus den Bezugsrechten	€ 5.000/(1.000 + 50 Stück)	€ 4,76
(2) Aus Wandelanleihe B	(€ 5.000 + € 67,5)/(1.000 + 50 Stück + 30 Stück)	€ 4,69
(3) Aus Wandelanleihe A	(€ 5.000 + € 67,5 + € 75)/ (1.000 + 50 Stück + 30 Stück + 25 Stück)	€ 4,65
Verwässertes Ergebnis X1		€ 4,65

Hätte die Berücksichtigung der Wandelanleihe A nicht zu einer weiteren Senkung der verwässerten EPS geführt, würde diese nicht in die Berechnung mit eingeschlossen werden.

35 Potenzielle Aktien werden nur so lange in das verwässerte Ergebnis mit einbezogen, bis diese **tatsächlich** in **Aktien umgetauscht** werden können. Werden sie während des Berichtszeitraums umgetauscht, so werden sie nur bis zum Umwandlungsstichtag berücksichtigt. Ab diesem Zeitpunkt gehen sie in das unverwässerte Ergebnis mit ein.

XI. Verträge, die durch Aktien oder in bar beglichen werden, und gekaufte Optionen

36 Schließt ein Unternehmen Verträge ab, in denen es sich verpflichtet, seinen Vertragsteil in **Aktien oder in bar** zu begleichen, so soll das Unternehmen annehmen, dass die Verpflichtung durch **Aktien beglichen** wird. Die daraus resultierenden potenziellen Stammaktien fließen bei Vorhandensein eines Verwässerungseffekts in die Berechnung der verwässerten EPS mit ein (gem IAS 33.58). Allerdings sind folgende **Bedingungen** zu beachten:

(1) Benutzt das Unternehmen den Vertrag zu Rechnungslegungszwecken als Vermögen oder Schuld oder besitzt der Vertrag Komponenten eines Eigenkapitalinstruments und einer Verbindlichkeit, muss das Unternehmen den Periodengewinn oder -verlust (Zählergröße) dergestalt angleichen, als wenn der Vertrag als ein Eigenkapitalinstrument klassifiziert worden wäre (IAS 33.59).

(2) Bei Verträgen, in denen der **Inhaber** die Wandlung in Aktien oder in bar bestimmen kann, fließt der stärkere Verwässerungseffekt aus beiden Möglichkeiten in die Berechnung der verwässerten EPS ein (vgl IAS 33.60).

37 Verträge über den **Kauf** von **Put- oder Call-Optionen,** die ein Unternehmen auf die eigenen Stammaktien hält, werden nicht in die Berechnung der verwässerten EPS einbezogen, da sie lediglich bei Vorteilhaftigkeit ausgeübt werden und damit unverwässernde Wirkung haben (IAS 33.62).

XII. Mehrere Aktiengattungen und partizipierende Eigenkapitalinstrumente

ISd IAS 33 liegen dann unterschiedliche Stammaktien-Gattungen *(ordinary shares)* vor, wenn verschiedene Aktien **unterschiedliche Dividendensätze** aufweisen, wobei jedoch keine der Stammaktien-Gattungen mit vorrangigen Rechten ausgestattet ist (IAS 33.A13(b)). Lägen vorrangige Dividendenrechte vor, so wären die entspr Aktien definitionsgemäß (IAS 33.5 und IAS 33.6) keine Stammaktien iSd IAS 33 und damit nicht bei der Berechnung der EPS zu berücksichtigen. 38

Bei **partizipierenden Eigenkapitalinstrumenten** handelt es sich um Instrumente, die an Stammaktien-Dividenden nach einer festgelegten Formel beteiligt werden (IAS 33.A13(a)).

Bei Vorliegen **mehrerer Stammaktien-Gattungen** bzw Instrumenten, die nicht lediglich in eine Stammaktien-Gattung umgewandelt werden können, wird zur Ermittlung der EPS der Jahreserfolg anhand der Dividendenrechte oder anderer Rechte auf Beteiligung an nicht ausgeschütteten Gewinnen aufgeteilt. Die Berechnung des unverwässerten und verwässerten Ergebnisses je Aktie erfolgt dabei in folgenden Schritten (vgl IAS 33.A14): 39

(1) Ermittlung eines verbleibenden Jahreserfolgs nach Kürzung des Periodenerfolgs um in der Periode beschlossene Dividendenzahlungen.

(2) Verteilung des verbleibenden Jahreserfolgs auf verschiedene Stammaktien-Gattungen bzw partizipierende Eigenkapitalinstrumente im Verhältnis der Dividendenberechtigung bei Unterstellung einer Vollausschüttung.

(3) Ermittlung des Periodenerfolgs je Aktien-Gattung/Instrument durch Addition der tatsächlichen Dividendenberechtigung zuzüglich des unter (2) ermittelten Anteils am verbleibenden Jahreserfolg.

(4) Division der gem (3) ermittelten Jahreserfolgsanteile je Aktien-Gattung/Instrument durch die Zahl der in Umlauf befindlichen Instrumente.

Beispiel: Unternehmen A hat 1.000.000 Stammaktien und 100.000 Vorzugsaktien ausgegeben, wobei die Vorzugsaktien einen um 10% höheren Gewinnanteil als die Stammaktien erhalten. Dabei ist die Dividende auf die Vorzugsaktien nicht vorrangig zu bedienen. Der Jahreserfolg X1 beträgt Mio € 3. Gem Gewinnverwendungsvorschlag werden € 0,70 je Stammaktie ausgeschüttet. Es wird unterstellt, dass keine potenziellen Stammaktien bestehen, sodass das unverwässerte Ergebnis je Aktie dem verwässerten entspricht.

	Daten/Berechnung	**Ergebnis**
Ermittlung des verbleibenden Jahreserfolgs X1	€ 3.000.000 – € 700.000 – € 77.000	€ 2.223.000
Verteilung des verbleibenden Jahreserfolgs auf Stammaktien und Vorzugsaktien:		
Stammaktien	€ 2.223.000 × € 700.000/ € 777.000	€ 2.002.701
Vorzugsaktien	€ 2.223.000 × € 77.000/ € 777.000	€ 220.299
Ermittlung des Periodenerfolgs je Aktiengattung (unter Vollausschüttungsprämisse):		
Stammaktien	€ 700.000 + € 2.002.701	€ 2.702.701

	Daten/Berechnung	Ergebnis
Vorzugsaktien	€ 77.000 + € 220.299	€ 297.299
(Kontrollsumme)		(€ 3.000.000)
Ermittlung der EPS (unverwässert = verwässert)		
Stammaktien	€ 2.702.701/1.000.000 Aktien	€ 2,70
Vorzugsaktien	€ 297.299/100.000 Aktien	€ 2,97

40 In die Berechnung der **verwässerten EPS** sind partizipierende Eigenkapitalinstrumente, die in Stammaktien umgewandelt werden können, nur dann einzubeziehen, wenn eine verwässernde Wirkung vorliegt.

E. Rückwirkende Anpassungen

41 **Retrospektive Anpassungen** der unverwässerten und verwässerten Ergebnisse je Aktie sind bei Vorliegen folgender Sachverhalte vorzunehmen:

(1) Änderung der gewichteten durchschnittlichen Anzahl der im Umlauf befindlichen Stammaktien in einer der dargestellten Perioden **bis zum Bilanzstichtag** durch Kapitalisierung, Emission von Gratisaktien, Ausgabe von sonstigen Gratiselementen (zB einer Ausgabe von Bezugsrechten an bestehende Aktionäre) oder durch Neustückelung von Aktien bzw durch Zusammenlegung des Aktienkapitals, also bei einer Umstrukturierung des Aktienkapitals ohne entspr Veränderung von Ressourcen beim Unternehmen bis zum Bilanzstichtag (IAS 33.27f, IAS 33.64 Satz 1),

(2) unter (1) beschriebene Umstrukturierungen des Aktienkapitals ohne entspr Veränderung von Ressourcen beim Unternehmen **nach dem Bilanzstichtag** aber bis zur Veröffentlichungsfreigabe (hierbei handelt es sich wohl um die Kommunikation der Kapitalmaßnahme an die Öffentlichkeit, ggf durch eine Pressemitteilung) des Abschlusses, wobei in diesem Fall in den Anhang aufzunehmen ist, dass sämtliche angegebenen EPS-Werte auf Basis der neuen Aktienanzahl ermittelt wurden (IAS 33.64 Sätze 2 und 3) und

(3) retrospektiv berücksichtigte Fehlerkorrekturen (IAS 8.49(b)(ii)) oder Änderungen der Bilanzierungs- und Bewertungsmethoden (IAS 8.28(f)(ii), IAS 8.29(c)(ii)) (s IAS 33.64 Satz 4).

42 Für **Vorperioden** angegebene verwässerte Ergebnisse je Aktie dürfen **nicht angepasst** werden, wenn zugrunde gelegte Annahmen verändert wurden bzw nicht entspr eingetreten sind (zB bei bedingt emissionsfähigen Aktien) oder wenn potenzielle Stammaktien in Stammaktien umgewandelt worden sind (IAS 33.65).

43 Beim **Rückkauf** eigener Aktien durch ein Unternehmen zum **beizulegenden Zeitwert** vermindert sich die Anzahl der im Umlauf befindlichen Aktien, sodass die gewichtete durchschnittliche Anzahl der innerhalb der Periode im Umlauf gewesenen Stammaktien ab Wirksamkeit des Rückkaufs anzupassen ist. Durch das zu zahlende Aufgeld liegt eine Verminderung von Ressourcen vor: in entspr Höhe werden die Rücklagen belastet; der Jahreserfolg bleibt unverändert. Die Ergebnisse je Aktie des Vorjahrs sind in diesem Fall nicht anzupassen (IAS 33.29).

44 Bei Anwendung der ***treasury stock*-Methode** (→ Rn 23f) führt ein über die Perioden steigender Aktienkurs der zugrunde liegenden Wertpapiere zu einer

Erhöhung des Verwässerungseffekts, sofern die Optionen/Optionsscheine im Geld sind, selbst wenn alle weiteren Einflussgrößen unverändert bleiben. Da bei steigendem Aktienkurs die Anzahl der Aktien sinkt, die zum beizulegenden Zeitwert ausgegeben werden können, erhöht sich entspr die Anzahl der virtuellen „Gratisaktien", die in den Nenner des verwässerten Ergebnisses je Aktie einfließen und damit den EPS-Wert vermindern. Der Standard gibt vor, dass in Vorjahren angegebene Ergebnisse je Aktie nicht rückwirkend bereinigt werden, um die Kursveränderungen der Stammaktien zu berücksichtigen (IAS 33.47).

Beispiel: Ausgangslage wie im Beispiel zur Anwendung der *treasury stock*-Methode (→ Rn 24). Im Jahr X2 hat sich ceteris paribus lediglich der beizulegende Zeitwert der Aktien auf € 200 erhöht. Dies hat zur Folge, dass die Anzahl der Aktien, die zum beizulegenden Zeitwert ausgegeben werden können, auf 250 Stück sinkt (2.000 × € 50)/(2 × € 200). Die Anzahl der „Gratisaktien" steigt entspr auf 750 an. In die Berechnung des verwässerten Ergebnisses je Aktie fließen nunmehr 1.750 Aktien ein; das verwässerte Ergebnis je Aktie beträgt damit € 0,57. Im Berichtsjahr X2 ist das verwässerte (Vorjahres-)Ergebnis je Aktie X1 nicht rückwirkend anzupassen, nur weil eine Veränderung des beizulegenden Zeitwerts der Aktien in X2 eingetreten ist.

F. Ausweis und Anhangangaben

Für die **Präsentation** und den **Ausweis** der EPS-Kennzahlen haben die Unternehmen gem den IFRS mehrere Regeln zu beachten: 45

(1) Gem IAS 33.67 Satz 1 ist die Offenlegung von EPS-Kennzahlen sowohl für Jahres- als auch für Zwischenabschlüsse obligatorisch.
(2) Es sind für jede Klasse von Stammaktien auf der Grundlage der Erfolge aus fortzuführenden Geschäftsbereichen und des Gesamterfolgs Kennzahlen sowohl zu unverwässerten EPS als auch zu verwässerten EPS offen zu legen (IAS 33.66).
(3) EPS sind nicht nur für die Berichts-, sondern auch für sämtliche im Abschluss enthaltene Vergleichsperioden zu veröffentlichen. Sind das unverwässerte und das verwässerte EPS gleich, so können sie zusammengefasst werden (IAS 33.67 Sätze 2 und 3). Sollte eine erstmalige Darstellung der verwässerten EPS erfolgen, so sind auch für die vergangenen Perioden verwässerte EPS zu erstellen.
(4) Der Ausweis der nach IAS 33.66 und IAS 33.67 geforderten EPS hat grds in der Gesamtergebnisrechnung zu erfolgen. Sofern dabei die GuV im Rahmen des *two statements approach* gesondert dargestellt wird, sind die entspr EPS-Kennzahlen in diesem Rechenwerk auszuweisen (IAS 33.4A iVm IAS 33.67A, IAS 34.11).
(5) Werden EPS-Kennzahlen für aufgegebene Geschäftsbereiche veröffentlicht, so sind hierfür sowohl unverwässerte als auch verwässerte Kennzahlen anzugeben (IAS 33.68). Die Angabe hat entweder im Anhang oder in der Gesamtergebnisrechnung bzw der gesonderten GuV (sofern erstellt) zu erfolgen (IAS 33.68A).
(6) Der Ausweis von unverwässerten sowie verwässerten EPS ist selbst dann durchzuführen, wenn die Beträge negativ sind, und es sich somit um einen Verlust pro Aktie handelt (gem IAS 33.69).
(7) Unternehmen, die weder über öffentlich gehandelte Stammaktien noch potenzielle Stammaktien verfügen, haben bei der (freiwilligen) Angabe von EPS diese gem IAS 33.3 zu ermitteln und anzugeben.

Des Weiteren haben die Unternehmen gem IAS 33.70 folgende **Angaben** zu machen: 46

(1) Die zur Berechnung von unverwässerten und verwässerten EPS als Zähler verwendeten Beträge sowie eine Überleitungsrechnung der entspr Beträge zum Periodenerfolg. Gem IAS 33.70(a) soll die Überleitungsrechnung dabei die Effekte sämtlicher Wertpapiere gesondert zeigen, die die EPS beeinflussen.
(2) Den gewichteten Durchschnitt der Anzahl von Stammaktien, der als Nenner bei der Berechnung der unverwässerten und verwässerten EPS verwendet wurde, sowie eine Überleitungsrechnung dieser Nenner zueinander. Gem IAS 33.70(b) soll die Überleitungsrechnung dabei die Effekte sämtlicher Wertpapiere gesondert ausweisen, die die EPS beeinflussen.
(3) Gem IAS 33.70(c) Angabe aller Wertpapiere, die einen potenziellen verwässernden Einfluss auf die EPS in der Zukunft haben könnten, aber nicht in die Berechnung der verwässerten EPS eingegangen sind, da sie keinen verwässernden Einfluss in der gegenwärtigen Periode haben. Hierunter fallen auch genehmigte Kapitalerhöhungen iSd §§ 202 ff AktG (→ Rn 17).
(4) Gem IAS 33.70(d) eine Beschreibung aller Transaktionen mit Stammaktien oder potenziellen Stammaktien, soweit es sich nicht um Neuemissionen oder Ausgabe von Gratisaktien, Aktiensplitts oder Aktienkonsolidierungen handelt, welche sich nach dem Bilanzstichtag, aber noch vor der Veröffentlichung des Jahresabschlusses ereignet haben. Dabei ist es entscheidend, ob sich die Anzahl der Stammaktien und potenziellen Stammaktien merklich verändert hätte, wenn sich die Transaktionen vor dem Ende der Berichtsperiode ereignet hätten.

47 Bei weiteren **freiwilligen Angaben,** die lediglich im Anhang zulässig sind, ist zu beachten, dass bei der Berechnung der EPS der Nenner in Übereinstimmung mit diesem Standard ermittelt wird, damit eine Vergleichbarkeit auch weiterhin gegeben ist (IAS 33.73). Das gilt auch für die Veröffentlichung weiterer Angaben im Zusammenhang mit den EPS (s IAS 33.73A).

G. Wesentliche Änderungen und deren Anwendungszeitpunkte

48 **IAS 33** ist auf Berichtsperioden anzuwenden, die am oder nach dem 1. Januar 2005 beginnen (IAS 33.74). Zwar haben sich seitdem durch verschiedene Änderungen der IFRS, letztmalig durch den im Juli 2014 verabschiedeten IFRS 9, auch Folgeänderungen an IAS 33 ergeben (hier: Ergänzung von Paragraf 34). Dabei handelt es sich jedoch um redaktionelle Anpassungen; materielle Änderungen des IAS 33 haben sich daraus nicht ergeben.

H. Gegenüberstellung zu HGB/DVFA und US-GAAP

49 Das **HGB** sieht **keine Pflicht** vor, EPS zu berechnen und zu veröffentlichen. Auch Unternehmen, die sich über Dividendenpapiere oder öffentlich gehandelte Wertpapiere finanzieren, brauchen nach HGB keine EPS zu veröffentlichen. Ebenso wenig hat das DRSC bisher einen Standard hierzu verfasst oder einen Entwurf veröffentlicht.

50 Es ist jedoch seit längerer Zeit für deutsche börsennotierte Unternehmen **gute Übung,** das Ergebnis je Aktie freiwillig zu veröffentlichen und dabei die Grundsätze anzuwenden, die die Deutsche Vereinigung für Finanzanalyse und Asset

Management (DVFA) herausgibt und die zurzeit in der dritten Auflage (*Busse von Colbe ua,* 1 ff) vorliegen. Die Ermittlung der Anzahl der Aktien („Nenner") orientiert sich nach DVFA weitgehend an den Grundsätzen von IAS 33 (*Schmitz,* 963). Demgegenüber sehen die DVFA-Regeln eine betriebswirtschaftliche Bereinigung des Periodenerfolgs vor, der im „Zähler" angesetzt wird (Einzelheiten bei *Schmitz,* 964).

Für die amerikanischen Kapitalmärkte gilt der Standard **ASC 260** *„Earnings per Share"*, der in weiten Teilen IAS 33 gleicht. Er geht allerdings insoweit über IAS 33 hinaus, als er die Veröffentlichung von EPS-Zahlen auf unterschiedlichen Grundlagen verlangt. Dazu gehören: 51

(1) Ergebnis der normalen Geschäftstätigkeit *(income from continuing operations),*
(2) außerordentliches Ergebnis *(extra-ordinary items),*
(3) Auswirkung von Bewertungsänderungen *(accounting changes)* und
(4) Ergebnis aus Unternehmens(teil)verkäufen *(discontinued operations).*

I. Aktuelle Entwicklungen/IASB-Projekte

Der IASB hatte im August 2008 einen **Entwurf** (*Exposure Draft,* ED) *Simplifying Earnings per Share* zu IAS 33 veröffentlicht. Dieser Entwurf war Teil des **Konvergenzprojekts** mit dem US-amerikanischen *Financial Accounting Standards Board* (FASB). Die Vorschläge zielten darauf ab, eine Angleichung der Berechnung des Nenners der EPS nach IAS 33 sowie dem Standard ASC Topic 260 zu erreichen. 52

Jedoch wurden die Arbeiten an IAS 33 zwischenzeitlich eingestellt.

III. Eigenkapitalveränderungsrechnung

§ 17. Eigenkapitalveränderungsrechnung

Übersicht

Schrifttum: *Amshoff/Jungius* Neuregelung der Darstellung der Gesamtergebnisrechnung, PiR 2011, 245; *Baetge/Winkeljohann/Haenelt* Die Bilanzierung des gesellschaftsrechtlichen Eigenkapitals von Nicht-Kapitalgesellschaften nach der novellierten Kapitalabgrenzung des IAS 32 (rev. 2008), DB 2008, 1518; *M. Dobler/S. Dobler* Other Comprehensive Income: Empirische Analyse von Ausmaß, Komponenten und Recycling in deutschen IFRS-Abschlüssen, IRZ 2012, 35; *IDW* RS HFA 45 Einzelfragen zur Darstellung von Finanzinstrumenten nach IAS 32, FN IDW 2011, 326; *IDW* RS HFA 9 Einzelfragen zur Bilanzierung von Finanzinstrumenten nach IFRS, FN IDW 2011, 386; *Kirsch* Gesamtergebnisrechnung und Eigenkapitalveränderungsrechnung nach IFRS, BBK 2010, 828; *Küting/Reuter* Eigenkapitalveränderungen im Eigenkapitalspiegel und Statement of Comprehensive Income, FB 2009, 112; *Lind/Faulmann* Die Bilanzierung von Eigenkapitalbeschaffungskosten nach IAS, US-GAAP und HGB, DB 2001, 601; *Milla/Hanusch* Die Abbildung von direkt im Eigenkapital zu erfassenden Vorgängen und deren Steuerwirkung nach IFRS, IRZ 2008, 521; *Oldewurtel/Kümpel/Wolz* Die aktuellen Änderungen der Abbildung von Pensionsverpflichtungen nach IAS 19, KoR 2011, 449; *Senger* Ausweis von Ertragsteuerkonsequenzen auf Zahlungen an Inhaber eines Eigenkapitalinstruments: im Eigenkapital oder in der Gesamtergebnisrechnung?, IRZ 2013, 173; *Weber/Lauer* Das Risiko der Nichterfüllung im Rahmen der Fair-Value-Bewertung von Schulden, KoR 2015, 79; *Wiechens/Kropp* Bilanzierung finanzieller Verbindlichkeiten nach IFRS 9 (2010), KoR 2011, 225; *Zülch/Fischer* Das Joint Financial Statement Presentation Project von IASB und FASB – Arbeitsergebnisse und mögliche Auswirkungen, KoR 2007, 1765; *Zwirner/König* Konsequenzen der Zuordnung von Anteilen der Gesellschafter einer Personenhandelsgesellschaft zum Fremdkapital, IRZ 2012, 433.

Wesentliche Rechtsgrundlagen: IAS 1, IAS 32

A. Funktionen der Eigenkapitalveränderungsrechnung

1 Nach IAS 1.10(c) ist die Eigenkapitalveränderungsrechnung *(statement of changes in equity)* ein **eigenständiger Pflichtbestandteil** eines IFRS-Abschlusses. Dabei wird nicht danach unterschieden, ob es sich um eine Eigenkapitalveränderungsrechnung im Einzel- oder Konzernabschluss eines Unternehmens handelt. Folglich sind die Funktionen der Eigenkapitalveränderungsrechnung abhängig von der Funktion des Eigenkapitals im Einzel- bzw Konzernabschluss.

2 Im **handelsrechtlichen Einzelabschluss** hat das Eigenkapital mehrere Funktionen zu erfüllen. Neben den **materiell-rechtlichen Funktionen** des Eigenkapitals, die sich in der Darstellung des Haftungs- und Verlustausgleichspotenzials, der Darstellung der Zahlungsbemessungsbasis an Anteilseigner des Unternehmens sowie bei Geltung des Maßgeblichkeitsgrundsatzes in der partiellen Bindungswirkung der Handelsbilanz für die Steuerbilanz niederschlagen, ist die **Informationsfunktion** zu beachten.

3 Gegenwärtig kommt in der Bundesrepublik Deutschland einem nach IFRS aufgestellten Einzelabschluss keine befreiende Wirkung zu. Damit sind die materiell-rechtlichen Funktionen des Eigenkapitalausweises weiterhin an den pflichtmäßig zu erstellenden HGB-Abschluss geknüpft. Im **Konzernabschluss** entfallen die unmittelbaren materiell-rechtlichen Funktionen des Eigenkapitals, da der Konzern als solcher kein Rechtssubjekt ist. Der IFRS-Einzelabschluss erfüllt wie der IFRS-Konzernabschluss ausschließlich eine Informationsfunktion.

4 Allerdings bietet eine im IFRS-Einzelabschluss bzw im IFRS-Konzernabschluss ausgewiesene Eigenkapitalstruktur faktisch durchaus Anhaltspunkte für die Höhe der **Ausschüttungsbemessung** beim MU. Insofern wird hier die Ansicht vertreten, dass für die Eigenkapitalveränderungsrechnung eine eigenständige (konzernbezogene) Informationswirkung in den Vordergrund gerückt werden sollte. Danach sind von der Konzerneigenkapitalveränderungsrechnung folgende Funktionen zu erfüllen:

5 Die **Herkunft des Konzerneigenkapitals** ist zu dokumentieren, um das künftige Ausschüttungspotential besser einschätzen zu können. Die **Einzahlungen der Anteilseigner** des MU in das gezeichnete Kapital deutscher KapGes stehen für Ausschüttungszwecke grds nicht zur Verfügung. Darüber hinausgehende Zuführungen zur Kapitalrücklage können hingegen im Rahmen der gesellschaftsrechtlichen Bestimmungen Ausschüttungspotenzial beinhalten.

6 Die von der wirtschaftlichen Einheit Konzern nach IFRS **realisierten Jahresergebnisse** gehen in die kumulierten Ergebnisse, ggf über eine entspr Dotierung in die Gewinnrücklagen ein. Der dort ausgewiesene Betrag erlaubt eine Abschät-

zung des Ausschüttungspotenzials, obwohl sich die tatsächliche Ausschüttung an den nach jeweiligem Landesrecht ermittelten Bilanzergebnissen zu orientieren hat.

Sofern einzelne IFRS eine **Erfassung von Wertänderungen** im Eigenkapital als sog sonstiges Ergebnis *(other comprehensive income, OCI)* vorsehen (Neubewertungsrücklagen nach IAS 38 und IAS 16, Marktbewertungen von Wertpapieren und finanziellen Schulden, *cashflow hedge*-Rücklage, erfolgsneutral verrechnete Neubewertungen der Nettoschuld aus leistungsorientierten Versorgungsplänen nach IAS 19, Währungsumrechnungsrücklage nach IAS 21, Altfälle aus Werterhöhungen aus sukzessivem Anteilserwerb nach IFRS 3 (2004), Veränderungen des sonstigen Ergebnisses bei Equity-Beteiligungen), geben diese Posten allenfalls Hinweise für künftig möglicherweise entstehende zusätzliche Ausschüttungspotenziale. Inwieweit hieraus tatsächlich zukünftig ausschüttungsfähige Gewinne generiert werden können, hängt von der weiteren Wertentwicklung bis zum Zeitpunkt der späteren Realisierung des jeweiligen Postens ab. Sowohl die erfolgswirksam als auch die im sonstigen Ergebnis erfolgsneutral erfassten Ergebnisse bzw Wertänderungen der Berichtsperiode sind Bestandteile des „Gesamtergebnisses für die Periode" *(total comprehensive income for the period),* das nach IAS 1 in der Gesamtergebnisrechnung *(statement of comprehensive income* bzw *statement of profit or loss and other comprehensive income)* des berichtenden Unternehmens auszuweisen ist (→ § 15 Rn 143 ff). 7

Die **Entwicklung des Konzerneigenkapitals** im Zeitablauf ist detailliert aufzuzeigen, um die Höhe der vorgenommenen Ausschüttungen im Hinblick auf ihre Angemessenheit beurteilen zu können. Erst in der zeitlichen Entwicklung wird deutlich, ob ggf durch überhöhte Ausschüttungen die finanzielle Stabilität der wirtschaftlichen Einheit Konzern gefährdet wird. Gleiches gilt für die Beurteilung der im sonstigen Ergebnis erfassten Wertänderungen. Ein Anstieg dieser Eigenkapitalkomponenten im Zeitablauf weist tendenziell auf ein sich künftig verbesserndes Ausschüttungspotential hin. 8

Auf der Grundlage der Eigenkapitalentwicklung im Zeitablauf des Konzerneigenkapitals kann eine **faktische Ausschüttungsbemessung** für das MU des Konzerns erfolgen, denn eine mit dem Konzernergebnis nicht kompatible Ausschüttungsbemessung führt zumindest zu einem erhöhten Begründungszwang seitens der Konzernleitung. 9

Die Funktion der Eigenkapitalveränderungsrechnung hat aus der Sicht des IASB im Zeitablauf eine **Veränderung** erfahren. Ging es bis zur Überarbeitung des IAS 1 im Jahr 2007 vorrangig um eine Darstellung derjenigen Eigenkapitalveränderungen, die nicht Bestandteil des Jahreserfolgs waren, so soll die Eigenkapitalveränderungsrechnung nunmehr die Beziehung des Unternehmens zu seinen Anteilseignern in deren Eigenschaft als Eigentümer verdeutlichen (IAS 1.109). 10

B. Struktur der Eigenkapitalveränderungsrechnung

Die Darstellung der Eigenkapitalveränderungsrechnung ergibt sich einerseits aus der Abgrenzung des Eigenkapitals vom Fremdkapital (vgl → § 12 Rn 4 ff) sowie aus der gewählten Eigenkapitalgliederung der berichtenden Einheit (vgl dazu → § 12 Rn 23 ff), andererseits aus der **zeitlichen Entwicklung** der Eigenkapitalkomponenten. 11

In der Systematik des IAS 1 sind sowohl erfolgswirksame als auch erfolgsneutrale Gewinne und Verluste innerhalb des **Gesamtergebnisses *(comprehensive income)*** in der Gesamtergebnisrechnung des berichtenden Unternehmens zu erfassen. Damit stellt die Gesamtergebnisrechnung einen einheitlichen Abschlussbestandteil zur Darstellung sämtlicher Gewinne und Verluste des berich- 12 tenden Unternehmens dar (vgl *Zülch/Fischer* KoR 2007, 1765 (1766), → § 15 Rn 78ff). Das Gesamtergebnis wird insgesamt in die Eigenkapitalveränderungsrechnung übernommen und dort den entspr Eigenkapitalposten zugewiesen (→ Rn 74ff). Alle übrigen in der Eigenkapitalveränderungsrechnung ausgewiesenen Transaktionen resultieren nicht aus Gewinnen oder Verlusten, sondern stellen Veränderungen des Eigenkapitals durch Aktionen der Anteilseigner in ihrer Eigenschaft als Eigentümer des Unternehmens oder Auswirkungen der Anwendung geänderter Rechnungslegungsmethoden bzw Fehlerkorrekturen (vgl dazu → § 45 Rn 9ff sowie → § 45 Rn 31ff) dar.

13 In der Eigenkapitalveränderungsrechnung wird somit nur noch zwischen **Pflicht- und Wahlbestandteilen** unterschieden, wobei sich die Wahlbestandteile einerseits auf die Angabe der an die Anteilseigner gezahlten Dividendenbeträge (IAS 1.107) und andererseits auf die sachverhaltsbezogene Darstellung der Komponenten des sonstigen Ergebnisses *(OCI)* nach IAS 1.106(d)(ii) entweder in der Eigenkapitalveränderungsrechnung oder im Anhang (IAS 1.106A), beschränken (→ Rn 24f).

14 Durch die Überarbeitung der Regelungen des IAS 1 zur Darstellung des sonstigen Ergebnisses im Juni 2011 haben sich Änderungen in der Darstellung dieser Gewinne und Verluste in der Gesamtergebnisrechnung ergeben (vgl → § 15 Rn 98f sowie *Amshoff/Jungius* PiR 2011, 245 (245)), die jedoch nicht unmittelbar zu einer Änderung der Darstellung in der Eigenkapitalveränderungsrechnung geführt haben (s jedoch → Rn 45).

I. Pflichtbestandteile

15 Veränderungen im Eigenkapital innerhalb einer Periode, die in der Matrixdarstellung der Eigenkapitalveränderungsrechnung die Zeilen determinieren, lassen sich nach IAS 1.109 grds auf zwei Quellen zurückführen: Die erste Gruppe von Eigenkapitaländerungen resultiert aus **Transaktionen mit Anteilseignern** in deren Eigenschaft als Eigentümer. Zu diesen zählen zunächst Kapitaleinlagen, Kapitalrückzahlungen sowie Gewinnausschüttungen (zB Dividenden). Auch die Ausgabe hybrider Finanzinstrumente wie Genussrechte oder Gewinnobligationen sowie stille Beteiligungen können zu eigentümerinduzierten Eigenkapitalveränderungen *(owner movements in equity)* führen, wenn einzelne Bestandteile der Instrumente nach IAS 32 als Eigenkapital einzustufen und separat zu bilanzieren sind. Weiterhin können eigentümerbezogene Eigenkapitalveränderungen aus Transaktionen mit eigenen Anteilen resultieren, da für eigene Anteile ein Korrekturposten innerhalb des Eigenkapitals auszuweisen ist (→ Rn 80). Da gem IAS 32.37 auch die direkt im Zusammenhang mit der Emission von Eigenkapitalinstrumenten stehenden Nebenkosten wie Vergütungen an die Emissionsbank, Honorare für Berater und Wirtschaftsprüfer, Gesellschaftsteuer oä direkt innerhalb des Eigenkapitals verrechnet werden müssen, resultieren auch aus diesen Kosten eigentümerbezogene Eigenkapitalveränderungen. Zu dieser Gruppe von Transaktionen zählen darüber hinaus auch solche mit Parteien, die erst durch diese Transaktionen zu Anteilseignern des Unternehmens werden, bspw Arbeitnehmer im Zuge eines Plans zur anteilsbasierten Vergütung (→ Rn 78).

16 Die zweite Gruppe von Eigenkapitalveränderungen einer Periode resultiert aus **nicht-eigentümerbezogenen Transaktionen** *(non-owner movements in equity)*. Sie wirken sich als realisierte oder unrealisierte, direkt im Eigenkapital verrechnete **Ergebnisse** auf die Darstellung des Eigenkapitals aus. In diesem Zusammenhang sehen die IFRS eine Reihe von nicht erfolgswirksamen Buchungen im Eigenkapital vor. Die Begriffe *other comprehensive income* bzw sonstiges Ergebnis und *comprehensive income* bzw Gesamtergebnis beziehen sich somit ebenso wie der

Begriff Gewinn oder Verlust der Periode *(profit or loss for the period)* auf **Stromgrößen der Berichtsperiode** innerhalb der Gesamtergebnisrechnung.

17 Davon zu unterscheiden sind die bilanziell innerhalb des Eigenkapitals auszuweisenden Posten, welche gleichzeitig die Spalten der Matrix bestimmen und ua kumulativ die Veränderungen des sonstigen Ergebnisses ausweisen. Für diese bilanziellen Eigenkapitalposten wird innerhalb der Terminologie der IFRS der Begriff kumuliertes sonstiges Ergebnis *(cumulative other comprehensive income)* verwendet. In der Eigenkapitalveränderungsrechnung werden diese **Bestands- und Stromgrößen zusammengeführt,** indem aus dem kumulierten sonstigen Ergebnis zu Beginn der dargestellten Vorperiode (Bestandsgröße) über die Verteilung der einzelnen Bestandteile des sonstigen Ergebnisses der Vor- bzw der Berichtsperiode (Stromgrößen) das kumulierte sonstige Ergebnis zum Abschlussstichtag (Bestandsgröße) entwickelt wird. Dieses Zusammenwirken der drei Abschlussbestandteile kann damit grafisch wie folgt veranschaulicht werden:

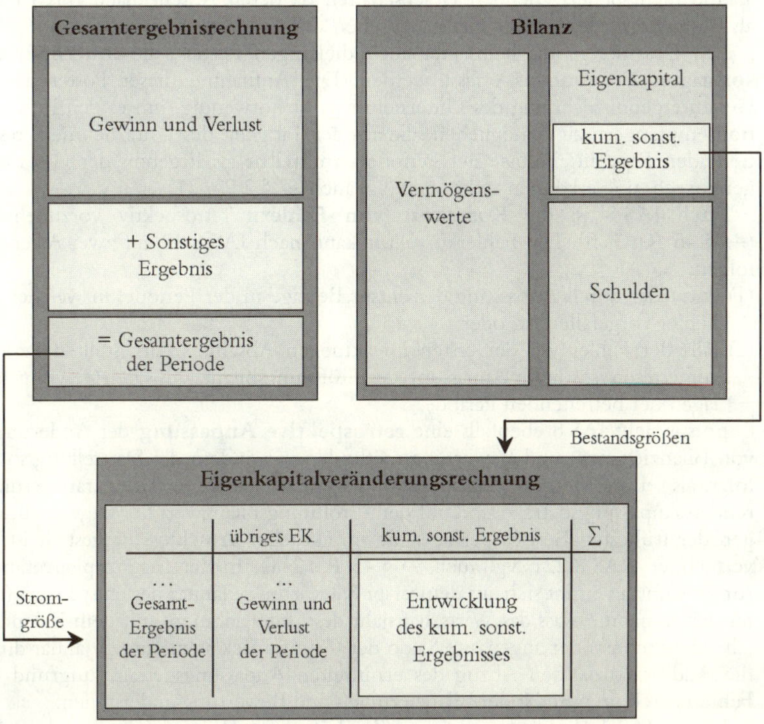

18 Die **Mindestgliederung** einer Eigenkapitalveränderungsrechnung wird durch die Faktoren bestimmt, die aus der Tätigkeit des Unternehmens resultieren. Nach IAS 1.106 muss eine Eigenkapitalveränderungsrechnung folgende Komponenten separat darstellen:

(1) Das in der Gesamtergebnisrechnung ausgewiesene Gesamtergebnis der Berichtsperiode (IAS 1.106(a)). Dabei sind innerhalb des Konzernabschlusses die Beträge, die dem berichtenden Unternehmen zuzurechnen sind, separat von denen, die auf nicht-beherrschende Gesellschafter entfallen, auszuweisen (IAS 1.106(a)).

(2) Die Beträge für jede Eigenkapitalkomponente, die auf die retrospektive Anpassung oder retrospektive Korrektur nach IAS 8 entfallen (IAS 1.106(b)).

(3) Eine Überleitungsrechnung für jede Eigenkapitalkomponente vom Periodenbeginn zum Periodenende (IAS 1.106(d)) und zwar getrennt nach
   (a) Gewinn und Verlust der Periode,
   (b) dem periodischen sonstigen Ergebnis und
   (c) Transaktionen mit Anteilseignern in Bezug auf das Beteiligungsverhältnis (zB Kapitalerhöhungen bzw -herabsetzungen); diese wiederum getrennt nach Einzahlungen von und Auszahlungen an die Anteilseigner sowie Beteiligungsveränderungen an TU, die nicht zu einem Beherrschungsverlust geführt haben.

19 Das **Gesamtergebnis** im Einzelabschluss ergibt sich unmittelbar aus der Gesamtergebnisrechnung der berichtenden Einheit. Im Konzernabschluss wird das Gesamtergebnis anteilig den nicht-beherrschenden Gesellschaftern *(non controlling interests)* zugewiesen (IAS 1.81B). Das nach IAS 1.106(a) anzugebende Gesamtergebnis entspricht im Konzernabschluss dem Ergebnis **vor** anteiliger Zuweisung an die nicht-beherrschenden Gesellschafter, da deren Anteile nach IFRS 10.22 als Bestandteile des Eigenkapitals anzusehen sind.

20 Das Gesamtergebnis beinhaltet auch diejenigen Posten, die **innerhalb des sonstigen Ergebnisses** erfasst werden. Die Aufnahme dieser Posten in die Gesamtergebnisrechnung des Unternehmens ist notwendig, um es den Informationsempfängern zu ermöglichen, die aus der Tätigkeit des Unternehmens resultierenden Ergebniseinflüsse der Periode unmittelbar als Ergebnis der Gesamtergebnisrechnung erkennen zu können (vgl auch → § 2 Rn 317).

21 Nach IAS 8 ist die **Korrektur von Fehlern** retrospektiv vorzunehmen (→ § 45 Rn 31 ff). Die Fehlerkorrektur kann nach IAS 8.42 auf zwei Arten erfolgen:
(1) entweder durch Anpassung der entspr Beträge in der Periode, in welcher der Fehler vorgefallen ist, oder
(2) falls der Fehler vor der ersten im aktuellen Abschluss dargestellten Periode aufgetreten ist, durch Anpassung des Eröffnungsbilanzsaldos der Gewinnrücklagen der betreffenden Periode.

22 Entspr sieht IAS 8 ebenfalls eine **retrospektive Anpassung** der Änderungen von Bilanzierungs- und Bewertungsmethoden vor, indem die Darstellung so erfolgt, als sei die Methode bereits zuvor angewendet worden. Die daraus resultierenden Anpassungsbeträge sind mit dem Eröffnungsbilanzwert der Gewinnrücklagen der frühesten Berichtsperiode, die im aktuellen Abschluss dargestellt ist, zu verrechnen (IAS 8.22 f; vgl auch → § 45 Rn 21 f). In der Eigenkapitalveränderungsrechnung ergibt sich aus dem urspr Saldo zum 1. Januar des entspr Jahrs (unter der Annahme, dass das Wirtschaftsjahr des Unternehmens mit dem Kalenderjahr identisch ist) der angepasste Saldo der Gewinnrücklagen zum 1. Januar durch die Addition bzw den Abzug des ermittelten Anpassungsbetrags aufgrund der Fehlerkorrekturen und/oder Bilanzierungs- und Bewertungsänderungen.

23 Die in IAS 1.106(d) geforderten **Überleitungsrechnungen** sollen dem Abschlussadressaten die Eigenkapitaleffekte der erfolgswirksam erfassten Aufwendungen und Erträge (IAS 1.106(d)(i)), der im sonstigen Ergebnis verrechneten Posten (IAS 1.106(d)(ii)) sowie der Eigenkapitaltransaktionen mit den Anteilseignern (IAS 1.106(d)(iii)) gesondert im Hinblick auf ihre Wirkung auf das Eigenkapital während der Berichtsperiode verdeutlichen.

II. Wahlbestandteile

24 Das sonstige Ergebnis umfasst bestimmte Posten, die außerhalb des Jahreserfolgs direkt innerhalb des Eigenkapitals erfasst werden. Die Posten des sonstigen Ergebnisses nehmen insofern eine Sonderstellung ein, als sie entweder erst zu

einem späteren Zeitpunkt (zB Fremdwährungsdifferenzen) oder gar nicht (zB Neubewertungen der Nettoschuld nach IAS 19) zu einer Erfolgsauswirkung in der GuV bzw im erfolgswirksamen Teil der Gesamtergebnisrechnung führen. Deshalb verlangt IAS 1 **besondere Angaben zu den einzelnen Bestandteilen des sonstigen Ergebnisses.**

Für Geschäftsjahre, die vor dem 31. Dezember 2010 begannen, wurde daher unter den Pflichtbestandteilen der Eigenkapitalveränderungsrechnung eine Überleitung des Anfangsbestands zum Endbestand für jeden Bestandteil des (kumulierten) sonstigen Ergebnisses gefordert. Diese Vorgehensweise stand jedoch im Widerspruch zu den konzeptionellen Zielen des IASB, die Bestandteile des sonstigen Ergebnisses nur noch in der Gesamtergebnisrechnung aufzugliedern, in der Eigenkapitalveränderungsrechnung dagegen grds mit aggregierten Größen zu arbeiten (vgl IAS 1.IN13(a)). Der IASB hat als Konsequenz daraus im Rahmen des jährlichen IFRS-Verbesserungsprojekts im Mai 2010 die differenzierte Darstellung der Bestandteile des sonstigen Ergebnisses aus den Pflichtangaben des IAS 1.106(d)(ii) ausgegliedert und stattdessen mit IAS 1.106A den Anwendern die Wahlmöglichkeit eröffnet, die entspr Detailangaben entweder in der Eigenkapitalveränderungsrechnung oder im Anhang zu machen. Damit wurde der Umfang der pflichtmäßig in der Eigenkapitalveränderungsrechnung darzustellenden Überleitung auf die wesentlichen Bestandteile des kumulierten sonstigen Ergebnisses zurückgeführt. Das neu eingeräumte Wahlrecht ist als Kompromisslösung zu sehen, systematisch geboten wäre uE eine ausschließliche Verlagerung der Angaben in den Anhang gewesen.

Neben den in IAS 1.106 aufgezählten Pflichtbestandteilen räumt IAS 1.107 25
dem Bilanzierenden ein **Wahlrecht hinsichtlich der Darstellung der ausgeschütteten Dividende** an die Anteilseigner ein. Diese Angaben können entweder in der Eigenkapitalveränderungsrechnung oder aber innerhalb des Anhangs gemacht werden. Die in früheren Fassungen des IAS 1 alternativ zulässige Darstellung in der Gesamtergebnisrechnung wird nunmehr vom IASB abgelehnt, da innerhalb der Abschlussbestandteile konzeptionell eindeutig zwischen **eigentümerinduzierten** Eigenkapitalveränderungen (mit Darstellung innerhalb der **Eigenkapitalveränderungsrechnung**) und **nicht- eigentümerinduzierten** Eigenkapitalveränderungen (mit Darstellung innerhalb der **Gesamtergebnisrechnung**) unterschieden wird (vgl *Milla/Hanusch* IRZ 2008, 521 (522)).

IAS 1.107 verlangt zunächst die Angabe des **Gesamtbetrags der an die** 26
Anteilseigner ausgeschütteten Dividende innerhalb des Berichtszeitraums. Diese Angabe ist auch für Ausschüttungen von Nicht-AG an ihre Anteilseigner obligatorisch, soweit sich diese Auszahlungen auf Eigenkapitalinstrumente beziehen.

Die Vorschrift fordert darüber hinaus jedoch auch die Angabe der **ausge-** 27
schütteten Dividende je Aktie *(dividend per share)*. Fraglich ist, welche Bedeutung diese Regelung für Nicht-AG hat. Nach dem Wortlaut des IAS 1.107 wird hinsichtlich der Angabepflicht nicht zwischen Gesellschaftsformen unterschieden, sodass grds alle Unternehmen eine solche Angabe zu machen hätten. Sowohl unter konzeptionellen Gesichtspunkten hinsichtlich der aktienbezogenen Angaben in IAS 33 als auch im Hinblick auf den Informationsgehalt für die Abschlussadressaten ist uE davon auszugehen, dass von der Angabepflicht der ausgeschütteten Dividende je Aktie nur diejenigen Unternehmen erfasst werden, die auch ein **Ergebnis je Aktie** iSv IAS 33 anzugeben haben. IAS 33.2 beschränkt die Angabepflicht auf Unternehmen mit tatsächlicher bzw angestrebter Kapitalmarktnotierung.

III. Gliederungsschema

28 IAS 1.106 fordert eine Untergliederung des in der Eigenkapitalveränderungsrechnung ausgewiesenen Eigenkapitals nach den Posten *(items),* die auch in der Bilanz nach Maßgabe einzelner Standards gesondert auszuweisen sind und stellt diesen die Ursachen für ihre Veränderung im Verlauf der Berichtsperiode gegenüber. Dies führt zu einer **Matrixdarstellung,** die durch das folgende **Gliederungsschema** der Eigenkapitalveränderungsrechnung abgedeckt wird (vgl auch IAS 1.IG6):

				kumuliertes sonstiges Ergebnis *(cumulative OCI)*						
	Gezeichnetes Kapital	Kapitalrücklage	Gewinnrücklagen	Neubewertungsrücklage	Rücklage aus Fremdwährungsumrechnung	Rücklage aus Investments in EK-Instrumente	Rücklage aus cashflow hedges	Konzern-(bilanz-)gewinn	Anteile nichtbeherrschender Gesellschafter	Gesamt
Stand 1. 1. X1										
Änderungen der Bilanzierungs- und Bewertungs-Methoden										
Fehlerkorrektur										
Angepasster Betrag 1. 1. X1										
Kapitaltransaktionen mit Anteilseignern										
Dividenden										
Gesamtergebnis der Periode										
Zuführung/Entnahme Gewinnrücklagen										
Stand 31. 12. X1										
Kapitaltransaktionen mit Anteilseignern										
Dividenden										
Gesamtergebnis der Periode										
Zuführung/Entnahme Gewinnrücklagen										
Stand 31. 12. X2										

Eine über die Vorgaben des IAS 1.IG6 **hinausgehende Aufgliederung** der Eigenkapitalposten (Spalten) in der Matrixdarstellung, die in Teilen der Literatur aufgrund der Angabevorschriften des IAS 1.79 befürwortet wird (idS *Lüdenbach/Hoffmann/Freiberg* IFRS § 20 Rz 63), sollte uE im Hinblick auf die Übersichtlichkeit und den daraus resultierenden Informationsnutzen für die Abschlussadressaten auf das notwendige Mindestmaß beschränkt bleiben. Da die Differenzierung nach IAS 1.79 entweder in der Bilanz, der Eigenkapitalveränderungsrechnung oder im Anhang vorgenommen werden kann, sollte auch konzeptionell einer umfassenden und in sich geschlossenen Berichterstattung über das Eigenkapital im Anhang der Vorzug vor einer Darstellung innerhalb der Eigenkapitalveränderungsrechnung gegeben werden. Nur wenn zwischen verschiedenen Eigenkapitalposten **signifikante Ausstattungsunterschiede** (zB Ausschüttungsbeschränkungen aufgrund lokaler Gesetzgebung für Teile des Eigenkapitals) bestehen, sollte dieser Tatsache auch durch eine zusätzliche Spaltendifferenzierung in der Matrixdarstellung Rechnung getragen werden.

Die Erfassung erfolgsneutral verrechneter **versicherungsmathematischer Gewinne und Verluste** aus der Bewertung von Pensionsverpflichtungen vor Inkrafttreten der gegenwärtigen Fassung des IAS 19 erfolgte innerhalb der Eigenkapitalveränderungsrechnung nicht in einer eigenen Spalte des kumulierten sonstigen Ergebnisses, sondern war **direkt in den Gewinnrücklagen** *(retained earnings)* in der Entstehungsperiode zu berücksichtigen. 29

Durch die **Neufassung des IAS 19** sind nunmehr in jedem Fall versicherungsmathematische Gewinne und Verluste sowie darüber hinaus auch sämtliche weiteren Bestandteile der Neubewertungen der Nettoschuld aus leistungsorientierten Versorgungsplänen (IAS 19.127(b) und (c)) innerhalb des sonstigen Ergebnisses zu erfassen (IAS 19.120(c)). Die Pflicht zur Erfassung innerhalb der Gewinnrücklagen wurde nicht in die Neufassung übernommen, sodass auch der Ausweis eines gesonderten Postens innerhalb des kumulierten sonstigen Ergebnisses zulässig ist (vgl hierzu im Detail → Rn 50).

IV. Besonderheiten bei Personengesellschaften

In der Eigenkapitalveränderungsrechnung sind nach IAS 1.106 die realisierten und unrealisierten Gewinne, die kumulierten Ergebnisse sowie die Entwicklung des gezeichneten Kapitals, der Kapitalrücklage sowie jeder sonstigen Rücklage zu zeigen. Konzeptionell richtet sich die Vorschrift damit an KapGes aus. Fraglich ist, inwieweit auch PersGes in den Anwendungsbereich der IAS 1.106 ff fallen können. 30

Eine Eigenkapitalveränderungsrechnung bei PersGes ist dann aufzustellen, wenn und soweit die PersGes anhand der Abgrenzungskriterien des IAS 32.11 Eigenkapital ausweist. Das Gesellschaftskapital deutscher PersGes war nach diesen Kriterien idR als **Fremdkapital** zu qualifizieren (*IDW* RS HFA 9 Rz 49 f) und dementsprechend nicht in die Eigenkapitalveränderungsrechnung einzubeziehen (zum Ausweis → § 12 Rn 106 ff). Darüber hinaus besteht für PersGes die Möglichkeit, Teile des Gesellschaftskapitals als Eigenkapital auszuweisen, soweit dieses Kapital den Anforderungen der IAS 32.16A bis IAS 32.16D entspricht (zur Abgrenzung von Eigen- und Fremdkapital vgl auch → § 12 Rn 4 ff). In diesen Fällen ist von dem berichtenden Unternehmen grds eine Eigenkapitalveränderungsrechnung aufzustellen. 31

Abweichend von der Auffassung des HFA des IDW wird – vorrangig außerhalb der Bundesrepublik Deutschlands – auch die Ansicht vertreten, dass die Qualifikation des Gesellschaftskapitals einer PersGes als Fremdkapital iSv IAS 32 **nicht notwendigerweise** dazu führt, dass innerhalb der IFRS-Bilanz dieses Unternehmens **kein Eigenkapital** auszuweisen ist (so zB *EY* 2015, 3208). Aus der Bewertung des Rückzahlungsanspruchs des Gesellschaftskapitals kann nämlich ein Bewertungseffekt resultieren, der systematisch als Eigenkapitalbestandteil zu qualifizieren ist, auch wenn das eigentliche Gesellschaftskapital aufgrund der 32

Nichterfüllung der Voraussetzungen des IAS 32.16A als Fremdkapital einzustufen ist.

Beispiel: Die Bewertung des Rückzahlungsanspruchs der Gesellschafter einer PersGes mit einem nominellen Gesellschaftskapital von T€ 100 führt zu einer Verbindlichkeit in Höhe von T€ 120. Der Bewertungseffekt von T€ 20 reduziert das Eigenkapital, sodass sich (vereinfacht) folgende bilanzielle Darstellung ergibt:

Aktiva			Passiva
Diverse Vermögenswerte	T€ 200	Eigenkapital	T€ –20
		Verbindlichkeiten Gesellschafter	T€ 120
		Andere Schulden	T€ 100
	T€ 200		T€ 200

Ungeachtet der Qualifikation des Gesellschaftskapitals als Schuld iSv IAS 32 weist das berichtende Unternehmen in vorstehender Fallkonstellation ein (negatives) Eigenkapital aus.

Folgt man dieser Auffassung, so hat das berichtende Unternehmen aufgrund des Eigenkapitalausweises auch eine Eigenkapitalveränderungsrechnung in seinen IFRS-Abschluss aufzunehmen.

33 Darüber hinaus besteht in Einzelfällen für PersGes die Möglichkeit, Finanzinstrumente zu emittieren, welche die Voraussetzungen des IAS 32.11 für **Eigenkapitalinstrumente** erfüllen. Bei entspr rechtlicher Ausgestaltung begründen diese Finanzinstrumente für den Emittenten keine vertraglichen Verpflichtungen zur Zahlung von liquiden Mitteln oder zur Lieferung von anderen finanziellen Vermögenswerten. Dies kann bspw für bestimmte Formen von **Genussrechten** zutreffen, wenn diese keine Pflicht der emittierenden Gesellschaft zur Kapitalrückzahlung vorsehen. Unabhängig von der Qualifikation des übrigen Gesellschaftskapitals des Emittenten sind solche Genussrechte als Eigenkapital zu qualifizieren und in eine Eigenkapitalveränderungsrechnung aufzunehmen. Allerdings sind im deutschen Rechtskreis Genussrechte idR mit einer Rückzahlungsverpflichtung verbunden. Um dennoch als Eigenkapital eingeordnet werden zu können, muss die Ausgestaltung dieser Genussrechte den Anforderungen des IAS 32.16A genügen. Insbes muss die Rückzahlungsverpflichtung nachrangig zu allen anderen Finanzinstrumenten sein. Auch die Regelungen zu kündbaren Instrumenten in IAS 32 werden nur in Einzelfällen zu einer Eigenkapitalqualifikation von Genussrechten mit Rückzahlungsverpflichtung führen (→ § 12 Rn 103f).

34 Wie bei den Genussrechten, so kann auch bei **stillen Beteiligungen** eine Qualifikation als Eigen- oder Fremdkapital, je nach rechtlicher Ausgestaltung der Beteiligung, in Frage kommen. Selbst wenn durch die Regelungen des IAS 32 zu kündbaren Instrumenten eine idR vorliegende Rückzahlungsverpflichtung nicht mehr automatisch zur Qualifikation der stillen Beteiligung als Fremdkapital führt, sind auch diese Beteiligungen anhand der in IAS 32.16A genannten Kriterien auf ihre Einordnung als Eigen- oder Fremdkapital zu untersuchen (vgl *Baetge/Winkeljohann/Haenelt* DB 2008, 1518 (1519)). Insbes in Fällen, in denen das stille Beteiligungskapital nicht der nachrangigsten Klasse des Gesellschaftskapitals zuzurechnen ist, ist jedoch die stille Beteiligung als Fremdkapital auszuweisen.

Die Aufstellung einer Eigenkapitalveränderungsrechnung bei PersGes kann jedoch auch dann erforderlich sein, wenn weder das Gesellschaftskapital noch ggf ausgegebene Genussrechte oder stille Beteiligungen als Eigenkapital iSv IAS 32 zu werten sind. Dies ist der Fall, wenn es aus bilanziellen Bewertungsvorgängen zu einer **Dotierung des kumulierten sonstigen Ergebnisses** kommt (vgl *Zwirner/König* IRZ 2012, 433 (436)). In diesen Fällen beschränkt sich die Darstellung auf die Entwicklung des kumulierten sonstigen Ergebnisses, das in diesem Fall das gesamte Eigenkapital der Gesellschaft darstellt. Eine Besonderheit stellen dabei Wertänderungen von Pensionsverpflichtungen nach IAS 19.120(c) dar, da es für diese keine explizite Zuordnungsregel zum kumulierten sonstigen Ergebnis gibt (→ Rn 50). Hier erscheint der Ausweis einer eigenen Spalte in der Eigenkapitalveränderungsrechnung mit entspr Benennung sachgerecht, da ein zur Verrechnung heranzuziehender Ergebnisvortrag idR nicht existiert.

Unabhängig von der Berücksichtigung innerhalb der Eigenkapitalveränderungsrechnung verlangt IAS 1.80, dass PersGes ebenfalls **Angaben zum Gesellschaftskapital** machen, die denen von IAS 1.79 gleichwertig sind. Soweit also nicht ohnehin aufgrund der Klassifizierung Teile des Gesellschaftskapitals von PersGes als Eigenkapital auszuweisen sind und damit eine originäre Verpflichtung zur Aufstellung einer Eigenkapitalveränderungsrechnung besteht, sind insbes die Veränderungen innerhalb jeder Kategorie des Gesellschaftskapitals und die Rechte, Vorrechte und Restriktionen zu jeder Kategorie zu verdeutlichen. Diese relativ offene Formulierung trägt der Vielfalt nationaler Besonderheiten bei PersGes Rechnung und lässt entspr Ermessensspielräume offen. 35

C. Komponenten des kumulierten sonstigen Ergebnisses

Die grundlegende Regelung des IAS 1.106 schreibt vor, dass neben dem Gesamtergebnis und den Auswirkungen von Änderungen der Bilanzierungs- und Bewertungsmethoden oder Fehlerkorrekturen nach IAS 8 (→ Rn 71 ff) der Jahreserfolg, das sonstige Ergebnis sowie Kapitaltransaktionen mit Anteilseignern (→ Rn 76 ff) in die Eigenkapitalveränderungsrechnung aufzunehmen sind. Darüber hinaus fordert IAS 1.106A eine **Überleitung jedes einzelnen Bestandteils** *(item)* des **kumulierten sonstigen Ergebnisses** *(cumulative OCI)* vom Beginn der Berichtsperiode auf den Stand am Ende dieser Periode, die innerhalb des Eigenkapitals gesondert anzugeben ist. Wird diese Aufgliederung in der Eigenkapitalveränderungsrechnung vorgenommen (Wahlrecht des IAS 1.106A), so sind diese Einzelbestandteile als eigenständige **Spalten innerhalb der Matrix-Darstellung** (→ Rn 28) auszuweisen. 36

I. Neubewertungsrücklage nach IAS 16 und IAS 38

Innerhalb der bilanziellen Darstellung des Anlagevermögens räumen die IFRS dem Bilanzierenden bei der Folgebewertung ein Wahlrecht zwischen der Bewertung zu fortgeführten Anschaffungskosten (*cost model;* IAS 16.30 für Sachanlagen bzw IAS 38.74 für immaterielle Vermögenswerte) und **einer Neubewertung zum beizulegenden Zeitwert** (*revaluation model;* IAS 16.31 bzw IAS 38.75) ein. 37

Für den Fall der **erstmaligen Anwendung** der Neubewertungsmethode ist der Unterschiedsbetrag zwischen dem bisherigen Buchwert und dem Neubewertungsbetrag des Vermögenswerts nach Abzug der darauf entfallenden passiven latenten Steuern in die Neubewertungsrücklage einzustellen. 38

In der **Folgezeit** sind auch auf den Neubewertungsbetrag im Anlagevermögen planmäßige Abschreibungen vorzunehmen (vgl → § 5 Rn 134 f; aA *Lüdenbach/Hoffmann/Freiberg* IFRS § 8 Rz 82, wo von einem faktischen Wahlrecht unter Einbeziehung bzw Nichteinbeziehung des Neubewertungsbetrags in die planmäßigen Abschreibungen ausgegangen wird), die in der Eigenkapitalveränderungsrechnung im Jahreserfolg bzw in den kumulierten Jahresergebnissen der Vorjahre enthalten sind. Eine Umgliederung der in der Neubewertungsrücklage erfassten Beträge in Folgeperioden in den Gewinn oder Verlust *(reclassification adjustment)* ist nicht erlaubt; vielmehr ist nur eine erfolgsneutrale Umbuchung in die Gewinnrücklagen vorgesehen (IAS 1.96).

Für die Auflösung der Neubewertungsrücklage bietet IAS 16.41 zwei Möglichkeiten an (vgl → § 5 Rn 137ff). Die Möglichkeit der Auflösung der Neubewertungsrücklage durch erfolgsneutrale Umbuchung in die Gewinnrücklagen **in einer Summe** im Zeitpunkt des Abgangs des Vermögenswerts dürfte uE vorrangig für solche Vermögenswerte des Anlagevermögens wirtschaftlich zutreffend sein, die keiner planmäßigen Abschreibung unterliegen. Bei abnutzbaren Vermögenswerten dürfte die sukzessive Auflösung der Neubewertungsrücklage nach Maßgabe der verrechneten Abschreibungsbeträge dem Ziel der zutreffenden Darstellung gem dem wirtschaftlichen Gehalt von Transaktionen eher entsprechen.

Bei **planmäßigen Abschreibungen** wird der Abschreibungsbetrag somit vollständig aufwandswirksam erfasst; zudem ist eine erfolgsneutrale Umbuchung zwischen Neubewertungsrücklage und Gewinnrücklagen vorzunehmen, die ausschließlich in der Eigenkapitalveränderungsrechnung deutlich wird. Dazu ist es erforderlich, innerhalb der Eigenkapitalveränderungsrechnung die Umbuchung in einer **separaten Zeile** darzustellen (IAS 1.IG6). Alternativ wird es auch für zulässig gehalten, den Abschreibungsbetrag direkt mit der Neubewertungsrücklage zu verrechnen (*Lüdenbach/Hoffmann/Freiberg* IFRS § 8 Rz 83 mwN).

Sofern nach der erstmaligen Neubewertung eine **außerplanmäßige Wert-**
39 **minderung** gem IAS 36 vorzunehmen ist, hat diese Abwertung nach IAS 16.40 bzw IAS 38.86, soweit möglich, zunächst erfolgsneutral zu Lasten der Neubewertungsrücklage zu erfolgen; nur über die Neubewertungsrücklage hinausgehende Beträge sind aufwandswirksam zu erfassen. Der Jahreserfolg wird somit im Falle einer **außerplanmäßigen Abschreibung** von **Neubewertungsbeträgen** nicht belastet, die Verminderung der Neubewertungsrücklage infolge der Verrechnung von Wertminderungen wird im periodischen sonstigen Ergebnis gezeigt und gelangt dann über das Gesamtergebnis der Periode in die Eigenkapitalveränderungsrechnung. Insofern entfällt die Notwendigkeit einer Umbuchung zwischen Neubewertungsrücklage und Gewinnrücklagen.

40 **Steigt** der **beizulegende Zeitwert** eines neubewerteten Vermögenswerts nach einer außerplanmäßigen Abschreibung wieder an, ist wie bei der erstmaligen Anwendung der Neubewertungsmethode der Unterschiedsbetrag zwischen den fortgeführten Anschaffungskosten und dem Neubewertungsbetrag nach Abzug der darauf entfallenden passiven latenten Steuern erfolgsneutral in die Neubewertungsrücklage einzustellen (IAS 36.119). Lediglich in der Höhe, in der eine vorangegangene Wertminderung erfolgswirksam als Aufwand erfasst wurde, ist auch die Wertaufholung ertragswirksam zu berücksichtigen (IAS 36.120 und → § 5 Rn 136).

41 Gem **IFRIC 1** führt auch die Änderung von Rückstellungen für Entsorgungs-, Wiederherstellungs- und ähnliche Verpflichtungen zu einer erfolgsneutral zu erfassenden Änderung der Neubewertungsrücklage, wenn der zugehörige Vermögenswert selbst nach der Neubewertungsmethode bewertet wird (IFRIC 1.6(d)). Dieser Effekt ist in einer gesonderten Zeile als Veränderung der Neubewertungsrücklage innerhalb der Eigenkapitalveränderungsrechnung auszuweisen.

II. Marktbewertungen von Wertpapieren und finanziellen Schulden

IAS 39.55(b) schreibt dem Bilanzierenden vor, bei finanziellen Vermögenswerten, die der Kategorie **„zur Veräußerung verfügbar"** zugeordnet wurden, die Änderung des beizulegenden Zeitwerts als gesonderten Posten innerhalb des Eigenkapitals zu berücksichtigen, bis der entspr finanzielle Vermögenswert verkauft, eingezogen oder anderweitig abgegangen ist. Ausgenommen von dieser Regelung sind uU Wertminderungsverluste und Ergebnisse aus Fremdwährungsumrechnungen, Transaktionskosten sowie Zinsen und Dividenden. Unter wirtschaftlicher Betrachtung können diese Sachverhalte die Wirkung einer Effektivzinsminderung haben, die erfolgswirksam in der Ergebnisrechnung des Unternehmens erfasst werden sollte (so auch *Lüdenbach/Hoffmann/Freiberg* IFRS § 28 Rz 159). IAS 39.55(b) sieht deshalb für Fremdkapitalinstrumente mit fester Laufzeit eine zeitliche Verteilung von Transaktions-, Agio- und sonstigen Unterschiedsbeträgen über die Laufzeit unter Verwendung der Effektivzinsmethode vor. 42

Soweit bei der Bewertung von Wertpapieren nach IAS 39 die Effektivzinsmethode nach IAS 39.9 zur Anwendung kommt, ist zunächst der Barwert zu berechnen, der im Zugangszeitpunkt als Anschaffungskosten zugrunde gelegt wird. In den nachfolgenden Perioden werden diese Aufzinsungsbeträge im Rahmen der Folgebewertung als Zinsertrag und damit erfolgswirksam erfasst (IAS 39.55), während die übrigen **Marktwertänderungen** erfolgsneutral in der Rücklage für Marktbewertung nach IAS 39 ausgewiesen werden. 43

Das zum **Abgangszeitpunkt des Wertpapiers** innerhalb der Rücklage für Marktbewertung von Wertpapieren im kumulierten sonstigen Ergebnis angesammelte Bewertungsergebnis ist gem IAS 39.55(b) bei Abgang des Wertpapiers erfolgswirksam aufzulösen. Das erfolgswirksame Recycling der zunächst im kumulierten sonstigen Ergebnis erfassten Wertänderungen erfolgt also in einer Summe zum Abgangszeitpunkt.

Nach **IFRS 9** können bestimmte finanzielle Vermögenswerte vom bilanzierenden Unternehmen der Bewertungskategorie ***„fair value through OCI"*** zugeordnet werden. Es handelt sich dabei um 44

(1) gehaltene Eigenkapitalinstrumente iSv IFRS 9.5.7.1(b), für welche nach IFRS 9.5.7.5 eine Erfassung der Wertänderungen innerhalb des sonstigen Ergebnisses gewählt wurde, **ohne** dass später jedoch ein *reclassification adjustment* vorgesehen ist; sowie um
(2) finanzielle Vermögenswerte iSv IFRS 9.4.1.2A, für die nach IFRS 9.5.7.10 zunächst eine Erfassung der Wertänderungen im sonstigen Ergebnis erfolgt, wobei im Zeitpunkt ihres Abgangs ein erfolgswirksames *reclassification adjustment* vorzunehmen ist.

Demzufolge ist nach Inkrafttreten von **IFRS 9** hinsichtlich der Umgliederung von innerhalb des kumulierten sonstigen Ergebnisses erfassten Wertänderungsbeträgen in den Gewinn und Verlust wie folgt zu differenzieren:

Beruht die Klassifizierung auf dem Wahlrecht eines berichtenden Unternehmens, **Investments in Eigenkapitalpapiere** eines anderen Unternehmens, die nicht zu Handelszwecken gehalten werden und keine bedingte Gegenleistung des Erwerbers im Rahmen eines Unternehmenszusammenschlusses gem IFRS 3 darstellen, hinsichtlich der Änderungen ihres beizulegenden Zeitwerts im sonstigen Ergebnis zu erfassen, so ist dieses **Wahlrecht unwiderruflich** zu Beginn des Investments für dessen gesamte Laufzeit auszuüben (IFRS 9.5.7.5). Die erfolgsneutrale Erfassung gilt gleichwohl nicht für Dividenden, auf die das Unternehmen einen Zahlungsanspruch gem IAS 18 bzw IFRS 15 hat (IFRS 9.5.7.6). Diese sind – analog zu den derzeitigen Regelungen des IAS 39.55(b) betreffend zur Veräußerung verfügbare Wertpapiere – erfolgswirksam in der GuV zu erfassen. Nach IFRS 9 ist eine **erfolgswirksame Umgliederung** des kumulierten Effekts aus den im sonstigen Ergebnis erfassten Wertänderungen von Eigenkapitalinstrumenten, für die das Wahlrecht des IFRS 9.5.7.5 in Anspruch genommen wurde, **nicht vorgesehen.** Die entspr Beträge verbleiben somit im kumulierten sonstigen Ergebnis; allerdings sieht IFRS 9.B5.7.1 die Möglichkeit einer **Umgliederung innerhalb des Eigenkapitals** vor, soweit davon nicht die GuV bzw der erfolgswirksame Teil der Gesamtergebnisrechnung betroffen ist. Damit bedeutet die Ausübung des Wahlrechts zur Erfassung von Wertänderungen bei Eigenkapitalinstrumenten im sonstigen Ergebnis für den Bilanzierenden zugleich eine Entscheidung über den Verzicht auf eine Erfolgswirkung der Bewertungseffekte auch im Zeitpunkt der Beendigung des Investments. Lediglich eine erfolgsneutrale Umbuchung innerhalb des Eigenkapitals von einem gesonderten Posten des kumulierten sonstigen Ergebnisses in die Gewinnrücklagen ist für diese Finanzinstrumente möglich. IFRS 9.B5.7.1 gibt keinen expliziten Zeitpunkt für eine solche Umbuchung vor, gleichwohl bietet sich uE eine Umbuchung im Zeitpunkt des Abgangs des Eigenkapitalinstruments an. Denn obwohl eine solche Umgliederung nach dem Wortlaut des Standards eine freiwillige Option für das bilanzierende Unternehmen darstellt, sollten im Interesse der Klarheit der Darstellung innerhalb des gesonderten Postens des kumulierten sonstigen Ergebnisses nur die kumulierten Wertänderungen derjenigen erfolgsneutral zum beizulegenden Zeitwert bilanzierten Eigenkapitalinstrumente ausgewiesen werden, die sich noch zum Abschlussstichtag im Besitz des Unternehmens befinden.

Handelt es sich hingegen um finanzielle Vermögenswerte, die nach IFRS 9.4.1.2A innerhalb eines Geschäftsmodells **sowohl zur Vereinnahmung vertraglicher Cashflows als auch zur möglichen Veräußerung** gehalten werden und die regelmäßige Zahlungstermine aufweisen, sind diese nach IFRS 9.5.7.10 grds zum beizulegenden Zeitwert zu bewerten und die Wertänderungen innerhalb des sonstigen Ergebnisses zu erfassen. Es handelt sich bei dieser Bewertung nicht um ein Wahlrecht. Stattdessen ist diese Einordnung verpflichtend vorzunehmen, sofern nicht im Einzelfall von der *fair value option* Gebrauch gemacht wird mit der Folge, dass Wertänderungen dann erfolgswirksam zu erfassen sind. Bei einem Abgang dieser Finanzinstrumente schreibt IFRS 9.5.7.10 eine erfolgswirksame **Umgliederung in den Gewinn und Verlust** *(reclassification adjustment)* vor. Ausgenommen von der Erfassung der Wertänderungen innerhalb des sonstigen Ergebnisses sind auch hier Wertminderungsverluste und Ergebnisse aus Fremdwährungsumrechnungen, Transaktionskosten sowie Zinsen und Dividenden. IFRS 9.5.7.10 sieht deshalb für Fremdkapitalinstrumente mit fester Laufzeit eine zeitliche Verteilung von Transaktions-, Agio- und sonstigen Unterschiedsbeträgen über die Laufzeit unter Verwendung der Effektivzinsmethode vor. Damit entsprechen die Regelungen weitgehend denjenigen aus IAS 39.55(b).

45 Zudem sieht IFRS 9 erstmals vor, dass Wertänderungen aus **Veränderungen des eigenen Kreditrisikos von finanziellen Schulden,** die nach ihrer erstmaligen Erfassung erfolgswirksam zu ihrem beizulegenden Zeitwert bewertet werden, im sonstigen Ergebnis zu erfassen sind (IFRS 9.5.7.7; vgl *Weber/Lauer* KoR 2015, 79 (80f)). Auch für diese Wertveränderungen ist eine spätere Umbuchung in die GuV bzw den erfolgswirksamen Teil der Gesamtergebnisrechnung ausgeschlossen (IFRS 9.B.5.7.9). Im Übrigen ist eine Umgliederung innerhalb des Eigenkapitals (zB in die Gewinnrücklagen) jedoch zulässig und sollte, analog zu den Ausführungen in → Rn 44 dann erfolgen, wenn das entspr Schuldinstrument bei dem bilanzierenden Unternehmen abgeht. Eine solche Umgliederung ist in der Matrixdarstellung der Eigenkapitalveränderungsrechnung (→ Rn 28) in einer separaten Umbuchungszeile darzustellen.

Eine **spaltenweise Differenzierung** in der Eigenkapitalveränderungsrechnung zwischen den Bestandteilen des OCI-Postens für Marktbewertungen, für die ein *reclassification adjustment* vorgesehen ist, und denjenigen, die auch dauerhaft keine Erfolgsauswirkung haben, wird vom IASB explizit nicht gefordert. Gleichwohl ist eine solche Aufteilung geeignet, den Informationsgehalt der Darstellung im Hinblick auf zukünftige Beeinflussungen der Ertragslage des berichtenden Unternehmens zu erhöhen, weshalb sich eine freiwillige Differenzierung in der Darstellung des kumulierten sonstigen Ergebnisses anbietet.

III. Cashflow Hedge Reserve

Eine ähnliche Vorgehensweise wie bei der Wertänderungserfassung von zur Veräußerung verfügbaren Vermögenswerten schreibt IAS 39.95/IFRS 9.6.5.11 für die **Wertänderungen von *cashflow hedges*** vor. Danach ist der Gewinn oder Verlust eines wirksamen Sicherungsgeschäfts bis zur Realisierung des gesicherten Grundgeschäfts innerhalb des Eigenkapitals zu erfassen und in der Eigenkapitalveränderungsrechnung, sofern wesentlich, gesondert darzustellen (vgl hierzu ausführlich → § 23 Rn 82 ff). 46

Aufgrund der analogen Vorgehensweise der temporären Erfassung kumulierter Wertänderungen von finanziellen Vermögenswerten, deren Wertänderungen erfolgsneutral innerhalb des sonstigen Ergebnisse zu erfassen sind einerseits und *cashflow hedge* Reserven andererseits werden die beiden Posten in der Bilanz und innerhalb der Darstellung der Eigenkapitalveränderungsrechnung in der Bilanzierungspraxis nach IAS 39 in vielen Fällen **zusammengefasst** und unter der Bezeichnung „Rücklage für Marktbewertung“ ausgewiesen. Unter Berücksichtigung des Wortlauts von IAS 39.55/IFRS 9.5.7.10 und IAS 39.95/IFRS 9.6.5.11, der analogen Vorgehensweise sowie der entspr erläuternden Anhangangaben erscheint eine solche Zusammenfassung in der Bilanz und in der Eigenkapitalveränderungsrechnung sachgerecht. 47

Bei **teileffektiven Sicherungsverhältnissen** im Rahmen eines *cashflow hedge* ist der **ineffektive Teil** der Wertänderung des Sicherungsinstruments nach IAS 39.95(b)/IFRS 9.6.5.11(c) direkt in den Periodenerfolg einzubeziehen. Ein Umgliederungsbetrag in der Eigenkapitalveränderungsrechnung erübrigt sich insoweit. Die erfolgswirksame Erfassung des **effektiven Teils** der Wertänderungen des Sicherungsgeschäfts wird bei Beendigung des Sicherungszusammenhangs und der Erfolgswirksamkeit des gesicherten Grundgeschäfts vorgenommen (IAS 39.97, IAS 39.98 und IAS 39.100/IFRS 9.6.5.11(d) bei planmäßiger Beendigung des Sicherungsgeschäfts bzw IAS 39.101(c)/IFRS 9.6.5.12(b) bei Wegfall des Sicherungszusammenhangs; vgl → § 23 Rn 84). 48

(einstweilen frei) 49

IV. Erfolgsneutral erfasste Neubewertungen der Nettoschuld nach IAS 19

Mit Inkrafttreten der derzeit gültigen Fassung des IAS 19 im Jahr 2011 wurde das zuvor bestehende Wahlrecht zur Erfassung versicherungsmathematischer Gewinne und Verluste im sonstigen Ergebnis durch eine entspr Verpflichtung ersetzt (IAS 19.120(c) iVm IAS 19.127(a)) und gleichzeitig der Kreis der innerhalb des **sonstigen Ergebnisses** zu erfassenden Wertänderungen auf alle **Neubewertungen der Nettoschuld aus leistungsorientierten Plänen** erweitert. Diese umfassen nach IAS 19.127 nun folgende Bestandteile (zu Einzelheiten vgl → § 26 Rn 89): 50

(1) versicherungsmathematische Gewinne und Verluste,
(2) den Ertrag aus Planvermögen ohne Nettozinsen auf die Nettoschuld aus leistungsorientierten Versorgungsplanen, und
(3) Veränderungen in der Auswirkung der Vermögensobergrenze ohne Nettozinsen auf die Nettoschuld aus leistungsorientierten Versorgungsplänen.

51 Im Unterschied zu anderen Posten des sonstigen Ergebnisses hat der IASB für diese Beträge **keine eigenständige Zuordnungsvorschrift innerhalb der Eigenkapitalveränderungsrechnung** in den Standard aufgenommen. Auch aus den Darstellungsbeispielen in IAS 1.IG6 iVm IAS 1.96 lässt sich eine Pflicht zum Ausweis eines gesonderten Eigenkapitalpostens innerhalb des kumulierten sonstigen Ergebnisses in der Eigenkapitalveränderungsrechnung für diese Wertveränderungen aus Neubewertungen der Nettoschuld leistungsorientierter Versorgungspläne nicht ableiten. Als Begründung wird in IAS 19.BC100 ausgeführt, dass der Begriff der Gewinnrücklagen nicht eindeutig und jurisdiktionsunabhängig abzugrenzen sei. Deshalb habe man auf spezifische Zuordnungsregeln innerhalb des Eigenkapitals verzichtet. Damit ist lediglich sicherzustellen, dass die Erfassung der Neubewertungen der Nettoschuld aus leistungsorientierten Versorgungsplänen erfolgsneutral erfolgt (vgl *Oldewurtel/Kümpel/Wolz* KoR 2011, 449 (455 f)). Aus dem Verzicht auf eine Zuweisungsvorschrift lässt sich uE ein implizites Wahlrecht hinsichtlich des Ausweises der entspr Beträge ableiten. So wird es nunmehr als zulässig anzusehen sein, innerhalb des kumulierten sonstigen Ergebnisses einen eigenständigen Posten zu dotieren. In diesem Fall wäre in die Darstellung der Eigenkapitalveränderungsrechnung eine separate Spalte im kumulierten sonstigen Ergebnis aufzunehmen. Da eine solche Spaltenerweiterung in der Beispielvorlage des IAS 1.IE6 jedoch nicht aufgenommen wurde, ist davon auszugehen, dass der IASB weiterhin von einer Erfassung innerhalb eines anderen Eigenkapitalpostens (idR wohl weiterhin den Gewinnrücklagen) ausgeht. Damit ist bereits im Zuge der Verteilung des Gesamtergebnisses der Periode (→ Rn 74 f) – anders als bei den Neubewertungsbeträgen gem IAS 16 für Sachanlagen und IAS 38 für immaterielle Vermögenswerte – in der Eigenkapitalveränderungsrechnung eine direkte Erfassung der Gewinne und Verluste in den Gewinnrücklagen in der Periode des Anfalls ebenso möglich wie der gesonderte Ausweis eines Postens innerhalb des sonstigen Ergebnisses.

52 Unabhängig von der Darstellung innerhalb der Eigenkapitalveränderungsrechnung ist eine spätere Umgliederung in die GuV bzw den erfolgswirksamen Teil der Gesamtergebnisrechnung ***(reclassification adjustment)*** nach IAS 19.122 explizit ausgeschlossen, allerdings wird die **Möglichkeit** eröffnet, die erfassten Neubewertungen der Nettoschuld aus leistungsorientierten Versorgungsplänen **innerhalb des Eigenkapitals umzugliedern,** solange keine Umgliederung in den erfolgswirksamen Teil der Gesamtergebnisrechnung daraus resultiert. Eine solche Umgliederung innerhalb des Eigenkapitals wird regelmäßig nur dann vorgenommen werden können, wenn die Beträge zuvor in einer eigenen Spalte ausgewiesen wurden. Hinsichtlich des Zeitpunkts der Umgliederung enthält IAS 19.122 keine explizite Vorgabe. Es erscheint jedoch im Hinblick auf die zu vermittelnde Information sinnvoll, eine solche Umgliederung im Zeitpunkt des Abgangs der entspr Pensionsverpflichtung vorzunehmen. In diesem Fall ist die Umgliederung auch in der Eigenkapitalveränderungsrechnung der Abgangsperiode als eigene Zeile darzustellen. Allerdings ist eine Umgliederung der kumulierten erfolgsneutral erfassten Neubewertungen der Nettoschuld aus leistungsorientierten Versorgungsplänen nur unter Berücksichtigung der Grundsätze der **Ausweis- bzw Darstellungsstetigkeit** vorzunehmen und entspr im Abschluss zu **erläutern.**

V. Währungsumrechnungsdifferenzen nach IAS 21

1. Umrechnung des Abschlusses eines ausländischen Geschäftsbetriebs

Die Umrechnung von Fremdwährungs-Einzelabschlüssen ausländischer Geschäftsbetriebe in die Berichtswährung der berichtenden Einheit richtet sich gem IAS 21 nach deren **funktionaler Währung.** Weicht diese von der funktionalen Währung des berichtenden Konzerns ab, ist eine Umrechnung des Abschlusses dieses Geschäftsbetriebs vorzunehmen. In der praktischen Anwendung sind hiervon insbes Abschlüsse ausländischer TU im Konzern betroffen (vgl zur Währungsumrechnung im Konzern ausführlich § 33). 53

Die Umrechnung von Fremdwährungsabschlüssen von Konzernunternehmen, deren funktionale Währung eine Fremdwährung darstellt, erfolgt gem IAS 21.39 nach der **modifizierten Stichtagskursmethode.** Die sich dabei aus der Umrechnung der Bilanzposten zu Stichtagskursen sowie der Posten der Gesamtergebnisrechnung zu Transaktionskursen ergebenden Währungskursdifferenzen sowie deren Entwicklung im Zeitablauf sind nach IAS 21.39(c) zunächst im kumulierten sonstigen Ergebnis in einem eigenen Posten innerhalb des Eigenkapitals auszuweisen. 54

Bei **Veräußerung bzw Entkonsolidierung** des Konzernunternehmens werden die bis dahin im kumulierten sonstigen Ergebnis in der Rücklage für Währungsumrechnung erfassten Unterschiedsbeträge in die Berechnung des Gesamterfolgs aus der Veräußerung einbezogen. Dabei erfolgt eine erfolgswirksame Umgliederung *(reclassification adjustment)* aus dem sonstigen Ergebnis (IAS 21.48). Entspr ist auch bei den in IAS 21.48A bis IAS 21.48D aufgeführten **Teilveräußerungen** von TU, Gemeinschafts- oder assoziierten Unternehmen mit abweichender funktionaler Währung vorzugehen mit Ausnahme von Teilveräußerungen von TU, die nicht zu einem Beherrschungsverlust führen (IAS 21.48D Satz 1). Diese Teilveräußerungen führen nicht zur Entkonsolidierung, sondern zu einer erfolgsneutralen Umgliederung der anteiligen Rücklage für Währungsumrechnung in die Anteile nicht-beherrschender Gesellschafter. Entspr kommt es nicht zu einer erfolgswirksamen Umgliederung der kumulierten Währungsumrechnungsdifferenzen. 55

2. Währungssicherung einer Auslandsinvestition

IAS 39.86(c) bzw IFRS 9.6.5.14 erlauben unter Bezugnahme auf IAS 21.47f die **Absicherung des Währungsrisikos aus der Nettoinvestition in ausländische Geschäftsbetriebe** und die Behandlung des Sicherungszusammenhangs als Sicherungsgeschäft iSv IAS 39/IFRS 9 (vgl → § 33 Rn 23ff). Durch diese Qualifikation wird das Währungsergebnis aus dem Sicherungsinstrument ebenso wenig erfolgswirksam behandelt wie das Ergebnis aus der Währungsumrechnung der betrachteten ausländischen Einheit. 56

Der **Buchwert des bilanzierten Eigenkapitals** der ausländischen Einheit begrenzt den in das Sicherungsgeschäft einzubeziehenden Anteil des Sicherungsinstruments. IFRIC 16 stellt hierzu klar, dass nur Differenzen zwischen der funktionalen Währung des MU und derjenigen des TU sicherbare Beträge im Rahmen der Sicherungsbeziehung darstellen. Bei mehrstufigen Konzernen ist es dabei nicht entscheidend, auf welcher Konzernstufe die Berechnung des Exposures vorgenommen wird. 57

Im Zeitpunkt der **Veräußerung oder der Entkonsolidierung** der ausländischen Einheit werden zusätzlich zu den innerhalb des Eigenkapitals erfassten kumulierten Währungsumrechungsdifferenzen nach IAS 21 grds auch die kumulierten Wertänderungen des designierten Sicherungsinstruments als Umgliederungsbetrag durch Einbeziehung in den Entkonsolidierungserfolg berücksichtigt. Dies gilt nach IFRIC 16.4 unabhängig davon, welche Konzerneinheit das Sicherungsinstrument hält (zu IFRIC 16 vgl ausführlich → § 33 Rn 27).

3. Umrechnung in eine abweichende Berichtswährung

58 Ein berichtendes Unternehmen kann gem IAS 21.38 seinen Abschluss **in jeder beliebigen Währung** darstellen. Weicht diese Darstellungswährung von der funktionalen Währung des Unternehmens ab, ist eine Umrechnung des Abschlusses in die Darstellungswährung erforderlich. Dies kann bspw gegeben sein, wenn ein Unternehmen neben der funktionalen Währung Euro für US-amerikanische Investoren einen Abschluss in der alternativen Berichtswährung US-$ aufstellt.

Die Umrechnung in eine abweichende Berichtswährung ist nach IAS 21.39 unter Verwendung der **modifizierten Stichtagskursmethode** vorzunehmen; sie entspricht damit systematisch der Umrechnung von Abschlüssen ausländischer Geschäftsbetriebe bzw TU (→ Rn 53). Die sich ergebenden Währungskursdifferenzen sind ebenfalls in den Währungsumrechnungsposten innerhalb des kumulierten sonstigen Ergebnisses einzustellen.

59 Unterschiede zu kumulierten Währungskursdifferenzen aus der Umrechnung der Abschlüsse ausländischer TU mit abweichender funktionaler Währung ergeben sich hinsichtlich der Umrechnung des Abschlusses eines berichtenden MU in eine abweichende Berichtswährung. Die aus diesem Umrechnungsprozess resultierenden kumulierten Währungskursdifferenzen werden in späteren Perioden **nicht in die GuV bzw den erfolgswirksamen Teil der Gesamtergebnisrechnung umgegliedert**. Dies ergibt sich aus der Anforderung des IAS 21.48, wonach Voraussetzung für eine solche erfolgswirksame Umgliederung *(reclassification adjustment)* der Abgang der entspr Konzerneinheit (ausländisches TU) ist. Entspr fordert auch IAS 21.49 die Beendigung der Investition in einen ausländischen Geschäftsbetrieb als Bedingung für die Umgliederung in die GuV bzw den erfolgswirksamen Teil der Gesamtergebnisrechnung. Resultiert eine kumulierte Währungsumrechnungsdifferenz jedoch aus der Umrechnung des Abschlusses des MU, so ist ein Abgang der betroffenen Konzerneinheit gleichbedeutend mit der Auflösung des Konzerns in seiner bisherigen Form. Da IAS 21 keine anderen Auslöser für ein *reclassification adjustment* kennt, verbleibt dieser Teil des Postens für kumulierte Währungskursdifferenzen während der gesamten restlichen Dauer des Konzerns im kumulierten sonstigen Ergebnis.

VI. Sukzessiver Anteilserwerb

60 Finden innerhalb eines Konzerns mehrere Einzeltransaktionen zum Erwerb weiterer Anteile statt, ist zu differenzieren, ob durch die jeweilige Transaktion **erstmals** ein **Beherrschungsverhältnis** begründet wird (Anteilserwerb mit Statuswechsel). Während eine Transaktion, die ein bereits bestehendes Beherrschungsverhältnis weiter aufstockt (statuswahrender Anteilserwerb) als reine Eigenkapitaltransaktion zu behandeln ist (zu Einzelheiten vgl → § 34 Rn 254), war bei einem Zuerwerb von Anteilen, die erstmalig zu einem Beherrschungsverhältnis führt (Anteilserwerb mit Statuswechsel, vgl → § 34 Rn 253 ff) nach IFRS 3.59 (2004) jede einzelne Transaktion hinsichtlich der erworbenen Vermögenswerte und Schulden sowie der sich ergebenden Unterschiedsbeträge **einzeln zu beurteilen.** Bei einem sukzessiven Anteilserwerb beeinflussten jedoch die im Rahmen der jeweils jüngsten Transaktion ermittelten beizulegenden Zeitwerte

auch den Wertansatz von Vermögenswerten und Schulden aus einer zurück liegenden Teilakquisition. Die **Anpassung der Wertansätze** der zuvor idR mit fortgeführten Anschaffungskosten bewerteten Vermögenswerte und Schulden an den im Rahmen des Anteilserwerbs ermittelten beizulegenden Zeitwert für diese Vermögenswerte und Schulden hatte nach IFRS 3 (2004) den Charakter einer Neubewertung und war auch als solche erfolgsneutral innerhalb des Eigenkapitals darzustellen (IFRS 3.59 (2004)). Damit ergab sich (ggf) auch im Falle des sukzessiven Anteilserwerbs die Notwendigkeit zum Ausweis einer **erfolgsneutral zu dotierenden Neubewertungsrücklage** innerhalb der Eigenkapitalveränderungsrechnung. Zu beachten war allerdings, dass eine so entstandene Neubewertungsrücklage keine Bindungswirkung für gleichartige Vermögenswerte oder im Zeitverlauf entfaltete. Deshalb bot es sich an, die Neubewertungsrücklage aus sukzessivem Anteilserwerb **getrennt** von derjenigen nach IAS 16 bzw IAS 38 innerhalb der Eigenkapitalveränderungsrechnung darzustellen. Für Altfälle (Unternehmenserwerbe vor Inkrafttreten des IFRS 3 in der derzeit gültigen Fassung) kann die vorstehend beschriebene Vorgehens- und Darstellungsweise weiterhin geboten sein. Für solche Fälle sollten jedoch unbedingt erläuternde Anhangangaben gemacht werden, aus denen die betroffenen Altfälle und die zur Anwendung gelangte Vorgehensweise bei der Ermittlung der Wertansätze hervorgehen. Entspr gilt, sofern im Rahmen der Übergangskonsolidierung von der Finanzinvestition auf die Equity-Methode infolge sukzessiven Anteilserwerbs eine IFRS 3.59 (2004) vergleichbare Vorgehensweise gewählt wurde.

Mit Einführung des **IFRS 3** in der derzeit gültigen Fassung hat der IASB die 61
Behandlung der Anpassungsbeträge aus der Bewertung zum beizulegenden Zeitwert dahingehend geändert, dass die bereits vor dem Statuswechsel dem MU zuzurechnenden (Alt-)Anteile an dem betrachteten TU zum beizulegenden Zeitwert zu bewerten sind, wobei eine Differenz zwischen diesem beizulegenden Zeitwert und dem bisherigen (Konzern-)Buchwert der Anteile **erfolgswirksam** in der **Gesamtergebnisrechnung** oder der **gesonderten GuV** (sofern erstellt) zu erfassen ist. Sodann erfolgt eine Aufrechnung der zum beizulegenden Zeitwert bewerteten (Alt-)Anteile mit dem anteiligen Nettovermögen des TU auf der Grundlage der Wertverhältnisse im Zeitpunkt der Kontrollerlangung. Eine Neubewertungsrücklage kann damit systembedingt nicht mehr entstehen (s ausführlich → § 37 Rn 32ff). Diese Vorgehensweise wird vom IASB damit begründet, dass es sich bei der Erlangung der Beherrschung um einen fundamentalen Wechsel in der Darstellung des Unternehmens innerhalb des Konzernabschlusses handelt (IFRS 3.BC384). Wurden zuvor nur eine Beteiligung oder Anteile an einem assoziierten bzw Gemeinschaftsunternehmen ausgewiesen, so erfasst das MU mit dem Statuswechsel die einzelnen Vermögenswerte und Schulden, Aufwendungen und Erträge des TU innerhalb seines Konzernabschlusses.

Wird eine vor Erlangung der Beherrschung bestehende Beteiligung an einem TU **vor dem Statuswechsel** nach IAS 39 als **„zur Veräußerung verfügbar"** qualifiziert und zum beizulegenden Zeitwert bilanziert, so sind Änderungen des Zeitwerts der betroffenen Anteile gem IAS 39.55(b) innerhalb des sonstigen Ergebnisses zu erfassen (vgl → Rn 42ff). Gleiches gilt nach Inkrafttreten von IFRS 9 für Investments in Eigenkapitalinstrumente, bei denen unter Ausübung des Wahlrechts des IFRS 9.5.7.5 Wertänderungen direkt im sonstigen Ergebnis erfasst werden. Da der IASB den Statuswechsel als Abgang der bisherigen Beteiligung bei gleichzeitigem Zugang der Vermögenswerte und Schulden des TU interpretiert (IFRS 3.BC389), ist der im Eigenkapital kumulierte Gewinn oder Verlust aus den Marktbewertungen nach IAS 39 der Vergangenheit zum Zeitpunkt des Statuswechsels erfolgswirksam zu realisieren (IFRS 3.42). In diesen Fällen ist innerhalb der Gesamtergebnisrechnung ein Abgang der kumulierten

Bewertungseinheiten aus der Zeit vor Erlangung der Beherrschung auszuweisen. Die Eigenkapitalveränderungsrechnung wird gem IAS 1 hierdurch nicht mehr betroffen. Eine implizite Darstellung erfolgt allerdings über die Aufteilung des Periodengesamtergebnisses (vgl → Rn 74). Da IFRS 9 ein *reclassification adjustment* hinsichtlich erfolgsneutral erfasster Wertänderungen aus Eigenkapitalinstrumenten nicht mehr vorsieht, sind diese Posten auch im Fall eines Anteilserwerbs mit Statuswechsel nicht mehr erfolgswirksam aufzulösen, sondern innerhalb des Eigenkapitals umzubuchen.

VII. Erfolgsneutrale Eigenkapitalveränderungen bei at equity bilanzierten Unternehmen

62 Nach IAS 28.10 sind **Beteiligungen** an **assoziierten Unternehmen** und an **Gemeinschaftsunternehmen** im Konzernabschluss grds nach der Equity-Methode zu bilanzieren. Lediglich für bestimmte Kapitalanlagegesellschaften besteht ein Wahlrecht, die entspr Anteile erfolgswirksam zum beizulegenden Zeitwert in Übereinstimmung mit IAS 39/IFRS 9 zu bilanzieren (hierzu ausführlich → § 36 Rn 9 ff). Bei Anwendung der Equity-Methode werden die Veränderungen innerhalb des Eigenkapitals des Beteiligungsunternehmens **phasengleich** bei dem beteiligten Unternehmen erfasst, dementsprechend sind Veränderungen des sonstigen Ergebnisses des Beteiligungsunternehmens auch bei dem berichtenden beteiligten Unternehmen als Veränderungen des sonstigen Ergebnisses darzustellen.

63 Das von dem nach der Equity-Methode berücksichtigten assoziierten oder Gemeinschaftsunternehmen **anteilig** in den Konzernabschluss übernommene **sonstige Ergebnis** ist gem IAS 1.82(h) **gesondert** innerhalb der **Gesamtergebnisrechnung auszuweisen.** Nach IAS 1.82A sind die anteiligen sonstigen Ergebnisse aus assoziierten Unternehmen in die getrennte Darstellung der umgliederungsfähigen und nicht umgliederungsfähigen Komponenten des sonstigen Ergebnisses einzubeziehen und separat auszuweisen. Eine ebenfalls gesonderte Darstellung innerhalb der Eigenkapitalveränderungsrechnung wird hingegen nicht explizit gefordert. In der beispielhaften Darstellung der Eigenkapitalveränderungsrechnung in IAS 1.IG6 wird das anteilig übernommene sonstige Ergebnis nicht als separate Komponente dargestellt, sondern der Neubewertungsrücklage zugeordnet, da das entspr sonstige Ergebnis des assoziierten Unternehmens annahmegemäß ausschließlich auf Neubewertungen von Sachanlagen zurückzuführen ist (IAS 1.IG6 Anmerkung (a) und (b) zur Eigenkapitalveränderungsrechnung). Im Interesse einer konsistenten und transparenten Berichterstattung ist jedoch uE auch innerhalb der **Eigenkapitalveränderungsrechnung** die Darstellung der Effekte aus der Übernahme des anteiligen sonstigen Ergebnisses aus *at equity* bewerteten Unternehmen in einer **gesonderten Spalte** ggü einer Aufteilung auf die einzelnen Komponenten des konzernbilanziellen sonstigen Ergebnisses zu befürworten.

Sofern bei *at equity* bewerteten assoziierten oder Gemeinschaftsunternehmen **erfolgsneutrale Eigenkapitalveränderungen** aufgrund von

(1) retrospektiven Änderungen von Bilanzierungs- und Bewertungsmethoden sowie Berichtigungen (wesentlicher) Fehler gem IAS 8 (→ § 36 Rn 132),
(2) dem Erwerb/der Veräußerung von Anteilen nicht-beherrschender Gesellschafter an TU unter Beibehaltung der Beherrschung im Konzernabschluss eines nach der Equity-Methode bewerteten assoziierten Unternehmens/Gemeinschaftsunternehmens (*changes in non-controlling interests;* → § 36 Rn 134) oder

(3) der Bilanzierung von Aktienoptionsplänen im Abschluss des assoziierten Unternehmens/Gemeinschaftsunternehmens (→ § 36 Rn 135f)

erfasst wurden, sind diese auch im Abschluss des Anteilseigners im Rahmen der Equity-Fortschreibung erfolgsneutral innerhalb der Gewinnrücklagen zu berücksichtigen. In der **Eigenkapitalveränderungsrechnung** kann die Darstellung alternativ in einer separaten Gewinnrücklage aus assoziierten Unternehmen/Gemeinschaftsunternehmen oder zusammengefasst mit den übrigen Konzerngewinnrücklagen erfolgen.

(einstweilen frei) **64–69**

D. Ursachen der Veränderungen des Eigenkapitals

Die Eigenkapitalveränderungsrechnung ist konzeptionell als **Matrixdarstellung** aufgebaut. Während die Spalten dieser Darstellung durch die Eigenkapitalposten in der Bilanz determiniert werden, stellen die **Zeilen** des Rechenwerks die Entwicklung dieser Posten über die Berichtsperiode und die Vergleichsperiode dar, wobei nach den Ursachen der Veränderungen differenziert wird. Nachdem sich die Zusammensetzung des Gesamtergebnisses der Periode nunmehr ausschließlich aus der Gesamtergebnisrechnung ergibt und dieses Gesamtergebnis nur noch als eine Zeile in die Eigenkapitalveränderungsrechnung eingeht (vgl → Rn 12), sind nunmehr drei grds Ursachenbereiche für Eigenkapitalveränderungen zu unterscheiden. **70**

I. Fehlerkorrektur und Änderung der Rechnungslegungsmethoden

Die **Korrektur von Bilanzierungsfehlern** in der Vergangenheit hat gem IAS 8.43 retrospektiv zu erfolgen, indem die Beträge der dargestellten Vergleichsperioden, in denen der zu korrigierende Fehler aufgetreten ist, angepasst werden. In den Fällen, in denen der Fehler bereits in einer Periode aufgetreten ist, die vor der frühesten dargestellten Periode liegt, ist der Eröffnungsbilanzsaldo so anzupassen, als ob der Fehler nie aufgetreten wäre (vgl zur Fehlerkorrektur ausführlich → § 45 Rn 45). Entspr ist bei einer **Anpassung der Rechnungslegungsmethoden** nach IAS 8.22 der Eröffnungsbilanzwert eines jeden Bestandteils des Eigenkapitals für die früheste dargestellte Periode sowie der sonstigen betroffenen Posten für jede frühere dargestellte Periode so anzupassen, als ob die neue Rechnungslegungsmethode stets angewandt worden wäre (vgl ausführlich → § 45 Rn 21ff). **71**

Die Anpassung von Beträgen in Vorperioden hat in beiden Fällen regelmäßig eine Anpassung des Vortragssaldos der **Gewinnrücklagen** innerhalb des Eigenkapitals zur Folge. Da diesen Veränderungen keine Transaktionen während der dargestellten Berichtsperioden zugrunde liegen, sieht das Gliederungsschema in IAS 1.IG6 für diese Anpassungen jeweils eine eigene Zeile innerhalb der Eigenkapitalveränderungsrechnung vor. Durch diese Darstellungsweise wird die Entwicklung des Eröffnungsbilanzsaldos der frühesten dargestellten Periode vor der Anpassung auf den Wert nach erfolgter Anpassung als Startwert für die Eigenkapitalveränderungen der Berichts- und der dargestellten Vorperioden gezeigt. Die Auswirkungen von Fehlerkorrekturen und Änderungen der Rechnungslegungsperioden innerhalb der dargestellten Vorperioden werden hingegen nicht als gesonderte Zeile dargestellt, sondern unmittelbar innerhalb der Periodenwerte erfasst. Dies entspricht systematisch dem Konzept der retrospektiven Anpassungen, **72** bei dem Vorperiodenbeträge so dargestellt werden sollen, als ob immer schon die angepasste Vorgehensweise angewandt worden wäre.

73 Neben den beiden explizit im Gliederungsschema des IAS 1.IG6 berücksichtigten Sachverhalten der Fehlerkorrektur und der Anpassung der Rechnungslegungsmethoden sind auch Anpassungen, die sich auf die **erstmalige Anwendung neuer Standards und Interpretationen** beziehen sowie solche, die aus **Kaufpreiskorrekturen** bei Unternehmenszusammenschlüssen nach IFRS 3 resultieren, als Vortragskorrekturen zu behandeln (vgl *Lüdenbach/Hoffmann/Freiberg* IFRS § 20 Rz 69). Sind die Anpassungen wesentlich, so sind zur Gewährleistung der Transparenz für die Anpassungen jeweils eigene Zeilen in die Saldovortragsüberleitung der Eigenkapitalveränderungsrechnung aufzunehmen.

II. Gesamtergebnis der Periode

74 Die zweite wesentliche Quelle von Eigenkapitalveränderungen im Zeitablauf stellt das **erwirtschaftete Periodenergebnis** dar. Dieses ist in Form des Gesamtergebnisses der Periode aus der Gesamtergebnisrechnung zu übernehmen (Zeile) und in der Eigenkapitalveränderungsrechnung den verschiedenen Eigenkapitalposten (Spalten) zuzuordnen.

Hinsichtlich des erfolgswirksamen Teils der Gesamtergebnisrechnung, also des **Gewinns oder Verlusts der Periode,** sieht IAS 1.IG6 die Zuordnung zu einem Eigenkapitalposten *(retained earnings)* vor. Im handels- und aktienrechtlichen Verständnis führt dies regelmäßig zu einer Zuweisung des Periodenbetrags zu den Gewinnrücklagen. Je nach gesetzlichen Rahmenbedingungen, denen das berichtende MU unterliegt, kann jedoch auch eine Zuordnung auf mehrere Rücklagenposten sachgerecht sein. Dies gilt insbes dann, wenn ein Teil des Gewinns oder Verlusts Restriktionen in Bezug auf die Verwendung bzw Ausschüttungsfähigkeit unterliegt, weil zB die lokalen Gesetze die Thesaurierung eines bestimmten Anteils des Ergebnisses in Form einer gesetzlichen Rücklage vorschreiben. Im Hinblick auf die unterschiedliche Beschaffenheit der betroffenen Eigenkapitalposten kann in solchen Fällen die Darstellung in unterschiedlichen Spalten unter Berücksichtigung der Angabeverpflichtung des IAS 1.17(b) sinnvoll sein.

75 Der Teil des Gesamtergebnisses, der **erfolgsneutral** erfasst wurde, ist nach IAS 1.106(d) den einzelnen Eigenkapitalbestandteilen des kumulierten sonstigen Ergebnisses zuzurechnen (→ Rn 36 ff). Durch diese Zurechnung wird in der Eigenkapitalveränderungsrechnung für jeden Posten des kumulierten sonstigen Ergebnisses gesondert eine Überleitung vom Beginn der frühesten dargestellten Periode auf den Stand am Abschlussstichtag dargestellt.

III. Transaktionen mit Anteilseignern

76 **Eigenkapitalmehrungen und -minderungen** aus **Transaktionen** mit (derzeitigen und potenziellen) **Anteilseignern** sowie **Kapitalumgliederungen** stellen den dritten Ursachenbereich von Eigenkapitalveränderungen im Zeitverlauf dar. Diese können in unterschiedlichen Formen auftreten. Während die Entstehung des Gesamtergebnisses der Periode in der Gesamtergebnisrechnung erläutert wird, sind Eigenkapitaltransaktionen mit Anteilseignern nur in der Eigenkapitalveränderungsrechnung darzustellen. Deshalb ist **jede wesentliche Transaktion in der Matrixdarstellung in einer eigenen Zeile** aufzuführen, damit die Effekte auf die einzelnen Eigenkapitalposten ersichtlich werden.

Zu diesen Transaktionen zählen zunächst **Kapitalerhöhungen,** die in Höhe ihres Nennwerts dem Posten des gezeichneten Kapitals und in Höhe eines ggf vereinnahmten Ausgabeaufschlags der Kapitalrücklage in der Eigenkapitalveränderungsrechnung zuzurechnen sind (zu Kapitalerhöhungen, insbes auch unterschiedlichen Ausprägungen, und zum Zeitpunkt ihrer Wirksamkeit vgl ausführlich → § 12 Rn 46ff). Dabei ist nur der geleistete Teil einer Barkapitalerhöhung zu berücksichtigen, während ausstehende Einlagen zu einer Kürzung des entspr Eigenkapitalpostens führen.

Von den übrigen Formen der Kapitalerhöhung, die zu einer Zunahme des Eigenkapitals des berichtenden Unternehmens insgesamt führen, ist die **Kapitalerhöhung aus Gesellschaftsmitteln** zu unterscheiden. Bei ihr gelangt kein zusätzliches Eigenkapital in das Unternehmen, vielmehr werden Gewinnrücklagen in gezeichnetes Kapital umgewandelt. Entspr stellt sich diese Form der Kapitalerhöhung in der Eigenkapitalveränderungsrechnung als reine Umbuchungstransaktion zwischen den beiden Posten (Spalten) dar. 77

In den IFRS weitgehend ungeregelt ist die Auswirkung von **verdeckten Einlagen** auf das Eigenkapital und, daraus folgend, die Darstellung in der Eigenkapitalveränderungsrechnung. Fraglich ist dabei insbes, ob ein von einem Anteilseigner dem Unternehmen überlassener Vermögenswert bilanziell in Höhe seines beizulegenden Zeitwerts zu einem Eigenkapitalzugang führt. Bei der verdeckten Einlage von Diensten ist entspr zu fragen, ob in Höhe des fremdüblichen Werts dieser Dienste Aufwand des berichtenden Unternehmens zu erfassen ist, wie dies durch IFRS 2.3Aff für den Spezialfall der Gewährung von Aktienoptionen durch einen Anteilseigner an die Arbeitnehmer des berichtenden Unternehmens explizit vorgeschrieben ist. Die in der Literatur vertretenen Auffassungen sehen hier überwiegend einen Ermessensspielraum für das bilanzierende Unternehmen, der zu einem faktischen Wahlrecht zwischen einer Nichtberücksichtigung in Gewinn und Verlust bzw der Bilanz und der Erfassung eines Eigenkapitalzugangs in Höhe des beizulegenden Zeitwerts des entspr Vermögenswerts bzw des fremdüblichen Werts der Nutzung führt (vgl bspw *pwc* 2015 Rz 9.27; *Deloitte* 2015, 233; *Lüdenbach/Hoffmann/Freiberg* IFRS § 20 Rz 80). Folgt man der letzteren Auffassung, ist in der Eigenkapitalveränderungsrechnung ein Zugang idR bei der Kapitalrücklage zu erfassen (zu Einzelheiten vgl → § 24 Rn 55).

Gem der konzeptionellen Unterscheidung zwischen eingezahltem und erwirtschaftetem Eigenkapital sind direkt der **Beschaffung von Eigenkapital zuzurechnende Kosten** nicht erfolgswirksam im Gewinn oder Verlust zu erfassen. IAS 32.35 schreibt vielmehr vor, dass die entspr Eigenkapitalbeschaffungskosten direkt von dem jeweils zugegangenen Eigenkapitalbetrag abgezogen werden müssen, sodass nur noch der reduzierte Betrag in der Eigenkapitalveränderungsrechnung als Zugang darzustellen ist. Diese Vorgehensweise unterscheidet die Eigenkapitalbeschaffungskosten von anderen erfolgsneutral zu behandelnden Transaktionen, insbes von der Erfassung von Wertänderungen im sonstigen Ergebnis, die als gesonderter Zeileneintrag in der Matrixdarstellung ersichtlich sind. Zu Umfang und Abgrenzung von Eigenkapitalbeschaffungskosten → § 12 Rn 34ff). 78

Einen **Sonderfall** von *owner movements in equity* stellen **anteilsbasierte Vergütungen** iSv IFRS 2 dar, da diese Transaktionen nicht notwendigerweise gegenwärtige, sondern auch potenzielle zukünftige Anteilseigner betreffen. Dabei werden an Dritte (insbes Mitarbeiter) Eigenkapitalinstrumente als Gegenleistung für erbrachte Leistungen übertragen (zB Aktienoptionsprogramme, vgl hierzu ausführlich → § 24 Rn 17ff sowie *Milla/Hanusch* IRZ 2008, 521 (526)). Programme, die in Eigenkapitalinstrumenten des Unternehmens beglichen werden *(equity settled share based payments)* führen nach IFRS 2.7 zu einer Erhöhung des Eigenkapitals in Höhe des beizulegenden Zeitwerts des bereits erhaltenen oder erworbenen Vorteils aus dem Erhalt von Gütern oder Dienstleistungen von den Begünstigten des entspr Programms. In der Eigenkapitalveränderungsrechnung stellt sich die Erhöhung als Zuführung zur Kapitalrücklage dar. Ein darüber hinaus bei Ausübung der Option vereinnahmter Betrag ist nach den allgemeinen Regelungen zu Kapitalerhöhungen auf gezeichnetes Kapital und Kapitalrücklage aufzuteilen.

Handelt es sich um eine **Vergütung für erbrachte Arbeitsleistungen**, die selbst nicht aktivierungsfähig sind, so entsteht bei dem bilanzierenden Unternehmen Personalaufwand (IFRS 2.8). Der Vorgang ist insoweit nicht erfolgsneutral. Die Gegenbuchung zum Personalaufwand bzw einem ggf zu aktivierenden Vermögenswert, für den die Gegenleistung gewährt wird, erfolgt im Eigenkapital (Kapitalrücklage) und ist insoweit auch in die Eigenkapitalveränderungsrechnung aufzunehmen.

79 Zu berücksichtigen sind andererseits solche Transaktionen mit Anteilseignern, die das Eigenkapital des berichtenden Unternehmens reduzieren. Hier sind zunächst **Kapitalherabsetzungen** zu nennen, wobei nach deutschem Gesellschaftsrecht zwischen ordentlichen Kapitalherabsetzungen nach §§ 222 bis 228 AktG bzw § 58 GmbHG und vereinfachten Kapitalherabsetzungen (§ 234 AktG bzw § 58e GmbHG, → § 12 Rn 50f) zu unterscheiden ist. Die ordentliche Kapitalherabsetzung führt zu einer Verminderung des Eigenkapitals insgesamt und ist entspr als Abgang des gezeichneten Kapitals in der Eigenkapitalveränderungsrechnung darzustellen. Dagegen dient die vereinfachte Kapitalherabsetzung dem Verlustausgleich und ist nicht mit einem Abfluss von Eigenkapital verbunden. Sie stellt sich deshalb in der Eigenkapitalveränderungsrechnung als reine Umbuchung zwischen gezeichnetem Kapital und Gewinnrücklagen dar.

80 Eine weitere Ursache der Verminderung des Eigenkapitals kann im **Erwerb und der damit verbundenen Einziehung eigener Anteile** liegen. Eigene Anteile sind nach IAS 32.33 als Abzug vom Eigenkapital darzustellen. Dabei kann dieser Abzug offen in der Bilanz erfolgen oder der Abzugsbetrag im Anhang erläutert werden (→ § 12 Rn 87). Die Art der Verrechnung ist in IAS 32 nicht verbindlich vorgegeben, weshalb nach *IDW* RS HFA 45 Rz 41 drei mögliche Verrechnungsformen in Betracht kommen:

(1) Reduzierung des Eigenkapitals in Höhe der Anschaffungskosten durch einen einheitlichen gesonderten Posten *(cost method),*
(2) Verrechnung in Höhe des Nennwerts der erworbenen Anteile mit dem gezeichneten Kapital und in Höhe des urspr Agios mit der Kapitalrücklage. Verbleibt ein Restbetrag, wird dieser von den Gewinnrücklagen abgezogen *(par value method),*
(3) Verrechnung in Höhe des Nennwerts der erworbenen Anteile mit dem gezeichneten Kapital. Eine verbleibende Differenz zu den Anschaffungskosten wird nach Ermessen des Unternehmens unter Beachtung der gesellschaftsrechtlichen Beschränkungen mit den übrigen Eigenkapitalposten verrechnet (modifizierte *par value method*).

Bei der Verrechnung sind jeweils die urspr berücksichtigten Eigenkapitalbeschaffungskosten mit einzubeziehen.

Die Darstellung in der Eigenkapitalveränderungsrechnung richtet sich nach der gewählten Vorgehensweise. Während bei der *cost method* ein gesonderter Posten (Spalte) zu dotieren ist, verteilt sich die Reduktion des Eigenkapitals bei den anderen zwei Methoden jeweils auf die betroffenen Eigenkapitalposten.

81 Werden in späteren Perioden die gehaltenen **eigenen Anteile wieder veräußert**, so ist bei der *cost method* zunächst der gesonderte Abzugsposten zu neutralisieren. Ein übersteigender Betrag ist der Kapitalrücklage zuzuführen. Ein Mindererlös ist entweder bei der Kapitalrücklage oder bei den Gewinnrücklagen zu kürzen (vgl *IDW* RS HFA 45 Rz 42). Bei Anwendung der (modifizierten) *par value method* ist die Wiederveräußerung wie eine Neuemission zu werten und erhöht das gezeichnete Kapital bzw die Kapitalrücklage. Im Falle eines Mindererlöses sind keine weiteren Anpassungen vorzunehmen, da eine Minderung der entspr Eigenkapitalposten bereits im Zuge der Einziehung der Anteile erfolgt ist.

Auch die Ausschüttung von **Dividenden** bewirkt eine Reduktion des Eigenkapitals und ist damit in der Eigenkapitalveränderungsrechnung als Transaktion mit Anteilseignern in einer eigenen Zeile abzubilden. Am Bilanzstichtag bereits beschlossene, aber noch nicht gezahlte Dividenden führen nach IAS 10.12 zum Ansatz einer Verbindlichkeit und wirken entspr eigenkapitalreduzierend (zu Dividenden vergleichbaren Sachverhalten *Senger* IRZ 2013, 173 (173)). Wird hingegen eine Dividende erst nach Ablauf der Berichtsperiode beschlossen, so führt dies nach IAS 10.13 noch nicht zu einer Eigenkapitalverminderung. Erfolgt der Beschluss noch während der Aufstellung des Abschlusses kann gleichwohl ein berichtspflichtiges Ereignis nach IAS 10 vorliegen und zu einer entspr Anhangangabe führen.

Durch die Ergänzung des IAS 32.35B hat der IASB klargestellt, dass in Fällen, in denen die Dividende aufgrund gespaltener Körperschaftsteuersätze bei dem ausschüttenden Unternehmen zu einem Steueraufwand oder -ertrag führt, die Steuer regelmäßig im Gewinn oder Verlust zu erfassen ist. In diesem Fall ist eine unmittelbare Verrechnung im Eigenkapital, wie sie unverändert bei Abzugssteuern (zB Kapitalertragsteuer) gem IAS 12.65A vorzunehmen ist, nicht zulässig.

Die Effekte aus **Ergebnisabführungsverträgen** sind ebenfalls als Eigenkapitaltransaktion iSd IAS 1.109 und damit innerhalb der Matrixdarstellung der Eigenkapitalveränderungsrechnung in einer eigenständigen Zeile als Verminderung (im Gewinnfall) oder Zuführung (im Verlustfall) der Gewinnrücklagen darzustellen. Der Abbildung der Effekte aus Ergebnisabführungsverträgen im deutschen Handelsrecht (§ 277 Abs 3 Satz 2 HGB), nach der eine Gewinnabführung bei dem abführenden Unternehmen zu einem Aufwand und eine Verlustübernahme zu einem Ertrag führt, kann nach IFRS nicht gefolgt werden, da die Ergebnisübernahme durch den Anteilseigner erfolgt und klar aus dem Beteiligungsverhältnis begründet ist. Damit sind die Voraussetzungen für eine Transaktion mit Anteilseignern in deren Eigenschaft als Eigenkapitalgeber iSv IAS 1.109 erfüllt, was zu einer unmittelbaren Berücksichtigung innerhalb des Eigenkapitals führt. 82

Die folgende Übersicht fasst die vorstehend beschriebenen direkt innerhalb des Eigenkapitals zu erfassenden **Transaktionen mit Anteilseignern,** die in der Eigenkapitalveränderungsrechnung als **Veränderungszeilen** gesondert darzustellen sind, nach Maßgabe ihrer Wirkung auf das gesamte Eigenkapital zusammen: 83

Transaktionen, die zu einer Erhöhung des Eigenkapitals führen	Transaktionen, die zu einer Minderung des Eigenkapitals führen	Transaktionen, die zu einer Umbuchung innerhalb des Eigenkapitals führen
• Kapitalerhöhungen • verdeckte Einlagen • Aktienoptionsprogramme • Veräußerung eigener Anteile • Ergebnisabführung im Verlustfall·	• ordentliche Kapitalherabsetzungen • Eigenkapitalbeschaffungskosten • Erwerb eigener Anteile • Dividenden • Ergebnisabführung im Gewinnfall	• Kapitalerhöhungen aus Gesellschaftsmitteln • vereinfachte Kapitalherabsetzung

Ob und inwieweit **Teilerwerbe/Teilveräußerungen von TU** bei weiter bestehendem beherrschenden Einfluss (statuswahrende Erwerbe/Veräußerungen) zu einer Veränderung des Eigenkapitals insgesamt führen, hängt vom Verhältnis der Beteiligungsbuchwerte zum vereinbarten Kaufpreis ab. Je nach Fallkonstellation kann es zu einer Eigenkapitalveränderung durch Mehrung oder Minderung der Kapitalrücklage oder zu einer reinen Eigenkapitalverschiebung (Umbuchung innerhalb des Eigenkapitals) kommen.

84–89 *(einstweilen frei)*

E. Anteile nicht-beherrschender Gesellschafter

90 Die IFRS fordern in IFRS 10 die Darstellung der Anteile nicht-beherrschender konzernfremder Dritter an den Vermögenswerten und Schulden als **gesonderten Posten innerhalb des Eigenkapitals** (IFRS 10.22). Mit der Qualifikation als Eigenkapitalbestandteil sind diese Anteile nicht-beherrschender Gesellschafter ebenfalls bei der Eigenkapitalveränderungsrechnung zu berücksichtigen und in einer eigenen Spalte auszuweisen.

Bei einer Beteiligung nicht-beherrschender Gesellschafter an **TU im Konzern, die in der Form einer PersGes** geführt werden, hat sich der IASB auch unter Berücksichtigung der Regelungen zu kündbaren Instrumenten in IAS 32.16A ff gegen eine Qualifikation solcher Anteile als Bestandteil des Eigenkapitals ausgesprochen (IAS 32.AG29A). Sie sind dementsprechend auch nicht innerhalb der Eigenkapitalveränderungsrechnung darzustellen. Zur Begründung wird angeführt, dass eine **Liquidationshierarchie** innerhalb des Konzerns zu beachten sei, bei der die TU zeitlich vor dem MU zu liquidieren seien. Deshalb könnten Anteile von nicht-beherrschenden Gesellschaftern das zur Eigenkapitalqualifikation erforderliche Nachrangigkeitskriterium des IAS 32.16C(b) bzw IAS 32.16A(b) nicht erfüllen. Diese Auffassung führt dazu, dass die entspr Anteile nicht-beherrschender Gesellschafter **als Fremdkapital** zu bilanzieren sind und die im Übrigen für deutsche PersGes durch die Einführung des IAS 32 eintretende Erleichterung zum Ausweis von Eigenkapital für diese Anteile nicht zur Wirkung kommt.

F. Wesentliche Änderungen und deren Anwendungszeitpunkte

91 In Bezug auf die Eigenkapitalveränderungsrechnung haben sich keine materiellen Änderungen ergeben; **klarstellende Änderungen** resultieren lediglich durch Folgeänderungen aus **IFRS 9.**

G. Gegenüberstellung zu HGB/DRS

92 Im Rahmen des TransPuG wurde § 297 Abs 1 HGB um die Vorschrift ergänzt, dass Unternehmen in ihren Konzernabschluss eine Eigenkapitalveränderungsrechnung aufnehmen müssen, die entspr IAS 1.106 ff ein **eigenständiges Rechenwerk** darstellt. Dieser Vorgabe entspricht die Formulierung des DRS 7.6, in welcher der Konzerneigenkapitalspiegel als ein Bestandteil des Konzernabschlusses bezeichnet wird. Zudem enthält § 264 Abs 1 HGB die Verpflichtung zur Aufstellung einer Eigenkapitalveränderungsrechnung innerhalb des HGB-Einzelabschlusses. Allerdings erstreckt sich diese Verpflichtung nur auf kapitalmarktorientierte KapGes, die nicht zur Aufstellung eines Konzernabschlusses verpflichtet sind.

Im Gegensatz zu den Regelungen des IAS 1.106 ff sowie der Beispieldarstellung in IAS 1.IG6 gibt DRS 7 ein **konkretes Schema** zur Darstellung der Eigenkapitalveränderungsrechnung vor. Gefordert wird der Ausweis als Matrix, wobei die Spalten das Konzerneigenkapital nach dem MU und den Minderheitsgesellschaftern zuzuordnendem Eigenkapital gliedern. Die Zeilen zeigen die Vorgänge, welche die Veränderungen verursachen sowie die Bestände an Eigenkapital zu Beginn und Ende der Berichtsperiode.

Während die Eigenkapitalveränderungsrechnung nach IAS 1.106 ff die Ent- 93
wicklung der in der IFRS-Bilanz ausgewiesenen Posten beinhalten muss, sieht der Konzerneigenkapitalspiegel nach DRS 7 keine **Übereinstimmung der Eigenkapitalgliederung lt Konzernbilanz und lt Konzerneigenkapitalspiegel** vor. Die Anlage zu DRS 7 enthält die auf S 862 dargestellte, verbindliche Struktur der Eigenkapitalveränderungsrechnung für handelsrechtliche Konzernabschlüsse.

Im Vergleich zur Eigenkapitalveränderungsrechnung nach IAS 1.106 ff ist im Eigenkapitalspiegel nach DRS 7 eine weitergehende **Untergliederung des gezeichneten Kapitals** in Stammaktien und Vorzugsaktien sowie eine separate Darstellung der nicht eingeforderten Einlagen verpflichtend. Diese Informationen werden nach IAS 1.79 dem Bereich der Anhangangaben zugeordnet.

Grds konzeptionelle Unterschiede bestehen zwischen der **Eigenkapitalabgrenzung** nach HGB und nach IFRS (vgl hierzu ausführlich → § 12 Rn 4 ff). Die daraus resultierenden Abweichungen haben zum einen Auswirkungen auf die Höhe des auszuweisenden Eigenkapitals insgesamt, zum anderen ergeben sich hieraus ggf abweichende Größen der in der Eigenkapitalveränderungsrechnung darzustellenden Eigenkapitalbestandteile.

Die **Aufwendungen einer Kapitalerhöhung** bzw die **Kosten der Eigen-** 94
kapitalbeschaffung (IAS 32.39) kürzen – nach Minderung um evtl Ertragsteuervorteile – das Eigenkapital und erscheinen somit nicht im erfolgswirksamen Teil der Gesamtergebnisrechnung bzw der gesonderten GuV (genauer → § 12 Rn 93 ff). Auch wenn IAS 32.31 ff keinen konkreten Eigenkapitalposten vorschreiben, von dem die Kosten der Eigenkapitalbeschaffung abzuziehen sind, wird in der Praxis üblicherweise die Kapitalrücklage gekürzt. Nach HGB stellen Eigenkapitalbeschaffungskosten regelmäßig Aufwand der Periode dar (detaillierte Informationen über die Bilanzierung von Eigenkapitalbeschaffungskosten geben *Lind/Faulmann* DB 2001, 601 (602 ff)).

Die Effekte aus **Ergebnisabführungsverträgen** führen bei dem abführenden Unternehmen aufgrund der expliziten Regelung in § 277 Abs 3 Satz 2 HGB im Gewinnfall zu einem Aufwand und im Verlustfall zu einem Ertrag, obwohl sie systematisch nicht unmittelbar in das handelsrechtliche Gliederungsschema der GuV passen (darauf weisen auch *Förschle/Peun* in BeBiKo § 277 HGB Rz 23 hin). Da die Ergebnisabführung grds aus dem Anteilseignerverhältnis heraus begründet ist, sind diese Abführungen nach IAS 1.109 als Transaktionen mit Eigentümern in deren Eigenschaft als Eigentümer unmittelbar innerhalb des Eigenkapitals ohne Berührung der Gesamtergebnisrechnung zu berücksichtigen.

Darüber hinaus wird das auf **nicht-beherrschende Gesellschafter** entfal- 95
lende Konzerneigenkapital nach DRS 7 in die drei Pflichtposten Minderheitenkapital, Ausgleichsposten aus der Fremdwährungsumrechnung sowie andere neutrale Transaktionen untergliedert. Da der Posten Minderheitenkapital nach DRS 7.5 sowohl das auf Minderheiten entfallende gezeichnete Kapital als auch die anteiligen Rücklagen und Ergebnisse beinhaltet, ist eine über die IFRS hin-

ausgehende Beurteilungsmöglichkeit des Ausschüttungspotenzials mit der weitergehenden Aufgliederung nicht verbunden. Weitere Unterschiede ergeben sich hinsichtlich der Berücksichtigung von statuswahrenden Teilerwerben von Anteilen an TU bzw Teilveräußerungen von solchen Anteilen an nicht-beherrschende Anteilseigner.

96 Aufgrund der derzeit bestehenden **Unterschiede in der Bilanzierung nach HGB und IFRS** können die nachfolgenden Komponenten einer Eigenkapitalveränderungsrechnung nach IFRS nicht in einem Konzerneigenkapitalspiegel nach DRS 7 enthalten sein:

(1) Neubewertungsrücklage (IAS 16/IAS 38),
(2) Rücklage für Marktbewertung inklusive *cashflow hedges*,
(3) Rücklage für erfolgsneutrale Veränderungen aufgrund anteilsbasierter Vergütungen (IFRS 2),
(4) Veränderungen des Eigenkapitals aus statuswahrenden Teilerwerben und -veräußerungen von TU,
(5) Rücklage für die Neubewertungen der Nettoschuld nach IAS 19, falls ein solcher Bestandteil gesondert im kumulierten sonstigen Ergebnis ausgewiesen wird,
(6) Rücklagen für erfolgsneutral erfasste Posten nach (1) bis (5) aus *at equity* bewerteten assoziierten Unternehmen oder Gemeinschaftsunternehmen und
(7) Angabe der retrospektiven Eigenkapitalkorrekturen aufgrund von Fehlerkorrekturen sowie Bilanzierungs- und Bewertungsänderungen (IAS 8).

Der in IAS 1 verwendete Begriff des Gesamtergebnisses hat keine Entsprechung innerhalb des handelsrechtlichen Jahresabschlusses, da er sowohl erfolgswirksame Aufwendungen und Erträge als auch Gewinne und Verluste innerhalb des sonstigen Ergebnisses enthält. Diese letztgenannten Bestandteile sind jedoch in der deutschen handelsrechtlichen Erfolgsrechnung nicht enthalten.

97 Zur Weiterentwicklung der bisher in DRS 7 geregelten Eigenkapitaldarstellung im handelsrechtlichen Konzernabschluss wurde vom DRSC im Jahr 2011 ein Projekt initiiert. Wurde zunächst die Überarbeitung von DRS 7 durch einen Änderungsstandard angestrebt, entschied man sich im Jahr 2013 für eine vollständige Neufassung, die zur Veröffentlichung des Standardentwurfs **E-DRS 29** im Februar 2014 führte. Nach umfangreicher Überarbeitung wurde im März 2015 ein neuer Standardentwurf E-DRS 31 veröffentlicht, welcher E-DRS 29 ersetzte. Schwerpunkte der Neuregelungen ggü DRS 7 sind insbes die Darstellung eigener Anteile sowie Regelungen zur Darstellung des Eigenkapitals von PersGes, die ua zur Entwicklung eines eigenen Eigenkapitalspiegels für diese Gesellschaften geführt haben. Die Verabschiedung eines finalen Standards ist derzeit (Stand: Juli 2015) noch nicht erfolgt, jedoch ist davon auszugehen, dass die vorstehend beschriebenen Unterschiede zwischen handelsrechtlichen und IFRS-Regelungen auch nach Veröffentlichung eines finalen Standards Gültigkeit haben werden.

98, 99 *(einstweilen frei)*

H. Aktuelle Entwicklungen/IASB-Projekte

100 Im Oktober 2010 haben der IASB und der FASB beschlossen, die gemeinsamen Arbeiten an dem Projekt ***„Financial Instruments with Characteristics of Equity (formerly Liabilities and Equity)“*** vorübergehend auszusetzen. Im Rahmen dieses Projekts hatte der IASB im Februar 2008 ein Diskussionspapier zur Abgrenzung von Eigen- und Fremdkapitalinstrumenten veröffentlicht. Das Projekt wurde als Forschungsprojekt im Dezember 2012 wieder in den Arbeitsplan

des IASB aufgenommen, der FASB beteiligt sich jedoch nicht mehr daran. Die weitere Vorgehensweise innerhalb des Projekts hängt jedoch konzeptionell vom Ausgang der Arbeiten zur Überarbeitung des Rahmenkonzepts ab, weshalb eine substanzielle Aufnahme der Arbeiten in diesem Bereich erst nach Abschluss des Projekts zum Rahmenkonzept zu erwarten ist.

Das Projekt ***„Financial Statement Presentation"*** wurde nach Abschluss der Phase A durch die Veröffentlichung der derzeit gültigen Fassung von IAS 1 nicht fortgesetzt. Auch wenn der IASB untersuchen will, ob und in welchem Umfang das Projekt als Forschungsprojekt wieder aufgenommen werden soll, ist aufgrund der bisherigen, vorwiegend kritischen, Reaktionen insbes der Anwender auf den im Juli 2010 veröffentlichte Vorentwurf nicht mit einer Fortsetzung des Projekts in der urspr geplanten Form zu rechnen.

Weitere gesonderte Projekte mit Bezug zur Eigenkapitalveränderungsrechnung **101**
sind derzeit **nicht** im Arbeitsplan des IASB enthalten und zeichnen sich auch im Rahmen des ***„Agenda Consultation"*-Projekts** derzeit nicht ab. Allerdings bleibt abzuwarten, inwieweit das derzeit (Stand: 31. Juli 2015) vom IASB aktiv betriebene Projekt zur Überarbeitung des Rahmenkonzepts (s diesbezüglich die im Mai 2015 veröffentlichten Standardentwürfe ED/2015/3 *Conceptual Framework for Financial Reporting* und ED/2015/4 *Updating References to the Conceptual Framework* sowie → § 2 Rn 330ff) Rückwirkungen auf die Darstellung innerhalb der Eigenkapitalveränderungsrechnung haben wird.

Anlage

	Mutterunternehmen									Minderheitengesellschafter				Konzerneigenkapital
	Gezeichnetes Kapital		Nicht eingeforderte ausstehende Einlagen	Kapitalrücklage	Erwirtschaftetes Konzerneigenkapital	Eigene Anteile	Kumuliertes übriges Konzernergebnis		Eigenkapital	Minderheitenkapital	Kumuliertes übriges Konzernergebnis		Eigenkapital	
	Stammaktien	Vorzugsaktien					Ausgleichsposten aus der Fremdwährungsumrechnung	andere neutrale Transaktionen			Ausgleichsposten aus der Fremdwährungsumrechnung	andere neutrale Transaktionen		
Stand am 31.12.01														
Erwerb/Einziehung eigener Anteile														
Gezahlte Dividenden														
Änderungen des Konsolidierungskreises														
Übrige Veränderungen														
Konzern-Jahresüberschuss/-fehlbetrag														
Übriges Konzernergebnis														
Konzerngesamtergebnis	–	–	–	–	–	–	–	–		–	–	–		
Stand am 31.12.02														

IV. Kapitalflussrechnung

§ 18. Kapitalflussrechnung

Übersicht

Schrifttum: *Berger,* Ausweis von Veränderungen des Planvermögens in der Kapitalflussrechnung: kein Dissens zwischen Enforcement und Berufsstand, DB 2012, 1881; *Bösser/Pilhofer/Lessel* Kapitalflussrechnung nach IAS 7 in der Unternehmenspraxis, PiR 2013, 359; *IDW* Stellungnahme HFA 1/1995: Die Kapitalflussrechnung als Ergänzung des Jahres- und Konzernabschlusses, WPg 1995, 210; *IDW HFA* Darstellung von Veränderungen des Planvermögens nach IAS 19 in der Kapitalflussrechnung gem IDW ERS HFA 2, FN IDW 2012, 200; *IDW* RS HFA 2 Stellungnahme zur Rechnungslegung: Einzelfragen zur Anwendung von IFRS, FN IDW 2012, 380; *Kirsch* Kapitalflussrechnung nach DRS 21 – Ein Schritt zur Konvergenz mit IAS 7, IRZ 2014, 272; *Kühnberger* Firmenwerte in Bilanz, GuV und Kapitalflussrechnung nach HGB, IFRS und US-GAAP – Abbildung und Aussagekraft –, DB 2005, 677; *Lüdenbach* Investitionszuwendungen in der Kapitalflussrechnung nach IAS 7, PiR 2014, 259; *Mansch/Stolberg/Wysocki* Die Kapitalflussrechnung als Ergänzung des Jahres- und Konzernabschlusses – Anmerkungen zur gemeinsamen Stellungnahme HFA 1/1995 des Hauptfachausschusses und der Schmalenbach-Gesellschaft, WPg 1995, 185; *Müßig/Lopatta* Die Konzern-Kapitalflussrechnung als Statement of Cashflows gem IAS 7 – Fallstudie zur Anwendung von Ermittlungstechniken und Darstellung ausgewählter Sachverhalte im Konzern –, KoR 2008, 418; *Ohlund* Current Pitfalls in Cash Flow Statements and Changes in IAS 7 Ahead, IRZ 2011, 63; *Pawelzik* Direkte oder indirekte Darstellung operativer Cashflows in der Kapitalflussrechnung? – Jahresabschlussdarstellung versus Sanierungsprüfung, WPg 2011, 510; *Scheffler* Kapitalflussrechnung – Stiefkind in der deutschen Rechnungslegung, BB 2002, 295; *Scheffler* Was der DPR aufgefallen ist: Die vernachlässigte Kapitalflussrechnung, DB 2007, 2045; *Seeger/Derbort* Die Abbildung von Pensionsverpflichtungen im Cash Flow Statement nach IAS 7 – Eine Analyse auch de lege ferenda, WPg 2013, 300; *Stahn* Entwicklungsstand von Kapitalflussrechnungen börsennotierter Unternehmen, DB 2011, 661.

Wesentliche Rechtsgrundlage: IAS 7.

A. Allgemeines

I. Zielsetzung und Ausgestaltung von Kapitalflussrechnungen

1. Informationsfunktion

1 Kapitalflussrechnungen dienen der Darstellung der Finanzlage eines Unternehmens, indem sie den Jahresabschluss um **liquiditätsbezogene Informatio-**

nen ergänzen. Die Gewährleistung der Zahlungsfähigkeit und die Fähigkeit, Zahlungsmittelüberschüsse zu erzielen, spielen nicht nur für den wirtschaftlichen Erfolg eines Unternehmens bzw seiner Überlebensfähigkeit, sondern auch für die Entscheidungen seiner Kapitalgeber eine erhebliche Rolle. Die Kapitalflussrechnung hat daher die Aufgabe, sämtliche Zahlungsmittel, die einem Unternehmen innerhalb einer Geschäftsperiode in den Bereichen der lfd Geschäftstätigkeit sowie der Investitions- und Finanzierungstätigkeit zugeflossen bzw von ihm abgeflossen sind, zu dokumentieren, und zwar unabhängig von Bewertungs- und Periodisierungsmaßnahmen in Bilanz und GuV (sofern erstellt) bzw Gesamtergebnisrechnung (*statement of comprehensive income;* → § 15 Rn 2). Durch die Tendenz in nahezu allen Rechnungslegungskonzeptionen, Vermögenswerte und Schulden vermehrt zu beizulegenden Zeitwerten *(fair values)* zu bewerten, wird die Bedeutung und Aussagekraft einer liquiditätsorientierten Darstellung der geschäftlichen Aktivitäten eines Unternehmens – insbes aus Analystensicht – zunehmen (*Müßig/Lopatta* KoR 2008, 418 (418)), auch wenn diese immer noch häufig unterschätzt wird (*Bösser/Pilhofer/Lessel* PiR 2013, 359 (366)). Sowohl die Zeitwertbilanzierung, die nicht unerheblich durch subjektive Einschätzungen, Planannahmen sowie überwiegend durch nicht unmittelbare und kurzfristig zahlungswirksame Ertrags- und Aufwandskomponenten gekennzeichnet ist, als auch die zeitliche und sachliche Abgrenzung bzw Zuordnung von Erfolgsbeiträgen *(matching principle)* verstärken das Bedürfnis nach einer objektiven, nur an den mit dem zugrunde liegenden Geschäft verbundenen Zahlungsströmen anknüpfenden Darstellung.

Die detaillierte Darstellung der Zahlungsströme, international und auch im Folgenden mitunter als **Cashflows** bezeichnet, soll den Adressaten des Jahresabschlusses alle erforderlichen Informationen über die Herkunft und die Verwendung der Finanzmittel sowie über den aktuellen und zukünftigen Finanzbedarf vermitteln.

Im Einzelnen geben Kapitalflussrechnungen – international nach IAS 1 nun 2 *statements of cash flows* genannt –, die inhaltlich treffender als **Finanzierungsrechnungen** zu bezeichnen wären (*Gebhardt* in Beck HdR C 620 Rz 20), **Aufschluss** über

(1) die Fähigkeit eines Unternehmens, Zahlungsüberschüsse zu erwirtschaften sowie Verbindlichkeiten zu tilgen und Ausschüttungen vorzunehmen,
(2) den zukünftigen Liquiditätsbedarf eines Unternehmens,
(3) Divergenzen zwischen dem Periodenergebnis und dazugehörigen Zahlungsvorgängen,
(4) die Auswirkungen der Investitions- und Finanzierungsvorgänge auf die Finanzlage,
(5) den Zeitpunkt, zu welchem ein Unternehmen in der Lage ist, Erträge zu erzielen sowie
(6) die Wahrscheinlichkeit, mit der ein Unternehmen Erträge zu erwirtschaften vermag.

Die zahlungsorientierte Betrachtungsweise bietet den Vorteil, dass das Wachstum eines Unternehmens besser vorhergesehen und drohende Unternehmenszusammenbrüche schneller erkannt werden können. Nach IAS 7.4 soll auch die Einschätzung der Ertragskraft bei unternehmensübergreifenden Vergleichen verbessert sein, da die Auswirkungen unterschiedlicher Bilanzierungs- und Bewertungsmethoden für dieselben Geschäftsvorfälle eliminiert werden.

Die sich grds auf **abgelaufene Geschäftsjahre** beziehenden und damit historischen Kapitalflussinformationen sollen nach IAS 7.5 auch als Indikator für den Zeitpunkt und die Wahrscheinlichkeit des Anfalls künftiger Cashflows dienen, wenngleich an dieser Stelle angemerkt werden muss, dass selbst Zahlungsflüsse –

wenn auch in engerem Rahmen – gestaltbar sind und im Hinblick auf die Einhaltung bilanzieller Kennziffern in der Praxis zB durch Debitoren-/Kreditorenmanagement oder Kauf-/Leasing-Entscheidungen gesteuert werden.

3, 4 *(einstweilen frei)*

2. Formelle und materielle Gestaltungsgrundsätze

5 In Anlehnung an das Rahmenkonzept des IASB (→ § 2 Rn 9, 16) unterliegt die Kapitalflussrechnung den folgenden weitgehend gemeinsamen **Gestaltungsgrundsätzen:**

Die Kapitalflussrechnung stellt die **Zusammensetzung und die Veränderung des Finanzmittelbestands** eines Unternehmens dar, indem sie die darin während der Berichtsperiode zugeflossenen Einnahmen und abgeflossenen Ausgaben bzw Cashflows aufzeigt. Diese ausschließliche Liquiditätsorientierung bedingt bei der Übernahme der Bewegungsgrößen aus der ertrags- und aufwandsorientierten Finanzbuchhaltung eine Überprüfung auf deren Liquiditätswirksamkeit.

Für die Darstellung der Zahlungsvorgänge in einer Berichtsperiode ist eine Einteilung in die **betrieblichen Funktionsbereiche** „lfd Geschäftstätigkeit", „Investitionstätigkeit" und „Finanzierungstätigkeit" (IAS 7.10) vorzunehmen. Die Kapitalflussrechnung ist nicht an eine bestimmte Form gebunden und kann sowohl in **Staffel- als auch Kontoform** aufbereitet werden, wobei in der Praxis ganz überwiegend die Staffelform Verwendung findet.

Nach dem allgemeinen Grundsatz in IAS 1.38 ist auch für die Kapitalflussrechnung die Angabe der **Vergleichszahlen** des Vorjahrs verpflichtend. Es werden also die Zahlungsströme von mindestens zwei Perioden benötigt.

Die Kapitalflussrechnung muss **nachprüfbar** aus den Daten des Rechnungswesens ableitbar sein, da sie grds auf den gleichen Geschäftsvorfällen beruht.

Nach dem **Wesentlichkeitsgrundsatz** kann auf den Ausweis einzelner Zahlungsströme verzichtet werden, sofern diese im Rahmen des vermittelten Gesamtbilds von untergeordneter Bedeutung sind bzw die Klarheit und Übersichtlichkeit der Darstellung beeinträchtigen würden. Andererseits erfordert dieser Grundsatz aber auch eine ausreichende Aufgliederung der Zahlungsströme, um dem Adressaten eine hinreichende Informationsgrundlage liefern zu können.

Nach dem **Stetigkeitsgrundsatz** müssen Ausgestaltung, Form und Inhalt der Kapitalflussrechnung die Vergleichbarkeit mit der Vorjahresperiode gewährleisten. Die Zusammensetzung des Finanzmittelfonds und die Abgrenzung der Funktionsbereiche sind daher grds unverändert beizubehalten. Ggü der Vergleichsperiode vorgenommene Änderungen sind im Anhang in Übereinstimmung mit den Grundsätzen von IAS 8 darzustellen und zu erläutern.

Das **Bruttoprinzip** verlangt, die im Rahmen der Kapitalflussrechnung darzustellenden Zahlungsvorgänge grds unsaldiert auszuweisen (→ Rn 38).

II. Anwendungsbereich von IAS 7

6 Gem IAS 1.10(d) und IAS 7.1 ist eine Kapitalflussrechnung **zwingender „integraler" Bestandteil** des Jahresabschlusses. Der Anwendungsbereich des Standards erstreckt sich demnach unabhängig von Rechtsform und Größe auf **alle Unternehmen,** die ihren Jahresabschluss nach den Vorschriften der IFRS aufstellen und offen legen. IAS 7.1 geht damit deutlich über den verbindlichen Anwendungsbereich von DRS 21 (Konzernabschlüsse) hinaus. Die Darstellungspflicht besteht neben dem aktuellen Berichtsjahr gem IAS 1.38A auch für die in

den Jahresabschluss einbezogene Vorjahrsvergleichsperiode. Für die im Rahmen der **Zwischenberichterstattung** ebenfalls aufzustellende verkürzte Kapitalflussrechnung gem IAS 34.8(d) gelten die in IAS 34.10 aufgenommenen Erleichterungen (zur Zwischenberichterstattung → Rn 64 und → § 43 Rn 23).

Auch für **aufgegebene Geschäftsbereiche** (→ Rn 65 und → § 28 Rn 131, 149) werden gem IFRS 5.33(c) Cashflow-Angaben verlangt, die grds nach IAS 7 zu ermitteln sind.

Daneben empfiehlt IAS 7.50(d) iVm IAS 7.52 die Angabe von Segment-Cashflows im Rahmen der gem IFRS 8 zu erstellenden **Segmentberichterstattung** (→ Rn 93 und → § 21 Rn 74).

Auf die im Standard und im Anhang B enthaltenen **Sondervorschriften,** insbes bezogen auf Versicherungsunternehmen und Finanzinstitutionen, wird im Folgenden nicht weiter eingegangen (→ § 39 Rn 81 ff Banken und § 40 Versicherungen). 7

III. Definitionen und Abgrenzungen der Bestandteile der Kapitalflussrechnung nach IAS 7

1. Abgrenzung des Finanzmittelfonds

a) Zahlungsmittel und -äquivalente

Ausgehend von ihrer Zielsetzung stellen Kapitalflussrechnungen die Entwicklung eines Zahlungsmittelbestands des Unternehmens durch Zu- und Abflüsse liquider Mittel bzw Cashflows dar. Zu diesem Zweck werden sämtliche verfügbaren liquiden Mittel in einem **zahlungsorientierten Finanzmittelfonds** zusammengefasst. Die Abgrenzung des Finanzmittelfonds orientiert sich gem IAS 7.6 ff an dem Bestand von Zahlungsmitteln und Zahlungsmitteläquivalenten, der einem Unternehmen für Finanzierungszwecke zur Verfügung steht. Damit beschränkt sich die Abgrenzung des Finanzmittelfonds im Wesentlichen auf liquide Mittel und bleibt von Bewertungsmaßnahmen sowie nicht zahlungswirksamen Faktoren unbeeinflusst. 8

Zu den **Zahlungsmitteln** zählen sämtliche Barmittel, Schecks sowie täglich und ohne Wertabschlag abrufbare Sichteinlagen bei Banken. 9

Zahlungsmitteläquivalente sind gem IAS 7.6 kurzfristige, äußerst liquide Finanzinvestitionen, wie zB Fest- bzw Tagesgelder oder Geldmarktpapiere, die jederzeit in bestimmte Zahlungsmittelbeträge umgewandelt werden können (Liquidität 1. Grades) und keinen wesentlichen Wertschwankungsrisiken in Form von Zinsänderungs- und Kreditrisiken ausgesetzt sind. Ihre Restlaufzeit, jeweils gerechnet vom Anschaffungszeitpunkt des bilanzierenden Unternehmens, darf im Regelfall drei Monate nicht überschreiten (IAS 7.7). Die Restlaufzeit am Bilanzstichtag bleibt bei dieser Einordnung unberücksichtigt, dh eine Umgliederung von urspr längerfristigen Papieren mit einer unter drei Monaten liegenden Restlaufzeit am Bilanzstichtag in Zahlungsmitteläquivalente ist unzulässig (*KPMG* 2014/2015 Rz 2.3.10.40). Diese enge Auslegung von IAS 7.7 wurde nochmals durch eine dementsprechende Verlautbarung des IFRS IC (IFRIC Update May 2013) bestätigt, welches für eine diesbezüglich weitergehende Neufassung des IAS 7.7 keine Veranlassung sah. Ausnahmen in Form längerer so definierter Restlaufzeiten sind denkbar, sofern hierdurch unternehmensindividuelle Besonderheiten oder bestimmte Finanzanlagen die Zahlungsmittelfunktion adäquat abbilden. So kann zB Festgeld mit einer Anfangslaufzeit von mehr als drei Monaten zu den Zahlungsmitteläquivalenten zählen, wenn dieses von dem Unternehmen wie eine Sichteinlage genutzt wird (*EY* 2015, 2692). Als unverzicht- 10 bare Nebenbedingungen für die Inanspruchnahme dieser Ausnahmeregelung gelten jedoch der Ausschluss von wesentlichen Wertschwankungsrisiken bzw unzweifelhafter erstklassiger Bonität sowie die im Folgenden erläuterte fehlende Zweckbindung und freie Verfügbarkeit der Mittel.

Neben diesen objektiven Kriterien orientiert sich die Definition von Zahlungsmitteläquivalenten zudem an der **Zweckbestimmung der Mittel.** Eine Einbeziehung in den Finanzmittelfonds ist nur dann zulässig, wenn sie aus Sicht der Unternehmensleitung dazu bestimmt sind, Zahlungsverpflichtungen nachzukommen und insoweit die Funktion einer Liquiditätsreserve haben. Finanzinvestitionen, die zu Investitions- oder anderen Zwecken gehalten werden, stellen keine Zahlungsmitteläquivalente dar. Auch sind kurzfristige Liquiditätsbestände nicht automatisch in den Finanzmittelfonds aufzunehmen, wenn diese für bestimmte Investitionen reserviert sind. Ebenso nicht zu den Zahlungsmitteläquivalenten zählt ein an einen Kunden vergebener kurzfristiger Kredit (*KPMG* 2014/2015 Rz 2.3.10.50). In diesen Fällen sind entspr Anhangangaben bzw Überleitungsrechnungen zur Zusammensetzung des Fonds vorzunehmen (→ Rn 87).

Ein naturgemäß nur für den Einzel- oder Teilkonzernabschluss sich stellendes Problem dürfte die Frage sein, ob im Rahmen eines **Konzern-Cash-Pooling-**Systems jederzeit fällige Guthaben ggü dem (obersten) MU in den Finanzmittelfonds einbezogen werden dürfen. Angesichts der strengen Anforderungen hinsichtlich der jederzeitigen kurzfristigen Umwandlung der Forderungen in liquide Mittel bei gleichzeitigem Ausschluss von Wertabschlägen dürfte dies im Allgemeinen nicht möglich sein (*Lüdenbach/Hoffmann/Freiberg* IFRS § 3 Rz 24) und auf besondere Unternehmenskonstellationen bzw eine hervorragende Bonitätsklassifizierung der Konzernobergesellschaft beschränkt bleiben.

Kapitalbeteiligungen in Form von **Eigenkapitalanteilen** zählen nach dieser Zweckbestimmung grds nicht zu den Zahlungsmitteläquivalenten. Eine Ausnahme gilt lediglich für Vorzugsaktien und nachrangige Genussscheine mit kurzen Restlaufzeiten und festgelegten Einlösungszeitpunkten (IAS 7.7).

Die Einstufung von **Wertpapierbeständen** ist in IAS 7 nicht ausdrücklich geregelt. Im Grundsatz dürften diese nicht zu den Zahlungsmitteläquivalenten zählen. In Anlehnung an die Zweckbestimmung wird jedoch ein Einbeziehungswahlrecht dann noch angenommen, sofern sie der Begleichung von Zahlungsverpflichtungen gewidmet sind, ihre Fälligkeit den Zeitraum von drei Monaten nicht überschreitet und sie voraussichtlich keinen Bewertungsänderungen unterliegen.

b) Bruttoprinzip des Finanzmittelfonds

11 Der Finanzmittelfonds enthält grds nur aktive Bestandsposten an Zahlungsmitteln und Zahlungsmitteläquivalenten, die nicht mit kurzfristigen Verbindlichkeiten saldiert werden dürfen. Aufnahme und Tilgung von Bankverbindlichkeiten stellen nicht zu berücksichtigende Finanzierungstätigkeiten dar.

12 Ausnahmsweise sollen nach IAS 7.8 aber **Kontokorrentkredite** in den Finanzmittelfonds als negative Bestandteile einbezogen werden, sofern sie im Rahmen des Cash-Managements regelmäßig als kurzfristige Finanzierungsinstrumente eingesetzt werden. Kennzeichen solch einzubeziehender Posten sollen häufige Schwankungen zwischen Aktiv- und Passiv-Ausweis sein (so auch *EY* 2015, 2692). Werden Kontokorrentkredite nur gelegentlich ausgenutzt, sind sie nicht in den Finanzmittelfonds einzubeziehen. Andere kurzfristige Kreditaufnahmen dürfen, auch wenn sie zu Standardmaßnahmen des Cash-Managements zählen, nicht in den Finanzmittelfonds einbezogen werden.

Aufgrund von gesetzlichen Auflagen oder vertraglichen Vereinbarungen **nicht verfügbare Zahlungsmittelbestände** sind aufgrund der Konzeption von IAS 7 nicht in den Finanzmittelfonds aufzunehmen, da sie nicht liquidierbar (*ADS* Int Abschn 23 Rz 14) oder der Disposition durch die Unternehmensleitung entzogen sind. Darunter fallen zB verpfändete Teile des Finanzmittelfonds für Altersteilzeitverpflichtungen oder Pensionsansprüche. In Betracht kommen aber auch auf Sonderkonten separierte Zahlungsmittel, die als Sicherheit für Miet- bzw Leasingverpflichtungen oder im Rahmen von Anschaffungsvorgängen im Sachanlagen- bzw Finanzanlagenbereich vertraglich vorgehalten werden müssen. Mit Bezug auf die in IAS 7.45 und IAS 7.46 verankerte Dispositionsfreiheit der Unternehmen dürfen aber auch Bestände, die **Verfügungsbeschränkungen** unterliegen, in den Fonds einbezogen werden (so auch *Wysocki/Harzheim* in Baetge ua IFRS-Komm IAS 7 Rz 30 und Rz 144). Dies gilt jedoch nur dann, wenn allein auf Konzernebene eine Verfügungs- bzw Zugriffsbeschränkung zB des MU besteht; auf Ebene des Unternehmens dürfen jedoch keine Restriktionen vorliegen. Sofern infolge der Verfügungsbeschränkung keine Einbeziehung in den Finanzmittelfonds erfolgt, ist der von der Verfügungsbeschränkung betroffene Gesamtbetrag gem IAS 7.48 im Anhang anzugeben und inhaltlich zu erläutern (→ Rn 88). 13

c) Wertänderungen und Bewegungen im Finanzmittelfonds

Die definitorische und methodische Zusammensetzung des Finanzmittelfonds unterliegt dem **Stetigkeitsgrundsatz.** Sowohl die einbezogenen Finanzmittelkomponenten als auch ggü dem Vorjahr vorgenommene Änderungen in der Klassifizierung von Finanzinstrumenten sind gem IAS 7.45 und IAS 7.47 im Anhang zu erläutern (→ Rn 87). 14

Die Beschränkung des Finanzmittelfonds auf liquide Mittel und liquiditätsnahe Komponenten reduziert mögliche **zahlungsunwirksame Wertänderungen** idR auf wechselkursbedingte Umrechnungsdifferenzen von Währungsposten und Marktwertänderungen von einbezogenen Finanzinstrumenten, wie zB Wertpapieren. In Betracht kommt aber auch ein sich als Folge der Finanzmarktkrise ergebender Wertberichtigungsbedarf aus kurzfristigen Anlagen bei Kreditinstituten, deren Bonität in Frage gestellt ist. Nur für wechselkursbedingte Veränderungen enthält IAS 7.28 die Anweisung, solche Unterschiedsbeträge getrennt von den Cashflows aus den Funktionsbereichen (→ Rn 17 f) in der Kapitalflussrechnung zu erfassen, um Anfangs- und Endbestand des Fonds abstimmen und gesondert ausweisen zu können (dazu → Rn 52). Eine sinngemäße Übertragung dieser Regelung auf andere Fälle von Wertänderungen wird allgemein für erforderlich gehalten (*ADS* Int Abschn 23 Rz 23). 15

Betragsmäßige Umschichtungen im Finanzmittelfonds selbst, zB zwischen den Komponenten Zahlungsmittel und Zahlungsmitteläquivalente, werden nach IAS 7.9 als Mitteldispositionen innerhalb des Fonds und nicht als Mittelzu- oder -abflüsse betrachtet. Eine diesbezügliche Fondsveränderungsrechnung wird nach IAS 7 nicht ausdrücklich verlangt, dürfte aber insbes bei erheblichen strukturellen Veränderungen sinnvoll und empfehlenswert sein (*Wysocki/Harzheim* in Baetge ua IFRS-Komm IAS 7 Rz 37). 16

2. Funktionsbereiche des Unternehmens

a) Abgrenzung der Funktionsbereiche

Neben der Entwicklung des Finanzmittelfonds bezweckt die Kapitalflussrechnung die **Darstellung** der **Mittelherkunft** und **Mittelverwendung.** Zu diesem 17

Zweck sind die abzubildenden Finanzmitteltransaktionen auf die drei Funktions- bzw Aktivitätsbereiche der betrieblichen Tätigkeit oder auch lfd Geschäftstätigkeit, der Investitionstätigkeit und der Finanzierungstätigkeit aufzuteilen (sog Aktivitätsformat).

Die Zuordnung der Zahlungsvorgänge zu den drei Bereichen ist durch den Standard im Wesentlichen vorgegeben (IAS 7.13 bis IAS 7.17). Im Einzelnen kann die Aufteilung jedoch von dem Unternehmenszweck, der wirtschaftlichen Betätigung sowie der Intention einzelner Zahlungsvorgänge abhängen. Insofern sind die individuellen Gegebenheiten eines Unternehmens bei der Aufstellung der Kapitalflussrechnung zu berücksichtigen (IAS 7.11). Die Klassifizierungen der Geschäftsvorfälle und der mit diesen in Zusammenhang stehenden Zahlungsvorgänge sind in der Weise vorzunehmen, die den Adressaten des Jahresabschlusses unter angemessener Berücksichtigung der Wirtschaftstätigkeit des Unternehmens den bestmöglichen Einblick in dessen Finanzlage gewährt.

18 Betrifft ein Zahlungsvorgang **unterschiedliche Funktionsbereiche,** so ist er nach IAS 7.12 entspr aufzuteilen.

Beispiel: Im Rahmen des Finanzierungs-Leasings wird ein Anlagegegenstand beim Leasingnehmer bilanziert. Die zu zahlenden Leasingraten weisen einen Tilgungs- und einen Zinsanteil auf. Während der Tilgungsanteil als Finanzierungstätigkeit zu beurteilen ist, kann der Zinsanteil auch dem Bereich der betrieblichen Tätigkeit zugeordnet werden. Wird der Leasinggegenstand im Falle des Operating-Leasings beim Leasinggeber bilanziert, sind die seitens des Leasingnehmers gezahlten Raten ähnlich Mietzahlungen insgesamt dem Bereich der betrieblichen Tätigkeit zuzuordnen. Durch die Änderungen im Rahmen des Leasingprojekts des IASB soll der Tilgungsteil künftig dem Bereich der Finanzierungstätigkeit zugeordnet werden (→ Rn 98):

Die von einem Unternehmen vorgenommene Zuordnung zu den Funktionsbereichen unterliegt ebenfalls dem **Stetigkeitsgrundsatz,** sodass diesbezügliche Änderungen betragsmäßig im Anhang zu erläutern sind.

b) Ein- und Auszahlungen aus betrieblicher Tätigkeit

19 Der Bereich der **betrieblichen Tätigkeit oder auch lfd Geschäftstätigkeit** umfasst sämtliche Aktivitäten eines Unternehmens, die zur Erzielung der wesentlichen Erlöse beitragen (positive Abgrenzung) sowie alle übrigen Aktivitäten, die nicht den Bereichen Investitionstätigkeit und Finanzierungstätigkeit zuzurechnen sind (IAS 7.6; negative Abgrenzung).

20 Die Darstellung der auf diesen zentralen Bereich der **Leistungsentfaltung** entfallenden Zahlungsmittelbewegungen dient in erster Linie dazu, die Fähigkeit eines Unternehmens aufzuzeigen, die Finanzierung der lfd Geschäftstätigkeit aus eigenen Erträgen zu gewährleisten, ohne dabei auf Quellen der Außenfinanzierung zurückgreifen zu müssen (IAS 7.13). Dieser Bereich charakterisiert also das Innenfinanzierungspotenzial des Unternehmens. Die Relation der erhaltenen Zahlungsmittel zu den übrigen Funktionsbereichen gibt zudem Aufschluss darüber, inwieweit das Unternehmen die im Rahmen der betrieblichen Tätigkeit erwirtschafteten Zahlungsmittelüberschüsse zur Tätigung von Investitionen und zur Bedienung von Fremdkapitalgebern verwenden kann.

Beispiele für Zahlungsmittelzuflüsse und -abflüsse aus betrieblicher Tätigkeit sind in IAS 7.14 wie folgt aufgeführt:

(1) Zahlungseingänge aus dem Verkauf von Gütern und der Erbringung von Dienstleistungen,
(2) Zahlungseingänge aus Nutzungsentgelten, Honoraren, Provisionen und anderen Erlösen,
(3) Auszahlungen an Lieferanten von Gütern und Dienstleistungen,

(4) Auszahlungen an und für Mitarbeiter,
(5) Ein- und Auszahlungen von Versicherungsunternehmen für Prämien, Schadensregulierungen, Renten und sonstige Versicherungsleistungen,
(6) Zahlungen und Erstattungen von Ertragsteuern, soweit diese nicht der Finanzierungs- oder Investitionstätigkeit zuzuordnen sind,
(7) Ein- und Auszahlungen für Handelsverträge.

Wie unter → Rn 18 bereits ausgeführt, sind demnach ggf auch die Geschäftsvorfälle hinsichtlich ihres Beitrags zur betrieblichen Tätigkeit aufzuteilen; nicht alle im Ergebnis der gewöhnlichen Geschäftstätigkeit sich niederschlagenden Ein- und Auszahlungen sind zwangsläufig der betrieblichen oder lfd Geschäftstätigkeit zuzuordnen.

Gem IAS 7.14 sind Zahlungsströme, die im Zusammenhang mit der Veräußerung oder dem Abgang von bis dahin eigengenutztem Sachanlagevermögen angefallen sind, dem Investitionsbereich (→ Rn 22) zuzuweisen. Abweichend von diesem Grundsatz und zugleich klarstellend regelt IAS 7.14 mit Bezug auf IAS 16.68A, dass Zahlungsströme, die hergestellte oder erworbene Vermögenswerte betreffen, welche durch das bilanzierende Unternehmen im normalen Geschäftsgang sowohl vermietet als auch veräußert bzw vertrieben werden, immer dem betrieblichen Bereich zuzuordnen sind. Damit sind insbes alle Ein- und Auszahlungen, die im Zusammenhang mit dem Mietpark eines Unternehmens stehen, unter den Cashflows aus lfd Geschäftstätigkeit zu erfassen bzw auszuweisen.

Ebenso klarstellend sollen gem *IDW* RS HFA 2 Rz 88 die Dotierungen und die Entnahmen von Zahlungsmitteln oder Zahlungsmitteläquivalenten zu Gunsten bzw zu Lasten des Planvermögens nach IAS 19 (ausführlich → § 26 Rn 38) im Cashflow des betrieblichen Bereichs ausgewiesen werden; eine Empfehlung, die seitens der DPR jedoch als zwingend angesehen wird (s *IDW HFA* FN IDW 2012, 200 (200); aA *Seeger/Derbort* WPg 2013, 300 (309)). Die Frage der Zuordnung zum Cashflow aus der betrieblichen Tätigkeit wurde auch beim IFRS IC behandelt (vgl *IDW* RS HFA 2 Rz 88 Fn 9). Im März 2013 hat das IFRS IC jedoch entschieden, dass im Nachgang der Agendakonsultation aus dem Jahr 2011 diesbezügliche Änderungen an IAS 7 bzw Projekte im Zusammenhang mit der Kapitalflussrechnung nicht prioritär seien (IFRIC Update March 2013, 7). Das IFRS IC hat daher dem IASB nicht vorgeschlagen, weitere Klarstellungen an IAS 7 vorzunehmen. Im Endeffekt bedeutet dies, dass IDW und DPR weiterhin – bis zu einer endgültigen Klarstellung – eine unterschiedliche Handhabung in der Praxis tolerieren müssen (so auch *Berger* DB 2012, 1881 (1881f)). Eine empirische Analyse von insgesamt 160 IFRS-Konzernabschlüssen des Geschäftsjahrs 2012 von im DAX30, MDAX, SDAX und TecDAX gelisteten Unternehmen bestätigte, dass mangels konkreter normativer Vorgaben die Zuordnung der Cashflows zu den einzelnen Funktionsbereichen in Bezug auf die zahlungswirksamen Veränderungen des Planvermögens unterschiedlich gehandhabt wurde. Die Mehrheit der Unternehmen folgte im Übrigen der Empfehlung des IDW (*Bösser/Pilhofer/Lessel* PiR 2013, 359 (365)). Der in den Dotierungen enthaltene (und häufig auch nicht geringe) Zinsanteil ist gem IAS 7.31 explizit auszuweisen und kann gem IAS 7.33 sowohl der Kategorie der betrieblichen Tätigkeit als auch der Investitions- oder Finanzierungstätigkeit zugeordnet werden (→ Rn 53; vgl auch *Seeger/Derbort* WPg 2013, 300 (302)).

Abgrenzungsschwierigkeiten können sich für die von einem Unternehmen gehaltenen **Wertpapiere** und **Anleihen** ergeben. Werden diese zu Handelszwecken gehalten, ähneln sie dem zur Weiterveräußerung bestimmten Vorratsvermögen und sind gem IAS 7.15 dem Bereich der betrieblichen Tätigkeit, anderenfalls dem Bereich der Investitionstätigkeit zuzuordnen. Gleiches gilt für durch **21**

Kreditinstitute gewährte **Darlehen,** da diese in unmittelbarem Zusammenhang mit der erlöswirksamen Tätigkeit des Unternehmens stehen.

Einzahlungen aus **Investitionszuwendungen** gem IAS 20 sind in der Kapitalflussrechnung dem Bereich der betrieblichen Tätigkeit zuzuordnen. Zwar geht dies nicht explizit aus IAS 7 hervor, jedoch lassen sich diese Zahlungen weder dem Cashflow aus Finanzierungstätigkeit (→ Rn 26), noch dem aus Investitionstätigkeit (→ Rn 23) zuordnen. Eine Zuordnung zur Finanzierungstätigkeit scheidet aus, da Investitionszuwendungen weder eingebrachtes Kapital noch eine Fremdkapitalaufnahme darstellen. Ebenso die Zuordnung zur Investitionstätigkeit, da die Zahlungen keine Auszahlung, sondern eine Einzahlung begründen, die jedoch nicht im Zusammenhang mit der Veräußerung einer Sachanlage steht (vgl *Lüdenbach* PiR 2014, 259).

c) Ein- und Auszahlungen aus Investitionstätigkeit

22 Der Bereich der Investitionstätigkeit umfasst nach IAS 7.6 und IAS 7.16 sämtliche Zahlungen, die ein Unternehmen für die **Anschaffung** oder **Herstellung** sowie die **Veräußerung** von **Vermögenswerten** tätigt bzw erhält. Sie betreffen im Wesentlichen alle Auszahlungen für Vermögenswerte, die dazu bestimmt sind, dem Geschäftsbetrieb längerfristig sowohl zur Erhaltung und Erweiterung gegenwärtiger als auch zum Aufbau oder Erwerb neuer Aktivitäten zu dienen.

23 Die Darstellung der Zahlungsvorgänge zeigt die **Auswirkungen** von **Investitionsentscheidungen** auf die **Liquidität** eines Unternehmens. Sie ermöglicht insbes Informationen darüber, in welchem Umfang Zahlungen zur Generierung von Erlösen oder Mittelzuflüssen in späteren Perioden bereitgestellt wurden.

IAS 7.16 stellt deutlich heraus, dass Zahlungsmittelabflüsse nur dann dem Bereich der Investitionstätigkeit zugeordnet werden dürfen, wenn diese Auszahlungen zu einem (aktivierungspflichtigen) Vermögenswert geführt haben. Auszahlungswirksamer Aufwand ist demnach immer dem Bereich der lfd Geschäftstätigkeit zuzuordnen. Bspw sind damit Auszahlungen für Werbekampagnen, Mitarbeiterschulungen und Grundlagenforschung, auch wenn sie unter wirtschaftlichen Gesichtspunkten als „Investition“ betrachtet werden können, eindeutig im operativen bzw betrieblichen Bereich zu erfassen. In diesem Zusammenhang sind insbes auch die nach IFRS 3.53 als Periodenaufwand zu behandelnden Transaktionskosten im Rahmen eines Unternehmenszusammenschlusses zu erwähnen, die damit auch im Cashflow des betrieblichen Bereichs zu verrechnen sind (so auch *KPMG* 2014/2015 Rz 2.3.20.15). Dies gilt hingegen nicht für die *at equity* bewerteten bzw als Beteiligung aktivierten Finanzanlagen, bei denen unverändert solche Kosten ggf als Anschaffungsnebenkosten zu aktivieren sind; diese Mittelabflüsse sind im Investitionsbereich zu erfassen (zur Abgrenzung s *Ohlund* IRZ 2011, 63 (64)).

In IAS 7.16 sind im Einzelnen folgende **Beispiele** für entspr Zahlungsabflüsse und -zuflüsse angegeben:

(1) Ein- und Auszahlungen aus der Veräußerung bzw der Beschaffung von Sachanlagen, immateriellen und sonstigen langfristigen Vermögenswerten sowie Auszahlungen für aktivierte Entwicklungskosten und selbsterstellte Sachanlagen,

(2) Ein- und Auszahlungen aus dem Verkauf bzw dem Erwerb von Anteilen an Unternehmen und Gemeinschaftsunternehmen sowie von Schuldtiteln anderer Unternehmen, sofern diese nicht als Zahlungsmitteläquivalente betrachtet werden oder zu Handelszwecken gehalten werden,

(3) Ein- und Auszahlungen aus der Tilgung bzw Vergabe von ggü Dritten gewährten Darlehen und Krediten, sofern es sich bei diesen nicht um Kreditinstitute oder sonstige Finanzinstitutionen handelt sowie
(4) Ein- und Auszahlungen, die standardisierte und andere Termingeschäfte, Options- und Swap-Geschäfte betreffen, sofern diese Verträge nicht zu Handelszwecken gehalten werden oder die Zahlungen als Finanzierungstätigkeit zu klassifizieren sind.

Der Ausweis von Zahlungen, die im Zusammenhang mit **Sicherungsgeschäften** vorgenommen werden, kann zu Zuordnungsproblemen führen, da der GuV-Ausweis bzw Ausweis im erfolgswirksamen Teil der Gesamtergebnisrechnung (s ausführlich → § 15 Rn 128) eine korrespondierende Abbildung sowohl im Finanzergebnis, als auch in den sonstigen betrieblichen Aufwendungen bzw Erträgen ermöglicht. Zur Gewährleistung einer einheitlichen Behandlung sind Sicherungsgeschäfte gem IAS 7.16 dem Funktionsbereich zuzuordnen, welchem auch das gesicherte Grundgeschäft angehört. 24

Steht eine Investition in unmittelbarem Zusammenhang mit der Gewährung eines Darlehens durch ein Kreditinstitut, so sind die Auszahlung und die Tilgung des Darlehens im Finanzierungsbereich auszuweisen. Aktivierte Fremdkapitalkosten für qualifizierte Vermögenswerte iSv IAS 23 werden im Cashflow aus Investitionstätigkeit berücksichtigt. Bestimmte qualifizierte Vermögenswerte nach IAS 23.4, die auch aufwandswirksam verrechnet werden können, sind in diesem Fall entweder dem Cashflow aus der betrieblichen Tätigkeit oder aus Finanzierungstätigkeit zuzuordnen (*Lüdenbach/Hoffmann/Freiberg* IFRS § 3 Rz 111 sowie *KPMG* 2014/2015 Rz 2.3.50.37).

Investitionen, die **zahlungsunwirksam** abgewickelt werden, dürfen in der Kapitalflussrechnung nicht erfasst werden. Dies betrifft insbes die Beschaffung von Leasingobjekten im Rahmen des Finanzierungs-Leasings, Anlagenzugänge durch Sacheinlagen, Erwerbsvorgänge im Zusammenhang mit Herstellerkrediten, Tauschvorgänge sowie Erwerbsvorgänge im Zusammenhang mit der Ausgabe von Eigenkapital- oder Fremdkapitaltiteln, wie zB Schuldscheine, Wechsel oder Obligationen. Diese nicht zahlungswirksamen Investitionen sind aus den Anlagenzugängen zu eliminieren. Damit dürften die in der Kapitalflussrechnung auszuweisenden Auszahlungen für Investitionstätigkeit idR nicht identisch sein mit den im Anlagespiegel dargestellten Zugängen des Anlagevermögens. 25

d) Ein- und Auszahlungen aus Finanzierungstätigkeit

Der Funktionsbereich der Finanzierung beinhaltet nach IAS 7.6 und IAS 7.17 sämtliche Zahlungsvorgänge, die im Unternehmen innerhalb einer Geschäftsperiode im Verhältnis zu den **Anteilseignern und Fremdkapitalgebern** angefallen sind. Die Darstellung der Mittelveränderungen soll die Adressaten des Jahresabschlusses über künftige Ansprüche der Kapitalgeber sowie den Kapitalbedarf des Unternehmens, also über den Außenfinanzierungsbedarf, informieren. 26

IAS 7.17 führt folgende Beispiele an:
(1) Einzahlungen aus der Ausgabe von Anteilen oder anderen Eigenkapitalinstrumenten,
(2) Auszahlungen für den Erwerb bzw Rückerwerb von eigenen Anteilen,
(3) Einzahlungen aus der Ausgabe von Schuldverschreibungen, Schuldscheinen und Rentenpapieren sowie aus der Aufnahme von Darlehen, Hypotheken sowie anderer kurz- oder langfristiger Ausleihungen,
(4) Auszahlungen für die Rückzahlung von Ausleihungen sowie
(5) Auszahlungen von Leasingnehmern zur Tilgung von Verbindlichkeiten aus Finanzierungs-Leasingverträgen.

Bei der Tilgung von Leasingraten und der Rückzahlung von Annuitätendarlehen kann eine Aufteilung dahingehend vorgenommen werden, dass die Zinsanteile der betrieblichen Tätigkeit und die Tilgungsanteile der Finanzierungstätigkeit zugeordnet werden. Eine solche getrennte Zuweisung zu den Bereichen sollte auch für Forderungen bzw Verbindlichkeiten an bzw ggü verbundenen Unternehmen in der Kapitalflussrechnung des Einzel- bzw Teilkonzernabschlusses vorgenommen werden; während langfristige Kapitalüberlassungen dem Bereich der Finanzierungstätigkeit zuzuordnen sind, sollten die Zahlungsströme betr Liefer- und Leistungsforderungen bzw -verbindlichkeiten im betrieblichen Bereich abgebildet werden.

27–30 *(einstweilen frei)*

B. Aufbau, Gliederung und Inhalte der Kapitalflussrechnung eines Unternehmens

I. Darstellungs- und Gliederungsregeln

1. Methoden zur Ermittlung und Darstellung der Zahlungsströme

a) Direkte oder indirekte Darstellung

31 Die **Darstellung** der in die Kapitalflussrechnung aufzunehmenden Zahlungsvorgänge kann nach IAS 7.18 durch die Anwendung einer direkten oder einer indirekten Methode vorgenommen werden. Die in IAS 7.18(a) aufgeführte und gem IAS 7.19 vorzugsweise anzuwendende direkte Methode stellt alle Mittelzuflüsse und -abflüsse unmittelbar als Zahlungsströme dar, die in einem Unternehmen in einer Rechnungslegungsperiode angefallen sind. Die nur für den Bereich der betrieblichen Tätigkeit ebenfalls zulässige Darstellung der Zahlungsvorgänge nach der indirekten Methode gem IAS 7.18(b) bildet hingegen den Zahlungssaldo für den betrieblichen Bereich als Ergebnis einer Überleitungsrechnung aus dem Periodenerfolg ab. Davon unberührt bleibt die Dreiteilung der Kapitalflussrechnung in die Funktionsbereiche der betrieblichen Tätigkeit, der Investitions- sowie der Finanzierungstätigkeit.

b) Originäre oder derivative Ermittlung

32 Die Darstellung und Gliederung der Kapitalflussrechnung wird maßgeblich durch die Methode beeinflusst, die für die **Ermittlung der Zahlungsflüsse** angewendet wird.

Die **originäre** Methode (*Gebhardt* in Beck HdR C 620 Rz 8 ff) entnimmt die Ein- und Auszahlungen entweder direkt den zahlungsbezogenen Konten der Buchführung oder leitet die Zahlungen aus entspr Gegenkonten ab.

33 Die **Ermittlung anhand von zahlungsbezogenen Konten** setzt eine rationelle und praktikable Auswertungsmöglichkeit derjenigen Buchführungskonten voraus, die in den Finanzmittelfonds einbezogen werden. Prinzipiell sind sämtliche auf die Rechnungslegungsperiode entfallenden Bewegungen auf Bankkonten sowie Ein- und Auszahlungen von Bargeld und Schecks in Zahlungsmittelzuflüsse und Zahlungsmittelabgänge aufzuteilen und über Zuordnungsschlüssel den drei Funktionsbereichen zuzuordnen.

34 Die **Ableitung der originären Zahlungsströme aus Gegenkonten** knüpft an die Veränderungen auf denjenigen Konten an, die nicht dem Finanzmittelfonds angehören. Zahlungswirksame und zahlungsunwirksame Vorgänge sind mittels Kontierung oder durch die Verwendung von entspr Belegschlüsseln getrennt zu erfassen (*Gebhardt* in Beck HdR C 620 Rz 81). Alle zahlungswirksamen Vorgänge sind anschließend den drei Funktionsbereichen zuzuordnen.

Die in der Unternehmenspraxis verwendeten Buchführungssysteme konzentrieren sich vornehmlich auf die Abbildung bilanzierungspflichtiger Sachverhalte in Bilanz und GuV/Gesamtergebnisrechnung, ohne dabei direkt zwischen zahlungswirksamen und zahlungsunwirksamen Geschäftsvorfällen zu differenzieren. Die dem Rechnungswesen zugrunde liegende Datenbasis ist daher zur originären Ermittlung der Ein- und Auszahlungen eines Geschäftsjahrs regelmäßig nur unzureichend geeignet. Andere rationelle Auswertungsmöglichkeiten, die lediglich die zahlungswirksamen Transaktionen eines Geschäftsjahrs erfassen, stehen den Unternehmen jedoch idR nicht zur Verfügung, sodass die originäre Methode in der Praxis kaum zur Anwendung kommen dürfte. Eine originäre Ermittlung von Zahlungsströmen wird nach allgemeiner Auffassung allenfalls für den **Finanzierungsbereich praktiziert,** da es sich idR um anzahlmäßig begrenzte Geschäftsvorfälle handelt, deren Liquiditätswirkungen aus der Finanzbuchhaltung mit vertretbarem Aufwand ableitbar sind. Entspr kann ggf auch für einen **überschaubaren Investitionsbereich** gelten.

35 Wohl aufgrund der vorstehenden Ermittlungsprobleme gestattet IAS 7.18(b) **für den Bereich der betrieblichen Tätigkeit** die Darstellung der Zahlungsvorgänge mittels der indirekten Methode, der zwangsläufig eine **derivative Ermittlung** zugrunde liegt (*Gebhardt* in Beck HdR C 620 Rz 85 ff). Diese leitet auf Basis der schon aggregierten Zahlenwerke von Bilanz und GuV bzw der erfolgswirksamen Teilrechnung der Gesamtergebnisrechnung sowie ergänzenden Angaben den Jahres- bzw Periodenerfolg – idR vor Ertragsteuern – auf den Zahlungssaldo aus der betrieblichen Tätigkeit über, indem die zahlungsunwirksamen Komponenten der in der GuV (sofern erstellt) bzw dem erfolgswirksamen Teil der Gesamtergebnisrechnung ausgewiesenen Erträge und Aufwendungen eliminiert werden. Durch diese Rückrechnungen werden zwangsläufig Saldierungen zwischen Erfolgsgrößen und Bestandsveränderungen vorgenommen, weshalb die derivative Methode den Nachteil aufweist, dass einzelne Zahlungsarten nur schwer oder gar nicht erkannt werden (*Wysocki/Harzheim* in Baetge ua IFRS-Komm IAS 7 Rz 82). Im Anschluss an die Rückrechnung werden die Zahlungsvorgänge aus den sich zwischen den Bilanzstichtagen ergebenden Veränderungen der dem betrieblichen Bereich zuzuordnenden Bilanzposten ermittelt. Es handelt sich demnach bei der derivativen Methode um eine reine Überleitungsrechnung, die im Gegensatz zur originären Ermittlung keine Zahlungsströme, sondern nur das Endergebnis als deren Saldo zeigt (*Scheffler* BB 2002, 295 (298)).

Daneben lässt IAS 7.20 auch noch eine sog **modifizierte indirekte Darstellung** zu, in der der Cashflow aus einer Gegenüberstellung der Aufwendungen und Erträge aus der GuV (sofern erstellt) bzw dem erfolgswirksamen Teil der Gesamtergebnisrechnung sowie der Veränderungen der Vorräte und Forderungen bzw Verbindlichkeiten aus Lieferungen und Leistungen abgeleitet wird. Die Abweichung zur vorstehend erläuterten Darstellungsform liegt demnach darin, dass die Überleitung nicht mit dem Periodenerfolg, sondern mit den Erträgen und Aufwendungen beginnt.

c) Gestaltungsvarianten

36 Obgleich theoretisch zwischen originärer und derivativer Ermittlung und anschließender direkter und indirekter Darstellung der Zahlungsströme unterschieden werden kann (*Gebhardt* in Beck HdR C 620 Rz 94 f), dürften sich in der **Praxis** die eingesetzten Methoden entsprechen, dh eine originäre Ermittlung in

eine direkte Darstellung bzw eine derivative Ermittlung in eine indirekte Darstellung münden. Grds sind aber auch derivativ aus dem Jahresabschluss entwickelte Zahlungsströme anschließend nach der direkten Methode darstellbar (vgl das Beispiel bei *Mansch/Stolberg/Wysocki* WPg 1995, 185 (200f)).

Trotz der vielfach in der Literatur aufgezeigten **konzeptionellen Unterlegenheit** der derivativen/indirekten Methode ist sie zumindest für die Praxis jedoch aufgrund der mit der originären/direkten Methode verbundenen Ermittlungsschwierigkeiten bzw umfangreicheren buchtechnischen Vorkehrungen sowohl national als auch international die bevorzugte Lösung.

So zeigt eine Auswertung von insgesamt 160 IFRS-Konzernabschlüssen des Geschäftsjahrs 2012 von im DAX, MDAX, SDAX und TecDAX gelisteten Unternehmen (→ Rn 20), dass fast ausschließlich die indirekte Darstellung und wohl auch derivative Ermittlung für den betrieblichen Bereich zum Zuge gekommen ist (*Bösser/Pilhofer/Lessel* PiR 2013, 359 (360)). Nur einer der 160 Konzerne, dh nur 0,6%, wandten die von IAS 7.19 präferierte direkte Darstellungsmethode an.

Ein Vorteil der indirekten Darstellung für den Abschlussadressaten kann zudem in der Verbindung der GuV (sofern erstellt) bzw dem erfolgswirksamen Teil der Gesamtergebnisrechnung einerseits und der Kapitalflussrechnung andererseits gesehen werden (so auch *Scheffler* DB 2007, 2045 (2047); *Pawelzik* WPg 2011, 510 (515)), da ggf eine unmittelbare Überleitung von einem positiven oder negativen Periodenerfolg in einen negativen bzw positiven betrieblichen Cashflow dargestellt und damit erläutert wird.

37 Die in den Bereichen **Investitions- und Finanzierungstätigkeit** vorgenommenen Finanzmitteltransaktionen sind idR so überschaubar, dass sie sich auf originäre Weise ermitteln lassen. Aus diesem Grund ist für diese Funktionsbereiche die gem IAS 7.21 verbindlich vorgeschriebene Anwendung der direkten Darstellung auch nicht mit unüberwindbaren Schwierigkeiten verbunden.

2. Bruttoprinzip der Zahlungsströme

38 Nach dem in IAS 7.18 und IAS 7.21 manifestierten Bruttoprinzip unterliegen die in der Kapitalflussrechnung darzustellenden Zahlungsflüsse (Ein- und Auszahlungsströme) grds einem **Saldierungsverbot.** Ausnahmen bestehen gem IAS 7.22 lediglich für den mit Kunden bestehenden Zahlungsverkehr, sofern die Zahlungsvorgänge eher auf die Aktivitäten der Kunden zurückzuführen sind und für Zahlungsvorgänge, die Posten mit großer Umschlagshäufigkeit, großen Beträgen und kurzen Laufzeiten betreffen.

39 Die den **Kundenverkehr** betreffenden Ausnahmen beziehen sich gem IAS 7.23 insbes auf die Annahme und Rückzahlung von Sichteinlagen bei Banken (Kassenhaltungsfunktion), auf die von einer Anlagegesellschaft für Kunden gehaltenen Finanzmittel (Treuhandfunktion) sowie auf Mietzahlungen, die für einen Grundstückseigentümer eingezogen und weitergeleitet werden (durchlaufende Posten). Als Beispiele für Posten mit großer Umschlagshäufigkeit, großen Beträgen und kurzen Laufzeiten gibt der Standard Darlehen ggü Kreditkartenkunden, den Erwerb bzw die Veräußerung von Finanzinvestitionen sowie andere kurzfristige Kredite, deren Laufzeit den Zeitraum von drei Monaten nicht überschreitet, an.

Eine nicht in IAS 7 geregelte, in der Praxis aber gängige **Ausnahme** vom strengen Bruttoprinzip ist die Behandlung der mit der Geschäftstätigkeit verbundenen Umsatzsteuerein- bzw -auszahlungen. Dies ergibt sich bei der indirekten Darstellung zwangsläufig für den bei dieser Frage dominierenden betrieblichen Bereich als Folge der Saldierung mit der Veränderung des Nettoumlaufvermögens. Bei einer direkten Darstellung wird allgemein ein separater Ausweis aber auch eine saldierte Darstellung für zulässig erachtet (so auch *Lüdenbach/Hoffmann/Freiberg* IFRS § 3 Rz 58). Selbst bei den einfacher zu bestimmenden Investitionsausgaben ist in der Praxis idR der Nettoausweis anzutreffen (*Pawelzik* WPg 2011, 510 (513)).

Besonderheiten zur Saldierungsmöglichkeit von Zahlungsvorgängen ergeben sich für die Kapitalflussrechnung von Kreditinstituten und sonstigen Finanzinstitutionen (vgl hierzu im Einzelnen IAS 7.24).

3. Gliederungsvorschläge nach IAS 7

Die bei der Erstellung der Kapitalflussrechnung verwendete Methode determiniert das zugrunde zu legende Gliederungsschema. Erfolgt die Ermittlung der Zahlungsströme nach der **originären Methode,** empfiehlt sich die **direkte Darstellung** in Form der nachstehenden Gliederung (vgl auch Anhang A zu IAS 7, der jedoch ausdrücklich nicht Bestandteil des Standards ist): 40

Cashflow aus betrieblicher Tätigkeit
+ Einzahlungen von Kunden
– Auszahlungen an Lieferanten und Arbeitnehmer
= Aus lfd Geschäftstätigkeit erwirtschaftete Zahlungsmittel
– Gezahlte Zinsen
– Gezahlte Ertragsteuern
= **Zahlungsmittel aus betrieblicher Tätigkeit**

Cashflow aus Investitionstätigkeit
– Erwerb von TU abzüglich erworbener Nettozahlungsmittel
– Erwerb von Sachanlagen und immateriellen Vermögenswerten
+ Erlöse aus der Veräußerung von Sachanlagen und immateriellen Vermögenswerten
+ Erhaltene Zinsen
+ Erhaltene Dividenden
= **Für Investitionstätigkeit eingesetzte Nettozahlungsmittel**

Cashflow aus Finanzierungstätigkeit
+ Erlöse aus der Ausgabe von gezeichnetem Kapital
+ Erlöse aus langfristigen Ausleihungen
– Zahlung von Verbindlichkeiten aus Finanzierungsleasing
– Gezahlte Dividenden
= **Für Finanzierungstätigkeit eingesetzte Nettozahlungsmittel**

Nettozunahme von Zahlungsmitteln und Zahlungsmitteläquivalenten
+ **Zahlungsmittel und Zahlungsmitteläquivalente zum Beginn der Berichtsperiode**
= **Zahlungsmittel und Zahlungsmitteläquivalente am Ende der Berichtsperiode**

Bei Anwendung der **indirekten Darstellungsmethode** bietet sich für den abweichend darzustellenden Bereich der betrieblichen Tätigkeit die Verwendung der nachstehenden Gliederung an. Diese ist um die Cashflows aus Investitionstätigkeit und Finanzierungstätigkeit zu ergänzen. 41

Cashflow aus betrieblicher Tätigkeit
Periodenerfolg vor Steuern
Berichtigungen für:
+/– Abschreibungen/Zuschreibungen
+/– Fremdwährungsverluste/-gewinne
– Finanzerträge
+ Zinsaufwendungen
Betriebsergebnis vor Änderungen des Nettoumlaufvermögens
+/– Veränderung von Forderungen aus Lieferungen und Leistungen und sonstigen Forderungen
+/– Bestandsveränderung der Vorräte

Cashflow aus betrieblicher Tätigkeit
Periodenerfolg vor Steuern
+/– Veränderung der Verbindlichkeiten aus Lieferungen und Leistungen
Aus lfd Geschäftstätigkeit erwirtschaftete Zahlungsmittel
– Gezahlte Zinsen
– Gezahlte Ertragsteuern
= **Netto-Zahlungsmittel aus betrieblicher Tätigkeit**

Die dargestellten Gliederungen der vorgesehenen Posten sind nur **beispielhaft** aufgeführt und sind entspr den tatsächlichen Verhältnissen unternehmensindividuell durch Erweiterung bzw Kürzung unter Berücksichtigung des Bruttoprinzips für Ein- und Auszahlungen anzupassen. Dabei ist diejenige Darstellung zu wählen, die am besten geeignet ist, dem Abschlussleser die Finanzlage des Unternehmens zu erläutern.

II. Derivative Ermittlung der Zahlungsströme aus betrieblicher Tätigkeit

1. Jahres- oder Periodenerfolg

42 Bei Anwendung der derivativen Methode erfolgt die Ermittlung und anschließende indirekte Darstellung des Einzahlungsüberschusses aus betrieblicher Tätigkeit durch eine Ableitung aus dem zum Bilanzstichtag erzielten Jahres- bzw Periodenerfolg vor Ertragsteuern. Diese Überleitungsrechnung stützt sich somit auf **Daten des Rechnungswesens,** welchen sowohl zahlungswirksame als auch zahlungsunwirksame Geschäftsvorfälle zugrunde liegen (→ Rn 35).

43 Ausgangspunkt der im Rahmen dieser Methode zu erstellenden Überleitungsrechnung nach IAS 7.18(b) ist der zum Bilanzstichtag in der GuV (sofern erstellt) bzw im erfolgswirksamen Teil der Gesamtergebnisrechnung ausgewiesene **Jahres- bzw Periodenerfolg** idR nach Zinsen und Steuern. Diese Ausgangsgröße hat ggü anderen Varianten den Vorteil eines unmittelbaren Anschlusses der Kapitalflussrechnung an eine Schlüsselgröße der GuV (sofern erstellt) bzw des erfolgswirksamen Teils der Gesamtergebnisrechnung (→ Rn 36).

Infolge der Notwendigkeit eines separaten Ausweises bzw der gesonderten Angabe von Zinsen und Steuern (→ Rn 53 und → Rn 57) sowie der Eliminierung der Abschreibungen (→ Rn 44) wird es überwiegend als zulässig erachtet, als Ausgangsgröße das Ergebnis vor Steuern (EBT), vor Zinsen und Steuern (EBIT) als auch dasjenige vor Zinsen, Steuern und Abschreibungen (EBITDA) zu verwenden (*von Oertzen* in MüKo BilR IAS 7 Rz 83). Nach der in → Rn 20 und → Rn 36 bereits zitierten Auswertung gehen 60% der einbezogenen Unternehmen, die die indirekte Darstellung bei der Kapitalflussrechnung angewendet haben, vom Jahresüberschuss (also dem Jahresergebnis nach Steuern) aus, 24% haben EBT und 11% EBIT als Ausgangsgrößen für die Cashflow-Ermittlung des betrieblichen Bereiches gewählt.

Bei der Erstellung der Konzern-Kapitalflussrechnung sollte diese Ausgangsgröße auch die Ergebnisanteile von nicht beherrschenden Gesellschaftern umfassen, um einen weiteren Korrekturschritt zu vermeiden (*Wysocki/Harzheim* in Baetge ua IFRS-Komm IAS 7 Rz 105). Die in der GuV (sofern erstellt) bzw dem erfolgswirksamen Teil der Gesamtergebnisrechnung unterhalb des Jahres- bzw Periodenerfolgs auszuweisenden Auszahlungen aufgrund von Gewinnabführungsverträgen sowie Einzahlungen aus der Übernahme von Verlusten sind nicht in das Ergebnis einzubeziehen, sondern im Bereich der Finanzierungstätigkeit darzustellen.

2. Abschreibungen und Zuschreibungen

Abschreibungen und Zuschreibungen langfristiger Vermögenswerte stellen zahlungsunwirksame Aufwendungen und Erträge dar und sind daher im Rahmen der Überleitungsrechnung zu berichtigen (IAS 7.20). Alle **planmäßigen und außerplanmäßigen Abschreibungen** der dargestellten Rechnungslegungsperiode sind dem Jahres- bzw Periodenergebnis hinzuzurechnen, **Zuschreibungen** dementsprechend zu kürzen. Dabei ist eine Aufteilung der Abschreibungen/Zuschreibungen auf die einzelnen Kategorien der langfristigen Vermögenswerte empfehlenswert, insbes wenn außerplanmäßige Wertberichtigungen auf immaterielle Vermögenswerte oder auf Geschäfts- oder Firmenwerte infolge von Wertminderungstests in der Abrechnungsperiode angefallen sind. 44

Auf kurzfristige Vermögenswerte vorgenommene Ab- bzw Zuschreibungen sind bei der Darstellung der Bestandsveränderungen der Vorräte, Forderungen und der sonstigen Aktiva zu berücksichtigen.

3. Andere nicht zahlungswirksame Aufwendungen und Erträge

Weitere nicht zahlungswirksame Aufwendungen und Erträge, die **im Rahmen der Überleitungsrechnung zu eliminieren** sind, betreffen zB ergebniswirksame Zu- und Abnahmen von langfristigen Rückstellungen (Umbewertungen, übernommene Rückstellungen im Zuge von Akquisitionen und Verschmelzungen uÄ sind zu eliminieren), nicht realisierte Fremdwährungsverluste bzw -gewinne, Aufwendungen und Erträge aus latenten Steuern sowie (noch) nicht empfangene Beteiligungsergebnisse oder Ausschüttungen (IAS 7.20(b)). 45

Zahlungsunwirksame Erträge sind jeweils von dem Jahres- bzw Periodenerfolg abzuziehen, zahlungsunwirksame Aufwendungen sind diesem hinzuzurechnen.

Die in der GuV (sofern erstellt) bzw dem erfolgswirksamen Teil der Gesamtergebnisrechnung beim **Gesamtkostenverfahren** ausgewiesenen Erträge aus aktivierten Eigenleistungen stellen keine unmittelbaren Zahlungsvorgänge dar. Die gebuchten Erträge gleichen sich jedoch mit den Aufwendungen aus, sodass die Berichtigung dieses Postens nicht in Betracht kommt. Die dementsprechenden Zahlungen werden im Bereich der Investitionstätigkeit ausgewiesen. Die Bestandserhöhungen und/oder -verminderungen beim Vorratsvermögen werden unmittelbar unter den bilanziellen Bestandsveränderungen erfasst.

4. Anderen Funktionsbereichen zuzuordnende Zahlungen

Neben den zahlungsunwirksamen sind die den anderen Funktionsbereichen zuzuordnenden Ein- und Auszahlungen in der Überleitungsrechnung zu korrigieren (IAS 7.20(c)). Zu nennen sind insbes die **Gewinne oder Verluste aus dem Abgang von materiellen und immateriellen Vermögenswerten (Investitionsbereich)** oder Zinszahlungen, soweit sie den Finanzierungsbereich betreffen. 46

Grds sind aber unter diese Kategorie vorzunehmender Bereinigungen alle Arten von Zahlungsvorgängen zu subsumieren, die definitionsgemäß nicht dem lfd Geschäftsbetrieb zuzuordnen sind.

5. Bestandsveränderungen

Das auf diese Weise bereinigte Geschäfts- oder Betriebsergebnis **vor Veränderungen des Nettoumlaufvermögens** ist anschließend durch die Zu- und Abrechnung aller Bestandsveränderungen im Bereich der kurzfristigen Aktiva und einzubeziehenden Passiva weiterzuentwickeln (IAS 7.20(a)). Dies erfolgt im ersten Zuge unabhängig von der Zahlungswirksamkeit, da alle bisher noch nicht 47 eliminierten übrigen Erträge und Aufwendungen als Bestandteil des Periodenergebnisses pauschal als zahlungswirksam angesehen werden. Für die Darstellung der Zahlungsein- und -ausgänge, die den Bereich der betrieblichen Tätigkeit betreffen, werden vereinfachend die Bestandsveränderungen der diesbezüglichen Bilanzposten zugrunde gelegt.

48 Sofern diese nicht eindeutig den Bereichen der Investitions- oder der Finanzierungstätigkeit zuzuordnen sind, betrifft dies idR das gesamte **Vorratsvermögen, die kurzfristigen Forderungen und sonstigen Vermögenswerte sowie die kurzfristigen Verbindlichkeiten und die kurzfristigen Rückstellungen.** Die Bestandsveränderungen werden grds durch die Gegenüberstellung der Anfangsbestände mit den Beständen zum Bilanzstichtag ermittelt. Dabei ist zu untersuchen, ob sich in den Beständen bedeutende Transaktionen niedergeschlagen haben können, die anderen Funktionsbereichen zuzuordnen oder zahlungsunwirksam sind, wie zB Verkäufe und Käufe von größeren Sachanlagen auf Ziel, der Verbrauch von kreditierten Vorräten, Veränderungen von Wertberichtigungen auf Vorräte, Forderungen und Wertpapieren sowie realisierte Teilgewinne aus der Anwendung der *percentage of completion*-Methode uÄ. Solche stichtagsbedingten Vorgänge sind dann in einem zweiten Zuge gesondert aus den Anfangs- und/oder Endbeständen der betroffenen Bilanzposten zu eliminieren, mit der Folge, dass sie nicht zwangsläufig mit den Veränderungen der Bilanzposten übereinstimmen bzw abstimmbar sind.

Dies gilt insbes auch für den nicht erfolgswirksamen Teil der Veränderungen der **Pensionsrückstellungen,** der im sonstigen Ergebnis in der Gesamtergebnisrechnung erfasst wird. Diese Veränderungen haben keine Auswirkungen auf die Ausgangsgröße der Kapitalflussrechnung (Periodenerfolg) gehabt und sind daher im Bestandsvergleich der Pensionsrückstellungen außer Betracht zu lassen.

In diesen Fällen wesentlicher Abweichungen von den Bilanzposten erscheint es sinnvoll, darauf durch entspr Bezeichnungen der Bestandsveränderungen in der Kapitalflussrechnung oder in ergänzenden Erläuterungen hierzu im Anhang hinzuweisen.

III. Sonderprobleme und Zusatzangaben zur Kapitalflussrechnung

1. Fremdwährungsumrechnung

49 Für bestimmte Posten sieht der Standard einen **gesonderten Ausweis** in der Kapitalflussrechnung vor.

Die **Auswirkungen von Wechselkursänderungen** führen regelmäßig zu Verwerfungen, die in der Kapitalflussrechnung gesondert darzustellen sind. Die Ursachen dieser Verwerfungen können sowohl aus der Vornahme von Fremdwährungsgeschäften als auch aus der Einbeziehung von Fremdwährungsabschlüssen in die Konzern-Kapitalflussrechnung resultieren. Darüber hinaus können Wechselkursänderungen bei der Verwendung von Fremdwährungsmitteln zu einer Bewertungsänderung des Finanzmittelfonds führen.

50 **Zahlungsvorgänge aus Fremdwährungsgeschäften** sind gem IAS 7.25 grds zu historischen Kursen, dh zu den zum Zahlungszeitpunkt gültigen Transaktionskursen, in die funktionale Währung des Unternehmens umzurechnen. Aufgrund von Ermittlungsschwierigkeiten ist alternativ auch die Anwendung eines wöchentlich, monatlich oder sogar jährlich gewogenen Durchschnittskurses zulässig, sofern die Abweichung zu den tatsächlichen Transaktionskursen nicht zu groß ist (IAS 7.27). Fremdwährungseinzahlungen sind mit dem **Geldkurs,** Fremdwährungsauszahlungen mit dem **Briefkurs** umzurechnen; eine Umrech-

nung zum Mittelkurs erscheint ebenfalls zulässig, wenn keine größeren Abweichungen festzustellen sind (*Gebhardt* in Beck HdR C 620 Rz 350f).

Sofern die Währungsdifferenzen während der Berichtsperiode bereits erfolgswirksam geworden sind, haben sie zu entspr Zahlungsmittelzu- oder -abflüssen geführt, sodass bei einer derivativen Ermittlung des betrieblichen Cashflows keine weiteren Anpassungen vorzunehmen sind. **Unrealisierte Währungsänderungen** sind demgegenüber mangels Liquiditätswirksamkeit zu eliminieren. Die notwendige Korrektur erfolgt aber idR bereits bei der Ermittlung der Bestandsveränderung (→ Rn 48) der einschlägigen Bilanzposten, insbes der Vorräte, Forderungen und Verbindlichkeiten *(working capital)*.

Die Ermittlung und Fortschreibung **gesonderter Ausgleichsposten** für die 51
währungsbedingte Beeinflussung der Cashflows sind daher in erster Linie für die nach der originären Methode ermittelten zahlungsunwirksamen Währungsdifferenzen im Investitions- und Finanzierungsbereich erforderlich (*von Oertzen* in MüKo BilR IAS 7 Rz 105).

Nicht zahlungswirksame Wechselkursänderungen haben jedoch nicht nur 52
Auswirkungen auf die Cashflows der drei Aktivitätsbereiche, sondern auch unmittelbar auf die Höhe des **Zahlungsmittelfonds,** sofern dieser Zahlungsmittel bzw Zahlungsmitteläquivalente in Fremdwährung enthält. Zur Abstimmung des Zahlungsmittelfonds mit dem Wert der Vorperiode sind die Differenzen zu ermitteln, die entstanden wären, wenn die Zahlungszu- und -abflüsse aus den drei Funktionsbereichen zum Kurs des Bilanzstichtags umgerechnet worden wären. Der sich hieraus ergebende Unterschiedsbetrag ist gem IAS 7.28 getrennt von den Zahlungsströmen der drei Funktionsbereiche auszuweisen.

Beispiel: Ein in Deutschland ansässiges Unternehmen verfügt über ein US-Dollarkonto mit einem Anfangsbestand von US-$ 1.000. Zum 1. Januar X1 betrug der Euro-Umrechnungskurs 0,85 €/US-$. Während des Jahres ergaben sich diverse Kontobewegungen zu unterschiedlichen Transaktionskursen. Der Endbestand des Kontos beträgt zum 31. Dezember X1 US-$ 600, bei einem Umrechnungskurs von 0,95 €/US-$. Der Durchschnittskurs beträgt 0,90 €/US-$.

Zur Berechnung der kursbedingten Wertänderung des Finanzmittelfonds ist der Anfangsbestand in Fremdwährung (US-$ 1.000) mit dem Unterschiedsbetrag zwischen dem Kurs zum Beginn der Periode und dem Durchschnittskurs (0,90 – 0,85 = 0,05) zu multiplizieren. Hieraus ergibt sich eine wechselkursbedingte Wertänderung des Anfangsbestands von € 50. Der Endbestand an Zahlungsmitteln in Fremdwährung (US-$ 600) ist mit dem Unterschiedsbetrag zwischen dem Durchschnittskurs und dem Kurs zum Bilanzstichtag (0,95 – 0,90 = 0,05) zu multiplizieren. Hieraus ergibt sich eine wechselkursbedingte Änderung des Endbestands in Höhe von € 30. Die kursbedingte Wertänderung des Finanzmittelbestands ergibt sich aus der Summe der Änderung des Anfangsbestands und der Änderung des Endbestands (€ 50 + € 30 = € 80). Die Wertänderung in Höhe von € 80 ist in einer Überleitungsrechnung des Finanzmittelfonds gesondert darzustellen.

Vereinfachend kann auch der Durchschnitt aus Fremdwährungsanfangs- und -endbestand (= US-$ 800) mit der Wechselkursänderung während des Jahres 01 (= € 0,1) multipliziert werden.

Der auf den Finanzmittelfonds einwirkende Effekt aus der Wechselkursänderung wird durch Umrechnung der Zahlungsmittelbestände am Anfang und Ende der Periode zum jeweiligen Stichtagskurs und des jeweiligen Vergleichs mit dem Durchschnittskurs ermittelt.

Enthält der Finanzmittelfonds neben Fremdwährungsposten weitere bewertungsabhängige Komponenten, wie zB Wertpapiere, so sind diesbezügliche Wertänderungen analog zu handhaben.

2. Zinsen und Dividenden

53 Zahlungsvorgänge, die Zinsen und Dividenden betreffen, sind gem IAS 7.31 **separat auszuweisen,** wobei unter Beachtung des Stetigkeitsgrundsatzes eine Aufteilung auf die drei Funktionsbereiche vorzunehmen ist.

Zinszahlungen, die auch Agios bzw Disagios sowie Ausgabekosten von Finanzschulden umfassen können, sind dabei unabhängig von ihrer erfolgswirksamen Erfassung in der GuV (sofern erstellt) bzw dem erfolgswirksamen Teil der Gesamtergebnisrechnung nach IAS 7.32 in der Gesamtsumme entweder durch besonderen Ausweis innerhalb (Regelfall in der Praxis) oder außerhalb der Kapitalflussrechnung (zB Anhang) anzugeben. Für den nicht erfolgswirksamen, im lang- oder kurzfristigen Vermögen ggf aktivierten Teil der Fremdkapitalzinsen bietet sich aus Abstimmungszwecken eine entspr Anhangangabe an.

54 Zahlungen im Zusammenhang mit **Zinssicherungsgeschäften** (Zinsoptionen, Zinsswaps etc), Quellensteuern auf Zinserträge sowie Ausschüttungen auf Genussscheine sind grds zusammen mit den Zinszahlungen auszuweisen.

Während nach IAS 7.33 für Kreditinstitute und sonstige Finanzinstitutionen der **Ausweis gezahlter Zinsen und erhaltener Zinsen** und Dividenden im Rahmen der betrieblichen Tätigkeit aus naheliegenden Gründen obligatorisch ist, wird anderen Unternehmen alternativ ein Ausweis unter den Investitions- bzw Finanzierungstätigkeiten gestattet, da es sich um Aufwendungen aus Refinanzierungen oder Erträge aus Investitionen handeln kann. Dabei dürfte die Wahl des Zinsausweises in der Praxis ua davon beeinflusst werden, ob im Saldo regelmäßig ein Zinsüberschuss (Ausweis betrieblicher Cashflow) oder ein Zinsaufwand (Finanzierungsbereich) erwirtschaftet wird. Im Zusammenhang mit diesem Ausweiswahlrecht ist allerdings der Stetigkeitsgrundsatz zu beachten, der jedoch unter Beachtung der allgemeinen Grundsätze in IAS 8.14(b) durchbrochen werden kann (zu möglichen Änderungen → Rn 97).

55 **Ausgeschüttete bzw gezahlte Dividenden** sind als Eigenkapitalinstrumente grds dem Finanzierungsbereich zuzuordnen. Dabei umfasst der in IAS 7 nicht definierte Begriff der Dividende nach allgemeiner Auffassung zahlungswirksame Gewinnausschüttungen aller Art, also zB auch Gewinngutschriften von PersGes oder Gewinnabführungen im Rahmen von Ergebnisabführungsverträgen.

Zur Zuordnung nach den Aktivitätsbereichen bestimmt IAS 7.34 eine grds Erfassung von gezahlten Dividenden/Gewinnausschüttungen im Bereich der Finanzierungstätigkeit, da es sich idR um Transaktionen mit den Eigenkapitalgebern handelt. Allerdings räumt der Standard ein alternatives Ausweiswahlrecht für den betrieblichen Bereich ein, sofern das berichtende Unternehmen die Fähigkeit herausstellen möchte, die Dividenden aus der lfd Geschäftstätigkeit zahlen zu können. Dieses Wahlrecht wird allgemein (*Lüdenbach/Hoffmann/Freiberg* IFRS § 3 Rz 119) insofern als kaum begründbar angesehen, als alle Funktionsbereiche eines Unternehmens zur Dividendenfähigkeit eines Unternehmens beitragen und demgemäß herangezogen werden müssten.

56 Demgegenüber bietet sich der Ausweis von **erhaltenen Dividenden/Gewinnausschüttungen** sowie uE aber auch Verlustübernahmen im Rahmen von Ergebnisabführungsverträgen als „negative Dividenden" im betrieblichen Bereich an. Dies gilt insbes für solche assoziierten Unternehmen und (nicht konsolidierten) TU, die idR einen engen Bezug zur eigenen betrieblichen Tätigkeit zB als Abnehmer oder Lieferant aufweisen. Dies gilt naturgemäß nicht, wenn die Beteiligungsunternehmen in erster Linie Finanzanlagedispositionen darstellen. Auch im Falle von Verlustübernahmen liegt eine Zuordnung zum Investitions- oder Finanzierungsbereich nahe, da insoweit der Charakter einer Eigenkapitalzuführung bzw eines -ausgleichs überwiegt. Letztlich sieht IAS 7.33 hier ein Wahl-

recht vor, das von den Unternehmen jedoch im Zeitablauf stetig auszuüben ist (so auch IAS 7.31).

3. Ertragsteuern

Die in der Rechnungslegungsperiode **gezahlten Ertragsteuern und vereinnahmten Ertragsteuererstattungen** sind nach IAS 7.35 in der Kapitalflussrechnung gesondert auszuweisen und im Regelfall dem Bereich der betrieblichen Tätigkeit zuzuordnen. Während Steueraufwendungen ohne Schwierigkeiten den Funktionsbereichen Investitions- oder Finanzierungstätigkeiten direkt und differenziert zugeordnet werden können, ist dies für die oft aperiodisch anfallenden Steuerzahlungen oder -erstattungen nicht der Fall. Daher ist in der Praxis ganz überwiegend eine Zuordnung zum betrieblichen Bereich festzustellen. Ist jedoch eine eindeutige Zuordnung der Steuerzahlungen ohne erheblichen Zeitaufwand und Kosten möglich, so ist das berichtende Unternehmen nach IAS 7.36 zu einer Aufteilung der Ertragsteuerzahlungen auf die Funktionsbereiche verpflichtet. In Betracht kommen hier insbes Steuerzu- und -abflüsse aus der Veräußerung von Sachanlagen und Beteiligungen sowie die Steuerauswirkung auf Fremdkapitalzinsen. Mit Steuernachzahlungen oder -erstattungen verknüpfte Zinsen sind nach vorstehenden Überlegungen dem Finanzierungsbereich zuzuweisen. Eine Zuordnung lediglich der wesentlichen Steuerzahlungen in die drei Funktionsbereiche sowie der restlichen Steuerzahlungen pauschal in den operativen Bereich ist ebenfalls vertretbar (*KPMG* 2014/2015 Rz 2.3.50.35). 57

Latente Steuern sind nicht zahlungswirksam und sind daher definitionsgemäß nicht in die Kapitalflussrechnung einzubeziehen. **Umsatzsteuer** sowie **Abzugs- bzw Quellensteuern** (zB Lohn- und Kirchensteuer, Kapitalertragsteuer) sowie **Mineralölsteuer** gehören nicht zu den Ertragsteuern; deren Zahlungswirkungen werden im Rahmen der Bestandsveränderungen (derivative Ermittlung) bzw bei den zuzuordnenden Ein- und Auszahlungen (originäre Ermittlung) berücksichtigt. 58

Werden Ertragsteuern in der Kapitalflussrechnung nicht in einem gesondert zusammengefassten Betrag, sondern auf die Funktionsbereiche bezogen getrennt ausgewiesen, so ist der Gesamtbetrag im Anhang anzugeben (IAS 7.36).

4. Nicht zahlungswirksame Erträge und Aufwendungen

In der Kapitalflussrechnung sind lediglich diejenigen Transaktionen darzustellen, die unmittelbar zu einer **Veränderung des Finanzmittelfonds** führen (IAS 7.43). Zahlreiche Investitions- und Finanzierungsvorgänge können jedoch erhebliche Auswirkungen auf die Vermögens- und Kapitalstruktur haben. Neben den in IAS 7.44 genannten Beispielen 59

(1) Erwerb von Vermögenswerten durch Schuldübernahme oder Finanzierungs-Leasing,
(2) Erwerb von Anteilen eines Unternehmens durch Anteilsausgabe/-tausch,
(3) Umwandlung von Schulden in Eigenkapital,

sind insbes der Kauf oder Verkauf von Vermögenswerten auf Ziel, der Tausch von Vermögenswerten, die Einlage von Vermögenswerten gegen Unternehmensanteile sowie Forderungsverzichte des Unternehmens bzw Schulderlasse seitens der Gläubiger zu nennen, die zahlungsneutral erfolgen und daher nicht in die Kapitalflussrechnung einzubeziehen sind. Wesentliche zahlungsunwirksame Transaktionen sind daher gem IAS 7.43 betragsmäßig im Anhang anzugeben und zu erläutern. Geschäftsvorfälle, die nur zT zahlungsmittelwirksam durchgeführt wurden, sind nur anteilmäßig in die Kapitalflussrechnung aufzunehmen und im Übrigen in ihrer Gesamtauswirkung im Anhang zu erläutern.

5. Wesentliche gesondert anzugebende Posten

60 Gem IAS 1.87 sind aufgrund der allgemeinen Bestimmung in IAS 1.97, die beispielhaft in IAS 1.98 ausgefüllt wird, **wesentliche** Ertrags- und Aufwandsposten gesondert anzugeben. Auch wenn eine entspr Angabepflicht in IAS 7 nicht enthalten ist, dürfte die Zielsetzung von Kapitalflussrechnungen es eigentlich gebieten, zumindest entspr ergänzende Anhangangaben zur Kapitalflussrechnung hinsichtlich der Zahlungswirksamkeit solcher wesentlichen und ggf nur einmalig anfallenden Posten zu machen. Nur mit diesen Informationen kann der Adressat die Zusammensetzung der gegenwärtigen Zahlungsströme und deren Nachhaltigkeit zuverlässig abschätzen.

61–63 *(einstweilen frei)*

IV. Kapitalflussrechnung im Rahmen der Zwischenberichterstattung

64 Sofern Unternehmen aufgrund gesetzlicher Bestimmungen (zB in Deutschland aufgrund § 37w WpHG) oder freiwillig Zwischenberichte unter der Geltung der IFRS erstellen, haben diese nach IAS 34.8(d) iVm IAS 1.111 eine **verkürzte Kapitalflussrechnung** nach den Grundsätzen von IAS 7 aufzustellen. Detaillierte Anweisungen zum Umfang der Angaben enthalten diese Vorschriften nicht.

In der Praxis gab es divergierende Auffassungen darüber, ob die nach IAS 34.8 vorgeschriebene verkürzte Kapitalflussrechnung sich lediglich auf die Angabe der Cashflows der drei Aktivitätsbereiche (Summenzeilen der ungekürzten Kapitalflussrechnung des letzten Jahresabschlusses) beschränken könne oder ob eine weitergehende Untergliederung nach Art der enthaltenen Cashflows auch in der verkürzten Kapitalflussrechnung erfolgen müsse. Das IFRS IC hat hierzu aufgeführt (IFRIC Update July 2014), dass gem IAS 34.10 jeder der verkürzten Bestandteile mindestens jede der Überschriften und Zwischensummen zu enthalten hat, die auch im letzten jährlichen Abschluss des betroffenen Unternehmens enthalten waren. Darüber hinaus sind zusätzliche Posten zwingend einzubeziehen, wenn ihr Weglassen den Zwischenbericht irreführend erscheinen lassen würde. Des Weiteren verlangen IAS 34.15 und IAS 34.25 weitere erläuternde Anhangangaben, um sicherzustellen, dass ein Zwischenbericht alle Informationen enthält, die für ein Verständnis der Vermögens-, Finanz- und Ertragslage eines Unternehmens während der Zwischenberichtsperiode wesentlich sind. Daher ist eine rein dreizeilige Darstellung einer verkürzten Kapitalflussrechnung grds nicht ausreichend.

In der Praxis wird in vielen Fällen von den Erleichterungen kein Gebrauch gemacht und die Kapitalflussrechnung im vollständigen Jahresabschlussformat dargestellt.

V. Kapitalflussrechnung für aufgegebene Geschäftsbereiche

65 Zusätzliche Erfordernisse an die **Ausgestaltung der Kapitalflussrechnung** und diesbezügliche Informationen bzw Angaben hinsichtlich der Zahlungsströme **für aufgegebene Geschäftsbereiche** enthält IFRS 5 (hierzu auch ausführlich → § 28 Rn 131).

Danach sind die Cashflows aus aufgegebenen Geschäftsbereichen, aufgegliedert nach den Aktivitätsbereichen (lfd Geschäftstätigkeit, Investitionstätigkeit, Finanzierungstätigkeit) gesondert anzugeben. Diese Angaben können entweder direkt in einem bestimmten Abschlussbestandteil oder gesondert im Anhang gemacht werden (so IFRS 5.33(c)).

Werden die Angaben dementsprechend in die Kapitalflussrechnung integriert, macht diese Vorschrift eine Darstellung der Cashflows für die aufgegebenen und fortzuführenden Geschäftsbereiche entweder in einer gesonderten Spalte (Mehr-Spalten-Darstellung mit Summenspalte), eine (zeilenmäßige) Trennung der Cashflows der einzelnen Bereiche in diejenigen aus fortgeführter und aufgegebener Geschäftstätigkeit oder Davon-Vermerke erforderlich. Eine solche Aufgliederung ist nach IFRS 5.34 für alle dargestellten Vorperioden und die bis zum Berichtszeitpunkt eingestellten Geschäftsbereiche vorzulegen. Die daraus resultierende Komplexität des Zahlenmaterials macht eine separate Anhangdarstellung zu aufgegebenen Geschäftsbereichen empfehlenswert. Nach *IDW* RS HFA 2 Rz 120 ist es aber nicht zulässig, getrennte Kapitalflussrechnungen vorzulegen, etwa dergestalt, dass die Kapitalflussrechnung nur die Zahlenangaben für den fortzuführenden Bereich enthält und diejenigen der aufgegebenen Geschäftsbereiche in den Anhang verlagert werden. Stets sind in der Kapitalflussrechnung demnach die Summe aller Zahlungsströme für das Gesamtunternehmen bzw den Konzern bezogen auf die drei Funktionsbereiche abstimmbar darzustellen.

Für **TU,** die **ausschließlich** mit der **Absicht** der **Weiterveräußerung** erworben wurden und damit nach IFRS 5.32(c) einen aufgegebenen Geschäftsbereich darstellen, ist ein gesonderter Ausweis der Netto-Cashflows der einzelnen Tätigkeitsbereiche hingegen nicht erforderlich (IFRS 5.33(c)). 66

C. Konzern-Kapitalflussrechnung

I. Kapitalflussrechnung als Bestandteil der Konzernrechnungslegung nach IFRS

Die Verpflichtung zur Aufstellung einer Kapitalflussrechnung gilt nach IAS 7.1 implizit auch für IFRS-Konzernabschlüsse und findet direkt Niederschlag in IAS 7.26 und IAS 7.37 ff. Dabei sind nach dem **Einheitsgrundsatz** nur diejenigen Zahlungsvorgänge darzustellen, die sich aus Sicht des Konzerns mit Konzernfremden ergeben. Transaktionen zwischen nicht-beherrschenden Gesellschaftern an TU und dem Konzern sind dabei wie Transaktionen unter Konzernfremden anzusehen. Alle konzerninternen Zahlungsvorgänge, die zwischen den konsolidierungspflichtigen Unternehmen stattgefunden haben, sind grds zu eliminieren bzw zu konsolidieren (*Wysocki/Harzheim* in Baetge ua IFRS-Komm IAS 7 Rz 110). 67

II. Konsolidierungskreis und -grundsätze

1. Abgrenzung des Konsolidierungskreises

Eine Konzern-Kapitalflussrechnung als integraler Bestandteil (IAS 7.1) eines Abschlusses unterliegt zwangsläufig nach dem Einheitsgrundsatz den gleichen Konsolidierungsgrundsätzen und erfordert damit auch die **Identität des Konsolidierungskreises** von Buchhaltungsabschluss ieS (Bilanz, Gesamtergebnisrechnung bzw GuV (sofern erstellt)) und der Kapitalflussrechnung. 68

Die dementsprechend darzustellenden Zahlungsflüsse werden somit maßgeblich durch die Abgrenzung des Konsolidierungskreises bestimmt. Dieser legt fest, welche Unternehmen mitsamt ihren Geschäftsvorfällen und Finanzmitteltransaktionen in den Konzernabschluss einbezogen werden und welche Vorgänge als konzernintern zu konsolidieren sind. Alle Konsolidierungsmaßnahmen, die sich auf die Konzernbilanz und -GuV bzw den erfolgswirksamen Teil der Konzern-Gesamtergebnisrechnung auswirken, sind, bezogen auf zahlungsmittelwirksame Vorgänge, parallel auf die Kapitalflussrechnung zu übertragen.

69 Für diejenigen Unternehmen, die nicht bzw nur anteilsmäßig in den Konsolidierungskreis aufgenommen werden, sind nach IAS 7.37 nur die Zahlungsströme darzustellen, die im Rahmen der Konsolidierungsmaßnahmen keine Berücksichtigung finden. Bei **assoziierten und Gemeinschaftsunternehmen,** die nach der Equity-Methode und **Beteiligungen,** die nach der Anschaffungskostenmethode einbezogen werden, betrifft dies insbes Dividendenzahlungen, Kapitalaufstockungen oder -rückzahlungen, die Gewährung bzw Tilgung von Krediten, nicht konsolidierte Zahlungen aus Lieferungen und Leistungen sowie Zahlungen im Zusammenhang mit dem Erwerb bzw der Veräußerung dieser Unternehmen (IAS 7.38). Das im Rahmen der Equity-Methode erfolgswirksam erfasste anteilige Ergebnis darf nicht in die Kapitalflussrechnung einbezogen werden. Ein gesonderter Ausweis von Anteilen nicht-beherrschender Gesellschafter am Finanzmittelfonds kommt nicht in Betracht, da dieser im Rahmen der einheitlichen Leitung zur Disposition des MU steht.

70 Zahlungsvorgänge aus **gemeinschaftlichen Tätigkeiten** (*joint operations* gem IFRS 11.20ff; → § 29 Rn 31ff), sind gem IAS 7.38 demzufolge auch nur anteilsmäßig in Höhe der Beteiligungsquote in die Kapitalflussrechnung aufzunehmen und unterliegen auch nur insoweit dem Konsolidierungsgebot.

2. Änderungen des Konsolidierungskreises

71 Besonderheiten ergeben sich bei **Änderungen des Konsolidierungskreises.** Dabei ist zu unterscheiden, ob ein Unternehmen zahlungswirksam erworben bzw veräußert wurde, oder ob es aus anderen Gründen in den Konsolidierungskreis erstmals aufgenommen bzw aus diesem ausgeschlossen wurde, zB aus Wesentlichkeitsgründen. Der nach allgemeinen Konsolidierungsgrundsätzen zu bestimmende maßgebliche Erst- oder Entkonsolidierungszeitpunkt begrenzt dann auch den Zeitraum für die Berichtsperiode, in dem das hinzutretende oder ausscheidende Unternehmen schon bzw noch einen Beitrag zur Veränderung des Finanzmittelfonds bzw zum Cashflow des Konzerns leistet.

Zahlungen im Zusammenhang mit dem Erwerb oder dem Verlust der Kontrolle über ein TU oder sonstige Geschäftseinheiten sind in der Kapitalflussrechnung nach IAS 7.39, unabhängig von der vertraglich unterschiedlich gestaltbaren Erwerbsform, gesondert **ausschließlich im Funktionsbereich der Investitionstätigkeit darzustellen.** Dabei stellen sonstige Geschäftseinheiten idS wirtschaftliche Einheiten bzw Zusammenfassungen von Vermögenswerten und ggf zugehörigen Schulden dar, wie zB Abteilungen, Sparten oder auch Geschäftseinheiten, die im Wege eines *asset deals* erworben oder veräußert werden.

Damit bleibt für die Konzern-Kapitalflussrechnung der ansonsten vorherrschende **Grundsatz der Einzelerwerbs- oder -veräußerungsfiktion unbeachtlich,** nämlich dass aus Konzernsicht mit der erworbenen Einheit auch kurzfristig sich umschlagende Vermögenswerte wie Vorräte, Forderungen uÄ erworben werden, die ggf in späteren Perioden in den betrieblichen Cashflow eingehen. Vielmehr wird eine solche Erweiterung des Konsolidierungskreises in Form eines einheitlichen Investitionsvorgangs dargestellt. Das Gleiche gilt für Veräußerungen von TU, die dann folgerichtig als Desinvestitionsvorgänge im Investitionsbereich zu erfassen und auszuweisen sind (s kritisch zu den Folgen der Vergleichbarkeit von Kapitalflussrechnungen *Kühnberger* DB 2005, 677 (681)).

Während sich aus Sicht des erwerbenden Unternehmens in der Einzel-Kapitalflussrechnung der gesamte Vorgang idR als Investitionsauszahlung für Beteiligungen niederschlägt, darf in der Konzern-Kapitalflussrechnung nur der **Zahlungsabfluss an Dritte** ausgewiesen werden. Bei einer derivativen Ermittlung des Cashflows aus der betrieblichen Tätigkeit sind daher die Anfangs- oder Endbestände der Bilanzposten zum Erst- bzw Entkonsolidierungszeitpunkt um die Beträge des hinzutretenden bzw ausscheidenden Unternehmens zu bereinigen. Damit ist gem IAS 7.42 auch der Zahlungsabfluss an Dritte (idR Kaufpreis des erworbenen Unternehmens) bzw Zahlungseingang von Dritten um die mit dem Unternehmen übernommenen bzw abgehenden Finanzmittelbestände zu kürzen. 72

Beispiel: Im Rahmen einer Unternehmensakquisition erwirbt eine AG sämtliche Anteile eines Unternehmens für einen Kaufpreis von T€ 10.000. Dabei werden T€ 6.000 bar und die übrigen T€ 4.000 durch die Ausgabe von Aktien bezahlt. Hiervon entfallen T€ 1.000 auf die in diesem Zusammenhang vorgenommene Kapitalerhöhung und T€ 3.000 auf das aus der Kapitalerhöhung resultierende Agio. Die beizulegenden Zeitwerte der erworbenen Vermögenswerte und übernommenen Schulden ermitteln sich zum Zeitpunkt des Unternehmenszusammenschlusses wie folgt:

	T€
Anlagevermögen	5.000
Vorratsvermögen	2.000
Forderungen	2.000
Zahlungsmittelbestand	1.000
Kurzfristige Verbindlichkeiten	4.000
Langfristige Verbindlichkeiten	2.000

Die Ermittlung des Nettozahlungsflusses ergibt sich aus der Saldierung des zahlungswirksamen Kaufpreises in Höhe von T€ 6.000 mit den im Rahmen der Unternehmensakquisition zugeflossenen Zahlungsmittelbeständen von T€ 1.000. In der Kapitalflussrechnung ist demnach ein Zahlungsmittelabfluss von T€ 5.000 anzugeben. Die im Rahmen der Kapitalerhöhung ausgegebenen Aktien sowie das hieraus resultierende Agio sind zahlungsneutral und somit bei Anwendung der indirekten Methode lediglich im Rahmen der Überleitungsrechnung zu korrigieren.

Unternehmensanteile, die im Wege des **Anteilstauschs** erworben werden, wirken sich mangels Zahlungscharakters nicht in der Kapitalflussrechnung aus. Lediglich in Höhe der ggf übernommenen Zahlungsmittel sind im Investitionsbereich unter Änderung des Konsolidierungskreises negative Auszahlungen zu verzeichnen. Damit ist eine Abstimmung des Zahlungsmittelfonds gewährleistet. 73

Wird der Kaufpreis über den Bilanzstichtag hinaus **gestundet,** so sind in der Kapitalflussrechnung mangels Zahlung lediglich die im Rahmen der Unternehmensakquisition zugeflossenen Zahlungsmittel gesondert auszuweisen. 74

Bei Zu- oder Abgängen von **gemeinschaftlichen Tätigkeiten** ***(joint operations)*** sind entspr den vorstehenden Grundsätzen die netto abgeflossenen bzw zugeflossenen Zahlungsmittel im Cashflow aus Investitionstätigkeit **anteilmäßig** zu zeigen. 75

Bei der Darstellung des Erwerbs und der Veräußerung von nach der Equity-Methode bilanzierten Anteilen an **assoziierten und Gemeinschaftsunternehmen** sowie bei einfachen **Finanzinvestitionen,** sind wie in der Kapitalflussrechnung für den Einzelabschluss die für den Erwerb aufgewandten bzw im Rahmen der Veräußerung erhaltenen Zahlungsmittel mangels Übernahme der Vermögenswerte und Schulden der Beteiligungsunternehmen ungekürzt um Zahlungsmittel der erworbenen Beteiligungen im Cashflow aus Investitionstätigkeit auszuweisen.

76 Ändert sich im Zuge eines sukzessiven Anteilserwerbs bzw einer sukzessiven Anteilsveräußerung der Konsolidierungsstatus eines Beteiligungsunternehmens dergestalt, dass das Unternehmen zu einem vollkonsolidierungspflichtigen TU wird bzw diesen Status verliert (Erwerb oder Verlust der Kontrolle), ist der Mittelabfluss aufgrund der Kaufpreiszahlung bzw der Mittelzufluss aufgrund des Verkaufs für den letzten Teilschritt abzüglich/zuzüglich sämtlicher erhaltenen bzw abgegebenen Zahlungsmittel und Zahlungsmitteläquivalente des TU nach IAS 7.39 im **Cashflow aus Investitionstätigkeit** auszuweisen. In Höhe der bei sukzessivem Anteilserwerb bislang bereits bestehenden Beteiligung (Altanteile) handelt es sich unter Cashflow-Gesichtspunkten um einen zahlungsunwirksamen Tausch. Dies gilt auch für die im Fall der sukzessiven Anteilsveräußerung iVm einer Übergangskonsolidierung erforderliche erfolgswirksame Bewertung der verbleibenden Anteile zum beizulegenden Zeitwert (→ § 37 Rn 11 ff).

77 Strittig ist der Fall, wenn bei einem unverändert vollkonsolidierungspflichtigen TU die **Anteilsquote auf- bzw abgestockt** wird, ohne dass das TU seinen Konsolidierungsstatus verändert (zB von 60% auf 90% oder umgekehrt). Die Kaufpreiszahlung an bzw der Verkaufserlös von nicht-beherrschenden Gesellschaftern müsste nach den allgemeinen Grundsätzen dem Aktivitätsbereich der Finanzierungstätigkeit zuzuordnen sein, da ein Mittelfluss zwischen Eigenkapitalgebern und Unternehmen (Konzern) vorliegt (so auch *Wysocki/Harzheim* in Baetge ua IFRS-Komm IAS 7 Rz 123). Ein Ausweis unter dem Cashflow aus Investitionstätigkeit wäre ebenso denkbar, da mit den Auszahlungen Investitionen bzw den Einzahlungen Desinvestitionen getätigt werden und nur bei diesem Ausweis der tatsächliche Zahlungsstrom aus dem Erwerb/Teilveräußerung des TU vollständig im Cashflow aus Investitionstätigkeit erfasst wird (*von Oertzen* in MüKo BilR IAS 7 Rz 223). Nach IAS 7.42A und IAS 7.42B ist dieser Ausweis jedoch nicht zulässig. Vielmehr sind Mittelab- bzw -zuflüsse aus Anteilsveränderungen an weiterhin vollkonsolidierten TU *(changes in non-controlling interests)* entspr ihrer Charakterisierung als Eigenkapitaltransaktionen zwingend im **Finanzierungsbereich** auszuweisen. Ausgenommen von diesem zwingenden Ausweis sind allerdings diejenigen Cashflows aus Anteilsveränderungen bei TU von Investmentgesellschaften iSv IFRS 10, die erfolgswirksam zum beizulegenden Zeitwert bewertet werden müssen, da sie von der Konsolidierungspflicht ausgenommen sind (IAS 7.42A). Diese sind ebenso wie Cashflows infolge von Änderungen der Beteiligungsquote an assoziierten Unternehmen oder Gemeinschaftsunternehmen weiterhin Bestandteil des Investitionsbereichs.

78 **Gründungen** von TU durch Bareinlage führen aus Konzernsicht nicht zu einer Auszahlung außerhalb des Konzernkreises; Auswirkungen auf die Kapitalflussrechnung können sich hierdurch definitionsgemäß nicht ergeben.

79 Grds sind die Ein- und Auszahlungen aus jeder Veräußerung bzw jedem Erwerb von Unternehmensanteilen in der Kapitalflussrechnung gem IAS 7.41 gesondert und getrennt voneinander darzustellen. Eine **Saldierung** ist unzulässig.

80 **Konsolidierungskreisänderungen,** die nicht im Zusammenhang mit dem Erwerb bzw der Veräußerung von Unternehmen stehen (bspw ein als unwesentlich klassifiziertes TU wird nunmehr erstmals in die Konsolidierung einbezogen bzw eliminiert), sind mangels Investitions- oder Desinvestitionsvorgang ebenfalls zahlungsmittelneutral, sodass sie die in der Kapitalflussrechnung darzustellenden Zahlungsströme nicht beeinflussen. Jedoch führt die Erst- bzw Entkonsolidierung zu Zu- und Abgängen in der Konzernbilanz. Diese Änderungen haben wiederum Auswirkungen auf die Höhe des Finanzmittelfonds, indem sie diesen um die Finanzmittelbestände der neu aufgenommenen Unternehmen erhöhen und um die Zahlungsmittelbestände der entkonsolidierten Unternehmen verringern. Die Veränderungen des Finanzmittelfonds sind damit nicht mehr durch die

Stromgrößen der Kapitalflussrechnung zu erklären. Vielmehr kann dies nur durch eine betragsmäßige Erläuterung im Rahmen der Überleitungsrechnung des Zahlungsmittelfonds dargestellt werden.

III. Ableitung von Konzern-Kapitalflussrechnungen

Für die Aufstellung konsolidierter Kapitalflussrechnungen bieten sich unterschiedliche Methoden an. Unter Beachtung der konsolidierungsbedingten Besonderheiten erfolgt die Ableitung nach der **derivativen Methode** prinzipiell nach den gleichen Kriterien, die für die Kapitalflussrechnung eines einzelnen Unternehmens gelten. 81

Bei Anwendung der **originären Methode** kann die Ermittlung der Zahlungsströme entweder unmittelbar aus der Konzernbuchführung oder durch Konsolidierung der originären Kapitalflussrechnungen der in den Konsolidierungskreis einbezogenen Unternehmen vorgenommen werden. Die erste Variante setzt voraus, dass eine eigene Konzernbuchführung besteht, aus welcher sich die zahlungsstromrelevanten Sachverhalte entnehmen lassen. Demgegenüber bedingt die zweite Variante die Anwendung der originären Methode auf die Kapitalflussrechnungen aller konsolidierungspflichtigen Konzernunternehmen sowie die Möglichkeit, alle zahlungsrelevanten Konsolidierungsbuchungen betragsmäßig zu identifizieren. Aufgrund der unter → Rn 34 beschriebenen praktischen Probleme kommt die Anwendung dieser Methode für die überwiegende Anzahl der Unternehmen nicht in Betracht.

Bei Anwendung der **derivativen Methode** werden die auf den Konzern entfallenden Zahlungsvorgänge durch Ableitung aus den Bilanz- und GuV-Werten ermittelt (→ Rn 35). Dabei kann entweder direkt auf den Konzernabschluss abgestellt werden, oder es sind die konsolidierten derivativ ermittelten Kapitalflussrechnungen der in den Konzernabschluss einbezogenen Unternehmen zugrunde zu legen. Letztere Vorgehensweise hat den Nachteil, dass die Kapitalflussrechnungen auf Ebene der Einzelabschlüsse vor den Konsolidierungsmaßnahmen, ggf auch vor der Anpassung an die konzerneinheitlichen Bilanzierungs- und Bewertungsmethoden und/oder Umrechnung in die Berichtswährung erstellt werden. Daher sind zur Ableitung der Konzern-Kapitalflussrechnung noch umfangreiche Anpassungsmaßnahmen erforderlich. 82

In der **Praxis** überwiegt daher die **derivative Ableitung** unmittelbar auf Basis des **Konzernabschlusses** unter Heranziehung zusätzlicher Angaben zur Zahlungswirksamkeit der Geschäftsvorfälle der einbezogenen Unternehmen ganz eindeutig. Diese zusätzlichen Informationen müssen im Rahmen des Konzernrechnungswesens separat erhoben werden. Dies gilt insbes auch hinsichtlich der Währungsumrechnung ausländischer TU.

Letztlich dürfte aber die gewählte Methode von der Größe des Konsolidierungskreises und des Konsolidierungsaufwands, dh vom Umfang des innerkonzernlichen Liefer- und Leistungs- und damit auch Zahlungsverkehrs, abhängen.

(einstweilen frei) 83

IV. Fremdwährungsumrechnung

Neben den sich auch für die Kapitalflussrechnung des Einzelabschlusses stellenden Problemen der Fremdwährungsumrechnung (Umrechnung von Fremdwährungstransaktionen und Zahlungsmittelbeständen in Fremdwährung, → Rn 49) stellt sich im Rahmen der Konzernrechnungslegung zusätzlich das 84

Problem der **Umrechnung** der **einbezogenen Fremdwährungsabschlüsse** der TU und deren **Cashflows.**

Für die Konzern-Kapitalflussrechnung sind die Zahlungsmittelflüsse von Fremdwährungsunternehmen grds ebenfalls zu **historischen Kursen,** dh mit dem zum Zahlungszeitpunkt gültigen Umrechnungskurs, in die funktionale Währung umzurechnen (IAS 7.26). Da dies eine Neubewertung sämtlicher Ein- und Auszahlungen dieser Unternehmen zur Folge hat, kann der Umrechnung auch hier ein gewogener Durchschnittskurs zugrunde gelegt werden. Die Umrechnung zum Stichtagskurs ist hingegen nach IAS 7.27 ausdrücklich nicht zulässig.

85 Bei einer **Ableitung** der Konzern-Kapitalflussrechnung aus den **Einzel-Kapitalflussrechnungen** der einbezogenen Unternehmen wird die Umrechnung der Zahlungsströme und des Fremdwährungszahlungsmittelbestands nach den allgemeinen Grundsätzen erfolgen. In der **Praxis** wird allerdings oft auf eine Aufteilung der wechselkursbedingten Wertänderungen auf die Aktivitätsbereiche verzichtet und deren Darstellung auf einen separaten Ausweis der wechselkursbedingten Veränderung der Finanzmittelbestände beschränkt.

Wird die Konzern-Kapitalflussrechnung – wie in aller Regel – durch Anwendung der **derivativen Methode** aus dem Konzernabschluss abgeleitet, so wird die Fremdwährungsproblematik bereits durch die im Rahmen der Erstellung der Konzernbilanz durchgeführte Währungsumrechnung gelöst. Damit werden aber auch alle Kursumrechnungsprobleme aus der Transformation der Einzelabschlüsse in die Konzern-Kapitalflussrechnung übernommen, wie zB unrealisierte zahlungsunwirksame Umrechnungsdifferenzen (*Wysocki/Harzheim* in Baetge ua IFRS-Komm IAS 7 Rz 131). Dies gilt insbes für **Währungsdifferenzen aus der erfolgsneutralen Umrechnung und Einstellung in das Eigenkapital** für die Posten des Nettoumlaufvermögens der Fremdwährungsabschlüsse, die ohne zusätzliche Korrekturen auf den Ausweis des Cashflows aus betrieblicher Tätigkeit durchschlagen würden. Unter dem Gesichtspunkt der Wesentlichkeit sind diese ggf zumindest näherungsweise zu korrigieren. Die Größenordnung lässt sich dabei anhand der Berechnung der wechselkursbedingten Wertänderungen der Anfangsbestände abschätzen (*Gebhardt* in Beck HdR C 620 Rz 390). Dazu kann der anhand der Beständedifferenzenbilanz berechenbare Durchschnittsbestand der jeweiligen Bilanzposten in Fremdwährung mit der Wechselkursänderung multipliziert und anschließend als zahlungsunwirksame Wertveränderung eliminiert werden. Alternativ kann auch die Bestandsveränderung, bewertet zum Periodendurchschnittskurs in Fremdwährung, von der Bestandsveränderung in Konzernwährung abgezogen werden (vgl ua *Wysocki* in Baetge ua IFRS-Komm[2] IAS 7 Rz 132).

D. Angaben im Anhang

I. Pflichtangaben

86 Neben den in der Kapitalflussrechnung separat darzustellenden **Zins-, Dividenden- und Ertragsteuerzahlungen** (→ Rn 53, → Rn 55 und → Rn 57) erfordert der Standard weitere Anhangangaben.

87 Gem IAS 7.45 und IAS 7.46 ist die **Zusammensetzung des Finanzmittelfonds** zu erläutern und im Rahmen einer Überleitungsrechnung den entspr Bilanzposten gegenüberzustellen. Die unterschiedliche Ausprägung der Bankkonditionen und die unternehmensindividuellen Praktiken des Finanzmanagements

führen zu einer uneinheitlichen Zusammensetzung der Finanzmittelfonds. Aus diesem Grund sind die **einzelnen Komponenten** an Zahlungsmitteln und Zahlungsmitteläquivalenten, die in den Finanzmittelfonds eingeflossen sind, zu erläutern. Änderungen seiner Zusammensetzung ggü der Vergleichsperiode sind nach IAS 7.47 entspr den Vorschriften in IAS 8 ebenfalls offen zu legen.

Beispiel: Ein Konzern bezieht neben Barmitteln und Guthaben bei Kreditinstituten alle kurzfristig angelegten Festgelder und Wertpapiere sowie Kontokorrentkredite in sein Cash-Management ein. Im Jahr X2 wurde der Konsolidierungskreis um zwei Unternehmen erweitert, welche in den Vorjahren zu Anschaffungskosten bilanziert wurden. Die Finanzmittelbestände dieser Unternehmen betrugen T€ 360 bzw T€ 40. Im Jahr X1 entstanden Fremdwährungsgewinne in Höhe von T€ 43, im Jahr X2 Fremdwährungsverluste in Höhe von T€ 187.

Anhangangaben	Jahr X1	Jahr X2
	T€	T€
Barmittel und Guthaben bei Kreditinstituten	3.460	4.370
Kurzfristige Finanzinvestitionen	4.830	2.820
Kontokorrentkredite	–240	–320
	8.050	6.870
Auswirkungen von Konsolidierungskreisänderungen	0	400
Auswirkungen von Wechselkursänderungen	43	–187
Zahlungsmittel und Zahlungsmitteläquivalente	8.093	7.083

Zusätzlich sind gem IAS 7.48 alle wesentlichen in den Finanzmittelfonds eingeflossenen Zahlungsmittelkomponenten anzugeben und zu erläutern, über die das Unternehmen bzw der Konzern aus rechtlichen oder tatsächlichen Gründen **nicht verfügen** kann. In Betracht kommen insbes Guthaben, die im Rahmen vertraglicher Vereinbarungen der Verwendung für bestimmte Zwecke (zB Sozialpläne) vorbehalten sind, Zahlungsmittelbestände, die durch Kreditvereinbarungen (sog *covenants*) als Mindestliquiditätsreserve nicht verwendbar sind, Gelder, die Devisenverkehrskontrollen unterliegen sowie staatlicherseits eingefrorene Bankguthaben (IAS 7.49). Auch die Guthaben von gemeinschaftlichen Tätigkeiten *(joint operations)*, die anteilig in den Konzernabschluss einbezogen werden, stehen dem Konzern mangels ausreichender Einflussmöglichkeit idR nicht zur vollständigen Verfügung. 88

Die Darstellung von Ein- und Auszahlungen im Zusammenhang mit **Unternehmensakquisitionen und -veräußerungen** erfordert die Reduzierung des Kaufpreises um die erworbenen bzw abzugebenden Zahlungsmittel und Zahlungsmitteläquivalente (→ Rn 72). Gem IAS 7.40 sind in diesem Zusammenhang die folgenden zusätzlichen Angaben aufzunehmen: 89

(1) der gesamte Kauf- bzw Veräußerungspreis,
(2) der Teil des Kauf- bzw Veräußerungspreises, der durch Zahlungsmittel bzw Zahlungsmitteläquivalente beglichen wurde,
(3) der Betrag der Zahlungsmittel bzw Zahlungsmitteläquivalente des Unternehmens, der im Rahmen der Akquisition übernommen bzw im Rahmen der Veräußerung abgegeben wurde,
(4) die Beträge der nach Hauptgruppen gegliederten Vermögenswerte und Schulden – mit Ausnahme der Zahlungsmittel und Zahlungsmitteläquivalente – des Unternehmens, welches erworben bzw veräußert wurde.

Diese Angabepflichten verhindern somit, dass Transaktionspreise im Rahmen von Unternehmensakquisitionen bzw -verkäufen **vertraulich** behandelt werden können. Lediglich im Falle mehrerer gleichartiger Geschäftsvorfälle kann die Offenlegung einzelner Unternehmenskaufpreise durch Zusammenfassung vermieden werden.

Für das unter → Rn 72 dargestellte Beispiel sind folgende Angaben zu machen: Während der Berichtsperiode wurde das Unternehmen X erworben. Die beizulegenden Zeitwerte der erworbenen Vermögenswerte sowie der übernommenen Schulden betrugen:

	T€
Zahlungsmittelbestand	1.000
Geschäfts- oder Firmenwert	6.000
Anlagevermögen	5.000
Vorratsvermögen	2.000
Forderungen	2.000
Kurzfristige Verbindlichkeiten	– 4.000
Langfristige Verbindlichkeiten	– 2.000
Gesamtkaufpreis	10.000
Abzüglich nicht zahlungswirksamer Finanzierungsmittel	– 4.000
Abzüglich erworbener Zahlungsmittel	– 1.000
Mittelabfluss durch den Unternehmenserwerb abzüglich erworbener Zahlungsmittel	5.000

90 Befreit von den Angabepflichten zu (3) und (4) bzw IAS 7.40(c) und IAS 7.40(d) sind nach IAS 7.40A allerdings Investmentgesellschaften iSv IFRS 10 für deren TU, die erfolgswirksam zum beizulegenden Zeitwert bewertet und nicht konsolidiert werden.

Gem IAS 7.43 sind bedeutende **nicht zahlungswirksame Transaktionen** des Investitions- und Finanzierungsbereichs betragsmäßig im Anhang anzugeben (→ Rn 59).

II. Freiwillige Angaben

91 Zur besseren Information der Adressaten eines Abschlusses über die VFE-Lage empfiehlt IAS 7.50 den Unternehmen folgende **fakultative Angaben:**

(1) der Gesamtbetrag der nicht ausgenutzten Kreditlinien, der für die künftige betriebliche Tätigkeit und zur Erfüllung von Verpflichtungen verwendet werden kann, wobei auch etwaige Verfügungsbeschränkungen anzugeben sind,

(2) der Gesamtbetrag der Zahlungsflüsse, die für die Erweiterung des Geschäftsbetriebs einerseits und die Erhaltung der bestehenden Kapazitäten andererseits erforderlich sind,

(3) die Aufteilung der Zahlungsmittelzu- und -abflüsse für Bereiche der betrieblichen Tätigkeit, der Investitionstätigkeit und der Finanzierungstätigkeit auf die im Rahmen der Segmentberichterstattung gewählten Segmente (Geschäftsbereiche nach IFRS 8).

92 Die in IAS 7.51 und IAS 7.52 dazu enthaltenen **Begründungen** für die beiden letztgenannten zusätzlichen Angaben resultieren unmittelbar aus der eingangs geschilderten Zielsetzung der Kapitalflussrechnung, als weiteres zahlungsstromorientiertes Rechnungslegungsinstrument neben Bilanz und GuV (sofern erstellt) bzw Gesamtergebnisrechnung die Informationsbasis des Abschlussadressaten zu verbessern (→ Rn 1).

Ob und wie diese Informationen zu kapazitätserhaltenden bzw kapazitätserweiternden Cashflows zweifelsfrei und ggf intersubjektiv nachprüfbar ermittelt werden können, bleibt derzeit offen und dürfte daher auch von geringer praktischer Relevanz sein und bleiben.

93 Anders ist die Angabe von **Segment-Cashflows** zu beurteilen, die ein wesentlich besseres Verständnis der Zusammensetzung des Cashflows des Gesamtunternehmens nach den diesen Gesamt-Cashflow erwirtschaftenden Geschäftssegmenten vermitteln sowie deren jeweilig ggf unterschiedliche Verfügbarkeit und Variabilität verdeutlichen kann. Gleichwohl schreibt IFRS 8 die Darstellung einer Kapitalflussrechnung nach Segmenten nicht vor. Angaben von Segment-Cashflows sind daher in der Praxis nur in Einzelfällen (insbes in der Automobilindustrie s *Stahn* DB 2011, 661 (664)) und dann auch nur selektiv anzutreffen.

E. Wesentliche Änderungen und deren Anwendungszeitpunkte

Der **IAS 7** hat keinen wesentlichen Änderungen unterlegen. Folgeänderungen aus der Änderung anderer IFRS ergaben sich für IAS 7 letztmalig durch die Änderungen an IFRS 10, IFRS 11 und IFRS 12 in Bezug auf Investmentgesellschaften. Diese Änderungen sind bereits verpflichtend anzuwenden. Auswirkungen für die Anwendung des IAS 7 im Rahmen der Zwischenberichterstattung ergeben sich ggf aus der (negativen) Agendaentscheidung des IFRS IC (vgl IFRIC Update, July 2014 zu diesem NIFRIC → Rn 64). 94

F. Gegenüberstellung zu HGB/DRS

Nach den deutschen Rechnungslegungsvorschriften müssen Jahres- und Konzernabschlüsse gem den §§ 264 Abs 2 und 297 Abs 2 HGB ein den tatsächlichen Verhältnissen entspr Bild der **Finanzlage** vermitteln. Dabei bleibt für den überwiegenden Teil der Unternehmen offen, welcher Instrumente sie sich für die Darstellung der Finanzlage bedienen. Die Pflicht zur Aufstellung einer **Kapitalflussrechnung** besteht für alle kapitalmarktorientierte Unternehmen sowie für nicht kapitalmarktorientierte Unternehmen, die gem § 297 Abs 1 HGB ihren Konzernabschluss um eine Kapitalflussrechnung erweitern müssen. 95

Inhalt und Form der Kapitalflussrechnung sind gesetzlich nicht vorgegeben, sondern bleiben der Ausgestaltung durch private Rechnungslegungsgremien vorbehalten. Mit der Stellungnahme des Hauptfachausschusses des IDW (*IDW* HFA 1/1995 WPg 1995, 210 (210ff)) wurde erstmals eine inhaltliche Konzeption für Kapitalflussrechnungen vorgelegt, die den internationalen Standards entspricht. Die Anwendung von HFA 1/1995 erfolgte allerdings auf freiwilliger Basis. Mit dem DRS 2 schuf das DRSC am 31. Mai 2000 erstmals Regelungen, die für deutsche gesetzlich vorgeschriebene Konzernabschlüsse verbindlich waren und für freiwillig aufgestellte Kapitalflussrechnungen empfohlen wurden. Mit Verabschiedung durch das DRSC am 4. Februar 2014 und Bekanntmachung am 8. April 2014 liegt nun eine umfassende Neubearbeitung der Materie in Form des DRS 21 vor. Dieser Standard war erstmals für nach dem 31. Dezember 2014 beginnende Geschäftsjahre zu beachten.

Die Abschaffung einzelner Ausweis- und Zuordnungswahlrechte führte zu einer weiteren Annäherung von DRS 21 an IAS 7. Daneben wurde auf die Darstellung einzelner Regeln, insbes zur Ermittlung der Zahlungsströme, im Hinblick auf die sich bereits herausgebildete Praxis verzichtet. Im Übrigen wurden im Rahmen der Neufassung die bisherigen branchenbezogenen Rechnungslegungsstandards zur Kapitalflussrechnung für Kredit- und Finanzdienstleistungsunternehmen sowie Versicherungsunternehmen (bisher DRS 2–10 bzw DRS 2–20) in DRS 21 zusammengeführt.

Für den Großteil der verbliebenen Unterschiede erlauben die Spielräume bzw Wahlrechte in IAS 7 eine nahezu **vollständige Kompatibilität** mit DRS 21. Es kann allgemein festgestellt werden, dass auch DRS 21 tendenziell mit seinen Pflichtangaben über IAS 7 hinausgeht.

96 Im Einzelnen bestehen noch folgende **erwähnenswerte Differenzen bzw Angleichungen:**

Bei der **Zusammensetzung des Finanzmittelfonds** besteht nach DRS 21. 34 für die Einbeziehung von Kontokorrentkrediten ebenso wie nach IAS 7.8 eine Einbeziehungspflicht. Ebenso fixiert DRS 21.9 die Restlaufzeit von Zahlungsmitteläquivalenten eindeutig wie IAS 7.7 auf drei Monate gerechnet ab Erwerbszeitpunkt.

Für den Aufbau der Kapitalflussrechnungen schreibt DRS 21 sowohl bei Anwendung der direkten als auch der indirekten Darstellungsform **Mindestgliederungen sowie die Staffelform** (auch für die durch branchenspezifische Besonderheiten gekennzeichneten Kapitalflussrechnungen von Kreditinstituten und Versicherungen) vor. Die Einhaltung einer Mindestgliederung oder die Form der Darstellung ist nach IAS 7 nicht vorgeschrieben, sodass insofern eine Angleichung an DRS 21 ohne Probleme möglich ist.

Bei Anwendung der indirekten Darstellungsform weicht die **Abgrenzung des Funktionsbereichs der betrieblichen Geschäftstätigkeit** zT von der IFRS-Fassung ab. So setzt auch DRS 21 im Rahmen der Überleitungsrechnung grds auf dem Periodenerfolg IAS 7, hingegen auf dem Periodenerfolg vor Ertragsteuern auf. DRS 21.41 lässt wahlweise jedoch auch alternative Darstellungen hinsichtlich der Ausgangsgröße entspr IAS 7 zu, sofern eine Überleitung in ergänzenden Angaben zur Kapitalflussrechnung erfolgt.

Wesentliche Zahlungsströme aus außerordentlichen Posten sind nach DRS 21.28 in der Kapitalflussrechnung im jeweils zutreffenden Tätigkeitsbereich gesondert auszuweisen. Nach IAS 7 ist der separate Ausweis nicht mehr möglich (→ Rn 60).

DRS 21 nimmt eine klarere und eindeutigere Zuordnung von Zahlungsströmen zu den Funktionsbereichen vor. So sind **erhaltene Dividenden und Zinsen** nun ausschließlich im Cashflow der Investitionstätigkeit, **gezahlte Dividenden und Zinsen** im Cashflow aus der Finanzierungstätigkeit zu erfassen. Das bisherige nach DRS 2.36 bzw DRS 2.39 zulässige und unverändert auch nach IAS 7.34 gültige Wahlrecht, diese Zahlungsflüsse im Cashflow aus der lfd Geschäftstätigkeit auszuweisen, wurde mit DRS 21.44 bzw DRS 21.48 aufgehoben.

Ertragsteuerzahlungen sind nach DRS 21.18 und DRS 21.19 nun wie nach IAS 7 idR dem Bereich der lfd Geschäftstätigkeit zuzuordnen, müssen aber der Investitions- bzw Finanzierungstätigkeit zugeordnet und separat ausgewiesen werden, sofern eine eindeutige Zurechnung möglich ist. Ob und inwieweit dies technisch ohne größere Schwierigkeiten gelingen kann, bleibt nach beiden Standards offen.

Während DRS 2.51 nur eine **zusätzliche Angabepflicht** für Einzahlungen aus Eigenkapitalzuführungen von anderen Gesellschaftern sowie Auszahlungen an andere Unternehmen vorsah, fordert DRS 21.51 einen gesonderten Ausweis in der Kapitalflussrechnung im Cashflow der Finanzierungstätigkeit; eine Angabe, welche nach IAS 7 nicht vorgesehen ist.

Auf weitere rechnungslegungsspezifische Differenzen zwischen IFRS- und HGB-konformen Abschlüssen und die daraus resultierenden zwangsläufigen Unterschiede für Kapitalflussrechnungen nach IAS 7 und DRS 21, und zwar

(1) die fehlende Entsprechung von IFRS 5.33 für aufgegebene Geschäftsbereiche im Regelungsbereich von DRS 21,
(2) die durch Aufgabe der Quotenkonsolidierung in IAS 7 fehlenden Bestimmungen zu anteilmäßig zu erfassenden Cashflows,
(3) und den aus dem handelsrechtlichen Wahlrecht zur Aktivierung selbst geschaffener immaterieller Vermögensgegenstände nach § 248 Abs 2 HGB ggf

resultierenden Unterschiede in der Zusammensetzung bzw Abgrenzung des Cashflows aus dem Investitionsbereich,

sei in diesem Rahmen abschließend nur aus Vollständigkeitsgründen hingewiesen.

G. Aktuelle Entwicklungen/IASB-Projekte

Wesentliche Änderungen des seit dem 1. Januar 1994 anzuwendenden und seitdem auch nicht grundlegend überarbeiteten IAS 7 sind **kurzfristig nicht geplant** und auch nicht zu erwarten. Von der Änderung anderer Standards dürfte IAS 7 aufgrund der abgeschlossenen Materie sowie der relativ freien Gliederungsmöglichkeit ebenfalls weitgehend unberührt bleiben. **ED/2012/1** ***Annual Improvements to IFRSs 2010–2012 Cycle*** sah noch eine materielle Änderung hinsichtlich der Zuordnung von aktivierten Zinszahlungen zu einem der drei Tätigkeitsbereiche vor. Im April 2013 entschied der IASB aufgrund der in den Stellungnahmen zu diesem Entwurf geäußerten Bedenken, die *Annual Improvement to IFRSs 2010–2012 Cycle* ohne die Änderung an IAS 7 zu verabschieden. 97

Im Rahmen seiner ***Disclosure Initiative*** hat der IASB im Dezember 2014 einen Exposure Draft zu Änderungen an IAS 7 (ED/2014/6 *Proposed Amendments to IAS 7*) veröffentlicht. Zielsetzung der dort vorgeschlagenen Änderungen sind sowohl die Verbesserung der Informationen über die Finanzierungsaktivitäten der Unternehmen insbes im Fremdfinanzierungsbereich als auch zu deren Liquidität.

Zur Erreichung der ersten Zielsetzung wird eine betragsmäßige Überleitungsrechnung der Entwicklung aller bilanziellen Fremdkapitalposten, deren Cashflows in Bereich der Finanzierungstätigkeit erfasst werden bzw werden könnten, vorgeschlagen. Diese Darstellung soll ausgehend von der Eröffnungsbilanz alle innerjährlichen Bewegungen auf die Schlussbilanz überleiten, was zwangsläufig eine Unterteilung der Bestandsveränderungen bzw Bewegungen in zahlungswirksame und nicht zahlungswirksame bedeutet. 98

Der zweiten Zielsetzung soll mit weitergehenden Angaben zu Beschränkungen von Zahlungsmitteln und Zahlungsmitteläquivalenten, die die Unternehmensentscheidungen zur Disposition solcher Mittel beeinflussen, entsprochen werden. In dem Entwurf werden in diesem Zusammenhang auch ausdrücklich Steuerschulden erwähnt, die aus der Rückführung ausländischer Zahlungsmittel oder Zahlungsmitteläquivalente resultieren.

Entspr Beispiele für solche Darstellungen sind im ED/2014/6 enthalten, ebenso wie erstmals in einem solchen Entwurf ausführlich auf deren Auswirkungen auf die sog IFRS Taxonomy eingegangen wird. Ein Erstanwendungszeitpunkt der Änderungen bzw Ergänzungen für die vorgeschlagenen neuen IAS 7.44A, IAS 7.50A und IAS 7.59 wird allerdings nicht genannt.

Im Rahmen der Reform der Leasingbilanzierung hat der IASB im März 2015 beschlossen, dass Leasingnehmer Auszahlungen zur Tilgung der Leasingverbindlichkeit im Cashflow aus Finanzierungstätigkeit auszuweisen haben. Zinszahlungen sind in Übereinstimmung mit den Vorschriften für andere Zinszahlungen zu klassifizieren. Das vom IASB vorgeschlagene neue Bilanzierungsmodell für Leasingverhältnisse wird zu einer Zunahme der Auszahlungen im Finanzierungsbereich führen. Der operative Cashflow wird sich daher erhöhen. Dies ist darin begründet, dass unter der derzeitigen Leasingbilanzierung nach IAS 17 Tilgungszahlungen für bilanzunwirksame Operating Leases bislang im operativen Bereich gezeigt wurden (*IASB,* Leases: Practical implications of the new Leases Standard, Project Update March 2015, 10; www.iasb.org).

[illegible] Zahlungsmittelgenerierende Einheiten [illegible]

[illegible] IAS [illegible] IFRS 15 [illegible]

V. Anhang

§ 19. Anhang

Übersicht

Schrifttum: *Brücks/Ehrcke* in Thiele/von Keitz/Brücks, Internationales Bilanzrecht, IAS 1, 12. Erglfg, Bonn 2012; *Cheetham* Anhangsangaben in IFRS, IRZ 2013, 257; *Fischer* IAS-Abschlüsse von Einzelunternehmungen: Rechtliche Grundlagen und finanzwirtschaftliche Analyse, Herne/Berlin 2001; *Förschle/Holland/Kroner* Internationale Rechnungslegung: US-GAAP, HGB und IAS, 6. Aufl, Heidelberg 2003; *Hayn/Graf Waldersee* IFRS/HGB/HGB-BilMoG im Vergleich – Synoptische Darstellung für den Einzel- und Konzernabschluss, 8. Aufl, Stuttgart 2014; *D. Heering/A. Heering* Die Anhangangaben (notes) nach IAS/IFRS, StuB 2004, 149; *Kirsch* Berichterstattung nach IAS 1 (revised 2003) über Ermessensspielräume beim Asset Impairment für operative Vermögenswerte und zahlungsmittelgenerierende Einheiten, KoR 2004, 136; *Kirsch* Offenlegung von Einschätzungen und Prognosen des Managements nach IAS 1 (revised 2003) für das langfristige Vermögen, StuB 2004, 481; *Kirsch/Gimpel-Henning* Zur aktuellen Diskussion um die Einführung eines „Disclosure Framework", KoR 2013, 190; *Kirsch/Gallasch/Gimpel-Henning* Die formale Gestaltung anhangbezogener Rechnungslegungsvorschriften, KoR 2014, 86; *Krawitz* Anhang und Lagebericht nach IFRS, München 2005; *Leu/Zemp* Disclosure Famework – Die Suche nach dem heiligen Gral? IRZ 2013, 161; *Pfitzer/Oder/Orth* Offene Fragen und Systemwidrigkeiten des Bilanzrechtsreformgesetzes (BilReG), DB 2004, 2593; *Zülch/Fisch*er Die Neuregelungen des überarbeiteten IAS 1 – Financial Statement Presentation, PiR 2007, 257.

Wesentliche Rechtsgrundlage: IAS 1

A. Grundlagen

I. Der Anhang als Bestandteil des Abschlusses

1 IAS 1 beinhaltet die Vorschriften für die Darstellung von Informationen im Abschluss und damit auch für den Anhang. In IAS 1.10 sind folgende **Bestandteile eines vollständigen Abschlusses** definiert:
(1) Bilanz,
(2) Gesamtergebnisrechnung der Periode,
(3) Eigenkapitalveränderungsrechnung,
(4) Kapitalflussrechnung,
(5) Anhang, der eine zusammenfassende Darstellung der wesentlichen Bilanzierungs- und Bewertungsmethoden sowie sonstige Erläuterungen enthält,
(6) Vergleichsinformationen für die Vorjahresperiode gem IAS 1.38 und IAS 1.38A und
(7) in Fällen einer Änderung von Bilanzierungs- und Bewertungsmethoden bzw anderen Fällen retrospektiver Abschlussänderungen oder bei Umgliederungen eine Bilanz auf den Eröffnungsbilanzstichtag der Vorjahresperiode.

Der Anhang bildet damit einen gleichberechtigten, separaten Abschlussbestandteil neben den anderen unter (1) bis (4) sowie (6) und (7) genannten Abschlussbestandteilen. Die **Segmentberichterstattung** (→ § 21 Rn 1 ff) ist **kein gesonderter Abschlussbestandteil,** sondern Bestandteil des Anhangs. Nicht börsennotierte Unternehmen, die freiwillige Angaben zu Segmenten machen, sollten diese Information jedoch dann außerhalb des Anhangs machen, wenn diese nicht vollständig den Vorschriften des IFRS 8 entsprechen. Dies ist zB der Fall, wenn ein nicht börsennotiertes Unternehmen nicht in der Lage ist, sämtliche nach IFRS 8 geforderten Angaben zu erhalten und/oder es dennoch (freiwillig) nur begrenzte Segmentangaben machen will. In diesem Fall sollte dieser Bericht außerhalb des Anhangs erfolgen, um nicht den Anschein einer vollständigen Übereinstimmung der Angaben mit den IFRS zu erwecken (*KPMG* 2014/15, 5.8.10.70).

2 Ein Anhang ist sowohl für einen **Einzelabschluss** als auch für einen **Konzernabschluss** aufzustellen. Die Vorschriften gelten für Unternehmen aller Rechtsformen und aller Branchen. Für die Aufstellung des Anhangs gibt es weder größenabhängige Erleichterungen noch Schutzklauseln, die Angaben unter bestimmten Umständen entbehrlich machen. Gleichwohl gilt, wie für die anderen Abschlussbestandteile auch, der Grundsatz der Wesentlichkeit, wonach nur wesentliche Informationen in den Anhang aufzunehmen sind (vgl aber dies einschränkend → Rn 31).

Der Grundsatz der **Wesentlichkeit** hat für Anhangangaben durch die Änderungen des IAS 1 im Dezember 2014 infolge der sog **Anhanginitiative** ***(Disclo-***

sure Initiative) eine erheblich höhere Bedeutung erhalten. Der IASB hat im Jahr 2012 eine breit angelegte Initiative begonnen, um die Qualität der Anhangangaben zu verbessern. Die Ergebnisse des dazu vom IASB abgehaltenen Diskussionsforums (*Discussion Forum – Financial Reporting Disclosure)* wurden im Mai 2013 in einem *Feedback Statement* (http://www.ifrs.org/Alerts/PressRelease/Documents/2013/Feedback-Statement-Discussion-Forum-Financial-Reporting-Disclosure-May-2013.pdf) veröffentlicht. Daraus hat der IASB einen 10-Punkte-Plan abgeleitet, von denen ein Teil mit dem im Dezember 2014 veröffentlichten *Disclosure Initiative Amendments to IAS 1* umgesetzt wurde. Die Änderungen, die sich daraus in IAS 1 ergeben, sind im Überblick unter → Rn 58 erläutert. Zu den noch ausstehenden Teilen des 10-Punkte Plans → Rn 69.

Diese im Rahmen der Anhanginitiative vorgenommenen Änderungen des IAS 1 (IAS 1.30A und IAS 1.31) betreffen klarstellende Aussagen zum Konzept der **Wesentlichkeit** in Bezug auf Anhangangaben. Es wird klargestellt, dass sich das Konzept der Wesentlichkeit auf den gesamten Abschluss bezieht, dh auch auf den Anhang insgesamt und auf jede einzelne Anhangangabe. Der IASB stellt heraus, dass zu viele unwesentliche Anhangangaben den Nutzer des Abschlusses von den wesentlichen und entscheidungsnützlichen Informationen im Anhang ablenken und dadurch den Wert des Abschlusses sogar vermindern können. Der Anhang soll nur solche Informationen beinhalten, die für den Abschluss des konkreten berichtenden Unternehmens und für den Abschlussadressaten **entscheidungsnützlich** sind. Der Anhang soll danach zB von umfangreichen allgemeinen Aussagen zu Rechnungslegungsmethoden befreit werden, die Abschlussposten betreffen, die nicht wesentlich sind und die nur den Text des Standards wiederholen.

II. Stellenwert und Zweck des Anhangs

Der Anhang steht **gleichberechtigt** neben den anderen Abschlussbestandteilen. Im zum Diskussionsforum im Mai 2013 veröffentlichten *Feedback Statement* hat der IASB zwar eine Unterscheidung in sog *primary financial statements* (Gesamtergebnisrechnung, Bilanz etc) und sog *secondary financial statements* (Anhang) vorgenommen, aber zugleich betont, dass daraus keine unterschiedliche Gewichtung der Bedeutung dieser Abschlussbestandteile resultiert. Im Vergleich zum HGB hat der Anhang nach IFRS jedoch einen erheblich **höheren Stellenwert,** da die IFRS darauf abstellen, einen wertorientierten Einblick in die VFE-Lage eines Unternehmens zu gewähren und deren Veränderung im Zeitablauf aufzuzeigen (*Grottel* in BeBiKo § 284 HGB Rz 200). Grds soll der Abschluss nach IFRS ein den tatsächlichen Verhältnissen der VFE-Lage entspr Bild vermitteln (IAS 1.15). Dies wird nach IAS 1.17 dadurch erreicht, dass 3

(1) angemessene Bilanzierungs- und Bewertungsmethoden im Einklang mit IAS 8 gewählt werden,
(2) Informationen einschließlich der Bilanzierungs- und Bewertungsmethoden unter Beachtung der qualitativen Anforderungen Relevanz, Verlässlichkeit und Vergleichbarkeit dargestellt werden und
(3) zusätzliche Informationen bereitgestellt werden, wenn die Anforderungen in den IFRS unzureichend sind, um es einem Adressaten zu ermöglichen, die Auswirkungen von wesentlichen einzelnen Geschäftsvorfällen oder Ereignissen auf die VFE-Lage des Unternehmens zu verstehen.

Der Anhang nach IFRS hat, wie auch der Anhang nach HGB, eine **Erläuterungsfunktion,** indem die Grundlagen des Abschlusses einschließlich der Bilanzierungs- und Bewertungsmethoden dargestellt werden. Ferner hat er eine **Ent-** 4

lastungsfunktion, wenn Sachverhalte, die grds angabepflichtig sind, ohne dass ein bestimmter Ort für die Angabe vorgeschrieben wird, nicht in anderen Abschlussbestandteilen (zB Bilanz oder Gesamtergebnisrechnung) angegeben werden. Der Anhang hat eine **Ergänzungsfunktion,** indem Informationen offengelegt werden, für die keine individuelle Angabepflicht besteht, die jedoch notwendig sind, um die Auswirkungen von einzelnen Geschäftsvorfällen oder Ereignissen auf die VFE-Lage des Unternehmens zu verstehen (*Fischer,* 34).

5 Der Anhang nach IFRS ist im Regelfall jedoch **umfangreicher** und **informativer** als ein Anhang nach HGB. Dies ist im Wesentlichen auf den erheblich größeren Umfang der Pflichtangaben und Informationen zurückzuführen, die in IAS 1 und insbes in den übrigen einzelnen IFRS gefordert werden. Dieser in den letzten Jahren immer größer werdende Umfang der Anhangangaben wird von den Unternehmen als sehr unbefriedigend wahrgenommen (vgl *Cheetham* IRZ 2013, 257 ff). Kritisiert wird insbes, dass Anhangangaben als reine Pflichtübung „abgearbeitet" werden. Wünschenswert wäre eine Ausrichtung der Angaben auf das Geschäftsmodell eines Unternehmens. Hierdurch gibt es im Allgemeinen nur geringen Bedarf für darüber hinausgehende weitere Ergänzungsinformationen, die für ein besseres Verständnis der Auswirkungen von wesentlichen einzelnen Geschäftsvorfällen oder Ereignissen auf die VFE-Lage eines Unternehmens notwendig wären.

III. Angabepflichten

6 Nach IAS 1.112 sind im Anhang verpflichtend die **Grundlagen** für die **Aufstellung des Abschlusses** sowie die **besonderen Bilanzierungs- und Bewertungsmethoden** anzugeben, die nach Maßgabe von IAS 1.117 bis IAS 1.124 (geändert 2014) angewandt worden sind. Daneben sind die **Informationen** anzugeben, die von einzelnen IFRS gefordert werden und **an keiner anderen Stelle** des Abschlusses dargestellt wurden. Hierbei handelt es sich um Angabepflichten aus einzelnen IFRS, die entweder zwingend im Anhang zu erfolgen haben oder alternativ entweder im Anhang oder in anderen Abschlussbestandteilen erfolgen können. Ferner sind **zusätzliche Informationen** anzugeben, die nicht zwingend in einem der übrigen IFRS gefordert werden und nicht in einem anderen Abschlussbestandteil dargestellt werden, jedoch notwendig sind, um die einzelnen anderen Abschlussbestandteile zu verstehen und ein den tatsächlichen Verhältnissen der VFE-Lage entspr Bild darzustellen. Zusätzliche Informationen dürften aber nur in sehr seltenen Ausnahmefällen erforderlich sein, da die Pflichtangaben in den Standards bereits sehr umfassend sind.

7–10 *(einstweilen frei)*

B. Inhalt des Anhangs nach IAS 1

I. Die formellen Anforderungen an den Anhang nach IAS 1

1. Struktur und Format der Angaben

11 Die im Anhang dargestellten Informationen sollen nach IAS 1.113 (geändert 2014) systematisch erfolgen, wobei jeder Posten der Bilanz, Gesamtergebnisrechnung, der gesonderten GuV (sofern erstellt; s ausführlich → Rn 23 und → § 15 Rn 94 ff), der Eigenkapitalveränderungsrechnung und der Kapitalflussrechnung einen **Querverweis** zum Anhang erhalten soll, wo sämtliche Angaben und Informationen zu diesem Posten dargestellt sind. Querverweise sind jedoch nicht

für jeden Posten der genannten Abschlussbestandteile erforderlich, sondern nur für die Posten, zu denen der Anhang entspr Erläuterungen enthält. Für die Bilanz wird idR zu jedem Posten ein Querverweis erfolgen, während zur Kapitalflussrechnung idR wenige Querverweise ausreichen (zB zu Investitionen in konsolidierte TU und zur Zusammensetzung des Finanzmittelfonds).

Der durch die Anhanginitiative im Dezember 2014 eingefügte IAS 1.113 sieht vor, dass die Anhangangaben in einer **systematischen Struktur** dargestellt werden, die die Unternehmen individuell gestalten können. Gem IAS 1.114 (geändert 2014) können zB die für den Nutzer besonders relevanten Angaben an vorderer Stelle dargestellt werden (IAS 1.114(a) (geändert 2014)) oder es können sämtliche Informationen zu nach gleichen Bewertungsmaßstäben (bspw beizulegender Zeitwert) bewerteten Posten zusammengefasst an einer Stelle im Anhang dargestellt werden ((IAS 1.114(b) (geändert 2014)). Alternativ können die Angaben an der Abfolge der Posten in der Gesamtergebnisrechnung bzw der Bilanz ausgerichtet werden ((IAS 1.114(c) (geändert 2014)).

So können bspw Informationen zu Finanzinstrumenten zusammengefasst an einer Stelle im Anhang dargestellt werden, wobei die Positionierung dieser Angaben die relative Bedeutung der Finanzinstrumente für den Abschluss zum Ausdruck bringen sollte. Bei Finanzinstrumenten kann es sich zB anbieten, die Informationen zu Bilanzposten über Fälligkeitstermine, Wertminderungen oder Marktwerte mit den Informationen zu Posten der Gesamtergebnisrechnung bzw Posten in einer gesonderten GuV (sofern erstellt) über Zinssätze und Anpassungen des beizulegenden Zeitwerts miteinander zu kombinieren, um so die nach IFRS 7 geforderten Informationen zu Finanzinstrumenten an einer Stelle im Anhang zu bündeln.

Um den Adressaten die Nutzung des Anhangs zu erleichtern und eine bessere Vergleichbarkeit mit den Abschlüssen anderer Unternehmen zu ermöglichen, sollte der Anhang die geforderten Informationen grds in einer stetigen **Reihenfolge** darstellen und kann – als eine denkbare Alternative – zB wie folgt gegliedert sein (IAS 1.114(c) (geändert 2014)):

(1) Aussage zur Übereinstimmung des vorliegenden Abschlusses mit den IFRS,
(2) angewandte wesentliche Bilanzierungs- und Bewertungsmethoden,
(3) ergänzende Informationen zu den in den Abschlussbestandteilen (Bilanz, Gesamtergebnisrechnung, gesonderte GuV (sofern erstellt), Eigenkapitalveränderungsrechnung, Kapitalflussrechnung) enthaltenen Posten zB in der Reihenfolge, in der jeder Posten und jeder Abschlussbestandteil dargestellt wird und
(4) weitere Angaben, wie etwa Angaben zu Eventualschulden und nicht bilanzierten vertraglichen Verpflichtungen sowie weitere nicht finanzielle Angaben.

Der geänderte IAS 1.114 (geändert 2014) betont, dass der Standard nur eine 12
beispielhafte **Struktur und Reihenfolge der Angaben** benennt und dass diese keinesfalls verpflichtend sind. Den Unternehmen wird dadurch explizit erheblich mehr Flexibilität bzgl der Strukturierung der darzustellenden Angaben eingeräumt als durch die bisherige Fassung des IAS 1.114. Denn die bisherige Fassung von IAS 1.114 wurde von der Praxis dahingehend missverstanden, dass diese eine bestimmte Reihenfolge der Angaben vorschreibe. IAS 1.114 (geändert 2014) stellt nunmehr klar, dass die in IAS 1 enthaltene Reihenfolge nur beispielhaft ist und eine andere Struktur ebenfalls sachgerecht sein kann (zB hat die Darstellung der Bilanzierungs- und Bewertungsmethoden nicht zwingend in einem eigenen Kapitel zu erfolgen, sondern kann im Rahmen der Erläuterungen zu dem entsprechenden Posten erfolgen (*Deloitte* 2015, 236 und 247). Die gewählte individuelle systematische Struktur soll sich nach Möglichkeit an den Grundsätzen der Verständlichkeit der Angaben und der Vergleichbarkeit in Bezug auf Vorjahresan-

gaben als auch mit anderen Unternehmen orientieren, wobei der IASB den Grundsatz der Stetigkeit vor den der Vergleichbarkeit mit anderen Unternehmen stellt und sogar Einschränkungen bewusst in Kauf nimmt (IAS 1.BC76D).

13 Ebenso wie für die übrigen Abschlussbestandteile gilt auch für den Anhang der Grundsatz der **Darstellungsstetigkeit.** Die individuell gewählte Struktur des Anhangs, die Gliederung und die Reihenfolge der Angaben und Erläuterungen zu den mit Querverweisen versehenen Posten der übrigen Abschlussbestandteile sind grds beizubehalten. Eine Änderung dieser Darstellung der Informationen des Anhangs ist unter den gleichen Voraussetzungen zulässig, wie dies nach IAS 1.45 für Darstellungsänderungen bei anderen Abschlussbestandteilen gilt. Danach darf die Darstellung geändert werden, wenn sich das Tätigkeitsfeld des Unternehmens wesentlich ändert oder die Änderung zu einer angemesseneren Darstellung von Ereignissen und Geschäftsvorfällen führt.

14 Die in IAS 1.112(a) geforderten **Grundlagen der Abschlusserstellung** können nach IAS 1.116 zusammen mit den wesentlichen Bilanzierungs- und Bewertungsmethoden angegeben und als gesonderter Bestandteil des Abschlusses dargestellt werden. Sofern von diesem Wahlrecht Gebrauch gemacht wird, sind diese Informationen den übrigen Anhangangaben voranzustellen und es ist eine zutreffende Bezeichnung des Abschlussbestandteils nach IAS 1.51 vorzunehmen (*ADS* Int Abschn 24 Rz 15). Von diesem Wahlrecht macht die ganz überwiegende Mehrheit der Unternehmen jedoch keinen Gebrauch; vielmehr werden die Informationen zu den Grundlagen der Abschlusserstellung und die wesentlichen Bilanzierungs- und Bewertungsmethoden regelmäßig zusammengefasst und als separater Teil innerhalb des Anhangs dargestellt (*ADS* Int Abschn 24 Rz 15). Diese Angaben werden idR am Anfang des Anhangs dargestellt; daran schließen sich dann die übrigen erforderlichen Anhangangaben zu den anderen Abschlussbestandteilen an.

2. Art und Umfang der Anhangangaben

15 Die Anhangangaben beinhalten nach IAS 1.7 verbale Darstellungen und Erläuterungen oder Zahlenangaben in Form von detaillierten Aufgliederungen der Posten, die in den anderen Abschlussbestandteilen (Bilanz, Gesamtergebnisrechnung, gesonderte GuV (sofern erstellt), Eigenkapitalveränderungsrechnung, Kapitalflussrechnung) dargestellt sind. Darunter sind im Wesentlichen die Angaben zu verstehen, die **in Form von Querverweisen** zu den einzelnen Posten der Abschlussbestandteile erfolgen.

16 Nach IAS 1.77 sind die in der Bilanz dargestellten Posten weiter zu untergliedern, wobei diese Untergliederungen alternativ entweder in der Bilanz oder im Anhang erfolgen können. Diese geforderten Untergliederungen müssen zwingend in Form von **zahlenmäßigen Aufgliederungen** erfolgen, unter Beachtung der in IAS 1.58 enthaltenen Hinweise für die Einschätzung der Notwendigkeit eines gesonderten Ausweises zusätzlicher Posten. Heranzuziehen sind danach für Vermögenswerte die Art, Liquidität und deren Funktion im Unternehmen. Für Schulden stellen die Beträge, die Art und die Fälligkeit Orientierungspunkte dar. In IAS 1.78(a) bis (e) sind einige Posten als Beispiele für derartige Aufgliederungen aufgeführt. Danach sind zB die Sachanlagen nach ähnlicher Art und Nutzung im Unternehmen in sog Gruppen (gem IAS 16.37) aufzugliedern und die Rückstellungen in solche für Leistungen an Arbeitnehmer und sonstige Rückstellungen zu unterteilen. Die Liste ist jedoch nicht abschließend, sondern enthält nur exemplarische Fälle.

17 **Verbale Erläuterungen** sind in allen anderen Fällen zulässig, in denen nicht eine zahlenmäßige Untergliederung nach IAS 1.58 bzw IAS 1.78 erforderlich ist

respektive durch andere IFRS unmittelbar die Angabe von Beträgen oÄ gefordert wird. Verbale Erläuterungen sind somit überwiegend für die Informationen zu machen, die von einzelnen IFRS gefordert werden, wie zB die umfassenden Angaben zu Markt- oder Liquiditätsrisiken von Finanzinstrumenten bzw die Angaben zur Risikomanagementpolitik (→ § 3 Rn 311 ff). Sofern dies sachdienlich ist und der Übersichtlichkeit nützt, können die erforderlichen Betrags- und Zahlenangaben auch mit den verbalen Angaben zum gleichen Sachverhalt kombiniert werden.

Nach IAS 1.114(c)(iv)(1) (geändert 2014) sind auch Informationen zu **Eventualverbindlichkeiten und sonstigen Verpflichtungen** zu geben. Diese sind explizit aufgeführt, obwohl sie bereits unter die Angaben fallen, die in Form von verbalen Erläuterungen und Zahlenangaben von einem anderen IFRS (IAS 37) gefordert werden und daher ggf bereits nach IAS 1.112(b) anzugeben sind. Ferner nennt IAS 1.114(c)(iv)(2) (geändert 2014) die nach IFRS 7 anzugebenden Risikomanagementziele und -methoden als angabepflichtig. Eventualschulden, sonstige Verpflichtungen und Angaben zum Risikomanagement sind in IAS 1.114 (iv) (geändert 2014) aber nur beispielhaft für Angaben genannt, die für die Gruppe „sonstige Angaben" *(other disclosures)* erfolgen sollen. 18

Ferner werden in IAS 1.20 bzw IAS 1.23 umfangreiche Angaben für den äußerst seltenen Fall gefordert, dass ein Unternehmen die Anforderungen eines IFRS nicht erfüllt, da dadurch kein **den tatsächlichen Verhältnissen entspr Bild vermittelt würde.** Hierbei handelt es sich um Angaben, die von keinem anderen IFRS explizit gefordert werden, die jedoch erforderlich sind, damit der Adressat des Abschlusses die Abschlussbestandteile versteht und durch den Abschluss insgesamt trotz Abweichung von konkreten IFRS-Normen ein den tatsächlichen Verhältnissen der VFE-Lage entspr Bild vermittelt wird. 19

Im Anhang sind nach IAS 1.38 Vergleichsinformationen für das Vorjahr für alle **quantitativen Informationen** anzugeben, die in den Abschlussbestandteilen dargestellt sind. Dies umfasst Angaben für alle Beträge, die in Bilanz, Gesamtergebnisrechnung, der gesonderten GuV (sofern erstellt), Eigenkapitalveränderungsrechnung und Kapitalflussrechnung dargestellt sind einschließlich der zahlenmäßigen Aufgliederungen der Posten. Hierzu gehören auch Angaben zu Beträgen (zB Betrag der Vermögenswerte mit einer Laufzeit von mehr als fünf Jahren, Marktwerte für Finanzinstrumente), die von einzelnen IFRS gefordert werden. 20

Verbale und beschreibende Informationen sind entspr IAS 1.38 grds nicht für das Vorjahr anzugeben, sodass sich die verbalen Erläuterungen im Anhang durchgehend auf das aktuelle Geschäftsjahr beziehen und lediglich Zahlenangaben für Vergleichszwecke auch für das Vorjahr dargestellt werden. Dies gilt nach IAS 1.38B jedoch nicht, wenn die verbalen und beschreibenden Vorjahresinformationen auch für das Verständnis des Abschlusses des aktuellen Geschäftsjahrs von Bedeutung sind (zB die Erläuterungen zu Rückstellungen für Rechtsstreitigkeiten, die im Vorjahr von Unsicherheiten geprägt waren). 21

Nach IAS 1.10(ea) sind **Vergleichsinformationen** für die unmittelbare Vorjahresperiode ein zwingender Abschlussbestandteil eines vollständigen IFRS-Abschlusses. IAS 1.38A definiert hinsichtlich der Vergleichsinformationen einen vollständigen Abschluss derart, dass dieser aus mindestens jeweils zwei Bilanzen, Gesamtergebnisrechnungen, gesonderten GuV (sofern erstellt), Kapitalflussrechnungen, Eigenkapitalveränderungsrechnungen sowie den dazugehörigen Anhangangaben besteht. Nach IAS 1.38C kann ein Unternehmen freiwillig einen weiteren Abschlussbestandteil (zB eine dritte Gesamtergebnisrechnung) darstellen, ohne dadurch verpflichtet zu sein, weitere Vergleichsperioden für die übrigen Abschlussbestandteile (zB eine dritte Bilanz) darstellen zu müssen. Der zu- 22 sätzlich dargestellte Abschlussbestandteil muss aber den IFRS entsprechen und der Anhang muss die zu dem betreffenden Abschlussbestandteil (zB der dritten Gesamtergebnisrechnung) erforderlichen quantitativen und qualitativen Angaben enthalten.

23 Nach IAS 1.47 sind bestimmte **Angaben zwingend in einem bestimmten Abschlussbestandteil** (hier: Bilanz, Gesamtergebnisrechnung, gesonderte GuV (sofern erstellt) bzw Eigenkapitalveränderungsrechnung) zu machen. Sofern die Angabe zwingend in den genannten Abschlussbestandteilen erfolgen muss, darf hiervon nicht abgewichen werden, ohne die Übereinstimmung des Abschlusses mit allen IFRS nach IAS 1.16 zu gefährden. Ein alternativer Ausweis dieser Informationen im Anhang kommt mithin nicht in Betracht. IAS 1.54 ff führt die Informationen auf, die in der Bilanz dargestellt werden müssen, IAS 1.82 ff die Informationen, die in der Gesamtergebnisrechnung gezeigt werden müssen, IAS 1.106 die Pflichtangaben in der Eigenkapitalveränderungsrechnung und IAS 1.111 verweist für die Angaben, die in der Kapitalflussrechnung zu machen sind, auf IAS 7.

24 IAS 1 schreibt weitere Pflichtangaben vor, die jedoch **alternativ in dem jeweiligen Abschlussbestandteil oder dem Anhang** erfolgen können. Diese sind für die Bilanz in IAS 1.77 ff, für die Gesamtergebnisrechnung in IAS 1.97 ff und für die Eigenkapitalveränderungsrechnung in IAS 1.106A ff aufgeführt. IAS 1.79 beinhaltet ein Wahlrecht, demzufolge bestimmte Angaben zum Eigenkapital (zB Art und Anzahl der Aktien der unterschiedlichen Gattungen) entweder in der Bilanz, dem Eigenkapitalspiegel oder dem Anhang erfolgen können. Aufgrund der in IAS 1.10A enthaltenen Darstellungsvarianten für die Gesamtergebnisrechnung ergibt sich die Möglichkeit, die GuV entweder in einer zusammengefassten Form einer „einzigen Gesamtergebnisrechnung“ *(single statement of comprehensive income)* oder einer zweigeteilten Form mit einer separaten GuV *(separate income statement)* und einer unmittelbar im Anschluss daran aufgeführten separaten Gesamtergebnisrechnung *(statement of comprehensive income, two-statement approach)* darzustellen. Abhängig von der Wahl der Darstellungsform ergibt sich eine Reihe von Angaben, die entweder im *single statement of comprehensive income* bzw bei Darstellung der Gesamtergebnisrechnung nach dem *two-statement approach* in der separaten Gesamtergebnisrechnung oder im Anhang anzugeben sind (IAS 1.90 ff). Darüber hinaus sind in IAS 1 weitere Angabepflichten geregelt, bei denen nicht explizit vorgeschrieben ist, wo diese Angaben zu machen sind. Für diese Angaben gilt nach IAS 1.48 ein Wahlrecht zum Ausweis in dem jeweiligen geeigneten Abschlussbestandteil oder dem Anhang.

25 Ebenso ist mit den **Angabepflichten** zu verfahren, die **in den einzelnen IFRS** gefordert werden. Wenn weder IAS 1 noch ein anderer Standard explizit vorschreibt, wo die Angaben zu machen sind, dürfen diese Angaben nach IAS 1.48 wahlweise in dem betreffenden Abschlussbestandteil oder im Anhang dargestellt werden. Hier empfiehlt es sich, die Informationen so übersichtlich wie möglich darzustellen und so wenig wie möglich zusätzliche, über die Betragsangaben hinausgehende Informationen direkt in der Bilanz, Gesamtergebnisrechnung, gesonderten GuV (sofern erstellt), Eigenkapitalveränderungsrechnung oder in der Kapitalflussrechnung auszuweisen. In der Bilanzierungspraxis hat es sich als üblich herausgebildet, die Angaben, die alternativ ausgewiesen werden dürfen, ganz überwiegend im Anhang anzugeben und die Bilanz und GuV (bzw Gesamtergebnisrechnung) nicht mit Informationen zu überlasten und dadurch unübersichtlich zu gestalten. Bei der Entscheidung über den Ort und die Art der Darstellung von Informationen sollten auch die Bilanzierungsgepflogenheiten der jeweiligen Branche beachtet werden.

II. Grundlagen der Aufstellung des Abschlusses

IAS 1.112(a) verlangt die Angabe der Grundlagen der Abschlusserstellung, zu denen ua die in IAS 1.114(c)(i) iVm IAS 1.16 geforderte Angabe zur Übereinstimmung mit den IFRS gehört. Zu den Grundlagen der Abschlusserstellung gehören jedoch noch weitere Angaben, die nicht **explizit** in IAS 1 aufgeführt sind. Zwar sind in IAS 1.118 exemplarisch **Bewertungsgrundlagen** (Anschaffungskosten, Tageswerte etc) genannt (→ Rn 29ff), diese gehören jedoch zu den Bilanzierungs- und Bewertungsmethoden und sind daher im Rahmen der diesbezüglichen Angaben zwingend zu erläutern. 26

Bei den Grundlagen des Abschlusses handelt es sich vielmehr um **allgemeine Eigenschaften des Abschlusses,** die keine Bilanzierungs- und Bewertungsmethoden darstellen, die jedoch für das Verständnis des Abschlusses von Bedeutung sind. Wesentliche Grundlagen der Abschlusserstellung sind zB Folgende (*ADS* Int Abschn 24 Rz 16): 27

(1) Angaben zur Übereinstimmung des Abschlusses mit IFRS nach IAS 1.16,
(2) Nennung der vor dem Zeitpunkt ihres Inkrafttretens angewendeten IFRS,
(3) erstmalige Anwendung der IFRS nach IFRS 1.34,
(4) Abweichung von den IFRS nach IAS 1.19f,
(5) Abweichung von der Prämisse der Unternehmensfortführung nach IAS 1.25,
(6) Änderung des Abschlussstichtags nach IAS 1.36.

III. Bilanzierungs- und Bewertungsmethoden

1. Bewertungsgrundlagen

Die Bilanzierungs- und Bewertungsmethoden werden nach IAS 1.117 unterschieden in **Bewertungsgrundlagen** und **sonstige angewandte Bilanzierungs- und Bewertungsmethoden.** Die Bewertungsgrundlagen sind somit ein Teil der Bilanzierungs- und Bewertungsmethoden. 28

Zu den **Bewertungsgrundlagen** gehören nach IAS 1.118 die dem Jahresabschluss zugrunde liegenden Bewertungsmaßstäbe wie Anschaffungs- oder Herstellungskosten, Tageswert, Veräußerungswert, beizulegender Zeitwert oder Barwert. Die Angaben der verwendeten Bewertungsgrundlagen müssen nicht für jeden Abschlussposten separat erfolgen; es genügt, wenn die Angaben für eine Gruppe von Vermögenswerten und Schulden gemacht werden, für die dieselbe Bewertungsgrundlage gilt (zB alle Arten von Forderungen, die als Finanzinstrumente zu fortgeführten Anschaffungskosten bilanziert werden). Sofern es zweckmäßig ist, können die Angaben zu den Bewertungsgrundlagen auch **zusammengefasst** werden mit den angewandten Bilanzierungs- und Bewertungsmethoden eines Abschlusspostens. Dann ist aber zu beachten, dass keine Zusammenfassung zB von Gruppen von Vermögenswerten und Schulden zulässig ist, soweit dies im Widerspruch zu den einzelnen IFRS steht (zB verlangt IAS 16.73(a) Angaben für jede Gruppe von Sachanlagen). IAS 1.119 legt immer dann die Angabe der spezifischen Bilanzierungs- und Bewertungsmethoden für bestimmte Abschlussposten und Sachverhalte nahe, wenn der betreffende IFRS explizite Bilanzierungs- und Bewertungswahlrechte beinhaltet (→ Rn 31). 29

2. Sonstige Bilanzierungs- und Bewertungsmethoden

Nach IAS 1.117(b) sind die sonstigen angewandten Bilanzierungs- und Bewertungsmethoden anzugeben, die für das **Verständnis des Abschlusses** relevant sind. Bei der Entscheidung des Managements, ob einzelne Bilanzie- 30 rungs- und Bewertungsmethoden anzugeben sind, ist zu berücksichtigen, ob die Angaben für den **Adressaten nützlich** sind, um die Auswirkungen wesentlicher Ereignisse und Geschäftsvorfälle auf die VFE-Lage des Unternehmens zu verstehen. Dabei sind nach IAS 1.119 die Art der Geschäftstätigkeit zu berücksichtigen und ob der Adressat aufgrund des Unternehmenstyps erwarten würde, dass bestimmte Bilanzierungs- und Bewertungsmethoden angegeben werden.

Beispiel: Bei einem Unternehmen, das mit Rohstoffen handelt, werden detaillierte Ausführungen zur Risikomanagementpolitik sowie zu eingesetzten derivativen Finanzinstrumenten einschließlich deren Bilanzierung, Bewertung und Ausweis erwartet. Bei einem Autovermieter werden Angaben zur Behandlung von Vermietungs- und Verkaufsgeschäften und Rücklieferungsoptionen der PKWs in der Bilanz und der Gesamtergebnisrechnung erwartet.

31 Die Angabe einer Bilanzierungs- und Bewertungsmethode kann aufgrund der Art der Geschäftstätigkeit eines Unternehmens auch dann erforderlich sein, wenn die für das Geschäftsjahr und das Vorjahr ausgewiesenen **Beträge nicht wesentlich** sind (IAS 1.121). Dies ist jedoch eingeschränkt auszulegen vor dem Hintergrund des durch den im Dezember 2014 eingefügten IAS 1.30A und geänderten IAS 1.31, die die Anwendung des Grundsatzes der Wesentlichkeit auch für die Anhangangaben deutlich betonen. Die Angabe von Bilanzierungs- und Bewertungsmethoden ist immer dann erforderlich, wenn die IFRS Methodenwahlrechte zulassen (IAS 1.119). IAS 1.119 enthält zudem eine exemplarische Aufzählung von Sachverhalten, bei denen die Angabe der verwendeten Bilanzierungs- und Bewertungsmethoden als besonders nützlich eingestuft wird:
(1) Bewertung von als Finanzinvestitionen gehaltenen Immobilien zum beizulegenden Zeitwert oder zu fortgeführten Anschaffungskosten (IAS 40) oder
(2) Bewertung von Sachanlagen nach der Anschaffungskosten- oder Neubewertungsmethode.

Die Bilanzierungs- und Bewertungsmethoden, die das Management ggf in Übereinstimmung mit IAS 8.10 entwickelt, weil keine spezifischen Bilanzierungs- und Bewertungsmethoden in den anwendbaren Standards und Interpretationen existieren, sind ebenfalls im Anhang anzugeben (IAS 1.121).

32 *(einstweilen frei)*

3. Für die Bewertung relevante Ermessensentscheidungen des Managements

33 In IAS 1.122 wird gefordert, dass das Management im Rahmen der Darstellung der spezifischen Bilanzierungs- und Bewertungsmethoden alle **Ermessensentscheidungen** darlegt, die es hinsichtlich der Anwendung der Bilanzierungs- und Bewertungsmethoden getroffen hat und die besonders signifikante Auswirkungen auf die Werte der Abschlussposten haben. So sind zB bei der Beurteilung der Unternehmensfortführung Angaben nach IAS 1.122 zu machen, wenn ein Unternehmen seine Entscheidung aufgrund wesentlicher Ermessensentscheidungen trifft, auch wenn nach IAS 1.25 keine angabepflichtigen wesentlichen Unsicherheiten hinsichtlich der Unternehmensfortführung bestehen (IFRIC Update July 2014, 6). IAS 1.123 erläutert diese erforderliche Angabe wie folgt: Es sollen grds solche Entscheidungen erläutert werden, bei denen die Ausübung des Ermessensspielraums einen wesentlichen Einfluss zB auf den ausgewiesenen Buchwert von Vermögenswerten haben kann.

34 Als **Beispiel** werden in IAS 1.123 die Entscheidungen des Managements genannt, die im Rahmen der Beurteilung folgender Sachverhalte erforderlich sind:

(1) Übertragung der mit dem rechtlichen Eigentum verbundenen wesentlichen Risiken und Chancen aus finanziellen Vermögenswerten oder Leasinggegenständen an Dritte oder
(2) bestimmter Verkaufsgeschäfte, die wirtschaftlich betrachtet als Kreditgewährung und daher nicht als Umsatzerlöse zu betrachten sind.

Aus den in IAS 1.123 angeführten Beispielen ist ersichtlich, dass es sich nicht 35 um neue Informationen handelt, die **bisher** nicht **von einem anderen IFRS gefordert** wurden. Die in den Beispielen anzugebenden Informationen werden bereits von IFRS 7, IAS 32, IAS 39 oder IAS 17 gefordert, nur ist teilweise nicht genau geregelt, wo diese Informationen anzugeben sind. Die in den Beispielen angeführten Angaben könnten danach entweder im Rahmen der Bilanzierungs- und Bewertungsmethoden oder an anderer Stelle im Abschluss erfolgen (zur flexiblen Gestaltung der Struktur vgl → Rn 11 ff). Durch die Aufnahme dieser Angabepflichten in IAS 1.117 bis IAS 1.124 müssen diese **Angaben an exponierterer Stelle im Anhang erfolgen** und zwar innerhalb des Abschn „Bilanzierungs- und Bewertungsmethoden".

Die Anforderungen des IAS 1.122 beschränken sich aber nicht darauf, den 36 Ort der Angabe zur Ausübung von Ermessensentscheidungen bei der Anwendung von Bilanzierungs- und Bewertungsmethoden zu konkretisieren. Vielmehr folgt daraus, dass **alle derartigen Ermessensentscheidungen,** die einen besonders signifikanten Einfluss auf die Werte der Abschlussposten haben, in den Bilanzierungs- und Bewertungsmethoden angegeben werden. Die Gründe bzw Motivation des Managements für bestimmte Ermessensentscheidungen müssen nicht im Anhang offengelegt werden.

IV. Hauptquellen von Schätzungsunsicherheiten

Nach IAS 1.125 ff sind im Anhang die Annahmen des Managements über die 37 zukünftige Entwicklung und andere **Bewertungsunsicherheiten** anzugeben, die ein beträchtliches *(significant)* Risiko beinhalten, dass bei den betroffenen Vermögenswerten und Schulden innerhalb des nächsten Geschäftsjahrs eine wesentliche Anpassung des Buchwerts vorgenommen werden muss. Für die von diesen Annahmen betroffenen Posten sind die Art der Vermögenswerte und Schulden anzugeben sowie die jeweiligen Buchwerte zum Bilanzstichtag.

Diese in IAS 1.125 geforderten Angaben unterscheiden sich von den in 38 IAS 1.122 verlangten Angaben (→ Rn 33) dadurch, dass sie sich auf **subjektivere und komplexere Schätzungen und Annahmen des Managements** in Bezug auf **zukünftige** Entwicklungen beziehen, während die Angaben nach IAS 1.122 Ermessensentscheidungen des Managements auf Grundlage von zum Bilanzzeitpunkt **existierenden Informationen** betreffen. Letztere sind somit überwiegend anhand von objektiven tatbestandlichen Merkmalen verifizierbar. Je größer die Anzahl der Variablen und der Annahmen bzgl der zukünftigen Entwicklung wird, desto subjektiver werden diese Beurteilungen und folglich erhöht sich die Wahrscheinlichkeit für zukünftig erforderliche Anpassungen von Buchwerten der betroffenen Vermögenswerte und Schulden. Beispiele für derartige Annahmen sind zukünftige Zinssätze, Gehaltserhöhungen, Preisänderungen, die andere Kosten beeinflussen, sowie Nutzungsdauern.

Die Angaben, die von IAS 1.125 gefordert werden, sollen so erfolgen, dass sie 39 für den **Adressaten des Abschlusses nützlich** sind, um die Annahmen des Managements über die zukünftige Entwicklung zu verstehen. Anzugeben sind nach IAS 1.129:

(1) die Art der Annahme oder der sonstigen Schätzungsunsicherheit,
(2) die Sensitivität der Buchwerte in Bezug auf die verwendeten Annahmen und Schätzungen sowie die Gründe für die Sensitivität,
(3) der erwartete Ausgang der Unsicherheit und die Bandbreite möglicher Anpassungen der Buchwerte der betroffenen Vermögenswerte und Schulden innerhalb des nächsten Geschäftsjahrs und
(4) eine Erläuterung von Änderungen in den bisherigen Annahmen und Schätzungen, wenn die Unsicherheit weiter fortbesteht.

40 Es kann für ein Unternehmen infolge von **unverhältnismäßig hohen Kosten und Aufwand** nicht durchführbar *(impracticable)* sein, den möglichen Effekt, den derartige Annahmen und Hauptquellen von Schätzungsunsicherheiten auf den Buchwert von Vermögenswerten und Schulden haben, anzugeben. In diesem Fall ist nach IAS 1.131 im Anhang anzugeben, dass Änderungen der bewertungsrelevanten Faktoren innerhalb des nächsten Geschäftsjahrs möglicherweise zu wesentlichen Anpassungen der Buchwerte der betroffenen Vermögenswerte und Schulden führen können. In jedem Fall sind die Art der betroffenen Vermögenswerte und Schulden anzugeben sowie die jeweiligen Buchwerte zum Bilanzstichtag.

41 Hierdurch soll erreicht werden, dass in jedem Abschluss im Anhang zumindest die **Abschlussposten genannt** werden und die **Buchwerte angegeben** werden, die davon betroffen sein können, dass wesentliche Änderungen der Annahmen des Managements bzgl der zukünftigen Entwicklung und anderer Quellen von Schätzungsunsicherheiten eintreten. Idealerweise werden zugleich auch die Bandbreite möglicher Anpassungen der Buchwerte sowie weitere in IAS 1.129 genannte Informationen angegeben. Durch diese weiteren Angaben soll der Adressat die Möglichkeit erhalten, selber eine Einschätzung über die zukünftige Entwicklung und die Bewertungsunsicherheiten einschließlich deren Auswirkungen auf den Abschluss vorzunehmen. Der bei Unternehmen somit vorhandene erhebliche Ermessensspielraum in Bezug auf den Detaillierungsgrad der Angaben kann jedoch auch zu unnötig sperrigen Anhangangaben sowie zu einer unterschiedlichen Handhabung in der Praxis führen. Daher beschränkt der IASB den zeitlichen Rahmen auf ein Jahr, mit der Begründung, dass eine längere Periode dazu führen würde, dass eine größere Anzahl von Posten in Betracht käme, wodurch wiederum relevante Informationen verdeckt werden (*EY* 2015, 135; *pwc* 2015, Rz 4.233).

42 In IAS 1.133 wird darauf hingewiesen, dass einige der in IAS 1.125 geforderten Angaben bereits in anderen IFRS, zB IFRS 7, IFRS 13 oder IAS 37, verlangt werden. Grds ist es nicht erforderlich, derartige Angaben an verschiedenen Stellen doppelt im Anhang anzugeben. Es empfiehlt sich jedoch aus Übersichtlichkeitsgründen, diese nach IAS 1.125 geforderten Angaben zusätzlich zusammengefasst unter einem gesonderten Abschn im Anhang anzugeben. Zugleich verlangt aber IAS 1.125 auch Angaben, die in den **anderen IFRS nicht gefordert** wurden. ZB wären hierunter auch Angaben über die Annahmen für die Bewertung von wesentlichen Forderungen zu machen: Annahmen über die Einhaltung von Zahlungsbedingungen, Umsetzung von Moratorien, ggf erforderliche Abzinsung bei Zahlungsaufschub etc.

Besondere Relevanz entfalten die Angaben nach IAS 1.125 bei der Beurteilung des ökonomischen Nutzens bei selbst geschaffenen immateriellen Vermögenswerten nach IAS 38, bei der Ermittlung des Nutzungswerts im Rahmen eines Werthaltigkeitstests nach IAS 36 und bei der Beurteilung der Werthaltigkeit von steuerlichen Verlustvorträgen im Rahmen des Ansatzes und der Bewertung von latenten Steuern nach IAS 12.

43–45 *(einstweilen frei)*

V. Sonstige Angaben nach IAS 1

1. Angaben zum Kapitalmanagement

Nach IAS 1.134 bis IAS 1.136 haben Unternehmen spezielle Angaben zum Kapitalmanagement im Anhang zu machen, die es den Adressaten ermöglichen sollen, die Ziele, Methoden und Prozesse des Kapitalmanagements zu beurteilen. IAS 1.135 sieht dazu folgende Angabepflichten vor: 46

(1) Qualitative Angaben zu den Zielen, Methoden und Prozessen beim Kapitalmanagement einschließlich einer Angabe dazu, ob und wie das Unternehmen seine Ziele zum Kapitalmanagement erreicht. In diesem Zusammenhang hat eine Beschreibung der Bilanzposten zu erfolgen, die das Unternehmen als Kapital managt; das wird idR das in der Bilanz ausgewiesene Eigenkapital (ggf vermindert um kurzfristig geplante auszuschüttende Beträge) sein, kann aber auch bspw im Fall von PersGes andere, als Fremdkapital ausgewiesene Gesellschaftereinlagen beinhalten. Ferner sind externe Mindestkapitalanforderungen (zB gesetzliche Anforderungen an die Kapitalausstattung) anzugeben und darzulegen, auf welche Art und Weise diese in das Kapitalmanagement einbezogen werden. *Covenants* aus Kreditverträgen, die die Höhe des Eigenkapitals oder Eigenkapital bezogene Kennzahlen betreffen, haben Auswirkungen darauf, wie ein Unternehmen sein Kapital managt. Derartige *Covenants* stellen Vertragsbedingungen zwischen Unternehmen und Darlehensgeber dar und sind daher keine externen Mindestkapitalanforderungen iSd IAS 1.135. Ausschließlich Mindestanforderungen von Aufsichtsbehörden fallen unter die Angabepflicht von IAS 1.135 (*Deloitte* 2015, 245). In IAS 1.BC92 bis 97 erläutert der IASB, dass es sich bei externen Mindestkapitalanforderungen um unternehmensspezifische Vorschriften handelt, die einem bestimmten Unternehmen von der zuständigen Aufsichtsbehörde oder einem anderen Kontrollorgan auferlegt wurden.

(2) Quantitative Angaben zu den Posten, die als Kapital gemanagt werden. Für den Fall, dass auch nachrangige Verbindlichkeiten oder etwa bei PersGes bestimmte andere Verbindlichkeiten ggü den Gesellschaftern als Eigenkapital behandelt werden, sind diese Posten betragsmäßig anzugeben. Dasselbe gilt für den Fall, dass bestimmte in der Bilanz unter dem Eigenkapital ausgewiesene Posten (zB Rücklage für *cashflow hedges,* Währungsausgleichsposten etc) nicht als Kapital gemanagt werden.

(3) Es müssen Angaben zu allen seit der letzten Berichtsperiode eingetretenen Veränderungen der Angaben unter (1) und (2) gemacht werden.

(4) Für den Fall, dass Mindestkapitalanforderungen bestehen, muss das Unternehmen Angaben zur Einhaltung der Verpflichtungen machen.

(5) In den Fällen, in denen diese Mindestkapitalanforderungen nicht eingehalten wurden, sind Angaben zu den Konsequenzen dieser Nichterfüllung zu machen.

Die vorgenannten Angaben nach (1) bis (5) müssen sich auf die Informationen stützen, die der **Unternehmensleitung intern vorgelegt** werden, dh es genügt nicht, nur die Informationen zu berücksichtigen, die ggf Kreditgebern ohnehin im Rahmen von vereinbarten lfd Berichtspflichten zur Verfügung gestellt werden. Es sind daher alle Informationen zu berücksichtigen, die der Unternehmensleitung intern im Rahmen des Kapitalmanagements zur Verfügung stehen. IAS 1.136 weist explizit darauf hin, dass Angaben zu Mindestkapitalanforderungen ggf gesondert nach Geschäftsbereichen erfolgen müssen, wenn sich diese auf einzelne Bereiche in diversifizierten Konzernen beziehen und durch summarische Angaben auf Gesamtkonzernebene den Adressaten keine zweckdienlichen Informationen zum Kapitalmanagement vermittelt werden können.

2. Angaben zu kündbaren Finanzinstrumenten, die als Eigenkapital eingestuft werden

47 Im Zusammenhang mit der Einfügung der Vorschriften für **kündbare Finanzinstrumente,** die als Eigenkapital eingestuft werden (IAS 32.16A bis IAS 32.16F), hat der IASB entspr Anhangangaben in IAS 1.136A vorgesehen. Sofern diese Angaben nicht bereits an anderer Stelle im Abschluss gemacht werden, sind folgende Angaben im Anhang erforderlich:

(1) zusammengefasste quantitative Angaben zu dem im Eigenkapital ausgewiesenen Betrag,
(2) Ziele, Methoden und Verfahren, mit deren Hilfe das Unternehmen seine Verpflichtung erfüllen will, die Instrumente bei Fälligkeit zu begleichen oder auf Verlangen der Inhaber zurückzunehmen (sowie Änderungen ggü der vorangegangenen Periode),
(3) den bei Rücknahme oder Rückkauf erwarteten Mittelabfluss und
(4) Informationen darüber, wie der bei Rücknahme oder Rückkauf erwartete Mittelabfluss ermittelt wurde.

3. Sonstige Pflichtangaben im Anhang

48 In IAS 1.137 werden weitere Pflichtangaben im Anhang dargelegt. Nach IAS 1.137(a) muss der **Betrag der Dividende,** der nach dem Bilanzstichtag aber vor Freigabe des Abschlusses zur Veröffentlichung vorgeschlagen oder angekündigt wurde, angegeben werden. Dasselbe gilt für den entspr Betrag der **Dividende pro Aktie.** Es muss sich um Dividenden handeln, die nach dem Bilanzstichtag vorgeschlagen oder angekündigt wurden, da sie noch nicht als Gewinnverteilung an die Gesellschafter oder Aktionäre während des aktuellen Geschäftsjahrs erfasst worden sein dürfen. Die unter IAS 1.137(a) anzugebenden Beträge sind somit noch nicht als Verbindlichkeit im Abschluss auszuweisen. Solche Dividenden, die bereits als Verbindlichkeit im Abschluss bilanziert werden, fallen nicht unter die Angabepflicht nach IAS 1.137(a).

Ferner ist nach IAS 1.137(b) der Betrag der aufgelaufenen, aber noch nicht bilanzierten **Vorzugsdividende** anzugeben. Diese Vorschrift bezieht sich auf sog ***preference shares*** im angelsächsischen Sinn. Die *preference shares* partizipieren in begrenztem Umfang vor den übrigen Stammaktien am Unternehmensergebnis. Sie haben keinen unbeschränkten Anspruch auf das unternehmerische Reinvermögen und sind damit nicht mit den in Deutschland vorhandenen – oft stimmrechtslosen – Vorzugsaktien nach § 139 AktG vergleichbar (*Pellens/Gassen* in Baetge ua IFRS-Komm IAS 33 Rz 7 ff). Die in Deutschland üblichen Vorzugsaktien und die auf diese entfallende Dividende, die im Abschluss noch nicht bilanziert ist, fallen mithin nicht unter die Angabepflicht nach IAS 1.137(b). In den Fällen, in denen die Dividende der Vorzugsaktionäre iSv § 139 AktG an die in einem Ausschüttungsbeschluss beschlossene Dividende der übrigen Stammaktionäre geknüpft ist, fällt die nach dem Bilanzstichtag vorgeschlagene Dividende der Vorzugsaktionäre aber unter die Angabepflicht nach IAS 1.137(a).

4. Sonstige Pflichtangaben mit alternativer Ausweismöglichkeit

49 Nach IAS 1.138 werden weitere Angaben im Anhang gefordert, wenn diese nicht bereits in anderen Informationen angegeben sind, die zusammen mit dem Abschluss veröffentlicht werden. Die hier geforderten Angaben müssen somit

nicht zwingend im Anhang oder in den anderen Abschlussbestandteilen (Bilanz, Gesamtergebnisrechnung, gesonderte GuV (sofern erstellt), Eigenkapitalveränderungsrechnung oder Kapitalflussrechnung) erfolgen. Es genügt, wenn diese Angaben zusammen mit dem Abschluss veröffentlicht werden. Dies kann zB im **Geschäftsbericht** oder im Lagebericht erfolgen. Gefordert werden folgende Angaben:

(1) Sitz und Rechtsform des Unternehmens, das Land, nach dessen Recht die Gesellschaft errichtet wurde und Adresse des registrierten Büros,
(2) eine Beschreibung der Art der Geschäftstätigkeit des Unternehmens und seine Hauptaktivitäten,
(3) der Name des MU und des obersten MU des Konzerns und
(4) bei begrenzter Lebensdauer des Unternehmens Angabe der Lebensdauer.

(einstweilen frei) 50

C. Pflichtangaben nach anderen IFRS

Grds richtet sich der **Ort, wo Angaben zu erfolgen haben,** zunächst nach IAS 1.47. Sofern der einzelne IFRS nicht explizit vorschreibt, wo die geforderten Angaben zu machen sind (zB gem IAS 33.66 bzw IAS 33.67A Angabe des verwässerten und unverwässerten Ergebnisses pro Aktie in der Gesamtergebnisrechnung bzw der gesonderten GuV (sofern erstellt)), sondern lediglich die Angabe bestimmter Informationen fordert, gilt nach IAS 1.47, dass diese Informationen entweder in einem geeigneten Abschlussbestandteil (Bilanz, Gesamtergebnisrechnung, gesonderte GuV (sofern erstellt), Eigenkapitalveränderungsrechnung Kapitalflussrechnung) oder im Anhang angegeben werden können. IAS 1.112(b) wiederum verlangt, dass die Angaben, die von anderen IFRS gefordert werden und nicht an anderer Stelle im Abschluss gemacht werden, im Anhang zu machen sind. 51

Die erforderlichen Angaben sind in den einzelnen IFRS, mit Ausnahme von IAS 24, IFRS 7 und IFRS 12, die ausschließlich Angabevorschriften beinhalten, idR am Ende in einem **separaten Abschnitt mit der Überschrift „Angaben“** zusammengefasst. In zahlreichen Standards befinden sich jedoch auch Angabevorschriften in anderen Abschn oder der Standard ist in verschiedene Unterabschnitte aufgeteilt und am Ende eines jeden Unterabschnittes sind die Angabepflichten zusammengefasst. Unabhängig von der Platzierung der Angabevorschriften sind sämtliche Angaben zu machen, um dem Erfordernis in IAS 1.16 zu genügen. Ein Abschluss darf danach nur dann als übereinstimmend mit den IFRS bezeichnet werden, wenn er sämtliche Anforderungen jedes anzuwendenden Standards und jeder anzuwendenden Interpretation erfüllt. 52

Die **Art und der Umfang der Angaben** richten sich nach den jeweiligen Anforderungen des einzelnen IFRS. Die Angaben umfassen etwa Betragsangaben, die Aufgliederungen und Untergliederungen mit einschließen, die Angabe von Zinssätzen, Laufzeiten, Jahresangaben, Nutzungsdauern uä. Ferner sind sachgerechte Erläuterungen und Beschreibungen von in Abschlussbestandteilen erfassten und nicht erfassten Sachverhalten, Darlegungen der Risikomanagementpolitik, Erläuterungen der Beziehungen zu nahestehenden Personen und Unternehmen sowie weitere verbale Angaben zu machen. Zu den im Einzelnen erforderlichen Angaben wird auf die Checkliste für erforderliche Angaben (in der Anlage zu diesem Handbuch) verwiesen. 53

(einstweilen frei) 54, 55

D. Wesentliche Änderungen und deren Anwendungszeitpunkte

56 IAS 1 wurde durch die im November 2013 beschlossene Änderung des **IFRS 9** Finanzinstrumente angepasst. Die sich dadurch ergebenden Änderungen des IAS 1 betreffen IAS 1.7, IAS 1.68, IAS 1.71, IAS 1.82, IAS 1.93, IAS 1.95, IAS 1.96, IAS 1.106 und IAS 1.123 sowie die Streichung der Absätze IAS 1.139E und IAS 1.139G. Diese Änderungen des IAS 1 sind nach IAS 1.139M zeitgleich mit dem im November 2013 geänderten IFRS 9 anzuwenden, dh vorläufig mangels Übernahme des IFRS 9 in der EU keine Anwendung für IFRS-Bilanzierer in Deutschland. Ein Endorsement von IFRS 9 ist für die zweite Jahreshälfte 2015 geplant.

57 **IFRS 15** ***Revenue from Contracts with Customers*** erforderte die Änderung von IAS 1.34, die im Wesentlichen auf sprachliche Anpassungen an die IFRS 15-Terminologie begrenzt ist und keine materiellen Auswirkungen hat. Nach IAS 1.139N ist diese Änderung zeitgleich mit IFRS 15 anzuwenden, dh für Geschäftsjahre, die am oder nach dem 1. Januar 2017 beginnen. Eine vorzeitige Anwendung ist zulässig. Mit der Veröffentlichung von ED/2015/2 im Mai 2015 hat der IASB die Verschiebung des Erstanwendungszeitpunkts vorgeschlagen. Im Juli 2015 wurde diese beschlossen.

58 Die **Ergänzungen des IAS 1** im Dezember 2014 im Zusammenhang mit der **Anhanginitiative** bewirkten zahlreiche Änderungen des IAS 1: Es ergaben sich Änderungen an IAS 1.10, IAS 1.31, IAS 1.54, IAS 1.55, IAS 1.82A, IAS 1.85, IAS 1.113, IAS 1.114, IAS 1.117, IAS 1.119 und IAS 1.122. Ferner wurden IAS 1.30A, IAS 1.55A, IAS 1.85A und IAS 1.85B eingefügt sowie IAS 1.115 und IAS 1.120 gestrichen. Die Änderungen des IAS 1 sind nach IAS 1.139P für Geschäftsjahre anzuwenden, die am oder nach dem 1. Januar 2016 beginnen, wobei eine vorzeitige Anwendung zulässig ist. Eine Übernahme in europäisches Recht ist für das 4. Quartal 2015 geplant.

Diese genannten Änderungen des IAS 1, die Ausfluss des *Disclosure Initiative Project* sind, sollen Verbesserungen der Finanzberichterstattung in Bezug auf die Anhangangaben darstellen und haben folgende Inhalte:

(1) Stärkerer Fokus auf dem **Grundsatz der Wesentlichkeit:** Anhangangaben sind nur verpflichtend, sofern diese wesentlich sind. Der Wesentlichkeitsgrundsatz ist somit nicht nur auf Bilanz, Gesamtergebnisrechnung, Kapitalflussrechnung und Eigenkapitalveränderungsrechnung anzuwenden, sondern auch auf den Anhang. Unternehmen haben künftig selbst zu beurteilen, ob bestimmte Angaben wesentlich sind, auch wenn diese von einem Standard gefordert werden. Entscheidungsnützliche Informationen dürfen nicht durch Zusammenfassung oder Disaggregation verschleiert werden.

(2) Weitere Untergliederung der **Mindestgliederungsposten** in der Bilanz sowie Ausweis von **Zwischensummen:** Die in IAS 1 aufgeführten Posten der Bilanz und Gesamtergebnisrechnung lassen künftig explizit eine weitere Untergliederung zu. Des Weiteren enthält der geänderte Standard gem den neu eingefügten IAS 1.55A und IAS 1.85A Vorschriften zum Ausweis von Zwischensummen, sofern solche Zwischensummen für das Verständnis der VFE-Lage eines Unternehmens erforderlich sind. Diese sollen nur Posten enthalten, die in Übereinstimmung mit den IFRS ermittelt wurden. Die Zwischensummen sind überdies klar und stetig darzustellen.

(3) Größere Flexibilität bei der Erstellung des Anhangs in Bezug auf die **Reihenfolge der Angaben:** In der Vergangenheit haben Unternehmen die diesbezüglichen Regelungen oft zu eng ausgelegt und so interpretiert, dass

diese eine bestimmte Reihenfolge der Angaben vorschreiben. Mit der Änderung von IAS 1.114 wird nunmehr klargestellt, dass die in IAS 1 enthaltene Reihenfolge nur eine beispielhafte Darstellung ist und eine andere Struktur des Anhangs durchaus sachgerecht sein kann. Bspw muss die Darstellung der Bilanzierungs- und Bewertungsmethoden nicht zwingend in einem eigenen Kapitel erfolgen, sondern kann im Rahmen der Erläuterungen zu dem entspr Posten erfolgen.

(4) **Aufhebung** der Vorgaben in IAS 1 in Bezug auf die Identifizierung bedeutender Bilanzierungs- und Bewertungsmethoden als Bestandteil der Anhangangaben: Der IASB streicht die in IAS 1.120 aufgeführten Beispiele und fügt eine Klarstellung dahingehend ein, dass die Identifizierung wesentlicher Rechnungslegungsvorschriften **unternehmensindividuell** vorzunehmen ist.

(einstweilen frei) **59, 60**

E. Gegenüberstellung zu HGB/DRS

I. Funktion des Anhangs und Umfang der Angaben

Der Anhang ist nach IAS 1.10 ein **gleichberechtigter Abschlussbestandteil** neben der Bilanz, der Gesamtergebnisrechnung, der gesonderten GuV (sofern erstellt), der Eigenkapitalveränderungsrechnung und der Kapitalflussrechnung. Auch ein HGB-Anhang ist ein unverzichtbarer, gleichwertiger Bestandteil eines Abschlusses (*Winkeljohann/Schellhorn* in BeBiKo § 264 HGB Rz 6). Anders als nach IFRS ist jedoch die Segmentberichterstattung nach HGB ein eigenständiger Abschlussbestandteil und nicht Bestandteil des Anhangs. **61**

Der Anhang nach IFRS hat wie der Anhang nach HGB primär eine **Informationsfunktion,** aus der sich die Erläuterungs-, Entlastungs- und Ergänzungsfunktion ableiten lässt. Die Erläuterungsfunktion als wichtiges Element der Informationsvermittlung hat jedoch eine wesentlich größere Ausprägung als bei einem HGB-Anhang. Dies wird durch den Umfang der Angabepflichten zu den Grundlagen der Abschlusserstellung, den Bewertungsgrundlagen, Bilanzierungs- und Bewertungsmethoden und den aus den einzelnen IFRS resultierenden Angabepflichten deutlich. Das Ziel dieser umfangreichen Informationen liegt darin, den Adressaten des Abschlusses einen bestmöglichen Einblick in die VFE-Lage des Unternehmens zu ermöglichen. **62**

Durch die vollständige Anwendung der IFRS, ohne Einschränkung durch Realisations- und Imparitätsprinzip, und die Angabe zusätzlicher Informationen soll nach IAS 1.15 erreicht werden, im Abschluss des Unternehmens ein den tatsächlichen Verhältnissen entspr Bild der VFE-Lage darzustellen. Die zusätzlich bereitzustellenden Informationen sollen dabei nach IAS 1.17(c) so geartet sein, dass sie es dem Adressaten ermöglichen, die Auswirkungen von einzelnen wesentlichen Geschäftsvorfällen und Ereignissen auf die VFE-Lage des Unternehmens **zu verstehen.** **63**

Grds soll auch ein Anhang nach HGB ein den **tatsächlichen Verhältnissen entspr Bild der VFE-Lage** eines Unternehmens vermitteln – allerdings unter Beachtung der GoB. Dadurch können sich Abweichungen in der Darstellung der VFE-Lage nach HGB im Vergleich zu IFRS ergeben. ZB schließt das nach GoB bei der Bewertung von Vermögensgegenständen und Schulden nach HGB zu berücksichtigende Realisations- und Imparitätsprinzip in einigen Abschlussposten den Ausweis unrealisierter Gewinne aus. Ferner geht der Anspruch der Informationsvermittlung durch den Anhang nach HGB nicht so weit wie nach IFRS, die **64** es den Adressaten ermöglichen sollen, die Auswirkungen von **einzelnen wesentlichen Geschäftsvorfällen und Ereignissen** auf die VFE-Lage des Unternehmens zu verstehen. Allerdings sieht das HGB neben den Angaben im Anhang für bestimmte Unternehmen die Berichterstattung im Lagebericht vor, in dem ua Erläuterungen zu wesentlichen Veränderungen der VFE-Lage erfolgen müssen. Da der Lagebericht kein verpflichtender Bestandteil der Finanzberichterstattung nach IFRS ist (zur freiwilligen Berichterstattung → § 38 Rn 1 ff), sind die Pflichtangaben im Anhang entsprechend umfangreicher.

65 Die Informationen, die im HGB-Anhang für einen Einzelabschluss dargestellt werden müssen, sind eindeutig und abschließend in den §§ 284, 285 HGB bzw in einer Reihe von weiteren Paragrafen des HGB (zB §§ 268, 277 HGB) geregelt. Die **Angabepflichten** im Anhang nach IFRS sind in allen IAS 1 bis IAS 41 sowie IFRS 1 bis IFRS 15 zu finden und sind dabei **nicht abschließend** aufgeführt. Insbes in IAS 1 sind die allgemeinen Angabepflichten für den Anhang enthalten, die nicht genau beschriebene zusätzliche Angaben fordern, die jedoch für das Verständnis des Abschlusses durch den Adressaten erforderlich sind. Hier ergibt sich ein gewisser Spielraum für die Angabepflichten, der jedoch im Regelfall zu **deutlich erweiterten Angabepflichten** im IFRS-Anhang ggü einem HGB-Anhang führt.

II. Zusätzliche Angabepflichten für IFRS-Bilanzierer in Deutschland

66 Für alle Unternehmen, die gem § 315a HGB **nach IFRS bilanzieren,** ergeben sich die zusätzlichen Anhangangaben aus § 315a Abs 1 HGB. Dies gilt unabhängig davon, ob ein Unternehmen nach § 315a Abs 1 und 2 HGB verpflichtet ist, die IFRS anzuwenden oder ob es die IFRS nach § 315a Abs 3 HGB freiwillig anwendet. Folgende Angaben sind zusätzlich zu den nach IFRS geforderten Angaben zu machen:

(1) Die nach § 313 Abs 2 und 3 HGB geforderten Angaben zum **Anteilsbesitz** haben ergänzend zu erfolgen, da eine solche Aufstellung nach IFRS (IAS 27 bzw IFRS 12) nicht gefordert wird. Demzufolge sind für TU, assoziierte Unternehmen und Gemeinschaftsunternehmen Name und Sitz sowie Anteil am Kapital anzugeben. Für andere Beteiligungen, an denen mindestens 20% der Anteile gehalten werden, müssen zusätzlich das Eigenkapital und das Jahresergebnis offengelegt werden. Erleichterungswahlrechte in diesem Zusammenhang sind in § 313 Abs 2 Nr 4 und Abs 3 HGB enthalten.

(2) Nach § 314 Abs 1 Nr 4 HGB ist die **durchschnittliche Zahl der Arbeitnehmer** der in den Konzernabschluss einbezogenen Unternehmen sowie der **Personalaufwand** (sofern nicht in der GuV ausgewiesen) anzugeben.

(3) Nach § 314 Abs 1 Nr 6 HGB sind die **Organbezüge** anzugeben, sofern sie nicht schon gem IAS 24.16 im erforderlichen Umfang offengelegt wurden.

(4) Weiterhin ist nach § 314 Abs 1 Nr 8 HGB anzugeben, dass die **Entsprechenserklärung zum Corporate Governance Kodex** gem § 161 AktG abgegeben und den Aktionären zugänglich gemacht wurde.

(5) § 314 Abs 1 Nr 9 HGB fordert bei kapitalmarktorientierten MU eine Angabe des vom **Abschlussprüfer des Konzernabschlusses** für das Geschäftsjahr berechneten **Gesamthonorars.**

67 Die nach § 298 Abs 1 HGB geforderte **Beachtung anderer gesetzlicher Bestimmungen,** die aufgrund der **Rechtsform** oder des **Geschäftszweigs** anwendbar sind, beschränkt § 315a Abs 1 HGB auf die Anwendung von § 244 HGB (Sprache, Währung) und § 245 HGB (Unterzeichnung). Damit sind in einem

IFRS-Anhang, der nach § 315a HGB aufgestellt wird, neben den in § 315a Abs 1 HGB aufgeführten keine weiteren Anhangangaben zu machen, die sich aus dem AktG oder GmbHG ergeben.

(einstweilen frei) 68

F. Aktuelle Entwicklungen/IASB-Projekte

Der IASB hat im Jahr 2012 ein Projekt begonnen, um die Angaben im Abschluss zu verbessern. Dazu hat der IASB im Januar 2013 Diskussionsforen durchgeführt, deren Ergebnisse im Mai 2013 in einem *Feedback Statement* veröffentlicht wurden. An dieser Initiative haben verschiedene Gruppen von Abschlussadressaten sowie Ersteller, Regulatoren und Abschlussprüfer teilgenommen und ihre Ansichten in Bezug auf Art und Umfang von Anhangangaben in die Diskussion eingebracht. Diese **Anhanginitiative** (*Disclosure Initiative)* des IASB umfasst eine Reihe von Projekten, von denen die im Dezember 2014 veröffentlichten Änderungen von IAS 1 ***Disclosure Initiative Amendments to IAS 1*** lediglich einen ersten Teil darstellen. Weitere Teile des 10-Punkte-Plans des IASB betreffen eine Überarbeitung des IAS 7 in Bezug auf Angaben zum Cashflow aus Finanzierungstätigkeit. In diesem Zusammenhang hat der IASB im Dezember 2014 mit **ED/2014/6 *Disclosure Initiative Proposed Amendments to IAS* 7** einen Entwurf zur Überarbeitung des IAS 7 veröffentlicht (→ § 18 Rn 98). Der 10-Punkte-Plan des IASB umfasst ferner die Herausgabe von Anwendungsleitlinien und eines *Practice Statements* zum Wesentlichkeitskonzept sowie eine Definition von Wesentlichkeit, die in einem ***Discussion Paper*** zu den ***Principles of Disclosure*** erfolgen soll. Dieses Diskussionspapier soll im Laufe des Jahres 2015 erscheinen und eine grundlegende Überarbeitung der Standards IAS 1, IAS 7 und IAS 8 zum Gegenstand haben. Daneben erfolgt im Rahmen der Anhanginitiative eine Überprüfung der Vorschriften zu Anhangangaben in den verschiedenen Einzelstandards in Bezug auf deren Notwendigkeit, Art und Umfang. 69

Die Europäische Beratungsgruppe für Finanzberichterstattung (European Financial Reporting Advisory Group, EFRAG) unterstützt die Anhanginitiative des IASB. Im Jahr 2012 hatte die EFRAG ebenfalls ein Diskussionspapier mit dem Titel *Towards a Disclosure Framework for the Notes* veröffentlicht, mit dem das Ziel verfolgt wurde, ein Rahmenkonzept für die Anhangangaben zu schaffen.

G. Checkliste für erforderliche Angaben

Die Angaben, die im Abschluss zu machen sind, ergeben sich aus IAS 1 sowie den übrigen IFRS. Da die Vorschriften unübersichtlich und die Angabepflichten an zahlreichen Stellen in den IFRS aufzufinden sind, bietet sich eine Checkliste für die erforderlichen Angaben an. Bei der Anwendung einer Checkliste sind jedoch immer der Grundsatz der Wesentlichkeit und die individuellen Rahmenbedingungen des berichtenden Unternehmens zu berücksichtigen (→ Rn 2). Dieses Handbuch enthält eine **Checkliste in Kurzfassung** bzw in Stichworten, die am Ende dieses Handbuchs als Anlage abgedruckt ist und dem Leser als Übersicht der erforderlichen Anhangangaben dienen soll. Zur konkreten Anwendung für einen zu erstellenden IFRS-Anhang bzw Überprüfung eines vorgelegten IFRS-Anhangs auf Vollständigkeit bietet sich die **elektronische Version der Anhangcheckliste** an, die auf **CD-ROM** gesondert erhältlich ist. Nach 70

Beantwortung einiger Fragen zum Unternehmen und den zu bilanzierenden Sachverhalten wird in der elektronischen Version eine maßgeschneiderte Anhangcheckliste für den konkreten Anwendungsfall generiert.

71 Die in der Anlage zu diesem Handbuch **abgedruckte Checkliste in Kurzfassung** bzw in Stichworten berücksichtigt alle Änderungen der Standards und Interpretationen, die bis zum 30. April 2015 vom IASB veröffentlicht waren und zwar unabhängig von ihrer Übernahme durch die EU zu diesem Zeitpunkt. Diese Checkliste kann somit für Geschäftsjahre angewendet werden, die am oder nach dem **1. Januar 2016 beginnen,** bzw für frühere Geschäftsjahre, sofern mit Ausnahme von IFRS 9 sämtliche geänderten Standards und Interpretationen **vorzeitig angewendet** werden.

§ 20. Nahestehende Unternehmen/Personen

Übersicht

Schrifttum: *Andrejewski/Böckem* Die Bedeutung natürlicher Personen im Kontext des IAS 24, KoR 2005, 170; *Böckem* Die Reform von IAS 24 – Angaben über Beziehungen zu nahe stehenden Unternehmen und Personen (*Related Party Disclosures*), WPg 2009, 644; *Busack/Scharr* Wesentliche Neuerungen bei der Abgrenzung des Kreises der nahestehenden Unternehmen und Personen, IRZ 2011, 395; *Di Fabio* in Maunz/Dürig, Grundgesetz, Kommentar, Art 2 Abs 1, 65. Aufl, München 2012; *Engelen/Drefahl* Berichterstattung und Determinanten der Geschäfte mit nahe stehenden Personen nach IAS 24, KoR 2013, 460; *IDW* RS HFA 33 Anhangangaben nach §§ 285 Nr 21, 314 Abs 1 Nr 13 HGB zu Geschäften mit nahe stehenden Unternehmen und Personen, FN IDW 2010, 482; *Kirsch* IAS-Jahresabschluss für Kommanditgesellschaften, BB 2003, 143; *Küting/Weber/Gattung* Nahestehende Personen – related parties – nach nationalem und internationalem Recht, KoR 2003, 53; *Lüdenbach/Freiberg* Organvergütungen im IFRS-Konzernabschluss im Spannungsfeld zwischen Berichtspflicht nach § 315a HGB und originären IFRS-Angaben, BB 2013, 2539; *Niehus* „Related Party Transactions" – Anmerkungen zu einem (künftig auch für deutsche Unternehmen geltenden?) internationalen Bilanzierungsgrundsatz –, in FS Kropff, Aktien- und Bilanzrecht, Düsseldorf 1997, 533; *Niehus* Related Party Disclosures, WPg 2003, 521; *Philipps* Angaben zu nahe stehenden Unternehmen und Personen im Jahresabschluss, BBK 2011, 210; *Poullie* Besonderheiten bei den Anhangangaben zu Geschäften mit nahe stehenden Unternehmen und Personen bei Unternehmen der öffentlichen Hand, WPg 2010, 58; *Regierungskommission* Deutscher Corporate Governance Kodex http://www.dcgk.de/de/kodex/aktuelle-fassung.html; *Reinholdt/Schmidt* Angaben über Beziehungen zu nahestehenden Unternehmen und Personen, IRZ 2011, 111; *RIC,* Ergebnisbericht vom 1. Dezember 2011 zur Angabe der Vergütungen (exklusive der Aufsichtsratsvergütung) für Arbeitnehmervertreter in Aufsichtsräten gemäß IAS 24.18 (rev. 2009), Berlin 2011; *Roth/Wittmann* Anhangangaben zu marktunüblichen Geschäften mit nahe stehenden Unternehmen und Personen, Stbg 2011, 450; *Schmidt* Gesellschaftsrecht, 4. Aufl, Köln 2002; *Wulf/Bindick* Praxisbeispiele für die neuen Anhangangaben nach § 285 HGB, DStZ 2011, 752; *Zimmermann* Die Berichterstattung über Beziehungen zu nahe stehenden Personen nach DRS 11, StuB 2002, 889; *Zülch/Popp* Angaben über Beziehungen zu nahe stehenden Unternehmen und Personen ab 2011, PiR 2011, 89.

Wesentliche Rechtsgrundlage: IAS 24

A. Zielsetzung und Anwendungsbereich

I. Zielsetzung

1 Die Regelungen des IAS 24 gehen gem IAS 24.6 f von der Annahme aus, dass sich **Geschäftsbeziehungen zwischen nahestehenden Unternehmen und Personen** von denen mit Dritten unterscheiden können und dass die VFE-Lage eines Unternehmens durch die Existenz nahestehender Unternehmen und Personen sowie durch Geschäftsvorfälle und ausstehende Salden mit diesen beeinflusst werden kann. Dem Abschlussadressaten sollen die möglichen Konsequenzen einer Abhängigkeit von nahestehenden Unternehmen und Personen bewusst gemacht und dadurch die Transparenz des Abschlusses verbessert werden.

2 IAS 24 enthält jedoch keine Vorgabe dazu, ob die Definition einer nahestehenden Person oder eines nahestehenden Unternehmens während der gesamten **Berichtsperiode** oder nur am **Abschlussstichtag** vorgelegen haben muss. Dem Zweck des Standards folgend sind zu allen Geschäftsvorfällen die notwendigen Angaben zu machen, wenn diese im Zeitpunkt des Abschlusses zwischen nahestehenden Personen oder Unternehmen stattgefunden haben (*Buschhüter* in Buschhüter/Striegel IFRS, IAS 24 Rz 11).

II. Anwendungsbereich

3 IAS 24 verlangt von **allen** Unternehmen, Beziehungen zu nahestehenden Unternehmen und Personen anzugeben. Die **Angabepflichten** sind **nicht** auf kapitalmarktorientierte Unternehmen **beschränkt.** Je nach Grad der Unternehmensbeziehung sind Angaben unabhängig von etwa getätigten Geschäftsvorfällen (Konzernunternehmen) oder nur bei getätigten Geschäftsvorfällen zu machen (zB assoziierte Unternehmen).

IAS 24.3 fordert Angaben zu Beziehungen, Geschäftsvorfällen und ausstehenden Salden einschließlich Verpflichtungen in den Konzern- und Einzelabschlüssen eines MU, eines Partnerunternehmens oder eines Anteilseigners mit maßgeblichem Einfluss.

Im Konzernabschluss werden alle Geschäftsvorfälle zwischen MU und TU eliminiert. Nach IAS 24.4 ist demnach nur über diejenigen Beziehungen und Geschäftsvorfälle zu berichten, die **nicht eliminiert** werden. Transaktionen zwischen einer **Investmentgesellschaft** und ihren Tochtergesellschaften, die erfolgswirksam zum beizulegenden Zeitwert bewertet werden, sind nach IAS 24.4 von der Eliminierungspflicht ausgenommen. Geschäftsvorfälle zwischen MU und einem gemeinschaftlich geführten oder assoziierten Unternehmen werden nach IFRS 11.24 iVm IAS 28.29 nur anteilsmäßig eliminiert. Somit kann auch hier eine Anhangangabepflicht für den nicht zu eliminierenden Anteil begründet werden (*Buschhüter* in Buschhüter/Striegel IFRS, IAS 24, Rz 8).

Hinzu kommen ggf zusätzliche Berichtspflichten nach IFRS 3 und IAS 27 bzw IFRS 12 (vgl → § 32 Rn 33f und → § 32 Rn 55ff).

Als **Geschäftsvorfall** mit nahestehenden Unternehmen und Personen gilt die Übertragung von Ressourcen, Dienstleistungen oder Verpflichtungen (auch schwebende Geschäftsvorfälle) zwischen nahestehenden Unternehmen und Personen (IAS 24.9). Beispiele für relevante Geschäftsvorfälle sind in IAS 24.21 (→ Rn 44) aufgeführt.

Der Standard regelt folgende Fragen: 4

(1) **Wer** ist nahestehendes Unternehmen/nahestehende Person?

(2) Um welche **Geschäftsvorfälle** handelt es sich?

(3) Wie sind die **ausstehenden Salden** (einschließlich der Verpflichtungen) zwischen einem Unternehmen und den ihm nahestehenden Unternehmen und Personen zu ermitteln?

(4) Welche Erleichterungen gelten für Unternehmen, die einer **öffentlichen Stelle** nahestehen?

(5) Welche **Angaben** sind im Abschluss (in Abhängigkeit von der Art des/der nahestehenden Unternehmens/Person) zu machen?

Die Angabepflichten sind insoweit eingeschränkt, als keine Aussagen im Hinblick darauf erforderlich sind, wie der Jahresabschluss ohne Transaktionen mit nahestehenden Unternehmen und Personen ausgesehen hätte. Ebenso wenig wird eine Stellungnahme zur Marktüblichkeit der Transaktionsbedingungen verlangt. Die Angabe, dass Transaktionen zu nahestehenden Unternehmen und Personen zu den gleichen Bedingungen abgeschlossen wurden, wie unter fremden Dritten üblich, ist jedoch nur zulässig, sofern dies nachgewiesen werden kann (IAS 24.23). Die Anhangangabepflichten werden jedoch nicht dadurch eingeschränkt, dass ein Geschäftsvorfall aufgrund bestehender Geschäftsgeheimnisse nicht offengelegt werden soll. 5

Bei der Betrachtung, ob eine Beziehung zu nahestehenden Unternehmen oder Personen vorliegt, wird der **wirtschaftliche Gehalt** der Beziehung und nicht allein die rechtliche Gestaltung geprüft (IAS 24.10).

Wird aufgrund der im Folgenden näher beschriebenen Definitionen eine Partei als nahestehend zu einer anderen Partei angesehen, so gilt dies immer auch in **umgekehrter Richtung** (IAS 24.BC19(e)). 6

Beziehungen zu nahestehenden Unternehmen und Personen können sowohl zu **untergeordneten Unternehmen,** zu **Schwesterunternehmen** oder zu **Anteilseignern** sowie zum **Unternehmensmanagement** und dem **Management übergeordneter Unternehmen** bestehen. 7

Grafisch lassen sie sich wie folgt darstellen:

Übersicht: Abgrenzung nahestehender Unternehmen und Personen

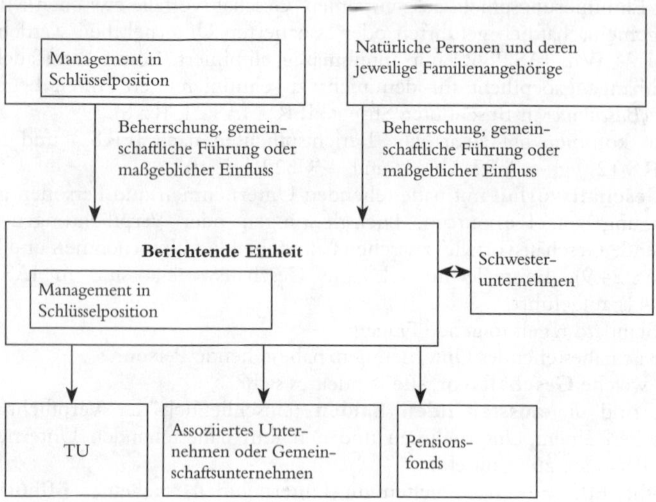

B. Nahestehende Unternehmen

8 **Unternehmen** werden gem IAS 24.9(b) einem berichtenden Unternehmen ggü als **nahestehend** betrachtet, wenn folgende **Bedingungen** erfüllt sind:

(1) Das Unternehmen und das berichtende Unternehmen gehören **derselben Unternehmensgruppe** an. Somit stehen sich alle MU, TU und Schwesterunternehmen nahe (IAS 24.9(b)(i), vgl → § 30 Rn 10 ff).

(2) Eines der beiden Unternehmen ist ein **assoziiertes Unternehmen** des anderen (IAS 24.9(b)(ii)). Das assoziierte Unternehmen kann dabei auch derselben Unternehmensgruppe, der das andere Unternehmen zugeordnet wird, angehören. So sind zB TU und assoziierte Unternehmen innerhalb eines Konzerns im Verhältnis zueinander auch dann nahestehende Unternehmen, wenn keine direkten oder indirekten Beteiligungen zwischen ihnen bestehen (IAS 24.BC23). In den Kreis der nahestehenden Unternehmen werden nach IAS 24.12 darüber hinaus auch die **TU eines assoziierten Unternehmens** mit einbezogen.

(3) Eines der beiden Unternehmen ist ein **Gemeinschaftsunternehmen** des berichtenden Unternehmens (IAS 24.9(b)(ii)). Das Gemeinschaftsunternehmen kann dabei auch derselben Unternehmensgruppe, der das andere Unternehmen zugeordnet wird, angehören (s (2)). In den Kreis der nahestehenden Unternehmen werden nach IAS 24.12 auch die **TU eines Gemeinschaftsunternehmens** mit einbezogen.

(4) **Beide** Unternehmen sind **Gemeinschaftsunternehmen desselben Dritten** (IAS 24.9(b)(iii)).

(5) Eines der beiden Unternehmen ist ein **Gemeinschaftsunternehmen** eines dritten Unternehmens und das andere ist ein **assoziiertes Unternehmen** dieses dritten Unternehmens (IAS 24.9(b)(iv)).

(6) Das Unternehmen ist ein **Plan für Leistungen nach Beendigung des Arbeitsverhältnisses** zugunsten der Arbeitnehmer entweder des berichtenden Unternehmens oder eines dem berichtenden Unternehmen nahestehenden Unternehmens. Handelt es sich bei dem berichtenden Unternehmen

selbst um einen solchen Plan, sind auch die in diesen Plan einzahlenden Arbeitgeber als dem berichtenden Unternehmen nahestehend zu betrachten (IAS 24.9(b)(v)).

(7) Das Unternehmen wird von einer unter → Rn 15 beschriebenen **natürlichen Person** beherrscht, oder steht unter der gemeinschaftlichen Führung, an der eine unter → Rn 15 genannte Person beteiligt ist (IAS 24.9(b)(vi)).

(8) Eine **natürliche Person** beherrscht das berichtende Unternehmen oder ist an dessen gemeinschaftlicher Führung beteiligt und hat **gleichzeitig** einen **maßgeblichen Einfluss** auf das andere Unternehmen oder bekleidet **gleichzeitig** im Management des anderen Unternehmens eine **Schlüsselposition** (IAS 24.9(b)(vii); vgl *Busack/Scharr* IRZ 2011, 395 (400)).

(9) Das Unternehmen oder ein Mitglied des Konzerns, zu dem es gehört, erbringt **Dienstleistungen** im **Bereich der Unternehmensführung** für die Berichtseinheit oder das MU der Berichtseinheit (IAS 24.9(b)(viii)).

Betreffend die explizit nicht als nahestehend zu betrachtenden Konstellationen vgl IAS 24.11 sowie → Rn 36.

I. Beherrschung

Die **Beherrschung** bietet dem beherrschenden Unternehmen die Möglichkeit, das beherrschte Unternehmen hinsichtlich seiner operativen und strategischen Geschäftstätigkeit und Ausrichtung zu bestimmen (ausführlich → § 30 Rn 10ff). Das beherrschte Unternehmen wird als TU *(subsidiary)*, das beherrschende Unternehmen als MU *(parent)* bezeichnet. Nach dem für Geschäftsjahre ab dem 1. Januar 2014 geltenden Beherrschungsbegriff iVm IFRS 10.5ff setzt Beherrschung voraus, dass ein Unternehmen *(investor)* 9

(1) die Entscheidungsgewalt über die relevanten Prozesse des zu beurteilenden Geschäftsbetriebs innehat,
(2) variablen Rückflüssen aus dem Geschäftsbetrieb ausgesetzt ist und
(3) seine Entscheidungsgewalt zur Beeinflussung der variablen Rückflüsse einsetzen kann.

Gem IAS 24 ist nicht nur über Beziehungen zum unmittelbaren MU und weiteren mittelbar herrschenden Unternehmen zu berichten, sondern darüber hinaus auch über Beziehungen zu Schwestergesellschaften und vom berichtenden Unternehmen beherrschte TU. Dies gilt **unabhängig** davon, ob zwischen dem berichtenden und diesen nahestehenden Unternehmen **Geschäfte in der Berichtsperiode** stattfanden (IAS 24.13).

Im **Einzelabschluss** sind die Angaben nach IAS 24 grds für alle Konzernunternehmen bzw Personen in Schlüsselpositionen in diesen Unternehmen zu machen. Innerhalb des **Konzernabschlusses** fallen dagegen aufgrund der Sichtweise des Konzerns als eine berichtende Einheit die Angaben für Beziehungen und Transaktionen weg, die innerhalb des Konzerns getätigt werden. Dies betrifft zB konzerninterne Lieferungen und Leistungen, konzerninterne Finanzierungstransaktionen oder konzerninterne Miet- und Leasingverhältnisse (IAS 24.4). 10

II. Maßgeblicher Einfluss

Der **maßgebliche Einfluss** wird in IAS 24.9 iVm IAS 28.2 als Möglichkeit definiert, an den finanz- und geschäftspolitischen Entscheidungsprozessen des Beteiligungsunternehmens mitzuwirken, ohne diese Entscheidungsprozesse beherrschen zu können. Das Unternehmen, auf das der maßgebliche Einfluss ausgeübt wird, wird als assoziiertes Unternehmen bezeichnet. 11

Das Vorliegen eines maßgeblichen Einflusses wird **widerlegbar vermutet,** wenn der Anteilseigner direkt oder indirekt über mindestens 20% der Stimmrechte am assoziierten Unternehmen verfügt. Bei einem Stimmrechtsanteil von weniger als 20% wird spiegelbildlich vermutet, dass kein maßgeblicher Einfluss gegeben ist (IAS 28.6; ausführlich → § 30 Rn 62ff).

12 Gem IAS 24.9(b)(ii) ist sowohl über Beziehungen zu Unternehmen zu berichten, die als **Anteilseigner** mittelbar oder unmittelbar einen maßgeblichen Einfluss auf das berichtende Unternehmen ausüben können, als auch über Beziehungen zu Unternehmen, auf die das **berichtende Unternehmen** einen maßgeblichen Einfluss hat. **Voraussetzung** ist jedoch, dass zwischen dem berichtenden und den so definierten nahestehenden Unternehmen in der **Berichtsperiode Geschäftsvorfälle stattgefunden** haben. Assoziierte Unternehmen derselben Unternehmensgruppe stehen sich untereinander nicht nahe (IAS 24.BC25).

Beispiel: A ist das berichtende Unternehmen. Die anderen Unternehmen (E, B, C und D) stehen ihm nahe.

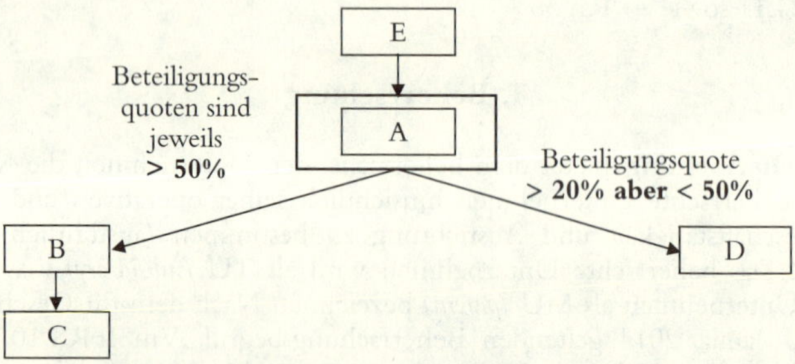

A muss über seine Beziehungen zu E, B und C (Konzernunternehmen) berichten, auch wenn zwischen ihnen keine Geschäftsvorfälle in der Berichtsperiode stattfanden. Diese Berichtspflicht entspricht derjenigen aus § 285 Nr 11 HGB. Anzugeben ist der Name des MU und, falls abweichend davon, der Name des obersten MU. Falls die vorstehend genannten MU ihre Abschlüsse nicht veröffentlichen, ist zusätzlich der Name des nächsten Unternehmens, das einen Abschluss veröffentlicht, anzugeben (IAS 24.13). Fanden in der Berichtsperiode Geschäftsvorfälle statt, so ist über diese – vorbehaltlich der Ausführungen in → Rn 40ff – zu berichten. Über die Beziehungen zu D (assoziiertes Unternehmen, wesentlicher Einfluss) ist nur zu berichten, wenn Geschäftsvorfälle im Berichtszeitraum stattfanden (IAS 24.13).

III. Beteiligung an der gemeinschaftlichen Führung eines anderen Unternehmens

13 **Gemeinschaftliche Führung** *(joint control)* ist nach IAS 24.9 iVm IFRS 11.7 die **vertraglich vereinbarte Teilhabe** an der **Führung,** die nur existiert, wenn die Entscheidungen über die relevanten Geschäftstätigkeiten Einstimmigkeit der an der gemeinschaftlichen Führung beteiligten Parteien erfordern (zu den Definitionen der gemeinschaftlichen Führung vgl ausführlich → § 30 Rn 56ff).

Korrespondierend zum maßgeblichen und beherrschenden Einfluss (→ Rn 9ff) ist sowohl über Beziehungen zu Unternehmen zu berichten, die als **Anteilseigner** das berichtende Unternehmen mittelbar oder unmittelbar gemeinschaftlich führen, als auch zu **Gemeinschaftsunternehmen** iSd IFRS 11.16, die das **berichtende Unternehmen** als Partnerunternehmen gemeinsam mit einem oder mehreren anderen Partnerunternehmen führt (IAS 24.9(b)(iii)). Zu berichten ist **nur,** wenn in dem **Berichtszeitraum Geschäfte zwischen** dem Partnerunternehmen und dem (berichtenden) Gemeinschaftsunternehmen bzw zwischen dem berichtenden Partnerunternehmen und seinem Gemeinschaftsunternehmen **stattfanden** (Umkehrschluss aus IAS 24.13 iVm IAS 24.18f).

In IAS 24.11(b) wird klargestellt, dass Unternehmen nicht allein deswegen als nahestehend anzusehen sind, weil sie gemeinsam als Partnerunternehmen ein Gemeinschaftsunternehmen kontrollieren.

IV. Pensionsfonds

Auch ein **Pensionsfonds** (vgl → § 26 Rn 38ff) gehört nach IAS 24.9(b)(v) zu den nahestehenden Unternehmen, wenn der **Fonds für die Mitarbeiter** des berichtenden Unternehmens eingerichtet ist. 14

Voraussetzung für die Berichtspflicht ist jedoch, dass zwischen dem berichtenden Unternehmen oder einem diesem nahestehenden Unternehmen und dem Pensionsfonds in der **Berichtsperiode Geschäftsvorfälle stattgefunden** haben (Umkehrschluss aus IAS 24.13 iVm IAS 24.18f). Somit kann durch eine Einmalzahlung in einen Pensionsfonds eine Berichtspflicht nach IAS 24 in den Folgejahren vermieden werden. Allerdings löst jede zusätzliche Dotierung in den Folgejahren für die entspr Berichtsperioden eine erneute Angabepflicht aus.

C. Nahestehende natürliche Personen

Nicht nur Beziehungen zu Unternehmen, sondern auch zu bestimmten natürlichen Personen können aufgrund ihres Einflusses Auslöser von Berichtspflichten nach IAS 24 sein. Natürliche Personen werden gem IAS 24.9(a) als nahestehend betrachtet, wenn sie 15

(1) das berichtende Unternehmen **beherrschen** (vgl → § 30 Rn 10ff) (IAS 24.9(a)(i)),
(2) an der **gemeinschaftlichen Führung** des berichtenden Unternehmens beteiligt sind (IAS 24.9(a)(i)),
(3) einen **maßgeblichen Einfluss** auf das berichtende Unternehmen haben (IAS 24.9(a)(ii)),
(4) im Management des berichtenden Unternehmens oder eines MU des berichtenden Unternehmens eine Schlüsselposition innehaben (IAS 24.9(a)(iii); *Andrejewski/Böckem* KoR 2005, 170 (172f)) oder wenn
(5) sie ein **naher Familienangehöriger** (→ Rn 25ff) einer Person sind, die nach den Kriterien (1) bis (4) als nahestehend qualifiziert wird. Das IFRSIC hat mit seiner Entscheidung vom 12. Mai 2015 (*IFRIC* Update May 2015, 8) die Notwendigkeit zu einer weiteren Abgrenzung des Personenkreises, der als naher Familienangehöriger zu interpretieren ist, verneint, da der Standard zum einen prinzipienbasiert sei und zum anderen in IAS 24.9 eine Liste der nahestehenden Familienangehörigen aufgeführt werde.

Ferner beschreibt IAS 24.BC19, dass Unternehmen **mittelbar über die Beziehungen zu natürlichen Personen** als nahestehend anzusehen sind. Es handelt sich im Wesentlichen um die folgenden Grundfälle: 16

(1) Das Unternehmen A ist im Verhältnis zu Unternehmen B als nahestehend zu betrachten, wenn eine natürliche Person sowohl das Unternehmen A als auch das Unternehmen B beherrscht oder an der gemeinschaftlichen Führung der beiden Unternehmen beteiligt ist.
(2) Das Unternehmen B ist im Verhältnis zu Unternehmen A nahestehend, wenn eine natürliche Person das Unternehmen B beherrscht, oder an der gemein-

schaftlichen Führung beteiligt ist und gleichzeitig dieselbe natürliche Person das Unternehmen A maßgeblich beeinflusst.

(3) Das Unternehmen B ist im Verhältnis zu Unternehmen A nahestehend, wenn eine natürliche Person das Unternehmen B beherrscht oder an der gemeinschaftlichen Führung beteiligt ist und gleichzeitig eine Schlüsselposition im Unternehmen A einnimmt.

17 **Voraussetzung** ist jedoch, dass zwischen dem berichtenden Unternehmen und der nahestehenden Person in der **Berichtsperiode Geschäftsbeziehungen stattgefunden** haben (Umkehrschluss aus IAS 24.13).

Beispiel: Frau X ist die Lebenspartnerin des Vorstandsmitglieds Z der Y-AG und alleinige Gesellschafterin der A-GmbH, die umfangreiche Geschäftsbeziehungen zur Y-AG unterhält. Die Y-AG hat daher nach IAS 24 über ihre Beziehungen zur A-GmbH zu berichten.

I. Beherrschung eines Unternehmens

18 Eine natürliche Person **beherrscht** ein Unternehmen, wenn sie die Möglichkeit hat, das beherrschte Unternehmen hinsichtlich seiner operativen und strategischen Geschäftstätigkeit und Ausrichtung zu bestimmen (IFRS 10.5 ff → Rn 9).

Dies trifft zB bei KapGes auf einen **Mehrheitsgesellschafter** zu. Er kann bei einer AG zwar – im Gegensatz zum Mehrheitsgesellschafter einer GmbH – in seiner Eigenschaft als Aktionär dem Vorstand – bei der GmbH dem Geschäftsführer – keine Weisungen erteilen. Er kann seinen Einfluss jedoch geltend machen, indem er sich oder Personen seines Vertrauens in den Aufsichtsrat wählt. Diese Möglichkeit reicht nach IFRS 10.B18(c) grds aus, um einen beherrschenden Einfluss anzunehmen, obwohl die Möglichkeiten eines Mehrheitsaktionärs, zum eigenen Nutzen Einfluss auf die AG zu nehmen, nach deutschem Aktienrecht formell begrenzt sind (*Schmidt*, 866 ff).

19 Eine Mehrheitsbeteiligung liegt auch vor, wenn die natürliche Person die Mehrheit der Stimmen **nicht allein,** sondern nur zusammen mit den **Stimmrechten** ihres **Ehepartners** oder **Lebensgefährten,** mit dem sie in häuslicher Gemeinschaft lebt, und/oder ihren **Kindern** hat (→ Rn 25).

Halten die vorgenannten Personen Stimmrechtsanteile von geringfügig weniger als 50% bei einem Unternehmen mit breiter Streuung der restlichen Anteile unter Kleinaktionären (also typischerweise börsennotierte Publikumsgesellschaften), so kann dies zu substanziellen Rechten auf Hauptversammlungen führen, wenn eine nachhaltige Präsenzmehrheit gegeben ist. Diese Regelung zu einer **de-facto-control**-Situation im Zusammenhang mit **Präsenzmehrheiten** auf Gesellschafterversammlungen wurde im IFRS 10 neu aufgenommen (IFRS 10.B42 ff; zum Vorliegen von *de-facto-control* bei Präsenzmehrheiten nach IFRS 10 vgl → § 30 Rn 40 ff).

20 Über Personen mit beherrschendem Einfluss ist nur zu berichten, wenn im jeweiligen Berichtszeitraum **Geschäfte** zwischen dem Berichtsunternehmen und der Person mit beherrschendem Einfluss oder mit dessen Familienmitgliedern iSv → Rn 25 ff stattgefunden haben.

Bei der Beurteilung, ob eine Beziehung zu einem nahestehenden Unternehmen oder einer nahestehenden Person vorliegt, ist nach IAS 24.10 der **wirtschaftliche Gehalt der Beziehung** und nicht die rechtliche Gestaltung entscheidend. Daher können die Angabepflichten des IAS 24 nicht durch die Einschaltung von Agenten bei der Durchführung von Transaktionen vermieden werden.

Beispiel: Unternehmen A verkauft an Unternehmen B eine Produktionsanlage zu T€ 100. Der Verkaufspreis liegt unter dem Marktpreis. B verkauft diese Anlage weiter an Unternehmen C ebenfalls zu T€ 100. Alleiniger Gesellschafter bei A und C ist Herr Y; Gesellschafter des Unternehmens B ist Herr Z.

Unternehmen B fungiert im Rahmen des oben beschriebenen Geschäftsvorfalls als Agent, da bei ihm aus dem Verkauf der Anlage keine Ergebnisauswirkungen resultieren. Unter Würdigung der Gesamtverhältnisse findet die Transaktion folglich zwischen A und C statt. Bei A und C handelt es sich um nahestehende Unternehmen, da sie beide durch Herrn Y beherrscht werden (IAS 24.9), sodass bzgl des oben dargestellten Geschäftsvorfalls die Angabepflichten des IAS 24.18 zu beachten sind. Weiterhin ist davon auszugehen, dass B nicht als Agent agiert hätte, sofern Herr Y nicht über die Beherrschung oder einen maßgeblichen Einfluss bei Unternehmen B bzw bei Herrn Z verfügt. Dies führt dazu, dass auch Transaktionen zwischen den Unternehmen A bzw B und Herrn Z bzw Unternehmen B Angabepflichten nach IAS 24 auslösen (*pwc* 2015 Rz 29.78).

II. Maßgeblicher Einfluss auf das berichtende Unternehmen

Eine natürliche Person hat einen maßgeblichen Einfluss auf ein Unternehmen, wenn sie die Macht hat, an der Finanz- und Geschäftspolitik teilzunehmen (IAS 24.9 iVm IAS 28.2). Die Grundlage dieses Einflusses kann **Anteilsbesitz** unterhalb einer Größenordnung für eine Beherrschung sein. Der Einfluss kann aber auch auf dem **Gesellschaftsvertrag** oder anderen Verträgen beruhen. 21

Typische **Beispiele** für nahestehende Personen sind im Folgenden aufgeführt: 22

(1) Zu den natürlichen Personen, die IAS 24 als Anknüpfungspunkt für Berichtspflichten festlegt, gehören die Mitglieder der Leitungsebene des berichtenden Unternehmens oder von deren MU. Dies sind die Personen, die für die Planung, Leitung und Kontrolle des Unternehmens verantwortlich sind **(Personen in Schlüsselpositionen),** also in erster Linie die **Vorstandsmitglieder** und **Mitglieder des Aufsichtsrats** einer AG oder die **Geschäftsführer** einer GmbH. Zu den Personen in Schlüsselpositionen gem IAS 24.9 zählen ebenfalls die Arbeitnehmervertreter im Aufsichtsrat (dies klarstellend auch *RIC* Ergebnisbericht, Dezember 2011).
Darüber hinaus können aber auch Mitglieder der Leitungs- und Überwachungsorgane von wesentlichen TU zu den Personen in Schlüsselpositionen gehören. Scheidet eine Person in einer Schlüsselposition unterjährig aus dem Unternehmen aus, so wird sie nur bis zum Zeitpunkt ihres Ausscheidens als nahestehende Person des Unternehmens angesehen. Ehemalige Personen in Schlüsselpositionen werden dabei von IAS 24 nicht erfasst.

(2) Wegen der gesetzlich vorgeschriebenen Aufgabenteilung bei der AG zwischen Aktionären, Aufsichtsrat und Vorstand ist es nur in Sondersituationen denkbar, dass eine natürliche Person außerhalb von Aufsichtsrat und Vorstand einen wesentlichen Einfluss hat. Dies kann zB im Insolvenzverfahren der **Insolvenzverwalter** sein.
Ferner ist denkbar, Führungskräfte der zweiten Ebene als nahestehende Personen anzusehen.

(3) Zum Kreise der nahestehenden Personen zählen bei der **KG** die Komplementäre sowie die nahen Familienangehörigen dieser Gesellschafter (s *Kirsch* BB 2003, 143 (143ff)). **Kommanditisten** und deren nahe Familienangehörige kommen als nahestehende Personen in Betracht, wenn der Kommanditist entgegen den gesetzlichen Regeln (§§ 164–171 HGB) aufgrund des Gesellschaftsvertrags der KG oder durch seine Stellung als Gesellschafter der Führungs-GmbH wesentliche Mitwirkungsrechte und damit maßgeblichen Einfluss (IAS 24.9) auf die KG hat.

23 Auf der anderen Seite führt ein **maßgeblicher Einfluss** auf ein Unternehmen A und ein **weiterer maßgeblicher Einfluss** der gleichen natürlichen Person oder eines Unternehmens auf ein Unternehmen B nicht dazu, dass die Unternehmen A und B als zueinander nahestehend zu qualifizieren sind (IAS 24.BC25).

24 Über **Geschäftsvorfälle** iSv IAS 24.21 (vgl → Rn 44) des berichtenden Unternehmens zu Personen mit maßgeblichem Einfluss ist nur zu berichten, wenn solche Geschäftsvorfälle im Berichtszeitraum stattfanden und (zumindest) zum Abschluss der Geschäftsvorfälle die Parteien zueinander nahestehend waren. Die Berichtspflicht besteht auch über Beziehungen des Unternehmens zu den **Angehörigen** der Vorstände und leitenden Mitarbeitern. Die hierin liegende rechtliche und praktische Problematik ist in → Rn 51 ff dargestellt. Zu den geforderten Angaben gehören nach IAS 24.17 auch die **Vorstandsbezüge** (→ Rn 50).

III. Familienangehörige nahestehender natürlicher Personen

25 Zu berichten ist nicht nur über die natürlichen Personen, die einen beherrschenden oder maßgeblichen Einfluss haben. Zu berichten ist ferner über die Geschäftsvorfälle mit denjenigen Personen, die **Familienangehörige** der unmittelbar Betroffenen sind. Dies sind nach IAS 24.9 solche Personen, von denen angenommen werden kann, dass sie bei Transaktionen mit dem Unternehmen von dem unmittelbar Betroffenen in ihrem geschäftlichen Handeln beeinflusst werden können oder die Einfluss auf das geschäftliche Handeln des direkt Betroffenen nehmen können. Zu diesem Personenkreis gehören nach IAS 24.9 die Ehe- oder Lebenspartner, die mit dem unmittelbar Betroffenen in häuslicher Gemeinschaft leben, sowie seine Kinder und die Kinder des Ehe- oder Lebenspartners und abhängige Angehörige (IAS 24.BC32(b)(ii)).

26 Der Begriff **„Angehörige"** ist **eng** auszulegen, weil anderenfalls ein weitgehender Eingriff in die Privatsphäre notwendig wäre, der angesichts des Zwecks der Anhangangabepflicht nicht vertretbar wäre.

Der Standardtext geht davon aus, dass die „Vermutung", der unmittelbar Betroffene könne die Entscheidungen dieser Personen beeinflussen oder umgekehrt, im Einzelfall nicht widerlegt werden kann, obwohl die genannten Personen in der Lebenswirklichkeit häufig unabhängig in ihren wirtschaftlichen Entscheidungen sind.

27 Die Anhangangabepflicht setzt voraus, dass das **berichtspflichtige Unternehmen** über die dargestellten Beziehungen **informiert** ist. Dies wiederum bedeutet, dass der unmittelbar Betroffene verpflichtet ist, dem Unternehmen entspr Angaben zu machen. Das Unternehmen wiederum muss prüfen, ob der unmittelbar Betroffene seinen Pflichten nachgekommen ist. Die Berichtspflichten stoßen somit auf **praktische Schwierigkeiten** in der Umsetzung (s auch *Niehus* WPg 2003, 533 (533 ff) und → Rn 52).

Beispiel 1: Bei **wesentlichem Einfluss verschiedener Personen** könnte ein Geschäftsbericht Folgendes anführen:

Gem IAS 24 berichtet die A-AG auch über Geschäftsvorfälle zwischen der A-AG und ihr nahestehenden Personen. Als nahestehende Personen wurden Vorstand, Aufsichtsrat, Zentral- sowie Geschäftsbereichsleiter (Führungskräfte der Ebene zwei) und deren nahe Familienangehörige definiert. Für Führungskräfte der Ebene zwei bestanden in drei Fällen Verträge zwischen der A-AG einerseits und einem nahen Familienangehörigen andererseits. Hierbei bestand entweder eine Beziehung direkt zum Ehegatten oder zur Firma des Ehegatten. Die Art des Geschäfts bestand überwiegend in der Erbringung von Beratungs-

und sonstigen Dienstleistungen für die A-AG. Der Umfang dieser Geschäfte lag im aktuellen Jahr insgesamt bei T€ 500. Den Führungskräften der Ebene zwei wurden insgesamt Darlehen in Höhe von T€ 1.000 gewährt. Die Laufzeit variierte zwischen 10 und 20 Jahren. Sofern ein variabler Zinssatz vereinbart war, lag dieser zwischen 3,8% und 6,5%. Zum 31. Dezember betrug die Höhe der Darlehen noch T€ 700. Weiter wurde einem Aufsichtsratsmitglied ein Darlehen in Höhe von T€ 30 zu marktüblichen Konditionen gewährt. Zum 31. Dezember bestand das Darlehen noch in voller Höhe. Darlehen an Vorstände wurden nicht vergeben.

Beispiel 2: Ein Geschäftsbericht könnte zB zu nahestehenden Personen, bei denen es sich **wesentlich um Familienangehörige** handelt, ausführen:

Mit den nachfolgend aufgeführten Unternehmen, die in weit gestreutem Besitz von Mitgliedern der Familie M, darunter den Vorständen Karl M und Heinz M stehen, gab es im Jahr 01 Geschäftsbeziehungen. So vermieten die MI-GmbH und die MII-GmbH & Co KG diverse Mietobjekte in der Nähe des Hauptstandorts an die M-AG. Die Mietzahlungen betrugen im aktuellen Jahr T€ 1.000. Nachdem einige Gesellschaften des Teilkonzerns MK im Jahr 01 in ein neues Gebäude umziehen werden, muss aus heutiger Sicht damit gerechnet werden, dass ein Teil der langfristig angemieteten Grundstücke und Gebäude nicht vollständig weiter genutzt werden kann. Für diesen Fall hat die M-AG eine Rückstellung von T€ 5.000 gebildet. Für die der Familie M nahestehenden Gesellschaften und Stiftungen wurden Dienstleistungen in Höhe von T€ 50 erbracht.

Praxisbeispiele mit Angaben zu natürlichen Personen finden sich zB bei der 28
Lufthansa AG, der Deutsche Post AG und der Bayer AG (*Lufthansa AG* Geschäftsbericht 2014, Ziff 43; *Deutsche Post AG* Geschäftsbericht 2014, Ziff 55, *Bayer AG* Geschäftsbericht 2014, Ziff 37).

D. Nahestehende öffentliche Stellen

Unternehmen, die einer öffentlichen Stelle nahestehen, sind gem IAS 24.25 29
von den Angabepflichten des IAS 24.18 befreit. Als **öffentliche Stellen** *(government)* werden gem IAS 24.9 sämtliche Regierungsbehörden, Institutionen mit hoheitlichen Aufgaben und ähnliche Körperschaften angesehen, unabhängig davon, ob diese auf lokaler, nationaler oder internationaler Ebene angesiedelt sind. Der IASB hat die neu aufgenommene Definition zu öffentlichen Stellen in IAS 24.9 an die bereits vorhandene Definition des IAS 20.3 angelehnt, sodass hier keine Abweichungen bestehen (vgl → § 5 Rn 61 f).

I. Einer öffentlichen Stelle nahestehendes Unternehmen

Ein einer öffentlichen Stelle **nahestehendes Unternehmen** *(government-* 30
related entity) liegt grds dann vor, wenn dieses von einer öffentlichen Stelle beherrscht *(control)* wird oder unter der gemeinschaftlichen Führung *(joint control)* oder dem maßgeblichen Einfluss *(significant influence)* einer öffentlichen Stelle steht (IAS 24.25(a)).

Die Befreiung von der Berichtspflicht des IAS 24.18 umfasst des Weiteren 31
nach IAS 24.25(b) auch andere, **dem berichtenden Unternehmen nahestehende Unternehmen,** die selber keine öffentliche Stelle sind, wenn dieselbe öffentliche Stelle sowohl das berichtende als auch die anderen Unternehmen beherrscht, an deren gemeinschaftlicher Führung beteiligt ist oder einen maßgeblichen Einfluss auf diese Unternehmen hat. Sämtliche derartigen Unternehmen werden demnach als einer öffentlichen Stelle nahestehende Unternehmen auch im Verhältnis zueinander qualifiziert.

II. Erleichterungen zu den Anhangangaben bei Beziehungen zu öffentlichen Stellen

32 Alle unter → Rn 30f fallenden Unternehmen sind von der **Pflicht ausgenommen,** Angaben zu Geschäftsvorfällen und ausstehenden Salden (einschließlich Verpflichtungen) mit nahestehenden öffentlichen Stellen nach IAS 24.18 im Anhang zu machen (*Zülch/Popp* PiR 2011, 89 (93)).

33 Sofern von der Erleichterungsvorschrift Gebrauch gemacht wird, hat das berichtende Unternehmen zu den Geschäftsvorfällen und ausstehenden Salden mit nahestehenden öffentlichen Stellen die **folgenden Angaben** nach IAS 24.26 **im Anhang** darzustellen:

(1) Name der öffentlichen Stelle,
(2) Art ihrer Beziehung zu dem berichtenden Unternehmen (dh liegt eine Beherrschung, eine gemeinschaftliche Führung oder ein maßgeblicher Einfluss vor),
(3) detaillierte Informationen zu Art und Höhe jedes Geschäftsvorfalls, der für sich genommen wesentlich ist, und
(4) Angaben zum qualitativen oder quantitativen Umfang von Geschäftsvorfällen (→ Rn 44), die nur in ihrer Gesamtheit wesentlich sind.

34 Durch die Aufnahme dieser Zusatzinformationen muss der Abschlussadressat die Möglichkeit erhalten, die **Auswirkungen der Geschäftsvorfälle** auf den Abschluss beurteilen zu können. Dabei hat das zu berichtende Unternehmen nach bestem Wissen und Gewissen den Grad der Detailliertheit der nach IAS 24.26 zu machenden Angaben zu bestimmen. Einzelne Geschäftsvorfälle mit öffentlichen Stellen müssen demnach nur gesondert aufgenommen werden, wenn sie für sich genommen oder in ihrer Akkumulation signifikant sind.

35 IAS 24.27 gibt dem berichtenden Unternehmen für die Beurteilung der **Signifikanz eines Geschäftsvorfalls** dabei die folgenden Kriterien an die Hand:

(1) Ist der Geschäftsvorfall von seinem Umfang her signifikant?
(2) Hat der Geschäftsvorfall zu marktüblichen Bedingungen stattgefunden?
(3) Ist der Geschäftsvorfall außerhalb des regulären Unternehmensgeschäfts anzusiedeln, wie zB der Kauf oder Verkauf von Unternehmen?
(4) Wurde der Geschäftsvorfall Regulierungs- oder Aufsichtsbehörden gemeldet?
(5) Wurde der Geschäftsvorfall der oberen Führungsebene gemeldet?
(6) Musste der Geschäftsvorfall von den Anteilseignern genehmigt werden?

Damit unterscheidet sind der Begriff der „Signifikanz“ von demjenigen der Wesentlichkeit, indem eine wesentlich höhere Schwelle für einen „signifikanten“ Geschäftsvorfall vorliegen muss (*Lüdenbach/Hoffmann/Freiberg* IFRS § 30 Rz 45ff; *EY* 2015, 2678f). Die Beurteilung, ob ein Geschäftsvorfall für sich oder in Summe diese Signifikanzkriterien erfüllt, liegt im Ermessen des berichtenden Unternehmens (zu Einzelheiten vgl IAS 24.BC42ff).

E. Ausnahmen zu nahestehenden Unternehmen und Personen

36 Der IASB hat in IAS 24.11 explizit gewisse Unternehmen und Personen von der Definition der nahestehenden Unternehmen und Personen **ausgeschlossen.** IAS 24.11(a) stellt ausdrücklich fest, dass zwei Unternehmen nicht als nahestehend gelten, die lediglich ein Geschäftsleitungsmitglied oder Mitglieder des Managements in einer Schlüsselposition gemeinsam haben.

Gem IAS 24.11(b) gelten weiterhin zwei Partnerunternehmen, die lediglich die gemeinschaftliche Führung eines Gemeinschaftsunternehmens ausüben, nicht als nahestehende Unternehmen.

Trotz der aktienrechtlichen Beschränkungen haben faktisch die **Kreditgeber** des Unternehmens sowie bedeutende **Kunden** oder **Lieferanten** häufig einen wesentlichen Einfluss. Diese Unternehmen und Personen sollen aber nach der ausdrücklichen Bestimmung in IAS 24.11(c) und (d) grds nicht als nahestehend behandelt werden. Gleiches gilt nach IAS 24.11(c) auch für **Gewerkschaften,** öffentliche Versorgungsbetriebe und **Behörden** sowie öffentliche Institutionen, die ebenfalls wesentlichen Einfluss haben können, aber von den Berichtspflichten nach IAS 24 ausdrücklich ausgenommen sind. 37

Die vorzitierten Ausnahmen gelten im Hinblick auf den Einfluss, den die genannten Unternehmen und Personen aufgrund ihrer **Geschäftsbeziehungen** als Bank, als wesentlicher Kunde, als wesentlicher Lieferant usw haben. Eine andere Beurteilung ergibt sich, wenn eines/eine der genannten Unternehmen oder Personen **Mehrheitsaktionär** (beherrschender Gesellschafter) des Berichtsunternehmens ist oder wenn er aufgrund von Anteilsbesitz oder besonderen vertraglichen Rechten und Pflichten Einfluss nehmen kann. Im Hinblick auf die Kreditgeber des Unternehmens gilt es hier, im Einzelfall zwischen üblichen Kreditverträgen und Sondervereinbarungen zu unterscheiden, die den Banken über das normale Maß hinausgehende Rechte einräumen. 38

Über die Geschäftsbeziehungen des berichtenden Unternehmens zu diesen, dann als nahestehend zu qualifizierenden Unternehmen/Personen im Berichtszeitraum ist zu berichten. Die Berichtspflicht besteht auch für Beziehungen des Unternehmens zu den nahen **Angehörigen** dieser nahestehenden Personen. Die hierin liegende rechtliche und praktische Problematik ist in → Rn 51 ff dargestellt. 39

F. Angaben im Anhang

Der Umfang und damit die Bedeutung der Anhangangabepflichten nach IAS 24 werden durch die folgende Regel eingeschränkt: Im Rahmen der Konzernbilanzierung braucht nicht über Geschäftsvorfälle berichtet zu werden, die im Rahmen der **Konsolidierung** eliminiert sind, also aus **Konzernsicht interne Vorgänge** sind. Macht das MU eines Konzerns die erforderlichen Angaben, muss dennoch auch im **Einzelabschluss** eines Konzernunternehmens über die Beziehungen zu den Konzernunternehmen berichtet werden (IAS 24.4) (→ Rn 3). Bei **Beziehungen zu öffentlichen Stellen** müssen die im Folgenden beschriebenen Anhangangaben uU nicht vollständig aufgenommen werden. Zu den möglichen Erleichterungen betreffend die Anhangangaben bei Beziehungen zu öffentlichen Stellen vgl → Rn 32 und → Rn 34. Transaktionen zwischen einer **Investmentgesellschaft** und ihren TU, die erfolgswirksam zum beizulegenden Zeitwert bewertet werden, sind nach IAS 24.4 nicht zu eliminieren. Entspr sind diese Transaktionen nach den Vorgaben des IAS 24.13 ff im Anhang aufzuführen. 40

IAS 24 beschränkt sich darauf, Art und Umfang von Angabepflichten zu benennen. Es wird hingegen **keine Bewertung** einzelner Geschäfte verlangt (zu Einzelheiten → Rn 4, → Rn 49). 41

Das Unternehmen, welches dem **beherrschenden Einfluss** unterliegt, muss **unabhängig davon,** ob Geschäftsvorfälle zwischen diesen nahestehenden Unternehmen stattgefunden haben, den **Namen seines MU** und, falls abweichend davon, den Namen des obersten herrschenden MU veröffentlichen. Falls die vorstehend genannten MU ihre Abschlüsse nicht veröffentlichen, ist zusätzlich 42 der Name des nächst höheren MU, das einen Abschluss veröffentlicht, anzugeben (IAS 24.13).

43 Um ein **Verständnis** der **potenziellen Auswirkungen** der Beziehung auf den Abschluss zu ermöglichen, ist für die in Betracht kommenden Geschäftsvorfälle nach IAS 24.18 **mindestens** anzugeben:

(1) die Höhe der Geschäftsvorfälle (prozentuale oder verbale Angaben genügen nicht),
(2) die Höhe der ausstehenden Salden, einschließlich Verpflichtungen und ihre Bedingungen und Konditionen, ua, ob eine Besicherung besteht, sowie die Art der Leistungserfüllung und Einzelheiten über gewährte oder erhaltene Garantien,
(3) Wertberichtigungen, die das Berichtsunternehmen für ausstehende Salden mit nahestehenden Unternehmen und Personen gebildet hat und
(4) Aufwand für Ausbuchungen, die in der Berichtsperiode für nicht mehr werthaltige Forderungen ggü nahestehenden Unternehmen und Personen vorgenommen wurden.

44 Zur Konkretisierung werden in IAS 24.21 mehrere Beispiele für mögliche **Geschäftsvorfälle** angeführt:

(1) Käufe oder Verkäufe (fertiger oder unfertiger) Güter,
(2) Käufe oder Verkäufe von Grundstücken, Bauten und anderen Vermögenswerten,
(3) geleistete oder bezogene Dienstleistungen,
(4) Leasingverhältnisse,
(5) Dienstleistungstransfers im Bereich Forschung und Entwicklung,
(6) Transfer aufgrund von Lizenzvereinbarungen,
(7) Transfers im Rahmen von Finanzierungsvereinbarungen (einschließlich Darlehen und Kapitaleinlagen in Form von Bar- oder Sacheinlagen),
(8) Gewährung von Bürgschaften oder Sicherheiten,
(9) Verpflichtungen, bei künftigem Eintritt oder Ausbleiben eines bestimmten Ereignisses etwas Bestimmtes zu tun, worunter auch (erfasste und nicht erfasste) erfüllungsbedürftige Verträge fallen,
(10) die Erfüllung von Verbindlichkeiten für Rechnung des Unternehmens oder durch das Unternehmen für Rechnung dieses nahestehenden Unternehmens/dieser nahestehenden Person und
(11) Entgelte an das Management in Schlüsselpositionen, die außerhalb der Organtätigkeit liegen (zB bei Arbeitnehmervertretern im Aufsichtsrat, vgl hierzu *RIC* Ergebnisbericht, Dezember 2011).

45 Hinsichtlich der in IAS 24.18 geforderten Mindestangaben ist zu beachten, dass nach IAS 24.24 eine **Aggregation gleichartiger Posten** vorgenommen werden darf, sofern eine gesonderte Darstellung nicht dem besseren Verständnis der Auswirkungen dient.

Beispiel: Beziehungen eines MU **zu nahestehenden Unternehmen** lassen sich zB wie folgt im Geschäftsbericht darstellen:

Im Jahr 01 hat die A-AG (MU) für die X-AG Waren und Dienstleistungen in Höhe von T€ 200 erbracht. Im gleichen Zeitraum hat die A-AG für T€ 250 Waren und Dienstleistungen von der X-AG erworben.

Weiter bestehen Rahmenkreditvereinbarungen zwischen der X-AG und der Y-AG in Höhe von T€ 40.

Außerdem bestehen personelle Verflechtungen zwischen der X-AG und der Y-AG. So ist der Vorstandsvorsitzende der X-AG zugleich Aufsichtsratsvorsitzender der Y-AG.

Praxisbeispiele mit Ausführungen zu nahestehenden **Unternehmen** finden sich zB bei der Deutsche Post AG (*Deutsche Post AG* Geschäftsbericht 2014, Ziff 55).

Nach IAS 24.19 wird eine **Aufgliederung** der Angaben nach IAS 24.18 getrennt nach folgenden Gruppen nahestehender Unternehmen und Personen gefordert: 46

(1) das MU,
(2) Unternehmen, die an der gemeinsamen Führung des Unternehmens beteiligt sind oder maßgeblichen Einfluss auf das Unternehmen haben,
(3) TU,
(4) assoziierte Unternehmen,
(5) Gemeinschaftsunternehmen, bei denen das Unternehmen ein Partnerunternehmen ist,
(6) Mitglieder des Managements in Schlüsselpositionen des Unternehmens oder dessen MU und
(7) sonstige nahestehende Unternehmen und Personen (im Wesentlichen nahe Familienangehörige, Pensionsfonds).

Die Gruppenbildung hat entweder in der Bilanz oder im Anhang zu erfolgen.

Für nahestehende Unternehmen und Personen **unterhalb der Beherrschung** sind **Anhangangaben** nur bei Vorliegen von Geschäftsvorfällen erforderlich (Umkehrschluss aus IAS 24.13 iVm IAS 24.18f). 47

Ist das **berichtende** Unternehmen **seinerseits beherrschendes Unternehmen,** so sind die in → Rn 4ff genannten Angaben auch für die Unternehmen zu machen, die das berichtende Unternehmen mittelbar beherrscht. Dies gilt auch für mittelbare assoziierte Unternehmen und Gemeinschaftsunternehmen des berichtenden Unternehmens (IAS 24.9(b)(i) bis (iii)). 48

Es wird **nicht** verlangt, dass die einzelnen Geschäftsvorfälle daraufhin **beurteilt** werden, ob die verrechneten Preise **angemessen** sind. IAS 24.23 enthält zu diesem Fragenbereich nur eine allgemeine Aussage: Die Geschäftsvorfälle dürfen nur dann als *„at arms length"* (wie unter fremden Dritten) bezeichnet werden, wenn diese Angabe belegbar ist. Wie diese Angabe zu belegen ist, lässt IAS 24.23 offen. Letztlich obliegt es idR dem Abschlussprüfer festzustellen, ob die Aussage im Anhang zutreffend ist. Unabhängig davon, ob eine Ausgestaltung iSv *„at arms length"* vorliegt, muss eine Angabe der Geschäftsvorfälle erfolgen. 49

Darüber hinaus hat das berichtspflichtige Unternehmen nach IAS 24.17 die **Vergütungen des aktuellen Managements in Schlüsselpositionen** anzugeben. Diese Angaben haben **insgesamt** und **einzeln** für jede der folgenden Kategorien von Vergütungen zu erfolgen: 50

(1) lfd, innerhalb eines Jahres fällige Leistungen, inklusive Nebenleistungen wie Dienstwagen, Warenbezüge, Gestellung von Wohnraum usw,
(2) Pensionen ua Leistungen nach Beendigung des Arbeitsverhältnisses,
(3) andere langfristig zu gewährende Bezüge (zB Jubiläumszahlungen),
(4) Leistungen aus Anlass der Beendigung des Arbeitsverhältnisses und
(5) Gewährung von Aktien und anderen eigenkapitalbasierten Vergütungen.

Beispiel: X ist Vorstand der Y-AG und bezieht lfd Bezüge. Ferner erhält er noch Bezüge von der A-GmbH und der B-GmbH (beides TU der Y-AG). Im Konzernabschluss ist der Gesamtbetrag der Bezüge von X anzugeben. Aber auch im Einzelabschluss der Y-AG ist der Gesamtbetrag der Bezüge des X unter Beziehungen zu nahestehenden Unternehmen anzugeben (IAS 24.9(a)(iii)).

Für den Fall, dass das berichtende Unternehmen von einem zugehörigen Konzernunternehmen **Dienstleistungen im Bereich der Unternehmensführung** erhält, hat das berichtende Unternehmen die Angaben nach IAS 24.17 über gezahlte oder noch zu zahlende Entschädigungszahlungen an Mitarbeiter des berichtenden Unternehmens durch ein Konzernunternehmen nicht aufnehmen (IAS 24.17A).

51 Das **berichtende Unternehmen** muss die geforderten Angaben beschaffen. Hierzu stehen ihm nach deutschem Gesellschaftsrecht keine gesetzlich klar geregelten Ansprüche zur Verfügung. Die Mitteilungspflichten des Aktionärs nach § 20 AktG, wonach dieser eine Gesellschaft unverzüglich zu informieren hat, wenn er mehr als 25% der Anteile hält, bestehen nur für Unternehmen. Für natürliche Personen bestehen sie nur, soweit sie Unternehmer sind (*Schmidt,* 494). Die über § 20 AktG hinausgehenden Pflichten nach §§ 21 ff WpHG (Meldepflichten bei 3%, 5%, 10%, 15%, 20%, 25%, 30%, 50% oder 75%) gelten nur für börsennotierte Unternehmen. Lediglich bei einem Mehrheitsaktionär könnte sich eine Anspruchsgrundlage für eine Auskunftspflicht aus seiner **allgemeinen Treuepflicht** ergeben. Offen ist, wie der Schutz der Privatsphäre von der Treuepflicht ggü der AG abzugrenzen ist. Das Recht auf den Schutz der Privatsphäre wird der Treuepflicht ggü der AG jedenfalls bei einem Mehrheitsaktionär weichen müssen (zur Treuepflicht des Aktionärs s *Schmidt,* 591; zum Schutz der Persönlichkeitssphäre *Di Fabio* in Maunz/Dürig Grundgesetz Art 2 Abs 1 Rz 173 ff). Unabhängig von der Rechtsfrage kann es praktisch schwierig sein, einen Auskunftsanspruch durchzusetzen. Dies gilt insbes dann, wenn es um nahe Familienangehörige nahestehender Personen geht. Das Berichtsunternehmen kann den betroffenen Personenkreis (natürliche Person, die beherrscht, maßgeblich beeinflusst, an gemeinschaftlicher Führung beteiligt ist oder eine Schlüsselfunktion im berichtenden Unternehmen oder deren MU ausübt) nur auf die Pflicht des Unternehmens zu den entspr Anhangangaben aufmerksam machen und die Antworten dokumentieren. Die Möglichkeit zur Kontrolle der Richtigkeit und Vollständigkeit ist sehr begrenzt.

52 Hat der **Vorstand** einer AG **Kenntnis** von einem **Mehrheitsaktionär,** so muss er ihn nach den in → Rn 44 aufgeführten Geschäftsvorfällen fragen. Die Antworten sind uE anhand des Rechnungswesens der AG nachzuprüfen. Es kann zweckmäßig sein, das Rechnungswesen so einzurichten, dass sich die in IAS 24 verlangten Angaben unmittelbar hieraus ergeben.

Beispiel: Im Geschäftsbericht der A-AG könnte es etwa heißen: „Im Rahmen der normalen Geschäftstätigkeit bestehen zwischen der A-AG und deren TU Geschäftsbeziehungen zu zahlreichen Unternehmen. Hierzu gehören auch assoziierte Unternehmen, die als nahestehende Unternehmen des A-Konzerns gelten. Im Jahr 01 wurden mit nahestehenden Unternehmen Geschäfte getätigt, die zu Verbindlichkeiten von T€ 100, Forderungen von T€ 50, Aufwendungen von T€ 200 und Erträgen von T€ 150, welche im Wesentlichen Umsatzerlöse beinhalten, führten. Alle Geschäftsbeziehungen sind zu marktüblichen Konditionen abgeschlossen worden und unterscheiden sich grds nicht von den Liefer- und Leistungsbeziehungen mit anderen Unternehmen. Der A-Konzern hat mit keiner nahestehenden Person wesentliche Geschäfte abgeschlossen. Darüber hinaus haben Unternehmen des A-Konzerns keinerlei berichtspflichtige Geschäfte mit Mitgliedern des Aufsichtsrats oder des Vorstands als Personen in Schlüsselpositionen bzw mit Gesellschaften, in deren Geschäftsführungs- oder Aufsichtsgremien diese Personen vertreten sind, vorgenommen.

G. Wesentliche Änderungen und deren Anwendungszeitpunkte

53 **IAS 24** in seiner derzeitigen Fassung war erstmals für Geschäftsjahre, die am oder nach dem 1. Januar 2011 beginnen, verpflichtend anzuwenden (IAS 24.28).

Der IASB hat im Dezember 2013 im Rahmen seines jährlichen Verbesserungsprojekts ***Annual Improvements to IFRSs 2010–2012 Cycle*** Änderungen in IAS 24 in Bezug auf erbrachte Dienstleistungen im Bereich der Unternehmensführung durch ein zugehöriges Konzernunternehmen an das zu berichtende Unternehmen eingeführt (Änderung des IAS 24.9 und neue Einfügung von IAS 24.17A, IAS 24.18A und IAS 24.28C). Diese Änderungen sind für IFRS-Anwender in der EU erstmalig verpflichtend für Geschäftsjahre anzuwenden, die am oder nach dem 1. Februar 2015 begonnen haben.

Die vorliegende Kommentierung hat wesentliche materielle Änderungen herausgehoben. Darüber hinaus haben die Überarbeitungen klarstellenden Charakter.

H. Gegenüberstellung zu HGB/DRS

Im Anhang nach **HGB** sind ebenfalls konkrete Angaben zu Geschäften mit nahestehenden Unternehmen und Personen aufzunehmen. Diese Anhangangaben wurden in vielen Bereichen an bestehende Anhangangaben der internationalen Rechnungslegungsstandards angepasst. Die Angabepflichten nach HGB sind grds in § 285 Nr 9 und 21 HGB sowie in § 314 Abs 1 Nr 6 und 13 HGB kodifiziert. 54

Dabei umfassen die Anhangangaben nach § 285 Nr 9b HGB und § 314 Abs 1 Nr 6b HGB neben den Vergütungen des aktuellen Managements in Schlüsselpositionen die Gesamtbezüge **früherer Mitglieder** eines Geschäftsführungsorgans, eines Aufsichtsrats, eines Beirats oder einer ähnlichen Einrichtung. Die Regelungen des HGB sind somit umfassender als der Anwendungsbereich des IAS 24. 55

Kleine KapGes sind von den Angabepflichten des § 285 Nr 9a und b HGB befreit (§ 288 Abs 1 HGB).

Zu den Angabepflichten gem §§ 285 Nr 21 und 314 Abs 1 Nr 13 HGB hat das IDW eine Stellungnahme zur Rechnungslegung „Anhangangaben nach §§ 285 Nr 21, 314 Abs 1 Nr 13 HGB zu Geschäften mit nahestehenden Unternehmen und Personen" (*IDW* RS HFA 33) verabschiedet. 56

Der Begriff der nahestehenden Unternehmen und Personen nach *IDW* RS HFA 33 Rz 8 ist deckungsgleich mit der Definition aus IAS 24.9. Auch kann der Begriff des Geschäfts aus *IDW* RS HFA 33 Rz 4 ff inhaltsgleich mit den beispielhaft aufgezählten Geschäftsvorfällen in IAS 24.21 gesehen werden. Die nach den §§ 285 Nr 21 und 314 Abs 1 Nr 13 HGB anzugebenden Geschäfte erstrecken sich allerdings auf solche Geschäfte, die **nicht zumindest zu marktüblichen Bedingungen** geschlossen wurden und in ihrer **Gesamtheit als wesentlich** zu betrachten sind. Die Frage, ob ein Geschäft zu marktüblichen Bedingungen erfolgt ist, ist grds über einen Drittvergleich zu würdigen. 57

Diese **Angabepflicht entfällt** jedoch, wenn die Geschäfte zwischen unmittel- oder mittelbar in 100%igem Anteilsbesitz der Konzernmutter stehenden und in einen nach den Vorschriften des HGB erstellten, geprüften und offengelegten Konzernabschluss einbezogenen Unternehmen stattfinden (§§ 285 Nr 21 2. Halbsatz und 314 Abs 1 Nr 13 2. Halbsatz HGB). Darüber hinaus brauchen kleine KapGes iSv § 267 Abs 1 HGB diese Angaben nicht zu machen (§ 288 Abs 1 HGB). Mittelgroße KapGes müssen diese Angaben nur machen, wenn sie selber eine AG sind. Dann können die Angaben auf alle Geschäfte beschränkt werden, die direkt oder indirekt mit dem Hauptgesellschafter oder Mitgliedern des Geschäftsführungs-, Aufsichts- oder Verwaltungsorgans abgeschlossen wurden (§ 288 Abs 2 Satz 4 HGB). 58

Die **Ausnahmeregelung** des IAS 24.25 ff für direkte und indirekte Geschäfte mit öffentlichen Stellen werden gem *IDW* RS HFA 33 Rz 8 explizit ausgeschlossen. Dies bedeutet, dass im Anhang nach HGB alle Geschäfte zwischen öffentlichen Stellen und ihnen nahestehenden Unternehmen vollumfänglich 59 entspr den Voraussetzungen der §§ 285 Nr 21 und 314 Abs 1 Nr 13 HGB aufzunehmen sind.

60 Weiter ist ein **Abhängigkeitsbericht** nach § 312 AktG von beherrschten AGen zu erstellen, wenn diese nicht durch einen Beherrschungsvertrag an eine Gesellschaft gebunden sind. Der Abhängigkeitsbericht ist im Übrigen nur dem Aufsichtsrat vorzulegen, hat also unmittelbar keine Öffentlichkeitswirkung.

61 Einen entspr DRS gibt es seit der Aufhebung von DRS 11 „Berichterstattung über Beziehungen zu nahe stehenden Personen" im Februar 2010 nicht mehr.

Die von **börsennotierten AG** geforderten **Individualangaben** nach § 285 Nr 9a Satz 5 bis 8 und § 314 Abs 1 Nr 6 HGB können unterbleiben, wenn die Hauptversammlung dies mit ¾-Mehrheit des vertretenen Grundkapitals beschließt (§ 286 Abs 5 HGB und § 314 Abs 2 Satz 2 HGB). Zu den **Geschäftsführungsorganen** gehören die in → Rn 22 beschriebenen Personen. Dies sind bei der AG die Mitglieder von Vorstand und Aufsichtsrat. Eine Aufteilung der Bezüge nach **Personengruppen** (zB Vorstand, Aufsichtsrat), wie sie § 285 Nr 9 HGB vorsieht, schreibt IAS 24 nicht vor. Insoweit muss eine deutsche AG die Unterteilung nach §§ 285 Nr 9 bzw 314 Abs 1 Nr 6 HGB **zusätzlich** aufstellen. In Deutschland besteht mit DRS 17 „Berichterstattung über die Vergütung der Organmitglieder" darüber hinaus eine Konkretisierung der Angabeverpflichtung nach §§ 314 Abs 1 Nr 6a, 315 Abs 2 Nr 4 HGB, jedoch begrenzt auf kapitalmarktorientierte MU. Für nicht-kapitalmarktorientierte MU und kapitalmarktorientierte Unternehmen, die lediglich einen Jahresabschluss aufstellen, wird die Anwendung des Standards empfohlen.

62 Der **Deutsche Corporate Governance Kodex** (Fassung vom 5. Mai 2015) fordert in Abschn 4.2.4 eine individualisierte (namentliche) Angabe der Vorstandsbezüge. Für börsennotierte AG wird in §§ 285 Nr 9 und 314 Abs 1 Nr 6 HGB ebenfalls eine namentliche Nennung der Vorstandsbezüge vorgeschrieben. Diese Regelungen gehen damit über die Anforderungen von IAS 24 hinaus.

Fraglich ist, ob auf die Anhangangaben nach IAS 24.16 **verzichtet** werden kann, wenn daraus die Bezüge einer einzelnen Person abgeleitet werden können (zB ein Alleinvorstand). § 286 Abs 4 HGB lässt in diesem Fall bei nicht börsennotierten AG einen Verzicht auf die Anhangangaben zu. In den *Basis for Conclusions* zu IAS 24 findet sich kein Hinweis, dass IAS 24.17 entspr § 286 Abs 4 HGB einengend ausgelegt werden kann.

I. Aktuelle Entwicklungen/IASB-Projekte

63 Derzeit (Stand 31. Juli 2015) plant der IASB **keine weitere Anpassung** des IAS 24. Gleichwohl können sich zukünftig Folgeanpassungen aus der Änderung anderer Standards ergeben, bspw im Rahmen der jährlichen Verbesserungsprojekte des IASB.

§ 21. Segmentberichterstattung

Übersicht

Schrifttum: *Alvarez/Büttner* ED 8 Operating Segments, KoR 2006, 307; *Baetge/Haenelt* Kritische Würdigung der neu konzipierten Segmentberichterstattung nach IFRS 8 unter Berücksichtigung prüfungsrelevanter Aspekte, IRZ 2008, 43; *Blase/Müller/Reinke* Fortschritt in der Harmonisierung von internem und externem Rechnungswesen durch den management approach des IFRS 8, KoR 2012, 352; *Böckem/Pritzer* Anwendungsfragen der Segmentberichterstattung nach IFRS 8, KoR 2010, 614; *Fink/Ulbrich* IFRS 8: Paradigmenwechsel in der Segmentberichterstattung, DB 2007, 981; *Fink/Ulbrich* Segmentberichterstattung nach ED 8 – Operating Segments, KoR 2006, 233; *Heintges/Urbanczik/Wulbrand* Regelungen, Fallstricke und Überraschungen der Segmentberichterstattung nach IFRS 8, DB 2008, 2773; *Matova/Pelger* Integration von interner und externer Segmentergebnisrechnung, KoR 2010, 494; *Müller/Peskes* Konsequenzen der geplanten Änderungen der Segmentberichterstattung nach IFRS für Abschlusserstellung und Unternehmenssteuerung, BB 2006, 819; *Richter/Rogler* Erstellung einer Segmentberichterstattung nach IFRS, KoR 2009, 74; *Rogler* Segmentberichterstattung nach IFRS 8 im Fokus von Bilanzpolitik und Bilanzanalyse, KoR 2009, 500 (Teil 1) und 576 (Teil 2); *Weißenberger/Franzen/Kurth* Veränderung der Segmentberichterstattung unter IFRS 8: Hat das IASB seine Zielsetzung erreicht? KoR 2013, 136.

Wesentliche Rechtsgrundlage: IFRS 8

A. Überblick

1 Aufgrund der hohen Aggregation der im Jahres- bzw Konzernabschluss enthaltenen Daten kann die VFE-Lage eines Unternehmens, welches in verschiedenen Geschäftsfeldern tätig ist, oftmals nicht angemessen beurteilt werden. Erst die Aufstellung eines Segmentberichts ermöglicht einen differenzierten Einblick in die unterschiedlichen Geschäftsbereiche diversifizierter Unternehmen und Konzerne. Die Präsentation von **segmentspezifischen Informationen** soll es den Adressaten eines Abschlusses ermöglichen, die Art und die finanziellen Auswirkungen der Geschäftstätigkeit eines Unternehmens besser zu verstehen, die mit unterschiedlichen Geschäftstätigkeiten verbundenen Risiken und Ertragspotentiale besser einzuschätzen und die Effizienz des Segmentmanagements besser zu beurteilen. Darüber hinaus sollen die Segmentangaben den Vergleich einzelner Geschäftsbereiche mit ähnlichen Einheiten anderer Unternehmen erlauben.

2 Die Segmentberichterstattung von IFRS-Abschlüssen basiert auf dem Prinzip des ***management approach.*** Danach soll sich die Segmentierung an der Steuerungs-, Entscheidungs- und Überwachungsstruktur des jeweils berichtenden Unternehmens ausrichten, sodass den Abschlussadressaten für wesentliche Finanzdaten die gleiche Informationsgrundlage zur Verfügung steht, die auch das oberste Management seinen Entscheidungen zugrunde legt. Damit wird unterstellt, dass die Informationen, die sich das oberste Management regelmäßig und passgenau zur Entscheidungsfindung bereitstellen lässt, auch für Abschlussadressaten bedeutungsrelevant sind. Konsequenterweise sind die im IFRS-Anhang darzustellenden Segmentinformationen grds ohne Anpassung der **internen Berichterstattung** des Unternehmens zu entnehmen.

3 IFRS 8 lehnt sich stark an die Vorschriften des US-amerikanischen Standards FASB ASC 280 an. Durch die Angleichung erhoffen sich der IASB und der FASB neben einer besseren Vergleichbarkeit von IFRS- und US-GAAP-Abschlüssen insbes einen größeren Informationsgewinn für die Abschlussadressaten und geringere Erstellungskosten für die betroffenen Unternehmen durch den Zugriff auf die bereits vorhandenen Daten des internen Berichtswesens (*Baetge/Haenelt* IRZ 2008, 43). Aufgrund der weitgehend hergestellten Konvergenz bestehen zwischen IFRS 8 und FASB ASC 280 nur noch drei unbedeutende Abweichungen:

FASB ASC 280 beschränkt das **Segmentvermögen** auf das Sachanlagevermögen, während nach IFRS 8 darüber hinaus auch immaterielle Vermögenswerte einzubeziehen sind.

Ferner fordert FASB ASC 280 keinen Ausweis von **Segmentschulden.** Nach IFRS 8 besteht diesbezüglich eine bedingte Ausweispflicht, sofern die Höhe der jeweiligen Segmentschulden im Rahmen der internen Berichterstattung an den Hauptentscheidungsträger des Unternehmens berichtet wird.

Bildet ein Unternehmen seine interne Struktur in Form einer **Matrixorganisation** ab, so erfolgt die Segmentabgrenzung nach FASB ASC 280 auf Basis der vertriebenen Produkte und Dienstleistungen. IFRS 8 gewährt in diesem Fall einen größeren Spielraum und verweist auf den Grundsatz der Bereitstellung nützlicher Informationen zur Einschätzung der Segmente.

Neben IFRS 8 fordern auch DRS 20 (DRS 20.77 und DRS 20.91; DRS 20.132 und DRS 20.151) sowie das IFRS *Practice Statement Management Commentary* (IFRS PS MC.23(a)) Ausführungen zu segmentspezifischen Informationen. In diesem Zusammenhang ist seitens des berichtenden Unternehmens darauf zu achten, dass die in den unterschiedlichen Bestandteilen des Geschäftsberichts bzw im Internetauftritt veröffentlichten Informationen in sich keine Widersprüche aufweisen. 4

(einstweilen frei) 5

B. Sachlicher und zeitlicher Anwendungsbereich

Die Pflicht zur Aufstellung einer Segmentberichterstattung knüpft gem IFRS 8.2 an den Begriff der **Kapitalmarktorientierung** an. Danach unterliegen diejenigen Unternehmen einer Aufstellungspflicht, deren Eigenkapitalinstrumente oder Schuldtitel an einem **öffentlichen Markt** gehandelt werden oder die diesen Handel beantragt bzw vorbereitet haben und ihre Abschlüsse zu diesem Zweck bei einer Börsenaufsicht oder vergleichbaren Behörde einreichen müssen. 6

Der Begriff des Eigenkapitalinstruments bzw Schuldtitels entspricht der Definition von **Wertpapieren** gem § 2 Abs 1 Satz 1 WpHG. Die Pflicht zur Aufstellung einer Segmentberichterstattung besteht in Deutschland demnach hauptsächlich für **börsennotierte AG.** AG, deren Anteile nicht an einem öffentlichen Markt gehandelt werden, sowie Unternehmen in der Rechtsform einer GmbH oder PersGes müssen nur dann eine Segmentberichterstattung veröffentlichen, wenn diese Unternehmen Schuldverschreibungen, Genussscheine, Optionsscheine und/oder andere Wertpapiere iSd § 2 Abs 1 Satz 1 WpHG ausgeben.

Als **öffentlicher Markt** gelten gem IFRS 8.2 alle inländischen und ausländischen Börsen sowie der Freiverkehr einschließlich lokaler und regionaler Märkte. Der Begriff des Organisierten Marktes iSd § 2 Abs 5 WpHG ist somit für die Ermittlung des Anwendungsbereichs nicht maßgeblich (so auch *Fink/Hütten* in Lüdenbach/Hoffmann/Freiberg IFRS § 36 Rz 7). 7

Von den deutschen Handelsmärkten fallen derzeit nur der **Amtliche Handel,** der **Geregelte Markt** sowie der **Freiverkehr** nicht dagegen private Platzierungen in den Anwendungsbereich des IFRS 8.

Fraglich ist, ob der Anwendungsbereich auch für **Investmentfonds** gilt, die aus Informationsgründen oder auf Basis ihrer Statuten an einer Börse notiert sind, etwa um für bestimmte Investoren verfügbar zu sein, die ihrerseits nur in börsennotierte Papiere investieren dürfen. Die Antwort richtet sich uE nach der Art und Weise, wie Fondsanteile erworben werden und danach, wie die Preise für solche Fondsanteile ermittelt werden. Werden die Anteile direkt über die Börse auf Basis von Marktpreisen gehandelt, so fällt der Fonds in den Anwendungsbereich des IFRS 8. Werden die Preise hingegen ausschließlich über einen Fondsmanager gehandelt und auf Basis der Fondsstatuten vorgegeben, so fällt der Investmentfonds nicht unter den Anwendungsbereich des IFRS 8 (so auch *EY* 2015, 2533f).

8 Für Unternehmen, die eine **Emission** von Aktien oder Schuldtiteln auf einem öffentlichen Markt **beabsichtigen,** ist der Zeitpunkt der erstmaligen Erstellungspflicht nicht genau definiert. In Betracht kommt eine Zeitspanne von der erstmaligen Bekanntmachung der Emissionsabsicht bis hin zur erfolgten Zulassung des Börsenprospekts durch die zuständige Behörde für Wertpapieraufsicht. Zur Erfüllung der Informationsbedürfnisse der Abschlussadressaten bietet es sich an, die erste Segmentberichterstattung in dem Emissionsprospekt des Unternehmens zu präsentieren, der neben den aktuellsten Finanzinformationen idR zwei Vergleichsperioden enthält. Zur Ermittlung der Segmentdaten für die Vergleichsperioden ist frühzeitig mit der Abgrenzung der Segmente sowie der Datenerhebung zu beginnen.

9 Gem IFRS 8.3 können nicht kapitalmarktorientierte Unternehmen **freiwillig** eine Segmentberichterstattung veröffentlichen. Übt ein Unternehmen dieses Wahlrecht aus, so darf es die präsentierten Segmentinformationen nur dann als „Segmentberichterstattung" bezeichnen, wenn es die Vorschriften des IFRS 8 in vollem Umfang umsetzt. Erfüllt ein Unternehmen hingegen nicht alle Anforderungen des IFRS 8, so darf es im Hinblick auf die veröffentlichten Informationen nicht die Terminologie des IFRS 8 verwenden. Zur Klarstellung sollte in einem solchen Fall im Anhang darauf hingewiesen werden, dass die ausgewiesenen Segmentangaben nicht den Anforderungen des IFRS 8 entsprechen.

10 Die Vorschriften über die Segmentberichterstattung gem IFRS 8 sind grds sowohl auf **Konzern-** als auch auf **Einzelabschlüsse** anzuwenden. Veröffentlicht ein MU sowohl einen Einzel- als auch einen Konzernabschluss nach IFRS, müssen die Segmentinformationen lediglich auf der Grundlage des Konzernabschlusses dargestellt werden (IFRS 8.4). TU, deren Wertpapiere an einem öffentlichen Markt gehandelt werden, sind, sofern sie als berichtendes Unternehmen einen IFRS-Einzel- oder Teilkonzernabschluss aufstellen, zur Darstellung von Segmentinformationen verpflichtet. Die öffentlich gehandelten Wertpapiere des TU lösen gem IFRS 8.BC23 indes keine Berichtspflicht des MU aus, sofern dessen Wertpapiere nicht öffentlich gehandelt werden.

Gem IAS 34.16A(g) ist eine Segmentberichterstattung auch in **Zwischenabschlüssen** vorzunehmen, wobei sich der Umfang auf die dort genannten Angaben beschränkt (vgl im Einzelnen → Rn 92).

11 Für diejenigen Unternehmen, die IFRS 8 zwingend anwenden müssen, gibt es gem IFRS 8.BC43 **keine Befreiungsvorschriften,** wie sie zB in § 286 Abs 2 HGB vorgesehen sind. Insofern können sich Unternehmen nicht auf schutzwürdige Interessen, wie etwa die Gefahr von Wettbewerbsnachteilen berufen, sondern bleiben zu einer vollumfänglichen Berichterstattung nach IFRS 8 verpflichtet. Die Fokussierung des IFRS 8 auf den *management approach* gewährt der Unternehmensleitung allerdings einen gewissen Spielraum, da sie die Abgrenzung und Zusammenfassung von Segmenten sowie die zu veröffentlichenden Segmentangaben durch die Ausgestaltung des internen Berichtswesens in einem gewissen Umfang beeinflussen kann (vgl → Rn 14ff sowie → Rn 57ff).

12, 13 *(einstweilen frei)*

C. Segmentabgrenzung

I. Grundlagen der Segmentabgrenzung

Die Segmentberichterstattung dient der Darstellung von Informationen auf der Ebene von **Teileinheiten** (sog Segmenten) eines Unternehmens oder Konzerns. Um zu gewährleisten, dass den Abschlussadressaten möglichst entscheidungsrelevante Informationen präsentiert werden, kommt der Bestimmung bzw Abgrenzung der Segmente eine wichtige Bedeutung zu. Zur Abgrenzung von Segmenten lassen sich mit dem *management approach* und dem *risk and reward approach* zwei verschiedene Grundkonzeptionen unterscheiden. 14

Nach dem ***management approach*** orientiert sich die Bestimmung der Berichtssegmente zwingend an der **internen Organisationsstruktur** eines Unternehmens und dem damit verbundenen **internen Berichtswesen.** Die im IFRS-(Konzern-)Abschluss anzugebenden Segmente entsprechen somit dem Zuschnitt, der ihnen von der Unternehmensleitung im Rahmen der internen Berichterstattung gegeben wurde. Gleichsam bilden die diesbezüglich erhobenen Daten die Grundlage für die Anhangangaben. Auf diese Weise werden die vom Management in Steuerungs-, Kontroll- und Entscheidungsprozessen genutzten internen Finanzinformationen Bestandteil der externen Berichterstattung. Dabei können die Anhangangaben entweder unmittelbar aus den Informationen des internen Rechnungswesens übernommen oder mittelbar aus diesen abgeleitet werden (*Blase/Müller/Reinke* KoR 2012, 352 (352)). Zur Ermittlung dieser Segmentinformationen sind idR das interne Rechnungswesen bzw die Kosten- und Leistungsrechnung oder das Controlling heranzuziehen. Ziel dieses Ansatzes ist es, den Abschlussadressaten diejenigen Daten zur Verfügung zu stellen, nach welchen die Unternehmensleitung ihre Entscheidungen trifft, damit diese die Qualität der Managemententscheidungen besser beurteilen können (*Fink/Ulbrich* DB 2007, 981 (981)). 15

Die Anwendung des *management approach* kann dazu führen, dass Unternehmen mit ähnlichen Geschäftstätigkeiten je nach Ausgestaltung ihres internen Berichtswesens abweichende Segmente aufweisen.

Die Abgrenzung nach dem ***risk and reward approach*** basiert dagegen auf der Ähnlichkeit der mit den jeweiligen Segmenten verbundenen **Risiken und Chancen.** Danach wären die Segmente so zu bilden, dass sich die Chancen- und Risikostrukturen innerhalb eines Segments einheitlich, zwischen den verschiedenen Segmenten jedoch unterschiedlich darstellen (*Fink/Ulbrich* KoR 2006, 233 (235)). Mit der Ablösung des IAS 14 durch IFRS 8 hat der IASB das Konzept des *risk and reward approach* aufgegeben. 16

IFRS 8 folgt zwingend dem ***management approach.*** Die Anwendung des *management approach* gestaltet sich für Unternehmen idR einfacher, da sie für die in der Segmentberichterstattung darzustellenden Angaben unmittelbar auf die Daten des internen Berichtswesens zurückgreifen können. Die Ermittlung nicht vorhandener Daten, eine Transformation von Werten auf ein bestimmtes Format oder eine Anpassung im Hinblick auf die Bilanzierungs- und Bewertungsmethoden der IFRS-Vorschriften entfällt. Weicht das interne Berichtswesen etwa durch die Verwendung kalkulatorischer Kosten wesentlich von den Bilanzierungs- und Bewertungsmethoden der IFRS ab, so kann dies die Abstimmung der Segmentinformationen zum IFRS-(Konzern-)Abschluss allerdings erheblich erschweren und ist im Rahmen einer Überleitungsrechnung entspr zu erläutern. 17

II. Bestimmung der Berichtssegmente

18 Zur Bestimmung der im Anhang auszuweisenden Berichtssegmente sind in einem ersten Schritt die unternehmensspezifischen **Geschäftssegmente** eines Unternehmens zu ermitteln, wobei der Anwendung des *management approach* eine entscheidende Bedeutung zukommt. In einem zweiten Schritt sind dann die **berichtspflichtigen Segmente** zu bestimmen. In diesem Zusammenhang ist zu klären, ob Geschäftssegmente einzeln oder zusammengefasst darzustellen sind und ob ein gesonderter Ausweis unterbleiben kann, sofern die Größenkriterien des IFRS 8.13 unterschritten werden.

1. Ermittlung der Geschäftssegmente

19 Zum Zwecke der Segmentbestimmung stellen IFRS 8.5 ff ausschließlich auf den Begriff des **Geschäftssegments** ab. Ein Geschäftssegment ist ein Teilbereich eines Unternehmens bzw Konzerns,

(1) dessen Geschäftsaktivitäten aktuell oder zukünftig zu Erträgen und Aufwendungen führen,
(2) dessen operative Ergebnisse von dem Hauptentscheidungsträger des Unternehmens bzw des Konzerns zur Ressourcenallokation und Beurteilung der Leistung des Segments regelmäßig herangezogen werden, und
(3) für welchen finanzwirtschaftliche Informationen gesondert verfügbar sind.

Damit entsprechen die Segmente dem Zuschnitt, der ihnen von der Unternehmensleitung im Rahmen der internen Berichterstattung gegeben wird, wobei IFRS 8 im Hinblick auf den Zuschnitt keinerlei Beschränkungen auferlegt. So kann die Abgrenzung zB auf Basis von Produkten und/oder Serviceleistungen, nach geografischen Gesichtspunkten, nach unterschiedlichen Kunden, nach den im Konzern vorhandenen rechtlichen Einheiten oder auf Basis der betriebenen Standorte bzw Produktionsstätten erfolgen. Wird die interne Berichterstattung nach mehreren Gesichtspunkten – zB sowohl nach Produktarten als auch nach Regionen und Kunden – vorgenommen, so bedarf es einer Ermessensentscheidung der Geschäftsleitung, um die Geschäftssegmente iSd IFRS 8 zu identifizieren.

Vor dem Hintergrund der Informationsrelevanz stellt sich die Frage, ob **aufgegebene Geschäftsbereiche gem IFRS 5** Geschäftssegmente iSd IFRS 8 sein können. IFRS 5 sieht für aufgegebene Geschäftsbereiche einen zusammengefassten Ausweis aller Vermögenswerte, aller Schulden und aller Aufwendungen und Erträge in einem jeweils separaten Bilanz- bzw GuV-Posten vor.

Die Definition des Geschäftssegments gem IFRS 8 würde eine Identifizierung eines aufgegebenen Geschäftsbereichs als operatives Segment zumindest nicht ausschließen. Dies ist uE jedoch unerheblich, da IFRS 5 die Ausweis- und Angabepflichten für aufgegebene Geschäftsbereiche exklusiv und abschließend regelt. Eine Berichterstattung nach IFRS 8 ist daher für aufgegebene Geschäftsbereiche **nicht** erforderlich.

a) Erzielung von Erträgen und Aufwendungen

20 Jedem Geschäftssegment müssen aktuell oder zukünftig operative Erträge und Aufwendungen zugeordnet werden können. Gem IFRS 8.5(a) sind zur Abgrenzung der Geschäftssegmente sowohl **externe** als auch **interne** operative Erträge und Aufwendungen zu berücksichtigen, sodass auch vertikal integrierte Unternehmensbereiche, die ausschließlich anderen Unternehmensteilen zuarbeiten, eigenständige Geschäftssegmente sein können. Dies gilt insbes für konzerninter-

ne *profit center,* die über eine Transferpreisverrechnung lediglich Innenumsätze erzielen und nicht eigenständig am Markt auftreten. In der Praxis betrifft dies vor allem organisatorisch selbständige konzerninterne Dienstleistungseinheiten, Forschungs- und Entwicklungsabteilungen sowie eigenständige Vorlieferanten, zB in Form einer verlängerten Werkbank. Maßgeblich sind dabei alle Aktivitäten, die der Wertschöpfungskette des Gesamtunternehmens, dh den am Markt angebotenen Produkten oder Dienstleistungen, konkret zugerechnet werden können (*Heintges/Urbanczik/Wulbrand* DB 2008, 2773 (2775)).

Durch die Fokussierung auf **operative** Erträge und Aufwendungen stellen 21
Unternehmensteile mit **Leitungs- oder Stabsfunktion,** wie etwa Konzernholdings oder reine *cost center*, die ihre Erträge ausschließlich über Konzernumlagen erwirtschaften, **keine** eigenständigen Geschäftssegmente dar (IFRS 8.6). Hierunter fallen insbes funktionale Bereiche, wie Treasury-, Rechts- und Steuerabteilungen, das Rechnungswesen oder das Facility-Management. Ausgenommen sind ferner Pensionsfonds, Unterstützungskassen und sonstige im Zusammenhang mit der Altersversorgung eingerichtete Einheiten, die ebenfalls nicht dem operativen Geschäft dienen. Auch wenn die vorgenannten Funktionseinheiten keine eigenen Geschäftssegmente darstellen können, so dürfen sie jedoch – je nach Ausgestaltung des internen Berichtswesens – in andere Geschäftssegmente einbezogen werden.

Beispiel: Ein Konzern produziert und vertreibt Anlagen in den Sparten Robotik, optische Instrumente und Medizintechnik. Die drei Sparten werden getrennt voneinander in TU mit Sitz in Deutschland geführt. Diese TU treten selbständig am Markt auf. Zwei weitere TU mit Sitz in Rumänien und der Slowakei fertigen Vorprodukte, die sie zu festgelegten Transferpreisen ausschließlich an ihre deutschen Schwestergesellschaften abgeben. Die Patente aller operativen Gesellschaften hält ein TU mit Sitz in der Schweiz, welches Lizenzgebühren von den Schwestergesellschaften erhebt. Das MU fungiert als Konzernholding. Neben dem Beteiligungscontrolling führt es die Konzernfinanzierung durch und verfügt über Stabsabteilungen in den Bereichen Rechnungswesen, Steuern, Recht und Immobilien. Diese Zentralbereiche werden als *cost center* geführt, die für ihre Leistungen Konzernumlagen erheben. Darüber hinaus verfügt das MU über eine zentrale Forschungs- und Entwicklungsabteilung sowie eine IT-Abteilung. Diese Abteilungen werden als *profit center* geführt, die Leistungen für alle Konzernunternehmen erbringen und zu Transferpreisen abrechnen. In der Forschungs- und Entwicklungsabteilung neu entwickelte Patente werden in das Schweizer TU eingebracht.

Zur Abgrenzung der Geschäftssegmente ist auf die Erträge der drei TU mit Sitz in Deutschland und die Erträge der ausschließlich konzernintern operierenden TU in Rumänien, der Slowakei und der Schweiz abzustellen. Zusätzlich sind die Erträge der beiden als *profit center* betriebenen Forschungs- und Entwicklungs- sowie der IT-Abteilung zu berücksichtigen. Alle diese Einheiten kommen daher als Geschäftssegmente in Betracht, sofern die weiteren Voraussetzungen des IFRS 8.5 (vgl → Rn 19 und 23 ff) erfüllt sind. Einer besonderen Beachtung bedürfen das TU in der Schweiz und die Forschungs- und Entwicklungsabteilung, die ggf zusammenzufassen sind. Die Umlagen der *cost center* des MU stellen dagegen keine Basis für ein eigenständiges Geschäftssegment dar. Sie sind entweder in ein anderes Geschäftssegment einzubeziehen oder, ebenso wie die für diese Abteilungen anfallenden Aufwendungen, separat in der Überleitungsrechnung auszuweisen (vgl → Rn 80 ff).

Für die Abgrenzung eines Geschäftsbereichs als eigenständiges Segment ist es 22
gem IFRS 8.5 nicht erforderlich, dass dieser bereits eigene Erträge erzielt. Demnach sind grds auch **neu geschaffene Geschäftsfelder,** eigenständige **Forschungs- und Entwicklungsbereiche** sowie ein ***start-up-business*** in die Segmentabgrenzung einzubeziehen. Für Einheiten, die ausschließlich Forschungs- und Entwicklungstätigkeiten ausüben, wird zT einschränkend gefordert, dass diese in der Lage sind, eigenständige unternehmerische Aktivitäten zu entfalten, am Markt eigenständig aufzutreten und Umsätze zu generieren, ohne wesentli-

che Umstrukturierungen vornehmen zu müssen (*Fink/Hütten* in Lüdenbach/Hoffmann/Freiberg IFRS § 36 Rz 21). Diese Auffassung überzeugt nicht, da gem IFRS 8.5 grds auch Segmente abzugrenzen sind, die ausschließlich intersegmentäre Umsatzerlöse erwirtschaften. Im Unterschied zu Einheiten, die reine Leitungs- und Stabsaufgaben übernehmen, fließen die Resultate von Forschungs- und Entwicklungsbereichen unmittelbar in die Produktgestaltung ein und können somit entscheidenden Einfluss auf die Ertragskraft und damit auch auf die Geschäftstätigkeit und Segmentierung eines Konzerns haben. Auf die Fähigkeit eines marktgerechten Auftretens und die Möglichkeit der Erzielung externer Erträge kommt es demnach nicht an.

Informationen zu neu geschaffenen Geschäftsfeldern bzw zu *start-up-businesses* sind für Abschlussadressaten deshalb interessant, weil auf diese Bereiche hohe Investitionen und eine hohe Kapitalbindung entfallen können, auch wenn bislang keine oder nur geringe Erträge erzielt werden.

Beispiel: Ein auf Generika spezialisierter Pharmakonzern entschließt sich, zukünftig auch eigene Medikamente zu entwickeln und stellt hierfür umfangreiche finanzielle Mittel und Ressourcen zur Verfügung. Während des Berichtsjahrs werden erhebliche Anschaffungen für die Einrichtung des neuen Geschäftsbereichs getätigt. Die Geschäftsleitung geht davon aus, dass erste Erträge nicht vor Ablauf von fünf Jahren zu erzielen sind. Bis dahin werden die Investitionsbudgets und der Entwicklungsfortschritt lfd von der Geschäftsleitung überwacht.

Die Entwicklung eigener Medikamente unterscheidet sich grundlegend von dem Generika-Geschäft. Obwohl in den nächsten Jahren keine Erträge aus dem neuen Geschäftsbereich zu erwarten sind, eignet sich dieser trotzdem grds als eigenständiges Geschäftssegment.

b) Ermittlung des Hauptentscheidungsträgers

23 Zur Bestimmung der Geschäftssegmente ist es zunächst erforderlich, den Hauptentscheidungsträger des berichtspflichtigen Unternehmens zu bestimmen.

Entscheidungen werden auf unterschiedlichen Hierarchieebenen eines Unternehmens getroffen und die jeweiligen Entscheidungsträger werden über das interne Berichtswesen mit Informationen unterschiedlichen Detaillierungsgrads versorgt. IFRS 8 stellt auf den **Hauptentscheidungsträger** sowie die diesem zur Verfügung gestellten Finanzinformationen ab.

Der Hauptentscheidungsträger iSv IFRS 8.7 ist diejenige Instanz, die auf **höchster** Unternehmens- bzw Konzernebene für die Zuteilung von Ressourcen auf die einzelnen Geschäftssegmente verantwortlich ist und die Ertragskraft dieser Segmente bewertet und kontrolliert.

Im Hinblick auf die Ressourcenallokation ist zu untersuchen, wer auf oberster Unternehmensebene letztlich für die Erstellung bzw **Genehmigung von Investitionsbudgets** und die anschließende **Verteilung von finanziellen Mitteln** auf die einzelnen Teilbereiche zuständig und verantwortlich ist.

In der Praxis erfolgt die Budgetierung und Mittelverteilung häufig auf unterschiedlichen Ebenen. Die Bestimmung des Hauptentscheidungsträgers richtet sich danach, wer aus Sicht des Gesamtunternehmens auf oberster Ebene über die zu verteilenden Mittel bestimmt.

Beispiel: Eine Unternehmensgruppe produziert und vertreibt die Produktgruppen A, B und C. Für jede Produktgruppe ist ein Produktmanager eingesetzt, welcher für seine jeweilige Produktgruppe die Budgetierung und Mittelverteilung vornimmt, operative Entscheidungen trifft und die Ergebnisentwicklung analysiert und überwacht. Den drei Produktmanagern steht ein Geschäftsführer vor, an den die Produktmanager berichten. Der Geschäftsführer überwacht die drei Produktbereiche auf Basis der gemeldeten Ergebniskennzahlen und genehmigt die von den Produktmanagern erstellten Investitionsbudgets.

In diesem Fall ist der Geschäftsführer der Hauptentscheidungsträger, auch wenn die operative Verantwortung maßgeblich von den Produktmanagern getragen wird. Die Produktmanager sind als Segmentmanager iSd IFRS 8.9 einzustufen (vgl hierzu → Rn 27).

Der Begriff des Hauptentscheidungsträgers ist nicht personenbezogen, sondern **funktional** zu verstehen. Die Aufgaben der Ressourcenverteilung und Segmentbewertung können je nach Größe eines Unternehmens bzw Konzerns entweder auf Einzelpersonen oder auf Gremien übertragen werden. Bei deutschen AG entfallen sie regelmäßig auf den Vorstand, bei einer GmbH auf die Geschäftsführung. Je nach konkreter Ausgestaltung können die Verantwortlichkeiten entweder in einer Person, wie zB dem *chief executive officer* (CEO) oder dem *chief operating officer* (COO) konzentriert oder auf ein Gremium, wie zB den Gesamtvorstand übertragen werden. Maßgeblich für die Bestimmung des Hauptentscheidungsträgers ist, dass die zuständige Person oder Gruppe von Personen die Funktion der Ressourcenverteilung und Leistungsbewertung **aller** operativen Geschäftssegmente verantwortet (*Richter/Rogler* KoR 2009, 74 (75)). 24

Beispiel: Eine AG hat drei Vorstandsmitglieder, die gemeinsam für die Verteilung von Ressourcen und die Überwachung aller Teilbereiche des Konzerns zuständig sind. Beschlüsse des Gesamtvorstands werden in wöchentlich stattfindenden Vorstandssitzungen mit einfacher Mehrheit getroffen.

In diesem Fall ist der Gesamtvorstand der Hauptentscheidungsträger, da dieser die höchste Ebene des Unternehmens darstellt, auf welcher die Ressourcenzuteilung und Überwachung vorgenommen wird.

Die Existenz eines Gesamtvorstands führt jedoch nicht automatisch zu der Konsequenz, dass dieser als Hauptentscheidungsträger anzusehen ist. Hat zB der Vorstandsvorsitzende das Recht, Entscheidungen unabhängig von den übrigen Vorstandsmitgliedern zu treffen und kontrolliert er auch **tatsächlich** die Entscheidungen des Gesamtvorstands, so füllt er selbst als Einzelperson die Funktion des Hauptentscheidungsträgers aus.

Hauptentscheidungsträger kann nur ein ausführendes Organ sein. Der **Aufsichtsrat** einer deutschen AG kommt aufgrund der ihm gem § 111 AktG zugewiesenen Rolle als Überwachungsinstanz **nicht** als Hauptentscheidungsträger in Betracht (*Heintges/Urbanczik/Wulbrand* DB 2008, 2773 (2773)). In der Praxis werden oft Regelungen dahingehend getroffen, dass bestimmte wichtige Rechtsgeschäfte und strategische Entscheidungen der Zustimmungspflicht des Aufsichtsrats bedürfen. Das Bestehen solcher Zustimmungspflichten führt jedoch nicht dazu, dass der Aufsichtsrat als Hauptentscheidungsträger anzusehen ist (so auch die Auffassung der *ESMA* EECS 0112-05, vom 10. Oktober 2012). 25

Die Bestimmung des Hauptentscheidungsträgers sollte sich in der Praxis aus der **Geschäftsordnung** des Vorstands bzw der Geschäftsführung sowie aus Kompetenzrichtlinien, Organigrammen, Protokollen und Entscheidungsvorlagen ableiten lassen. 26

Zur Bestimmung des Hauptentscheidungsträgers kann auch die interne Ausgestaltung von Verantwortlichkeiten **unterhalb** der obersten Unternehmensführung herangezogen werden. Diese werden idR durch sog **Segmentmanager** ausgeübt. Ein Segmentmanager iSd IFRS 8.9 ist für die Steuerung eines oder mehrerer Geschäftsbereiche verantwortlich und berichtet regelmäßig und direkt an den Hauptentscheidungsträger. Auch der Begriff des Segmentmanagers ist funktional zu verstehen. In der Praxis werden Segmentmanager häufig in Form von Bereichsvorständen, Bereichsleitern oder Geschäftsführern rechtlich selbständiger TU eingesetzt, die jeweils die Verantwortung für ihren Bereich oder mehrere Bereiche übernehmen und unabhängig voneinander an die Unternehmensleitung berichten. Die Berichte der Segmentmanager an den Hauptentscheidungsträger sind grds als Basis für die Segmentabgrenzung heranzuziehen, da davon auszugehen ist, dass diese Berichte diejenigen finanzwirtschaftlichen 27

Informationen enthalten, nach welchen der Hauptentscheidungsträger die Ressourcenverteilung und die Segmentbewertung vornimmt.

Beispiel: Eine börsennotierte AG fertigt und vertreibt die Produkte der Sparten „Türen", „Fenster" und „Wintergärten". In den Sparten werden wiederum unterschiedliche Produkte wie folgt zusammengefasst:

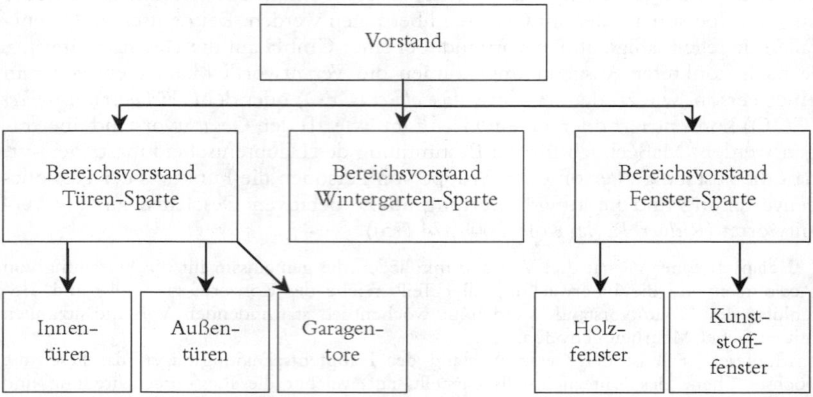

Die Unternehmensleitung besteht aus einem dreiköpfigen Vorstand, welcher die Entscheidungen gemeinsam mit einfacher Mehrheit trifft. Unterhalb des Vorstands sind drei Bereichsvorstände eingesetzt, von welchen jeder eine der drei Sparten leitet. Die Bereichsvorstände erhalten detaillierte Finanzinformationen über die Umsätze und Ergebnisbeiträge der von ihnen verantworteten Sparten. Zusätzlich erhalten sie detaillierte Informationen zu den jeweiligen Produkten, die unterhalb der Sparten allokiert sind. Auf Basis dieser Finanzinformationen nehmen sie die Bewertung der ihnen jeweils unterstellten Produktbereiche vor und verteilen finanzielle Ressourcen, die sie ihrerseits vom Gesamtvorstand zugeteilt bekommen. In ihrer monatlichen Berichterstattung an den Gesamtvorstand verdichten sie die produktbezogenen Informationen, sodass dem Gesamtvorstand lediglich die zusammengefassten Umsätze und Ergebnisbeiträge der drei Sparten berichtet werden.

In diesem Fall richtet sich die Ausrichtung der Segmentberichterstattung nach den Informationen, die die Bereichsvorstände als Segmentmanager an den Gesamtvorstand als Hauptentscheidungsträger berichten. Demnach stellen die drei Sparten die Geschäftssegmente der AG dar. Produktbezogene Aspekte spielen für die Segmentermittlung keine Rolle, da diesbezügliche Daten durch die Segmentmanager nicht regelmäßig an den Vorstand berichtet werden.

Erhält der Hauptentscheidungsträger im Rahmen der internen Berichterstattung regelmäßig auch Informationen zu den einzelnen Produkten, die unterhalb der Sparten angesiedelt sind, kann dies die Abgrenzung der Geschäftssegmente auf Spartenebene in Frage stellen. So unterstellen externe Regulatoren wie die ESMA oder auch die APAK als Berufsaufsicht des Berufsstands der Abschlussprüfer, dass grds alle Informationen, die dem Hauptentscheidungsträger **regelmäßig** im Rahmen des internen Reportings zur Verfügung gestellt werden, von diesem auch für Entscheidungen genutzt werden. In einem solchen Fall müsste das Unternehmen plausibel darlegen, dass die Segmentmanager ausschließlich auf Spartenebene und nicht auf regionaler oder Produktebene aktiv werden und dass der Hauptentscheidungsträger die Informationen über die Produktebenen nicht zur Beurteilung der Ertragskraft des Unternehmens und zur Ressourcenallokation nutzt. Ein solcher Nachweis dürfte vor allem dann misslingen, wenn der Vorstand regelmäßig Beschlüsse zu den einzelnen Produkten trifft.

Je nach Ausgestaltung der internen Organisationsstruktur kann der Hauptentscheidungsträger auch gleichzeitig die Funktion eines Segmentmanagers einnehmen.

Schwierigkeiten bei der Segmentabgrenzung können dann auftreten, wenn ein Unternehmen in Form einer **Matrixstruktur** organisiert ist, bei der die Geschäftsbereiche von **jeweils zwei** Verantwortlichen nach unterschiedlichen Aspekten überwacht werden. So können zum einen Bereichsvorstände eingesetzt sein, die die Verantwortung für einen Produkt- bzw Dienstleistungssektor tragen, und zum anderen Regionalvorstände, die für bestimmte geografische Regionen zuständig sind. Berichten beide Verantwortlichen an den Hauptentscheidungsträger und zieht dieser sowohl die produktbezogenen als auch die regionalen Finanzinformationen zur Ressourcenverteilung und Beurteilung der Geschäftsbereiche heran, so erfolgt die Segmentabgrenzung nach dem Kriterium, das für den Abschlussadressaten als entscheidungsnützlicher anzusehen ist. Dies können hier entweder die Informationen auf Produkt- bzw Dienstleistungsbasis oder auf Basis der Regionalstruktur sein. 28

Beispiel: Ein Unternehmen legt seinem internen Berichtswesen eine Matrixorganisation zugrunde, nach der dem Hauptentscheidungsträger sowohl produktbezogene als auch regionale Finanzinformationen berichtet werden. Beide Informationen werden bei der Ressourcenallokation und bei der Bewertung der Segmente berücksichtigt.

	Produktbereich A	Produktbereich B	Produktbereich C
Region 1	•	•	•
Region 2	•	•	•
Region 3	•	•	•

Bei der Segmentabgrenzung muss die Unternehmensleitung entscheiden, ob die Produktbereiche oder die Regionen als Geschäftssegmente dargestellt werden sollen. Diese Entscheidung richtet sich danach, welche Informationen für den Abschlussadressaten einen höheren Informationsgehalt im Hinblick auf die Beurteilung der Geschäftstätigkeit und ihrer finanziellen Auswirkungen auf das Unternehmen aufweisen. Handelt es sich um Produktbereiche mit weitgehend homogenen Deckungsbeiträgen, die auf äußere Veränderungen ähnlich reagieren, so können zB die regionenbezogenen Informationen einen höheren Nutzen aufweisen. Andererseits ist zu berücksichtigen, dass bestimmte regionenbezogene Angaben im Rahmen der segmentübergreifenden Angaben ohnehin gemacht werden müssen (vgl → Rn 88 ff), sodass auch diese Zusatzangaben in die Abwägung einzubeziehen sind. Alternativ können auf freiwilliger Basis sowohl produktspezifische als auch regionenbezogene Informationen dargestellt werden (vgl hierzu → Rn 79).

Der Hauptentscheidungsträger ist immer aus Sicht des berichtenden Unternehmens zu bestimmen. Beinhaltet ein börsennotierter Konzern einen ebenfalls börsennotierten Teilkonzern, der seinerseits offengelegt wird, so werden sich die Hauptentscheidungsträger und damit auch die Geschäftssegmente der beiden veröffentlichten Einheiten unterscheiden.

Da ein Unternehmen bei der Ausgestaltung des internen Rechnungswesens grds keinen Vorgaben und Beschränkungen unterliegt, enthält IFRS 8 im Hinblick auf die Bestimmung der Geschäftssegmente auch **keine formalen oder inhaltlichen Einschränkungen.** Insofern besteht für das Unternehmen in Abhängigkeit von der Ausgestaltung der internen Organisationsstruktur und dem internen Berichtswesen ein gewisser **Gestaltungsspielraum** für die Abgrenzung der Geschäftssegmente. Neben der Ausrichtung an Geschäftsbereichen auf Produkt- bzw Dienstleistungsbasis und auf Basis unterschiedlicher Regionen kommt auch eine Abgrenzung auf Basis von Kundengruppen, Vertriebswegen, juristischen Einheiten oder *profit centern* in Betracht. 29

Beispiel 1: Der in Deutschland ansässige K-Konzern hat sich auf die Produktion von chemischen Produkten für die Kunststoff- und die Agrarindustrie spezialisiert. Für die

Herstellung der Produktpalette ist ein chemisches Grundprodukt A erforderlich, welches in einem eigenen Werk hergestellt wird. 90% des Grundprodukts werden in anderen Werken des Konzerns zu den vier Endprodukten B, C, D und E veredelt, die restlichen 10% von A werden extern verkauft. Die Produkte B und C werden unter der Produktgruppe 1 und die Produkte D und E unter der Produktgruppe 2 zusammengefasst. Hauptabnehmer der Produktgruppe 1 ist die Automobilindustrie in Europa. Das Produkt D wird hauptsächlich an die Agrarwirtschaft in Asien und das Produkt E an Agrarbetriebe in Nordamerika vertrieben. Der Vorstand als Hauptentscheidungsträger iSd IFRS 8.7 trifft seine Entscheidungen im Hinblick auf die Ressourcenallokation auf der Basis produktbezogener Informationen für das Grundprodukt A sowie die Endprodukte B und C gesondert. Die Entscheidungen hinsichtlich der Endprodukte D und E werden hingegen nach regionalen Aspekten auf Basis der Produktgruppe 2 getroffen.

Nach den Vorgaben des IFRS 8 grenzt der K-Konzern die folgenden vier Segmente ab: ein produktbezogenes Segment für das Grundprodukt A, welches hauptsächlich intersegmentäre Erträge erzielt, ein weiteres produktbezogenes Segment für die Produktgruppe 1 sowie zwei regionenbezogene Segmente für die Endprodukte D und E.

Beispiel 2: Ein Unternehmen produziert und vertreibt in Europa und Nordamerika drei Produkte mit unterschiedlichen aber weitgehend stetigen Margen. Die Hauptrisiken erwachsen aus Sicht der Unternehmensleitung aus den unterschiedlichen Kundengruppen. Diese wurden in die Bereiche Großkunden, Einzelhandel, Privatkunden und öffentlicher Dienst eingeteilt, wobei auf jede dieser Gruppen ein etwa gleich großer Anteil des Absatzes entfällt. Entscheidend für den Erfolg des Unternehmens ist die Umsatzentwicklung. Um negativen Entwicklungen entgegen zu steuern, reagiert das Unternehmen kundenspezifisch durch entspr maßgeschneiderte Marketingaktionen und sonstige Maßnahmen. Aus diesem Grund wurde das interne Berichtswesen nach den vier Kundengruppen ausgerichtet.

Nach IFRS 8 ist die Abgrenzung der Segmente entspr der internen Berichtsstruktur und demnach in diesem Beispiel nach den vier Kundengruppen vorzunehmen. Die Segmentberichterstattung nach Kundengruppen ist um die segmentübergreifenden Angaben gem IFRS 8.31 ff zu ergänzen. In diesem Zusammenhang sind zusätzlich die externen Umsatzerlöse je Produkt (IFRS 8.32), die in Deutschland und im Ausland erzielten Umsatzerlöse und die Verteilung der langfristigen Vermögenswerte auf In- und Ausland (IFRS 8.33) sowie ggf die Abhängigkeit von wichtigen Kunden, sofern auf diese mehr als 10% der Umsatzerlöse entfallen (IFRS 8.34), anzugeben (→ Rn 85 ff).

c) Verfügbarkeit finanzwirtschaftlicher Informationen

30 Im Regelfall hat der Hauptentscheidungsträger Zugriff auf eine Vielzahl von internen Berichten und finanziellen Kennziffern, sodass zu entscheiden ist, welcher Bericht der Abgrenzung der Geschäftssegmente zugrunde zu legen ist. Hierbei sind die folgenden Aspekte zu berücksichtigen:

Vorrangig sind derjenige Bericht bzw diejenigen Finanzkennziffern zugrunde zu legen, die der Hauptentscheidungsträger **tatsächlich als Entscheidungsgrundlage** für die Verteilung der Ressourcen und die Bewertung von Ergebnissen verwendet. Dieser Bericht bzw diese Finanzkennziffern müssen dem Hauptentscheidungsträger **regelmäßig** zur Verfügung stehen.

Sofern die Geschäftssegmente durch **Segmentmanager** geleitet und überwacht werden, ist zum Zwecke der Abgrenzung der Geschäftssegmente gem IFRS 8.9 auf deren Berichte und die darin enthaltenen Informationen zurückzugreifen.

Ergänzend kann gem IFRS 8.8 auf die Berichterstattung des Hauptentscheidungsträgers an das Aufsichtsorgan (zB den Aufsichtsrat oder den Beirat) zurückgegriffen werden, da davon auszugehen ist, dass diesem die entscheidungsrelevanten Finanzinformationen zur Verfügung gestellt werden, die auch der Hauptentscheidungsträger als maßgeblich erachtet.

2. Bestimmung der berichtspflichtigen Segmente

Um zu gewährleisten, dass im (Konzern-)Abschluss ausschließlich relevante Informationen angegeben werden, sieht IFRS 8 im Hinblick auf die Auswahl der berichtspflichtigen Segmente ein abgestuftes Verfahren vor, in welchem ähnliche Segmente zusammengefasst werden können und auf die Angabe unwesentlicher Segmente verzichtet werden kann. Zur Vermeidung einer Überfrachtung der Berichterstattung **empfiehlt** IFRS 8.19 die **Beschränkung auf zehn Segmente,** wobei diese Schwelle nicht als Obergrenze anzusehen ist, sondern einen Richtwert darstellt. Hintergrund dieser Regelung ist, dass den Abschlussadressaten nur entscheidungsrelevante Informationen in einer klaren und übersichtlichen Form präsentiert werden sollen (*Rogler* KoR 2009, 500 (501)). 31

Andererseits schreibt IFRS 8.15 im Hinblick auf die mit Drittkunden erzielten Erträge einen **Mindestumfang** der im Anhang auszuweisenden Segmente vor. Danach müssen die **externen Erträge** der in der Segmentberichterstattung dargestellten Segmente insgesamt mindestens **75 %** der konsolidierten Erträge des Unternehmens bzw Konzerns ausmachen. Auf diese Weise soll gewährleistet werden, dass Unternehmen die Angabepflichten des IFRS 8 nicht durch eine bewusste Ausgestaltung des internen Rechnungswesens unterlaufen. Bei Unterschreitung der 75 %-Grenze ist das Unternehmen grds frei in der Wahl, welches zusätzliche Segment in die Segmentberichterstattung aufgenommen wird. Nicht einzeln ausgewiesene Segmente jenseits der 75 %-Schwelle sind ggf (vgl → Rn 40) in einem Sammelsegment darzustellen, welches eine Restkategorie darstellt. 32

a) Zusammenfassung gleichartiger Geschäftssegmente

Die Bestimmung der berichtspflichtigen Segmente ist nach den folgenden Schritten vorzunehmen: 33

IFRS 8.12 eröffnet dem Bilanzierenden ein **Wahlrecht,** Geschäftssegmente, die zum einen ähnliche wirtschaftliche Merkmale und zum anderen ähnliche Rahmenbedingungen aufweisen, zu größeren Einheiten zusammenzufassen. Gem IFRS 8.BC73 ist der IASB der Auffassung, dass die separate Darstellung ähnlicher Geschäftssegmente keinen zusätzlichen Nutzen für den Bilanzleser beinhaltet. Die Zusammenfassung solcher Segmente soll die Segmentberichterstattung daher auf die Offenlegung relevanter Informationen beschränken.

Die **Zusammenfassung** von zwei oder mehr Segmenten ist an die vorgenannten zwei Voraussetzungen geknüpft, die kumulativ erfüllt sein müssen. 34

Im Hinblick auf die vergleichbaren **wirtschaftlichen Merkmale** ist vorrangig darauf abzustellen, ob die Segmente mittel- bis langfristig **ähnliche Durchschnittsgewinnspannen** oder **korrelierende Rentabilitätskennziffern** aufweisen und dies auch zukünftig erwarten lassen. Dabei ist sowohl eine vergangenheits- als auch eine zukunftsbasierte Analyse vorzunehmen. Für die zukunftsbezogenen Annahmen sind die offiziellen Planungsrechnungen des Unternehmens heranzuziehen.

Auch die Erzielung annähernd gleicher operativer Cashflows dürfte ein zulässiger Indikator für die Zusammenfassung von Segmenten sein (*Fink/Hütten* in Lüdenbach/Hoffmann/Freiberg IFRS § 36 Rz 38).

Die herangezogenen wirtschaftlichen Merkmale sollten insbes einen **ähnlichen Trend** aufweisen und **in gleicher Weise auf äußere Einflüsse** reagieren. Fraglich ist, ob der Umstand, dass Geschäftssegmente unterschiedlichen Wechselkursrisiken ausgesetzt sind, eine Zusammenfassung verbietet (so *EY* 2014, 2377). UE dürfte ein solches Verbot zumindest dann nicht greifen, wenn das interne Reporting an den Hauptentscheidungsträge auf Basis der jeweiligen Landeswährung erfolgt.

Für die nach FASB ASC 280–10–50-11 berichtenden US-GAAP-Bilanzierer legt die SEC die Spannbreite ähnlicher Durchschnittsgewinnspannen eher restriktiv aus und nimmt bereits bei einer relativen Abweichung der Bruttomargen von mehr als 5% an, dass einheitliche wirtschaftliche Merkmale nicht gegeben sind (*Heintges/Urbanczik/Wulbrand* DB 2008, 2773 (2777)). Eine konkrete Spannbreite wird durch IFRS 8 nicht vorgegeben. Damit obliegt es dem Management eines jeweiligen Unternehmens, den unbestimmten Rechtsbegriff auszulegen. Dabei sollten das konkrete Produkt- bzw Dienstleistungsportfolio sowie die regionale Präsenz des Unternehmens berücksichtigt werden. Die von IFRS 8 vorgegebenen Kriterien sollen insbes den **stetigen** Ausweis von zusammengefassten Segmenten gewährleisten.

35 Neben den wirtschaftlichen Merkmalen müssen zusätzlich kumulativ die folgenden **Rahmenbedingungen** – sofern diese einschlägig sind – eine gewisse **Ähnlichkeit** aufweisen (IFRS 8.12(a) bis (e)):
(1) Wesensart der Produkte bzw Dienstleistungen,
(2) Art des Produktionsprozesses,
(3) Typ oder Kategorie der Kunden,
(4) Vertriebsmethoden,
(5) Art des regulatorischen Umfelds, zB im Bank- oder Versicherungswesen oder bei öffentlichen Dienstleistungen.

Das Kriterium der Ähnlichkeit der vorgenannten Rahmenbedingungen soll sicherstellen, dass sich aus unterschiedlichen Vermögenswerten, Organisations- und Logistikprozessen, Vertragsbeziehungen sowie rechtlichen Rahmenbedingungen keine signifikanten Risiken ergeben, die durch die Zusammenfassung verschiedener Geschäftssegmente zu einer Verwässerung dieser Risiken in der Darstellung in der Segmentberichterstattung führen würde. Dies gilt zumindest dann, wenn der Hauptentscheidungsträger diesen Kriterien Bedeutung beimisst und sich dies in der internen Berichterstattung entspr widerspiegelt.

Die Wesensart der **Produkte und Dienstleistungen** zielt hauptsächlich auf die Ähnlichkeit des angebotenen Produktportfolios ab. Je nachdem wie breit das Produktportfolio des berichtenden Unternehmens ist, kann es zu einer unterschiedlichen Auslegung des Ähnlichkeitskriteriums kommen. Unternehmen mit einem engen Produktportfolio werden idR eher zu dem Ergebnis kommen, dass verschiedene Produkte nicht vergleichbar sind, als Unternehmen mit einem sehr breiten Produktportfolio.

Im Hinblick auf den **Produktionsprozess** kann die Art der Fertigung (Massen-, Serien- bzw Einzelfertigung), die eingesetzte Produktionstechnologie, die Qualifikation von Arbeitskräften oder die gemeinsame Nutzung von Produktionsanlagen zu unterschiedlichen Risikostrukturen führen. Bei dem Einsatz gleicher oder gleichartiger Produktionsmittel und Rohstoffe wird das Ähnlichkeitskriterium idR erfüllt sein.

Für die **Kundenstruktur** ergeben sich Differenzierungen ggf aus dem Vorhandensein von Privatkunden in Abgrenzung zu gewerblichen Kunden, der Abhängigkeit von Großkunden oder der Kundenbonität. Gewerbliche Kunden erwerben regelmäßig höhere Stückzahlen als Privatkunden, sodass die Einkaufskonditionen idR wesentliche Unterschiede aufweisen.

Diesbezüglich vertrat die ESMA die Auffassung (vgl *ESMA* EECS 0211-04 vom 11. August 2011), dass ein Transportunternehmen, dessen kommunale Buslinien durch Beiträge der örtlichen Kommune und dessen überregionale Buslinien durch die Fahrscheinverkäufe an Passagiere finanziert wurden, wegen der unterschiedlichen Kundenstruktur keine Zusammenfassung dieser beiden Geschäftssegmente vornehmen durfte.

Unterschiedliche **Vertriebsmethoden** können sich zB aus der Vertriebsart (Groß-, Einzel-, Versand-, Internethandel, Einsatz von Handelsvertretern etc) ergeben. Differenzen ergeben sich hier insbes aus den unterschiedlichen Marketingkonzepten und den hiermit verbundenen Kosten, jedoch auch aus dem unterschiedlichen Ressourceneinsatz.

Besonderheiten des **regulatorischen Umfelds** können sich neben Banken und Versicherungen insbes für Real Estate Investment Trusts (aus dem REITG), im Bereich der erneuerbaren Energien (aus dem EEG) und für international tätige Unternehmen aus den unterschiedlichen gesetzlichen Regularien der jeweiligen Länder ergeben.

Beispiel 1: U betreibt 30 Einzelhandelsfilialen in deutschen Innenstädten, in denen es unter einem einheitlichen Namen Sportbekleidung anbietet. Die Preispolitik und die Werbemaßnahmen werden zentral vorgegeben. Die Profitabilität wird über einen Filial-Deckungsbeitrag gemessen, der nach einem einheitlichen Schema für jede der Filialen monatlich ermittelt wird. Alle 30 Filial-Deckungsbeiträge werden regelmäßig über das interne Berichtswesen an den Hauptentscheidungsträger gemeldet und von diesem zur Leistungsbewertung und Ressourcenallokation herangezogen. So nutzt der Hauptentscheidungsträger den Filial-Deckungsbeitrag insbes für Entscheidungen darüber, ob für einzelne Filialen weitere Investitionen, die Verstärkung des Personals oder umfangreichere Werbemaßnahmen vorgenommen oder ob Filialen geschlossen werden sollen. Ausgehend von dem internen Berichtswesen stellt jede der 30 Sportbekleidungsfilialen ein Geschäftssegment dar, wobei der Filial-Deckungsbeitrag als Segmentergebnis fungiert. Da weitgehend homogene Produkte angeboten werden und eine ähnliche Kunden- und Standortstruktur gegeben sind, sind die Homogenitätskriterien des IFRS 8.12 zur Zusammenlegung erfüllt, sofern die Filialen mittel- bis langfristig ähnliche Deckungsbeiträge erzielen. In diesem Zusammenhang sind regionale Besonderheiten, wie unterschiedliche Marktanteile und Wachstumsraten oder ein abweichendes Konsumentenverhalten zu berücksichtigen, da diese die Bruttogewinnmargen entscheidend beeinflussen und einer Aggregation ggf entgegenstehen können (so *Böckem/Pritzer* KoR 2010, 614 (618)). Vorliegend ist durch den Hauptentscheidungsträger zu entscheiden, innerhalb welcher Ergebnis-Bandbreite und auf Basis welchen Ergebnishorizonts eine Zusammenfassung erfolgen soll. In diesem Zusammenhang ist zum einen zu beachten, dass die Segmentberichterstattung nicht ausufern sollte (IFRS 8.19 empfiehlt die Beschränkung auf maximal zehn Segmente) und zum anderen zu berücksichtigen, dass die zusammengefassten Segmente einigermaßen stetig in ihrer Zusammensetzung sein sollten. Weisen mittel- bis langfristig alle Filialen ähnliche Deckungsbeiträge auf, so weist U in der Segmentberichterstattung nach Zusammenfassung aller Filialen nur ein berichtspflichtiges Segment aus. **36**

Beispiel 2: In Anlehnung an das vorgenannte Beispiel betreibt V 500 Filialen in sechs europäischen Ländern. Die Filialen werden auf Basis der erzielten Deckungsbeiträge durch Regionalleiter überwacht und gemanagt, wobei je Land ein Regionalleiter eingesetzt ist. Die Regionalleiter berichten an den Vorstand als Hauptentscheidungsträger regelmäßig nur diejenigen Filialen, die fortgesetzt einen negativen Deckungsbeitrag erzielen. Im Übrigen beinhaltet das interne Berichtswesen lediglich kumulierte Werte, unterteilt nach den sechs Absatzregionen, auf deren Basis der Hauptentscheidungsträger die einzelnen Länder bewertet und Ressourcen zuteilt. In diesem Fall stellen die sechs Absatzregionen die Geschäftssegmente dar. Eine Zusammenfassung dieser sechs operativen Segmente hängt wiederum davon ab, ob die in den unterschiedlichen Ländern erzielten Bruttogewinnmargen stark voneinander abweichen.

Beispiel 3: Neben dem Filialeinzelhandel führt V als weiteren Vertriebskanal einen Internet-Shop ein, für den dem Hauptentscheidungsträger regelmäßig gesonderte Finanzinformationen über das interne Berichtswesen gemeldet werden. Der Internethandel stellt daher ein eigenes Geschäftssegment dar. Angesichts der strukturellen Unterschiede im Hinblick auf die Vertriebsmethoden (Filialhandel versus Internethandel) ist eine Zusammenlegung von Internet- und Filialgeschäft gem IFRS 8.12 grds nur dann zulässig, wenn die beiden Vertriebsmethoden in der konkreten Praxis keine wesentlich unterschiedlichen Risikostrukturen aufweisen.

Die vorgenannten Beispiele zeigen, dass sowohl der Geschäftsumfang als auch die konkrete Ausgestaltung des internen Berichtswesens erheblichen Einfluss auf die Abgrenzung der Geschäftssegmente und auf die Möglichkeiten der Zusammenlegung von Geschäftssegmenten zu berichtspflichtigen Segmenten haben kann. Je nach Sortimentsmix und Produkttiefe kann ein Unternehmen zwei Produkte als ähnlich ansehen, während ein anderes Unternehmen ggf zu einer anderen Auffassung gelangt. So könnte zB ein Unternehmen A, welches sowohl Handelsware vertreibt, als auch Dienstleistungen anbietet, zu dem Schluss kommen, dass alle Handelswaren ähnlich sind, während Unternehmen B als reines Handelsunternehmen die gleichen Produkte vertreibt wie Unternehmen A, jedoch zwischen verschiedenen Produkten differenziert (IFRS 8.BC68).

In diesem Zusammenhang ist insbes die **Allokation von Geschäfts- oder Firmenwerten** gem IAS 36.80 von Bedeutung, da für diese das nach IFRS 8.5 definierte Geschäftssegment (dh **vor Aggregation**) die höchste Allokationsebene darstellt (vgl → Rn 44). So wäre ein Geschäfts- oder Firmenwert im Beispiel 1 maximal auf Filialebene zuzuordnen, könnte im Beispiel 2 jedoch auf Landesebene allokiert werden. Damit ergäbe sich im Beispiel 1 ein erheblich höheres Wertminderungsrisiko, da negative Filial-Deckungsbeiträge – anders als in Beispiel 2 – nicht durch positive Beiträge anderer Filialen kompensiert werden könnten.

Schließlich darf das **Ziel** der Segmentberichterstattung nicht unterlaufen werden. Demnach darf eine Zusammenfassung von Segmenten nicht dazu führen, dass den Abschlussadressaten ein Einblick in die Bewertung der Art und finanziellen Auswirkungen der Geschäftstätigkeiten sowie des wirtschaftlichen Umfelds eines Unternehmens verwehrt wird.

b) Überprüfung der quantitativen Schwellenwerte

37 Im Anschluss an die Zusammenfassung ist zu untersuchen, ob die identifizierten (einzelnen oder zusammengefassten) Geschäftssegmente die quantitativen **Größenkriterien** des IFRS 8.13 erreichen, wobei bereits das Erreichen **eines** der drei Schwellenwerte eine Berichtspflicht auslöst. In den Wesentlichkeitstest sind sämtliche Geschäftssegmente eines Unternehmens unabhängig von ihrer Größe und Bedeutung einzubeziehen. Einheiten, die die Definition eines Geschäftssegments nicht erfüllen (vgl → Rn 19) – wie zB reine Holdingbereiche – sind hingegen nicht zu berücksichtigen.

Die relevanten Größenkriterien sind in der nachfolgenden Tabelle zusammengefasst:

Berichtspflicht auslösende Schwellenwerte
Segmenterträge $\geq$ 10% der Erträge aller Geschäftssegmente
Segmentergebnis $\geq$ 10% der Ergebnisse aller Geschäftssegmente
Segmentvermögen $\geq$ 10% des Vermögens aller Geschäftssegmente

38 In die **Segmenterträge** sind sowohl **externe** als auch **intersegmentäre** Erträge einzubeziehen. Die Definition der Erträge richtet sich nach den Vorgaben des internen Berichtswesens an den Hauptentscheidungsträger. Damit können je nach Ausgestaltung des Berichtswesens neben den Umsatzerlösen auch sonstige Erträge einzubeziehen sein.

Bei der Untersuchung des **Segmentergebnisses** dürfen **Segmentgewinne** und **Segmentverluste nicht** miteinander **saldiert** werden. Im Rahmen des Wesentlichkeitstests sind vielmehr alle Segmente, die einen Gewinn ausweisen und alle Segmente, die einen Verlust aufweisen, gesondert zusammenzufassen und anschließend sind alle Segmente mit dem höheren der beiden Beträge zu vergleichen.

Beispiel: Ein Unternehmen verfügt über die sieben Geschäftssegmente A bis G sowie einen Holdingbereich, der sich konzernintern über Umlagen finanziert. Die Geschäftssegmente operieren unabhängig voneinander und weisen daher keine intersegmentären Transaktionen auf. Die Bestimmung der berichtspflichtigen Segmente erfolgt ohne Berücksichtigung der auf den Holdingbereich entfallenden Aufwendungen und Erträge nach den folgenden Kriterien:

		A	B	C	D	E	F	G	(relevante) Summe
interne + externe Segmenterträge	Betrag in Mio €	7,5	4,5	2,3	5,4	3,1	6,8	2,8	32,4
	Anteil	23,1%	13,9%	7,1%	16,7%	9,6%	21,0%	8,6%	
Segmentergebnis	Betrag in Mio €	1,4	2,3	– 0,6	2,9	0,3	0,7	– 0,7	7,6
	Anteil	18,4%	30,3%	7,9%	38,2%	3,9%	9,2%	9,2%	
Segmentvermögen	Betrag in Mio €	16,6	30,3	8,2	15,2	10,7	22,9	9,6	113,5
	Anteil	14,6%	26,7%	7,2%	13,3%	9,5%	20,2%	8,5%	
Berichtspflicht		X	X		X		X		

Für die anteilige Ermittlung des Segmentergebnisses ist gem IFRS 8.13(b) der höhere Wert der unsaldierten Gewinne und Verluste zugrunde zu legen. Vorliegend ergeben sich kumulierte Gewinne von Mio € 7,6 und kumulierte Verluste von Mio € 1,3, sodass für die Wesentlichkeitsbetrachtung der Wert von Mio € 7,6 relevant ist. Danach ergeben sich zunächst die vier berichtspflichtigen Segmente A, B, D und F, während die Segmente C, E und G für alle drei Kriterien die 10%-Schwelle unterschreiten.

Zu beachten ist jedoch, dass die Segmente A, B, D und F in der Summe nicht die 75%-Schwelle im Hinblick auf die konsolidierten Konzernerträge erreichen. Da mangels intersegmentärer Transaktionen keine zu konsolidierenden Erträge zu berücksichtigen sind, vereinigen diese vier Segmente lediglich 74,7% der Konzernerlöse auf sich. Insofern muss das Unternehmen eines der Segmente C, E oder G zusätzlich gesondert oder, sofern die Aggregationskriterien gem IFRS 8.12 erfüllt sind, in zusammengefasster Form angeben. Die Auswahl des zusätzlich anzugebenden Segments steht grds im Ermessen des Abschlusserstellers. IFRS 8 enthält keine Vorgaben, in welcher Weise die fehlenden Segmente bis zum Erreichen der 75%-Schwelle zusammenzustellen sind. Nach der Zielsetzung des IFRS 8 sollten diejenigen Segmente gesondert angegeben werden, aus deren Offenlegung die Abschlussadressaten den größten Nutzen im Hinblick auf die Analyse der VFE-Lage des Unternehmens ziehen können.

Bei der Prüfung der Schwellenwerte können sich in Bezug auf das **Segmentergebnis** Probleme ergeben, wenn im Rahmen der internen Berichterstattung für die Beurteilung der einzelnen Segmente **unterschiedliche Ergebnisgrößen** verwendet werden. 39

Beispiel: Ein im IT-Bereich tätiger Konzern verfügt in seinem Portfolio neben diversen produktorientierten Segmenten mit zT eigener Produktion, über ein Segment, das ausschließlich Dienstleistungen in Form von IT-Beratung erbringt, sowie ein weiteres Segment, in dem Finanzdienstleistungen im Zusammenhang mit der Produktpalette angeboten werden. Die Konzernleitung beurteilt und steuert die einzelnen Segmente auf Basis der durch das interne Berichtswesen zur Verfügung gestellten Informationen. Dabei werden für die produktbezogenen Segmente Ergebnisdaten auf Basis des EBIT, für das Beratungssegment auf Basis des EBITDA und für das Finanzdienstleistungssegment auf Basis des EBT herangezogen. Bei der Wahl der unterschiedlichen Ergebniskennziffern bestimmte das Management das EBIT als zentrale Steuerungsgröße für das Unternehmen. Da den Abschreibungen im Dienstleistungssegment keine wesentliche Relevanz beigemessen wurde, das Finanzdienstleistungssegment ohne Einbezug der Zinserträge und -aufwendungen jedoch nicht hinreichend beurteilt werden kann, wurden für diese Segmente in der internen Berichterstattung abweichende Ergebnisgrößen festgelegt.

In diesem Fall können die unterschiedlich definierten Ergebnisgrößen mangels Vergleichbarkeit nicht mehr sachgerecht zusammengefasst werden. Zur Überprüfung des quantitativen Schwellenwerts sollte daher zunächst eine einheitliche Ergebnisgröße festgelegt werden. Für die im Rahmen der Segmentberichterstattung offen zu legenden Angaben ist dann jedoch auf die jeweils unternehmensintern verwendeten Ergebniskennziffern zurückzugreifen.

Gem IFRS 8.23 muss ein Unternehmen Angaben zum Segment**vermögen** nur dann in die Segmentberichterstattung aufnehmen, wenn dieses über die interne Berichterstattung regelmäßig an den Hauptentscheidungsträger berichtet wird (vgl → Rn 23). In einem solchen Fall stellt sich die Frage, ob eine Ermittlung des Segmentvermögens zum Zwecke der Überprüfung des quantitativen Schwellenwerts ebenfalls unterbleiben kann. Dies hätte zur Konsequenz, dass in den Fällen, in welchen das interne Reporting keine Informationen zum Segmentvermögen enthält, der Wesentlichkeitsermittlung nur die Segmenterträge und das Segmentergebnis zugrunde zu legen wären. Teile der Literatur sind der Auffassung, dass die Ermittlung der Wesentlichkeit in diesem Fall der Ausgestaltung der internen Berichterstattung folgen sollte (vgl *Richter/Rogler* KoR 2009, 258). Dieser Auffassung kann uE nicht gefolgt werden. Zum einen sieht IFRS 8.13 im Gegensatz zu IFRS 8.23 keine Bedingung vor. Zudem können die Erläuterungen in Anhang A.75 F von IFRS 8.BC herangezogen werden. Dort ist die Begründung des US-amerikanischen Standardsetzers FASB bei Verabschiedung seiner Normen aufgeführt, an die der IFRS 8 angelehnt ist. Nach dieser Argumentation stellt IFRS 8.13 eine bewusste Einschränkung des *management approach* dar, weshalb im Umkehrschluss der *management approach* nicht als Begründung für eine Einschränkung des IFRS 8.13 herangezogen werden kann. Zum anderen könnte eine solche Auslegung dazu führen, dass Segmente mit einer hohen Kapitalbindung aber vergleichsweise kleinen Erträgen und Ergebnissen als unwesentlich angesehen und im Sammelsegment zusammengefasst werden. Mögliche, sich aus der hohen Kapitalbindung ergebende, segmentspezifische Risiken würden auf diese Weise nicht abgebildet werden.

40 Erfüllt ein Geschäftssegment **keines** der drei Wesentlichkeitskriterien, so ergeben sich für das berichtende Unternehmen die folgenden drei Möglichkeiten, die Segmentdaten zu verarbeiten:

Erstens kann **freiwillig** über ein unwesentliches Segment berichtet werden, sofern die Unternehmensführung der Auffassung ist, dass die dem Segment zugrunde liegenden Informationen für den Abschlussadressaten entscheidungsnützlich sind (IFRS 8.13).

Zweitens kann eine **Zusammenfassung** mit anderen Geschäftssegmenten, die ebenfalls nicht die quantitativen Voraussetzungen erfüllen, vorgenommen werden, sofern die Homogenitätskriterien gem IFRS 8.12 gegeben sind (vgl hierzu → Rn 33). Eine Zusammenfassung mit anderen **berichtspflichtigen** Geschäftssegmenten ist nicht zulässig, da diese gem IFRS 8.14 eigenständig auszuweisen sind.

Sofern von diesen Möglichkeiten kein Gebrauch gemacht wird, sind Geschäftssegmente, die weder die Wesentlichkeitskriterien gem IFRS 8.13 erfüllen noch freiwillig ausgewiesen oder mit anderen ebenfalls nicht ausweispflichtigen

Segmenten zusammengefasst werden, als Restgröße innerhalb eines **Sammelsegments** „Alle sonstigen Segmente" zusammenzufassen (IFRS 8.16). Dabei ist zu beachten, dass nicht unter den Begriff des Geschäftssegments fallende Aktivitäten, wie Leitungs- und Stabsfunktionen oder Pensionsfonds (vgl → Rn 21) grds nicht in das Sammelsegment einzubeziehen, sondern im Rahmen einer Überleitungsrechnung (vgl hierzu → Rn 80ff) auszuweisen sind. Damit umfasst das Sammelsegment alle Geschäftssegmente, über die in der Segmentberichterstattung nicht gesondert berichtet wird sowie alle sonstigen Geschäftsaktivitäten, für die zB kein internes Reporting existiert, mit Ausnahme der vorgenannten cost-center-Aktivitäten betreffend Stabs- und Leitungsfunktionen wie zB Buchhaltung, Controlling, Personal-, Rechts- und Steuerabteilung.

Die Bestimmung der Wesentlichkeit ist in jeder Berichtsperiode auf Basis der 41
jeweils **aktuellen Werte** erneut durchzuführen.

Aufgrund der Anwendung des *management approach* unterliegt die Segmentberichterstattung nach IFRS 8 **keinem Stetigkeitsgrundsatz,** sodass sich alle Änderungen in der internen Organisations- bzw Berichtsstruktur, zB aufgrund einer neuen strategischen Ausrichtung, über das interne Reporting unmittelbar auf die externe Segmentberichterstattung auswirken. Zur Sicherstellung der Vergleichbarkeit der Segmentangaben sieht IFRS 8.18 die Erhebung und den Ausweis von **Vergleichsinformationen für die Vorperiode** vor, sofern ein Geschäftssegment in der aktuellen Berichterstattung erstmalig ausgewiesen wird. Dabei sind die Vorjahreswerte nach den gleichen Kriterien zu bestimmen, die in der aktuellen Periode zugrunde gelegt wurden, dh auf Basis der gleichen Segmentabgrenzung. Eingeschränkt wird diese Anforderung allerdings durch das Kosten-Nutzen-Prinzip. Ist die Erstellung der Vergleichsinformationen mit einem unverhältnismäßig hohen Aufwand verbunden oder aufgrund fehlender Daten nicht möglich, so kann auf die Nachbildung eines erstmalig ausgewiesenen Segments und den entspr Ausweis von Vorjahreswerten verzichtet werden. Das Nichtvorhandensein von Daten wird vor allem dann relevant, wenn ein Geschäftssegment durch Unternehmenserwerbe die Schwellenwerte des IFRS 8.13 erstmals überschreitet und in den übernommenen Unternehmen eine abweichende Organisations- und Berichtsstruktur eingerichtet war.

Unterschreitet ein im Vorjahresabschluss separat ausgewiesenes Segment in der 42
aktuellen Berichtsperiode die Wesentlichkeitskriterien des IFRS 8.13, so ist dieses Segment **weiterhin anzugeben,** wenn ihm die Unternehmensführung eine **fortwährende Bedeutung** beimisst. Dies ist insbes dann anzunehmen, wenn das Segment einen hohen strategischen Wert aufweist oder so gefördert werden soll, dass zukünftig wieder mit einem Erreichen der Schwellenwerte zu rechnen ist.

Beispiel 1: Infolge des Zukaufs eines größeren Unternehmens unterschreitet eines der bisherigen Geschäftssegmente eines diversifizierten Konzerns die Schwellenwerte der drei Wesentlichkeitskriterien. Der Vorstand erwartet, dass der Unternehmenserwerb zu künftigen Synergieeffekten führt, von welchen insbes der betroffene Geschäftsbereich profitieren wird. Aus diesem Grund geht er davon aus, dass das Geschäftssegment die Schwellenwerte künftig wieder erreichen wird. Damit wird eine fortwährende Bedeutung des Segments unterstellt, weshalb dieses trotz Unterschreitens der Wesentlichkeitsgrenzen als berichtspflichtig einzustufen ist.

Beispiel 2: Ein Unternehmen weist einen wichtigen Produktionsstandort in Südamerika als eigenständiges Berichtssegment aus. Aufgrund inflationärer Entwicklungen sinken alle drei Kriterien unter die Wesentlichkeitsschwelle. Der Vorstand beschließt gleichwohl an dem Standort festzuhalten und hat für diesen bereits ein umfassendes Investitionsprogramm verabschiedet. Hieraus ergibt sich eine fortwährende Bedeutung des Geschäftssegments, sodass ein gesonderter Ausweis weiterhin verpflichtend ist.

43 Zusammenfassend stellt sich die **Bestimmung** der **berichtspflichtigen Segmente** wie folgt dar:

Vorgehensweise	Vorschrift
1. Bestimmung des **Hauptentscheidungsträgers**	IFRS 8.7–9
2. **Abgrenzung** der **Geschäftssegmente** lt Definition	IFRS 8.5–6
3. Freiwillige **Zusammenfassung** von ähnlichen Geschäftssegmenten	IFRS 8.12
4. Prüfung der **Wesentlichkeitskriterien anhand der Schwellenwerte**	IFRS 8.13
5. **Freiwilliger** separater Ausweis **unwesentlicher** Geschäftssegmente	IFRS 8.13
6. **Freiwillige** Zusammenfassung **unwesentlicher** Geschäftssegmente	IFRS 8.14
7. Prüfung der Ausweispflicht aufgrund **fortwährender Bedeutung**	IFRS 8.17
8. Prüfung der **75 %-Regel**	IFRS 8.15
9. Zusammenstellung des **Sammelsegments**	IFRS 8.16

III. Bedeutung der zahlungsmittelgenerierenden Einheit im Rahmen der Segmentberichterstattung

44 Gem IAS 36.80 ist ein im Rahmen eines Unternehmenszusammenschlusses entstandener Geschäfts- oder Firmenwert am Erwerbsstichtag derjenigen zahlungsmittelgenerierenden Einheit (ZGE) des Erwerbers zuzuordnen, die zukünftig Synergievorteile aus dem Unternehmenszusammenschluss erzielen soll. Je nach Überwachung des Geschäfts- oder Firmenwerts für interne Managementzwecke kann auch eine Allokation auf eine Gruppe von ZGE bzw auf ein Geschäftssegment erfolgen. Gem IAS 36.80(b) stellt das **Geschäftssegment vor Zusammenfassung mit anderen Geschäftssegmenten** die **Obergrenze** für die Zuordnung von Geschäfts- oder Firmenwerten dar (→ § 34 Rn 239 ff).

45 Fasst ein Unternehmen mehrere Geschäftssegmente gem IFRS 8.12 zusammen, so ist dies für die Zuordnung eines Geschäfts- oder Firmenwerts unbeachtlich. Als Allokationsobergrenze ist das **einzelne** Geschäftssegment anzusehen. Die Zuordnung eines Geschäfts- oder Firmenwerts zu Geschäftssegmenten, die gem IFRS 8.12 **zusammengefasst** wurden, ist gem IAS 36.80 **nicht zulässig,** da zusammengefasste Segmente nicht notwendigerweise gleichermaßen von den Synergien profitieren, die mit der Verteilung des Geschäfts- oder Firmenwerts abgebildet werden (IAS 36.BC150B).

Beispiel: Das im Anlagenbau tätige Unternehmen U verfügt über die Produktbereiche A und B an den Standorten Y und Z. In der Segmentberichterstattung werden A und B als berichtspflichtige Segmente ausgewiesen. Im Zuge der von der Unternehmensleitung verfolgten Expansionsstrategie übernimmt U den Konkurrenten K mit den Produktbereichen A1, C und D. K wird als eigenständiges TU in U integriert, wobei die Produktbereiche A1, C und D weiter bestehen bleiben. Etwaige Synergien zwischen A und A1 werden nicht gehoben. Infolge des Erwerbs wird die Segmentberichterstattung um die Segmente C und D erweitert, die Geschäftssegmente A und A1 werden gem IFRS 8.12 aufgrund ihrer Gleichartigkeit zu einem Berichtssegment zusammengefasst.

Im Rahmen des Erwerbs entstand ein Geschäfts- oder Firmenwert in Höhe von Mio € 21. Die höchste Allokationsebene für den Geschäfts- oder Firmenwert stellen die Geschäftssegmente A1, C und D dar. Nicht zulässig ist eine Allokation auf Ebene von K oder die Übertragung eines Teils des Geschäfts- oder Firmenwerts auf das Geschäftssegment A, da A und A1 eigenständige Geschäftssegmente darstellen. In den Folgejahren ist der Wertminderungstest auf Ebene der Geschäftssegmente durchzuführen.

IV. Ein-Segment-Unternehmen

Soweit in einem Unternehmen keine regionalen, kundenspezifischen, produkt- und leistungsbezogenen sowie sonstigen Unterschiede vorliegen (sog Ein-Segment-Unternehmen), führt dies zu einer **faktischen Befreiung** von der Pflicht zur Erstellung einer Segmentberichterstattung. Dies ist insbes bei Unternehmen der Fall, die homogene Produkte oder Leistungen regional zu weitgehend gleichen Konditionen an einen homogenen Kundenkreis vertreiben. 46

Eine Befreiung ergibt sich auch dann, wenn ein Unternehmen zwar unterschiedliche Produkte herstellt und in unterschiedlichen Regionen vertreibt, sich dieser Umstand aber nicht in der Steuerung durch den Hauptentscheidungsträger widerspiegelt, indem dieser zB keine regelmäßigen produkt- bzw. regionsbezogenen Informationen erhält, sondern für die Ressourcenallokation ausschließlich Informationen zugrundelegt, die das Unternehmen als Ganzes betreffen.

Zu beachten ist, dass die Definition des Geschäftssegments nach IFRS 8 nicht ausschließlich an Produkt- und Dienstleistungsportfolien sowie regionale Unterschiede anknüpft, sondern auch Unterschiede in der Kundenstruktur, in den Vertriebsmethoden oder im regulatorischen Umfeld relevant sein können (→ Rn 29). Beschränken sich die einzig vorhandenen Unterschiede zB auf den Kundenkreis oder die Vertriebswege, und erweisen sich diese in der internen Berichterstattung an den Hauptentscheidungsträger als entscheidungsrelevant, so kann dies zu einer entspr Segmentierung nach IFRS 8 führen.

Beispiel 1: Ein Unternehmen, dessen Geschäftstätigkeit sich ausschließlich auf den Vertrieb von Zeitschriften-Abonnements beschränkt, wendet hierfür zwei unterschiedliche Vertriebsmethoden an. Neben den klassischen Haustürgeschäften wird ein wesentlicher Teil der Abonnements über das Internet verkauft. Der Vorstand trifft seine Entscheidungen hinsichtlich der Ressourcenallokation auf Basis der beiden unterschiedlichen Vertriebswege für die im Rahmen des internen Berichtswesens separate Finanzinformationen bereitgestellt werden. Nach IFRS 8 stellt das Unternehmen eine Segmentberichterstattung mit den beiden nach Vertriebswegen unterschiedenen Segmenten auf. 47

Beispiel 2: Ein Softwareunternehmen mit Sitz im Inland vertreibt homogene Softwareprodukte weltweit über das Internet. Die Geschäftsführung erhält regelmäßig Informationen über regionale Umsatzzahlen, legt diese Werte jedoch nicht der Ressourcenallokation zugrunde. Somit liegen keine verschiedenen Geschäftssegmente vor. In diesem Fall erübrigt sich die Erstellung einer Segmentberichterstattung, angabepflichtig bleiben jedoch segmentübergreifende Angaben gem IFRS 8.31 ff.

Beispiel 3: Ein Unternehmen bietet lediglich ein Produkt an. Die Bruttomarge dieses Produkts unterscheidet sich im Hinblick auf die Kundenstruktur des Unternehmens. Während mit Privatkunden eine durchschnittliche Marge von 30% erzielt wird, liegt die Durchschnittsmarge bei Firmenkunden bei nur 25%. Die Geschäftsleitung erhält regelmäßig Informationen über die nach Kundengruppen erzielten Umsätze und Margen und legt diese der Ressourcenallokation zugrunde. In diesem Fall ist eine Segmentierung auf Basis der beiden Kundengruppen vorzunehmen und im Anhang zu berichten.

Beispiel 4: Ein Unternehmen fertigt aus einem Grundstoff zwei unterschiedliche Produkte und vertreibt diese in Amerika und in Europa. Die dem Hauptentscheidungsträger regelmäßig vorgelegten internen Berichte differenzieren weder nach Produkten noch nach regionalen Absatzmärkten. In diesem Fall kommt eine Berichterstattung auf Basis von Geschäftssegmenten nicht in Betracht, angabepflichtig sind nur die segmentübergreifenden Angaben gem IFRS 8.31 ff.

Unabhängig von der Frage der Segmentabgrenzung ist zu berücksichtigen, dass IFRS 8.31 ff einen **Mindestumfang segmentübergreifender Angaben** vorschreiben, die auch von einem Ein-Segment-Unternehmen vorzunehmen sind (vgl hierzu im Einzelnen → Rn 85 ff).

D. Angaben zu den Segmenten

I. Ermittlung der Segmentdaten

48 Bei der Ermittlung der einzelnen Segmentdaten ergeben sich zwei grds Fragestellungen, die zum einen das **Bezugsobjekt** der Segmentdaten und zum anderen die zu **verwendenden Bilanzierungs- und Bewertungsmethoden** betreffen.

1. Ansatz zur Ermittlung der Segmentdaten

49 Bei der Ermittlung der Segmentdaten lassen sich zwei konzeptionelle Ansätze unterscheiden, die den Zusammenhang zwischen aggregierten IFRS-Konzerndaten und disaggregierten Segmentdaten betreffen. So ist entweder eine Zusammenstellung der Segmentdaten in **disaggregierter** Form möglich *(disaggregation approach)* oder es kann jedes Segment wie eine **rechtlich unabhängige Einheit** dargestellt werden (*autonomous entity approach;* vgl *Fink/Ulbrich* KoR 2006, 233 (234 und 237); *Alvarez/Büttner* KoR 2006, 307 (313)).

Bei der Anwendung des ***disaggregation approach*** werden die Segmentdaten ausgehend von dem aggregierten IFRS-(Konzern-)Abschluss durch Aufteilung und Zuordnung auf die einzelnen Segmente verteilt, sodass der Zusammenhang zwischen dem IFRS-(Konzern-)Abschluss und den Segmenten weitgehend gewahrt bleibt. Dabei können segmentspezifische Positionen den Segmenten eindeutig zugeordnet werden, während segmentübergreifende Positionen mit Hilfe von Schlüsselungen zu verteilen sind. Segmentübergreifende Positionen liegen immer dann vor, wenn einzelne Vermögenswerte oder Dienstleistungen durch verschiedene Segmente gemeinsam genutzt werden und wenn die durch diese entstehenden Erträge und Aufwendungen auf die Segmente verteilt werden müssen. Die IFRS sehen derzeit keine Regelungen zur Verteilung solcher Erträge und Aufwendungen vor (IFRS 8.BC84) und überlassen die Schlüsselungen daher dem jeweiligen berichtenden Unternehmen. Bei der Festlegung dieser Schlüsselungen bestehen demnach Entscheidungsspielräume, für die IFRS 8.25 lediglich eine **vernünftige,** dh willkürfreie Schlüsselungsgrundlage fordert (*Rogler* KoR 2009, 500 (505)).

Beispiel: Ein Konzernunternehmen unterhält eine Serviceeinheit, die ausschließlich Leistungen für verschiedene operative Segmente des Konzerns erbringt. Die Bewertung erfolgt nicht auf Basis von Marktpreisen, sondern unter Berücksichtigung der tatsächlich angefallenen Kosten. Die Verteilung dieser Kosten auf die Segmente muss gem IFRS 8.25 auf vernünftiger Basis erfolgen. Möglich wären zB eine Verteilung auf Basis der Anzahl der Mitarbeiter, auf Basis von Stundenaufschreibungen oder auf Basis tatsächlich angefallener Kosten und Zeiten. Je nachdem, für welche Schlüsselung sich das Management entscheidet, kann dies Einfluss auf die jeweiligen Segmentergebnisse haben. Ausgeschlossen sind lediglich willkürliche Schlüsselungen etwa der Art, dass jeweils das Segment mit dem besten Ergebnis den größten Teil der Aufwendungen der Serviceeinheit zu tragen hat, unabhängig davon, ob es Leistungen in Anspruch genommen hat oder nicht.

Demgegenüber postuliert der ***autonomous entity approach*** eine vollständige Selbständigkeit eines jeden einzelnen Segments, sodass Synergien und andere intersegmentäre Interdependenzen vollständig eliminiert werden. Ermessensspielräume bestehen insbes bei der Bewertung der Synergien und intersegmentären Interpendenzen, sodass uU auch fiktive Werte in die Segmentberichterstattung aufgenommen werden, sofern dies zur Darstellung einer autonomen Unternehmenseinheit notwendig ist. Nach dem *disaggregation approach* würden die tatsächlich angefallenen Aufwendungen nach einem bestimmten Schlüssel auf die beteiligten Segmente aufgeteilt. Nach dem *autonomous entity approach* würden hingegen diejenigen Aufwendungen ausgewiesen, die anfallen würden, wenn diese Segmente voneinander unabhängige Einheiten wären, indem Synergieeffekte eliminiert werden (*Haller* in Baetge ua IFRS-Komm IFRS 8 Rz 10).

Beispiel: Bei Anwendung des *autonomous entity approach* müssten die in dem vorgenannten Beispiel zu verteilenden Aufwendungen der internen Serviceeinheit nicht auf Ist-Kostenbasis, sondern zu Marktpreisen bewertet werden. Diese Bewertung würde das Segmentergebnis der die Dienstleistungen empfangenden operativen Segmente verringern. Der sich hieraus ergebende Effekt wäre dann in der Überleitungsrechnung wieder zu korrigieren und zu erläutern.

Bestehen zwischen den einzelnen Segmenten eines Unternehmens keine Interdependenzen oder treten hinsichtlich der gemeinsam genutzten Vermögenswerte und Schulden keine Synergien auf, so führen beide Ansätze zum gleichen Ergebnis (*Haller* in Baetge ua IFRS-Komm IFRS 8 Rz 10).

IFRS 8 erlaubt für die Ermittlung der Segmentdaten sowohl den *autonomous* 50
entity approach als auch den *disaggregation approach*. Dies folgt aus dem Prinzip des *management approach*. Die Entscheidung, welcher Ansatz verwendet werden soll, hat sich an der konkreten Ausgestaltung des internen Berichtswesens zu orientieren. Folgt die Segmentberichterstattung dem *autonomous entity approach*, so ergibt sich ein größerer Erläuterungsbedarf hinsichtlich der Überleitung der kumulierten Segmentergebnisse auf den IFRS-(Konzern-)Abschluss (vgl → Rn 80), da die eliminierten Synergieeffekte in der Überleitungsrechnung auszuweisen sind.

Da der Unternehmensleitung bei der Ausgestaltung des internen Berichtswe- 51
sens grds keine Schranken auferlegt werden, können sich **Asymmetrien** im Hinblick auf die unterschiedlichen Segmentgrößen ergeben, sofern Bestandsgrößen anders zugeordnet werden als Erfolgsgrößen. So kann das Management zB entscheiden, Abschreibungen zwar in das Segmentergebnis, die diesen zugrunde liegenden Vermögenswerte jedoch nicht in das Segmentvermögen einzubeziehen (s IFRS 8.27(f)). Gleiches gilt für die Allokation von Unternehmensbereichen, die von mehreren Segmenten gemeinschaftlich genutzt werden. Diese sind gem IFRS 8.25 lediglich auf einer vernünftigen Basis zu verteilen (*Fink/Ulbrich* KoR 2006, 233 (242)). Darüber hinaus können im internen Berichtswesen für unterschiedliche Segmente abweichende Bewertungsgrundsätze zugrunde gelegt werden.

Bei Einrichtung eines effektiven internen Berichtswesens ist idR davon auszugehen, dass zusammenhängende Erfolgs- und Bestandsgrößen **einheitlich** ermittelt werden. Sollte dies nicht der Fall sein, so sind asymmetrische Verteilungen im Rahmen der Segmentberichterstattung gem IFRS 8.27 zu erläutern (*Alvarez/Büttner* KoR 2006, 307 (313)).

2. Bewertung der Segmentdaten

Gem IFRS 8 ist der *management approach* auch bei der **Bewertung der Seg-** 52
mentdaten anzuwenden. Dies hat zur Folge, dass die dem internen Berichtswesen zu entnehmenden Segmentangaben zwangsläufig nach den dort zugrunde gelegten Methoden bewertet werden. Abweichungen zu den im IFRS-Konzernabschluss verwendeten Bilanzierungs- und Bewertungsmethoden werden durch das Modell des IFRS 8 bewusst in Kauf genommen, da den Abschlussadressaten in der Segmentberichterstattung diejenigen Informationen offen gelegt werden sollen, die auch die Unternehmensführung für entscheidungsrelevant hält. Um den Kontext zu den konsolidierten Werten des (Konzern)-Abschlusses nicht zu verlieren, sind die ggf abweichend bewerteten Segmentdaten jedoch in

geeigneter Form auf den IFRS-Abschluss überzuleiten und zu erläutern, sodass etwaige Bewertungsunterschiede transparent werden (vgl hierzu im Einzelnen → Rn 80 ff).

53 Weicht das interne Berichtswesen stark von den Bilanzierungs- und Bewertungsmethoden der IFRS ab, etwa durch die Verwendung kalkulatorischer Komponenten wie **Zusatz- und Anderskosten,** so wird eine Abstimmung der kumulierten Segmente mit den aggregierten Daten des IFRS-Abschlusses erschwert und erfordert daher einen entspr höheren Überleitungsaufwand.

Als **Zusatzkosten** kommen insbes kalkulatorische Eigenkapitalkosten in Betracht, die unternehmensintern zur wertorientierten Steuerung der einzelnen Segmente eingesetzt werden können. **Anderskosten** können aus abweichenden Bewertungsmethoden im Rahmen des internen Rechnungswesens resultieren und betreffen insbes kalkulatorische Abschreibungen, kalkulatorische Wechselkurse oder kalkulatorische Zinsen. Weitere Beispiele sind die Bewertung von Sachanlagen auf Basis von Wiederbeschaffungskosten, die abweichende Kostenperiodisierung im Rahmen einer Lebenszyklus-Kostenrechnung, die Glättung von Rückstellungen sowie die Auswirkungen von Sicherungsbeziehungen, für die die Dokumentationserfordernisse des IAS 39 nicht erfüllt sind (vgl im Einzelnen *Müller/Peskes* BB 2006, 819 (823)).

54 Werden im internen Berichtswesen die **Bilanzierungs- und Bewertungsmethoden** der IFRS zugrunde gelegt, so ergeben sich zwischen den Segmentdaten und den aggregierten Daten des IFRS-(Konzern-)Abschlusses – abgesehen von Konsolidierungseffekten – keine Abweichungen. Eine Überleitung der kumulierten Segmentdaten auf den IFRS-Abschluss beschränkt sich in diesem Fall auf intersegmentäre Transaktionen sowie Geschäftsvorfälle mit Konzerneinheiten, die keinem Segment zugeordnet werden wie reine Holdingaktivitäten, Pensionsfonds oder Unterstützungskassen (vgl → Rn 21). Auf diese Weise können die gem IFRS 8.25 ff vorgesehenen Angaben zur Bewertung und Überleitung minimiert werden. Bei der Gestaltung des internen Rechnungswesens sollte ein Unternehmen daher stets die Implikationen beachten, die sich aus der Verwendung von Bilanzierungs- und Bewertungsmethoden ergeben, die nicht mit denjenigen der IFRS übereinstimmen.

55 Verwendet ein Unternehmen zur Ressourcenallokation und Leistungsbeurteilung in seinem internen Berichtswesen zwei oder **mehrere unterschiedliche** Ermittlungsmethoden als Bemessungsgrundlage für die entscheidungsrelevanten Steuerungskennziffern, so ist gem IFRS 8.26 für die Segmentberichterstattung diejenige Methode zugrunde zu legen, die den Bilanzierungs- und Bewertungsmethoden der IFRS am meisten ähnelt.

Beispiel 1: Ein Unternehmen verfügt über vier Geschäftssegmente. Für diese Segmente werden dem Hauptentscheidungsträger auf Basis der internen Berichterstattung regelmäßig zwei unterschiedliche Segmentergebnisse berichtet. Das eine Segmentergebnis berücksichtigt kalkulatorische Abschreibungen und Zinsen sowie eine Bewertung der Vorräte nach der nach IFRS unzulässigen LIFO-Methode. Das zweite Segmentergebnis basiert vollständig auf den Bilanzierungs- und Bewertungsmethoden der IFRS. Der Hauptentscheidungsträger stützt seine Entscheidungen zur Ressourcenallokation und Bewertung der Ertragskraft der Segmente auf beide Ergebnisgrößen.

In diesem Fall sind in der Segmentberichterstattung die nach den IFRS ermittelten Segmentergebnisse darzustellen, da diese den im Konzernabschluss zugrunde gelegten Bilanzierungs- und Bewertungsmethoden entsprechen (IFRS 8.26).

Beispiel 2: Im vorgenannten Beispiel leitet der Hauptentscheidungsträger seine Entscheidungen zur Ressourcenverteilung und Segmentbewertung ausschließlich aus dem ersten Segmentergebnis ab. Das nach den IFRS-Bewertungsmethoden ermittelte Segmentergebnis dient ihm lediglich zu informativen Zwecken, wird jedoch nicht zur Ressourcenverteilung genutzt.

In diesem Fall sind die unter Berücksichtigung kalkulatorischer Abschreibungen und Zinsen ermittelten Segmentergebnisse darzustellen, da nur diese für die Leistungsbewertung und Ressourcenallokation durch die Unternehmensleitung herangezogen werden.

Eine für das Geschäftsjahr 2009 durchgeführte Auswertung der IFRS-Konzernabschlüsse von 28% aller im DAX, MDAX, SDAX und TecDAX gelisteten Unternehmen kam zu dem Ergebnis, dass die Mehrzahl der betroffenen Unternehmen ihr internes und externes Berichtswesen weitgehend harmonisiert haben und auch dem internen Berichtswesen die IFRS-Bewertungsgrundsätze zugrunde legen. Grundlage dieser Analyse waren insbes die veröffentlichten Segmentdaten und die Auswertung der Überleitungsrechnungen (*Matova/Pelger* KoR 2010, 494 (494)). 56

Eine weitere Analyse aus dem Jahr 2012 kam zu dem Ergebnis, dass von 101 untersuchten börsennotierten Unternehmen 55% keine Bilanzierungs- und Bewertungsunterschiede zwischen den Segmenten und dem Konzernabschluss aufwiesen. Bei den verbleibenden 45% betrafen die abweichenden Bilanzierungs- und Bewertungsunterschiede vor allem die Abschreibung von Geschäfts- und Firmenwerten, Sicherungsgeschäfte mit derivativen Finanzinstrumenten, die Bilanzierung von Aktienoptionen nach IFRS 2, die Klassifizierung von Finance-Lease-Verhältnissen nach IAS 17 sowie die Bilanzierung von Pensionsverpflichtungen nach IAS 19 (*Blase/Müller/Reinke* KoR 2012, 352 (356)).

II. Angabepflichtige Segmentdaten

Die im Rahmen der Segmentberichterstattung offen zu legenden Angaben werden in **segmentbezogene** (IFRS 8.20 bis IFRS 8.28) und **segmentübergreifende** Angaben (IFRS 8.31 bis IFRS 8.34) unterteilt. 57

Die **segmentbezogenen Angaben** lassen sich gem IFRS 8.21 wiederum in die folgenden drei Gruppen einteilen:

(1) allgemeine Informationen über die Identifikationsmerkmale, die zur Abgrenzung der Segmente auf Basis der internen Organisationsstruktur geführt haben sowie die Art der bereitgestellten Produkte bzw Dienstleistungen (vgl → Rn 60),

(2) segmentbezogene Informationen über das Periodenergebnis und bestimmte, hierin enthaltene Aufwendungen und Erträge sowie deren Bewertung; ferner – sofern Bestandteil der internen Berichterstattung – Informationen zum Segmentvermögen und zu Segmentschulden (vgl → Rn 62ff),

(3) eine Überleitung der Segmentinformationen auf die konsolidierten Bilanz- und GuV-Posten des IFRS-(Konzern)Abschlusses (vgl → Rn 80ff).

Die vorgenannten Angaben sind sowohl für die **aktuelle Berichtsperiode** als auch für das **Vorjahr** zu machen. Wird die Zusammensetzung der berichtspflichtigen Segmente durch Änderungen in der internen Organisationsstruktur oder im internen Berichtswesen ggü dem Vorjahr modifiziert, so sind die im Rahmen der Segmentberichterstattung ausgewiesenen Vergleichsangaben gem IFRS 8.29 an die neue Struktur **anzupassen.** Änderungen können sich insbes bei einem Wechsel des Hauptentscheidungsträgers, infolge von Unternehmensakquisitionen, der Aufgabe von Geschäftsbereichen, dem Umbau der Entscheidungs- und Berichtsstruktur oder einer strategischen Neuausrichtung ergeben. Der Umstand, dass Vorjahreswerte angepasst wurden, ist anzugeben. Auf diese Weise soll gewährleistet werden, dass die veröffentlichten Informationen im Zeitablauf vergleichbar sind. 58

Entscheidend für die Anpassungspflicht ist die Ausprägung des internen Berichtswesens zum Bilanzstichtag. Ergeben sich Änderungen erst **nach dem Bi-**

lanzstichtag, jedoch vor Veröffentlichung des Konzernabschlusses, so stellen die Änderungen Ereignisse nach dem Bilanzstichtag iSd IAS 10.22 dar, die zum abgelaufenen Bilanzstichtag noch nicht berücksichtigt werden dürfen.

Die Anpassungspflicht betrifft sowohl Jahres- als auch Zwischenabschlüsse. Die Anpassung darf im Einzelfall nur dann unterbleiben, wenn die erforderlichen Vorjahresinformationen nicht vorliegen oder nur mit einem unverhältnismäßig hohen Aufwand ermittelbar sind. Unterbleibt eine Anpassung der Vorjahreszahlen aus den vorgenannten Gründen, so ist das Unternehmen gem IFRS 8.30 verpflichtet, für das aktuelle Berichtsjahr eine **zusätzliche** Segmentberichterstattung auf Basis des **alten** Segmentzuschnitts vorzunehmen.

Beispiel: Ein Unternehmen wurde bislang über seine Produktbereiche auf Basis des EBIT überwacht und gesteuert, die Segmentberichterstattung war entspr hieran ausgerichtet worden. Im Jahr X5 reorganisiert der Vorstand als Hauptentscheidungsträger die interne Berichterstattung des Unternehmens und lässt sich nunmehr als Grundlage für seine Steuerung und Ressourcenallokation eine Cashflow-bezogene Größe auf regionaler Ebene berichten. Aus diesem Grund stellt das Unternehmen am Ende des Jahres X5 seine Segmentberichterstattung um und berichtet auf Basis der neuen internen Organisationsstruktur. Vergleichszahlen für das Vorjahr kann das Unternehmen nicht ermitteln, da die erforderlichen regionalen Basisdaten im Vorjahr nicht erhoben worden waren. Insofern verzichtet es auf die Angabe von Vorjahreszahlen und gibt den Grund hierfür im Anhang an. Gem IFRS 8.30 ist das Unternehmen verpflichtet, im Jahr X5 eine zweite Segmentberichterstattung unter Berücksichtigung des alten internen Berichtswesens mit entspr Vorjahreswerten aufzustellen. Hierfür muss es bereits zum Zeitpunkt der Umstellung geeignete Vorkehrungen treffen, um die erforderlichen Daten am Ende des Jahrs X5 verfügbar zu haben. Im Jahr X6 berichtet das Unternehmen dann nur noch nach Maßgabe der neuen internen Organisationsstruktur.

Kann ein Unternehmen unter Zugrundelegung des Kosten-Nutzen-Prinzips lediglich einen Teil der Vorjahreszahlen rekonstruieren, so sollten die ermittelten Werte als Vergleichszahlen angegeben werden. Die Pflicht zu einer zweiten Segmentberichterstattung auf Basis des alten Segmentzuschnitts entfällt hierdurch allerdings nicht.

59 Die **segmentübergreifenden Angaben** gem IFRS 8.31 bis IFRS 8.34 sind von **allen** Unternehmen zu machen, die in den Anwendungsbereich von IFRS 8 fallen. Hierzu gehören auch Unternehmen, die nur ein Segment aufweisen (vgl → Rn 46f). Anzugeben sind insbes Informationen zu produkt- bzw dienstleistungsbezogenen Erträgen, zu geografischen Gebieten und zur Abhängigkeit von wesentlichen Kunden (vgl im Einzelnen → Rn 85ff).

Je nach Ausgestaltung des internen Reportings kann es vorkommen, dass dem Hauptentscheidungsträger Informationen in einer von der Konzernwährung abweichenden Währung berichtet werden.

Beispiel: Um die operative Umsatz- und Ergebnisentwicklung eines jeweiligen Landes beurteilen zu können, lässt sich der Hauptentscheidungsträger monatlich alle Informationen in der jeweiligen Landeswährung berichten. Hierdurch soll gewährleistet werden, dass die Landesperformance nicht durch Wechselkurseffekte, auf die das landesspezifische Management keinen Einfluss hat, verfälscht wird. Auf diese Weise wird zB vermieden, dass eine Umsatzsteigerung in Landeswährung bei einer entspr hohen Abwertung der Landeswährung ggü der Berichtswährung in einen Umsatzrückgang uminterpretiert wird.

In diesem Fall muss das Management entscheiden, in welcher Währung die Segmentinformationen präsentiert werden. Diese Entscheidung sollte sich daran orientieren, welche Informationen sich für die Abschlussadressaten als entscheidungsnützlicher erweisen.

Die in der Segmentberichterstattung präsentierten Informationen müssen den Informationen entsprechen, die das Unternehmen im **Lagebericht** oder auf seiner **Website** veröffentlicht oder anderweitig an **Finanzanalysten** berichtet. Ergeben sich hier Abweichungen oder Inkonsistenzen, so kann das darauf hindeuten, dass die in der Segmentberichterstattung ausgewiesenen Segmente unzutreffend ermittelt wurden.

1. Allgemeine Informationen

Die allgemeinen Angaben sollen den Abschlussadressaten ein Verständnis der Segmentabgrenzung und der Bestimmung der Segmentdaten ermöglichen und einen Einblick in das interne Steuerungs- und Berichtswesen des Unternehmens vermitteln. Zunächst ist zu beschreiben, auf welcher Basis das Unternehmen die **Segmentabgrenzung** vorgenommen hat, wer die Funktion des „Hauptentscheidungsträgers" iSd IFRS 8.7 einnimmt und wer an diesen berichtet. Mögliche Kriterien für die Segmentabgrenzung stellen bspw die angebotenen Produkte und Dienstleistungen, unterschiedliche Marken, Kundenprofile oder Vertriebswege sowie verschiedene Absatzregionen dar (vgl → Rn 29). Zur Beschreibung der Segmentabgrenzung ist auch anzugeben, wie rein konzernintern zuständige Dienstleistungseinheiten *(cost center)* berücksichtigt wurden. Zudem ist anzugeben, welche Geschäftssegmente zusammengefasst wurden, wobei die vom Management in diesem Zusammenhang getroffenen Ermessensentscheidungen zu erläutern sind. Dies beinhaltet neben einer kurzen Beschreibung der zusammengefassten Geschäftssegmente die Angabe derjenigen Indikatoren, die zu der Einschätzung geführt haben, dass diese Segmente vergleichbare wirtschaftliche Merkmale und ähnliche Rahmenbedingungen aufweisen (IFRS 8.22(aa)). Diese Ermessensentscheidung sollte durch interne Unterlagen untermauert werden können. 60

Darüber hinaus sind für alle **berichtspflichtigen Segmente** die diesen zugrunde liegenden Produkte bzw Dienstleistungen zu **beschreiben,** sodass ein Unbeteiligter sich eine angemessene Vorstellung von den Aktivitäten des Unternehmens verschaffen kann. 61

Beispiel: Im Rahmen der allgemeinen Angaben nimmt das im Anlagenbau tätige Unternehmen A in seinem Konzernabschluss die folgenden Erläuterungen vor:

„Bei A werden die Ressourcenverteilung und die Bewertung der Ertragskraft der Geschäftssegmente durch den Vorstand als Hauptentscheidungsträger vorgenommen. Die Abgrenzung der Geschäftssegmente und die Ermittlung der dargestellten Segmentdaten erfolgen in Übereinstimmung mit den internen Berichtssystemen, dh nach dem *management approach*.

Das Geschäft des A-Konzerns wird über sieben *business units* gesteuert, über die die folgenden Produkte und Dienstleistungen angeboten werden: Gasturbinen, Dampfturbinen, Antriebswellen, Getriebe, Rotoren, produktnahe Dienstleistungen und Kundenservice. Die Steuerung der *business units* erfolgt separat, da die Produkte und Dienstleistungen unterschiedliche Technologien aufweisen und eigene Marketingstrategien erfordern. Die *business units* werden durch Bereichsleiter in der Funktion von Segmentmanagern verantwortet die ihrerseits direkt an den Vorstand berichten. Die sieben *business units* werden aufgrund gleichartiger wirtschaftlicher und geschäftlicher Merkmale, die sich insbes auf die Art der Produkte und Produktionsprozesse und deren regionale Absatzmärkte beziehen zu den drei berichtspflichtigen Segmenten A, B und C zusammengefasst. Die Gewinnmargen, der Kundenkreis, die Vertriebsorganisation und das regulatorische Umfeld der *business units* Gas- und Dampfturbinen einerseits sowie Antriebswellen, Getriebe und Rotoren andererseits sind weitgehend homogen. Gleiches gilt für die Geschäftssegmente „produktnahe Dienstleistungen" und „Kundenservice". Zum Bilanzstichtag weist der A-Konzern daher die folgenden drei berichtspflichtigen Segmente auf:

Segment A beinhaltet den Produktbereich Turbinenbau mit den *business units* „Gasturbinen" und „Dampfturbinen", die weltweit an die Betreiber von Kraftwerken vertrieben werden.

Produktbereich B umfasst die *business units* „Antriebswellen", „Getriebe" und „Rotoren", die überwiegend an Automobil- und Flugzeughersteller in Europa abgesetzt werden.

In Segment C werden die von uns erbrachten Dienstleistungen gebündelt, die auf die *business units* „Kundenservice" und „produktnahe Dienstleistungen" entfallen.

Die Kosten konzernintern tätiger Servicecenter (IT, Buchhaltung, Controlling, Personal-, Rechts- und Steuerabteilung) werden in der Überleitungsrechnung erfasst. Der Ermittlung der in der Segmentberichterstattung ausgewiesenen Segmentdaten werden die Rechnungslegungsvorschriften der IFRS zugrunde gelegt, mit der Ausnahme, dass die den Segmenten zugeordneten Pensionsaufwendungen auf Basis der tatsächlichen Pensionszahlungen bewertet werden. Verkäufe und Leistungen zwischen verschiedenen *business units* werden zu Marktpreisen bewertet."

2. Segmentbezogene Informationen

62 Die segmentbezogenen Angaben betreffen **quantitative** Angaben zu wichtigen Kennzahlen der Ertrags- und Vermögenslage. Als zentrale Informationsgröße sieht IFRS 8.23 die verpflichtende Angabe des **Segmentergebnisses** vor.

Die übrigen, in der folgenden Tabelle dargestellten segmentbezogenen Angaben sind nur dann erforderlich, wenn die ihnen zugrunde liegenden Daten im Rahmen der internen Berichterstattung in das Segmentergebnis einbezogen, dh, implizit Bestandteil des Segmentergebnisses sind oder regelmäßig anderweitig an den Hauptentscheidungsträger iSd IFRS 8.7 berichtet werden (vgl hierzu → Rn 75).

Verpflichtend auszuweisende Segmentdaten (IFRS 8.23)
Segmentergebnis
Bedingte Segmentdaten, sofern sie Bestandteil des ausgewiesenen Segmentergebnisses sind oder regelmäßig anderweitig an den Hauptentscheidungsträger berichtet werden (IFRS 8.23)
Segmenterträge mit externen Dritten
Intersegmentäre Erträge
Zinserträge
Zinsaufwendungen
Planmäßige Abschreibungen
Wertminderungen nach IAS 36
Wertaufholungen nach IAS 36
Wesentliche Aufwands- und Ertragsposten
Ergebnisbeiträge von nach der Equity-Methode bilanzierten Beteiligungen
Ertragsteuern
Wesentliche zahlungsunwirksame Aufwendungen und Erträge, mit Ausnahme von planmäßigen Abschreibungen
Bedingte Segmentdaten, sofern sie dem Hauptentscheidungsträger regelmäßig berichtet werden (IFRS 8.23)
Segmentvermögen (ohne Finanzanlagen)
Segmentschulden
Bedingte Segmentdaten, sofern sie Bestandteil des ausgewiesenen Segmentvermögens sind oder regelmäßig anderweitig an den Hauptentscheidungsträger berichtet werden (IFRS 8.24)
Buchwerte von nach der Equity-Methode bilanzierten Beteiligungen
Investitionen in das langfristige Segmentvermögen

Beispiel: Steuert der Hauptentscheidungsträger die Segmente über das EBITDA so sind Zinsaufwendungen und -erträge sowie Abschreibungen nicht angabepflichtig. Nimmt er die Ressourcenallokation und die Segmentbewertung über das EBT vor, so sind diese angabepflichtig.

Die **Bewertung** der in der Tabelle aufgeführten Posten erfolgt, wie in → Rn 52 beschrieben, nach den Bewertungsmethoden, die dem internen Berichtswesen zugrunde liegen. 63

Für die einzelnen Finanzinformationen sind die nachfolgfolgend dargelegten Aspekte zu berücksichtigen.

a) Segmentergebnis

Aufgrund der Anwendung des *management approach* gibt IFRS 8 für das Segmentergebnis **keine Definition** vor, sondern überlässt es dem Bilanzierenden, eine geeignete Ergebnisgröße auf der Grundlage des internen Organisations- und Berichtswesens festzulegen. Dabei können die Segmentergebnisgrößen grds frei gewählt werden. Entscheidend ist, dass die angegebene Ergebnisgröße von dem Hauptentscheidungsträger auch tatsächlich für die Ressourcenallokation und Segmentbewertung herangezogen wird. Die Festlegung von Ergebnisgrößen kann zB rechnungslegungsbezogen (Jahresüberschuss, EBT, EBIT), zahlungsstromorientiert (EBITDA, operativer Segment-Cashflow, CFROI), wertschöpfungsorientiert (ROI, EVA) oder kostenorientiert (Rohergebnis, Deckungsbeitrag, Betriebsergebnis sowie weitere adjustierte Ergebnisgrößen) erfolgen. Ferner ist es zulässig, für verschiedene Segmente unterschiedliche Ergebnisgrößen zu bestimmen. 64

Beispiel: Ein Automobilhersteller weist in seiner Segmentberichterstattung neben den Bereichen „Personenkraftwagen", „Caravans" und „Lastkraftwagen" auch ein Finanzdienstleistungssegment aus, welches für die konzerneigenen Produkte Leasing- und Finanzierungskaufverträge anbietet. Während das Management die Steuerung und Ressourcenallokation für die drei produktbasierten Segmente auf der Grundlage des Betriebsergebnisses vornimmt, wird der Finanzdienstleistungsbereich unter Verwendung des EBT beurteilt. Dementsprechend weist das Unternehmen in der Segmentberichterstattung für die produktbasierten Segmente das Betriebsergebnis und für das Segment „Finanzdienstleistungen" das EBT aus. Die unterschiedlichen Bewertungsgrundlagen sind gem IFRS 8.27 zu erläutern.

Je nach Ausgestaltung des internen Berichtswesens kann sich die Angabe eines Segmentergebnisses in Ausnahmefällen auf die **Segmenterträge beschränken.** 65

Beispiel: Die Geschäftstätigkeit eines Unternehmens besteht hauptsächlich in der Erzielung von Lizenzerlösen für unterschiedliche Marken- und Sportrechte. Die Höhe der Lizenzerlöse richtet sich nach der Drittkundenakzeptanz, die in Form von Einschaltquoten gemessen wird. Im Rahmen des internen Berichtswesens werden lediglich die auf die einzelnen Marken- und Sportrechte entfallenden Lizenzerlöse an den Vorstand als Hauptentscheidungsträger berichtet. Informationen über Aufwendungen erhält der Vorstand nur für das Unternehmen als Ganzes. Auf den Rückgang von Lizenzerträgen einzelner Marken- bzw Sportrechte reagiert der Vorstand mit gezielten Marketingmaßnahmen. Für die Segmentberichterstattung fasst der Vorstand ähnliche Lizenz- und Sportrechte zusammen, sodass vier berichtspflichtige Segmente verbleiben.

Da der Vorstand keine segmentbezogenen Informationen über die Aufwendungen erhält, entsprechen die auf die vier Segmente entfallenden Segmenterträge jeweils dem Segmentergebnis. In der Segmentberichterstattung hat das Unternehmen daher lediglich die externen Erträge anzugeben.

Verwendet der Hauptentscheidungsträger **mehrere** Ergebnisgrößen als Grundlage für die Steuerung eines Segments, so ist in der Segmentberichterstattung gem 66

IFRS 8.26 dasjenige Ergebnis anzugeben, welches den in der externen Finanzberichterstattung verwendeten Bilanzierungs- und Bewertungsmethoden des Unternehmens bzw Konzerns am ehesten entspricht.

Beispiel: Ein Unternehmen verfügt neben dem externen Rechnungswesen, welches auf den Bilanzierungs- und Bewertungsmethoden der IFRS beruht, über ein abweichendes internes Rechnungswesen, welches das Ergebnis vor Steuern unter Berücksichtigung von kalkulatorischen Abschreibungen und kalkulatorischen Eigenkapitalkosten ermittelt. Die nach beiden Rechnungslegungsmethoden ermittelten Segmentergebnisse werden an den Vorstand als Hauptentscheidungsträger berichtet und von diesem gleichberechtigt in die Bewertung der Segmente und die Allokation von Ressourcen einbezogen.

In diesem Fall sind in der Segmentberichterstattung gem IFRS 8.26 die auf Grundlage der IFRS ermittelten Segmentergebnisse auszuweisen, da diese den in der externen Finanzberichterstattung verwendeten Bilanzierungs- und Bewertungsmethoden des Konzerns eher entsprechen als die unter Einbeziehung kalkulatorischer Komponenten ermittelten Segmentergebnisse.

b) Segmenterträge

67 Die **Zusammensetzung** der Segmenterträge ist wegen der Anwendung des *management approach* auf Basis des **internen Berichtswesens** vorzunehmen. Die Segmenterträge beschränken sich somit nicht auf den Ertragsbegriff gem IFRS 15/IAS 18 (so auch *Fink/Hütten* in Lüdenbach/Hoffmann/Freiberg IFRS § 36 Rz 81). Neben sonstigen, nicht umsatzbezogenen Erträgen können je nach Ausgestaltung des internen Rechnungswesens auch Andererträge, etwa aus einer abweichenden Periodisierung von Lizenz- oder Leasingerlösen, einzubeziehen sein. Ferner kann für verschiedene Segmente eine unterschiedliche Zusammensetzung der Erträge erfolgen.

68 **Externe Erträge** mit Kunden außerhalb des Unternehmens bzw Konzerns und **intersegmentäre Erträge** sind getrennt voneinander auszuweisen. Intersegmentäre Erträge beziehen sich auf Transaktionen mit anderen Segmenten. Dies umfasst auch Transaktionen mit solchen Segmenten, die nicht berichtspflichtig sind. Erträge, die innerhalb eines Segments oder mit einem zusammengefassten Segment erzielt werden, sind hingegen zu konsolidieren.

Beispiel: Ein Unternehmen weist die berichtspflichtigen Segmente A, B und C aus. Das Segment C beinhaltet die zusammengefassten Geschäftssegmente C1 und C2. Die nicht berichtspflichtigen Geschäftssegmente D und E werden gem IFRS 8.16 im Sammelsegment ausgewiesen. Ferner erzielt Segment C Erträge aus Transaktionen mit dem Holdingbereich.

Für das Segment C werden die mit Kunden außerhalb des Unternehmens erzielten Erträge als externe Erträge und die mit den Segmenten A, B, D und E erzielten Erträge als intersegmentäre Erträge dargestellt. Transaktionen zwischen den zusammengefassten Geschäftssegmenten C1 und C2 sind zu konsolidieren. Die aus Transaktionen mit dem Holdingbereich erzielten Erträge sind ebenfalls zu eliminieren, da der Holdingbereich als reines *cost center* nicht in die Segmentberichterstattung einbezogen wird.

c) Zinserträge und Zinsaufwendungen

69 Zinserträge und -aufwendungen sind gem IFRS 8.23 für jedes berichtspflichtige Segment **unsaldiert** auszuweisen, es sei denn, die Hauptgeschäftstätigkeit des Unternehmens bzw Segments beruht auf der Erzielung von Zinserträgen und die Beurteilung der Ertragskraft und die Allokation von Ressourcen auf das betroffene Segment erfolgt in erster Linie auf Basis der Nettozinserträge. Dies betrifft insbes Finanzdienstleistungsunternehmen, deren Geschäftsmodell auf die Ausnutzung von Zinsspreads ausgerichtet ist (IFRS 8.BC95). In einem solchen

Fall ist unter Angabe der Vorgehensweise des Unternehmens ein saldierter Ausweis zulässig.

Beispiel 1: Ein Automobilunternehmen bietet im Zusammenhang mit dem Verkauf seiner Produkte Finanzdienstleistungen an, die in einem gesonderten Segment zusammengefasst werden. Die interne Berichterstattung erfolgt für alle Segmente auf Basis des EBT, wobei die Beurteilung des Segments „Finanzdienstleistungen" auf Basis saldierter Zinserträge und -aufwendungen erfolgt.

In diesem Fall gibt das Unternehmen für das Segment Finanzdienstleistungen das saldierte Zinsergebnis und für die übrigen Segmente die Zinserträge sowie Zinsaufwendungen separat an.

Beispiel 2: Ein Unternehmen verwendet in seinem internen Berichtswesen das EBITDA als zentrale Ergebnisgröße für die Steuerung und Beurteilung seiner Segmente. Neben dem EBITDA werden auch die planmäßigen Abschreibungen sowie das Zinsergebnis zu Informationszwecken an den Vorstand als Hauptentscheidungsträger gemeldet.

In der Segmentberichterstattung gibt das Unternehmen daher als jeweiliges Segmentergebnis das EBITDA an. Auch wenn sie keinen Einfluss auf das intern verwendete Segmentergebnis haben, sind zusätzlich die planmäßigen Abschreibungen anzugeben, da diese anderweitig an den Vorstand berichtet werden. Über das Zinsergebnis ist indes nicht zu berichten, da IFRS 8.23 einen unsaldierten Ausweis von Zinserträgen und -aufwendungen vorsieht, diese jedoch nur in saldierter Form an den Vorstand berichtet werden.

Beispiel 3: Ein Unternehmen hat sein internes Berichtswesen in Form einer Matrixorganisation aufgebaut. Neben drei Produktbereichen werden dem Vorstandsvorsitzenden als Hauptentscheidungsträger auch Informationen über die drei unterschiedlichen Regionen berichtet, in welchen das Unternehmen tätig ist. Die interne Steuerung und Ressourcenallokation erfolgt sowohl für die Produktbereiche als auch für die Regionalentscheidungen auf Basis des EBIT. Für die Produktbereiche, nicht jedoch auf regionaler Ebene, werden zusätzlich die Zinserträge und Zinsaufwendungen an den Vorstandsvorsitzenden berichtet.

	Produktbereich A	Produktbereich B	Produktbereich C	Interne Berichtsgröße
Region A	•	•	•	EBIT
Region B	•	•	•	EBIT
Region C	•	•	•	EBIT
Interne Berichtsgrößen	EBIT Zinserträge Zinsaufwand	EBIT Zinserträge Zinsaufwand	EBIT Zinserträge Zinsaufwand	

Das Unternehmen hat zunächst zu entscheiden, ob die Produktbereiche oder die Regionen als Geschäftssegmente dargestellt werden sollen. Diese Entscheidung richtet sich danach, welche Informationen für den Abschlussadressaten einen höheren Informationsnutzen aufweisen.

Bestimmt das Unternehmen die Produktbereiche als Geschäftssegmente, so sind neben dem EBIT auch die Zinserträge und Zinsaufwendungen gesondert anzugeben, da diese anderweitig an den Vorstandsvorsitzenden berichtet werden. Erfolgt die Segmentabgrenzung hingegen auf Basis der Regionen, so entfällt die Angabe zu den Zinskomponenten, da diese auf regionaler Ebene nicht ermittelt werden. Möglich ist auch eine freiwillige Darstellung sowohl der Produktbereiche als auch der regionenbezogenen Informationen auf Basis eines Matrix-Formats (vgl → Rn 79).

d) Abschreibungen

Unter den Abschreibungen sind ausschließlich **planmäßige Abschreibungen** auf immaterielle Vermögenswerte und Sachanlagen auszuweisen. Je nach Ausgestaltung des internen Rechnungswesens können dies auch kalkulatorische 70

Abschreibungen sein, die zB auf der Basis von Wiederbeschaffungskosten ermittelt werden.

71 Darüber hinaus sind gem IAS 36.129 sowohl die aufwandswirksam als auch die direkt im Eigenkapital erfassten **Wertminderungen** und **Wertaufholungen** gem **IAS 36** für jedes Segment separat anzugeben. Die Bewertung der Wertminderungen und Wertaufholungen richtet sich ausnahmsweise **nicht** nach der internen Berichtsstruktur, da es sich um eine Angabepflicht gem IAS 36 und nicht nach IFRS 8 handelt. Insofern sind die Bewertungsvorgaben des IAS 36 zu berücksichtigen (dazu → § 27 Rn 37 ff).

e) Wesentliche Aufwands- und Ertragsposten

72 Die Angabe bezieht sich auf die in IAS 1.97 f genannten Sachverhalte, sofern sie für das bilanzierende Unternehmen wesentlich sind, und betrifft insbes **Restrukturierungsaufwendungen,** Abwertungen des Sachanlage- oder Vorratsvermögens, Aufwendungen bzw Erträge aus Rechtsstreitigkeiten, Erträge und Aufwendungen aus dem Abgang von Sachanlagen, assoziierten Unternehmen und Beteiligungen, aufgegebene Geschäftsbereiche sowie alle übrigen ungewöhnlichen Umstände, die das Segmentergebnis wesentlich beeinflusst haben.

Zu beachten ist, dass IAS 1.98 sich auf Sachverhalte bezieht, welchen die Bilanzierungs- und Bewertungsmethoden der IFRS zugrunde gelegt wurden. Insofern ist es durchaus möglich, dass diese Sachverhalte im Rahmen des internen Berichtswesens abweichend eingeschätzt oder bewertet werden.

73 Anzugeben sind ausschließlich **wesentliche** Posten, wobei IFRS 8 keine Aussage dazu trifft, welche Vergleichsbasis zur Beurteilung der Wesentlichkeit heranzuziehen ist. In Frage kommt zum einen ein unternehmensindividuell festgelegter Wesentlichkeitsmaßstab. Dies würde dem Gedanken des *management approach* entsprechen, wonach das wesentlich wäre, was der Hauptentscheidungsträger als wesentlich ansieht. Dies wären im Zweifel sämtliche an ihn berichteten segmentbezogenen Finanzinformationen iSd IAS 1.97 f. Zum anderen ließe sich die Beurteilung der Wesentlichkeit im Verhältnis zum **Segmentergebnis** oder im Verhältnis zu den gesamten **Segmentaufwendungen** ermitteln.

Bei der Bestimmung der Wesentlichkeit sollte der *management approach* uE keine Anwendung finden, da anderenfalls auch Kleinstbeträge anzugeben wären, sofern sie unter den Katalog des IAS 1.98 fallen und an den Hauptentscheidungsträger berichtet werden. Sinnvoll ist eine Orientierung der Wesentlichkeit im Verhältnis zu den Segmentaufwendungen, da hierdurch gewährleistet wird, dass die Abschlussadressaten über wichtige Umstände, die sich erheblich auf die VFE-Lage eines Unternehmens auswirken, informiert werden.

f) Wesentliche zahlungsunwirksame Aufwendungen und Erträge

74 Hierunter fallen insbes unrealisierte Gewinne und Verluste aus der Bewertung von Finanzinstrumenten oder von als Finanzinvestition gehaltenen Immobilien, unrealisierte Wechselkursgewinne bzw -verluste, die Auflösung größerer Rückstellungsbeträge oder die Ausgabe von Aktienoptionen. Die Angabe hat nach dem Wortlaut **brutto,** dh ohne Saldierung mit den entspr zahlungsunwirksamen Erträgen zu erfolgen.

Theoretisch fallen unter diese Position auch **größere Wertberichtigungen** und Wertaufholungen nach IAS 36 (vgl → Rn 71). Da diese jedoch bereits gem IAS 36.129 auszuweisen sind, sollte auf eine doppelte Angabe verzichtet werden, selbst wenn im Rahmen des internen Berichtswesens abweichende Werte ermittelt werden.

Beispiel: Ein Unternehmen nimmt über sein internes Rechnungswesen keinen Wertminderungstest gem IAS 36 vor, sondern bestimmt außerplanmäßige Abschreibungen auf einer überschlägigen Basis. Ferner werden Vermögenswerte im Rahmen des internen Rechnungswesens nicht nach ZGE iSd IAS 36 abgegrenzt, Geschäfts- oder Firmenwerte werden überhaupt nicht angesetzt.

Aufgrund eines massiven Auftragseinbruchs befürchtet die Unternehmensleitung, die Produkte eines seiner Werke nicht mehr gewinnbringend veräußern zu können und ermittelt für das betroffene Werk im internen Berichtswesen einen Wertminderungsbedarf in Höhe von Mio € 16. Dieser Wert wird über das interne Reporting gesondert an den Hauptentscheidungsträger des Konzerns gemeldet.

Im Rahmen der Aufstellung des nächsten zu veröffentlichenden IFRS-Abschlusses führt das Unternehmen einen Wertminderungstest gem IAS 36 durch, der neben dem abweichenden Zuschnitt der ZGE auch einen dieser zugeordneten Geschäfts- oder Firmenwert berücksichtigt. Der auf Basis des Wertminderungstests ermittelte Wertminderungsbedarf beläuft sich daher auf einen höheren Wert von Mio € 20 und übersteigt den über das interne Berichtswesen gemeldeten Abschreibungsbedarf somit um Mio € 4.

Der Hauptentscheidungsträger stuft die Wertminderung als wesentlich ein, sodass sowohl eine Angabe des Wertminderungsbedarfs in Höhe von Mio € 20 nach IAS 36.129 als auch die Veröffentlichung der intern berichteten außerplanmäßigen Abschreibung von Mio € 16 nach IFRS 8.23 in Betracht käme. Da die Angabe beider Beträge die Abschlussadressaten eher verwirren würden, ist uE nur die Angabe des ersten Betrags gem IAS 36.129 erforderlich.

g) Segmentvermögen und Segmentschulden

Aufgrund der Anwendung des *management approach* ist auch das jeweilige Segmentvermögen auf Basis des internen Rechnungswesens zu ermitteln. Werden dem Hauptentscheidungsträger zB regelmäßig nur Informationen zum *working capital* je Geschäftssegement bereitgestellt, so sind auch nur die Bestandteile des *working capitals* in die Segmentberichterstattung zu übernehmen. 75

Wird das Segmentvermögen **nicht regelmäßig** an den Hauptentscheidungsträger berichtet, so **entfällt** eine **Berichtspflicht** für das Segmentvermögen (IFRS 8.23 und IFRS 8.BC35A). Dabei löst das reine Vorhalten der Segmentdaten oder eine gelegentliche Berichterstattung an den Hauptentscheidungsträger noch keine Berichtspflicht aus. Erforderlich ist vielmehr eine Einbindung in das interne Reporting, welches dem Hauptentscheidungsträger **standardisiert und regelmäßig** berichtet wird. Enthält das dem Hauptentscheidungsträger zur Verfügung gestellte interne Reporting eine Angabe über das Segmentvermögen, so ist analog zu der US-GAAP-Regelung davon auszugehen, dass dieser die Information zur Ressourcenallokation und zur Leistungsbeurteilung auch nutzt.

Sofern ein Ausweis des Segmentvermögens mangels regelmäßiger Berichterstattung an den Hauptentscheidungsträge unterbleibt, so empfiehlt es sich, in den IFRS-Anhang einen entspr Hinweis aufzunehmen.

Sofern **Segmentschulden** gesondert ausgewiesen werden, gelten für diese die Ausführungen entspr. Eine Aufteilung des Segmentvermögens bzw der Segmentschulden nach Fristigkeiten oder sonstigen Kriterien ist nicht erforderlich.

h) Nach der Equity-Methode bilanzierte Beteiligungen

Joint Ventures und sonstige nach der Equity-Methode bilanzierte Beteiligungen können je nach Ausgestaltung des internen Reportings selbst operative Segmente darstellen. Nach dem *management approach* kommt es auf den Aspekt der Kontrolle nicht an. Entscheidend ist, dass der Hauptentscheidungsträger auf Basis der ihm regelmäßig zur Verfügung stehenden Informationen Entscheidungen über die Zuteilung finanzieller Ressourcen trifft. 76

In diesem Fall ist es sachgerecht, die auf die nach der Equity-Methode bewertete Beteiligung entfallenden Ergebnisse, Erträge und berichtspflichtigen Aufwendungen in der Segmentberichterstattung auszuweisen. Dies kann in Abhängigkeit von dem internen Reporting entweder in voller Höhe oder anteilig geschehen. Wird eine nach der Equity-Methode bewertete Beteiligung als eigenständiges Segment ausgewiesen, so ergeben sich entspr Abweichungen zu den Konzernwerten, die in der Überleitungsrechnung zu eliminieren sind.

i) Investitionen in langfristige Vermögenswerte

77 Die **Angaben** zu den **getätigten Investitionen** betreffen Sachanlagen, immaterielle Vermögenswerte, als Finanzinvestitionen gehaltene Immobilien, biologische Vermögenswerte sowie Geschäfts- oder Firmenwerte, sofern diese Vermögenswerte einem Segment zugeordnet und intern berichtet werden. Nicht zu berücksichtigen sind Investitionen in langfristige Finanzinstrumente, aktive latente Steuern, Rechte aus Versicherungsverträgen sowie Vermögenswerte aus Pensionsplänen.

j) Freiwillige Angaben

78 Neben den Pflichtangaben können Unternehmen in der Segmentberichterstattung auf **freiwilliger Basis** weitere Informationen veröffentlichen. So empfiehlt IAS 7.50(d) den Ausweis von Zahlungsströmen auf Segmentebene. Zur besseren Interpretation von Segmentinformationen ist es sinnvoll, Kennzahlen zu veröffentlichen, sofern diese der Steuerung der Segmente des Unternehmens dienen. In Betracht kommen grds Kennzahlen zur Analyse der Aufwands- und Ertragsstruktur, der Vermögensstruktur, der Kapitalstruktur, der Liquidität, der Rentabilität sowie wertorientierte Kennziffern (vgl im Einzelnen *Rogler* KoR 2009, 576 (576ff)). Eine gängige freiwillige Angabe stellt ferner die Anzahl der Mitarbeiter je Segment oder der Auftragsbestand dar.

k) Formale Gestaltung

79 Die **formale Gestaltung** der Angaben kann mittels Tabellen, Grafiken oder durch die Verwendung eines Matrix-Formats erfolgen. Die Verwendung eines Matrix-Formats eröffnet dem Abschlussleser durch die Kombination von sektoralen und regionalen Angaben idR einen höheren Informationsgehalt. Aus Gründen der Übersichtlichkeit ist es angezeigt, nur die wichtigsten Segmentinformationen wie zB das Segmentergebnis und – sofern einschlägig – das Segmentvermögen in einem Matrixtableau darzustellen.

Beispiel: Das interne Rechnungswesen eines Unternehmens liefert der Geschäftsführung sowohl produkt- als auch regionenbezogene Finanzinformationen. Die Geschäftsführung legt der Entscheidungsfindung beide Informationen zugrunde. Im Hinblick auf die Abschlussadressaten stuft die Geschäftsführung die regionenbezogenen Informationen insgesamt als entscheidungsnützlicher ein, möchte jedoch auf freiwilliger Basis auch produktbezogene Angaben für das Segmentergebnis und das Segmentvermögen machen. Aus diesem Grund präsentiert das Unternehmen sein Segmentergebnis und das Segmentvermögen in Form eines Matrixtableaus, alle übrigen Segmentinformationen werden regionenbezogen in einer Tabelle dargestellt.

Segmentergebnis in Mio €	Region 1	Region 2	Region 3
Produktbereich A	•	•	•
Produktbereich B	•	•	•

Segmentvermögen in Mio €	Region 1	Region 2	Region 3
Produktbereich A	•	•	•
Produktbereich B	•	•	•

Übrige Segmentangaben	Region 1	Region 2	Region 3
Externe Erträge	•	•	•
Intersegmentäre Erträge	•	•	•
Zinserträge	•	•	•
Etc	•	•	•

3. Überleitungsrechnungen

Als Folge der Bestimmungen des IFRS 8 **entsprechen** die **Summen der segmentierten Daten** im Regelfall **nicht** den im **IFRS-(Konzern)-Abschluss** ausgewiesenen **aggregierten Werten.** Dies ist das Resultat unterschiedlicher **Einflussfaktoren.** So werden in den Segmentdaten einerseits die intersegmentären Transaktionen berücksichtigt, die im Konzernabschluss eliminiert sind. Andererseits führen nicht berichtspflichtige Segmente, wie das Sammelsegment und reine Holdingbereiche (vgl → Rn 21), im Vergleich zu den Konzernabschlusswerten zu niedrigeren Beträgen. Darüber hinaus können sich Differenzen aufgrund der Anwendung des *management approach* ergeben, sofern im Rahmen der internen Berichterstattung andere Bilanzierungs- und Bewertungsmethoden angewendet bzw abweichende Zurechnungen vorgenommen werden als im Rahmen der externen Finanzberichterstattung. 80

Um einen Zusammenhang der segmentierten Daten zu den konsolidierten Werten des Konzernabschlusses herzustellen, wird gem IFRS 8.28 eine **Überleitung** ausgewählter Segmentdaten der berichtspflichtigen Segmente auf entspr Bilanz- und GuV-Werte verlangt. Nach IFRS 8.BC25 sollen die Überleitungen das Verständnis der Abschlussadressaten im Hinblick auf die Ermittlung der Segmentdaten und deren Bewertung erhöhen. Überzuleiten sind: 81

(1) die Summe der **Segmenterträge** auf die Erträge lt (Konzern-)GuV,
(2) die Summe der **Segmentergebnisse** auf das in der (Konzern-)GuV ausgewiesene Ergebnis vor Ertragsteuern und aufgegebenen Geschäftsbereichen,
(3) die Summe des **Segmentvermögens** auf das in der (Konzern-)Bilanz ausgewiesene Vermögen,
(4) die Summe der **Segmentschulden** auf die in der (Konzern-)Bilanz ausgewiesenen Schulden und
(5) die Summe aller weiteren **wesentlichen Posten,** die im Rahmen der Segmentberichterstattung ausgewiesen werden auf die entspr Posten des (Konzern-)Abschlusses.

Weist ein Unternehmen für die einzelnen Segmente ein Ergebnis **nach** Steuern aus, so können diese gem IFRS 8.28(b) auch auf ein entspr Ergebnis **nach** Steuern übergeleitet werden.

Segmentvermögen und **Segmentschulden** sind nur dann überzuleiten, sofern sie über die interne Berichterstattung regelmäßig an den Hauptentscheidungsträger berichtet und demzufolge in der Segmentberichterstattung gesondert ausgewiesen werden. Erfolgt keine regelmäßige Berichterstattung über die Vermögenswerte und/oder Schulden der einzelnen Segmente an den Hauptentscheidungsträger, so entfällt eine entspr Überleitungsrechnung.

Als **wesentliche sonstige Posten** der Überleitungsrechnung verweist IFRS 8.IG4 etwa auf größere Investitionen in die Konzernzentrale, die keinem der ausgewiesenen Segmente zugeordnet werden.

82 Hinsichtlich der Überleitung des **Segmentergebnisses** ergibt sich zusammengefasst folgendes Bild, wobei die Höhe und die Art der Überleitungsbeträge von der Definition des Segmentergebnisses, dem Grad der Übereinstimmung der Bewertung zwischen Segmentergebnis und Konzernergebnis sowie dem Umfang der intersegmentären Transaktionen abhängen:

	Summe der Segmentergebnisse
–	Eliminierung von intersegmentären Gewinnen
+/–	Bereinigung von Effekten aus der Verwendung von Zusatz- oder Anderskosten, wie zB kalkulatorischen Abschreibungen
+/–	Bereinigung einmaliger Sondereffekte und Transaktionen, die nicht dem Segmentergebnis zugeordnet werden (zB Veräußerungsgewinne/-verluste, Restrukturierungsaufwendungen, Aufwendungen aus aktienbasierter Vergütung)
–	Nicht zugeordnete Aufwendungen nicht berichtspflichtiger Segmente (Sammelsegment)
+	Nicht zugeordnete Erträge nicht berichtspflichtiger Segmente (Sammelsegment)
–	Aufwendungen, die auf den Holdingbereich entfallen (zB Kosten für allgemeine Verwaltung, Rechnungswesen, Steuer- und Rechtsabteilung etc)
=	EBIT lt Konzern-GuV
+/–	Bereinigung kalkulatorischer Zinserträge/Zinsaufwendungen
=	**Ergebnis vor Ertragsteuern und aufgegebenen Geschäftsbereichen lt Konzern-GuV**

Die Summe der Segmenterträge und – sofern berichtet – des Segmentvermögens und der Segmentschulden sind in entspr Form überzuleiten. Ein beispielhafter Aufbau dieser Überleitungsrechnungen findet sich in IFRS 8.IG4:

	Summe der Erträge der berichtspflichtigen Segmente
+	Erträge nicht berichtspflichtiger Segmente (Sammelsegment)
–	Eliminierung intersegmentärer Erträge
=	**Umsatzerlöse lt Konzern-GuV**

	Summe des Segmentvermögens der berichtspflichtigen Segmente
+	Segmentvermögen nicht berichtspflichtiger Segmente
–	Eliminierung intersegmentärer Forderungen
+	Sonstige nicht zugeordnete Vermögenswerte (zB Planvermögen)
=	**Vermögenswerte lt Konzern-Bilanz**

	Summe der Verbindlichkeiten der berichtspflichtigen Segmente
+	Verbindlichkeiten nicht berichtspflichtiger Segmente
–	Eliminierung intersegmentärer Verbindlichkeiten
+	Sonstige nicht zugeordnete Verbindlichkeiten (zB nicht zugeordnete Pensionsverpflichtungen)
=	**Verbindlichkeiten lt Konzern-Bilanz**

Ferner sind alle wesentlichen Überleitungsdifferenzen für die übrigen in der Segmentberichterstattung ausgewiesenen Positionen zu erläutern.

Neben der in IFRS 8.IG4 aufgezeigten Überleitungsmöglichkeit hat sich in der Praxis mehrheitlich eine tabellarische Spaltenform durchgesetzt, die die einzelnen Überleitungsposten von der Summe der Segmentangaben auf die Konzernwerte in jeweiligen Spalten darstellt (*Böckem/Pritzer* KoR 2010, 614 (620)).

Je stärker das im Rahmen der internen Berichterstattung berichtete Segmentergebnis mit den Bilanzierungs- und Bewertungsvorschriften der IFRS harmoniert, desto kleiner fällt der Überleitungsbedarf aus. Eine **Zusammenfassung** wesentlicher Überleitungsposten in einer Überleitungsposition ist **nicht zulässig**. Zudem ist das Sammelsegment gem IFRS 8.16 deutlich von der Überleitungsrechnung zu trennen. Das Sammelsegment beinhaltet Geschäftssegmente, über die nicht separat berichtet wird, sowie andere operative Geschäftstätigkeiten, die nicht die Definition von Geschäftssegmenten erfüllen (jedoch keine reinen *cost center*-Positionen darstellen).

4. Erläuternde Angaben zur Bewertung

Damit die Abschlussadressaten die Segmentangaben hinreichend beurteilen können, sind für **intersegmentäre Transaktionen** die zugrunde gelegten **Verrechnungspreise** und deren Bewertung zu erläutern. Werden konzerninterne Lieferungen und Leistungen zu marktüblichen Konditionen oder nach dem Kostendeckungsprinzip erbracht, so reicht ein entspr Hinweis hierauf. Nähere Erläuterungen hinsichtlich des Verrechnungspreissystems sind dann erforderlich, wenn eine unterschiedliche Gestaltung der Verrechnungspreise für die verschiedenen Segmente vorgenommen wird. In diesem Fall ist zu erläutern, inwieweit bestimmte Segmente konzernintern subventioniert werden. Dies kann auch quantitative Angaben erfordern. 83

Weichen die im internen Rechnungswesen zugrunde gelegten Zuordnungs- und Bewertungskriterien von den Bilanzierungs- und Bewertungsmethoden des IFRS-Abschlusses ab, so hat ein Unternehmen alle **Bewertungsunterschiede** im Hinblick auf das Segmentergebnis vor Steuern und aufgegebenen Geschäftsbereichen zu **erläutern.** Gleiches gilt für das Segmentvermögen und die Segmentschulden, sofern diese in der Segmentberichterstattung ausgewiesen werden. Eine separate Erläuterung kann entfallen, sofern die Unterschiede bereits aus der nach IFRS 8.28 vorzunehmenden Überleitungsrechnung hervorgehen und für den Abschlussadressaten transparent werden (vgl hierzu die Überleitungsrechnung in → Rn 82).

Nimmt ein Unternehmen im Rahmen seiner internen Berichterstattung eine **asymmetrische Allokation** von Bestands- und Stromgrößen vor (vgl hierzu → Rn 51), so ist dieser Umstand gem IFRS 8.27(f) so zu erläutern, dass die betragsmäßigen Auswirkungen der asymmetrischen Verteilungen deutlich werden. Eine Darstellung im Rahmen der Überleitungsrechnung wird dieser Anforderung im Regelfall nicht genügen. 84

III. Segmentübergreifende Angaben

85 Gem IFRS 8.31 ff hat **jedes** Unternehmen bestimmte zusätzliche Informationen zu Produkten und Dienstleistungen, geografischen Bereichen und der Abhängigkeit von einzelnen Kunden zu veröffentlichen. Die Berichtspflicht besteht auch für Unternehmen, die nur über ein einziges Segment verfügen. Sie besteht jedoch grds nur, insoweit diese Angaben nicht bereits im Rahmen der segmentbezogenen Angaben offengelegt wurden.

Zu beachten ist, dass der *management approach* für die segmentübergreifenden Angaben **keine** Anwendung findet. Die Angabepflicht besteht somit unabhängig davon, ob die jeweiligen Informationen vom Hauptentscheidungsträger zur Steuerung des Unternehmens herangezogen oder anderweitig an diesen berichtet werden. Zu beachten ist ferner, dass diese Informationen nach den für das **externe** Rechnungswesen geltenden Regelungen, dh nach den Bilanzierungs- und Bewertungsmethoden der **IFRS** zu ermitteln und zu bewerten sind.

86 Eine Einschränkung der Berichtspflicht besteht dann, wenn die Ermittlung der Daten **nicht möglich** oder mit **unverhältnismäßig hohen Kosten** verbunden ist. Auf diesen Umstand ist entspr hinzuweisen. Ferner kann die Angabe unterbleiben, sofern die geforderten Informationen bereits im Rahmen der Segmentdarstellung erfolgen. Dies ist regelmäßig nur dann der Fall, wenn das Unternehmen das interne und das externe Berichtswesen harmonisiert hat und für beide Berichtswesen ausschließlich die Bilanzierungs- und Bewertungsmethoden der IFRS anwendet. Im Einzelnen sind die folgenden segmentübergreifenden Angaben zu veröffentlichen:

87 Gem IFRS 8.32 hat ein Unternehmen bzw Konzern alle **Erträge** mit **externen** Kunden für jede **Produktart** und jede **Art von Dienstleistung** aufzugliedern. Vergleichbare Produkte und Dienstleistungen können zusammengefasst werden, sodass idR eine Synchronisation zu den ausgewiesenen Segmenten herbeigeführt werden kann.

88 Im Hinblick auf die regionale Präsenz gibt ein Unternehmen gem IFRS 8.33 sowohl die **Erträge mit externen Kunden** als auch die von ihm gehaltenen **langfristigen Vermögenswerte** getrennt nach **In-** und **Ausland** an. Die Aufteilung in In- und Auslandserträge bzw -vermögenswerte kann entweder nach den Standorten der Kunden oder den Standorten der Vermögenswerte, dh, dem Sitz der verkaufenden Einheit erfolgen, wobei die Grundlage für die Aufteilung anzugeben ist.

Als Inland gilt der Sitz des Unternehmens bzw der Konzernmutter, als Ausland gelten alle übrigen Länder. Erzielt das Unternehmen bzw der Konzern wesentliche Erträge mit externen Kunden in einem einzelnen Drittland, so ist die Summe der in diesem Drittland erzielten Erträge gesondert anzugeben. Die Schwelle der Wesentlichkeit ist uE ab einer Größenordnung von 10% der Gesamterträge erreicht (so auch *Fink/Hütten* in Lüdenbach/Hoffmann/Freiberg IFRS § 36 Rz 132).

Der Begriff der langfristigen Vermögenswerte bezieht sich insbes auf immaterielle Vermögenswerte und Sachanlagen iSd IAS 16, IAS 17, IAS 38 und IAS 40 sowie auf biologische Vermögenswerte. Auch Geschäfts- oder Firmenwerte sind den ausgewiesenen Regionen zuzuordnen (*ESMA* EECS 0213-11 vom 29. Oktober 2013). Finanzinstrumente, latente Steuern, Planvermögen iSd IAS 19 sowie Rechte aus Versicherungsverträgen gem IFRS 4 sind explizit ausgenommen. Konzentrieren sich wesentliche langfristige Vermögenswerte auf ein einzelnes Drittland, so sind diese betragsmäßig gesondert anzugeben. Auch hier ist uE auf eine Wesentlichkeitsschwelle von 10% des Gesamtvermögens abzustellen.

Erzielt ein Unternehmen bzw Konzern mindestens **10 % seiner konsolidierten Erträge** mit **einem einzigen Kunden,** so ist über diesen Umstand gem IFRS 8.34 zu berichten. Ferner ist für jeden Kunden, der die 10 %-Schwelle erreicht, der Gesamtbetrag der mit ihm erzielten Erträge anzugeben und es ist zu berichten, welche Segmente von den Erträgen mit dem Kunden betroffen sind. Die Offenlegung der Identität der Kunden oder eine genaue Aufteilung der Erträge auf die betroffenen Segmente ist nicht erforderlich. Gehören verschiedene Kunden einem Konzern oder einer sonstigen Unternehmensgruppe an, so gelten sie als **ein** Kunde und die Erträge sind entspr zusammenzufassen. Gleiches gilt gem IFRS 8.BC58 für Gebietskörperschaften, Behörden sowie Unternehmen der öffentlichen Hand. 89

Beispiel: Ein in Deutschland ansässiger Konzern vertreibt weltweit die vier unterschiedlichen Produktgruppen A bis D. Die im IFRS-Konzernabschluss ausgewiesenen Erträge belaufen sich auf Mrd € 2,4 (Vorjahr: Mrd € 2,2), das Anlagevermögen beträgt Mio € 800 (Vorjahr: Mio € 760). Das Unternehmen weist die Umsatzerlöse den Segmenten auf Basis des Kundensitzes und nicht auf Basis des Standorts der eigenen Produktionsstätten zu. Danach erzielt es 40 % seiner Umsätze und hält 35 % seines Anlagevermögens im Inland. Wesentliche Erträge werden in Höhe von 15 % in Frankreich erwirtschaftet, wobei 11 % der Gesamterträge auf einen einzigen französischen Kunden entfallen. Mit den Unternehmen eines internationalen Konzerns werden insgesamt weitere 12 % der Erträge erzielt. Das Unternehmen verfügt über zwei Werke in Indonesien und China, auf die 14 % bzw 24 % des Anlagevermögens entfallen. Die regionale Aufteilung der Erträge und langfristigen Vermögenswerte ist ggü dem Vorjahr unverändert.

Die Steuerung des Unternehmens und die Abgrenzung der Segmente erfolgt auf Basis der vier Produktgruppen. Transaktionen zwischen den einzelnen Produktgruppen finden nicht statt. Während sich für die Erträge keine Unterschiede aus dem internen und externen Berichtswesen ergeben, erfolgt die Bewertung des Anlagevermögens für interne Zwecke auf der Basis von Wiederbeschaffungskosten.

In der Segmentberichterstattung stellt der Konzern die **segmentbezogenen** Angaben auf Basis des internen Rechnungswesens für die vier Produktgruppen dar. Da intersegmentäre Transaktionen nicht stattfinden und sich die Bilanzierungs- und Bewertungsmethoden des internen und externen Rechnungswesens im Hinblick auf die Erträge entsprechen, ist eine zusätzliche Angabe der gem IFRS 8.32 **segmentübergreifend** darzustellenden produktbezogenen externen Erträge nicht erforderlich. Diese decken sich in vollem Umfang mit den segmentbezogenen Erträgen. Dagegen sind die nach IFRS 8.33 und IFRS 8.34 anzugebenden Informationen auf Basis der IFRS gesondert zu ermitteln und wie folgt auszuweisen:

Geografische Regionen	Umsatzerlöse Aktuell Mio €	Umsatzerlöse Vorjahr Mio €	Langfristige Vermögenswerte Aktuell Mio €	Langfristige Vermögenswerte Vorjahr Mio €
Deutschland	960	920	280	300
Ausland*)	1.440	1.280	520	460
Konzernweit	**2.400**	**2.200**	**800**	**760**
*) davon in				
Frankreich	360	335		
China			192	174
Indonesien			112	101

Die Zuweisung der Umsatzerlöse zu den einzelnen Ländern erfolgt auf Basis des jeweiligen Kundensitzes.

11 % der Unternehmenserträge entfallen mit Mio € 264 (Vorjahr: Mio € 242) auf einen Kunden. Diese Erträge sind der Produktgruppe B zuzuordnen.

Weitere 12% der Unternehmenserträge entfallen mit Mio € 288 (Vorjahr: Mio € 264) auf einen weiteren Kunden. Diese Erträge entfallen auf die Produktgruppen A, C und D.

90, 91 *(einstweilen frei)*

E. Segmentberichterstattung in Zwischenberichten

92 Die Darstellung von Segmentinformationen in **Zwischenberichten** ist in IAS 34 geregelt (dazu → § 43 Rn 34). Sofern ein Unternehmen zur Veröffentlichung einer Segmentberichterstattung gem IFRS 8 verpflichtet ist, sieht IAS 34.16A(g) für die Zwischenberichterstattung des Unternehmens folgende **Angaben** vor:

(1) Erträge von externen Kunden,
(2) Intersegmentäre Erträge,
(3) Segmentergebnis,
(4) Segmentvermögenswerte, deren Höhe sich im Vergleich zum letzten Jahresabschluss wesentlich verändert hat (nur sofern das Segmentvermögen Bestandteil der Segmentberichterstattung ist),
(5) eine Beschreibung aller Änderungen in der Gestaltung des internen Berichtswesens, sofern diese sich auf die Segmentabgrenzung oder die Zusammensetzung der Segmentergebnisse ausgewirkt haben,
(6) eine Überleitung der Segmentergebnisse auf das Unternehmensergebnis vor Steuern und vor aufgegebenen Geschäftsbereichen, wobei wesentliche Überleitungsposten zu erläutern sind (gibt das Unternehmen die Segmentergebnisse nach Steuern an, so ist auf das entspr Unternehmensergebnis nach Steuern überzuleiten).

Die vorstehenden quantitativen Angaben sind sowohl für die **jeweilige Zwischenberichtsperiode** als auch **kumuliert** für den Zeitraum von Beginn des Geschäftsjahrs bis zum Ende der Zwischenberichtsperiode *(year-to-date)* anzugeben.

F. Wesentliche Änderungen und deren Anwendungszeitpunkte

93 Auf Basis des ED/2012/1 *Annual Improvements to IFRSs 2010–2012 Cycle* vom Mai 2012 nahm der IASB eine Ergänzung des IFRS 8.22 um den neu eingefügten IFRS 8.22(aa) vor. Danach ist im **Anhang** auch über die **Zusammenfassung von Segmenten** zu berichten, wobei insbes die Ermessensentscheidungen des Managements bei der Aggregation von Segmenten zu erläutern sind. Dies betrifft vor allem eine Darlegung der vom Management herangezogenen wirtschaftlichen Indikatoren wie zB erwartete Gewinnmargen oder geplante Umsatzwachstumsraten. Ferner sind die zusammengefassten Segmente kurz zu beschreiben.

Darüber hinaus wurde IFRS 8.28(c) um die **Klarstellung** ergänzt, dass eine **Überleitung des Segmentvermögens** auf das Konzernvermögen nur dann erforderlich ist, wenn das Segmentvermögen regelmäßig an den Hauptentscheidungsträger berichtet wird. Inhaltlich war dies bereits in IFRS 8.23 so geregelt. Die Änderungen wurden in den Vorschriften des IFRS 8.BC30A, 30B und 35B begründet.

Die beiden vorgenannten Ergänzungen sind verpflichtend für alle Geschäftsjahre anzuwenden, die am oder nach dem 1. Januar 2014 beginnen. Eine frühere Anwendung ist erlaubt, soweit dies im Abschluss angegeben wird.

G. Besonderheiten für Banken und Versicherungen

IFRS 8 enthält **keine Sonderregelungen** für Banken und Versicherungen. Dies entspricht dem Grundprinzip des IASB, nur branchenübergreifende Standards zu erlassen. 94

Das DRSC hat mit DRS 3–10 und DRS 3–20 besondere Vorschriften für die Segmentberichterstattung von Banken und Versicherungen erlassen (vgl → Rn 97).

H. Gegenüberstellung zu HGB/DRS

Bis zum Jahr 1998 kannte die deutsche Rechnungslegung nach den Vorschriften des HGB **keine** Pflicht zur Segmentberichterstattung. Durch das Gesetz zur Kontrolle und Transparenz im Unternehmensbereich (KonTraG) vom 27. April 1998 wurde eine Pflicht zur Segmentberichterstattung für börsennotierte AG in § 297 Abs 1 HGB vorgeschrieben. § 297 Abs 1 HGB wurde durch das BilReG vom 4. Dezember 2004 dahingehend geändert, dass die Segmentberichterstattung nicht mehr zwingend ist. Aktuell sieht § 297 Abs 1 Satz 2 HGB ein Wahlrecht für eine freiwillige Segmentberichterstattung vor. Für den Konzernabschluss eines **börsennotierten Unternehmens** besteht jedoch aufgrund der verpflichtenden Anwendung der IFRS – und somit des IFRS 8 – auch in Deutschland unverändert die Pflicht zur Segmentberichterstattung (vgl → Rn 6). 95

Dennoch existieren im deutschen Recht auch für Konzernunternehmen, die **freiwillig** einen Segmentbericht aufstellen und nicht nach IFRS bilanzieren, Regelungen. So hat das DRSC in **DRS 3** eine nähere Ausgestaltung vorgenommen. DRS 3 gilt für alle MU, die den Konzernabschluss gem § 297 Abs 1 Satz 2 HGB freiwillig um eine Segmentberichterstattung erweitern. 96

Wie IFRS 8 und FASB ASC 280 folgt DRS 3 dem *management approach*. Die Segmentierung hat anhand der operativen Segmente des Unternehmens zu erfolgen. Diese ergeben sich aus der internen Organisations- und Berichtsstruktur des Unternehmens, wobei in Anlehnung an den überholten IAS 14 unterstellt wird, dass die Strukturierung auf die unterschiedlichen Chancen und Risiken der Aktivitäten des Unternehmens abstellt. Andererseits verlangt DRS 3 ebenfalls in Analogie zu dem überholten IAS 14, dass die Segmentangaben in Übereinstimmung mit den Bilanzierungs- und Bewertungsmethoden des zugrunde liegenden HGB-Abschlusses erfolgen. Insofern bestehen zentrale Unterschiede zu IFRS 8.

Nach **DRS 3–10** soll die Segmentierung die interne Organisations- und Berichtsstruktur eines **Kreditinstituts** widerspiegeln, die Ermittlung der Segmentdaten hat in Übereinstimmung mit der internen Steuerung zu erfolgen. Für bestimmte Segmentposten können vom externen Rechnungswesen abweichende interne Daten gewählt werden, für andere Posten müssen interne und externe Daten übereinstimmen. Vom externen Rechnungswesen abweichende interne Daten sind in einer gesonderten Spalte auf die externen Zahlen überzuleiten. Die Zuordnung des Kapitals auf die einzelnen Segmente ist in Abhängigkeit von der zu internen Steuerungszwecken verwendeten Aufteilung vorzunehmen. Dabei kann wahlweise entweder das bilanzielle Eigenkapital, das regulatorische Kapital oder das ökonomische Kapital ausgewiesen werden. 97

Nach den Vorschriften des **DRS 3–20** haben **Versicherungsunternehmen** zumindest eine Segmentierung bestimmter Posten der GuV unterteilt nach Lebensversicherungsgeschäft und Nicht-Lebensversicherungsgeschäft vorzuneh- 98 men. Für die produktorientierte Segmentierung wird eine gesonderte Berichterstattung zum Rückversicherungsgeschäft und zum Finanzdienstleistungsgeschäft empfohlen.

I. Aktuelle Entwicklungen/IASB-Projekte

99 Am 9. November 2011 veröffentlichte die ESMA einen Bericht, in dem sie insbes folgende Punkte vortrug:

(1) In der Praxis zeigte sich, dass unter den Begriff des Hauptentscheidungsträgers ua Personen subsumiert wurden, welchen keine operative Entscheidungsmacht oblag. Gefordert wurde daher eine Konkretisierung des Begriffs des Hauptentscheidungsträgers.

(2) Bei der Aggregation von Geschäftssegmenten wurde vor allem der weite Ermessensspielraum bei der Auslegung des Begriffs der „vergleichbaren wirtschaftlichen Merkmale" als konkretisierungsbedürftig angesehen.

(3) Die Überleitungsrechnungen wurden in der Praxis häufig mit dem Sammelsegment vermengt. Hier werden Anleitungen zur besseren Umsetzung des Standards als erforderlich angesehen.

Die vorgenannten Punkte wurden von der EFRAG in ihrer Stellungnahme vom 29. November 2012 zum *Post-implementation Review* (PIR) des IASB aufgenommen. In diesem PIR wurde untersucht, inwieweit der Standard tatsächlich geeignet ist, die vom IASB verfolgten Ziele in der Praxis umzusetzen.

Das Ergebnis des PIR veröffentlichte der IASB im Juli 2013. Danach kam der IASB zu der Überzeugung, dass die Hauptziele, nämlich der durch den *management approach* vermittelte Informationswert, die Harmonisierung mit der US-GAAP-Berichterstattung sowie eine Reduzierung der Kosten der Datenerhebung, mit IFRS 8 bereits erreicht werden konnten. Die im Rahmen des PIR aufgeworfenen Kritikpunkte will der IASB in seiner weiteren Arbeit diskutieren. Er sieht jedoch aktuell keinen Anlass, die Vorschriften des IFRS 8 wesentlich zu überarbeiten.

100 Die positive Einschätzung des IASB über die erfolgreiche Einführung des IFRS 8 wird nicht uneingeschränkt geteilt. So deuten empirische Untersuchungen darauf hin, dass die Einführung des Standards im Ergebnis zu keiner signifikanten Veränderung oder gar Verbesserung der Publizitätspraxis geführt hat (*Weißenberger/Franzen/Kurth* KoR 2013, 136 (141)).

Teil C. Abschlussspezifische Sonderfragen

§ 22. Leasing

Übersicht

Schrifttum: *Alvarez/Wotschofsky/Miethig* Bilanzierung von Leasinggeschäften nach US-Generally Accepted Accounting Principles, IStR 2002, 65; *Dinh/Heining/Seitz* Bilanzierung von Leasingverhältnissen – Von IAS 17 zum neuen Stand – Status Quo, KoR 2015, 281; *Esser* Leasingverhältnisse in der IFRS-Rechnungslegung – Darstellung der Leasingbilanzierung gem. IAS 17 und IFRIC 4 –, StuB 2005, 429; *EY* Bilanzierung von Leasingverhältnissen – Der überarbeitete Standardentwurf unter der Lupe, Eschborn 2013; *Findeisen/Adolph* Neue Leasingbilanzierung: Aktueller Stand und weitere Entwicklung, DB 2014, 2727; *Fülbier/Pferdehirt* Überlegungen des IASB zur künftigen Leasingbilanzierung: Abschied vom off balance sheet approach, KoR 2005, 275; *Götz/Spanheimer* Nutzungsrechte im Anwendungsbereich von IAS 17 – Inhalt und Auswirkungen von IFRIC 4 zur Identifizierung von Leasingverhältnissen, BB 2005, 259; *Helmschrott* Zum Einfluss von SIC 12 und IAS 39 auf die Bestimmung des wirtschaftlichen Eigentums bei Leasingverhältnissen nach IAS 17, WPg 2000, 426; *IASB* Project Update Leases, London 2014; *IASB/FASB* Identification of assets and liabilities in a simple lease (Agenda Paper 12A, March 21, 2007 Board Meeting); *Küting/Koch* Das Sale-and-Lease-back-Verfahren im Jahresabschluss des Verkäufers/Leasingnehmers nach HGB und IFRS – Bilanzrechtliche Grundlagen auf der Basis eines Fallbeispiels (Teile I/Teil II: HGB-/IFRS-Abschluss), KoR 2007, 533/607; *Laubach/Findeisen/Murer* Leasingbilanzierung nach IFRS im Umbruch – der neue Exposure Draft „Leases" DB 2010, 2401; *Lorenz* IFRS Exposure Draft „Leases": Abschaffung des wirtschaftlichen Eigentums bei Leasingverhältnissen?, BB 2010, 2555; *Lüdenbach/Freiberg* Wirtschaftliches Eigentum nach IAS 17 – die unterschätzte Bedeutung des Spezialleasings, BB 2006, 259; *Mellwig* Die bilanzielle Behandlung von Leasingverträgen nach den Grundsätzen des IASC, DB Beilage 12/1998; *Mellwig/Weinstock* Die Zurechnung von mobilen Leasingobjekten nach deutschem Handelsrecht und den Vorschriften des IASC, DB 1996, 2345; *Oversberg* Paradigmenwechsel in der Bilanzierung von Leasingverhältnissen, KoR 2007, 376; *Schimmelschmidt/Happe* Off-Balance-Sheet Finanzierungen am Beispiel der Bilanzierung von Leasingverträgen im Einzelabschluss und im Konzernabschluss nach HGB, IFRS und US-GAAP, DB Beilage 9/2004.

Wesentliche Rechtsgrundlagen: IAS 17, IFRIC 4, SIC-12, SIC-15, SIC-27, ED/2013/6 *Leases.*

A. Allgemeines

I. Einleitung

Die Bilanzierung von Leasingverhältnissen nach IFRS befindet sich aktuell in einem grundlegenden Umbruch. Seit nunmehr acht Jahren haben IASB und FASB an einem gemeinsamen Bilanzierungsstandard für Leasingverhältnisse gearbeitet. Anlass der grundlegenden Neuüberarbeitung des Bilanzierungsstandards ist die immer wieder geäußerte Kritik an dem gegenwärtigen dualen Bilanzierungsmodell von Leasingverhältnissen mit der Unterscheidung in Finanzierungs- und Operating Leasingverhältnisse. Durch die Klassifizierung eines Großteils der bestehenden Leasingverhältnisse in Operate Leases werden Leasingverhältnisse verhältnismäßig selten in der Bilanz des Leasingnehmers abgebildet. Die daraus resultierenden Bilanzverzerrungen und fehlenden Informationen über Rechte und Pflichten der Leasingnehmer sowie die mangelhafte Vergleichbarkeit von Jahresabschlüssen waren Auslöser für die Anstrengungen des IASB und des FASB im Rahmen des Konvergenzprojekts. 1

Nach zwei Standardentwürfen in den Jahren 2010 und 2013 sowie kontroversen Diskussionen um die Leasingbilanzierung steht das Projekt einer Neufassung des Standards für die Bilanzierung von Leasingverhältnissen nunmehr vor dem Abschluss. Das Ziel eines einheitlichen Standards konnten FASB und IASB hingegen nicht verwirklichen. Auch wenn Einigkeit bei den grundlegenden Fragen der Erfassung von Leasingverhältnissen in der Bilanz des Leasingnehmers besteht, konnten sich die Boards bei einigen Fragen, insbes bei der Aufwandserfassung in der Gesamtergebnisrechnung bzw gesonderten GuV (sofern erstellt) des Leasingnehmers sowie einigen Vereinfachungsregelungen nicht abschließend einigen. Der finale Standard wird gegen Ende des Jahrs 2015 erwartet. Da aber nach wie vor (Stand: 31. Juli 2015) kein finaler Standard veröffentlicht wurde, beziehen sich die nachstehenden Ausführungen auf den aktuell geltenden IAS 17. Im Kapitel „Aktuelle Entwicklungen/IASB-Projekte“ (→ Rn 201 ff) wird der derzeitige Stand der Diskussion um die Weiterentwicklung des Standardentwurfs dargestellt.

Unter einem **Leasingverhältnis** ist eine **Vereinbarung** zu verstehen, bei der ein Leasinggeber *(lessor)* einem Leasingnehmer *(lessee)* gegen eine **Zahlung** oder eine Reihe von Zahlungen für einen **vereinbarten Zeitraum** das **Recht** auf die **Nutzung** eines materiellen oder immateriellen Vermögenswerts überträgt (IAS 17.4). Die Einordnung, Bilanzierung und Bewertung von Leasingverhältnissen und damit verbundene Anhangangaben sowohl auf Ebene des Leasinggebers als auch auf Ebene des Leasingnehmers sind in IAS 17 geregelt. Entscheidende Voraussetzung für das Vorliegen eines Leasingverhältnisses ist die Einräumung eines Nutzungsrechts an einem Vermögenswert. Maßgebend ist dabei der wirtschaftliche Gehalt der Vereinbarung und weniger der formelle Inhalt eines Vertrags. Bei der Einräumung eines Nutzungsrechts kann es sich sowohl um die Übertragung von direkten als auch indirekten Nutzungsrechten handeln. Bei Übertragung eines **direkten** Nutzungsrechts räumt der Leasinggeber dem Leasingnehmer eine vertraglich gesicherte Rechtsposition ein, nach eigenem Ermessen über Art, Umfang und zeitliche Struktur der Nutzung des leasingvertragsgegenständlichen Vermögenswerts entscheiden zu können. Ist Gegenstand des Leasingverhältnisses demgegenüber die Übertragung eines **indirekten** Nutzungsrechts, so bezieht sich der dem Leasingverhältnis zugrunde liegende Vertrag nicht auf den Vermögenswert selbst, sondern auf den **Output des Vermögenswerts.**

2 Über die bilanzielle Einordnung des Leasingverhältnisses entscheidet nicht die rechtliche Form, sondern der wirtschaftliche Gehalt eines Geschäftsvorfalls. Dabei ist für die bilanzielle Abbildung eines Leasingverhältnisses derzeit noch die Frage nach der Zurechnung des wirtschaftlichen Eigentums maßgebend, während der IASB in dem erarbeiteten Standardentwurf und auch in dem aktuellen Stand der Überarbeitung dieses Entwurfs auf das Nutzungsrecht an dem Vermögenswert abstellt (sog *right-of-use*-Ansatz), Stand: 31. Juli 2015 (vgl dazu *Dinh/Heining/Seitz* KoR 2015, 281 (281 ff)).

3 Unerheblich für die Zurechnung des wirtschaftlichen Eigentums ist die Frage, in wessen Eigentum das Leasingobjekt **rechtlich** steht. Der Begriff des **Eigentums** im rechtlichen Sinne beschreibt die umfassende Zuordnung einer Sache zu einer Person. Diese Zuordnung beinhaltet das Recht zu sämtlichen tatsächlichen und rechtlichen Herrschaftshandlungen, die eine Rechtsordnung an Sachen zulässt. Das Eigentum im wirtschaftlichen Sinne konkretisiert sich in der Möglichkeit, das Leistungspotenzial des Leasinggegenstands uneingeschränkt nutzen und verwerten zu können. Der **wirtschaftliche Gehalt** kommt darin zum Ausdruck, dass der Eigentümer alle Risiken und Chancen aus dem Gegenstand innehat und den Leasinggegenstand bilanziert. Dabei kann der rechtliche Eigentümer die mit dem Leasingobjekt verbundenen wesentlichen Risiken und Chancen auf einen Dritten übertragen, wodurch dieser zwar nicht zivilrechtlich, so doch wirtschaftlich in eine Position versetzt wird, die mit der des rechtlichen Eigentümers vergleichbar ist (wirtschaftliches Eigentum). Die Frage nach der Zurechnung des wirtschaftlichen Eigentums ist somit systematisch an die Frage nach der Verteilung der mit der Nutzung des Leasinggegenstands verbundenen **Risiken und Chancen** auf den Leasinggeber und auf den Leasingnehmer *(risks and rewards approach)* geknüpft.

4 **Risiken** bestehen vornehmlich in einer in Bezug auf die Renditeerwartungen an das Leasingobjekt **negativen Veränderung** der wirtschaftlichen Rahmenbedingungen sowie in der Gefahr potenzieller Verluste aus ungenutzten Kapazitäten und technischer Überalterung des Leasingobjekts. **Chancen** liegen bspw in der Aussicht auf Gewinn bringenden Einsatz des Leasingobjekts während der wirtschaftlichen Nutzungsdauer, einem Ertrag aus dem Wertzuwachs sowie in einer möglichen Restbuchwertüberdeckung (IAS 17.7).

5 Die **bilanzrechtliche Qualifikation** des Leasingvertrags stellt mithin auf die wirtschaftlich relevanten Risiken und Chancen ab. Gehen diese auf den Leasingnehmer über, ist also der Leasingnehmer wirtschaftlicher Eigentümer, so kommt dem Leasingvertrag die wirtschaftliche Wirkung eines (kreditfinanzierten) Kaufs zu. Das wirtschaftliche Eigentum an dem Leasinggegenstand wird dem Leasingnehmer zugerechnet. Die Bilanzierung des Leasingobjekts erfolgt der Zurechnung des wirtschaftlichen Eigentums entspr beim Leasingnehmer. Eine derartige Ausgestaltung des Leasingvertrags wird als **Finanzierungs-Leasingverhältnis** bezeichnet.

6 ISe Negativabgrenzung klassifiziert IAS 17.8 Leasingverhältnisse, die den Voraussetzungen eines Finanzierungs-Leasingverhältnisses nicht genügen, als **Operating-Leasingverhältnisse.** Die Bilanzierung eines Vermögenswerts, der Gegenstand eines Operating-Leasingverhältnisses ist, erfolgt beim Leasinggeber. Die Klassifizierung als Finanzierungs- bzw Operating-Leasingverhältnis folgt keinem Automatismus; vielmehr ist der zu beurteilende Einzelfall einer Prüfung zu unterziehen. Die Klassifizierung ist zu Beginn des Leasingverhältnisses vorzunehmen (IAS 17.13).

7 Leasinggeber und Leasingnehmer verbinden mit dem Eingehen eines Leasingverhältnisses regelmäßig **unterschiedliche Zielsetzungen.** Der Leasinggeber übernimmt unter Rückgriff auf die ihm zur Verfügung stehenden finanziellen

Ressourcen für den Leasingnehmer die Finanzierung des Leasingobjekts. Korrespondierend werden die finanziellen Ressourcen des Leasingnehmers geschont. Mit dem Eingehen eines Leasingverhältnisses verfolgt der Leasingnehmer häufig das (Neben-)Ziel bilanzunwirksame Geschäftsvorfälle einzugehen ***(off-balance-sheet-accounting),*** um bspw eine höhere Eigenkapitalquote bzw einen geringeren Verschuldungsgrad auszuweisen.

Die **Bilanzierung** des **Leasingobjekts** beim **Leasingnehmer** im Rahmen eines Finanzierungs-Leasingverhältnisses entspricht häufig nicht den Intentionen der Vertragsparteien des Leasingvertrags. Eine wesentliche Motivation des Leasingnehmers, sich den ökonomischen Nutzen aus Mobilien (zB Fuhrpark, Flugzeuge, Schiffe, Hard- und Software, Maschinen) und Immobilien (zB Grundstücke und Gebäude) über das Eingehen eines Leasingverhältnisses zu erschließen, besteht – wie oben ausgeführt – darin, diese Vermögenswerte eben nicht zu bilanzieren. **8**

II. Anwendungsbereich

IAS 17 ist auf direkte **Nutzungsüberlassungen** unmittelbar sowie auf indirekte Nutzungsüberlassungen (sog verdeckte Leasingverhältnisse) mittelbar anzuwenden. Die Anforderungen, die eine indirekte Nutzungsüberlassung erfüllen muss, um als Leasingverhältnis iSd IAS 17 zu gelten, sind in IFRIC 4 („Feststellung, ob eine Vereinbarung ein Leasingverhältnis enthält") formuliert. In vergleichbarer Weise wie sich IAS 17 und ASC Topic 840 konzeptionell kaum unterscheiden, so ist IFRIC 4 mit der korrespondierenden Regelung ASC 840-10-15/55 der US-GAAP tendenziell deckungsgleich (*Götz/Spanheimer* BB 2005, 259 (259)). **9**

1. Direkte Nutzungsüberlassungen

IAS 17 ist prinzipiell auf alle Vertragsgestaltungen anzuwenden, die unter die Definition eines Leasingverhältnisses fallen. Der Standard findet unmittelbare Anwendung auf alle Vereinbarungen, die das **direkte Recht** auf die Nutzung von Vermögenswerten übertragen, auch wenn wesentliche Leistungen des Leasinggebers iVm dem Einsatz oder dem Erhalt der Vermögenswerte erforderlich sind (IAS 17.3; **echte** Leasingverhältnisse). Der Anwendungsbereich von IAS 17 wird negativ abgegrenzt. **Nicht in den Anwendungsbereich** von IAS 17 fallen **10**

(1) Leasingverhältnisse in Bezug auf die Entdeckung und Verarbeitung von Mineralien, Öl, Erdgas und anderen nicht regenerativen Ressourcen (IAS 17.2 (a)) und

(2) Lizenzvereinbarungen (zB Filme, Videoaufnahmen, Theaterstücke, Manuskripte, Patente und Urheberrechte; IAS 17.2(b)).

Diese unterliegen vielmehr nach dem Grundsatz des Vorrangs der Spezialvorschrift den bilanziellen Vorgaben der Standards zur Exploration und Evaluierung von mineralischen Ressourcen (IFRS 6; → § 42 Rn 6) bzw den allgemeinen Vorschriften zur bilanziellen Abbildung von Erträgen (IAS 18; → § 15 Rn 10ff; IFRS 15; → § 15 Rn 49ff) und immateriellen Vermögenswerten (IAS 38; → § 4 Rn 18).

Außerdem findet IAS 17 **keine Anwendung bei** **11**

(1) als Finanzinvestition gehaltenen Immobilien beim Leasingnehmer im Rahmen eines Finanzierungs-Leasingverhältnisses (IAS 40, IAS 17.2(a); → § 6 Rn 15),

(2) als Finanzinvestition gehaltenen Immobilien, die vom Leasinggeber im Rahmen eines Operating-Leasingverhältnisses vermietet werden (IAS 40, IAS 17.2(b); → § 6 Rn 17f),

(3) im Rahmen eines Finanzierungs-Leasingverhältnisses gehaltenen, biologischen Vermögenswerts beim Leasingnehmer (IAS 41, IAS 17.2(c); → § 41 Rn 6),
(4) biologischen Vermögenswerten, die vom Leasinggeber im Rahmen eines Operating-Leasingverhältnisses vermietet wird (IAS 41, IAS 17.2(d); → § 41 Rn 6) und
(5) Vereinbarungen, die Dienstleistungsverträge sind und nicht das Nutzungsrecht an Vermögenswerten von einem Vertragspartner auf den anderen übertragen (IAS 17.3).

2. Indirekte Nutzungsüberlassungen

12 **IFRIC 4** definiert leasingähnliche – sog verdeckte – Leasingverhältnisse, indem anhand verbindlicher Kriterien dargelegt wird, welche Vertragsgestaltungen – unabhängig von ihrer Bezeichnung – unter wirtschaftlichen Gesichtspunkten als Leasingverhältnisse anzusehen und dementsprechend zu behandeln sind. IFRIC 4.6 besagt, dass eine Vereinbarung bzw ein Vertragsteil als Leasingverhältnis iSv IAS 17 anzusehen ist, wenn zu Vertragsbeginn (IFRIC 4.10) **zugleich** zwei Merkmale erfüllt sind (*Götz/Spanheimer* BB 2005, 259 (260)):

(1) Die Erfüllung der Vereinbarung ist abhängig von der Nutzung eines **spezifizierten Vermögenswerts** IFRIC 4.6(a) iVm IFRIC 4.3). Dieses Kriterium ist erfüllt, wenn der betreffende Vermögenswert
  (a) vertraglich explizit identifiziert wird und die Lieferverpflichtung *nur* durch die Nutzung des so identifizierten Vermögenswerts gewährleistet ist. Dem steht nicht entgegen, dass die Vereinbarung Bestimmungen über den Ersatz des Vermögenswerts unter bestimmten Bedingungen enthält. Denkbare Fälle sind etwa eine sich herausstellende mangelnde Funktionstüchtigkeit des dem Leasingverhältnis zugrunde liegenden Vermögenswerts oder das dem Lieferanten vertraglich zugesicherte Recht, das zu liefernde Kontingent aus einem anderen Vermögenswert zu schöpfen (IFRIC 4.7), oder aber
  (b) implizit identifiziert wird, bspw sich insofern ergibt, dass der Lieferant (Leasinggeber) nur einen einzigen Vermögenswert besitzt, der die vereinbarte Leistung erbringen kann, und es für den Lieferanten wirtschaftlich nicht sinnvoll oder praktikabel ist, die eingegangene Verpflichtung mittels der Nutzung anderer Vermögenswerte zu erfüllen (IFRIC 4.8).
(2) Durch die Vereinbarung wird ein **Nutzungsrecht** an diesem spezifizierten Vermögenswert übertragen (IFRIC 4.6(b)). Diese Bedingung ist erfüllt, wenn
  (a) der Abnehmer (Leasingnehmer) die Möglichkeit oder das Recht besitzt, den Vermögenswert selbst zu betreiben oder andere damit zu beauftragen und er mehr als nur einen geringfügigen Teil des Outputs oder sonstigen Nutzens erhält oder kontrolliert (IFRIC 4.9(a)), oder
  (b) der Abnehmer (Leasingnehmer) über die Fähigkeit oder das Recht verfügt, über den physischen Zugang zu dem spezifizierten Vermögenswert zu bestimmen und er gleichzeitig mehr als nur einen geringfügigen Teil des Outputs erhält oder kontrolliert (IFRIC 4.9(b)), oder
  (c) es nach dem Gesamtbild der Verhältnisse unwahrscheinlich ist, dass Dritte mehr als nur einen geringfügigen Teil des Outputs während der Vertragslaufzeit abnehmen werden und zugleich für den Leasingnehmer der Abnahmepreis pro Einheit weder vertraglich fixiert ist noch dem aktuellen Marktpreis zum Zeitpunkt der Lieferung entspricht (IFRIC 4.9(c)).

Der Terminus **„mehr als nur geringfügiger Teil"** wird in IFRIC 4 nicht der Höhe nach umschrieben. Maßgeblich sind deshalb die Gesamtverhältnisse. In

Anlehnung an Wesentlichkeitsüberlegungen in der deutschen Bilanzierungspraxis gilt ein Anteil von mehr als 10% häufig nicht mehr als geringfügig (so bspw *Lüdenbach/Hoffmann/Freiberg,* IFRS § 15 Rz 8).

Aufgrund der Notwendigkeit der Erfüllung der vorgenannten Merkmale zählt IFRIC 4.1 **beispielhaft** die folgenden Vereinbarungen auf, welche die Anforderungen an verdeckte Leasingverhältnisse erfüllen (können): 13

(1) *Outsourcing*-Verträge,

(2) Vereinbarungen über die Nutzung von Kapazitäten in der Telekommunikationsindustrie sowie

(3) kundengebundene Verträge, in denen der Leasingnehmer zu spezifizierten Zahlungen verpflichtet ist, unabhängig davon, ob er die Produkte oder Dienstleistungen auch tatsächlich abnimmt (sog *take-or-pay*-Verträge).

Nachfolgende Beispiele unterscheiden sich in verschiedenen **Merkmalsausprägungen:** 14

Beispiel 1: Unternehmen A überlässt Unternehmen B eine technische Anlage zur Produktion von Stickstoff gegen Entgelt. Wesentliche Mengen des produzierten Stickstoffs werden von B abgenommen. Unternehmen A ist zivilrechtlicher Eigentümer der Anlage und Unternehmen B ist Betreiber der Anlage.

Da es sich um einen konkretisierten Vermögenswert handelt, das Nutzungsrecht der Anlage auf B übertragen wurde und B mehr als nur einen geringfügigen Teil des Outputs erhält bzw kontrolliert, handelt es sich um ein Leasingverhältnis.

Beispiel 2: Unternehmen A ist Eigentümer und Betreiber der technischen Anlage und kann neben Unternehmen B auch andere Kunden beliefern; tatsächlich besteht in der Region kein weiterer Bedarf. B zahlt neben einer monatlich fixen Grundgebühr pro Kubikmeter abgenommener Stickstoffmenge einen Preis, der ca 90% der gesamten variablen Kosten von A abdeckt.

Da es unwahrscheinlich ist, dass ein anderes Unternehmen eine mehr als unbedeutende Menge Stickstoff abnimmt, und zugleich der Preis pro Mengeneinheit nicht vertraglich fixiert ist oder aber dem Marktpreis entspricht, wird das Nutzungsrecht übertragen, sodass ein Leasingverhältnis entsteht.

Beispiel 3: Unternehmen A ist Eigentümer und Betreiber der technischen Anlage und beliefert neben Unternehmen B auch andere Kunden, die insgesamt einen bedeutenden Teil der gesamten Produktion von A abnehmen.

Es handelt sich nicht um ein Leasingverhältnis, da die übrigen Abnehmer mehr als einen unbedeutenden Teil der Produktion erwerben.

Ziel von IFRIC 4 ist im Ergebnis, neben den direkten Nutzungsrechten, auf die IAS 17 unmittelbar anwendbar ist, auch indirekte Nutzungsrechte an Vermögenswerten – „also Verträge, die sich lediglich auf die Abnahme des Outputs eines Vermögenswerts und nicht direkt auf den Vermögenswert selbst beziehen" (*Götz/Spanheimer* BB 2005, 259 (259)) – nach den besonderen Vorschriften zur Leasingbilanzierung zu behandeln. Die bilanzielle Behandlung eines verdeckten Leasingverhältnisses folgt den allgemeinen Vorgaben von IAS 17. Um die von der Unternehmenspraxis häufig unerwünschte Klassifizierung als Finanzierungs-Leasingverhältnis zu vermeiden, ist bei Vertragsgestaltungen auf die im weiteren Verlauf der Ausführungen erläuterten Abgrenzungsmerkmale zu achten (→ Rn 38ff). 15

Beispiel: Das Maschinenbauunternehmen M plant, sein Produktionsverfahren auf den technisch neuesten Stand zu bringen und daher eine technisch überholte Maschine zu ersetzen. Die Maschine dient der Fertigung einer im weiteren Produktionsprozess benötigten Komponente, welche grds auch fremdbezogen werden könnte. Im Zuge der Konzentration auf Kernkompetenzen entscheidet sich M für den Fremdbezug der Komponenten. Der Zulieferer Z, mit dem M langjährige gute Geschäftsbeziehungen pflegt, bietet M an, an seiner statt die neue Maschine vom Spezialmaschinenhersteller S zu kaufen, auf dieser ausschließlich die von M benötigte Komponente zu fertigen und M mit dieser zukünftig zu versorgen, wobei Z mit der neuen Maschine nahezu ausschließlich für M produziert und ein Entgelt festgelegt wird, das nicht pro Produktionseinheit bestimmt wird. M erschließt sich somit indirekt – über den Zulieferer Z – das Ressourcenpotenzial an der Maschine. Folglich liegt ein verdecktes Leasingverhältnis iSd IFRIC 4 vor.

16 Die **Einschätzung,** ob tatsächlich ein Leasingverhältnis vorliegt, hat nach IFRIC 4.10 zum **Zeitpunkt des Abschlusses** zu erfolgen. Der Zeitpunkt des Abschlusses ist dabei entweder der Tag der Vereinbarung oder der Zeitpunkt der Einigung über die wesentlichen Vertragsinhalte, je nachdem, welcher Zeitpunkt früher liegt.

17 Eine **Neueinschätzung** ist danach nur möglich, falls eine der folgenden Bedingungen gegeben ist (IFRIC 4.10):

(1) Es erfolgt eine Vertragsänderung, die nicht nur eine Erneuerung oder Verlängerung der urspr Vereinbarung darstellt.
(2) Es wird eine Erneuerungsoption ausgeübt bzw eine Verlängerung der Vereinbarung vereinbart, die nicht Gegenstand der urspr Vereinbarung war.
(3) Es erfolgt eine Änderung in der Feststellung, ob die Erfüllung der Vereinbarung von einem bestimmten Vermögenswert abhängt oder
(4) es erfolgt eine wesentliche Änderung des Vermögenswerts.

Die in diesen Fällen vorzunehmende Neueinschätzung ist auf der Grundlage der Verhältnisse in der verbleibenden (Rest-)Laufzeit vorzunehmen. Eine Änderung von Schätzgrößen, zB des *outputs,* führt jedoch nicht zu einer Neueinschätzung.

Beispiel 1: Die Vertragspartner vereinbaren eine bislang nicht vereinbarte Verlängerung der Nutzungsdauer. Im Zeitpunkt der Änderung ist eine Neueinschätzung vorzunehmen; Gleiches gilt zB für den Fall einer wesentlichen Erweiterung des Vermögenswerts.

Beispiel 2: Die Vertragspartner vereinbaren eine bislang nicht in der Ursprungsvereinbarung enthaltene Erneuerungs- bzw Verlängerungsoption und üben diese Option tatsächlich aus. Die Änderung ist erst ab dem Zeitpunkt der Erneuerungs- bzw Verlängerungsperiode zu berücksichtigen.

18 Zusammenfassend folgt die Klassifizierung eines Vertragsverhältnisses als Leasinggeschäft tendenziell folgender Entscheidungsstruktur (in Anlehnung an *Götz/Spanheimer* BB 2005, 259 (263)):

19

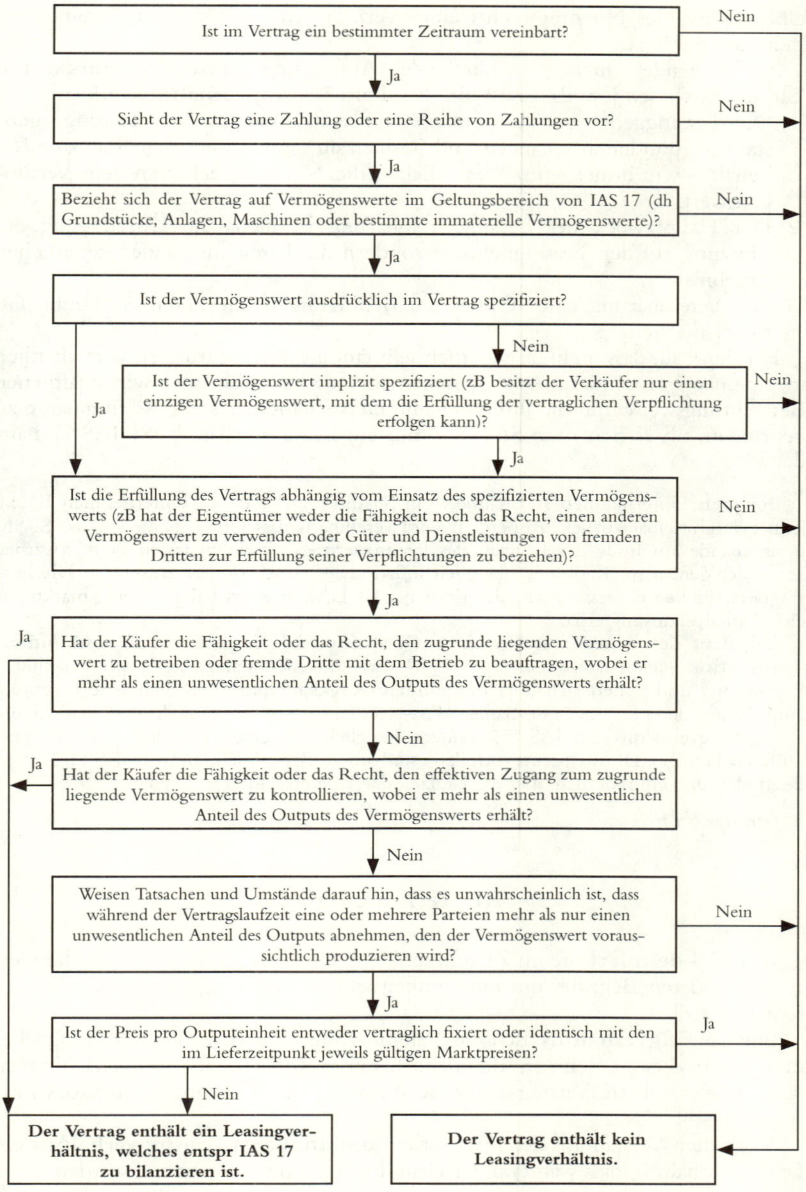

3. Beurteilung des wirtschaftlichen Gehalts

SIC-27 behandelt die Beurteilung **des wirtschaftlichen Gehalts von Transaktionen,** die in der rechtlichen Form eines Leasingvertrags abgeschlossen werden. Dennoch stellt sich in der Praxis die Frage, ob es sich bei diesen Leasingverträgen auch wirtschaftlich um ein Leasingverhältnis handelt. Ein Leasingverhältnis nach IAS 17 setzt voraus, dass die Vereinbarung wirtschaftlich die 20

Übertragung des Nutzungsrechts eines Vermögenswerts für einen vereinbarten Zeitraum gewährt.

21 Nachfolgende, nicht abschließende Aufzählung einzelner **Indikatoren** (SIC-27.5) weisen jeweils darauf hin, dass **kein Leasingverhältnis** vorliegt:

(1) Der Leasinggeber behält sämtliche mit dem Eigentum am Leasinggegenstand verbundenen Chancen und Risiken an dem Leasinggegenstand und er behält – wie bisher – im Wesentlichen die Nutzungsrechte an dem Vermögenswert.

(2) Der Hauptzweck der Leasingvereinbarung ist nicht die Übertragung der Nutzung auf den Leasingnehmer, sondern die Erreichung eines steuerlichen Ergebnisses.

(3) Die Vereinbarung einer Option zu Bedingungen, die deren Ausübung fast sicher machen.

Für den Fall, dass mehrere rechtlich selbständige Vereinbarungen wirtschaftlich in einem engen Zusammenhang stehen und deshalb bei einer wirtschaftlichen Betrachtungsweise nur in ihrer Gesamtheit verständlich sind, ist insgesamt zu beurteilen, ob es sich nach SIC-27.3 um ein Leasingverhältnis iSv IAS 17 handelt.

Beispiel: Unternehmen A veräußert ein Speditionsgebäude an Unternehmen B und least es unmittelbar zurück. Außerdem wird vereinbart, dass Unternehmen A das Speditionsgebäude am Ende der Laufzeit des Leasingvertrags zu einem festen Preis erwerben kann, der dem urspr Kaufpreis zuzüglich Inflationsaufschlag von 2% entspricht. Die Leasingraten sind so bemessen, dass der Erwerber (= Leasinggeber) lediglich eine marktübliche Kapitalverzinsung erhält.

Auf Basis der Abreden stellen diese Geschäftsvorfälle insgesamt eine **verbundene Transaktion** *(linked transaction)* iSv SIC-27 dar. Unternehmen A bleibt wirtschaftlicher Eigentümer und sichert sich über die günstige Rückkaufoption das rechtliche Eigentum zum Ablauf der Leasingvereinbarung. Wirtschaftlich betrachtet handelt es sich nicht um ein Leasingverhältnis iSd IAS 17, sondern lediglich um eine Finanzierungsmaßnahme. Differenzbeträge (zB aus Steuervorteilen) sind unter Berücksichtigung von SIC-27.8 zu beurteilen und ggf ratierlich über die Laufzeit der Vereinbarung zu verteilen.

22 *(einstweilen frei)*

III. Terminologie

23 IAS 17.4 **definiert** die im Zusammenhang mit Leasinggeschäften üblicherweise verwendeten Begriffe, um eine einheitliche Anwendung in den Abschlüssen sicher zu stellen.

Ein **Leasingverhältnis** ist eine Vereinbarung zwischen einem Leasinggeber und einem Leasingnehmer, die dem Leasingnehmer gegen Entgeltzahlungen über die vereinbarte Vertragsdauer die Nutzung eines Vermögenswerts des Leasinggebers überlässt.

24 Nach dem Verständnis der IFRS ist ein **unkündbares Leasingverhältnis** ein Leasingverhältnis, dass während der Grundmietzeit nur aufgehoben werden kann, wenn

(1) ein unwahrscheinliches Ereignis eintritt (IAS 17.4(a)),

(2) der Leasinggeber seine Einwilligung zur Auflösung des Leasingverhältnisses gibt (IAS 17.4(b)),

(3) der Leasingnehmer mit demselben Leasinggeber ein neues Leasingverhältnis über denselben oder einen entspr Vermögenswert eingeht (IAS 17.4 (c)) oder

(4) der Leasingnehmer einen zusätzlichen Betrag bezahlt, sodass schon bei Vertragsbeginn die Fortführung des Leasingverhältnisses hinreichend sicher ist

(IAS 17.4(d)). In diesem Falle ist die Aufhebung des Leasingverhältnisses für den Leasingnehmer mit hohen Verlusten *(sunk costs)* verbunden, sodass das Leasingverhältnis als (ökonomisch) unkündbar gilt. Ein typisches Beispiel sind Leasingvorauszahlungen, auf die der Leasingnehmer ggü dem Leasinggeber bei Aufhebung des Leasingverhältnisses keinen Erstattungsanspruch hat. Zum Begriff der hinreichenden Sicherheit → Rn 52.

Die Qualifikation eines Leasingverhältnisses als **kündbar** erfordert die genaue Definition der zur Kündigung des Leasingverhältnisses berechtigenden Ereignisse sowie eine realistische Eintrittsmöglichkeit dieser Ereignisse.

Ein **Finanzierungs-Leasingverhältnis** ist ein Leasingverhältnis, bei dem im Wesentlichen alle mit dem Eigentum verbundenen Risiken und Chancen des Vermögenswerts vom Leasinggeber auf den Leasingnehmer übertragen werden. Dabei ist es unerheblich, ob im Rahmen des Leasingverhältnisses das zivilrechtliche Eigentum am Vermögenswert übertragen wird oder nicht. In allen anderen Sachverhalten handelt es sich iSe Negativabgrenzung um ein **Operating-Leasingverhältnis.** 25

Für die Beurteilung und Abgrenzung eines Finanzierungs- und eines Operating-Leasingverhältnisses werden darüber hinaus in IAS 17.4 nachfolgende Parameter definiert.

Der **Beginn des Leasingverhältnisses** ist entweder der Tag der Leasingvereinbarung oder aber der Tag, an dem sich die Vertragsparteien über die wesentlichen Bestimmungen der Leasingvereinbarung geeinigt haben, je nachdem, welcher der beiden Zeitpunkte früher liegt (IAS 17.4). 26

Die **Laufzeit eines Leasingverhältnisses** umfasst die unkündbare Grundmietzeit, für die sich der Leasingnehmer mit Eingehen des Leasingverhältnisses zur Nutzung des Vermögenswerts verpflichtet hat, sowie weitere Zeiträume, für die der Leasingnehmer mit oder ohne weitere Zahlungen eine Option ausüben kann, wenn zu Beginn des Leasingverhältnisses die Inanspruchnahme der Option durch den Leasingnehmer hinreichend sicher ist (→ Rn 40). Die Laufzeit des Leasingverhältnisses ist zu unterscheiden von der wirtschaftlichen Nutzungsdauer des Leasinggegenstands. 27

Die **wirtschaftliche Nutzungsdauer** des Leasinggegenstands ist analog IAS 16.6 der Zeitraum, in dem der Vermögenswert voraussichtlich von einem oder mehreren Nutzern wirtschaftlich genutzt werden kann, wenn das Ressourcenpotenzial des Vermögenswerts durch Wartungs- und Reparaturmaßnahmen in regulärem Umfang gepflegt wird. Neben diesem üblicherweise verwendeten zeitlichen Kriterium ist auch die aus der Nutzung des Vermögenswerts zu erzielende Produktionsmenge oder eine andere geeignete Maßgröße verwendbar, um die wirtschaftliche Nutzungsdauer zu bestimmen. Diese bemisst sich dabei durch den Leistungsverzehr der Berichtsperiode im Verhältnis zum gesamten im Leasingobjekt enthaltenen Leistungspotenzial. 28

Zu den **Mindestleasingzahlungen** zählen sämtliche Zahlungen, zu deren Leistung der Leasingnehmer während der Laufzeit des Leasingverhältnisses dem Leasinggeber ggü verpflichtet ist. Davon ausgenommen sind **bedingte Mietzahlungen** sowie Aufwendungen für Dienstleistungen und diejenigen Steuern, die am Leasinggegenstand als Steuerobjekt anknüpfen, jedoch vom Leasinggeber zu entrichten und über entspr kalkulierte Mietzahlungen wirtschaftlich vom Leasingnehmer zu tragen sind. Für den Leasingnehmer gehören dazu weiterhin alle Beträge, die dieser oder eine mit ihm verbundene Partei dem Leasinggeber garantiert hat sowie für den Leasinggeber alle garantierten Restwerte. 29

Bedingte Leasingzahlungen sind der Teil der zukünftigen Leasingraten, der von zukünftigen, ungewissen Ereignissen (zB Nutzungsintensität, Entwicklung eines dem Leasingvertrag zugrunde gelegten Preisindexes) abhängig ist (*Lüden-* 30 *bach/Hoffmann/Freiberg* IFRS § 15 Rz 47). Sie sind grds nicht Bestandteil der Mindestleasingraten.

31 Der Leasingnehmer verfügt über ein **günstiges Kaufoptionsrecht** auf den Leasinggegenstand, wenn er das Leasingobjekt in dem Zeitpunkt, in dem er von seinem Optionsrecht Gebrauch macht, zu einem Preis erwerben kann, der erwartungsgemäß signifikant unter dem beizulegenden Zeitwert des Leasinggegenstands im Zeitpunkt der Optionsrechtsausübung liegt.

32 Der **beizulegende Zeitwert** des Leasingobjekts ist der Betrag, zu dem sich sachverständige, voneinander unabhängige und vertragswillige Vertragspartner über den Tausch eines Vermögenswerts oder die Begleichung einer Verbindlichkeit einigen. Anhaltspunkt ist dabei insbes ein objektiver Markt- oder Börsenpreis. Mit dem ab 1. Januar 2013 verpflichtend anzuwendenden IFRS 13 Fair Value Measurement ist zwar eine Einheitlichkeit und Vergleichbarkeit bei der Ermittlung des beizulegenden Zeitwerts in allen IFRS beabsichtigt (→ § 2 Rn 221 ff). Allerdings wurde mit Verabschiedung des IFRS gleichzeitig durch die Einfügung des IAS 17.6A klargestellt, dass sich die Zeitwertermittlung bei der Bilanzierung von Leasingverhältnissen **weiterhin** nach den Vorschriften des **IAS 17** richtet und nicht nach IFRS 13.

33 Der **garantierte Restwert** ist aus Sicht des Leasingnehmers der Teil des Restwerts, der vom Leasingnehmer oder einer mit dem Leasingnehmer verbundenen Partei (IAS 24.9) garantiert wird. Korrespondierend ist aus Sicht des Leasinggebers unter dem garantierten Restwert der Teil des Restwerts zu verstehen, der vom Leasingnehmer, einer mit dem Leasingnehmer verbundenen Partei oder einer vom Leasinggeber unabhängigen dritten Partei garantiert wird, die finanziell in der Lage ist, den Verpflichtungen der Garantie nachzukommen.

34 Der **nicht garantierte Restwert** ist der Teil des Restwerts, dessen Realisierung durch den Leasinggeber nicht gesichert ist oder nur durch eine mit dem Leasinggeber verbundene Partei garantiert wird.

35 Der **Bruttoinvestitionswert eines Leasingverhältnisses** ist die Summe aus den Mindestleasingzahlungen aus einem Finanzierungs-Leasingverhältnis und dem nicht garantierten Restwert. Der **Nettoinvestitionswert** errechnet sich als Barwert des Bruttoinvestitionswerts. Als Diskontierungszinssatz kommt dabei der **dem Leasingverhältnis zugrunde liegende Zinssatz** zur Anwendung. Dieser entspricht dem Abzinsungssatz, bei dem der Bruttoinvestitionswert eines Leasingverhältnisses der Summe aus dem beizulegenden Zeitwert des Leasinggegenstands zuzüglich der anfänglichen direkten Kosten des Leasinggebers entspricht. Maßgeblich ist die Sicht des Leasinggebers zu Beginn des Leasingverhältnisses. Die Differenz zwischen dem Bruttoinvestitionswert und dem Nettoinvestitionswert des Leasingverhältnisses stellt damit den **noch nicht realisierten Finanzertrag** dar, der auf der Zinskomponente des Leasingverhältnisses beruht.

36 **Anfängliche direkte Kosten** sind solche zusätzlichen Aufwendungen, die unmittelbar mit der Anbahnung und mit dem Abschluss des Leasingvertrags entstehen. Hiervon ausgenommen sind Kosten, die Herstellern und Händlern entstehen.

37 Der **Grenzfremdkapitalzinssatz des Leasingnehmers** ist der Zinssatz, den der Leasingnehmer bei einem vergleichbaren Leasingverhältnis zahlen müsste. Sofern dieser nicht ermittelbar ist, kommt als Grenzfremdkapitalzinssatz derjenige Zinssatz zur Anwendung, den der Leasingnehmer zahlen müsste, wenn er, anstatt ein Leasinggeschäft einzugehen, den Leasinggegenstand kaufen und den Kaufpreis vollumfänglich über die gleiche Laufzeit und bei gleicher Sicherheit fremd finanzieren würde.

B. Abgrenzung von Finanzierungs- und Operating-Leasingverhältnissen

I. Mobilienleasing

1. Allgemeine Kriterien

Die Klassifizierung eines Leasingverhältnisses als Operating- oder Finanzierungs-Leasingverhältnis richtet sich grds bei **wirtschaftlicher Gesamtbeurteilung nach der Verteilung von Chancen und Risiken** auf Leasingnehmer bzw Leasinggeber. Insofern ist die Grundlage der bilanziellen Darstellung das wirtschaftliche Eigentum am Leasingobjekt. 38

Die **Einordnung** als **Operating- oder Finanzierungs-Leasingverhältnis** erfolgt zu **Beginn des Leasingverhältnisses** (→ Rn 26). Spätere **Änderungen** der Leasingvereinbarung werden grds neu für die künftige Laufzeit beurteilt. Änderungen von Schätzgrößen, zB der wirtschaftlichen Nutzungsdauer oder des potenziellen Restwerts am Ende der Vertragslaufzeit, führen nicht zu einer Änderung in der urspr Beurteilung (vgl IAS 17.13). 39

Beispiel: Das Unternehmen U plant, eine in seinem Produktionsprozess benötigte Maschine zu leasen. Nach erfolgreicher Durchführung der Vertragsverhandlungen geht U am 1. Juli 2014 mit dem Finanzdienstleistungsunternehmen F eine Leasingvereinbarung in Bezug auf die Maschine ein. Dem Leasingvertrag zufolge ist U berechtigt, das Leasingobjekt ab dem 1. Januar 2015 in seinem Produktionsprozess einzusetzen. Unabhängig davon, dass U rechtlich erst ab dem 1. Januar 2015 aus dem Leasingobjekt Nutzen ziehen kann, sind für die Einordnung des Leasingverhältnisses als Finanzierung- oder Operating-Leasingverhältnis sowie die dabei zugrunde zu legenden Bewertungsparameter (zB Zinssatz) die Verhältnisse am 1. Juli 2014 (Beginn des Leasingverhältnisses) maßgebend.

Die **Laufzeit des Leasingverhältnisses** (→ Rn 27) umfasst neben der unkündbaren Grundmietzeit auch weitere Perioden, in denen der Leasingnehmer das Leasingobjekt durch Ausübung eines Optionsrechts weiterhin nutzen kann, wenn zu Beginn des Leasingverhältnisses die Inanspruchnahme des Optionsrechts durch den Leasingnehmer hinreichend sicher ist. Ohne Bedeutung ist dabei, ob die weitere Nutzung des Leasingobjekts durch den Leasingnehmer an die Leistung einer Vergütung geknüpft ist. Im Unterschied zur Leasingvereinbarung selbst beginnt die Laufzeit des Leasingverhältnisses in dem Zeitpunkt, ab dem der Leasingnehmer die Möglichkeit zur Nutzung des Leasingverhältnisses hat (*ADS* Int Abschn 12 Rz 49). Dies entspricht dem Tag des erstmaligen Ansatzes des Leasingverhältnisses, dh der entspr Vermögenswerte, Schulden, Erträge oder Aufwendungen, die sich aus dem Leasingverhältnis ergeben (IAS 17.4). 40

Die **wirtschaftliche Nutzungsdauer** (→ Rn 28) des Leasingobjekts ist zu Beginn des Leasingverhältnisses zu schätzen. Erfahrungswerte können – in ähnlicher Weise wie für die Schätzung der Nutzungsdauern, die den von der deutschen Finanzverwaltung in Zusammenarbeit mit Branchenverbänden entwickelten Abschreibungstabellen zugrunde liegen – nur insoweit herangezogen werden, als die zukünftige wirtschaftliche Entwicklung (zB produktspezifisches Konsumentenverhalten) und der technologische Stand des Leasingobjekts (zB Reifegrad der eingesetzten Technologie) keine Veränderungen erwarten lassen. 41

Beispiel: Das Energieversorgungsunternehmen E hat zur Schonung der eigenen liquiden Mittel den Bau eines Wasserkraftwerks in Zusammenarbeit mit einer Leasinggesellschaft finanziert. Das Wasserkraftwerk verfügt über eine Turbine, von der ein Generator zur Gewinnung von elektrischem Strom angetrieben wird. Den Herstellerangaben zufolge kann die Turbine über einen Zeitraum von 20 Jahren eingesetzt werden. Die Turbine unterliegt einem üblichen technologischen Fortschritt. Der Generator könnte eine Leistung von zehn MWh pro Jahr abgeben. Der Wirkungsgrad des Generators kann technisch nicht mehr signifikant erhöht werden. Basierend auf den in der Testphase gemachten Erfahrungen des Herstellers vermag der Generator eine Gesamtarbeit von 200 MWh abzugeben. E entscheidet sich, für die voraussichtliche wirtschaftliche Nutzungsdauer der Turbine das zeitliche Kriterium anzuwenden und damit einen Zeitraum von 20 Jahren zugrunde zu legen. Denn anders als der Generator ist die Turbine der ständigen Abnutzung durch das Wasser ausgesetzt, unabhängig davon, ob während dieses Zeitraums das Wasserkraftwerk ununterbrochen läuft oder – etwa für Wartungsarbeiten – mehr oder weniger kurzzeitig eingestellt wird. Der reguläre technische Fortschritt, dem die Turbine angabegemäß unterliegt, ist ein weiterer Grund für die Wahl des zeitlichen Kriteriums als Grundlage zur Bemessung der voraussichtlichen wirtschaftlichen Nutzungsdauer. In Bezug auf die voraussichtliche wirtschaftliche Nutzungsdauer des Generators entscheidet sich E für das Leistungskriterium. Angabegemäß ist mit einer technologischen Überalterung des Generators nicht zu rechnen. Außerdem wird das Leistungspotenzial des Generators – anders als das Leistungspotenzial der Turbine – nur in den effektiven Betriebszeiten des Wasserkraftwerks in Anspruch genommen.

42 Die im deutschen Handelsrecht durch Verwendung der von der Finanzverwaltung entwickelten steuerlichen Leasingerlasse und Abschreibungstabellen übliche Kongruenz von steuerrechtlicher und handelsrechtlicher Nutzungsdauer ist nicht zwangsläufig auf den Anwendungsbereich von IAS 17 zu übertragen. Vielmehr hat ein nach IFRS bilanzierendes Unternehmen eine fallweise Schätzung der Nutzungsdauer vorzunehmen.

43 Die **Schätzung** der **wirtschaftlichen Nutzungsdauer** kann anhand der zu erwartenden Restwerte kontrolliert werden. Ist der Zeit- oder Marktwert am Ende der voraussichtlichen wirtschaftlichen Nutzungsdauer deutlich geringer als der (Rest-)Buchwert, so ist die angenommene wirtschaftliche Nutzungsdauer zu hoch angesetzt worden. Wenn der Zeitwert des Vermögenswerts hingegen nur unwesentlich über oder unter dem (Rest-)Buchwert liegt, so entspricht die angenommene wirtschaftliche tendenziell auch der tatsächlichen Nutzungsdauer.

44 Im Falle des **Operating-Leasingverhältnisses** ist der Leasinggeber nicht nur rechtlicher, sondern auch wirtschaftlicher Eigentümer. Im Gegensatz hierzu wird beim **Finanzierungs-Leasingverhältnis** das wirtschaftliche Eigentum beim Leasingnehmer angenommen und das Leasingobjekt beim Leasingnehmer bilanziert. Für die Beurteilung von Chancen und Risiken ist dabei nicht vom Wortlaut des Leasingvertrags, sondern vom wirtschaftlichen Gehalt der Leasingvereinbarung auszugehen.

45 Als **Chancen** werden gem IAS 17.7 die erwarteten Nutzungen aus dem Leasingobjekt inklusive dem Verwertungserlös aus der Realisation des Restwerts sowie ein möglicher Wertzuwachs angesehen. **Risiken** stellen potenzielle Verluste aus technischer Überholung, aus ungenutzten Produktionskapazitäten (zB Leerkosten) sowie andere negative Einflüsse aus der Veränderung wirtschaftlicher Einflussgrößen dar.

46 Das allgemeine Chancen-Risiken-Kriterium wird durch **Beispiele (IAS 17.10)** und (weitere) **Indikatoren (IAS 17.11)** konkretisiert, auf die nachstehend eingegangen wird. Die Unterscheidung in Beispiele und Indikatoren kann als Indiz dafür gewertet werden, dass den Beispielen ein höheres Gewicht zukommt als den Indikatoren. Für die praktische Umsetzung hat dies jedoch keine wesentliche Bedeutung. Bei Vorliegen eines der in IAS 17.10 genannten Beispiele ist für gewöhnlich von einem Finanzierungs-Leasingverhältnis auszugehen. Demgegenüber qualifiziert das Vorliegen eines in IAS 17.11 genannten Indikators ein Leasinggeschäft zwar regelmäßig, jedoch nicht zwangsläufig als Finanzierungs-Leasingverhältnis. So ist die Einordnung als Finanzierungs-Leasingverhält-

nis auch in dem Fall möglich, dass keiner der in IAS 17.11 genannten Indikatoren erfüllt ist. Der Verpflichtungsgrad von IAS 17.10 ist angesichts der Formulierung des Standardtextes im Vergleich zu IAS 17.11 höher zu gewichten.

2. Primäre Indikatoren

IAS 17.10 nennt **fünf Beispielsfälle,** die im Regelfall zur Klassifizierung eines Leasingverhältnisses als **Finanzierungs-Leasing** führen. In Bezug auf die genannten Beispielsfälle ähnelt IAS 17.10 weitgehend der korrespondierenden US-GAAP-Regelung ASC Topic 840. In beiden Regelungswerken ist das Vorliegen eines der jeweils genannten Beispiele für die Klassifizierung als Finanzierungs-Leasingverhältnis ausreichend. 47

Der **IASB** hat zur Beurteilung der fallweisen Relevanz der genannten Beispielsfälle bzw Abgrenzungskriterien – anders als in der US-GAAP-Regelung ASC Topic 840 – auf die **Vorgabe quantitativer Grenzen** verzichtet (*Esser* StuB 2005, 429 (432)). Dem Vorteil, ein Leasingverhältnis auf diese Art und Weise unter Würdigung seines gesamten wirtschaftlichen Gehalts zutreffend klassifizieren zu können, steht der Nachteil eines gewissen Ermessensspielraums gegenüber, der vom Abschlussersteller und vom Abschlussprüfer nicht zwangsläufig identisch und mit derselben Motivation ausgelegt wird. Dies gilt insbes sowohl für das Mietzeit- als auch für das Barwertkriterium. 48

a) Eigentumsübergangskriterium nach IAS 17.10(a)

Geht am Ende der Laufzeit des Leasingverhältnisses das **rechtliche Eigentum** auf den Leasingnehmer über, ohne dass dies an das Eintreten einer aufschiebenden Bedingung – so zB die positive Ausübung eines Kaufoptionsrechts auf den Leasinggegenstand – geknüpft wäre **(Eigentumsübergangskriterium),** so liegt ein Finanzierungs-Leasingverhältnis vor. 49

Insbes sind hiervon Leasingverhältnisse erfasst, bei denen der **Übergang** des rechtlichen Eigentums an dem Leasinggegenstand am Ende der Laufzeit **fest vereinbart** ist. Mit dem Eingehen des Leasingvertrags verliert der Leasinggeber jede Entscheidungsmöglichkeit über Ertrag und Substanz am Leasingobjekt. Seinem Wesen nach entspricht eine derartige Gestaltung einem Mietkaufvertrag (IAS 17.6). 50

Beispiel: Der Leasingnehmer LN schließt mit dem Leasinggeber LG ein Leasinggeschäft über eine Maschine, deren Anschaffungskosten T€ 100 betragen. Die Vertragslaufzeit beträgt fünf Jahre. Die am Ende eines jeden Jahrs der Vertragslaufzeit zu entrichtende Leasingrate beträgt T€ 25. Unter der Bedingung, die vereinbarten Leasingzahlungen zum jeweiligen Fälligkeitstermin pünktlich zu erhalten, verzichtet LG vertraglich auf jede Form des Zugriffs auf das Leasingobjekt. Am Ende der Vertragslaufzeit geht das Leasingobjekt vereinbarungsgemäß in das Eigentum von LN über. In einer derartigen Fallgestaltung dient das Leasinggeschäft allein der Schonung der liquiden Mittel des LN. Der LG übernimmt bis zum Erhalt der letzten Leasingrate die Funktion des Financiers des Leasingobjekts.

b) Kaufoptionskriterium nach IAS 17.10(b)

Ein Finanzierungs-Leasingverhältnis liegt auch dann vor, sofern der Leasingnehmer ein **günstiges Kaufoptionsrecht** auf den Leasinggegenstand hat. Verfügt der Leasingnehmer über ein solches Kaufoptionsrecht, so ist bei der Ermittlung der Mindestleasingzahlungen nach IAS 17.4 auch der Barwert des für den Erwerb des Leasinggegenstands zu leistenden Optionspreises zu berücksichtigen (glA *Lüdenbach/Hoffmann/Freiberg* IFRS § 15 Rz 45). 51

Als Inhaber einer günstigen Kaufoption ist der Leasingnehmer berechtigt, den Leasinggegenstand zu einem Preis zu erwerben, der erwartungsgemäß deutlich unter dem beizulegenden Zeitwert des Leasinggegenstands im Zeitpunkt der Optionsrechtsausübung liegt **(Kaufoptionskriterium).** Vorteilhaft ist die Option, wenn der zu zahlende Preis deutlich unter dem jeweiligen beizulegenden Zeitwert liegt. Ab welchem Prozentsatz ein signifikantes Unterschreiten des beizulegenden Zeitwerts vorliegt, wird in IAS 17.10(b) nicht näher angegeben. Es ist deshalb eine Abwägung der Gesamtverhältnisse vorzunehmen. Auch für diesen Test kommt der Schätzung des Zeitwerts am Ende der Vertragslaufzeit eine wesentliche Bedeutung zu, sodass subjektive Einflüsse unvermeidbar sind.

52 Sofern eine **positive Optionsrechtsausübung** hinreichend sicher erscheint, wird das wirtschaftliche Eigentum an dem Leasinggegenstand bereits ab Beginn des Leasingverhältnisses dem Leasingnehmer zugerechnet (IAS 17.10(b); IAS 17.10(b) kommt insofern subsidiär zu IAS 17.10(a) zur Anwendung). Das **Kriterium der hinreichenden Sicherheit** ist erfüllt, wenn der Leasingnehmer das Leasingobjekt bei positiver Ausübung der günstigen Kaufoption zu so günstigen Konditionen erwerben kann, dass die **positive Ausübung** des günstigen **Kaufoptionsrechts ökonomisch zwingend** ist. Gleichwohl kann aus Anschlussleasingraten, die unter den für die Grundmietzeit vereinbarten Leasingraten liegen, nicht zwangsläufig auf eine vertraglich fixierte günstige Kaufoption geschlossen werden. Vielmehr können die Leasingpartner durch Vereinbarung niedriger Anschlussleasingraten beabsichtigen, einer über die wirtschaftliche Nutzungsdauer asymmetrischen Verteilung des Nutzenpotenzials des Leasingobjekts Rechnung zu tragen. Für eine Zuordnung des Leasingobjekts zum Leasingnehmer müssen daher bei Abschluss des Leasinggeschäfts die Restwertrisiken überwiegend beim Leasinggeber, die Restwertchancen dagegen allein beim Leasingnehmer liegen.

53 Selbst eine Kaufoption, deren Basispreis auf den nach der Informationslage bei Abschluss des Leasinggeschäfts beizulegenden Zeitwert des Leasinggegenstands lautet, erfüllt die Voraussetzungen von IAS 17.10(b), wenn sich aus anderen Gründen ein **ökonomischer Zwang** zur positiven Ausübung des Kaufoptionsrechts ergibt. Ein ökonomischer Zwang zur positiven Ausübung des Kaufoptionsrechts ist insbes anzunehmen, wenn das Leasingobjekt für die Fortführung des betreffenden **Geschäftsbereichs unverzichtbar** ist. Bei einer hohen Wahrscheinlichkeit einer positiven Ausübung des Kaufoptionsrechts durch den Leasingnehmer ist davon auszugehen, dass der Leasingnehmer mit einer entspr hohen Wahrscheinlichkeit auf Dauer die Herrschaft über den Leasinggegenstand ausüben wird (*Lüdenbach/Freiberg* BB 2006, 259 (259 ff)).

54 Das **Kriterium einer hohen Wahrscheinlichkeit** einer positiven Kaufoptionsrechtsausübung vermag von den Vertragsparteien unterschiedlich ausgelegt zu werden, sodass in Bezug auf das Kaufoptionskriterium in Abhängigkeit von der Verteilung der Informationen eine unterschiedliche Klassifizierung des Leasingverhältnisses durch den Leasinggeber und den Leasingnehmer möglich ist. Ggü dem Kriterium der Teilnahme an den Restwertchancen und Restwertrisiken hat die **Dauer der Herrschaft** über den Leasinggegenstand ein **größeres Gewicht** (*Lüdenbach/Hoffmann/Freiberg* IFRS § 15 Rz 34).

Beispiel: Der Leasingnehmer LN betreibt eine stromintensive Aluminiumproduktion. Er schließt mit dem Leasinggeber LG einen Leasingvertrag über ein Kraftwerk ab. Das Genehmigungsverfahren für den Bau des Kraftwerks nahm mehrere Jahre in Anspruch. Die Grundmietzeit des Leasingvertrags beträgt zehn Jahre. Der Leasingvertrag gewährt LN ein Optionsrecht zum Kauf des Kraftwerks am Ende der Laufzeit des Leasingvertrags. Die voraussichtliche Nutzungsdauer des Aluminiumwerks beträgt 30 Jahre. Da LN nach Ablauf der Laufzeit des Leasingvertrags die Energieversorgung seiner Fabrik nicht mehr sicherstellen könnte, ist es für LN zwingend, von dem Optionsrecht auf den Kauf des Kraftwerks Gebrauch zu machen (in Anlehnung an *Lüdenbach/Freiberg* BB 2006, 259 (260)).

Die Bilanzierungspraxis ist bei der Anwendung des Kaufoptionskriteriums mit **Ermessensspielräumen** konfrontiert, nämlich erstens bei der Abschätzung des **Zeitpunkts der Ausübung des Kaufoptionsrechts,** zweitens bei der Prognose des dem Leasingobjekt in diesem Zeitpunkt **beizulegenden Zeitwerts** sowie drittens bei der Auslegung der vom IASB nicht näher erläuterten Formulierung, der vereinbarte **Kaufpreis** müsse **„deutlich niedriger"** (IAS 17.10(b)) als der beizulegende Zeitwert sein. Hierzu kann das Kaufpreiskriterium (IAS 17.10(b)) hilfsweise als erfüllt angesehen werden, wenn in Anlehnung an den Mobilienleasingerlass der deutschen Finanzverwaltung ein Kaufpreis vereinbart ist, der unter dem Restbuchwert des Leasingobjekts bei Anwendung der linearen Abschreibungsmethode im Zeitpunkt der Optionsrechtsausübung liegt. Liegen demgegenüber bessere Informationen über den beizulegenden Zeitwert des Leasingobjekts vor, ist auf diese zurückzugreifen (*Freiberg/Hoffmann/Lüdenbach* IFRS § 15 Rz 30). 55

Die **Schätzung des beizulegenden Zeitwerts** im Falle eines **Kaufoptionsrechts** kann ebenfalls marktpreisorientiert erfolgen, indem der bei Eingehen des Leasingverhältnisses für das Leasingobjekt geltende Marktpreis unter Berücksichtigung der voraussichtlichen Preissteigerungsrate und des Abnutzungsgrads des Leasingobjekts auf den möglichen Zeitpunkt der Optionsrechtsausübung prognostiziert wird. Alternativ kommen für die Wertbestimmung DCF-Verfahren zur Anwendung. Die Anwendung eines DCF-Verfahrens setzt die Prognose des zeitlichen Anfalls und der Höhe der periodenbezogenen Cashflows sowie die Ermittlung eines risiko- und laufzeitadjustierten Diskontierungszinssatzes voraus. Bewertungsstichtag ist der Zeitpunkt der voraussichtlichen Optionsrechtsausübung. 56

Der **beizulegende Zeitwert** des Vermögenswerts zu **Beginn** des Leasingverhältnisses ermittelt sich aus dem Wert, der im Rahmen einer geordneten Transaktion als Preis zwischen Marktteilnehmern vereinbart wird, im Regelfall entspricht dieser den Anschaffungskosten des Leasinggebers. 57

Beispiel: Der Leasingnehmer LN schließt mit dem Leasinggeber LG ein Leasinggeschäft über eine Maschine, deren Anschaffungs- und Herstellungskosten T€ 500 betragen. Mit dem Eingehen des Leasingverhältnisses erwirbt LN das Recht, das Leasingobjekt nach Ablauf der Vertragslaufzeit zu einem Kaufpreis von T€ 45 von LG zu erwerben. LN geht davon aus, dass er im Falle der Ausübung des Kaufoptionsrechts die Maschine nach Ablauf der Vertragslaufzeit noch weitere fünf Perioden in seinem Produktionsprozess einsetzen kann. Voraussetzung hierfür wäre jedoch, die Maschine zunächst technisch zu überholen. Für die technische Überholung der Maschine werden Kosten in Höhe von T€ 20 prognostiziert. Für die sich nach Ablauf der Vertragslaufzeit anschließenden fünf Perioden ergibt sich damit folgende Verteilung der prognostizierten Cashflows: 58

Jahr	**X1**	**X2**	**X3**	**X4**	**X5**
Operativer Cashflow	25.000,00	25.000,00	15.000,00	12.500,00	10.000,00
Überholungskosten	20.000,00	–	–	–	–
Gesamter Cashflow	5.000,00	25.000,00	15.000,00	12.500,00	10.000,00

Unter Zugrundelegung eines laufzeit- und risikoadjustierten Diskontierungszinssatzes in Höhe von 10% ergibt sich ein Barwert in Höhe von € 51.223,22. Das Kaufoptionsrecht ist demzufolge als günstig zu qualifizieren.

c) Mietzeitkriterium nach IAS 17.10(c)

59 Umfasst die **Laufzeit** des Leasingverhältnisses (IAS 17.4; → Rn 27) den überwiegenden Teil der voraussichtlichen wirtschaftlichen Nutzungsdauer des Vermögenswerts, so liegt – auch wenn das rechtliche Eigentum an diesem nicht übertragen wird – ein Finanzierungs-Leasingverhältnis vor. Dieser Beispielsfall wird in der Praxis als **Mietzeitkriterium** bezeichnet (IAS 17.10(c)).

60 Das Mietzeitkriterium betrifft das zeitliche **Ausmaß,** in dem die **mit der Nutzung des Leasingobjekts verbundenen Chancen und Risiken** auf den Leasingnehmer übergehen. Im Gegensatz zu der korrespondierenden US-GAAP-Regelung ASC Topic 840 entbehrt IAS 17.10(c) der Vorgabe eines quantitativen Maßstabs, der an die Laufzeit des Leasingverhältnisses zu legen ist. Sie soll im Verhältnis zu der voraussichtlichen wirtschaftlichen Nutzungsdauer des Vermögenswerts den überwiegenden Teil umfassen. Dies ist einerseits sachlogische Konsequenz der Prinzipienbasierung der IFRS; andererseits wird die Bilanzierungspraxis auf diese Weise vor eine Ermessensentscheidung gestellt. Das **Mietzeitkriterium** erfordert eine Schätzung der **wirtschaftlichen Nutzungsdauer** am Beginn des Vertragsverhältnisses (IAS 17.6).

61 Der **Verzicht auf die Vorgabe eines quantitativen Maßstabs** für den Schwellenwert für das Laufzeit-Nutzungsdauer-Verhältnis in IAS 17.10(c) scheint zunächst unter bilanzpolitischen Gesichtspunkten **Spielräume zur Sachverhaltsgestaltung zu eröffnen.** Ermessensspielräume sind stets zutreffend auszuüben, wobei signifikante Schätzungen und entspr Sensitivitätsanalysen im Anhang anzugeben sind. Die Spielräume werden vom IASB bewusst in Kauf genommen, um keine Anreize zur Umgehung bestimmter prozentualer Grenzwerte zu schaffen.

62 Bei der weitaus überwiegenden Anzahl der als Leasingobjekte in Frage kommenden Vermögenswerte sind die dem Vermögenswert **entziehbaren Netto-Cashflows** tendenziell **nicht gleichmäßig** über die einzelnen Perioden der Nutzungsdauer verteilt, sondern vielmehr zu Beginn der Nutzungsdauer tendenziell höher als gegen deren Ende. Dies könnte es rechtfertigen, bereits bei einer deutlich unter der wirtschaftlichen Nutzungsdauer liegenden Grundmietzeit von einer Übertragung der mit dem Leasingobjekt verbundenen wesentlichen Chancen und Risiken auszugehen und das Leasingobjekt folglich dem Leasingnehmer zuzurechnen. In Abhängigkeit von der Art des jeweiligen vertraglichen Leasinggegenstands werden die aus der Nutzung des Leasingobjekts zu erwartenden Nettoerträge über dessen voraussichtliche wirtschaftliche Nutzungsdauer unterschiedlich verteilt sein, sodass sich aus der Vorgabe eines **qualitativen Mietzeitkriteriums** die Notwendigkeit ergibt, für jedes Leasingverhältnis eine am Gesamtbild der wirtschaftlichen Verhältnisse orientierte Einzelfallbetrachtung anzustellen.

63 Teile der Literatur sprechen sich dafür aus, das Mietzeitkriterium in IAS 17. 10(c) unter **Zuhilfenahme der Auslegungsregel in IAS 8.11 f** zu interpretieren (grundlegend *Helmschrott* WPg 2000, 426 (426); in enger Anlehnung an *Helmschrott* auch *Vater* DStR 2002, 2094 (2095). Der IASB strebt an, die Begriffe in den einzelnen IFRS mit gleichem Inhalt zu verwenden. Für diese Auffassung spricht die Verknüpfung verschiedener Standards und Interpretationen durch wechselseitige Verweise sowie insbes die in IAS 8.11 fixierte Auslegungsregel.

64 Nach IAS 8.11(a) hat sich der Abschlussersteller bei seiner **Ermessensentscheidung** an den Anforderungen und Anwendungsleitlinien derjenigen IFRS und Interpretationen zu orientieren, die ähnliche oder verwandte Fragen behandeln. IAS 17 verweist unmittelbar auf SIC-15 und SIC-27. Jedoch können weder

SIC-15 noch SIC-27 tatsächlich einen Beitrag zur Auslegung des in Frage stehenden Mietzeitkriteriums leisten.

Subsidiär sind die im **Rahmenkonzept** enthaltenen Definitionen, Erfassungskriterien und Bewertungskonzepte für Vermögenswerte, Schulden, Aufwendungen und Erträge heranzuziehen (IAS 8.11(b)). Teile der Literatur haben versucht, das Mietzeitkriterium mit Hilfe der Begriffe „Kontrolle" und „Beherrschung" auszulegen (so grundlegend *Helmschrott* WPg 2000, 426 (426); *Vater* DStR 2002, 2094 (2095); *Küting/Koch* KoR 2007, 607 (607)). 65

Der Begriff **Beherrschung** *(control)* wird sowohl nach, IFRS 10.5 als auch nach IAS 38.13 definiert, wenngleich mit unterschiedlicher Reichweite. Denn während IFRS 10.5 die Beherrschung **eines Unternehmens** – als Konglomerat von Vermögenswerten und Schulden – zum Gegenstand hat, stellt IAS 38.13 auf die Beherrschung **eines einzelnen Vermögenswerts** ab.

IFRS 10.5ff definiert Beherrschung als Macht über ein Unternehmen, die in Form von Rechten, die die Möglichkeit einräumen, die relevanten Tätigkeiten des Unternehmens zu bestimmen und die Möglichkeit, die schwankenden Erträge des Unternehmens zu beeinflussen (→ § 30 Rn 10ff). Existieren mehrere Unternehmen, die Einfluss auf ein Unternehmen ausüben, so hat dasjenige Unternehmen die Macht, die den wesentlichsten Einfluss ausübt (IFRS 10.13). Daraus ließe sich ableiten, dass eine mehrheitliche Inanspruchnahme des Nutzenpotenzials eines Unternehmens ab einem Grenzwert von 50% + 1 (absolute Mehrheit) anzunehmen wäre.

(einstweilen frei) 66

UE ist der Heranziehung eines pauschalen Mehrheitskriteriums nicht zuzustimmen, da bei einer knappen Mehrheit im Regelfall nicht davon auszugehen ist, dass im wesentlichen alle Chancen und Risiken iSd IAS 17.8 übertragen wurden (*Lüdenbach/Hoffmann/Freiberg* IFRS § 15 Rz 39). 67

Auch sonstige Rechnungslegungsverlautbarungen und anerkannte Branchenpraktiken können Berücksichtigung finden, soweit sie nicht mit IAS 8.11 in Konflikt stehen. Vor dem Hintergrund der vorstehenden Argumentation ist uE den Teilen des Schrifttums zuzustimmen, die das Mietzeitkriterium über **die Öffnungsklausel** in IAS 8.12 unter Anlehnung an ASC Topic 840 auslegen und das wirtschaftliche Eigentum an dem Leasingobjekt ab einem Schwellenwert von 75% der voraussichtlichen wirtschaftlichen Nutzungsdauer dem Leasingnehmer zuordnen. UE ist im Hinblick auf den Mietzeittest gem IAS 17.10(c) eine Anlehnung an den Grenzwert nach US-GAAP sinnvoll – dies allerdings stets unter Würdigung des Gesamtbilds im jeweiligen Einzelfall. 68

Die teilweise erhobene Forderung, das Mietzeitkriterium in Anlehnung an die **Leasingerlasse** der deutschen Finanzverwaltung ab einem Schwellenwert von 90% der voraussichtlichen wirtschaftlichen Nutzungsdauer als erfüllt anzusehen, erscheint vor dem Hintergrund der unterschiedlichen Terminologie fragwürdig. So ist die betriebsgewöhnliche Nutzungsdauer, die den deutschen Leasingerlassen zugrunde liegt, grds kürzer als die voraussichtliche wirtschaftliche Nutzungsdauer (*Alvarez/Wotschofsky/Miethig* IStR 2002, 65 (66)). 69

d) Barwertkriterium nach IAS 17.10(d)

Ein Leasingverhältnis wird normalerweise als Finanzierungs-Leasing qualifiziert, falls der **Barwert** der Mindestleasingzahlungen zu Beginn des Leasingverhältnisses im Wesentlichen mindestens dem beizulegenden Zeitwert des Leasinggegenstands entspricht **(„Barwertkriterium").** Die Überprüfung dieses sog Barwertkriteriums wird als Barwerttest bezeichnet (IAS 17.10(d)). 70

71 Die für die **Beurteilung des Barwerttests** heranzuziehenden Mindestleasingzahlungen sind für Leasinggeber und Leasingnehmer für gewöhnlich nicht identisch. So sind aus Sicht des **Leasingnehmers** bei der Ermittlung der Mindestleasingzahlungen alle Beträge einzubeziehen, die der Leasingnehmer dem Leasinggeber leistet oder zu denen er herangezogen werden kann. Einzubeziehen in die Mindestleasingraten sind dabei auch Zahlungen, die der Leasingnehmer vor Leasingbeginn an den Leasinggeber leistet (→ Rn 29). Darüber hinaus sind alle vom Leasingnehmer oder einer mit diesem verbundenen Partei (IAS 24.9) garantierten Beträge (zB Restwerte), sowie die bei Ausübung einer sog günstigen Kaufoption erforderlichen Zahlungen zu berücksichtigen. Auszunehmen sind bedingte Zahlungen sowie Aufwendungen für Dienstleistungen (Service, Wartung) sowie Versicherungsbeiträge und Steuern, die der Leasinggeber trägt und die ihm über entspr kalkulierte Mietzahlungen vom Leasingnehmer erstattet werden.

Beispiel: Der Leasingnehmer LN schließt mit dem Leasinggeber LG ein Leasinggeschäft über eine Maschine, deren Anschaffungs- und Herstellungskosten T€ 500 betragen. In Bezug auf die monatlichen Leasingzahlungen vereinbaren die Vertragsparteien sowohl einen fixen als auch einen variablen Vergütungsbestandteil. Die variable Komponente knüpft an die Inanspruchnahme des Leistungspotenzials der Maschine an (zB Betriebsstunden). Für das Ende der Vertragslaufzeit wird dem Leasinggeber vom Leasingnehmer ein Restwert der Maschine in Höhe von T€ 50 garantiert. Der Leasingvertrag ist annahmegemäß nicht kündbar.

Mithin stellen die vereinbarten unbedingten Bestandteile der Leasingraten und der Restwert garantierte Beträge dar, die bei der Ermittlung der Mindestleasingzahlungen nach IAS 17.4 einzubeziehen sind. Die variablen Vergütungsbestandteile stellen bedingte Leasingzahlungen *(contingent rent)* dar, die nicht Bestandteile der Mindestleasingraten sind (→ Rn 30).

Aus Sicht des **Leasinggebers** umfassen die Mindestleasingzahlungen sämtliche Zahlungen, welche der Leasingnehmer während der Laufzeit des Leasingverhältnisses zu leisten hat oder zu denen er herangezogen werden kann mit Ausnahme der bedingten Mietzahlungen sowie dem Aufwand für Dienstleistungen und Steuern, die der Leasinggeber zu zahlen hat und die ihm durch den Leasingnehmer erstattet werden. Darüber hinaus beinhalten die Mindestleasingzahlungen auch sämtliche Restwerte, die vom Leasingnehmer, einer mit dem Leasinggeber verbundenen Partei oder einer vom Leasinggeber unabhängigen dritten Partei, die finanziell in der Lage ist, den Verpflichtungen der Garantie nachzukommen, garantiert werden (IAS 17.4).

72 Bei Anwendung des sog **Barwerttests** treten regelmäßig Abgrenzungsprobleme auf, da hier die Parameter noch schwieriger festzulegen bzw die Rechengrößen noch mehr von individuellen Einflüssen abhängig sind.

73 Der beizulegende Zeitwert des Leasingobjekts **zu Beginn des Leasingverhältnisses** deckt sich idR mit den Anschaffungskosten (unter Berücksichtigung der Anschaffungsnebenkosten und Anschaffungskostenminderungen). Entspricht der Barwert der Mindestleasingzahlungen zu diesem Zeitpunkt **im Wesentlichen mindestens** dem beizulegenden Zeitwert, so liegt ein Finanzierungs-Leasingverhältnis vor. Auf die Angabe eines Grenzwerts anhand dessen beurteilt werden kann, ob diese Voraussetzung erfüllt ist, wurde indessen verzichtet; vielmehr wurde diese Vorschrift – ebenso wie die Regelung zum Mietzeittest – bewusst offen formuliert. Nach der entspr Vorschrift der US-GAAP (ASC Topic 840) ist ein Leasingobjekt dem Leasingnehmer zuzurechnen, falls der Barwert der Mindestleasingraten 90% des beizulegenden Zeitwerts des Leasingobjekts überschreitet. UE sollte dieser Grenzwert grds als Leitlinie bei der Durchführung des Barwerttests herangezogen werden, jedoch stets unter Würdigung des gesamten wirtschaftlichen Gehalts der Leasingvereinbarung.

Im Gegensatz zu bedingten Mietzahlungen, die von zukünftigen, ungewissen Ereignissen (zB Nutzungsintensität, Entwicklung eines dem Leasingvertrag zugrunde gelegten Preisindexes) abhängen, sind Zahlungen, die der Leasingnehmer **vor Leasingbeginn** an den Leasinggeber leistet, als Bestandteil der Mindestleasingraten anzusehen, sofern sie im direkten Zusammenhang mit der Leasingvereinbarung stehen. 74

Beispiel: Der Leasingnehmer LN schließt am 1. Juli 20X1 mit dem Leasinggeber LG ein Leasinggeschäft über eine Maschine ab. Die Laufzeit des Leasingverhältnisses beginnt am 1. Januar 20X2. LN verpflichtet sich zur Zahlung einer nachschüssig zu leistenden monatlichen Leasingrate in Höhe von € 1.000,00 sowie zu einer sofort fälligen einmaligen Leasingvorauszahlung in Höhe von € 50.000,00. Die Laufzeit des Leasingverhältnisses beträgt fünf Jahre. Bei Zugrundelegung eines Zinssatzes von 10% beträgt der Barwert der monatlichen Leasingraten zum 1. Januar eines Jahrs € 11.400,49. Der jeweilige Barwert der in den einzelnen Jahren der Vertragslaufzeit zu leistenden Leasingraten zum 1. Januar 20X2 beträgt demnach wie folgt:

Jahr	20X2	20X3	20X4	20X5	20X6
Barwert	11.400,49	10.364,08	9.421,89	8.565,36	7.786,69

Als Barwert der während der gesamten Vertragslaufzeit zu leistenden Leasingraten zu Beginn des Leasingverhältnisses ergibt sich somit ein Betrag in Höhe von € 47.538,51. Dem Barwert der über die gesamte Vertragslaufzeit zu entrichtenden Leasingraten ist der Wert der Leasingvorauszahlung zum 31. Dezember 20X1 hinzuzurechnen, sodass sich insgesamt ein Barwert der Mindestleasingzahlungen in Höhe von € 97.038,51 ergibt. Dieser Barwert ist dem beizulegenden Zeitwert des Leasinggegenstands zu Beginn des Leasingverhältnisses ggü zu stellen.

Der Barwert der Mindestleasingzahlungen umfasst die **Summe der diskontierten Leasingraten** ohne Berücksichtigung eines nicht garantierten Restveräußerungserlöses. Zu rechnen ist mit dem Zinssatz, der der Kalkulation des Leasingverhältnisses zugrunde gelegt wurde. Kennt der Leasingnehmer diesen Zinssatz nicht, wendet er denjenigen Zinssatz an, zu dem er einen Kredit zur Anschaffung des Leasingobjekts aufnehmen könnte (= sog **Grenzfremdkapitalzinssatz**). Es ist somit nicht unwahrscheinlich, dass Leasinggeber und Leasingnehmer mit unterschiedlichen Zinssätzen rechnen und zu unterschiedlichen Bewertungen kommen. Erbringt der Leasinggeber zusätzliche Leistungen, zB die Wartung eines Fuhrparks, sind die Entgelte für diese Nebenleistungen beim Barwerttest **nicht** mitzurechnen. 75

Vielfach lässt sich nicht abschätzen, welcher Zinssatz einem vergleichbaren Leasinggeschäft zugrunde gelegt wird, sodass in der Praxis zumeist auf die subsidiäre **Ermittlung des Grenzfremdkapitalzinssatzes** zurückgegriffen werden muss. 76

Beispiel: Der Leasingnehmer LN schließt mit dem Leasinggeber LG ein Leasinggeschäft über eine Maschine ab. Die Anschaffungs- und Herstellungskosten der Maschine betragen T€ 85. Die Laufzeit des Leasingverhältnisses beginnt am 1. Januar 20X1. Der LN verpflichtet sich zur Zahlung einer nachschüssig zu leistenden Leasingrate in Höhe von T€ 24 pa. Die Laufzeit des Leasingverhältnisses beträgt fünf Jahre. Im Zusammenhang mit dem Abschluss des Leasingvertrags sind weitere Aufwendungen in Höhe von T€ 5 angefallen. Der dem Leasingverhältnis zugrunde liegende Zinssatz entspricht dem internen Zinssatz der folgenden finanzmathematischen Beziehung, die bei einem dem Leasingverhältnis zugrunde liegenden (internen) Zinssatz in Höhe von 10,425 % erfüllt ist.

$$24.000\text{ €} \cdot \sum_{t=1}^{5} \frac{1}{(1+r)^t} = 85.000\text{ €} + 5.000\text{ €}$$

77 Bei der Kalkulation der Leasingraten spielt der **Restwert,** den das Leasingobjekt nach Einschätzung der Bilanzierenden am Ende des Leasingvertrags hat, eine **wesentliche Rolle.** Sofern es sich um einen vom Leasingnehmer garantierten Restwert handelt, ist dieser in die Berechnung der Mindestleasingraten einzubeziehen (IAS 17.4). Wird mit einem hohen, nicht garantierten Restwert gerechnet, wird es mit verhältnismäßig niedrig kalkulierten Raten möglich, dass der Barwert unter dem beizulegenden Zeitwert des Leasingobjekts liegt. Folglich handelt es sich dann um ein Operating-Leasingverhältnis.

78, 79 *(einstweilen frei)*

e) Spezialleasingkriterium nach IAS 17.10(e)

80 Ein Finanzierungs-Leasingverhältnis liegt vor, wenn das Leasingobjekt hinsichtlich seiner Ausstattungsmerkmale auf die besonderen Bedürfnisse des Leasingnehmers zugeschnitten ist. Dieser Beispielsfall wird als **Spezialleasingkriterium** bezeichnet (IAS 17.10(e)). Dabei kann das Leasingobjekt aufgrund seiner speziellen Ausstattungsmerkmale, idR veranlasst durch den Leasingnehmer, ohne wesentliche Veränderungen nur vom Leasingnehmer genutzt werden. Diese Annahme ist dabei auch nicht widerlegbar, wenn zwar eine alternative Nutzung denkbar ist, die allerdings keine wirtschaftlich sinnvolle Nutzung darstellt. (s auch *Lüdenbach/Hoffmann/Freiberg* IFRS § 15 Rz 67).

Beispiel: Das Maschinenbauunternehmen A schließt mit dem Immobilienunternehmen B einen Mietvertrag über eine zu errichtende Produktionshalle ab. Die Produktionshalle ist aufgrund ihrer Ausmaße, baulichen Besonderheiten und Einrichtungen genau auf den Produktionsprozess von A zugeschnitten. Eine alternative Nutzung bspw als Diskothek, Verbrauchermarkt oder Lagerhalle wäre zwar grds denkbar, würde aber wirtschaftlich nur nach umfangreichen Umbaumaßnahmen der Halle Sinn machen. Der Mietvertrag wäre demzufolge als Spezialleasing zu klassifizieren und als Finanzierungs-Leasing einzuordnen.

81 Das Beispiel des **Spezial-Leasingverhältnisses** führt nach IAS 17.10(e) zur Bilanzierung des Leasingobjekts beim Leasingnehmer. Fraglich ist hier, wann Veränderungen am Leasingobjekt, die notwendig sind, um das Leasingobjekt anderweitig verwendbar zu machen, als wesentlich eingestuft werden können. Da IAS 17 keinen quantitativen Abgrenzungsmaßstab zur Verfügung stellt, kann wiederum nur auf die Gesamtverhältnisse abgestellt werden. Auch in diesem Zusammenhang könnte eine 10%-Grenze ein sinnvoller Indikator sein, der unter Würdigung der urspr Anschaffungskosten und der Umbaukosten heranzuziehen ist. Demnach würden Umbaukosten dann als wesentlich gelten, wenn sie 10% der urspr Anschaffungskosten überschreiten.

3. Sekundäre Indikatoren

82 Neben den Beispielen in IAS 17.10 nennt IAS 17.11 drei weitere Kriterien, die eine Klassifizierung als Finanzierungs-Leasingverhältnis vermuten lassen. Diese **Indikatoren** können für sich alleine oder iVm anderen Kriterien zu einer Einordnung des Leasingvertrags als Finanzierungs-Leasingverhältnis führen:

(1) Der Leasingnehmer trägt die Verluste des Leasinggebers aus der vom Leasingnehmer veranlassten Auflösung des Leasingverhältnisses.

(2) Dem Leasingnehmer werden Gewinne und Verluste aus Veränderungen des beizulegenden Restwerts zugerechnet.

(3) Der Leasingnehmer hat ein günstiges Optionsrecht zur Verlängerung bzw Fortführung des Leasingvertrags zu Leasingraten, die wesentlich unter den marktüblichen Leasingraten liegen.

Für den Fall einer **(vorzeitigen) Auflösung** des Leasingverhältnisses sehen Vertragsmuster vielfach vor, dass der Leasingnehmer dem Leasinggeber für den entstehenden Schaden einstehen muss, wenn der Leasingnehmer die vorzeitige Auflösung veranlasst hat. Entspr Klauseln, die auch in Miet- oder Wartungsverträgen vorgesehen sind, führen nicht zwingend zu einer Einordnung als Finanzierungs-Leasingverhältnis. 83

Muss der Leasingnehmer jedoch für **jeglichen** Verlust des Leasinggebers aus dem Leasingverhältnis einstehen, ist das wirtschaftliche Eigentum an dem Leasingobjekt zusammen mit dem Investitionsrisiko dem Leasingnehmer zuzurechnen. Mithin liegt im Regelfall ein Finanzierungs-Leasingverhältnis vor. In anderen in der Praxis verwendeten Vertragsmustern nimmt der Leasingnehmer teilweise am Verwertungserlös des Leasingobjekts teil. Dies gilt zB auch iVm dem Recht zur Auflösung des Leasingverhältnisses und der Verlustübernahmeverpflichtung des Leasingnehmers. In diesem Fall wird der erzielte Restwert des Leasingobjekts teilweise dem Leasingnehmer gutgeschrieben. Solche Klauseln sind ebenfalls im Gesamtzusammenhang des Einzelfalls zu würdigen. Sie haben für sich allein keine eindeutige Einordnung des Leasingvertrags als Operating- oder Finanzierungs-Leasingverhältnis zur Folge. Entscheidend für eine Einordnung des Leasingverhältnisses als Finanzierungs-Leasing ist die Zuordnung der Chancen und Risiken zum Leasingnehmer unter Würdigung des Gesamtbilds der wirtschaftlichen Verhältnisse.

4. Zusammenfassende Übersicht

Aufgrund der aufgezeigten Ermessens- und Beurteilungsspielräume (zB Schätzung von Nutzungsdauern und Restwerten) können sich im Einzelfall **unterschiedliche Klassifizierungen** desselben Leasingverhältnisses als Operating- oder als Finanzierungs-Leasingverhältnis beim Leasinggeber bzw Leasingnehmer ergeben. Nachfolgende Übersicht ermöglicht eine **tendenzielle** Beurteilung, die unter **Berücksichtigung der Gesamtverhältnisse** vorzunehmen ist. 84

85

Finanzierungs-Leasing	Merkmale	Operating-Leasing
Ja	Grundmietzeit umfasst den überwiegenden Teil der wirtschaftlichen Nutzungsdauer;	Nein
	oder	
Ja	Barwert der Mindestleasingzahlungen entspricht im Wesentlichen mindestens dem beizulegenden Zeitwert des Leasingobjekts;	Nein
	oder	
Ja	Kaufoptionspreis ist deutlich geringer als der beizulegende Zeitwert des Leasingobjekts bei Ausübung;	Nein
	oder	
Ja	rechtliches Eigentum geht am Ende der Grundmietzeit auf den Leasingnehmer über;	Nein
	oder	

Finanzierungs-Leasing	Merkmale	Operating-Leasing
Ja	das Leasingobjekt ist nur nach wesentlichen Veränderungen von Dritten nutzbar (Spezialleasing);	Nein
	oder	
Ja	der Leasingnehmer trägt mögliche Verluste des Leasinggebers im Falle der Kündigung;	Nein
	oder	
Ja	Verluste und Gewinne aus Veränderungen des Restwerts werden dem Leasingnehmer zugerechnet;	Nein
	oder	
Ja	Konditionen bei Ausübung der Verlängerungsoption liegen wesentlich unter den marktüblichen Leasingraten.	Nein
Leasingnehmer	**Bilanzierung des Leasingobjekts**	**Leasinggeber**

86 Im nachfolgenden **Beispiel** wird schematisch die Prüfung der fünf Zurechnungskriterien nach IAS 17.10 zusammengefasst:

Beispiel: Angaben zu den Zurechnungskriterien des Leasingobjekts nach IAS 17.10:
(1) Leasingvertrag für eine Maschine über drei Jahre,
(2) jährliche Leasingrate T€ 97,
(3) beizulegender Zeitwert bei Abschluss des Leasingvertrags T€ 265,
(4) keine Mietverlängerungsoption und keine Kaufoption,
(5) Zinssatz Bankkredit mit drei Jahren Laufzeit 7 %,
(6) wirtschaftliche Nutzungsdauer fünf Jahre,
(7) Barwert der Leasingraten T€ 255.

Prüfung der Zurechnungskriterien nach IAS 17.10:	Antwort
(1) Automatischer Eigentumsübergang am Ende der Vertragslaufzeit?	Nein
(2) Günstige Kaufoption?	Nein
(3) Grundmietzeit überwiegender Teil der Nutzungsdauer? (Aus dem Verhältnis Laufzeit des Leasingvertrags (drei Jahre) zur wirtschaftlichen Nutzungsdauer (fünf Jahre) resultiert ein Anteil von 60 %, der nicht als „überwiegend" anzusehen ist)	Nein
(4) Entspricht Barwert der Mindestleasingraten im Wesentlichen dem beizulegenden Zeitwert des Leasingobjekts bei Vertragsabschluss? (Das Verhältnis beträgt ca 96 %, dh es ist höher als der Grenzwert von 90 %)	Ja
(5) Handelt es sich um ein Spezialleasing?	Nein

Unter Würdigung des **Gesamtbilds** handelt es sich hier (da die Antwort auf die vierte Frage mit „Ja" beantwortet wurde) im Ergebnis um ein **Finanzierungs-Leasingverhältnis,** da das Leasingobjekt nach dem sog Barwerttest dem Leasingnehmer zuzurechnen ist.

87–89 *(einstweilen frei)*

II. Immobilienleasing

1. Differenzierung nach IAS 17

Die Einordnung von Leasingverhältnissen von Immobilien richtet sich grds ebenfalls nach den Kriterien bzgl der Aufteilung von Chancen und Risiken gem IAS 17.7ff. Immobilienspezifisch ist jedoch die im Regelfall unbegrenzte wirtschaftliche Nutzungsdauer bei Grundstücken. Diese führt dazu, dass keine Übertragung der wesentlichen Chancen und Risiken auf den Leasingnehmer stattfindet, sofern nicht der Eigentumsübergang auf den Leasingnehmer vereinbart wurde bzw durch Kaufoption überwiegend wahrscheinlich ist. **90**

Gem IAS 17.15A wird ein Grundstücksleasing jedoch nicht zwangsläufig als Operating-Leasingverhältnis klassifiziert, wenn es nicht nach Ablauf des Leasingvertrags auf den Leasingnehmer übergeht. Die Tatsache, dass ein Grundstück idR eine unbegrenzte Nutzungsdauer hat, spielt eine bedeutende Rolle, jedoch ist darüber hinaus die wirtschaftliche Substanz des Leasingvertrags zu berücksichtigen. Dabei ist es möglich, Grundstücksmiet- bzw -pachtverträge, die über mehrere Jahrzehnte laufen und den Leasingnehmer in eine Position versetzen, die wirtschaftlich einem Käufer gleichkommt, als **Finanzierungs-Leasing** einzustufen. **91**

Im Rahmen der Einstufung eines Leasingverhältnisses von Immobilien ist bei bebauten Grundstücken eine getrennte Betrachtung von Grundstück und Gebäude erforderlich (IAS 17.15A). Dabei kann die Einstufung von Grundstück und Gebäude auseinanderfallen. **92**

Bei der Einstufung eines Leasingverhältnisses für ein **bebautes Grundstück** sind die Mindestleasingzahlungen sachgerecht auf den Grund und Boden sowie das Gebäude aufzuteilen. Dabei erfolgt die Aufteilung der Leasingraten entspr IAS 17.16 nicht nach den Verhältnissen der beizulegenden Zeitwerte von Grundstück und Gebäude, sondern nach dem beizulegenden Zeitwert der Leistung für das Mietrecht für die jeweilige Komponente zu Beginn des Leasingverhältnisses. Bei der Ermittlung des beizulegenden Zeitwerts der Mietrechte für das Grundstück sind eine angemessene Verzinsung für die Investition des Leasinggebers in Grundstück und Gebäude sowie ein Wertverzehr für das Gebäude zu berücksichtigen. Die beizulegenden Zeitwerte der Leistung für das Mietrecht dienen dabei nur als Aufteilungsmaßstab (s auch *Lüdenbach/Hoffmann/Freiberg* IFRS § 15 Rz 81). **93**

Da die Zuordnungskriterien für Grund und Boden sowie Gebäude getrennt anzuwenden sind, kann dies im Unterschied zur deutschen handels- und steuerrechtlichen Regelung die Zurechnung des Grund und Bodens zum Leasinggeber und des Gebäudes zum Leasingnehmer bedingen. Das potenzielle **Auseinanderfallen** des **wirtschaftlichen Eigentums am Grund und Boden und am Gebäude** folgt insbes aus der isolierten Anwendung der in IAS 17.10f genannten Beispiele und Indikatoren auf das Gebäude. In der Praxis gilt es hierbei nicht selten Vereinbarungen über Kaufoptionen sowie Klauseln über Verlustübernahmeverpflichtungen bei Ausübung eines vorzeitigen Kündigungsrechts zu beurteilen, die tendenziell zu einer Bilanzierung beim Leasingnehmer führen. In diesen Fällen können der Grund und Boden beim Leasinggeber und das Gebäude beim Leasingnehmer zu bilanzieren sein. Erst mit der Ausübung der Kaufoption oder mit der Beendigung des Leasingvertrags entsprechen sich das wirtschaftliche und das rechtliche Eigentum am Gebäude. **94**

Vom Grundsatz der getrennten Betrachtung des Grund und Bodens sowie des Gebäudes gibt es zwei **Ausnahmefälle.** Demnach ist auf eine entspr Aufteilung der Leasingraten zu verzichten, wenn **95**

(1) die Aufteilung der Leasingraten auf den Grund und Boden und auf das Gebäude nicht zuverlässig vorgenommen werden kann. Folglich wird das bebaute Grundstück in seiner Gesamtheit dem Leasingnehmer zugerechnet, sofern das Gebäude auf Basis der in IAS 17.10f genannten Beispiele und Indikatoren als Finanzierungs-Leasingverhältnis identifiziert wird und nicht offensichtlich ist, dass sowohl in Bezug auf den Grund und Boden – als auch in Bezug auf das Gebäude – ein Operating-Leasingverhältnis vorliegt, was im Umkehrschluss das bebaute Grundstück in seiner Gesamtheit als Operating-Leasingverhältnis qualifiziert (IAS 17.16),
(2) der Wert des Grund und Bodens nur von untergeordneter Bedeutung ist. Ähnlich wie im Zusammenhang mit dem Mietzeitkriterium verzichtet der IASB auf die Vorgabe eines quantitativen Kriteriums zur Auslegung des unbestimmten Begriffs der „untergeordneten Bedeutung". Im Schrifttum wird vorgeschlagen, unter Rückgriff auf die Öffnungsklausel (IAS 8.12(c)) für Zwecke der Begriffsauslegung die 25%-Grenze aus der korrespondierenden US-GAAP-Regelung ASC 840-10-25 zu übernehmen (*Küting/Koch* KoR 2007, 607 (611)). Wird der Wert des Grund und Bodens von untergeordneter Bedeutung angesehen, richtet sich die Zurechnung nach der Klassifizierung der Vereinbarung über das Gebäude als Finanzierungs- bzw Operating-Leasingverhältnis (IAS 17.17). Maßgebend für die Beurteilung der wirtschaftlichen Nutzungsdauer des gesamten Leasingobjekts ist dann die wirtschaftliche Nutzungsdauer des Gebäudes.

Beispiel: Zwischen Leasinggeber und Leasingnehmer wird ein Leasingvertrag über ein bebautes Grundstück mit einer Laufzeit von zehn Jahren abgeschlossen. Das Gebäude hat eine geschätzte Restnutzungsdauer von 18 Jahren. Der beizulegende Zeitwert des Gebäudes beträgt T€ 400, der des Grund und Bodens T€ 200. Der interne Zinssatz von 5,5% ist beiden Parteien bekannt. Die jährliche Leasingrate für das bebaute Grundstück beläuft sich auf T€ 72. Es wurde keine Eigentumsübertragung und keine Kaufoption zugunsten des Leasingnehmers am Ende des Leasingverhältnisses vereinbart.

Die Klassifizierung des Leasingverhältnisses erfolgt getrennt für den Grund und Boden sowie das Gebäude. Beim Grund und Boden handelt es sich wegen der fehlenden Eigentumsübertragung und der Kaufoption um ein Operating-Leasingverhältnis. Der Grund und Boden wird beim Leasinggeber bilanziert. Beim Gebäude sind sämtliche in IAS 17.10 genannten Kriterien zu überprüfen. Auch hier liegt keine Eigentumsübertragung und Kaufoption vor. Da die Laufzeit des Leasingverhältnisses nur rund 55% der wirtschaftlichen Nutzungsdauer umfasst, ist das Mietzeitkriterium nicht erfüllt (→ Rn 59ff).

Bei der Prüfung des sog Barwertkriteriums sind die Leasingraten nach den beizulegenden Zeitwerten auf Gebäude und Grund und Boden aufzuteilen. Danach entfallen auf das Gebäude zwei Drittel (= Anteil der Verkehrswerte der Leasingrate) von T€ 72 (= T€ 48). Daraus ergibt sich ein Barwert der anteiligen Mindestleasingraten von rund T€ 362. Dies entspricht 90,5% des beizulegenden Zeitwerts des Gebäudes. Führt der gesamte wirtschaftliche Gehalt der Leasingvereinbarung nicht zu einem abweichenden Ergebnis, ist somit das Gebäude beim Leasingnehmer zu bilanzieren (= Finanzierungs-Leasing).

2. Sondersachverhalte für Renditeimmobilien nach IAS 40

96 Einen Sonderfall stellen sog **Renditeimmobilien** (zur Definition s IAS 40.5 sowie → § 6 Rn 1ff) dar, die als Finanzinvestition der Kapitalanlage dienen. IAS 40.8 nennt hierzu einzelne Beispiele. Diese Immobilien werden zur Erzielung von Mieteinnahmen und/oder zur längerfristigen Werterhöhung gehalten. In Bezug auf Leasingobjekte, die zur Renditeerzielung erworben bzw gehalten werden, sind insbes nachfolgende zwei Fälle zu unterscheiden:
(1) Es handelt sich um ein Finanzierungs-Leasingverhältnis.
(2) Es handelt sich um ein Operating-Leasingverhältnis und der Leasingnehmer optiert zur Anwendung von IAS 40.

Im Fall (1) – **Finanzierungs-Leasingverhältnis** – wird der Leasinggegenstand beim Leasingnehmer bilanziert; im Übrigen gelten die allgemeinen Ausführungen (→ Rn 130f). Der Leasingnehmer hat gem IAS 40.30 das Wahlrecht, die Renditeimmobilie entweder nach dem **Anschaffungskostenmodell** oder nach dem **Modell des beizulegenden Zeitwerts** zu bewerten. Das gewählte Bewertungsmodell ist grds einheitlich auf **sämtliche** als Finanzinvestition gehaltene Immobilien anzuwenden (IAS 40.30).

Im Fall (2) – **Operating-Leasingverhältnis** – würde im Regelfall der Leasinggegenstand nur beim Leasinggeber bilanziert werden. Erfüllen derartige Immobilien beim **Leasingnehmer** jedoch die Definition von als Finanzinvestition gehaltenen Immobilien hat der Leasingnehmer nach IAS 40.6 ein **Wahlrecht,** ein Leasingobjekt entspr dem Vorgehen beim **Finanzierungs-Leasing** als Renditeimmobilie in seiner Bilanz anzusetzen. Es kommt insofern zu einer Doppelerfassung des Leasinggegenstands sowohl in der Bilanz des Leasinggebers als auch in der Bilanz des Leasingnehmers. Zu weiteren Einzelheiten → § 6 Rn 15ff.

Obgleich es im vorgenannten Fall grds zu einer **Doppelerfassung** des Leasingobjekts kommt, werden die Wertansätze derselben Renditeimmobilie in der Praxis regelmäßig abweichen. Dies ist darauf zurück zu führen, dass Leasinggeber und Leasingnehmer im Falle der (1) Erst- bzw (2) Folgebewertung wie folgt verfahren werden: 97

(1) **Erstbilanzierung:** Der Leasinggeber bilanziert zu Anschaffungs- bzw Herstellungskosten; der Leasingnehmer bilanziert zum niedrigeren Wert aus dem Barwert der Mindestleasingraten und dem beizulegendem Zeitwert der Renditeimmobilie.

(2) **Folgebilanzierung:** Der Leasinggeber bilanziert zu fortgeführten Anschaffungs- bzw Herstellungskosten oder dem beizulegenden Zeitwert gem IAS 16.31ff; der Leasingnehmer muss die betreffende Renditeimmobilie zwingend zum beizulegenden Zeitwert bilanzieren (IAS 40.34 iVm IAS 40.30); die Bewertung zum beizulegenden Zeitwert ist dann auch verpflichtend für alle weiteren als Finanzinvestition gehaltenen Immobilien (IAS 40.6).

Nach IAS 17.19 besteht zudem die Besonderheit, dass die Bilanzierung von Renditeimmobilien aus Operating-Leasingverhältnissen als Finanzierungs-Leasing auch dann beizubehalten ist, wenn zu einem späteren Zeitpunkt eine **Nutzungsänderung** vorgenommen wird, sodass dem Grunde nach die Immobilie nicht mehr als Finanzinvestition klassifiziert werden könnte. Dies ist bspw der Fall, wenn der Leasingnehmer die Immobilie selbst nutzt und diese zu Kosten des beizulegenden Zeitwerts am Tag der Nutzungsänderung in den Bestand der vom Eigentümer selbst genutzten Immobilien übertragen wird (IAS 17.19(a)). Eine weitere relevante Fallgestaltung besteht darin, dass der Leasingnehmer ein Untermietverhältnis eingeht, das im Wesentlichen alle mit dem Eigentum an dem Anteil verbundenen Risiken und Chancen auf eine unabhängige dritte Partei überträgt. Ein solches Untermietverhältnis wird vom Leasingnehmer als ein der dritten Partei eingeräumtes Finanzierungs-Leasingverhältnis behandelt, auch wenn es von der dritten Partei selbst möglicherweise als Operating-Leasingverhältnis bilanziert wird (IAS 17.19(b)). 98

(einstweilen frei) 99–102

C. Abbildung im Jahresabschluss

I. Operating-Leasingverhältnisse

1. Leasinggeber

103 Bei einem **Operating-Leasingverhältnis** erfolgt die Bilanzierung und Bewertung des Leasingobjekts beim **Leasinggeber** gem IAS 17.49 entspr ihrer Eigenschaft gem den einschlägigen Vorschriften für immaterielle Vermögenswerte (IAS 38 und → § 4 Rn 24 ff), Sachanlagen (IAS 16 und → § 5 Rn 11 ff) oder als Finanzinvestitionen gehaltene Immobilien (IAS 40 und → § 6 Rn 11 ff). Dies gilt gem IAS 17.53 f auch hinsichtlich der Bemessung von (planmäßigen oder außerplanmäßigen) Abschreibungen. Bei der Festlegung der Nutzungsdauer eines Leasingobjekts im Rahmen der Anschaffung bzw Herstellung ist dabei nicht nur die gesamte wirtschaftliche Nutzung des Vermögenswerts im Rahmen des ersten Leasingverhältnisses zu berücksichtigen, sondern es sind auch weitere Nutzungen im Rahmen von Anschlussvereinbarungen oder nach der Veräußerung miteinzubeziehen.

104 Sofern der Leasinggeber Vermögenswerte, die Gegenstand eines Operating-Leasingverhältnisses sind, erwirbt, ist es entspr dem Komponentenansatz nach IAS 16.44 ggf notwendig, Teile der Anschaffungskosten dieser Vermögenswerte, die günstigen oder ungünstigen Bedingungen des Leasingvertrags ggü Marktbedingungen zuzurechnen sind, separat abzuschreiben.

Beispiel: Unternehmen A erwirbt ein Gebäude, das derzeit im Rahmen eines Operating-Leasingverhältnisses vermietet ist. Je nachdem, ob der bestehende Leasingvertrag aus Sicht des Erwerbers A für separate Gebäudeteile bzw bauliche Einrichtungen günstige oder ungünstige Konditionen im Vergleich zu den Marktbedingungen enthält, müssen die Anschaffungskosten des Gebäudes auf diese einzelnen Gebäudeteile bzw baulichen Einrichtungen verteilt und entspr separat abgeschrieben werden.

IAS 16.44 gibt hingegen keine Auskunft, wie die Aufteilung der Anschaffungskosten zu erfolgen hat; zudem lassen die diesbezüglich in IAS 16.81C eingefügten Regelungen zur erstmaligen Anwendung offen, ob die Vorschrift nur prospektiv auf alle zukünftigen derartigen Operating-Leasingverhältnisse anzuwenden ist oder aber ob zum Erstanwendungszeitpunkt auch sämtliche bestehenden Operating-Leasingverhältnisse einer Überprüfung hinsichtlich der Anwendbarkeit des Komponentenansatzes unterzogen werden müssen.

105 Die **Abschreibungsmethode** sollte dem Verlauf der Abnutzung bzw dem Verbrauch von Produktionskapazitäten entsprechen. Insofern kann die lineare, die degressive oder eine andere, verbrauchsabhängige Methode zur Anwendung kommen (IAS 16.62). Außerdem ist bei der Verteilung der Abschreibungen über die Nutzungsdauer ein Restwert zu berücksichtigen, falls dieser wesentlich ist und zuverlässig geschätzt werden kann.

106 Eine Besonderheit besteht darüber hinaus bei **als Finanzinvestitionen gehaltenen Immobilien,** die ein Leasinggeber im Rahmen eines Operating-Leasingverhältnisses mit einer Kaufoption für den Mieter vermietet. Diese Kaufoption darf jedoch **nicht** als **günstige Kaufoption** iSv IAS 17.10(b) ausgestaltet sein, da in diesem Fall ein Finanzierungs-Leasingverhältnis vorliegen würde. Entscheidet sich der Leasinggeber für eine Bewertung zum beizulegenden Zeitwert (vgl Wahlrecht und weitere Einzelheiten → § 6 Rn 15 ff), ist nach IAS 40.49 als Marktwert des Leasingobjekts der potenzielle Verkaufspreis anzusetzen. Die Möglichkeit der Marktwert-Bilanzierung hat zur Folge, dass im Fall von steigenden Marktpreisen bei einer Ausübung der – infolge der gestiegenen Marktwerte

nunmehr günstigen – Kaufoption ein künftiger Verlust droht. Dieser führt zum Ansatz einer Drohverlustrückstellung (IAS 37.5) beim Leasinggeber in Höhe der Differenz zwischen dem optionsvertraglich vereinbarten Kaufpreis und dem bilanzierten Marktwert der Immobilie (→ § 13 Rn 117ff; *Lüdenbach/Hoffmann/Freiberg* IFRS § 16 Rz 61).

107 Der Leasinggeber hat die im Rahmen eines Operating-Leasingverhältnisses vereinbarten **Leasingraten** (mit Ausnahme der Einnahmen aus Dienstleistungen wie Versicherungen und Instandhaltung) über die Laufzeit des Leasingverhältnisses **erfolgswirksam** zu vereinnahmen (IAS 17.50). Die zeitliche Verteilung der Ertragsvereinnahmung erfolgt dabei grds linear, es sei denn, eine andere planmäßige Verteilung entspricht eher dem Verbrauch des dem Leasingobjekt innewohnenden Nutzenpotenzials.

108 Die Wahl der Abschreibungsmethode hat ebenfalls dem erwarteten Verlauf des Verbrauchs des Nutzenpotenzials des zu bilanzierenden Vermögenswerts zu entsprechen (IAS 16.60). Idealtypisch richtet sich die Verteilung der Erträge aus dem Leasingverhältnis somit **mittelbar** nach der Abschreibungsmethode des im Anlagevermögen erfassten Leasingobjekts.

109 Die Praxis folgt üblicherweise einer **linearen Verteilung** der Leasingerträge. Wird ein linearer Verbrauch des dem Leasingobjekt innewohnenden Nutzenpotenzials unterstellt und das Leasingobjekt korrespondierend linear abgeschrieben, entsprechen sich bezogen auf eine Berichtsperiode der Abschreibungsaufwand und die Leasingerträge.

110 Zu einem Auseinanderfallen des Abschreibungsaufwands und der linear vereinnahmten Leasingerträge kommt es dagegen bei der Anwendung eines **degressiven** oder eines **leistungsabhängigen Abschreibungsmodells** (IAS 16.62). In den Fällen, in denen die Systematik der auf das Leasingobjekt angewandten Abschreibungsmethode von der Art der Verteilung der Leasingzahlungen abweicht, kommt es mithin beim Leasinggeber zu Unterschieden zwischen den in Zusammenhang mit dem Leasingverhältnis stehenden Grenzeinzahlungen und Grenzerträgen. Dem sich ergebenden Unterschiedsbetrag ist bilanziell durch den Ansatz eines aktiven bzw passiven Abgrenzungspostens Rechnung zu tragen. Ist die Abschreibung anfänglich höher als die Leasingraten, so ist der Differenzbetrag als sonstiger Vermögenswert zu erfassen. Für den Fall, dass die Abschreibung niedriger ist als die Leasingrate, ist ein sonstiger Schuldposten zu bilden. Aufgrund der abweichenden steuerlichen Behandlung ergibt sich die Notwendigkeit der Abgrenzung latenter Steuern (IAS 12; → § 25 Rn 9ff).

Beispiel: Die Anschaffungskosten des Leasingobjekts betragen T€ 1.000. Die Leasingraten werden monatlich in Höhe von T€ 30 entrichtet, die Laufzeit beträgt 36 Monate, der Verlauf des Wertverzehrs ist im 1. Jahr 50%, 2. Jahr 30%, 3. Jahr 20%. Der Restwert sei Null.

Periode	**Leasingraten pa (linear)**	**Abschreibung pa (degressiv)**	**Ertragswirksame Leasingraten pa**	**sonstiger Vermögenswert**	**Erfolgsauswirkung Periode (Saldo)**
Jahr	T€	T€	T€	T€	T€
X1	360	500 (50%)	540 (50%)	180 (540–360)	40 (540–500)
X2	360	300 (30%)	324 (30%)	144 (180–36)	24 (324–300)
X3	360	200 (20%)	216 (20%)	0 (144–144)	16 (216–200)
Gesamt	1.080	1.000 (100%)	1.080 (100%)	–	80 (1.080–1.000)

111 Sieht der Leasingvertrag **besondere Anreizvereinbarungen** vor – etwa eine mietfreie Periode zu Beginn des Leasingverhältnisses – hat der Leasinggeber die aus dem Leasinggeschäft insgesamt zu erwartenden Leasingnettoerträge erfolgsrechnerisch auf die gesamte Laufzeit des Leasingverhältnisses zu verteilen (SIC-15.4f). Die Laufzeit des Leasingverhältnisses umfasst insbes auch die mietzahlungsfreie Periode. Aufgrund seiner fehlenden Zahlungswirksamkeit ist der auf die mietzahlungsfreie Periode entfallende Leasingertrag durch den Ansatz eines sonstigen Vermögenswerts zu antizipieren und in den Folgeperioden – in denen periodenbezogen die Leasingeinzahlungen die Leasingerträge übersteigen – erfolgsneutral aufzulösen.

Beispiel: Das Leasingobjekt hat zu Beginn des Leasingverhältnisses Anschaffungskosten von T€ 56.000. Eine Kaufoption nach Ablauf der Grundmietzeit besteht nicht. Die Leasingrate beträgt monatlich T€ 900. Die Grundmietzeit beträgt fünf Jahre, die wirtschaftliche Nutzungsdauer sieben Jahre. Der Leasinggeber gewährt für die ersten fünf Monate Mietfreiheit. Die Summe der Leasingraten beträgt demnach T€ 49.500. Bei einer linearen Verteilung ist jährlich beim Leasinggeber ein Ertrag von T€ 9.900 zu erfassen und die entspr Abgrenzung über einen sonstigen Vermögenswert vorzunehmen.

Periode	**Buchwert Ende Periode**	**Abschreibung pa**	**Geldeingang pa**	**sonstiger Vermögenswert**	**Leasingertrag pa**
Jahr	T€	T€	T€	T€	T€
X1	48.000	8.000	6.300	3.600	9.900
X2	40.000	8.000	10.800	2.700	9.900
X3	32000	8.000	10.800	1.800	9.900
X4	24.000	8.000	10.800	900	9.900
X5	16.000	8.000	10.800	0	9.900
Gesamt	–	40.000	49.500	–	49.500

112 Auch **Sonder- oder Vorauszahlungen des Leasingnehmers** werden abgegrenzt und entspr als sonstiger Schuldposten passiviert sowie über die Laufzeit des Leasingvertrags ertragswirksam verteilt.

113 Nach IAS 17.52 sind **anfängliche direkte Kosten** (zB für Kommission, Vertragsabschluss oder Rechtsberatung) mit dem Leasingobjekt zu aktivieren und entspr den Leasingraten aufwandswirksam zu erfassen. Sonstige Kosten, die während der Vertragslaufzeit im Zusammenhang mit den Leasingerträgen anfallen, werden hingegen unmittelbar als Aufwand verrechnet (IAS 17.51).

114 **Unsichere Restwerte** und teilweise Abweichungen in der Entwicklung der Buch- bzw Verkehrswerte können zu Buchverlusten bei Beendigung des Leasingvertrags führen. Zur Vermeidung hoher Buchverluste sind lfd Anpassungen der Restwertansätze, höhere planmäßige Abschreibungen oder im Falle einer Ungewissheit der Höhe nach Rückstellungen für drohende Verluste aus lfd Leasingverträgen zu bilanzieren.

2. Leasingnehmer

115 IAS 17.33ff beschreiben die Bilanzierung von **Operating-Leasingverhältnissen** beim **Leasingnehmer.** Da bei Operating-Leasingverhältnissen sowohl das wirtschaftliche als auch das zivilrechtliche Eigentum am Leasingobjekt beim Leasinggeber verbleiben, sind beim Leasingnehmer die Leasingzahlungen über die Laufzeit des Leasingverhältnisses als Aufwand zu erfassen. Die aufwandswirksame Verteilung der Leasingzahlungen (mit Ausnahme derjenigen für Aufwen-

dungen für Leistungen wie Versicherung und Instandhaltung) soll dabei – korrespondierend zur ertragswirksamen Vereinnahmung der Leasingerträge beim Leasinggeber (IAS 17.50) – dem zeitlichen Verlauf der Inanspruchnahme des Nutzenpotenzials des Leasinggegenstands durch den Leasingnehmer entsprechen (IAS 17.33). Bei einer gleichmäßigen Inanspruchnahme des Nutzenpotenzials über die Laufzeit des Leasingverhältnisses werden die monatlichen Leasingraten linear über die Laufzeit des Leasingverhältnisses aufwandswirksam (IAS 17.34). Für den Fall, dass die Nutzung einen anderen Verlauf aufweist, zB das Nutzenpotenzial des Leasingobjekts degressiv in Anspruch genommen wird, oder **abweichende Zahlungsmodalitäten** vereinbart werden, kommt es zu Unterschieden zwischen den in Zusammenhang mit dem Leasingverhältnis stehenden Grenzauszahlungen und Grenzaufwendungen. Dem sich ergebenden Unterschiedsbetrag ist bilanziell – korrespondierend zur Vorgehensweise beim Leasinggeber – durch den Ansatz eines sonstigen Vermögenswerts oder eines sonstigen Schuldpostens Rechnung zu tragen.

Analog zur Vorgehensweise beim Leasinggeber (→ Rn 112) sind somit Vor- **116**
aus- oder Sonderzahlungen des Leasingnehmers aktiv abzugrenzen und über die Laufzeit des Leasingverhältnisses planmäßig zu verteilen. Von einer linearen Erfassung der Leasingzahlungen als Aufwand ist – spiegelbildlich zum Vorgehen beim Leasinggeber – auch dann abzusehen, wenn der Leasinggeber dem Leasingnehmer **Anreizvereinbarungen** anbietet, zB Übernahme von Kosten für den Leasingnehmer (Verlegungskosten, Mietereinbauten und Kosten iVm einer vorher bestehenden vertraglichen Verpflichtung des Leasingnehmers). Dies gilt auch, wenn der Leasingnehmer vereinbarungsgemäß in den ersten Perioden des Leasingverhältnisses keine oder nur eine verminderte Miete leisten muss (SIC-15.5). Dadurch entstehende Differenzen sind bei Eingehen des Leasingverhältnisses passivisch abzugrenzen und über den gesamten Leasingzeitraum aufzulösen.

Ist ein Leasingobjekt nicht mehr in der Weise (planmäßig) nutzbar, dass die **117**
Äquivalenzvermutung von Leistung und Gegenleistung gegeben ist, sondern die vom Leasingnehmer für die Nutzung des Leasingobjekts hingegebenen Ressourcen vielmehr den Ressourcenzufluss aus der Nutzung des Leasingobjekts übersteigen, wird das Leasingverhältnis für den Leasingnehmer zu einem belastenden Vertrag *(onerous contract)*. Der Leasingnehmer hat diesem Umstand durch die Bildung einer **Drohverlustrückstellung** nach allgemeinen Grundsätzen zu entsprechen (→ § 13 Rn 101 ff).

In den nachfolgenden Beispielen weicht jeweils der Gesamtbetrag der Leasing- **118**
raten aufgrund **unterschiedlicher Zahlungsmodalitäten** voneinander ab.

Beispiel: Die Nutzungsdauer des Leasinggegenstands und die Laufzeit des Leasingvertrags sind identisch und verteilen sich linear über 36 Monate mit je T€ 30:

Periode	**Leasingraten pa (linear)**	**Sonstiger Vermögenswert aus Nutzungsverlauf**	**Aufwand pa**
Jahr	T€	T€	T€
X1	360	0	360
X2	360	0	360
X3	360	0	360
Gesamt	1.080	0	1.080

Anreizvereinbarung: Die Nutzungsdauer des Leasinggegenstands und die Laufzeit linear über 36 Monate, jedoch erfolgen im ersten Jahr keine Zahlungen, danach 24 Monate je T€ 50:

Periode	Leasingraten pa	Rückstellung aus Nutzungsverlauf	Aufwand pa
Jahr	T€	T€	T€
X1	0	400	400
X2	600	200	400
X3	600	0	400
Gesamt	1.200	0	1.200

Vorauszahlung: Die Nutzungsdauer des Leasinggegenstands und die Laufzeit linear über 36 Monate, jedoch erfolgt eine Vorauszahlung der Leasingraten eins bis 18 (je T€ 25) zu Beginn des Leasingverhältnisses:

Periode	Leasingraten pa	Sonstiger Vermögenswert aus Nutzungsverlauf	Aufwand pa
Jahr	T€	T€	T€
X1	450	150	300
X2	150	0	300
X3	300	0	300
Gesamt	900	0	900

119 Die vorstehenden Grundsätze gelten indessen nicht, sofern ein Leasingnehmer im Rahmen eines Operating-Leasingverhältnisses eine Immobilie aufgrund von Weitervermietungen als **Renditeimmobilie** klassifiziert und vom Wahlrecht des IAS 40.6 Gebrauch macht, diese Immobilie wie ein Finanzierungs-Leasingverhältnis zu behandeln. Die Bilanzierung beim Leasingnehmer erfolgt dann zwar prinzipiell analog zur Vorgehensweise bei Finanzierungs-Leasingverhältnissen; sie unterliegt jedoch dem Anwendungsbereich des IAS 40 (s IAS 17.19) und damit den besonderen Bewertungsvorschriften gem IAS 40.6, IAS 40.25 und IAS 40.34 (→ § 6 Rn 21, → Rn 32).

120–123 *(einstweilen frei)*

II. Finanzierungs-Leasingverhältnisse

1. Leasinggeber

124 Gelangt der Leasinggeber bei Prüfung der in IAS 17.10f genannten Beispiele und Indikatoren zu dem Ergebnis, dass es sich bei der zu beurteilenden Leasingvereinbarung um ein Finanzierungs-Leasingverhältnis handelt, so hat der Leasinggeber das Leasingverhältnis gem IAS 17.36ff zu bilanzieren.

125 Vom Leasinggeber wird ein Finanzierungs-Leasingverhältnis bilanziell abgebildet, indem eine Forderung als Vermögenswert ausgewiesen wird, deren Höhe sich am **Nettoinvestitionswert** aus dem Leasingverhältnis bemisst (IAS 17.36). Der Nettoinvestitionswert ermittelt sich dabei als Barwert des Bruttoinvestitionswerts, dh als Summe aus den aus dem Finanzierungs-Leasingverhältnis zu erwartenden Mindestleasingzahlungen und einem nicht garantierten Restwert. Die Diskontierung erfolgt dabei mit einem dem Leasingverhältnis zugrundeliegenden Zinssatz. Nicht garantierte Restwerte bzw Restwertkomponenten sind auf ihre Wahrscheinlichkeit und Richtigkeit hin zu prüfen. Sofern sich ein geringerer Restwert ergibt, ist der Nettoinvestitionswert gem IAS 17.41 anzupassen.

126 Die Differenz zwischen dem Brutto- und dem Nettoinvestitionswert stellt den **Zinsanteil** dar, der so über die Laufzeit des Leasingverhältnisses zu verteilen ist, dass sich eine konstante periodische Verzinsung der Nettoinvestition ergibt (IAS 17.39). Ziel dieser Bestimmung ist eine planmäßige Verteilung der Finanzerträge über die Laufzeit des Leasingverhältnisses. Der Zinsanteil ist seinem Charakter entspr als Zinsertrag auszuweisen. Der **Tilgungsanteil** vermindert ratierlich die aktivierte Leasingforderung. Er ergibt sich aus dem Teil der Leasingraten, der über den Zinsanteil hinausgeht (IAS 17.40).

127 Ein geschätzter nicht garantierter **Restwert** ist regelmäßig zu überprüfen. Liegt eine Minderung des Restwerts vor, so ist der Nettoinvestitionswert anzupassen. Dazu wird unterstellt, dass der aktuell geschätzte Restwert von Anfang an bekannt gewesen wäre (IAS 17.41). Des Weiteren ist die kumulierte Änderung des Zinsertrags unmittelbar erfolgswirksam zu erfassen.

128 Anfängliche **direkte Kosten** werden nach IAS 17.38 in die erstmalige Bilanzierung der Leasingforderung einbezogen und mindern somit in Folgeperioden die über die Laufzeit des Leasingverhältnisses zu erfassenden Zinserträge.

129 **Beispiel:** Der Leasinggeber hat das Leasingobjekt angeschafft (Anschaffungskosten T€ 1.000) und zeitgleich einen Finanzierungs-Leasingvertrag über 36 Monate mit Leasingraten in Höhe von insgesamt T€ 1.080 vereinbart. Dies führt zu folgenden Buchungen im Abschluss des Leasinggebers:

(1) Aktivierung des Barwerts der Leasingzahlungen (= Nettoinvestitionswert) als Vermögenswert des Leasinggebers.
(2) Keine Aktivierung des Leasingobjekts im Anlagevermögen, da kein wirtschaftliches Eigentum des Leasinggebers vorliegt; der Leasinggeber ist außerdem weder Hersteller noch Händler.
(3) Aufteilung der periodisch vereinnahmten Leasingzahlungen in einen Zins- und einen Tilgungsanteil, wobei der Tilgungsanteil den Nettoinvestitionswert lfd mindert und der Zinsanteil erfolgswirksam als Zinsertrag vereinnahmt wird. Der Nettoinvestitionswert der Periode wird auf Basis eines Zinssatzes von 5 % pa ermittelt.
(4) Im Gegensatz zum Operating-Leasingverhältnis erfolgt kein Ausweis eines Leasingertrags beim Leasinggeber.

Periode	**Leasingraten pa (linear)**	**Nettoinvestitionswert am Periodenende**	**Zinsanteil pa (digitale Methode)**	**Tilgungsanteil pa**	**Leasingertrag pa (linear)**
Jahr	T€	T€	T€	T€	T€
X1	360	680	40	320	0
X2	360	347	27	333	0
X3	360	0	13	347	0
Gesamt	1.080	–	80	1.000	0

2. Leasingnehmer

130 Der Leasingnehmer hat bei einem Finanzierungs-Leasingverhältnis das wirtschaftliche Eigentum an dem Leasingobjekt inne. Daher ist das Leasingobjekt im **langfristigen Vermögen** des Leasingnehmers auszuweisen. Die Erfolgsneutralität des Anschaffungsvorgangs bleibt durch die Bilanzierung eines Schuldpostens in selber Höhe gewahrt. IAS 17.20 ff beinhalten die Vorschriften zur Bilanzierung beim Leasingnehmer. Der Bilanzansatz bemisst sich nach dem zu Beginn des Leasingverhältnisses beizulegenden Zeitwert des Vermögenswerts oder dem Barwert der Mindestleasingzahlungen, sofern dieser Wert niedriger ist. Dabei sind anfängliche direkte Kosten des Leasingnehmers in die Bilanzierung des Lea-

singobjekts beim erstmaligen Ansatz einzubeziehen. Die Abzinsung erfolgt entweder mittels des dem Leasingverhältnis zugrunde liegenden Zinssatzes oder – sofern dieser nicht praktikabel ermittelt werden kann – mittels des Grenzfremdkapitalzinssatzes des Leasingnehmers (IAS 17.20). Die weitere Behandlung des Vermögenswerts in den Folgeperioden hängt von der Art des Leasingobjekts ab. Handelt es sich um immaterielle Vermögenswerte, ist IAS 38 anzuwenden. Bei Sachanlagen ist IAS 16 einschlägig.

131 Demgegenüber fällt die Bilanzierung von **Renditeimmobilien** beim Leasingnehmer im Rahmen von Finanzierungs-Leasingverhältnissen gem IAS 17.2 (a) ausdrücklich in den Anwendungsbereich von IAS 40 (→ § 6 Rn 15 ff). Gem IAS 40.25 richtet sich die Bewertung beim erstmaligen Ansatz zwar nach IAS 17.20, für die Folgebewertung ist indessen IAS 40.30 maßgebend. Danach hat der Leasingnehmer in den Folgeperioden das Wahlrecht, eine Bewertung der Renditeimmobilie zu fortgeführten Anschaffungs- bzw Herstellungskosten oder aber zum beizulegenden Zeitwert vorzunehmen. Dies geht indessen nicht, sofern ein Leasingnehmer im Rahmen eines Operating-Leasingverhältnisses eine Immobilie aufgrund von Untervermietungen als **Renditeimmobilie** klassifiziert und vom Wahlrecht des IAS 40.6 Gebrauch gemacht hat, diese Immobilie wie ein Finanzierungs-Leasingverhältnis zu behandeln. In diesem Fall hat die Folgebewertung zwingend zum beizulegenden Zeitwert zu erfolgen (IAS 40.6 iVm IAS 40.34).

132 Die **Abschreibungsmethode** der im Anlagevermögen aktivierten Leasingobjekte sollte mit der Abschreibungsmethode vergleichbarer Vermögenswerte übereinstimmen. Dementsprechend sind die Abschreibungen nach IAS 16 für Sachanlagen bzw nach IAS 38 für immaterielle Vermögenswerte zu berechnen. Ist nicht hinreichend sichergestellt, dass das Eigentum an dem Leasingobjekt am Ende des Leasingverhältnisses auf den Leasingnehmer übergeht, so ist die kürzere Laufzeit des Leasingverhältnisses als Abschreibungszeitraum zu wählen (IAS 17. 27).

133 Bei der Bilanzierung der vom Leasingnehmer zu zahlenden **Mindestleasingraten** ist eine Aufteilung in die **Finanzierungskosten (Zinsanteil)** und den **Tilgungsanteil der Restschuld** vorzunehmen. Die Finanzierungskosten sind gem IAS 17.25 so über die Laufzeit des Leasingverhältnisses zu verteilen, dass ein über die Periode konstanter Zinssatz auf die verbliebene Schuld entfällt. Alternativ kann als Vereinfachung nach IAS 17.26 auch die Aufteilung der Leasingraten als Näherungsverfahren, zB nach der Zinsstaffelmethode, vorgenommen werden.

134 Die Bilanzierung eines Finanzierungs-Leasingverhältnisses beim Leasingnehmer verdeutlicht das nachfolgende **Beispiel:**

(1) Die Grundmietzeit beträgt sechs Jahre, die wirtschaftliche Nutzungsdauer sieben Jahre.
(2) Die Leasingrate in Höhe von T€ 9 ist jeweils am Periodenende zu entrichten.
(3) Der beizulegende Zeitwert des Leasingobjekts beträgt zu Beginn des Leasingverhältnisses T€ 46.
(4) Das Leasingobjekt wird linear abgeschrieben.
(5) Es existiert keine Kaufoption nach Ablauf der Grundmietzeit.
(6) Der Grenzfremdkapitalzinssatz beträgt 5,5 % pa.

Der Barwert der Mindestleasingzahlungen wird im Beispielsfall mit dem Grenzfremdkapitalzinssatz berechnet, da keine Information über den dem Leasingverhältnis zugrunde liegenden Zinssatz vorliegt. Der Barwert der Mindestleasingzahlungen errechnet sich in Höhe von € 44.960. Der Leasingnehmer weist das Leasingobjekt zu Beginn der Periode X1 in seinem Abschluss mit einem Buchwert von € 44.960 aus (= Minimum aus dem beizulegenden Zeitwert am Beginn des Leasingverhältnisses und dem Barwert der Mindestleasingzahlungen) und passiviert in selber Höhe einen Schuldposten.

Periode	Buchwert am Ende der Periode	Schuld-posten	Zins pa	Til-gungs-anteil	Abschrei-bung	Leasing-rate
Jahr	€	€	€	€	€	€
X1 (Beginn)	44.960	44.960	0	0	0	
X1	37.466	38.433	2.473	6.527	7.493	9.000
X2	29.973	31.546	2.114	6.886	7.493	9.000
X3	22.480	24.281	1.735	7.265	7.493	9.000
X4	14.987	16.617	1.335	7.665	7.493	9.000
X5	7.493	8.531	914	8.086	7.493	9.000
X6	0	0	469	8.531	7.495	9.000
Gesamt	–	–	9.040	44.960	44.960	54.000

Wenn eine Vereinbarung ein Leasingverhältnis beinhaltet, so schreibt **IFRIC 4.12** vor, dass auf die Leasingkomponente dieser Vereinbarung IAS 17 anzuwenden ist. Hierzu ist eine **Aufteilung** der **Gesamtleistung** in die Leasingrate und in ein Entgelt für sonstige Leistungen (zB Betreuung und Serviceleistungen) vorzunehmen. IFRIC 4.14 erlaubt als Vereinfachung ein Schätzverfahren, das im nachfolgenden Beispiel skizziert wird. 135

Beispiel: Unternehmen V veräußert seine EDV an das IT-Unternehmen T (IT-Outsourcing). Im Rahmen der Vereinbarung, die über 3 Jahre abgeschlossen ist, werden die EDV-Mitarbeiter des Unternehmens V von T übernommen und T verpflichtet sich zu umfangreichen Service- und Wartungsleistungen. Die jährliche Zahlung beträgt T€ 100. Alternativangebote, die V einholt, ergeben, dass der marktübliche Preis für die verschiedenen Dienstleistungen T€ 30 und für die Bereitstellung der EDV T€ 80 betragen.

Bei der Outsourcing-Vereinbarung handelt es sich um einen gemischten Vertrag, der ein Leasingentgelt und ein sonstiges Entgelt für Dienstleistungen (Service-, Wartung-) enthält. Die Marktpreise betragen T€ 30 für die sonstigen Leistungen und T€ 80 für die EDV-Bereitstellung, sodass das gesamte Entgelt wie folgt aufzuteilen ist:
Aufwand EDV-Leasing: 30/110 × 100 = T€ 27 pa
Aufwand Dienstleistung: 80/110 × 100 = T€ 73 pa.

Sofern **keine Aufteilung möglich** ist, gilt nach IFRIC 4.15(a) im Falle eines Finanzierungs-Leasingverhältnisses, dass ein Vermögenswert und ein Schuldposten in Höhe des beizulegenden Zeitwerts des identifizierten Leasinggegenstands anzusetzen sind. Im Falle eines Operating-Leasingverhältnisses sind hingegen sämtliche aus dem Vertrag zu erwartenden Zahlungen als Leasingzahlungen zu behandeln. 136

III. Anwendung von IFRS 5

IFRS 5 „Zur Veräußerung gehaltene langfristige Vermögenswerte und aufgegebene Geschäftsbereiche" (ausführlich → § 28 Rn 30ff) bezieht sich sowohl auf Operating-Leasingverhältnisse, bei denen das Leasingobjekt beim Leasinggeber aktiviert wird, als auch auf Finanzierungs-Leasingverhältnisse, bei denen das Leasingobjekt beim Leasingnehmer aktiviert wird. Die besonderen **Bewertungsvorschriften** des IFRS 5 gelten für Sachanlagen und immaterielle Vermögenswerte sowie für Renditeimmobilien, die zu fortgeführten Anschaffungs- oder Herstellungskosten bewertet werden. 137

Um dem Anwendungsbereich des IFRS 5 zu unterliegen, müssen die Leasingobjekte das Kriterium der **(hoch)wahrscheinlichen Veräußerung** erfüllen 138

(IFRS 5.6ff). Davon ist auszugehen, sofern eine Übertragung des wirtschaftlichen Eigentums binnen zwölf Monaten erwartet wird (IFRS 5.8). Dies ist zB der Fall, wenn das Leasingobjekt, das Vertragsgegenstand eines Operating-Leasingverhältnisses ist, planmäßig durch den Leasinggeber nach Ablauf des Leasingverhältnisses veräußert wird. Es ist jedoch zu beachten, dass gem IAS 16.68A **vermietete Vermögenswerte,** die im Rahmen des gewöhnlichen Geschäftsbetriebs veräußert werden (zB regelmäßiger Verkauf von Mietwagen durch das Vermietungsunternehmen), bei beabsichtigter Veräußerung nicht nach IFRS 5 zu bilanzieren, sondern vielmehr in den Vorräten des Vermietungsunternehmens auszuweisen sind. Damit korrespondierende Erträge und Aufwendungen sind solche der gewöhnlichen Geschäftstätigkeit und damit in den Umsatzerlösen und im Materialaufwand auszuweisen.

139 Eine Anwendung des IFRS 5 im Rahmen von **Finanzierungs-Leasingverhältnissen** kommt immer dann zum Tragen, wenn der Leasinggegenstand Teil einer Veräußerungsgruppe ist. Plant bspw ein MU unter Erfüllung der Voraussetzungen der IFRS 5.6ff die Veräußerung eines TU, das Leasingnehmer im Rahmen eines Finanzierungs-Leasingvertrags ist, so sind der entspr Vermögenswert und die Leasingverbindlichkeit Teil der gesondert auszuweisenden Veräußerungsgruppe.

140 Sofern Leasinggegenstände in den Anwendungsbereich des IFRS 5 fallen, erfolgt die **Bewertung** der Vermögenswerte zum niedrigeren Wert aus Buchwert oder beizulegendem Zeitwert abzüglich Veräußerungskosten (IFRS 5.15). Planmäßige Abschreibungen sind beim Leasinggeber (Operating-Leasingverhältnis) bzw beim Leasingnehmer (Finanzierungs-Leasingverhältnis) nicht mehr vorzunehmen. Zudem ist der zur Veräußerung gehaltene Vermögenswert unter entspr Bezeichnung gesondert auszuweisen (vgl IFRS 5.38).

Zur Anwendbarkeit von IFRS 5 im Rahmen von ***sale-and-lease-back***-Transaktionen → § 28 Rn 13.

IV. Angaben im Anhang

1. Leasinggeber

141 Der **Leasinggeber** muss nach IAS 17.56 im Abschluss folgende Informationen in Bezug auf **Operating-Leasingverhältnisse** angeben:

(1) den Gesamtsaldo der Mindestleasingzahlungen zum Bilanzstichtag aus unkündbaren Operating-Leasingverhältnissen sowie die Summe der Zahlungen, die innerhalb eines Jahrs, zwischen einem und fünf Jahren und nach fünf Jahren fällig sind,

(2) die Summe der erfolgswirksam erfassten bedingten Mietzahlungen und

(3) allgemeine Angaben zu den wesentlichen Leasingvereinbarungen.

142 Bei einem **Finanzierungs-Leasingverhältnis** handelt es sich um ein Finanzinstrument, weil durch den Leasingvertrag Ansprüche und Verpflichtungen auf Zahlungsströme begründet werden (IAS 32.11 iVm IAS 32.AG9). Folglich unterliegen die Forderungen des Leasinggebers aus Finanzierungs-Leasingverhältnissen den allgemeinen Angabepflichten des **IFRS 7.** Dies zieht folgende (Angabe-)Pflichten nach sich:

(1) Bildung einer gesonderten Klasse für Forderungen aus Finanzierungs-Leasingverhältnissen,

(2) Einbeziehung der Buchwerte in die Angabe der Buchwerte jeder der in IAS 39.9 definierten Kategorien von Finanzinstrumenten (IFRS 7.8),

(3) Einbeziehung in die für jede nach IFRS 7.6 gebildete Klasse von finanziellen Vermögenswerten verpflichtende Angabe des beizulegenden Zeitwerts (IFRS 7.25),
(4) Analyse des „Alters" der Forderungen aus Finanzierungs-Leasingverhältnissen, die zum Abschlussstichtag überfällig, aber noch nicht wertgemindert sind (IFRS 7.37(a)),
(5) Analyse der wertgeminderten Forderungen aus Finanzierungs-Leasingverhältnissen, einschließlich der vom Unternehmen festgelegten Faktoren, die der Wertminderung zu Grunde liegen (IFRS 7.37(b)),
(6) im Rahmen der Angaben des Nettoerfolgs für jede Kategorie von Finanzinstrumenten Ausweis der Zinserträge aus Leasingforderungen des Leasinggebers in der Kategorie Kredite und Forderungen entweder in der Gesamtergebnisrechnung oder im Anhang (IFRS 7.20(a)) und
(7) Einbeziehung in die Angabe der Gesamtzinserträge aufgrund der Anwendung der Effektivzinsmethode von finanziellen Vermögenswerten der Kategorie Kredite und Forderungen.

Der Leasinggeber hat bei **Finanzierungs-Leasingverhältnissen darüber** 143
hinaus folgende Informationen anzugeben (IAS 17.47):
(1) eine Überleitung der Bruttoinvestitionen in das Leasingobjekt auf den Barwert der am Bilanzstichtag ausstehenden Mindestleasingzahlungen sowie eine Aufteilung der Bruttoinvestitionen und des Barwerts der ausstehenden Mindestleasingzahlungen, die innerhalb eines Jahrs, zwischen einem und fünf Jahren und nach fünf Jahren fällig sind,
(2) noch nicht realisierte Finanzerträge,
(3) die nicht garantierten Restwerte, die zugunsten des Leasinggebers anfallen,
(4) die kumulierten Wertberichtigungen für uneinbringliche, ausstehende Mindestleasingzahlungen,
(5) in der Berichtsperiode als Ertrag erfasste bedingte Mindestleasingzahlungen und
(6) eine allgemeine Beschreibung der wesentlichen Leasingvereinbarungen des Leasinggebers.

2. Leasingnehmer

Der **Leasingnehmer** hat bei **Operating-Leasingverhältnissen** gem 144
IAS 17.35 im Abschluss folgende Informationen anzugeben:
(1) die Summe der künftigen Mindestleasingzahlungen aus zum Bilanzstichtag unkündbaren Operating-Leasingverhältnissen, gegliedert nach Fälligkeit bis zu einem Jahr, zwischen einem Jahr und fünf Jahren sowie länger als fünf Jahre,
(2) die Summe der Erträge aus künftigen Mindestzahlungen aus Untermietverhältnissen, deren Aufrechterhaltung auf Grund von unkündbaren Untermietverhältnissen erwartet wird,
(3) Zahlungen aus Leasingverhältnissen und Untermietverhältnissen, die erfolgswirksam erfasst sind, getrennt nach Beträgen für Mindestleasingzahlungen, bedingten Mietzahlungen und Zahlungen aus Untermietverhältnissen,
(4) allgemeine Angaben zu den wesentlichen Leasingvereinbarungen, wie zB die Grundlage, nach der bedingte Mietzahlungen festgelegt sind, Angaben zu Verlängerungs- oder Kaufoptionen sowie auferlegte Beschränkungen auf Dividenden, Schulden oder weitere Leasingverhältnisse.

Auch die Verbindlichkeiten des Leasingnehmers aus **Finanzierungs-Lea-** 145
singverhältnissen unterliegen infolge ihrer Qualifikation als Finanzinstrument

allgemeinen Angabepflichten des **IFRS 7.** Daraus resultieren folgende (Angabe-) Pflichten:

(1) Bildung einer gesonderten Klasse für Verbindlichkeiten aus Finanzierungs-Leasingverhältnissen,

(2) Einbeziehung der Buchwerte in die Angabe der Buchwerte jeder der in IAS 39.9 definierten Kategorien von Finanzinstrumenten (IFRS 7.8),

(3) Einbeziehung in die für jede nach IFRS 7.6 gebildete Klasse von finanziellen Verbindlichkeiten verpflichtende Angabe des beizulegenden Zeitwerts (IFRS 7.25),

(4) im Rahmen der Angaben des Nettoerfolgs für jede Kategorie von Finanzinstrumenten Ausweis der Zinsaufwendungen aus Leasingverbindlichkeiten des Leasingnehmers in der Kategorie zu fortgeführten Anschaffungskosten bewertete Verbindlichkeiten entweder in der Gesamtergebnisrechnung oder im Anhang (IFRS 7.20(a)),

(5) Einbeziehung in die Angabe der Gesamtzinsaufwendungen aufgrund der Anwendung der Effektivzinsmethode von finanziellen Verbindlichkeiten der Kategorie zu fortgeführten Anschaffungskosten bewertete Verbindlichkeiten,

(6) im Fall von begebenen Sicherheiten durch den Leasingnehmer für Verbindlichkeiten aus Finanzierungs-Leasingverhältnissen Angabe der Buchwerte der finanziellen Vermögenswerte, die als Sicherheit gestellt wurden, einschließlich der Beträge, die gem IAS 39.37(a) neu eingestuft wurden; sowie Angabe der Bedingungen und Modalitäten für die Besicherung,

(7) Angaben zu Zahlungsverzug und Vertragsverletzungen gem IFRS 7.18 und

(8) im Rahmen der Angaben zum Liquiditätsrisiko quantitative Angabe der vereinbarten Fälligkeitstermine von finanziellen Verbindlichkeiten aus Finanzierungs-Leasingverhältnissen vor Abzug der Finanzierungskosten für höchstens fünf Jahre (IFRS 7.39(a) iVm IFRS 7.B11 ff). Die Abgrenzung der Laufzeitbänder liegt im Ermessen des Unternehmens. Bei der Zuordnung der Beträge zu den einzelnen Laufzeitbändern ist auf die vereinbarte Restlaufzeit und nicht auf die erwartete Laufzeit abzustellen (IFRS 7.B14, IFRS 7.BC57 f). Steht der Rückzahlungstermin im Ermessen des Leasingnehmers, ist der Betrag dem Laufzeitband der frühestmöglichen Rückzahlung zuzuordnen.

146 Zudem ist der Leasingnehmer bei **Finanzierungs-Leasingverhältnissen** nach IAS 17.31 in **Ergänzung** zu den Vorschriften in IFRS 7 verpflichtet, folgende Angaben zu machen:

(1) den (Netto-)Buchwert für jede Klasse von Vermögenswerten,

(2) eine Überleitungsrechnung von der Summe der künftigen Mindestleasingzahlungen zum Bilanzstichtag zu deren Barwerten am Stichtag,

(3) die Summe der Mindestleasingzahlungen am Bilanzstichtag und deren Barwerte gegliedert nach Fälligkeit bis zu einem Jahr, zwischen einem Jahr und fünf Jahren sowie länger als fünf Jahre,

(4) die erfolgswirksam erfassten bedingten Leasingzahlungen,

(5) die Summe der künftigen Mindestleasingzahlungen, deren Erhalt auf Grund von unkündbaren Untermietverhältnissen am Bilanzstichtag erwartet wird und

(6) eine allgemeine Beschreibung der wesentlichen Leasingvereinbarungen, insbes Angaben zu den Grundlagen bedingter Leasingzahlungen, die Darstellung bestehender Verlängerungs-, Kaufoptions- und Preisanpassungsklauseln sowie vereinbarte Beschränkungen, die Dividenden, zusätzliche Schulden und weitere Leasingverhältnisse betreffen.

Für den Leasingnehmer können sich weitere Angabepflichten aus IFRS ergeben, die zu speziellen Fragestellungen bzw Sachverhalten im Zusammenhang mit Leasingverhältnissen Stellung nehmen (zB IAS 16 Sachanlagen).

D. Gestaltungen und Sonderfälle

I. Forfaitierung

Allgemein beschreibt der Begriff Forfaitierung den Ankauf von Forderungen. 147
Im Unterschied zur **unechten Forfaitierung** geht bei der **echten Forfaitierung** das Inkassorisiko auf den Käufer (sog Forfaiteur) über. In beiden Formen haftet der Verkäufer der Forderungen (sog Forfaitist) allein für den rechtlichen Bestand der Forderungen. Für die Werthaltigkeit der Forderungen steht der Forfaitist dagegen häufig nicht ein. Immanentes Charakteristikum der Forfaitierung im Zusammenhang mit Leasinggeschäften ist regelmäßig der stille Verkauf der künftig fällig werdenden Leasingforderungen. Der Forfaiteur leistet als Kaufpreis den Barwert der künftig fällig werdenden Leasingforderungen. Außerdem kann auch der voraussichtliche Resterlös aus dem Leasingobjekt forfaitiert werden. Der Umfang des vom Forfaiteur übernommenen Delkredererisikos wird in der Bemessung des Diskontierungszinssatzes berücksichtigt. Gängige Praxis ist es auch, bei der Bemessung des Kaufpreises der künftig fällig werdenden Leasingforderungen der Übernahme des Delkredererisikos durch den Abschlag einer Bearbeitungs- und Risikoprämie Rechnung zu tragen. Die Forfaitierung dient der Refinanzierung der Anschaffungskosten des Leasingobjekts. Bei Leasinggesellschaften hat die Forfaitierung von Leasingraten, zB an Kreditinstitute, eine große Bedeutung. Leasinggesellschaften treten dabei als Forfaitisten, Kreditinstitute als Forfaiteure auf.

Die **bilanzielle Behandlung** der Forfaitierung ist in den IFRS nicht explizit 148
geregelt. Die Leistung des Leasinggebers an den Leasingnehmer ist im Zeitpunkt der Forfaitierung noch nicht erbracht. Der Zahlungszufluss vom als Forfaiteur auftretenden Kreditinstitut bezieht sich auf in der Zukunft liegende Erträge. Mithin ist der Zahlungszufluss – ebenso wie im deutschen Handels- und Steuerrecht – passivisch abzugrenzen und mit dem Gegenwartswert der zukünftigen Leasingerträge zu bewerten.

Die **Auflösung des Schuldpostens** hat sich nach IFRS an der Leistungs- 149
erbringung des Leasinggebers zu orientieren. Der periodenbezogene Auflösungsbetrag ist beim Leasinggeber als Umsatzerlös auszuweisen. Hinsichtlich der Auflösung des Schuldpostens aus der Forfaitierung kann es zu temporären latenten Steuern kommen. Dies ist dann der Fall, wenn die Auflösung im IFRS-Abschluss nutzungs- bzw leistungsabhängig erfolgt, während sie nach Auffassung der deutschen Steuerrechtsprechung (vgl BFH-Urteil vom 24. Juli 1996, BStBl II 1997, 122; FG Hessen 4. Juli 1995, EFG 1996, 259) ausschließlich nach der linearen Methode vorzunehmen ist.

Beispiel 1: Forfaitierung Operating-Leasingverhältnis 150
(1) Aktivierung des Leasingobjekts im Anlagevermögen (Anschaffungskosten T€ 1.000),
(2) planmäßige, lineare Abschreibung über drei Jahre mit Restwert T€ 100 (Abschreibung T€ 300 pa),
(3) Zahlungseingang aus Forfaitierung Leasingraten (Barwert Leasingraten T€ 980),
(4) Einstellung Schuldposten in Höhe des erzielten Barwerts aus der Forfaitierung und ratierliche, ertragswirksame Auflösung (bei Zinssatz 5 % pa),
(5) Veräußerung des Leasingobjekts nach drei Jahren mit einem Erlös von T€ 90.

Periode	Leasingraten pa (linear)	Abschreibung pa (linear)	Umsatzerlöse bzw Tilgungsanteil pa	Schuldposten aus Forfaitierung am Periodenende	Erfolgswirkung pa (Saldo)
Jahr	T€	T€	T€	T€	T€
X1	360	300	311	669 (980 – 311)	11 (311 – 300)
X2	360	300	326	343 (669 – 326)	26 (326 – 300)
X3	360	300	343	0 (343 – 343)	43 (343 – 300)
X3	–	100 (Abgang)	90	–	– 10 (90 – 100)
Gesamt	1.080	1.000	1.070 (980 + 90)	–	70 (1.070 – 1.000)

Beispiel 2: Forfaitierung Finanzierungs-Leasingverhältnis

Der Leasinggeber hat das Leasingobjekt angeschafft (Anschaffungskosten T€ 1.000) und zeitgleich einen Finanzierungs-Leasingvertrag über 36 Monate mit Leasingraten in Höhe von insgesamt T€ 1.080 vereinbart. Des Weiteren gelten folgende Annahmen:

(1) Der Leasinggeber hat die Forderung auf die Leasingraten forfaitiert (zB an eine Bank für T€ 1.005 verkauft).

(2) Der Restwert des Leasingobjekts nach drei Jahren beträgt T€ 80. Die Veräußerung erfolgt durch den Leasinggeber.

Periode	Leasingraten pa (linear)	Vermögenswert (Nettoinvestitionswert) am Periodenende	Zinserfolg pa (Saldo)	Schuldposten am Periodenende	Gewinn aus Veräußerung
Jahr	T€	T€	T€	T€	T€
X1	360	0	5	0	0
X2	360	0	0	0	0
X3	360	0	0	0	80
Gesamt	1.080	0	5	0	80

Es wird kein Vermögenswert aus den künftigen Leasingzahlungen ausgewiesen, da dieser an das Kreditinstitut für einen Barwert von T€ 1.005 (Nettoinvestitionswert T€ 1.000) abgetreten wurde; die Barwertdifferenz verbleibt dem Leasinggeber als Zinserfolg. Die Erfolgswirkung der jeweiligen Periode setzt sich aus dem Zins- und dem Veräußerungserfolg zusammen.

II. Leasing des Herstellers oder Händlers

151 Für den Fall, dass der Leasinggeber zugleich **Hersteller oder Händler** des Leasingobjekts ist, liegt der Unterschied zum üblichen **Finanzierungs-Leasingverhältnis** in der **Realisation** eines Verkaufsgewinns bzw Verkaufsverlusts (IAS 17.42 ff). Durch die Verbindung des Finanzierungs- und Verkaufsgeschäfts ergeben sich beim Hersteller bzw Händler zwei Arten von Erträgen bzw Aufwendungen: Der Gewinn bzw Verlust aus dem unmittelbaren Verkaufsgeschäft und der Finanzertrag über die Laufzeit des Leasingverhältnisses (IAS 17.43).

Zu Beginn des Leasingverhältnisses weist der Leasinggeber, der Händler oder Hersteller ist, einen **Umsatzerlös** in Höhe des niedrigeren Betrags aus dem beizulegendem Zeitwert des Leasingobjekts und dem Barwert der Mindestleasingzahlungen zuzüglich des garantierten Restwerts an den Leasinggeber aus.

Zur **Ermittlung des Gewinns oder Verlusts** aus dem Veräußerungsgeschäft 152
werden diesen Umsatzerlösen die Anschaffungs- bzw Herstellungskosten des Leasingobjekts oder, falls abweichend, der Buchwert des Leasingobjekts (abzüglich dem Barwert des nicht garantierten Restwerts) als Umsatzkosten aufwandswirksam gegenübergestellt (IAS 17.44). Dies führt zu einem unsaldierten Ausweis in der Gesamtergebnisrechnung bzw gesonderten GuV (sofern erstellt) (→ § 15 Rn 75 ff) des Händlers. Darüber hinaus werden Vertragsabschluss- und Verhandlungskosten zu Beginn der Laufzeit des Leasingverhältnisses als Herstellungskosten des Umsatzes erfasst (IAS 17.46).

Der unterschiedliche Ausweis bei einem Hersteller oder Händler ist **sachge-** 153
recht, da ein **saldierter Ausweis** des Barwerts der Mindestleasingraten (zuzüglich garantierter Restwert) und der Anschaffungskosten des Leasinggegenstands unzulässigerweise nur den Rohertrag aus der Herstellung bzw dem Handel mit dem Leasingobjekt abbilden würde. Dies würde nicht dem Ausweis aus anderen, vergleichbaren Veräußerungsgeschäften des Herstellers bzw Händlers entsprechen.

Um das Interesse der Kunden zu wecken, verwenden Händler oder Hersteller 154
teilweise **niedrige Zinssätze,** die im Verkaufszeitpunkt zu einem höheren Veräußerungsgewinn führen würden. In diesem Falle wird der Gewinn auf den Betrag begrenzt, der sich bei der Berechnung mit einem **marktüblichen Zinssatz** ergeben hätte (IAS 17.45).

Während die Abgrenzung beim Hersteller des Leasingobjekts idR unproble- 155
matisch ist, können **Ermessensspielräume** einerseits bei der Abgrenzung der Tätigkeitsbereiche eines Händlers, der auch Leasingverträge als Finanzierungsform anbietet, auftreten. Andererseits bestehen **Abgrenzungsschwierigkeiten** bei **Finanzdienstleistungsunternehmen,** die neben Leasingverträgen für erworbene Leasingobjekte auch eine umfangreiche Palette von anderen Dienstleistungen offerieren. In diesem Falle ist eine **Segmentierung** der im Rahmen einer Gesamtprojektierung der Leasinggesellschaft zusätzlich kalkulierten Dienstleistungen aus Wartungs- und Serviceverträgen sowie Beratungs- oder Installationsverträgen erforderlich.

Beispiel: Ein Händler hat Anschaffungskosten für einen Vermögenswert in Höhe von T€ 1.000. Er hat gleichzeitig einen als **Finanzierungs-Leasingverhältnis** zu qualifizierenden Vertrag mit dem Leasingnehmer abgeschlossen. Die künftigen Leasingraten werden an ein Kreditinstitut für T€ 1.005 forfaitiert.

Periode	**Leasingraten pa (linear)**	**Nettoinvestitionswert am Periodenende**	**Umsatzerlöse pa (Saldo)**	**Wareneinsatz pa**	**Gewinn aus Umsatzgeschäft (Saldo)**
Jahr	T€	T€	T€	T€	T€
X1	360	0	1.005	1.000	5
X2	360	0	0	0	0
X3	360	0	0	0	0
Gesamt	1.080	–	1.005	1.000	5

Im Falle eines **Operating-Leasingverhältnisses** ergeben sich hier keine Besonderheiten, da das wirtschaftliche Eigentum beim Leasinggeber verbleibt und daher zu Beginn des Leasingverhältnisses mangels Verkaufsvorgang kein Umsatzrealisationsvorgang vorliegt.

III. Sale-and-lease-back-Transaktionen

156 Wird das zivilrechtliche Eigentum an einem Vermögenswert schuldrechtlich und dinglich übertragen und verbleibt gleichzeitig die wirtschaftliche Nutzung an diesem Vermögenswert durch einen schuldrechtlichen Leasingvertrag beim Leasingnehmer (= bisheriger rechtlicher und wirtschaftlicher Eigentümer), so spricht man von einer ***sale-and-lease-back*-Transaktion** (vgl IAS 17.58 ff). Der **Veräußernde** ist **Leasingnehmer,** der **Erwerber** ist **Leasinggeber.** Grds liegen zwei voneinander getrennte Geschäfte vor, zum einen ein Veräußerungsgeschäft, zum anderen ein sich dem Veräußerungsgeschäft anschließendes Leasinggeschäft, dessen Gegenstand das Veräußerungsobjekt (= Leasinggegenstand) ist. Üblicherweise stehen diese beiden Geschäfte dabei in einem direkten Zusammenhang.

157 Wesentlicher **Zweck der Transaktion** ist häufig die kurzfristige Erzielung von Liquidität, verbunden mit dem Ziel, den Vermögenswert weiter zu nutzen, bzw der Option, ihn mittel- bis langfristig zurück zu erwerben. Die Höhe der Leasingraten und der vereinbarte Verkaufspreis werden regelmäßig gemeinsam im Rahmen einer Verhandlung festgelegt. Wirtschaftlich betrachtet handelt es sich bei einer *sale-and-lease-back*-Transaktion mit Zurechnung des Leasingobjekts zum Leasingnehmer um eine Transaktion, die einem Kreditgeschäft ähnlich ist, bei dem der Kreditnehmer (= Leasingnehmer) dem Kreditgeber (= Leasinggeber) das Leasingobjekt sicherungsübereignet (*Küting/Koch* KoR 2007, 533 (535)).

Beispiel: Das Unternehmen A erwirbt eine Maschine vom Hersteller H für T€ 1.000 und schließt mit der Leasinggesellschaft L einen *sale-and-lease-back*-Vertrag in derselben Höhe ab. Die Vereinbarung zwischen A und L dient ausschließlich der (Fremd-)Finanzierung der Maschine. Die Beurteilung des Leasingverhältnisses erfolgt nach den Kriterien für Mobilien (→ Rn 38 ff).

In einer Variante ist Unternehmen A Eigentümer eines bebauten Grundstücks, welches es für T€ 10.000 an die Leasinggesellschaft L veräußert. Da das Grundstück weiterhin betrieblich genutzt werden soll, wird ein mittel- bis langfristiger Immobilienleasingvertrag abgeschlossen. IdR hat der Leasingnehmer das Recht, die Immobilie nach Ablauf oder vorzeitig nach einer Mindestleasingdauer zurück zu erwerben. Maßgeblich für die Beurteilung dieses Falls sind die Kriterien des Immobilenleasing (→ Rn 90 ff), die grds denen des Mobilienleasing entsprechen.

158 Zur Feststellung des **wirtschaftlichen Gehalts** einer *sale-and-lease-back*-Vereinbarung ist zunächst mithilfe einer Analyse der Verteilung von Chancen und Risiken das Leasinggeschäft als Finanzierungs- oder Operating-Leasingverhältnis zu klassifizieren. Im Zusammenhang mit *sale-and-lease-back*-Transaktionen ist die Klassifizierung für die erfolgsmäßige Behandlung eines bei der Transaktion entstehenden Veräußerungsgewinns von besonderer Bedeutung.

Bei der Klassifizierung einer *sale-and-lease-back*-Vereinbarung ist zu beachten, dass die Vereinbarung aus mehreren Transaktionen bestehen kann, die nur in ihrer Gesamtheit eine wirtschaftlich sinnvolle Transaktion darstellen. In diesem Fall hat die Bilanzierung den wirtschaftlichen Gehalt der Vereinbarung insgesamt abzubilden, wobei sämtliche Aspekte der Transaktionen zu beachten sind (SIC-27.4). Dabei kann die Prüfung der Ausprägung bestimmter Indikatoren ergeben, dass möglicherweise kein Leasingverhältnis iSd IAS 17 vorliegt, obwohl die Vereinbarung in die rechtliche Form einer Leasingvereinbarung gekleidet ist. Dazu gehören folgende Umstände:

a) Die Gesamtheit aller Transaktionen der Vereinbarung führt zu dem Ergebnis, dass sämtliche, mit dem Vermögenswert verbundenen Chancen und Risiken beim Leasinggeber verbleiben, der auch weiterhin in Bezug auf die Nutzung des Vermögenswerts über die gleichen Rechte verfügt wie vor Abschluss der Vereinbarung (SIC-27.5(a)). Dies ist bspw der Fall, wenn eine Partei mit einer anderen Partei eine Leasingvereinbarung über einen Vermögenswert trifft und mit einer zweiten Vereinbarung diesen Vermögenswert zu gleichen Konditionen und gleicher Laufzeit wieder zurückleast. Beide Parteien haben das Recht, die jeweilige Leasingzahlung auszusetzen und die Vereinbarung auf einer Nettobasis abzurechnen.

b) Die *sale-and-lease-back*-Vereinbarung enthält eine Option, wobei die Ausübung dieser Option aufgrund der darin vereinbarten Konditionen fast sicher ist (SIC-27.5(c)). Dies ist bspw der Fall, wenn dem Leasinggeber eine Verkaufsoption gewährt wird, deren Ausübungspreis deutlich über dem beizulegenden Zeitwert des Vermögenswerts zum Ausübungszeitpunkt liegt oder aber dem Leasingnehmer eine aus seiner Sicht deutlich günstige Kaufoption gewährt wird. In diesen Fällen, in denen die Rückübertragung des Vermögenswerts fast sicher ist, stellt die *sale-and-lease-back*-Vereinbarung keine Leasingvereinbarung, sondern entspr ihres wirtschaftlichen Gehalts eine Darlehensvereinbarung dar.

Führt die Einstufung der *sale-and-lease-back*-Vereinbarung zu einem **Finanzierungs-Leasingverhältnis** veräußert der Leasingnehmer das Leasingobjekt. Er behält aber das wirtschaftliche Eigentum an dem Vermögenswert, dh der Leasinggeber finanziert den Vermögenswert und erhält das zivilrechtliche Eigentum als Sicherheit. Solche Transaktionen sind nach den Grundsätzen des Mobilien- oder Immobilienleasing zu behandeln. Hinsichtlich der Erfassung von Veräußerungsgewinnen oder -verlusten sind folgende Fälle zu unterscheiden: 159

Finanzierungs-Leasing	**Erfassung beim Leasingnehmer**
Verkaufserlös < Buchwert (a) Wertminderung gem IAS 36 (b) Vorliegen anderer Gründe	 sofortige erfolgswirksame Abwertung auf den erzielbaren Betrag aktive Abgrenzung des Veräußerungsverlusts und erfolgswirksame Auflösung über die Laufzeit des Leasingverhältnisses
Verkaufserlös = Buchwert	Es entsteht kein Veräußerungsgewinn oder -verlust.
Verkaufserlös > Buchwert	passive Abgrenzung des Unterschiedsbetrags und erfolgswirksame Auflösung über die Laufzeit des Leasingverhältnisses

Liegt ein Finanzierungs-Leasingverhältnis vor, so darf ein aus dieser Transaktion resultierender **Veräußerungsverlust** beim Leasingnehmer nur insoweit sofort **aufwandswirksam** erfasst werden, als er auf einer **Wertminderung** gem IAS 36 beruht (IAS 17.64). Verluste, die sich aus anderen Gründen ergeben, sind indessen zunächst aktiv abzugrenzen und anschließend über die Dauer der Laufzeit des Leasingverhältnisses aufwandswirksam abzugrenzen (Umkehrschluss aus IAS 17.64 in Analogie zu IAS 17.59). Ein **Veräußerungsgewinn des Leasingnehmers** darf ebenfalls **nicht sofort erfolgswirksam** erfasst werden. Er ist bilanziell als Schuldposten zu erfassen und über die Laufzeit des Leasingverhältnisses ertragswirksam zu realisieren (IAS 17.59). Im Ergebnis werden somit die künftigen Leasingaufwendungen bei einer wirtschaftlichen Betrachtungsweise durch die ratierliche Auflösung des Schuldpostens vermindert. 160

Aus bilanzieller Sicht ist der Schuldposten in eine **kurz- und eine langfristige Komponente** aufzuspalten. Als kurzfristig sind dabei diejenigen Bestandteile des abgegrenzten Veräußerungsgewinns auszuweisen, die innerhalb des dem 161

Bilanzstichtag folgenden Geschäftsjahrs erfolgswirksam zu erfassen sind. IAS 17 lässt die Frage offen, auf welcher Basis der abgegrenzte Veräußerungsgewinn über die Laufzeit des Leasingverhältnisses erfolgswirksam zu verteilen ist.

162 Erhält der Leasinggeber neben dem zivilrechtlichen auch das **wirtschaftliche Eigentum** an dem Vermögenswert und überlässt er dem Leasingnehmer (= Veräußerer) lediglich ein zeitlich begrenztes Nutzungsrecht, so handelt es sich um ein **Operating-Leasingverhältnis.** Der Leasingnehmer hat die aus einem Operating-Leasingverhältnis resultierenden Zahlungen unabhängig von der vertraglich festgelegten Ratengestaltung linear über die Laufzeit des Leasingverhältnisses als Aufwand zu erfassen (IAS 17.33). Fallweise kann auf eine andere Periodisierung zurückgegriffen werden (IAS 17.34; s hierzu ausführlich → Rn 103 ff (Operating-Leasingverhältnis)). Hinsichtlich der Behandlung eines Veräußerungsgewinns oder -verlusts bzw eines unter dem beizulegenden Zeitwert liegenden Buchwerts sind folgende Fälle zu unterscheiden:

Operating-Leasing	**Erfassung beim Leasingnehmer**
Verkaufserlös < beizulegender Zeitwert (a) Künftige Leasingzahlungen liegen nicht unter dem Marktpreis (b) Künftige Leasingzahlungen liegen zum Ausgleich eines Verlusts unter dem Marktpreis	 Sofortige erfolgswirksame Erfassung eines Veräußerungsgewinns oder -verlusts Aktive Abgrenzung des Veräußerungsverlusts und erfolgswirksame Auflösung über die voraussichtliche Nutzungsdauer
Verkaufserlös = beizulegender Zeitwert	Sofortige erfolgswirksame Erfassung eines Veräußerungsgewinns oder -verlusts
Verkaufserlös > beizulegender Zeitwert	Passive Abgrenzung des Unterschiedsbetrags und erfolgswirksame Auflösung über die voraussichtliche Nutzungsdauer
Buchwert > beizulegender Zeitwert	Sofortige erfolgswirksame Erfassung des Verlusts
Buchwert < beizulegender Zeitwert	Sofortige erfolgswirksame Erfassung des Gewinns

163 Ein **Veräußerungsgewinn** bzw **-verlust** ist hier beim Veräußerer nur unmittelbar zu erfassen, wenn entweder von einem gewöhnlichen Veräußerungsgeschäft ausgegangen werden kann (IAS 17.62; Verkaufserlös = beizulegender Zeitwert) oder wenn bei einem unter dem beizulegenden Zeitwert liegenden Veräußerungserlös die künftigen Leasingzahlungen nicht zum Ausgleich eines Verlusts unter dem Marktpreis liegen. Unmittelbar bedeutet dabei zu Beginn des Leasingverhältnisses. Anderenfalls ist der Veräußerungsverlust aktiv abzugrenzen und erfolgswirksam im Verhältnis zu den Leasingzahlungen über die voraussichtliche (wirtschaftliche) Nutzungsdauer des Vermögenswerts aufzulösen (IAS 17.61). Übersteigt der Veräußerungserlös indessen den beizulegenden Zeitwert, so ist davon auszugehen, dass der Käufer bei wirtschaftlich rationalem Verhalten dies nur akzeptiert, wenn er dies durch entspr über dem Marktniveau liegende Leasingraten wieder kompensieren kann. Der aus der Differenz zwischen beizulegendem Zeitwert und Veräußerungserlös resultierende Überschuss ist daher zunächst passiv abzugrenzen und anschließend erfolgswirksam über die voraussichtliche (wirtschaftliche) Nutzungsdauer des Vermögenswerts zu verteilen (IAS 17.61). Zudem ist ein Verlust in Höhe des Differenzbetrags zwischen dem (höheren) Buchwert und dem (niedrigeren) beizulegenden Zeitwert im

Zeitpunkt der *sale-and-lease-back*-Transaktion unmittelbar aufwandswirksam zu erfassen (IAS 17.63). Analog ist eine positive Differenz zwischen dem (höheren) beizulegenden Zeitwert und dem niedrigeren Buchwert sofort ertragswirksam zu vereinnahmen. Im Ergebnis führt also nur eine als Operating-Leasingverhältnis einzustufende *sale-and-lease-back*-Transaktion zu einer erfolgswirksamen Vereinnahmung eines Veräußerungserlöses zum Zeitpunkt der Transaktion.

Beispiel 1: Unternehmen A verkauft ein bebautes Grundstück an Unternehmen B. A mietet dieses Grundstück anschließend langfristig von B. Weitere Angaben sind: 164

Buchwert Grundstück	T€ 1.300
Beizulegender Zeitwert Grundstück	T€ 2.800
Buchwert Gebäude	T€ 250
Beizulegender Zeitwert Gebäude	T€ 550
Restnutzungsdauer	20 Jahre
Verkaufspreis Grundstück und Gebäude	T€ 4.260
Leasingrate jährlich	T€ 480
Laufzeit des Leasingvertrags	20 Jahre

Unternehmen A (= Leasingnehmer) erzielt aus dem Verkauf des bebauten Grundstücks einen (Buch-)Gewinn in Höhe von T€ 2.710. Die Behandlung der ***sale-and-lease-back*-Transaktion** hängt von der Art des betreffenden Leasingverhältnisses ab (IAS 17.58).

Da es sich um ein bebautes Grundstück handelt, sind die Vermögenswerte Grund und Boden sowie Gebäude grds separat zu betrachten. Der Verkehrswert des Grund und Bodens sei nicht unwesentlich im Verhältnis zum Gesamtwert des Grundstücks. Zu Beginn des Leasingverhältnisses werden deshalb die Mindestleasingzahlungen nach dem Verhältnis der beizulegenden Zeitwerte der Leasingobjekte in eine auf das Grundstück und in eine auf das Gebäude entfallende Komponente aufgeteilt (IAS 17.15Af). Nach dieser Methode errechnet sich eine jährliche Leasingrate für das Grundstück von rund T€ 401 (= 480 × 2.800/3.350) und für das Gebäude von rund T€ 79 (= 480 × 550/3.350).

Die Vereinbarung wird hinsichtlich des Gebäudes sowie vor dem Hintergrund der Identität des Zeitraums der wirtschaftlichen Nutzungsdauer und des Leasingvertrags als Finanzierungs-Leasingverhältnis klassifiziert. Hinsichtlich des Grundstücks wird stattdessen, da kein besonderer Tatbestand wie zB eine günstige Kaufoption oder eine Eigentumsübertragung nach Ablauf des Leasingverhältnisses vorliegt, ein Operating-Leasingverhältnis angenommen.

Beim Verkauf wurden anteilige Veräußerungserlöse in Höhe von rund T€ 3.561 (= 4.260/3.350 × 2.800) für das Grundstück sowie in Höhe von rund T€ 699 (= 4.260/ 3.350 × 550) für das Gebäude erzielt. In beiden Fällen liegt der Veräußerungserlös sowohl über dem Buchwert, als auch über dem beizulegenden Zeitwert des betreffenden Leasingobjekts.

Bei einem **Operating-Leasingverhältnis** wird für den Fall, dass der Veräußerungserlös den beizulegenden Zeitwert des Leasingobjekts übersteigt, dieser Differenzbetrag beim Veräußerer (Leasingnehmer) passivisch erfasst *(deferred gain)* und über den Nutzungszeitraum erfolgswirksam realisiert (IAS 17.61). Demzufolge ist für das **Grundstück** ein Betrag von rund T€ 761 zu passivieren und über die Laufzeit des Vertrags von 20 Jahren erfolgswirksam zu vereinnahmen. Es errechnet sich eine jährliche Minderung des Leasingaufwands von rund T€ 38. Der Differenzbetrag zwischen dem beizulegenden Zeitwert und dem Buchwert (Grundstück T€ 1.500) stellt im Falle eines Operating-Leasingverhältnisses einen sofort ertragswirksam zu vereinnahmenden Veräußerungsgewinn dar.

Für das **Gebäude** wird ebenfalls ein Überschuss des Verkaufserlöses über den Buchwert ausgewiesen. Im Rahmen des hier zugrunde liegenden Finanzierungs-Leasingverhältnisses wird dieser Differenzbetrag nicht unmittelbar als Ertrag des Verkäufers (= Leasingnehmer) erfasst, sondern über die Laufzeit des Leasingverhältnisses erfolgswirksam verteilt (IAS 17.59). Dementsprechend ist für das Gebäude ein Betrag in Höhe von rund T€ 449 passivisch zu erfassen. Aus der Auflösung dieses Passivpostens errechnet sich eine jährliche Reduzierung des Leasingaufwands von rund T€ 22,5.

Beispiel 2: Das Unternehmen A veräußert ein Grundstück an eine Leasinggesellschaft und mietet es im Rahmen eines Operating-Leasingverhältnisses zurück. Der Buchwert des 165

Grundstücks beträgt T€ 1.000. Für dieses Grundstück kann auf dem Immobilienmarkt das Siebenfache der Jahresmiete erzielt werden. Beträgt die marktübliche Jahrespacht T€ 120, so ergibt sich ein Marktwert des Grundstücks von T€ 840. Das Unternehmen hat mit der Leasinggesellschaft jedoch eine jährliche, endfällige Pacht von T€ 150 über 15 Jahre vereinbart. Der Verkaufspreis beträgt T€ 1.450 (= Barwert der Leasingraten bei einem Zinssatz von 6%). Da der beizulegende Zeitwert des Grundstücks unter dem Buchwert liegt, ist die Differenz in Höhe von T€ 160 sofort als Veräußerungsverlust auszuweisen. Des Weiteren wird ein den Marktpreis übersteigender Veräußerungspreis (hier: T€ 610) als *deferred gain* passivisch erfasst und über die Leasinglaufzeit ertragswirksam vereinnahmt.

Bzgl der Anwendbarkeit von IFRS 5 im Rahmen von *sale-and-lease-back*-Transaktionen → § 28 Rn 13.

IV. Leasingobjektgesellschaften

1. Abgrenzung der Zweckgesellschaft

166 Objektgesellschaften haben insbes im Zusammenhang mit Leasingverhältnissen große Bedeutung. Mit der Errichtung von Objektgesellschaften wurde in der Vergangenheit häufig das bilanzpolitisch motivierte Ziel verfolgt, diese nicht in den Konzernabschluss des Leasingnehmers einbeziehen zu müssen. Deshalb hat der IASB urspr mit dem SIC-12 eine eigene Interpretation zur Bilanzierung von **Zweckgesellschaften** (*special purpose entities,* SPE) herausgegeben, die mit Inkrafttreten des IFRS 10 von diesem abgelöst wurde.

167 Eine Leasingobjektgesellschaft wird in Deutschland als zivilrechtlich selbstständige Gesellschaft unter steuerlichen bzw bilanzpolitischen Gesichtspunkten in der Rechtsform der GmbH oder der KapGes & Co KG gegründet. Der Gesellschafter ist häufig ein Kreditinstitut, ein Versicherungsunternehmen oder eine Leasinggesellschaft. Es kann sich aber auch um eine von Dritten beherrschte PersGes oder Stiftung handeln, die sich als Gesellschafter oder stiller Gesellschafter beteiligt. Die **Leasingobjektgesellschaft** erwirbt dabei einen oder mehrere gleichartige Vermögenswerte (Immobilien oder Mobilien) und vermietet diese Objekte an ein oder mehrere Unternehmen (Leasingnehmer). Der Erwerb erfolgt häufig in Form von *sale-and-lease-back*-Transaktionen.

Die Beurteilung der Bilanzierung als Operating-Leasingverhältnis oder als Finanzierungs-Leasingverhältnis erfolgt nach den in IAS 17.10f genannten Abgrenzungskriterien und richtet sich grds nach der wirtschaftlichen Gesamtbeurteilung der **Chancen und Risiken.** Allerdings werden diese Kriterien in den Standards bzw Interpretationen nicht eindeutig geregelt. Folglich ist die Zuordnung einzelner Vermögenswerte grds unabhängig von der Entscheidung zu treffen, ob eine SPE in einen Konzernabschluss einzubeziehen ist.

168 Ein Unternehmen muss dann eine Leasingobjektgesellschaft in den Konzernabschluss einbeziehen, wenn es als Mutterunternehmen die Kontrolle über das SPE ausübt. IFRS 10.7 nennt die folgenden Kriterien, die in ihrer Gesamtheit zu einer Verpflichtung führen, die Leasingobjektgesellschaft in den Konzernabschluss einzubeziehen. Dies erfolgt unabhängig davon, ob das Unternehmen Gesellschafter der Objektgesellschaft ist.

(1) Das Unternehmen übt die Macht über das SPE aus, indem es über bestehende Rechte verfügt, die maßgebliche Tätigkeit des SPE zu bestimmen.

(2) Das Unternehmen ist variablen Renditen aus der SPE ausgesetzt bzw hat das Recht auf Erhalt dieser Renditen.

(3) Das Unternehmen hat die Fähigkeit, seine Einflussmöglichkeiten auf das SPE so nutzen, dass sich dadurch die Rendite des SPE verändert.

2. Besonderheiten im Konzernabschluss

Entspr den in **IFRS 10.7** aufgeführten Kriterien ist eine Leasingobjektgesellschaft immer dann in den **Konzernabschluss** des Leasingnehmers einzubeziehen, wenn bei Betrachtung sämtlicher Tatsachen und Umstände eine Kontrolle der Leasingobjektgesellschaft durch den Leasingnehmer vorliegt. 169

Allgemein gilt der Grundsatz: Handelt es sich bei der Leasingtransaktion um ein **Operating-Leasingverhältnis,** so wird der Leasinggegenstand bei der SPE bilanziert. Ein möglicher Gewinn aus der Veräußerung des Vermögenswerts wird beim Leasingnehmer ausgewiesen. Für die mögliche Einbeziehung der SPE in den Konzernabschluss des Leasingnehmers gelten die allgemeinen Grundsätze der Kapitalkonsolidierung (→ § 30 Rn 10 ff, → § 32 Rn 6 ff) unabhängig davon, ob es sich um eine sog Einobjekt-Gesellschaft handelt, oder ob die Zweckgesellschaft noch über weitere wesentliche Vermögenswerte und/oder Schulden verfügt. Ist im Rahmen des Leasinggeschäfts jedoch kein bedeutsamer Veräußerungsgewinn aufgedeckt worden, so kann im Rahmen des Konzernabschlusses aus Vereinfachung eine Zwischengewinneliminierung unterbleiben und der Leasinggegenstand mit den fortgeführten Anschaffungskosten des Leasinggebers ausgewiesen werden. 170

Sofern das Leasingverhältnis aber nach IAS 17 als **Finanzierungs-Leasingverhältnis** zu qualifizieren ist, wird der Leasinggegenstand bereits im Einzelabschluss des Leasingnehmers als Vermögenswert ausgewiesen. Allerdings wird der Leasinggegenstand auf Ebene des Einzelabschlusses nicht mehr zu seinen urspr fortgeführten Anschaffungs- oder Herstellungskosten, sondern zum Barwert der Mindestleasingraten bzw dem beizulegenden Zeitwert bilanziert. 171

Die Einbeziehung der SPE in den Konzernabschluss würde bei einem Finanzierungs-Leasingverhältnis insofern keine weitere Erfassung des Leasinggegenstands mehr mit sich bringen, jedoch würde der Veräußerungsgewinn als konzerninterner Ertrag zu eliminieren sein. Aus Sicht des Konzernabschlusses könnte die Auffassung vertreten werden, dass im Falle einer Einbeziehung der SPE in den Konzernabschluss des Leasingnehmers von einer Qualifizierung des Leasingverhältnisses als Finanzierungs-Leasingverhältnis abgesehen werden könnte. Dies ist aber im Hinblick auf die zutreffende Darstellung im Einzelabschluss nicht sachgerecht. Es sollte deshalb stets zunächst auf Ebene des Einzelabschlusses die Frage der Qualifizierung des Leasingverhältnisses geklärt werden. Anschließend sind bei Aufstellung des Konzernabschlusses des Leasingnehmers die Frage der Einbeziehung der SPE und die Konsolidierung konzerninterner Transaktionen zu beurteilen. Im Rahmen der Prüfung der Einbeziehung ist entscheidend, ob die Mehrheit der Chancen und Risiken aus dem Leasingverhältnis dem Leasingnehmer oder der SPE zuzurechnen sind. Hierbei ist eine **Gesamtbetrachtung** maßgeblich, dh es ist nicht nur auf die gesellschaftsvertragliche Gewinnverteilungsabrede der SPE abzustellen, sondern zusätzlich auch auf mögliche Abreden zur Verteilung eines Veräußerungsgewinns des Leasingobjekts zu achten (→ § 32 Rn 15). 172

(einstweilen frei) 173

V. Lease-and-lease-back-Transaktionen

Bei *lease-and-lease-back*-Transaktionen vermieten Unternehmen, Kommunen etc ein Leasingobjekt, zB Bürogebäude, Heizkraftwerke, Wasserwerke oder bewegliche Vermögenswerte, langfristig im Rahmen eines Mietvertrags an einen Investor. Dasselbe Leasingobjekt wird unmittelbar vom Investor an den Erstvermieter – im Rahmen eines Untermietvertrags – zurück vermietet. 174

175 In der Praxis werden *lease-and-lease-back*-Vereinbarungen häufig als sog *cross-border-lease*-Verhältnisse ausgestaltet. Bei dieser Gestaltung werden unterschiedliche steuerrechtliche Beurteilungen im In- und Ausland genutzt. IdR wird bei einem ***cross-border*-Leasingverhältnis** das Leasingobjekt sowohl beim Mieter als auch beim Vermieter als wirtschaftliche Eigentümer bilanziert. Leasinggeber und Leasingnehmer können die Abschreibungen des Leasingobjekts steuerlich geltend machen.

Cross-border-Leasingverhältnisse sind bspw zwischen Unternehmen in Deutschland und ausländischen Unternehmen, zB in Großbritannien und Schweden, möglich. IdR vermietet das deutsche Unternehmen als Eigentümer den betreffenden Vermögenswert für einen längeren Zeitraum als die Restnutzungsdauer an eine im Ausland ansässige Zweckgesellschaft, die dadurch nach dem maßgeblichen Steuerrecht wirtschaftlicher Eigentümer des Leasingobjekts wird. Wenn die Leasingrate für (fast) die gesamte Laufzeit vorausbezahlt wird, kann ein sofort abziehbarer Aufwand vorliegen, der zu entspr Steuererstattungen für die Investoren führt. Der entstehende Barwertvorteil wird üblicherweise teilweise an den rechtlichen Eigentümer und Nutzer weitergereicht.

176 Für diese Vertragsverhältnisse stellt sich die Frage, ob es sich tatsächlich um Leasingverhältnisse iSv IAS 17 handelt, da SIC-27.1 grds eine Beurteilung von Transaktionen nach ihrem **wirtschaftlichen Gehalt** vorsieht. Die rechtliche Form eines Leasingverhältnisses ist insofern nicht maßgeblich für die wirtschaftliche Beurteilung einer Vereinbarung. SIC-27.5 nennt deshalb verschiedene Indikatoren, die unabhängig voneinander darauf hinweisen, dass möglicherweise kein Leasingverhältnis nach IAS 17 vorliegt (im Einzelnen → Rn 22). Insbes sei hier der bedeutende Fall genannt, dass der Hauptzweck einer Vereinbarung nicht die Übertragung des Nutzungsrechts an einem Vermögenswert, sondern lediglich die Erzielung eines bestimmten steuerlichen Ergebnisses (sog Steuervorteil) ist. Liegt nach den Kriterien des SIC-27.5 kein Leasingverhältnis iSv IAS 17 vor, bleibt es bei der Bilanzierung, wie sie ohne die *lease-and-lease-back*-Konstruktion vorgenommen würde.

177, 178 *(einstweilen frei)*

VI. Sublease-Verhältnisse

179 Vermietet ein Leasingnehmer, der einen Leasingvertrag mit einem Leasinggeber abgeschlossen hat, ein Leasingobjekt im Rahmen eines neuen Leasingvertrags an einen Dritten weiter, so handelt es sich bei diesem „neuen“ Leasingverhältnis um ein ***Sublease*-Verhältnis.** Die Grundzüge der Bilanzierung dieser beiden Leasingverhältnisse, des urspr Leasingverhältnisses und des „neuen“ Leasingverhältnisses, sind abhängig von unterschiedlichen Situationen.

	Leasinggeber	**Leasingnehmer (= Sublessor)**		**Sublessee**
Leasingverhältnisse / **Fälle**	**Leasinggeber**	**Leasingnehmer ggü urspr Leasinggeber und …**	**… zugleich Leasinggeber ggü „neuem“ Leasingnehmer**	**Leasingnehmer**
(1)	Operating-Leasing		Operating-Leasing	
(2)	Finanzierungs-Leasing		Operating-Leasing	
(3)	Finanzierungs-Leasing		Finanzierungs-Leasing	
(4)	Operating-Leasing		Finanzierungs-Leasing	

Der (urspr) Leasinggeber und der Sublessee bilanzieren die Leasingverhältnisse entspr ihrer Klassifizierung als Operating- oder Finanzierungs-Leasing in Übereinstimmung mit den allgemeinen Regeln (→ Rn 38 ff). Hinsichtlich der **Bilanzierung beim Sublessor** ist Folgendes zu beachten: In Fall (1) ergeben sich keine Besonderheiten bei der Bilanzierung der beiden Leasingverhältnisse, insbes ist aus Sicht des Sublessors kein Leasinggegenstand zu bilanzieren, da dieser ausschließlich beim Leasinggeber bilanziert wird. In Fall (2) bilanziert der Leasingnehmer (= Sublessor) den Leasinggegenstand (und die entspr Verbindlichkeit) nach den allgemeinen Grundsätzen für Finanzierungs-Leasingverhältnisse. Aus dem Operating-Leasingverhältnis, bei dem der Sublessor als Leasinggeber auftritt, werden die Leasingzahlungen vom Sublessee entspr den allgemeinen Regeln (→ Rn 103 ff) erfasst. In Fall (3) ist beim Sublessor zu beachten, dass er einerseits sowohl eine Leasingforderung ggü dem Sublessee als auch das Leasingobjekt aktiviert hat. Andererseits hat er eine Verbindlichkeit aus dem Leasingverhältnis mit dem (urspr) Leasinggeber zu bilanzieren. Der Fall (4) ist schließlich theoretischer Natur, der praktisch nicht auftreten wird, da der Sublessor dem Sublessee kein (wirtschaftliches) Eigentum verschaffen kann, das er selbst aufgrund des urspr Operating-Leasingverhältnisses nicht hat. 180

(einstweilen frei) 181–185

E. Gegenüberstellung zum HGB

I. Gemeinsamkeiten

Leasingverhältnisse werden im Rahmen der handelsrechtlichen Rechnungslegungsvorschriften nicht explizit behandelt. Vielmehr finden die allgemeinen Ansatzvorschriften für Kaufleute nach den §§ 246, 252 HGB Anwendung. Demnach sind sämtliche Vermögensgegenstände des Kaufmanns anzusetzen, an denen dieser **wirtschaftliches Eigentum** besitzt. 186

Da davon ausgegangen werden kann, dass es sich bei einem Leasingobjekt um einen Vermögensgegenstand handelt, der dem Kaufmann mehr als zwölf Monate, nach dem Verständnis des deutschen Handelsrechts also dauerhaft, zur Verfügung steht, erfolgt der **Ausweis im Anlagevermögen** (vgl § 247 Abs 2 HGB). 187

Hinsichtlich der **Abgrenzungsmerkmale,** ob wirtschaftliches Eigentum beim Leasingnehmer oder Leasinggeber im handelsrechtlichen Jahresabschluss vorliegt, bezieht sich die Praxis idR auf die Leasingerlasse der Finanzverwaltung für Mobilien und Immobilien. Dabei wird zwischen Voll- und Teilamortisation sowie zwischen Mobilien- und Immobilienleasing unterschieden. 188

Beim **Mobilienleasing** wendet die deutsche Finanzverwaltung, vergleichbar IAS 17.10, nachfolgende Abgrenzungskriterien an (vgl BMF 19. April 1971, BStBl I, 264). 189

Mit dem **Mietzeittest** nach IAS 17.10 korrespondiert die Bilanzierung handelsrechtlich beim Leasingnehmer, wenn bei Vollamortisationsverträgen die Grundmietzeit des Leasingverhältnisses weniger als 40% oder mehr als 90% der betriebsgewöhnlichen Nutzungsdauer (iSd steuerlichen Abschreibungstabellen) umfasst. Des Weiteren sieht auch der Leasingerlass einen **Barwerttest** vor, indem die Bilanzierung beim Leasingnehmer zu erfolgen hat, wenn die während der Grundmietzeit zu leistenden Leasingraten mindestens die Anschaffungs- bzw Herstellungskosten des Leasinggebers sowie alle Nebenkosten einschließlich der Finanzierungskosten des Leasinggebers decken (Vollamortisation). Das Merkmal der **Kaufpreisoption** findet sich wie folgt im Leasingerlass der deutschen Fi- 190 nanzverwaltung: Es handelt sich um Finanzierungs-Leasing, wenn der aufgrund des Optionsrechts zu zahlende Kaufpreis niedriger ist als der auf Basis linearer Abschreibungen nach den amtlichen AfA-Tabellen ermittelte Buchwert oder der entspr niedrigere gemeine Wert. Schließlich stimmt der Leasingerlass auch beim Kriterium **Spezialleasing** weitgehend mit den Regelungen in IAS 17.10(e) überein.

191 Zum **Immobilienleasing** hat die deutsche Finanzverwaltung ebenfalls einen Erlass mit BMF-Schreiben vom 21. März 1972 veröffentlicht. Danach sind die Zurechnungskriterien ebenso wie nach IAS 17.14 getrennt für den Grund und Boden und für das Gebäude zu prüfen. Hat der Leasingnehmer eine Kaufoption auf den Erwerb des Grund und Bodens, so ist dieser dem Leasingnehmer zuzurechnen. Entspr gilt für das Gebäude, wenn dem Leasingnehmer eine Kauf- oder Mietverlängerungsoption vertraglich zugesichert ist.

II. Wesentliche Unterschiede

192 Unterschiede zwischen den IFRS und dem HGB bei den Zurechnungskriterien ergeben sich zB bei Verträgen **ohne Kauf- und Mietverlängerungsoption.** Beispielhaft sei der Fall einer Grundmietzeit von weniger als 40% der betriebsgewöhnlichen Nutzungsdauer genannt. Dieser Sachverhalt wird von IAS 17 nicht genannt.

193 Ist der Leasingnehmer bereit, im Rahmen von Vollamortisationsverträgen die Anschaffungskosten zuzüglich Zinsen innerhalb einer Zeitdauer von weniger als 40% der Nutzungsdauer dem Leasinggeber zu bezahlen, so muss er zumindest von einer sehr **vorteilhaften Überlassung** am Ende der Vertragslaufzeit ausgehen. Folglich müsste auch nach IAS 17 in diesem Fall das wirtschaftliche Eigentum beim Leasingnehmer liegen. Zu prüfen ist in diesem Fall insbes, ob der Eigentumsübergang am Ende der Grundmietzeit „verdeckt" vereinbart wurde. Im Ergebnis ist eine Einzelfallbetrachtung erforderlich.

194 Des Weiteren gibt es Unterschiede bei **Teilamortisationsverträgen von Mobilien.** Wird eine Grundmietzeit zwischen 40% und 90% vereinbart, so ist nach dem Leasing-Erlass vom 22. Dezember 1975 (BMF-Schreiben vom 22. Dezember 1975, IV B/2 – S 2170 – 167/75) eine Zurechnung beim Leasingnehmer vorzunehmen, wenn der Leasinggegenstand an einen Dritten veräußert werden soll und dem Leasingnehmer mehr als 75% des Mehrerlöses zustehen. Diesen Fall kennt IAS 17 ebenfalls nicht explizit, sodass sich auch in dieser Frage Unterschiede zwischen HGB und IAS 17 bei der Zurechnung von Leasingobjekten ergeben können.

195 Ein weiterer wesentlicher Unterschied kann beim Immobilienleasing auftrete, wenn **keine günstige Mietverlängerungs- oder Kaufoption** vereinbart wird. In diesem Fall kann die Bilanzierung des Grund und Bodens nach IAS 17 unabhängig von der Bilanzierung des Gebäudes erfolgen, während der Leasing-Erlass vom 23. Dezember 1991 (BMF-Schreiben vom 23. Dezember 1991, BStBl I 1992, 13) eine Zurechnung des Grund und Bodens entspr dem Gebäude vorsieht. Dieses Ergebnis entspricht der zivilrechtlichen Betrachtung in Deutschland, nach der das Gebäude wesentlicher Bestandteil des Grundstücks ist und somit grds das Eigentum am (bebauten) Grundstück bilanziert wird.

III. Zurechnungskriterien nach IAS 17 und HGB

196 Ziel der folgenden Übersicht ist eine tabellarische Gegenüberstellung der Zurechnungskriterien nach HGB und nach IAS 17. In Anbetracht der Prinzi-

pienbasierung von IAS 17 und der damit verbundenen Abwägung des **Gesamtbilds** der Verhältnisse kann die nachfolgende Zuordnung **Anhaltspunkte** für eine tendenzielle Zurechnung der Vermögenswerte geben.

	IAS 17		**HGB**	
Zurechnungskriterien	**Leasinggeber**	**Leasingnehmer**	**Leasinggeber**	**Leasingnehmer**
1. Immobilien				
1.1. Grund und Boden				
Ohne Kaufoption des Leasingnehmers	×		×	
Mit Kaufoption des Leasingnehmers				
– Kaufpreis > Buchwert	×		×	
– Kaufpreis < Buchwert		×		×
1.2. Bebautes Grundstück	Getrennte Beurteilung Bilanzierung unabhängig vom Gebäude		Zurechnung des Grund und Bodens folgt der des Gebäudes	
2. Mobilien				
2.1. Vollamortisationsverträge Mobilien und Gebäude				
Grundmietzeit < 40% der betriebsgewöhnlichen Nutzungsdauer	Einzelfallbetrachtung			×
Grundmietzeit > 90% der betriebsgewöhnlichen Nutzungsdauer		×		×
Grundmietzeit 40–90% der betriebsgewöhnlichen Nutzungsdauer				
– ohne Optionsrecht des Leasingnehmers	Einzelfallbetrachtung		×	
– mit Kaufoption				
→ Kaufpreis > Restbuchwert bei linearer AfA	×		×	
→ Kaufpreis < Restbuchwert bei linearer AfA		×		×
– mit Mietverlängerungsoption				
→ Anschlussmiete > lineare AfA (bei Gebäuden > 75% der marktüblichen Miete)	×		×	
→ Anschlussmiete < lineare AfA (bei Gebäuden < 75% der marktüblichen Miete)		×		×
Spezialleasing		×		×

	IAS 17		HGB	
Zurechnungskriterien	**Leasing-geber**	**Leasing-nehmer**	**Leasing-geber**	**Leasing-nehmer**
2.2. Teilamortisationsverträge Mobilien und Gebäude				
Andienungsrecht des Leasinggebers ohne Optionsrecht des Leasingnehmers	×		×	
Aufteilung des über die Restamortisation erzielten Mehrerlöses, wobei				
– dem Leasingnehmer höchstens 75 % des Mehrerlöses zustehen	Einzelfallbetrachtung		×	
– dem Leasingnehmer mindestens 75 % des Mehrerlöses zustehen	Einzelfallbetrachtung			×
Andienungsrecht des Leasinggebers und Option des Leasingnehmers, die vermutlich ausgeübt wird		×		×

197 Zur Diskussion der Abgrenzung **latenter Steuern** beim Leasingnehmer für den Fall, dass aus steuerlicher Sicht ein Operating-Leasingverhältnis, aus IFRS-Sicht hingegen ein Finanzierungs-Leasingverhältnis vorliegt → § 25 Rn 103(n).

198–200 *(einstweilen frei)*

F. Aktuelle Entwicklungen/IASB-Projekte

I. Aktuelle Entwicklung

201 Im Rahmen des Konvergenzprojekts von IASB und FASB zur Annäherung der Rechnungslegung nach IFRS und US-GAAP haben beide Standardsetzer im Jahr 2006 ein Konvergenzprojekt zur **Neuregelung der Leasingbilanzierung** aufgesetzt. Obwohl sich die derzeitigen Regelungen zur Bilanzierung von Leasingverträgen nach IFRS und US-GAAP vom Grundsatz her sehr ähnlich sind, weil beide auf dem ***risk-and-reward***-Ansatz basieren, waren es vor allem die immer wieder bekannten Kritikpunkte an der bestehenden Leasingbilanzierung, die IASB und FASB bewogen haben, gemeinsam ein neues Konzept zum Ansatz von Vermögenswerten und Verbindlichkeiten aus Leasingverträgen zu entwickeln (vgl zu den Kritikpunkten ua ED/2013/6 *Leases* Einleitung *(introduction)*).

Hauptkritikpunkt an der bestehenden Leasingbilanzierung nach IAS 17 ist dabei im Wesentlichen die ausgeprägte ***off-balance*-Bilanzierung** im Rahmen von Operating-Leasingverhältnissen auf Leasingnehmerseite. Nach Auffassung von IASB und FASB resultiert aus dieser bilanzunwirksamen Bilanzierung bzw der Nichterfassung zukünftiger Verpflichtungen aus Leasingverhältnissen, sei es aus vertraglichen Vereinbarungen zur Zahlung von Leasingraten oder aus der Verpflichtung zur Nutzungsüberlassung von Vermögenswerten, eine mangelnde Vergleichbarkeit der Abschlüsse sowie eine Verzerrung des Bilds der VFE-Lage im Abschlusses und damit die mangelnde Vermittlung von entscheidungsrelevanten Informationen. Darüber hinaus wird die übermäßige Komplexität der bisherigen Regelungen bemängelt, die im Rahmen der Entscheidung über die Einordnung als Operating- bzw Finanzierungs-Leasingverhältnis den Bilanzierenden umfangreiche Ermessens- und Gestaltungsspielräume einräumt.

Das nunmehr vorgeschlagene **Nutzungsrechte-Konzept** (sog ***right-of-use-*** 202 **Ansatz**) sieht eine Abkehr von der im Rahmen des *risk-and-reward*-Ansatzes notwendigen Einordnung als Finanzierungs- oder Operating-Leasingverhältnis hin zu einer generellen bilanziellen Erfassung von Rechten und Pflichten aus Leasingverträgen in den Bilanzen sowohl des Leasingnehmers als auch des Leasinggebers vor. Dabei orientiert sich die Bilanzierung nicht mehr an einer Verteilung der Chancen und Risiken, sondern vielmehr an dem Nutzungsrecht an einem Vermögenswert. Die Umsetzung dieses *right-of-use*-Ansatzes wird zu einer fundamentalen Änderung der Leasingbilanzierung führen, wobei insbes bei Leasingnehmern, die im Rahmen von Operating-Leasingverhältnissen bisher eine bilanzunwirksame Abbildung von Leasingverhältnissen realisiert haben, tiefgreifendee Änderungen zu erwarten sind.

Ein Standardentwurf **„Leasingverhältnisse“ (ED/2010/9 *Leases*)** wurde 203 zunächst im August 2010 vom IASB veröffentlicht. Die Kritik an diesem Entwurf betraf im Wesentlichen die deutlich erhöhte Komplexitität des *right-of-use*-Ansatzes. Nach zahlreichen Stellungnahmen und Diskussionen zum ED/2010/9 veröffentlichten IASB und FASB daher im Mai 2013 einen überarbeiteten Standardentwurf **(ED/2013/6 *Leases*).** In diesem überarbeiteten Entwurf wird die bereits im ED/2010/9 niedergelegte Grundkonzeption der neuen Leasingbilanzierung, hin zu einer bilanzwirksameren Abbildung von Leasingverträgen, beibehalten. Der Entwurf enthält die Einführung eine Klassifizierungstests der auf dem erwarteten Ausmaß des wirtschaftlichen Verbrauchs eines Vermögenswerts beruht. Der Klassifizierungstest führt im Ergebnis im Gegensatz zu IAS 17 nicht zu einer Entscheidung darüber, ob es sich um ein Operating oder Finanzierungs-Leasingverhältnis handelt, sondern darüber, in welcher Art und Weise die Ertrags- und Aufwandserfassung über die Laufzeit des Leasingverhältnisses vollzogen wird.

Nach Ablauf der urspr Kommentierungsfrist im September 2013 sollte im Anschluss daran unter Berücksichtigung der Stellungnahmen ein finaler Standard verabschiedet werden. Allerdings konnte in den erneuten Diskussionen keine Einigung über einige zentrale Aspekte des Standards erzielt werden, sodass aktuell die Auffassungen des IASB und des FASB, insbes bei der Leasingnehmerbilanzierung, weiter voneinander abweichen. Die Diskussionen über die Fortentwicklung des Leasingstandards werden derzeit (Stand: 31. Juli 2015) fortgesetzt. Mit einem finalen Standard ist im vierten Quartal 2015 zu rechnen. Der finale Standard soll dann IAS 17, IFRIC 4 sowie SIC-15 und SIC-27 vollständig ersetzen.

II. Konzept des Right-of-Use-Ansatzes

Mit dem *right-of-use*-Ansatz beenden FASB und IASB grds die im IAS 17 er- 204 forderliche Einschätzung, ob das wirtschaftliche Eigentum anhand der Verteilung von Chancen und Risiken bei Leasingnehmer oder dem Leasinggeber liegt. Die neuen Regelungen folgen in ihrer Ausprägung den Definitionen des **Rahmenkonzepts für das Vorhandensein von Vermögenswerten und Schulden *(asset-liability-approach).*** Dabei definiert sich der Vermögenswert als eine Ressource in der Verfügungsmacht des Unternehmens und die Verbindlichkeit als eine gegenwärtige Verpflichtung des Unternehmens, deren Erfüllung mit einem Abfluss an Ressourcen mit wirtschaftlichem Nutzen verbunden ist (F.4.12 und F.4.4(b)). Dies verbunden mit einer Bilanzierungspflicht von Vermögenswerten und Schulden führt nach dem *right-of-use*-Ansatz unabhängig von den vertraglich vereinbarten Rechten und Pflichten zu dem zwingenden Ansatz eines Nutzungsrechts am Leasingobjekt und einer Verpflichtung zur Zahlung der Leasingraten. Dies entspricht im Wesentlichen der bisherigen Bilanzierung eines Finanzierungs-Leasingverhältnisses beim Leasingnehmer und führt jedoch bei bislang als Operating-Leasingverhältnissen eingestuften Leasingverträgen beim Leasingnehmer zu einer fundamental abweichenden Bilanzierung. Diese grds Entscheidung zur Darstellung aller Leasingverhältnisse in der Bilanz des Leasingnehmers war bereits in der Grundkonzeption des ED/2010/9 enthalten und ist von den Standardsetzern FASB und IASB einvernehmlich beschlossen worden.

205 Nach der Grundkonzeption des ED/2013/6 spielt die Verteilung von Chancen und Risiken aus dem Leasingverhältnis allerdings weiterhin bei der Bilanzierung eine Rolle. Abhängig von der Art des Leasinggegenstands, unter Berücksichtigung des Verbleibs der Chancen und Risiken am Leasinggegenstand, entscheidet sich dabei, ob es sich um ein Typ A- oder ein Typ B Leasingverhältnis handelt. Diese Klassifizierung entscheidet jedoch nicht iSe Finanzierungs- oder Operating- Leasingverhältnisses und damit über die Frage, ob der Vermögenswert in die Bilanz des Leasingnehmers aufzunehmen ist oder nicht, sondern lediglich über die Amortisation des Leasinggegenstands und damit über die Verteilung der Aufwendungen in der Gesamtergebnisrechnung bzw gesonderten GuV (sofern erstellt) des Leasingnehmers.

III. Identifizierung von Leasingverhältnissen

206 ED/2013/6 definiert ein Leasingverhältnis als einen **Vertrag**, der das Recht zur **Nutzung eines *identifizierbaren* Vermögenswerts** gegen **Entgelt** für einen **vereinbarten Zeitraum** überträgt. Bei Vertragsbeginn hat ein Unternehmen zu bestimmen, ob ein Leasingverhältnis vorliegt, indem die beiden folgenden Kriterien überprüft werden:

(1) die Vertragserfüllung hängt von der Nutzung eines identifizierbaren Vermögenswerts ab und

(2) der Vertrag überträgt das Recht zur Kontrolle über die Nutzung des identifizierbaren Vermögenswerts gegen Entgelt für einen vereinbarten Zeitraum.

Ein identifizierbarer Vermögenswert liegt vor, wenn dieser typischerweise ausdrücklich in einem Vertrag eindeutig spezifiziert wird. Insoweit deckt sich die Definition des identifizierbaren Vermögenswerts nach ED/2013/6.8 mit der in IFRIC 4 genannten Definition eines bestimmbaren Vermögenswerts. Die **Identifizierbarkeit eines Vermögenswerts** liegt vor, wenn dieser konkret bestimmbar und physisch abgrenzbar ist. Dies kann auch dann der Fall sein, wenn sich der Leasinggegenstand nur auf einen Teil eines Vermögenswerts bezieht, wie bspw eine Etage eines Gebäudes, sofern dieser Teil wiederum abgrenzbar ist. Im Gegenzug liegt kein identifizierbarer Vermögenswert vor, wenn bspw nur ein Teil der Kapazität wie etwa bei einer Rohr- oder Datenleitung Gegenstand der Vertragsvereinbarung ist (ED/2013/6.10).

207 Selbst wenn der Vermögenswert im Vertrag **nicht eindeutig identifiziert** wird, kann die Vertragserfüllung nach ED/2013/6.8 von der Nutzung eines identifizierbaren Vermögenswerts abhängen, sofern dem Lieferanten nicht das Recht zusteht, den Vermögenswert jederzeit durch einen alternativen Vermögenswert zu ersetzen. Ein solches Recht liegt vor, wenn

(1) der Lieferant in der Lage ist, den Vermögenswert auszutauschen und

(2) der Lieferant wirtschaftlichen Nutzen aus dem Austausch des Vermögensgegenstands ziehen kann (*IASB* Project Update February 2015, 8).

Ein Lieferant ist in der Lage, den Vermögenswert auszutauschen, wenn es ihm vertraglich erlaubt ist und dem Austausch keine großen Hindernisse im Wege stehen. Solche Hindernisse können bspw zu hohe Kosten des Austauschs oder das Fehlen bzw die schwierige Beschaffbarkeit alternativer Vermögenswerte sein. Liegt ein solches Recht zum Austausch vor, ist der Leasinggegenstand nicht eindeutig bestimmbar und es liegt kein Leasingverhältnis vor. Liegt ein derartiges Recht hingegen nicht vor, kann die Nutzung eines identifizierbaren Vermögenswerts und damit ein Leasingverhältnis gegeben sein, selbst wenn der Vermögenswert im Vertrag nicht eindeutig identifiziert wird. Ist es für den Kunden nur sehr schwer oder gar nicht bestimmbar, ob ein Recht des Lieferanten materiell die oben genanten Voraussetzungen erfüllt, ist davon auszugehen, dass es die Voraussetzungen nicht erfüllt.

Ein Leistungsempfänger hat das Recht zur **Kontrolle über die Nutzung** des identifizierbaren Vermögenswerts, wenn er über die gesamte Vertragslaufzeit hinweg 208
(1) über die Nutzung des Vermögenswerts bestimmen kann und
(2) den gesamten Nutzen aus dem identifizierbaren Vermögenswert ziehen kann.

Der Kunde kann über die Nutzung des Vermögenswerts bestimmen, wenn er über die **gesamte Vertragslaufzeit** darüber entscheidet, wie und zu welchem Zweck er den Vermögenswert nutzt und auch die Änderung der Art und des Zwecks der Nutzung in seinem Ermessen liegt.

Können weder Lieferant noch Kunde über die Nutzung des Vermögenswerts bestimmen, wird die Kontrolle über die Nutzung des Vermögenswerts beim Kunden gesehen, wenn
(1) der Kunde das Recht hat, den Vermögenswert zu betreiben oder Dritte anweisen kann, auf welche Art und Weise der Vermögenswert zu betreiben ist, ohne dass der Lieferant hierauf Einfluss nehmen kann oder
(2) der Kunde den Vermögenswert so ausgestalten kann oder so ausgestalten lässt, dass über die Vertragslaufzeit festgelegt ist, zu welchem Zweck der Vermögenswert dient oder wie er zu betreiben ist (IASB Update October 2014, 6).

Mit der Umsetzung des *right-of-use*-Konzepts gewinnt auch die **Abgrenzung** von Leasing- und **Servicekomponenten** aufgrund der unterschiedlichen bilanziellen Behandlung an Bedeutung. Dabei ist von einer bilanzierungspflichtigen Leasingkomponente auszugehen, wenn der Kunde die Verfügungsgewalt über einen identifizierbaren Vermögenswert ausübt. Wenn der Lieferant die Verfügungsgewalt ausübt, liegt hingegen ein Servicevertrag vor. Leasing- und Servicekomponenten sind grds zu trennen und das vertraglich vereinbarte Entgelt auf die jeweilige Komponente entspr zu verteilen. Die Zuordnung erfolgt anhand von am Markt beobachtbaren Einzelveräußerungspreisen. Sind diese nicht verfügbar, ist die Aufteilung des Entgelts auch auf dem Schätzwege vertretbar (*IASB* Project Update August 2014, 12). Sofern die Servicekomponente in einem Vertrag nur von untergeordneter Bedeutung ist, besteht für den Kunden zur Vereinfachung die Option, den gesamten Vertrag als Leasingvertrag bilanziell zu behandeln, ohne eine Aufteilung vorzunehmen (*IASB* Project Update Februar 2015, 10). 209

Die Regelungen zur Identifizierung von Leasingverhältnissen können in der Praxis zT zu sehr unterschiedlichen Bilanzierungsformen führen, selbst bei gleichem ökonomischen Inhalt der Verträge. So hängt die Bilanzierung in hohem Maße von der konkreten Identifizierbarkeit des Vermögenswerts und damit von den konkreten vertraglichen Vereinbarungen ab. 210

Beispiel 1: Die Fluggesellschaft A schließt mit dem Flugzeughersteller B einen Überlassungsvertrag über ein Passagierflugzeug ab. Demnach darf A das Flugzeug über eine Dauer von fünf Jahren unter dem eigenen Logo auf ihrem Streckenplan nutzen. B übernimmt die Wartung des Flugzeugs in den gesetzlichen Wartungsintervallen durch eigenes Personal in den eigenen Gebäuden.

Da der Vermögenswert vertraglich eindeutig identifiziert ist, A das alleinige Nutzungsrecht an dem Flugzeug hat und dessen Einsatz und Zweck uneingeschränkt und eigenverantwortlich bestimmen kann, liegt ein Leasingverhältnis vor. Die Kosten für die Wartung der Maschine sind zu separieren und als Servicekosten zu bilanzieren.

Beispiel 2: Die Erdölraffinerie A schließt mit der Erdölpipeline-Betreiberin B einen Vertrag über die Nutzung des Pipelinenetzes von B ab. Demzufolge leitet B eine vertraglich festgelegte Menge an Rohöl direkt an A. Das Pipelinenetz von B ist weit verzweigt, über welche Pipeline genau das Rohöl durchgeleitet wird, liegt in der alleinigen Entscheidungsgewalt von B.

Da nicht eindeutig bestimmbar ist, über welche Pipeline A das Rohöl erhält und damit den Nutzen aus dem Vertrag zieht, liegt kein Leasingverhältnis sondern eine Servicevertrag vor.

211 **Beispiel 3:** Das Textilhandelsunternehmen T schließt mit der Einkaufscenterbetreiberin E einen Mietvertrag über einen Geschäftsraum in einem Einkaufscenter ab. Der Vertrag berechtigt T zur Nutzung einer genau bestimmten Fläche über einen Zeitraum von fünf Jahren. Weitere Einzelheiten über die Nutzung der Fläche werden nicht vereinbart. E übernimmt im Rahmen des Vertrags das Centermanagement, die Säuberung der Flächen sowie das Centermarketing.

T hat das alleinige Nutzungsrecht an der Fläche des Geschäfts erhalten und kann diese Fläche nach eigenen Vorstellungen nutzen. Somit bestimmt T über die Art des Geschäfts, über die verkauften Waren und die Öffnungszeiten. Somit ist der Vertragsteil, der die Vermietung der Flächen beinhaltet, als Leasingvertrag einzustufen und entsprechend zu bilanzieren. Die Leistungen von E sind zu separieren und als Aufwendungen aus einem Servicevertrag bei T bilanziell zu erfassen.

Beispiel 4: Das Unternehmen F unterhält einen Gastronomiebetrieb, in dem Fruchtsäfte frisch gepresst und an Kunden verkauft werden. F schließt mit der Einkaufscenterbetreiberin E einen Flächennutzungsvertrag ab, nach dem F für einen Zeitraum von fünf Jahren einen Fruchtsaftstand auf der Verkehrsfläche des Einkaufscenters dauerhaft aufbauen und betreiben kann. Da die Verkehrsflächen häufig für Aktionen genutzt werden, behält sich E das Recht vor, bei Bedarf den Fruchtsaftstand von F innerhalb des Einkaufscenters zu verlegen. Kosten, die F dadurch entstehen sollten, sind vollumfänglich von F zu tragen.

Die Fläche, die F innerhalb des Einkaufscenters nutzen darf, ist nicht eindeutig bestimmt. E hat das Recht, den gegenwärtigen Standort ohne eigene Kosten oder sonstige ökonomische oder vertragliche Hindernisse an einen anderen Standort zu verlegen. Ein Leasingverhältnis liegt nicht vor.

IV. Anwendungsbereich

212 Der Anwendungsbereich des Standardentwurfs ED/2013/9 ähnelt größtenteils dem des IAS 17. Übernommen wurde dabei die Nichtanwendung von Leasingverhältnissen in Bezug auf die Förderung und die Verarbeitung von Mineralien, Öl, Gas und ähnlichen nicht regenerativen Ressourcen (ED/2013/6.4(b)). Die im IAS 17 nur bei Finanzierungs-Leasingverhältnissen ausgenommenen Leasingverhältnisse über biologische Vermögenswerte werden in ED/2013/6 vollständig ausgenommen. Neu ist die **Ausnahme** für Leasingverträge über **immaterielle Vermögenswerte.** Ausgenommen sind zudem Dienstleistungskonzessionen, die in den Anwendungsbereich von IFRIC 12 fallen (→ § 15 Rn 44).

Anders noch als im früheren Entwurf aus dem Jahr 2010 (ED/2010/9) vorgesehen, fallen *als Finanzinvestition gehaltene Immobilien* gem IAS 40 in den Anwendungsbereich des ED/2013/6 und werden nicht explizit ausgenommen.

213 Für sog ***„short-term-leases"*** mit einer Laufzeit von zwölf Monaten und weniger sieht der IASB aktuell (Stand: 31. Juli 2015) optional Vereinfachungen bei der bilanziellen Abbildung vor (ED/2013/6.118ff). Diese betreffen insbes eine vereinfachte Erfassung der Leasingzahlungen in der Gesamtergebnisrechnung

bzw gesonderten GuV (sofern erstellt) des Leasingnehmers. Darüber hinaus ist geplant, sog ***„small-ticket leases"***, also Leasinggegenstände von geringem Wert, grds vom Regelungsbereich des Standards auszunehmen (IASB Update March 2014, 4). Diese Ausnahmeregelung wird vom FASB abgelehnt.

V. Klassifizierung von Leasingverhältnissen

ED/2013/6 sieht noch vor, dass jedes Leasingverhältnis bei Vertragsbeginn entweder als Leasingtyp A oder Leasingtyp B zu klassifizieren ist. Beide Standardsetzer waren der Ansicht, dass die zwei Kategorien den unterschiedlichen Leasingverträgen am ehesten gerecht würden. **214**

Ein Leasingtyp A war nach diesem Modell gegeben, wenn der Leasinggegenstand keine Immobilie ist und keines der folgenden Kriterien zutrifft:
(1) die Leasing-Vertragslaufzeit erstreckt sich nur über einen unwesentlichen Teil der wirtschaftlichen Nutzungsdauer des Leasinggegenstands oder
(2) der Barwert der Leasingzahlungen zu Vertragsbeginn ist im Verhältnis zum beizulegenden Zeitwert *(fair value)* des Leasinggegenstands unbedeutend.

Sofern eines der genannten Kriterien zutrifft, handelte es sich gem dem Modell in ED/2013/6 um den Leasingtyp B. Darüber hinaus ist Leasingtyp B gegeben, wenn es sich bei dem Leasinggegenstand um eine Immobilie handelt und sofern **nicht** eines der folgenden Kriterien zutrifft:
(1) die Leasing-Vertragslaufzeit erstreckt sich über den überwiegenden Teil der wirtschaftlichen Nutzungsdauer des Vermögenswerts oder
(2) der Barwert der Leasingzahlungen entspricht im Wesentlichen dem beizulegenden Zeitwert des Leasinggegenstands zu Vertragsbeginn.

Sofern eines der genannten Kriterien zutrifft, handelt es sich um einen Leasingtyp A.

Wird dem Leasingnehmer eine Kaufoption auf den Leasinggegenstand eingeräumt, die für den Leasingnehmer einen erheblichen wirtschaftlichen Anreiz hat, ist der Leasingvertrag ungeachtet der genannten Bedingungen als Leasingtyp A einzustufen. **215**

Enthält eine Leasingkomponente das Recht zu Nutzung mehrerer Vermögenswerte, richtet sich die Einstufung des Leasingverhältnisses nach dem primären Leasinggegenstand der Leasingkomponente. Dabei ist die wirtschaftliche Nutzungsdauer des primären Leasinggegenstands zugrunde zu legen.

Enthält eine Leasingvereinbarung sowohl ein Gebäude als auch Grund und Boden, ist bei der Klassifizierung des Leasingverhältnisses die wirtschaftliche Nutzungsdauer des Gebäudes zugrunde zu legen.

VI. Bilanzierung beim Leasingnehmer

Zentrale Absicht der neuen Leasingbilanzierung ist grds die Abbildung sämtlicher Leasingverhältnisse in der Bilanz des Leasingnehmers. Ausnahmen sind lediglich für kurzfristige Leasingverhältnisse oder Leasingverhältnisse von geringem Wert vorgesehen. Der Standardentwurf sieht bei der Ersterfassung des Leasingverhältnisses ein identisches Verfahren sowohl für Leasingverhältnisse vom Typ A als auch für Leasingverhältnisse vom Typ B vor. Lediglich bei der Folgebewertung führt die Klassifizierung als Leasingtyp A zu einer eher degressiven und als Leasingtyp B zu einer eher progressiven Aufwandserfassung. Als Folge der kontroversen Diskussion über den Inhalt des Standardentwurfs hat sich der IASB jedoch entschlossen, nur noch ein Modell der Leasingnehmerbilanzierung zu verwenden, das inhaltlich der Bilanzierung von Leasingverhältnissen des Leasing- **216** typs A entspricht. Die Hauptursache der Abkehr von der dualen Leasingnehmerbilanzierung war der Wunsch nach einer deutlichen Komplexitäts- und Kostenreduzierung (*IASB* Project Update August 2014, 10). Der FASB will demgegenüber an der dualen Bilanzierung festhalten.

Der Leasingnehmer hat zu Beginn des Leasingverhältnisses das Recht auf die Nutzung des ihm überlassenen Vermögenswerts zu aktivieren. Die Verpflichtung des Leasingnehmers, hierfür Leasingraten an den Leasinggeber zu zahlen, erfüllt im Gegenzug die Kriterien einer finanziellen Verbindlichkeit und ist demzufolge zu passivieren. Als finanzielle Verbindlichkeit ist diese nach IAS 39/IFRS 9 bei erstmaliger Erfassung zum beizulegenden Zeitwert anzusetzen. Da für eine derartige Verbindlichkeit im Regelfall kein Börsen- oder Marktwert ableitbar ist, wird der beizulegende Zeitwert der Leasingverbindlichkeit als **Barwert der Leasingzahlungen** ermittelt. Als Diskontierungszins ist der Zinssatz, den der Leasinggeber dem Leasingnehmer in Rechnung stellt, zu verwenden, sofern dieser für den Leasingnehmer zweifelsfrei bestimmbar ist. Andernfalls kann der Leasingnehmer seinen Grenzfremdkapitalzinssatz verwenden. Dieser entspricht dem Zinssatz, den der Leasingnehmer bei einer Fremdfinanzierung des Nutzungsrechts an einem vergleichbaren Leasinggegenstand mit vergleichbaren Zahlungsströmen und vergleichbarer Laufzeit entrichten müsste.

217 Bei der **Bemessung der zukünftigen Leasingzahlungen** hat der Leasingnehmer sämtliche Zahlungen, die im Zusammenhang mit dem Nutzungsrecht an dem Leasinggegenstand stehen, zu berücksichtigen. Dazu zählen die fixen Leasingzahlungen abzüglich der vom Leasinggeber gewährten Leasinganreize. Dabei kann es sich bspw um Zuschüsse des Leasinggebers für Einbauten oÄ handeln. Weiterhin sind variable Leasingzahlungen zu berücksichtigen, die an einen Index oder Zinssatz gekoppelt sind. Variable Leasingzahlungen können bspw Leasingzahlungen sein, deren Höhe sich nach einer Anzahl geleisteter Maschinenstunden, gefahrener Kilometer oÄ richtet. Variable Leasingzahlungen sind zu berücksichtigen, sofern es sich um „dem Grunde nach feste" Zahlungen handelt. Dabei ist entscheidend, dass sich der Leasingnehmer den Zahlungen nicht entziehen kann. Dies ist bspw bei umsatzabhängigen variablen Mietzahlungen von Filialisten der Fall, diese sind daher nicht zu berücksichtigen.

Beispiel: Das Unternehmen A schließt einen Leasingvertrag über eine Maschine mit der Leasinggesellschaft B ab. Vereinbart wird eine feste Leasingzahlung in Höhe von € 10.000 pa über einen Zeitraum von vier Jahren. Sofern die Laufzeit der Maschine eine vereinbarte Stundenzahl pa überschreitet, werden weitere gestaffelte Zahlungen fällig.

Die variable Leasingzahlung ist nicht im Barwert der Leasingzahlungen zu berücksichtigen, da der Leasingnehmer die Möglichkeit hat, durch entspr Einsatz der Maschine sich dieser Zahlung zu entziehen: Die Zahlung ist damit nicht dem Grunde nach fest. Variable Zahlungen, die demzufolge bei Überschreitung der Stundenzahl anfallen, sind in dem Jahr des Anfalls als Aufwand zu berücksichtigen.

218 Die Berechnung von variablen Leasingzahlungen, die an einen Index gekoppelt sind, erfolgt unter Zugrundelegung des Index am Beginn des Leasingvertrags. Zahlungen, die der Leasingnehmer aufgrund von Restwertgarantien zu leisten hat, sind ebenfalls zu Beginn des Leasingverhältnisses in die Berechnung mit einzubeziehen. Sofern die Leasingvereinbarung eine Kaufoption enthält, die für den Leasingnehmer einen deutlichen wirtschaftlichen Anreiz darstellt, ist der Ausübungspreis der Option ebenfalls in die Bemessung der zukünftigen Leasingzahlungen einzubeziehen. Gleiches gilt für Strafzahlungen aufgrund einer vorvertraglichen Kündigung des Leasingvertrags, wenn davon auszugehen ist, dass der Leasingnehmer diese Kündigungsmöglichkeit wahrnimmt.

Das **Recht zur Nutzung des Leasinggegenstands** ist mit den Anschaffungskosten anzusetzen. Die Anschaffungskosten sind dabei der Barwert der zukünftigen Leasingzahlungen; sie entsprechen also bei erstmaliger Erfassung der passivierten Verbindlichkeit, zuzüglich der direkten Anschaffungsnebenkosten, die in Zusammenhang mit dem Zustandekommen des Leasingverhältnisses stehen. Bereits geleistete Vorauszahlungen des Leasingnehmers sind hinzuzurechnen, erhaltene Leasinganreize des Leasinggebers sind hingegen abzuziehen.

Bei der **Folgebewertung** des Leasingverhältnisses wird die Leasingverbindlichkeit zu fortgeführten Anschaffungskosten unter Verwendung der **Effektivzinsmethode** aufwandswirksam aufgezinst. Leasingzahlungen hingegen verringern den Buchwert. 219

Während der Laufzeit des Leasingvertrags hat der Leasingnehmer zu überprüfen, ob eventuelle **Änderungen** zu beobachten sind, die eine Anpassung der **bilanzierten Verbindlichkeit** notwendig erscheinen lassen. Die Überprüfung erfolgt grds anlassbezogen, sofern ein wesentliches Ereignis eintritt oder es zu einer wesentlichen Veränderung des Sachverhalts mit Auswirkungen auf die Bewertungsparameter kommt. Eine lfd systematische Beobachtung der Indikatoren ist nicht zwingend erforderlich. Solche Änderungen betreffen Einschätzungen über die Laufzeit des Leasingvertrags, wie bspw die Einschätzung über die Inanspruchnahme oder Nicht-Inanspruchnahme von Verlängerungs- bzw Kaufoptionen, Einschätzungen über die Höhe der Zahlungen für eine Restwertgarantie oder über die Entwicklung von Index oder Zinssätzen, die zur Ermittlung der Leasingzahlungen verwendet werden.

Sofern sich aus den festgestellten Änderungen ein Anpassungsbedarf ergibt, ist die passivierte Verbindlichkeit grds unter Verwendung des urspr Diskontierungssatzes anzupassen. Eine Änderung des Diskontierungssatzes ist nur vorzunehmen, wenn sich die Laufzeit des Leasingvertrags geändert hat, oder Umstände aufgetreten sind, die dazu führen, dass die unterstellte Ausübung einer Kaufoption nicht mehr als realistisch angenommen werden kann bzw eine nicht unterstellte Ausübung einer Kaufoption zwischenzeitlich als überwiegend wahrscheinlich angenommen werden kann. Darüber hinaus ist der Diskontierungszinssatz zu ändern, wenn sich ein für variable Leasingzahlungen heranzuziehender Referenzzinssatz geändert hat. Die vorgenannten Punkte führen aber nur dann zu einer Anpassung des urspr Diskontierungssatzes, wenn diese nicht schon zu Beginn des Leasingverhältnisses im Diskontierungssatz eingepreist wurden.

Die Anpassung der Leasingverbindlichkeit erfolgt erfolgsneutral durch gleichzeitige Anpassung des aktivierten Nutzungsrechts in gleicher Höhe. Lediglich Änderungen, die sich aus Änderungen des Zinssatzes in der lfd Periode ergeben, sind erfolgswirksam in der Gesamtergebnisrechnung bzw gesonderten GuV (sofern erstellt) zu erfassen. Ergibt sich, dass der Wert des aktivierten Nutzungsrechts am Leasinggegenstand auf Null zu verringern ist, sind alle Anpassungen einer verbleibenden Leasingverbindlichkeit ebenfalls in der Gesamtergebnisrechnung bzw gesonderten GuV (sofern erstellt) zu erfassen.

Das beim Leasingnehmer aktivierte **Nutzungsrecht** ist linear über die Laufzeit des Leasingvertrags oder aber über die Nutzungsdauer des Leasinggegenstands, sofern diese kürzer ist, abzuschreiben. Sofern dem Leasingnehmer eine Kaufoption zusteht, die so ausgestaltet ist, dass für ihn ein wesentlicher wirtschaftlicher Anreiz zur Ausübung besteht, ist das Nutzungsrecht über die Nutzungsdauer des Leasinggegenstands abzuschreiben. Sofern eine andere systematische Basis den wirtschaftlichen Verbrauch eines Leasinggegenstands sinnvoller wiedergibt als ein linearer Verlauf, ist auf dieser Basis abzuschreiben. Zu jedem Abschlussstichtag hat der Leasingnehmer zu überprüfen, ob eventuell außerplanmäßige Wertminderungen des Nutzungsrechts nach IAS 16 bzw IAS 36 vorzunehmen sind. 220

221 Der **Ausweis des Nutzungsrechts am Leasinggegenstand** soll innerhalb des Sachanlagevermögens erfolgen, getrennt von den nicht geleasten Vermögenswerten. Die Leasingverbindlichkeit soll ebenfalls getrennt von den übrigen Finanzverbindlichkeiten ausgewiesen werden. Falls der Bilanzierende keinen getrennten Ausweis vornimmt, sind die Nutzungsrechte in dem Bilanzposten auszuweisen, in dem die zugrunde liegenden Vermögenswerte auszuweisen wären, wenn sie gekauft worden wären. Dies ist dann im Anhang entspr zu erläutern. Die Aufwendungen aus der Aufzinsung der Leasingverbindlichkeit sind getrennt von den Abschreibungen des Nutzungsrechts in der Gesamtergebnisrechnung bzw gesonderten GuV (sofern erstellt) auszuweisen. Die Angaben zu den Leasingverhältnissen im **Anhang** sind nach dem Grundsatz der Wesentlichkeit so auszugestalten, dass der Nutzer in die Lage versetzt wird, Höhe, Unsicherheit und den zeitlichen Verlauf der Cash Flows, die aus den abgeschlossenen Leasingverträgen resultieren, zu verstehen. Dazu sind nach dem ED/2013/6.58 wesentliche qualitative und quantitative Angaben zum Leasing aufzunehmen, daneben eine Darstellung der wesentlichen Einschätzungen des Bilanzierenden, die im Rahmen der Anwendung des Standards vorgenommen wurden, sowie die Angabe der Beträge aus den Leasingverhältnissen, die sich in der Gesamtergebnisrechnung niedergeschlagen haben.

Beispiel 1: Das Unternehmen A schließt einen vierjährigen Leasingvertrag über eine Maschine ab. Mit dem Leasinggeber werden folgende Zahlungen vereinbart:
Jahr 20X1 bis 20X3: € 25.000 pa
Jahr 20X4: € 50.000.

Weitere Zahlungen, Leasinganreize oder Kaufoptionen mit hohem wirtschaftlichem Ausübungsanreiz werden nicht vereinbart. Es wird ein Abzinsungssatz von 4,5 % verwendet. Die Maschine soll linear abgeschrieben werden. Zu Beginn des Leasingvertrags aktiviert A den Barwert der Leasingzahlungen (€ 110.652) und passiviert eine Leasingverbindlichkeit in gleicher Höhe. Über die Vertragslaufzeit ergeben sich folgende Veränderungen bzw Zahlungsströme:

	Auszahlung	Zinsaufwand	Abschreibung	Leasingverbindlichkeit	Nutzungsrecht
Jahr 1	25.000	4.979	27.663	90.631	82.989
Jahr 2	25.000	4.078	27.663	69.709	55.326
Jahr 3	25.000	3.137	27.663	47.846	27.663
Jahr 4	50.000	2.152	27.663	0	0

VII. Bilanzierung beim Leasinggeber

222 Die Leasinggeberbilanzierung nach dem Vorschlag des ED/2013/6 erfolgt im Grundsatz ähnlich der Bilanzierung nach dem geltenden IAS 17. Dabei sind Typ A-Leasingverhältnisse nach einer Methode abzubilden, die der derzeitigen Bilanzierungsmethode für Finanzierungs-Leasingverhältnisse ähnelt, und Typ B-Leasingverhältnisse nach einer der Bilanzierungsmethode für Operating-Leasingverhältnisse vergleichbaren Methode. Angestrebt wurde dabei eine symmetrische Behandlung von Leasingverhältnissen bei Leasinggeber und Leasingnehmer. Nach den inhaltlichen Diskussionen über ED/2013/6 hat der IASB nicht zuletzt aus Kostengründen die im Standardentwurf enthaltene Vorgehensweise wieder aufgegeben, womit die Leasinggeberbilanzierung letztlich unverändert zur derzeitigen gem IAS 17 bleibt (vgl *Dinh/Heining/Seitz* KoR 2015, 281 (281 ff)). Demnach sind Leasingverhältnisse weiterhin in ein Finanzierung- bzw Verkaufsleasingverhältnis (Typ A) oder ein Operating-Leasingverhältnis (Typ B) zu unter-

scheiden. Die Bilanzierung auf Leasinggeberseite richtet sich nach den in IAS 17.36ff dargelegten Bestimmungen. Insgesamt wird nach dem derzeitigen Stand (31. Juli 2015) somit einer symmetrischen Bilanzierung beim Leasinggeber und Leasingnehmer keine erhöhte Bedeutung mehr zugemessen.

(einstweilen frei) 223

VIII. Kurzfristige Leasingverträge

Als kurzfristige Leasingverträge gelten nach ED/2013/6 Leasingverträge mit 224 einer **maximalen Laufzeit** von zwölf Monaten *(short-term-leases)*. Bei der Bemessung gelten die im Standardentwurf dargelegten Kriterien für die Laufzeit von Leasingverhältnissen (IASB Update March 2014, 5). Die Regelung gilt nur für Leasingverhältnisse mit einer Laufzeit von maximal zwölf Monaten, einschließlich möglicher Verlängerungsoptionen. Sofern ein Leasingverhältnis vertraglich **nicht befristet** ist oder bspw mit einer automatischen monatlichen Verlängerung versehen ist (sog *evergreen leases*), gelten die Vereinfachungsmöglichkeiten für kurzfristige Leasingverträge nicht. Verlängerungsoptionen sind bei der Beurteilung zudem nur zu berücksichtigen, wenn ihre Ausführung hinreichend sicher ist.

Bei kurzfristigen Leasingverträgen gelten die Bilanzierungsvorschriften für Leasingnehmer und Leasinggeber nach den derzeitigen Regelungen des IAS 17 für Operating-Leasingverhältnisse. Bei den Zahlungen, die der Leasingnehmer aufwendet, ist der Anteil, der auf kurzfristige Leasingverhältnisse entfällt, gesondert im Anhang auszuweisen. Geben diese so angegebenen Leasingaufwendungen nicht die Verpflichtungen des Leasingnehmers aus kurzfristigen Leasingverhältnissen wieder, so ist auch dieser Umstand sowie die Höhe der Verpflichtungen im Anhang zu nennen.

IX. Sale-and-Lease-Back-Transaktionen

Ob eine *sale-and-lease-back*-Transaktion als Verkauf anzusehen ist oder als ein 225 Finanzierungsvorgang, richtet sich zukünftig nach den Vorschriften zur Umsatzrealisierung des IFRS 15 Erlöse aus Verträgen mit Kunden (→ § 15 Rn 46ff). Demnach ist zu beurteilen, ob im Rahmen der Transaktion die Verfügungsgewalt über den zugrunde liegenden Vermögenswert auf den Käufer/Leasinggeber übergeht oder nicht. Die Verfügungsgewalt liegt beim Verkäufer/Leasingnehmer, wenn die Laufzeit des Leasingverhältnisses sich über den überwiegenden Teil der wirtschaftlichen Nutzungsdauer des Vermögenswerts erstreckt oder aber der Barwert der Leasingzahlungen im Wesentlichen dem beizulegenden Zeitwert des Vermögenswerts entspricht. Ist dies der Fall, ist die Transaktion als Finanzierungsvorgang zu betrachten, dh es findet keine Ausbuchung des Vermögenswerts beim Verkäufer statt und die erhaltene Zahlung ist als Verbindlichkeit zu passivieren. Geht die Verfügungsgewalt hingegen auf den Käufer/Leasinggeber über, ist die Transaktion als Verkauf nach den Vorschriften des IFRS 15 mit anschließendem Rückleasing zu behandeln. Beinhaltet die Leasingvereinbarung eine wesentliche Rückkaufoption für den Verkäufer/Leasingnehmer, so ist eine Behandlung als Verkauf ausgeschlossen (IASB Update July 2014, 11). Führt die Beurteilung des Leasingverhältnisses zu einer Einordnung als Verkauf, so ist ein beim Verkäufer entstehender Verlust sofort in der Gesamtergebnisrechnung bzw gesonderten GuV (sofern erstellt) zu erfassen. Ein eventuell entstehender Gewinn ist hingegen nur in Höhe des beim Käufer/Leasinggeber am Ende der Vertragslaufzeit verbleibenden Residualwerts des Vermögenswerts, der nicht dem Rückleasing unterliegt, zu erfassen. Diese Einschränkung kommt immer dann zum Tragen, wenn nicht 100% des veräußerten Vermögenswerts zurückgeleast wird. Der Differenzbetrag zum Veräußerungserlös wird in diesem Fall passiviert und in Höhe der Abschreibung des Nutzungsrechts erfolgswirksam aufgelöst.

Auch wenn sich IASB und FASB über die Behandlung von *sale-and-lease-back*-Transaktionen in den wesentlichen Grundzügen einig sind, besteht nach wie vor eine unterschiedliche Auffassung darüber, wie zu definieren ist, ob ein Verkauf vorliegt oder nicht. Der FASB beurteilt diese Frage nach der Klassifizierung des Leasingverhältnisses, wobei bei einem Leasingtyp A aus Sicht des Verkäufers/ Leasingnehmers kein Verkauf vorliegt. Nach aktueller Auffassung des IASB gibt es für alle Leasingverhältnisse gleiche Bilanzierungsregeln, weshalb eine etwaige Leasingklassifizierung nicht über die Frage entscheiden kann, ob ein Verkauf stattgefunden hat oder nicht. Darüber hinaus spricht sich der FASB für eine Gewinnvereinnahmung bei einem Verkauf in voller Höhe aus.

X. Kritische Würdigung

226 Mit ED/2013/6 und der Ankündigung eines finalen Standards im vierten Quartal 2015 geht die Diskussion um die grundlegende Neugestaltung der IFRS-Leasingbilanzierung in das nunmehr achte Jahr (vgl zum derzeitigen Diskussionsstand *Dinh/Heining/Seitz* KoR 2015, 281 (281 ff)). Auch wenn in den Entwürfen zT unterschiedliche Ansätze vorgeschlagen werden, wird deutlich, dass die Umsetzung des *right-of-use*-Ansatzes und damit die Abbildung von sämtlichen Leasingverhältnissen in der Bilanz des Leasingnehmers das zentrale Anliegen des IASB ist. Mit der damit einhergehenden fundamentalen Änderung der Leasingbilanzierung im Vergleich zur derzeit geltenden Bilanzierung nach IAS 17 wird sich somit jedes Unternehmen auseinandersetzen müssen. Sicherlich haben sich die Bilanzierenden und die Adressaten der Bilanzierung nach mehreren Jahren der Diskussion um den Leasingstandard darauf eingerichtet, dass es zukünftig eine Bilanzneutralität von Leasingverhältnissen nicht mehr geben wird. Dennoch ist zu erwarten, dass die Umsetzung des neuen Standards deutliche Auswirkungen auf die Bilanzkennzahlen haben wird. Insgesamt führt die Bilanzierung von Leasingverhältnissen nach dem *right-of-use*-Konzept zu einer **systematischeren** und mit dem Rahmenkonzept des IASB eher in **Übereinstimmung** stehenden Abbildung von Vermögenswerten und Verbindlichkeiten. Eine **Transparenzerhöhung,** insbes in den Bilanzen von Leasingnehmern, die im Rahmen von Operating-Leasingverhältnissen zT wesentliche Teile ihres Anlagevermögens nicht ausweisen, wird dadurch in großen Teilen ebenfalls erreicht.

227 Die Diskussion und die im Verlauf vom IASB vorgenommenen Anpassungen des ED/2013/6 zeigen eine begrüßenswerte Entwicklung in Richtung einer Komplexitätsreduktion. Der aktuelle Stand des Standardentwurfs (per 31. Juli 2015) der voraussichtlich noch in 2015 finalisiert wird, erscheint in diesem Lichte vergleichsweise klar strukturiert und verständlich. Die erweiterten Ausnahmeregelungen für kurzfristige Leasingverhältnisse sowie das sog *small-ticket*-Leasing sind ebenfalls zu begrüßen. Die angestrebte einheitliche Bilanzierung von Leasingverhältnissen nach IFRS und US-GAAP konnte nicht in allen Teilbereichen realisiert werden, sodass nach wie vor Abweichungen bestehen. So hält der FASB im Gegensatz zum IASB weiterhin an der dualen Leasingnehmerbilanzierung fest und sieht auch keine Ausnahmemöglichkeiten für *small-ticket*-Leasingverhältnisse vor. Damit konnte eine vollständige Vergleichbarkeit der beiden Rechnungslegungsstandards nicht erreicht werden. Hinzuweisen ist darüber hinaus die notwendige und uU schwierige Abgrenzung zwischen einem Leasingverhältnis und

einem Servicevertrag, die anhand des Vorliegens eines „identifizierbaren Vermögenswerts" erfolgt. Ökonomisch ähnliche Sachverhalte (zB Nutzung von Datenvolumen) kann zu unterschiedlicher bilanzieller Abbildung führen. So führt die zeitlich begrenzte Überlassung einer Daten- oder Rohrleitungskapazität dann zu einer Einordnung als Leasingverhältnis, wenn eine physisch abgrenzbare Daten- oder Rohrleitung überlassen wird. Eine Einordnung als Servicevertrag ist hingegen vorzunehmen, wenn nur eine bestimmte Kapazität der jeweiligen Leitung zur Verfügung gestellt wird, die ansonsten auch von anderen genutzt werden kann, da es in diesem Fall an einem identifizierbaren Vermögenswert mangelt. Inwieweit in derartigen Fällen die verbesserte Vergleichbarkeit von Abschlüssen erreicht wird, erschließt sich nicht wirklich.

Es ist zu erwarten, dass der für das vierte Quartal 2015 angekündigte finale **228**
Standard die bisher erreichte Komplexitätsreduzierung nicht zugunsten weiterer Detailregelungen aufgibt.

§ 23. Derivate

Übersicht

Schrifttum: *EY* Hedge Accounting nach IFRS 9, Hamburg 2014; *Gehrer/Krakuhn/Stepnova* IASB-Diskussionspapier zur bilanziellen Abbildung von dynamischen Risikosteuerungsstrategien in offenen Portfolien, IRZ 2014, 293; *IDW* RS HFA 9 Stellungnahme zur Rechnungslegung: Einzelfragen zur Bilanzierung von Finanzinstrumenten nach IFRS, FN IDW 2011, 386; *IDW* RS HFA 25 Stellungnahme zur Rechnungslegung: Einzelfragen zur Bilanzierung von Verträgen über den Kauf oder Verkauf von nicht-finanziellen Posten nach IAS 39, FN IDW 2009, 255; *IDW* RS HFA 35 Stellungnahme zur Rechnungslegung: Handelsrechtliche Bilanzierung von Bewertungseinheiten, FN IDW 2011, 445; *IDW* Stellungnahme RS BFA 6 Handelsrechtliche Bilanzierung von Optionsgeschäften bei Instituten, FN IDW 2011, 656; *Kropp/Klotzbach* Der Exposure Draft zu IAS 39 „Financial Instruments" – Darstellung und kritische Würdigung der geplanten Änderungen des IAS 39, WPg 2002, 1010; *Kuhn/Hachmeister* Hedge Accounting von Commodity-Risiken, IRZ 2015, 277; *Kuhn/Scharpf* Finanzinstrumente: Neue Vorschläge zum Portfolio Hedging zinstragender Positionen nach IAS 39, DB 2003, 2293; *Kuhn/Scharpf* Rechnungslegung von Financial Instruments nach IFRS, 3. Aufl, Stuttgart 2006; *Lüdenbach* Geplante Neuerungen bei Bilanzierung und Ausweis von Finanzinstrumenten nach IAS 32 und IAS 39, BB 2002, 2113; *Niemeyer* Bilanzierung von Finanzinstrumenten nach International Accounting Standards (IAS), Düsseldorf 2003; *Scharpf/Luz* Risikomanagement, Bilanzierung und Aufsicht von Finanzderivaten, 2. Aufl, Stuttgart 2000; *Zellner/Ruprecht* IFRS 9 Hedge Accounting, Der Schweizer Treuhänder 2014, 1119.

Wesentliche Rechtsgrundlagen: IAS 21, IAS 32, IAS 39, IFRS 7, IFRS 9, IFRIC 9

A. Allgemeines

1 Die Regelungen zur Bilanzierung von Derivaten sind in IAS 32, IAS 39 sowie in IFRS 9 enthalten, der ab 2018 IAS 39 ersetzen wird (vgl hierzu auch § 3). Durch den am 24. Juli 2014 vom Standardsetzer verabschiedeten IFRS 9 ergeben sich in Bezug auf Derivate Änderungen insbes im Bereich der Bilanzierung von Sicherungsinstrumenten (*hedge accounting,* → Rn 52ff).

Ziel des Standardsetzers ist es, sämtliche Derivate bilanziell zu erfassen und damit die Möglichkeit zu beschränken, Risiken *„off balance"* zu behandeln. Entspr **IAS 39/IFRS 9** ergibt sich für derivative Finanzinstrumente daraus die Verpflichtung, diese zu bilanzieren und regelmäßig zum **beizulegenden Zeitwert** zu bewerten. Einen weiteren wesentlichen Regelungsbereich von IAS 39/IFRS 9 stellt die Bilanzierung von **Sicherungsgeschäften** *(hedge accounting)* dar; die diesbezüglichen Regelungen stellen hohe Anforderungen, nicht zuletzt an die Dokumentation und den Informationsfluss innerhalb der Unternehmen. IAS 32 regelt die Darstellung der Finanzinstrumente im Abschluss, IFRS 7 bestimmt die für Finanzinstrumente erforderlichen Angaben.

2 Die seit der Einführung von IAS 39 unabhängig von der Branche und der Größe der bilanzierenden Unternehmen für alle IFRS-konformen Abschlüsse zu beachtenden Regelungen werden trotz der zwischenzeitlich erfolgten Änderungen von IAS 39 zT weiterhin **kontrovers diskutiert.** Insbes für die aufgrund ihrer Geschäftstätigkeit von den Regelungen besonders betroffenen Kreditinstitute ergibt sich eine Vielzahl offener Fragestellungen. Die Regelungen von IAS 32 und IAS 39 werden in den jeweils in Anhang A wiedergegebenen Anwendungsleitlinien, die integraler Bestandteil des Standards sind, konkretisiert. Die Regelungen in den Anwendungsleitlinien haben dabei denselben Verbindlichkeitsgrad wie die Regelungen der Standards selbst. IAS 39 wird darüber hinausgehend durch weitere Umsetzungsleitlinien *(Implementation Guidance)* ergänzt, die – ebenso wie die Erläuterungen in den dargelegten Grundlagen der Entscheidungen *(Basis for Conclusions)* – jedoch nicht Bestandteil von IAS 39 sind. Mit Inkrafttreten von IFRS 9 werden die Regelungen des IAS 39 vollumfänglich ersetzt. Ob die Neuregelungen in der Praxis auf eine größere Akzeptanz als die derzeit noch geltenden Regelungen des IAS 39 stoßen werden, bleibt abzuwarten.

Die nachstehenden Ausführungen basieren bzgl IFRS 7, IAS 32, IAS 39 und IFRS 9 auf dem **Stand zum 31. Juli 2015.** Hinsichtlich der aktuellen Entwicklungen wird auf → Rn 99 verwiesen. 3

I. Begriffe

Nach IAS 32.11 ist ein Finanzinstrument ein Vertrag, der bei einem Unternehmen zu einem finanziellen Vermögenswert und bei einem anderen Unternehmen gleichzeitig zu einer finanziellen Verbindlichkeit oder einem Eigenkapitalinstrument führt (s zu Finanzinstrumenten im Allgemeinen → § 3 Rn 10ff). Einen Teilbereich der Finanzinstrumente stellen **derivative Finanzinstrumente** dar, die vorliegen, wenn folgende drei Kriterien **kumulativ** erfüllt sind (IAS 39.9/IFRS 9.Anhang A): 4

(1) Der Wert des Finanzinstruments ändert sich infolge der Änderung eines festgelegten Zinssatzes, Wertpapierkurses, Rohstoffpreises, Wechselkurses, Preis- oder Zinsindexes, Bonitätsratings oder Kreditindexes oder einer ähnlichen Variablen (IAS 39.AG9f).

(2) Das Finanzinstrument erfordert, verglichen mit anders gearteten Verträgen, die in ähnlicher Weise auf Änderungen der Marktbedingungen reagieren, keine oder nur eine geringe anfängliche Nettoinvestition (IAS 39.AG11).

(3) Das Finanzinstrument wird zu einem späteren Zeitpunkt beglichen.

IAS 39.AG9 nennt als **typische Beispiele** für derivative Finanzinstrumente Optionen, *swaps, forwards* sowie *futures.* Während die drei zuletzt genannten Derivate unbedingte Geschäfte darstellen, die von beiden Vertragsparteien eine vertragsgemäße Erfüllung verlangen, handelt es sich bei Optionen um bedingte Geschäfte, deren Erfüllung unter dem Vorbehalt der Optionsausübung steht.

Beispiele zu den oben genannten derivativen Finanzinstrumenten werden darüber hinaus in IAS 32.AG15 bis IAS 32.AG19 gegeben.

Obwohl – insbes bei börsengehandelten Finanzinstrumenten – in dem zwischen dem Handelstag und dem Erfüllungstag (→ § 3 Rn 95f) liegenden Zeitraum ein unbedingtes Termingeschäft entsteht, das die Voraussetzungen von IAS 39.9/IFRS 9.Anhang A erfüllt, ist dieses nach IAS 39.AG54/IFRS 9.B3.1.4 dann nicht als eigenständiges Derivat zu erfassen, wenn der Abwicklungszeitraum den jeweiligen Marktvorschriften oder -usancen entspricht und ein Nettoausgleich anstelle der effektiven Lieferung ausgeschlossen ist.

Auch eine **Kreditzusage** erfüllt im Zeitraum zwischen ihrer Erteilung und der Auszahlung des Kredits grds die Voraussetzungen eines Derivats und wäre somit zB bei einem Absinken des Marktzinses mit ihrem positiven Marktwert als Finanzinstrument zu aktivieren (*Lüdenbach* BB 2002, 2113 (2118)). IAS 39.2(h) und IAS 39.4/IFRS 9.2.1(g) und IFRS 9.2.3 regeln diesbezüglich jedoch, dass Kreditzusagen nur in den Fällen bilanziert werden, in denen 5

(1) das Unternehmen die Zusagen als Verbindlichkeit einstuft und erfolgswirksam zum beizulegenden Zeitwert bewertet *(at fair value through profit or loss)* (IAS 39.4(a)/IFRS 9.2.3(a)) oder

(2) die Zusage durch einen Barausgleich oder die Lieferung/Emission eines anderen Finanzinstruments abgewickelt werden kann (IAS 39.4(b)/IFRS 9.2.3(b), wobei eine Auszahlung in mehreren Tranchen nicht als Nettoausgleich gilt) oder

(3) die Zusage zu einem unter dem Marktzinssatz liegenden Zinssatz erfolgt (IAS 39.4(c)/IFRS 9.2.3(c)).

Warentermingeschäfte, die 6

(1) mit der Absicht eingegangen wurden, den voraussichtlichen Bedarf des Unternehmens an den zugrunde liegenden Gütern abzudecken,

(2) bei Abschluss für diesen Zweck vorgesehen waren und
(3) voraussichtlich durch physische Lieferung erfüllt werden
(sog *own use contracts*), fallen nach IAS 39.5 f/IFRS 9.2.4 nicht unter den Anwendungsbereich von IAS 39/IFRS 9.

Dementsprechend bestimmt IAS 39.AG10, dass Warentermingeschäfte, die im Rahmen der **gewöhnlichen Geschäftstätigkeit** eingegangen und voraussichtlich durch **physische Lieferung** erfüllt werden und für die ein Ausgleich auf **Nettobasis** (Barausgleich oder Gegengeschäfte) üblicherweise nicht erfolgt, nicht als derivative Finanzinstrumente, sondern als noch zu erfüllende Verträge zu bilanzieren sind. Derartige Verträge sind nach den allgemeinen Vorschriften für die Bilanzierung **schwebender Verträge** (zB IAS 37) zu erfassen. Dh für den Fall, dass aus dem Vertrag mit einer Belastung zu rechnen ist, ist nach IAS 37 eine Rückstellung für einen belastenden Vertrag (*onerous contract,* dazu → § 13 Rn 117 ff zu bilden.

Warentermingeschäfte, für die ein **Nettoausgleich** möglich ist, fallen hingegen nach IAS 39.5 f/IFRS 9.2.5 f unter den Anwendungsbereich von IAS 39/ IFRS 9 und sind als Finanzinstrumente zu erfassen. Eine Ausnahme gilt für Fälle, in denen diese Geschäfte abgeschlossen wurden, um Warenein- oder verkäufe oder den Nutzungsbedarf des Unternehmens zu decken (IFRS 9.2.4). IAS 39.6/IFRS 9.2.6 nennt beispielhaft als Fälle, in denen ein Barausgleich, ein Ausgleich durch Finanzinstrumente oder ein Ausgleich durch Tausch von Finanzinstrumenten möglich ist,
(1) Verträge, in denen die Vertragsbedingungen den Vertragsparteien entspr Rechte einräumen (IAS 39.6(a)/IFRS 9.2.6(a)),
(2) Verträge, die einen entspr Nettoausgleich zwar nicht ausdrücklich regeln, bei denen das Unternehmen jedoch regelmäßig durch einen Nettoausgleich erfüllt (zB durch kompensatorische Gegengeschäfte mit der Vertragspartei oder Verkauf des Vertrags vor Ausübung/Verfall; IAS 39.6(b)/IFRS 9.2.6(b)),
(3) das Unternehmen den Vertragsgegenstand zwar annimmt, diesen aber nach der betrieblichen Praxis innerhalb kurzer Zeit nach Lieferung weiter veräußert, um dabei einen Gewinn aus Preisveränderungen oder Händlermargen zu erzielen (IAS 39.6(c)/IFRS 9.2.6(c) oder
(4) das Unternehmen den Vertragsgegenstand jederzeit in Barmittel umwandeln lassen kann (IAS 39.6(d)/IFRS 9.2.6(d)).

Während die in IAS 39.6(b)/IFRS 9.2.6(b) und IAS 39.6(c)/IFRS 9.2.6(c) genannten Verträge nach IAS 39.6/IFRS 9.2.6 nicht als auf die tatsächliche Erfüllung (Empfang/Lieferung des nicht finanziellen Vertragsgegenstands für den erwarteten Einkaufs-, Verkaufs- oder Nutzungsbedarf) ausgerichtet gelten und daher unter den Anwendungsbereich von IAS 39/IFRS 9 fallen, sind die übrigen Verträge anhand der **betrieblichen Praxis** zu beurteilen.

7 **Geschriebene Optionen** auf den Kauf oder Verkauf von **nicht-finanziellen Posten,** die durch einen Ausgleich in bar oder mit anderen Finanzinstrumenten bzw durch Tausch erfüllt werden können, sind immer entspr IAS 39/IFRS 9 zu behandeln (IAS 39.7/IFRS 9.2.7). Die Abgrenzung von Verträgen entspr (2) und (3) unterliegt Auslegungsspielräumen, denn beide Sachverhalte beziehen sich auf die vom Unternehmen geübte Praxis. Im Zweifel empfiehlt es sich, durch das Einrichten einer „Buchstruktur" klar zwischen Verträgen zu unterscheiden, die durchgehandelt werden und solchen, die dem Eigenbedarf dienen (vgl *IDW* RS HFA 25 Rz 22 ff sowie im Einzelnen → § 3 Rn 90 ff.

8 **Derivative Finanzinstrumente** können unterteilt werden in sog *„plain-vanilla"*-Produkte, dh einfache und einfach strukturierte Derivate sowie strukturierte Derivate, die aus mehreren Derivaten zusammengesetzt sind und häufig Optimierungskomponenten beinhalten bzw Hebelwirkungen entfalten. Die Ein-

zelteile der Derivate bestehen zumeist aus den Grundformen derivativer Finanzinstrumente, die im Folgenden beschrieben werden.

1. Optionen

Optionen sind **Vereinbarungen,** bei denen einem Vertragspartner (Options- 9
käufer) das **Recht** eingeräumt wird, zukünftig innerhalb einer bestimmten Frist bzw zu einem bestimmten Zeitpunkt mit dem anderen Vertragspartner (Stillhalter) ein **festgelegtes Vertragsverhältnis** einzugehen bzw vom Stillhalter die Zahlung eines hinsichtlich seiner Bestimmungsgrößen festgelegten Geldbetrags (Barausgleich) zu verlangen (*IDW* RS BFA 6 Rz 3). IdR – aber nicht notwendige Voraussetzung – hat der Optionskäufer bei Abschluss des Optionsvertrags eine Optionsprämie an den Stillhalter zu zahlen.

Die Ausgestaltungen von Optionen sind vielfältig, die nachstehende **Über-** 10
sicht stellt einige wesentliche Kriterien dar:

<table>
<tr><th colspan="4">Optionen</th></tr>
<tr><td rowspan="2">Handelsformen</td><td colspan="3">Börsengehandelt</td></tr>
<tr><td colspan="3">OTC (over the counter)</td></tr>
<tr><td rowspan="4">Rechtsinhalt</td><td rowspan="2">Kaufoption
(call)</td><td>Käufer:
(long position)</td><td>Hat das Recht (aber keine Verpflichtung), den Basiswert zum festgelegten Preis zu erwerben (oder Barausgleich zu verlangen).</td></tr>
<tr><td>Stillhalter:
(short position)</td><td>Hat bei Ausübung der Option die Verpflichtung, den Basiswert zum festgelegten Preis zu verkaufen (oder Barausgleich zu leisten).</td></tr>
<tr><td rowspan="2">Verkaufsoption
(put)</td><td>Käufer:
(long position)</td><td>Hat das Recht (aber keine Verpflichtung), den Basiswert zum festgelegten Preis zu verkaufen (oder Barausgleich zu verlangen).</td></tr>
<tr><td>Stillhalter:
(short position)</td><td>Hat bei Ausübung der Option die Verpflichtung, den Basiswert zum festgelegten Preis zu kaufen (oder Barausgleich zu leisten).</td></tr>
<tr><td>Basiswert
(underlying)</td><td colspan="3">• Kassainstrumente (zB Aktien, Devisen, Anleihen)
• Indizes
• Termingeschäfte (zB futures, forward rate agreements, Devisen, Waren)
• credit spreads
• swaps
• Optionen</td></tr>
<tr><td rowspan="4">Ausübung/ Optionsfrist</td><td colspan="3">Ausübung durch entspr Willenserklärung des Berechtigten innerhalb der Optionsfrist (amerikanische Option)</td></tr>
<tr><td colspan="3">Ausübung durch entspr Willenserklärung des Berechtigten ausschließlich am Ende der Optionsfrist (europäische Option)</td></tr>
<tr><td colspan="3">Ausübungsmöglichkeit/Verfallszeitpunkt ist abhängig vom Eintritt bestimmter Ereignisse</td></tr>
<tr><td colspan="3">Die Ausübung wird generell bei vorteilhaften Bedingungen für den Berechtigten automatisch unterstellt.</td></tr>
</table>

11 Allen Optionen gemein ist die **asymmetrische Risikoverteilung.** Während der mögliche Verlust für den Käufer der Option auf die Höhe der zu zahlenden Optionsprämie begrenzt ist *(long position),* übernimmt der Verkäufer ein (fast) unbegrenztes Verlustrisiko *(short position).* Verkaufte Optionen werden auch als „geschriebene Optionen" bezeichnet. Optionen sind bedingte Geschäfte, weil die Ausübung abhängig ist von bestimmten Ereignissen, nach deren Eintritt der Inhaber einer Option unter wirtschaftlichen Gesichtspunkten entscheidet, ob er die Option ausübt oder nicht. Dagegen geht der Stillhalter einer Option gegen den Erhalt der Prämie (Regelfall) das unbedingte Risiko ein, bestimmte Posten zu kaufen oder zu verkaufen.

12 Der Wert von Optionen setzt sich zusammen aus dem **Zeitwert und dem inneren Wert.** Der innere Wert entspricht der Differenz zwischen dem Basispreis *(strike)* des Referenzobjekts und dessen Marktpreis. Ist der Marktpreis höher als der *strike,* ist der innere Wert positiv (bei Kaufoptionen), weil der Käufer das Objekt aufgrund der Option im Vergleich zum bestehenden Marktpreis günstiger einkaufen kann. Umgekehrt verhält es sich bei Verkaufsoptionen (vgl hierzu und im Folgenden *Kuhn/Scharpf,* 96). Der Zeitwert von Optionen ist abhängig von der jeweiligen Restlaufzeit und spiegelt in Abhängigkeit von der Volatilität des Basispreises, dem risikolosen Zins und der Ausübungsart (amerikanisch oder europäisch) die Möglichkeit wider, dass die Option den inneren Wert erreicht oder übersteigt. Er entspricht der Differenz zwischen dem Marktwert und dem inneren Wert der Option. *Plain-vanilla-*Ausprägungen von Optionen sind einfache Kauf- oder Verkaufsoptionen sowie *caps* oder *floors* **(Zinsbegrenzungsvereinbarungen).** Letztere sind aus mehreren Teiloptionen *(caplets* oder *floorlets)* zusammengesetzte Optionen.

13 Bei einem ***cap*** garantiert der Verkäufer dem Käufer gegen Zahlung einer Prämie für einen bestimmten Kapitalbetrag und eine bestimmte Laufzeit eine Zinsobergrenze *(strike price).* Übersteigt der vorher festgelegte Referenzzinssatz an den festgelegten Terminen (Fixingtagen) die Zinsobergrenze, ist der Verkäufer zum Ausgleich des Differenzbetrags für die jeweilige Periode verpflichtet.

Beispiel: Ein Unternehmen vereinbart für einen Betrag von Mio € 10 folgende Zinsbegrenzung:

Zinsobergrenze:	4,0%
Laufzeit:	3 Jahre (1. Januar X1 bis 31. Dezember X3)
Referenzzinssatz:	6-Monats-EURIBOR
Fixing-Termine:	jeweils zu Beginn der Kalenderhalbjahre

Der 6-Monats-EURIBOR entwickelt sich (vereinfachend) während der Vertragslaufzeit wie folgt:

Periode 1:	durchgängig < 4,0%
Periode 2:	zu Beginn < 4,0%, ansteigend auf 4,5%
Periode 3:	zu Beginn und während der gesamten Periode 4,5%
Periode 4:	zu Beginn 4,5%, danach fallend auf 4,4%
Periode 5:	zu Beginn 4,4%, dann fallend auf 3,8%
Periode 6:	zu Beginn < 4,0%, dann ansteigend auf 4,4%

Die Entwicklung stellt sich grafisch (in Anlehnung an *Scharpf/Luz,* 542) wie folgt dar:

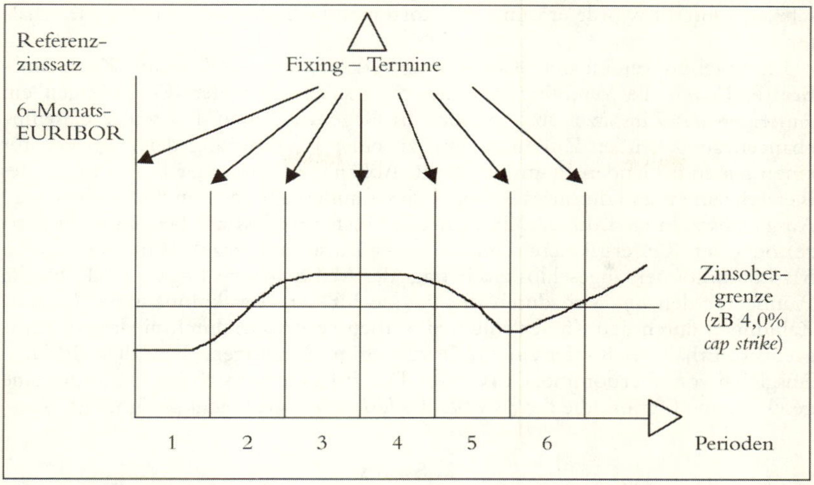

In dem oben dargestellten Beispiel wird die Zinsobergrenze zu Beginn der Perioden drei, vier und fünf überschritten, sodass für diese Perioden (jeweils an deren Ende) ein Zinsausgleich von dem Verkäufer des *cap* an das Unternehmen (Käufer des *cap*) zu erfolgen hat. Dass der Referenzzinssatz innerhalb der zweiten Periode sowie am Ende der sechsten Periode über der Zinsobergrenze liegt, führt hingegen nicht zu einer Ausgleichszahlung, da an den maßgeblichen *fixing*-Terminen (mithin zu Beginn der zweiten bzw sechsten Periode) die Zinsobergrenze nicht überschritten war. Im Einzelnen ergeben sich folgende Ausgleichszahlungen:

Periode	**Ausgleichszahlung**				
	ja/nein	Tage	%-Punkte	€	fällig
1	nein	–	–	–	–
2	nein	–	–	–	–
3	ja	181	0,5	25.138,89	30. Juni X2
4	ja	184	0,5	25.555,56	31. Dezember X2
5	ja	181	0,4	20.111,11	30. Juni X3
6	nein	–	–	–	–

14 Im Gegensatz dazu garantiert der **Verkäufer** eines ***floors*** gegen Zahlung einer Prämie für einen bestimmten Kapitalbetrag und eine bestimmte Laufzeit eine Zinsuntergrenze *(strike price)*. Fällt der vorher festgelegte Referenzzinssatz an den festgelegten Terminen (Fixingtagen) unter die Zinsuntergrenze, ist der Verkäufer zum Ausgleich des Differenzbetrags für die jeweilige Periode verpflichtet. Der Käufer eines floors sichert sich hierdurch gegen fallende Zinsen ab. In der Praxis ist das Instrument daher für Anleger in variabel verzinsliche Anlagen interessant.

15 Der ***collar*** ist ein strukturiertes Derivat und stellt eine Kombination aus *cap* und *floor* dar. Der Käufer eines *collar* ist Käufer eines *cap* und Verkäufer eines *floor*, der Verkäufer eines *collar* mithin Käufer eines *floor* und Verkäufer eines *cap*. *Collars* werden häufig abgeschlossen, um die ansonsten fällige Prämie für den *cap* einzusparen *(zero-cost-collar)*: Im Gegenzug vereinbart der Käufer eines *cap*, Zahlungen an die Gegenpartei zu leisten, wenn der Zins eine bestimmte Grenze unter-

schreitet. Hierfür würde er (ohne den korrespondierenden *cap*) eine Prämie erhalten.

Im Ergebnis vereinbaren Käufer und Verkäufer eines *collar* eine **Zinsbandbreite.** Durch die Vereinbarung eines *collar* sichert sich der Käufer gegen ein Ansteigen des Zinssatzes ab, gibt aber im Gegenzug einen Teil seiner Gewinnchancen aus fallenden Zinsen ab, was zu einer Reduzierung der ansonsten für einen *cap* zu zahlenden Prämie führt. In Abhängigkeit von der Entwicklung des Referenzzinssatzes kommt es – sobald dieser außerhalb der Bandbreite liegt – zu Ausgleichszahlungen durch den Verkäufer (Referenzzinssatz über Zinsobergrenze) oder den Käufer (Referenzzinssatz unter Zinsuntergrenze). Wird der *collar* zu Marktkonditionen abgeschlossen, beträgt der Marktwert zu Beginn Null, dh die Prämie für den *cap* wird durch die Prämie für den *floor* kompensiert. *Upfront*-Zahlungen durch den Käufer eines *cap* werden verursacht durch niedrigere Zinsgrenzen. Erhält der Käufer eines *collar* zu Beginn Zahlungen, dient dies idR dem Ausgleich von übernommenen Risiken. Damit handelt es sich insgesamt um eine geschriebene Option, die für Zwecke des *hedge accounting* nicht geeignet ist.

2. Swaps

16 Swapgeschäfte werden überwiegend als **Zinsswaps, Währungsswaps, Zins-/Währungsswaps** oder **Devisenswaps** abgeschlossen. *Swaptions* kennzeichnen Verträge, bei denen als Basiswert ein *swap* vereinbart ist (vgl zu möglichen Basiswerten von Optionen Tabelle in → Rn 10). *Swaptions* gehören damit zu den strukturierten Derivaten (vgl dazu → Rn 24ff).

Finanzmathematisch bestehen *swaps* aus Serien von (Zins-)Termingeschäften mit unterschiedlichen Fälligkeitszeitpunkten (vgl hierzu und im Folgenden *Kuhn/Scharpf,* 95). Der **Marktwert eines *swap*** ergibt sich durch die Diskontierung der Ein- und Auszahlungsströme auf den Bewertungsstichtag. Zum Zeitpunkt des Abschlusses des *swap* beträgt der Marktwert regelmäßig Null, wenn die zugrunde liegenden Zinsen (fester und variabler Zins) marktgerecht sind. Anderenfalls werden *upfront*- bzw *balloon*-Zahlungen (letztere selten) fällig, die die Marktwertunterschiede kompensieren.

17 Bei einem **Zinsswap** (*interest rate swap* – IRS) erfolgt für einen bestimmten Betrag mit einer vorher festgelegten Laufzeit und fixierten Zinszahlungsterminen der Austausch von Zinszahlungsverpflichtungen oder -ansprüchen, die aus der Aufnahme/Anlage von Mitteln gleicher Währung, aber unterschiedlicher Zinsbasen (fest/variabel) entstehen. Ein Tausch der zugrunde liegenden Kapitalbeträge erfolgt dabei nicht. Der Zinsswap erlaubt somit die Transformation festverzinslicher Forderungen/Verbindlichkeiten in variabel verzinsliche Forderungen/Verbindlichkeiten et vice versa, sodass es einem Unternehmen möglich ist, sich zunächst des Kapitalmarkts zu bedienen, an dem es die günstigsten Konditionen erhält und anschließend durch den Abschluss eines Zinsswap die gewünschte (variable oder feste) Finanzierungsstruktur herzustellen.

Beispiel: Ein Unternehmen verfügt über die Möglichkeit, günstig variabel verzinsliche Kredite zu einem Zinssatz in Höhe des 6-Monats-EURIBOR abzüglich zehn Basispunkte zu erhalten, strebt aber aufgrund erwarteter Zinssteigerungen eine festverzinsliche Kreditaufnahme an, für die im günstigsten Fall 5,5% berechnet werden. Das Unternehmen nimmt zunächst den benötigten Kreditbetrag unter Nutzung der variablen Verzinsung von 6-Monats-EURIBOR abzüglich zehn Basispunkte über die gewünschte Laufzeit auf und vereinbart anschließend mit einer korrespondierenden Laufzeit einen Zinsswap über den Kreditbetrag, bei dem es einen Festzinssatz von 5,5% zahlt und eine variable Verzinsung in Höhe des 6-Monats-EURIBOR erhält. Auf der Basis der vorstehenden Verträge ergeben sich für das Unternehmen folgende Zinsaufwendungen/-erträge:

Variabel verzinslicher Kredit	Zinsaufwand	6-Monats-EURIBOR abzüglich 0,1%
Zinsswap	Zinsaufwand Zinsertrag	5,5% 6-Monats-EURIBOR
Saldo	Zinsaufwand	5,4% (5,5% abzüglich 0,1%)

Im Ergebnis gelingt es dem Unternehmen, die angestrebte Fixierung des Zinssatzes unter Ausnutzung des bestehenden Konditionsvorteils bei einer variabel verzinslichen Kreditaufnahme zu realisieren. Ergänzend sind jedoch anfallende Transaktionskosten zu berücksichtigen, die die zu realisierenden Zinsdifferenzen überkompensieren können.

Im Rahmen eines **Währungsswaps** wird ein bestimmter Kapitalbetrag einschließlich der damit verbundenen Zinszahlungen gegen einen entspr Kapitalbetrag in anderer Währung einschließlich der mit diesem verbundenen Zinszahlungen getauscht. Im Gegensatz zum Zinsswap erfolgt hierbei regelmäßig der Austausch der zugrunde liegenden Kapitalbeträge. Der Rücktausch der Kapitalbeträge erfolgt am Fälligkeitstag idR zum urspr vereinbarten (Kassa-)Kurs. Während der Laufzeit des Währungsswaps erfolgt der Austausch der Zinszahlungen, die auf gleichen Berechnungsmodalitäten (beide variabel oder beide fest) beruhen, wegen des abweichenden Zinsniveaus in den beteiligten Währungsgebieten idR jedoch unterschiedlich hoch sind. 18

Beispiel: Unternehmen 1 benötigt für ein Jahr Mio US-$ 11 (US-$-Zins 4,5%), während Unternehmen 2 für die gleiche Laufzeit Mio € 10 (€-Zins 5,5%) benötigt. Der Kassakurs liegt bei 1,10 US-$/€. Unternehmen 1 und Unternehmen 2 vereinbaren einen Währungsswap mit einer Laufzeit von einem Jahr (1. Januar X1 bis 31. Dezember X1) und halbjährlicher Zinszahlung zum 30. Juni X1 und 31. Dezember X1 unter Zugrundelegung des Wechselkurses von 1,10 US-$/€. Auf Basis der Vereinbarung ergeben sich folgende Zahlungen (– = Mittelabfluss; + = Mittelzufluss):

	Unternehmen 1			**Unternehmen 2**		
	TUS-$		**T€**	**TUS-$**		**T€**
Anfangszahlungen 1. Januar X1	+ 11.000,5		– 10.000	– 11.000,5		+ 10.000
Zinszahlungen 30. Juni X1	– 247,5		+ 275	+ 247,5		– 275
Zinszahlungen 31. Dezember X1	– 247,5		+ 275	+ 247,5		– 275
Schlusszahlungen 31. Dezember X1	– 11.000,5		+ 10.000	+ 11.000,5		– 10.000
Saldo	**– 495,5**		**+ 550**	**+ 495,5**		**– 550**

Zins-/Währungsswaps stellen eine Kombination aus einem Zins- und einem Währungsswap dar, wobei die Zinsberechnungsmodalitäten voneinander abweichen, dh fest gegen variabel. 19

Bei **Devisenswaps** erfolgt der Austausch bestimmter Kapitalbeträge unterschiedlicher Währung ohne den Austausch der mit den Kapitalbeträgen verbundenen Zinszahlungen. Im Gegensatz zum Währungsswap erfolgt der Rücktausch der Kapitalbeträge nicht zum (Kassa-)Kurs der Ursprungstransaktion, sondern zum Terminkurs (zum Zeitpunkt der Ursprungstransaktion). Devisenswaps stellen somit die Kombination eines Devisenkassa- und eines Devisentermingeschäfts dar.

Durch ***forwardswaps*** werden die Bedingungen für künftige Swapgeschäfte festgeschrieben. Dabei werden Termin- und Swapgeschäfte kombiniert.

3. Forwards

20 ***Forwards*** sind Termingeschäfte, bei denen zwei Parteien vereinbaren, zu einem bestimmten Zeitpunkt in der Zukunft bestimmte Zahlungsströme zu tauschen. Jede der Vertragsparteien kann somit Risiken absichern, die sich entspr der eigenen Markerwartung zB aus der Entwicklung der Zinsen oder von Währungen ergeben.

Hierzu gehört das **Devisentermingeschäft** (DTG), bei dem die Parteien vereinbaren, einen bestimmten Betrag einer bestimmten Währung zu einem festgelegten Zeitpunkt und zu einem festgelegten Kurs zu tauschen.

Der Marktwert des Geschäfts bestimmt sich aus dem Unterschied zwischen dem vereinbarten Terminkurs und dem zum Stichtag geltenden marktgerechten Terminkurs und beträgt daher zu Beginn regelmäßig Null.

Forward rate agreements (FRA) sind Vereinbarungen zwischen zwei Vertragsparteien, bei denen diese für einen festgelegten Kapitalbetrag und einen in der Zukunft gelegenen Zeitraum (FRA-Periode; zB sechs Monate) einen festen Zinssatz (FRA-Satz) unter Zugrundelegung eines Referenzzinssatzes (zB 6-Monats-EURIBOR) vereinbaren. Wie bei einem Zinsswap erfolgt kein Austausch der Kapitalbeträge.

Zu Beginn der FRA-Periode (Erfüllungstag) erhält die durch die Zinsentwicklung begünstigte Partei einen Ausgleich zwischen dem FRA-Satz und dem vereinbarten Referenzzinssatz, der zwei Valutentage vor der FRA-Periode festgestellt wird *(fixing)*. Die Marktbewertung von FRA folgt den gleichen Prinzipien wie die von *swaps*.

21 Im Gegensatz zum FRA verpflichtet sich beim ***forward rate deposit*** (FRD) eine Vertragspartei zu einem in der Zukunft gelegenen Zeitpunkt zur Einlage eines bestimmten Kapitalbetrags für einen bestimmten Zeitraum und einen festgelegten Zinssatz.

Der Käufer kann durch das FRA einen zukünftigen Finanzierungsbedarf gegen steigende Zinsen absichern, während der Verkäufer Geldanlagen gegen fallende Zinsen absichern kann; mithin erfolgt ein Austausch unterschiedlicher Erwartungen über die zukünftige Zinsentwicklung.

Aufgrund der sich in Abhängigkeit von der Zinsentwicklung für den Käufer oder den Verkäufer ergebenden Zahlungsverpflichtung liegt eine symmetrische Risikoverteilung vor.

4. Futures

22 ***Futures*** sind standardisierte, an **Terminbörsen** gehandelte und täglich bewertete **Termingeschäfte,** bei denen sich die Vertragsparteien verbindlich verpflichten, eine standardisierte Menge bzw einen standardisierten Wert eines Finanzinstruments *(underlying)* an einem in der Zukunft gelegenen Erfüllungstermin zu einem vorab fixierten Preis abzunehmen (Käufer des *futures*) bzw zu liefern (Verkäufer des *futures*).

Bei Abschluss eines *futures* ist der Käufer verpflichtet, eine *initial margin* als Sicherheit bei der Clearingstelle zu hinterlegen. Sie beträgt idR 5–10% des Kontraktwerts. Börsentäglich wird daneben die sog *variation margin* ermittelt und entspr gutgeschrieben bzw abgezogen. Die *variation margin* entspricht den täglich aufgelaufenen Gewinnen bzw Verlusten des Kontrakts (vgl hierzu *Kuhn/Scharpf,* 96).

5. Zusammengesetzte Derivate

23 Zusammengesetzte Derivate betreffen Produkte, die **aus mehreren Derivaten** bestehen, die in einem einheitlichen Vertrag zusammengefasst werden. Hierzu gehören iwS *„plain-vanilla"*-Produkte wie *collars, cross-currency-swaps* oder *caps* aber auch andere OTC-Produkte, die dazu dienen können, spezielle, komplexere

Risiken abzudecken. Häufig werden diese Produkte dazu verwendet, neben der Absicherung von Risiken gleichzeitig Chancen zu eröffnen oder sie dienen ausschließlich der Gewinnerzielung.

Häufige Formen sind Derivate mit sog *knock-in* oder *knock-out features,* bei denen bestimmte Ereignisse (wie etwa der Sprung auf einen bestimmten Zins oder Wechselkurs für die Folgezeit) eintreten, wenn Kurs oder Zins eine bestimmte Schwelle berühren oder übersteigen. Die Ausprägungsformen dieser Derivate sind vielfältig.

Die Bewertung dieser Produkte ist in Abhängigkeit von dem Umfang der verarbeiteten Derivate komplex und erfordert regelmäßig Spezialkenntnisse.

Für Bilanzierungszwecke ist es unzulässig, diese Produkte aufzuspalten und die *plain-vanilla*-Komponente (zB einen *swap* oder *cap*) separat für Sicherungszwecke zu verwenden, solange der urspr Vertrag weiter besteht.

6. Strukturierte Produkte

Unter strukturierten Produkten (auch hybride Produkte oder *compound instruments* genannt) versteht man Verträge, bei denen **mindestens ein derivatives Finanzinstrument** mit **mindestens einem** (nicht derivativen) **originären Finanzinstrument** (Basisvertrag oder *host contract*) rechtlich und wirtschaftlich verbunden wird, wobei ein Teil des Cashflows aus dem strukturierten Produkt ähnlichen Schwankungen wie der des inhärenten freistehenden Derivats ausgesetzt ist (IAS 39.10/IFRS 9.4.3.1). 24

Mit anderen Finanzinstrumenten verbundene Derivate sind jedoch nach IAS 39.10/IFRS 9.4.3.1 nicht Bestandteil eines strukturierten Produkts, sondern ein eigenständiges Finanzinstrument, wenn sie mit einer von dem Finanzinstrument abweichenden Vertragspartei abgeschlossen wurden oder unabhängig von dem Finanzinstrument vertraglich übertragen werden können.

Aufgrund der teilweise deutlich abweichenden Regelungen wird im Folgenden zunächst die Vorgehensweise nach IAS 39 (→ Rn 25ff) dargestellt, bevor anschließend auf die Regelungen nach IFRS 9 eingegangen wird (→ Rn 33f).

Nach IAS 39.11 ist ein **eingebettetes Derivat** vom **Basisvertrag** zu **trennen** und als derivatives Finanzinstrument zu bilanzieren, wenn folgende drei Voraussetzungen kumulativ erfüllt sind: 25

(1) Die wirtschaftlichen Charakteristika und Risiken von eingebettetem Derivat und Basisvertrag sind nicht eng miteinander verbunden (IAS 39.11(a), IAS 39.AG30 und IAS 39.AG33).
(2) Ein den Bedingungen des eingebetteten Derivats entspr eigenständiges Finanzinstrument würde für sich die Definition eines Derivats erfüllen (IAS 39.11(b)).
(3) Das strukturierte Produkt wird nicht erfolgswirksam mit dem beizulegenden Zeitwert bewertet (IAS 39.11(c)).

Aufgrund des in IAS 39.9 enthaltenen Wahlrechts, für Finanzinstrumente unter bestimmten Voraussetzungen eine Bewertung mit dem beizulegenden Zeitwert vorzunehmen, kann bei entspr Ausübung eine ansonsten **erforderliche Aufteilung vermieden** werden (IAS 39.11(c)).

Eine Aufteilung kann darüber hinaus nach IAS 39.11A vermieden werden, indem das Unternehmen das gesamte strukturierte Produkt als erfolgswirksam zum beizulegenden Zeitwert bewertet designiert. Voraussetzung hierfür ist jedoch, dass

(1) das eingebettete Derivat die Zahlungsströme nicht nur unwesentlich verändert (IAS 39.11A(a)) und
(2) bei der erstmaligen Beurteilung eines vergleichbaren strukturierten Produkts ist ohne größeren Aufwand nicht erkennbar, dass eine Abspaltung des einge-

betteten Derivats unzulässig ist (IAS 39.11A(b)). Die Beurteilung erfolgt grds zu Vertragsbeginn. Nur wenn sich zu einem späteren Zeitpunkt die Vertragsbedingungen so stark ändern, dass es zu einer erheblichen Änderung der Zahlungsströme kommt, oder wenn das Instrument aus der Kategorie erfolgswirksam zum beizulegenden Zeitwert bewertet umgegliedert wird, ist eine Neubeurteilung erforderlich (IFRIC 9 sowie → § 3 Rn 142ff).

26 Wird das eingebettete Derivat gesondert bilanziert, so ist der **Basisvertrag,** wenn es sich um ein Finanzinstrument handelt, nach IAS 39, ansonsten nach den jeweils anzuwendenden anderen IFRS gesondert zu bilanzieren (IAS 39.11). Die durch den Grundsatz geforderte Aufteilung des strukturierten Produkts in seine Bestandteile stellt eine der größten Schwierigkeiten dar, zumal die hierfür erforderlichen Informationen dem Bilanzierenden nicht immer vollständig vorliegen. Insbes die Frage, wann die wirtschaftlichen Charakteristika und Risiken eng miteinander verbunden sind und wann nicht, wird durch IAS 39 nicht beantwortet. Vielmehr gibt IAS 39.AG30 nur Beispiele.

Danach ist bei folgenden beispielhaft genannten strukturierten Produkten eine **getrennte Bilanzierung** des eingebetteten Derivats und des Basisvertrags vorzunehmen, da in diesen Fällen die wirtschaftlichen Charakteristika und Risiken zwischen eingebettetem Derivat und Basisvertrag nicht eng miteinander verbunden sind:

27 (1) Eine in ein Instrument **eingebettete Verkaufsoption,** nach der der Inhaber den Rückkauf des Instruments gegen Zahlungsmittel oder sonstige Vermögenswerte, die an einen Eigenkapital- oder Rohstoffpreis oder einen entspr Index gekoppelt sind, verlangen kann (IAS 39.AG30(a)).

(2) Eine in ein Eigenkapitalinstrument **eingebettete Kaufoption,** die dem Emittenten den Rückkauf des Eigenkapitalinstruments zu einem festgelegten Preis erlaubt (IAS 39.AG30(b)).

(3) Eine **Option** oder entspr **Verpflichtung** zur **Verlängerung der Laufzeit** einer (verzinslichen) Verbindlichkeit ist nicht eng mit dem originären Schuldinstrument verbunden, wenn zum Zeitpunkt der Verlängerung keine Anpassung an den aktuellen Marktzins erfolgt (IAS 39.AG30(c)).

(4) **Aktienindizierte Zins- oder Kapitalzahlungen,** bei denen die Höhe der Zinsen oder des Rückzahlungsbetrags vom Wert der Aktien abhängig ist (IAS 39.AG30(d)).

(5) **Güterindizierte Zins- oder Kapitalzahlungen,** bei denen die Höhe der Zinsen oder des Rückzahlungsbetrags vom Preis des Guts abhängig ist (IAS 39.AG30(e)).

(6) Ein in ein Schuldinstrument **eingebettetes Recht zur Umwandlung** in ein **Eigenkapitalinstrument** (IAS 39.AG30(f)).

(7) In ein **originäres Schuldinstrument eingebettete Kauf-, Verkaufs- oder Vorauszahlungsoptionen,** wenn der Ausübungspreis nicht an jedem Ausübungstermin annähernd den fortgeführten Anschaffungskosten des Schuldinstruments entspricht (IAS 39.AG30(g)) oder wenn der Ausübungspreis einer Vorauszahlungsoption den Darlehensgeber bis zur Höhe des geschätzten Barwerts der entgangenen Zinsen entschädigt, die während der Restlaufzeit des Basisvertrags anfallen. Dabei entsprechen die entgangenen Zinsen der Zinsdifferenz aus dem Überschuss des bestehenden Effektivzinssatzes über den Effektivzinssatz, der sich ergeben würde, wenn der verbleibende Betrag des Basisvertrags über die Restperiode reinvestiert würde, gerechnet auf den vorausgezahlten Nominalbetrag.

(8) In **originäre Schuldinstrumente eingebettete Kreditderivate,** mit denen das Ausfallrisiko eines Vermögenswerts auf den Vertragspartner (Garant) übertragen wird (zB *credit linked notes;* IAS 39.AG30(h)).

Nach IAS 39.IG. C.4 (2003), der allerdings nicht in die derzeit geltende Fassung des IAS 39 übernommen wurde, handelt es sich auch bei einem **nachrangigen Kredit,** der dem Kreditgeber im Fall des Börsengangs des Kreditnehmers neben den Zinsen und der Kapitalrückzahlung einen Anspruch auf einen preisreduzierten Aktienbezug gewährt (sog *equity kicker*), um ein eingebettetes Derivat, dessen wirtschaftliche Charakteristika und Risiken nicht eng mit dem Basisvertrag verbunden sind und das daher getrennt vom Basisvertrag zu bilanzieren ist. 28

Beispiel: Eine Aktienanleihe, die am 1. Juli X1 emittiert wird, hat annahmegemäß folgende Ausstattung:

Kaufpreis:	100%
Nominalzins:	11%
Laufzeit:	ein Jahr
Marktrendite für ein Jahr:	2,7778%

Rückzahlung entweder zum Nominalbetrag oder durch 50 ABC-Aktien je € 5.000.

Aktueller Kurs der ABC-Aktie:	€ 128,75
Volatilität der ABC-Aktie:	40%

Der Kaufpreis der Aktienanleihe (mit Option) beträgt 100%.

Der Wert der Anleihe (ohne Option) beläuft sich bei einer Nominalverzinsung von 11% und einer aktuellen Marktrendite von 2,7778% auf 108% (Renditekurs). Die Anleihe ohne die Option hat einen Effektivzins von 2,7778%.

Der Wert des Optionsrechts – berechnet nach der Restwertmethode – beträgt damit 8%.

Ein Unternehmen kauft am 1. Juli X1 (Emission) diese Aktienanleihe mit einem Nennwert von Mio € 10 und beabsichtigt, diese bis zur Endfälligkeit zu halten. Bilanzstichtag ist der 31. Dezember.

Bilanzierung bei Geschäftsabschluss:

Bei der Einbuchung ist der Kaufpreis von Mio € 10 auf die Anleihe (Aktivum: Mio € 10,8; Renditekurs) und die *short position* im *put* (Passivum: Mio € 0,8) aufzuteilen (Buchung 1). Die Anschaffungskosten für die Anleihe ergeben sich aus dem insgesamt gezahlten Kaufpreis, indem diesem der Wert für die Option hinzugerechnet wird, da es sich bei der Option um eine *short position* handelt. Im Ergebnis ergibt sich der Wert der Anleihe somit dadurch, dass der eigentliche Wert der Anleihe (108%), den das Unternehmen bezahlen müsste (wenn die Option nicht enthalten wäre), mit dem Wert des *put* (8%), den das Unternehmen für den Eingang der Stillhalteposition erhalten müsste, verrechnet wird.

Buchung 1:	Per Wertpapier	10.800.000	an	flüssige Mittel	10.000.000
				sonstige Verbindlichkeiten	800.000

Bilanzierung am Bilanzstichtag:

Der Wert des *put* hat sich am Bilanzstichtag auf Mio € 0,6 verringert. Das Risiko der Ausübung der Option durch den Emittenten der Aktienanleihe hat sich verringert.

Zum Bilanzstichtag ist der *put* mit seinem beizulegenden Zeitwert von Mio € 0,6 zu bewerten. Die Veränderung ist erfolgswirksam zu erfassen (Buchung 2):

Buchung 2:	Per Short Put	10.200.000	an	Ertrag	200.000

Die Nominalzinsen in Höhe von 11% auf den Nominalbetrag von Mio € 10 sind für ein halbes Jahr abzugrenzen; die Zinsabgrenzung ist in Höhe von € 550.000 erfolgswirksam zu erfassen (Buchung 3):

Buchung 3:	Per Zinsabgrenzung	10.550.000	an	Zinsertrag	550.000

Darüber hinaus ist die bei der Einbuchung mit Mio € 10,8 erfasste Anleihe mit ihren fortgeführten Anschaffungskosten zu bewerten. Die Aktienanleihe hat am Bilanzstichtag bei einem Effektivzins von 2,7778% einen Kurs von € 104,017 und damit fortgeführte Anschaffungskosten in Höhe von € 10.401.700. Der Betrag der Anpassung der urspr Anschaffungskosten an die fortgeführten Anschaffungskosten in Höhe von € 398.300 ist im Zinsertrag gegenzubuchen (Buchung 4); er vermindert den bisher gebuchten

Zinsertrag (€ 550.000) auf € 151.700. Dies entspricht umgerechnet auf ein Jahr einer Verzinsung von 2,8093% des eingesetzten Kapitals und damit der marktgerechten Verzinsung.

Buchung 4: Per Zinsertrag 10.398.300 an Wertpapiere 398.300

29 Eine **getrennte Bilanzierung** des eingebetteten Derivats und des Basisvertrags hat hingegen in folgenden in IAS 39.AG33 beispielhaft genannten Fällen **nicht** zu erfolgen, da in diesen Fällen die wirtschaftlichen Charakteristika und Risiken zwischen eingebettetem Derivat und Basisvertrag als eng miteinander verbunden gelten:

(1) Ein Derivat, bei dem das **Basisobjekt** ein **Zinssatz** oder **Zinsindex** ist, der die Höhe der ansonsten für ein originäres Schuldinstrument/einen Versicherungsvertrag zu leistenden Zinszahlungen ändern kann, es sei denn, der kombinierte Vertrag kann so erfüllt werden, dass
   (a) der Inhaber des Vertrags seine Einlagen im Wesentlichen nicht vollständig zurückerhält oder
   (b) das eingebettete Derivat die anfängliche Rendite aus dem Basisvertrag mindestens verdoppeln und damit zu einer Rendite führen kann, die mindestens doppelt so hoch wie die Marktrendite eines mit dem Basisvertrag vergleichbaren Vertrags ist (IAS 39.AG33(a)).

(2) **Eingebettete Zinsbegrenzungsvereinbarungen** (*caps, floors* oder *collars*) für Schuldinstrumente oder Versicherungsverträge, soweit die Zinsbegrenzung dem aktuellen Marktzins entspricht bzw höher *(cap)* oder niedriger *(floor)* ist und keine Hebelwirkung im Verhältnis zum Basisvertrag hat (IAS 39.AG33(b)).

(3) Das in ein **Schuldinstrument eingebettete Fremdwährungsderivat** führt zu Kapital- oder Zinszahlungen in fremder Währung. Eine Trennung von Basisvertrag und eingebettetem Derivat würde in diesen Fällen gegen IAS 21.28 verstoßen, der vorschreibt, dass Ergebnisse aus der Währungsumrechnung im Periodenergebnis zu erfassen sind (IAS 39.AG33(c)).

(4) Das Fremdwährungsderivat, das in einen **Basisvertrag** eingebettet ist, der **kein Finanzinstrument** (zB Warenvertrag) ist, keine Hebelwirkung aufweist, keine Optionsklausel beinhaltet und Zahlungen in der Währung vorsieht,
   (a) die funktionale Währung einer der substanziell beteiligten Vertragspartner ist oder
   (b) die für die Waren/Dienstleistungen im internationalen Handel üblich ist (zB Erdölgeschäfte – US-$) oder
   (c) die üblicherweise für den Kauf und Verkauf nicht-finanzieller Objekte in dem Wirtschaftsumfeld, in dem auch die Transaktion stattfindet, verwendet wird (IAS 39.AG33(d)).

(5) **Das eingebettete Derivat** ist ein **Kündigungsrecht** (Vorfälligkeitsoption), das in einen getrennt handelbaren Mantel oder Zinsschein (Zins- oder Kapitalstrip) eingebettet ist, der
   (a) aus der Trennung von vereinbarten Cashflows eines Finanzinstruments resultiert, das urspr kein eingebettetes Derivat enthielt und
   (b) keine Bedingungen enthält, die nicht auch das originäre Finanzinstrument enthielt (IAS 39.AG33(e)).

(6) **Leasingverträge** (als Basisvertrag) mit **eingebettetem Derivat,** wonach die Leasingzahlungen
   (a) an einen inflationsabhängigen Index gekoppelt sind,
   (b) in Abhängigkeit von Umsätzen oder
   (c) in Abhängigkeit von variablen Zinsen erfolgen (IAS 39.AG33(f)).

(7) **Rechte auf Investmentfondsanteile,** die in ein Finanzinstrument/einen Versicherungsvertrag eingebettet sind, wenn die anteilsbestimmten Zahlungen zum aktuellen Anteilswert bestimmt werden, die dem beizulegenden Zeitwert der Vermögenswerte des Fonds entsprechen (IAS 39.AG33(g)).

(8) Ein in einen **Versicherungsvertrag eingebettetes Derivat,** wenn Versicherungsvertrag und Derivat so voneinander abhängig sind, dass eine getrennte Bewertung nicht möglich ist (IAS 39.AG33(h)).

Sind die Voraussetzungen für eine getrennte Bilanzierung des strukturierten 30
Produkts erfüllt, eine **zuverlässige Bewertung** des eingebetteten Derivats aber weder zum Erwerbszeitpunkt noch am Ende der folgenden Berichtszeiträume möglich, so ist nach IAS 39.12 das gesamte strukturierte Produkt mit dem **beizulegenden Zeitwert** zu bilanzieren.

Die erforderlichen Schritte zur **Beurteilung,** ob ein **strukturiertes Pro-** 31
dukt/eingebettetes Derivat vorliegt bzw ob das strukturierte Produkt in seine Bestandteile Basisvertrag und eingebettete Derivate aufzuteilen ist, lässt sich anhand der in IAS 39.10 ff genannten Kriterien schematisch wie folgt darstellen:

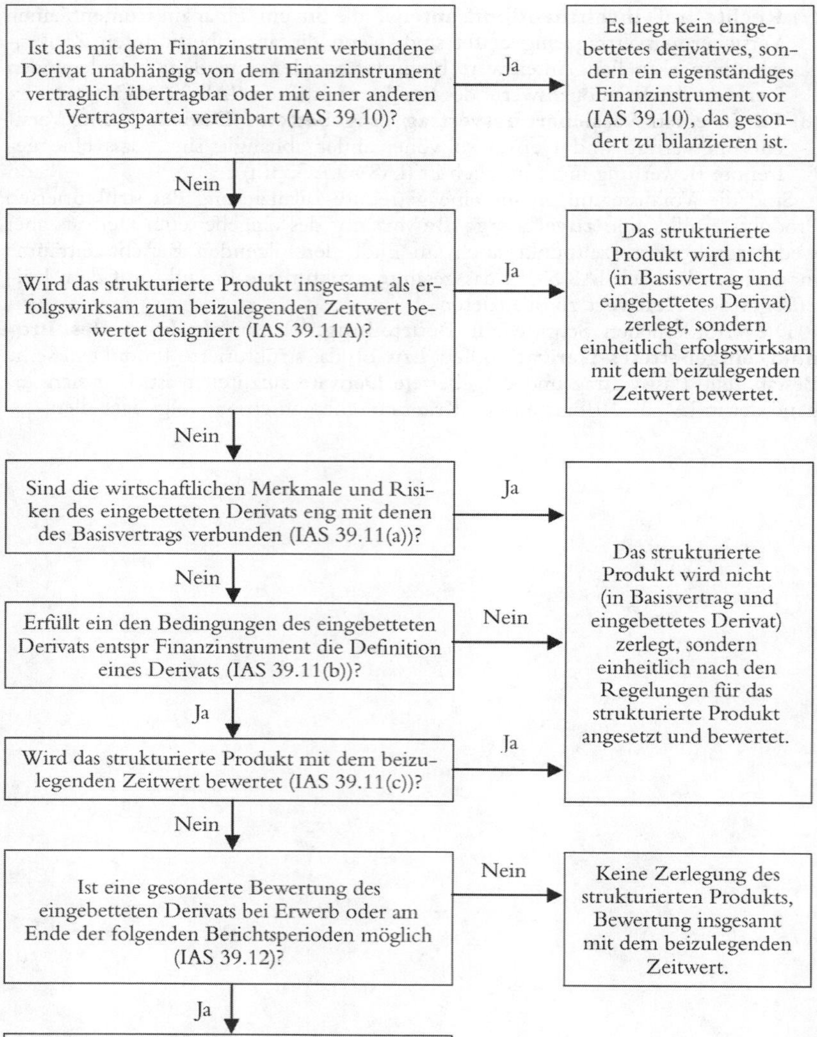

32 **Getrennte Derivate** werden nach den allgemeinen Regelungen (→ Rn 37 ff) bilanziert und können auch als **Sicherungsinstrumente** im Rahmen von *hedge accounting* verwendet werden.

Die Beurteilung, ob eine Trennungspflicht vorliegt oder nicht, erfolgt grds zum Zeitpunkt des erstmaligen Vertragsabschlusses. Eine Neubeurteilung des Produkts ist nur geboten, wenn sich die zugrunde liegenden Vertragsbedingungen so stark ändern, dass es zu einer erheblichen Änderung der Zahlungsströme aus dem Vertrag kommt oder das Gesamtinstrument aus der Kategorie erfolgswirksam zum beizulegenden Zeitwert bewertet umgegliedert wird (IFRIC 9.7 f). Wenn ein Unternehmen nicht in der Lage ist, die Bestandteile des strukturierten

Produkts zu bewerten, muss das Gesamtprodukt erfolgswirksam zum beizulegenden Zeitwert bewertet werden. Damit ist sichergestellt, dass die Wertänderungen, die sich aus dem oder den in das Gesamtprodukt eingebetteten Derivaten ergeben, erfolgswirksam erfasst werden. Die Regelungen des IFRIC 9 gelten auch für Erstanwender. Damit ist bei der Umstellung auf IFRS ebenfalls zu dem Zeitpunkt, an dem das Unternehmen Vertragspartei wird oder zum Zeitpunkt, zu dem sich die Vertragsbedingungen geändert haben und dies einen erheblichen Einfluss auf die Zahlungsströme hat, zu beurteilen, ob eine Trennungspflicht vorliegt oder nicht (IFRIC 9.8).

Mit Verabschiedung von **IFRS 9** wurden die Regelungen für eingebettete Derivate deutlich vereinfacht. Strukturierte Produkte, die einen Basisvertrag enthalten, der ein finanzieller Vermögenswert ist, der in den Anwendungsbereich von IFRS 9 fällt, sind nicht mehr aufzuteilen. Vielmehr sind für das (gesamte) strukturierte Produkt die allgemeinen Klassifizierungsregelungen anzuwenden (IFRS 9.4.3.2). 33

Bei **strukturierten Produkten,** deren **Basisvertrag** nicht unter die Regelungen des IFRS 9 fällt, gelten grds die Regelungen des IAS 39 analog (IFRS 9.4.3.3): Die Trennung des eingebetteten Derivats vom Basisvertrag ist erforderlich, wenn 34

(1) die wirtschaftlichen Charakteristika und Risiken von eingebettetem Derivat und Basisvertrag nicht eng miteinander verbunden sind (IFRS 9.4.3.3(a) und Beispiele hierzu unter IFRS 9.B4.3.5);
(2) ein den Bedingungen des eingebetteten Derivats entspr eigenständiges Finanzinstrument für sich die Definition eines Derivats erfüllen würde (IFRS 9.4.3.3.(b));
(3) das strukturierte Produkt nicht erfolgswirksam mit dem beizulegenden Zeitwert bewertet wird (dh ein Derivat, das in eine finanzielle Verbindlichkeit eingebettet ist, die erfolgswirksam zum beizulegenden Zeitwert bewertet wird, wird nicht getrennt (IFRS 9.4.3.3(c)).

Erfolgt die Trennung von Basisvertrag und eingebettetem Derivat, ist der Basisvertrag nach den für ihn geltenden allgemeinen IFRS zu bilanzieren (IFRS 9.4.3.4) während das (abgetrennte) Derivat nach den Regelungen des IFRS 9 zu bilanzieren ist (vgl auch → § 3 Rn 516 ff).

Auch wenn der Basisvertrag kein finanzieller Vermögenswert iSd IFRS 9 ist, kann grds das gesamte Instrument erfolgswirksam zum beizulegenden Zeitwert erfasst werden, es sei denn das/die eingebettete(n) Derivat(e) verändert(n) die urspr vertraglichen Cashflows nur unwesentlich oder es ist unschwer zu erkennen, dass ein ähnliches strukturiertes Produkt nicht getrennt werden darf (wie zB eine Vorauszahlungsoption für ein Darlehen, die dem Inhaber ermöglicht, das Darlehen annähernd zu den fortgeführten Anschaffungskosten zu tilgen; IFRS 9.4.3.5).

Wenn ein Unternehmen nicht in der Lage ist, ein eigentlich trennungspflichtiges Derivat zu bewerten, muss das gesamte Instrument erfolgswirksam zum beizulegenden Zeitwert bewertet werden (IAS 39.12/IFRS 9.4.3.6).

(einstweilen frei) 35

II. Anzuwendende IFRS und Abgrenzung zu anderen IFRS

Die Rechnungslegung von Derivaten ist im Wesentlichen in **IAS 32** und **IAS 39** und künftig in **IFRS 9** geregelt. Darüber hinaus ist bei der Nettoinvestition in eine Auslandsgesellschaft insbes IAS 21 zu beachten. Angabepflichten sind in **IFRS 7** geregelt. 36

IFRS 7, IAS 32, IAS 39 sowie IFRS 9 sind unabhängig von branchen-, rechtsform- oder größenspezifischen Aspekten von allen Unternehmen zu beachten.

B. Ansatz und Bewertung

37 **Ansatz** und **Bewertung** derivativer Finanzinstrumente werden durch IAS 39/IFRS 9 geregelt. Gem IAS 39.9(a)(iii) gelten derivative Finanzinstrumente – wenn es sich nicht um Finanzgarantien handelt oder sie nicht zu Sicherungszwecken bestimmt oder geeignet sind – als **zu Handelszwecken gehalten** *(held for trading);* sie sind damit Bestandteil der Kategorie „erfolgswirksam zum beizulegenden Zeitwert bewertet" (vgl zu den Kategorien → § 3 Rn 49 ff).

38 Nach **IFRS 9** kommt für die Zuordnung von Derivaten grds nur die Kategorie **erfolgswirksam zum beizulegenden Zeitwert bewertet** in Frage, weil die erzielten Zahlungsströme nicht ausschließlich Zins und Tilgung darstellen (Kategorie zu fortgeführten Anschaffungskosten IFRS 9.4.1.1 f; zur Darstellung der Kategorien nach IFRS 9 → § 3 Rn 361 ff).

I. Ansatz

39 Derivate sind nach IAS 39/IFRS 9 grds als **finanzielle Vermögenswerte** oder **Verbindlichkeiten** zu bilanzieren (→ Rn 4, → Rn 75). Gem IAS 39.14/IFRS 9.3.1.1 hat ein Unternehmen ein Finanzinstrument dann, aber auch nur dann anzusetzen, wenn es **Vertragspartei** zu den vertraglichen Regelungen des Finanzinstruments geworden ist. Voraussetzung für den Ansatz eines Derivats ist somit ein Vertrag; einer bestimmten Form (schriftlich, mündlich oder durch konkludentes Handeln) bedarf es hingegen nicht. Geplante Geschäftsabschlüsse *(planned future transactions)* sind unabhängig von ihrer Eintrittswahrscheinlichkeit grds nicht im Jahresabschluss zu erfassen, da am Bilanzstichtag kein Vertrag vorliegt, der eine Forderung oder Verbindlichkeit begründet (IAS 39.AG35(e)/IFRS 9.B3.1.2(e)).

1. Einbuchung

40 Die Einbuchung von Derivaten erfolgt nach den **allgemein** für Finanzinstrumente aufgestellten **Regelungen,** sodass auf die Ausführungen unter → § 3 Rn 86 ff verwiesen wird. Nach IAS 39.38/IFRS 9.B.3.1.3 besteht grds ein Wahlrecht zwischen der Bilanzierung zum Handelstag oder zum Erfüllungstag, es wird gem IAS 39.AG35(c)/IFRS 9.B3.1.2(c) jedoch für (unbedingte) Termingeschäfte aufgehoben; diese sind grds bereits bei **Abschluss des Geschäfts (Handelstag)** zu erfassen. Optionsverträge sind entspr IAS 39.AG35(d)/IFRS 9.B3.1.2(d) anzusetzen, wenn der Inhaber bzw Stillhalter Vertragspartei wird.

Da viele Derivate **definitionsgemäß** zu Beginn einen Marktwert von Null haben, kommt es trotz der grds Regelungen in diesen Fällen nicht zu einer Erstverbuchung. Allerdings wird insbes bei zusammengesetzten Derivaten häufig die Marge eingepreist, sodass der Marktwert zu Beginn (mehr oder weniger deutlich) von null abweicht und entspr zu erfassen ist.

41 *(einstweilen frei)*

2. Ausbuchung

42 Die Ausbuchung von Derivaten erfolgt nach den **für alle Finanzinstrumente geltenden Regelungen** (IAS 39.15 ff/IFRS 9.3.2.1 ff), sodass auf die Ausführun-

gen unter → § 3 Rn 100 ff verwiesen wird. Anlässe für Ausbuchungen sind die Erfüllung oder Glattstellung von Derivaten. Bei der Glattstellung handelt es sich um die (vorzeitige) Beendigung eines Derivats, die regelmäßig zu Ausgleichszahlungen führt.

In der **Praxis** kommt es häufiger vor, dass Derivate mit negativen Marktwerten durch andere Derivate **ersetzt** werden, die dann im Verhältnis zu den aktuellen Marktbedingungen jedoch schlechtere Konditionen aufweisen. Hierbei handelt es sich um zwei unterschiedliche Geschäftsvorfälle, die separat erfasst werden müssen: Der erste Schritt betrifft die Auflösung des bisherigen Derivats mit negativem Marktwert durch eine Zahlung und der zweite die Übernahme des neuen Derivats, das zu Beginn bereits einen negativen Marktwert aufweist. Dieser wird durch eine Zahlung der Bank abgegolten, sodass netto keine Zahlungsströme stattfinden.

(einstweilen frei) 43–45

II. Bewertung

1. Erstbewertung

Entspr dem allgemeinen Grundsatz in IAS 39.43/IFRS 9.5.1.1 sind Derivate bei der erstmaligen Erfassung mit ihrem **beizulegenden Zeitwert** *(fair value)* anzusetzen. Nach den hierzu in IAS 39.AG64/IFRS 9.B5.1.1 gegebenen Erläuterungen wird dieser idR dem Transaktionspreis, dh dem Zeitwert der hingegebenen bzw erhaltenen Gegenleistung entsprechen (vgl hierzu auch in Bezug auf Ausnahmefälle in denen der Transaktionspreis nicht mit dem beizulegenden Zeitwert übereinstimmt → § 3 Rn 156 ff). 46

Aufgrund der Regelung und IAS 39.43/IFRS 9.5.1.1 und dem Umstand, dass Derivate regelmäßig **erfolgswirksam zum beizulegenden Zeitwert** zu bewerten sind sowie der Abgrenzung des beizulegenden Zeitwerts sind Transaktionskosten bei der erstmaligen Erfassung von Derivaten nicht aktivierungsfähig und somit regelmäßig unmittelbar erfolgswirksam. Die Regelungen zur Ermittlung des beizulegenden Zeitwerts sind in **IFRS 13** gebündelt (hierzu → § 2 Rn 221 ff). Damit sind Derivate zum Zeitpunkt der Erstbewertung idR zum **Transaktionspreis** zu bewerten, soweit dieser dem beizulegenden Zeitwert entspricht. In den meisten Fällen beträgt der beizulegende Zeitwert von Derivaten zum Zeitpunkt der erstmaligen Bewertung null, sodass sich weitergehende Überlegungen in Bezug auf den Unterschied zwischen Transaktionspreis und beizulegendem Zeitwert erübrigen.

Upfront payments stellen einen Ausgleich zwischen den Konditionen eines Finanzinstruments und dessen aktuellem Marktwert bei Vertragsabschluss dar. Diese positiven oder negativen Korrekturposten sind als Anschaffungskosten zu aktivieren oder zu passivieren. 47

Bei der an Terminbörsen zu leistenden Grunddeckung ***(initial margin)*** handelt es sich um eine Sicherheitsleistung, die nach den für Sicherheiten geltenden Grundsätzen gesondert als eigenständiger Vermögenswert zu bilanzieren ist. 48

2. Folgebewertung

Die Folgebewertung von Derivaten hat, da diese nach IAS 39.9 grds als zu Handelszwecken eingestuft werden bzw. diese die Kriterien für eine Bewertung zu fortgeführten Anschaffungskosten (IFRS 9.4.1.2) bzw erfolgsneutral zum beizulegenden Zeitwert (IFRS 9.4.1.2A) nicht erfüllen, erfolgswirksam mit dem **beizulegenden Zeitwert** *(fair value)* zu erfolgen (IAS 39.46/IFRS 9.4.1.4, 49

IFRS 9.B4.1.9). Abweichungen ergeben sich bei Derivaten, soweit diese zu Sicherungszwecken gehalten werden (→ Rn 52ff). ***Variation margins,*** die aufgrund der börsentäglichen Abrechnung zu Zahlungsvorgängen führen, sind als Sicherheitsleistung und nicht als Glattstellung des zugrunde liegenden Geschäfts zu behandeln; sie sind daher erfolgsneutral gesondert zu bilanzieren.

Der **Grundsatz** der Bewertung mit dem beizulegenden Zeitwert basiert auf der **Annahme,** dass dieser idR für die zu Handelszwecken gehaltenen Vermögenswerte/Verbindlichkeiten verfügbar oder verlässlich bestimmbar ist.

50 Gewinne oder Verluste aus der **Bewertung** mit dem **beizulegenden Zeitwert** sind – soweit es sich nicht um Sicherungsgeschäfte handelt – gem IAS 39.55(a)/IFRS 9.5.7.1(a) erfolgswirksam in der **Gesamtergebnisrechnung** zu erfassen. Dies gilt nach IAS 39.AG83/IFRS 9.B5.7.2 auch für auf monetäre und auf Fremdwährung lautende Derivate, die nicht der Absicherung des Cashflows oder einer Nettoinvestition dienen. Ausgenommen sind nach IFRS 9.B5.7.2 weiterhin monetäre Posten, die Gegenstand einer Sicherungsbeziehung mit Eigenkapitalinstrumenten sind, für die das Unternehmen in Übereinstimmung mit IFRS 9.5.7.5 einen Ausweis der Veränderung des beizulegenden Zeitwertes im sonstigen Ergebnis gewählt hat.

51 Bei der Ermittlung des beizulegenden Zeitwerts ist auf die Bewertungsregelungen des IFRS 13 zurückzugreifen, nach der **drei Bewertungsebenen** unterschieden werden: Die Bewertung auf der ersten Ebene (*level* 1) bestimmt sich nach Börsen- oder Marktpreisen, die auf aktiven Märkten ermittelt werden können (IFRS 13.76ff). Auf der zweiten Ebene (*level* 2) werden Vergleichspreise herangezogen, Börsen- oder Marktpreise für gleiche oder ähnliche Vermögenswerte oder Verbindlichkeiten in inaktiven Märkten, Bewertungen, die auf anderen preisebestimmenden Faktoren wie Zinskurven, Volatilitäten oder *credit spreads* beruhen, oder Bewertungen, die auf der Basis von Marktdaten ermittelt werden (IFRS 13.81f). Auf der dritten Ebene (*level* 3) erfolgt die Ermittlung mangels Marktdaten nach Bewertungsmodellen (IFRS 13.86ff; zu den Bewertungsmodellen → § 2 Rn 254ff). Für Derivate, die idR OTC-Produkte sind, kommt in den meisten Fällen nur eine Bewertung nach den Vorschriften der *level* 2 oder 3 in Frage.

C. Hedge Accounting

I. Übersicht

52 Derivative Finanzinstrumente werden regelmäßig zur **Absicherung** *(hedging)* von **Risiken** aus schwankenden Marktpreisen, zB Wechselkurs- oder Zinsänderungen, sowie aus schwankenden Zahlungsströmen eingesetzt. Wirtschaftlich betrachtet kompensieren dann die Wert- bzw Zahlungsstromänderungen des Derivats die gegenläufigen Entwicklungen aus dem korrespondierenden Grundgeschäft entweder vollständig oder teilweise. Ohne gesonderte Regelung für die Bilanzierung von Sicherungsbeziehungen (sog *hedge accounting*) würde das zu Sicherungszwecken verwendete Derivat zum beizulegenden Zeitwert erfasst und das korrespondierende Grundgeschäft nach den allgemeinen Regelungen entweder zu fortgeführten Anschaffungskosten oder zum beizulegenden Zeitwert (erfolgswirksam oder erfolgsneutral) bewertet. Es wird deutlich, dass, nur wenn das Grundgeschäft ebenfalls erfolgswirksam zum beizulegenden Zeitwert bewertet wird, die Kompensation der Risiken automatisch im Abschluss reflektiert wird. In allen anderen Fällen erfolgt eine Verzerrung der wirtschaftlichen Gegebenheiten durch die Darstellung in der Bilanz bzw Gesamtergebnisrechnung. Die Re-

gelungen für *hedge accounting* entspr IAS 39.71 ff/IFRS 9.6.1.1 sollen diese Inkongruenz beseitigen. Dabei war es dem Standardsetzer ein Anliegen, dass diese „Sonderregelungen" nur für **besonders geeignete Sicherungsbeziehungen** angewandt werden dürfen, weil anderenfalls die strikten Regelungen für die erfolgswirksame Erfassung von Derivaten aufgeweicht würden. Während IAS 39 hierzu einen mehr formalen Weg beschreitet, stellen die Regelungen des IFRS 9 zum *hedge accounting* den ökonomischen Zusammenhang zwischen Grund- und Sicherungsgeschäft stärker in den Vordergrund, sodass der Zusammenhang zwischen Rechnungslegung und Risikomanagement bei der Bildung von Sicherungszusammenhängen besser berücksichtigt wird.

Um die Regelungen anzuwenden, ist es zunächst erforderlich, dass ein „de- 53
signiertes Sicherungsgeschäft" (IAS 39.71/IFRS 9.6.1.2) vorliegt, das aus einem Grundgeschäft und einem oder mehreren Sicherungsinstrumenten besteht. IAS 39.86/IFRS 9.6.5.2 unterscheidet **drei Arten** von **Sicherungsbeziehungen:**

(1) Absicherung des beizulegenden Zeitwerts *(fair value hedge),*
(2) Absicherung des Cashflows *(cashflow hedge)* und
(3) Absicherung der Nettoinvestition in eine Auslandsgesellschaft *(hedge of a net investment in a foreign entity).*

	Hedge Accounting		
	***fair value hedge* (IAS 39.86(a) / IFRS 9.6.5.2(a))**	***cashflow hedge* (IAS 39.86(b) / IFRS 9.6.5.2(b))**	***hedge of a net investment in a foreign entity* (IAS 39.86(c) / IFRS 9.6.5.2(c))**
Abzusicherndes Risiko	Veränderung des beizulegenden Zeitwerts	Schwankungen zukünftiger Zahlungsströme	Veränderung von Wechselkursen
Gegenstand (abgesichertes Grundgeschäft; IAS 39.78 ff)	• bereits bilanzierte Vermögenswerte und Schulden • nicht bilanzierte schwebende Geschäfte (feste Verpflichtungen – *unrecognised firm commitments*) • oder bestimmte Komponenten solcher Posten die einem bestimmten Risiko zuzuordnen sind und das Ergebnis beeinflussen können	• bereits bilanzierte Vermögenswerte und Schulden • erwartete zukünftige Transaktion (highly probable *forecast transaction)* • nicht bilanzierte schwebende Geschäfte (feste Verpflichtungen – unrecognised firm commitments) bzgl Wechselkursrisiken (IAS 39.87)	• Nettoinvestition in eine wirtschaftlich selbstständige Einheit im Ausland gem IAS 21.30

Fair value hedges dienen der Absicherung des beizulegenden Zeitwerts des 54
Grundgeschäfts. Beispiele für *fair value hedges* sind in den Implementierungshilfen (*implementation guidelines,* IG) zu IAS 39 enthalten. Im Zuge der Entwicklung des IFRS 9 hat sich der IASB entschlossen, die IG nicht weiter fortzuführen, da sie nicht verpflichtender Teil des Standardtextes sind. Gleichwohl betont der Board in IFRS 9.BC6.95, dass die Nichtübernahme der IG in IFRS 9 nicht bedeutet,

dass er diese Implementierungshilfen als nicht mehr zutreffend erachtet. Auch nach IFRS 9 sind somit folgende Beispiele weiterhin zutreffend (*IDW* RS HFA 9 Rz 318):

(1) Sicherung eines gewährten festverzinslichen Kredits oder einer festverzinslichen Verbindlichkeit gegen Zeitwertänderungen aufgrund von Zinssatzänderungen (IAS 39.AG102);

(2) Sicherung einer variabel verzinslichen Anleihe gegen eine Zeitwertänderung der Anleihe aus der Änderung des Bonitätsrisikos oder aus einem geringen, für die Dauer der Zinsfestschreibungsperiode noch verbleibenden Zinsänderungsrisiko (etwa durch Abschluss eines Basisswap zum Erhalt von Zinsen auf Basis kürzerer Zinsanpassungstermine, IAS 39.IG.F.3.5);

(3) Sicherung des Wechselkursrisikos einer Fremdwährungsverbindlichkeit oder einer Forderung aus Lieferungen und Leistungen in Fremdwährung (alternativ: *cashflow hedge,* IAS 39.IG.F.3.3, IAS 39.IG.F.3.4). Dies schließt auch konzerninterne Forderungen bzw Verbindlichkeiten ein, deren Wechselkursänderungen bei der Konsolidierung nicht vollständig eliminiert werden (IAS 39.80/ IFRS 9.6.3.6);

(4) Sicherung eines Rohstoffbestands gegen Zeitwertänderungen aufgrund von Schwankungen des Rohstoffpreises (IAS 39.IG. F.3.6);

(5) Sicherung der Änderung des Energiepreises aus einem nicht bilanzierten Vertrag zur Lieferung von Energie zu einem festgelegten Preis (IAS 39.AG104).

55 ***Cashflow hedges*** dienen der Absicherung der Ergebnisauswirkungen von Zahlungsströmen aus bestimmten Risiken im Zusammenhang mit erfassten Vermögenswerten oder Verbindlichkeiten, bisher nicht erfassten festen Verpflichtungen (nur das Währungsrisiko) und hoch wahrscheinlichen Geschäften. Beispiele für ***cashflow hedges*** sind (*IDW* RS HFA 9 Rz 319):

(1) Sicherung des Währungsrisikos aus geplanten Fremdwährungsumsätzen durch die Aufnahme einer Fremdwährungsverbindlichkeit (IAS 39.IG.F.2.4), den Abschluss eines Devisentermingeschäfts oder einer Devisenoption;

(2) Abschluss eines *swap,* um eine variabel verzinsliche Verbindlichkeit ökonomisch in eine festverzinsliche Verbindlichkeit umzuwandeln. Bei variablen Kapitalbeträgen handelt es sich hier um den *hedge* einer erwarteten Transaktion, da Gegenstand des *hedge* die künftigen Zinszahlungen der variabel verzinslichen Verbindlichkeit sind (IAS 39.AG103);

(3) geplante Emission einer festverzinslichen Anleihe (IAS 39.IG.F.2.2);

(4) Sicherung des Wechselkursrisikos einer Fremdwährungsverbindlichkeit oder einer Forderung aus Lieferung und Leistung in Fremdwährung (alternativ: *fair value hedge,* IAS 39.IG.F.3.3, IAS 39.IG.F.3.4). Dies schließt auch konzerninterne Forderungen bzw Verbindlichkeiten ein, deren Wechselkursänderungen bei der Konsolidierung nicht vollständig eliminiert werden (IAS 39.80/IFRS 9.6.3.6);

(5) physische Belieferung aus einem Vertrag, bei dem der Preis fest vereinbart ist und der als Derivat bilanziert wird (IAS 39.IG.F.2.5). Die physische Belieferung wird danach als Grundgeschäft für das Derivat selbst designiert. Dementsprechend kann ein Unternehmen bspw bei einem Termingeschäft über die physische Belieferung mit einem Schuldtitel (wobei das Termingeschäft aufgrund seiner Laufzeit nicht unter die Ausnahmeregelung für marktübliche Kassalieferungen fällt) den Terminkontrakt als Sicherungsinstrument für die Variabilität der Kaufpreiszahlung für den Schuldtitel (dh für eine erwartete Transaktion) designieren;

(6) variable Zinszahlungen, die einem Risiko der vorzeitigen Rückzahlung unterliegen, sofern die Zahlungen mit hoher Wahrscheinlichkeit zu erwarten sind (IAS 39.IG.F.2.12).

Nicht finanzielle Vermögenswerte oder Verbindlichkeiten können entspr IAS 39.82 entweder gegen Währungsrisiken oder insgesamt als Grundgeschäft in einer Sicherungsbeziehung verwendet werden. Grund hierfür ist, dass es – so IAS 39 – in aller Regel schwierig ist, die Wertänderungen der einzelnen Risiken zu ermitteln, weil nicht-finanzielle Vermögenswerte und Verbindlichkeiten idR keine vorhersehbaren, getrennt bestimmbaren Auswirkungen auf den Preis des Postens haben, die mit den Auswirkungen zB einer Änderung des Marktzinses auf den Kurs einer Anleihe vergleichbar wären (IAS 39.AG100). 56

Ansonsten gelten die allgemeinen Regelungen für *hedge accounting.* Insbes für ***commodities*** wird die Darstellung von Sicherungsbeziehungen schwierig bis unmöglich, weil passgenaue Sicherungsinstrumente häufig nicht vorhanden sind. Es ist daher zulässig, den Wert des Sicherungsinstruments größer oder kleiner zu wählen als den des Grundgeschäfts, weil hierdurch die Wirksamkeit der Sicherungsbeziehung verbessert wird. In IAS 39.AG100 wird dies anhand eines Beispiels beschrieben, indem über eine Regressionsanalyse der statistische Zusammenhang zwischen zwei Kaffeesorten belegt und so die prospektive Effektivität nachgewiesen wird. 57

Die engen Regelungen des IAS 39 in diesem Bereich machen deutlich, dass sie nicht geeignet sind, die tatsächlichen wirtschaftlichen Gegebenheiten vollständig abzubilden. Nicht zuletzt aus diesem Grund wurden im Rahmen des IFRS 9 die Regelungen für *hedge accounting* von nicht finanziellen Vermögenswerten oder Verbindlichkeiten deutlich gelockert. Nach IFRS 9.6.3.7 wird die Differenzierung zwischen finanziellen und nicht-finanziellen Vermögenswerten/Verbindlichkeiten nicht fortgeführt, sodass auch für nicht-finanzielle Vermögenswerte/Verbindlichkeiten einzelne Risikokomponenten abgesichert werden können, wenn diese eindeutig identifizierbar und zuverlässig bewertbar sind. Zur Möglichkeit, für *own-use*-Verträge die auch durch Zahlungsmittel oder andere Finanzinstrumente ausgeglichen werden können, unwiderruflich die *fair value option* in Anspruch zu nehmen, wenn dies einen *accounting mismatch* beseitigt s auch *Kuhn/Hachmeister* IRZ 2015, 277 (283). Diese Ausnahmeregelung dient der Abbildung natürlicher *hedges.*

Die Absicherung von **Nettoinvestitionen in ausländische Geschäftsbetriebe** wird in IAS 21 und IAS 39/IFRS 9 geregelt. Ausländische Geschäftsbetriebe *(foreign operations)* sind TU, assoziierte Unternehmen, Gemeinschaftsunternehmen oder Niederlassungen des berichtenden Unternehmens, deren Geschäftstätigkeit in einem anderen Land angesiedelt oder in einer anderen Währung ausgeübt wird oder sich auf ein anderes Land oder auf eine andere Währung als die des berichtenden Unternehmens erstreckt (IAS 21.8). Aus der Umrechnung der Abschlüsse ausländischer Geschäftsbetriebe mit abweichender funktionaler Währung in die Berichtswährung des MU (IAS 21.39) sowie aus monetären Posten, die Teil der Nettoinvestition in einen ausländischen Geschäftsbetrieb sind (IAS 21.32f), entstehen Währungsdifferenzen, die im Eigenkapital erfasst werden (Währungsausgleichsposten) und sich daher auf den Konzernabschluss auswirken. Dieses **„Translationsrisiko"** – und nur dieses (IFRIC 16.10) – kann durch nicht derivative oder derivative Finanzinstrumente gesichert werden. Die Absicherung einer Nettoinvestition in einen ausländischen Geschäftsbetrieb erfolgt nach IAS 39.102/IFRS 9.6.5.13 entspr den Regelungen für ***cashflow hedges:*** Der effektive Teil des Sicherungsinstruments wird im sonstigen Ergebnis erfasst (und eliminiert dort die gegenläufigen Effekte aus dem Währungsausgleichsposten), der ineffektive Teil ist erfolgswirksam zu buchen. Erst bei Abgang des ausländischen Geschäftsbetriebs wird der für die Sicherungsinstrumente im sonstigen Ergebnis erfasste Betrag erfolgswirksam umgebucht und folgt damit der korrespondierenden Buchung des Währungsausgleichspostens. 58

Grundgeschäft bei diesen *hedges* ist die Nettoinvestition als Ganzes, dh das im Konzernabschluss erfasste Nettovermögen des ausländischen Geschäftsbetriebs (*pwc* 2015 Rz 6.8.139) bzw ein Betrag, der geringer ist als der Buchwert der Nettoinvestition (IFRIC 16.11). Als **Sicherungsinstrumente** werden idR Verbindlichkeiten in Fremdwährung eingesetzt. Da für diese Art Sicherungsbeziehungen die gleichen strengen Voraussetzungen gelten wie bei anderen *hedges,* kommen Derivate nicht häufig zum Einsatz: Der Nachweis der Effektivität ist nur schwer zu erbringen. Das liegt ua daran, dass sich das Nettovermögen je nach wirtschaftlicher Entwicklung des ausländischen Geschäftsbetriebs entwickelt und ggf (großen) Schwankungen unterliegt. Das Sicherungsinstrument kann von jeder Konzerngesellschaft gehalten werden, auch von dem ausländischen Geschäftsbetrieb selbst (IFRIC 16.14)

II. Sicherungsinstrumente

59 Der Kreis zulässiger **Sicherungsinstrumente** wird in IAS 39.72 ff/IFRS 9.6.2.1 ff geregelt. Danach kommen als Sicherungsinstrument im Wesentlichen **derivative Finanzinstrumente** in Betracht. Nicht-derivative Finanzinstrumente können nach IAS 39.72 nur dann zur Bilanzierung von Sicherungsgeschäften eingesetzt werden, wenn sie der Absicherung von Wechselkursrisiken dienen. Nach IFRS 9.6.2.2 sind hingegen grds alle nicht-derivativen Finanzinstrumente, die der Kategorie erfolgswirksam zum beizulegenden Zeitwert bewertet zugeordnet sind (und vollständig erfolgswirksam bewertet werden), als Sicherungsinstrument geeignet.

Ausgenommen sind erfolgswirksam zum beizulegenden Zeitwert bewertete **finanzielle Verbindlichkeiten,** deren Kreditrisiko entspr IFRS 9.5.7.7 im sonstigen Ergebnis abgebildet wird. Die Sicherung von Fremdwährungsrisiken durch nicht-derivative finanzielle Vermögenswerte oder Verbindlichkeiten, die ein Investment in ein **Eigenkapitalinstrument** darstellen ist ebenfalls nicht zulässig, wenn dessen Wertänderungen im sonstigen Ergebnis erfasst werden.

Grds sind Derivate in ihrer **Gesamtheit** als Sicherungsinstrumente einzusetzen (IAS 39.74/IFRS 9.6.2.4). Als Ausnahme dürfen Optionen entspr IAS 39.74(a)/IFRS 9.6.2.4(a) nur mit ihrem inneren Wert als Sicherungsinstrument verwendet werden. Der Zeitwert der Option wird in diesem Fall nicht in die Sicherungsbeziehung einbezogen und separat erfasst. Ähnliches gilt für Terminkontrakte, bei denen Kassakurs und Zinskomponente getrennt werden dürfen (IAS 39.74(b)); IFRS 9.6.2.4(b) erweitert diese Ausnahme um den Fremdwährungsbasisspread, der ebenfalls separiert werden kann.

Weiterhin ist es zulässig, nur einen **Anteil des Nominalvolumens** eines Sicherungsinstruments für die Sicherungsbeziehung zu designieren (zB 60% des Nominalbetrags; IAS 39.75/IFRS 9.6.2.4(c)). Diese Regelung gilt nicht für die Laufzeit, sodass ein Sicherungsinstrument nach IAS 39 immer nur über seine gesamte Restlaufzeit designiert werden kann (IAS 39.75).

Nach IFRS 9 gilt, dass ein Sicherungsinstrument nicht für die Sicherung von Risiken aus Veränderungen des beizulegenden Zeitwerts verwendet werden kann, die nur einen Teil der gesamten Laufzeit des Sicherungsinstruments betreffen (IFRS 9.6.2.4(c)), wie etwa die ersten zwei Jahre eines Swaps, der insgesamt eine Laufzeit von fünf Jahren hat. Es ist aber zulässig, einen Anteil des Swaps als Sicherungsinstrument einzusetzen (zB 80%) und den verbleibenden Teil des Derivats in einem anderen Sicherungszusammenhang.

60 Gem IAS 39.76 können einzelne Sicherungsinstrumente zur Absicherung **verschiedener Risiken** eingesetzt werden, soweit

(1) die **abzusichernden Risiken eindeutig** ermittelt werden können,

(2) die **Wirksamkeit** des Sicherungsgeschäfts **nachweisbar** ist und
(3) eine **eindeutige Zuordnung** zu einzelnen Risikoposten möglich ist.

Die Regelung wird durch IFRS 9.B6.2.6 weitgehend übernommen, wobei klargestellt wird, dass ein Sicherungsinstrument auch zur Sicherung von mehreren Risiken verwendet werden kann. Dies gilt auch für Risiken die verschiedenen Grundgeschäften zuzuordnen sind.

Nicht zulässig ist es nach IAS 39.77, nur **Teile** eines (zusammengesetzten) Derivats für Sicherungszwecke zu verwenden (zB das Zinsrisiko aus einem *cross currency swap*). Diese spezielle Regelung ist in IFRS 9 nicht enthalten. 61

Ebenfalls **nicht** als **Sicherungsinstrumente geeignet** sind:
(1) eigene Eigenkapitalinstrumente des Unternehmens, da sie für das Unternehmen keine finanziellen Vermögenswerte oder Schulden darstellen (IAS 39.AG97/IFRS 9.B6.2.2);
(2) Instrumente, an denen nur konzerninterne Parteien beteiligt sind; Sicherungsgeschäfte zwischen Unternehmen eines Konzerns sind zwar bei dem einzelnen Unternehmen als Sicherungsgeschäft geeignet; auf der Ebene des Konzerns sind die Ergebnisse aus diesen Sicherungsgeschäften jedoch zu eliminieren, sodass die Bedingungen für eine Bilanzierung als Sicherungsgeschäft nicht erfüllt sind. Entspr gilt für interne Sicherungsgeschäfte zwischen einzelnen Bereichen oder Niederlassungen eines Unternehmens (IAS 39.73/IFRS 9.6.2.3);
(3) geschriebene Optionen (auch wenn sie in ein anderes Instrument eingebettet sind), es sei denn, sie werden zur Glattstellung einer Option eingesetzt (IAS 39.AG94/IFRS 9.6.2.6, IFRS 9.B6.2.4). Dies gilt auch für alle Instrumente, die insgesamt betrachtet zum Zeitpunkt ihrer Designation als Sicherungsinstrument eine geschriebene Option darstellen. Damit sind *collars* oder ähnliche Instrumente, die aus einer erworbenen und einer geschriebenen Option zusammengesetzt sind, nur dann als Sicherungsinstrument geeignet, wenn hierfür keine Nettoprämie vereinnahmt wird (IAS 39.77).

Voraussetzung für den **Einsatz als Sicherungsinstrument** ist darüber hinaus, dass das Sicherungsinstrument erfolgswirkwirksam zum bilanzierenden Zeitwert bewertet wird und der beizulegende Zeitwert des Sicherungsinstruments **verlässlich bestimmbar** ist (vgl *Kuhn/Scharpf,* 358). 62

III. Grundgeschäfte

Als **gesichertes Grundgeschäft** kommen neben bilanzierten Vermögenswerten und Verbindlichkeiten auch nicht bilanzierte feste Verpflichtungen *(firm commitments),* Nettoinvestitionen in eine wirtschaftlich selbstständige Einheit im Ausland sowie erwartete zukünftige Transaktionen *(forecast transactions)* in Betracht (IAS 39.78/IFRS 9.6.3.1). Letztere allerdings nur dann, wenn deren Eintritt mit hoher Wahrscheinlichkeit erwartet wird (IAS 39.78/IFRS 9.6.3.3). 63

Grundgeschäfte können dabei einzelne finanzielle als auch nicht-finanzielle Vermögenswerte, Verbindlichkeiten, feste Verpflichtungen oder erwartete Transaktionen sowie Nettoinvestitionen in eine wirtschaftlich selbstständige Einheit im Ausland sein (IAS 39.78), aber auch ein Portfolio der genannten Finanzinstrumente. Nach IAS 39 kann ein Portfolio nur dann in eine Sicherungsbeziehung designiert werden, wenn
(1) diese ein vergleichbares Risikoprofil aufweisen (IAS 39.78) und
(2) sich die Zeitwertveränderung jedes Postens des Portfolios hinsichtlich des abgesicherten Risikos annähernd proportional zur Zeitwertveränderung des Gesamtportfolios verhält (IAS 39.83).

Insbes die letzte der vorstehenden Voraussetzungen schränkt die Absicherung von Portfolien in der Praxis deutlich ein; durch IFRS 9 werden daher iSe stärkeren Ausrichtung auf die **ökonomischen Zusammenhänge** weniger restriktive Anforderungen gestellt. Nach IFRS 9.6.3.1 iVm IFRS 9.6.6.1 kann ein Portfolio (das auch eine Nettoposition umfassen kann, was nach IAS 39 nicht zulässig ist) gesichertes Grundgeschäft sein, wenn

(1) die darin enthaltenen Finanzinstrumente (oder einzelne Komponenten dieser Finanzinstrumente) für sich allein ein zulässiges Grundgeschäft darstellen (IFRS 9.6.6.1(a)),
(2) die betreffenden Finanzinstrumente im Rahmen des Risikomanagements auf Portfoliobasis gesteuert werden (IFRS 9.6.6.1(b)) und
(3) im Falle eines *cash flow hedges* einer Gruppe von Instrumenten, bei dem nicht erwartet wird, dass die Variabilität der Cashflows der einzelnen Instrumente sich annähernd proportional zum Gesamtportfolio verhält, und die folgenden weiteren Voraussetzungen vorliegen:
   (a) es handelt sich um eine Fremdwährungsabsicherung (IFRS 9.6.6.1.(c)(i)) und
   (b) die Designation spezifiziert die Berichtsperiode, in der die erwarteten Transaktionen (*forecast transactions*) voraussichtlich ergebniswirksam werden, sowie Art und Umfang der ergebniswirksamen Auswirkungen (IFRS 9.6.6.1(c)(ii) iVm IFRS 9.B6.6.7f).

64 **Feste Verpflichtungen** sind rechtlich verbindliche Vereinbarungen zum Austausch einer bestimmten Menge an Ressourcen zu einem festgesetzten Preis und einem festgesetzten Zeitpunkt oder Zeitpunkten (IAS 39.9/IFRS 9.Anhang A). Hierunter fällt zB der Kauf oder Verkauf von Rohstoffen zu einem bestimmten Zeitpunkt in der Zukunft, wenn der zugrunde liegende Vertrag bereits abgeschlossen wurde.

65 **Erwartete Transaktionen** sind noch nicht fest zugesagte, aber voraussichtlich eintretende künftige Transaktionen. Für solche Transaktionen besteht noch kein bindender Vertrag. Die Transaktionen müssen dennoch identifizierbar sein, um als Grundgeschäft im Rahmen von *hedge accounting* verwendet werden zu dürfen, da ansonsten der Zusammenhang zwischen Grund- und Sicherungsgeschäft rechnerisch nicht hergestellt werden kann. Die erwartete Transaktion muss ferner hoch wahrscheinlich sein. Dies übersetzt *IDW* RS HFA 35, Rz 32 als „so gut wie sicher" bzw so sicher, dass das Eintreten nur unter außergewöhnlichen Umständen verhindert wird, die außerhalb des Einflussbereichs des Bilanzierenden liegen. Der Begriff *„highly probable"* beinhaltet in jedem Fall eine sehr hohe Eintrittswahrscheinlichkeit, die auf jeden Fall *more likely than not* deutlich übertrifft. Indikatoren für die **Eintrittswahrscheinlichkeit** sind (*pwc* 2015 Rz 6.8.122):

(1) die Häufigkeit ähnlicher Transaktionen in der Vergangenheit,
(2) die finanziellen und betrieblichen Möglichkeiten des Unternehmens, die Transaktion durchzuführen,
(3) substanzielle Bindung von Ressourcen für die Transaktion,
(4) das mögliche Ausmaß der Unterbrechung der Produktion oder des Entstehens eines Verlusts, wenn die Transaktion nicht durchgeführt wird,
(5) die Vielfalt anderer Möglichkeiten, denselben wirtschaftlichen Zweck zu erreichen,
(6) die Unternehmensplanung.

Die Tatsache, dass in der Vergangenheit ähnliche Transaktion letztlich nicht durchgeführt wurden, obwohl sie urspr als hoch wahrscheinlich klassifiziert wurden, ist ein Indiz dafür, dass das Unternehmen deren Eintrittswahrscheinlichkeit nicht verlässlich schätzen kann, und steht daher der Nutzung solcher Transaktionen im Rahmen von *hedge accounting* entgegen (*pwc* 2015 Rz 6.8.126; ebenso *IDW* RS HFA 35 Rz 32).

Nach **IFRS 9** können auch **aggregierte Risikopositionen** Grundgeschäft im Rahmen einer Sicherungsbeziehung sein. Dies gilt auch für hochwahrscheinliche zukünftige Transaktionen die eine aggregierte Risikoposition darstellen (IFRS 9.6.3.4). Aggregierte Risikopositionen bestehen aus einer Risikoposition und einem Derivat und stellen damit zweistufige Sicherungsbeziehungen dar. IdR betrifft dies Fälle, in denen zum Zeitpunkt der Designation der urspr Sicherungsbeziehung Risiken aus Zahlungsströmen oder dem beizulegenden Zeitwert durch entspr Sicherungsinstrumente reduziert oder eliminiert wurden. Zu einem späteren Zeitpunkt entscheidet das Unternehmen, die verbleibenden Risiken zu sichern, und kann dann nach den neuen Regelungen die aggregierte Risikoposition (dh die Gesamtheit der ersten Sicherungsbeziehung) als Grundgeschäft verwenden.

Beispiel: Unternehmen A mit US-$ als funktionaler Währung begibt eine variabel verzinsliche Anleihe in Euro und beschließt, dass aus den variablen Zahlungsströmen entstehende Zinsrisiko abzusichern, indem es einen variabel zu festen Zinsswap in Euro abschließt. Um die Volatilität in der Gesamtergebnisrechnung zu reduzieren, designiert es diese Sicherungsbeziehung als *cashflow hedge.* Später entscheidet sich das Unternehmen, auch das Fremdwährungsrisiko zu eliminieren, und schließt hierfür einen US-$/Euro *fixed-fixed cross currency interest rate swap* ab (*pwc* 2015 Rz 6.8A.96 Example).

Darüber hinaus können **Portfolien** aus finanziellen Vermögenswerten und Verbindlichkeiten im Rahmen eines *fair value hedge* gegen Zinsänderungsrisiken abgesichert werden, ohne dass die ansonsten nach IAS 39.83 erforderliche Proportionalität der Risikoentwicklung erwartet werden müsste. 66

Die ausschließlich auf *fair value hedges* von **Zinsänderungsrisiken auf Portfoliobasis** bezogene Regelung in IAS 39.81A erlaubt, anstelle einzeln definierter Vermögenswerte/Verbindlichkeiten, dass auch ein pauschaler „gesicherter Betrag" (jedoch kein Nettobetrag aus Vermögenswerten und Verbindlichkeiten) als Grundgeschäft designiert werden kann. Hierzu sind zunächst Portfolien festverzinslicher währungsidentischer Finanzinstrumente zu identifizieren und diese auf der Basis erwarteter Laufzeiten/Zinsanpassungstermine in Laufzeitbänder zu unterteilen. Die Portfolien können dabei sowohl Vermögenswerte als auch Verbindlichkeiten umfassen; die Bildung mehrerer Portfolien ist zulässig. Der „gesicherte Betrag" bezieht sich jeweils auf ein Laufzeitband aus einem zuvor festgelegten Portfolio und wird durch die Nettorisikoposition (Aktiv-/Passivüberhang) im jeweiligen Laufzeitband begrenzt. Abgesichert werden kann nur ein bestimmtes Zinsrisiko, wobei auch ein bestimmter Teil eines Zinsänderungsrisikos abgesichert werden kann. Nicht durch den Portfolioansatz zum Zinsänderungsrisiko abgedeckt wird hingegen die Absicherung anderer Risiken (zB sonstige Marktpreis- oder Bonitätsrisiken), sodass es diesbezüglich bei den allgemeinen Anforderungen zur Portfoliobildung, insbes hinsichtlich des vergleichbaren Risikoprofils, verbleibt. 67

Entspr den allgemeinen Regelungen zum *fair value hedge* unterliegt auch die Sicherungsbeziehung im Rahmen einer Portfolioabsicherung gegen Zinsänderungsrisiken einem prospektiven und retrospektiven **Effektivitätstest.** Nach Ablauf der Sicherungsperiode ist darüber hinaus unter Berücksichtigung von Abgängen ein „korrigierter Gesamtbetrag" zu ermitteln, um die auf das abgesicherte Risiko entfallenden Änderungen des beizulegenden Zeitwerts zu ermitteln. Die danach auf den gesicherten Gesamtbetrag (Grundgeschäft) entfallende Änderung des beizulegenden Zeitwerts kann pauschal in einem gesonderten Bilanzposten bilanziert werden (dh es erfolgt keine Zuordnung auf einzelne Positionen des Portfolios) und ist im Periodenergebnis zu erfassen (vgl zu Einzelheiten *Kuhn/Scharpf* DB 2003, 2293 (2293 ff)). Der gesonderte Posten ist in Abhängigkeit davon, ob das Grundgeschäft einen Vermögenswert oder eine Verbindlichkeit darstellt, unter den Vermögenswerten bzw den Verbindlichkeiten – in unmittelbarer Nähe zu der abgesicherten Position – auszuweisen. Die so gesondert erfassten Posten sind bei Ausbuchung der abgesicherten Position ebenfalls auszubuchen (IAS 39.89A).

Da **IFRS 9** aufgrund der diesbezüglich noch nicht abgeschlossenen Diskussion bislang keine Regelungen zum *macro hedging* trifft, dürfen nach IFRS 9.6.1.3 die Regelungen des IAS 39 zum *fair value hedge* von Zinsänderungsrisiken auf Portfoliobasis weiterhin angewendet werden; dies gilt auch, wenn die Regelungen des IFRS 9 im Übrigen angewendet werden.

68 Neben der Absicherung des gesamten *fair values* bzw Cashflows aus einem Grundgeschäft können nach IAS 39/IFRS 9 auch einzelne **Risikokomponenten** abgesichert werden. Hierbei kann zwischen Nominalkomponenten und Risikokomponenten unterschieden werden (*Zellner/Ruprecht* Der Schweizer Treuhänder, 1119 (1120)). So kann zB nach IAS 39.AG99BA/IFRS 9.B6.3.18 auch die **Veränderung** des *fair value* bzw des Cashflows ober- oder unterhalb eines bestimmten Schwellenwerts abgesichert werden. Bei finanziellen Vermögenswerten und Verbindlichkeiten können nach IAS 39.81/IFRS 9.6.3.1 darüber hinaus auch Risiken, denen lediglich ein Teil des *fair value* oder des Cashflows ausgesetzt ist, abgesichert werden, wenn die **Effektivität der Sicherungsbeziehung** hierfür ermittelt werden kann. **Beispiele** hierzu nennen IAS 39.AG99E und IAS 39.AG99F:

(1) proportionaler Anteil eines Grundgeschäfts (zB 20% des Nominalbetrags),
(2) bestimmtes (Teil-)Risiko des Grundgeschäfts (nur das Zinsänderungsrisiko, das Währungsrisiko oder nur das *credit spread*-Risiko) oder
(3) Teil der Laufzeit des Grundgeschäfts (zB die ersten vier Jahre einer fünf Jahre lfd Anleihe).

Diese nach IAS 39.81 nur für **finanzielle Vermögenswerte** und **Verbindlichkeiten** zulässige Regelung kann nach IFRS 9.6.3.7 auch auf **nicht-finanzielle** Grundgeschäfte angewendet werden. Nicht-finanzielle Grundgeschäfte können dagegen nach IAS 39 nur in ihrer Gesamtheit oder gegen das Währungsrisiko in einer Sicherungsbeziehung abgebildet werden (→ Rn 56). Die Regelungen von IFRS 9 zur Absicherung von Risikokomponenten gehen damit deutlich über IAS 39 hinaus; im Ergebnis kann nahezu jede Risikokomponente in eine Sicherungsbeziehung designiert werden, soweit diese eigenständig identifizierbar und zuverlässig bewertbar ist. IFRS 9.B6.3.7 bis IFRS 9.B6.3.25 geben hierzu umfangreiche Erläuterungen und Beispiele.

69 Als **Grundgeschäfte** kommen nach IAS 39/IFRS 9 **nicht** in Betracht:

IAS 39	IFRS 9
(1) Bis zur **Endfälligkeit zu haltende Finanzaktiva** im Rahmen der Absicherung von Zins- oder Kündigungsrisiken (IAS 39.79), weil die Absicht, diese Instrumente bis zur Endfälligkeit zu halten, unabhängig ist von einem zwischenzeitlich schwankenden beizulegenden Zeitwert. Die Absicherung von Ausfall- und Währungsrisiken ist hingegen auch bei diesen Finanzinstrumenten möglich (IAS 39.79, IAS 39.AG95).	Kategorie entfällt

IAS 39	IFRS 9
(2) Vermögenswerte, Verbindlichkeiten, feste Verpflichtungen oder mit hoher Wahrscheinlichkeit erwartete zukünftige Transaktionen, bei denen **keine** nicht zum bilanzierenden Unternehmen gehörende **externe Partei** eingebunden ist (IAS 39.80; vgl auch → Rn 61). Transaktionen zwischen Unternehmen oder Bereichen innerhalb einer Unternehmensgruppe können zwar auf Ebene der Einzelabschlüsse für diese Unternehmen/Bereiche Gegenstand einer Sicherungsbeziehung sein, nicht jedoch im Konzernabschluss. Ausgenommen hiervon – und somit als Grundgeschäft qualifizierbar – sind Währungsrisiken aus konzerninternen monetären Positionen, deren Ergebnisauswirkungen gem IAS 21 im Rahmen der Konsolidierung nicht vollständig eliminiert werden. Das Währungsrisiko aus einer konzerninternen, mit hoher Wahrscheinlichkeit erwarteten Transaktion kann als Grundgeschäft eines *cashflow hedge* im Konzernabschluss berücksichtigt werden, wenn die Transaktionswährung von der funktionalen Währung des die Transaktion abwickelnden Unternehmens abweicht und das Währungsrisiko sich auf die konsolidierte Erfolgsrechnung auswirkt (IAS 39.AG99A, IAS 39.AG99B).	Ebenso IFRS 9.6.3.5f. Eine Ausnahme besteht bzgl der Konzernabschlüsse von Investmentgesellschaften iSv IFRS 10.27 für Geschäfte, die erfolgswirksam zum beizulegenden Zeitwert bewertet aber nicht eliminiert wurden. Eine weitere Ausnahme betrifft Fremdwährungsrisiken monetärer Posten im Konzernabschluss (zB Forderungen und Verbindlichkeiten zwischen zwei TU), wenn hierbei Währungsgewinne und -verluste entstehen können, die bei der Konsolidierung nicht vollständig eliminiert werden (IFRS 9.6.3.6).
(3) **Nicht finanzielle Vermögenswerte** und **Verbindlichkeiten,** es sei denn, die Absicherung bezieht sich ausschließlich auf das Währungsrisiko oder auf alle Risiken (IAS 39.82, IAS 39.A100).	**Designation einzelner Risikokomponenten** von nicht-finanziellen Grundgeschäften zulässig, wenn die Komponenten einzeln identifizierbar sind und die Veränderung der Risikokomponenten verlässlich bewertbar ist (IFRS 9.6.3.1 iVm IFRS 9.6.3.7)
(4) **Nettorisikoposten** (IAS 39.A101), da die erforderliche Beurteilung der Wirksamkeit der Sicherungsbeziehung nicht den daran gestellten Anforderungen entsprechen soll. Somit ist auch die Bildung von *macro hedges* ausgeschlossen. Zulässig ist es jedoch, einen Teilbetrag eines Postens als Grundgeschäft zu behandeln. Bestehen zB Vermögenswerte in Höhe von 100 und Verbindlichkeiten in Höhe von 90 mit gleichartigen Risiken und Laufzeiten, so kann – unter Beachtung der übrigen Voraussetzungen – ein Betrag von 10 der Vermögenswerte als gesichertes Grundgeschäft behandelt werden. Als weiteres Beispiel führt IAS 39.A101 einen Devisenterminkauf in Höhe von 100, dem	IFRS 9 erlaubt die Designation von Nettopositionen grds (IFRS 9.6.6.1 iVm IFRS 9.B6.6.1 ff), im Rahmen von *cashflow hedges* aber nur zur Absicherung von Fremdwährungsrisiken (IFRS 9.B6.6.7).

IAS 39	IFRS 9
ein Devisenterminverkauf in gleicher Währung in Höhe von 90 gegenübersteht, auf. Hier ist es möglich, den Nettobetrag in Höhe von 10 durch ein entspr Sicherungsgeschäft abzusichern.	
(5) Die **feste Verpflichtung zum Kauf eines Unternehmens,** mit Ausnahme der Absicherung des damit verbundenen Währungsrisikos (IAS 39.AG98).	Ebenso IFRS 9.B6.3.1
(6) Nach der **Equity-Methode** bilanzierte Anteile an Unternehmen können nicht Gegenstand eines *fair value hedge* sein (IAS 39.AG99).	Ebenso IFRS 9.B6.3.2
(7) **Derivative Finanzinstrumente** selbst sind grds **nicht** als **Grundgeschäft** zulässig, da diese – wenn sie nicht als Sicherungsinstrument eingesetzt werden – grds der Kategorie „zu Handelszwecken gehalten" zugeordnet werden und mit dem beizulegenden Zeitwert zu bewerten sind, sodass Wertveränderungen im Periodenerfolg zu erfassen sind. Ausgenommen hiervon sind unter Bezugnahme auf IAS 39.A94 Optionen, die als Derivat in ein strukturiertes Produkt eingebunden sind.	Nach IFRS 9.6.3.4 können auch **aggregierte Risikopositionen** (bestehend aus einem nach IFRS 9.6.3.1 zulässigen Grundgeschäft und einem Derivat) in eine Sicherungsbeziehung designiert werden. Derivate sind als Grundgeschäft grds nicht zulässig.

IV. Voraussetzungen

70 **Grundlage** für die Bilanzierung von Sicherungsgeschäften nach den spezifischen Regelungen des *hedge accounting* ist zunächst, dass das **Grundgeschäft** und das **Sicherungsinstrument unterschiedlichen Bewertungsvorschriften** unterliegen, da nur in diesen Fällen die Notwendigkeit zur Aufgabe der Einzelbewertung besteht, um die Ziele des *hedge accounting* zu erreichen. Werden sowohl das Grundgeschäft als auch das Sicherungsinstrument mit dem beizulegenden Zeitwert angesetzt, sodass die Ergebnisse aus der Folgebewertung in den Periodenerfolg einfließen, bedarf es keiner gesonderten Regelung. Aufgrund der Möglichkeit, unter den Voraussetzungen von IAS 39.9 Finanzinstrumente bei entspr Wahlrechtsausübung mit dem beizulegenden Zeitwert *(fair value)* zu bewerten, unterliegen diese dann den gleichen Bewertungsregeln wie ein Sicherungsinstrument, sodass sich gegenläufige Änderungen des beizulegenden Zeitwerts unmittelbar im Periodenerfolg auswirken. Die strengen Voraussetzungen des *fair value hedge* müssen in diesem Fall nicht angewendet werden (vgl *Kropp/Klotzbach* WPg 2002, 1010 (1010)). Zu beachten ist dabei jedoch, dass bei einer entspr Zuordnung das jeweilige Finanzinstrument **insgesamt** der erfolgswirksamen Bewertung mit dem beizulegenden Zeitwert unterliegt. Die im Rahmen des *hedge accounting* mögliche **Absicherung** ausschließlich von **Teilrisiken** aus dem Grundgeschäft kann somit über diesen Weg nicht erreicht werden. Darüber hinaus ist zu beachten, dass die *fair value option* auf drei normierte Fälle begrenzt ist (→ § 3 Rn 60f). Gem IAS 39.AG110/IFRS 9.6.4.1(b) setzt die Bilanzierung als Sicherungsgeschäft voraus, dass sich das Sicherungsgeschäft auf ein **bestimm-**

tes identifizier- und **benennbares Risiko** und nicht nur auf allgemeine Geschäftsrisiken bezieht und sich letztlich im Periodenerfolg auswirkt.

Darüber hinaus müssen entspr **IAS 39** folgende **fünf Bedingungen kumulativ** erfüllt werden (IAS 39.88): 71

(1) Der Absicherungszusammenhang sowie die damit verfolgten Risikomanagementziele und -strategien sind bereits beim **Abschluss** des **Sicherungsgeschäfts** zu **dokumentieren** (IAS 39.88(a)). **Ausgeschlossen** ist somit die **rückwirkende** *Zuordnung* von Sicherungs- zu Grundgeschäft zu einer Sicherungsbeziehung und somit die retrospektive Anwendung des *hedge accounting* (IAS 39.IG.F.3.8 und IAS 39.IG.F.3.9). Die **Dokumentation** hat dabei neben der Darstellung der Risikomanagementziele und -strategien die Angabe des Sicherungsinstruments, des abgesicherten Grundgeschäfts, die Art des abgesicherten Risikos sowie Angaben darüber, wie das Unternehmen die Effektivität der Sicherungsbeziehung bestimmen will (Methoden und Verfahren; vgl IAS 39.AG107), zu umfassen. Dabei kommt der Dokumentation konstitutive Wirkung in Bezug auf die Sicherungsbeziehung zu (*Barckow* in Baetge ua IFRS-Komm IAS 39 Rz 241). Nicht erforderlich ist hingegen, dass das Sicherungsinstrument extra zur Herstellung der Sicherungsbeziehung erworben wird; vielmehr ist auch die Zuordnung eines bisher zu Handelszwecken gehaltenen Derivats zu einer Sicherungsbeziehung möglich. Für *cashflow hedges* sind daher die gesicherten Zahlungsströme und die hierfür eingesetzten Sicherungsinstrumente zu identifizieren und einander eins zu eins gegenüberzustellen (vgl *Kuhn/Scharpf,* 406). Eine grobe Einschätzung ist hierfür nicht ausreichend.

(2) Der **Absicherungszusammenhang** wird in Übereinstimmung mit der verfolgten Absicherungsstrategie vorab als **hoch wirksam** eingeschätzt (**prospektive Effektivität;** IAS 39.88(b)). Ein Sicherungsgeschäft gilt dabei nach IAS 39.AG105 ff dann als hoch wirksam, wenn bei Beginn und über die gesamte Laufzeit erwartet wird, dass die Veränderungen des beizulegenden Zeitwerts oder des Cashflows des gesicherten Grundgeschäfts durch die entspr gegenläufige Veränderung des beizulegenden Zeitwerts bzw Cashflows des Sicherungsinstruments ausgeglichen werden und die tatsächlichen Ergebnisse (retrospektive Effektivität, s (5)) in einer Bandbreite von 80–125% liegen. Die erforderliche Erwartung kann sich dabei zB auf historische Erfahrungen, statistische Korrelationen oder Sensitivitätsanalysen in Bezug auf die Wertentwicklung von Sicherungsinstrument und Grundgeschäft stützen. Stimmen die wesentlichen Bedingungen von Sicherungs- und Grundgeschäft überein, so kann nach IAS 39.AG108 davon ausgegangen werden, dass die prospektive Effektivität gegeben ist *(critical term match).* Hierzu gehören entspr IAS 39.AG108 folgende Parameter, die, wenn sie nicht übereinstimmen, Ineffektivitäten auslösen:
   a) Nominal- bzw Kapitalbetrag,
   b) Laufzeiten,
   c) Zinsanpassungstermine,
   d) Zeitpunkte der Zins- und Tilgungsein- und -auszahlungen und
   e) Bemessungsgrundlage zur Festsetzung der Zinsen.

(3) Bei der Absicherung zukünftiger Geschäfte im Rahmen eines *cashflow hedge* müssen diese eine **hohe Eintrittswahrscheinlichkeit** haben und über Cashflow-Risiken verfügen (IAS 39.88(c)), die sich letztlich erfolgswirksam in der Gesamtergebnisrechnung auswirken. Anders als bei der Wirksamkeit gibt IAS 39 keine quantitativen Hinweise, was als hoch wahrscheinlich anzusehen ist; das Schrifttum geht davon aus, dass das Kriterium als erfüllt anzusehen ist, wenn mit dem Eintritt des Geschäfts mit mindestens 90%-iger Sicherheit gerechnet wird (vgl *Barckow* in Baetge ua IFRS-Komm IAS 39 Rz 241). Zu

den bei der Beurteilung der Wahrscheinlichkeit zu berücksichtigenden Umständen vgl IAS 39.IG.F.3.7.

(4) Die **Wirksamkeit** des Absicherungszusammenhangs muss **verlässlich bestimmbar** sein (IAS 39.88(d)). Dh, sowohl die beizulegenden Zeitwerte bzw Cashflows des Sicherungsinstruments als auch des Grundgeschäfts müssen ermittel- bzw vorhersehbar sein.

(5) Die Wirksamkeit des Absicherungszusammenhangs muss über die gesamte Berichtsperiode durchgängig überwacht und als solche festgestellt werden (**retrospektive Effektivität;** IAS 39.88(e)). Die (ex post) Überprüfung der Effektivität des Sicherungsgeschäfts hat gem IAS 39.AG106 mindestens im Rahmen der Aufstellung des Jahresabschlusses oder des Zwischenabschlusses zu erfolgen. Daraus folgt, dass die Überprüfung mindestens einmal jährlich vorzunehmen ist (IAS 1.36; die dort genannte Möglichkeit zu längeren Berichtsperioden hat in Deutschland aufgrund der gesellschaftsrechtlichen Regelungen keine Bedeutung). Eine bestimmte Methode zur Messung der Effektivität wird durch IAS 39 nicht vorgegeben, vielmehr richtet sich diese nach der vom Unternehmen verfolgten und dokumentierten Risikomanagementstrategie (IAS 39.AG107). Beispielhaft zu nennen sind Sensitivitätsanalysen oder *value-at-risk*-Verfahren. Die Anforderung an die Wirksamkeit ist erfüllt, wenn die Kompensation der Wertentwicklung von Sicherungsinstrument und Grundgeschäft in einer Bandbreite von 80–125% liegt (IAS 39.AG105(b)).

72 Die **Bestimmungen zur Effektivitätsmessung** gehören zu den umstrittensten Vorschriften der Sicherungsbilanzierung (*Barckow* in Baetge ua IFRS-Komm IAS 39 Rz 242), da vergleichsweise geringfügige Änderungen der Parameter des Grund- oder Sicherungsgeschäfts zur Überschreitung der vorgegebenen Bandbreiten führen. Daneben gibt der Standardsetzer keine Verfahren vor, nach denen der Effektivitätstest durchzuführen ist. In der Praxis kommen zumeist die *dollar offset*-Methode, Sensitivitätsanalysen oder Regressionsanalysen zur Anwendung (s hierzu ua *Kuhn/Scharpf,* 424ff). Die Methodik ist zu Beginn festzulegen, im Rahmen der Dokumentation zu erfassen und stetig für dieses und alle ähnlichen Geschäfte (*Kuhn/Scharpf,* 409) anzuwenden.

73 Die **Technik der Effektivitätsmessung** bestimmt in manchen Fällen, ob ein *hedge* effektiv ist oder nicht: Entspr IAS 39.IG. F.4.2 besteht ein Wahlrecht, ob die Messung auf periodenbezogener oder kumulativer Basis erfolgt, vorausgesetzt, dies wird zu Beginn der Sicherungsbeziehung in der Dokumentation festgelegt. Die kumulative Messung der Effektivität führt in vielen Fällen zu effektiven *hedges* iSd IAS 39, die – wären sie periodenbezogen auf Effektivität überprüft worden – die vorgegebenen Bandbreiten übersteigen würden.

74 Werden die vorstehenden **Anforderungen nicht erfüllt,** bleibt es bei den für das jeweilige Finanzinstrument geltenden Bewertungsvorschriften, sodass Grundgeschäft und Sicherungsinstrument jeweils **einzeln zu bewerten** und entspr den für das jeweilige Geschäft geltenden Regelungen darzustellen sind. *Hedge accounting* wird ab dem Zeitpunkt eingestellt, **zu dem die Effektivität letztmalig nachgewiesen wurde** (IAS 39.AG113).

Die Voraussetzungen für die Bildung von Sicherungszusammenhängen sind nach **IFRS 9** deutlich geändert worden und mehr an dem wirtschaftlichen Zusammenhang sowie am Risikomanagement des Unternehmens ausgerichtet. Für *hedge accounting* gelten hiernach die folgenden kumulativ zu erfüllenden Voraussetzungen (IFRS 9.6.4.1):

(1) Die Sicherungsbeziehung besteht nur aus hierfür qualifizierten Grund- und Sicherungsgeschäften.

(2) Zu Beginn des *hedges* wird dieser formal designiert und dokumentiert. Hierbei sind der Sicherungszusammenhang darzustellen sowie die Risikomana-

gementziele und -strategien des Unternehmens (IFRS 9.B6.5.24) in Bezug auf den *hedge.* Dabei sind das Grundgeschäft, das Sicherungsinstrument und die Art des zu sichernden Risikos zu benennen. Darüber hinaus ist darzustellen, wie das Unternehmen beurteilt, ob die Sicherungsbeziehung die Anforderungen an die Effektivität erfüllt (einschließlich einer Analyse der Quellen möglicher Ineffektivitäten und wie die *hedge ratio* ermittelt wird).

(3) Die Sicherungsbeziehung muss alle folgenden Anforderungen an die **Effektivität** des *hedges* erfüllen:

(a) Es existiert ein wirtschaftlicher Zusammenhang zwischen dem Grund- und dem Sicherungsgeschäft.
Dies bedeutet grds, dass sich die beizulegenden Zeitwerte von Grund- und Sicherungsgeschäft in Bezug auf das gleiche Risiko gegenläufig entwickeln. Es ist zulässig, für die Sicherungsbeziehung nicht nur gleiche, sondern auch ähnliche *underlyings* zu verwenden, die einen wirtschaftlichen Zusammenhang aufweisen, solange sie auf ähnliche Weise auf das gesicherte Risiko reagieren (IFRS 9.B6.4.4). Es ist nach IFRS 9.B6.4.5 auch zulässig, unterschiedliche aber dennoch wirtschaftlich verknüpfte *underlyings* zu verwenden, wenn diese Korrelation typischerweise zu erwarten ist. Um den wirtschaftlichen Zusammenhang zu belegen, ist während der Dauer des *hedge* zu analysieren, ob dieser noch die Anforderungen des Risikomanagements erfüllt (IFRS 9.B6.4.6).

(b) Der **Einfluss** von **Kreditrisiken** überwiegt nicht die Wertänderungen aus dem wirtschaftlichen Zusammenhang.
Änderungen von Kreditrisiken auf Seiten des Grund- oder des Sicherungsgeschäfts können die Änderungen des beizulegenden Zeitwerts überlagern oder auch überkompensieren. Die Kompensation der Änderungen des beizulegenden Zeitwerts von Grund- und Sicherungsgeschäft entspricht dann nicht mehr der Entwicklung der Risiken (IFRS 9.B6.4.7).

(c) Bei der gewählten *hedge ratio* (dem **Absicherungsverhältnis**) der Sicherungsbeziehung entspricht die Anzahl des zu sichernden Grundgeschäfts der entspr Anzahl des Sicherungsinstruments. Dabei fordert IFRS 9, dass die *hedge ratio,* die für *hedge accounting* verwendet wird, die gleiche ist, die für Zwecke des Risikomanagements angewandt wird, sodass es sich hierbei eher um eine Frage des Risikomanagements handelt als um eine Frage der Bilanzierung (*pwc* 2015 Rz 6.8A.47). Wenn ein Unternehmen bspw weniger als 100% des Risikos sichert (zB 85%), ist hierfür eine *hedge ratio* zu wählen, die dem gewählten Exposure entspricht und dem hierfür zu verwendenden Sicherungsinstrument (IFRS 9.B6.4.9).

Die Regelungen des IFRS 9 erfordern keine Bandbreite für die Effektivität einer Sicherungsbeziehung. Die **Effektivität** wird vom Risikomanagement vorgegeben. Trotzdem muss die jeweilige Ineffektivität gemessen und bilanziell erfasst werden. Bei der Messung der Ineffektivität ist der Zeitwert des Geldes zu berücksichtigen. Folglich sind der beizulegende Zeitwert und Veränderungen des beizulegenden Zeitwerts des Grundgeschäfts auf Basis von Barwertberechnungen zu ermitteln.

Für die Berechnung der Änderungen des beizulegenden Zeitwerts von 75
Grundgeschäften zur Ermittlung der **Ineffektivität** kann die „hypothetische Derivat-Methode" angewendet werden. Dabei wird ein „hypothetisches" Derivat verwendet, das die wesentlichen Parameter des Grundgeschäfts spiegelt und damit sozusagen nahezu perfekt zum Grundgeschäft passt. Es ist zu berücksichtigen, dass das hypothetische Derivat nur das Grundgeschäft repliziert und damit nur der Wertermittlung (und ihrer Veränderungen) des Grundgeschäfts dient (s hierzu mit Beispielen IFRS 9.B6.5.5). Fraglich ist, ob durch die nunmehr detaillierteren Regelungen die Methode nach IFRS 9 eingeschränkt wurde, da das

hypothetische Derivat nunmehr (exakt) die entspr bewertungsrelevanten Parameter des Grundgeschäfts aufweisen muss (*match the critical terms; Kuhn/Hachmeister* IRZ 2015, 277 (283)).

Eine weitere Neuerung des IFRS 9 ist das ***rebalancing,*** durch das bestehende Sicherungsbeziehungen adjustiert werden können, um an veränderte Gegebenheiten angepasst zu werden (IFRS 9.6.5.5). Es betrifft ausschließlich die Anpassung von zuvor designierten Mengen (dh Anzahl, Volumina etc) des Grund- oder des Sicherungsgeschäfts eines bestehenden *hedges* mit dem Ziel, die *hedge ratio* innerhalb der vorgegebenen Effektivität zu halten. Alle anderen Änderungen solcher Mengen fallen nicht unter die Regelunge für *rebalancing* (IFRS 9.B6.5.7).

Wird *rebalancing* durchgeführt, ist die bestehende Ineffektivität zu ermitteln und unmittelbar vor der Anpassung der Sicherungsbeziehung zu buchen. Ansonsten wird die bestehende Sicherungsbeziehung fortgeführt (IFRS 9.B6.5.8).

Sicherungsbeziehungen sind zusammenfassend entspr IAS 39.101/ IFRS 9.6.5.6 zu **beenden,** wenn

(1) das Sicherungsinstrument ausläuft, veräußert, beendet oder ausgeübt wird (IAS 39.101(a)/IFRS 9.B6.5.6). Dabei gilt nach IFRS 9.6.5.6, dass der Ersatz oder Rollover eines Sicherungsinstruments nicht als Auslaufen oder Beendigung gilt, sofern dies Teil der und konsistent mit den dokumentierten Risikomanagementzielen des Unternehmens ist. Ebenso ist die Sicherungsbeziehung beizubehalten, wenn aufgrund von bestehenden oder von Neueinführungen von Gesetzen oder Regularien die Parteien des Sicherungsinstruments vereinbaren, dass eine oder mehrere Gegenparteien die bestehenden Gegenparteien ersetzen (IFRS 9.6.5.6(a));

(2) die Bedingungen für *hedge accounting* nicht mehr erfüllt werden; in diesem Fall ist der im sonstigen Ergebnis erfasste Gewinn oder Verlust aus dem Sicherungsinstrument weiterhin dort auszuweisen, bis die erwartete Transaktion tatsächlich eintritt. Danach gelten die allgemeinen Regelungen für Sicherungsinstrumente im Rahmen von *cashflow hedges* (→ Rn 55) (IAS 39.101(b)/ IFRS 9.6.5.6 und IFRS 9.6.5.12). Nach den Regelungen des IFRS 9 können Anpassungen der Sicherungsbeziehung durch *rebalancing* erfolgen, wenn die entspr Voraussetzungen erfüllt werden, sodass es nur zu einer teilweisen Beendigung der Sicherungsbeziehung kommen kann;

(3) mit dem Eintritt einer erwarteten Transaktion nicht mehr gerechnet wird, mit der Folge, dass der im sonstigen Ergebnis erfasste Gewinn oder Verlust aus dem Sicherungsinstrument erfolgswirksam erfasst wird (IAS 39.101(c)/ IFRS 9.6.5.6 und IFRS 9.6.5.12) oder

(4) das Unternehmen seine Designation zurückzieht (IAS 39.101(d)). In diesem Fall werden die im sonstigen Ergebnis erfassten Gewinne oder Verluste aus dem Sicherungsinstrument so lange dort ausgewiesen, bis die erwartete Transaktion tatsächlich eintritt, bzw erfolgswirksam erfasst, wenn der Eintritt der Transaktion nicht mehr wahrscheinlich ist. IFRS 9 sieht eine Beendigung eines *hedges* nur vor, wenn die entspr Kriterien nicht mehr erfüllt werden. Dies bedeutet im Umkehrschluss, dass eine Beendigung nicht möglich ist, wenn die Sicherungsbeziehung

   (a) weiterhin die Ziele des Risikomanagements erfüllt, auf deren Basis sie als solche designiert wurde, und das Unternehmen diese Ziele weiterhin verfolgt und

   (b) weiterhin alle anderen Kriterien erfüllt (ggf unter Einrechnung von *rebalancing;* IFRS 9.B6.5.23).

   Eine – nach IAS 39 noch zulässige – im freien Ermessen des Unternehmens liegende Beendigung der Sicherungsbeziehung ist damit unter IFRS 9 nicht mehr möglich.

Zeitliche Verschiebungen beim Eintritt von geplanten Transaktionen sind nach den unter → Rn 37 ff beschriebenen allgemeinen Regelungen zu behandeln. Treten Transaktionen früher ein als erwartet, besteht das Sicherungsinstrument für die verbleibende Restlaufzeit fort und wird wie ein freistehendes Derivat bilanziert. Erfolgt die Transaktion später als erwartet, wird idR das bestehende Sicherungsinstrument prolongiert oder eine Anschlusssicherung abgeschlossen. Voraussetzung für den Fortbestand des Sicherungszusammenhangs ist dabei, dass die Anschlusssicherung bereits **in der urspr Dokumentation festgehalten** wird. Dies gilt aus unserer Sicht auch für Fälle, in denen im Rahmen einer Sicherungsbeziehung das Grundgeschäft ausgetauscht wird, ohne dass sich dabei etwas an den wesentlichen Parametern ändert. Solche Fälle entstehen zB, wenn ein variabel verzinslicher Kredit, der Grundgeschäft im Rahmen eines *hedge* ist, durch einen vergleichbaren Kredit bei einer anderen Bank ersetzt wird. 76

V. Auswirkungen

Um den gewünschten, mithin **dem wirtschaftlichen Gehalt entspr,** erfolgsneutralen, **Ausweis** des Sicherungszusammenhangs herzustellen, bestehen grds **zwei Methoden:** 77

(1) Die ansonsten aufgrund der für das Grundgeschäft geltenden Bewertungsvorschriften erfolgsneutralen Wertveränderungen des Grundgeschäfts (fortgeführte Anschaffungskosten oder erfolgsneutrale Verrechnung mit der Veränderung des beizulegenden Zeitwerts) werden erfolgswirksam in der Gesamtergebnisrechnung bzw der GuV (sofern erstellt) ausgewiesen *(fair value hedge)*. Damit werden Ineffektivitäten automatisch in der Gesamtergebnisrechnung erfasst.

(2) Die ansonsten erfolgswirksam in der Gesamtergebnisrechnung bzw der GuV (sofern erstellt) auszuweisende Veränderung des beizulegenden Zeitwerts des Sicherungsinstruments wird erfolgsneutral in einem gesonderten Posten des Eigenkapitals als Teil des sonstigen Ergebnisses gezeigt *(cashflow hedge)*.

Beide Methoden werden von IAS 39/IFRS 9 in Abhängigkeit von der Sicherungsbeziehung angewendet.

	fair value hedge	***cashflow hedge***	***hedge of a net investment in a foreign entity***
Bewertung Sicherungsinstrument	Beizulegender Zeitwert *(fair value)*		
Erfolgsausweis aus der Bewertung des Sicherungsinstruments	Erfolgswirksam in der GuV (IAS 39.89(a)/ IFRS 9.6.5.8(a)) Ausnahme: Erfolgsneutral im sonstigen Ergebnis bei *hedges* von Eigenkapitalinstrumenten deren Wertänderungen ebenfalls im sonstigen Ergebnis erfasst werden; kein *recycling* (IFRS 9.6.5.8(a)).	Soweit im Hinblick auf die Absicherung effektiv, im sonstigen Ergebnis (IAS 39.95(a)/ IFRS 9.6.5.11(b)), zur weiteren Behandlung → Rn 83). Der nicht effektive Teil ist erfolgswirksam in der GuV zu erfassen (IAS 39.95(b)/ IFRS 9.6.5.11(c)).	Entspr den Vorschriften zum *cashflow hedge* (IAS 39.102), dh der effektive Teil bis zur Veräußerung der Nettoinvestition im sonstigen Ergebnis (IAS 39.102(a)/ IFRS 9.6.5.13(a),

	fair value hedge	*cashflow hedge*	*hedge of a net investment in a foreign entity*
			der nicht effektive Teil erfolgswirksam in der GuV (IAS 39.102(b)/ IFRS 9.6.5.13(b)).
Bewertung Grundgeschäft	Nach **IAS 39:** Anpassung des erfolgswirksamen Buchwerts um den dem abgesicherten Risiko zuzurechnenden Gewinn oder Verlust (Buchwertanpassung, *basis adjustment*) (IAS 39.89(b)) bzw bei der Absicherung von Portfolien gegen Zinsänderungsrisiken Erfassung des dem Grundgeschäft zuzurechnenden Gewinns oder Verlusts in einem gesonderten Posten (IAS 39.89A). Nach **IFRS 9** differenzierte Betrachtung: Grds erfolgt die Erfassung der Wertänderungen des Grundgeschäfts erfolgswirksam in der GuV; dies gilt auch für Instrumente die erfolgsneutral in der Gesamtergebnisrechnung erfasst werden. Die Wertänderungen von Eigenkapitalinstrumenten, die im sonstigen Ergebnis erfasst werden, sind korrespondierend zu den Sicherungsinstrumenten dort fortzuführen; kein *recyling.* Feste Verpflichtungen oder deren Komponenten sind als Vermögenswerte oder Verbindlichkeiten zu bilanzieren. Die entspr Wertänderungen sind erfolgswirksam zu erfassen (IFRS 9.6.5.8(b)).	Nach allgemeinen Regelungen.	Nach allgemeinen Regelungen (vgl IAS 21.37).
Erfolgsausweis aus der Bewertung des Grundgeschäfts	Erfolgswirksam (bzw erfolgsneutral so entpr IFRS 9) in der GuV, soweit die abgesicherten Risiken betreffend.	Nach allgemeinen Regelungen.	Nach allgemeinen Regelungen (vgl IAS 21.37(c)).

	fair value hedge	*cashflow hedge*	*hedge of a net investment in a foreign entity*
	Änderungen des beizulegenden Zeitwerts, die nicht dem Sicherungsgeschäft zuzurechnen sind, entspr den allgemeinen Regelungen in IAS 39.55 (IAS 39.90/ IFRS 9.6.5.8(b)).		
Im Eigenkapital erfasster Posten		Der im Eigenkapital erfasste Posten ist zum niedrigeren des: – kumulierten Gewinns/Verlusts aus dem Sicherungsinstrument und – der kumulierten Veränderung des beizulegenden Zeitwerts des Grundgeschäfts jeweils von Beginn des *hedge* an gerechnet zu erfassen (IFRS 9.6.5.11(a)).	

Durch die Neuregelungen des IFRS 9 sind nunmehr auch ***hedges* von Nettopositionen** zulässig. Bei *fair value hedges* von Nettopositionen erfolgt der Ausweis von Gewinnen und Verlusten in der GuV in einer separaten Zeile (IFRS 9.6.6.4 iVm IFRS 9.B6.6.16) während der Ausweis der Wertänderungen in der Bilanz beim jeweiligen Posten erfolgt (IFRS 9.6.6.5).

VI. Fair value hedge

Fair value hedges dienen der **Absicherung des beizulegenden Zeitwerts des Grundgeschäfts.** Die **Wirkung** des ***fair value hedge accounting*** kann wie folgt dargestellt werden: 78

Beispiel: Ein Unternehmen kauft zu Beginn des Jahrs X1 eine festverzinsliche Anleihe für T€ 10.000 (Kurs 100%) und ordnet diese der Kategorie zur Veräußerung verfügbar zu. Der Ausweis von Wertveränderungen soll nach IAS 39.55(b) im sonstigen Ergebnis erfolgen. Der Kurs der Anleihe soll sich wie folgt entwickeln:
31. Dezember X1: 110%
31. Dezember X2: 105%.

Um sich den zum Ende des Jahrs X1 entstandenen Kursgewinn zu sichern, schließt das Unternehmen ein Sicherungsgeschäft ab und erwirbt dazu zu Beginn des Jahrs X2 ein derivatives Finanzinstrument (zB Zinsswap), das hinsichtlich seiner Ausstattung mit der Anleihe korrespondiert. Die Anschaffungskosten für das Derivat seien null; die Voraussetzungen für das *hedge accounting* sollen erfüllt sein. Der Wert des Derivats steigt bis zum Ende des Jahrs X2 auf T€ 500. Es ergeben sich folgende Buchungen (in T€):

(1)	Erwerb der Anleihe:				
	Per Wertpapiere (kurzfristig)	10.000	an	Flüssige Mittel	10.000
(2)	31. Dezember X1, Kursanstieg Anleihe:				
	Per Wertpapiere (kurzfristig)	1.000	an	sonstiges Ergebnis	1.000
(3)	Erwerb Derivat:				
	Per Derivate	0	an	Flüssige Mittel	0
(4)	31. Dezember X2, Kursverlust Anleihe:				
	Per Kursverluste	500	an	Wertpapier (kurzfristig)	500
(5)	31. Dezember X2, Kursanstieg Derivat:				
	Per Derivate	500	an	Sicherungsergebnis	500

Aufgrund des Sicherungsgeschäfts wird der Kursverlust bei der Anleihe durch den Kursanstieg des Derivats im Periodenergebnis X2 kompensiert. Zum 31. Dezember X2 wird die Anleihe mit einem Buchwert von T€ 10.500 und das Derivat mit einem Buchwert von T€ 500 ausgewiesen. Der zum 31. Dezember X1 erfasste Gewinn aus dem Kursanstieg der Anleihe (T€ 1.000) verbleibt vorbehaltlich einer Amortisation nach IAS 39.92 bis zum Abgang der Anleihe im Eigenkapital.

Bei finanziellen Vermögenswerten und Verbindlichkeiten ist die **Sicherung bestimmter Risiken** des Grundgeschäfts zulässig. Die nicht gesicherten Risiken werden in diesem Fall nach den allgemeinen Regelungen erfasst (IAS 39.90/IFRS 9.6.3.7).

79 Sind **feste Verpflichtungen** *(firm commitments)* Grundgeschäfte im Rahmen eines *fair value hedge,* sind diese ab Beginn des Sicherungszusammenhangs zu bewerten und die Wertänderungen **erfolgswirksam** zu erfassen (*Kuhn/Scharpf,* 448). Geht ein Unternehmen eine feste Verpflichtung ein, einen Vermögenswert zu erwerben oder eine Verbindlichkeit zu übernehmen, der/die im Rahmen der Absicherung eines beizulegenden Zeitwerts ein Grundgeschäft darstellt, wird der Buchwert des Vermögenswerts oder der Verbindlichkeit, der aus der Erfüllung der festen Verpflichtung des Unternehmens hervorgeht, im Zugangszeitpunkt um die kumulierte Änderung des beizulegenden Zeitwerts der festen Verpflichtung, die auf das in der Bilanz erfasste abgesicherte Risiko zurückzuführen ist, berichtigt (IAS 39.94/IFRS 9.6.5.9).

Die Korrekturen des beizulegenden Zeitwerts von Grundgeschäften, die zinstragende Finanzinstrumente betreffen, die zu fortgeführten Anschaffungskosten erfasst werden, sind erfolgswirksam durch die GuV zu amortisieren. Die Amortisation ist auf Basis der Effektivzinsmethode durchzuführen, wobei die Laufzeit frühestens beginnen kann, wenn eine Korrektur vorliegt und spätestens zum Zeitpunkt der Beendigung der Sicherungsbeziehung. Diese Regelung dient der Vereinfachung, weil in Fällen, in denen *hedges* bis zur Endfälligkeit bestehen, letztlich der Buchwert dem Zeitwert wieder angepasst wird (und eine sonst notwendige Amortisation entfallen kann) (*pwc* 2015 Rz 6.8A.17).

80 Die für Sicherungsgeschäfte geltenden Vorschriften sind ab **Beendigung der Sicherungsbeziehung** für die Zukunft nicht mehr anzuwenden. Dies ist nach IAS 39.91 für ***fair value hedges*** dann der Fall, wenn

(1) das **Sicherungsinstrument ausläuft, veräußert, beendet** oder **ausgeübt** wurde. Der entspr der dokumentierten Sicherungsstrategie vorgenommene Ersatz eines Sicherungsinstruments durch ein anderes Sicherungsinstrument gilt dabei nicht als Auslaufen oder Beendigung, sofern dies Teil der dokumentierten Sicherungsstrategie ist,
(2) das Sicherungsgeschäft die in IAS 39.88 **gestellten Anforderungen** an das *hedge accounting* **nicht mehr erfüllt** (so zB bei einem erwarteten Ausfall des

Kontrahenten, da in diesem Fall die geforderte Effektivität der Sicherungsbeziehung nicht mehr verlässlich bestimmbar ist),

(3) das Unternehmen die Sicherungsbeziehung **annulliert.**

Nach IFRS 9.6.5.6 wird eine designierte Sicherheitsbeziehung nur beendet, wenn die Sicherung (oder Teile hiervon) nicht mehr die entspr Kriterien erfüllt(n) (im Einzelnen → Rn 75 und IFRS 9.B6.5.26). Das Zurückziehen der Designation entspr IAS 39.91(c) führt nicht zur Beendigung der bilanziellen Abbildung des *hedge.*

Ist die Beendigung der Sicherungsbeziehung auf den **Abgang des Sicherungsderivats** zurückzuführen, ist dieses auszubuchen (IAS 39.17/IFRS 9.3.2.3) und mögliche Differenzen zwischen erhaltenen Zahlungen und dem Buchwert sind erfolgswirksam zu erfassen. Für das Grundgeschäft sind ab dem Zeitpunkt der Beendigung der Sicherungsbeziehung keine weiteren Anpassungen an den beizulegenden Zeitwert in Bezug auf das abgesicherte Risiko mehr vorzunehmen und das Instrument wird entspr seiner urspr Kategorisierung bewertet. Die fortgeführten Anschaffungskosten des bisher gesicherten Grundgeschäfts entsprechen in diesem Fall dessen Buchwert (beizulegender Zeitwert bei Beendigung der Sicherungsbeziehung). Eine bis zur Beendigung der Sicherungsbeziehung bei zinstragenden Grundgeschäften vorgenommene Buchwertanpassung ist nach IAS 39.92/IFRS 9.6.5.10 ab diesem Zeitpunkt über die Restlaufzeit des Grundgeschäfts erfolgswirksam zu amortisieren (→ Rn 79). 81

VII. Cashflow hedge

Cashflow hedges dienen der Absicherung der Ergebnisauswirkungen von Zahlungsströmen, die einem bestimmten Risiko im Zusammenhang mit einem bilanzierten Vermögenswert oder einer Verbindlichkeit, einer bisher nicht erfassten festen Verpflichtung oder einer hoch wahrscheinlichen Transaktion zugeordnet werden können (IAS 39.86(b)/IFRS 9.6.5.2(b)). Die Sicherung von Fremdwährungsrisiken einer festen Verpflichtung kann sowohl als *fair value hedge* als auch als *cashflow hedge* erfolgen (IFRS 9.6.5.4). 82

Die **Wirkung** des ***cashflow hedge accounting*** kann wie folgt dargestellt werden (vgl IAS 39.IG.F.5.2):

Beispiel: Ein Unternehmen hat zu Beginn des Jahrs X1 eine variabel verzinsliche Verbindlichkeit in Höhe von T€ 1.000 mit einer Laufzeit von fünf Jahren. Zur Sicherung der variablen Zahlungsströme schließt das Unternehmen einen *swap* auf gleicher Basis ab. Zu Beginn beträgt der Marktwert des *swap* null. Zum Bilanzstichtag am Ende des Jahrs beträgt der Marktwert des *swap* T€ 49. Hiervon entfallen T€ 50 auf die Veränderung des Marktzinses und T€ -1 auf die Veränderung des Kreditrisikos. Der Marktwert der Verbindlichkeit ändert sich zum Stichtag nicht, aber der Barwert der künftigen Zahlungsmittelabflüsse, die benötigt werden, um die Belastung aus den variablen Zahlungen aus der Verbindlichkeit zu tragen, steigt um T€ 50. Die entspr Buchung lautet:

per *swap* T€ 49 an sonstiges Ergebnis T€ 49

Für die Veränderung des Kreditrisikos wird keine erfolgswirksame Soll-Buchung erfasst, weil die kumulierte Veränderung des Barwerts der künftigen Zahlungsmittelabflüsse, die benötigt werden, um die Belastung aus den variablen Zahlungen aus der Verbindlichkeit zu tragen, größer ist als die kumulierte Wertänderung des *swap.*

Hinsichtlich der nach IAS 39.95(a)/IFRS 9.6.5.11(b) im **sonstigen Ergebnis** erfassten effektiven Beträge ist in den Fällen, in denen das Grundgeschäft eine erwartete Transaktion betrifft, in Abhängigkeit davon, ob diese zu einem finan- 83 ziellen oder nicht finanziellen Vermögenswert oder einer finanziellen oder nicht finanziellen Verbindlichkeit führt, wie folgt zu differenzieren:

<table>
<tr><td colspan="3">Erwartete Transaktion</td></tr>
<tr><td>IAS 39.97/
IFRS 9.6.5.11(d)(ii)
Erwartete Transaktion führt zur Erfassung eines finanziellen Vermögenswerts oder einer finanziellen Verbindlichkeit</td><td colspan="2">IAS 39.98/IFRS 9.6.5.11(d)(i)
Erwartete Transaktion führt zu einer Erfassung eines nicht-finanziellen Vermögenswerts oder einer nicht-finanziellen Verbindlichkeit
oder
zu einer festen Verpflichtung, die in ein fair value hedge einbezogen wird</td></tr>
<tr><td rowspan="2">Umbuchung aus dem Eigenkapital in die GuV in der Periode, in der der Vermögenswert/die Verbindlichkeit die GuV beeinflusst als Umgliederungsbetrag (reclassification adjustment; vgl IAS 1.95)</td><td colspan="2">Wahlrecht (kein Wahlrecht nach IFRS 9)</td></tr>
<tr><td>IAS 39.98(a)
Umbuchung der im sonstigen Ergebnis erfassten Beträge in die GuV in der Periode, in der der Vermögenswert/die Verbindlichkeit die GuV beeinflusst als Umgliederungsbetrag (reclassification adjustment; vgl IAS 1.95)</td><td rowspan="2">IAS 39.98(b)/
IFRS 9.6.5.11(d)(i)
Umbuchung der im sonstigen Ergebnis erfassten Beträge und Berücksichtigung bei den Anschaffungskosten des Vermögenswerts/der Verbindlichkeit im Zeitpunkt der Einbuchung
(kein reclassification adjustment)</td></tr>
<tr><td colspan="2">Im sonstigen Ergebnis erfasste Verluste, mit deren Ausgleich nicht mehr gerechnet wird, sind als Umgliederungsbeträge (reclassification adjustments) aus dem Eigenkapital erfolgswirksam auszubuchen (IAS 39.97/IAS 39.100/IFRS 9.6.5.11(d)(iii))</td></tr>
</table>

Das in IAS 39.98 gewährte **Wahlrecht** ist nach IAS 39.99 für alle unter IAS 39.98 fallenden Sicherungsgeschäfte einheitlich auszuüben und beizubehalten.

Alle übrigen im Rahmen von ***cashflow hedges*** im sonstigen Ergebnis erfassten Beträge sind in dem Zeitpunkt als Umgliederungsbeträge *(reclassification adjustments;* vgl IAS 1.95) in den Periodenerfolg zu übernehmen, in dem das abgesicherte Grundgeschäft erfolgswirksam wird (IAS 39.100/IFRS 9.6.5.11.(d)(ii)).

84 Die Bilanzierung einer Sicherungsbeziehung im Rahmen eines ***cashflow hedge*** ist nach IAS 39.101 zu beenden, wenn

(1) das Sicherungsinstrument ausläuft, veräußert, beendet oder ausgeübt wurde. Der entspr der dokumentierten Sicherungsstrategie vorgenommene Ersatz eines Sicherungsinstruments durch ein anderes Sicherungsinstrument gilt dabei nicht als Auslaufen oder Beendigung,
(2) das Sicherungsgeschäft die in IAS 39.88 gestellten Anforderungen an das *hedge accounting* nicht mehr erfüllt, mit dem Eintritt der abgesicherten Transaktion gleichwohl gerechnet wird,
(3) der Eintritt der erwarteten Transaktion nicht mehr erwartet wird, dabei ist jedoch nicht ausschlaggebend, ob der Eintritt der erwarteten Transaktion nicht mehr hoch wahrscheinlich ist,
(4) das Unternehmen die Sicherungsbeziehung annulliert.

In den Fällen (1), (2) und (4) bleiben die während der Sicherungsbeziehung dem sonstigen Ergebnis zugeordneten Wertveränderungen des Sicherungsinstruments im Eigenkapital, bis die **abgesicherte Transaktion** eintritt. Bei Eintritt der Transaktion ist der Eigenkapitalposten entspr der oben dargestellten Grundsätze (vgl → Rn 83; IAS 39.97, IAS 39.98, IAS 39.100) erfolgsneutral oder erfolgswirksam auszubuchen (IAS 39.101(a), IAS 39.101(b), IAS 39.101(d)).

In den unter (3) aufgeführten Fällen sind die im sonstigen Ergebnis erfassten Wertveränderungen des Sicherungsinstruments erfolgswirksam auszubuchen und in der GuV zu erfassen (IAS 39.101(c)).

Nach **IFRS 9** gelten für die Beendigung von *cashflow hedges* grds die gleichen Regelungen wie für *fair value hedges* (→ Rn 80). Die Beträge, die im Eigenkapital in einem gesonderten Posten erfasst worden sind, werden erfolgswirksam in die GuV umgebucht, wenn die entspr Zahlungsströme eintreten. Treten die Zahlungsströme erwartungsgemäß nicht mehr ein, sind die im Eigenkapital erfassten Beträge unmittelbar in die GuV umzubuchen. Gesicherte Zahlungsströme aus nicht mehr hochwahrscheinlichen Beträgen können trotzdem noch erwartet werden (IFRS 9.6.5.12). Dieser Hinweis des Standardsetzers dient der Klarstellung, dass die Umbuchung dieser Beträge nicht unmittelbar zum Zeitpunkt des Sinkens der Eintrittswahrscheinlichkeit von „hoch wahrscheinlich“ auf einen niedrigeren Erwartungswert erfolgen darf.

VIII. Hedge of a net investment in a foreign operation

Absicherungen von Nettoinvestitionen in einen ausländischen Geschäfts- 85
betrieb, einschließlich der Absicherung von **monetären Posten,** die als Teil der Nettoinvestition behandelt werden, sind in gleicher Weise zu bilanzieren, wie die **Absicherung von Zahlungsströmen** (IAS 39.102/IFRS 9.6.5.13f).

XIX. Sonstige Hedges

Bei *hedges* von **Kreditrisiken,** die zum beizulegenden Zeitwert bewertet wer- 86
den ist das Kreditrisiko grds nicht zu isolieren und kann daher nicht allein das Grundgeschäft im Rahmen von *hedge accounting* darstellen. Nach IFRS 9.6.7.1. wird die Möglichkeit eröffnet, Finanzinstrumente insgesamt oder teilweise erfolgswirksam zum beizulegenden Zeitwert bewertet zu designieren, wenn ein Unternehmen zum beizulegenden Zeitwert erfasste **Kreditderivate** verwendet, um das Kreditrisiko dieses Finanzinstruments insgesamt oder in Teilen zu sichern. Dies gilt wenn:

(1) der Name des Kreditengagements (zB Name des Kreditnehmers oder des Inhabers der Darlehensverpflichtung) der Referenzeinheit des Kreditderivats (Namensübereinstimmung) (IFRS 9.6.7.1(a)) entspricht und
(2) die Seniorität des Finanzinstruments dem des Instruments entspricht, das in Übereinstimmung mit dem Kreditderivat geliefert werden kann (IFRS 9.6.7.1(b)).

Dabei kann das zugrunde liegende Finanzinstrument zB auch eine **Kreditzusage** sein, die nicht in den Anwendungsbereich von IFRS 9 fällt. Ebenso kann die Designation zum Zeitpunkt der erstmaligen bilanziellen Erfassung erfolgen oder während es noch nicht erfasst ist. Die Designation ist zu dokumentieren (IFRS 9.6.7.1).

D. Ausweis

I. Ausweis in der Bilanz

87 Vorschriften zum Ausweis einzelner Posten enthält IAS 1, der allerdings **keine detaillierte Mindestgliederung** vorschreibt. Für den Bereich der Finanzinstrumente ist insbes IAS 1.54 zu beachten, der den Ausweis bestimmter Einzelposten in der Bilanz vorsieht, wobei Derivate nicht als eigenständiger Posten aufgeführt sind. Neben den in IAS 1.54 im Einzelnen genannten Posten sind jedoch zusätzliche Posten aufzunehmen, wenn ein anderer Standard dies verlangt oder dies für eine den tatsächlichen Verhältnissen entspr Darstellung der VFE-Lage erforderlich ist (IAS 1.55). Vorschriften über den gesonderten Ausweis von Derivaten sind auch in IFRS 7 und IAS 32 nicht enthalten.

1. Außerhalb von Sicherungsgeschäften

88 Derivate außerhalb von Sicherungszusammenhängen sind aufgrund der in IAS 39.9 erfolgten Zuordnung – als zu Handelszwecken gehalten – unter den **Handelsaktiva** oder **Handelspassiva** (Banken) auszuweisen. Als Bilanzposten kommen, soweit keine weitere Untergliederung erfolgt, die Posten finanzielle Vermögenswerte (IAS 1.54(d)) bzw Verbindlichkeiten aus Lieferungen und Leistungen und sonstige Verbindlichkeiten (IAS 1.54(k)) sowie finanzielle Verbindlichkeiten (IAS 1.54(m)) in Betracht. Durch IFRS 9 ergibt sich hier keine Änderung.

2. Im Rahmen von Sicherungsgeschäften

89 Der **Ausweis** von Derivaten, die Bestandteil eines Sicherungsgeschäfts sind, das nach den Regeln des *hedge accounting* bilanziert wird, ist derzeit nicht geregelt. Für den Ausweis von Grundgeschäft und Sicherungsinstrument kommen grds *vier Alternativen* in Betracht (*Scharpf/Luz,* 778):

(1) Grundgeschäft und Sicherungsinstrument werden in einem gesonderten Posten „gesicherte Geschäfte" ausgewiesen.
(2) Das Sicherungsinstrument wird in dem gleichen Posten wie das Grundgeschäft ausgewiesen.
(3) Grundgeschäft und Sicherungsinstrument werden jeweils in den Posten ausgewiesen, in denen sie ohne Berücksichtigung des Sicherungszusammenhangs ausgewiesen werden würden.
(4) Ausweis des Sicherungsinstruments in einem gesonderten Posten und Ausweis des Grundgeschäfts in dem Posten, in dem es ohne Berücksichtigung des Sicherungszusammenhangs ausgewiesen werden würde.

Von den vorgenannten **Ausweisalternativen** wird derzeit in der **Praxis** überwiegend die **letztgenannte** angewandt, wobei der Ausweis der Sicherungsinstrumente – soweit nicht in einem gesonderten Posten – unter den sonstigen Aktiva/Passiva erfolgt. Hieran ändert sich durch IFRS 9 nichts.

90 *(einstweilen frei)*

II. Ausweis in der Gesamtergebnisrechnung

1. Außerhalb von Sicherungsgeschäften

91 **Derivate** sind nach den oben dargestellten Grundsätzen idR mit dem **beizulegenden Zeitwert** zu bewerten. Gewinne und Verluste aus der Bewertung

zum beizulegenden Zeitwert sind gem IAS 39.55(a) in den Periodenerfolg des Geschäftsjahrs aufzunehmen, in dem sie entstanden sind. Nach IFRS 9 sind Derivate ebenfalls erfolgswirksam zum beizulegenden Zeitwert zu bewerten. Aufgrund der für Derivate typischen hohen Hebelwirkung kann dies zu erheblichen Schwankungen im Periodenerfolg führen. Der Ausweis sollte sich nach den vom Unternehmen mit dem Derivat verfolgten Zwecken richten. In Abhängigkeit davon, ob dieses **operativen** oder **finanziellen Zwecken** dient, kommt – wenn nicht, wie zB bei Banken, ein entspr Handelsergebnis ausgewiesen wird – ein Ausweis unter den sonstigen betrieblichen Erträgen/sonstigen betrieblichen Aufwendungen bzw sonstigen finanziellen Erträgen/sonstigen finanziellen Aufwendungen in Betracht.

2. Im Rahmen von Sicherungsgeschäften

Hinsichtlich der Ergebnisveränderungen aus der Bewertung von Derivaten, die Bestandteil eines Sicherungsgeschäfts sind, ist zwischen den unterschiedlichen *hedge*-Formen zu unterscheiden. Ergebnisse aus der Bewertung eines Derivats, das Sicherungsinstrument im Rahmen eines ***fair value hedge*** ist, sind erfolgswirksam in den Periodenerfolg zu übernehmen (IAS 39.89(a)/IFRS 9.6.5.8(a)). Bei Derivaten, die Sicherungsinstrument zur Absicherung des Cashflows ***(cashflow hedge)*** oder der **Nettoinvestition** in eine wirtschaftlich selbstständige ausländische Teileinheit *(hedge of a net investment in a foreign entity)* sind, ist der Teil des Ergebnisses, der im Hinblick auf die Absicherung effektiv ist, im sonstigen Ergebnis zu erfassen (IAS 39.95(a), IAS 39.102(a)/IFRS 9.6.5.13(a)); der nicht effektive Teil ist erfolgswirksam in den Periodenerfolg zu übernehmen (IAS 39.95(b), IAS 39.102(b)/IFRS 9.6.5.13(b)). Der Ausweis kann, soweit Ergebnisbeiträge aus effektiven Sicherungsgeschäften resultieren, in dem Posten erfolgen, in dem auch die Ergebnisbeiträge des gesicherten Grundgeschäfts ausgewiesen werden. Hinsichtlich der Erfolgsbeiträge aus nicht effektiven Sicherungsgeschäften bzw entspr Teilbeträge ist ein Ausweis unter der sonstigen betrieblichen Erträgen/sonstigen betrieblichen Aufwendungen bzw sonstigen finanziellen Erträgen/sonstigen finanziellen Aufwendungen möglich. Für *fair value hedges* von Nettopositionen ist nach IFRS 9.6.6.4. der (saldierte) Ausweis der Gewinne und Verluste aus dem *hedge* unter einem gesonderten Posten in der GuV vorgesehen (→ Rn 77). 92

E. Angaben im Anhang

Die Angabepflichten zu Finanzinstrumenten sind in **IFRS 7** zusammengefasst. Durch die in IFRS 7 geforderten Angaben sollen die Adressaten des Jahresabschlusses in die Lage versetzt werden, die Bedeutung von Finanzinstrumenten für die **Ertragskraft** und die **Finanzlage** eines Unternehmens besser beurteilen zu können. Darüber hinaus sollen die Informationen Einblick in Art und Umfang von **Risiken** aus Finanzinstrumenten geben (IFRS 7.1). 93

Mit IFRS 9 sind umfassende Ergänzungen des IFRS 7 verabschiedet worden, die dem Bilanzleser die Regelungen durch Anhangangaben transparenter machen sollen. Bzgl der Angabepflichten für Finanzinstrumente wird auf → § 3 Rn 270 ff und § 19 verwiesen. 94

F. Wesentliche Änderungen und deren Anwendungszeitpunkte

95 **IFRS 9** ist erstmals für Geschäftsjahre anzuwenden, die am oder nach dem 1. Januar 2018 beginnen. Die Übernahme des Standards in das europäische Recht *(endorsement)* wird noch im Jahr 2015 erwartet. Zu den Möglichkeiten der vorzeitigen Anwendung → § 3 Rn 545.

Gem IFRS 9.7.2.21 besteht im Zeitpunkt der Erstanwendung von IFRS 9 derzeit ein Wahlrecht, die Regelungen des IAS 39 zum *hedge accounting* weiterhin anzuwenden oder auf die Regelungen des IFRS 9 zum *hedge accounting* zu wechseln. Dieses Wahlrecht wird voraussichtlich entfallen, wenn die Regelung für *macro hedges* verabschiedet sind (IFRS 9.IN10).

G. Gegenüberstellung zu HGB/DRS

96 Die handelsrechtlichen Vorschriften enthalten derzeit keine gesonderten Regelungen zur Rechnungslegung von Derivaten. Da es sich bei Derivaten aus handelsrechtlicher Sicht um schwebende Geschäfte handelt, erfolgt ein **Ansatz** – soweit keine Anschaffungskosten vorliegen (zB gezahlte Optionsprämien) – nur dann, wenn aus der Abwicklung ein Verlust erwartet wird (vgl *WPH I* E 28). Die **Bewertung** hat nach IAS 39/IFRS 9 bei der Einbuchung und im Rahmen der Folgebewertungen mit dem beizulegenden Zeitwert zu erfolgen. Abweichend von den derzeit bestehenden handelsrechtlichen Vorschriften werden somit hierdurch ggf auch nicht realisierte Gewinne in den Periodenerfolg übernommen. Das HGB sieht für zu Handelszwecken erworbene Finanzinstrumente bei Kredit- und Finanzdienstleistungsinstituten zwar ebenfalls eine erfolgswirksame Bewertung mit dem beizulegenden Zeitwert vor, ergänzt diese jedoch durch einen Risikozuschlag. Darüber hinaus sieht § 340e Abs 4 HGB im Zusammenhang mit Nettoerträgen aus dem Handelsbestand eine Dotierung des „Fonds für allgemeine Bankrisiken" nach § 340g HGB vor, der nur unter den im Gesetz genannten Bedingungen aufgelöst werden darf.

97 Die Anforderungen an die Bilanzierung von **Sicherungsgeschäften** werden durch IAS 39/IFRS 9 ebenfalls konkret geregelt (vgl → Rn 52ff). Abweichungen zu diesem, in der handelsrechtlichen Kommentierung unter dem Stichwort „Bewertungseinheit" diskutierten Themenkomplex ergeben sich insbes aus der nach IAS 39/IFRS 9 nicht zulässigen Berücksichtigung von *macro hedges* und internen Geschäften. Im Handelsrecht besteht nunmehr eine gesetzliche Regelung für Bewertungseinheiten (§ 254 HGB), nach der Sicherungsbeziehungen hinsichtlich ihrer Effektivität zu untersuchen und imparitätische Effekte bilanziell abzubilden sind. Die Regelung ist prinzipienorientiert, Detailregelungen entwickeln sich als hM aus der Kommentierung.

98 Nicht zuletzt aufgrund der abweichenden Ansatz- und Bewertungsvorschriften ist der Umfang der für Derivate und Sicherungsgeschäfte erforderlichen **Anhangangaben** nach IAS 39/IFRS 9 umfassender als im HGB geregelt.

H. Aktuelle Entwicklungen/IASB-Projekte

99 Am 17. April 2014 hat das IASB ein **Diskussionspapier** *Accounting for Dynamic Risk Management – a Portfolio Revaluation Approach to Macro hedging* (DP/2014/1) verabschiedet, zu dem momentan die Comment Letter ausgewertet

werden. In einem nächsten Schritt wird hierfür ein überarbeitetes Diskussionspapier erstellt, das voraussichtlich im ersten Halbjahr 2016 zu erwarten ist. Inhaltlich wird ein **prinzipienbasiertes Portfolio-Neubewertungsmodell** *(Portfolio Revaluation Approach, PRA)* vorgeschlagen, das die bilanzielle Abbildung von dynamischen Risikomanagementstrategien für offene Portfolien ermöglichen soll (vgl zB *Gehrer/Krakuhn/Stepnova* IRZ 2014, 293 (293 ff)).

Für weitere aktuelle Entwicklungen im Zusammenhang mit Finanzinstrumenten im Allgemeinen → § 3 Rn 1 ff, → § 3 Rn 581 f.

§ 24. Anteilsbasierte Vergütung (Aktienoptionsprogramme)

Übersicht

Schrifttum: *Bauer/Kanne/Khakzad* Anteilsbasierte Mitarbeitervergütungen – Anforderungen an die Bewertung im Kontext internationaler Rechnungslegungsvorschriften, IRZ 2013, 67; *Blecher* Zur Bilanzierung von realen und virtuellen Aktienoptionsprogrammen aus ökonomischer Sicht, WPg 2011, 625; *Crasselt* Bewertung indexierter Mitarbeiter-Aktienoptionen im Binomialmodell, KoR 2005, 444; *Eschbach* Entwurf eines Ausübungsregelwerks für Stock Options, WPg 2000, 1; *Freiberg* Behandlung von anteilsbasierten Vergütungen im Konzernverbund, PiR 2010, 25; *Freiberg* Zweifelsfragen der Abgrenzung von anteilsbasierten Vergütungen und Finanzinstrumenten, PiR 2012, 28; *Freiberg* Bindung einer anteilsbasierten Vergütung an einen erfolgreichen Börsengang (IPO), PiR 2013, 265; *Freiberg* Erfassung von anteilsbasierter Vergütung mit Barausgleich, PiR 2014, 350; *Gebhart* Konsistente Bilanzierung von Aktienoptionen und Stock Appreciation Rights – eine konzeptionelle Auseinandersetzung mit E-DRS 11 und IFRS ED 2, BB 2003, 675; *Herzig* Steuerliche und bilanzielle Probleme bei Stock Options und Stock Appreciation Rights, DB 1999, 1; *Hoffmann* Aktienoptionen an Mitarbeiter, PiR 2011, 30; *Hoffmann/Lüdenbach* Die Bilanzierung aktienorientierter Vergütungsformen nach IFRS 2 (Share-Based Payment), DStR 2004, 786; *Hüffer* AktG, 10. Aufl, München 2012; *IDW* Stellungnahme des IDW zum Exposure Draft ED 2 „Share-based payment", FN IDW 2003, 160; *IDW* Stellungnahme IFRIC Draft Interpretation D17: IFRS 2 – Group and Treasury Share Transactions, WPg 2005, 862; *Janssen* in Müller/Rödder (Hrsg) Beck'sches Handbuch der AG, § 23, 2. Aufl, München 2009; *Kessler/Leinen/See* Zeitraum der Aufwandsperiodisierung bei anteilsbasierten Vergütungsmodellen mit Barausgleich, PiR 2009, 129; *Knorr/Knorr* Die Bilanzierung von Aktienoptionsplänen, in FS Knorr, Globale Finanzberichterstattung/Global Financial Reporting, Stuttgart 2008, 323; *KPMG* IFRS aktuell, 4. Aufl, Stuttgart 2011; *Konold* Auswirkungen der Änderung erwarteter Volatilität auf die Bewertung anteilsbasierter Vergütung nach IFRS 2, KoR 2012, 161; *Konold/Klamar* Frühzeitige Ausübung von Aktienoptionen gemäß IFRS 2 – Alternative Ansätze der modelltheoretischen Abbildung, IRZ 2014, 285; *Lüdenbach/Freiberg* Bilanzierung bedingter Optionszusagen nach dem Amendment zu IFRS 2, PiR 2008, 107; *Müller/Reinke* Ausweis und Bewertung von aktienbasierten Vergütungen nach IFRS 2 – Empirische Analyse der Anwendung im DAX, MDAX und SDAX, IRZ 2008, 359; *Pellens/Crasselt* Bilanzierung von Stock Options, DB 1998, 217; *Pellens/Crasselt* Bilanzierung von Aktienoptionsplänen und ähnlichen Entgeltformen nach IFRS 2 „Share-based Payment", KoR 2004, 113; *Pellens/Crasselt* IFRS 2 „Share Based Payment" – Anwendungsfragen bei nicht börsennotierten Gesellschaften, PiR 2005, 35; *Pellens/Crasselt/Jödicke* IFRIC 8 – Scope of IFRS 2, in Vater ua (Hrsg) IFRS-Änderungskommentar 2007, Weinheim 2007, 57; *Petersen/Bansbach/Dornbach*, IFRS Praxishandbuch, 10. Aufl, München 2015; *Reinke/Nissen-Schmidt* IFRS: Eigenkapital und Aktienoptionspläne, Berlin 2008; *Richter/Rogler* Anteilsbasierte Mitarbeitervergütungen gem. IFRS 2 – Ansatz und Bewertung echter und virtueller Aktienoptionen sowie sich daraus ergebende Auswirkungen auf Bilanzkennzahlen – Fallstudie, IRZ 2010, 333; *Roß/Baumunk* in Kessler/Sauter (Hrsg) Handbuch Stock Options, J. Kauf eines Aktienoptionsplans von einem Dritten (Programmkauf), München 2003; *Schmidt* Bilanzierung von Aktienoptionen nach IAS/IFRS, DB 2002, 2657; *Sommer/Hofbauer/Konold* Praxisprobleme bei der Bewertung anteilsbasierter Vergütung nach IFRS 2, KoR 2009, 682; *Suchan/Baumunk* in Kessler/Sauter (Hrsg) Handbuch Stock Options, L. Wertsteigerungsrechte mit Dividendenkomponente (Phantom Stocks), München 2003; *Vater* Bewertung von Stock Options: Berücksichtigung bewertungsrelevanter Besonderheiten, DStR 2004, 1715; *Zwirner/Froschhammer* Die Bilanzierung von equity-settled share-based payment transactions nach IFRS 2, IRZ 2010, 163.

Wesentliche Rechtsgrundlage: IFRS 2

A. Allgemeines

I. Wirtschaftlicher und rechtlicher Hintergrund

1 Aktienoptionsprogramme sind der Hauptanwendungsfall der anteilsbasierten Vergütung und der eigentliche Regelungsanlass für die Verabschiedung von IFRS 2 (IFRS 2.1). Sie gewähren den Berechtigten, idR Mitarbeitern eines Unternehmens, mit rechtlichen Beschränkungen und ökonomischen Anreizen versehene **Bezugsrechte (Optionen)** auf dessen Aktien. Das Programm hat dann eine objektive Vergütungswirkung, wenn zum Zeitpunkt der Ausübung der von dem Mitarbeiter „erarbeiteten" **Option** der Bezugspreis niedriger ist als der Verkehrswert der Aktie. Insbes bei börsennotierten Gesellschaften gehören Aktienoptionsprogramme inzwischen zu einem Standardelement der Mitarbeitervergütung. Knapp 90% der nach IFRS bilanzierenden DAX-Unternehmen setzen anteilsbasierte Vergütungen als Instrument der Mitarbeiterentlohnung ein. Die dahinter stehende ökonomische Idee ist die stärkere Orientierung des Entgelts (insbes des Managements) an der Entwicklung des Shareholder Value und die Möglichkeit, einen erfolgsabhängigen Vergütungsanteil ohne Abfluss von Bar-

mitteln aus dem Unternehmen darzustellen. Darüber hinaus stellen Aktienoptionsprogramme ein Instrument zur Lösung des **Pinzipal-Agenten-Konflikts** zwischen Anteilseignern und angestellter Unternehmensleitung dar. Ein Prinzipal-Agenten-Konflikt ergibt sich aus Kontrolldefiziten, die auf die Trennung von Eigentums- und Kontrollrechten zurückzuführen sind. Eigentumsrechte liegen bei den Anteilseignern (Prinzipale), dagegen liegen die Kontrollrechte bei der Unternehmensleitung (Agenten). Der Einsatz von Aktienoptionsprogrammen hat das Ziel, Kontrolldefizite aufgrund der Anreizwirkung dieser Programme zu mildern (*Köster* in Buschhüter/Striegel, IFRS, IFRS 2 Rz 3; *Müller/Reinke* IRZ 2008, 359 (359)). Diesem Ansatz entspricht es auch, dass das Gesetz zur Angemessenheit der Vorstandsvergütung **(VorstAG)** eine längerfristige Ausrichtung der Vergütungsstruktur für Mitglieder von Vorständen regelt. Gem § 193 Abs 2 Nr 4 AktG dürfen Aktienoptionen und virtuelle Aktien *(phantom stocks)* in deutschen AG nunmehr frühestens nach vier Jahren ausgeübt werden.

Neben der klassischen anteilsbasierten Vergütung mit Ausgleich durch Eigen- 2
kapitalinstrumente regelt IFRS 2 auch die Bilanzierung von sog virtuellen Aktienoptionsprogrammen. Bei **virtuellen Optionen** bzw ***stock appreciation rights*** (sog Wertsteigerungsrechten, SAR) wird der Unterschiedsbetrag zwischen dem virtuellen Bezugspreis und dem Aktienpreis zum Zeitpunkt der virtuellen Optionsausübung von dem Unternehmen in bar ausbezahlt. Bei **virtuellen Aktien *(phantom stocks)*** ist in dem Wertsteigerungsrecht auch die seit dem Tag der Gewährung angefallene Dividende enthalten (*Suchan/Baumunk* in Kessler/Sauter Handbuch Stock Options 2003, Rz 777). Bei virtuellen Aktienoptionsprogrammen kommt es im Gegensatz zum echten Aktienoptionsprogramm zu einem Zahlungsmittelabfluss aus dem Unternehmen und damit zu einem pagatorischen Aufwand. Wegen der Abhängigkeit der Höhe des Aufwands von der Wertentwicklung eines Eigenkapitalinstruments fallen derartige Pläne aber ebenfalls in den Anwendungsbereich des IFRS 2 und werden dort als anteilsbasierte Vergütung mit Barausgleich bezeichnet (IFRS 2.30 ff). Bei einem ***stock bonus plan*** wird den Berechtigten die – wie auch immer berechnete – Tantieme in Form von Gratisaktien, idR bewertet zum aktuellen Verkehrswert, gewährt. Ggü dem Aktienoptionsprogramm ist die eigentliche Tantieme nicht zwingend an der Wertentwicklung eines Eigenkapitalinstruments orientiert. Soweit dies nicht der Fall ist, sind diese Programme nicht mit Aktienoptionsprogrammen vergleichbar.

Das AktG bietet einen gesicherten **rechtlichen Rahmen** für die Ausgabe von 3
Aktienoptionen an Mitarbeiter und deren spätere Erfüllung (§ 71 Abs 1 Nr 8 AktG zum Erwerb eigener Aktien und § 193 Abs 2 Nr 3 AktG zum bedingten Kapital). Zentraler rechtlicher Aspekt ist die mit der Ausgabe verbundene Möglichkeit des Bezugsrechtsausschlusses für die bestehenden Aktionäre. Das deutsche Aktienrecht stellt sich dabei im Gegensatz zu vielen anderen Rechtssystemen auf den Standpunkt, dass als Ausgleich für diesen Bezugsrechtsausschluss die Kriterien der Ausgabe von der Hauptversammlung (mit ¾-Mehrheit) und nicht von der Verwaltung zu bestimmen sind und dass ein Aktienoptionsprogramm zwingend Erfolgsziele zu enthalten hat. Obwohl die Vorschriften des IFRS 2 grds rechtsformunabhängig sind, kommt die Verwendung von anteilsbasierten Vergütungen jedoch für andere Rechtsformen, wie zB die GmbH, nur in seltenen Fällen zur Anwendung.

(einstweilen frei) 4–7

II. Verhältnis zu anderen IFRS

IFRS 2 ist **subsidiär** zu IFRS 3, wenn ein Eigenkapitalinstrument als 8
Kaufpreis im Rahmen eines Unternehmenszusammenschlusses iSd IFRS 3,

im Rahmen eines Unternehmenszusammenschlusses unter *common control* iSd IFRS 3.B1 ff oder eines Joint Ventures iSd IFRS 11 bezahlt wird, sowie zu IAS 32 und IAS 39/IFRS 9, wenn sich der zugrunde liegende Vertrag als Finanzinstrument darstellt (IFRS 2.5 f). Mit dieser Abgrenzung wegen des Entgeltcharakters rechtfertigt der IASB die dogmatisch schwierig zu begründende Ungleichbehandlung zweier rechtlich identischer Geschäfte (Ausgabe von Aktienoptionen), je nachdem ob der Empfänger ein klassischer Optionserwerber (der etwas für die Option aufwendet) oder eine Person ist, die dem Stillhalter Leistungen für die Option gewährt.

Beispiel: Erwirbt ein Unternehmen Waren gegen den Abschluss eines Termingeschäfts auf der Basis des eigenen Aktienkurses mit der Absicht einer physischen Lieferung der Waren und bestehen keine Anzeichen dafür, dass das Geschäft vom Unternehmen glattgestellt wird, ist die Transaktion im Anwendungsbereich des IFRS 2. Hat das Unternehmen jedoch derartige Verträge in der Vergangenheit glattgestellt oder hat es diese Absicht, ist das Termingeschäft als Finanzinstrument iSd IAS 32 und IAS 39 bzw IFRS 9 zu behandeln.

9 Bestehen **Zweifel,** ob es sich um eine Transaktion nach IAS 39/IFRS 9 oder nach IFRS 2 handelt, ist die Transaktion nach IFRS 2 darzustellen (*Petersen/Bansbach/Dornbach*, 396 f; zu weiteren Zweifelsfragen der Abgrenzung von anteilsbasierter Vergütung und Finanzinstrumenten *Freiberg* PiR 2012, 28 (28 ff)).

10 Die Frage des Anwendungsbereichs stellt sich auch im Fall eines **umgekehrten Unternehmenszusammenschlusses** *(reverse acquisition),* bei dem ein börsennotierter rechtlicher Erwerber (der jedoch keinen Geschäftsbetrieb iSd IFRS 3 darstellt) eigene Anteile im Gegenzug für die Einbringung einer nicht börsenotierten operativ tätigen Gesellschaft herausgibt. Dadurch erlangen die Gesellschafter des eingebrachten Unternehmens die Mehrheit der Anteile an dem rechtlichen Erwerber. Dieser wird gem IFRS 3 zum erworbenen Unternehmen. Aufgrund der fehlenden *business*-Qualifikation des (in bilanzieller Hinsicht) erworbenen Unternehmens fällt der Sachverhalt nicht in den Anwendungsbereich von IFRS 3 (*Lüdenbach/Hoffmann/Freiberg* IFRS § 23 Rz 31). Nach Auffassung des IFRSIC liegt ein Anwendungsfall von IFRS 2 vor, da der Erwerber nach IFRS, dh die nicht börsennotierte operativ tätige Gesellschaft, eine Börsennotierung erwirbt *(… in exchange for … [the entity's] listing status; pwc* 2015 Rz 12.30). Die Differenz zwischen Kaufpreis und erworbenem Nettovermögen stellt den Preis der erlangten Dienstleistung („Börsennotierung") dar und ist gemäß IFRS 2.13A entsprechend als Aufwand zu berücksichtigen (*The Interpretations Committee concluded that, … the entire difference should be considered to be payment for a service of a stock exchange listing for its shares, and that no amount should be considered a cost of raising capital; IFRIC* Update March 2013, 3).

B. Anteilsbasierte Vergütung gemäß IFRS 2

I. Anwendungsbereich

		Anteilscharakter	Optionscharakter
Wahlrecht	Echte Eigenkapitalinstrumente (reale Aktienoptionsprogramme)	Ausgabe vergünstigter Belegschaftsanteile	Anteilsoptionen
	Eigenkapitalinstrumente mit Barausgleich (virtuelle Aktienoptionsprogramme)	Phantomaktien *(phantom stocks)*	*stock appreciation rights* (SAR)

IFRS 2.1 bezeichnet als **„anteilsbasierte Vergütung"** über Aktienoptionsprogramme im eigentlichen Sinne hinaus jede Vergütung von Unternehmen, Gesellschaftern oder im Konzernverbund (IFRS 2.3A) für Güter und Dienstleistungen durch Eigenkapitalinstrumente, insbes eigene Aktien, Optionen auf Anteile oder Geldzahlungen, deren Höhe vom Preis des Anteils oder einer Option darauf abhängt. Der Anwendungsbereich von IFRS 2 umfasst daneben auch die Bezahlung **nicht identifizierter erhaltener Güter und Dienstleistungen** (IFRS 2.2 iVm IFRS 2.13A). Trotz dieses theoretisch weiten Anwendungsbereichs wird es außer den vorgenannten Vergütungsmodellen für Mitarbeiter derzeit kaum andere Anwendungsfälle geben. Die Bezahlung von anderen Waren und Dienstleistungen mit Eigenkapitalinstrumenten kommt (jedenfalls derzeit) in der Praxis nahezu nicht vor. Nach BGH-Rechtsprechung ist sogar die Hinterlegung von Aktienoptionen für die Vergütung von **Aufsichtsräten** weder durch bedingtes Kapital noch durch den Rückkauf eigener Aktien zulässig (BGH-Urteil vom 16. Februar 2004 – II ZR 316/02, DB 2004, 696 (696); *Janssen* in Müller/Rödder Beck'sches Handbuch der AG § 23 Rz 31) und damit faktisch ausgeschlossen (zulässig wäre allenfalls noch eine Bedienung durch einen Aktionär). Die Gewährung von Aktienoptionen als Vergütung von Vorstandsmitgliedern, die bei Tochterunternehmen Aufsichtsratsfunktionen innehaben, ist hingegen unbedenklich (*Hüffer* in AktG § 192 Rz 21). 11

Vom Wortlaut her erfasst der IFRS 2 auch normale **Sachkapitalerhöhungen**, also Vorgänge, mit denen (einlagefähige) Vermögenswerte gegen die Ausgabe von Anteilen erworben werden (so zutreffend *Pellens/Crasselt* PiR 2005, 35 (35 f)). Allerdings darf nicht übersehen werden, dass der IFRS 2 für diese Vorgänge ggü den übrigen IFRS keinen neuen Regelungsinhalt hat. Denn entweder die Sacheinlage besteht in einer Sach- und Rechtsgesamtheit (Unternehmen oder Geschäftsbetrieb), dann ist IFRS 3 anzuwenden. Oder es wird ein einzelner Vermögenswert erworben. Für diesen sieht IFRS 2.10 die direkte Bewertung des Vermögenswerts vor, dh der beizulegende Zeitwert der angesetzten Eigenkapitalinstrumente wird anhand des beizulegenden Zeitwerts der erhaltenen Güter oder Dienstleistungen ermittelt (zur Abgrenzung von direkter und indirekter Bewertung von Eigenkapitalinstrumenten → Rn 36). Dass dieser bei Anschaffung zum beizulegenden Zeitwert bewertet wird, ergibt sich indes bereits aus IAS 16.24 bzw IAS 38.24ff. Insofern hätte es keines IFRS 2 bedurft, der sich durch die spezielle aus dem Wert des Eigenkapitalinstruments abgeleitete indirekte Bewertung von empfangenen Dienstleistungen sowie die Behandlung von Ausübungsbedingungen auszeichnet. Die weitere Kommentierung hat daher immer den Fall der **Entlohnung** von **Arbeitsleistung** durch anteilsbasierte Vergütungen vor Augen. Dies steht im Einklang mit IFRS 2, dessen Regelungen sich überwiegend mit der Vergütung von Arbeitnehmern befassen. 12

Im Detail schwierig und in IFRS 2 nicht behandelt ist die **Abgrenzung zu reinen Eigenkapitalbeschaffungsmaßnahmen.** Nach dem Konzept des IFRS 2 ist dieser immer dann anwendbar, wenn Eigenkapitalinstrumente eine „Vergütung", also eine Gegenleistung darstellen. Sog Arbeitnehmerbeteiligungsprogramme können aber auch nur mit dem Ziel aufgestellt werden, die Eigenkapitalbasis des Unternehmens zu stärken oder Mitarbeiter als Aktionäre zu gewinnen. IFRS 2 unterstellt insoweit stillschweigend, dass die exklusive Vergabe von Eigenkapitalinstrumenten an Arbeitnehmer immer einen **Entgeltbestandteil** hat. Eine (auch geringfügig) verbilligte Abgabe von Eigenkapitalinstrumenten fällt immer in den Anwendungsbereich von IFRS 2, unabhängig davon, ob diese allen oder nur ausgewählten Mitarbeitern gewährt wird. So geht das Beispiel 11 in IFRS 2.IG17 von einer verbilligten Vergabe von Aktien im Rahmen eines diesbezüglichen Programms für Arbeitnehmer aus. Die Anwendungsausnahme in 13

IFRS 2.4 regelt lediglich die Ausgabe von Eigenkapitalinstrumenten an alle Aktionäre. Wenn aber ein Unternehmen im Rahmen des aktienrechtlich Zulässigen Eigenkapitalinstrumente an Mitarbeiter zu fremdüblichen Bedingungen ausgibt (dh in ihrer Eigenschaft als Aktionär), um seine Eigenkapitalbasis zu stärken, ist uE kein Raum für einen Ansatz als anteilsbasierte Vergütung (so wohl auch *Pellens/Crasselt/Jödicke,* IFRS-Änderungskommentar IFRIC 8 Rz 20; *Lüdenbach/Hoffmann/Freiberg* IFRS § 23 Rz 41f). Das Unternehmen wird indes darlegen müssen, warum es den Vergütungscharakter verneint (so wohl auch *Schreiber/Simons* in Baetge ua IFRS-Komm IFRS 2 Rz 20f). Dies kann zB der Fall sein, wenn keine Erfolgsziele für die Ausübung der Eigenkapitalinstrumente vereinbart werden. Es ist jedoch nicht anzunehmen, dass durch die „Erweiterung" des Anwendungsbereichs des IFRS 2 (Anwendung auch auf die Bezahlung nicht identifizierbarer Dienstleistungen) der Anwendungsbereich unendlich weit werden und jede Eigenkapitalerhöhung erfassen könne, weil IFRS 2.2 immer davon ausgeht, dass „etwas" mit den Eigenkapitalinstrumenten erworben wurde und nicht nur die Eigenkapitalbasis des Unternehmens gestärkt wurde (so auch *Schreiber/Simons* in Baetge ua IFRS-Komm IFRS 2 Rz 20f).

Nicht in den Anwendungsbereich fallen auch **Preisunterschiede im Rahmen eines erstmaligen Börsengangs** zwischen dem Angebotspreis für Privatanleger (Kleinanleger) und dem für institutionelle Anleger (wie Kreditinstitute, Versicherungen, Investmentfonds). Ist zur Erlangung eines Börsenlistings ggf eine Mindestanzahl von Anlegern notwendig, kann ein Unternehmen dies durch absichtliche Preisnachlässe an Privatanleger erreichen. Gem IFRS 2.13A umfasst der Anwendungsbereich von IFRS 2 auch den Erhalt von nicht identifizierten Gütern und Dienstleistungen (→ Rn 11). Diese Preisunterschiede zwischen den Angebotspreisen für institutionelle Anleger und Privatanleger allein stellen jedoch keine anteilsbasierte Vergütung dar, da insbes Privatanleger neben der Zahlung des (geringeren) Angebotspreises keine weitere Dienstleistung erbringen bzw Güter liefern (*IFRIC* Update May 2014, 5f).

14 Je nach dem **Charakter der Erfüllung** unterscheidet IFRS 2.2 drei Hauptanwendungsfälle:

(1) **Anteilsbasierte Vergütung mit Ausgleich durch Eigenkapitalinstrumente:** die Vergütung besteht in Eigenkapitalinstrumenten (diese stellen in der deutschen Anwendungspraxis die überwiegende Mehrheit dar); dies gilt nach IFRS 2.B53 auch dann, wenn die Ausgabe und Bedienung durch das MU erfolgt. Eine Vergütung mit Schuldinstrumenten (zB mit Genussscheinen, die idR eindeutig als finanzielle Verbindlichkeit einzustufen sind) fällt jedoch nicht in den Anwendungsbereich von IFRS 2 (s *Köster* in Buschhüter/Striegel IFRS, Rz 44), es sei denn, diese hängen vom Kurs echter Eigenkapitalinstrumente ab. Dann sind diese als anteilsbasierte Vergütung mit Barausgleich zu bilanzieren (*EY* 2015, 2227).

(2) **Anteilsbasierte Vergütung mit Barausgleich:** die Berechnung der Vergütung erfolgt auf Basis eines Eigenkapitalinstruments, wird dann aber in bar entrichtet (so zB bei SAR, → Rn 2). Eine Vergütung, die auf Eigenkapitalinstrumenten von anderen Unternehmen (auch Konzernunternehmen oder eines Großaktionärs; IFRS 2.3A) basiert, soll nach IFRS 2.B55 auf der Ebene des die Ware oder Dienstleistung empfangenden Unternehmens als anteilsbasierte Vergütung mit Barausgleich behandelt werden, wenn das Eigenkapitalinstrument von dem Unternehmen ausgegeben wird, das nicht selbst mit „Eigenkapital" bezahlen kann oder möchte. Für den Konzernabschluss gilt die Transaktion hingegen als Ausgleich mit Eigenkapitalinstrumenten, da aus Sicht des Konzerns mit „Eigenkapital" ausgeglichen wird. Gewährt dagegen das Konzernunternehmen, dessen Eigenkapital von dem Eigenkapitalinstru-

ment betroffen ist, das Instrument an Arbeitnehmer eines anderen Konzernunternehmens selbst, stellt der Vorgang auch für das Konzernunternehmen selbst eine Vergütung mit Ausgleich durch Eigenkapitalinstrumente dar (IFRS 2.B53; *Freiberg* PiR 2010, 25 (25 ff); → Rn 51 ff).

Beispiel: Gibt das TU Aktienoptionen des MU aus, wird im Einzelabschluss des TU eine anteilsbasierte Vergütung mit Barausgleich angesetzt, die „Mittel" hierfür stammen aus einer Einlage des MU. Im Konzernabschluss des MU liegt eine anteilsbasierte Vergütung mit Ausgleich durch ein Eigenkapitalinstrument vor. Gibt das MU selbst die Aktienoptionen an Mitarbeiter des TU aus, liegt im Einzel- und Konzernabschluss des MU eine anteilsbasierte Vergütung mit Ausgleich durch ein Eigenkapitalinstrument vor.

(3) **Anteilsbasierte Vergütung mit wahlweisem Barausgleich oder Ausgleich durch Eigenkapitalinstrumente**: es besteht ein Wahlrecht bzgl der Vergütung, idR steht dieses dem Unternehmen zu, ausnahmsweise auch dem Leistenden (→ Rn 57 f).

Abgrenzungsschwierigkeiten zwischen einer anteilsbasierten Vergütung durch Eigenkapitalinstrumente bzw mit Barausgleich können ua in Fällen auftreten, in denen das **Unternehmen für den Bezugsberechtigten Erwerbs-/Veräußerungsvorgänge durchführt (insbes wenn der Erwerb bzw die Veräußerung von vorne herein im Plan über die anteilsbasierte Vergütung geregelt ist):**

(1) Die Vergütung besteht (zunächst) in (eigenen) Eigenkapitalinstrumenten. Das ausgebende Unternehmen veräußert diese Eigenkapitalinstrumente aber anschließend an einen fremden Dritten auf Namen und Rechnung des Bezugsberechtigten. Der Veräußerungserlös des Dritten wird vom Unternehmen an den Bezugsberechtigten weitergeleitet **(Fall 1).**

(2) Das Unternehmen erwirbt auf Namen und Rechnung des Bezugsberechtigten (eigene) Eigenkapitalinstrumente. Die dafür erforderlichen Barmittel werden vom Unternehmen aufgewendet **(Fall 2).**

In diesen Fällen ist unklar, ob auf die unmittelbare **Leistung des Unternehmens** abzustellen ist (im Fall 1 die Eigenkapitalinstrumente, im Fall 2 der Barausgleich) **oder** ob auf die **Leistung** abzustellen ist, **die der Bezugsberechtigte final erhält** (im Fall 1 der Barausgleich, im Fall 2 die Eigenkapitalinstrumente). Auf Basis der Definitionen in IFRS 2.Anhang A kann diese Frage nicht zweifelsfrei beantwortet werden. Für die Beurteilung entscheidend ist, wem im Fall 1 die Anteilsveräußerung bzw im Fall 2 der Anteilserwerb zuzurechnen ist (dem Unternehmen oder dem Bezugsberechtigten). Die Beurteilung hat dabei auf Basis von wirtschaftlichen und nicht von zivilrechtlichen Kriterien zu erfolgen. Im internationalen Schrifttum werden im Falle der **Anteilsveräußerung (Fall 1)** verschiedene Kriterien definiert, wann das Unternehmen als Prinzipal oder als Agent der Anteilsveräußerung im wirtschaftlichen Sinne anzusehen ist, unabhängig von einer zivilrechtlichen Einstufung. Demnach handelt das Unternehmen insbes dann als wirtschaftlicher Prinzipal im Falle einer Anteilsveräußerung, wenn der Empfang von Barmitteln außerhalb des Ermessens des Bezugsberechtigten steht (*pwc* 2015 Rz 12.203 f), wenn das Unternehmen zur (faktischen) Übertragung von Barmitteln verpflichtet ist (*KPMG* 2014/15 Rz 4.5.2150.20) bzw wenn der Bezugsberechtigte die Erwartungshaltung hat Barmittel zu erhalten (*EY* 2015, 2342). In diesem Fall wird ungeachtet einer zivilrechtlichen Beurteilung die Anteilsveräußerung dem Unternehmen als wirtschaftlichem Prinzipal zugerechnet, so dass eine Klassifizierung als anteilsbasierte Vergütung mit Barausgleich erfolgt. Unklar ist jedoch, ob diese Kriterien auch auf den Fall des **Anteilserwerbs (Fall 2)** übertragen werden können, da hierzu keine Aussagen vorgenommen werden. UE können die zuvor genannten Kriterien ebenfalls sinnvoll auf den Fall des Anteilserwerbs angewandt werden. Demnach handelt das Unternehmen im Falle eines Anteilserwerbs insbes dann als wirtschaftlicher Prinzipal, wenn der Empfang von Eigenkapitalinstrumenten außerhalb des Ermessens des Bezugsberechtigten steht, wenn das Unternehmen zur (faktischen) Übertragung von Eigenkapitalinstrumenten verpflichtet ist bzw wenn der Bezugsberechtigte die Erwartungshaltung hat, Eigenkapitalinstrumente zu erhalten. Die Kriterien sind dazu uE als Kriterienkatalog zu prüfen, um im Rahmen einer Gesamtaussage zu bestimmen, ob das Unternehmen als wirtschaftlicher Prinzipal oder als wirtschaftlicher Agent handelt. Sofern das Unternehmen im Falle eines Aktienerwerbs als wirtschaftlicher Prinzipal gilt, erfolgt eine Klassifizierung als Vergütung durch Eigenkapitalinstrumente. Der Erwerb der Eigenkapitalinstrumente wird nach IAS 32 bilanziert.

Abgrenzungsschwierigkeiten können darüber hinaus auch bestehen, wenn der Bezugsberechtigte eine **variable Anzahl an Eigenkapitalinstrumenten** erhält (zB weil die Anzahl der Eigenkapitalinstrumente auf der Basis eines festen Geldbetrags festgesetzt wird oder unter Abzug eines festgelegten Ausübungspreises erfolgt). Nach IAS 32.16(b)(i) ist eine **finanzielle Verbindlichkeit** und kein Eigenkapitalinstrument ua dann gegeben, wenn zwar Eigenkapitalinstrumente ausgegeben werden, diese Ausgabe aber aufgrund einer vertraglichen Verpflichtung zur Lieferung einer variablen Anzahl eigener Eigenkapitalinstrumente führt. Demgegenüber ist nach IFRS 2.Anhang A der Umstand der Variabilität der ausgegebenen Anzahl von Eigenkapitalinstrumenten kein zu prüfendes Tatbestandsmerkmal bei der Klassifizierung von anteilsbasierten Vergütungen durch Ausgleich von Eigenkapitalinstrumenten. Ursache hierfür ist, dass die **Vorschriften des IAS 32** zur Unterscheidung in Eigen- und Fremdkapitalinstrumente gem IAS 32.4(f) explizit **nicht anwendbar** sind für anteilsbasierte Vergütungen nach IFRS. Folglich ist der Umstand der Variabilität der ausgegebenen Eigenkapitalinstrumente für die Klassifizierung als Vergütung durch Eigenkapitalinstrumente unbeachtlich (*EY* 2015, 2250).

Abgrenzungsschwierigkeiten können ferner bestehen, wenn die Ausgabe von Eigenkapitalinstrumenten unter **Abzug von persönlichen Steuern oder Sozialversicherungsabgaben** erfolgen. In diesen Fällen kommt es zu einem Abfluss von Barmitteln, die allerdings nicht an den Bezugsberechtigten geleistet werden, sondern an das Finanzamt bzw die entsprechenden Sozialversicherungsträger. Im November 2014 wurde zur Auswirkung des Abzugs von persönlichen Steuern der Entwurf ED/2014/5 *Classification and Measurement of Share-based Payment Transactions – Proposed amendments to IFRS 2* veröffentlicht. Die *Basis for Conclusions* enthält die mögliche bisherige Sichtweise des IASB auf der Basis des derzeitigen Standards. Demnach bestehen nach ED/2014/5.BC10 die folgenden **zwei Sichtweisen** für eine Bilanzierung anteilsbasierten Vergütung, die zum Nettobetrag erfüllt wird *(net settlement)*, sofern die anteilsbasierte Vergütung ohne das *net settlement* die Voraussetzung für eine Klassifizierung als anteilsbasierte Vergütung mit Eigenkapitalausgleich erfüllt: Nach **Sichtweise 1** ist jeder Bestandteil der anteilsbasierten Vergütung nach der Art und Weise seiner Erfüllung zu klassifizieren. Dies führt dazu, dass die zahlungswirksame Begleichung der Verpflichtungen für den Mitarbeiter als anteilsbasierte Vergütung mit Barausgleich zu klassifizieren ist, während die Erfüllung in Aktien als anteilsbasierte Vergütung mit Eigenkapitalausgleich zu klassifizieren ist. Nach **Sichtweise 2** ist die anteilsbasierte Vergütung insgesamt als anteilsbasierte Vergütung mit Eigenkapitalausgleich zu klassifizieren, weil das *net settlement* wie ein Rückerwerb der Eigenkapitalinstrumente von dem Bezugsberechtigten anzusehen ist. Die Zahlungsmittel für die einbehaltenen Eigenkapitalinstrumente werden für den Bezugsberechtigten dann vom Unternehmen als Agenten an das Finanzamt überwiesen (ED/2014/5.BC12). Gemäß der vorgeschlagenen Änderung in IFRS 2.33D soll dabei gem ED/2014/5.BC12 zukünftig nur noch die Sichtweise 2 zulässig sein. Bis zur Verabschiedung des Änderungsentwurfs sind uE beide dargestellten Sichtweisen zulässig. Dies gilt uE für **persönliche Steuern** und den **Arbeitnehmeranteil an der Sozialversicherung** gleichermaßen. Für den **Arbeitgeberanteil an der Sozialversicherung** gehen wir demggü von einem Bestandteil aus, der als Vergütung durch Barausgleich zu klassifizieren ist, denn diese Verpflichtung wird nicht als Agent für den Bezugsberechtigten abgeführt, sondern stellt eine eigene Verbindlichkeit des Unternehmens dar.

II. Terminologie

Die von IFRS 2 verwendeten und in IFRS 2. Anhang A definierten **Begriffe** lassen sich am besten anhand des Ablaufs einer anteilsbasierten Vergütung von Arbeitsleistungen erfassen, die idR mit Ausübungsbedingungen verbunden sind (IFRS 2.19). Wegen der häufigen Verwendung werden neben den offiziellen deutschen Begriffen auch die in IFRS 2.Anhang A im englischen Original verwendeten Begriffe aufgeführt. 15

(1) Als **Eigenkapitalinstrument** *(equity instrument)* wird jeder Vertrag angesehen, der einen Residualanspruch am Vermögen eines Unternehmens nach Abzug der Schulden vermittelt; dies sind insbes Anteilsoptionen *(share options)* oder (verbilligte) Aktien.

(2) Dieses Eigenkapitalinstrument wird im Rahmen einer **anteilsbasierten Vergütungsvereinbarung** *(share-based payment arrangement)* dem Arbeitnehmer oder anderen Dritten vom Unternehmen, einem Unternehmen der Gruppe oder einem Anteilseigner eines Unternehmens der Gruppe als Entgelt für Dienstleistungen oder auch Waren gewährt *(granted)*. Dieser Zeitpunkt wird als **Tag der Gewährung** *(grant date)* bezeichnet. Unterliegt die anteilsbasierte Vergütungsvereinbarung einer Genehmigung (zB durch die Eigentümer oder den Aufsichtsrat), entspricht der Tag der Gewährung dem Tag, an dem die Genehmigung erteilt wurde.

(3) Die **Gewährung des Eigenkapitalinstruments** erfolgt jedenfalls im Rahmen der Vergütung von Arbeitnehmerleistungen regelmäßig iVm ansatz- und bewertungsrelevanten **Ausübungsbedingungen** *(vesting conditions)*. Die ansatzrelevanten Ausübungsbedingungen werden in **Dienstbedingungen** (*service conditions*, zB Mindestbeschäftigungsdauer) und marktunabhängige **Leistungsbedingungen** (*non-market [performance] conditions*, zB die Erfüllung bestimmter Erfolgsziele wie Mindestgewinn oder -umsatz des Unternehmens in einer bestimmten Periode) unterteilt und gelten für den **Erdienungszeitraum** *(vesting period)*. Im Dezember 2013 wurde mit der Verabschiedung der *Annual Improvements to IFRS* 2010–2012 *Cycle* im Anhang A zu IFRS 2 die Definition der Ausübungsbedingungen erweitert und damit klarer gefasst. Darüber hinaus wurden die Begriffe „Dienstbedingung" und „Leistungsbedingung" gesondert definiert. Danach gilt eine Dienstbedingung dann als nicht erfüllt, wenn der Arbeitnehmer seine Dienstzeit nicht ableistet (ungeachtet des Grundes hierfür). Ferner wurde klargestellt, dass eine Leistungsbedingung sowohl das Ableisten einer bestimmten Dienstzeit, als auch das Erreichen eines bestimmten (ausschließlich marktunabhängigen) Leistungsziels umfasst. Das Leistungsziel bezieht sich sowohl auf das ganze Unternehmen, also auch auf eine Abteilung oder einen einzelnen Arbeitnehmer. Diese Klarstellungen sind auf anteilsbasierte Vergütungen, die am oder nach dem 1. Juli

2014 gewährt wurden, anzuwenden. Die EU hat diese Änderungen am 9. Januar 2015 in europäisches Recht übernommen. Die ansatzrelevanten Ausübungsbedingungen regeln, ob und inwieweit das Unternehmen die mit der Bezahlung mit einem Eigenkapitalinstrument angestrebte Leistung tatsächlich erhält oder ob der damit angestrebte Erfolg (Verbleib im Unternehmen und Erreichen bestimmter wirtschaftlicher Ziele nach Ablauf des Erdienungszeitraums) nicht erreicht wurde. Daneben kommen idR bewertungsrelevante Ausübungsbedingungen, sog **marktabhängige Leistungsbedingungen** oder auch **Marktbedingungen** genannt *(market [performance] conditions),* zum Tragen, die lediglich für die Bewertung des Eigenkapitalinstruments von Bedeutung sind (zB die Erzielung eines bestimmten Aktienkurses). Alle weiteren Bedingungen sind **Nicht-Ausübungsbedingungen** (*non-vesting conditions,* zB Wettbewerbsverbot nach Ausscheiden des Mitarbeiters oder zu leistende Zuzahlungen vom Mitarbeiter), die ebenfalls nur für die Bewertung relevant sind.

(4) Die **Bewertung** von Eigenkapitalinstrumenten erfolgt zum **beizulegenden Zeitwert** *(fair value)* zum Tag der Gewährung, welcher regelmäßig der Bewertungsstichtag *(measurement date)* ist. Die in IFRS 2.Anhang A verwendete Definition des beizulegenden Zeitwerts weicht von der Definition in IFRS 13 ab (IFRS 2.6A). Der beizulegende Zeitwert wird mit geeigneten Modellen ermittelt. In seltenen Fällen kann hilfsweise auch auf den **inneren Wert** (*intrinsic value,* Unterschied zwischen Marktpreis des Anteils und Ausübungspreis) zurückgegriffen werden (→ Rn 36). Der innere Wert spiegelt die Vorteilhaftigkeit einer unterstellten sofortigen Ausübung der Option wider.

(5) Nach Ablauf des Erdienungszeitraums wird das Eigenkapitalinstrument **wirksam** (*vest,* zB die Option kann ausgeübt werden). Wird sie tatsächlich **ausgeübt,** erfolgt ihre Bedienung entweder durch Eigenkapital *(equity-settled)* oder durch **Barausgleich** *(cash-settled).* Erhält der ausübende Arbeitnehmer als Anreiz für die Verwendung seiner Optionen für den geschuldeten Ausübungspreis neue Optionen, liegt eine **Erneuerung** *(reload feature)* vor.

(6) Während der Laufzeit kann es uU zu **Planänderungen** in Form von Anpassungen der Optionsbedingungen kommen *(modifications to the terms and conditions on which equity instruments were granted),* zB eine Erhöhung der Optionsmenge, eine Änderung der Ausübungsbedingungen oder eine Neufestsetzung des Ausübungspreises. Bei einer vorzeitigen Beendigung des Plans unterscheidet man zwischen einer **Annullierung** *(cancellation)* oder einer **vorzeitigen Erfüllung** *(settlement).*

16 *(einstweilen frei)*

III. Bilanzierung von Aktienoptionsprogrammen

1. Grundmodell

17 Nach der bilanziell noch nicht relevanten, aber **angabepflichtigen Genehmigung** des konkreten Aktienoptionsprogramms ist der erste buchhaltungspflichtige Geschäftsvorfall die Gewährung einer anteilsbasierten Vergütung am Tag der Gewährung als Gegenleistung für eine empfangene oder noch zu empfangende Ware oder Dienstleistung. **Ab diesem Zeitpunkt** kann für das Unternehmen als Gegenleistung für empfangene Dienstleistungen eine Verpflichtung aus der anteilsbasierten Vergütung bestehen (zu Zweifelsfragen hinsichtlich der Bestimmung des Tags der Gewährung – insbes auch bei anteilsbasierten Vergütungsformen mit mehreren Tranchen – sowie zur vorgelagerten Aufwandsvergütung s *Kessler/Leinen/See* PiR 2009, 129 (129ff) mwN). Dieser Verpflichtung ist im Fall der **Erfüllung** in **Eigenkapitalinstrumenten** durch den Buchungssatz „per Aufwand oder Ware an Eigenkapital" oder im Fall eines **Barausgleichs** „per Aufwand oder Ware an Rückstellungen" Rechnung zu tragen. Im Regelfall der Vergütung von Arbeitsleistung durch anteilsbasierte Vergütung fallen der Tag der Gewährung und der Bewertungszeitpunkt zusammen (IFRS 2.Anhang A).

Ob und inwieweit Waren oder Dienstleistungen empfangen worden sind und daraus eine Verpflichtung aus der anteilsbasierten Vergütung am jeweiligen Bilanzstichtag besteht, hängt davon ab, ob zu diesem Zeitpunkt die mit dem ausgegebenen Eigenkapitalinstrument verbundenen **Bedingungen** erfüllt sind oder voraussichtlich am Ende des Erdienungszeitraums erfüllt sein werden. Die Bedingungen werden im Hinblick auf ihre bilanzielle Relevanz in **bewertungs- und ansatzrelevante Ausübungsbedingungen** unterschieden (IFRS 2.19, IFRS 2.21; zur Systematisierung der Bedingungen vgl ausführlich *Lüdenbach/ Freiberg* PiR 2008, 107 (110)). Um sog **hybride Bedingungen** handelt es sich, wenn die Bedingung sowohl eine Gewinnkomponente als auch eine Kopplung an den Aktienkurs enthält (zB Bedingung ist an die Kennzahl Kurs-Gewinn-Verhältnis gekoppelt; vgl *EY* 2015, 2280). 18

Die bewertungsrelevanten Ausübungsbedingungen, die sog marktabhängigen Leistungsbedingungen oder **Marktbedingungen** *(market conditions),* sind dabei nur solche, die auch bei einer Marktbewertung des Eigenkapitalinstruments berücksichtigt würden, insbes die Erwartung des Börsenkurses (zB die Option kann nur bei Erreichen eines bestimmten Aktienpreises ausgeübt werden) oder das Übertreffen eines Branchenindex. Sie sind ausschließlich für die **Bewertung** des Eigenkapitalinstruments (Wertgerüst) zum ersten Bewertungsstichtag relevant (IFRS 2.21; → Rn 36). Eine einmal getroffene Einschätzung einer Marktbedingung ist bei einer anteilsbasierten Vergütung mit Ausgleich durch Eigenkapitalinstrumente **unabänderlich** (IFRS 2.21). Dem liegt die Überlegung zugrunde, dass bei einem Verkauf der Aktienoption zum Marktpreis ebenfalls keine Veränderungen mehr relevant sind („verkauft ist verkauft"). Den Marktbedingungen gleichgestellt sind nach IFRS 2.21A **Ausübungsvoraussetzungen**, die nicht das Kriterium der Ausübungsbedingung (→ Rn 15) erfüllen (*non-vesting conditions,* zB Zuzahlungen beim Aktienerwerb). Sie sind ebenfalls für die Bewertung relevant und unterliegen der gleichen **Änderungssperre**. **Hybride Bedingungen** (→ Rn 18) wirken wie Marktbedingungen, da idR die marktabhängige Komponente dominiert (*EY* 2015, 2280). 19

Die **ansatzrelevanten Ausübungsbedingungen** (IFRS 2.19) werden ihrerseits in marktunabhängige Leistungsbedingungen (zB Umsatz, Gewinn pro Aktie, EBITDA, unter bestimmten Voraussetzungen auch ein erfolgreicher Börsengang) und Dienstbedingungen (zB Mindestdienstzeit) unterteilt (IFRS 2. Anhang A) und können im Zeitlauf bis zum Ende des Erdienungszeitraums veränderten Einschätzungen unterliegen. Sie sind ausschließlich für den **Ansatz der Anzahl der Eigenkapitalinstrumente** relevant (Mengengerüst), mit deren Ausübung zum jeweiligen Bilanzstichtag gerechnet wird (IFRS 2.19; → Rn 32). Auch die **Bindung der Ausübbarkeit** einer anteilsbasierten Vergütung **an einen erfolgreichen Börsengang** (*initial public offering,* **IPO**) ist – sofern dieser als Motivation der Parteien verstanden wird und somit ein Erfolgsziel darstellt – eine marktunabhängige Leistungsbedingung; steht der Schutz der Anspruchsberechtigten (zB vor dem Verfall einer zugesagten Option oder anderer Nachteile) im Vordergrund, ist die Klausel als Nicht-Ausübungsbedingung zu werten (*Freiberg* PiR 2013, 265 (267)). Letzteres trifft nur in Ausnahmefällen zu und setzt voraus, dass ein erfolgreiches IPO nicht beeinflussbar ist (*Lüdenbach/Hoffmann/Freiberg* IFRS § 23 Rz 75). Ebenfalls ist ein erfolgreiches IPO als Nicht-Ausübungsbedingung anzusehen, sollte die Arbeitnehmerleistung bis zu dem IPO nicht 20 oder nur zum Teil notwendig sein (*pwc* 2015, Rz 12.113.3). Die Klassifizierung eines IPO als marktunabhängige Leistungsbedingung bedeutet, dass diese im Mengen- und nicht im Preisgerüst erfasst wird (*Lüdenbach/Hoffmann/Freiberg* IFRS § 23 Rz 76 sowie → Rn 32f). Werden die ansatzrelevanten Ausübungsbedingungen während des Erdienungszeitraums geändert oder wird das Programm neu aufgesetzt, müssen diese Ereignisse ebenfalls im Rahmen des Ansatzes abgebildet werden.

21 Je nach Ausgestaltung des Eigenkapitalinstruments kann der Optionsplan während des Bedingungszeitraums von einer Partei **beendet** werden. IFRS 2.28 sieht vor, dass die Abbildung der Beendigung des Optionsplans unabhängig davon erfolgt, von welcher Partei diese ausgeht. Die willentliche Nichterfüllung einer Nicht-Ausübungsbedingung ist als Annullierung zu behandeln (IFRS 2.28A; vgl *Zwirner/Froschhammer* IRZ 2010, 163 (165) sowie → Rn 34).

22 Die bis zu diesem Zeitpunkt evtl bestehende Verpflichtung konkretisiert sich mit der Ausübung des Instruments, für die evtl ein bestimmtes Zeitfenster besteht. Diese Ausübung ist naturgemäß nur möglich, wenn die Ausübungsbedingungen zum Ausübungszeitpunkt erfüllt sind und die Optionen damit **unverfallbar** geworden sind. Die buchhalterische Behandlung der Ausübung hängt von der Form der Erfüllung des Eigenkapitalinstruments ab (in **Eigenkapital oder in bar;** → Rn 14). Ab dem Ende des Erdienungszeitraums bis zum (voraussichtlichen) Ausübungszeitpunkt darf das Unternehmen bei Erfüllung in Eigenkapitalinstrumenten keine Änderung seiner Einschätzung bzgl der voraussichtlichen Ausübung und damit des Bilanzwerts mehr vornehmen, weil es darauf keinen Einfluss mehr ausüben kann und auch alle Bedingungen erfüllt sind (anders bei Erfüllung in bar; → Rn 56). Bei Verwirkung oder Nichtausübung der Optionen dürfen folglich keine Änderungen am zuvor gebuchten Aufwand gemacht werden (IFRS 2.23).

23 Mit der Erfüllung der Verpflichtung aus dem als Vergütung gewährten Eigenkapitalinstrument – sei es in Eigenkapital oder in bar (→ Rn 14) – wird der Geschäftsvorfall in der Buchführung des Unternehmens **abgeschlossen.** Es erfolgt die Buchung „per Bank (in Höhe des Ausübungspreises, der geringer als der beizulegende Zeitwert der Aktie ist) an Eigenkapital (das schon zuvor bis zum beizulegenden Zeitwert des Optionsrechts „aufgefüllt" wurde)" bei Erfüllung in Anteilen oder „per Rückstellungen an Bank" bei Erfüllung in bar.

24 Als Bewertungsmaßstab für gewährte Eigenkapitalinstrumente **am Bewertungsstichtag** bestimmt IFRS 2.16 den **beizulegenden Zeitwert,** der – sofern verfügbar – anhand der **Marktpreise unter Berücksichtigung der besonderen Konditionen, zu denen die Eigenkapitalinstrumente gewährt wurden,** zu ermitteln ist. Dieser beizulegende Zeitwert setzt sich nach IFRS 2.BC77 aus dem inneren Wert (Differenz zwischen Bezugspreis und dem beizulegenden Zeitwert der Aktie zum Bewertungsstichtag) und dem Zeitwert der Option (Chance, dass der Aktienkurs im Zeitverlauf weiter steigen wird) zusammen. Während der Laufzeit der Option ist der beizulegende Zeitwert immer positiv, am Ende beträgt er Null (zu den Unschärfen dieser Begrifflichkeiten s *Hoffmann/Lüdenbach* DStR 2004, 786 (786)). In den seltenen Ausnahmefällen, in denen die einer Bewertung zum beizulegenden Zeitwert zugrunde liegenden Daten nicht ermittelt werden können, darf ausschließlich der innere Wert herangezogen werden (IFRS 2.24). In diesem speziellen Fall führt eine Änderung der Marktbewertung, dh eine Anpassung des inneren Werts im Zeitablauf, zu einer erfolgswirksamen Erfassung (zur Veranschaulichung vgl Beispiel in IFRS 2.IG16). Die vom IASB zunächst auch erwogene Bewertung zum Mindestwert *(minimum value)* wurde verworfen, da durch das Ignorieren der Volatilität ein womöglich großer Teil des Werts einer Option unberücksichtigt bliebe. Die Bestimmung

von anteilsbasierten Vergütungen mit dem Mindestwert der Option führt nach Ansicht des IASB zu einer unglaubwürdigen Darstellung solcher Transaktionen im Abschluss (vgl IFRS 2.BC83).

2. Einzelheiten zum Ansatz

a) Vollständiger Ansatz

IFRS 2 sieht **ausnahmslos den Ansatz** von Gütern und Dienstleistungen, die mit einer anteilsbasierten Vergütung bezahlt werden, im Rechenwerk des Unternehmens zum Zeitpunkt deren Erwerbs vor. Je nachdem was erworben wird, erfolgt der Ansatz als Vermögenswert oder (den sofortigen Verbrauch unterstellend) als Aufwand (IFRS 2.8). Letzteres ist insbes beim Erwerb von Arbeitsleistung, vergleichbaren Dienstleistungen oder einer nicht identifizierbaren Gegenleistung der Fall (IFRS 2.2, IFRS 2.9). Dabei unterstellt IFRS 2 den sofortigen Verbrauch von Dienstleistungen im Zeitpunkt der Leistungserbringung. Wenn aber durch entspr Ausübungsbedingungen sichergestellt ist, dass nur Dienstleistungen vergütet werden, die über mehrere Perioden hinweg erbracht werden sollen, muss der entspr Aufwand über diese Perioden, den Erdienungszeitraum, **verteilt** werden (→ Rn 29ff). Auch empfangene Güter, die nicht die Anforderungen für einen Ansatz als Vermögenswert (zu den Definitionskriterien → § 2 Rn 121f) erfüllen, sind sofort als Aufwand zu erfassen (zB Forschungsprojekte, s IFRS 2.9). Nach IFRS 2.2 soll der vollständige Ansatz auch dann erfolgen, wenn das Unternehmen die empfangene Dienstleistung nicht sicher identifizieren kann. Hauptargument hierfür ist die Überlegung, dass eine anteilsbasierte Vergütung nicht „verschenkt" wird. Dies kann allerdings durch die konkreten Umstände widerlegt werden (IFRS 2.BC18D). 25

Die **Gegenleistung** wird bei Bezahlung mit Eigenkapitalinstrumenten im Eigenkapital „per Personalaufwand an Eigenkapital" erfasst. Fraglich ist, ob innerhalb des Eigenkapitals die Kapitalrücklage oder die Gewinnrücklage angesprochen werden soll. Der IASB gibt an dieser Stelle kein konkretes Eigenkapitalkonto vor und ermöglicht somit den Unternehmen eine dem jeweiligen Rechtskreis entspr Buchung. Für eine Buchung in der **Kapitalrücklage** spricht der Einlagecharakter der anteilsbasierten Vergütung. Vertretbar wäre ebenfalls eine Buchung in der Gewinnrücklage, da eine Dotierung der Kapitalrücklage aufgrund von Schätzungen mit anschließenden Anpassungen aus Sicht des deutschen Rechtsverständnisses im Schrifttum zT als nicht zulässig angesehen wird (*Schreiber/Simons* in Baetge ua IFRS-Komm IFRS 2 Rz 51 mwN). Eine Buchung in der **Gewinnrücklage** ist jedoch aufgrund der Tatsache, dass die Zuführung nicht aus thesaurierten Gewinnen des Unternehmens stammt, kritisch zu sehen. Denkbar wäre in Übereinstimmung mit IAS 1.55 auch ein **gesonderter Posten im Eigenkapital**, zB Rücklagen aus anteilsbasierter Vergütung (so *Köster* in Buschhüter/Striegel IFRS, IFRS 2 Rz 102ff). In der Praxis wird der hM entspr und uE sachgerecht die Habenbuchung idR in der Kapitalrücklage vorgenommen (zB Daimler AG, Geschäftsbericht 2014, 231 oder SAP AG, Geschäftsbericht 2014, 180). Bei Bezahlung mit einem Eigenkapitalinstrument mit **Barausgleich** ist die Gegenleistung als Schuld (IFRS 2.7) zu erfassen. Aufgrund der unsicheren Höhe der Verpflichtung in Bezug auf die Ausübungsbedingungen kommt am ehesten die Bilanzierung einer **Rückstellung** für Erfüllungsrückstand in Betracht. Bei einem Vergütungsinstrument mit **Wahlrecht** erfolgt eine Buchung im Eigen- oder Fremdkapital abhängig davon, wem das Wahlrecht zusteht. Steht es dem Unternehmen zu, muss es entscheiden, ob es aufgrund Selbstbindung oder rechtlicher Einschränkungen eine Barzahlungsverpflichtung hat; ist dies nicht der Fall, erfolgt eine Buchung im Eigenkapital. Steht das Wahlrecht dem Berech- 26 tigten zu, liegt ein zusammengesetztes Finanzinstrument vor, dessen Gesamtwert in eine Barzahlungskomponente (Rückstellung) und eine Eigenkapitalkomponente (Eigenkapital) aufzuteilen ist (zu Einzelheiten → Rn 57).

27 Im **Konzernverbund** fallen in vielen Fällen das leistungsempfangende Unternehmen und das die Vergütung schuldende Unternehmen auseinander. Gewährt zB ein MU Arbeitnehmern des bilanzierenden TU als Entgelt für Arbeitsleistung Vergütungsinstrumente auf das eigene Eigenkapital, so resultiert daraus keine Auszahlungsverpflichtung des TU, weil die Erfüllung durch das MU erfolgt. Nach IFRS 2.B53 liegt für das TU eine anteilsbasierte Vergütung mit Ausgleich in Eigenkapital vor.

28 IFRS 2 geht also vom bilanziellen **Ansatz der empfangenen Güter und Dienstleistungen** und nicht von der gewährten Gegenleistung aus. Mit anderen Worten: Es wird nicht die gewährte Aktienoption bilanziert, sondern die damit erworbene Arbeitsleistung. Erst bei der **Bewertung** spielt die Art der Gegenleistung eine entscheidende Rolle. Da sich ein Marktwert für Dienstleistungen kaum ermitteln lässt, besonders dann nicht, wenn die anteilsbasierte Vergütung als variabler Vergütungsbestandteil gewährt wird (IFRS 2.11 f), erfolgt die Bewertung „indirekt" über die Ermittlung der Anzahl der ausübbaren Eigenkapitalinstrumente, die dann mit deren jeweiligem beizulegenden Zeitwert multipliziert werden. Das Unternehmen muss also zunächst ermitteln, wie viele Eigenkapitalinstrumente als „Spiegel" der empfangenen Güter oder Dienstleistungen angesetzt werden. IFRS 2.20 erläutert dies implizit bei dem Thema (indirekte) Bewertung (zur Differenzierung bzgl der Gegenleistung vgl näher → Rn 35 ff; für diese Interpretation von „Wert- und Mengengerüst" im Ergebnis auch *Heuser/Theile,* Rz 3827; *Lüdenbach/Hoffmann/Freiberg* IFRS § 23 Rz 79 ff).

b) Verteilung des Ansatzes über mehrere Perioden

29 Kann der Empfänger das als Vergütung gewährte Eigenkapitalinstrument **unverzüglich ausüben**, so gelten die Güter und Dienstleistungen als bereits empfangen und sind als sofortiger Aufwand zu behandeln (IFRS 2.14). Diese Regel stellt indes nur eine widerlegbare Vermutung dar. Die Vermutung gilt zB als widerlegt, wenn eine Aktienoption zwar sofort ausübbar ist, der Bezugspreis aber über dem derzeitigen Marktwert der Bezugsaktien liegt und daher mit einer Ausübung der Aktienoptionen erst in späteren Perioden gerechnet werden muss, in denen sich der Aktienkurs ggf so entwickelt hat, dass die Ausübung der Option ökonomisch sinnvoll ist.

30 Erfolgt eine Ausübungsfreigabe dagegen erst nach Ablauf des Erdienungszeitraums, so muss der Ansatz der Eigenkapitalinstrumente gleichmäßig über diesen Zeitraum verteilt werden (streng genommen gelten die Güter und Dienstleistungen als **über den Erdienungszeitraum verteilt** empfangen (IFRS 2.15 (a)). Zum jeweiligen Ansatz- und Bewertungsstichtag muss das Unternehmen schätzen, wie viele Optionen voraussichtlich eingelöst werden; diese sind dann anzusetzen (IFRS 2.20).

Beispiel: Gibt das Unternehmen Anfang des Jahrs 20X1 an 100 Mitarbeiter je 1 Aktienoption auf eigene Eigenkapitalinstrumente aus, die erst mit Ablauf des Jahrs 20X5 ausgeübt werden dürfen und erwartet das Unternehmen, dass bis dahin jeweils zum Jahresende (wahrscheinlich) jedes Jahr 10 Mitarbeiter das Unternehmen verlassen haben werden, so sind bei der Ausgabe (100 – (5 × 10) =) 50 Optionen insgesamt als (wahrscheinliche) Gegenleistung anzusehen. Für jedes Jahr sind also 10 Optionen anzusetzen. Haben Ende des Jahrs 20X1 tatsächlich 5 Mitarbeiter das Unternehmen verlassen und rechnet das Unternehmen mit dieser Entwicklung auch für die Folgejahre, sind zum 31. Dezember 20X1 (100 – (5 × 5) =) 75 Optionen insgesamt als wahrscheinliche Gegenleistung anzusehen. Verteilt auf 5 Jahre sind jährlich 15 Optionen anzusetzen. Beim Ansatz der Folgejahre muss dann uU die Erwartung anhand des tatsächlichen Ausscheidens korrigiert werden. Wenn Ende des Jahrs 20X2 dann 10 Mitarbeiter ausscheiden und mit dieser Entwicklung weiter gerechnet wird, sind zum 31. Dezember 20X2 (100 – 5 (aus X1) – 4 × 10 (X2 bis X5) =) 55 Optionen insgesamt als Gegenleistung anzusehen. Nachdem im Jahr 20X1 bereits 15 Optionen angesetzt wurden, sind die verbleibenden 40 Optionen auf die verbleibenden 4 Jahre zu verteilen. Sind Ende des Jahrs 20X5 dann tatsächlich 44 Mitarbeiter ausgeschieden, sind zum 31. Dezember 20X5 56 Optionen anzusetzen. Je nachdem, wie viele Optionen bereits in den Vorperioden angesetzt wurden, verbleibt für das Jahr 20X5 noch eine bestimmte Anzahl an Optionen.

Beispiel (Abwandlung): Scheiden im Extremfall sämtliche Mitarbeiter, denen eine anteilsbasierter Vergütung in Eigenkapitalinstrumente gewährt wurde, während des Erdienungszeitraums aus, ist die im Eigenkapital erfasste anteilsbasierte Vergütung in konsequenter Auslegung des IFRS 2.19 vollständig aufzulösen („... Dementsprechend wird auf kumulierter Basis kein Betrag für erhaltene Güter oder Dienstleistungen erfasst, wenn die gewährten Eigenkapitalinstrumente wegen der Nichterfüllung einer Ausübungsbedingung, bspw beim Ausscheiden eines Mitarbeiters vor der festgelegten Dienstzeit oder Nichterreichen einer Leistungsvorgabe, vorbehaltlich der Bestimmungen von Paragraph 21 nicht ausgeübt werden können ..."). Aufgrund des Wegfalls der mengenrelevanten Ausübungsbedingung, in diesem Fall die Dienstbedingung, wird das Mengengerüst durch Reduzierung des Personalaufwand angepasst (das Mengengerüst ist folglich gleich Null); das Eigenkapital spiegelt somit den Ist-Zustand – mithin die Nichterfüllung der Dienstbedingungen – wider.

Nach Eintritt der Ausübbarkeit dürfen die einmal angesetzten Eigenkapitalinstrumente auch dann nicht wieder ausgebucht werden, wenn sie wegen 31
nachträglicher Änderungen der Verhältnisse ihre Ausübbarkeit oder ihren Ausübungsanreiz verlieren oder wenn sie schlichtweg nicht ausgeübt werden (IFRS 2.23). Allerdings kann innerhalb des Eigenkapitals in einen „gesicherten" Posten, also von der Gewinn- in die Kapitalrücklage umgebucht werden. Sofern, dem deutschen Verständnis entspr, bereits beim urspr Ansatz in die Kapitalrücklage gebucht wurde, ist für eine derartige „Umbuchung" allerdings kaum Raum.

c) Einfluss von ansatzrelevanten Ausübungsbedingungen (Dienstbedingungen und marktunabhängige Leistungsbedingungen)

Besonderheiten ergeben sich, wenn die **Dauer des Erdienungszeitraums** 32
von Ausübungsbedingungen abhängt. Eine Aktienoption kann zB dann ausübbar (bzw erdient) sein, wenn zum ersten Mal ein Konzernumsatz von Mio € 1.000 erreicht wird. Im Fall von Ausübungsbedingungen muss zum jeweiligen Ansatz- und Bewertungsstichtag geschätzt werden, wann der Erdienungszeitraum abgeschlossen ist. Bei der Frage des Ansatzes dürfen dabei nur die sog Dienstbedingungen und marktunabhängigen Leistungsbedingungen als Ausübungsbedingungen berücksichtigt werden (→ Rn 20). Deren **Eintrittswahrscheinlichkeit** ist für jeden Stichtag neu zu ermitteln (IFRS 2.15(b)).

Beispiel (abgewandelt aus → Rn 30): (ohne Veränderung der Fluktuationserwartung): Die 50 Optionen sind ausübbar, wenn der Konzernumsatz die Marke von 1.000 überschreitet (marktunabhängige Leistungsbedingung). Damit wird Ende des Jahrs 20X1 in 5 Jahren gerechnet. Es sind im Jahr 20X1 10 Optionen anzusetzen (mit der Erwartung, dass dies in den Jahren 20X2 bis 20X5 ebenfalls geschieht). Ende des Jahrs 20X2 wird schon für das Jahr 20X3 mit dem Überschreiten der Umsatzschwelle gerechnet. Die verbliebenen 40 Optionen sind dann auf die Jahre 20X2 und 20X3 bis zum Eintritt der marktunabhängigen Leistungsbedingung zu verteilen, indem jährlich jeweils 20 Optionen angesetzt werden.

Werden die marktunabhängigen Leistungsbedingungen zu einem späteren 33
Zeitpunkt **abgeändert**, ist wie folgt vorzugehen: Die Änderung der marktunabhängigen Leistungsbedingungen darf **nicht zu einer Verringerung der An-**

zahl (und damit zu einem veränderten Ansatz in dem hier verstandenen Sinne, → Rn 28) der urspr angesetzten Eigenkapitalinstrumente führen. Das Unternehmen kann mit anderen Worten seinen Personalaufwand nicht durch eine nachträgliche Anpassung der marktunabhängigen Leistungsbedingungen „herabsetzen". Stattdessen hat das Unternehmen die geänderten Ausübungsbedingungen nicht zu berücksichtigen und den Optionsplan auf Basis von Schätzungen anhand der urspr Bedingungen fortzuführen. Entspr gilt für eine Verschärfung der Dienstbedingungen. So ist zB im Falle der **nachträglichen Verlängerung des Erdienungszeitraums** der Optionsplan weiterhin über den urspr Zeitraum fortzuführen (IFRS 2.B44(c)). Soweit eine Verlängerung des Erdienungszeitraums allerdings zu einer Erhöhung des Zeitwerts der Optionen führt, so ist dieser Erhöhungsbetrag als eigenständiger Plan nach den Regelungen des IFRS 2.27 und IFRS 2.B43 zu erfassen und über den verlängerten Erdienungszeitraum zu verteilen (so auch *Köster* in Buschhüter/Striegel, IFRS, IFRS 2 Rz 116). Führen die Änderungen der Optionsbedingungen dazu, dass einem Mitarbeiter eine geringere Anzahl von Eigenkapitalinstrumenten als urspr vereinbart gewährt wird, hat, soweit die Verringerung reicht, im Rahmen einer teilweisen Annullierung eine sofortige aufwandswirksame Erfassung zu erfolgen (IFRS 2.B44(b)). Ergibt sich aus den Änderungen der Leistungsbedingungen eine **Erhöhung der Anzahl** der Eigenkapitalinstrumente, sind diese wie bei einer Neuausgabe über den noch verbleibenden Erdienungszeitraum zu verteilen oder sofort in vollem Umfang anzusetzen, wenn der Erdienungszeitraum bereits abgeschlossen ist.

34 **Annulliert** das Unternehmen die gewährten Eigenkapitalinstrumente während des Erdienungszeitraums, sind die noch nicht erfassten Eigenkapitalinstrumente sofort (als Aufwand) anzusetzen (IFRS 2.28 (a); Entspr soll nach IFRS 2.28A gelten, wenn ein Mitarbeiter keine Einzahlungen in ein Aktienerwerbsprogramm mehr vornimmt). Unklar ist jedoch, wie das Mengengerüst im Fall einer Annullierung zu ermitteln ist. Nach dem Wortlaut von IFRS 2.28(a) ist sowohl die Anzahl der Eigenkapitalinstrumente zum Zeitpunkt der Annullierung (so *pwc* 2015 Rz 12.138 ff) als auch die Schätzung der Anzahl vor der Annullierung (*Lüdenbach/Hoffmann/Freiberg* IFRS § 23 Rz 139) denkbar. Diese unklare Formulierung kann auch als Wahlrecht interpretiert werden (so *EY* 2015, 2297). Etwaige Entschädigungszahlungen für den Widerruf sind als Rückzahlung von Eigenkapital zu behandeln (IFRS 2.28 (b)). Eine solche „Rückzahlung" dieser nicht in Vermögen bestehenden Einlage an die Arbeitnehmer ist kaum dogmatisch nachvollziehbar (s auch *Schmidt* DB 2002, 2657 (2661), der eine Inkongruenz zwischen Ansatz- und Bewertungsvorschriften ausmacht). Eigenkapitalinstrumente, die als Ersatz für annullierte Instrumente gewährt werden, sind wie eine Änderung der urspr Eigenkapitalinstrumente (→ Rn 45) zu behandeln (IFRS 2.28 (c)). Sog **Erneuerungen,** bei denen eine neue Option gewährt wird, wenn der Optionsinhaber den Ausübungspreis mit einer ihm zur Verfügung stehenden Aktie oder Option bedient, werden als neue Option zum Zeitpunkt ihrer Gewährung angesetzt (IFRS 2.22). Solche Erneuerungen sind nach deutschem Aktienrecht kaum darstellbar. Neben der Annullierung ist eine weitere Form der vorzeitigen Beendigung die **vorzeitige Ausübung,** dh vor Laufzeitende unter Berücksichtigung von Wartezeiten und sonstigen regulatorischen Bedingungen. Gem IFRS 2.18 iVm IFRS 2.B18 ist die Möglichkeit der vorzeitigen Ausübung bei der Bewertung mitzuberücksichtigen. IFRS 2.B18 nennt die **Parameter** für die Ermittlung des Schätzwerts der vorzeitigen Ausübung (Länge des Erdienungszeitraums; durchschnittlicher Zeitraum, den ähnliche Optionen ausstehend waren; Kurs der zugrunde liegenden Anteile; Rang des Mitarbeiters; voraussichtliche Volatilität; ergänzend auch im internationalen Schrifttum fehlende Übertragbarkeit der Optionen, Risikoaversion, mangelnde Vermögensdiversi-

fikation/Liquidität; innerer Wert der Option, signifikanter Anstieg des Aktienkurses, erwarteter Kurseinbruch; vgl mwN *Konold/Klamar* IRZ 2014, 285 (285f)). Eine bewährte und allgemein akzeptierte Praxismethode zur Berücksichtigung der vorzeitigen Ausübung im Rahmen der Bewertung gibt es derzeit nicht (für die Darstellung alternativer Ansätze der modelltheoretischen Abbildung unter Berücksichtigung von Praxistauglichkeit und Kritik an bestehenden Ansätzen vgl *Konold/Klamar* IRZ 2014, 285 (285f)).

3. Einzelheiten zur Bewertung

IFRS 2 differenziert hinsichtlich der Bewertung nach den in → Rn 14 dargestellten drei Fällen der Gegenleistung (Eigenkapitalinstrument, Barausgleich und Wahlrecht zwischen diesen Formen). Allerdings wird das gesamte Bewertungskonzept im Rahmen der **Bewertung von Eigenkapitalinstrumenten** behandelt (IFRS 2.10ff), für die Fälle „Barausgleich" und „Wahlrecht" werden nur noch deren Besonderheiten ausgeführt. Die nachfolgende Kommentierung folgt dieser Struktur. 35

a) Grundregel

Die Bewertung der angesetzten Eigenkapitalinstrumente erfolgt ausnahmslos zum **beizulegenden Zeitwert** *(fair value)* am Tag der Gewährung. Dieser beizulegende Zeitwert wird grds **(direkt)** anhand des beizulegenden Zeitwerts der erhaltenen Güter oder Dienstleistungen zum Zeitpunkt des Empfangs ermittelt, es sei denn, dass dieser nicht verlässlich geschätzt werden kann. In diesem Fall ist der beizulegende Zeitwert **(indirekt)** unter Bezugnahme auf den beizulegenden Zeitwert des hingegebenen Eigenkapitalinstruments zu diesem Zeitpunkt zu ermitteln (IFRS 2.10). Nach dem Wortlaut des IFRS 2.10 wird die direkte Methode bevorzugt. In der Praxis wird insbes bei der Bewertung von Gütern und externen Dienstleistungen der direkten Methode, bei der Bewertung von Arbeitnehmerleistungen hingegen der indirekten Methode der Vorzug gegeben. Dies gilt vor allem deshalb, weil die mit Eigenkapitalinstrumenten bezahlten Vergütungsbestandteile von Arbeitnehmern oft den variablen Anteil darstellen und sich ein beizulegender Zeitwert schwer ermitteln lässt (IFRS 2.12). Fraglich ist aber, ob sich der Wert des hingegebenen Eigenkapitalinstruments besser ermitteln lässt (zweifelnd hierzu zumindest bei nicht börsennotierten Unternehmen *IDW* FN IDW 2003, 162). Diesen Bedenken Rechnung tragend erlaubt IFRS 2.24ff die Bewertung der Eigenkapitalinstrumente zum **inneren Wert,** wenn in seltenen Fällen der beizulegende Zeitwert nicht ermittelbar ist. Wann dies der Fall ist, bleibt allerdings unklar; die Anwendung sollte jedoch sehr restriktiv erfolgen. 36

Des Weiteren stellt sich die Frage, ob die indirekte Bewertung auch dann zu einem **sachgerechten Ergebnis** führt, wenn offenkundig ist, dass der Wert der zur Bezahlung hingegebenen Eigenkapitalinstrumente **höher** ist als der Wert der (damit bewerteten) Gegenleistung. Gerade der Umstand, dass Eigenkapitalinstrumente das Unternehmen „nichts kosten", dh kein Abfluss von Barmitteln aus dem Unternehmen stattfindet, könnte uU zu einer „leichteren" Hingabe für Dienstleistungen, die entweder kaum identifizierbar oder offenkundig geringwertig sind, verleiten. An sich wird damit gegen die Regel des IFRS 2.10 (Wahl der „besseren Methode") verstoßen. Allerdings stellt IFRS 2.13A klar, dass auch bei einer nicht identifizierbaren Gegenleistung **stets der höhere indirekt ermittelte Wert** des Eigenkapitalinstruments zum Tragen kommt. Hintergrund hierfür ist die Überlegung, dass ein Unternehmen auch bei der Hingabe von Eigenkapitalinstrumenten „nichts verschenkt" (IFRS 2.BC18C). 37

38 Auf die **direkte** Bewertung geht IFRS 2 nicht näher ein. Es gelten nach IFRS 2.13 die **allgemeinen Bewertungsregeln** (→ § 2 Rn 156 ff). Bei der **indirekten** Bewertung unter Bezugnahme auf den **beizulegenden Zeitwert** der **gewährten Eigenkapitalinstrumente** ist die Basis für deren Bewertung der Wert des Eigenkapitals (idR der Aktien), gemessen am Marktpreis oder einer anerkannten Bewertungsmethode (zB Rückgriff auf vorangegangene zeitnahe Kapitalerhöhungen). Werden statt Aktien zunächst Aktienoptionen gewährt, so erfolgt die Bewertung nach deren beizulegendem Zeitwert. Dieser ergibt sich bei öffentlich gehandelten Aktienoptionen aus ihrem Marktpreis. Die so ermittelten Marktwerte für Aktien oder Aktienoptionen sind ggf durch die Berücksichtigung der Ausübungsoptionen noch anzupassen (→ Rn 44 ff).

b) Bewertung von Aktienoptionen mit Hilfe eines Bewertungsmodells

39 Wird ein beizulegender Zeitwert für Aktienoptionen nicht öffentlich festgestellt oder weichen die Vertragsbedingungen der anteilsbasierten Vergütung nicht unerheblich von denen gehandelter Optionen ab, muss der beizulegende Zeitwert (der sich aus dem inneren und dem „Zeitwert" der Option zusammensetzt; → Rn 24) geschätzt werden. Dies hat über ein anerkanntes **Optionspreismodell** zu erfolgen. IFRS 2.B5 ff nennt das Black-Scholes-Merton-Modell oder ein anerkanntes Binomialmodell (eingehend hierzu *Schreiber/Simons* in Baetge ua IFRS-Komm IFRS 2 Rz 83 ff; *Vater* DStR 2004, 1715 (1715 ff); *Pellens/Crasselt* KoR 2004, 113 (115) mit Hinweis auf ein Modell von *Hull* und *White;* sowie *Crasselt* KoR 2005, 444 (444) zum Binomialmodell von Cox, Ross und Rubinstein). In der Praxis wird vielfach auch die sog Monte-Carlo-Simulation verwendet. IFRS 2.B5 äußert dabei die Erwartung, dass das Black-Scholes-Merton-Modell wegen seiner Grundannahmen (Ausübung der Option erst am Ende der Laufzeit und Starrheit bzgl der Bewertungsparameter) in vielen Fällen die konkreten Vertragsbedingungen des Eigenkapitalinstruments, insbes die Leistungsbedingungen, nicht verlässlich berücksichtigt. Bei Aktienoptionen mit relativ kurzer Vertragslaufzeit oder mit einer Ausübungspflicht innerhalb einer kurzen Frist nach Erfüllung der Ausübungsbedingungen kann die Anwendung des Black-Scholes-Merton-Modells gem IFRS 2.B5 jedoch zu zutreffenden Ergebnissen führen.

Hinweis: Das **Black-Scholes-Merton-Modell** bewertet Optionen, die nur am Ende der Laufzeit ausgeübt werden können (sog europäischer Typ). Vereinfacht ausgedrückt wird vom aktuellen Aktienkurs K multipliziert mit einer Wahrscheinlichkeitskomponente N1 der risikolos abgezinste (i) Ausübungspreis P multipliziert mit einer Wahrscheinlichkeitskomponente N2 abgezogen ($K \times N1 - P \times i \times N2$). N1 symbolisiert die Wahrscheinlichkeit des erwarteten Börsenkurses am Fälligkeitszeitpunkt und N2 die Wahrscheinlichkeit, dass die Option zum Aktienkurs K zur Ausübung kommt (vgl *Schreiber/Simons* in Baetge ua IFRS-Komm IFRS 2 Rz 84). N1 und N2 errechnen sich in erster Linie aus einer logarithmischen Funktion der Schwankung (Volatilität) des Aktienkurses.

Gem IFRS 2.B5 spricht gegen das Black-Scholes-Merton-Modell insbes, dass eine Ausübung während der Optionslaufzeit nicht berücksichtigt werden kann und die ausschließliche Ausübung am Ende der Laufzeit oftmals nicht der Realität entspricht. Als Alternative eignet sich das **Binomialmodell** insbes für Optionen, die während der gesamten Laufzeit ausgeübt werden können (sog amerikanischer Typ), da dieses Bewertungsmodell eine Ausübung während der Laufzeit sowie weitere Optionsbedingungen berücksichtigt.

Die **Monte-Carlo-Simulation** ist ein stochastisches Verfahren, in dem unter Hinterlegung einer bestimmten Wahrscheinlichkeit der Outperformance einer Aktie ggü einem bestimmten Index und der Ausübungswahrscheinlichkeit der Mitarbeiter eine große Zahl möglicher Ereignisse simuliert wird und im Vertrauen auf das Gesetz der großen Zahl daraus die für die Bewertung der Optionen maßgeblichen Daten abgeleitet werden.

Für **nicht börsennotierte Unternehmen** gestaltet sich die Ermittlung der **Volatilität** schwierig, da sie nicht durch eine Formel, sondern nur durch einen Vergleich mit einem börsennotierten Instrument oder durch eine Schätzung erfolgen kann. Hieran knüpft die Kritik an IFRS 2 vielfach an.

Pflichtbestandteile jedes im Rahmen von IFRS 2 verwendbaren Bewertungsmodells sind der Bezugspreis, die Laufzeit der Option bis zur Ausübung (die idR kürzer als die Laufzeit eines Aktienoptionsprogramms ist, weil risikoaverse Teilnehmer zu einer frühzeitigen Ausübung neigen), der aktuelle Kurs der zugrunde liegenden Aktie und seine Volatilität, etwaige Dividenden während der Laufzeit und der risikolose Zinssatz (IFRS 2.17 iVm IFRS 2.B6; zu ausführlichen Berechnungsbeispielen s *Eschbach* WPg 2000, 1 (1 ff)). Jedes Optionspreismodell eröffnet allerdings in einem erheblichen Umfang **Bewertungsspielräume.** Auf diesen Umstand konzentriert sich die Kritik der mit der Anwendung des IFRS 2 befassten Praktiker. Denn die Zielsetzung, den tatsächlichen (Personal-)Aufwand unabhängig von dessen rechtlicher Ausgestaltung zu zeigen, wird durch die wenig konkreten Bewertungsregeln stark beeinträchtigt (so insbes für nicht börsennotierte Gesellschaften *Pellens/Crasselt* PiR 2005, 35 (39)). UE sind jedoch allein Bewertungsspielräume nicht für eine Kritik an der Grundaussage des IFRS 2 (grds Abbildung von anteilsbasierten Vergütungen im Abschluss) geeignet, da Bewertungsspielräume in unterschiedlichem Umfang den IFRS ohnehin inhärent sind. Zudem müssen die wesentlichen Bewertungsparameter genannt werden, sodass der fachkundige Bilanzleser einen entscheidungsnützlichen Einblick in die Bewertung der Optionen erhält. 40

Bei der **Erhebung** der zugrunde liegenden **Daten** stellt IFRS 2 an die Unternehmen hohe Anforderungen. So dürfen nach IFRS 2.B15 Vergangenheitsdaten nur dann herangezogen werden, wenn keine Veränderungen der Verhältnisse zu erwarten sind. Doch obwohl mit der Ausgabe von Aktienoptionen gerade eine solche Veränderung beabsichtigt ist, ermittelt die überwiegende Anzahl der deutschen IFRS-Anwender die **Volatilität der Aktienkurse** nur vergangenheitsorientiert (anhand der zurückliegenden Kursentwicklung). Anhand der tendenziell als zu gering angenommenen Volatilität wird dadurch regelmäßig ein zu niedriger (Personal-)Aufwand ermittelt und ausgewiesen (so auch *Sommer/Hofbauer/Konold* KoR 2009, 682 (684)). Bei der Ermittlung der Volatilität sind sowohl die **implizite** als auch die **historische Volatilität** des Aktienkurses zu berücksichtigen (IFRS 2.B25(b)), wobei der impliziten Volatilität aufgrund fehlender Bewertungsspielräume der Vorzug zu geben ist, da sie auf reinen Marktdaten beruht, die anhand von am Markt gehandelten Optionen desselben Basiswerts identifiziert werden (vgl *Schreiber/Simons* in Baetge ua IFRS-Komm IFRS 2 Rz 119; *Sommer/Hofbauer/Konold* KoR 2009, 682 (684)). Die historische Volatilität kommt bei Unternehmen zum Tragen, für die keine Optionen am Markt gehandelt werden (*Sommer/Hofbauer/Konold* KoR 2009, 682 (684)). Bei der Ermittlung der Volatilität werden nicht börsennotierte Unternehmen auf Vergleichsunternehmen (sog *peer group*) verwiesen (IFRS 2.B29). Es erscheint allerdings fraglich, ob eine durch Börsenmechanismen verursachte Wertschwankung von Aktien eines börsennotierten Unternehmens verlässliche Rückschlüsse auf die Wertschwankung von Anteilen eines nicht börsennotierten Unternehmens erlaubt, deren Wert transparent maximal einmal im Jahr festgestellt wird. Diese Problematik wird indes in IFRS 2 vollständig ignoriert. Die Art der anteilsbasierten Vergütung (in bar oder in Aktien) hat zudem Auswirkungen auf die Volatilität des beizulegenden Zeitwerts (*Konold* KoR 2012, 161 (161 ff)). 41

Zwar verlangt das Konzept des IFRS 2 in Bezug auf die Bewertung von Aktienoptionen von dem Bilanzanwender die **Datenerhebung** in einem erheblichen Umfang, der Aufwand hierfür liegt jedoch deutlich unter dem einer Unterneh- 42 mensbewertung (so auch *Schreiber/Simons* in Baetge ua IFRS-Komm IFRS 2 Rz 106). Zur Vermeidung von Anwendungsproblemen empfiehlt es sich, bei der Bewertung von Optionen auf Experten, ähnlich wie bei den Pensionsrückstellungen und komplexen Finanzinstrumenten wie zB Derivaten, zurückzugreifen.

43 Ein besonderes Augenmerk legt IFRS 2 auf die Erwartung einer **frühzeitigen Optionsausübung,** weil der bilanziell erfasste Wert einer Option mit zunehmender Wartefrist nur noch geringfügig steigen soll. UU müssen die Ausübungserwartungen sogar nach Mitarbeitergruppen, die ein homogenes Ausübungsverhalten erwarten lassen, getrennt ermittelt werden (IFRS 2.B20, *Bauer/Kanne/Khakzad* IRZ 2013, 67 (68f)).

c) Einfluss der bewertungsrelevanten Ausübungsbedingungen (marktabhängige Leistungsbedingungen)

44 Neben den unter → Rn 39 dargestellten allgemeinen Bewertungsregeln und den von IFRS 2.IG5C genannten Verwendungsbeschränkungen müssen die speziellen **Ausübungsbedingungen** des Eigenkapitalinstruments in seine Bewertung einbezogen werden. Dabei sind bei der **Bewertung** nur die marktabhängigen Leistungsbedingungen, die sog **Marktbedingungen** (→ Rn 19), zu berücksichtigen. Die sog **marktunabhängigen Leistungsbedingungen** (→ Rn 20) haben demgegenüber lediglich Einfluss auf den **Ansatz** (Anzahl der zu bewertenden Eigenkapitalinstrumente). Wichtig ist dabei, dass ein einmal gewählter Wert für den Einfluss der Marktbedingungen auch dann nicht verändert werden darf, wenn sich die zugrunde liegenden Einschätzungen während der Laufzeit der Eigenkapitalinstrumente verändern. Der spätere Eintritt oder Nichteintritt der Marktbedingungen hat keinen Einfluss auf die Bewertung der mit dem Eigenkapitalinstrument vergüteten Güter oder Dienstleistungen (IFRS 2.21).

45 Eine besondere Art der Wertbeeinflussung stellt die **nachträgliche Änderung** der in die Bewertung eingeflossenen Ausübungsbedingungen dar (IFRS 2.26ff). So werden die Ausübungsschwellen oft an veränderte Realitäten angepasst. In diesem Fall hat das Unternehmen ab der Veränderung eine Neubewertung durchzuführen. In der Praxis wird zumeist der **Ausübungspreis herabgesetzt** *(repricing),* wenn er bei realistischer Betrachtung nicht mehr erreichbar ist (die Aktienoption ist „aus dem Geld“ und folglich wertlos). In der Black-Scholes-Merton-Formel (→ Rn 39) bedeutet dies cp die Erhöhung des Optionswerts und damit eine **Erhöhung des Werts** der empfangenen Arbeitsleistung. Die Eigenart, dass bei einer Herabsetzung der Anreizschwelle der Wert der Arbeitsleistung steigt, trägt nicht unbedingt zur Akzeptanz des IFRS 2 bei (so auch *Heuser/Theile* Rz 3855). Es ist allerdings zutreffend, dass das Unternehmen mehr aufwenden muss, um die gleiche Arbeitsleistung zu erhalten, weil die Anteile an Wert verloren haben. Mit anderen Worten erhält der Arbeitnehmer für die gleiche Arbeitsleistung eine höhere Vergütung.

Beispiel (Fortsetzung aus → Rn 32): Der Börsenkurs beträgt 10, seine Wahrscheinlichkeitskomponente 0,5. Der Ausübungspreis beträgt ebenfalls 10, seine Wahrscheinlichkeitskomponente 0,48. Der risikolose Zinssatz beträgt 5%. Eine Option ist damit bei Anwendung des Black-Scholes-Merton-Modells (→ Rn 39) $(10 \times 0{,}5) - (10/1{,}05^5 \times 0{,}48)$ = ca 1 wert. Da das Unternehmen mit der Einlösung von 50 Optionen rechnet, beträgt der Wert aller Aktienoptionen 50. Im Jahr 20X3 verringert sich der Börsenkurs auf 9 und der Ausübungspreis wird auf 8 herabgesenkt. Der Wert einer Option erhöht sich auf ca 1,3. Der Erhöhungsbetrag beträgt, wenn das Unternehmen immer noch mit der Einlösung von 50 Optionen rechnet, 15. Er ist in den Jahren 20X3 bis 20X5 (dem verbleibenden Erdienungszeitraum) zusätzlich aufwandswirksam zu erfassen. Erfolgt die beschriebene Änderung im Jahr 20X6 und sind noch keine Optionen ausgeübt, ist der Erhöhungsbetrag in 20X6 vollständig als Aufwand zu erfassen.

46 Führt die Neubewertung zu einer **Verringerung des Werts** des gewährten Eigenkapitalinstruments, müssen die Eigenkapitalinstrumente mindestens mit dem Betrag bewertet werden, der sich am Tag der Gewährung ergab (IFRS 2.27). Eine Ausnahme gilt nur dann, wenn die Eigenkapitalinstrumente wegen der Nichterreichbarkeit von marktunabhängigen Leistungsbedingungen gar nicht mehr angesetzt werden müssen (→ Rn 33; vgl auch *Heuser/Theile* Rz 3858).

47 Grds geht IFRS 2 davon aus, dass der Ansatz von Aufwand dann erfolgen muss, wenn die Güter oder Dienstleistungen **erworben oder in Anspruch genommen** werden. Während dies für einmalige Austauschverträge beim Erwerb von Gütern (die anschließend einer Regelabschreibung oder einem Verbrauch unterliegen) wohl unstreitig ist, erfordert das Konzept bei Dauerschuldverhältnissen eine weitere „Schleife". Die Veränderung des Eigenkapitalwerts verändert den Wert der Arbeitsleistung, obwohl sich an der gewährten Gegenleistung nichts geändert hat (vgl *IDW* FN IDW 2003, 162, die einen ratierlichen Verbrauch der erworbenen „Vorratsarbeitsleistung" vertreten). Dies stellt klar, dass die Wertermittlung über das Eigenkapital eigentlich die „direkte" Methode darstellt.

d) Zusammenfassendes Beispiel: Aktienoptionen

48 Der Wert der Aktienoptionen ist am Tag der Gewährung zu ermitteln. Der **ermittelte Wert** bleibt bis zu einer Änderung einer Marktbedingung **konstant** und ist in dem jeweils maßgeblichen Geschäftsjahr auf die Anzahl der anzusetzenden Aktienoptionen anzuwenden. Der sich ergebende Betrag (Anzahl × Wert) ist der (Personal-)Aufwand des Geschäftsjahrs (IFRS 2.15). Eine Wertänderung (die nur auf der Änderung von Marktbedingungen basieren kann) ist – wenn sie werterhöhend ist – ab dem Zeitpunkt der Änderung mit zu berücksichtigen.

Beispiel (Fortsetzung aus → Rn 30): Bei einem konstanten Wert der Aktienoptionen von 1 über den gesamten Erdienungszeitraum wird im Beispiel → Rn 30 der Personalaufwand wie folgt verteilt:

Beginn 20X1	50 Optionen × Wert 1/5 (Jahre)	= 10,00	
31. Dezember 20X1:	75 Optionen × Wert 1/5 (Jahre)	=	15,00
31. Dezember 20X2:	40 Optionen × Wert 1/4 (Jahre)	=	10,00
31. Dezember 20X3:	40 Optionen × Wert 1/4 (Jahre)	=	10,00
31. Dezember 20X4:	40 Optionen × Wert 1/4 (Jahre)	=	10,00
31. Dezember 20X5:	11 Optionen × Wert 1		11,00
Gesamt	56 Optionen × Wert 1		56,00

Erhöht sich wie zuvor beschrieben ab dem Jahr 20X3 der Wert der Option auf 1,3, so rechnet das Unternehmen Ende 20X3 mit einem Gesamtaufwand von 55 × 1,3 = 71,50. Nachzuholen sind dabei die in den Jahren 20X1 und 20X2 bereits angesetzten 25 × 0,3 = 7,5, pro Restjahr also 2,5. Die für die Jahre 20X3 und 20X4 anzusetzenden 10 Optionen sind dann mit 1,3 zu bewerten. In 20X5 ergibt sich schließlich, dass 56 Optionen anzusetzen sind. Die nachzuholende 1 Option ist ebenfalls mit 1,3 zu bewerten.

4. Ausweis

49 Der Ausweis von anteilsbasierten Vergütungen mit Ausgleich durch Eigenkapitalinstrumente erfolgt durch die Buchung „per (Personal-)Aufwand (oder per Vermögenswert) an Eigenkapital". Innerhalb des Eigenkapitals ist bei einer dem HGB angenäherten Gliederung die **Gewinn- oder Kapitalrücklage** anzusprechen (→ § 12 Rn 56). Eine Buchung innerhalb der Kapitalrücklage ist uE zu bevorzugen (→ Rn 26). Bei Ausübung der Aktienoptionen erfolgt eine Aufteilung des dem Unternehmen zufließenden Betrags in gezeichnetes Kapital und

Kapitalrücklage (vgl *Heuser/Theile* Rz 3880). Bei einer anteilsbasierten Vergütung mit Barausgleich lautet die Buchung „per (Personal-)Aufwand an Rückstellungen" (→ § 13 Rn 3). Bei anschließender Auszahlung der Barvergütung wird die Rückstellung durch die Buchung „per Rückstellungen an Bank" ausgebucht. Bei Bestehen eines Wahlrechts hinsichtlich der Vergütung in bar oder in Eigenkapitalinstrumenten erfolgt der Ausweis nach den unter → Rn 57f dargestellten Regeln.

5. Gesellschaftsrechtliche Grundlagen für anteilsbasierte Vergütungen

50 Nach deutschem Aktienrecht gibt es **zwei Möglichkeiten** der Erfüllung von Aktienoptionen (der in der Praxis zumeist vorkommende Fall des Eigenkapitalinstruments). Entweder das Unternehmen führt eine **bedingte Kapitalerhöhung** gem § 192 Abs 2 Nr 3 AktG durch oder es **verkauft** den Berechtigten zum Bezugspreis **eigene Aktien,** die es gem § 71 Abs 1 Nr 8 AktG erworben hat. Bei der Durchführung der bedingten Kapitalerhöhung, bei der zumindest der Nennbetrag der jungen Aktie einzuzahlen ist, ist wie folgt zu buchen: „Per Geld an Gezeichnetes Kapital und (uU) an Kapitalrücklage". Letztere sollte zuvor schon in Höhe des Unterschieds zwischen dem beizulegenden Zeitwert der Kapitalerhöhung und dem Bezugspreis gespeist worden sein, sodass im Ergebnis die Kapitalerhöhung so abgebildet ist, als wäre sie zum beizulegenden Zeitwert erfolgt. Beim Erwerb eigener Aktien ist nach IAS 32.32f der Kaufpreis vom Eigenkapital abzusetzen (→ § 12 Rn 86ff). Die Herausgabe der eigenen Anteile zur Bedienung des Eigenkapitalinstruments ist dann wie eine Kapitalerhöhung zu buchen. IFRS 2.B49 stellt klar, dass trotz des Erwerbs von eigenen Aktien mit Barmitteln die Transaktion als Ausgleich durch Eigenkapitalinstrumente (→ Rn 14) zu behandeln ist. Der vorherige Erwerb der eigenen Aktien nach IAS 32.32f stellt einen von der Verwendung zur Erfüllung des Eigenkapitalinstruments abgetrennten Vorgang dar. Neben den beiden aktienrechtlichen Möglichkeiten der Erfüllung von Aktienoptionen besteht des Weiteren die Möglichkeit eines **Programmkaufs** (Erwerb von Optionen auf eigene Aktien am Markt mit anschließender Weitergabe an die Mitarbeiter, vgl *Köster* in Buschhüter/Striegel IFRS, IFRS 2 Rz 15 mwN). In diesem Fall können auch Aufsichtsratsmitglieder als Begünstigte in Betracht kommen (zu den Besonderheiten des Programmkaufs vgl *Roß/Baumunk* in Kessler/Sauter Handbuch Stock Options, Rz 657 mwN).

IV. Aktienbasierte Vergütung im Konzernverbund

51 Im Rahmen eines Konzernverbunds kann es vielfach zu einer **Divergenz** zwischen leistungsempfangenden Unternehmen und Vergütungsschuldner kommen. Neben der klassischen Konstellation (das bilanzierende TU gibt Optionen auf eigene Aktien an die eigenen Mitarbeiter aus) kann auch das MU sowohl Optionen auf eigene Aktien oder auf Aktien des TU an die Mitarbeiter des bilanzierenden TU ausgeben, als auch diesen eine Barvergütung gewähren.

52 Die Bilanzierung anteilsbasierter Vergütung im Konzern hängt dementsprechend vom **Vergütungsschuldner** und der **Erfüllungsform** ab. Denn gem des Anwendungsbereichs von IFRS 2 (IFRS 2.Anhang A, IFRS 2.3A) sind nur solche Vereinbarungen als mit Ausgleich durch Eigenkapitalinstrumente zu klassifizieren, bei denen das bilanzierende Unternehmen Leistungsempfänger ist und entweder Optionen auf eigene Anteile gewährt oder keine Verpflichtung zur Vergütung ggü dem Mitarbeiter hat. Die Verpflichtung muss dann von einem Konzernunternehmen iSd IFRS 10.Anhang A (zB MU) übernommen werden.

Ist das **leistungsempfangende Unternehmen** zur Vergütung in Optionen auf Aktien des MU (oder eines anderen Konzernunternehmens) verpflichtet, liegt eine anteilsbasierte Vergütung mit Barausgleich vor (Leistungsempfänger und Vergütungsschuldner sind in diesem Fall identisch). Im Konzernabschluss liegt jedoch eine anteilsbasierte Vergütung mit Ausgleich durch Eigenkapitalinstrumente vor. Im Einzelabschluss des MU bzw des Konzernunternehmens, auf dessen Anteile Optionen gewährt werden, ist keine anteilsbasierte Vergütung zu bilanzieren, da das MU weder Leistungsempfänger noch Vergütungsschuldner, sondern lediglich Referenz-Unternehmen ist (vgl *KPMG* IFRS aktuell[4], 57; aA *Köster* in Buschhüter/Striegel IFRS, IFRS 2 Rz 54). Hat jedoch das **MU** eine **direkte Vergütungsverpflichtung** ggü den Mitarbeitern des TU, so ist je nach vertraglicher Ausgestaltung eine anteilsbasierte Vergütung entweder durch Ausgleich in Eigenkapitalinstrumenten oder in bar zu erfassen. Die nachfolgende Übersicht fasst mögliche Konstellationen zusammen (in Anlehnung an *Freiberg* PiR 2010, 25 (26) und *Köster* in Buschhüter/Striegel IFRS, IFRS 2 Rz 56). 53

Leistungsempfänger	**Vergütungsschuldner**	**Vergütung**	**Klassifizierung im …**		
			Einzelabschluss TU	Einzelabschluss MU	Konzernabschluss
TU	TU	Anteile MU	Barausgleich	n/a	Ausgleich durch EK-Instrumente
TU	MU	Anteile MU	Ausgleich durch EK-Instrumente	Ausgleich durch EK-Instrumente	Ausgleich durch EK-Instrumente
		Anteile TU	Ausgleich durch EK-Instrumente	Barausgleich	Ausgleich durch EK-Instrumente
		Bar	Ausgleich durch EK-Instrumente	Barausgleich	Barausgleich

Bei einem **Wechsel** von Mitarbeitern innerhalb eines Konzerns haben die betroffenen Gesellschaften im Einzelabschluss nach Maßgabe der abgeleisteten Erdienungszeiträume jeweils den zeitanteiligen Aufwand zu erfassen (IFRS 2.B59 f), sofern die Optionsbedingungen unverändert beibehalten werden. Auf Konzernebene gibt es keine Veränderung, da der Mitarbeiter im Konzern verbleibt. Je nach Ausgestaltung der anteilsbasierten Vergütung (durch Eigenkapitalinstrumente oder in bar) ergeben sich Unterschiede für die Folgebilanzierung. Bei einer anteilsbasierten Vergütung mit Ausgleich durch **Eigenkapitalinstrumente** sind bei der Nichterfüllung von ansatzrelevanten Ausübungsbedingungen (Dienstbedingungen oder marktunabhängige Leistungsbedingungen) die vorzunehmenden Anpassungsbuchungen im Geschäftsjahr der Nichterfüllung nach Maßgabe der abgeleisteten Erdienungszeiträume auf die jeweiligen Konzernunternehmen aufzuteilen (IFRS 2.B61). Bei einer anteilsbasierten Vergütung mit **Barausgleich,** insbes bei Gewährung von Eigenkapitalinstrumenten des MU durch ein Konzernunternehmen, bewertet jedes betroffene Konzernunternehmen die erhaltene Leistung für den Zeitraum, den der Mitarbeiter für das jeweilige Unternehmen tätig war (IFRS 2.B60). Der Standard regelt jedoch nicht, wie diese Wertschwankungen zu erfassen sind (*KPMG* IFRS aktuell[4], 60). 54

Schließt das MU neben der Zusage auf anteilsbasierte Vergütung für die Mitarbeiter des TU noch eine **Rückerstattungsvereinbarung** *(intragroup payment arrangements)* **mit dem TU ab** (TU erstattet MU den Gegenwert der an die Mitarbeiter ausgegebenen Anteile), regelt IFRS 2 nicht, wie diese Zahlungen zu behandeln sind (IFRS 2.B46). Als Anhaltspunkt könnten jedoch die im Interpretationsentwurf IFRIC D17.IE3 und IFRIC D17.IE5 genannten Beispiele berücksichtigt werden, wonach beim MU die Beteiligung am TU zu erhöhen ist. Erfolgt ein den Zuschuss des MU übersteigender Ausgleich durch das TU, ist dieser übersteigende Betrag beim TU als Ergebnisverwendung zugunsten des MU zu behandeln (*Schreiber/Simons* in Baetge ua IFRS-Komm IFRS 2 Rz 219; *EY* 2015, 2387). Ebenfalls im Zusammenhang mit Rückerstattungsvereinbarungen ist fraglich, ob die Verpflichtung beim TU ab dem Zeitpunkt der Gewährung angesammelt wird oder im Erfüllungszeitpunkt zu erfassen ist. Vor dem Hintergrund des Zusammenhangs beider Transaktionen scheint eine Ansammlung über den Erdienungszeitraum sachlich richtig. Jedoch kann die Rückerstattungsverpflichtung ebenfalls als separate Transaktion gewertet werden. Das IFRSIC hatte diese Fragestellung ebenfalls diskutiert, entschied jedoch vorläufig, das Thema nicht auf seine Agenda zu nehmen. Nach Ansicht des IFRSIC könne diese Fragestellung nur im Rahmen von anderen Sachverhalten in Bezug auf konzerninterne Verrechnungen beantwortet werden (*EY* 2015, 2389). Hierzu gibt es in den IFRS und im Rahmenkonzept jedoch noch keinerlei Regelungen, sodass eine Klarstellung dieser Frage seitens des IFRSIC ins Leere laufen würde (*IFRIC* Update May 2013, 4f).

V. Bilanzierung von anteilsbasierten Vergütungen mit Barausgleich

55 Bei einer anteilsbasierten Vergütung mit Barausgleich wird anstelle einer Anteilsoption das der dritten Partei als **Entgelt gewährte Recht angesetzt**, eine Geldzahlung zu bekommen, deren Grund und Höhe von der Wertentwicklung eines Eigenkapitalinstruments abhängt. Genau genommen wird somit die erhaltene Gegenleistung angesetzt. Im Fall von zeitraumbezogenen Leistungen ist die Verpflichtung entspr aufzubauen (IFRS 2.BC245). Die häufigste Anwendung sind **SAR** (→ Rn 2). Das weitere in IFRS 2.31 genannte Beispiel der rückkaufspflichtigen Aktien ist nach deutschem Aktienrecht kaum darstellbar. Für die Ermittlung der Anzahl der gewährten SAR (Mengengerüst) gelten die für das Mengengerüst bei Aktienoptionen entspr Grundsätze (→ Rn 29ff). An die Stelle der Buchung „per Aufwand an Eigenkapital" tritt je nach Höhe der Unsicherheit des zu erfassenden Gesamtbetrags die Buchung „per Aufwand an Verbindlichkeit" bzw „per Aufwand an Rückstellungen", weil die zu entlohnenden Mitarbeiter keine Gesellschafterposition erhalten und sich die gesellschaftsrechtlichen Beteiligungsverhältnisse nicht ändern (so *Blecher* WPg 2011, 625 (627); *Petersen/Bansbach/Dornbach,* 451). Da mit den ansatzrelevanten Ausübungsbedingungen idR Unsicherheiten verbunden sind, kommt uE eher die Buchung einer Rückstellung in Betracht. In der Praxis werden für anteilsbasierte Vergütungen mit Barausgleich idR Rückstellungen gebildet (zB BASF AG, Geschäftsbericht 2014, 219; Daimler AG, Geschäftsbericht 2014, 209; SAP AG, Geschäftsbericht 2014, 180; Bayer AG, Geschäftsbericht 2014, 301; Commerzbank AG, Geschäftsbericht 2014, 181). Eine bilanzielle Behandlung als finanzielle Verbindlichkeit scheidet aufgrund der Bindung der Höhe an die Entwicklung des Anteilswerts aus (*Freiberg* PiR 2014, 350 (350)).

56 Die **Bewertung** der Schuld bei einer anteilsbasierten Vergütung mit Barausgleich erfolgt, anders als bei der anteilsbasierten Vergütung mit Ausgleich durch Eigenkapitalinstrumente, **zu jedem Bilanzstichtag neu** abhängig von der Wertentwicklung der Eigenkapitalinstrumente (IFRS 2.30; kritisch zur Anpassung an jedem Stichtag *IDW* FN IDW 2003, 167; sowie *Schreiber/Simons* in

Baetge ua IFRS-Komm IFRS 2 Rz 199f). Methodisch wird in jedem Jahr mit Hilfe eines Optionsmodells (→ Rn 39) der beizulegende Zeitwert des SAR neu ermittelt. Damit wird jeweils der Betrag ermittelt, der zur Deckung für den bis zum Stichtag aufgelaufenen Gesamtaufwand noch notwendig ist. Dies gilt anders als bei der anteilsbasierten Vergütung mit Ausgleich durch Eigenkapitalinstrumente auch **nach Ablauf des Erdienungszeitraums.** Die Besonderheiten in der Erfassung von Planänderungen spielen bei den anteilsbasierten Vergütungen mit Barausgleich aufgrund der stetigen Neubewertung keine Rolle. Eine **Annullierung** des virtuellen Optionsplans führt zu einem Ertrag, der uE unter den sonstigen betrieblichen Erträgen zu erfassen ist. Erfolgt die Annullierung gegen die Zahlung einer Abfindung, führt dies je nach Höhe der erfassten Schuld im Ergebnis entweder zu einem sonstigen betrieblichen Ertrag oder zu einem zusätzlichen Aufwand in der entspr Periode. Soweit die Annullierung des Plans mit der gleichzeitigen Verabschiedung eines Ersatzplans iSd IFRS 2.28(c) verbunden ist, dürfte eine Saldierung der entspr Erträge und Aufwendungen geboten sein (so auch *Köster* in Buschhüter/Striegel IFRS, IFRS 2 Rz 134). Virtuelle Aktienoptionen führen zu größeren Ergebnisschwankungen als reale Aktienoptionen (für ein ausführliches Beispiel mit Auswirkungen auf Bilanzkennzahlen s *Richter/Rogler* IRZ 2010, 333 (335 ff)). Im Übrigen gelten die für die anteilsbasierte Vergütung mit Ausgleich durch Eigenkapitalinstrumente dargestellten Grundsätze entspr (IFRS 2.32). Der **Ausweis** erfolgt bei den sonstigen Rückstellungen.

VI. Bilanzielle Behandlung von Wahlrechten betreffend die Gegenleistung

Manchmal enthalten die Ausübungsbedingungen von Aktienoptionsprogrammen oder vergleichbaren Vergütungssystemen für das Unternehmen oder den Berechtigten ein Wahlrecht, entweder einen Ausgleich durch ein Eigenkapitalinstrument oder in bar zu leisten oder zu verlangen. Hat der **Berechtigte** (Vertragspartei des Unternehmens) das Wahlrecht, die Güter oder Dienstleistungen entweder in bar oder mit Eigenkapitalinstrumenten bezahlt zu erhalten, so hat eine Aufteilung der Gegenleistung in einen Verbindlichkeiten- und einen Eigenkapitalanteil zu erfolgen (IFRS 2.35 ff; Rechenbeispiel bei *Schmidt* DB 2002, 2657 (2662)). Hierzu sind zunächst die beiden Alternativen getrennt voneinander zu bewerten. Besteht ein Wahlrecht zwischen einem Aktienoptionsprogramm und einem SAR (→ Rn 2) und sind beide Komponenten identisch ausgestaltet, so ergibt sich für beide Komponenten der gleiche Wert. In einem solchen Fall ist dieser Wert als Schuldkomponente zu zeigen (IFRS 2.37), da die Eigenkapitalkomponente mit Null anzusetzen ist. Wählt der Berechtigte dann die Erfüllung in Aktien, ist die Schuldkomponente in das Eigenkapital umzubuchen (IFRS 2.39). Nur wenn zB als Anreiz, die Eigenkapitalalternative zu wählen, die Eigenkapitalinstrumente einen höheren Wert als der erwartete Barausgleich haben, ist dieser Mehrwert nach den Regeln der Abbildung von Eigenkapitalinstrumenten zu behandeln (IFRS 2.37). 57

Hat das **Unternehmen** das entspr Wahlrecht, so hat gem IFRS 2.41 eine Buchung als Schuldkomponente nur zu erfolgen, wenn eine gegenwärtige, dh rechtliche oder faktische Verpflichtung zum Barausgleich besteht (Zusage an Vertragspartei oder entspr Unternehmenspolitik) oder das Unternehmen (zB aufgrund eines Liquiditätsüberschusses) intendiert, das Wahlrecht entspr auszuüben. Sowohl die dokumentierte Intention als auch die Historie des Unternehmens sind hier relevant. Aus dem deutschen Schrifttum geht jedoch nicht eindeutig hervor, wann von einer Historie bzw betrieblichen Praxis auszugehen ist. 58

Die Meinungen reichen von einer einmaligen Erfüllung (vgl *Lüdenbach/Hoffmann/Freiberg* IFRS § 23 Rz 124) bis zur einer regelmäßigen Vornahme der Barzahlung zur Begründung einer Historie (vgl *Schreiber/Simons* in Baetge, IFRS 2, Rz 209). Im internationalen Schrifttum ist zwar eine Barvergütung ein eindeutiger Hinweis, jedoch bedarf es weiterer Nachweise *(other evidence),* um eine Umklassifizierung sämtlicher Transaktionen als Barvergütung zu begründen. Dabei ist auf das Urteil bzw das Ermessen *(judgement)* des Unternehmens abzustellen, ob der Tatbestand einer Historie gegeben sein könnte (vgl *pwc* 2015 Rz 12.165). Wenn die Barvergütung aufgrund isolierter Umstände erfolgte und das Unternehmen weiterhin die erklärte Intention hat, noch ausstehende Programme in Eigenkapitalinstrumenten zu erfüllen, kann eine Fortführung der Bilanzierung der ausstehenden Programme als in Eigenkapitalinstrumente vergütet sachgerecht sein. Besondere Umstände, die zu einer Barvergütung führen, müssen somit nicht grds eine Historie begründen (*KPMG* 2014/15 Rz 4.5.1170.30). Liegt ein derartiges Wahlrecht eines Unternehmens vor und ebenso ein Wandel in der Intention des Unternehmens, sollte dies in jedem Fall zu einer Neubetrachtung der noch ausstehenden Transaktionen bzw Programmen führen. Grds deutet die Erfüllung in bar eines Programms stets darauf hin, dass das Unternehmen dies auch in Zukunft für andere Programme handhaben wird (*pwc* 2015 Rz 12.165). Eine rein programmweise Betrachtung geht weder aus dem Schrifttum noch aus dem Standard hervor.

Liegt keine gegenwärtige Verpflichtung zum Barausgleich vor, ist eine Erhöhung des Eigenkapitals zu buchen.

Entschließt sich das Unternehmen anschließend allerdings zur Barvergütung, ist dies als Rückkauf eigener Anteile (Abzug vom Eigenkapital) zu bilanzieren (IFRS 2.43(a)). Die Differenz zwischen dem beizulegenden Zeitwert am Tag der Gewährung und am Erfüllungstag wird nicht erfolgswirksam erfasst. Soweit allerdings in Sonderfällen die beizulegenden Zeitwerte der beiden Alternativen (Barausgleich und Erfüllung durch Eigenkapitalinstrumente) am Erfüllungstag abweichen (zB Vereinbarung mit Wahlrecht über die Ausgabe von 1.000 realen Aktien oder alternativ 1.200 Phantomaktien), ist ein zusätzlicher Aufwand für den Überschussbetrag zu erfassen, wenn sich das Unternehmen für die Form des Ausgleichs mit dem höheren beizulegenden Zeitwert entscheidet (IFRS 2.43 (c)).

Für eine Klassifizierung als Vergütung in Eigenkapitalinstrumente muss aber die tatsächliche Möglichkeit hierfür vorliegen; andernfalls ist die Transaktion als Barvergütung anzusehen (*KPMG* 2014/15 Rz 4.5.1170.30). IFRS 2 gibt keinen Aufschluss darüber, ob das Unternehmen nur einmalig zum Zusagezeitpunkt oder zu jedem Bilanzstichtag einschätzen soll, ob eine Transaktion entweder als in bar oder in Eigenkapitalinstrumenten vergütet bilanziert werden soll (*EY* 2015, 2366).

VII. Angaben im Anhang

59 IFRS 2 sieht umfangreiche Anhangangaben zu **Art und Umfang** von Aktienoptionsprogrammen vor. Zur Beschreibung der eingesetzten Programme und deren finanzieller Auswirkungen werden insbes folgende Angaben erwartet (IFRS 2.44 ff), um die Nachvollziehbarkeit der Bewertung durch einen verständigen Adressaten zu gewährleisten:

(1) Beschreibung der zugrunde liegenden Verträge durch Angabe von Ausgabezeitpunkt, Empfänger, Laufzeit, Variabilitäten und Ausübungsmodalitäten,

(2) Anzahl und gewichteter Ausübungspreis der offenen (zu Beginn und Ende), der gewährten, der verlängerten, der ausgeübten, der ausübbaren und der verfallenen Optionen,

(3) der Ausübung zugrunde liegender gewichteter Aktienpreis und
(4) Wertangaben zu den offenen Optionen hinsichtlich Ausübungspreisspanne, durchschnittliche Dauer bis zur Ausübung und Zeitpunkt bis zum Verfall.

Des Weiteren muss die **Bewertung detailliert erläutert** werden. Dazu muss die verwendete direkte oder indirekte Bewertungsmethode (→ Rn 36 ff) beschrieben werden (IFRS 2.46 ff). Hierzu gehören die Angabe des Bewertungsmodells, die Ermittlung der Parameter des Modells, insbes Volatilität und risikofreier Zinssatz, die Aufteilung in anteilsbasierte Vergütung mit Ausgleich durch Eigenkapitalinstrumente und anteilsbasierte Vergütung mit Barausgleich und etwaige Anpassungen der Optionsbedingungen. Sollten Marktpreise bei der Bewertung herangezogen worden sein, ist die Ermittlung und Gewichtung zu erläutern. 60

Schließlich werden Angaben zum **Einfluss** der eigenkapitalorientierten Bezahlung **auf die Ertragslage** des Unternehmens vorgeschrieben (IFRS 2.50 ff). Soweit es das Verständnis der Lage des Unternehmens erfordert, werden darüber hinaus weitere Angaben gefordert, sofern das Unternehmen diese für sinnvoll erachtet (zB Akzeptanz bei Mitarbeitern). 61

Zum Einfluss von anteilsbasierten Vergütungen auf latente Steuern → § 25 Rn 108, zu EPS → § 16 Rn 32 und zur Abgrenzung zu IFRS 3 → § 34 Rn 150.

C. Wesentliche Änderungen und deren Anwendungszeitpunkte

Im Dezember 2013 führte die Verabschiedung des ***Annual Improvements to IFRS 2010–2012 Cycle*** zu kleineren redaktionellen Änderungen an IFRS 2.15 und IFRS 2.19 ohne materielle Auswirkungen. Im Anhang A zu IFRS 2 wurde die Definition des Begriffes „Ausübungsbedingung" eingefügt. Darüber hinaus wurden die Begriffe „Dienstbedingung", „Leistungsbedingung" und „Marktbedingung" gesondert definiert. Hinsichtlich des Anwendungszeitpunkts wurde IFRS 2.63D in den Standard eingefügt. Die Änderungen sind danach für anteilsbasierte Vergütungen anzuwenden, die am oder nach dem 1. Juli 2014 gewährt wurden. Das Endorsement erfolgte am 9. Januar 2015. 62

Die finale Verabschiedung von **IFRS 9** *Finanzinstrumente* im Juli 2014 hatte Änderungen an IFRS 2.6 zur Folge. Danach gilt IFRS 9 nicht für anteilsbasierte Vergütungen bei denen ein Unternehmen Güter oder Dienstleistungen erhält oder erwirbt die gem Vertrag außerhalb des Anwendungsbereichs von IAS 32.8 ff oder IFRS 9.2.4 ff liegen. Gem IFRS 2.63C ist diese Änderung bei gleichzeitiger Anwendung von IFRS 9 anzuwenden und gilt verpflichtend – vorbehaltlich eines Endorsement durch die EU – für Geschäftsjahre, die am oder nach dem 1. Januar 2018 beginnen.

Die vorliegende Kommentierung hat wesentliche materielle Änderungen herausgehoben. Darüber hinaus haben die Überarbeitungen klarstellenden Charakter.

D. Gegenüberstellung zu HGB/DRS

Die Rechnungslegungsdiskussion in Deutschland erschöpfte sich bis zur Vorlage des E-DRS 11 vielfach im Versuch einer **Übertragung von internationalen Regeln**, insbes den US-GAAP (vgl *Pellens/Crasselt* DB 1998, 217 (222); aA *Herzig* DB 1999, 1 (1 ff) mwN zur wohl bislang hM, die die Erfassung von Per- 63 sonalaufwand auf Grundlage des HGB ablehnt). Angesichts dieses Umstands hat der DSR im Nachgang eines Diskussionspapiers am 21. Juni 2001 den E-DRS 11 vorgelegt. Dieser deckte sich weitgehend mit IFRS 2. Nach Angaben des DSR wurden die Arbeiten an dem E-DRS 11 jedoch wegen der Veröffentlichung des IFRS 2 und dessen Übernahme in das europäische Recht nicht fortgeführt.

64 Im Schrifttum bleibt umstritten, ob im **Einzelabschluss nach HGB** die Grundsätze des IFRS 2 anzuwenden sind. Nach wie vor werden hierzu verschiedene Meinungen vertreten (*Förschle/Hoffmann* in BeBiKo § 272 Rz 500ff). Mit Urteil I R 103/09 vom 25. August 2010 hat der **BFH** jedoch mittlerweile eine Übertragung von internationalen Regeln auf deutsches Handels- und Steuerrecht und somit eine ratierliche Erfassung eines Personalaufwands und eine entspr Buchung im Eigenkapital erstmals **verneint** (dazu kritisch *Hoffmann* PiR 2011, 30 (30)). Im Zuge dieser BFH-Entscheidung ist denkbar, dass Unternehmen ihre anteilsbasierten Vergütungsprogramme künftig mit **virtuellen Eigenkapitalinstrumenten** (SAR) ausgestalten, die in Deutschland immer schon zulässig waren und entspr IFRS 2 durch die ratierliche Dotierung einer Rückstellung bilanziert werden (*Heuser/Theile* Rz 3811). Eine diesen Ansatz verneinende BFH-Rechtsprechung liegt bislang nicht vor. Allerdings dürfte die Bedeutung von HGB-Normen für die Ausgestaltung von Aktienoptionsprogrammen begrenzt sein, da anzunehmen ist, dass sich die betroffenen Unternehmen regelmäßig eher an den IFRS-Normen orientieren.

E. Aktuelle Entwicklungen/IASB-Projekte

65 Der IASB hat im November 2014 **ED/2014/5** „Classification and Measurement of Share-based Payment Transactions – Proposed amendments to IFRS 2" mit Vorschlägen für begrenzte Änderungen an IFRS 2 veröffentlicht. Zur Klarstellung der Bilanzierung von in bar erfüllten anteilsbasierten Vergütungen, die eine Leistungsbedingung enthalten, schlägt der IASB vor, dass derartige Ausübungsbedingungen analog der bilanziellen Behandlung bei in Eigenkapitalinstrumenten erfüllten anteilsbasierten Vergütungen zu berücksichtigen sind (ED/2014/5.IFRS 2.33 bis ED/2014/5.2.33C sowie ED/2014/5.IFRS 2.IE.12A). Anteilsbasierte Vergütungen, die zum Nettobetrag erfüllt werden, dh ohne Steuereinbehalt, sollen wie in Eigenkapitalinstrumente erfüllte anteilsbasierte Vergütungen klassifiziert werden, vorausgesetzt die anteilsbasierte Vergütung wäre auch ohne den Steuereinbehalt derart klassifiziert worden (ED/2014/5.IFRS 2.33D). Bei einem Wechsel von in bar erfüllten anteilsbasierten Vergütungen zu in Eigenkapitalinstrumenten erfüllten anteilsbasierten Vergütungen hat die Ausbuchung der für die in bar erfüllte anteilsbasierte Vergütung erfassten Verbindlichkeit und gleichzeitig eine Erfassung der durch Eigenkapitalinstrumente erfüllten anteilsbasierten Vergütung in Höhe des beizulegenden Zeitwerts zum Zeitpunkt des Wechsels zu erfolgen (nach Maßgabe der bis dahin erbrachten Leistung). Unterschiede zwischen dem Buchwert der Verbindlichkeit und dem im Eigenkapital erfassten Betrag sind erfolgswirksam zu vereinnahmen (ED-IFRS 2.41A-41B).

§ 25. Laufende und latente Ertragsteuern

Übersicht

Schrifttum: *Coenenberg/Hille* Latente Steuern nach der neu gefassten Richtlinie IAS 12, DB 1997, 537; *Dahlke* Vergleich der Bilanzierung tatsächlicher Steuern nach HGB und nach IFRS, KoR 2006, 579; *Dahlke/von Eitzen* Steuerliche Überleitungsrechnung im Rahmen der Bilanzierung latenter Steuern nach IAS 12, DB 2003, 2237; *von Eitzen/Dahlke* Bilanzierung von Steuerpositionen nach IFRS, Stuttgart 2008; *von Eitzen/Helms* Aktive latente Steuern auf steuerliche Verlustvorträge nach US-GAAP-Anwendungsbesonderheiten für deutsche Unternehmen, BB 2002, 823; *Ernsting* Auswirkungen des SEStEG auf die Bilanzierung von Körperschaftsteuerguthaben in Jahresabschlüssen nach HGB und IFRS, DB 2007, 180; *Ernsting* Auswirkungen des Steuersenkungsgesetzes auf die Steuerabgrenzung in Konzernabschlüssen nach US-GAAP und IAS, WPg 2001, 11; *Ernsting/Loitz* Zur Bilanzierung latenter Steuern bei Personengesellschaften nach IAS 12, DB 2004, 1053; *Freiberg* Tarifeffekte bei der Steuerlatenzrechnung nach IFRS, PiR 2006, 176; *Freiberg* Änderungen der Steuerbasis in der Steuerlatenzrechnung nach IFRS, PiR 2006, 205; *Fülbier/Mages* Überlegungen zur Bilanzierung latenter Steuern bei Personengesellschaften nach IAS 12, KoR 2007, 69; *Fülbier/Weiss* Steuerabgrenzung nach IAS 12 im Bankenabschluss, PiR 2012, 201; *Gens/Wahle* Bewertung körperschaft- und gewerbesteuerlicher Verlustvorträge für aktive latente Steuern nach IAS, KoR 2003, 288; *Göttsche/Brähler* Die Bedeutung der Konzernsteuerquote für den Kapitalmarkt, WPg 2009, 918; *Hannemann/Pfeffermann* IAS-Konzernsteuerquote: Begrenzte Aussagekraft für die Steuerliche Performance eines Konzerns, BB 2003, 727; *Herzig/Dempfle* Konzernsteuerquote, betriebliche Steuerpolitik und Steuerwettbewerb, DB 2002, 1; *Heurung* Latente Steuerabgrenzung in Konzernabschluss im Vergleich zwischen HGB, IAS und US-GAAP, AG 2000, 538; *IDW* RS HFA 2 Stellungnahme zur Rechnungslegung: Einzelfragen zur Anwendung von IFRS, FN IDW 2012, 380; *Kessler/Leinen* Bestrittene Steuerschulden in der Bilanz nach IFRS und HGB, WPg 2013, 67; *Kirsch* Abgrenzung latenter Steuern bei Personengesellschaften in Deutschland, DStR 2002, 1875; *Kirsch* Auswirkung der Unternehmensteuerreform 2008 auf die Bilanzierung und Bewertung latenter Steuern nach IAS 12, DStR 2007, 1268; *Kirsch* Aktive latente Steuern aus Zins- und Verlustvorträgen nach dem Unternehmensteuerreformgesetz 2008, PiR 2007, 237; *Köster/Pratter* Auswirkungen der Finanzmarktkrise auf die Bilanzierung latenter Steuern nach IFRS, BB 2009, 1688; *Kromer/Peter/Szyszlo* Herleitung der steuerlichen Überleitungsrechnung und der Konzernsteuerquote nach IAS 12.79 ff aus der laufenden und latenten Steuerberechnung, StB 2014, 271; *Küting/Zwirner* Abgrenzung latenter Steuern nach IFRS in der Bilanzierungspraxis in Deutschland: Dominanz der steuerlichen Verlustvorträge, WPg 2007, 555; *Lienau* Die Bilanzierung nach der Equity-Methode unter Berücksichtigung latenter Steuern nach IFRS, KoR 2007, 14; *Lienau/Zülch* Bilanzierung latenter Steuern auf Verlustvorträge nach IAS 12, DStR 2007, 1094; *Loitz* Latente Steuern und steuerliche Überleitungsrechnung – Unterschiede zwischen IAS/IFRS und US-GAAP, WPg 2004, 1177; *Loitz* Bilanzierung latenter Steueransprüche für Vorträge noch nicht genutzter steuerlicher Verluste nach IFRS, WPg 2007, 778; *Loitz* Erfassung von Steuersatzänderungen in der Zwischenberichterstattung nach IAS 34, DB 2007, 2048; *Loitz/Klevermann* Bilanzierung von Ertragsteuern in deutschen Organgesellschaften nach IFRS und BilMoG, DB 2009, 409; *Loitz/Korte* Tax Planning Opportunities – Charakterisierung nach IAS 12, WPg 2012, 772; *Loitz/Rössel* Die Diskontierung von latenten Steuern, DB 2002, 645; *Loitz/Sekniczka* Anteile an Spezialfonds: Bilanzierung, Besteuerung, latente Steuern nach IAS 12, WPg 2006, 355; *Loitz/van Delden* Latente Steuern beim Erwerb von Immobilien-Projektgesellschaften, WPg 2009, 502; *Lorson/Melcher/Gleichmann* EFRAG Diskussion zu Ertragsteuern insbesondere zu Latenten Steuern (Teil 1), KoR 2012, 442; *Lorson/Melcher/Gleichmann* EFRAG Diskussion zu Ertragsteuern insbesondere zu Latenten Steuern (Teil 2), KoR 2012, 508; *Lüdenbach/Freiberg* Möglichkeiten und Grenzen des Werthaltigkeitsnachweises für aktive latente Steuern nach IFRS und HGB, BB 2011, 2603; *Meyer* Aktuelle Verlautbarungen des IASB und IFRS IC zur Bilanzierung von laufenden und latenten Ertragsteuern, KoR 2015, 69; *Melcher/Skowronek* Latente Steuern bei geplanten Unternehmensveräußerungen und Ausschüttungen, KoR 2011, 108; *Meyer/Bornhofen/Homrighausen* Anteile an Personengesellschaften nach Steuerrecht und nach IFRS, KoR 2005, 285; *Pawelzik* Latente Steuern auf Goodwilldifferenzen bei der Konsolidierung von Personengesellschaften nach IFRS, KoR 2006, 13; *Prystawik* Latente Steuern nach BilMoG und IFRS – Besonderheiten bei Pensionsrückstellungen und Investmentfonds als Planvermögen, DB 2010, 345; *Schäfer/Suermann* Ansatz aktiver latenter Steuern nach IAS 12, DB 2010, 2742; *Sepetauz/Zinowsky* Outside basis differences (OBDs) im IFRS-Konzernabschluss, IRZ 2013, 260; *Zülch/Lienau* Bilanzierung von investment properties und Sachanlagevermögen unter Berücksichtigung latenter Steuern, KoR 2006, 698.

Wesentliche Rechtsgrundlagen: IAS 12, SIC-25

A. Allgemeines

I. Zielsetzung und Anwendungsbereich von IAS 12

1 IAS 12 regelt die Bilanzierung der tatsächlichen und der latenten Ertragsteuern in der IFRS-Bilanz. **Tatsächliche Ertragsteuern** umfassen alle ertragsteuerlichen Konsequenzen, die nach Maßgabe der steuerrechtlichen Gewinn-

ermittlungsvorschriften für lfd oder frühere Gewinnermittlungsperioden in den Jahresabschluss eines Unternehmens einfließen.

Die **Abgrenzung latenter Steuern** dient der Erfassung künftiger steuerlicher Konsequenzen, die sich bei der künftigen Realisierung eines Vermögenswerts oder der künftigen Erfüllung einer Schuld ergeben werden und trägt hierdurch in erster Linie zu einer zutreffenderen Darstellung der Vermögenslage bei (im Einzelnen → Rn 37).

2 Der **Anwendungsbereich** von IAS 12 ist auf die Bilanzierung der Ertragsteuern einschließlich KapESt als besondere Erhebungsform der allgemeinen Ertragsteuern und Quellensteuern beschränkt, die auf Basis der für das jeweilige Unternehmen geltenden Steuergesetze ermittelt werden. Abzugsteuern, Umsatzsteuer und sonstige Steuern, Bußgelder, Säumnis- und Verspätungszuschläge sowie Steuern, die ein Unternehmen aus Haftungsgründen oder wegen vertraglicher Vereinbarung für Dritte abzuführen hat, wie zB Lohnsteuer, fallen nicht unter den Anwendungsbereich des IAS 12, auch wenn ihre Erfassung erfolgswirksam ist. Ihre Bilanzierung richtet sich nach den allgemeinen Vorschriften des Frameworks sowie nach IAS 1.

II. Terminologie

3 Zur Anwendung der Regelungen des IAS 12 sind folgende **Schlüsselbegriffe** (IAS 12.5) zu unterscheiden:

Das **handelsrechtliche Periodenergebnis vor Ertragsteuern** bezeichnet das in der IFRS-Bilanz zum Bilanzstichtag ausgewiesene Ergebnis vor Abzug der Ertragsteuern.

Der in der IFRS-GuV (bzw dem erfolgswirksamen Teil der Gesamtergebnisrechnung beim *single statement approach*) ausgewiesene **Steueraufwand/-ertrag** setzt sich aus den Aufwendungen und Erträgen für tatsächliche Ertragsteuern **und** latente Steuern zusammen, die für die Ermittlung des Periodenerfolgs nach Steuern maßgeblich sind.

4 Das **zu versteuernde Ergebnis** ist das zu versteuernde Einkommen, das der Steuerermittlung auf Basis der **Steuerbilanz** und der außersteuerbilanziellen Hinzurechnungen (nicht abzugsfähige Ausgaben) und Kürzungen (steuerfreie Einnahmen) zugrunde gelegt wird. Die nach der Steuerermittlung geschuldeten oder erstattungsfähigen Ertragsteuern werden als **tatsächliche Ertragsteuern** definiert.

5 Als **Steuerwert** wird der Betrag bezeichnet, der einem Vermögenswert, einer Schuld oder einem Eigenkapitalinstrument unter Zugrundelegung der gültigen steuerlichen Ansatz- und Bewertungsregelungen in der **Steuerbilanz** beigemessen wird. Für deutsche Unternehmen lassen sich die Steuerwerte idR direkt aus der Steuerbilanz übernehmen.

6 Der in der IFRS-Bilanz ausgewiesene Buchwert und der Steuerwert eines Vermögenswerts oder einer Schuld können aufgrund unterschiedlicher Bilanzierung oder Bewertung sowie aufgrund von Konsolidierungsmaßnahmen voneinander abweichen. Der Unterschiedsbetrag wird, sofern er sich in einem zukünftigen Geschäftsjahr auflöst, als **temporäre Differenz** bezeichnet. Die Auflösung der temporären Differenz kann zB durch die Realisierung des Buchwerts eines Vermögenswerts oder durch die Erfüllung einer Schuld erfolgen. Je nach Art der Differenz können zu versteuernde temporäre Differenzen oder abzugsfähige temporäre Differenzen entstehen. **Zu versteuernde** temporäre Differenzen sind dadurch gekennzeichnet, dass sie zum Zeitpunkt der Auflösung der Differenz in einem zukünftigen Geschäftsjahr im Rahmen der steuerlichen Gewinnermitt-

lung zu einem **höheren** steuerpflichtigen Ertrag führen als er in der IFRS-Bilanz ausgewiesen wird. **Abzugsfähige** temporäre Differenzen führen demgegenüber zum Zeitpunkt ihrer Auflösung zu einem **niedrigeren** steuerpflichtigen Ertrag. Demnach führen Differenzen zwischen IFRS- und Steuerbilanz nach dem Konzept des IAS 12 nur dann zu einer Abgrenzung latenter Steuern, wenn der der Differenz zugrunde liegende Sachverhalt zukünftig eine steuerliche Wirkung entfaltet.

Latente Steuerschulden sind Steuerverbindlichkeiten, die aus zu versteuern- 7
den temporären Differenzen resultieren und bei Auflösung der Differenzen in zukünftigen Geschäftsjahren zahlbar werden.

Latente Steueransprüche sind Ansprüche, die aus abzugsfähigen temporären Differenzen oder aus nicht genutzten steuerlichen Verlust- oder Zinsvorträgen bzw nicht genutzten Steuervergünstigungen resultieren.

(einstweilen frei) 8

B. Die Bilanzierung tatsächlicher Steuerschulden und Steueransprüche

I. Ansatz

1. Allgemeine Ansatzvorschriften

Tatsächliche Steuerschulden sind im Jahresabschluss mit dem geschuldeten 9
Betrag anzusetzen, **tatsächliche Steueransprüche** mit dem Betrag, um den die geleisteten Zahlungen den geschuldeten Betrag übersteigen (IAS 12.12). Eine Steuerschuld bzw ein Steueranspruch sind dann zu erfassen, wenn sich aus gegenwärtigen Ansprüchen bzw Schulden wahrscheinlich ein Mittelzufluss bzw Mittelabfluss ergibt, und wenn sich dessen Höhe verlässlich ermitteln lässt (F.4.44, F.4.46). Hierunter fallen zB Steuervorauszahlungen für das aktuelle Geschäftsjahr, Zuführungen zu den Steuerschulden und Steuerrückstellungen, periodenfremder Steueraufwand für zurückliegende Geschäftsjahre, Erträge aus Steuererstattungen aufgrund geänderter Steuerbescheide sowie Erträge aus der Auflösung von Steuerrückstellungen bzw -schulden.

Dabei ist das allgemeine Prinzip der **Periodenabgrenzung** zu beachten, nach dem zum Bilanzstichtag Steuerschulden bzw -ansprüche für das abgelaufene sowie für frühere Geschäftsjahre zu erfassen sind.

Die Erfassung aktueller Steuerschulden bzw Steueransprüche für das abgelaufene Geschäftsjahr ist grds **erfolgswirksam** vorzunehmen.

KapESt, die von der ausschüttenden Gesellschaft im Rahmen einer Divi- 10
dendenausschüttung einbehalten und im Namen der Anteilseigner zu Lasten der Ausschüttung direkt an die Finanzbehörden abgeführt werden, sind gem IAS 12.65A dagegen **erfolgsneutral** mit dem Eigenkapital (Gewinnrücklagen bzw Bilanzgewinn) zu verrechnen.

Beispiel: Ein TU schüttet an sein MU eine Dividende in Höhe von T€ 500 aus. Aufgrund einer Quellensteuerregelung werden 5% des Ausschüttungsbetrags von dem TU einbehalten und an die Finanzbehörden abgeführt, sodass nur ein Betrag in Höhe von T€ 475 an das MU gezahlt wird. Im Jahresabschluss des TU ist die Brutto-Dividende einschließlich Quellensteuer gem IAS 12.65A erfolgsneutral mit dem Eigenkapital (Gewinnrücklagen bzw Bilanzgewinn) zu verrechnen. Das MU, welches als Anteilseigner Steuerschuldner ist, bucht die Dividendenzahlung einschließlich der Quellensteuer spiegelbildlich als Beteiligungsertrag und die einbehaltene Quellensteuer als Steuerforderung (per Bank T€ 475, per Steueranrechnungsguthaben T€ 25 an Beteiligungsertrag T€ 500). Ist mit der Quellensteuer keine Anrechnungsmöglichkeit des Anteilseigners verbunden, so ergibt sich bei dem MU ein Steueraufwand von T€ 25. Die Buchung bei dem TU wird hiervon nicht tangiert.

11 Der Vorteil aus einer Erstattung tatsächlicher Ertragsteuern einer früheren Periode aus der **Nutzung eines körperschaftsteuerlichen Verlustrücktrags** gem § 10d Abs 1 EStG iVm § 8 Abs 1 KStG ist als Vermögenswert zu aktivieren (IAS 12.13). Die Aktivierung darf frühestens in dem Geschäftsjahr erfolgen, in dem der steuerliche Verlust entsteht.

12 Zur Bilanzierung von **unsicheren Steuerpositionen** wie zB **Risiken** aus steuerlichen Betriebsprüfungen, Rechtsstreitigkeiten vor Finanzgerichten oder Uneinigkeiten über die Auslegung von Steuergesetzen hat das IFRSIC in 2014 eine Klarstellung getroffen (IFRIC Update July 2014, 3, September 2014, 3, und November 2014, 3). Danach richten sich die Ansatzkriterien sowohl für unsichere Steuererstattungsforderungen als auch für unsichere Steuerschulden nach IAS 12.12. iVm F.4.15, F.4.46. Die Regelungen des IAS 37 finden für die Bilanzierung dem Grunde nach keine Anwendung, der Verweis in IAS 12.88 auf IAS 37 beschränkt sich lediglich auf die Angaben im Anhang.

Demnach sind unsichere Steuerschulden bzw unsichere Steuererstattungsansprüche immer dann anzusetzen, wenn es wahrscheinlich ist, dass das Unternehmen einen in Frage stehenden Betrag an die Finanzbehörden zahlen werden muss, bzw wenn es diesen wahrscheinlich erstattet bekommen wird. Für die Wahrscheinlichkeitsbetrachtung gilt eine Schwelle von 50%. Bei der Beurteilung des Wahrscheinlichkeitskriteriums sind die geltende Rechtslage unter Einbeziehung von Gesetz, Rechtsprechung, Richtlinien der Finanzverwaltung und der Fachliteratur sowie die Erfolgsaussichten einer eventuellen Klage zu berücksichtigen. Liegt die Wahrscheinlichkeit nach Einschätzung des Unternehmens niedriger als 50%, so entfällt ein Ansatz; gem IAS 12.88 ist dann lediglich eine Anhangangabe erforderlich.

13 Risiken aus einer **steuerlichen Betriebsprüfung** stellen grds unsichere Steuerpositionen dar. Der Grad der Konkretisierung der Risiken spielt bei der Frage des Ansatzes keine Rolle. Das IFRSIC geht vielmehr davon aus, dass der Finanzverwaltung alle erforderlichen Informationen zur Verfügung stehen, um steuerliche Sachverhalte umfassend beurteilen zu können (IFRIC Update September 2014, 3). Demnach ist das Entdeckungsrisiko bei der Bewertung von unsicheren Steuerpositionen kein zu beurteilender Parameter. Somit besteht für das **allgemeine Risiko,** dass es im Rahmen einer Betriebsprüfung erfahrungsgemäß zu einer Nachzahlung kommen kann, ein Passivierungsverbot. Bestehen hingegen **konkrete Einzelrisiken,** die aus Sicht eines sachverständigen Dritten von einer zukünftigen Steuerprüfung voraussichtlich beanstandet werden, so ist eine entspr Steuerschuld anzusetzen.

14 Der **Bewertung** unsicherer Steuerpositionen ist auf Basis des Erwartungswerts oder des wahrscheinlichsten Betrags vorzunehmen (IFRIC Update November 2014). Damit lehnt sich das IFRS IC an die Bewertungsvorschriften des IFRS 15 bzw des IAS 37 an, sodass für die Bewertung entweder der Modalwert mit dem wahrscheinlichsten Zahlungsstrom oder der Erwartungswert mit dem nach Wahrscheinlichkeiten gewichteten Zahlungsstrom verwendet werden kann (vgl → § 13 Rn 53 ff).

15 Die Erfassung von Steuerschulden aus einer Betriebsprüfung ist **erfolgswirksam** vorzunehmen. Ihr Gesamtbetrag ist gem IAS 12.80(b) als periodenfremder Ertragsteueraufwand im Anhang anzugeben. Zudem sind sie in der Überleitungsrechnung gem IAS 12.81(c) auszuweisen (→ Rn 197 f).

Die von dem Unternehmen für unsichere Steuerpositionen angewandten Rechnungslegungsmethoden sind gem IAS 1.117 und IAS 1.122 im Anhang anzugeben. Zudem sind gem IAS 1.125 wesentliche Quellen von Schätzungsunsicherheiten zu nennen.

Die Passivierung von Risiken aus einer Betriebsprüfung kann sich auf die Bilanzierung **latenter Steuern** auswirken, wenn der dem Vorgang zugrunde liegende Sachverhalt zur Entstehung oder Veränderung einer temporären Differenz führt. Dies ist immer dann gegeben, wenn die Steuerbilanzwerte infolge der Betriebsprüfung geändert werden, ohne dass eine Anpassung der IFRS-Bilanz erfolgt. In einem solchen Szenario wird im Falle eines steuerlichen Mehraufwands der lfd Steueraufwand aus der Passivierung der Steuerrisiken durch die Aktivierung einer latenten Steuer auf den zugrunde liegenden Sachverhalt kompensiert (vgl *Dahlke* KoR 2006, 579 (583)). 16

Gleiches gilt, wenn sich ein steuerlicher Verlustvortrag vergrößert.

Für **unsichere Steuererstattungsansprüche** gelten nach der Vorgabe des IFRSIC die gleichen Ansatzkriterien wie für unsichere Steuerschulden. In der Literatur war es bislang strittig, ob für den Ansatz unsicherer Steuerpositionen die Regelungen des IAS 12 oder des IAS 37 zugrunde zu legen sind. Während diese Frage auf den Ansatz unsicherer Steuerschulden keine materielle Auswirkung hat, fallen die Ansatzkriterien für Aktiva auseinander, da IAS 12 für den Ansatz eines steuerlichen Erstattungsanspruchs mit einer Wahrscheinlichkeit von 50% *(probable)* eine deutlich niedrigere Ansatzschwelle vorgibt als IAS 37 mit dem *virtually certain*-Kriterium (so gut wie sicher). 17

Inwieweit sich die Klarstellungen des IFRSIC auf die Bilanzierungspraxis der Unternehmen auswirkt, muss im Einzelfall untersucht werden. Aufgrund der **gesunkenen Wahrscheinlichkeitsschwelle** ist tendenziell mit einer **verstärkten Aktivierung** von unsicheren Steuererstattungsansprüchen zu rechnen.

Gesondert zu betrachten sind dabei Zahlungen eines Unternehmens aufgrund eines Ertragsteuerbescheids an die Finanzbehörden auf Basis eines strittigen Sachverhalts im Rahmen einer Betriebsprüfung, wenn diese Zahlungen unter dem Vorbehalt geleistet wurden, dass die Ansicht der Finanzbehörde einer finanzgerichtlichen Entscheidung standhält. Derartige Zahlungen werden insbes deshalb geleistet, um nachteilhafte Zinsbelastungen infolge langwieriger Gerichtsverfahren zu vermeiden. Der Ansatz und die Bewertung der Steuerforderung erfolgen nach IAS 12.12 und nicht nach IAS 37.35, da hinsichtlich der geleisteten Zahlung keine Unsicherheit vorliegt. Die Unsicherheit besteht vielmehr hinsichtlich der strittigen Steuerverbindlichkeit (vgl auch *IFRIC* Update July 2014, 3 sowie *Kessler/Leinen* WPg 2013, 67 (70)).

Wurden unsichere Steuererstattungsansprüche bislang nach IAS 37 bilanziert, so stellt sich die Frage, ob eine Neueinschätzung nach IAS 12.12 eine Fehlerkorrektur nach IAS 8.41 oder eine Methodenänderung gem IAS 8.14 nach sich zieht. Angesichts der knappen Regelungen des IAS 12 zu dem Thema unsicherer Steuerpositionen bevorzugt das Schrifttum die Darstellung als Methodenänderung (*pwc* 2015 Rz 3.93).

Bei einem **Unternehmenszusammenschluss** sind steuerliche Eventualschulden und somit auch Risiken aus einer Betriebsprüfung gem IFRS 3.23 im Rahmen der Kaufpreisallokation grds als Schuld im Konzernabschluss zu bilanzieren, sofern ihr Zeitwert verlässlich zu bewerten ist. Der Ansatz von Eventualschulden im Rahmen der Kaufpreisallokation hat Auswirkungen auf einen aus dem Unternehmenszusammenschluss resultierenden Geschäfts- oder Firmenwert. Ergeben sich innerhalb eines Jahrs nach Durchführung des Unternehmenszusammenschlusses bessere Erkenntnisse über die Höhe der steuerlichen Verpflichtungen, so sind die passivierten Eventualschulden unter Anpassung des Geschäfts- oder Firmenwerts gem IFRS 3.45 ff rückwirkend zu korrigieren (→ Rn 178). 18

2. Bilanzierung des Körperschaftsteuerguthabens gem § 37 KStG

19 Aufgrund des SEStEG war das aus dem KSt-Minderungspotential des 2001 abgeschafften steuerlichen Anrechnungsverfahrens resultierende **Körperschaftsteuerguthaben** gem § 37 Abs 4 bis 7 KStG letztmalig auf den 31. Dezember 2006 zu ermitteln. Ordentliche Gewinnausschüttungen sind für die Realisierung des Guthabens nicht mehr erforderlich, der Anspruch auf Auszahlung des Guthabens entstand vielmehr mit dessen abschließender Festsetzung. Die Auszahlung seitens der Finanzbehörde erfolgt in zehn gleichen Jahresraten bis zum Jahr 2017. Eine Verzinsung des Körperschaftsteuerguthabens ist nicht vorgesehen.

20 Im HGB-Abschluss war das **Körperschaftsteuerguthaben** zum 31. Dezember 2006 erfolgswirksam unter den „Sonstigen Vermögensgegenständen" zu aktivieren (vgl *Ernsting* DB 2007, 180 (183)). Aufgrund der Unverzinslichkeit des Anspruchs war die Aktivierung unter Berücksichtigung eines fristadäquaten risikofreien Zinssatzes zum Barwert vorzunehmen. In den Folgejahren ist das Guthaben ratierlich zu vereinnahmen, wobei lediglich die Aufzinsung erfolgswirksam als Zinsertrag zu erfassen ist.

21 In der IFRS-Bilanz ist das **Körperschaftsteuerguthaben** gem IAS 12.12 als tatsächlicher Steuererstattungsanspruch einzustufen. Die Sondervorschriften des IAS 12.52A f finden keine Anwendung, da mit der abschließenden Festsetzung des Guthabens ein unbedingter Anspruch entstanden ist, der nicht mehr an einen Ausschüttungsbeschluss geknüpft ist. Da sich das Abzinsungsverbot des IAS 12.53 nur auf latente Steuern bezieht, war das Körperschaftsteuerguthaben zum 31. Dezember 2006 unter Zugrundelegung eines fristadäquaten risikolosen Zinssatzes zum Barwert zu aktivieren. Der Ausweis des Körperschaftsteuerguthabens erfolgt unter den langfristigen tatsächlichen Steueransprüchen. Abgesehen von dem abweichenden Ausweis ergeben sich somit keine Unterschiede zwischen der HGB- und der IFRS-Bilanzierung.

II. Bewertung

22 Ein Unternehmen hat in der IFRS-Bilanz sämtliche Steueransprüche und Steuerschulden/-rückstellungen anzusetzen, die aufgrund der für den jeweiligen Veranlagungszeitraum **geltenden Steuersätze** als Steueranspruch oder -zahlung zu erwarten sind. Die Bewertung aktueller Steueransprüche und Steuerschulden/-rückstellungen erfolgt gem IAS 12.46 ff auf Basis der für das Unternehmen zum Bilanzstichtag geltenden Steuergesetze.

Deutsche **KapGes** unterliegen im Wesentlichen der KSt, der Zinsabschlagsteuer, dem Solidaritätszuschlag sowie der GewSt. Darüber hinaus sind die entspr ausländischen Steuern, für die eine Steueranrechnung oder ein Abzug von der Bemessungsgrundlage gewährt wird, zu berücksichtigen (§§ 34c EStG, 26 KStG). Für **PersGes, KapCo-Gesellschaften** und Einzelunternehmen ergibt sich nur eine Belastung mit GewSt.

23 Grundlage für die **Bewertung** tatsächlicher Körperschaftsteuerschulden bzw -ansprüche sind die steuerlichen Gewinnermittlungsvorschriften der §§ 4 bis 7k EStG, die über § 8 Abs 1 KStG unter Berücksichtigung nicht abziehbarer Aufwendungen (§§ 4 Abs 5 und 3c EStG, §§ 10, 9 Abs 1 Nr 2 Satz 2 KStG), verdeckter Gewinnausschüttungen (§ 8 Abs 3 KStG) und steuerfreier Erträge (§ 3 EStG, § 8b Abs 1 und 2 KStG sowie ggf Doppelbesteuerungsabkommen) bei der Ermittlung des zu versteuernden Einkommens zugrunde zu legen sind. Die Bewertung tatsächlicher Gewerbeertragsteuerschulden oder -ansprüche basiert ebenfalls auf den einkommensteuerlichen Gewinnermittlungsvorschriften unter Beachtung der Hinzurechnungen des § 8 GewStG und der Kürzungen des § 9

GewStG sowie der Gewerbesteuersätze der Gemeinden, in denen das Unternehmen tätig ist.

Ausschüttungen von in- und ausländischen Beteiligungen werden, sofern es sich bei den Anteilseignern um **natürliche Personen** bzw **PersGes** handelt, **hälftig** (ab dem Veranlagungszeitraum 2009 zu **60 %**) in die steuerliche Bemessungsgrundlage einbezogen (§§ 3 Nr 40, 40a EStG). Demgegenüber sind gem § 8b Abs 1 KStG Ausschüttungen sowohl inländischer als auch ausländischer KapGes **an KapGes** unabhängig von der Beteiligungsquote und der Haltezeit der Anteile grds **steuerfrei.** Die generelle Freistellung **ausländischer** Dividenden kann allerdings durch die Hinzurechnungsbesteuerung gem §§ 7 ff AStG eingeschränkt werden. Ferner ist § 8b Abs 5 KStG zu beachten, wonach 5% der Ausschüttungen an ein MU als nicht abzugsfähige Betriebsausgaben gelten, mit der Folge, dass nur 95% der Dividenden steuerfrei sind. 24

Gem § 8b Abs 6 KStG gilt die Steuerbefreiung von 95% auch für den Fall, dass die Anteile an einer **KapGes** über eine **PersGes** gehalten werden, soweit eine Personenvereinigung, Körperschaft oder Vermögensmasse solche Gewinnausschüttungen im Rahmen ihres Gewinnanteils erhält.

Gewinne aus der **Veräußerung** von in- und ausländischen Beteiligungen **durch KapGes** sind gem § 8b Abs 2 und 3 KStG grds zu 95% steuerfrei. Gleiches gilt für Gewinne aus der Liquidation der KapGes oder der Herabsetzung des Nennkapitals. Veräußerungsverluste und Teilwertabschreibungen (§ 8b Abs 3 KStG) sowie Wertaufholungen (§ 8b Abs 2 KStG) sind steuerlich ebenfalls nicht mehr zu berücksichtigen. 25

Erträge aus ausländischen PersGes sind zwar in Deutschland grds steuerpflichtig, werden idR aber über ein entspr Doppelbesteuerungsabkommen steuerfrei gestellt. Gem § 3c EStG können dann allerdings mit den steuerfreien Erträgen zusammenhängende Aufwendungen (zB Zinsaufwand für den Erwerb der Beteiligung) nicht abgezogen werden.

III. Ausweis

In der **Bilanz** sind tatsächliche Steueransprüche separat als Steuererstattungsansprüche und tatsächliche Ertragsteuerschulden separat als Steuerverbindlichkeiten auszuweisen (IAS 1.54). Der Ausweis ist getrennt von latenten Steuerposten vorzunehmen. Eine Unterscheidung zwischen Steuerrückstellungen und Steuerverbindlichkeiten wird weder in IAS 12 noch in IAS 1 getroffen. Somit sind sowohl ungewisse als auch feststehende Steuerschulden in dem gleichen Bilanzposten auszuweisen. Im Rahmen der Fristigkeitsdarstellung ist jedoch gem IAS 1.60 ff eine separate Darstellung langfristiger Steueransprüche und -schulden vorzunehmen. In Betracht kommt hier insbes der Ausweis eines Körperschaftsteuerguthabens nach § 37 KStG. 26

Eine **Saldierung** tatsächlicher Steueransprüche und -schulden ist grds unzulässig. Verfügt ein Unternehmen jedoch über die **Möglichkeit,** Steueransprüche mit Steuerschulden **aufzurechnen** und **beabsichtigt** es, von diesem Recht Gebrauch zu machen, so besteht gem IAS 12.71 eine Saldierungspflicht. 27

Ein **Aufrechnungsanspruch** deutscher Unternehmen richtet sich nach §§ 226 AO, 387 ff BGB. Dieser setzt insbes die Identität der Steuerbehörde voraus. Dem Aufrechnungsanspruch steht die Gestattung eines saldierten Ausgleichs durch die Steuerbehörden gleich. Damit ist die Saldierung von Gewerbesteuerschulden und -erstattungsansprüchen auf Einzelabschlussebene unter dem Vorbehalt der Wesentlichkeit unzulässig, sofern sie unterschiedliche Städte und Gemeinden betreffen.

28 Im **Konzernabschluss** dürfen Steuererstattungsansprüche und Steuerschulden verschiedener einbezogener Unternehmen nur dann gegeneinander saldiert werden, soweit die Unternehmen einen einklagbaren Anspruch darauf haben, den Saldo aus beiden Posten zu leisten, und wenn sie beabsichtigen, von diesem Recht Gebrauch zu machen (IAS 12.73). Davon wird nur innerhalb steuerlicher Organkreise auszugehen sein (→ Rn 30f). Einzelheiten zu der Saldierungsfähigkeit von Vermögenswerten und Schulden ergeben sich aus IAS 1.32ff.

29 In der **GuV** erfolgt der Ausweis tatsächlicher Ertragsteueraufwendungen und -erträge gemeinsam mit den Aufwendungen und Erträgen aus latenten Steuern unter dem Posten „Ertragsteueraufwand", sodass insgesamt eine Saldogröße ausgewiesen wird. Gleiches gilt gem IAS 12.77A für den Fall, dass ein Unternehmen für die Gesamtergebnisrechnung gem IAS 1.10A die Darstellung nach dem *single statement approach* wählt. Übersteigen die tatsächlichen und latenten Steuererstattungen die Ertragsteueraufwendungen, so ist insgesamt ein Steuerertrag auszuweisen (IAS 12.77). Steueraufwendungen bzw -erstattungen, die auf das Ergebnis eines aufgegebenen Geschäftbereichs entfallen, sind gem IFRS 5.33, IAS 12.81(h) dem für aufgegebene Geschäftsbereiche vorgeschriebenen separaten GuV-Posten zuzuordnen. Im Zusammenhang mit Steuerzahlungen verbundene Straf- oder Verzugszinsen fallen nicht in den Anwendungsbereich von IAS 12 und sind daher nicht im Steueraufwand, sondern im Zinsergebnis auszuweisen.

30 Der Ansatz und Ausweis von Steuern im **steuerlichen Organkreis** ist in IAS 12 nicht geregelt und daher an der Zielsetzung von Abschlüssen (IAS 1.9) sowie an IAS 8.10ff auszurichten. Bei Vorliegen eines steuerlichen **Organschaftsverhältnisses** wird das Einkommen der Organgesellschaft dem Organträger zugerechnet. Damit fällt der diesbezügliche Ertragsteueraufwand beim Organträger an, sodass dieser Steuerschuldner auch für denjenigen Teil der Ertragsteuern ist, der auf den ihm zuzurechnenden Gewinn der Organgesellschaft entfällt. Die Organgesellschaft selbst ist **nicht** Steuerschuldnerin.

31 Das Vorliegen einer **körperschaft- und gewerbesteuerlichen Organschaft** erfordert gem § 14 KStG, § 2 Abs 2 Satz 2 GewStG einen Gewinnabführungsvertrag sowie die finanzielle Eingliederung der Organgesellschaft in das Unternehmen des Organträgers. Die Zurechnung des Organeinkommens zum Organträger ist steuerlich erstmalig im Jahr des Wirksamwerdens des Ergebnisabführungsvertrags möglich (§ 14 Abs 1 Satz 2 KStG), sodass es regelmäßig zu keinem Auseinanderfallen der handelsrechtlichen und steuerlichen Beurteilung kommt.

Das Kriterium der finanziellen Eingliederung setzt die Mehrheit der Stimmrechte voraus. Dabei können mittel- und unmittelbare Beteiligungen addiert werden. Erforderlich ist jedoch, dass die finanzielle Eingliederung während des ganzen Wirtschaftsjahrs der Organschaft besteht.

Gem § 14 Abs 1 Nr. 3 KStG muss ein Gewinnabführungsvertrag ferner eine Mindestdauer von fünf Zeitjahren aufweisen. Eine vorzeitige Beendigung etwa durch Kündigung bzw Aufhebung oder durch Beendigung der finanziellen Eingliederung führt idR dazu, dass die Organschaft steuerlich nicht anerkannt wird.

32 Für die **Bilanzierung** tatsächlicher und latenter Steuern kann entweder auf eine formale oder eine wirtschaftliche Betrachtungsweise abgestellt werden (*Loitz/Klevermann* DB 2009, 409 (411)).

Da eine Organgesellschaft kein Steuerschuldner ist und somit auch keiner gegenwärtigen Verpflichtung iSv F.4.15 ausgesetzt sein kann, liegen die Voraussetzungen einer Schuld iSd IFRS für Ertragsteuern nicht vor. Gleiches gilt für den Vermögenswertbegriff gem F.4.8, da ertragsteuerliche Mittelzuflüsse ausschließlich beim Organträger anfallen. Nach der **formalen Betrachtungsweise** sind daher alle die Organgesellschaft betreffenden tatsächlichen und latenten Steuern auf Ebene des Organträgers zu erfassen.

Die **wirtschaftliche Betrachtungsweise** zielt auf einen Rückgriff auf die einschlägigen US-GAAP-Vorschriften, deren Anwendung gem IAS 8.12 im Falle von Regelungslücken möglich ist. Danach sind die im Organverbund anfallenden tatsächlichen und latenten Steuern den Organmitgliedern unabhängig von ihrem rechtlichen Anfall nach einer wirtschaftlich sinnvollen Aufteilungsmethode zuzuordnen. Die Aufteilung der Ertragsteuern ist verursachungsgerecht so vorzunehmen, als ob die Organgesellschaft selbst als Steuerschuldner anzusehen sei (*Loitz/Klevermann* DB 2009, 409 (412)).

Besteht zwischen Organträger und Organgesellschaft für tatsächliche Steuern 33
ein Vertrag zur Zahlung von **Steuerumlagen,** so sind hieraus resultierende Aufwendungen und Erträge sowie Ansprüche und Verpflichtungen im **Konzernabschluss** im Rahmen der Konsolidierung zu eliminieren.

Im **IFRS-Einzelabschluss** sind Körperschaft- und Gewerbesteuerumlagen sowohl beim Organträger als auch bei der Organgesellschaft im Ertragsteueraufwand auszuweisen. Die Erfassung des auf Basis des Organschaftsvertrags abgeführten Ergebnisses erfolgt hingegen erfolgsneutral, da es sich hierbei gem IAS 1.109 um eine Transaktion mit dem Eigenkapitalgeber in seiner Funktion als Eigentümer der Organgesellschaft handelt.

(einstweilen frei) 34–36

C. Die Bilanzierung latenter Steuerschulden und Steueransprüche

I. Allgemeine Grundsätze

1. Ziele der latenten Steuerabgrenzung

Die Abgrenzung latenter Steuern nach IFRS bezweckt in erster Linie die **zutreffende Darstellung der Vermögenslage** eines Unternehmens. Das den 37
IFRS zugrunde liegende dynamische Bilanzkonzept stellt auf die zukünftigen Vermögensvorteile und -lasten ab, die sich im Zusammenhang mit der Nutzung von Vermögenswerten und der Begleichung von Schulden ergeben. Durch den Ansatz latenter Steuern wird den Adressaten des IFRS-Abschlusses über alle zukünftig zu erwartenden Steuerminderungen und -belastungen aus Transaktionen, Ereignissen und Bewertungseinflüssen, die bereits in den Jahresabschluss oder in die Steuerberechnung eingeflossen sind, berichtet.

Die Steuerabgrenzung führt darüber hinaus zum Ausweis **eines am IFRS-** 38
Ergebnis orientierten Steueraufwands/-ertrags. Basierend auf angelsächsischen Rechtsgedanken geht die Rechnungslegung nach IFRS grds von einer strikten Trennung zwischen der steuerlichen und der handelsbilanziellen Gewinnermittlung aus. Anders als nach HGB ist die IFRS-Bilanz nicht einer wenn auch durch Ansatz- und Bewertungsvorbehalte des deutschen Steuerrechts (§§ 5, 6 EStG) eingeschränkten Maßgeblichkeit unterworfen. Unterschiedliche Ansatz- und Bewertungsregeln können somit zu erheblich differierenden Ansätzen zwischen IFRS- und Steuerbilanz führen. Der aufgrund des zu versteuernden Einkommens ermittelte Steueraufwand steht dann in keinem unmittelbar erklärbaren Zusammenhang zum IFRS-Ergebnis. Die umfassende Abgrenzung latenter Steuern bringt die Bilanzierungs- und Bewertungsunterschiede zwischen beiden Rechnungslegungskreisen weitgehend in Einklang und passt den Ertragsteueraufwand an das IFRS-Ergebnis vor Ertragsteuern an (*Coenenberg/Hille* DB 1997, 537 (539)). Im Ergebnis wird im Wesentlichen der Ertragsteueraufwand ausgewiesen, der sich ergäbe, wenn das IFRS-Ergebnis vor Steuern als steuerliche

Bemessungsgrundlage herangezogen würde. Die Stärkung des sachlichen Zusammenhangs zwischen Steueraufwand und IFRS-Ergebnis ermöglicht gleichsam die Angabe einer aussagekräftigeren Steuerquote (*Herzig/Dempfle* DB 2002, 1 (2)).

2. Theoretische Grundlagen

a) Das Konzept der latenten Steuerabgrenzung nach IFRS

39 Der Steuerabgrenzung ist das **vermögensorientierte** *temporary*-Konzept zugrunde zu legen, welches die Abgrenzung latenter Steuern sowohl auf Wertunterschiede zwischen IFRS- und Steuerbilanz, als auch auf steuerliche Verlustvorträge sowie noch nicht genutzte Steuergutschriften (→ Rn 61 ff) vorsieht. Die bilanzorientierte Sichtweise erfasst grds alle **Ansatz-** und **Bewertungsdifferenzen** sowie **Differenzen aufgrund von Konsolidierungsvorgängen** zwischen den in der IFRS-Bilanz und der Steuerbilanz eines Unternehmens ausgewiesenen einzelnen Vermögenswerten und Schulden, die sich in zukünftigen Geschäftsjahren auflösen und dadurch zukünftig entweder eine höhere Ertragsteuerbelastung oder eine Ertragsteuerentlastung nach sich ziehen (temporäre Differenz; vgl IAS 12.5, IAS 12.15, IAS 12.24).

b) Der Begriff der temporären Differenz

40 Der Begriff der temporären Differenz wird von dem Gedanken bestimmt, dass jeder von einem Unternehmen bilanzierte Vermögenswert in einem zukünftigen Geschäftsjahr entweder durch Abnutzung oder durch Veräußerung realisiert werden wird. Aus der Realisierung des Buchwerts fließt dem Unternehmen ein **wirtschaftlicher Nutzen** zu, der grds zu versteuern ist. Schulden werden mit Erbringung der Liefer- oder Leistungsverpflichtung erfüllt, sodass es in zukünftigen Perioden zur Auflösung der Differenzen aus unterschiedlichen Wertansätzen kommt.

Der im Rahmen der **Realisierung entstehende Steuereffekt** tritt unabhängig von seinem Realisierungszeitpunkt ein. Deshalb ist es im Rahmen des *temporary*-Konzepts grds unbeachtlich, über welchen Zeitraum die Bilanzierungs- und Bewertungsdifferenzen zwischen IFRS- und Steuerbilanz bestehen. Der Umstand, dass bereits aus dem Entstehen unterschiedlicher Wertansätze Ergebnisunterschiede resultieren, ist für die Abgrenzung latenter Steuern nicht relevant. Entscheidend ist vielmehr die steuerrelevante Auflösung entstandener temporärer Differenzen in einem zukünftigen Geschäftsjahr.

41 Das *temporary*-Konzept schließt Ansatz- und Bewertungsdifferenzen **unabhängig von ihrer Entstehungsursache** ein. Es beinhaltet auch Differenzen, die aus Posten resultieren, die im sonstigen Ergebnis *(other comprehensive income)* ausgewiesen oder unmittelbar dem Eigenkapital gutgeschriebenen oder belastet wurden und sich somit GuV-neutral auswirken (IAS 12.61A).

42 Die durch einen Vergleich zwischen dem IFRS-Buchwert und dem Steuerwert ermittelten Differenzen lassen sich folgenden Kategorien zuordnen:

Zeitlich begrenzte Differenzen entstehen dadurch, dass erfolgswirksame Geschäftsvorfälle in der IFRS-Bilanz in einem von der steuerlichen Gewinnermittlung abweichenden Geschäftsjahr erfasst werden. Im Ergebnis führt dies zu einer **periodenverschobenen** Berücksichtigung von Aufwendungen und Erträgen. Zeitlich begrenzte Differenzen kompensieren sich im Zeitablauf, sodass das Periodenergebnis nach IFRS bezogen auf die Totalperiode nicht von dem zu versteuernden Einkommen abweicht. Der Auflösungszeitpunkt zeitlich begrenzter Differenzen ist idR relativ genau absehbar.

43 Unter die zeitlich begrenzten Differenzen fallen auch sog **quasi-permanente Differenzen,** deren Auflösungszeitpunkt im Regelfall nicht absehbar ist, da er von Dispositionsmaßnahmen des Unternehmens abhängt. Es handelt sich zB um Bewertungsdifferenzen bei Grund und Boden, immateriellen Vermögenswerten mit unbestimmbarer Nutzungsdauer sowie Beteiligungen, die sich erst im Falle einer Veräußerung oder bei Liquidation des Unternehmens auflösen. Eine quasipermanente Differenz führt bei ihrer Auflösung ebenso wie eine zeitlich begrenzte Differenz zu steuerlichen Konsequenzen.

44 **Permanente Differenzen** sind dadurch gekennzeichnet, dass sie zu Abweichungen zwischen dem zu versteuernden Ergebnis und dem IFRS-Ergebnis führen, die sich in zukünftigen Geschäftsjahren **nicht** auflösen. Dies sind Differenzen, die auf nicht abziehbare Aufwendungen oder steuerfreie Erträge zurückzuführen sind. Um nicht abziehbare Aufwendungen handelt es sich zB bei Geldstrafen und Bußgeldern gem § 10 Nr 3 KStG, der hälftigen Aufsichtsratsvergütung gem § 10 Nr 4 KStG, bei nicht abzugsfähigen Geschenken und Bewirtungsaufwendungen, Schmiergeldern oder Zinsen auf hinterzogene Steuern gem § 4 Abs 5 EStG sowie bei Zinsen auf Steuernachforderungen gem §§ 233a ff AO und Säumniszuschläge gem § 240 AO. Steuerfreie Erträge liegen zB vor bei steuerfreien Investitionszulagen gem § 12 InvZulG, Dividendeneinnahmen gem § 8b Abs 1 KStG oder steuerfreien Veräußerungsgewinnen gem § 8b Abs 2 KStG. Auf permanente Differenzen sind keine latenten Steuern abzugrenzen.

c) Die anzuwendende Abgrenzungsmethode

45 Die Bilanzierung latenter Steuern nach dem *temporary*-Konzept erfolgt mittels der liability-**Methode,** die auf dem Prinzip der Einzelbetrachtung jedes bilanzierten Vermögenswerts bzw Schuld basiert. Für die **Ermittlung temporärer Differenzen** sind die einzelnen Buchwerte sämtlicher in der IFRS-Bilanz angesetzter Vermögenswerte und Schulden ihren jeweiligen Steuerwerten gegenüberzustellen. Auf entstehende temporäre Differenzen sind prinzipiell latente Steuern abzugrenzen. Die latenten Steuerposten bilden **Bestandsgrößen,** die sich lfd fortentwickeln. Sie werden ähnlich Steuervorauszahlungen oder Steuerschulden als fiktive Forderungen bzw Verbindlichkeiten betrachtet, die im Jahr der Auflösung der temporären Differenzen als Teil der dann lfd, tatsächlichen Ertragsteuern fällig werden (*Heurung* AG 2000, 538 (540)). Damit werden die im Rahmen des dynamischen Bilanzansatzes zu berücksichtigenden zukünftigen Nutzen und Lasten bei der Realisierung von Vermögenswerten und der Begleichung von Schulden antizipativ in die Bilanzierung der Forderungen und Verbindlichkeiten einbezogen.

46 Der **Bewertung latenter Steuerposten** sind nach der *liability*-Methode diejenigen Ertragsteuern zugrunde zu legen, die zum Auflösungszeitpunkt der temporären Differenzen gelten werden, wobei in der Praxis idR auf geltendes Recht zurückzugreifen ist (→ Rn 160 ff).

II. Der Ansatz aktiver und passiver latenter Steuern nach IAS 12

1. Der Ansatz aktiver latenter Steuern

47 Gem IAS 12.24 ff ist ein latenter Steueranspruch grds dann anzusetzen, wenn zwischen IFRS- und Steuerbilanz eines Unternehmens eine **abzugsfähige** temporäre Differenz entsteht und wenn der zu aktivierende latente Steuerposten voraussichtlich mit zukünftigen steuerpflichtigen Gewinnen verrechnet werden kann.

a) Entstehung abzugsfähiger temporärer Differenzen

48 Abzugsfähige temporäre Differenzen entstehen prinzipiell in den folgenden Fällen:

(1) ein Vermögenswert wird in der IFRS-Bilanz niedriger bewertet als in der Steuerbilanz,
(2) ein Vermögenswert wird zwar in der Steuerbilanz, nicht jedoch in der IFRS-Bilanz angesetzt,
(3) eine Schuld wird in der IFRS-Bilanz höher bewertet als in der Steuerbilanz,
(4) eine Schuld wird zwar in der IFRS-Bilanz, nicht jedoch in der Steuerbilanz angesetzt.

49 Wird zB eine Schuld in der IFRS-Bilanz höher bewertet als in der Steuerbilanz, so begründet der unterschiedliche Wertansatz, sofern er sich in einem zukünftigen Geschäftsjahr wieder auflöst, eine **abzugsfähige temporäre Differenz.** Die Auflösung der Differenz durch das Begleichen der Schuld hat zur Folge, dass das IFRS-Ergebnis vor Steuern **im Jahr der Auflösung** höher ausfallen wird als das zu versteuernde Ergebnis der Steuerbilanz. Folglich wird der auf Basis der steuerlichen Bemessungsgrundlage zu ermittelnde Ertragsteueraufwand aus IFRS-Sicht zu niedrig ausfallen. Damit beinhaltet die in der IFRS-Bilanz höher bewertete Schuld zum Zeitpunkt ihrer Entstehung einen potenziellen Steuervergünstigungseffekt. Zur Synchronisation des Ertragsteueraufwands in beiden Rechnungslegungswerken ist zum Zeitpunkt der Entstehung der Differenz ein latenter Steueranspruch zu aktivieren, der den potenziellen Vergünstigungseffekt widerspiegelt (*Coenenberg/Hille* DB 1997, 537 (538)). Wird die betreffende Schuld in einem späteren Geschäftsjahr ausgeglichen und hebt sich die temporäre Differenz hierdurch auf, so ist der latente Steueranspruch aufzulösen.

Beispiel: Ein Handelsunternehmen hat für eine Filiale einen Mietvertrag mit einer festen Laufzeit bis zum 31. Dezember X5 abgeschlossen. Die jährlichen Mietaufwendungen betragen T€ 20. Aus strategischen Gründen schließt die Geschäftsführung die Filiale zum 31. Dezember X1. Da eine vorzeitige Beendigung des Mietverhältnisses und eine Untervermietung der Räume nicht möglich sind, setzt das Unternehmen für die ausstehenden Mietaufwendungen in der IFRS-Bilanz eine Drohverlustrückstellung in Höhe von T€ 80 an. Die Mietaufwendungen werden innerhalb der vier Folgejahre sukzessiv an den Vermieter gezahlt. Danach ergibt sich bei einem gleichbleibenden IFRS-Ergebnis vor Steuern in Höhe von T€ 150 und einem Ertragsteuersatz von 30% für die Ermittlung latenter Steuern folgendes Bild:

	Jahr X1	X2	X3	X4	X5
	T€	T€	T€	T€	T€
IFRS-Ergebnis vor Steuern	150	150	150	150	150
Zu versteuerndes Ergebnis	230	130	130	130	130
Buchwert der Rückstellung lt IFRS-Bilanz	80	60	40	20	0
Steuerwert der Rückstellung lt Steuerbilanz	0	0	0	0	0
Temporäre Differenz	80	60	40	20	0
Aktive latente Steuern	24	18	12	6	0
Latenter Steuerertrag	24	0	0	0	0
Latenter Steueraufwand	0	6	6	6	6
Tatsächlicher Steueraufwand	69	39	39	39	39
Effektiver Steueraufwand	**45**	**45**	**45**	**45**	**45**

In der Steuerbilanz wird die Passivierung einer Drohverlustrückstellung gem § 5 Abs 4a EStG nicht berücksichtigt, sodass der zu versteuernde Gewinn im Jahr X1 um T€ 80 höher ausfällt als das IFRS-Ergebnis vor Steuern. Bei einem Steuersatz von 30% ergibt sich bei einem steuerlichen Gewinn von T€ 230 ein tatsächlicher Steueraufwand von T€ 69.

Durch den höheren Ansatz der Rückstellung in der IFRS-Bilanz entsteht im Jahr X1 eine temporäre Differenz von T€ 80, auf welche ein latenter Steueranspruch in Höhe von T€ 24 (30% von T€ 80) abzugrenzen ist. Der hierdurch entstehende latente Steuerertrag verringert den nach IFRS ausgewiesenen Gesamtsteueraufwand auf T€ 45. In den Folgejahren fällt der zu versteuernde Gewinn aufgrund der ratierlich geleisteten Mietzahlungen jeweils um T€ 20 geringer aus als im IFRS-Abschluss, in welchem die Drohverlustrückstellung erfolgsneutral aufgebraucht wird. Der auf die steuerliche Bemessungsgrundlage von T€ 130 berechnete tatsächliche Steueraufwand beträgt T€ 39. Durch die ratierliche Auflösung des latenten Steueranspruchs um jährlich T€ 6 wird der Ertragsteueraufwand wieder an das IFRS-Ergebnis angepasst, sodass sich für die IFRS-Bilanz insgesamt eine gleichmäßige Besteuerung ergibt.

b) Das Erfordernis zukünftiger steuerlicher Gewinne

Der Ansatz eines latenten Steueranspruchs antizipiert zukünftige Steuervergünstigungen, indem er die ertragsteuerliche Behandlung abzugsfähiger temporärer Differenzen **zukünftiger** Geschäftsjahre abbildet. Ein wirtschaftlicher Vorteil aus der Auflösung einer abzugsfähigen temporären Differenz kann jedoch nur dann gezogen werden, wenn in zukünftigen Geschäftsjahren Gewinne erzielt werden, die in ausreichendem Maße besteuert werden. Die Aktivierung latenter Steuern ist daher nur insoweit zulässig, als der anzusetzende latente Steuerposten voraussichtlich mit Steuerbelastungen auf zukünftige Gewinne verrechnet werden kann (IAS 12.27). Dies setzt voraus, dass entweder bereits genügend passive latente Steuern gebildet wurden, die in den Folgejahren das Werthaltigkeitsrisiko aus den zu aktivierenden latenten Steuern kompensieren oder das Unternehmen zukünftig mit **hinreichender Wahrscheinlichkeit** steuerpflichtige Gewinne in ausreichender Höhe erwirtschaften wird. Verfügt das Unternehmen über keine korrespondierenden passiven latenten Steuern oder fällt die Prognose hinsichtlich zukünftiger steuerlicher Gewinne zum Bilanzstichtag negativ aus, so ist der Ansatz aktiver latenter Steuern grds unzulässig. 50

Es werden folgende Szenarien unterschieden, bei deren Vorliegen die Wahrscheinlichkeit zukünftiger Gewinne als gegeben angenommen wird: 51

(1) Ein Unternehmen verfügt in ausreichendem Maß über **zu versteuernde temporäre Differenzen,** die zu **passiven** latenten Steuern führen und diese Verpflichtungen bestehen ggü derselben Steuerbehörde, gegen die sich auch die abzugrenzenden aktiven latenten Steuern richten würden. Demnach wäre grds eine Unterscheidung zwischen KSt und GewSt vorzunehmen, da diesbezüglich keine Identität der Steuerbehörden gegeben ist. Ein Verzicht auf eine derartige Unterscheidung kann ggf unter dem Gesichtspunkt der Wesentlichkeit und Wirtschaftlichkeit (F.QC11, F.QC35) erfolgen. Die Aktivierungsfähigkeit der aktiven latenten Steuern ist dann zu bejahen, wenn sich die betreffenden aktiven und passiven latenten Steuern entweder im gleichen Geschäftsjahr ausgleichen, oder eine zeitkongruente Auflösung durch Verlustrücktrag oder -vortrag erreicht werden kann (IAS 12.28). Die Vornahme einer Gewinnprognose ist in diesem Fall nicht erforderlich.

(2) Die unter (1) dargestellte Möglichkeit der Verrechnung mit passiven latenten Steuern ist nicht möglich, das Unternehmen erwartet in zukünftigen Geschäftsperioden jedoch mit hinreichender Wahrscheinlichkeit steuerpflichtige Gewinne, die zur Realisierung der aktiven latenten Steuern verwendet werden können (IAS 12.29(a)). 52

Die Beurteilung des Wahrscheinlichkeitskriteriums setzt eine **Gewinnprognose** durch die Unternehmensleitung für die Jahre voraus, in welchen sich die abzugsfähigen temporären Differenzen voraussichtlich auflösen werden. Zur Begrenzung des prognoseimmanenten Unsicherheitsgrads ist die Gewinnprognose anhand fundierter Planungsrechnungen vorzunehmen, die dem Stetigkeits- und dem Plausibilitätsgrundsatz unterliegen. Dabei sind alle erkennbaren zukunftsbezogenen Gesichtspunkte einzubeziehen.

Für das **Wahrscheinlichkeitskriterium,** welches der IASB in IAS 12.24 mit *„probable"* umschreibt, ist eine Schwelle von 50% iSd *„more likely than not"* zugrunde zu legen (*Lüdenbach/Hoffmann/Freiberg* IFRS § 26 Rz 109; *Kirsch* PiR 2007, 237 (239)). Dies ist vom IASB im Rahmen des *„Short-term Convergence Projects"* bestätigt worden. Danach sind die Wahrscheinlichkeitsbegriffe nach IFRS und US-GAAP im Hinblick auf den Ansatz aktiver latenter Steuern einheitlich auszulegen.

Die **Anforderungen an die Planungsrechnungen** steigen in dem Maße, in dem das Unternehmen in der jüngeren Vergangenheit Verluste erwirtschaftet hat (IAS 12.35). Eine Aktivierung latenter Steuern kommt nur dann in Betracht, wenn **überzeugende, objektiv nachprüfbare Indizien** darauf hindeuten, dass die Erzielung zukünftiger Gewinne als wahrscheinlich angenommen werden kann. Positive Indizien sind zB eine stabile positive Ertragslage in der Vergangenheit, eine positive Branchenentwicklung, eine gute Auftragslage, das Vorhandensein hoher stiller Reserven sowie eine strategisch erfolgreiche Ausrichtung des Unternehmens (→ Rn 73 ff). Negative Indizien sind anhaltende Verluste, eine Entwicklung unterhalb des Markt- oder Branchentrends sowie ein Mangel an Planungstreue (vgl *Loitz/Korte* WPg 2012, 772 (775)).

Die Indizien für die prognostizierten Gewinne sind, soweit sie nicht aus den Ergebniseffekten aus der Umkehrung zu versteuernder temporärer Differenzen gedeckt werden, substantiiert im **Anhang** darzulegen (IAS 12.82).

53 (3) Gem IAS 12.29(b) wird auch die Generierung von zukünftigen steuerlichen Gewinnen durch **Steuergestaltungsmöglichkeiten** als hinreichend für die Aktivierung eines latenten Steueranspruchs angesehen. Hierbei kann es sich nur um solche Maßnahmen handeln, die nicht bereits Bestandteil der normalen steuerlichen Ergebnisplanung sind (vgl *Meyer* KoR 2015, 69 (74)). Die Steuergestaltungsmöglichkeiten müssen zum **Zeitpunkt der Aufstellung** des IFRS-Abschlusses verfügbar, dh objektiv durchführbar, steuerrechtlich zulässig und ggü den Finanzbehörden mit hoher Wahrscheinlichkeit auch durchsetzbar sein (vgl *Loitz/Korte* WPg 2012, 772 (776)). Hängt die Durchführung der Maßnahme von der Zustimmung eines Dritten ab (zB Anfrage an eine Finanzbehörde; Zustimmung des Aufsichtsrats bzw des Betriebsrats zu einem Sanierungskonzept), so ist sie nicht verfügbar, es sei denn, dass es sich bei der Zustimmung lediglich um einen formalen Akt handelt, der nicht verweigert werden kann. Subjektiv ist es erforderlich, dass ein Unternehmen die Durchführung von gewinnbringenden Steuergestaltungsmaßnahmen – nach erfolgter Analyse ihrer Auswirkungen – konkret geplant hat oder deren Umsetzung zumindest ernsthaft in Erwägung zieht. Ein konkretisierter Wille der Geschäftsführung, die Gestaltungsoption auch tatsächlich durchzuführen (so jedoch *Lüdenbach/Freiberg* BB 2011, 2603 (2605)) ist nach dem Wortlaut des Standards nicht erforderlich.

In **zeitlicher Hinsicht** ist zu beachten, dass die steuerlichen Wirkungen der Gestaltungsmaßnahmen spätestens zu dem Zeitpunkt greifen müssen, zu dem sich die abzugsfähigen temporären Differenzen umkehren und sich die aktiven latenten Steuern realisieren, bzw zu dem Zeitpunkt, zu dem steuerliche Verlustvorträge verfallen.

In der **Praxis** dürfte diese Möglichkeit **nur eingeschränkte Bedeutung** erlangen, da Änderungen von steuerlichen Bewertungsmethoden in den Grenzen des auch für die Steuerbilanz geltenden Stetigkeitsgebots regelmäßig nur ein Ergebnispotenzial für das Geschäftsjahr der Bewertungsänderung bieten. Auch Änderungen in der Verrechnungspreispolitik bei konzerninternen Lieferungen und Leistungen werden durch die Steuerbehörden zunehmend kritisch gesehen. Die Verlagerung verlustbringender Aktivitäten auf andere Konzernunternehmen ist nur dann erfolgversprechend, sofern letztere die verlustbringenden Aktivitäten durch eigene steuerliche Gewinne überkompensieren können (*Lüdenbach/Freiberg* BB 2011, 2603 (2607)). Die Auflösung von bislang steuerfreien stillen Reserven (zB durch Verkauf von nicht betriebsnotwendigem Vermögen oder im Rahmen von *sale-and-lease-back* Geschäften) führt nur dann zu zusätzlichem Verrechnungspotenzial, soweit nicht schon eine Neubewertung nach IAS 16.31 vorgenommen wurde. Die Entscheidung, ein Schuldinstrument, dessen Buchwert einer zinsbedingten Wertminderung unterliegt, bis zur Endfälligkeit zu halten, stellt keine Steuergestaltungsmaßnahme dar (vgl *IFRSIC* staff paper, IAS 12 *Income Taxes – Recognition of deferred tax assets for unrealized losses*, 12-14-11-2012, 29ff). Bei der konzerninternen Veräußerung von Vermögenswerten ist zu beachten, dass die Hebung steuerlicher Reserven zwar zu einer Realisierung steuerlicher Verlustvorträge bei der veräußernden Gesellschaft führen kann, diese werden idR jedoch durch abzugsfähige temporäre Differenzen bei der empfangenden Gesellschaft ersetzt, die nun auf den erhöhten Ansatz der veräußerten Vermögenswerte in deren Steuerbilanz abzugrenzen sind, während die IFRS-Buchwerte wegen des rein konzerninternen Vorgangs unverändert bleiben. Eine solche Gestaltung ist nur dann zur Rechtfertigung des Ansatzes aktiver latenter Steuern geeignet, wenn die empfangende Gesellschaft zukünftig über ein ausreichendes steuerliches Einkommen verfügt, das die Werthaltigkeit der aktiven latenten Steuern begründet.

Beispiel: Ein TU verfügt über einen steuerlichen Verlustvortrag in Höhe von T€ 5.000, der unbegrenzt vortragbar ist. Nach der Planungsrechnung wird das TU den Verlustvortrag in dem fünfjährigen Planungszeitraum nur in Höhe von T€ 200 abbauen können. Das TU verfügt ua über eine selbst geschaffene Eigenmarke, die sowohl im Konzernabschluss als auch in der Steuerbilanz mit einem Wert von null angesetzt ist. Zwecks Realisierung des Verlustvortrags verkauft das TU die Marke für T€ 5.000 an ein Schwesterunternehmen. Da das TU die Marke weiter nutzt, wird die Zahlung einer jährlichen Lizenzrate von T€ 400 vereinbart. Das Schwesterunternehmen setzt die Marke in der Steuerbilanz zu Anschaffungskosten von T€ 5.000 an. Die Lizenzerträge werden bei der Ermittlung des steuerlichen Einkommens durch Abschreibungen und Finanzierungskosten aufgezehrt, sodass bei dem Schwesterunternehmen aus dem Lizenzerwerb letztlich kein steuerlicher Gewinn verbleibt.
Aufgrund des steuerpflichtigen Veräußerungsgewinns hat das TU den steuerlichen Verlustvortrag verbraucht. Ohne eine Änderung der Geschäftsstrategie wird sich infolge der zusätzlichen Belastung durch die Lizenzgebühren jedoch voraussichtlich in den kommenden Jahren ein neuer Verlustvortrag aufbauen. Bei dem Schwesterunternehmen entsteht durch den Ansatz der Marke allein in der Steuerbilanz (im Konzernabschluss wird die Transaktion eliminiert) eine abzugsfähige temporäre Differenz von T€ 5.000, die sich über die Abschreibungen sukzessive umkehrt. Da aus der Transaktion selbst kein steuerlicher Gewinn resultiert, dürfen aktive latente Steuern hierauf nur angesetzt werden, wenn das Schwesterunternehmen bereits über passive latente Steuern in entspr Höhe verfügt oder anderweitig ausreichende steuerliche Gewinne erwirtschaften wird, um die Aktivierung der latenten Steuern rechtfertigen zu können.

Verfügt das Unternehmen nicht über ausreichende verrechenbare passive latente Steuern (Szenario 1) bzw Steuergestaltungsmöglichkeiten (Szenario 3) und fällt die Prognose hinsichtlich zukünftiger steuerlicher Gewinne zum Bilanzstichtag negativ aus (Szenario 2), so ist die Aktivierung latenter Steueransprüche unzulässig. In jedem nachfolgenden Geschäftsjahr hat das Unternehmen eine **54**

Neueinschätzung der zukünftigen Ergebnissituation vorzunehmen. Kommt es aufgrund geänderter Umstände zu einer positiven Prognose, so sind bislang nicht angesetzte latente Steuern gem IAS 12.37 bis zur Höhe des sich auf die erwarteten verrechenbaren Gewinne ergebenden Steuereffekts zwingend nachzuaktivieren. Die Erfassung von Nachaktivierungen in der **GuV** folgt den allgemeinen Grundsätzen des IAS 12.58ff (→ Rn 112ff).

2. Der Ansatz passiver latenter Steuern

55 Passive latente Steuern sind gem IAS 12.15 anzusetzen, wenn zwischen IFRS- und Steuerbilanz eines Unternehmens **zu versteuernde** temporäre Differenzen entstehen. Es bestehen grds folgende Fallkonstellationen:

(1) ein Vermögenswert wird in der IFRS-Bilanz höher bewertet als in der Steuerbilanz,
(2) ein Vermögenswert wird zwar in der IFRS-Bilanz, nicht jedoch in der Steuerbilanz angesetzt,
(3) eine Schuld wird in der IFRS-Bilanz niedriger bewertet als in der Steuerbilanz,
(4) eine Schuld wird zwar in der Steuerbilanz, nicht jedoch in der IFRS-Bilanz angesetzt.

56 Wird zB der Buchwert eines Vermögenswerts in der IFRS-Bilanz mit einem höheren Wert angesetzt als in der Steuerbilanz, so begründet der **unterschiedliche Wertansatz,** sofern er sich durch Realisierung in einem zukünftigen Geschäftsjahr auflöst, eine temporäre Differenz. Die Realisierung des Vermögenswerts durch Abschreibung oder Veräußerung führt zum Realisierungszeitpunkt in der IFRS-Bilanz zu einem geringeren Gewinn als steuerrechtlich. Dies hat zur Folge, dass der auf Basis der höheren steuerlichen Bemessungsgrundlage ermittelte Steueraufwand im Vergleich zu dem in der IFRS-Bilanz ausgewiesenen Periodenergebnis zu hoch ausfällt. Zu Synchronisationszwecken ist in der IFRS-Bilanz eine latente Steuerschuld zu passivieren, welche den sich bei der Auflösung der temporären Differenz ergebenden Steuereffekt bereits zum Entstehungszeitpunkt berücksichtigt (*Coenenberg/Hille* DB 1997, 537 (539)).

Beispiel: Ein Unternehmen setzt ein unbebautes Betriebsgrundstück in der Steuerbilanz mit Anschaffungskosten von T€ 3.000 an. In der IFRS-Bilanz wird das Grundstück zum Bilanzstichtag gem IAS 16.31 neu bewertet und mit dem Zeitwert von T€ 4.000 angesetzt. Die sich im Rahmen der Neubewertung ergebende Wertsteigerung von T€ 1.000 wird gem IAS 16.39 erfolgsneutral über das sonstige Ergebnis in die Neubewertungsrücklage eingestellt. Bei einem Steuersatz von 30% ermittelt sich die abzugrenzende latente Steuer wie folgt:

	Ansatz Grundstück	Fiktiver Veräußerungsgewinn	Temporäre Differenz	Passive latente Steuer
	T€	T€	T€	T€
IFRS-Bilanz	4.000	0	1.000	300
Steuerbilanz	3.000	1.000		

Der höhere Wertansatz in der IFRS-Bilanz begründet eine temporäre Differenz, die sich bei Veräußerung des Grundstücks wieder auflöst. Bei einer Veräußerung zum Zeitwert entsteht in der Steuerbilanz aufgrund des geringeren Wertansatzes ein steuerpflichtiger Gewinn in Höhe von T€ 1.000, die hierauf zu entrichtenden Ertragsteuern betragen T€ 300. In der IFRS-Bilanz entsteht aufgrund der Bilanzierung zum beizulegenden Zeitwert kein Veräußerungsgewinn. Die auf den steuerlichen Veräußerungsgewinn entfallende Steuerlast ist in der IFRS-Bilanz nicht berücksichtigt. Damit trägt das in der IFRS-Bilanz mit einem höheren Buchwert angesetzte Grundstück eine stille steuerliche Last in Höhe von T€ 300. Diese zukünftige Steuerbelastung wird durch den Ansatz einer latenten Steu-

erschuld antizipiert. Da die temporäre Differenz im sonstigen Ergebnis entstanden ist, ist gem IAS 12.61A, IAS 12.62(a) auch die Gegenbuchung für die latente Steuerschuld im sonstigen Ergebnis in der Neubewertungsrücklage zu erfassen (→ Rn 115).

Löst sich eine temporäre Differenz durch **Veräußerung** des Vermögenswerts auf oder verringert sie sich durch die **Vornahme von Abschreibungen,** so ist auch eine angesetzte latente Steuerschuld in entspr Umfang aufzulösen. 57

Beispiel: Ein zum 1. Januar X1 erworbener Anlagegegenstand mit Anschaffungskosten von T€ 600 wird in der IFRS-Bilanz über einen Zeitraum von sechs Jahren linear abgeschrieben. In der Steuerbilanz erfolgt die Abschreibung linear über einen Zeitraum von drei Jahren. Danach ergibt sich bei einem Steuersatz von 30% für die Ermittlung latenter Steuern folgendes Bild:

	Jahr X1	X2	X3	X4	X5	X6
	T€	T€	T€	T€	T€	T€
Ansatz in der IFRS-Bilanz	500	400	300	200	100	0
Ansatz in der Steuerbilanz	400	200	0	0	0	0
Temporäre Differenz	100	200	300	200	100	0
Passive latente Steuer	30	60	90	60	30	0
Abschreibung IFRS-Bilanz	100	100	100	100	100	100
AfA Steuerbilanz	200	200	200	0	0	0
Steuereffekt ggü der IFRS-Bilanz	**– 30**	**– 30**	**– 30**	**30**	**30**	**30**
Latenter Steueraufwand	30	30	30	0	0	0
Latenter Steuerertrag	0	0	0	30	30	30
Saldierter Steuereffekt	**0**	**0**	**0**	**0**	**0**	**0**

Ggü dem Wertansatz in der IFRS-Bilanz baut sich in den ersten drei Abschreibungsjahren aufgrund der steuerlichen Mehrabschreibungen eine zu versteuernde temporäre Differenz auf, die sich ab dem vierten Jahr wieder auflöst. In der Steuerbilanz mindern die höheren Abschreibungen in den Jahren X1 bis X3 die steuerliche Bemessungsgrundlage, sodass der tatsächliche Steueraufwand aus IFRS-Sicht jeweils um T€ 30 zu niedrig ausgewiesen wird. Dieser Effekt wird durch den Ansatz einer latenten Steuerschuld in Höhe der Steuer auf die Differenz zwischen der steuerrechtlichen Abschreibung und der Abschreibung nach IFRS egalisiert. Die latente Steuerschuld wird in jedem Geschäftsjahr an die sich aufgrund unterschiedlicher Abschreibungen verändernden temporären Differenzen angepasst. Sobald die Abschreibungen nach IFRS die steuerlichen Abschreibungen übersteigen, ist die latente Steuerschuld sukzessiv aufzulösen. Auf diese Weise wird der aufgrund der dann geringeren steuerlichen Abschreibungen gestiegene tatsächliche Steueraufwand durch den latenten Steuerertrag wiederum vollständig kompensiert.

Die **Erzielung zukünftiger Gewinne** ist abweichend von der Bilanzierung latenter Steueransprüche **kein Passivierungskriterium.** Der Ansatz latenter Steuerschulden ist auch dann erforderlich, wenn ein Unternehmen aufgrund einer sich abzeichnenden langfristigen Verlustperiode zukünftig voraussichtlich keine Steuern zahlen wird. Im Gegensatz zu tatsächlichen Steuerverbindlichkeiten spiegeln latente Steuerschulden lediglich die steuerliche Last wider, die einem Vermögenswert oder einer Schuld aufgrund abweichender Bilanzierung ggü den Steuervorschriften innewohnt. 58

Im Rahmen der Identifizierung sowohl abzugsfähiger als auch zu versteuernder temporärer Differenzen sind die **einzelnen Sachverhalte,** die zu Unterschieden zwischen IFRS- und Steuerbilanz führen, dahingehend zu beurteilen, ob der sich aus der Auflösung einer Differenz ergebende Effekt besteuert wird. Ist dies nicht der Fall, so ist der Unterschiedsbetrag als permanente Differenz einzustufen (→ Rn 44) und **nicht** in die Abgrenzung latenter Steuern einzubeziehen. Die Behandlung ist für abzugsfähige und zu versteuernde Differenzen identisch. 59

3. Latente Steuern auf steuerliche Verlustvorträge

60 Aufgrund der Regelungen zur **Zinsschranke** gem § 4h EStG bestehen zwei unterschiedliche Arten von Verlustvorträgen, zum einen ein operativer Verlustvortrag und zum anderen ein Zinsvortrag. Im Hinblick auf die Abgrenzung latenter Steuern sind beide Vorträge separat zu beurteilen.

a) Ansatz latenter Steuern auf operative steuerliche Verlustvorträge

61 Verfügt ein Unternehmen über **steuerliche Verlustvorträge,** die durch Verrechnung mit zukünftigen steuerlichen Gewinnen voraussichtlich genutzt werden können, oder über nicht genutzte Steuergutschriften, so ist auf diese gem IAS 12.34 ein latenter Steueranspruch abzugrenzen. Steuergutschriften *(tax credits)* betreffen insbes Steuernachlässe, über die bestimmte unternehmerische Tätigkeiten (zB Forschungs- und Entwicklungskosten) gefördert werden, indem ein Teil der diesbezüglich angefallenen Aufwendungen steuerfrei gestellt werden. Besteht die Möglichkeit, diese *tax credits* mangels sofortiger Nutzbarkeit in Folgejahre vorzutragen, entfalten sie die gleiche Wirkung wie steuerliche Verlustvorträge.

62 Dagegen kommt der Ansatz latenter Steuern auf steuerliche **Verlustrückträge** gem § 8 Abs 1 KStG iVm § 10d Abs 1 EStG nicht in Betracht, da der Verlustrücktrag zur sofortigen Verringerung der Steuerlast für vorangegangene Geschäftsjahre berechtigt. Die entspr Steuererstattung bzw -minderung kann somit unmittelbar erfolgswirksam vereinnahmt werden und ist daher im Jahr der Entstehung des Verlustrücktrags sowohl im IFRS-Abschluss als auch in der Steuerbilanz zu berücksichtigen.

63 Ein steuerlicher Verlustvortrag begründet keinen unmittelbaren Steuererstattungsanspruch, sondern lediglich das **Recht** zur Verrechnung mit positiven Einkünften zukünftiger Veranlagungszeiträume (*von Eitzen/Helms* BB 2002, 823 (824)). Dieses Recht stellt für ein Unternehmen einen wirtschaftlichen Vorteil in Form einer **künftigen Steuerminderung** dar, da die steuerliche Bemessungsgrundlage zukünftiger Perioden durch die Verlustverrechnung geschmälert wird. Nach F.4.8 ff, F.4.37 ff, F.4.44 ff begründet bereits der mögliche Zufluss eines wirtschaftlichen Nutzens den Ansatz eines Vermögenswerts, sodass der sich aus einem Verlustvortrag ergebende Steuervorteil im Jahresabschluss grds in der Periode zu berücksichtigen ist, in der der Verlustvortrag entsteht (*Coenenberg/Hille* DB 1997, 537 (542)).

64 Für deutsche Unternehmen ergibt sich die Möglichkeit der Geltendmachung sowohl körperschaftsteuerlicher Verlustvorträge gem § 8 Abs 1 KStG iVm § 10d Abs 2 EStG, als auch gewerbesteuerlicher Verlustvorträge gem § 7 iVm § 10a GewStG. Zu beachten ist, dass die körperschaft- und gewerbesteuerliche Berechnungsgrundlage für steuerliche Verlustvorträge aufgrund der Kürzungen und Hinzurechnungen gem §§ 8 und 9 GewStG und wegen der mangelnden Rücktragsmöglichkeit für Gewerbesteuerverluste voneinander abweichen können. Aus diesem Grund ist die Ermittlung latenter Steuern auf Verlustvorträge – unter Berücksichtigung des Wesentlichkeitsgrundsatzes – **für KSt und GewSt getrennt** und für jede einbezogene Gesellschaft **separat** durchzuführen (*von Eitzen/Helms* BB 2002, 823 (825)).

65 Da aktuelle Steuerbescheide über die Höhe eines steuerlichen Verlustvortrags zum Abschlussstichtag idR nicht vorliegen, ist auf Basis des letzten Steuerbescheids sowie den seitdem erzielten steuerlichen Ergebnissen eine **bestmögliche Schätzung** über die Fortentwicklung bis zum Bilanzstichtag vorzunehmen. Dabei sind Unwägbarkeiten im Hinblick auf strittige Steuerpositionen angemessen zu berücksichtigen.

b) Ansatz latenter Steuern auf Zinsvorträge

66 Der steuerliche Abzug von Zinsaufwendungen wird durch die **Zinsschrankenregelung** gem § 4h EStG eingeschränkt. Danach ist der Abzug von Zinsaufwendungen, soweit sie die Zinserträge eines Geschäftsjahrs übersteigen, nur in Höhe von 30% des steuerlichen EBITDA möglich, wenn die Freigrenze von € 1,0 Mio überschritten wird und die *Escape*-Klausel gem § 4h Abs 2 EStG nicht anwendbar ist. Die dem Abzugsverbot unterliegenden Zinsaufwendungen können gem § 4h Abs 1 Satz 2 EStG auf Folgeperioden **vorgetragen** werden und erhöhen entspr die Zinsaufwendungen der kommenden Geschäftsjahre. Da die entstehenden Zinsvorträge Parallelen zu steuerlichen Verlustvorträgen aufweisen, sind sie in Abhängigkeit von der Wahrscheinlichkeit ihrer Nutzbarkeit in die Abgrenzung latenter Steuern gem IAS 12.34ff einzubeziehen (*Kirsch* DStR 2007, 1268 (1268) sowie *Kirsch* PiR 2007, 237 (239)).

67 Die ***Escape*-Klausel** greift gem § 4h Abs 2 Satz 1c) EStG dann, wenn die Eigenkapitalquote des betroffenen Unternehmens am Schluss des vorangegangenen Abschlussstichtags gleich hoch oder höher ist als die des Konzerns, wobei ein Unterschreiten um bis zu 1% unschädlich ist.

Das **EBITDA** errechnet sich aus dem steuerpflichtigen Gewinn zuzüglich dem positiven Saldo aus Zinsaufwendungen und -erträgen zuzüglich Abschreibungen. Die Zinsaufwendungen umfassen sämtliche Aufwendungen aus der vorübergehenden Überlassung von Geldkapital. Dies beinhaltet neben Darlehenszinsen auch Aufwendungen aus der Aufzinsung von unverzinslichem oder niedrig verzinslichem Fremdkapital, nicht hingegen Skonti und Boni.

Beispiel: Eine KapGes erzielt im Geschäftsjahr X1 ein Ergebnis vor Steuern in Höhe von Mio € 6, bei Zinsaufwendungen von Mio € 11, Zinserträgen von Mio € 2 und Abschreibungen von Mio € 5. Steuerfreie Erträge und steuerlich nicht abzugsfähige Aufwendungen liegen nicht vor. Danach ermittelt sich ein im Rahmen der Zinsschrankenregelung relevantes EBITDA von Mio € 20 (Mio € 6 + Mio € 11 – Mio € 2 + Mio € 5).

Im Geschäftsjahr X1 sind zunächst Zinsaufwendungen in Höhe der Zinserträge von Mio € 2, ferner Aufwendungen in Höhe von Mio € 6 (= 30% des EBITDA) abzugsfähig. Somit verbleibt ein Zinsaufwand von Mio € 3 (Mio € 11 – Mio € 2 – Mio € 6). Da die Freigrenze von Mio € 1 überschritten wird, kann der nicht abzugsfähige Zinsaufwand von Mio € 3 auf Folgejahre übertragen werden. Bei unterstellter vollständiger Realisierung des Zinsvortrags in Folgejahren wäre bei einem Steuersatz von 30% ein latenter Steueranspruch in Höhe von Mio € 0,9 zu aktivieren.

c) Einschätzung des künftigen Bestands von Verlust- und Zinsvorträgen

68 Infolge der **eingeschränkten Nutzungsmöglichkeit** steuerlicher Verlustvorträge gem §§ 10d EStG, 8c KStG, 10a GewStG sowie 15 Abs 3 UmwStG und vor dem Hintergrund, dass die Feststellung der vortragsfähigen Verluste unter dem Vorbehalt der Nachprüfung gem § 164 AO erfolgt, ist ein Ansatz latenter Steuern nur insoweit gerechtfertigt, als bei der Bilanzierung von einem **künftigen Bestand** der Verlustvorträge ausgegangen werden kann.

69 Nach § 8c KStG gehen steuerliche Verlustvorträge **quotal** unter, sofern zwischen 25% und 50% der Anteile bzw Stimmrechte an einer Beteiligung innerhalb eines Zeitraums von fünf Jahren mittelbar oder unmittelbar an einen Erwerber oder diesem nahestehende Personen übertragen werden. Die unmittelbare Übertragung von Anteilen führt bei Überschreiten der 25%-Hürde auch dann zu einem Verfall, wenn mittelbar keine Veränderung der Beteiligungsquote einhergeht. Werden innerhalb von fünf Jahren mehr als 50% der Anteile bzw Stimmrechte unmittelbar oder mittelbar an einen Erwerber oder diesem nahestehende Personen übertragen, so geht der vorhandene Verlustvortrag **in voller**

Höhe unter. Gem §§ 10a Satz 10 GewStG, 8c Abs 1 KStG sind diese Regelungen gleichsam auf gewerbesteuerliche Verlustvorträge sowie Zinsvorträge iSd § 4h EStG anzuwenden.

Beispiel: Eine AG hält sämtliche Anteile an einem TU in Form einer KapGes. Das TU verfügt über Zins- und Verlustvorträge in Höhe von T€ 1.000. Im Jahr X1 werden 20% der Anteile an dem TU an A und im Jahr X3 weitere 20% der Anteile an B übertragen. Im Jahr X4 erfolgt eine Veräußerung von weiteren 20% der Anteile an C. A und B werden in den Konzernabschluss von X einbezogen, C operiert unabhängig von X.

Die Übertragung der ersten 20% der Anteile an A ist unschädlich, da die 25%-Hürde nicht überschritten wird. Die Übertragung weiterer 20% der Anteile an B führt zu einem quotalen Untergang der Zins- und Verlustvorträge des TU in Höhe von T€ 400, da A und B aufgrund der Einbeziehung in den X-Konzern als nahestehende Unternehmen zu qualifizieren sind. Die Veräußerung des 20% Anteils an C ist unschädlich, da C nicht als nahestehende Person von A und B anzusehen ist und im Hinblick auf C die 25%-Schwelle nicht überschritten wird.

70 Die gleichen Auswirkungen ergeben sich bei einer **mittelbaren Übertragung** von Anteilen oder Stimmrechten.

Beispiel: Die zum X-Konzern gehörende A-GmbH hält 80% an der B-GmbH, diese wiederum 50% an der C-GmbH. Die C-GmbH verfügt über steuerliche Verlustvorträge von T€ 1.000. Bei dieser Konstellation wird die A-GmbH an die Y-AG veräußert.

Da die A-GmbH mittelbar zu 40% an der C-GmbH beteiligt ist, erfolgt ein schädlicher Anteilserwerb durch die Y-AG, der zu einem quotalen Verfall des steuerlichen Verlustvortrags der C-GmbH in Höhe von T€ 400 führt.

71 Fragen zur **Einschätzung des künftigen Bestands** von Verlustvorträgen zB im Zusammenhang mit geplanten Unternehmensverkäufen, Umwandlungen, Privatisierungen oder Umstrukturierungen sind eng zwischen Management, Steuerabteilung und dem Konzernrechnungswesen abzustimmen. In diesem Zusammenhang sollte dokumentiert werden, ob und ab wann sich eine vorgesehene Anteilsveräußerung bzw Umstrukturierung so konkretisiert hat, dass von einem (anteiligen) Wegfall von Verlustvorträgen auszugehen ist. Entfallen steuerliche Verlustvorträge aufgrund von konzerninternen Umstrukturierungen, so dürfte der Beschluss des Managements zur Durchführung der Umstrukturierung maßgeblich für den Zeitpunkt der Ausbuchung der steuerlichen Verlustvorträge sein. Entfällt ein Verlustvortrag infolge von Anteilsveräußerungen an einen Dritten, so ist der Zeitpunkt maßgeblich, zu dem sich das Unternehmen seiner Veräußerungsverpflichtung nicht mehr entziehen kann. Dies ist regelmäßig erst dann der Fall, wenn der Unternehmenskaufvertrag rechtswirksam abgeschlossen wurde und dem Verkauf auch keine wesentlichen Bedingungen mehr entgegenstehen (*Melcher/Skowronek* KoR 2011, 108 (112)). Zur Behandlung von *inside basis differences* und *outside basis differences* in diesem Zusammenhang → Rn 162.

72 Bei **körperschaftsteuerlicher Organschaft** ist nach § 15 Nr 1 KStG zu beachten, dass vororganschaftliche Verluste der Organgesellschaft zumindest dann nicht berücksichtigt werden können, wenn nicht konkret beschlossen wurde, den Ergebnisabführungsvertrag wieder zu beenden und die vororganschaftlichen Verluste durch die frühere Organgesellschaft zu nutzen (*von Eitzen/Helms* BB 2002, 823 (827)). Auch bei gewerbesteuerlicher Organschaft ist die Übertragung vororganschaftlicher Verluste der Organgesellschaft auf die Organmutter nicht möglich. Aktive latente Steuern auf Verlustvorträge sind daher bei Eintritt in einen Organverbund erfolgswirksam auszubuchen. Mit Ausscheiden aus dem Organkreis sind die latenten Steuern auf vororganschaftliche Verlustvorträge, sofern diese als realisierbar eingestuft werden, wieder erfolgswirksam einzubuchen.

d) Bewertung/Erfordernis zukünftiger Gewinne

Die Aktivierung eines latenten Steueranspruchs ist abhängig von der Wahrscheinlichkeit, dass dem Unternehmen zukünftig wieder verrechenbare Gewinne zufließen werden (IAS 12.34). Für die Beurteilung der **Wahrscheinlichkeit zukünftiger steuerlicher Gewinne** gelten im Wesentlichen dieselben Grundsätze, die allgemein bei der Bilanzierung aktiver latenter Steuern anzuwenden sind. Dies sind neben dem Vorhandensein ausreichender zu versteuernder temporärer Differenzen die Möglichkeit von Steuergestaltungsmaßnahmen sowie eine positive Gewinnprognose (→ Rn 50ff). 73

Die Existenz ungenutzter steuerlicher Verlustvorträge führt jedoch zu der widerlegbaren Vermutung, dass einem Unternehmen auch in Zukunft **keine** ausreichenden Gewinne zur Verfügung stehen werden. Aus diesem Grund stellen IAS 12.35f **zusätzliche Anforderungen** an den im Rahmen der Gewinnprognose zu erbringenden Nachweis zukünftiger Gewinne. Eine Aktivierung latenter Steuern auf steuerliche Verlustvorträge und Zinsvorträge ist in folgenden Fällen vorzunehmen:

(1) Nach der Prognose des Managements wird das Unternehmen die steuerlichen Gewinne voraussichtlich vor dem Erlöschen der Nutzbarkeit der Verlustvorträge erwirtschaften. Zu diesem Zweck hat das Management eine **steuerliche Planungsrechnung** aufzustellen, deren zugrunde liegenden Prämissen die aktuelle Lage des Unternehmens nachvollziehbar abbilden müssen. Da IAS 12.35 substantielle Hinweise auf ein zukünftiges steuerliches Ergebnis fordert, sind an die Verlässlichkeit der Planungsrechnung hohe Anforderungen zu stellen. 74
Der in diesem Zusammenhang verwendete **Planungshorizont** richtet sich nach dem Zeitraum, für den verlässliche Ergebnisplanungen erstellt werden können (*Köster/Pratter* BB 2009, 1688 (1689)) und hängt somit grds von den individuellen Gegebenheiten des jeweiligen Unternehmens, wie zB Produktlebenszyklen oder Branchenentwicklungen ab. Da die Prognoseunsicherheit mit zunehmendem Planungshorizont steigt, ist es sinnvoll, jedoch nicht zwingend, diesen auf einen Zeitraum von bis zu fünf Jahren zu beschränken. Die in die steuerliche Planungsrechnung einbezogenen Erträge und Aufwendungen sollten bei AG mit der vom Aufsichtsrat verabschiedeten Planung abstimmbar sein.
Sofern die Verlustvorträge innerhalb des von dem Unternehmen **gewählten Planungshorizonts nicht vollständig realisiert** werden können, bedeutet dies nicht, dass eine Aktivierung latenter Steuern auf den nicht gedeckten Teil der Verlustvorträge unterbleiben muss. Eine vollständige Aktivierung kann insbes dann in Betracht kommen, wenn die Planungsrechnung auf reinen Jahresbudgets beruht, die nicht über den Ansatz einer ewigen Rente auf zukünftige Perioden, die jenseits des Detailplanungszeitraums liegen, fortgeschrieben werden. Kann das Unternehmen im Rahmen einer solchen Planungsrechnung eine konstante positive Ertragsentwicklung nachvollziehbar darlegen, so wird häufig auch über den gewählten Planungshorizont hinaus mit hinreichender Wahrscheinlichkeit von einer Fortsetzung dieser Tendenz auszugehen sein. Anders zu beurteilen sind Planungsrechnungen, in welchen das letzte Detailplanungsjahr über eine ewige Rente auf die zukünftigen Perioden fortgeschrieben und gleichwohl kein vollständiger Abbau der steuerlichen Verlustvorträge erreicht wird. Eine restriktive Einschätzung ist ferner geboten bei Unternehmen mit stark volatilen Ergebnissen sowie bei Planungsrechnungen, die erst gegen Ende des Planungshorizonts das Erreichen der Gewinnzone vorsehen.

Da die Unternehmensplanung stark von den subjektiven Einschätzungen des Managements geprägt ist, kommt der **Planungstreue** in der Vergangenheit eine gesteigerte Bedeutung zu.

Bei der Bemessung der Wahrscheinlichkeit ist der mögliche **Verfall** von Verlustvorträgen zu berücksichtigen. In Deutschland betrifft dies insbes die Regelungen der §§ 8c KStG, 10a Satz 10 GewStG für den Fall einer Anteilsveräußerung (→ Rn 68 ff). Für ausländische Unternehmen können in Abhängigkeit von der lokalen Steuergesetzgebung zeitliche Einschränkungen gelten.

Darüber hinaus können die **Mindestbesteuerungsregelungen** der §§ 10d Abs 2 EStG, 10a GewStG Einfluss auf die Wahrscheinlichkeit der zukünftigen Nutzung von Verlustvorträgen nehmen (vgl *IFRS-Ausschuss des DRSC*, Ergebnisübersicht der 24. Sitzung des IFRS-Fachausschusses vom 10. und 11. Februar 2014, 2 (www.drsc.de/docs/press-releases/2014/24_IFRS-FA_Sitzung_ergebnisbericht.pdf) sowie IFRIC Update May 2014, 9). Diese erlauben eine unbeschränkte Verlustverrechnung nur bis zu einem Betrag von Mio € 1,0, während hinsichtlich des überschießenden steuerlichen Gewinns nur 60% berücksichtigt werden. Da die Regelungen zur Mindestbesteuerung die Verlustverrechnung zeitlich verzögern, wird die von dem Unternehmen vorzunehmende Planung infolge der steigenden Prognoseunsicherheit erschwert. Zwar bleiben die steuerlichen Verlustvorträge in Deutschland dem Grunde nach in voller Höhe bestehen, der verlängerte Prognosezeitraum im Hinblick auf die zukünftige Erzielung steuerlicher Gewinne führt allerdings regelmäßig zu einer vorsichtigeren Beurteilung des Wahrscheinlichkeitskriteriums. Darüber hinaus können die auf Verlustvorträge entfallenden latenten Steuern nicht ohne Weiteres bestehenden passiven latenten Steuern gegenübergestellt werden. Aufgrund der zeitlich verschobenen Geltendmachung ist vielmehr eine Synchronisation der Realisierungszeiträume vorzunehmen.

Beispiel: Ein Unternehmen verfügt über steuerliche Verlustvorträge in Höhe von Mio € 10,0 und über zu versteuernde temporäre Differenzen in Höhe von ebenfalls Mio € 10,0. Der Steuersatz beträgt 30%, sodass das Unternehmen passive latente Steuern von Mio € 3,0 bilanziert hat. Die zu versteuernden temporären Differenzen kehren sich in den kommenden Jahren in jedem Jahr in Höhe von Mio € 2,0 um. Für den Prognosezeitraum von fünf Jahren erwartet das Unternehmen kein positives zu versteuerndes Einkommen. Nach dem geltenden Steuerrecht kann das Unternehmen die steuerlichen Verlustvorträge in einem Jahr nur in Höhe von Mio € 1,0 und darüber hinaus nur zu 60% der angefallenen Verluste geltend machen.

Da das Unternehmen voraussichtlich keine steuerlichen Gewinne erzielen wird, kommt der Ansatz aktiver latenter Steuern nur aufgrund bestehender zu versteuernder temporärer Differenzen in Betracht. Vorliegend kehren sich zwar jährlich zu versteuernde temporäre Differenzen in Höhe von Mio € 2,0 um, diese können aber nur in Höhe von Mio € 1,6 zur Verrechnung mit steuerlichen Verlustvorträgen genutzt werden (Mio € 1,0 unbegrenzt zzgl 60% von weiteren Mio € 1,0). Demnach begrenzt sich der Ansatz aktiver latenter Steuern auf steuerliche Verlustvorträge auf insgesamt Mio € 2,4 (Mio € 1,6 × 5 Jahre × 30%).

Abwandlung 1: Die Umkehrung der zu versteuernden temporären Differenzen erfolgt nicht mit jeweils Mio € 2,0 innerhalb von fünf Jahren, sondern mit jeweils Mio € 1,0 innerhalb von zehn Jahren.

In diesem Fall kann das Unternehmen sämtliche steuerlichen Verlustvorträge (unbeschränkte jährliche Verrechnung von bis zu Mio € 1,0) mit den angesetzten passiven latenten Steuern verrechnen, sodass das Unternehmen aktive latente Steuern von Mio € 3,0 (Mio € 1,0 × 10 Jahre × 30%) ansetzen kann.

Abwandlung 2: Wie im Ausgangsfall, allerdings prognostiziert die Geschäftsleitung nun für Jahr 6 einen steuerlichen Gewinn von Mio € 1,0. Weitergehende steuerliche Gewinne sind nicht absehbar. Aufgrund der zu versteuernden temporären Differenzen werden – wie im Ausgangsfall – aktive latente Steuern von Mio € 2,4 angesetzt. Zusätzlich können in Jahr 6 weitere steuerliche Verluste von Mio € 1,0 genutzt werden, was einer weiteren Aktivierung von Mio € 0,3 entspricht. Insgesamt setzt das Unternehmen demnach aktive latente Steuern auf steuerliche Verlustvorträge in Höhe von Mio € 1,9 an.

Zur Anwendung der Mindestbesteuerungsregelungen im Falle steuerlicher Verluste vgl *Meyer* KoR 2015, 69 (73).

(2) Das Unternehmen verfügt über **Steuergestaltungsmöglichkeiten,** die eine Verrechnung der ungenutzten Verlustvorträge ermöglichen. Dabei reicht die abstrakte Möglichkeit der Durchführung vorhandener Steueroptimierungsmaßnahmen nicht aus. Die Geschäftsleitung muss deren Umsetzung entweder konkret geplant oder zumindest ernsthaft in Erwägung gezogen haben. Als Steuergestaltungsmaßnahmen kommen insbes die unter → Rn 53 genannten Möglichkeiten in Betracht. Im Rahmen des *Annual Improvements to IFRSs 2010–2012 Cycle* hat der IASB klargestellt, dass Steuergestaltungsmaßnahmen nur dann zur Werthaltigkeit latenter Steuern auf steuerliche Verlustvorträge beitragen, wenn sie zusätzliches zu versteuerndes Einkommen generieren. 75

Beispiel: Ein Unternehmen erwirbt eine Anleihe für Mio € 1,0 und bilanziert diese an jedem Bilanzstichtag zum beizulegenden Zeitwert. Am darauffolgenden Bilanzstichtag sinkt der beizulegende Zeitwert infolge sinkender Zinsen auf 90% der Anschaffungskosten, sodass die Wertminderung erfolgswirksam erfasst wird. Daraufhin beschließt das Unternehmen, die Anleihe bis zur Endfälligkeit zu halten. IAS 12.30A stellt klar, dass die Absicht, die Anleihe bis zur Endfälligkeit zu halten, keine Steuergestaltungsmöglichkeit zur Generierung zukünftiger Erträge darstellt, sondern lediglich eine Verhinderung der Verlustrealisierung. Rechnet das Unternehmen nicht mit steuerlichen Gewinnen und verfügt auch nicht über passive latente Steuern oder ungenutzte Steuergutschriften, so begründet die Halteabsicht des Unternehmens demnach keine Abgrenzung aktiver latenter Steuern.

Im Hinblick auf Zinsvorträge können Steuergestaltungsmaßnahmen in der Schaffung der Voraussetzungen für die Anwendung der *Escape*-Klausel oder in einer Transformation von Fremdkapital in Eigenkapital liegen.

(3) Ist die **Erwirtschaftung zukünftiger Gewinne unwahrscheinlich,** so ist die Aktivierung latenter Steuern auf Verlustvorträge begrenzt auf die Höhe vorhandener **passiver** latenter Steuern, die ggü derselben Steuerbehörde bestehen und die sich in dem Zeitraum, in dem die Verlustvorträge geltend gemacht werden können, auflösen. 76

Weist ein Unternehmen in seiner jüngeren Vergangenheit eine **Verlusthistorie** auf, so darf es einen latenten Steueranspruch nur dann aktivieren, wenn es zukünftige Gewinne **substantiiert darzulegen** vermag. Die Dauer der Verlusthistorie wird in IAS 12 nicht vorgegeben; sie ist unter Berücksichtigung der individuellen Gegebenheiten und der Struktur des bilanzierenden Unternehmens festzulegen. Unter Rückgriff auf den US-GAAP-Standard FASB ASC 740 kann ein Zeitraum von drei Jahren herangezogen werden. 77

Die **Verlusthistorie** bezieht sich grds auf das **steuerliche Ergebnis** eines Unternehmens. Als Indiz kann näherungsweise das Vorsteuerergebnis nach IFRS zugrunde gelegt werden, sofern keine größeren abweichenden steuerlichen Wirkungen zu erwarten sind (*Loitz* WPg 2007, 778 (781)).

Zur substantiierten Darlegung zukünftiger Gewinne reicht die bloße Aufstellung einer Planungsrechnung aus Sicht der Unternehmensleitung nicht aus. Diese ist vielmehr durch objektiv nachprüfbare Indizien zu belegen. **Indizien** für zukünftige Gewinne iSv substanziellen Hinweisen sind zB die erfolgreiche Umsetzung eines Strategiewechsels, die Prognose einer positiven Branchenentwick- 78 lung, von der auch das bilanzierende Unternehmen profitiert, der erfolgreiche Abschluss einer Restrukturierungsphase, die Stilllegung bzw Veräußerung verlustbringender Bereiche, die Amortisation von in Vorjahren entstandenen Anlaufverlusten, eine ggü den Vorjahren erheblich verbesserte Auftragslage, die Gewinnung neuer Großkunden mit festem Auftragsvolumen oder die erfolgreiche Einführung neuer Geschäftsmodelle. Eine gesteigerte Bedeutung kommt der Planungstreue des Unternehmens in der Vergangenheit zu. War das Unternehmen nicht in der Lage, die steuerlichen Ergebnisse verlässlich zu planen, so legen Regulatoren diesen Umstand idR zum Nachteil des Unternehmens aus, mit der Folge, dass auch aktuelle Planungsrechnungen angezweifelt werden (vgl *ESMA* EECS 0213/10 vom 29. Oktober 2013).

Hat ein Unternehmen bislang **ausnahmslos Anlaufverluste** erwirtschaftet, so ist die Aktivierung latenter Steuern auf Verlustvorträge grds ausgeschlossen. Etwas anderes gilt nur dann, wenn das Unternehmen – etwa aufgrund des Abschlusses langfristiger Verträge oder der erfolgreichen Anmeldung von Patenten – substantiiert nachweisen kann, dass es die Verlusthistorie kurzfristig zu beenden vermag.

79 Nach IAS 12.34 darf eine aktive latente Steuer nur dann angesetzt werden, wenn die steuerliche Nutzung des Verlust- bzw Zinsvortrags **wahrscheinlich** ist. Wie in → Rn 52 dargelegt, ist dabei im Hinblick auf die zukünftigen verrechenbaren steuerlichen Gewinne von einer Eintrittswahrscheinlichkeit von mehr als 50% auszugehen (so auch *Schäfer/Suermann* DB 2010, 2742 (2745)). Diese ist allerdings durch überzeugende substanzielle Hinweise (→ Rn 78) betreffend den Eintritt der geplanten Gewinne zu belegen.

80 Für die **Beurteilung von Zinsvorträgen** ist die Entwicklung der Zinsaufwendungen und -erträge, des EBITDA, der Gesellschafter-Fremdfinanzierung, des Eigenkapitals der Gesellschaft sowie des IFRS-Konzerneigenkapitals in die Prognose einzubeziehen. Ferner sind geplante oder zu erwartende Anteilsveräußerungen, Umwandlungen und Umstrukturierungen sowie Kapitalmaßnahmen zu berücksichtigen. Dies ist idR nur durch eine integrierte Bilanz-, Finanz- und Erfolgsplanung zu gewährleisten, die künftige Investitionen und Finanzierungselemente einbezieht (*Kirsch* DStR 2007, 1268 (1269)).

Beispiel: Unter Zugrundelegung der Ausgangsdaten des Beispiels in → Rn 67 verfügt eine KapGes über einen Zinsvortrag in Höhe von Mio € 3 aus dem Geschäftsjahr X1. Für die Geschäftsjahre X2 bis X5 hat das Unternehmen folgende Planungsrechnung aufgestellt:

	Jahr X2	X3	X4	X5	X6
	Mio €	Mio €	Mio €	Mio €	Mio €
Steuerliches EBITDA	21	22	23	24	25
Abschreibungen	5	5	6	6	7
Zinserträge	2	2	3	3	3
Zinsaufwand	11	10	9	8	7
EK-Quote des TU	35%	36%	37%	38%	39%
EK-Quote des Konzerns	40%	41%	41%	42%	42%
Geplanter Anteilsverkauf	–	15%	–	15%	–

Nach dieser Planung sind weder die Freigrenze noch die *Escape*-Klausel gem § 4h Abs 2 EStG anwendbar. Unter Zugrundelegung der Plandaten entwickelt sich der Zinsvortrag wie folgt:

	Jahr X2	X3	X4	X5	X6
	Mio €	Mio €	Mio €	Mio €	Mio €
Zinsvortrag am 1. Januar	3	5,7	7,1	6,2	2,8
Zinsaufwand	11	10	9	8	7
Zwischensumme	14	15,7	16,1	14,2	9,8
Zinsertrag	−2	−2	−3	−3	−3
30 % des steuerlichen EBITDA	−6,3	−6,6	−6,9	−7,2	−7,5
Insgesamt abzugsfähige Zinsen	−8,3	−8,6	−9,9	−10,2	−10,5
Zinsvortrag am 31. Dezember	5,7	7,1	6,2	4	0
Abzug aufgrund schädlicher Anteilsveräußerung	0	0	0	−1,2	0
Korrigierter Zinsvortrag zum 31. Dezember	5,7	7,1	6,2	2,8	0

Da im Jahr X5 kumuliert 30 % der Anteile an der Gesellschaft veräußert werden, geht der Zinsvortrag gem § 8c Satz 1 KStG quotal in dieser Höhe unter, mit der Folge, dass auf den anteiligen Zinsvortrag in Höhe von Mio € 1,2 keine latenten Steuern abgegrenzt werden dürfen. Demnach sind zum Bilanzstichtag X1 aktive latente Steuern auf einen verbleibenden Zinsvortrag von Mio € 2,1 (Mio € 3 abzüglich 30 % aufgrund geplanter Anteilsveräußerung) zu bilanzieren. Bei einem Steuersatz von 30 % beläuft sich die Zinsabgrenzung auf T€ 630.

Bei **ausländischen TU** können zeitliche Einschränkungen für die Geltendmachung steuerlicher Verlustvorträge eine vorsichtige Bewertung erfordern. 81

Beispiel: Ein Schweizer Unternehmen verfügt nach Abschluss einer Restrukturierungsphase zum 31. Dezember X5 über kumulierte Verlustvorträge in Höhe von TCHF 10.000. Hiervon verfallen TCHF 5.000 zum Ende des Jahres X6, TCHF 2.000 Ende X7 und TCHF 1.000 zum Ende des Jahres X8. Die Verfallbarkeit der Verlustvorträge und die lt Planungsrechnung erzielbaren zukünftigen steuerpflichtigen Gewinne lassen auf die folgende Nutzbarkeit der Verlustvorträge schließen:

Jahr	Nutzbarkeit unter Berücksichtigung des Verfalls	Geplanter Gewinn	Nutzbare Verlustvorträge
	TCHF	TCHF	TCHF
X6	10.000	500	500
X7	5.000	1.500	1.500
X8	3.000	2.500	2.500
X9	2.000	3.500	500
			5.000

Zum 31. Dezember X5 ist von den Verlustvorträgen in Höhe von TCHF 10.000 voraussichtlich ein Betrag von TCHF 5.000 nutzbar, sodass bei einem Ertragsteuersatz von 25 % ein latenter Steueranspruch in Höhe von TCHF 1.250 zu aktivieren ist.

Werden Verlust- bzw Zinsvorträge im Rahmen einer **Unternehmensakquisition** erworben, so sind diese im Rahmen der Kaufpreisallokation grds zu aktivieren. Für deutsche Unternehmen ist zu berücksichtigen, dass vorhandene Verlust- und Zinsvorträge aufgrund der Regelungen gem § 8c KStG, § 10a Satz 10 GewStG entfallen, soweit mehr als 50 % der Anteile bzw Stimmrechte erworben werden und die Verschonungsregel des § 8c Abs 1 Satz 6 KStG nicht greift. Für ausländische Unternehmen richtet sich die Möglichkeit der Geltendmachung erworbener steuerlicher Verlustvorträge nach dem jeweiligen Landesrecht. 82

Das Potenzial und die Einschätzung der Nutzbarkeit steuerlicher Verlustvorträge sind detailliert im **Anhang** darzulegen, wobei latente Steueransprüche auf Verlustvorträge nach IAS 12.81(g) gesondert auszuweisen sind. Anzugeben ist 83 darüber hinaus, inwieweit eine Aktivierung latenter Steueransprüche auf vorhandene Verlustvorträge mangels Vorliegen der tatbestandlichen Voraussetzungen unterblieben ist. Dabei sind die nicht genutzten Verlustvorträge unter Angabe der Beträge auf die Dauer ihrer Nutzbarkeit aufzuteilen (IAS 12.81(e)).

Anzugeben ist ferner der Betrag, um den sich sowohl der tatsächliche als auch der latente Steueraufwand aufgrund der Nutzung bisher nicht berücksichtigter steuerlicher Verluste bzw Steuergutschriften oder bisher nicht berücksichtigter temporärer Differenzen **mindert** (IAS 12.80(e) und (f)). Dies ist immer dann der Fall, wenn ein steuerlicher Verlustvortrag, für welchen auf Basis einer negativen Gewinnprognose bislang keine oder nur in begrenztem Umfang latente Steuern abgegrenzt wurden, im Berichtsjahr zu einer Reduzierung des Steueraufwands geführt hat.

Nimmt ein Unternehmen die Aktivierung latenter Steuern auf steuerliche Verlustvorträge vor, obwohl es im aktuellen Geschäftsjahr oder im Vorjahr steuerliche Verluste erlitten hat, so hat es die aktivierten latenten Steuern gem IAS 12.82 betragsmäßig **gesondert** anzugeben und die Begründung für deren Aktivierung substanziell darzulegen.

84 Die Nutzbarkeit steuerlicher Verlustvorträge ist gem IAS 12.37 jedes Jahr **erneut zu beurteilen,** sich hieraus ergebende Konsequenzen sind **erfolgswirksam** im Steueraufwand zu erfassen.

4. Besonderheiten bei Personengesellschaften aufgrund steuerlicher Ergänzungsbilanzen und Sonderbilanzen

85 Die Frage nach den einer **PersGes zuzurechnenden Wirtschaftsgütern** und ihrem steuerlichen Wertansatz richtet sich nicht allein nach der (steuerlichen) Gesamthandsbilanz der PersGes. Darüber hinaus stellt sich insbes die Frage, inwieweit **steuerliche Ergänzungs- und Sonderbilanzen** bei der Abgrenzung latenter Steuern zu berücksichtigen sind.

a) Sonderbilanzen

86 Sonderbilanzen beinhalten keine Wirtschaftsgüter der PersGes, sondern (fiktives) **Sonderbetriebsvermögen des Gesellschafters,** welches von der PersGes genutzt wird. Ferner zählen hierzu Verbindlichkeiten des Gesellschafters, die der Finanzierung des Erwerbs der Beteiligung dienen.

Da es sich bei Sonderbetriebsvermögen gerade **nicht** um Vermögen der Gesellschaft handelt und somit keine Identität im Hinblick auf die rechnungslegenden Einheiten der PersGes auf der einen Seite und der Gesellschafter auf der anderen Seite besteht, können diesbezüglich auch keine abgrenzbaren temporären Differenzen berücksichtigt werden. Eine Einbeziehung von Sonderbilanzen in die Steuerabgrenzung entfällt somit grds (so auch *Heuser/Theile* Rz 4089; differenzierend *Fülbier/Mages* KoR 2007, 69 (75); aA *Kirsch* DStR 2002, 1875 (1877); *Ernsting/Loitz* DB 2004, 1053 (1060)). Die aus den Sonderbilanzen entstehenden Steuereffekte müssen jedoch zum Zeitpunkt ihrer Entstehung im Rahmen der Überleitungsrechnung gem IAS 12.81(c) dargestellt werden.

87 Auf Ebene des **Konzernabschlusses** kann die Identität zwischen den im IFRS-Abschluss und in der Sonderbilanz angesetzten Vermögenswerten dann gegeben sein, wenn zB ein Konzernunternehmen ein Grundstück an ein TU in Form einer PersGes verpachtet, welches bei dieser dem Sonderbetriebsvermögen zugeordnet wird. Sofern der IFRS-Buchwert des Grundstücks von seinem Steuerwert laut Sonderbilanz abweicht, entstehen temporäre Differenzen, auf die grds latente Steuern abzugrenzen sind (vgl *von Eitzen/Dahlke*, 91).

b) Steuerliche Ergänzungsbilanzen

Steuerliche Ergänzungsbilanzen sind **Wertkorrekturbilanzen,** die insbes beim Eintritt eines Gesellschafters in eine PersGes und beim Gesellschafterwechsel für den Eintretenden sowie beim Ausscheiden eines Gesellschafters für die verbleibenden Gesellschafter entstehen. In der steuerlichen Ergänzungsbilanz werden insbes Differenzen zu den Werten der Wirtschaftsgüter in der steuerlichen Gesamthandsbilanz der PersGes ausgewiesen, soweit sie auf den Gesellschafter, für den die Ergänzungsbilanz zu führen ist, entfallen, weil sie von ihm vergütet worden sind (positive steuerliche Ergänzungsbilanz). Damit ist die Identität zwischen den in der IFRS-Bilanz und den in der steuerlichen Ergänzungsbilanz bilanzierten Vermögenswerten und Schulden gegeben. Die Wertdifferenzen in der steuerlichen Ergänzungsbilanz werden entspr der steuerlichen Gesamthandsbilanz der PersGes fortgeführt. 88

Hat der Gesellschafter einen höheren Betrag als den anteiligen Zeitwert der identifizierbaren Wirtschaftsgüter vergütet, wird der überschießende Betrag in der steuerlichen Ergänzungsbilanz als **Geschäfts- oder Firmenwert** ausgewiesen, der steuerlich nach § 7 Abs 1 Satz 3 EStG linear über einen Zeitraum von 15 Jahren abgeschrieben wird. 89

Während für die IFRS-Bilanz der PersGes steuerliche Ergänzungsbilanzen keine Rolle spielen, mindern vergütete (anteilige) stille Reserven der Wirtschaftsgüter der PersGes und ein ggf vergüteter (anteiliger) Geschäfts- oder Firmenwert die künftige Gewerbesteuerbelastung der PersGes. Die steuerlichen Mehrwerte identifizierbarer Wirtschaftsgüter und ein in der steuerlichen Ergänzungsbilanz ausgewiesener Geschäfts- oder Firmenwert sind daher **in die latente Steuerabgrenzung einzubeziehen.** IAS 12.15(a), IAS 12.66 (→ Rn 95f) greifen nicht, weil sie nur dann ein Verbot zur Abgrenzung latenter Steuern vorsehen, wenn nach den IFRS-Vorschriften ein Geschäfts- oder Firmenwert entsteht, der steuerlich nicht abzugsfähig ist, und insoweit den umgekehrten Fall betreffen. 90

Beispiel: A ist zu 60% und B zu 40% an der Z-KG beteiligt; die Kapitalkonten betragen jeweils T€ 250. Der Teilwert der Aktiva der Z-KG beträgt T€ 2.000. Die C-GmbH erwirbt nun den Anteil des A für T€ 1.200. Die steuerliche Gesamthandsbilanz der Z-KG bleibt unverändert. Das Kapitalkonto des A wird zum Kapitalkonto der C-GmbH. Die Bilanzen sehen dann wie folgt aus (in T€):

Vereinfachte steuerliche Gesamthandsbilanz der KG

Aktiva	1.000	Kapital C	600
		Kapital B	400
	1.000		**1.000**

Darüber hinaus wird für die C-GmbH eine steuerliche Ergänzungsbilanz geführt, die das folgende Aussehen hat (in T€):

Geschäfts- oder Firmenwert	300	Mehrkapital	600
Mehrwert der Aktiva	300		
	600		**600**

Das auf C entfallende Gesamtkapital an der Z-KG beträgt somit T€ 1.200. Die in der Ergänzungsbilanz aktivierten Mehrwerte (aufgedeckte stille Reserven) werden entspr der steuerlichen Gesamthandsbilanz der KG fortgeführt. Für den von der C-GmbH erworbenen anteiligen Geschäfts- oder Firmenwert ergibt sich gem § 7 Abs 1 Satz 3 EStG ein steuerliches Abschreibungspotenzial von jährlich $^1/_{15}$ (vorliegend: T€ 20). Die Abschreibungen der steuerlichen Mehrwerte und des Geschäfts- oder Firmenwerts mindern den

Gewerbeertrag der KG, da dieser gem § 7 GewStG auf dem nach den Vorschriften des EStG ermittelten Gewinn beruht und damit auch in der Entwicklung der Ergänzungsbilanz Berücksichtigung findet. Im Ergebnis mindert sich damit die Gewerbesteuerbelastung der KG, die in die latente Steuerabgrenzung einzubeziehen ist.

91 Die Frage der bilanziellen Erfassung der latenten Steuern richtet sich nach IAS 12.58 ff. Nach *Fülbier/Mages* KoR 2007, 69 (74) und *Freiberg* PiR 2006, 205 (206) ist die Abgrenzung latenter Steuern gem IAS 12.65 **erfolgswirksam** vorzunehmen, da sich aus dem Ansatz in der steuerlichen Ergänzungsbilanz eine rein steuerliche Neubewertung ergebe, die den IFRS-Abschluss nicht betreffe. Dies ist im Hinblick auf das vorgenannte Beispiel aus Sicht des **Einzelabschlusses** zutreffend.

92 Aus **Konzernabschlusssicht** werden steuerliche Ergänzungsbilanzen immer dann relevant, wenn im Falle des Erwerbs einer PersGes erworbene stille Reserven vergütet werden, diese jedoch nicht in der Gesamthandsbilanz des erworbenen Unternehmens aufgedeckt werden. Die in diesem Zusammenhang in der steuerlichen Ergänzungsbilanz des TU vorgenommenen Wertkorrekturen betreffen daher einen **Anschaffungsvorgang,** welcher im IFRS-Konzernabschluss erfolgsneutral abzubilden ist. Die latenten Steuern auf Wertkorrekturen in steuerlichen Ergänzungsbilanzen sind im IFRS-Konzernabschluss deshalb ebenfalls **erfolgsneutral im Rahmen des Unternehmenserwerbs** zu erfassen. Die **Auflösung** der abgegrenzten latenten Steuern erfolgt dagegen **erfolgswirksam** über die GuV.

Eine erfolgsneutrale Erfassung der latenten Steuern ist auch dann vorzunehmen, wenn aus den Kapitaleinzahlungen von Minderheitsgesellschaftern für den nach IFRS bilanzierenden Mehrheitsgesellschafter eine negative steuerliche Ergänzungsbilanz resultiert.

Beispiel: Ein MU, das 70% der Anteile an einer PersGes hält, nimmt an einer Kapitalerhöhung durch die nicht-beherrschenden Gesellschafter nicht teil. Durch die Kapitaleinzahlungen der nicht-beherrschenden Gesellschafter ergibt sich für das MU – neben der Verwässerung seiner Anteile – eine negative steuerliche Ergänzungsbilanz, die zu künftigen steuerlichen Belastungen des MU führen wird. Auf den negativen Wert der steuerlichen Ergänzungsbilanz sind passive latente Steuern abzugrenzen, die die künftigen steuerlichen Belastungen abbilden. Die Erfassung der passiven latenten Steuern erfolgt erfolgsneutral gegen die Kapitalrücklage, da die Einzahlungen der nicht-beherrschenden Gesellschafter in die Kapitalrücklage ebenfalls erfolgsneutral vorgenommen worden waren. Damit werden die Einzahlungen der nicht-beherrschenden Gesellschafter in die Kapitalrücklage *net of tax* dargestellt. Dies ist wirtschaftlich zutreffend, da die Kapitaleinzahlungen für das MU wegen der hiermit verbundenen steuerlichen Belastungen einen geringeren Wert darstellen als die nominal eingezahlten Beträge.

Zur Abgrenzung latenter Steuern im Zusammenhang mit steuerlichen Ergänzungsbilanzen vgl zudem die **Beispiele** in → Rn 96 und → Rn 97.

5. Ansatzverbote

93 Über die konzeptionellen Ansatzverbote hinaus sieht IAS 12 für die Bilanzierung latenter Steuern für **zwei Fallgruppen** weitergehende Ansatzverbote vor.

a) Temporäre Differenzen aus dem Ansatz eines Geschäfts- oder Firmenwerts

94 Entstehen zu versteuernde temporäre Differenzen aus dem erstmaligen Ansatz eines Geschäfts- oder Firmenwerts (vgl hierzu IFRS 3.32 ff sowie → § 35 Rn 126), so ist der Ansatz latenter Steuern gem IAS 12.15(a), IAS 12.21 **unzu-**

lässig. Dies gilt gem IAS 12.21A grds auch für Differenzen, die aus der Folgebewertung eines Geschäfts- oder Firmenwerts resultieren. Begründet wird das Ansatzverbot mit dem Residualcharakter eines steuerlich nicht abzugsfähigen Geschäfts- oder Firmenwerts. Dieser ergibt sich regelmäßig bei Unternehmenszusammenschlüssen im Wege eines *share deals* aus der Kapitalkonsolidierung. Er resultiert aus der Differenz zwischen den Anschaffungskosten bzw dem beizulegenden Zeitwert der hingegebenen Gegenleistung für das einbezogene/erworbene Unternehmen und dessen um stille Reserven und stille Lasten bereinigten Eigenkapital. Die Abgrenzung einer latenten Steuerschuld auf den Geschäfts- oder Firmenwert selbst würde dazu führen, dass sich dieser als anzupassende Residualgröße in Höhe der abgegrenzten latenten Steuerschuld erhöht. Auf den erhöhten Geschäfts- oder Firmenwert wäre dann theoretisch erneut eine latente Steuerschuld abzugrenzen. Die aus einer konsequenten Durchführung der Steuerabgrenzung resultierende nicht gerechtfertigte Bilanzverlängerung wird durch das Ansatzverbot ausgeschlossen.

Das Ansatzverbot gilt gem IAS 12.21B indes **nicht,** wenn Abschreibungen auf einen Geschäfts- oder Firmenwert **steuerlich abzugsfähig** sind.

Damit ergeben sich grds folgende Fallkonstellationen:

(1) Temporäre Differenzen aus dem Ansatz eines aus der **Kapitalkonsolidierung** von **KapGes** resultierenden Geschäfts- oder Firmenwerts aus einem ***share deal*** unterliegen **stets** dem Ansatzverbot gem IAS 12.15(a), IAS 12.21. Dies schließt Geschäfts- oder Firmenwerte aus **Fusionen** *(legal merger)* ein, die gem IFRS 3.4 ebenfalls nach der Erwerbsmethode zu bilanzieren sind. Die Ausnahmeregelung gilt nach IAS 12.21A ferner für Differenzen aus der Fortentwicklung eines aus der Kapitalkonsolidierung resultierenden Geschäfts- oder Firmenwerts in Folgeperioden, etwa durch außerplanmäßige Abschreibungen gem IFRS 3.B63(a). 95

(2) Im Rahmen des Erwerbs von Anteilen an **PersGes** können sich steuerlich anerkannte Abschreibungen auf Geschäfts- oder Firmenwerte ergeben. Die Differenz zwischen dem Anteilskaufpreis und dem anteiligen Eigenkapital auf der Basis von steuerlichen Buchwerten führt beim Käufer zum Ansatz eines Geschäfts- oder Firmenwerts in der steuerlichen Ergänzungsbilanz (→ Rn 90). Die auf diesen Geschäfts- oder Firmenwert gem § 7 Abs 1 Satz 3 EStG vorzunehmenden Abschreibungen sind steuerlich abzugsfähig, weshalb das Ansatzverbot des IAS 12.15(a) gem IAS 12.21B im Rahmen der Folgebewertung **nicht** greift. Für ähnlich zu beurteilende **Umwandlungsfälle** ist zu berücksichtigen, dass die körperschaftsteuerliche Abzugsfähigkeit durch das StSenkG 2000 seit dem 31. Dezember 2000 versagt wurde; die gewerbesteuerliche Abzugsfähigkeit bestand nur bis zum 31. Dezember 1998. Übersteigt der steuerlich abzugsfähige Geschäfts- oder Firmenwert den im IFRS-Abschluss ermittelten Geschäfts- oder Firmenwert, was aufgrund der nach IFRS 3 durchzuführenden Kaufpreisallokation regelmäßig der Fall sein wird, so sind die im IFRS-Abschluss abzugrenzenden latenten Steuern durch Anwendung eines iterativen Verfahrens zu ermitteln. 96

Beispiel: Ein MU erwirbt im Jahr X1 Anteile an einer PersGes (TU) zu einem Kaufpreis, der das anteilige Eigenkapital des TU um T€ 2.500 übersteigt. Der Mehrbetrag entfällt mit T€ 1.000 auf stille Reserven in einem Betriebsgrundstück, mit T€ 500 auf ein Markenrecht und mit weiteren T€ 500 auf vertragliche Kundenbeziehungen. Andere stille Reserven sind nicht erkennbar. In der steuerlichen Ergänzungsbilanz setzt die Gesellschaft lediglich das Betriebsgrundstück mit T€ 1.000 sowie einen Geschäfts- oder Firmenwert in Höhe von T€ 1.500 an. Dieser Geschäfts- oder Firmenwert wird unter Berücksichtigung von § 7 Abs 1 Satz 3 EStG linear über einen Zeitraum von 15 Jahren abgeschrieben.

Da das Markenrecht und die vertraglichen Kundenbeziehungen in der steuerlichen Ergänzungsbilanz nicht angesetzt werden, sind im Rahmen der Kaufpreisallokation passive latente Steuern zu bilden. Diese belaufen sich bei einem Steuersatz von 30% auf T€ 300. Demnach verbleibt im IFRS-Abschluss ein Geschäfts- oder Firmenwert in Höhe von T€ 800 (2.500 – 1.000 – 500 – 500 + 300). Dieser Geschäfts- oder Firmenwert weicht von dem in der steuerlichen Ergänzungsbilanz aktivierten Geschäfts- oder Firmenwert (T€ 1.500) um T€ 700 ab. Da der Geschäfts- oder Firmenwert steuerlich abzugsfähig ist, sind auf die Differenz aktive latente Steuern von T€ 210 abzugrenzen (700 × 30%). Die Abgrenzung der aktiven latenten Steuern vermindert wiederum den im IFRS-Abschluss angesetzten Geschäfts- oder Firmenwert. Der endgültig anzusetzende Wert der latenten Steuern und des Geschäfts- oder Firmenwerts ist im Rahmen eines iterativen Verfahrens zu bestimmen. Nach fünf Iterationsschritten (→ Rn 97) verbleiben ein Geschäfts- oder Firmenwert von T€ 500 und aktive latente Steuern von T€ 300, die nach IFRS 3 zum Zeitpunkt der Erstkonsolidierung anzusetzen sind.

Im IFRS-Abschluss unterliegen das Markenrecht (mit unbestimmbarer Nutzungsdauer) und der Geschäfts- oder Firmenwert keiner planmäßigen Abschreibung. Die Kundenbeziehungen werden linear über einen Zeitraum von 5 Jahren abgeschrieben. Am Ende des Jahrs X5 wird das TU zum Buchwert veräußert. Damit ergibt sich für die vergüteten stillen Reserven in der Konzernbilanz und in der steuerlichen Ergänzungsbilanz folgende Entwicklung:

	Erwerb	Jahr X1	Jahr X2	Jahr X3	Jahr X4	Jahr X5
	T€	T€	T€	T€	T€	T€
Steuerliche Ergänzungsbilanz	**2.500**					
Grundstück	1.000	1.000	1.000	1.000	1.000	1.000
Geschäfts- oder Firmenwert	1.500	1.400	1.300	1.200	1.100	1.000
IFRS-Bilanz						
Grundstück	1.000	1.000	1.000	1.000	1.000	1.000
Markenrecht	500	500	500	500	500	500
Vertragliche Kundenbeziehungen	500	400	300	200	100	0
Geschäfts- oder Firmenwert	500	500	500	500	500	500
Aktive latente Steuern auf GoF	300	270	240	210	180	150
Passive latente Steuern						
– auf das Markenrecht	–150	–150	–150	–150	–150	–150
– auf die Kundenbeziehungen	–150	–120	– 90	– 60	– 30	0

Aufgrund der identischen Erfassung der stillen Reserven für das Betriebsgrundstück ergeben sich temporäre Differenzen nur aus der abweichenden Behandlung des Markenrechts, der Kundenbeziehungen sowie des Geschäfts- oder Firmenwerts. Da der Geschäfts- oder Firmenwert über die Totalperiode – spätestens bei Veräußerung der Beteiligung – sowohl in der IFRS-, als auch in der Steuerbilanz abzugsfähig ist, greift das Ansatzverbot des IAS 12.15(a) nicht, sodass die Abgrenzung latenter Steuern gem IAS 12.21B erforderlich ist. Die Erfassung der aktiven und passiven latenten Steuern zum Erwerbszeitpunkt ist gem IAS 12.66 erfolgsneutral vorzunehmen. Die Auflösung erfolgt dagegen erfolgswirksam.

Zu beachten ist, dass sich **konzerninterne Umstrukturierungen,** die zu einer **Reallokation von Geschäfts- oder Firmenwerten** im IFRS-Abschluss führen, ggf auf die Bilanzierung und Bewertung latenter Steuern auswirken können (vgl *Meyer* KoR 2015, 69 (77)).

Beispiel: Ein MU erwirbt im Jahr X1 einen Geschäftsbetrieb und erfasst sowohl nach IFRS als auch in der Steuerbilanz einen Geschäfts- oder Firmenwert in Höhe von T€ 1.500. Der Steuersatz des MU beträgt 30%. In der Steuerbilanz wird der Geschäfts- oder Firmenwert über 15 Jahre ratierlich abgeschrieben.

Am Ende des Jahres X2 wird der Geschäftsbetrieb in ein ausländisches TU mit einem Steuersatz von 20% eingebracht. Im IFRS-Abschluss wird der Geschäfts- oder Firmenwert auf Ebene des ausländischen TU reallokiert, während der steuerliche Geschäfts- oder Firmenwert beim MU verbleibt. Nach Maßgabe des IFRSIC (vgl IFRIC Update May 2014, 8) ist die Ermittlung und Bewertung der temporären Differenzen separat für jede Einheit unter Berücksichtigung der jeweils anzuwendenden Steuersätze vorzunehmen. Nach Abschreibung der ersten T€ 100 in der Steuerbilanz verbleibt am Ende von X2 auf Ebene des MU eine abzugsfähige temporäre Differenz in Höhe von T€ 1.400, auf die, sofern ihre Werthaltigkeit gegeben ist, eine aktive latente Steuer von T€ 420 abzugrenzen ist (T€ 1.400 × 30%). Der dem ausländischen TU zugeordnete Geschäfts- oder Firmenwert führt zu einer zu versteuernden temporären Differenz von T€ 1.500, die zu einer passiven latenten Steuer von nur noch T€ 300 führt (T€ 1.500 × 20%). Eine Saldierung beider Posten ist nicht möglich, da die temporären Differenzen auf unterschiedliche Unternehmenseinheiten entfallen und eine Aufrechung daher nicht möglich wäre.

(3) Für Geschäfts- oder Firmenwerte, die im Rahmen von Unternehmenserwerben in Form eines ***asset deal*** entstehen, ist gem § 7 Abs 1 Satz 3 EStG eine abzugsfähige lineare Abschreibung in der Steuerbilanz auf Basis einer Nutzungsdauer von 15 Jahren zulässig. Aufgrund der steuerlichen Absetzbarkeit des Geschäfts- oder Firmenwerts können temporäre Differenzen im Rahmen des erstmaligen Ansatzes nur aufgrund abweichender Anschaffungskosten (zB aus unterschiedlicher Behandlung der Anschaffungsnebenkosten) bzw des beizulegenden Zeitwerts der hingegebenen Gegenleistung oder im Rahmen der Kaufpreisallokation gem IFRS 3.10ff entstehen, die zu einer abweichenden Dotierung der Geschäfts- oder Firmenwerte führen. In Folgeperioden resultieren temporäre Differenzen zudem aus den abweichenden Abschreibungsregeln (lineare Abschreibung nach § 7 Abs 1 Satz 3 EStG versus *impairment* nach IFRS 3.B63(a)). Die entstehenden temporären Differenzen unterliegen gem IAS 12.21B aufgrund der steuerlichen Absetzbarkeit **nicht** dem Ansatzverbot des IAS 12.15(a), sodass eine Abgrenzung latenter Steuern erforderlich ist. 97

Beispiel: Ein Unternehmen erwirbt die Vermögenswerte und Schulden eines anderen Unternehmens im Rahmen eines *asset deal* zu einem Kaufpreis in Höhe von T€ 2.000. Der Erwerber unterliegt einem Steuersatz von 30%.

In der Bilanz des übertragenden Unternehmens werden die Vermögenswerte zum Erwerbsstichtag in Höhe von T€ 4.500, die Schulden in Höhe von T€ 4.000 bewertet. In der Steuerbilanz des erworbenen Unternehmens setzt der Käufer diese Vermögenswerte und Schulden im Rahmen der Buchwertverknüpfung an, Eventualschulden in Höhe von T€ 1.000 werden nicht angesetzt. Demnach ermittelt sich für die Steuerbilanz ausgehend von einem Kaufpreis in Höhe von T€ 2.000 ein steuerlich abzugsfähiger Geschäfts- oder Firmenwert von T€ 1.500.

In der IFRS-Bilanz bilanziert der Erwerber die Vermögenswerte und Schulden zum Erwerbszeitpunkt gem IFRS 3.18 grds zum beizulegenden Zeitwert. Dies führt für die übernommenen Vermögenswerte aufgrund aktivierter Entwicklungskosten zu einer Zuschreibung um T€ 1.500, die übernommenen Eventualschulden werden in Höhe von T€ 1.000 passiviert. Auf die ggü der Steuerbilanz entstehenden Differenzen sind passive latente Steuern in Höhe von T€ 450 (T€ 1.500 × 30%) und aktive latente Steuern in Höhe von T€ 300 (T€ 1.000 × 30%) abzugrenzen. Es ermittelt sich ein vorläufiger Geschäfts- oder Firmenwert in Höhe von T€ 1.150 (2.000 – (4.500 + 1.500 + 300 – 4.000 – 1.000 – 450)), der den in der Steuerbilanz angesetzten Betrag um T€ 350 unterschreitet. Da der Geschäfts- oder Firmenwert steuerlich abzugsfähig ist, sind auf die Differenz von T€ 350 aktive latente Steuern in Höhe von T€ 105 abzugrenzen, was wiederum den Geschäfts- oder Firmenwert schmälert. Im Rahmen eines iterativen Verfahrens werden Geschäfts- oder Firmenwert sowie die hierauf abzugrenzenden aktiven latenten Steuern wie folgt ermittelt:

GoF nach IFRS	Latente Steuern	Differenz	GoF Ergänzungsbilanz	Differenz	Steuersatz	Latente Steuer (korrigiert)
T€	T€	T€	T€	T€		T€
1.150			1.500	350	30%	105
1.150	**105**	1.045	1.500	455	30%	137
1.150	137	1.013	1.500	487	30%	146
1.150	146	1.004	1.500	496	30%	149
1.150	149	1.001	1.500	499	30%	150
1.150	150	1.000	1.500	500	30%	150

Somit errechnen sich für den IFRS-Abschluss ein Geschäfts- oder Firmenwert in Höhe von T€ 1.000 und aktive latente Steuern in Höhe von T€ 150.

In der Steuerbilanz wird der Geschäfts- oder Firmenwert gem § 7 Abs 1 Satz 3 EStG über 15 Jahre abgeschrieben, sodass jährlich Firmenwertabschreibungen in Höhe von T€ 100 entstehen. In der IFRS-Bilanz wird der Geschäfts- oder Firmenwert gem IFRS 3.B63(a) unverändert fortgeführt. Damit ergeben sich hinsichtlich des Geschäfts- oder Firmenwerts folgende ertragsteuerlichen Konsequenzen:

	Erwerb	Jahr X1	Jahr X2	Jahr X3	Jahr X4	Jahr X5	Jahr X6
	T€	T€	T€	T€	T€	T€	T€
IFRS-Bilanz							
Geschäfts- oder Firmenwert	1.000	1.000	1.000	1.000	1.000	1.000	1.000
Steuerbilanz							
Geschäfts- oder Firmenwert	1.500	1.400	1.300	1.200	1.100	1.000	900
Differenz	−500	−400	−300	−200	−100	0	100
Aktive latente Steuer (30%)	150	120	90	60	30	0	0
Passive latente Steuer (30%)		0	0	0	0	0	30

In einer Gesamtbetrachtung stehen dem höheren Geschäfts- oder Firmenwert der Steuerbilanz in der IFRS-Bilanz aktivierte Entwicklungskosten und passivierte Eventualschulden gegenüber, auf die ebenfalls latente Steuern abzugrenzen sind.

98 Übersteigt der nach IFRS bilanzierte Geschäfts- oder Firmenwert den steuerlichen, so ist zu beachten, dass latente Steuern nur auf temporäre Differenzen in Höhe des steuerlich abzugsfähigen Teils abgegrenzt werden dürfen. Diese Konstellation dürfte in der Praxis jedoch nur selten vorkommen, da nach IFRS 3 im Vergleich zur Steuerbilanz tendenziell mehr immaterielle Vermögenswerte bzw höhere beizulegende Zeitwerte anzusetzen sind, die den im IFRS-Abschluss anzusetzenden Geschäfts- oder Firmenwert schmälern.

b) Im Rahmen der erstmaligen Buchung erfolgsneutral entstandene temporäre Differenzen

99 Entstehen bei der erstmaligen Buchung eines Vermögenswerts oder einer Schuld temporäre Differenzen aufgrund eines **erfolgsneutralen Sachverhalts** und steht dieser Sachverhalt nicht im Zusammenhang mit einem Unternehmenserwerb, so ist der Ansatz eines latenten Steueranspruchs bzw einer latenten Steuerschuld gem IAS 12.15(b), IAS 12.22(c) bzw IAS 12.24(b), IAS 12.33 unzulässig. Zu beachten ist, dass die Voraussetzungen der Ausnahmeregelung nur bei dem Erwerb von **einzelnen** Vermögenswerten und Schulden erfüllt sind.

Beispiel: Zu Beginn des Jahrs X1 erwirbt ein Unternehmen eine Produktionsanlage zu Anschaffungskosten in Höhe von T€ 1.000. In Ausübung des nach IAS 20.24, IAS 20.27 gewährten Wahlrechts zieht das Unternehmen eine gem § 13 InvZulG 2010 steuerfreie Investitionszulage in Höhe von T€ 200 von den Anschaffungskosten ab und bilanziert die Produktionsanlage in der IFRS-Bilanz mit einem Wert von T€ 800. Aufgrund der Einkommensteuerbefreiung ist die Investitionszulage in der Steuerbilanz als steuerfreier Ertrag zu bilanzieren, die Anschaffungskosten werden nicht gemindert. Die sich im Hinblick auf das Anlagevermögen ergebende temporäre Differenz in Höhe von T€ 200 entsteht erfolgsneutral. Die GuV wird durch die Verrechnung der Investitionszulage mit den Anschaffungskosten nicht berührt. Das zu versteuernde Einkommen wird durch die steuerbefreite Investitionszulage ebenfalls nicht beeinflusst. In den Folgejahren führt der höhere Wertansatz in der Steuerbilanz zu höheren Abschreibungsbeträgen, die den Steueraufwand verringern. Die Abgrenzung eines latenten Steueranspruchs auf den dem Unternehmen zufließenden Vorteil ist gem IAS 12.24 (b), IAS 12.33 jedoch unzulässig.

Unabhängig von dem Ansatzverbot wäre die Bilanzierung eines latenten Steueranspruchs allerdings auch sachlich verfehlt. Da die Investitionszulage steuerfrei gewährt wurde, unterliegt die zwischen IFRS- und Steuerbilanz entstehende Differenz nicht der Besteuerung, sodass eine latente steuerliche Last erst gar nicht entsteht, sondern vielmehr eine permanente Differenz vorliegt.

Auch die Veränderungen einer bei Erstverbuchung erfolgsneutral entstandenen temporären Differenz, etwa durch Abschreibungen in Folgeperioden, dürfen steuerlich nicht abgegrenzt werden. Bei einer Nutzungsdauer von zehn Jahren wird die Produktionsanlage zum Bilanzstichtag des Jahres X1 in der IFRS-Bilanz mit T€ 720 und in der Steuerbilanz mit T€ 900 bilanziert. Die temporäre Differenz verringert sich aufgrund der unterschiedlichen Abschreibungshöhe von T€ 200 auf T€ 180. Da die Differenz urspr auf den erstmaligen Ansatz eines Vermögenswerts zurückzuführen ist, darf ein latenter Steueranspruch nicht aktiviert werden.

Anders zu beurteilen wäre der Fall, wenn die Produktionsanlage in einem späteren Jahr gem IAS 16.31 neu bewertet würde. Auf die sich aus der Neubewertung ergebenden temporären Differenzen findet das Ansatzverbot keine Anwendung.

Zur Bilanzierung von **Leasinggeschäften** im Rahmen des **Finanzierungs-** 100
leasings vgl im Einzelnen → Rn 103(n). Auf kombinierte Finanzinstrumente, die im Erwerbszeitpunkt in eine Eigen- und eine Fremdkapitalkomponente aufzuteilen sind, findet die Ausnahmevorschrift gem IAS 12.23 hingegen keine Anwendung (→ Rn 108(a)).

6. Anwendungsfälle

Aufgrund der abweichenden **Definition des Vermögenswerts bzw der** 101
Schuld nach IFRS ggü den steuerrechtlichen Begriffen des Wirtschaftsguts bzw der Verbindlichkeit sowie abweichenden Ansatz- und Bewertungskriterien entstehen regelmäßig temporäre oder permanente Differenzen zwischen den Wertansätzen in IFRS- und Steuerbilanz. Nachfolgend sind **häufig auftretende Unterschiede** als Ursache solcher Differenzen sortiert nach Steuerbilanzposten aufgelistet:

(1) **Immaterielle Vermögenswerte:** 102

(a) **Forschungskosten** dürfen weder nach IFRS (IAS 38.54), noch in der Steuerbilanz (§ 5 Abs 2 EStG) angesetzt werden: **keine** temporären Differenzen.

(b) Die Aktivierung von **Entwicklungskosten** gem IAS 38.57 führt regelmäßig zu **zu versteuernden** temporären Differenzen, die sich mit Abschreibung der aktivierten Entwicklungskosten wieder auflösen.

(c) **Selbst geschaffene Geschäfts- oder Firmenwerte** sind weder nach IFRS (IAS 38.48) noch in der Steuerbilanz (§ 5 Abs 2 EStG) ansatzfähig: **keine** temporären Differenzen.

(d) **Derivative Geschäfts- oder Firmenwerte** aus Unternehmenszusammenschlüssen (Anteilskauf, *asset deal,* Umwandlungen nach UmwG) führen regelmäßig zu Differenzen zwischen IFRS- und Steuerbilanz, zB aufgrund unterschiedlicher Ermittlung des Geschäfts- oder Firmenwerts (IFRS 3.32 versus § 12 UmwStG), unterschiedlicher Nutzungsdauern (unbestimmte Nutzungsdauer nach IFRS 3 versus Nutzungsdauer von

15 Jahren gem § 7 Abs 1 Satz 3 EStG) bzw aufgrund unterschiedlicher Abschreibungsmethoden (*impairment only* Ansatz gem IFRS 3.B63(a) versus lineare Abschreibung gem § 7 Abs 1 Satz 1 EStG). Als Folge entstehen sowohl **temporäre** als auch **permanente** Differenzen. Zu beachten ist das **Ansatzverbot** gem IAS 12.15(a), IAS 12.21 (im Einzelnen → Rn 94 ff).

(e) Für **erworbene immaterielle Vermögenswerte** können temporäre Differenzen aus unterschiedlichem **Ansatz** (Vermögenswert IAS 38.8 versus immaterielles Wirtschaftsgut), unterschiedlicher Ermittlung der **Anschaffungs- oder Herstellungskosten** (IAS 38.25 ff versus §§ 5 Abs 2, 6 Abs 1 Nr 1 EStG iVm § 255 HGB), unterschiedlichen **Abschreibungsmethoden und Nutzungsdauern** (IAS 38.88 versus § 7 EStG/steuerliche Afa-Tabellen), dem Wahlrecht zur **Neubewertung** (IAS 38.75) und aus Wertminderungen (IAS 38.111, IAS 36 versus Teilwert nach § 6 Abs 1 Nr 2 Satz 2 EStG) entstehen.

103 (2) **Sachanlagen:**

(a) Die **Aufteilung** eines Vermögenswerts in Bestandteile mit unterschiedlichen Nutzungsdauern im Rahmen des Komponentenansatzes (IAS 16.43 ff) kann zu temporären Differenzen führen.

(b) **Anschaffungs- oder Herstellungskosten** können unterschiedlich ermittelt werden (Einbeziehung von Gemeinkostenbestandteilen, Fremdkapitalzinsen auch bei Anschaffung, Erhaltungsaufwand sowie nachträglichen Ausgaben (IAS 16.16 ff, IAS 23 versus § 6 Abs 1 Nr 1 bis Nr 2 EStG iVm § 255 HsGB)): temporäre Differenzen.

(c) Für die Bilanzierung von **Zuwendungen der öffentlichen Hand** (Investitionszuschüsse, steuerfreie Zulagen) gilt gem IAS 20.24 ein Wahlrecht, steuerrechtlich ist R 6.5 Abs 2 EStR zu beachten. Temporäre Differenzen sind möglich, für die aber ggf das Ansatzverbot gem IAS 12.24 (b) gilt (→ Rn 99).

(d) Die **Übertragung von stillen Reserven** durch Rücklagen oder auf erworbene Wirtschaftsgüter nach § 6b EStG, R 6.6 EStR ist nach IFRS unzulässig: temporäre Differenzen.

(e) Eine **Neubewertung** gem IAS 16.31 bleibt regelmäßig ohne steuerliche Wirkung (§ 6 Abs 1 Nr 1 und Nr 2 EStG): temporäre Differenzen.

(f) Unterschiedliche **Abschreibungsmethoden bzw Nutzungsdauern** (IAS 16.43 ff versus § 7 EStG: fixierte Nutzungsdauern, AfA-Tabellen, Gebäude, Sofortabschreibung GWG). Die unterschiedlichen Methoden führen zu temporären Differenzen.

(g) § 7g EStG bietet steuerlich die Möglichkeit eines **Investitionsabzugsbetrags,** bei dessen Inanspruchnahme ein steuerlicher Rücklageposten in der Steuerbilanz zu passivieren ist. Hierdurch entstehen temporäre Differenzen, die sich spätestens mit dem Abgang des betroffenen Wirtschaftsguts des Anlagevermögens ausgleichen.

(h) Im Rahmen der **Folgebewertung** angesetzte nachträgliche Ausgaben bzw Herstellungskosten (IAS 16.12 ff) können von den steuerlichen Vorschriften abweichen: temporäre Differenzen.

(i) Eine **Wertminderung** gem IAS 16.63, IAS 36 kann ohne steuerliche Wirkung (§ 6 Abs 1 EStG) vorgenommen werden: temporäre Differenzen.

(j) **Sonderabschreibungen** und **erhöhte Absetzungen** gem § 7h EStG sind nach IAS 16.60 unzulässig: temporäre Differenzen.

(k) Bei **Tauschgeschäften** kann es zu temporären Differenzen kommen, sofern nach IAS 16.24 der beizulegende Zeitwert angesetzt wird, steuerrechtlich gem § 6 Abs 6 Satz 1 EStG jedoch der gemeine Wert.

(l) Werden **zur Veräußerung gehaltene langfristige Vermögenswerte** gem IFRS 5.15 zum niedrigeren beizulegenden Zeitwert abzüglich Veräußerungskosten bilanziert, so kann es zu temporären Differenzen ggü dem Steuerbilanzansatz kommen, sofern dort keine entspr Teilwertabschreibung nachvollzogen wird.

(m) **Ingangsetzungsaufwendungen** bzw Erweiterungsaufwendungen dürfen weder nach IFRS noch in der Steuerbilanz angesetzt werden: **keine** temporären Differenzen.

(n) Die wirtschaftliche Betrachtungsweise (Bilanzierung von **Leasingverhältnissen:** abweichende Erfassung IAS 17.20 versus Leasingerlasse BMF vom 19. April 1971 BStBl I, 264) führt zu temporären Differenzen. Im Rahmen des Finanzierungsleasings sind Leasingobjekt und Leasingverbindlichkeit gem IAS 17.20 in gleicher Höhe zu aktivieren bzw zu passivieren. In der Steuerbilanz erfolgt lediglich eine periodengerechte erfolgswirksame Erfassung der Leasingraten in der GuV. Da das Leasinggeschäft nach IFRS im Rahmen der Erstverbuchung erfolgsneutral bilanziert wird, ist grds das Ansatzverbot gem IAS 12.15(b), IAS 12.24(b) einschlägig, und zwar sowohl im Jahr der erstmaligen Erfassung als auch in Folgejahren (→ Rn 100). Dies gilt nach dem Wortlaut des Standards auch dann, wenn sich der auf das Leasingobjekt entfallende Vermögenswert und die korrespondierende Leasingverbindlichkeit wertmäßig unterschiedlich entwickeln und somit Steuerwirkungen nach sich ziehen. Angesichts der in der Praxis bestehenden Unsicherheiten hat das (damalige) IFRIC im Jahr 2005 zunächst geäußert, dass die steuerlichen Konsequenzen für das Leasingobjekt einerseits und die Leasingverbindlichkeit andererseits separat zu beurteilen seien, diese Entscheidung anschließend aber wieder zurückgezogen. Angesichts der verbleibenden Unsicherheit dürfte dem Bilanzierenden ein entspr Wahlrecht zuzugestehen sein. Die konkrete Ausgestaltung dieses Wahlrechts ist im Anhang zu erläutern. In der Literatur ist derzeit umstritten, ob die Ausnahmeregelung des IAS 12.15(b) auf das *finance-lease-adjustment* anzuwenden ist (so *pwc* 2015 Rz 13.163f) oder ob deren Anwendung für diese Fälle grds nicht gegeben ist (so *KPMG* 2014/15, Rz 3.13.230.30). Nach der letztgenannten Ansicht soll für Bilanzierungszwecke – entgegen den ausdrücklichen Vorgaben des IAS 12 – allein auf die ökonomischen und steuerlichen Wirkungen abgestellt werden, mit der Folge, dass zwar beim erstmaligen Ansatz des Leasingobjekts und der korrespondierenden Leasingverbindlichkeit keine latenten Steuern, in den Folgejahren infolge der unterschiedlichen Entwicklung beider Posten jedoch latente Steuern auf die Differenz zwischen Vermögenswert und Leasingverbindlichkeit abzugrenzen sein sollen (*KPMG* 2014/15, Rz 3.13.230).

(o) Werden als **Finanzinvestition gehaltene Immobilien** gem IAS 41 zum beizulegenden Zeitwert bewertet, so entstehen ggü dem steuerlichen Ansatz temporäre Differenzen. Für den Fall, dass eine als Finanzinvestition gehaltene Immobilie den einzigen Vermögenswert in einem Unternehmensmantel darstellt und die Ertragsrealisierung durch die Veräußerung der Anteile an dem TU erfolgt, hat das IFRSIC im Juli 2014 eine Entscheidung getroffen. Demnach können sich latente Steuern aus zwei Gründen ergeben: Übersteigt der beizulegende Zeitwert der Immobilie infolge der Bewertung nach IAS 40 die in der Steuerbilanz aktivierten Anschaffungskosten, so sind auf diese temporären Differenzen gem IAS 12.11 latente Steuern als *inside basis differences* abzugrenzen (→ Rn 122). Beabsichtigt die Unternehmensleitung zudem, die Anteile an dem TU zu veräußern, so ist zusätzlich die Abgrenzung von *outside basis differences* (→ Rn 124) gem IAS 12.38 erforderlich (vgl auch IFRIC Update July 2014, 8).

Beispiel: Ein MU hält 100% der Anteile an einem TU mit Anschaffungskosten von T€ 1.000. Das TU wiederum hält als einzigen Vermögenswert eine Immobilie mit Herstellkosten von T€ 5.000 sowie ein Darlehen von T€ 4.000. Die Immobilie ist verkaufsbereit, das Management des MU beabsichtigt eine Veräußerung des TU mitsamt der Immobilie in absehbarer Zeit. Zum Bilanzstichtag beläuft sich der Zeitwert der Immobilie auf T€ 6.000. In der Steuerbilanz des TU wird das Gebäude mit T€ 5.000, im Konzernabschluss mit T€ 6.000 angesetzt. Dementsprechend ergeben sich zu versteuernde temporäre Differenzen von T€ 1.000, die bei einem Steuersatz von 30% zu passiven latenten Steuern von T€ 300 führen (*inside basis differences*). Im Hinblick auf *outside basis differences* ist der Beteiligungsbuchwert des TU beim MU von T€ 1.000 den im Konzern angesetzten Nettovermögenswerten des TU von T€ 1.700 (Gebäude: T€ 6.000 abzüglich Bankdarlehen: T€ 4.000 und abzüglich passive latente Steuer: 300) gegenüberzustellen. Es ergibt sich eine zu versteuernde temporäre Differenz von T€ 700 als *outside basis difference*, auf die wegen der Veräußerungsabsicht zusätzlich passive latente Steuern abzugrenzen sind. Da die Veräußerung der Anteile an dem TU gem § 8b Abs 1 KStG grds steuerfrei ist und gem § 8b Abs 5 KStG nur 5% des Veräußerungsgewinns als nichtabzugsfähige Betriebsausgabe zu versteuern ist, ergeben sich weitere passive latente Steuern von T€ 10,5 (T€ 700 × 30% × 5%). Dieser Betrag bildet den Steueraufwand ab, der im Falle einer Veräußerung des TU fällig wird. Insgesamt sind damit latente Steuern sowohl aus *inside* als auch aus *outside basis differences* in Höhe von T€ 310,5 zu passivieren.

104 (3) **Finanzanlagen:**

(a) Für **Dividendenausschüttungen im Konzernabschluss,** die in unterschiedlichen Perioden erfasst werden (IAS 18.30(c)), gilt die Steuerbefreiung gem § 8b Abs 1 KStG. Im Hinblick auf Anteile an TU, assoziierten Unternehmen oder Gemeinschaftsunternehmen ergeben sich insoweit **permanente** Differenzen (zu den Ausnahmen aufgrund von §§ 8b Abs 5 KStG, 7 ff AStG → Rn 139 ff).

(b) **Veräußerungsgewinne** sind bei Veräußerung von Anteilen an KapGes gem § 8b Abs 2 KStG grds steuerfrei. Aus unterschiedlichen Wertansätzen für Anteile an TU, assoziierten Unternehmen und Gemeinschaftsunternehmen ergeben sich insofern idR **permanente** Differenzen (zu den Ausnahmen → Rn 139).

(c) **Wertminderungen/Abschreibungen** auf Kapitalbeteiligungen sind gem § 8b Abs 2 Satz 4 KStG grds steuerlich unbeachtlich (**permanente** Differenzen). Zu den Ausnahmefällen sowie deren steuerlicher Behandlung → Rn 139 ff.

(d) Zur **Kapitalkonsolidierung** vgl Geschäfts- oder Firmenwert bzw Eigenkapital.

105 (4) **Vorräte:**

(a) Bewertungsdifferenzen können aus der Einbeziehung von **allgemeinen Verwaltungsgemeinkosten** (IAS 2.10 ff versus §§ 6 Abs 1 Nr 2 EStG, 255 HGB) oder aus abweichenden Bewertungsverfahren resultieren: temporäre Differenzen.

(b) Bestimmte **Fremdkapitalzinsen** sind nach IAS 23 in die Herstellungskosten einzubeziehen. Gem §§ 6 Abs 1 Nr 2, 5 Abs 1 EStG iVm § 255 Abs 3 HGB ergibt sich diesbezüglich ein Wahlrecht. Aus der abweichenden Ausübung des Wahlrechts können temporäre Differenzen entstehen.

(c) **Wertminderungen** gem IAS 2.28 steht der steuerrechtliche Teilwertgedanke/Gewinnabschlag (§ 6 Abs 1 Nr 2 Satz 2 EStG) gegenüber: temporäre Differenzen.

(d) Dem der Steuerbilanz zugrunde liegenden **Niederstwertprinzip** steht die rein **absatzseitige Betrachtungsweise** nach IAS 2 gegenüber. Temporäre Differenzen können sich aufgrund der Bewertung zu gesunkenen Wiederbeschaffungswerten ergeben, die nach IAS 2 unbeachtlich sind: temporäre Differenzen.

(e) Steuerlich anerkannte **Pauschalabschläge** auf das Vorratsvermögen sind nach IAS 2 unzulässig: temporäre Differenzen.

(f) Abweichend von der **Teilgewinnrealisierung** gem IAS 11 werden Gewinne aus Langfristfertigung in der Steuerbilanz erst mit vollständiger Leistungserbringung bzw Gefahrenübergang realisiert (§ 252 Abs 1 Nr 4 HGB): temporäre Differenzen.

(g) Nach der Auffassung der Finanzverwaltung sind **Auftragsverluste aus Fertigungsaufträgen** nur in Höhe des Fertigstellungsgrads zum Bilanzstichtag steuerlich abzugsfähig und nicht wie gem IAS 11 in voller Höhe: temporäre Differenzen.

(5) **Forderungen:** 106

(a) Ein abweichender **Ansatz** kann sich aus der unterschiedlichen Definition des Vermögenswerts/Wirtschaftsguts, aus divergierenden Regelungen zur Ausbuchung finanzieller Vermögenswerte (zB Bilanzierungskonsequenzen aus der Verwaltung von finanziellen Vermögenswerten gem IAS 39.24/IFRS 9.3.2.10 ff oder Zurückbehaltung von Risiken und Chancen nach Übertragung eines finanziellen Vermögenswerts gem IAS 39.20/IFRS 9.3.2.3 ff) sowie aus periodenverschobener Erfassung ergeben. IdR entstehen hieraus temporäre Differenzen. Zu den Handelsaktiva von Banken vgl *Fülbier/Weiß* PiR 2012, 201 (203).

(b) Eine divergierende Erfassung von **Dividendenforderungen** in Steuer- und IFRS-Bilanz kommt grds nicht in Betracht. Für den Fall, dass ein Gewinnverwendungsbeschluss erforderlich ist, darf weder nach IAS 10.12 noch in der Steuerbilanz (BFH-Beschluss vom 7. August 2000) eine phasengleiche Gewinnvereinnahmung vorgenommen werden. Die Aktivierung des Dividendenanspruchs erfolgt somit kongruent in beiden Rechenwerken im Jahr nach Aufstellung des Abschlusses. Bei Bestehen eines Ergebnisabführungsvertrags oder im Falle einer PersGes, für die der Gesellschaftsvertrag keine Beschlussfassung über die Gewinnverwendung vorsieht, erfolgt die Aktivierung des Dividendenanspruchs übereinstimmend in beiden Rechenwerken im Jahr der Aufstellung, sodass auch hier **keine** temporären Differenzen entstehen. Sollte es in Ausnahmefällen doch zu einer periodenverschobenen Erfassung kommen (zB beim Eingehen einer steuerlichen Organschaft), so entstehen gem § 8b Abs 1 KStG grds **permanente** Differenzen.

(c) **Bewertungsunterschiede** können aus der Bewertung zum Marktwert, aus Wertminderungen oder Barwertberechnungen entstehen: temporäre Differenzen.

(6) **Wertpapiere:** 107

(a) Dem Ansatz **derivativer Finanzinstrumente** zum Marktwert steht regelmäßig keine steuerliche Erfassung der schwebenden Geschäfte gegenüber: temporäre Differenzen.

(b) **Kurzfristige Wertpapiere** und ähnliche **originäre Finanzinstrumente** unterliegen nach IFRS je nach Kategorisierung der Zeitwertbilanzierung; in der Steuerbilanz gilt die Anschaffungskostenbegrenzung (§ 253

Abs 1 HGB). Auf entstehende temporäre Differenzen sind latente Steuern abzugrenzen. Für Finanzinstrumente, die der Kategorie zur Veräußerung verfügbar zugeordnet sind, ist zu berücksichtigen, dass Wertänderungen mit Ausnahme von Wertberichtigungen im sonstigen Ergebnis zu erfassen sind. Insofern erfolgt auch die Bilanzierung latenter Steuern erfolgsneutral über das sonstige Ergebnis.

(c) **Eigene Anteile:** Nach IAS 32.33 sowie in der Steuerbilanz Kürzung vom Eigenkapital, kein Ansatz latenter Steuern.

(d) **Leihweise Überlassung von Wertpapieren:** Gem § 8b Abs 10 KStG sind alle Entgelte, die ein Entleiher für die leihweise Überlassung von Wertpapieren leistet, beim Entleiher steuerlich nicht abzugsfähig. Die Nichtabzugsfähigkeit beim Entleiher führt bei diesem zu einer **permanenten** Differenz, sodass keine latenten Steuern abzugrenzen sind.

(e) **Planvermögen iSd IAS 19:** Gem IAS 19.113 ist Planvermögen, welches zur Deckung von leistungsorientierten Pensionsverpflichtungen dient, im IFRS-Abschluss zum beizulegenden Zeitwert anzusetzen. Liegt Planvermögen in Form von Investmentfonds vor, so erfolgt die Bewertung in der Steuerbilanz ausgehend vom handelsrechtlichen Buchwert durch steuerliche Anpassungen in einem Stufenmodell (hierzu im Einzelnen *Prystawik* DB 2010, 345 (348)). Bewertungsabweichungen führen zu temporären Differenzen, auf die latente Steuern abzugrenzen sind. Die Erfassung der latenten Steuern korrespondiert mit der Erfassung der Erträge aus Planvermögen. Da diese Erträge als Teil der Neubewertungen der Nettoschuld aus einem leistungsorientierten Versorgungsplan gem IAS 19.57(d)(ii) zwingend erfolgsneutral im sonstigen Ergebnis zu erfassen sind, ist auch die Erfassung der korrespondierenden latenten Steuern gem IAS 12.61A im sonstigen Ergebnis vorzunehmen (*Prystawik* DB 2010, 345 (351)).

(f) **Anteile an Spezialfonds:** Nach IFRS 10.10ff werden Spezialfonds häufig im Konzernabschluss des Investors vollkonsolidiert, sodass dort die im Fond gehaltenen Wertpapiere und nicht der vom Investor gehaltene Anteilsschein bilanziert werden. Steuerlich ist der Spezialfonds kein eigenständiges Steuersubjekt, die Besteuerung der im Fonds erzielten Erträge erfolgt vielmehr auf Ebene des Anteilsscheininhabers. Da der Spezialfonds idR keine Steuerbilanz aufstellt, können latente Steuern nicht durch einen Vergleich der Bilanzansätze ermittelt werden. Wertpapiergewinne des Fonds gelten beim Anteilseigner zum Ende des Wirtschaftsjahres fiktiv als zugeflossen, wobei in der Steuerbilanz ein aktiver Ausgleichsposten gebildet wird, der eine Doppelbesteuerung im Falle der tatsächlichen Ausschüttung vermeiden soll. In der Praxis wird zur Ermittlung temporärer Differenzen im IFRS-Abschluss daher eine fiktive Bilanzierung des Anteilsscheins empfohlen, die die steuerliche Belastung des Konzerns aus Fondsgewinnen periodengerecht berücksichtigt (zu Einzelheiten vgl *Loitz/Sekniczka* WPg 2006, 355 (355ff)).

108 (7) **Eigenkapital:**

(a) Das bei der **Ausgabe von Wandelschuldverschreibungen oder Optionsanleihen** den Rückzahlungsbetrag übersteigende **Agio** ist in der IFRS-Bilanz in die Kapitalrücklage einzustellen. In der Steuerbilanz ist es als Einlage zu behandeln, sodass grds keine Differenzen zwischen IFRS- und Steuerbilanz entstehen. Im Falle einer periodenverschobenen Erfassung entstehen bei der erstmaligen Erfassung des Sachverhalts erfolgsneutral temporäre Differenzen. Für diese gilt grds das Abgrenzungsverbot gem IAS 12.15(b). IAS 12.23 sieht hinsichtlich dieses besonderen

Falls jedoch eine Ausnahme von der Ausnahme vor, sodass dann passive latente Steuern gem IAS 12.62A(b) erfolgsneutral direkt im Eigenkapital abzugrenzen sind. Die ratierliche Auflösung der latenten Steuerschuld im Folgejahr ist erfolgswirksam über die GuV vorzunehmen.

(b) **Passive Unterschiedsbeträge aus der Kapitalkonsolidierung** sind gem IFRS 3.34 sofort erfolgswirksam aufzulösen, sodass keine Differenzen entstehen: **keine** Abgrenzung latenter Steuern.

(c) **Konsolidierungsvorgänge** wie Zwischenergebniseliminierung, Schuldenkonsolidierung, Aufwands- und Ertragskonsolidierung sowie die Vereinheitlichung von Bilanzierungs- und Bewertungsmethoden können zu temporären Differenzen führen (im Einzelnen → § 35 Rn 124ff).

(d) Die Gewährung von **Aktienoptionen uä Eigenkapitalinstrumenten** gem IFRS 2 an Arbeitnehmer führt im IFRS-Abschluss zur aufwandswirksamen Erfassung des beizulegenden Zeitwerts der Aktienoption im Personalaufwand, wobei die Gegenbuchung in der Kapitalrücklage erfolgt. Auf die Steuerbilanz des bilanzierenden Unternehmens entfaltet der Sachverhalt keine Auswirkungen da der nach IFRS 2 ausgewiesene Personalaufwand mangels pagatorischer Aufwendungen steuerlich nicht abzugsfähig ist. Wirtschaftlich gesehen ist nicht das Unternehmen, sondern der Aktionär Schuldner der Vergütung, besteuert wird der Vorgang beim Arbeitnehmer zum Zeitpunkt der Optionsausübung nach dem Zuflussprinzip. Die zwischen IFRS- und Steuerbilanz entstehenden Differenzen sind somit permanenter Natur, sodass eine Abgrenzung latenter Steuern entgegen IAS 12.68A **nicht** in Betracht kommt. Die gleichwohl zwischen IFRS- und Steuerbilanz auftretenden Differenzen sind in der Periode, in der der Personalaufwand im IFRS-Abschluss erfasst wird, in der steuerlichen Überleitungsrechnung (→ Rn 194ff) zu berücksichtigen. Anders zu beurteilen sind hingegen Verpflichtungen aus ***phantom stock plans*** bzw ***stock appreciation rights,*** die zu einem tatsächlichen Mittelabfluss aus dem Unternehmen führen und daher auch steuerlich geltend gemacht werden können. Im IFRS-Abschluss erfolgt die Bewertung dieser Verpflichtungen gem IFRS 2.30 zum beizulegenden Zeitwert, während für die Bewertung in der Steuerbilanz der innere Wert zugrunde zu legen ist. Die dabei entstehenden Differenzen führen regelmäßig zur Abgrenzung aktiver latenter Steuern.

(e) Auf **Dividenden auf Vorzugsaktien,** die im IFRS-Abschluss als Fremdkapital klassifiziert und abweichend zur Steuerbilanz als Schuld ausgewiesen werden, sind keine latenten Steuern abzugrenzen, da die Zahlung der Dividende keine steuerlichen Konsequenzen für das bilanzierende Unternehmen nach sich zieht.

(f) **Eigenkapitalbeschaffungskosten** iSd IAS 32.37, die im Rahmen der Ausgabe neuer Aktien als Abzug vom Eigenkapital bilanziert werden, führen regelmäßig zu temporären Differenzen, die eine Abgrenzung latenter Steuern erfordern (→ § 12 Rn 34ff).

Beispiel 1: Ein Unternehmen nimmt eine Kapitalerhöhung durch die Ausgabe von 1 Mio neuer Aktien zu einem Nennwert von € 1 über die Börse vor. Der Emissionserlös beläuft sich auf Mio € 6, die Aufwendungen für Registergebühren, Stempelsteuer, Prospektkosten, unmittelbar mit der Kapitalerhöhung in Zusammenhang stehende Beratungsgebühren sowie Kosten der Investmentbank betragen T€ 500. Der Steuersatz des Unternehmens beläuft sich auf 30%.

Im IFRS-Abschluss sind die Eigenkapitalbeschaffungskosten gem IAS 32.35ff unter Berücksichtigung latenter Steuern erfolgsneutral mit der Kapitalrücklage zu verrechnen. Da die Transaktion in der Zukunft keine steuerlichen Auswirkungen mehr entfalten wird, ist die Erfassung der latenten Steuern im Steueraufwand vorzunehmen. Das Unternehmen nimmt die folgenden Buchungen vor:

Per	Kasse	an	Gezeichnetes Kapital	T€ 1.000
		an	Kapitalrücklage	T€ 5.000
Per	Kapitalrücklage	an	Vblk aus Beratung/Gebühren	T€ 500
Per	Latenter Steueraufwand	an	Kapitalrücklage	T€ 150.

Beispiel 2: Ein Biotechnologieunternehmen, welches über steuerliche Verlustvorträge in Höhe von T€ 2.000 verfügt, plant anlässlich der erfolgreichen Patentierung eines Produkts für das Jahr X2 einen Börsengang. Im Jahr X1 fallen für Rechtsberater, Wirtschaftsprüfer, die Investmentbank sowie Prospektkosten Aufwendungen in Höhe von T€ 500 an. Bis zur Emission der Aktien im März X2 fallen weitere Aufwendungen im Zusammenhang mit dem Börsengang in Höhe von T€ 500 an. Im Rahmen der Emission werden 1 Mio neuer Aktien mit einem Nennwert von € 1 ausgegeben, der Emissionserlös beläuft sich auf Mio € 6.

Im IFRS-Abschluss sind die Eigenkapitalbeschaffungskosten gem IAS 32.35 ff unter Berücksichtigung latenter Steuern erfolgsneutral mit der Kapitalrücklage zu verrechnen. Aus diesem Grund dürfen die im Jahr X1 in Höhe von T€ 1.000 angefallenen Emissionskosten nicht erfolgswirksam erfasst werden, sondern sind in einem aktiven Abgrenzungsposten zu bilanzieren.

Per	aktiver AP	an	Vblk aus Beratung/Gebühren	T€ 500.

In der Steuerbilanz werden die Aufwendungen für die Aktienemission im Jahr X1 aufwandswirksam erfasst und erhöhen den steuerlichen Verlustvortrag auf T€ 2.500.

Durch die Abgrenzung der Emissionskosten im IFRS-Abschluss entsteht ggü der Steuerbilanz eine temporäre Differenz in Höhe von T€ 500. Unter Anwendung eines Steuersatzes von 30% sind passive latente Steuern in Höhe von T€ 150 zu bilanzieren. Die Erfassung der passiven latenten Steuern ist erfolgswirksam vorzunehmen.

Per	Steueraufwand	an	passive latente Steuern	T€ 150.

Da sich der steuerliche Verlustvortrag ebenfalls um T€ 500 erhöht hat, sind die bislang hierauf gebildeten aktiven latenten Steuern um T€ 150 aufzustocken.

Per	aktive latente Steuern	an	Steueraufwand	T€ 150.

Die im Jahr X2 anfallenden Emissionskosten werden entspr bilanziert, sodass der für die Emissionskosten gebildete Abgrenzungsposten nach Abschluss der Emission in Höhe von T€ 1.000 valutiert, bei passiven latenten Steuern von T€ 300:

Per	aktiver AP	an	Vblk aus Beratung/Gebühren	T€ 500
Per	Steueraufwand	an	passive latente Steuern	T€ 150
Per	aktive latente Steuern	an	Steueraufwand	T€ 150.

Abschließend ist die anlässlich der Emission in Höhe von T€ 5.000 dotierte Kapitalrücklage mit dem aktiven Abgrenzungsposten und den passiven latenten Steuern zu verrechnen:

Per	Kapitalrücklage	an	aktive AP	T€ 1.000
Per	passive latente Steuern	an	Kapitalrücklage	T€ 300.

Die auf den steuerlichen Verlustvortrag abgegrenzten aktiven latenten Steuern in Höhe von T€ 300 bleiben vorerst bestehen und sind auf Basis der steuerlichen Ergebnisse des Unternehmens entspr erfolgswirksam weiter zu entwickeln.

109 (8) **Sonderposten mit Rücklageanteil:**
Der Ansatz steuerlicher Sonderposten aus passivischer Abgrenzung von Sonderabschreibungen nach § 4 FördGG und Rücklagen nach § 6b EStG und R 6b.1 und 2 EStR ist nach IFRS unzulässig: temporäre Differenzen.

(9) **Schulden/Rückstellungen:** 110

(a) Das aus IAS 37.14 resultierende Ansatzverbot für **Aufwandsrückstellungen** entspricht im Wesentlichen der ertragsteuerlichen Behandlung, nach welcher Aufwandsrückstellungen prinzipiell nicht angesetzt werden dürfen. Grds entstehen **keine** temporären Differenzen, eine Ausnahme gilt für Rückstellungen für unterlassene Instandhaltung, die innerhalb von 3 Monaten nach dem Bilanzstichtag nachgeholt werden (§ 249 Abs 1 Satz 2 Nr 1 HGB) sowie für weitere steuerlich anerkannte Rückstellungen für unternehmensinterne Aufwendungen. In diesen Fällen fehlt die nach IAS 37.14(a) erforderliche faktische oder rechtliche Verpflichtung (temporäre Differenzen).

(b) Dem Passivierungsverbot von **Drohverlustrückstellungen** gem § 5 Abs 4a EStG steht die grds Ansatzpflicht gem IAS 37.17 gegenüber. Im Baubereich betrifft dies insbes Drohverluste aus Fertigungsaufträgen gem IAS 11. Es entstehen temporäre Differenzen.

(c) Der für die Ermittlung von **Pensionsrückstellungen** gem IAS 19 anzuwendenden Anwartschaftsbarwertmethode steht das steuerlich anerkannte Teilwertverfahren nach § 6a Abs 3 EStG gegenüber, sodass temporäre Differenzen entstehen. Die Erfassung der hierauf abzugrenzenden latenten Steuern richtet sich nach der Bilanzierung versicherungsmathematischer Gewinne und Verluste. Diese sind gem IAS 19.57(d)(i) als Teil der Neubewertungen der Nettoschuld aus leistungsorientierten Versorgungsplänen erfolgsneutral im sonstigen Ergebnis zu erfassen; folglich sind auch die korrespondierenden latenten Steuern gem IAS 12.62 im sonstigen Ergebnis abzugrenzen.

(d) Das **steuerbilanzielle Rückstellungsrecht** (§§ 5 Abs 2a bis 4b, 6 Abs 1 Nr 3a–e EStG) kann zu einer Reihe von Bewertungsunterschieden führen und somit zu temporären Differenzen.

(e) **Verpflichtungen aus Put-Optionen bzw Abfindungsansprüchen zugunsten eines nicht-beherrrschenden Gesellschafters einer PersGes:** Gem IAS 32.18(b) sind Anteile nicht-beherrschender Gesellschafter bei Bestehen einer Put-Option zu Lasten des bilanzierenden MU sowie im Falle von gesetzlichen oder gesellschaftsvertraglichen Abfindungsansprüchen zugunsten eines Mitgesellschafters einer PersGes nicht im Eigenkapital zu bilanzieren, sondern auf Basis der gesetzlichen bzw vertraglich zugrunde gelegten Bedingungen zum Bilanzstichtag zu bewerten und als Schuld auszuweisen. Dies gilt gem IAS 32 zumindest dann, wenn die Put-Optionen bzw Abfindungsansprüche auf ein TU eines Konzerns entfallen. In der Steuerbilanz verbleibt es dagegen bei einem Ausweis im Eigenkapital. Da Transaktionen mit Gesellschaftern steuerlich grds als Einlage oder Entnahme aus dem Betriebsvermögensvergleich eliminiert werden, ziehen Zahlungen aus derartigen Put-Optionen bzw Abfindungsansprüchen idR keine steuerlichen Folgen nach sich. Eine Abgrenzung latenter Steuern kommt nicht in Betracht, da keine abweichende Steuerbasis gem IAS 12.10 iVm IAS 12.8 vorliegt. Steuerliche Auswirkungen können sich allenfalls aus dem Vorliegen stiller Reserven ergeben, die im IFRS-Abschluss jedoch bereits regelmäßig unter Berücksichtigung latenter Steuern bilanziert sein sollten (vgl auch *Fülbier/Mages* KoR 2007, 69 (76)).

(f) Das **Abzinsungsgebot für langfristige** Verbindlichkeiten und Rückstellungen in Höhe von 5,5% gem § 6 Abs 1 Nr 3 EStG entspricht im Wesentlichen der IFRS-Regelung. Temporäre Unterschiede entstehen bei Anwendung abweichender Zinssätze (IAS 37.47).

111 (10) **Sonderfälle:**

(a) **Aufwandswirksame Bußgelder und Geldstrafen** sowie sonstige nicht abzugsfähige Betriebsausgaben (zB nicht abzugsfähige Bewirtungsaufwendungen, hälftige Aufsichtsratsvergütung, Zinsen auf Nachbelastungen nach § 233a AO etc) können steuerlich nicht geltend gemacht werden (§ 4 Abs 5 EStG): **permanente** Differenzen.

(b) Die steuerlichen Konsequenzen aus **Betriebsprüfungen** (→ Rn 13) sind gem IAS 8.4 im Rahmen der Abgrenzung latenter Steuern zu berücksichtigen. Dies ist dann erforderlich, wenn die Betriebsprüfung zu einer abweichenden Bilanzierung in der Steuerbilanz ohne Änderung der IFRS-Bilanz führt, so etwa durch die Änderung der Nutzungsdauer von langfristigen Vermögenswerten oder die steuerliche Aberkennung von Rückstellungen. Auf die hierdurch entstehenden temporären Differenzen sind latente Steuern abzugrenzen. Wird auch die IFRS-Bilanz an die geänderte Steuerbilanz angepasst, so ist eine Abgrenzung latenter Steuern mangels temporärer Differenz idR nicht vorzunehmen. In beiden Fällen ist jedoch eine tatsächliche Steuerschuld in Höhe des voraussichtlich abzuführenden Betrags zu passivieren. Die Erfassung dieser Schuld richtet sich danach, ob die Anpassung in der IFRS-Bilanz eine Fehlerkorrektur oder eine Schätzungsänderung darstellt. Verstieß die bisherige Bilanzierung gegen geltende IFRS-Vorschriften, so ist unter Berücksichtigung des Wesentlichkeitsaspekts gem IAS 8.42 eine erfolgsneutrale Bilanzberichtigung durchzuführen (so etwa, wenn aktivierungspflichtige Vermögenswerte sofort als Aufwand erfasst wurden). Im Fall einer Schätzungsänderung (etwa bei einer Anpassung von Nutzungsdauern, Zinssätzen oder der Höhe von Wertberichtigungen), ist die Anpassung gem IAS 8.36 grds erfolgswirksam vorzunehmen.

7. Die bilanzielle Erfassung latenter Steuern

112 Latente Steuern sind konsistent zu den Transaktionen bzw Ereignissen zu erfassen, aus welchen sie resultieren. Demnach führen **erfolgswirksame** Sachverhalte zu einer erfolgswirksamen **Erfassung** und **erfolgsneutrale** Sachverhalte zu einer erfolgsneutralen Erfassung latenter Steuern. Erfolgsneutrale Sachverhalte werden gem IAS 12.62 entweder im sonstigen Ergebnis oder gem IAS 12.62A direkt im Eigenkapital gebucht. Darüber hinaus ist das **Zusammentreffen** einer erfolgswirksamen und erfolgsneutralen Erfassung latenter Steuern möglich.

a) Erfolgswirksame Erfassung

113 Die **erfolgswirksame Erfassung** latenter Steuern beruht im Regelfall auf temporären Differenzen aus Gewinnverschiebungen zwischen IFRS- und Steuerbilanz, wenn zB die Erfassung bestimmter Erträge bzw Aufwendungen in unterschiedlichen Geschäftsjahren erfolgt. In diesem Fall ziehen die Sachverhalte, die zur Entstehung der temporären Differenzen führen, unmittelbare Auswirkungen in der GuV nach sich. Die hierauf abzugrenzenden latenten Steuern sind gem IAS 12.58 ebenfalls **erfolgswirksam** in der GuV zu erfassen.

Beispiel: Ein Unternehmen aktiviert in seiner IFRS-Bilanz Entwicklungskosten gem IAS 38.57 und schreibt sie über ihre voraussichtliche Nutzungsdauer ab. Für drohende Verluste aus der Auftragsfertigung bildet es nach IAS 11.36 iVm IAS 37 eine Drohverlustrückstellung. In der Steuerbilanz unterliegen selbst erstellte immaterielle Wirtschaftsgüter sowie Drohverlustrückstellungen einem Ansatzverbot (§§ 5 Abs 2, 5 Abs 4a EStG). Die abweichende Bilanzierung der beiden Sachverhalte führt dazu, dass die Erfassung der hiermit verbundenen Aufwendungen in den beiden Rechnungslegungskreisen in unterschiedlichen Geschäftsjahren erfolgt. Da sich die Aufwendungen im Jahr ihrer Bilanzierung erfolgswirksam in der steuerbilanziellen GuV (Entwicklungskosten) bzw IFRS-GuV (Drohverlustrückstellung) niederschlagen, sind die auf die entstehenden temporären Differenzen abzugrenzenden latenten Steuern ebenfalls erfolgswirksam zu erfassen. Mit vollständiger Abschreibung der Entwicklungskosten sowie dem endgültigen Eintritt der Verluste im Zusammenhang mit der Auftragsfertigung gleichen sich die temporären Differenzen wieder aus. Auch dieser Ausgleich schlägt sich erfolgswirksam in der GuV nieder.

Korrekturen des Wertansatzes latenter Steuern, die urspr erfolgswirksam erfasst wurden, sind ebenfalls erfolgswirksam in der GuV vorzunehmen. Dies betrifft zB Bewertungsanpassungen aufgrund einer Änderung der maßgeblichen Steuersätze sowie die Vornahme von Wertberichtigungen bzw Wertaufholungen auf aktive latente Steuern nach einer Neueinschätzung zukünftig erzielbarer Gewinne (vgl IAS 12.60 sowie → Rn 176). 114

b) Erfolgsneutrale Erfassung

Die **erfolgsneutrale Erfassung** latenter Steuern geht auf erfolgsneutrale Transaktionen bzw Ereignisse zurück. Gem IAS 12.61A erfolgt die erfolgsneutrale Erfassung latenter Steuern in Abhängigkeit von dem zugrundeliegenden Sachverhalt entweder im **sonstigen Ergebnis** oder **direkt im Eigenkapital.** Im sonstigen Ergebnis werden gem IAS 12.62 latente Steuereffekte aus der Neubewertung von Vermögenswerten gem IAS 16.39 oder IAS 38.85, aus erfolgsneutralen Bewertungsänderungen festverzinslicher Wertpapiere, die der Kategorie zur Veräußerung verfügbar zugeordnet wurden, gem IAS 39.55(b) sowie aus Wechselkursdifferenzen infolge der Anwendung der Stichtagskursmethode gem IAS 21.30 ausgewiesen. Gleiches gilt für versicherungsmathematische Gewinne, die ebenso wie die übrigen Bestandteile der Neubewertungen der Nettoschuld aus leistungsorientierten Versorgungsplänen gem IAS 19.57(d) im sonstigen Ergebnis zu erfassen sind (vgl im Einzelnen *Prystawik* DB 2010, 345 (347 ff)). Korrekturen des Anfangssaldos von Gewinnrücklagen infolge der Änderung von Rechnungslegungsmethoden gem IAS 8.22 oder der Berichtigung von Fehlern gem IAS 8.41 ff, sind gem IAS 12.62A hingegen direkt im Eigenkapital zu erfassen. Der in IAS 12.62A ebenfalls genannte Fall des erstmaligen Ansatzes der Eigenkapitalkomponente eines hybriden Finanzinstruments findet im Falle einer unverzinslichen Wandelschuldverschreibung in Deutschland regelmäßig keine Anwendung, da die Schuldkomponente sowohl nach IAS 39.47 als auch nach § 6 Abs 1 Nr 3 EStG mit dem abgezinsten Rückzahlungsbetrag anzusetzen ist. Temporäre Differenzen iSv IAS 12.23 entstehen insoweit nur bei Zugrundelegung unterschiedlicher Abzinsungssätze. Die vorgenannten Sachverhalte stellen Beispiele dar, es handelt sich nicht um eine abschließende Aufzählung aller relevanten Fälle. 115

Die aus den vorgenannten Beispielen resultierenden temporären Differenzen entstehen **erfolgsneutral,** weshalb auch die hierauf abzugrenzenden latenten Steuern entweder über das sonstige Ergebnis oder direkt gegen den betroffenen Eigenkapitalposten zu buchen sind. 116

Beispiel: Ein Vermögenswert des Sachanlagevermögens kann gem IAS 16.31 mit seinem Neubewertungsbetrag angesetzt werden. Liegt der Zeitwert über dem aktuellen Buchwert des Vermögenswerts, so führt die Neubewertung zu einer Erhöhung des Buchwerts. Die Gegenbuchung des dem Anlagevermögen zuzuschreibenden Aufstockungsbetrags erfolgt nach IAS 16.39 durch die Bildung einer im Eigenkapital gesondert auszuweisenden Neubewertungsrücklage, deren Dotierung über das sonstige Ergebnis erfolgt. In der Steuerbilanz kommt eine Zuschreibung des Anlagegegenstands gem § 6 Abs 1 Nr 1, 2 EStG dagegen nur dann in Betracht, wenn in einem früheren Geschäftsjahr außerplanmäßige Abschreibungen vorgenommen wurden, deren Grund nachträglich weggefallen ist. Durch die Neubewertung des Vermögenswerts entsteht regelmäßig eine temporäre Differenz. Da der Effekt aus der Neubewertung erfolgsneutral durch die Dotierung der Neubewertungsrücklage über das sonstige Ergebnis erfasst wurde, sind auch die auf die temporäre Differenz zu bildenden latenten Steuern **erfolgsneutral** im sonstigen Ergebnis zu buchen. Die Realisierung des Neubewertungsbetrags erfolgt in Folgejahren durch Abschreibung oder Veräußerung des Vermögenswerts. In Höhe des auf den Neubewertungsanteil entfallenden Betrags ist die Neubewertungsrücklage gem IAS 12.64 direkt net of tax den Gewinnrücklagen zuzuführen. Demgegenüber sind die korrespondierenden latenten Steuern entspr der Realisierung des aufgewerteten Vermögenswerts durch Abschreibung oder Abgang **erfolgswirksam** aufzulösen. Diese Bilanzierung führt insgesamt dazu, dass sich der im Rahmen der Neubewertung ergebende Ertrag im Eigenkapital der Gesellschaft widerspiegelt und nicht zu einer Verfälschung der Ertragslage führt.

Werden hingegen als Finanzinvestition gehaltene Immobilien gem IAS 40.33 ff einer Neubewertung unterzogen, so ist diese nach IAS 40.35 stets erfolgswirksam zu erfassen. Insofern sind gem IAS 12.58 auch die in diesem Zusammenhang abzugrenzenden latenten Steuern stets erfolgswirksam zu bilanzieren (vgl mit ausführlichem Beispiel *Zülch/Lienau* KoR 2006, 698 (698)).

Darüber hinaus sind latente Steuern, die bei einem Unternehmenserwerb im Rahmen der Erstkonsolidierung entstehen, erfolgsneutral zu erfassen.

Gehen erfolgsneutral erfasste latente Steuern im Rahmen einer Entkonsolidierung ab, so ist die Ausbuchung etwaiger erfolgsneutral gebildeter latenter Steuern erfolgswirksam im Entkonsolidierungserfolg darzustellen.

Beispiel: Während seiner Konzernzugehörigkeit hat ein TU versicherungsmathematische Gewinne und Verluste als Teil der Neubewertung der Nettoschuld aus einem leistungsorientierten Versorgungsplan erfolgsneutral im sonstigen Ergebnis erfasst und analog auch die korrespondierenden latenten Steuern gem IAS 12.62 im sonstigen Ergebnis abgegrenzt. Zum Entkonsolidierungsstichtag beliefen sich die kumulierten erfolgsneutral passivierten versicherungsmathematischen Verluste auf T€ 1.000 und die korrespondierenden aktiven latenten Steuern auf T€ 300. Beide Bilanzposten sind im Zuge der Entkonsolidierung des TU auszubuchen und erfolgswirksam in den Entkonsolidierungserfolg einzubeziehen. Eine Umgliederung der bislang im (kumulierten) sonstigen Ergebnis erfassten Beträge in die GuV bzw den erfolgswirksamen Teil der Gesamtergebnisrechnung *(reclassification adjustment)* erfolgt jedoch auch im Entkonsolidierungszeitpunkt nicht; die entspr Beträge können jedoch innerhalb des Eigenkapitals zB in die Gewinnrücklagen umgegliedert werden (→ § 17 Rn 61).

117 Latente Steuern, die erfolgsneutral erfasst und deshalb direkt mit dem Eigenkapital verrechnet wurden, sind im **Anhang** gesondert anzugeben. Zu beziffern ist der Gesamtbetrag der zum Bilanzstichtag ausgewiesenen aktiven und passiven tatsächlichen und latenten Steueransprüche und -schulden, die im Geschäftsjahr erfolgsneutral erfasst wurden. Dabei sind die direkt im Eigenkapital (IAS 12.81(a)) sowie alle im sonstigen Ergebnis gebuchten Steuereffekte je sonstige Ergebnis-Kategorie gesondert auszuweisen (IAS 12.81(ab)).

c) Mischformen

118 Ein **Zusammenfallen von erfolgswirksamer und erfolgsneutraler Erfassung** kommt in Betracht, wenn der zugrunde liegende Sachverhalt sowohl eine erfolgsneutrale als auch eine erfolgswirksame Buchung auslöst. Führt zB eine Neubewertung gem IAS 16.39 zur erfolgswirksamen Rückgängigmachung einer früheren Abschreibung und darüber hinaus erfolgsneutral zu einem die historischen Anschaffungskosten übersteigenden Wert, so ist die latente Steuer auf den erfolgswirksamen Teil der Neubewertung erfolgswirksam zu bilden und auf den erfolgsneutralen Teil der Neubewertung erfolgsneutral im sonstigen Ergebnis zu erfassen.

119 Die Ermittlung der auf die Teilbeträge entfallenden latenten Steuern kann im Einzelfall erhebliche Schwierigkeiten bereiten. Sieht die Steuergesetzgebung zB die Anwendung eines **progressiven Steuersatzes** vor, so lassen sich die latenten Steuern, die auf den erfolgsneutral zu verrechnenden Anteil einerseits und auf den erfolgswirksam zu erfassenden Teilbetrag andererseits entfallen, nicht exakt berechnen. In diesem Fall ist der Anteil latenter Steuern, der ergebnisneutral abzugrenzen ist, gem IAS 12.63 im Wege der Schätzung zu ermitteln, indem für die auf diese Teilbeträge abzugrenzenden latenten Steuern ein **Durchschnittssteuersatz** angewendet wird. Weitere Ermittlungsschwierigkeiten können entstehen, sofern die auf einen Sachverhalt sowohl erfolgswirksam als auch erfolgsneutral abgegrenzten latenten Steuern neu zu bewerten sind, sich jedoch die exakten Beträge der unterschiedlich abgegrenzten Steuerlatenzen auf Basis der vorhandenen Unterlagen nicht mehr feststellen lassen (IAS 12.63(b) und (c)). Auch in diesen Fällen ist die Vornahme einer Schätzung zulässig.

8. Latente Steuern im Unternehmensverbund

Latente Steuern im Unternehmensverbund betreffen zum einen Differenzen, 120
die bei der Aufstellung des Konzernabschlusses aus der Anpassung an **konzerneinheitliche Bilanzierungs- und Bewertungsmethoden** sowie aus **Konsolidierungsvorgängen** resultieren. Zum anderen fällt hierunter die Behandlung temporärer Differenzen, die zwischen dem Beteiligungsansatz eines TU, eines Gemeinschaftsunternehmens oder eines assoziierten Unternehmens in der Steuerbilanz des MU sowie deren im Konzernabschluss nach Durchführung aller erforderlichen Konsolidierungsmaßnahmen ausgewiesenen Nettovermögen entstehen (sog *outside basis differences*). Maßgeblich für die Behandlung der Differenzen ist die jeweilige Abgrenzungsebene.

a) Systematisierung der unterschiedlichen Abgrenzungsebenen

Im Unternehmensverbund sind **verschiedene Ebenen** der Steuerabgren- 121
zung zu unterscheiden, für die sich in der Praxis feste Begrifflichkeiten gebildet haben (vgl *Ernsting* WPg 2001, 19; *Lüdenbach/Hoffmann/Freiberg* IFRS § 26 Rz 139; *Loitz* WPg 2004, 1177 (1177); *Meyer/Bornhofen/Homrighausen* KoR 2005, 285 (285 ff)).

Inside basis differences I: Differenzen zwischen den in der Steuerbilanz und den 122
im IFRS-Einzelabschluss angesetzten Buchwerten werden als *inside basis differences I* bezeichnet; sie betreffen allein die **Sphäre** des **bilanzierenden Unternehmens.** Die Ermittlung der temporären Differenzen erfolgt durch die Gegenüberstellung der Steuerwerte der einzelnen Vermögenswerte und Schulden lt Steuerbilanz mit den Buchwerten der IFRS-Bilanz auf HB-I-Ebene (→ Rn 47 ff).

Inside basis differences II: Auf Konzernabschlussebene können die aus dem 123
Einzelabschluss übernommenen Vermögenswerte und Schulden im Rahmen der Anpassung an die **konzerneinheitliche Bilanzierung und Bewertung** zu abweichenden Wertansätzen führen. Die hieraus resultierenden sog *inside basis differences II* betreffen immer noch die dem Unternehmen zuzurechnenden Vermögenswerte und Schulden, die aufgrund der Einbeziehung in einen Konzernverbund jedoch einer abweichenden, konzerneinheitlichen Bilanzierung und Bewertung unterliegen können. Hierzu zählen auch temporäre Differenzen, die im Rahmen von Unternehmenserwerben aus der Erfassung der erworbenen Vermögenswerte, Schulden und Eventualschulden zum beizulegenden Zeitwert gem IFRS 3.18 ff resultieren (*Ernsting/Loitz* DB 2004, 1053 (1054)).

Beispiel: Pensionsrückstellungen werden in der **Steuerbilanz** gem § 6a Abs 3 EStG nach dem Teilwertverfahren unter Zugrundelegung eines Zinssatzes von 6% bewertet. Im **HGB-Einzelabschluss** wendet das bilanzierende Unternehmen ebenfalls das Teilwertverfahren an, zinst die Verpflichtungen jedoch mit einem Zinssatz von 5% ab. Im **IFRS-Konzernabschluss** werden die Pensionsverpflichtungen gem IAS 19 mit bestehendem Planvermögen verrechnet und nach dem Anwartschaftsansammlungsverfahren bewertet.

Die zwischen Steuerbilanz und HGB-Handelsbilanz entstehenden temporären Differenzen stellen ***inside basis differences I*** dar. Die auf HB-II-Ebene vorzunehmenden IFRS-Anpassungen werden als ***inside basis differences II*** bezeichnet. Die Abgrenzung latenter Steuern erfolgt in beiden Fällen nach der gleichen Systematik durch Gegenüberstellung des Steuerwerts **einzelner** Vermögenswerte und Schulden mit dem Buchwert nach HGB bzw IFRS.

124 ***Outside basis differences*** beziehen sich dagegen auf die **Sphäre des MU.** Sie betreffen Unterschiede zwischen dem Ansatz der Beteiligung beim MU sowohl auf Ebene der Steuerbilanz als auch auf Einzel- bzw Konzernabschlussebene. Anders als bei *inside basis differences* werden nicht die Bilanzansätze einzelner Vermögenswerte und Schulden verglichen, sondern eine Sachgesamtheit, die entweder durch den Beteiligungsbuchwert eines TU oder durch dessen Nettovermögen repräsentiert wird. *Outside basis differences* haben ihren Ursprung vor allem in kumulierten ausschüttungsfähigen vergangenen Gewinnen von TU, Gemeinschafts- und assoziierten Unternehmen, die im Falle der Ausschüttung an das MU einer Besteuerung unterliegen. Ferner können sie bei der Umrechnung von zu konsolidierenden Fremdwährungsabschlüssen sowie bei sonstigen Differenzen zwischen dem steuerlichen Beteiligungsbuchwert und dem auf Konzernabschlussebene abgebildeten Nettovermögen eines TU, Gemeinschafts- oder assoziierten Unternehmens entstehen. Hierzu zählen auch Anschaffungsnebenkosten für den Erwerb eines TU, die in der Steuerbilanz den Beteiligungsbuchwert erhöhen, im Konzernabschluss gem IFRS 3.53 jedoch aufwandswirksam erfasst werden.

Beispiel: Eine deutsche KapGes erwirbt als MU sämtliche Anteile an einer weiteren KapGes zu einem Kaufpreis von T€ 1.000. Ferner fallen Anschaffungsnebenkosten für Notar und Rechtsanwälte von T€ 100 an. Das Nettovermögen des erworbenen TU beträgt T€ 600. MU und TU unterliegen einem Steuersatz von 30%.

In der Steuerbilanz und im handelsrechtlichen Einzelabschluss bilanziert das MU die Beteiligung zu Anschaffungskosten in Höhe von T€ 1.100.

Im IFRS-Konzernabschluss wird der Unterschiedsbetrag zwischen Kaufpreis und Nettovermögen des TU von insgesamt T€ 400 im Rahmen der Kaufpreisallokation auf ein Markenrecht in Höhe von T€ 300 verteilt, welches in den Folgeperioden mangels bestimmbarer Nutzungsdauer keiner planmäßigen Abschreibung unterliegt. Gleichzeitig werden auf das aktivierte Markenrecht passive latente Steuern in Höhe von T€ 90 gebildet. Der verbleibende Unterschiedsbetrag in Höhe von T€ 190 wird als Geschäfts- oder Firmenwert ausgewiesen. Die Anschaffungsnebenkosten von T€ 100 werden im IFRS-Konzernabschluss gem IFRS 3.53 aufwandswirksam erfasst. Der auf Einzelabschlussebene bilanzierte Beteiligungsbuchwert wird im Rahmen der Kapitalkonsolidierung eliminiert.

Im Jahr X1 erzielt das TU einen Gewinn nach Steuern in Höhe von T€ 240, der thesauriert wird. Im Jahr X2 verschlechtern sich die geschäftlichen Rahmenbedingungen, sodass das TU einen Verlust von T€ 440 erleidet. Der entstandene steuerliche Verlustvortrag wird als nicht realisierbar eingeschätzt. Auf Konzernabschlussebene werden der Geschäfts- oder Firmenwert und das Markenrecht in voller Höhe einem *impairment* unterzogen sowie die mit dem Markenrecht korrespondierenden passiven latenten Steuern entspr aufgelöst. Damit ermitteln sich die *outside basis differences* unter Einbezug der Ergebnisse nach Steuern sowie der außerplanmäßigen Abschreibungen wie folgt:

	Erwerb	Jahr X1	Jahr X2
	T€	T€	T€
Beteiligungsbuchwert (Steuerwert)	**1.100**	**1.100**	**1.100**
Nettovermögen TU lt HB II	600	840	400
Auf Konzernabschlussebene aktiviertes Markenrecht	300	300	0
Passive latente Steuern auf das Markenrecht	– 90	–90	0
Geschäfts- oder Firmenwert	190	190	0
Nettovermögen des TU auf Konzernabschlussebene	**1.000**	**1.240**	**400**
Outside basis difference	**100**	**– 140**	**700**

Zum Erwerbszeitpunkt entsprechen die im Konzernabschluss angesetzten Vermögenswerte und Schulden den in der Steuerbilanz angesetzten Anschaffungskosten. Differenzen ergeben sich lediglich durch die in der Steuerbilanz aktivierten Anschaffungsnebenkosten.

Infolge der Thesaurierung der in X1 erzielten Gewinne entstehen *outside basis differences,* die grds zum Zeitpunkt der Ausschüttung bzw bei einem Verkauf des TU als Veräußerungsgewinn zu versteuern sind. Da § 8b KStG für Ausschüttungen und Veräußerungsgewinne jedoch grds eine Steuerbefreiung vorsieht, kommt im vorliegenden Fall eine Abgrenzung latenter Steuern nur nach Maßgabe des § 8b Abs 5 KStG in Betracht. Danach gelten 5% einer Gewinnausschüttung als nicht abzugsfähige Betriebsausgabe, die bei einem Steuersatz von 30% zu einer effektiven Besteuerung von Dividenden in Höhe von 1,5% (= 30% × 5%) führt. Der Ansatz einer passiven latenten Steuer auf die *outside basis difference* kommt gem IAS 12.39 nur dann in Betracht, wenn diese sich in absehbarer Zeit wahrscheinlich umkehren wird, wenn also eine Gewinnausschüttung bzw ein Verkauf des TU geplant sind (→ Rn 131 ff sowie die Übersicht in → Rn 150). In X2 schlägt die zu versteuernde *outside basis difference* durch den entstandenen Verlust in eine abzugsfähige Differenz um. Da diese im Fall einer Veräußerung steuerlich nicht geltend gemacht werden kann, kommt der Ansatz einer aktiven latenten Steuer nicht in Betracht.

Durch die Berücksichtigung von *outside basis differences* werden die **zukünftigen kumulierten steuerlichen Auswirkungen** aus der Perspektive des IFRS-Konzernabschlusses bereits zu dem Zeitpunkt ausgewiesen, zu dem die Ergebnisse bei dem TU, Gemeinschafts- oder assoziierten Unternehmen entstehen und nicht erst dann, wenn diese Ergebnisse durch Ausschüttungen auf die Ebene des MU transferiert werden (*Lienau* KoR 2007, 14 (18); *Pawelzik* KoR 2006, 13 (15)). 125

b) Behandlung von inside basis differences im Rahmen der Aufstellung des Konzernabschlusses

Der Ansatz latenter Steuern ist im Konzernabschluss grds nach den gleichen Regeln vorzunehmen, die für den Einzelabschluss gelten. Die Ermittlung temporärer Differenzen erfolgt durch den Vergleich der aus den Einzelabschlüssen in die Konzernbilanz einfließenden und sich weiterentwickelnden Buchwerte der Vermögenswerte und Schulden mit ihren jeweiligen Steuerwerten. Als **Ausgangsbasis** dienen somit stets die Einzelabschlüsse der Unternehmen, die über die Summenbilanz in den Konzernabschluss einbezogen werden, sowie die korrespondierenden Steuerbilanzen. Während die Steuerbilanzen der konsolidierungspflichtigen Unternehmen unverändert bleiben, unterliegen die handelsbilanziellen Buchwerte im Rahmen der Erstellung der Konzernbilanz Anpassungs- und Konsolidierungsvorgängen, die ggü den Steuerwerten zur Entstehung oder Veränderung temporärer Differenzen führen können. 126

Um den unterschiedlichen Einflüssen der Einzelbilanzen Rechnung zu tragen, empfiehlt sich für die Ermittlung temporärer Differenzen in der Praxis die Anwendung des folgenden **Stufenkonzepts.**

aa) Latente Steuern auf Basis der konsolidierungspflichtigen Einzelabschlüsse (inside basis differences I). Auf der ersten Stufe sind latente Steuern auf Basis der in den Konzernabschluss einbezogenen Einzelabschlüsse abzugrenzen. In Einzelabschlüssen, die ihrerseits nach **IFRS-Grundsätzen** aufgestellt sind, werden latente Steuern auf Basis der *inside basis differences I* (→ Rn 122) bereits in zutreffender Höhe ausgewiesen und können daher unverändert in die HB II übernommen werden. Dort sind sie dann im Rahmen der Anpassung an die konzerneinheitlichen Bilanzierungs- und Bewertungsmethoden *(inside basis differences II)* sowie im Rahmen der Konsolidierungsvorgänge weiter zu entwickeln. 127

Konsolidierungspflichtige Unternehmen, welche die Steuerabgrenzung **nicht** nach dem ***temporary*-Konzept** vornehmen oder deren Bilanzierungs- und Bewertungsmethoden erheblich von den Rechnungslegungsvorschriften der IFRS 128 abweichen, können die im Einzelabschluss erfassten latenten Steuern idR **nicht** in die HB II übernehmen. Der Steuerabgrenzung des HGB liegt zwar ebenfalls das *temporary*-Konzept zugrunde; aufgrund des Wahlrechts gem § 274 HGB zur Bilanzierung aktiver latenter Steuern sowie der abweichenden Saldierungsvorschriften ist eine Übernahme der Werte nach HGB jedoch nur eingeschränkt möglich.

129 **bb) Latente Steuern aus der Anpassung an die konzerneinheitliche Bilanzierung und Bewertung (inside basis differences II).** Die Einbeziehung der Jahresabschlüsse der konsolidierungspflichtigen Unternehmen in den Konzernabschluss erfordert grds eine Anpassung an konzerneinheitliche Bilanzierungs- und Bewertungsmethoden. In der HB II sind daher alle Einzelabschlüsse unter Anwendung der im Konzern vorgenommenen Wahlrechte an die IFRS-Rechnungslegungsvorschriften anzupassen. Die im Rahmen der Anpassungsmaßnahmen geänderten Bilanzansätze führen idR zur Entstehung bzw Veränderung temporärer Differenzen *(inside basis differences II)*.

130 In der Praxis sollte die Anpassung an die konzerneinheitliche Bilanzierung und Bewertung sowie die Abgrenzung latenter Steuern nach dem *temporary*-Konzept zweckmäßigerweise auf Basis der allgemein verwendeten **Konsolidierungs-Packages** vorgenommen werden, indem die dort ausgewiesenen Buchwerte den Steuerwerten der Steuerbilanz gegenübergestellt werden.

c) Behandlung von outside basis differences

131 **aa) Grundsätze.** Bei der Abgrenzung latenter Steuern auf *outside basis differences* kommt sowohl der Rechtsform des Beteiligungsunternehmens als auch der Ebene der Ermittlung der Steuerlatenzen eine erhebliche Bedeutung zu.

Auf **Einzelabschlussebene** steht bei **Beteiligungen an KapGes** den in der Steuerbilanz erfassten Anteilen der handelsbilanzielle Beteiligungsbuchwert gegenüber. Da diese Ansätze systematisch keinen Unterschied aufweisen, erfolgt die Ermittlung temporärer Differenzen durch Gegenüberstellung beider Beteiligungsbuchwerte. Auf **Konzernabschlussebene** wird der im Rahmen der Kapitalkonsolidierung eliminierte Beteiligungsbuchwert durch das der Beteiligung zuzurechnende Nettovermögen repräsentiert. Differenzen zwischen dem steuerlichen Beteiligungsbuchwert und dem Nettovermögen des einbezogenen Unternehmens im IFRS-Konzernabschluss sind durch die *inside basis differences* noch nicht erfasst und führen grds zur Abgrenzung latenter Steuern. Begründet wird der Ansatz latenter Steuern mit einem fiktiven Veräußerungsszenario. Übersteigt das Nettovermögen eines einbezogenen TU in der Konzernbilanz den in der Steuerbilanz angesetzten Beteiligungsbuchwert, so entstünde im Falle einer sofortigen Veräußerung der Beteiligung aus Konzernsicht im Vergleich zur Steuerbilanz ein niedrigerer Veräußerungsgewinn. Sofern der Veräußerungsgewinn der Besteuerung unterliegt, sind auf den Differenzbetrag grds latente Steuern abzugrenzen. Die Ermittlung der *outside basis differences* erfolgt durch Gegenüberstellung des steuerbilanziellen Beteiligungsbuchwerts mit dem auf Konzernabschlussebene bilanzierten Nettovermögen des TU, Gemeinschafts- oder assoziierten Unternehmens.

132 Anders als bei KapGes stellt der **Anteil an einer PersGes** steuerlich kein Wirtschaftsgut dar. Die Beteiligung an einer PersGes wird im Rahmen der steuerlich anzuwendenden Spiegelbildmethode vielmehr durch das aus sämtlichen Wirtschaftsgütern und Schulden bestehende Nettovermögen dieser Gesellschaft repräsentiert, indem die Beteiligung in Höhe des spiegelbildlichen Kapitalkontos des Gesellschafters der PersGes erfasst wird. Dieses schließt sowohl die Gesamthandsbilanz als auch steuerlich zu berücksichtigende Ergänzungsbilanzen ein

(→ Rn 85 ff). Die Ermittlung der *outside basis differences* erfolgt somit auf **Einzelabschlussebene** durch die Gegenüberstellung des in der steuerlich relevanten Gesamthands- und Ergänzungsbilanz repräsentierten Nettovermögens mit dem handelsbilanziellen Beteiligungsbuchwert. Auf **Konzernabschlussebene** gilt sowohl steuer- als auch handelsbilanziell die Einzelveräußerungsfiktion, sodass dort keine konzeptionellen Unterschiede zu beachten sind.

Die Abgrenzung latenter Steuern auf *outside basis differences* im Zusammenhang mit Anteilen an TU, assoziierten Unternehmen und Gemeinschaftsunternehmen ist in IAS 12.38 ff gesondert geregelt. **Passive** latente Steuern sind gem IAS 12.39 dann **nicht** zu bilden, 133

(1) wenn das MU bzw der Anteilseigner in der Lage ist, den zeitlichen Verlauf der Realisierung der temporären Differenzen zu steuern und
(2) wenn sich die Differenzen in absehbarer Zeit wahrscheinlich **nicht** umkehren werden.

Das Kriterium der Steuerung der Auflösung von temporären Differenzen betrifft den ***control*-Aspekt.** Dieser ist dann erfüllt, wenn das MU über die Ausschüttung von Gewinnen bzw die Veräußerung der Anteile frei entscheiden kann. 134

Der darüber hinaus geltende **zeitliche Aspekt** ist dann erfüllt, wenn eine Umkehrung der *outside basis differences* innerhalb eines absehbaren Zeitraums unwahrscheinlich ist. Dies ist zumindest dann der Fall, wenn das Management **keine konkrete** Gewinnausschüttung bzw Anteilsveräußerung geplant bzw beschlossen hat. Plant das Management für die Zukunft konkrete Anteilsveräußerungen ein, so ist zu berücksichtigen, ob mit hinreichender Wahrscheinlichkeit iSd *„more likely than not"* ein vertragswilliger Käufer zu den erwarteten Konditionen gefunden werden kann.

In Bezug auf Anteile an TU ist der *control*-Aspekt in aller Regel erfüllt. Sofern darüber hinaus keine Gewinnausschüttung bzw Veräußerung des TU geplant bzw beschlossen ist, kommt die Abgrenzung latenter Steuern auf die *outside basis differences* infolge der Ausnahmeregelung des IAS 12.39 **nicht** in Betracht.

Die Abgrenzung von **aktiven** latenten Steuern auf Anteile an TU, assoziierten Unternehmen und Gemeinschaftsunternehmen **setzt** gem IAS 12.44 **voraus,** dass 135

(1) sich die temporären Differenzen in absehbarer Zeit umkehren werden und
(2) genügend zu versteuerndes Ergebnis zur Verfügung steht, gegen welches die temporäre Differenz verrechnet werden kann.

Da auch hier der zeitliche Aspekt eine Steuerabgrenzung auf quasi-permanente Differenzen untersagt, kommt eine Abgrenzung latenter Steuern auf Anteile an TU, assoziierten Unternehmen und Gemeinschaftsunternehmen insgesamt nur in **Ausnahmefällen** in Betracht.

Die Abgrenzung latenter Steuern auf ***outside basis differences*** hängt somit ab, von 136

(1) der Rechtsform des betroffenen MU und TU (KapGes oder PersGes),
(2) der zugrunde liegenden Bilanzierungsebene (Einzel- oder Konzernabschluss),
(3) der Besteuerung der den temporären Differenzen zugrunde liegenden Sachverhalte (Gewinnausschüttungen oder Veräußerungsergebnisse) und
(4) der Einschlägigkeit der Ausnahmeregelungen gem IAS 12.39 bzw IAS 12.44.

Die sich hieraus ergebenden Konsequenzen werden in den → Rn 137 ff sowie in der Übersicht in → Rn 150 dargestellt.

bb) Beteiligung an einer Kapitalgesellschaft. Für die Abgrenzung latenter Steuern auf Anteile an KapGes ist zunächst zwischen Einzel- und Konzernabschlussebene (→ Rn 131 f) zu unterscheiden. 137

Auf **Einzelabschlussebene** stehen den Anteilen in der Steuerbilanz korrespondierende Anteile im IFRS-Abschluss gegenüber. Zwischen beiden Beteiligungsbuchwerten entstehende Differenzen stellen *outside basis differences* dar, die durch Gegenüberstellung der beiden Beteiligungsbuchwerte ermittelt werden können.

138 Die Bilanzierung von Anteilen an TU, assoziierten Unternehmen oder Gemeinschaftsunternehmen in Form einer KapGes erfolgt in der **Steuerbilanz** des MU regelmäßig zu fortgeführten Anschaffungskosten. Nach **IFRS** erfolgt die Bilanzierung der Anteile auf **Einzelabschlussebene** entweder zu fortgeführten Anschaffungskosten oder mit dem beizulegenden Zeitwert *(fair value)*. Aufgrund des *Amendments* des IAS 27 ist ab dem 1. Januar 2016 zudem die Anwendung der Equity-Methode erlaubt. Anteile, die zur Veräußerung vorgesehen sind, sind – soweit sie nicht nach IAS 39/IFRS 9 bilanziert werden – gem IFRS 5.15 abweichend zum niedrigeren Wert aus Buchwert und beizulegendem Zeitwert abzüglich Veräußerungskosten anzusetzen.

Bei einer Bilanzierung zu **fortgeführten Anschaffungskosten** können sich zwischen den Wertansätzen in den beiden Rechnungslegungswerken Abweichungen aufgrund steuerlich nicht anerkannter außerplanmäßiger Abschreibungen ergeben. Erfolgt gem IAS 39.46/IFRS 9.5.2.1 und IFRS 9.4.1.2A eine Bilanzierung zum beizulegenden Zeitwert, so können sich im Rahmen der Folgebewertung bei Anteilen, die den Kategorien „erfolgswirksam zum beizulegenden Zeitwert bewertet/*fair value through profit or loss*" (IAS 39.45(a) bzw IFRS 9.5.2.1(c)) oder „zur Veräußerung verfügbar/*fair value through other comprehensive income*" (IAS 39.45(d) bzw IFRS 9.5.2.1(b)) zugeordnet wurden, ebenfalls Differenzen zur Steuerbilanz ergeben. Die entstehenden Differenzen erfordern jedoch nur dann eine Steuerabgrenzung, wenn aus der Beteiligung steuerpflichtige Erträge bzw anrechenbare Verluste entstehen können.

139 Ist das **MU** eine **KapGes,** so werden Beteiligungserträge und Gewinne aus der Veräußerung von Anteilen an KapGes gem § 8b KStG grds **steuerfrei** vereinnahmt, Veräußerungsverluste sind gem § 8b Abs 3 Satz 3 KStG **steuerlich nicht abzugsfähig.** Die zwischen IFRS- und Steuerbilanz entstehenden Differenzen sind daher idR permanenter Art, sodass die Abgrenzung latenter Steuern bereits aus konzeptionellen Gründen entfällt (→ Rn 44). Dies gilt gem § 8b Abs 6 KStG auch dann, wenn die Anteile an der KapGes mittelbar über eine PersGes gehalten werden.

Eine **Ausnahme** von der Steuerbefreiung besteht gem § 8b Abs 2 Satz 4 KStG insoweit, als in 2001 vorausgegangenen Wirtschaftsjahren Teilwertabschreibungen vorgenommen worden waren, die nicht durch spätere Wertaufholungen ausgeglichen worden sind.

Eine weitere **Ausnahme** begründet der Pauschalzuschlag gem § 8b Abs 5 KStG in Höhe von 5% als nicht abzugsfähige Betriebsausgabe im Falle von Dividendenausschüttungen sowie Veräußerungsgewinnen, die dazu führen, dass faktisch nur 95% der Dividende bzw Veräußerungsgewinne steuerfrei vereinnahmt werden können. Der gleiche Effekt kann für ausländische TU bzw Gemeinschaftsunternehmen aus Quellensteuerregelungen resultieren.

Beispiel: Ein MU bezieht ein TU, an dem es 100% der Anteile hält, in seinen Konzernabschluss ein. Bei beiden Unternehmen handelt es sich um KapGes. Das TU erwirtschaftet in Periode X1 einen Gewinn in Höhe von T€ 100, welcher im aktuellen Geschäftsjahr thesauriert wird, im Folgejahr jedoch ausgeschüttet werden soll, sodass die Ausnahmeregelung des IAS 12.39 nicht greift. Das MU berücksichtigt im Konzernabschluss den Gewinn des TU in Höhe von T€ 100. Aufgrund der Gewinnthesaurierung ergeben sich in der Steuerbilanz keine Änderungen, sodass dem unveränderten Beteiligungsbuchwert ein aufgrund des erzielten Gewinns abweichendes Nettovermögen auf Konzernabschlussebene gegenübersteht. Die entstehende Differenz ist aufgrund der Steuerbefreiung gem § 8b Abs 1 KStG grds permanenter Natur. Da gem § 8b Abs 5 KStG jedoch 5% als nicht abzugsfähige Aufwendungen behandelt werden, können faktisch nur 95% des Gewinns steuerfrei vereinnahmt werden. Auf die Differenzen in Höhe von 5% sind latente Steuern abzugrenzen, die sich mit Ausschüttung des Gewinns wieder umkehren. Bei einem Steuersatz von 30% ergibt sich eine passive latente Steuer von T€ 1,5, die der Steuerbelastung zum Zeitpunkt der Ausschüttung entspricht.

Plant das MU keine Gewinnausschüttung und auch keine Veräußerung des TU, so greift das Passivierungsverbot des IAS 12.39; es ist dann lediglich die Höhe der *outside basis differences* gem IAS 12.81(f) im Anhang anzugeben.

Auch in diesen Ausnahmefällen sind latente Steuern betreffend Anteile an TU jedoch nur dann abzugrenzen, wenn sich die temporären Differenzen aufgrund einer geplanten oder beschlossenen **Anteilsveräußerung** bzw **Gewinnausschüttung** in absehbarer Zeit (IAS 12.39) auflösen (→ Rn 134). Dies ist insbes dann der Fall, wenn die Anteile an einer Beteiligung der Kategorie *‚held for trading‘* zugeordnet oder gem IFRS 5 bilanziert werden. Die Pauschalregelung gem § 8b Abs 5 KStG kommt zB dann nicht zum Tragen, wenn ein MU plant, für die kommenden Jahre zwecks Stärkung der Eigenkapitalbasis auf Gewinnausschüttungen seitens eines TU zu verzichten. Sofern in dem in → Rn 139 dargelegten Beispiel **keine Ausschüttung** der Gewinne und auch **keine Veräußerung** des TU geplant sind, greift das Passivierungsverbot des IAS 12.39. In diesem Fall ist die Höhe der outside basis difference lediglich gem IAS 12.81(f) im Anhang anzugeben (vgl *Sepetauz/Zinowsky* IRZ 2013, 260 (261)). **140**

Auch bei **Gemeinschaftsunternehmen** und **assoziierten Unternehmen** können *outside basis differences* aufgrund von Gewinnthesaurierungen entstehen. In der Steuerbilanz werden die Anteile an Gemeinschaftsunternehmen und assoziierten Unternehmen in Form einer KapGes zu fortgeführten Anschaffungskosten angesetzt. Im IFRS-Konzernabschluss erfolgt die Bewertung der Beteiligung zum Equity-Wert. Ausgehend von den Anschaffungskosten zum Zeitpunkt des Erwerbs wird der Equity-Wert in den Folgeperioden um anteilige Ergebnisse und Dividenden des Gemeinschaftsunternehmens bzw assoziierten Unternehmens, um anteilige Veränderungen in den stillen Reserven und Lasten, anteilige Eigenkapitalveränderungen (Erhöhung bzw Herabsetzung) sowie die Eliminierung von Zwischenergebnissen korrigiert. **141**

Beispiel: Ein MU bilanziert ein assoziiertes Unternehmen, an dem es 30% der Anteile hält, im Konzernabschluss nach der Equity-Methode. Bei beiden Unternehmen handelt es sich um KapGes. In der Steuerbilanz weist das MU die Anteile an der Beteiligung zu Anschaffungskosten von T€ 10.000 aus. Im IFRS-Abschluss wurden im Rahmen der erstmaligen Equity-Bewertung in der statistischen Nebenrechnung stille Reserven in Höhe von T€ 2.000 aufgedeckt, die in den Folgeperioden planmäßig über fünf Jahre abgeschrieben werden. Die Aufdeckung der stillen Reserven führte bei einem Steuersatz von 30% zugleich zum Ansatz einer passiven latenten Steuer in Höhe von T€ 600 in der statistischen Nebenrechnung.

Das anteilige Eigenkapital des assoziierten Unternehmens beträgt im Folgejahr T€ 10.720, wobei die Differenz in Höhe von T€ 1.000 auf anteilige thesaurierte Gewinne des assoziierten Unternehmens und in Höhe von T€ – 400 auf die Abschreibung der stillen Reserven entfällt, verbunden mit der ertragswirksamen Auflösung der korrespondierenden passiven latenten Steuer (T€ 120).

Die auf die anteiligen stillen Reserven des assoziierten Unternehmens entfallende Differenz in Höhe von T€ 400 stellt eine *inside basis difference II* dar. Diese wird unter Einbezug latenter Steuern fortgeführt und fließt in die Berechnung des Equity-Werts ein. Da latente Steuern in Höhe von T€ 120 auf die stillen Reserven bereits in der Nebenrechnung zu berücksichtigen sind, kommt eine weitere bilanzielle Abgrenzung latenter Steuern auf diese Differenz nicht in Betracht (vgl auch *Lienau* KoR 2007, 14 (19)).

Die zwischen Equity-Buchwert und steuerlichem Beteiligungsansatz verbleibende Differenz von T€ 720 (T€ 10.720 – T€ 10.000) stellt eine *outside basis difference* dar, die auf thesaurierte Gewinne zurückzuführen ist. Da im Falle einer Veräußerung der Beteiligung bzw Ausschüttung des anteiligen Gewinns gem § 8b Abs 5 KStG 5% des Betrags als nicht abzugsfähige Aufwendungen behandelt werden, können faktisch nur 95% des thesaurierten Gewinns steuerfrei vereinnahmt werden. Auf den Betrag von T€ 36 (= 5% von T€ 720) sind daher passive latente Steuern abzugrenzen, die sich bei einem Steuersatz von 30% auf T€ 11 belaufen.

142 Ist das **MU** eine **PersGes,** so bleiben Gewinnanteile im Rahmen einer Schachtelbefreiung gem § 9 Nr 2a GewStG steuerfrei, während Veräußerungsgewinne aus Anteilen an KapGes gem § 7 GewStG steuerpflichtig sind. Die Frage der Abgrenzung latenter Steuern richtet sich somit nach der Verwendungsabsicht (*Lüdenbach/Hoffmann/Freiberg* IFRS § 26 Rz 166). Soll die Beteiligung gehalten werden, so sind die entstehenden Differenzen permanenter Natur, bei einer hinreichend konkretisierten Veräußerungsabsicht ist eine Steuerabgrenzung erforderlich.

143 Auf **Konzernabschlussebene** stehen dem Beteiligungsbuchwert der Steuerbilanz im Fall der Vollkonsolidierung die Buchwerte der konsolidierten Vermögenswerte und Schulden des TU gegenüber, bei Gemeinschaftsunternehmen und assoziierten Unternehmen der entspr Equity-Wert. Im Falle einer Veräußerung geht in der Steuerbilanz des MU die Beteiligung ab, aus Konzernsicht wird eine Einzelveräußerung der dem MU zuzurechnenden Vermögenswerte und Schulden des TU fingiert. Für die Ermittlung der *outside basis differences* ist daher eine Gegenüberstellung des steuerbilanziellen Beteiligungsbuchwerts mit dem auf das TU entfallenden Nettovermögen vorzunehmen. Entspr gilt für den Equity-Wert von Gemeinschaftsunternehmen und assoziierten Unternehmen. Sofern sich hieraus eine Differenz zum Beteiligungsbuchwert in der Steuerbilanz ergibt, ist diese aufgrund der Steuerbefreiung beim **MU** in der Rechtsform einer **KapGes** gem § 8b KStG grds permanenter Natur. Ausnahmen ergeben sich zB aus der Pauschalzurechnung auf Gewinnausschüttungen von 5% als nicht abzugsfähige Betriebsausgaben gem § 8b Abs 5 KStG (→ Rn 139).

144 Handelt es sich bei dem MU um eine **PersGes,** so gilt für die Vereinnahmung von Gewinnanteilen die Schachtelbefreiung gem § 9 Nr 2a GewStG, während Veräußerungsgewinne steuerpflichtig sind. Die Abgrenzung latenter Steuern hat sich somit an der Verwendungsabsicht auszurichten, sodass eine Steuerabgrenzung nur bei einer hinreichend konkretisierten Verkaufsabsicht in Betracht kommt. Zu beachten ist, dass die Bewertung der auf die *outside basis differences* abzugrenzenden latenten Steuern in diesem Fall nur mit der GewSt erfolgen darf (*Lüdenbach/Hoffmann/Freiberg* IFRS § 26 Rz 166).

145 Der Gesamtbetrag der temporären Differenzen, die auf Anteile an TU, assoziierten Unternehmen und Gemeinschaftsunternehmen entfallen, für die aufgrund der Ausnahmeregelung gem IAS 12.39 und IAS 12.44 **keine** latenten Steuerschulden bilanziert wurden, ist gem IAS 12.81(f) im **Anhang** anzugeben.

146 **cc) Beteiligung an einer Personengesellschaft.** Auch die Abgrenzung latenter Steuern auf Anteile an PersGes erfordert eine Differenzierung zwischen Einzel- und Konzernabschlussebene.

Auf **Einzelabschlussebene** wird die **Beteiligung einer KapGes an einer PersGes** als Vermögenswert bilanziert, der ggf einer außerplanmäßigen Abschreibung *(impairment)* unterliegt. In der Steuerbilanz setzt sich die „Beteiligung" dagegen aus der Summe aller dem Gesellschaftsvermögen zuzurechnenden aktiven und passiven Wirtschaftsgüter zusammen. Dies schließt Wirtschaftsgüter aus steuerlichen Ergänzungsbilanzen ein. Beim TU, Gemeinschafts- bzw assoziierten Unternehmen festgestellte Gewinne bzw Verluste gehen durch Anwendung der Spiegelbildmethode stets in die Besteuerungssphäre des MU ein, weshalb es **regelmäßig** zu temporären Differenzen zwischen IFRS-Einzelabschluss und Steuerbilanz kommt. Hierauf abzugrenzende latente Steuern haben sich ausschließlich an der *outside basis difference,* also der Differenz zwischen handelsrechtlichem Beteiligungsbuchwert einerseits und dem anteiligen spiegelbildlichen Steuerbilanzkapital einschließlich Ergänzungsbilanzen andererseits zu orientieren (*Lüdenbach/Hoffmann/Freiberg* IFRS § 26 Rz 172). Mögliche temporäre Differenzen können zum einen aus der Gewinnvereinnahmung bzw der Verlustübernahme resultieren. Da steuerlich eine phasengleiche Vereinnahmung von anteiligen Gewinnen bzw Verlusten erfolgt, handelsrechtlich jedoch zunächst die Feststellung eines Gewinns bzw die ausdrückliche Übernahme eines Verlusts erforderlich ist (*Meyer/Bornhofen/Homrighausen* KoR 2005, 285 (289f)), kommt es **regelmäßig** zu temporären Differenzen, die im Fall von Gewinnen die Abgrenzung aktiver und in Verlustsituationen die Abgrenzung passiver latenter Steuern erfordern. Zum anderen führen außerplanmäßige Abschreibungen auf den in der IFRS-Bilanz angesetzten Beteiligungsbuchwert (auch: Wertänderungen wegen *fair value* Bewertung gem IAS 39/IFRS 9) sowie Abschreibungen auf stille Reserven bzw Geschäfts- oder Firmenwerte in der steuerlichen Ergänzungsbilanz regelmäßig zu temporären Differenzen. Der Bewertung der Steuerlatenzen aus den hier dargestellten *outside basis differences* ist der volle Steuertarif aus KSt und GewSt zugrunde zu legen, da es sich bei dem MU um eine KapGes handelt.

Handelt es sich sowohl beim **MU** als auch beim **TU** bzw Beteiligungsunter- 147
nehmen um eine **PersGes,** so entfällt die Abgrenzung latenter Steuern auf *outside basis differences,* da Gewinne und Verluste gem §§ 9 Nr 2 bzw 8 Nr 8 GewStG steuerlich unbeachtlich sind.

Auf **Konzernabschlussebene** entspricht die Beteiligungsstruktur in der 148
IFRS-Konzernbilanz konzeptionell derjenigen der Steuerbilanz des MU (→ Rn 131f). In beiden Rechnungslegungswerken setzt sich der für das TU als PersGes zugrunde zu legende Beteiligungswert aus der Summe aller dem Gesellschaftsvermögen zuzurechnenden aktiven und passiven Vermögenswerte zusammen. Demnach ist das lfd Ergebnis des TU sowohl in der Konzernbilanz als auch der Steuerbilanz des MU phasengleich anzusetzen, sodass diesbezüglich keine temporären Differenzen entstehen können. Denkbar sind lediglich temporäre Differenzen aus steuerlichen Ergänzungsbilanzen. Diese sind jedoch bereits bei der Ermittlung der *inside basis differences* zu beachten, sodass insoweit die Gefahr einer Doppelerfassung besteht (*Ernsting/Loitz* DB 2004, 1053 (1055)). Im Falle der Veräußerung gilt das Prinzip der Einzelveräußerungsfiktion, bei dem dem Verkaufserlös sowohl in der Konzern- als auch in der Steuerbilanz das abgehende Nettovermögen bzw der Equity-Wert gegenüberzustellen ist. Zwar können sich in diesem Fall Differenzen aufgrund abweichender Bilanzierungs- und Bewertungsvorschriften oder einer abweichenden Kaufpreisallokation ergeben, diese werden jedoch bereits als *inside basis differences* im Rahmen der Steuerabgrenzung berücksichtigt. Eine Abgrenzung latenter Steuern auf *outside basis differences* entfällt auf Konzernabschlussebene somit, soweit es sich bei dem TU um eine PersGes handelt.

Auch bei **assoziierten Unternehmen** und **Gemeinschaftsunternehmen** 149
in Form einer **PersGes,** die im Wege der Equity-Methode einbezogen werden, schlagen sich anteilige thesaurierte Gewinne und Verluste regelmäßig im Equity-Buchwert nieder, sodass im Vergleich zur Steuerbilanz regelmäßig keine temporären Differenzen entstehen. Treten gleichwohl Differenzen zwischen beiden Rechnungslegungswerken auf, etwa aufgrund einer außerplanmäßigen Abschreibung des Equity-Werts in der IFRS-Konzernbilanz, so greift die Ausnahmevorschrift des IAS 12.39(a) mangels Kontrollmöglichkeit regelmäßig nicht, sodass eine Abgrenzung latenter Steuern dann gem IAS 12.42 erforderlich ist. Dies gilt gem IAS 12.43 nicht, wenn eine Vereinbarung zwischen den Gesellschaftern eines assoziierten Unternehmens bzw Gemeinschaftsunternehmens vorliegt, nach

der das bilanzierende Unternehmen die Gewinnaufteilung und den Zeitpunkt etwaiger Ausschüttungen bestimmen kann.

Im Falle der Veräußerung ist zu beachten, dass für Veräußerungsgewinne im Rahmen der Bewertung lediglich der Körperschaftsteuertarif angesetzt werden darf, da die GewSt gem § 7 Satz 2 GewStG bei der PersGes anzusetzen ist.

150 **Zusammenfassend** ergibt sich für die Abgrenzung latenter Steuern auf *outside basis differences* folgendes Bild:

Einzelabschluss	MU = KapGes TU = KapGes	MU = PersGes TU = KapGes	MU = KapGes TU = PersGes	MU = PersGes TU = PersGes
Entstehung von *outside basis differences*	grds möglich	grds möglich	grds möglich	grds möglich
Vergleichsbasis	Der Beteiligungsbuchwert des TU in der Steuerbilanz des MU und der Beteiligungsbuchwert des TU im IFRS-Einzelabschluss können voneinander abweichen. Als Folge entstehen *outside basis differences.*		Dem Beteiligungsbuchwert des TU im IFRS-Abschluss steht das Nettovermögen des TU in der Steuerbilanz einschließlich steuerlicher Ergänzungsbilanzen gegenüber. Abweichungen begründen *outside basis differences.*	
Art der Differenz	grds permanent § 8b KStG	bei Gewinnthesaurierung: permanent § 9 Nr 2a GewStG	grds temporär	grds permanent § 8 Nr 8, § 9 Nr 2 GewEStG
Ausnahmen	Teilwertabschreibungen sowie 5 % Pauschalzurechnung gem § 8 b Abs 5 KStG	bei Veräußerungsgewinnen: temporär § 7 GewStG		
Erfordernis der Abgrenzung latenter Steuern	nur in den genannten Ausnahmefällen und dies bei TU wegen IAS 12.39 auch nur bei Veräußerungs- bzw Ausschüttungsabsicht	bei TU nur bei Veräußerungsabsicht; bei assoziierten Unternehmen/Gemeinschaftsunternehmen regelmäßig, da keine Kontrolle vorliegt	regelmäßig erforderlich	keine

Konzernabschluss	MU = KapGes TU = KapGes	MU = PersGes TU = KapGes	MU = KapGes TU = PersGes	MU = PersGes TU = PersGes	151
Entstehung von *outside basis differences*	grds möglich	grds möglich	nicht möglich	nicht möglich	
Vergleichsbasis	Der Beteiligungsbuchwert des TU in der Steuerbilanz des MU und das Nettovermögen (Eigenkapital) des TU im IFRS-Konzernabschluss können voneinander abweichen. Als Folge entstehen *outside basis differences.*		Die Beteiligungsstruktur in der Steuerbilanz des MU und der IFRS-Konzernbilanz entsprechen sich konzeptionell. Bewertungsunterschiede werden bereits als *inside basis differences* berücksichtigt. *Outside basis differences* entstehen nicht.		
Art der Differenz	grds permanent wegen § 8b KStG	bei Gewinnthesaurierung: permanent § 9 Nr 2a GewStG			
Ausnahmen	Teilwertabschreibungen sowie 5 % Pauschalzurechnung gem § 8b Abs 5 KStG	bei Veräußerungsgewinnen: temporär § 7 GewStG			
Erfordernis der Abgrenzung latenter Steuern	nur in den genannten Ausnahmefällen und dies wegen IAS 12.39 bei TU auch nur bei Veräußerungs- bzw Ausschüttungsabsicht	bei TU nur bei Veräußerungsabsicht bei assoziierten Unternehmen/Gemeinschaftsunternehmen regelmäßig	keine	keine	

Für **assoziierte Unternehmen** und **Gemeinschaftsunternehmen** ist zu berücksichtigen, dass diesbezüglich das *control*-Kriterium gem IAS 12.39(a) regelmäßig nicht erfüllt sein wird, sodass die Ausnahmeregel des IAS 12.39 nicht greift (IAS 12.42). 152

d) Währungsumrechnung als Ursache latenter Steuern

Im Anschluss an die HB II Anpassungen sind diejenigen temporären Differenzen zu ermitteln, die sich aus der Transformation der Jahresabschlüsse ausländischer TU in die Währung des MU ergeben. 153

Die Währungsumrechnung nach IFRS basiert auf dem **Konzept der funktionalen Währung.** Als funktional wird die Währung bezeichnet, in welcher ein Unternehmen den überwiegenden Teil seiner Geschäftstätigkeit abwickelt und in der es somit hauptsächlich *cash-in-* und *-outflows* generiert (IAS 21.9 ff; → § 33 Rn 4 ff). Die Währungsumrechnung von Einzelabschlüssen ausländischer TU in die Berichtswährung des Konzerns erfolgt in Abhängigkeit vom Verhältnis der funktionalen Währung des TU zur Konzernberichtswährung. Zu unterscheiden sind TU, die wirtschaftlich weitgehend selbständig operieren und TU, die in enger Abhängigkeit zum MU stehen.

Bei TU, die aufgrund weitgehender Integration in enger Abhängigkeit zum MU stehen, entspricht die funktionale Währung idR bereits der Währung des MU, sodass keine separate Umrechnung der Stichtagsbilanz erforderlich ist. Die funktionale Währung weitgehend selbständig operierender TU entspricht dagegen idR der jeweiligen lokalen Währung.

154 Legt ein ausländisches Konzernunternehmen seiner Rechnungslegung eine von der Konzernwährung abweichende funktionale Währung zugrunde, so sind die Bilanz- und GuV-Posten bei Erstellung der Konzernbilanz mittels der **modifizierten Stichtagskursmethode** in die Konzernwährung umzurechnen. Danach sind alle Bilanzposten einschließlich der im Rahmen eines Unternehmenserwerbs aufgedeckten stillen Reserven und Lasten sowie des hieraus resultierenden Geschäfts- oder Firmenwerts zu Stichtagskursen umzurechnen. Die Umrechnung aller Aufwendungen und Erträge ist grds mit dem Kurs am Transaktionstag vorzunehmen (→ § 33 Rn 20). Zur Vereinfachung – und so idR auch in der Praxis – erfolgt die Umrechnung der GuV-Posten näherungsweise gem IAS 21.40 zum Durchschnittskurs. Umrechnungsdifferenzen aus der Anwendung der unterschiedlichen Wechselkurse in Bilanz und GuV sind gem IAS 21.39 erfolgsneutral über das sonstige Ergebnis im Eigenkapital zu erfassen. Erst bei Veräußerung bzw Entkonsolidierung des TU werden die in dem gesonderten Eigenkapitalposten gesammelten Umrechnungsdifferenzen gem IAS 21.48 erfolgswirksam über die GuV aufgelöst.

155 Für Währungen eines **Hyperinflationslands** ist zu beachten, dass die nicht monetären Bilanzposten und die Posten der GuV nach vorheriger Indexierung mit dem Stichtagskurs umzurechnen sind (IAS 21.42 sowie → § 33 Rn 32ff).

156 Durch die Umrechnung der Fremdwährungsabschlüsse zu aktuellen Stichtagskursen entstehen ggü den Ansätzen in der Steuerbilanz **temporäre Differenzen.** Diese Differenzen stellen Wertänderungen des durch das MU in das TU investierten Eigenkapitals dar. Die Umkehr dieser Differenzen erfolgt nicht auf Ebene des TU, etwa durch die Veräußerung einzelner Vermögenswerte oder die Begleichung von Schulden, sondern allein durch Gewinnausschüttungen oder durch eine Veräußerung des TU durch das MU. Aus diesem Grund sind die hierdurch ggü der Steuerbilanz entstehenden Differenzen als *outside basis differences* einzustufen (*Pawelzik* KoR 2006, 13 (16)). Der Ansatz latenter Steuern richtet sich demnach nach dem Umstand, ob Ausschüttungen bzw die Veräußerung des TU nach Maßgabe der für das MU geltenden steuerlichen Vorschriften steuerpflichtig sind. Ferner sind die Ansatzverbote der IAS 12.39ff zu beachten, wonach latente Steuern auf *outside basis differences* nur dann anzusetzen sind, wenn in absehbarer Zeit eine Ausschüttung oder eine Veräußerung des TU geplant sind (→ Rn 133ff).

Beispiel: Ein in den USA ansässiges, wirtschaftlich selbständig operierendes TU verfügt sowohl in der IFRS- als auch in der Steuerbilanz über ein Nettovermögen (Aktiva abzüglich Schulden) von TUS-$ 2.000. Das deutsche MU (KapGes) bilanziert in €. Da die Steuerbilanzwerte des TU mit den IFRS-Werten in US-$ sowohl in X1 als auch in X2 übereinstimmen, entstehen keine *inside basis differences.* Differenzen zwischen den Steuerbilanzwerten des TU in US-$ und den Konzernwerten in € ergeben sich ausschließlich aus dem zum Stichtag X2 gesunkenen Wechselkurs als *outside basis differences.* Die Umrechnung des Abschlusses des US-amerikanischen TU im Rahmen der Aufstellung des Konzernabschlusses wirkt sich auf die Entstehung temporärer Differenzen wie folgt aus:

Jahr	Kursrelation	Steuerbilanz MU	IFRS-Bilanz TU	Konzernbilanz	Temporäre Differenz
		T€	TUS-$	T€	T€
X1	1 US-$ = 1 €	2.000	2.000	2.000	0
X2	1 US-$ = 0,90 €	2.000	2.000	1.800	200

Da sich die Umrechnungsdifferenz von T€ 200 nicht auf das zu versteuernde Einkommen des TU auswirkt und eine steuerlich relevante Umkehrung der Differenz erst mit Überführung des betroffenen Vermögens in die Berichtswährung, also mit Ausschüttung oder Veräußerung der Beteiligung erfolgt, entfaltet die temporäre Differenz aufgrund der generellen Steuerfreistellung von Ausschüttungen und Beteiligungsveräußerungen nur insofern steuerliche Wirkungen, als nach § 8b Abs 5 KStG 5% der Ausschüttungen bzw Veräußerungsgewinne als nicht abzugsfähige Betriebsausgaben gelten. Darüber hinaus ist für den Fall der Gewinnthesaurierung das Ansatzverbot gem IAS 12.39 bzw IAS 12.44 zu beachten, sodass eine Steuerabgrenzung nur bei Vornahme einer Ausschüttung bzw bei geplanter Veräußerung des TU in Betracht kommt. Bei einem Steuersatz von 30% ergibt sich bei geplanter Ausschüttung bzw Veräußerung des TU auf Basis der temporären Differenz von T€ 200 eine aktive latente Steuer von T€ 3 (T€ 200 × 5% × 30%).

157 Da die Umrechnungsdifferenzen erfolgsneutral über das periodische sonstige Ergebnis im kumulierten sonstigen Ergebnis erfasst werden, wären in diesem Fall gem IAS 12.62(c) auch die auf die temporären Differenzen abzugrenzenden latenten Steuern **erfolgsneutral** über das sonstige Ergebnis abzugrenzen.

158 Die Geschäfte ausländischer TU, die **in enger Abhängigkeit zum MU** operieren (IAS 21.9ff), werden als Fremdwährungsgeschäfte des MU angesehen, sodass die Bewertung der Transaktionen des TU von vornherein in der Währung des MU vorgenommen wird. Gem IAS 21.17 finden die Vorschriften für die Umrechnung von Fremdwährungstransaktionen (IAS 21.20ff) Anwendung, die eine Umrechnung mittels der Zeitbezugsmethode vorsehen. Danach sind alle monetären Bilanzposten zum Stichtagskurs, nicht monetäre Posten für fortgeführte historische Anschaffungs- oder Herstellungskosten mit dem Kurs, der am Transaktionstag galt und nicht monetäre Posten, die zum beizulegenden Zeitwert bewertet wurden, mit dem Kurs zum Zeitpunkt der Bewertung umzurechnen (→ § 33 Rn 13). Entstehende Umrechnungsdifferenzen sind gem IAS 21.28 erfolgswirksam in der GuV zu berücksichtigen, sodass auch die hierauf abzugrenzenden latenten Steuern **erfolgswirksam** zu erfassen sind (IAS 12.41 iVm IAS 12.58).

e) Latente Steuern aus Konsolidierungsvorgängen

159 Abschließend sind latente Steuern auf diejenigen temporären Differenzen abzugrenzen, die durch die Vornahme von **Konsolidierungsmaßnahmen** entstehen (IFRS 10.B86(c)). Zur Abgrenzung latenter Steuern auf temporäre Differenzen aus der Kapitalkonsolidierung → § 35 Rn 125ff, zur Schuldenkonsolidierung → § 35 Rn 128ff, zur Zwischenergebniseliminierung → § 35 Rn 132, zur Konsolidierung von Jahresergebnissen → § 35 Rn 133f, zur Equity-Methode → § 36 Rn 72f.

III. Bewertung

1. Anzusetzender Steuersatz

160 Latente Steueransprüche und -schulden sind gem IAS 12.47 mit den Ertragsteuersätzen zu bewerten, die **zum Zeitpunkt der Auflösung** einer temporären Differenz bzw bei Realisierung eines Vermögenswerts oder Nutzung eines Verlustvortrags voraussichtlich Gültigkeit erlangen.

Da die **zukünftige Entwicklung** der Ertragsteuersätze nicht mit hinreichender Sicherheit vorausgesehen werden kann, ist die Bewertung grds auf Basis der Steuersätze vorzunehmen, die zum Zeitpunkt der Erstellung des Jahresabschlusses gelten. Zukünftige Steuersatzänderungen bzw Steuergesetzänderungen sind vorwegzunehmen, sobald der Erfüllung der materiellen Wirksamkeitsvoraussetzungen für ihre Einführung im Rahmen des Gesetzgebungsverfahrens keine Hindernisse mehr entgegenstehen. In Deutschland ist dies mit Zustimmung des Bundesrats zu den verabschiedeten Steuergesetzen der Fall.

161 Im **Konzernabschluss** erfolgt die Bewertung latenter Steuern für *inside basis differences* grds auf Basis der lokalen Steuergesetze sowie der unternehmensindividuellen Steuersätze, die für die jeweiligen Konzernunternehmen maßgeblich sind. Besonderheiten sind im Fall der transparenten Besteuerung zu beachten. So unterliegen PersGes in Deutschland für sich betrachtet lediglich der GewSt, während die von ihnen erzielten Gewinne auf Ebene der Anteilseigner zusätzlich mit KSt bzw ESt belegt werden. Das gleiche gilt für Investmentfonds, deren Gewinne ausschließlich auf Anteilseignerebene besteuert werden. Werden die Anteilseigner zB in Form einer KapGes in den IFRS-Konzernabschluss einbezogen, so ist sicherzustellen, dass die sich auf Anteilseignerebene ergebenden Steuereffekte mitberücksichtigt werden.

Beispiel: In einem Konzern mit einem MU in Form eine KapGes unterliegt ein TU in Form einer PersGes in Deutschland auf Ebene der PersGes nur der GewSt. Bei einer Steuermeßzahl von 3,5% und einem Hebesatz von 400% ergibt sich für das TU ein Gewerbesteuersatz von 14%, welcher grds auch bei der Abgrenzung latenter Steuern auf *inside basis differences* zugrunde zu legen ist. Für das MU als KapGes ergibt sich bei einem Hebesatz von ebenfalls 400% unter Berücksichtigung von KSt und Solidaritätszuschlag eine Gesamtsteuerbelastung von 29,825%, welche auch auf die Gewinne der PersGes anzuwenden ist. Da die *inside basis differences* des TU mit 14% aus Konzernsicht zu niedrig besteuert werden, ist die auf Ebene des TU erfolgte Gewerbesteuerbelastung in einem zweiten Schritt um KSt und Solidaritätszuschlag auf den Konzernsteuersatz heraufzuschleusen. Damit ergibt sich für die Latenzen des TU auf Ebene der nächsthöheren KapGes eine zusätzliche Besteuerung in Höhe von 15,825%.

In der Praxis kann die Ermittlung der latenten Steuern dahingehend vereinfacht werden, dass bereits auf Ebene der Tochter-PersGes die Gesamtsteuerbelastung von 29,825% berücksichtigt wird. Als problematisch erweist sich die Vereinfachung jedoch in den Fällen, in welchen die Tochter-PersGes einem veröffentlichungspflichtigen Teilkonzern angehört, dessen Obergesellschaft ebenfalls eine PersGes ist. Da dieser Teilkonzern lediglich mit GewSt belastet werden darf, ist eine Aufspaltung in GewSt einerseits und KSt sowie Solidaritätszuschlag andererseits in diesem Fall unumgänglich.

162 Auch bei einer **geplanten Veräußerung eines TU** ist zwischen der Ebene des TU in Form einer PersGes und der Ebene des MU in Form der KapGes zu unterscheiden. Mit Beschluss des Managements über die Veräußerung des TU entfällt automatisch die Grundlage für den mit KSt und Solidaritätszuschlag belegten Teil an latenten Steuern, da diese infolge der Veräußerung künftig nicht mehr realisierbar sind. Der mit GewSt belegte Teil der latenten Steuern wird hingegen mitveräußert und regelmäßig im Kaufpreis vergütet. Als Konsequenz ist spätestens zu dem Zeitpunkt, zu dem ein TU als Veräußerungsgruppe bzw als aufgegebener Geschäftsbereich gem IFRS 5 eingestuft wird, der auf das TU in Form einer PersGes entfallende KSt/Solidaritätszuschlags-Anteil einer Wertberichtigung zu unterziehen und erfolgswirksam auszubuchen (*IDW* RS HFA 2 Rz 119). Die in Höhe des Gewerbesteuersatzes auf Ebene des TU gebildeten latenten Steuern sind hingegen beizubehalten. Auf Konzernabschlussebene ist der diesbezügliche Bilanzansatz in die Veräußerungsgruppe iSd IFRS 5.6 einzubeziehen. Ferner sind gem IAS 12.39/IAS 12.44 latente Steuern auf etwaige *outside basis differences* anzusetzen, da deren Umkehrung angesichts des beabsichtigten Verkaufs wahrscheinlich geworden ist (→ § 28 Rn 120).

Beispiel: Ein MU in Form einer KapGes mit dem 31. Dezember als Bilanzstichtag, beschließt am 1. Oktober alle Anteile an einem TU in Form einer PersGes zum 31. Dezember des gleichen Jahrs zu veräußern und unterzeichnet mit einem Interessenten einen entspr *letter of intent.* Das TU stellt keinen aufgegebenen Geschäftsbereich iSd IFRS 5.32 dar. Das TU verfügt über abzugsfähige temporäre Differenzen in Höhe von T€ 1.000 und über zu versteuernde temporäre Differenzen in Höhe von T€ 300. Eine Umkehr der temporären Differenzen wird vor der Veräußerung des TU nicht mehr erwartet. Der Gewerbesteuersatz beträgt 14%, KSt und Solidaritätszuschlag sind mit 15,825% anzusetzen. Aufgrund der temporären Differenzen wurden auf Ebene des TU aktive latente Steuern in Höhe von T€ 140 und passive latente Steuern in Höhe von T€ 42 angesetzt. Auf Ebene des MU wurden zusätzlich die Effekte aus KSt/Solidaritätszuschlag berücksichtigt, sodass die aktiven latenten Steuern um weitere T€ 158 und die passiven latenten Steuern um T€ 47 heraufgeschleust wurden. Diese Vorgehensweise führt dazu, dass auf Ebene des MU alle latenten Steuern einheitlich zu einem Steuersatz von 29,825% bewertet werden.

Da eine Umkehr der temporären Differenzen des TU vor dessen Veräußerung nicht mehr erwartet wird, und die auf Ebene des MU bzgl KSt/Solidaritätszuschlag gebildeten latenten Steuern nicht mitveräußert werden, entfällt deren Realisierungsmöglichkeit mit Unterzeichnung des *letter of intent.* Als Konsequenz bucht das MU die das TU betreffenden aktiven latenten Steuern in Höhe von T€ 158 sowie die passiven latenten Steuern von T€ 47 am 1. Oktober erfolgswirksam über den Steueraufwand aus. Die auf die GewSt entfallenden latenten Steuern werden mitveräußert und gehen im Rahmen der Entkonsolidierung ab. Dabei sind die Steuereffekte auf die abgehenden *inside basis differences* in den **Entkonsolidierungserfolg** einzubeziehen und nicht etwa gesondert im Steueraufwand auszuweisen. Dieser Umstand ist in der Überleitungsrechnung gem IAS 12.81(c) entspr zu berücksichtigen (→ Rn 194ff).

Handelt es sich bei der veräußerten PersGes hingegen gleichzeitig um einen **aufgegebenen Geschäftsbereich** iSd IFRS 5.32, so sind gem *IDW* RS HFA 2 Rz 117 sowohl die körperschaft- als auch die gewerbesteuerlichen Effekte dem aufgegebenen Geschäftsbereich zuzuordnen, der den besonderen Ausweiserfordernissen des IFRS 5.33 unterliegt (→ § 28 Rn 120). Latente Steuern auf **steuerliche Verlustvorträge** sind in Abhängigkeit von der Steuersubjekt-Eigenschaft zuzuordnen und sind demjenigen Geschäftsbereich zuzurechnen, der den jeweiligen Verlustvortrag nach den steuerlichen Vorschriften in Anspruch nehmen kann. Demnach sind Wertänderungen von latenten Steueransprüchen aus Verlustvorträgen der fortzuführenden Bereiche, die sich aus dem Verkauf des aufgegebenen Geschäftsbereichs ergeben, den fortzuführenden Bereichen zuzuordnen. Verlustvorträge, die mitveräußert werden, sind hingegen dem aufgegebenen Geschäftsbereich zuzuordnen (vgl *IDW* RS HFA 2 Rz 118).

Die Anwendung des **individuellen Steuersatzes** für jedes Konzernunter- 163
nehmen kann insbes in mehrstufigen Konzernen mit ausländischen TU zu einer erheblichen Komplexität der Berechnung latenter Steuern führen. Unter der Prämisse der Wesentlichkeit scheint daher die Anwendung eines **einheitlichen** Steuersatzes in Form eines Mischsatzes sachgerecht. Dies gilt insbes für **inländische KapGes,** deren Ertragsteuerbelastung idR nur unerheblich, zB aufgrund unterschiedlicher gewerbesteuerlicher Hebesätze, von dem Steuersatz des MU abweichen wird. Bei wesentlichen Abweichungen sollte zur Vermeidung von Verzerrungen der für das TU individuell geltende Ertragsteuersatz angewendet werden. Die Abweichungen zum Steuersatz des MU sind im Rahmen einer **Überleitungsrechnung** im Anhang auszuweisen (im Einzelnen → Rn 194ff).

Die **Gesamtsteuerbelastung** setzt sich für deutsche KapGes aus KSt, Solida- 164
ritätszuschlag, sowie GewSt zusammen. Bei einem Hebesatz von 400% ergibt sich für KapGes eine durchschnittliche Gesamtsteuerbelastung von 29,825%, welche sich wie folgt berechnet:

$$\text{Ertragsteuersatz} = (H \times M + K + S \times K) / 100$$

H = Gewerbesteuerhebesatz (hier 400%)
M = Steuermesszahl (3,5%)
K = Körperschaftsteuersatz (15%)
S = Solidaritätszuschlagssatz (5,5%)

165 Für **PersGes** ist die Bewertung auf Einzelabschlussebene auf den Gewerbeertragsteuersatz beschränkt. Im Konzernabschluss einer PersGes mit Beteiligungen an KapGes ist für die auf diese entfallenden temporären Differenzen auch die KSt zu berücksichtigen. Die auf Anteilseigner einer PersGes entfallende persönliche ESt ist nicht zu berücksichtigen, da IAS 12.51 eine klare Abgrenzung zwischen dem Unternehmen und seinen Anteilseignern vornimmt.

166 Für **ausländische Konzerngesellschaften** sind die nach Landesrecht geltenden Ertragsteuern einschließlich Quellensteuern mit den zum Realisierungszeitpunkt erwarteten Steuersätzen zugrunde zu legen. DBA sind in die Betrachtung einzubeziehen. Die lokalen Ertragsteuersätze ausländischer Konzernunternehmen können von dem Steuersatz des MU in erheblichem Maß abweichen. Auch diese Abweichungen sind im Anhang in einer Überleitungsrechnung auszuweisen (→ Rn 194ff).

167 Im Rahmen der Bewertung latenter Steuern sind gem IAS 12.51 die steuerlichen Konsequenzen zu berücksichtigen, die sich aus der Art und Weise ergeben, in der ein Unternehmen erwägt, seine Vermögenswerte und Schulden zu realisieren bzw zu begleichen. Die vornehmlich Beteiligungen, Grundstücke sowie immaterielle Vermögenswerte mit unbestimmbarer Nutzungsdauer betreffende Regelung ist immer dann relevant, wenn zB die **Veräußerung** von Vermögenswerten **abweichend** von ihrer **Nutzung** besteuert wird. In diesem Fall ist für die Bewertung latenter Steuern gem IAS 12.51 grds von der geplanten bzw von der wahrscheinlicheren Transaktion auszugehen. Ausgenommen hiervon ist die Bewertung von Sachanlagen, die keiner planmäßigen Abschreibung unterliegen (Grund und Boden) und gem IAS 16.31 nach der Neubewertungsmethode bewertet werden, sowie von Immobilien, die gem IAS 40 als Finanzinvestition gehalten werden und deren Geschäftsmodell nicht auf eine dauerhafte Nutzung ausgelegt ist. Für diese Vermögenswerte ist gem IAS 12.51B bis IAS 12.51D der Steuersatz zugrunde zu legen, der bei der **Veräußerung** der Vermögenswerte zur Anwendung kommt, da diese Vermögenswerte keiner planmäßigen Abschreibung unterliegen (vgl auch die Beispiele A bis C zu IAS 12.51A sowie das Beispiel zu IAS 12.51C). Stellt man auf den Buchwert der bilanzierten Grundstücke bzw Investment-Immobilien ab, so ergeben sich für Unternehmen, die dem deutschen Steuerrecht unterworfen sind, derzeit keine Auswirkungen. Der Erwerb und die Veräußerung von Investment-Immobilien erfolgt jedoch aus rechtlichen und steuerlichen Gründen häufig über Projektgesellschaften. Die konkrete Ausgestaltung und Tätigkeit der Projektgesellschaft entscheidet maßgeblich darüber, ob der Erwerb einer Immobile als Kauf eines Vermögenswerts oder als Unternehmenszusammenschluss zu behandeln ist, was sich wiederum auf die Abgrenzung latenter Steuern auswirkt (vgl hierzu im Einzelnen *Loitz/van Delden* WPg 2009, 502 (502)).

168 Sehen die Steuergesetze die Anwendung eines gewinnabhängigen **progressiven Ertragsteuersatzes** vor, ist der im Rahmen der Steuerabgrenzung anzuwendende Steuersatz nicht mehr hinreichend bestimmbar, da die Höhe des zukünftig zu versteuernden Einkommens noch nicht feststeht. Für diesen Fall ist gem IAS 12.49 ein durchschnittlicher Steuersatz anzuwenden, der sich auf das voraussichtlich zu versteuernde Einkommen zu dem Zeitpunkt ergibt, zu dem sich die temporären Unterschiede umkehren. Zu diesem Zweck sind seitens der Unternehmensleitung Annahmen zu den zukünftig erzielbaren Gewinnen zu treffen.

Sehen die Steuergesetze einen **gespaltenen Steuersatz** für thesaurierte Gewinne einerseits und ausgeschüttete Gewinne andererseits vor, sind hierauf zu bildende latente Steuern gem IAS 12.52A und IAS 12.52B mit dem **Ausschüttungssteuersatz** erst dann zu bewerten, wenn eine Ausschüttung verbindlich beschlossen wurde. Bis zur Fassung des Ausschüttungsbeschlusses ist der Steuersatz anzuwenden, der für thesaurierte Gewinne gilt. Zum erstmaligen Ansatz → Rn 208. 169

Im Falle von **Steuersatzänderungen** oder **Steuergesetzänderungen** sind bestehende latente Steueransprüche und -schulden unter Ansatz der neuen Steuersätze umzubewerten. Die Effekte aus der Umbewertung sind in der Weise zu erfassen, in der auch die urspr Transaktion erfasst wurde. Für erfolgswirksam gebuchte Sachverhalte erfolgt die Umbewertung demnach erfolgswirksam. Wurde eine Transaktion dagegen erfolgsneutral erfasst, so sind auch hierauf abzugrenzende latente Steuern sowie die Effekte aus einer Steuersatzänderung erfolgsneutral – entweder über das sonstige Ergebnis oder direkt durch Verrechnung mit dem Eigenkapital – zu berücksichtigen. 170

Beispiel: Ein Unternehmen hat seine Produktionsstätte am 31. Dezember X1 gem IAS 16.31 ff einer Neubewertung unterzogen und die Buchwerte in der IFRS-Bilanz mit T€ 40.000 angesetzt. Der Buchwert in der Steuerbilanz beträgt zum 31. Dezember X1 T€ 30.000. Die Abschreibung erfolgt in beiden Rechnungslegungswerken linear über eine Restnutzungsdauer von zehn Jahren. Ferner hat das Unternehmen zum 31. Dezember X1 festverzinsliche Wertpapiere der Kategorie „zur Veräußerung verfügbar" (IAS 39.45(d)) mit T€ 700 und zu Handelszwecken gehaltene Wertpapiere (IAS 39.45(a)) mit T€ 600 angesetzt. In der Steuerbilanz werden die festverzinslichen Wertpapiere zu Anschaffungskosten von jeweils T€ 500 bilanziert. Am 3. Juli X2 verabschiedet der Bundesrat ein Gesetz, nach dem der Ertragsteuersatz mit Wirkung ab dem 1. Januar X3 von 40% auf 30% gesenkt wird. Zum Zeitpunkt der Verabschiedung des Gesetzes beträgt der Wert der zur Veräußerung verfügbaren festverzinslichen Wertpapiere T€ 600 und der Wert der zu Handelszwecken gehaltenen Wertpapiere T€ 400. Am 31. Dezember X2 werden die Wertpapiere mit jeweils T€ 600 bewertet.

Um den exakten Effekt aus der Senkung des Ertragsteuersatzes zu ermitteln, ist es erforderlich, die Neubewertung der latenten Steuern zu dem Zeitpunkt vorzunehmen, zu dem die Gesetzesänderung vom Bundesrat verabschiedet wird. Würde die Umbewertung aufgrund der Steuersatzänderung erst zum 31. Dezember X2 durchgeführt, so würden Effekte aus der Neubewertung mit Auswirkungen aus der Umkehrung bzw Entstehung latenter Steuern vermengt.

	Produktionsstätte	Wertpapiere (zur Veräußerung verfügbar)	Wertpapiere (zu Handelszwecken)
	T€	T€	T€
Stand 31. Dezember X1			
IFRS-Buchwert	40.000	700	600
Steuerlicher Buchwert	30.000	500	500
Temporäre Differenz	10.000	200	100
Latente Steuer 40%	4.000	80	40
Stand 3. Juli X2			
IFRS-Buchwert	38.000	600	400
Steuerlicher Buchwert	28.500	500	500
Temporäre Differenz	9.500	100	−100
Latente Steuer 40%	3.800	40	−40
Latente Steuer 30%	2.850	30	−30
Veränderung seit dem 31. Dezember X1	−1.150	−50	−70
Effekt aus der Steuersatzänderung	−950	−10	10
Effekt aus der Umkehrung temporärer Differenzen	−200	−40	−80

Die auf die temporären Differenzen der Produktionsstätte abgegrenzten passiven latenten Steuern sind zum 3. Juli X2 um insgesamt T€ 1.150 zu reduzieren und über das sonstige Ergebnis innerhalb der Neubewertungsrücklage **erfolgsneutral** zu erfassen. Von der Veränderung entfallen T€ 950 auf die Neubewertung, T€ 200 betreffen die Umkehrung der bislang gebildeten latenten Steuern, bewertet zum alten Steuersatz.

Für die zur Veräußerung verfügbaren Wertpapiere ergibt sich bezogen auf den 31. Dezember X1 eine Verringerung der latenten Steuern von insgesamt T€ 50. Hiervon entfallen T€ 10 auf die Senkung des Steuersatzes, T€ 40 resultieren aus der Umkehrung temporärer Differenzen aufgrund der Wertänderung der zugrunde liegenden Wertpapiere. Da die Wertänderung der zur Veräußerung verfügbaren Wertpapiere erfolgsneutral über das sonstige Ergebnis gegen die entspr Rücklage im Eigenkapital erfolgt, sind auch die Veränderungen latenter Steuern **erfolgsneutral** über das sonstige Ergebnis gegen diese Rücklage zu buchen.

Bezogen auf die zu Handelszwecken gehaltenen Wertpapiere ergibt sich zum 3. Juli X2 eine Veränderung von temporären Differenzen von insgesamt T€ 70. Aus der Wertänderung der Wertpapiere resultiert zunächst eine Verringerung der latenten Steuern von T€ 80, die dazu führt, dass die passiven latenten Steuern in einen Aktivposten von T€ 40 umschlagen. Bezogen auf diesen Aktivposten ergibt sich dann ein gegenläufiger Effekt aus der Umbewertung von T€ 10. Da die Wertänderungen der zu Handelszwecken gehaltenen Wertpapiere stets erfolgswirksam zu erfassen sind, sind auch die Änderungen der latenten Steuern **erfolgswirksam** in der GuV zu berücksichtigen.

171 Erfolgt die Verabschiedung einer neuen Unternehmenssteuer bzw einer Steuersatzänderung **unterjährig,** so kommt je nach Auslegung des **IAS 34** die Anwendung zweier unterschiedlicher Methoden in Betracht: die Behandlung der Steuersatzänderung als **Sondereffekt der eigenständigen Zwischenberichtsperiode** oder die Berücksichtigung mittels **Anpassung des erwarteten effektiven Steuersatzes.** Wird die Steuersatzänderung als Sondereffekt der eigenständigen Zwischenberichtsperiode behandelt, so erfolgt eine Anpassung der Bewertung der bislang bilanzierten latenten Steuern **einmalig** zum Stichtag der Verabschiedung der Steuersatzänderung auf Basis der zu diesem Zeitpunkt bilanzierten latenten Steuern. Latente Steuern, die sich bis zum Bilanzstichtag noch umkehren werden, sind von der Neubewertung auszunehmen. Erfolgt eine Anpassung des erwarteten effektiven Steuersatzes, so wird der Effekt aus der Steuersatzänderung über die bis zum Bilanzstichtag verbleibenden Quartale geglättet (s ausführlich *Loitz* DB 2007, 2048 (2049 ff)).

Beispiel: Aufgrund der Aktivierung von Entwicklungsleistungen verfügt ein Unternehmen über eine temporäre Differenz zwischen IFRS- und Steuerbilanz von T€ 1.000, für die es passive latente Steuern von T€ 400 angesetzt hat. Die Umkehrung der temporären Differenz erfolgt erst ab Januar X3. Am 6. Juli X2 stimmt der Bundesrat einem Gesetz zu, nach dem der Ertragsteuersatz zum 1. Januar X3 von 40% auf 30% gesenkt wird. Mit Zustimmung des Bundesrats sind die latenten Steuern auf Basis des zukünftig gültigen Steuersatzes von 30% neu zu bewerten, im Hinblick auf die Gewinne des Geschäftsjahres X2 ist hingegen noch ein tatsächlicher Steuersatz von 40% anzuwenden. Das Unternehmen erwartet für X2 ein Ergebnis vor Steuern von T€ 8.000 (T€ 2.000 je Quartal).

Wird die Ertragsteuersatzänderung als Sondereffekt der eigenständigen Zwischenberichtsperiode behandelt, so sind die passiven latenten Steuern am 6. Juli X2 ertragswirksam um T€ 100 auf T€ 300 zu reduzieren, der Effekt aus der Umbewertung wirkt sich in voller Höhe entlastend auf den Steueraufwand des dritten Quartals aus.

Im Fall der Anpassung des erwarteten effektiven Steuersatzes ergibt sich bei einem Steuersatz von 40% ein Gesamtsteueraufwand von T€ 3.200 (T€ 8.000 × 40%). Hiervon wird die Anpassung der latenten Steuern in Höhe von T€ 100 abgezogen, so dass sich ein **neuer** erwarteter Ertragsteuersatz von 38,75% (T€ 3.100 / T€ 8.000) ergibt. Dieser wird auf das Ergebnis vor Steuern angewandt und anschließend auf lfd und latente Ertragsteuern aufgeteilt. Demnach errechnet sich basierend auf dem **kumulierten** Ergebnis vor Steuern für das dritte Quartal ein Ertragsteueraufwand von T€ 2.325 (T€ 6.000 × 38,75%), der sich aus T€ 2.400 lfd Ertragsteuern und aus der Auflösung latenter Steuern in Höhe von T€ 75 zusammensetzt. Im vierten Quartal sind dann latente Steuern in Höhe von weiteren T€ 25 aufzulösen, sodass der Gesamteffekt aus der Steuersatzänderung in Höhe von T€ 100 geglättet wird.

Änderungen im **Steuerstatus** eines Unternehmens oder seiner Anteilseigner 172 können sich insbes im Falle eines Rechtsformwechsels (zB von einer PersGes zu einer KapGes) oder der Sitzverlegung in das Ausland ergeben. Ein Rechtsformwechsel von einer PersGes zu einer KapGes führt hinsichtlich ESt/KSt/Solidaritätszuschlag zu einer Verlagerung der Steuersubjekteigenschaft von der Gesellschafter- auf die Gesellschaftsebene. Gem SIC-25 sind die sich hieraus ergebenden steuerlichen Effekte grds erfolgswirksam über die GuV zu erfassen, es sei denn, diese Effekte stehen im Zusammenhang mit Geschäftsvorfällen, die über das sonstige Ergebnis erfasst oder unmittelbar dem Eigenkapital gutgeschrieben oder belastet wurden. Wurden die urspr Geschäftsvorfälle **erfolgsneutral** über das sonstige Ergebnis oder unmittelbar im Eigenkapital erfasst, so sind die Steuereffekte aufgrund von Änderungen im Steuerstatus gem SIC-25.4 korrespondierend zu buchen.

In einem Konzern mit einer KapGes als MU ergeben sich bilanziell **keine** Änderungen, da die KSt durch Heraufschleusung von der Gewerbesteuerbelastung der PersGes auf die Gesamtsteuerbelastung des MU (GewSt **zuzüglich** KSt/Solidaritätszuschlag) vor dem Rechtsformwechsel bereits auf Ebene des MU erfasst worden war. Nach Durchführung des Rechtsformwechsels ist die KSt somit lediglich bereits auf Ebene des TU zuzurechnen.

Steuersatz- bzw Steuergesetzänderungen sind gem IAS 12.81(d) unter Angabe des geänderten Gesetzes, des Zeitpunkts, zu dem die Gesetzesänderung wirksam wurde sowie der sich ergebenden bilanziellen Konsequenzen im **Anhang** zu erläutern. Zudem sind die hierauf beruhenden steuerlichen Auswirkungen ggü dem Vorjahreszeitraum anzugeben (IAS 12.80(d)). Im Konzernabschluss ist der auf sämtliche einbezogene Unternehmen entfallende Gesamtbetrag zu beziffern. 173

2. Abzinsungsverbot

Die **Abzinsung** latenter Steueransprüche und -schulden ist **unzulässig** 174 (IAS 12.53). Begründet wird das Abzinsungsverbot mit Schwierigkeiten der praktischen Durchführung sowie einem nicht gerechtfertigten Kosten-Nutzen-Verhältnis. Latente Steuern erschließen sich nicht unmittelbar aus dem Rechnungswesen eines Unternehmens, sondern werden idR manuell in Nebenrechnungen erfasst und kalkuliert. Die Anwendung des *temporary*-Konzepts erfordert grds eine separate Aufzeichnung jeder einzelnen temporären Differenz, ihres zeitlichen Verlaufs sowie ihrer voraussichtlichen Auflösung. Für den Bereich der langfristigen Vermögenswerte kann dies mit erheblichem Aufwand verbunden sein, da prinzipiell jeder betroffene langfristige Vermögenswert einer Einzelbetrachtung zu unterziehen ist. Die Vornahme einer Abzinsung würde die ohnehin schon komplexe Dokumentation noch weiter verkomplizieren. Da auch quasi-permanente Differenzen zu beurteilen sind, deren Auflösung idR von ungewissen Ereignissen abhängt, ist die vorzunehmende Einschätzung des Auflösungszeitpunkts zudem mit erheblichen Unsicherheitsfaktoren verbunden, da sich der Abzinsungszeitraum nicht mit hinreichender Sicherheit bestimmen ließe.

Gegen das **Abzinsungsverbot** spricht, dass die Aufzeichnung des zeitlichen 175 Verlaufs der temporären Differenzen bereits als Ansatzkriterium für abzugsfähige temporäre Differenzen gefordert wird (IAS 12.28). Darüber hinaus führt das Abzinsungsverbot zu einer eingeschränkten Aussagekraft latenter Steueransprüche und -schulden, da diese auch bei Langfristigkeit über ihrem Barwert ausgewiesen werden.

3. Neubewertung aktiver latenter Steuern zum Bilanzstichtag

176 Der Buchwert eines latenten Steueranspruchs ist gem IAS 12.56 zu jedem Bilanzstichtag auf seine Ansatzfähigkeit und seine **Werthaltigkeit** zu **überprüfen.** Ein latenter Steueranspruch ist insoweit aufzulösen, als zukünftige besteuerungsfähige Gewinne nicht länger wahrscheinlich sind. Sofern latente Steueransprüche in Vorjahren aufgrund einer negativen Ergebnisprognose abgewertet worden sind, ist bei aktueller positiver Gewinneinschätzung eine Wertaufholung in der Höhe vorzunehmen, in der ausreichende Gewinne zukünftig mit hinreichender Wahrscheinlichkeit zur Verfügung stehen werden.

177 Die **bilanzielle Erfassung** der Wertberichtigung bzw Wertaufholung richtet sich gem IAS 12.57 nach der Berücksichtigung der zugrunde liegenden Transaktionen. Soweit die Neubewertung von aktiven latenten Steuern auf erfolgswirksam entstandene Differenzen zurückzuführen ist, ist sie im Jahr ihrer Durchführung erfolgswirksam in der GuV vorzunehmen. Erfolgsneutral über das sonstige Ergebnis oder direkt im Eigenkapital abgegrenzte latente Steuern sind entspr über das sonstige Ergebnis bzw unmittelbar gegen das Eigenkapital zu korrigieren (→ Rn 113ff).

178 IAS 12.68 regelt die Anpassung latenter Steueransprüche, die im Zusammenhang mit einem **Unternehmenserwerb** erworben wurden.

Ergeben sich innerhalb des Bewertungszeitraums gem IFRS 3.45 von einem Jahr ab dem Erwerbsstichtag (Wertaufhellungszeitraum) **neue Informationen** über den Bestand oder die Werthaltigkeit von steuerlichen Erstattungsansprüchen, dh Informationen über Tatsachen, die zum Erwerbsstichtag bereits gegeben waren, so sind diese unter Verringerung des bei dem Unternehmenserwerb entstandenen Geschäfts- oder Firmenwerts **erfolgsneutral** zu korrigieren.

Ergeben sich innerhalb des Bewertungszeitraums **neue Tatsachen** infolge geänderter Umstände, so sind die in diesem Zusammenhang entstehenden Wertanpassungen nach den Regelungen des IAS 12.57, dh im Regelfall **erfolgswirksam** zu erfassen.

Beispiel: Ein MU mit einem Ertragsteuersatz von 30% erwirbt im Jahr X1 sämtliche Anteile an einem TU. Im Rahmen der Kaufpreisallokation wird ein steuerlicher Verlustvortrag in Höhe von T€ 1.000 nicht berücksichtigt, da der Erwerber davon ausging, dass der Verlustvortrag gem § 8c Abs 1 Satz 1 KStG untergeht. Im Folgejahr stellt das MU fest, dass der steuerliche Verlustvortrag infolge der Verschonungsregel des § 8c Abs 1 Satz 6 KStG weiterhin nutzbar ist. Diese Erkenntnis ist als wertaufhellend einzustufen, da die Nutzbarkeit des steuerlichen Verlustvortrags zum Erwerbsstichtag bereits vorlag, diese vom Erwerber nur nicht erkannt wurde. Darüber hinaus kann innerhalb des Bewertungszeitraums gem IFRS 3.45 eine steuerliche Außenprüfung für Vorjahre erfolgreich abgeschlossen werden, aus der ein Erstattungsanspruch in Höhe von T€ 500 resultiert und welchen das MU im Rahmen des Unternehmenskaufs ohne das Erfordernis einer Kaufpreisanpassung miterworben hat. Diese Erstattung wirkt zwar auf den Zeitpunkt vor dem Unternehmenserwerb zurück, es handelt sich jedoch **nicht** um eine wertaufhellende Tatsache, da die endgültigen Verhandlungen mit den Steuerbehörden erst nach dem Erwerbsstichtag durchgeführt und abgeschlossen wurden. Aus diesem Grund ist der aus der abgeschlossenen Außenprüfung resultierende Steuererstattungsanspruch erfolgswirksam zu erfassen.

Es ergeben sich folgende Buchungen:

Per	aktive latente Steuern	an	Geschäfts- oder Firmenwert	T€ 300.
Per	Steuererstattungsanspruch	an	Steuerertrag	T€ 500.

Die Neubewertung des steuerlichen Verlustvortrags entfaltet grds keine Auswirkungen auf das Konzerneigenkapital oder das Konzernergebnis. Auswirkungen sind nur dann möglich, wenn sich der Ertragsteuersatz, der der Bewertung der latenten Steuern zugrunde gelegt wird, seit dem Erstkonsolidierungsstichtag geändert hat.

Wurde im Rahmen der Erstkonsolidierung kein bzw ein geringerer Geschäfts- oder Firmenwert ermittelt, so ist die Gegenbuchung zu der Erfassung des steuerlichen Verlustvortrags ertragswirksam vorzunehmen.

IAS 12.68 regelt lediglich den Fall der nachträglichen Realisierung von er- 179
worbenen latenten Steuervorteilen. Innerhalb des Bewertungszeitraums erfasste erworbene Steuervorteile führen zu einer **Verringerung** des vorläufig erfassten Geschäfts- oder Firmenwerts. Reduziert sich hierdurch der Geschäfts- oder Firmenwert auf null, so sind die Steuervorteile erfolgswirksam zu erfassen. Gleiches gilt für den Fall, dass der Bewertungszeitraum abgelaufen ist.

Der **Steueraufwand/-ertrag** eines Geschäftsjahres, der aus Abschreibungen 180
bzw Wertaufholungen auf latente Steueransprüche resultiert, ist gem IAS 12.80(g) im **Anhang** anzugeben. Setzt ein Unternehmen Steuervorteile, die es im Rahmen eines Unternehmenszusammenschlusses gem IFRS 3 erworben hat, zum Erwerbsstichtag nicht an, weil es zB die Realisierung dieser Steuervorteile als unwahrscheinlich einschätzt, so hat es im Falle einer nachträglichen Erfassung solcher steuerlichen Vorteile gem IAS 12.81(k) die Gründe und Umstände, die zu der nachträglichen Erfassung geführt haben, zu erläutern.

IV. Ausweis

Latente Steueransprüche und -schulden sind in der Bilanz **getrennt** von tat- 181
sächlichen bzw lfd Steueransprüchen und -schulden auszuweisen (→ Rn 26). In der Bilanz sind latente Steuern gem IAS 1.56 unter den **langfristigen** Vermögenswerten und Schulden auszuweisen.

Ein Ausweis unter **kurzfristigen** Vermögenswerten oder Schulden kommt auch dann nicht in Betracht, wenn sich die temporären Differenzen innerhalb des kommenden Geschäftsjahrs auflösen.

Aktive und passive latente Steuern unterliegen grds einem **Saldierungsver-** 182
bot. Eine Saldierung ist gem IAS 12.74 jedoch dann vorgeschrieben, wenn ein Unternehmen berechtigt wäre, entspr tatsächliche Steuererstattungsansprüche und -schulden gegeneinander aufzurechnen (→ Rn 27) und wenn sich die latenten Steueransprüche und -schulden auf Ertragsteuern beziehen, die von derselben Steuerbehörde erhoben werden und entweder ein einziges steuerpflichtiges Unternehmen betreffen, oder mehrere steuerpflichtige Unternehmen betreffen, welche beabsichtigen, die aus den latenten Steuerposten resultierenden tatsächlichen Steuererstattungsansprüche oder -schulden saldiert bzw gleichzeitig abzuwickeln (IAS 12.74). Latente Steueransprüche und -schulden inländischer Konzernunternehmen können somit nur dann saldiert werden, wenn sie die gleiche Steuerart und die gleiche Fälligkeit aufweisen und ggü derselben Fiskalbehörde bestehen. Für deutsche Konzernunternehmen kommt aufgrund der unterschiedlichen fiskalischen Verwaltungshoheit hinsichtlich der KSt und der GewSt eine Saldierung somit nur in Ausnahmefällen, wie zB bei Vorliegen eines steuerlichen Organschaftsverhältnisses, in Betracht. Zu latenten Steuern, die auf Konsolidierungsmaßnahmen abgegrenzt wurden, → § 35 Rn 119ff.

In der **GuV** sind erfolgswirksam zu erfassende tatsächliche und latente Steuer- 183
aufwendungen und -erträge aus der gewöhnlichen Geschäftstätigkeit saldiert in einem Posten darzustellen (IAS 12.77). Gleiches gilt für den Fall, dass ein Unternehmen für die Gesamtergebnisrechnung gem IAS 1.10A die Darstellung nach dem *single statement approach* wählt. Übersteigen die Steuererträge die Steueraufwendungen, so ist insgesamt ein Steuerertrag auszuweisen. Latente Steuern, die auf Posten entfallen, die im sonstigen Ergebnis erfasst werden, sind entweder separat (Nettoausweis) oder saldiert mit den entspr Posten (Bruttoausweis) im sonstigen Ergebnis auszuweisen. Steueraufwendungen bzw -erstattungen, die auf

das Ergebnis eines aufgegebenen Geschäftbereichs entfallen, sind gem IFRS 5.33, IAS 12.81(h) dem für aufgegebene Geschäftsbereiche vorgeschriebenen separaten GuV-Posten zuzuordnen.

184 Für **steuerliche Organkreise** ergeben sich für den Ausweis latenter Steuern keine Besonderheiten, der Steuerausweis erfolgt im IFRS-Abschluss der Organträgerin (→ Rn 30). Die Ermittlung der latenten Steuern muss allerdings auf Ebene der Organgesellschaft erfolgen, da nur diese über die steuerbilanziellen Ansätze der von ihr gehaltenen Vermögenswerte und Schulden verfügt. Die von den Organgesellschaften gemeldeten Steuerlatenzen sind dann auf Ebene der Organträgerin zusammenzuführen.

Ist die Organträgerin eine KapGes, so erstreckt sich die Anwendung sowohl auf die Körperschaft- als auch die Gewerbesteuerumlage. Unterliegt die Organgesellschaft einem abweichenden Gewerbesteuersatz, so ist dieser an den Gewerbesteuersatz der Organträgerin anzupassen.

Bei einer PersGes als Organträgerin ist zu beachten, dass der gesamte Organkreis über die Umlage nur mit GewSt belastet werden darf. Die bei Organgesellschaften in Form einer KapGes angesetzten KSt/Solidaritätszuschlag sind dementsprechend zu eliminieren.

185 Scheidet eine Gesellschaft aus dem Organkreis aus, so sind die vorgenannten Effekte ab dem Zeitpunkt der Beschlussfassung über die Kündigung des Organschaftsvertrags rückgängig zu machen. Ferner werden vororganschaftliche steuerliche Verlustvorträge möglicherweise wieder nutzbar (vgl hierzu *von Eitzen/Dahlke*, 98).

Darüber hinaus ist zu beachten, dass die besonderen Ansatzvoraussetzungen für **aktive** latente Steuern (→ Rn 47 ff) auf konsolidierter Basis beim Organträger zu prüfen sind (*Heuser/Theile* Rz 4085).

186 Die einzelnen Komponenten des GuV-Postens sind gem IAS 12.80(a) im **Anhang** darzustellen. Diejenigen Beträge, die erfolgsneutral über das sonstige Ergebnis oder direkt im Eigenkapital erfasst wurden, sind gem IAS 12.81(a), IAS 12.81(ab) gesondert anzugeben, wobei die Steuerbeträge für jede Komponente des sonstigen Ergebnis separat darzustellen sind.

187 Nach IAS 21.28 sind bestimmte **Währungsdifferenzen** als Aufwand oder Ertrag zu erfassen, ohne dass festgelegt wird, unter welchem GuV-Posten derartige Unterschiedsbeträge auszuweisen sind. Bilanziert ein Unternehmen Währungsdifferenzen aus latenten Auslandssteuerschulden bzw -ansprüchen, so kann es solche Unterschiedsbeträge auch als latenten Steueraufwand bzw -ertrag ausweisen, wenn davon auszugehen ist, dass dieser Ausweis den Informationsinteressen der Adressaten des Jahresabschlusses am besten dient (IAS 12.78).

188–192 *(einstweilen frei)*

D. Steuerquote und steuerliche Überleitungsrechnung

193 Die Steuerquote eines Unternehmens stellt als unternehmensbezogene Kennziffer die Höhe der **relativen Steuerbelastung** dar. Im internationalen Konzernabschluss trifft sie wegen des Einbezugs unterschiedlicher nationaler Steuerbelastungen zwar keine eindeutige Aussage über die Höhe der tatsächlichen Konzernbesteuerung. Der Vergleich über mehrere Geschäftsjahre und die Gegenüberstellung der Steuerquoten unterschiedlicher Unternehmen ermöglichen aber einen Einblick in die Steuerpolitik eines Konzerns. Vergleiche zeigen nach *Herzig/Dempfle* DB 2002, 1 (1), inwieweit ein Konzern das internationale Steuergefälle für die Senkung der Steuerquote ausnutzt. Aufgrund der Komplexität der in einen internationalen Konzern einbezogenen unterschiedlichen Steuerju-

risdiktionen sowie der in IAS 12 vorgesehenen Ausnahmeregelungen ist jedoch davon auszugehen, dass die Angaben zur Steuerquote ohne weiterführende Angaben allenfalls Tendenzaussagen ermöglichen (*Hannemann/Pfeffermann* BB 2003, 727 (727)). Empirische Untersuchungen haben gezeigt, dass die Konzernsteuerquote für den Kapitalmarkt eine eher untergeordnete Rolle spielt (*Göttsche/Brähler* WPg 2009, 918 (918)).

Die Steuerquote wird grds nach folgender Formel ermittelt (IAS 12.86), wobei für die Konzernsteuerquote auf die Werte des Konzernabschlusses abzustellen ist:

$$\text{Steuerquote} = \frac{\begin{array}{c}\text{Ertragsteueraufwand}\\ \text{(tatsächlicher + latenter Steueraufwand)}\end{array}}{\text{IFRS-Erfolg (vor Ertragsteuern)}} \times 100$$

194 Da permanente Differenzen sowie die von den Ansatzverboten betroffenen Differenzen nicht in die Steuerabgrenzung einbezogen werden, weicht die auf den IFRS-Erfolg berechnete **tatsächliche** Steuerquote idR von der auf Basis der Steuergesetze zu **erwartenden** Steuerquote ab. Die Abweichungen sind gem IAS 12.81(c) im Rahmen einer **Überleitungsrechnung** im Anhang zu erläutern.

Zweck der Überleitungsrechnung ist es, die Relation zwischen dem steuerrechtlichen und dem IFRS-Erfolg aufzuzeigen, indem der tatsächliche, effektive Steueraufwand aus einem **erwarteten** Steueraufwand abgeleitet wird. Die Ermittlung des erwarteten Steueraufwands erfolgt durch Multiplikation des gültigen Steuersatzes mit dem IFRS-Erfolg vor Ertragsteuern.

195 In einen internationalen **Konzernabschluss** fließen idR unterschiedliche Steuersätze ein. Diese können sich zum einen durch das internationale Steuergefälle, zum anderen durch die unterschiedliche Besteuerung verschiedener Rechtsformen ergeben. Die Überleitungsrechnung kann **wahlweise** auf dem **Steuersatz des MU** oder auf einem für den Gesamtkonzern geltenden **Mischsteuersatz** aufsetzen, wobei gem IAS 12 dem aussagekräftigeren Steuersatz der Vorzug zu geben ist. Wird auf dem Steuersatz des MU aufgesetzt, so sind die für ausländische TU abweichend zur Anwendung gekommenen Steuersätze in der Überleitungsrechnung in Relation zu dem Steuersatz des MU zu korrigieren.

196 Die Anwendung des Steuersatzes des MU macht idR dann keinen Sinn, wenn es sich bei diesem um eine PersGes handelt, deren TU überwiegend KapGes sind, oder wenn ein in Deutschland ansässiges MU eine reine Holdingfunktion für ausländische operativ tätige TU ausübt. In diesem Fall führt die Wahl eines **Mischsteuersatzes** zu einer aussagekräftigeren Darstellung. Der Mischsteuersatz ist gem IAS 12.85 nach der gewichteten Durchschnittsmethode zu ermitteln. Nachteilig wirkt sich bei Anwendung dieser Methode die mangelnde Stabilität des anzuwendenden Steuersatzes aus, da dieser sich ändert, sobald sich die in den unterschiedlichen Steuerrechtskreisen erzielten Gewinne untereinander verschieben (*Dahlke/von Eitzen* DB 2003, 2237 (2238)). Die Auswirkungen von Steuersatzänderungen bzw die strukturelle Zusammensetzung der in unterschiedlich besteuerten Ländern erzielten Gewinne sind gem IAS 12.81(d) im Anhang anzugeben.

197 Die Überleitungsrechnung kann grds in zwei **alternativen Varianten** erstellt werden:

(1) Darstellung einer numerischen Überleitungsrechnung zwischen dem tatsächlichen und dem zu erwartenden Steueraufwand bzw -ertrag, wobei sich der zu erwartende Steueraufwand aus dem Produkt aus IFRS-Erfolg vor Ertragsteuern sowie der hierauf anzuwendenden gesetzlichen Gesamtertragsteuerbelastung ergibt (absolute Betrachtungsweise), oder

(2) Darstellung einer numerischen Überleitungsrechnung zwischen dem durchschnittlichen effektiven Steuersatz und dem anzuwendenden (zu erwartenden) Steuersatz (relative Betrachtungsweise).

In beiden Fällen ist zu **erläutern** wie der anzuwendende Steuersatz ermittelt wurde.

198 In der Überleitungsrechnung sind alle **steuersenkenden und steuererhöhenden Effekte** zu berücksichtigen, die im Rahmen der latenten Steuerabgrenzung **nicht** korrigiert werden konnten. Einen steuersenkenden Effekt haben zB steuerfreie Dividendenerträge und Veräußerungsgewinne sowie eine Herabsetzung der Steuersätze. Erhöht wird die Steuerquote durch nicht abziehbare Betriebsausgaben, gestiegene Steuersätze sowie steuerlich nicht abzugsfähige Abschreibungen auf einen Geschäfts- oder Firmenwert. Zur Vermeidung von Doppelerfassungen ist darauf zu achten, dass im Falle einer **steuerlichen Organschaft** Ertragsteueraufwendungen/-erträge des Organunternehmens beim Organträger im Rahmen der Überleitungsrechnung außer Betracht bleiben müssen, sofern sie nicht bereits im Rahmen der Konsolidierung eliminiert worden sind.

Beispiel: Unter Berücksichtigung unterschiedlicher Gewerbesteuerhebesätze ist für einen Konzern mit deutschem MU aufgrund der inländischen Steuergesetze ein durchschnittlicher Steuersatz von 30 % (Vorjahr: 40 %) zu erwarten. Der auf ein ausländisches TU anzuwendende Steuersatz beträgt unverändert 25 %. Für die Überleitungsrechnung wird der für das MU erwartete Steuersatz zugrunde gelegt (sog *homebased*-Ansatz).

Der Konzernerfolg vor Ertragsteuern beläuft sich auf T€ 8.000 (Vorjahr: T€ 7.000), wovon T€ 2.500 (Vorjahr: T€ 2.000) auf das ausländische Konzernunternehmen entfallen. Der ausgewiesene tatsächliche Ertragsteueraufwand beträgt T€ 2.097 (Vorjahr: T€ 2.677) und weicht somit erheblich von dem zu erwartenden Steueraufwand von T€ 2.400 (Vorjahr: T€ 2.800) ab. Die Abweichungen beruhen im Einzelnen auf folgenden Faktoren:

Die Konzernunternehmen erzielten steuerfreie Erträge aufgrund von Investitionszulagen in Höhe von insgesamt T€ 150 (Vorjahr: T€ 260). Ihre steuerlich nicht abzugsfähigen Aufwendungen aus der Ausgabe von Aktienoptionen an Arbeitnehmer, aus gewerbesteuerlichen Hinzurechnungen und Kürzungen sowie aus Sachverhalten gem §§ 3c, 4 Abs 5 EStG beliefen sich auf insgesamt T€ 350 (Vorjahr: T€ 320).

Inländische Dividenden wurden in Höhe von T€ 950 (Vorjahr: T€ 0) gem § 8b Abs 1 KStG steuerfrei vereinnahmt. Die Anteile an einem TU wurden mit einem Buchgewinn von T€ 400 veräußert. Der Veräußerungsgewinn wurde gem § 8b Abs 2 KStG steuerfrei vereinnahmt. Der Anstieg der Equity-Buchwerte für ausländische assoziierte Unternehmen entfiel in Höhe von T€ 200 (Vorjahr: T€ 180) auf anteilige Gewinne, die gem § 8b Abs 1 und 2 KStG weder bei Ausschüttung, noch bei Veräußerung der Beteiligungen versteuert werden. Gem § 8b Abs 5 KStG gelten jedoch jeweils 5 % der vorgenannten Dividenden und Veräußerungserträge als nicht abzugsfähige Betriebsausgaben.

Ein aus der Kapitalkonsolidierung resultierender Geschäfts- oder Firmenwert wurde im Jahr X2 aufgrund einer steuerlich nicht abzugsfähigen Wertminderung um T€ 700 (Vorjahr: T€ 0) wertberichtigt.

Eine bereits im Vorjahr beschlossene Herabsetzung der Ertragsteuersätze von 40 % auf 30 % führte zu einer Neubewertung der latenten Steuern. Hieraus resultierte ein Ergebniseffekt von T€ 380. Der Gewinn des ausländischen TU unterliegt aufgrund eines DBA einer Steuerfreistellung, sodass eine Heraufschleusung des Steuersatzes auf das Steuerniveau der Bundesrepublik Deutschland unterbleibt. Aus diesem Grund ist die sich aus der unterschiedlichen Besteuerung in- und ausländischer Gewinne ergebende Differenz in Höhe von 5 % auf T€ 2.500 (Vorjahr: 15 % auf T€ 2.000) in der Überleitungsrechnung aufzudecken.

Verlustvorträge in Höhe von T€ 480 wurden abweichend zum Vorjahr als nicht mehr nutzbar eingestuft. Aufgrund gestiegener Gewinnprognosen wurden in Vorjahren wertberichtigte aktive latente Steuern in Höhe von T€ 120 (Vorjahr: T€ 0) wertaufgeholt.

Anlässlich eines Verlustrücktrags erhielt das MU eine Steuergutschrift in Höhe von T€ 30 (Vorjahr: T€ 90). Im Vorjahr ergaben sich aufgrund des Betriebsprüfungsbescheids Steuernachzahlungen in Höhe von T€ 691.

	Jahr X2		Jahr X1	
	T€	%	T€	%
Erfolg vor Steuern	8.000		7.000	
Erwarteter Steuersatz in %		30,0		40,0
Zu erwartender Steueraufwand	2.400		2.800	
Steuereffekte aus Abweichungen in der steuerlichen Bemessungsgrundlage				
Steuerfreie Erträge (–)	– 45	– 0,5	– 104	– 1,5
Steuerlich nicht abzugsfähige Aufwendungen (+)	105	1,3	128	1,8
Steuerfreie Dividenden (–)	– 271	– 3,4	0	0,0
Steuerfreie Veräußerungsgewinne (–)	– 114	– 1,4	0	0,0
Equity-Bilanzierung assoziierter Unternehmen	– 57	– 0,8	– 68	– 1,0
Außerplanmäßige Abschreibung eines Geschäfts- oder Firmenwerts aus der Kapitalkonsolidierung (+)	210	2,6	0	0,0
Steuersatzabweichungen				
Auswirkungen von Steuersatzänderungen	0	0,0	– 380	– 5,4
Abweichende ausländische Steuersätze	– 125	– 1,5	– 300	– 4,3
Ansatz und Bewertung aktiver latenter Steuern				
Wertberichtigung auf Verlustvorträge (+)	144	1,8	0	0,0
Nutzung von wertberichtigten latenten Steuern (–)	– 120	– 1,5	0	0,0
Aperiodische Effekte				
Steuererstattung aufgrund Verlustrücktrags (–)	– 30	– 0,4	– 90	– 1,3
Aufwendungen aufgrund BP-Bescheiden (+)	0	0,0	691	9,9
Tatsächlicher Steueraufwand lt GuV	2.097		2.677	
Effektiver Steuersatz		26,2		38,2

Für weitere Beispiele vgl insbes *Dahlke/von Eitzen* DB 2003, 2237 (2237).

Die Überleitungsrechnung ist für **jedes** konsolidierungspflichtige Unternehmen zu erstellen. Für den Konzernanhang sind sodann sämtliche Überleitungsrechnungen zusammenzuführen. **199**

Neben der Funktion als Informationsquelle dient die Überleitungsrechnung auch der **Überprüfung** der im Rahmen der Abschlusserstellung vorgenommenen Steuerabgrenzung. Treten innerhalb der Überleitungsrechnung Differenzen auf, deren Ursache nicht erläutert werden kann, lässt dies auf eine fehlerhafte Abgrenzung latenter Steuern schließen. Die Überleitungsrechnung ist auch dann zu erstellen, wenn ein Unternehmen keine latenten Steuern in der Bilanz ausweist.

(einstweilen frei) **200**

E. Praktische Fragen zur Organisation des Rechnungswesens

I. Organisationshinweise

Die Anwendung des *temporary*-Konzepts stellt erhebliche organisatorische und **201** zeitliche Anforderungen an die einbezogenen Abteilungen. Ansatz, Bewertung und Ausweis latenter Steuern in Einzel- und Konzernabschlüssen sind grds dem Aufgabengebiet des **externen Rechnungswesens** zuzuordnen, welches für die Jahresabschlusserstellung sowie die Berichterstattung verantwortlich ist. Die Ermittlung der Steuerwerte, die Darstellung und Entwicklung der temporären Differenzen, die Erfassung und Beurteilung steuerlicher Verlustvorträge und die Nutzung von Steuergestaltungsmöglichkeiten fallen in den Aufgabenbereich einer **Steuerabteilung.** Die zum Ansatz aktiver latenter Steuern aus abzugsfähigen Differenzen und Verlustvorträgen erforderlichen Unternehmensplanungen sind von den **Planungsabteilungen** im Bereich Ertrags- und Bilanzplanung bereit zu stellen.

202 Das mit der Jahresabschlusserstellung beauftragte **externe Konzernrechnungswesen** sollte die Verantwortung für die abschließende Ermittlung der temporären Differenzen und die Bilanzierung der aktiven und passiven latenten Steuerposten tragen. Alternativ wird in der Praxis auch die Ermittlung latenter Steuern bei der Steuerabteilung angesiedelt. In beiden Fällen ist die Einrichtung einer fachlichen und kommunikativen Schnittstelle zwischen Rechnungswesen und Steuerabteilung unerlässlich, um eine Gegenüberstellung der Bilanzposten aus beiden Rechenwerken zu gewährleisten (*von Eitzen/Helms* BB 2002, 823 (828)).

Während die Ermittlung der temporären und permanenten Differenzen sowie der Angaben für Überleitungsrechnung und Anhang in kleineren Konzernen noch auf Basis einer selbsterstellten Excel-Lösung realisiert werden kann, bietet sich für **größere Konzernstrukturen** (je nach Komplexität ab 10 TU) der Einsatz maßgeschneiderter EDV-Tools zur Berechnung der latenten Steuern an. Dabei dürfte für mittelgroße Konzerne die Verwendung eines kleineren EDV-Tools ausreichen, Großkonzerne mit mehr als 100 TU sollten aus organisatorischen Gründen auf professionelle Lösungen zurückgreifen, die auch die Erfassung von Ausnahmefällen gewährleisten.

203 Da die Anwendung des *temporary*-Konzepts einen Vergleich zwischen IFRS- und Steuerbilanz erfordert, ist für **jedes** konsolidierungspflichtige Unternehmen **zeitgleich** eine Steuerbilanz zu erstellen. Sind die Abweichungen ggü der IFRS-Bilanz überschaubar, kann die Steuerbilanz mittels einer Überleitungsrechnung abgeleitet werden. Weichen die steuerlichen Wertansätze maßgeblich von den IFRS-Werten ab, erfordert dies idR die Implementierung einer eigenständigen Steuerbuchhaltung. Je nach Art des Unternehmens kann es notwendig sein, gesonderte steuerliche Nebenbücher zu führen, um die Steuerwerte in automatisierter Form über mehrere Perioden abbilden zu können.

204 Die Erfassung und Kalkulation latenter Steuern ist **auf Basis der HB II** vorzunehmen. Um die Auswirkungen von Steuersatzänderungen oder Neubewertungen bzw Aufholungen aktiver latenter Steuern zutreffend ermitteln zu können, ist eine historische Dokumentation der einzelnen temporären Differenzen je Vermögenswert bzw Schuld erforderlich, die wie folgt aufgebaut werden kann:

	Jahr X1	Jahr X2	Jahr X3	Jahr X4	Jahr X5
Wert lt IFRS-Bilanz	15.000	10.000	5.000	0	0
Wert lt Steuerbilanz	16.000	12.000	8.000	4.000	0
Erfolgswirksame temporäre Differenzen	1.000	2.000	3.000	4.000	0
Erfolgsneutrale temporäre Differenzen	0	0	0	0	0
Aktive latente Steuern per 1. Januar	0	400	800	900	1.200
Erfolgswirksame Veränderung	400	400	100	300	– 1.200
Erfolgsneutrale Veränderung	0	0	0	0	0
Aktive latente Steuern per 31. Dezember	400	800	900	1.200	0
Steuersatz	40%	40%	30%	30%	30%

205 Die Dokumentation der **steuerlichen Verlustvorträge** sollte eine Gegenüberstellung der steuerlichen und handelsrechtlichen Verlustvorträge enthalten und auftretende Differenzen (zB durch Kapitalmaßnahmen) überleiten.

Die einzelnen temporären Differenzen sind anschließend in einem **Differen-** 206
zenspiegel zusammenzufassen, welcher Bestandteil der HB II ist.

	IFRS-Bilanz	Steuerbilanz	Temporäre Differenzen
Immaterielle Vermögenswerte			
Sachanlagen			
Vorräte			
Finanzinstrumente			
Rückstellungen			
Verbindlichkeiten			
Saldo temporärer Differenzen			
Steuerlich verrechenbare Verluste			
Saldo			
+/– aktive/passive latente Steuern (Vorjahressaldo)			
+/– aktive/passive latente Steuern (aktueller Stand)			
Veränderung der latenten Steuern (Saldo)			
davon ergebniswirksam			
davon infolge Steuersatzänderung			
davon durch Verrechnung mit dem Eigenkapital			
davon aus Akquisition/Veräußerung			
Anzuwendender Steuersatz			

Die Differenzenspiegel aller konsolidierungspflichtigen Unternehmen sind analog zur Summenbilanz zusammenzufassen. Auf temporäre Differenzen, die im Rahmen der im Anschluss vorzunehmenden Konsolidierung entstehen bzw sich verändern, sind latente Steuern **synchron** zu den jeweiligen Konsolidierungsbuchungen zu erfassen. Erst dann erscheinen Ertragsteuern auf temporäre Differenzen ggü den Steuerbilanzen der konsolidierungspflichtigen Unternehmen zeitgleich in der Konzernbilanz.

Im Konzernabschluss ist für jedes einbezogene Unternehmen im Rahmen der HB II zudem die Erstellung einer eigenen Überleitungsrechnung sowie die Erfassung der erforderlichen Anhangangaben vorzunehmen.

Gem IAS 34.28 sind die Prinzipien des IAS 12 auch auf **Zwischenabschlüsse** 207
anzuwenden. Die Anwendung des *temporary*-Konzepts erfordert für jeden Quartalsabschluss grds die Erstellung einer vorläufigen Steuerbilanz für sämtliche konsolidierungspflichtigen Konzernunternehmen. Zu den einzelnen Anforderungen im Hinblick auf die Bilanzierung latenter Steuern → § 43 Rn 72 und → Rn 102 ff. Der anfallende Mehraufwand setzt ggf eine fachliche und personelle Verstärkung der Steuerabteilung voraus und ist rechtzeitig einzuplanen.

II. Hinweise zur erstmaligen Anwendung

Die Umstellung des Rechnungswesens von HGB auf IFRS ist durch ein in- 208
terdisziplinäres **Projektteam,** bestehend aus Mitarbeitern des Rechnungswesens und der Steuerabteilung ggf unter Hinzuziehung eines DV-Fachmanns und eines

IFRS-Spezialisten zu begleiten. Für den Fall komplizierter steuerrechtlicher Fragestellungen bietet sich ferner die Durchführung einer *tax due diligence* an.

209 Im Rahmen der IFRS-Eröffnungsbilanz ist eine **systematische Durchsicht** der einzelnen Bilanzposten hinsichtlich der auftretenden Abweichungen und der korrespondierenden Auswirkungen auf die Bilanzierung latenter Steuern erforderlich. Als Grundlage ist eine Steuerbilanz zum Eröffnungsstichtag heranzuziehen. Für die Bilanzierung latenter Steueransprüche auf Verlustvorträge sind eine Analyse sowie eine Werthaltigkeitseinschätzung der erklärten und festgestellten Verlustvorträge notwendig.

Hinsichtlich der den IFRS zugrunde liegenden **Wirtschaftlichkeits- und Wesentlichkeitsgedanken** (F. QC11, F. QC35) ist die Erfassung von latenten Steueransprüchen und -schulden grds korrespondierend zu den zugrunde liegenden temporären Differenzen vorzunehmen. Weiterhin ist eine Analyse der Konzernsteuerquote erforderlich.

Für die Bilanzierung latenter Steuern ist eine Konzernrichtlinie für das interne und externe Rechnungswesen zu erstellen, welche die Buchungssystematik sowie das Berichtswesen einheitlich vorgibt.

210 Im Rahmen der erstmaligen Anwendung des IAS 12 sind in der **IFRS-Eröffnungsbilanz** alle ggü dem HGB-Abschluss abweichend bilanzierten latenten Steuern gem IFRS 1.11 erfolgsneutral gegen die Gewinnrücklagen einzubuchen. Die Ermittlung der latenten Steuern ist auf den Stichtag der Eröffnungsbilanz vorzunehmen. Eine retrospektive Betrachtung ist nicht erforderlich. Die Auflösung der für die Eröffnungsbilanz gebildeten latenten Steuern in den Folgejahren erfolgt nach den Grundsätzen der IAS 12.57ff.

F. Wesentliche Änderungen und deren Anwendungszeitpunkte

211 IAS 12.59 und IAS 12.98D wurden als Folgeänderung des **IFRS 15,** IAS 12.20 und IAS 12.98F als Folgeänderung des **IFRS 9** angepasst. Änderungen sind für Geschäftsjahre, die am oder nach dem 1. Januar 2018 beginnen, anzuwenden, wurden jedoch derzeit (Stand: Juli 2015) noch nicht von der EU übernommen.

Die vorliegende Kommentierung hat wesentliche materielle Änderungen herausgehoben. Darüber hinaus haben die Überarbeitungen klarstellenden Charakter.

G. Angaben im Anhang

212 Neben dem Ausweis in Bilanz und GuV sieht IAS 12 zahlreiche Angabepflichten im Anhang vor. Dabei ist es zweckmäßig, alle Angaben zu Ertragsteuern im Zusammenhang zu erläutern. Für alle dargestellten Vorperioden sind **Vergleichszahlen** abzubilden.

Nach IAS 12.79 sind die Hauptbestandteile des Steueraufwands bzw des Steuerertrags getrennt anzugeben. Hierzu sind im Einzelnen folgende Angaben zu machen, wobei die Vorschriften des IAS 12.80 Empfehlungen enthalten, während die Angaben gem IAS 12.81 zwingend sind.

213 **Empfohlene** Angaben:

(1) Eine **Aufgliederung des Ertragsteueraufwands** in den auf das Geschäftsjahr entfallenden tatsächlichen und latenten Steueraufwand bzw -ertrag (vgl IAS 12.80(a) und → Rn 186).

(2) Alle in dem Geschäftsjahr erfassten Anpassungen für **periodenfremde** tatsächliche Ertragsteuern; hierunter fallen insbes Steuern aufgrund von Betriebsprüfungen (vgl IAS 12.80(b) und → Rn 15).

(3) Der Betrag des latenten Steueraufwands bzw -ertrags, der auf das **Entstehen** bzw die **Umkehrung** temporärer Unterschiede zurückzuführen ist (vgl IAS 12.80(c) sowie die Tabelle zu IAS 12.81(g) (vgl unten Nr 15)). Hierbei ist zu beachten, dass zunächst der Effekt aus Steuersatz- bzw Steuergesetzänderungen gem IAS 12.80(d) (vgl Nr 4) ermittelt werden sollte.

(4) Der Betrag des latenten Steueraufwands bzw -ertrags, der auf **Änderungen der Steuersätze oder Ertragsteuergesetze,** wie zB der Einführung neuer Steuerarten beruht (vgl IAS 12.80(d) und → Rn 170f).

(5) Der Betrag, um den sich der **tatsächliche** Steueraufwand aufgrund der Nutzung bisher nicht berücksichtigter steuerlicher Verluste bzw Steuergutschriften oder bisher nicht berücksichtigter temporärer Differenzen mindert (vgl IAS 12.80(e) und → Rn 83).

(6) Der Betrag, um den sich der **latente** Steueraufwand aufgrund der Nutzung bisher nicht berücksichtigter steuerlicher Verluste bzw Steuergutschriften oder bisher nicht berücksichtigter temporärer Differenzen mindert (vgl IAS 12.80(f) und → Rn 83).

(7) Der latente Steueraufwand, der auf einer **Abwertung** oder auf einer **Wertaufholung** vorausgegangener Abwertungen beruht (vgl IAS 12.80(g) und → Rn 176ff).

(8) Der Betrag des Ertragsteueraufwands bzw -ertrags, der aus **Änderungen der Bilanzierung- und Bewertungsmethoden** oder der **Berichtigung von Fehlern** gem IAS 8 resultiert, sofern er sich ertragswirksam in der GuV niederschlägt (vgl IAS 12.80(h)).

Zwingende Angaben: 214

(9) Der Gesamtbetrag der tatsächlichen und latenten Steuern, die direkt mit dem **Eigenkapital** verrechnet wurden (vgl IAS 12.81(a) und → Rn 115f).

(10) Der Betrag latenter Steuern, der im sonstigen Ergebnis erfasst wurde (vgl IAS 12.81(ab) und → Rn 115f) und zwar gesondert für jede einzelne Komponente des sonstigen Ergebnisses.

(11) Die Erläuterung des Verhältnisses zwischen dem Steueraufwand bzw -ertrag und dem IFRS-Erfolg vor Ertragsteuern, und zwar entweder in einer **Überleitungsrechnung** zwischen dem Steueraufwand bzw -ertrag und dem Produkt aus dem IFRS-Erfolg vor Ertragsteuern und dem anzuwendenden Steuersatz oder in einer Überleitungsrechnung zwischen dem durchschnittlichen effektiven Steuersatz und dem anzuwendenden Steuersatz, wobei der anzuwendende Steuersatz und die Grundlagen seiner Ermittlung anzugeben sind (vgl IAS 12.81(c) und → Rn 194ff).

(12) Eine Erläuterung zu **Änderungen des anzuwendenden Steuersatzes** im Vergleich zur vorhergehenden Berichtsperiode (vgl IAS 12.81(d) und → Rn 170ff). Haben sich die bei der Berechnung der Ertragsteuern zugrunde gelegten Steuersätze ggü dem Vorjahr geändert, so sind neben den geänderten Steuersätzen auch die sich aus den Steuersatzänderungen ergebenden Steuereffekte anzugeben.

(13) Der **Betrag** und, sofern vorhanden, das **Verfallsdatum** der abzugsfähigen temporären Differenzen, der nicht genutzten steuerlichen Verlustvorträge und nicht genutzten Steuergutschriften, für die in der Bilanz keine aktiven latenten Steuern berücksichtigt wurden (vgl IAS 12.81(e) und → Rn 83).

(14) Der Gesamtbetrag der **temporären Differenzen,** die im Zusammenhang mit **Anteilen an TU, Zweigniederlassungen** und **assoziierten Unternehmen** sowie Anteilen an **Gemeinschaftsunternehmen** entstanden

sind und für die **keine** latenten Steuerschulden bilanziert wurden (vgl IAS 12.81(f)). Aus Praktikabilitätsgründen kann auf die Angabe der hierauf entfallenden latenten Steuern verzichtet werden. Sind diese jedoch ohne unzumutbaren Aufwand ermittelbar, so empfiehlt der Standard auch die Angabe des Gesamtbetrags der latenten Steuern (IAS 12.87).

(15) Für **jede Art von temporären Differenzen** und jede Art von nicht genutzten steuerlichen Verlusten bzw Steuergutschriften den in der Bilanz angesetzten Betrag für latente aktive und passive Steuern, und zwar für jede dargestellte Periode sowie den Betrag des in der GuV erfassten latenten Steuerertrags oder -aufwands, sofern er nicht bereits aus den Änderungen der in der Bilanz dargestellten Beträge hervorgeht (vgl IAS 12.81(g)). Für die Anhangangabe eignet sich als Beispiel folgende Übersicht, wobei darauf hinzuweisen ist, dass auch eine weitere Aggregation der Bilanzposten zulässig sein dürfte:

	Jahr X2		Jahr X1	
	Aktive latente Steuern	Passive latente Steuern	Aktive latente Steuern	Passive latente Steuern
Immaterielle Vermögenswerte				
Sachanlagen				
Als Finanzinvestition gehaltene Immobilien				
Nach der Equity-Methode bilanzierte Finanzanlagen				
Vorräte				
Forderungen aus Lieferungen und Leistungen und sonstige Forderungen				
Sonstige Finanzinstrumente				
Zahlungsmittel und Zahlungsmitteläquivalente				
Pensionsrückstellungen				
Sonstige Rückstellungen				
Verbindlichkeiten				
Steuerliche Verlustvorträge				
Steuergutschriften				
Kürzungsbetrag Verlustvorträge				
Bruttowert				
– davon langfristig				
Saldierungen				
Wertberichtigungen				
Bilanzansatz				

(16) Der Steueraufwand, der auf Gewinne bzw Verluste aus der **Aufgabe oder Veräußerung von Geschäftsbereichen** gem IFRS 5 entfällt, sowie der Steueraufwand, der auf das Ergebnis der gewöhnlichen Geschäftstätigkeit des aufgegebenen Geschäftsbereichs entfällt (IAS 12.81(h)).

(17) Der Gesamtbetrag der ertragsteuerlichen Konsequenzen von **Dividendenzahlungen,** die vor Freigabe des Abschlusses vorgeschlagen oder nach Freigabe des Abschlusses beschlossen, im Abschluss jedoch in Übereinstimmung mit IAS 10.12 noch nicht als Schulden angesetzt wurden (IAS 12.81(i)). Gem IAS 12.82A sind ferner potenzielle ertragsteuerliche Konsequenzen aus Dividenden an Anteilseigner anzugeben.

(18) IAS 12.82A, IAS 12.87A, IAS 12.87B, IAS 12.87C verlangen die Angabe von potenziellen Steuereffekten im Fall von Dividendenausschüttungen im Fall von IAS 12.52A. Da in Deutschland keine unterschiedlichen Steuersätze für den Fall der Thesaurierung sowie den Ausschüttungsfall vorgesehen sind, findet die Anhangangabe auf deutsche Gesellschaften derzeit keine Anwendung.

(19) Ändert sich der Wert einer aktiven Steuerlatenz oder eines steuerlichen Verlustvortrags infolge eines **Unternehmenszusammenschlusses** gem IFRS 3 – weil etwa der Unternehmenszusammenschluss die Werthaltigkeit bislang nicht angesetzter aktiver latenter Steuern begründet oder weil der Zusammenschluss zum Verfall bestehender steuerlicher Verlust- und Zinsvorträge führt – so ist der Betrag der hierdurch begründeten bzw entfallenden latenten Steuern im Anhang anzugeben (IAS 12.81(j)).

(20) Setzt ein Unternehmen Steuervorteile, die es im Rahmen eines Unternehmenszusammenschlusses gem IFRS 3 erworben hat, zum Erwerbsstichtag nicht an, weil es zB die Realisierung dieser Steuervorteile als unwahrscheinlich einschätzt, so hat es im Falle einer **nachträglichen Erfassung** solcher steuerlichen Vorteile die Gründe und Umstände, die zu der nachträglichen Erfassung geführt haben, zu erläutern (vgl IAS 12.81(k) sowie → Rn 178 ff).

(21) Nimmt ein Unternehmen die Aktivierung latenter Steuern auf **steuerliche Verlustvorträge** vor, obwohl es im aktuellen Geschäftsjahr oder im Vorjahr steuerliche Verluste erlitten hat, so hat es die aktivierten latenten Steuern betragsmäßig gesondert anzugeben und die Begründung für deren Aktivierung substanziell darzulegen (IAS 12.82). Ziel der Vorschrift ist es, dem Bilanzleser die Gründe für den Ansatz latenter Steuern im Fall steuerlicher Verlustvorträge zu erläutern.

(22) Nach IAS 12.88 sind alle **steuerlichen Eventualschulden** sowie **Steuergesetzänderungen**, die nach dem Bilanzstichtag in Kraft treten oder angekündigt werden, darzustellen.

H. Gegenüberstellung zu HGB/DRS

I. HGB

Da auch der latenten Steuerabgrenzung nach §§ 274 und 306 HGB das bi- 215
lanzorientierte ***temporary*-Konzept** zugrunde liegt, ergibt sich eine weitgehende Übereinstimmung zu den Vorschriften des IAS 12. Der Anwendungsbereich der §§ 274, 306 HGB ist allerdings auf KapGes sowie diesen gleichgestellte Gesellschaften beschränkt. Die Abgrenzung latenter Steuern orientiert sich – wie nach IAS 12 – an Differenzen, die aus unterschiedlichen Wertansätzen von Vermögensgegenständen und Schulden in der Handels- und Steuerbilanz resultieren und die sich in künftigen Perioden steuerbe- oder -entlastend auswirken. Dies schließt neben der Berücksichtigung von quasi-permanenten Differenzen grds auch die erfolgsneutrale Erfassung von Wertänderungen etwa im Rahmen der Erstkonsolidierung von TU ein. Ausnahmen für den Ansatz latenter Steuern

existieren lediglich für einen im Rahmen der Kapitalkonsolidierung entstandenen Geschäfts- oder Firmenwert oder negativen Unterschiedsbetrag sowie Latenzen auf sog *outside basis differences* zwischen dem steuerlichen Wertansatz einer Beteiligung an einem TU, assoziierten oder Gemeinschaftsunternehmen und dem handelsrechtlichen Wertansatz des im Konzernabschluss angesetzten Nettovermögens (vgl § 306 Sätze 3 und 4 HGB).

216 Zur Darstellung einer den tatsächlichen Verhältnissen entspr VFE-Lage bezieht sich die grds Pflicht zur Aktivierung latenter Steuern gem § 274 Abs 1 Satz 2 HGB auch auf **steuerliche Verlustvorträge** sowie **Steuergutschriften.** Dies gilt jedoch nur, soweit eine Verlustverrechnung innerhalb der nächsten fünf Jahre zu erwarten ist (§ 274 Abs 1 Satz 4 HGB). Ist eine Verlustverrechnung erst zu einem späteren Zeitpunkt zu erwarten, so dürfen aktive latente Steuern auf Verlustvorträge nicht einmal zur Verrechnung mit passiven latenten Steuern abgegrenzt werden.

217 Die Bewertung latenter Steuern ist grds mit dem **unternehmensindividuellen Steuersatz** vorzunehmen, der zum Zeitpunkt des Abbaus der temporären Differenzen gültig ist (§ 274 Abs 2 Satz 1 HGB). Unter Beachtung des Verhältnismäßigkeits- und des Wesentlichkeitsgrundsatzes kann die Bewertung im Konzern ausnahmsweise auch zu einem konzerneinheitlichen, durchschnittlichen Steuersatz erfolgen. Aktive und passive latente Steuern sind aufzulösen, sobald die Steuerbe- bzw -entlastung eintritt oder nicht mehr mit ihr zu rechnen ist.

218 Aktive und passive latente Steuern sind gem § 266 HGB verpflichtend in einem **gesonderten Bilanzposten** auszuweisen. Grds besteht eine Saldierungspflicht für aktive und passive latente Steuern; wahlweise kann auch ein unsaldierter Ausweis erfolgen. Im Falle eines Überhangs aktiver latenter Steuern kann auf den Ansatz aktiver latenter Steuern wahlweise verzichtet werden.

Gem § 285 Satz 1 Nr 29 HGB, § 314 Abs 1 Nr 21 HGB ist im Anhang zu erläutern, auf welchen Differenzen oder steuerlichen Verlustvorträgen die latenten Steuern beruhen (→ Rn 214 Nr (15)) und mit welchen Steuersätzen die Bewertung erfolgt.

219 Da die **HGB**-Regelungen im Gegensatz zu IAS 12 gewisse **Wahlrechte** und **Spielräume** zulassen (Ansatz aktiver latenter Steuern, Saldierungsvorschriften, Geltung des Vorsichtsprinzips bei der Bewertung) wird es auch künftig zu divergierenden Bilanzansätzen kommen. Differenzen werden sich ferner immer dort ergeben, wo die Bilanzierungsvorschriften für andere Vermögenswerte und Schulden voneinander abweichen.

II. DRS

220 Die Regelungen des am 8. Juli 2010 verabschiedeten DRS 18 als Vorgabe für die Bilanzierung latenter Steuern im Konzernabschluss orientieren sich maßgeblich an der **Konzeption des IAS 12.** Latente Steuern sind auf temporäre Differenzen abzugrenzen, die durch Vergleich der Buchwerte der einzelnen Vermögenswerte und Schulden sowie Rechnungsabgrenzungsposten mit den korrespondierenden Werten der Steuerbilanz zu ermitteln sind.

221 Für temporäre Differenzen zwischen dem steuerlichen Wertansatz einer Beteiligung an einem TU, assoziierten Unternehmen oder Gemeinschaftsunternehmen und dem handelsrechtlichen Wertansatz des im Konzernabschluss angesetzten Nettovermögens *(outside basis difference)* besteht abweichend zu IAS 12 ein Ansatzverbot (DRS 18.28).

Für die Ermittlung aktiver latenter Steuern gilt gem DRS 18.17 und ebenfalls abweichend zu IAS 12 das Vorsichtsprinzip auf Basis einer aus der Unternehmensplanung abgeleiteten nachvollziehbaren steuerlichen Planungsrechnung, die beabsichtigte und realisierte Steuerstrategien einbezieht.

Bei hinreichend wahrscheinlicher Realisierung ist die Bildung latenter Steueransprüche auf steuerliche **Verlust- und Zinsvorträge** und **Steuergutschriften** verpflichtend. Die Erwartungen hinsichtlich des Realisationszeitpunkts sind mit Wahrscheinlichkeitsüberlegungen zu hinterlegen, die in die zuvor beschriebenen Planungsrechnungen einzubeziehen sind. Abweichend zu IAS 12 sind dabei nur diejenigen steuerlichen Verlustvorträge zu berücksichtigen, die innerhalb der kommenden fünf Jahre voraussichtlich genutzt werden können. Dies gilt grds nicht, sofern das Unternehmen über ausreichend zu versteuernde temporäre Differenzen verfügt (DRS 18.18 ff).

Für eine ertragsteuerliche Organschaft sieht DRS 18 grds die Erfassung beim Organträger vor.

Die **Bewertung** latenter Steuern erfolgt mit den zum Zeitpunkt der Auflö- 222
sung der zeitlichen Differenzen voraussichtlich gültigen individuellen Steuersätzen des jeweiligen Konzernunternehmens. Der Ansatz eines konzerneinheitlichen Steuersatzes ist nur unter Wesentlichkeitsaspekten zulässig (DRS 18.42). Gesetzesänderungen (Steuersatzänderungen oder Einführung/Abschaffung von Steuerarten) sind zu berücksichtigen, sobald die maßgebliche gesetzgebende Körperschaft die Änderung verabschiedet hat.

Eine **Abzinsung** latenter Steuern ist gem DRS 18.49 unzulässig.

Die Erfassung latenter Steuern in der **GuV** erfolgt grds erfolgswirksam. Dies 223
gilt auch für die Folgekonsolidierung latenter Steuern, die im Rahmen der Kapitalkonsolidierung oder infolge der erstmaligen Anwendung des BilMoG **erfolgsneutral** entstanden sind (DRS 18.50 ff). Der Ausweis latenter Steuern in der Bilanz kann wahlweise saldiert oder unsaldiert auf Basis des Bilanzgliederungsschemas des § 266 HGB iVm § 298 Abs 1 HGB erfolgen. Die Zusammenfassung von latenten Steuern aus den Einzelabschlüssen (§ 274 HGB) mit latenten Steuern aus dem Konzernabschluss (§ 306 HGB) ist zulässig.

Die **Anhangangaben** orientieren sich an den wichtigsten Angaben gem 224
IAS 12, bleiben vom Umfang her jedoch weit hinter den Anforderungen des IAS 12 zurück (DRS 18.63 ff). DRS 18.A14 f enthalten Beispiele zu wichtigen Anhangangaben.

I. Aktuelle Entwicklungen/IASB-Projekte

Im Dezember 2011 veröffentlichte die *European Financial Reporting Advisory* 225
Group (EFRAG) ein Diskussionspapier *(Improving the Financial Reporting of Income Tax)*, in welchem Überarbeitungshinweise für die folgenden vier Themenbereiche gegeben wurden:

(1) Bilanzierung von unsicheren Steuerpositionen;
(2) Diskontierung latenter Steuerzahlungen;
(3) Einführung eines standardisierten Schemas zur Überleitungsrechnung;
(4) Ausweitung der steuerlichen Anhangangaben.

Für **unsichere Steuerpositionen** regelt IAS 12 derzeit nur, dass Ertragsteuerschulden bzw -ansprüche mit dem Betrag zu bewerten sind, in dessen Höhe eine Zahlung bzw eine Erstattung zu erwarten ist. Nach Ansicht der EFRAG ist eine Präzisierung der aktuellen Regelungen erforderlich, verbunden mit erweiterten Angabepflichten im Anhang und im Lagebericht. Auch die Stellungnahmen zu dem Diskussionspapier kommen überwiegend zu dem Ergebnis, dass unsichere Steuerpositionen derzeit nur unzureichend geregelt sind, wobei hinsichtlich möglicher Lösungsansätze jedoch weitreichende Meinungsverschiedenheiten existieren (vgl *Lorson/Melcher/Gleichmann* KoR 2012, 508 (510), die die Aussagen der verschiedenen Stellungnahmen zusammengefasst haben).

Das **Diskontierungsverbot** des IAS 12.53 führt im Ergebnis zu einer Verzerrung der Vermögenslage, vor allem, wenn sich die temporären Differenzen erst in ferner Zukunft umkehren werden. Die häufige Aktivierung von nicht diskontierten passiven latenten Steuern im Zusammenhang mit Unternehmenszusammenschlüssen führt zudem zu einem potenziellen Wertminderungsrisiko für die entstehenden Geschäfts- oder Firmenwerte. Aus diesem Grund befürwortet EFRAG die Abschaffung des Diskontierungsverbots. Diese Forderung wird von der Mehrheit der Stellungnahmen zu dem Diskussionspapiers abgelehnt. Hauptargumente sind dabei, dass die Diskontierung latenter Steuern im Fall bereits diskontierter Vermögenswerte oder Schulden nicht sachgerecht sei, dass eine exakte Bestimmung des Umkehrzeitpunkts temporärer Differenzen oftmals nicht vorhersehbar sei und insofern erhebliche Schätzungen erfordere und dass eine Diskontierung den Konvergenzbestrebungen mit den US-GAAP-Vorschriften zuwider liefe (vgl *Lorson/Melcher/Gleichmann* KoR 2012, 508 (510)).

Für die **steuerliche Überleitungsrechnung** schlägt EFRAG angesichts der zahlreichen unterschiedlichen Ausgestaltungen in der Praxis eine Vereinheitlichung und die Bildung von sieben Hauptkategorien vor. Dadurch soll für Abschlussadressaten vor dem Hintergrund der unterschiedlichen Vorschriften diverser Steuerjurisdiktionen eine verbesserte Vergleichsmöglichkeit der Abschlüsse erreicht werden (vgl *Lorson/Melcher/Gleichmann* KoR 2012, 442 (448)). Die vorgeschlagenen Anpassungen werden in den Stellungnahmen zu dem Diskussionspapier überwiegend begrüßt.

Als eines der wesentlichen Hauptanliegen der Abschlussadressaten hat EFRAG die **Ausweitung der Angaben zur Bestimmung künftiger Steuerzahlungen** identifiziert. Die Mehrheit der Stellungnahmen zu dem Diskussionspapier lehnt eine Erweiterung der Anhangangaben ab.

226 In 2012 wurde an das IFRS IC die Frage herangetragen, ob die Abgrenzung **aktiver latenter Steuern** auf **unrealisierte Kursverluste** aus der Bewertung von Schuldinstrumenten, die als „zur Veräußerung verfügbar" gehalten werden, zulässig ist, wenn das Unternehmen zwar über keine korrespondierenden zu versteuernden Differenzen verfügt und auch keine künftigen steuerlichen Gewinne erwartet, es jedoch beabsichtigt, die Schuldinstrumente so lange zu halten, bis sich die unrealisierten Kursverluste wieder umkehren. Im August 2014 veröffentlichte der IASB den ED/2014/3 *Recognition of Deferred Tax Assets for Unrealised Losses – Proposed amendments to IAS 12,* der diese Fragestellung aufgreift und sich mit dem Ansatz von aktiven latenten Steuern auf unrealisierte Verluste befasst.

227 In diesem Zusammenhang will der **IASB** die aktuelle Fassung des IAS 12 wie folgt **anpassen:**

(1) Die Fragestellung zur Aktivierung latenter Steuern auf unrealisierte Verluste ist nach den geltenden Vorschriften des IAS 12 zu lösen. Das IASB greift das Thema zur Verdeutlichung der aktuellen Rechtslage lediglich in einem neuen Beispiel zu IAS 12.26(d) (→ Rn 229) auf.

(2) IAS 12.27A greift eine Fragestellung auf, die sich immer dann ergibt, wenn steuerliche Gewinne aus bestimmten Einkunftsarten nicht mit steuerlichen Verlusten derselben Einkunftsart verrechnet werden dürfen. Sehen die Steuergesetze eines Landes vor, dass steuerliche Verluste aus einer bestimmten Einkunftsart (zB Kapitaleinkünfte) nur mit steuerlichen Gewinnen aus derselben Einkunftsart verrechnet werden können, so ist dieser Umstand bei der Abgrenzung aktiver latenter Steuern dahingehend zu berücksichtigen, dass erwartete Gewinne aus anderen Einkunftsarten für den Ansatz latenter Steuern nicht herangezogen werden dürfen. Liegen keine besonderen Beschränkungen

vor, so erfolgt die Ermittlung der latenten Steuern unter Berücksichtigung aller im Rahmen der steuerlichen Ermittlung anzusetzenden Einkommensbestandteile.

(3) In IAS 12.29(a) soll ferner klargestellt werden, dass Effekte aus der Umkehrung abzugsfähiger temporärer Differenzen bei der Beurteilung der Realisierung eines latenten Steueranspruchs, also im Rahmen der Planung der künftigen zu versteuernden Gewinne, nicht berücksichtigt werden dürfen. Bei der Beurteilung der Werthaltigkeit aktiver latenter Steuern durch Gegenüberstellung der abzugsfähigen temporären Differenzen mit den prognostizierten künftigen steuerlichen Gewinnen ist für die prognostizierten Gewinne somit auf einen Betrag **vor** Umkehrung abzugsfähiger temporärer Differenzen abzustellen. Diese Klarstellung begründet keine Änderung der bisherigen Vorgehensweise zur Bilanzierung latenter Steuern. 228

(4) IAS 12.29A beinhaltet eine weitere Klarstellung zu der Frage, wie künftige steuerliche Gewinne bei der Abgrenzung latenter Steuern zu berücksichtigen sind. Danach ist auch eine Beurteilung erforderlich, ob und inwieweit Vermögenswerte eines Unternehmens zu einem **höheren** Betrag realisiert werden, als sie im IFRS-Abschluss aktuell angesetzt sind. Dies kann im Regelfall dann ausgeschlossen werden, wenn ein Vermögenswert kürzlich erst wertberichtigt wurde. Wird ein Vermögenswert hingegen zu fortgeführten Anschaffungskosten bewertet und voraussichtlich zu einem Preis über den Anschaffungskosten veräußert, so ist eine Realisation zu einem höheren Wert als dem IFRS-Buchwert wahrscheinlich. Demnach wird der steuerliche Gewinn nicht durch die Höhe des Buchwerts eines Vermögenswertes im IFRS-Abschluss limitiert. Dies ist insbes dann relevant, wenn ein Vermögenswert im IFRS-Abschluss zum (zum Bilanzstichtag niedrigeren) beizulegenden Zeitwert bewertet wird, wenn aber davon auszugehen ist, dass zukünftig alle diesbezüglich vertraglich vereinbarten Cashflows realisiert werden. Hierzu beinhalten die *illustrative examples* Folgendes:

Beispiel: Das Unternehmen U hält am 31. Dezember 2014 folgende Anleihen: 229

Anleihe	Anschaffungskosten €	fair value €	Verzinsung p. a.
A	2.000.000	1.942.857	2,0%
B	750.000	778.571	9,0%
C	2.000.000	1.961.905	3,0%

U hat alle Anleihen mit einer Fälligkeit zum 31. Dezember 2015 zum Nominalwert erworben. Die Vertragsbedingungen sehen die Rückzahlung zum Nominalwert bei Fälligkeit vor. U erhält jährlich feste Zinszahlungen zu den vereinbarten festen Zinssätzen. Am 31. Dezember 2014 belief sich der Marktzinssatz auf 5,0%, mit der Folge, dass der Marktwert für die Anleihen A und C unter den Anschaffungskosten und der Marktwert für Anleihe B über den Anschaffungskosten lag. Unabhängig von den Marktwerten ging U davon aus, dass alle Zins- und Tilgungszahlungen vertragsgerecht erbracht werden würden. U beabsichtigt die Anleihen A und B bis zur Fälligkeit zu halten und Anleihe C am 1. Januar 2015 zum Marktwert von € 1.961.905 zu veräußern.

U hat alle drei Anleihen der Kategorie „*available for sale*" zugewiesen. Die Bewertung erfolgt jeweils zum beizulegenden Zeitwert, Marktwertänderungen werden im sonstigen Ergebnis ausgewiesen, Zinserträge und Wertminderungen hingegen in der GuV.

In der Steuerbilanz werden die Anleihen zu Anschaffungskosten bilanziert. Wertänderungen werden erst zum Realisationszeitpunkt erfasst, unrealisierte Gewinne oder Verluste werden steuerlich nicht berücksichtigt. Die Steuergesetze unterscheiden zwischen gewerblichen Erträgen und Kapitalerträgen. Verluste aus Kapitalerträgen können nur mit Gewinnen aus Kapitalerträgen verrechnet werden. Zinserträge und Verluste aus dem Ausfall des Nominalbetrags einer Anleihe werden den gewerblichen Erträgen zugerechnet. Kursgewinne und -verluste die bei dem Verkauf von Anleihen entstehen, werden als Kapitalerträge behandelt. Gewerbliche Erträge werden zu 30 %, Kapitalerträge zu 25 % versteuert.

U verfügt zum 31. Dezember 2014 über zu versteuernde temporäre Differenzen von € 50.000, und über abzugsfähige temporäre Differenzen von € 430.000, die sich bis zum 31. Dezember 2015 umkehren werden. Diese temporären Differenzen entfallen in vollem Umfang auf das gewerbliche Einkommen. Nach der Steuerplanung wird U zum 31. Dezember 2015 aus Gewerbebetrieb einen steuerlichen Verlust in Höhe von € 200.000 erzielen. In diesem Verlust ist die Umkehr der zum 31. Dezember 2014 vorhandenen temporären Differenzen noch **nicht** berücksichtigt.

230 Danach verfügt U zum 31. Dezember 2014 über folgende temporäre Differenzen:

	Anleihe A	Anleihe B	Anleihe C	Übrige
IFRS-Buchwert	1.942.857	778.571	1.961.905	k. A.
Wert lt Steuerbilanz	2.000.000	750.000	2.000.000	k. A.
Zu versteuernde temporäre Differenzen		28.571		50.000
Abzugsfähige temporäre Differenzen	57.143		38.095	430.000

U beabsichtigt, die Anleihen A und B bis zur Fälligkeit zu halten. Es ist wahrscheinlich, dass U zum Fälligkeitszeitpunkt € 2.000.000 für Anleihe A und € 750.000 für Anleihe B erhalten wird. Ferner realisiert U Zinserträge von € 40.000 für Anleihe A und € 67.500 für Anleihe B. Damit kehrt sich die Differenz von € 57.143 bezogen auf Anleihe A zum 31. Dezember 2015 um und wird im Jahr 2015 als steuerlich abzugsfähig genutzt werden können. Gleiches gilt in umgekehrter Weise für Anleihe B. Die temporäre Differenz von € 28.571 kehrt sich mit Rückzahlung des Nominalbetrags um. Die Differenz, die den Anteil der Zinserträge, die den Marktzins übersteigen, reflektiert, wird dann steuerlich wirksam werden.

Durch den Verkauf von Anleihe C zum Marktwert von € 1.961.905 wird sich die temporäre Differenz von € 38.095 am 1. Januar 2015 umkehren. Mit Realisierung des Verlusts auch in der Steuerbilanz wird dieser Betrag steuerlich abzugsfähig.

Für die zu versteuernden temporären Differenzen muss U gem IAS 12.15 passive latente Steuern ansetzen. Zur Ermittlung der ansatzfähigen aktiven latenten Steuern muss U zunächst beurteilen, ob zukünftig ausreichende steuerliche Gewinne vorhanden sind. Diese können gem IAS 12.28, 12.29 aus der Umkehr zu versteuernder temporärer Differenzen, aus künftigen steuerpflichtigen Gewinnen oder aus Steuergestaltungsmaßnahmen resultieren. In diesem Zusammenhang ist zu berücksichtigen, dass in einem **ersten Schritt** die Möglichkeit einer Verrechnung der abzugsfähigen temporären Differenzen mit zu versteuernden temporären Differenzen und erst in einem **zweiten Schritt** die Erzielung von künftigen steuerpflichtigen Gewinnen bzw die Durchführung von Steuergestaltungsmaßnahmen zu prüfen ist. Bei Schritt 1 ist eine Verrechnung nur möglich, wenn die zu versteuernden und die abzugsfähigen temporären Differenzen ggü der gleichen Steuerbehörde bestehen, sich auf das gleiche steuerpflichtige Unternehmen beziehen (im Fall einer steuerlichen Organschaft ist dies der Steuerträger) und sich in derselben Periode umkehren werden.

231 Die abzugsfähige Differenz von € 38.095 ist separat zu beurteilen, da sie auf einen Kursverlust zurückzuführen ist, der gem dem Steuerrecht nur mit Gewinnen aus Kapitalerträgen verrechnet werden darf. Alle übrigen temporären Differenzen entfallen auf die Einkünfte aus Gewerbebetrieb und sind somit auf eine Verrechnungsmöglichkeit zu prüfen:

Schritt 1	Jahr 2015
	€
Erwartete Umkehr abzugsfähiger temporärer Differenzen	
Anleihe A	57.143
Übrige	430.000
Kumulierte Steuereffekte aus abzugsfähigen temporären Differenzen	487.143

Schritt 1

	Jahr 2015
	€
Erwartete Umkehr abzugsfähiger temporärer Differenzen	
Anleihe A	57.143
Erwartete Umkehr zu versteuernder temporärer Differenzen	
Anleihe B	−28.571
Übrige	−50.000
Kumulierte Effekte aus zu versteuernden temporären Differenzen	−78.571
Nutzbare zu versteuernde temporäre Differenzen	78.571
Verbleibende abzugsfähige temporäre Differenzen, die anderweitig zu beurteilen sind	**408.572**

In einem zweiten Schritt beurteilt U die verbleibenden abzugsfähigen temporären Differenzen dahingehend, ob ein ausreichendes steuerliches Einkommen zu deren Nutzung zur Verfügung stehen wird:

Schritt 2

	€
Ermittlung des künftigen steuerpflichtigen Ergebnisses	
Für 2015 erwarteter steuerlicher Verlust	−200.000
Zu versteuernde Erträge, die bereits in Schritt 1 berücksichtigt wurden	−78.571
Steuereffekte aus abzugsfähigen temporären Differenzen, die sich in 2015 umkehren werden und somit zu einer Erhöhung des steuerlichen Ergebnisses führen (s Schritt 1)	487.143
Angepasstes erwartetes steuerpflichtiges Ergebnis, das zur Nutzung abzugsfähiger temporärer Differenzen zur Verfügung steht	208.572
Nutzbarer Betrag aus Schritt 2	208.572
Nutzbarer Betrag aus Schritt 1	78.571
Insgesamt nutzbarer Betrag	**287.143**

Das für 2015 erwartete steuerliche Ergebnis soll gem IAS 12.29(a) so geplant werden, dass es die erwarteten Umkehreffekte aus bereits zuvor vorhandenen temporären Differenzen von € 487.143 **nicht** berücksichtigt. Aus diesem Grund ist eine entspr Adjustierung des erwarteten steuerlichen Ergebnisses um genau diesen Effekt in Schritt 2 erforderlich, sodass sich nach Berücksichtigung der bereits vorhandenen abzugsfähigen temporären Differenzen ein positives steuerliches Ergebnis von € 208.572 ergibt. 232

Die Bewertung der anzusetzenden aktiven und passiven latenten Steuern erfolgt für den Teil der temporären Differenzen, die auf Einkommen aus Gewerbebetrieb entfallen, mit einem Steuersatz von 30%. Die temporären Differenzen betreffend Anleihe C sind den Kapitaleinkünften zuzuordnen. Da U keine Einkünfte aus Kapitalvermögen erwartet, können keine aktiven latenten Steuern auf die temporäre Differenz von € 38.095 abgegrenzt werden. Demnach bilanziert U zum 31. Dezember 2014 aktive latente Steuern von € 86.143 (€ 287.143 × 30%) und passive latente Steuern von € 23.571 (€ 78.571 × 30%). Die latenten Steuern betreffend die Anleihen werden mit 30% bewertet, da dies der Steuersatz für Gewinne und Verluste aus Anleihen ist, sofern diese bis zur Endfälligkeit gehalten werden.

Die Erfassung der latenten Steuern in der Gesamtergebnisrechnung richtet sich danach, wie die zugrunde liegenden Ergebnisbestandteile in der Gesamtergebnisrechnung erfasst wurden. Latente Steuern, die sich auf Ergebnisbestandteile beziehen, die erfolgswirksam erfasst wurden, sind gem IAS 12.58 in der GuV auszuweisen. Latente Steuern, die sich auf Ergebnisbestandteile beziehen, die im sonstigen Ergebnis erfasst wurden, sind gem IAS 12.61A im sonstigen Ergebnis auszuweisen. 233

Bezogen auf die passiven latenten Steuern ist eine eindeutige Zuordnung möglich. Zu versteuernde temporäre Differenzen von € 28.571 entfallen auf die im sonstigen

Ergebnis erfassten Änderungen des beizulegenden Zeitwerts der Anleihe B. Demnach ist der hierauf entfallende latente Steueraufwand von € 8.571 (€ 28.571 × 30 %) im sonstigen Ergebnis zu erfassen; der Restbetrag in Höhe von € 15.000 (€ 50.000 × 30 %) ist dagegen erfolgswirksam im Steueraufwand auszuweisen.

Bezogen auf die aktiven latenten Steuern hat U nur auf einen Teil der abzugsfähigen temporären Differenzen latente Steuern abgegrenzt. Aus diesem Grund ist eine exakte Zuordnung der nutzbaren abzugsfähigen temporären Differenzen zu den Bestandteilen der Gesamtergebnisrechnung nicht möglich. Die Zurechnung erfolgt gem IAS 12.63 auf einer sachgerechten Verteilungsgrundlage. Vorliegend entfallen anteilig 11,7 % der übrigen aktiven latenten Steuern auf Änderungen des beizulegenden Zeitwerts der Anleihe A (€ 57.143 × 100 / € 487.143). Demnach könnte U so vorgehen, dass ein latenter Steuerertrag von € 10.079 (€ 287.143 × 11,7 % × 30 %) dem sonstigen Ergebnis zugeordnet wird.

234 Im Juli 2015 hat der IASB entschieden, den ED/2014/3 im vierten Quartal 2015 in leicht angepasster Form zu verabschieden. Die Anwendung ist für Geschäftsjahre ab dem 1. Januar 2017 geplant.

§ 26. Altersversorgungspläne/ Leistungen an Arbeitnehmer

Übersicht

Schrifttum: *Bauer/Gohdes/Lucius/Rhiel* Festlegung des Rechnungszinses bei der internationalen Bewertung von Pensionsverpflichtungen – Ein Verfahrensüberblick, Der Aktuar 2007, 86; *Bode/Gohdes/Thurnes* Betriebliche Altersversorgung im Internationalen Jahresabschluss – Bewertungsannahmen zum 31.12.1998/1.1.1999, DB 1999, 1715; *DAV/IVS*-Richtlinie: Anwendung von IAS 19 „Employee Benefits" (revised 2008) auf die betriebliche Altersversorgung in Deutschland vom 14.6.2010; *Dreger/Hagemann/Koziel* Reduzierung des Dienstzeitaufwandes mittels eines abweichenden Rechnungszinses, BetrAV 1/2014, 50; *Dreger/Hagemann/Koziel* Reduzierung des Dienstzeitaufwandes mittels eines abweichenden Rechnungszinses – Erwiderung auf die Repklik von Fodor/Gohdes in BetrAV 2/2014 S. 137, BetrAV 3/2014, 259; *DRSC* AH 1 (IFRS) DRSC Anwendungshinweis 1 (IFRS) Einzelfragen zur Bilanzierung von Altersteilzeitverhältnissen nach IFRS vom 12.7.2013, Berlin 2013; *Fodor* Das Wichtigste zur Neufassung IAS 19 – Spezialfragen sowie ein Vorschlag zum Umgang mit sog. Sensitivitäten, BetrAV 2011, 686; *Fodor/Gohdes* Reduzierung des Dienstzeitaufwandes mittels eines abweichenden Rechnungszinses – Replik zum Aufsatz von Dreger/Hagemann/Koziel in BetrAV 1/2014, S. 50, BetrAV 2/2014, 137; *Gohdes/Baach* Internationaler Jahresabschluss zum 31.12.2002: Rechnungszins und Inflationsrate für die betriebliche Altersversorgung, BetrAV 2003, 40; *Gohdes/Kaether* Auswirkungen der Rentenreform in der Rechnungslegung nach internationalen Standards, BB 2002, 772; *Höfer/Oppermann* Änderung des IAS 19 für den Bilanzausweis von Betriebsrenten, DB 2000, 1039; *IDW HFA* Berichterstattung über die 200. Sitzung des HFA, FN IDW 2006, 95; *IDW* RS HFA 2: Einzelfragen zur Anwendung von IFRS, FN IDW 2012, 380; *IDW* RS HFA 3 Handelsrechtliche Bilanzierung von Verpflichtungen aus Altersteilzeitregelungen, FN IDW 2013, 309; *IDW* RS HFA 30: Handelsrechtliche Bilanzierung von Altersversorgungsverpflichtungen, FN IDW 2011, 545; *Oecking/Hellmann/Schmallbach* Aktuelle Entwicklungen in der internen Rechnungslegung – IFRS/US-GAAP, BetrAV 2007, 40; *Pawelzik* Pensionenspiegel für Pensionsrückstellungen nach IAS 19, DB 2005, 733; *Rhiel* Zur Diskussion gestellt: Ist die Einrechnung künftiger Rentenanpassungen in eine Pensionsrückstellung nach IAS oder US-GAAP nicht doch ein Denkfehler, DB 2000, 685; *RIC* RIC-Positionspapier: Auswirkungen der gesetzlichen Erhöhung des Renteneintrittsalters aufgrund des RV-Altersgrenzenanpassungsgesetzes auf die Bilanzierung leistungsorientierter Pläne nach IAS 19; *Richter* Der Wertansatz von Pensionsverpflichtungen nach dem Bilanzrichtliniengesetz, BB 1986, 2162; *Rößler/Doetsch/Heger* Auslagerung von Pensionsverpflichtungen im Rahmen einer Bilanzierung gem SFAS bzw IAS, BB 1999, 2498; *Schmidt* Änderungen des IAS 19 – Erfassung von Arbeitnehmerbeiträgen, KoR 2014, 69; *Spanheimer/Ebel* Bilanzierung von Cash Balance-Pensionsplänen nach IFRS, BetrAV 2005, 141.

Wesentliche Rechtsgrundlagen: IAS 19, IAS 26, IFRIC 14

A. Allgemeines

I. Anwendungsgebiete

1 Bei der Bilanzierung sämtlicher Leistungen, die ein Unternehmen einem Arbeitnehmer **im Austausch für** seine **erbrachte Arbeitsleistung** oder **aus Anlass der Beendigung des Arbeitsverhältnisses** gewährt, ist IAS 19 anzuwenden. Dies beinhaltet nach IAS 19.6 auch Leistungen an den Ehepartner oder an die Kinder des Arbeitnehmers oder sonstige von ihm abhängige Personen. Neben Geldleistungen werden ebenso Sachleistungen erfasst. Das Anwendungsgebiet des Standards ist nicht beschränkt auf direkte Zahlungen an den Arbeitnehmer, sondern umfasst auch mit den Leistungen verbundene Kosten und Steuern (IFRIC Update January 2007, 6). Zu den Arbeitnehmern iSd Standards zählen ebenfalls Mitglieder der Geschäftsführungs- und der Aufsichtsorgane sowie sonstige leitende Angestellte (IAS 19.7). Soweit Leistungen mittelbar über einen externen Träger (zB einen Pensionsfonds) erbracht werden, fallen auch die Zahlungen an diesen Träger in das Anwendungsgebiet.

Die Bilanzierung und Berichterstattung des **externen Trägers selbst** wird dagegen nicht von IAS 19 erfasst, sondern erfolgt nach IAS 26 Bilanzierung und Berichterstattung von Altersversorgungsplänen. Dieser Standard ist anzuwenden für alle Altersversorgungspläne, die Leistungsverpflichtungen für den Arbeitgeber der Begünstigten erfüllen, aber von diesem losgelöste Berichtseinheiten darstellen. Eine Berichterstattung des Plans wird durch den Standard nicht gefordert, er regelt nur den Inhalt und die Ausgestaltung für den Fall, dass freiwillig oder aufgrund anderer Vorschriften ein Bericht erstellt wird. 2

Die Leistungsverpflichtungen des Arbeitgebers oder des Altersversorgungsplans eines externen Trägers ggü dem Arbeitnehmer können sowohl auf formalen einzel- oder kollektivvertraglichen Vereinbarungen beruhen als auch auf **betrieblicher Übung,** wenn diese eine **faktische Verpflichtung** begründet (IAS 19.4 und IAS 26.10). Letzteres ist in Deutschland bei betrieblicher Altersversorgung grds der Fall, da Verpflichtungen aufgrund betrieblicher Übung den Verpflichtungen aus einer Versorgungszusage gleichgestellt sind (§ 1b Abs 1 Satz 4 BetrAVG). Eine Verpflichtung kann auch bereits dann bestehen, wenn die Zusage noch nicht unverfallbar ist. 3

Die vorstehend genannten Punkte gelten im Wesentlichen auch für die Behandlung von **Pensionsverpflichtungen nach deutschem Handelsrecht.** Hinsichtlich der erfassten Leistungsarten geht der IFRS-Standard hingegen weit über das hinaus, was unter den Posten Rückstellungen für Pensionen und ähnliche Verpflichtungen oder Aufwendungen für Altersversorgung nach HGB auszuweisen ist, wo in Anlehnung an die Legaldefinition der betrieblichen Altersversorgung in § 1 BetrAVG üblicherweise einschränkend verlangt wird, dass die Leistungen Versorgungscharakter besitzen und durch ein biometrisches Ereignis (Invalidität, Tod oder Erreichen der Altersgrenze) ausgelöst werden. 4

Die unter IAS 19 fallenden **Leistungsarten** lassen sich nach IAS 19.5 in folgende vier Kategorien einteilen: 5

(1) **Kurzfristig fällige Leistungen:** Hierunter fallen zB die nach deutschem Handelsrecht unter den sonstigen Rückstellungen auszuweisenden **Urlaubs- oder Tantiemerückstellungen.** Kriterium für die Kurzfristigkeit ist hier, dass die Leistungen innerhalb von zwölf Monaten nach Ende des Geschäftsjahrs, in der die entspr Arbeitsleistung erbracht wurde, gezahlt werden.

(2) **Leistungen nach Beendigung des Arbeitsverhältnisses:** Hierunter fallen alle Leistungen der (betrieblichen) Altersversorgung, dh solche Leistungen, die auch nach deutschem Handelsrecht als **Pensionsverpflichtungen** angesehen werden. Der Standard unterscheidet bei diesen Leistungen weiter nach beitragsorientierten und leistungsorientierten Versorgungsplänen. Die Vorschriften für Leistungen nach Beendigung des Arbeitsverhältnisses aufgrund leistungsorientierter Versorgungspläne nehmen in diesem Standard den größten Raum ein.

(3) **Andere langfristig fällige Leistungen:** Hierunter fallen zB die nach deutschem Handelsrecht unter den sonstigen Rückstellungen auszuweisenden **Jubiläumsrückstellungen** oder **Altersteilzeitrückstellungen.**

(4) **Leistungen aus Anlass der Beendigung des Arbeitsverhältnisses:** Hierunter fallen ausschließlich Leistungen, die nicht durch die vom Arbeitnehmer geleistete Arbeit begründet werden.

(einstweilen frei) 6–8

II. Wesentliche Grundsätze

Grundlegendes Ziel der Bilanzierung nach IAS 19 ist die **periodengerechte Zuordnung** der Leistungen zu der Periode, in der sie vom Arbeitnehmer ver- 9 dient wurden, und nicht, in der sie fällig werden. Wegen des regelmäßigen Auseinanderfallens des Bilanzwerts nach IFRS und des steuerlichen Bilanzwerts ist grds zu prüfen, ob es zum Ansatz aktiver (→ § 25 Rn 47 ff) oder passiver (→ § 25 Rn 55 ff) **latenter Steuern** kommt.

10 Der IAS 19 zeichnet sich durch einen hohen Detaillierungsgrad an Vorschriften zur Bewertung und Darstellung der Pensionsverpflichtungen aus. So ist nach IAS 19 für die Bewertung der Pensionsrückstellung das Bewertungsverfahren der lfd Einmalprämien vorgeschrieben. Die Darstellung der Erträge bzw Aufwendungen aus der Veränderung der Pensionsverpflichtung unterliegt einem hohen Detaillierungsgrad, das betrifft einerseits die Anhangangaben, aber auch die buchhalterische Erfassung. Insbes Aufwendungen aus Änderungen in den Bewertungsparametern und Abweichungen zwischen der tatsächlichen und der kalkulierten Entwicklung werden **nicht erfolgswirksam** berücksichtigt. Der aus der Neubewertung der Nettoschuld entstehende Gewinn oder Verlust wird vielmehr in voller Höhe im sonstigen Ergebnis (dh im erfolgsneutralen Teil der Gesamtergebnisrechnung) ausgewiesen (→ § 15 Rn 143 ff).

11 Nach IAS 19 ist der Sollwert der Verpflichtung (*defined benefit obligation*, DBO) am Bilanzstichtag um den beizulegenden Zeitwert eines evtl vorhandenen **Planvermögens** zu kürzen, wenn dieses gewisse Kriterien erfüllt. Sofern das Planvermögen den Wert der DBO übersteigt, kommt unter gewissen Bedingungen sogar eine Aktivierung eines Vermögenswerts in Betracht. Auch wenn die Definition des saldierungsfähigen Vermögens nicht ganz deckungsgleich ist, so entspricht die Vorgehensweise doch im Grundsatz dem deutschen Handelsrecht. Ebenso werden Aufwendungen für Altersversorgung mit den zugehörigen Erträgen aus dem Planvermögen saldiert. Letzteres gilt auch für solche Erstattungsansprüche, die nicht alle Definitionen als Planvermögen erfüllen, eine Saldierung in der Bilanz also nicht zulassen.

12 IAS 19 schreibt **umfangreiche Informations- und Offenlegungspflichten** vor, die für leistungsorientierte Pläne etwa in IAS 19.135 ff detailliert aufgeführt sind (→ Rn 160 ff).

13–19 *(einstweilen frei)*

B. Leistungen nach Beendigung des Arbeitsverhältnisses

20 Abzugrenzen von den Leistungen nach Beendigung des Arbeitsverhältnisses sind solche aus Anlass der Beendigung des Arbeitsverhältnisses (zB Abfindungen, → Rn 140 ff). Die Leistungen nach Beendigung des Arbeitsverhältnisses können auf **beitragsorientierten** oder auf **leistungsorientierten Plänen** beruhen. Einige Besonderheiten bestehen bei **gemeinschaftlichen Plänen mehrerer Arbeitgeber** (→ Rn 123).

I. Beitragsorientierte Pläne

1. Definition

21 Ein Plan gilt nach der Definition in IAS 19.8 und IAS 19.28 als beitragsorientiert, wenn die **Verpflichtung** des Unternehmens **auf die festgelegte Beitragszahlung** an eine eigenständige Einheit (Fonds) **begrenzt** ist, auch wenn der Fonds nicht über ausreichende Vermögenswerte verfügt, um die zugesagten Leistungen an den Arbeitnehmer zu erbringen. Die Höhe der Leistungen hängt ausschließlich von den gezahlten Beiträgen und den Erträgen aus der Anlage dieser Beiträge ab. Sowohl das **versicherungsmathematische Risiko** als auch

das **Kapitalanlagerisiko trägt** folglich der **Arbeitnehmer.** So gilt zB für Versicherungsverträge, dass der Arbeitgeber unter keinen Umständen verpflichtet ist, zusätzliche Beiträge zu entrichten oder Leistungen an den Arbeitnehmer selbst zu erbringen. Wenn eine solche Verpflichtung doch besteht, ist der Plan nicht als beitrags- sondern als leistungsorientiert zu klassifizieren (IAS 19.46). Bei gemeinschaftlichen Plänen dürfen nach IAS 19.34 ausnahmsweise leistungsorientierte Pläne wie beitragsorientierte Pläne behandelt werden, wenn das Unternehmen keine ausreichenden Informationen erhalten kann, um seine Verpflichtungen nach den Vorschriften für leistungsorientierte Pläne zu bilanzieren (→ Rn 123).

Aufgrund der derzeitigen arbeitsrechtlichen Gesetzgebung (§ 1 Abs 1 Satz 3 BetrAVG) und ständiger Rechtsprechung in Deutschland entbindet auch die Durchführung der Altersversorgung über einen externen Träger den Arbeitgeber nicht von seiner Haftung. Beitragszusagen sind zudem nach § 1 Abs 2 Nr 2 BetrAVG nur im Zusammenhang mit einer Mindestleistung vorgesehen. Es ist insofern fraglich, ob in Deutschland überhaupt beitragsorientierte Pläne existieren. Am ehesten könnte dies bei den **versicherungsförmigen Durchführungswegen** Direktversicherung, Pensionskasse und mit Einschränkungen beim Pensionsfonds der Fall sein, da aufgrund aufsichtsrechtlicher Vorschriften mit einer Inanspruchnahme des Arbeitgebers, die über die Verpflichtung zur Beitragszahlung hinausgeht, nicht zu rechnen ist (*Gohdes/Kaether* BB 2002, 772 (772), ermitteln eine jährliche Mindestrendite, die der externe Versorgungsträger bzw bei Nichtleistung der Arbeitgeber garantieren muss, die bei langen Laufzeiten unter 1% liegt). Streng genommen sind aber auch diese Pläne aufgrund der arbeitsrechtlichen **Subsidiärhaftung** als leistungsorientiert anzusehen, wenn auch die Praxis eine andere Behandlung rechtfertigt (→ Rn 23). Nach Auffassung der Arbeitsgruppe „Rechnungslegung" des Fachausschusses Altersversorgung in der DAV ist die finale Haftung lediglich als Eventualverbindlichkeit anzusehen und eine Behandlung als beitragsorientiert nicht generell ausgeschlossen (*DAV-IVS-Richtlinie, 6).* 22

Soweit Planvermögen (→ Rn 38) bei leistungsorientierten Plänen aber aus **Versicherungsansprüchen** besteht, die die Verpflichtungen ganz oder teilweise kongruent bedecken, ist der Zeitwert der Versicherungspolicen in gleicher Höhe anzusetzen wie der Barwert der zugrunde liegenden Verpflichtungen (IAS 19.115). Dies bedeutet ua auch den Ansatz identischer Bewertungsgrundlagen. Insofern ist bei versicherungsförmigen Durchführungswegen „in aller Regel nicht nur kein Schuldausweis in der Bilanz des Unternehmens geboten" (*Höfer/Oppermann* DB 2000, 1039 (1039)), sondern es besteht der Pensionsaufwand letztlich nur aus dem an den externen Träger zu zahlenden Beitrag. Dies rechtfertigt es, **versicherungsförmige Durchführungswege** in der Praxis doch als beitragsorientierte Pläne zu behandeln. Gleiches gilt auch für eine unmittelbare Versorgungszusage mit kongruenter Rückdeckung, wenn die **Rückdeckungsversicherung** an den Arbeitnehmer verpfändet ist und die Höhe der Versorgungszusage an die Versicherungsleistung zuzüglich Überschussbeteiligung gekoppelt ist. Hierbei handelt es sich nach der Definition zwar um leistungsorientierte Pläne, die wirtschaftliche Behandlung unterscheidet sich aber nicht von der Behandlung beitragsorientierter Pläne. Kein beitragsorientierter Plan liegt hingegen vor, wenn die Überschussbeteiligung ganz oder teilweise an den Arbeitgeber zurückfließt (*DAV* IVS-Richtlinie, 6). 23

2. Ansatz und Bewertung

Für die Erfassung der Beiträge in einem beitragsorientierten Plan ist zunächst anhand der **Planformel** festzustellen, welcher Beitrag im Austausch für die im 24

Geschäftsjahr erbrachte Arbeitsleistung zugesagt wurde. Dieser Beitrag ist im Geschäftsjahr als Aufwand zu erfassen (IAS 19.51(b)) und im Anhang anzugeben (IAS 19.53). Soweit die Zahlung an den externen Träger nicht im Geschäftsjahr erfolgt, ist eine entspr **Abgrenzung** vorzunehmen, entweder durch Passivierung eines Schuldpostens oder durch Aktivierung eines Vermögenswerts. Letzteres aber nur, sofern die Vorauszahlung des Beitrags zu einer Verringerung künftiger Zahlungen oder zu einer Rückerstattung führt (IAS 19.51(a)).

25 Für die Bewertung des Aufwands oder der Verpflichtung aus beitragsorientierten Plänen sind **keine versicherungsmathematischen Annahmen** erforderlich. Eine Abzinsung ist nach IAS 19.52 nur dann vorzunehmen, wenn die Fälligkeit der zu zahlenden Beiträge mehr als zwölf Monate nach dem Ende des Geschäftsjahrs liegt, in dem die zugehörige Arbeitsleistung erbracht wurde. Der Abzinsungssatz ist in diesem Fall in gleicher Weise zu bestimmen, wie bei leistungsorientierten Plänen (→ Rn 61).

Die Behandlung beitragsorientierter Pläne unterscheidet sich also nicht wesentlich von der bilanziellen Abbildung solcher Pläne nach deutschem Handelsrecht.

26–29 *(einstweilen frei)*

II. Leistungsorientierte Pläne

30 Sofern ein Plan nicht als beitragsorientiert eingestuft werden kann, gilt er als leistungsorientiert. In diesem Fall **trägt der Arbeitgeber das versicherungsmathematische Risiko und das Anlagerisiko.** Die Einstufung und damit die nachfolgend beschriebenen Regelungen gelten grds unabhängig vom Durchführungsweg der betrieblichen Altersversorgung. Wegen der in → Rn 23 dargestellten Besonderheiten bei versicherungsförmigen Durchführungswegen werden in der Praxis üblicherweise nur die Durchführungswege Direktzusage und Unterstützungskasse ohne kongruente Rückdeckung als leistungsorientierte Pläne behandelt.

1. Bilanzansatz

a) Ist-Rückstellung

31 Die in der Bilanz als **Schuldposten** anzusetzende Pensionsrückstellung entspricht grds dem Barwert (Sollwert) der Verpflichtung (→ Rn 35 ff) zum Bilanzstichtag. Sofern Planvermögen (→ Rn 38 ff) vorhanden ist, ist die Schuld um dessen Zeitwert zu kürzen. Durch die Saldierung mit evtl vorhandenem Planvermögen **kann** der Schuldposten **negativ,** dh zu einem Vermögenswert **werden.** Die Aktivierung eines Vermögenswerts ist aber nicht unbegrenzt möglich (→ Rn 45 ff).

Praxishinweis: Innerhalb eines Geschäftsjahrs zeigt die zu bilanzierende Pensionsrückstellung üblicherweise folgende **Entwicklung:**

	Rückstellung zu Beginn des Geschäftsjahrs
+	Pensionsaufwand (→ Rn 70)
+	übertragene Vermögenswerte für übernommene Verpflichtungen (→ Rn 55)
–	Zahlungen an die Berechtigten (Rentenleistungen oder Kapitalabfindungen)
±	Auszahlungen aus (+) bzw Zahlungen an (–) einen externen Fonds
=	Rückstellung am Ende des Geschäftsjahrs

32 Anders als in der deutschen Rechnungslegungspraxis üblich, werden **(Renten-)Zahlungen** an den Versorgungsberechtigten nicht als Aufwand, sondern

erfolgsneutral als Verbrauch **zu Lasten der Rückstellung gebucht.** Sofern die Zahlung unmittelbar durch einen externen Fonds erfolgt, heben sich die Zahlungen an den Berechtigten und die Zahlungen aus dem Fonds in der oben dargestellten Entwicklung gegenseitig auf und können saldiert werden.

(einstweilen frei) 33, 34

b) Soll-Rückstellung

Die DBO ist der Barwert der **bis zum Bilanzstichtag erdienten Pensionsansprüche.** Zur Bestimmung des Barwerts sind nach IAS 19.66 die Leistungen den jeweiligen Dienstjahren des Arbeitnehmers nach aktuariellen Finanzierungsmethoden (im Einzelnen → Rn 50 ff) zuzuordnen und aktuarielle Rechnungsgrundlagen zugrunde zu legen (→ Rn 58 ff). 35

Die Ermittlung des Barwerts sollte von einem **anerkannten Aktuar** durchgeführt werden und kann bereits vor dem Bilanzstichtag erfolgen, muss dann jedoch um wesentliche Geschäftsvorfälle und andere wesentliche Änderungen, auch hinsichtlich der verwendeten Bewertungsparameter, die bis zum Bilanzstichtag noch eintreten, aktualisiert werden (IAS 19.59). Hierbei sind **Schätzungen** zulässig, eine detaillierte aktuarielle Neubewertung ist nicht erforderlich. In der Praxis ermittelt der Aktuar bei der Bewertung bestimmte Sensitivitäten des Barwerts hinsichtlich Änderungen einzelner Parameter, sodass etwaige bis zum Bilanzstichtag eintretende Veränderungen entspr ohne Neubewertung berücksichtigt werden können. Da die Ergebnisse von Sensitivitätsanalysen ohnehin im Anhang angegeben werden müssen (IAS 19.145(a)), kann dann darauf zurückgegriffen werden. 36

Änderungen der Parameter bis zum Bilanzstichtag dürften im Wesentlichen beim Diskontierungszins auftreten. Eine einfache Formel zur **Berechnung der Zinssensitivität** wurde von *Fodor* (BetrAV 2011, 686 (692)) vorgestellt. Seine „Drei-Säulen-Formel" stellt die DBO als Funktion des Diskontierungszinses an drei Stützstellen dar. Die Stützstellen sind drei beliebige Zeitpunkte, denen modellhaft sämtliche künftigen Zahlungsströme zugeordnet werden. Die Höhe der zu diesen Zeitpunkten fiktiv fälligen Zahlungen wird vorab mit einem linearen Gleichungssystem bestimmt. Solange der Bestand und die übrigen Parameter sich nicht ändern, kann mit dieser Formel die DBO für einen beliebigen Zinssatz auf einfache Weise und mit einer sehr hohen Genauigkeit berechnet werden. 37

c) Planvermögen

Unter Planvermögen wird nach der Definition in IAS 19.8 solches Vermögen verstanden, das von einer vom Unternehmen **rechtlich unabhängigen Einheit** (einem Fonds) ausschließlich zum Zwecke der Zahlung oder Finanzierung der zugesagten Leistungen an die Arbeitnehmer gehalten wird und dem Zugriff der Gläubiger des Unternehmens, auch im Falle eines Konkurses, entzogen ist. Diese Zweckbindung ist idR Teil der Satzung, entscheidend ist aber, dass der Fonds nach dem Gesamtbild der Verhältnisse und dem wirtschaftlichen Gehalt aller Regelungen ausschließlich dem genannten Zweck dient (*IDW* RS HFA 2 Rz 71). Eine Rückübertragung auf das Unternehmen ist nur möglich, wenn damit Zahlungen erstattet werden, die das Unternehmen unmittelbar an die Arbeitnehmer geleistet hat, oder wenn das restliche Fondsvermögen zur Deckung der Verpflichtungen ausreicht. Der rückübertragungsfähige Betrag errechnet sich als Saldo aus dem Zeitwert des Vermögens (→ Rn 43) und der DBO (→ Rn 35). Sofern etwa aufgrund satzungsgemäßer Bestimmungen eine Rückübertragung auch für Teile des Vermögens vorgesehen ist, die der Bedeckung der Verpflichtung dienen, ist nur der restliche Teil als Planvermögen zu qualifizieren (*Wollmert/Rhiel/Hofmann/Schwitters* in Baetge ua IFRS-Komm IAS 19 Rz 33). 38

39 Vergleichbare Anforderungen werden auch an einen **Versicherungsvertrag** gestellt, um ihn als Planvermögen zu qualifizieren. Insofern sind der Aktivwert bzw das Deckungskapital (zuzüglich Gewinnguthaben) einer **Pensionskasse** oder einer **Direktversicherung** idR als Planvermögen anzusehen. Bei Kassenvermögen von **Unterstützungskassen** kommt es auf die Ausgestaltung bei der speziellen Kasse an, um einen Rückfluss von Vermögen auszuschließen, soweit die vollen Verpflichtungen nicht ausfinanziert sind (*Rößler/Doetsch/Heger* BB 1999, 2498 (2501)).

Bei einem qualifizierenden Versicherungsvertrag muss es sich nicht zwingend um einen Versicherungsvertrag iSd IFRS 4 handeln. **Kapitalanlageverträge**, die kein signifikantes versicherungstechnisches Risiko enthalten, können ebenfalls die Anforderungen an einen qualifizierenden Versicherungsvertrag erfüllen (ua *pwc* 2015 Rz 11.102).

40 Durch die Gleichstellung von Erstattungen des Fonds für Zahlungen, die der Arbeitgeber an den Berechtigten geleistet hat, mit direkten Zahlungen des Fonds, ist es grds möglich, auch bei **nicht versicherungsförmigen Durchführungswegen** der betrieblichen Altersversorgung (etwa bei der unmittelbaren Versorgungszusage) eine **bilanzverkürzende Saldierung** der Verpflichtung mit dem vorhandenen Planvermögen zu erreichen.

41 Zur Finanzierung von Versorgungsverpflichtungen schließen Unternehmen häufig **Rückdeckungsversicherungen** ab, bei denen das Bezugsrecht beim Arbeitgeber liegt. Um eine Rückdeckungsversicherung als Planvermögen zu qualifizieren und somit eine bilanzverkürzende Saldierung mit dem Wert der Verpflichtungen zu erlauben, müssen die Versicherungsleistungen zeitlich mit den Zahlungen an die berechtigten Arbeitnehmer zusammenfallen. Insofern ist eine Kapitalversicherung mit einer Ablaufleistung in Höhe des Barwerts der zugesagten Rentenleistung zu Rentenbeginn nicht als Planvermögen zu qualifizieren. Weiterhin muss unwiderruflich sichergestellt sein, dass auch im Falle der Insolvenz des Arbeitgebers die Leistungen dem Arbeitnehmer zustehen. Letzteres wird durch eine **Verpfändung** der Rückdeckungsversicherung erreicht.

42 Eine weitere Möglichkeit auch bei **unmittelbaren Versorgungszusagen** eine **Bilanzverkürzung** zu erreichen und damit bessere Bilanzkennzahlen aufweisen zu können, ist das sog Treuhandmodell (*contractual trust agreement; Höfer/Oppermann* DB 2000, 1039 (1039)). Im Rahmen einer **doppelseitigen Treuhand** werden Finanzmittel in einem internen Pensionsfonds angesammelt und von einem Treuhänder nach den Richtlinien des Unternehmens verwaltet. Die Ansprüche ggü dem Fonds werden verpfändet und gehen im Falle der Insolvenz des Unternehmens auf den Treuhänder über, der dann aus den vorhandenen Deckungsmitteln die Leistungen an die Versorgungsberechtigten erbringt.

43 Das Planvermögen ist in Übereinstimmung mit IFRS 13 mit dem beizulegenden **Zeitwert** anzusetzen. Sofern Marktwerte nicht verfügbar sind, ist der Zeitwert nach den in IFRS 13 genannten Methoden zu schätzen. Vom Planvermögen zu kürzen sind die Schulden des Fonds mit Ausnahme der Versorgungsverpflichtungen selbst, da diese bereits als Schuld des berichtenden Unternehmens erfasst werden. Soweit das Planvermögen aus sog **qualifizierenden Versicherungsverträgen** besteht, die die Verpflichtungen ganz oder teilweise kongruent bedecken, entspricht deren Zeitwert dem Barwert der zugrunde liegenden Verpflichtungen (IAS 19.115). In der Praxis wird mitunter umgekehrt, im Fall einer vollständigen kongruenten Rückdeckung der Verpflichtung, die DBO in Höhe des vom Versicherungsunternehmen ohnehin ermittelten Zeitwerts der Versicherung angesetzt und auf eine separate Bewertung der Verpflichtung verzichtet (*DAV* IVS-Richtlinie, 13), die eigentlich für die Darstellung der Entwicklung der Verpflichtung im Anhang notwendig wäre.

In einigen Ländern (insbes im angelsächsischen Raum) bestehen gesetzliche oder vertragliche Verpflichtungen zur **Mindestdotierung von Planvermögen**. Wird im Planvermögen die Mindestdotierungsgrenze unterschritten, kann das Unternehmen verpflichtet sein, zusätzliche Beiträge zur Deckung der vorhandenen Unterschreitung der Mindestdotierungsgrenze für bereits erhaltene Leistungen zu leisten. Diese Beiträge haben keinen Einfluss auf die künftigen Beiträge für künftige Leistungen (IFRIC 14.19). In diesem Fall ist zu prüfen, ob diese Beiträge nach Einzahlung in den Plan als Rückerstattung oder Minderung künftiger Beitragszahlungen verfügbar sein werden (IFRIC 14.23). Soweit dies nicht der Fall ist, ist für die Zahlungsverpflichtung eine Schuld anzusetzen, die zu einer Reduzierung des leistungsorientierten Vermögenswerts oder einer Erhöhung der leistungsorientierten Nettoschuld führt, sodass bei Beitragszahlung unter Berücksichtigung der Begrenzung des Vermögenswerts keine Gewinne oder Verluste entstehen (IFRIC 14.24).

Sofern **Erstattungsansprüche** ggü Dritten zur Finanzierung von Pensionsleistungen des Arbeitgebers bestehen, die nicht die genannten Kriterien für die Einordnung als Planvermögen erfüllen, sind diese als gesonderter Vermögenswert zu aktivieren und mit dem beizulegenden Zeitwert zu bewerten. Sie dürfen nicht mit den Versorgungsverpflichtungen saldiert werden. Hierzu können ua Rückdeckungsversicherungen gehören, die nicht an die Arbeitnehmer verpfändet sind. Ansonsten sind, wenn die Erstattung durch Dritte so gut wie sicher ist, die Erstattungsansprüche nach IAS 19.116 wie Planvermögen zu behandeln. Das bedeutet ua, dass die Erträge in der GuV mit den übrigen Pensionsaufwendungen zu saldieren sind, dass Unterschiede zwischen den tatsächlichen und den kalkulierten Erträgen wie versicherungsmathematische Gewinne oder Verluste zu behandeln sind (→ Rn 97) und dass bei kongruenten Versicherungsansprüchen der beizulegende Zeitwert der Erstattungsansprüche dem Barwert der Verpflichtungen entspricht (IAS 19.119). 44

d) Begrenzung des Vermögenswerts

Die **Aktivierung eines Vermögenswerts** wird nach IAS 19.64 iVm der Definition in IAS 19.8 auf den Barwert des Nutzens **begrenzt,** den das Unternehmen aus der Überdotierung des Fonds hat, sei es durch Beitragsrückerstattungen oder durch Reduzierung künftiger Beitragszahlungen. Der Nutzen muss nicht sofort realisierbar sein (IFRIC 14.8), aber es muss ein unabdingbarer Anspruch auf Rückerstattung während der Laufzeit oder bei Abwicklung des Plans bestehen (IFRIC 14.11). Ein aufgrund der Begrenzung nicht als Vermögenswert erfasster Betrag ist im Anhang anzugeben (IAS 19.140(a)(iii)). 45

Soweit keine Mindestdotierungen (→ Rn 47) des Plans vereinbart sind, sind die Beitragsreduzierungen mit dem Barwert der künftigen lfd Dienstzeitaufwendungen (→ Rn 71) anzusetzen. Sie sind mit den gleichen Annahmen zu bewerten, die auch bei der Bewertung der Verpflichtung zur Anwendung kamen (IFRIC 14.17). Bei Rückerstattungen sind Kosten und Steuern zu berücksichtigen (IFRIC 14.13). Eine Diskontierung ist nur vorzunehmen, wenn es sich bei der Rückerstattung um einen festen (ergebnisunabhängigen) Betrag handelt (IFRIC 14.15).

Eine **Überdotierung** des Planvermögens entsteht regelmäßig bei **Finanzierung** der Versorgungsleistungen **über eine Versicherung,** soweit es sich nicht um einen qualifizierenden Versicherungsvertrag (→ Rn 43) handelt, dessen Zeitwert gleich der DBO ist. Wegen der aufgrund aufsichtsrechtlicher Vorschriften vorsichtig gewählten Rechnungsgrundlagen ist der Zeitwert (Deckungskapital zuzüglich Gewinnguthaben) der Versicherung bei gleichen zugesagten Leistungen höher als der mit aktuellen Bewertungsgrundlagen errechnete Barwert der 46

Verpflichtungen beim Unternehmen. Nur soweit die daraus entstehenden Überschüsse dem Arbeitgeber zustehen, darf der überdotierte Wert aktiviert werden.

47 Nach IFRIC 14 ist eine Begrenzung des Vermögenswerts auch insoweit vorzunehmen, wie aus einer **künftigen Mindestdotierung von Planvermögen** kein gleichwertiger Nutzen entsteht. Hierbei ist wie folgt vorzugehen: Zunächst erfolgt eine fiktive Dotierung des Planvermögens in Höhe der Mindestanforderung. Dann wird geprüft, ob eine Begrenzung des (fiktiven) Vermögenswerts notwendig ist und ggf wird dann eine aufwandswirksame Erhöhung der Rückstellung bzw Wertberichtigung des Vermögenswerts vorgenommen. Es wird also eine sofortige erfolgswirksame Vorwegnahme künftiger Begrenzungen des Vermögenswerts verlangt. Die tatsächliche Aktivierung der Dotierung erfolgt jedoch erst, wenn sie gezahlt wird. Die Regelung gilt nur für aus vergangenen Dienstjahren resultierende Mindestanforderungen, nicht aber zB für Verpflichtungen zur Zahlung eines bestimmten Prozentsatzes des künftigen Gehalts an den Plan.

Beispiel: Die DBO beträgt € 2.000, das zugehörige Deckungskapital einer Rückdeckungsversicherung (die die Anforderungen an einen qualifizierenden Versicherungsvertrag nicht erfüllt) beträgt aufgrund vorsichtig gewählter Rechnungsgrundlagen € 2.500. Der Wert der künftigen Überschüsse, die dem Arbeitgeber zustehen, beträgt € 450. Ohne Mindestdotierung wäre eine Wertberichtigung des Nettovermögenswerts von € 500 um € 50 vorzunehmen.

Darüber hinaus besteht die Verpflichtung zur Zahlung einer künftigen Mindestdotierung von € 500. Der Nettovermögenswert erhöht sich dadurch fiktiv auf € 1.000. Aufgrund einer nur teilweisen Beteiligung an künftigen Überschüssen steigt der erwartete Wert des Nutzens aus der Mindestdotierung jedoch nur um € 450 auf € 900. Dadurch steigt die Wertberichtigung von € 50 auf € 100 und die nach IAS 19.64 zulässige Aktivierung sinkt von € 450 auf € 400.

48, 49 *(einstweilen frei)*

2. Bewertung

a) Finanzierungsmethode

50 Nach IAS 19.67 ist als einzige Finanzierungsmethode das Verfahren der **lfd Einmalprämien** *(projected unit credit method)* zugelassen. Das im deutschen Handelsrecht auch zulässige Teilwertverfahren (*IDW* RS HFA 30 Rz 61) nach § 6a Abs 3 EStG sowie andere Finanzierungsmethoden sind nicht statthaft. Dies gilt sowohl für die Bewertung der DBO als auch für die Bestimmung des auf die einzelnen Jahre entfallenden lfd Dienstzeitaufwands und eines evtl nachzuverrechnenden Dienstzeitaufwands.

51 Nach der Methode der lfd Einmalprämien wird der in einem Jahr **erdiente Teil** des Pensionsanspruchs im jeweiligen Jahr durch eine (fiktive) Einmalprämie **voll ausfinanziert.** Die DBO zu einem Stichtag entspricht dann dem Barwert der bis zum Stichtag erdienten Teile des Pensionsanspruchs. Der lfd Dienstzeitaufwand einer Periode ist der Barwert des in dieser Periode erdienten Teils. In der Praxis wird vereinfachend die Finanzierung meist erst mit Beginn des auf das Jahr des Eintritts des Mitarbeiters in das Unternehmen folgenden Geschäftsjahrs begonnen. Ansonsten würde im Erstjahr ein versicherungsmathematischer Verlust entstehen, wenn dieses wie üblich noch nicht mit Dienstzeitaufwand belastet wird (→ Rn 73).

52 Die **Zuordnung** der anteiligen Pensionsansprüche **auf die einzelnen Dienstjahre** soll nach IAS 19.70 im Wesentlichen der Planformel folgen. Eine Ausnahme besteht bei Planformeln, die steigende Zuwächse zusagen, also späteren Dienstjahren höhere Ansprüche zuteilen als früheren Dienstjahren. In diesem Fall ist der Endanspruch abweichend von der Planformel linear auf die Dienstzeit

zu verteilen. Die Zuordnung in Abhängigkeit von der Planformel wird in IAS 19.71 ff in mehreren Beispielen erläutert. Die Beispiele berücksichtigen jedoch nicht die in Deutschland geltenden gesetzlichen **Unverfallbarkeitsregeln.** „Ohne weitere Regelungen (zB vertragliche Verbesserungen der gesetzlichen Unverfallbarkeit) entfaltet diese Planformel in Deutschland für die Altersleistung neben der bloßen Errechnung keinerlei materielle Wirkung. Unterschiedliche Formeln, die zur gleichen Altersleistung führen, sind daher in dieser Hinsicht gleichwertig" (*DAV* Der Aktuar 2002, 86 (86)).

Beispiel: Zwei Versorgungsberechtigte sind mit 35 Jahren eingetreten, das Pensionsalter beträgt 65. Einem Berechtigten wird eine Altersrente von € 10 pro Dienstjahr, dem anderen eine dienstzeitunabhängige Altersrente von € 300 zugesagt. Trotz unterschiedlicher Planformeln sind beide Zusagen gleichwertig und folglich gleich zu bewerten, da bei Erreichen des Pensionsalters auch der erste Berechtigte einen Anspruch von € 300 (€ 10 × 30 Dienstjahre) erreicht hätte.

Als am Stichtag erdient gilt insofern in Deutschland (idR) für jede zu erwar- 53
tende Leistung derjenige Teil, der dem Verhältnis der am Stichtag bereits erdienten zu der beim jeweiligen Leistungsbeginn (Eintritt eines möglichen Versorgungsfalls) erreichbaren Dienstzeit entspricht **(degressives m/n-tel),** mindestens aber der zum Stichtag unverfallbare (aber dynamisierte) Pensionsanspruch (*DAV* Der Aktuar 2002, 86 (87)).

Beispiel 1: Nach einem Plan werden Alters- und Invalidenrenten zugesagt. Die Höhe 54
der Monatsrente beläuft sich auf € 200 zuzüglich € 5 pro Dienstjahr. Ein Berechtigter ist mit 35 Jahren eingetreten, das Pensionsalter beträgt 65.

Bei **Erreichen des Pensionsalters** von 65 wird eine Rente von € 350 (= 200 + 30 × 5) ausgelöst. Diese wird über 30 (= 65 – 35) Dienstjahre linear verteilt erdient. In jedem Dienstjahr errechnet sich die lfd Einmalprämie als mit der Wahrscheinlichkeit der Inanspruchnahme (hier: Überleben als Aktiver bis zum Alter 65) gewichteter Barwert einer auf das Alter 65 aufgeschobenen Altersrente von monatlich € 11,67 (= $^{350}/_{30}$). Die DBO nach fünf Dienstjahren für den Versorgungsfall Altersrente ist dann der entspr Barwert für eine Monatsrente von € 58,33 (= $^{350}/_{30}$ × 5).

Bei **Eintritt von Invalidität** im Alter von 50 wird eine Rente von € 275 (= 200 + 15 × 5) ausgelöst. Diese wird über 15 (= 50 – 35) Dienstjahre linear verteilt erdient. In jedem der ersten 15 Dienstjahre errechnet sich die lfd Einmalprämie als mit der Wahrscheinlichkeit der Inanspruchnahme (hier: Überleben als Aktiver bis zum Alter 50 und Eintritt der Invalidität mit 50) gewichteter Barwert einer auf das Alter 50 aufgeschobenen Invalidenrente von monatlich € 18,33 (= $^{275}/_{15}$). Die DBO nach fünf Dienstjahren für den betrachteten möglichen Versorgungsfall ist dann der entspr Barwert für eine Monatsrente von € 91,67 (= $^{275}/_{15}$ × 5).

Anmerkung: Der nach dieser Definition ermittelte nach fünf Jahren erdiente Anspruch von € 91,67 ist **höher als der unverfallbare Anspruch** nach § 2 BetrAVG, da letzterer für alle möglichen Versorgungsfälle über die gesamte (fiktive) Dienstzeit von 30 Jahren zu verteilen ist, also € 45,83 (= $^{275}/_{30}$ × 5) beträgt. Das strenge m/n-tel-Verfahren nach § 2 BetrAVG ist hier aber nicht sachgerecht, da es dazu führt, dass Einmalprämien noch fällig werden für mögliche Versorgungsfälle, nachdem bereits feststeht, dass sie nicht eingetreten sind. Insofern wird hier auf das degressive m/n-tel-Verfahren abgestellt.

In gleicher Weise wird für jedes Alter jeder in diesem Alter erwartete Versorgungsfall bewertet.

Nachfolgende Übersicht zeigt die Entwicklung der DBO für obiges Beispiel und zum Vergleich die entspr Werte nach dem Teilwertverfahren. Die Bewertungsparameter (Ausscheideordnungen und Zins) wurden dabei bei beiden Verfahren identisch angesetzt.

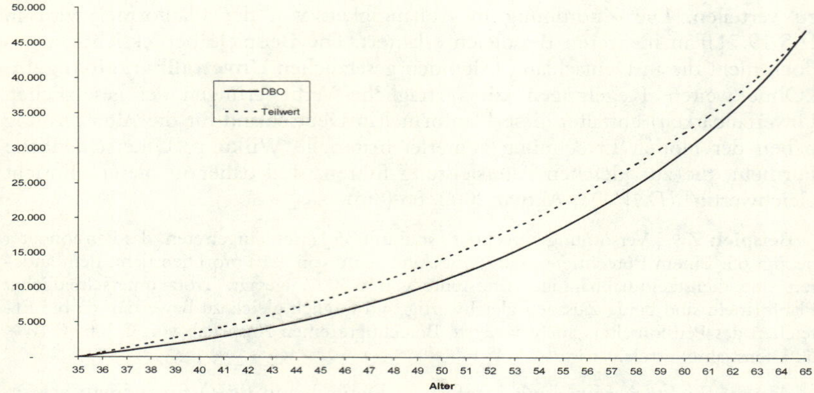

Die DBO liegt während der gesamten Dienstzeit unterhalb des Teilwerts. Ein solcher Verlauf ist typisch und tritt auch bei anderen Gestaltungen der Zusage auf. Dies liegt daran, dass beim Teilwertverfahren jährlich gleichbleibende (fiktive) Jahresprämien zugeführt und verzinst werden, während die DBO aus mit der Dienstzeit steigenden (fiktiven) Einmalprämien aufgebaut wird, wie die folgende Übersicht zeigt. Der Anstieg erklärt sich aus der angenommenen linearen Verteilung der Pensionsansprüche auf die gesamte Dienstzeit, wodurch die Einmalprämie zur Finanzierung des im jeweiligen Dienstjahr erdienten Bausteins umso größer wird, je näher der zu finanzierende Versorgungsfall rückt. Der gegenläufige Effekt, dass für in der Vergangenheit nicht eingetretene Versorgungsfälle keine Einmalprämien mehr anfallen, fällt dagegen nicht so stark ins Gewicht.

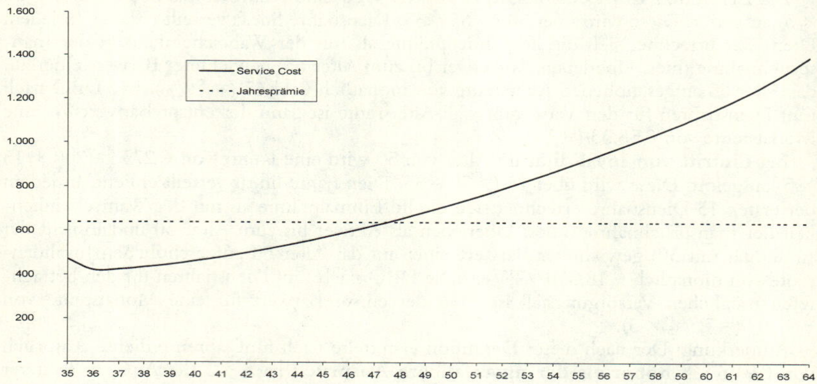

Beispiel 2: Abweichend von Beispiel 1 ist die zugesagte Rente in diesem Fall abhängig vom letzten Gehalt vor Rentenbeginn und beträgt 1 % des Gehalts pro Dienstjahr. Bei einem anfänglichen Gehalt von € 1.000 kann der Berechtigte somit eine Altersrente von € 300 (= 30 × 1 % × 1.000) erreichen, wovon auf das erste Dienstjahr ein Anteil von € 10 (= $^{300}/_{30}$) entfällt. Bei einer angenommenen Gehaltssteigerung von 2 % pa beträgt der erreichte Anspruch nach zwei Dienstjahren € 20,40 (= 2 × 1 % × 1.020), dh im zweiten Dienstjahr wurden € 10,40 (= 20,40 – 10) erdient. Solche steigenden Zuwächse stehen jedoch im Widerspruch zu IAS 19.70 (→ Rn 52). Insofern ist auch in diesem Fall eine lineare Verteilung des erwarteten Endanspruchs vorzunehmen. Bei der unterstellten Gehaltssteigerung von 2 % pa errechnet sich ein erwarteter Endanspruch von € 543,41 (= 30 × 1 % × 1.000 × $1{,}02^{30}$), hiervon fällt auf jedes Dienstjahr ein (gleicher) Anteil von € 18,11 (= $^{543{,}41}/_{30}$).

Anmerkung: Auch in diesem Beispiel liegt der zB nach fünf Jahren erdiente Anspruch von € 90,55 (= 5 × 18,11) wiederum über dem unverfallbaren Anspruch nach § 2 BetrAVG, da zu dessen Berechnung die Bemessungsgröße Gehalt auf dem Stand bei Ausscheiden eingefroren wird. Der unverfallbare Anspruch beträgt insofern nur € 55,20 (= 5 × 1 % × 1.000 × $1{,}02^5$). Eine strenge Orientierung an der gesetzlichen Unverfallbarkeitsvorschrift ist aber uE nicht sachgerecht, da diese wie oben erläutert im Widerspruch zu IAS 19.70 zu steigenden Planzuwächsen führt.

Nach § 4 BetrAVG kann eine Versorgungszusage mit schuldbefreiender Wirkung ua auf den Folgearbeitgeber übertragen werden. Für die Behandlung solcher **übernommener Verpflichtungen** beim Folgearbeitgeber ist zu unterscheiden zwischen einer entgeltlichen und einer unentgeltlichen Übernahme. Bei einer **entgeltlichen Übernahme** ist uE der übertragene Vermögenswert als Zugang in die Pensionsrückstellung einzubuchen (→ Rn 31) und der Pensionsanspruch auf die Dienstzeit ab dem urspr Eintrittsdatum beim Vorarbeitgeber (linear) zu verteilen. In Höhe der Differenz zwischen der DBO und dem übertragenen Vermögenswert entsteht ein versicherungsmathematischer Gewinn oder Verlust. Bei einer **unentgeltlichen Übernahme** oder bei deutlich unterhalb der DBO liegenden Vermögensübertragungen sind hingegen nur die Dienstjahre beim neuen Arbeitgeber als Finanzierungszeitraum anzusetzen. 55

Eine **Ausnahme** von der linearen Verteilung über die gesamte Dienstzeit besteht bei sofort in voller Höhe unverfallbaren Zusagen. Hier wird der gesamte Pensionsanspruch bereits im Jahr der Zusage erdient und ausfinanziert. Eine weitere Arbeitsleistung führt nicht mehr zu einer Erhöhung der zugesagten Leistungen (IAS 19.73). Dies gilt zB für Pensionszusagen aus **Entgeltumwandlung** (§ 1b Abs 5 und § 2 Abs 5a BetrAVG). Weiterhin kommt bei **beitragsorientierten Leistungszusagen** (iSv § 1 Abs 2 Nr 1 BetrAVG) sowie bei **Beitragszusagen mit Mindestleistung** (iSv § 1 Abs 2 Nr 2 BetrAVG) die lineare Verteilung nicht zur Anwendung, da sich die unverfallbare Anwartschaft hier nach den bis zum Ausscheiden aufgebrachten Beiträgen richtet (§ 2 Abs 5a und 5b BetrAVG). Mithin bemisst sich der bis zum Bilanzstichtag erdiente Teil der Verpflichtung bei solchen Zusagen ausschließlich auf Basis der bereits geleisteten Beiträge und ist unabhängig von zukünftigen, der Höhe nach möglicherweise noch nicht feststehenden Beiträgen (so auch *Spanheimer/Ebel* BetrAV 2005, 141 (141)). Schließlich ist auch bei auf einen festen Besitzstand eingefrorenen Zusagen eine lineare Verteilung nicht geeignet. 56

Nach Beendigung des Dienstverhältnisses, sei es durch Eintritt des Versorgungsfalls oder durch Ausscheiden mit einer unverfallbaren Anwartschaft, ist die Versorgungsverpflichtung vollständig ausfinanziert. Die DBO nach IAS 19 unterscheidet sich dann nicht mehr vom Teilwert, sofern identische Bewertungsparameter angesetzt werden. 57

b) Bewertungsparameter

Sämtliche Parameter für die Bewertung werden in IAS 19.75 ff unter dem Begriff „Versicherungsmathematische Annahmen" zusammengefasst. Hierzu gehören neben den **biometrischen Ausscheidewahrscheinlichkeiten** auch **ökonomische Parameter** wie der Rechnungszins, künftige Lohn- und Gehaltssteigerungen, die Entwicklung sonstiger Bemessungsgrößen wie zB Unternehmensgewinne oder anzurechnende gesetzliche Renten sowie Annahmen zur Rentenanpassung und zur Verzinsung des Planvermögens. Die in IAS 19.76(b)(iii) ausdrücklich genannten Trendannahmen für Gesundheitskosten spielen in Deutschland so gut wie keine Rolle, da medizinische Versorgungsleistungen nach Beendigung des Arbeitsverhältnisses, anders als etwa in den USA, hierzulande nicht üblich sind. Nach IAS 19.76(b)(iv) sind auch vom Unternehmen zu zahlende Steuern auf künftige Leistungen zu berücksichtigen. Zu den „Steuern" idS gehören uE auch Arbeitgeberbeiträge zur Sozialversicherung (zB auf Jubiläumsleistungen). 58

59 Die Annahmen sollen die am Bilanzstichtag bestehenden Erwartungen hinsichtlich der künftigen Entwicklung **bestmöglich schätzen.** Sie sollen **unvoreingenommen**, weder unvorsichtig noch übertrieben vorsichtig gewählt werden. Außerdem sollen die einzelnen Parameter so aufeinander abgestimmt sein, dass sie wirtschaftliche Zusammenhänge berücksichtigen. Dies gilt zB für den Zusammenhang zwischen Zinsniveau und Inflationsrate.

Die ökonomischen Parameter werden an jedem Stichtag aufgrund der dann bestehenden **Erwartungen des Markts** neu festgelegt. Hierdurch kann es zu einer hohen Volatilität der DBO kommen. Die daraus resultierenden versicherungsmathematischen Gewinne und Verluste werden nicht erfolgswirksam (→ Rn 89) erfasst. Da die Parameter nicht normiert sind und einen gewissen Ermessungsspielraum beinhalten, empfiehlt sich eine rechtzeitige Abstimmung mit dem Aktuar und dem Wirtschaftsprüfer.

60 Die **biometrischen Parameter** für Sterblichkeit, Invalidität, Familienstatus, Altersdifferenzen der Ehegatten usw werden auch bei einer Bilanzierung nach IAS 19 idR allgemeingültigen Tafeln, wie zB in Deutschland den Heubeck-Richttafeln, entnommen. Die im Jahr 2005 veröffentlichten **Generationentafeln „RT 2005G“** erfüllen darüber hinaus die in IAS 19.82 geforderte Berücksichtigung von Sterblichkeitstrends. Unternehmensspezifische Modifikationen wären am ehesten bei den Invalidisierungswahrscheinlichkeiten geboten, sind in der Praxis aber eher selten. Zusätzlich sind das tatsächlich beobachtete Pensionierungsalter, das in der Praxis häufig vor dem vertraglichen liegt, und die betriebliche Fluktuation zu berücksichtigen. Zur Berücksichtigung der Fluktuation wurden die Heubeck-Richttafeln im Jahr 2010 um alters-, geschlechts- und dienstzeitabhängige Stornowahrscheinlichkeiten erweitert. Da diese auf unternehmens- und branchenübergreifenden Daten beruhen, sind sie in jedem Fall auf die unternehmensindividuellen Verhältnisse zu kalibrieren.

Praxishinweis: Nach einem versicherungsmathematischen Lehrsatz, dem **Theorem von Cantelli,** braucht bei der Bewertung einer Verpflichtung eine Ausscheideursache dann nicht berücksichtigt zu werden, wenn bei Ausscheiden aufgrund dieser Ursache genau das bis zum Ausscheiden angesammelte Guthaben fällig wird, mithin kein Risiko besteht. Auch wenn diese Bedingung nach den deutschen gesetzlichen Unverfallbarkeitsregeln nur annähernd erfüllt ist (der Barwert der unverfallbaren Anwartschaft kann je nach Gestaltung der Zusage größer oder kleiner sein als die DBO bei Ausscheiden, insbes werden nach dem Ausscheiden Bemessungsgrößen wie das Gehalt eingefroren, während in der DBO ggf noch eine Dynamisierung einkalkuliert war), rechtfertigt das Theorem zumindest bei gehaltsunabhängigen Zusagen, für die Dienstjahre nach dem Erreichen der Unverfallbarkeit auf einen Ansatz von (unternehmensspezifischen) Fluktuationswahrscheinlichkeiten zu verzichten, zumal wenn hierzu keine verlässlichen Daten vorliegen.

Für die Dienstjahre bis zum Erreichen der Unverfallbarkeit lassen sich **Fluktuationswahrscheinlichkeiten** näherungsweise auch nach folgender **Faustformel** (*Richter* BB 1986, 2162 (2164)) bestimmen: 1 – (abgeleistete Dienstjahre)/(Dienstjahre bis zur Unverfallbarkeit). Bei einer üblichen Unverfallbarkeitsfrist nach § 1b BetrAVG von fünf Jahren (ab Zusageerteilung) errechnet sich danach zB eine Fluktuationswahrscheinlichkeit nach vier Dienstjahren von 20% (falls Dienstbeginn und Zusageerteilung zusammenfallen).

61 Der **Rechnungszins** für die Diskontierung der Verpflichtungen auf den Bewertungsstichtag (Stichtagszins) hat sich nach IAS 19.83 ff am langfristigen Zins für **hochwertige festverzinsliche Unternehmensanleihen** zu orientieren, der auf Basis einer Betrachtung vor der Berücksichtigung **vor Steuern** zu ermitteln ist (IFRIC Update July 2013, 1). Nur wenn kein ausreichender Markt für solche Unternehmensanleihen in der für die Bewertung relevanten Währung existiert, kann von entspr Staatsanleihen gleicher Währung ausgegangen werden (IAS 19.83 (geändert 2014)) (→ Rn 176). Spätestens seit Beginn der europäischen Währungsunion kann jedoch von einem ausreichenden Markt entspr Unternehmensanleihen

ausgegangen werden, da es auch zulässig ist, Anleihen aus anderen Ländern in die Bewertung mit einzubeziehen, wenn diese in der gleichen Währung wie die zu bewertende Verpflichtung gehandelt werden (IFRIC Update July 2013, 2).

Von hochwertigen Anleihen kann ausgegangen werden, wenn diese mindestens die Ratingklasse „AA" besitzen (ua *pwc* 2015 Rz 11.138). Aufgrund aktueller Entwicklungen hat sich die Anzahl der Anleihen mit Rating „AAA" oder „AA" reduziert. Eine Erweiterung der in die Bestimmung des Rechnungszinses einfließenden Unternehmensanleihen auf Anleihen mit einem Rating unterhalb der Ratingklasse „AA" steht allerdings der Auffassung des IFRSIC entgegen, dass das Verfahren zur Ermittlung des Rechnungszinses der Bewertungsstetigkeit unterliegt (IFRIC Update November 2013, 3).

Die Laufzeit der zugrunde gelegten Anleihen soll **konsistent** mit den jeweiligen **Fälligkeiten der Verpflichtung** gewählt werden; gleiches gilt für die Währungen. In der Praxis wird man aus Gründen der Praktikabilität hinsichtlich der Laufzeiten einen einheitlichen gewichteten Durchschnittszinssatz verwenden. Für einen jungen Bestand an aktiven Arbeitnehmern orientiert sich dieser eher an Anleihen mit längeren Restlaufzeiten, für einen älteren Rentnerbestand dagegen an Anleihen mit kürzeren Restlaufzeiten.

Ein eher **theoretisches Verfahren** zur Bestimmung eines gewichteten 62
Durchschnittszinssatzes, der die Laufzeiten der Verpflichtungen exakt abbildet, wurde von *Bode/Gohdes/Thurnes* (DB 1999, 1715 (1717)) vorgestellt. Danach erfolgt die Bestimmung in vier Schritten:

(1) Ermittlung der künftig zu erwartenden Zahlungsströme für die am Bilanzstichtag erdienten Anwartschaften mittels versicherungsmathematischer Prognoserechnungen.
(2) Diskontierung der so für alle Jahre prognostizierten Zahlungsströme auf den Bilanzstichtag mit dem Zinssatz von Null-Kupon-Bundesanleihen mit entspr Fälligkeiten.
(3) Iterative Berechnung eines einheitlichen Rechnungszinses, der bei der Diskontierung der im ersten Schritt ermittelten Zahlungsströme zum gleichen Barwert wie im zweiten Schritt führt.
(4) Erhöhung des im dritten Schritt errechneten nahezu risikolosen Zinses um einen Risikozuschlag für entspr, qualitativ hochwertige Industrieanleihen.

In der **Praxis** wird man gerade **bei kleineren Beständen** vereinfachend von 63
der Rendite festverzinslicher Bundeswertpapiere mit der durchschnittlichen Restlaufzeit der zu bewertenden Verpflichtungen ausgehen und diese um einen Risikozuschlag erhöhen, der den Renditeunterschied zwischen Unternehmensanleihen höchster Bonität und den entspr Staatsanleihen wiedergibt. Die entspr Daten werden regelmäßig in der Wirtschaftspresse sowie von der Deutschen Bundesbank (Monatsberichte, statistische Beihefte „Kapitalmarktstatistik") und der Deutschen Börse (sog „Iboxx Benchmark-Indizes") bereitgestellt. Sofern die zugehörigen Restlaufzeiten nicht verfügbar sind, ist die Zinsstrukturkurve entspr zu extrapolieren.

Die durchschnittliche Restlaufzeit der Verpflichtungen lässt sich auch aus der Zinssensitivität der Barwerte anhand der sog **Durationsformel** ermitteln. Hierzu werden die Barwerte der Verpflichtung mit zwei dicht beieinanderliegenden Zinssätzen Zins 1 und Zins 2 in der Größenordnung des vermuteten Rechnungszinses berechnet. Die Laufzeit (n) beträgt dann: n = – (1 + Zins 1) × (Barwert(Zins 2) – Barwert(Zins 1)) / (Zins 2 – Zins 1) / Barwert(Zins 1)

Beispiel: Der Barwert der Verpflichtung beträgt bei einem Zinssatz von 3,0% € 624.168 und bei einem Zinssatz von 3,1% € 612.268. Nach der Durationsformel errechnet sich die mittlere Restlaufzeit (n) wie folgt:
n: = – 1,03 × (612.268–624.168) / (0,031 – 0,030) / 624.168 = 19,64

Zum 31. Dezember 2014 ist ein Bestand mit der so ermittelten durchschnittlichen Restlaufzeit der Verpflichtungen von (gerundet) 20 Jahren zu bewerten. Die Parameter zur Berechnung der Zinsstruktur am Rentenmarkt betragen: $ß_0$ = 2,14449, $ß_1$ = - 2,37645, $ß_2$ = 26,11241, $ß_3$ = -29,99782, τ_1 = 1,82970, τ_2 = 1,99969. Mit der in der „Kapitalmarktstatistik", März 2005, S 67 veröffentlichten Formel z (T, ß, τ) errechnet sich für die Laufzeit T = 20 ein **risikoloser Zinssatz** für (hypothetische) Nullkuponanleihen von **1,32 %.**

Der Renditeunterschied zu Unternehmensanleihen bestimmt sich zB Stand 31. Dezember 2014 wie folgt: Die durchschnittliche Rendite von Euroanleihen mit Restlaufzeit über 15 Jahren und Rating mindestens „AA" für den Sektor „Government" beträgt 1,3 %, die entspr Rendite für Unternehmensanleihen 1,7 %, der **Renditeunterschied** mithin **0,4 %.**

Ein alternativer Ansatz wäre die direkte Ableitung einer Zinsstrukturkurve nach Umrechnung der Renditen der Unternehmensanleihen in Renditen entspr Nullkuponanleihen. Nach einer eigenen Auswertung führt dieser Weg zu einer Mehrrendite von Unternehmensanleihen ggü Staatsanleihen im Laufzeitbereich von über 15 Jahren von etwa 0,4 %. Insgesamt wäre also ein **Rechnungszins** von etwa **1,7 %** angemessen.

Weitere mögliche praxisgerechte Verfahren zur Ableitung des Rechnungszinses werden von *Bauer/Gohdes/Lucius/Rhiel,* Der Aktuar 2007, 86 (86), vorgestellt.

64 Nach IAS 19.87 ff sind bei der Bewertung der Verpflichtungen auch künftige **Gehaltssteigerungen** und **Anpassungen** der zugesagten Leistungen zu berücksichtigen. Dies gilt auch, wenn dies im Plan nicht explizit geregelt ist und nur eine faktische Verpflichtung (→ § 13 Rn 40) besteht. Soweit die genauen Gehaltssteigerungssätze nicht im Plan festgelegt sind, sind sie bestmöglich zu schätzen. Für lfd Renten ist die Anpassung in § 16 BetrAVG geregelt. Sofern keine Anpassungen von mindestens 1 % jährlich fest zugesagt sind, ist bei arbeitgeberfinanzierten Zusagen alle drei Jahre die Notwendigkeit einer Anpassung zu überprüfen. Die Prüfung orientiert sich an der Inflationsrate, der Nettolohnentwicklung und der wirtschaftlichen Lage des Unternehmens. Wegen der genannten Nebenbedingungen und der nur alle drei Jahre durchzuführenden Prüfung bietet sich als **Schätzwert für die Anpassung** von Renten, für die keine Anpassung fest zugesagt ist, ein etwas unterhalb der erwarteten Inflationsrate liegender Faktor an (aA *Rhiel* DB 2000, 685 (685), der die Berücksichtigung von künftigen Rentenanpassungen nach § 16 BetrAVG verneint, da diese von der wirtschaftlichen Lage des Arbeitgebers abhängen und insofern aus künftigen Erträgen des Unternehmens zu finanzieren sind; uE ist die Berücksichtigung jedoch, eine entspr wirtschaftliche Lage des Unternehmens vorausgesetzt, gerechtfertigt, da die künftige Anpassungsverpflichtung bereits zum Bilanzstichtag besteht).

65 Bei der Schätzung eines **Gehaltstrends** bei gehaltsabhängigen Zusagen fließt neben der Inflationsrate auch noch der erwartete **Produktivitätszuwachs** und ein **Karrieretrend** mit ein. Entspr der langfristigen Entwicklung des realen Brutto-Inlandprodukts kann der allgemeine Produktivitätszuwachs mit etwa 0,5 % jährlich (*Bode/Gohdes/Thurnes* DB 1999, 1715 (1718)) geschätzt werden. Sofern für den Karrieretrend keine unternehmensspezifischen oder branchenspezifischen Werte vorliegen, ist bei gewachsenen, eher auf Stabilität ausgerichteten Unternehmen ein Wert von bis zu 0,5 % üblich (*Bode/Gohdes/Thurnes* DB 1999, 1715 (1718)). Der Produktivitätszuwachs beträgt auch zum 31. Dezember 2014 im Mittel über die letzten sieben Jahre noch rund 0,5 %. Allerdings beläuft sich der Wert zum Stichtag auf rund 1,0 %. Die Berücksichtigung eines Karrieretrends ist umstritten, da so Perioden mit Aufwendungen belastet werden, in denen der Arbeitnehmer noch nicht die infolge des Karrierefortschritts erhöhten Arbeitserträge für das Unternehmen erbracht hat (*IDW* WPg 1998, 183 (187)). Es ist allerdings in IAS 19.90 geregelt, dass bei den Schätzungen der künftigen

Gehaltssteigerungen neben der Inflation und der Betriebszugehörigkeit insbes auch Beförderungen zu berücksichtigen sind, sodass der Ansatz eines Karrieretrends uE sachgerecht ist.

Auch bei nicht gehaltsabhängigen Zusagen (sog **Festrenten**) ist die Einrechnung einer Dynamik gerechtfertigt, wenn zu vermuten ist, dass auch die Festrenten von Zeit zu Zeit angehoben werden. Für eine solche Vermutung spricht, wenn das Unternehmen bereits in der Vergangenheit so verfahren ist und nichts darauf hindeutet, dass diese Praxis in Zukunft geändert wird (IAS 19.88). Sofern keine anderen Erfahrungswerte vorliegen, bietet sich für Festrentensysteme eine Dynamik während der Anwartschaftszeit etwa in Höhe der halben erwarteten Inflationsrate an. 66

Die vorstehend genannten Trendannahmen basieren alle auf der **erwarteten langfristigen Inflationsrate.** Diese ließe sich aus dem Marktwert inflationsgesicherter Staatsanleihen herleiten (*Gohdes/Baach* BetrAV 2003, 40 (42)), sofern es hierfür einen ausreichenden Markt gäbe. Solange dies nur eingeschränkt der Fall ist, bietet sich für die Praxis an, die Inflationserwartung aus der Umlaufrendite festverzinslicher Wertpapiere zum Stichtag abzüglich des mehrjährigen Durchschnitts der Realrenditen (= Umlaufrenditen abzüglich Inflationsraten) abzuleiten. 67

Beispiel: Zum Bewertungsstichtag 31. Dezember 2014 betrug die Umlaufrendite 0,6% (Quelle: Monatshefte der Deutschen Bundesbank, Dezember 2014). Die Realrenditen betrugen in den letzten zwei bis fünf Jahren durchschnittlich 0,0% bis 0,2%. Daraus errechnet sich als Schätzwert für die **erwartete Inflationsrate** ein Wert in Höhe von **0,4 % bis 0,6 %.** Die aktuelle Inflationsrate betrug zum 31. Dezember 2014 hingegen 0,2%. Diese ist jedoch nicht geeignet zur Festsetzung der Trendannahmen, da sie sich auf einen (einjährigen) Vergangenheitszeitraum bezieht. Die unterstellten Zinsannahmen spiegeln dagegen eine langfristige zukünftige Entwicklung wider. Die Forderung nach aufeinander abgestimmten Parametern (→ Rn 58) wäre so nicht erfüllt.

Aus der Minderrendite von rund 37 inflationsindizierten Euroanleihen ggü vergleichbaren anderen Anleihen errechnet sich dagegen eine Inflationserwartung von durchschnittlich 0,4%. Betrachtet man davon nur die (fünf) deutschen Anleihen, so erhält man eine Bandbreite von -0,9% bis 1,1%. Auch wenn die Anzahl der Anleihen keine verlässliche Aussage zulässt, so deuten die Ergebnisse doch an, dass die Inflationserwartung mit der ersten Methode plausibel ist und ein Ansatz im mittleren Bereich der dort genannten Bandbreite zu rechtfertigen wäre.

(einstweilen frei) 68, 69

3. Pensionsaufwand

Der Pensionsaufwand des Geschäftsjahrs setzt sich nach IAS 19.120 iVm IAS 19.116(b) aus folgenden Komponenten zusammen, die im Anhang weiter aufgegliedert werden müssen (IAS 19.141): 70

(1) Dienstzeitaufwand, bestehend aus lfd Dienstzeitaufwand (→ Rn 71 ff), nachzuverrechnendem Dienstzeitaufwand (→ Rn 77 ff) sowie aus Gewinnen und Verlusten aus Planabgeltungen (→ Rn 82 ff),

(2) Nettozinsaufwand (→ Rn 83 ff) als Saldo aus der kalkulatorischen Verzinsung der DBO, den kalkulierten Erträgen aus Planvermögen und Erstattungsansprüchen sowie der Verzinsung der Begrenzung des Vermögenswerts und

(3) Neubewertungen der Nettoschuld, bestehend aus den versicherungsmathematischen Gewinnen und Verlusten (→ Rn 87 ff), dem Unterschied zwischen tatsächlichen und kalkulierten Erträgen aus Planvermögen und Erstattungsansprüchen (→ Rn 97 ff) sowie der restlichen Veränderung der aufgrund der Begrenzung notwendigen Wertberichtigung auf Vermögenswerte (→ Rn 99). Hier fließen ebenfalls verpflichtend zu zahlende Arbeit-

nehmerbeiträge ein, die nicht mit der Arbeitsleistung verbunden sind, zB Beiträge zur Reduktion eines Fehlbetrags (IAS 19.93).

Der Pensionsaufwand kann **negativ** werden und ist dann als **Ertrag** zu erfassen. Der Dienstzeitaufwand und der Nettozinsaufwand sind erfolgswirksam in der GuV, Neubewertungen der Nettoschuld im sonstigen Ergebnis (dh im erfolgsneutralen Teil der Gesamtergebnisrechnung) zu erfassen (IAS 19.120).

a) Laufender Dienstzeitaufwand

71 Der lfd Dienstzeitaufwand ist der Barwert der **im Geschäftsjahr zu erdienenden Pensionsansprüche,** dh die Summe der im Geschäftsjahr fälligen lfd Einmalprämien für alle möglichen künftigen Versorgungsfälle (vgl das Beispiel in → Rn 54), gerechnet auf den Jahresanfang, aber mit Wertstellung zum Ende des Jahrs (*DAV* Der Aktuar 2002, 86 (89)). Die Bewertung erfolgt idR in gleicher Weise wie die Sollrückstellung (→ Rn 35). Es gibt allerdings Ansätze, den lfd Dienstzeitaufwand mit einem dazu laufzeitäquivalenten Zinssatz, und damit im Vergleich zur Sollrückstellung höheren Zinssatz, zu diskontieren, um damit eine Entlastung der GuV zu erreichen (*Dreger/Hagemann/Koziel* BetrAV 2014, 50 (50); *Dreger/Hagemann/Koziel* BetrAV 2014, 259 (259)). Dieser Ansatz ist in der Praxis gleichwohl umstritten, da die Konsistenz des Verfahrens fraglich ist und es ggf zu systematischen versicherungsmathematischen Verlusten führen kann (*Fodor/Gohdes* BetrAV 2014, 137 (137)). Zwar lässt IAS 19 grds verschiedene Verfahren zu, es wird allerdings ausdrücklich nur die Variante eines einheitlichen Zinssatzes als in der Praxis verwendetes Verfahren erwähnt. Bei davon abweichenden Verfahren muss die Konsistenz sichergestellt werden, da uE gerade die Konsistenz des Verfahrens ein wichtiges Kriterium für die Zulässigkeit in der Praxis ist. Diese ist jedoch nur schwer nachzuweisen. Zudem ist der in IAS 19 (IAS 19.85) einzig ausdrücklich beschriebene Ansatz eines einheitlichen mittleren Rechnungszinses auch leicht zu handhaben.

72 Für mit unverfallbarer Anwartschaft **ausgeschiedene Mitarbeiter** sowie **Rentenbezieher** fällt kein lfd Dienstzeitaufwand mehr an. Für Zusagen aus einer (einmaligen) **Entgeltumwandlung** fällt nur im Jahr der Umwandlung lfd Dienstzeitaufwand an (→ Rn 56). Der umgewandelte Betrag entspricht dem lfd Dienstaufwand aber nur dann, wenn für die Umwandlung die gleichen Rechnungsgrundlagen verwendet werden, die für den Jahresabschluss angesetzt werden. Aus diesem Grund weichen auch bei einer **beitragsorientierten Leistungszusage** (→ Rn 56) der bereitgestellte Versorgungsbeitrag und der lfd Dienstzeitaufwand regelmäßig voneinander ab, da die für die Umrechnung des Versorgungsbeitrags in Rentenbausteine vereinbarten Rechnungsgrundlagen von den jährlich zu aktualisierenden Parametern für den Jahresabschluss differieren.

73 Der Aufwand wird entspr dem aufwandsbezogenen Ansatz (→ Rn 11) bereits **zu Beginn des Geschäftsjahrs** unter Zugrundelegung des dann aktuellen Bestands und der dann geltenden Bewertungsparameter **ermittelt**. Die Zuführung zur Rückstellung erfolgt jedoch erst zum Ende des Geschäftsjahrs. Insofern ist es sachgerecht, den lfd Dienstzeitaufwand um die Verzinsung für ein Jahr zu erhöhen. Als Folge des aufwandsbezogenen Ansatzes fällt im Jahr des Eintritts eines Mitarbeiters noch kein Aufwand an und die Finanzierung beginnt erst ab dem Folgejahr (→ Rn 51).

74 Bei **Entgeltumwandlungen,** die häufig erst am Ende eines Geschäftsjahrs vereinbart werden, führt der übliche aufwandsbezogene Ansatz jedoch dazu, dass der (einmalige) Aufwand erst im Folgejahr entsteht und somit mit dem Ertrag aus dem Gehaltsverzicht auseinander fällt. In diesem Fall ist es sachgerechter,

abweichend von dem üblichen Grundsatz, dass sich Bestandsänderungen erst ab dem Folgejahr auswirken (→ Rn 51), den Aufwand wie bei beitragsorientierten Plänen **noch im lfd Geschäftsjahr zu erfassen** (*Gohdes/Kaether* BB 2002, 772 (772)).

Freiwillig gezahlte **Beiträge von Arbeitnehmern** in einen Pensionsplan mindern den lfd Dienstzeitaufwand im Zeitpunkt der Einzahlung (IAS 19.92). Ebenso kann bei Arbeitnehmerbeiträgen verfahren werden, die unabhängig von der Anzahl der Dienstjahre gezahlt werden und die iVm der Arbeitsleistung des Arbeitnehmers stehen (IAS 19.93(b) (geändert 2014)) (→ Rn 175). Alternativ können diese allerdings auch den Dienstjahren zugeordnet werden (*Schmidt* KoR 2014, 69 (69)). Hingegen sind Arbeitnehmerbeiträge, die in Abhängigkeit von den Dienstjahren und iVm der Arbeitsleistung gezahlt werden, zwingend den einzelnen Dienstjahren zuzuordnen (IAS 19.93(a) (geändert 2014)). Beiträge von Arbeitnehmern, die unabhängig von der Arbeitsleistung gezahlt werden, zB zur Minderung eines Fehlbetrags, wirken sich auf die Bewertung der Nettoschuld aus (IAS 19.93 (geändert 2014)).

(einstweilen frei) **75, 76**

b) Nachzuverrechnender Dienstzeitaufwand

Nachzuverrechnender Dienstzeitaufwand iSd IAS 19.102 entsteht immer **77**
dann, wenn ein Unternehmen Mitarbeitern erst Jahre **nach Beginn des Dienstverhältnisses** eine Versorgungszusage erteilt oder eine bestehende Zusage erhöht und die Versorgungsleistung bereits in der Vergangenheit anteilig erdient wurde. Die Höhe des nachzuverrechnenden Dienstzeitaufwands errechnet sich aus der Veränderung der DBO bei Erteilung bzw Erhöhung der Zusage. Hierzu ist die DBO vor und nach Erteilung bzw Erhöhung der Zusage mit den zum Zeitpunkt der Erteilung bzw Erhöhung aktuellen versicherungsmathematischen Annahmen zu bewerten (→ Rn 196). Folglich entsteht kein nachzuverrechnender Dienstzeitaufwand, wenn die Erhöhung ausschließlich künftige Dienstjahre betrifft, da in diesem Fall die DBO von der Veränderung unberührt bleibt.

Nachzuverrechnender Dienstzeitaufwand ist bereits vor Wirksamwerden der **78**
Planerhöhung zu erfassen, wenn die Erhöhung einhergeht mit **Restrukturierungsaufwendungen** oder Abfindungsleistungen (IAS 19.103).

Nachzuverrechnender Dienstzeitaufwand liegt nicht vor, wenn eine **bereits einkalkulierte Erhöhung der Versorgungszusage,** etwa aufgrund von Gehaltssteigerungen, nur höher ausfällt als erwartet. In diesem Fall liegt ein versicherungsmathematischer Verlust vor (IAS 19.108).

Beispiele: In einer **gehaltsabhängigen Zusage** wurde eine Rente von 1% (Steigerungssatz) des Endgehalts pro Dienstjahr zugesagt. Bei der Ermittlung des Barwerts zu Beginn der Periode wurde eine erwartete Gehaltssteigerung von 2% jährlich angesetzt. Tatsächlich haben sich die Gehälter in der Periode um 2,5% erhöht. Aus der nicht kalkulierten Gehaltserhöhung von 0,5%, sowie aus einer möglicherweise geänderten Erwartung für die Zukunft, entsteht ein versicherungsmathematischer Verlust. Wird hingegen im Laufe der Periode die Zusage dahingehend geändert, dass der Steigerungssatz auch für zurückliegende Dienstjahre auf 1,2% erhöht wird, so entsteht aus der dadurch bedingten Erhöhung des Barwerts nachzuverrechnender Dienstzeitaufwand.

Bei einer **Festrentenzusage** ist die Abgrenzung zwischen nachzuverrechnendem Dienstzeitaufwand und versicherungsmathematischem Verlust dann nicht mehr so eindeutig, wenn eine gelegentliche Erhöhung der Festrenten im Barwert bereits einkalkuliert ist (→ Rn 65). Solange sich die Erhöhungen solcher Zusagen im üblichen Rahmen halten, wird man den überrechnungsmäßigen Mehraufwand als versicherungsmathematischen Verlust betrachten. Nur bei außerordentlichen Erhöhungen ist eine Einordnung als

Planerhöhung und damit ein Ausweis nachzuverrechnenden Dienstzeitaufwands sachgerecht.

Hinsichtlich der Auswirkungen der gesetzlichen **Erhöhung des Renteneintrittsalters** (RV-Altersgrenzenanpassungsgesetz) auf leistungsorientierte Pläne sind folgende Fälle zu unterscheiden (*RIC* 2008):

Eine **explizite Anpassung** der Versorgungszusage, zB Erhöhung eines bisherigen festen Pensionsalters von 65 auf 67 Jahre, wird als (uU auch negativer → Rn 79) nachzuverrechnender Dienstzeitaufwand erfasst.

Eine **unmittelbare Änderung** der Versorgungszusage aufgrund eines dynamischen Verweises auf die jeweilige gesetzliche Regelaltersgrenze wird ebenfalls als nachzuverrechnender Dienstzeitaufwand erfasst.

Eine nur **mittelbare Auswirkung** durch eine Neueinschätzung der versicherungsmathematischen Annahmen wird dagegen als versicherungsmathematischer Gewinn oder Verlust erfasst. Dies ist zB der Fall, wenn als kalkulatorisches Pensionsalter der erwartete Zeitpunkt für die Inanspruchnahme einer vorzeitigen Altersrente angesetzt wurde und diese Erwartung sich durch die gesetzliche Neuregelung für die Zukunft ändert.

79 Nach IAS 19.106 sind die Bestimmungen zu nachzuverrechnendem Dienstzeitaufwand mit umgekehrtem Vorzeichen **auch bei einer Reduzierung** von Versorgungszusagen anzuwenden. Nach der ständigen Rechtsprechung des BAG ist ein Eingriff in bereits erdiente Anwartschaften nur in Ausnahmefällen, wenn zwingende Gründe vorliegen, zulässig. Insofern ist ein Ausweis von negativem nachzuverrechnendem Dienstzeitaufwand bei deutschen Unternehmen in der Praxis nicht von Bedeutung.

(Negative) nachzuverrechnende Dienstzeitaufwendungen entstehen auch durch **Plankürzungen,** wenn sich zB aufgrund einer Betriebsschließung die Anzahl der Versorgungsberechtigten deutlich reduziert oder eine leistungsorientierte Zusage dahingehend reduziert wird, dass künftig keine weiteren oder nur noch geminderte Ansprüche erdient werden, etwa weil bei einer bisher gehaltsabhängigen Zusage das aktuelle Gehalt als Bemessungsgröße eingefroren wird (IAS 19.105). Hinzuweisen ist in diesem Zusammenhang auf die umfangreiche **arbeitsrechtliche** Rechtsprechung in Deutschland zum Thema Widerruf von Pensionszusagen. Nach ständiger Rechtsprechung (zB BAG Az 3 AZR 213/96 vom 26. August 1997) ist auch ein Eingriff in künftige noch nicht erdiente Zuwächse nur aus sachlichen Gründen zulässig. Nach deutschem Arbeitsrecht ist eine Plankürzung idS daher nur möglich, soweit noch keine unverfallbaren Anwartschaften entstanden sind.

80 Da die DBO gerade die in der Vergangenheit erdienten Leistungen abbildet, führt eine Plankürzung von **noch nicht erdienten Ansprüchen** idR nicht zu nachzuverrechnendem Dienstzeitaufwand aufgrund einer Reduzierung der DBO, sondern stattdessen zu niedrigeren lfd Dienstzeitaufwendungen in den Folgejahren. Dies gilt zumindest dann, wenn durch die Plankürzung die Planformel (→ Rn 52) nicht rückwirkend geändert wird.

Beispiel: Einem mit 35 Jahren eingetretenen Mitarbeiter wurde eine Kapitalleistung von € 1.000 pro Dienstjahr zugesagt, also eine erreichbare Leistung ab einem Alter von 65 Jahren in Höhe von € 30.000. Ohne Berücksichtigung von Zins- und Biometrieeffekten betragen die lfd Dienstzeitaufwendungen € 1.000. Damit errechnet sich im Alter von 50 Jahren eine DBO von € 15.000. Die Zusage wird zu diesem Zeitpunkt dahingehend geändert, dass für künftige Dienstjahre nur noch € 500 zugesagt werden, die bereits erdienten € 15.000 bleiben aber auch bei einem vorzeitigen Ausscheiden erhalten. In diesem Fall reduzieren sich die lfd Dienstzeitaufwendungen ab einem Alter von 50 auf € 500, die DBO bleibt im Zeitpunkt der Plankürzung unverändert bei € 15.000 und steigt bis zum Alter von 65 auf die nach Kürzung erreichbare Leistung von € 22.500.

81 Ebenso wenig ist die übliche **Fluktuation** der Arbeitnehmer als Plankürzung zu interpretieren. Diese ist als Bewertungsparameter bereits in den Barwert der

Verpflichtung eingerechnet. Eine Abweichung von der erwarteten Fluktuation führt insofern zu versicherungsmathematischen Gewinnen oder Verlusten. Die Abgrenzung ist nicht immer eindeutig und richtet sich letztlich nach der Wesentlichkeit der Kürzung. Zu beachten ist hierbei aber eine Stetigkeit in der Vorgehensweise.

Ebenfalls keine Plankürzung stellt die **Herabsetzung** des kalkulatorischen **Pensionierungsalters** dar, etwa weil mit Abschluss einer Altersteilzeitvereinbarung ein früheres Pensionsalter verbunden ist.

c) Gewinne und Verluste aus Abgeltungen

Eine Abgeltung liegt vor, wenn den Versorgungsberechtigten als Ausgleich für 82
den Verlust oder die Reduzierung ihrer Versorgungszusagen mit schuldbefreiender Wirkung Abfindungen gezahlt werden, oder wenn die Versorgungsverpflichtungen auf einen anderen Versorgungsträger übertragen werden. Eine Abgeltung oder Übertragung unverfallbarer Anwartschaften mit schuldbefreiender Wirkung ist nur im Rahmen der Einschränkungen der §§ 3 und 4 BetrAVG möglich.

Keine Abgeltung liegt vor, wenn eine Kapitalabfindung bereits in der Versorgungszusage geregelt ist. In diesem Fall können jedoch versicherungsmathematische Gewinne oder Verluste anfallen, wenn die tatsächliche Inanspruchnahme der Kapitalabfindung von der kalkulierten abweicht. Hinzuweisen ist in diesem Zusammenhang auf die gesetzlichen Regelungen zur Abfindung und Übernahme von Pensionsverpflichtungen sowie auf die **arbeitsrechtliche Rechtsprechung** in Deutschland zum Thema Widerruf von Pensionszusagen (→ Rn 79).

Zum Zeitpunkt der Abgeltung sind die Versorgungsverpflichtung und evtl vorhandenes Planvermögen **mit aktuellen Bewertungsparametern neu zu bewerten** (IAS 19.99). Gewinne oder Verluste fallen in Höhe der Differenz zwischen dem aktuellen Wert der Verpflichtung und der Höhe der Abfindung bzw des Veräußerungspreises an. Hierbei sind sämtliche in diesem Zusammenhang anfallenden Zahlungen und Vermögensübertragungen zu berücksichtigen. Da Abgeltungen häufig im Zusammenhang mit weitergehenden Umstrukturierungen stehen, sind Gewinne oder Verluste aus Abgeltungen bereits im Jahr der jeweiligen Umstrukturierung voll zu erfassen (IAS 19.110).

d) Nettozinsaufwand

Da bei der Bewertung der Nettoschuld (→ Rn 31) diskontiert wurde, sind in 83
jedem Jahr eine **Verzinsung des Barwerts der Verpflichtung**, aber auch die kalkulatorische Verzinsung des **Planvermögens** sowie die **Zinsen der Auswirkung der Vermögensobergrenze** aufwands- bzw ertragswirksam zu berücksichtigen. Der daraus resultierende Nettozinsaufwand steht bereits zu Beginn des Jahres fest.

Der Zinsaufwand der **Verpflichtung** errechnet sich nach IAS 19.123f aus der DBO zu Beginn des Jahrs multipliziert mit dem zu diesem Zeitpunkt festgesetzten Zinssatz. Erwartete wesentliche Änderungen der Verpflichtung im Laufe des Geschäftsjahrs sind zumindest näherungsweise im Zinsaufwand der Verpflichtung zu berücksichtigen. Bei lfd Rentenzahlungen etwa bietet es sich an, den Zinsaufwand der Verpflichtung um die hälftige (bei einer angenommenen Gleichverteilung der Fälligkeiten über das Jahr) Verzinsung der zu Beginn des Jahrs bekannten Renten zu kürzen.

Die **kalkulierten Erträge aus Planvermögen** errechnen sich implizit durch 84
Multiplikation des Diskontierungszinssatzes mit dem Planvermögen zu Beginn

des Geschäftsjahrs. Durch diese Regelung wird die Schätzung der kalkulierten Erträge objektiviert.

Kalkulierte Erträge aus Erstattungsansprüchen, die anders als Planvermögen nicht mit den Verpflichtungen saldiert werden dürfen, werden trotzdem in gleicher Weise bestimmt, wie die kalkulierten Erträge aus Planvermögen (IAS 19.116(b)). Auch diese Erträge errechnen sich durch Multiplikation des Diskontierungszinses gem IAS 19.83 mit dem aktivierten Erstattungsanspruch zu Beginn des Geschäftsjahrs.

Auch bei den kalkulierten Zinserträgen sind **voraussichtliche Änderungen des Planvermögens** bzw **der Erstattungsansprüche** aufgrund von Beitragszahlungen an den Fonds oder Leistungszahlungen seitens des Fonds im Laufe der Periode zumindest näherungsweise zu berücksichtigen. Die Zahlungen selbst werden nicht erfolgswirksam, sondern direkt gegen die Rückstellung bzw den Vermögenswert gebucht (→ Rn 31).

Der Standard fordert keinen bestimmten Ausweis des Zinsaufwands. Er kann in einem gesonderten Posten im **erfolgswirksamen Teil der Gesamtergebnisrechnung** oder zusammen mit den anderen Komponenten im Personalaufwand gezeigt werden. Einem gesonderten Ausweis ist insbes dann der Vorzug zu geben, wenn die Verpflichtung nicht durch Planvermögen oder sonstige Erstattungsansprüche gedeckt ist. Der Betrag ist aber auf jeden Fall genauso wie die anderen in → Rn 70 genannten Komponenten im Anhang anzugeben.

85, 86 *(einstweilen frei)*

e) Versicherungsmathematische Gewinne und Verluste

87 Es gibt nach der Definition in IAS 19.8 **zwei mögliche Ursachen** für die Entstehung (zusätzlicher) versicherungsmathematischer Gewinne oder Verluste im Laufe eines Geschäftsjahrs:

(1) Erfahrungsbedingte Anpassungen: Die tatsächliche Entwicklung im Laufe des Geschäftsjahrs weicht von den zu Beginn des Geschäftsjahrs festgelegten Annahmen ab, was üblicherweise der Fall ist.

(2) Auswirkungen von Änderungen versicherungsmathematischer Annahmen: Die Festlegung der Parameter am Ende des Geschäftsjahrs ist eine andere als zu Beginn desselben Geschäftsjahrs. Wegen der stichtagsbezogenen Festlegung (anstelle zB der Verwendung eines langfristigen Mittelwerts wie er im deutschen Handelsrecht vorgeschrieben ist, der weniger starken Schwankungen unterliegt) ist dies für die ökonomischen Parameter der Normalfall.

Beispiele zu (1): Es wurden keine oder geringere Rentenanpassungen durchgeführt als kalkuliert; Folge: Gewinn.

Der tatsächliche Ertrag aus dem Planvermögen (oder aus anderen Erstattungsansprüchen → Rn 98) fällt geringer aus als der erwartete Ertrag; Folge: Verlust.

Die tatsächlichen Todesfälle übersteigen die nach der festgelegten Sterbetafel erwarteten; Folge: je nach Alter der Berechtigten und Ausgestaltung der Zusage entweder Gewinn (weil künftig weniger Alters- und Invalidenleistungen anfallen als bisher kalkuliert) oder Verlust (weil höhere Todesfall-Leistungen anfallen als kalkuliert).

Beispiele zu (2): Aufgrund der allgemeinen Marktentwicklung ist der Rechnungszins zu erhöhen; Folge: Gewinn, da der Sollwert der Verpflichtung kleiner wird.

Wegen des gestiegenen Marktzinses sinkt der Zeitwert des Planvermögens; Folge: Verlust.

Einführung neuer biometrischer Ausscheidewahrscheinlichkeiten; Folge: Gewinn oder Verlust.

88 Die versicherungsmathematischen Gewinne und Verluste ergeben sich als Saldogröße aus der Entwicklung der DBO zu Beginn und zum Ende des Geschäftsjahrs wie folgt:

	DBO zum Ende des Geschäftsjahrs
./.	DBO zu Beginn des Geschäftsjahrs
./.	Dienstzeitaufwand
./.	Zinsaufwand
+	Zahlungen an die Berechtigten (Rentenleistungen oder Kapitalabfindungen)
+	Abgeltungszahlungen
./.	übertragene Vermögenswerte für übernommene Verpflichtungen
=	Versicherungsmathematische Gewinne (falls negativ) bzw Verluste (falls positiv)

Versicherungsmathematische Gewinne und Verluste gehören zu den Neubewertungen der Nettoschuld gem IAS 19.120(c) und sind im **sonstigen Ergebnis** (dh im erfolgsneutralen Teil der Gesamtergebnisrechnung) zu erfassen. Eine spätere Umgliederung in die GuV *(reclassification)* ist auch in den Folgejahren grds ausgeschlossen (IAS 19.122), eine Umgliederung innerhalb des Eigenkapitals ist dagegen ohne Einschränkungen möglich (IAS 19.BC100). Die nach dem alten Standard IAS 19 (1998) bestehenden Wahlrechte (sofortige oder aufgeschobene Amortisation im Rahmen der Korridormethode) bestehen nicht mehr. 89

(einstweilen frei) 90–96

f) Erträge aus Planvermögen und anderen Erstattungsansprüchen

Abweichungen zwischen den tatsächlichen und den kalkulierten Erträgen sind als Neubewertungen der Nettoschuld zusammen mit den versicherungsmathematischen Gewinnen oder Verlusten (→ Rn 87 ff) **im sonstigen Ergebnis** (dh erfolgsneutralen Teil der Gesamtergebnisrechnung) zu zeigen. Neben Zins- und Dividendenerträgen sind auch Wertsteigerungen des Planvermögens (zB Kursgewinne von Aktien) in den tatsächlichen Erträgen zu berücksichtigen. Die Planerträge werden netto angesetzt, dh nach **Kürzung von Verwaltungskosten und Steuern**, soweit diese nicht bei der Bewertung der Verpflichtung selbst bereits berücksichtigt wurden (IAS 19.130). Sofern der Fonds wie zB beim Treuhandmodell (→ Rn 42) selbst kein eigenständiges Steuersubjekt ist, kommt eine Kürzung nur in Frage, wenn der Arbeitgeber die in diesem Fall ihm zuzurechnende **Zinsabschlagsteuer** nicht an den Fonds erstatten muss. Bei einer freiwilligen Erstattung sollte dies nicht als Ertrag aus Planvermögen, sondern als erfolgsneutrale Beitragszahlung an den Fonds ausgewiesen werden (*Oecking/Hellmann/Schmallbach* BetrAV 2007, 40 (42)). Gekürzt werden dürfen nur Kosten für die Vermögensverwaltung, nicht aber sonstige Verwaltungskosten wie zB für die Auszahlung von Leistungen (IAS 19.BC126). 97

Erträge aus anderen Erstattungsansprüchen, die nicht den Anforderungen für die Einordnung als Planvermögen genügen (→ Rn 38), sind in gleicher Weise zu behandeln wie Erträge aus Planvermögen. Auch hier führen Abweichungen zwischen den tatsächlichen und den kalkulierten Erträgen zu im sonstigen Ergebnis zu berücksichtigenden Neubewertungen der Nettoschuld. 98

g) Begrenzung des Vermögenswerts

Sofern aufgrund der Obergrenze gem IAS 19.64 (→ Rn 45) eine Wertberichtigung des zu aktivierenden Vermögenswerts vorzunehmen war, ist der Pensionsaufwand um die Wertberichtigung zu erhöhen bzw bei einer Auflösung der Wertberichtigung entspr zu kürzen. Soweit die Veränderung der Wertberichtigung über die bereits im Nettozinsaufwand (→ Rn 84) erfassten Beträge hinausgeht, ist sie wie versicherungsmathematische Gewinne und Verluste im sonstigen Ergebnis zu erfassen (IAS 19.127(c)). 99

Beispiel: Im nachfolgenden Zahlenbeispiel ist vereinfachend angenommen, dass im Berichtsjahr kein Dienstzeitaufwand und auch keine Beitrags- oder Leistungszahlungen anfielen. Der Pensionsaufwand besteht also nur aus Zinsaufwand und Neubewertungsaufwand. Der Diskontierungszins für die DBO beträgt 5%, der tatsächliche Ertrag aus Planvermögen belief sich auf 6,25%.

in €	Jahresbeginn	Zinsaufwand (+) bzw kalkulierter Ertrag aus Planvermögen (–)	Neubewertung der Nettoschuld (+ = Verlust)	Jahresende
DBO Zeitwert Planvermögen	2.000 2.400	100 – 120	100 – 30	2.200 2.550
Vermögenswert vor Begrenzung	400	– 20	70	350
Wertberichtigung auf Barwert des Nutzens	**100**	**5**	**– 55**	**50**
Vermögenswert nach Begrenzung	300	– 15	15	300

Da die Wertberichtigung zunächst mit € 5 kalkulatorisch verzinst wurde, wird ein Ertrag aus der Auflösung in Höhe von € 55 zusammen mit den über die Erwartung hinausgehenden tatsächlichen Erträgen aus Planvermögen von € 30 und saldiert mit dem versicherungsmathematischen Verlust von € 100 als Neubewertungsaufwand (insgesamt also € 15) im sonstigen Ergebnis erfasst.

4. Übersicht über Auswirkungen einzelner Geschäftsvorfälle

100 Nachfolgend geben wir einen zusammenfassenden Überblick über die Auswirkungen einzelner Geschäftsvorfälle auf den Ausweis in der Bilanz und im Pensionsaufwand sowie auf die Festlegung des Finanzierungszeitraums:

(1) **Neueintritt** eines Mitarbeiters (und gleichzeitige Erteilung einer Zusage):
  a) Kein Ausweis einer Rückstellung im Eintrittsjahr.
  b) Lfd Dienstzeitaufwand erstmalig im auf den Eintritt folgenden Geschäftsjahr (→ Rn 73).

(2) **Neuzusage** an einen (bereits in der Vergangenheit eingetretenen) Mitarbeiter:
  a) Erstmalige Bewertung mit der DBO am Ende des Zusagejahrs (→ Rn 77).
  b) In gleicher Höhe nachzuverrechnender Dienstaufwand im Jahr der Zusage.
  c) Lfd Dienstzeitaufwand erstmalig im auf das Jahr der Zusage folgenden Geschäftsjahr.

(3) Ausnahme: (einmalige) **Entgeltumwandlung:** Lfd Dienstzeitaufwand sowie erstmaliger Bilanzausweis bereits im Jahr der Entgeltumwandlung (→ Rn 74).

101 (4) **Übernahme** der Versorgungsverpflichtung (etwa vom früheren Arbeitgeber):
  a) Bei **entgeltlicher** Übernahme Berücksichtigung des übernommenen Vermögenswerts als Zugang zur Rückstellung im Jahr der Übertragung.
  b) Lfd Dienstzeitaufwand erstmalig im auf die Übernahme folgenden Geschäftsjahr.
  c) Bewertung des lfd Dienstaufwands sowie der DBO unter Berücksichtigung der Dienstjahre beim vorherigen Arbeitgeber (→ Rn 55).
  d) Versicherungsmathematischer Gewinn oder Verlust in Höhe der Differenz zwischen übernommenem Vermögenswert und DBO.
  e) Bei **unentgeltlicher** Übernahme Behandlung wie einen Neueintritt (1).

(5) **Ausscheiden** eines Mitarbeiters (vor Eintritt eines Versorgungsfalls):
  a) Im Jahr des Ausscheidens letztmalig lfd Dienstzeitaufwand.
  b) Am Ende des Geschäftsjahrs Neubewertung der DBO mit dem Barwert der (soweit vorhanden) aufrechterhaltenen unverfallbaren Anwartschaft.

c) Versicherungsmathematischer Gewinn oder Verlust in Höhe der Differenz zwischen fortgeschriebener Rückstellung (→ Rn 31) und DBO.

(6) Wesentliche, außerordentliche **Erhöhung** einer Zusage (→ Rn 77): Behandlung wie eine Neuzusage (2).

(7) **Reduzierung** erdienter Ansprüche (→ Rn 79): Behandlung wie eine negative Erhöhung (6).

(8) **Kürzung** künftiger Ansprüche: Niedrigerer lfd Dienstaufwand in den Folgejahren (→ Rn 80).

(9) **Abgeltung** künftiger Ansprüche:

a) Neubewertung zum Zeitpunkt der Abgeltung (→ Rn 82).

b) Erfassung der Differenz zwischen Neubewertung und fortgeschriebener Rückstellung zusätzlich im Pensionsaufwand des Jahrs der Abgeltung.

(einstweilen frei) 102–122

III. Gemeinschaftliche Pläne mehrerer Arbeitgeber

Gemeinschaftliche Pläne mehrerer (nicht einer gemeinschaftlichen Beherr- 123
schung unterliegenden) Arbeitgeber sind solche, bei denen eine einheitliche Vermögensanlage besteht und die Höhe der Leistungen und Beiträge nicht vom jeweiligen Arbeitgeber abhängt. Es kommt insofern zu einer Risikoteilung zwischen den beteiligten Unternehmen. Gemeinschaftliche Pläne sind abzugrenzen von gemeinschaftlich verwalteten Plänen (IAS 19.38), deren alleiniger Zweck die Verminderung von Verwaltungskosten ist. Grds unterscheidet sich die Einordnung eines gemeinschaftlichen Plans als beitrags- oder leistungsorientiert nicht von der bei Plänen eines einzelnen Unternehmens. Bei einer Klassifizierung als leistungsorientiert hat das Unternehmen seine **anteilige Verpflichtung** wie bei einem unternehmensindividuellen Plan **zu erfassen** und entspr Anhangangaben zu machen (IAS 19.33).

Eine **Ausnahme** besteht nach IAS 19.34 hingegen bei gemeinschaftlichen Plänen, bei denen das Unternehmen **keine ausreichenden Informationen** erhalten kann, um den auf sich entfallenden Anteil nach den in IAS 19 für leistungsorientierte Pläne dargelegten Vorschriften zu bilanzieren. Dies kann zB der Fall sein, wenn der Plan von sich aus keine IAS 19 genügenden Bewertungen vornimmt und der Einfluss des beteiligten Unternehmens zu gering ist, um notwendige Informationen zu erhalten. Dies betrifft Gemeinschaftspläne mit einer kollektiven Kalkulation, etwa einem Umlageverfahren, wie sie zB bei vielen Zusatzversorgungskassen des Öffentlichen Dienstes oder bei der Versorgungsanstalt des Bundes und der Länder (VBL) anzutreffen sind. Solche Pläne dürfen, auch wenn sie als leistungsorientiert angesehen werden, nach den Vorschriften für beitragsorientierte Pläne behandelt werden. In diesem Fall muss aber im Anhang begründet werden, warum die Informationen nicht beschafft werden konnten, und es müssen mögliche Auswirkungen der Vermögenslage des Plans auf die künftigen Beitragszahlungen dargelegt werden. Die dargestellte Ausnahmeregel gilt nicht für einheitliche Zusagen innerhalb eines Konzerns (IAS 19.40), da die Beschaffung der entspr Informationen in dem Fall keine Probleme bereiten kann.

Nach IAS 19.37 hat ein Unternehmen bei einer bereits geschlossenen Ver- 124
einbarung über die Verwendung bestehender Überschüsse bzw über die Finanzierung bestehender Fehlbeträge des gemeinschaftlichen Plans die anteiligen **künftigen Rückvergütungen** zu aktivieren bzw die anteiligen **künftigen Finanzierungsbeträge** zu passivieren und auch in der GuV erfolgswirksam zu erfassen. Ein Beispiel für eine solche Finanzierung eines bestehenden Defizits könnten die von der VBL festgelegten „Sanierungsgelder" darstellen.

(einstweilen frei) 125

C. Sonstige Leistungen an Arbeitnehmer

I. Kurzfristig fällige Leistungen an Arbeitnehmer

126 Kurzfristig fällige Leistungen an Arbeitnehmer (→ § 13 Rn 149 ff) sind nach der Definition in IAS 19.8 solche, die erwartungsgemäß innerhalb von **zwölf Monaten** nach Ende des Geschäftsjahrs, in dem die entspr Arbeitsleistung erbracht wurde, **vollständig erfüllt** werden und bei denen es sich nicht um Leistungen aus Anlass der Beendigung des Arbeitsverhältnisses (→ Rn 140 ff) handelt. Zu den kurzfristig fälligen Leistungen gehören nach IAS 19.9 ua:
(1) Löhne, Gehälter und Sozialversicherungsbeiträge,
(2) Abwesenheitsvergütungen wie bezahlter Urlaub oder Lohnfortzahlung im Krankheitsfall,
(3) Tantiemen oder andere Gewinn- oder Erfolgsbeteiligungen,
(4) geldwerte Vorteile für aktive Arbeitnehmer wie zB Dienstwagen oder Mitarbeiterrabatte.

Die **Bewertung** der kurzfristig fälligen Leistungen erfolgt grds **nominal**, dh ohne versicherungsmathematische Annahmen hinsichtlich der Wahrscheinlichkeit der Inanspruchnahme und ohne eine Abzinsung.

Der Betrag, der im Austausch für die im Geschäftsjahr erbrachte Arbeitsleistung erwartungsgemäß zu zahlen ist, ist als **Aufwand** zu zeigen, wenn nicht ein anderer Standard (zB IAS 2 oder IAS 16) eine Aktivierung als Anschaffungs- oder Herstellungsnebenkosten zulässt. Übersteigt am Bilanzstichtag der Aufwand die bereits geleisteten Zahlungen, so ist der übersteigende Aufwand als **abgegrenzte Schuld** (zum Begriff → § 13 Rn 15) oder als Verbindlichkeit zu passivieren. Im umgekehrten Fall, wenn die Zahlungen den Aufwand übersteigen, ist der Unterschiedsbetrag als **Vermögenswert** aktiv abzugrenzen, sofern die Vorauszahlung zu einer Verringerung künftiger Zahlungen oder zu einer Rückerstattung führt (IAS 19.11(a)).

Bei **Abwesenheitsvergütungen** (IAS 19.13 ff; → § 13 Rn 150) ist zwischen ansammelbaren und nicht ansammelbaren Ansprüchen zu unterscheiden. **Ansammelbare Ansprüche** liegen vor, wenn sie auf künftige Geschäftsjahre vorgetragen werden können, soweit sie im abgelaufenen Geschäftsjahr nicht genutzt wurden. Dies trifft in Deutschland zB bei **Urlaubsansprüchen** zu, wobei es in aller Regel Verfallsdaten gibt. Bei solchen Ansprüchen entsteht der Aufwand in dem Zeitpunkt, in dem die Arbeitsleistung erbracht wurde, die zum Entstehen des Anspruchs führte. In Höhe der ungenutzten Ansprüche ist zum Bilanzstichtag ein Schuldposten abzugrenzen. Sofern die Ansprüche verfallbar sind, dh die Arbeitnehmer bei einem Ausscheiden aus dem Unternehmen keinen Anspruch auf Barausgleich der bis dahin noch nicht in Anspruch genommenen Leistungen haben, ist dies bei der Bewertung zu berücksichtigen.

Nicht ansammelbare Ansprüche auf Abwesenheitsvergütungen sind dagegen in dem Geschäftsjahr als Aufwand zu erfassen, in dem die Abwesenheit eintritt. Sie sind unabhängig von der Arbeitsleistung des Arbeitnehmers. Da sie nicht vorgetragen werden können, entfällt der Ausweis eines Schuldpostens am Bilanzstichtag. Zu den nicht ansammelbaren Ansprüchen gehört zB die gesetzliche **Lohnfortzahlung im Krankheitsfall.**

127 Voraussetzung für die Erfassung von **Gewinn- oder Erfolgsbeteiligungen** als Aufwand bzw als Schuldposten ist nach IAS 19.19, dass das Unternehmen aufgrund von Ereignissen der Vergangenheit eine rechtliche oder faktische Verpflichtung zur Gewährung solcher Leistungen hat, es also keine realistische Al-

ternative zur Zahlung hat, und die Höhe der Verpflichtung verlässlich geschätzt werden kann. Eine faktische Verpflichtung kann nach IAS 19.21 auch durch betriebliche Übung entstehen (→ § 13 Rn 40). Falls die Auszahlung der Tantieme davon abhängig ist, dass der Arbeitnehmer einen festgelegten Zeitraum nach Erbringung der entspr Arbeitsleistung beim Unternehmen verbleibt, sind bei der Bewertung der Verpflichtung Annahmen zur Fluktuation zu berücksichtigen.

(einstweilen frei) 128, 129

II. Andere langfristig fällige Leistungen an Arbeitnehmer

1. Allgemeine Regelungen

Zu den anderen langfristig fälligen, dh **nicht innerhalb** einer **Frist von** 130
zwölf Monaten erwartungsgemäß vollständig erfüllbaren, Leistungen gehören nach IAS 19.153 ua:

(1) langfristig fällige vergütete Abwesenheitszeiten wie Sonderurlaub nach langjähriger Dienstzeit oder andere vergütete Dienstfreistellungen,
(2) Jubiläumsleistungen und andere Leistungen für langjährige Dienstzeiten,
(3) langfristige Erwerbsunfähigkeitsleistungen,
(4) aufgeschobene Gewinn- und Erfolgsbeteiligungen und
(5) aufgeschobene Vergütungen.

Von praktischer Bedeutung für deutsche Unternehmen sind in diesem Zusammenhang vor allem die **Jubiläumsleistungen** und **Altersteilzeitvereinbarungen.** Auch Arbeitszeitkonten, die einer langfristigen Urlaubs- oder Freizeitgewährung dienen, sind als aufgeschobene Vergütungen als andere langfristig fällige Leistungen an Arbeitnehmer zu erfassen. Erwerbsunfähigkeitsleistungen werden üblicherweise im Rahmen von Pensionsplänen zugesagt und sind insofern in deren Bewertung mit einbezogen (*DAV* IVS-Richtlinie, 33).

Da die Bewertung anderer langfristig fälliger Leistungen **nicht den gleichen** 131
Unsicherheiten unterliegt wie die Leistungen nach Beendigung des Arbeitsverhältnisses (IAS 19.154) sind versicherungsmathematische Gewinne und Verluste sowie der Unterschied zwischen tatsächlichen und kalkulierten Planerträgen erfolgswirksam in der GuV zu erfassen. Ansonsten unterscheiden sich die Bewertung und der Ausweis solcher Leistungen nicht von leistungsorientierten Pensionsverpflichtungen. Die als Schuldposten in der Bilanz anzusetzende Rückstellung ergibt sich insofern nach IAS 19.155 als Saldo aus dem Barwert der Verpflichtung (→ Rn 35 ff) zum Bilanzstichtag abzüglich des beizulegenden Zeitwerts evtl vorhandenen Planvermögens (→ Rn 38 ff).

Für andere langfristig fällige Leistungen, die bei einem Ausscheiden des Mitarbeiters verfallen (zB Jubiläumsleistungen), hat die Festlegung der **Fluktuationswahrscheinlichkeiten** eine höhere Bedeutung als bei den Pensionsverpflichtungen mit gesetzlichen Unverfallbarkeitsvorschriften (Praxishinweis zu → Rn 60). Demgegenüber hat der Rechnungszins aufgrund geringerer Dauer bis zur Fälligkeit der Leistungen einen eher geringeren Einfluss als bei den Pensionsverpflichtungen mit meist lebenslänglichen Rentenzahlungen.

Hinsichtlich der **Zuordnung** der anteilig erworbenen Ansprüche **zu den je-** 132
weiligen Dienstjahren, erscheint es sachgerecht, auch bei den anderen langfristig fälligen Leistungen, für die es keine gesetzlichen und im Regelfall auch keine vertraglichen Unverfallbarkeitsvorschriften gibt, eine lineare Verteilung zwischen Eintritt in das Unternehmen und Fälligkeit der Leistung (zB Zeitpunkt des jeweiligen Jubiläums) vorzunehmen, es sei denn, aus der Ausgestaltung der zugrunde liegenden Vereinbarung ergibt sich eine andere Zuordnung. Letzteres gilt

zB für Zeitwertkonten. Dort ergibt sich die Zuordnung durch die Einbringung von Zeitguthaben auf das Zeitwertkonto.

2. Besonderheiten bei Altersteilzeitvereinbarungen

133 Altersteilzeitvereinbarungen sind Vereinbarungen iSd AltTZG, die älteren Arbeitnehmern einen gleitenden Übergang vom Erwerbsleben in die Altersrente ermöglichen sollen. Für die Phase der Altersteilzeit wird dabei die Arbeitszeit unter entspr Reduzierung des Gehalts halbiert. Gleichzeitig gewährt der Arbeitgeber dem Arbeitsnehmer sog Aufstockungsleistungen, die sich aus einem zusätzlichen Gehalt und einer zusätzlichen Zahlung in die gesetzliche Rentenversicherung zusammensetzen.

Verpflichtungen aus Altersteilzeitvereinbarungen sind idR als andere langfristig fällige Leistungen an Arbeitnehmer zu erfassen. Lediglich für den Fall, dass die Leistung an den Arbeitnehmer voraussichtlich innerhalb von zwölf Monaten nach Ende der jährlichen Berichtsperiode, in der die entspr Arbeitsleistung erbracht wird, in voller Höhe beglichen werden, ist eine Einstufung als kurzfristig fällige Leistungen an Arbeitnehmer vorzunehmen. Dabei müssen der Erfüllungsrückstand und die Aufstockungsleistungen separat betrachtet werden.

Das AltTZG kennt zwei Grundformen von Altersteilzeitvereinbarungen, einerseits das Gleichverteilungs- oder Teilzeitmodell, andererseits das Blockmodell. Beim Gleichverteilungsmodell reduziert der Arbeitnehmer während der gesamten Altersteilzeit seine Arbeitszeit gleichmäßig um 50%; beim Blockmodell ist der Arbeitnehmer in der ersten Hälfte der Altersteilzeit, der sog Beschäftigungsphase, im bisherigen Umfang tätig und in der zweiten Hälfte, der sog Freistellungsphase, im vollen Umfang von der Arbeitspflicht freigestellt.

134 Die **Erfüllungsrückstände** aus den aufgeschobenen Vergütungen bei einer Altersteilzeitvereinbarung im Rahmen des **Blockmodells** werden erst ab Beginn der Altersteilzeit während der Beschäftigungsphase kontinuierlich erdient und in einer Rückstellung angespart. Nach Beendigung der Beschäftigungsphase erfolgen während der Freistellungsphase Entnahmen aus der Rückstellung zur Finanzierung des Altersteilzeitgehalts, denen zu dem Zeitpunkt aufgrund der Freistellung von der Arbeitspflicht keine Gegenleistung mehr gegenübersteht. Die Verpflichtung ist abzuzinsen. Auch Ausscheidewahrscheinlichkeiten müssen berücksichtigt werden; dabei ist zu beachten, dass bei einer vorzeitigen Beendigung des Altersteilzeitverhältnisses zB durch Tod des Arbeitnehmers die Ansprüche aus dem Erfüllungsrückstand nicht verfallen, sondern den Erben zustehen.

Die **Aufstockungszahlungen** im Rahmen von Altersteilzeitvereinbarungen sind unabhängig vom gewählten Modell als andere langfristig fällige Leistungen an Arbeitnehmer zu behandeln (→ Rn 130). Nur wenn die Aufstockungsleistungen voraussichtlich innerhalb von zwölf Monaten nach Ende der jährlichen Berichtsperiode, in der die entspr Arbeitsleistung erbracht wird, in voller Höhe beglichen werden, sind die Aufstockungen als kurzfristig fällige Leistungen an Arbeitnehmer zu qualifizieren (*DRSC* AH 1 Rz 11). Aufstockungsleistungen sind erstmals zu bilanzieren, sobald eine entspr Individualvereinbarung getroffen wurde oder sobald ein Arbeitnehmer aufgrund von Kollektivvereinbarungen einen Anspruch auf Abschluss einer Altersteilzeitvereinbarung hat, dem sich das Unternehmen faktisch und rechtlich nicht entziehen kann (*DRSC* AH 1 Rz 18). Vor Einführung des IAS 19 in der aktuellen Fassung wurden die Aufstockungsleistungen regelmäßig als Abfindungsleistungen qualifiziert. Das ist nun nach IAS 19.162 nicht mehr zulässig, da für die Gewährung der Aufstockungsleistungen noch eine Arbeitsleistung durch den Arbeitnehmer erbracht werden muss.

Der Zeitpunkt, ab dem die Aufstockungsleistungen erdient werden, ist bei Individualvereinbarungen stets der Zeitpunkt, an dem die Vereinbarung abgeschlossen wird (*DRSC* AH 1 Rz 25). Bei Kollektivvereinbarungen sind vereinbarte Mindestbetriebszugehörigkeiten zu berücksichtigen. Ist zB vereinbart, dass ein Arbeitnehmer direkt vor Beginn einer Altersteilzeit mind 5 Jahre im Unternehmen tätig gewesen sein muss, bevor er in Altersteilzeit gehen darf, beginnt der Erdienungszeitraum spätestens 5 Jahre vor Beginn der Altersteilzeit. Dadurch kann es zu nachzuverrechnendem Dienstzeitaufwand kommen (*DRSC* AH 1 Rz 26).

Als Finanzierungsende gilt der Zeitpunkt, in dem der Arbeitnehmer einen un- 135
verfallbaren Anspruch auf die jeweilige Aufstockungsleistung hat, also auch in einem Störfall insbes durch Tod (*DRSC* AH 1 Rz 28ff). Hier sind bei Altersteilzeitvereinbarungen nach dem Blockmodell zwei typische Fälle zu unterscheiden. Im ersten Fall werden die Aufstockungsleistungen in der Beschäftigungsphase bereits mit dem Erbringen der Arbeitsleistung unverfallbar, sodass im Störfall der Arbeitgeber keinen Anspruch auf Verrechnung der bereits gezahlten Aufstockungsbeträge mit dem gebildeten Erfüllungsrückstand hat. In diesem Fall ist das Finanzierungsende der jeweiligen Aufstockungsleistung in der Beschäftigungsphase die Fälligkeit der jeweiligen Zahlung; für die Aufstockungsleistungen in der Freistellungsphase ist das Finanzierungsende das Ende der Beschäftigungsphase (*DRSC* AH 1 Rn 30f). Bei Altersteilzeitvereinbarungen nach dem Gleichverteilungsmodell wird kein Erfüllungsrückstand gebildet, sodass die Aufstockungsleistungen regelmäßig mit dem Erbringen der Arbeitsleistung in der Altersteilzeit fällig werden, da hier von vorne herein im Störfall eine Verrechnung der gezahlten Aufstockungsleistungen mit einem Erfüllungsrückstand ausgeschlossen ist (*DRSC* AH 1 Rn 33).

Beispiel: Zum 1.1.20X1 wird eine Altersteilzeitvereinbarung für die Zeit vom 136
1.1.20X2 bis zum 31.12.20X5 nach dem Blockmodell geschlossen. Der Aufstockungsbetrag pro Berichtsperiode beträgt dabei € 100,00. Die Aufstockungsbeträge werden im Störfall nicht mit dem Erfüllungsrückstand verrechnet. Daher werden die Aufstockungsbeträge ab dem 1.1.20X1 bis zur Fälligkeit bzw bis zum Beginn der Freistellungsphase zum 1.1.20X4 finanziert. Zu bemerken ist, dass in der Periode 20X3 der lfd Dienstzeitaufwand mit € 100,00 um € 50,00 niedriger ausfällt als in den Vorperioden, da für die Aufstockungsleistung in der Periode 20X2 kein Dienstzeitaufwand mehr anfällt. Bei der Ermittlung wurden Zins- und biometrische Effekte vernachlässigt.

Aufstockungsleistung	**fällig zum Ende der Berichtsperiode**	**Ansammlung (kum) per Ende Berichtsperiode**				
		vor ATZ	Beschäftigungsphase		Freistellungsphase	
		31.12. 20X1	31.12. 20X2	31.12. 20X3	31.12. 20X4	31.12. 20X5
100,00	20X2	50,00				
100,00	20X3	33,33	66,67			
100,00	20X4	33,33	66,67	100,00		
100,00	20X5	33,33	66,67	100,00	100,00	
Summe Schuld		150,00	200,00	200,00	100,00	0,00
Gezahlte Aufstockungsleistung		0,00	100,00	100,00	100,00	100,00
Lfd Dienstzeitaufwand		150,00	150,00	100,00	0,00	0,00

Hat der Arbeitgeber im Störfall einen Anspruch auf Verrechnung, werden die gesamten Aufstockungsverpflichtungen erst mit Ende der Beschäftigungsphase unverfallbar, sodass in diesem Fall das Finanzierungsende unabhängig vom Zahlungszeitpunkt der Aufstockungsleistung das Ende der Beschäftigungsphase ist. Bei der Bewertung der Aufstockungsverpflichtungen ist hier zu beachten, dass in der Beschäftigungsphase Aufstockungsleistungen bereits gezahlt werden, ohne dass diese unverfallbar sind. Aus IAS 19 ist keine konkrete Vorgehensweise für diese Fallvariante ableitbar, das DRSC hat jedoch zwei beispielhafte Vorgehensweisen vorgestellt.

137 Bei der ersten Vorgehensweise wird unterstellt, dass die Gesamtheit der Aufstockungsleistungen einen zusammenhängenden Leistungsbaustein darstellt und der Abbau der Schuld durch die Zahlung der Aufstockungsleistungen erfolgt.

Beispiel: Zum 1.1.20X1 wird eine Altersteilzeitvereinbarung für die Zeit vom 1.1.20X2 bis zum 31.12.20X5 nach dem Blockmodell geschlossen. Der Aufstockungsbetrag pro Berichtsperiode beträgt dabei € 100,00. Die Aufstockungsbeträge werden im Störfall mit dem Erfüllungsrückstand verrechnet. Daher werden die Aufstockungsbeträge gleichmäßig vom Abschluss der Altersteilzeitvereinbarung bis zum Beginn der Freistellungsphase am 1.1.20X4 erdient. Der lfd Dienstzeitaufwand ist für diesen Zeitraum konstant.

Aufstockungsleistung	**fällig zum Ende der Berichtsperiode**	**Ansammlung (kum) per Ende Berichtsperiode**				
		vor ATZ	Beschäftigungsphase		Freistellungsphase	
		31.12. 20X1	31.12. 20X2	31.12. 20X3	31.12. 20X4	31.12. 20X5
100,00	20X2	133,33	166,67	200,00	100,00	
100,00	20X3					
100,00	20X4					
100,00	20X5					
Summe Schuld		133,33	166,67	200,00	100,00	0,00
Gezahlte Aufstockungsleistung		0,00	100,00	100,00	100,00	100,00
Lfd Dienstzeitaufwand		133,33	133,33	133,33	0,00	0,00

In diesem Fall werden die Aufstockungsleistungen nach der FiFo-Methode (*first in, first out*) ermittelt. Damit werden mit dem lfd Dienstzeitaufwand in der Periode 20X1 von 133,33 GE zunächst die gesamten Aufstockungsleistungen für die Periode 20X2 finanziert und der verbleibende Betrag von 33,33 GE zur Finanzierung der Aufstockungsleistungen der Periode 20X3 genutzt. In der Periode 20X2 wird der lfd Dienstzeitaufwand genutzt, um die noch nicht ausfinanzierten Teile der Aufstockungsleistungen in der Periode 20X3 von 66,67 GE auszufinanzieren und mit dem restlichen Betrag die Aufstockungsleistungen für die Periode 20X4 teilweise zu finanzieren. Da die Aufstockungsleistungen für die Periode 20X2 bereits ausfinanziert waren, können die gezahlten Aufstockungsleistungen vollständig der Rückstellung entnommen werden.

138 Bei der zweiten vom DRSC dargestellten Vorgehensweise für Aufstockungsverpflichtungen für den Fall, dass im Störfall eine Verrechnung mit dem Erfüllungsrückstand vorgenommen wird, wird davon ausgegangen, dass die einzelnen Aufstockungsleistungen eigenständige Leistungen darstellen und der Abbau der Schuld durch die Leistung der Aufstockungszahlungen jeweils nur bis zur Höhe der bereits angesammelten Schuldbeträge erfolgt. In diesem Fall ist der Teil der bereits geleisteten Aufstockungszahlungen, die die bereits angesammelten Schuldbeträge übersteigen, zu aktivieren.

Beispiel: Zum 1.1.20X1 wird eine Altersteilzeitvereinbarung für die Zeit vom 1.1.20X2 bis zum 31.12.20X5 nach dem Blockmodell geschlossen. Der Aufstockungsbetrag pro Berichtsperiode beträgt dabei € 100,00. Die Aufstockungsbeträge werden im Störfall mit dem Erfüllungsrückstand verrechnet. Daher werden die Aufstockungsbeträge gleichmäßig vom Abschluss der Altersteilzeitzusage bis zum Beginn der Freistellungsphase am 1.1.20X4 erdient. Der lfd Dienstzeitaufwand ist für diesen Zeitraum konstant.

Aufstockungsleistung	**fällig zum Ende der Berichtsperiode**	**Ansammlung (kum) per Ende Berichtsperiode**				
		vor ATZ	Beschäftigungsphase		Freistellungsphase	
		31.12. 20X1	31.12. 20X2	31.12. 20X3	31.12. 20X4	31.12. 20X5
100,00	20X2	33,33				
100,00	20X3	33,33	66,67			
100,00	20X4	33,33	66,67	100,00		
100,00	20X5	33,33	66,67	100,00	100,00	
Summe Schuld (A)		133,33	200,00	200,00	100,00	0,00
Gezahlte Aufstockungsleistung		0,00	100,00	100,00	100,00	100,00
Lfd Dienstzeitaufwand		133,33	133,33	133,33	0,00	0,00
Gesamtbetrag der Auszahlung (kum)		0,00	100,00	200,00	300,00	400,00
./. Anteil der Auszahlung (kum), für den bereits Aufwand (kum) erfasst wurde		0,00	66,67	200,00	300,00	400,00
Summe Aktivum (B)		0,00	33,33	0,00	0,00	0,00
Nettobetrag (A – B)		133,33	166,67	200,00	100,00	0,00

Die in den verschiedenen Perioden fälligen Aufstockungsleistungen werden einzeln über den gesamten Finanzierungszeitraum angespart. Dadurch erfolgen Auszahlungen von Aufstockungsbeträgen teilweise bereits zu einem Zeitpunkt, in dem sie noch nicht vollständig erdient sind. In der Periode 20X2 erfolgt eine Auszahlung einer Aufstockungsleistung von € 100,00, es sind zu diesem Zeitpunkt allerdings erst € 66,67 erdient. Für den nicht erdienten Anteil ist daher ein aktivischer Rechnungsabgrenzungsposten zu bilden.

Nach § 8a AltTZG sind für die Erfüllungsrückstände wirkungsvolle **Maßnahmen zur Insolvenzsicherung** vorzunehmen. Neben einer Absicherung durch Bürgschaften kommen hierfür vor allem Verpfändungen von Vermögenswerten oder Rückdeckungsversicherungen sowie Treuhandmodelle infrage. Um den Anforderungen des AltTZG zu genügen, müssen letztgenannte Modelle so ausgestaltet sein, dass sie idR als Planvermögen iSv IAS 19.8 (→ Rn 38) zu qualifizieren sind. In diesem Fall sind die zu passivierenden Erfüllungsrückstände mit dem beizulegenden Zeitwert des Planvermögens zu saldieren (→ Rn 31). Da der Nominalwert des Erfüllungsrückstands zu bedecken ist, entfällt für derartig gegen Insolvenz gesicherte Altersteilzeitvereinbarungen eine Passivierung des Erfül- 139 lungsrückstands und es sind nur die nicht sicherungspflichtigen Aufstockungszahlungen zu passivieren.

III. Aus Anlass der Beendigung des Arbeitsverhältnisses fällige Leistungen an Arbeitnehmer

140 Leistungen aus Anlass der Beendigung des Arbeitsverhältnisses zeichnen sich dadurch aus, dass sie gerade nicht durch die vom Arbeitnehmer geleistete Arbeit begründet werden, sondern durch die Beendigung des Arbeitsverhältnisses. Die Beendigung des Arbeitsverhältnisses muss entweder auf einer **Entscheidung des Arbeitgebers** beruhen oder durch Annahme eines entspr arbeitgeberseitigen Angebots durch den Arbeitnehmer zustande gekommen sein (IAS 19.159). Eine vom Arbeitnehmer veranlasste oder obligatorisch vorgesehene Beendigung des Arbeitsverhältnisses führt hingegen zu Leistungen nach Beendigung des Arbeitsverhältnisses. Die hier betrachteten Leistungen aus Anlass der Beendigung des Arbeitsverhältnisses können auch als Renten oder in Form von Gehaltsfortzahlungen erbracht werden. Entscheidend ist aber, dass sie **unabhängig von künftigen Arbeitsleistungen** sind (IAS 19.162). Nach IAS 19 (1998) wurden auch die im Rahmen von Altersteilzeitvereinbarungen gewährten Aufstockungsbeträge hier erfasst. Da Aufstockungsleistungen aber nur bei Erbringung der Arbeitsleistung in der Altersteilzeit gewährt werden, ist dies nach dem aktuellen Standard nicht mehr zulässig.

141 Die Bilanzierung hat zu erfolgen, wenn das Unternehmen sich **der Verpflichtung nicht mehr entziehen kann.** Dies ist spätestens dann der Fall, wenn ein Arbeitnehmer ein Angebot angenommen hat oder bei Vorliegen eines Kündigungsplans, der sämtliche nachfolgenden Kriterien erfüllt (IAS 19.167):

(1) An den zum Abschluss des Plans erforderlichen Maßnahmen lässt sich ablesen, dass an dem Plan wahrscheinlich keine wesentlichen Änderungen mehr vorgenommen werden.

(2) Der Plan nennt die Anzahl der Arbeitnehmer, deren Arbeitsverhältnis beendet werden soll, deren Tätigkeitskategorien oder Aufgabenbereiche sowie deren Standorte und den erwarteten Beendigungstermin (der Plan muss aber nicht jeden einzelnen Arbeitnehmer nennen).

(3) Der Plan legt die Leistungen aus Anlass der Beendigung des Arbeitsverhältnisses, die die Arbeitnehmer erhalten werden, hinreichend detailliert fest, sodass die Arbeitnehmer die Art und Höhe der Leistungen ermitteln können, die sie bei Beendigung ihres Arbeitsverhältnisses erhalten werden.

Eine Verpflichtung ist nach IAS 19.165 auch bereits dann zu bilanzieren, wenn das Unternehmen Kosten für eine Umstrukturierung iSd IAS 37 (→ § 13 Rn 168 ff) ansetzt, die Zahlungen von Leistungen aus Anlass der Beendigung der Arbeitsverhältnisse enthalten. Soweit also im Rahmen von Umstrukturierungsmaßnahmen Abfindungen an Mitarbeiter geleistet werden sollen, sind diese nach IAS 19 zu erfassen.

142 Da mit den Leistungen **keine künftige Gegenleistung** des Arbeitnehmers verbunden ist, sind Leistungen aus Anlass der Beendigung des Arbeitsverhältnisses **sofort in voller Höhe zu erfassen.** Es können keine Dienstzeitaufwendungen in den Folgejahren mehr auftreten (IAS 19.170). Je nach Fälligkeit der Leistungen sind sie wie kurzfristig fällige (→ Rn 126 ff) oder andere langfristig fällige (→ Rn 130 ff) Leistungen an Arbeitnehmer oder im Falle von Rentenzahlungen auch wie Leistungen nach Beendigung des Arbeitsverhältnisses (→ Rn 20 ff) zu behandeln. Bei einem Angebot zur Förderung des freiwilligen Ausscheidens ist als zusätzlicher Parameter für die Ermittlung der zu bilanzierenden Verpflichtung die **Wahrscheinlichkeit der Inanspruchnahme** festzuset-

zen. Dies kann durch eine Umfrage unter den potenziellen Arbeitnehmern, die die Voraussetzungen für das Angebot künftig erfüllen können, erfolgen oder aufgrund von Erfahrungswerten aus der Vergangenheit.

(einstweilen frei) **143–149**

D. Bilanzierung und Berichterstattung von Altersversorgungsplänen

Altersversorgungspläne iSv IAS 26 sind Vereinbarungen, in denen ein Unter- **150**
nehmen seinen Mitarbeitern Versorgungsleistungen nach Beendigung des Arbeitsverhältnisses zusagt und die Pläne eine vom Arbeitgeber **losgelöste Berichtseinheit** mit eigenem Vermögen darstellen. Die Pläne können beitrags- oder leistungsorientiert sein, sie können, müssen aber nicht fondsfinanziert sein (IAS 26.5). Insbes braucht kein Planvermögen iSv IAS 19.8 (→ Rn 38) vorzuliegen. In den Anwendungsbereich von IAS 26 können insofern auch unmittelbare Pensionszusagen fallen, allerdings nur, wenn den Pensionsverpflichtungen in irgendeiner Weise Vermögenswerte zugeordnet sind. Anderenfalls machen die weiteren Vorschriften des Standards keinen Sinn.

Von praktischer Bedeutung ist der Standard eher bei **mittelbaren Pensions-** **151**
zusagen, etwa über eine Unterstützungskasse oder einen Pensionsfonds. Auch auf versicherungsförmige Durchführungswege (Direktversicherung, Pensionskasse) ist er anzuwenden, es sei denn, allein das Versicherungsunternehmen ist aus der Zusage verpflichtet (IAS 26.6). Trotz der arbeitsrechtlichen Subsidiärhaftung des Arbeitgebers (gem § 1 Abs 1 Satz 3 BetrAVG) ist dies bei den genannten versicherungsförmigen Durchführungswegen faktisch der Fall.

Der Standard **verlangt nicht die Berichterstattung** von Altersversorgungs- **152**
plänen an seine Mitglieder. Sofern aber **freiwillig** oder **aufgrund anderer Vorschriften** eine Berichterstattung nach IFRS erfolgt, hat sie nach den Regelungen von IAS 26 zu erfolgen. Dies betrifft in der Praxis zB Pläne in angelsächsischen Ländern, kaum solche in Deutschland.

Beitragsorientierte Pläne haben eine Aufstellung des zur Verfügung stehen- **153**
den Nettovermögens zu erstellen und über die Finanzierungspolitik zu berichten (IAS 26.13). Die Bewertung des Vermögens erfolgt mit dem beizulegenden Zeitwert. Weiterhin soll der Bericht die maßgeblichen Tätigkeiten und Planänderungen im Berichtsjahr beschreiben und Informationen über die VFE-Lage sowie über die Kapitalanlagepolitik enthalten (IAS 26.16).

Der Bericht eines **leistungsorientierten Plans** hat darüber hinaus den versi- **154**
cherungsmathematischen Barwert der zugesagten Versorgungsleistungen, getrennt nach verfallbaren und unverfallbaren Ansprüchen, sowie eine sich ergebende Vermögensüber- oder -unterdeckung zu enthalten (IAS 26.17). Das Nettovermögen besteht hier aus dem Saldo aller Vermögenswerte und Schulden abzüglich des Barwerts der Versorgungsverpflichtungen. Hinsichtlich des Barwerts kann auch auf ein separates versicherungsmathematisches Gutachten verwiesen werden. Zur Methode der Bewertung der Verpflichtungen und zu den anzuwendenden Parametern enthält IAS 26 weniger detaillierte Regelungen als IAS 19. Es wird in IAS 26.18 lediglich gefordert, dass die bisher erbrachte Dienstzeit zugrunde zu legen ist. Hinsichtlich des Gehaltsniveaus wird ausdrücklich sowohl das gegenwärtige als auch das künftige zugelassen. Außerdem braucht eine versicherungsmathematische Bewertung nur alle drei Jahre vorgenommen zu werden (IAS 26.27). Die Angabepflichten im Einzelnen sind in → Rn 167 aufgelistet.

(einstweilen frei) **155–159**

E. Angaben im Anhang

I. Leistungen an Arbeitnehmer

160 Obwohl für **beitragsorientierte Zusagen** in IAS 19.53 lediglich die Angabe des Aufwands gefordert wird, bietet sich auch hier eine allgemeine Beschreibung des Plans sowie wesentlicher Änderungen, die einen Vergleich mit dem Vorjahresausweis erleichtern, an (so auch Wiley IFRS 2015, 483). Grds für alle Leistungen an Arbeitnehmer ist nach IAS 24.17 (→ § 20 Rn 50) anzugeben, welcher Anteil auf Personen in Schlüsselpositionen des Managements entfällt. Für **leistungsorientierte Zusagen** bestehen dagegen umfangreiche Angabepflichten, die nachfolgend (→ Rn 164 ff) kommentiert werden.

161 Für die **sonstigen Leistungen an Arbeitnehmer** bestehen nach IAS 19 keine gesonderten Angabepflichten, jedoch können solche Angaben nach Maßgabe anderer IFRS erforderlich sein. So ist etwa grds für alle Leistungen an Arbeitnehmer nach IAS 24.17 (→ § 20 Rn 50) anzugeben, welcher Anteil auf Personen in Schlüsselpositionen des Managements entfällt. Für Leistungen aus **Anlass der Beendigung des Arbeitsverhältnisses**, für die die Wahrscheinlichkeit der Inanspruchnahme geschätzt wurde, ist nach IAS 1.125 ff (→ § 19 Rn 37) eine Angabe über die sich daraus ergebende Erfolgsunsicherheit geboten.

162, 163 *(einstweilen frei)*

164 Die Angabepflichten für leistungsorientierte Zusagen sollen nach IAS 19.135 folgende Ziele erfüllen:
(a) Erklärung der Eigenheiten der Zusagen und der damit verbundenen Risiken,
(b) Erläuterung der im Jahresabschluss aufgeführten Zahlen sowie
(c) Beschreibung des Einflusses der Zusagen auf die Höhe, Fälligkeit und Unsicherheit der künftigen Zahlungsströme.

Die einzelnen Angaben sind in IAS 19.139 ff aufgezählt. Hierbei kann aber das Unternehmen selbst entscheiden, welcher Detaillierungsgrad und welche weiteren Aufgliederungen erforderlich sind, um dem Bilanzleser die notwendigen Informationen zu liefern (IAS 19.136). Es verbleibt somit ein großer, nach vernünftigem wirtschaftlichem Ermessen auszulegender Spielraum bei den Unternehmen, wie sie ihre Verpflichtungen und Vermögenswerte aus Pensionsplänen darstellen möchten (*Fodor* BetrAV 2011, 686 (689)).

165 Zu den **Eigenheiten der Zusagen** gehören nach IAS 19.139 die Art der Leistungen wie etwa beitrags- oder leistungsorientiert, gehalts- oder dienstzeitabhängig, Renten- oder Kapitalleistungen. Hierbei sind auch solche Zusagen zu berücksichtigen, die aus betrieblicher Übung entstanden sind und zu einer faktischen Verpflichtung geführt haben (→ Rn 3). Des Weiteren sind vertragliche oder rechtliche Rahmenbedingungen wie etwa Mindestdotierungsverpflichtungen oder etwaige Einflussmöglichkeiten externer Gremien zu beschreiben.

Risiken, denen das Unternehmen durch die Zusagen ausgesetzt ist, brauchen nur angegeben zu werden, soweit sie außergewöhnlich und unternehmens- oder zusagespezifisch sind. Allgemeine Risiken wie etwa das Langlebigkeitsrisiko bei Rentenzusagen bedürfen keiner Erläuterung. Zu den zu beschreibenden Risiken gehört zB das Konzentrationsrisiko, wenn Planvermögen nur in einer bestimmten Anlageklasse, Region oder Branche investiert ist.

Neben den betragsmäßigen Auswirkungen von Planänderungen oder -kürzungen sowie von Abgeltungen im Jahresabschluss sind auch die den jeweiligen Geschäftsvorfall auslösenden Maßnahmen selbst zu beschreiben (IAS 19.139(c)).

166 Zu den Erläuterungen des Zahlenwerks im Jahresabschluss gehört insbes die Erstellung von ausführlichen **Überleitungsrechnungen** vom Beginn auf das Ende des Geschäftsjahrs. Hierbei ist die Nettoschuld bzw der Nettovermögenswert aufzuteilen in seine Komponenten DBO, Planvermögen und ggf Begrenzung des Vermögenswerts (→ Rn 45 ff). Eine getrennte Überleitungsrechnung für durch Planvermögen gedeckte und nicht gedeckte Verpflichtungen ist nicht gefordert. Sofern nicht saldierungsfähige Erstattungsansprüche (→ Rn 45) vorliegen, ist für diese eine gesonderte Überleitungsrechnung zu erstellen und die Beziehung zu den korrespondierenden Verpflichtungen zu beschreiben.

Die Überleitungsrechnungen sollen – falls vorhanden – folgende in IAS 19.141 einzeln aufgeführte **Komponenten** umfassen: **167**

(a) Den lfd Dienstzeitaufwand (→ Rn 71 ff).

(b) Den Zinsaufwand bzw Zinsertrag (→ Rn 83 ff), also die rechnungsmäßige Verzinsung der DBO, des Planvermögens und von Erstattungsansprüchen sowie ggf die Verzinsung der Begrenzung des Vermögenswerts.

(c) Neubewertungen der Nettoschuld aufgeteilt in die Komponenten:

  (i) Abweichungen zwischen den tatsächlichen und den bereits als Zinsertrag erfassten kalkulierten Erträgen aus Planvermögen bzw Erstattungsansprüchen.

  (ii) Versicherungsmathematische Gewinne und Verluste aufgrund der Änderung von biometrischen Annahmen, etwa der Wahl einer neuen Sterbetafel oder der Änderung des erwarteten Pensionierungsalters.

  (iii) Versicherungsmathematische Gewinne und Verluste aufgrund der Änderung von ökonomischen Annahmen, etwa der Festlegung eines anderen Diskontierungszinses oder geänderter Trendannahmen. Wegen der stichtagsbezogenen Festlegung des Zinssatzes wird die Komponente (iii) regelmäßig Beträge enthalten, während dies bei Komponente (ii) eher selten gegeben sein wird.

  (iv) Veränderungen der Wertberichtigungen aufgrund der Begrenzung des Vermögenswerts, soweit sie über die bereits im Zinsaufwand erfassten Beträge hinausgehen (→ Rn 99).

  Die Bestimmung der Komponenten (ii) und (iii) erfordert zusätzlichen aktuariellen Aufwand, da der Bestand zum Stichtag zusätzlich mit den jeweiligen Parametern des Vorjahrs zu bewerten ist. Nicht ausdrücklich gefordert in IAS 19.141 ist die Angabe der erfahrungsbedingten Anpassungen, also der versicherungsmathematischen Gewinne oder Verluste, die dadurch entstehen, dass die tatsächliche Entwicklung üblicherweise abweicht von den zu Beginn des Geschäftsjahrs festgelegten Annahmen (→ Rn 78). Bei einer vollständigen Überleitung vom Anfangs- zum Endwert der Verpflichtung ergibt sich diese Größe als Restwert und sollte sinnvollerweise an dieser Stelle als zusätzliche Komponente angegeben werden.

(d) Nachzuverrechnender Dienstzeitaufwand (→ Rn 77 ff) und Gewinne und Verluste aus Abgeltungen (→ Rn 82 ff). Soweit eine Planänderung mit einer Abgeltung zusammenfällt, können beide Größen zusammen gezeigt werden (IAS 19.100).

(e) Währungskursänderungen.

(f) Beitragszahlungen an den Plan, getrennt nach Zahlungen des Arbeitgebers und des Arbeitnehmers. Arbeitgeberzahlungen sind in diesem Zusammenhang nur relevant, wenn Planvermögen vorhanden ist.

(g) Leistungszahlungen an die Anspruchsberechtigten. Soweit die Zahlungen auf Abgeltungen beruhen, sind diese Beträge gesondert zu zeigen.

(h) Auswirkungen aus Unternehmenszusammenschlüssen oder Übertragungen. Hierunter fallen etwa nach § 4 BetrAVG übernommene oder übertragene Verpflichtungen.

Die Angabe der Verwaltungskosten, soweit es sich nicht um die in den Erträgen aus Planvermögen berücksichtigten Kosten zur Verwaltung des Planvermögens handelt, wird nicht explizit gefordert (→ Rn 97). Allerdings ist die Angabe in der Überleitungsrechnung sinnvoll, sofern diese Verwaltungskosten auch in der DBO einkalkuliert waren. Ansonsten würde in gleicher Höhe ein versicherungsmathematischer Verlust entstehen. Allerdings wird nach IAS 19.BC127 aus Gründen der Vereinfachung präferiert, Verwaltungskosten als lfd Aufwand im Jahr ihres Anfalls zu zeigen, anstatt sie in der DBO vorzufinanzieren.

168 **Beispiel:** Es bietet sich an, die nach IAS 19.140f geforderte Überleitungsrechnung in einer tabellarischen Form darzustellen. Aufgrund der in IAS 1.38 geforderten Angabe von Vergleichswerten wird eine Überleitungsrechnung sinnvollerweise sowohl für das Geschäftsjahr als auch für das Vorjahr angegeben. In folgendem Beispiel sind Vermögenswerte sowie Erträge mit negativem Vorzeichen dargestellt:

in €	Soll-wert DBO	Zeitwert Plan-vermögen	Begrenzung Vermögens-wert	Netto-schuld
Stand Beginn des Geschäftsjahrs	**1.400**	**– 1.700**	**100**	**– 200**
Lfd Dienstzeitaufwand	60			60
Zinsertrag und -aufwand (5%)	70	– 85	5	– 10
Neubewertungen der Nettoschuld	75	-30	-105	-60
Davon:				
Überrechnungsmäßiger Planertrag	0	– 30		– 30
Änderung der demographischen Annahmen	0			0
Änderung der finanziellen Annahmen	40			40
Veränderung Wertberichtigung	0		– 105	– 105
Erfahrungsbedingte Anpassung	35			35
Nachzuverrechnender Dienstzeitaufwand	250			250
Auswirkung von Währungskurs-änderungen	0			0
Gewinne und Verluste aus Abgeltungen	20			20
Aufwand Gesamt	475	– 115	– 100	260
Beitragszahlungen				
Vom Arbeitgeber	0	– 30		– 30
Vom Arbeitnehmer	50	– 50		0
Rentenzahlungen	– 120	100		– 20
gezahlte Abgeltung	– 100	100		0
Unternehmenszusammenschluss	70	– 50		20
Stand Ende des Geschäftsjahrs	**1.775**	**– 1.745**	**0**	**30**

Dem Beispiel liegen folgende Annahmen zugrunde:

Zu Beginn des Geschäftsjahrs betrug der Diskontierungszins 5%. Zum Ende des Jahrs sinkt das Zinsniveau, sodass nur noch mit 4,5% diskontiert wird. Dieser Effekt führt *ceteris paribus* zu einer Erhöhung der DBO um € 40.

Tatsächlich wurde auf das Planvermögen ein Bruttoertrag von 10% erzielt. Nach Abzug von Steuern und Kosten verblieb ein Nettoertrag von € 115, der den kalkulierten Ertrag (5% auf € 1.700) um € 30 übersteigt. Während der kalkulierte Ertrag von € 85 als Zinsertrag erfasst wird, ist der übersteigende Ertrag von € 30 als überrechnungsmäßiger Planertrag innerhalb der Neubewertung der Nettoschuld zu erfassen. In die Neubewertung der Nettoschuld fließen die Abweichungen zwischen der erwarteten und der tatsächlichen Entwicklung der Pensionsverpflichtungen ein.

Durch die Begrenzung auf den Barwert des Nutzens war der Vermögenswert zu Beginn des Jahrs um € 100 wertzuberichtigen. Zum Ende des Jahrs besteht keine Überdeckung mit Planvermögen mehr. Die Wertberichtigung von € 105 (nach Verzinsung) kann aufgelöst werden und erhöht die Neubewertungen der Nettoschuld.

Aufgrund von Verbesserungen der Zusage kommt es zu einer (rückwirkenden) Erhöhung der DBO um € 250. Unabhängig davon wurden einige Verpflichtungen durch Zahlungen von in der Zusage nicht vorgesehenen Abfindungen abgegolten. Den Abfindungszahlungen von € 100 stand ein Verbrauch der DBO von € 80 ggü. Hierdurch entstand ein nicht durch die Rückstellung gedeckter Mehraufwand von € 20.

Eigenbeiträge des Arbeitnehmers von € 50 wurden in voller Höhe dem Planvermögen zugeführt. Seitens des Arbeitgebers wurde darüber hinaus das Planvermögen mit weiteren € 30 dotiert.

Im Geschäftsjahr wurden lfd Renten von € 120 gezahlt, davon wurden € 100 aus dem Planvermögen erstattet. Die gezahlten Abfindungen wurden in voller Höhe aus dem Planvermögen geleistet.

Im Rahmen eines Betriebsübergangs wurde eine Pensionsverpflichtung von € 70 erworben. Gleichzeitig ging Planvermögen von € 50 auf den Erwerber über.

Die Angabe von erfahrungsbedingten Anpassungen als Bestandteil der Neubewertung der Nettoschuld wird in IAS 19 nicht gefordert. Diese Angabe einer Saldogröße bietet sich jedoch an, um eine vollständige Aufteilung der Neubewertung der Nettoschuld darstellen zu können.

Weiterhin ist eine **Aufteilung des Planvermögens in die wesentlichen** 169
Anlageklassen vorzunehmen (IAS 19.142). Die Aufteilung hat nach Art und Risiko zu erfolgen und danach, ob der jeweilige Marktwert des Vermögenswerts aus einem aktiven Handelsplatz bestimmbar ist oder nicht. Schließlich ist anzugeben, inwieweit das Planvermögen eigene Finanzinstrumente des Unternehmens sowie selbstgenutzte Immobilien oder andere selbstgenutzte Vermögenswerte umfasst (IAS 19.143). Eine entspr Aufteilung der Erträge ist nicht gefordert.

Die wichtigsten zum Bilanzstichtag verwendeten **versicherungsmathemati-** 170
schen Annahmen wie Zinssatz, erwartete Lohn- und Gehaltssteigerungen, Rentenanpassungen sowie biometrische Ausscheideordnungen sind ebenfalls anzugeben, wobei jede Annahme in absoluten Werten oder Prozentsätzen anzugeben ist und nicht nur als Spanne zwischen verschiedenen Größen (IAS 19.144). Bei allgemein zugänglichen Tafeln ist die Angabe der einzelnen Ausscheidewahrscheinlichkeiten sicherlich entbehrlich und es reicht die Angabe der Quelle, zB „Richttafeln 2005G von Klaus Heubeck“. Sofern eine Begrenzung des Vermögenswerts (→ Rn 45) vorgenommen wurde, ist anzugeben, wie der Barwert des Nutzens bestimmt wurde (IAS 19.141(c)(iv)).

Zur Einschätzung der **Unbestimmtheit der zukünftigen Zahlungsströme** 171
fordert IAS 19.145(a) die Durchführung von **Sensitivitätsanalysen**. Hierbei sind die Auswirkungen auf die DBO aus realistischen Änderungen jeder einzelnen wesentlichen versicherungsmathematischen Annahme zu bestimmen. Welche Annahmen als wesentlich anzusehen sind, hängt von der konkreten Gestaltung der Zusagen ab. Beispielhaft zu nennen wären folgende Szenariorechnungen: Zinssatz, Gehaltssteigerungen, Rentenanpassungen jeweils ± 50 Basispunkte, Pensionierungsalter ± ein Jahr. Da die Auswirkungen der Änderungen häufig nicht symmetrisch sind, werden im Regelfall Abweichungen in beide Richtungen angegeben.

Bei Sensitivitätsanalysen zu den biometrischen Ausscheidewahrscheinlichkeiten wird dagegen in der Praxis häufig nur der Fall einer steigenden Lebenserwartung untersucht. Dies mag dadurch zu erklären sein, dass ein Sinken der Lebenserwartung nicht zu erwarten ist. Es haben sich zwei verschiedene Verfahren etabliert, wie man die Sensitivität der Lebenserwartung ermitteln kann. Eine

Möglichkeit ist, die Lebenserwartung um einen bestimmten Zeitraum, zB ein Jahr, zu erhöhen. Die andere Möglichkeit besteht darin, die der Lebenserwartung zugrunde gelegten altersabhängigen jährlichen Sterbewahrscheinlichkeiten um einen bestimmten Faktor, zB 10%, zu vermindern.

Die Bestimmung der Sensitivitäten erfordert bei großen Beständen an Berechtigten einen erheblichen Rechenaufwand. Sie sollte insofern möglichst rechtzeitig und ggf auf Basis von vorläufigen Annahmen durchgeführt werden. Soweit sich die Annahmen zum Bilanzstichtag noch wesentlich ändern, könnte die DBO mit geeigneten Verfahren noch angepasst werden, etwa mit der in → Rn 37 beschriebenen „Drei-Säulen-Formel" für den Zins.

Die Methoden und Annahmen für die Sensitivitätsanalysen sind anzugeben. Die Grenzen der verwendeten Methoden sind zu erläutern. Änderungen in den Methoden und Annahmen zum Vorjahr sind darzustellen und zu begründen.

172 Die Verpflichtung zur Beschreibung der **Höhe und Fälligkeit künftiger Zahlungsströme** soll nach IAS 19.147 durch Angabe der Dotierungsvereinbarungen und -grundsätze, der im nächsten Jahr erwarteten Beitragszahlungen zum Planvermögen sowie des Fälligkeitsprofils der Verpflichtung erfüllt werden. Letzteres erfordert zumindest die Angabe der mittleren Restlaufzeit, also der **Duration** der DBO (→ Rn 63). Denkbar wäre aber auch eine detaillierte Prognoserechnung, die die künftigen Zahlungen schätzt. Bei einer solchen Prognoserechnung sind verschiedene Varianten vorstellbar, zB die Angabe der erwarteten Zahlungen für jedes einzelne Jahr eines Zeitraums von mehreren Jahren, die Angabe der erwarteten Zahlungen nur für bestimmte Jahre wie zB in 5, 10 und 15 Jahren oder die Angabe der kumulierten erwarteten Zahlungen für einen größeren Zeitraum von zB 5 Jahren.

Schließlich sind noch Strategien zum Bilanzstrukturmanagement *(asset-liability-matching)* sowie die Technik des Risikomanagements zu erläutern (IAS 19.146). Die Einführung eines Bilanzstrukturmanagements wird aber nicht gefordert (IAS 19.BC234).

173 Für leistungsorientierte **gemeinschaftliche Pläne mehrerer Arbeitgeber** (→ Rn 123) gelten nach IAS 19.33(b) grds die gleichen Angabepflichten wie für andere leistungsorientierte Pläne. Zusätzlich sind die Dotierungsregelungen, die mögliche Haftung für Verpflichtungen anderer Unternehmen sowie die Verteilung des Vermögens im Fall der Schließung oder des Austritts aus dem gemeinschaftlichen Plan zu beschreiben (IAS 19.148(a) bis (c)).

Wenn ein Unternehmen einen leistungsorientierten Plan wegen nicht ausreichender Information wie einen beitragsorientierten behandelt, sind die Gründe hierfür zu erläutern. Des Weiteren sind in diesem Fall die erwarteten Beitragszahlungen im Folgejahr, die Abhängigkeit der künftigen Beitragszahlungen von Überschüssen oder Fehlbeträgen sowie der Anteil des Unternehmens an dem gemeinschaftlichen Plan anzugeben (IAS 19.148(d)).

II. Altersversorgungspläne

174 Altersversorgungspläne haben – falls zutreffend – **folgende Angaben** nach IAS 26.34 ff zu machen:

(1) eine Aufstellung des für Leistungen zur Verfügung stehenden Nettovermögens mit Angabe der maßgeblichen Bilanzierungs- und Bewertungsmethoden,
(2) eine Bewegungsbilanz des zur Verfügung stehenden Nettovermögens,
(3) eine Beschreibung der Grundsätze der Fondsfinanzierung,

(4) bei leistungsorientierten Plänen der versicherungsmathematische Barwert der zugesagten Versorgungsleistungen auf der Grundlage der bereits geleisteten Dienstzeit unter Berücksichtigung entweder des gegenwärtigen oder des zukünftigen Gehaltsniveaus; es kann bei diesen Angaben auch auf ein separates versicherungsmathematisches Gutachten verwiesen werden,
(5) bei leistungsorientierten Plänen eine Beschreibung der maßgeblichen versicherungsmathematischen Annahmen und der Bewertungsmethode,
(6) eine ausführliche Beschreibung des Plans einschließlich eingetretener Veränderungen im Berichtsjahr; es kann auch auf separate Unterlagen, zB Angaben in früheren Geschäftsjahren, verwiesen werden, wenn diese dem Adressaten in einfacher Weise zugänglich sind.

F. Wesentliche Änderungen und deren Anwendungszeitpunkte

Durch die Veröffentlichung der begrenzten Änderungen des IAS 19 „Leistungsorientierte Pläne: Arbeitnehmerbeiträge" im November 2013 wurde in IAS 19.92 f eine Klarstellung für die Erfassung von Arbeitnehmerbeiträgen, die in Abhängigkeit von der Arbeitsleistung gezahlt werden, eingefügt (→ Rn 74). Diese sind – nach der Übernahme durch die EU am 17. Dezember 2014 – erstmals für Geschäftsjahre anzuwenden, die am 1. Juli 2014 oder später beginnen. Die Änderungen sind grds retrospektiv anzuwenden. Eine frühere Anwendung der Neuregelung ist zulässig. **175**

Im Rahmen der jährlichen Verbesserungen an dem IFRS-Zyklus 2012–2014 wurde IAS 19.83 dahingehend geändert, dass nunmehr bei der Bestimmung des Rechnungszinses nicht mehr auf Unternehmens- bzw Staatsanleihen eines Landes, sondern auf Unternehmens- bzw Staatsanleihen einer Währung abgestellt wird (→ Rn 61). Die Änderung ist für alle Geschäftsjahre, die am 1. Januar 2016 oder später beginnen, verpflichtend anzuwenden. Eine frühere Anwendung der Neuregelung ist zulässig. Allerdings steht die Übernahme durch die EU derzeit (Stand: 31. August 2015) noch aus. **176**

(einstweilen frei) **177–179**

G. Abweichungen zu HGB/DRS

Verglichen mit den ausführlichen Regelungen in IAS 19 enthält das deutsche Handelsrecht – auch nach der Reform durch das BilMoG – nur allgemeine Bestimmungen hinsichtlich der Behandlung von Pensions- und pensionsähnlichen Verpflichtungen. Einzelfragen zum Ansatz und zur Bewertung von **Altersversorgungsverpflichtungen** finden sich jedoch in *IDW* RS HFA 30. **180**

Nach § 249 Abs 1 HGB besteht grds eine **Passivierungspflicht** für **ungewisse Verbindlichkeiten,** zu denen auch die Pensionsverpflichtungen zu zählen sind (WPH I E 221). Nach Art 28 EGHGB wird die Pflicht aber begrenzt auf **unmittelbare Zusagen,** und auch nur auf solche, die nach dem 31. Dezember 1986 **(Neuzusagen)** erteilt wurden. Für Altzusagen sowie für alle mittelbaren Versorgungszusagen (über eine Unterstützungskasse, Direktversicherung, Pensionskasse oder einen Pensionsfonds) und pensionsähnlichen Verpflichtungen besteht ein Passivierungswahlrecht. **181**

Für die **Bewertung** gelten die allgemeinen Grundsätze in § 252 HGB wie Einzelbewertung, Vorsichtsprinzip und Bewertungsstetigkeit. Rückstellungen sind nach § 253 Abs 1 Satz 2 HGB in Höhe des nach vernünftiger kaufmänni- **182** scher Beurteilung notwendigen Erfüllungsbetrags anzusetzen, dh künftige Erhöhungen aufgrund von Gehalts- oder Rentensteigerungen sind zu berücksichtigen. Eine bestimmte Finanzierungsmethode sieht das HGB nicht vor, es kommen sowohl das Teilwertverfahren als auch das Verfahren der lfd Einmalprämien in Frage (*IDW* RS HFA 30 Rz 61).

Zudem sind Rückstellungen mit einer Laufzeit von mehr als einem Jahr mit einem von der Deutschen Bundesbank veröffentlichten, der Laufzeit der Verpflichtungen entspr durchschnittlichen **Marktzinssatz** der letzten **sieben Jahre** abzuzinsen (§ 253 Abs 2 Satz 1 HGB), nach IAS 19.83 ist hingegen auf einen Stichtagszins abzustellen. Für Altersversorgungsverpflichtungen oder vergleichbare langfristig fällige Verpflichtungen darf pauschal eine Laufzeit von 15 Jahren angenommen werden (§ 253 Abs 2 Satz 2 HGB).

Vollkommen abweichend sind dagegen die deutschen steuerlichen Vorschriften des § 6a EStG, welcher ua einen Rechnungszins von 6% vorschreibt und die Einrechnung künftiger Leistungserhöhungen nur zulässt, wenn Höhe und Zeitpunkt des Eintritts bereits am Bilanzstichtag feststehen und schriftlich niedergelegt wurden. Diese Einschränkungen führen dazu, dass Pensionsrückstellungen nach IAS 19 idR höher ausfallen als in der deutschen Steuerbilanz, wie nachfolgendes Beispiel zeigt.

Beispiel: Zugrunde gelegt wird das Beispiel 1 aus → Rn 54. Die DBO wird aber jetzt mit abweichenden Bewertungsparametern berechnet, und zwar mit einem Rechnungszins von 5,0%, einem Anwartschaftstrend von 1,5% sowie Rentenanpassungen von 1,0% jährlich. Zum Vergleich ist auch noch einmal die DBO mit den gleichen (steuerlichen) Bewertungsparametern wie der Teilwert (Zins = 6%, keine Dynamik) angegeben.

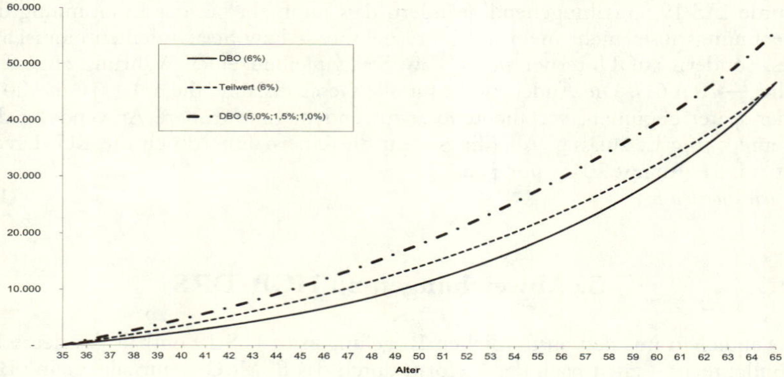

Bei identischen Bewertungsparametern führen die unterschiedlichen Finanzierungsverfahren während der Anwartschaft dazu, dass die DBO in der Mitte der Anwartschaftsphase um etwa 20% **unter** dem Teilwert liegt. Bei Erreichen des Pensionsalters stimmen beide Werte überein. Durch die Berücksichtigung künftiger Erhöhungen sowohl der Anwartschaften als auch der Renten sowie des niedrigeren Rechnungszinses fällt die DBO dagegen deutlich höher aus. Sie liegt in der Mitte der Anwartschaftsphase um knapp 30% **über** dem Teilwert und bei Erreichen des Pensionsalters noch um etwa 20%.

183 Vergleichbar mit der Behandlung von **Planvermögen** nach IAS 19.57(a)(iii) (→ Rn 38) ist die Regelung, dass Vermögensgegenstände, die ausschließlich der Erfüllung von Schulden aus Altersversorgungsverpflichtungen oder vergleichbaren langfristig fälligen Verpflichtungen dienen und dem Zugriff aller übrigen Gläubiger entzogen sind, auch nach HGB mit diesen Schulden zu verrechnen sind (§ 246 Abs 2 HGB).

Ein positiver **Unterschiedsbetrag** aus der erstmaligen Anwendung des BilMoG darf bis zum 31. Dezember 2024 verteilt werden, wobei in jedem Jahr mindestens ein Fünfzehntel des Rückstellungsbetrags anzusammeln ist. Ein negativer Unterschiedsbetrag darf beibehalten werden, soweit er bis zum 31. Dezember 2024 wieder zugeführt werden würde, oder ist in die Gewinnrücklagen einzustellen (Art 67 Abs 1 EGHGB). Nicht in der Bilanz ausgewiesene Beträge sind im Anhang anzugeben (Art 67 Abs 2 EGHGB). 184

Bezogen auf die Anhangangaben fordert das deutsche Handelsrecht neben dem Ausweis des ggf saldierten Bilanzwerts der Pensionsrückstellung und des Aufwands für Altersversorgung jeweils in einer Summe lediglich die Angabe von nicht bilanzierten Verpflichtungen (bei Anwendung des Wahlrechts nach Art 28 EGHGB) und bei einer AG die Angabe der Versorgungsverpflichtungen ggü früheren Vorstandsmitgliedern.

Die bilanzielle Behandlung von **Altersteilzeitvereinbarungen** nach HGB 185
und nach IFRS unterscheidet sich im Bezug auf die Behandlung der Aufstockungsbeträge. Nach *IDW* RS HFA 3 hängt die handelsrechtliche Behandlung von Aufstockungsbeträgen davon ab, ob sie den Charakter einer Abfindung oder einer zusätzlichen Entlohnung haben. Im Fall eines Abfindungscharakters sind die Aufstockungsbeträge mit dem nach kaufmännischer Beurteilung notwendigen Erfüllungsbetrag im Zeitpunkt der Entstehung der eigenständigen Abfindungsverpflichtung sofort in voller Höhe aufwandswirksam zu passivieren. Diese Regelung unterscheidet sich deutlich von der Behandlung nach IAS 19 (→ Rn 133 ff), nach dem die Aufstockungsleistungen immer vom Arbeitnehmer erdient werden müssen und daher eine ratierliche Ansammlung der Verpflichtung erfolgt. Haben die Aufstockungsbeträge dagegen Entlohnungscharakter, so sind sie wie nach IAS 19 über den Zeitraum ratierlich anzusammeln, in dem vereinbarungsgemäß die zusätzliche Entlohnung in Form der Aufstockungsbeträge von den Arbeitnehmern erdient wird.

Bei den **kurzfristig und anderen langfristig fälligen Leistungen** an Arbeitnehmer unterscheiden sich die Regelungen nach IAS 19 nicht wesentlich von den deutschen handelsrechtlichen Vorschriften.

Nachfolgend sind die **wesentlichen Unterschiede** in der Behandlung von 186
Pensionsverpflichtungen zwischen deutschem Handelsrecht und IAS 19 noch einmal tabellarisch gegenübergestellt.

Deutsches Handelsrecht	**IAS 19**	**Verweis**
Passivierungswahlrecht für Altzusagen und mittelbare Verpflichtungen	Passivierungspflicht (bei Wesentlichkeit)	→ Rn 181
Verteilung des Übergangssaldos aus der erstmaligen Anwendung des BilMoG	Erfassung des vollen Barwerts der erdienten Verpflichtung	→ Rn 184/ → Rn 31
Aktivierung eines Vermögenswerts bei Überdeckung	Begrenzung der Überdeckung auf den Barwert des Nutzens	→ Rn 45
Unterscheidung nach Durchführungswegen	Unterscheidung nach beitrags- oder leistungsorientiert	→ Rn 20 ff
Nur wenige Anhangangaben	Umfangreiche Angabepflichten	→ Rn 12/ → Rn 160 ff
Kein Verfahren vorgeschrieben, auch Teilwertverfahren möglich.	Anwartschaftsbarwertverfahren mit lfd Einmalprämien	→ Rn 50

Deutsches Handelsrecht	IAS 19	Verweis
Vorsichtige Wahl der Rechnungsgrundlagen	Bestmögliche Schätzung	→ Rn 59
Ansatz des Erfüllungsbetrags	Berücksichtigung der erwarteten Veränderungen durch Inflation, Karriere, etc	→ Rn 64 ff
Durchschnittliche Marktrendite der letzten sieben Jahre	Marktrendite von Unternehmensanleihen zum Stichtag	→ Rn 61 ff
Versorgungszahlungen als Aufwand	Zahlungen als Verbrauch der Rückstellung	→ Rn 32

187 Ein DRS zum Thema „Pensionsverpflichtungen und gleichartige Verpflichtungen im Konzernabschluss" gibt es nicht. Ein bereits im Jahr 2003 veröffentlichter Entwurf (E-DRS 19) wurde nicht weiter verfolgt.

188–194 *(einstweilen frei)*

H. Aktuelle Entwicklungen/IASB-Projekte

195 Auf dem Arbeitsprogramm des IASB befinden sich derzeit zwei Forschungsprojekte, die den IAS 19 betreffen. Das erste befasst sich mit den in den diversen Standards unterschiedlich definierten Abzinsungsätzen, das zweite beschäftigt sich mit Verbesserungen hinsichtlich der Bewertung von leistungsorientierten Plänen und beitragsorientierten Planversprechen einschließlich Plänen, die Eigenschaften von leistungs- und beitragsorientierten Plänen aufweisen.

196 Des Weiteren wurde im Januar 2015 ein neues Projekt des IASB zur Neubewertung eines Plans aufgrund einer Plananpassung, einer Kürzung des Plans oder einer Planabgeltung aufgesetzt. Im Rahmen dieses Projekts soll geklärt werden, wie die Berechnung des lfd Dienstzeitaufwands sowie des Nettozinsaufwands im Fall einer unterjährigen Plananpassung, -kürzung oder -abgeltung erfolgen soll. Diskutiert wird die Frage, ob bei Plananpassungen, -kürzungen oder -abgeltungen der Nettozinsaufwand und die lfd Dienstzeitaufwendungen ausschließlich auf Basis der finanziellen und demographischen Annahmen zum letzten Stichtag bestimmt werden, dh unabhängig von den ggf geänderten versicherungsmathematischen Annahmen aufgrund der Plananpassung, -kürzung oder -abgeltung. Eine andere Möglichkeit wäre, bei der Berechnung des Nettozinsaufwands und des lfd Dienstzeitaufwands lediglich bis zum Zeitpunkt der Plananpassung, -kürzung oder -abgeltung die versicherungsmathematischen Annahmen zum letzten Stichtag und danach die zum Zeitpunkt der Plananpassung, -kürzung oder -abgeltung aktuellen versicherungsmathematischen Annahmen zu verwenden. Die zunächst an das IFRSIC gestellte Frage wurde in 2014 auf dieser Ebene diskutiert mit dem Ergebnis, dass der IAS 19 dahingehend klarstellend angepasst werden soll, dass die zweite Variante anzuwenden ist. Auch der IASB vertritt diese Auffassung, die mit dem im Juli 2015 veröffentlichten Änderungsentwurf **(ED/2015/5)** zur Diskussion gestellt wurde. Kritisch gesehen wird dies allerdings seitens des DRSC sowie der Deutschen Aktuarvereinigung. Diese vertreten die Auffassung, dass lediglich die Annahmen, die direkt durch die Plananpassung, -abgeltung oder -kürzung betroffen sind, angepasst werden sollten. ED/2015/5 enthält darüber hinaus einen Vorschlag für eine **Änderung an IFRIC 14** bezüglich der Aktivierbarkeit des Vermögenswerts (→ Rn 31). Die Änderung soll klarstellen, wie die Möglichkeit eines Dritten (zB eines Treuhänders), den Versorgungsplan insbes durch Erhöhung der Versorgungszusagen oder durch die Abwicklung der Planverbindlichkeiten zu gestalten, die Aktivierung eines Vermögenswerts beeinflusst (→ Rn 45). Gem dem Vorschlag des IASB darf das Unternehmen einen Vermögenswert nicht aktivieren, soweit ein Dritter ohne Zustimmung des Unternehmens diesen Vermögenswert auch anders als zur Rückerstattung an das Unternehmen oder zur Senkung zukünftiger Beitragszahlungen des Unternehmens, zB zur Erhöhung der Leistungszusagen an den Pensionsberechtigten, verwenden kann. Kann ein Dritter den Versorgungsplan auch ohne Zustimmung des Unternehmens abwickeln, darf das Unternehmen bei der Ermittlung des Barwerts des Nutzens aus dem Versorgungsplans (→ Rn 45) nicht von einer schrittweisen Abgeltung der Planverbindlichkeiten iSd IFRIC 14.11 (b) ausgehen. In beiden beschriebenen Fällen kann von keiner Gestaltungsmöglichkeit eines Dritten ausgegangen werden, wenn diese Möglichkeit dieses Dritten von dem Eintritt oder Nichteintritt unsicherer zukünftiger Ereignisse abhängt, die nicht durch den Dritten beeinflusst werden können.

§ 27. Wertminderung und Wertaufholung

Übersicht

Schrifttum: *Ballwieser* Unternehmensbewertung, 3. Aufl, Stuttgart 2011; *Beyer/Mackenstedt* Grundsätze zur Bewertung immaterieller Vermögenswerte (IDW S 5), WPg 2008, 338; *Brücks/Kerkhoff/Richter* Impairmenttest für den Goodwill nach IFRS, KoR 2005, 1; *Castedello/Klingbeil* IFRS 13: Anwendungsfragen bei nicht-finanziellen Vermögenswerten in der Praxis, WPg, 2012, 482; *Copeland/Koller/Murrin* Unternehmenswert: Methoden und Strategien für die wertorientierte Unternehmensführung, 3. Aufl, Frankfurt am Main 2002; *Dawo* Fair Value-Bewertung nicht finanzieller Positionen – der Weg zur entobjektivierten Bilanz?, in: Küting/Pfitzer/Weber (Hrsg) Herausforderungen und Chancen durch weltweite Rechnungslegungsstandards, Stuttgart 2004, 43; *Ernst/Gleißner* Damodarans Länderrisikoprämie – Eine Ergänzung zur Kritik von Kruschwitz/Löffler/Mandl aus realwissenschaftlicher Perspektive, WPg 2012, 1252; *FAUB IDW* Hinweise zur Berücksichtigung der Finanzmarktkrise bei der Ermittlung des Kapitalisierungszinssatzes, FN IDW 2012, 568; *Große* IFRS 13 „Fair Value Measurement" – Was sich (nicht) ändert, KoR 2011, 286; *Hachmeister/Ungemach/Ruthardt* Bestimmung der Kapitalkosten beim Impairment-Test, IRZ 2012, 233; *IDW* S 1 Grundsätze zur Durchführung von Unternehmensbewertungen, FN IDW 2008, 271; *IDW* RS HFA 47 Stellungnahme zur Rechnungslegung: Einzelfragen zur Ermittlung des Fair Value nach IFRS 13, FN IDW 2014, 84; *IDW* Fragen und Antworten zu IDW S 1 idF 2008, FN IDW 2014, 293; *IDW* RS HFA 40 Stellungnahme zur Rechnungslegung: Einzelfragen zu Wertminderungen von Vermögenswerten nach IAS 36, FN IDW 2015, 335; *IDW* S 5 Grundsätze zur Bewertung immaterieller Vermögenswerte, FN IDW 2015, 447; *KPMG* Kapitalmarktstudie 2014, 2014; *Kruschwitz/Löffler/Mandl* Damodarans Country Risk Premium – und was davon zu halten ist, WPg 2011, 167; *Kümpel* Bilanzielle Behandlung von Wertminderungen bei Vermögenswerten nach IAS 36, BB 2002, 983; *Küting* Das Phänomen der Buchwert-Marktwert-Lücke, DB 2012, 1937; *Mard/Hitchner/Hyden* Valuation for financial reporting, 3. Aufl, New Jersey 2010; *Mayer-Wegelin* Impairmenttest nach IAS 36 – Realität und Ermessensspielraum, BB 2009, 95; *Müller/Reinke/Stawinoga* IDW ERS HFA 40 zu Einzelfragen des impairment-Tests nach IAS 36, PiR 2014, 271; *Nestler/Thuy* Verfahren zur Bewertung von Reporting Units im Rahmen des Goodwill-Impairmenttests nach SFAS 142, KoR 2002, 169; *Scholich/Mackenstedt/Greinert* Intangible Assets for Financial Reporting, in: Fandel (Hrsg), Modern Concepts of the Theory of the Firm, Berlin 2004, 491; *Theile/Pawelzik* Auswirkungen von IFRS 13 auf den impairment-Test nach IAS 36, PiR 2012, 210; *Wirth* Firmenwertbilanzierung nach IFRS, Stuttgart 2005; *Zwirner/Froschhammer* Die Bedeutung der Buchwert-Marktwert-Lücke für die Durchführung des Wertminderungstests nach IAS 36, IRZ 2013, 51; *Zwirner/Kähler* Berücksichtigung von Länderrisiken bei der Unternehmensbewertung, DB 2014, 2721.

Wesentliche Rechtsgrundlagen: IAS 36, IFRS 13

A. Einführung

I. Vorbemerkungen

1 Die Ermittlung und Bilanzierung von Wertminderungen sowie Wertaufholungen der meisten nicht-finanziellen langfristigen Vermögenswerte richtet sich nach den Regelungen des **IAS 36.** Die **Grundaussagen** dieses Standards, insbes seine Wertkonzeptionen, sind im Wesentlichen seit seiner urspr Fassung aus dem Jahr 1998 unverändert. Die praktische Relevanz, allerdings auch die Komplexität von IAS 36 hat sich jedoch in den vergangenen Jahren durch die Einführung zwingend vorzunehmender jährlicher Wertminderungstests bei Geschäfts- oder Firmenwerten deutlich erhöht.

2 **Problematisch** ist, dass IAS 36 urspr für die Bewertung einzelner Vermögenswerte oder klar definierbarer Gruppen von Vermögenswerten konzipiert worden war. Der Geschäfts- oder Firmenwert hingegen ist per definitionem die Differenz aus einer Gesamtbewertung und der Summe von Einzelbewertungen. Die für das Testen des Geschäfts- oder Firmenwerts notwendige Gesamtbewertung erfolgt nach IAS 36, indem das für Einzelbewertungen entwickelte bewertungstechnische Instrumentarium auf einer höheren Aggregrationsebene verwendet wird. Dies führt teilweise zu inneren Widersprüchen des Standards. Bewertungsmethodische Vorgaben, die für Einzelbewertungen sinnvoll oder sogar notwendig sind (zB Verbot der Berücksichtigung von Steuern oder von Erweiterungsinvestitionen), können für Gesamtbewertungen sinnlos oder sogar fehlleitend sein. Eine adäquate Gesamtbewertung kann daher nur erreicht werden, wenn einzelne Restriktionen der Wertkonzeptionen des IAS 36 als einzelbewertungsbezogen verstanden und im Rahmen des Wertminderungstests des Geschäfts- oder Firmenwerts entspr interpretiert werden.

II. Anwendungsbereich des IAS 36

3 Der IAS 36 beinhaltet Regeln zur Identifizierung, Ermittlung und Bilanzierung von **Wertminderungen sämtlicher** Vermögenswerte, die in den Anwendungsbereich des IAS 36 fallen. IAS 36 umfasst darüber hinaus Regelungen zur Erfassung und Darstellung von **Wertaufholungen** für diese Vermögenswerte.

Der **Anwendungsbereich** des IAS 36 wird negativ abgegrenzt. Nach IAS 36.2 gilt der Standard für alle Vermögenswerte mit Ausnahme von
(1) Vorräten (IAS 2),
(2) Vermögenswerten, die aus Fertigungsaufträgen hervorgegangen sind (IAS 11); mit Veröffentlichung des IFRS 15 im Mai 2014, der derzeit (Stand: 31. Juli 2015) noch nicht in das EU-Recht übernommen ist, wurde IAS 36.2(b) wie folgt geändert: vertraglichen Vermögenswerten, die unter den Anwendungsbereich des IFRS 15 fallen, sowie Vermögenswerten, die aus den Kosten zur Erlangung oder Erfüllung dieser Verträge hervorgehen,
(3) latenten Steueransprüchen (IAS 12),
(4) Vermögenswerten für künftige Leistungen an Arbeitnehmer (IAS 19),
(5) finanziellen Vermögenswerten, die in den Anwendungsbereich von IAS 39 bzw IFRS 9 fallen,
(6) als Finanzinvestition gehaltenen Immobilien, soweit sie zum beizulegenden Zeitwert bewertet sind (IAS 40),
(7) biologischen Vermögenswerten aus landwirtschaftlicher Tätigkeit, die zum beizulegenden Zeitwert abzüglich geschätzter Veräußerungskosten bzw zu fortgeführten Anschaffungskosten bewertet werden (IAS 41),

(8) abgegrenzten Anschaffungskosten und immateriellen Vermögenswerten, die aus den vertraglichen Rechten eines Versicherers aufgrund von Versicherungsverträgen entstehen (IFRS 4) und
(9) langfristigen Vermögenswerten, die zur Veräußerung bestimmt sind (IFRS 5).

4 Danach ist der IAS 36 im Wesentlichen für **folgende Vermögenswerte relevant:**
(1) Vermögenswerte des Sachanlagevermögens (IAS 16), die zu fortgeführten Anschaffungs- oder Herstellungskosten bewertet werden oder für die die Neubewertungsmethode angewandt wird,
(2) immaterielle Vermögenswerte (IAS 38), die zu fortgeführten Anschaffungs- oder Herstellungskosten bewertet werden oder für die die Neubewertungsmethode angewandt wird,
(3) Geschäfts- oder Firmenwerte aus Unternehmenszusammenschlüssen (IFRS 3),
(4) Anteile an TU, an assoziierten Unternehmen und an gemeinschaftlich geführten Unternehmen, die in einem separaten Einzelabschluss nach IAS 27.3 zu Anschaffungskosten (IAS 27.10(a)) oder *at equity* (IAS 27.10(c) (geändert 2014); s (5)) bewertet werden,
(5) *at equity* bilanzierte Anteile nach IAS 28, einschließlich eines im Bilanzansatz enthaltenen Geschäfts- oder Firmenwerts, soweit die Regelungen von IAS 39/IAS 28.41Aff (geändert 2014) eine Wertminderung der Anteile anzeigen (IAS 28.42/IAS 28.42 (geändert 2014)) und
(6) als Finanzinvestition gehaltene Immobilien, sofern die Bewertung zu Anschaffungs- oder Herstellungskosten erfolgt (IAS 40).

5 Liegt für die oben angegebenen Vermögenswerte die **Absicht zur Veräußerung** vor, können anstatt der Vorschriften des IAS 36 die Bestimmungen des IFRS 5 zu beachten sein. Für die Kriterien, ob ein Vermögenswert in den Anwendungsbereich des IFRS 5 fällt, verweisen wir auf § 28 (insbes → Rn 7). Die Bewertung von zur Veräußerung gehaltenen Vermögenswerten und Schulden zum beizulegenden Zeitwert abzüglich der Veräußerungskosten erfolgt jedoch in Abwesenheit diesbezüglich konkretisierender Regelungen in IFRS 5 regelmäßig nach Maßgabe von IAS 36.

B. Konzept des Wertminderungstests

I. Verpflichtung zur Durchführung eines Wertminderungstests

6 Ein Wertminderungstest ist unabhängig davon, ob Anzeichen für eine Wertminderung vorliegen, **jährlich** für alle nicht oder noch nicht planmäßig abschreibbaren immateriellen Vermögenswerte durchzuführen. Gem IAS 36.10 zählen dazu:
(1) immaterielle Vermögenswerte, deren Nutzungsdauer unbegrenzt ist (IAS 38.88; → § 4 Rn 114f),
(2) immaterielle Vermögenswerte, die noch nicht genutzt werden können und
(3) derivative Geschäfts- oder Firmenwerte, die im Rahmen von Unternehmenszusammenschlüssen entstanden sind.

7 Für die unter → Rn 6 genannten Vermögenswerte muss der Wertminderungstest **nicht** zwingend zum Abschlussstichtag erfolgen, sondern kann während des gesamten Geschäftsjahrs stattfinden. Der gewählte Zeitpunkt ist jedoch in den Folgejahren **beizubehalten** (IAS 36.10 und IAS 36.96). Lediglich bei Vorliegen gewichtiger Gründe ist eine Verschiebung des Zeitpunkts zulässig. Dies ist zB der Fall, wenn der jährliche Planungsprozess zeitlich verlagert wird und die Werthal-

tigkeitsprüfung unmittelbar an die Unternehmensplanung anknüpft (*IDW* RS HFA 40 Rz 9). Eine zusätzliche unterjährige Prüfung bzw Prüfung zum Bilanzstichtag ist darüber hinaus erforderlich, wenn Indikatoren für eine Wertminderung vorliegen (sog *triggering events,* → Rn 9 ff) oder ggf um eine Überschreitung des Zwölfmonatszeitraums zu vermeiden (*IDW* RS HFA 40 Rz 9). Die aufgeführten Vermögenswerte sind außerdem bereits im Jahr ihres erstmaligen Ansatzes einem Wertminderungstest zu unterziehen (IAS 36.10(a) und IAS 36.96).

Vor dem Hintergrund des **Wesentlichkeitsgebots** (IAS 36.15 und IAS 36.99) 8
kann auf einen Wertminderungstest der in → Rn 6 genannten Vermögenswerte verzichtet werden, wenn die letzte durchgeführte Berechnung einen wesentlich über dem Buchwert liegenden erzielbaren Betrag ergeben hat und das wirtschaftliche Umfeld im Wesentlichen unverändert geblieben ist. Insgesamt muss also davon auszugehen sein, dass die urspr Datenkonstellation weiter besteht und somit eine Wertminderung unwahrscheinlich ist. Wird der Wertminderungstest auf Ebene einer zahlungsmittelgenerierenden Einheit (**ZGE;** → Rn 25) durchgeführt, ist zu beachten, dass sich seit dem Zeitpunkt der letzten Ermittlung des erzielbaren Betrags keine wesentlichen Veränderungen in der Zusammensetzung der der entspr ZGE zugeordneten Vermögenswerte und ggf Schulden ergeben haben dürfen. Alle genannten Bedingungen müssen gleichzeitig erfüllt sein (IAS 36.99). In der Praxis ist davon auszugehen, dass der Verzicht auf einen Wertminderungstest mit obiger Begründung eher die Ausnahme als die Regel ist.

Zusätzlich zu den pflichtmäßig und regelmäßig durchzuführenden Wert- 9
minderungstests der in → Rn 6 genannten Vermögenswerte ist grds die **Werthaltigkeit aller Vermögenswerte** im Anwendungsbereich von IAS 36 zu überprüfen, wenn Anzeichen für eine mögliche Wertminderung vorliegen. Die Existenz solcher ***triggering events*** ist jeweils zum Ende der Berichtsperiode zu überprüfen (IAS 36.9), also sowohl zum Stichtag eines Zwischenabschlusses als auch zum Stichtag des Jahresabschlusses. Die Würdigung von Anzeichen einer Wertminderung versteht sich dabei als **qualitativ geprägte Analyse** der Werthaltigkeit, an die sich nur bei einem negativen Verlauf der Analyse die Ermittlung des erzielbaren Betrags anschließt (→ Rn 10 f). Zur gegenläufigen Analyse von Anzeichen einer **Wertaufholung** → Rn 16 f.

IAS 36 definiert einen Katalog von verpflichtend zu würdigenden externen 10
und internen Informationsquellen, anhand derer mögliche Anzeichen einer Wertminderung erkannt werden sollen. Zum **Mindestumfang** der zu berücksichtigenden **externen Anhaltspunkte** zählen folgende Entwicklungen (IAS 36.12(a) bis (d)):

(1) deutlich stärkeres Absinken des Marktwerts eines Vermögenswerts während der Berichtsperiode als das durch den Zeitablauf oder die gewöhnliche Nutzung zu erwarten wäre,
(2) eingetretene oder in der Berichtsperiode erwartete nachteilige signifikante Veränderungen im technischen, ökonomischen, marktbezogenen oder gesetzlichen Unternehmensumfeld oder im preisbildenden Markt für den betreffenden Vermögenswert,
(3) Erhöhung der Marktzinssätze oder -renditen während der Berichtsperiode, die wahrscheinlich Auswirkungen auf den heranzuziehenden Abzinsungssatz haben werden,
(4) Buchwert des Reinvermögens des Unternehmens ist größer als sein Marktwert.

Folgende **interne Anhaltspunkte** sind mindestens zu berücksichtigen 11
(IAS 36.12(e) bis (h)):

(1) substanzielle Hinweise auf **Überalterung** oder auf einen **physischen Schaden** des Vermögenswerts oder von Gruppen von Vermögenswerten,

(2) eingetretene oder erwartete **signifikante negative Entwicklungen** mit Auswirkungen auf Art und Umfang der Nutzung des betreffenden Vermögenswerts, die zu vorübergehender oder endgültiger Stilllegung von Vermögenswerten, zu Plänen über die Einstellung oder Restrukturierung eines Bereichs oder zu Plänen über einen vorzeitigen Abgang oder Verkauf des Vermögenswerts führen,

(3) substanzielle Hinweise aus dem **internen Berichtswesen** über eine eingetretene oder zu erwartende Verminderung der Ertragskraft des Vermögenswerts (IAS 36.14):

(a) wesentlich über die Planung hinaus steigende Ausgaben für den Erwerb, die Herstellung, den Betrieb oder die Unterhaltung eines Vermögenswerts,

(b) signifikante Verschlechterung der Netto-Cashflows oder der betrieblichen Gewinne/Verluste aus der Nutzung des Vermögenswerts ggü der Planung,

(c) wesentlicher Rückgang der Netto-Cashflows oder der betrieblichen Gewinne bzw Erhöhung der Verluste aus der Nutzung des Vermögenswerts und

(d) drohende betriebliche Verluste oder Ausgabenüberschüsse über die Nutzungsdauer des Vermögenswerts.

(4) Für die Werthaltigkeitsüberprüfung von Anteilen an TU, gemeinschaftlich kontrollierten Unternehmen sowie assoziierten Unternehmen, die eine **Ausschüttung** vornehmen, gilt Folgendes:

(a) Liegen Anzeichen vor, dass der **Buchwert im Einzelabschluss** des Investors **höher** ist als sein **Anteil am Nettovermögen** der Beteiligung im Konzernabschluss, ist ein Wertminderungstest vorzunehmen (IAS 36.12(h)(i)). Hierzu ist der im IFRS-Einzelabschluss geführte Buchwert der Beteiligung mit dem *at equity* geführten Wertansatz bzw dem Saldo aller im Konzernabschluss ausgewiesenen Vermögenswerte und Schulden zu vergleichen, die dem assoziierten oder Gemeinschaftsunternehmen bzw TU zuzurechnen sind. Dem jeweiligen Konzernunternehmen zugehörige Geschäfts- oder Firmenwerte sind in die Berechnung einzubeziehen. Für Einzelheiten zum Wertminderungstest für *at equity* bilanzierte Beteiligungen verweisen wir auf → § 36 Rn 67 ff.

(b) Übersteigt eine **Ausschüttung** das **Gesamtergebnis** *(total comprehensive income)* der Berichtsperiode, in der die Ausschüttung vorgenommen wird, ist ebenfalls ein Wertminderungstest durchzuführen (IAS 36.12(h)(ii)).

12 Hinsichtlich der Identifizierung von Vermögenswerten, die wertgemindert sein könnten, ist zu beachten, dass ein **kurzfristiges Unterschreiten der Marktkapitalisierung** unterhalb des bilanziellen Eigenkapitals (IAS 36.12(d)) nicht zwingend zu einem Abschreibungsbedarf führt. Vielmehr ist zunächst zu untersuchen, ob bzw inwieweit ein Zusammenhang zwischen der Marktkapitalisierung und der Fähigkeit des Unternehmens besteht, künftig Zahlungsströme zu generieren. Sind die Kapitalmärkte zB nicht informationseffizient, können Informationsasymmetrien zwischen Unternehmensleitung und Kapitalmarkt bestehen oder die Kurse sind aufgrund einer Überbewertung negativer Unternehmensinformationen verzerrt (*IDW* RS HFA 40 Rz 10). Das Vorliegen solcher Faktoren entbindet das Unternehmen nicht von der Pflicht zur Durchführung eines Werthaltigkeitstests. Sie können allerdings ein wesentliches Argument sein, dass trotz der niedrigen Marktkapitalisierung die Werthaltigkeit gegeben ist (*Küting* DB 2012, 1943 (1946); *Zwirner/Froschhammer* IRZ 2013, 51 (53)). IAS 36 verlangt keine quantitative Überleitung zwischen Marktkapitalisierung, Nettoveräußerungswert bzw Nutzungswert. Zur Würdigung der im erzielbaren

Betrag berücksichtigten Annahmen empfiehlt IDW RS HFA 40 allerdings, dass Unternehmen die Gründe für eine unter dem erzielbaren Betrag liegende Marktkapitalisierung erklären können (*IDW* RS HFA 40 Rz 13). Hierdurch können sich auch Hinweise auf eine systematische Überschätzung der erwarteten Zuflüsse durch das Management ergeben. **Übersteigt** der Buchwert des Nettovermögens die Marktkapitalisierung, ist der Werthaltigkeitstest grds für **alle ZGEs** erforderlich (*IDW* RS HFA 40 Rz 11). Ausnahmen bestehen nur für den Fall, dass für bestimmte ZGEs

(1) das Wesentlichkeitsgebot → Rn 8 gilt,
(2) einzelne ZGEs im Wesentlichen Vermögenswerte enthalten, die nicht im Anwendungsbereich des IAS 36 liegen oder
(3) der Rückgang der Marktkapitalisierung eindeutig einer bestimmten ZGE zugeordnet werden kann (zB regionale Konflikte).

Jedes über diesen **Mindestkatalog** hinaus bekannte Ereignis oder jede Entwicklung mit potenziell negativem Einfluss auf die Werthaltigkeit von Vermögenswerten gem → Rn 6 verpflichtet analog zur Durchführung eines Wertminderungstests (zB negative Entwicklung spezieller Unternehmens- bzw Branchenkennzahlen oder der Erwerb von Anteilen nicht-beherrschender Gesellschafter durch das MU zu einem Preis, der unter dem anteiligen Buchwert des Nettovermögens des TU liegt (*IDW* RS HFA 40 Rz 14)). Erforderlich ist daher eine enge Verzahnung zwischen vorhandenen internen Kontroll- bzw Managementinformationssystemen des Unternehmens und der Bilanzierung nach IAS 36.

Unter verfahrensökonomischen Gesichtspunkten bietet sich für die Durchführung der von IAS 36 zwingend vorgeschriebenen regulären Wertminderungstests ein **Zeitpunkt** nach der Erstellung und Genehmigung der Unternehmensplanungen an. Dieser Zeitpunkt liegt idealerweise im Zeitraum zwischen dem zuletzt zu veröffentlichenden Zwischenbericht (zB 3. Quartal) und dem Bilanzstichtag des Geschäftsjahrs, sodass die Wahrscheinlichkeit einer nachfolgend negativ verlaufenden Analyse von *triggering events* möglichst gering ausfällt. 13

Weiterhin trägt diese Vorgehensweise auch den Regelungen von IFRIC 10.8 Rechnung, wonach in einem **Zwischenabschluss** vorgenommene Wertminderungen eines **Geschäfts- oder Firmenwerts** in einem späteren Abschluss (zB im Jahresabschluss) nicht rückgängig gemacht werden dürfen.

II. Verpflichtung zur Überprüfung einer möglichen Wertaufholung

Spiegelbildlich zur Überprüfung von Wertminderungen (→ Rn 9 ff) verpflichtet IAS 36 auch zur Analyse von zuvor vorgenommenen außerplanmäßigen Abschreibungen, um die Notwendigkeit einer Wertaufholung zu identifizieren. **Ausgenommen** hiervon ist allein ein einmal wertgeminderter **Geschäfts- oder Firmenwert,** für den ein **Wertaufholungsverbot** besteht (IAS 36.124). Ansonsten gelten alle nachfolgenden Ausführungen zum Wertminderungstest analog auch für mögliche Wertaufholungen, soweit nicht ausdrücklich auf Abweichungen hingewiesen wird. 14

Analog zur Berechnung von Wertminderungen ist der detaillierteren Ermittlung möglicher Wertaufholungen grds eine **qualitative Würdigung** interner und externer Informationsquellen vorgeschaltet. Nur an deren positiven Verlauf schließt sich wiederum eine detaillierte **quantitative Ermittlung** des erzielbaren Betrags an. Liegt der erzielbare Betrag des Vermögenswerts aufgrund 15 einer identifizierbaren Leistungssteigerung (→ Rn 127) oberhalb seines zuvor außerplanmäßig abgeschriebenen Buchwerts, besteht ein **Wertaufholungsgebot** (s aber zu Restriktionen → Rn 128f).

16 Mögliche Anhaltspunkte für eine Wertaufholung sind im Standard im Wesentlichen als Umkehrung der Wertminderungsindikatoren aufgeführt: Zu unterscheiden sind wiederum unternehmensexterne und -interne Anhaltspunkte. Folgende **externe Informationsquellen** sind an späteren Bilanzstichtagen mindestens zu überprüfen (IAS 36.111(a) bis (c)):

(1) signifikante Steigerung des Marktwerts,
(2) der Eintritt während der Berichtsperiode oder zu erwartende Eintritt von günstigen signifikanten Veränderungen im technischen, ökonomischen, marktbezogenen oder gesetzlichen Unternehmensumfeld oder im preisbildenden Markt für den betreffenden Vermögenswert,
(3) Verminderung der Marktzinssätze oder -renditen während der Berichtsperiode, die wahrscheinlich Auswirkungen auf den heranzuziehenden Abzinsungssatz haben werden.

17 Zum Mindestumfang **interner Informationsquellen** gehören gem IAS 36.111(d) und (e):

(1) eingetretene oder erwartete signifikante günstige Entwicklungen mit Auswirkungen auf Art und Umfang der Nutzung des betreffenden Vermögenswerts, dazu zählen Investitionen, die zur Verbesserung der Ertragskraft des Vermögenswerts im Vergleich zum Zustand vor der Investition führen oder die Verpflichtung zur Einstellung oder Restrukturierung des Betriebs oder Betriebsteils,
(2) substanzielle Hinweise aus dem internen Rechnungswesen über eine eingetretene oder zu erwartende Verbesserung der Ertragskraft des Vermögenswerts.

Jeder über den **Mindestumfang** hinaus vorliegende Anhaltspunkt verpflichtet wiederum zur Durchführung eines Wertaufholungstests. Auf die Regelungen zur Identifizierung von Wertminderungen kann diesbezüglich vollumfänglich verwiesen werden (→ Rn 10ff).

III. Systematik des Wertminderungstests

18 Die Pflicht zur Ermittlung des erzielbaren Betrags vorausgesetzt (→ Rn 6ff), ist eine außerplanmäßige Abschreibung eines Vermögenswerts dann erforderlich, wenn der **Buchwert** über dem **erzielbaren Betrag** des Vermögenswerts liegt (IAS 36.1 und IAS 36.59).

Nach IAS 36 ist der **erzielbare Betrag** grds entweder anhand des **beizulegenden Zeitwerts** (abzüglich Veräußerungskosten) oder anhand des **Nutzungswerts** zu bestimmen. Der höhere der beiden Werte ist der relevante erzielbare Betrag. Dabei gilt grds, dass keinem der beiden Wertmaßstäbe der Vorzug gegeben wird (IAS 36.BCZ17(a)). Sowohl der beizulegende Zeitwert abzüglich Veräußerungskosten als auch der Nutzungswert werden in IAS 36 für Zwecke des Wertminderungstests erläutert. Während in IAS 36 auch eingehend geregelt ist, **wie** der Nutzungswert zu ermitteln ist, sind für die Bemessung des beizulegenden Zeitwerts die Regelungen des IFRS 13 maßgeblich (IAS 36.6 iVm IFRS 13.5ff). Dieser Standard wird ausführlich in → § 2 Rn 233ff dargestellt.

Der **Nutzungswert** ergibt sich aus dem Barwert der geschätzten zukünftigen Cashflows aus der fortgesetzten Nutzung eines Vermögenswerts zuzüglich eines am Ende der Nutzungsdauer realisierbaren Restwerts (IAS 36.6).

Nach IAS 36.6 ist der **beizulegende Zeitwert abzüglich der Veräußerungskosten** der (Netto-)Betrag, der bei einem Verkauf des Vermögenswerts oder einer ZGE in einer Transaktion zu Marktbedingungen zwischen sachverständigen und vertragswilligen Parteien erzielt werden könnte. Dabei sind zusätzlich die mit der Transaktion verbundenen Veräußerungskosten zu berücksichtigen.

Gem IFRS 13.2 handelt es sich bei dem beizulegenden Zeitwert um einen sog *exit-price,* dh um einen Verkaufspreis aus Sicht des Veräußerers. Grundlage dieses Verkaufspreises kann in Ermangelung tatsächlicher Transaktionen zum Bewertungsstichtag auch eine hypothetische Transaktion sein. Ferner regelt IFRS 13.27, dass für nicht-finanzielle Vermögenswerte der beizulegende Zeitwert auf der Basis der bestmöglichen Verwendungsmöglichkeit *(highest and best use)* zu bestimmen ist.

Mit der **betrieblichen Nutzung** des Vermögenswerts einerseits und der **Veräußerung** andererseits werden zwei unterschiedliche Verwertungsmöglichkeiten berücksichtigt. Dadurch wird ein **rationales Managementverhalten** nachgebildet, welches zwischen Verkauf des Vermögenswerts und seiner fortgesetzten Nutzung entscheiden muss (*Kümpel* BB 2002, 983 (984)). 19

Dabei unterscheiden sich beide Wertkonzepte im Wesentlichen dadurch, dass der Nutzungswert von der internen **Sicht des bewertenden Unternehmens** geprägt ist. Synergieeffekte aus der Einbettung des Vermögenswerts in den Unternehmensverbund werden daher bei der Bewertung berücksichtigt. Der beizulegende Zeitwert basiert dagegen auf Prämissen, die Marktteilnehmer bei der Bewertung des betreffenden Vermögenswerts unterstellen würden (IAS 36.53(a)). Entspr sind Vor- oder Nachteile, die von Marktteilnehmern bei einem Erwerb des betreffenden Vermögenswerts nicht realisiert werden könnten, nicht in die Ermittlung des beizulegenden Zeitwerts einzubeziehen. Hierzu zählen zB Synergieeffekte, bestimmte Rechte oder auch rechtliche Einschränkungen und steuerliche Vor- oder Nachteile, soweit sie spezifisch für den aktuellen Eigentümer des Vermögenswerts sind.

Die **Abgrenzung** und deutliche Unterscheidung von Nutzungswert und beizulegendem Zeitwert ist uE **notwendig,** um eine Vermengung insbes werterhöhender Faktoren in beiden Wertkonzepten zu vermeiden. Ein Unternehmen steht grds vor der Entscheidung, einen Vermögenswert entweder weiterhin zu **nutzen** oder ihn zu **veräußern.** Werden die interne und die externe Sichtweise (insbes in Bezug auf Synergieeffekte oder auch unterschiedliche Nutzungsabsichten) vermischt, resultiert ein Wert, der weder am Markt noch durch die fortgesetzte Nutzung des Vermögenswerts im Unternehmen erzielbar ist und somit auch im Rahmen des Wertminderungstests keine Aussagekraft hätte.

Der **erzielbare Betrag,** der mit dem entspr Buchwert zu vergleichen ist, 20
ist grds der **höhere Wert** aus dem **Nutzungswert** oder dem **beizulegenden Zeitwert abzüglich der Veräußerungskosten.** Entspr dem ökonomischen Kalkül, das beiden Wertkonzepten zugrunde liegt, genügt es jedoch, im Rahmen des Wertminderungstests nur einen der beiden Werte zu ermitteln, sofern dieser den Buchwert des Vermögenswerts bereits übersteigt (IAS 36.19). Ist ein beizulegender Zeitwert abzüglich Veräußerungskosten nicht ermittelbar, entspricht der erzielbare Betrag dem Nutzungswert (IAS 36.20). Allerdings lassen sich aus dem IFRS 13 keine Hinweise ableiten, wonach die Ermittlung des beizulegenden Zeitwerts nicht möglich sein könnte, da gem IFRS 13.72 und IFRS 13.86 ff auch Bewertungsparameter, die nicht an Märkten zu beobachten sind, zur Anwendung kommen können.

IV. Bewertungseinheiten

21 Die Regelungen des IAS 36 sehen vor, dass mit Ausnahme von Geschäfts- oder Firmenwerten (→ Rn 25) jeder Vermögenswert bevorzugt **einzeln** auf seine Werthaltigkeit hin zu überprüfen ist. Dies setzt voraus, dass entweder der beizulegende Zeitwert abzüglich Veräußerungskosten oder der Nutzungswert ermittelbar ist.

22 Ist der beizulegende Zeitwert abzüglich Veräußerungskosten eines einzelnen Vermögenswerts nicht ermittelbar oder liegt dieser unter dem Buchwert des Vermögenswerts, ist im Rahmen der Werthaltigkeitsprüfung der Nutzungswert zu ermitteln. Damit ein Nutzungswert für einen Vermögenswert bestimmt werden kann, müssen diesem einzelnen Vermögenswert von anderen Vermögenswerten **unabhängige Zahlungsströme** aus der betrieblichen Nutzung zugeordnet werden können. Dies ist regelmäßig nur dann der Fall, wenn die vom Unternehmen erzielbaren Zahlungsströme vertraglich festgelegt sind, zB durch Leasing-, Miet- oder Lizenzverträge (*Wirth,* 11). In der Bilanzierungspraxis ist diese Fallkonstellation jedoch eher selten anzutreffen, sodass einer der beiden für den erzielbaren Betrag relevanten Wertmaßstäbe häufig nicht ermittelt werden kann.

23 Kann für einen einzelnen Vermögenswert ein beizulegender Zeitwert abzüglich der Veräußerungskosten ermittelt werden, ist jedoch die Ermittlung **seines Nutzungswerts nicht möglich,** sind zur Bestimmung einer möglichen Wertminderung die Charakteristika des einzelnen Vermögenswerts für die weitere Vorgehensweise zu analysieren:

(1) Liegt keine Indikation dafür vor, dass der Nutzungswert wesentlich oberhalb des beizulegenden Zeitwerts abzüglich der Veräußerungskosten liegt, gilt der ermittelbare Wertmaßstab als **erzielbarer Betrag.** Folglich ist eine Abschreibung auf den **beizulegenden Zeitwert abzüglich der Veräußerungskosten** erforderlich, dafür entfällt eine weitere Analyse (IAS 36.21, IAS 36.22(b)). Denkbar ist diese Fallkonstellation zB dann, wenn die Veräußerung des Vermögenswerts geplant ist und damit die wesentlichen unabhängigen Zahlungsströme ohnehin im Rahmen einer Veräußerung des Vermögenswerts generiert werden (IAS 36.21).

(2) Ist der einzelne Vermögenswert hingegen eng in den Geschäftsbetrieb eingebunden, ist von einer Vergleichbarkeit der Wertmaßstäbe regelmäßig nicht auszugehen. Kann also nicht auf eine Vergleichbarkeit des Nutzungswerts und des beizulegenden Zeitwerts abzüglich der Veräußerungskosten geschlossen werden, ist von der grds anzustrebenden Einzelbewertung abzuweichen. Der erzielbare Betrag ist dann auf Ebene der sog **zahlungsmittelgenerierenden Einheit (ZGE)** zu bestimmen, die den möglicherweise wertgeminderten Vermögenswert enthält (IAS 36.22).

24 Die folgende Grafik verdeutlicht die hier erläuterten Zusammenhänge:

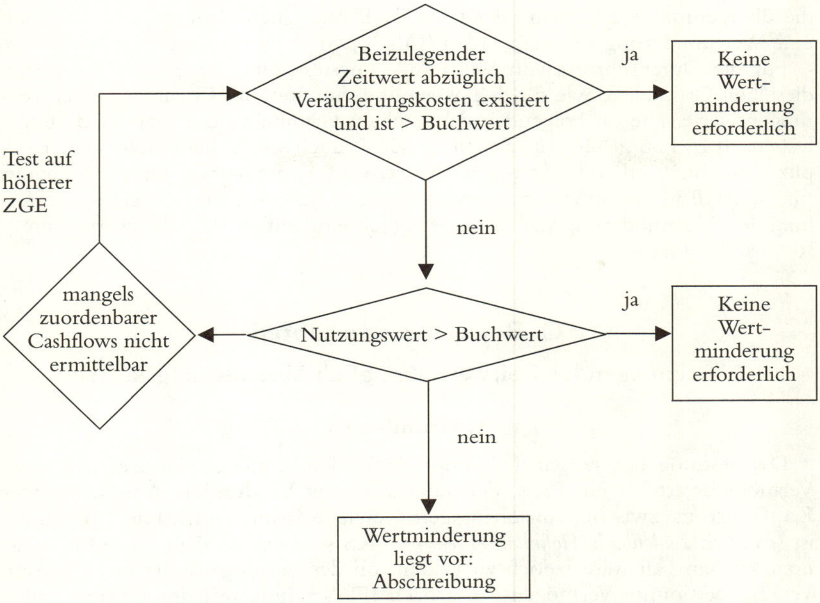

Beispiel: Ein Unternehmen hat eine im Rahmen eines Unternehmenszusammenschlusses erworbene Marke mit ihrem beizulegenden Zeitwert bilanziert. Die Marke hat eine unbestimmte Nutzungsdauer, sodass sie jährlich auf eine eventuelle Wertminderung zu testen ist. Der ermittelte aktuelle beizulegende Zeitwert abzüglich Veräußerungskosten liegt jedoch unter dem Buchwert der Marke. Entspr ist der Nutzungswert zu ermitteln. Da die Marke jedoch nur im Zusammenspiel mit weiteren Vermögenswerten Cashflows generiert, die unabhängig von den Cashflows anderer Vermögenswerte bzw von anderen Gruppen von Vermögenswerten sind, kann ein Nutzungswert für die Marke nicht separat ermittelt werden. Ein Wertminderungstest ist demnach auf Ebene der ZGE durchzuführen, der die Marke zugeordnet ist. Anders ist der Fall gelagert, wenn das Unternehmen die Marke nicht selbst nutzt, sondern mit einem dritten Unternehmen einen Lizenzvertrag über die Nutzung abgeschlossen hat und aus diesem Lizenzvertrag definierte Zahlungen erhält. Ein Nutzungswert der Marke wäre damit ermittelbar.

Eine ZGE ist die jeweils **kleinste identifizierbare Gruppe** von Vermögenswerten, die Mittelzuflüsse aus ihrer fortgesetzten Nutzung erzeugt. Dabei sind die Mittelzuflüsse weitestgehend unabhängig von den Mittelzuflüssen anderer Vermögenswerte oder Gruppen von Vermögenswerten (IAS 36.6; ausführlich → Rn 86 ff). 25

Geschäfts- oder Firmenwerte sind zwingend auf der Ebene von ZGE auf ihre Werthaltigkeit zu überprüfen, da sie grds nicht unabhängig von anderen Vermögenswerten Zahlungsströme generieren können (IAS 36.81). Sie sind folglich stets einzelnen oder mehreren ZGE zuzuordnen (→ Rn 112 ff).

Der **Wertminderungstest** ist **stufenweise** durchzuführen (IAS 36.97). Besteht ein Anhaltspunkt für die Wertminderung eines einzelnen Vermögenswerts bzw ist ein Vermögenswert einem jährlichen Wertminderungstest zu unterziehen (→ Rn 6), ist zunächst zu prüfen, ob der erzielbare Betrag in Form des beizulegenden Zeitwerts abzüglich Veräußerungskosten oder des Nutzungswerts ermittelbar ist. Folgt aus dem Vergleich mit dem Buchwert eine Wertminderung, fließen die einzelnen Vermögenswerte mit ihrem bereits geminderten Buchwert in 26 die übergeordnete ZGE ein, bevor die ZGE oder auch Gruppen von ZGE auf eine Wertminderung getestet werden (IAS 36.98).

Für die Durchführung von Wertminderungstests auf Ebene der ZGE gelten dieselben Grundsätze wie für den Wertminderungstest auf Ebene einzelner Vermögenswerte. Die im Folgenden dargestellten Grundsätze des Wertminderungstests nach IAS 36 gelten daher auch für ZGE, auch wenn diese nicht immer explizit genannt sind. Ein eventueller **Wertminderungsbetrag** wird jedoch nur für die ZGE insgesamt ermittelt, sodass sich gesondert die Frage nach der Verteilung der Wertminderung stellt. Diesbezüglich wird auf → Rn 123 ff verwiesen.

27–36 *(einstweilen frei)*

C. Bewertungsverfahren

I. Beizulegender Zeitwert abzüglich Veräußerungskosten

1. Grundlagen

37 Der bestmögliche substanzielle Hinweis für den beizulegenden Zeitwert eines Vermögenswerts ist ein Preis, der aufgrund eines **bindenden Angebots** oder **Kaufvertrags** zwischen unabhängigen Geschäftspartnern zustande gekommen ist (so auch *Lüdenbach/Hoffmann/Freiberg* IFRS § 11 Rz 33 iVm Rz 168). In einem solchen Fall wäre jedoch zu prüfen, ob der Vermögenswert nicht in zum Verkauf bestimmte Vermögenswerte nach IFRS 5 umklassifiziert werden sollte. Er würde dann nicht mehr den Vorschriften nach IAS 36 unterliegen (*Wirth,* 25), müsste aber im Zeitpunkt der Umklassifizierung auf seine Werthaltigkeit überprüft werden, für deren Beurteilung wiederum jedoch ausschließlich der beizulegende Zeitwert abzüglich Veräußerungskosten relevant ist (→ § 28 Rn 42 ff).

Sollte ein solches Angebot bzw ein solcher Vertrag nicht vorliegen, kommen zur Ermittlung des beizulegenden Zeitwerts marktorientierte Verfahren *(market approach),* kostenorientierte Verfahren *(cost approach)* oder kapitalwertorientierte Verfahren *(income approach)* in Betracht (→ Rn 47 ff). Innerhalb dieser Verfahren stehen jeweils mehrere Bewertungsmethoden zur Verfügung:

Marktpreisorientiertes Verfahren	Kapitalwertorientiertes Verfahren	Kostenorientiertes Verfahren
Wertermittlung = basierend auf Marktpreisen, Multiplikatoren oder vergleichbaren Markttransaktionen	Wertermittlung = Barwert zurechenbarer Einkünfte oder Kosteneinsparungen im Zusammenhang mit dem Vermögenswert	Wertermittlung = Reproduktions- oder Wiederbeschaffungswert modifiziert um Abschreibung und Veralterung
Marktpreise auf aktiven Märkten	Methode der unmittelbaren Cashflow-Prognose	Reproduktionskosten-methode
Analogiemethoden	Lizenzpreis-analogiemethode	Wiederbeschaffungs-methode
	Residualwertmethode	
	Mehrgewinnmethode	

Die **Zielsetzung** bei der Verwendung eines **Bewertungsverfahrens** besteht darin, den Preis zu schätzen, zu dem unter aktuellen Marktbedingungen am Bewertungsstichtag ein geordneter Verkauf eines Vermögenswerts oder Übertragung einer Schuld zwischen Marktteilnehmern stattfinden würde (IAS 36.6 iVm IFRS 13.B2).

Zur Bestimmung des geeigneten Bewertungsverfahrens sind gem IAS 36 iVm IFRS 13 folgende Hierarchiestufen (sog **Fair-Value-Hierarchie**) der Eingangsparameter zu beachten, wobei die einzelnen Stufen durch die abnehmende Marktnähe der Bewertungsparameter gekennzeichnet sind.

Die Eingangsparameter der **Hierarchiestufe 1/*level 1*** (höchste Priorität) sind unverändert übernommene, an aktiven Märkten notierte Preise für identische Bewertungsobjekte (IFRS 13.76, IFRS 13.BC168). Der IASB ist der Auffassung, dass diese Preise grds den zuverlässigsten Anhaltspunkt für den beizulegenden Zeitwert darstellen und bei Verfügbarkeit stets zu verwenden sind (IFRS 13.BC168). Mithin entsprechen die beobachtbaren Preise bereits dem beizulegenden Zeitwert und stellen streng genommen keine Eingangsparameter für ein Bewertungsmodell dar (so auch *Große* KoR 2011, 286 (286); *Heuser/Theile* Rz 476).

Die untergeordnete **Hierarchiestufe 2/*level 2*** umfasst marktgestützte Eingangsparameter für vergleichbare Bewertungsobjekte auf aktiven Märkten, Preisparameter für identische oder ähnliche Bewertungsobjekte auf nicht aktiven Märkten, andere beobachtbare Inputfaktoren (bspw Zinssätze, *credit spreads*) sowie marktgestützte Inputfaktoren (IFRS 13.81 f). Erwartungen und Meinungsäußerungen von Marktteilnehmern wie bspw Analystenschätzungen und Branchenstudien stellen hingegen keine Marktdaten iSd Hierarchiestufe 2 dar (*IDW* RS HFA 47 Rz 85).

Nicht beobachtbare Eingangsparameter zählen zur **Hierarchiestufe 3/*level 3*** (niedrigste Priorität); dies sind ua unternehmensinterne Daten (IFRS 13.86). Der Standard erlaubt explizit die Verwendung unternehmensinterner Daten. Diese müssen allerdings angepasst werden, falls andere Marktteilnehmer davon abweichende Daten zur Preisfestlegung verwenden würden (IFRS 13.89).

Um eine möglichst hohe Objektivität und zugleich Verlässlichkeit des Bewertungsverfahrens sicherzustellen, ist das Verfahren zu bevorzugen, dass die Verwendung beobachtbarer Parameter maximiert und jene nicht beobachtbaren Bewertungsparameter, zB aus unternehmensinternen Planungen, minimiert (IFRS 13.67). Dabei ist auf Inputparameter abzustellen, die Marktteilnehmer im Zusammenhang mit dem Vermögenswert berücksichtigen würden (IFRS 13.69). Die **Auswahl des Bewertungsverfahrens** verlangt die Beurteilung der Angemessenheit nach den jeweiligen Umständen (IFRS 13.BC142). Dies ist nicht immer eindeutig und erfordert eine (subjektive) Ermessensausübung.

Trotz der grds Gleichwertigkeit der Bewertungsverfahren untereinander resultiert aus der Hierarchie der Inputfaktoren eine **Abstufung der Bewertungsverfahren** (*WPH II* A 577; *Castedello/Klingbeil* WPg 2012, 482 (486); *Wieland-Blöse/André* in Thiele/von Keitz/Brücks IFRS 13 Rz 215). Dies ist darin begründet, dass die Eingangsparameter der Hierarchiestufen 1 bis 3 nicht mit sämtlichen Bewertungsverfahren kombinierbar sind:

Die **marktpreisbasierten Verfahren** verwenden vorrangig als Grundlage zur 38
Schätzung des beizulegenden Zeitwerts den Preis, für den der identische Vermögenswert an einem aktiven Markt *(level 1)* oder zumindest ein vergleichbarer Vermögenswert *(level 2)* gehandelt wird. Sind die Marktpreise für identische Vermögenswerte nicht direkt beobachtbar, gelangen häufig **Marktmultiplikatoren** zur Anwendung (IFRS 13.62 iVm IFRS 13.B6). Marktmultiplikatoren stellen einen Zusammenhang zwischen beobachtbaren Marktpreisen für Vergleichsobjekte und dem gesuchten Preis für das Bewertungsobjekt her. Dabei repräsentiert der Multiplikator das Vielfache, das bei der zugrunde gelegten Transaktion für die betreffende Bezugsgröße (zB EBIT, EBITDA oder Umsatz) gezahlt

wurde. Der beizulegende Zeitwert ergibt sich somit aus der Multiplikation dieser Kennzahl mit der entspr Bezugsgröße. Grds ist die Anwendung von Multiplikatorverfahren auch für die Bewertung von ZGE relevant. Allerdings werden hohe Anforderungen an die Vergleichbarkeit der Unternehmen, die zur Ableitung der Multiplikatoren herangezogen werden, mit der zu bewertenden ZGE zu stellen sein, die es entspr zu dokumentieren gilt. Zudem ist der Preis der Vermögenswerte und Verbindlichkeiten aus den zum Vergleich herangezogenen Transaktionen ggf um spezielle Marktgegebenheiten, käuferspezifische Motive etc zu bereinigen, bevor eine Übertragung auf das Bewertungsobjekt erfolgen kann. Werden die beobachtbaren Inputfaktoren substanziell angepasst, dürften diese allerdings auf der untersten Hierarchiestufe *(level 3)* einzuordnen sein. In solchen Fällen ist kritisch zu hinterfragen, ob überhaupt eine Vergleichbarkeit gegeben ist (so auch *Castedello/Klingbeil* WPg 2012, 483 (486)). In der Praxis ist die Anwendung von Multiplikatorverfahren auf Ebene von ZGE oder von Gruppen von ZGE im Rahmen des Wertminderungstests noch nicht weit verbreitet.

39 Stehen dem bilanzierenden Unternehmen keine oder nur einzelne beobachtbare Marktpreise (bspw Zinssätze, Beta-Faktoren oder Rohstoffpreise) zur Verfügung, kann die Bewertung auch auf der Grundlage nicht beobachtbarer Parameter durchgeführt werden. Dabei kommt häufig ein **kapitalwertorientiertes Verfahren** zur Anwendung. Bei kapitalwertorientierten Verfahren wird ein Schätzwert durch Diskontierung der zukünftigen, durch den Vermögenswert generierten Cashflows *(level 3)* ermittelt. Hierbei sind dann allerdings die **Erwartungen des Markts** über die zukünftigen Cashflows und das damit verbundene Risiko zu berücksichtigen. Im Vergleich zum Nutzungswert ist der beizulegende Zeitwert abzüglich Veräußerungskosten ein objektivierter Wert (s *IDW* S 1 Rz 12, Rz 29 ff). **Synergieeffekte** werden nicht bzw nur insoweit berücksichtigt, wie auch der Markt von der Realisation dieser Synergien ausgeht. Das betriebsindividuelle Nutzungskonzept wird nicht in die Bewertung einbezogen. Dies gilt entspr für die Berücksichtigung künftiger Restrukturierungen und Erweiterungsinvestitionen.

Das **kostenorientierte Verfahren** ist die einzige Bewertungsmethode, die grds zu einer Einstufung unter allen drei Hierarchiestufen führen kann (vgl *Castedello/Klingbeil* WPg 2012, 483 (486); *WPH II* A 578). Mit dem kostenorientierten Verfahren werden aktuelle Wiederbeschaffungskosten ermittelt. Dabei wird auf die Kosten abgestellt, die für den Erwerb oder die Herstellung eines exakten Duplikats (Reproduktionskostenmethode) oder eines Vermögenswerts mit vergleichbarem Nutzen (Wiederbeschaffungskostenmethode) entstünden (IFRS 13.62 iVm IFRS 13.B8 f). Ggf sind Abschläge zur Berücksichtigung wirtschaftlicher, technischer und funktionaler Veralterung vorzunehmen. Bei Anwendung der kostenorientierten Verfahren ist zu beachten, dass in diesem Zusammenhang nicht die Wiederbeschaffungskosten des aktuellen Eigentümers des zu bewertenden Vermögenswerts zu ermitteln sind, sondern die Wiederbeschaffungskosten aus Sicht eines potenziellen typischen Erwerbers. Der IASB unterstellt allerdings, dass die Kosten eines Unternehmens um einen Vermögenswert zu ersetzen, dem Betrag entspricht, den ein Marktteilnehmer für den Erwerb dieses Vermögenswerts zahlen würde und mithin die Kosten identisch mit dem Abgangspreis sind (IFRS 13.B9, IFRS 13.BC141).

Kostenorientierte Verfahren sind in erster Linie für die **Bewertung materieller Vermögenswerte** relevant. Sie kommen auch für die Bewertung bestimmter immaterieller Vermögenswerte (zB Software) in Frage. Die Eignung für die Bestimmung des beizulegenden Zeitwerts einer ZGE dürfte hingegen eher gering sein, da der zukünftige Nutzen allenfalls mittelbar im Bewertungskalkül berücksichtigt wird.

In Abhängigkeit von der Bewertungssituation kann zur Ermittlung des beizulegenden Zeitwerts ein einziges Verfahren ausreichend sein (zB wenn ein Marktpreis direkt auf dem Markt beobachtbar ist). Für komplexe Bewertungen oder für die Bewertung einer ZGE kann hingegen auch die **Anwendung mehrerer Bewertungsverfahren** sachgerecht sein (zB Barwert- und Multiplikatorverfahren). In diesen Fällen ergeben sich zwangsweise Wertbandbreiten, die hinsichtlich der Plausibilität und der Bestimmung des beizulegenden Zeitwerts zu würdigen sind (IFRS 13.63). Zur Identifikation des Punktwerts, der innerhalb dieser Wertbandbreite unter den bestehenden Umständen am repräsentativsten ist, sind die Vorzüge der einzelnen Bewertungsverfahren und der verwendeten Inputparameter zu berücksichtigen (*EY* 2015, 1020). Insbes bei deutlich divergierenden Werten ist es notwendig, die vorgenommenen Bewertungen nochmals kritisch zu überprüfen und die Gründe für die Wertabweichungen genau zu verstehen. In der Praxis verbleibt allerdings weiterhin ein großer Ermessensspielraum, der es dem Bewerter bspw erlaubt, einzelne Verfahren als ungeeignet zu verwerfen oder eine Gewichtung der Einzelwerte nach subjektiven Kriterien vorzunehmen (vgl *Castedello/Klingbeil* WPg 2012, 486 (488)). Um die Entscheidung für Dritte nachvollziehbar zu machen, sollten daher die Vorgehensweise und die verwendeten Annahmen zur Bestimmung des beizulegenden Zeitwerts gut begründet und dokumentiert werden.

Der beizulegende Zeitwert abzüglich Veräußerungskosten ist ein **Wert nach Unternehmenssteuern.** Bei einer direkten Ermittlung des Werts aus beobachtbaren Marktpreisen oder mit marktorientierten Bewertungsverfahren wird im Allgemeinen davon ausgegangen, dass der **Steuervorteil** aus der Abschreibung (*tax amortization benefit* (TAB)) des Vermögenswerts vollständig im Marktpreis eines Vermögenswerts widergespiegelt wird. Daher ist es gängige Praxis, auch bei der Ermittlung des beizulegenden Zeitwerts mit kapitalwertorientierten Bewertungsverfahren diesen Steuervorteil in das Bewertungskalkül mit einzubeziehen. 40

Beispiel: Die folgende Übersicht verdeutlicht die Berechnung des beizulegenden Zeitwerts eines Vermögenswerts mit einer Restnutzungsdauer von vier Jahren unter (vereinfachter) Berücksichtigung des Steuervorteils aus der Abschreibung.

Jahr	**1**	**2**	**3**	**4**
Cashflow nach Steuern in T€	100	150	120	130
Kapitalisierungszinssatz	10%	10%	10%	10%
Barwertfaktor	0,91	0,83	0,75	0,68
Barwert	91	124	90	89
Summe Barwerte in T€ vor Berücksichtigung des Steuervorteils	394			
Berechnung Steuervorteil:				
Abschreibung in T€	136	136	136	136
Steuersatz	35%	35%	35%	35%
Steuervorteil pa in T€	48	48	48	48
Barwertfaktor	0,91	0,83	0,75	0,68
Barwerte Steuervorteil in T€	43	39	36	33
Steuervorteil in T€	151			
Beizulegender Zeitwert in T€	**545**			

Zur Ermittlung des Steuervorteils sind zunächst die Abschreibungen zu berechnen, die sich auf Basis des beizulegenden Zeitwerts und der Nutzungsdauer ergeben (T€ 545/ Restnutzungsdauer vier Jahre = T€ 136). Der Steuervorteil der aus dieser jährlichen Abschreibung resultiert, ergibt sich aus der Multiplikation von Abschreibung und Steuersatz.

Im nächsten Schritt sind die jährlichen Steuereinsparungen auf den Bewertungsstichtag zu diskontieren, um den Barwert des Steuervorteils zu erhalten. Der beizulegende Zeitwert (T€ 545) ergibt sich aus der Summe des Barwerts der Cashflows vor Berücksichtigung des Steuervorteils (T€ 394) und des Barwerts des Steuervorteils (T€ 151).

41 Die Cashflows aus dem Vermögenswert fließen sowohl **Eigen-** als auch **Fremdkapitalgebern** zu. Der relevante Kapitalisierungszinssatz für die Diskontierung der Cashflows entspricht daher den durchschnittlichen gewogenen Kapitalkosten (*weighted average cost of capital,* WACC). Die Ableitung der gewogenen Kapitalkosten ist ausführlich in → Rn 71 ff dargestellt.

42 Der beizulegende Zeitwert ist im Rahmen des Wertminderungstests um die **Veräußerungskosten** zu reduzieren. Veräußerungskosten sind Kosten, die ohne die Veräußerung des Vermögenswerts oder der ZGE nicht entstehen würden und direkt zugerechnet werden können. Dabei werden Finanzierungskosten und Ertragsteuern nicht mit einbezogen (IAS 36.6, IAS 36.25). IAS 36.28 nennt als Beispiele für Veräußerungskosten Gerichts- und Anwaltskosten, Börsenumsatzsteuern und ähnliche Transaktionssteuern, die Aufwendungen für den Abbau des Vermögenswerts und die direkt zurechenbaren zusätzlichen Aufwendungen, um den Vermögenswert in einen verkaufsbereiten Zustand zu versetzen (Fertigstellungs- oder Aufbereitungskosten).

Nicht zu den **Veräußerungskosten** zählen Kosten, die nicht direkt mit der Veräußerung in Zusammenhang stehen, wie etwa Personalabfindungskosten oder Umstrukturierungs-/Reorganisationskosten, auch wenn diese Kosten mit der Veräußerung von Vermögenswerten, Unternehmensbereichen oder Teileinheiten mittelbar einhergehen (IAS 36.28).

43 Soweit im Rahmen einer Veräußerung der Käufer eine **Schuld** für die mit der Nutzung verbundenen Kosten mit übernimmt (zB Rekultivierungsverpflichtungen eines Bergwerks oder Wiederauffüllungsverpflichtungen bei Deponien, nicht dagegen Finanzierungsschulden), ist der beizulegende Zeitwert abzüglich Veräußerungskosten – soweit nicht im Marktwert widergespiegelt oder bereits in der Planung der Cashflows berücksichtigt – und korrespondierend der Buchwert um die Höhe der Schuld zu vermindern (IAS 36.29, IAS 36.78).

44 Wird der erzielbare Betrag einer **ZGE** als beizulegender Zeitwert abzüglich Veräußerungskosten ermittelt, ist auf **Konsistenz** mit der Bestimmung des Buchwerts der ZGE zu achten. Ist die ZGE selbst börsennotiert und sind die Bedingungen für einen aktiven Markt erfüllt, kann aus dem Börsenkurs der Marktwert des Eigenkapitals der ZGE abgeleitet werden. Bei der Ermittlung des Buchwerts wird jedoch das Fremdkapital im Allgemeinen nicht oder nicht vollständig mit einbezogen (→ Rn 98 ff). Entspr ist zum Marktwert des Eigenkapitals, der aus dem Börsenkurs abgeleitet wird, das Fremdkapital zu addieren, um einen mit dem Buchwert vergleichbaren erzielbaren Betrag zu erhalten. Alternativ wäre der Marktwert des Eigenkapitals mit dem Buchwert des Eigenkapitals zu vergleichen.

45 Ist ein beizulegender Zeitwert für eine **ZGE** mit Hilfe eines **Multiplikatorverfahrens** aus vergleichbaren Unternehmen ableitbar, muss auch hier auf Konsistenz mit dem Buchwert der ZGE geachtet werden. Es ist ein Multiplikator zu verwenden, der im Ergebnis zu einem Unternehmenswert führt, der sowohl Eigen- als auch Fremdkapital umfasst (Gesamtunternehmenswert bzw *entity-value* im Gegensatz zum Wert des Eigenkapitals bzw *equity-value*). Vorstellbar wäre ein Multiplikator, der sich auf das Ergebnis vor Zinsen und Steuern (EBIT) oder zusätzlich vor Abschreibungen (EBITDA) bezieht. Infrage käme auch ein Umsatzmultiplikator, sofern sich die Umsatzrentabilität der zu bewertenden ZGE und der herangezogenen Vergleichsunternehmen insbes nachhaltig nicht signifikant unterscheiden.

46 Zu achten ist auch auf Konsistenz in Bezug auf die **Behandlung von Steuern.** Der beizulegende Zeitwert ist ein Wert nach Unternehmenssteuern, weshalb in den Buchwert grds auch steuerliche Bilanzposten mit einzubeziehen sind.

2. Beizulegender Zeitwert von immateriellen Vermögenswerten

47 Aufgrund der großen Bedeutung der Bewertung von immateriellen Vermögenswerten im Rahmen des Wertminderungstests soll an dieser Stelle auf die in der Praxis üblichen Verfahren zur Bewertung von immateriellen Vermögenswerten gesondert eingegangen werden.

Im Allgemeinen bestehen für immaterielle Vermögenswerte **keine aktiven Märkte,** sodass Marktpreise für das Bewertungsobjekt selbst oder auch für vergleichbare Vermögenswerte im Regelfall nicht ableitbar sind. Ist dies der Fall, kann der beizulegende Zeitwert des Vermögenswerts mit Hilfe von **kostenorientierten** oder **kapitalwertorientierten Bewertungsverfahren** ermittelt werden. Bei der Auswahl der möglichen Verfahren ist die Hierarchie der Inputfaktoren (→ Rn 36) zu beachten. Da im Rahmen der Bewertung immaterieller Vermögenswerte die kapitalwertorientierten Bewertungsverfahren am weitesten verbreitet sind, gehen wir im Folgenden spezifisch auf diese Verfahren ein.

Die kapitalwertorientierten Bewertungsverfahren basieren auf der Nettobarwertmethode. Der Wert eines immateriellen Vermögenswerts bestimmt sich danach als Summe der auf den Bewertungsstichtag diskontierten finanziellen Überschüsse, die dem Vermögenswert zuzurechnen sind.

48 Insbes für immaterielle Vermögenswerte, die im Rahmen eines **Unternehmenszusammenschlusses** (§ 34) erworben wurden, wird der beizulegende Zeitwert abzüglich Veräußerungskosten im Allgemeinen ermittelbar sein, da sie ansonsten nicht gem IFRS 3.10 und IFRS 3.18 angesetzt worden wären (im Einzelnen → § 34 Rn 80ff). Wurde der beizulegende Zeitwert der betreffenden immateriellen Vermögenswerte bei der Bilanzierung des Unternehmenszusammenschlusses mit Hilfe von kapitalwertorientierten Verfahren ermittelt, können die angewandten Bewertungsverfahren auch für den Wertminderungstest nach IAS 36 für Zwecke einer Ermittlung von beizulegenden Zeitwerten verwendet werden (→ Rn 51 ff) – lediglich die Datenbasis wäre dabei zu aktualisieren. Auch hier ist sicherzustellen, dass die Bewertung auf Parametern beruht, die Marktteilnehmer berücksichtigen würden.

Allerdings können sich Situationen ergeben, in denen die **Einzelbewertung** eines immateriellen Vermögenswerts mit dem beizulegenden Zeitwert eine **Wertminderung** des betreffenden Vermögenswerts verhindert, obwohl die Betrachtung des Nutzungswerts auf Ebene der ZGE einen solchen anzeigt. Dies ist uE aus den angeführten Gründen grds nicht zu beanstanden, sollte aber Anlass zu einer besonders **kritischen Auseinandersetzung** mit der Plausibilität der zentralen Parameter der Ermittlung der beizulegenden Zeitwerte sowohl auf Ebene des Vermögenswerts als auch auf Ebene der ZGE geben. Denn insbes bei Anwendung kapitalwertorientierter Verfahren ist von einem engen sachlichen Zusammenhang sowohl der Grundlagen der Cashflow-Prognosen als auch der Ableitung der relevanten Kapitalisierungszinssätze auf beiden Ebenen auszugehen. Für ein Aufrechterhalten des Buchwerts auf Basis einer Einzelbewertung bei gleichzeitiger Wertminderung auf Ebene der ZGE dürfte daher vielfach bei kritischer Analyse kein Raum sein.

49 **Ausgangspunkt** für die Bewertung von immateriellen Vermögenswerten mit kapitalwertorientierten Verfahren ist im Allgemeinen die **Planungsrechnung** des Unternehmens oder des entspr Unternehmensbereichs. Für die Bewertung von immateriellen Vermögenswerten können diese Planungen jedoch nicht un-

mittelbar herangezogen werden, da die ausgewiesenen Ergebnisse neben dem immateriellen Vermögenswert auch aus den übrigen eingesetzten Vermögenswerten resultieren. Die auf den immateriellen Vermögenswert entfallenden Zahlungsmittelüberschüsse sind für Bewertungszwecke aus den Planungen zu isolieren (*Scholich/Mackenstedt/Greinert* in: Fandel, 498). Darüber hinaus ist darauf zu achten, dass die Planung keine unternehmensspezifischen Synergien widerspiegelt, die Marktteilnehmer nicht in ihre Bewertung einbeziehen würden. Insoweit ein repräsentativer Marktteilnehmer hingegen ebenfalls die künftig geplanten Restrukturierungen und Erweiterungsinvestitionen durchführen würde, sind diese – entgegen der Vorgehensweise beim Nutzungswert (→ Rn 63) – zu berücksichtigen (*IDW* RS HFA 40 Rz 4). Die Vielfalt der kapitalwertorientierten Verfahren zur Bewertung von immateriellen Vermögenswerten begründet sich im Wesentlichen durch unterschiedliche Ansätze zur Ableitung der aus dem Vermögenswert erwarteten künftigen finanziellen Überschüsse. Gemeinsam ist ihnen, dass sie auf Zahlungsströme nach Unternehmenssteuern aufsetzen. Zusätzlich wird im Rahmen der Ermittlung des beizulegenden Zeitwerts im Allgemeinen der Steuervorteil, der sich aus der steuerlichen Abschreibbarkeit der immateriellen Vermögenswerte ergibt, mit einbezogen.

50 Eine Gegenüberstellung verschiedener Bewertungsverfahren verdeutlicht die **Problematik,** den beizulegenden Zeitwert klar von einem Nutzungswert **abzugrenzen.** So ist zB bei der Methode der Lizenzpreisanalogie der Marktbezug durch den Ansatz vergleichbarer Lizenzsätze, die aus Marktdaten abgeleitet werden, zwar relativ deutlich. Grundlage der Bewertung bei diesem und anderen Verfahren ist jedoch die Umsatzplanung des Unternehmens, in die uU von der Marktsicht abweichende Einschätzungen und Nutzungskonzepte einfließen und die in diesem Fall entspr an die Marktsicht anzupassen wäre, um den Anforderungen an die Ermittlung beizulegender Zeitwerte gerecht zu werden.

Im Folgenden wird eine Auswahl von relativ häufig angewandten Bewertungsverfahren für immaterielle Vermögenswerte dargestellt.

a) Methode der unmittelbaren Cashflow-Prognose

51 Sofern die aus dem **immateriellen Vermögenswert resultierenden Zahlungsströme direkt gemessen** werden können, stellt sich das oben beschriebene Problem der notwendigen Isolierung von Zahlungsströmen nicht. In einem solchen Fall kann die Bewertung des immateriellen Vermögenswerts nach der Methode der unmittelbaren Cashflow-Prognose erfolgen. Dieser Fall wird gegeben sein, sofern der betrachtete immaterielle Vermögenswert nicht zusammen mit anderen Vermögenswerten im Rahmen des Leistungserstellungsprozesses des Unternehmens genutzt wird (*Beyer/Mackenstedt* WPg 2008, 338 (344)). Das Verfahren ist bspw anwendbar, wenn ein immaterieller Vermögenswert, zB eine Marke oder Software, auslizenziert ist und somit direkt und unabhängig von anderen Vermögenswerten Einzahlungen über Lizenzgebühren generiert. Ein weiterer Anwendungsfall kann bspw ein Forschungs- und Entwicklungsprojekt sein, für das im Unternehmen eine eigene Planungsrechnung im Rahmen des Projektcontrollings erstellt wird.

b) Methode der Lizenzpreisanalogie

52 Im Rahmen der Methode der Lizenzpreisanalogie *(relief from royalty method)* wird der Wert eines immateriellen Vermögenswerts als **Barwert der ersparten Lizenzzahlungen** ermittelt. Dieser Methode liegt der Gedanke zugrunde, dass durch den Besitz des Vermögenswerts die Lizenz zu seiner Nutzung nicht extern beschafft werden muss und das Eigentum an dem Vermögenswert damit

zu einer Ersparnis von ansonsten entstehenden Lizenzgebühren führt (*IDW* S 5 Rz 31). Zur Abschätzung der Höhe von marktüblichen Lizenzsätzen können **öffentlich zugängliche Lizenzdatenbanken** (zB www.royaltystat.com oder www.royaltysource.com) herangezogen werden. Die Lizenzraten beziehen sich häufig auf Umsatzerlöse. Entspr können sie mit den geplanten Umsatzerlösen, die dem zu bewertenden immateriellen Vermögenswert zuzuordnen sind, multipliziert werden, um so die ersparten Lizenzzahlungen zu schätzen. Zu hinterfragen ist auch, inwiefern sich im Rahmen der Einlizenzierung eines immateriellen Vermögenswerts im Vergleich zum Eigentum abweichende Erhaltungsaufwendungen ergeben, und inwieweit sich die Verteilung des Erhaltungsaufwands zwischen Lizenzgeber und -nehmer in den marktüblichen Lizenzraten widerspiegelt. Relevant für die Bewertung sind dabei die fiktiven ersparten Lizenzzahlungen nach Unternehmenssteuern. Der Barwert dieser ersparten Kosten wird als Äquivalent für den Wert des Vermögenswerts angesehen. Weil die Lizenzpreisanalogie zu einer transparenten und vergleichsweise wenig aufwendigen Wertfindung bei immateriellen Vermögenswerten führt, hat sie sich in der Praxis als eine besonders häufig verwendete Methode durchgesetzt, insbes bei der Bewertung von Marken, aber auch von Technologie oder Software.

c) Residualwertmethode

Die der Residualwertmethode *(multi-period excess earnings method)* zugrunde liegende **Annahme** ist, dass ein immaterieller Vermögenswert im Allgemeinen nur im **Verbund mit anderen Vermögenswerten** zu Zahlungsmittelüberschüssen führen kann. Entspr wird zunächst ermittelt, welche weiteren Vermögenswerte (zB Maschinen, Anlagen, Immobilien, Marken, Technologien usw) benötigt werden, um einen Nutzen aus dem betreffenden immateriellen Vermögenswert ziehen zu können. Es wird fiktiv davon ausgegangen, dass das betreffende Unternehmen nur über den zu bewertenden immateriellen Vermögenswert verfügt und alle weiteren zur Erzielung der Zahlungsströme notwendigen Vermögenswerte geleast werden. Entspr sind von den geplanten Erlösen die marktüblichen Kosten der übrigen benötigten Vermögenswerte in Form von **fiktiven Leasingraten** abzuziehen, um zu den Überschüssen zu gelangen, die auf den immateriellen Vermögenswert zurückzuführen sind. Die fiktive Leasingrate umfasst einen Zins- und einen Tilgungsanteil (*Mard/Hitchner/Hyden,* 33). 53

Die Berücksichtigung fiktiver Leasingraten setzt eine Analyse der Planungsrechnung voraus, die der Bewertung zugrunde gelegt wird. In vielen Fällen enthält die Unternehmensplanung bereits den Tilgungsanteil der fiktiven Leasingrate, zB in Form von Abschreibungen auf das Sachanlagevermögen und/oder Erhaltungsaufwendungen. Der Tilgungsanteil, der im englischen Sprachgebrauch auch als *return of investment* bezeichnet wird, ist somit häufig nicht gesondert zu ermitteln. Anders verhält sich dies im Regelfall beim Zinsanteil: Der sog *return on investment* repräsentiert die risikoadäquate Verzinsung des eingesetzten Kapitals und weist damit rein kalkulatorische Eigenschaften auf. Der Zinsanteil ist daher im Regelfall nicht bereits in den Planungsrechnungen enthalten. Alternativ besteht natürlich auch die Möglichkeit, ggf in der Planungsrechnung hinterlegte „Tilgungskosten" – zB in Form von Abschreibungen, Erhaltungs- und ähnlichen Ausgaben – zu eliminieren und gegen fiktive Leasingraten für den jeweiligen Vermögenswert zu ersetzen, um Doppelzählungen zu vermeiden (*Dawo* in: Küting/Pfitzer/Weber, 54). 54

Voraussetzung für die **Anwendbarkeit der Residualwertmethode** ist, dass der zu bewertende immaterielle Vermögenswert zu den wesentlichen Werttreibern der Geschäftstätigkeit gehört. Entspr häufig kommt die Methode für die 55

Bewertung von Kundenstämmen oder Technologien zur Anwendung. Für die sonstigen unterstützenden Vermögenswerte wird angenommen, dass sie lediglich Erträge in Höhe der Kapitalkosten erwirtschaften. Die Differenz zwischen dem erwarteten Gewinn und den Kapitalkosten wird vollständig dem immateriellen Vermögenswert zugeschrieben (*Scholich/Mackenstedt/Greinert* in: Fandel, 500). Der Wert des immateriellen Vermögenswerts bestimmt sich als Barwert der nach Abzug der marktüblichen Kosten der übrigen Vermögenswerte ermittelten verbleibenden finanziellen Überschüsse.

d) Mehrgewinnmethode

56 Die **Mehrgewinnmethode vergleicht** die **erwarteten Cashflows des Unternehmens** einschließlich des zu bewertenden immateriellen Vermögenswerts **mit** den **entspr Cashflows aus einem fiktiven Vergleichsunternehmen** ohne den Vermögenswert. Werden durch den zu bewertenden immateriellen Vermögenswert zusätzliche Einzahlungen generiert oder Auszahlungen eingespart, ergibt sich eine positive Differenz zwischen den Cashflows beider Unternehmen, die auf den zu bewertenden immateriellen Vermögenswert zurückzuführen ist. Diese zusätzlichen Cashflows sind auf den Bewertungsstichtag zu diskontieren, wobei auch hier die Betrachtung nach Steuern auf Unternehmensebene erfolgen muss. Voraussetzung für die Anwendbarkeit dieser Methode ist, dass die Cashflows des fiktiven Vergleichsunternehmens ohne den zu bewertenden Vermögenswert verlässlich geschätzt werden können (*IDW* S 5 Rz 36).

Angewendet wird diese Methode zB bei der Bewertung von **Marken,** indem zB der Preisunterschied zwischen Markenprodukten und vergleichbaren Produkten ohne Marke in die Bewertung einbezogen wird. Neben dem Einfluss der Marke auf den Umsatz müssen aber im Allgemeinen auch die höheren mit einer Marke verbundenen Kosten (zB Marketing, Werbung) bei der Bewertung berücksichtigt werden.

II. Nutzungswert

1. Grundlagen

57 Nach IAS 36.6 ergibt sich der **Nutzungswert aus dem Barwert der künftigen Cashflows,** die dem bilanzierenden Unternehmen aus der Nutzung des Vermögenswerts und einer eventuellen anschließenden Veräußerung zufließen. Schwerpunkte der Bewertung sind somit die Planung der künftigen Cashflows aus dem Vermögenswert und die Ableitung eines sachgerechten Kapitalisierungszinssatzes (IAS 36.31). Entspr sind gem IAS 36.30 bei der Ermittlung des Nutzungswerts zu berücksichtigen:

(1) Schätzungen der zukünftigen Cashflows aus dem Vermögenswert,
(2) Erwartungen im Hinblick auf Veränderungen der Höhe und des zeitlichen Anfalls der Cashflows,
(3) der Zeitwert des Geldes, der durch den aktuellen Zinssatz auf risikofreie Anlagen repräsentiert wird,
(4) der Preis für das mit den künftigen Zahlungsströmen verbundene Risiko und
(5) andere Faktoren, wie zB Illiquidität, die Marktteilnehmer bei der Bewertung der künftigen Cashflows berücksichtigen würden.

Wichtig ist, dass im Unterschied zum beizulegenden Zeitwert sowohl die Cashflows als auch der Kapitalisierungszins zwar grds **vor Steuern** zu ermitteln sind. In der Praxis hat sich jedoch eine Ermittlung von Nachsteuerwerten durchgesetzt, welche lediglich für Zwecke der Anhangangaben in eine Ermittlung von Vorsteuerwerten transformiert wird (→ Rn 75 ff).

58 IAS 36.A2 ermöglicht bei der Ermittlung des Nutzungswerts entweder den **traditionellen Ansatz** *(traditional approach)* oder den **erwarteten Cashflow Ansatz** *(expected cash flow approach).*

Beim **traditionellen Ansatz,** der auch als **Risikozuschlagsmethode** bezeichnet wird, wird das erwartete Risiko der Cashflows über einen Zuschlag im Kapitalisierungszinssatz berücksichtigt. Nach IAS 36.A4 erfolgt bei diesem Ansatz grds eine einwertige Planung, bei der das Szenario zugrunde gelegt wird, das vom Management als am wahrscheinlichsten eingeschätzt wird.

59 Beim **erwarteten Cashflow-Ansatz** werden Planungen für unterschiedliche Szenarien erstellt, denen Eintrittswahrscheinlichkeiten zugeordnet werden. Der so ermittelbare Erwartungswert wird durch einen Abschlag in das Sicherheitsäquivalent umgerechnet. Das **Sicherheitsäquivalent** ist der sichere Betrag, der dem Inhaber des Bewertungsobjekts den gleichen Nutzen stiftet wie der unsichere Erwartungswert. Der Preis für die mit dem Vermögenswert verbundene Unsicherheit wird damit durch den Abschlag auf den Erwartungswert abgebildet (IAS 36.A1). Die Diskontierung dieses sicherheitsäquivalenten Cashflows erfolgt mit dem Zinssatz auf risikofreie Anlagen (IAS 36.A2 iVm IAS 36.A15). Voraussetzung für die Anwendbarkeit dieser Methode ist die Kenntnis über die Risikonutzenfunktion des Bewertungssubjekts. Da diese in der Praxis nur schwierig ermittelbar und kaum objektivierbar ist, hat sich dieser Ansatz in der Bewertungspraxis nicht durchgesetzt (*Nestler/Thuy* KoR 2002, 169 (178)).

60 Dennoch wird nach IAS 36.BC59 der **erwartete Cashflow-Ansatz bevorzugt.** Der traditionelle Ansatz wird insbes bei finanziellen Vermögenswerten mit vertraglich festgelegten Zahlungsströmen für geeignet gehalten (IAS 36.A5). Es gibt jedoch **keine verbindliche Vorgabe** für die Anwendung eines bestimmten Verfahrens, sodass in der Praxis aufgrund der oben geschilderten Problematik im Allgemeinen der traditionelle Ansatz und nicht der erwartete Cashflow-Ansatz angewandt werden wird. Das bilanzierende Unternehmen soll sich bei der Entscheidung für eines der Verfahren auch vom Wirtschaftlichkeitsgrundsatz leiten lassen (IAS 36.A12). Es ist nicht beabsichtigt, dass das Unternehmen ein neues Planungssystem implementieren muss, um den Wertminderungstest durchführen zu können.

61 Sieht der Planungsprozess im bilanzierenden Unternehmen zB bereits grds die Ermittlung verschiedener Szenarien vor, kann der Bewertung ein **Erwartungswert der Einzahlungsüberschüsse** anstatt des Ergebnisses einer einwertigen Planung zugrunde gelegt werden. Unter der Annahme, dass eine nachvollziehbare Ableitung des Sicherheitsäquivalents nicht möglich ist, muss in beiden Fällen die Diskontierung der Überschüsse jedoch mit einem risikoangepassten Kapitalisierungszinssatz erfolgen (*Wirth,* 61).

2. Planung der Zahlungsmittelüberschüsse

62 Nach IAS 36.33 muss die Planung der Zahlungsmittelüberschüsse auf **vernünftigen und vertretbaren Annahmen** basieren. Das Management hat dabei die ökonomischen Rahmenbedingungen, die für die Restnutzungsdauer des Vermögenswerts bestehen werden, bestmöglich einzuschätzen. Ein größeres Gewicht ist auf **externe Quellen** zu legen. Zur Beurteilung der Angemessenheit der Annahmen für die aktuellen Prognosen, hat das Management die Gründe für Differenzen zwischen den vorherigen Cashflow-Prognosen und den aktuellen Cashflows (Soll-Ist-Vergleich) zu überprüfen (IAS 36.34).

Die Grundlage der Cashflow-Prognose ist die jüngste vom Management genehmigte Planung. Dabei ist von dem **gegenwärtigen Zustand** des Vermögenswerts auszugehen. Spätere Ereignisse und Entwicklungen, die sich in den aktuell genehmigten Finanzplänen noch nicht niedergeschlagen haben (zB Veränderung der Marktverhältnisse), sind ggf in den Cashflow-Prognosen noch zu berücksichtigen. Dies schließt Erkenntnisse ein, die sich über die am Bilanzstichtag bestehenden Umstände bis zur Aufstellung der Bilanz (Wertaufhellungszeitraum) ergeben (IDW RS HFA 40 Rz 20). Investitionen, die zu einer Verbesserung oder Erhöhung der Ertragskraft des Vermögenswerts führen, sind hingegen nicht zu berücksichtigen (IAS 36.44). Übertragen auf die Bewertung von ZGE bedeutet dies, dass das gegenwärtige Geschäftsmodell einer ZGE zu berücksichtigen ist. Entspr dürfen nur solche Investitionen in die Planung mit einbezogen werden, die das bestehende Geschäftsmodell nicht nachhaltig ändern (*Dawo* in: Küting/Pfitzer/Weber, 43 (69); *Brücks/Kerkhoff/Richter* KoR 2005, 1 (5)). Demgemäß sind alle Zahlungsmittelzu- und -abflüsse aus **Erweiterungsinvestitionen** zu eliminieren, sofern diese beschlossen, aber noch nicht begonnen wurden. Soweit sich die Erweiterungsinvestitionen aber zum Stichtag bereits in der Umsetzung befinden, sind diese einzubeziehen, wenn nicht unwesentliche Zahlungsmittel abgeflossen sind oder Verpflichtungen in erheblichen Umfang eingegangen wurden und die Investitionsmaßnahmen auch mit hinreichender Sicherheit abgeschlossen werden (*IDW* RS HFA 40 Rz 27; *Mayer-Wegelin* BB 2009, 95 (96)). Bei Anlagen im Bau müssen die zur Fertigstellung benötigten Zahlungsmittelabflüsse in der Planung ebenfalls berücksichtigt werden (IAS 36.42). Nicht als Erweiterungsinvestition gelten Investitionen aus Gründen der Sicherheit und des Umweltschutzes, die nicht zu einer direkten Steigerung des wirtschaftlichen Nutzens führen, sowie Großinspektionen – beide sind als Ersatzinvestitionen zu behandeln (*IDW* RS HFA 40 Rz 28).

63 Künftige **Restrukturierungsmaßnahmen,** die das Management noch nicht verpflichtend beschlossen hat, sind ebenfalls nicht in der Planung zu berücksichtigen. Ob eine faktische Verpflichtung für das Unternehmen zur Durchführung der Restrukturierung besteht, ist nach IAS 37.70ff zu beurteilen. Eine Restrukturierung darf dabei ua nur dann in den Planungsrechnungen berücksichtigt werden, wenn die von der Restrukturierung betroffenen Geschäftsbereiche und -standorte bereits identifiziert sind und wenn zB die Funktion und die ungefähre Anzahl ggf abzufindender Mitarbeiter bereits bekannt ist. Wichtige Voraussetzung für eine faktische Verpflichtung ist weiterhin, dass die von der Restrukturierung betroffenen Parteien bereits über die Maßnahmen unterrichtet wurden (vgl ausführlich IAS 36.46f; → § 13 Rn 168ff). Soweit entspr Zahlungsmittelzu- und -abflüsse (zB Investitionen, Abfindungen, Kosteneinsparungen) in der letzten genehmigten Planung enthalten sind, müssen diese für Zwecke des Wertminderungstests bereinigt werden (IAS 36.44).

64 Da gewöhnlich nur für einen Zeitraum von maximal fünf Jahren detaillierte und verlässliche Planungsrechnungen vorliegen, sollte die Prognose der Zahlungsmittelüberschüsse diesen Zeitraum nicht überschreiten. Lediglich für bestimmte Branchen mit einer relativ stabilen und vorhersehbaren Entwicklung (zB Immobilienunternehmen) dürfte auch ein längerer Zeitraum zulässig sein. In diesem Fall (Ausnahme) ist allerdings anhand von langfristigen Verträgen oder durch Analysen der Prognosen der Vergangenheit nachzuweisen, dass das Unternehmen die künftigen Mittelzu- und -abflüsse auch über einen längeren Zeitraum hinreichend genau schätzen kann (vgl *IDW* RS HFA 40 Rz 19). Im Anschluss an diese **Detailplanungsphase** sind für die verbleibende Restnutzungsdauer des Vermögenswerts die Zahlungsmittelüberschüsse durch eine **Fortschreibung der Planung** mit einer angemessenen Wachstumsrate zu ermitteln. Dabei sind im Regelfall konstante bzw rückläufige Wachstumsraten der Zahlungsmittelüberschüsse zu berücksichtigen. Steigende Raten sind jedoch vorstell-

bar, zB wenn ein zunehmendes Wachstum durch objektive Informationen über den Lebenszyklus des Produkts oder der Branche gerechtfertigt ist. Auch eine konstante Fortschreibung der Planung oder ein negatives Wachstum kann angemessen sein. Die angenommene Wachstumsrate soll nicht über dem langfristigen Durchschnittswachstum für die entspr Produkte, die Branche oder das Land, in dem das Unternehmen tätig ist, oder für den Markt, in welchem der Vermögenswert genutzt wird, liegen. Auch hier kann uU der Ansatz eines höheren Wachstums gerechtfertigt sein (IAS 36.33 ff).

Die Länge des gesamten **Prognosezeitraums** ist abhängig von der **wirtschaftlichen Nutzungsdauer** des Vermögenswerts. Besteht ein Vermögenswert aus mehreren Komponenten, ist die Komponente mit der längsten wirtschaftlichen Nutzungsdauer für die Bestimmung des Prognosezeitraums relevant, es sei denn, dass sie nur von untergeordneter Bedeutung ist. Auch im Fall der Bewertung von ZGE mit mehreren unerlässlichen Vermögenswerten richtet sich der Prognosezeitraum nach dem Vermögenswert mit der längsten Nutzungsdauer. Ist nur ein Vermögenswert bestimmend, ist dessen Nutzungsdauer ausschlaggebend. Von einem unendlichen Prognosezeitraum ist dagegen auszugehen, wenn ein Vermögenswert mit unbestimmter Nutzungsdauer wesentlich für die Geschäftstätigkeit der Einheit ist oder der Einheit ein Geschäfts- oder Firmenwert zugeordnet ist (*IDW* RS HFA 40 Rz 31 f). Anderenfalls würden bei der Bewertung wesentliche Cashflows nicht berücksichtigt werden. 65

Die Prognose der Zahlungsmittelüberschüsse muss Auszahlungen für die **regelmäßige Wartung** und **Instandhaltung** des Vermögenswerts (Erhaltungsinvestitionen) sowie **Gemeinkosten,** die entweder direkt zurechenbar oder auf einer vernünftigen und stetigen Basis (zB durch Schlüsselung) zuordenbar sind, enthalten (IAS 36.41). Nach IAS 36.49 sind **alle Auszahlungen** zu berücksichtigen, die erforderlich sind, um den wirtschaftlichen Nutzen des Vermögenswerts auf dem **gegenwärtigen Niveau** zu halten. Besteht zB eine zu bewertende ZGE aus mehreren für die Geschäftstätigkeit wesentlichen Vermögenswerten mit unterschiedlichen Nutzungsdauern, wird der notwendige Ersatz der Vermögenswerte mit kürzerer Lebensdauer wie Auszahlungen für regelmäßige Erhaltungsinvestitionen behandelt (IAS 36.49). Nicht zulässig ist es, bestimmte zahlungswirksame Gemeinkosten (zB Kosten für Konzernzentralen und Zentralfunktionen wie IT, Investor Relations oder Forschung und Entwicklung) generell von der Allokation auf die ZGE auszunehmen (s auch *ESMA* EECS/0113-04 vom 3. April 2013). In der Prognose der Zahlungsmittelüberschüsse dürfen Cashflows aus der Finanzierung oder aus Ertragsteuern nicht berücksichtigt werden (IAS 36.50; zur abweichenden Vorgehensweise in der Praxis → Rn 57). In den Nutzungswert sind somit keine Ein- und Auszahlungen im Zusammenhang mit aktiven und passiven latente Steuern, Steuererstattungsansprüche, Steuerverbindlichkeiten und Steuerrückstellungen oder zinstragenden Vermögenswerten und Schulden einzubeziehen. 66

Relevante Bewertungsgröße ist der aus dem Vermögenswert oder der ZGE resultierende **freie Cashflow vor Steuern.** Dieser spiegelt den vom Vermögenswert oder der ZGE erwirtschafteten Einzahlungsüberschuss vor Berücksichtigung der Folgen von Eigen- oder Fremdfinanzierung wider. Insbes Zinsen auf Fremdkapital und die steuerlichen Folgen der Fremdfinanzierung bleiben unberücksichtigt. Ferner sind ggf in einer vorhandenen Planungsrechnung berücksichtigte ertragsteuerliche Zahlungen zu eliminieren (IAS 36.50(b)). 67

Die Planung der freien Cashflows vor Steuern im Detailplanungszeitraum kann entweder direkt oder indirekt erfolgen. Bei der **direkten Prognose** stellt das bilanzierende Unternehmen einen Finanzplan auf, in dem alle wesentlichen Zahlungsmittelbewegungen im Detailplanungszeitraum unmittelbar berück- 68 sichtigt werden. Erfolgt die Prognose der freien Cashflows vor Steuern mit Hilfe der **indirekten Methode,** bildet der geplante Jahresüberschuss bzw -fehlbetrag oder auch das geplante Ergebnis vor Zinsen und Steuern (EBIT) den Ausgangspunkt der Planung der freien Cashflows. Die geplanten Aufwendungen und Erträge werden um nicht auszahlungswirksame Aufwendungen und nicht einzahlungswirksame Erträge korrigiert. Voraussetzung für die indirekte Ermittlung der freien Cashflows ist eine integrierte GuV- und Bilanzplanung auf Ebene der ZGE.

Bei Anwendung der indirekten Methode ergeben sich die **freien Cashflows vor Steuern** wie folgt (in Anlehnung an *IDW* S 1 Rz 127):

	Jahresergebnis vor Steuern
+	Fremdkapitalzinsen
+	Abschreibungen und andere zahlungsunwirksame Aufwendungen
–	Zahlungsunwirksame Erträge
–	Investitionsauszahlungen
+/–	Verminderung/Erhöhung des Nettoumlaufvermögens einschließlich des Zahlungsmittelbestands (soweit die liquiden Mittel in den Buchwert der ZGE einfließen)
=	Freier Cashflow vor Steuern

69 In der Praxis wird nicht immer eine integrierte GuV- und Bilanzplanung für eine ZGE vorliegen, sondern ggf nur eine GuV- und Investitionsplanung erstellt. In diesem Fall kann uE das **Ergebnis vor Abschreibungen, Zinsen und Steuern (EBITDA)** vereinfachend als operativer Cashflow angesetzt werden, es sei denn, dass klar gegenteilige Anhaltspunkte (zB im Zeitablauf zu erwartende nicht unwesentliche Veränderungen des Nettoumlaufvermögens) dagegen sprechen. Geplante Investitionen sind, sofern es sich um Erhaltungsinvestitionen handelt, zusätzlich vom EBITDA abzuziehen (→ Rn 62).

70 Erzielt eine ZGE Cashflows in einer **fremden Währung,** erfolgt die Schätzung in der Währung, in der sie generiert werden. Für die Abzinsung dieser Cashflows ist ein für diese Währung angemessener Zinssatz heranzuziehen (→ Rn 79ff). Die Umrechnung erfolgt mit dem am Tag der Berechnung des Nutzungswerts geltenden Devisenkassakurs (IAS 36.54).

Zusätzlich zu den aus der lfd Nutzung des Vermögenswerts resultierenden Cashflows sind eventuell zu erwartende Ein- oder Auszahlungen aus dem **Abgang des Vermögenswerts** am Ende seiner Nutzungsdauer zu berücksichtigen. Relevant für diese Schätzung ist der Preis, der sich für den Vermögenswert zwischen sachverständigen, vertragswilligen und voneinander unabhängigen Geschäftspartnern nach Abzug der geschätzten Veräußerungskosten ergeben würde (IAS 36.52).

3. Ableitung des Kapitalisierungszinssatzes

71 Grds sind Kapitalisierungszinssätze, die für Schätzungen beizulegender Zeitwerte herangezogen werden, mit Kapitalisierungszinssätzen vergleichbar, die der **Herleitung von Nutzungswerten** zugrunde gelegt werden. Mit Ausnahme der nachfolgend gesondert dargestellten Ermittlung von Vorsteuer-Kapitalisierungszinssätzen gelten die nachfolgend getroffenen Aussagen daher grds analog.

a) Grundlagen

Gem IAS 36.55 soll der Kapitalisierungszinssatz die gegenwärtigen **Markteinschätzungen** über den Zeitwert des Geldes und die spezifischen Risiken des Bewertungsobjekts widerspiegeln. Während die der Ermittlung des Nutzungswerts zugrunde liegenden Cashflows aus der unternehmenseigenen Planung abzuleiten sind, ist der Kapitalisierungszinssatz demnach marktorientiert zu ermitteln. Analog zur Bestimmung des beizulegenden Zeitwerts ist daher auch für die Berechnung des Nutzungswerts eine weitgehende Objektivierbarkeit des Kapitalisierungszinssatzes anzustreben. 72

Orientierungspunkt für den Kapitalisierungszinssatz ist eine Rendite, die Marktteilnehmer bei einer mit dem Bewertungsobjekt hinsichtlich der Höhe und dem zeitlichen Anfall der Cashflows und des mit ihnen verbundenen Risikos vergleichbaren Anlage erzielen können (IAS 36.56). Da sich die meisten Vermögenswerte bzw ZGE, für die ein Nutzungswert zu ermitteln ist, in ihrem Risiko unterscheiden, ist die Verwendung konzerneinheitlicher Kapitalisierungszinssätze im Regelfall ausgeschlossen (so auch *ESMA* EECS/0112-06 vom 10. Oktober 2012 Rz 64; *IDW* RS HFA 40 Rz 51). Vielmehr ist für jedes spezifische Bewertungsobjekt der jeweils relevante Kapitalisierungszinssatz individuell zu bestimmen. Darüber hinaus ist der Kapitalisierungszinssatz **unabhängig von der Kapitalstruktur** des Unternehmens und von der Finanzierung des Bewertungsobjekts zu ermitteln (IAS 36.A19). Dementsprechend gilt auch für den Nutzungswert, dass nicht von der tatsächlichen Kapitalstruktur des Unternehmens oder der ZGE, sondern von der Kapitalstruktur typischer Marktteilnehmer (idR auf Basis einer Analyse von Vergleichsunternehmen → Rn 83) auszugehen ist (*IDW* RS HFA 40 Rz 44).

Wesentlich bei der Prognose der Zahlungsmittelüberschüsse und der Ableitung des Kapitalisierungszinssatzes ist die **Konsistenz** der dabei zugrunde liegenden **Annahmen** (IAS 36.51). Wird der Kapitalisierungszinssatz aus Marktdaten abgeleitet, ist davon auszugehen, dass ein Ausgleich für die erwartete Preissteigerungsrate enthalten ist. Entspr sind auch die Zahlungsmittelüberschüsse nominal zu planen. Risiken, die im Kapitalisierungszinssatz abgebildet wurden, sind nicht in der Planung der Zahlungsmittelüberschüsse zu berücksichtigen.

Die direkte Ableitung eines vermögenswertspezifischen Kapitalisierungszinssatzes aus Marktdaten wird häufig nicht möglich sein. Für diesen Fall werden alternativ folgende mögliche **Ausgangswerte** für die Schätzung eines Kapitalisierungszinssatzes angegeben (IAS 36.A17): 73

(1) gewogene durchschnittliche Kapitalkosten des Unternehmens (WACC),
(2) Zinssatz für Neukredite des Unternehmens oder
(3) andere marktübliche Fremdkapitalsätze.

Diese Ausgangswerte sind jedoch entspr den mit den Cashflows des Vermögenswerts verbundenen Risiken **anzupassen** (IAS 36.A18). Werden zB Fremdkapitalkostensätze als Ausgangspunkt für die Bestimmung des Kapitalisierungszinssatzes verwendet, sind Zuschläge notwendig, um das zusätzliche Risiko, das ein Anteilseigner im Vergleich zu einem Fremdkapitalgeber zu tragen hat, abzubilden.

b) Kapitalisierungszins vor Steuern

Im Allgemeinen werden bei der Bestimmung der vermögenswertspezifischen Kapitalisierungszinsen die **gewogenen durchschnittlichen Kapitalkosten** (*weighted average cost of capital,* WACC) des Unternehmens als Ausgangspunkt verwendet, da die Cashflows aus dem Vermögenswert sowohl Eigen- als auch Fremdkapitalgebern zufließen. Der WACC setzt sich wie folgt zusammen: 74

$$WACC = r_{EK} \cdot \frac{EK}{GK} + k_{FK} \cdot (1 - s) \cdot \frac{FK}{GK}$$

EK = Marktwert des Eigenkapitals
FK = Marktwert des Fremdkapitals
GK = Marktwert des Gesamtkapitals
r_{EK} = Eigenkapitalkosten
k_{FK} = Fremdkapitalkosten
s = Ertragsteuersatz

75 Der anhand von Kapitalmarktdaten abgeleitete Kapitalisierungszinssatz spiegelt generell eine Rendite **nach** Unternehmenssteuern wider. IAS 36 fordert allerdings – abweichend von der üblichen Praxis – eine Ermittlung des Nutzungswerts **vor** Steuern, sodass der Kapitalisierungszinssatz entspr angepasst werden muss (IAS 36.A20). Ein **Kapitalisierungszinssatz vor Unternehmenssteuern** kann vereinfacht mit der folgenden Formel ermittelt werden:

$$WACC_{vor\ Steuern} = \frac{WACC_{nach\,Steuern}}{1 - s}$$

76 Nach IAS 36.BCZ85 sollte der **Nutzungswert vor Steuern** theoretisch dem **Nachsteuerwert** entsprechen. Eine Identität der Werte ist dabei jedoch mit der einfachen Hochrechnung (sog *grossing up*) mit Hilfe der oben angeführten Formel nicht immer gewährleistet. Insbes bei stark schwankenden Zahlungsströmen stellt sich der Zusammenhang zwischen Vor- und Nachsteuerrenditen komplexer als in der *grossing-up*-Formel abgebildet dar. Entspr ist nach *IDW* RS HFA 40 Rz 53 diese Methode nur im einfachen Rentenfall, also bei gleich bleibenden Cashflows anwendbar. In einem Beispiel (IAS 36.BCZ85) wird ein **iterativer Prozess** dargestellt, mit dem der Vorsteuer-Kapitalisierungszinssatz ermittelt werden kann. Danach wird zunächst der Nachsteuerwert ermittelt und die Identität zum Vorsteuerwert unterstellt. Der Vorsteuer-Kapitalisierungszinssatz ist der Zins, mit dem die Abzinsung der Vorsteuer-Cashflows zu demselben Ergebnis führt wie die Wertermittlung nach Steuern.

77 Mit der **Rückrechnung** von Vorsteuerzinsen aus Nachsteuerzinsen verdeutlicht der IASB, dass er den Nachsteuerwert für den „richtigen" Wert hält (IAS 36.BC94). Wir halten es daher für zulässig, im Rahmen des Wertminderungstests ebenfalls die in der Bewertungspraxis üblichen **Nachsteuerwerte** zu verwenden. Lediglich für die im Anhang geforderten Angaben wäre der Kapitalisierungszinssatz vor Unternehmenssteuern zu ermitteln. Die beschriebene Art der Umrechnung des Nachsteuerzinssatzes in einen Vorsteuerzinssatz wird auch in *IDW* RS HFA 40 Rz 53 vorgeschlagen. Die Ermittlung des Vorsteuerzinssatzes ist in → Rn 137 an einem Beispiel dargestellt.

Die Ermittlung der einzelnen Komponenten des WACC, die sich in Eigenkapitalkosten und Fremdkapitalkosten unterteilen lassen, ist im Folgenden zusammenfassend dargestellt.

c) Eigenkapitalkosten

78 Der Eigenkapitalkostensatz (r_{EK}) kann mit Hilfe des ***capital asset pricing model* (CAPM)** aus Marktdaten abgeleitet werden. Nach diesem Modell setzt sich der Kapitalisierungszinssatz aus einem Zins auf risikofreie Anlagen (sog Basiszins) und einer Risikoprämie zusammen:

$$r_{EK} = i + \beta \cdot (r_M - i)$$

i = risikofreier Zins
β = Beta-Faktor des Bewertungsobjekts
M = Marktrendite

aa) Risikofreier Zins. Der **Zeitwert des Geldes** wird durch den Zins auf risikofreie Anlagen (sog Basiszinssatz) abgebildet. Die Bemessung des risikofreien Zinssatzes orientiert sich nach herrschender Auffassung an den zu erwartenden Renditen festverzinslicher Wertpapiere der öffentlichen Hand, die zum Zeitpunkt des Wertminderungstests eine mit der Nutzungsdauer des Bewertungsobjekts **vergleichbare Laufzeit** haben (*IDW* S 1 Rz 116f). 79

Wird zB bei der Bewertung einer ZGE mit zugeordnetem Geschäfts- oder Firmenwert von einer **unendlichen Nutzungsdauer** ausgegangen, existieren keine laufzeitäquivalenten Wertpapiere der öffentlichen Hand. In diesem Fall kann aus der am Kapitalmarkt beobachteten Zinsstrukturkurve die theoretische Rendite für Anleihen mit unendlicher Laufzeit approximiert werden. Der Arbeitskreis Unternehmensbewertung (AKU) beim IDW empfiehlt, den Basiszins auf der Grundlage der von der Deutschen Bundesbank regelmäßig geschätzten Zinsstrukturkurven abzuleiten (*AKU IDW* FN IDW 2005, 555). Bspw lässt sich im Frühjahr 2015 mit der empfohlenen Methodik unter Berücksichtigung einer moderaten Wachstumsrate der Cashflows ein **Basiszinssatz** von 1,25% ermitteln. Ein anhand dieser Methodik abgeleiteter Basiszinssatz ist auch für die Ermittlung von Nutzungswerten verwendbar, sofern der Bewertung ein unendlicher Prognosezeitraum zugrunde liegt und die zu bewertende ZGE ihre Zahlungsüberschüsse in Deutschland erzielt. Für Vermögenswerte oder ZGE, die ihre Zahlungsüberschüsse überwiegend in einer **fremden Währung** erzielen, ist der für die jeweilige Währung relevante risikofreie Zins zu verwenden. Werden hiervon abweichend die Zahlungsströme in einer anderen Währung geplant, ist – unter Beachtung des Äquivalenzprinzips – auch der risikofreie Zinssatz nach den Gegebenheiten des Währungsraums abzuleiten, in dessen Währung die Planung erstellt wurde (*IDW* RS HFA 40 Rz 42). Dabei ist zu beachten, dass die Anleihen der öffentlichen Hand in vielen Währungsräumen bzw Jurisdiktionen keine risikofreie Anlage repräsentieren und insofern nicht ohne weiteres zur Ableitung des risikofreien Zinssatzes herangezogen werden können. Sofern ein Vermögenswert oder eine ZGE mit beschränkter Nutzungsdauer zu bewerten sind, ist auf der Basis der oben beschriebenen Zinsstrukturkurve ein laufzeitäquivalenter Basiszins abzuleiten.

bb) Risikoprämie. Die Risikoprämie kann mit Hilfe des **CAPM** anhand der Marktrisikoprämie und des systematischen Risikos des zu bewertenden Unternehmens, das durch seinen Beta-Faktor abgebildet wird, ermittelt werden. 80

Die **Marktrisikoprämie** ist die Differenz zwischen der erwarteten Rendite eines Marktportfolios, das sämtliche risikobehaftete Anlageformen umfasst und dem Basiszins. In der Praxis wird die Marktrisikoprämie überwiegend aus Vergangenheitsdaten berechnet. Zur Ermittlung der erwarteten Rendite des Marktportfolios wird daher gewöhnlich auf historische Renditen eines breiten nationalen Aktienindizes zurückgegriffen. Bei dieser Vorgehensweise wird davon ausgegangen, dass die für die Vergangenheit gemessene Differenz zwischen der tatsächlich realisierten Marktrendite und dem risikolosen Zinssatz ein guter Schätzwert für die erwartete Marktrisikoprämie ist.

Unter Abwägung der **Ergebnisse aktueller Studien** sowie unter Beachtung der derzeitigen Entwicklungen auf den Kapitalmärkten hat der Fachausschuss für Unternehmensbewertung (FAUB) im September 2012 eine Bandbreite für 81

Marktrisikoprämien zwischen 5,5% und 7,0% für den **deutschen Markt** empfohlen (*FAUB IDW* FN IDW 2012, 568 (569)). Damit wurde die zuvor angelegte Bandbreite (4,5 bis 5,5%) aus dem Jahr 2007 um rund 1% bzw 1,5% erhöht. Die Anpassung berücksichtigt, dass infolge der Finanzmarktkrise historisch niedrige Renditen deutscher Staatsanleihen und einer relativ konstanten Gesamtrenditeforderung der Marktteilnehmer steigende Marktrisikoprämien zu beobachten sind.

Die Bandbreite spiegelt die Marktrisikoprämie vor persönlicher Einkommensteuer, jedoch nach Ertragsteuern auf Unternehmensebene wider. Die Einschätzung zur Marktrisikoprämie des FAUB wird von den Bewertungspraktikern geteilt. So zeigen Ergebnisse einer Kapitalmarktstudie, dass Unternehmen in Deutschland im Geschäftsjahr 2013/14 durchschnittlich eine Marktrisikoprämie von 6,0% verwendet haben (*KPMG* 2014, 26).

Die Marktrisikoprämie ist – im Unterschied zum Basiszinssatz und den Fremdkapitalkosten – unabhängig von der Währung, die der Planung zugrunde liegt. Allerdings ist zu prüfen, ob aufgrund spezifischer systematischer Risiken des Landes, in dem die Cashflows generiert werden, sog **Länderrisikoprämien** ergänzend zu berücksichtigen sind (*IDW* RS HFA 40 Rz 42). Dies gilt insbes für Schwellen- und Entwicklungsländer sowie für die von der Finanz- und Staatsschuldenkrise betroffenen Länder im Euro-Raum. Die Berücksichtigung der Länderrisikoprämie ist in der Literatur allerdings strittig (vgl *Kruschwitz/Löffler/Mandl* WPg 2011, 167 (167); *Ernst/Gleißner* WPg 2012, 1252 (1252); *Hachmeister/Ungemach/Ruthardt* IRZ 2012, 233 (233); *Zwirner/Kähler* DB 2014, 2721 (2721)). Für die Bewertungspraxis ist es zweckmäßig zwischen **originären Länderrisiken,** die aus direkten ausfallgefährdeten Forderungen ggü ausländischen Staaten resultieren, sowie **derivaten Länderrisiken,** die die Auswirkungen der originären Länderrisiken (zB Staatsinsolvenz) auf die zukünftigen Ertragsaussichten eines Unternehmens reflektieren, zu unterscheiden (*IDW* FN IDW 2014, 293 (293f); *IDW* RS HFA 40 Rz 42). Eine allgemein anerkannte Methodik zur Berücksichtigung dieser Risiken existiert nicht. Der FAUB empfiehlt, die Länderrisiken über Szenarien (gewichtet mit der Eintrittswahrscheinlichkeit) in der Prognose der Cashflows zu berücksichtigen. Für den Fall, dass der Ansatz der (derivativen) Länderrisiken im Zähler aus Praktikabilitäts- oder Komplexitätsgründen unterbleibt, wird ebenfalls ein entspr Risikozuschlag im Nenner als Korrektiv für zulässig erachtet. Anhaltspunkte für die Ableitung dieser Länderrisikoprämie kann eine Analyse von Renditeunterschieden *(spreads)* zwischen währungs- und laufzeitäquivalenten Staatsanleihen des entspr Landes und einer (quasi) sicheren Staatsanleihe liefern. Dabei ist darauf zu achten, dass es nicht zu einer Doppelberücksichtigung von Risiken im Kapitalisierungszinssatz kommt (*IDW* RS HFA 40 Rz 42). Dies wäre zB der Fall, wenn als Basiszinssatz die Rendite einer lokalen (risikobehafteten) Staatsanleihe und gleichzeitig eine Länderrisikoprämie auf der Basis von Staatsanleihenspreads angesetzt wird.

Die **Marktrisikoprämie** ist auf das **Risiko** des zu bewertenden Vermögens-
82 werts bzw der zu bewertenden ZGE **anzupassen,** um zu einer spezifischen Risikoprämie zu gelangen. Dazu wird die Marktrisikoprämie mit dem **Beta-Faktor** multipliziert. Ein Beta-Faktor von eins bedeutet ein im Vergleich zum Gesamtmarkt durchschnittliches Risiko. Ein Beta-Faktor größer/kleiner als eins spiegelt ein überdurchschnittliches/unterdurchschnittliches Risiko wider.

83 Der Kapitalisierungszinssatz ist **marktorientiert abzuleiten** (IAS 36.BCZ54). Dementsprechend sollte der Beta-Faktor – analog zur Herleitung der Kapitalstruktur und der Fremdkapitalkosten – grds auf Basis von Vergleichsunternehmen *(peer group)* bestimmt werden (*IDW* RS HFA 40 Rz 48; *Müller/Reinke/Stawinoga* PiR 2014, 271 (276)). Dies gilt auch für den Fall, dass das bilanzierende Unter-

nehmen börsennotiert sein sollte (*KPMG* 2014/15 Rz 10.300.15). Die Anwendung des Betafaktors des bilanzierenden Unternehmens erscheint nur dann sachgerecht (Ausnahmefall), wenn das operative Risiko des Unternehmens dem operativen Risiko der ZGE entspricht und die wesentlichen Kursveränderungen durch das operative Risiko des Unternehmens erklärt werden können (*KPMG* 2014, 27).

In die Gruppe der **Vergleichsunternehmen** sind Unternehmen einzubeziehen, die hinsichtlich wesentlicher quantitativer (zB Umsatz, Gewinnmarge, Marktkapitalisierung) und qualitativer (zB Branche, regionale Aufstellung, Lebenszyklus) Merkmale mit der ZGE vergleichbar sind. Dies ist zu jedem Bewertungsstichtag erneut zu überprüfen (*IDW* RS HFA 40 Rz 48). Sofern keine ausreichende Anzahl von vergleichbaren börsennotierten Unternehmen vorliegt, können auch sog Industrie- bzw Branchenbetafaktoren ermittelt werden. In diesem Fall wird angenommen, dass das systematische Risiko eines Unternehmens im Wesentlichen durch branchenspezifische Faktoren geprägt wird.

Beta-Faktoren können über verschiedene **Informationsquellen** bezogen werden. Zu nennen sind Informationsdienstleister wie Bloomberg, Reuters oder Thomson Financial/Datastream. Darüber hinaus werden Beta-Faktoren auch auf entspr Internet-Seiten veröffentlicht. Zur Beurteilung der Aussagekraft der ermittelten Betafaktoren sind statistische Gütekriterien (zB Bestimmtheitsmaß, t-Test) und die Liquidität des Aktienhandels zu betrachten.

Ein aus Marktdaten abgeleiteter Beta-Faktor spiegelt neben dem operativen 84
Risiko auch das **finanzwirtschaftliche Risiko** wider.

Sollte das bilanzierende Unternehmen börsennotiert sein und wird dessen Beta-Faktor als Ausgangspunkt für die Bestimmung der Risikoprämie verwendet **(Ausnahmefall)** muss der Beta-Faktor in einem ersten Schritt um das (spezifische) finanzwirtschaftliche Risiko bereinigt werden, um einen Beta-Faktor für ein **fiktiv unverschuldetes Unternehmen** zu erhalten. Dieses sog *unlevering* kann mit Hilfe der folgenden Formeln vorgenommen werden (*Copeland/Koller/Murrin,* 372):

$$\beta_{\text{unverschuldet}} = \frac{\beta_{\text{verschuldet}}}{1+(1-s)\times\frac{FK}{EK}} \quad \text{oder} \quad \beta_{\text{unverschuldet}} = \frac{\beta_{\text{verschuldet}}}{1+\frac{FK}{EK}}$$

Beide Formeln sind in der Praxis gebräuchlich. Während die erste Formel sichere *tax shields* unterstellt, geht die zweite Formel von unsicheren *tax shields* aus.

Für die Ermittlung des Beta-Faktors einer fiktiv unverschuldeten ZGE wird der Verschuldungsgrad der ZGE auf Basis der **Marktwerte von Eigen- und Fremdkapital** (FK/EK) benötigt. Als Marktwert des Eigenkapitals kann der aktuelle Börsenwert angesetzt werden. Der Marktwert des Fremdkapitals ist der Barwert der zukünftigen Zahlungen an die Fremdkapitalgeber. In der Praxis kann zur Vereinfachung der Buchwert des verzinslichen Fremdkapitals als Schätzwert für dessen Marktwert verwendet werden.

In einem zweiten Schritt ist der um das jeweilige spezifische Kapitalstrukturrisiko bereinigte Beta-Faktor auf das durchschnittliche Kapitalstrukturrisiko der Branche anzupassen (sog ***relevering***). Dadurch wird sichergestellt, dass die Bewertung unabhängig von der spezifischen Finanzierung des Bewertungsobjekts erfolgt. Die Formel für das *relevering* ergibt sich durch Umstellen der oben angeführten Formel nach $ß_{\text{verschuldet}}$ und Einsetzen des durchschnittlichen branchenüblichen Verschuldungsgrads.

Erfolgt die Ableitung des (verschuldeten) Beta-Faktors anhand vergleichbarer Unternehmen **(Regelfall)** ist eine Bereinigung der Kapitalstruktur nicht erforderlich. Der Beta-Faktor berücksichtigt die Finanzierungsstrukturen der einbezogenen Unternehmen und ist somit unabhängig von der spezifischen Finanzierung des Vermögenswerts bzw der ZGE. Damit ist gewährleistet, dass auch der Abzinsungssatz unabhängig von der spezifischen Finanzierung des Vermögenswerts oder der ZGE ermittelt wird (IAS 36.A19).

In der Bewertungspraxis wird zur Ableitung des Beta-Faktors für die Vergleichsunternehmen auch **zweistufig** vorgegangen. In diesem Fall werden zunächst die einzelnen (fiktiv) unverschuldeten Beta-Faktoren der einbezogenen Unternehmen abgeleitet und daraus der Mittelwert gebildet. Anschließend wird dieser unter Berücksichtigung des durchschnittlichen Verschuldungsgrads der Vergleichsgruppe *(peer group)* wieder in einen verschuldeten Beta-Faktor umgerechnet. Beide Methoden sind grds nicht zu beanstanden. Allerdings ist zu beachten, dass insbes, wenn die Unternehmen innerhalb der *peer group* sehr unterschiedliche Verschuldungsgrade aufweisen, die Ergebnisse beider Verfahren idR voneinander abweichen.

d) Fremdkapitalkosten

85 Der Fremdkapitalkostensatz (kFK) ergibt sich aus dem Basiszinssatz zuzüglich eines Bonitätsspread *(credit spread)* und ist aus den zum Bewertungsstichtag beobachtbaren marktüblichen Fremdkapitalkonditionen und unter Beachtung des Äquivalenzprinzips (Laufzeit, Risiko, Währung und Steuern) abzuleiten. Dabei sind die Märkte zugrunde zu legen, auf denen sich ein typischer Marktteilnehmer refinanzieren würde (länderspezifische Kapitalkosten; *IDW* RS HFA 40 Rz 49). Die Ableitung kann auf **Basis** der **durchschnittlichen Finanzierungskosten** der Unternehmen der Vergleichsgruppe erfolgen. Üblicherweise wird bei einer Ableitung über die Vergleichsgruppe oder die Branche aus dem durchschnittlichen Rating der Unternehmen ein (zumindest grds laufzeitspezifisch ermittelbarer) Bonitätsspread abgeleitet, der auf den laufzeitspezifischen risikofreien Zins aufgeschlagen wird. In diesem Zusammenhang stellt *IDW* RS HFA 40 klar, dass der verwendete Basiszinssatz konsistent mit dem risikofreien Zinssatz im Rahmen der Berechnung der Eigenkapitalkosten sein muss (*IDW* RS HFA 40 Rz 47). Die Verwendung (historischer) Finanzierungskonditionen für bestehende Verbindlichkeiten zur Bestimmung der *credit spreads* bzw die Ableitung der Fremdkapitalkosten aus dem tatsächlichen Zinsaufwand des Unternehmens berücksichtigen nicht die aktuelle Markteinschätzung und sind daher nicht zulässig (*ESMA* EECS/0113-09 vom 3. April 2013 Rz 74). Die Ableitung der für die Gewichtung des Eigen- und Fremdkapitalkostensatzes benötigten Eigen- und Fremdkapitalquote erfolgt, wie oben beschrieben, auf Basis von Daten für Vergleichsunternehmen oder die gesamte Branche. Diese Vorgehensweise führt wiederum zu einer Unabhängigkeit von der konkreten Verschuldung des bilanzierenden Unternehmens.

D. Buchwert einer ZGE

I. Identifizierung

1. Grundlagen

86 Nach IAS 36.6 ist eine **ZGE** die jeweils **kleinste identifizierbare Gruppe von Vermögenswerten,** die Mittelzuflüsse aus der fortgesetzten Nutzung er-

zeugt, die weitestgehend unabhängig von den Mittelzuflüssen anderer Vermögenswerte oder Gruppen von Vermögenswerten sind.

Wesentliches Kriterium bei der Bildung von ZGE ist die Möglichkeit einer **unabhängigen Erzielung** von Zahlungsmittel**zu**flüssen (IAS 36.6). Zahlungsmittelabflüsse sowie Netto-Zahlungsströme sind für die Beurteilung nicht maßgeblich. Hierbei ist es unerheblich, ob die ZGE tatsächlich eigenständig am Markt auftritt und damit unabhängig Zahlungsmittelzuflüsse generiert oder aber, ob der Ausstoß der ZGE ausschließlich anderen Konzernunternehmen zugeführt wird. Ausschlaggebend ist allein, dass für die Leistungserstellung der ZGE rein theoretisch ein aktiver Markt (iSv IFRS 13.Anhang A) besteht und die ZGE damit weitgehend unabhängig Zahlungsmittelzuflüsse generieren könnte (IAS 36.69).

Diesem Leitbild folgend, können bei der **Identifizierung** von ZGE ua folgende Aspekte von Bedeutung sein: 87
(1) Steuerung der Unternehmensaktivitäten durch das Management:
  (a) Produktlinien oder Geschäftsfelder,
  (b) Produktions- oder Verkaufsstandorte,
  (c) regionale Einteilung der Absatzgebiete,
(2) Entscheidungsbasis des Managements über Fortführung, Schließung, Verkauf von Unternehmenstätigkeiten,
(3) vertragliche Abhängigkeiten zwischen Einzahlungsströmen,
(4) Wechselwirkungen zwischen Einzahlungsströmen, Abhängigkeiten zwischen den Absatzmärkten der Produkte des Unternehmens,
(5) Hilfsfunktionen von Vermögenswerten zur Erzielung von Einzahlungsströmen und
(6) grds Absatzmöglichkeit von intern genutzten Zwischenprodukten auf aktiven Märkten.

Dabei ist zu beachten, dass ZGEs nicht durch unterschiedliche Länder, funktionale Währungen oder rechtliche Einheiten begrenzt werden (*IDW* RS HFA 40 Rz 60).

Insbes für den Wertminderungstest **einzelner Vermögenswerte** auf der Ebene von ZGE (zur Notwendigkeit → Rn 22) dürfte regelmäßig der Fall eintreten, dass eine entspr **ZGE noch nicht definiert** worden ist. Hieraus resultiert uU die Notwendigkeit, eine „neue" ZGE zB für die Wertminderung einzelner Vermögenswerte des Anlagevermögens zusammenzufassen (IAS 36.66 ff). Die Abgrenzung einmal gebildeter ZGE unterliegt dem Stetigkeitsgrundsatz. Von einer einmal erfolgten Abgrenzung darf jedoch mit einer entspr berechtigten Begründung abgewichen werden (IAS 36.72). 88

Der Wertminderungstest einzelner Vermögenswerte auf Ebene der nächstgrößeren ZGE entspricht nicht zwangsläufig dem Wertminderungstest, der für **Geschäfts- oder Firmenwerte** jährlich durchzuführen ist (zur Verpflichtung → Rn 6 f, zur Zuordnung → Rn 112 ff).

Für die Ebene, auf der Wertminderungstests für Geschäfts- oder Firmenwerte durchgeführt werden, sind **„Obergrenzen"** zu beachten. So gilt zum einen der Grundsatz, dass potenzielle Wertminderungen von Geschäfts- oder Firmenwerten auf der niedrigsten Ebene zu überprüfen sind, auf welcher der Geschäfts- oder Firmenwert für interne Managementzwecke überwacht wird (IAS 36.80(a)). Die so definierte ZGE bzw Gruppe von ZGE darf zum anderen aber nicht größer sein als ein von **IFRS 8** definiertes **Geschäftssegment vor Aggregation** (IAS 36.80(b); zur Definition IFRS 8.Anhang A; ausführlich → § 21 Rn 31 ff). Unerheblich ist hierbei, 89
(1) ob das Unternehmen überhaupt der Pflicht zur Segmentberichterstattung unterliegt (hierzu IFRS 8.2; → § 21 Rn 6 ff) oder

(2) ob das jeweilige Geschäftssegment gleichzeitig auch ein berichtspflichtiges Segment ist (s hierzu IFRS 8.11 ff; → § 21 Rn 31 ff).

90 Insgesamt dienen diese Regelungen der **Vermeidung von Überbewertungsrisiken,** die infolge der Gruppenbildung entstehen können. IAS 36.68 fordert daher neben den hier vorgestellten Detailregelungen ein **ausgewogenes Urteil des Managements** bei der Ermittlung der ZGE. Insbes durch Nichtbeachtung des Kriteriums „kleinste" ZGE bestehen Risiken, dass potenzielle Wertverluste von Gruppen oder von einzelnen Vermögenswerten durch die Ertragskraft anderer Gruppen oder einzelner Vermögenswerte ungerechtfertigt kompensiert werden und eine eigentlich zwingende Wertminderung nicht entdeckt wird. Kompensationen innerhalb der jeweils kleinsten ZGE sind dabei eine Folge des Grundkonzepts des IAS 36.

91 *(einstweilen frei)*

2. Anwendungsbeispiele

92 Die Ausführungen lassen erkennen, dass IAS 36 nur die **theoretischen Grundrisse** zeichnet, nach denen ZGE zu identifizieren sind und ggf zusammengefasst werden dürfen. Weitergehende Vorschriften, zB in Form von Branchenstandards oder Interpretationen deutscher Fachverbände, sind derzeit nicht verfügbar. Die folgenden Ausführungen verstehen sich daher als Ansatzpunkte zur **praktischen Umsetzung** der Abgrenzung von ZGE.

a) Fertigungsstandorte

93 Bei Unternehmen mit geringer Produktbreite ergeben sich regelmäßig **ZGE** nach den **Fertigungsstandorten.** Die Einzahlungsströme an den verschiedenen Fertigungsstandorten müssen jedoch unabhängig voneinander sein. IAS 36.IE11 nennt als Beispiel ein Einproduktunternehmen, in dem eine feststehende Gesamtproduktionsmenge auf zwei Standorte verteilt wird. Entspr können keine autonomen Teilplanungen für beide Fertigungsstandorte erstellt werden. Auch wenn für das Produkt beider Standorte ein aktiver Markt besteht, sind die Einzahlungen aufgrund der Verteilung der Fertigungsaufträge auf die beiden Standorte nicht unabhängig voneinander. Die zu bildende ZGE würde beide Standorte umfassen.

Beispiel: Ein Unternehmen, das die Lagerung homogener Produkte an verschiedenen Standorten anbietet, fasst alle im Inland vorhandenen Lager zu einer ZGE zusammen. Die Kunden haben aufgrund der Homogenität der Produkte die Möglichkeit, an einem bestimmten Lager eine bestimmte Menge einzulagern und eine entspr Menge an einem anderen Standort zurück zu erhalten. Da diese Möglichkeit besteht, haben die Kunden oft keine Präferenz für einen bestimmten Lagerort, und das Unternehmen entscheidet in Abhängigkeit von der Logistiklage, wo die Ware eingelagert wird. Insofern liegen in diesem Fall für die einzelnen Standorte keine voneinander unabhängigen Einzahlungen vor. Die Entscheidung für die Zusammenfassung zu einer ZGE ist sachgerecht.

Beispiel: Eine Bäckereifilialkette betreibt die Brot- und Brötchenproduktion und die Kuchenproduktion an zwei getrennten Produktionsstandorten. Umsatzrückgänge, gestiegene Rohstoff- und Transportkosten verpflichten zu einem Wertminderungstest. Marktstudien haben ergeben, dass etwa 70% der Kunden bei ihrem Einkauf sowohl Brötchen, Brot und Kuchen und etwa 30% der Kunden nur Kuchen kaufen. Die Produktionsstätten sind getrennt, liegen aber innerhalb derselben Gemeinde und haben daher vergleichbare Transportwege. Die heutige Produktionsstätte für Kuchen wurde im Rahmen eines *asset deal* von einer Konkurrenzkette vor drei Jahren übernommen. Dabei wurde ein Geschäfts- oder Firmenwert von Mio € 0,5 vergütet. Die Brot- und Brötchen- sowie die Kuchenproduktion wurden wechselseitig eingestellt und jeweils auf einen Standort konzentriert.

Der Kaufpreis wurde bei Erwerb im Wesentlichen aufgrund der Beendigung des Preiskampfs der beiden Ketten akzeptiert.

Die Produktionsstandorte können keine voneinander unabhängigen Zahlungsströme generieren und müssen deshalb in der ZGE „Produktion" zusammengefasst werden. Zwischen dem Filialnetz und dem Produktionsstandort sollte eine getrennte Betrachtung auf Basis der Herstellungskosten unter dem Aspekt Eigenfertigung und Fremdbezug erfolgen. Die einzelnen Filialen sind regelmäßig als ZGE zu betrachten. Ein ggf vorhandener Geschäfts- oder Firmenwert wäre dabei auf alle Filialen aufzuteilen, da er durch eine entspr Vertriebsmarge realisiert wird. Die Aufteilung wäre sachgerecht nach den Umsatzverhältnissen im Erwerbszeitpunkt der einzelnen erworbenen und bereits vorhandenen Filialen vorzunehmen.

b) Handelsunternehmen

Bei **Handelsunternehmen** sind die Zahlungsströme regelmäßig durch die Handelsstandorte determiniert. Dies soll nach IAS 36.IE1 ff auch dann der Fall sein, wenn unternehmerische Funktionen, wie die Bestimmung der Verkaufspreise, das Marketing und Personalentscheidungen teilweise von einer zentralen Stelle, zB einer regionalen Vertriebsgesellschaft, übernommen werden. Ausnahmen von dieser Regel kann es uE geben, wenn wesentliche unternehmerische Entscheidungen, zB über die Eröffnung, Verkauf oder Schließung von Filialen, nicht auf Ebene der einzelnen Filialen sondern für eine Region bzw ein Land als Ganzes getroffen werden (→ Rn 87). Ein weiteres Kriterium für die Abgrenzung einer ZGE soll nach IAS 36.IE3 auch die Region und die damit verbundene Kundenbasis sein. Hat eine Handelskette mehrere Läden in einer Region, ist für diese Läden nicht von unabhängigen Einzahlungsströmen auszugehen, da sie auf dieselbe Kundenbasis zurückgreifen. In einem solchen Fall ist ebenfalls die regionale Zusammenfassung der Läden zu einer ZGE denkbar. 94

Beispiel: Ein Handelsunternehmen expandiert nach Land A und eröffnet dort zunächst zehn Läden. Diese werden grds einzeln über ihre Ergebnisbeiträge gesteuert, wobei eine Landesgesellschaft teilweise administrative Funktionen übernimmt. Das Handelsunternehmen fasst die Läden im Land A zu einer einzigen ZGE zusammen. Begründet werden kann dies mit der unternehmerischen Entscheidung zur Expansion bzw auch zum Rückzug aus Land A. Beide Entscheidungen betreffen nicht nur einzelne Läden, sondern grds das gesamte Engagement. Dies kann uE auch gelten, wenn im Inland einzelne Läden oder auch Regionen ZGE bilden.

c) Berücksichtigung der Organisationsstruktur

Bei **vertikal integrierten Unternehmen,** bei denen Produkte bestimmter Unternehmensbereiche in Endprodukte eingehen, liegt keine unabhängige Erzielung von Einzahlungsströmen auf Ebene der zuliefernden Unternehmensbereiche vor, da deren Absatz von der Produktionsmenge auf der nachgelagerten Wertschöpfungsstufe abhängig ist. Gem IAS 36.70 ist in einem solchen Fall zu untersuchen, ob für das jeweilige Zwischenprodukt ein aktiver Markt vorliegt, das Produkt also grds extern verkauft werden könnte. In einem solchen Fall bildet die Zwischenproduktionsstufe eine eigene ZGE. Ein aktiver Markt liegt nach IFRS 13.Anhang A vor, wenn für ein Produkt Preise leicht und regelmäßig erhältlich sind und tatsächlich und regelmäßig Markttransaktionen zu diesen Preisen stattfinden. 95

Beispiel: Ein Stahlwerk verfügt über eine eigene Kokerei, um den Bedarf an Hochofenkoks sicher zu stellen. Für Hochofenkoks existiert ein aktiver Markt mit öffentlich zugänglichen Preisen. Wenn für die Kokerei entspr Zahlen zur internen Steuerung zur Verfügung stehen, bildet dieser Unternehmensbereich eine eigene ZGE auch wenn die Produktion vollständig konzernintern verwendet wird. Der für die ZGE zu ermittelnde

Nutzungswert würde jedoch nicht auf den konzerninternen Preisen basieren, sondern auf einer Schätzung der zukünftigen Preise, die mit einem fremden Dritten zustande kommen würden (IAS 36.70 f).

96 Je **spezialisierter** die Zwischenprodukte sind, desto weniger wird die Voraussetzung eines aktiven Markts für das Produkt gegeben sein. Soweit aufgrund der spezifischen Produkte eines Unternehmens nur das Endprodukt an einem aktiven Markt absetzbar ist, bildet das gesamte Unternehmen die ZGE.

97 Bei **horizontal integrierten Unternehmen** mit einer großen Produktbreite lassen sich die Zahlungsströme regelmäßig zunächst nach **Segmenten oder Geschäftsfeldern** einteilen. Auch hier ist auf die Unabhängigkeit der Einzahlungsströme zu achten. Ist zB der Absatz eines Produkts stark vom Absatz eines anderen Produkts abhängig, sind beide Geschäftsfelder zu einer ZGE zusammen zu fassen.

II. Zuordnung operativer Vermögenswerte und Schulden

98 In die **Ermittlung des Buchwerts** einer ZGE müssen die Buchwerte aller Vermögenswerte eingehen, die zur Erzielung der Einzahlungsüberschüsse der ZGE beitragen und somit in die Ermittlung des erzielbaren Betrags der ZGE einfließen (IAS 36.75). Die aus diesem Äquivalenzprinzip ableitbare Anforderung an die Konsistenz von Buchwerten und erzielbaren Beträgen einer ZGE ist von zentraler Bedeutung, um eine Vergleichbarkeit von beiden Werten sicherzustellen. Im Rahmen der Zurechnung von Vermögenswerten kann zwischen **direkt zurechenbaren Vermögenswerten** und **gemeinschaftlichen Vermögenswerten** unterschieden werden.

Direkt zurechenbare Vermögenswerte sind dadurch gekennzeichnet, dass sie jeweils zur Erzielung von Mittelzuflüssen aus Veräußerung oder Nutzung **nur einer** ZGE dienen (IAS 36.76). Das betrifft auch Vermögenswerte, die Hilfsfunktionen im Rahmen des Produktionsprozesses erfüllen (zB spezielle Transportanlagen, soweit der jeweilige Standort eine ZGE ist). **Gemeinschaftliche Vermögenswerte** sind Vermögenswerte, die keine von anderen Vermögenswerten unabhängigen Mittelzuflüsse erzeugen und auch nicht vollständig einer einzelnen ZGE zugeordnet werden können (IAS 36.100; ausführlich → Rn 109).

99 Neben den unter die Regelungen des IAS 36 fallenden Vermögenswerten sind auch alle sonstigen Vermögenswerte im Buchwert der ZGE zu berücksichtigen, die zur Erzielung der Cashflows beitragen (IAS 36.77). Dies betrifft uE insbes auch die **Vorräte.** Anderenfalls wäre die Planung so anzupassen, dass die Cashflows aus den nicht unter IAS 36 fallenden Vermögenswerten eliminiert werden.

100 Der nach IAS 36 ermittelte Nutzungswert ist ein Gesamtunternehmenswert *(entity value),* der sowohl den Wert des Eigenkapitals als auch des Fremdkapitals berücksichtigt. Gleiches gilt – allerdings in Abhängigkeit von dem gewählten Bewertungsverfahren – im Allgemeinen auch für den beizulegenden Zeitwert. Aus diesem Grund werden bei der Cashflow-Planung Fremdkapitalzinsen nicht berücksichtigt. Analog zur Ermittlung der Cashflows werden im Allgemeinen einer ZGE daher keine **Verbindlichkeiten** zugeordnet (IAS 36.76). Eine Ausnahme besteht, wenn ein potenzieller Erwerber der ZGE die Schuld mit übernehmen muss, sodass der erzielbare Betrag für die ZGE nicht ohne die Berücksichtigung der Schuld ermittelt werden kann (zB Rekultivierungsverpflichtungen) oder wenn zinstragende Vermögenswerte in einer direkten Verbindung zur operativen Geschäftstätigkeit stehen (zB bei Kredit- und Finanzdienstleistungsinstituten).

Liquide Mittel sind, zumindest soweit sie über den operativ benötigten Bestand hinausgehen, uE nicht im Buchwert der ZGE zu berücksichtigen, da die aus ihnen resultierenden Zinserträge auch in die Ermittlung des Nutzungswerts der ZGE nicht einfließen. Liquide Mittel über das betriebsnotwendige Maß hinaus sind analog zu den Finanzverbindlichkeiten des Unternehmens Teil der Finanzierungsentscheidung und somit im Rahmen der Ermittlung von Nutzungswerten und Buchwerten außen vor zu lassen. 101

Forderungen und Verbindlichkeiten aus **Lieferungen und Leistungen** sowie **sonstige Verpflichtungen** dürfen gem IAS 36.79 in den Buchwert der ZGE einbezogen werden. Grds sind alle Bilanzposten zu berücksichtigen, die auch bei der Ableitung der Cashflows erfasst wurden. Besteht eine ZGE zB aus einem Geschäftsbereich, für den eine integrierte GuV- und Bilanzplanung vorgenommen wird, werden bei der indirekten Ableitung der Cashflows Veränderungen des Nettoumlaufvermögens berücksichtigt (→ Rn 68). Nach dem beschriebenen Äquivalenzprinzip sind die entspr Bilanzposten in die Ermittlung des Buchwerts der ZGE ebenfalls einzubeziehen. 102

Nach *IDW* RS HFA 40 ist es wahlweise zulässig, den Buchwert der ZGE ohne die operativen, nicht zinstragenden, kurzfristigen Vermögenswerte und Schulden ***(net working capital)*** zu ermitteln. In diesem Fall ist im erzielbaren Betrag neben der Veränderung des *net working capital* zusätzlich der Stichtagsbestand des *net working capital* abzuziehen, um dem Ergebnis einer Werthaltigkeitsprüfung inklusive *net working capital* zu entsprechen (*IDW* RS HFA 40 Rz 66f).

Beispiel: Die ZGE eines Maschinenbauers erzielt in den Jahren 20x1 bis 20x5 aus dem Verkauf von Druckmaschinen ein operatives Ergebnis von barwertig T€ 3.000 und aus der Veränderung des *net working capital* zusätzlich einen Zahlungsabfluss von barwertig T€ -500. Zum Bewertungsstichtag betragen die Buchwerte für das langfristige Vermögen T€ 2.000 bzw für das *net working capital* T€ 1.000. Zur Bestimmung des Wertminderungsbedarfs sind zwei alternative Vorgehensweisen zulässig, die sich hinsichtlich der Berücksichtigung des *net working capital* unterscheiden:

Alternative 1: Für die Werthaltigkeitsprüfung wird das ***net working capital*** in den Buchwert der ZGE **einbezogen.** Damit ergibt sich aus der Differenz zwischen dem Buchwert von T€ 3.000 (T€ 2.000 langfristiges Vermögen + T€ 1.000 *net working capital*) und dem erzielbaren Betrag von T€ 2.500 (EBIT T€ 3.000 – Veränderung *net working capital* T€ 500) ein Wertminderungsbedarf von T€ -500.

Alternative 2: Für die Werthaltigkeitsprüfung wird das *net working capital* **nicht** in den Buchwert der ZGE **einbezogen.** Der Buchwert der ZGE beträgt somit lediglich T€ 2.000. In diesem Fall ist der erzielbare Betrag zusätzlich zu Alternative 1 noch um den Stichtagsbestand des *net working capital* als anfängliche Investitionsauszahlungen in die unterstützenden Vermögenswerte zu mindern. Im Unterschied zu Alternative 1 beträgt der erzielbare Betrag lediglich T€ 1.500 und der Wertminderungsbedarf somit ebenfalls T€ –500.

Sollte die Berücksichtigung des *net working capital* zu einem negativen Buchwert der ZGE führen (kurzfristige Passiva > kurz- und langfristige Aktiva), entbindet dies nicht von der Pflicht zur Durchführung einer Werthaltigkeitsprüfung auf Ebene der ZGE (*IDW* RS HFA 40 Rz 68).

Finanzanlagevermögen ist grds nicht in den Buchwert der ZGE einzubeziehen. Finanzanlagen tragen üblicherweise nicht zur Erzielung der operativen Cashflows bei, sondern führen zu Finanzerträgen, die in die Berechnung des Nutzungswerts nicht einfließen. Ausnahmen von diesem Grundsatz betreffen Unternehmen, deren operative Geschäftstätigkeit auf dem Halten von Finanzanlagen beruht (zB Kreditinstitute und Versicherungen). 103

Pensionsverpflichtungen können in bereits erdiente und noch zu erdienende Ansprüchen differenziert werden (*IDW* RS HFA 40 Rz 64; § 26). Bereits 104 bestehende Rückstellungen stellen grds Fremdkapital dar und dürfen daher nicht den Buchwert mindern. Entspr sind auch die darauf entfallenden Auszahlungen sowie Zinsansprüche *(interest cost)* nicht bei der Ableitung des erzielbaren Betrags in Abzug zu bringen. Die auszahlungswirksame Erfassung der im Detailplanungszeitraum erwarteten Zuführungen zu den Rückstellungen für Altersversorgung hinsichtlich des Dienstzeitaufwands *(service cost)* ist hingegen sachgerecht. Trotz des Fremdkapitalcharakters der Pensionsverpflichtungen können diese aus praktischen Erwägungen aber ebenfalls in den Buchwert der ZGE einbezogen werden, sofern sichergestellt ist, dass die entspr Verpflichtung auch im erzielbaren Betrag der ZGE reflektiert wird (IAS 36.79). Sicherzustellen ist dabei die Konsistenz der Bewertung der Pensionsverpflichtungen mit der Datengrundlage, auf der die Herleitung des erzielbaren Betrags basiert. Zu beachten sind dabei Aspekte wie zB vorhandenes Planvermögen.

Sicherungsgeschäfte in Form von Finanzinstrumenten zur Absicherung von zB Kurs- und Währungsrisiken sind in IAS 36 nicht gesondert geregelt. Unter Beachtung des Äquivalenzprinzips ist die Berücksichtigung von Sicherungsinstrumenten (Vermögenswert oder Schuld) im Buchwert zulässig, sofern die korrespondierenden Cashflows bei der Berechnung des erzielbaren Betrags berücksichtig werden. Wird der Buchwert hingegen nicht erfasst, dürfen entspr auch die Zahlungsströme aus dem Sicherungsgeschäft nicht einbezogen werden (so auch *IDW* RS HFA 40 Rz 69). Sofern die Sicherungsgeschäfte unter die *own use exemption* gem IAS 39.5 ff/IFRS 9.24 ff fallen (→ § 3 Rn 93, → § 3 Rn 360), besteht kein Wahlrecht. In diesem Fall werden die erwarteten Zahlungsströme mit den kontrahierten Preisen des Geschäfts bemessen (*IDW* RS HFA 40 Rz 69).

105 Gem IAS 36.50 sind Vermögenswerte und Schulden im Zusammenhang mit **Ertragsteuern** (zB latente Steuern, Steuerverbindlichkeiten und -rückstellungen sowie Steuererstattungsansprüche) **nicht in den Buchwert einer ZGE einzubeziehen,** da entspr Auszahlungen auch bei der Ermittlung des Nutzungswerts grds nicht erfasst werden (→ Rn 67). Wird der Nutzungswert allerdings – wie in der Praxis regelmäßig der Fall (→ Rn 57) – unter **Verwendung eines Nachsteuerzinssatzes** ermittelt (→ Rn 76), sind aus Gründen der Konsistenz Steuerzahlungen bei der Ableitung der erwarteten Zahlungsströme zu berücksichtigen. Entspr sind in den korrespondierenden Buchwert der ZGE dann ebenfalls Steuererstattungsansprüche, Steuerverbindlichkeiten und Steuerrückstellungen einzubeziehen (*IDW* RS HFA 40 Rz 33). Latente Steuern auf temporäre Differenzen sind nur insoweit im Buchwert zu erfassen, als für die Ermittlung der Steuerzahlungen die steuerlichen Buchwerte verwendet wurden (*IDW* RS HFA 40 Rz 34). Wird bei der Ermittlung der Steuerzahlungen hingegen auf die IFRS-Buchwerte als steuerliche Abschreibungsbasis abgestellt, ergeben sich insoweit keine temporären Differenzen. Entspr sind auch keine latenten Steuern auf temporäre Differenzen in den Buchwert der ZGE einzubeziehen (*IDW* RS HFA 40 Rz 35). Die zum Bewertungsstichtag bestehenden steuerlichen Verlustvorträge sind kein Bestandteil der ZGE und nach den Regelungen des IAS 12 zu bewerten. Entspr sind hieraus resultierende latente Steuern ebenfalls nicht zu erfassen (*IDW* RS HFA 40 Rz 37).

106 Des Weiteren stellt sich in der **Praxis** häufig die Frage, wie mit latenten Steuern umzugehen ist, die zB im Rahmen einer Kaufpreisallokation nach IFRS 3 erstmalig zum Ansatz gelangt sind. Aus der Hebung stiller Reserven, zB durch die Aktivierung von vor der Transaktion nicht-bilanzierten immateriellen Vermögenswerten, resultieren regelmäßig insbes passive latente Steuern, die im Gegenzug die Residualgröße Geschäfts- oder Firmenwert erhöhen (zur Kaufpreisallokation ausführlich → § 34 Rn 164). Dem Wortlaut des IAS 36 folgend, wären diese passiven latenten Steuern nicht buchwertmindernd zu berücksichtigen, was unter sonst gleichen Umständen zu einer sofortigen Wertminderung des bilanzierten Geschäfts- oder Firmenwerts führen würde. In der Praxis wird daher ua diskutiert, insbes passive latente Steuern – entgegen dem Wortlaut des IAS 36.50 – aus der dem jeweiligen Geschäfts- oder Firmenwert zugrunde liegenden Kaufpreisallokation vom Buchwert der auf Wertminderung zu überprüfenden ZGE abzuziehen (s exemplarisch zur Diskussion *Lüdenbach/Hoffmann/Freiberg* IFRS § 11 Rz 130).

Diese nachvollziehbare Vorgehensweise ist grds dem Vorwurf ausgesetzt, im Einzelfall **ergebnisorientiert** vom Wortlaut der IFRS abzuweichen. Andererseits ist das Ergebnis einer sofortigen Wertminderung des Geschäfts- oder Firmenwerts aufgrund der Vorgaben des IAS 36 zur Ermittlung des Nutzungswerts wirtschaftlich nicht sinnvoll und kann auch vom IASB uE so nicht beabsichtigt gewesen sein. Die Praxis behilft sich bei Auftreten der skizzierten Problematik regelmäßig auch mit einem Wertminderungstest auf Basis des beizulegenden Zeitwerts abzüglich Veräußerungskosten. Dies setzt allerdings voraus, dass die relevanten Bewertungsparameter weitestgehend aus Marktdaten ableitbar sind bzw durch diese verplausibilisiert werden können, was bei Anwendung kapitalwertorientierter Bewertungsverfahren zu Einschränkungen führen kann. Unberührt von dieser Problematik bleiben Fallkonstellationen, in denen der beizulegende Zeitwert anhand von marktpreisorientierten Verfahren, also insbes Multiplikator-gestützten Bewertungsverfahren, ermittelt wird. UE sind beide skizzierten Lösungsmöglichkeiten grds akzeptabel. 107

Die einzelnen **Vermögenswerte** sind den identifizierten ZGE im Zeitablauf stetig **zuzuordnen** (IAS 36.72). Eine Änderung in der Ermittlung oder Zusammensetzung der ZGE ist nur zulässig, wenn sachliche Gründe dies erfordern. In Betracht kommen insbes **Änderungen** in der Absatzstruktur wie Erweiterungen der Produkte oder Erschließung neuer Märkte, aber auch Umstrukturierungen, Verkauf oder Erwerb von Produktionsstätten oder ganzen Unternehmen und die Änderung von Organisationsstrukturen. Ergeben sich aus der geänderten Bildung von ZGE Wertminderungen oder Wertaufholungen für bereits vorhandene Vermögenswerte oder Gruppen, so sind Ereignisse und Umstände, die dazu geführt haben, und die Höhe des erfassten oder aufgehobenen Wertminderungsaufwands im Anhang anzugeben (IAS 36.73 und IAS 36.130). 108

III. Gemeinschaftliche Vermögenswerte

Zu gemeinschaftlichen Vermögenswerten (Definition in → Rn 98) gehören vor allem **Sachanlagen, die der allgemeinen Verwaltung dienen, typische Verwaltungsgebäude eines Konzerns oder eines Geschäftsbereichs sowie EDV-Anlagen.** Unternehmensübergreifende Einrichtungen, wie zentralisierte Forschungs- und Entwicklungslabore, sowie unternehmensübergreifend genutzte Marken oder Lizenzen, die ebenfalls keine selbständigen Zahlungsflüsse generieren, sind weitere Beispiele für gemeinschaftliche Vermögenswerte. Aus der Zurechnung von gemeinschaftlichen Vermögenswerten zu ZGE oder Gruppen von ZGE folgt, dass diesbezügliche Konzernumlagen, die in der Planung der ZGE berücksichtigt sind, kritisch zu hinterfragen sind. Soweit die Konzernumlage Abschreibungen und eine angemessene Rendite auf die gemeinschaftlichen Vermögenswerte enthält, wären diese Kosten aus der Planung zu eliminieren. Damit soll sichergestellt werden, dass keine doppelte Belastung erfolgt. Liegen Indikatoren für eine Wertminderung eines gemeinschaftlichen Vermögenswerts vor, kann ein Wertminderungstest auf der Ebene der ZGE nur entfallen, wenn der beizule- 109 gende Zeitwert abzüglich Veräußerungskosten den Buchwert für den gemeinschaftlichen Vermögenswert übersteigt (IAS 36.22(a) iVm IAS 36.101). Die Zuordnung der gemeinschaftlichen Vermögenswerte auf die ZGE kann anhand von Verteilungsschlüsseln durchgeführt werden (zB analog zur Allokation von Gemeinkosten in der Kosten- und Leistungsrechnung).

110 Eine **anteilige Zurechnung** eines gemeinschaftlichen Vermögenswerts zu einer ZGE erfolgt nur, wenn die tatsächliche Nutzung/Inanspruchnahme des gemeinschaftlichen Vermögenswerts durch alle ZGE eine stetige und vernünftige Zurechnung rechtfertigt. Dies erfordert insbes eine relativ **konstante Inanspruchnahme** der gemeinschaftlichen Vermögenswerte durch die ZGE über mehrere Perioden. Eine vernünftige **Basis für die Aufteilung der Buchwerte** der gemeinschaftlichen Vermögenswerte können dabei zB das Verhältnis der Buchwerte der ZGE (s IAS 36.IE8) oder das Verhältnis der Umsatzerlöse oder die tatsächliche Inanspruchnahme sein, soweit dafür Erhebungen vorhanden sind.

111 Ist, zB aufgrund schwankender Nutzung der gemeinschaftlichen Vermögenswerte durch verschiedene ZGE, über die Perioden keine stetige Zuordnung möglich, so ist keine Aufteilung der Buchwerte vorzunehmen. In diesem Fall ist der Wertminderungstest einer ZGE zunächst ohne den gemeinschaftlich genutzten Vermögenswert durchzuführen. Nach IAS 36.102 sind die **ZGE** daraufhin solange **zu Gruppen zusammenzufassen,** bis eine Zuordnung des gemeinschaftlich genutzten Vermögenswerts entweder vollständig oder mit einer sachgerechten Schlüsselung zu einer oder mehreren Gruppen von ZGE möglich ist. Der Wertminderungstest ist dann zusätzlich auf Ebene der Gruppe von ZGE durchzuführen, die den gemeinschaftlich genutzten Vermögenswert enthält (das Beispiel in → Rn 145).

IV. Geschäfts- oder Firmenwert

112 Im Rahmen eines Unternehmenserwerbs entstandene Geschäfts- oder Firmenwerte sind den ZGE oder Gruppen von ZGE zuzuordnen, die von den **Synergieeffekten** aus dem Unternehmenszusammenschluss profitieren. Hierzu sind die erwarteten Synergieeffekte zu quantifizieren und als Zuordnungsschlüssel zu verwenden. Die Zuordnung ist dabei unabhängig davon, welchen ZGE die sonstigen im Rahmen des Unternehmenskaufs erworbenen Vermögenswerte zugeordnet werden (IAS 36.80). Folglich können auch solchen ZGE Geschäfts- oder Firmenwerte zugeordnet werden, die nicht Gegenstand der Unternehmenszusammenschlüsse waren, aus denen die Geschäfts- oder Firmenwerte resultierten, einschließlich ZGE oder Gruppen von ZGE, an denen **Minderheiten** beteiligt sind (IAS 36.C2).

Beispiel: Unternehmen A erwirbt Unternehmen Z zu einem Kaufpreis von T€ 1.000. Unternehmen Z verfügt über ein Nettovermögen zum beizulegendem Zeitwert von T€ 600 und hat einen beizulegenden Zeitwert (ohne Synergien aus dem Unternehmenszusammenschluss) von T€ 700. Unternehmen Z wird künftig als eigenständige ZGE A3 neben den bereits bestehenden ZGE A1 und ZGE A2 geführt. Damit ergibt sich ein Geschäfts- oder Firmenwert von insgesamt T€ 400 (T€ 1000 – T€ 600). Davon entfallen T€ 100 auf A3, als Differenz zwischen beizulegendem Zeitwert (T€ 700) und Nettovermögen (T€ 600). Der verbleibende Anteil des Geschäfts- oder Firmenwerts von T€ 300 (T€ 1.000 – T€ 700) ist auf Synergien aus dem Unternehmenszusammenschluss zurückzuführen und auf A1 und A2 aufzuteilen.

Die Zuordnung des Geschäfts- oder Firmenwerts kann hilfsweise auch anhand anderer Wertmaßstäbe erfolgen, sofern diese den künftigen wirtschaftlichen Nutzen aus dem Unternehmenszusammenschluss angemessen reflektieren. Dies können zB die beizulegenden

Zeitwerte der Einheiten, Ertragswertanteil, EBIT oder EBITDA sein (*IDW* RS HFA 40 Rz 74).

Die Zuordnung erfolgt ab dem **Erwerbsstichtag des Unternehmenszusammenschlusses** (IFRS 3.8, IAS 36.80) im Rahmen der sog Kaufpreisallokation (→ § 34 Rn 65 ff). Hierbei können innerhalb einer Bewertungsphase von maximal zwölf Monaten ab Erwerb möglicherweise noch Änderungen einer vorläufigen Kaufpreisallokation zu berücksichtigen sein (→ § 34 Rn 93 f). Spätestens mit Ablauf des auf den Unternehmenszusammenschluss folgenden Geschäftsjahrs ist aber auch die Zuordnung von Geschäfts- oder Firmenwerten auf ZGE **abzuschließen** (IAS 36.84). 113

Eine Kontrolle des erworbenen Geschäfts- oder Firmenwerts erfolgt für **interne Managementzwecke** (zB in Form eines Beteiligungscontrollings) häufig auf höherer Ebene (IAS 36.81). Der Wertminderungstest von Geschäfts- oder Firmenwerten wird daher regelmäßig auf der Ebene einer Gruppe von ZGE vorgenommen, wobei die bereits in → Rn 89 f erläuterten Restriktionen zu beachten sind. 114

Wird eine ZGE (eine Gruppe von ZGE) **veräußert,** der (denen) zuvor der Buchwert eines Geschäfts- oder Firmenwerts ganz oder teilweise zugeordnet worden ist (sind), ist idR auch ein Teil des Geschäfts- oder Firmenwerts den aus Konzernsicht veräußerten Vermögenswerten und Schulden zuzurechnen. Der Wortlaut von IAS 36.86 setzt in diesem Zusammenhang voraus, dass die Veräußerung das Vermögen eines **Geschäftsbetriebs** *(operation)* betrifft. Folglich ist eine teilweise Ausbuchung von Geschäfts- oder Firmenwerten nicht im Rahmen einer Veräußerung möglich, die zB nur nicht betriebsnotwendiges Vermögen umfasst. 115

Bezieht sich die Veräußerung auf einen Geschäftsbetrieb, ist eine **Aufteilung des Geschäfts- oder Firmenwerts** erforderlich, wobei grds folgende Aufteilungsmechanismen denkbar sind: 116

(1) Aufteilung auf der Grundlage relativer beizulegender Zeit- oder Nutzungswerte: Hier kann uU auf die im Rahmen von Werthaltigkeitstests vorgenommenen Berechnungen zurückgegriffen werden. Verglichen werden dabei der Wert der beim Unternehmen verbleibenden ZGE (bzw Anteil an der ZGE) und der Wert des abgehenden Teils.
(2) Aufteilung auf der Grundlage einer anderen Verteilungsregel, die eine bessere Zuordnung des Geschäfts- oder Firmenwerts auf den abgehenden Geschäftsbetrieb ermöglicht (IAS 36.86(b)).

Der dem veräußerten Geschäftsbetrieb zugeordnete Geschäfts- oder Firmenwert ist in die Bestimmung des Veräußerungsgewinns oder -verlusts einzubeziehen (IAS 36.86(a); → § 37 Rn 61 f sowie → § 35 Rn 35). Nach IAS 36.86(b) ist dabei der Aufteilung des Geschäfts- oder Firmenwerts anhand **relativer beizulegender Zeitwerte** grds der Vorzug zu geben. Andere Aufteilungsmechanismen sind jedoch möglich, sofern dadurch der Geschäfts- oder Firmenwert der veräußerten Einheit besser widergespiegelt wird. Als relativer Wertmaßstab kommen Buchwerte jedoch nicht in Betracht (*IDW* RS HFA 40 Rz 79).

Macht eine **Umstrukturierung** des Unternehmens eine **Neuzuordnung** von Geschäfts- oder Firmenwerten auf ZGE oder Gruppen von ZGE erforderlich, kommen ebenfalls die in → Rn 116 erläuterten Aufteilungsmechanismen zur Anwendung. 117

V. Anteile nicht-beherrschender Gesellschafter

Nach IFRS 3.19 besteht ein Wahlrecht zwischen der Bilanzierung des Geschäfts- oder Firmenwerts in Höhe des Konzernanteils oder aber einer Bilanzie- 118 rung in Höhe des Konzernanteils und des Anteils nicht-beherrschender Gesellschafter (zT auch als *full goodwill approach* bezeichnet, → § 34 Rn 209 ff).

119 Für den Fall, dass nur der **Konzernanteil** des Geschäfts- oder Firmenwerts bilanziert wird, ergibt sich im Rahmen des Wertminderungstests für die Ermittlung des Buchwerts der ZGE die Notwendigkeit der **Hochrechnung** des Geschäfts- oder Firmenwerts auf 100%. Dies ist erforderlich, um den Buchwert der ZGE mit ihrem zugehörigen erzielbaren Betrag, der sich im Regelfall ebenfalls auf 100% der Anteile bezieht, vergleichbar zu machen (IAS 36.C4). Diese Notwendigkeit ergibt sich jedoch nur, wenn sich der Anteil nicht-beherrschender Gesellschafter auch auf den Teil einer ZGE bezieht, dem ein Geschäfts- oder Firmenwert zugeordnet worden ist. In der Folge bezieht sich der Wertminderungstest grds auf den Buchwert einer ZGE und den vollen Umfang des Geschäfts- oder Firmenwerts. Zur Vorgehensweise wird auf das Beispiel in → Rn 140 verwiesen.

120 Das Hochrechnen des Buchwerts des Geschäfts- oder Firmenwerts auf einen Anteil von 100% ist hingegen nicht notwendig, wenn das bilanzierende Unternehmen dem *full goodwill approach* folgt, da die **Vergleichbarkeit** des Buchwerts der ZGE mit zugeordnetem Geschäfts- oder Firmenwert mit dem ermittelten erzielbaren Betrag der ZGE dann **unmittelbar gegeben** ist.

E. Buchhalterische Erfassung

I. Wertminderungen

121 Bei der buchhalterischen Erfassung von Wertminderungen sind Fallkonstellationen, in denen ein einziger Vermögenswert abzuschreiben ist, von solchen Fallkonstellationen zu unterscheiden, in denen eine ZGE abzuschreiben ist. Als **Ausgangspunkt der Abschreibung gilt** dabei jeweils zunächst die Differenz zwischen dem Buchwert und dem niedrigeren erzielbaren Betrag.

Führt der Wertminderungstest zu dem Ergebnis, dass ein **einzelner Vermögenswert** im Wert gemindert ist, ist der Buchwert auf den erzielbaren Betrag des einzelnen Vermögenswerts abzuschreiben (IAS 36.59). Die Wertminderung ist dabei **im Regelfall erfolgswirksam** als Aufwand zu buchen; der Buchwert des nunmehr wertgeminderten Vermögenswerts stellt den Ausgangspunkt seiner (regulären) Folgebilanzierung dar.

122 Nur für den Fall, dass Wertschwankungen des Vermögenswerts normalerweise direkt im sonstigen Ergebnis *(other comprehensive income)* erfasst werden (zB nach der in IAS 16 vorgesehenen **Neubewertungsmethode;** → § 5 Rn 123 ff), gilt die Wertminderung zunächst einmal auch als Wertschwankung (IAS 36.60). Demnach ist eine bereits gebildete **Neubewertungsrücklage zuerst** zu reduzieren, sodass diese Komponente der Wertminderung im sonstigen Ergebnis gebucht wird. Buchhalterisch erfolgswirksam ist hingegen der Bestandteil einer Wertminderung zu erfassen, dem keine positive Neubewertungsrücklage im Eigenkapital gegenübersteht. Zu weiteren Einzelheiten → § 5 Rn 136.

123 Von dieser grds Vorgehensweise ist die buchhalterische Erfassung von Wertminderungen zu unterscheiden, die sich auf **ZGE** bzw eine Gruppe von ZGE beziehen. Umfasst der Buchwert der ZGE einen Geschäfts- oder Firmenwert, ist der Wertminderungsverlust dem **Geschäfts- oder Firmenwert zuerst** zuzuordnen (IAS 36.104(a)).

Erst ein Wertminderungsbedarf, der den Buchwert eines ggf vorhandenen Geschäfts- oder Firmenwerts übersteigt, ist **anteilig** auf den Buchwert der **übrigen**

Vermögenswerte der ZGE zu verteilen (IAS 36.104(b)). Hierbei gelten die Wertminderungsvorschriften für einzelne Vermögenswerte (IAS 36.104(b)), wobei als Untergrenze der Wertminderung das Maximum aus Null und dem erzielbaren Betrag des einzelnen Vermögenswerts gilt (IAS 36.105), soweit dieser praktisch ermittelbar ist. Ansonsten gilt die „Untergrenze“ von Null. Hinsichtlich einer darüber hinausreichenden Rückstellungsbildung sind die hierfür einschlägigen Standards (zB IAS 37) zu beachten (IAS 36.108).

Besondere Zuordnungsregeln sind darüber hinaus für den Fall zu beachten, 124
dass an der ZGE **nicht-beherrschende Gesellschafter** beteiligt sind, auf die ein bilanzierter Geschäfts- oder Firmenwert entfällt (→ Rn 118 ff). Ihnen ist ebenfalls ein Wertminderungsverlust zuzuordnen, wobei der übliche Ergebnisverteilungsmodus zwischen Anteilseignern des MU und den nicht-beherrschenden Gesellschaftern gilt (IAS 36.C5 ff), sofern das TU eine eigene ZGE bildet. Die Erfassung eines Wertminderungsverlusts in dem Fall, dass ein TU mit Anteilen nicht-beherrschender Gesellschafter Teil einer größeren ZGE ist, wird im folgenden Beispiel verdeutlicht

Beispiel: Einer ZGE sind zwei TU zugeordnet. Der Konzernanteil an TU A beträgt 80% und an TU B 100%. Aus dem Erwerb von TU A resultiert ein Geschäfts- oder Firmenwert in Höhe von T€ 1.000, der nach dem *full goodwill approach* ermittelt wurde und vollständig der ZGE zugeordnet wurde. Aus dem Erwerb von TU B resultiert ein Geschäfts- oder Firmenwert von T€ 500, der ebenfalls vollständig der ZGE zugeordnet wurde. Der gesamte, der ZGE zugeordnete Geschäfts- oder Firmenwert beträgt damit T€ 1.500 und entfällt zu 66,7% auf TU A und zu 33,3% auf TU B. Es ist eine Wertminderung des der ZGE zugeordneten Geschäfts- oder Firmenwerts in Höhe von T€ 600 zu erfassen. Die Wertminderung ist im ersten Schritt innerhalb der ZGE auf TU A und TU B auf Basis der Relation der Buchwerte des Geschäfts- oder Firmenwerts zu verteilen. Entspr entfällt auf TU A ein Anteil der Wertminderung von T€ 400 (66,7% von T€ 600). Von diesem Betrag sind T€ 320 (80% von T€ 400) als Wertminderung dem Konzern zuzurechnen, während T€ 80 (20% von T€ 400) den nicht-beherrschenden Gesellschaftern zuzurechnen sind. Die auf TU B entfallende Wertminderung des Geschäfts- oder Firmenwerts von T€ 200 ist vollständig dem Konzern zuzurechnen.

Die Ermittlung und Erfassung eines Wertminderungsbedarfs im Fall des ausschließlichen Ausweises des Konzernanteils des Geschäfts- oder Firmenwerts ist unter → Rn 140 dargestellt.

Bzgl der Behandlung eines nach dem *full goodwill approach* ermittelten Geschäfts- oder Firmenwerts im Fall der **Entkonsolidierung** eines TU mit nicht-beherrschenden Gesellschaftern verweisen wir auf → § 35 Rn 39.

II. Wertaufholungen

Zusätzlich zur Wertminderung ist in **IAS 36** auch die **Wertaufholung von** 125
Vermögenswerten geregelt (IAS 36.109 ff). Danach muss ein Unternehmen an jedem Bilanzstichtag prüfen, ob Anhaltspunkte dafür bestehen, dass der Grund für eine in einer früheren Berichtsperiode nach IAS 36 vorgenommene Abschreibung, vollständig oder teilweise nicht länger besteht (→ Rn 14 ff). Liegen solche Anhaltspunkte vor, ist der jeweils relevante erzielbare Betrag zu ermitteln (IAS 36.110), woraufhin ggf eine Zuschreibung vorzunehmen ist.

Für die Ermittlung des erzielbaren Betrags der Vermögenswerte oder ZGE im Rahmen der Wertaufholung gelten dieselben Grundsätze, wie sie für die Wertminderung dargestellt wurden (→ Rn 18 ff). Gleiches gilt für die Ermittlung des Buchwerts von ZGE.

Der **Wertaufholungsbetrag** ergibt sich dabei grds als Differenz zwischen dem Buchwert und dem höheren erzielbaren Betrag zum Bewertungsstichtag. Für die Wertaufholung gelten ferner folgende **Restriktionen:**

126 (1) Eine **Wertaufholung** eines zuvor wertgeminderten **Geschäfts- oder Firmenwerts** ist in diesem Zusammenhang **grds unzulässig** (IAS 36.124). Diese Regelung wird damit begründet, dass der wertgeminderte erworbene Geschäfts- oder Firmenwert durch einen im Zeitablauf selbst geschaffenen Geschäfts- oder Firmenwert nicht ersetzt werden soll. Das „Wertaufholungsverbot" für Geschäfts- oder Firmenwerte bezieht sich auch auf Wertminderungen, die in einem **Zwischenabschluss** bilanziert worden sind (IFRIC 10.8).

127 (2) Eine mögliche **Restriktion** einer Wertaufholung ist weiterhin, dass sich tatsächliche Verbesserungen der geplanten Cashflows ergeben haben müssen oder Entwicklungen die Verringerung von Kapitalisierungszinssätzen rechtfertigen. Es muss eine tatsächliche Erhöhung des **Leistungspotenzials** vorliegen, zB durch interne Maßnahmen wie Restrukturierungen oder Erweiterungsinvestitionen oder auch durch ein günstigeres externes Umfeld, sodass bspw nunmehr mit höheren oder zeitlich früher anfallenden Zahlungsflüssen zu rechnen ist. Auch eine Reduktion im Kapitalisierungszins, zB infolge einer Absenkung des Risikoprofils der zu prüfenden Vermögenswerte, kann eine Wertaufholung erforderlich machen. Dagegen ist es **nicht ausreichend,** wenn sich ein Nutzungswert lediglich durch das Verstreichen von Zeit erhöht, also allein der im Zeitablauf abnehmende Diskontierungseffekt dazu führt, dass der Nutzungswert nunmehr größer ist, als der Buchwert (IAS 36.115f).

128 (3) Die **Obergrenze** der Wertaufholung von Vermögenswerten wird durch die Höhe der fortgeführten Anschaffungs- oder Herstellungskosten bestimmt, die sich ergeben hätten, wenn keine Wertminderung in den Vorperioden erfasst worden wäre (IAS 36.117). Kein Vermögenswert darf über diesen **„hypothetisch fortgeführten Buchwert"** hinaus zugeschrieben werden.

129 Ergibt sich unter Berücksichtigung dieser Restriktionen ein Wertaufholungsvolumen, gelten die Regelungen zur buchhalterischen Erfassung von Wertminderungen (→ Rn 121 ff) spiegelbildlich. Eine Wertaufholung eines **einzelnen Vermögenswerts** ist demnach im Regelfall erfolgswirksam vorzunehmen. Wenn es sich um einen neubewerteten Vermögenswert handelt, darf die Zuschreibung nur in Höhe einer zuvor erfolgten erfolgswirksamen Abschreibung ebenfalls erfolgswirksam erfolgen. Ein darüber hinausreichender Zuschreibungsbetrag ist direkt im sonstigen Ergebnis (zB Neubewertungsrücklage) zu erfassen (IAS 36.119f; s ausführlich → § 5 Rn 211).

130 Betrifft die Wertaufholung eine Wertminderung, die in früheren Berichtsperioden auf der Ebene einer **ZGE** vorgenommen worden ist, ist die Wertaufholung auf die einzelnen Vermögenswerte der ZGE **anteilig** zu verteilen. Bzgl der buchhalterischen Erfassung gelten die Regelungen für die Wertaufholung einzelner Vermögenswerte hierbei analog (IAS 36.122). Als Zuschreibungsobergrenze gilt dabei neben dem hier so bezeichneten hypothetischen fortgeführten Buchwert der erzielbare Betrag des einzelnen Vermögenswerts. Dieser gilt dann als Zuschreibungsobergrenze, wenn der erzielbare Betrag kleiner ist als der Buchwert, der sich zum Bewertungsstichtag ergeben hätte, wenn der entspr Vermögenswert regulär fortgeschrieben worden wäre. Das auf den einzelnen Vermögenswert verteilte Zuschreibungsvolumen ist in diesem Fall anderen Vermögenswerten zuzuordnen (IAS 36.123).

F. Anwendungsbeispiele

I. Wertminderungstest einer ZGE

1. Ausgangslage

Ein **Stahlunternehmen** besteht aus den **Unternehmensbereichen Hochofen, Stahlwerk** und **Walzwerk.** Die Produkte der Bereiche Hochofen und Stahlwerk werden vollständig intern weiterverarbeitet. Nur der Bereich Walzwerk liefert Produkte an fremde Dritte. Für Roheisen und Stahl existieren jedoch aktive Märkte, sodass ein externer Verkauf der Vorprodukte zumindest denkbar ist. Entspr bilden die drei Bereiche je eine ZGE. Vor einigen Jahren wurde von einem Wettbewerber ein angrenzendes Walzwerk erworben und mit den eigenen Walzaktivitäten verbunden. Die Synergieeffekte entstehen lediglich auf der Ebene der ZGE Walzwerk, sodass der vorhandene Geschäfts- oder Firmenwert vollständig der ZGE Walzwerk zugeordnet ist. Anteile nicht-beherrschender Gesellschafter existieren in allen drei ZGE nicht. 131

Die ZGE Hochofen und Stahlwerk sind nur auf ihre Werthaltigkeit zu überprüfen, wenn Anzeichen für eine mögliche Wertminderung vorliegen. Das ist nicht der Fall. Die ZGE Walzwerk ist aufgrund des zugeordneten Geschäfts- oder Firmenwerts mindestens jährlich und darüber hinaus bei Vorliegen eines Wertminderungsindikators zu überprüfen.

Das Stahlunternehmen verfügt über eine Hauptverwaltung, die gemeinschaftlich von allen drei ZGE genutzt wird.

Der Buchwert der ZGE Walzwerk setzt sich wie folgt zusammen:

	ZGE Walzwerk – Buchwert	**405**
	direkt zuordenbares Anlagevermögen	300
+	Geschäfts- oder Firmenwert	40
+	gemeinschaftlich genutzte Hauptverwaltung	20
+	Vorräte	40
+	liquide Mittel soweit betriebsnotwendig	5
+	Forderungen aus Lieferungen und Leistungen und sonstige Vermögenswerte	60
–	Verbindlichkeiten aus Lieferungen und Leistungen	40
–	sonstige Rückstellungen	5
–	passive latente Steuern aus Kaufpreisallokation	15

Der Buchwert der gemeinschaftlich genutzten Hauptverwaltung wurde anhand der Höhe der den einzelnen ZGE zugerechneten Gemeinkosten aufgeteilt. Die sonstigen Vermögenswerte wurden um verzinsliche Vermögenswerte und Vermögenswerte, die mit Ertragsteuern in Zusammenhang stehen, bereinigt. Nicht betriebsnotwendige liquide Mittel wurden analog zum verzinslichen Fremdkapital nicht im Buchwert der ZGE berücksichtigt, da der im nächsten Schritt zu berechnende Nutzungswert ebenfalls ein Wert vor Finanzierung ist. Die sonstigen Rückstellungen wurden um Rückstellungen für Ertragsteuern bereinigt. Passive latente Steuern aus der Kaufpreisallokation wurden im Zuge der Ermittlung des Buchwerts der ZGE abgezogen (→ Rn 106).

2. Ermittlung des Nutzungswerts

a) Planung der Zahlungsmittelüberschüsse

132 **Ausgangspunkt** der Ableitung der Zahlungsmittelüberschüsse der ZGE Walzwerk ist die **jüngste Planungsrechnung** des Unternehmens. Diese Planung wird im Allgemeinen die Einbindung des Unternehmens in den Konzernverbund abbilden. Insbes betrifft dies die implizite Berücksichtigung von Synergieeffekten und die Auswirkungen von konzerninternen Verrechnungspreisen. Es stellt sich die Frage, ob aufgrund der Einbindung in den Konzernverbund Anpassungen dieser Planung vorzunehmen sind.

Da ein Nutzungswert zu ermitteln ist, also ein Wert, der sich aus Sicht des bilanzierenden Unternehmens aus der fortlaufenden Nutzung und entspr Einbindung der einzelnen ZGE in den Konzern ergibt, wird eine Anpassung der Planung aufgrund von berücksichtigten Synergien nicht notwendig sein. Nach IAS 36.70 sind bei der Ableitung der Cashflows jedoch interne Verrechnungspreise durch geschätzte potenzielle Marktpreise zu ersetzen, sofern die Produkte grds auch extern veräußert werden könnten.

133 Hier könnte vermutet werden, dass diese Vorgabe des IAS 36 im **Widerspruch** zur ansonsten im Rahmen des Nutzungswertkonzepts erlaubten Berücksichtigung von **Synergien** steht, da zB unter Markt liegende Verrechnungspreise bei der die Leistung empfangenden ZGE eine Form von Synergien darstellen könnten. Die Regelung soll jedoch lediglich verhindern, dass die von den Verrechnungspreisen profitierende Konzerneinheit im Rahmen des Wertminderungstests zu positiv dargestellt wird und umgekehrt die „leistende" Konzerneinheit eine wirtschaftlich nicht gerechtfertigte Wertminderung ausweist. Konzernweit gleichen sich die Folgen nicht marktkonformer Verrechnungspreise aus, während tatsächliche Synergieeffekte auch über den gesamten Konzernverbund gesehen zu einem positiven Erfolgsbeitrag führen sollten.

134 Die Produkte der ZGE Walzwerk werden **ausnahmslos** an fremde Dritte verkauft. Allerdings bezieht die ZGE Vorprodukte von der ZGE Stahlwerk. Der vom Management geplante Materialaufwand ist entspr anzupassen. **Anpassungsbedarf** ergibt sich außerdem, wenn die Planung die Folgen von Erweiterungsinvestitionen und eventuellen Restrukturierungsmaßnahmen berücksichtigt. Sofern die mit Erweiterungsinvestitionen verbundenen Auszahlungen tatsächlich noch nicht angefallen sind, sind die geplanten Mittelzu- und -abflüsse aus solchen Maßnahmen zu eliminieren. Restrukturierungsmaßnahmen sind nur zu berücksichtigen, sofern sich das Unternehmen zu diesen Maßnahmen bereits verpflichtet hat. Im vorliegenden Fall war die Planung um Erweiterungsinvestitionen zu bereinigen, die sowohl zu einer Erhöhung der Umsatzerlöse als auch zu einer Verringerung der Kosten führen sollten. Um eine Doppelzählung der gemeinschaftlich genutzten Vermögenswerte zu vermeiden, wurde die entspr Konzernumlage, soweit sie Abschreibungen und eine angemessene Rendite auf die Hauptverwaltung widerspiegelt, bereinigt (→ Rn 109).

135 Aus der **unternehmenseigenen Planung** wird für Zwecke des Wertminderungstests folgende, verkürzt dargestellte, GuV-Planung abgeleitet:

Jahr	**1** **T€**	**2** **T€**	**3** **T€**	**4** **T€**	**5** **T€**	**6 ff** **T€**
EBITDA	30	33	36	38	42	37
Abschreibungen	10	9	8	7	6	5
EBIT	20	24	28	31	36	32
Steuern 30 %	6	7	8	9	11	10
Jahresüberschuss	14	17	20	22	25	22

Unter der Annahme, dass es im Planungszeitraum zu keinen Veränderungen des *working capital* und der im Buchwert berücksichtigten sonstigen Vermögenswerte und Rückstellungen kommt, leitet das Unternehmen aus der GuV-Planung folgende vereinfachte Cashflow-Planung ab (mit Rundungsdifferenzen):

Jahr	**1** **T€**	**2** **T€**	**3** **T€**	**4** **T€**	**5** **T€**	**6 ff** **T€**
EBITDA	30	33	36	38	42	37
Erhaltungsinvestitionen	5	5	5	5	5	5
Cashflow vor Steuern	25	28	31	33	37	32
Steuern	6	7	8	9	11	10
Cashflow nach Steuern	19	21	23	24	26	22

Aufgrund des zugeordneten **Geschäfts- oder Firmenwerts** ist von einem **unendlichen Prognosezeitraum** auszugehen. Für den sich an den üblichen Planungszyklus von fünf Jahren anschließenden Zeitraum ist ein nachhaltig erzielbarer Cashflow zu ermitteln. Da das Unternehmen einer zyklischen Branche zuzuordnen ist, wurde für die Planung der Cashflows für die Jahre 6 ff von einem langjährigen Durchschnitt ausgegangen.

b) Ableitung des Kapitalisierungszinssatzes und des Nutzungswerts

Aus **Marktdaten** wurde ein **Kapitalisierungszinssatz** von 6,5% abgeleitet. 136
Dieser setzt sich aus folgenden Komponenten zusammen:

Berechnung des EK-Zinssatzes	
Basiszinssatz	1,25%
Marktrisikoprämie	6,50%
Betafaktor *(levered)*	1,43
EK-Zinssatz	10,5%
EK-Quote	50%
Berechnung des FK-Zinssatzes	
FK-Zinssatz	3,50%
Steuersatz	30%
FK-Zinssatz nach Steuern	2,5%
FK-Quote	50%

Um sicherzustellen, dass der Kapitalisierungszinssatz so weit wie möglich den Erwartungen der Marktteilnehmer entspricht, wurde der **Beta-Faktor** anhand von Vergleichsunternehmen abgeleitet. Die Fremdkapitalkosten sowie die in die Berechnung des WACC einfließenden Eigenkapital- und Fremdkapitalquoten wurden ebenfalls aus Branchendaten abgeleitet. Um ein konstantes Wachstum der nominalen Ausschüttungsbeträge nach dem Jahr 5 zu berücksichtigen, wurde der Kapitalisierungszinssatz für die zweite Planungsphase um einen **Wachstumsabschlag** von 1% reduziert. Für den nachhaltigen Planungszeitraum ergibt sich somit ein Kapitalisierungszinssatz von 5,5%.

Da dieser Kapitalisierungszinssatz aus **Marktdaten abgeleitet** wurde, spiegelt 137
er **eine Rendite nach Unternehmenssteuern** wider. Im Rahmen des Wertminderungstests erfolgt die Bewertung jedoch vor Steuern. Der Vorsteuerzins wird im Folgenden anhand des in IAS 36.BCZ85 dargestellten iterativen Prozesses abgeleitet. Dazu ist zunächst der Wert nach Steuern zu ermitteln:

Jahr	1 T€	2 T€	3 T€	4 T€	5 T€	6ff T€
Cashflow nach Steuern	19	21	23	24	26	22
Kapitalisierungszins	6,5%	6,5%	6,5%	6,5%	6,5%	5,5%
Barwertfaktor	0,939	0,882	0,828	0,777	0,730	13,271
Barwerte	17,84	18,34	18,71	18,42	19,12	297,26
Summe Barwerte	390					

Der nachfolgend verwendete Kapitalisierungszinssatz von 8,8% bzw 7,8% im nachhaltigen Planungszeitraum ergibt sich **iterativ** als der Zins, der bei Diskontierung der Vorsteuer-Cashflows zu demselben Wert führt wie die Bewertung nach Steuern. Die iterative Berechnung des Kapitalisierungszinssatzes vor Steuern kann bspw mit Hilfe von Tabellenkalkulationsprogrammen wie Excel und der Funktion „Zielwertsuche“ sehr einfach erfolgen (Tabelle mit Rundungsdifferenzen).

Jahr	1 T€	2 T€	3 T€	4 T€	5 T€	6ff T€
Cashflow vor Steuern	25	28	31	33	37	32
Kapitalisierungszins	8,8%	8,8%	8,8%	8,8%	8,8%	7,8%
Barwertfaktor	0,919	0,845	0,777	0,715	0,657	8,470
Barwerte	22,99	23,67	24,10	23,59	24,32	271,04
Summe Barwerte	390					

Die einfache Division des Kapitalisierungszinssatzes nach Steuern durch (1 – Steuersatz) hätte zu einem Zins von 9,3% (bzw 8,3% ab Jahr 6) und einem Nutzungswert von T€ 365 geführt, während er auf Basis des iterativ ermittelten Kapitalisierungszinssatzes T€ 390 beträgt.

3. Vergleich des erzielbaren Betrags mit dem Buchwert der ZGE

138 Der erzielbare Betrag der ZGE Walzwerk ist mit T€ 390 niedriger als der Buchwert der ZGE von T€ 405. Es ergibt sich demnach ein **Wertberichtigungsbedarf** von T€ 15. Entspr wird zunächst der vorhandene Geschäfts- oder Firmenwert von T€ 40 um T€ 15 abgeschrieben. Sofern die ermittelte Wertminderung den vorhandenen Geschäfts- oder Firmenwert überstiegen hätte, wäre der restliche Wertberichtigungsbedarf proportional zum Buchwert auf die immateriellen Vermögenswerte und das Sachanlagevermögen einschließlich der gemeinschaftlich genutzten Hauptverwaltung verteilt worden. Die Vermögenswerte, die nicht unter IAS 36 fallen, also in diesem Fall Vorräte und Forderungen aus Lieferungen und Leistungen und sonstige Vermögenswerte, werden nicht wertgemindert. Sie dienen lediglich der vollständigen Erfassung aller zur Erzielung der Cashflows beitragenden Vermögenswerte im Buchwert der ZGE. Bei der Erfassung einer Wertminderung von Vermögenswerten außer dem Geschäfts- oder Firmenwert sind die Auswirkungen der Wertminderung auf die latenten Steuern zu beachten.

139 Wie in → Rn 118ff beschrieben, besteht nach **IFRS 3.19** ein **Wahlrecht,** ob im Fall des Vorliegens von **Anteilen nicht-beherrschender Gesellschafter** der Geschäfts- oder Firmenwert zu 100% oder nur für den Konzernanteil ausgewiesen wird. Für den Fall, dass nur der Konzernanteil ausgewiesen wird, ist dies beim Vergleich des Buchwerts der ZGE mit dem erzielbaren Betrag zu berücksichtigen (IAS 36.IE7). Der Nutzungswert wurde für 100% der Anteile an der ZGE berechnet, während – in Abwandlung des obigen Beispiels – im Folgenden nun angenommen wird, dass der Geschäfts- oder Firmenwert nur in Höhe des Anteilseigentums in der Bilanz des Unternehmens ausgewiesen wird.

Für einen aussagekräftigen Vergleich des Nutzungswerts mit dem Buchwert muss daher zunächst der Buchwert des Geschäfts- oder Firmenwerts auf einen Anteil von 100% hochgerechnet werden. Der sich durch den Vergleich des angepassten Buchwerts mit dem Nutzungswert ergebende Abwertungsbedarf wird ebenfalls zunächst auf den Geschäfts- oder Firmenwert verteilt. Buchungstechnisch erfasst wird jedoch nur der Konzernanteil. Der Anteil nicht-beherrschender Gesellschafter bleibt unberücksichtigt. Ein über den Geschäfts- oder Firmenwert hinausgehender Wertminderungsbedarf wird wie bisher auf die verbleibenden immateriellen Vermögenswerte und das Sachanlagevermögen verteilt. Folgendes Zahlenbeispiel verdeutlicht die Vorgehensweise:

In der ZGE Walzwerk seien annahmegemäß **Anteile nicht-beherrschender Gesellschafter** von 10% enthalten. Der Buchwert des Geschäfts- oder Firmenwerts wurde von T€ 40 auf T€ 44,4 angepasst, um einen fiktiven 100%igen Konzernanteil widerzuspiegeln. Es ergibt sich ein mit dem Nutzungswert vergleichbarer Buchwert von T€ 409,4: 140

ZGE Walzwerk – angepasster Buchwert		**T€**
direkt zuordenbares Anlagevermögen		300,0
Geschäfts- oder Firmenwert (hochgerechnet auf 100%)	+	44,4
gemeinschaftlich genutzte Hauptverwaltung	+	20,0
Vorräte	+	40,0
liquide Mittel soweit betriebsnotwendig	+	5,0
Forderungen aus Lieferungen und Leistungen und sonstige Vermögenswerte	+	60,0
Verbindlichkeiten aus Lieferungen und Leistungen	–	40,0
sonstige Rückstellungen	–	5,0
passive latente Steuern aus Kaufpreisallokation	–	15,0
Buchwert ZGE Walzwerk mit Anteil nicht-beherrschender Gesellschafter		**409,4**

Der Vergleich mit dem Nutzungswert von T€ 390 führt nun zu einem Wertminderungsbedarf von T€ 19,4, der wie folgt erfasst wird:

ZGE Walzwerk – Wertminderung bei nicht-beherrschenden Gesellschaftern	**T€**
Wertminderung	19,4
davon auf Geschäfts- oder Firmenwert	19,4
davon buchhalterisch zu erfassen (90%)	17,5
davon unberücksichtigt bleibender Anteil der nicht-beherrschenden Gesellschafter (10%)	1,9
davon proportional auf sonstige Vermögenswerte zu verteilen	0,0
insgesamt zu erfassende Wertminderung	**17,5**

IDW RS HFA 40 stellt den Themenbereich der Ermittlung des relevanten Buchwerts und Erfassung einer Wertminderung im Fall von nicht-beherrschenden Gesellschaftern ausführlich dar (*IDW* RS HFA 40 Rz 102ff) und eröffnet eine **Vielzahl von Handlungsmöglichkeiten** sowohl in Bezug auf die Ermittlung des relevanten aufgestockten Betrags des Geschäfts- oder Firmenwerts als auch in Bezug auf die Verteilung eines Wertminderungsbedarfs auf beherrschende und nicht-beherrschende Gesellschafter. Die Wahlrechte ergeben sich dabei aus der unterschiedlichen Berücksichtigung von möglicherweise im Rahmen des Kontrollerwerbs gezahlten **Kontrollprämien** des beherrschenden Gesellschafters im Rahmen des Werthaltigkeitstests. Darüber hinaus werden mögliche Handlungsalternativen bzgl des Werthaltigkeitstests im Fall von Verschiebungen der Anteilsverhältnisse zwischen beherrschenden und nicht-beherrschenden Gesellschaftern – jedoch unter Beibehaltung der Kontrolle – eröffnet. Hier sieht *IDW* RS HFA 40 eine ganze Reihe von Wahlrechten bzgl der Anteilsverhältnisse vor, die für die Verteilung von Wertminderungen herangezogen werden können (*IDW* RS HFA 40 Rz 124 ff). Es ist darauf hinzuweisen, dass die Berücksichtigung von Kontrollprämien in der Bewertungstheorie sowohl dem Grunde als auch der Höhe nach umstritten ist. Insofern besteht insbes in der deutschen Bewertungspraxis eine große Zurückhaltung ggü dem Konzept von Kontrollprämien, während dessen Anwendung in der internationalen Bewertungspraxis deutlich verbreiteter ist.

Für die **Erfassung** bzw den **Ausweis eines Wertminderungsbedarfs** bei einzelnen Vermögenswerten wird auf → Rn 121 ff verwiesen.

II. Wertminderungstest bei Gruppen von ZGE

141 Können gemeinschaftliche Vermögenswerte oder Geschäfts- oder Firmenwerte nicht zugeordnet werden, ist der Wertminderungstest zunächst ohne diese Buchwerte durchzuführen (sog ***bottom-up*-Test**).

Bei dem anschließend erforderlichen ***top-down*-Test** ist in einem ersten Schritt die **nächstgrößere Gruppe von ZGE** zu bestimmen, der gemeinschaftliche Vermögenswerte oder ein Geschäfts- oder Firmenwert direkt oder auf vernünftiger Basis stetig zugerechnet werden können. Dies können für gemeinschaftliche Vermögenswerte und Geschäfts- oder Firmenwerte unterschiedliche Gruppen von ZGE sein.

142 Danach ist der **erzielbare Betrag** für die Gruppe von ZGE mit dem Buchwert der darin enthaltenen ZGE und den übergeordneten gemeinschaftlichen Vermögenswerten oder Geschäfts- oder Firmenwerten zu vergleichen. Es ergibt sich folgende grds Ermittlung:

	Buchwert der kleinsten zu überprüfenden ZGE (ZGE entspr *bottom-up*-Test)
+	Summe der Buchwerte der ZGE 2 bis n, die in der nächstgrößeren ZGE mit enthalten sind
+	Buchwert der gemeinschaftlichen Vermögenswerte
+	Buchwert der Geschäfts- oder Firmenwerte
=	Buchwert der nächstgrößeren Gruppe von ZGE
–	erzielbarer Betrag der nächstgrößeren Gruppe von ZGE
=	Wertminderungsaufwand gesamt oder Deckung des Buchwerts

143 Wird der **Wertminderungstest** auf die nächstgrößere Gruppe von ZGE bezogen, können sich **Kompensationsvolumina** zwischen den zahlungsmittelgenerierenden Untereinheiten für die gemeinsam genutzten Vermögenswerte und dem Geschäfts- oder Firmenwert ergeben. Kompensationen innerhalb der jeweils kleinsten Gruppe von ZGE, der ein gemeinschaftlicher Vermögenswert oder ein Geschäfts- oder Firmenwert zugeordnet werden kann, sind zulässig. Sie führen ggü einer willkürlichen Aufteilung von Buchwerten übergeordneter Vermögenswerte zu einer besseren Vermittlung eines den tatsächlichen Verhältnissen entspr Bilds der Vermögens- und Ertragslage.

Durch die **proportionale Zuordnung** des **Wertminderungsbedarfs** zu den Vermögenswerten darf der sich nach Erfassung des Wertminderungsaufwands ergebende Buchwert für einen Vermögenswert nicht unter: 144

(1) seinem beizulegenden Zeitwert abzüglich Veräußerungskosten (wenn bestimmbar) und

(2) seinem Nutzungswert (wenn bestimmbar)

liegen (IAS 36.105). Dieser dadurch auf einen Vermögenswert nicht verteilbare Anteil ist wiederum anteilig auf die übrigen Vermögenswerte der ZGE zu verteilen.

Übersteigt der Wertminderungsaufwand der ZGE den Buchwert, ist die Verteilung, analog der Wertminderungserfassung für Vermögenswerte, auf die Höhe der Buchwerte **begrenzt** (IAS 36.108). Ein überschreitender Betrag ist nur als Schuld anzusetzen, wenn dies von einem anderen IAS (insbes IAS 37) verlangt wird. 145

Beispiel: Die Einzelhandels-AG betreibt bundesweit 80 Filialen, für eine der Filialen liegen Anhaltspunkte für Wertminderungen vor (erhebliche Umsatzrückgänge). Diese Filiale gehört zu insgesamt drei Filialen in einer Stadt, die zwei Jahre zuvor von einem Mitbewerber erworben wurden. Die Einzelhandels-AG hatte vor dem Erwerb keine Filialen in dieser Stadt. Aus dem Erwerb resultiert zum Abschlussstichtag ein Geschäfts- oder Firmenwert in Höhe von Mio € 0,5. Ein miterworbenes Zwischenlager (Grundstück, Gebäude, sonstige Sachanlagen) wird weitergenutzt und weist einen Buchwert von Mio € 0,4 aus. Das Management erwägt den Verkauf des Zwischenlagers. Ein hierzu angefertigtes Gutachten weist einen Grundstückswert von Mio € 0,38 zum Abschlussstichtag aus. Die einzelnen Filialen bilden jeweils ZGE, da ua der Umsatzprozess durch den unmittelbaren Markt in den einzelnen Stadtteilen geprägt ist. Die Werthaltigkeit einzelner Vermögenswerte (zB Ladeneinbauten und Mietrechte) wird, sofern kein beizulegender Zeitwert abzüglich Veräußerungskosten ermittelbar ist, auf Ebene der einzelnen Filialen überprüft. Für diese sind die entspr Nutzungswerte zu bestimmen. Bei der Kaufpreisbestimmung für die Einzelhandels-AG stand der Markteintritt in dieser Stadt im Vordergrund. Es wurde keine Ermittlung eines Geschäfts- oder Firmenwerts nach der Ertragskraft der einzelnen Filialen vorgenommen. Entspr erfolgt auch die Überwachung des Geschäfts- oder Firmenwerts lediglich für die Region (hier die Stadt) als Ganzes. Die drei Filialen inklusive des Zwischenlagers bilden somit die nächstgrößere ZGE des Unternehmens, auf deren Ebene die Werthaltigkeit des Geschäfts- oder Firmenwerts überprüft wird. Das Zwischenlager wird unterschiedlich und vor allem schwankend durch die Filialen in Anspruch genommen. Ursache dafür sind vor allem die zunehmenden Direktbelieferungen der Filialen durch die Hersteller. Eine stetige Zuordnung dieses gemeinschaftlich genutzten Vermögenswerts ist nicht möglich.

Aufgrund des nicht den einzelnen Filialen zuordenbaren Geschäfts- oder Firmenwerts und des gemeinschaftlichen Vermögenswerts ist eine Bestimmung des erzielbaren Betrags für die nächstgrößere ZGE vorzunehmen. Die Vorgehensweise ist in der folgenden Übersicht dargestellt:

Alle Werte in T€	**Filiale**			**Lager**	**GoF**	**Summe**
	1	2	3			
1. *bottom-up*-Test						
Buchwert vor Wertminderungstest	530	420	590			
Nutzungswert	600	380	670			
Wertminderung nach *bottom-up*-Test	0	40	0			40

Alle Werte in T€	**Filiale**			**Lager**	**GoF**	**Summe**
	1	2	3			
2. *top-down*-Test						
Buchwert nach *bottom-up*-Test	530	380	590	400	500	2.400
Nutzungswert	600	380	670			1.650
Wertminderung nach *top-down*-Test						750
direkte Erfassung der Wertminderung					– 500	– 500
zu verteilende Wertminderung						250
Verhältnis der Buchwerte	530	380	590	400		1.900
	28%	20%	31%	21%		100%
anteilige Wertminderung	– 70	– 50	– 77	– 53		– 250
nicht verteilbare Wertminderung (beizulegender Zeitwert Lager: T€ 380)				33		33
Verhältnis der Buchwerte	530	380	590			1.500
	35%	25%	39%			100%
anteilige Zuordnung	– 12	– 8	– 13			– 33
Buchwert nach Wertminderungstest	448	322	500	380	0	1.650

146 Die nach dem ***top-down*-Test** auf die einzelnen ZGE entfallenden Wertminderungen sind wiederum auf die unter IAS 36 fallenden Vermögenswerte im Verhältnis ihrer Buchwerte zu verteilen. Auch hierbei gelten die oben beschriebenen Restriktionen.

147, 148 *(einstweilen frei)*

G. Angaben im Anhang

149 Nach IAS 36 sind grds alle **Wertminderungen und Wertaufholungen** der Periode im Anhang anzugeben. Dabei ist einzeln darzustellen, in welchem Umfang die Wertminderungsaufwendungen und Wertaufholungen in der **GuV** (sofern erstellt) bzw dem erfolgswirksamen Teil der Gesamtergebnisrechnung vorgenommen wurden und welcher GuV-Posten davon betroffen war oder bei Bilanzierung von Sachanlagen oder immateriellen Vermögenswerten nach der **Neubewertungsmethode** als Bestandteil des sonstigen Ergebnisses verrechnet wurden (IAS 36.126; zum sonstigen Ergebnis ausführlich → § 15 Rn 143ff).

150 Ein **Pflichtposten** innerhalb der GuV (sofern erstellt) bzw dem erfolgswirksamen Teil der Gesamtergebnisrechnung für die Erfassung von Wertminderungsaufwendungen ist von IAS 36 **nicht vorgesehen,** sodass hier die **allgemeinen Grundsätze von IAS 1** gelten (→ § 15 Rn 75ff). In der Folge dürfte insbes bei signifikanten Effekten aus der Wertminderung oder Wertaufholung ein gesonderter Posten innerhalb der GuV (sofern erstellt) bzw dem erfolgswirksamen Teil der Gesamtergebnisrechnung darzustellen sein (IAS 1.85) der von den Pflichtangaben nach IAS 36.130 zu komplettieren ist (→ Rn 152).

Diese Angaben sind jeweils für **Gruppen von Vermögenswerten** (IAS 36.127), zusammengefasst nach ähnlicher Art und Verwendung, analog IAS 16.37ff) vorzunehmen. Die Informationen können zB auch in einen Sachanlagespiegel (erforderlich für Abschlüsse nach § 315a HGB) integriert werden (IAS 36.128).

Enthält der Abschluss eine **Segmentberichterstattung** nach IFRS 8 (§ 21), sind die vorstehenden Angaben jeweils für die gebildeten Segmente zu ergänzen (IAS 36.129). 151

Darüber hinaus sind folgende **Angaben** erforderlich (IAS 36.130): 152

(1) Höhe sowie Ereignisse und Umstände, die zu Wertminderungen oder Wertaufholungen geführt haben,
(2) für einzelne Vermögenswerte: die Art und das berichtspflichtige Segment, zu dem der Vermögenswert gehört,
(3) für eine ZGE: eine Beschreibung der ZGE, inklusive etwaiger Änderungen in der Zusammenfassung der Vermögenswerte, die Höhe der Wertminderungen oder Wertaufholungen pro Gruppe und Geschäftssegment,
(4) den erzielbaren Betrag und die Basis des erzielbaren Betrags (beizulegender Zeitwert abzüglich Veräußerungskosten oder Nutzungswert),
(5) sofern der erzielbare Betrag auf dem beizulegenden Zeitwert abzüglich der Veräußerungskosten basiert:
    (a) die Stufe der Bemessungshierarchie, in die der beizulegende Zeitwert eingeordnet wird (→ Rn 37),
    (b) bei Einordnung auf Stufe 2 oder 3: Beschreibung der angewendeten Bewertungsmethode(n) und ggf vorgenommene Änderungen mit Begründung und
    (b) bei Einordnung auf Stufe 2 oder 3: jede wesentliche Annahme, die das Management zur Ableitung des beizulegenden Zeitwerts abzüglich der Veräußerungskosten verwendet hat. Wurde als Bewertungsmethode ein Barwertverfahren angewandt, sind die Abzinsungssätze der aktuellen und der vorherigen Berichtsperiode anzugeben,
(6) in der aktuellen Berichtsperiode und im Vorjahr verwendeter Abzinsungssatz bei Ermittlung des Nutzungswerts.

Ist der **Gesamtbetrag der Wertminderungen oder Wertaufholungen** für den Abschluss des Unternehmens wesentlich bei der Einschätzung der **VFE-Lage,** so sind folgende Angaben (soweit nicht bereits bei den Angaben über wesentliche Wertminderungen oder Wertaufholungen einzelner Vermögenswerte enthalten) zu ergänzen (IAS 36.131): 153

(1) die wichtigsten Gruppen von Vermögenswerten, die von Wertminderungen und Wertaufholungen betroffen sind und
(2) die wichtigsten Ereignisse und Umstände, die Ursachen für die Wertminderung oder Wertaufholung waren.

Darüber hinaus wird empfohlen, die in der Berichtsperiode verwendeten **Grundannahmen des Unternehmens** zur Bestimmung des **erzielbaren Betrags** anzugeben (IAS 36.132).

Gesondert geregelt sind die Anhangangaben für ZGE, denen ein Geschäfts- oder Firmenwert oder ein immaterieller Vermögenswert mit unbestimmter Nutzungsdauer in signifikantem Umfang zugeordnet wurde. Diese Angaben verstehen sich als **wiederkehrende Pflichtangaben,** die auch dann zwingend in den Anhang aufzunehmen sind, wenn keine Wertminderung erfolgt ist. Die Angaben nach IAS 36.134 sind somit als **fester Bestandteil des Anhangs** aufzufassen, sofern das Unternehmen **Geschäfts- oder Firmenwerte** bzw andere immaterielle Vermögenswerte mit unbestimmbarer Nutzungsdauer bilanziert: 154

(1) Buchwert des zugeordneten Geschäfts- oder Firmenwerts oder der zugeordneten immateriellen Vermögenswerte mit unbestimmter Nutzungsdauer und
(2) Grundlage, auf der der erzielbare Betrag bestimmt worden ist (Nutzungswert oder beizulegender Zeitwert abzüglich Veräußerungskosten).

(3) Sofern der letztlich für den Wertminderungstest ausschlaggebende **erzielbare Betrag** auf dem **Nutzungswert** basiert, sind darüber hinaus weitere Angaben erforderlich:
  (a) wesentliche Prämissen bei der Ableitung der Cashflows zB
  (b) Angabe, ob Erfahrungen aus der Vergangenheit oder externe Daten in die Planung eingeflossen sind, Begründung für eventuelle Abweichungen von Erfahrungswerten und externen Daten,
  (c) Länge des Detailplanungszeitraums; Begründung, sofern der Detailplanungszeitraum den Zeitraum von fünf Jahren überschreitet,
  (d) Wachstumsrate, die der Fortschreibung der Planung nach dem Detailplanungszeitraum zugrunde liegt, sowie eine Begründung, falls die Wachstumsrate über dem langfristigen Durchschnitt für die Produkte, Branche oder das Land, in dem die ZGE tätig ist, liegt und
  (e) Kapitalisierungszinssatz.
(4) Sofern der letztlich für den Wertminderungstest **erzielbare Betrag** auf dem **beizulegenden Zeitwert abzüglich Veräußerungskosten** basiert, ist die Methode, mit der der Wert ermittelt wurde, anzugeben. Weitere Angaben sind notwendig, wenn der Wert **nicht** anhand eines beobachtbaren **Marktpreises** (also zB auf Grundlage eines Bewertungsmodells) abgeleitet wurde:
  (a) wesentliche, bei der Ableitung des Werts getroffene Annahmen und
  (b) eine Beschreibung, welcher Ansatz bei der Ermittlung der wesentlichen Annahmen verfolgt wurde, sowie eine Erläuterung darüber, ob Erfahrungen aus der Vergangenheit oder externe Daten in die Ableitung der wesentlichen Annahmen eingeflossen sind. Diese Erläuterungen sind um Begründungen für eventuelle Abweichungen von Erfahrungswerten und externen Daten zu ergänzen. Ggf vorgenommene Änderungen der Bewertungstechnik sind ebenfalls anzugeben und zu begründen. Zudem ist eine Angabe zur Stufe der Bemessungshierarchie erforderlich, in die der beizulegende Zeitwert eingeordnet wird (→ Rn 37).
  (c) Sofern der beizulegende Zeitwert auf Basis eines DCF-Verfahrens ermittelt wurde, ist darüber hinaus anzugeben, welchen Zeitraum die Prognose der Cashflows umfasste, welche nachhaltige Wachstumsrate angesetzt wurde und welcher Kapitalisierungszins zur Diskontierung der Cashflows angewendet wurde.
(5) Wenn das Management es für möglich hält, dass sich eine wesentliche Annahme, die der Ermittlung des erzielbaren Betrags zugrunde gelegt wurde, so verändert, dass der erzielbare Betrag unter den Buchwert der ZGE sinkt, sind ebenfalls zusätzliche Angaben erforderlich:
  (a) der Betrag, mit dem der erzielbare Betrag den Buchwert übersteigt,
  (b) der Wert, der der entspr Annahme im Rahmen der Bewertung zugewiesen wurde und
  (c) der Wert, den die entspr Annahme erreichen darf, damit der erzielbare Betrag dem Buchwert entspricht, es also zu keinem Wertminderungsbedarf kommt.

155 IAS 36.134(e) weist ausdrücklich darauf hin, dass die nach **IFRS 13** im Zusammenhang mit dem beizulegenden Zeitwert notwendigen **Anhangangaben nicht erforderlich** sind.

156 IAS 36.135 regelt die Anhangangaben für Wertminderungstests bei ZGE oder Gruppen von ZGE, denen Geschäfts- oder Firmenwerte oder immaterielle Vermögenswerte mit unbestimmter Nutzungsdauer in **nicht signifikantem Umfang** zugeordnet sind. Für diese ZGE ist die Summe der Buchwerte der zugeordneten Geschäfts- oder Firmenwerte oder immateriellen Vermögenswerte mit unbestimmter Nutzungsdauer anzugeben. Sofern die Bewertung dieser ZGE auf denselben wesentlichen Annahmen beruht wie die Bewertung von ZGE mit einem signifikanten Bestand an Geschäfts- oder Firmenwerten bzw immateriellen Vermögenswerten mit unbestimmter Laufzeit, sind darüber hinaus auch für diese ZGE die unter Punkt (1), (3)(a), (3)(b) und (5) genannten Angaben (→ Rn 154) nötig.

Wenn das bilanzierende Unternehmen nach IAS 36.24 bzw IAS 36.99 (→ Rn 8) auf den in einer Vorperiode ermittelten erzielbaren Betrag einer ZGE abstellt, sind die oben genannten Anhangangaben auf die entspr Berechnung der Vorperiode zu beziehen.

H. Wesentliche Änderungen und deren Anwendungszeitpunkte

157 Als Folge der Verabschiedung von **IFRS 9** im Juli 2014 wurden die Verweise in IAS 36.2(e), IAS 36.4 und IAS 36.5 angepasst. IFRS 9 sowie alle daraus resultierenden Folgeänderungen sind – vorbehaltlich einer Übernahme durch die EU – für Geschäftsjahre, die am oder nach dem 1. Januar 2018 beginnen, anzuwenden.

Schließlich wurde als Folgeänderung des im Mai 2014 vom IASB veröffentlichten **IFRS 15** IAS 36.2(b) (geändert 2014) so angepasst, dass Vermögenswerte, die unter diesen Standard fallen, vom Anwendungsbereich des IAS 36 ausgeschlossen sind. Die Änderung ist – vorbehaltlich eines Endorsement – verpflichtend für Geschäftsjahre, die am oder nach dem 1. Januar 2018 beginnen, anzuwenden.

Die vorliegende Kommentierung hat wesentliche materielle Änderungen herausgehoben, darüber hinaus haben die Überarbeitungen klarstellenden Charakter.

I. Aktuelle Entwicklungen/IASB-Projekte

158 Derzeit liegen **keine** konkreten IASB-Projekte vor, die den Inhalt des IAS 36 materiell beeinflussen sollten. Der IASB hat am 16. September 2014 den Standardentwurf ED/2014/4 *Bewertung notierter Anteile an Tochter-, Gemeinschafts- und assoziierten Unternehmen zum beizulegenden Zeitwert* veröffentlicht. Die darin vorgeschlagenen Änderungen betreffen ua den IAS 36 und stellen klar, dass das betreffende Tochter-, Gemeinschafts- bzw assoziierte Unternehmen zwar als Ganzes die Rechnungslegungseinheit darstellt, sich deren beizulegender Zeitwert jedoch aus dem Produkt von notiertem Preis des einzelnen Anteils und der Anzahl der gehaltenen Anteile ergibt. Die Berücksichtigung von Anpassungen zB in Form von Kontrollprämien ist bei der Ermittlung des beizulegenden Zeitwerts von Unternehmen, deren Anteile an aktiven Märkten notiert sind, somit nicht zulässig. Dies soll auch für die Ermittlung des beizulegenden Zeitwerts einer ZGE gelten, sofern diese mit einem Unternehmen korrespondiert, dessen Anteile an aktiven Märkten notiert sind.

§ 28. Zur Veräußerung gehaltene langfristige Vermögenswerte, Veräußerungsgruppen und aufgegebene Geschäftsbereiche

Übersicht

Schrifttum: *M. Dobler/S. Dobler* Zweifelsfälle der Bewertung von zur Veräußerung gehaltenen Abgangsgruppen nach IFRS 5, KoR 2010, 353; *DRSC* Interpretation 1 (IFRS) Bilanzgliederung nach Fristigkeit gemäß IAS 1 Darstellung des Abschlusses, Berlin 2013; *Freiberg* Aktuelle Anwendungsfragen der Bilanzierung nach IFRS 5, PiR 2011, 142; *Hoffmann/Lüdenbach* IFRS 5 – Bilanzierung bei beabsichtigter Veräußerung von Anlagen und Geschäftsfeldern, BB 2004, 2006; *IDW* RS HFA 2 Stellungnahme zur Rechnungslegung: Einzelfragen zur Anwendung von IFRS, FN IDW 2012, 380; *Kessler/Leinen* Darstellung von discontinued operations in Bilanz und GuV, KoR 2006, 558; *Küting/Gattung/Wirth* Bilanzierung von zur Weiterveräußerung gehaltenen Tochterunternehmen, KoR 2007, 348; *Küting/Reuter* Bilanz- und Ertragsausweis nach IFRS 5: Gefahr der Fehlinterpretation in der Bilanzanalyse, BB 2007, 1942; *Meyer* Einzelfragen zur Darstellung von Ertragsteuern im Anwendungsbereich von IFRS 5, PiR 2013, 277; *Meyer* Bedeutung des IFRS 5 für den Ansatz und die Bewertung latenter Steuern, PiR 2013, 307; *Ruhnke/Schmidt/Seidel* Neuregelungen bei der Abgrenzung des Konsolidierungskreises nach IFRS – Darstellung und kritische Würdigung, BB 2004, 2231; *Schildbach* Was leistet IFRS 5?, WPg 2005, 554; *Zülch/Lienau* Bilanzierung zum Verkauf stehender langfristiger Vermögenswerte sowie aufgegebener Geschäftsbereiche nach IFRS 5, KoR 2004, 442.

Wesentliche Rechtsgrundlage: IFRS 5

A. Allgemeines

I. Zielsetzung des IFRS 5

IFRS 5 umfasst besondere Regelungen hinsichtlich Bewertung, Ausweis und Anhang für: 1
(1) zur Veräußerung bestimmte einzelne langfristige Vermögenswerte,
(2) Abgangs- bzw Veräußerungsgruppen, die langfristige Vermögenswerte enthalten und
(3) aufgegebene Geschäftsbereiche.

Ziel des Standards ist es, **Informationen** im Jahres- und Konzernabschluss zu geplanten Einstellungs- und Veräußerungsmaßnahmen und deren Auswirkung auf die VFE-Lage bereitzustellen (IFRS 5.30). Durch die Separierung von geplanten Einstellungs- und Veräußerungsmaßnahmen von fortgeführten Geschäftstätigkeiten soll die Prognosefähigkeit im Jahres- und Konzernabschluss verbessert werden (F.OB15 und IFRS 5.BC62). Dadurch soll der Abschlussadressat in die Lage versetzt werden, resultierende **Auswirkungen** auf die VFE-Lage besser einschätzen zu können, besonders im Hinblick darauf, dass die entspr Vermögenswerte oder Veräußerungsgruppen zukünftig nicht mehr zur Erfolgserzielung zur Verfügung stehen werden. 2

IFRS 5 versucht diese Informationsverbesserung insbes durch folgende Regelungen zu erreichen:
(1) **Bewertung:** Langfristiges Vermögen, das zur Veräußerung bestimmt ist, ist mit dem niedrigeren Wert aus beizulegendem Zeitwert abzüglich Veräußerungskosten und Buchwert zu bewerten.
(2) **Ausweis Bilanz:** Langfristige Vermögenswerte bzw Vermögenswerte und Schulden innerhalb von Veräußerungsgruppen sind zusammengefasst in einem separaten Bilanzposten auf der Aktiv- bzw Passivseite (unsaldiert) auszuweisen. Kumulierte sonstige Ergebnisse, die sich auf Veräußerungsgruppen beziehen, sind separat auszuweisen.
(3) **Ausweis Gesamtergebnisrechnung:** (Sonstige) Ergebnisse von aufgegebenen Geschäftsbereichen sind separat in der Gesamtergebnisrechnung auszuweisen.
(4) **Ausweis Kapitalflussrechnung:** Die Netto-Cashflows aus der operativen Geschäftstätigkeit, der Investitionstätigkeit und der Finanzierungstätigkeit bezogen auf aufgegebene Geschäftsbereiche sind separat anzugeben.
(5) **Anhangangaben:** Zusätzliche Anhangangaben bezogen auf zur Veräußerung gehaltene langfristige Vermögenswerte, Veräußerungsgruppen sowie aufgegebene Geschäftsbereiche sind zu erstellen.

II. Überblick über die grundsätzlichen Regelungen

IFRS 5 verwendet zahlreiche Begriffe, an die unterschiedliche Rechtsfolgen geknüpft werden. Dazu gehört die Unterscheidung, ob ein Vermögenswert lediglich **stillgelegt** oder in naher Zukunft **veräußert** werden soll und ob es sich um einen **lang- oder kurzfristigen Vermögenswert** handelt. Ferner gibt es einen Kriterienkatalog, den es zu erfüllen gilt, um einen Vermögenswert bzw eine Veräußerungsgruppe in die Kategorie „zur Veräußerung gehalten" einzustufen. Wurde die Anwendbarkeit von IFRS 5 geklärt, so ist die **Bewertung** des Vermögenswerts bzw der Veräußerungsgruppe in einem vierstufigen Prozess zu 3 ermitteln (→ Rn 42 ff), wobei Veräußerungsgruppen bei Erfüllung bestimmter Voraussetzungen auch **aufgegebene Geschäftsbereiche** sein können:

(1) Bewertung der einzelnen Vermögenswerte und Schulden vor Umklassifizierung,
(2) Ermittlung des beizulegenden Zeitwerts der unter die Bewertungsvorschriften des IFRS 5 fallenden langfristigen Vermögenswerte,
(3) Feststellung der Veräußerungskosten,
(4) Anwendung eines spezifischen Niederstwertprinzips, dh der niedrigere Wert aus Buchwert oder beizulegendem Zeitwert abzüglich Veräußerungskosten ist anzusetzen.

4 Sind die zur Veräußerung gehaltenen Vermögenswerte bzw Veräußerungsgruppen am folgenden Bilanzstichtag noch nicht ausgebucht worden, stellt sich im Rahmen der **Folgebewertung** (→ Rn 55 ff) die Frage nach zu berücksichtigenden Wertminderungen bzw Zuschreibungen. IFRS 5 verbietet eine **planmäßige Abschreibung** von zur Veräußerung gehaltenen Vermögenswerten bzw Abgangsgruppen ab dem Zeitpunkt der Umklassifizierung. Fällt ein Vermögenswert bzw eine Veräußerungsgruppe aus der Klassifizierung heraus, so ist wieder auf die Bilanzierung nach den Einzelstandards überzugehen.

5 Sollten die Voraussetzungen für einen **aufgegebenen Geschäftsbereich** vorliegen, enthält IFRS 5 lediglich Regelungen zum Ausweis und zu Angaben im Anhang. Sollte der aufgegebene Geschäftsbereich veräußert werden, richtet sich der Zeitpunkt der Klassifizierung und die Bewertung nach den Vorschriften für Veräußerungsgruppen (IFRS 5.7 f, IFRS 5.15 ff). Sofern der aufgegebene Geschäftsbereich stillgelegt wird, muss der betreffende Geschäftsbereich zum Bilanzstichtag schon aufgegeben sein. Im Fall der Stilllegung richtet sich die Bewertung der in dem aufgegebenen Geschäftsbereich enthaltenen Vermögenswerte und Schulden nach den einschlägigen Vorschriften.

6 IFRS 5 findet auch Anwendung, wenn es sich bei der Veräußerungsgruppe um ein **TU** bzw um zur Veräußerung gehaltene Anteile an assoziierten oder Gemeinschaftsunternehmen handelt. Von besonderer Bedeutung ist, dass TU, die unter IFRS 5 fallen, voll zu konsolidieren sind (§ 35), auch wenn sie ausschließlich zur sofortigen Weiterveräußerung erworben wurden.

B. Anwendungsbereich

I. Negativabgrenzung

7 IFRS 5 ist grds im Hinblick auf den Ausweis auf **alle langfristigen** Vermögenswerte und Veräußerungsgruppen eines Unternehmens anzuwenden. Im Hinblick auf die **Bewertungsvorschriften** (→ Rn 39 ff) werden gem IFRS 5.5 zwei Arten von Vermögenswerten vom Anwendungsbereich **ausgenommen** (IFRS 5.BC13)

(1) Vermögenswerte, die nach anderen Standards zum beizulegenden Zeitwert bewertet werden und deren Wertänderungen erfolgswirksam in der Gesamtergebnisrechnung bzw der gesonderten GuV (sofern erstellt) erfasst werden sowie
(2) Vermögenswerte, bei denen der beizulegende Zeitwert nur mit Schwierigkeiten zu ermitteln ist.

IFRS 5.5 enthält eine **abschließende Aufzählung** von Vermögenswerten, die **nicht** in den Anwendungsbereich der **Bewertungsvorschriften** des IFRS 5 fallen. Es handelt sich um folgende Vermögenswerte:

(1) Renditeimmobilien, die gem IAS 40.33ff/IFRS 13 zum beizulegenden Zeitwert bewertet werden (Kategorie (1)),
(2) langfristige biologische Vermögenswerte, die gem IAS 41.12ff/IFRS 13 mit dem beizulegenden Zeitwert abzüglich geschätzter Veräußerungskosten angesetzt werden (Kategorie (1)),
(3) sämtliche finanziellen Vermögenswerte, die in den Anwendungsbereich des IAS 39 (bzw IFRS 9) fallen (Kategorie (1)), selbst wenn die Wertänderungen nicht immer erfolgswirksam erfasst werden (IFRS 5.BC13(a)),
(4) aktive latente Steuern (Kategorie (2)),
(5) Vermögenswerte im Zusammenhang mit Leistungen an Arbeitnehmer (Kategorie (2)) und
(6) vertragliche Rechte aus Versicherungen (Kategorie (2)).

Die Komplexität der Vorschriften des IFRS 5 wird dadurch erhöht, dass sie 8
nicht nur auf einzelne langfristige Vermögenswerte anzuwenden sind, sondern auch auf **Veräußerungsgruppen,** die sowohl kurzfristige Vermögenswerte als auch Schulden oder nicht den Bewertungsvorschriften des IFRS 5 unterliegende langfristige Vermögenswerte enthalten können.

Beispiel: Die Gruppe C, die im Wesentlichen Textilien herstellt, plant, die TU, die Stoffe entwerfen, zu veräußern. Die Kriterien des IFRS 5.6 bis IFRS 5.8 sind erfüllt, es handelt sich aber wegen fehlender Wesentlichkeit nicht um einen aufgegebenen Geschäftsbereich. Die Vermögenswerte, zu denen auch Forderungen aus Lieferungen und Leistungen sowie Vorräte zählen, und Schulden der TU werden zum Stichtag der Kriterienerfüllung entspr gesondert als „zur Veräußerung gehalten" ausgewiesen und bewertet.

II. Langfristige zur Veräußerung verfügbare Vermögenswerte

1. Abgrenzung von langfristigen zu kurzfristigen Vermögenswerten

Voraussetzung für die Anwendung von IFRS 5 ist, dass es sich entweder um 9
zur Veräußerung gehaltene langfristige Vermögenswerte oder um eine Veräußerungsgruppe, die langfristige Vermögenswerte einschließt, handeln muss. Die **Trennung** zwischen **lang-** und **kurzfristigen** Vermögenswerten ist daher für die Anwendung des IFRS 5 von **zentraler Bedeutung.**

Nach IFRS 5.6 ist ein langfristiger Vermögenswert als „zur Veräußerung gehalten" einzustufen, wenn der zugehörige Buchwert überwiegend durch ein Veräußerungsgeschäft und nicht durch fortgesetzte Nutzung realisiert wird. Hier liegt ein **Widerspruch** in sich vor. Sofern das Veräußerungsgeschäft im normalen Geschäftskreislauf oder innerhalb von 12 Monaten realisiert wird, handelt es sich gem IAS 1.66 bereits zwingend um einen kurzfristigen Vermögenswert, sodass die Voraussetzungen „langfristig" und „zur Veräußerung gehalten" formal überhaupt nur dann gleichzeitig erfüllt werden könnten, wenn die geplante Veräußerung außerhalb des normalen Geschäftskreislaufs bzw nach 12 Monaten stattfinden soll.

Da bei dieser Auslegung die Gefahr besteht, dass die Vorschriften des IFRS 5 (weitgehend) ins Leere laufen, ist bei der Abgrenzung des langfristigen Vermögens davon auszugehen, dass es sich um **typischerweise** (dh ohne konkrete Veräußerungsabsicht) langfristiges Vermögen handelt (so auch *Lüdenbach/Hoffmann/Freiberg* IFRS § 29 Rz 7). Bei der Bestimmung, ob Vermögenswerte „typischerweise" den langfristigen Vermögenswerten zuzurechnen sind, ist auf die individuelle Unternehmenssicht abzustellen.

Beispiel: Für einen Baumaschinenhersteller erfolgt die Veräußerung von Baumaschinen im Rahmen seiner typischen Geschäftstätigkeit, während ein Bauunternehmer zB einen

Kran nicht im Rahmen seiner normalen Geschäftstätigkeit veräußert. Beim Bauunternehmer zählt der Kran zum langfristigen Vermögen und kann dementsprechend auch als langfristiger Vermögenswert zur Veräußerung nach IFRS 5 ausgewiesen und bewertet werden, während ein Kran bei einem Baumaschinenhersteller von vorne herein kurzfristiges Vermögen darstellt und dem Vorratsvermögen zuzuordnen ist. Bei dem Baumaschinenhersteller könnte der Kran allenfalls einer Veräußerungsgruppe zuzuordnen sein.

10 Auch wenn eine grds Veräußerungsabsicht besteht, dürfen gem IFRS 5.3 solche „typischerweise" langfristigen Vermögenswerte nur dann als kurzfristig ausgewiesen werden, sofern sie die **Voraussetzungen** nach IFRS 5 (→ Rn 30 ff) erfüllen. Sollten langfristige Vermögenswerte von vorne herein mit **Weiterveräußerungsabsicht** erworben worden sein, müssen nicht sämtliche Voraussetzungen am Erwerbsstichtag erfüllt sein, um den langfristigen Vermögenswert als kurzfristig iSd IFRS 5 auszuweisen (IFRS 5.11 und → Rn 38).

11 Durch IAS 16.68A wird ferner klargestellt, dass IFRS 5 keine Anwendung findet, wenn langfristige Vermögenswerte, die zuvor an Dritte **vermietet** oder **verpachtet** wurden, **routinemäßig** im Rahmen der üblichen Geschäftstätigkeit **verkauft** werden. Diese Vermögenswerte sind bei Beendigung der Vermietung und Verpachtung zugunsten einer beabsichtigten Veräußerung vielmehr zum Buchwert vom Sachanlagevermögen in die Vorräte umzugliedern (*IDW* RS HFA 2 Rz 90 und → § 5 Rn 217).

2. Besondere Veräußerungsvorgänge

a) Tausch

12 IFRS 5.10 stellt ein **Tauschgeschäft** iSv IAS 16 einer Veräußerung gleich, soweit der Tausch eine **„wirtschaftliche Substanz"** aufweist. Dazu ist zu prüfen, in welchem Umfang sich die künftigen Cashflows infolge der Transaktion voraussichtlich ändern (IAS 16.25). Demnach liegt eine wirtschaftliche Substanz für das bilanzierende Unternehmen dann vor:

(a) wenn die zukünftigen Cashflows aus dem erhaltenen Vermögenswert sich im Hinblick auf Risiko, zeitliche Verteilung und Höhe von denen aus dem hingegebenen Vermögenswert wesentlich unterscheiden oder

(b) wenn sich der unternehmensspezifische Wert des von der Transaktion betroffenen Unternehmensbereichs durch den Tauschvorgang wesentlich verändert.

Bei Erfüllung der Voraussetzungen nach (a) oder (b) wird der Tausch der Veräußerung gleichgestellt (*Zülch/Lienau* KoR 2004, 442 (443)). Bei Erfüllung der Kriterien von IFRS 5.6 ff wird der Tauschgegenstand als zur Veräußerung gehalten klassifiziert und gem den Regelungen des IFRS 5 bewertet (→ Rn 39 ff).

b) Sale-and-lease-back Transaktionen

13 ***Sale-and-lease-back*** **Verträge** fallen unter die Vorschriften des IFRS 5, sofern ein abgeschlossener Verkauf innerhalb eines Jahres ab dem Zeitpunkt der Klassifizierung nach IFRS 5 erwartet wird. Handelt es sich bei dem im Zuge des Verkaufs abgeschlossenen Leasingvertrag um ein **Operating-Leasingverhältnis,** so fällt der Verkauf in den Regelungsrahmen des IFRS 5. Bei Leasingverträgen, die als **Finanzierungs-Leasing** zu qualifizieren sind, fehlt es am Veräußerungsvorgang, da der Käufer nicht wirtschaftlicher Eigentümer wird, sodass eine Einordnung als „zur Veräußerung gehalten" nicht erfolgen kann (*IDW* RS HFA 2 Rz 92; IFRS 5.16). Die zukünftigen Cashflows entstehen nicht durch den Verkauf, sondern durch die fortgesetzte, operative Nutzung des Vermögenswerts.

c) Sachdividenden

14 Veräußerungen gleichgestellt iSv IFRS 5 sind ebenfalls **Ausschüttungen** von **langfristigen Vermögenswerten** und **Veräußerungsgruppen** an Anteilseigner (IFRS 5.5A). Demnach sind langfristige Vermögenswerte und Abgangsgruppen als zur Veräußerung gehalten nach IFRS 5 auszuweisen und zu bewerten, wenn das Unternehmen verpflichtet ist, die Vermögenswerte oder Abgangsgruppen auszuschütten (IFRS 5.12A). Nach IFRS 5.12A ist dies dann erfüllt, wenn die Vermögenswerte in ihrem **gegenwärtigen Zustand** zur **sofortigen Ausschüttung** verfügbar sind und die Ausschüttung eine **hohe Eintrittswahrscheinlichkeit** hat. Eine hohe Wahrscheinlichkeit ist dann anzunehmen, wenn Maßnahmen zur Durchführung der Ausschüttung eingeleitet worden sind und davon ausgegangen werden kann, dass die Ausschüttung innerhalb eines Jahrs nach dem Tag der Einstufung vollendet ist. Dabei wird klargestellt, dass zur Beurteilung des Grads der hohen Wahrscheinlichkeit auch eine ggf erforderliche Genehmigung seitens der Anteilseigner einbezogen werden muss (ohne dass diese bereits zum Tag der Einstufung vorliegen muss).

15 Fraglich ist aber, ob dieser in IFRS 5.12A geforderte **Verpflichtungsgrad** zum Abschlussstichtag überhaupt vorliegen kann, sofern ein formaler Vorschlag zur Ausschüttung erst auf der Basis eines aufgestellten Jahresabschlusses nach dem Abschlussstichtag abgegeben wird. Auch wenn bei der Beurteilung der „eingeleiteten Maßnahmen" zum Abschlussstichtag nach IFRS 5.12A ein gewisser Ermessensspielraum vorhanden ist, dürften diese Voraussetzungen zum Abschlussstichtag in den seltensten Fällen erfüllt sein (vgl auch *Böcking/Kiefer* in Baetge ua IFRS-Komm IFRS 5 Rz 48, die die Voraussetzungen erst dann als erfüllt ansehen, wenn die Ausschüttung autorisiert wurde und nicht mehr im Ermessen des Unternehmens steht). Sofern diese Voraussetzungen erst nach dem Abschlussstichtag erfüllt sind, kommen keine gesonderten Ausweis und Bewertungsvorschriften, sondern vielmehr entspr Anhangangaben nach IFRS 5.12 iVm IFRS 5.41(a), (b) und (d) in Betracht. Sollte der Vorschlag zur Ausschüttung hingegen unabhängig von einem aufgestellten Jahresabschluss vorgenommen werden, ist die Erfüllung der Voraussetzungen nach IFRS 5.12A für eine Bilanzierung als Sachdividende zum Abschlussstichtag entspr leichter möglich. Während IFRS 5.12A die Bilanzierung der langfristigen Vermögenswerte und Veräußerungsgruppen regelt, die ausgeschüttet werden sollen, erfolgt die Bilanzierung der Verbindlichkeit im Zusammenhang mit der Ausschüttung der Sachdividende nach IFRIC 17 (zu den Regelungen des IFRIC 17 und zu einem Beispiel einer Sachdividende s → § 12 Rn 96).

III. Abgangsgruppen

1. Zur Veräußerung bestimmte Abgangsgruppen (Veräußerungsgruppen)

16 Nach IFRS 5.4 und IFRS 5.Anhang A stellt eine zur Veräußerung bestimmte Abgangsgruppe (sog Veräußerungsgruppe) eine **Gruppe von Vermögenswerten und ggf auch Schulden** dar, die gemeinsam im Rahmen einer **einzigen Transaktion** veräußert werden sollen. Die Bewertungs- und Ausweisvorschriften nach IFRS 5 gelten nur für diese Veräußerungsgruppen (IFRS 5.15ff und IFRS 5.38ff). Ein Verkauf an verschiedene Käufer erfüllt dabei nicht das Erfordernis der Veräußerung in einer einzigen Transaktion, sodass bei Erfüllung der sonstigen Kriterien mehrere Veräußerungsgruppen zu bilden wären.

17 Eine Veräußerungsgruppe kann **alle Arten von Vermögenswerten und Schulden** umfassen (IFRS 5.4), wobei die Zugehörigkeit von ein oder mehreren

langfristigen Vermögenswerten wahrscheinlich, aber nicht zwingend ist. Allerdings sind die **Bewertungsvorschriften** nach IFRS 5 auf die Veräußerungsgruppe nur anzuwenden, sofern sie mindestens einen langfristigen Vermögenswert enthält, der in den Anwendungsbereich der Bewertungsvorschriften des IFRS 5 fällt (→ Rn 39 ff). Im Umkehrschluss gelten für Veräußerungsgruppen ohne langfristige Vermögenswerte ausschließlich die Bewertungsvorschriften der entspr Einzelstandards. Die **Ausweisvorschriften** nach IFRS 5.38 ff gelten hingegen für sämtliche Veräußerungsgruppen.

18 Die mit der Gruppe im Zusammenhang stehenden **Schulden** sind nur Bestandteil der Veräußerungsgruppe, sofern sie im Zusammenhang mit der Übertragung der Vermögenswerte abgehen. Schulden, die infolge der Veräußerung aus dem Erlös getilgt werden sollen, sind hingegen nicht Bestandteil der Abgangsgruppe (*Böcking/Kiefer* in Baetge ua IFRS-Komm IFRS 5 Rz 26).

Beispiel: U verkauft ein nicht mehr benötigtes Lagergelände, eine Lagerhalle und drei Gabelstapler an Y. U hatte den Erwerb des Geländes und der Lagerhalle durch ein Darlehen finanziert, das im Rahmen der Transaktion von Y übernommen wird. Das Lagergelände, die Lagerhalle, die Gabelstapler und das Darlehen bilden zusammen eine Veräußerungsgruppe.

19 Teil einer Veräußerungsgruppe kann auch ein **Geschäfts- oder Firmenwert** sein. In diesem Fall muss jedoch gem IFRS 5.Anhang A die Veräußerungsgruppe selbst eine zahlungsmittelgenerierende Einheit (ZGE → § 27 Rn 23 ff) oder einen Teilbereich innerhalb einer ZGE umfassen. Darüber hinaus muss der Geschäfts- oder Firmenwert dieser ZGE oder diesem Teilbereich einer ZGE unter Anwendung der Regelungen des IAS 36.80 ff zugeordnet werden.

2. Zur Stilllegung bestimmte Abgangsgruppen

20 IFRS 5.13 betont ausdrücklich, dass im Fall von langfristigen Vermögenswerten (oder Veräußerungsgruppen), die **stillgelegt** werden sollen, eine Klassifizierung als „zur Veräußerung gehalten" nicht erfolgen darf, dh es erfolgt **kein gesonderter Ausweis** in der **Bilanz** und keine Bewertung nach IFRS 5. Dies liegt darin begründet, dass der Buchwert gerade nicht durch eine Veräußerung, sondern überwiegend durch die fortgesetzte Nutzung bis zur Stilllegung realisiert wird. Erfüllt eine zur Stilllegung bestimmte Veräußerungsgruppe jedoch die Kriterien des IFRS 5.32(a) bis (c) (→ Rn 81 ff), dh es handelt sich um einen **wesentlichen Unternehmensteil,** dann sind in diesem Fall die umfangreichen Ausweis- und Angabepflichten gem IFRS 5.33 f für **aufgegebene Geschäftsbereiche** zu beachten (→ Rn 128 ff).

21 Langfristige Vermögenswerte, die stillgelegt werden, werden dabei auf eine **Verkürzung der Nutzungsdauer** und/oder auf eine etwaige **Wertminderung** nach den Vorschriften des IAS 36 (§ 27) zu untersuchen sein. Im Fall der vorübergehenden Stilllegung einer Anlage besteht zur Bilanzierung einer dauerhaft weiter genutzten Anlage kein Unterschied (IFRS 5.14). Diese folgt IAS 16 und IAS 36. Entspr IFRS 5.IG8 macht auch eine Stilllegung auf unbestimmte Zeit keinen Unterschied, sofern die Anlage weiterhin gewartet wird, damit sie bei Bedarf wieder in Betrieb genommen werden kann.

IV. Aufgegebene Geschäftsbereiche

22 Nach IFRS 5.32 ist ein **aufgegebener Geschäftsbereich** ein Unternehmensbestandteil, der entweder abgegangen ist oder der zur Veräußerung bestimmt ist und:

(1) der Unternehmensbestandteil stellt einen gesonderten, wesentlichen Geschäftsbereich oder geografischen Bereich dar, und
(2) der Unternehmensbestandteil ist Teil eines einzelnen, abgestimmten Plans, dessen Ziel die Veräußerung oder Stilllegung eines gesonderten, wesentlichen Geschäftsbereichs oder geografischen Bereichs ist, oder
(3) es handelt sich um ein TU, das ausschließlich zum Zwecke der Weiterveräußerung erworben wurde.

Ein **Unternehmensbestandteil** bezeichnet dabei nach IFRS 5.31 einen Geschäftsbereich und die zugehörigen Cashflows, die betrieblich und für die Zwecke der Rechnungslegung vom restlichen Unternehmen klar abgegrenzt werden können. Ein Unternehmensteil, der aus Sicht eines Einzelabschlusses die Kriterien des aufgegebenen Geschäftsbereichs erfüllt, kann aus der Sicht des Konzernabschlusses abweichend behandelt werden (vgl *KPMG* 2014/15 Rz 5.4.130.25). 23

IFRS 5.13 stellt dabei klar, dass ein aufgegebener Geschäftsbereich auch aus einer **stillzulegenden Abgangsgruppe** bestehen kann, sofern die Vorschriften nach IFRS 5.32 erfüllt sind. Ebenso kann eine Sachdividende die Kriterien eines aufgegebenen Geschäftsbereichs erfüllen, auch wenn die Definition dies nicht explizit einschließt (vgl *KMPG* 2014/15 Rz 5.4.130.40).

Die Vorschriften nach IFRS 5.33 ff beziehen sich ausschließlich auf den **Ausweis** in der Gesamtergebnisrechnung und Kapitalflussrechnung sowie die entspr Anhangangaben. Die **Bewertung** und der Ausweis in der Bilanz der in dem aufgegebenen Geschäftsbereich enthaltenen Abgangsgruppe(n) (bzw der darin enthaltenen Vermögenswerte und Schulden) richtet sich bei Veräußerungsgruppen nach den Vorschriften des IFRS 5.5, IFRS 5.15 ff (→ Rn 39 ff) und bei Abgangsgruppen zur Stilllegung nach den einschlägigen Einzelstandards. 24

Zu weiteren Ausführungen und Abgrenzungsproblemen wird auf die entspr Ausführungen in → Rn 81 ff verwiesen.

(einstweilen frei) 25–29

C. Zur Veräußerung gehaltene langfristige Vermögenswerte oder Veräußerungsgruppen

I. Kriterien

Gem IFRS 5.6 ist ein zur Veräußerung bestimmter langfristiger Vermögenswert dadurch charakterisiert, dass der **Buchwert** in erster Linie durch eine Veräußerung und nicht durch eine weitergehende Nutzung **realisiert** wird. Entspr der Negativabgrenzung in IFRS 5.5 (→ Rn 7) handelt es sich bei langfristigen Vermögenswerten vor allem um immaterielle Vermögenswerte und um Sachanlagen, auf die die Bewertungsvorschriften in IFRS 5 anzuwenden sind. 30

Die **Voraussetzungen,** die beim bilanzierenden Unternehmen dazu führen, dass ein langfristiger Vermögenswert in einem gesonderten Posten auszuweisen ist und die Bewertung den Vorschriften des IFRS 5.15 ff folgt, lassen sich zu vier wesentlichen Kriterien zusammenfassen, die für eine Klassifizierung nach IFRS 5 kumulativ erfüllt sein müssen (vgl zum Zeitpunkt der erstmaligen Klassifizierung nach IFRS 5, die typischerweise unterjährig erfolgen wird, → Rn 38):
(1) unmittelbare Verfügbarkeit (IFRS 5.7),
(2) hohe Wahrscheinlichkeit der Veräußerung (IFRS 5.7),
(3) konkrete Veräußerungsabsicht (IFRS 5.8),
(4) Veräußerung innerhalb von zwölf Monaten (IFRS 5.8).

1. Unmittelbare Verfügbarkeit

31 Das erste Kriterium der **unmittelbaren Verfügbarkeit** soll sicherstellen, dass der Vermögenswert im **aktuellen Zustand veräußerbar** ist, dh es sind keine Modifikationen erforderlich, die als unüblich im Zuge des Veräußerungsprozesses angesehen werden könnten. Die Zeit zur Räumung eines zum Verkauf bestimmten Verwaltungsgebäudes ist unschädlich für die Klassifizierung (IFRS 5.IG1(a)), nicht aber noch erforderliche wesentliche Renovierungsarbeiten (IFRS 5.IG3(a)), auch wenn der Verkauf schon vertraglich vereinbart wurde. Plant ein Unternehmen ein Gebäude zu verkaufen, das aber noch bis zum Abschluss der Errichtung des neuen Verwaltungsgebäudes weiter genutzt wird und auch erst nach dem Umzug auf den Erwerber übertragen wird, so führt die Verzögerung durch das erst fertig zu stellende neue Gebäude zu der Beurteilung, dass für das zu verkaufende Gebäude die unmittelbare Verfügbarkeit nicht gegeben ist und daher der langfristige Vermögenswert (Gebäude) nicht umklassifiziert werden darf (IFRS 5.IG1(b)). Auch wenn eine verbindliche Vereinbarung zum Verkauf einer Maschine vorliegt, darf IFRS 5 nicht angewendet werden, wenn die Maschine beim Verkäufer noch zur Abarbeitung von Fertigungsaufträgen genutzt wird. Die Maschine steht dann nicht unmittelbar zur Verfügung (IFRS 5.IG2(b)). Anders ist der Fall zu beurteilen, wenn die halbfertigen Kundenaufträge, die vom Käufer erfüllt werden, Teil des Kaufvertrags sind (IFRS 5.IG2(a)). Es handelt sich dann um eine Veräußerungsgruppe, da der Verkaufsakt auch kurzfristiges Vermögen beinhaltet (hier: Halbfertigerzeugnisse). Sofern für die Übertragung die Zustimmung eines Dritten erforderlich ist, ist bei der Beurteilung der unmittelbaren Verfügbarkeit zu entscheiden, wie sicher davon auszugehen ist, dass diese erfolgt (zB wenn die Übertragung im Rahmen eines IPO erfolgen soll und der Prospekt noch nicht von der entspr Behörde genehmigt wurde (IFRS 5.12A und *IFRIC* Update September 2013, 2f). Der Bilanzierende hat im Rahmen der Klassifizierung darüber zu entscheiden, ob tatsächlich unmittelbare Verfügbarkeit besteht.

2. Hohe Wahrscheinlichkeit

32 Der Verkauf muss mit einer **hohen Wahrscheinlichkeit** erfolgen. Um dies zu verdeutlichen, wurde im Originaltext anstelle von *probable* der Begriff *highly probable* gewählt. Damit soll klargestellt werden, dass die Wahrscheinlichkeit einer Veräußerung **deutlich größer** sein muss als 50%. Die Anforderungen an die Wahrscheinlichkeit der Veräußerung sind uE eher restriktiv auszulegen, dh der Verkauf sollte aller Voraussicht nach realisierbar sein, sonst sollte es beim Ausweis und der Bewertung als langfristiger Vermögenswert bleiben. Die Wahrscheinlichkeit kann **nicht ausschließlich im Ermessen** der Entscheidungsträger im Unternehmen liegen, sondern sollte sich auch anhand von objektiven Merkmalen abschätzen lassen.

Beispiel: Das Unternehmen A verwendet Gießformen (langfristiges Vermögen) in seinem Produktionsprozess, die so lange verwendet werden, wie das Gut X hergestellt wird, und danach veräußert werden sollen. A weiß aus Erfahrung, dass U, W oder Q grds gebrauchte Gießformen erwerben. In diesem Fall kann nach Beendigung der Herstellung von X mit einer hohen Wahrscheinlichkeit vom Verkauf ausgegangen werden.

3. Konkrete Veräußerungsabsicht

33 Die hohe Wahrscheinlichkeit einer Veräußerung wird grds dadurch belegt, dass sich das zuständige Management auf einen **konkreten Veräußerungsplan** festlegt (IFRS 5.8). Es handelt sich dabei nicht um einen öffentlich bekannt gemachten Plan iSd IAS 37.72, sondern um die sichere „innere" Absicht. Die

Veräußerungsabsicht ist zu **objektivieren.** Dafür ist bspw eine entspr **Dokumentation** der Veräußerungsvorgaben bzw -beschlüsse, wie etwa in Sitzungsprotokollen und schriftlich festgehaltenen Beschlüssen, erforderlich (*Ruhnke/Schmidt/Seidel* BB 2004, 2231 (2233)). Dies gilt insbes dann, wenn mehrere Teilbereiche als einheitlicher abgestimmter Plan (→ Rn 87 ff) gelten sollen. Es müssen bereits aktive Bemühungen unternommen worden sein, um einen Käufer zu finden. Ob zB die Beauftragung eines Maklers als ausreichend anzusehen ist, hängt von der Beurteilung des jeweiligen Einzelfalls ab. In der Entscheidung *ESMA* EECS/0211-02 vom 6. Dezember 2010 wurde zB festgelegt, dass Entwürfe zu Vereinbarungen und Schriftverkehr mit Investmentbanken im Hinblick auf einen Anteilsverkauf nicht ausreichend im Zusammenhang mit dem entspr Anteil stehen, um eine Klassifizierung nach IFRS 5.7 f zu rechtfertigen. Das Verhalten des Managements muss bei Dritten die Erwartung hervorrufen, dass es dem Unternehmen mit dem Verkauf ernst ist. Ferner wird gefordert, dass der **Preis,** zu dem der Vermögenswert oder die Veräußerungsgruppe angeboten wird, in einem angemessenen Verhältnis zum **beizulegenden Zeitwert** steht. Die Preisverhandlungen zwischen Käufer und Verkäufer bilden in diesem Fall einen konkreten Anhaltspunkt für den beizulegenden Zeitwert. Resultiert aus den Preisverhandlungen noch kein konkretes Preisangebot, sind Zweifel angebracht, ob eine Umklassifizierung als „zur Veräußerung gehalten" bereits zu diesem Zeitpunkt zulässig ist. Bei einem Scheitern von Verkaufsverhandlungen aufgrund von unterschiedlichen Preisvorstellungen des Verkäufers und potenziellen Erwerbers kann jedoch nicht grds davon ausgegangen werden, dass der vom Unternehmen geforderte Preis nicht dem beizulegenden Zeitwert entspricht. Dies wird anhand des Einzelfalls zu entscheiden sein.

Es dürfen sich keine Hinweise ergeben, dass der Plan zur Veräußerung noch in wesentlichen Punkten geändert werden könnte.

Beispiel: Das Management der X-AG hat einen Plan zur Veräußerung des Bereichs Kunststofftechnik festgelegt. Es wurden schon Gespräche mit möglichen Interessenten aufgenommen, woraus sich konkrete Preisangebote ergeben haben. Der Bereich Kunststofftechnik erfüllt die Kriterien der konkreten Veräußerungsabsicht und kann somit als zur Veräußerung gehalten klassifiziert werden.

4. Zwölf-Monatsfrist

Das vierte Kriterium betrifft die Abwicklung der Veräußerung **innerhalb** von **zwölf Monaten** nach der **Umklassifizierung,** dh nach Erfüllung der weiteren drei Voraussetzungen. Es kann nicht als ausreichend angesehen werden, wenn ein Veräußerungsplan einen Verkauf nur innerhalb von zwölf Monaten **vorsieht,** der Verkauf muss aller Voraussicht nach innerhalb von zwölf Monaten **erfolgen.** Würde das Erfüllen des Kriteriums (alleine) an die Erwartung des Managements geknüpft, würde dies einen unzulässigen bilanzpolitischen Spielraum eröffnen. Die Erfüllung der Zwölf-Monatsfrist muss sich anhand von objektivierbaren Kriterien ableiten lassen (zB es liegt schon ein *letter of intent* vor, in der Vergangenheit wurden schon mehrere Verkäufe solcher Vermögenswerte innerhalb dieses Zeitraums abgewickelt, etc). Sofern sich die Veräußerung innerhalb von zwölf Monaten nicht als sehr wahrscheinlich abschätzen lässt, darf keine Umklassifizierung erfolgen. Dabei ist zu beachten, dass **Beginn** dieser **Zwölf-Monatsfrist** der (typischerweise **unterjährige**) **Zeitpunkt der vollständigen Kriterienerfüllung** ist und nicht erst der folgende Abschlussstichtag. Dh auch, dass ab dem Zeitpunkt der Kriterienerfüllung die Bewertung nach IFRS 5 erfolgt (zB Aussetzen der planmäßigen Abschreibung oder Aussetzen der Fortschreibung bei Anwendung der Equity-Methode). Ein Abweichen ist nur zulässig, sofern die **Ver-** 34

zögerung nicht im Einflussbereich des veräußernden Unternehmens liegt. IFRS 5.9 und IFRS 5.Anhang B unterscheiden zwei Situationen, die ein Überschreiten dieser zeitlichen Grenze rechtfertigen.

35 Einerseits handelt es sich um Veräußerungsfälle, die erst nach einer rechtsverbindlichen Vereinbarung zwischen den Parteien die **Zustimmung eines Dritten** erfordern (zB Zustimmung der Kartellbehörde oder sonstiger Behörde).

Beispiel: Ein Energieversorgungsunternehmen plant den Verkauf einer Veräußerungsgruppe, der die Zustimmung der Regulierungsbehörde erfordert. Diese kann aber erst nach Abschluss eines bindenden Kaufvertrags eingeholt werden, der mit hoher Wahrscheinlichkeit innerhalb von zwölf Monaten abgeschlossen wird. In diesem Fall ist eine Behandlung des Verkaufs nach IFRS 5 trotz der Überschreitung der Zwölf-Monatsfrist bis zum Vorliegen der Zustimmung des Kartellamts zulässig (IFRS 5.IG5).

36 Andererseits geht es um Fälle, in denen sich nach erfolgter Umklassifizierung **unvorhersehbare Gegebenheiten** einstellen (zB zusätzliche Bedingungen des Käufers wie zB Beseitigung von Bodenverunreinigungen), die sich erst **nach zwölf Monaten** vollständig erfüllen lassen. Auch in diesem Fall finden die Regelungen des IFRS 5 Anwendung, wenn das veräußernde Unternehmen alle notwendigen Maßnahmen ergreift, um trotz der veränderten Rahmenbedingungen den Verkauf zum Abschluss zu bringen (IFRS 5.IG6).

37 Eine Erfüllung des Kriteriums der Zwölf-Monatsfrist ist auch dann gegeben, wenn ein Unternehmen einen Vermögenswert als „zur Veräußerung gehalten“ klassifiziert hat, diesen aber aufgrund von **unvorhersehbaren, ungünstigen Marktveränderungen** und eines marktgerecht verminderten Preises nicht veräußern konnte. In diesem Fall bleibt es bei der Klassifizierung als „zur Veräußerung gehalten“, sofern zum Abschlussstichtag weiterhin eine unmittelbare aktive Veräußerungsabsicht gegeben ist (IFRS 5.IG7(a)). Eine andere Beurteilung ergibt sich aber, wenn das Unternehmen trotz eines weiteren Preisverfalls nicht bereit ist, den Verkaufspreis weiter zu reduzieren, weil es für die Zukunft hofft, dass sich der Markt wieder erholen wird. Der Vermögenswert steht damit nicht mehr unmittelbar zur Veräußerung zur Verfügung und fällt nicht mehr unter IFRS 5 (IFRS 5.IG7(b)).

5. Zeitpunkt der Klassifizierung

38 Eine Umgliederung der langfristigen Vermögenswerte und der Veräußerungsgruppen in den gesonderten Posten „zur Veräußerung gehaltene Vermögenswerte bzw damit verbundener Verbindlichkeiten“ ist im Regelfall nur zulässig, wenn die vorgenannten **Kriterien erfüllt** sind. Der Zeitpunkt der vollständigen Kriterienerfüllung wird typischerweise **unterjährig** eintreten, sodass eine Klassifizierung als „zur Veräußerung gehalten“ regelmäßig erstmals unterjährig erfolgen wird. An den darauffolgenden Abschlussstichtagen ist zu überprüfen, ob die Kriterien weiterhin erfüllt sind. Gleiches gilt für Veräußerungsgruppen; diese können auch aufgegebene Geschäftsbereiche sein. Eine spätere Kriterienerfüllung wirkt nicht wertaufhellend. Sofern die Erfüllung noch vor Freigabe des Abschlusses zur Veröffentlichung erfolgt, sind im Anhang erläuternde Angaben zu machen, eine Ausweis- und ggf Bewertungsänderung der relevanten Vermögenswerte ist nicht zulässig.

Eine **Ausnahme** bilden langfristige Vermögenswerte und Veräußerungsgruppen, deren **Weiterveräußerungsabsicht schon beim Erwerb** feststeht. Diese sind bereits bei erstmaligem Ansatz als „zur Veräußerung gehalten“ auszuweisen, sofern die voraussichtliche Wiederveräußerung nach IFRS 5.8f zum Zeitpunkt des Erwerbs erfüllt ist und es hochwahrscheinlich ist, dass die Voraussetzungen gem IFRS 5.7f in einem kurzen Zeitraum nach dem Erwerb (normalerweise drei Monate) erfüllt sind (IFRS 5.11).

II. Bewertungsregeln für zur Veräußerung gehaltene Vermögenswerte und Veräußerungsgruppen

Im Folgenden werden die **Bewertungsvorschriften** erörtert, die im Zusammenhang mit den zur Veräußerung gehaltenen Vermögenswerten und Veräußerungsgruppen stehen. 39

1. Grundsatz

IFRS 5 enthält **besondere Bewertungsvorschriften.** IFRS 5.15 sieht vor, 40 dass zur Veräußerung gehaltene langfristige Vermögenswerte und Veräußerungsgruppen ab dem Zeitpunkt der – zumeist unterjährigen – Klassifizierung als „zur Veräußerung gehalten" zum **niedrigeren Wert** aus **Buchwert** und **beizulegendem Zeitwert abzüglich Veräußerungskosten** anzusetzen sind. Damit orientiert sich die Bewertung nicht ausschließlich an den fortgeführten Anschaffungs- oder Herstellungskosten, sondern auch an der beabsichtigten Verkaufstransaktion, soweit der durch die Veräußerung voraussichtlich zu realisierende beizulegende Zeitwert abzüglich Veräußerungskosten unter dem Buchwert liegt. Diese Vorgehensweise entspricht dem Grundkonzept des IFRS 5 (IFRS 5.6), nach dem die Wertrealisation der zur Veräußerung gehaltenen Vermögenswerte oder Veräußerungsgruppen überwiegend durch ein Veräußerungsgeschäft und nicht durch weitere betriebliche Nutzung erfolgen muss. In diesem Zusammenhang **verbietet** IFRS 5.25 die **planmäßige Abschreibung** langfristiger Vermögenswerte, solange diese als „zur Veräußerung gehalten" klassifiziert werden oder zu einer Veräußerungsgruppe (→ Rn 62) gehören. Für Anteile an assoziierten Unternehmen gilt, dass die Fortschreibung der Equity-Methode auszusetzen ist (→ Rn 112). Der Bewertungsprozess orientiert sich zukunftsgerichtet an der vorgesehenen Veräußerung (*Zülch/Lienau* KoR 2004, 442 (450)).

Der beizulegende Zeitwert abzüglich Veräußerungskosten kommt als Bewer- 41 tungsmaßstab auch in IAS 36.18 zum Ausdruck; er steht jedoch im Kontrast zu dem Bewertungsprinzip des beizulegenden Zeitwerts *(fair value)*, der etwa in IAS 39 (bzw IFRS 9) oder IAS 40 zur Anwendung kommt. Der **Unterschied** zwischen dem **beizulegenden Zeitwert** und dem **beizulegenden Zeitwert abzüglich Veräußerungskosten** eines Vermögenswerts bzw einer Veräußerungsgruppe resultiert daraus, dass bei der Ermittlung des letztgenannten Werts die Veräußerungskosten vom beizulegenden Zeitwert abgezogen werden. Mit der Weiterentwicklung des beizulegenden Zeitwerts abzüglich Veräußerungskosten als Bewertungsmaßstab in IFRS 5 entfernt sich der IASB einen weiteren Schritt von dem beizulegenden Zeitwert als Bewertungsideal und relativiert den beizulegenden Zeitwert um erwartete Veräußerungskosten, die möglicherweise wesentlich sind und subjektiven Ermessensspielräumen unterliegen (*Schildbach* WPg 2005, 554 (555)).

Nach IFRS 13 (→ § 2 Rn 233ff) erfolgt die **Bestimmung des beizulegenden Zeitwerts** hierarchisch entspr der folgenden Reihenfolge von Inputfaktoren:

(1) auf der Basis von notierten Preisen auf einem aktiven Markt für identische Vermögenswerte (*level* 1, IFRS 13.76ff),
(2) auf der Basis von beobachtbaren Marktdaten, die auf direkte oder indirekte Weise ermittelt werden können (*level* 2, IFRS 13.81ff) und
(3) auf der Basis von nicht beobachtbaren Marktdaten (*level* 3, IFRS 13.86ff).

2. Bewertung bei erstmaliger Klassifizierung

42 Im Rahmen der **erstmaligen Klassifizierung** als „zur Veräußerung gehalten" ist der bilanzielle Wert der einschlägigen Vermögenswerte und Veräußerungsgruppen zu bestimmen. Dies gilt auch, wenn diese langfristig gehaltenen Vermögenswerte oder Veräußerungsgruppen Bestandteil eines aufgegebenen Geschäftsbereichs sind. Spezielle Bewertungsvorschriften für aufgegebene Geschäftsbereiche enthält IFRS 5 folglich nicht. Der Wertermittlungsprozess kann in die folgenden **vier Arbeitsschritte** aufgeteilt werden (*KPMG* 2014/15 Rz 5.4.40):

(1) Bewertung unmittelbar vor der Umklassifizierung,
(2) Ermittlung des beizulegenden Zeitwerts,
(3) Ermittlung der Veräußerungskosten und des beizulegenden Zeitwerts abzüglich Veräußerungskosten und
(4) Anwendung des Niederstwertprinzips.

a) Bewertung unmittelbar vor der Umklassifizierung

43 Der **Zeitpunkt** der Umklassifizierung markiert das **bewertungssignifikante Ereignis des Wechsels** von den bisherigen Bewertungsmethoden zu der Bewertung nach den Regeln des IFRS 5. Die folgende Zeitskala verdeutlicht diesen Prozess:

Vor Umklassifizierung	Nach Umklassifizierung
Bewertung gem einschlägigen IFRS ggf Wertminderungstest	Bewertung gem IFRS 5

Unmittelbar **vor** der erstmaligen Klassifizierung als „zur Veräußerung gehalten" wird die Bewertung zunächst gem den **einschlägigen IFRS** unter Beachtung des Stetigkeitsprinzips vorgenommen (IFRS 5.18).

Beispiel: Die Baufirma B will einen Hochleistungskran veräußern, der bisher zu fortgeführten Anschaffungskosten gem IAS 16.30 bewertet wurde. Die entspr Bewertungsmethode des IAS 16 auf Basis der fortgeführten Anschaffungs-/Herstellungskosten (*cost model*) wird unmittelbar vor der Umklassifizierung beibehalten.

Fraglich ist dabei, ob unmittelbar vor der Umklassifizierung ein **Wertminderungstest** der langfristigen Vermögenswerte nach IAS 36 vorzunehmen ist. Nach IAS 36.9 ff ist ein Wertminderungstest vorzunehmen, sofern Anhaltspunkte für eine solche Wertminderung vorliegen. Anhaltspunkte sind ua dann anzunehmen, wenn nach IAS 36.12(f) eine verschlechterte Einschätzung aufgrund von geänderten Nutzungsabsichten besteht. Während das IDW (*IDW* RS HFA 2 Rz 98) und *Lüdenbach/Hoffmann/Freiberg IFRS* § 29 Rz 40 diese Voraussetzungen für die Durchführung eines Wertminderungstests in der logischen Sekunde vor der Umklassifizierung als generell erfüllt ansehen, wird demgegenüber auch die Auffassung vertreten, dass ein solcher generell vorzunehmender Wertminderungstest aus IFRS 5.18 iVm IAS 36.12(f) nicht abzuleiten sei, da eine Klassifizierung nach IFRS 5 nicht generell mit einer verschlechterten Einschätzung einhergeht und somit ein Anhaltspunkt für eine etwaige Wertminderung nicht zwingend vorhanden ist (*M. Dobler/S. Dobler* KoR 2010, 353 (355)). Auch uE kann nicht alleine aus dem Umstand der Veräußerungsabsicht, sondern erst bei Vorliegen von **konkreten Anhaltspunkten** auf eine Wertminderung nach IAS 36.9 ff eine Verpflichtung zur Vornahme eines Wertminderungstests nach IAS 36 in der logischen Sekunde vor der Umklassifizierung abgeleitet werden. Sollte allerdings im Rahmen der Erstbewertung unmittelbar **nach** der Umklassifizierung festgestellt werden, dass der beizulegende Zeitwert abzüglich Veräußerungskosten des langfristigen Vermögenswerts oder der Veräußerungsgruppe unterhalb des Buchwerts liegt (→ Rn 51 ff), so spricht dies aus unserer Sicht für einen durchzuführenden Wertminderungstest **vor** der Umklassifizierung mit entspr Wertminderungsbedarf, sodass die praktische Auswirkung der Frage eines generellen oder lediglich indikationsbasierten Wertminderungstest vor Umklassifizierung vernachlässigbar sein dürfte. Für den Fall, dass vor erstmaliger Umklassifizierung Wertminderungen nach IAS 36 erfasst worden sind, ist jedoch auch denkbar (wenn auch in der Praxis eher selten), dass eine entspr Wertaufholung geboten sein kann.

Ferner ist bei der Ermittlung des **Nutzungswerts** (→ § 27 Rn 57 ff) im Rahmen des Wertminderungstests die geplante Veräußerung zu berücksichtigen, sodass der Nutzungswert vor der Umklassifizierung im Regelfall dem Nettoveräußerungserlös entsprechen und sich damit dem beizulegenden Zeitwert abzüglich Veräußerungskosten nach Umklassifizierung weitestgehend annähern wird (*IDW* RS HFA 2 Rz 99). **Nach** der Umklassifizierung sind die **Bewertungsregeln des IFRS 5** anzuwenden (zur Erstbewertung → Rn 46 ff, zur Folgebewertung → Rn 55 ff und Tabelle → Rn 60).

Im Falle mehrerer Vermögenswerte und Schulden, die als „zur Veräußerung gehalten" umklassifiziert werden, erfolgt die Bewertung sämtlicher Vermögenswerte und Schulden dieser Veräußerungsgruppe zunächst gem den für diese Vermögenswerte und Schulden **bisher einschlägigen IFRS.**

Differenzen aus der Umrechnung von **Vermögenswerten und Schulden** 44 **eines ausländischen TU,** das eine abweichende funktionale Währung hat, werden gem IAS 21.32 im sonstigen Ergebnis *(other comprehensive income)* erfasst. Beim Verkauf des ausländischen TU werden die entspr Umrechnungsdifferenzen dann erfolgswirksam aus dem sonstigen Ergebnis ausgebucht (Umgliederungsbetrag; *reclassification adjustment* gem IAS 1.95). In IFRS 5.BC37 wirft der IASB die Frage auf, ob diese Umgliederung vor dem Hintergrund des IFRS 5 bereits durch die Umklassifizierung als zum Verkauf gehalten ausgelöst werden soll. Diese Vorgehensweise hätte eine Angleichung an die entspr US-amerikanischen Regelungen (FASB ASC 830) gewährleistet, die eine Umgliederung bereits bei der Umklassifizierung vorsehen, und wäre angesichts der angestrebten transaktionsorientierten Bewertung konsequent. Demgegenüber findet die Umgliederung nach IFRS 5 derzeit erst beim tatsächlichen Verkauf des betreffenden Vermögenswerts oder der betreffenden Veräußerungsgruppe statt (IFRS 5.BC37 f).

Etwaige wertmäßige Änderungen, die sich aus der Bewertung unmittelbar 45 vor der Umklassifizierung ergeben, werden nach Maßgabe der einschlägigen IFRS erfasst. Der Buchwert der Veräußerungsgruppe zum Zeitpunkt der Umklassifizierung resultiert somit aus der Summe der Buchwerte der einzelnen Vermögenswerte und Schulden der Veräußerungsgruppe. So können sich zB aufgrund einer etwaigen Veräußerungsabsicht Änderungen in der **Klassifizierung von Finanzinstrumenten** ergeben, indem eine **Bewertung** in der Kategorie „Zur Endfälligkeit gehalten" oder „Kredite und Forderungen" gem IAS 39.9 (→ § 3 Rn 62 ff) nicht mehr möglich ist bzw das Geschäftsmodell nicht mehr gem IFRS 9.4.1 auf die Generierung von vertraglichen Cashflows abzielt (→ § 3 Rn 363 ff). Demzufolge kann für Finanzinstrumente ein Wechsel von der **Bewertung** auf Basis der fortgeführten Anschaffungskosten zu einer Bewertung auf Basis des beizulegenden Zeitwerts erforderlich werden.

b) Ermittlung des beizulegenden Zeitwerts

Als nächster Schritt schließt sich sodann die Ermittlung des **beizulegenden** 46 **Zeitwerts** des einzelnen zur Veräußerung gehaltenen Vermögenswerts bzw der Veräußerungsgruppe an. IFRS 13 (→ § 2 Rn 233 ff) fasst die Regelungen zur Bestimmung des beizulegenden Zeitwerts in einem separaten Standard zusammen. In diesem Zuge wurde die Definition des beizulegenden Zeitwerts in IFRS 5.Anhang A angepasst bzw vereinheitlicht, ohne diese allerdings inhaltlich wesentlich zu ändern.

Fraglich ist, ob der beizulegende Zeitwert bei zu veräußernden Vermögenswerten einer Veräußerungsgruppe **ohne einen aktiven Markt** zuverlässig bestimmt werden kann. Der Einsatz von Unternehmensbewertungsmodellen wäre in solchen Fällen ggf denkbar, wenn dadurch ein beizulegender Zeitwert ermittelt wird, der einem realistischen Verkaufspreis annähernd entspricht. Dabei würde typischerweise eine Bandbreite möglicher Werte entstehen, die bilanzpolitische Spielräume ermöglichen.

Die Bemessung des beizulegenden Zeitwerts dürfte sich demgegenüber aufgrund eines idR vorhandenen indikativen Preisangebots vielmehr an dem **vorgesehenen Verkaufspreis** orientieren. Da die Klassifizierung eines zur Veräußerung gehaltenen Vermögenswerts bzw einer Veräußerungsgruppe aktive Verkaufsbemühungen zu einem im Vergleich zum beizulegenden Zeitwert angemessenen Angebotspreis erfordern (IFRS 5.8), sollte der beizulegende Zeitwert aus dem Angebotspreis abgeleitet werden können. Besteht ein solches indikatives Preisangebot noch nicht, sind Zweifel angebracht, ob eine Umklassifizierung als „zur Veräußerung gehalten" bereits zulässig ist.

47 Der beizulegende Zeitwert abzüglich Veräußerungskosten der gesamten Veräußerungsgruppe ist folglich auf die Vermögenswerte der Veräußerungsgruppe und die zusammenhängenden Schulden **aufzuteilen.** Die Wertermittlung auf Ebene der einzelnen Komponenten einer Veräußerungsgruppe ist nicht erforderlich. Da der beizulegende Zeitwert der Schulden der Veräußerungsgruppe grundsätzlich relativ leicht objektiv feststellbar sein wird (insbes wenn Kreditrisiken vernachlässigt werden können), ist der beizulegende Zeitwert der Vermögenswerte der Veräußerungsgruppe aus der Summe des beizulegenden Zeitwerts der Schulden und des beizulegenden Zeitwerts der gesamten Veräußerungsgruppe zu ermitteln.

Beispiel: Der Autohersteller A will seinen Geschäftsbereich Sportwagen veräußern. Aus Verkaufsverhandlungen konkretisiert sich ein Angebotspreis abzüglich Veräußerungskosten von Mio € 240. Der Buchwert der Vermögenswerte des Geschäftsbereichs Sportwagen beträgt Mio € 260. Der beizulegende Zeitwert und Buchwert der vom Erwerber zu übernehmenden Schulden der einschlägigen Veräußerungsgruppe beträgt Mio € 40. Der beizulegende Zeitwert der Vermögenswerte der Veräußerungsgruppe abzüglich Veräußerungskosten beträgt somit Mio € 280.

c) Ermittlung der Veräußerungskosten und des beizulegenden Zeitwerts abzüglich Veräußerungskosten

48 Im Wertermittlungsprozess müssen nach der Ermittlung des beizulegenden Zeitwerts die **Veräußerungskosten** bestimmt und von dem ermittelten beizulegenden Zeitwert abgezogen werden, sofern diese nicht bereits zum Stichtag bilanziert sind (→ Rn 49). Gem IFRS 5.Anhang A werden die Veräußerungskosten als die zusätzlichen Kosten definiert, die der Veräußerung eines Vermögenswerts oder einer Veräußerungsgruppe unmittelbar zugeordnet werden können. Weder Finanzierungskosten noch Ertragsteuern sind in diesem Zusammenhang als Veräußerungskosten zu verstehen. Der Begriff von zusätzlichen Kosten lässt relativ viele Interpretationsspielräume offen. Die entspr US-amerikanischen Regelungen führen Maklergebühren, Rechts- und Beratungskosten, Kosten der Eigentumsübertragung sowie unabwendbare Schließungskosten vor Eigentumsübergang als Beispiele der Veräußerungskosten auf (FASB ASC 360-10-35-38). Denkbar sind in diesem Zusammenhang zudem vom Veräußerer zu tragende *due diligence* Kosten, aber auch Reisekosten von Managern, die den Ver-

kauf von Konzerneigentum im Ausland betreuen. Bei der Veräußerung einer Geschäftssparte oder eines TU werden die Veräußerungskosten in aller Regel einen größeren und schwieriger zu bestimmenden Umfang haben. Je länger der Zeitraum zwischen dem Bilanzstichtag und dem tatsächlichen Veräußerungszeitpunkt ist, desto schwieriger wird es sein, die Veräußerungskosten akkurat und vollständig zum Zeitpunkt der Umklassifizierung zu bestimmen.

Im Zusammenhang mit unabwendbaren Schließungskosten stellt sich die Frage, ob Kosten der **Arbeitnehmerabfindungen sowie andere rückstellungspflichtige Sachverhalte,** die als Folge einer Veräußerung entstehen, als Veräußerungskosten zu erfassen sind. Diese Frage ist mit Hinweis auf das Zusammenspiel von IAS 37 und IFRS 5 sowie die Problematik der Doppelerfassung von Aufwand zu verneinen (*Lüdenbach/Hoffmann/Freiberg* IFRS § 29 Rz 37 ff). Entweder sind diese Kosten bereits als Rückstellung erfasst oder müssen spätestens bei der Buchwertermittlung einer Veräußerungsgruppe unmittelbar vor der Klassifizierung als „zur Veräußerung gehalten“ berücksichtigt werden. Die Erfassung als Veräußerungskosten würde somit zu einer doppelten Belastung des Ergebnisses führen. Dementsprechend können Veräußerungskosten bei der Bemessung des Nettoveräußerungswerts immer nur zukünftige Kosten sein, die nicht bereits zum Betrachtungszeitpunkt bilanziert worden sind. 49

Beispiel: Ein Chemieunternehmen beschließt, seine Katalysatorsparte zu veräußern, und muss eine Rückstellung für Arbeitnehmerabfindungen in Höhe von T€ 350 gem IAS 37.70 ff iVm IAS 37.14 bilden. Diese Rückstellung hat bereits die Buchwertermittlung der Veräußerungsgruppe dieser Sparte beeinflusst. Die Erfassung dieses Aufwands als Veräußerungskosten würde daher zu einer Doppelberücksichtigung führen.

Greifen die Ausnahmeregelungen des IFRS 5.9 und findet die **Veräußerung voraussichtlich erst nach einem Jahr** statt, sind die Veräußerungskosten gem IFRS 5.17 **abzuzinsen.** Die nachfolgende Aufzinsung ist unter den Finanzierungskosten im Periodenerfolg zu erfassen. 50

d) Feststellung des Wertminderungsbedarfs

Im Anschluss an die Ermittlung des beizulegenden Zeitwerts abzüglich Veräußerungskosten erfolgt als letzter Schritt die Gegenüberstellung dieses Werts mit dem Buchwert des **zur Veräußerung gehaltenen langfristigen Vermögenswerts** (Feststellung eines Wertminderungsbedarfs). Falls der Buchwert über dem beizulegenden Zeitwert abzüglich Veräußerungskosten liegt, ist auf den niedrigeren beizulegenden Zeitwert abzüglich Veräußerungskosten abzuschreiben. Der entstehende Wertminderungsaufwand ist als außerplanmäßige Abschreibung erfolgswirksam im Ergebnis der lfd Geschäftstätigkeit zB unter den Abschreibungen (GKV) oder ggf den Umsatzkosten bzw in den übrigen funktionsspezifischen Aufwendungen (UKV) zu erfassen. Eine Wertberichtigung von einzelnen langfristigen zur Veräußerung verfügbaren Vermögenswerten im Rahmen der Bewertung unmittelbar vor der erstmaligen Klassifizierung nach IFRS 5 dürfte allerdings eher theoretischer Natur sein, da ein Wertberichtigungsbedarf bereits im Rahmen des dann notwendigen Wertminderungstests nach IAS 36 bei der Bewertung unmittelbar vor der Klassifizierung hätte berücksichtigt werden müssen (→ Rn 43). 51

Handelt es sich um eine **Veräußerungsgruppe,** so erfolgt die Bestimmung eines etwaigen Wertminderungsbedarfs in einem zweistufigen Prozess (→ Rn 57 und Tabelle → Rn 60). Sofern ein Wertminderungsbedarf festgestellt worden ist, erfolgt die Aufteilung des Wertminderungsaufwands nach IFRS 5.23 auf die einzelnen Vermögenswerte der Veräußerungsgruppe nach der entspr Zuordnungsregelung für ZGE des IAS 36.104 zunächst auf einen Geschäfts- oder Firmenwert 52 und dann anteilig auf die in der Veräußerungsgruppe enthaltenen immateriellen Vermögenswerte und Sachanlagen im Verhältnis ihrer Buchwerte zueinander (→ § 27 Rn 123). Im Gegensatz zu IAS 36.105 besteht hinsichtlich der Allokation des Wertminderungsbedarfs auf einzelne Vermögenswerte in der Veräußerungsgruppe indessen keine Wertuntergrenze, sodass der Buchwert eines einzelnen Vermögenswerts nach Berücksichtigung des Wertminderungsaufwands ggf unter seinem beizulegenden Zeitwert abzüglich Veräußerungskosten bzw dem Nutzungswert liegen kann (*IDW* RS HFA 2 Rz 101). Der Wertminderungsaufwand wird nicht auf diejenigen Vermögenswerte in der Veräußerungsgruppe aufgeteilt, die von den Bewertungsvorschriften des IFRS 5 ausgenommen werden (IFRS 5.5). Dies gilt uE auch für den extremen Fall, dass der Wertberichtigungsbedarf den Buchwert der IFRS 5 unterliegenden Vermögenswerte übersteigt (*Lüdenbach/Hoffmann/Freiberg* IFRS § 29 Rz 41). Ob dieser Extremfall in der Praxis überhaupt vorkommen kann, ist uE fraglich. Ein dafür in der Literatur genanntes Beispiel sind ua festverzinsliche Forderungen innerhalb einer Veräußerungsgruppe, die zu fortgeführten Anschaffungskosten bewertet werden, die aber einen deutlich niedrigeren beizulegenden Zeitwert aufweisen (*Deloitte* 2015, 1529). UE ist in diesem Fall aber zu überprüfen, ob die Voraussetzungen für eine Bewertung zu fortgeführten Anschaffungskosten überhaupt noch vorliegt vor dem Hintergrund der geplanten Veräußerung (→ Rn 45). Andernfalls hätte bereits zum Zeitpunkt der Klassifizierung als „zur Veräußerung gehalten" eine Abwertung auf den niedrigeren beizulegenden Zeitwert erfolgen müssen.

Beispiel: Der beizulegende Zeitwert abzüglich Veräußerungskosten einer Veräußerungsgruppe beträgt T€ 150, der Buchwert T€ 250. Der Wertminderungsaufwand von T€ 100 ist wie folgt aufzuteilen:

	Buchwert vor Wertminderung	**Wertminderungsaufwand**	**Buchwert nach Wertminderung = beizulegender Zeitwert abzüglich Veräußerungskosten**
	T€	**T€**	**T€**
Geschäfts- oder Firmenwert	20	– 20	0
Immaterielle Vermögenswerte	30	– 16	14
Sachanlagen	120	– 64	56
Vorräte	70	–	70
Planvermögen (IAS 19)	10	–	10
Gesamtsumme	**250**	**– 100**	**150**

Der Wertminderungsaufwand wird weder auf Vorräte noch auf das Planvermögen aufgeteilt, da diese Vermögenswerte nicht langfristig sind oder gem IFRS 5.5 explizit von den Bewertungsvorschriften des IFRS 5 ausgenommen werden. Korrespondierend würden auch in einer Veräußerungsgruppe enthaltene Schulden nicht aufgewertet werden. Die Buchung des Wertminderungsaufwands hat ggf Auswirkungen auf die latenten Steuern. Die Berücksichtigung von latenten Steuern im Zusammenhang mit der Anwendung der Bewertungsvorschriften des IFRS 5 wird unter → Rn 120f näher erläutert.

53 Beim **Erwerb** von langfristigen Vermögenswerten oder Veräußerungsgruppen mit **Weiterveräußerungsabsicht,** welche die Kriterien für eine Klassifizierung als „zur Veräußerung gehalten" erfüllen, ist der beizulegende Zeitwert abzüglich Veräußerungskosten den Anschaffungskosten (fiktiver Buchwert) der neu erworbenen Vermögenswerte gegenüberzustellen (IFRS 5.16). Der beizulegende

Zeitwert entspricht bei solchen Vorgängen in aller Regel den Anschaffungskosten, sodass der beizulegende Zeitwert abzüglich Veräußerungskosten zwangsläufig unter den Anschaffungskosten liegt. Grds muss die Bewertung jedoch die vorgesehene Verkaufstransaktion berücksichtigen. In Fällen einer Weiterveräußerung mit Gewinn werden die dann niedrigeren Anschaffungskosten anzusetzen sein. Anderenfalls ist ein im Vergleich zu den Anschaffungskosten niedrigerer beizulegender Zeitwert abzüglich Veräußerungskosten anzusetzen. Ein bereits beim Erwerb absehbarer Verlust wird somit erfasst, ein antizipierter Gewinn jedoch nicht realisiert (*Lüdenbach/Hoffmann/Freiberg* IFRS § 29 Rz 37; kein *day one profit,* jedoch *day one loss*).

Beispiel: Die Baufirma B ersteigert einen Betonmischer aus der Insolvenz eines Wettbewerbers für € 10.000 und beabsichtigt, ihn – da auch ihr die Aufträge ausgehen – weiterzuveräußern.

Alternative A: Der Marktpreis für den Betonmischer beträgt € 11.000. Die Veräußerungskosten werden auf € 300 geschätzt. Der Betonmischer wird als zur Veräußerung gehaltener Vermögenswert mit dem niedrigeren Buchwert in Höhe von € 10.000 (= Anschaffungskosten) angesetzt. Der voraussichtliche Gewinn von € 700 wird nicht berücksichtigt.

Alternative B: Aufgrund der schlechten Baukonjunktur beträgt der Marktpreis nur noch € 6.000. In diesem Fall ist der niedrigere beizulegende Zeitwert abzüglich Veräußerungskosten von € 5.700 anzusetzen. Somit wird bei der Erstverbuchung ein Wert von € 5.700 angesetzt und damit ein Verlust in Höhe von € 4.300 erfasst.

Findet der Erwerb mit Weiterveräußerungsabsicht im Rahmen eines **Unternehmenszusammenschlusses** statt, ist der erworbene Geschäftsbetrieb nach wie vor voll zu konsolidieren. Allerdings werden die im Geschäftsbetrieb enthaltenen Vermögenswerte bzw Veräußerungsgruppe(n) bei entspr Erfüllung der Kriterien des IFRS 5 entgegen der grds Konsolidierungssystematik des IFRS 3 nicht mit dem beizulegenden Zeitwert, sondern mit dem beizulegenden Zeitwert abzüglich Veräußerungskosten angesetzt (IFRS 3.31 iVm IFRS 5.16). Diese Regelung führt dazu, dass die Veräußerungskosten bei der Umklassifizierung als „zur Veräußerung gehalten" **nicht erfolgswirksam** erfasst werden, sondern den Geschäfts- oder Firmenwert aus der Kapitalkonsolidierung erhöhen. Ein sog *day two loss* wird damit vermieden (Bewertung zum beizulegenden Zeitwert am Tag des Erwerbs, am Tag danach (= *day two*) bei Anwendung der Bewertungsregeln des IFRS 5 Erfassung der Veräußerungskosten und damit eines Verlusts). Auf diese Weise wird auch dem Gedanken Rechnung getragen, dass der Erwerber die erwarteten Veräußerungskosten beim Erwerb einkalkuliert und somit einen niedrigeren Kaufpreis geleistet hat. Folglich sollten die erwarteten Veräußerungskosten nicht als Aufwand in der Gesamtergebnisrechnung zum Zeitpunkt des Erwerbs erfasst werden, da dieser Umstand ein falsches Bild von den Aktivitäten des Erwerbers geben könnte. 54

3. Folgebewertung

In **Folgeperioden** ist der **Wertansatz** eines zur Veräußerung gehaltenen Vermögenswerts bzw einer Veräußerungsgruppe neu zu **überprüfen.** 55

Einzelne zur Veräußerung gehaltene langfristige Vermögenswerte, die nicht Bestandteil einer Veräußerungsgruppe sind, werden im Rahmen der Folgebewertung ausschließlich entspr den Bewertungsregeln des IFRS 5 bewertet. Im Gegensatz zur Bewertung im Zeitpunkt der erstmaligen Klassifizierung gelten die einschlägigen Standards nicht mehr, die vor der Umklassifizierung für die Bewertung dieser Vermögenswerte maßgeblich waren. Nur noch Änderungen des beizulegenden Zeitwerts abzüglich Veräußerungskosten werden ggf berücksichtigt. Falls der beizulegende Zeitwert abzüglich Veräußerungskosten des jeweiligen Vermögenswerts in der Folgebewertung niedriger als der Buchwert und als der ggf bisher angesetzte beizulegende Zeitwert abzüglich Veräußerungskosten wird, so ist gem IFRS 5.20 auf diesen niedrigeren Wert abzuschreiben. Erhöht sich der beizulegende Zeitwert abzüglich Veräußerungskosten in der Folgebewertung, muss eine Zuschreibung erfolgen. Die Zuschreibung wird jedoch nur insoweit vorgenommen, als sie eine bisher erfasste Abschreibung im Rahmen der Wertminderungsprüfung gem **IAS 36 vor** der Umklassifizierung oder im Rahmen der Bewertung gem **IFRS 5 nach** der Umklassifizierung rückgängig macht (IFRS 5.21).

56 **Wertänderungen** aus der **Folgebewertung** von einzelnen zur Veräußerung gehaltenen Vermögenswerten sind erfolgswirksam im Ergebnis der lfd Geschäftstätigkeit im GKV entweder als außerplanmäßige Abschreibungen oder ggf als Erträge aus Zuschreibungen in den sonstigen betrieblichen Erträgen zu erfassen. Im UKV werden die Wertänderungen im Ergebnis der lfd Geschäftstätigkeit entspr der funktionalen Zuordnung der davon betroffenen langfristigen Vermögenswerte in den Umsatzkosten oder in den übrigen funktionsspezifischen Aufwendungen erfasst respektive in den sonstigen Aufwendungen bzw sonstigen Erträgen, wenn eine funktionale Zuordnung nicht möglich ist. Das folgende Beispiel stellt die Folgebewertung im Rahmen eines Zwischenabschlusses dar (wobei die Ausführungen im Rahmen des Jahresabschlusses gleichermaßen gelten, sofern die Veräußerung noch nicht stattgefunden hat).

Beispiel: Zum 31. März X1 beschließt die Geschäftsführung der Druckerei D eine Druckanlage zu veräußern. Zum Zeitpunkt der Umklassifizierung als „zur Veräußerung gehalten" beträgt der Buchwert der Druckanlage € 10.000, der beizulegende Zeitwert abzüglich Veräußerungskosten beträgt € 9.000. Ein Zwischenabschluss zum 30. Juni X1 ist zu erstellen (zur Zwischenberichterstattung § 43).

Alternative A: Zum 30. Juni X1 erhöht sich der beizulegende Zeitwert abzüglich Veräußerungskosten auf € 9.500. Die Druckanlage wird im Zwischenabschluss mit € 9.500 angesetzt und ein Ertrag in Höhe von € 500 aus der Wertaufholung erfasst.

Alternative B: Zum 30. Juni X1 erhöht sich der beizulegende Zeitwert abzüglich Veräußerungskosten auf € 11.000. Die Druckanlage muss mit € 10.000 angesetzt werden. Eine Aufwertung auf €11.000 ist nicht zulässig, weil der bisher erfasste kumulative Wertminderungsaufwand im Rahmen der Umklassifizierung nur € 1.000 beträgt. Somit wird ein Ertrag in Höhe von € 1.000 aus der Wertaufholung erfasst.

Alternative C: Die Druckanlage wurde vor der Umklassifizierung als „zur Veräußerung gehalten" um € 1.500 gem IAS 36 wertgemindert; ohne diese Wertminderung hätte der Buchwert vor der Umklassifizierung € 11.500 betragen. Zum 30. Juni X1 erhöht sich der beizulegende Zeitwert abzüglich Veräußerungskosten auf € 11.000. Die Druckanlage ist zum 30. Juni X1 im Zwischenabschluss mit € 11.000 anzusetzen. Die Zuschreibung von € 2.000 ist zulässig, weil der bisher erfasste kumulative Wertminderungsaufwand insgesamt € 2.500 beträgt. Somit wird ein Ertrag in Höhe von € 2.000 aus der Wertaufholung erfasst.

57 Bei der **Folgebewertung einer Veräußerungsgruppe** kommt es zu einem komplexeren Zusammenspiel von Einzel- und Gruppenbewertungsmaßnahmen (*Lüdenbach/Hoffmann/Freiberg* IFRS § 29 Rz 40). Erstens muss untersucht werden, ob einzelne langfristige Vermögenswerte der Veräußerungsgruppe gem IFRS 5.5 von den Bewertungsregeln des IFRS 5 ausgenommen sind, weil deren beizulegende Zeitwerte entweder nach anderen Standards bereits bestimmt werden oder schwierig feststellbar sind (→ Rn 7). Zudem unterliegen auch kurzfristige Vermögenswerte und Schulden nicht den Bewertungsregeln des IFRS 5.

58 Sind kurzfristige Vermögenswerte, Schulden oder die in IFRS 5.5 aufgeführten langfristigen Vermögenswerte Bestandteile einer **Veräußerungsgruppe,**

werden diese bei der Folgebewertung zunächst gem den einschlägigen Standards bewertet (IFRS 5.19). Langfristige Finanzinstrumente werden zB zunächst einzeln nach den Bestimmungen des IAS 39 (bzw IFRS 9) bewertet. Positive oder negative Wertänderungen, die sich aus diesen Einzelbewertungsmaßnahmen ergeben, ändern den Buchwert der Abgangsgruppe und werden erfolgswirksam oder zB im Falle von Finanzinstrumenten auch ggf direkt im sonstigen Ergebnis gem IAS 39.55(b) (bzw IFRS 9.5.7.1(b)) erfasst. Die langfristigen Vermögenswerte einer Veräußerungsgruppe, die nicht gem IFRS 5.5 von den Bewertungsregeln des IFRS 5 ausgenommen sind, werden hingegen nicht einzeln bewertet (IFRS 5.19).

Vielmehr wird in einem **zweiten Schritt** der sich nach den erforderlichen 59
Bewertungsanpassungen gem Schritt 1 ergebende **Buchwert der Veräußerungsgruppe** mit dem **beizulegenden Zeitwert abzüglich Veräußerungskosten der Veräußerungsgruppe** verglichen. Falls der Buchwert über dem beizulegenden Zeitwert abzüglich Veräußerungskosten liegt, wird auf diesen abgeschrieben. Der entstehende **Wertminderungsaufwand** ist als außerplanmäßige Abschreibung erfolgswirksam zu erfassen (IFRS 5.20). Der Wertminderungsaufwand wird – wie im Rahmen der Erstbewertung gem IFRS 5 (→ Rn 52) – auf die einzelnen Vermögenswerte der Veräußerungsgruppe gem IFRS 5.23 nach der entspr Zuordnungsregelung für ZGE gem IAS 36.104 zunächst auf einen Geschäfts- oder Firmenwert, dann anteilig auf die in der Veräußerungsgruppe enthaltenen immateriellen Vermögenswerte und Sachanlagen im Verhältnis ihrer Buchwerte zueinander aufgeteilt. Der Wertminderungsaufwand wird **nicht** denjenigen Vermögenswerten in der Veräußerungsgruppe zugeordnet, die aus dem Anwendungsbereich des IFRS 5 ausgenommen sind (IFRS 5.5).

Zuschreibungen wegen späterer Erhöhungen des beizulegenden Zeitwerts abzüglich Veräußerungskosten der Veräußerungsgruppe sind gem IFRS 5.22 nur insoweit vorzunehmen, als sie einerseits nicht bereits im Rahmen der Einzelbewertung gem IFRS 5.19 von Vermögenswerten und Schulden, die nicht den Bewertungsregeln des IFRS 5 unterliegen, erfasst wurden (IFRS 5.23(a)) und andererseits eine bisher erfasste Abschreibung von den Bewertungsregeln gem IFRS 5 unterliegenden langfristigen Vermögenswerten im Rahmen der Wertminderungsprüfung gem **IAS 36 vor** der Umklassifizierung oder im Rahmen der Bewertung gem **IFRS 5 nach** der Umklassifizierung rückgängig machen (IFRS 5.22(b)). Die Verteilung der Zuschreibungen erfolgt auf die entspr langfristigen Vermögenswerte im Verhältnis ihrer Buchwerte zueinander. Dabei ist zu berücksichtigen, dass eine Verteilung der **Zuschreibungen** auf **Geschäfts- oder Firmenwerte** gem IAS 36.122 **nicht zulässig** ist. Weil IFRS 5.23 nur auf IAS 36.122 und nicht auf IAS 36.124 verweist, darf jedoch der bisher erfasste Wertminderungsaufwand bzgl des Geschäfts- oder Firmenwerts im Rahmen einer Wertaufholung auf andere langfristige Vermögenswerte in der Veräußerungsgruppe aufgeteilt werden. Diese können dadurch sogar mit Werten oberhalb ihrer Buchwerte vor Anwendung des IFRS 5 angesetzt werden (*IDW* RS HFA 2 Rz 102). Führt diese Aufstockung jedoch zu einem Missverhältnis zwischen dem unter Anwendung von IFRS 5 angesetzten Wert und dem Einzelveräußerungswert eines in den Anwendungsbereich des IFRS 5 fallenden Vermögenswerts in einer Veräußerungsgruppe, sollten entspr erläuternde Angaben gemacht werden. Alternativ ist es auch vertretbar, den Maximalbetrag der Wertaufholung nach IFRS 5.22 unter Ausschluss des Wertminderungsaufwands zu bestimmen, der einem Geschäfts- oder Firmenwert zugeordnet wurde (*IDW* RS HFA 2 Rz 104).

Beispiel: Zum Zeitpunkt der Umklassifizierung (31. März X1) beträgt der beizulegende Zeitwert abzüglich Veräußerungskosten einer Veräußerungsgruppe T€ 150. Der Buchwert dieser Veräußerungsgruppe beträgt hingegen T€ 250. Zum Ende der Folgeperiode (30. Juni X1) hat sich der beizulegende Zeitwert abzüglich Veräußerungskosten auf T€ 240 erhöht. Der Wertminderungsaufwand bei der Umklassifizierung und die Zuschreibung in der Folgeperiode verteilen sich wie folgt:

	Buchwert vor Wertminderung	**Wertminderungsaufwand**	**Nettozeitwert 31. März X1**	**Zuschreibung**	**Nettozeitwert 30. Juni X1**
	T€	**T€**	**T€**	**T€**	**T€**
Geschäfts- oder Firmenwert	20	– 20	0	0	0
Immaterielle Vermögenswerte	30	– 16	14	18	32
Sachanlagen	120	– 64	56	72	128
Vorräte	70	0	70	0	70
Planvermögen (IAS 19)	10	0	10	0	10
Gesamtsumme	250	– 100	150	90	240

Die Zuschreibung wird nicht dem Geschäfts- oder Firmenwert zugeordnet, sondern anteilig den relevanten langfristigen Vermögenswerten in der Veräußerungsgruppe, sodass diese – wie in diesem Beispiel – durchaus mit Werten oberhalb ihrer Buchwerte vor Anwendung des IFRS 5 angesetzt werden können.

60 Die folgende Tabelle fasst die Vorgehensweise für Veräußerungsgruppen hinsichtlich der **Bewertung vor** der **Umklassifizierung** und der **Erst- und Folgebewertung nach** der **Umklassifizierung** zusammen:

	Vor Umklassifizierung	**Nach Umklassifizierung**	
		Erstbewertung	**Folgebewertung**
Schritt 1: Bewertung einzelner Vermögenswerte und Schulden			
Im Anwendungsbereich des IFRS 5	Einschlägige IFRS (ggf Wertminderung/-aufholung) (→ Rn 43)	Keine gesonderte Bewertung (→ Rn 52)	Keine gesonderte Bewertung (→ Rn 57)
Nicht im Anwendungsbereich des IFRS 5 (IFRS 5.5)	Einschlägige IFRS	Einschlägige IFRS	Einschlägige IFRS
Schritt 2: Bewertung der Veräußerungsgruppe insgesamt	Es erfolgt keine Bewertung der Veräußerungsgruppe	Vergleich Buchwert mit Nettoveräußerungspreis → ggf Wertminderung (→ Rn 52)	Vergleich Buchwert mit Nettoveräußerungspreis → ggf Wertminderung/-aufholung (→ Rn 57)

61 Beim **Verkauf** eines zur Veräußerung gehaltenen Vermögenswerts oder einer Veräußerungsgruppe wird gem IFRS 5.24 ein **bisher nicht erfasster Gewinn oder Verlust** zum Zeitpunkt der Ausbuchung erfolgswirksam erfasst. IFRS 5

enthält keine Regelungen zur Ausbuchung von Vermögenswerten bzw von Veräußerungsgruppen und verweist auf die allgemeinen Regelungen in IAS 16 (IAS 16.67 ff) bzw IAS 38 (IAS 38.112 ff).

62 Der Leitgedanke des IFRS 5, dass die wesentliche Wertrealisation eines zur Veräußerung gehaltenen Vermögenswerts bzw einer Veräußerungsgruppe durch die Verkaufstransaktion statt durch die weitere betriebliche Nutzung erfolgt, kommt in der Folgebewertung gem IFRS 5 deutlich zum Ausdruck. Folgerichtig verbietet IFRS 5.25 die **planmäßige Abschreibung** eines langfristigen Vermögenswerts während der Klassifizierung als „zur Veräußerung gehalten" oder der Zugehörigkeit zu einer als „zur Veräußerung gehalten" klassifizierten Veräußerungsgruppe. Die Widerspiegelung der betrieblichen Nutzung des Vermögenswerts in der Wertbemessung durch planmäßige Abschreibungen wird während der Klassifizierung als „zur Veräußerung gehalten" als nicht entscheidungsrelevant betrachtet. Zinsen und sonstige Aufwendungen, die im Zusammenhang mit Schulden einer Veräußerungsgruppe entstehen, sind jedoch weiterhin erfolgswirksam zu erfassen.

Mit der Einführung des **Verbots der planmäßigen Abschreibung** ist der IASB zwar dem Ziel der Angleichung an die US-amerikanischen Standards näher gekommen. FASB ASC 360-10-35 enthält ein entspr Verbot der planmäßigen Abschreibung für zur Veräußerung gehaltene Vermögenswerte. Allerdings ist die Regelung nicht unproblematisch – bricht sie doch mit dem Prinzip der Wertaufteilung über die Nutzungsdauer eines Vermögenswerts durch planmäßige Abschreibung (IAS 16.50) und führte ua dazu, dass IFRS 5 nicht einstimmig verabschiedet wurde. Ein Board-Mitglied hat insbes in der Erläuterung seiner abweichenden Meinung (*dissenting opinion,* IFRS 5.DO8 f) den Ersatz der objektiven Aufteilung der Wertnutzung im Rahmen der planmäßigen Abschreibung durch ein Bewertungsmodell kritisiert, dessen Anwendung von einer subjektiven Managemententscheidung abhängt. Die Bilanzierung wird hierdurch ermessensabhängiger und Unternehmen könnten diese Regelung missbrauchen, um wesentliche planmäßige Abschreibungen durch die Klassifizierung von Vermögenswerten als „zur Veräußerung gehalten" zu unterlassen.

63 Der IASB führt in IFRS 5.BC28 f aus, dass die Auswirkung des **Verbots** der **planmäßigen Abschreibung** auf die Bewertung idR zu vernachlässigen sei. Aufgrund der Zwölf-Monatsfrist des IFRS 5.8 sowie der Tatsache, dass bei einzelnen Vermögenswerten die planmäßige Abschreibung grds nicht wesentlich ist, wäre die unterlassene Abschreibung generell von untergeordneter Bedeutung. Insbes bei Veräußerungsgruppen, die Geschäftsbereiche oder Teilbetriebe umfassen, können unterlassene planmäßige Abschreibungen jedoch von erheblicher Bedeutung sein.

64 Darüber hinaus kommt es zu keiner Wertminderung der einzelnen in der Veräußerungsgruppe enthaltenen immateriellen Vermögenswerte und Sachanlagen, wenn der beizulegende Zeitwert abzüglich Veräußerungskosten einer Veräußerungsgruppe höher als der Buchwert ist, weil ua ein **originärer Geschäfts- oder Firmenwert** in der Veräußerungsgruppe vorhanden ist. Auf die Einbeziehung eines originären Geschäfts- oder Firmenwerts in die Ermittlung des beizulegenden Zeitwerts abzüglich Veräußerungskosten einer Veräußerungsgruppe wird ausdrücklich in IFRS 5.BC34 hingewiesen. Die Möglichkeit des Ansatzes eines originären Geschäfts- oder Firmenwerts schafft für nach IFRS bilanzierende Unternehmen nicht nur erhebliche Spielräume, sie steht auch im Gegensatz zu dem Prinzip des Ansatzverbots eines originären Geschäfts- oder Firmenwerts (IAS 38.48). Außerplanmäßige Abschreibungen könnten auf diese Weise umgangen werden.

65 Vielmehr mindert IFRS 5 die Informationsqualität des Jahresabschlusses insoweit, als die **Vergleichbarkeit** dadurch beeinträchtigt wird, dass die **Ergebnisse**

aus aufgegebenen Geschäftsbereichen (→ Rn 128ff) nach der Klassifizierung als „zur Veräußerung gehalten" – im Gegensatz zu den entspr angepassten Vorjahresangaben – keine planmäßigen Abschreibungen mehr berücksichtigen. Ob das **Verbot** der **planmäßigen Abschreibung** tatsächlich dem Ziel des IASB, einer wesentlichen Verbesserung der Angaben über zur Veräußerung gehaltene Vermögenswerte und Veräußerungsgruppen, näher kommt, lässt sich aufgrund der oben aufgeführten Problematik bezweifeln. Fest steht, dass hierdurch die Anforderungen an die Rechnungslegung bei einem nach IFRS bilanzierenden Unternehmen erhöht werden, weil bestimmte Teile der sich noch im Besitz des Unternehmens befindlichen langfristigen Vermögenswerte ab dem Umklassifizierungszeitpunkt einerseits nicht mehr planmäßig abzuschreiben sind und andererseits besonderen Bewertungsregeln unterliegen.

4. Planänderungen

66 Bei Planänderungen ist zwischen den folgenden drei Sachverhalten zu unterscheiden:

(1) Die Kriterien von IFRS 5.6ff werden nicht mehr erfüllt, sodass eine **Reklassifizierung** notwendig ist.
(2) Vermögenswerte oder Schulden werden aus Veräußerungsgruppen entnommen **(Entnahmen aus einer Veräußerungsgruppe).**
(3) **Erweiterung einer Veräußerungsgruppe** durch Hinzufügung von Vermögenswerten oder Schulden.

a) Reklassifizierung

67 Entfällt die urspr Veräußerungsabsicht betreffend langfristiger Vermögenswerte oder Veräußerungsgruppen, sodass die **Kriterien von IFRS 5.6ff nicht mehr erfüllt** sind, ist der betroffene zur Veräußerung gehaltene langfristige Vermögenswert bzw die betroffene Veräußerungsgruppe so zu bilanzieren, als ob IFRS 5 nie zur Anwendung gekommen wäre. Dabei wird aufgrund der Änderungen durch die *Annual Improvements to IFRSs 2012–2014 Cycle* in IFRS 5.26A klargestellt, dass ein Wechsel innerhalb der Kategorien „zu Veräußerungszwecken gehalten" und „zu Ausschüttungszwecken gehalten" nicht zu einer solchen Reklassifizierung führt (→ Rn 156). Der betroffene Vermögenswert oder die betroffene Veräußerungsgruppe ist gem IFRS 5.27 mit dem **niedrigeren Wert** aus dem fortgeführten urspr Buchwert – ggf unter Berücksichtigung der planmäßigen Abschreibung oder Neubewertungen – und dem erzielbaren Betrag iSv IAS 36 zum Zeitpunkt der Reklassifizierung anzusetzen. Im Fall von zwischenzeitlich „angefallenen" außerplanmäßigen Abschreibungen wird idR der erzielbare Betrag relevant. Die Anpassung ist nur für diejenigen langfristigen Vermögenswerte notwendig, die den Bewertungsregeln des IFRS 5 unterliegen, dh im Wesentlichen für langfristige immaterielle Vermögenswerte und Sachanlagen, wobei eine Nachholung der planmäßigen Abschreibung und ggf von Neubewertungen zum Zeitpunkt der Reklassifizierung erforderlich ist.

Beispiel: Ein Lastwagen wird am 31. März X1 als „zur Veräußerung gehalten" klassifiziert. Der Buchwert beträgt € 10.000, die Restnutzungsdauer 2 Jahre (urspr Abschreibung in Höhe von € 5.000 pro Jahr). Der beizulegende Zeitwert abzüglich Veräußerungskosten zu den jeweiligen Stichtagen beträgt € 8.000, der Nutzungswert und damit der erzielbare Betrag zum 31. Dezember X1 beträgt € 8.200. Am 31. Dezember X1 wurde entschieden, den Lastwagen doch weiter betrieblich zu nutzen. Folgende Buchungen sind notwendig:

	31. März X1	**Soll**	**Haben**
1.	außerplanmäßige Abschreibungen	2.000	
	Sachanlagen		2.000
2.	Zur Veräußerung gehaltene Vermögenswerte	8.000	
	Sachanlagen		8.000
	31. Dezember X1		
3.	Sachanlagen	8.000	
	Zur Veräußerung gehaltene Vermögenswerte		8.000
4.	Abschreibung	1.750	
	Anlagevermögen		1.750

Die vierte Buchung knüpft wieder an den Wert an, der sich nach Buchung der planmäßigen Abschreibung statt der Bilanzierung gem IFRS 5 ergeben hätte, nämlich € 6.250 (€ 10.000 minus 3/4 lineare Abschreibung in Höhe von € 5.000 pa). Da der Buchwert unter dem erzielbaren Betrag liegt, wird der Buchwert zum Zeitpunkt der Planänderung angesetzt.

Sind der von der Planänderung betroffene Vermögenswert oder die betroffene Veräußerungsgruppe Teil einer **ZGE,** so führt die Anwendung des Wertminderungsmodells des IAS 36 ggf zu einer anteiligen Abwertung des Vermögenswerts oder der Veräußerungsgruppe. 68

Mit den Vorschriften zur Anwendung des Niederstwertprinzips bei einer Planänderung konnte der IASB die angestrebte **Angleichung** an die US-amerikanischen Regelungen nicht vollständig realisieren. Denn FASB ASC 360-10-35-17 sieht einen Ansatz zum niedrigeren Wert von fortgeführtem urspr Buchwert und dem beizulegenden Zeitwert statt dem erzielbaren Betrag vor. Dieser Unterschied geht aus den Differenzen zwischen den Bewertungsmodellen nach US-GAAP und IFRS hervor. Er besteht wertmäßig darin, dass der erzielbare Betrag eines Vermögenswerts iSv IAS 36.6 der höhere Wert aus dem beizulegenden Zeitwert abzüglich Veräußerungskosten und dem Nutzungswert des Vermögenswerts ist. Weder der beizulegende Zeitwert abzüglich Veräußerungskosten noch der Nutzungswert muss dem beizulegenden Zeitwert entsprechen. 69

Wertanpassungen, die sich aus einer Umbewertung zum Zeitpunkt der Reklassifizierung ergeben, werden gem IFRS 5.28 grds **erfolgswirksam** im Ergebnis aus fortzuführenden Geschäftsbereichen in der Periode erfasst, in der die Reklassifizierung vorgenommen wird. Eine Ausnahme bilden Vermögenswerte, die vor der Umklassifizierung nach dem Neubewertungsmodell gem IAS 16.31 ff oder IAS 38.75 ff bewertet wurden. Bei diesen Vermögenswerten müssen die Bewertungsanpassungen gem den Neubewertungsregelungen dieser Standards in der Neubewertungsrücklage im sonstigen Ergebnis in der Periode der Reklassifizierung vorgenommen werden. 70

b) Entnahmen aus einer Veräußerungsgruppe

Werden einzelne Vermögenswerte oder Schulden aus einer Veräußerungsgruppe entnommen, ist gem IFRS 5.29 zu prüfen, ob die **verbleibende Veräußerungsgruppe** an sich die Kriterien zur Bilanzierung als „zur Veräußerung gehalten" erfüllt. Wird dies verneint, müssen die einzelnen verbleibenden Vermögenswerte dahingehend überprüft werden, ob eine Bilanzierung als „zur Veräußerung gehalten" noch möglich ist. Sollte die Bilanzierung als „zur Veräußerung gehalten" noch möglich sein, werden die verbleibenden Vermögenswerte 71 bzw die verbleibende Veräußerungsgruppe mit dem niedrigeren Wert aus dem Buchwert und dem beizulegenden Zeitwert abzüglich Veräußerungskosten zum Zeitpunkt der Planänderung angesetzt. Durch die Klarstellung in den *Annual Improvements to IFRSs 2012–2014 Cycle* in IFRS 5.26A gilt dies auch bei einem Abgang von Vermögenswerten bei einer Abgangsgruppe zu Ausschüttungszwecken (→ Rn 156).

c) Erweiterung einer Veräußerungsgruppe

72 Eine Planänderung ist auch durch die **Erweiterung der geplanten Veräußerungsgruppe** um einzelne Vermögenswerte und Schulden denkbar. In diesem Fall sind die hinzugefügten Vermögenswerte und Schulden jeweils nach den bisher geltenden Standards unter Beachtung des Stetigkeitsprinzips vor Umklassifizierung zu bewerten (→ Rn 43). Danach werden der beizulegende Zeitwert abzüglich Veräußerungskosten der neu erfassten Veräußerungsgruppe ermittelt und anschließend der Niederstwerttest (→ Rn 46 ff) durchgeführt. Bei einem ggf späteren Ausscheiden von Vermögenswerten oder Schulden aus der Veräußerungsgruppe sind bei einer erforderlichen Wertanpassung (→ Rn 67) die unterschiedlichen Eintrittszeitpunkte der Vermögenswerte oder Schulden in die Veräußerungsgruppe zu berücksichtigen.

73–80 *(einstweilen frei)*

D. Der aufgegebene Geschäftsbereich

I. Begriff

81 IFRS 5.30 verfolgt das Ziel, Geschäftsbereiche, die aufgrund ihrer Einstellung auf die zukünftige Erfolgserzielung **keine Auswirkung** mehr haben werden, von den anderen fortgeführten Geschäftsbereichen getrennt auszuweisen.

Wird eine Veräußerungsgruppe in Übereinstimmung mit den Kriterien in IFRS 5.7 f als „zur Veräußerung gehalten“ klassifiziert oder ist sie bereits abgegangen, so kann es sich nur im Fall der Erfüllung der im Folgenden genannten **Voraussetzungen** (IFRS 5.32) um einen aufgegebenen Geschäftsbereich handeln:

(1) der Unternehmensbestandteil stellt einen gesonderten, wesentlichen Geschäftsbereich oder geografischen Bereich dar, und
(2) der Unternehmensbestandteil ist Teil eines einzelnen, abgestimmten Plans, dessen Ziel die Veräußerung oder Stilllegung eines gesonderten, wesentlichen Geschäftsbereichs oder geografischen Bereichs ist, oder
(3) es handelt sich um ein TU, das ausschließlich zum Zwecke der Weiterveräußerung erworben wurde.

82 Für die **Bewertung eines aufgegebenen Geschäftsbereichs** ist bedeutsam, ob dieser die Definitionskriterien einer Veräußerungsgruppe erfüllt (→ Rn 16 ff). Ist dies der Fall, so folgt die Bewertung IFRS 5.15 ff (insbes stillzulegende Geschäftsbereiche erfüllen diese Voraussetzung nicht). Sofern keine Veräußerungsgruppe vorliegt, gelten die Vorschriften der entspr Standards.

83 Ein Unternehmensbestandteil bezeichnet einen Geschäftsbereich und die zugehörigen Cashflows, die betrieblich und für Zwecke der Rechnungslegung vom restlichen Unternehmen klar abgegrenzt werden können. Das bedeutet, der aufgegebene Geschäftsbereich ist während seiner Nutzungsdauer mindestens **eine zahlungsmittelgenerierende Einheit** (ZGE) gewesen, er kann aber auch aus

einer Gruppe von ZGE bestehen (IFRS 5.31; zur Abgrenzung der ZGE → § 27 Rn 86 ff). Abweichend zur deutschen Übersetzung hat ESMA entschieden, dass ein Geschäftsbereich normalerweise mehr als eine ZGE enthält (*ESMA* EECS/0114-03 vom 9. April 2014). Die ESMA-Entscheidung betraf einen speziellen Fall, in welchem einzelne Öl- und Gasausbeutungsrechte unabhängig von Größe und Bedeutung jeweils als wesentlicher Geschäftsbereich klassifiziert wurden. Daraus kann keine grds Folge abgeleitet werden, dass eine einzelne ZGE kein aufgegebener Geschäftsbereich sein kann. **Unwesentliche Geschäftsbereiche** können demnach **keine** aufgegebenen Geschäftsbereiche sein. Im Fall der Stilllegung (→ Rn 20) ist zu bemerken, dass der entspr Geschäftsbereich zum Abschlussstichtag schon aufgegeben sein muss, um die Ausweispflichten auszulösen (IFRS 5.13). Der Zeitpunkt des Ausweises wird dadurch uU in die Zukunft verschoben, wenn zwischen Entscheidungsfindung und Durchführung ein Bilanzstichtag liegt.

II. Wesentlichkeit des abgrenzbaren Bereichs

Damit die besonderen Ausweis- und Angabepflichten von IFRS 5.31 ff greifen, muss der aufgegebene Bereich **identifizierbar** und von den fortzuführenden Bereichen **unterscheidbar** sein. Als Abgrenzungskriterium führt IFRS 5.32(a) an, dass es sich um einen gesonderten wesentlichen Geschäftszweig oder geografischen Bereich handeln muss. Die Segmentberichterstattung bietet sich als Orientierungshilfe für die Ermittlung der Wesentlichkeit an, da **Segmente** (Geschäftssegmente oder geografische Segmente) dieses Kriterium idR erfüllen. Ein Geschäftssegment (IFRS 8.5 sowie → § 21 Rn 19 ff) liegt vor, wenn ein Unternehmen als Teilaktivität ein individuelles Produkt oder eine Dienstleistung oder eine Gruppe ähnlicher Produkte oder Dienstleistungen erstellt oder erbringt und Risiken und Chancen ausgesetzt ist, die sich von denen anderer Geschäftssegmente unterscheiden. Folgende Faktoren sind bei der Bestimmung, ob Produkte oder Dienstleistungen zusammenhängen, zu berücksichtigen: 84

(1) Art der Produkte und Dienstleistungen,
(2) Art der Produktionsprozesse,
(3) Art oder Gruppe der Kunden und
(4) angewandte Methoden des Vertriebs oder der Bereitstellung von Produkten oder Dienstleistungen.

Ein **geografisches Segment** ist bestimmt als ein unterscheidbarer Teilbereich eines Unternehmens, in welchem Produkte oder Dienstleistungen innerhalb eines bestimmten wirtschaftlichen Umfelds angeboten oder erbracht werden. Eine geografische Segmentierung ist entweder nach Produktions- oder Dienstleistungsstandorten oder nach Absatzmärkten vorzunehmen. Sofern es sich bei dem aufgegebenen Bereich um ein Geschäftssegment oder geografisches Segment handelt, ist das Kriterium des abgrenzbaren Bereichs erfüllt. 85

Abgrenzungsschwierigkeiten können sich ergeben, wenn Unternehmensbestandteile eingestellt oder veräußert werden sollen, die zwar die Definition von Geschäfts- oder geografischen Segmenten erfüllen, jedoch wegen ihrer Größe in der Segmentberichterstattung nicht gesondert dargestellt worden sind. Dann muss die Frage beantwortet werden, ob es sich um einen Bereich handelt, der als unwesentlich einzustufen ist und daher Angaben nicht erforderlich sind. Hier besteht ein **Ermessensspielraum,** da IFRS 5 kein Kriterium zur Bestimmung der Wesentlichkeit enthält. Folglich muss sich die Geschäftsleitung vom übergeordneten Grundsatz der Vermittlung der tatsächlichen Verhältnisse (*fair presentation;* → § 2 Rn 44 ff) hinsichtlich der Frage leiten lassen, ob Angaben für den Abschlussadressaten Prognoserelevanz haben. 86

Beim **Verkauf** einer **Marke** können im Einzelfall die Anwendungsvoraussetzungen von IFRS 5.32 gegeben sein (*IDW* RS HFA 2 Rz 108).

III. Einzelner, abgestimmter Plan

87 Gem IFRS 5.32(b) setzt das Vorliegen eines aufgegebenen Geschäftsbereichs die Existenz eines **einzelnen, abgestimmten Plans** voraus. Eine weitergehende inhaltliche Klärung oder einen Verweis auf einen anderen Standard liefert IFRS 5 nicht. Es kann auf die Definition in IAS 37.72 (→ § 13 Rn 174) zurückgegriffen werden. Um den Mindestanforderungen zu genügen, hat der Plan folgende Informationen kumulativ zu beinhalten:
(1) Bezeichnung/Beschreibung des Geschäftsbereichs,
(2) betroffene Hauptstandorte der Einstellung,
(3) Funktion, Ort der Beschäftigung und ungefähre Anzahl der betroffenen Mitarbeiter, für die das Unternehmen bei Beendigung des Arbeitsverhältnisses eine Geldleistung zu erbringen hat,
(4) zu leistende Ausgaben bei Einstellung und
(5) Zeitpunkt der Durchführung des Plans.

88 Auch den **Zeitraum,** der für die Einstellung vorgesehen ist, sollte der Plan enthalten. Wird ein Geschäftsbereich stillgelegt, so muss der Plan alle notwendigen Umweltschutz- und Wiederherstellungsmaßnahmen enthalten, einschließlich der Inspektion und der Genehmigung durch Regulierungsbehörden. Im Fall der endgültigen Stilllegung erfolgt eine Darstellung als aufgegebener Geschäftsbereich erst, sofern die eigentliche Nutzung bereits eingestellt worden ist (→ Rn 96).

89 Sollte eine **stückweise Veräußerung** geplant sein, so ist zu prüfen, ob die Voraussetzungen eines einzelnen abgestimmten Plans gem IFRS 5.32(b) erfüllt sind. Die Abgrenzung, ob die stückweisen Veräußerungen zu einem einzelnen abgestimmten oder zu mehreren Plänen gehören, ist dabei mit erheblichen Ermessensspielräumen behaftet. Nicht genannt wird allerdings die Voraussetzung eines einzelnen Käufers, der nach IFRS 5.4 Voraussetzung für das Vorliegen einer Veräußerungsgruppe ist. Insofern ist es denkbar, dass ein aufgegebener Geschäftsbereich mit mehreren Veräußerungsgruppen an mehrere (potenzielle) Erwerber veräußert wird.

IV. Arten der Geschäftsbereichsaufgabe

90 Es lassen sich **drei Arten** von Geschäftsbereichsaufgaben unterscheiden:
(1) Veräußerung als Ganzes – entweder durch Verkauf, Entflechtung oder Ausgliederung und Überführung des Bestandteils in das Eigentum der Anteilseigner des Unternehmens (IFRS 5.12A),
(2) stückweise Veräußerung und
(3) Stilllegung.

Wird ein **Geschäftsbereich im Ganzen** veräußert, so fällt im Zeitpunkt der Erfüllung der Kriterien des IFRS 5.6 ff (Veräußerungsgruppe) die Bewertung in den Regelungskreis des IFRS 5.15 ff und der Ausweis ist entspr IFRS 5.33 vorzunehmen.

91 Ein Geschäftsbereich kann aber auch durch den **sukzessiven Verkauf** seiner Vermögenswerte und sukzessive Tilgung seiner Schulden eingestellt werden. Es kann sich um einen längeren Zeitraum handeln. Dann wäre zu prüfen, inwieweit uU einzelne Teile der langfristigen Vermögenswerte oder Veräußerungsgruppen

die Voraussetzungen zur Klassifizierung (→ Rn 30ff) als zur Veräußerung gehaltener Vermögenswert oder Veräußerungsgruppe erfüllen (→ Rn 89).

Ferner kann ein Bereich aufgegeben werden, **ohne** dass ein **Verkauf** der Vermögenswerte in größerem Umfang erfolgt (Stilllegung). Sofern es sich um einen wesentlichen Bereich handelt, erfolgt ein gesonderter Ausweis (IFRS 5.13f iVm IFRS 5.33f), die Bewertung folgt aber den einschlägigen Einzelstandards (insbes IAS 36). 92

V. Abgrenzbarkeit für Zwecke der Rechnungslegung

Das Kriterium der Abgrenzbarkeit ist im Hinblick auf **Operationalität und für Zwecke der Rechnungslegung** erfüllt, wenn einem Geschäftsbereich 93
(1) seine Vermögenswerte und Schulden,
(2) seine Erträge und
(3) die Aufwendungen
direkt zugerechnet werden können.

Vermögenswerte, Schulden, Erträge und Aufwendungen sind einem Geschäftsbereich direkt zurechenbar, wenn sie bei Einstellung (Verkauf, Verkauf in Teilen oder Stilllegung) ausscheiden bzw wegfallen würden. Handelt es sich bei dem aufgegebenen Bereich um ein Geschäfts- oder geografisches Segment, ist die Zuordnung von Vermögenswerten, Schulden, Erträgen und Aufwendungen eindeutig. Schulden dürfen allerdings nur dann dem aufgegebenen Geschäftsbereich zugeordnet werden, sofern das Segment(-ergebnis) auch die korrespondierenden Zinsen enthält. Allgemeine Verwaltungskosten (*overhead*) der Hauptverwaltung gehören nicht zu den Aufwendungen, die einem aufgegebenen Geschäftsbereich zuzurechnen sind (vgl *KPMG* 2014/15 Rz 5.4.220.11). 94

VI. Zeitpunkt der Klassifizierung

Der Zeitpunkt der Klassifizierung richtet sich für aufgegebene Geschäftsbereiche, die **veräußert** werden sollen, nach den in → Rn 38 beschriebenen Kriterien. 95

Diese Kriterien gelten nicht für einen Geschäftsbereich, der **stillgelegt** wird, da es an einem entspr Veräußerungsvorgang fehlt, auf den sich die Vorschriften nach IFRS 5.6ff beziehen. Nach IFRS 5.32 wäre als Voraussetzung die bereits erfolgte Stilllegung *(disposed of)* denkbar, während IFRS 5.13 von Abgangsgruppen spricht, die stillzulegen sind und deren Nutzung beendet worden ist. UE ist daher die zentrale Voraussetzung die Beendigung der lfd Nutzung von Vermögenswerten bzw die Beendigung des operativen Geschäftsbetriebs des aufgegebenen Bereichs. Nicht erforderlich ist allerdings die bereits erfolgte Abwicklung, da zwischen der Stilllegung und der Abwicklung noch diverse Maßnahmen wie die Aufstellung und die Umsetzung von Sozialplänen, die Einzelverwertung von Vermögenswerten oder auch die Auseinandersetzung mit Gläubigern erfolgen kann. 96

Beispiel: Ein Pay-TV-Unternehmen erwirbt die Lizenz zur Übertragung von Fußballspielen für vier Jahre und schafft damit ein neues Segment „Fußballübertragung". Am Ende des 3. Jahrs werden die Rechte erneut für vier Jahre (Jahre fünf bis acht) ausgeschrieben, bei denen das Unternehmen aber nicht den Zuschlag erhält. Das Unternehmen trifft am Ende des Jahrs drei die Entscheidung den Betrieb stillzulegen. Das operative Geschäft wird im letzten Jahr vier fortgeführt. Zum Ende des Jahrs vier wird der Sendebetrieb eingestellt. In der ersten Hälfte des Jahrs fünf werden Sozialpläne aufgestellt und Einzelverwertungsmaßnahmen von Vermögenswerten durchgeführt. Die Darstellung als aufgegebener Geschäftsbetrieb ist erst nach Einstellung des Sendebetriebs zum Ende des Jahrs vier möglich.

97 Sofern die Erfüllung der Voraussetzungen **nach** dem **Abschlussstichtag** aber noch **vor Freigabe des Abschlusses** zur Veröffentlichung erfolgt, sind im **Anhang** erläuternde Angaben zu machen.

VII. Zwischenabschlüsse

98 IFRS 5 enthält **keine Vorschriften** zu Angaben in Zwischenabschlüssen. Die Erläuterungspflicht zu aufgegebenen Geschäftsbereichen ergibt sich aus IAS 34.16A(i), der dazu verpflichtet, alle seit dem letzten Jahresabschlussstichtag eingetretenen Änderungen (Einstellung von Geschäftsbereichen, Unternehmenszusammenschlüsse, Verlust der Beherrschung von TU, etc) zu erläutern. Es ist nach IAS 34.25 sicherzustellen, dass ein Zwischenbericht alle für das Verständnis der VFE-Lage des Quartals oder des Halbjahrs notwendigen Informationen enthält.

VIII. Tochterunternehmen mit Weiterveräußerungsabsicht

99 Während ein TU, das **ausschließlich** mit der Absicht der Weiterveräußerung (Klassifizierungskriterien müssen erfüllt sein; → Rn 30 ff) erworben wurde, per definitionem (IFRS 5.32(c)) einen aufgegebenen Geschäftsbereich darstellt, ist bei anderen TU, die veräußert werden sollen, im Einzelfall zu prüfen, ob dadurch ein gesonderter wesentlicher Geschäftsbereich oder geographischer Bereich aufgegeben wird (*IDW* RS HFA 2 Rz 109).

IX. Negativabgrenzung

100 Aufgegebene Geschäftsbereiche (mit Ausnahme von TU) sind nach der Definition dieses Standards eher selten zu erwarten. Folgende Aktivitäten stellen **keine Aufgabe** von Geschäftsbereichen dar (*Lüdenbach/Hoffmann/Freiberg* IFRS § 29 Rz 24):

(1) allmähliches oder sich entwickelndes Auslaufenlassen einer Produkt- oder Servicelinie,
(2) Einstellung – auch relativ plötzlich – von mehreren Produkten innerhalb eines Geschäftsfelds,
(3) Standortverlegung einiger Produktions- und Vertriebsaktivitäten,
(4) Schließung einer Einrichtung zur Produktivitätssteigerung oder Erzielung anderweitiger Einsparungen,
(5) Änderung der Anzahl von Mitarbeitern als Folge der Veränderungen von Marktbedingungen,
(6) Schließung von Anlagen, einzelner Produkte oder Produktlinien.

Für sich genommen führen diese Beispiele nicht zu einer Aufgabe von Geschäftsbereichen; sie können aber im Zusammenhang mit der Aufgabe stattfinden. Im Gegensatz zu diesen möglichen **Negativfällen** kann andererseits die Einstellung einer größeren Produktlinie uU die Kriterien des aufgegebenen Geschäftsbereichs erfüllen (zB in einem nicht segmentierten Unternehmen).

101 IFRS 5 gibt keine Beispiele für Fälle, die **außerhalb** des **Anwendungsbereichs** von IFRS 5 liegen. Bei den Indizienkatalogen wird jede Festlegung vermieden. Als Schlussfolgerung lässt sich festhalten, dass ein weiterer Ermessensspielraum verbleibt, der in gewissem Umfang dem Management Raum für

bilanzpolitische Maßnahmen eröffnet (*Lüdenbach/Hoffmann/Freiberg* IFRS § 29 Rz 26).

(einstweilen frei) 102–105

E. Einzelfragen zur Bilanzierung von Anteilsbesitz auf Einzel- und Konzernabschlussebene

I. Tochterunternehmen

Sofern das MU einen **Einzelabschluss** nach IFRS aufstellt, sind bei Erfüllen der Voraussetzungen für eine Klassifizierung als „zur Veräußerung gehalten", die Anteile an dem TU entspr den Regeln des IFRS 5.15 ff mit dem niedrigeren Wert von Buchwert und beizulegendem Zeitwert abzüglich Veräußerungskosten zu bewerten (IAS 27.10). 106

Auf **Konzernabschlussebene** ist das TU auf der Grundlage der Vollkonsolidierung in den Konzernabschluss einzubeziehen. Das gilt auch, sofern die Anteile zum Zwecke der Weiterveräußerung erworben worden sind (dazu bislang Fußnote zu IAS 27.12 (2008)). IFRS 10 enthält diesbezüglich keine spezifischen Regelungen zur Frage der **Konsolidierungspflicht.** Sofern allerdings die Voraussetzungen für die Kontrolle des TU nach IFRS 10.5 ff gegeben sind, ist das Unternehmen im Rahmen der Vollkonsolidierung in den Konzernabschluss einzubeziehen. 107

Durch IFRS 5.8A wird klargestellt, dass der Verkauf von Anteilen an TU, der zum **Verlust der Kontrolle** führt, die Klassifizierung/Bewertung aller Vermögenswerte und Schulden dieser TU nach IFRS 5 zur Folge hat, und nicht nur in Höhe des veräußerten Anteils (→ § 37 Rn 74 ff). Der Verlust der Kontrolle ist dabei auch durch die Reduktion des Beteiligungsanteils im Rahmen einer Kapitalerhöhung, an der der Anteilseigner nicht teilnimmt, denkbar (s *IDW* RS HFA 2 Rz 91). Die **verbleibenden Anteile** werden nach den Regelungen für Gemeinschaftsunternehmen bzw assoziierten Unternehmen gem IAS 28 bilanziert (→ Rn 111 ff) oder sie werden nach den Regelungen des IAS 39 bzw IFRS 9 bewertet, sofern lediglich ein Finanzinstrument ohne besondere Einflussnahmemöglichkeiten vorliegt (→ § 37 Rn 68 ff). 108

Die Veräußerung von TU, die ausschließlich zum Zwecke der Weiterveräußerung erworben wurden, ist gem IFRS 5.32(c) generell als **aufgegebener Geschäftsbereich** darzustellen. Demgegenüber ist für die Abbildung von Verkäufen von TU, die urspr ohne Veräußerungsabsicht erworben wurden, anhand der allgemeinen Kriterien zu entscheiden, ob es sich um einen aufgegebenen Geschäftsbereich oder um eine Veräußerungsgruppe handelt (zu Konsolidierungsmaßnahmen → Rn 116 ff). 109

Sofern die Voraussetzungen nach IFRS 5.7 ff für ein zur Veräußerung gehaltenes TU nicht mehr erfüllt werden, hat die **Reklassifizierung** gem IFRS 5.28 durch eine **retrospektive** Anpassung zu erfolgen. Diese rückwirkende Anpassung ist dabei indessen nicht durch eine Korrektur der Vorjahresabschlüsse, sondern (lediglich) durch eine Anpassung der Vorjahresangaben im Abschluss der lfd Berichtsperiode zu berücksichtigen, in der die Reklassifizierung vorgenommen wurde. 110

Die Veräußerung eines Anteils an einem TU, der **nicht** zu einem **Verlust der Kontrolle** führt, stellt demgegenüber keinen Anwendungsfall des IFRS 5 dar und hat auf Konzernabschlussebene lediglich Auswirkung auf die Anteile nichtbeherrschender Gesellschafter und das Eigenkapital (IFRS 10.23; → § 35 Rn 45 ff).

II. Assoziierte und Gemeinschaftsunternehmen

111 Auch zur Veräußerung gehaltene **Anteile an assoziierten und Gemeinschaftsunternehmen** unterliegen im Einzel- und Konzernabschluss nach IFRS dem Anwendungsbereich des IFRS 5. Im Gegensatz zu TU, die trotz Beachtung der besonderen Ausweis- und Bewertungsvorschriften des IFRS 5 im Konzernabschluss grds voll zu konsolidieren sind, sieht IAS 28.20 hingegen ein **Verbot** der Einbeziehung der entspr Anteile an assoziierten bzw Gemeinschaftsunternehmen auf der Grundlage der Equity-Methode vor. Vielmehr sind hier – wie im IFRS-Einzelabschluss – die entspr **Anteile** gem IFRS 5 zu bilanzieren.

112 Die Anwendung der Equity-Methode ist bei Erfüllen der Voraussetzungen von IFRS 5.6ff zu beenden (→ § 36 Rn 97ff). In diesem Zusammenhang ist fraglich, wie nach der Klassifikation nach IFRS 5 beim assoziierten oder Gemeinschaftsunternehmen entstehende Gewinne, die ggf auch noch vor der endgültigen Veräußerung ausgeschüttet werden, zu bilanzieren sind, da Zuschreibungen des Equity-Werts unter analoger Anwendung des IFRS 5.25 nicht mehr zulässig sind. Da bei PersGes ein Gewinnanspruch der Gesellschafter unmittelbar mit dem abgelaufenen Geschäftsjahr entsteht, sofern gesellschaftsrechtliche Regelungen keine anderen Bestimmungen enthalten (§§ 120 und 167 HGB), empfiehlt sich uE die erfolgswirksame Bilanzierung einer Forderung im Jahr der Gewinnentstehung, die bei tatsächlicher Ausschüttung erfolgsneutral auszubuchen ist (so auch *Lüdenbach/Hoffmann/Freiberg* IFRS § 29 Rz 70). Zu beachten ist allerdings, dass sich diese Forderung auf den handelsrechtlich ausschüttbaren Gewinn bezieht. Bei KapGes können demgegenüber erwirtschaftete Gewinne erst bei Vorliegen eines Ausschüttungsbeschlusses bilanziert werden (IAS 10.12), weil vorher kein rechtlich durchsetzbarer Anspruch auf den erwirtschafteten (handelsrechtlichen) Jahresüberschuss vorliegt. Auch in diesen Fällen ist uE mangels Fortführung des Equity-Werts auf Basis des Ausschüttungsbeschlusses zunächst erfolgswirksam eine Forderung zu bilanzieren, die sodann im Zeitpunkt der tatsächlichen Zahlung erfolgsneutral auszubuchen ist.

113 Sollte nur ein **Teil der Anteile veräußert** werden, sind nach IAS 28.20 die zu veräußernden Anteile stets gem IFRS 5 zu bilanzieren (ausführlich → § 36 Rn 119). Die verbleibenden Anteile werden demgegenüber bis zum Zeitpunkt der tatsächlichen Veräußerung weiterhin nach der Equity-Methode bilanziert. Nach der tatsächlichen Veräußerung werden die verbleibenden Anteile weiterhin *at equity* bilanziert, sofern sie die Voraussetzungen für ein Gemeinschaftsunternehmen oder ein assoziiertes Unternehmen erfüllen. Ansonsten erfolgt gem IAS 28.22 eine Bilanzierung nach IAS 39 bzw IFRS 9, sodass der verbleibende Anteil mit dem beizulegenden Zeitwert zu bewerten ist und etwaige Differenzen zum vorherigen Buchwert erfolgswirksam zu erfassen sind.

114 Sollten die Voraussetzungen gem IFRS 5.7ff nicht mehr vorliegen, so sind die Anteile zum Zeitpunkt der **Reklassifizierung** gem IAS 28.21 mit dem Equity-Wert anzusetzen, der sich bei Nicht-Aussetzen der Equity-Methode ergeben hätte. Die Wertänderungen sind dabei nach IAS 28.21 **retrospektiv** anzupassen. Die retrospektive Anpassung hat dabei aber nicht durch Anpassung der Vorjahresabschlüsse, sondern (lediglich) durch die Anpassung der Vorjahresangaben im lfd Jahresabschluss zu erfolgen, in dem die Reklassifizierung vorgenommen wurde (*IDW* RS HFA 2 Rz 106; *Deloitte* 2015, 1661). Damit werden an die Reklassifizierung von nach der Equity-Methode bewerteten Anteilen strengere Maßstäbe angelegt, als im Fall der Reklassifizierung anderer Vermögenswerte und Schulden nach IFRS 5.28.

III. Ab- bzw Aufspaltungen

115 Eine Ab- bzw Aufspaltung eines Geschäftsbereichs durch **Umwandlung** in ein rechtlich selbstständiges TU könnte (aus Einzelabschlusssicht) als Aufgabe eines Geschäftsbereichs betrachtet werden. Diese Transaktion unterscheidet sich von einer Veräußerung im Ganzen darin, dass bei der Veräußerung grds keine Anteilseigner als Vertragspartner auftreten. Eine Ab- bzw Aufspaltung ist in der Eigenkapitalveränderungsrechnung der übertragenden Gesellschaft wie eine Ausschüttung abzubilden, da die Anteilseigner des übertragenden Rechtsträgers die Anteile an den Gesellschaften erhalten, auf die das Vermögen übertragen wird (§ 123 Abs 1 und 2 UmwG).

Beispiel: Der Gesellschafter Z GmbH hat beschlossen, den Geschäftsbereich Vertrieb von Möbelstoffen der A GmbH (übertragende Rechtsträger) auf die neugegründete B GmbH (übernehmender Rechtsträger) abzuspalten.

Unter den Voraussetzungen des IFRS 5.12A (→ Rn 14f) erfolgt eine Bilanzierung der auszuschüttenden Sachwerte als zu veräußernder Vermögenswert bzw als Veräußerungsgruppe nach IFRS 5 (*Lüdenbach/Hoffmann/Freiberg* IFRS § 29 Rz 9; *pwc 2015* 2015 Rz 26.71.13) (nur im Einzelabschluss der A GmbH).

IV. Konsolidierungsmaßnahmen

116 Im Rahmen der Vollkonsolidierung sind sowohl konzerninterne Forderungen und Schulden als auch Aufwendungen und Erträge zu konsolidieren (→ § 35 Rn 68ff). Fraglich ist, ob diese Regelungen hinsichtlich der **Forderungen und Schulden** auch für Veräußerungsgruppen nach IFRS 5 sowie hinsichtlich der **Aufwendungen und Erträge** auch für aufgegebene Geschäftsbereiche nach IFRS 5 gelten, da die informationspolitische Zielsetzung gem IFRS 5.30 und IFRS 5.BC62 gerade auf eine Separierung der einzustellenden und veräußernden Tätigkeiten abstellt, um die Auswirkungen von fortgeführten und eingestellten/veräußerten Tätigkeiten besser beurteilen zu können (→ Rn 2).

117 Hierzu ist jetzt von Seiten des IFRSIC entschieden worden, dass eine Konsolidierung von konzerninternen Forderungen und Verbindlichkeiten bzw Erträgen und Aufwendungen **zwingend** ist. Als Begründung für diese Sichtweise wird angeführt, dass es keine Vorschriften in IFRS 5 und IAS 1 gibt, die die Konsolidierungsvorschriften nach IFRS 10 außer Kraft setzen. Demzufolge bedarf es keiner weiteren Regelung iSe Anpassung eines Standards oder Verabschiedung eines IFRIC (NIFRIC; *IFRIC* Update September 2015, 7f: „The Interpretations Committee noted that there are no requirements or guidance in IFRS 5 or IAS 1 Presentation of Financial Statements in relation to the presentation of discontinued operations that override the consolidation requirements in IFRS 10 Consolidated Financial Statements. The Interpretations Committee also noted that paragraph B86(c) of IFRS 10 requires eliminations of, among other things, income and expenses relating to intragroup transactions, and not merely intragroup profit.“).

118 Vor diesem Hintergrund können die zum Zeitpunkt der Drucklegung (noch) bestehenden Fundstellen in der Literatur, nach denen eine **Unterlassung der Konsolidierung** von konzerninternen Transaktionen unter bestimmten Voraussetzungen als sachgerecht angesehen wird, in der derzeitigen Form nicht mehr aufrecht erhalten werden (*IDW* RS HFA 2 Rz 110ff; *Lüdenbach/Hoffmann/Freiberg* IFRS § 29 Rz 64ff; *pwc* 2015 Rz 26.243ff). Sofern davon ausgegangen wird, dass aufgrund der vorgenommenen Konsolidierung die wirtschaftliche

Lage nicht zutreffend wiedergegeben wird, kommt die Offenlegung von entspr Anhangangaben nach IFRS 5.30 in Betracht. Diese zusätzlichen Anhangangaben können sich ggf an den bisher vorgeschlagenen Bilanzierungen bei einer Unterlassung der Konsolidierung orientieren (zu Beispielen s *IDW* RS HFA 2 Rz 110ff bzw Vorauflage § 28 Rn 116ff).

119 *(einstweilen frei)*

F. Latente Steuern in der Bilanz

120 Die Bewertung von latenten Steuern richtet sich nach den einschlägigen Vorschriften des IAS 12 iVm IFRS 5.5. Hierbei ist insbes zu beachten, dass auf Unterschiede zwischen dem steuerlichen und dem IFRS-Buchwert in Bezug auf zur Veräußerung gehaltene Anteile ***(outside basis differences),*** latente Steuern zu berücksichtigen sind. Die Klassifizierung als „zur Veräußerung gehalten" führt dazu, dass die Umkehrung der damit verbundenen temporären Differenzen in absehbarer Zeit wahrscheinlich ist (IAS 12.39 bzw IAS 12.44; *IDW* RS HFA 2 Rz 119).

121 Fraglich ist allerdings, ob latente Steuern ausweistechnisch einer **Veräußerungsgruppe zuzuordnen** sind. Latente Steuern auf Bewertungsunterschiede einzelner Vermögenswerte/Schulden zwischen Steuerbilanz und IFRS-Bilanz können dabei die Besonderheit aufweisen, dass sie weder beim Unternehmen verbleiben noch auf den Erwerber übertragen werden. Folgende Beispiele sollen die Problematik verdeutlichen:

Beispiel 1: Ein MU plant die Veräußerung von Anteilen an einem TU in der Rechtsform einer KapGes. Das TU weist langfristige Vermögenswerte aus, für die im Rahmen des Konzernabschlusses des MU stille Reserven nebst latenten Steuern bilanziert sind. Die Veräußerung des TU mit den zugrunde liegenden Vermögenswerten und Schulden erfüllt die Voraussetzungen für eine Veräußerungsgruppe im Konzernabschluss des MU. Im Rahmen des Veräußerungsvollzugs werden die latenten Steuern entkonsolidiert, weil die KapGes in Bezug auf den Ausgleich der potenziellen latenten Steuerschuld steuerpflichtig ist.

Beispiel 2: Ein Unternehmen plant die Veräußerung von eigenen langfristigen Vermögenswerten, für die latente Steuern bilanziert werden. Der Wert der langfristigen Vermögenswerte sei € 1.000, der Steuerbilanzwert € 600. Der Veräußerungspreis sei ebenfalls € 1.000. Es besteht somit eine passive Latenz von € 400. Bei Vollzug der Veräußerung wandeln sich die potenziellen latenten Steuern in eine tatsächliche lfd Steuerschuld durch die Erhöhung des zu versteuernden Ergebnisses der Gesellschaft von € 400 um.

Zu prüfen ist daher, ob latente Steuern nach Beispiel 1 und/oder 2 die Voraussetzung zur Zuordnung zur Veräußerungsgruppe nach IFRS 5.Anhang A erfüllen, nach der ausschließlich Vermögenswerte und Schulden zugeordnet werden dürfen, die bei der Transaktion übertragen werden bzw mit dieser in Zusammenhang stehen. Sollte damit die konkrete **Übertragung auf den Erwerber** gemeint sein, könnte daraus geschlossen werden, dass latente Steuern weder nach Beispiel 1 noch nach Beispiel 2 die Voraussetzungen für die Zuordnung zur Veräußerungsgruppe nach IFRS 5.Anhang A erfüllen (*Lüdenbach/Hoffmann/Freiberg* IFRS § 29 Rz 74).

Allerdings vernachlässigt diese Sichtweise, dass nach Beispiel 1 die potentielle Begleichung von latenten Steuern ebenfalls auf den Erwerber übergeht, da er mit der Gesellschaft auch den steuerpflichtigen Rechtsträger erwirbt, auch wenn etwaige latente Steuern ggf anders vom Erwerber bewertet werden. Zudem würde es der **informationspolitischen Zielsetzung des IFRS 5** (→ Rn 2) widersprechen, diese latenten Steuern nicht in die Veräußerungsgruppe einzubeziehen, da zum (potentiellen) Veräußerungsgewinn bzw -verlust aus der Entkonsolidierung bei Vollzug der Transaktion zwingend auch abgehende latente Steuerposten nach Beispiel 1 hinzuzurechnen sind, während sich die latenten Steuerposten in Beispiel 2 in reale Steuern umwandeln.

UE stellt die Voraussetzung der **Übertragung im Rahmen der Transaktion** daher nicht zwingend auf die direkte tatsächliche Übertragung auf den Erwerber, sondern auf die potentielle Übertragung der Steuerpflicht bzw des Steueranspruchs auf den Erwerber bzw den unmittelbaren Umkehreffekt bei Vollzug der Transaktion ab. Daher dürfen (lediglich) Ansprüche/Verbindlichkeiten nicht berücksichtigt werden, die unmittelbar nach Vollzug der Transaktion im Unternehmen verbleiben (*pwc* 2015, Rz 26.20.9; *Meyer* PiR 2013, 277 (278ff)). Folglich erfüllt die Umkehrung der latenten Steuerposten nach Beispiel 1 für Bewertungsunterschiede einzelner Vermögenswerte/Schulden zwischen Steuerbilanz und IFRS-Bilanz uE die Voraussetzung der Übertragung nach IFRS 5.Anhang A, sodass diese latenten Steuerposten entspr in die jeweilige Veräußerungsgruppe einzubeziehen sind. Demgegenüber können uE keine latenten Steuern nach Beispiel 2 berücksichtigt werden, da die Verbindlichkeit zur Begleichung dieser Steuerverbindlichkeiten im Unternehmen bzw Konzern verbleibt. Die Nichteinbeziehung in die Veräußerungsgruppe gilt somit auch für latente Steuern auf sog *outside basis differences* (→ Rn 120; *Meyer* PiR 2013, 307 (309)).

Aktive latente Steuern auf Verlustvorträge sind entspr *Lüdenbach/Hoffmann/Freiberg* (IFRS § 29 Rz 74) nur dann in eine Veräußerungsgruppe einzubeziehen, wenn diese im Rahmen einer Veräußerung auf den Erwerber übergehen. Vom Ansatz her sind uE auch aktive latente Steuern auf Verlustvorträge der Veräußerungsgruppe zuzuordnen, die aufgrund von Mantelkaufvorschriften im Rahmen der Veräußerung untergehen. Allerdings hat dies insofern keine praktische Relevanz, als der Verlustvortrag und somit die korrespondierende latente Steuer in einem solchen Fall im Zeitpunkt der Einbeziehung in die Veräußerungsgruppe mit einem Wert von null anzusetzen sein wird.

Zur Zuordnung der Ertragsteuern auf **aufgegebene Geschäftsbereiche** in der Gesamtergebnisrechnung bzw GuV (sofern erstellt) → Rn 141.

G. Ausweispflichten und Angaben im Anhang

IFRS 5.5B weist explizit darauf hin, dass **IFRS 5 alle erforderlichen Anhangangaben enthält.** Anhangangabepflichten anderer Standards sind nicht auf Vermögenswerte iSv IFRS 5 anwendbar, es sei denn der andere Standard fordert diese explizit. Beispiele für solche expliziten Angabepflichten sind das Ergebnis pro Aktie bezogen auf den aufgegebenen Geschäftsbereich nach IAS 33.68 oder die Klassifizierung von Anlagevermögen im Anlagespiegel als zur Veräußerung verfügbar nach IAS 16.73(e)(ii) bzw IAS 38.118(e)(ii). 122

I. Zur Veräußerung gehaltene langfristige Vermögenswerte und Veräußerungsgruppen

Bei Erfüllung der in → Rn 30ff genannten Kriterien sind zur Veräußerung gehaltene langfristige Vermögenswerte und Vermögenswerte im Rahmen von Veräußerungsgruppen entspr der Gliederung nach Fristigkeiten (IAS 1.60) auf der Aktivseite **separat** als **letzter Posten der kurzfristigen Vermögenswerte** unter der Postenbezeichnung „Zur Veräußerung gehaltene Vermögenswerte" 123 auszuweisen (IAS 1.54(j)). Zur Verdeutlichung kann zusätzlich eine Zwischensumme der kurzfristigen Vermögenswerte einfügt werden. Ein separater Ausweis ist auch für die einer Veräußerungsgruppe zuzurechnenden Schulden erforderlich (IAS 1.54(p)). Der Ausweis der Schulden erfolgt als letzter Posten der kurzfristigen Verbindlichkeiten unter der Bezeichnung „Schulden iVm zur Veräußerung gehaltenen Vermögenswerten". IFRS 5.38 erlaubt **keine Verrechnung** der entspr **Vermögenswerte** und **Schulden,** sondern schreibt einen getrennten Ausweis vor. Auch eine offene Saldierung ist nicht zulässig.

Das DRSC hat am 12. Juli 2013 die DRSC Interpretation 1 (IFRS) (DRSCI 1) als überarbeitete Fassung der ehemaligen Rechnungslegungs Interpretation Nr 1 „Bilanzgliederung nach **Fristigkeit** gem IAS 1 Darstellung des Abschlusses" veröffentlicht. Die Interpretation verweist auf die Aufnahme des Postens „zur Veräußerung gehaltene langfristige Vermögenswerte und Veräußerungsgruppen" sowie des Postens „Schulden aus zur Veräußerung gehaltenen Vermögenswerten" als letzter Posten der kurzfristigen Vermögenswerte bzw der kurzfristigen Schulden, wobei diese Posten von den restlichen kurzfristigen Vermögenswerten bzw Schulden durch eine Zwischensumme getrennt werden sollten (DRSC-I 1.19f und Anhang).

124 Die gesonderten Posten in der Bilanz sind in **Hauptgruppen** von Vermögenswerten und Schulden **aufzuteilen.** Die Unterteilung orientiert sich an der üblichen Gliederung der Bilanz. Enthält die Veräußerungsgruppe zB neben langfristigen Vermögenswerten auch Vorräte und Forderungen, so sind diese anzugeben. Diese Aufteilung muss nicht zwingend in der Bilanz erfolgen, sondern kann auch im Anhang bei den Erläuterungen zur Bilanz vorgenommen werden (IFRS 5.38).

125 **Direkt** im **sonstigen Ergebnis** erfasste kumulierte Erträge oder Aufwendungen von zur Veräußerung gehaltenen langfristigen Vermögenswerten (zB Neubewertung bei Sachanlagen oder immateriellen Vermögenswerten) oder Veräußerungsgruppen (zB Bewertung von Finanzinstrumenten gem IAS 39.55(b) bzw IFRS 9.5.7.1(b)) sind gesondert auszuweisen (IFRS 5.38). Eine ggf erforderliche Erfassung als Umgliederungsbeträge *(reclassification adjustment)* erfolgt erst beim tatsächlichen Abgang der entspr Vermögenswerte.

Fallen Vermögenswerte und Schulden erstmals in den Anwendungsbereich des IFRS 5, so erfolgt **keine Anpassung** der Gliederung oder Bewertung der entspr **Vorjahreswerte** (IFRS 5.40).

126 **Gewinne und Verluste** aus der Bewertung von langfristigen Vermögenswerten und Veräußerungsgruppen, die die Kriterien als „zur Veräußerung gehalten" erfüllen, werden im **Ergebnis aus lfd Geschäftstätigkeit** ausgewiesen. Gewinne aus der Veräußerung werden allerdings erst ausgewiesen, wenn die Veräußerung tatsächlich stattgefunden hat. IFRS 5.37 sieht keine Separierung in der GuV vor, während bzgl des kumulierten sonstigen Ergebnisses in der Bilanz gem IFRS 5.38 eine separate Angabe der Beträge, die sich auf die Vermögenswerte und Schulden in Veräußerungsgruppen beziehen, zu erfolgen hat. Das bilanzierende Unternehmen hat ferner im Anhang folgende erläuternden Angaben zu machen (IFRS 5.41):

(1) eine Beschreibung des Vermögenswerts bzw der Veräußerungsgruppe,
(2) eine Beschreibung der Tatsachen und Umstände des Verkaufs, oder der Tatsachen und Umstände, die zum Verkauf führen, die voraussichtliche Art und Weise und der voraussichtliche Zeitpunkt der Veräußerung,
(3) Angabe des Gewinns oder Verlusts aus der Bewertung zum beizulegenden Zeitwert und des Postens in der Erfolgsrechnung, der diesen enthält und
(4) ggf das Segment, zu der der langfristige Vermögenswert oder die Veräußerungsgruppe gehört.

Spätere **Änderungen** des **Veräußerungsvorhabens** und deren finanzielle Auswirkungen sind ebenfalls zu erläutern (IFRS 5.42). 127

Im Bereich des **Anlagevermögens** sind im Anlagespiegel Abgänge infolge der Klassifizierung als „zur Veräußerung gehalten" für Sachanlagen (IAS 16.73(e)(ii)) und für immaterielle Vermögenswerte (IAS 38.118(e)(ii)) mit anderen Abgängen auszuweisen. Ferner ist der Buchwert der zur Stilllegung bestimmten Vermögenswerte für Sachanlagen (IAS 16.79(c)) anzugeben.

II. Aufgegebene Geschäftsbereiche

Die **Bewertung** von in den aufgegebenen Geschäftsbereichen enthaltenen Vermögenswerten und Schulden bzw Abgangsgruppen richtet sich bei zu veräußernden Vermögenswerten bzw Veräußerungsgruppen nach IFRS 5.5, IFRS 5.15 ff, während stillzulegende Vermögenswerte bzw Abgangsgruppen nach den einschlägigen Einzelstandards zu bewerten sind. 128

Die Regelungen zu aufgegebenen Geschäftsbereichen beschränken sich daher ausschließlich auf Vorschriften zu Ausweis- und Anhangangaben. Ab bzw in der Berichtsperiode, in welcher die Kriterien der IFRS 5.6 ff erfüllt sind (Veräußerungsgruppe) oder der Geschäftsbereich aufgegeben wurde (→ Rn 38, → Rn 95 ff), hat das Unternehmen gem IFRS 5.33 bestimmte **Angaben** in den Abschluss aufzunehmen. So ist das **Nachsteuerergebnis** des aufgegebenen Geschäftsbereichs zwingend in der **Gesamtergebnisrechnung** bzw der **gesonderten GuV** (sofern erstellt) auszuweisen (IAS 1.82(ea)). Das Nachsteuerergebnis umfasst sowohl das Nachsteuerergebnis aus der Geschäftstätigkeit des aufgegebenen Geschäftsbereichs als auch die Nachsteuergewinne und -verluste aus der Bewertung gem IFRS 5.15 ff oder der Veräußerung der zu dem aufgegebenen Geschäftsbereich zählenden langfristigen Vermögenswerte und Veräußerungsgruppen. Dabei handelt es sich um das Ergebnis aus der Geschäftstätigkeit der **gesamten Periode;** eine zeitanteilige Angabe (ab Umklassifizierung) ist nicht zulässig.

Das aus den unter → Rn 128 genannten Teilen bestehende **Nachsteuerergebnis** ist aufzugliedern. Notwendig sind (IFRS 5.33(b)): 129

(1) Aufgliederung der Erlöse, Aufwendungen und des Ergebnisses vor Ertragsteuern, welches der aufgegebene Geschäftsbereich bis zur Aufgabe erzielt hat,
(2) mit (1) korrespondierender Ertragsteueraufwand (IAS 12.81(h)),
(3) Gewinn oder Verlust, der bei der Bewertung mit dem beizulegenden Zeitwert abzüglich Veräußerungskosten oder bei der Veräußerung der Vermögenswerte oder Veräußerungsgruppe(n), die den aufgegebenen Geschäftsbereich darstellen, erfasst wurde und
(4) mit (3) korrespondierender Ertragsteueraufwand (IAS 12.81(h)).

Die Darstellung in der Gesamtergebnisrechnung bzw der gesonderten GuV (sofern erstellt; IFRS 5.33A iVm IAS 1.10A) hat in einem **gesonderten Abschnitt getrennt** von den fortzuführenden Geschäftsbereichen zu erfolgen.

Es ist nicht eindeutig geregelt, ob im Fall von **mehreren aufgegebenen Geschäftsbereichen** die Angaben für jeden einzelnen separat zu erfolgen haben oder ob eine aggregierte Darstellung ausreicht. Aus dem Beispiel in IFRS 5.IG11 lässt sich uE schließen, dass eine zusammengefasste Darstellung als ausreichend anzusehen ist. Entscheidend ist für den Adressaten die Summe der Ergebnisse, Vermögenswerte (und Schulden), Cashflows, etc, die zukünftig nicht mehr zur Verfügung stehen. 130

Gem IAS 33.68 ist für das Ergebnis aus einem aufgegebenen Geschäftsbereich das **Ergebnis je Aktie** verwässert und unverwässert anzugeben. 131

Zudem sind die Netto-**Cashflows** (nach Steuern) aus betrieblicher Tätigkeit, Investitions- und Finanzierungstätigkeit für den eingestellten Geschäftsbereich darzustellen (IFRS 5.33(c)). Die Angaben können entweder in der Kapitalflussrechnung oder im Anhang gemacht werden. Es ergibt sich hinsichtlich der Darstellung die Möglichkeit in Form von Davon-Vermerken oder einer Darstellung in mehreren Spalten (fortgeführter Geschäftsbereich, aufgegebener Geschäftsbereich, Summe). Eine Kapitalflussrechnung, die ausschließlich Angaben zu fortgeführten Geschäftsbereichen enthält, ist nicht zulässig (*IDW* RS HFA 2 Rz 120).

Sollte die Verwendung von **Davon-Vermerken** gewählt werden, weist die Kapitalflussrechnung folglich die gesamten Cashflows und den gesamten Finanzmittelfonds aus fortgeführten und aufgegebenen Geschäftsbereichen aus. Demzufolge ist bei der Überleitung des Finanzmittelfonds des Abschlussstichtags der Vorperiode zum Finanzmittelfonds des Abschlussstichtags der lfd Periode darauf zu achten, dass der Finanzmittelfonds bezogen auf fortgeführte und aufgegebene Geschäftsbereiche entspr aufzuteilen ist. Dies erfolgt, um zum Finanzmittelfonds aus fortgeführten Geschäftsbereichen in der Bilanz überleiten zu können, sofern der Finanzmittelfonds bezogen auf die aufgegebenen Geschäftsbereiche in Veräußerungsgruppen zusammengefasst ist (IAS 7.45).

132 Die Vorjahreszahlen zu den Angaben in der Gesamtergebnisrechnung bzw der gesonderten GuV (sofern erstellt) sowie der Cashflow-Rechnung sind entspr anzupassen (IFRS 5.34).

IFRS 5.36A bestimmt, dass oben beschriebene Ausweispflichten und Anhangangaben auch bei einer **Veräußerung** von **Anteilen** an **TU,** die zum **Beherrschungsverlust** führt, erforderlich sind, sofern das zu veräußernde TU die Anforderungen eines aufgegebenen Geschäftsbereichs erfüllt.

133 Der **Ausweis** der unter → Rn 129 ff genannten Angaben kann grds entweder im Anhang oder in der Gesamtergebnisrechnung/GuV bzw der Cashflow-Rechnung erfolgen. Eine Empfehlung spricht IFRS 5 nicht aus. Aus Gründen der Klarheit empfiehlt es sich jedoch, die Aufgliederungen gem IFRS 5.33(b) in die Gesamtergebnisrechnung bzw gesonderte GuV (sofern erstellt) aufzunehmen, die Mittelzu- und -abflüsse aus betrieblicher, Investitions- und Finanzierungstätigkeit dagegen in der Cashflow-Rechnung auszuweisen. Das Ergebnis je Aktie aus aufgegebenen Geschäftsbereichen sollte entspr dem korrespondierenden Ausweis der Ergebnisse je Aktie gem IAS 33.66 in der Gesamtergebnisrechnung bzw gesonderten GuV (sofern erstellt) erfolgen. Ein Ausweis des Ergebnisses je Aktie aus aufgegebenen Geschäftsbereichen kann aber auch im Anhang vorgenommen werden (IAS 33.68).

134 Sollte sich das Unternehmen entschließen, die geforderten **Angaben** zu Erträgen, Aufwendungen und Ergebnissen aus betrieblicher Tätigkeit des aufgegebenen Geschäftsbereichs vor Steuern in der **Gesamtergebnisrechnung** bzw gesonderten **GuV (sofern erstellt) vorzunehmen,** so sollte dies in der Gliederung nach dem Ergebnis nach Steuern aus fortzuführenden Geschäftsbereichen erfolgen.

Beispiel: Das Unternehmen X hat drei Segmente. Im Herbst des Jahrs X2 stellt die Geschäftsführung das Segment drei ein. Die Erfolgsrechnung des Unternehmens für das Geschäftsjahr X2 könnte folgendermaßen aussehen, die Vorjahreszahlen wurden entspr angepasst:

	Jahr X2	**Jahr X1 (angeasst)**
	Mio €	Mio €
Fortzuführende Geschäftsbereiche:		
Umsatzerlöse	400	375
Bestandsveränderungen	2	4
Sonstige betriebliche Erträge	15	13
Materialaufwand	– 200	– 180
Personalaufwand	– 75	– 66
Abschreibungen	– 15	– 13
Sonstige betriebliche Aufwendungen	– 55	– 50
Finanzergebnis	– 10	– 9
Ergebnis vor Steuern	**62**	**74**
Steuern vom Einkommen und vom Ertrag	– 25	– 30
Jahresüberschuss aus fortzuführenden Geschäftsbereichen	**37**	**44**
Aufgegebener Geschäftsbereich:		
Umsatzerlöse	100	140
Bestandsveränderungen	1	5
Sonstige betriebliche Erträge	5	8
Materialaufwand	– 60	– 80
Personalaufwand	– 40	– 40
Abschreibungen	– 7	– 8
Sonstige betriebliche Aufwendungen	– 35	– 40
Finanzergebnis	– 3	– 4
Ergebnis vor Steuern	**– 39**	**– 19**
Steuern vom Einkommen und vom Ertrag	16	8
Gewinn aus der Veräußerung	15	0
Steuern vom Einkommen und vom Ertrag	– 6	0
Jahresfehlbetrag aus aufgegebenem Geschäftsbereich	**– 14**	**– 11**
Jahresüberschuss	**23**	**33**

Bei einer Trennung der Angaben zwischen Gesamtergebnisrechnung bzw gesonderter GuV (sofern erstellt) und Anhang wäre in der Gesamtergebnisrechnung bzw gesonderten GuV nur die Zeile Jahresfehlbetrag aus aufgegebenem Geschäftsbereich auszuweisen.

Die Gesamtergebnisrechnung bzw gesonderte GuV kann auch so aufgebaut **135**
werden, dass fortzuführende und aufgegebene Geschäftsbereiche **nebeneinander** dargestellt werden.

	Fortzuführende Geschäftsbereiche		Aufgegebener Geschäftsbereich		Gesamt Unternehmen	
	Jahr X2 Mio €	Jahr X1 Mio €	Jahr X2 Mio €	Jahr X1 Mio €	Jahr X2 Mio €	Jahr X1 Mio €
Umsatzerlöse	400	375	100	140	500	515
Bestandsveränderungen	2	4	1	5	3	9
Sonstige betriebliche Erträge	15	13	5	8	20	21
Materialaufwand	– 200	– 180	– 60	– 80	– 260	– 260
Personalaufwand	– 75	– 66	– 40	– 40	– 115	– 106
Abschreibungen	– 15	– 13	– 7	– 8	– 22	– 21
Sonstige betriebliche Aufwendungen	– 55	– 50	– 35	– 40	– 90	– 90
Finanzergebnis	– 10	– 9	– 3	– 4	– 13	– 13
Ergebnis vor Steuern	**62**	**74**	**– 39**	**– 19**	**23**	**55**
Steuern vom Einkommen und vom Ertrag	– 25	– 30	16	8	– 9	– 22
Gewinn aus der Veräußerung	0	0	15	0	15	0
Steuern vom Einkommen und Ertrag	0	0	– 6	0	– 6	0
Jahresergebnis	**37**	**44**	**– 14**	**– 11**	**23**	**33**

Zu den Ausweispflichten in der Bilanz → Rn 122 ff.

136 Gem IFRS 5.33(d) ist eine **Aufteilung** des Ergebnisses aus fortgeführten und aufgegebenen Geschäftsbereichen auf das MU und die nicht-beherrschenden Gesellschafter vorzunehmen:

	Jahr X2 Mio €	**Jahr X1 Mio € (angepasst)**
Anteilseigner des MU:		
Jahresergebnis aus fortgeführter Geschäftstätigkeit	100	120
Jahresergebnis aus aufgegebener Geschäftstätigkeit	20	40
Jahresergebnis, das den Anteilseignern der MU zusteht	120	160
Minderheitsgesellschafter:		
Jahresergebnis aus fortgeführter Geschäftstätigkeit	20	24
Jahresergebnis aus aufgegebener Geschäftstätigkeit	5	10
Jahresergebnis, das den nicht-beherrschenden Gesellschaftern zusteht	25	34

Die geforderte Aufteilung kann dabei **alternativ** in der Gesamtergebnisrechnung bzw gesonderten GuV oder im Anhang erfolgen.

III. Besonderheiten bei zum Zwecke der Weiterveräußerung erworbenen Tochterunternehmen

137 TU, die zum Zwecke der Weiterveräußerung erworben wurden, stellen eine Veräußerungsgruppe dar, erfüllen aber auch gleichzeitig die Definition eines aufgegebenen Geschäftsbereichs (→ Rn 81). Eine Anwendung der besonderen **Angabe- und Ausweispflichten** für aufgegebene Geschäftsbereiche gilt für TU mit Weiterveräußerungsabsicht indessen nur sehr **eingeschränkt** (IFRS 5.33). So ist eine Aufteilung des Ergebnisses nach Steuern gem IFRS 5.33(b) für das mit Veräußerungsabsicht erworbene TU nicht erforderlich (IFRS 5.33(b) aE). Für den Einzelabschluss erscheint die Einschränkung folgerichtig, da es sich nur um das Ergeb-

nis aus der Bewertung des TU gem IFRS 5.15ff oder der Veräußerung handeln könnte oder um zwischenzeitlich erfolgte Ausschüttungen. Aufgrund des Wegfalls des Einbeziehungsverbots enthält der Konzernabschluss Vermögenswerte und Schulden sowie Aufwendungen und Erträge des TU. Die Ausweis- und Anhangangabepflichten folgen jedoch auch hier den Regelungen für aufgegebene Geschäftsbereiche mit den genannten Einschränkungen gem IFRS 5.33(b) aE. Zudem sind in Bezug auf die Netto-**Cashflows** aus operativer, Investitions- und Finanzierungstätigkeit **keine Angaben** erforderlich (IFRS 5.33(c) aE). Es ist auch keine Klassenbildung von Vermögenswerten und Schulden erforderlich (→ Rn 123), die im Posten „Zur Veräußerung gehaltene Vermögenswerte" bzw „Schulden iVm zur Veräußerung gehaltenen Vermögenswerten" ausgewiesen werden (IFRS 5.39).

Zu **Konsolidierungsmaßnahmen** (Schulden-, Aufwands- und Ertragskonsolidierung, Zwischenergebniseliminierung) zwischen dem aufgegebenen Geschäftsbereich und den fortzuführenden Geschäftsbereichen gelten die Ausführungen unter → Rn 116ff. 138

Werden im Rahmen eines Unternehmensverkaufs **variable Kaufpreisanteile** vereinbart, die in späteren Perioden beim Veräußerer eine Erfolgsrealisierung auslösen, so sind die damit verbundenen Aufwendungen/Erträge in der Periode der Vereinnahmung als Ergebnis aus aufgegebenen Geschäftsbereichen auszuweisen. 139

IV. Behandlung von Ertragsteuern in der Gesamtergebnisrechnung

Für die **Aufteilung der Ertragsteuern** in der Gesamtergebnisrechnung bzw gesonderten GuV auf fortgeführte und aufgegebene Geschäftsbereiche ist zu beachten, dass alle Steuerbe- und -entlastungen, die im Zusammenhang mit der Veräußerung und mit der Tätigkeit des aufgegebenen Geschäftsbereichs anfallen, diesem zuzuordnen sind. Zum einen ergeben sich Steuerbe- und -entlastungen aus der Veräußerung der Vermögenswerte (zB Unterschiede im Anlagevermögen nach steuerlicher und bilanzieller Bewertung werden durch den Abgang realisiert), zum anderen sind aktivierte latente Steuern aus steuerlichen Verlustvorträgen bei dem TU aufzulösen, da nach Änderung der Steuergesetzgebung in der Bundesrepublik Deutschland steuerliche Verlustvorträge bei 100%igem Anteilseignerwechsel verfallen (vgl § 8c KStG/§ 10a GewStG). Ferner ist zB in der Bundesrepublik Deutschland beim Verkauf der Anteile an einer PersGes nicht nur die auf Ebene der PersGes anfallende GewSt dem aufgegebenen Geschäftsbereich zuzuordnen, sondern auch die erst auf Ebene des Anteilseigners anfallende KSt auf das Jahresergebnis der PersGes (*IDW* RS HFA 2 Rz 117). 140

Ergeben sich aus dem Verkauf des aufgegebenen Geschäftsbereichs Wertänderungen von latenten Steueransprüchen aus steuerlichen Verlustvorträgen der **fortgeführten Geschäftsbereiche,** so sind diese Wertänderungen den fortgeführten Bereichen zuzuordnen (*IDW* RS HFA 2 Rz 118). Folglich geht die Zuordnung von lfd und latenten Steuern zum Ergebnis aus aufgegebenen Geschäftsbereichen im Rahmen der Gesamtergebnisrechnung über die Zuordnung von lfd und latenten Steuern in der Bilanz zu einer Veräußerungsgruppe (→ Rn 121) deutlich hinaus. 141

Zudem ist zu beachten, dass spätestens zum Zeitpunkt der Klassifizierung als aufgegebener Geschäftsbereich die Voraussetzungen für einen Nichtansatz latenter Steuern auf Unterschiede zwischen dem steuerlichen und dem IFRS-Buchwert betreffend Anteile an TU, etc ***(outside basis differences)*** entfallen. Da die Umkehrung der damit verbundenen temporären Differenzen nunmehr in 142 absehbarer Zeit wahrscheinlich ist (IAS 12.39 bzw IAS 12.44), sind latente Steuern erfolgswirksam abzugrenzen und dem aufgegebenen Geschäftsbereich zuzuordnen (*IDW* RS HFA 2 Rz 119).

V. Ausweis von Reklassifizierungen und Ergebniskorrekturen

143 Entfallen die Voraussetzungen für den gesonderten Ausweis als aufgegebener Geschäftsbereich, so sind die Vorjahreszahlen ebenfalls in den lfd fortzuführenden Geschäftsbetrieb umzugliedern. Die **Umgliederung** der **Vorjahreszahlen** ist im Anhang zu beschreiben (IFRS 5.36).

Ergeben sich im Zusammenhang mit aufgegebenen Geschäftsbereichen in späteren Geschäftsjahren **Korrekturen** zu Sachverhalten, die auf neuen Erkenntnissen zu einem Sachverhalt beruhen, so sind diese in der Gesamtergebnisrechnung bzw separaten GuV gesondert unter dem Ergebnis aus aufgegebenen Geschäftsbereichen auszuweisen. IFRS 5.35 nennt einige Beispiele für solche Situationen. Dabei handelt es sich im Wesentlichen um Sachverhalte aus Unsicherheit bzgl Kaufpreisanpassungen, Umwelt- und Produkthaftung, aber auch aus Abgeltung von Versorgungsverpflichtungen von Mitarbeitern.

VI. Anpassung vergangener Berichtsperioden

144 **Vorjahresvergleichszahlen** sind in Jahres- und Konzernabschlüssen, die Erläuterungen zu aufgegebenen Geschäftsbereichen enthalten, entspr **rückwirkend anzupassen,** um die Transparenz für den Adressaten zu verbessern und Informationen im Zeitablauf vergleichbar zu machen. Für die Vorjahreszahlen wird unterstellt, dass das die Angabepflichten auslösende Ereignis schon in dem dem Berichtsjahr vorangegangenen Geschäftsjahr zu Erläuterungspflichten geführt hätte. Dies bedeutet, dass innerhalb der Gesamtergebnisrechnung bzw separaten GuV (sofern erstellt) und der Kapitalflussrechnung vorgenommene Trennungen in fortzuführende und aufgegebene Geschäftsbereiche auch für die Vorjahresperiode vorzunehmen sind. Für die Bilanz gilt dies nicht.

VII. Angabepflichten gem anderen IFRS

145 IFRS 5.5B regelt, dass sich die **Anhangangaben** für langfristige Vermögenswerte, Abgangsgruppen und aufgegebene Geschäftsbereiche grds aus **IFRS 5** ergeben. Anhangangaben gem anderen IFRS gelten explizit nicht, es sei denn:

(1) diese anderen IFRS schreiben spezifische Angaben zu langfristigen Vermögenswerten sowie Veräußerungsgruppen nach IFRS 5 vor oder

(2) es handelt sich um Angaben zur Bewertung der Vermögenswerte und Schulden von Veräußerungsgruppen, die nicht unter die Bewertungsvorschriften gem IFRS 5.5 fallen und sofern derlei Angaben nicht bereits im Anhang zum Abschluss gemacht werden.

Zusätzliche Angaben können erforderlich werden, um den allgemeinen Anforderungen von IAS 1 zu genügen (insbes für eine den tatsächlichen Verhältnissen entspr Darstellung nach IAS 1.15; → § 2 Rn 44) und der Angabe zu Schätzungsunsicherheiten (IAS 1.125; → § 19 Rn 37 ff).

Daraus ergeben sich folgende Fragestellungen:

(1) Sind sämtliche Angaben zu den Vermögenswerten und Schulden in anderen IFRS, die **nicht** unter die **Bewertungsvorschriften** gem IFRS 5.5 fallen, vorzunehmen, oder lediglich diejenigen, die sich auf die Bewertung bezie-

hen? Wenn eine Einschränkung auf die Angaben zur Bewertung vorliegen sollte, wie können diese Angaben von den anderen Angaben abgegrenzt werden, die sich nicht auf die Bewertung beziehen?

(2) Sind erläuternde Angaben zu Transaktionen mit **nahestehenden Unternehmen** und **Personen** gem IAS 24 vorzunehmen, wenn die zugrunde liegenden Vermögenswerte und Schulden einer Veräußerungsgruppe bzw die Ergebnisauswirkungen dieser Transaktionen einem aufgegebenen Geschäftsbereich zugeordnet worden sind? Diese Transaktionen können nach IFRS 5 oder auch gem anderer Standards zu bewerten sein (s (1)).

(3) Sind Angaben nach IFRS 8 vorzunehmen, sofern der oder die aufgegebenen Geschäftsbereiche die Voraussetzungen für ein oder mehrere **Segmente** nach IFRS 8 erfüllen?

(4) Sind besondere Angaben zur Darstellung der **Liquiditätslage** und der Erläuterung der **Kapitalflussrechnung** erforderlich gem IAS 7.43 ff?

UE ist die Formulierung, nach der (lediglich) Angaben zur Bewertung vorgenommen werden müssen bei Vermögenswerten und Schulden, die **nicht unter die Bewertungsvorschriften gem IFRS 5.5 fallen,** als Einschränkung ggü einer vollumfänglichen Erstellung sämtlicher Angaben nach den anderen IFRS zu verstehen. Die Einschränkung „Angaben zur Bewertung“ ist aus dem Umstand zu verstehen, dass diese Vermögenswerte und Schulden gerade nicht den Bewertungsvorschriften des IFRS 5 unterliegen. Entspr den Generalanforderungen des IAS 1 sind Informationen anzugeben, um die Auswirkungen von deren Bewertung im Rahmen des Abschlusses ausreichend beurteilen zu können. 146

Im Falle von **Veräußerungsgruppen, die zugleich auch aufgegebene Geschäftsbereiche darstellen,** sollten daher im Regelfall die Angabe der Buchwerte dieser Vermögenswerte und Schulden zum Abschlussstichtag (sofern sie nicht bereits im Rahmen der Hauptgruppen gem IFRS 5.38 angegeben sind) sowie qualitative Erläuterungen hinsichtlich deren Bewertung (inklusive Schätzungsannahmen und Bewertungsmethoden) ausreichen (vgl zu einer ähnlichen Darstellung auch *Lüdenbach/Hoffmann/Freiberg* IFRS § 29 Rz 61). 147

Sollten **lediglich** die Voraussetzungen für eine **Veräußerungsgruppe,** nicht aber die Voraussetzungen für einen aufgegebenen Geschäftsbereich vorliegen, sind sämtliche Angaben zu erstellen, die sich auf die Erläuterung von Posten der Gesamtergebnisrechnung bzw GuV (sofern erstellt) beziehen (wie zB IAS 12.81(c) ua; vgl ebenfalls zu einer ähnlichen Darstellung *Lüdenbach/Hoffmann/Freiberg* IFRS § 29 Rz 61). Fraglich ist in diesem Zusammenhang, ob Überleitungen von Bilanzposten anzugeben sind, die auch Posten der Gesamtergebnisrechnungen beinhalten. Sofern die Posten der Gesamtergebnisrechnung bzw GuV (sofern erstellt) im Rahmen der Überleitung von Bilanzposten nicht ausreichend durch andere Anhangangaben offengelegt werden, wäre uE insofern die Überleitung des Bilanzpostens erforderlich (zB IAS 19.140(f)). 148

Angaben zu **nahestehenden Unternehmen und Personen** sollten hingegen generell vorgenommen werden, weil sie für das Verständnis der Bewertung der einzelnen Transaktionen notwendig sind, auch wenn diese Transaktionen einem aufgegebenen Geschäftsbereich zugeordnet werden. 149

Sofern aufgegebene Geschäftsbereiche die Voraussetzungen für ein grds berichtspflichtiges **Segment** nach IFRS 8 erfüllen, ist es uE vertretbar, die entspr Anhangangaben nach IFRS 8 nicht offenzulegen, weil IFRS 5.5B lediglich im Zusammenhang mit der Bewertung auf andere IFRS verweist. Eine zwingende Pflicht zur Segmentabgrenzung von aufgegebenen Geschäftsbereichen und der Offenlegung der Anhangangaben nach IFRS 8 kann daraus uE nicht abgleitet werden (so auch *Lüdenbach/Hoffmann/Freiberg* IFRS § 29 Rz 62).

Ebenso kann uE auch keine Pflicht zur Erstellung von Anhangangaben zur **Kapitalflussrechnung** nach IAS 7.43 ff für aufgegebene Geschäftsbereiche abgeleitet werden, da mit Angabe der Netto-Cashflows bzgl der operativen, der Investitions- und der Finanzierungstätigkeit gem IFRS 5.33(c) die spezifischen Angabevorschriften für aufgegebene Geschäftsbereiche erfüllt sind und die darüber hinaus gehenden Vorschriften nach IAS 7.43 ff sich nicht auf die Bewertung von Vermögenswerten bzw Verbindlichkeiten beziehen.

150–155 *(einstweilen frei)*

H. Wesentliche Änderungen und deren Anwendungszeitpunkte

156 Die im September 2014 verabschiedeten ***Annual Improvements to IFRSs 2012–2014 Cycle*** nehmen folgende Klarstellungen betreffend IFRS 5 vor:

(1) Nach IFRS 5.26A führt ein Wechsel zwischen der Kategorie „zu Veräußerungszwecken gehalten" und der Kategorie „zu Ausschüttungszwecken gehalten" nicht zu einer Beendigung der Klassifizierung nach IFRS 5.27 ff und somit nicht zu einem Wechsel des Stichtags der Klassifizierung nach IFRS 5.8 bzw IFRS 5.12A. Die Bewertung richtet sich nach IFRS 5.15 („zur Veräußerung gehalten) bzw IFRS 5.15A („zu Ausschüttungszwecken gehalten") iVm IFRS 5.20 ff.

(2) Nach IFRS 5.27 und IFRS 5.28 führt eine Beendigung der Klassifizierung als „zu Ausschüttungszwecken gehalten" zur identischen Bilanzierung wie eine Beendigung der Klassifizierung als „zu Veräußerungszwecken gehalten".

(3) Nach IFRS 5.29 führt der Abgang eines Vermögenswerts innerhalb einer zu Ausschüttungszwecken gehaltenen Abgangsgruppe nicht zu einer veränderten Bewertung der Abgangsgruppe, sofern die Voraussetzungen nach IFRS 5.12A weiterhin erfüllt sind. Andernfalls sind die enthaltenen Vermögenswerte entspr der jeweiligen Regelungen für die einzelnen zur Veräußerung bzw zur Ausschüttung gehaltenen Vermögenswerte zu bewerten.

Eine weitere Änderung als Folge der Verabschiedung von **IFRS 9** ergibt sich für IFRS 5.5 durch den Verweis auf IFRS 9.

Eine **Übernahme** von IFRS 9 sowie der Verbesserungen aus den *Annual Improvements to IFRSs 2012–2014 Cycle* und der damit einhergehenden Folgeänderungen **in die EU** ist derzeit (Stand: 31. Juli 2015) noch nicht erfolgt.

Die Änderungen aus den *Annual Improvements to IFRSs 2012–2014 Cycle* sollen für Geschäftsjahre, die am oder nach dem 1. Januar 2016 beginnen, verpflichtend anzuwenden sein; IFRS 9 und die daraus resultierenden Folgeänderungen hingegen für Geschäftsjahre, die am oder nach dem 1. Januar 2018 beginnen.

Die vorliegende Kommentierung hat wesentliche materielle Änderungen herausgehoben. Darüber hinaus haben die Überarbeitungen klarstellenden Charakter.

I. Gegenüberstellung zum HGB

157 Das **HGB** enthält **keine Regelungen** zu aufgegebenen Geschäftsbereichen. Eine weitergehende Untergliederung in Bilanz und GuV oder die Einführung neuer Posten ist nach § 265 Abs 5 HGB zwar grds zulässig, jedoch nicht zwingend vorgeschrieben. Entspr den Regelungen des BilRUG sind nunmehr allerdings keine gesonderten Ausweismöglichkeiten im Rahmen der außerordentlichen Erträge bzw Aufwendungen mehr gegeben. Im Gegensatz zu IFRS werden nach HGB (grds) langfristig genutzte Vermögensgegenstände, die veräußert werden sollen, auch weiterhin planmäßig abgeschrieben, sofern sie nicht in das Vorratsvermögen umgegliedert werden. Insofern unterscheidet sich sowohl die Bewertung als auch der Ausweis zwischen IFRS und HGB erheblich voneinander. Ein DRS zur Aufgabe von Geschäftsbereichen liegt derzeit weder in verabschiedeter noch in Entwurfsform vor.

J. Aktuelle Entwicklungen/IASB-Projekte

Im Rahmen des Projekts *„**Financial Statement Presentation**"* bzw im Rahmen des im September 2008 vom IASB veröffentlichten Entwurfs *„**Discontinued Operations**"* sollten die Ausweisregeln und Angabepflichten des IFRS 5 bzgl aufgegebener Geschäftsbereiche weiterentwickelt und mit denen des US-amerikanischen ASC Topic 360 harmonisiert werden, da darin ein wesentlicher Unterschied zwischen IFRS 5 und ASC Topic 360 besteht. Aufgrund von umfangreichen Stellungnahmen seitens der Anwender wurde der Entwurf jedoch nicht umgesetzt. Ggf wird dieses Thema im Rahmen der Anhang-Initiative (*Disclosure Initiative*) des IASB (konkret im ua implementierten Forschungsteilprojekt zur Überprüfung der Anhangangaben auf Standardebene) erneut aufgegriffen. 158

§ 29. Gemeinsame Vereinbarungen

Übersicht

Schrifttum: *Bader/Preusche* Bilanzielle Abbildung von Joint Arrangements im Konzernabschluss, PiR 2011, 250; *Brune* Abschaffung und Fortbestand der quotalen Einbeziehung von Joint Arrangements in den IFRS-Konzernabschluss, IRZ 2011, 515; *Dittmar/Graupe* Analyse der Neuregelungen nach IFRS 11 für den deutschen Rechtsraum unter besonderer Berücksichtigung der Übergangsvorschriften, KoR 2012, 404; *Fuchs/Stibi* IFRS 11 „Joint Arrangements" – lange erwartet und doch noch mit (kleinen) Überraschungen?, BB 2011, 1451; *Holzapfel/Mujkanovic* Die Bau-ARGE als joint arrangement, PiR 2012, 337; *IDW/HFA* Klassifizierung und Bilanzierung der Anteile an einer Bau-ARGE nach IFRS 11, IDW-FN 2014, 101; *Küting/Seel* Die Abgrenzung und Bilanzierung von joint arrangements nach IFRS 11, KoR 2011, 342; *Küting/Seel* Die quotale Einbeziehung nach IFRS 11 – Unterschiede zur Quotenkonsolidierung gem. IAS 31 und praktische Anwendungsprobleme, WPg 2012, 587; *Küting/Seel* Die gemeinschaftliche Beherrschung nach IFRS 11, KoR 2012, 452; *Lüdenbach* Bilanzierung eines joint arrangement über eine

Dienstleistungsgesellschaft, PiR 2011, 330; *Lüdenbach/Schubert* Gemeinschaftliche Vereinbarungen (joint arrangements) nach IFRS 11, PiR 2012, 1; *Mujkanovic/Holzapfel* Die Bau-ARGE als joint arrangement nach IFRS 11, PiR 2012, 337; *Mujkanovic/Holzapfel* Klassifikation der Bau-ARGE als joint arrangement nach IFRS 11 – Klärung durch das IDW?, PiR 2014, 81; *Pollmann/Wulf* Gemeinschaftliche Vereinbarungen und assoziierte Unternehmen im IFRS-Konzernabschluss, IRZ 2013, 371; *Sigle/Lüdenbach* Erhalt der Quotenkonsolidierung, PiR 2008, 27; *Stibi/Böckem/Klarholz* Mehr Anwendungssicherheit bei IFRS 10–12 durch zusätzliche Materialien von IASB und EFRAG?, BB 2012, 1527; *Zeyer/Frank* Bilanzierung von Beteiligungen an joint operations nach IFRS 11, PiR 2013, 103.

Wesentliche Rechtsgrundlagen: IFRS 11, IFRS 12, IAS 27, IAS 28

A. Begriff und Einordnung

1 Die Darstellung wirtschaftlicher Aktivitäten unter gemeinschaftlicher Führung zweier oder mehrerer Unternehmen ist Gegenstand des vom IASB im Mai 2011 verabschiedeten Standards **IFRS 11 *Joint Arrangements* (Gemeinsame Vereinbarungen).** Dieser löste mit seinem Inkrafttreten die zuvor gültigen Regelungen des IAS 31 *Interests in Joint Ventures* ab und schafft eine weitgehende Konvergenz mit den entspr Regelungen der US-GAAP in FASB ASC 323-30.

2 Konzeptionell handelt es sich bei IFRS 11 um eine Spezialvorschrift, die **nur in Fällen gemeinsamer Beherrschung** auf vertraglicher Grundlage zur Anwendung gelangt. Liegt diese Voraussetzung vor, so deckt der Regelungsinhalt des Standards zwei grds unterschiedliche Darstellungsformen **gemeinsamer Vereinbarungen** in der Rechnungslegung eines berichtspflichtigen Unternehmens ab:

(1) Handelt es sich um eine **gemeinschaftliche Tätigkeit** (→ Rn 15 ff), so erfolgt eine anteilige Erfassung der Vermögenswerte und Schulden, Aufwendungen und Erträge bereits im **Einzelabschluss** der an der gemeinsamen Vereinbarung beteiligten Unternehmen.

(2) Ist die Vereinbarung hingegen als **Gemeinschaftsunternehmen** zu qualifizieren (→ Rn 22 ff), so erfolgt die Erfassung erst auf **Konzernebene** durch die Anwendung der Equity-Methode.

Damit ist IFRS 11 regelungssystematisch nicht als reiner Konzernstandard ausgelegt. Sein **Schwerpunkt** liegt vielmehr auf den **Vorschriften zur Klassifizierung gemeinsamer Vereinbarungen** in gemeinschaftliche Tätigkeiten oder Gemeinschaftsunternehmen. Hinsichtlich der aus dieser Differenzierung folgenden Rechnungslegungsvorschriften wird im Wesentlichen auf die allgemeinen Regelungen in den IFRS (für die anteilige Erfassung im Einzelabschluss) bzw auf die Regelungen des IAS 28 zur Equity-Bilanzierung verwiesen.

B. Abgrenzungskriterien

I. Anwendungsbereich des IFRS 11

3 **Voraussetzung** für die Anwendung von IFRS 11 ist das Vorliegen einer **„gemeinsamen Vereinbarung"** *(joint arrangement)* iSv IFRS 11.4 f (→ Rn 5 ff).

4 **Ausnahmen von der Anwendung des Standards** sind in IFRS 11 **nicht vorgesehen.** Vielmehr legt IFRS 11.3 fest, dass alle Bilanzierenden, die Vertragspartei einer gemeinsamen Vereinbarung sind, die Regelungen des Standards anzuwenden haben. Die zuvor in IAS 31 enthaltene Ausnahmeregelung für gemeinschaftliche Vereinbarungen bzgl *venture-capital*-Gesellschaften sowie Invest-

ment-Fonds, fondsgebundene Lebensversicherungen und ähnliche Unternehmen, die hinsichtlich ihrer Anteile an Gemeinschaftsunternehmen von den Regelungen des IAS 31 ausgenommen waren, sofern diese Beteiligungen bei ihrer erstmaligen Erfassung in Übereinstimmung mit IAS 39 zur Bewertung mit dem beizulegenden Zeitwert designiert wurden, wurden vom IASB nicht in den neuen Standard übernommen. Der Board führt in IFRS 11.BC15 ff als Begründung für die Nichtübernahme aus, dass es einer Ausnahme nicht bedürfe, da die entspr Vereinbarungen in den meisten Fällen ohnehin nicht die Voraussetzungen einer gemeinsamen Vereinbarung erfüllten. Darüber hinaus sei die Ausnahmeregelung an bestimmte rechtliche Ausgestaltungen geknüpft gewesen, was konzeptionell nicht der Betrachtungsweise des IFRS 11 entspreche, bei dem die Vereinbarung selbst mit den daraus resultierenden Ansprüchen Grundlage der Bilanzierung sei (IFRS 11.BC17).

Für die vorgenannten Unternehmen besteht jedoch die Möglichkeit, im Falle der Klassifizierung einer Vereinbarung als Gemeinschaftsunternehmen, die Anteile statt nach der **Equity-Methode** alternativ nach den Vorschriften des IAS 39 bzw IFRS 9 zu bewerten (IFRS 11.24 iVm IAS 28.18). Die zuvor in IAS 31 enthaltene generelle **Ausnahme** von den Regelungen des Standards für Gemeinschaftsunternehmen bei Anwendung der Equity-Methode wurde damit – systematisch zutreffend – in IAS 28 überführt, der nun sämtliche Regelungen im Zusammenhang mit der Equity-Bilanzierung sowohl für assoziierte als auch für Gemeinschaftsunternehmen enthält.

Bei der Möglichkeit der Bewertung von Wagniskapitalgesellschaften, Investmentgesellschaften oder vergleichbaren Unternehmen handelt es sich um ein **Wahlrecht,** Gemeinschaftsunternehmen nach der Equity-Methode oder erfolgswirksam zum beizulegenden Zeitwert zu bewerten. Das Wahlrecht ist jedoch für alle betroffenen Gemeinschaftsunternehmen einheitlich auszuüben. Der von dem Wahlrecht betroffene Kreis der bilanzierenden Unternehmen ist dabei weiter gefasst als derjenige der Investmentgesellschaften nach IFRS 10.27 (→ § 32 Rn 19). Im Hinblick auf eine konsistente und entscheidungsnützliche Darstellung bei Investmentgesellschaften erscheint dieses Wahlrecht problematisch. Systematisch geboten wäre für diese Unternehmen vielmehr eine den Regelungen des IFRS 10 entspr Pflicht zur Bewertung der Anteile an Gemeinschaftsunternehmen zum beizulegenden Zeitwert, sofern dieser die relevante Steuerungsgröße für das Investment darstellt. Die Anwendung der Equity-Methode führt uE, obwohl nach dem Wortlaut des IAS 28 zulässig, bei diesen Gesellschaften nicht zu einer sachgerechten Darstellung der Beteiligung (so auch *Lüdenbach/Hoffmann/Freiberg* IFRS § 34 Rz 4).

II. Voraussetzungen zur Qualifikation als „Joint Arrangement"

Eine **gemeinsame Vereinbarung** iSd Standards ist in IFRS 11.4 f definiert 5
als eine vertragliche Vereinbarung, durch die zwei oder mehrere Parteien eine wirtschaftliche Aktivität gemeinsam ausführen und bzgl dieser Aktivität eine gemeinschaftliche Führung *(joint control)* vereinbart haben.

Die Prüfung des Vorliegens einer gemeinsamen Vereinbarung – und damit der Anwendbarkeit der Regelungen des IFRS 11 – vollzieht sich damit in **zwei Schritten,** die grafisch wie folgt veranschaulicht werden können:

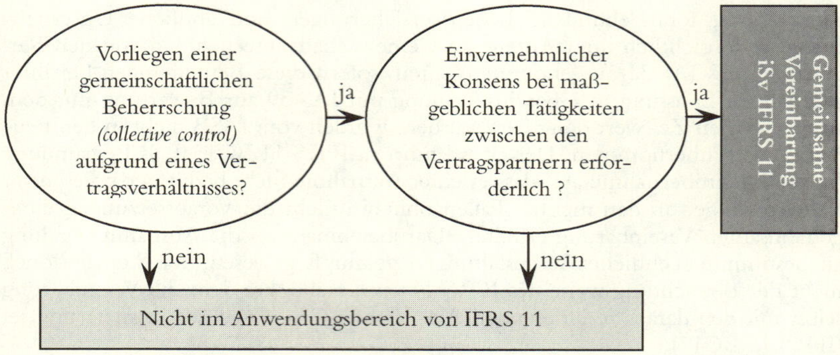

Die Definition setzt zunächst die Existenz einer **vertraglichen Vereinbarung** zur Begründung einer gemeinschaftlichen Beherrschung *(collective control)* voraus (IFRS 11.5(a)). Diese Vereinbarung wird idR schriftlich vorliegen, jedoch können auch mündliche Vereinbarungen (zB dokumentiert durch Sitzungsprotokolle) oder Satzungsvereinbarungen die Anforderungen an eine vertragliche Vereinbarung erfüllen. Der materielle Inhalt der vertraglichen Vereinbarung kann im Detail sehr unterschiedlich sein. IFRS 11.B4 nennt jedoch exemplarisch Bereiche, die für die Beurteilung einer gemeinschaftlichen Führung relevant sein können und in den meisten Vereinbarungen enthalten sind:
(1) Beschreibung der wirtschaftlichen Aktivität, ihre Dauer sowie die Berichtspflichten an die beteiligten Parteien,
(2) Regelungen zur Bestellung und Abberufung der Geschäftsführung oder eines vergleichbaren Organs sowie die Stimmrechtsverteilung in diesem Geschäftsführungsorgan,
(3) Festlegung der Entscheidungsprozesse, der Zuständigkeit der Vertragspartner, der Stimmrechtsausübung sowie von Mehrheits- und Einstimmigkeitserfordernissen bei bestimmten Entscheidungen,
(4) Kapitalleistungen der beteiligten Parteien oder
(5) Aufteilung bzw Zurechnung der Vermögenswerte und Schulden, Aufwendungen und Erträge und des Ergebnisses auf die beteiligten Parteien.

Formalrechtlich kann eine so umschriebene vertragliche Vereinbarung in Deutschland zur Begründung eines *joint arrangement* gesellschaftsrechtlich in Form von Innengesellschaften, BGB-Außengesellschaften sowie PersGes und KapGes ausgestaltet sein. Darüber hinaus können auch einzelvertragliche Regelungen im Rahmen anderer schuldrechtlicher Regelungen (zB Liefer- oder Beistellungsvereinbarungen) Grundlage einer gemeinsamen Vereinbarung sein (vgl *Pollmann/Wulf* IRZ 2013, 371 (372)).

6 Die vertragliche Vereinbarung bestimmt das Verhältnis von **zwei oder mehr Parteien** (IFRS 11.5(b)). Der Begriff der Partei einer gemeinschaftlichen Aktivität ist dabei formal weit gefasst, inhaltlich relevant sind die in dem Standard festgelegten Regelungen gleichwohl nur für nach IFRS rechnungslegungspflichtige Unternehmen. Deshalb bietet es sich an, im Weiteren den Begriff **Partnerunternehmen** für die an einer gemeinsamen Vereinbarung beteiligten Parteien iSv IFRS 11 zu verwenden.

Die vertragliche Vereinbarung muss jedoch **nicht alle Investoren** einer wirtschaftlichen Aktivität erfassen. Es reicht aus, wenn sie zwischen solchen Investoren geschlossen werden, die gemeinsam die Beherrschung über die wirtschaftliche Aktivität ausüben können. Gleichwohl enthält IFRS 11 auch Regelungen in Bezug auf diese nicht an der gemeinschaftlichen Führung beteiligten Investoren (→ Rn 64), wenn die wirtschaftliche Aktivität insgesamt als gemeinsame Vereinbarung einzustufen ist.

7 Inhalt der vertraglichen Regelung muss die Festlegung einer **gemeinschaftlichen Führung** der zusammen mit den Partnerunternehmen ausgeführten wirtschaftlichen Aktivitäten sein. Diese gemeinschaftliche Führung wird in IFRS 11.7 konkretisiert als die vertraglich vereinbarte Teilung hinsichtlich der Beherrschung der finanziellen und operativen Entscheidungen einer Gemeinschaftsaktivität. Als konstitutives Merkmal gemeinschaftlich ausgeübter Beherrschung wird dabei verlangt, dass Entscheidungen über wesentliche Aktivitäten der Einheit von den Partnerunternehmen einstimmig gefasst werden müssen. Damit verlangt IFRS 11 eine bestimmte Vorgehensweise bei der Entscheidungsfindung im Hinblick auf Fragen, die für die gemeinschaftliche wirtschaftliche Aktivität von grundlegender Bedeutung sind (vgl *Bader/Preusche* PiR 2011, 250 (252)).

8 IFRS 11 fordert zur Erfüllung des Kriteriums der gemeinschaftlichen Führung **keine Einstimmigkeit** der Entscheidungen aller an der zu beurteilenden Einheit beteiligten Gesellschafter. Vielmehr kann auch eine gemeinsame Zustimmung lediglich der für die Beurteilung des Vorliegens einer gemeinschaftlichen Vereinbarung relevanten Partnerunternehmen ausreichend sein, wenn sichergestellt ist, dass kein einzelner anderer Investor diese Mehrheit erreichen kann. Auf die Zustimmung der nicht an der gemeinschaftlichen Führung beteiligten Gesellschafter kommt es insoweit nicht mehr an. Auch müssen **keine gleichen Beteiligungsverhältnisse** der Partnerunternehmen vorliegen, um eine gemeinschaftliche Vereinbarung iSv IFRS 11 zu begründen. Entscheidend sind die den einzelnen, an der gemeinschaftlichen Vereinbarung beteiligten Partnerunternehmen zugewiesenen Rechte und Pflichten aus der Vereinbarung.

Beispiel: An einer wirtschaftlichen Aktivität sind die Unternehmen A, B und C mit folgenden Stimmrechtsanteilen beteiligt:

A	B	C
55%	35%	10%

Die Geschäftsführung besteht aus je einem Vertreter der Partnerunternehmen A und B, wobei jedes Mitglied der Geschäftsführung einzelgeschäftsführungs- und einzelvertretungsberechtigt ist. Die Geschäftsführung ist verpflichtet, bei wesentlichen operativen und finanziellen Entscheidungen die Zustimmung der Gesellschafterversammlung einzuholen. Lt vertraglicher Vereinbarung ist dazu eine Mehrheit von 75% der Stimmrechte erforderlich.

Aufgrund der vertraglichen Vereinbarung zwischen den Beteiligten an der wirtschaftlichen Aktivität führen die Vertreter der Partnerunternehmen A und B die wirtschaftliche Aktivität gemeinsam. Entscheidend dabei ist nicht, dass die Mitglieder der Geschäftsführung im Außenverhältnis dieselben Rechte und Pflichten haben, sondern dass in wesentlichen Fragen der operativen und finanziellen Geschäftsführung A ungeachtet der Mehrheit der Stimmrechte keine Beherrschung (*control*) ausüben kann, sondern auf die Zustimmung von B in der Gesellschafterversammlung angewiesen ist. A und B sind deshalb als Partnerunternehmen einer gemeinschaftlichen Vereinbarung iSv IFRS 11 einzustufen. C hat hingegen keinen Einfluss auf die Geschäftsführung und ist deshalb als einfacher Investor anzusehen.

9 Auch wenn der IASB in der deutschen Übersetzung an dem Begriff der „gemeinschaftlichen Führung" festhält, ist materiell doch ein **gemeinsames Beherrschungsverhältnis mit Konsenserfordernis** *(joint control)* gemeint. Entspr wird in IFRS 11.B5 der Beherrschungsbegriff unter Bezugnahme auf die Regelungen in IFRS 10 definiert (zu diesem Beherrschungsbegriff vgl ausführlich → § 30 Rn 4ff). Ein gemeinschaftliches Beherrschungsverhältnis liegt demnach vor, wenn

(1) die Partnerunternehmen gemeinschaftlich die Beherrschungsmacht über die wesentlichen wirtschaftlichen Aktivitäten haben,

(2) daraus variablen Rückflüssen ausgesetzt sind und
(3) ihre Beherrschungsmacht nutzen, um die Höhe und/oder den zeitlichen Anfall der Rückflüsse zu beeinflussen.

Der Verweis auf IFRS 10 verlangt bei der Beurteilung des Vorliegens gemeinschaftlicher Führung die Berücksichtigung aller Fakten und Umstände, die auch für die Beurteilung eines Beherrschungsverhältnisses in Bezug auf ein potenzielles TU heranzuziehen sind (vgl *EY* 2015, 807 ff). Deshalb sind neben einer ggf erforderlichen Stimmrechtsmehrheit auch Beherrschungsgründe zu berücksichtigen, die auf andere vertragliche Gegebenheiten zurückzuführen sind. Dies schließt grds Situationen von *de-facto*-Beherrschungsverhältnissen (→ § 30 Rn 40) ebenso ein wie Beherrschungsverhältnisse an strukturierten Einheiten (→ § 30 Rn 41).

Beispiel: An einer Publikumsgesellschaft in der Rechtsform einer AG sind die Partnerunternehmen A mit 25% und B mit 23% beteiligt, was auch den jeweiligen Stimmrechtsquoten entspricht. Die verbleibenden 52% der Aktien befinden sich in Streubesitz, wobei kein Aktionär über Stimmrechte von mehr als 1% verfügt. Auf den Hauptversammlungen der Vergangenheit war regelmäßig eine Präsenzquote von weniger als 80% der gesamten Stimmrechte zu verzeichnen. Die Entscheidungen hinsichtlich der relevanten Geschäftsaktivitäten bedürfen grds einer Mehrheit der Stimmrechte. Die Unternehmen A und B haben vertraglich eine gemeinsame Ausübung der von ihnen gehaltenen Stimmrechte auf der Basis einer einvernehmlichen Entscheidungsfindung vereinbart.

Durch die vertragliche Vereinbarung zwischen den Unternehmen A und B verfügen die Partnerunternehmen über insgesamt 48% der Stimmrechte. Bei einer nachhaltigen Hauptversammlungspräsenz von unter 80% der Gesamtstimmrechte ist von einem *de-facto*-Beherrschungsverhältnis auszugehen (vgl auch IFRS 10.B43 Beispiel 4). Damit liegt eine gemeinsame Beherrschung iSv IFRS 11.5 vor.

Hinsichtlich der Anwendung der Regelungen des IFRS 11 bei *de-facto*-Beherrschungsverhältnissen ist allerdings zu beachten, dass eine gemeinschaftliche Führung in jedem Fall das **Vorliegen einer vertraglichen Vereinbarung** zwischen den Partnerunternehmen voraussetzt (vgl *KPMG* 2014/15 Rz 3.6.40.10). Dies kann zB ein Vertrag zur Stimmrechtspoolung oder eine operative Kooperationsvereinbarung in Bezug auf die zu beurteilende wirtschaftliche Aktivität sein. Fehlt es an diesem Vertragsverhältnis, liegt kein Anwendungsfall des IFRS 11 vor.

Beispiel: An einem Unternehmen X sind die Gesellschafter (Unternehmen) A, B, C, D und E zu jeweils 20% beteiligt, was auch der Stimmrechtsquote entspricht. Für alle wesentlichen Entscheidungen (Gremienbestellung und -abberufung, Gewinnverwendung, Budgetaufstellung, etc) ist ein Quorum von mindestens 80% erforderlich. Ohne vertragliche Vereinbarung zwischen mindestens vier der fünf Gesellschafter liegt keine gemeinschaftliche Führung vor, da das erforderliche Quorum durch unterschiedliches Stimmverhalten der Gesellschafter erreicht werden kann. So können A, B, C und D gemeinsam die 80%-Grenze erreichen, dies ist jedoch fallweise auch möglich, wenn zB A, B, D und E gemeinsam stimmen. Damit sind die Gesellschafter als einfache Investoren anzusehen.

Eine vertragliche Vereinbarung zwischen lediglich drei der fünf Gesellschafter erfüllt hingegen nicht die Voraussetzung einer gemeinschaftlichen Führung, da trotz Stimmrechtsmehrheit das 80 Prozent-Quorum nicht erfüllt werden kann. Erst durch eine vertragliche Vereinbarung zur gemeinschaftlichen Stimmrechtsausübung von mindestens vier der fünf Gesellschafter kann eine gemeinschaftliche Führung begründet werden. Sollte ein Gesellschafter der Vereinbarung nicht beitreten, so ist er weiterhin als einfacher Investor zu qualifizieren.

10 Nach der Konzeption des Beherrschungsbegriffs in IFRS 10 bezieht sich die gemeinsame Willensbildung der Partnerunternehmen auf die **relevanten Aktivitäten der wirtschaftlichen Einheit.** Die Übertragung des Konzepts auf wirtschaftliche Einheiten, die potenziell als Gemeinschaftsunternehmen einzustufen sind, erscheint vergleichsweise unproblematisch. Hier sind die relevanten

wirtschaftlichen Aktivitäten der zu beurteilenden Einheit zu identifizieren und hinsichtlich ihrer Beherrschung zu analysieren. Das Konzept soll aber für alle Formen gemeinsamer Vereinbarungen gelten, also auch in solchen Fällen Anwendung finden, bei denen sich die gemeinschaftliche Führung nicht auf eine separate Einheit, sondern auf einzelne wirtschaftliche Aktivitäten bezieht. In diesen Fällen erübrigt sich die Identifikation relevanter Aktivitäten, da diese selbst bereits Gegenstand der Betrachtung der gemeinsamen Vereinbarung sind. Hier zeigt sich deutlich die konzeptionelle Schwäche der Übertragung des für die Konzernrechnungslegung konzipierten Beherrschungskonzepts des IFRS 10 auf Sachverhalte, die letztlich im Einzelabschluss der Partnerunternehmen dargestellt werden.

Die Voraussetzung der Einstimmigkeit bei der gemeinsamen Beherrschung durch die Partnerunternehmen muss sich auf alle wesentlichen Aktivitäten, unabhängig von deren zeitlicher Durchführung beziehen. Das Vorliegen **unilateraler Beherrschungsmöglichkeiten** durch ein Partnerunternehmen führt dagegen idR nicht zu einer gemeinsamen Beherrschung, sondern begründet ein Mutter-Tochter-Verhältnis auch dann, wenn die Möglichkeit unilateraler Beherrschung relevanter Geschäftsaktivitäten sich im Zeitablauf ändert (vgl *Küting/Seel* KoR 2012, 452 (459)). Zur Illustration dieses Sachverhalts kann das vom IASB verwendete Beispiel in IFRS 10.B13 (im Folgenden verkürzt dargestellt) herangezogen werden:

Beispiel: Zwei Parteien gründen eine rechtliche Einheit mit dem Ziel, ein medizinisches Produkt zu entwickeln und anschließend zu vermarkten. Beide Parteien schließen eine vertragliche Vereinbarung ab, die festlegt, dass die eine Partei für die Entwicklung des Produkts sowie für die Einholung der Zulassungsgenehmigung zuständig ist, während die andere Partei – nach dessen Zulassung – das medizinische Produkt herstellt und vertreibt. Als relevante Aktivitäten können einerseits die Entwicklung und Zulassung sowie andererseits die Herstellung und der Vertrieb des Produkts identifiziert werden. Jede Partei hat für die jeweils von ihr durchzuführenden Aktivitäten die alleinige Bestimmungsmacht.

Obwohl es eine vertragliche Vereinbarung zwischen den Parteien gibt und die dargestellten relevanten Aktivitäten wirtschaftlich interdependent sind, führt die serielle zeitliche Strukturierung der einzelnen Aktivitäten und deren jeweilige Beherrschung durch nur eine Partei dazu, dass das Vertragsverhältnis nicht als gemeinsame Vereinbarung iSd IFRS 11 anzusehen ist. Die (alleinige) Beherrschung liegt nach der Konzeption des IFRS 10 vielmehr bei derjenigen Partei, in deren Einflussbereich es steht, die für die Rückflüsse des Unternehmens insgesamt bedeutendsten wirtschaftlichen Aktivitäten zu führen, also entweder Entwicklung und Zulassung oder Herstellung und Vertrieb. Beide Parteien haben daher zu beurteilen, ob sie die relevantesten Aktivitäten steuern und das Unternehmen damit beherrschen.

Abweichend von dem zuvor dargestellten Sachverhalt könnte eine gemeinschaftliche Beherrschung iSd IFRS 11 konzeptionell nur dann vorliegen, wenn ausgerechnet die Aktivitäten mit den bedeutendsten Rückflüssen (entweder Entwicklung und Zulassung oder Herstellung und Vertrieb) von den Parteien einvernehmlich zu bestimmen wären. In diesem Fall wäre es für die Qualifikation als gemeinsame Vereinbarung unschädlich, dass die anderen Aktivitäten von nur einer Partei beherrscht werden.

Dem Einstimmigkeitserfordernis bei Entscheidungen der Partnerunternehmen des IFRS 11.7 stehen **Regelungen zur Auflösung von Patt- oder Blockadesituationen** nicht entgegen, soweit diese Regelungen auf Neutralität ausgerichtet sind (vgl *Lüdenbach/Hoffmann/Freiberg* IFRS § 34 Rz 12). So kann eine Schlichtungsklausel, die einen Schiedsentscheid durch einen neutralen Dritten vorsieht, dem Charakter einer gemeinschaftlichen Führung entsprechen. Hingegen wäre es für die Qualifikation als gemeinschaftliche Vereinbarung schädlich, wenn in Pattsituationen eine Partei mit einem Mehrfach- oder Sonderstimmrecht ausgestattet würde (vgl *EY* 2015, 814). In diesem Fall wäre zu beurteilen, ob diese Regelung dem entspr Gesellschafter nicht eine alleinige Beherrschung ermöglichen würde mit der Folge, dass dieser Gesellschafter die zu beurteilende Einheit als TU in seinen Konzernabschluss aufzunehmen hätte.

11 Das Vorliegen einer gemeinschaftlichen Führung fungiert somit als **Abgrenzungskriterium** der gemeinsamen Vereinbarung von TU einerseits sowie von assoziierten Unternehmen oder einfachen Beteiligungen andererseits. Hat ein einzelnes Unternehmen die Beherrschungsmöglichkeit über die im Vertrag festgelegten wesentlichen Aktivitäten einer separaten wirtschaftlichen Einheit, so liegt kein Gemeinschaftsunternehmen, sondern ein TU vor, soweit die Aktivität auf der Grundlage eines eigenen Unternehmens bzw einer unternehmerischen Einheit iSv IFRS 10 handelt (zur Darstellung von TU vgl § 34 und § 35). In diesem Fall haben die übrigen Gesellschafter – je nach Ausprägung ihrer gesellschaftsvertraglichen Rechte und Pflichten – ihre Beteiligung entweder als assoziiertes Unternehmen (bei Vorliegen maßgeblichen Einflusses, vgl § 36) oder als einfache Beteiligung iSv IAS 39/IFRS 9 (vgl § 7 und § 11) auszuweisen.

III. Klassifizierung gemeinsamer Vereinbarungen *(joint arrangements)*

12 Die Definition vertraglicher Vereinbarungen in IFRS 11 ist relativ weit gefasst, um sämtliche wirtschaftlichen Aktivitäten unter gemeinschaftlicher Führung zu erfassen. IFRS 11.6 unterscheidet **zwei unterschiedliche Typen von vertraglichen Vereinbarungen,** wobei sich die Zuordnung zu den zwei Typen nach der vertraglichen Ausgestaltung der Rechte und Pflichten im Rahmen der gemeinschaftlichen Führung der Partnerunternehmen richtet. Beziehen sich diese Rechte und Pflichten auf die einzelnen Vermögenswerte und Schulden der gemeinschaftlichen Vereinbarung, so liegt eine **gemeinschaftliche Tätigkeit *(joint operation)*** vor (IFRS 11.15). Ist hingegen das Nettovermögen, also das Eigenkapital, Gegenstand der Rechte und Pflichten, so ist die gemeinschaftliche Vereinbarung als **Gemeinschaftsunternehmen *(joint venture)*** zu qualifizieren (IFRS 11.16).

13 Bei der Unterscheidung zwischen diesen beiden Grundtypen gemeinsamer Vereinbarungen kommt der **Organisationsform der gemeinschaftlich beherrschten Aktivitäten** eine besondere Bedeutung zu. Werden die gemeinsamen wirtschaftlichen Aktivitäten nicht in einer separaten Einheit oder Teileinheit (zum Begriff → Rn 16) ausgeführt, so ist nach IFRS 11.B16 die Vereinbarung in jedem Fall als gemeinschaftliche Tätigkeit zu klassifizieren. Sind die gemeinsamen Aktivitäten hingegen in einer separaten wirtschaftlichen Einheit organisiert, so ist zu untersuchen, ob sich die Rechte eines Investors (Partnerunternehmens) primär auf das wirtschaftliche Nettoeigenkapital der Einheit beziehen. Ist dies der Fall, ist eine Klassifizierung als Gemeinschaftsunternehmen vorzunehmen. Demgegenüber sprechen Rechte, die sich auf einzelne Vermögenswerte und Schulden richten, für eine Einordnung als gemeinschaftliche Tätigkeit. Diese grds Vorgehensweise bei der Klassifikation lässt sich grafisch wie folgt darstellen (vgl IFRS 11.B21):

14

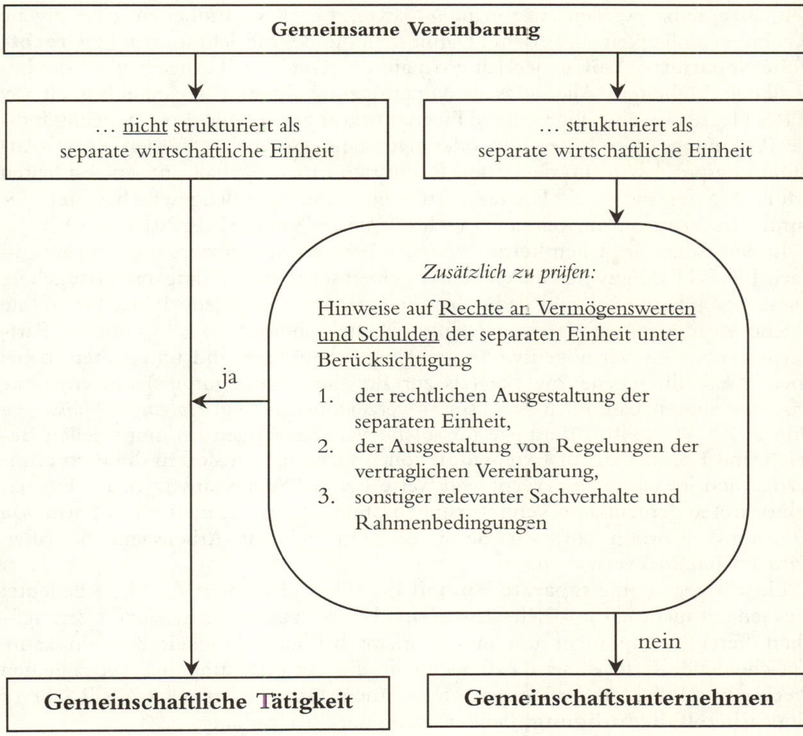

Da es sich bei der Unterscheidung gemeinschaftlicher Vereinbarungen in IFRS 11 um **Grundtypen** handelt, sind die jeweils vorliegenden Merkmale in ihrer Gesamtheit zu würdigen und auf dieser Basis ist eine Zuordnung zu einer der beiden Gruppen vorzunehmen. Im Folgenden werden die Zuordnungskriterien zu diesen Grundtypen, ausgehend von der Unterscheidung in IFRS 11.6 detailliert dargestellt. Die Zuordnung einer gemeinsamen Vereinbarung richtet sich dabei gem IFRS 11.14 systematisch nach der Zuordnung der Rechte und Pflichten auf die Partnerunternehmen der gemeinsamen Vereinbarung.

1. Gemeinschaftliche Tätigkeiten *(joint operations)*

Den ersten Typ vertraglicher Vereinbarungen stellen **gemeinschaftliche Tätigkeiten** *(joint operations)* dar. Nach IFRS 11.15 sind unter diesem Begriff vertragliche Vereinbarungen zu verstehen, bei denen sich die Rechte und Pflichten der beteiligten Unternehmen vorrangig auf die Vermögenswerte und Schulden aus der gemeinsamen Vereinbarung beziehen. Gemeinschaftliche Tätigkeiten werden dabei in vielen Fällen ohne eine separate wirtschaftliche Einheit durchgeführt. Es besteht jedoch auch die Möglichkeit, dass trotz der Organisation in einer separaten Einheit eine gemeinsame Vereinbarung als gemeinschaftliche Tätigkeit zu werten ist. Die Beurteilung des Vorliegens einer separaten Einheit bildet damit den Ausgangspunkt für die Klassifikation eines *joint arrangement.* 15

Der Begriff der **separaten Einheit** *(separate vehicle)* wird in IFRS 11.Anhang A definiert als „eigenständig identifizierbare Finanzstruktur, einschließlich separater rechtlicher Einheiten oder solche, die durch satzungsmäßige Regelun- 16 gen abgegrenzt werden, unabhängig davon, ob diese Einheiten eine eigene Rechtspersönlichkeit aufweisen". Damit stellt die Begriffsdefinition auf die **rechtliche Separierbarkeit** ab, jedoch nicht auf den Grad der Rechtsfähigkeit der betroffenen Einheiten. Allerdings ist Voraussetzung für eine separate Einheit iSv IFRS 11, dass sie eine abgrenzbare Finanzstruktur aufweisen, also ein eigenständiges Rechnungswesen haben und/oder eigenständig finanziert werden. Dieses Anforderungsprofil wird im deutschen Rechtsraum im Regelfall nur von Einheiten erfüllt, die zumindest die Charakteristika einer BGB-Außengesellschaft mit Gesamthandsvermögen aufweisen (so auch *Lüdenbach/Schubert* PiR 2012, 1 (3)).

In den Fällen, in denen **keine separate Einheit** identifiziert werden kann, ist nach IFRS 11.B16 zwingend von einer gemeinschaftlichen Tätigkeit auszugehen. Diese Vereinbarungen sind dadurch gekennzeichnet, dass jede Partei bestimmte eigene Vermögenswerte verwendet und eigene Schulden eingeht oder die Partnerunternehmen Vermögenswerte gemeinsam betreiben und unterhalten, dabei aber jeweils für eigene Zwecke (zB zur Erzielung von Outputs) nutzen, ohne dass eine abgrenzbare Finanzstruktur zu verzeichnen ist (vgl *Holzapfel/Mujkanovic* PiR 2012, 337 (340)). Beispiele für solche Vereinbarungen im industriellen Bereich sind Konsortien zur Exploration von Bodenschätzen, sofern die Partnerunternehmen jeweils eigene Vermögenswerte bei der Suche einsetzen. Im Finanzsektor treten gemeinsame Vereinbarungen ohne separate Einheit zB in Form von Emissionskonsortien auf. Zu Besonderheiten bei Bau-Arbeitsgemeinschaften wird auf Rn 28 ff verwiesen.

17 Liegt dagegen eine **separate Einheit** iSv IFRS 11.Anhang A vor, so bedeutet dies jedoch nicht automatisch, dass es sich bei der zugrunde liegenden vertraglichen Vereinbarung nicht um eine gemeinschaftliche Tätigkeit handeln kann. Entscheidend ist in diesem Fall vielmehr die Ausgestaltung der vertraglichen Rechte und Pflichten der Partnerunternehmen. Dazu bedarf es nach IFRS 11.17 einer **Einzelfallwürdigung,** bei der neben der Struktur auch
(1) die Rechtsform der Einheit,
(2) andere vertragliche Abreden der gemeinsamen Vereinbarung, sowie
(3) sonstige Sachverhalte und Umstände
zu berücksichtigen sind (vgl *Lüdenbach* PiR 2011, 330 (331)). Die Klassifizierung erfolgt letztlich durch eine Gesamtwürdigung aller vorliegenden Indikatoren im Einzelfall.

Dabei sind die **Rechtsform** und das **Vorliegen von Gesamthandsvermögen** Indikatoren, die darauf hinweisen können, dass keine gemeinschaftliche Tätigkeit, sondern ein Gemeinschaftsunternehmen vorliegt. Wenn die Rechtsform der separaten Einheit keine vermögensrechtliche Trennung zwischen der Einheit und den Partnerunternehmen zulässt, ist dies ein erster Indikator zur Klassifikation als gemeinschaftliche Tätigkeit.

Im deutschen Gesellschaftsrecht liegt bei fast allen relevanten Rechtsformen zumindest eine Teilrechtsfähigkeit vor. Deshalb kommt es regelmäßig zu einer **Trennung zwischen der rechtlichen Einheit** als eigenständigem Rechtssubjekt **und den Vertragsparteien**. So haben KapGes als juristische Personen eine eigene Rechtspersönlichkeit und sind Träger des Gesellschaftsvermögens. Dies gilt grds auch für PersGes und (mit Einschränkungen) auch für BGB-Außengesellschaften, die von den Vertragsparteien getrennte Rechtssubjekte darstellen und damit auch Träger von Gesellschaftsvermögen sein können. Separate Einheiten dieser Rechtsformen deuten damit eher auf das Vorliegen eines Gemeinschaftsunternehmens hin.

Dagegen ist die **BGB-Innengesellschaft** nicht (teil-)rechtsfähig und damit kein von den Vertragsparteien abgrenzbares Rechtssubjekt. Da sie außerdem kein Gesellschaftsvermögen besitzt, weist sie auch keine von den Parteien getrennte finanzielle Struktur auf. Ähnlich ist die Einschätzung bei **Bruchteilsgemeinschaften**, die in der Praxis häufig im Zusammenhang mit gemeinschaftlichem Immobilienvermögen vorkommen. Es handelt sich dabei um reine Rechtsgemeinschaften und nicht um eigenständige Rechtssubjekte. Jede Vertragspartei hat zwar einen rechnerischen Anteil an einem oder mehreren gemeinsamen Vermögenswert(en), jedoch verfügt die Bruchteilsgemeinschaft über keine separate finanzielle Struktur. Beiden Rechtsformen mangelt es somit bereits an der Eigenschaft der separaten Einheit, sodass sie regelmäßig zu einer Klassifizierung als gemeinschaftliche Tätigkeit führen.

Die Rechte und Pflichten der Partnerunternehmen ergeben sich idR aus den gesellschaftsrechtlichen Grundlagen (insbes der Rechtsform) der gemeinsamen Vereinbarung. Räumen jedoch **andere vertragliche Vereinbarungen** dem Partnerunternehmen Rechte und Pflichten bzgl einzelner Vermögenswerte und Schulden ein, so ist es – in Abhängigkeit vom Umfang dieser Rechte und Pflichten sowie anderer Umstände – möglich, dass die gemeinsame Vereinbarung als gemeinschaftliche Tätigkeit einzuordnen ist, selbst wenn eine separate Einheit als eigenständiges Rechtssubjekt vorliegt. 18

Beispiel (nach IFRS 11.IE34 ff): Die Partnerunternehmen A und B gründen eine rechtlich eigenständige Einheit C zur Erkundung, Erschließung und Förderung von Öl und Gas in einem bestimmten Förderareal (Öl- und Gasfeld). Die Rechtsform der Einheit C führt zu einer vermögens- und schuldrechtlichen Trennung zwischen der Einheit und ihren Gesellschaftern. A und B halten jeweils die Hälfte der Anteile und Stimmrechte an C und vereinbaren außerdem, Entscheidungen über die Geschäftstätigkeit nur einstimmig zu treffen. Darüber hinaus wird vertraglich festgelegt, dass die aus der Geschäftstätigkeit resultierenden Vermögenswerte und Schulden den Partnerunternehmen anteilig (also je zur Hälfte) zugerechnet werden. Insbes teilen sich die Gesellschafter
(1) die Rechte und Verpflichtungen aus den Genehmigungen zur Erkundung und Erschließung, die der Einheit C erteilt wurden,
(2) die geförderten Mengen an Öl und/oder Gas und
(3) alle im Zusammenhang mit der Geschäftstätigkeit anfallenden Kosten.

Da die gemeinsame Vereinbarung in Form einer eigenständigen rechtlichen Einheit strukturiert ist und die Rechtsform eine (vermögens- und schuldrechtliche) Trennung zwischen den Partnerunternehmen und der Einheit gewährleistet, wäre zunächst vom Vorliegen eines Gemeinschaftsunternehmens auszugehen. Da den Partnerunternehmen A und B jedoch auf vertraglicher Grundlage die aus der Geschäftstätigkeit resultierenden Vermögenswerte und Schulden sowie die damit im Zusammenhang stehenden Kosten anteilig zuzurechnen sind, wird die zunächst durch die Rechtsform bewirkte Trennung zwischen der separaten Einheit und den Vertragsparteien aufgehoben. Damit ist die gemeinsame Vereinbarung als gemeinschaftliche Tätigkeit zu klassifizieren.

In IFRS 11.B27 werden exemplarisch weitere vertragliche Vereinbarungen aufgezählt, die trotz Bestehens einer separaten Einheit auf das Vorliegen einer gemeinschaftlichen Tätigkeit schließen lassen. Die dort aufgeführten Vereinbarungen sind jedoch weitgehend nicht anwendbar, soweit Gesamthandsvermögen nach deutschem Recht vorliegt (vgl *Fuchs/Stibi* BB 2011, 1451 (1454)). Beurteilungen sind entspr auch vor dem Hintergrund nationalen Gesellschaftsrechts vorzunehmen. Für den deutschen Rechtsraum wird damit das Klassifikationskriterium für gemeinschaftliche Tätigkeiten, nämlich eine vertraglich vereinbarte Zurechnung von Vermögenswerten und Schulden zu den Partnerunternehmen bei Vorliegen einer gesellschaftsrechtlichen Struktur, die als separate Einheit gewertet werden muss, regelmäßig nicht zum Tragen kommen.

Im Hinblick auf die Zurechnung von **Verpflichtungen** als Grundlage einer Klassifikation als gemeinschaftliche Tätigkeit lassen die vom IASB gewählten Beispiele (→ Rn 27) darauf schließen, dass für eine Klassifikation als gemeinschaftliche Tätigkeit das fallweise Entstehen einer Verpflichtung (zB Kapitalnachschusspflicht oder Verpflichtungen aus Garantien) für die Partnerunternehmen nicht ausreicht. Vielmehr muss es sich um eine **primäre Verpflichtung** der beteiligten Parteien zu lfd Zahlungen in Zusammenhang mit sämtlichen aus dem Betrieb der gemeinsamen Vereinbarung resultierenden Verpflichtungen handeln, um die gesellschaftsrechtlich begründete Trennung von Gesellschafter und Gesellschaftssphäre zu durchbrechen.

Haftungsvereinbarungen können ebenfalls einen Hinweis auf die Einordnung einer gemeinsamen Vereinbarung geben. So lässt eine unmittelbare Haftung des Partnerunternehmens für bestimmte Schulden der separaten Einheit auf das Vorliegen einer gemeinschaftlichen Tätigkeit schließen. Bezieht sich die Haftung dagegen auf die Schulden der separaten Einheit insgesamt (zB bei der BGB-Gesellschaft oder nach § 128 HGB), so kann dies gegen das Vorliegen einer gemeinschaftlichen Tätigkeit sprechen, da solche Regelungen wirtschaftlich den Charakter von Garantien oder Bürgschaften haben (IFRS 11.B27; ähnlich auch *KPMG* 2014/15 Rz 3.6.160).

19 Schließlich sind auch **andere Fakten und Umstände** bei der Bestimmung heranzuziehen, ob es sich bei Vorliegen einer separaten Einheit dennoch um gemeinschaftliche Tätigkeiten handelt. Aus Sicht des IASB handelt es sich dabei um eine ergänzende Würdigung, die dann vorzunehmen ist, wenn die tatsächlichen Rechte und Pflichten der Partnerunternehmen in der vertraglichen Vereinbarung nicht hinreichend spezifiziert sind (IFRS 11.B29). In diesen Fällen sind ergänzend auch Zweckbestimmung, Ausgestaltung und Finanzierung der separaten Einheit in die Beurteilung einzubeziehen. Ergibt eine solche Beurteilung, dass die separate Einheit im Wesentlichen dazu dient, die Partnerunternehmen zu beliefern *(asset test)* und sich durch die daraus resultierenden Forderungen gegen die Partnerunternehmen zu finanzieren *(liability test)*, so deutet dies auf das Vorliegen einer gemeinschaftlichen Tätigkeit hin (ausführlich vgl *Deloitte* 2015, 2031 ff).

Beispiel: Die Unternehmen A und B sind mit Anteilen von jeweils 50% Partnerunternehmen beim Betrieb gemeinschaftlicher Aktivitäten in Form des Unternehmens C, das als eine eigenständige Einheit (zB GmbH) konstituiert ist. Der Zweck der in C ausgeführten wirtschaftlichen Tätigkeiten besteht ausschließlich darin, Leistungen für A und B zu erbringen. Im Gegenzug besteht für A und B eine Abnahmeverpflichtung für den gesamten durch die Einheit C erbrachten Output. Damit resultieren sämtliche operativen Cashflows aus Geschäften mit A und B. Darüber hinaus wird das Unternehmen C nicht unter Gewinnerzielungsprämissen geführt, sondern arbeitet lediglich kostendeckend.

In diesem Fall führt der *asset test* nach IFRS 11.B32 zu dem Ergebnis, dass der Nutzen der Vermögenswerte des Unternehmens C den Partnerunternehmen A und B nicht über ein Nettoergebnis zufließt, sondern unmittelbar über die Abnahme des von C generierten Outputs. Der sich anschließende *liability test* ergibt, dass auch die Schulden des Unternehmens C wirtschaftlich nicht aus einem Nettoergebnis bedient werden, sondern wirtschaftlich unmittelbar durch die Parteien nach Maßgabe des Verhältnisses der Leistungsabnahmen. Damit besteht bei wirtschaftlicher Betrachtung nicht eine Beteiligung am Nettoergebnis (das aufgrund des Kostendeckungsprinzips konzeptionell nicht vorgesehen ist), sondern an (Gruppen von) Vermögenswerten und Schulden. Die gemeinschaftliche Vereinbarung ist damit – ungeachtet ihrer Ausführung in einer separaten Einheit – als gemeinschaftliche Tätigkeit zu klassifizieren.

An der vorstehend beschriebenen Einordnung ändert sich auch dann nichts, wenn eine Abnahme durch Dritte gesellschaftsvertraglich zwar möglich wäre, jedoch tatsächlich nicht stattfindet, oder wenn die Leistungsabnahme durch Dritte nur in unwesentlichem Ausmaß erfolgt. Erst wenn eine substanzielle Belieferung Dritter tatsächlich stattfindet, ist eine abweichende Beurteilung möglich.

20 Durch die Berücksichtigung sonstiger Fakten und Umstände findet auch eine **wirtschaftliche Betrachtungsweise** bei der Bestimmung der Rechte an Ver-

mögenswerten und Schulden Berücksichtigung. In dem vorstehenden Beispiel wird deutlich, dass die separate Einheit von den Vertragsparteien vollumfänglich wirtschaftlich abhängig ist: Sämtliche von C erbrachten Leistungen sind vollständig an dem Bedarf und der Nachfrage der Partnerunternehmen ausgerichtet. Diese wiederum haben eine Leistungsabnahmeverpflichtung. Rechtlicher Eigentümer der zur Erbringung des Outputs eingesetzten Vermögenswerte ist zwar die Einheit C, sie werden aber ausschließlich für die Herstellung des von den Partnerunternehmen abzunehmenden Outputs eingesetzt. Damit steht der wirtschaftliche Nutzen aus diesen Vermögenswerten vollständig den Partnerunternehmen zu, die deshalb als wirtschaftliche Eigentümer der Vermögenswerte und Schulden der gemeinsamen Vereinbarung anzusehen sind. Darüber hinaus stellen die Partnerunternehmen aufgrund ihrer Abnahme- und Nachschussverpflichtung sämtliche Cashflows sicher, welche die separate Einheit benötigt, um ihren Verpflichtungen nachzukommen. Unter wirtschaftlicher Betrachtungsweise haben somit die Partnerunternehmen eine Verpflichtung aus den Schulden der gemeinsamen Vereinbarung. Zusammen mit der wirtschaftlichen Zurechnung der Vermögenswerte wird aus dieser Konstellation das Vorliegen einer gemeinschaftlichen Tätigkeit abgeleitet.

Es ist jedoch zu beachten, dass der IASB die Berücksichtigung anderer Fakten und Umstände in die Rechtekonzeption des IFRS 11 eingebettet hat. Darauf hat das IFRSIC in einer ablehnenden Agenda-Entscheidung (NIFRIC) nochmals hingewiesen (vgl *IFRIC* Update January 2014, 9). Deshalb sind nur solche wirtschaftlichen Gegebenheiten bei der Klassifikation zu berücksichtigen, die zu durchsetzbaren Rechten und Pflichten der Partnerunternehmen (zB das Recht auf den gesamten Output bzw die Pflicht zur Abnahme des gesamten Outputs) führen.

Ergeben sich im Zeitablauf Änderungen an den zur Beurteilung herangezogenen Sachverhalten und sonstigen Umständen, die beim Vorliegen einer separaten Einheit zu einer Klassifikation als gemeinschaftliche Tätigkeit geführt haben, so hat das berichtende Partnerunternehmen zu prüfen, ob die auf diese Faktoren gestützte Klassifikation unter den neuen Rahmenbedingungen weiterhin Bestand hat (IFRS 11.19; eine beispielhafte Aufzählung von Veränderungen, die zu einer Überprüfung führen sollten, findet sich bei *EY* 2015, 842); ggf ist eine **Neuklassifikation** erforderlich. Dabei können sich Probleme insbes dann ergeben, wenn die zur Klassifikation zugrunde gelegten Größen (zB Output oder Lieferquote bei Abnahme durch die Partnerunternehmen) im Zeitablauf schwanken (vgl *Stibi/Böckem/Klarholz* BB 2012, 1527 (1531)). Hier kann eine Durchschnittsbetrachtung über mehrere Perioden oder ein Abstellen auf vertragliche Outputmengen und -quoten zu einer stetigen und eindeutigen Klassifizierung beitragen. 21

2. Gemeinschaftsunternehmen *(joint ventures)*

Gemeinschaftsunternehmen *(joint ventures)* stellen die zweite Kategorie gemeinschaftlicher Vereinbarungen iSv IFRS 11 dar. Gem IFRS 11.16 haben die Partnerunternehmen bei dieser Form der Vereinbarung nicht primär vertragliche Rechte und Pflichten in Bezug auf einzelne Vermögenswerte, sondern sind am **Nettovermögen** der gemeinschaftlichen Vereinbarung entspr ihrer vertraglichen Position beteiligt. Folglich gelten nur solche Unternehmen bzw andere separate Einheiten als Gemeinschaftsunternehmen, bei denen die Partnerunternehmen in ihrer Funktion als Investoren keine unmittelbaren Rechte und Pflichten in Bezug auf einzelne Vermögenswerte und Schulden haben, sondern lediglich einen Anspruch auf das Ergebnis des rechtlich selbständigen Gemeinschaftsunternehmens in Form des Nettovermögens als Residualwert besitzen. 22

Grundlegende Voraussetzung für die Klassifikation einer gemeinschaftlichen Vereinbarung als Gemeinschaftsunternehmen ist die **Ausführung der gemeinschaftlichen Aktivitäten in einer separaten Einheit** (→ Rn 17). Dies allein reicht jedoch nicht aus, da IFRS 11.B19 explizit vorsieht, dass auch beim Vorliegen einer separaten Einheit eine gemeinschaftliche Tätigkeit vorliegen kann (→ Rn 16). Eine Einordnung als Gemeinschaftsunternehmen setzt deshalb zusätzlich voraus, dass ein Partnerunternehmen aufgrund seiner Rechtsstellung, unter Berücksichtigung sämtlicher relevanten Sachverhalte und Umstände, keine, oder in nur unwesentlichem Umfang, Rechte und Pflichten hat, die sich direkt auf Vermögenswerte und Schulden beziehen.

23 Nach IFRS 11 ist die Klassifikation einer gemeinschaftlichen Vereinbarung grds **einheitlich für die gesamte Vereinbarung** vorzunehmen. Eine gemeinschaftliche Vereinbarung kann damit als Ganzes nur eine gemeinschaftliche Tätigkeit oder ein Gemeinschaftsunternehmen sein. Eine ebenfalls denkbare, während der Entwicklung des Standards diskutierte und noch im Standardentwurf vorgesehene, Aufteilung einer vertraglichen Vereinbarung in Teilvereinbarungen, von denen sich einige auf einzelne Vermögenswerte und Schulden, andere dagegen auf das Nettovermögen bzw den Unternehmenserfolg beziehen, wurde vom IASB im Ergebnis nicht umgesetzt. Damit reagierte der Board auf Befürchtungen der Anwender, die sowohl konzeptionelle als auch umsetzungstechnische Probleme mit einer Aufteilung gemeinschaftlicher Vereinbarungen in einzelne Komponenten geltend gemacht hatten (IFRS 11.BC35). Dies bedeutet insbes auch, dass bei einer Klassifikation einer gemeinsamen Vereinbarung als Gemeinschaftsunternehmen ggf zusätzlich bestehende Partikularrechte an Vermögenswerten und Schulden nicht gesondert berücksichtigt werden, da sie im Vergleich zu den Rechten am Residualvermögen von nachgeordneter Bedeutung sind.

24 Eine Klassifizierung einer gemeinschaftlichen Vereinbarung ist grds auch von den **nicht** an dieser Vereinbarung **partizipierenden Gesellschaftern** vorzunehmen, da auch sie Rechte und Pflichten bzgl einzelner Vermögenswerte oder Schulden haben können, die bei der Klassifizierung zu berücksichtigen sind (zu den Folgen der Klassifikation bei dieser Gesellschaftergruppe vgl → Rn 63f). In der Praxis wird diese Verpflichtung jedoch häufig an einer mangelnden Datenverfügbarkeit für diese Gesellschafter scheitern (vgl *KPMG* 2014/15 Rz 3.6.290). Darüber hinaus ist regelmäßig nicht davon auszugehen, dass die Rechte der Drittgesellschafter einen Umfang erreichen, der wesentlichen Einfluss auf die Klassifizierung der gemeinsamen Vereinbarung als Ganzes hat.

25, 26 *(einstweilen frei)*

3. Beispiele und Problemfälle der Klassifizierung

27 Zur **Veranschaulichung** der Vorgehensweise bei der Klassifizierung hat der IASB in IFRS 11.IE beispielhaft die Beurteilung **verschiedener konkreter Ausgestaltungen** von gemeinsamen Vereinbarungen dargestellt:

(1) gemeinschaftlich in einer separaten Einheit erbrachte Bauleistungen (IFRS 11.IE2 bis IFRS 11.IE8; vgl jedoch Klassifikationsprobleme bei der typischen deutschen Bau-Arbeitsgemeinschaft → Rn 28ff),
(2) gemeinschaftlicher Betrieb eines Einkaufszentrums (IFRS 11.IE9 bis IFRS 11.IE13),
(3) gemeinschaftliche Herstellung und Vertrieb von Produkten (IFRS 11.IE14 bis IFRS 11.IE28),
(4) gemeinschaftlich betriebenes Finanzinstitut (IFRS 11.IE29 bis IFRS 11.IE33),
(5) gemeinschaftliche Suche, Erschließung und Ausbeutung von Öl- und Gasvorkommen (IFRS 11.IE34 bis IFRS 11.IE43) oder

(6) gemeinschaftlich betriebene Gasverflüssigung (IFRS 11.IE44 bis IFRS 11.IE52).

Die in diesen Beispielen dargestellten Beurteilungsmaßstäbe sollen, nach Ansicht des IASB, generell bei der Beurteilung herangezogen werden, ob es sich bei einer gemeinsamen Vereinbarung um eine gemeinschaftliche Tätigkeit oder um ein Gemeinschaftsunternehmen handelt (IFRS 11.IE1).

Im Zusammenhang mit der Anwendung des IFRS 11 im deutschen Rechtsraum haben sich insbes gemeinsame Vereinbarungen in der Form der typischen deutschen **Bau-Arbeitsgemeinschaften** (Bau-ARGEN) als problematisch hinsichtlich der Klassifikation als gemeinschaftliche Tätigkeit oder als Gemeinschaftsunternehmen herausgestellt. Die Bau-ARGE ist ihrem Charakter nach idR ein vorübergehender Zusammenschluss zweier oder mehrerer Bauunternehmen mit dem Zweck der gemeinsamen Durchführung von Baumaßnahmen. Sie wird typischerweise in der Rechtsform einer BGB-(Außen-)Gesellschaft geführt. Bei Zugrundelegung des ARGE-Mustervertrags des Hauptverbands der Deutschen Bauindustrie erfolgen die Verteilung des Gewinns zwischen den Partnerunternehmen und deren Haftung im Innenverhältnis nach Maßgabe im Vertrag festgelegter Anteilsquoten. Gem ihrem Charakter als BGB-Gesellschaft leisten die Partnerunternehmen Einlagen in die ARGE und stellen, in unterschiedlichem Umfang, eigene Geräte und Materialien zur Durchführung der jeweiligen Baumaßnahme bei. Daneben kann ggf auch Gesamthandsvermögen durch die ARGE gehalten werden. 28

In der Literatur haben sich **zwei unterschiedliche Auffassungen** hinsichtlich der Klassifikation typischer deutscher Bau-ARGEN ausgebildet:

(1) Die Vertreter der ersten Auffassung gehen davon aus, dass die Bau-ARGE in Form einer BGB-Außengesellschaft nur dann als separate Einheit anzusehen ist, wenn sie selbst die **wesentlichen Vermögenswerte zur Durchführung der gemeinschaftlichen Bauleistung** hält (vgl *Mujkanovic/Holzapfel* PiR 2014, 81 (82)). Danach sind reine Beistellungs-ARGEN nicht als separate Einheit einzustufen. Diese werden als der Regelfall gesehen, da ein wesentliches Motiv für die Gründung einer Bau-ARGE die Vermeidung von kapitalintensiven Geräteanschaffungen für einen einzigen Bauauftrag ist, die durch die Beistellung von idR Baugeräten sichergestellt werden soll. Da sich die Rechte der Partnerunternehmen somit weiterhin auf die beigestellten Geräte als solche beziehen, wird vom Vorliegen einer gemeinschaftlichen Tätigkeit ausgegangen. Auch die Möglichkeit des Eingehens eigener Verbindlichkeiten durch die ARGE begründet nach dieser Auffassung keine separate Einheit, da wesentliche Vermögenswerte und wesentliche Schulden kumulativ der Einheit zuzuordnen sein müssen, damit die Voraussetzung des Interesses am Nettovermögen erfüllt ist. Damit ist die (Teil-)Rechtsfähigkeit einer BGB-Außengesellschaft nur eine notwendige, nicht jedoch eine hinreichende Voraussetzung für das Vorliegen einer separaten Einheit iSv IFRS 11.Anhang A. Die erbrachte Bauleistung wird nach dieser Sichtweise nicht als funktional wesentliches Vermögen der ARGE angesehen, da sich diese auf die zur Durchführung der Baumaßnahme notwendigen Vermögenswerte (und damit auf die beigestellten Baugeräte) beschränkt (vgl *Mujkanovic/Holzapfel* PiR 2012, 337 (341)). Nach dieser Sichtweise ist die typische deutsche Bau-ARGE ohne wesentliches Gesamthandsvermögen (zumindest in ihrer Ausgestaltung als Beistellungs-ARGE) somit aufgrund des Nichtvorliegens einer separaten Einheit regelmäßig als gemeinschaftliche Tätigkeit zu klassifizieren.

(2) Demgegenüber sehen Vertreter der zweiten Auffassung (vgl hierzu insbes *IDW/HFA* IDW-FN 2014, 101 (101)) die typische Bau-ARGE in der Rechts-

form einer BGB-Außengesellschaft generell als separate Einheit. Grundlage für diese Einschätzung ist zum einen die Rechtsprechung des BGH, die der BGB-Außengesellschaft eine eigenständige (Teil-)Rechtsfähigkeit zuspricht (BGH 29.1.2001, BGHZ 146, 341). Zum anderen liegt regelmäßig eine abgrenzbare Finanzstruktur vor, da eine solche für die Abrechnung der Partnerunternehmen ohnehin benötigt wird. Im Hinblick auf die zur Beurteilung wesentlichen Vermögenswerte wird nach dieser Sichtweise nicht auf die (ggf beigestellten) Baugeräte, sondern auf die **erbrachte Bauleistung** abgestellt. Aus dieser Bauleistung resultiert nach Maßgabe der Regelungen des IAS 11 ein PoC-Vermögenswert (zur PoC-Bilanzierung s ausführlich → § 9 Rn 56 ff), der, nach dieser Sichtweise, den wesentlichen Vermögenswert der Bau-ARGE darstellt. Da an diesem Vermögenswert die Partnerunternehmen jedoch keine Partikularrechte haben, sondern nur entspr ihrer Anteilsquote partizipieren, wird die typische deutsche Bau-ARGE nach dieser Sichtweise regelmäßig als Gemeinschaftsunternehmen klassifiziert. Eine ggf abweichende Klassifikation aufgrund anderer Sachverhalte und Rahmenbedingungen iSv IFRS 11.B29 ff scheidet ebenfalls aus, da der Output nicht an die Partnerunternehmen, sondern an einen externen Abnehmer (Bauherrn) erfolgt.

29 Obwohl die Vertreter beider Auffassungen zutreffend auf die Einzelfallbezogenheit der Klassifikation hinweisen, fokussieren sie sich hinsichtlich der als maßgeblich erachteten Rechte auf unterschiedliche Vermögenswerte, während jeweils andere Aspekte für die Beurteilung nicht oder nur nachgeordnet herangezogen werden. In die Klassifikation nach IFRS 11 sind jedoch immer sämtliche Rechte einzubeziehen, die dann **nach Maßgabe des Einzelfalls in ihrer Gesamtheit** zu gewichten und zu würdigen sind, da die gemeinsame Vereinbarung nur als Ganzes entweder als gemeinschaftliche Tätigkeit oder als Gemeinschaftsunternehmen einzustufen ist.

In eine solche ganzheitliche Beurteilung der Ausgestaltung einer Bau-ARGE sind nach IFRS 11.B29 ff auch **sonstige Sachverhalte und Umstände** einzubeziehen, wenn die Rechteverteilung in der gemeinsamen Vereinbarung nicht in einem zur Beurteilung ausreichenden Maß eine Klassifikation ermöglicht. Dabei läuft der vom IASB in IFRS 11.B30 ff vorgesehene outputorientierte *asset-/liability*-Test (→ Rn 19) im vorliegenden Fall ins Leere, da Abnehmer der Bauleistung regelmäßig nicht die Partnerunternehmen der ARGE selbst, sondern die externen Auftraggeber der Bauleistungen sind. Für den Fall der Bau-ARGE kann deshalb insbes die **Motivation ihrer Gründung** einen weiteren Hinweis im Hinblick auf die Klassifikation liefern. Diesbezüglich sind folgende Fälle zu unterscheiden (vgl *Lüdenbach/Hoffmann/Freiberg* IFRS § 34 Rz 22):

(1) Die Initiative zur Beauftragung einer ARGE geht vorrangig auf den **Auftraggeber der Baumaßnahme** zurück, damit diesem ein einziger Vertragspartner für Mängelrügen und Gewährleistungsansprüche zur Verfügung steht. Die Mitglieder der ARGE (Partnerunternehmen) erbringen ihren Leistungsanteil mit eigenen Ressourcen (Mitarbeitern, Materialien und Baugeräten) ohne Berechnung an die ARGE (Beistellungs-ARGE). Auf Ebene der ARGE entstehen keine wesentlichen Aufwendungen. Die Partnerunternehmen erhalten ihren Anteil am Gesamterlös gem der vorab getroffenen Regelungen in der gemeinsamen Vereinbarung (ARGE-Vertrag). Unter diesen idealtypischen Voraussetzungen handelt die ARGE wirtschaftlich als Agent der Beteiligten. Vorbehaltlich einer individuellen Rechtebeurteilung im Einzelfall kann diese Konstellation als Hinweis für das Vorliegen einer gemeinschaftlichen Tätigkeit gewertet werden.

(2) Die Motivation zur Bildung einer ARGE geht von den **Partnerunternehmen** aus, um eine Chancen- und Risikoteilung herbeizuführen. Dement-

sprechend berechnen die Partnerunternehmen für Sach- und Personalgestellung fremdübliche Sätze ggü der ARGE. Ggf wird statt einer Gerätebeistellung auch Gesamthandsvermögen in der ARGE gebildet. Das bei der ARGE entstehende Nettoergebnis wird zwischen ihren Mitgliedern geteilt. Das wirtschaftliche Interesse der ARGE-Mitglieder richtet sich in diesem Fall auf einen Risiko-/Chancenausgleich zwischen den Partnerunternehmen. Das daraus resultierende Interesse der Partnerunternehmen an einem ihrem Anteil an der ARGE entspr Nettoergebnis liefert einen Hinweis auf das Vorliegen eines Gemeinschaftsunternehmens. Die aus dieser Klassifizierung resultierende Abbildung der ARGE-Aktivitäten als Equity-Ergebnis entspricht dieser wirtschaftlichen Sichtweise. In diese Kategorie dürften regelmäßig sog „Dach-ARGEN" fallen, da hier die Durchführung der Baumaßnahme durch Gerätebeistellung nicht im Vordergrund steht.

Ungeachtet der aufgezeigten konzeptionellen Einwände (vgl insbes *Mujkanovic/* 30
Holzapfel PiR 2014, 81 (85)) ist aufgrund der eindeutigen Stellungnahme des HFA des IDW zur Klassifizierung einer typischen Bau-ARGE in der Rechtsform einer BGB-Außengesellschaft davon auszugehen, dass – zumindest im deutschen Rechtsraum – solche gemeinsamen Vereinbarungen regelmäßig als Gemeinschaftsunternehmen klassifiziert werden. Dies bedingt gleichzeitig die Erfüllung der **Angabepflichten zu Gemeinschaftsunternehmen** nach IFRS 12.20ff (→ Rn 70ff) für die betroffenen Bau-ARGEN. Vor dem Hintergrund der Vielzahl solcher Vereinbarungen bei größeren Bau-Konzernen kommt hier einer sinnvollen, dem Prinzip der Verständlichkeit der Darstellung (F.QC30ff) ebenso wie der Erfüllung der Vorgaben des IFRS 12 Rechnung tragenden Aggregation der Angaben in Übereinstimmung mit IFRS 12.4 eine besondere Bedeutung zu.

C. Bilanzierung von gemeinsamen Vereinbarungen *(joint arrangements)*

IFRS 11 regelt die **bilanzielle Darstellung** gemeinsamer Vereinbarungen in 31
Abhängigkeit von der Zuordnung dieser Vereinbarungen zu den beiden Kategorien „gemeinschaftliche Tätigkeiten" und „Gemeinschaftsunternehmen". Im Folgenden werden deshalb typenbezogen die Anforderungen an die Darstellung von gemeinsamen Vereinbarungen in den Abschlüssen der Partnerunternehmen dargestellt.

I. Gemeinschaftliche Tätigkeiten *(joint operations)*

IFRS 11 macht **keine Aussagen zu Art und Umfang der Abrechnung** 32
innerhalb der gemeinschaftlichen Tätigkeit. Unabhängig davon kann jedoch davon ausgegangen werden, dass zumindest dann, wenn diese Tätigkeiten nicht in einer separaten Einheit iSv IFRS 11.Anhang A organisiert sind, eine formelle Rechnungslegung und Abschlusserstellung innerhalb dieser Form gemeinschaftlicher Vereinbarungen in vielen Fällen nicht vorliegt. Sie wird aufgrund der Struktur der zugrunde liegenden Vereinbarung grds auch nicht benötigt. Dieser Tatsache trägt der deutsche Gesetzgeber mit einer Befreiung von der Bilanzierungspflicht für BGB-Gesellschaften Rechnung. Nach § 721 Abs 2 BGB iVm § 259 BGB besteht lediglich eine Verpflichtung zur Aufstellung periodischer Rechnungsabschlüsse, die jedoch dispositiven Charakter hat und durch gesellschaftsvertragliche Regelungen abdingbar ist.

Nach IFRS 11 können aber auch solche gemeinsamen Vereinbarungen als gemeinschaftliche Tätigkeiten einzustufen sein, die als separate Einheit organisiert sind, bei der sich die Rechte und Pflichten der Partnerunternehmen aber vorrangig auf einzelne Vermögenswerte und/oder Schulden beziehen (→ Rn 17). Solche Einheiten werden zumindest dann ein eigenständiges Rechnungswesen aufweisen und eigenständig Abschlüsse erstellen, wenn sie auch juristisch als eigenständige Einheit (Unternehmen) anzusehen sind. Ausgestaltung und Umfang der Rechnungslegungspflicht ergeben sich dann aus der spezifischen Rechtsform der Einheit im Einzelfall. Eine originäre Rechnungslegungspflicht nach IFRS für solche Einheiten wird jedoch durch IFRS 11 nicht begründet.

33 Auch ohne formelle Rechnungslegungspflicht erfordert die vertraglich vereinbarte Abrechnung der Partnerunternehmen untereinander jedoch ein Minimum an Aufbereitung von rechnungslegungsrelevanten Informationen. Dies geschieht in der Mehrheit der Fälle in Form einer **Betriebsabrechnung,** die zwar in vielen Fällen nicht die Anforderungen an eine formale einheitliche Rechnungslegung innerhalb der gemeinsamen Vereinbarung erfüllt, aus folgenden Gründen jedoch sinnvoll erscheint:

(1) Ermittlung und Nachweis des auf die einzelnen Partner entfallenden Anteils der gemeinsamen Aufwendungen und Erträge nach einheitlichen Grundsätzen,
(2) Nachweis der wirtschaftlichen Lage der gemeinschaftlichen Geschäftstätigkeit als Ganzes sowie möglicher Rückwirkungen hieraus auf die einzelnen Partnerunternehmen,
(3) Schaffung von Grundlagen für die Bewertung von Teilprojekten und für die Bildung von Rückstellungen für drohende Verluste aus schwebenden Geschäften sowie
(4) Grundlagen für die Gewinnrealisierung, die nur aus Sicht des Gesamtprojekts zutreffend beurteilt werden kann.

Die Bereitstellung rechnungslegungsrelevanter Daten (zB in Form einer Betriebsabrechnung) ist darüber hinaus für die Partnerunternehmen auch im Hinblick auf die Erstellung und Prüfung des jeweiligen eigenen (Einzel- und Konzern-)Abschlusses notwendige Nachweisbasis.

34 Vor diesem Hintergrund legt IFRS 11.20 fest, dass die Partnerunternehmen **gemeinschaftliche Tätigkeiten in ihren jeweiligen Abschlüssen** wie folgt darstellen:

(1) Ansatz der jeweils in der Verfügungsmacht *(control)* des Partnerunternehmens stehenden Vermögenswerte sowie der Anteil des Partnerunternehmens an gemeinschaftlich geführten Vermögenswerten,
(2) Ansatz der einem Partnerunternehmen zuzuordnenden Schulden sowie der Anteil des Partnerunternehmens an gemeinschaftlich eingegangenen Schulden,
(3) Erfassung dem Unternehmen direkt zufließenden Erlöse des Partnerunternehmens aus dem Verkauf des ihm zurechenbaren Anteils an dem Output der gemeinschaftlichen Tätigkeit im Außenverhältnis,
(4) Erfassung der dem Partnerunternehmen über die Partnerverrechnung zuzurechnenden anteiligen Erlöse aus der Erbringung des Outputs der gemeinschaftlichen Tätigkeit und
(5) Erfassung der dem Partnerunternehmen unmittelbar zuzurechnenden Aufwendungen sowie des Anteils an den gemeinschaftlich entstandenen Aufwendungen.

35 Die Erfassung erfolgt gem IFRS 11.21 **nach Maßgabe der jeweiligen relevanten Standards,** also bspw IAS 16 für das Sachanlagevermögen oder IAS 2 für Vorräte. Der Ausweis der anteiligen Erlöse und des anteiligen Gewinns richtet sich grds nach der Realisation der Beträge gem IAS 18/IFRS 15.

Bei kundenspezifischer Auftragsfertigung hat das Partnerunternehmen seinen Anteil an den gemeinschaftlichen Erlösen und damit seine anteilige Gewinnmarge allerdings nach IAS 11 zu erfassen und auszuweisen. Die Voraussetzungen für eine kontinuierliche Ertragsrealisierung nach Maßgabe des Fertigstellungsgrads (*percentage-of-completion*-Methode, vgl hierzu auch → § 9 Rn 56ff) sind bei gemeinschaftlichen Tätigkeiten in den relevanten Branchen (zB Bauindustrie, Maschinen- und Anlagenbau etc) regelmäßig durch eine entspr Ausgestaltung des internen Berichtswesens gegeben.

Hinsichtlich des **Ausweises** des Anteils an einem gemeinschaftlichen Vermögenswert ist jedoch fraglich, welcher Standard als einschlägig heranzuziehen ist. Die Beantwortung dieser Frage hängt wesentlich von der Qualifikation des Vermögenswerts ab, den das Partnerunternehmen in seiner Bilanz auszuweisen hat. Handelt es sich um ein **Nutzungsrecht** an einem Vermögenswert, so ist IAS 38 einschlägig. Darüber hinaus ist in diesem Fall eine Darstellung als Leasingverhältnis nach IAS 17 (ggf iVm IFRIC 4) in Erwägung zu ziehen. Wird dagegen **Bruchteilseigentum** ausgewiesen, so erscheint die Anwendung von IAS 16 sachgerecht. Die sachgerechte Darstellung des (anteiligen) Vermögenswerts erfordert dementsprechend eine Würdigung des Funktionszusammenhangs innerhalb der gemeinsamen Vereinbarung. Dies entspricht der eindeutigen Ausrichtung des IFRS 11 am wirtschaftlichen Inhalt der vertraglichen Vereinbarung.

Neben dem Ansatz der Vermögenswerte und Schulden, die unmittelbar oder 36
anteilig aus der gemeinschaftlichen Tätigkeit resultieren, hat jedes Partnerunternehmen zu prüfen, ob nach seinem jeweiligen Erlös- oder Ergebnisanteil ein (anteiliger) **Verlust aus der vertraglichen Vereinbarung** zu erwarten ist. Ist dies der Fall, so ist dieser Verlust unmittelbar zu erfassen. Im Regelfall geschieht dies über die Passivierung einer Rückstellung für drohende Verluste, im Fall der Auftragsfertigung ist zunächst eine aktive Korrektur des Wertansatzes der Forderungen aus Fertigungsaufträgen vorzunehmen. Erst bei übersteigenden Verlusterwartungen ist ein passiver Ausweis des Restbetrags vorzunehmen.

Da diese Erfassungen von Vermögenswerten, Schulden, Aufwendungen und Erträgen **bereits im Einzelabschluss** der Partnerunternehmen vorzunehmen sind, ergibt sich beim Übergang auf die Konzernbilanz im Hinblick auf Konsolidierungsmaßnahmen grds kein Anpassungsbedarf.

Hinsichtlich der **in eigenem Namen eingegangenen Schulden** stellte die 37
Vorgängerregelung des IAS 31.22(b) klar, dass es sich dabei um eingegangene Verpflichtungen zur Finanzierung des Anteils an den gemeinschaftlich geführten Vermögenswerten handelte. Aufgrund der redaktionellen Straffung des IFRS 11 fehlt eine entspr Erläuterung in diesem Standard. Es ist jedoch davon auszugehen, dass der unveränderte materielle Inhalt des IFRS 11.20 auch eine inhaltliche Identität hinsichtlich der geforderten Bestandteile impliziert.

Bei gemeinschaftlichen Vermögenswerten ist in der Praxis jedoch auch eine nicht unbedeutende Anzahl von Fällen zu verzeichnen, bei denen nicht jedes Partnerunternehmen seinen Anteil selbst finanziert. In diesen Fällen tritt oft **nur ein Partnerunternehmen** im Außenverhältnis als Schuldner in Erscheinung, während im Innenverhältnis die Schulden gemeinschaftlich getragen werden. Eine solche Vorgehensweise kann bspw in der ggü den anderen Parteien besseren Bonität eines der Partnerunternehmen begründet sein, die zu einer Verbesserung der Kreditkonditionen führt. In diesen Fällen sind grds zwei bilanzielle Darstellungsvarianten vorstellbar:

(1) Das im Außenverhältnis als Schuldner auftretende Unternehmen weist den vollen Schuldbetrag in seiner Bilanz aus und setzt gleichzeitig den anteiligen Ausgleichsanspruch als Vermögenswert an. Die übrigen Partnerunternehmen bilanzieren ihre vertragliche Verpflichtung im Innenverhältnis.

(2) Jedes Partnerunternehmen (auch der „Finanzierer") setzt jeweils seinen nach der Vereinbarung im Innenverhältnis bemessenen Anteil an der Schuld in der jeweiligen Bilanz an.

In Teilen der Literatur werden beide Varianten als grds möglich betrachtet, wobei unter Bezugnahme auf den Grundsatz *„substance over form"* die zweite Variante als vorzugswürdig erachtet wird (so zB *Lüdenbach/Hoffmann/Freiberg* IFRS § 34 Rz 34). Dagegen erscheint uE die Anwendung der Variante (1) als nicht sachgerecht, da das Kernprinzip in IFRS 11.2 eine Darstellung nach Maßgabe der vertraglich vereinbarten Rechte und Pflichten aus der gemeinsamen Vereinbarung vorschreibt. Dieser Anforderung wird nur Variante (2) vollumfänglich gerecht.

38 Die Bestimmung der zugrunde zu legenden **Anteilsquote** bei anteilig den Partnerunternehmen zuzurechnenden Vermögenswerten, Schulden, Aufwendungen und Erträgen gestaltet sich bei gemeinsamen Vereinbarungen, die nicht als separate Einheit iSv IFRS 11.Anhang A ausgestaltet sind, idR unproblematisch. Sie ergibt sich regelmäßig aus den vertraglichen Konditionen der Vereinbarung. Eine Beteiligung ieS der Partnerunternehmen besteht in diesen Fällen nicht, sodass lediglich der vertraglich vereinbarte Anteil der Aufteilung auf die Partnerunternehmen zugrunde gelegt werden kann.

39 Deutlich schwieriger gestaltet sich die Bestimmung der **Aufteilungsquote** bei gemeinsamen Vereinbarungen, die als **separate Einheit** ausgestaltet, gleichwohl jedoch als gemeinschaftliche Tätigkeit zu klassifizieren sind, da sich die Rechte und Pflichten des Partnerunternehmens nicht vorrangig auf das Nettovermögen, sondern auf Vermögenswerte und Schulden der gemeinsamen Vereinbarung beziehen. Dies betrifft insbes Zuliefergesellschaften, deren Leistungen ausschließlich oder fast ausschließlich an die Partnerunternehmen erbracht werden (→ Rn 18).

Zunächst könnte die Aufteilung nach Maßgabe der **gesellschaftsrechtlichen Beteiligungsquote** in Betracht kommen. Gegen eine grds Verwendung dieses Aufteilungsmaßstabs werden in Teilen der Literatur konzeptionelle Bedenken vorgebracht (vgl zB *Küting/Seel* WPg 2012, 587 (592)). Es wird darauf hingewiesen, dass bei gemeinschaftlichen Tätigkeiten grds auf die Rechte und Pflichten an einzelnen Vermögenswerten und Schulden abgestellt wird. Die Aufteilung nach diesem Maßstab kann jedoch zu Abweichungen ggü einer Aufteilung nach der Beteiligungsquote führen.

Bei Zuliefergesellschaften ziehen die Partnerunternehmen Nutzen aus der Abnahme eines bestimmten Output-Kontingents und bedienen wirtschaftlich aus ihren Zahlungen für den abgenommenen Output auch die Schulden der Gesellschaft. Aufgrund dieses Wirkmechanismus wird die **Output-Quote** als derjenige Aufteilungsmaßstab angesehen, der die wirtschaftlichen Rechte und Pflichten aus der gemeinsamen Vereinbarung am besten wiedergibt (vgl *Küting/Seel* KoR 2011, 342 (349)).

Darüber hinaus ist auch eine Aufteilung nach dem wirtschaftlichen Erfolg in Form einer von der Beteiligungsquote abweichenden **Gewinnverwendungsregelung** in Bezug auf die Ergebnisse der separaten Einheit denkbar. Dies gilt insbes für gemeinschaftliche Vereinbarungen, die nicht nach dem Kostendeckungs-, sondern nach einem Gewinnerzielungsprinzip arbeiten.

Auch der IASB ist in IFRS 11.BC38 der Auffassung, dass Konstellationen möglich sind, in denen ein von der Beteiligungsquote abweichender Aufteilungsmaßstab sachgerecht sein kann. Die **Festlegung des Aufteilungsmaßstabs** kann jedoch uE konzeptionell nur nach Maßgabe der Rechte und Pflichten erfolgen, die sich aus einer gemeinschaftlichen Vereinbarung ergeben. Existieren vertragliche Regelungen, die eine von der Beteiligungsquote abweichende und den Rechten und Pflichten der Partnerunternehmen besser entspr Aufteilung vorsehen, so sollte diese abweichende Quote bei der Bestimmung der anteiligen Vermögenswerte und Schulden, Aufwendungen und Erträge zugrunde gelegt werden (so auch *Lüdenbach/Schubert* PiR 2012, 1 (5)). So kann bei Zuliefergesellschaften eine Anteilsberechnung nach der Output-Quote sachgerecht sein, wenn eine konkrete Aufteilung des Outputs zwischen den Partnerunternehmen vereinbart wurde. Eine von der Beteiligungsquote abweichende Aufteilung kann auch in vertraglich zwischen den Partnerunternehmen vorgesehenen Ausgleichszahlungen begründet sein (vgl *Küting/Seel* WPg 2012, 587 (592)). Bei Nichtvorliegen solcher gesonderten Vereinbarungen kommen die Regelungen des Gesellschaftsvertrags zum Tragen, die wiederum idR auf die Beteiligungsquote abstellen, sodass diese in der Praxis als der weitaus häufigste Aufteilungsmaßstab anzusehen ist.

Gelangt ein von der Beteiligungs- oder Ergebnispartizipationsquote abweichender Aufteilungsmaßstab zur Anwendung, so führt dies regelmäßig zur Entstehung von **Ausgleichsposten** im Zuge der quotalen Erfassung der Vermögenswerte und Schulden, Aufwendungen und Erträge aus der gemeinschaftlichen Tätigkeit. Ein solcher Posten entsteht, da zunächst ein Ergebnisanteil auf Basis des Aufteilungsmaßstabs (bspw Output) bei den Partnerunternehmen erfasst wird, dieser jedoch nicht der vertraglich vereinbarten Ergebnisaufteilung entspricht. In Höhe der Abweichung ist deshalb ein Anspruch oder eine Verpflichtung ggü den anderen Partnerunternehmen kompensierend zu erfassen. Dieser Ausgleichsposten, der üblicherweise auf sog Partnerverrechnungskonten ausgewiesen wird, repräsentiert jedoch keinen Zahlungsanspruch bzw keine Zahlungsverpflichtung ggü den anderen Partnerunternehmen, da er lediglich der vertragskonformen Anpassung des Ergebnisanspruchs bei abweichender Zurechnung von Aufwendungen und Erträgen dient. Es handelt sich deshalb um einen nicht-finanziellen Vermögenswert bzw eine nicht-finanzielle Schuld.

Auch bei gemeinschaftlichen Tätigkeiten kann es zu **Transaktionen zwischen** 40
den Partnerunternehmen und dem *joint arrangement* kommen. Dies ist dann der Fall, wenn ein Partnerunternehmen einen bis dahin ihm allein zugerechneten Vermögenswert oder eine ihm unmittelbar zurechenbare Schuld in den Bereich der gemeinschaftlichen Tätigkeit überführt, mit der Folge, dass diese Posten ihm anschließend nur noch anteilsmäßig zuzurechnen sind. Dies gilt im Umkehrschluss auch für Transaktionen, die von einer anteilsmäßigen zu einer alleinigen Zurechnung bei einem Partnerunternehmen führen. IFRS 11.B34 und IFRS 11.B36 erlauben in diesen Fällen nur eine Gewinn- bzw Verlustrealisation in Höhe der Fremdbeteiligungsquote. Im Verlustfall ist darüber hinaus zu prüfen, ob eine Wertminderung der ausgewiesenen Vermögenswerte vorzunehmen oder eine entspr Drohverlustrückstellung zu bilden ist (IFRS 11.B35 bzw IFRS 11.B37; vgl auch *EY* 2015, 839).

Bei wirtschaftlichen Aktivitäten, die in einer separaten Einheit durchgeführt 41
werden, gleichwohl jedoch aufgrund von Rechten der Partnerunternehmen an einzelnen Vermögenswerten als gemeinschaftliche Tätigkeit klassifiziert werden, sind bei Transaktionen zwischen den Partnerunternehmen und der separaten Einheit zusätzlich **konsolidierungsähnliche Buchungen** zu berücksichtigen. In diesen wird eine Eliminierung von Aufwendungen und Erträgen aus den Transaktionen vorgenommen. Dies kann zB notwendig werden, wenn die Klassifikation als gemeinschaftliche Tätigkeit nach IFRS 11.B31 darauf beruht, dass die Partnerunternehmen einen Großteil des Outputs des *joint arrangements* abnehmen.

Beispiel: Aus einer gemeinsamen Vereinbarung X, die als separate Einheit organisiert ist, werden Lieferungen ausschließlich für die Partnerunternehmen A und B erbracht, weshalb die Vereinbarung als gemeinschaftliche Tätigkeit zu klassifizieren ist. In einer Periode werden in der Einheit X Erzeugnisse produziert, die jeweils zur Hälfte von den Partnerunternehmen abgenommen werden. Der Abnahmepreis für alle Erzeugnisse der Einheit X beträgt T€ 1.200, die Produktionskosten hierfür belaufen sich auf T€ 1.000.

Das Partnerunternehmen A veräußert noch in derselben Periode die von X bezogenen Erzeugnisse für T€ 800 an Dritte weiter. Unter Einschluss der dem Partnerunternehmen anteilig zuzurechnenden Aufwendungen und Erträge werden in der GuV von A folgende Posten (bei Anwendung des Umsatzkostenverfahrens) ausgewiesen:

in T€	Anteilige Zurechnung aus der gemeinschaftlichen Tätigkeit	Eigengeschäft	Summe (vor Eliminierung)
Umsatzerlöse	600	800	1.400
Umsatzkosten	500	600	1.100

Die aus dem Bezug der Erzeugnisse bei A resultierenden Umsatzkosten von T€ 600 sind gegen die A aus der gemeinschaftlichen Tätigkeit zugerechneten korrespondierenden Umsatzerlöse (50% von T€ 1.200) zu eliminieren, sodass den im Eigengeschäft erzielten Umsatzerlösen die anteilig bei X angefallenen Umsatzkosten von T€ 500 gegenüberstehen.

42 Zunächst nicht explizit in IFRS 11 geregelt war die Darstellung eines **Erwerbs von Anteilen an einer gemeinschaftlichen Tätigkeit**, insbes die Frage, ob bei Vorliegen einer separaten Einheit die Regelungen des IFRS 3 zur Erwerbsbilanzierung heranzuziehen sind. Dies hat in der Praxis zu divergierenden Vorgehensweisen geführt (vgl *Zeyer/Frank* PiR 2013, 103 (104f)). Deshalb wurde der Standard im Mai 2014 vom IASB ergänzt. Es wurde festgelegt, dass der Erwerb von Anteilen an einer separaten Einheit, die als gemeinschaftliche Tätigkeit zu klassifizieren ist und gleichzeitig einen **Geschäftsbetrieb** iSv IFRS 3.Anhang A darstellt, unter Anwendung der Regelungen des IFRS 3 (zur Erwerbsbilanzierung vgl ausführlich § 34) zu bilanzieren ist. Dies bedeutet, dass

(1) eine Aufstockung der Buchwerte bis zu ihrem beizulegenden Zeitwert im Erwerbszeitpunkt erfolgt,
(2) ein ggf über der Summe der beizulegenden Zeitwerte des Nettovermögens liegender Kaufpreis zur impliziten Erfassung eines Geschäfts- oder Firmenwerts führt (wobei dieser Bestandteil der Buchwerte der eingebrachten Vermögenswerte ist und somit nicht separat auszuweisen ist; vgl *pwc* 2015 Rz 28.136),
(3) Anschaffungsnebenkosten nicht zu aktivieren, sondern unmittelbar im Gewinn oder Verlust zu erfassen sind, und
(4) latente Steuern aus temporären Differenzen bei der Aufstockung zu bilden sind, da die Ausnahmebestimmungen des IAS 12.15(b) und IAS 12.24(b) nicht vorliegen.

Dies gilt sowohl für den erstmaligen Erwerb eines Anteils an einer gemeinschaftlichen Tätigkeit als auch für den Erwerb von zusätzlichen Anteilen, soweit sich durch diese nichts an der gemeinsamen Beherrschung ändert. Im Fall der **Aufstockung** einer Beteiligung werden früher gehaltene Anteile nicht neu bewertet (IFRS 11.B33C).

Ist die separate Einheit hingegen **nicht als Geschäftsbetrieb** iSv IFRS 3.Anhang A zu werten, so sind unter Anwendung der Regelungen des IFRS 3.2(b) nur die erworbenen Vermögenswerte und Schulden auf ihre beizulegenden Zeitwerte aufzustocken. Zu einer Erfassung eines Geschäfts- oder Firmenwerts kommt es insoweit nicht.

II. Gemeinschaftsunternehmen *(joint ventures)*

Ein Gemeinschaftsunternehmen ist als eigenständige rechtliche Einheit in Abhängigkeit von ihrer gesellschaftsrechtlichen Ausgestaltung in vielen Fällen zu einer **eigenständigen Rechnungslegung** verpflichtet. Art und Umfang der Rechnungslegungs- und Abschlusspflicht richten sich einerseits nach den nationalen und ggf konzerninternen Vorgaben. In bestimmten Fällen kann sich die Rechnungslegungspflicht auch auf eine größere Einheit erstrecken. Dies ist zB der Fall, wenn ein Geschäftsbetrieb *(business)* Gegenstand einer gemeinsamen Vereinbarung ist und damit eine separate Einheit iSv IFRS 11.Anhang A bildet, dieser Geschäftsbetrieb jedoch nur ein Teil einer größeren rechtlichen Einheit ist. 43

IFRS 11 befasst sich jedoch nicht mit der Rechnungslegungspflicht von Gemeinschaftsunternehmen selbst. Diese ist lediglich die **Voraussetzung für die Erfassung des Unternehmens in den Abschlüssen der Partnerunternehmen,** die wiederum Gegenstand des IFRS 11 ist. Während bei gemeinschaftlichen Tätigkeiten aufgrund der abzubildenden Eigentums- und Beherrschungsrechte die Erfassung von Vermögenswerten und Schulden, Aufwendungen und Erträgen bereits im Einzelabschluss der Partnerunternehmen erfolgt und Anpassungen im Rahmen der Konsolidierung für den Konzernabschluss nicht vorzunehmen sind, ist bei der bilanziellen Abbildung von Gemeinschaftsunternehmen, aufgrund des Gesellschafterstatus der Partnerunternehmen, eine Differenzierung der Darstellung im Einzel- und Konzernabschluss der beteiligten Parteien vorzunehmen. 44

1. Bilanzierung im Einzelabschluss

Ein Partnerunternehmen hat in einem separaten Einzelabschluss **Anteile an Gemeinschaftsunternehmen** gem IAS 27.10 entweder: 45
(1) zu Anschaffungskosten *(at cost),*
(2) mit dem beizulegenden Zeitwert *(at fair value)* der Anteile nach IAS 39 bzw IFRS 9 oder
(3) unter Anwendung der Equity-Methode nach IAS 28

zu bewerten. Die Möglichkeit der Equity-Bewertung auch im Einzelabschluss wurde durch den IASB im August 2014 wieder eingeführt (→ Rn 79), nachdem bereits bis zum Jahr 2004 eine solche Bewertung im Einzelabschluss möglich, zwischenzeitlich jedoch nicht in IAS 27 übernommen worden war.

Bei Anwendung der Regelungen des **IFRS 11** ist allerdings zu beachten, dass dieser Standard auch bei gemeinsamen Vereinbarungen, die in einer separaten Einheit organisiert sind, die Erfassung von (ggf anteiligen) Vermögenswerten und Schulden, Aufwendungen und Erträgen im Einzelabschluss des Partnerunternehmens fordert, wenn sich die aus der gemeinsamen Vereinbarung für das Partnerunternehmen ergebenden **Rechte** und **Pflichten** primär auf Vermögenswerte und Schulden beziehen. Diese Unternehmen sind als gemeinschaftliche Tätigkeiten und nicht als Gemeinschaftsunternehmen zu klassifizieren und damit nicht mittels ihres Beteiligungsbuchwerts im Einzelabschluss abzubilden. 46

Eine von den Vorschriften des IAS 27.10 abweichende Bewertung im Einzelabschluss der Partnerunternehmen ergibt sich darüber hinaus für den Fall, dass die Anteile an dem Gemeinschaftsunternehmen lediglich für **Zwecke der Veräußerung** gehalten werden. In diesem Fall sind die Anteile in Übereinstimmung mit den Vorschriften des IFRS 5 bereits in der Einzelbilanz als „zur Veräußerung bestimmte langfristige Vermögenswerte" iSv IFRS 5.6 zu bilanzieren (vgl hierzu → Rn 58f). 47

2. Bilanzierung im Konzernabschluss

48 Die bilanzielle Erfassung von Anteilen an Gemeinschaftsunternehmen ist in IFRS 11.24 geregelt. Dort wird grds die Darstellung nach Maßgabe der **Equity-Methode** vorgeschrieben, wobei zu deren Anwendung vollumfänglich auf die Regelungen des IAS 28 verwiesen wird, der die Bilanzierung nach der Equity-Methode für Gemeinschaftsunternehmen und assoziierte Unternehmen gleichermaßen regelt. Bzgl der dort festgelegten Regelungen zur Vorgehensweise und Buchungstechnik der Equity-Methode wird deshalb auf die Ausführungen in § 36 dieses Handbuchs verwiesen.

49 Das bis zum Inkrafttreten des IFRS 11 geltende Wahlrecht zur Bilanzierung der Beteiligung an einem Gemeinschaftsunternehmen im Wege der Quotenkonsolidierung im Konzernabschluss wurde vollständig abgeschafft und damit eine wesentliche Vorgabe der Überarbeitung der Regelungen zu gemeinsamen Vereinbarungen umgesetzt (IFRS 11.IN3).

50 Die Eliminierung des Wahlrechts zur Quotenkonsolidierung von Gemeinschaftsunternehmen in IFRS 11 ist als wesentlicher **Konvergenzschritt zu den Regelungen der US-GAAP** zu sehen. Dort sind gem FASB ASC 313.30.25 sog *„Corporate Joint Ventures"*, also Gemeinschaftsunternehmen in der Rechtsform einer Körperschaft, ebenfalls verpflichtend mittels der Equity-Methode in den Konzernabschluss einzubeziehen. Gleichwohl ist die Abschaffung der Möglichkeit der quotalen Einbeziehung von Gemeinschaftsunternehmen nach wie vor nicht unumstritten. Deren Befürworter sehen durch die Anwendung der Quotenkonsolidierung eine bessere Abbildung der tatsächlichen VFE-Lage des Konzerns gewährleistet, insbes bei dauerhafter Verlustsituation der einbezogenen Gemeinschaftsunternehmen (vgl zB *Sigle/Lüdenbach* PiR 2008, 27 (27)). Der IASB hat jedoch die Bedenken gegen die Abschaffung der quotalen Einbeziehung in den Konzernabschluss den Aspekten der internationalen Konvergenz und Vergleichbarkeit untergeordnet (IFRS 11.BC42).

51 Eine **Beendigung** der Darstellung eines Gemeinschaftsunternehmens nach **der Equity-Methode** ist gem IAS 28.22 zu dem Zeitpunkt geboten, an dem das Merkmal der gemeinschaftlichen Führung nicht mehr gegeben ist und keine Fortführung der Beteiligung in Form eines assoziierten Unternehmens stattfindet. Wird die Beherrschung über das bisherige Gemeinschaftsunternehmen erlangt, ist es vom Übergangszeitpunkt an als TU iSv IFRS 10 im Wege der Vollkonsolidierung in den Konzernabschluss des (ehemaligen) Partnerunternehmens einzubeziehen. Andererseits kann eine Beendigung der gemeinschaftlichen Führung auch zu einer Qualifikation eines ggf verbleibenden Engagements als assoziiertes Unternehmen oder als einfache Beteiligung iSv IAS 39/IFRS 9 führen.

52 Der Verlust der gemeinschaftlichen Führung wird in den meisten Fällen mit einem **Hinzuerwerb oder einer Veräußerung von Anteilen** verbunden sein, ohne dass dies jedoch notwendige Voraussetzung für eine Beendigung der Qualifikation als Gemeinschaftsunternehmen ist, da IAS 28.22 ausschließlich auf das Tatbestandsmerkmal des Vorliegens eines Gemeinschaftsunternehmens (und damit implizit der gemeinschaftlichen Führung) Bezug nimmt.

53 Ist der Verlust der gemeinschaftlichen Führung mit der Qualifizierung des ehemaligen Gemeinschaftsunternehmens **als TU** iSv IFRS 10 verbunden, so ist das Unternehmen ab dem Zeitpunkt des Statuswechsels gem IAS 28.22(a) in Übereinstimmung mit den Vorschriften des IFRS 3 und IFRS 10 zu bilanzieren. Es ist damit eine Erstkonsolidierung auf den Tag des Statuswechsels vorzunehmen und nachfolgend eine Folgekonsolidierung nach Maßgabe von IFRS 10 durchzuführen (zur Übergangskonsolidierung vgl ausführlich → § 37 Rn 39ff).

54 Führt die Beurteilung des ehemaligen Gemeinschaftsunternehmens nach Verlust der gemeinschaftlichen Kontrolle zur Feststellung eines maßgeblichen Einflusses und entspr zu einer Qualifizierung **als assoziiertes Unternehmen,** so ist nach IAS 28.24 die Equity-Bilanzierung unverändert beizubehalten. Allerdings ist in diesem Fall die Positionszuordnung innerhalb der Bilanz an den Status als assoziiertes Unternehmen anzupassen.

55 Liegt nach Verlust der gemeinschaftlichen Kontrolle auch kein signifikanter Einfluss mehr vor, so ist der verbleibende Anteil der Beteiligung an dem ehemaligen Gemeinschaftsunternehmen **in Übereinstimmung mit IAS 39/ IFRS 9** zum beizulegenden Zeitwert der verbleibenden Anteile zu bilanzieren (IAS 28.22(b)). Als Abgangsgewinn oder -verlust ist die Differenz aus der Summe der beizulegenden Zeitwerte der verbleibenden Anteile und den erhaltenen Gegenleistungen für die abgegebenen Anteile einerseits und dem Nettovermögen des Gemeinschaftsunternehmens andererseits im Zeitpunkt des Statuswechsels **erfolgswirksam** zu erfassen. Die im Zusammenhang mit der vorangegangenen Equity-Bilanzierung im sonstigen Ergebnis innerhalb des Eigenkapitals erfassten Gewinne oder Verluste sind so zu erfassen, als ob das Gemeinschaftsunternehmen die mit den erfolgsneutralen Buchungen korrespondierenden Vermögenswerte und Schulden veräußert hätte. Mithin kommt es zu einem erfolgswirksamen Umgliederungsbetrag *(reclassification adjustment)* der zunächst im sonstigen Ergebnis erfassten Buchungsvorgänge.

3. Wertminderungen

56 Gemeinschaftsunternehmen unterliegen, ebenso wie assoziierte Unternehmen, den **Wertminderungsregelungen des IAS 39/IFRS 9.** Dabei ist zunächst die Equity-Fortschreibung des Buchwerts der Beteiligung an dem Gemeinschaftsunternehmen vorzunehmen. Der sich hieraus ergebende Equity-Buchwert ist danach gem IAS 28.40f daraufhin zu untersuchen, ob hinsichtlich der Nettoinvestition des Partnerunternehmens in das Gemeinschaftsunternehmen eine zusätzliche Wertminderung erforderlich ist, wobei die Kriterien des IAS 39/IFRS 9 zugrunde zu legen sind.

Da im Rahmen der Equity-Bewertung kein gesonderter Geschäfts- oder Firmenwert ausgewiesen wird und dieser nur impliziter Bestandteil des Equity-Buchwerts des Gemeinschaftsunternehmens ist, bezieht sich auch die Wertminderungsprüfung nach IAS 28.42 nur auf den **Equity-Buchwert als Ganzes,** der nach IAS 36 somit einen einzelnen Vermögenswert darstellt. Für diesen Vermögenswert ist der **erzielbare Betrag** zu ermitteln und dem Equity-Buchwert gegenüberzustellen, wenn die in IAS 39/IFRS 9 genannten Hinweise auf eine mögliche Wertminderung vorliegen. Ergibt sich die Notwendigkeit einer Wertminderung, so wird der Wertminderungsbetrag nur dem Equity-Buchwert insgesamt zugeordnet, nicht einzelnen Bestandteilen desselben wie zB einem impliziten Geschäfts- oder Firmenwert. Die Folge dieser Gesamtzuordnung ist, dass Wertaufholungen in späteren Perioden bis zum fortgeführten Equity-Buchwert möglich sind. Ein Wertaufholungsverbot für Beträge, die dem Geschäfts- oder Firmenwert zuzuordnen wären, kommt insoweit nicht zum Tragen.

Die Überprüfung eines möglichen Wertminderungsbedarfs und ggf die Ermittlung eines erzielbaren Betrags ist **für jedes Gemeinschaftsunternehmen getrennt** vorzunehmen. Die in IAS 28.43 genannte Ausnahme für Gemeinschaftsunternehmen, die keine eigenständigen abgrenzbaren Mittelzuflüsse aus fortgesetzter Nutzung generieren, dürfte nur in seltenen Ausnahmefällen praktische Relevanz besitzen.

4. Fair Value-Bilanzierung

57 Grds sind Anteile an assoziierten Unternehmen und an Gemeinschaftsunternehmen im Rahmen der Aufstellung des Konzernabschlusses durch die verpflichtende Anwendung der Equity-Methode vom Anwendungsbereich des IAS 39/IFRS 9 und somit **von der Möglichkeit der Ausübung der *fair value*-Option des IAS 39.9/IFRS 9.4.1.5 ausgenommen.** Davon abweichend können Wagniskapitalgesellschaften und bestimmte Fonds, die Anteile an assoziierten Unternehmen und an Gemeinschaftsunternehmen halten, die *fair value*-Option ausüben und diese Anteile bei der erstmaligen Erfassung zu einer *fair value*-Bilanzierung mit erfolgswirksamer Erfassung der Bewertungsdifferenzen designieren. Sie sind dadurch von der Anwendung der Equity-Methode bei Gemeinschaftsunternehmen ausgenommen (vgl → Rn 4; → § 36 Rn 8). Obwohl es sich hierbei grds um ein dispositives Wahlrecht des bilanzierenden Wagniskapitalunternehmens handelt, erscheint uE gleichwohl die Ausübung dieses Wahlrechts aus Konsistenzgründen zumindest bei Investmentgesellschaften iSv IFRS 10.27 ff geboten, da in diesen Unternehmen der beizulegende Zeitwert als zentraler Indikator der Beteiligungssteuerung verwendet wird (→ § 32 Rn 32).

5. Zur Veräußerung vorgesehene Anteile an Gemeinschaftsunternehmen

58 Als **Ausnahme** zu der ansonsten pflichtmäßig vorzunehmenden Bilanzierung von Gemeinschaftsunternehmen im Konzernabschluss der Partnerunternehmen nach der Equity-Methode sehen IAS 28.20 f eine Anwendung der Regelungen des IFRS 5 für Anteile an Gemeinschaftsunternehmen vor, die als zur Veräußerung bestimmt klassifiziert werden. Die Bilanzierung erfolgt in diesen Fällen unter Berücksichtigung der Regelungen des IFRS 5.38, dh erfolgswirksam zum beizulegenden Zeitwert abzüglich voraussichtlicher Veräußerungskosten, wobei Wertänderungen unmittelbar erfolgswirksam zu erfassen sind.

59 **Voraussetzung** für eine Einstufung der Anteile als „zur Veräußerung gehalten" iSv IFRS 5 ist die Erfüllung der Kriterien der IFRS 5.6 ff (vgl ausführlich → § 28 Rn 30 ff). Eine Veräußerung setzt danach ua voraus, dass die Anteile an einem Gemeinschaftsunternehmen innerhalb von zwölf Monaten veräußert werden. Ist eine Veräußerung innerhalb dieses Zeitraums nicht erfolgt und liegt auch kein Fall einer möglichen Verlängerung dieses Zeitraums in Ausnahmefällen gem IFRS 5.9 vor, so ist von einer Veräußerung nicht (mehr) auszugehen. IAS 28.21 bestimmt in Übereinstimmung mit IFRS 5.27, dass das bilanzierende Partnerunternehmen in diesem Fall die Anteile an dem Gemeinschaftsunternehmen wieder nach der Equity-Methode zu bilanzieren hat. Dabei hat diese Bilanzierung rückwirkend so zu erfolgen, als ob die Anteile an dem Gemeinschaftsunternehmen nie als „zur Veräußerung gehalten" klassifiziert worden wären. Dies bedeutet für Anteile an Gemeinschaftsunternehmen, die nach ihrem Erwerb unmittelbar nach IFRS 5 bilanziert wurden, dass ab dem Erwerbszeitpunkt rückwirkend eine Equity-Bewertung abzubilden ist (→ § 36 Rn 13, → § 36 Rn 24). Für Anteile, die vor ihrer IFRS 5-Klassifizierung bereits unter Anwendung der Equity-Methode vom berichtenden Partnerunternehmen bilanziert wurden, bedeutet die Vorschrift des IAS 28.21 eine Rückkehr zum fortgeführten Equity-Buchwert auf der Basis des Zeitpunkts der erstmaligen Klassifizierung nach IFRS 5 (vgl → § 36 Rn 101).

Diese Sichtweise bedingt, dass eine bereits mit **Veräußerungsabsicht iSv IFRS 5 erworbene Beteiligung** an einem Gemeinschaftsunternehmen nicht nach IFRS 11.24 iVm IAS 28 *at equity* bilanziert wird, sondern die Beteiligung von Anfang an nach Maßgabe der Bewertungsregeln des IFRS 5 *(fair value less* *costs to sell)* innerhalb des Abschlusses des berichtenden Partnerunternehmens darzustellen ist. Erst wenn die Voraussetzungen des IFRS 5 nicht mehr vorliegen, erfolgt die Darstellung des Gemeinschaftsunternehmens im Wege der Equity-Bewertung.

6. Transaktionen mit Gemeinschaftsunternehmen

60 Erbringt ein Partnerunternehmen einer gemeinsamen Vereinbarung in Form eines Gemeinschaftsunternehmens Leistungen an dieses oder bezieht es Leistungen von dem Gemeinschaftsunternehmen, sind nach der Equity-Methode entstandene **Zwischenergebnisse zu eliminieren.** Dies gilt unabhängig von der Leistungsrichtung für *upstream-* wie für *downstream*-Transaktionen sowie für Gewinne und Verluste.

Gewinne und Verluste im **Einzelabschluss eines Partnerunternehmens** zB aus Warenein- oder -verkäufen von bzw an ein Gemeinschaftsunternehmen sind deshalb in der **Konzernbilanz** im Zeitpunkt der Transaktion nur in Höhe der Fremdbeteiligungsquote an dem Gemeinschaftsunternehmen zu realisieren (s IAS 28.28). Der auf die eigene Beteiligung entfallende Gewinn- oder Verlustanteil ist dagegen zu eliminieren. Erst bei Veräußerung der entspr Waren an konzernfremde Dritte ist auch dieser Anteil zu realisieren.

61 Wird durch eine Transaktion zwischen Partner- und Gemeinschaftsunternehmen ein Verlust realisiert, so kann dieser ggf zu einer **Wertminderung** des Equity-Buchwerts nach Maßgabe der Regelungen des IAS 36 im Rahmen der Equity-Bilanzierung führen (IAS 28.29).

62 Die Grundsätze der Zwischenergebniseliminierung gelten nicht nur für Leistungsbeziehungen zwischen Partner- und Gemeinschaftsunternehmen, sondern auch für **Transaktionen auf gesellschaftsrechtlicher Basis,** zB für Sacheinlagen oder Sachdividenden (vgl IAS 28.29 ff sowie *Lüdenbach/Schubert* PiR 2012, 1 (5)).

III. Nicht in die gemeinschaftliche Führung einbezogene Investoren

63 Das Vorliegen einer gemeinsamen Vereinbarung bedeutet **nicht** in jedem Fall, dass **alle Investoren** an einer separaten Einheit auch **Vertragspartner der gemeinsamen Vereinbarung** zur gemeinschaftlichen Führung der Einheit sein müssen (vgl hierzu auch → Rn 6f). Für diese an einer gemeinschaftlichen Tätigkeit, nicht jedoch in die gemeinschaftliche Beherrschung einbezogenen Investoren enthält IFRS 11 gesonderte Regelungen.

64 Obwohl es sich nicht um Partnerunternehmen handelt, ist auch für diese Investorengruppe die **Klassifikation** der Einheit nach IFRS 11 für die Bilanzierung des Investments **von Bedeutung**:

(1) Ist die gemeinsame Vereinbarung als **gemeinschaftliche Tätigkeit** zu klassifizieren, so hat der nicht an der gemeinschaftlichen Führung beteiligte Investor seinen Anteil an den Vermögenswerten, Schulden, Erträgen und Aufwendungen nach Maßgabe seiner Rechte an den Vermögenswerten oder Schulden sowohl im Einzel- als auch im Konzernabschluss zu erfassen (IFRS 11.23 iVm IFRS 11.27(a)). Soweit ihm also gesonderte Rechte zuzurechnen sind, entspricht die Bilanzierung derjenigen der Partnerunternehmen. Stehen ihm hingegen keine Partikularrechte zu, so ist die Beteiligung entweder als Finanzinvestition nach Maßgabe der Regelungen von IAS 39/IFRS 9 oder – bei Vorliegen maßgeblichen Einflusses – als Equity-Beteiligung in den Konzernabschluss aufzunehmen. Im Einzelabschluss ist die Beteiligung an der gemeinschaftlichen Tätigkeit bei maßgeblichem Einfluss gem

IAS 27.10 (geändert 2014) entweder zu Anschaffungskosten, nach IAS 39/IFRS 9 oder nach der Equity-Methode darzustellen.

(2) Liegt ein **Gemeinschaftsunternehmen** vor, stellt das Investment in die Einheit entweder eine reine Finanzinvestition iSv IAS 39/IFRS 9 dar (IFRS 11.25 iVm IFRS 11.27(b)) oder der nicht an der gemeinschaftlichen Führung beteiligte Investor verfügt über maßgeblichen Einfluss, womit das Investment den Charakter einer Beteiligung an einem assoziierten Unternehmen annimmt. In diesem Fall ist eine Erfassung nach der Equity-Methode im Konzernabschluss vorzunehmen. Im Einzelabschluss gilt das Wahlrecht des IAS 27.10 entspr.

65, 66 *(einstweilen frei)*

D. Ausweis und Angaben

I. Ausweis

67 Der Ausweis einer gemeinsamen Vereinbarung in der Bilanz und Gesamtergebnisrechnung eines Partnerunternehmens ist **abhängig von der Klassifizierung der Vereinbarung** als gemeinschaftliche Tätigkeit oder Gemeinschaftsunternehmen nach IFRS 11. Während die übrigen Formen gemeinsamer Vereinbarungen nach der Konzeption des IFRS 11 als Eigentums- bzw Nutzungsrechte an Vermögenswerten bzw Verpflichtungen an abgrenzbaren Schulden ausgestaltet sind, hat ein Partnerunternehmen bei einem Gemeinschaftsunternehmen die mit den Anteilen verbundenen Beteiligungsrechte an den Netto-Vermögenswerten darzustellen. Entspr ist wie folgt zu unterscheiden:

68 Bei einer **gemeinschaftlichen Tätigkeit** iSv IFRS 11.14 sind jeweils (anteilig) Vermögen, Schulden, Aufwendungen und Erträge nach Maßgabe der Rechte und Pflichten aus den Vermögenswerten und Schulden auszuweisen. In der Gesamtergebnisrechnung des Partnerunternehmens erfolgt bei Erlösteilung der Ausweis der eigenen Aufwendungen und der angefallenen anteiligen Erlöse unter den normalen Posten. Wurde eine Gewinnpoolung vereinbart, erfolgt ggf ein besonderer Ausweis der Gewinnabführung bzw der Gewinnbeteiligung, sofern bei einer solchen Vereinbarung überhaupt von einer gemeinsamen Vereinbarung iSv IFRS 11.5 auszugehen ist.

69 Bei **Gemeinschaftsunternehmen** ist ein gesonderter Ausweis von Equity-Beteiligungen und der Equity-Ergebnisse in der Bilanz und der Gesamtergebnisrechnung des bilanzierenden Partnerunternehmens vorzunehmen. Im (Ausnahme-)Fall der Klassifizierung der Beteiligung an einem Gemeinschaftsunternehmen als „zur Veräußerung gehalten" erfolgt der Ausweis der Anteile nach Maßgabe der Vorschriften des IFRS 5.38 als gesonderter Posten innerhalb der kurzfristigen Vermögenswerte.

Im Zusammenhang mit der durch IFRS 11 verpflichtenden Abbildung von Gemeinschaftsunternehmen nach der Equity-Methode wurde in Teilen der Literatur diskutiert, inwieweit die Möglichkeit einer **Zuordnung von Equity-Ergebnissen zum operativen Ergebnis** in der Gesamtergebnisrechnung eines Partnerunternehmens möglich ist. Hintergrund dieser Diskussion war, dass eine direkte Zuordnung der Aufwendungen und Erträge von Gemeinschaftsunternehmen, wie sie zuvor bei Anwendung der Quotenkonsolidierung erfolgte, bei Anwendung der Equity-Methode nicht mehr möglich ist. Gleichwohl bestand bei den von der Änderung betroffenen Unternehmen ein Interesse, die aus den zuvor im Wege der Quotenkonsolidierung einbezogenen Gemeinschaftsunternehmen resultierenden Ergebnisse auch weiterhin im Zusammenhang mit dem operativen Ergebnis darzustellen. Konkreter Anlass für die Diskussion war die Veröffentlichung einer Empfehlung des französischen Standardsetters (vgl *Autorite des Normes Comptables* Recommandation n° 2013,01), der für operativ iSd Partnerunternehmens tätige Gemeinschaftsunternehmen folgende Darstellung vorschlägt:

	Operatives Ergebnis
+	Equity-Ergebnis aus Unternehmen, deren Tätigkeit eng mit derjenigen des Konzerns verbunden ist
=	Operatives Ergebnis inkl. Equity-Ergebnis

Der Vorschlag ist **konzeptionell problematisch**, da sowohl IAS 1.82 als auch IAS 28.32 vom Ausweis aller Ergebnisse aus *at-equity* bewerteten Unternehmen in einer Zeile innerhalb des Gewinns und Verlusts in der Gesamtergebnisrechnung ausgehen. Ausgenommen davon sind lediglich die im sonstigen Ergebnis der Beteiligung erfassten und dem bilanzierenden Unternehmen zuzurechnenden Posten, die als gesonderter Posten innerhalb des sonstigen Ergebnisses des berichtenden Unternehmens auszuweisen sind. Eine weitere Binnendifferenzierung, insbes nach der Tätigkeit der *at-equity* bewerteten Beteiligung, ist grds vorgesehen. Eine Ergänzung des operativen Ergebnisses um Equity-Ergebnisse iSd Vorschlags ist deshalb nur dann zulässig, wenn sämtliche Equity-Ergebnisse operativen Charakter haben und keine Ergebnisse aus *at-equity* bewerteten Beteiligungen an anderer Stelle innerhalb des Gewinns oder Verlusts ausgewiesen werden (idS auch *Lüdenbach/Hoffmann/Freiberg* IFRS § 2 Rz 84; weniger restriktiv *EY* 2015, 99 und *pwc* 2015 Rz 27.223). Für die betroffenen Unternehmen verbleibt die Möglichkeit, bei Beibehaltung des Ausweises des Equity-Ergebnisses in einer Zeile durch einen „davon"-Vermerk einen Bezug zur operativen Tätigkeit der berichtenden Einheit bereits in der Gesamtergebnisrechnung deutlich zu machen. Darüber hinaus steht es den Unternehmen frei, im Rahmen der Anhangangaben den Bezug zur operativen Tätigkeit des Konzerns zu verdeutlichen.

II. Anhangangaben

Mit Inkrafttreten des sog „Konsolidierungspakets" (IFRS 10, IFRS 11, IFRS 12, IAS 27 und IAS 28) wurden sämtliche **Angabepflichten** im Hinblick auf Beteiligungen an anderen Unternehmen **in IFRS 12 zusammengeführt.** Dies betrifft auch die Anhangangaben zu gemeinschaftlichen Vereinbarungen. Dabei liegt der Schwerpunkt der Angaben nach IFRS 12.1 darin, Informationen bereitzustellen, die es den Nutzern von Abschlüssen gestatten, die aus einer Beteiligung resultierenden Risiken beurteilen zu können und die Auswirkung der Beteiligungen auf die VFE-Lage des berichtenden Konzerns abschätzen zu können (s auch Anhangcheckliste in der Anlage zu diesem Handbuch). 70

Im Rahmen der Angaben zu **grds Annahmen und Schätzungen** nach IFRS 12.7 sind zunächst die wesentlichen Annahmen bzgl der Beurteilung gemeinschaftlicher Führung *(joint control)* zu erläutern. Darüber hinaus ist für gemeinsame Vereinbarungen, die in der Form einer separaten Einheit geführt werden anzugeben, nach welchen Maßstäben die Klassifizierung in gemeinschaftliche Tätigkeiten bzw Gemeinschaftsunternehmen erfolgt. 71

Die allgemeine **Zielsetzung** des Standards wird in IFRS 12.20 im Hinblick auf gemeinsame Vereinbarungen konkretisiert. Danach sollen die Abschlussadressaten in die Lage versetzt werden, 72

(1) Art, Umfang und finanzielle Auswirkungen der Beteiligungen an gemeinschaftlichen Vereinbarungen sowie die vertraglichen Beziehungen zu anderen Partnerunternehmen beurteilen zu können und
(2) die Art von daraus resultierenden Risiken und deren Veränderung im Zeitablauf einschätzen zu können.

1. Art, Umfang und finanzielle Effekte

73 Zur Konkretisierung des in IFRS 12.20(a) genannten ersten Teilziels verlangt IFRS 12.21 die folgenden Angaben für jede aus Sicht der berichtenden Einheit **wesentliche gemeinsame Vereinbarung:**
(1) Bezeichnung der gemeinsamen Vereinbarung bzw Name einer ggf existierenden separaten Einheit,
(2) Beschreibung der Art der Beziehung der berichtenden Einheit zu der gemeinsamen Vereinbarung (zB durch eine Beschreibung der gemeinschaftlich geführten wirtschaftlichen Aktivitäten oder durch eine Erläuterung der strategischen Implikationen der Beteiligung),
(3) Angabe des Orts der Aktivität bzw des Firmensitzes und der Gesellschaftsform einer ggf existierenden separaten Einheit,
(4) Anteile am Eigenkapital der gemeinsamen Vereinbarung sowie Stimmrechtsanteil, soweit dieser von der Beteiligungsquote abweicht.
(5) Angabe, ob die Bewertung der Beteiligung eines Gemeinschaftsunternehmens nach der Equity-Methode (Regelfall) oder zum beizulegenden Zeitwert (Ausnahmefall → Rn 57) vorgenommen wurde,
(6) zusammengefasste Finanzinformationen zu Gemeinschaftsunternehmen nach Maßgabe der Anforderungen in IFRS 12.B12 und IFRS 12.B13 (im Wesentlichen Aufteilung des Vermögens und der Schulden der gemeinsamen Vereinbarung nach Fristigkeit, Angaben zu liquiden Mitteln, Aufwendungen, Erträgen, Abschreibungen, Finanzerträgen und -aufwendungen, Ertragsteuern, aufgegebene Geschäftsbereiche und sonstiges Ergebnis) und
(7) Angabe des beizulegenden Zeitwerts solcher Beteiligungen an Gemeinschaftsunternehmen, für die es einen börsennotierten Marktpreis gibt.

74 Für alle **nicht wesentlichen Beteiligungen** an Gemeinschaftsunternehmen sollen stattdessen aggregierte Finanzinformationen nach IFRS 12.B16 gemacht werden. Diese Angaben umfassen:
(1) Gewinn bzw Verlust aus fortgeführten Aktivitäten,
(2) Nachsteuerergebnis nicht fortgeführter Aktivitäten,
(3) sonstiges Ergebnis und
(4) Gesamtergebnis.

75 Neben diesen Angaben zu allen gemeinschaftlichen Tätigkeiten oder Gemeinschaftsunternehmen fordert IFRS 12.22 weitere Angaben zu Gemeinschaftsunternehmen in **besonderen Fallkonstellationen.** Bei Vorliegen der entspr Sachverhalte sind folgende Angaben zu machen:
(1) Art und Umfang von Einschränkungen hinsichtlich des Kapitaltransfers aus dem und in das *joint arrangement,*
(2) abweichende Abschlussdaten und Gründe für die Verwendung von Abschlüssen mit vom Konzernbilanzstichtag abweichenden Aufstellungsdaten und
(3) Angabe der Höhe der nicht erfassten Verluste bei Anwendung der Equity-Methode, wenn der Buchwert der Equity-Beteiligung auf null festgeschrieben wurde (Betrag der Berichtsperiode und kumulierter Betrag).

76 *(einstweilen frei)*

2. Risiken aus Gemeinschaftsunternehmen

77 In Bezug auf die Risikoexposition der berichtenden Einheit verlangen IFRS 12.23(a) iVm IFRS 12.B18ff Angaben zu **nicht bilanziell erfassten Verpflichtungen,** die aus der Beteiligung an Gemeinschaftsunternehmen resultieren und zukünftig zu einem Mittelabfluss führen können. Anzugeben ist der Gesamtbetrag aller nicht bilanzierten Verpflichtungen, die ein berichtendes Unternehmen in eigenem Namen oder anteilig durch eine gemeinschaftliche Verpflichtung eingegangen ist. Eine **beispielhafte Aufzählung** solcher Verpflichtungen liefert IFRS 12.B19:

(1) Bilanziell nicht erfasste Zusagen zur Finanzierung einer gemeinsamen Vereinbarung aufgrund vertraglicher Vereinbarungen, besonderen Kapitalbedarfs für Großprojekte, Kaufverpflichtungen, Darlehensvereinbarungen, Sachleistungsverpflichtungen sowie anderer, nicht kündbarer Verpflichtungen.

(2) Bilanziell nicht erfasste Verpflichtungen zum Anteilskauf von anderen Gesellschaftern in Abhängigkeit vom Eintreten zukünftiger Ereignisse.

78 Darüber hinaus sind zur Erläuterung der Risiken aus gemeinsamer Vereinbarungen Angaben zu Verpflichtungen zu machen, welche die Voraussetzungen von **Eventualschulden** nach IAS 37 erfüllen (IFRS 12.23(b), zu den vorgeschriebenen Angaben vgl → § 13 Rn 201ff). Da sich die Angabepflicht für diese Posten unmittelbar aus IAS 37 ergibt, hat die Regelung des IFRS 12.23(b) insoweit nur deklaratorischen Charakter. Allerdings legt die Regelung fest, dass die Angaben zu Rückstellungen und Eventualschulden im Zusammenhang mit gemeinsamen Vereinbarungen **gesondert** unter den Angaben nach IAS 37 **auszuweisen** sind.

E. Wesentliche Änderungen und deren Anwendungszeitpunkte

79 Im Mai 2014 veröffentlichte der IASB eine weitere **Ergänzung des IFRS 11,** in der die verpflichtende Anwendung der Regeln der **Erwerbsbilanzierung** nach IFRS 3 auf den Erwerb von Anteilen an einer gemeinschaftlichen Tätigkeit, die einen Geschäftsbetrieb iSv IFRS 3.Anhang A darstellen, vorgeschrieben wird. Diese Änderungen sind – eine Übernahme durch die EU vorausgesetzt – erstmals verpflichtend anzuwenden auf Rechnungslegungsperioden, die am oder nach dem 1. Januar 2016 beginnen. Eine frühere freiwillige Anwendung ist möglich, wenn dies im Anhang beschrieben wird.

Im August 2014 **ergänzte** der IASB darüber hinaus **IAS 27,** um die Anwendung der **Equity-Methode** für Beteiligungen an assoziierten Unternehmen und an Gemeinschaftsunternehmen **auch im Einzelabschluss** der Investoren zu ermöglichen. Diese Änderung ist – sofern eine Übernahme durch die EU erfolgt – retrospektiv ebenfalls verpflichtend erstmals in Abschlüssen ab dem 1. Januar 2016 anzuwenden, wobei eine vorzeitige freiwillige Anwendung bei entspr Anhangangabe möglich ist.

80 Auswirkungen auf die Bilanzierung von Gemeinschaftsunternehmen hatte auch die im September 2014 vom IASB veröffentlichte **Ergänzung von IFRS 10 und IAS 28** in Bezug auf den Umfang der Erfolgsrealisation bei der Veräußerung von Vermögenswerten eines Konzernunternehmens an ein assoziiertes Unternehmen oder ein Gemeinschaftsunternehmen in Abhängigkeit davon, ob die veräußerten Vermögenswerte einen Geschäftsbetrieb darstellen. Auch diese Änderungen sind grds erstmalig verpflichtend für Rechnungslegungsperioden ab dem 1. Januar 2016 anzuwenden; auch hier ist eine freiwillige vorzeitige Anwendung möglich. Aller-

dings ist zu beachten, dass die EU die Übernahme dieser Regelungen aufgrund von Inkonsistenzen mit den bestehenden Regelungen des IAS 28 derzeit (Stand: 31. Juli 2015) ausgesetzt hat und eine erstmalige Pflichtanwendung in der EU erst für eine entspr korrigierte Änderung festlegen will.

Die vorliegende Kommentierung hat wesentliche materielle Änderungen herausgehoben, darüber hinaus haben die Überarbeitungen klarstellenden Charakter.

F. Gegenüberstellung zu HGB/PublG

81 Das deutsche Handelsrecht enthält in § 310 HGB **lediglich Regelungen zu Gemeinschaftsunternehmen.** Gemeinschaftliche Tätigkeiten iSv IFRS 11 sind innerhalb des HGB nicht explizit geregelt.

82 Hinsichtlich des **Anwendungsbereichs** der Regelungen zu Gemeinschaftsunternehmen nimmt IFRS 11 iVm IAS 28 Wagniskapitalgesellschaften sowie bestimmte Fondskonstruktionen aus den Regelungen zur bilanziellen Behandlung aus und ermöglicht deren Bilanzierung zum beizulegenden Zeitwert (vgl → Rn 4). Vergleichbare Ausnahmeregelungen kennt das HGB nicht.

83 Auf der Grundlage der Regelungen von IFRS 11 ergeben sich darüber hinaus deutliche Unterschiede im Vergleich zu den Regelungen des HGB in Bezug auf die Darstellung von Gemeinschaftsunternehmen im Einzel- und Konzernabschluss:

(1) Der konzeptionell bedeutendste Unterschied ergibt sich aus der **Nichtzulässigkeit der Quotenkonsolidierung** nach IFRS 11. Anteile an Gemeinschaftsunternehmen sind nach Maßgabe des Standards grds unter Verwendung der Equity-Methode in Übereinstimmung mit den Regelungen des IAS 28 in den Konzernabschluss einzubeziehen. Dagegen besteht nach HGB weiterhin ein Wahlrecht zwischen Quotenkonsolidierung und Equity-Bewertung.

(2) IFRS 11 stellt hinsichtlich der Klassifizierung (und damit der bilanziellen Darstellung) von gemeinsamen Vereinbarungen auf den **wirtschaftlichen Gehalt der vertraglichen Rechte und Pflichten** ab. Dies führt dazu, dass gemeinsame Vereinbarungen, die in Form einer separaten Einheit ausgeführt werden, gleichwohl nicht als Gemeinschaftsunternehmen im Konzernabschluss des berichtenden Konzerns, sondern als gemeinschaftliche Tätigkeit zu berücksichtigen sind, wenn sich die Rechte und Pflichten der Partnerunternehmen vorrangig auf die einzelnen Vermögenswerte und Schulden, und nicht auf den Anteil am Nettovermögen der zu beurteilenden Einheit beziehen. Eine Equity-Bilanzierung scheidet für diese Vereinbarungen aus. Eine vergleichbare Vorschrift existiert innerhalb des deutschen Handelsrechts nicht, sodass es bei Vorliegen von Partikularrechten zu einer Abweichung hinsichtlich des bilanziell darzustellenden Umfangs des Gemeinschaftsunternehmens sowie der relevanten Abschlussposten zwischen HGB und IFRS kommen kann. Dies hat auch Auswirkungen auf die Darstellung von Transaktionen zwischen den Partnerunternehmen und der gemeinsamen Vereinbarung (vgl hierzu → Rn 39f).

(3) Die nach der Konzeption des IFRS 11 trotz Vorliegen einer separaten Einheit auszuweisenden gemeinschaftlichen Tätigkeiten aufgrund von **Partikularrechten** an einzelnen Vermögenswerten eines Gemeinschaftsunternehmens sind nach IFRS 11.26 bereits **im Einzelabschluss** des betreffenden Partnerunternehmens mit ihren (anteiligen) Vermögenswerten und Schulden, Aufwendungen und Erträgen zu erfassen und auszuweisen. Auch hierzu gibt es keine handelsrechtliche Entsprechung, sodass sich Abweichungen zwischen

der systematischen Darstellung der gemeinsamen Vereinbarung nicht nur in Bezug auf die Darstellung der Equity-Beteiligung im Konzernabschluss, sondern auch hinsichtlich der bilanziell nach IFRS zu berücksichtigenden Abschlussposten auf Einzelabschlussebene ergeben.

(4) IFRS 11 enthält auch Regelungen für **Gesellschafter** an einer gemeinschaftlichen Tätigkeit, die in einer separaten Einheit organisiert sind (und damit ein Gemeinschaftsunternehmen im handelsrechtlichen Sinn darstellen können), **die nicht an der gemeinschaftlichen Führung** partizipieren. Wenn diesen Gesellschaftern Partikularrechte bzw -verpflichtungen zuzurechnen sind, müssen sie ebenfalls bestimmte Vorschriften des IFRS 11 anwenden. Die Regelungen des § 310 HGB gelten dagegen nur für die an der gemeinschaftlichen Führung teilhabenden Partnerunternehmen.

(5) Darüber hinaus enthalten sowohl die handelsrechtliche Regelung zu Gemeinschaftsunternehmen des § 310 HGB als auch die ergänzende Vorschrift zu Anhangangaben des § 315 HGB **keine Verpflichtung zu erläuternden Anhangangaben,** die den Regelungen des IFRS 12 zu gemeinsamen Vereinbarungen entsprechen.

G. Aktuelle Entwicklungen/IASB-Projekte

Nach Abschluss des Projekts „*Short-Term Convergence: Joint Ventures*" mit der 84
Veröffentlichung von IFRS 11 im Jahr 2011 plant der IASB derzeit **keine weiteren Änderungen** im Bereich von gemeinsamen Vereinbarungen.

Ein derzeit lfd IASB-Projekt mit Bezug zur Bilanzierung von Gemeinschaftsunternehmen befasst sich mit dem **Umfang der Zwischenergebniseliminierung** zwischen den Partnerunternehmen und dem betroffenen Gemeinschaftsunternehmen. Ziel ist eine Klarstellung in IAS 28, dass eine Eliminierung von Zwischenergebnissen auf die Höhe des Buchwerts der Beteiligung beschränkt sein soll und ein ggf übersteigender Betrag als abgegrenzter Gewinn darzustellen ist. Da es sich bei dieser Problematik um einen Sachverhalt der technischen Anwendung der Equity-Methode handelt, der neben Gemeinschaftsunternehmen ebenso auf Beteiligungen an assoziierten Unternehmen zutrifft, wird auf die Ausführungen in → § 36 Rn 167 verwiesen.

Ob und in welchem Umfang im Rahmen des IASB-Projekts „*Agenda Consultation*" des IASB wieder Themen mit Bezug zu gemeinsamen Vereinbarungen auf den Arbeitsplan des IASB gelangen, ist derzeit nicht absehbar. Aus den derzeit beim IASB aktiven Projekten sind keine materiellen Änderungen der Regelungen des IFRS 11 zu erwarten.

Teil D. Konzernabschluss

§ 30. Unternehmensverbindungen

Übersicht

Schrifttum: *Beyhs/Buschhüter/Schurbohm* IFRS 10 und IFRS 12: Die neuen IFRS zum Konsolidierungskreis, WPg 2011, 662; *Bösser/Pilhofer/Winterling* Auswirkungen durch die Erstanwendung des „Consolidation Package" sowie von IFRS 13 „Fair Value Management", PiR 2014, 129; *Brune* Abschaffung und Fortbestand der quotalen Einbeziehung von Joint Arrangements in den IFRS-Konzernabschluss, IRZ 2011, 515; *Busch/Roth* Konzernrechnungslegungspflicht nach IFRS 10, IRZ 2012, 95; *Dam-Ratzesberger* IFRS 10 Konzernabschlüsse – das neue Beherrschungsmodell, RWZ 2012, 48; *Erchinger/Melcher* IFRS-Konzernrechnungslegung – Neuerungen nach IFRS 10, DB 2011, 1229; *Freiberg* Handeln als Prinzipal oder Agent?, PiR 2013, 96; *IDW* RS HFA 2 Stellungnahme zur Rechnungslegung: Einzelfragen zur Anwendung von IFRS, FN IDW 2012, 380; *Kirsch/Ewelt-Knauer* Abgrenzung des Vollkonsolidierungskreises nach IFRS 10 und IFRS 12, BB 2011, 1641; *Küting/Mojadadr* Das neue Control-Konzept des IFRS 10, KoR 2011, 273; *Küting/Seel* Die gemeinschaftliche Beherrschung nach IFRS 11, KoR 2012, 452; *Lachmann/Kümpel/Hagen* Eine kritische Analyse der internationalen Konzernrechnungslegung nach IFRS 10–12 vor dem Hintergrund der Ziele des IFRS-Framework, KoR 2013, 573; *Leitner-Hanetseder/Schausberger* Änderungen der Einbezugskriterien gem IFRS 10, IRZ 2011, 379; *Lüdenbach/Freiberg* Der Beherrschungsbegriff des IFRS 10 – Anwendung auf normale vs. strukturierte Unternehmen, PiR 2012, 41; *Martens/Oldewurtel/Kümpel* Neuerungen der Konzernrechnungslegung nach IFRS 10 und IFRS 12, PiR 2013, 41; *Meyer* Abgrenzung von substanziellen Rechten und Schutzrechten auf der Grundlage von IFRS 10, PiR 2012, 269; *Reiland* IFRS 10: Sachgerechte Abgrenzung des Konsolidierungskreises oder Spielwiese für Bilanzpolitiker, DB 2011, 2729; *Rühl/Althoff* Faktische Beherrschung durch Präsenzmehrheit im Konzernabschluss nach HGB und IFRS, KoR 2012, 553; *Zülch/Erdmann/Popp* Kritische Würdigung der Neuregelungen des IFRS 10 im Vergleich zu den bisherigen Vorschriften des IAS 27 sowie SIC-12, KoR 2011, 585; *Zülch/Popp* IFRS 10 – Consolidated Financial Statements: Ein erster Überblick über das neue Control-Konzept, DStR 2011, 1532.

Wesentliche Rechtsgrundlagen: IFRS 3, IFRS 10, IFRS 11, IFRS 12, IAS 28

A. Begriff und Einordnung

1 Unternehmensverbindungen entstehen durch die **Einflussnahme** eines Unternehmens auf ein anderes Unternehmen. Eine Unternehmensverbindung setzt mithin mindestens **zwei rechtlich selbstständige Unternehmen** bzw Unternehmenseinheiten *(entities)* voraus (IFRS 10.Anhang A). Dabei muss durch die Rechtsform der unter Einfluss stehenden Unternehmen zumindest die Teilrechtsfähigkeit der Einheit vermittelt werden, weshalb assoziierte Unternehmen iSv IAS 28 und Gemeinschaftsunternehmen iSd IFRS 11 Teil einer Unternehmensverbindung sein können, die ebenfalls in IFRS 11 geregelten gemeinsamen Tätigkeiten jedoch nicht (→ § 29 Rn 15).

2 Der für die Systematisierung von Unternehmensverbindungen relevante **Unternehmensbegriff** in IFRS 10.Anhang A ist damit enger gefasst als der Unternehmensbegriff des IFRS 3.B7 ff, der auch Teilbereiche eines rechtsförmlich abgegrenzten Unternehmens umfasst. Die Begründung dafür ist in der unterschiedlichen Zielsetzung dieser Standards zu sehen. IFRS 10 stellt zunächst die generelle Frage nach der **Art der bestehenden Unternehmensverbindung** im Hinblick auf die Notwendigkeit der Aufstellung eines Konzernabschlusses (IFRS 10.1 f; → § 31 Rn 2 ff). Hingegen regelt IFRS 3 die nachgelagerte Frage der **bilanziellen Abbildung von Unternehmenszusammenschlüssen.** Dieser Begriff umfasst dabei nicht nur den Erwerb von rechtlich (teil-)selbstständigen Einheiten, sondern auch den Erwerb von einzelnen Vermögenswerten (Sachgesamtheiten) in der Form des *asset deal,* soweit diese Vermögenswerte – ggf einschließlich der zugehörigen Schulden – Unternehmenseigenschaften iSv IFRS 3 besitzen.

3 Zweck der Konzernrechnungslegung ist es, der wirtschaftlichen Einheit des Konzerns entspr **in Abhängigkeit vom Grad der Einflussnahme** des MU die rechtliche Struktur zu relativieren. Der Grad der Einflussnahme ist daher das entscheidende Abgrenzungskriterium zur Systematisierung von Unternehmensverbindungen. In Abhängigkeit von der Intensität dieser Einflussnahme wird bestimmt, ob zwischen den betreffenden Unternehmen ein Beherrschungsverhältnis (IFRS 10.5 ff), eine gemeinschaftliche Führung (IFRS 11.4 ff) oder ein maßgeblicher Einfluss (IAS 28.3) vorliegt. Kennzeichnend für die Form der unternehmerischen Einflussnahme ist die Notwendigkeit, ein übergeordnetes und zumindest ein untergeordnetes Unternehmen zu identifizieren. Mithin gelten die Regelungen des IFRS 10 nur für **Unterordnungskonzerne. Gleichordnungskonzerne** entziehen sich dieser Systematisierung, sodass die Erstellung von *combined financial statements* nicht in IFRS 10 geregelt ist. Infolge der durch lokales Recht determinierten Aufstellungspflichten (vgl → § 31 Rn 2) können derartige Abschlüsse jedoch keine befreiende Wirkung für Pflichtkonzernabschlüsse in Deutschland entfalten. Kann die Beziehung nicht in eine der oben

genannten drei Kategorien Beherrschung, gemeinschaftliche Führung oder maßgeblicher Einfluss eingeordnet werden, ist nicht von einer für die Konzernrechnungslegung relevanten Unternehmensverbindung auszugehen. In diesen Fällen sind jedoch die Regelungen des IAS 24 (→ § 20 Rn 40ff) bzw die Bilanzierung und Darstellung gem IAS 32 und IAS 39 bzw IFRS 9 zu berücksichtigen (→ § 7 Rn 59ff; → § 11 Rn 15ff).

Ungeachtet dieser Einschränkungen eröffnen ***combined financial statements*** die Möglichkeit einer bilanziellen Darstellung von Gleichordnungskonzernen in einem einzigen Rechenwerk und finden in der Rechnungslegungspraxis bei verschiedenen Anlässen Verwendung (vgl *EY* 2015, 345): 4

(1) Ausgliederungs- und Abspaltungs-Transaktionen,
(2) Finanzierungstransaktionen,
(3) Vorbereitung eines *predecessor-accounting* bei Transaktionen unter gemeinsamer Beherrschung (→ § 34 Rn 20ff),
(4) Darstellung mehrerer Unternehmen als einheitliches Akquisitionsobjekt zur Beurteilung einer geplanten Transaktion.

Die IFRS enthalten, anders als der IFRS for SMEs, **keine expliziten Regelungen** zu Ansatz, Bewertung und Darstellung von Vermögenswerten und Schulden in ***combined financial statements.*** Insbes liegt der berichtenden Einheit solcher Abschlüsse keine Unternehmensverbindung iSd nachfolgend beschriebenen Sachverhalte zugrunde. Eine Anwendung der IFRS-Regelungen kann deshalb nur auf analoger Basis erfolgen; eine Übereinstimmenserklärung iSv IAS 1.16 ist nicht möglich. Da der Zweck der Erstellung und die Abgrenzung der einbezogenen Einheiten abhängig vom Einzelfall sind, sollten in den Anhang entspr erläuternde Angaben aufgenommen werden. 5

(einstweilen frei) 6–9

B. Abgrenzungskriterien

I. Beherrschung

Die **stärkste Form** der Einflussnahme, die Beherrschung eines anderen Unternehmens, bietet dem beherrschenden Unternehmen die Möglichkeit, das beherrschte Unternehmen hinsichtlich seiner operativen und strategischen Geschäftstätigkeit und Ausrichtung zu bestimmen. Ein solches Beherrschungsverhältnis ist nach IFRS 10.7 dann gegeben, wenn ein Investor (MU) 10

(1) die **Leitungs-** bzw **Entscheidungsmacht** über die zu beurteilende Einheit hat,
(2) aus der Beziehung zum Investitionsobjekt (TU) **variablen Rückflüssen** (positiver wie negativer Art) ausgesetzt ist und
(3) die Leitungs- oder Entscheidungsmacht über das TU nutzen kann, um die Höhe der Rückflüsse zu **beeinflussen.**

Die Beherrschungsdefinition des IFRS 10 beinhaltet damit **zwei Kernelemente, die logisch miteinander verknüpft sind** und für alle potenziell zu konsolidierenden Unternehmen gleichermaßen gelten: Es wird auf die Entscheidungsmacht hinsichtlich der relevanten betrieblichen Prozesse auf vertraglicher oder faktischer Basis (*power*-Kriterium) Bezug genommen, die zur Erzielung von variablen Rückflüssen (*returns*-Kriterium) eingesetzt wird. Dies sind Rückflüsse, deren Erzielung mit dem Eingehen von eigentümerähnlichen Risiken einhergeht. Kennzeichnend für den Beherrschungsbegriff des IFRS 10 ist schließlich die ursächliche Verknüpfung der beiden Kriterien.

11 Die Verwendung der Begriffe des Standards, der von der berichtenden Einheit als *investor* spricht und das potenziell beherrschte Objekt als *investee* bezeichnet, ist insofern missverständlich, als bei einem Beherrschungsverhältnis die **Investitionsabsicht** eben **nicht im Mittelpunkt** des unternehmerischen Interesses des Beherrschenden steht. Vielmehr soll die praktische Geschäfts- und Finanzpolitik des Beherrschungsobjekts bestimmt werden. Auch eine unmittelbare oder mittelbare finanzielle Beteiligung an der zur Beurteilung anstehenden Einheit, welche durch die im Standard verwendeten Begriffe angenommen werden könnte, ist nicht Voraussetzung für ein Beherrschungsverhältnis. Ausreichend ist eine Involvierung in die Aktivitäten des Beurteilungsobjekts. Auf die Art des „Beteiligtseins" kommt es insofern nicht an (vgl *Lüdenbach/Freiberg* PiR 2012, 41 (43)). Im Folgenden werden deshalb die Begriffe (potenzielles) MU und (potenzielles) TU verwendet, auch wenn die Begriffe MU *(parent)* und TU *(subsidiary)* in enger Auslegung des Standardtexts bereits ein Beherrschungsverhältnis voraussetzen.

Die Abgrenzung des Beherrschungsbegriffs in IFRS 10 kann grafisch wie folgt veranschaulicht werden (in Anlehnung an *Dam-Ratzesberger* RWZ 2012, 48 (49)):

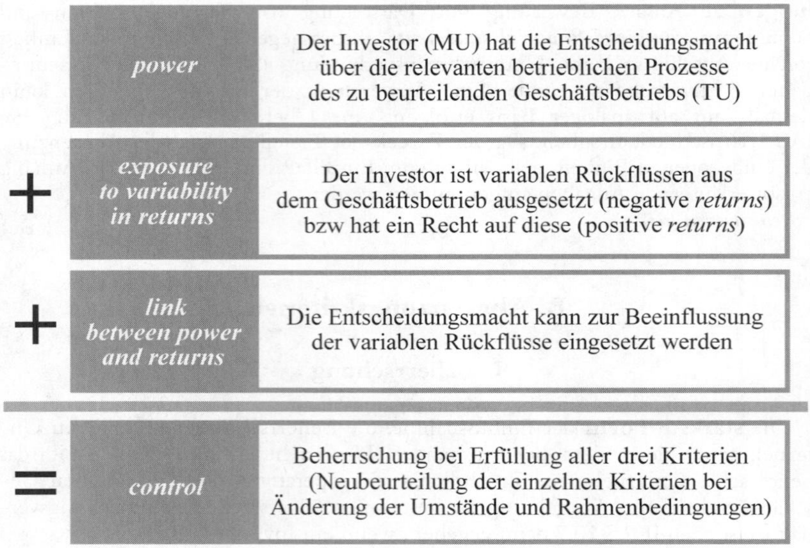

12 Die Beurteilungskriterien sind **auf alle Unternehmen gleichermaßen anzuwenden,** mithin auch auf Zweckgesellschaften (*special purpose entities,* SPEs), für die es keine dem ehemaligen SIC-12 vergleichbare Sonderregelung mehr gibt. Gleichwohl geht der IASB auf sog strukturierte Einheiten *(structured entities)* gesondert ein. Diese sind dadurch gekennzeichnet, dass Stimmrechte bei ihnen eine untergeordnete Rolle bei der Bestimmung eines möglichen Beherrschungsverhältnisses spielen (IFRS 10.B17). In dieser Abgrenzung weisen strukturierte Einheiten wesentliche Schnittmengen zu den bisher in SIC-12 geregelten SPEs auf, ohne mit diesen jedoch konzeptionell identisch zu sein (teilweise aA wohl *Lüdenbach/Hoffmann/Freiberg* IFRS § 32 Rz 7, die beide Begriffe als inhaltlich deckungsgleich behandeln). Die Einordnung als strukturierte Einheit führt jedoch nicht zu eigenständigen Beurteilungskriterien, sondern lediglich zu einer besonderen Würdigung anderer Rechte und Leitungsmöglichkeiten als der Stimmrechtsausübung durch das MU bei der Bestimmung des *power*-Kriteriums.

Bei anderen potenziellen TU wird die Beurteilung idR auf der Grundlage der Stimmrechtsverteilung und -ausgestaltung getroffen werden.

13 Die **Abgrenzung des potenziellen Konsolidierungsobjekts** wird sich im Regelfall an einer rechtlich selbständigen Einheit orientieren, dh die Beurteilung eines Beherrschungsverhältnisses erfolgt in diesen Fällen für Gesellschaften und andere Unternehmensformen. Darüber hinaus hat der IASB in IFRS 10.B76 ff explizit die Möglichkeit vorgesehen, auch Teile rechtlich selbständiger Einheiten als Konsolidierungsobjekt zu identifizieren. Diese im Standard „fiktive separate Unternehmen" genannten Einheiten werden in Literatur und Praxis auch mit „Silo-Konstruktionen" bezeichnet. Bei diesen Konstruktionen werden mehrere abgrenzbare wirtschaftliche Teileinheiten in einer gemeinsamen rechtlichen Einheit gehalten. In der Praxis sind Silo-Konstruktionen ua im Bereich von Leasingobjektgesellschaften anzutreffen, bei denen mehrere abgrenzbare Leasingobjekte in einer gemeinsamen rechtlichen Einheit gehalten werden, oder im Bereich der Finanzwirtschaft, wo ABS-Transaktionen mit Silo-Konstruktionen realisiert werden.

14 Die **Voraussetzungen** zur Qualifikation einer wirtschaftlichen Teileinheit als **„fiktives separates Unternehmen"** sind in IFRS 10.B77 umrissen:

(1) Bestimmte, festgelegte Vermögenswerte des Beteiligungsunternehmens sind die einzige Zahlungsquelle für festgelegte Schulden oder festgelegte sonstige Anteile am Beteiligungsunternehmen.
(2) Abgesehen von den Parteien mit der festgelegten Schuld haben keine weiteren Parteien Rechte oder Verpflichtungen im Zusammenhang mit den festgelegten Vermögenswerten oder den verbleibenden Zahlungsströmen aus diesen Vermögenswerten.

15 Liegen diese Voraussetzungen vor, stellt die wirtschaftliche Teileinheit das Beurteilungsobjekt für das Vorliegen eines beherrschenden Einflusses auf die wirtschaftlich relevanten Aktivitäten in dieser Einheit dar. Dabei ist nicht ausgeschlossen, dass auch **nicht-beherrschende Beteiligungen** von Dritten an dem „fiktiven separaten Unternehmen" bestehen können (so auch *KPMG* 2014/15 Rz 2.5.40.100). Im Einzelfall ist jedoch kritisch zu beurteilen, ob sich eine nicht-beherrschende Beteiligung tatsächlich auf die abgegrenzte wirtschaftliche Teileinheit bezieht, oder ob diese nicht vielmehr der rechtlichen Einheit zuzurechnen ist. In diesem Fall sind die Anteile Dritter nicht innerhalb der entspr Teileinheit abzubilden.

1. Entscheidungsmacht

16 Das *power*-Kriterium wird in IFRS 10.10 weiter spezifiziert. Eine **Entscheidungsmacht** des MU liegt demnach vor, wenn

(1) das MU bestehende Rechte innehat,
(2) mit welchen es derzeit die Möglichkeit hat,
(3) die relevanten Geschäftstätigkeiten des potenziellen TU festzulegen, die wesentlich die Rückflüsse aus diesem Unternehmen beeinflussen.

Zur Operationalisierung dieser Abgrenzung sind die einzelnen Bestandteile gesondert zu betrachten.

17 Entscheidungsmacht ergibt sich aus **gegenwärtig bestehenden Rechten** (IFRS 10.11). Dies impliziert gleichzeitig, dass erst zukünftig entstehende Rechte nicht Grundlage eines Beherrschungsverhältnisses sein können. Allerdings kann es notwendig werden, bei Entstehen der Rechte in der Zukunft eine Neuabschätzung hinsichtlich des Vorliegens eines Beherrschungsverhältnisses vorzunehmen. Grds sind zwei Arten von Rechten voneinander abzugrenzen: Substanzielle Rechte und Schutzrechte. Dabei sind substanzielle Rechte so ausgestaltet,

dass sie die Möglichkeit einer aktiven bestimmenden Einflussnahme ermöglichen, während Schutzrechte konzeptionell eher der Sicherung von Gesellschafterinteressen ggü den Interessen anderer Gesellschafter dienen. Entspr sind nur substanzielle Rechte als Grundlage für eine Entscheidungsmacht geeignet (IFRS 10.B22ff).

18 Nur **substanzielle Rechte eines Investors** können eine Beherrschungsmacht begründen. Deshalb muss ein Investor die praktische Möglichkeit haben, ein solches Recht zum Beurteilungszeitpunkt auch tatsächlich ausüben zu können. Bei der Beurteilung, ob dies der Fall ist, sind sämtliche relevanten Faktoren einzubeziehen und in einer Gesamtwürdigung zu beurteilen. In IFRS 10.B23 wird ausdrücklich auf das Ermessen bei einer solchen Beurteilung hingewiesen und gleichzeitig ein (nicht abschließender) Katalog von wesentlichen Fragen bereitgestellt, die im Rahmen der Beurteilung beantwortet werden sollten:

(1) Gibt es wirtschaftliche, juristische oder praktische Sachverhalte, die einer Ausübung der Rechte entgegenstehen oder sie einschränken?

(2) Gibt es bei Rechten, die mehreren Parteien zustehen, einen Mechanismus, der eine gemeinsame Ausübung dieser Rechte sicherstellt?

(3) Ist die Ausübung der Rechte für deren Inhaber vorteilhaft oder eher nachteilig?

Damit ist die Wahrscheinlichkeit, dass ein Recht substanziell im Hinblick auf die Beurteilung der Erfüllung des *power*-Kriteriums ist, umso höher, je weniger juristische und wirtschaftliche Ausübungshürden bestehen, je besser bzw eindeutiger in Fällen gemeinsamer Rechteausübung der Mechanismus dazu existiert und angewendet wird und je vorteilhafter eine Rechteausübung sich aus Sicht eines potenziellen MU darstellt.

19 **Substanzielle Rechte Dritter** können einen Investor daran hindern, die Beherrschungsmacht über ein potenzielles TU, auf das sich diese Rechte beziehen, auszuüben. Deshalb sind auch diese Rechte in die Gesamtbeurteilung mit einzubeziehen. Hinsichtlich der Substantiiertheit dieser Rechte sind dabei dieselben Kriterien heranzuziehen, wie bei Rechten des Investors. Eine Beurteilung, ob diese Rechte Dritter ein Beherrschungsverhältnis zwischen diesem Dritten und der zu beurteilenden Einheit begründen, ist aus Sicht des MU jedoch nicht erforderlich. Es reicht aus, die Rechte Dritter im Hinblick auf die potenzielle Einschränkung der eigenen Beherrschungsmacht zu würdigen.

20 Dagegen begründen **reine Schutzrechte** kein Beherrschungsverhältnis. Sie sind so konzipiert, dass sie ihren Inhaber vor Entscheidungen anderer Gesellschafter schützen, die grds dessen Interessen schaden, ohne jedoch ein gestalterisches Potenzial aufzuweisen. Dementsprechend sind Schutzrechte regelmäßig als Zustimmungs- bzw Vetorechte ausgestaltet und betreffen nicht die lfd Geschäftstätigkeit der zu beurteilenden Einheit, sondern beziehen sich auf Grundsatzentscheidungen bzw Ausnahmesituationen. Umgekehrt kann jedoch aus der Tatsache, dass sich ein Recht auf eine Ausnahmesituation bezieht, nicht zwingend darauf geschlossen werden, dass es sich um ein Schutzrecht handelt. So gibt es Gestaltungen, in denen nur in Ausnahmesituationen Einfluss auf die relevanten Unternehmensaktivitäten genommen werden kann, da das operative Geschäft weitgehend vorbestimmt ist und insoweit keine grds Entscheidungen für Regelsituationen erforderlich sind. Dies ist bspw bei strukturierten Einheiten der Fall, bei denen das lfd Geschäft weitgehend vorbestimmt ist (IFRS 10.B26; vgl auch die Darstellung relevanter Aktivitäten in → Rn 47). Der IASB führt in IFRS 10.B28 exemplarisch folgende Rechte als **typische Schutzrechte** an:

(1) Recht eines Darlehensgebers, einem Darlehensnehmer Restriktionen bei Tätigkeiten aufzuerlegen, die das Kreditrisiko des Darlehensnehmers zum Nachteil des Darlehensgebers verändern könnten.

(2) Recht des Inhabers eines nicht-beherrschenden Anteils an einem Beteiligungsunternehmen auf Genehmigung vermögenswirksamer Ausgaben, welche die im üblichen Geschäftsverlauf erforderlichen Ausgaben übersteigen, oder das Recht zur Genehmigung der Emission von Finanzinstrumenten.
(3) Recht eines Darlehensgebers auf Pfändung der Vermögenswerte des Darlehensnehmers, wenn dieser festgelegte Bedingungen für die Darlehenstilgung nicht erfüllt.

Die Einstufung als Schutzrecht hängt nicht von der Reichweite der Schutzwirkung und deren Einfluss auf die Unternehmenstätigkeiten ab (*Deloitte* 2015, 1691). Ein Recht, das seinem Charakter nach als Schutzrecht ausgestaltet ist, ist auch dann als Schutzrecht zu behandeln, wenn die Schutzwirkung zu wesentlichen Auswirkungen auf die relevanten betrieblichen Aktivitäten führt.

Beispiel: Die alleinige Geschäftstätigkeit einer strukturierten Einheit besteht im Erwerb und im Halten eines Vermögenswerts (bspw eines Grundstücks). Der Kauf dieses Vermögenswerts wurde über einen Kredit finanziert, der wiederum durch den Vermögenswert besichert ist. Im Falle der Nichterfüllung des Schuldendienstes aus dem Kredit hat der Kreditgeber das Zugriffsrecht auf den Vermögenswert zu Verwertungszwecken. Allerdings hat er darüber hinaus keinen Zugriff auf andere Vermögenswerte der Einheit oder deren Gesellschafter. Bei Gründung der Gesellschaft weist diese materiell lediglich den Vermögenswert und die korrespondierende Verbindlichkeit aus dem Kauf aus, sodass die Verwertung dieses Vermögenswerts wirtschaftlich einer Beendigung des Geschäftsbetriebs gleichkommt.

Die Tatsache, dass die Einheit lediglich einen einzigen Vermögenswert ausweist, hat keinen Einfluss auf die Beurteilung des Charakters des Verwertungsrechts des Kreditgebers (substanzielles Recht oder Schutzrecht). Es ist zu beurteilen, ob das Zugriffsrecht des Kreditgebers als Schutzrecht zur Sicherung des hingegebenen Kredits wirkt oder ob es dem Kreditgeber Einfluss auf die relevanten Geschäftsprozesse der Einheit, also eine aktive Gestaltungsmöglichkeit, einräumt. Gelangt man zu der Einschätzung, dass es sich um ein Schutzrecht handelt, so ändert sich diese Einschätzung nicht durch die Tatsache, dass die Einheit nur diesen einen Vermögenswert besitzt und dass dasselbe Schutzrecht in einer Einheit mit verschiedenen Vermögenswerten andere (geringere) wirtschaftliche Auswirkungen hätte.

Die zu beurteilenden substanziellen Rechte können **Stimmrechte** sein, die aus gehaltenen Eigenkapitalinstrumenten resultieren. Dies wird in IFRS 10.11 als die direkteste Art zur gegenwärtigen Ausübbarkeit eines beherrschenden Einflusses auf die Geschäftspolitik des potenziellen TU gesehen, da eine Mehrheit der Stimmrechte einem Anteilseigner erlaubt, unmittelbar auf die Unternehmensführung Einfluss zu nehmen (vgl *Zülch/Popp* DStR 2011, 1532 (1534)). Demgegenüber wirkt die Einflussnahme durch **andere Rechte** nur indirekt auf die Geschäfts- und Finanzpolitik eines Unternehmens; gleichwohl können auch diese Rechte, wenn sie substanziell iSv IFRS 10.B22ff sind, Grundlage einer bestehenden Entscheidungsmacht sein. Beispiele für solche Rechte, die, wenn sie substanziell sind, zu einer Begründung von Entscheidungsmacht führen können, sind in IFRS 10.B15(b) bis (e) enthalten. Dort werden genannt: 21

(1) Rechte, die es ermöglichen, Mitglieder des Managements in Schlüsselpositionen zu bestellen, auszutauschen oder abzuberufen,
(2) Rechte, die dazu genutzt werden können, eine andere Einheit einzusetzen oder abzulösen, welche die relevanten Unternehmensprozesse steuert,
(3) Rechte, die das potenzielle TU dazu veranlassen, bestimmte Transaktionen im Interesse des MU vorzunehmen oder zu unterlassen und
(4) andere Rechte, wie zB Weisungsrechte oder Entscheidungsrechte auf einzelvertraglicher Grundlage.

Die in IFRS 10 festgelegten **Voraussetzungen** für das **Vorliegen** von **Entscheidungsmacht** können damit wie folgt grafisch zusammengefasst werden:

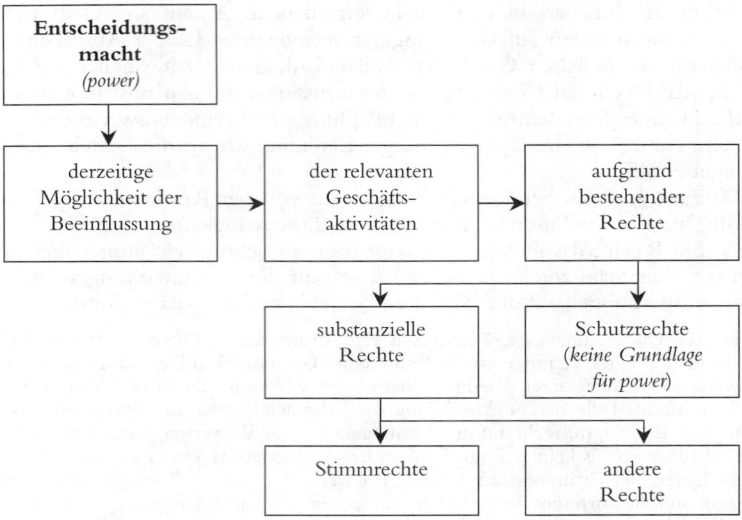

22 Mit der Unterscheidung in „normale" Unternehmen, in denen Stimmrechte die substanziellen Rechte zur Begründung einer Entscheidungsmacht darstellen und in strukturierte Einheiten, bei denen andere Rechte zur Vermittlung von Entscheidungsmacht im Vordergrund stehen, zeigen sich die **Grenzen der konzeptionellen Vereinheitlichung des Beherrschungsbegriffs** in IFRS 10. Obwohl der Standard für alle potenziellen TU formal ein einheitliches Beurteilungsschema zur Bestimmung der Entscheidungsmacht zugrunde legt, ergibt sich in der praktischen Anwendung dieses Schemas wieder eine Trennung der beiden Unternehmenstypen: Während bei den „normalen" Unternehmen der Schwerpunkt der Beurteilung auf der Analyse der Verteilung der Stimmrechte liegt, steht bei strukturierten Einheiten die Identifikation und Gewichtung anderer Rechte im Vordergrund. Es werden somit zwar nicht mehr konzeptionell, durchaus aber bei der praktischen Beurteilung eines Kontrollverhältnisses die vor Inkrafttreten des IFRS 10 bestehenden Sonderregelungen für strukturierte Einheiten fortgeführt, auch wenn sich diese zuvor auf die etwas anders abgegrenzten *special purpose entities* bezogen. Gleichwohl ist festzustellen, dass für beide Unternehmensarten systematisch einheitlich die in IFRS 10 festgelegten Maßstäbe zur Beurteilung eines Beherrschungsverhältnisses herangezogen werden, lediglich in deren Gewichtung unterscheiden sich sog *voting interest entities* von *structured entities*. Dies bedeutet bspw, dass auch bei „normalen" Unternehmen andere Rechte mit zu berücksichtigen sind, wenn mithilfe der Stimmrechtssituation eine potenzielle Beherrschung nicht eindeutig beurteilt werden kann.

23–31 *(einstweilen frei)*

a) Stimmrechte als Grundlage der Entscheidungsmacht

32 Bilden **Stimmrechte** die Grundlage zur Beurteilung einer ggf bestehenden Entscheidungsmacht, so ist in einem ersten Schritt zu beurteilen, ob die Stimmrechte, die aus Eigenkapitalinstrumenten resultieren, ausreichend für das Vorliegen einer gegenwärtigen Beeinflussung der relevanten Geschäftsaktivitäten sind. Davon wird gem IFRS 10.B34 **im Regelfall** auszugehen sein, wenn ein MU **mehr als 50 % der Stimmrechte** innehat, diese Stimmrechte als substanziell einzustufen sind und die relevanten Geschäftsprozesse sowie die Besetzung der

Leitungs- und Aufsichtsorgane des potenziellen TU mit einfacher Mehrheit der Stimmrechte bestimmt werden können.

Bei der Ermittlung der **relevanten Stimmrechtsquote** sind die eigenen Stimmrechte der Gesamtzahl der ausübbaren Stimmrechte gegenüberzustellen. Dabei ist sicherzustellen, dass bei der Ermittlung der eigenen Stimmrechte solche Stimmrechte nicht zu berücksichtigen sind, die von dem MU für konzernfremde Dritte ausgeübt werden (zB aufgrund eines Treuhand- oder Sicherungsverhältnisses), wenn diese Stimmrechte nur nach Weisung oder im Interesse der Dritten ausgeübt werden können. Entspr gelten als eigene Stimmrechte auch solche, die von Dritten für das MU gehalten werden. Schließlich ist bei der Ermittlung der Gesamtzahl der Stimmrechte ein Abzug für solche Stimmrechte vorzunehmen, die zum Zeitpunkt der Beurteilung nicht ausgeübt werden können, zB weil sie auf eigene Anteile entfallen, für die ein Stimmrecht gesetzlich ausgeschlossen ist. 33

Substanzielle Stimmrechte können nicht nur aus direkten, sondern auch aus **indirekten Beteiligungen** resultieren. Durch die explizite Berücksichtigung von Prinzipal-Agenten-Beziehungen in IFRS 10.B73 iVm IFRS 10.B75 sind auch Stimmrechte anderer Konzernunternehmen oder anderer Parteien zu berücksichtigen, wenn sich diese als de-facto-Agenten verhalten (→ Rn 54). Bestehen direkte und indirekte Beteiligungen an einem potenziellen TU, so sind die sich aus diesen Beteiligungen ergebenden Stimmrechte zur Beurteilung einer ggf bestehenden Beherrschungsmacht zusammenzurechnen. Der Umfang der im Rahmen der indirekten Beteiligung zu berücksichtigenden Stimmrechte richtet sich dabei nach der Möglichkeit der Einflussnahme des MU. Wird die Beteiligung an dem potenziellen TU von einem Konzernunternehmen gehalten, so ist aufgrund der bestehenden Beherrschungsmöglichkeit des MU im Konzern eine volle Zurechnung der dem Konzernunternehmen zustehenden Stimmrechte (und nicht nur eine quotale Zurechnung) idR sachgerecht (vgl *Lüdenbach/Hoffmann/Freiberg* IFRS § 32 Rz 24). Ist hingegen die Beherrschungsmöglichkeit an dem die Anteile haltenden Konzernunternehmen eingeschränkt, so kann im Einzelfall eine abweichende Zurechnung notwendig sein. Eine solche Einschränkung kann sich bspw aufgrund von vertraglichen Zustimmungserfordernissen anderer Gesellschafter ergeben (vgl *Meyer* PiR 2012, 269 (273)). IFRS 10.B73 weist explizit auf das implizite Ermessenspotenzial einer solchen Beurteilung hin. 34

Sind die aus Eigenkapitalinstrumenten erwachsenden **Stimmrechte** dagegen **nicht substanziell,** so kann auch bei Vorliegen einer Stimmrechtsmehrheit nicht von der Vermittlung von Entscheidungsmacht durch diese Stimmrechte ausgegangen werden. Dies kann der Fall sein, wenn ein weiterer Anteilseigner (andere) Rechte innehat, die es ihm ermöglichen, die relevanten Geschäftsprozesse der zur Beurteilung stehenden Einheit zu bestimmen (IFRS 10.B36). Auch besondere zivil- und gesellschaftsrechtliche Situationen können dazu führen, dass die Stimmrechte nicht, oder nicht vollständig als substanziell einzustufen sind (IFRS 10.B37). Solche Einschränkungen der Rechte von Anteilseignern können bspw aus einer Insolvenzlage des Unternehmens resultieren oder das Ergebnis von staatlichen Eingriffen in den Wirtschaftsprozess sein (Zwangsbewirtschaftung, Einschränkung des Kapitaltransfers, Notverordnungen, etc). 35

Andererseits kann auch **ohne eine Mehrheit der Stimmrechte** ein MU **Entscheidungsmacht** hinsichtlich eines potenziellen TU haben, wenn seine Stimmrechte im Zusammenwirken mit anderen substanziellen Rechten ausreichend sind, um die relevanten Geschäftsprozesse bestimmen zu können. Dabei sind alle Fakten und Umstände zu würdigen, welche für oder gegen eine Entscheidungsmacht im Einzelfall sprechen. In IFRS 10.B38 ff werden Beispiele für Situationen genannt, bei denen auch ohne eine Mehrheit der Stimmrechte 36 eine Entscheidungsmacht gegeben sein kann (vgl auch *Zülch/Popp* DStR 2011, 1532 (1534)):

(1) Vereinbarungen mit anderen Stimmrechtsinhabern zur Ausübung deren Stimmrechte durch das MU.

(2) Kombination anderer Mitbestimmungsrechte mit den vorhandenen Stimmrechten, wobei allerdings eine bloße Nachfragemacht eines bedeutenden Kunden nicht ausreicht, eine Entscheidungsmacht herbeizuführen.

(3) Ein Stimmanteil von weniger als 50 Prozent kann auch dann zur Entscheidungsmacht führen, wenn die übrigen Stimmrechte stark gestreut sind und/oder regelmäßig nicht zur Ausübung (zB auf einer Gesellschafterversammlung) kommen (*de-facto-control*, vgl ausführlich → Rn 40).

37 Die Bestimmung der relevanten Prozesse aufgrund von Stimmrechten setzt nicht notwendigerweise das Halten der Eigenkapitalinstrumente, aus denen diese Stimmrechte erwachsen, voraus. Eine Mehrheit der Stimmrechte kann sich auch aufgrund von **Stimmrechtsbindungs- und -ausübungsvereinbarungen** sowie aus **Beherrschungsverträgen** ergeben. Die von diesen Verträgen betroffenen Stimmrechte können, ggf iVm Stimmrechten aus vom MU selbst gehaltenen Eigenkapitalinstrumenten, zu einer Stimmrechtsmehrheit als substanzielles Recht iSv IFRS 10.B22 führen.

38 Bei der Beurteilung substanzieller Rechte sind im Rahmen der Stimmrechte ggf auch **potenzielle Stimmrechte** zu berücksichtigen. Inwieweit es sich dabei um substanzielle Rechte handelt, hängt wesentlich auch davon ab, wie die Bedingungen zur Umwandlung potenzieller Stimmrechte in tatsächliche Stimmrechte ausgestaltet sind. Zusätzlich sind die Vorteilhaftigkeit, Möglichkeit und Motivation zur Ausübung bspw einer Option durch das MU in die Beurteilung mit einzubeziehen. Inwieweit eine ggf geäußerte **Intention** zur Ausübung zu berücksichtigen ist, bleibt in der Literatur umstritten (für eine Berücksichtigung zB *KPMG* 2014/15 Rz 2.5.100.70; indifferent *EY* 2015, 374; dagegen *pwc* 2015 Rz 24.92). IFRS 10 enthält keine explizite Vorgabe hinsichtlich der Berücksichtigung dieses Faktors. Im Interesse einer Vergleichbarkeit und Objektivierbarkeit sollte jedoch uE ein rationales Handeln von Anteilseignern unterstellt werden (so auch *Lüdenbach/Hoffmann/Freiberg* IFRS § 32 Rz 36). So ist davon auszugehen, dass ein rational handelnder Gesellschafter eine Option, die zum Beurteilungszeitpunkt deutlich unvorteilhaft (aus dem Geld) ist, nicht ausüben wird, wenn dieser Nachteil durch andere Vorteile (zB Synergieeffekte, strategische Vorteile der Bestimmung der Geschäftspolitik des potenziellen TU) nicht mindestens kompensiert wird. Liegen kompensierende Effekte nicht vor, sind die mit einer Option verbundenen Stimmrechte als nicht substanziell zu beurteilen und bei der Bestimmung einer möglichen Beherrschungsmacht nicht zu berücksichtigen. Gleiches gilt, wenn die Optionsausübung an kartellrechtliche oder andere Zustimmungserfordernisse gebunden ist, die verhindern, dass eine Option derzeit zu einer Verfügung über zusätzliche Stimmrechte führt.

Beispiel: Ein MU hält einen Anteil von 30% der Anteile und Stimmrechte an einem potenziellen TU. Darüber hinaus verfügt es zum Beurteilungszeitpunkt über eine Option auf weitere 30%. Die Ausübung der Option steht unter kartellrechtlichem Vorbehalt und wird deshalb erst wirksam, wenn die Kartellbehörde zugestimmt hat. Obwohl MU eine Optionsausübung erklärt hat, ist nicht zu erwarten, dass eine Zustimmung vor der nächsten Hauptversammlung des TU erfolgen wird, sodass MU auf dieser Hauptversammlung nur mit einem Stimmrechtsanteil von 30% Einfluss auf die wesentlichen Entscheidungen hinsichtlich der Geschäftspolitik nehmen kann. Die der Option zuzuordnenden zusätzlichen 30% der Stimmrechte sind bei der Beurteilung als nicht substanziell einzustufen, sodass im Ergebnis keine Entscheidungsmacht aus Stimmrechten abgeleitet werden kann. Gleichwohl ist zusätzlich zu prüfen, ob MU aufgrund anderer Rechte iVm den Stimmrechten bestimmenden Einfluss auf die relevanten Geschäftsprozesse des potenziellen TU ausüben kann.

39 Bei Vorliegen potenzieller Stimmrechte ist darüber hinaus auch für das MU, welches derzeit die Mehrheit der Stimmrechte innehat (und entspr eine **Stillhalterposition** einnimmt), zu beurteilen, ob bei Ausübung der Option die Mehrheit der Stimmrechte noch als substanziell angesehen werden kann. In diesem Fall ist die Möglichkeit und Vorteilhaftigkeit einer Optionsausübung aus der Sicht des Optionsinhabers zu würdigen. Führt diese Würdigung zu dem Ergebnis, dass eine Optionsausübung wahrscheinlich und die Mehrheit der Stimmrechte damit aus Sicht des MU nicht mehr gegeben ist, liegt die Entscheidungsmacht nicht mehr bei MU.

Die Berücksichtigung potenzieller Stimmrechte beschränkt sich grds auf die **Beurteilung des Beherrschungskriteriums.** Potenzielle Stimmrechte sind deshalb idR nicht bei der Konsolidierung zu berücksichtigen, da diese auf Basis der tatsächlichen Anteilsquote am Bilanzstichtag erfolgt. Eine Ausnahme hiervon bilden wiederum potenzielle Stimmrechte, die dem berichtenden MU bereits gegenwärtig Rückflüsse gewähren und insoweit einer Anteilseignerposition entsprechen. Nach IFRS 10.B90 ist in diesen Fällen bei der Konsolidierung eine Anteilsquote zu berücksichtigen, welche die mit den Rückflüssen verbundenen potenziellen Stimmrechte einbezieht. Als Folge hieraus sind die entspr Finanzinstrumente von einer Bewertung nach IAS 39 bzw IFRS 9 ausgenommen (IFRS 10.B91).

40 Erstmals wurden in IFRS 10 auch Regelungen für **de-facto-control**-Situationen im Zusammenhang mit Präsenzmehrheiten auf Gesellschafterversammlungen aufgenommen (IFRS 10.B42 ff). Der IASB erkennt darin an, dass auch ein Stimmrechtsanteil von (geringfügig) weniger als 50 Prozent bei einem Unternehmen mit breiter Streuung der restlichen Anteile unter Kleinaktionären (also typischerweise börsennotierte Publikumsgesellschaften) zu substanziellen Rechten auf Hauptversammlungen führen kann, wenn eine nachhaltige Präsenzmehrheit gegeben ist. Betont wird, dass in jedem Fall eine individuelle Beurteilung erforderlich ist, in der nicht nur der absolute und relative Stimmrechtsanteil im Verhältnis zu allen anderen Anteilseignern, sondern auch die Nichtausübung von Stimmrechten anderer Gesellschafter in der Vergangenheit zu berücksichtigen ist (vgl *Rühl/Althoff* KoR 2012, 553 (562)). Darüber hinaus ist auch abzuschätzen, wie viele andere Anteilseigner zusammenwirken müssten, um das potenzielle MU in der Hauptversammlung zu überstimmen, ob es Verbindungen zwischen verschiedenen anderen Anteilseignern gibt und ob es im konkreten Fall Mechanismen gibt, die eine solche Koalitionsbildung fördern oder erschweren (vgl *Deloitte* 2015, 1698). Ungeachtet dieser Forderungen nach einer Einzelfallbetrachtung führt der IASB in IFRS 10.B42 ff folgende Beispiele an, um die Beurteilung zu illustrieren:

Beispiel 1: Ein MU hält 48% der Stimmrechte an einem potenziellen TU. Die übrigen Stimmrechte sind auf tausende Kleinstaktionäre verteilt, von denen keiner mehr als 1% der Stimmrechte auf sich vereinigt. Es gibt keine Stimmrechtsbindungen oder Aktionärsvereinigungen, die zu einer gleichgerichteten Ausübung einer nennenswerten Anzahl von Stimmrechten führen würden.

Auf der Basis der absoluten Höhe der MU zuzurechnenden Stimmrechte und der relativen Größe der jeweiligen übrigen Anteile ist davon auszugehen, dass 48% der Stimmrechte auf der Hauptversammlung ausreichen, um einen bestimmenden Einfluss auf die relevanten Geschäftsaktivitäten des TU auszuüben. Das *power*-Kriterium ist in dieser Hinsicht als erfüllt anzusehen.

Beispiel 2: Das MU hält 45% der Stimmrechte. Daneben gibt es zwei weitere Gesellschafter A und B mit einem Stimmrechtsanteil von jeweils 26%. Die restlichen 3% werden von Kleinaktionären gehalten. Es gibt keine Stimmrechtsvereinbarungen zwischen den übrigen Anteilseignern.

Die Beurteilung der absoluten Höhe des Stimmrechtsanteils des MU im Verhältnis zu den Stimmrechtsanteilen von A und B führt zu dem Ergebnis, dass nicht davon ausgegangen werden kann, dass das MU seine Interessen in einer Gesellschafterversammlung ohne Weiteres durchsetzen kann. Vielmehr ist lediglich eine gleichgerichtete Stimmrechtsausübung von A und B erforderlich, um das MU zu überstimmen. In diesem Fall ist nicht von der Erfüllung des *power*-Kriteriums auszugehen.

Beispiel 3: Das MU hält wiederum 45% der Stimmrechte. Die restlichen 55% verteilen sich auf insgesamt elf Anteilseigner, von denen jeder einen Anteil von 5% hält. Es existieren keine Stimmrechtsvereinbarungen unter den übrigen Anteilseignern.

In diesem Fall ist, nach Ansicht des IASB, keine klare Beurteilung allein auf der Basis der Stimmrechtsverteilung möglich. Es sind ergänzend andere Faktoren zur Beurteilung heranzuziehen, ob das *power*-Kriterium als erfüllt angesehen werden kann.

Die vorstehenden, vom IASB verwendeten Beispiele verdeutlichen, dass, nach Ansicht des Board, nur solche Präsenzmehrheiten uneingeschränkt zu einem de-facto-control-Verhältnis führen, bei denen die **Stimmrechtsdominanz** eines Anteilseigners **evident** ist (vgl *Beyhs/Buschhüter/Schurbohm* WPg 2011, 662 (664)). Viele andere Situationen bleiben dagegen weiterhin der Beurteilung durch den Bilanzierenden unterworfen, auch wenn IFRS 10.B45 Indikatoren nennt, die zur Beurteilung herangezogen werden sollen. Hierzu gehören das Abstimmungsverhalten der übrigen Anteilseigner in der Vergangenheit sowie personelle und technologische Abhängigkeiten zwischen einzelnen Anteilseignern und dem potenziellen TU. Letztlich verbleibt in vielen Situationen ein erheblicher Ermessensspielraum (vgl *Busch/Roth* IRZ 2012, 95 (96f)), wie er in der praktischen Bilanzierung auch vor Inkrafttreten des IFRS 10 bereits zu konstatieren war.

b) Andere Rechte als Grundlage der Entscheidungsmacht

41 Bilden die Stimmrechte nicht die relevante Grundlage zur Beurteilung der Entscheidungsmacht, so sind andere Rechte bei dieser Beurteilung von besonderer Bedeutung. Dies ist regelmäßig bei **strukturierten Einheiten** der Fall, die konzeptionell gerade dadurch gekennzeichnet sind, dass Stimmrechte nicht vorrangig zur Beurteilung eines Beherrschungsverhältnisses herangezogen werden können (vgl Definition in IFRS 12.Anhang A). Auch wenn IFRS 10 weder den bisher geläufigen Begriff der Zweckgesellschaften noch explizit den Ausdruck „strukturierte Einheiten" verwendet (letzterer wird nur in IFRS 12 benutzt), werden dennoch Regelungen für Unternehmen festgelegt, bei denen die Beurteilung der Erfüllung des *power*-Kriteriums nicht vorrangig von der Zurechnung der Stimmrechte abhängig gemacht werden sollte (IFRS 10.B17). Für solche Unternehmen steht eine **Gesamteinschätzung** sämtlicher relevanter anderer substanzieller Rechte im Mittelpunkt der Beurteilung, ob eine Entscheidungsmacht hinsichtlich des potenziellen TU gegeben ist.

42 Zunächst können sich aus **Zweck und Struktur** der zur Beurteilung anstehenden Einheit Hinweise auf ein mögliches Beherrschungsverhältnis ergeben. Dabei kann die Involvierung des MU in den Gründungsakt der Einheit einen Hinweis auf Einwirkungsrechte geben. Sie reicht allein jedoch nicht aus, um ein Indikator für das *power*-Kriterium zu sein (IFRS 10.B51). Vielmehr ist entscheidend, ob und in welchem Umfang das MU darauf hingewirkt hat, dass gesellschafts- oder schuldrechtlich die gewöhnliche Tätigkeit der Einheit weitgehend determiniert ist (sog „Autopilot-Mechanismus") und die Entscheidungsmacht für besondere Entscheidungssituationen bei dem MU liegt (vgl *EY* 2015, 379). In diesen Fällen sind nur diese Sondersituationen als relevante Aktivitäten einzustufen

(IFRS 10.B53); eine Kontrolle des MU in diesen Fällen kann damit das *power*-Kriterium erfüllen. Zur Illustration einer solchen Struktur wird in IFRS 10.B53 das folgende Beispiel genannt:

Beispiel: Der alleinige Geschäftszweck einer strukturierten Einheit in Form einer KapGes ist der Ankauf von Forderungen des berichtenden MU. Die Forderungen werden von den Kunden bei Fälligkeit vereinnahmt und die Beträge, unter Abzug einer zuvor vertraglich vereinbarten Gebühr, an das MU weitergeleitet. Durch eine separat vereinbarte Put-Option hat die Gesellschaft die Möglichkeit, notleidende Forderungen an das MU zurück zu übertragen.

Damit beschränkt sich die Aktivität der Gesellschaft auf das Management werthaltiger und unbestrittener Forderungen. Diese Tätigkeit ist jedoch weitgehend durch den Gesellschaftszweck determiniert und erfordert keine eigenständigen Entscheidungen. Sie ist deshalb nicht als relevante Tätigkeit einzustufen. Die Entscheidungsmacht hinsichtlich der notleidenden Forderungen hingegen liegt nach Rückübertragung wieder bei MU. Dort werden Entscheidungen hinsichtlich der Beitreibung dieser Forderungen getroffen. Durch das Zusammenwirken von Gesellschaftszweck und Put-Option ist sichergestellt, dass sich die Tätigkeit der Gesellschaft auf das Management der nicht notleidenden Forderungen beschränkt. Die relevanten Aktivitäten, mithin das Management der notleidenden Forderungen, wird hingegen durch das MU bestimmt, womit ein deutlicher Hinweis auf die Erfüllung des *power*-Kriterium gegeben ist.

Zu berücksichtigen sind weiterhin explizite oder implizite **Bestandsgarantien** des MU in Bezug auf die zu beurteilende Einheit (IFRS 10.B54). Solche Garantien können bereits in der Gründungsphase, aber auch später in Form vertraglicher Vereinbarungen (Patronatserklärungen) ggü Dritten abgegeben werden. Sie können jedoch auch impliziten Charakter haben, indem das berichtende MU durch sein Verhalten erkennen lässt, dass es für die Einheit eintritt *(stand-behind-obligation)*, wobei die Formen des Eintretens unterschiedlich ausgestaltet werden können. Bestandsgarantien können deshalb ein Anreiz für ein MU sein, praktischen Einfluss auf die zu beurteilende Einheit zu nehmen, um sie iSd MU handeln zu lassen. 43

Während die wirtschaftliche Zuordnung der Mehrheit der **Chancen und Risiken** aus der Tätigkeit der zu beurteilenden Einheit noch das in der Praxis weit dominierende Kriterium zur Beurteilung eines wirtschaftlichen Beherrschungsverhältnisses in Bezug auf Zweckgesellschaften iSv SIC-12 war, wird der Beurteilung der Chancen und Risiken in Bezug auf das Vorliegen des *power*-Kriteriums bei strukturierten Einheiten lediglich eine Indikatorfunktion zugewiesen. IFRS 10.B20 stellt fest, dass eine große Exposition zu der Variabilität der Rückflüsse (in der sich die Chancen und Risiken der Tätigkeit der Einheit widerspiegeln) ein Hinweis auf das Vorliegen von Entscheidungsmacht sein kann. Der Indikator ist umso stärker zu werten, je weiter Stimmrechtsanteil und Chancen- und Risikozuordnung auseinanderfallen (IFRS 10.B21). 44

Chancen und Risiken können sich in unterschiedlichen Formen als variable Rückflüsse an das berichtende MU manifestieren. Es wird insoweit auf die Ausführungen unter → Rn 48 ff verwiesen. Unter dem Begriff der Rückflüsse sind allerdings grds nur **quantitative bzw quantifizierbare Größen** zu verstehen (zB Dividenden, erfolgsabhängige Vergütungen, Ausfallrisiken, Restwertgarantien). Darüber hinaus sind jedoch auch **qualitative Faktoren** in die Beurteilung einzubeziehen. So können sich bspw Reputationsrisiken für das MU durch implizite Bestandsgarantien (vgl → Rn 43) ergeben.

Die bei einer Beurteilung nach dem früheren SIC-12 noch erforderliche Quantifizierung und Zurechnung der Mehrheit der Chancen und Risiken aus einer Einheit ist in IFRS 10 durch eine umfassende Würdigung **ohne konkrete Quantifizierungsnotwendigkeit** ersetzt und in die Gesamtbeurteilung hinsichtlich des *power*-Kriteriums eingebettet worden. Einige Stimmen in der Literatur sehen hierin ein „Aufweichen" des Beurteilungskriteriums der Zuordnung der Chancen und Risiken mit der Gefahr der Entobjektivierung des Beherrschungsbegriffs (so *Zülch/Erdmann/Popp* KoR 2011, 585 (592)). Andererseits wird die Neuausrichtung der Chancen- und Risikobeurteilung als Übergang von einer „Scheinobjektivierung" zu einer offen subjektiv geprägten Einschätzung begrüßt (so *Lüdenbach/Hoffmann/Freiberg* IFRS § 32 Rz 55). Es ist jedoch zu erwarten, dass die bisher in der Praxis zur Anwendung gelangten Beurteilungsmaßstäbe hinsichtlich der Chancen- und Risikoverteilung auch zukünftig eine Beurteilungsgrundlage im Rahmen von IFRS 10 bilden werden, wobei ihnen jedoch lediglich die Rolle eines Beurteilungskriteriums unter anderen im Rahmen der nach IFRS 10 verpflichtend vorzunehmenden Gesamtwürdigung zukommt.

Eine besondere Rolle bei der Beurteilung nichtquantitativer Risiken nimmt das **Reputationsrisiko** ein, also das Risiko der Rufschädigung auf Seiten des Investors bei einem Scheitern oder einer schlechten Performance des potenziellen TU. In einer solchen Situation kann sich der Investor zu Stützungsmaßnahmen für die zu beurteilende Einheit genötigt sehen, auch wenn keine gesetzliche oder vertragliche Verpflichtung zu einer solchen Unterstützung besteht. Der IASB hat, gestützt auf Erkenntnissen aus der Finanzkrise (vgl *EY* 2015, 373), das Reputationsrisiko zwar als Teil des Gesamtrisikoportfolios anerkannt, es jedoch nicht als alleinige Grundlage zur Begründung einer Beherrschungsmacht eingestuft (IFRS 10.BC37 bis IFRS 10.BC39). Es ist somit nur ergänzend in die Analyse sonstiger Chancen und Risiken einzubeziehen.

45 Bei der Beurteilung des Vorliegens von Entscheidungsmacht ist nach IFRS 10.B18 auch zu berücksichtigen, ob ein MU die **praktische Fähigkeit** hat, die relevanten Aktivitäten der zu beurteilenden Einheit zu determinieren. Darüber hinaus sind nach IFRS 10.B19 auch **besondere Beziehungen** zwischen einem MU und der Einheit zu berücksichtigen. Als Anwendungsfälle führt der Standard exemplarisch folgende Einflussmöglichkeiten auf:

(1) Das MU hat die Möglichkeit, auch ohne ein entspr vertragliches Recht, die Schlüsselpositionen des Managements zu besetzen oder zu verändern.
(2) Das MU kann, ohne vertragliche Rechte, die Einheit dazu veranlassen, bestimmte Transaktionen vorzunehmen, die im Interesse des MU sind bzw solche zu unterlassen, die nicht im Interesse des MU sind.
(3) Das MU kann Einfluss auf den Nominierungsprozess für das Leitungsorgan der Einheit nehmen oder hat Vollmachten anderer Gesellschafter.
(4) Bei den Mitgliedern des Leitungsorgans der Einheit handelt es sich um nahestehende Personen des MU.
(5) Es herrscht vollständige oder teilweise Personenidentität in den Leitungsorganen des MU und der zu beurteilenden Einheit.
(6) Die Schlüsselpositionen des Managements der Einheit sind mit aktiven oder ehemaligen Arbeitnehmern des MU besetzt.
(7) Es bestehen Abhängigkeiten der Einheit von dem MU in den Bereichen Finanzierung, Technologie oder Personalwesen.

Hinsichtlich der **Würdigung** dieser **Einflussmöglichkeiten** ist zu beachten, dass es an der Existenz von formellen Rechten mangelt. Die Einflussmöglichkeiten ergeben sich vielmehr auf faktischer, nicht auf rechtlicher Grundlage. Da das *power*-Kriterium jedoch (substanzielle) Rechte voraussetzt, sind die in IFRS 10.B18 f aufgeführten Kriterien eher ergänzend im Rahmen einer Gesamtanalyse zu würdigen (so auch *Lüdenbach/Freiberg* PiR 2012, 41 (48 f)).

c) Relevante Aktivitäten

Im Rahmen der Beurteilung des *power*-Kriteriums ist schließlich auch eine Identifizierung und Abgrenzung der **relevanten Aktivitäten** der zu beurteilenden Einheit notwendig, um bestimmen zu können, ob hinsichtlich dieser Aktivitäten eine Entscheidungsmacht vorliegt. Nach IFRS 10.Anhang A sind nur diejenigen Aktivitäten als relevant einzustufen, die sich signifikant auf die Rückflüsse aus der zu beurteilenden Einheit auswirken. 46

Im Regelfall weisen Unternehmen ein **breites Spektrum** von Aktivitäten auf, aus denen Rückflüsse generiert werden (IFRS 10.B11). Hierzu zählen Beschaffungs- und Absatzaktivitäten, Finanzierungstätigkeiten, Asset-Management und Erwerb, Nutzung und Veräußerung von Vermögenswerten des Anlagevermögens. Zu den relevanten Aktivitäten zählen darüber hinaus auch die Festlegung operativer Vorgaben, die Budgetplanung sowie die Bestellung, Abberufung und Vergütung der Leitungsgremien sowie externer Dienstleister (IFRS 10.B12).

In vielen Fällen wird die Festlegung dieser Aktivitäten insgesamt durch die Unternehmensführung bzw die Gesellschafterversammlung vorgenommen. Es sind jedoch auch Konstellationen vorstellbar, in denen **einzelne Gesellschafter Teilprozesse allein maßgeblich beeinflussen** können. Diese Differenzierung kann sowohl zeitlicher als auch sachlicher Natur sein. Werden verschiedene relevante Aktivitäten von unterschiedlichen Investoren maßgeblich beeinflusst, so ist diejenige Aktivität zu bestimmen, welche die Rückflüsse am meisten beeinflusst (IFRS 10.B13). In diesen Fällen ist eine differenzierte Beurteilung erforderlich, die im Zeitablauf zu überprüfen und ggf anzupassen ist.

Beispiel 1: Eine Gesellschaft hat zwei Anteilseigner A und B. Das Debitorenmanagement der Gesellschaft wurde an ein anderes Unternehmen des Gesellschafters A übertragen. Alle übrigen betrieblichen Prozesse werden von der Gesellschaft selbst durchgeführt.

Für Gesellschafter A stellen alle betrieblichen Prozesse (einschließlich des Forderungsmanagements) relevante Prozesse zur Beurteilung des *power*-Kriteriums dar, während für Gesellschafter B das Forderungsmanagement keine relevante Aktivität ist. Bei der Beurteilung, ob ein Beherrschungsverhältnis vorliegt, ist somit von A zu beurteilen, ob neben dem Debitorenmanagement noch weitere betriebliche Prozesse kontrolliert werden und ob dies – iVm der Kontrolle über den Teilprozess Debitorenmanagement – zur Erfüllung des *power*-Kriteriums ausreicht. Entspr ist von B zu beurteilen, ob eine Kontrolle über die übrigen betrieblichen Aktivitäten in dem Umfang vorliegt, dass insgesamt das *power*-Kriterium als erfüllt anzusehen ist.

Beispiel 2: Die Gesellschafter A und B gründen ein Unternehmen, dessen Geschäftszweck die Entwicklung, die Produktion sowie der Vertrieb neuer anlagentechnischer Produkte ist. Vertraglich ist geregelt, dass Gesellschafter A aufgrund einer hohen Expertise in diesem Bereich die Entwicklung der Produkte verantwortet, Gesellschafter B hingegen für Produktion und Vertrieb zuständig ist.

Die Erfüllung des *power*-Kriteriums ist hinsichtlich der relevanten Unternehmensprozesse zeitlich differenziert zu betrachten. Während der Entwicklungsphase beherrscht A die relevanten Prozesse des Unternehmens, während der Produktions- und Vertriebsphase trifft dies auf B zu. Geht man darüber hinaus davon aus, dass es revolvierend zu Entwicklungs- und Vertriebsaktivitäten kommt, ist nicht nur zeitlich, sondern auch sachlich hinsichtlich der Beurteilung des *power*-Kriteriums durch die Gesellschafter zu differenzieren. Ob aus dieser Differenzierung Konsequenzen auf die Beurteilung eines Beherrschungsverhältnisses resultieren, ist unter Berücksichtigung der Rückflüsse und deren Beeinflussbarkeit durch die Unternehmen A und B zu bestimmen.

Letztlich weisen Unternehmen mit breiten relevanten Aktivitätsspektren als gemeinsame Charakteristika auf, dass eine Bestimmung dieser Prozesse idR über eine entspr Stimmrechtsausübung ihrer Anteilseigner erfolgt und fortlaufend unternehmerische Entscheidungen erfordert.

47 Demgegenüber sind die **relevanten Geschäftsaktivitäten strukturierter Einheiten** definitionsgemäß nicht über die Stimmrechtsmehrheit zu steuern, da sich Entscheidungen aufgrund von Stimmrechten vorrangig auf administrative Sachverhalte beschränken. Dies können die Debitoren- und Kreditorenbuchhaltung, Rechnungslegungs- und Kostenrechnungsaufgaben sowie die Erstellung und Feststellung von Jahresabschlüssen sein. Die übrigen, insbes die operativen Prozesse sind bei diesen Einheiten aufgrund von Satzungsbestimmungen oder auf der Grundlage einzelvertraglicher Regelungen weitgehend festgelegt. Gleichwohl gibt es idR verbleibende relevante Geschäftsaktivitäten, die in vielen Fällen nicht regelmäßig wiederkehrende Entscheidungssituationen betreffen. Die Bestimmung der Beherrschungsmacht über einzelne oder mehrere Aktivitäten ist in diesem Fall eng mit der Bestimmung der Einwirkungsmöglichkeiten auf die strukturierten Einheiten verbunden (→ Rn 41 ff). Beispiele für solche Einwirkungsmöglichkeiten können folgende Sachverhalte liefern (*Deloitte* 2015, 1676):

(1) Die Entscheidung darüber, wie bei einem Portfolio grds werthaltiger Forderungen die Beitreibung der Beträge im Fall der Nichtzahlung erfolgen soll;
(2) die Entscheidung darüber, welche Klasse von Finanzinstrumenten in ein bestehendes Portfolio aufgenommen werden soll bzw über eine Erweiterung der Anlageklassen des Portfolios (bspw die Ausdehnung der Anlagen auf die Ratingklasse AA, wenn nicht mehr genug AAA-Wertpapiere am Markt gehandelt werden);
(3) die Entscheidung darüber, ob ein Eigenkapitalinstrument im Fall eines unvorhergesehenen Wertverlusts veräußert werden soll;
(4) die Entscheidung darüber, wie bei einem Immobilienportfolio mit dem Ausfall eines wesentlichen Mieters umgegangen werden soll.

Fälle, in denen es überhaupt keiner Entscheidungsmacht hinsichtlich relevanter Aktivitäten bedarf, da sämtliche Geschäftsaktivitäten vorbestimmt geregelt sind, existieren auch in Bezug auf strukturierte Einheiten nur sehr selten (so auch *EY* 2015, 354; *Deloitte* 2015, 1677) und führen im Ergebnis dazu, dass kein Investor das *power*-Kriterium erfüllt, sodass eine Beherrschung in diesen Fällen nicht vorliegt.

2. Variable Rückflüsse

48 Im Rahmen des Beherrschungskonzepts des IFRS 10 dient die Entscheidungsmacht im Zusammenhang mit der Unternehmensverbindung dazu, aus dem potenziellen TU variable Rückflüsse zu erzielen. Der Begriff der Rückflüsse ist dabei weit gefasst und umfasst **sowohl Gewinne als auch Verluste** aus der Unternehmensverbindung. Er ist weiterhin nicht auf zahlungswirksame Rückflüsse beschränkt; so kann bspw auch die Erzielung von Synergiegewinnen einen (positiven) Rückfluss iSv IFRS 10 darstellen. Diese Abgrenzung ist damit weiter gefasst als das *benefits*-Kriterium des ehemaligen IAS 27 (2008), bei dem in Teilen der Literatur davon ausgegangen wurde, dass nur eigentümerspezifische Vorteile in die Betrachtung einzubeziehen seien (vgl *KPMG* 2011/12 Rz 2.5.120; differenzierender *pwc* 2012 Rz 24.34).

49 Zur Beurteilung eines potenziellen Beherrschungsverhältnisses sind nur solche Rückflüsse heranzuziehen, die in ihrer Höhe variabel sind. Eine **Variabilität** der Rückflüsse liegt vor, wenn sich diese Rückflüsse in Abhängigkeit von dem Handeln der zu beurteilenden Einheit verändern (IFRS 10.B56). Dabei umfassen variable Rückflüsse auch vertraglich fixierte Zahlungen, wenn deren tatsächliche Höhe von dem Verhalten der zu beurteilenden Einheit abhängig ist. Dagegen sind andere (fixe) Rückflüsse (bspw Vorauszahlungen) nicht bei der Beurteilung der Beherrschung zu berücksichtigen. Dies gilt unabhängig davon, wem diese

fixen Rückflüsse zufließen. Es ist also durchaus möglich, dass ein MU sowohl fixe als auch variable Rückflüsse aus einem potenziellen TU erhält. Zur Beurteilung einer möglichen Beherrschung ist jedoch nur der variable Teil der Vergütungen heranzuziehen (IFRS 10.B56).

Die rechtliche Gestaltung der Rückflüsse hat hingegen keine Bedeutung für 50
die Beurteilung eines Beherrschungsverhältnisses. Darin zeigt sich das Grundprinzip der IFRS, Sachverhalte nicht nach ihrer rechtlichen Ausgestaltung, sondern nach ihrem **wirtschaftlichen Gehalt** darzustellen (vgl *Kirsch/Ewelt-Knauer* BB 2011, 1641 (1642)). Dies führt dazu, dass auch rechtlich fixierte Vergütungsbestandteile als wirtschaftlich variabel einzustufen sein können. So können bspw fixe Zinsvereinbarungen unter Berücksichtigung ihres Kreditausfallrisikos als variable Vergütungen einzustufen sein, wenn materielle Unsicherheiten hinsichtlich der Fähigkeit oder des Zeitpunkts der Zinszahlungen gegeben sind. Ebenso sind fixe Vergütungen aus dem Asset-Management einer anderen Einheit als variable Rückflüsse zu qualifizieren, da sie von der Geschäftsentwicklung der Einheit abhängen (IFRS 10.B56).

3. Zusammenhang zwischen Entscheidungsmacht und Rückflüssen

Das dritte Element des Beherrschungskonzepts des IFRS 10 ist die **kausale** 51
Verknüpfung zwischen dem *power*-Kriterium und dem *return*-Kriterium. Eine Beherrschung liegt gem IFRS 10.6 nur vor, wenn das berichtende MU gegenwärtig bestehende Entscheidungsmacht benutzen kann, um die Höhe der Rückflüsse zu beeinflussen. Dies bedeutet nicht, dass ein Beherrschungsverhältnis die aktive Nutzung von Entscheidungsmacht zur tatsächlichen Beeinflussung der Rückflüsse voraussetzt. Die **Möglichkeit** dazu reicht bereits aus.

Die in vielen Fällen selbstverständliche und unstreitige Verknüpfung von Be- 52
herrschungsmacht und Beeinflussung der variablen Rückflüsse erhält insbes in Konstellationen praktische Relevanz, bei denen Entscheidungsmacht zwischen Individuen oder Unternehmen übertragen wird. IFRS 10 enthält erstmals Regelungen in Bezug auf übertragene Entscheidungsmacht *(delegated power)*. Die davon betroffenen **Prinzipal-Agenten-Beziehungen** sind dadurch gekennzeichnet, dass eine ausgeübte Entscheidungsmacht nicht in eigenem Interesse, sondern für eine andere Partei ausgeübt wird. Dabei ist ein Agent eine Person oder eine Einheit, die aufgrund vertraglicher Vereinbarungen verpflichtet ist, im Namen bzw im Interesse einer oder mehrerer anderer Parteien (Prinzipal) zu handeln (vgl *Leitner-Hanetseder/Schausberger* IRZ 2011, 379 (384)). Die Verknüpfung von *power*- und *return*-Kriterium wirkt in diesem Zusammenhang wechselseitig:

(1) Übt eine Partei zwar einerseits Entscheidungsmacht auf eine zu beurteilende Einheit aus, ist jedoch andererseits nicht der Variabilität der Rückflüsse aus ihrem Handeln ausgesetzt, handelt sie als Agent, da ein Dritter Begünstigter bzw Belasteter aus dem Handeln ist. Mithin liegt kein Beherrschungsverhältnis vor.

(2) Ist eine Partei andererseits der Variabilität von Rückflüssen ausgesetzt, ohne diese jedoch durch eigenes Handeln direkt zu beeinflussen, kann er als Prinzipal handeln, der die ihm zustehende Entscheidungsmacht auf andere übertragen hat. In diesem Fall ist ein Beherrschungsverhältnis anzunehmen. Liegt hingegen keine Übertragung von Entscheidungsmacht vor, fehlt es bereits am *power*-Kriterium mit der Folge, dass ein Beherrschungsverhältnis nicht gegeben ist.

Dabei können sowohl **materieller wie auch zeitlicher Umfang** der De- 53
legation von Entscheidungsmacht **sehr unterschiedlich** sein. Das Spektrum reicht hierbei von der einzelfallbezogenen Stimmrechtsübertragung bis zum voll-

umfänglichen Management der zu beurteilenden Einheit durch beauftragte Dritte. Deshalb fordert IFRS 10.B60 bei Prinzipal-Agenten-Konstellationen eine einzelfallbezogene Beurteilung unter Berücksichtigung aller relevanten Umstände und Sachverhalte. Zu diesem Zweck führt der Standard folgende Bereiche an, die ein Entscheidungsträger heranziehen soll, um zu beurteilen, ob er als Agent handelt:

(1) Beurteilung des Umfangs der dem Entscheidungsträger zustehenden Entscheidungsmacht,
(2) Beurteilung der Rechte Dritter, welche die Entscheidungsmacht des Entscheidungsträgers einschränken können,
(3) Beurteilung der Vergütungen für erbrachte Dienstleistungen und
(4) Beurteilung des Umfangs von anderen Rückflüssen aus der zu beurteilenden Einheit an den Entscheidungsträger.

Dabei wird umso eher von einer **Agentenbeziehung** auszugehen sein, je geringer der eigene Anteil des Entscheidungsträgers an den variablen Rückflüssen ist, je weniger seine Vergütung von der Entwicklung der betrachteten Einheit abhängt und je umfangreicher die Rechte Dritter (darunter auch die des potenziellen Prinzipals, wenn nur ein Teil der Entscheidungsmacht übertragen wurde) ausgestaltet sind (vgl *Freiberg* PiR 2013, 96 (97f); ausführlicher *Deloitte* 2015, 1718ff). Die dargestellten Bereiche sind vollständig in einem angemessenen Gewichtungsverhältnis zu berücksichtigen. Von einer Agentenrolle des Entscheidungsträgers ist nach IFRS 10.B61 in jedem Fall auszugehen, wenn ein Dritter das Recht hat, nach eigenem Ermessen den Entscheidungsträger seines Amtes zu entheben und damit das finale Recht der Ausübung von Entscheidungsmacht innehat. Darüber hinaus sind jedoch auch Art und Umfang der Vergütung des potenziellen Agenten und deren Marktüblichkeit sowie der Umfang eines ggf von diesem gehaltenen Investments in dem potenziellen TU zu berücksichtigen (vgl *EY* 2015, 394; ausführlich und mit besonderer Berücksichtigung der Rolle von Fondsmanagern *KPMG*, 2014/15 Rz 2.5.290 und Rz 2.5.350).

Die sich aus den Anwendungsleitlinien des IFRS 10 ableitenden **Prüfungsschritte** zur Beurteilung, ob ein Entscheidungsträger als Prinzipal oder Agent einzustufen ist lassen sich wie folgt grafisch zusammenfassen:

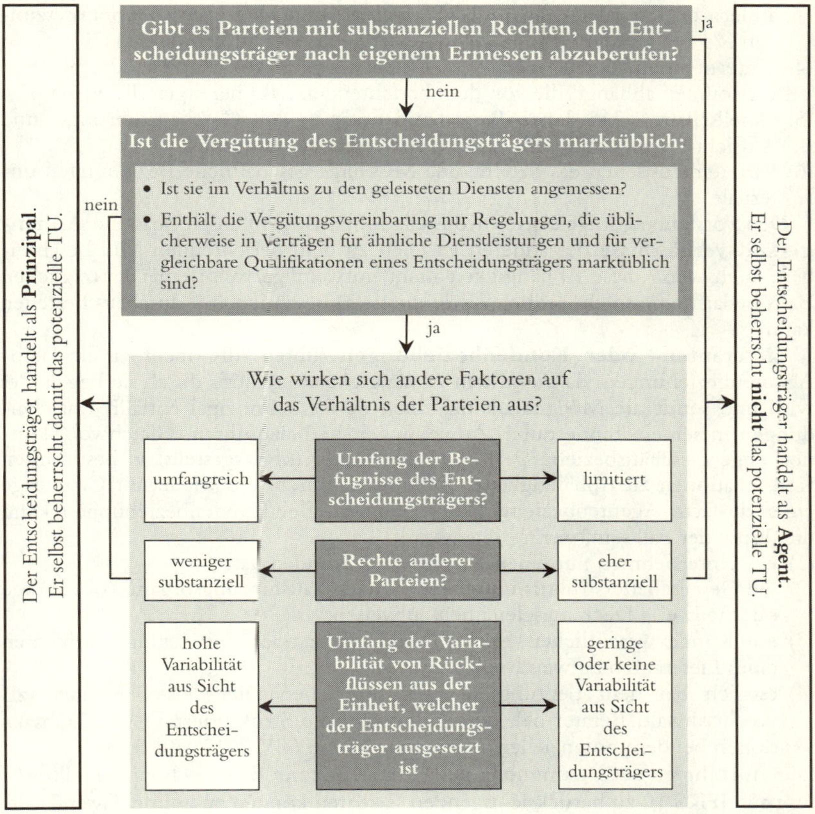

Die Beurteilung der Verknüpfung von Entscheidungsmacht und Nutzen aus variablen Rückflüssen in IFRS 10.B60 zwingt das berichtende Unternehmen zu einer Identifikation von Prinzipal-Agenten-Beziehungen und trägt somit zu einer **Objektivierung der Bilanzierung** bei. Gleichzeitig ist die Beurteilung solcher Beziehungen in vielen Fällen komplex und impliziert erhebliche Beurteilungsspielräume (vgl *Lachmann/Kümpel/Hagen* KoR 2013, 573 (576)), welche die angestrebte Vergleichbarkeit der Darstellung zumindest teilweise kompensiert.

Bei der Beurteilung von Beherrschungsverhältnissen verlangt IFRS 10.B73 ff **54**
auch eine Berücksichtigung der **Beziehungen zu anderen Parteien,** die in einem Interessenverhältnis zu der zu beurteilenden Einheit stehen. Dabei ist zu prüfen, ob und in welchem Umfang Dritte im Interesse oder im Namen des berichtenden MU handeln, auch wenn diesem Handeln keine vertragliche Übertragung von Entscheidungsgewalt zugrunde liegt (IFRS 10.B74 f). Als Beispiele für solche **de-facto-Agenten** nennt der Standard:

(1) verbundene Unternehmen des beurteilenden MU,
(2) Unternehmen oder Personen, die Anteile ohne, oder nur gegen eine geringe Gegenleistung von dem MU erhalten haben oder bei dem das MU die Finanzierung des Anteilserwerbs übernommen hat,
(3) Parteien, die mit dem berichtenden MU eine Vereinbarung getroffen haben, wonach sie die Beteiligung an der Einheit nur mit Zustimmung des MU ver-

äußern dürfen oder welche sie verpflichtet, unter bestimmten Voraussetzungen Rechte aus der Beteiligung zu übertragen oder zu verpfänden,
(4) Unternehmen, deren operative Geschäftstätigkeit von Kapital oder anderen Ressourcen abhängt, die von dem berichtenden MU bereitgestellt werden,
(5) Gesellschaften, bei denen Personenidentität in den Geschäftsführungs- und Aufsichtsorganen mit dem berichtenden MU besteht und
(6) Parteien, zu denen das berichtende MU enge geschäftliche Beziehungen unterhält.

Den vorstehend aufgeführten Konstellationen ist gemeinsam, dass sie **Abhängigkeitsverhältnisse** der anderen Parteien zu dem berichtenden MU beschreiben, auch wenn diese Abhängigkeit nicht notwendigerweise einer vertraglichen Basis bedarf, eine solche jedoch – wie unter (3) beschrieben – durchaus bestehen kann.

Lieferanten- oder Kundenbeziehungen führen idR nicht zu de-facto-Agentenbeziehungen, da meist kein Abhängigkeitsverhältnis durch sie begründet wird und somit die Möglichkeit für einen de-facto-Prinzipal entfällt, Entscheidungen in seinem Sinne durch Anweisungen herbeizuführen. Gleichwohl können enge Geschäftsbeziehungen (wie oben unter (6) dargestellt) in bestimmten Konstellationen zu Abhängigkeitsverhältnissen führen, die wiederum Grundlage einer de-facto-Agentenbeziehung sein können. Bei Kundenbeziehungen kann dies bspw der Fall sein, wenn
(1) ein Unternehmen nur einen wesentlichen Kunden hat,
(2) die Gesellschafterstruktur und/oder die Geschäftsführungsorgane vollständige oder teilweise Deckungsgleichheit aufweisen,
(3) ein Kunde wesentlichen Einfluss auf Umsatz oder Entwicklungsaktivitäten eines Lieferanten aufweist,
(4) es sich bei dem Leistungserbringer um einen Dienstleister handelt (zB Rechtsanwalt, Berater oä), der Einfluss auf die Strukturierung von Transaktionen bei dem potenziellen TU nehmen kann (*EY,* 2015, 404f).

Die im Rahmen der Bestimmung des Vorliegens eines Beherrschungsverhältnisses nach IFRS 10 zu berücksichtigenden Faktoren können zusammenfassend wie folgt grafisch dargestellt werden:

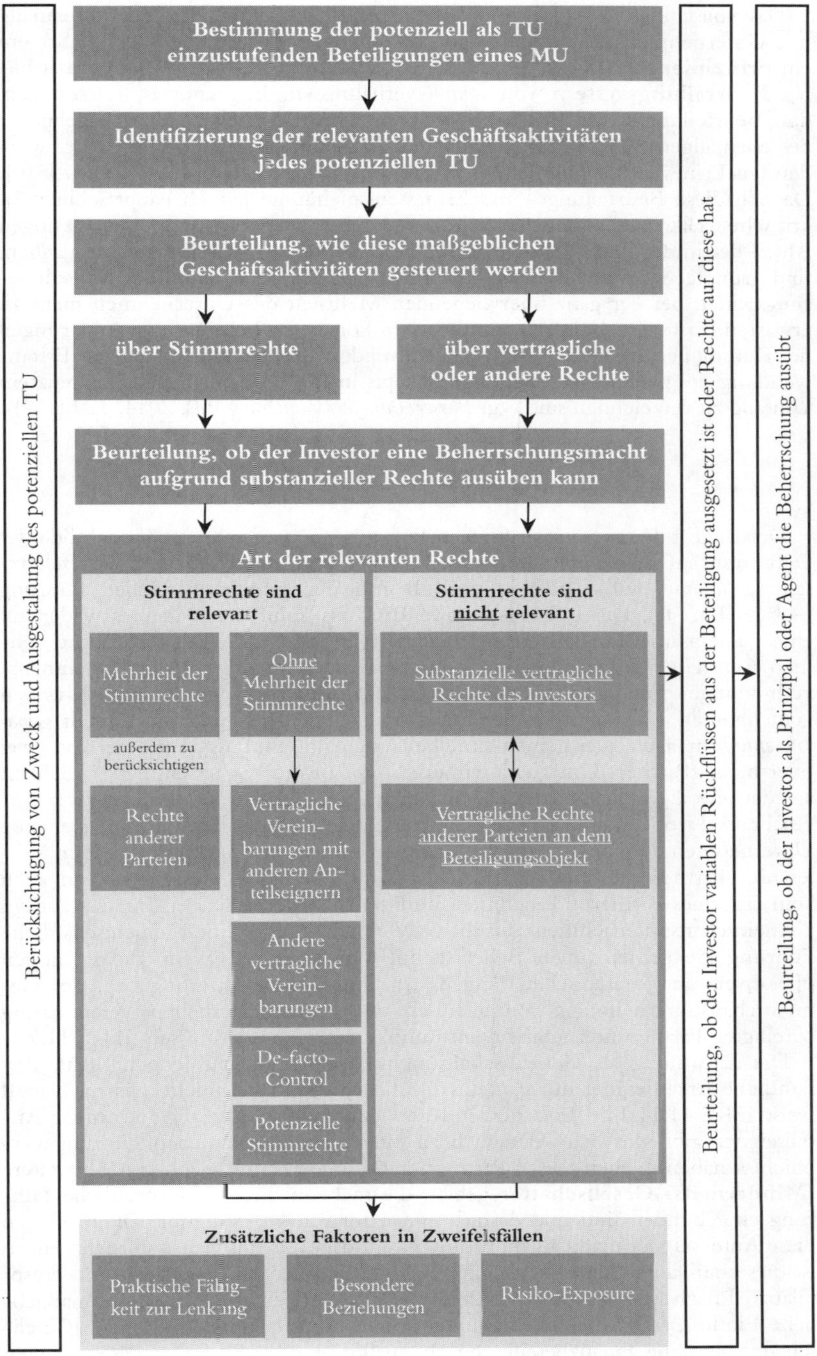
Bestimmung der potenziell als TU einzustufenden Beteiligungen eines MU
Identifizierung der relevanten Geschäftsaktivitäten jedes potenziellen TU
Beurteilung, wie diese maßgeblichen Geschäftsaktivitäten gesteuert werden
über Stimmrechte
über vertragliche oder andere Rechte
Beurteilung, ob der Investor eine Beherrschungsmacht aufgrund substanzieller Rechte ausüben kann
Art der relevanten Rechte
Stimmrechte sind relevant
Mehrheit der Stimmrechte
Ohne Mehrheit der Stimmrechte
außerdem zu berücksichtigen
Rechte anderer Parteien
Vertragliche Vereinbarungen mit anderen Anteilseignern
Andere vertragliche Vereinbarungen
De-facto-Control
Potenzielle Stimmrechte
Stimmrechte sind nicht relevant
Substanzielle vertragliche Rechte des Investors
Vertragliche Rechte anderer Parteien an dem Beteiligungsobjekt
Zusätzliche Faktoren in Zweifelsfällen
Praktische Fähigkeit zur Lenkung
Besondere Beziehungen
Risiko-Exposure
Berücksichtigung von Zweck und Ausgestaltung des potenziellen TU
Beurteilung, ob der Investor variablen Rückflüssen aus der Beteiligung ausgesetzt ist oder Rechte auf diese hat
Beurteilung, ob der Investor als Prinzipal oder Agent die Beherrschung ausübt

55 Das vollständig neu gefasste Konzept der Beherrschung im Zusammenhang mit Unternehmensverbindungen ist das Ergebnis des Bemühens des IASB um ein **prinzipiengestütztes, normkompatibles** und **gleichzeitig operationales Beurteilungssystem** von *control*-Verhältnissen. Insgesamt ist festzustellen, dass Beurteilungs- und Ermessensspielräume im Vergleich zu den Regelungen des ehemaligen IAS 27 (2008) nicht reduziert, sondern allenfalls verlagert wurden (zu Ermessensspielräumen vgl ausführlich *Reiland* DB 2011, 2729 (2733ff)). Da sich diese Beurteilungs- und Ermessensspielräume jedoch hauptsächlich auf kritische Fallkonstellationen beziehen und diese wiederum nur einen geringen Anteil der in der Praxis zu beurteilenden Konsolidierungskreisfragen ausmachen, sind grundlegende Verschiebungen hinsichtlich der Beurteilung der Konsolidierungspflicht bei der ganz überwiegenden Mehrheit der Unternehmen nicht zu erwarten. Erste Ergebnisse der empirischen Forschung belegen, dass Änderungen des Konsolidierungskreises bei IFRS-Anwendern in Deutschland aus der Erstanwendung des neuen Beherrschungskonzepts in IFRS 10 nur in sehr begrenztem Umfang zu verzeichnen sind (vgl *Bösser/Pilhofer/Winterling* PiR 2014, 129 (132)).

II. Gemeinschaftliche Führung

56 Der Begriff der gemeinschaftlichen Führung *(joint control)* setzt hinsichtlich der Definition auf dem bereits unter → Rn 10ff vorgestellten Begriff der Beherrschung *(control)* auf (detailliert zum Begriff der gemeinschaftlichen Führung → § 29 Rn 7ff). Der **beherrschende Einfluss** kann sich dabei entweder auf eine gemeinsame Tätigkeit *(joint operation)* oder auf ein Gemeinschaftsunternehmen *(joint venture)* beziehen. Im Rahmen der Betrachtung von Unternehmensverbindungen sind allerdings nur Gemeinschaftsunternehmen relevant, da es den gemeinsamen Tätigkeiten an der Eigenschaft einer eigenständigen Einheit *(separate entity)* mangelt. Der gemeinsame beherrschende Einfluss geht dabei von zwei oder mehr (Partner-)Unternehmen aus. Somit ist die Beherrschungsmöglichkeit aus der jeweiligen Sicht eines der bilanzierenden Partnerunternehmen zwar eingeschränkt, jedoch kann sich das unter der gemeinschaftlichen Führung stehende Unternehmen (Gemeinschaftsunternehmen) nicht uneingeschränkt dem Willen der Partnerunternehmen entziehen (IFRS 11.7f). Andererseits kann auch kein einzelnes Partnerunternehmen unmittelbar beherrschenden Einfluss auf ein Gemeinschaftsunternehmen ausüben. Vielmehr liegt eine gemeinschaftliche Führung iSe gemeinsamen Beherrschung nur dann vor, wenn die wichtigen operativen und strategischen Fragen der Unternehmensführung bzgl des Gemeinschaftsunternehmens von allen an der gemeinschaftlichen Vereinbarung beteiligten Partnerunternehmen einstimmig gefasst werden müssen (IFRS 11.7).

57 Die Einstufung als Gemeinschaftsunternehmen bedeutet jedoch nicht, dass sämtliche Anteilseigner nur gemeinsam und einstimmig handeln müssen. Darauf weist IFRS 11.11 hin. Entscheidend ist vielmehr, dass es zwei oder mehr Anteilseigner gibt, die sich vertraglich zu einer gemeinschaftlichen Führung verpflichtet haben. Neben diesen Partnerunternehmen kann es jedoch noch weitere **(Minderheits-)Gesellschafter** geben, die nicht in die gemeinschaftliche Führung eingebunden sind und deshalb eine „normale“ Beteiligung halten. Haben diese Anteilseigner maßgeblichen Einfluss auf das Gemeinschaftsunternehmen, so ist dieses aus ihrer Sicht als assoziiertes Unternehmen zu betrachten und entspr bilanziell nach Maßgabe des IAS 28 zu berücksichtigen. Fehlt auch der maßgebliche Einfluss, so ist die Beteiligung aus Sicht der nicht-beherrschenden Gesellschafter als reine Finanzbeteiligung zu qualifizieren und gem den Regelungen von IAS 32 und IAS 39 bzw IFRS 9 bilanziell zu erfassen.

Entscheidend für die Einordnung der Unternehmensverbindung in die Kategorie der gemeinschaftlichen Führung ist die **Existenz einer vertraglichen Vereinbarung** (IFRS 11.5). Diese kann durch verschiedene Formen belegt werden, so zB als Vertrag zwischen den Partnerunternehmen oder durch Sitzungsprotokolle aus Besprechungen zwischen den Partnerunternehmen, in denen die gemeinschaftliche Führung des Gemeinschaftsunternehmens vertraglich verbindlich festgelegt wird. Hierzu sollen in der Vereinbarung insbes Feststellungen zu der Tätigkeit, Dauer und Berichtspflicht sowie zur Ernennung eines Geschäftsführungs- und/oder Aufsichtsorgans enthalten sein. Des Weiteren sind die Verteilung der Stimmrechte und Kapitaleinlagen der Partnerunternehmen sowie der Beteiligung der Partnerunternehmen an Produktion, Erträgen, Aufwendungen oder Ergebnissen des Gemeinschaftsunternehmens festzulegen. Dabei kann ein Partnerunternehmen als Betreiber des Gemeinschaftsunternehmens bestimmt werden, ohne dass dies zwangsläufig zur Beherrschung durch dieses Unternehmen führt. 58

Die **vertragliche Vereinbarung** einer gemeinschaftlichen Führung bedarf keines gesonderten Vertragsverhältnisses. Sie kann zB **implizit** innerhalb eines Gesellschaftsvertrags vereinbart werden, wenn die Rechte und Pflichten der Gesellschafter dort so ausgestaltet werden, dass Entscheidungen nur einvernehmlich getroffen werden können (IFRS 11.B7).

Beispiel: Zwei Unternehmen gründen eine Gesellschaft, deren Anteile zu je 50% auf die Gesellschafter entfallen. Im Gesellschaftsvertrag wird festgelegt, dass die Stimmrechtsverteilung der Anteilsverteilung entsprechen soll und dass für Entscheidungen über die wesentlichen wirtschaftlichen Aktivitäten des neu gegründeten Unternehmens mindestens 51% der Stimmrechte erforderlich sind. Obwohl explizit keine gemeinschaftliche Führung vereinbart wurde, ergibt sich diese doch implizit, weil alle wesentlichen Entscheidungen nur mit Zustimmung beider Gesellschafter getroffen werden können. Einer gesonderten Vereinbarung bedarf es insoweit nicht.

Im Hinblick auf ein **Schriftformerfordernis** bzgl der dem Gemeinschaftsunternehmen zugrunde liegenden vertraglichen Vereinbarung wird in IFRS 11.B2 darauf hingewiesen, dass eine solche Vereinbarung „üblicherweise schriftlich" vorgenommen wird. Ein Zwang zur Schriftform lässt sich gleichwohl aus dieser Formulierung nicht ableiten, sodass auch andere Nachweise einer vertraglichen Vereinbarung zur gemeinschaftlichen Führung zulässig sind. Darüber hinaus weist IFRS 11.B3 darauf hin, dass bei einem Gemeinschaftsunternehmen die notwendige vertragliche Vereinbarung nicht grds in einem eigenständigen Vertragswerk geregelt sein muss. Vielmehr kann die entspr Vereinbarung teilweise oder vollständig bereits im Gesellschaftsvertrag enthalten sein. 59

In vielen Fällen gemeinschaftlicher Führung übernimmt ein Partnerunternehmen die operative Führung eines Gemeinschaftsunternehmens. Verfügt dieses **Betreiberunternehmen** jedoch über die Möglichkeit, allein die Finanz- und Geschäftspolitik des Gemeinschaftsunternehmens zu bestimmen, liegt keine gemeinschaftliche Führung, sondern ein Kontrollverhältnis iSv IFRS 10.6 vor. Aus Sicht des Betreiberunternehmens ist somit die Würdigung der vertraglichen Rechte und Pflichten der an dem Gemeinschaftsunternehmen beteiligten Parteien von besonderer Bedeutung, da sie über die Form der Darstellung dieser Beteiligung im Konzernabschluss des Betreiberunternehmens entscheidet. 60

Die **Überprüfung der Unternehmensverbindung** ist für jeden Abschlussstichtag erneut vorzunehmen. Darüber hinaus ist auch unterjährig zu beurteilen, ob sich an den vertraglichen Vereinbarungen und an den für die Beurteilung der gemeinschaftlichen Führung relevanten Rahmenbedingungen etwas verändert hat. Eine solche Veränderung könnte nämlich dazu führen, dass ein bisher als 61

Gemeinschaftsunternehmen klassifiziertes Unternehmen nunmehr als assoziiertes Unternehmen oder als TU anzusehen wäre. Während die Einstufung als assoziiertes Unternehmen bilanziell unkritisch ist (beide Unternehmensverbindungen werden mittels der Equity-Methode abgebildet), führt eine Einstufung als TU unmittelbar zu einer Konsolidierungspflicht der entspr Beteiligung. Die sich daraus ergebende Erstkonsolidierung ist zum Zeitpunkt der Erlangung der (alleinigen) Beherrschungsmöglichkeit auch unterjährig und nicht nur zum Abschlussstichtag vorzunehmen. Damit ist unter Berücksichtigung sämtlicher Rahmenbedingungen kontinuierlich die Abgrenzung der gemeinschaftlichen Führung zur Beherrschung (→ Rn 10ff) und zum maßgeblichen Einfluss (→ Rn 62ff) vorzunehmen.

III. Maßgeblicher Einfluss

62 Eine im Vergleich zur Beherrschung und gemeinschaftlichen Führung schwächere Form der Einflussnahme stellt der in IAS 28.3 beschriebene maßgebliche Einfluss dar. Dieser wird definiert als **Möglichkeit, an den finanz- und geschäftspolitischen Entscheidungsprozessen des Beteiligungsunternehmens mitzuwirken,** ohne diese Entscheidungsprozesse beherrschen zu können. Das Unternehmen, auf das der maßgebliche Einfluss ausgeübt wird, wird als **assoziiertes Unternehmen** bezeichnet.

63 Unter Verwendung dieser Definition lässt sich eine **Abgrenzung nach oben** zu einem Beherrschungsverhältnis oder einer gemeinschaftlichen Führung relativ problemlos vornehmen. Entscheidend hierfür ist die Beurteilung, ob ein Anteilseigner im Konfliktfall die Möglichkeit hat, sich gegen die übrigen Anteilseigner durchzusetzen. Ist dies nicht der Fall, und liegt auch keine gemeinschaftliche Führung mehrerer Partnerunternehmen vor, so kann keine Beherrschung, sondern lediglich ein maßgeblicher Einfluss unterstellt werden.

64 Deutlich schwieriger ist die **Abgrenzung nach unten** zu den einfachen Anteilen. Da das Kriterium der Mitwirkung an den finanz- und geschäftspolitischen Entscheidungsprozessen des Beteiligungsunternehmens eher qualitativer Natur ist, wird das Vorliegen eines maßgeblichen Einflusses **widerlegbar vermutet** (*Winkeljohann/Lewe* in BeBiKo § 311 HGB Rz 40), wenn der Anteilseigner direkt oder indirekt über mindestens 20% der Stimmrechte am assoziierten Unternehmen verfügt. Bei einem Stimmrechtsanteil von weniger als 20% wird spiegelbildlich vermutet, dass kein maßgeblicher Einfluss gegeben ist (IAS 28.5).

Für das Vorliegen eines maßgeblichen Einflusses nennt IAS 28.6 folgende **Indikatoren:**

(1) Zugehörigkeit zum Geschäftsführungs- und/oder Aufsichtsorgan oder einem gleichartigen Leitungsgremium des assoziierten Unternehmens,
(2) Mitwirkung an der Geschäftspolitik des assoziierten Unternehmens,
(3) wesentliche Geschäftstransaktionen zwischen dem Anteilseigner und dem assoziierten Unternehmen,
(4) Austausch von Führungspersonal **oder**
(5) Bereitstellung von bedeutenden technischen Informationen.

Maßgeblicher Einfluss kann auch vorliegen, wenn das zu beurteilende Unternehmen durch einen Dritten oder mehrere Partnerunternehmen gemeinsam beherrscht wird. Bei entspr Ausgestaltung des Gesellschaftsvertrags durch Mitwirkungs- oder Zustimmungsrechte eines Minderheitsgesellschafters kann ein partizipatives Potenzial für diesen Gesellschafter gegeben sein, das über dasjenige einer einfachen Beteiligung hinausgeht.

Beispiel: Unternehmen A hält 30% der Anteile an Unternehmen B. Unternehmen A hat die Möglichkeit, über eine im Gesellschaftsvertrag verankerte Sperrminorität wesentliche Entscheidungen über die Geschäftstätigkeit mit zu beeinflussen. Eine Beherrschungsmöglichkeit ist damit jedoch nicht verbunden.

In vielen Fällen ist jedoch auch bei einer Anteils- bzw Stimmrechtsquote von mehr als 20% ein **maßgeblicher Einfluss** für nicht-beherrschende Gesellschafter **tatsächlich nicht möglich.** Indizien dafür können historische Gesellschafterentscheidungen sein, bei denen der nicht-beherrschende Gesellschafter regelmäßig überstimmt wurde. Auch gesetzliche oder praktische Einschränkungen von Gesellschafterrechten bei ausländischen Gesellschaften können Anhaltspunkte gegen das Vorliegen eines maßgeblichen Einflusses sein. Darüber hinaus können auch Rechtsstreitigkeiten mit dem Unternehmen oder seinen übrigen Gesellschaftern darauf hindeuten, dass ein möglicher maßgeblicher Einfluss tatsächlich nicht ausgeübt werden kann (vgl ausführlicher *Deloitte* 2015, 1947). In diesen Fällen liegt somit kein maßgeblicher Einfluss vor mit der Folge, dass die betroffenen Beteiligungen als reine Finanzbeteiligungen nach Maßgabe der Regelungen des IAS 39/IFRS 9 zu bilanzieren sind.

Bei Vorliegen eines **tatsächlich ausgeübten** maßgeblichen Einflusses kann darüber hinaus auch bei einer 20% unterschreitenden oder völlig fehlenden Beteiligung ein assoziiertes Unternehmen vorliegen. Die Regelungen des IFRS 10 sind jedoch in diesen Fällen nicht maßgeblich (so inhaltlich auch *IDW* RS HFA 2 Rz 52, der sich allerdings auf die früheren Regelungen in IAS 27 (2008) iVm SIC-12 bezieht). Entspr existiert in diesen Fällen auch keine der de-facto-control konzeptionell vergleichbare Betrachtungsweise im Hinblick auf das Bestehen eines maßgeblichen Einflusses, da dies eine analoge Anwendung der entspr Regelung des IFRS 10.B42 ff voraussetzen würde.

Auch bei der Definition des maßgeblichen Einflusses sind **potenzielle Stimmrechte** (IAS 28.7) bei der Beurteilung der Unternehmensverbindung zu berücksichtigen, soweit sie am Abschlussstichtag tatsächlich ausübbar sind. Dabei ist zu berücksichtigen, dass die Regelung nicht den Anforderungen des IFRS 10.B24 angepasst wurde, wonach auch derzeit nicht ausübbare Optionen unter gewissen Voraussetzungen zu berücksichtigen sind (zur Begründung s IAS 28.BC15 f). Die potenziellen Stimmrechte können aus Aktienoptionsscheinen, Anteilskaufoptionen oder sonstigen Fremd- oder Eigenkapitalinstrumenten resultieren, die in ordentliche Aktien oder ähnliche stimmrechtsvermittelnde Eigenkapitalinstrumente umwandelbar sind. Zu weiteren Ausführungen wird auf die vergleichbare Regelung des IFRS 10.B47 ff verwiesen (→ Rn 38 f). 65

Nach IAS 28.9 wird der maßgebliche Einfluss für Situationen **widerlegbar ausgeschlossen,** wenn die Unternehmensverbindung einer **andauernden Beeinträchtigung** unterliegt. Dies wird dann vermutet, wenn sich das Unternehmen in einer Umstrukturierungsphase unter gesetzlichen Auflagen befindet. Darüber hinaus können auch ein Insolvenzverfahren oder andauernde wesentliche Beeinträchtigungen seiner Fähigkeit, Finanzmittel an den Investor zu transferieren, den maßgeblichen Einfluss widerlegen. Diese Rahmenbedingungen sind bei der Beurteilung darüber, ob ein maßgeblicher Einfluss vorliegt, zu berücksichtigen. 66

Auch im Anwendungsbereich von IAS 28 ist die Qualität der **Unternehmensverbindung** für **jeden Abschluss erneut** zu überprüfen. Damit ist unter Berücksichtigung sämtlicher Rahmenbedingungen kontinuierlich die Abgrenzung des maßgeblichen Einflusses zur Beherrschung (→ Rn 10 ff) und zur gemeinschaftlichen Führung (→ Rn 56 ff) vorzunehmen. 67

C. Strukturierung von Unternehmensverbindungen

68 Die unter Abschnitt B. erläuterten Abgrenzungen sind nunmehr hinsichtlich der daraus resultierenden, für die Konzernrechnungslegung **relevanten Unternehmenskategorien zu strukturieren.** Die folgende Übersicht stellt die Ergebnisse im Zusammenhang dar.

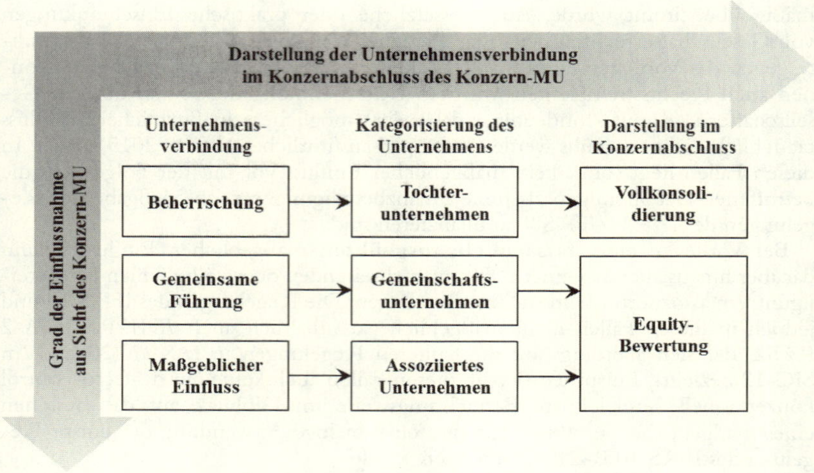

I. Tochterunternehmen

69 Zu den Konzernunternehmen gehören neben dem **MU** alle Unternehmen, welche unter dem **beherrschenden Einfluss** des MU liegen, mithin also als TU zu qualifizieren sind. Dabei gilt stets die Sichtweise der rechnungslegenden ökonomischen Einheit Konzern. Dies bedeutet, dass die Beurteilung darüber, ob Beherrschung vorliegt, aus Sicht der Konzernobergesellschaft unter Berücksichtigung sämtlicher Beherrschungsmöglichkeiten getroffen werden muss. Des Weiteren werden idR lediglich Unternehmensverbindungen zwischen **rechtlich selbstständigen Einheiten** betrachtet (IFRS 10.Anhang A, → Rn 1 f). Zur Konsolidierungspflicht von Teileinheiten vgl → Rn 13.

70 Liegt ein TU vor, sind grds die Regelungen der **Vollkonsolidierung** für die Einbeziehung in den Konzernabschluss anzuwenden (vgl § 35). Für Situationen, in denen bislang anders kategorisierte Unternehmen erstmals aufgrund eines beherrschenden Einflusses eines Konzernunternehmens vollkonsolidiert werden, wird darüber hinaus auf die Ausführungen zur Übergangskonsolidierung verwiesen (vgl → § 37 Rn 11 ff).

II. Gemeinschaftsunternehmen

71 Eine in Bezug auf die mögliche Einflussnahme weniger enge Unternehmensverbindung als zu TU, stellt die Beziehung zu Gemeinschaftsunternehmen dar. Ausschlaggebend für diese Einstufung ist, dass das Unternehmen gemeinsam von mehreren **Partnerunternehmen** beherrscht wird (→ Rn 56 ff). Das Unternehmen wird des Weiteren in einer selbstständigen Einheit in Form einer Kap-

Ges, einer PersGes oder einer anderen separaten Einheit geführt. Entscheidend ist, dass sich die Rechte der Partnerunternehmen, welche die Einheit gemeinsam führen, lediglich auf Ansprüche am Nettovermögen der Einheit und nicht in materiellem Umfang auf einzelne Vermögenswerte und Schulden beziehen (IFRS 11.16, zu Einzelheiten vgl → § 29 Rn 38).

Die als **Gemeinschaftsunternehmen *(joint ventures)*** bezeichneten Unternehmen werden nach IFRS 11.24 grds nach der Equity-Methode im Konzernabschluss bewertet. Des Weiteren kann auch eine Veränderung der Einflussmöglichkeiten auf urspr gemeinschaftlich geführte Einheiten zu einer Neukategorisierung führen. 72

Nach Inkrafttreten des **IFRS 11** ist nur noch zwischen **zwei Formen** gemeinsamer wirtschaftlicher Aktivitäten zu differenzieren. Von den **Gemeinschaftsunternehmen** sind die **gemeinschaftlichen Tätigkeiten** zu unterscheiden. Diesen liegen Vereinbarungen zugrunde, durch welche die Partnerunternehmen unmittelbare Rechte an Vermögenswerten erwerben und durch die sie unmittelbar aus den korrespondierenden Schulden verpflichtet werden (vgl *Brune* IRZ 2011, 515 (516) sowie → § 29 Rn 15ff). Dabei ist es unerheblich, ob die betroffenen Vermögenswerte und Schulden in einer eigenen rechtlichen Einheit eingebettet sind oder aufgrund anderer vertraglicher Regelungen der gemeinsamen Vereinbarung genutzt werden. Gem IFRS 11.20 sind diese Tätigkeiten nicht erst im Konzernabschluss, sondern bereits in den **Einzelabschlüssen** der Partnerunternehmen zu berücksichtigen (bzgl Art und Umfang der Erfassung wird auf die Ausführungen in → § 29 Rn 32ff verwiesen). Eine gesonderte Berücksichtigung auf Konzernabschlussebene erübrigt sich damit. 73

(einstweilen frei) 74

III. Assoziierte Unternehmen

Die Definition von assoziierten Unternehmen findet sich in IAS 28.3. Darunter werden Unternehmen zusammengefasst, auf welche der Anteilseigner lediglich einen **maßgeblichen Einfluss** ausüben kann (→ Rn 62ff). Dabei muss das assoziierte Unternehmen unabhängig sein und zumindest die Teilrechtsfähigkeit einer PersGes vermitteln. Folge des lediglich maßgeblichen Einflusses ist, dass hier ein geringerer Bindungsgrad im Vergleich mit den bereits vorgestellten Unternehmensverbindungen vorliegt. Damit stellen assoziierte Unternehmen im Rückgriff auf die eingangs vorgestellte Stufenkonzeption die schwächste für die Konzernrechnungslegung relevante Unternehmensverbindung dar. 75

Wird ein maßgeblicher Einfluss ausgeübt, erfolgt die Bewertung der Beteiligung grds nach der **Equity-Methode** (→ § 36 Rn 34ff; IAS 28.16). Die Abbildung im Konzernabschluss ist damit für Gemeinschaftsunternehmen und assoziierte Unternehmen identisch. Lediglich hinsichtlich der notwendigen Angaben im Konzernanhang ist zwischen den beiden Gruppen zu unterscheiden (→ § 29 Rn 70ff und → § 36 Rn 152f). Auch zu dieser für die Konzernrechnungslegung relevanten Unternehmenskategorie wird für Situationen, die eine Übergangskonsolidierung notwendig werden lassen, auf die entspr Ausführungen in → § 37 Rn 20ff, → § 37 Rn 32ff, → § 37 Rn 55ff und → § 37 Rn 68ff verwiesen. 76

(einstweilen frei) 77

D. Wesentliche Änderungen und deren Anwendungszeitpunkte

78 **IFRS 10, IFRS 11 und IFRS 12 sowie IAS 28** sind für Anwender innerhalb der EU erstmalig verpflichtend für Geschäftsjahre anzuwenden, die am oder nach dem 1. Januar 2014 beginnen.

Im Mai 2014 veröffentlichte der IASB einen **Ergänzungsstandard** mit dem Titel „Bilanzierung von Erwerben von Anteilen an einer gemeinsamen Geschäftstätigkeit (Änderungen an IFRS 11)", in dem IFRS 11.21A sowie IFRS 11.B33A bis D ergänzt wurden. Diese Änderungen sind – vorbehaltlich einer Übernahme in die EU – erstmalig verpflichtend für Geschäftsjahre anzuwenden, die am oder nach dem 1. Januar 2016 beginnen.

Ein weiterer **Ergänzungsstandard** wurde vom IASB im September 2014 mit dem Titel „Veräußerung oder Einbringung von Vermögenswerten zwischen einem Investor und einem assoziierten Unternehmen oder Joint Venture (Änderungen an IFRS 10 und IAS 28)" veröffentlicht. In IFRS 10 wurden die Regelungen des IFRS 10.25f ergänzt sowie IFRS 10.B99A neu aufgenommen. Außerdem wurden IAS 28.28 und IAS 28.30 ergänzt sowie IAS 28.31A und IAS 28.31B neu aufgenommen. Die Änderungen sind ebenfalls für Geschäftsjahre ab dem 1. Januar 2016 verpflichtend anzuwenden; der IASB plant jedoch eine Verschiebung des Anwendungszeitpunkts (*IASB* Update 2015, 8). Der Endorsement-Prozess wurde ausgesetzt (→ § 36 Rn 166f).

E. Gegenüberstellung zu HGB/PublG/DRS

I. Tochterunternehmen

79 Seit **Inkrafttreten des BilReG,** das die EU-Verordnung 1606/2002 zur Einführung der IFRS in der EU innerhalb des deutschen Rechtskreises verankert, sind von den Regelungen zur Konzernrechnungslegung nach HGB ab dem Jahr 2005 nur noch jene Unternehmen betroffen, die für die Aufstellung des Konzernabschlusses nicht pflichtmäßig oder freiwillig auf die Vorschriften der IFRS zurückgreifen. Hierunter fallen insbes die nicht kapitalmarktorientierten KapGes, die einen befreienden IFRS-Konzernabschluss gem § 315a Abs 3 HGB aufstellen. Darüber hinaus werden auch Nicht-KapGes von den handelsrechtlichen Vorschriften zur Konzernrechnungslegung erfasst, sofern sie in den Regelungsbereich des PublG fallen.

80 Bis zur Einführung des modifizierten Beherrschungskonzepts in IFRS 10 wiesen die **Kontrollkonzepte** des § 290 HGB einerseits und des IAS 27 (2008) (ggf iVm SIC-12) andererseits eine weitgehende Übereinstimmung auf. Mit Inkrafttreten des „Konsolidierungspakets" wurde vom IASB ein vollständig überarbeitetes Beherrschungskonzept etabliert. Obwohl beide Regelwerke unverändert ein Beherrschungsverhältnis als Voraussetzung für eine Berücksichtigung eines Unternehmens als TU im Konzernabschluss verlangen, kann es seit Inkrafttreten des IFRS 10 durch die Abweichungen in der Abgrenzung des Beherrschungsbegriffs zu Abweichungen zwischen HGB und IFRS kommen.

81 Die Regelungen zur Konzernrechnungslegungspflicht nach dem **PublG** entsprechen hinsichtlich der zugrunde gelegten Konzeption weitgehend denjenigen von HGB und IFRS. Auch nach § 11 Abs 1 PublG ist ein Beherrschungsverhältnis, also die Möglichkeit, Kontrolle über ein anderes Unternehmen ausüben

zu können, die Voraussetzung für die Qualifikation des beherrschten Unternehmens als TU. Die Qualifikation mindestens eines Unternehmens als TU löst bei dem entspr MU die Pflicht zur Konzernrechnungslegung nach Maßgabe der Vorschriften des PublG aus. Da im Gesetzestext explizite Hinweise zur Bestimmung eines Beherrschungsverhältnisses fehlen, wird im Zweifel auf die Kriterien des § 290 Abs 2 HGB zurückzugreifen sein. Seit Inkrafttreten der Neuregelungen des IFRS 10 kann es damit auch im Verhältnis zum PublG zu Abweichungen bei der Beurteilung der Möglichkeit der Beherrschung bei Unternehmensverbindungen und damit zur Abgrenzung des Konsolidierungskreises kommen.

Abweichungen zwischen den deutschen handelsrechtlichen Regelungen und 82 den Vorschriften des IFRS 10 ergeben sich insbes **in drei Bereichen**. Zunächst kann die Beurteilung der „dauerhaften Bestimmung der Finanz- und Geschäftspolitik" nach § 290 HGB/DRS 19.11 in Einzelfällen zu einer anderen Einschätzung führen als diejenige der Beeinflussung der relevanten Geschäftsprozesse aufgrund bestehender Rechte nach IFRS 10. Konzeptionelle Unterschiede bestehen auch hinsichtlich der Unwiderlegbarkeit der Beherrschungskriterien in § 290 Abs 2 Nr 1 bis 3 HGB, während in IFRS 10 das gesamte Beherrschungskonzept als grds widerlegbare Annahme ausgelegt ist. Schließlich können Unterschiede aus der expliziten Anforderung des IFRS. 10.B47 ff zur Berücksichtigung potenzieller Stimmrechte resultieren, da diese aus deutscher handelsrechtlicher Sicht lediglich ein Indiz für das Vorliegen eines Beherrschungsverhältnisses iSd § 290 Abs 1 darstellen (vgl *Grottel/Kreher* in BeBiKo § 290 HGB Rz 131).

(einstweilen frei) 83, 84

II. Gemeinschaftsunternehmen

Unternehmensverbindungen in der Form von **Gemeinschaftsunternehmen** 85 (IFRS 11) sind in DRS 9 bzw § 310 HGB ebenfalls enthalten. In IFRS 11 werden gemeinsame Vereinbarungen dahingehend klassifiziert, ob aus ihnen für die Partnerunternehmen Rechte an einzelnen Vermögenswerten und/oder Schulden erwachsen, oder ob sich diese Rechte auf das Nettovermögen einer Einheit beziehen. Nur in letzterem Fall ist nach IFRS 11.16 von einem Gemeinschaftsunternehmen auszugehen. Zu **Abweichungen** zwischen HGB und IFRS hinsichtlich der Qualifikation von Gemeinschaftsunternehmen kann es demnach in den Fällen kommen, bei denen die wirtschaftlichen Aktivitäten in einer rechtlich selbständigen Einheit durchgeführt werden, die den Partnerunternehmen zuzurechnenden Rechte sich jedoch teilweise oder vollständig auf einzelne Vermögenswerte bzw zuzurechnende Schulden beziehen.

Nach HGB/DRS sind die **Quotenkonsolidierung** und eine Einbeziehung 86 von Gemeinschaftsunternehmen nach der **Equity-Methode** gleichermaßen zulässig. Nach IFRS 11.24 ist **nur noch** die Darstellung von Gemeinschaftsunternehmen nach der **Equity-Methode** zulässig, sodass es auch in diesem Bereich zu abweichenden Darstellungen kommen kann.

III. Assoziierte Unternehmen

Während die IFRS lediglich in IAS 28.3 die **Möglichkeit** der Ausübung eines 87 **maßgeblichen Einflusses** als Voraussetzung für die Qualifizierung einer Einheit als assoziiertes Unternehmen nennen, verlangen § 311 Abs 1 Satz 1 HGB und DRS 8.3 die **tatsächliche Ausübung** dieses maßgeblichen Einflusses auf das Unternehmen. Die Vermutung eines Assoziierungsverhältnisses bereits aufgrund der Möglichkeit der Ausübung eines maßgeblichen Einflusses steht somit zurzeit noch im Widerspruch zum Wortlaut des § 311 Abs 1 Satz 1 HGB. Während nach IFRS deshalb die **Assoziierungsvermutung** nur dadurch zu widerlegen ist, dass nachgewiesen wird, dass das beteiligte Unternehmen den maßgeblichen Einfluss gar nicht ausüben kann, reicht nach HGB bereits der Nachweis aus, dass dieser Einfluss im zu beurteilenden Einzelfall tatsächlich nicht ausgeübt wird (*Winkeljohann/Lewe* in BeBiKo § 311 HGB Rz 40).

88 Analog zur Vorgehensweise bei der Bestimmung eines Beherrschungsverhältnisses (vgl → Rn 38) sind auch bei der Beurteilung eines maßgeblichen Einflusses nach IAS 28.7 **potenzielle Stimmrechte** einzubeziehen. Eine entspr Einbeziehung ist nach HGB/DRS nicht vorgesehen, da diese eine tatsächliche Ausübung des maßgeblichen Einflusses verlangen.

89 *(einstweilen frei)*

F. Aktuelle Entwicklungen/IASB-Projekte

90 Mit dem Abschluss des Projekts *„Consolidation"* des IASB, das zur Veröffentlichung des sog „Konsolidierungspakets" aus IFRS 10, IFRS 11 und IFRS 12 sowie IAS 27 und IAS 28 im Mai 2011 führte, wurden die **Arbeiten im Bereich der Konzernrechnungslegung vom IASB weitgehend abgeschlossen.** Durch die Veröffentlichung der Sonderregelungen in IFRS 10 zu Investmentgesellschaften im Oktober 2012 wurde auch das vorläufig letzte Teilprojekt des IASB zu Konsolidierungsfragen beendet.

91 Weitere Projekte mit Bezug zu Unternehmensverbindungen sind derzeit nicht auf dem Projektplan des IASB ausgewiesen. Im Rahmen des **Projekts *„Agenda Consultation"*** (vgl → § 1 Rn 8) könnte es jedoch künftig wieder zur Aufnahme von Projekten mit Konzernbezug kommen, auch wenn solche Projekte derzeit nicht konkret absehbar sind.

§ 31. Aufstellungspflichten

Übersicht

Schrifttum: *Baetge/Kirsch/Thiele* Konzernbilanzen, 10. Aufl, Düsseldorf 2013; *Buchheim* IAS Improvements Project, BB 2002, 1475; *Deutscher Bundestag* Bundestag-Drucksache 16/12407 Entwurf eines Gesetzes zur Modernisierung des Bilanzrechts, Berlin 2009, 89; *EU-Kommission* Kommentare zu bestimmten Artikeln der Verordnung (EG) Nr 1606/2002, Brüssel 2003; *EU-Kommission* Vorschlag für eine Richtlinie über den Jahresabschluss den konsolidierten Abschluss und damit verbundene Berichte von Unternehmen bestimmter Rechtsformen Nr. 2011/0308, Brüssel 2011; *FEE Federation of European Accountants* Combined and Carve-Out Financial Statements, Brüssel 2013; *Knorr/Buchheim/Schmidt* Konzernrechnungslegungspflicht und Konsolidierungskreis – Wechselwirkungen und Folgen für die Verpflichtung zur Anwendung der IFRS, BB 2005, 2399 ff; *Küting/Mojadadr* Pflicht zur Konzernrechnungslegung und Abgrenzung des Konsolidierungskreises nach dem neuen DRS 19, GmbHR 2011, 897; *Maier* Verhindert der einheitliche Konzernstichtag unterschiedliche Geschäftsjahre im Einzel- und Konzernabschluss?, StuB 2008, 702; *Oser/Milanova* Aufstellungspflicht und Abgrenzung des Konsolidierungskreises – Rechtsvergleich zwischen HGB/DRS 19 und dem neuen IFRS 10, BB 2011, 2027.

Wesentliche Rechtsgrundlagen: §§ 290 ff HGB, DRS 19, IFRS 10

A. Rechtsgrundlagen der Aufstellungspflicht

Die Pflicht zur Konzernrechnungslegung von Unternehmen mit Sitz in der Bundesrepublik Deutschland ergibt sich nach aktuellem Rechtsstand aus der **nationalen Gesetzgebung.** Dies gilt **auch** für kapitalmarktorientierte Unternehmen, die grds in den Regelungsbereich der EU-VO zur Einführung der IFRS fallen. Da die Aufstellungspflicht für einen Konzernabschluss vorgelagert und isoliert von den IFRS zu beurteilen ist, haben die IFRS hinsichtlich der Konzernabschlusspflicht für diese Unternehmen keine Relevanz, dies ergibt sich aus den im November 2003 von der EU-Kommission veröffentlichten „Kommentare zu bestimmten Artikeln der Verordnung (EG) Nr 1606/2002". Darin wird das Verhältnis von nationalen Rechnungslegungsvorschriften (HGB) einerseits und IFRS andererseits wie folgt beschrieben: 1

„Da sich die IAS-Verordnung lediglich auf ‚konsolidierte Abschlüsse' bezieht, wird sie nur dann wirksam, wenn diese konsolidierten Abschlüsse von anderer Seite gefordert werden. Die Klärung der Frage, ob eine Gesellschaft zur Erstellung eines konsolidierten Abschlusses verpflichtet ist oder nicht, wird nach wie vor durch Bezugnahme auf das einzelstaatliche Recht erfolgen, das infolge der Siebenten Richtlinie erlassen wurde …" Deshalb „bestimmt das nationale aus den Rechnungslegungsrichtlinien abgeleitete Recht, ob konsolidierte Abschlüsse erforderlich sind oder nicht. Werden sie benötigt, so legen die in den übernommenen IAS festgelegten Anforderungen den Anwendungsbereich der Konsolidierung und folglich die Unternehmen fest, die in diese konsolidierten Abschlüsse einzubeziehen sind, und die Art und Weise, wie dies geschehen soll" (*EU-Kommission* Kommentare zu bestimmten Artikeln der Verordnung (EG) Nr 1606/2002, 2003, 8).

2 Der **deutsche Gesetzgeber** schließt sich dieser Argumentation an, indem er in § 315a Abs 1 HGB nur Vorschriften für ein MU, das nach den Vorschriften des ersten Titels – also nach den §§ 290 bis 293 HGB – einen Konzernabschluss aufzustellen hat, formuliert. Dementsprechend stellt auch DRS 19 klar: „Wird durch § 290 HGB keine Pflicht zur Aufstellung eines Konzernabschlusses und Konzernlageberichts begründet, kommt es nicht zu einer Anwendung der in § 315a HGB genannten internationalen Rechnungslegungsstandards, auch wenn aus diesen Vorschriften ein Mutter-Tochter-Verhältnis resultiert." Dieses Zusammenwirken nationaler Vorschriften hinsichtlich der Aufstellungspflicht nach HGB und den IFRS lässt sich grafisch wie folgt veranschaulichen:

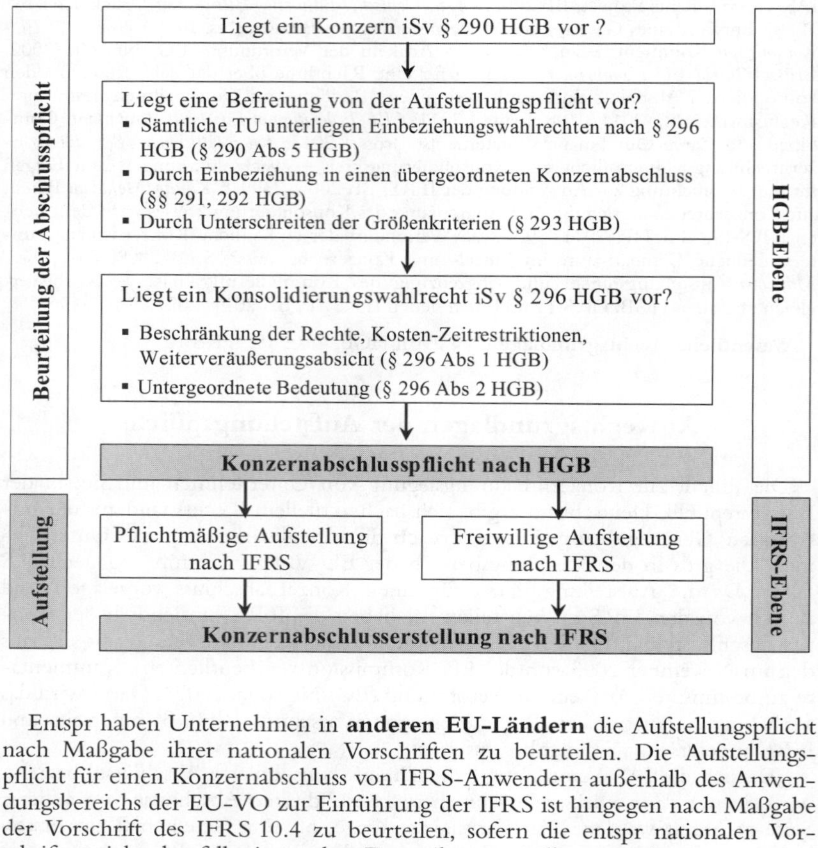

3 Entspr haben Unternehmen in **anderen EU-Ländern** die Aufstellungspflicht nach Maßgabe ihrer nationalen Vorschriften zu beurteilen. Die Aufstellungspflicht für einen Konzernabschluss von IFRS-Anwendern außerhalb des Anwendungsbereichs der EU-VO zur Einführung der IFRS ist hingegen nach Maßgabe der Vorschrift des IFRS 10.4 zu beurteilen, sofern die entspr nationalen Vorschriften nicht ebenfalls eine andere Beurteilungsgrundlage vorsehen.

Derzeit erstreckt sich der Kreis der IFRS-Pflichtanwender gem der IAS-VO lediglich auf **kapitalmarktorientierte Unternehmen.** Das in der VO vorgesehene Mitgliedstaatenwahlrecht für die Konzernabschlüsse aller übrigen Unternehmen hat der deutsche Gesetzgeber in § 315a Abs 3 HGB dahingehend ausgeübt, dass diese Unternehmen den Konzernabschluss freiwillig nach IFRS aufstellen können. Mit diesem Wahlrecht sollte diesen Unternehmen einerseits die Möglichkeit gegeben werden, sich für Zwecke der Außendarstellung und der externen Vergleichbarkeit der IFRS bedienen zu können, ohne andererseits allen konzernrechnungslegungspflichtigen Unternehmen die Komplexität der IFRS und den mit der Konzernabschlusserstellung nach IFRS verbundenen erhöhten Arbeitsaufwand abzuverlangen. 4

Vorlage für die **national geregelte Aufstellungspflicht** in der EU ist Kapitel 6 der Richtlinie 2013/34/EU des Europäischen Parlaments und des Rates vom 26. Juni 2013 (RL 2013/34/EU). In Deutschland sind diese Regelungen hinsichtlich der grds Aufstellungspflicht durch das Bilanzrichtlinie-Umsetzungsgesetz **(BilRUG)** in nationales Recht, insbes in die §§ 290ff HGB, transferiert worden. Somit sind die Regelungen hinsichtlich der Aufstellungspflicht von Konzernabschlüssen unter Berücksichtigung der unterschiedlichen Ausübung von Mitgliedsstaatenwahlrechten in der EU weitestgehend harmonisiert. Die **vorgelagerte Beurteilung der Aufstellungspflicht** für deutsche Unternehmen nach Maßgabe der §§ 290ff HGB stellt sich in der Praxis in den Fällen jedoch nicht unproblematisch dar, in denen die Beurteilung der Konzernabschluss-Aufstellungspflicht nach HGB mit der Abgrenzung des Konsolidierungskreises nach IFRS kollidiert. Die in IFRS 10.6ff kodifizierte Definition von *control* (s ausführlich → § 30 Rn 10ff) zusammen mit der Klarstellung, dass nur ein Investor eine Beteiligung beherrschen kann, kann hingegen zu Unterschieden in der Beurteilung des Vorliegens eines Mutter-Tochter-Verhältnisses zwischen HGB und IFRS führen. So führt bspw eine Stimmrechtsmehrheit ohne variable Rückflüsse (s hierzu ausführlich → § 30 Rn 48ff) nicht zum Vorliegen von *control* nach IFRS 10. Das HGB sieht aufgrund der formalrechtlichen Betrachtung des § 290 Abs 2 Nr 1 HGB hingegen weiterhin ein Mutter-Tochter-Verhältnis als gegeben an (vgl MüKo BilR, *Senger/Hoehne* HGB § 290 Rz 68ff). Die Pflicht zur Aufstellung eines Konzernabschlusses kann neben den Befreiungstatbeständen der §§ 291 bis 293 HGB im Einzelfall nur auf der Basis von § 290 Abs 5 HGB mit Bezug auf die Einbeziehungswahlrechte des § 296 HGB unterbleiben. Hieraus können Konstellationen entstehen, bei denen nach HGB zwar ein Konzernabschluss aufzustellen ist, bei der Bestimmung des Konsolidierungskreises nach IFRS jedoch nur das MU in den Konsolidierungskreis einzubeziehen wäre (vgl *Knorr/Buchheim/Schmidt* BB 2005, 2399 (2399, 2402) sowie → Rn 27). Andererseits ist es möglich, dass Konzernsachverhalte nach IFRS 10 aufgrund der Aufstellungsbeurteilung anhand der Regeln des HGB nicht zur Aufstellung eines Konzernabschlusses führen. Beide Fallkonstellationen sind im Hinblick auf die konzeptionelle Geschlossenheit des IFRS-Konzernabschlusses als kritisch anzusehen. 5

Eine weitere Schwierigkeit der vorgelagerten Prüfung der Konzernabschlusspflicht auf HGB-Ebene kann in der **Anwendung der Größenkriterien** des § 293 Abs 1 HGB (vgl → Rn 20) auf nicht kapitalmarktorientierte MU und TU bestehen. Die dort genannten Größenkriterien beziehen sich auf einen Konzernabschluss nach den Regelungen des HGB. Zur Beurteilung einer möglichen Befreiung von der Verpflichtung zur Aufstellung eines Konzernabschlusses ist deshalb eine nach deutschen handelsrechtlichen Grundsätzen vorgenommene Bestimmung der in § 293 Abs 1 HGB genannten Größen erforderlich. Liegen in einem Konzern vorrangig oder ausschließlich IFRS-Einzelabschlüsse vor, so ist 6 fraglich, ob die Beurteilung der Größenkriterien auch auf der Basis dieser Abschlüsse vorgenommen werden kann. Hinsichtlich des Kriteriums der Bilanzsumme erscheint dies in den meisten Fällen unkritisch, da davon auszugehen ist, dass ein Unterschreiten des Schwellenwerts nach IFRS auch unter Verwendung der entspr HGB-Zahlen zu verzeichnen gewesen wäre, da die entspr IFRS-Ansätze idR nicht zu geringeren Werten führen. Dieses Kriterium sollte nur bei wesentlichen bilanzverkürzenden IFRS-Sachverhalten (bspw bei mit den Finanzverbindlichkeiten verrechneten Transaktionskosten) kritisch überprüft werden. Das Kriterium der Mitarbeiterzahl ist ohnehin unabhängig von der zugrunde gelegten Rechnungslegungsnorm. Kritisch kann die Übertragung des Umsatzkriteriums von IFRS auf HGB in den Fällen sein, in denen es zu gravierenden Umsatzverschiebungen bspw aufgrund unterschiedlicher Umsatzrealisierungen bei Anwendung der *percentage-of-completion*-Methode bei langfristiger Auftragsfertigung kommt oder soweit IFRS 15 angewendet wird und die Umsatzrealisierung bei einem kontinuierlichen Übergang der Verfügungsmacht fertigungsgradproportional erfolgt. In diesen Fällen ist – unter Berücksichtigung auch handelsrechtlicher Möglichkeiten der Teilgewinnrealisierung – eine gesonderte Beurteilung des Größenkriteriums Umsatzerlöse nach HGB-Grundsätzen erforderlich. Können größere Umsatzverschiebungen aufgrund abweichender Umsatzrealisierungsvorschriften zwischen IFRS und HGB dagegen weitgehend ausgeschlossen werden, erscheint auch eine Beurteilung des Größenkriteriums auf der Basis der IFRS-Umsätze als sachgerecht.

Beispiel: Ein MU sowie seine zwei TU weisen zum Ende des Geschäftsjahrs 20X2 auf der Grundlage der nach IFRS aufgestellten Einzelabschlüsse folgende Größenmerkmale auf (Bruttomethode):

Jahr	Bilanzsummen	Umsatzerlöse	Mitarbeiterzahl
20X2	T€ 24.200	T€ 37.500	260
20X1	T€ 19.100	T€ 34.500	210

Während das MU und seine TU in 20X2 zwei der drei Größenkriterien überschreiten, wurden im Vorjahr sämtliche Kriterien für eine Konzernabschlusspflicht nicht erreicht. Zum Ende des Geschäftsjahrs 20X2 ist somit kein pflichtmäßiger Konzernabschluss aufzustellen. Liegen keine Anhaltspunkte für eine Bilanzsummenverkürzung nach IFRS oder eine wesentliche Umsatzverschiebung zwischen IFRS und HGB vor, erscheint die Verwendung von IFRS-Daten zur Beurteilung der größenabhängigen Befreiungen unkritisch, da die entspr HGB-Werte aufgrund der IFRS-Anpassungen zumeist geringer oder gleich groß ausfallen als/wie unter IFRS.

7 Infolge der **unterschiedlichen Vorgehensweise** innerhalb und außerhalb des Regelungsbereichs der EU-VO zur Einführung der IFRS werden nachfolgend die Aufstellungspflichten für einen Konzernabschluss sowohl nach den bestehenden deutschen (HGB, DRS 19) als auch nach den Regelungen des IFRS 10 erläutert.

B. Pflicht zur Konzernrechnungslegung nach deutschem Recht

8 Die Pflicht zur Konzernabschlusserstellung durch KapGes mit Sitz in der Bundesrepublik Deutschland ist durch die Regelungen der **§§ 290 ff HGB** gesetzlich kodifiziert. Unternehmen anderer Rechtsformen werden durch die **§§ 11 ff PublG** zur Erstellung von konsolidierten Abschlüssen verpflichtet, die jedoch im Wesentlichen auf die Regelungen für KapGes verweisen. Daneben

besteht ebenfalls eine Aufstellungspflicht für Kreditinstitute und Versicherungsunternehmen (§ 340i Abs 1 HGB, § 341i Abs 1 HGB).

Lässt man die branchenspezifischen Vorschriften außer Acht, ergibt sich eine Konzernrechnungslegungspflicht in Deutschland im Kern aus dem **Beherrschungskonzept** eines Unternehmens über Konzernunternehmen (§ 290 HGB sowie § 11 PublG). Dabei wird zwischen der abstrakten Allgemeinklausel des § 290 Abs 1 HGB, den konkretisierenden formellen Tatbeständen des § 290 Abs 2 Nr 1–3 HGB und der an wirtschaftlichen Verhältnissen orientierten Betrachtungsweise von Zweckgesellschaften des § 290 Abs 2 Nr 4 HGB unterschieden. 9

Der unbestimmte **Begriff** des beherrschenden Einflusses ist in DRS 19.6 definiert als unmittelbare oder mittelbare Bestimmung der Finanz- und Geschäftspolitik eines anderen Unternehmens. Dies setzt die Fähigkeit zur Durchsetzung der wesentlichen Entscheidungen in bedeutsamen Unternehmensbereichen (zB Produktion, Vertrieb, Investition, Forschung und Entwicklung, Personal, Finanzierung) bei diesem Unternehmen voraus. Unter Zusammenfassung weiterer Bestimmungen der DRS 19.10ff ist ein beherrschender Einfluss zu bejahen, wenn ein Unternehmen die **Möglichkeit** hat, die **Finanz- und Geschäftspolitik dauerhaft** zu bestimmen, um hieraus **Nutzen ziehen** zu können, ohne dass andere Gesellschafter dauerhafte, **substanzielle Mitwirkungsmöglichkeiten** haben. 10

Das Durchsetzen der **Finanz- und Geschäftspolitik** umfasst dabei bspw die zielgerichtete Bestimmung der Unternehmensstrategie und des Geschäftsmodells (DRS 19.11), die Genehmigung der Budgetplanung sowie die Entscheidung und Steuerung der Finanzierungsform und der für den Bestand und den Erfolg eines Unternehmens relevanten Bereiche (so auch *Grottel/Kreher* in BeBiKo § 290 HGB Rz 26). 11

Das Kriterium der **„Dauerhaftigkeit“** ist in § 290 Abs 1 HGB nicht explizit genannt, sondern ergibt sich aus den Gesetzesmaterialien (vgl BT-Drs 16/12407, 89; DRS 19.A3). Nach unserer Auffassung liegt eine dauerhafte Einflussnahme dann vor, wenn die Möglichkeit besteht, auf strategische Entscheidungen Einfluss zu nehmen. Mit diesem Kriterium ist insbes sicherzustellen, dass zufällige Einflussmöglichkeiten am Stichtag nicht zu einer Aufstellungspflicht eines Konzernabschlusses führen. Auf der Grundlage der Erfahrungen in der Vergangenheit sollte über dieses Kriterium immer nur zukunftsgerichtet entschieden werden. 12

Das Kriterium der **Nutzenziehung** wird von DRS 19.15 als Möglichkeit, wirtschaftliche Vorteile aus der Tätigkeit des TU zu erlangen, definiert. Hierbei kann es sich um direkte Vorteile wie Gewinnausschüttungen aber auch um direkte oder indirekte Vorteile aus der betriebswirtschaftlichen Integration der Konzernaktivitäten handeln (zB Erlangung von rechtlichen oder wirtschaftlichen Vorteilen, strategischer Wettbewerbsvorteil, Reduzierung von Kosten, Sicherung und Schaffung von Know-how, Personalaustausch). Eine Verlustsituation schließt somit die Nutzenziehung nicht aus. Durch das Kriterium der Nutzenziehung kann das beherrschende MU von Treuhändern oder Agenten abgegrenzt werden, die zwar ggf das Recht zur Bestimmung der Geschäftspolitik besitzen, jedoch keine Nutznießer aus den jeweiligen Geschäften sind (MüKo BilR, *Senger/Hoehne* HGB § 290 HGB Rz 31). 13

Ein beherrschender Einfluss ist **nicht** gegeben bei dauerhaften **substanziellen Mitwirkungsmöglichkeiten anderer Gesellschafter.** Die Beurteilung erfolgt anhand des Kriteriums, welche Art und welche Zahl von bedeutsamen Geschäften von anderen Gesellschaftern nachhaltig beherrscht werden können. Soweit anderen Gesellschaftern etwa die Zustimmung zum Budget oder zu personalpolitischen Entscheidungen eingeräumt wird, wird von DRS 19.13 ein beherr- 14 schender Einfluss nach § 290 Abs 1 HGB verneint. Rechte lediglich zum Schutz der anderen Gesellschafter sind idR unschädlich.

15 Entspr den konkretisierenden **Tatbeständen** des § 290 Abs 2 HGB besteht der beherrschende Einfluss eines MU abweichend von § 290 Abs 1 HGB unabhängig von der Möglichkeit zur Ausübung stets und unwiderlegbar (DRS 19.18), wenn

(1) ihm die Mehrheit der Stimmrechte der Gesellschafter zusteht (§ 290 Abs 2 Nr 1 HGB),
(2) ihm bei einem anderen Unternehmen das Recht zusteht, die Mehrheit der Mitglieder des die Finanz- und Geschäftspolitik bestimmenden Verwaltungs-, Leitungs- oder Aufsichtsorgans zu bestellen oder abzuberufen, und es gleichzeitig Gesellschafter ist (§ 290 Abs 2 Nr 2 HGB),
(3) ihm das Recht zusteht, die Finanz- und Geschäftspolitik aufgrund eines mit einem anderen Unternehmen geschlossenen Beherrschungsvertrags oder aufgrund einer Bestimmung in der Satzung des anderen Unternehmens zu bestimmen (§ 290 Abs 2 Nr 3 HGB) oder
(4) es bei wirtschaftlicher Betrachtung die Mehrheit der Risiken und Chancen eines Unternehmens trägt, das zur Erreichung eines eng begrenzten und genau definierten Ziels des MU dient (Zweckgesellschaft; § 290 Abs 2 Nr 4 HGB).

Zur Erfüllung der formellen Tatbestände nach HGB muss die Stimmrechtsmehrheit rechtlich abgesichert sein. Bloße Präsenzmehrheiten auf der Hauptversammlung sowie potenzielle Stimmrechte erfüllen diese Voraussetzungen nicht (DRS 19.22).

16 Andererseits fordert der Gesetzgeber, dass bei bestehenden **Präsenzmehrheiten** die Möglichkeit eines beherrschenden Einflusses nach § 290 Abs 1 HGB zu prüfen ist, wenn ein beherrschender Einfluss für eine gewisse Dauer und nicht nur vorübergehend ausgeübt werden kann (BT-Drs 16/12407, 89). Eine solche Präsenzmehrheit setzt hinsichtlich der Gesellschafterstruktur neben dem Hauptgesellschafter stets eine Vielzahl von anderen Gesellschaftern voraus, um nicht nur zufällig bestehen zu können. Nur in diesem Fall kann mit hinreichender Sicherheit eine abgestimmte Willensbildung der übrigen Gesellschafter ausgeschlossen werden (DRS 19.71). Eine Präsenzmehrheit besteht nicht nur zufällig, wenn für einen hinreichenden Zeitraum in der Vergangenheit eine Anwesenheitsquote festgestellt werden kann, bei der die dem Hauptgesellschafter zustehenden Stimmrechte diesem eine Präsenzmehrheit vermitteln würden und eine Veränderung der Präsenzmehrheit nicht zu erwarten ist (vgl dazu näher *Grottel/Kreher* in BeBiKo § 290 HGB Rz 50f).

17 Ebenso können **potenzielle Stimmrechte** (zB Optionsanleihen, Wandelschuldverschreibungen, Anteilskaufoptionen) einen Indikator für die Möglichkeit eines beherrschenden Einflusses nach § 290 Abs 1 HGB darstellen. Hierzu muss der Inhaber der potenziellen Stimmrechte die zugrunde liegenden Instrumente am Abschlussstichtag sowohl rechtlich ausüben können als auch wirtschaftlich in der Lage sein, durch entspr finanzielle Mittel die Umwandlung der potenziellen Stimmrechte tatsächlich durchzuführen. Nur wenn auf dieser Grundlage die Ausübung der den potenziellen Stimmrechten zugrunde liegenden Instrumente so gut wie sicher ist, kann die Möglichkeit eines beherrschenden Einflusses begründet werden, soweit dadurch zumindest eine nicht nur zufällige Präsenzmehrheit erreicht werden kann (DRS 19.76).

18 Die Tatbestände des § 290 Abs 2 HGB sind als gleichrangig anzusehen und von jedem potenziellen MU jeweils zu prüfen (DRS 19.20). Dadurch können sich **Mehrfachkonsolidierungen** eines Unternehmens ergeben. Sofern es durch die formalrechtliche Betrachtung des § 290 Abs 2 Nr 1 bis 3 und die wirt-

schaftliche Betrachtung nach § 290 Abs 2 Nr 4 HGB zu einer Doppelkonsolidierung eines Unternehmens kommt, lässt sich die Konsolidierungspflicht durch das Wahlrecht des § 296 Abs 1 Nr 1 HGB abwenden (DRS 19.81). Dieses sollte auch in den Fällen erfolgen, in denen die formaljuristische Anwendung des § 290 Abs 2 Nr 1 HGB zB bei einem unter Zwangsverwaltung stehenden TU nicht mit der wirtschaftlichen Betrachtungsweise übereinstimmt und daraus Bedenken hinsichtlich der Einhaltung der Generalnorm des § 297 Abs 2 Satz 2 HGB bestehen. Ebenfalls empfiehlt DRS 19.A4 eine entspr Ausübung des Einbeziehungswahlrechts für den Fall, dass bei unwiderlegbarer Beherrschungsvermutung des § 290 Abs 2 HGB tatsächlich keine Möglichkeit zur Ausübung eines beherrschenden Einflusses besteht. Zu beachten ist hierbei, dass die Korrektivfunktion des § 296 Abs 1 Nr 1 HGB nur für die ersten drei Tatbestände des § 290 Abs 2 HGB Geltung entfalten kann (*Küting/Mojadadr* GmbHR 2011, 897 (902)). Bzgl der Zweckgesellschaften kann das Einbeziehungswahlrecht aufgrund einer Beschränkung der Rechte in Bezug auf die Geschäftsführung oder das Vermögen der Zweckgesellschaft nicht mit Hinweis auf einen eingeführten Autopilotmechanismus oder ähnliche Regelungen in Anspruch genommen werden, da die Zweckgesellschaft sonst bei wirtschaftlicher Betrachtung nicht als Gesellschaft iSv § 290 Abs 2 Nr 4 qualifiziert worden wäre (MüKo BilR, *Senger/Hoehne* HGB § 296 HGB Rz 30f).

Für eine grds **Befreiung von der Konzernrechnungslegungspflicht** gem 19
§ 290 HGB sind die Vorschriften der §§ 291, 292 HGB zu berücksichtigen. Diese befreien solche Unternehmen von ihrer grds Pflicht zur Erstellung eines konsolidierten Abschlusses, die ihrerseits in einen übergeordneten Konzernabschluss und -lagebericht einbezogen werden (mehrstufiger Konzern). Dabei sind bestimmte Anforderungen, zB hinsichtlich der Unternehmenseigenschaft, der Bilanzierung des befreienden Konzernabschlusses und der Einbeziehung in diesen, hinsichtlich der Anhangangaben des befreiten Unternehmens sowie hinsichtlich der Prüfung und der Offenlegung zu erfüllen. Ein IFRS-Konzernabschluss, der nach den von der EU übernommenen IFRS aufgestellt wurde, entfaltet regelmäßig befreiende Wirkung, wenn er und ein verpflichtend aufzustellender Konzernlagebericht für das MU nach dem dortigen Recht aufgestellt werden darf und in Einklang mit der EU-Abschlussprüferrichtlinie geprüft wurde. Die Befreiung ist hingegen nicht möglich, wenn es sich um ein kapitalmarktorientiertes Unternehmen handelt oder die Vorlage eines Teilkonzernabschlusses bei einer AG von mindestens 10% der Minderheitsgesellschafter bzw bei einer GmbH von mindestens 20% der Minderheitsgesellschafter gefordert wurde. Diese Regelungen sind gem §§ 11 Abs 6, 13 Abs 4 PublG auch auf Unternehmen außerhalb des Regelungsbereichs der §§ 290ff HGB anzuwenden (vertiefend MüKo BilR, *Senger/Hoehne* HGB §§ 291, 292 HGB).

§ 293 Abs 1 HGB sieht darüber hinaus **größenabhängige Befreiungsvorschriften** vor, die auf den Kriterien Bilanzsumme, Umsatzerlöse und Anzahl 20
der Arbeitnehmer des Konzerns basieren und von denen mindestens zwei Merkmale an zwei aufeinanderfolgenden Stichtagen erfüllt sein müssen (→ Rn 6). Vergleichbare Befreiungsvorschriften kennt auch § 11 Abs 1 PublG. Die Größenkriterien des § 293 Abs 1 HGB wurden durch das Bilanzrichtlinie-Umsetzungsgesetz (BilRUG) angepasst. Die geänderten Kriterien sind erstmals für Geschäftsjahre, die nach dem 31. Dezember 2015 beginnen, anzuwenden. Die größenabhängigen Befreiungen stellen sich in der Fassung des § 293 Abs 1 HGB vor BilRUG sowie nach § 11 Abs 1 PublG wie folgt dar:

	Bilanzsumme (in €)	Umsatzerlöse (in €)	Arbeitnehmer im Jahresdurchschnitt
§ 293 Abs 1 Nr 1 HGB Summenabschluss	**< 23.100.000**	**< 46.200.000**	**< 250**
§ 293 Abs 1 Nr 2 HGB Konzernabschluss	**< 19.250.000**	**< 38.500.000**	**< 250**
§ 11 Abs 1 PublG Konzernabschluss	**< 65.000.000**	**< 130.000.000**	**< 5.000**

Nach Änderung durch das BilRUG sind die folgenden Größenkriterien des § 293 Abs 1 HGB zu berücksichtigen:

	Bilanzsumme (in €)	Umsatzerlöse (in €)	Arbeitnehmer im Jahresdurchschnitt
§ 293 Abs 1 Nr 1 HGB Summenabschluss	**< 24.000.000**	**< 48.000.000**	**< 250**
§ 293 Abs 1 Nr 2 HGB Konzernabschluss	**< 20.000.000**	**< 40.000.000**	**< 250**

Die Größenkriterien des § 11 Abs 1 PublG bleiben durch das BilRUG unverändert.

Die **Befreiung** von der Pflicht zur Aufstellung eines Konzernabschlusses liegt vor, wenn ein Unternehmen die dargestellten Kriterien an zwei aufeinanderfolgenden Abschlussstichtagen erfüllt.

Kreditinstitute und **Versicherungsunternehmen** können die **größenabhängige Befreiungsvorschrift** nicht in Anspruch nehmen (§ 340i Abs 2 Satz 2 HGB bzw § 341j Abs 1 Satz 2 HGB).

21 Darüber hinaus ist nach § 293 Abs 4 HGB ebenfalls kein Konzernabschluss aufzustellen, wenn die Größenkriterien nur an **einem Abschlussstichtag** unterschritten werden und am vorhergehenden Abschlussstichtag kein Konzernabschluss aufzustellen war. Somit besteht durch § 293 Abs 4 Satz 1 HGB die Konzernrechnungslegungspflicht in vielen Fällen erst, wenn an zwei aufeinander folgenden Stichtagen jeweils zwei Grenzwerte überschritten sind. Dies betrifft vor allem Unternehmen, die aufgrund der Größenkriterien im Vorjahr keinen Konzernabschluss aufzustellen hatten. Aufgrund von § 293 Abs 4 Satz 2 HGB iVm § 267 Abs 4 Satz 2 HGB besteht die Konzernabschlusspflicht abweichend davon aber bereits am ersten Abschlussstichtag, wenn nach einer Umwandlung oder Neugründung die Bemessungsgrenzen des neuen Konzerns erstmals erfüllt sind. Bezogen auf den Konzernabschluss kann es sich bei einer Umwandlung um eine formwechselnde Umwandlung eines zuvor in den Anwendungsbereich des PublG fallenden MU handeln. Nach Klarstellung durch das BilRUG findet die Regelung zu formwechselnden Umwandlungen jedoch keine Anwendung, sofern der formwechselnde Rechtsträger eine KapGes oder eine PersGes iSd § 264a Abs 1 HGB ist. Bei einer Neugründung kann es sich um eine rechtliche wie auch um eine wirtschaftliche Neugründung handeln. Diese liegt bspw vor, wenn zwei inaktive Gesellschaften (MU und TU) das erste operative TU erwerben (*Grottel/Kreher* in BeBiKo § 293 HGB Rz 22f).

22 Bei **Rumpfgeschäftsjahren** ist zur Ermittlung der größenabhängigen Befreiung für die fehlenden Zeiträume bei den Kriterien Umsatzerlöse und Arbeitnehmerzahl auf das jeweils vorhergehende Geschäftsjahr abzustellen, sofern es diese Zeiträume beim MU oder den TU gibt. Bestehen keine vorhergehenden Geschäftsjahre, sollten die Umsatzerlöse auf zwölf Monate hochgerechnet werden, um einen sachgerechten Vergleich mit den Größenmerkmalen des § 293 Abs 1 HGB zu ermöglichen (*Grottel/Kreher* in BeBiKo § 293 HGB Rz 25 f).

Weist das MU eines bereits bestehenden Konzerns aufgrund der Umstellung des Geschäftsjahrs (bspw im Rahmen von Umstrukturierungsmaßnahmen) zwei aufeinanderfolgende Rumpfgeschäftsjahre aus, die insgesamt einen Zwölf-Monatszeitraum abdecken, so besteht für das zweite Rumpfgeschäftsjahr keine Befreiung nach § 293 Abs 4 HGB, sodass in diesen Fällen pflichtmäßig ein Konzernabschluss aufzustellen ist. Nach dem Gesetzeswortlaut hat dieser Abschluss das zweite Rumpfgeschäftsjahr des MU sowie die entspr Teilperiodenanteile der TU des Konzerns abzubilden. Als Vergleichsperiode ist das erste Rumpfgeschäftsjahr des Unternehmens darzustellen.

Beispiel: Ein bisher bereits nach IFRS bilanzierendes MU eines Konzerns (bisheriger Abschlussstichtag 31. Dezember) wird durch Anwachsung auf eine neu gegründete Holding-Gesellschaft mit abweichendem Abschlussstichtag (30. Juni X2) verschmolzen. Anschließend wird eine Umstellung des Geschäftsjahrs zurück auf den vorherigen Konzern-Abschlussstichtag vorgenommen (Abschlussstichtag 31. Dezember X2). Durch diese Umstrukturierung des Konzerns entstehen im Jahr X2 zwei Rumpfgeschäftsjahre von jeweils sechs Monaten.

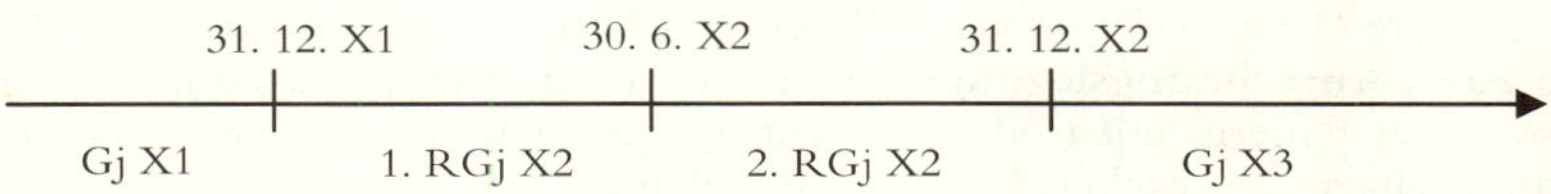

Unter Beachtung der formalen Anforderungen des § 293 Abs 4 HGB sind für beide Rumpfgeschäftsjahre Abschlüsse zu erstellen. Dabei wäre dem zweiten Rumpfgeschäftsjahr das erste Rumpfgeschäftsjahr als Vergleichsperiode gegenüberzustellen. Die eigentliche Vorperiode (Geschäftsjahr X1) würde überhaupt nicht gezeigt. Unter dem Aspekt der wirtschaftlichen Vergleichbarkeit im Zeitablauf wäre diese Darstellung jedoch wenig aussagekräftig. Die Abschlussadressaten wären vielmehr an einem Vergleich der Zwölf-Monats-Periode Geschäftsjahr X1 mit einer Zwölf-Monats-Periode Geschäftsjahr X2 interessiert.

Vor diesem Hintergrund und unter Berücksichtigung der primären **Informationsfunktion** des Konzernabschlusses wird in der Literatur (*Maier* StuB 2008, 702 (702)) die Frage aufgeworfen, ob unter Einbeziehung beider Rumpfgeschäftsjahre des MU sowie der vollen Geschäftsjahre der TU ein Zwölf-Monats-Abschluss erstellt werden sollte. Eine solche Darstellung würde unter Vollständigkeits-, Stetigkeits- und Aussagegesichtspunkten den Informationsbedürfnissen der Abschluss-Adressaten besser gerecht werden und im Einklang mit der Generalnorm des § 297 Abs 2 Satz 2 HGB, einer zutreffenden Darstellung der VFE-Lage des Konzerns, stehen (vgl hierzu *Baetge/Kirsch/Thiele,* 52 ff). Gleichwohl stellte eine solche Vorgehensweise ohne separate Darstellung der beiden Rumpfgeschäftsjahre einen formalen Gesetzesverstoß dar, weshalb bei prüfungspflichtigen Unternehmen zumindest kein uneingeschränkter Bestätigungsvermerk erteilt werden könnte.

23 **Ausgenommen von der Inanspruchnahme der größenabhängigen Befreiungsvorschriften** des § 293 HGB sind ausdrücklich Konzerne, in denen das MU oder ein einbezogenes TU am Abschlussstichtag kapitalmarktorientiert iSd § 264d HGB ist (§ 293 Abs 5 HGB).

24 Neben den größenabhängigen Befreiungen nach § 293 HGB ist die Aufstellungspflicht eines Konzernabschlusses für deutsche Unternehmen bei Vorliegen

entspr Wahlrechtsvoraussetzungen durch die Ausübung der **Einbeziehungswahlrechte** des § 296 HGB determiniert. Sind keine anderen TU zu berücksichtigen, so entscheidet die Wahlrechtsausübung des § 296 HGB über die handelsrechtliche Verpflichtung zur Konzernabschlusserstellung. Dieses ist im Ersten Titel des HGB zum Konzernabschluss und Konzernlagebericht über § 290 Abs 5 HGB kodifiziert, sodass dieser Befreiungstatbestand auch für solche Unternehmen einschlägig ist, die nach § 315a HGB einen Konzernabschluss erstellen.

C. Pflicht zur Konzernrechnungslegung nach IFRS

25 Die Bilanzierung von Anteilen an TU sowie die Aufstellung von Konzernabschlüssen werden zentral in IFRS 10 geregelt. **Veränderungen** zum Anwendungsbereich der Aufstellungspflicht haben sich aus dem Übergang von IAS 27 (2008)/SIC-12 auf IFRS 10 **nicht ergeben** (IFRS 10.BC9).

26 Grds Ansatzpunkt für die Pflicht zur Konzernabschlusserstellung gem IFRS 10.4 ist die **Qualifikation** des bilanzierenden Unternehmens **als MU.** Kann ein Unternehmen auf ein anderes Unternehmen einen beherrschenden Einfluss ausüben (zur Beherrschung nach IFRS s ausführlich → § 30 Rn 10ff), ist es selbst als MU anzusehen. Damit liegen ein Konzernverhältnis und somit unabhängig von Rechtsform und Sitz der betroffenen Unternehmen das grds verpflichtende Kriterium zur Aufstellung eines Konzernabschlusses vor (*Baetge/S. Hayn/Ströher* in Baetge ua IFRS-Komm IFRS 10 Rz 55).

27 Existieren keine TU bzw kein MU iSv IFRS 10.Anhang A, besteht auch **keine Konzernrechnungslegungspflicht** nach IFRS. Die Einflussnahme auf ein assoziiertes Unternehmen oder ein Gemeinschaftsunternehmen begründet aufgrund fehlender Regelungen keine Aufstellungspflicht, da die Vorschriften in IAS 28 und IFRS 11 die Aufstellung eines Konzernabschlusses bereits voraussetzen. Fraglich ist, ob in Fällen der formalen Beendigung der Konzernrechnungslegungspflicht – zB in Fällen der Verschmelzung des einzigen TU auf das MU – iSd Erfüllung der Informationsfunktion des Konzernabschlusses eine Fortführung der bisherigen (Konzern-)Bilanzierung angezeigt sein kann. In diesen Fällen besteht nach Maßgabe der Regelungen des IFRS 10 keine Konzernabschluss-Aufstellungspflicht, gleichwohl erscheint die freiwillige Fortführung der bisherigen Konzernrechnungslegung iSe *economic entity approach* möglich. Die auf dieser Basis aufgestellten Konzernabschlüsse haben jedoch nur Pro-Forma-Charakter und ersetzen nicht den Einzelabschluss für die zusammengeführte Einheit.

28 Ist ein Konzernabschluss gem IFRS pflichtmäßig aufzustellen oder wird ein solcher freiwillig aufgestellt, gelten die allgemeinen Vorschriften zur Aufstellung von Abschlüssen nach IFRS. Insofern ist ein **vollständiger Abschluss** iSv IAS 1.10 aufzustellen und sämtliche sich in Kraft befindlichen IFRS sind zu berücksichtigen.

29 IFRS 10 stellt somit nur eine **Ergänzung und Erweiterung der ansonsten durch den Einzelabschluss geprägten IFRS** dar. Liegt eine Konzernabschlusspflicht nach IFRS 10.4 vor, so sind grds eine Konzernbilanz, eine Konzerngesamtergebnisrechnung, eine Konzern-Eigenkapitalveränderungsrechnung, eine Konzernkapitalflussrechnung sowie ein Konzernanhang zu erstellen. Ist das bilanzierende Unternehmen darüber hinaus iSd IFRS 8.2(b) an einer Börse notiert, ist der Konzernabschluss um eine Segmentberichterstattung zu ergänzen (*Förschle/Kroner* in BeBiKo § 297 HGB Rz 250).

30 **Befreiungen** von der grds Pflicht zur Aufstellung eines konsolidierten Abschlusses räumt IFRS 10 nur in bestimmten Fällen ein. Dabei wird nicht auf vorhandene nationale Befreiungsvorschriften verwiesen. Vielmehr wurden innerhalb der IFRS eigenständige Vorschriften entwickelt, die den Regelungsbedarf in

dieser Hinsicht abdecken. Fokus der in IFRS 10.4 vorgesehenen Befreiungsvorschriften ist dabei eine Aufwandsreduktion, die eine Nichterstellung eines Konzernabschlusses mit sich bringt, allerdings unter der Berücksichtigung sämtlicher aktueller und potenzieller Anteilseigner (*Buchheim* BB 2002, 1475 (1475)). Insbes der Konsens aller vorhandenen Anteilseigner wird hervorgehoben.

Um von der Erstellung eines Konzernabschlusses im Regelungsbereich des IFRS 10 befreit zu werden, sind folgende Kriterien **kumulativ** zu erfüllen:

(1) Das MU ist selbst ein 100%iges TU oder zumindest alle Anteilseigner inklusive der ansonsten nicht stimmberechtigten Anteilseigner sind über die Nichterstellung eines Konzernabschlusses informiert und erheben dagegen keine Einwände (IFRS 10.4(a)(i)).

(2) Das Unternehmen ist nicht an einer Börse gelistet. Auch darf sich das Unternehmen nicht in einem Prozess des Emittierens solcher Wertpapiere auf einem Markt befinden oder dieses beabsichtigen (IFRS 10.4(a)(ii) und (iii)).

(3) Das oberste MU oder ein zwischengeschaltetes MU stellt einen Abschluss nach IFRS auf, der veröffentlicht wird und den IFRS entspricht (IFRS 10.4(a)(iv)).

Diese Regelung weist in mehrfacher Hinsicht Lücken auf: Zum einen wird nicht festgelegt, in welchen **Zeitabständen** die **Zustimmung der Minderheitsaktionäre** eingeholt werden muss. Hier ist in Abwesenheit konkreter Regelungen einerseits vorstellbar, dass zu jedem Zwischenabschluss diese Zustimmung einzuholen ist. Andererseits könnte hier ein Rückgriff auf die gesellschaftsrechtlichen nationalen Vorschriften erfolgen, der aber durch den IASB aufgrund seines Selbstverständnisses unerwünscht sein dürfte. Hier sind uE detailliertere Vorgaben notwendig, um eine Rechtssicherheit sowohl für den Konzern als auch für Minderheitsgesellschafter herbeizuführen.

Für diese befreiten Unternehmen sieht IAS 27.8 die Anwendung der Bilanzie- 31
rungsvorschriften des Einzelabschlusses gem IAS 27.9 ff vor. Die dort vorgesehenen Regelungen werden allerdings für den deutschen Rechnungsleger durch die **nationalen Rechnungslegungsvorschriften** für den Einzelabschluss verdrängt, da die IFRS nach deutschem Handelsrecht nur für den Konzernabschluss angewendet werden dürfen. Die Möglichkeit der Anwendung der IFRS auch auf den Einzelabschluss sind nach § 325 HGB auf Zwecke der Offenlegung des Einzelabschlusses durch den Betreiber des Bundesanzeigers beschränkt. Dementsprechend ist ein derartiger Verweis in IFRS 10 nicht enthalten.

Zudem sind Pläne für Leistungen nach Beendigung des Arbeitsverhältnisses oder 32
Pläne für andere langfristig fällige Leistungen an Arbeitnehmer im Anwendungsbereich von IAS 19 **„Employee Benefits"** von dem Anwendungsbereich des IFRS 10 ausgenommen. Dieser Ausschluss des Anwendungsbereiches wurde unverändert aus SIC-12.6 in IFRS 10.4(b)/IFRS 10.4A (geändert 2014) übernommen.

Nach IFRS 10.4(c)/IFRS 10.4B (geändert 2014) ist auch dann kein Konzernabschluss aufzustellen, wenn das MU eine **Investmentgesellschaft** nach IFRS 10.27 ist und folglich sämtliche TU gem IFRS 10.31 zum beizulegenden Zeitwert (*fair value*) nach IAS 39/IFRS 9 bewertet. Somit muss trotz Vorliegens eines Mutter-/Tochterverhältnisses und der sich daraus ergebenden Konzernabschlusspflicht nach nationalen Regelungen in diesem Fall kein Konzernabschluss sondern vielmehr ein Einzelabschluss der Investmentgesellschaft nach IFRS aufgestellt werden. Da es sich bei IFRS 10.4(c)/IFRS 10.4B (geändert 2014) um eine Regelung zur Abgrenzung des Konsolidierungskreises durch Definition nicht konsolidierungspflichtiger TU handelt, kollidiert diese Regelung nicht mit der Aufstellungspflicht des § 290 HGB. Vielmehr läuft diese mangels konsolidierungspflichtiger TU nach IFRS ins Leere. Wenngleich somit Investmentgesellschaften bei Vorliegen der Voraussetzungen des IFRS 10.4(c)/IFRS 10.4B (geändert 2014) regelkonform keinen Konzernabschluss aufstellen müssen, ist uE eine Umgehung der Konzernabschlusspflicht nach HGB durch Nutzung des IFRS 10.4(c)/IFRS 10.4B (geändert 2014) bei **freiwilliger Anwendung** der IFRS gem § 315a Abs 3 HGB als nicht sachgerecht abzulehnen.

Sind die TU einer Investmentgesellschaft selbst **keine Investmentgesellschaften** und erbringen sie weitere in IFRS 10.B85C ff/IFRS 10.B85C ff (geändert 2014) beschriebene Dienstleistungen in Bezug auf die Investitionstätigkeit der Investmentgesellschaft, sind diese nach IFRS 10.32/10.32 (geändert 2014) in Übereinstimmung mit IFRS 10.19 ff zu konsolidieren. Somit besteht in diesem Fall nach IFRS 10 eine **Konzernabschlusspflicht.**

Eine **Zwischenholding** (TU), die selbst keine Investmentgesellschaft ist, sondern an operativen Enkelgesellschaften beteiligt ist und von einer Investmentgesellschaft gehalten wird, braucht nach IFRS 10.4(a)(iv) (geändert 2014) keinen Teilkonzernabschluss aufzustellen, sondern ist davon durch die Aufstellung des Konzernabschlusses des MU (IFRS 10.4(c)/IFRS 10.4B (geändert 2014) greifen hier nicht) oder des Einzelabschlusses des MU (falls keine konsolidierungspflichtigen TU bestehen) befreit.

Die Überarbeitung der vorgenannten Regelungen in IFRS 10 erfolgte in dem Änderungsstandard ***„Investment Entities: Applying the Consolidation Exception“***, der im Dezember 2014 vom IASB verabschiedet wurde. Dieser Änderungsstandard ist von Seiten der EU noch nicht endorsed worden. Mit einem Endorsement wird zum gegenwärtigen Zeitpunkt (31. Juli 2015) im ersten Quartal 2016 gerechnet.

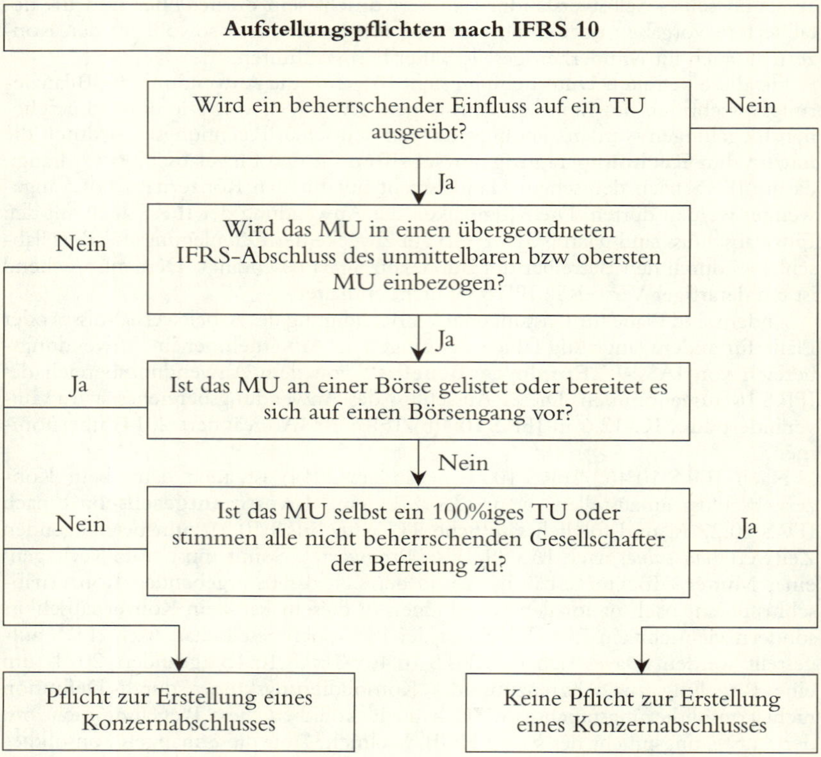

D. Wesentliche Änderungen und deren Anwendungszeitpunkte

Die Verabschiedung des Änderungsstandards ***Investment Entities: Applying the Consolidation Exception*** – *Amendments to IFRS 10, IFRS 12 and IAS 28* im Dezember 2014 hat zu Änderungen an IFRS 10.4, IFRS 10.32, IFRS 10.B85C und IFRS 10.B85E sowie zur Einfügung von IFRS 10.4A und IFRS 10.4B geführt. Die Änderungen sind – unter der Voraussetzung einer Übernahme in die EU – erstmals für Geschäftsjahre, die am oder nach dem 1. Januar 2016 beginnen, anzuwenden (IFRS 10.C1D) (geändert 2014)). 33

E. Unterschiede zu HGB/DRS

Die Konzernrechnungslegungspflicht nach den deutschen handelsrechtlichen 34 Vorschriften beruht ebenso wie diejenige nach IFRS auf dem Weltabschlussprinzip und sieht in der **Existenz von MU und TU** die Bedingung für die Aufstellung eines Konzernabschlusses (zum Verhältnis der Aufstellungspflichten nach lokalem Recht bzw IFRS vgl → Rn 1 f). Im Detail sind die Voraussetzungen für die Pflicht zur Aufstellung eines Konzernabschlusses zwischen HGB und IFRS jedoch durchaus unterschiedlich.

In den meisten Fällen wird eine Beurteilung der Konzernabschlusspflicht nach 35 HGB und IFRS zu **identischen Ergebnissen** führen. In einigen Fällen kommt es jedoch zu einem Auseinanderfallen der Ergebnisse. Exemplarisch für eine abweichende Beurteilung der Konsolidierungspflicht nach HGB bzw IFRS 10 sind die folgenden Fallkonstellationen:

(1) Die Tatbestände des § 290 Abs 2 HGB führen **formaljuristisch unwiderlegbar** zu einem Mutter-Tochter-Verhältnis ggü der wirtschaftlichen Betrachtungsweise des IFRS 10.6 f, bei der sogar eine mehrfache Konsolidierung eines TU ausscheidet (*Oser/Milanova* BB 2011, 2027 (2028)). Zudem ergeben sich durch die Definition der Beherrschung in IFRS 10 (s hierzu ausführlich → § 30 Rn 10 ff) grundlegende Abweichungen zu § 290 Abs 1 HGB. Im Ergebnis ist es möglich, dass aufgrund der abweichenden Definition eines Mutter-Tochter-Verhältnisses nach HGB und IFRS ein Mutter-Tochter-Verhältnis und im Ergebnis das Erfordernis zur Aufstellung eines Konzernabschlusses nach HGB oder IFRS abweichend nicht gegeben ist.

(2) In IFRS 10.4/IFRS 10.4 (geändert 2014) iVm IFRS 10 4A f (geändert 2014) werden bei Mutter-Tochter-Verhältnissen abschließend die **Gründe für eine Befreiung** von der Pflicht zur Aufstellung eines Konzernabschlusses aufgeführt. Diese weichen von den Befreiungsgründen in den §§ 291, 292 HGB ab. Es kann damit im Einzelfall dazu kommen, dass in der einen Rechnungslegungsnorm eine Pflicht zur Aufstellung eines Konzernabschlusses besteht und bei der anderen Rechnungslegungsnorm eine Befreiung gegeben ist.

(3) Das HGB sieht in § 293 HGB **größenabhängige Befreiungen** von der Aufstellungspflicht eines Konzernabschlusses vor. Bei Vorliegen der Voraussetzungen des IFRS 10.4 ist grds ein Konzernabschluss aufzustellen, es sei denn, dass sämtliche identifizierten TU aus Wesentlichkeitsgründen nicht konsolidiert werden müssen. Durch das Fehlen größenabhängiger Befreiungstatbestände kann somit eine Pflicht zur Aufstellung eines Konzernabschlusses nach IFRS 10.4/IFRS 10.4 (geändert 2014) bestehen, während nach HGB keine Aufstellungspflicht existiert.

36 Da die Pflicht zur Aufstellung eines Konzernabschlusses im Anwendungsbereich der EU-VO zur Einführung der IFRS grds nach nationalem Recht zu beurteilen ist, führen die dargestellten Fallkonstellationen hier nicht zu einer konkurrierenden Beurteilung der Konzernabschluss-Aufstellungspflicht. Die international uneinheitliche Festlegung der Aufstellungspflicht wird aber ggf als **Standortfaktor** im internationalen Vergleich berücksichtigt und ist damit als kritisch zu beurteilen.

F. Combined Financial Statements

37 Bei ***combined financial statements*** handelt es sich um zwei oder mehrere rechtliche Einheiten, die von denselben Personen unter **gemeinsamer Beherrschung *(common control)*** oder unter ***gemeinsamem Management (common management)*** geführt werden. Zudem können *combined financial statements* Abschlüsse sein, die Vergangenheitsdaten aus erst kürzlich erworbenen TU vor Kontrollerlangung enthalten (*common business*) (*FEE Federation of European Accountants* 2013 Rz 4.5 ff). Unabhängig davon, ob es sich um rechtliche Einheiten handelt, kann der Tatbestand der *combined financial statements* auch erfüllt sein, wenn Geschäftseinheiten in absehbarer Zeit zu einer Unternehmensgruppe unter gemeinsamer Beherrschung derselben Personen werden (*EY* 2015, 343).

38 Für Unternehmensgruppen, die faktisch von denselben Personen beherrscht oder demselben Management geführt werden, aber nicht das Mutter-Tochter-Kriterium des § 290 HGB oder des IFRS 10 erfüllen, besteht **weder nach HGB noch nach IFRS eine Konzernabschluss-Aufstellungspflicht.** Gleichwohl ist diese rechtliche Unternehmensgestaltung in der Praxis häufig anzutreffen. Dabei wird die Unternehmensgruppe idR aus wirtschaftlicher Sicht als Konzern wahrgenommen und dementsprechend eine Finanzberichterstattung über die Unternehmensgruppe gefordert. Um der Rechnungslegung mehr Gewicht zu geben, wird hierbei insbes zunehmend eine Berichterstattung in Übereinstimmung mit den IFRS, wie sie in der EU anzuwenden sind, gefordert. Auf der anderen Seite wird mit dieser Finanzberichterstattung aber der Anschein erweckt, es handele sich um die Vermögenswerte, Schulden und das Geschäftsergebnis der berichtenden Einheit, die aber möglicherweise rechtlich diesen Zugriff auf die einbezogenen anderen Unternehmen nicht hat und damit für den Berichtsleser irreführend sein kann.

39 **Regeln für die Erstellung** der *combined financial statements* sind nicht bindend kodifiziert. Dadurch sind in der Praxis verschiedene Methoden bei der Erstellung eines solchen Abschlusses entwickelt worden (s vertiefend *FEE Federation of European Accountants* 2013 Rz 6.1.1 ff). Auch die grundlegende Entscheidung, ob oder in welchem Zeitraum *common control* bzw *common management* bestand, kann dabei schwierig sein und unter Berücksichtigung der Gesamtumstände unterschiedlich interpretiert werden. Es ist lediglich unstrittig, dass alle üblichen Konsolidierungsarten anzuwenden sind. Gleichwohl sind häufig Schwierigkeiten im Rahmen von *combined financial statements* gegeben, da Schätzunsicherheiten, das Erfordernis von HB-II-Anpassungen oder verlässliche Vergleichszahlen bei Veränderungen des Konsolidierungskreises dem Abschlussersteller nicht immer hinreichend offengelegt werden können, sodass ein relativ hohes Risiko besteht, dass der Abschluss nicht dem Grundsatz des *„true and fair view"* entspricht.

40 Das Schrifttum hat dementsprechend folgende **Bedingungen** hervorgehoben, unter denen eine Übereinstimmung mit den IFRS bestätigt werden könnte (*EY* 2015, 343 ff; *FEE Federation of European Accountants* 2013 Rz 4.7, Rz 4.17 und Rz 6.8.1): Voraussetzung ist, dass die wirtschaftlichen Einheiten immer nur für

die Berichtsperioden einbezogen werden, in denen sie auch unter *common control* bzw *common management* standen. Zudem sind diese Konzernabschlüsse im Anhang um Adressaten und den Zweck der Berichterstattung zu ergänzen, um den mit dem Abschluss verbundenen Zweck klarzustellen. Dabei sollte im Anhang auch klargestellt werden, dass es sich um *combined financial statements* handelt, welche Rechnungslegungsstandards verwendet wurden und warum diese verwendet wurden, die Entscheidungsgrundlage für den Konsolidierungskreis, die Grundlage der einbezogenen Abschlüsse, wesentliche Schätzungen innerhalb des Abschlusses, insbes die Basis der Zuordnung von Erträgen, Aufwendungen, Vermögenswerten und Schulden, vorgenommene Anpassungen zu den Einzelabschlüssen, die Art der Berücksichtigung von Ereignissen nach dem Abschlussstichtag, die Handhabung von gruppeninternen Geschäften sowie die nach IAS 24 geforderten Angaben zu nahestehenden Personen.

(einstweilen frei) 41

G. Aktuelle Entwicklungen/IASB-Projekte

Der IASB unternimmt derzeit (Stand: 31. Juli 2015) ein Forschungsprojekt 42
mit dem Titel ***„Business Combinations under Common Control“***. Inhalt des Projekts ist die Abbildung von konzerninternen Umstrukturierungen, für die die IFRS bisher keine expliziten Regelungen beinhalten (*IASB* Update June 2014, 8).

§ 32. Konsolidierungskreis, Abschlussstichtag sowie konzerneinheitliche Bilanzierung und Bewertung

Übersicht

Schrifttum: *Beyhs/Buschhüter/Schurbohm* IFRS 10 und 12: Die Neuen IFRS zum Konsolidierungskreis, WPg 2011, 662; *Bischof/Staß* Prüfungsschwerpunkte der DPR und der ESMA für das Jahr 2014, DB 2013, 2753; *Christian* Bilanzierung von Anlageunternehmen (investment entities), PiR 2013, 69; *Deutsche Prüfstelle für Rechnungslegung e. V.* Tätigkeitsbericht 2014, Berlin 2014; *Freiberg/Panek* Einbezug von Leasingobjektgesellschaften in den IFRS-Konsolidierungskreis, PiR 2013, 342; *Küting/Mojadadr* Zweckgesellschaften in der Berichterstattungspraxis, KoR 2013, 142; *Lachmann/Kümpel/Hagen* Eine kritische Analyse der internationalen Konzernrechnungslegung nach IFRS 10–12 vor dem Hintergrund der Ziele des IFRS-Frameworks, KoR 2013, 573; *Lüdenbach* Erstmalige Einbeziehung eines bisher aus Wesentlichkeitsgründen nicht konsolidierten Tochterunternehmens, PiR 2006, 121, *Lüdenbach/Freiberg* Der Beherrschungsbegriff des IFRS 10 – Anwendung auf normale vs. strukturierte Unternehmen, PiR 2012, 41; *Maier* Verhindert der einheitliche Konzernstichtag unterschiedliche Geschäftsjahre im Einzel- und Konzernabschluss?, StuB 2008, 700; *Oser/Milanova* Aufstellungspflicht und Abgrenzung des Konsolidierungskreises – Rechtsvergleich zwischen HGB/DRS 19 und dem neuen IFRS 10, BB 2011, 2027; *Zülch/Popp* Feldstudie zur Konsolidierung von Zweckgesellschaften nach IFRS 10, PiR 2013, 109.

Wesentliche Rechtsgrundlagen: IAS 28, IFRS 10, IFRS 11, IFRS 12

A. Konsolidierungsvorbereitende Maßnahmen

1 Im Hinblick auf die mit dem Konzernabschluss angestrebte Information über den **Konzern** als **Einheit** ist vor den eigentlichen Konsolidierungsbuchungen sicherzustellen, dass die einbezogenen Einzelabschlüsse einheitlich der Konzernbilanzierung und -bewertung entsprechen.

2 Zur Sicherstellung eines zutreffenden Bilds der wirtschaftlichen Konzerneinheit ist zunächst zu untersuchen, welche Unternehmen in den **Konsolidierungskreis** einzubeziehen sind. Während die Beurteilung der Aufstellungspflicht für einen Konzernabschluss für Unternehmen im Geltungsbereich der EU-VO zur Einführung der IAS (nachfolgend: IAS-VO) nach den nationalen Vorgaben zu erfolgen hat (vgl hierzu ausführlich → § 31 Rn 1 ff), fällt die Frage der Einbeziehung von Unternehmen bei Vorliegen einer Unternehmensverbindung (vgl § 30) in den Konsolidierungskreis in den Regelungsinhalt der VO und bestimmt sich mithin nach den Vorgaben von IFRS 10.

3 Die geforderte Einheitlichkeit der Darstellung erfordert ferner die Festlegung eines verbindlichen **Abschlussstichtags,** auf den der Konzernabschluss sowie die einzubeziehenden Einzelabschlüsse aufgestellt werden müssen.

4 Darüber hinaus ist sicherzustellen, dass die in den Konzernabschluss einzubeziehenden Einzelabschlüsse zum einen selbst nach den Vorgaben der IFRS erstellt oder auf diese übergeleitet wurden, zum anderen muss gewährleistet sein, dass ggf bestehende Wahlrechte einzelner Standards gleichlautend ausgeübt wurden. Erst die **einheitliche Bilanzierung und Bewertung** innerhalb des Konzerns ermöglicht eine konsistente Darstellung der konsolidierten Einzelabschlüsse in einem Konzernabschluss.

5 Die ebenfalls den konsolidierungsvorbereitenden Maßnahmen zuzurechnende **Umrechnung von Fremdwährungsabschlüssen** für Zwecke der anschließenden Konsolidierung ist Gegenstand von § 33.

B. Abgrenzung des Konsolidierungskreises

I. Einbeziehung von Tochterunternehmen

1. Konsolidierungspflicht für Tochterunternehmen

6 IFRS 10.4 sowie die Definition eines Konzernabschlusses in IFRS 10.Anhang A verlangen, dass ein MU, das einen Konzernabschluss aufstellt, grds **alle in- und ausländischen TU** zu konsolidieren hat (Weltabschlussprinzip). TU idS sind diejenigen Unternehmen, auf die das berichtende MU die unmittelbare oder mittelbare Kontrolle ausübt (zum Beherrschungs- bzw Kontrollbegriff vgl → § 30 Rn 4 ff).

7 IFRS 10 enthält **keine Einbeziehungsverbote**. Dies gilt auch für Fälle, in denen beim Erwerb eines TU dieses die Voraussetzungen für eine Klassifikation als „zur Veräußerung bestimmt“ iSv IFRS 5 erfüllt sind. Eine entspr zuvor in IAS 27 (2008) enthaltene Erläuterung wurde nicht explizit in IFRS 10 übernommen, da der Beherrschungsbegriff des IFRS 10.6 konzeptionell auch temporäre Beherrschungsverhältnisse umfasst. TU, die bei ihrem Erwerb die Voraussetzungen des IFRS 5 erfüllen, sind deshalb in den Konsolidierungskreis einzubeziehen und erbringen für die Dauer der Konzernzugehörigkeit Beiträge zum lfd Konzernergebnis. Ihre Bilanzierung erfolgt jedoch nach Maßgabe der Regelungen in IFRS 5. Beim Erwerb solcher TU ist deshalb eine Kaufpreisallokation gem

IFRS 3.10 durchzuführen, wobei grds besondere Bewertungsvorschriften nach IFRS 5 Vorrang vor den Regelungen zur Bewertung nach IFRS 3 haben. Ebenso sind diese TU in die Schulden-, Aufwands- und Ertragskonsolidierung sowie ggf in die Zwischenergebniseliminierung einzubeziehen. Unter Wesentlichkeitsgesichtspunkten können jedoch uE in den Fällen, in denen das TU zum Aufstellungszeitpunkt bereits veräußert ist und der Entkonsolidierungserfolg dem Beitrag des Unternehmens zum lfd Konzernergebnis im Wesentlichen entspricht, im Einzelfall die Anforderungen an den Detailgrad bei der Kaufpreisallokation eingeschränkt werden. Die Vorschriften zu Bilanzierung und Bewertung des IFRS 5 beziehen sich somit nicht auf die Einbeziehung in den Konsolidierungskreis, sondern regeln die Darstellung und Bewertung des konsolidierten TU innerhalb des Konzernabschlusses (hierzu → § 35 Rn 27 ff). Eine Einbeziehung in den Konsolidierungskreis ist deshalb auch bei zur Veräußerung vorgesehenen TU zwingend, sofern diese nicht als unwesentlich einzustufen sind.

IFRS 10 geht von einer grds Konsolidierungspflicht aller nach dem *control*-Kriterium identifizierten TU aus und enthält somit **keine expliziten Konsolidierungswahlrechte.** Gleichwohl wird man in Einzelfällen ein faktisches Einbeziehungswahlrecht bei der Festlegung des Konsolidierungskreises feststellen können, das aus Ermessensspielräumen bei der Beurteilung eines Beherrschungsverhältnisses sowie aus allgemeinen Wesentlichkeitsüberlegungen resultiert. 8

Unter Bezugnahme auf F.QC11 des Rahmenkonzepts der IFRS ergibt sich darüber hinaus die Möglichkeit, aus **Wesentlichkeitsgründen** auf die Konsolidierung von TU zu verzichten. Ein Verzicht auf die Konsolidierung unter Berufung auf den Wesentlichkeitsgrundsatz ist allerdings nur dann möglich, wenn nicht nur einzelne, sondern sämtliche auf dieser Basis von der Konsolidierung ausgeschlossenen Unternehmen zusammengenommen von untergeordneter Bedeutung für die Darstellung der wirtschaftlichen Lage des Konzerns sind. Dabei ist das Kriterium der Wesentlichkeit innerhalb der IFRS nicht quantifiziert, Bezug genommen wird auf das Kriterium der Entscheidungsnützlichkeit (hierzu → § 2 Rn 57 ff). 9

Die aus Wesentlichkeitsgründen nicht in den Konsolidierungskreis aufgenommenen TU sind in den Folgeperioden zu jedem Abschlussstichtag im Hinblick darauf zu untersuchen, ob eine Konsolidierung aufgrund einer geänderten Abschätzung der Wesentlichkeit nunmehr geboten ist. Eine Einbeziehung aufgrund einer **Änderung der Wesentlichkeitsbeurteilung** kann bspw folgende Gründe haben:

(1) Ein TU, das in der Vorperiode als unwesentlich im Hinblick auf den Konsolidierungskreis angesehen wurde, ist inzwischen aufgrund der Ausweitung des operativen Geschäfts als wesentlich einzustufen. Es ist dementsprechend in der lfd Periode in den Konzernabschluss einzubeziehen.

(2) Ein TU, das isoliert betrachtet in der Vorperiode als unwesentlich eingestuft und nicht in den Konzernabschluss einbezogen wurde, wird mit einem anderen TU, das seinerseits bereits in den Konzernabschluss einbezogen war, verschmolzen. Die neue, vergrößerte Einheit ist nunmehr als ein TU in den Konzernabschluss einzubeziehen.

(3) Durch eine Verkleinerung des Konzernkreises verringert sich die Wesentlichkeitsgrenze, so dass auch bei unveränderter Größe der zu beurteilenden Einheit deren Einbeziehung aufgrund der nunmehr überschrittenen Wesentlichkeitsgrenze eine Einbeziehung in den Konzernabschluss vorzunehmen ist.

Die Einbeziehung in den Konsolidierungskreis erfolgt dabei grds nach Maßgabe der **Wertverhältnisse zum Erwerbszeitpunkt** und nicht derjenigen zum Zeitpunkt der erstmaligen Einbeziehung in den Konzernabschluss. Im Hinblick auf die Unwesentlichkeit des TU in den Vorperioden und unter Kosten-/ 10

Nutzen-Gesichtspunkten kann gleichwohl die Erstkonsolidierung auf der Basis der Werte der erstmaligen Einbeziehung als im Einzelfall tolerierbar angesehen werden (so auch *Lüdenbach* PiR 2006, 121 (122)), sofern nicht andere Regelungen der IFRS eine andere Bewertung mit wesentlichen Auswirkungen auf den Konzernabschluss fordern (bspw aufgrund zurückerworbener Rechte nach IFRS 3.29).

Für den Fall, dass ein bisher in den Konzernabschluss einbezogenes TU in mehrere Unternehmen aufgeteilt wird, die – isoliert betrachtet – als unwesentlich eingestuft werden können und auch insgesamt nicht mehr wesentlich sind, ist uE eine weitere Einbeziehung dieser TU unter den Grundsätzen der Stetigkeit und der wirtschaftlichen Sichtweise zu prüfen.

11 Bei der Abgrenzung des Konsolidierungskreises sind auch **strukturierte Einheiten** zu berücksichtigen, die dadurch charakterisiert sind, dass die Beherrschungsmöglichkeit über diese Einheiten nicht auf der Basis von Stimmrechten zu beurteilen ist. Vielmehr weisen diese Einheiten oft ein eng definiertes Unternehmensziel im Interesse eines anderen Unternehmens auf, wobei oftmals dieses andere Unternehmen auch der Gründer der Einheit ist. Damit entspricht diese Gruppe potenziell konsolidierungspflichtiger Einheiten weitgehend derjenigen der sog „Zweckgesellschaften" nach Maßgabe des bis zum Jahr 2013 anwendbaren SIC-12 (zur unterschiedlichen Begriffsabgrenzung → § 30 Rn 41 ff). Ist ein berichtspflichtiges Unternehmen zu mehr als 50% an einer strukturierten Einheit beteiligt, so kann sich eine Konsolidierungspflicht in Abhängigkeit von der Ausgestaltung der Stimmrechte in der Einheit bereits unmittelbar nach Maßgabe von IFRS 10.7 ergeben. In vielen Fällen werden in Bezug auf strukturierte Einheiten jedoch rechtliche Konstruktionen gewählt, die eine Beteiligungs- und Stimmrechtsquote von weniger als 50% zur Folge haben, zumal die Beherrschung solcher Einheiten definitionsgemäß nicht primär von Stimmrechten determiniert wird. Aus wirtschaftlicher Sicht können jedoch auch in diesen Fällen ein Beherrschungsverhältnis und damit eine Einbeziehungspflicht in den Konzernabschluss gegeben sein. Der IASB verzichtet in IFRS 10 explizit auf Sonderregelungen für strukturierte Einheiten. Begründet wird dies mit dem in IFRS 10 neu und umfänglich ausgestalteten Beherrschungskonzept, das auch die Zweckbestimmung und Konstruktion von potenziellen TU einschließt (IFRS 10.BC76 ff). Gleichwohl wird auch im Beherrschungskonzept nach IFRS 10 unterschieden in Beteiligungsunternehmen, bei denen Stimmrechte die Grundlage einer potenziellen Beherrschungsmacht darstellen, und solchen, bei denen andere Rechte ausschlaggebend für eine Beherrschungsmöglichkeit sind (→ § 30 Rn 41 ff).

12 Wechselwirkungen zwischen der Beurteilung der Konsolidierungspflicht einerseits und Vorschriften weiterer IFRS andererseits können bei strukturierten Einheiten in Form von **Leasingobjektgesellschaften** auftreten. Nach IFRS 10 ist die Leasingobjektgesellschaft dann in den Konsolidierungskreis aufzunehmen, wenn die **Kontrollkriterien** des IFRS 10.7 erfüllt sind. Das berichtende MU muss also, unter Berücksichtigung von Zweck und Struktur der strukturierten Einheit und ihrer Aktivitäten, eine faktische Beherrschungsmöglichkeit haben, die dazu genutzt werden kann, variable Rückflüsse aus der strukturierten Einheit zu beeinflussen. Eine Beurteilung der Risiko-/Nutzenzuordnung ist in diesem Fall nur hinsichtlich der Beurteilung der variablen Rückflüsse von Bedeutung. Eine mögliche Kongruenz zwischen der Risiko-/Nutzenzuordnung als Grundlage eines *finance-lease-adjustment* und einer Konsolidierungspflicht auf Grundlage der Beherrschungsmöglichkeit ist damit nicht in jedem Fall zu unterstellen, da gerade bei Leasingobjektgesellschaften aufgrund der erheblichen Bedeutung des Finanzierungsrisikos die Risiko-/Nutzenposition einerseits und die Bestimmungsmöglichkeit über wesentliche Geschäftsaktivitäten andererseits auseinander

fallen können (vgl *Zülch/Popp* PIR 2013, 109 (111)). Gleichwohl wird in diesen Fällen bereits auf Einzelabschlussebene ein Finanzierungs-Leasing in Bezug auf das Leasingobjekt bilanziell darzustellen sein, sofern die Risiken und Chancen auf Basis der Nutzung des Leasingobjekts auf den Leasingnehmer übertragen wurden.

Im Rahmen der Konzernabschlusserstellung kann es in diesen Fällen zu einem **Konkurrenzverhältnis** zwischen den Regelungen des IAS 17 und des IFRS 10 kommen. Die IFRS sehen keine Rangfolge dieser Kontrollbegriffe vor, sodass unter Berücksichtigung des Prinzips des *true and fair view* eine Beurteilung im Einzelfall erforderlich ist. Diese kann in einigen Fällen dazu führen, dass unter Wesentlichkeitsgesichtspunkten die Darstellung des Finanzierungs-Leasing von der Einzelabschlussebene auf die Konzernabschlussebene übernommen wird, wenn die Gesellschaft ohne Berücksichtigung des Leasingobjekts nur noch über Vermögenswerte und Schulden verfügt, die für die Darstellung des Konzerns unwesentlich sind. Falls jedoch weitere wesentliche Vermögenswerte und Schulden in der Objektgesellschaft vorhanden sind oder die Objektfinanzierung in der Gesellschaft zu Konditionen realisiert wurde, die wesentlich von der bei der berichtenden Einheit zu passivierenden Leasingverbindlichkeit abweicht, ist zur Sicherstellung einer zutreffenden Darstellung im Konzern bei Vorliegen der Voraussetzungen für eine Konsolidierungspflicht nach IFRS 10.5ff die auf Einzelabschlussebene vorgenommene Finanzierungs-Leasingerfassung auf Konzernebene zu stornieren und durch eine Einbeziehung der Leasingobjektgesellschaft in den Konzernabschluss zu ersetzen. 13

Sind die mit der Leasingobjektgesellschaft eingegangenen Vertragsbeziehungen hingegen als **operatives Leasingverhältnis** zu klassifizieren, sind für eine Beurteilung der Konsolidierungspflicht die allgemeinen Kriterien der IFRS 10.5ff heranzuziehen. Dies gilt auch für die Fälle, in denen aufgrund des Komponentenansatzes des IAS 17.15A innerhalb einer einheitlichen Miet- oder Leasingvereinbarung beim Immobilienleasing der Gebäudeteil als Finanzierungs-Leasing zu klassifizieren ist, während der Grundstücksteil als operatives Leasingverhältnis darzustellen ist. 14

Beispiel: Ein berichtendes MU ist mit einer Beteiligungs- und Stimmrechtsquote von 5% an einer Leasingobjektgesellschaft beteiligt. 95% sind fremden Dritten zuzurechnen. In diesem Verhältnis ist auch die Gewinnaufteilung vertraglich vereinbart. Die Leasingobjektgesellschaft weist als einzigen wesentlichen Vermögenswert ein bebautes Grundstück auf, auf dem ein Gebäude steht, das wesentlich auf die Bedürfnisse des derzeitigen Nutzers und Leasingnehmers MU ausgerichtet ist, jedoch grds auch von anderen Leasingnehmern genutzt werden könnte. Die Gesellschaft hat das Gebäude fremdfinanziert und weist entspr Bankverbindlichkeiten auf.

Der **Business-Plan** der Leasingobjektgesellschaft ist so aufgebaut, dass die Leasingzahlungen des MU dazu ausreichen, die aus der Finanzierung des Leasingobjekts bei der Gesellschaft anfallenden Zinsen, die Abschreibungen auf den Gebäudeteil und darüber hinaus eine Dienstleistungsvergütung an die Fremdgesellschafter abzudecken, welche die Geschäftsführung der Objektgesellschaft übernommen haben. Ein darüber hinausgehender Gewinn innerhalb der Gesellschaft ist nicht geplant. Nach Ablauf der vertraglichen Leasingdauer ist eine Veräußerung des Leasingobjekts am Markt vorgesehen. Die vertraglichen Vereinbarungen sehen vor, dass ein nach Abzug der restlichen Bankschulden verbleibender Veräußerungsgewinn hälftig auf MU und Objektgesellschaft verteilt werden soll.

Nach der Ausgestaltung des Leasingvertrags unter Berücksichtigung der Kriterien des IAS 17.10 und IAS 17.11 ist eine **Klassifikation** des Grundstücksteils als operatives Leasingverhältnis und des Gebäudeteils als Finanzierungs-Leasing zu unterstellen. Dementsprechend wurde im Einzelabschluss des MU ein *finance-lease-adjustment* vorgenommen.

Bzgl einer ggf vorliegenden **Einbeziehungspflicht** der Leasingobjektgesellschaft in den Konzernabschluss des MU ist nach IFRS 10.7 zu beurteilen, ob nach den dort festgelegten Kriterien ein wirtschaftliches Kontrollverhältnis unter Berücksichtigung der relevanten

Aktivitäten der Einheit vorliegt (vgl *Freiberg/Panek* PiR 2013, 342 (344)). Da der Business Plan der Gesellschaft keine lfd Gewinne oder andere wirtschaftliche Vorteile aus der operativen Tätigkeit während des Leasingzeitraums vorsieht, ziehen in diesem Zeitraum weder das MU noch die Fremdgesellschafter wirtschaftlichen Nutzen iSd *return*-Kriteriums aus der Tätigkeit der Gesellschaft. Im Falle der Veräußerung des Leasingobjekts ist eine hälftige Teilung des Veräußerungsergebnisses auf MU und die Objektgesellschaft vorgesehen. Der auf die Objektgesellschaft entfallende Anteil unterliegt wiederum der allgemeinen Gewinnverwendungsregelung innerhalb der Gesellschaft, wonach 5% auf MU und 95% auf die Fremdgesellschafter entfallen. Damit entfallen insgesamt 52,5% des Veräußerungsergebnisses (50% über vertragliche Regelungen und 2,5% im Rahmen der Gewinnverteilung der restlichen 50% des Veräußerungsgewinns) auf das MU, das damit die Mehrheit des Restwertrisikos übernimmt. Eine Beurteilung nach IFRS 10.7 führt damit zu einer Konsolidierungspflicht, da das MU über seine Gewinnbezugsrechte und die vertragliche Regelung im Hinblick auf einen Veräußerungserlös einen Anspruch auf variable Rückflüsse hat und unter Berücksichtigung der Zweckbestimmung und der Struktur der Leasingobjektgesellschaft über eine Beherrschung der relevanten Unternehmensaktivitäten diese Rückflüsse beeinflussen kann. Da Stimmrechte hierbei von untergeordneter Bedeutung und vielmehr die Rechte an Residualgrößen und die damit verbundenen Rückflüsse an das MU determinierend sind, ist die Gesellschaft als konsolidierungspflichtige strukturierte Einheit einzuordnen, sofern das MU beherrschenden Einfluss auf die Ausgestaltung des Veräußerungsprozesses als relevante Unternehmensaktivität ausüben kann.

Durch die Klassifikation als TU und der damit verbundenen Einbeziehungspflicht in den Konzernabschluss ist aus Sicht der berichtenden Einheit die Leasingvereinbarung zwischen dem MU und der Leasingobjektgesellschaft als **konzerninternes Vertragsverhältnis** zu beurteilen und entspr zu eliminieren, indem im Rahmen der Konsolidierung das innerhalb des Einzelabschlusses auf HB II-Ebene vorgenommene *finance-lease-adjustment* hinsichtlich des Gebäudes rückgängig zu machen und die Gesellschaft als TU in den Konzernabschluss des MU einzubeziehen ist. Diese Vorgehensweise entspricht derjenigen des IAS 39.15 für *asset-backed-securities*-Transaktionen und stellt uE eine zutreffende Hierarchiefolge von IFRS 10 einerseits und IAS 17 andererseits dar.

Vor dem Hintergrund der Eliminierungspflicht konzerninterner Vertragsverhältnisse erscheint uE in der Bilanzierungspraxis ein **Verzicht auf das *finance-lease-adjustment*** auf HB II-Ebene bei der dargestellten Vertragskonstellation sinnvoll, da diese Anpassungsbuchung im Zuge der Konsolidierung ohnehin rückgängig zu machen ist. Dies gilt allerdings nur unter der Voraussetzung, dass ein IFRS-Einzelabschluss ausschließlich für Zwecke der Konsolidierung erstellt wird. Kommen ihm hingegen darüber hinausgehende Funktionen (etwa im Rahmen der Offenlegung nach § 325 Abs 2a HGB) zu, so ist ein Verzicht auf die Anpassungsbuchung im Einzelabschluss des MU nicht zulässig.

15 Handelt es sich bei der strukturierten Einheit um eine **Einobjekt-Gesellschaft,** so führt die Klassifikation des Leasingverhältnisses als Finanzierungs-Leasing idR dazu, dass durch das auf HB II-Ebene vorzunehmende *finance-lease-adjustment* qualitativ ein der Einbeziehung als TU vergleichbares Ergebnis erzielt wird. Abweichungen ergeben sich zum einen bei der Darstellung der nicht-beherrschenden Gesellschafter im Konzern, da bei einer Einbeziehung als TU der Saldo aus Vermögenswerten und Schulden in Höhe der Beteiligungsquote der nicht-beherrschenden Gesellschafter diesen zuzurechnen ist. Bei Unternehmen in der Rechtsform einer PersGes kann es darüber hinaus zu Abweichungen kommen, wenn das den nicht-beherrschenden Gesellschaftern zuzurechnende Kapital nach IAS 32 als Fremdkapital auszuweisen ist, da es nicht die nachrangigste Kapitalklasse kündbarer Finanzinstrumente darstellt. Zum anderen kann es Abweichungen hinsichtlich einzelner Bilanzansätze von Vermögenswerten und Schulden geben, weil zB die nach dem *finance-lease-adjustment* auszuweisende Leasingverbindlichkeit im Einzelabschluss des MU nicht exakt der Bankverbindlichkeit der strukturierten Einheit entspricht. Die sich ergebenden Verschiebungen dürften jedoch in den meisten Fällen nicht wesentlich sein, sodass die Beibehaltung des *finance-lease-adjustment* unter Verzicht auf die Konsolidierung der Einheit in der Bilanzierungs-

praxis vor allem aus Gründen der Aufwandsreduzierung bei der Konzernabschlusserstellung in vielen Fällen vertretbar erscheint.

16 Bei der Beurteilung der **Wesentlichkeit** der Abweichungen zwischen der Beibehaltung eines *finance-lease-adjustment* und einer Konsolidierung der strukturierten Einheit sind darüber hinaus die Wirkungen auf die **latenten Steuern** zu berücksichtigen. Hierbei ist insbes die Ausnahmeregelung des IAS 12.15(b) zu beachten, nach der auf Vermögenswerte und Schulden, die nicht im Rahmen eines Unternehmenszusammenschlusses erworben wurden und die zu keinen steuerlichen Ergebnisauswirkungen führen, keine latenten Steuern zu bilden sind (vgl → § 25 Rn 99). In der Literatur ist derzeit umstritten, ob diese Ausnahmeregelung auf das *finance-lease-adjustment* anzuwenden ist (so *pwc* 2015 Rz 13.163.1 f) oder ob eine Anwendung von IAS 12.15(b) für diese Fälle grds nicht gegeben ist (so *KPMG* 2014/15 Rz 3.13.230.30).

2. Sondervorschriften für Investmentgesellschaften

17 Unter das grds Konsolidierungsgebot für TU fielen bis zum Jahr 2013 auch von **Beteiligungsgesellschaften, Fonds** und ähnlichen Strukturen beherrschte Unternehmen. Im Hinblick auf die mit dem Erwerb bzw dem Halten von Beteiligungen durch solche Einheiten vielfach verbundene reine Investitionsabsicht, die sich ua in kurzen Haltezeiten der Beteiligungen und einer klaren Exit-Orientierung manifestiert, wurde diese Konsolidierungspflicht in der Vergangenheit verschiedentlich als nicht entscheidungsnützlich kritisiert (vgl zB *KPMG* 2011/12 Rz 2.5.280.10; *Heuser/Theile* Rz 5109). Auch der IASB selbst vertritt inzwischen die Auffassung, dass eine Bewertung der betreffenden Beteiligung erfolgswirksam zum beizulegenden Zeitwert dem Geschäftsmodell von Beteiligungsgesellschaften eher entspricht.

18 Um der geänderten Sichtweise in Bezug auf die Bilanzierung von Kapitalbeteiligungsgesellschaften Rechnung zu tragen, veröffentlichte der IASB im Oktober 2012 eine Ergänzung zu IFRS 10. Diese sieht für MU, die als **Investmentgesellschaften** *(investment entities)* zu klassifizieren sind, eine **Befreiung von der Konsolidierungspflicht** für die von ihr beherrschten Investments vor. Es handelt sich dabei um eine eng abgegrenzte Ausnahmeregelung, die nur auf das Verhältnis der Investmentgesellschaft zu ihren Investments beschränkt ist. Investmentgesellschaften können deshalb auch konsolidierungspflichtige TU aufweisen (→ Rn 22). Ebenso haben MU von Investmentgesellschaften, die selbst nicht als solche einzustufen sind, sämtliche TU (einschließlich der Investments der TU-Investmentgesellschaft) zu konsolidieren (vgl hierzu → Rn 28).

19 Zunächst ist deshalb der **Begriff** der Investmentgesellschaft zu definieren. Nach IFRS 10.27 handelt es sich dabei um ein Unternehmen, das

(1) von einem oder mehreren Investoren Mittel zu dem Zweck erhält, für diese(n) Investor(en) Dienstleistungen im Bereich der Vermögensverwaltung zu erbringen;
(2) sich ggü seinem Investor bzw seinen Investoren verpflichtet, dass sein Geschäftszweck allein in der Anlage der Mittel zum Zweck der Erreichung von Wertsteigerungen oder der Erwirtschaftung von Kapitalerträgen oder beidem besteht; und
(3) die Ertragskraft im Wesentlichen aller seiner Investments auf der Basis des beizulegenden Zeitwerts bewertet und beurteilt.

Diese Voraussetzungen, die **kumulativ** zu erfüllen sind, werden in den Anwendungsleitlinien (IFRS 10.B85A bis IFRS 10.B85M) weiter konkretisiert, worin sich das Bemühen des IASB zeigt, den Kreis der als Investmentgesellschaften einzustufenden MU relativ eng abzugrenzen. Grds hat ein MU bei der Beurteilung, ob es die Kriterien einer Investmentgesellschaft erfüllt, sämtliche Fakten und Umstände inklusive seines Zwecks und Designs zu berücksichtigen (IFRS 10.B85A).

20 Als Beurteilungshilfe, ob ein Unternehmen als Investmentgesellschaft einzustufen ist, stellt IFRS 10.28 **typische Charakteristika** solcher Gesellschaften dar. Typischerweise hat eine Investmentgesellschaft demnach

(1) mehr als ein Investment;
(2) mehr als einen Investor;
(3) Investoren, die nicht als nahestehende Unternehmen und Personen einzustufen sind;
(4) Investments in Form von Eigenkapitalbeteiligungen oder vergleichbare Investments.

Während die Voraussetzungen in IFRS 10.27 bei Investmentgesellschaften erfüllt sein müssen, ist eine entspr Einordnung auch möglich, wenn eines oder mehrere der typischen Charakteristika nach IFRS 10.28 im Einzelfall nicht vorliegen. In diesen Fällen ist die Einschätzung als Investmentgesellschaft auf der Grundlage **aller relevanten Fakten** und **Umstände** durch das die Bilanzierung verantwortende Management jedoch zu erläutern und zu begründen (→ Rn 69, vgl auch *pwc* 2015 Rz 24.1.11).

21 Die Einschätzung des die Bilanzierung verantwortenden Managements, ob ein berichtendes Unternehmen als Investmentgesellschaft einzustufen ist, erfolgt nach der Systematik der IFRS 10.27 f somit in **zwei Beurteilungsschritten,** die sich grafisch wie folgt darstellen lassen:

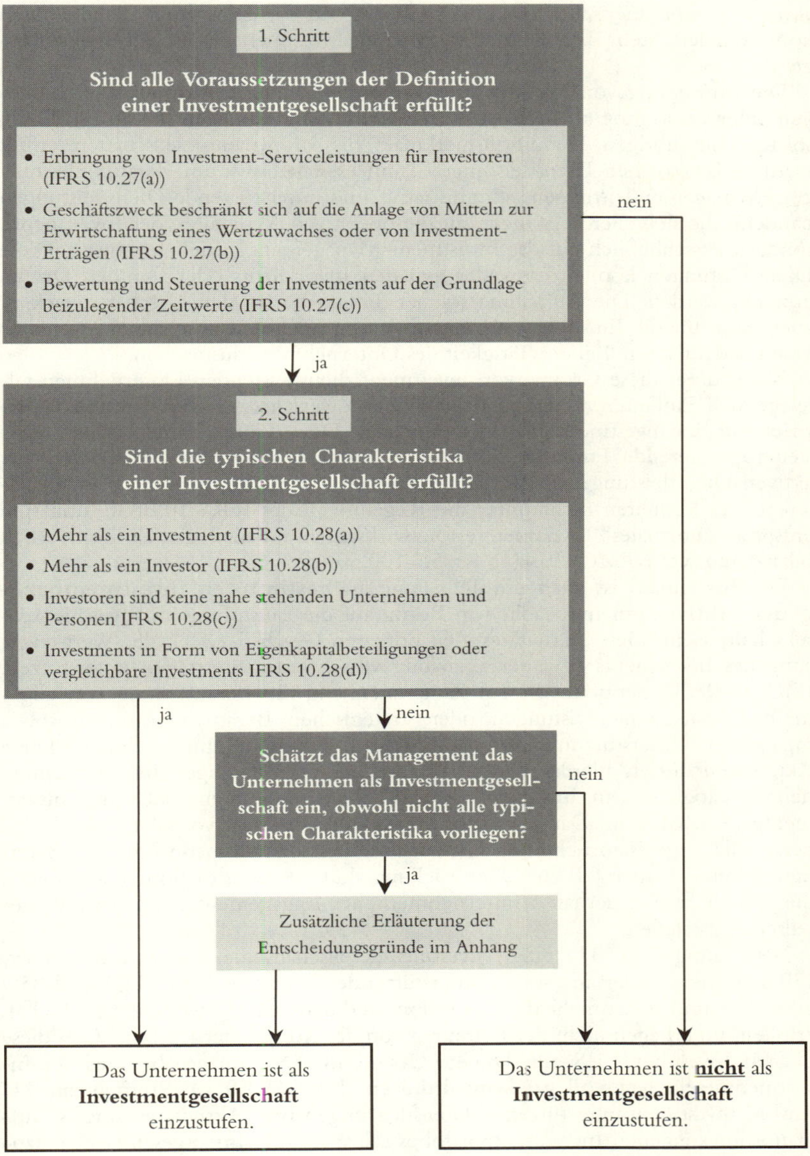

Um als Investmentgesellschaft eingestuft zu werden, muss sich der **Geschäftszweck** eines Unternehmens grds auf die Erzielung eines Wertzuwachses aus Investments, auf die Vereinnahmung von Investmenterträgen (Ausschüttungen, Zinsen oder Mieten) oder auf eine Kombination aus beidem ausrichten. Ein solcher Geschäftszweck kann sich gem IFRS 10.B85B aus verschiedenen Publikationen und/oder dem Auftreten des Unternehmens im Geschäftsverkehr ergeben. Stellt ein Unternehmen dabei die Investitionsabsicht in den Vordergrund, spricht dies für die Klassifikation als Investmentgesellschaft. Wird hingegen ein 22 aktives unternehmerisches Handeln in Bezug auf die gehaltenen Beteiligungen kommuniziert, steht dies einer Einstufung als Investmentgesellschaft eher entgegen.

Die Erbringung von **investmentbezogenen Dienstleistungen** steht hingegen einer Einstufung als Investmentgesellschaft nicht entgegen (IFRS 10.B85C), solange die übrigen Definitionsmerkmale für Investmentgesellschaften erfüllt werden. Bei solchen Dienstleistungen kann es sich bspw um Beratungsleistungen, Managementleistungen, administrative und unterstützende Dienstleistungen handeln, die sich allerdings nicht auf die operativen Aktivitäten der Investments, sondern ausschließlich auf das Investment-Management beziehen müssen. Diese Dienstleistungen können entweder ggü den Investments oder fremden Dritten erbracht werden. Die Aufnahme solcher Tätigkeiten in den Geschäftszweck ist auch dann für die Einstufung als Investmentunternehmen unschädlich, wenn sie einen bedeutenden Teil der Tätigkeit des Unternehmens ausmachen.

Nicht unter diese Gruppe von investment-dienstleistenden Unternehmen fallen jedoch Einheiten, deren ausschließlicher Zweck in der **steuerlichen Optimierung** des Investment-Managements liegt. Diese Unternehmen erfüllen ihre steueroptimierende Funktion durch ihre Existenz, sie erbringen jedoch keine aktiven Dienstleistungen in Bezug auf die betroffenen Investments. Deshalb fallen solche Einheiten nicht unter die Regelungen des IFRS 10.B85C und sind entspr als „normales" Investment erfolgswirksam zum beizulegenden Zeitwert zu bilanzieren (vgl *KPMG* 2014/15 Rz 5.6.100.50).

Darüber hinaus ist auch die Teilnahme an **bestimmten investmentbezogenen Aktivitäten** unschädlich in Bezug auf die Einstufung als Investmentgesellschaft, wenn diese Aktivitäten den primären Geschäftszweck der Wertsteigerung des Investments bzw der Erzielung von Investmenterträgen unterstützen. IFRS 10.B85D nennt in diesem Zusammenhang die Bereitstellung von allgemeinen Managementleistungen oder strategischen Beratungsleistungen sowie finanzieller Unterstützungsleistungen für ein Beteiligungsunternehmen. Diese Aktivitäten dürfen allerdings kein wesentlicher eigenständiger Teil der Unternehmenstätigkeit sein und keine wesentliche Einkommensquelle der Investmentgesellschaft sein. Damit werden von dieser Vorschrift vor allem kurzfristige personelle, organisatorische und finanzielle Unterstützungsmaßnahmen an Beteiligungsunternehmen (zB zur Überbrückung akuter Krisensituationen) abgedeckt, die jedoch kein dauerhaftes unternehmerisches Engagement der Investmentgesellschaft darstellen.

Beteiligungen an TU einer Investmentgesellschaft, die Dienstleistungen iSv IFRS 10.B85C oder investmentunterstützende Aktivitäten iSv IFRS 10.B85D erbringen und selbst nicht die Definitionsmerkmale einer Investmentgesellschaft erfüllen, unterliegen nicht der Befreiung von der Konsolidierungspflicht, da diese nur für Investments ieS gilt. Diese TU sind also im Konzernabschluss der Investmentgesellschaft **voll zu konsolidieren** (IFRS 10.B85E). Erbringt ein TU sowohl investmentunterstützende Dienstleistungen bzw Aktivitäten und ist aufgrund ihres eigenen Investmentportfolios selbst als Investmentgesellschaft einzustufen, enthielt IFRS 10 zunächst keine expliziten Konsolidierungsvorgaben, woraus Teile der Literatur (vgl zB *KPMG* 2014/15 Rz 5.6.100.20) ein Konsolidierungswahlrecht ableiteten. Im Rahmen der Ergänzung des IFRS 10 im Dezember 2014 wurde daraufhin IFRS 10.B85E insoweit ergänzt, als dass nunmehr explizit vorgeschrieben wird, dass die betroffenen TU ebenfalls verpflichtend erfolgswirksam zum beizulegenden Zeitwert in Übereinstimmung mit IFRS 10.31 zu bewerten sind.

23 Weitere Anhaltspunkte für die Einstufung eines Unternehmens als Investmentgesellschaft lassen sich aus dessen Investmentstrategie ableiten. Diese richtet sich regelmäßig nicht auf das dauerhafte Halten von Investments, sondern ist auf eine **zeitlich begrenzte Investitionsdauer** ausgerichtet. Da Kapitalbeteiligungen und Investitionen in nicht-finanzielle Vermögenswerte und Schulden grds keine begrenzte Laufzeit aufweisen, setzt eine für Investmentgesellschaften typische zeitlich begrenzte Investitionsabsicht die Existenz von **Exit-Strategien** für diese Investments bei Erreichen bestimmter finanzieller oder zeitlicher Ziele voraus. Das Vorliegen solcher Strategien ist somit konstitutiv für die Klassifizierung als Investmentgesellschaft. Dabei muss nicht für jedes einzelne Investment eine individuelle Exit-Strategie formuliert werden. Nach IFRS 10.B85F reicht es aus, wenn die Beteiligungen einer Investmentgesellschaft in weitgehend homogene Portfolien aufgeteilt werden und typische Exit-Strategien für Investments in den einzelnen Portfolien definiert werden (vgl *Christian* PiR 2013, 69 (71)). Diese sollten auch eine bestimmte zeitliche Struktur aufweisen, um die zeitlich begrenzte Investitionsabsicht zu belegen. Exit-Strategien, die eine solche zeitliche Strukturierung nicht enthalten und nur bei Vorliegen bestimmter Ereignisse (zB Vertragsverletzungen) wirksam werden, sind dementsprechend nicht als Grundlage zur Einstufung als Investmentgesellschaft geeignet.

Hält ein Unternehmen neben Investments in Eigenkapitalinstrumenten auch **Schuldinstrumente mit fester Laufzeit** (zB für Zwecke des Kapitalmanagements), so sind für diese Schuldinstrumente nicht notwendigerweise Exit-Strategien zu formulieren, auch wenn sie nicht bis zu ihrer Endfälligkeit gehalten werden. Es genügt, wenn die Mehrzahl der Investments (einschließlich derjenigen in Schuldinstrumente) erfolgswirksam zu ihren beizulegenden Zeitwerten bilanziert wird (IFRS 10.BC245f). Dies gilt allerdings nicht, wenn die Schuldinstrumente durch ein TU mit prinzipiell unbegrenzter Dauer gehalten wird (vgl *Deloitte* 2015, 1774).

Beispiel: Unternehmen E ist eine KapGes mit breit gestreuter Anteilseignerbasis. Das Unternehmen ist an einer Wertpapierbörse gelistet und verfolgt, ausweislich der Ausführungen im Börsenprospekt das Geschäftsmodell, Kapital von seinen Anteilseignern einzusammeln und in Mehrheitsbeteiligungen an Unternehmen einer bestimmten Branche zu investieren. Dabei liegt der ausschließliche Zweck der Investments in der Erwirtschaftung einer angemessenen Kapitalrendite für die Investoren. Dementsprechend bewertet und steuert E seine Investments erfolgswirksam zum beizulegenden Zeitwert.

Ein TU des Unternehmens E hält als langfristige finanzielle Vermögenswerte Schuldinstrumente mit einer festen Laufzeit. Unternehmen E geht davon aus, dass es die Beteiligung an dem TU bis zum Auslaufen der Schuldinstrumente in dessen Portfolio halten wird, sodass über die gesamte Laufzeit der Schuldinstrumente ein Beherrschungsverhältnis gegeben sein wird. Danach soll die Beteiligung an dem TU veräußert werden.

Unternehmen E benötigt keine explizite Exit-Strategie in Bezug auf die Schuldinstrumente, auch wenn diese bis zu ihrer Endfälligkeit gehalten werden sollen. In dem vorstehend beschriebenen Sachverhalt ist allerdings zu beachten, dass diese Schuldinstrumente von einem Investment-TU gehalten werden, das als Eigenkapital-Investment zunächst eine unbegrenzte Laufzeit hat. Für dieses TU ist deshalb eine Exit-Strategie zu formulieren und zu dokumentieren. In vorliegendem Fall besteht dieses darin, dass das TU nach Auslaufen der von ihm gehaltenen Schuldinstrumente veräußert werden soll. Dies ist als hinreichende Exit-Strategie in Bezug auf das betroffene TU anzusehen.

Die **Form der Exit-Strategien** wird je nach Art des Investments unterschiedlich ausfallen. IFRS 10.B85G nennt hierfür Beispiele. Demnach können Exit-Strategien bei *Private Equity*-Investments zB ein Börsengang (*Initial Public Offering*, IPO), eine Privatplatzierung, ein Unternehmensverkauf oder die Veräußerung von Vermögenswerten (einschließlich der Veräußerung der Vermögenswerte eines Beteiligungsunternehmens mit dessen anschließender Liquidation) sein. Für an einem Kapitalmarkt gehandelte Eigenkapitalinstrumente kann das Ausstiegsszenario in einer Veräußerung der Anteile (über die Börse oder auch außerbörslich) bestehen. Bei Immobilieninvestitionen kann ein Ausstieg durch die Veräußerung der Immobilie an Immobilienhändler oder auf dem freien Markt erfolgen.

Ist eine Investmentgesellschaft iSv IFRS 10 **beherrschend an einer anderen Investmentgesellschaft beteiligt,** so muss in Bezug auf diese Beteiligung keine Exit-Strategie vorliegen (IFRS 10.B85H), da solche Strategien von der TU-Investmentgesellschaft in Bezug auf deren Investments nachgewiesen werden müssen.

24 Ein weiteres Charakteristikum des Geschäftszwecks von Investmentgesellschaften ist die (nahezu) vollständige **Ausrichtung auf die Realisation von Wertsteigerungen und/oder die Erwirtschaftung von Kapitalerträgen.** die Verfolgung anderer Ziele, insbes solcher, die auf ein unternehmerisches Interesse an der Beteiligung schließen lassen, sind dagegen Hinweise auf einen abweichenden Geschäftszweck. IFRS 10.B85I führt in diesem Zusammenhang beispielhaft Sachverhalte auf, die einer Ausrichtung auf Wertsteigerungen und Kapitalerträge **nicht** entsprechen:

(1) Auf Synergien abzielende Vereinbarungen mit den Beteiligungsunternehmen über eine Nutzung von technischem Know-how oder anderen Vermögenswerten. Solche Vereinbarungen begründen Partikularinteressen an einzelnen Vermögenswerten des Beteiligungsunternehmens, was im Widerspruch zur reinen Investitionsabsicht steht.

(2) Gemeinsame Vereinbarungen iSv IFRS 11 oder andere Vereinbarungen, die auf die gemeinsame Erzeugung von Gütern oder die gemeinsame Erbringung von Dienstleistungen gerichtet sind.

(3) Finanzgarantien oder die Bereitstellung von Vermögenswerten von Beteiligungsunternehmen als Sicherheit für Schulden des MU. Gleichwohl kann die Beteiligung selbst als Besicherung für Schulden des MU herangezogen werden.

(4) Eine Kaufoption eines nahestehenden Unternehmens oder nahestehender Person iSv IAS 24 in Bezug auf die Beteiligungen des MU.

(5) Das Vorliegen von Vereinbarungen zwischen MU und TU, die erkennbar durch das Beteiligungsverhältnis beeinflusst sind, weil sie nicht zu marktüblichen Konditionen bzw zum beizulegenden Zeitwert abgewickelt werden oder die einen wesentlichen Teil der Geschäftsaktivitäten des MU darstellen (in Abgrenzung zu den zulässigen Aktivitäten nach IFRS 10.B85D, vgl → Rn 22).

Andererseits führen **Handelsbeziehungen zwischen verschiedenen Beteiligungsunternehmen** allein nicht dazu, dass ein MU von der Einstufung als Investmentgesellschaft ausgeschlossen ist (IFRS 10.B85J), da eine Konzentration bzw Diversifikation eines Beteiligungsportfolios des MU solche Handelsbeziehungen uU bedingt, ohne dass dies die Investitionsabsicht der Investmentgesellschaft beeinträchtigt.

25 Neben der Beschränkung des Geschäftszwecks ist die **Bewertung und Steuerung des Beteiligungsportfolios auf der Grundlage des beizulegenden Zeitwerts** als zweite wesentliche Voraussetzung der Einstufung als Investmentgesellschaft anzusehen. Davon ist die Außenkommunikation ggü den Anteilseignern ebenso betroffen wie das Beteiligungscontrolling und die Beteiligungsbewertung (IFRS 10.B85K). Für Letztere bedeutet dies ua, dass auch in anderen Bereichen der Bilanzierung vorrangig eine Bewertung zum beizulegenden Zeitwert zur Anwendung gelangt, bspw im Rahmen der Anwendung des IAS 40, des IAS 28 und des IAS 39/IFRS 9, auch wenn diese Vorschriften formal das Wahlrecht zur Bewertung mit einer vom beizulegenden Zeitwert abweichenden Bewertungsgrundlage zulassen. Systematisch konsistent für eine Investmentgesellschaft ist uE jedoch nur ein einheitliches, auf der *fair-value*-Bewertung beru-

hendes Bewertungskonzept für alle Investments (so auch *KPMG* 2014/15 Rz 5.6.110.20). Auch die Kommunikation von beizulegenden Zeitwerten im internen Berichtswesen von den Beteiligungen an das MU und die (dokumentierte) Entscheidungsfindung beim Management der Beteiligungen auf Basis dieser Werte sind als Indikatoren für das Vorliegen dieser Voraussetzung zu werten.

Hinsichtlich der Verpflichtung zur *fair-value*-Bewertung von Vermögenswerten bei Investmentgesellschaften stellt IFRS 10.B85M klar, dass sich diese Verpflichtung **nur auf die Beteiligungen bezieht, die als Investment** iSv IFRS 10.B85B **gehalten werden.** Darüber hinaus kann eine berichtende Investmentgesellschaft noch andere Vermögenswerte wie zB Betriebs- und Geschäftsausstattung sowie Schulden haben, die nach den allgemeinen Regelungen der IFRS zu bewerten sind. Die Bilanz einer Investmentgesellschaft ist somit keine reine Zeitwertbilanz, auch wenn die wesentlichen Aktiva (Investments) zum beizulegenden Zeitwert zu bewerten sind. 26

Sind die Voraussetzungen für eine Klassifikation als Investmentgesellschaft erfüllt, sind die von der Gesellschaft gehaltenen Beteiligungen nicht zu konsolidieren, sondern **erfolgswirksam zum beizulegenden Zeitwert** nach Maßgabe der Vorschriften des IAS 39 bzw IFRS 9 (vgl → § 3 Rn 165 ff) zu bilanzieren (IFRS 10.31). Für diese Beteiligungen kommen darüber hinaus im Erwerbszeitpunkt die Regelungen des IFRS 3 nicht zur Anwendung. Mit dieser Erweiterung des IFRS 10 wird die bisher schon für assoziierte Unternehmen und Gemeinschaftsunternehmen mögliche Bilanzierung zum beizulegenden Zeitwert des IAS 28.18 auch auf TU ausgeweitet. Im Unterschied zu der Regelung in IAS 28 handelt es sich bei den Sonderregelungen zu Investmentgesellschaften nach IFRS 10 **nicht um ein Wahlrecht.** Vielmehr hat eine Konsolidierung zu unterbleiben, wenn ein MU die Voraussetzungen zur Klassifikation als Investmentgesellschaft erfüllt. Diese unterschiedliche Behandlung (Wahlrecht zur *fair-value*-Bilanzierung für Kapitalanlagegesellschaften nach IAS 28, verpflichtende Bewertung zum beizulegenden Zeitwert für Investmentgesellschaften nach IFRS 10) ist systematisch inkonsistent und sollte uE bei weiteren Überarbeitungen von IAS 28 den Regelungen in IFRS 10 angepasst werden. 27

Die Ausnahme von der Konsolidierungspflicht für Investmentgesellschaften gelangt in zwei Fällen nicht zur Anwendung mit der Folge, dass folgende Unternehmen auch bei einer Investmentgesellschaft **zu konsolidieren** sind: 28

(1) Beinhaltet das Beteiligungsportfolio einer Investmentgesellschaft neben den Finanz-Investments noch Anteile an TU, deren Zweck die Unterstützung beim Management dieses Portfolios ist, so sind diese TU (nicht jedoch die Finanz-Investments) zu konsolidieren (IFRS 10.32). Der in diesem Zusammenhang in IFRS 10.32 verwendete Begriff der ***„investment related services or activities"***, wird jedoch inhaltlich nicht näher eingegrenzt. In IFRS 10.B85C und IFRS 10.B85D werden zwar Beispiele für solche Dienstleistungen genannt (vgl → Rn 22), jedoch haben diese keinen abschließenden Charakter. So ist zB fraglich, ob steuerliche Unterstützungsleistungen auch in den Begriff einzubeziehen sind (vgl *Deloitte* 2015, 1791 f). Im Zweifel dürfte der Begriff eher umfänglich auszulegen sein, um dem beabsichtigten Regelungszweck zu entsprechen.

(2) In einem mehrstufigen Konzern kann es vorkommen, dass das **oberste MU keine Investmentgesellschaft** ist, ein Unternehmen der Zwischenstufe jedoch die Voraussetzungen zur Einstufung als Investmentgesellschaft erfüllt. In diesen Fällen sind die Investments des TU, das als Investmentgesellschaft zu werten ist, zwar in dessen Teilkonzernabschluss nicht zu konsolidieren, jedoch im Gesamtkonzernabschluss des MU, das keine Investmentgesellschaft ist (IFRS 10.33).

29 Bei einem **Wechsel der Einstufung als Investmentgesellschaft** gelten die allgemeinen Regelungen zur Erst- und Entkonsolidierung bzw zur Übergangskonsolidierung entspr (IFRS 10.B101), dh bei der **erstmaligen Qualifikation** als Investmentgesellschaft sind nach den Regelungen zur **Entkonsolidierung** (vgl → § 35 Rn 24ff)

(1) alle Vermögenswerte und Schulden nicht mehr in der Konzernbilanz zu erfassen,
(2) die verbleibende Beteiligung an dem entspr Investment erfolgswirksam zum beizulegenden Zeitwert in Übereinstimmung mit den Vorschriften in IAS 39 bzw IFRS 9 zu erfassen, und
(3) ein Gewinn oder Verlust aus dem Statuswechsel erfolgswirksam gem IFRS 10.25 zu erfassen.

IFRS 10 enthält keine explizite Aussagen im Hinblick auf die Abbildung des Wechsels in Bezug auf Beteiligungen an assoziierten Unternehmen, Gemeinschaftsunternehmen, Renditeimmobilien und anderer finanziellen Vermögenswerte. Eine erstmalige Einstufung als Investmentgesellschaft impliziert jedoch uE die Bewertung dieser Vermögenswerte ebenfalls erfolgswirksam zum beizulegenden Zeitwert (so auch *EY* 2015, 428).

Analog dazu ist der **Verlust der Eigenschaft** als **Investmentgesellschaft** wie ein Unternehmenszusammenschluss zum Zeitpunkt des Statuswechsels unter Anwendung der Regelungen das **IFRS 3** bilanziell abzubilden. Der beizulegende Zeitwert der Beteiligung an dem Investment ist als Gegenleistung iSv IFRS 3.37 anzusehen, alle Vermögenswerte und Schulden sind nach den Vorgaben von IFRS 3 zu bewerten (dh in der überwiegenden Mehrheit der Fälle zum beizulegenden Zeitwert der einzelnen Vermögenswerte und Schulden). Ein sich aus der Aufrechnung ergebender Unterschiedsbetrag ist als Geschäfts- oder Firmenwert zu aktivieren oder sofort erfolgswirksam als Ertrag zu vereinnahmen, sofern der Unterschiedsbetrag negativ ist (hinsichtlich der Vorgehensweise bei der erstmaligen Konsolidierung wird auf die Ausführungen zur Erwerbsbilanzierung in → § 34 Rn 229ff verwiesen).

30 Die Regelungen zu Investmentgesellschaften in IFRS 10 zeigen einerseits das Bemühen des IASB, den Besonderheiten der Geschäftsmodelle solcher Gesellschaften durch eine Ausnahme von der grds Konsolidierungspflicht gerecht zu werden. Andererseits wird aber auch deutlich, dass die Einstufung als Investmentgesellschaft anhand vergleichsweise restriktiver Kriterien auf Kapitalbeteiligungsgesellschaften ieS beschränkt werden soll. Obwohl der IASB durch ausführliche Anwendungsleitlinien für eine möglichst weitreichende Anwendungssicherheit sorgen wollte, sind in Einzelfällen **nicht unwesentliche Beurteilungsspielräume** zu verzeichnen (zu Zweifelsfällen der praktischen Anwendung vgl *Lüdenbach/Hoffmann/Freiberg* IFRS § 32 Rz 102).

II. Einbeziehung von Gemeinschaftsunternehmen

31 Neben den TU, die von dem berichtenden MU allein beherrscht und dementsprechend grds voll konsolidiert werden, sind auch jene Beteiligungsunternehmen in den Konsolidierungskreis einzubeziehen, die als Gemeinschaftsunternehmen nach IFRS 11.24ff einzustufen sind (vgl → § 30 Rn 71ff). Die Bilanzierung dieser Unternehmen erfolgt entspr IFRS 11 **ausschließlich nach der** in IAS 28 normierten **Equity-Methode** (IFRS 11.24).

Gemeinschaftsunternehmen, die als zur Veräußerung bestimmt iSv IFRS 5 einzustufen sind, sind nach IFRS 11.24 iVm IAS 28.20f nicht *at equity* zu bewerten. Stattdessen sind diese Anteile nach Maßgabe der Sondervorschriften des IFRS 5 zu bilanzieren.

Handelt es sich bei dem MU um eine **Kapitalbeteiligungsgesellschaft iwS** *(venture capital organisation)*, einen Investmentfonds oder ein ähnliches Unternehmen (zB eine fondsgebundene Versicherung), kann sich das berichtende Unternehmen dafür entscheiden, die Anteile an Gemeinschaftsunternehmen nach IAS 39 bzw IFRS 9 erfolgswirksam zum beizulegenden Zeitwert zu bewerten (IAS 28.18). Es handelt sich um ein Wahlrecht, das nach derzeit vorläufiger Ansicht des IFRSIC für jedes einzelne Investment ausübbar ist (*IFRIC* Update November 2014, 6). Gleichwohl bietet uE den Adressaten eine möglichst homogene Darstellung iSe einheitlichen Wahlrechtsausübung den höchsten Informationsnutzen, da nur in diesem Fall grds gleiche wirtschaftliche Sachverhalte auch gleich abgebildet werden. Der von dem Wahlrecht betroffene Kreis der bilanzierenden Unternehmen ist dabei weiter gefasst als derjenige der Investmentgesellschaften nach IFRS 10.27. Im Hinblick auf eine konsistente und entscheidungsnützliche Darstellung bei **Investmentgesellschaften** erscheint dieses Wahlrecht problematisch. Systematisch geboten wäre für diese Gesellschaften vielmehr eine den Regelungen des IFRS 10 entspr Pflicht zur Bewertung der Anteile an Gemeinschaftsunternehmen zum beizulegenden Zeitwert, sofern dieser die relevante Steuerungsgröße für das Investment darstellt. Die Anwendung der Equity-Methode führt uE, obwohl nach dem Wortlaut des IAS 28 zulässig, bei diesen Gesellschaften nicht zu einer sachgerechten Darstellung der Beteiligung. 32

III. Einbeziehung von assoziierten Unternehmen

Zum Konsolidierungskreis iwS sind auch die **assoziierten Unternehmen** zu rechnen. Bei diesen Unternehmen übt das MU direkt oder indirekt einen maßgeblichen Einfluss aus (IAS 28.3; vgl → § 30 Rn 62ff). Diese Unternehmen sind grds auf der Basis der **Equity-Methode** im Konzernabschluss zu bewerten. 33

Ausgenommen von dieser Darstellung sind nach IAS 28.20f diejenigen Beteiligungen an assoziierten Unternehmen, für die eine **Veräußerungsabsicht** iSv IFRS 5 besteht. Analog zu der Vorgehensweise bei TU und Gemeinschaftsunternehmen sind diese Beteiligungen nach Maßgabe der Regelungen in IFRS 5 zu bilanzieren.

Für den in IAS 28.18 genannten Kreis von Kapitalbeteiligungsgesellschaften iwS (→ Rn 32) besteht darüber hinaus das Wahlrecht, auch die Anteile an assoziierten Unternehmen zum beizulegenden Zeitwert zu bilanzieren und Wertänderungen innerhalb des Gewinns und Verlusts zu erfassen. Trotz derzeit abweichender Ansicht des IFRSIC (*IFRIC* Update November 2014, 6; → Rn 32) sollte uE im Hinblick auf die Erzielung eines möglichst großen Informationsnutzens für die Abschlussadressaten die Wahlrechtausübung einheitlich für alle assoziierten Unternehmen erfolgen.

Der Konzernbegriff setzt gem IFRS 10.Anhang A ein Mutter-Tochter-Verhältnis voraus. Dabei wird implizit vorausgesetzt, dass es sich um ein konsolidierungspflichtiges TU handeln muss, da nur solche Unternehmen in den Konzernabschluss aufgenommen werden müssen. Nach diesem Verständnis besteht im Umkehrschluss ohne ein konsolidierungspflichtiges TU kein Konzern. Assoziierte Unternehmen und Gemeinschaftsunternehmen sind deshalb **nur in einen ohnehin aufzustellenden Konzernabschluss einzubeziehen,** begründen jedoch selbst keine Pflicht zur Aufstellung eines Konzernabschlusses. 34

Die **Abgrenzung des Konsolidierungskreises** und die jeweils anzuwendenden Bilanzierungsgrundlagen für TU, Gemeinschaftsunternehmen und assoziierte Unternehmen sind in folgender Grafik zusammengefasst: 35

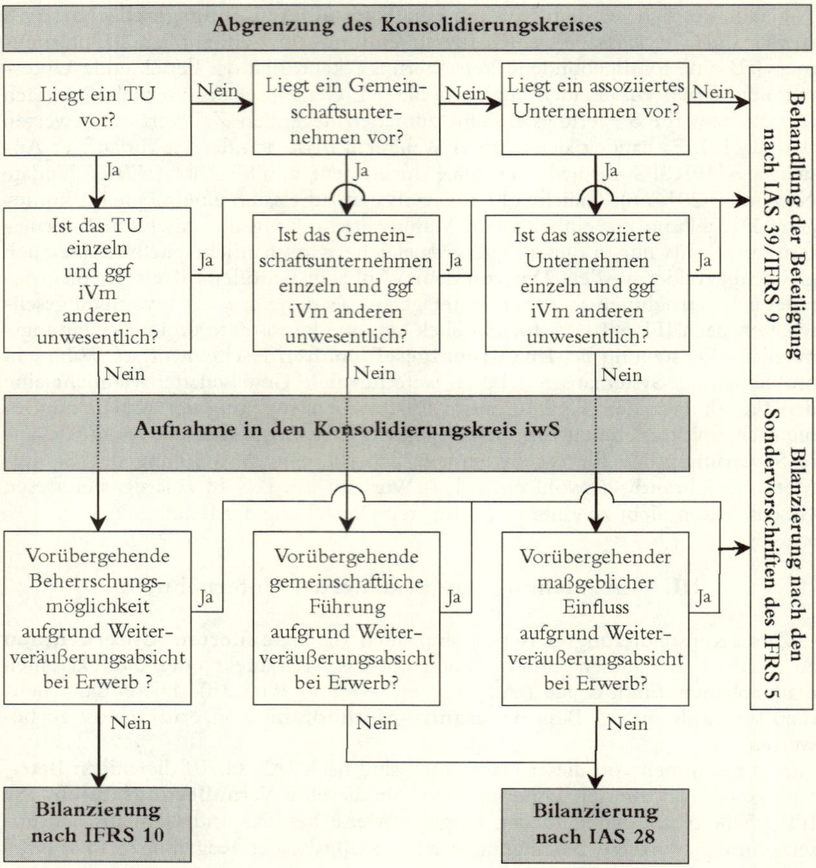

36 Die Abgrenzung des Konsolidierungskreises nach Maßgabe des Beherrschungsbegriffs des IFRS 10 kann in Einzelfällen zu Änderungen bei den einzubeziehenden Einheiten ggü den früheren Vorschriften des IAS 27 (2008) ggf iVm SIC-12 führen. Die Konsolidierungskreisabgrenzung steht deshalb auch im Fokus der nationalen und europäischen **Enforcement-Institutionen** (vgl *Bischof/Staß* DB 2013, 2753 (2756)). So bildet die Anwendung der Regelungen der IFRS 10, IFRS 11 und IFRS 12 jeweils einen Prüfungsschwerpunkt der DPR in den Jahren 2014 und 2015. Da konzernrechnungslegungsspezifische Fehler regelmäßig einen Schwerpunkt der Fehlerfeststellungen der DPR darstellen (s zuletzt DPR Tätigkeitsbericht 2014, 7), ist davon auszugehen, dass die Abgrenzung des Konsolidierungskreises auch weiterhin im Rahmen des Enforcement erhöhte Beachtung finden wird.

37–39 *(einstweilen frei)*

C. Stichtag der einzubeziehenden Abschlüsse

40 Der IASB vertritt hinsichtlich der konzeptionellen Ausrichtung des Konzernbegriffs eine streng **einheitstheoretische** Sichtweise. Die damit verbundene

Auffassung des Konzerns als wirtschaftliche Einheit bedingt eine grds Vereinheitlichung von Bilanzierung und Bewertung der in den Konzernabschluss einbezogenen Unternehmen. Hinsichtlich des Konzernabschlussstichtags schreiben IFRS 10.19 iVm IFRS 10.B92 verbindlich den **Abschlussstichtag des den Konzernabschluss aufstellenden MU** vor. Abweichungen hiervon sind nicht vorgesehen.

Die Jahresabschlüsse der in den Konzernabschluss einbezogenen Unternehmen sollen regelmäßig auf **denselben Stichtag** wie der des MU aufgestellt werden. Ist dies nicht möglich, so wird in IFRS 10.B92 zunächst von der Aufstellung von Zwischenabschlüssen auf den Konzernbilanzstichtag ausgegangen. Erst wenn auch dies nicht durchführbar oder wirtschaftlich nicht sinnvoll ist, kann subsidiär auch eine Einbeziehung auf der Basis eines Einzelabschlusses mit abweichendem Stichtag in Frage kommen. In diesem Fall dürfen die Stichtage der einbezogenen Einzelabschlüsse jedoch **nicht mehr als drei Monate** vor oder nach dem Konzernabschlussstichtag liegen. 41

Für den Fall, dass einbezogene Einzelabschlüsse hinsichtlich des Abschlussstichtags von dem des Konzerns abweichen und kein Zwischenabschluss erstellt wird, schreibt IFRS 10.B93 vor, dass der Einzelabschluss vor seiner Einbeziehung in den Konzernabschluss um die Auswirkungen **wesentlicher Geschäftsvorfälle oder sonstiger Ereignisse,** die zwischen dem abweichenden Stichtag und dem des Konzernabschlusses liegen, zu berichtigen ist. Eine Spezifikation der Geschäftsvorfälle und Ereignisse, die zu einer Berichtigungspflicht führen, enthält IFRS 10 nicht. In der Literatur (vgl bspw *EY* 2015, 456) werden als Beispiele für solche Transaktionen Unternehmenszusammenschlüsse, Wertminderungen von Vermögenswerten und die Konkretisierung von Eventualverbindlichkeiten genannt. Für derartige Transaktionen wird regelmäßig eine Beurteilung anhand des allgemeinen Wesentlichkeitskriteriums erfolgen müssen. Dies bedeutet im Einzelfall die Prüfung, inwieweit der Verzicht auf eine Berichtigung des Einzelabschlusses nach Durchführung sämtlicher Konsolidierungsmaßnahmen eine Verfälschung der Vermittlung eines zutreffenden Bilds der Konzern-VFE-Lage bedingen würde (*Förschle/Deubert* in BeBiKo § 299 HGB Rz 49). Der Begriff der Berichtigung für diese Vorgänge nach IFRS 10.B93 erfordert die Durchführung von **Korrekturbuchungen** im Konzernabschluss. Eine verbale Angabe im Anhang reicht hierzu nicht aus. Analog dazu sind Korrekturbuchungen bei gemeinschaftlich geführten Einheiten und assoziierten Unternehmen vorzunehmen (IAS 28.34). Dies bedeutet im Ergebnis, dass es zwischen einer Einbeziehung auf der Grundlage von Zwischenabschlüssen zum Konzernabschlussstichtag und derjenigen auf Basis eines abweichenden Stichtags nur noch unwesentliche Abweichungen geben darf. 42

Stellt ein bisher auf Basis eines abweichenden Abschlussstichtags einbezogenes TU sein Geschäftsjahr zur **Angleichung an den Stichtag des MU** um, so besteht in der Periode der Umstellung grds die Gefahr einer Doppelzählung bzw des Fehlens von Geschäftsvorfällen im Konzernabschluss (vgl *Lüdenbach/Hoffmann/Freiberg* IFRS § 32 Rz 115). Dabei ist allerdings zu berücksichtigen, dass für wesentliche Geschäftsvorfälle bei abweichenden Abschlussstichtagen ohnehin Anpassungsbuchungen gem IAS 10.B93 vorzunehmen sind, sodass bei der Umstellung diese Anpassungen wieder zu eliminieren sind. Der verbleibende Fehler in Bezug auf die Darstellung der Vermögens- und Ertragslage ist deshalb auf ggf zuvor als unwesentlich eingestufte Sachverhalte (für die entspr keine Anpassungsbuchungen vorgenommen wurden) begrenzt. Gleichwohl sollte bei der Einbeziehung im Interesse eines zutreffenden Totalperiodenerfolgs darauf geachtet werden, dass bereits erfasste Geschäftsvorfälle (einschließlich der bisher berücksichtigten Anpassungsbuchungen) nicht nochmals und bisher nicht erfasste Trans- 43 aktionen nachträglich im Konzernabschluss erfasst werden (vgl *KPMG* 2014/15 Rz 2.5.440.50). Bei der technischen Umsetzung der Umstellung sind zwei verschiedene Vorgehensweisen möglich: Entweder wird zur Erstellung des Konzernabschlusses ein Zwölf-Monats-Abschluss zugrunde gelegt (mit Anpassung des Konzern-Eigenkapitals für bislang noch nicht nach IFRS 10.B93 erfolgte – und daher unwesentliche – Anpassungen). Alternativ dazu kann die Einbeziehung auf der Basis eines Abschlusses für mehr als zwölf Monate vorgenommen werden, wobei die gerade wegen Unwesentlichkeit nicht erfolgten Anpassungen vernachlässigt werden.

44 Die Regelungen des IFRS 10.B92 hinsichtlich der zugrunde zu legenden Stichtage gelten zunächst nicht für die nach den zuvor dargestellten Kriterien zulässigerweise aus Wesentlichkeitsgründen **nicht einbezogenen TU** (→ Rn 9f). Im Hinblick auf eine möglicherweise in Folgeperioden eintretende Konsolidierungspflicht ist jedoch zu empfehlen, die Abschlussstichtage sämtlicher Konzernunternehmen zu vereinheitlichen. Dies erscheint auch unter Berücksichtigung der bei abweichenden Stichtagen rechnungslegungssystematisch auftretenden Konsolidierungsprobleme (vor allem im Bereich der Schulden-, Aufwands- und Ertragskonsolidierung sowie ggf der Zwischenergebniseliminierung) vorteilhaft.

45 Bei einem **unterjährigen Wechsel des Bilanzstichtags** des MU sind auch von sämtlichen in den KA einbezogenen TU (Zwischen-)Abschlüsse auf den neuen Bilanzstichtag des MU, der neuer einheitlicher Bilanzstichtag des Konzerns ist, aufzustellen. Die Regelungen des IFRS 10.B93 sind auch für diesen Fall entspr anzuwenden. Für den Sonderfall eines **Rumpfgeschäftsjahrs** des MU bei erstmaliger Konzernbildung sind auch bei identischem Bilanzstichtag die einzubeziehenden Erfolgsrechnungen der TU im Hinblick auf den Zeitraum der Konzernzugehörigkeit anzupassen, wenn nicht ohnehin ein Zwischenabschluss auf den Beginn der Konzernbildung aufgestellt wurde.

Bei einer Umstellung des Bilanzstichtags in einem bestehenden Konzern mit der Folge der Entstehung zweier aufeinander folgender Rumpfgeschäftsjahre (vgl → § 31 Rn 22) sollte hingegen unter wirtschaftlicher Sichtweise neben der formal erforderlichen Einbeziehung auf der Basis der zwei Rumpfgeschäftsjahre auch eine Darstellung der TU für den gesamten Zwölf-Monatszeitraum erfolgen (so auch *Maier* StuB 2008, 700 (702f)).

46–49 *(einstweilen frei)*

D. Maßnahmen zur Herstellung einer konzerneinheitlichen Bilanzierung und Bewertung

50 Die Pflicht zur konzerneinheitlichen Bilanzierung und Bewertung ergibt sich unmittelbar aus IFRS 10.19.

Zur Sicherstellung dieser Einheitlichkeit werden in der Praxis **Konzernbilanzierungsrichtlinien** verwandt, in denen die für den Konzernabschluss verbindlichen Bilanzierungs- und Bewertungsgrundsätze nach IFRS dargelegt sind. Diese Konzernbilanzierungsrichtlinien beinhalten regelmäßig auch eindeutige Vorgaben zur einheitlichen Ausübung von Wahlrechten und Beurteilungsspielräumen nach IFRS. Das zugehörige Konzernberichtswesen umfasst zweckmäßigerweise einen einheitlichen Konzernkontenplan, darauf aufbauende Positionszuordnungen sowie entspr EDV-gestützte Reportingstrukturen.

51 Soweit im Jahresabschluss eines einbezogenen Konzernunternehmens von den konzerneinheitlichen Bilanzierungs- und Bewertungsmethoden abgewichen wird, ist für das betreffende Konzernunternehmen als Grundlage für die vorzunehmende Konsolidierung eine sog **HB II** zu erstellen (IFRS 10.B87), welche den Konzernbilanzierungs- und -bewertungsmethoden entspricht. Dies ist zum einen dann erforderlich, wenn die nationalen Rechnungslegungsvorschriften von den IFRS abweichen, zum anderen kann auch durch die vom Einzelabschluss unabhängige Neuausübung von Bilanzierungs- und Bewertungswahlrechten nach IFRS im Konzern eine HB II notwendig werden, wenn bereits nach nationalem Recht die IFRS zur Anwendung kommen.

Von konzerneinheitlichen Ansatz-, Bewertungs- und Ausweisregeln kann nur dann abgesehen werden, wenn der zugrunde liegende Sachverhalt als **unwesentlich** einzustufen ist. Dies kann zB bei kleineren ausländischen Konzernunternehmen der Fall sein, bei denen der Informationsgewinn durch eine Anpassung der Ansatz- oder Bewertungsregeln an die Konzernvorgaben als nicht wesentlich im Konzernzusammenhang einzuschätzen ist. 52

Besonderheiten sind im Zusammenhang mit der **Erstanwendung von IFRS** bei einem MU zu beachten, das ein TU erwirbt, welches bereits zuvor IFRS-Anwender war, das MU also zeitlich nach dem TU zur Rechnungslegung nach IFRS wechselt. In diesem Fall hat das Unternehmen in seinem Konzernabschluss die Buchwerte der Vermögenswerte und Schulden aus dem (Teilkonzern-)Abschluss des TU unter Berücksichtigung von notwendigen Wertanpassungen aus dem Unternehmenszusammenschluss und der Konsolidierung zu übernehmen (IFRS 1.D17). Dabei umfassen die Konsolidierungsanpassungen auch die Vereinheitlichung der Bilanzierungs- und Bewertungsmethoden, da nach IFRS 10.19 diese zu den Konsolidierungsverfahren iSv IFRS 10.B86 gehören. 53

Vor diesem Hintergrund sind nach IFRS 1.IG30 in Bezug auf den Anschaffungszeitpunkt und -zusammenhang **drei Gruppen von Vermögenswerten** und **Schulden** zu unterscheiden (vgl auch *IDW* RS HFA 19 Rz 15):

(1) Vermögenswerte und Schulden, die vor dem Übergangszeitpunkt des MU im Rahmen von Unternehmenszusammenschlüssen erworben bzw übernommen wurden, sind, sofern die konsolidierten Buchwerte des TU-Teilkonzerns aus Sicht des MU von den konsolidierten Buchwerten des Teilkonzerns aus Sicht von TU zum Zeitpunkt des Unternehmenserwerbs abweichen, hinsichtlich der Buchwerte des TU für Konsolidierungszwecke anzupassen. IFRS 1.D17 ist auf diese Vermögenswerte und Schulden insoweit nicht anwendbar.

(2) Vermögenswerte und Schulden, die nach dem Erwerbszeitpunkt, jedoch vor dem IFRS-Übergangszeitpunkt des MU durch das TU einzeln und nicht im Rahmen von Unternehmenszusammenschlüssen erworben wurden, sind nach dem Wortlaut von IFRS 1.IG30 aus dem IFRS-Abschluss des TU zu übernehmen. Die Regelung des IFRS 1.D17 ist für diese Vermögenswerte anzuwenden. Die dabei vorzunehmenden Konsolidierungsanpassungen umfassen dabei auch die Vereinheitlichung der Bilanzierungs- und Bewertungsmethoden.

(3) Vermögenswerte und Schulden, die nach dem Übergangszeitpunkt des MU erworben oder übernommen wurden, fallen nicht unter die Regelung des IFRS 1.D17. Ansatz und Bewertung dieser Vermögenswerte und Schulden richten sich nach den allgemeinen IFRS-Regelungen, einschließlich der Bilanzierungs- und Bewertungsmethoden.

Bzgl weiterer Einzelheiten wird auf die Ausführungen in § 44 verwiesen.

(einstweilen frei) 54

E. Angaben im Anhang

55 Seit Inkrafttreten der Regelungen des sog „Konsolidierungspakets" (IFRS 10, IFRS 11 und IFRS 12 sowie IAS 27 und IAS 28) werden alle Angabepflichten zu Beteiligungen an anderen Unternehmen in **IFRS 12** zusammengefasst. Der Standard sieht lediglich vier eng begrenzte **Anwendungsausnahmen** vor:

(1) Beteiligungen an Plänen für Leistungen nach Beendigung des Arbeitsverhältnisses oder an anderen langfristig fälligen Leistungen an Arbeitnehmer, die in den Anwendungsbereich von IAS 19 fallen und ohne Ausnahmeregelung ggf als strukturierte Einheiten zu werten wären (vgl *EY* 2015, 875).

(2) Angaben in Einzelabschlüssen iSv IAS 27, um eine Duplizierung der Angaben zu vermeiden, wenn das berichtende Unternehmen gleichzeitig einen Konzernabschluss erstellt. Wird jedoch kein Konzernabschluss erstellt und das berichtende Unternehmen ist bspw an strukturierten Einheiten beteiligt, so sind die entspr Angaben im Einzelabschluss zu machen.

(3) Beteiligungen an Unternehmen, die Gegenstand einer gemeinsamen Vereinbarung iSv IFRS 11 sind, bei denen das berichtende Unternehmen aber nicht an der gemeinschaftlichen Führung beteiligt ist und auch keinen maßgeblichen Einfluss hat. Außerdem darf es sich bei dem Unternehmen nicht um eine berichtspflichtige strukturierte Einheit handeln.

(4) Anteile an Unternehmen, die nach IAS 39 bzw IFRS 9 bilanziert werden. Die Befreiung gilt jedoch nicht, wenn es sich dabei um einen Anteil an einem assoziierten Unternehmen oder einem Gemeinschaftsunternehmen handelt, das nach IAS 28 erfolgswirksam zum beizulegenden Zeitwert bewertet wird oder wenn es sich um einen Anteil an einer nicht konsolidierten strukturierten Einheit handelt.

I. Konsolidierungskreisbezogene Angaben

1. Angaben zu konsolidierungspflichtigen Tochterunternehmen

56 In IFRS 12.1 werden Umfang und **Zielsetzung der Angabepflichten** zu Beteiligungen an TU umrissen. Die Angaben sollen die Abschlussadressaten in die Lage versetzen,

(1) die Art und Ausgestaltung der Beteiligungen an anderen Unternehmen sowie die damit verbundenen Risiken und

(2) die Auswirkungen aus diesen Beteiligungen auf die VFE-Lage der berichtenden Einheit

beurteilen zu können. Damit hat sich der Fokus der Angabepflichten durch Inkrafttreten des „Konsolidierungspakets" deutlich zu einer **risikoorientierteren Sichtweise** verschoben. Daraus erklärt sich auch, dass nach IFRS 12.7 zunächst Angaben bzgl der **wesentlichen Annahmen und Ermessensbeurteilungen** hinsichtlich der Einschätzung, ob die berichtende Einheit ein anderes Unternehmen beherrscht oder wesentlichen Einfluss auf dieses ausübt, zu machen sind.

57 Die **Angaben zum Konsolidierungskreis** sollen es dem Abschlussadressaten ermöglichen, die Zusammensetzung des Konzernkreises sowie die Beteiligungen von nicht-beherrschenden Gesellschaftern an Konzernunternehmen zu verstehen (IFRS 12.10(a)). Darüber hinaus sind Angaben zu machen, die eine Abschätzung ermöglichen hinsichtlich

(1) Art und Umfang von Einschränkungen in Bezug auf die Verfügungsmacht von Vermögenswerten und Schulden im Konzern,

(2) der mit den Beteiligungen an TU, Gemeinschaftsunternehmen und assoziierten Unternehmen verbundenen Risiken und der Veränderung dieser Risikopositionen im Zeitverlauf,
(3) der Auswirkungen von Änderungen der Beteiligungsquote an einem TU, die nicht zu einem Statuswechsel bei dem Unternehmen führen und
(4) der Auswirkungen beim Verlust der Beherrschungsmöglichkeit über ein bisher konsolidiertes TU (IFRS 12.10(b)).

Zunächst fordert IFRS 12.12 Angaben für jedes TU, an dem das berichtende MU nicht zu 100% beteiligt ist, sofern wesentliche **nicht-beherrschende Gesellschafter** existieren. Anzugeben sind 58
(1) Name des Konzernunternehmens,
(2) Geschäftssitz des Konzernunternehmens,
(3) Anteil der nicht-beherrschenden Gesellschafter am Eigenkapital des TU,
(4) Stimmrechtsanteil der nicht-beherrschenden Gesellschafter, soweit dieser vom Kapitalanteil abweicht,
(5) der den nicht-beherrschenden Gesellschaftern zuzurechnende Anteil am Gewinn oder Verlust während der Berichtsperiode,
(6) der Anteil nicht-beherrschender Gesellschafter am Nettovermögen des Konzernunternehmens zum Ende der Berichtsperiode und
(7) zusammengefasste Finanzinformationen des Konzernunternehmens (Vermögenswerte, Schulden, Gewinne und Verluste, Cashflows sowie Dividenden an nicht-beherrschende Gesellschafter, vgl IFRS 12.B10). Diese Finanzinformationen sollen sich auf die Geschäftszahlen vor Konsolidierungsmaßnahmen beziehen (IFRS 12.B11).

In IFRS 12.13 verlangt der IASB Angaben zu **Verfügungsbeschränkungen** an Vermögenswerten und Schulden im Konzern. Es sollen angegeben werden 59
(1) wesentliche Beschränkungen bzgl der Nutzung von Vermögenswerten bzw der Tilgung von Schulden. Diese Beschränkungen können eine satzungsmäßige, eine vertragliche oder eine regulatorische Grundlage haben. Als Beispiele werden Einschränkungen des MU oder anderer Konzerngesellschaften genannt, liquide Mittel oder andere Vermögenswerte aus dem betroffenen TU zu transferieren oder Garantien bzw Wasserfall-Konstruktionen, die eine Schuldentilgung in einer bestimmten Reihenfolge vorschreiben.
(2) Art und Umfang von Schutzrechten nicht-beherrschender Gesellschafter, die Einfluss auf die Verwendung von Vermögenswerten und/oder die Schuldentilgung haben. Als Beispiele für diese Gruppe von Beschränkungen werden Vetorechte bzw Zustimmungserfordernisse der nicht-beherrschenden Gesellschafter angeführt. Bei Vorliegen solcher Rechte ist darüber hinaus kritisch zu prüfen, ob sie einer Beherrschungsmöglichkeit insgesamt im Wege stehen.
(3) Buchwerte der Vermögenswerte und Schulden in der Konzernbilanz, die den dargestellten Restriktionen unterliegen. Dabei sind gleichartige Sachverhalte in der Darstellung zu aggregieren.

Die dritte Gruppe von Angabepflichten bezieht sich auf Beteiligungen des berichtenden MU oder seiner TU an **strukturierten Einheiten.** Dabei ist eine strukturierte Einheit nach der Definition in IFRS 12.B21 eine Einheit, die so konzipiert wurde, dass Stimmrechte oder ähnliche Rechte nicht der bestimmende Faktor bei der Beurteilung der Beherrschungsmöglichkeit sind, da sich zB Stimmrechte nur auf die administrativen Entscheidungen innerhalb der Einheiten beschränken, wohingegen die relevanten operativen Aktivitäten durch vertragliche oder satzungsmäßige Vereinbarungen bestimmt sind (vgl → Rn 11). IFRS 12.B22 illustriert dies durch die exemplarische Aufzählung von Kennzeichen, die darauf hinweisen können, dass ein Unternehmen als strukturierte Einheit iSv IFRS 12 anzusehen ist: 60

(1) Einschränkung der operativen Aktivitäten (durch Verträge oder satzungsmäßige Festlegungen),
(2) enge bzw detaillierte Festlegung des Unternehmenszwecks,
(3) unzureichende Eigenkapitalausstattung, sodass die Einheit auf die Finanzierung durch Dritte angewiesen ist oder
(4) Finanzierung in Form von verschiedenen, vertraglich verbundenen und voneinander abhängigen Finanzinstrumenten, aus denen sich Konzentrationen des Kreditrisikos oder anderer Risiken ergeben können (zB Finanzierung durch Finanzinstrumente in Tranchen).

Aufgrund der Vielzahl in der Praxis vorzufindenden Gesellschafts- und Finanzierungsformen kann diese Aufzählung nicht abschließend sein. Es kann im Einzelfall weitere Indikatoren geben, die auf das Vorliegen einer strukturierten Einheit schließen lassen. Klarstellend zu den genannten Finanzierungsindikatoren wird jedoch in IFRS 12.B24 darauf hingewiesen, dass eine Fremdfinanzierung (zB im Zuge einer Restrukturierung) allein nicht ausreicht, um das Bestehen einer strukturierten Einheit zu unterstellen, wenn die Beherrschung ansonsten auf die Ausübung von Stimmrechten zurückzuführen ist.

Nach dieser Abgrenzung weisen strukturierte Einheiten **Merkmale von Zweckgesellschaften** auf (vgl → Rn 11 ff), ohne dass sie diesen begriffsinhaltlich vollumfänglich entsprechen. Der Begriff der Zweckgesellschaft wird in IFRS 12 nicht verwendet. Die Pflicht zur Konsolidierung solcher Einheiten kann sich aufgrund einer wirtschaftlichen Beherrschung auf der Grundlage vertraglicher oder satzungsmäßiger Bestimmungen ergeben.

61 Zu strukturierten Einheiten fordert IFRS 12 Angaben, die eine Beurteilung der Risikopositionen aus Sicht des Konzerns aus der Verbindung zu diesen Einheiten ermöglicht. Vergleichbare Informationen in Bezug auf Zweckgesellschaften lagen in der Vergangenheit bei einer Bilanzierung nach IAS 27 (2008) iVm SIC-12 regelmäßig nicht oder in nur sehr begrenztem Umfang vor (vgl *Küting/Mojadadr* KoR 2013, 142 (147)). Zu **konsolidierten** strukturierten Einheiten wird in IFRS 12.14 zunächst die Angabe der **wesentlichen vertraglichen Regelungen** verlangt, welche die Grundlage für eine finanzielle Unterstützung der strukturierten Einheit durch das MU oder ein TU darstellen. Diese Berichtspflicht schließt auch eine Aussage dazu ein, unter welchen Umständen eine solche Unterstützung notwendig werden könnte und ob daraus ein Verlust resultieren würde. Als Beispiele für solche vertraglichen Grundlagen werden Liquiditäts-Sicherungsvereinbarungen, ratingabhängige Anteilskaufverpflichtungen oder andere finanzielle Stützungsmaßnahmen genannt.

62 Für den Fall, dass ein Konzernunternehmen **während der Berichtsperiode** ohne vertragliche Verpflichtung **Unterstützungsmaßnahmen** für eine in den Konzernkreis einbezogene strukturierte Einheit geleistet hat (zB Kauf von Vermögenswerten oder Finanzinstrumenten der Einheit durch ein anderes Konzernunternehmen), sind gem IFRS 12.15 die folgenden Angaben zu machen:
(1) Art und Betrag der Unterstützungsleistung, einschließlich der Fälle, in denen ein Konzernunternehmen die strukturierte Einheit bei Finanzierungsmaßnahmen indirekt unterstützt hat sowie
(2) Beschreibung der Gründe für die Unterstützung.

In Fällen, in denen ein Konzernunternehmen einer zuvor nicht konsolidierten Einheit während der Berichtsperiode ohne vertragliche Verpflichtung finanzielle oder andere Unterstützung gewährt hat und diese dazu geführt hat, dass aus Konzernsicht ein **Beherrschungsverhältnis entstanden** ist, das wiederum zu einer Konsolidierungspflicht für die strukturiere Einheit führt, sind die relevanten Faktoren, die zu der Unterstützung geführt haben, anzugeben (IFRS 12.16).

63 Angabepflichtig sind darüber hinaus nach IFRS 12.17 auch **beabsichtigte Unterstützungsmaßnahmen** für konsolidierte strukturierte Einheiten, auch wenn sich diese nur auf eine indirekte Unterstützung bei Finanzierungsmaßnahmen beziehen. Auszugehen ist dabei von dem Informationsstand bis zum Aufstellungszeitpunkt des Abschlusses.

64 Nach IFRS 12.18 sind Angaben zu **Beteiligungsveränderungen** aus Sicht des Konzerns an TU zu machen, die nicht zu einem Verlust der Beherrschungsmöglichkeit führen. Zur Erläuterung dieser Transaktionen **ohne Statuswechsel** (die entspr TU werden vor und nach der Transaktion voll konsolidiert) wird eine Aufstellung verlangt, aus der die Effekte auf das den Anteilseignern des MU zuzurechnende Eigenkapital durch die Veränderung hervorgehen.

65 Für **Beteiligungsveränderungen bei TU, die zu einem Beherrschungsverlust führen,** ist gem IFRS 12.19 die Höhe des Gesamterfolgs aus dem Abgang (IFRS 10.25) anzugeben. Ferner sind folgende Informationen bereitzustellen:

(1) Anteil des Gewinns oder Verlusts, der auf die Bewertung einer weiter bestehenden (Minderheits-)Beteiligung an dem ehemaligen TU zum beizulegenden Zeitwert entfällt sowie
(2) Posten innerhalb der Gesamtergebnisrechnung, in welchem/n der Gesamterfolg erfasst wurde (wenn hierfür kein gesonderter Posten in der GuV verwendet wurde).

66 Für die im Konzernabschluss berücksichtigten **assoziierten Unternehmen** und **gemeinschaftlichen Vereinbarungen** sind folgende konsolidierungskreisbezogenen Angaben in den Konzernanhang aufzunehmen (IFRS 12.21(a)):

(1) Bezeichnung der gemeinschaftlichen Vereinbarung bzw Name des assoziierten Unternehmens,
(2) Art der Beziehung zu der gemeinschaftlichen Vereinbarung, bspw durch eine Beschreibung der Unternehmensaktivitäten und eine Einordnung der Beteiligung in die Konzernstrategie,
(3) Sitz der Gesellschaft, an der die Beteiligung gehalten wird,
(4) Anteil an dem betroffenen Unternehmen oder der Vereinbarung sowie, falls abweichend, Anteil an den Stimmrechten.

Darüber hinaus sind im Anhang Finanz- und Risikoinformationen zu Beteiligungen an assoziierten Unternehmen und Gemeinschaftsunternehmen zu machen. Dazu wird auf die Ausführungen in → § 36 Rn 152f verwiesen.

2. Sonderregelungen für Investmentgesellschaften

67 Im Zusammenhang mit der Aufnahme der Ausnahmeregelung von der allgemeinen Konsolidierungspflicht für MU, die als **Investmentgesellschaften** eingestuft werden, in IFRS 10 wurden auch neue Angabepflichten für die betroffenen Unternehmen in IFRS 12 aufgenommen. Diese sollen zum einen die Grundlage der Klassifizierung als Investmentgesellschaft erläutern und zum anderen Informationen der zum beizulegenden Zeitwert auszuweisenden Investments im Abschluss der Investmentgesellschaft bereitstellen.

68 Konzeptionell sind die Angabepflichten nach IFRS 12 **auf den Konzernabschluss ausgerichtet**. Entspr sind separate Abschlüsse nach IAS 27 grds vom Anwendungsbereich des IFRS 12 ausgenommen. Diese Ausnahme gilt jedoch gem IFRS 12.6(b)(ii) nicht für MU, die als Investmentgesellschaften einzustufen sind und alle ihre TU zum beizulegenden Zeitwert bilanzieren (→ Rn 27) und deshalb keinen Konzernabschluss aufzustellen haben. Für diese MU war zunächst keine explizite Regelung in IFRS 12 vorgesehen. Dadurch bestand eine Regelungslücke im Hinblick auf die Angabeverpflichtungen von Investmentgesell-

schaften, da durch die Ausnahmeregelung des IFRS 12.6(b) die Angaben zu Investmentgesellschaften nach IFRS 12.9A im separaten Abschluss nicht aufzunehmen waren. Dies hat der IASB durch seine Standardergänzung im Dezember 2014 dahingehend korrigiert, dass die Angaben zu Investmentgesellschaften ausnahmsweise in den separaten Abschluss aufgenommen werden müssen, wenn das Investment-MU keinen Konzernabschluss aufzustellen hat.

69 Zur Erläuterung der **Klassifizierung eines MU als Investmentgesellschaft** wurden neue Angabepflichten in IFRS 12.9A f aufgenommen. Danach hat eine berichtende Investmentgesellschaft die wesentlichen Annahmen und Ermessensausübungen offenzulegen, welche der Klassifizierung zugrunde liegen. Insbes dann, wenn einige der in IFRS 10.28 genannten typischen Merkmale für Investmentgesellschaften nicht vorliegen (vgl → Rn 20), ist darzulegen, warum das berichtende Unternehmen gleichwohl als Investmentgesellschaft zu klassifizieren ist. Darüber hinaus sind nach IFRS 12.9B bei einem Wechsel der Klassifizierung (vgl → Rn 29) gesonderte Angaben zu machen. Neben der Nennung der Tatsache des Wechsels und dessen Begründung sind insbes die Effekte des Wechsels auf den Abschluss der lfd Periode zu erläutern. Im Einzelnen sind anzugeben:

(1) Der beizulegende Zeitwert der Investments zum Zeitpunkt des Wechsels der Klassifizierung.
(2) Der Gewinn oder Verlust aus der Entkonsolidierung der TU bei einer erstmaligen Klassifizierung als Investmentgesellschaft. Gem IFRS 10.B101 ist ein solches Ergebnis nach den allgemeinen Vorschriften zur Entkonsolidierung (IFRS 10.25 f) zu ermitteln (→ Rn 29).
(3) Der Posten innerhalb des Gewinns oder Verlusts der Gesamtergebnisrechnung, in dem das Ergebnis unter (2) erfasst wurde, wenn dies nicht in einem gesonderten Posten erfolgte.

Im Fall des Wechsels von der Klassifizierung als Investmentunternehmen zu einem „normalen" MU richten sich die Angabepflichten im Anhang entspr der bilanziellen Abbildung als Unternehmenszusammenschluss grds nach IFRS 3.59 ff.

70 Darüber hinaus wurden in IFRS 12.19A bis IFRS 12.19G zusätzliche **Angabepflichten in Bezug auf nicht konsolidierte TU von Investmentgesellschaften** aufgenommen. Im Einzelnen haben Investmentgesellschaften folgende Informationen bereitzustellen:

(1) Es ist eine Angabe aufzunehmen, dass es sich bei dem aufstellenden Unternehmen um eine Investmentgesellschaft handelt.
(2) Für jedes nicht konsolidierte TU sind Namen, Hauptgeschäftssitz und Beteiligungsquote der Investmentgesellschaft sowie ggf eine abweichende Stimmrechtsquote anzugeben.
(3) Falls die Investmentgesellschaft das MU einer anderen Investmentgesellschaft ist, hat das MU die Angaben nach (2) auch für Beteiligungen zu machen, die von ihrem Investment-TU beherrscht werden. Das kann auch dadurch erfolgen, dass dem Abschluss des MU der Abschluss des TU beigefügt wird, der diese Angaben enthält.
(4) Es sind Art und Umfang erheblicher Beschränkungen anzugeben, welche die Fähigkeit eines nicht konsolidierten TU beeinträchtigen, Finanzmittel in Form von Bardividenden oder Tilgungen von Darlehen- und Vorschüssen, die dem nicht konsolidierten TU von der Investmentgesellschaft gewährt wurden, an die Investmentgesellschaft zu transferieren.
(5) Es sind etwaige gegenwärtige Verpflichtungen oder Absichten des MU aufzuführen, ein nicht konsolidiertes TU finanziell oder auf andere Weise zu unterstützen oder bei der Erlangung finanzieller Unterstützung zu helfen.
(6) Wenn eine Investmentgesellschaft oder eines ihrer TU während der Berichtsperiode ein nicht konsolidiertes TU finanziell oder auf andere Weise unter-

stützt hat, ohne dazu vertraglich verpflichtet zu sein, sind Art und Betrag der geleisteten Unterstützung sowie die Gründe für die Unterstützung in den Anhang aufzunehmen.

(7) Es sind die Bedingungen vertraglicher Vereinbarungen anzugeben, die das MU oder seine nicht konsolidierten TU verpflichten könnten, eine nicht konsolidierte beherrschte strukturierte Einheit finanziell zu unterstützen.

(8) In Einzelfällen können sich Situationen ergeben, in denen eine Investmentgesellschaft oder eines ihrer nicht konsolidierten TU während der Berichtsperiode eine zunächst nicht beherrschte und deshalb nicht konsolidierte strukturierte Einheit finanziell oder auf andere Weise ohne vertragliche Verpflichtung unterstützt hat. Wenn diese Unterstützung dann zu einem Beherrschungsverhältnis geführt hat, sind die relevanten Faktoren für die Entscheidung zu erläutern, das TU zu unterstützen, obwohl hierfür keine rechtliche Verpflichtung vorlag.

II. Angaben zum Bilanzstichtag

Aus IAS 1.51(c) ergibt sich die Pflicht zur Nennung des **Konzernbilanzstichtags** bzw **der Berichtsperiode** in sämtlichen Bestandteilen des IFRS-Abschlusses. Darüber hinaus verlangt IFRS 12.11 bei der Verwendung von Abschlüssen von Konzernunternehmen mit **abweichendem Stichtag** (vgl → Rn 42f) 71

(1) Nennung des Abschlussstichtags für ein solches Unternehmen sowie

(2) Begründung für die Verwendung eines abweichenden Abschlussstichtags bei dem entspr Unternehmen.

Dieselben Angaben sind gem IFRS 12.22(b) für assoziierte Unternehmen bzw Gemeinschaftsunternehmen zu machen, die auf Basis eines vom Konzernabschlussstichtag abweichenden Stichtags in den Konzernabschluss einbezogen werden.

III. Angaben zur konzerneinheitlichen Bilanzierung und Bewertung

Auch bei Anwendung des IFRS 12 ergibt sich die Pflicht zur Darstellung der Bilanzierungs- und Bewertungsmethoden im IFRS-Konzernabschluss aus IAS 1.112ff. Hinsichtlich Art und Umfang der Angaben ist zu **jedem Abschlusszeitpunkt erneut zu beurteilen,** ob die bisherige Darstellung an veränderte Umstände und Rahmenbedingungen anzupassen ist. Mindestanforderungen werden in IAS 1.114 festgelegt. Weitere Informationen können darüber hinaus bei Vorliegen entspr Sachverhalte erforderlich sein, um der Informationsfunktion des Abschlusses adäquat entsprechen zu können. Zur Darstellung der Bilanzierungs- und Bewertungsmethoden gehört nach IAS 1.117 auch die Angabe der wesentlichen Schätzgrundlagen. 72

Hinsichtlich aus Konzernsicht wesentlicher Beteiligungen an **assoziierten Unternehmen** oder **Gemeinschaftsunternehmen** sieht IFRS 12.21(b)(i) darüber hinaus eine explizite Angabe vor, ob die entspr Unternehmen auf Basis der Equity-Methode im Konzernabschluss berücksichtigt wurden, oder ob ihre Bewertung zum beizulegenden Zeitwert erfolgte. 73

IV. Angaben zu nicht konsolidierten strukturierten Einheiten

Mit Inkrafttreten von IFRS 12 wurden erstmals Angabepflichten bzgl **nicht konsolidierter strukturierter Einheiten** aufgenommen, zu denen ein oder 74 mehrere Konzernunternehmen Beziehungen unterhalten, sofern hieraus Risiken für den berichtenden Konzern resultieren können. Diese Angabepflichten sind das Ergebnis der Forderungen an den IASB, als Reaktion auf die in der Finanzmarktkrise gemachten Erfahrungen mit *off-balance*-Vehikeln die daraus resultierenden Risiken transparenter zu machen.

75 Entspr formuliert IFRS 12.24 als **Zielsetzung** für diese Informationen, dass sie einen Abschlussadressaten in die Lage versetzen sollen, Art und Umfang der Beteiligung an bzw Beziehungen zu diesen strukturierten Einheiten zu verstehen, um die aus diesen Beziehungen resultierenden Risiken für den berichtenden Konzern und ihre Veränderungen im Zeitablauf beurteilen zu können. Dabei ist der Risikobegriff eher weit auszulegen. Er umfasst auch strukturierte Einheiten, an denen keine Beteiligung besteht, die jedoch auf andere Art zu einer Risikotragung durch das berichtende Unternehmen führen können (IFRS 12.BC86 ff). So ist bspw denkbar, dass sich das berichtende Unternehmen dem Risiko von Rechtsstreitigkeiten aus der Unterstützung einer strukturierten Einheit ausgesetzt sieht, auch wenn diese Unterstützung nicht zu einer Beteiligung am Abschlussstichtag geführt hat, weil die Einheit inzwischen untergegangen ist (vgl *Deloitte* 2015, 2085).

76 Zum Verständnis von **Art und Umfang der Beziehungen** zu nicht konsolidierten strukturierten Einheiten werden in IFRS 12.26 sowohl quantitative als auch qualitative Informationen verlangt. Diese Angaben sollen zumindest die Art, den Zweck und den Umfang der Aktivitäten der strukturierten Einheiten sowie Angaben zu deren Finanzierung enthalten. Soweit zum Verständnis notwendig, sind weitere Informationen bereitzustellen (vgl *Beyhs/Buschhüter/Schurbohm* WPg 2011, 662 (667)).

Auch bei nicht konsolidierten strukturierten Einheiten kann eine **Beteiligung** des Konzerns als nicht-beherrschender Gesellschafter vorliegen. In diesem Fall sind Angaben zu der Beteiligung zu machen, die eine Abschätzung der Risikoposition des berichtenden Konzerns ermöglichen sollen. Besteht zum Abschlussstichtag gar **keine Beteiligung** des Konzerns an strukturierten Einheiten, so sind nach IFRS 12.27 die folgenden Angaben zu machen:

(1) Angaben, nach welchen Kriterien strukturierte Einheiten vom Konzern beeinflusst wurden,
(2) Angaben zu Erträgen aus den strukturierten Einheiten während der Berichtsperiode, einschließlich einer Beschreibung der Art dieser Erträge. Nach IFRS 12.Anhang A kann es sich bei diesen Erträgen um einmalige oder wiederkehrende Gebühren oder Lizenzeinnahmen, Zinsen, Dividenden, Gewinne oder Verluste aus Neubewertungen oder Transaktionen mit einer strukturierten Einheit oder anderes handeln und
(3) Angabe der Buchwerte aller Vermögenswerte, die an strukturierte Einheiten während der Berichtsperiode übertragen wurden zum jeweiligen Abgangszeitpunkt.

Die Angaben zu (2) und (3) sollen nach IFRS 12.28 grds in **Tabellenform** gemacht werden, wobei die Aktivitäten im Verhältnis zu den strukturierten Einheiten nach Kategorien zu untergliedern sind. Ist eine andere Darstellungsform im Hinblick auf die Informationserfordernisse der Abschlussadressaten im Einzelfall besser geeignet, so soll diese gewählt werden. Dabei richtet sich der Detaillierungsgrad der Informationen nach IFRS 12.4 iVm IFRS 12.B2 ff. Danach ist von Seiten der berichtenden Einheit festzulegen, welche Form der Aggregation von Informationen die höchste Entscheidungsnützlichkeit für die Nutzer der Abschlüsse aufweist. Auch unter Berücksichtigung der Leitlinien in IFRS 12.B2 ff ist bei der Festlegung des Aggregationsniveaus der Darstellung ein erheblicher Ermessensspielraum gegeben, dessen Ausgestaltung in der Bilanzierungspraxis sich in den nächsten Jahren erst noch herausbilden wird.

Zur Beurteilung der aus einer Beteiligung an nicht konsolidierten strukturierten Einheiten resultierenden **Risiken** werden in IFRS 12.29 folgende Angaben verlangt: 77

(1) Buchwerte der Vermögenswerte und Schulden in der Konzernbilanz, die sich auf Beteiligungen an nicht konsolidierten strukturierten Einheiten beziehen sowie die Bilanzposten, in denen diese Vermögenswerte und Schulden enthalten sind,

(2) Angabe des Betrags des größtmöglichen potenziellen Verlusts aus den Beteiligungen an strukturierten Einheiten, einschließlich einer Beschreibung, wie dieser Betrag ermittelt wurde. Wenn eine Abschätzung des maximalen Verlustrisikos nicht möglich ist, so ist diese Tatsache anzugeben und zu erläutern, warum eine Quantifizierung nicht möglich ist,

(3) Gegenüberstellung der Beträge aus (1) und (2), was idR eine Darstellung in Tabellenform vorteilhaft erscheinen lässt.

Wurden seitens des Konzerns **Unterstützungsleistungen** ohne vertragliche Verpflichtung an nicht konsolidierte strukturierte Einheiten geleistet, so ist über diese ebenso zu berichten wie über entspr Leistungen an konsolidierte strukturierte Einheiten (vgl → Rn 62f). Nach IFRS 12.30 sind anzugeben: 78

(1) Art und Betrag der Unterstützungsleistung, einschließlich der Fälle, in denen ein Konzernunternehmen die strukturierten Einheiten bei Finanzierungsmaßnahmen indirekt unterstützt hat sowie

(2) Beschreibung der Gründe für die Unterstützung.

Ebenfalls anzugeben sind nach IFRS 12.31 **beabsichtigte Unterstützungsmaßnahmen** für nicht konsolidierte strukturierte Einheiten, auch wenn sich diese nur auf indirekte Unterstützung bei Finanzierungsmaßnahmen beziehen.

Ergänzend zu den vorstehend dargestellten Angabepflichten zu nicht konsolidierten strukturierten Einheiten weist IFRS 12.B25 darauf hin, dass zum Verständnis der Risikoposition des berichtenden Konzerns im Einzelfall **weitere Informationen** erforderlich sein können. Beispiele für solche zusätzlichen Informationen sind in IFRS 12.B26 aufgeführt: 79

(1) Informationen über **Vereinbarungen,** die Konzernunternehmen verpflichten, bei Eintreten bestimmter Voraussetzungen einer nicht konsolidierten strukturierten Einheit finanzielle Unterstützung zu leisten. Dies schließt auch eine Beschreibung der Umstände ein, bei denen eine Unterstützung zu einem Verlust für den Konzern führen könnte. Zu nennen ist weiterhin, ob es Vereinbarungen gibt, welche die Verpflichtung zur Unterstützungsleistung ggf begrenzen. Sind neben der berichtenden Einheit auch andere Parteien zu einer Unterstützungsleistung verpflichtet, so ist auf diesen Sachverhalt ebenfalls hinzuweisen und außerdem darzustellen, in welcher Rangfolge die Unterstützungsverpflichtung des Konzerns zu denjenigen anderer Parteien stehen.

(2) Angabe von **realisierten Verlusten** aus der Verbindung zu nicht konsolidierten strukturierten Einheiten während der Berichtsperiode.

(3) Informationen zu verschiedenen Arten von **Erträgen** aus nicht konsolidierten strukturierten Einheiten während der Berichtsperiode.

(4) Angaben darüber, ob und ggf bis zu welchem Höchstbetrag die berichtende Konzerneinheit zu einer **Verlustübernahme** der strukturierten Einheiten verpflichtet ist. Dabei ist auch eine Verlustübernahmeverpflichtung Dritter zu berücksichtigen, die im Rang nach der berichtenden Konzerneinheit steht.

(5) Informationen über ggf bestehende **Liquiditätsgarantien** oder andere Vereinbarungen mit Dritten, welche den beizulegenden Zeitwert der Beteiligung an einer strukturierten Einheit oder die Risikoposition des Konzerns beeinflussen können.

(6) Informationen über **Finanzierungsschwierigkeiten** der nicht konsolidierten strukturierten Einheiten während der Berichtsperiode.
(7) Einzelheiten zur **Finanzierung** der nicht konsolidierten strukturierten Einheiten. Dazu gehört neben einer Beschreibung der Art der ausgegebenen Finanzinstrumente ggf auch eine Fälligkeitenanalyse, falls die strukturierten Einheiten langfristige Vermögenswerte kurzfristig finanziert haben.

Diese **Aufzählung** ist **nicht abschließend.** In jedem Einzelfall ist mithin zu prüfen, welcher konkrete Informationsumfang notwendig ist, um eine adäquate Einschätzung der Risikoposition der berichtenden Einheit vornehmen zu können (vgl *EY* 2015, 913 ff). Dabei eröffnet der Standard den berichtenden Unternehmen deutliche Ermessensspielräume, die jedoch angesichts der sehr unterschiedlichen Erscheinungsformen strukturierter Einheiten in der Praxis nicht enger gefasst werden können. Dies schränkt jedoch gleichzeitig die Vergleichbarkeit der zur Verfügung gestellten Informationen über nicht konsolidierte strukturierte Unternehmen deutlich ein.

F. Wesentliche Änderungen und deren Anwendungszeitpunkte

80 **IFRS 10, IFRS 11 und IFRS 12** waren erstmalig verpflichtend für Geschäftsjahre anzuwenden, die am oder nach dem 1. Januar 2014 beginnen.

Noch vor der erstmaligen Pflichtanwendung von IFRS 10 wurden im Juni 2012 Ergänzungen des IFRS 10, IFRS 11 und IFRS 12 vom IASB verabschiedet, die **Klarstellungen hinsichtlich der Übergangsvorschriften** der Standards enthalten. Dazu wurden in begrenztem Umfang Änderungen am Standardtext vorgenommen, die, nach Meinung des IASB, jedoch lediglich klarstellenden Charakter haben und den materiellen Inhalt des IFRS 10 nicht verändern. Die Änderungen traten zeitgleich zur ersten Pflichtanwendung des IFRS 10 in Kraft.

Ebenfalls noch vor dem Zeitpunkt der erstmaligen Pflichtanwendung hat der IASB im Oktober 2012 IFRS 10 um Vorschriften für Investmentgesellschaften ergänzt (→ Rn 17 ff). Entspr wurden in IFRS 12 Angabepflichten hinsichtlich nicht konsolidierter TU einer Investmentgesellschaft aufgenommen (→ Rn 67 ff). Die Ergänzungen waren ebenfalls für Berichtsperioden ab dem 1. Januar 2014 verpflichtend anzuwenden.

81 Im September 2014 veröffentlichte der IASB den Änderungsstandard „**Veräußerung oder Einbringung von Vermögenswerten zwischen einem Investor und einem assoziierten Unternehmen oder Joint Venture** (Änderungen an IFRS 10 und IAS 28)“. In IFRS 10 wurden die Regelungen der IFRS 10.25 f ergänzt sowie IFRS 10.B99A neu aufgenommen. Außerdem wurden IAS 28.28 und IAS 28.30 ergänzt sowie IAS 28.31A und IAS 28.31B neu aufgenommen. Aufgrund der Kritik an den vorgesehenen Änderungen ist ein Termin für die erstmalige Pflichtanwendung durch den IASB ausgesetzt worden (vgl hierzu ausführlich → § 36 Rn 166).

82 Im Dezember 2014 wurde darüber hinaus der Änderungsstandard „**Investmentgesellschaften: Anwendung der Konsolidierungsausnahme** (Änderungen an IFRS 10, IFRS 12 und IAS 28)“ vom IASB veröffentlicht. Durch ihn wurden die Regelungen des IFRS 10.4, IFRS 10.32, IFRS 10.B85C und E sowie IFRS 10.C2A ergänzt sowie IFRS 10.4A und B neu aufgenommen. Außerdem wurde IFRS 12.6 ergänzt. Diese Änderungen sind – eine Übernahme in die EU vorausgesetzt – verpflichtend für Berichtsperioden anzuwenden, die am oder nach dem 1. Januar 2016 beginnen.

Die vorliegende Kommentierung hat wesentliche materielle Änderungen herausgehoben, darüber hinaus haben die Überarbeitungen klarstellenden Charakter.

(einstweilen frei) 83, 84

G. Gegenüberstellung zu HGB/DRS

I. Konsolidierungskreis

Die IFRS verlangen – ebenso wie die Vorschriften des HGB und DRS 19 – grds die Einbeziehung aller in- und ausländischen TU in den Konzernabschluss nach dem **Weltabschlussprinzip**. Unterschiede können jedoch bei der konkreten Abgrenzung des Konsolidierungskreises auftreten. 85

Diese Unterschiede resultieren zum einen aus der abweichenden Definition des TU zwischen IFRS 10 und § 290 HGB aufgrund des in IFRS 10 neu definierten Beherrschungskonzepts, zum anderen gibt es **Unterschiede betreffend Konsolidierungswahlrechte** (§ 296 HGB), die die IFRS im Grundsatz nicht kennen (→ Rn 8). Bei **zeitlich begrenzter Kontrolle** ist nach IFRS außerdem die Bilanzierung der entspr Vermögenswerte und Schulden nach Maßgabe des IFRS 5 vorgesehen. Eine Entsprechung für diese Vorschriften ist innerhalb des deutschen Handelsrechts nicht zu finden. Demgegenüber ist eine subsidiäre Einbeziehung nach der Equity-Methode, die das HGB ermöglicht oder verlangt, nach den Regelungen der IFRS explizit ausgeschlossen (*Förschle/Deubert* in BeBiKo § 296 HGB Rz 56). 86

Ein weiterer grds Unterschied resultiert aus der im IFRS 10 enthaltenen **Ausnahmeregelung für Investmentgesellschaften**, welche die von ihnen gehaltenen Investments trotz beherrschendem Einfluss bei Vorliegen bestimmter Voraussetzungen nicht konsolidieren, sondern als Finanzinvestition zu ihrem beizulegenden Zeitwert zu bilanzieren haben (→ Rn 17 ff). Eine entspr Regelung kennt das deutsche Handelsrecht derzeit nicht. 87

Die bis zum Inkrafttreten von IFRS 10 weitgehende **Kongruenz des Beherrschungsbegriffs** nach deutschem Handelsrecht und IFRS wurde durch die Neuabgrenzung des Beherrschungsbegriffs in IFRS 10 relativiert. Es kommt somit zu konzeptionellen Abweichungen zwischen IFRS und § 290 HGB bzw DRS 19.18 ff. Ob und in welchem Umfang das überarbeitete *control*-Konzept des IFRS 10 mittel- oder langfristig Auswirkungen auf das handelsrechtliche Beherrschungskonzept haben wird, bleibt derzeit noch abzuwarten. 88

Die nach deutschem Handelsrecht weiterhin mögliche Einbeziehung von **Gemeinschaftsunternehmen** im Wege der Quotenkonsolidierung ist nach Inkrafttreten des IFRS 11 nicht mehr möglich. Stattdessen sind Gemeinschaftsunternehmen nach IFRS 11 ausschließlich im Wege der Equity-Bewertung im Konzernabschluss zu erfassen. Darüber hinaus weicht auch die Abgrenzung von Gemeinschaftsunternehmen in den beiden Rechnungslegungssystemen voneinander ab. Während nach § 310 Abs 1 HGB die gemeinsame Führung eines anderen Unternehmens konstitutiv für die Qualifikation als Gemeinschaftsunternehmen ist, stellt IFRS 11 auf die Rechte der Partnerunternehmen an den Vermögenswerten und Schulden einer gemeinschaftlichen Vereinbarung ab (→ Rn 31 f). Hinsichtlich der gemeinschaftlichen Beherrschung bezieht sich IFRS 11 auf das Beherrschungskonzept des IFRS 10, was zu weiteren Abweichungen hinsichtlich der als Gemeinschaftsunternehmen zu klassifizierenden Beteiligungen führen kann. 89

90 Die im Zusammenhang mit dem Konsolidierungskreis zu machenden **Anhangangaben** nach IFRS 12 unterscheiden sich hinsichtlich ihrer Ausrichtung und ihres Umfangs deutlich von denjenigen nach HGB. § 313 Abs 2 Nr 1 HGB enthält die Verpflichtung zur Nennung von Name und Sitz sämtlicher TU (*Dörner/Wirth* in HdKR §§ 313, 314 HGB Rz 281 ff). Dort wird außerdem die Angabe des Konzernanteils am Eigenkapital der einzelnen TU sowie ggf der Gründe der Einbeziehung in den Konzernabschluss bei Nichtvorliegen einer Stimmrechtsmehrheit aufgrund der Kapitalbeteiligung gefordert. Demgegenüber verlangt IFRS 12 lediglich Angaben zu den wesentlichen Beteiligungen. Andererseits enthält IFRS 12 zusätzliche Angabepflichten, die schwerpunktmäßig auf das Verständnis der Risikoposition des berichtenden Konzerns in Bezug auf die gehaltenen Mehrheits- oder Minderheitsbeteiligungen abzielen. Entspr Angabeerfordernisse kennt das deutsche Handelsrecht nicht.

91 Deutliche Abweichungen hinsichtlich der Berichtspflichten gibt es auch in Bezug auf **strukturierte Einheiten.** Während HGB und DRS 19 diesen Begriff nicht kennen und stattdessen dem auch nach IFRS bis zum Inkrafttreten des „Konsolidierungspakets" maßgeblichen Konzept der Zweckgesellschaften verpflichtet sind, zielen die diesbezüglichen Berichtspflichten des IFRS 12 vor allem auf eine erhöhte Transparenz in Bezug auf die Risiken, die sich aus konsolidierten und nicht konsolidierten strukturierten Einheiten für den berichtenden Konzern ergeben können, ab.

II. Abschlussstichtag

92 Konzernabschlussstichtag ist nach IFRS 10 und § 299 Abs 1 HGB **zwingend der Stichtag des berichtenden MU.** IFRS und HGB unterscheiden sich nicht hinsichtlich der Forderung, dass der Abschlussstichtag der zu konsolidierenden Einheiten grds mit dem Konzernabschlussstichtag übereinstimmen sollte (*Förschle/Deubert* in BeBiKo § 299 HGB Rz 49) und dass in abweichenden Fällen nach Möglichkeit Zwischenabschlüsse aufzustellen sind. Während die IFRS jedoch die subsidiäre Einbeziehung von Einzelabschlüssen ermöglicht, deren Stichtag **drei Monate vor oder nach** dem Konzernabschlussstichtag liegt, ist dieser Drei-Monatszeitraum nach § 299 Abs 2 Satz 2 HGB auf den Zeitraum **vor** dem Stichtag des Konzerns beschränkt.

93 Einen weiteren potenziellen Unterschied eröffnet § 299 Abs 3 HGB mit der Möglichkeit, wesentliche Ereignisse nach dem (abweichenden) Bilanzstichtag innerhalb der Bilanz/GuV oder **alternativ als Anhangangabe** darzustellen, während IFRS 10.B93 explizit Anpassungsbuchungen auf Einzelabschlussebene fordert.

III. Konzerneinheitliche Bilanzierung und Bewertung

94 Unterschiede ergeben sich auch bei **Abweichungen von der einheitlichen Bilanzierung und Bewertung.** Hier gehen die Anforderungen des IFRS 10.19 und IAS 28.35 über die des § 308 Abs 2 Satz 4 HGB hinaus, da sie pflichtmäßige Anpassungsbuchungen an die Konzernbilanzierung und -bewertung vorsehen.

H. Aktuelle Entwicklungen/IASB-Projekte

Nach Abschluss des Projekts *„Consolidation"* des IASB mit Veröffentlichung des „Konsolidierungspakets" aus IFRS 10, IFRS 11, IFRS 12 sowie IAS 27 und IAS 28 im Mai 2011 sowie nachlaufend der Ergänzung der Regelungen in IFRS 10 und IFRS 12 in Bezug auf Investmentgesellschaften im Oktober 2012 hat der **IASB seine Arbeiten im Bereich der Konzernrechnungslegung im Wesentlichen beendet.** 95

Weitere Projekte mit Bezug zu Themen des Konsolidierungskreises, des Abschlussstichtags und der konzerneinheitlichen Bilanzierung und Bewertung sind derzeit nicht auf dem Projektplan des IASB enthalten. Im Rahmen des **Projekts *„Agenda Consultation"*** könnte es jedoch wieder zur Aufnahme von Projekten mit Bezug auf diese Themenkreise kommen, auch wenn dies derzeit nicht konkret absehbar ist.

§ 33. Währungsumrechnung

Übersicht

Schrifttum: *Beiersdorf/Driesch/Ramscheid* Behandlung des Währungsausgleichspostens bei Liquidation des ausländischen Tochterunternehmens, IRZ 2014, 89; *Berger* Die Absicherung von Nettoinvestitionen in ausländische Geschäftsbetriebe, KoR 2008, 608; *Brendle* Währungsumrechnung des Goodwill aus der Kapitalkonsolidierung nach IAS 21, IRZ 2010, 215; *Brune* Abbildung von Vorjahres-Vergleichswerten im IFRS-Abschluss bei gleichzeitigem Wechsel sowohl der funktionalen als auch der Berichtswährung, IRZ 2013, 317; *Brune* Recycling des kumulierten OCI aus Währungsumrechnungsdifferenzen bei Anwendung der Stufenkonsolidierung, IRZ 2015, 49; *Deutscher Bundestag* BT-Drs 16/10067 Entwurf eines Gesetzes zur Modernisierung des Bilanzrechts (Bilanzrechtsmodernisierungsgesetz – BilMoG), Berlin 2008; *Roos* Umrechnung von Fremdwährungsabschlüssen nach IAS 21, KoR 2014, 271; *Roß* Zur Währungsumrechnung im Jahresabschluss nach § 256a HGB, WPg 2012, 18.

Wesentliche Rechtsgrundlagen: IAS 21, IAS 29, IFRIC 7, IFRIC 16

A. Grundlagen

1 Die Einbeziehung ausländischer Unternehmen in einen Konzernabschluss erfordert regelmäßig die **Umrechnung** der in **funktionaler Währung** aufgestellten Einzelabschlüsse in die **Konzernberichtswährung** als Voraussetzung für die Durchführung weiterer Konsolidierungsmaßnahmen. Im Gegensatz zu der transaktionsbezogenen Währungsumrechnung bei Fremdwährungsgeschäften, die ihren Niederschlag bereits im Einzelabschluss eines Unternehmens findet, bezieht sich die konsolidierungsvorbereitende Währungsumrechnung ausländischer Geschäftsbetriebe auf den Bilanzstichtag bzw die Betrachtungsperiode.

2 Die **Anpassung ausländischer Einzelabschlüsse an die Konzernberichtswährung** für Zwecke der Vollkonsolidierung und der Equity-Bilanzierung ist in IAS 21 „Auswirkungen von Änderungen der Wechselkurse" geregelt. Dieser befasst sich gem IAS 21.1 darüber hinaus auch mit der einzelabschlussbezogenen Währungsumrechnung von Fremdwährungstransaktionen sowie den Modalitäten der Umrechnung in eine ggf von der funktionalen Währung abwei-

chende Berichtswährung (IAS 21.38 ff). Besonderheiten sind darüber hinaus bei der Umrechnung von Geschäfts- oder Firmenwerten zu beachten, soweit sie zum Erwerbszeitpunkt ausländischen TU zugeordnet wurden (IAS 21.47 f).

3 Wird der Prozess der Währungsumrechnung in Einzel- und Konzernabschluss in der **zeitlichen Abfolge** betrachtet, so erfolgt zunächst die Umrechnung einzelner Transaktionen in die funktionale Währung des Konzernunternehmens. Gleiches gilt für die Umrechnung von integrierten ausländischen Einheiten, die ihre Bücher in einer Fremdwährung führen, da diese Einheiten als integraler Bestandteil des MU angesehen werden, ihre in der lokalen Buchführung abgebildeten Transaktionen mithin für Zwecke der Währungsumrechnung dem MU zugerechnet werden. Der auf diese Weise in der funktionalen Währung des Konzernunternehmens aufgestellte Abschluss ist um Inflationseinflüsse zu bereinigen, soweit die funktionale Währung der ausländischen Einheit die Kriterien des IAS 29.3 erfüllt (→ Rn 32 ff). Der dergestalt ermittelte Einzelabschluss des Konzernunternehmens ist anschließend auf Konzernebene in die Konzern-Berichtswährung zu transformieren. Diese Vorgehensweise ist in der folgenden Grafik zusammenfassend dargestellt.

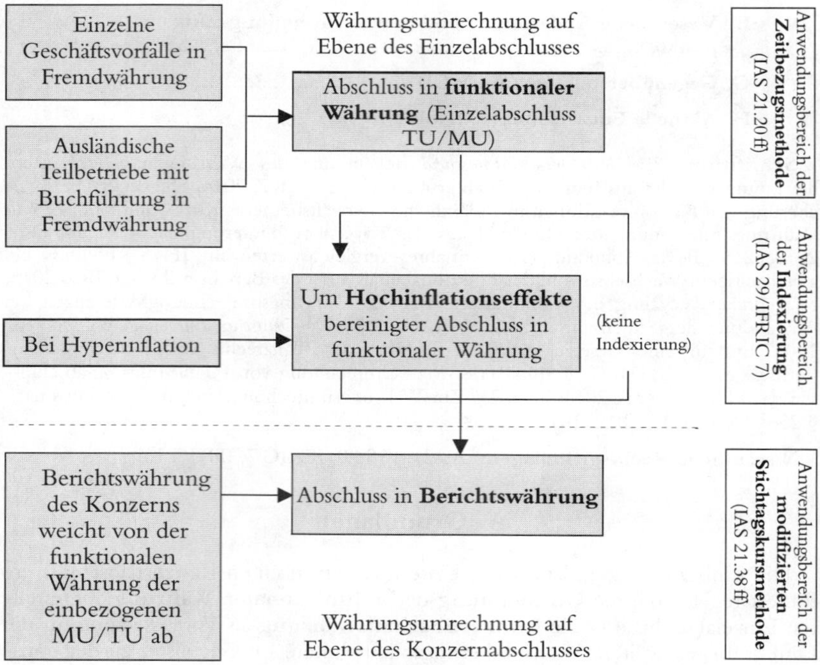

B. Funktionale Währung

4 Die Währungsumrechnung nach IAS 21 basiert auf dem **Konzept der funktionalen Währung.** Dabei sind für sämtliche Konzernunternehmen (einschließlich des MU) die funktionalen Währungen in ihren jeweiligen Einzelabschlüssen zu bestimmen. Die Art der Währungsumrechnung der Jahresabschlüsse ausländischer Konzernunternehmen richtet sich dabei nach dem **primären ökonomischen Umfeld** der Unternehmen, welches Beurteilungskriterium dafür ist, ob

durch Wechselkursschwankungen tatsächlich Erfolgsbeiträge für den Konzern entstehen. Wirken sich Wechselkursänderungen auf die Ertragslage und den Cashflow des berichtspflichtigen Unternehmens nur unwesentlich aus, so wird die Umrechnung als reiner **Transformationsprozess** angesehen. Sind die Auswirkungen dagegen materiell bedeutsam, so kommt der Währungsumrechnung eine **Bewertungsfunktion** zu.

Um dies beurteilen zu können, ist deshalb zunächst die **funktionale Währung** eines Konzernunternehmens zu bestimmen, dessen Abschluss in den Konzernabschluss einbezogen werden soll. Diese ist der Berichtswährung der berichtenden Einheit *(presentation currency)* gegenüberzustellen. Weicht die funktionale Währung auf der Ebene des Konzernunternehmens von der Berichtswährung ab, ist für Zwecke der Konsolidierung eine Transformation des lokalen Einzelabschlusses in die Berichtswährung erforderlich. Dabei ist für jedes in den Konzernabschluss einbezogene TU individuell die funktionale Währung zu bestimmen. Eine einheitliche funktionale Währung des Konzerns entspricht konzeptionell nicht der Systematik des IAS 21 (*KPMG* 2014/15 Rz 2.7.70.20; *pwc* 2015 Rz 7.27). 5

Die funktionale Währung eines Konzernunternehmens ist nach IAS 21.9 diejenige Währung, in der das Unternehmen hauptsächlich Cash-In- und -Outflows generiert. Zur Identifizierung dieser Währung werden in IAS 21.9 zwei **primäre Indikatoren** angeführt. Funktionale Währung idS kann zum einen die Währung sein, die den größten Einfluss auf die Verkaufspreise seiner Waren und Dienstleistungen hat und des Landes, dessen Wettbewerbskräfte und Bestimmungen für die Verkaufspreise seiner Waren und Dienstleistungen ausschlaggebend sind (**Erlösorientierung;** IAS 21.9(a)). Alternativ kann die funktionale Währung auch diejenige Währung sein, die den größten Einfluss auf die Lohn-, Material- und sonstigen Kosten für das Anbieten der Waren oder Dienstleistungen hat (**Kostenorientierung;** IAS 21.9(b)). 6

Daneben werden als **weitere Kriterien** in IAS 21.10 die Währung, in der Mittel aus **Finanzierungstätigkeit** generiert werden (zB durch Ausgabe von Schuldverschreibungen oder Eigenkapitalinstrumenten), sowie die Währung, in der Einnahmen aus **betrieblicher Tätigkeit** normalerweise einbehalten werden, herangezogen. Aus IAS 21.12 wird deutlich, dass diese Kriterien subsidiär zu denen des IAS 21.9 zur Bestimmung der funktionalen Währung heranzuziehen sind.

Diese Kriterien sollen beispielhaft als Maßstab für die Integration des ausländischen Unternehmens in sein jeweiliges ökonomisches Umfeld dienen und die eigenständige Fähigkeit zur Erwirtschaftung von operativen Cashflows beurteilen helfen.

Beispiel: Das berichtspflichtige Unternehmen A in Deutschland hält Anteile an einem konsolidierungspflichtigen TU in der Schweiz. Dieses TU liefert etwa die Hälfte der von ihm hergestellten Produkte nach Deutschland an A und fakturiert diese in Euro. Die andere Hälfte der Produktion wird am lokalen Markt in der Schweiz abgesetzt. Für die Produktion werden Arbeitnehmer vor Ort beschäftigt und in CHF bezahlt. Aufgrund historisch gewachsener Lieferbeziehungen wird auch ein Großteil des Materials von schweizerischen Unternehmen bezogen. Die Finanzierung wurde in den letzten Jahren aufgrund der (in diesem Beispiel unterstellten) günstigeren Finanzierungskonditionen in Deutschland über das MU abgewickelt und in Euro verrechnet.

Das absatzmarktbezogene Kriterium des IAS 21.9(a) liefert im vorliegenden Fall keine eindeutige Aussage, da die Ertragsseite sowohl vom Preisumfeld in der Schweiz als auch von den Lieferungen an das MU in den Euro-Raum beeinflusst wird. Hingegen wird der Großteil der Kosten in lokaler Währung verausgabt, was für die lokale Währung (CHF) als funktionale Währung des TU spricht. Dass die Finanzierung des Unternehmens auf den Konzern übertragen und in Euro abgewickelt wird, ist demgegenüber von geringerem Gewicht.

7 Zur Beurteilung der Eigenständigkeit hinsichtlich der funktionalen Währung wird in IAS 21.11 schließlich auch das **Ausmaß der Unabhängigkeit des TU** hinsichtlich des operativen Geschäfts und der Finanzierung von dem berichtspflichtigen MU herangezogen. Dieses Kriterium stellt jedoch lediglich einen weiteren Indikator zur Bestimmung der funktionalen Währung eines ausländischen TU dar. Entscheidend ist letztlich die **Gesamtheit** des **ökonomischen Umfelds** des zu beurteilenden ausländischen Unternehmens.

8 Führt die Analyse der in IAS 21.9 ff angeführten Indikatoren zu keinem eindeutigen Ergebnis, so hat gem IAS 21.12 die Unternehmensleitung des Konzernunternehmens die funktionale Währung **nach eigenem Urteil** zu bestimmen. Der Beurteilungsspielraum wird jedoch insoweit eingeschränkt, als dass zunächst die primären Indikatoren des IAS 21.9 und danach die sekundären Indikatoren in IAS 21.10 f der Entscheidung zugrunde zu legen sind. Außerdem muss die gewählte Währung die wirtschaftliche Auswirkung der darzustellenden Geschäftsvorfälle, Ereignisse und Umstände zutreffend wiedergeben. Aus dem einer solchen Management-Beurteilung inhärenten Ermessensspielraum resultiert deshalb nicht ein faktisches Wahlrecht zur Anwendung einer „Wunschwährung“ als funktionaler Währung des Unternehmens. Vielmehr ist durch die Gesamtheit der beschriebenen Indikatoren idR die funktionale Währung eines TU eindeutig determiniert.

9 Die auf diese Weise identifizierte funktionale Währung eines Unternehmens ist grds **stetig** auch für die Folgejahre anzuwenden, solange die Würdigung des primären ökonomischen Umfelds sich nicht ändert. Erst eine grundlegend andere Einschätzung der maßgeblichen Indikatoren kann zu einer Änderung der funktionalen Währung eines ausländischen TU führen (IAS 21.13).

10 Ergibt sich nach Maßgabe der Beurteilungskriterien ein **Wechsel der funktionalen Währung,** so ist die sich auf die neue funktionale Währung beziehende Vorgehensweise bei der Währungsumrechnung gem IAS 21.35 ab dem Tag des Wechsels anzuwenden (zum Wechsel der funktionalen Währung des TU vgl auch → Rn 45 ff).

C. Durchführung und Bilanzierung der Währungsumrechnung

11 Die Währungsumrechnung von Einzelabschlüssen ausländischer Konzernunternehmen nach IAS 21 in die Berichtswährung des Konzerns erfolgt in Abhängigkeit vom Verhältnis der funktionalen Währung des TU zu der Berichtswährung des Konzerns. Dabei kommt entweder die sich aus der Theorie des Konzerns als Einheit ableitende **Zeitbezugsmethode** oder die rein transformationsbezogen ausgerichtete **Stichtagskursmethode** in der in IAS 21 spezifizierten Form zur Anwendung.

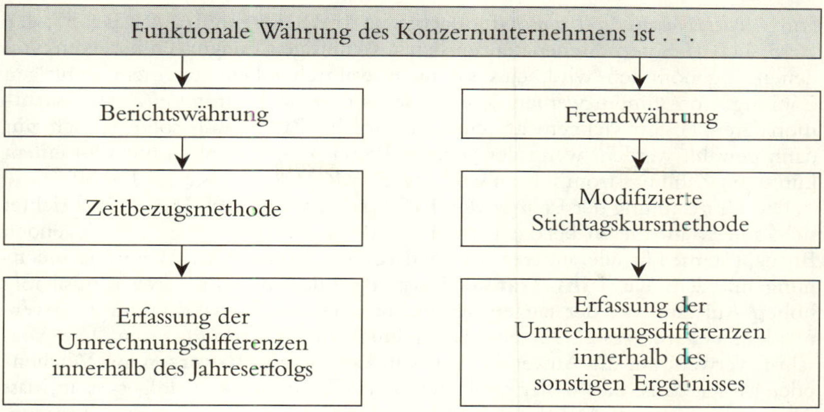

I. Zeitbezugsmethode

Ausgehend von der Betrachtung des ausländischen TU als **integralen Bestandteil des berichtenden MU** stellt die Zeitbezugsmethode die operativen Aktivitäten der ausländischen Einheit so dar, als wären sie unmittelbar in der Buchhaltung der Konzernmutter erfasst worden. Damit ist die funktionale Währung für diese Einheiten idR die Berichtswährung des Konzernabschlusses. Diese Sichtweise und die damit verbundene Umrechnung nach der Zeitbezugsmethode entsprechen der Vorgehensweise zur Umrechnung von Geschäftsvorfällen im Einzelabschluss. 12

Nach IAS 21.23 sind **monetäre Bilanzposten** zu Stichtagskursen umzurechnen. **Nicht-monetäre Bilanzposten** sind danach zu unterscheiden, ob sie in der Fremdwährungsbilanz mit ihren historischen Anschaffungs- oder Herstellungskosten oder mit dem beizulegenden Zeitwert anzusetzen sind. Für den Fall der Bewertung mit den Anschaffungs- oder Herstellungskosten sieht IAS 21.23(b) die Umrechnung mit dem Kurs vor, der zum Anschaffungs- oder Herstellungszeitpunkt Gültigkeit hatte. Erfolgt die Bewertung im Fremdwährungsabschluss zum beizulegenden Zeitwert, so ist der Kurs der Ermittlung dieses Zeitwerts der Währungsumrechnung zugrunde zu legen (IAS 21.23(c)). Dieser Kurs unterscheidet sich dann vom Stichtagskurs, wenn nicht jährlich eine Neubewertung zum beizulegenden Zeitpunkt gefordert ist und durchgeführt wird (vgl *Müller/Holzwarth/Laurisch* in Baetge ua IFRS Komm IAS 21 Rz 66). 13

Hinsichtlich der Bewertung im Rahmen eines Anteilserwerbs (→ § 34 Rn 176 ff) sind die Anschaffungskosten von **Aktien** und **GmbH-Anteilen** in Fremdwährung als nicht-monetäre Posten kategorisiert (*Lüdenbach/Hoffmann/Freiberg* IFRS § 27 Rz 19). Damit ist die Währungsumrechung zum Kurs beim Erwerbsvorgang vorzunehmen. Im Fall der Kontrollerlangung erfolgt nach IFRS 3.38 die Bewertung der Anschaffungskosten mit dem Kurs im Zeitpunkt der Kontrollerlangung. Sofern sich aus einem früheren Anteilserwerb Umbewertungen zum Zeitpunkt der Kontrollerlangung ergeben, sind diese im Gewinn/Verlust auszuweisen.

Latente Steuern können sowohl monetäre als auch nicht-monetäre Komponenten beinhalten. Eine explizite Zuordnung dieser Posten lässt sich aus IAS 21 nicht herleiten. Die Behandlung von Fremdwährungsdifferenzen aus latenten Steuerposten in der Gesamtergebnisrechnung nach IAS 12.78 verdeutlicht allerdings, dass grds eine Zuordnung zu den monetären Posten sachgerecht sein sollte (vgl *Müller/Holzwarth/Laurisch* in Baetge ua IFRS Komm IAS 21 Rz 57; *EY* 2015, 1110 f). Sofern Steuerlatenzen sich aus künftigen Ereignissen herleiten, von denen angenommen wird, dass sie nicht wahrscheinlich zu einem künftigen Zahlungsstrom führen werden, kann indes auch eine Zuordnung zu den nichtmonetären Posten sachgerecht sein. Eine solche Zuordnung sollte jedoch nur dann gewählt werden, wenn der gesamte Posten wahrscheinlich nicht zu einem künftigen Zahlungsstrom führen wird (vgl *KPMG* 2014/15 Rz 2.7.120.30).

14 Die Umrechnung der **Posten der Erfolgsrechnung** nach IAS 21.20 ff richtet sich, sofern auf diesen bezogen, nach der Behandlung des zugrunde liegenden Bilanzpostens. Für alle anderen Geschäftsvorfälle sieht IAS 21.21 eine Umrechnung mit dem **Kurs im Transaktionszeitpunkt** vor. Um unverhältnismäßig hohen Aufwand bei der taggenauen Ermittlung der Transaktionskurse zu vermeiden, erlaubt IAS 21.22 die Verwendung von Näherungswerten. Die Vorschrift verweist auf die Anwendbarkeit von **Durchschnittskursen** auf Wochen- oder Monatsbasis. Aus dieser expliziten Darstellung dürfte zu folgern sein, dass die Verwendung von Durchschnittskursen, die sich auf einen längeren Zeitraum beziehen, grds nicht für zulässig angesehen wird (so auch *EY* 2015, 1103).

15 **Umrechnungsdifferenzen** ergeben sich, falls sich die Währungskurse zum Zeitpunkt des Geschäftsvorfalls von denen zum Abwicklungszeitpunkt monetärer Posten oder dem Berichtsstichtag unterscheiden. IAS 21.28 schreibt vor, dass im Rahmen der Zeitbezugsmethode solche Währungsdifferenzen **grds als Aufwendungen und Erträge** in der Erfolgsrechnung der Berichtsperiode zu erfassen sind. IAS 21.29 führt hierzu erläuternd aus, dass Umrechnungsdifferenzen aus monetären Posten, deren erstmalige Erfassung und Abwicklung in dieselbe Berichtsperiode fallen, ohnehin unmittelbar in den Periodenerfolg eingehen. Bei solchen monetären Posten, deren erstmalige Erfassung in eine andere Periode fällt als deren Abwicklung, werden durch die Währungskursanpassung der Bilanzposten zum Konzernbilanzstichtag die Effekte aus Wechselkursänderungen den einzelnen Perioden zutreffend zugeordnet.

16 IAS 21 regelt den **Ausweis** der bei der Währungsumrechnung nach der Zeitbezugsmethode entstehenden Aufwendungen und Erträge in der Erfolgsrechnung des Unternehmens nicht explizit. In der Bilanzierungspraxis hat sich eine Zuordnung der erfolgswirksamen Währungsumrechnungseffekte zu den Posten „sonstige betriebliche Aufwendungen" bzw „sonstige betriebliche Erträge" durchgesetzt. Bei größeren Erfolgsauswirkungen durch Währungsumrechnungen kann auch ein Ausweis als gesonderter Posten in der GuV gem IAS 1.85 f geboten sein. Die Aufwendungen und Erträge dürfen begründet auch auf mehrere Posten aufgeteilt werden (vgl *pwc* 2015 Rz 7.118). Sofern eine solche Aufteilung gewählt wird, sollte diese stetig beibehalten werden. Bei Wesentlichkeit für das Verständnis des Jahresabschlusses erscheint es empfehlenswert, die Aufteilung im Anhang zu erläutern (vgl *KPMG* 2014/15 Rz 2.7.160.20; *EY* 2015, 1153).

Beispiel: Aus der Umrechnung der Bilanz des Unternehmens A resultieren wesentliche Differenzen aus Forderungen aus Lieferungen und Leistungen sowie aus Verbindlichkeiten aus Lieferungen und Leistungen, die das Unternehmen dem betrieblichen Bereich zuordnet. Zudem resultieren aus der Umrechnung wesentliche Differenzen aus Finanzforderungen und -verbindlichkeiten, die das Unternehmen dem Finanzbereich zuordnet. Um diese Zuordnung auszudrücken, weist Unternehmen A die Umrechungsdifferenzen des betrieblichen Bereichs in den Posten „sonstige betriebliche Erträge" und „sonstiger betrieblicher Aufwand" aus. Die Differenzen, die das Unternehmen dem Finanzbereich zuordnet, weist es innerhalb des Finanzergebnisses aus. In diesem Fall sollte Unternehmen A die Aufteilung auch in Folgeperioden stetig beibehalten. Die Art der Aufteilung und die in den jeweiligen Posten enthaltenen Umrechungsdifferenzen sollten im Anhang angegeben werden.

Verschiedene IFRS sehen für bestimmte nicht-monetäre Bilanzposten eine Erfassung der Wertänderungen als sonstiges Ergebnis *(other comprehensive income)* **unmittelbar innerhalb des Eigenkapitals** vor. Dies ist zB für Wertänderungen innerhalb des Sachanlagevermögens im Rahmen der Neubewertungsmethode des IAS 16 der Fall. IAS 21.30 verlangt, dass der in der Wertänderung enthaltene umrechnungsbezogene Anteil als Teil der Neubewertung ebenfalls unmittelbar innerhalb des Eigenkapitals berücksichtigt wird und dementsprechend keinen Eingang in den Periodenerfolg findet (vgl *Müller/Holzwarth/Laurisch* in Baetge ua IFRS Komm IAS 21 Rz 71). Im Zeitpunkt der Entkonsolidierung der betroffenen TU sind diese zunächst erfolgsneutral erfassten Umrechnungsdifferenzen dann grds erfolgswirksam auszubuchen. Eine auf den der Bildung zugrunde liegenden Sachverhalt abgestellte fallweise Umbuchung aus dem entspr gesonderten Eigenkapitalposten in den jeweiligen Periodenerfolg hingegen würde eine fortlaufende Beurteilung der einzelfallbezogenen Umrechnungsdifferenzen erfordern und ist damit im Regelfall nicht praktikabel. 17

Die **Umrechnung nach der Zeitbezugsmethode** führt dazu, dass weder die Bemessungsgrundlage der Abschlussposten noch die zeitliche Berücksichtigung der Aufwendungen und Erträge beeinflusst werden. Die Währungsumrechnung ist demzufolge eine Änderung der Maßeinheit, nicht jedoch der Bilanzierungs- und Bewertungsgrundsätze aus Sicht der berichtenden Einheit. Um der Konzeption einer integralen Darstellung der ausländischen Teileinheit zu entsprechen, werden die einzelnen Posten des Fremdwährungsabschlusses bzw die einzelnen Transaktionen der Berichtsperiode mit den Kursen umgerechnet, die ihrer Bewertungsbasis in Landeswährung entsprechen. 18

Die Zeitbezugsmethode ist in IAS 21.21 ff im Rahmen der Umrechnung von Fremdwährungstransaktionen in die funktionale Währung dargestellt. Dies ist insofern konsequent, als die Aktivitäten der Einheit grds so dargestellt werden sollen, als seien sie unmittelbar von dem berichtenden MU ausgeführt worden. Zu beachten ist indes, dass das in IAS 21.21 ff festgelegte Vorgehen aufgrund der notwendigen Würdigung einer Vielzahl von Sachverhalten eine im Vergleich zur modifizierten Stichtagskursmethode (→ Rn 19) relativ hohe **Komplexität** in sich birgt (so auch *Roos* KoR 2014, 279; *pwc* 2015 Rz 7.51).

II. Modifizierte Stichtagskursmethode

Im Gegensatz zu der integralen Darstellung ausländischer Konzernunternehmen bei Verwendung der Zeitbezugsmethode werden, entspr der Auffassung der Währungsumrechnung als **Transformationsvorgang,** bei der Stichtagskursmethode die Posten des Jahresabschlusses einheitlich zum **Währungskurs am Stichtag** umgerechnet. Bei der reinen Stichtagskursmethode gilt dies für sämtliche Posten der Bilanz und der GuV einheitlich. Damit entfallen sämtliche Umrechnungsdifferenzen innerhalb derselben Periode. Umrechnungsdifferenzen können gleichwohl auch bei der reinen Stichtagskursmethode im Periodenzusammenhang auftreten. 19

Im Rahmen des IAS 21 kommt eine modifizierte Form der Stichtagskursmethode zur Anwendung, die in IAS 21.38 ff erläutert wird. Dabei werden sowohl die **monetären** als auch die **nicht-monetären Posten** der Bilanz der ausländischen Teileinheit **einheitlich zum Stichtagskurs** umgerechnet. Das Eigenkapital, dessen Umrechnung in IAS 21 nicht explizit angesprochen wird, ergibt sich als Differenzwert aus dieser Umrechnung. Dabei sind die einzelnen Bestandteile des Eigenkapitals jedoch nicht zum Stichtagskurs, sondern zu den jeweiligen historischen (Einstands-)Kursen umzurechnen (*Lüdenbach/Hoffmann/Freiberg* 20

IFRS § 27 Rz 52). Entstehende Differenzen sind gesondert im Eigenkapital auszuweisen (→ Rn 21).

Aufwendungen und Erträge der Berichtsperiode sind zu **Transaktionskursen** umzurechnen, wobei auch hier wieder vereinfachend Durchschnittskurse als zulässig angesehen werden (IAS 21.40). Im Gegensatz zu den Ausführungen in IAS 21.22, die eine wochen- oder monatsweise Durchschnittsbildung vorschlagen, wird hierbei als Beispiel explizit der Durchschnittskurs der Periode angegeben. Es wird gleichwohl auch hier auf die Unzulässigkeit der Verwendung von Durchschnittskursen bei stärkeren Kursschwankungen hingewiesen. In solchen Fällen ist der für die Durchschnittsbildung zugrunde gelegte Zeitraum sukzessive so lange zu verkürzen, bis innerhalb dieses Zeitraums die Schwankungen nicht mehr als wesentlich anzusehen sind.

21 Für alle **Umrechnungsdifferenzen,** die sich aus dieser Umrechnung ergeben, ist zunächst eine **Erfassung als eigener Posten innerhalb des** kumulierten **sonstigen Ergebnisses** vorgeschrieben (IAS 21.39(c), IAS 21.41; → § 17 Rn 58ff). Erst bei Veräußerung bzw Entkonsolidierung der Nettoinvestition in die ausländische Teileinheit erfolgt eine erfolgswirksame Umbuchung der im Eigenkapital kumulierten Umrechnungsdifferenzen in die Erfolgsrechnung des Konzerns (IAS 21.48). Eine erfolgswirksame Umbuchung kommt zudem bei einer Betriebsänderung in Betracht, bei der das TU seine Klassifizierung als ausländischer Geschäftsbetrieb einbüßt (vgl *Beiersdorf/Driesch/Ramscheid* IRZ 2014, 93).

Fallen die **funktionale** Währung des **MU** und die **Berichtswährung** auseinander, entsteht eine Differenz aus der Umrechnung der Posten des MU. Diese Differenz ist nach IAS 21.39(c) erfolgsneutral in das sonstige Ergebnis einzustellen. Anders als bei ausländischen TU ist eine Veräußerung bzw Entkonsolidierung des MU indes ohne Auflösung des Konzerns in seiner bisherigen Form denklogisch nicht möglich. Eine erfolgswirksame Umbuchung dieser Umrechnungsdifferenz ist somit mangels der Erfüllbarkeit der Voraussetzungen des IAS 21.48 ausgeschlossen. Anders als Differenzen, die aus der Umrechnung von TU resultieren, sollten diese Umrechnungsdifferenzen somit nach IAS 1.82A(a) als Posten, die **nicht** in den Gewinn oder Verlust umgegliedert werden, ausgewiesen werden (→ § 15 Rn 145ff, → § 17 Rn 53ff).

Für IFRS-Erstanwender sieht IFRS 1.D13 als Erleichterungswahlrecht vor, dass die kumulierten Umrechnungsdifferenzen zum Zeitpunkt der IFRS-Eröffnungsbilanz mit Null angesetzt werden können. Bei Nutzung des Wahlrechts erfolgt eine erfolgsneutrale Umbuchung der bisherigen Differenzen in die Gewinnrücklagen. In diesem Fall müssen nur zeitlich darauf folgende Umrechnungsdifferenzen bei Abgang der Beteiligung erfolgswirksam umgebucht werden.

22 Zur Erläuterung der Vorgehensweise werden in IAS 21.41 die Ursachen möglicher Umrechnungsdifferenzen bei Anwendung der modifizierten Stichtagskursmethode auf Ebene der TU beschrieben und in **zwei wesentliche Bereiche** unterteilt. Zunächst ergeben sich Differenzen nach IAS 21.41(a) aus der Umrechnung der Vermögenswerte und Schulden zu Konzernabschlussstichtagskursen einerseits und der Umrechnung der Erfolgsposten zu davon mehr oder weniger abweichenden Transaktionskursen andererseits. Dieser Bereich wird im Regelfall volumenmäßig den größten Teil der Umrechnungsdifferenzen abdecken. Weitere Differenzen sind in der Änderung des Stichtagskurses im Vergleich zum Stichtagskurs des vorhergehenden Abschlusses begründet, die sich auf die Darstellung des Reinvermögens eines TU zum Beginn der Berichtsperiode bezieht (IAS 21.41(b)).

23 Für diese sich aus einer Nettoinvestition in ein ausländisches TU ergebenden Umrechnungsdifferenzen werden in IAS 21.32f gesonderte Erfassungsregelungen getroffen. Teil einer solchen **Nettoinvestition** aus Sicht des MU sind nach

IAS 21.15 auch ausstehende Forderungen oder Verbindlichkeiten ggü der ausländischen Einheit, die **Einlagecharakter** besitzen, da eine Abwicklung in absehbarer Zeit weder geplant noch wahrscheinlich ist. Dabei kann gem IAS 21.15A die Forderung oder Verbindlichkeit auch durch ein anderes Konzernunternehmen begründet worden sein, unabhängig davon, ob es sich dabei um ein in- oder ausländisches Unternehmen handelt. Forderungen aus Lieferungen und Leistungen begründen nach IAS 21.15 explizit **keine Nettoinvestition.** Ist jedoch absehbar, dass eine urspr aus Lieferungen oder Leistungen begründete Forderung zur Finanzierung der ausländischen Einheit in ein Darlehen umgewidmet wird, so kann dieses Darlehen die Voraussetzungen einer Nettoinvestition iSv IAS 21 erfüllen. Durch die Ersetzung des alten Schuldverhältnisses durch ein neues (Novation) erlischt der Bezug auf die urspr Lieferungs- oder Leistungsbeziehung, womit die Ausnahme des IAS 21.15 für diese Forderungen bzw Verbindlichkeiten nicht mehr zum Tragen kommt. Die in der Praxis häufig anzutreffende Bündelung sämtlicher Forderungen und Verbindlichkeiten in einem Verrechnungskonto führt dann nicht zu einer Qualifikation der Posten dieses Verrechnungskontos als Nettoinvestition in das TU, wenn Zahlungen zum Ausgleich dieses Kontos (auch nur in Teilbeträgen) erfolgen. In diesen Fällen dürfte das Verrechnungskonto insgesamt von einer Qualifikation als Nettoinvestition ausgenommen sein (*EY* 2015, 1128). Auch bei einer ggf mehrjährigen Laufzeit der zu beurteilenden Forderung bzw Verbindlichkeit kann eine vertraglich vereinbarte Tilgung bei der Beurteilung, ob eine Nettoinvestition vorliegt, nicht ignoriert werden. Vielmehr ist es bei Vorliegen eines vertraglich fixierten Tilgungsdatums notwendig, den Sachverhalt einzelfallspezifisch dahingehend zu analysieren, ob dieses Datum als **hartes Rückzahlungsdatum** zu interpretieren ist. Indikator dafür, dass das vertraglich fixierte Tilgungsdatum keine Substanz hat und somit eine Nettoinvestition iSd IAS 21.15 vorliegt kann bspw eine schriftlich niedergelegte Intention des Managements zur Verlängerung der Forderung bzw Verbindlichkeit über den Tilgungszeitpunkt hinaus sein (*pwc* 2015 Rz 7.95). Die sich dann aus diesen Sachverhalten ergebenden Währungsumrechnungsdifferenzen sind gem IAS 21.32 ff ebenfalls erfolgsneutral innerhalb des sonstigen Ergebnisses zu verrechnen (→ § 35 Rn 86 ff).

Die aus der abweichenden funktionalen Währung des TU resultierende **weitgehende Unabhängigkeit** der operativen Aktivitäten des TU führt dazu, dass die 24
Aktivitäten dieser Einheit (und damit auch die damit verbundenen Währungskursänderungen) nicht direkt den Cashflow des MU beeinflussen, sodass die Umrechnungsdifferenzen aus der Währungstransformation nicht in die Erfolgsrechnung des Konzerns einfließen, sondern vielmehr während des Bestehens der Beteiligung im sonstigen Ergebnis innerhalb des Eigenkapitals kumuliert werden.

Dies gilt jedoch nicht, falls an dem ausländischen Konzernunternehmen noch 25
nicht-beherrschende Gesellschafter beteiligt sind. Die auf diese entfallenden Umrechnungsdifferenzen sind gem IAS 21.41 dem Minderheitenanteil innerhalb des Eigenkapitals zuzuweisen.

In der betrieblichen Praxis werden die Fremdwährungsrisiken aus **Nettoin-** 26
vestitionen in ausländische TU in vielen Fällen durch den **Abschluss von Sicherungsgeschäften** im Rahmen des konzernweiten Risikomanagementsystems abgesichert. Dabei ergibt sich das Problem, dass die Wertveränderungen des Sicherungsinstruments idR erfolgswirksam im Ergebnis des Unternehmens abzubilden sind, welches das Sicherungsinstrument hält, während die Fremdwährungseffekte aus dem Grundgeschäft, der Nettoinvestition in das ausländische TU, erfolgsneutral über das sonstige Ergebnis erfasst werden. Um diese auseinanderfallende Bilanzierung von Grund- und Sicherungsgeschäft zu vermeiden, kann die Darstellung als Sicherung einer Nettoinvestition in einen ausländischen

Geschäftsbetrieb in Übereinstimmung mit IAS 39.102/IFRS 9.6.5.13f dargestellt werden. Die ausgleichende Wirkung wird dabei durch eine dem *cashflow hedge accounting* vergleichbare Bilanzierungstechnik erreicht, obwohl im Falle ausländischer Geschäftseinheiten nicht unmittelbar Zahlungsströme abgesichert werden. Dieser Effekt wird dabei nicht nur durch die Gegenüberstellung der Währungseffekte des Sicherungsinstruments und der Währungseffekte des Grundgeschäfts im sonstigen Ergebnis erzielt, was die Volatilität des Ergebnisses vermindert, sondern auch bei einer möglichen späteren Veräußerung der Auslandsbeteiligung, da dann die Rücklage aus der Fremdwährungsumrechnung und damit die erfassten Währungseffekte des Sicherungsinstruments aus dem sonstigen Ergebnis erfolgswirksam aufgelöst werden (zu Einzelheiten der Bilanzierung von Sicherungsgeschäften vgl → § 23 Rn 52ff).

27 In der Interpretation **IFRIC 16** *Hedges of a Net Investment in a Foreign Operation* werden **Zweifelsfragen** in Bezug auf die Durchführung und Abbildung von **Sicherungsgeschäften** zur Absicherung der **Nettoinvestition** in ein ausländisches TU geklärt. Die Interpretation befasst sich mit drei wesentlichen Themenkomplexen:

(1) Das IFRSIC stellt klar, dass das gesicherte Risiko der Absicherung einer Nettoinvestition in einen ausländischen Geschäftsbetrieb **nur das Fremdwährungsrisiko aus den funktionalen Währungen** von MU und ausländischem TU sein kann. Das Translationsrisiko hingegen stellt kein designierbares Risiko im Rahmen der Sicherungsbeziehung dar.

(2) Grds eignen sich sowohl derivative (*forwards*, Optionen, *swaps*) als auch originäre Finanzinstrumente (idR Fremdwährungsverbindlichkeiten) als Sicherungsinstrumente im Rahmen eines *net investment hedges*. Dies gilt auch für Kombinationen zwischen diesen beiden Arten von Finanzinstrumenten. Das Sicherungsinstrument kann nach IFRIC 16.14 **von jedem Konzernunternehmen** gehalten werden. Nach IFRIC 16.14 kann auch das gesicherte ausländische TU selbst das Sicherungsinstrument halten. Bei Doppelbesicherungen ist gem IFRIC 16.13 indes zu berücksichtigen, dass die Sicherung des Risikos nur einmal durch die Abbildung einer Bewertungseinheit abgebildet werden kann. Zudem sind nach IFRIC 16.14/IFRIC 16.14 (geändert 2014) die allgemeinen Anforderungen an das *hedge accounting* in IAS 39.88/ IFRS 9.6.4.1 zu beachten. Insbes wird von IFRIC 16 die Dokumentation der Sicherungsstrategie sowie des Einklangs mit dem Risikomanagement hervorgehoben, da im Konzern auf verschiedenen Ebenen unterschiedliche Designationen möglich sind (vgl *Berger* KoR 2008, 613).

(3) Die Interpretation enthält außerdem in IFRIC 16.16f/IFRIC 16.16f (geändert 2014) Hinweise, wie eine **Veräußerung des gesicherten TU** zu behandeln ist. Dabei wird zunächst klarstellend auf die Anwendbarkeit der allgemeinen Regelungen des IAS 39.102/IFRS 9.6.5.14 verwiesen. Darüber hinaus enthält IFRIC 16.17 ein Wahlrecht, das sich nicht unmittelbar aus den Regelungen von IAS 21 oder IAS 39/IFRS 9 ergibt. Dieses ermöglicht es dem bilanzierenden MU, die Rücklage aus Fremdwährungsumrechnung auf TU so aufzuteilen, als sei von Beginn an ein einstufiger Konsolidierungsvorgang erfolgt. Damit soll sichergestellt werden, dass der maximale Sicherungseffekt innerhalb des Erfolgs bei Abgang des TU gezeigt werden kann, unabhängig davon, ob es sich um einen ein- oder mehrstufigen Konsolidierungsvorgang handelt. Als einstufig wird der Konsolidierungsvorgang dann verstanden, wenn der Jahresabschluss etwaiger Enkelgesellschaften direkt in den Summenabschluss des Konzerns eingeht und hierbei von der funktionalen Währung der Enkelgesellschaft in die Berichtswährung des Konzernabschlusses umgerechnet wird. Zweistufig ist der Konsolidierungsvorgang dann, wenn zuerst für

Konsolidierungszwecke ein Teilkonzernabschluss, der Enkelgesellschaft und TU umfasst, in der funktionalen Währung des TU aufgestellt wird. Dieser Teilkonzernabschluss geht dann, umgerechnet in die Berichtswährung des Konzernabschlusses in die Summenbilanz des Konzerns ein (s auch *EY* 2015, 1142 ff). Zwar ändert sich der Gesamtbetrag in der Rücklage aus der Fremdwährungsumrechnung im kumulierten sonstigen Ergebnis aufgrund der Konsolidierungstechnik nicht, jedoch können die den einzelnen ausländischen TU zugeordneten Beträge voneinander abweichen. Damit der sich bei Veräußerung der Nettoinvestition ergebende Betrag dem Betrag gleicht, der für Zwecke der Effektivitätsberechnung herangezogen wurde, ermöglicht IFRIC 16.17 eine Anpassungsbuchung, um den Betrag erfolgswirksam zu zeigen, der sich bei Anwendung der einstufigen Konsolidierungstechnik ergeben hätte. Eine entspr Anpassungsbuchung sieht IAS 21 nicht vor. Die Ausübung des Wahlrechts ist für sämtliche Sicherungsgeschäfte in die Nettoinvestition in ausländische TU **einheitlich** auszuüben. Die Umgliederung von auf Enkelgesellschaften zuzuordnenden Umrechnungsdifferenzen in die GuV *(reclassification adjustment)* bei Veräußerung dieses **indirekt** gehaltenen ausländischen Geschäftsbetriebs ist in IAS 21 und IFRIC 16 nicht explizit geregelt. UE ist jedoch aus konzeptionellen Gründen ein *recycling* dieser Differenzen analog zur Behandlung von auf TU entfallenden Differenzen sachgerecht (so auch *Brune* IRZ 2015, 49 (51)).

Im Gegensatz zu den Vorschriften bei Abgang des gesicherten ausländischen TU wird in IFRIC 16/IFRIC 16 (geändert 2014) nicht thematisiert, wie bei einer **Veräußerung des Konzernunternehmens, welches das Sicherungsinstrument hält,** vorzugehen ist. Fraglich ist, ob die Vorschriften des IAS 21 oder des IAS 39/IFRS 9 anzuwenden sind. Während IAS 21 einen Umgliederungsbetrag *(reclassification adjustment)* sämtlicher im sonstigen Ergebnis erfasster Gewinne und Verluste bei Veräußerung eines Konzernunternehmens vorsieht, schreibt IAS 39.102/IFRS 9.6.5.14 die Umbuchung in den Erfolg vor, wenn das **Grundgeschäft,** also die Nettoinvestition, veräußert wird. Hat nun das Unternehmen, welches das Sicherungsinstrument hält, eine vom MU abweichende funktionale Währung, ist ein Teil des für die Effektivitätsmessung herangezogenen Betrags im sonstigen Ergebnis für dieses Unternehmen wiederzufinden. Folgt man der Vorgehensweise von IFRIC 16, so müsste dieser Teil für die bilanzielle Abbildung bei Veräußerungen von Grundgeschäften solange im sonstigen Ergebnis gehalten werden, bis die gesicherte Nettoinvestition veräußert wird, obwohl kein Sicherungsgeschäft mehr im Konzern existiert. Mithin ist nach IFRIC 16/IFRIC 16 (geändert 2014) den Vorschriften des **IAS 39/IFRS 9 Vorrang** vor den Regelungen des IAS 21 einzuräumen. Eine Umbuchung der im sonstigen Ergebnis erfassten Gewinne und Verluste ist somit dann sachgerecht, wenn das Grundgeschäft, also die Nettoinvestition, veräußert wird (so auch *Berger* KoR 2008, 608 (615)). 28

Ein beim Erwerb einer ausländischen Konzerneinheit entstandener **Geschäfts- oder Firmenwert** sowie die aus einer **Bewertung zum beizulegenden Zeitwert** *(fair value)* resultierenden Anpassungen der Buchwerte der Vermögenswerte und Schulden (*purchase price allocation;* → § 34 Rn 65 ff) werden nach IAS 21.47 der ausländischen Teileinheit zugewiesen und dementsprechend mit dem Stichtagskurs umgerechnet. Sie sind daher grds genauso zu behandeln wie andere Vermögenswerte und Schulden des erworbenen Unternehmens (so auch *Brendle* IRZ 2010, 215 (219)). Bei der Folgekonsolidierung ergibt sich daraus bei Währungsschwankungen eine kursbedingte Wertänderung zu jedem Stichtag. Die in diesem Zusammenhang durch IAS 21.32 vorgesehene erfolgsneutrale Erfassung der Wertänderungen der Nettoinvestition innerhalb des Eigenkapitals entspricht eigenkapi- 29 taltechnisch letztlich der erfolgsneutralen Erfassung der Umrechnungsdifferenzen aus dem Geschäfts- oder Firmenwert und ist wie diese erfolgswirksam bei Abgang des ausländischen Geschäftsbetriebs zu erfassen.

30 Bei der Umrechnung von Geschäfts- oder Firmenwerten **im Zusammenhang mit einem Wertminderungstest nach IAS 36** fehlen in IAS 21 explizite Regelungen für bestimmte Fälle, in denen Geschäfts- oder Firmenwerte aus einem Unternehmenszusammenschluss für Zwecke des Wertminderungstests anderen TU zugeordnet werden. Dies könnte, wie aus dem folgenden Beispiel deutlich wird, einen nicht unerheblichen bilanzpolitischen Spielraum eröffnen (so auch *Roos* KoR 2014, 271 (279)).

Beispiel: Das Unternehmen A mit der funktionalen Währung € erwirbt ein TU in der Schweiz (S) mit der funktionalen Währung CHF. Von den Synergieeffekten der Akquisition profitiert auch ein anderes TU in den Niederlanden (N), dessen funktionale Währung ebenfalls € ist. Deshalb wird in Übereinstimmung mit IAS 36.80 ein Teil des Geschäfts- oder Firmenwerts für Zwecke des zukünftig pflichtmäßig durchzuführenden Wertminderungstests dem niederländischen TU als relevanter ZGE zugeordnet.

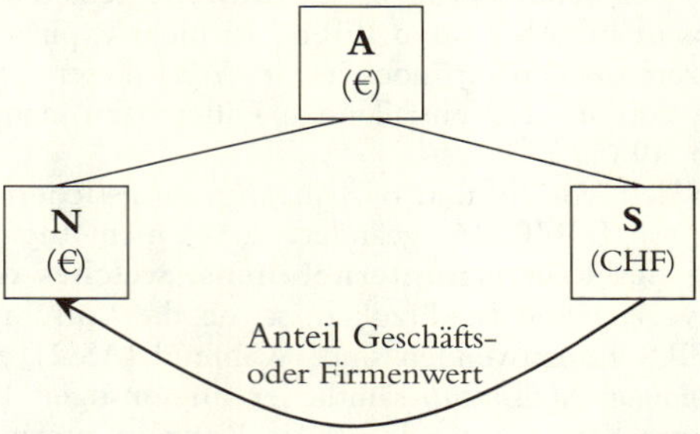

Zum Erwerbszeitpunkt beträgt der Umrechnungskurs 1,67 CHF/€. Zum Zeitpunkt des Wertminderungstests zum Geschäftsjahresende beläuft sich der Kurs auf 1,54 CHF/€. Der Anteil des Geschäfts- oder Firmenwerts aus der Transaktion, der auch für Zwecke des Wertminderungstests bei S verbleibt, wird nach IAS 21.47 zum Umrechnungskurs am Jahresende (1,54 CHF/€) umgerechnet. Fraglich ist, ob auch der Teil des Geschäfts- oder Firmenwerts, der aus dem einheitlichen Unternehmenserwerb resultiert, jedoch für Zwecke des Wertminderungstests N zugeordnet wurde, zu diesem Kurs umzurechnen ist.

Sieht man den gesamten Geschäfts- oder Firmenwert als einheitliches Ergebnis der Unternehmensakquisition, der grds auf das Unternehmen S bezogen ist und nur für Zwecke des Wertminderungstests teilweise der Einheit N zugeordnet wird, ist die Regelung des IAS 21.47 unmittelbar auch für den Betrag anzuwenden, der N zugeordnet wurde. Eine Umrechnung für diesen Teilbetrag erfolgt dann zum Jahresendkurs von 1,54 CHF/€.

Betrachtet man hingegen den auf N zugeordneten Teilbetrag des Geschäfts- oder Firmenwerts aus wirtschaftlicher Sicht als faktischen Vermögenswert des TU N, ist eine Umrechnung zum Erwerbszeitpunkt vorzunehmen (1,67 CHF/€), die anschließend nicht mehr anzupassen ist, da die funktionale Währung von N € ist.

UE sollte in den betroffenen Fällen dem **Wortlaut des IAS 21.47** gefolgt werden. Dort heißt es, dass jeglicher im Zusammenhang mit dem Erwerb einer ausländischen Geschäftseinheit verbundener Geschäfts- oder Firmenwert zum Stichtagskurs umzurechnen ist. Die Zurechnung eines Teilbetrags des Geschäfts- oder Firmenwerts auf eine andere ZGE erfolgt ausschließlich für Zwecke des Wertminderungstests nach IAS 36 und beeinflusst die Währungsumrechnung nach IAS 21 nicht (so auch *Deloitte* 2015, 1474 f; *pwc* 2015 Rz 7.88).

31 Die dargestellten Regelungen zur Währungsumrechnung bei **abweichender funktionaler** Währung im Konzern unter Verwendung der **modifizierten Stichtagskursmethode** fasst das folgende **Beispiel** zusammen:

Beispiel: Ein MU mit der Berichtswährung € begründet zum 31. Dezember X1 Fremdwährungsforderungen aus Lieferungen und Leistungen in Höhe von TUS-$ 120 sowie aus einem Darlehen in Höhe von TUS-$ 2.600 gegen ein TU mit der funktionalen Währung US-$. Das Darlehen ist so ausgestaltet, dass es als Nettoinvestition in die ausländische Einheit gem IAS 21.15 einzustufen ist (→ Rn 23). Sowohl die Fremdwährungsposten beim MU als auch der Abschluss des TU zum Zweck der Konsolidierung werden mit folgenden Stichtagskursen umgerechnet:

31. Dezember X1	**31. Dezember X2**	**31. Dezember X3**
1 € = 1,1844 US-$	1 € = 1,3203 US-$	1 € = 1.4729 US-$

Die Forderungen innerhalb des Einzelabschlusses des MU zu den vorstehend aufgeführten Bilanzstichtagen valutieren damit in folgender Höhe:

MU	**31. 12. X1**		**31. 12. X2**		**31. 12. X3**	
	TUS-$	T€	TUS-$	T€	TUS-$	T€
Forderungen LuL	120	101	120	91	120	81
Darlehen (Nettoinvestition)	2.600	2.195	2.600	1.969	2.600	1.765

Entspr dem identischen Umrechnungskurs im Zuge der Konsolidierungsvorbereitung des TU weist dessen Einzelabschluss folgende Verbindlichkeiten aus:

TU	**31. 12. X1**		**31. 12. X2**		**31. 12. X3**	
	TUS-$	T€	TUS-$	T€	TUS-$	T€
Verbindlichkeiten aus LuL	120	101	120	91	120	81
Langfristige Finanzverbindlichkeiten	2.600	2.195	2.600	1.969	2.600	1.765

Die Ergebnisse aus der Stichtagsbewertung der Forderungen beim MU werden in dessen Jahreserfolg erfasst. Innerhalb des Jahresabschlusses des MU stellen sich die Forderungen und der Ergebniseffekt wie folgt dar:

Einzelabschluss des MU	**31. 12. X1**	**31. 12. X2**	**31. 12. X3**
	T€	T€	T€
Forderungen LuL	101	91	81
Darlehen (Nettoinvestition)	2.195	1.969	1.765
Veränderung des Jahreserfolgs aus Währungsumrechnung	0	– 236	– 214
– davon operativ	0	– 10	–10
– davon aus Nettoinvestition	0	– 226	– 204
Rücklage aus Fremdwährungsumrechnung	0	0	0

Die sich bei der stichtagsbezogenen Währungsumrechnung des in US-$ geführten Einzelabschlusses des TU ergebenden Währungskursdifferenzen werden erfolgsneutral in der Rücklage aus Fremdwährungsumrechnung im sonstigen Ergebnis erfasst. Innerhalb des in die Konsolidierung einfließenden, in € umgerechneten Einzelabschlusses des TU stellen sich die umrechnungsbezogenen Sachverhalte damit folgendermaßen dar:

Einzelabschluss des TU	**31. 12. X1**	**31. 12. X2**	**31. 12. X3**
	T€	T€	T€
Verbindlichkeiten aus LuL	101	91	81
Langfristige Finanzverbindlichkeiten	2.195	1.969	1.765
Veränderung des Jahreserfolgs aus Währungsumrechnung	0	0	0
Rücklage aus Fremdwährungsumrechnung	0	236	450

Im Rahmen der Schuldenkonsolidierung werden die Forderungen des MU gegen die Verbindlichkeiten des TU aufgerechnet. Aufgrund der identischen Ansätze in den Einzelabschlüssen von MU und TU ergeben sich hieraus keine Aufrechnungsdifferenzen (zur Schuldenkonsolidierung → § 35 Rn 77 ff).

Konsolidierung	**31. 12. X1**	**31. 12. X2**	**31. 12. X3**
	T€	T€	T€
Schuldenkonsolidierung operativ			
Forderungen aus LuL	101	91	81
Verbindlichkeiten aus LuL	101	91	81
Schuldenkonsolidierung Finanzschulden			
Darlehen (Nettoinvestition)	2.195	1.969	1.765
Langfristige Finanzverbindlichkeiten	2.195	1.969	1.765

Die der Nettoinvestition zuzuordnenden Währungskursverluste werden aus dem Konzernjahreserfolg eliminiert und gegen die Rücklage aus der Fremdwährungsumrechnung im sonstigen Ergebnis aufgerechnet. Danach enthält der Konzernjahreserfolg nur noch den Anteil der Währungskursverluste, der auf die operative Forderung entfällt. Die im Rahmen der Konsolidierung vorzunehmenden Buchungen lassen sich wie folgt zusammenfassen:

Konsolidierung	**31. 12. X1**	**31. 12. X2**	**31. 12. X3**
	T€	T€	T€
Entwicklung des Jahreserfolgs			
Summenabschluss	0	– 236	– 214
Konsolidierungsbuchung	0	226	204
Konzernabschluss	0	– 10	– 10
Entwicklung der Rücklage aus Fremdwährungsumrechnung			
Summenabschluss	0	236	450
Konsolidierungsbuchung	0	– 226	– 430
Konzernabschluss	0	10	20

Die im Rahmen der Konsolidierung aus dem Jahreserfolg gegen die Rücklage aus der Fremdwährungsumrechnung aufgerechneten Währungskursdifferenzen werden erst im Zeitpunkt des Abgangs des TU erfolgswirksam berücksichtigt. Dies geschieht durch die Auflösung der Konzernvortragsbuchung für die Rücklage aus Fremdwährungsumrechnung. Zu Beginn des Jahres X4 stellt sich diese Vortragsbuchung wie folgt dar:

Rücklage aus Fremdwährungsumrechnung T€ 430 an Ergebnisvortrag T€ 430

Diese Vortragsbuchung ist beim Abgang des TU erfolgswirksam zu stornieren, indem die zuvor erfolgsneutral im sonstigen Ergebnis erfasste Rücklage aus Währungsumrechnung nunmehr in den erfolgswirksamen Teil der Gesamtergebnisrechnung umgegliedert wird. Im Rahmen der Entkonsolidierung führt die Auflösung der Rücklage aus Fremdwährungsumrechnung aus der Umrechnung des Einzelabschlusses des TU zu einem gegenläufigen Effekt.

Durch die vorstehend beschriebene Vorgehensweise wird den Anforderungen des IAS 21.32 entsprochen, indem die auf die Nettoinvestition in ein ausländisches TU entfallenden Währungskursdifferenzen bis zum Ausscheiden der Einheit direkt im sonstigen Ergebnis erfasst und erst in der Periode erfolgswirksam ausgebucht werden, in der auch der (Gesamt-)Erfolg aus der Veräußerung bzw dem Abgang der Nettoinvestition erfasst wird.

III. Währungsumrechnung in Hochinflationsländern

Die Anwendung der modifizierten Stichtagskursmethode in der Form des IAS 21.38 ff kann bei Vorliegen einer hohen Inflation der funktionalen Währung der selbstständigen ausländischen Einheit zu **unzutreffenden Darstellungen** führen. Deshalb enthält IAS 21.43 eine Sondervorschrift für die Behandlung von Währungsumrechnungsdifferenzen in Hochinflationsländern, die sich auf die Vorgehensweise in IAS 29 bezieht. 32

IAS 29 sieht **Anpassungsmaßnahmen** zur Neutralisation der Verzerrungseffekte aus Hochinflation insbes bei der Umrechnung der nicht-monetären Posten wie Anlagevermögen, Vorräte etc vor, indem diese mit einem Kaufkraftindex fortgeschrieben werden. Hinsichtlich der monetären Posten sind außerdem die Schuldnergewinne und Gläubigerverluste innerhalb des Periodenergebnisses zu berücksichtigen. 33

Auch wenn Unternehmen innerhalb des Euro-Raums selbst nicht der Anwendung der Vorschriften für Hochinflationsländer unterliegen, so ist doch bei der Aufstellung des Konzernabschlusses unter **Einbeziehung ausländischer TU** mit abweichender funktionaler Währung mitunter eine Qualifikation nach den Kriterien von IAS 29 vorzunehmen. Grds ist dabei die Inflationsbereinigung eine Maßnahme, die vor Ort bereits auf Ebene des Einzelabschlusses – ggf im Rahmen von HB II-Anpassungen – vorzunehmen ist. **Konzernrelevanz** erhält sie in den Fällen, in denen es zu abweichenden Beurteilungen zwischen dem TU und dem MU bspw hinsichtlich des Vorliegens einer Hyperinflationssituation kommt. In diesen Fällen ist die Inflationsbereinigung nach Maßgabe des IAS 29 als konsolidierungsvorbereitende Maßnahme ggf auf der Ebene des MU neu zu beurteilen. 34

Zunächst ist deshalb festzustellen, ob eine **Hyperinflation** iSd IAS 29 vorliegt. Dieses ist eine Ermessensfrage. Dazu sind die beispielhaften Anhaltspunkte des IAS 29.3 heranzuziehen. Danach kann ein Hochinflationsland vorliegen, wenn: 35

(1) Vermögenshaltung der Bevölkerung nicht in der Landeswährung erfolgt, um die Kaufkraft zu erhalten (IAS 29.3(a)),
(2) anstatt der Landeswährung eine stabile Fremdwährung zur Abwicklung der täglichen Geschäfte herangezogen wird (IAS 29.3(b)),
(3) Kreditkonditionen inflationsbereinigt definiert werden (IAS 29.3(c)),
(4) Zinssätze, Löhne und Preise an einen Preisindex gebunden werden (IAS 29.3(d)) oder

(5) die kumulative Preissteigerungsrate sich innerhalb von drei Jahren 100% annähert oder überschreitet (IAS 29.3(e)).

Diese Aufzählung ist nicht abschließend, sondern vielmehr **exemplarisch** gestaltet. So kann bspw auch eine Preissteigerungsrate von weniger als 100% in den letzten drei Jahren, jedoch mit steigender Tendenz, für das Vorliegen einer Hochinflationssituation sprechen. Ebenso sind qualitative Faktoren der Inflationssituation zu berücksichtigen, um auf der Basis einer Gesamtbeurteilung eine Klassifizierung vornehmen zu können, ob es sich im Einzelfall um ein Hochinflationsland handelt oder nicht. Für 2014 erscheint es geboten, die Staaten Sudan, Iran, Syrien, Weißrussland und Venezuela als Hochinflationsländer zu behandeln.

Beispiel 1: Für **Venezuela** wurden in den Jahren 2006 bis 2011 folgende Preissteigerungsraten (gemessen am *consumer price index*) ermittelt:

2006	2007	2008	2009	2010	2011
15,8%	18,7%	30,4%	27,1%	29,8%	26,1%

Hieraus errechnen sich über die zurückliegenden Drei-Jahres-Zeiträume folgende kumulierten Inflationsraten gem IAS 29.3(e):

2006–2008	2007–2009	2008–2010	2009–2011
79,2%	96,7%	115,1%	108,0%

Die kumulativen Inflationsraten der Jahre 2008–2010 und 2009–2011 übersteigen das numerische Kriterium des IAS 29.3(e). Zu berücksichtigen sind jedoch zusätzlich die in IAS 29.3(a) bis (d) genannten gesamt- und außenwirtschaftlichen Faktoren. Die Umtauschrate zum US-$ ist durch die Regierung fixiert und seit 2005 bis auf zwei Anhebungen der Wechselrate unverändert, sodass davon ausgegangen werden kann, dass der Umtauschkurs nicht mehr den tatsächlichen Außenwert der Landeswährung wiedergibt. Ein Großteil der Ersparnisse der Bevölkerung wird deshalb in US-$ gehalten, wobei auch der Besitz von Fremdwährungen durch die Regierung limitiert ist.

Die Gesamtwürdigung dieser Faktoren führt uE dazu, dass Unternehmen in Venezuela für die Jahre 2008 bis 2011 Inflationsbereinigungen nach Maßgabe des IAS 29 durchzuführen haben.

Beispiel 2: Der **Irak** wies in den Jahren 2006 bis 2011 folgende Preissteigerungsraten (gemessen am *consumer price index*) aus:

2006	2007	2008	2009	2010	2011
64,8%	4,7%	6,8%	6,8%	4,2%	5,6%

Hieraus errechnen sich über die zurückliegenden Drei-Jahres-Zeiträume folgende kumulierten Inflationsraten gem IAS 29.3(e):

2006–2008	2007–2009	2008–2010	2009–2011
84,3%	19,4%	18,9%	17,5%

Das numerische Kriterium des IAS 29.3(e) wird in keinem der betrachteten Drei-Jahres-Zeiträume überschritten. Auch die Betrachtung des Inflationstrends mit der deutlichen Reduzierung der Inflationsrate legt den Schluss nahe, dass es sich bei dem Irak nicht mehr um ein Hochinflationsland handelt. Diese Einschätzung wird auch durch die Betrachtung der übrigen Indikatoren des IAS 29.3 unterstützt. Die Kassenhaltung eines Großteils der Bevölkerung (IAS 29.3(a)) erfolgt inzwischen in der Landeswährung. Die von der irakischen Regierung eingeleiteten Maßnahmen zur Inflationsbekämpfung haben zu signifikant geringeren Preissteigerungsraten in den letzten fünf Jahren geführt.

Insgesamt ist damit die Anwendung der Regelungen des IAS 29 für Unternehmen mit der funktionalen Währung Irakischer Dinar nach unserem Ermessen seit dem Jahr 2009 zu beenden.

Der Abschluss eines in einem Hochinflationsland ansässigen Konzernunternehmens, dessen funktionale Währung die Landeswährung ist, muss demnach vor der Umrechnung in die Berichtswährung des Konzerns um die **Inflationsauswirkungen** bereinigt werden (IAS 29.8). 36

Dazu ist zunächst ein allgemeiner **Preisindex** zu bestimmen, um die **nichtmonetären Bilanzposten** an die fortgeführten historischen Anschaffungs- oder Herstellungskosten anzupassen (IAS 29.11). Der Zweck dieses Preisindexes liegt in der Eliminierung der Hyperinflationseffekte bezogen auf das jeweilige Unternehmen. Insofern ist die Auswahl des Indexes (Konsumentenpreisindex, Industriegüterindex, etc) eine Ermessensfrage (so auch *Lüdenbach/Hoffmann/Freiberg* IFRS § 27 Rz 81). Der gewählte Preisindex sollte nach Möglichkeit eine weite Auswahl an Gütern und Dienstleistungen abbilden, Kontinuität und Konsistenz in Methoden und Annahmen bieten, frei von Verzerrungen sein, regelmäßig aktualisiert werden und für mehrere Perioden verfügbar sein (*EY* 2015, 1164; *pwc* 2015 Rz 31.28).

Beispiel: Für die **Inflationsbereinigung in Venezuela** (vgl Beispiel → Rn 35) stehen grds divergierende Indizes zur Verfügung. Stellt man als wichtigste Indizes den Konsumentenpreisindex (CPI) der Entwicklung der Großhandelspreise (WPI) gegenüber, so ergibt sich für die Jahre 2007 bis 2011 folgendes Bild:

Jahr	WPI	CPI	Differenz (%-Punkte)
2007	19,1%	18,7%	0,4
2008	24,3%	30,4%	−6,1
2009	29,3%	27,1%	2,2
2010	26,7%	29,8%	−3,1
2011	22,1%	26,1%	−4,0

Insbes in den Jahren 2008 bis 2011 ergeben sich erhebliche Differenzen, die dazu führen, dass je nach Betrachtungsjahr eine Inflationsbereinigung nach CPI zu höheren oder geringeren erfolgswirksamen Anpassungen führt als eine solche unter Verwendung des WPI.

Ein zur Inflationsbereinigung im Einzelfall gewählter Preisindex ist, ungeachtet der grds faktischen Wahlfreiheit des Indexes selbst, unter **Stetigkeitsgesichtspunkten** auch der Bilanzierung in den Folgeperioden solange zugrunde zu legen, wie eine Inflationsbereinigung nach IAS 29 erforderlich ist.

Soweit kein verlässlicher Preisindex bzw nicht für alle relevanten Perioden verfügbar ist, hat eine **sachgerechte Schätzung** zu erfolgen. IAS 29.17 nennt als mögliche Grundlage einer solchen Schätzung die Bewegung des Wechselkurses der funktionalen Währung im Vergleich zu einer relativen Fremdwährung. Hierbei ist indes darauf zu achten, dass dies nur sachgerecht sein kann, soweit freie Wechselkurse bestehen. Zudem sollten Gründe für Wechselkursschwankungen, die nicht in einer Änderung des Preisniveaus liegen, bestmöglich neutralisiert werden (*EY* 2015, 1164). Kann eine solche Schätzung aufgrund extremer Hochinflation nicht oder nicht verlässlich vorgenommen werden, kann kein Abschluss in Übereinstimmung mit IAS 29 und somit in Übereinstimmung mit den IFRS aufgestellt werden (vgl *pwc* 2015 Rz 31.99ff).

Für die monetären Bilanzposten sowie die nicht-monetären Bilanzposten, die **bereits zum Marktwert bilanziert** werden, scheidet die Anwendung des Preisindexes dagegen aus (IAS 29.12 und IAS 29.14). 37

Die Posten der GuV sind grds unter Verwendung des Preisindexes umzurechnen, der **zum Zeitpunkt der jeweiligen Transaktion** zur Anwendung kommt (IAS 29.26). Soweit die Inflationsentwicklung unterjährig einen kontinu- 38 ierlichen Verlauf aufweist, kann bei relativ gleichmäßig über das Jahr verteilten Aufwendungen und Erträgen ggf ein Durchschnittsindex zur Anwendung kommen.

39 Hinsichtlich der **Nettoposition** der **monetären Posten** kann ein Unternehmen zwei Situationen ausgesetzt sein:

(1) Das Unternehmen kann mehr Guthaben und Forderungen als Schulden haben, es befindet sich damit in einer Netto-Gläubigerposition. In diesem Fall realisiert das Unternehmen durch die Einbuße an Kaufkraft durch die Inflation einen **Gläubigerverlust.**

(2) Falls das Unternehmen insgesamt mehr Schulden als Forderungen und Guthaben (Netto-Schuldnerposition) ausweist, erzielt es aus der Inflation hingegen einen **Schuldnergewinn.**

Nach IAS 29.27 f sind Gläubigerverluste und Schuldnergewinne in den **Periodenerfolg** des Fremdwährungsabschlusses einzubeziehen.

40 Für **Vorjahreszahlen** ist ebenfalls eine Anpassung vorzunehmen (IAS 29.34), damit eine Vergleichbarkeit der Berichtsjahreswerte mit den Vorjahreswerten sichergestellt werden kann. Diese Vorgehensweise gilt gleichermaßen für monetäre wie nicht-monetäre Posten, sodass im Ergebnis die urspr innerhalb des Vorjahres-Konzernabschlusses verwendeten Werte wiederhergestellt werden.

41 Im Anschluss an die dargestellten Maßnahmen zur Inflationsanpassung ist der Fremdwährungsabschluss für Zwecke der Konsolidierung nach den **allgemeinen Grundsätzen** des IAS 21 in die funktionale Konzernwährung umzurechnen.

Zusammenfassend kann die Vorgehensweise zur Inflationsanpassung und Währungsumrechnung nach IAS 29 wie folgt grafisch veranschaulicht werden:

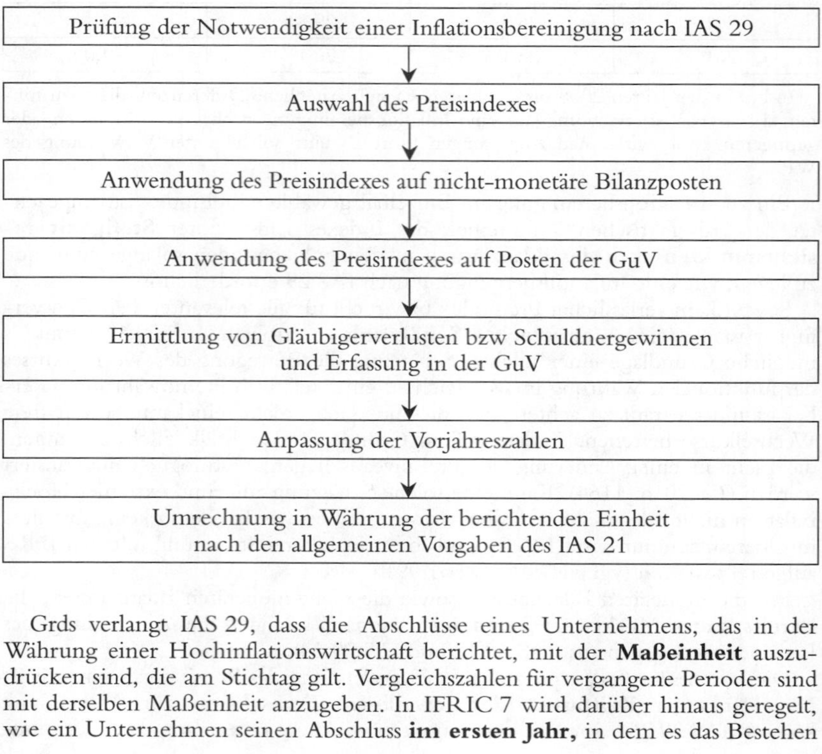

42 Grds verlangt IAS 29, dass die Abschlüsse eines Unternehmens, das in der Währung einer Hochinflationswirtschaft berichtet, mit der **Maßeinheit** auszudrücken sind, die am Stichtag gilt. Vergleichszahlen für vergangene Perioden sind mit derselben Maßeinheit anzugeben. In IFRIC 7 wird darüber hinaus geregelt, wie ein Unternehmen seinen Abschluss **im ersten Jahr,** in dem es das Bestehen

von Hyperinflation in der Volkswirtschaft seiner funktionalen Währung feststellt, anzupassen hat. Die Interpretation stellt klar, dass das Unternehmen in dieser Periode die Vorschriften in IAS 29 so anzuwenden hat, als wäre die Volkswirtschaft schon immer hyperinflationär gewesen. Das bedeutet, dass ***restatements*** nicht-monetärer Posten, die zu Anschaffungs- oder Herstellungskosten bewertet werden, ab dem Zeitpunkt vorgenommen werden, zu dem die Posten erstmalig angesetzt wurden; für andere nicht-monetäre Posten erfolgen die *restatements* ab den Zeitpunkten, zu denen geänderte Wiederbeschaffungspreise für diese Posten vorliegen. **Latente Steuerposten** werden in der Eröffnungsbilanz in zwei Schritten ermittelt:

(1) Latente Steuerposten werden in Übereinstimmung mit IAS 12 neubewertet, nachdem die Nominalbuchwerte der nicht-monetären Posten in der Eröffnungsbilanz durch Anwendung der zum Stichtag gültigen Maßeinheit angepasst wurden.

(2) Die auf diese Weise neubewerteten latenten Steuerposten werden um die Änderung der Maßeinheit vom Datum der Eröffnungsbilanz bis zum Datum der Schlussbilanz angepasst.

Der gegenteilige und in der Praxis häufiger anzutreffende Fall, dass eine selbstständige ausländische Teileinheit ihren lokalen Abschluss nicht mehr nach Maßgabe des IAS 29 aufstellt, weil **keine Hochinflation iSv IAS 29** mehr vorliegt, wird in IAS 21.43 iVm IAS 29.38 geregelt. In diesem Fall sind die Werte, die sich als Endwerte der Vorperiode ergeben, als historische Anschaffungs- oder Herstellungskosten für die Umrechnung nach der modifizierten Stichtagskursmethode zur Einbeziehung in den Konzernabschluss zugrunde zu legen (*Busse von Colbe/Hettich* in Baetge ua IFRS-Komm IAS 29 Rz 79). Die Wirkung der Inflation in der Periode, in der festgestellt wird, dass keine Hochinflation mehr vorliegt, ist nicht mehr durch eine Anpassung nach IAS 29 abgedeckt. Durch die Beendigung der Hochinflation sollte sie regelmäßig unwesentlich sein (vgl *pwc* 2015 Rz 31.89). 43

Sofern ein TU mit Sitz in einem Hyperinflationsland seinen **Abschluss unmittelbar in der Konzernwährung/Hartwährung** aufstellt, weil diese die funktionale Währung des TU ist, entfällt die Anwendung von IAS 29. 44

D. Wechsel der funktionalen Währung

Die in → Rn 5 ff dargestellte Beurteilung hinsichtlich der funktionalen Währung einer ausländischen Konzerneinheit kann es im Zeitverlauf notwendig werden lassen, die zunächst als funktional beurteilte Währung durch eine andere zu ersetzen. Der **Stetigkeitsgrundsatz** des IAS 21.13 impliziert gleichzeitig die Notwendigkeit zu einer **Adjustierung der funktionalen Währung,** falls sich die determinierenden Parameter signifikant geändert haben. 45

IAS 21.35 schreibt vor, dass die mit der geänderten funktionalen Währung verbundenen Währungsumrechnungsmethoden **vom Zeitpunkt des Wechsels an** anzuwenden sind. Die Änderungen haben dabei grds prospektiven Charakter, eine rückwirkende Änderung ist durch IAS 21.37 explizit ausgeschlossen. 46

Hinsichtlich der **Vorgehensweise** bei einem Wechsel legt IAS 21.37 fest, dass sämtliche Abschlussposten zum Stichtagskurs des Übergangszeitpunkts in die neue funktionale Währung umzurechnen sind. Die daraus resultierenden Beträge für nicht-monetäre Posten bilden deren neu zugrunde zu legenden Anschaffungs- oder Herstellungskosten. Bestehen zum Zeitpunkt des Wechsels innerhalb des sonstigen Ergebnisses ausgewiesene Posten aus der erfolgsneutralen kumulativen Berücksichtigung von Umrechnungsdifferenzen ausländischer TU, so ver- 47 bleiben diese ungeachtet des Wechsels bis zur Veräußerung der Teileinheit im Eigenkapital. Erst beim Abgang der Beteiligung erfolgt eine erfolgswirksame Umbuchung des Betrags in die Erfolgsrechnung.

48 Die dargestellte Vorgehensweise kommt auch bei einem **Wechsel der funktionalen Währung innerhalb der Berichtsperiode** zur Anwendung. In diesem Fall sind die von der ausländischen Konzerneinheit getätigten Aufwendungen und Erträge in die Zeit vor und nach dem Wechsel zu unterteilen. Die Umrechnung der einen Teilperiode erfolgt ggf nach der Zeitbezugsmethode, die andere Teilperiode wird ggf nach Maßgabe der modifizierten Stichtagskursmethode transformiert.

Anders als der Wechsel der funktionalen Währung ist der **Wechsel der Berichtswährung** nicht in IAS 21 geregelt. UE handelt es sich hierbei um die Änderung einer Rechnungslegungsmethode nach IAS 8.14(b). Somit sollte der Wechsel der Berichtswährung nach IAS 8.19(b) retrospektiv vorgenommen werden. In Übereinstimmung mit IAS 8.5 wäre der Wechsel demnach so vorzunehmen, als wäre die neue Berichtswährung immer schon verwendet worden (*Brune* IRZ 2013, 317 (318)). Nach IAS 1.40A ist neben der angepassten Vorjahresspalte eine zusätzliche Bilanzspalte mit den Werten zum Beginn der dargestellten Vorperiode aufzunehmen. Zusätzliche Anhangangaben nach IAS 8.29 sind beim Wechsel der Rechnungslegungsmethode uE verpflichtend (→ § 45 Rn 26 ff).

E. Angaben im Anhang

49 Die im Zusammenhang mit Währungsumrechnungsdifferenzen verlangten Angaben im Anhang gehen grds von der **als funktional bestimmten Währung des berichtenden MU** aus (IAS 21.51).

50 Die Angaben umfassen zunächst die **Aufgliederung hinsichtlich des Ausweises der Währungskursdifferenzen** innerhalb des (Konzern-)Jahresabschlusses gem IAS 21.52. Dabei wird nach IAS 21.52(a verlangt, dass der Betrag derjenigen Umrechnungsdifferenzen, die in der Berichtsperiode **innerhalb des Erfolgs** erfasst wurden und nicht aus der erfolgswirksamen Bewertung von Finanzinstrumenten zum beizulegenden Zeitwert in Übereinstimmung mit IAS 39/IFRS 9 resultieren, separat angegeben wird. Hierbei wird keine Unterscheidung hinsichtlich der Natur der Entstehung der Differenzen verlangt, sodass die Angabe einer Gesamtzahl (mit Vorjahresvergleichsangabe) ausreichend erscheint. Sollten Aufwendungen und Erträge wesentlich sein und auf mehrere Posten aufgeteilt sein, erscheint es indes empfehlenswert, die Aufteilung im Anhang zu erläutern (vgl *KPMG* 2014/15 Rz 2.7.160.20; *EY* 2015, 1153).

51 Weiterhin ist nach IAS 21.52(b) der Saldo der Umrechnungsdifferenzen anzugeben, der im **sonstigen Ergebnis** erfasst und in einem **separaten Bestandteil des Eigenkapitals kumuliert** wurde. Hierzu wird außerdem gefordert, dass der Periodenanfangsbestand dieses Postens mittels einer Überleitungsrechnung auf den Endbestand der Periode übergeleitet wird. Eine solche Überleitungsrechnung sollte sämtliche Zu- und Abgänge des Postens, gegliedert nach den zugrunde liegenden Sachverhalten umfassen. Neben der Darstellung im Anhang ist für diese Überleitungsrechnung auch eine Integration in die Eigenkapitalveränderungsrechnung denkbar, da die IFRS für sämtliche ergebnisneutralen Veränderungen des Eigenkapitals ähnliche Angabe- und Überleitungspflichten vorsehen.

52 IAS 21.53 schreibt für Fälle **einer von der funktionalen Währung der berichtenden Einheit abweichenden Berichtswährung** die Nennung und Begründung dieses Sachverhalts vor. Außerdem ist in diesen Fällen die funktionale Währung des MU anzugeben.

Wurde innerhalb der Berichtsperiode für das MU oder wesentliche TU **ein Wechsel der funktionalen Währung** vorgenommen, so ist dies zusammen mit einer Begründung des Wechsels gem IAS 21.54 in den Anhang aufzunehmen. Bei einem **Wechsel der Berichtswährung** sind uE die Angabepflichten des IAS 8.29 zu berücksichtigen. 53

Gem der Anforderung des IAS 1.16 ist ein IFRS-Abschluss nur dann als solcher zu bezeichnen, wenn er **sämtliche IFRS** erfüllt. IAS 21.55 stellt hierzu klar, dass dies insbes auch für die Umrechnungsmethode von der funktionalen zur Berichtswährung gilt. Damit führen in der Praxis anzutreffende Vorgehensweisen, bei denen nur bestimmte Posten umgerechnet werden oder andere Abweichungen von IAS 21 vorliegen, dazu, dass der gesamte Abschluss nicht mehr als IFRS-konform anzusehen ist und die IFRS-Konformitätserklärung nach IAS 1.16 nicht mehr abgegeben werden kann. 54

Schließlich verlangt IAS 21.57 Anhangangaben für den Fall, dass ein Unternehmen Abschlüsse oder andere **Finanzinformationen** veröffentlicht, die weder in der funktionalen noch in der Berichtswährung ausgewiesen sind. In diesem Fall sind folgende Angaben erforderlich: 55

(1) Die veröffentlichte Information ist eindeutig als Zusatzinformation zu kennzeichnen, um sie von den IFRS-konformen Finanzinformationen unterscheiden zu können.
(2) Die Währung, in der die Zusatzinformation ausgewiesen wird, ist anzugeben.
(3) Es ist die funktionale Währung der berichtenden Einheit anzugeben sowie die Umrechnungsmethode, die zur Darstellung der Zusatzinformationen angewendet wurde.

Soweit **IAS 29** zur Anwendung gekommen ist, sind darüber hinaus folgende Angaben erforderlich (IAS 29.39): 56

(1) Die Tatsache, dass der Abschluss und die Vergleichszahlen aufgrund von Änderungen der allgemeinen Kaufkraft in der Berichtswährung angepasst wurden und daher in der am Bilanzstichtag geltenden Maßeinheit angegeben sind.
(2) Die Angabe, ob bei der Inflationsbereinigung das Konzept der fortgeführten Anschaffungskosten oder das Konzept der Tageswertbewertung zugrunde gelegt wurde.
(3) Art und Höhe des Preisindexes am Bilanzstichtag sowie Veränderungen während der aktuellen und der vorigen Periode.

F. Wesentliche Änderungen und deren Anwendungszeitpunkte

IAS 21 wurde durch **IFRS 9** redaktionell insoweit geändert, dass Bezüge, die zuvor auf IAS 39 referenziert wurden, nunmehr auf IFRS 9 verweisen. Dabei wurden die Begriffe an die neue Terminologie angepasst (s IAS 21.3(a) (geändert 2014), IAS 21.4 (geändert 2014) und IAS 21.52(a) (geändert 2014) und weitere redaktionelle Änderungen vorgenommen (IAS 21.5 (geändert 2014), IAS 21.27 (geändert 2014)). Im Ergebnis haben alle Änderungen lediglich klarstellenden Charakter. Die Änderungen des IAS 21 sind – eine Übernahme von IFRS 9 durch die EU vorausgesetzt – im Rahmen der erstmaligen Anwendung des neuen Standards zu berücksichtigen (IAS 21.60J (geändert 2014)). 57

IFRIC 16 wurde ebenfalls durch **IFRS 9** insoweit redaktionell geändert, dass Verweise auf IAS 39 in Verweise auf IFRS 9 geändert wurden. Angepasst wurden IFRIC 16.3 (geändert 2014), IFRIC 16.5 bis IFRIC 16.7 (geändert 2014), IFRIC 16.14 (geändert 2014) und IFRIC 16.16 (geändert 2014). Sie sind – eine

Übernahme von IFRS 9 durch die EU vorausgesetzt – im Rahmen der erstmaligen Anwendung des IFRS 9 zu berücksichtigen (IFRIC 16.18B (geändert 2014)). Die Übernahme von IFRS 9 durch die EU steht derzeit (Stand: 31. Juli 2015) noch aus.

G. Gegenüberstellung zum HGB

58 Die Bilanzierung von **Transaktionen** in Fremdwährung im **Zeitpunkt des erstmaligen Ansatzes** (Zugangsbewertung) erfolgt nach HGB zum Tageskurs. Aus Wesentlichkeitsaspekten wird dabei ebenso wie in IAS 21.22 die Verwendung von Durchschnittskursen über einen Zeitraum für zulässig gehalten (*Grottel/Leistner* in BeBiKo § 256a Rz 36; hinsichtlich der Verwendung von Brief-, Geld- oder Mittelkurs s *Roß* WPg 2012, 18 (19 ff)). Im Ergebnis besteht grds hinsichtlich der Umrechnung der Zugangsbewertung von Vermögenswerten und Verbindlichkeiten kein wesentlicher Unterschied zwischen HGB und IFRS.

59 Die **Folgebewertung** der Währungsumrechnung ist in § 256a HGB geregelt. Demnach sind auf fremde Währung lautende Vermögensgegenstände und Verbindlichkeiten zum Devisenkassakurs am Bilanzstichtag umzurechnen. Das Imparitäts- und Realisationsprinzip ist dabei bei einer Restlaufzeit von einem Jahr oder weniger aufgehoben, ist aber ansonsten zu berücksichtigen. **Umrechnungsdifferenzen** sind erfolgswirksam zu behandeln (*Grottel/Leistner* in BeBiKo § 308a Rz 230 ff). Dieser Unterscheidung bei der Folgebewertung nach HGB steht nach IFRS die Unterscheidung nach nicht-monetären und monetären Posten unter Berücksichtigung weiterer Besonderheiten bei Nettoinvestitionen in einen ausländischen Geschäftsbetrieb gegenüber und führt damit häufig zu abweichenden Ergebnissen.

60 Für den **Konzernabschluss** nach HGB ist in § 308a HGB festgelegt und durch E-DRS 30.100 konkretisiert, dass sämtliche Aktiv- und Passivposten inkl der ggf im Erstkonsolidierungszeitpunkt aufgedeckten und fortgeschriebenen stillen Reserven und Lasten in der Bilanz ausländischer Konzernunternehmen zum Devisenkassamittelkurs am Abschlussstichtag in Euro umzurechnen sind. Ausgenommen hiervon ist das Eigenkapital, dessen Umrechnung zum historischen Kurs zu erfolgen hat. Der historische Kurs versteht sich als Devisenkassamittelkurs bei Zugang des Eigenkapitalbestandteils, der gem E-DRS 30.38 frühestens im Erstkonsolidierungszeitpunkt liegen kann. Ein Geschäfts- oder Firmenwert ist nach E-DRS 30.130 ff im Zeitpunkt der Erstkonsolidierung dahingehend zu analysieren, ob er dem MU oder dem TU zuzurechnen ist. Die Zurechnung richtet sich danach, in welcher Währung die im Geschäfts- oder Firmenwert verkörperten erwarteten Erfolgsbeiträge realisiert werden. Wenn er dem MU zuzurechnen ist, sollte er in Euro bilanziert werden. Ist er dem TU zuzurechnen, sollte er als Vermögensgegenstand des TU in dessen lokaler Währung bilanziert und gem § 308a HGB mit dem Devisenkassamittelkurs am Abschlussstichtag umgerechnet werden. Neben diesen Regelungen enthalten E-DRS 30.134 ff weitere Hinweise zur Umrechnung eines passiven Unterschiedsbetrags. Aufwendungen und Erträge sind zum Durchschnittskurs umzurechnen. Eine sich ergebende **Umrechnungsdifferenz** ist nach E-DRS 31.63 erfolgsneutral innerhalb des Konzerneigenkapitals nach den Rücklagen in einem gesonderten Posten „Eigenkapitaldifferenz aus Währungsumrechnung" auszuweisen, der auf Minderheitsgesellschafter entfallende Anteil des Postens ist dem Ausgleichsposten für die Anteile anderer Gesellschafter zuzurechnen (E-DRS 30.151); bei teilweisem oder vollständigem Ausscheiden eines TU ist der Posten „Eigenkapitaldifferenz aus Währungsumrechnung" in entspr Höhe aufzulösen (E-DRS 30.176).

Bei der Umrechnung von Fremdwährungsabschlüssen aus **Hochinflationsländern** ist § 308a HGB nicht anzuwenden (Begründung zum Referentenentwurf des BilMoG, zu Nummer 46 (§ 308a HGB), BT-Drs 16/10067, 83f). Die Bereinigung um Inflationseffekte erfolgt entweder durch die Aufstellung eines Jahresabschlusses in einer Hartwährung oder durch die Umbewertung der nichtmonetären Posten und des Eigenkapitals auf Grundlage des Preisindexes. Der Inflationsgewinn oder -verlust ist erfolgswirksam im Zinsergebnis zu erfassen (*Grottel/Leistner* in BeBiKo § 308a Rz 116). Zur Identifikation eines Hochinflationslands kann uE die Definition in IAS 29.3 als Grundlage dienen (so auch *Grottel/Leistner* in BeBiKo § 308a Rz 117). 61

Eine im **Detailgrad** den Vorschriften des IAS 21 entspr Regelung der Währungsumrechnung innerhalb des deutschen Handelsrechts ist nicht vorgesehen. Mit der in den §§ 256a und 308a HGB festgelegten Umrechnung von Bilanz- und GuV-Posten folgt das deutsche Handelsrecht **nicht** dem **Konzept der funktionalen Währung.** Es unterscheidet sich insoweit systematisch von den Regelungen des IAS 21. 62

H. Aktuelle Entwicklungen/IASB-Projekte

Derzeit stehen **keine Projekte** im Zusammenhang mit Währungsumrechnungsfragen auf der Agenda des IASB oder des IFRSIC. So wurde ein Projekt betreffend die Hochinflation und ein weiteres betreffend die Währungsumrechnung vom IASB unter den Forschungsprojekten in die Kategorie inaktive Projekte einsortiert. Der IASB plant derzeit (Stand: 31. Juli 2015) in Abhängigkeit von den Rückmeldungen in der nächsten Agenda Konsultation beide Projekte aus dem Bereich Forschungsprojekte zu entfernen. 63

§ 34. Unternehmenszusammenschlüsse

Übersicht

Schrifttum: *Bader/Schreder* Full goodwill-Methode vs. partial goodwill-Methode nach IFRS 3, PiR 2012, 276; *Beine/Roß* Konzernrechungslegung nach gesellschaftsrechtlichen Umstrukturierungen von Unternehmen unter gemeinsamer Beherrschung, BB 2012, 2743; *Beyhs/Wagner* Die neuen Vorschriften des IASB zur Abbildung von Unternehmenszusammenschlüssen, DB 2008, 73; *Bischof/Fink* Improvements to IFRS 2010, PiR 2010, 225; *Bryois* Heads up on Business Combinations, IRZ 2008, 281; *Buschhüter* in Buschhüter/Striegel, Kommentar Internationale Rechnungslegung IFRS, IFRS 3, Wiesbaden 2009; *Buschhüter/Senger* Common Control Transactions, IRZ 2009, 23; *Crasselt/Lukas* M&A-Transaktionen mit Earn-out-Vereinbarung: Ermittlung der bilanziellen Anschaffungskosten nach IFRS 3, KoR 2008, 728; *Dietrich/Stoek* Immobilienerwerbe als Unternehmenszusammenschluss, IRZ 2013, 227; *DRSC* Interpretation 1 (IFRS) Bilanzgliederung nach Fristigkeit gemäß IAS 1 Darstellung des Abschlusses, Berlin 2013; *Freiberg* Anschaffungskosten beim Beteiligungserwerb im Konzern- und Einzelabschluss, PiR 2009, 311; *Grant Thornton International* Intangible Assets in a Business Combination – Identifying and valuing intangibles under IFRS 3, London 2008; *Grant Thornton International* Navigating the accounting for business combinations, London 2011; *Grant Thornton International* IFRS Viewpoint: Acquisition of investment properties – asset purchase or business combination, London 2015; *Groch* Buchwertfortführung bei Umstrukturierungen im IFRS-Teilkonzernabschluss, PiR 2011, 342; *Hachmeister* Neuregelung der Bilanzierung von Unternehmenszusammenschlüssen nach IFRS 3 (2008), IRZ 2008, 115; *Haaker/Freiberg* Ausübung der full-goodwill-Option?, PiR 2013, 22; *Haaker/Freiberg* Lucky-Buy-Fiktion für einen negativen Unterschiedsbetrag aus der Kapitalkonsolidierung, PiR 2014, 344; *Haegler* Bilanzierung von Anteilen nicht-beherrschender Gesellschafter im mehrstufigen Konzern nach IFRS, PiR 2009, 191; *B. Hayn/M. Hayn/S. Hayn* Prospektiv anzuwendende Standardänderungen nach IFRS: Fluch oder Segen? – dargestellt am Beispiel des „Geschäfts- oder Firmenwerts", in FS Küting, Berichterstattung für den Kapitalmarkt, Stuttgart 2009; *Hendler/Zülch* Unternehmenszusammenschlüsse und Änderung von Beteiligungsverhältnissen bei Tochterunternehmen – die neuen Regelungen des IFRS 3 und IAS 27, WPg 2008, 484; *IDW* RS HFA 2 Stellungnahme zur Rechnungslegung: Einzelfragen zur Anwendung von IFRS, FN IDW 2012, 380; *IDW* S 5 Grundsätze zur Bewertung immaterieller Vermögenswerte, FN IDW 2015, 447; *Kasperzak/Lieck* Die Darstellung von Unternehmenszusammenschlüssen unter gemeinsamer Beherrschung im IFRS-Teilkonzernabschluss einer börsennotierten AG, DB 2008, 769; *Küting/Ellmann* Die Berichterstattung zu immateriellen Vermögenswerten, PiR 2011, 282; *Küting/Metz* Variable Kaufpreisvereinbarungen bei Unternehmenszusammenschlüssen nach IFRS 3, KoR 2012, 394; *Küting/Weber/Wirth* Die Goodwillbilanzierung im finalisierten Business Combinations Project Phase II, KoR 2008, 139; *Küting/Wirth* Controlerlangung über Tochterunternehmen mittels sukzessiver Anteilserwerbe, KoR 2010, 362 und 455; *Lüdenbach* Transaktionskosten bei Aufstockung von Mehrheitsbeteiligungen, PiR 2009, 378; *Oversberg* IFRIC „Agenda Decisions", PiR 2010, 121; *Pellens/Sellhorn* Kapitalkonsolidierung nach der Fresh-Start-Methode, BB 1999, 2125; *Rogler/Schmidt/Tettenborn* Ansatz immaterieller Vermögenswerte bei Unternehmenszusammenschlüssen, KoR 2014, 577; *Rohleder/Tettenborn/Straub* Index- und branchenbezogene Bedeutung identifizierbarer immaterieller Vermögenswerte, KoR 2014, 521; *Rzepka/Scholze* Die Bewertung kundenorientierter immaterieller Vermögenswerte im Rahmen von IFRS 3, KoR 2010, 297; *Schmidt* Uneinheitlich ausübbare Wahlrechte – Grenzbereiche der Anwendung des IAS 8, PiR 2009, 232; *Schruff/Rothenburger* Zur Konsolidierung von Special Purpose Entities nach US-GAAP, IAS und HGB, WPg 2002, 755; *Ströher* Die Bilanzierung von Unternehmenszusammenschlüssen unter Common Control nach IFRS, Düsseldorf 2008; *Wollmert/Oser* Sukzessive Unternehmenszusammenschlüsse und Auf- oder Abstockung einer Mehrheitsbeteiligung nach IFRS und HGB, PiR 2010, 348; *Zülch/Wünsch* Aufgaben und Methoden der indikativen Kaufpreisallokation (Pre-Deal-Purchase Price Allocation) bei der Bilanzierung von Business Combinations nach IFRS 3, KoR 2008, 466; *Zwirner* Reverse Acquisition nach IFRS, KoR 2009, 138.

Wesentliche Rechtsgrundlagen: IFRS 3, IFRS 10, IAS 36, IAS 38

A. Grundlagen

1 Die **Bilanzierung von Unternehmenszusammenschlüssen** fügt sich in die Thematik der Konzernabschlusserstellung ein und ist insbes für die Kapitalkonsolidierung (→ § 35 Rn 19) von Bedeutung. IFRS 3 regelt jedoch grds die Bilanzierung aller Unternehmenszusammenschlüsse. Die Vorschriften dieses Standards zur Zugangsbilanzierung sind folglich auch losgelöst vom Konzernabschluss zu sehen und können damit grds auch für den Einzelabschluss Relevanz besitzen.

Die Regelungen zur Konzernrechnungslegung waren in den vergangenen Jahren Gegenstand umfangreicher Fortentwicklungen durch den IASB. Nach Abschluss des Projekts *Business Combinations II,* das 2008 zur Veröffentlichung des derzeitigen Stands des IFRS 3 führte, wurde im Mai 2011 das letzte große Projekt im Bereich der Konzernrechnungslegung mit der Veröffentlichung des sog „Konsolidierungspakets" abgeschlossen. Obwohl sich die aus diesem Projekt ergebenden Änderungen schwerpunktmäßig auf die Neufassung des Beherrschungsbegriffs und damit auf die Abgrenzung des Konsolidierungskreises (vgl § 30 und § 32) erstrecken, wurden als Folgeänderung sämtliche konsolidierungstechnischen Vorschriften inhaltsgleich aus dem Vorgängerstandard IAS 27 (2008) in IFRS 10 überführt. Dieser Standard wurde erneut durch die Aufnahme von Regelungen für Investmentgesellschaften geändert, die jedoch keinen Einfluss auf die Erwerbsbilanzierung nach IFRS 3 haben. Kleinere Änderungen an IFRS 3 erfolgten im Rahmen des jährlichen Verbesserungsprojekts (→ Rn 28; → Rn 207).

I. Anwendungsbereich des IFRS 3

2 Die **Prüfung** eines vorliegenden Sachverhalts hinsichtlich einer Anwendung des IFRS 3 erfordert in einem ersten Schritt die Beantwortung der Frage, ob es sich bei den an einem potenziellen Unternehmenszusammenschluss beteiligten Parteien um **Geschäftsbetriebe** iSd IFRS 3 handelt (→ Rn 3 ff), da nur diese in den Anwendungsbereich des Standards fallen. Daran anschließend ist bei Vorliegen der Geschäftsbetriebs-Eigenschaft ein möglicher Ausschluss der Form des Unternehmenszusammenschlusses vom Anwendungsbereich des Standards zu untersuchen (→ Rn 20 ff).

1. Definition des Geschäftsbetriebs

3 Für den **Anwendungsbereich des IFRS 3** sind grds solche Transaktionen in Betracht zu ziehen, in denen die Kontrolle über einen oder mehrere Geschäftsbetrieb(e) *(business)* neu geordnet wird. Im Regelfall geht einer Neuordnung von Kontrollmöglichkeiten ein Erwerbsvorgang voraus; ein solcher Vorgang ist aber nach IFRS 3 keine zwingende Voraussetzung, bspw kann sich eine Einschätzung der Beherrschungsmöglichkeiten auch auf rein vertraglicher Basis ergeben.

Im Transaktionszeitpunkt ist zu überprüfen, ob es sich bei den an der Transaktion beteiligten Parteien um Geschäftsbetriebe iSv IFRS 3.B7 ff handelt. Nach IFRS 3 muss es sich bei der beherrschten Partei um einen Geschäftsbetrieb handeln. Maßgeblich hierfür sind wirtschaftliche Kriterien, nach der ein Geschäftsbetrieb iSd Standards von einer bloßen Gruppe von Vermögenswerten abzugrenzen ist. **Geschäftsbetriebe** iSv IFRS 3 können damit rechtliche Einheiten sein; dies ist aufgrund der wirtschaftlichen Beurteilung jedoch keine zwingende Voraussetzung. Vielmehr kommen auch Segmente, Geschäftssparten oder andere Teilbetriebe im ökonomischen Sinne als Geschäftsbetrieb in Betracht.

Entscheidend dafür, ob ein Erwerbsobjekt über Geschäftsbetriebseigenschaften verfügt, und damit in den Regelungsbereich von IFRS 3 fällt, ist seine **wirtschaftliche Ausgestaltung** vor dem Erwerbsvorgang und die theoretische Möglichkeit eines typisierten Erwerbers, den **Geschäftsbetrieb fortzusetzen.** Ein solcher liegt vor, wenn in der erworbenen Vermögensmasse ein *„integrated set of activities"* erkennbar ist, das **Inputfaktoren** erfordert und in dem **Prozesse** implementiert wurden. Zu beurteilen sind weiterhin die **Outputs** der uU als Geschäftsbetrieb zu würdigenden Vermögensmasse (IFRS 3.B7).

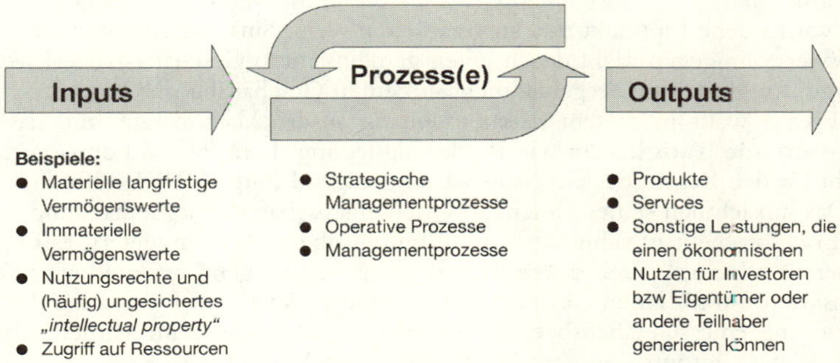

Den Begriff des Geschäftsbetriebs prägende **„Inputs"** dürften bei fast allen Akquisitionen vorliegen – andernfalls würde der Beweggrund für den Erwerb eines einzelnen oder mehrerer Vermögenswerte entfallen. Allgemein versteht IFRS 3 unter Inputs sämtliche ökonomischen Ressourcen, die Outputs generieren (können), sofern ein oder mehrere Prozesse auf sie einwirken. Mögliche Inputfaktoren umfassen dabei nicht nur bereits bilanzierte Vermögenswerte, sondern auch uU nicht bilanzierungsfähige immaterielle Vermögenswerte und außerbilanzielle Vorteile, die sich aus der Kontrolle über den potenziellen Geschäftsbetrieb ergeben. Der Zugriff auf neue Märkte, neue Lieferantenbeziehungen oder ein bereits kumulierter und eingearbeiteter Mitarbeiterstamm stellen Beispiele für solche Vorteile dar, die sich im Regelfall nicht in Form eines Bilanzpostens manifestieren. 4

Ein in einer Gruppe von Vermögenswerten enthaltener **Geschäfts- oder Firmenwert** weist ebenfalls auf einen Geschäftsbetrieb hin (IFRS 3.B12). Mit dieser Regelung scheint IFRS 3 ein im Einzelfall leicht zu operationalisierendes Kriterium für die Identifizierung eines Geschäftsbetriebs zu enthalten. Allerdings ist darauf hinzuweisen, dass es sich hierbei um eine Zirkelargumentation handelt, da ein Geschäfts- oder Firmenwert nur Geschäftsbetrieben iSv IFRS 3 zugeordnet werden darf. UE ist es deshalb zwingend erforderlich, die Eigenschaft eines Geschäftsbetriebs zu bejahen, bevor auf diesen ein Geschäfts- oder Firmenwert zugeordnet werden kann. Die Regelung des IFRS 3.B12 greift dann allerdings ins Leere. Der IASB begegnet dieser Kritik in IFRS 3.BC19 mit dem Hinweis, dass es sich in vorliegendem Zusammenhang nicht um eine konkrete Zurechnung eines Geschäfts- oder Firmenwerts wie bspw zu Zwecken des Werthaltigkeitstests nach IAS 36 handelt, sondern die abstrakte Zuordnung von Geschäfts- oder Firmenwert-Potenzialen ein wichtiger wirtschaftlicher Hinweis auf das Vorliegen eines Geschäftsbetriebs in Zweifelsfällen sein kann. Wird der Geschäfts- oder Firmenwert nach dieser Sichtweise nicht als Residualgröße verstanden, sondern als ein unabhängiger Mehrwert aus der Unternehmenstransaktion, der auf den Erwerb eines lfd Geschäftsbetriebs *(going concern goodwill)* oder von Synergiepotenzialen *(core goodwill)* zurückzuführen ist (idS *Lüdenbach/Hoffmann/Freiberg* IFRS § 31 Rz 27), so kann deren Vorliegen im Rahmen einer Erwerbstransaktion auf das Vorliegen eines Geschäftsbetriebs hinweisen.

5 Bei der Überprüfung der erworbenen Inputfaktoren auf die Existenz von **Prozessen** steht die Frage im Vordergrund, ob die erworbene Vermögensmasse eigenständig Outputs generiert oder generieren kann. Soweit bereits implementierte Systeme, Standardverfahren, Protokolle, Konventionen oder Regeln vorliegen, anhand derer die Inputs verarbeitet werden (können), ist von der Existenz von Geschäftsbetrieben auszugehen. Diese Prozesse können, müssen aber nicht dokumentiert sein. Ausreichend ist hier die Existenz eines Mitarbeiterstamms, der vorhandene Inputfaktoren zu verarbeiten weiß. Sind die erworbenen Vermögenswerte hingegen nicht durch einen gemeinsamen (Geschäfts-)Zweck verbunden, dürfte es sich im Regelfall nicht um einen Geschäftsbetrieb handeln.

IFRS 3 weist in diesem Zusammenhang ausdrücklich darauf hin, dass **rein verwaltende Tätigkeiten** wie Rechnungslegung, Inkasso und Lohnabrechnung nicht für den Begriff des Geschäftsbetriebs prägend sind (IFRS 3.B7(b)).

6 Das hinsichtlich seiner Geschäftsbetriebseigenschaften zur Beurteilung stehende Erwerbsobjekt ist schließlich daraufhin zu überprüfen, inwiefern es **Outputs** generieren kann, wobei es sich hierbei um kein zwingend erforderliches Definitionskriterium für einen Geschäftsbetrieb handelt. Vielmehr müssen bei der Identifizierung eines Geschäftsbetriebs die Inputs und Prozesse im Vordergrund stehen. Unter Outputs sind gem IFRS 3.B7(c) ieS Dividenden, Kostenreduktionen oder andere ökonomische Vorteile zu verstehen, die die Eigentümer bzw Mitglieder oder Teilhaber aus dem Objekt ziehen können. Ausschlaggebend für die Definition eines Geschäftsbetriebs ist gerade bei Unternehmen in der Entwicklungsphase (dh ohne bereits vorhandene nennenswerte Outputs), ob die wesentlichen Grundlagen für eine absehbare Generierung von Outputs bereits erkennbar sind (IFRS 3.B10). Diesbezüglich kann bspw in die Betrachtung miteinfließen, ob

(1) die Hauptaktivitäten bereits geplant sind;
(2) Arbeitnehmer, *intellectual property* oder andere Inputs und Prozesse vorhanden sind;
(3) eine Planung für die Produktion von Outputs besteht;
(4) Abnehmer für die Outputs vorhanden sind.

Sofern in absehbarer Zeit mit einer Realisierung von Outputs nicht zu rechnen ist und auch die vorstehend dargestellten Grundlagen einer Outputgenerierung nicht zu erkennen sind, kann jedoch nicht davon ausgegangen werden, dass ein Geschäftsbetrieb iSv IFRS 3 gegeben ist.

7 Die **Fokussierung auf die inneren Zusammenhänge** der erworbenen Vermögensmasse bei vergleichsweise geringer Ausrichtung an dem wirtschaftlichen Output führt dazu, dass eine deutlich höhere Anzahl an Erwerbsvorgängen (insbes von Konglomeraten verschiedener Vermögenswerte und Schulden) von IFRS 3 als Erwerb von Geschäftsbetrieben zu klassifizieren ist, als dies bei einer engen wirtschaftlichen Auslegung des Begriffs „*business*" der Fall wäre.

8 Sind Inputs und Prozesse erkennbar, ist nicht ausschlaggebend, ob alle für die operativen Tätigkeiten erforderlichen Inputfaktoren und Prozesse mit dem Erwerb auf den Käufer übergehen. Vielmehr ist zu überprüfen, ob ein typisierter Käufer des Unternehmens **zur Fortführung der operativen Aktivitäten fähig ist,** ganz gleich, ob dies auch durch den tatsächlichen Käufer erfolgt (vgl *EY* 2015, 577 f). Möglich ist der Nachweis der Fortführungsmöglichkeit der operativen Tätigkeiten der erworbenen Einheit ua durch die Integration der erworbe-

nen Inputfaktoren und Prozesse in den Geschäftsbetrieb des Erwerbers, auch wenn dabei die bisher bestehenden Geschäftsprozesse nicht in gleicher Form fortgeführt werden.

Beispiel: Eine rechtlich verselbständigte Vertretung eines markengebundenen Autohändlers wird durch einen *share deal* übernommen. Durch den Erwerb wird die Markenbindung des Autohändlers aufgehoben, sodass die Belieferung der Vertretung mit Fahrzeugen einer bestimmten Marke eingestellt wird. Ein für die operative Aktivität wesentlicher Inputfaktor entfällt damit. Ist jedoch davon auszugehen, dass ein typisierter, am Markt auftretender Käufer die operativen Tätigkeiten der Vertretung fortsetzen kann – denkbar ist hier zB die Belieferung mit Fahrzeugen der eigenen Marke oder aber mit Gebrauchtwagen – ist gleichwohl davon auszugehen, dass die erworbene Gesellschaft weiterhin einen Geschäftsbetrieb darstellt. Unerheblich ist hingegen zB das Vorhaben des Erwerbers, den Geschäftsbetrieb nicht fortzuführen, sondern ein Einrichtungshaus in den Geschäftsräumen des Autohändlers zu errichten.

In der Praxis dürfte insbes dem **Übergang einer Belegschaft** eine zentrale Rolle bei der Beurteilung zukommen, ob im Zweifel ein Geschäftsbetrieb erworben wurde. So wird die Übernahme eines bereits eingespielten und für seine Aufgaben ausgebildeten Mitarbeiterstamms in vielen Fällen die Existenz eines Geschäftsbetriebs anzeigen (ähnlich *KPMG* 2014/15 Rz 2.6.30.40). Dies gilt zumindest dann, wenn ein typischer Erwerber auf das spezifische Knowhow der Mitarbeiter angewiesen ist und dieses nicht unmittelbar am Markt erworben werden kann (vgl *Dietrich/Stoek* IRZ 2013, 227 (229)). Dagegen kann der Übergang der Belegschaft dann nicht als begründend für eine Qualifikation eines Geschäftsbetriebs angesehen werden, wenn die Generierung des Outputs der Einheit (weitgehend) automatisiert erfolgt und nicht wesentlich vom Knowhow der übernommenen Mitarbeiter abhängt. Als Beispiel für diese eher seltene Konstellation kann der weitgehend automatisierte Geschäftsbetrieb eines Internetunternehmens (bspw einer Handelsplattform) herangezogen werden. 9

Aus dem **Fehlen des Übergangs einer Belegschaft** kann jedoch im Umkehrschluss nicht abgeleitet werden, dass es sich bei der erworbenen Einheit nicht um einen Geschäftsbetrieb handelt. Dies gilt in bestimmten Fallkonstellationen selbst dann, wenn eine qualifizierte Belegschaft für die Erzielung der Outputs erforderlich ist.

Beispiel (in Anlehnung an *ESMA* EECS/0113-07 vom 3. April 2013): Ein Unternehmen A erwirbt die Mehrheit der Anteile an verschiedenen Holdinggesellschaften, die jeweils sämtliche Anteile an einer Ein-Objekt-Gesellschaft halten. Diese Ein-Objekt-Gesellschaften besitzen und betreiben jeweils ein Seeschiff. Weder die Holdinggesellschaften noch die von ihnen gehaltenen Ein-Objekt-Gesellschaften beschäftigen eigenes Personal. Sowohl das für den Betrieb der Schiffe notwendige nautische Personal als auch das für die Verwaltung, den Erwerb und die Veräußerung von Schiffen notwendige Personal wird von einem externen Dienstleister gestellt. Deshalb kommt es bei dem Erwerb nicht zum Übergang von Personal auf den Erwerber, obwohl Personal zur Erzielung der Outputs erforderlich ist.

Der Erwerb der Holdinggesellschaften und der Ein-Objekt-Gesellschaften ist nach den Regelungen des IFRS 3 als Unternehmenserwerb zu beurteilen, weil es sich bei den erworbenen Einheiten um Geschäftsbetriebe iSv IFRS 3 handelt. Dies begründet sich im Fall der Holdinggesellschaften im Halten und Verwalten der Schiffsbeteiligungen zur Erzielung von Anlageerträgen und bei den Ein-Objekt-Gesellschaften im Eigentum und dem Betrieb der Seeschiffe. Die Tatsache, dass bei dem bisherigen Betrieb sämtliche Personaldienstleistungen (dh Prozesse) zugekauft wurden und deshalb das zur Erzielung der Outputs notwendige Personal nicht mit auf den Erwerber übergeht, steht dieser Einschätzung nicht entgegen, da der Erwerber die Möglichkeit hat, ebenfalls auf einen externen Personaldienstleister zurückzugreifen, um den Betrieb der Schiffe und die Managementfunktionen aufrecht zu erhalten.

Die **Übernahme** von **Schulden,** bspw als Bestandteil eines Immobilienportfolios, ist hingegen kein ausschlaggebendes Kriterium für die Definition eines Geschäftsbetriebs (IFRS 3.B9).

10 Vor dem Hintergrund dieser Regelungen sind jedoch auch Konstellationen möglich, in denen einzelne Vermögenswerte oder mehrere Vermögenswerte (auch in Form eines Erwerbs von Gesellschaftsanteilen) **keinen Geschäftsbetrieb** darstellen. Den hier denkbaren fließenden Übergang aufgrund der unterschiedlichen Ausprägung von Prozessen macht das folgende Beispiel einer Ein-Objekt-Immobilien-Gesellschaft deutlich (vgl *Grant Thornton* 2015, 6f):

Beispiel: Eine von einer GmbH gehaltene Rendite-Immobilie iSv IAS 40 wird im Rahmen eines *share deal* erworben.

Szenario	Beurteilung
Die Immobilie ist im Zeitpunkt des Erwerbs seit längerer Zeit ungenutzt. Auch der Versuch einer Bewirtschaftung wurde vom Veräußerer nicht unternommen.	Es fehlt an Prozessen, es liegt damit der Einzelerwerb eines Vermögenswerts vor.
Die Immobilie ist im Zeitpunkt des Erwerbs vermietet. Die Immobilie wird jedoch von der Gesellschaft nicht aktiv verwaltet. Die Mieter selbst beauftragen konzernfremde Dritte mit Serviceleistungen wie bspw Gebäudereinigungen oder die Wartung von Aufzügen.	Es fehlt an wesentlichen Prozessen, sodass von einem Einzelerwerb eines Vermögenswerts auszugehen ist.
Die Immobile ist im Zeitpunkt des Erwerbs vermietet. Der Käufer tritt mit dem Erwerb auch in verschiedene Serviceverträge ein, mit denen der bisherige Eigentümer einige (vorwiegend administrative) Serviceleistungen im Zusammenhang mit dem Gebäudebetrieb an externe Dienstleister vergeben hatte. Der Erwerber beabsichtigt, diese Verträge auslaufen zu lassen und die Services in Zukunft von eigenem Personal erbringen zu lassen.	Die Beurteilung ist ermessensbehaftet und hängt wesentlich von der Bedeutung der bisher fremdvergebenen Services für den Gebäudebetrieb ab. Sind diese als wesentlich einzuschätzen, so ist vom Erwerb eines Geschäftsbetriebs auszugehen, andernfalls handelt es sich um den Erwerb eines Vermögenswerts, auch wenn einige (jedoch in ihrer Bedeutung unwesentliche) Prozesse miterworben wurden.
Die Immobilie ist im Zeitpunkt des Erwerbs vermietet und wird aktiv verwaltet, indem lfd Mietinteressenten gesucht und Vertragsanpassungen verhandelt werden. Wesentliche Serviceleistungen werden von der Gesellschaft erbracht.	Hier liegen Prozesse vor, aufgrund derer auf die Existenz eines Geschäftsbetriebs zu schließen ist.

11 Führt die Analyse der Geschäftsbetriebseigenschaft der beteiligten Parteien zu dem Ergebnis, dass nicht mindestens **zwei Geschäftsbetriebe** an der zu beurteilenden Transaktion beteiligt sind, finden die Regelungen des IFRS 3 keine Anwendung. Die Transaktion ist somit nach den Regelungen der übrigen IFRS zu bilanzieren. Wird zB ein Unternehmensmantel erworben, der ein nicht genutztes Grundstück umfasst, so ist dieses nach IAS 16 mit den Anschaffungskosten zum Zugangszeitpunkt anzusetzen. Es kommt hierbei nicht zum Ansatz eines Geschäfts- oder Firmenwerts, da kein Anwendungsfall des IFRS 3 vorliegt (IFRS 3.2(b)). Möglicherweise den erworbenen Vermögenswerten anhaftende Eventualverbindlichkeiten sind aufgrund des Ansatzverbots nach IAS 37.27 nicht

anzusetzen. Der Ausweis von ggf am Erwerbsobjekt beteiligten Minderheiten erfolgt hingegen nach den regulären Vorschriften des IFRS 10 (→ § 35 Rn 50f).

2. Erscheinungsformen von Unternehmenszusammenschlüssen

IFRS 3 regelt bis auf wenige Ausnahmen grds alle Fallkonstellationen, in denen ein Geschäftsbetrieb die Verfügungsmacht über einen weiteren Geschäftsbetrieb erlangt. Generell umfasst dies **Anteilskäufe** an Unternehmen *(share deal)*, den Erwerb von **Sachgesamtheiten** außerhalb eines zugehörigen Rechtsmantels *(asset deal)* und auch **Mischformen.** 12

Ebenfalls in den Anwendungsbereich des IFRS 3 fallen darüber hinaus die Bilanzierung von Unternehmenszusammenschlüssen von Gegenseitigkeitsunternehmen und rein vertraglichen Zusammenschlüssen (vgl → Rn 17). Auf die in den Regelungsbereich des Standards fallenden Transaktionsformen gehen die Ausführungen im Folgeabschnitt ein.

Explizit **vom Anwendungsbereich** von IFRS 3 **ausgeschlossen** sind jedoch Unternehmenszusammenschlüsse, bei denen separate Unternehmen oder Geschäftsbetriebe zusammengeführt werden, um ein **Gemeinschaftsunternehmen** zu gründen (IFRS 3.2(a)). Hierauf gehen die Ausführungen in → Rn 28ff ein. Nicht durch den Regelungsinhalt des Standards abgedeckt sind weiterhin Unternehmenszusammenschlüsse, an denen Unternehmen oder Geschäftsbetriebe **unter gemeinsamer Beherrschung** *(common control)* beteiligt sind (IFRS 3.2(c)). Hierauf wird in → Rn 20ff eingegangen. 13

a) Von IFRS 3 erfasste Sachverhalte

Die **Art oder die Existenz des Entgelts** stellt im Allgemeinen keine Voraussetzung für den Anwendungsbereich von IFRS 3 dar. Vielmehr bezieht sich der Standard entgeltunabhängig auf alle Arten von Unternehmenszusammenschlüssen. So sieht IFRS 3 zB die Möglichkeit eines Unternehmenszusammenschlusses gegen Zahlungsmittel genauso wie den Tausch gegen nicht-monetäre Vermögenswerte oder einen anderen Geschäftsbetrieb vor (IFRS 3.B5(a)). Die Übernahme von Schulden, die Emission von Eigenkapitalinstrumenten oder Mischformen verschiedener Entgeltarten werden ebenfalls als mögliche Entgeltformen im Rahmen von Unternehmenszusammenschlüssen nach IFRS 3 gesehen (vgl aber → Rn 220) 14

Auch die **Art,** nach der die **Verfügungsmacht übernommen** wird, ist nicht relevant. Erfasst sind nach dem Wortlaut des IFRS 3.3 jegliche Transaktionsformen oder „andere Ereignisse". Diese denkbar weit gefasste Definition von möglichen Formen von Unternehmenszusammenschlüssen umfasst damit ua neben dem Anteilskauf auch die Verschmelzung der Nettovermögenswerte auf den Erwerber (IFRS 3.B6(a)) oder auf einen dritten Rechtsmantel (IFRS 3.B6(c)). Auch die Abwesenheit einer rechtlichen und/oder ökonomischen Transaktion spricht nach IFRS 3 nicht grds gegen das Vorliegen eines Unternehmenszusammenschlusses. 15

In den Anwendungsbereich des IFRS 3 fallen zudem Unternehmenszusammenschlüsse an denen sog **„Gegenseitigkeitsunternehmen"** beteiligt sind. Hierunter fallen generell alle nicht im Eigentum ihrer Investoren stehenden Unternehmen, die direkt den Investoren oder Mitgliedern bzw Teilnehmern Dividenden, niedrigere Kosten oder andere ökonomische Vorteile zukommen lassen. IFRS 3.Anhang A nennt in diesem Zusammenhang als Beispiele Versicherungsvereine auf Gegenseitigkeit, Kreditgenossenschaften und andere genossenschaftlich organisierte Unternehmen. 16

17 Auch Unternehmenszusammenschlüsse, bei denen separate Unternehmen oder Geschäftsbetriebe unentgeltlich zusammengeführt werden, um nur **rein vertraglich** ein Bericht erstattendes Unternehmen zu gründen, ohne Anteilsrechte zu erhalten, werden vom Anwendungsbereich von IFRS 3 abgedeckt. Dies gilt generell auch für **alle unentgeltlichen Unternehmenszusammenschlüsse. Mögliche Fallkonstellationen** eines unentgeltlich zustande gekommenen Unternehmenszusammenschlusses umfassen Situationen, in denen

(1) der erworbene Geschäftsbetrieb eigene Anteile für einen existierenden Investor zurück erwirbt, sodass dessen gestiegene Einflussmöglichkeiten die Kontrolle über den Geschäftsbetrieb ermöglichen;
(2) von Minderheiten gehaltene Vetorechte erlöschen, sodass ein Gesellschafter seine Stimmrechtsmehrheit vollumfänglich ausüben kann;
(3) zwei Unternehmen ihren Geschäftsbetrieb durch eine *stapling transaction* (Vertrag über die Einbringung bereits ausgegebener Aktien in einen Wertpapierfonds) oder *dual listing* (gemeinsamer Geschäftsbetrieb zweier rechtlich getrennter börsennotierter Einheiten) rein vertraglich zusammenführen (IFRS 3.43).

18 Nicht ausgeschlossen vom Anwendungsbereich des IFRS 3 sind darüber hinaus Sachverhalte, bei denen im Rahmen eines Unternehmenserwerbs die Beherrschung eines (Teil-)Geschäftsbetriebs **nur vorübergehend** vorliegt (sog *temporary control*). Die Regelung betrifft vor allem Anteile an TU, die nach dem Unternehmenserwerb unmittelbar weiterveräußert werden sollen, zB aufgrund von Umstrukturierungen oder kartellrechtlichen Auflagen.

19 Die Einbeziehung solcher Unternehmensbeteiligungen in den Konsolidierungskreis (vgl → § 32 Rn 7) im Wege der **Vollkonsolidierung** – einschließlich der Anwendung der Erwerbsmethode – ist in diesen Fällen obligatorisch; alle Schritte zur Bilanzierung von Unternehmenszusammenschlüssen sind grds erforderlich. Besonderheiten sind in diesem Zusammenhang nur hinsichtlich der Zugangsbewertung der als zur Veräußerung gehaltenen Vermögenswerte und Schulden zu beachten (→ Rn 140). Eine Bilanzierung der **Anteile** an diesen TU als zur Veräußerung gehaltene Vermögenswerte iSv IFRS 5 scheidet hingegen nach IFRS 10.Anhang A grds aus. Vielmehr sind die anstelle der Anteile am TU konzernbilanziell erfassten Vermögenswerte und Schulden auf ihre Einstufung als ‚zur Veräußerung verfügbar' zu überprüfen (vgl → § 28 Rn 30 ff).

b) Unternehmenszusammenschlüsse von Geschäftsbetrieben unter gemeinsamer Kontrolle

20 Nach IFRS 3.2(c) sind solche Unternehmenserwerbe aus dem Anwendungsbereich des Standards ausgenommen, die unter einem gemeinsamen Kontrollverhältnis *(common control)* stattfinden. Ein gemeinsames Kontroll- oder Beherrschungsverhältnis im Sinne dieser Vorschriften liegt vor, wenn zwei oder mehr Unternehmen unter dem **gemeinsam ausgeübten Kontrollverhältnis** eines oder mehrerer gleicher Gesellschafter stehen, die vertraglich aneinander gebunden sind. In der Folge wird die Kontrolle über die zusammengeführten Geschäftsbetriebe sowohl vor als auch nach dem Unternehmenszusammenschluss durch den gleichen Gesellschafterkreis ausgeübt. Entspr werden die Kontrollverhältnisse infolge der Transaktion nicht grundlegend neu geordnet; vielmehr betrifft die Transaktion nur die Neuordnung der Kontrollstruktur, weshalb der IASB das Kriterium der Kontroll-**Erlangung** als Voraussetzung für eine Anwendung von IFRS 3 als nicht erfüllt und dementsprechend eine Ausnahme vom Anwendungsbereich als sachgerecht ansieht.

Beispiel: Das konzernrechnungslegungspflichtige Unternehmen A wird von Investor X kontrolliert. Investor X kontrolliert weiterhin Unternehmen B. Infolge einer Neuordnung des Beteiligungsportfolios veranlasst X, dass seine direkte Beteiligung an Unternehmen B von Unternehmen A erworben wird. In der Folge hält X keine Beteiligung mehr an Unternehmen B, kann dieses jedoch weiterhin über seine Beteiligung an A kontrollieren. Der Erwerb von Unternehmen B fällt deshalb unter die Regelung des IFRS 3.2(c) und ist damit nicht im Anwendungsbereich des Standards.

Auch wenn **formal** aufgrund der vertraglichen Verbindungen der Gesellschafter, welche gemeinsam die Kontrolle ausüben, keine Konzernrechnungslegungspflicht entsteht, ist aus **wirtschaftlicher Sicht** eine konzernäquivalente Struktur durch die gemeinschaftliche Kontrolle gegeben. Dabei ist es unerheblich, ob es sich bei den gemeinsam die Kontrolle ausübenden Gesellschaftern um natürliche oder juristische Personen handelt. Unternehmenserwerbe innerhalb dieses Kontrollkreises werden folglich wie konzerninterne Transaktionen gesehen. Sie verändern die Verfügungsmacht über das Reinvermögen der Gesamtheit der Anteilseigner nicht. 21

Auch wenn der IASB die Problematik der Transaktionen zwischen gemeinschaftlich kontrollierten Unternehmen weiterhin nicht in den Regelungsbereich des IFRS 3 aufgenommen hat, hat der **HFA des IDW** im Rahmen von IDW RS HFA 2 zur Frage von konzerninternen Umstrukturierungen als Teil der Transaktionen unter gemeinsamer Kontrolle Stellung genommen. Dabei werden diese Umstrukturierungen aus Sicht der **Teilkonzerne unterhalb des MU** beurteilt. Mit dem sog *separate reporting entity approach* einerseits und dem sog *predecessor accounting* andererseits hält der HFA des IDW dabei generell zwei alternative Vorgehensweisen für zulässig (IDW RS HFA 2 Rz 42). 22

Nach dem ***separate reporting entity approach*** wird die Transaktion unter gemeinschaftlicher Beherrschung analog zu „normalen" Unternehmenszusammenschlüssen bilanziert. Danach werden die unterhalb des gemeinsamen MU angesiedelten Teilkonzerne als eigenständige Berichtseinheiten verstanden. Als Konsequenz dieser Sichtweise werden die Transaktionen zwischen gemeinschaftlich kontrollierten Unternehmen in den Teilkonzernabschlüssen wie Transaktionen unter fremden Dritten behandelt. Die in → Rn 65 ff erläuterten Vorgänge zur Zugangsbilanzierung von Unternehmenszusammenschlüssen gelten entspr.

Folgt man andererseits dem ***predecessor accounting*** wird die Transaktion zu (Konzern-)Buchwerten des Veräußerers vorgenommen. Hiernach stellt der untergeordnete Teilkonzernabschluss einen Ausschnitt des Gesamtkonzernabschlusses dar (vgl *Beine/Roß* BB 2014, 2743 (2744 f)). Aus Sicht der Partei, welche sämtliche zu beurteilenden Teilkonzerne beherrscht, kommt es (analog der Vorgehensweise innerhalb eines Konzerns) zu keiner Neubewertung mit Aufdeckung stiller Reserven. Für diese Unternehmenserwerbe scheidet demnach eine Abbildung gem der Erwerbsmethode nach IFRS 3 aus. Vielmehr wird ein Unterschiedsbetrag zwischen den Nettobuchwerten des erworbenen Unternehmens und den Anschaffungskosten des Unternehmenserwerbs direkt mit dem Eigenkapital verrechnet. Dies gilt auch dann, wenn dadurch das Eigenkapital aufgebraucht oder sogar negativ wird. 23

Beide Methoden können mit den **Grundsätzen des IAS 8** begründet werden. So fordert IAS 8.10 f auf der einen Seite, bei der Ausfüllung von Lücken im IFRS-Regelwerk die Vorschriften für ähnliche und vergleichbare Sachverhalte heranzuziehen. Trotz der Ausgrenzung aus dem Anwendungsbereich des IFRS 3 werden dann im Rahmen des *separate reporting entity approach* die Regelungen dieses Standards analog angewendet. Auf der anderen Seite ermöglicht IAS 8.10 f auch die Bezugnahme auf die verschiedenen Formen des *merger-* oder *predecessor-* 24 *accounting,* nach der die Buchwerte des Veräußerers übernommen werden können (vgl *Grant Thornton International* 2011, 17).

25 Dieses für die IFRS eher untypische Wahlrecht, das sich aus der Anwendungsausnahme des IFRS 3.2(c) ergibt, ist in jedem Fall im IFRS-**Anhang** nach den Regelungen von IAS 1.112(a) und IAS 1.117 darzustellen und zu **erläutern** (vgl *IDW* RS HFA 2 Rz 42). UE sollte darüber hinaus die **Methodenstetigkeit** gewährleistet sein, sodass weitere Transaktionen unter gemeinschaftlicher Kontrolle methodengleich bilanziert werden (vgl *KPMG* 2014/15 Rz 5.13.50).

Die Wahlmöglichkeit zwischen diesen beiden Bilanzierungsalternativen erscheint gleichwohl unter regelungssystematischen Gesichtspunkten nicht uneingeschränkt. Ausgehend von der dem Konzernverständnis des IASB zugrunde liegenden Einheitstheorie in der Konzernrechnungslegung, die Grundlage des Konzernverständnisses des IASB ist, verlangen Teile der Literatur als Voraussetzung für die analoge Anwendung der Erwerbsmethode nach IFRS 3 das Vorliegen einer **wirtschaftlichen Substanz der Transaktion** (vgl zB *EY* 2015, 686f). Zur Beurteilung einer solchen wirtschaftlichen Substanz werden beispielhaft folgende Faktoren angeführt:

1) Zweck und Zusammenhang der Transaktion,
2) Teilnahme externer Dritter an der Transaktion (zB Einbeziehung nichtbeherrschender Gesellschafter insbes im Zusammenhang mit der Gründung von neuen Gesellschaften im Rahmen der Transaktion),
3) Marktbezogenheit der Preisfindung der Transaktion,
4) bestehende wirtschaftliche Aktivitäten der beteiligten Einheiten,
5) Entstehung einer neuen berichtspflichtigen Einheit.

Ist nach einer Analyse der wirtschaftlichen Auswirkungen davon auszugehen, dass durch die Transaktion keine wirtschaftliche Substanz aus Konzernsicht gegeben ist, sodass es sich lediglich um eine innerkonzernliche Reorganisation handelt, erscheint die analoge Anwendung der Regelungen des IFRS 3 uE konzeptionell nicht sachgerecht.

26 In diesen Fällen führt oftmals eine Vorgehensweise, die mit der vor Einführung des IFRS 3 möglichen Interessenzusammenführungsmethode vergleichbar ist, zu einer der wirtschaftlichen Sichtweise entspr Abbildung (so auch *Deloitte* 2015, 1811). Auch bei dieser handelt es sich um eine **Fortführung der bisherigen Buchwerte** im Zuge des Unternehmenszusammenschlusses, also um eine Ausprägung des *predecessor accounting.* Durch die ersatzlose Streichung der Interessenzusammenführungsmethode innerhalb der ersten Phase des *Business Combinations*-Projekts des IASB und daraus folgend der zwingend anzuwendenden Erwerbsmethode ist formal die Möglichkeit der Bezugnahme auf die Interessenzusammenführungsmethode entfallen. Bis zu einer derzeit noch ausstehenden expliziten Regelung von Unternehmenszusammenschlüssen unter gemeinsamer Kontrolle durch den IASB sollten uE unter dem Primat der wirtschaftlichen Sichtweise derartige Transaktionen weiterhin zu Buchwerten bilanziert werden (aA *Groch* PiR 2011, 342 (345)).

27 Nach Maßgabe ihres wirtschaftlichen Gehalts sind einige Transaktionen unter gemeinsamer Führung uE **eher wie ein umgekehrter Unternehmenserwerb** zu beurteilen und entspr bilanziell darzustellen.

Beispiel 1: In einem mehrstufigen Konzern ist MU die bilanzierende oberste Konzerneinheit. Deren TU 1 hält sämtliche Anteile an einer weiteren Zwischenholding ZH, welche wiederum den operativ tätigen Teilkonzern TK beherrscht. An TK sind außerdem in unwesentlichem Umfang nicht-beherrschende Gesellschafter beteiligt. Die Konzernstruktur stellt sich damit wie folgt dar:

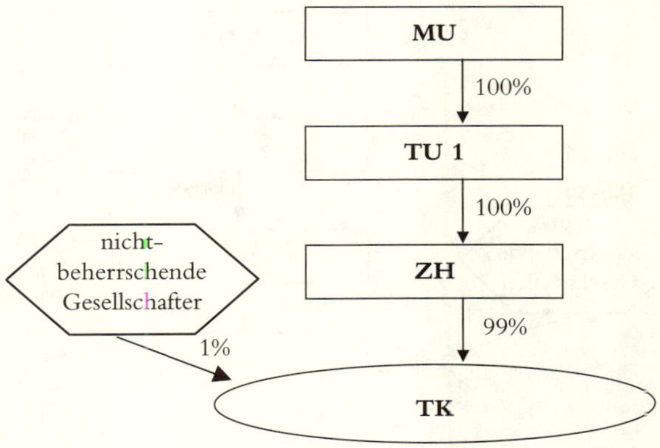

Im Zuge einer konzerninternen Restrukturierung werden die Anteile an ZH von TU 1 an eine neu geschaffene Einheit TU 2 übertragen. Dazu wird zunächst eine Mantelgesellschaft (mit geringem eigenen Geschäftsbetrieb, deshalb als *business* iSv IFRS 3 einzuordnen) durch TU 1 erworben. Diese Gesellschaft (TU 2) führt anschließend eine Kapitalerhöhung durch, wobei TU 1 die neue Stammeinlage übernimmt. Die Erbringung dieser Einlage erfolgt durch die Übertragung der Anteile an ZH von TU 1 auf TU 2. Außerdem erfolgt eine Ausgleichszahlung von TU 2 an TU 1, mit der die Differenz zwischen dem Nennwert der übertragenen Anteile und deren beizulegendem Zeitwert abgegolten werden soll. Diese Zahlung finanziert TU 2 extern über den Kapitalmarkt.

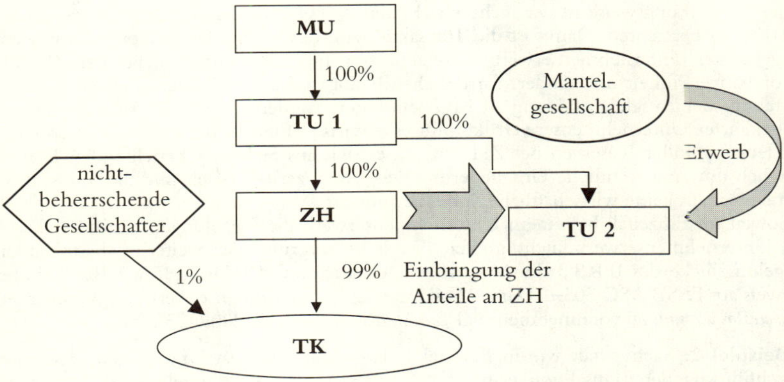

Nach Beendigung der Transaktion erfolgt die Liquidation von TU 1, wobei die Anteile an TU 2 sowie die aus der Ausgleichszahlung zugeflossenen Zahlungsmittel von TU 1 an MU ausgekehrt werden. Das Management der ZH übernimmt die Managementfunktion bei TU 2, sodass sich die berichtende Einheit nach Abschluss aller Transaktionen wie folgt darstellt:

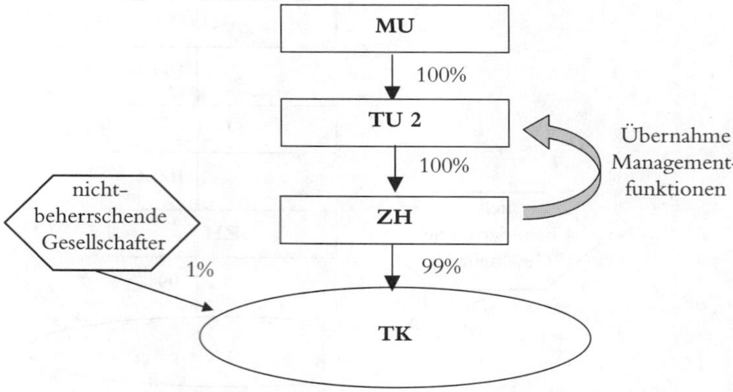

Bei der dargestellten Transaktion handelt es sich aus der Sicht von MU als berichtende Einheit um einen Zusammenschluss von Unternehmen unter gemeinsamer Kontrolle. Diese fallen zwar nicht unmittelbar in den Anwendungsbereich des IFRS 3, können auf **Teilkonzernebene** (TU 2) aber unter analoger Anwendung der Vorschriften des IFRS 3 abgebildet werden (vgl *IDW* RS HFA 2 Rz 37). Die Anwendung dieser Abbildungsmöglichkeit bedeutet dann, dass sämtliche Vorschriften zur Erwerbsmethode, insbes auch hinsichtlich der Bestimmung des Erwerbers nach IFRS 3.6 anzuwenden sind.

Eine Würdigung des dargestellten Sachverhalts ergibt zunächst, dass TU 2 eindeutig der rechtliche Erwerber ist. Zu berücksichtigen ist jedoch auch, dass die ZH und insbes TK einen höheren beizulegenden Zeitwert haben und das TK-Management über ZH letztlich die operativen Managementfunktionen in TU 2 übernimmt (IFRS 3.B15). Aus wirtschaftlicher Betrachtungsweise ist der rechtliche Erwerber TU 2 als faktisch erworbenes Unternehmen zu betrachten. Damit ist die Transaktion auf der Ebene des Teilkonzerns wie ein umgekehrter Unternehmenserwerb zu qualifizieren und zu bilanzieren, bei der ZH/TK als operative Einheit unverändert fortbestehen bleibt und auf TU 2 lediglich die Finanzmittel aus der Ausgleichszahlung an MU transferiert werden. Durch die Bilanzierung als umgekehrter Unternehmenserwerb kommt es – wirtschaftlich zutreffend – nicht zu einer Aufdeckung stiller Reserven bei ZH/TK, da es sich aus Sicht der berichtenden Einheit lediglich um eine rechtliche Umgliederung des Teilkonzerns handelt und die Transaktion darüber hinaus keine wirtschaftliche Substanz aufweist.

Soweit im Einzelfall bei einem Unternehmenserwerb die Regelungen zum umgekehrten Unternehmenserwerb nicht greifen, verbleibt aufgrund der weiterhin bestehenden Regelungslücke des IFRS 3 die Möglichkeit, gestützt auf *IDW* RS HFA 2 Rz 42 unter Verweis auf FASB ASC 805–10 eine Abbildung des Unternehmenserwerbs zu Buchwerten *(predecessor accounting)* vorzunehmen (vgl *Buschhüter/Senger* IRZ 2009, 23 (25)).

Beispiel 2: Sachverhalt wie in Beispiel 1 dargestellt mit dem Unterschied, dass nach Durchführung der Transaktion erstmals ein IFRS-Abschluss aufgestellt wird. In diesem Fall sind die Vorschriften des IFRS 1 für Erstanwender zu beachten.

Für Erstanwender iSv IFRS 1.2 ff eröffnet IFRS 1.C1 die Möglichkeit, die Darstellung eines früheren Erwerbs aus den bisher angewandten Rechnungslegungsgrundsätzen beim Übergang auf IFRS fortzuführen. Stellen diese vorherigen Rechnungslegungsgrundsätze bei der Beurteilung des dargestellten Sachverhalts auf den rechtlichen Erwerber ab – so wie zB das HGB – so kann eine Aufdeckung stiller Reserven in Betracht kommen, da die nach den zuvor angewandten Rechnungslegungsgrundsätzen ermittelten Buchwerte über die Erleichterungsvorschrift des IFRS 1.C1 als unterstellte Anschaffungskosten zum Erwerbszeitpunkt anzusetzen sind.

c) Unternehmenszusammenschlüsse zur Gründung von Joint Ventures

28 Nach IFRS 3.2(a) sind vom **Anwendungsbereich** des Standards weiterhin Transaktionen **ausgeschlossen,** die das Ziel verfolgen, zwei oder mehrere be-

reits vorhandene Geschäftsbetriebe zur Gründung eines *joint ventures* iSv IFRS 11 zusammenzuschließen (zur Definition von *joint ventures* bzw *joint arrangements* vgl → § 29 Rn 5ff). In der Folge werden die einbringenden Anteilseigner am Gesamthands- oder Gesellschaftsvermögen des neu gegründeten Gemeinschaftsunternehmens beteiligt. Die Vorschrift bezieht sich nur auf die **Gründung** des *joint venture*, spätere Unternehmenszusammenschlüsse der Einheit mit anderen Geschäftsbetrieben fallen nicht unter die Anwendungsausnahme des IFRS 3.2(a) und sind entspr den Regelungen des Standards darzustellen.

Eine solche Transaktion wirft Fragen aus zwei Perspektiven auf: Erstens sind **Grundsätze der Bilanzierung** festzulegen, nach denen das ***joint venture*** einen eigenständigen Abschluss aufstellt. Der Standard differenzierte zunächst konzeptionell nicht zwischen der Bilanz des Anteilseigners und des rechnungslegenden Unternehmens selbst. Mit der Ergänzung des IFRS 3.2(a) durch den Zyklus 2011–2013 des jährlichen Verbesserungsprojekts des IASB wurde klargestellt, dass sich die Nichtanwendbarkeit der Regelungen des IFRS 3 auf den Abschluss des *joint ventures* selbst bezieht. Analog zu Transaktionen zwischen Unternehmen, die unter gemeinsamer Beherrschung stehen *(common control)*, besteht auch hier generell die Möglichkeit, die Einlage des *joint venture* Gesellschafters entweder zu Buchwerten zu bilanzieren (analog zum *predecessor accounting*, vgl → Rn 23) oder den Ansatz zum beizulegenden Zeitwert und damit analog zu den Regelungen des IFRS 3 vorzunehmen (*separate reporting entity approach*, vgl → Rn 22). Eine favorisierte Lösung hat sich hier auch im internationalen Vergleich noch nicht herausgestellt (vgl *KPMG* 2014/15 Rz 3.6.350.20).

Zweitens stellt sich die Frage, wie der Zusammenschluss zum *joint venture* aus 29
der Perspektive der **beteiligten Unternehmen** zu bilanzieren ist. Hier ist zwischen den an der gemeinschaftlichen Führung partizipierenden Partnerunternehmen und den übrigen Gesellschaftern zu differenzieren. Während erstere ihre Beteiligung nach IFRS 11.24 nach den Vorschriften des IAS 28 unter Verwendung der Equity-Methode in den jeweiligen Konzernabschluss aufzunehmen haben (zur Darstellung im Einzelabschluss → § 29 Rn 67), ist bei den nicht an der gemeinschaftlichen Führung beteiligten Gesellschaftern eine Bilanzierung in Abhängigkeit der jeweiligen Einflussmöglichkeiten entweder als reine Finanzinvestition iSv IAS 39/IFRS 9 oder als assoziiertes Unternehmen nach IAS 28 vorzunehmen (vgl → § 29 Rn 63f). Bei der Einbringung von bisher bei den Partnerunternehmen voll konsolidierten TU in das Gemeinschaftsunternehmen sind darüber hinaus die Regelungen zur Übergangskonsolidierung auf die *at-equity*-Bilanzierung zu beachten (vgl → § 37 Rn 55ff).

Durch die Ergänzung des IFRS 11.21A (geändert 2014) wurde vom IASB hingegen klargestellt, dass die Regelungen des IFRS 3 grds auf den Erwerb von Beteiligungen an **gemeinschaftlichen Tätigkeiten** anzuwenden sind, soweit diese gemeinschaftlichen Tätigkeiten einen Geschäftsbetrieb iSv IFRS 3 darstellen und die Regelungen des IFRS 3 nicht im Konflikt mit den Vorschriften zu *joint operations* in IFRS 11 stehen. Dies gilt sowohl für den erstmaligen Erwerb solcher Beteiligungen als auch für eine spätere Aufstockung.

d) Unternehmenserwerbe durch Investmentgesellschaften

Durch die Ergänzung von IFRS 10 und IFRS 12 hat der IASB im Oktober 30
2012 eine **Ausnahme von der allgemeinen Konsolidierungspflicht für die Beteiligungen von Investmentgesellschaften** eingeführt (vgl hierzu ausführlich → § 32 Rn 17ff). Da diese Investments im Konzernabschluss der Investmentgesellschaft grds erfolgswirksam zum beizulegenden Zeitwert der Beteiligung als Ganzes bilanziert werden, sind für den Erwerb solcher TU die Re-

gelungen des IFRS 3 nicht anwendbar, denn diese sind konzeptionell auf eine Vollkonsolidierung der Vermögenswerte und Schulden der erworbenen TU ausgerichtet. Entspr wurde mit IFRS 3.2A eine Regelung aufgenommen, welche die Unternehmenserwerbe von Investmentgesellschaften von den allgemeinen Regelungen zur Erwerbsbilanzierung ausnimmt, soweit diese bei der Investmentgesellschaft nicht konsolidiert, sondern erfolgswirksam zu ihrem beizulegenden Zeitwert bilanziert werden.

e) Simultanzusammenschluss mehrerer Geschäftsbetriebe

31 IFRS 3 enthält keine Regelungen zur Differenzierung verschiedener Unternehmenszusammenschlüsse, die im Rahmen einer einzigen Transaktion vereinbart werden. Bspw stellt sich bei einem Erwerb von Teilkonzernen die Frage, ob damit **ein Geschäftsbetrieb oder mehrere voneinander getrennte Geschäftsbetriebe** erworben wurden. Sofern der Erwerb sich auf einen Teilkonzern bezieht, der unterschiedliche, eindeutig voneinander trennbare Geschäftsfelder umfasst, kann dieser Gesamterwerb zum einen als die **Summe mehrerer Einzelunternehmenserwerbe** interpretiert werden. In diesem Fall kommt man zu dem Ergebnis, dass die nachfolgend vorgestellten Regelungen für jeden Geschäftsbetrieb anzuwenden sind bis hin zu der Konsequenz, dass durch die separate Anwendung der Erwerbsmethode auf jeden Einzelerwerb mehrere Unterschiedsbeträge ermittelt werden müssen. Infolgedessen können neben Geschäfts- oder Firmenwerten auch negative Unterschiedsbeträge für einen oder mehrere dieser einzelnen Unternehmenserwerbe entstehen.

32 Der Gesamterwerb eines Teilkonzerns kann zum anderen jedoch auch als **einheitlicher Erwerbsvorgang eines** einheitlichen **Geschäftsbetriebs** mit mehreren ZGEs verstanden werden. In diesem Fall kommt man zu dem Ergebnis, dass ein einheitlich ermittelter Unterschiedsbetrag auf die einzelnen ZGEs aufgeteilt werden muss. Folglich kann es für diesen Fall nur um die Aufteilung **eines** zuvor ermittelten Geschäfts- oder Firmenwerts gehen.

Welche der beiden vorstehend dargestellten Sichtweisen bei einem Erwerb eines Teilkonzerns als sachgerecht einzustufen ist, hängt von den Umständen des Einzelfalls ab. So kann die **Vertragsgestaltung** Hinweise auf die wirtschaftliche Sichtweise und Motivation des Erwerbs aus Käufersicht geben. Hier ist insbes die Kaufpreisgestaltung zu beachten. Die Anwendung der Erwerbsmethode nach IFRS 3 auf Ebene der jeweils erworbenen Einzelunternehmen oder Teilkonzerneinheiten setzt grds eine vertragliche **Kaufpreiszuordnung** zu den Einheiten voraus, die auch wirtschaftlich begründet (und bspw nicht rein steuerlich motiviert) ist. Liegt eine solche vertragliche Kaufpreiszuordnung nicht vor, so ist zumindest eine sachgerechte Aufteilung eines Gesamtkaufpreises auf die einzelnen Einheiten vorzunehmen und der Aufteilungsmaßstab zu dokumentieren. Es handelt sich somit bei der Wahl der jeweiligen Vorgehensweise nicht um eine generelle Rechnungslegungsmethode iSv IAS 8.5, für die das Stetigkeitsgebot des IAS 8.13 gilt. Vielmehr ist die sachgerechte Betrachtungsweise bei jedem Erwerb eines Teilkonzerns einzeln zu beurteilen.

f) Altfälle der Interessenzusammenführung

33 Bereits mit dem Inkrafttreten von IFRS 3 (2004) war die bilanzielle Darstellung von Unternehmenszusammenschlüssen nur noch in der Form von **Erwerbsvorgängen** zulässig. Die Möglichkeit, einen Unternehmenszusammenschluss als **Interessenzusammenführung** einzustufen, wurde damit abgeschafft. Damit soll jedoch nicht grds die Möglichkeit negiert werden, dass sich Unternehmen im Zuge eines *merger of equals* verbinden (IFRS 3.BC35). Jedoch ist der

IASB der Ansicht, dass für die überschneidungsfreie Abgrenzung dieser Vorgänge von reinen Erwerbsvorgängen derzeit keine klaren Abgrenzungskriterien existieren. Darüber hinaus sind Vorschriften zur bilanziellen Abbildung dieser Unternehmensverbindungen in Form der sog ***fresh-start*-Methode** noch zu erarbeiten (zu den theoretischen Grundlagen vgl *Pellens/Sellhorn* BB 1999, 2125 (2125 ff)). Beide Entwicklungen sollen Bestandteil späterer Ergänzungen der Erwerbsbilanzierung sein (IFRS 3.BC57).

Gleichwohl ist uE auch nach Wegfall der Interessenzusammenführung durch die Ersetzung des früher gültigen IAS 22 durch IFRS 3 (2004) und der Übernahme dieser Konzeption in den derzeitigen IFRS 3 die **Interessenzusammenführungsbilanzierung** für Altfälle **fortzuführen.** Die denkbare Alternative zu dieser Vorgehensweise wäre die Fiktion eines Erwerbsvorgangs auf den Zeitpunkt des Inkrafttretens des IFRS 3 (2004) für diese Fälle, da die frühere Bilanzierung durch IAS 22 gedeckt ist und es sich mithin nicht um einen gem IAS 8 auch für die Vergangenheit zu korrigierenden Fehler handelt. Ein fiktiver Erwerb innerhalb des Folgekonsolidierungszeitraums würde jedoch uE zu einer unzutreffenden Darstellung führen. 34

II. Schematischer Ablauf

Seit Inkrafttreten des IFRS 3 sind Unternehmenszusammenschlüsse nach IFRS nur noch in der Form von **Erwerbsvorgängen** abzubilden. Entspr sind diese Erwerbsvorgänge unter Anwendung der Erwerbsmethode zu bilanzieren. Während IFRS 3 (2004) in der englischen Originalfassung noch den Begriff *purchase method* verwendete, wird die Methode in IFRS 3 als *acquisition method* bezeichnet. Begründet wird dies in IFRS 3.BC14 damit, dass ein Unternehmenszusammenschluss nicht notwendigerweise einen Kauf *(purchase)* voraussetzt und deshalb die neue Bezeichnung dem umfassenden Regelungsinhalt des IFRS 3 besser Rechnung trage. Da inhaltlich-materiell der Begriffsinhalt unverändert geblieben ist, wird im Folgenden einheitlich der Begriff der **Erwerbsmethode** verwendet. 35

Alle Arten von Unternehmenszusammenschlüssen sind damit bilanziell nach der **Erwerbsmethode** abzubilden (IFRS 3.4). Nach IFRS 3.5 umfasst die Anwendung der Erwerbsmethode die folgenden Schritte: 36

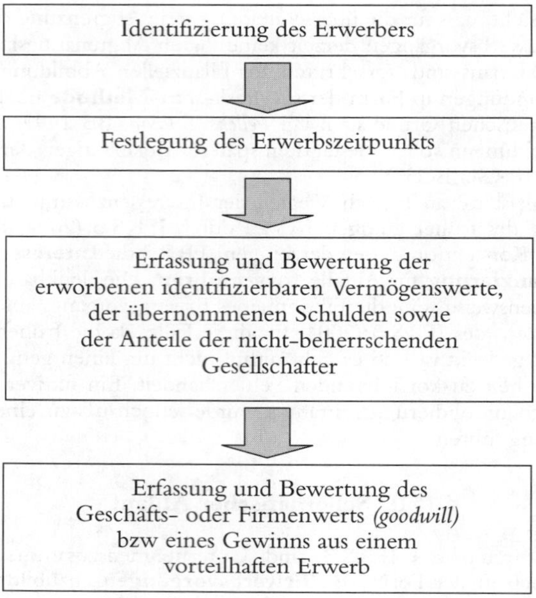

37 IFRS 3 geht grds davon aus, dass in Folge eines rechtlichen oder wirtschaftlichen Erwerbsvorgangs auch ein **Erwerber identifizierbar** ist (IFRS 3.6). Auf dessen Perspektive und den **Erwerbsstichtag** beziehen sich sodann alle nachfolgenden Prozesse. Diese Rahmenparameter sind folglich als erstes festzulegen (vgl → Rn 45).

38 In dem sich anschließenden Schritt des Ablaufschemas erfolgt nach IFRS 3.5(c) die **Identifikation** und **Bewertung** aller im Rahmen des Unternehmenszusammenschlusses erworbenen **Vermögenswerte** und **Schulden.** Im Zuge des Bewertungsvorgangs sind auch die Anteile nicht-beherrschender Gesellschafter zu bestimmen und zu bewerten. Diese Bewertungsvorgänge stellen die zentralen Beurteilungsobjekte bei der Erwerbsbilanzierung dar.

39 Der in der Bilanzierungspraxis gebräuchliche Begriff **„Kaufpreisallokation"** bzw ***„purchase price allocation"*** (oder kurz: PPA) findet sich in IFRS 3 nicht wieder, da sich mit der Aufnahme der Option zur Anwendung der *full goodwill method* (vgl → Rn 234) bei deren Anwendung die Erwerbsmethode wirtschaftlich nicht mehr auf eine reine Kaufpreisverteilung beschränkt, obwohl die damit im Zusammenhang stehenden Ansatz- und Bewertungsvorgänge auch im Rahmen von IFRS 3 durchzuführen sind. Gemeint ist der Prozess, der zum Ansatz und zur Bewertung identifizierbarer Vermögenswerte und Schulden des erworbenen Unternehmens führt. Die anschließende Berechnung des Geschäfts- oder Firmenwerts bzw des negativen Unterschiedsbetrags unter Berücksichtigung der Anteile nicht-beherrschender Gesellschafter wird der Kaufpreisallokation ebenfalls regelmäßig zugeordnet. Der Kaufpreis wird dabei allerdings streng genommen nicht verteilt; gleichwohl wird nachfolgend die „Kaufpreisallokation" als Oberbegriff genutzt (vgl *Zülch/Wünsch* KoR 2008, 466 (466)). Die Regelungen zur Identifizierung, zum Ansatz und zur Bewertung von Vermögenswerten und Schulden des erworbenen Geschäftsbetriebs werden in → Rn 65 ff behandelt.

40 Die im nächsten Schritt nach IFRS 3.5(d) vorgesehene **Dotierung von Geschäfts- oder Firmenwerten sowie negativen Unterschiedsbeträgen** bil-

det den Abschluss der Erwerbsmethode. Auf die damit in Zusammenhang stehenden Fragestellungen wird in → Rn 229 ff eingegangen.

Schließlich ist der Unternehmenszusammenschluss noch im Abschluss des Erwerbers zu verarbeiten. Bei der Darstellung im Abschluss sind Ausweis- und Angabepflichten zu beachten. Auch auf die Berechnung des Ergebnisses je Aktie kann sich der Unternehmenserwerb auswirken. Auf diesen Themenbereich wird ab → Rn 243 detailliert eingegangen.

41 Die Regelungen zur Anwendung der Erwerbsmethode finden nicht nur auf Fälle des Anteilserwerbs *(share deals),* sondern auch auf die Bilanzierung eines ***asset deal*** im Einzelabschluss des Erwerbers Anwendung (IFRS 3.B6), sofern die erworbenen Vermögenswerte die Voraussetzungen eines Geschäftsbetriebs *(business)* erfüllen (→ Rn 3 ff). Der wesentliche Unterschied ggü dem Anteilserwerb besteht hierbei darin, dass die Kaufpreisverteilung nicht erst im Rahmen der Konzernabschlusserstellung sichtbar, sondern bereits im Rahmen des **Einzelabschlusses** bilanziert wird. Dies betrifft sowohl die identifizierbaren Vermögenswerte und Schulden des erworbenen Geschäftsbetriebs, als auch einen einhergehenden Geschäfts- oder Firmenwert. Weiterhin ist darauf hinzuweisen, dass Unternehmenserwerbe häufig auch in der Form integrierter *share-* und *asset deal*-Transaktionen vollzogen werden, sodass sich in diesen Fällen die nachfolgend vorgestellte Vorgehensweise sowohl auf der Ebene des in den Konzernabschluss einbezogenen Einzelabschlusses als auch auf Konsolidierungsebene niederschlägt.

42–44 *(einstweilen frei)*

B. Rahmenparameter

45 Die Anwendung der Erwerbsmethode bedingt zunächst die Identifikation des **Erwerbers** und die Festlegung des **Erwerbszeitpunkts.** Diese Rahmenparameter sind der nachfolgenden Identifikation und Bewertung von Vermögenswerten, Schulden, Anteilen nicht-beherrschender Gesellschafter und eines sich ggf ergebenden Geschäfts- oder Firmenwerts bzw eines negativen Unterschiedsbetrags zugrunde zu legen.

Ausschlaggebend für die Identifizierung des Erwerbers iSv IFRS 3 sind die **ökonomischen Gegebenheiten** des Unternehmenszusammenschlusses, nicht jedoch, wer Erwerber im juristischen Sinne ist. Bei einem Großteil von Unternehmenszusammenschlüssen stimmt der rechtliche mit dem ökonomischen Erwerber überein. Insbes in dem Fall, in dem der Erwerber operative wirtschaftliche Tätigkeiten vorweisen kann und der Erwerb gegen Barmittel erfolgt, ist idR von einer Identität des rechtlichen und wirtschaftlichen Erwerbers auszugehen. Führt eine Analyse jedoch zu einem gegenteiligen Ergebnis, ist der Fokus auf die ökonomische Sichtweise zu richten mit der Folge, dass die Regelungen zu „umgekehrten Unternehmenserwerben“ (*reverse acquisitions;* → Rn 55) zu beachten sind.

I. Identifikation des Erwerbers

46 Aufgrund der IFRS 3 zugrunde liegenden Konzeption der Erwerbsmethode ist für alle Unternehmenszusammenschlüsse ein **Erwerber** zu identifizieren (IFRS 3.6), aus dessen Sicht der Zusammenschluss zu bilanzieren ist. Der häufig in der Unternehmenspraxis insbes bei sog Fusionen bzw *„merger of equals“* anzutreffende Einwand, dass es sich um einen Zusammenschluss von gleichberechtigten Unternehmen handelt und dass daher kein Erwerber identifizierbar sei, stellt

keinen Ausnahmesachverhalt in diesem Zusammenhang dar (vgl vertiefend zur Diskussion IFRS 3.BC29ff). Gleiches gilt für Unternehmenszusammenschlüsse zwischen Gegenseitigkeitsunternehmen (IFRS 3.BC104f), sodass auch in uneindeutigen Fallkonstellationen die nachfolgend beschriebenen Kriterien mit der Zielsetzung der Identifikation des Erwerbers zu beachten sind.

47 Als **Erwerber** wird unter Bezugnahme auf das *control*-Kriterium in IFRS 10 generell das Unternehmen **definiert,** welches als beherrschende Einheit aus dem Unternehmenszusammenschluss hervorgeht. Damit ist zu bestimmen, welcher der zusammengeschlossenen Geschäftsbetriebe die aus dem Zusammenschluss hervorgehende ökonomische Einheit kontrolliert.

Erfolgt der Zusammenschluss in Form eines ***share deal,*** erfordert IFRS 3.7 die Identifikation des MU und des TU anhand der *control*-Definition in IFRS 10 (vgl → § 30 Rn 10ff). Die Überprüfung hinsichtlich eines Mutter-Tochter-Verhältnisses führt damit gleichzeitig zur Identifizierung des Erwerbers. Für den Großteil der in der Unternehmenspraxis anzutreffenden M&A-Transaktionen gilt dabei, dass der rechtliche Erwerber dem wirtschaftlichen Erwerber entspricht. Insbes, wenn der Erwerber operative wirtschaftliche Aktivitäten vorweisen kann und der Erwerb gegen Barmittel erfolgt, ist im Regelfall von der Identität des Erwerbers unter rechtlichen wie wirtschaftlichen Gesichtspunkten auszugehen.

48 Für den Fall, dass die Kriterien des IFRS 10 keine eindeutige Identifikation der beherrschenden Einheit als Erwerber bei einem Unternehmenszusammenschluss ermöglichen, ist der Erwerber **unter zusätzlicher Beachtung der ökonomischen Rahmendaten** des Zusammenschlusses zu identifizieren (IFRS 3.7). Dabei enthält IFRS 3 diesbezüglich keine zwingenden Einordnungskriterien, sondern fordert eine gesamtheitliche Abwägung aller Rahmendaten (IFRS 3.B13). Wesentliche Entscheidungskriterien für die Identifikation des Erwerbers sind, neben der relativen Größe der am Zusammenschluss beteiligten Unternehmen, insbes die Art des Entgelts und die Einflussnahmemöglichkeiten der Altgesellschafter auf die zusammengeschlossenen Unternehmen.

49 Bei entgeltlichen Unternehmenserwerben, bei denen das Entgelt **primär** aus **Zahlungsmitteln, anderen Vermögenswerten** oder aus der **Übernahme von Verbindlichkeiten** besteht, geht IFRS 3.B14 davon aus, dass es sich regelmäßig bei dem Unternehmen um den Erwerber handelt, das das Entgelt für den Unternehmenszusammenschluss erbringt.

50 Kommt der Unternehmenszusammenschluss **primär** durch einen **Tausch von Eigenkapitalinstrumenten** zustande, handelt es sich bei dem Erwerber grds um das die Eigenkapitalinstrumente ausgebende Unternehmen (IFRS 3.B15). Des Weiteren sind der Identifikation des Erwerbers bei derartig gelagerten Sachverhalten die Einflussmöglichkeiten der Gesellschafter vor und nach dem Unternehmenszusammenschluss zugrunde zu legen. Dabei gilt das Folgende:

(1) Der Geschäftsbetrieb, dessen **Altgesellschafter** als Gruppe unmittelbar nach dem Zusammenschluss die **relativ größte Anzahl an Stimmrechten** an dem zusammengeschlossenen Unternehmen halten, ist normalerweise als Erwerber einzustufen. Dabei sind ungewöhnliche sowie spezielle stimmrechtsbindende Regelungen oder Optionen, Bezugsrechte und wandelbare Finanzinstrumente zu beachten (IFRS 3.B15(a)).

(2) Unmittelbar nach der Transaktion kann der Fall eintreten, dass eine relativ große Anzahl von Stimmrechten an dem zusammengeschlossenen Unternehmen festzustellen ist, die von **Investoren einzeln** oder als **organisierte Gruppe** gemeinsam ausgeübt werden. Der Erwerber ist in diesen Fällen uU das Unternehmen, dessen Altgesellschafter diese Häufung von „Minderheitsstimmrechten" *(minority voting interests)* ausmachen. Dies setzt jedoch voraus, dass erstens kein anderer Investor bei einzelner Betrachtung oder gemeinsam

mit anderen Investoren als Gruppe einen wesentlichen Stimmrechtsanteil an den zusammengeschlossenen Unternehmen hält. Zweitens muss es sich bei den hier betrachteten Minderheitsstimmrechten um die größte so vorzufindende Gruppierung handeln (IFRS 3.B15(b)). IFRS 3 stellt in diesem Zusammenhang keine besonderen Anforderungen an die „Gruppe" von Minderheitsgesellschaftern. Wird die möglicherweise für die Identifikation des Erwerbers ausschlaggebende Gruppe von Investoren analysiert, sollte uE jedoch ein Stimmrechtsbindungsvertrag oder ein ähnliches Konstrukt vorliegen. Andernfalls dürfte in vielen Fällen bereits praktisch die Definition bzw Identifikation einer Gruppe von Minderheitsgesellschaftern mit nicht unwesentlichen Schwierigkeiten behaftet sein.

(3) Auch eine Analyse der **Zusammensetzung** des **Aufsichtsrats** kann Aufschluss über den Erwerber im Rahmen eines Unternehmenszusammenschlusses geben. Gem IFRS 3.B15(c) ist in der Möglichkeit der Altgesellschafter eines Unternehmens, die Mehrheit des Aufsichtsrats zu wählen, anderweitig zu bestimmen oder abzuberufen ein Indiz dafür zu sehen, dass es sich bei dem Unternehmen um den Erwerber handelt. Durch die internationale Ausrichtung von IFRS 3 bezieht sich diese Regelung nicht nur auf den Aufsichtsrat, sondern auch auf alle anderen Kontroll- bzw Aufsichtsgremien eines Unternehmens, deren Zusammensetzung die Investoren bestimmen. In die Betrachtung einzubeziehen sind daher auch Verwaltungsräte oder der bei US-amerikanischen Unternehmen vorzufindende *board of directors.*

(4) Vergleichbar mit (3) ist auch die **Zusammensetzung** der **Unternehmensführung** in die Gesamtwürdigung einzubeziehen. Der Geschäftsbetrieb, dessen frühere Leitung das zusammengeschlossene Unternehmen dominiert, ist normalerweise als Erwerber zu identifizieren (IFRS 3.B15(d)).

(5) Schließlich sind die **Konditionen,** nach denen die **Eigenkapitalinstrumente** der zusammengeschlossenen Unternehmen **ausgetauscht** worden sind, als weiteres Indiz für die Identifikation des Erwerbers heranzuziehen. So ist gem IFRS 3.B15(f) regelmäßig das Unternehmen als Erwerber anzusehen, das im Vergleich zu den beizulegenden Zeitwerten im Vorfeld des Zusammenschlusses den übrigen Unternehmen eine Prämie zahlt. Da hier nur Unternehmenszusammenschlüsse betrachtet werden, die primär durch Anteilstausch zustande kommen, ist somit ein Vergleich der Tauschkonditionen (einschließlich ggf vorhandener Sekundärleistungen wie eine zusätzliche Barabfindung) mit der Bewertung der Unternehmen vor dem Zusammenschluss erforderlich. Eindeutige Vorgaben, welcher Zeitraum für diesen Vergleich heranzuziehen ist, gibt IFRS 3 nicht, jedoch kann uE nur der Moment des Unternehmenserwerbs hierfür ausschlaggebend sein. Auf den Fall, dass eines der am Zusammenschluss beteiligten Unternehmen nicht börsennotiert oder der relevante Aktienmarkt nicht aktiv ist, geht IFRS 3 ebenfalls nicht ein. UE dürfte dann aber eine Bewertung der Anteile nach IAS 39.46(c)/ IFRS 9.5.2.1 vor dem Zusammenschluss erforderlich sein (IAS 8.11(a)). Schließlich ist noch anzumerken, dass die Zahlung einer Prämie auch das Ergebnis einer stärkeren Verhandlungsposition sein könnte, sodass fraglich bleibt, ob es sich beim Empfänger der Prämie tatsächlich um das vermeintlich kontrollierte Unternehmen handelt.

Weiterhin ist bei solchen Unternehmenszusammenschlüssen, bei denen nicht **51**
bereits eindeutig nach den Beherrschungskriterien von IFRS 10 das kontrollierende Unternehmen identifiziert werden kann, auch die **relative Größe** der zusammengeschlossenen Einheiten zu berücksichtigen. Ein Indiz für den Erwerber ist gem IFRS 3.B16 darin zu sehen, dass eines der Unternehmen relativ größer ist als die übrigen am Zusammenschluss beteiligten Parteien. Daneben ist bei

einem Zusammenschluss von mehr als zwei Einheiten in die Überlegungen einzubeziehen, welches der Unternehmen den Zusammenschluss initiiert hat (IFRS 3.B17).

52 Schließlich wird in IFRS 3.B18 auf Unternehmenszusammenschlüsse unter Beteiligung eines **neu gegründeten Unternehmens** eingegangen:

(1) Kommt der Unternehmenszusammenschluss primär durch Anteilstausch zustande, ist das neu gegründete Unternehmen nicht als Erwerber zu identifizieren. Vielmehr sind dann die in → Rn 50ff erläuterten Kriterien heranzuziehen, um den Erwerber zwischen den Unternehmen zu identifizieren, die bereits vor dem Unternehmenszusammenschluss existierten.

(2) Ist der Unternehmenszusammenschluss entgeltlich und transferiert das neu gegründete Unternehmen dabei Zahlungsmittel, andere Vermögenswerte oder übernimmt es Schulden, kann es übereinstimmend mit IFRS 3.B14, jedoch unter Abwägung aller Rahmendaten, als Erwerber identifiziert werden (vgl *Lüdenbach/Hoffmann/Freiberg* IFRS § 31 Rz 2).

53 Die Ausführungen verdeutlichen, dass die **Identifizierung** des Erwerbers im Einzelfall mit **Schwierigkeiten** verbunden sein kann. Es ist nicht auszuschließen, dass eine Würdigung der Gesamtumstände anhand der erläuterten Kriterien zu widersprüchlichen Indikationen führt – so ist zB denkbar, dass die relative Größe der zusammengeschlossenen Geschäftsbetriebe (IFRS 3.B16) einen anderen Erwerber nahelegt, als die Analyse des Managements oder der Aufsichtsorgane (IFRS 3.B15(c) und IFRS 3.B15(d)). Insoweit wird insbes in diesen Fällen eine **Würdigung der Gesamtumstände** erforderlich sein; der Erwerber ergibt sich dann erst aus dem subjektiven Ermessen der Unternehmensleitung. Obligatorisch erscheint vor diesem Hintergrund eine genaue Erläuterung der bei der Entscheidungsfindung abgewogenen Kriterien im Anhang des Abschlusses iSv IAS 1.122, da gerade in Grenzfällen ggü den Adressaten des IFRS-Abschlusses eine besondere Transparenz angebracht erscheint. Im Regelfall auszuschließen wird uE jedoch sein, dass das neu gegründete Unternehmen bzw inoperative Rechtsmäntel als Erwerber operativ tätiger Unternehmen identifiziert werden. Nach IFRS 3.B18 gilt ein neu gegründetes Unternehmen als Erwerber, wenn es Zahlungen (Bargeld, andere Vermögenswerte) erbringt oder Verbindlichkeiten eingeht. Dies gilt aufgrund der expliziten Vorschrift des IFRS 3.B18 auch, wenn es zuvor keinen eigenen Geschäftsbetrieb unterhalten hat.

Stimmen nach Überprüfung der Kriterien rechtlicher und wirtschaftlicher Erwerber nicht überein, ist der Zusammenschluss als (Sonder-)Fall des **umgekehrten Unternehmenserwerbs** zu behandeln. Ein Unternehmen (MU) erwirbt dann zwar die Mehrheit der Anteile an einem anderen Unternehmen (TU), als Ergebnis des Erwerbsvorgangs kann jedoch das erworbene Unternehmen die aus dem Unternehmenszusammenschluss entstandene Einheit beherrschen.

Beispiel: Ein operativ tätiges Privatunternehmen „lässt" sich von einem deutlich kleineren börsennotierten Unternehmen durch Anteilstausch erwerben, um einen kostengünstigen Kapitalmarktzugang zu erhalten. Durch den Anteilstausch nimmt aus rechtlicher Sicht das börsennotierte Unternehmen die Rolle des MU ein. Da jedoch dem operativen Privatunternehmen ein höherer beizulegender Zeitwert als dem kleinen börsennotierten Unternehmen zuzurechnen ist und die Altgesellschafter des Privatunternehmens die wesentlichen Aufsichtsorgane und Leitungsgremien des börsennotierten Unternehmens bestimmen, ist aus wirtschaftlicher Sicht das Privatunternehmen als Erwerber zu identifizieren (in Anlehnung an IFRS 3.B19).

54 Liegt nach wirtschaftlicher Betrachtung ein umgekehrter Unternehmenserwerb vor, ist der Unternehmenszusammenschluss **aus der Perspektive des wirtschaftlichen Erwerbers** zu bilanzieren. Dies führt zu der Konsequenz, dass alle für die Anwendung der Erwerbsmethode notwendigen Vorgänge „umge-

kehrt", dh aus dem Blickwinkel des rechtlich erworbenen Unternehmens zu bestimmen sind – die sog Kaufpreisallokation (s hierzu ausführlich → Rn 65 ff) hat damit die identifizierbaren Vermögenswerte, Schulden und Eventualschulden des rechtlichen Erwerbers zum Gegenstand. Besondere Regelungen sind in diesen Fällen auch zur Bestimmung der Anschaffungskosten, zum Eigenkapitalausweis einschließlich der nicht-beherrschenden Gesellschafter, zur Darstellung der Vergleichszahlen im Abschluss sowie zur Berechnung des Ergebnisses je Aktie zu beachten.

Die sich aus der Behandlung des rechtlichen Erwerbers als wirtschaftlich er- 55
worbene Einheit bei einem umgekehrten Unternehmenserwerb ergebenden **Konsequenzen auf die Erwerbsbilanzierung** zeigt die folgende Synopse im Überblick, wobei das Vorgehen und die Darstellung bei einem umgekehrten Unternehmenserwerb jeweils derjenigen bei einer konventionellen Erwerbsbilanzierung gegenüberstellt wird (in Anlehnung an *Deloitte* 2015, 1922 f):

	Konventioneller Unternehmenserwerb	**Umgekehrter Unternehmenserwerb**
Aufstellung des Konzernabschlusses	Im Namen des rechtlichen Erwerbers	Im Namen des rechtlichen Erwerbers (mit Erläuterung innerhalb des Anhangs, dass es sich um eine Fortführung der bisherigen Konzernabschlüsse der rechtlich erworbenen Einheit handelt)
Bemessung der Gegenleistung	Beizulegender Zeitwert der durch den rechtlichen Erwerber gezahlten Gegenleistung	Beizulegender Zeitwert der fiktiven Eigenkapitalinstrumente, welche die rechtlich erworbene Einheit auszugeben hätte, um den Anteilseignern des rechtlichen Erwerbers dieselbe Anteilsquote an der zusammengeführten Einheit zu gewähren
Vermögenswerte und Schulden der rechtlich erworbenen Einheit	Erfassung und Neubewertung nach Maßgabe der Regelungen in IFRS 3 (idR zum beizulegenden Zeitwert)	Keine Neubewertung gegenüber der bisherigen Bilanzierung in der erworbenen Einheit
Vermögenswerte und Schulden des rechtlichen Erwerbers	Keine Neubewertung gegenüber der bisherigen Bilanzierung durch den rechtlichen Erwerber	Erfassung und Neubewertung nach Maßgabe der Regelungen in IFRS 3 (idR zum beizulegenden Zeitwert)
Geschäfts- oder Firmenwert bzw negativer Unterschiedsbetrag	Gezahlte Gegenleistung abzüglich des Nettoeigenkapitals der rechtlich erworbenen Einheit nach Neubewertung	Gezahlte Gegenleistung abzüglich des Nettoeigenkapitals des rechtlichen Erwerbers nach Neubewertung
Konsolidierte Eigenkapitalposten zum Erwerbszeitpunkt	Eigenkapitalposten des rechtlichen Erwerbers	Eigenkapitalposten der rechtlich erworbenen Einheit
Eigenkapitalinstrumente	Darstellung der Eigenkapitalinstrumente des rechtlichen Erwerbers	Ausgegebene Eigenkapitalinstrumente der rechtlich erworbenen Einheit vor dem Unternehmenszusammen-

	Konventioneller Unternehmenserwerb	Umgekehrter Unternehmenserwerb
		schluss zuzüglich des beizulegenden Zeitwerts des Nettoeigenkapitals des Erwerbers
Anteile nicht-beherrschender Gesellschafter an der rechtlich erworbenen Einheit	Bewertung zu dem auf diese Anteilseigner entfallenden Anteil am Nettoeigenkapital der erworbenen Einheit bzw zum beizulegenden Zeitwert der Anteile	Bewertung zu dem auf diese Anteilseigner entfallenden Anteil am Nettoeigenkapital der erworbenen Einheit zu Wertverhältnissen vor dem Unternehmenszusammenschluss. Keine Bewertung zum beizulegenden Zeitwert möglich
Vergleichszahlen für Vorperioden	Nur für den rechtlichen Erwerber	Nur für die rechtlich erworbene Einheit, jedoch mit rückwirkend angepassten Eigenkapitalwerten zur Darstellung des Eigenkapitals des rechtlichen Erwerbers
Ergebnis je Aktie für die Berichtsperiode	Berechnung auf Grundlage des Konzernergebnisses (unter Zugrundelegung des gewichteten Durchschnitts der Anzahl der Aktien des rechtlichen Erwerbers unter Berücksichtigung der im Erwerbszeitpunkt ausgegebenen Anteile zum Erwerb der rechtlich erworbenen Einheit)	Berechnung auf Grundlage des Konzernergebnisses (unter Zugrundelegung des gewichteten Durchschnitts der Anzahl der Aktien der rechtlich erworbenen Einheit vor dem Zusammenschluss, multipliziert mit der sich aus der Transaktion ergebenden Umtauschrate zuzüglich des gewichteten Durchschnitts der Anzahl der nach dem Erwerbszeitpunkt ausgegebenen Aktien des rechtlichen Erwerbers)
Ergebnis je Aktie für die Vorjahresvergleichsperiode	Nur für den rechtlichen Erwerber	Nur für die rechtlich erworbene Einheit (unter Zugrundelegung des gewichteten Durchschnitts der Anzahl der Anteile der Einheit, multipliziert mit der sich aus der Transaktion ergebenden Umtauschrate)

56 **Umgekehrte Unternehmenserwerbe sind** in der Praxis die **Ausnahme.** Die wirtschaftlich grds zutreffende und vom IASB geforderte Sichtweise, in diesen Fällen den juristischen Erwerber als den wirtschaftlich Erworbenen und das juristische Akquisitionsobjekt als den wirtschaftlich Erwerbenden bilanziell darzustellen, wird hinsichtlich des Eigenkapitalausweises und der Anteile nichtbeherrschender Gesellschafter konzeptionell durchbrochen. Aufgrund dieser Tatsache vermittelt auch die in IFRS 3 festgelegte Darstellungsform **nur eingeschränkt zutreffende Informationen** über die Vermögenslage des Konzerns.

Dieses Informationsdefizit vermag auch die Angabepflicht im Anhang nicht vollständig zu kompensieren.

II. Bestimmung des Erwerbszeitpunkts

Im Zusammenhang mit der Identifikation des Erwerbers ist auch der **Erwerbszeitpunkt** *(acquisition date)* zu bestimmen. Er gilt als das determinierende Datum für die Durchführung der Kaufpreisallokation, die Bestimmung der hierfür und zur Bewertung der Anteile nicht-beherrschender Gesellschafter heranzuziehenden beizulegenden Zeitwerte *(fair values)* und ggf eines resultierenden Geschäfts- oder Firmenwerts. Weiterhin wird der Erwerbszeitpunkt im Rahmen von zeitlich verzögert geleisteten Kaufpreiskomponenten als Bewertungsstichtag herangezogen (vgl → Rn 177). Außerdem grenzt dieser Zeitpunkt in seiner Eigenschaft als Erstkonsolidierungszeitpunkt die vorkonzernlichen Ergebnisse von jenen ab, die während der Konzernzugehörigkeit entstanden und dementsprechend in das Konzernergebnis mit einzubeziehen sind. 57

Nach IFRS 3.8 handelt es sich bei dem Erwerbszeitpunkt um den Tag, an 58 dem die **Beherrschungsmöglichkeit über das Erwerbsobjekt tatsächlich auf den Erwerber übergeht.** Dies impliziert nicht, dass die Transaktion rechtlich bereits abgeschlossen sein muss. Vielmehr muss der Erwerber die Möglichkeit erlangt haben, tatsächlich beherrschenden Einfluss auf die Geschäfts- und Finanzpolitik des Erwerbsobjekts auszuüben. IdR dürften der Tag der tatsächlichen Kontrollerlangung und der Tag des rechtlichen Übergangs des erworbenen Unternehmens auf den Erwerber übereinstimmen (IFRS 3.9). Da die IFRS nicht auf die vertragliche, sondern auf die tatsächliche Konstellation abstellen, sind auch der vertraglichen Vor- und Rückverlagerung des Erwerbszeitpunkts enge Grenzen gesetzt. So handelt es sich bei vertraglichen Regelungen, welche dem Wortlaut nach die Wirkung eines Unternehmenserwerbs zeitlich rückverlagern sollen, wirtschaftlich lediglich um Gewinnverteilungsabreden, die keine Auswirkungen auf den Zeitpunkt der Beherrschungsmöglichkeit über die erworbene Einheit haben. Andererseits sind in der Praxis auch Fälle zu beachten, in denen bereits vor dem *closing* durch den Erwerber faktisch Kontrolle ausgeübt werden kann. Darüber hinaus existieren Fallkonstellationen, bei denen – je nach Ausgestaltung von ggf vertraglich vereinbarten Genehmigungsvorbehalten des Veräußerers – diese Kontrolle jedoch uU soweit eingeschränkt ist, dass ein Beherrschungsverhältnis nicht mehr ohne Weiteres angenommen werden kann. In allen Fällen ist eine sorgfältige Analyse der tatsächlichen Beherrschungsmöglichkeiten im Zeitablauf die Voraussetzung für eine zutreffende Bestimmung des Erwerbszeitpunkts.

Beispiel: Unternehmen A als Erwerber schließt vertraglich zum 31. März 20X0 einen Kaufvertrag über sämtliche Anteile an Unternehmen C. Der Veräußerer B überträgt in diesem Vertrag grds die operative Kontrolle auf den Erwerber A, behält sich jedoch bis zur Anteilsübertragung und Erbringung der Gegenleistung, die am 31. Mai 20X0 erfolgen sollen, ein Vetorecht bzgl wesentlicher Veräußerungen, Akquisitionen und der Liquidation der Gesellschaft vor.

Die Übertragung der Beherrschungsmöglichkeit zum 31. März 20X0 führt dazu, dass dieses Datum als Erwerbszeitpunkt zugrunde zu legen ist. Die absichernden Vetorechte des Veräußerers B behindern den Erwerber A nicht in der operativen Führung von C, sodass eine Verlagerung der Erlangung der Kontrolle auf den 31. Mai 20X0 nicht anzunehmen ist.

Anders wären zB Vetorechte bzgl der lfd Finanz- und Liquiditätsplanung zu werten gewesen. Sofern diese A bei der Führung des lfd Geschäfts substanziell einschränken, wäre der Erwerbszeitpunkt auf den 31. Mai 20X0 zu verlagern.

59 Umgekehrt ist bei bereits bestehender Kontrollmöglichkeit eine **vertragliche Nachverlagerung** des Übergangs für die Bestimmung des Erwerbszeitpunkts irrelevant. Auch eine Stillhalteverpflichtung des Veräußerers reicht uE zur Verlagerung des Erwerbszeitpunkts nicht aus.

60 Vertragliche Vereinbarungen einer **abweichenden Aufteilung des Gewinns** zwischen Erwerber und Veräußerer in der Periode des Erwerbs sind für die Bestimmung des Erwerbszeitpunkts ohne Bedeutung. Solche Vereinbarungen wirken sich lediglich auf die Höhe des erworbenen Nettovermögens aus. Vor dem Erwerbszeitpunkt erzielte Ergebnisse werden als vorkonzernliche Ergebnisse nicht in die Erfolgsrechnung des Konzerns einbezogen. Hingegen wird das in die Erstkonsolidierung einzubeziehende Vermögen beeinflusst. Ob durch die Vereinbarung der aus der Erstkonsolidierung resultierende **Geschäfts- oder Firmenwert** beeinflusst wird, richtet sich danach, ob die Kaufpreisfestlegung in Abhängigkeit von dem übernommenen Ergebnis erfolgte oder nicht. Wurde die Vereinbarung in der Weise getroffen, dass die übernommenen Ergebnisse den Kaufpreis beeinflussen, so verändern sich die Anschaffungskosten; der Geschäfts- oder Firmenwert hingegen bleibt unverändert. Erfolgte die Kaufpreisfestlegung unabhängig von der Ergebnisverlagerung, so ändert sich der Geschäfts- oder Firmenwert bei unveränderten Anschaffungskosten.

61 Viele Verträge im Zusammenhang mit Unternehmenszusammenschlüssen sehen **Genehmigungsvorbehalte** von Gesellschaftsorganen oder Kartellbehörden vor. Wie solche Vorbehalte im Hinblick auf die Bestimmung des Erwerbszeitpunkts zu beurteilen sind, richtet sich nach den tatsächlichen Verhältnissen während des Interimszustands bis zur Erteilung der erforderlichen Genehmigungen, mithin nach dem Charakter der Genehmigungsvorbehalte. Stellen diese eine wesentliche Ausübungshürde zur Durchsetzung wesentlicher Unternehmensentscheidungen aus Sicht des Erwerbers dar, ist ein Übergang erst bei erfolgter Genehmigung zu unterstellen (vgl *Lüdenbach/Hoffmann/Freiberg* IFRS § 31 Rz 34). Ist der Veräußerer dagegen verpflichtet, in diesem Interimszeitraum (quasi-)treuhänderisch zu handeln, wesentliche Investitions-, Personalentscheidungen usw nicht oder nur in Absprache mit dem Erwerber zu treffen, so ist nach Maßgabe des Einzelfalls ein Übergang uU auch bereits vor dem Zeitpunkt der Erteilung der erforderlichen Genehmigungen gegeben.

62 Eine Gegenüberstellung der **Teilschritte** im **Erwerbsprozess** einschließlich der **zivilrechtlichen Teilschritte** mit den Anforderungen des IFRS 3 ergibt damit folgende Darstellung:

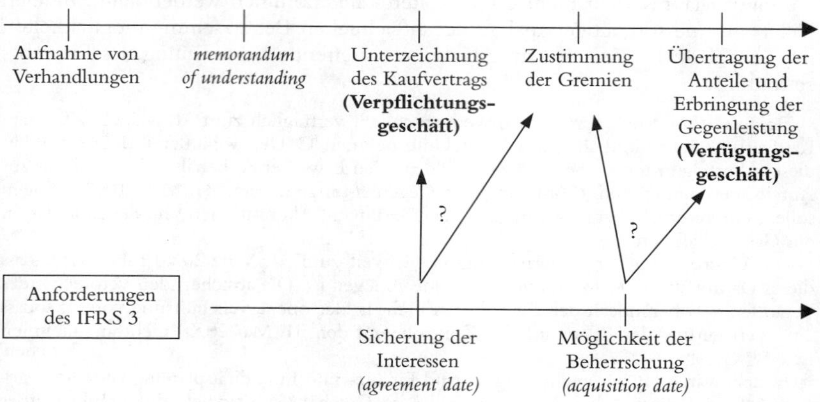

Die tatsächliche Festlegung des Erwerbszeitpunkts ist in jedem **Einzelfall** unter Berücksichtigung der konkreten vertraglichen Ausgestaltung des Erwerbsvorgangs festzulegen. Dies gilt insbes im Hinblick auf den Zeitraum zwischen Vertragsschluss und Übertragungszeitpunkt der Anteile und bei der Würdigung von Gremienvorbehalten oder Genehmigungsvorbehalten durch Behörden mit aufschiebender Wirkung (zB kartellrechtliche Verfahren). 63

Beispiel: Unternehmen A erwirbt 100% der Anteile an einem TU von Unternehmen B. Der notarielle Kaufvertrag wird am 20. Juli 20X1 von beiden Vertragsparteien unterzeichnet und beurkundet. In diesem Vertrag wird gleichzeitig vereinbart, dass Besitz, Nutzen und Lasten an dem erworbenen TU rückwirkend zu Beginn des Halbjahres, also zum 1. Juli 20X1 übergehen sollen. Der Erwerb unterliegt gleichzeitig dem Vorbehalt der Zustimmung durch die Kartellbehörde. Diese Genehmigung wird am 10. Oktober 20X1 erteilt. Für die Zeit zwischen Vertragsabschluss und kartellrechtlicher Genehmigung vereinbaren die Parteien, dass der Veräußerer die Geschäfte des TU weiterführt, wobei er für folgende Bereiche die **Zustimmung des Erwerbers** benötigt:
(1) Investitionen oder Desinvestitionen über einem Schwellenwert,
(2) Änderungen des bestehenden Businessplans und des Budgets für das lfd Jahr,
(3) Neueinstellungen und Entlassungen von Arbeitnehmern,
(4) Änderungen im Produktionsverfahren oder der Produktpalette,
(5) Darlehensaufnahme und andere Finanzierungsmaßnahmen.

Hinsichtlich der vorgenannten Transaktionen hat der Erwerber zusätzlich ein **Weisungsrecht** an den Veräußerer. Für die Führung der Geschäfte in diesem Zeitraum erhält Unternehmen B eine Aufwandsentschädigung. Außerdem wird für den Fall der Versagung der kartellrechtlichen Genehmigung vereinbart, dass der Erwerber den Veräußerer für alle auf seine Veranlassung vorgenommenen Transaktionen so stellen muss, als wären diese Transaktionen nicht getätigt worden.

Das Unternehmen A verfügt ab dem 20. Juli 20X1 über die Möglichkeit der Beherrschung über die erworbene Einheit, da es ab diesem Zeitpunkt grds die Möglichkeit hat, die relevanten wirtschaftlichen Aktivitäten zu bestimmen, aufgrund des Übergangs von Nutzen und Lasten zu diesem Zeitpunkt auch variablen Rückflüssen ausgesetzt ist und seine Beherrschungsmacht zur Beeinflussung dieser Rückflüsse nutzen kann. Es liegt damit ab dem 20. Juli 20X1 ein Beherrschungsverhältnis iSv IFRS 10.6 vor, sodass dieses Datum als **Erwerbszeitpunkt** anzusehen ist (zu Beherrschungsverhältnissen vgl ausführlich → § 30 Rn 10 ff). Zu diesem Zeitpunkt ist nach IFRS 3 konzeptionell ein Zwischenabschluss aufzustellen, der die Grundlage der Erwerbsbilanzierung bildet. Unter Berücksichtigung von Wesentlichkeitsgesichts- und Datenverfügbarkeitsgesichtspunkten kann anstelle eines gesondert aufzustellenden tagesgenauen Zwischenabschlusses je nach Umständen des Einzelfalls auch die Verwendung bereits zur Verfügung stehender Abschlüsse in engem zeitlichen Zusammenhang (etwa auf den 31. Juli 20X1) in Betracht kommen.

Eine **Rückverlagerung des Erwerbszeitpunkts** auf den 1.07. 20X1 scheidet aus, da vor dem 20.07.20X1 keine substanziellen Rechte bestanden, die ein Beherrschungsverhältnis begründen könnten.

Ein **späterer Erwerbszeitpunkt** zum 10. Oktober 20X1 (Zeitpunkt der Genehmigung durch die Kartellbehörde als aufschiebende Bedingung des Erwerbs) ist ebenfalls nicht zu unterstellen, da die Geschäfte bis zu diesem Zeitpunkt zwar vom Veräußerer geführt werden, dem Erwerber aber durch die vertraglichen Einflussmöglichkeiten substanzielle Rechte zustehen, die es ihm auch in der Zeit vor der Genehmigung ermöglichen, die relevanten Geschäftsaktivitäten zu bestimmen. Aufgrund des jedoch ebenfalls vereinbarten Kompensationsanspruchs gegen den Erwerber für von diesem veranlasste Transaktionen bei einer ablehnenden Entscheidung der Kartellbehörde ist es sehr unwahrscheinlich, dass der Erwerber von seinen ihm substanziell zustehenden Rechten vor einer Entscheidung der Kartellbehörde tatsächlich Gebrauch macht. In jedem Einzelfall ist die wirtschaftliche Substanz des behördlichen Genehmigungsvorbehalts zu beurteilen (vgl *EY* 2015, 587 und *KPMG* 2014/15 Rz 2.6.220).

Variante: Anders wäre es zu beurteilen, wenn der Vertrag bis zur kartellrechtlichen Genehmigung lediglich **Schutzrechte** (zum Begriff vgl → § 30 Rn 20) für den Erwerber vorsehen würde, die substanziellen Rechte zur Bestimmung relevanter Aktivitäten jedoch weiterhin dem Veräußerer zustünden. In diesem Fall wäre von einer Beherrschung durch den Erwerber erst nach Ende der Führung der Geschäfte durch den Veräußerer auszugehen. Mithin wäre der Erwerbszeitpunkt in diesem Fall der 10. Oktober 201X1.

64 *(einstweilen frei)*

C. Kaufpreisallokation

I. Überblick

65 Ungeachtet der konzeptionellen Ausrichtung des IFRS 3 auf die Bewertung von Vermögenswerten und Schulden einerseits und der Gegenleistung andererseits bleibt die **Kaufpreisallokation** als Ansatz- und Bewertungsvorgang der erworbenen Vermögenswerte und Schulden das **zentrale Element** der Bilanzierung von Unternehmenserwerben. In der Praxis ist hinsichtlich der Kaufpreisallokation bislang **keine einheitliche Vorgehensweise** zu erkennen. Dies ist im Wesentlichen darauf zurückzuführen, dass jeweils unternehmensindividuelle Besonderheiten zu berücksichtigen sind. Die folgenden Hinweise sind damit nur als grobe Richtschnur für die praktische Umsetzung der Ansatz- und Bewertungsregeln von IFRS 3 zu verstehen. Grds können aber die folgenden Schritte zur Durchführung der Kaufpreisallokation unterschieden werden:

Maßnahmen zur Kaufpreisallokation ieS:

1. **Identifikation** bilanzierungsrelevanter Sachverhalte, dh potenzielle
   – Vermögenswerte
   – Schulden
   – Eventualschulden

2. **Ansatz** von Vermögenswerten, Schulden und Eventualschulden, dh
   – Erfüllung der Ansatzvorschriften
   – Bewertbarkeit gegeben

3. **Bewertung** der anzusetzenden Vermögenswerte, Schulden und Eventualschulden zum beizulegenden Zeitwert *(fair value)*

4. **Klassifikation** der angesetzten Vermögenswerte, Schulden und Eventualschulden, soweit von den einschlägigen Standards vorgesehen

66 Dabei ist die **Bestimmung** des **Erwerbsstichtags** (vgl → Rn 57 ff) für die Kaufpreisallokation von zentraler Bedeutung, da sich die Identifikation, der Ansatz und die Bewertung der erstmalig im Abschluss des Erwerbers anzusetzenden Posten auf diesen Zeitpunkt beziehen. Insoweit richtet sich die Vollständigkeit der Identifikation aller Vermögenswerte, Schulden und Eventualschulden, aber auch ihr Ansatz nach den Gegebenheiten, wie sie am Erwerbsstichtag zu beobachten sind (IFRS 3.10).

Sofern in der Berichtsperiode, in der der Unternehmenszusammenschluss stattgefunden hat, **keine Möglichkeit eines endgültigen Abschlusses** der

Kaufpreisallokation besteht, hat das berichtende Unternehmen die bilanzielle Darstellung des Erwerbsvorgangs auf Basis des vorläufigen Zahlenmaterials vorzunehmen. Zu einer Darstellung der sog Zwölf-Monatsfrist *(measurement period)* vgl → Rn 250f.

1. Identifikation

Der Ansatz und die Bewertung der im Rahmen von Unternehmenszusammenschlüssen erstmalig im Abschluss des Erwerbers zu bilanzierenden Vermögenswerte, Schulden sowie Eventualschulden erfordern grds eine **vollständige Bestandsaufnahme** sämtlicher für die Bilanzierung relevanter Sachverhalte aus der Sicht des Erwerbers. Die erworbene Unternehmenseinheit ist dabei für Zwecke der Zugangsbilanzierung zunächst **losgelöst von rechtlichen Strukturen** und (Teil-)Konzernhierarchien zu betrachten. Obgleich der wohl überwiegende Teil von Unternehmenserwerben durch den Erwerb von Kapitalanteilen vollzogen wird, stehen die übernommenen, insbes identifizierbaren Vermögenswerte, Schulden und Eventualschulden für die bilanzielle Abbildung des Zusammenschlusses im Vordergrund. 67

Erster Schritt einer Kaufpreisallokation ist damit regelmäßig eine **grundlegende Analyse des erworbenen Geschäftsbetriebs** mit Fokus auf bilanziell relevante Sachverhalte. 68

Als **Ausgangspunkt** für die hierfür erforderliche Analyse können zunächst vorhandene **(Einzel-)Abschlüsse nach IFRS** und **Prüfungsberichte** der erworbenen Unternehmen herangezogen werden. Diese geben insbes Aufschluss über ansatzfähige materielle und finanzielle Vermögenswerte und Schulden. Zudem wird eine Vielzahl von Bilanzposten nach IFRS bereits im Einzelabschluss zum beizulegenden Zeitwert bilanziert, sodass sich zumindest beim *share deal* damit konzernspezifische Überlegungen zum Ansatz und zur Bewertung vieler materieller und finanzieller Vermögenswerte sowie eines Großteils der Schulden erübrigen.

Weiterhin bieten sich die Ergebnisse einer ***due diligence*-Prüfung** als Datengrundlage im Rahmen der Kaufpreisallokation an. Wurde im Zuge des Unternehmenserwerbs eine *due diligence* durchgeführt, können Kenntnisse der Rechnungslegung sowie des Geschäftsmodells zur Identifikation besonderer Werttreiber des Unternehmens sowie vorhandener (bilanzieller) Risiken herangezogen werden. 69

Ähnliche Erkenntnisse ergeben sich in vielen Fällen auch aus der Analyse des **Kaufvertrags.** Neben Informationen zur Dotierung der aufgewendeten Gegenleistung (vgl → Rn 176ff), gibt der Kaufvertrag häufig Hinweise auf die Existenz besonderer Vermögenswerte und Schulden. Hierzu gehören ua separat verhandelte Kaufvertragsobjekte wie zB Verwertungsrechte an entwickelten Technologien oder die Übernahme von möglichen Verpflichtungen aus der Verursachung von Umweltschäden oder schwebenden Rechtsstreitigkeiten. Weiterhin werden im Kaufvertrag regelmäßig Schutzrechte wie Marken, Patente oder Gebrauchsmuster aufgeführt sowie Wettbewerbsverbote der veräußernden Partei. Dabei ist jedoch auch zu berücksichtigen, dass zahlreiche Kaufvertragskomponenten rein steuerlich bzw rechtlich induziert und häufig nach IFRS nicht ansatzfähig sind. Hierzu gehören zB Wettbewerbsverbote, die keinen unmittelbaren ökonomischen Nutzen erkennen lassen oder abgelaufene Patente, die einen Schutz vor Fremdzugriff auf eine patentierte Erfindung nicht mehr gewährleisten können. Insoweit geht dem Ansatz als Vermögenswert oder als Schuld/Eventualschuld eine eingängige Überprüfung der materiellen Inhalte des potenziellen Bilanzpos- 70 tens voraus. Für den Bestandsnachweis ist stets auf den wirtschaftlichen Gehalt des Vermögenswerts oder der Schuld abzustellen.

2. Ansatzkriterien

71 Die **Ansatzkriterien nach IFRS 3** für identifizierbare Vermögenswerte und Schulden richten sich grds nach der im Rahmenkonzept gegebenen Definition dieser Begrifflichkeiten (IFRS 3.11; vgl auch → § 2 Rn 120 ff). Dabei ist sicherzustellen, dass der ansatzfähige Sachverhalt dem Unternehmenszusammenschluss unter wirtschaftlichen Gesichtspunkten zuzurechnen ist und nicht dazu dient, eine vor- oder außererwerbliche Beziehung zwischen dem Erwerber und dem Veräußerer zu begründen bzw beizulegen (IFRS 3.12). **Ausnahmen** von diesen generellen Ansatzkriterien formuliert IFRS 3 jedoch für Eventualschulden, Ertragsteuern, Leistungen an Mitarbeiter, Vermögenswerte aus Erstattungsansprüchen und rückerworbene Rechte.

72 Da sich der Ansatz von übernommenen Vermögenswerten und Schulden nach den allgemeinen Definitionen des Rahmenkonzepts in F.4.8 ff richtet, ist von einem **aktivierungsfähigen Vermögenswert** auszugehen, sofern ein durch das Unternehmen kontrollierbarer aus einem Ereignis der Vergangenheit resultierender künftiger Nutzenzufluss vorliegt. Umgekehrt ist eine **ansatzfähige Schuld** gegeben, wenn das Unternehmen aufgrund eines Ereignisses der Vergangenheit einer gegenwärtigen Verpflichtung ausgesetzt ist, aufgrund derer ein künftiger Abfluss an ökonomischem Nutzen zu erwarten ist (vgl *Hendler/Zülch* WPg 2008, 484 (485 f); zur Definition von Vermögenswerten und Schulden vgl auch → § 2 Rn 121 f, → § 2 Rn 132).

Begriffsbestimmende Merkmale

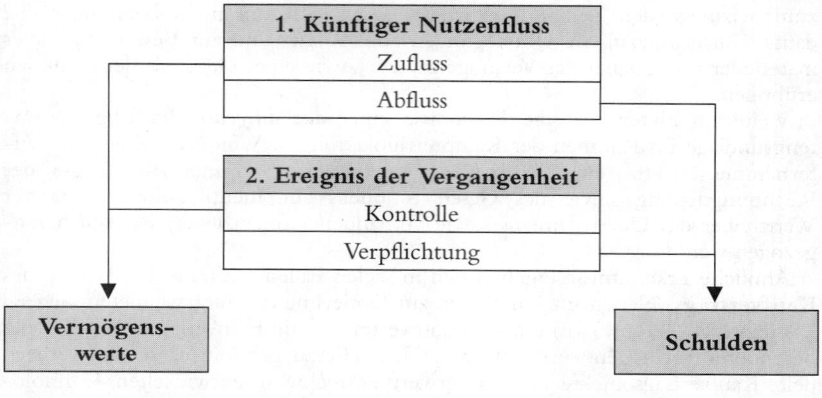

73 Der grds Verweis auf die Ansatzkriterien des Rahmenkonzepts führt konzeptionell zu einer **Synchronisation der Regelungen** zum Ansatz von Vermögenswerten und Schulden im Akquisitionsfall mit denjenigen innerhalb der lfd Bilanzierung. Nach Begründung durch den IASB soll damit vermieden werden, dass Posten im Rahmen eines Unternehmenszusammenschlusses zum Ansatz gelangen, welche die Definition von Vermögenswerten und Schulden nicht erfüllen (IFRS 3.BC114). Hierunter dürfte vor allem die Antizipation von Restrukturierungen durch bereits bei der Kaufpreisallokation angesetzte Rückstellungen fallen, die nach den Regelungen des IFRS 3 konzeptionell unzulässig ist.

74 Die Bilanzierung von Vermögenswerten und Schulden beim erworbenen Geschäftsbetrieb ist grds für den Ansatz im Rahmen eines Unternehmenserwerbs

unerheblich mit der Folge, dass eine **Neubeurteilung der Ansatzfähigkeit des erworbenen Nettovermögens** zu erfolgen hat. Die Kaufpreisallokation kann daher dazu führen, dass eine Reihe von Vermögenswerten und Schulden erstmalig angesetzt werden, die im Abschluss des erworbenen Unternehmens vorher nicht bilanziert wurden (IFRS 3.13). So gelten insbes eine Reihe von Ansatzverboten für immaterielle Vermögenswerte nur bei der originären Bilanzierung – zB dürfen vom Geschäftsbetrieb selbst erstellte Kundenlisten nicht vom erworbenen Unternehmen selbst aktiviert werden (IAS 38.63). Aus der Sicht des Erwerbers handelt es sich jedoch nicht um eine selbst erstellte, sondern um eine durch Unternehmenszusammenschluss erworbene Kundenliste. Das Bilanzierungsverbot der lfd Bilanzierung greift demzufolge durch die Betrachtung im Zusammenhang mit einem Erwerbsvorgang nicht.

(einstweilen frei) **75–79**

3. Bewertung

Die identifizierten und ansatzfähigen Vermögenswerte, Schulden und Eventualschulden sind für den Wertansatz zum **Zeitpunkt des Unternehmenserwerbs** (→ Rn 57 ff) grds einer **Bewertung zum beizulegenden Zeitwert** *(fair value)* zu unterziehen. Dabei handelt es sich allgemein um den Betrag, zu dem zwischen sachverständigen, vertragswilligen und voneinander unabhängigen Geschäftspartnern unter marktüblichen Bedingungen ein Vermögenswert getauscht oder eine Schuld beglichen werden könnte (zur abweichenden Definition des beizulegenden Zeitwerts nach IFRS 13 und ihren Auswirkungen vgl → Rn 86). **80**

Diese generelle Bewertungsanforderung impliziert (vgl auch *Grant Thornton International* 2008, 18 ff) insbes folgende Aspekte:
(1) Bewertung zum Erwerbsstichtag,
(2) weitestgehende Berücksichtigung von Marktdaten,
(3) Bewertung aus der Perspektive des typischen Marktteilnehmers/keine Berücksichtigung von Synergien. Damit ist die konkrete Verwendungsabsicht des Erwerbers irrelevant, sondern die allgemeine Markterwartung ausschlaggebend (IFRS 3.B43),
(4) Nachsteuerbetrachtung: Die Perspektive des typischen Marktteilnehmers erfordert eine Nachsteuerbewertung beizulegender Zeitwerte.

Konkrete Vorgaben, wie der beizulegende Zeitwert von Vermögenswerten, Schulden und Eventualschulden im Rahmen der Kaufpreisallokation zu schätzen ist, sind in IFRS 3 **nicht enthalten.** Der Herleitung von beizulegenden Zeitwerten sind damit die allgemeinen Vorgaben des IFRS 13 und deren Umsetzung in der Praxis durch die dort anzutreffenden üblichen Bewertungsmethoden zugrunde zu legen. Folgende Charakteristika sollten dabei vorbehaltlich der noch zu erläuternden Ausnahmeregelungen für alle Bewertungen gelten: **81**

Entscheidend für die Ermittlung zutreffender Zeitwerte ist die Einhaltung des **Stichtagsprinzips.** Die Schätzung beizulegender Zeitwerte bezieht sich immer auf den Zeitpunkt, an dem der Vermögenswert bzw die Schuld oder Eventualschuld in den Verfügungsbereich übergegangen ist. Folglich stimmt der Bewertungszeitpunkt mit dem Erstkonsolidierungszeitpunkt idR überein. **82**

Generell sind **Marktbeobachtungen** zur Bestimmung beizulegender Zeitwerte Schätzungen vorzuziehen. Für die meisten Vermögenswerte, Schulden und Eventualschulden existieren indes nicht, oder nur in einem stark eingeschränkten Umfang, entspr aktive Märkte. Häufig ist nur bei besonders gängigen Finanzinstrumenten ein Marktpreis ohne weitere Probleme beobachtbar, sodass Schätzungen für den weitaus größeren Teil im Rahmen der Kaufpreisallokation unerlässlich sind. Um trotz dieser Einschränkungen dem Grundgedanken des beizulegenden Zeitwerts annähernd zu entsprechen, sollten die vorgenommenen Schätzungen soweit wie möglich die vorhandenen Marktdaten berücksichtigen. In die Schätzungen fließen daher regelmäßig bspw auf den spezifischen Bilanzposten risikoadjustierte Zinsen, Ertragsteuern und ähnliche Faktoren ein, die ein Investor typischerweise einer Bewertung zugrunde legen würde.

83 Die Schätzung von beizulegenden Zeitwerten muss zwangsläufig aus der **Perspektive eines typischen Marktteilnehmers** erfolgen. Dabei ist anzunehmen, dass dieser den Vermögenswert, die Schuld oder Eventualschuld bestmöglichst verwertet – am Markt setzt sich schließlich regelmäßig der höchste Preis für einen Vermögenswert durch und auch Schulden werden zum Mindestabgeltungspreis refinanziert. Die Perspektive eines typischen Marktteilnehmers impliziert, dass bei der Schätzung der beizulegenden Zeitwerte für abnutzbare Vermögenswerte die ökonomischen Nutzungsdauern zugrunde zu legen sind. Möglicherweise von einer ökonomischen Betrachtungsweise abweichende Abschreibungsdauern wirken sich damit allenfalls auf die Berechnung von Elementen der Ertragsbesteuerung innerhalb der Schätzung beizulegender Zeitwerte aus.

84 **Unsicherheiten** sind in der Bewertung, nicht aber im Ansatz zu berücksichtigen und beziehen sich stets auf den Bewertungsstichtag. Der Ansatz eines gesonderten Bilanzpostens für Unsicherheiten ist somit ausgeschlossen (IFRS 3.B41). Der beizulegende Zeitwert ist im Regelfall als **Nachsteuer-Wert** aus Sicht des typischen Marktteilnehmers zu schätzen. Dieses Charakteristikum leitet sich daraus ab, dass die Zahlungsbereitschaft eines Marktteilnehmers für einen Vermögenswert ceteris paribus nicht über dem Betrag liegt, den er erwartet aus dem Vermögenswert zu erzielen. Da der typische Marktteilnehmer im Regelfall steuerpflichtig ist, sind entspr geschätzte Steuerbe- und -entlastungen in die Schätzung des beizulegenden Zeitwerts aufzunehmen, insbes wenn diese auf der Grundlage einkommensbasierter Bewertungsgrundsätze erfolgt. Hier ist regelmäßig der sog *tax amortisation benefit* (TAB) werterhöhend anzusetzen, der die Ertragsteuerentlastung abbildet, die sich aus der Abschreibung des Vermögenswerts ergeben würde. Kommt der Unternehmenszusammenschluss auf dem Wege eines Anteilskaufs zustande, erhöht sich die steuerliche Abschreibungsbasis durch die Neubewertung einzelner Vermögenswerte jedoch nicht, sodass es sich bei den TAB regelmäßig um eine rein fiktive Wertkomponente handelt.

85 Seit Inkrafttreten von **IFRS 13** sind die in diesem Standard festgelegten Regelungen zur Bestimmung von beizulegenden Zeitwerten auch im Rahmen der Kaufpreisallokation im Zusammenhang mit einem Unternehmenszusammenschluss zu berücksichtigen (eine detaillerte Darstellung der Regelungen des IFRS 13 findet sich in → § 2 Rn 165 f).

Der **beizulegende Zeitwert** ist nach IFRS 13.9 und IFRS 3.Anhang A als der Betrag definiert, zu dem unter aktuellen Marktbedingungen am Bemessungsstichtag eine Transaktion im normalen Geschäftsverkehr zwischen unabhängigen Marktteilnehmern stattfinden würde, bei der entweder ein Vermögenswert veräußert oder eine Schuld übertragen würde. Es handelt sich somit um einen ***exit-price,*** wobei jeweils die vorteilhafteste Verwertung unterstellt wird. Dabei ist stets das Bewertungsverfahren anzuwenden, das den jeweiligen Umständen am ehesten entspricht und für das ausreichend Daten zur Bemessung des *fair value* verfügbar sind.

Hinsichtlich der grds zur Auswahl stehenden **Bewertungsverfahren** unterscheidet IFRS 13.62 f zwischen drei Bewertungsansätzen und weist darauf hin, dass in einigen Fällen aufgrund der Anwendungsvoraussetzungen oder der Datenlage nur ein einziges Bewertungsverfahren sachgerecht ist, während in anderen Fällen mehrere Verfahren in Betracht kommen können. Bei einer näheren

Betrachtung weisen diese Verfahren allerdings in Teilbereichen Ähnlichkeiten auf.

(1) Der sog ***market approach*** (IFRS 13.B5 ff) stellt ein marktpreisorientiertes Verfahren dar, bei dem die beizulegenden Zeitwerte aus Marktpreisen von vergleichbaren Vermögenswerten und Schulden abgeleitet werden. Hierbei ist zu beachten, dass der beizulegende Zeitwert nicht identisch mit einem Marktpreis sein muss, sondern lediglich aus diesem abgeleitet wird, sodass ggf Anpassungen erforderlich sind. Obwohl dieses Verfahren konzeptionell am ehesten einer marktbasierten Wertfindung entspricht, fehlt es oft an vergleichbaren Markttransaktionen oder Datenverfügbarkeit. Dies führt im Ergebnis dazu, dass dieser Ansatz nur in einer geringen Anzahl von Bewertungssituationen belastbare Ergebnisse zur Verfügung stellen kann.

(2) Die kostenorientierten Verfahren ***(cost approach)*** gem IFRS 13.B8 ff orientieren sich bei der Ermittlung des beizulegenden Zeitwerts an den Wiederbeschaffungskosten. Ggf ist bei den Wiederbeschaffungskosten von Vermögenswerten deren Abnutzung zu berücksichtigen. Dem kostenorientierten Ansatz ist jedoch das konzeptionelle Problem inhärent, dass hier Vergangenheitswerte die Bewertungsbasis bilden und damit das Stichtagsprinzip vernachlässigt wird. Handelt es sich hingegen um relativ kurz vor dem Erwerbsstichtag vorgenommene Anschaffungen bzw Kostenbeobachtungen, ist fast schon von einem *market approach* auszugehen.

(3) Einkommenorientierte Verfahren ***(income approach)*** gem IFRS 13.B10 ff leiten den beizulegenden Zeitwert aus den erwarteten zukünftigen Zahlungsströmen ab. Es handelt sich wohl um den am häufigsten angewendeten Ansatz, da soweit wie möglich Marktbeobachtungen mit der Schätzung künftiger Überschüsse kombiniert werden. Allerdings bedingt die Technik der Barwertberechnung die Notwendigkeit der Festlegung vieler Parameter, von denen nur ein Teil direkt aus Marktwerten abgeleitet werden kann. Insbes die Schätzung zukünftiger Zahlungsströme sowie die Festlegung des Diskontierungsfaktors eröffnet dem Bewerter einen nicht unerheblichen Ermessensspielraum.

Bei der Wahl des Bewertungsverfahrens ist insbes auch die Verfügbarkeit der benötigten **Input-Daten** zu berücksichtigen. Im Rahmen einer **Bewertungshierarchie** teilt IFRS 13 diese Input-Faktoren in drei Stufen ein: 86

(1) Inputfaktoren des ***level*** **1** sind Preisnotierungen auf aktiven Märkten für identische Vermögenswerte bzw Schulden, zu denen die berichtende Einheit am Bewertungsstichtag unmittelbar Zugang hat.

(2) Inputfaktoren des ***level*** **2** sind Marktpreisnotierungen, die nicht in *level* 1 fallen und die entweder unmittelbar oder mittelbar beobachtbar sind.

(3) Inputfaktoren des ***level*** **3** sind nicht auf Märkten beobachtbare Faktoren, die unter Verwendung der bestmöglichen verfügbaren Informationen aus unternehmensexternen oder unternehmensinternen Daten abgeleitet werden.

Falls die zur Bemessung des beizulegenden Zeitwerts im Einzelfall verwendeten Inputfaktoren **verschiedenen *level* angehören,** richtet sich die Einstufung des beizulegenden Zeitwerts insgesamt nach dem niedrigsten *level.*

Ziel der Regelungen des IFRS 13 ist eine systematisch vergleichbare Ermittlung beizulegender Zeitwerte sowie eine Vereinheitlichung der Angabepflichten bei der Verwendung von *fair values.*

Der Saldo aus den neu zum beizulegenden Zeitwert bewerteten Vermögenswerten und Schulden ist nicht durch die Höhe der **Gegenleistung für den Unternehmenserwerb** (→ Rn 176 ff) begrenzt. Für Situationen, in denen diese Wertansätze nachträglich angepasst werden müssen, wird auf die Ausführungen unter → Rn 93 ff verwiesen. 87

4. Klassifizierung

88 Eine Reihe von Geschäftsvorfällen erfordert bei ihrer erstmaligen Erfassung im IFRS-Abschluss eine **Klassifizierung** bzw **Designierung.** Leasingverhältnisse sind bspw nach den Regelungen von IAS 17.7 ff in Finanzierungs- und operative Leasingverhältnisse zu unterscheiden. Vergleichbare Sachverhalte lassen sich exemplarisch (jedoch nicht abschließend) wie folgt auflisten:

Bereich	Klassifizierung	Regelung
Wertpapiere	Bestimmung der Bewertungskategorie	IAS 39.45/IFRS 9.4.1 (finanzielle Vermögenswerte) IAS 39.47/IFRS 9.4.2 (finanzielle Schulden)
Wertpapiere	Separierung von eingebetteten derivativen Finanzinstrumenten	IAS 39.10 ff/IFRS 9.4.3
Derivative Finanzinstrumente	Festlegung eines möglichen Sicherungszusammenhangs	IAS 39.71 ff/ IFRS 9.6.1 ff
Leasingverhältnisse	Klassifizierung als Finanzierungs- oder operatives Leasing	IAS 17.7 ff IFRS 3.17 (Sonderregeln)
Garantieverträge	Klassifizierung als Versicherungsvertrag oder als Finanzinstrument	IFRS 3.17(b)
Unternehmensbeteiligungen	Designierung als erfolgswirksam zum beizulegenden Zeitwert bewertet (nur bei Venture Capital und ähnlichen Gesellschaften)	IAS 28.18
	Erfolgswirksam zum beizulegenden Zeitwert bewertete TU von Investmentgesellschaften	IFRS 10.31
Immobilien	Einstufung als operatives Vermögen oder zu Renditezwecken gehaltenes Vermögen	IAS 40.30

89 IFRS 3 erfordert grds die Klassifizierung bzw Designierung dieser und vergleichbarer Sachverhalte **auf der Grundlage der Verhältnisse am Erwerbsstichtag.** In die Beurteilung einzubeziehen sind hier die relevanten vertraglichen und ökonomischen Regelungen, die operativen und bilanziellen Methoden und weitere sachbezogene Konditionen.

Beispiel: Im Rahmen eines Unternehmenserwerbs wird festgestellt, dass vom erworbenen Geschäftsbetrieb Devisentermingeschäfte abgeschlossen worden sind. Diese sind im IFRS-Abschluss des erworbenen Geschäftsbetriebs als *cashflow hedge* klassifiziert worden, da sie das Fremdwährungsrisiko aus erwarteten US-$-Warenlieferungen abgesichert haben.

Der Erwerber kann hier innerhalb der Regelungen des IAS 39.71 ff/IFRS 9.6.1 ff agieren: Erstens kann die Analyse zu dem Schluss kommen, dass die Hedge-Designation aufrecht zu erhalten ist. Infolgedessen wird das *hedge accounting* ausgehend von beizulegenden Zeitwerten am Erwerbsstichtag fortgesetzt. Zweitens kann eine Analyse auf der Grundlage der Bilanzierungs- und Bewertungsmethoden des Erwerbers auch zu dem Ergebnis führen, dass kein *cashflow hedge* vorliegt. Die Hedge-Designation wäre damit aufgehoben. Drittens sind aber auch Fallkonstellationen denkbar, in denen der urspr Sicherungszusammenhang negiert wird, dafür aber das Devisentermingeschäft als Sicherungsinstrument für eine andere Transaktion designiert wird. So könnte ein derivatives Finanzinstrument des erworbenen Geschäftsbetriebs bspw auch für ein anderes als das urspr antizipierte Grundgeschäft designiert werden.

Nach IFRS 3.17 explizit vom **Grundsatz der Neuklassifizierung** bzw Neudesignierung zum Erwerbsstichtag **ausgenommen** sind **Leasingverhältnisse** iSd IAS 17 sowie Verträge, die uU auch als **Versicherungsverträge** einzustufen sind. Hier sind die vertraglichen Bedingungen und sonstigen Faktoren heranzuziehen, die zum Beginn des Vertragsverhältnisses galten (vgl *Beyhs/Wagner* DB 2008, 73 (76)). Wurden Vertragsverhältnisse im Zeitablauf bis einschließlich des Erwerbszeitpunkts modifiziert, sind die zuletzt gültigen Regelungen der Beurteilung zugrunde zu legen. In Vertragsverhältnissen verabredete *„change-of-control"*-Klauseln sind damit in die Designation bzw Klassifikation einzubeziehen. 90

Durch diese Ausnahmeregelung wird der **Grundgedanke** der **Erwerbsmethode durchbrochen.** Hiernach wäre für diese Vertragsbeziehungen grds eine Neueinstufung zum Erwerbszeitpunkt erforderlich – immerhin tritt aus ökonomischer Sicht der Erwerber in das vom erworbenen Geschäftsbetrieb begründete Vertragsverhältnis ein. Gleichwohl ist einzuräumen, dass diese Ausnahmeregelungen im Einzelfall auch eine **Arbeitserleichterung** darstellen können: So können einmal vorgenommene Klassifizierungen von Leasingverhältnissen regelmäßig beibehalten werden, soweit der erworbene Geschäftsbetrieb IFRS angewendet hat. Gleiches gilt für Verträge, die in der Schnittmenge von IFRS 4 und IAS 39/IFRS 9 liegen und somit entweder als Versicherungsvertrag oder aber als Finanzinstrument zu behandeln sind. Wurden die IFRS vom erworbenen Geschäftsbetrieb nicht angewendet, ist indes zu bestimmen, wie die Designation bzw Klassifikation von Versicherungs- und Leasingverträgen verlaufen wäre, wenn der Geschäftsbetrieb bereits bei **Vertragsabschluss** IFRS angewendet hätte. UE sind in diesem Zusammenhang die gleichen Überlegungen anzustellen, die im Rahmen der Umstellung der Rechnungslegung auf IFRS notwendig sind (vgl → § 44 Rn 122ff).

5. Ausnahmeregelungen

IFRS 3 enthält keine expliziten Hinweise zur Bestimmung der beizulegenden Zeitwerte zum Erwerbszeitpunkt, sondern verlangt eine generelle *fair value*-Bewertung aller Vermögenswerte und Schulden. Zu dieser grds Anforderung formuliert der Standard jedoch eine Reihe von **Ausnahme- und Ergänzungsregelungen** hinsichtlich Ansatz und/oder Bewertung, die nachfolgend im Zusammenhang mit den Ausführungen zu den entspr Vermögenswerten (vgl → Rn 99ff) und Schulden (vgl → Rn 143ff) im Detail dargestellt werden. Einen Überblick gibt die folgende Tabelle. 91

Bilanzposten		**Besonderheiten zum/zur**		**vgl Rn**
		Ansatz	**Bewertung**	
IFRS 3.22f	Eventualschulden	×		→ 152ff
IFRS 3.24f	Latente Steuern	×	×	→ 164ff
IFRS 3.26	Leistungen an Arbeitnehmer	×	×	→ 148ff
IFRS 3.27ff	Forderungen aus Entschädigungsleistungen *(indemnification assets)*	×	×	→ 141ff
IFRS 3.29	Zurückerworbene Rechte *(reacquired rights)*		×	→ 118ff

Bilanzposten		Besonderheiten zum/zur		vgl Rn
		Ansatz	Bewertung	
IFRS 3.30	Aktienbasierte Vergütungszusagen *(share-based payment awards)*		×	→ 150
IFRS 3.31	Als „Zur Veräußerung gehalten" klassifizierte Vermögenswerte		×	→ 140
IFRS 3.B37	Mitarbeiterstamm	×		→ 112

92 Mit der Postulierung eines einheitlichen Bewertungsprinzips *(fair value)* im Rahmen des Unternehmenserwerbs ist das Bemühen des IASB erkennbar, statt einer fallbezogenen eine **prinzipienbezogene Vorgehensweise** zugrunde zu legen. Gleichwohl ist der IASB für bestimmte Geschäftsvorfälle bzw Bilanzposten zu der Auffassung gelangt, dass Abweichungen von bzw Konkretisierungen zu dem allgemeinen Prinzip der Bewertung zum beizulegenden Zeitwert erforderlich sind, um der Sondersituation des Unternehmenserwerbs im Vergleich zur lfd Bilanzierung Rechnung zu tragen. Die gewählte Vorgehensweise der expliziten Benennung von Ausnahmeregelungen erscheint dabei als adäquates Mittel zur Umsetzung eines *principles-based approach*.

6. Nachträgliche Anpassungen

93 Mit der Einführung von IFRS 3 wurde das Konzept der sog **Zwölf-Monatsfrist** für die Kaufpreisallokation etabliert. Tritt der Fall ein, dass in der Berichtsperiode, in der der Unternehmenszusammenschluss stattgefunden hat, die Kaufpreisallokation nicht abgeschlossen werden kann, wird der Erwerbsvorgang bilanziell auf der Grundlage von vorläufigen Zahlen abgebildet. Eine entspr Begründung, einschließlich einer Erläuterung der nur provisorisch angesetzten Bilanzposten, ist im Fall einer nur vorläufigen Erwerbsbilanzierung innerhalb der Anhangangaben zur Erläuterung des Unternehmenszusammenschlusses aufzunehmen (IFRS 3.B67(a)).

94 Bis zum Abschluss der sog **Bewertungsphase** *(measurement period)* sind der Ansatz und die Bewertung von Vermögenswerten und Schulden sowie Eventualschulden zu überprüfen, soweit im Rahmen der Kaufpreisallokation weitere Erkenntnisse erzielt werden können. Im Zweifel ist Erkenntnisständen, die zu Zeitpunkten erzielt werden, die näher am Erwerbsstichtag liegen, der Vorzug zu geben (IFRS 3.47). Zielsetzung ist dabei, den Ansatz und die Bewertung unter Berücksichtigung aller Informationen festzulegen, die am Erwerbstichtag existiert haben. Innerhalb der Zwölf-Monatsfrist ist damit analog zum Bilanzstichtag zwischen wertbegründenden und werterhellenden Sachverhalten zu unterscheiden.

Beispiel: Kurz vor dem Bilanzstichtag erwirbt Unternehmen M einen Geschäftsbetrieb T. Im Rahmen der Kaufpreisallokation werden zwei immaterielle Vermögenswerte identifiziert, die neue Produktentwicklungen zum Gegenstand haben. Die Kaufpreisallokation ergibt sowohl für Vermögenswert A als auch für B einen vorläufigen Wertansatz in Höhe von T€ 1.000. Dieser Wert basiert gleichermaßen auf der vorläufigen Annahme, dass die einschlägigen Produkttests bereits vor dem Erwerbsstichtag abgeschlossen waren und dass beide Produktentwicklungen innerhalb von zwölf Monaten marktreif sein werden.

Nach dem Bilanzstichtag wird die Kaufpreisallokation fortgesetzt. Bei Vermögenswert A stellt sich dabei heraus, dass die Produkttests – entgegen der Ergebnisse der ersten Analyse – zum Erwerbsstichtag noch nicht abgeschlossen waren. Infolgedessen wird die Marktreife aus der Perspektive des Erwerbsstichtags 24 Monate dauern. Bei ansonsten gleichen Erfolgsaussichten wird Vermögenswert A nachfolgend mit T€ 750 angesetzt, da sich aus der späteren Markteinführung ein geringerer Wert ergibt, der bei genauerem Kenntnisstand bereits am Erwerbsstichtag herzuleiten war.

Bei Vermögenswert B stellt sich heraus, dass die Testphase abgeschlossen war. Allerdings zeigen sich im Nachgang Schwierigkeiten mit der Serienproduktion der Produktentwicklung, die eine Verzögerung der Vermarktung von rund zwölf Monaten erwarten lassen. In diesem Fall handelt es sich um eine Erkenntnis mit wertbegründendem Charakter, die auch bei genauester Analyse nicht im Erwerbszeitpunkt erkennbar gewesen wäre. Infolgedessen wird der zunächst der Projektentwicklung B zugewiesene Wertansatz nicht nach IFRS 3 abgeändert. Anpassungen können aber außerhalb der Kaufpreisallokation (und damit ohne Rückwirkung auf Unterschiedsbeträge aus dem Unternehmenszusammenschluss) zB im Rahmen der Folgebilanzierung nach IAS 38 oder in Form eines Wertminderungstests nach IAS 36 erforderlich sein.

Bis zum **Abschluss der Kaufpreisallokation** kann bei einem verbesserten, 95
auf den Erwerbszeitpunkt bezogenen Kenntnisstand (nicht jedoch aufgrund von Ereignissen nach dem Erwerbsstichtag) sowohl der Ansatz als auch die Bewertung der Vermögenswerte, Schulden, Eventualschulden und der Anteile nichtbeherrschender Gesellschafter abzuändern sein. Unter der gleichen Maßgabe sind uU auch die beizulegenden Zeitwerte von Altanteilen anzupassen (hierzu näher → Rn 253 ff). Die Anpassung erfolgt dabei generell gegen den provisorisch ermittelten Unterschiedsbetrag aus dem Unternehmenszusammenschluss (IFRS 3.48), sodass sich dieser innerhalb der Zwölf-Monatsfrist ebenfalls noch ändern kann. Die Vergleichszahlen der Berichtsperiode sind so darzustellen als ob zum Erstkonsolidierungszeitpunkt bereits die richtigen Werte zugrunde gelegt worden wären (IFRS 3.48). Diese angepassten Vergleichszahlen bilden die Grundlage für die Fortschreibung der Werte, die im Rahmen der jetzt endgültigen Kaufpreisverteilung im Berichtsjahr vorzunehmen ist.

Die Kaufpreisallokation **endet** mit dem Zeitpunkt, in dem der Erwerber die ihm zur Verfügung stehenden Informationsquellen ausschöpft, **spätestens** aber **zwölf Monate nach dem Erwerbsstichtag** (IFRS 3.45). Zur buchhalterischen Erfassung verweisen wir auf die Ausführungen in → Rn 250 f.

Änderungen, die erst **nach Abschluss** der **Kaufpreisallokation** erforder- 96
lich werden zB weil grds verfügbare Informationen nicht beachtet wurden, sind bilanziell als Fehlerkorrektur nach den Bestimmungen von IAS 8.41 ff zu erfassen (IFRS 3.50). Bezug nehmend auf die Darstellung von Fehlerkorrekturen in IAS 8 schreibt IFRS 3.50 hinsichtlich der **Vorgehensweise** vor, dass bereits in der Vorperiode die entspr beizulegenden Zeitwerte geändert darzustellen sind. Analog dazu ist der Geschäfts- oder Firmenwert oder der aus der Akquisition zu realisierende Ertrag aus einem negativen Unterschiedsbetrag bereits in der Vorperiode, dh erfolgsneutral, anzupassen. Im Ergebnis wird hierdurch erreicht, dass – nach erfolgter Fehlerkorrektur – die Erstkonsolidierung in der Vorperiode so abgebildet wird, als seien bereits zum damaligen Zeitpunkt die zutreffenden Werte angesetzt worden.

Beispiel: Im Rahmen eines Unternehmenserwerbs wird bei der Erstkonsolidierung zum 1. Juli 20X1 irrtümlich von der Werthaltigkeit eines Warenzeichens ausgegangen. Innerhalb der Kaufpreisallokation wird der immaterielle Vermögenswert mit T€ 200 angesetzt und über fünf Jahre planmäßig abgeschrieben.

Ende 20X2 und damit nach dem Ende der Kaufpreisallokation stellt sich heraus, dass das Warenzeichen von einem Mitbewerber beansprucht wird, der einen Prozess anstrengt. Recherchen innerhalb des erworbenen Unternehmens ergeben, dass der Anspruch des Wettbewerbers mit hoher Wahrscheinlichkeit zu Recht besteht und dass die Faktenlage bereits im Erwerbszeitpunkt eindeutig war. Von einer Werthaltigkeit des Warenzeichens ist dementsprechend nicht mehr auszugehen.

Da die Korrekturfrist von zwölf Monaten abgelaufen ist, kann eine Korrektur des Wertansatzes lediglich als Fehlerkorrektur vorgenommen werden. Der Wertansatz ist damit retrospektiv anzupassen. Zusätzlich zur Anpassung des immateriellen Vermögenswerts ist außerdem die zwischenzeitlich gebuchte Abschreibung für 20X2 erfolgswirksam zu eliminieren. Folgende Buchungen sind durchzuführen:

Per Geschäfts- oder Firmenwert	an	immaterielle Vermögenswerte	200
Per immaterielle Vermögenswerte	an	Gewinnrücklagen	20
Per immaterielle Vermögenswerte	an	Abschreibungen	40

Zusätzlich sind innerhalb des Anhangs die Angaben nach IAS 8 hinsichtlich Fehlerkorrekturen aufzunehmen.

97 Die nachträgliche **Hinzuaktivierung latenter Steuern** stellt nach IFRS 3 – im Unterschied zu dessen Vorgängerregelung – keinen Sondersachverhalt mehr dar. Infolgedessen gelten die oben erläuterten Regelungen analog. IAS 12.68(a) Satz 1 bestimmt nunmehr, dass eine bessere Erkenntnis der Werthaltigkeit von aktiven latenten Steuern **innerhalb der Zwölf-Monatsfrist** zu einer Erhöhung des Wertansatzes des steuerlichen Vermögenswerts bei entspr Reduktion des Buchwerts eines bestehenden Geschäfts- und Firmenwerts führt. In allen anderen Fällen, also wenn der Buchwert des Geschäfts- oder Firmenwerts bereits auf null verringert wurde oder bei einer Korrektur außerhalb der *measurement period,* ist die Erhöhung im Gewinn und Verlust innerhalb der Gesamtergebnisrechnung zu erfassen (IAS 12.68(a) Satz 2).

Die vorstehend beschriebene Vorgehensweise im Rahmen der *measurement period* darf somit **maximal** zu einem Geschäfts- oder Firmenwert von null führen. Es darf kein negativer Unterschiedsbetrag entstehen oder sich vergrößern. Der ggf übersteigende Korrekturbetrag hinsichtlich einer bspw aus einem steuerlichen Verlustvortrag resultierenden aktiven latenten Steuer ist dann im Gewinn und Verlust zu erfassen.

98 Sofern im Rahmen eines Unternehmenszusammenschlusses **erworbene** weitere (dh nicht auf besserer Erkenntnis beruhende) latente Steuervorteile realisiert werden, hat dies entspr IAS 12.68(b) grds **erfolgswirksam** zu erfolgen, es sei denn, nach den Regelungen des IAS 12 ist eine **erfolgsneutrale** Erfassung geboten.

Beispiel: Im Rahmen einer Unternehmensakquisition im Jahr X1 ergab sich nach Durchführung der Kaufpreisallokation ein Geschäfts- oder Firmenwert in Höhe von T€ 100. Für einen zu diesem Zeitpunkt bestehenden steuerlichen Verlustvortrag in Höhe von T€ 400 wurde im Rahmen der Kaufpreisallokation kein Vermögenswert angesetzt, da zu diesem Zeitpunkt auf der Basis der vorliegenden Unternehmensplanung nicht mit der Realisierung eines Steuervorteils aus diesem Verlustvortrag gerechnet wurde.

Im Jahr X2 wird aufgrund einer Revision der Planungsrechnung nunmehr davon ausgegangen, dass der weiterhin bestehende steuerliche Verlustvortrag in Höhe von 50%, also T€ 200 realisiert werden kann. Bei einem Ertragsteuersatz von insgesamt 40% ergibt sich ein Steuersparpotenzial in Höhe von T€ 80.

Der Geschäfts- oder Firmenwert wurde nach den Regelungen des IFRS 3 iVm IAS 38 nicht planmäßig abgeschrieben und auch nicht nach IAS 36 außerplanmäßig wertgemindert.

Da die Erstkonsolidierung nach Ablauf von zwölf Monaten nach dem Erwerbszeitpunkt in X2 endgültig geworden ist, kann eine Anpassung des Geschäfts- oder Firmenwerts aufgrund veränderter Einschätzung von latenten Steueransprüchen gem IAS 12.68(a) nicht mehr erfolgen. Die Anpassung an die veränderte Einschätzung ist somit durch folgenden Buchungssatz vorzunehmen:

Per aktive latente Steuern (Bilanz)	an	Ertragsteuern (GuV)	80

Der Geschäfts- oder Firmenwert bleibt unverändert, sodass der volle Betrag aus der Steuerersparnis im Gewinn und Verlust berücksichtigt wird.

II. Behandlung ausgewählter Vermögenswerte

Nach IFRS 3 sind grds alle identifizierbaren Vermögenswerte zu ihrem beizulegenden Zeitwert anzusetzen. Aufgrund dieser **prinzipienorientierten Vorgabe** hat der IASB auf sämtliche Hinweise hinsichtlich Ansatz- und Bewertungsgrundlagen für Vermögenswerte und Schulden verzichtet, die der Bewertung zum beizulegenden Zeitwert unterliegen. Für diese Bilanzposten wird auf die Grundsätze der Bestimmung des beizulegenden Zeitwerts in IFRS 13 Bezug genommen (IFRS 3.Anhang A, vgl hierzu auch → § 2 Rn 165 f). Dagegen enthält der Standard Vorschriften zu Vermögenswerten und Schulden, deren Behandlung nach Ansicht des IASB von der reinen *fair value*-Bewertung abweichen soll. 99

Im Folgenden wird auf die wesentlichen Gruppen von Vermögenswerten eingegangen und dabei werden die Grundlagen von Ansatz und Bewertung dargestellt. Nicht in den folgenden Ausführungen enthalten ist die Darstellung von ggf aktivierungspflichtigen Ertragsteuern, die ab → Rn 163 separat dargestellt werden.

1. Sachanlagen und Renditeimmobilien

Grundstücke, Gebäude sowie **technische Anlagen, Betriebs- und Geschäftsausstattungen** sind grds zu Marktwerten zu bewerten. Liegen solche nicht unmittelbar vor, sind beizulegende Zeitwerte nach den Grundsätzen des IFRS 13 aus alternativen Bewertungsverfahren (→ Rn 85) zu ermitteln. Dies ist insbes dann notwendig, wenn keine marktbasierte Preisfindung möglich ist, zB, wenn es sich um spezielle technische Anlagen bzw Betriebs- und Geschäftsausstattung handelt, die ggf nicht am Markt individuell gehandelt wird. 100

Auch **Renditeimmobilien** iSv IAS 40 sind zum Erwerbszeitpunkt mit ihrem Marktwert anzusetzen. Bei Nichtvorliegen entspr Werte sind, je nach Verfügbarkeit, eine markt-, kosten- oder einkommensorientierte Wertfindung möglich (vgl → Rn 113). Bei Renditeimmobilien bietet sich indes in vielen Fällen eine einkommensorientierte Vorgehensweise an, da diese Immobilien regelmäßig durch vergleichsweise gut prognostizierbare zukünftige Zahlungsmittelflüsse gekennzeichnet sind. 101

2. Immaterielle Vermögenswerte

Im Rahmen der praktischen Durchführung einer Kaufpreisallokation gestaltet sich insbes die Erhebung der immateriellen Vermögenswerte des erworbenen Unternehmens sowie ihre Würdigung im Zusammenhang (vgl → Rn 104) als anspruchsvoll. Dabei ist die quantitative Bedeutung von immateriellen Vermögenswerten – und damit ihre Rolle im Rahmen der Erwerbsbilanzierung – stark branchenabhängig (vgl *Rohleder/Tettenborn/Straub* KoR 2014, 521 (527)). Das Hauptproblem im Rahmen der **Identifizierung immaterieller Vermögenswerte** besteht darin, dass ihre Existenz und Bedeutung in Bezug auf den Geschäftsbetrieb im Regelfall nur im Zuge besonderer Bewertungsanlässe – wie zB der Kaufpreisallokation – analysiert wird. Aufgrund von Bilanzierungsverboten (auch im IFRS-Abschluss; vgl → § 4 Rn 48 ff) sind die hier zu identifizierenden immateriellen Vermögenswerte in vielen Fällen auch nicht in der fortlaufenden Bilanzierung des erworbenen Unternehmens zu finden. Insgesamt betrifft dies insbes immaterielle Vermögenswerte, die sich einer rechtlichen Absicherung entziehen. Hierunter fallen zB langfristig entwickelte Fertigungsverfahren oder Betriebsgeheimnisse, Kundenbeziehungen, aber auch der vorhandene Mitarbeiterstamm. 102

Infolgedessen erfordert die Kaufpreisallokation eine **gezielte Erkundung zusätzlicher potenziell vorhandener immaterieller Vermögenswerte**. Zur grds Identifizierung von immateriellen Werttreibern eignen sich zunächst die Instrumente der Unternehmensanalyse und der strategischen Unternehmensführung wie Controlling- oder Reportinganalysen in der erworbenen Einheit oder Branchenstrukturanalysen (vgl hierzu ausführlich *Rogler/Schmidt/Tettenborn* KoR 2014, 577 (578)). Sie liefern jedoch keine vollständige Identifizierung konkreter immaterieller Vermögenswerte. Vielmehr kommen diesbezüglich in der Praxis regelmäßig Checklisten zum Einsatz. Einen Ansatzpunkt stellt hier die in IFRS 3.IE16 ff wiedergegebene, aber nicht abschließende Auflistung von häufig identifizierbaren immateriellen Vermögenswerten dar:

Gruppen von immateriellen Vermögenswerten	**Beispiele**
marketingbezogen	Warenzeichen Internet Domain-Namen Firmenlogos, etc Zeitungsnamen (vertragliche) Wettbewerbsverbote
kundenbezogen	Kundenlisten Auftragsbestand vertragliche Kundenbeziehungen nicht-vertragliche Kundenbeziehungen
künstlerisch	Urheber- und Lizenzrechte an Werken von – Literatur – Oper, Musical, Ballett, etc – Musik – Film und Funk – Fotografien und Bildern – Video- und Audiomaterial – bildender Kunst
vertragsbezogen	Lizenz-, Honorar- und Stillhalteabkommen Leasing- und Mietvereinbarungen Baugenehmigungen Franchise-Vereinbarungen Fernseh-, Rundfunk- und Telekommunikationslizenzen Mineralgewinnungs- und Ausbeutungsrechte Serviceverträge vorteilhafte Arbeitsverträge
technologiebezogen	Patente urheberrechtlich geschützte Software unpatentiertes Know-how rechtlich geschützte Datenbasen Unternehmensgeheimnisse, Rezepte, etc

103 Die **Existenz** dieser immateriellen Vermögenswerte sollte im Rahmen einer Kaufpreisallokation – unter Berücksichtigung der übrigen Ansatzkriterien immaterieller Vermögenswerte – generell überprüft werden. Explizit zu beachten ist dabei aber, dass die Liste keine abschließende Aufzählung enthält, sodass ggf Ergänzungen vorzunehmen sind. Um eine vollständige Erfassung immaterieller Werttreiber, die für den Ansatz eines entspr Vermögenswerts infrage kommen, gewährleisten zu können, sind dazu neben Erkenntnissen aus den Einzelabschlüssen, aus *due diligence*-Berichten oder aus dem Kaufvertrag **gezielte Analysemaßnahmen** erforderlich. In diesem Zusammenhang können unterschiedliche Hilfsmittel und Instrumente eingesetzt werden, wie zB:

(1) Interviews mit Verantwortlichen des erwerbenden und erworbenen Unternehmens über bekannte immaterielle Werttreiber des Unternehmens,
(2) Bestandsaufnahmen rechtlicher Rahmenverhältnisse des erworbenen Unternehmens sowie Vertragsinventuren zur Bestimmung günstiger und ungünstiger Verträge sowie von Eventualschulden,
(3) Bestandsaufnahme lfd sowie zurückliegender Forschungs- und Entwicklungsprojekte,
(4) Analysen des Absatzmarkts, der Produkt- bzw Dienstleistungspaletten, der Kundenbeziehungen sowie der Wettbewerbssituation,
(5) Analysen des Beschaffungsmarkts, der verwendeten Vorprodukte und Rohstoffe sowie der sonstigen Produktionsfaktoren,
(6) Bestandsaufnahme vom Unternehmen registrierter Schutzrechte wie Patente, Marken, Gebrauchmuster,
(7) Berichterstattung zum Unternehmenserwerb,
(8) Informationen über die Mitarbeiterstruktur, einschließlich ihrer Qualifikationen sowie der Gehaltsstrukturen,
(9) Informationen über branchenübliche Transaktionen, die sich auf immaterielle Vermögenswerte beziehen (zB Kundenbeziehungen, Lizenzvereinbarungen etc) inklusive der damit einhergehenden Vergütungsvereinbarungen,
(10) Aufnahme von Komponenten des erworbenen Geschäftsbetriebs, die voraussichtlich weiterveräußert werden sollen.

Bei der Frage nach dem Ansatz immaterieller Vermögenswerte sind regelmäßig **Interdependenzen** sowohl zwischen immateriellen Vermögenswerten untereinander als auch zwischen immateriellen und materiellen Vermögenswerten zu berücksichtigen. So kann aus Wesentlichkeitsgründen der Ansatz und die Bewertung immaterieller Vermögenswerte regelmäßig dann entfallen, wenn zwar verschiedene Werttreiber identifiziert werden können, der jeweils abgrenzbare Wertbeitrag aber im Wesentlichen einem sog *leading asset* zugeordnet werden kann. 104

Beispiel: Im Rahmen einer Kaufpreisallokation werden sowohl ein eingetragener Markenname als auch Fertigungs-Knowhow identifiziert. Das Knowhow ist durch umfangreiche Sicherheitsvorkehrungen gegen einen Fremdzugriff geschützt, kann aber theoretisch zB im Rahmen von Lizenzvereinbarungen vom Unternehmen separiert werden. Der Markenname, der im Rahmen der Vermarktung von Produkten verwendet wird, die unter Einsatz des besonderen Fertigungs-Knowhows hergestellt werden, ist aufgrund der aus seiner Eintragung resultierenden gesetzlichen Rechte identifizierbar und theoretisch auch separierbar. Es sei angenommen, dass in beiden Fällen die übrigen Definitions- und Ansatzkriterien immaterieller Vermögenswerte (vgl → § 4 Rn 3 ff) erfüllt werden.

Ergibt eine Analyse des Absatzmarkts, dass für den Absatz der Produkte im Wesentlichen das Fertigungs-Knowhow ausschlaggebend, der eingesetzte Markenname aber letztlich irrelevant ist, genügt unter **Wesentlichkeitsaspekten** der Ansatz und die Bewertung des Knowhows. Diese Fallkonstellation zeigt sich häufig in **„jungen" Technologiebranchen,** in denen wichtige Markennamen (noch) nicht aufgebaut werden konnten und eher die Fertigungstechnologie als Alleinstellungsmerkmal des Unternehmens dient. Gleiches gilt in vielen Fällen auch für Absatzmärkte mit einer hohen Transparenz, in denen Markennamen mit der eingesetzten Fertigungstechnologie synonym verwendet werden. Das Fertigungs-Knowhow ist in diesen Fällen als *leading asset* anzusehen. 105

Bereits im Rahmen der Identifikation und der Ansatzentscheidung grds aller Vermögenswerte, Schulden sowie Eventualschulden sind damit Überlegungen hinsichtlich einer Bestimmung der jeweiligen beizulegenden Zeitwerte anzustellen und in die Ansatzbeurteilung miteinzubeziehen.

106 Die **Regelungen zum Ansatz immaterieller Vermögenswerte** finden sich in IFRS 3 innerhalb des Anhangs B (IFRS 3.B31 ff). Sie beziehen sich weitgehend auf die Ansatzkriterien des IAS 38. Die Wiederholung des Kriteriums der Identifizierbarkeit des IAS 38.12 (IFRS 3.B31 f) beruht auf der Tatsache, dass die Abgrenzung einzeln identifizierbarer immaterieller Vermögenswerte ggü dem Geschäfts- oder Firmenwert nicht unproblematisch ist. So sind im IFRS-Abschluss nur solche immateriellen Werttreiber auch als entspr identifizierte Vermögenswerte anzusetzen, die
(1) auf vertraglichen oder anderen gesetzlichen Rechten fundieren **oder**
(2) separierbar sind.

107 Abweichend von der Beurteilung bei der Herstellung eines immateriellen Vermögenswerts hängt bei dessen Erwerb im Rahmen eines Geschäftsbetriebs iSv IFRS 3 der **Bilanzansatz nicht von der überwiegenden Wahrscheinlichkeit eines künftigen Nutzenzuflusses** ab. Vielmehr ist die Wahrscheinlichkeit der zukünftigen Mittelzuflüsse im Zusammenhang mit dem immateriellen Vermögenswert lediglich im Rahmen der Bewertung zu berücksichtigen, sofern ein Ansatz nach den Regelungen des IFRS 3.B31 vorzunehmen ist. Dies kann zum einen dazu führen, dass im Rahmen eines Unternehmenserwerbs auch solche immateriellen Vermögenswerte anzusetzen sind, die aufgrund fehlender Wahrscheinlichkeit des Nutzenzuflusses im Einzelabschluss nicht ansatzfähig sind. Zum anderen kann es dazu führen, dass der Wertansatz im Konzernabschluss von demjenigen im Einzelabschluss abweicht (vgl hierzu auch → Rn 111).

Die Fundierung auf **vertraglichen oder gesetzlichen Rechten** ist weitgehend unkritisch, da solche immateriellen Werttreiber durch entspr Vereinbarungen mit fremden Dritten identifiziert werden können. Hierunter sind zB Lizenzen, eingetragene Namensrechte oder Patente zu subsumieren. Ein Nachweis, dass der rechtlich begründete Anspruch von der erworbenen Einheit trennbar ist, ist in diesen Fällen zur Erfüllung der Ansatzkriterien nicht notwendig (IFRS 3.B32). Häufig vermitteln immateriellen Werttreibern inhärente Rechte auch die Verfügungsmacht über einen von ihnen ausgehenden zukünftigen Nutzen (→ § 4 Rn 32), sodass von der Qualifizierung dieser Werttreiber als bilanziell zu berücksichtigender Vermögenswert – vorbehaltlich ihrer zuverlässigen Bewertbarkeit – regelmäßig auszugehen ist.

Liegen immateriellen Werttreibern eines Unternehmens keine vertraglich oder gesetzlich zugesicherten Rechte zugrunde, ist die Identifizierung anhand ihrer **Separierbarkeit** vom erworbenen Geschäftsbetrieb vorzunehmen. Das Kriterium der Separierbarkeit zielt auf die Möglichkeit einer eigenständigen Verwertung des potenziellen immateriellen Vermögenswerts ab. Bei der Beurteilung der Separierbarkeit ist die konkrete Verwendungsabsicht des Erwerbers im Hinblick auf diesen Vermögenswert nicht ausschlaggebend. Relevant ist einzig die theoretische Möglichkeit, den potenziellen immateriellen Vermögenswert auch losgelöst vom Geschäftsbetrieb verwerten zu können. Der potenzielle immaterielle Vermögenswert muss dazu nach IAS 38.36 losgelöst vom Gesamtunternehmen entweder allein oder iVm einem verbundenen Vermögenswert veräußert, lizenziert, verpachtet oÄ werden können. Der mit dem separierbaren immateriellen Werttreiber verwertbare Vermögenswert kann dabei materieller wie immaterieller Natur sein. In diesem Zusammenhang ist regelmäßig zu überprüfen, ob zB Kundenlisten, nicht patentierte Entwicklungen oder unveröffentlichte Rezepturen erworben wurden. Diese sind jedoch nicht anzusetzen, wenn ihre Verkehrsfähigkeit zB aufgrund beruflicher Verschwiegenheitspflichten faktisch nicht gegeben ist.

108 Die Separierbarkeit immaterieller Vermögenswerte ist uE in den Fällen nicht mehr gegeben, in denen sie nur **gemeinsam** mit einem **Geschäfts- oder Firmenwert** bzw mit einem **Geschäftsbetrieb** übertragen werden können. Da der Geschäfts- oder Firmenwert definitionsgemäß nicht vom Geschäftsbetrieb separierbar ist, kann in diesen Fällen auch kein gesondert zu würdigender immaterieller Vermögenswert identifiziert werden. Im Hinblick auf die Separierbarkeit von immateriellen Werttreibern, die nicht auf vertraglichen oder gesetzlichen Rechten fundieren, ist daher regelmäßig auch eine Würdigung im Zusammenhang mit der Beherrschungsmöglichkeit des Erwerbers vorzunehmen. Kann nachgewiesen werden, dass auch in Abwesenheit rechtlich durchsetzbarer Grundlagen Verfügungsmacht effektiv über einen immateriellen Werttreiber ausgeübt werden kann, indem eine vom erworbenen Geschäftsbetrieb unabhängige Verwertung demonstriert wird, ist der immaterielle Werttreiber regelmäßig auch identifizierbar und damit vom Geschäfts- oder Firmenwert abgrenzbar. Ist aufgrund fehlender Kontrollmechanismen hingegen eine Drittverwertung nicht praktikabel, liegt regelmäßig weder ein identifizierbarer noch kontrollierbarer immaterieller Wertreiber vor.

Beispiel: Ein Unternehmen A verfügt zum Zeitpunkt seines Erwerbs über ein Portfolio aktiver, dh regelmäßig wiederkehrender Kunden bzw über einen Marktanteil. Weiterhin sind die Kunden aufgrund erhöhter Markttransparenz auch den Wettbewerbern von A bekannt. Die von A hergestellten Produkte sind als Handelsware zu werten und damit jederzeit durch ein Wettbewerbsprodukt austauschbar. Fraglich ist nun, ob die Kundenbeziehungen separierbar von A sind und als immaterieller Vermögenswert im Rahmen der Kaufpreisallokation in Frage kommen.

Eine Analyse ergibt, dass das Unternehmen aufgrund kontinuierlicher Bemühungen des Vertriebspersonals erwartet, diese Kundenbeziehungen erfolgreich fortzuführen. Rechtliche Grundlagen zur Absicherung der Kundenbeziehungen, zB in Form langfristiger Absatzverträge, sind allerdings nicht vorhanden. Die Kenntnis der Kundenbeziehungen alleine stellt für sich gesehen aufgrund der hohen Markttransparenz keinen besonderen Wert dar. Auch ist nicht bekannt geworden, dass in der jüngeren Vergangenheit vergleichbare (nicht vertragliche) Kundenbeziehungen zwischen fremden Dritten der Branche transferiert wurden. In der vorliegenden Branche können Kundenbeziehungen vielmehr regelmäßig nur als Bestandteil von Geschäftsbetrieben, dh im Zuge eines Unternehmenszusammenschlusses den wirtschaftlichen Eigentümer wechseln. Auch aufgrund sonstiger Sachzwänge kann die Verfügungsmacht über die Kundenbeziehungen nicht abgeleitet werden. Im Ergebnis ist weder die Verfügungsmacht über die Kundenbeziehungen gegeben, noch kann die Separierbarkeit dargelegt werden. Folglich liegt mit den Kundenbeziehungen von A kein identifizierbarer immaterieller Vermögenswert vor, sondern vielmehr ein immaterieller Werttreiber, der ggf durch den Ansatz eines Geschäfts- oder Firmenwerts berücksichtigt wird (ähnlich wie hier IAS 38.16).

109 Neben nicht vertraglich abgesicherten Kundenbeziehungen wird auch die **Kontrollierbarkeit** eines Marktanteils oder eines übernommenen Mitarbeiterstamms *(assembled workforce)* regelmäßig kritisch im Hinblick auf die Identifizierbarkeit eines eigenständigen immateriellen Vermögenswerts gesehen (IAS 38.15; *KPMG* 2014/15 Rz 2.6.720.150ff; *Heuser/Theile* Rz 5625; ähnlich wie hier auch *Lüdenbach/Hoffmann/Freiberg* IFRS § 31 Rz 87).

110 Zusätzlich zur Beurteilung, ob ein immaterieller Werttreiber die Definition eines entspr Vermögenswerts erfüllt, ist zu überprüfen, ob auch eine **zuverlässige Bewertbarkeit** des Vermögenswerts möglich ist. Dabei gehen IFRS 3 bzw IAS 38.35 generell von der zuverlässigen Bewertbarkeit immaterieller Vermögenswerte aus. Diese Annahme ist folgerichtig, da mit der Separierbarkeit als zweite Möglichkeit der Identifizierung immaterieller Vermögenswerte grds unterstellt wird, dass der potenzielle immaterielle Vermögenswert eigenständig verwertbar ist. Die Beurteilung der Separierbarkeit eines immateriellen Vermögens-

werts hat damit stets mit der Frage einherzugehen, zu welchen Konditionen eine Drittverwertung separierungsfähiger immaterieller Vermögenswerte möglich ist.

111 Sind bei separierbaren immateriellen Vermögenswerten **unterschiedliche Wertansätze** festzustellen, zB bei Berücksichtigung verschiedener Anwendungsszenarien, so steht dies nicht grds im Widerspruch zur verlässlichen Bewertbarkeit des immateriellen Vermögenswerts. Vielmehr sind die jeweils für möglich erachteten Wertansätze im Rahmen einer Wahrscheinlichkeitsgewichtung bei der Bewertung dieser immateriellen Vermögenswerte zu berücksichtigen (IAS 38.35).

112 Erfüllt ein immaterieller Werttreiber nicht die Definition eines immateriellen Vermögenswerts oder ist die Möglichkeit einer zuverlässigen Bewertbarkeit nicht gegeben, wird er als Bestandteil der verbleibenden Residualgröße in Form eines **Geschäfts- oder Firmenwerts** oder negativen Unterschiedsbetrags behandelt. Wird ein Geschäfts- oder Firmenwert bilanziert, werden folglich alle immateriellen Werttreiber eines Unternehmens, die nicht die hier erläuterten Ansatzkriterien immaterieller Vermögenswerte erfüllen, als Bestandteil dieser Residualgröße der Erwerbsmethode bilanziert (→ Rn 229). Gleichwohl kann die separate Angabe von immateriellen Vermögenswerten, die aufgrund von vertraglichen oder anderen gesetzlichen Rechten identifiziert wurden, sich aber nicht zuverlässig bewerten lassen, zur sachgerechten Darstellung des Unternehmenszusammenschlusses erforderlich sein (→ Rn 269).

Im Zusammenhang mit potenziellen Werttreibern, die jedoch nicht die Definition eines immateriellen Vermögenswerts erfüllen, weist der IASB insbes auf den **Mitarbeiterstamm** eines erworbenen Geschäftsbetriebs hin. Da der Mitarbeiterstamm die Vermögenswert-Definition nicht erfüllt und ein gesonderter Ansatz eines immateriellen Vermögenswerts insofern ausscheidet, verlangt IFRS 3.B37 die Erfassung eines Werts hierfür innerhalb des Geschäfts- und Firmenwerts.

113 Besondere Schwierigkeiten bereitet regelmäßig die **Bewertung von immateriellen Vermögenswerten.** Die Bestimmung des beizulegenden Zeitwerts in Übereinstimmung mit der Regelungshierarchie des IFRS 13.72ff für die dabei verwendeten Inputfaktoren erfordert regelmäßig ein hohes Maß an Bewertungskenntnissen aufgrund der substanziellen Ermessensspielräume bei der Festlegung der Bewertungsparameter bei vielen immateriellen Vermögenswerten. Grds stehen konzeptionell drei verschiedene Bewertungsverfahren zur Verfügung:

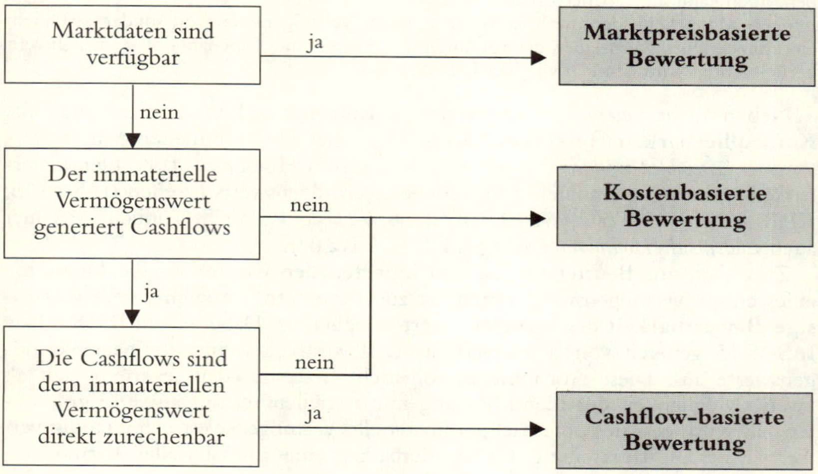

114 Grds soll der beizulegende Zeitwert immaterieller Vermögenswerte auf Inputfaktoren basieren, die aus Marktdaten abgeleitet werden (IFRS 13.72f). Ein für die Anwendung **marktorientierter Bewertungsverfahren** erforderlicher aktiver Markt für den zur Bewertung anstehenden immateriellen Vermögenswert, aus dem unmittelbar anwendbare Inputgrößen iSv IFRS 13.76ff abgeleitet werden könnten, ist jedoch in vielen Fällen nicht verfügbar. In der Folge wird dann die Bewertung auf Basis einer fingierten ***at-arm's-length*-Transaktion** vorgenommen, indem aus beobachtbaren Marktdaten die Inputfaktoren für die unter → Rn 85 dargestellten Bewertungsverfahren abgeleitet werden (IFRS 13.81). Möglich erscheint je nach Sachverhalt die Ableitung des beizulegenden Zeitwerts aus **verwandten Markttransaktionen,** wobei allerdings auf eine Vergleichbarkeit der Daten geachtet werden muss bzw abweichende Wertkomponenten eliminiert werden müssen.

115 Liegen vergleichbare Markttransaktionen nicht vor, werden von dem immateriellen Vermögenswert jedoch Cashflows generiert, bieten sich **Cashflow-basierte bzw einkommensorientierte Bewertungsmethoden** zur Bestimmung des beizulegenden Zeitwerts an. Beispiele für solche Verfahren sind die *multi-period excess earnings method,* die *relief from royalty method* oder die *incremental cashflow method.* Voraussetzung für eine Anwendbarkeit aller Methoden ist dabei die Möglichkeit der eindeutigen verursachungsgerechten Zuordnung der Cashflows zu dem immateriellen Vermögenswert. Stellen dabei Brutto-Cashflows den Ausgangspunkt der Bewertung dar, sind diese grds um die Beiträge aller übrigen Einsatzfaktoren im Rahmen der Bewertung (sog *contributory asset charges*) zu bereinigen. Insbes die Anwendung der *multi-period excess earnings method* setzt daher die Kenntnis des beizulegenden Zeitwerts der übrigen Vermögenswerte und Schulden voraus, um die sachgerechte Herleitung der Cashflows gewährleisten zu können. Hierzu ist regelmäßig zB der Mitarbeiterstamm *(assembled workforce)* zu bewerten, obwohl ein separater Ansatz eines entspr eigenständigen immateriellen Vermögenswerts regelmäßig nicht in Betracht kommt.

Die bei der Bewertung verwendeten Inputfaktoren setzen sich idR sowohl aus marktbezogenen Größen iSv IFRS 13.81ff (zB Kapitalisierungszinssatz) einerseits und vermögenswertindividuellen Größen iSv IFRS 13.86ff (insbes Cashflows) zusammen. Nach IFRS 13.61 ist bei der Verwendung der Inputfaktoren darauf zu achten, dass möglichst viele am Markt beobachtbare und möglichst wenige nicht beobachtbare Größen genutzt werden. Diese Vorgabe, die konzeptionell eine möglichst hohe Objektivierbarkeit der Wertfindung sicherstellen soll, stößt gerade im Zusammenhang mit der Erwerbsbilanzierung immaterieller Vermögenswerte jedoch schnell an Grenzen, da idR marktbasierte Daten nur in eingeschränktem Maß zur Verfügung stehen.

116 Für den Fall, dass eine Zuordnung von Cashflows auf die zu bewertenden immateriellen Vermögenswerte nicht möglich ist, kommen ggf **kostenbasierte Bewertungen** zur Anwendung. Ohne Bezug auf einen aktiven Markt und auf Zahlungsströme gehen diese Ansätze davon aus, dass der beizulegende Zeitwert eines immateriellen Vermögenswerts nicht die Kosten übersteigen kann, die zu seiner Wiederbeschaffung oder seinem Ersatz aufzuwenden wären. Ausgehend von den historischen Anschaffungs- oder Herstellungskosten sind ein Inflationsausgleich vorzunehmen sowie ggf Wertänderungen aufgrund technischen Fortschritts zu berücksichtigen. Da diese Sichtweise den künftigen wirtschaftlichen Nutzen des Vermögenswerts unberücksichtigt lässt, ist sie grds – ungeachtet der Qualität der einfließenden Inputparameter, die uU durchaus marktbasiert sein können, – als das Mittel letzter Wahl für die Bestimmung eines beizulegenden Zeitwerts anzusehen.

117 Mit Inkrafttreten von IFRS 13 und dessen Anwendung auf die Bestimmung des beizulegenden Zeitwerts bei Unternehmenszusammenschlüssen wurde die zuvor geäußerte Kritik am unzureichenden Umfang der Hilfestellung bzgl der Zeitwertermittlung im Rahmen der Erwerbsbilanzierung (vgl bspw *Rzepka/Scholze* KoR 2010, 297 (306)) weitgehend gegenstandslos. Der als eine Reaktion auf diese Kritik vom Institut der Wirtschaftsprüfer in Deutschland eV in 2011 veröffentlichte Bewertungsstandard **IDW S 5** (inzwischen idF von 2015) nennt konkrete Methoden und Bewertungsmodelle für den erstmaligen Ansatz von immateriellen Vermögenswerten bei Unternehmenszusammenschlüssen, insbes für Marken und Kundenbeziehungen. Bisher (Stand: 31. Juli 2015) wurde der Standard noch nicht explizit an die Regelungen des IFRS 13, insbes an das in IFRS 13.72ff verankerte Hierarchiesystem der Inputfaktoren, angepasst. Er kann daher nur in den Fällen zur Bewertung immaterieller Vermögenswerte bei Unternehmenszusammenschlüssen herangezogen werden, in denen die Regelungen des IFRS 13 keine abweichende Beurteilung erfordern.

118 Zu den im Rahmen eines Unternehmenszusammenschlusses erworbenen immateriellen Vermögenswerten gehören auch **zurückerworbene Rechte** *(reacquired rights),* dh Rechte, die vom erworbenen Geschäftsbetrieb vor dem Unternehmenszusammenschluss erlangt wurden und ihm die Möglichkeit einräumen, Vermögenswerte des Erwerbers zu nutzen. Unerheblich ist hierbei, ob die dem Recht zugrunde liegenden Vermögenswerte beim Erwerber auch als solche in der Bilanz angesetzt sind. Denkbar sind in diesem Zusammenhang somit zB Vertriebs-, Markennutzungs- oder Technologiennutzungslizenzen. Als zurückerworbene Rechte gelten aber definitionsgemäß darüber hinaus auch Leasingvereinbarungen und ähnliche Miet- und Pachtverträge, die die Nutzung materieller Vermögenswerte zum Gegenstand haben. Aus dem Rückerwerb von Rechten folgt, dass mit dem Geschäftsbetrieb vertragliche Vereinbarungen in die Verfügungsmacht des Erwerbers gelangen, bei denen der Erwerber selbst der Vertragspartner ist.

Beispiel: Unternehmen M ist eine weltweit agierende Fast Food Kette. Die Restaurants werden teilweise in eigener Regie geführt, teilweise führen unabhängige Unternehmen Restaurants als Franchisenehmer. In 20X0 kommt es zu dem Erwerb eines solchen Franchisenehmers, Unternehmen T. Die Franchisevereinbarung hat dann zwar einen rechtlichen Fortbestand, bei wirtschaftlicher Betrachtung wird das Unternehmen M durch den Unternehmenszusammenschluss aber gleichzeitig Franchisegeber und -nehmer.

119 Bei zurückerworbenen Rechten handelt es sich streng genommen um eine **vorerwerbliche Beziehung** (vgl → Rn 179), die zudem nach dem Unternehmenszusammenschluss auf einer rein innerbetrieblichen/innerkonzernlichen rechtlichen Vereinbarung beruht (IFRS 3.29 iVm IFRS 3.BC182ff). Gleichwohl sind zurückerworbene Rechte ausdrücklich als immaterielle Vermögenswerte anzusetzen (IFRS 3.B35). Dem Einwand, dass bei wirtschaftlicher Betrachtung ein intern generierter Vermögenswert vorliegt, steht nach Ansicht des IASB entgegen, dass ein zurückerworbenes Recht juristisch fortbesteht und dass daher ein Ansatz den Bilanzadressaten entscheidungsnützlichere Informationen vermittelt, als die Behandlung als eine rein Geschäfts- oder Firmenwert erhöhende Komponente (IFRS 3.BC184).

120 Damit werden zurückerworbene Rechte wie „normale" identifizierbare immaterielle Vermögenswerte behandelt, die im Rahmen der Kaufpreisallokation anzusetzen sind. Gleichwohl hat der IASB aufgrund der dargestellten Rechtekonstellation in IFRS 3 **Sonderregelungen** hinsichtlich der **Zugangs- und Folgebewertung** der zurückerworbenen Rechte aufgenommen. Grds sind zwar auch hier alle am Markt zu beobachtenden sowie die im Vertrag verankerten

Konditionen bei der Wertbestimmung zu berücksichtigen. Anstatt der ökonomischen Nutzungsdauer ist jedoch zwingend die vertraglich vereinbarte Restlaufzeit der Bewertung zugrunde zu legen. Mögliche Verlängerungen der Vereinbarung dürfen hingegen unabhängig von einer vertraglichen Kodifizierung nicht in die Zugangsbewertung einfließen.

Die **Zugangsbewertung** von zurückerworbenen Rechten weicht damit vom Grundsatz der Bilanzierung zum beizulegenden Zeitwert ab, da ein typischer Marktteilnehmer als außenstehende Person mögliche Verlängerungen bei der Bewertung berücksichtigen würde. Der so ermittelte Wert ist gleichwohl typischen Marktkonditionen gegenüberzustellen. Wertunterschiede, die allein daraus resultieren, dass der zurückerworbene Vertrag im Vergleich zu aktuellen Marktkonditionen vorteilhaft oder unvorteilhaft ist, sind sofort erfolgswirksam zu erfassen. Hierbei gelten die Regeln zur Beilegung vorerwerblicher vertraglicher Geschäftsbeziehungen analog (IFRS 3.B52(b); s hierzu ausführlich → Rn 179ff). Ein Gewinn oder Verlust aus dem Rückerwerb einer vorerwerblichen vertraglichen Vereinbarung ist damit außerhalb des Unternehmenszusammenschlusses zu bilanzieren (IFRS 3.B53). Aus der Sicht des erworbenen Geschäftsbetriebs im Vergleich zu den aktuellen Marktkonditionen als „günstig" einzustufende Verträge führen daher zu einem Verlust beim Erwerber. Umgekehrt löst der Rückerwerb von „ungünstigen' Verträgen eine entspr Gewinnvereinnahmung beim Erwerber aus. 121

Beispiel (Fortführung des vorherigen Beispiels): Im Zusammenhang mit dem Erwerb von Unternehmen T (Gesamtkaufpreis T€ 26.000) wird neben dem übrigen Nettovermögen von T in Höhe von T€ 15.000 auch der zurückerworbene Franchisevertrag bewertet. Unter Berücksichtigung der vertraglich fixierten Restlaufzeit und der im Vertrag fixierten Konditionen wird das Recht mit T€ 5.000 bewertet. Ein Vergleich mit den aktuellen Konditionen, die das Unternehmen M einräumt, zeigt, dass die von Unternehmen T zurückerworbene Vereinbarung noch niedrigere Franchisegebühren vorsah. Aktuelle Verträge mit gleicher Laufzeit und gleichem Leistungsumfang sind damit in Höhe von T€ 4.000 zu bewerten.

In der Folge wird die Differenz von T€ 1.000 unmittelbar als Verlust aus dem Rückerwerb der vorerwerblichen Beziehung erfolgswirksam außerhalb des Unternehmenserwerbs in der Konzern-Erfolgsrechnung erfasst. Der in Übereinstimmung mit der vertraglichen Restlaufzeit und den Marktkonditionen bestimmte Wertansatz in Höhe von T€ 4.000 ist als *reacquired right* in der Kaufpreisallokation anzusetzen. Daraus ergeben sich die folgenden Buchungen:

T€	Soll	Haben
Zu erfassen außerhalb (vor) der Erstkonsolidierung:		
Verlust aus Abwicklung der Vorerwerbsbeziehung (erfolgswirksam in Gesamtergebnisrechnung)	1.000	
Gegenleistung (Gesamtkaufpreis)		1.000
Zu erfasssen im Rahmen der Erstkonsolidierung:		
Zurückerworbenes Recht (immaterieller Vermögenswert)	4.000	
Übriges Nettovermögen (Vermögenswerte und Schulden)	15.000	
Geschäfts- oder Firmenwert	6.000	
Gegenleistung (Gesamtkaufpreis)		25.000

Obwohl die zurückerworbenen Rechte zum Erwerbszeitpunkt als „normale" immaterielle Vermögenswerte identifiziert werden, erfolgt die Folgebilanzierung nicht nach Maßgabe der Regelungen des IAS 38, sondern ist in IFRS 3 geregelt. 122

Gem IFRS 3.55 ist hier die **Abschreibung** über die **vertraglich vereinbarte Restlaufzeit** vorgesehen. Offen bleibt in der Regelung, welcher Wertminderungsverlauf der Folgebilanzierung zugrunde zu legen ist. UE sind aber im Regelfall *reacquired rights* linear abzuschreiben. Weiterhin dürften die Regelungen zum Wertminderungstest nach IAS 36 analog gelten.

123 Einen weiteren spezifischen Anwendungsfall im Hinblick auf Ansatz und Bewertung von erworbenen immateriellen Vermögenswerten stellt erworbenes **Knowhow aus lfd Forschungs- und Entwicklungsprojekten** *(in process research and development)* dar. In der lfd Bilanzierung ist die Aktivierung von Knowhow generell auf die Entwicklungskosten iSv IAS 38.57 beschränkt. Durch die geringeren Wahrscheinlichkeitsanforderungen an immaterielle Vermögenswerte bzw die Berücksichtigung der Wahrscheinlichkeit zukünftigen wirtschaftlichen Nutzens im Rahmen der Bewertung wird für die Situation des Unternehmenserwerbs der Tatsache Rechnung getragen, dass Forschungs- und Entwicklungsprojekte in vielen Fällen wesentliche Determinanten für Unternehmenserwerbe sind und dass die Abbildung dieser Komponenten als Geschäfts- oder Firmenwert-Bestandteil den Informationsinteressen der Abschlussadressaten in vielen Fällen nicht gerecht wird. Damit sind – eine entspr Bewertbarkeit vorausgesetzt – diese Posten als separater immaterieller Vermögenswert im Rahmen der Erwerbstransaktion zu erfassen.

124 Während IAS 38.42f die Problematik nachträglicher Aufwendungen zu auf diese Weise aktivierten Forschungs- und Entwicklungsprojekten abdecken und vorschreiben, dass nach dem Erwerb nur diejenigen Entwicklungskosten aktivierbar sind, welche die Aktivierungsvoraussetzungen des IAS 38.57 erfüllen, ergeben sich in vielen Fällen bei der Erwerbsbilanzierung von *in process research and development*-Projekten Fragen im Zusammenhang mit der **Bewertung eines entspr Aktiv-Postens.** Schwierigkeiten treten dabei regelmäßig auf, wenn Forschungs- und Entwicklungskosten nicht einem bestimmten Produkt zuzuordnen sind, sondern ein Unternehmen forschungsintensiv die Entwicklung mehrerer Produkte betreibt. In diesem Fall bietet sich für Bewertungszwecke eine DCF-Betrachtung an, die den Erfolgschancen der einzelnen Produktentwicklungen Rechnung trägt (vgl zu den möglichen Ansätzen auch *EY* 2015, 599 f).

125 Im Rahmen eines Unternehmenszusammenschlusses können auch sog ***defensive intangible assets*** erworben werden, die sich dadurch charakterisieren lassen, dass das erwerbende Unternehmen beabsichtigt, diese nicht aktiv zu nutzen und gleichzeitig Dritte von deren Nutzung ausschließen kann. Trotz der nicht aktiven Nutzung steuern *defensive intangible assets* mit hoher Wahrscheinlichkeit zu einer Wertsteigerung anderer Vermögenswerte des erwerbenden Unternehmens bei.

Defensive intangible assets sind im Zuge des Unternehmenszusammenschlusses grds anzusetzen. Hinsichtlich der **Folgebilanzierung** verlangt IFRS 3.B43, dass diese Vermögenswerte sowohl zum Erwerbszeitpunkt als auch im Rahmen der Folgebewertung zum beizulegenden Zeitwert abzüglich Veräußerungskosten bewertet werden sollen, wobei sich dieser Zeitwert aus der besten Verwendungsmöglichkeit durch die Marktteilnehmer bestimmt. Dieser Wertmaßstab ist auch bei einem Wertminderungstest für diese Vermögenswerte heranzuziehen, sodass eine vollständige außerplanmäßige Abschreibung nur in Ausnahmefällen sachgerecht erscheint und idR eine planmäßige Abschreibung solcher immateriellen Vermögenswerte vorzunehmen ist. Aussagen bzgl einer planmäßigen Abschreibung von *defensive intangible assets,* insbes zur Bestimmung der Nutzungsdauer, enthält IFRS 3 nicht.

126 In den **USA** wird in FASB ASC 350-30-35 die Auffassung vertreten, dass der Nutzungszeitraum unter Berücksichtigung des direkten und indirekten Nutzenzuflusses zu ermitteln ist. Dabei muss bei der Bestimmung der Nutzungsdauer des *defensive intangible asset* der erwartete Nutzen des immateriellen Vermögenswerts berücksichtigt werden, den das Unternehmen von diesem Vermögenswert erwartet. Der Nutzen eines *defensive intangible asset* besteht nach dieser Sichtweise in einem indirekten Cashflow, der daraus resultiert, dass das Unternehmen Dritte von der Nutzung und damit von der Generierung jeglicher Wertrealisierungen bzgl dieses immateriellen Vermögenswerts ausschließt. Zur Bestimmung der Nutzungsdauer eines *defensive intangible asset* hat das Unternehmen die Periode zu schätzen, in der sich der beizulegende Zeitwert des *defensive intangible asset* verringert. Dieser Zeitraum wird als eine Näherungslösung für die Periode angesehen, in der das Unternehmen einen indirekten Beitrag des *defensive intangible asset* bzgl der zukünftigen Cashflows des Unternehmens erwartet.

Beispiel: Unternehmen A erwirbt das Unternehmen B und plant die Marke von Unternehmen B durch seine eigene zu ersetzen. Ungeachtet dieser konkreten Erwerberabsicht bestimmt sich nach Maßgabe der Regelung des IFRS 3.B43 der beizulegende Zeitwert im Rahmen der Erwerbsbilanzierung nach der besten Verwendungsmöglichkeit des Erwerbers. Ist davon auszugehen, dass dem Erwerber durch die Nichtfortführung der erworbenen Marke ein Vorteil entsteht, muss, der Sichtweise von FASB ASC 350-30-35 folgend, der Nutzungszeitraum der Marke B unter Berücksichtigung der indirekten Cashflows bestimmt werden, die dadurch entstehen, dass Dritte von der Nutzung der Marke B ausgeschlossen werden. Eine sofortige Wertberichtigung des ermittelten Zeitwerts scheidet unter diesen Umständen aus.

Aus wirtschaftlicher Sicht ist uE die Vorgehensweise nach **FASB ASC 350-30-35** auch für die Beurteilung von *defensive intangible assets* im Rahmen der Folgebewertung nach IAS 38 sachgerecht, da das Halten der Marke B für das Unternehmen A einen wirtschaftlichen Nutzen stiftet, obgleich sie nicht aktiv genutzt wird, da es vorstellbar ist, dass ein anderes Unternehmen diese Marke aktiv nutzen könnte und daraus einen Cashflow generiert. Gegen die Vorgehensweise, dass bei der Bestimmung der Nutzungsdauer auch der indirekte Nutzenzufluss zu berücksichtigen ist, sprechen mögliche Unsicherheiten hinsichtlich der Genauigkeit der Bestimmung des Nutzungszeitraums. Es ist deshalb bei Vorliegen von *defensive intangible assets* im Einzelfall zu beurteilen, ob die vorliegende Datenbasis eine zuverlässige Abschätzung des Nutzungszeitraums zulässt. 127

3. Vorräte, Fertigungsaufträge und Auftragsbestände

Die Bewertung zu beizulegenden Zeitwerten für **fertige** und **unfertige Erzeugnisse** sowie **Handelswaren** ist, zumindest bei marktgängigen Produkten in weiten Teilen auf der Basis von Marktdaten iSv IFRS 13.76ff oder IFRS 13.81ff möglich. Dazu sind zunächst die voraussichtlichen Verkaufspreise als Ausgangspunkt für eine Ermittlung des beizulegenden Zeitwerts iSv IFRS 13 zu ermitteln. Hiervon sind die noch anfallenden Kosten bis zur Fertigstellung sowie die Kosten der Veräußerung abzuziehen. Wie bei der Bewertung des Vorratsvermögens nach IAS 2.4 wird aufgrund dieser retrograden Vorgehensweise grds ein **absatzmarktorientierter Bewertungsansatz** zugrunde gelegt. Es ist jedoch darauf hinzuweisen, dass die Bewertung von **Rohstoffen zu aktuellen Wiederbeschaffungskosten** (*Heuser/Theile* Rz 5656) nicht mit dem Bewertungsmaßstab von IAS 2.25ff korreliert. 128

Die Bewertung von Vermögenswerten und **Schulden aus Fertigungsaufträgen** iSv IAS 11 im Rahmen der Erwerbsbilanzierung unterscheidet sich grds nicht von der Auftragsbewertung bei lfd Bilanzierung. Die dabei zur Anwendung gelangende *percentage-of-completion*-Methode des IAS 11.22 bzw die fertigstellungsgradproportionale Erlöserfassung nach IFRS 15.B14 (vgl → § 9 Rn 150) führen zu einer Auftragsbewertung, die idR den beizulegenden Zeitwert approximiert, indem sie den jeweiligen Leistungsstand einschließlich einer auftragsspezifischen Ergebnismarge abbildet. Zu einer Abweichung kann es hingegen bei Anwendung der *zero-profit*-Methode kommen, da bei den entspr Aufträgen nicht notwendigerweise davon ausgegangen werden kann, dass ein beizulegender Zeitwert ebenfalls vollständig ohne Marge von einem typischen Erwerber bewertet würde. Wahrscheinlicher ist hier die Unterstellung einer reduzierten Marge, sodass ggf Wertkorrekturen für solche Aufträge nach den Umständen des Einzelfalls im Rahmen der Erwerbsbilanzierung vorzunehmen sind.

Auftragsbestände repräsentieren zukünftige Nutzenpotenziale und sind deshalb nach Maßgabe der durch sie in künftigen Perioden induzierten abdiskontierten Netto-Cashflows zu bewerten. Hinsichtlich der Bewertungsparameter, insbes des Diskontierungszinssatzes, ist dabei zwischen einem kontrahierten und einem (noch) nicht kontrahierten Auftragsbestand zu unterscheiden. Der unterschiedliche Risikogehalt beider Gruppen führt zu einer Differenz im Diskontierungszinssatz, die sowohl branchenbezogen als auch unter Berücksichtigung der konkreten Erwerbssituation zu bestimmen ist und damit erhebliche Ermessensspielräume für den Bewerter enthält.

4. Finanzielle Vermögenswerte

129 Für **Wertpapiere** ist jeweils der **bestmögliche** Schätzwert als beizulegender Zeitwert anzusetzen. Ist das Wertpapier an einem öffentlichen Kapitalmarkt notiert, steht daher der Börsenpreis für die Bewertung zur Verfügung. Für nicht börsennotierte Wertpapiere ist die Bewertung auf Basis eines Vergleichs mit ähnlichen öffentlich gehandelten Werten durchzuführen.

Obwohl **IFRS 3 keine expliziten Hinweise** auf die Wertbestimmung enthält, sind grds wertbeeinflussende Aspekte wie Kurs-Gewinn-Verhältnisse, Dividendenrenditen und erwartete Wachstumsraten von vergleichbaren Finanzinstrumenten von Unternehmen mit vergleichbaren Charakteristika für einen zweckadäquaten Vergleich heranzuziehen. Darüber hinaus sind uE die allgemeinen **Regelungen des IAS 39/IFRS 9** für die Bewertung von Wertpapieren für die Erstkonsolidierung zu berücksichtigen (vgl → § 10 Rn 48f). Bei Wertpapieren, die an einem aktiven Markt gehandelt werden, ist somit idR der Marktpreis eine verlässliche Datenquelle für die Bewertung im Erwerbszeitpunkt, bei sonstigen Wertpapieren ist eine Ableitung der Bewertungsparameter aus Daten vergleichbarer, marktgängiger Wertpapiere oder eine DCF-basierte Bestimmung des beizulegenden Zeitwerts denkbar (vgl auch *Lüdenbach/Hoffmann/Freiberg* IFRS § 31 Rz 101).

130 **Forderungen,** wie Forderungen aus Lieferungen und Leistungen bzw aus Fertigungsaufträgen oder Finanzforderungen, sind, unabhängig von ihrer Entstehungsursache, grds auf den **Barwert** abzuzinsen. Die Diskontierung erfolgt zum angemessenen, **aktuell geltenden Marktzinssatz** für laufzeit- und risikoadäquate Anlagen. Abzüge für Uneinbringlichkeit und Eintreibungskosten sind ebenfalls zu berücksichtigen. Hinsichtlich der Ermittlungsmethodik für einen „angemessenen Zinssatz" sind auch hierbei die Regelungen des IAS 39/IFRS 9 entspr anzuwenden (vgl → § 10 Rn 26f). Dies impliziert, dass bisher bei dem erworbenen Unternehmen zu fortgeführten Anschaffungskosten bewertete Forderungen neu bewertet werden müssen und ggf im Buchwert zuvor enthaltene Transaktionskosten nicht mehr zu berücksichtigen sind. Analog dazu sind Verbindlichkeiten ebenfalls zum Barwert anzusetzen (vgl → Rn 144ff). Dazu gehören Verbindlichkeiten aus Lieferungen und Leistungen, Wechselverbindlichkeiten, langfristige Verbindlichkeiten und sonstige Zahlungsverpflichtungen. Die Diskontierung kurzfristiger Forderungen oder Verbindlichkeiten kann unterblei-

ben, wenn der Unterschied zwischen Nominalwert und Barwert unwesentlich ist. Die *fair value*-Bilanzierung greift auch im Fall von **wertgeminderten Forderungen.** Bei der Existenz von Marktpreisen ist dementsprechend für einen abweichenden, unternehmensspezifischen Wert kein Raum.

IFRS 3 verlangt darüber hinaus auch **günstige Vertragsbeziehungen und sonstige Vermögenswerte** analog zu den Forderungen zum Barwert zu bewerten. Der Standard enthält – abgesehen von vorteilhaften und nachteiligen Operating-Leasingverhältnissen, bei dem das erworbene Unternehmen der Leasingnehmer ist (vgl IFRS 3.B29) – diesbezüglich jedoch keine Angaben darüber, welche Vermögenswerte hierunter zu subsumieren sind. UE fallen hierunter zB günstige Miet- und Leasingverhältnisse oder Abnahmeverträge mit Sonderkonditionen. Diese Entwicklung ist im Zusammenhang mit der Verpflichtung zu sehen, **belastende Verträge und sonstige identifizierbare Schulden** nach der gleichen Methodik wie Forderungen und Verbindlichkeiten zum Barwert anzusetzen. Hinsichtlich der Abgrenzung vertraglicher Leistungsbeziehungen, die im Rahmen der Bewertung von erworbenen Vermögenswerten und Schulden zu berücksichtigen sind, von denjenigen, die als vorerwerbliche Leistungsbeziehungen nicht in den Erwerbsvorgang mit einzubeziehen sind, vgl → Rn 178 ff. 131

einstweilen frei 132–139

5. Zur Veräußerung gehaltene Vermögenswerte und Veräußerungsgruppen

Sind Vermögenswerte bzw Vermögensgruppen aus Sicht des Erwerbers bereits **im Erwerbszeitpunkt als ‚zur Veräußerung gehalten'** in Übereinstimmung mit IFRS 5 einzustufen, so postuliert IFRS 3.31 eine weitere Ausnahme zur reinen *fair value*-Bewertung. Vielmehr sind auch im Rahmen der Kaufpreisallokation bereits Veräußerungskosten vom beizulegenden Zeitwert in Abzug zu bringen. Die Bewertung im Erwerbszeitpunkt erfolgt so nach Maßgabe der Bewertungsvorschriften des IFRS 5 für diese Vermögenswerte bzw Vermögensgruppen (s ausführlich → § 28 Rn 39 ff). 140

6. Indemnification Assets

Als weitere **Ausnahme** von den Ansatz- und Bewertungsvoraussetzungen des Rahmenkonzepts ist in IFRS 3.27 f die **Aktivierung** von **Entschädigungsansprüchen** *(indemnification assets)* zu werten. 141

Hierbei handelt es sich um **vertraglich vereinbarte Leistungen** des Veräußerers an den Erwerber zum **Ausgleich von Unsicherheiten und möglichen Haftungsfällen,** die das erworbene Unternehmen betreffen. Die Entschädigungsleistung muss sich dabei auf einen spezifischen Vermögenswert oder eine Schuld des erworbenen Unternehmens beziehen, wobei sich die Entschädigungsleistung auch nur auf Teile eines Bilanzpostens beziehen kann. Entschädigungen infolge von Eigenkapitalgarantien und Zielvereinbarungen zu Ergebnisgrößen (zB „Mindest-EBITDA") gelten somit nicht als Entschädigungsleistungen, die zu einem Ansatz eines Vermögenswerts innerhalb dieser Regelung führen können. Vielmehr ist in solchen Fällen eine Berücksichtigung im Rahmen von Kaufpreisanpassungen zu prüfen (siehe hier → Rn 250).

Der **Ansatz** von Entschädigungsansprüchen richtet sich dabei nach dem Ansatz des jeweils dem Anspruch zugrunde liegenden Bilanzpostens. Wird etwa eine Eventualschuld im Zeitpunkt der Kaufpreisallokation aufgrund ihrer nicht zuverlässigen Bewertbarkeit nicht angesetzt, schlägt sich auch der zugehörige Anspruch auf eine dafür vereinbarte Entschädigung nicht im Ansatz eines entspr 142

Vermögenswerts nieder. Die Ansatzregelungen des Rahmenkonzepts sind hingegen unbeachtlich.

Beispiel 1: Unternehmen A stellt im Rahmen des *due diligence*-Prozesses fest, dass gegen das Kaufobjekt, Unternehmen Z, Schadensersatzleistungen geltend gemacht werden sollen. Die Vorbereitungen auf die zu erwartenden rechtlichen Auseinandersetzungen laufen zum Zeitpunkt der Vertragsverhandlungen an und es wird damit gerechnet, dass bis zur endgültigen Beilegung der Rechtsstreitigkeiten mehrere Jahre vergehen werden. Unternehmen A vereinbart infolgedessen mit dem Veräußerer, Unternehmen B, dass Z durch entspr Entschädigungsleistungen von B von sämtlichen durch die Rechtsstreitigkeiten verursachten Kosten freigestellt wird. A erwirbt daraufhin Z von B.

Bei den im Rahmen der Kaufpreisallokation angestellten Analysen kann aufgrund der frühen Phase der Rechtsstreitigkeiten die mögliche Verpflichtung aus dem Rechtsstreit nicht zuverlässig bewertet werden. Infolgedessen wird weder eine Eventualverbindlichkeit noch ein entspr Entschädigungsanspruch bilanziert.

Beispiel 2: Unternehmen A erwirbt Unternehmen Z, welches im Wesentlichen eine Goldmine betreibt. Der Veräußerer B garantiert Unternehmen A, dass die Goldmine mindestens 20 Tonnen Goldreserven aufweist und wird eine Ausgleichszahlung leisten für jede Tonne Gold. Hierfür wird ein Fixpreis je Tonne Gold vereinbart.

Eine erste Analyse im Rahmen der Kaufpreisallokation zeigt, das mit Goldschätzen von nur 15 Tonnen zu rechnen ist. Infolgedessen aktiviert A im Erwerbszeitpunkt einen Entschädigungsanspruch. Dessen Bewertung erfolgt ausnahmsweise nicht zum individuell geschätzten beizulegenden Zeitwert, sondern richtet sich nach der voraussichtlichen Entschädigungsleistung auf Basis der vertraglichen Vereinbarung über die Ausgleichszahlung.

III. Behandlung ausgesuchter Schulden

143 Die Schulden eines erworbenen Geschäftsbetriebs lassen sich überschlägig in **5 Kategorien** einteilen. Bei den langfristigen Schulden sind im Rahmen einer Kaufpreisallokation regelmäßig die für die Unternehmensfinanzierung ausgegebenen (1) Finanzschulden und (2) Verbindlichkeiten aus Leistungen an Arbeitnehmer neu zu beurteilen. Eine den immateriellen Vermögenswerten vergleichbare Aufmerksamkeit erfordern (3) Eventualschulden, da diese im originären Abschluss des erworbenen Unternehmens nicht angesetzt werden. Grds neu zu beurteilen sind weiterhin (4) Rückstellungen sowie die (5) kurzfristigen/sonstigen finanziellen Schulden.

Die uU ebenfalls als Schulden anzusetzenden latenten Steuern werden im Folgeabschnitt behandelt (→ Rn 163 ff).

1. Finanzschulden

144 Die Bewertung von Finanzschulden zum beizulegenden Zeitwert im Erwerbszeitpunkt erfordert grds eine Neubewertung dieser Verpflichtungen. Dies gilt auch dann, wenn in der Folgebilanzierung die Effektivzinsmethode zur Anwendung gelangt. Infolgedessen ist eine **Detailanalyse sämtlicher Finanzschulden** erforderlich. Da in IFRS 3 keine Hinweise auf den Barwert unter Verwendung von Marktzinssätzen enthalten sind, sind die Vorgaben zur Schätzung beizulegender Zeitwerte nach IAS 39/IFRS 9 iVm IFRS 13 analog anzuwenden (vgl hierzu → § 14 Rn 93 ff).

145 Im einfachsten Fall kann die Bewertung auf Grundlage einer **Barwertberechnung der voraussichtlichen Cashflows** zum am Erwerbsstichtag gültigen Fremdkapitalzinssatz des erworbenen Unternehmens erfolgen. Es ist darauf zu achten, dass der Fremdkapitalzins fristadäquat ist, das Kreditrisiko des erworbenen Unternehmens *„stand alone"* widerspiegelt und auch alle anderen Finanzrisiken sachgerecht berücksichtigt. Dies kann insbes bei der Übernahme von finanziell

angeschlagenen Unternehmen, bei denen der Erwerber die Fortführung des Geschäftsbetriebs gewährleisten wird, zu erheblichen Schwierigkeiten bei der Zinsfindung führen.

Sind in Finanzschulden Put/Call-Optionen oder andere **derivative Finanzinstrumente eingebettet,** so sind diese hinsichtlich ihrer Separierung von den Finanzschulden neu zu beurteilen. Im Vergleich zu den bisher gültigen Regelungen zur Trennungspflicht eingebetteter Derivate nach IAS 39 ergeben sich zukünftig nach IFRS 9 für finanzielle Verbindlichkeiten keine Änderungen. Die im Zusammenhang mit einem Unternehmenszusammenschluss erworbenen eingebetteten derivativen Finanzinstrumente sind aus dem Anwendungsbereich des IFRIC 9 ausgenommen (IFRIC 9.5); vielmehr fordert IFRS 3.16(c) explizit eine entspr Neubeurteilung auf der Grundlage der Verhältnisse am Erwerbsstichtag. Unabhängig vom konkreten Ausweis und der Folgebilanzierung von Finanzschulden mit eingebetteten derivativen Finanzinstrumenten bietet es sich in der Praxis jedoch an, den Grundvertrag *(host contract)* und alle eingebetteten Mechanismen gesondert zu bewerten, um eine marktadäquate Bewertung aller erworbenen Vertragsbestandteile sicherzustellen. 146

Einen Sondersachverhalt stellen ***change-of-control*-Regelungen** bei Fremdfinanzierung dar, die, bei einer Änderung der die Beherrschung ausübenden Partei, eine sofortige Refinanzierung auslösen können. Ist im Erwerbszeitpunkt davon auszugehen, dass es durch den Unternehmenszusammenschluss wahrscheinlich zu einer zeitnahen Inanspruchnahme durch den Fremdkapitalgeber kommt, entspricht der beizulegende Zeitwert nach IFRS 13.47 dem „auf Sicht zahlbaren Betrag", der vom ersten Tag seiner Rückzahlung an abzuzinsen ist. Dies entspr in vorliegendem Zusammenhang idR dem zu zahlenden Nennbetrag zuzüglich ggf anfallender Strafgebühren abzüglich ggf vorhandener Zinseffekte. 147

2. Leistungen an Arbeitnehmer

a) Leistungsorientierte Arbeitnehmerversorgungspläne

Hinsichtlich der Verpflichtungen aus **leistungsorientierten Plänen an Arbeitnehmer** sieht IFRS 3.26 eine weitere Ausnahme von den allgemeinen Ansatzregelungen und der Verpflichtung zur generellen Bilanzierung zum beizulegenden Zeitwert vor. Die Verpflichtungen aus diesen Altersversorgungsplänen sind danach in Übereinstimmung mit den Regelungen in IAS 19 zu bewerten (→ § 26 Rn 50ff). 148

Bei der Anwendung der Regelungen des IAS 19 sind allerdings **Einschränkungen** und **Besonderheiten** aufgrund der Erwerbssituation zu beachten. Im Zusammenhang mit leistungsorientierten Altersversorgungsplänen stehendes **Planvermögen** ist nur dann anzusetzen, wenn auch unter Berücksichtigung des Unternehmenszusammenschlusses ein ökonomischer Nutzen aus diesem Vermögen erwartet wird. Außer Ansatz bleiben dabei Effekte aus **Planänderungen bzw -kürzungen,** die als Folge des Unternehmenserwerbs wirksam werden. Hier ist auf eine *stand-alone*-Perspektive im Erwerbszeitpunkt abzustellen, sodass die Effekte aus diesen Planänderungen nach der Erwerbsbilanzierung in der zusammengeschlossenen Einheit erfolgswirksam zu erfassen sind.

Im Hinblick auf den zur Anwendung kommenden **Zinssatz** besteht grds ein Konkurrenzverhältnis zwischen den Regelungen des IAS 19 und einem frist- und risikoadäquaten Fremdkapitalzinssatz aus Sicht des erworbenen Unternehmens. Für eine Anwendung dieses Fremdkapitalzinssatzes könnte konzeptionell die Marktbezogenheit im Transaktionszeitpunkt sprechen. Gleichwohl ist hier der Wortlaut des IFRS 3.26 eindeutig, dessen Verweis auf die Anwendung der 149

Regelungen des IAS 19 für leistungsorientierte Arbeitnehmervergütungspläne auch die Anwendung der Regelungen zur Zinsfindung (IAS 19.83ff) einschließt.

b) Aktienbasierte Vergütungsvereinbarungen

150 Für die **Bewertung** der aktienbasierten Vergütungsvereinbarungen wird durch IFRS 3.30 eine weitere Ausnahme von der allgemeinen Bewertungsregel der Bewertung sämtlicher Vermögenswerte und Schulden zum beizulegenden Zeitwert begründet. Danach erfolgt die Bewertung dieser Vereinbarungen nach den **Regelungen des IFRS 2** (→ § 24 Rn 35ff).

c) Sonstige Verpflichtungen gegenüber Arbeitnehmern

151 Alle übrigen Arbeitnehmerleistungen unterliegen der **generellen Anforderung der Bewertung zum beizulegenden Zeitwert.** Für sie sieht IFRS 3 keine Ausnahmen hinsichtlich Ansatz und/oder Bewertung vor. Für die Ermittlung des beizulegenden Zeitwerts dieser Verpflichtungen sind konzeptionell Exit-Preise heranzuziehen, also diejenigen Werte, zu denen ein Dritter die Verpflichtung – ggf unter Beachtung der rechtlichen und wirtschaftlichen Restriktionen einer solchen Übertragung – übernehmen würde. Dies entspr der Exit-Preis-Konzeption des IFRS 13.B2. Da die Ermittlung solcher Exit-Preise in der wirtschaftlichen Praxis nur in einer begrenzten Anzahl von Fällen zuverlässig möglich ist, sind hilfsweise auch einkommensorientierte Verfahren zur Bestimmung des beizulegenden Zeitwerts heranzuziehen. In diesen Fällen ist zu beachten, dass bei der Festlegung des Diskontierungszinssatzes bei langfristigen Verpflichtungen konzeptionell auf Marktwerte abgestellt werden muss. Dies wird idR zu einer Abzinsung mit einem frist- und risikokongruenten Fremdkapitalzinssatz führen, der im Einzelfall von dem Zinssatz gem IAS 19 abweichen kann. In diesem Zusammenhang ist zu beachten, dass sich der Anwendungsverweis auf IAS 19 in IFRS 3.26 nur auf leistungsorientierte Pläne iSv IAS 19.55ff bezieht.

3. Eventualschulden

152 Die von den allgemeinen Passivierungskriterien des IAS 37 **abweichende Behandlung** der **Eventualschulden** nach IFRS 3 ist eine Folge der konzeptionellen Ausrichtung des Standards, wonach ein nach der Bewertung aller identifizierbaren Vermögenswerte und Schulden mit beizulegenden Zeitwerten verbleibender negativer Unterschiedsbetrag unmittelbar zu einer Ertragsvereinnahmung führt. Dies kann nur dann gerechtfertigt sein, wenn zuvor die im Kaufpreis antizipierten Abschläge für künftige Verluste durch die Passivierung der zugrunde liegenden Risiken als Eventualschulden auch bilanziell berücksichtigt werden. Durch den Unternehmenserwerb werden in der Folge die antizipierten Außenverbindlichkeiten einer objektivierten Marktbewertung unterzogen (IFRS 3.BC111). Hätte der IASB auf den eigentlich systemfremden Ansatz der Eventualschuld verzichtet, hätte der negative Unterschiedsbetrag nicht mehr den Charakter einer Residualgröße annehmen können, was wiederum die konzeptionelle Grundlage der nach IFRS 3.34 vorgeschriebenen erfolgswirksamen Ertragserfassung für diesen Betrag ist.

153 IFRS 3.22 unterscheidet bei Eventualschulden iSv IAS 37 **zwei unterschiedliche Arten von Verpflichtungen:**

(1) **Mögliche Verpflichtungen** *(possible obligations),* also solche, die aus vergangenen Ereignissen resultieren, jedoch durch den Eintritt bzw Nichteintritt eines unsicheren zukünftigen Ereignisses erst noch bestätigt werden müssen, wobei das berichtende Unternehmen keine unmittelbare Kontrolle in Bezug auf dieses zukünftige Ereignis hat.

(2) **Gegenwärtige Verpflichtungen** *(present obligations),* also solche, die grds das *liability*-Kriterium erfüllen, jedoch aufgrund mangelnder Wahrscheinlichkeit oder nicht zuverlässiger Schätzbarkeit nicht passiviert werden können.

Für diese Verpflichtungen legt IFRS 3.23 im Rahmen der Erwerbsbilanzierung im expliziten Gegensatz zu den Vorschriften des IAS 37 für die reguläre IFRS-Rechnungslegung fest, dass ein Erwerber im Rahmen eines Unternehmenszusammenschlusses eine **Passivierung derjenigen Verpflichtungen** vorzunehmen hat, bei denen eine **gegenwärtige Verpflichtung aus einem Vergangenheitsereignis** entstanden ist und diese Verpflichtung **verlässlich bewertet** werden kann. Damit sind mögliche Verpflichtungen – unabhängig von einer ggf möglichen Bewertbarkeit – überhaupt nicht im Rahmen der Bewertung der erworbenen Vermögenswerte und Schulden zu erfassen. Insoweit entspricht die Vorgehensweise für diese Verpflichtungen derjenigen des IAS 37. Hingegen sind gegenwärtige Verpflichtungen – eine zuverlässige Bewertbarkeit vorausgesetzt – grds zu passivieren, und zwar unabhängig von der Wahrscheinlichkeit ihres Eintritts (Unterschied zu IAS 37). 154

Während also hinsichtlich des Ansatzes von Eventualschulden eine Ausnahmeregelung in IFRS 3 enthalten ist, richtet sich die Bewertung von Eventualschulden im Erwerbszeitpunkt nach der **allgemeinen Bewertungsregel** des Standards, sie sind also zu ihrem beizulegenden Zeitwert zu bewerten. Dieser Zeitwert von Eventualschulden richtet sich nach dem Betrag, den ein Dritter verlangen würde, um eine aus der Eventualschuld entstehende Verbindlichkeit zu übernehmen. Dabei ist der wahrscheinlichste Wert unter Berücksichtigung sämtlicher Indikatoren anzusetzen. Zwar enthält IFRS 3 diesbezüglich keine weiteren Bewertungsvorgaben, jedoch ist uE im Rahmen der Anwendung der Vorschriften zur Ermittlung des beizulegenden Zeitwerts nach IFRS 13 auch eine Berücksichtigung der Bewertungsvorschriften des IAS 37 notwendig. Kann der beizulegende Zeitwert nicht hinreichend zuverlässig bewertet werden, ist der Ansatz nicht möglich (IFRS 3.22(b)(ii)). Weiterhin sind ggf mit den Eventualschulden im Zusammenhang stehende Eventualforderungen im Rahmen ihrer Bewertung nicht zu berücksichtigen, da dies einem bilanziellen Ansatz von Eventualforderungen gleichkäme und damit in Abwesenheit expliziter Ansatzvorschriften des IFRS 3 gegen die Vorschriften des IAS 37.31 verstieße. Gleichzeitig liefe eine Berücksichtigung von Eventualforderungen bei der Bewertung von Eventualschulden dem allgemeinen Saldierungsverbot des IAS 1.32 (→ § 2 Rn 110) zuwider und stellte außerdem eine Abweichung von dem grds unsaldiert vorzunehmenden Ausweis von Erstattungsansprüchen nach IAS 37.53 dar (→ § 13 Rn 71 ff). 155

Regelungen zur Folgebilanzierung von Eventualschulden enthält IFRS 3.56, wonach der Erwerber eine im Zuge eines Unternehmenszusammenschlusses angesetzte Eventualschuld bis zu ihrer Begleichung oder ihrem Erlöschen unter Berücksichtigung eines Höchstwertprinzips zu bilanzieren hat: Erfüllt die Eventualschuld inzwischen die Voraussetzungen einer Rückstellung nach IAS 37 (bspw, weil sich die Eintrittswahrscheinlichkeit auf mehr als 50% erhöht hat), ist eine Bewertung nach IAS 37 vorzunehmen. Für Eventualschulden, die auch zum Folgebewertungszeitpunkt nicht die Voraussetzungen des IAS 37 erfüllen, schreibt IFRS 3.56(b) vor, dass die Bewertung zu dem erstmalig angesetzten Betrag abzüglich derjenigen Beträge vorzunehmen ist, die gem der Ertragsrealisationsvorschriften des IAS 18/IFRS 15 im Zusammenhang mit der Eventualschuld kompensatorisch angefallen sind. Zu beachten ist, dass diese Anforderungen nicht auf Verträge anzuwenden sind, deren Bilanzierung nach IAS 39/IFRS 9 erfolgt. Nicht eindeutig geklärt ist jedoch, ob die genannten Anforderungen (Höchstwertvergleich) nur für Perioden gelten, in denen der zugrunde 156 liegende Sachverhalt weiterhin eine Eventualschuld darstellt oder der Vergleich auch bei Vorliegen der Voraussetzungen des IAS 37 in der Folgebewertung vorgeschrieben ist.

Beispiel: Das Unternehmen A erwirbt das Unternehmen B im November 20X0. Im Erwerbszeitpunkt setzt A für eine von Dritten gegen B angestrebte Rechtsstreitigkeit bilanziell eine Eventualschuld von T€ 40 an. Die Wahrscheinlichkeit eines daraus resultierenden Zahlungsmittelabflusses wird auf unter 50% eingeschätzt. Folglich kommt es zu keinem bilanziellen Ansatz einer ungewissen Verpflichtung nach IAS 37. Am 31. Dezember 20X1 kommt das Unternehmen A zu der Einschätzung, dass eine Auszahlung in Höhe von T€ 30 wahrscheinlich und damit das Ansatzkriterium des IAS 37 erfüllt ist. Hinsichtlich der Folgebilanzierung bestehen unterschiedliche Alternativen.

Entspr IFRS 3.56/IFRS 3.56 (geändert 2014) kann eine im Zuge eines Unternehmenszusammenschlusses übernommene Verpflichtung nur durch eine Amortisation nach IAS 18/IFRS 15 reduziert werden. Die erste Bilanzierungssichtweise geht davon aus, dass eine dementsprechende Amortisation auf den vorliegenden Sachverhalt nicht anwendbar ist, sodass die Folgebewertung mit T€ 40 zu erfolgen hat.

Die andere Sichtweise vertritt den Standpunkt, dass keine Anwendungsrichtlinie für die Zulässigkeit einer Amortisation nach IAS 18/IFRS 15 existiert, mit der Folge, dass eine Reduzierung der Verpflichtung auf ihren aktuell geschätzten Wert möglich und folglich mit T€ 30 zu bewerten ist. Eine weitere Bilanzierungsmöglichkeit nimmt die Sichtweise ein, dass es sich bei der urspr ungewissen Verpflichtung nunmehr um eine Verpflichtung iSd IAS 37 handelt und damit IFRS 3.56 nicht mehr anwendbar ist. Die Verpflichtung wird folglich mit T€ 30 angesetzt und es werden T€ 10 als Ertrag erfasst.

157 In den Bereich der Bilanzierung von Eventualschulden fällt auch die Behandlung **bedingter Zahlungsverpflichtungen** des erworbenen Unternehmens.

Beispiel: Das Unternehmen A erwirbt das Unternehmen B, welches bereits zwei Jahre zuvor das Unternehmen C erworben hat. Unternehmen B hatte sich in diesem Zusammenhang zu einer bedingten Kaufpreiszahlung verpflichtet, sofern das Unternehmen C bis zum Jahre vier ein bestimmtes festgelegtes Gewinnziel erreicht.

Grds ist bei einem derartigen Sachverhalt bei der Kaufpreisallokation zu beachten, dass die im Rahmen des Unternehmenszusammenschlusses erworbenen Schulden neu bewertet werden müssen unabhängig davon, zu welchen Werten das erworbene Unternehmen diese selbst eingegangen ist. Gem IFRS 3.39 wird eine bedingte Kaufpreiszahlung zum beizulegenden Zeitwert bewertet. Alternativ wäre es denkbar, solche Zahlungen als Eventualschuld zu behandeln, wobei auch hierbei die Erstbewertung zum beizulegenden Zeitwert zu erfolgen hat. Die Folgebewertung richtet sich in diesem Fall nach IFRS 3.56.

4. Sonstige Rückstellungen

158 Rückstellungen unterscheiden sich von Eventualschulden durch die Erfüllung des *liability*-Kriteriums. Sie resultieren demnach aus Ereignissen der Vergangenheit, aus denen mit hinreichender Wahrscheinlichkeit ein zukünftiger Abfluss von Ressourcen mit wirtschaftlichem Nutzen erwartet werden kann. Das Abgrenzungskriterium ist dementsprechend die **Wahrscheinlichkeit der Inanspruchnahme** iSv IAS 37, die bei einer Eventualschuld nicht gegeben ist.

Für den Ansatz und die Bewertung von Rückstellungen im Rahmen eines Unternehmenszusammenschlusses sind in IFRS 3 **keine gesonderten Regelungen** vorgesehen. Damit kommt die übliche Vorgehensweise bei der *fair value*-Bewertung von Schuldposten ohne verfügbare Marktwerte zur Anwendung. Die Verpflichtung ist also hinsichtlich der Höhe ihrer wahrscheinlichen Inanspruchnahme zu schätzen und – sofern es sich um eine langfristige Verpflichtung handelt – mit einem marktbezogenen frist- und risikoadäquaten Zinssatz zu diskontieren. Damit finden die Vorschriften des IAS 37 zur Rückstellungsbewertung vollumfänglich Anwendung auf die Erwerbssituation.

Ebenfalls der Vorgehensweise der lfd Bilanzierung entspricht die Behandlung von **Erstattungs- oder Kompensationsansprüchen** im Zusammenhang mit den innerhalb der Rückstellung abgebildeten Verpflichtungen des erworbenen Geschäftsbetriebs. Diese dürfen nicht mit der Verpflichtung saldiert der Passivierung zugrunde gelegt werden. Stattdessen ist im Rahmen der Kaufpreisallokation ein gesonderter Vermögenswert anzusetzen, wenn und soweit die Erstattungs- bzw Kompensationsansprüche isoliert betrachtet die Voraussetzungen für den Ansatz eines Vermögenswerts erfüllen. 159

Ausschlaggebend für den Ansatz aller Vermögenswerte, Schulden und Eventualschulden ist ihr **Bestand** am **Erwerbsstichtag** (→ Rn 57 ff). Nach dieser Maßgabe sind bereits im IFRS-Abschluss des erworbenen Unternehmens sachgerecht – dh iSv IAS 37 – bilanzierte **Restrukturierungsrückstellungen** (→ § 13 Rn 168 ff) auch im Rahmen der Kaufpreisallokation anzusetzen (IFRS 3.10 ff). Explizit von dem Ansatz ausgeschlossen sind hingegen künftig mögliche Verluste oder Kosten aus Restrukturierungsvorgängen wie zB Personalmaßnahmen, die als Ergebnis des Unternehmenszusammenschlusses lediglich erwartet werden (IFRS 3.11) und damit noch nicht die Ansatzkriterien für Schulden iSd IFRS erfüllen. Für diese zukünftigen Restrukturierungsverpflichtungen kommt auch der Ansatz eines Passivpostens für eine Eventualschuld nicht in Frage, da es sich nach der Systematik des IFRS 3.22(a) um eine mögliche Verpflichtung *(possible obligation)* handelt, deren Bestehen durch zukünftige Ereignisse in Form einer rechtlichen oder faktischen Außenverpflichtung erst noch begründet wird. Für den Ansatz einer Eventualschuld im Rahmen der Bewertung der erworbenen Vermögenswerte und Schulden wäre jedoch eine gegenwärtige Verpflichtung nach IFRS 3.23 zwingende Voraussetzung (so im Ergebnis auch *Lüdenbach/Hoffmann/Freiberg* IFRS § 31 Rz 94). 160

5. Kurzfristige Verbindlichkeiten und sonstige finanzielle Schulden

Für **Verbindlichkeiten** sieht IFRS 3 **keine Sonderregelungen** hinsichtlich Ansatz und/oder Bewertung vor, sodass sich der Ansatz nach den Kriterien für eine Schuld (vgl → § 2 Rn 132 ff) und die Bewertung nach Maßgabe des beizulegenden Zeitwerts ergibt. Eine Neubewertung ist damit grds auch bei kurzfristigen und allen sonstigen finanziellen Schulden erforderlich, wobei im Einzelfall jedoch unter Wesentlichkeitsgesichtspunkten auf eine Anpassung der bisherigen Buchwerte verzichtet werden kann. Dies betrifft insbes Verbindlichkeiten aus Lieferungen und Leistungen sowie sonstige operative Verbindlichkeiten. 161

In die Neubeurteilung sind **auch Verbindlichkeiten aus Finanzierungs-Leasingsachverhalten** (vgl hierzu → § 22 Rn 130 ff) einzubeziehen, da sich das grds Verbot des IFRS 3.B28, Vermögenswerte und Schulden aus Leasingvereinbarungen im Rahmen der PPA zu erfassen, explizit nur auf operative Leasingverhältnisse bezieht. 162

IV. Behandlung von Ertragsteuern

Beim **erworbenen Geschäftsbetrieb** kommen sowohl vorhandene tatsächliche, als auch latente Steueransprüche und -schulden zum Ansatz. Als Vermögenswerte und Schulden des erworbenen Unternehmens wirken sie sich auf die Dotierung des Geschäfts- oder Firmenwerts bzw des negativen Unterschiedsbetrags aus (→ Rn 230). 163

Die Kaufpreisallokation bezieht sich dabei allein auf die Ebene des erworbenen Unternehmens. Möglicherweise beim Erwerber existente steuerliche Verluste und ähnliche Sachverhalte, die zum Ansatz aktiver latenter Steuern führen können, sind im Rahmen der Kaufpreisallokation nicht zu berücksichtigen. Gleichwohl ist hier zu prüfen, ob sich der Unternehmenszusammenschluss auf die Bewertung aktiver latenter Steuern des Erwerbers auswirken kann.

1. Latente Ertragsteuern

164 Latente Ertragsteuern sind im Rahmen des Ansatzes und der Bewertung von übernommenen Vermögenswerten und Schulden im Erwerbszeitpunkt von **besonderer Bedeutung.** Für latente Ertragsteuern des erworbenen Geschäftsbetriebs gelten Ausnahmen von den Grundsätzen des IFRS 3 zum Ansatz und zur Bewertung. Die in **IAS 12** dargestellten Grundsätze des Ansatzes, der Bewertung und des Ausweises tatsächlicher und latenter Steueransprüche und Steuerschulden (dazu ausführlich § 25) gelten daher uneingeschränkt auch für die Kaufpreisallokation.

Temporäre Differenzen sind infolgedessen für die im Rahmen der Kaufpreisallokation angesetzten Vermögenswerte, Schulden und Eventualschulden zu ermitteln. Diese auch als *inside basis differences* bezeichneten Differenzen werden als Unterschiedsbetrag zwischen den im Rahmen der Kaufpreisallokation ermittelten Wertansätzen und den jeweiligen korrespondierenden Steuerwerten ermittelt. Der **Umfang** der für *inside basis differences* anzusetzenden latenten Steuern richtet sich demnach bei Anwendung der nach IFRS 3 ausschließlich zulässigen Neubewertungsmethode nach den vollständig aufgestockten Wertansätzen. Praktisch ist dieser Schritt der Kaufpreisallokation daher zwischen dem Ansatz und der Bewertung aller übrigen Bilanzposten und der Dotierung des Geschäfts- oder Firmenwerts bzw des negativen Unterschiedsbetrags sowie vor der Dotierung der Anteile nicht-beherrschender Gesellschafter (→ Rn 209 ff) anzusiedeln, da im Vorfeld nicht alle relevanten Eingangsdaten zur Verfügung stehen.

165 Weiterhin können **noch nicht genutzte steuerliche Verluste** und **sonstige noch nicht genutzte Steuergutschriften** des erworbenen Unternehmens den Ansatz aktiver latenter Steuern im Rahmen der Kaufpreisallokation erforderlich machen. Besondere Aufmerksamkeit erfordern dabei Regelungen, die ein sofortiges Erlöschen oder die eingeschränkte Nutzung solcher Verrechnungsguthaben zur Folge haben, wenn bei der betreffenden fiskalischen Einheit ein Eigentümerwechsel erfolgt. Exemplarisch zu nennen sind hier die Regelungen von § 8 Abs 4 KStG zum Mantelkauf bzw § 8c KStG zur Fortführung von steuerlichen Verlustvorträgen bei Übernahme von mehr als 25% des Eigenkapitals. Darüber hinaus ist auch bei internationalen Unternehmenszusammenschlüssen mit entspr Regelungen zu rechnen.

Beispiel: Ein Geschäftsbetrieb im Mantel einer deutschen GmbH wird im Rahmen eines Unternehmenszusammenschlusses erworben. Im Rahmen der Kaufpreisallokation wird festgestellt, dass die Gesellschaft in den vorangegangenen Veranlagungszeiträumen rund T€ 100 körperschaftsteuerliche Verlustvorträge angesammelt hat. Da der Erwerber jedoch 100% der Anteile am Eigenkapital übernommen hat, erlöschen die sich hieraus ergebenden Ansprüche nach § 8c KStG. Insoweit sind für diesen Sachverhalt keine aktiven latenten Steuern anzusetzen.

166 Die **Bewertung** latenter Steuern im Rahmen der Kaufpreisallokation folgt den Grundsätzen des IAS 12. Folglich sind passive latente Steuern in voller Höhe anzusetzen (IAS 12.15). Bei aktiven latenten Steuern darf ein Ansatz hingegen nur in Höhe der wahrscheinlichen Inanspruchnahme erfolgen (IAS 12.24, IAS 12.34; s ausführlich → § 25 Rn 47 ff). Die **Abzinsung** latenter Steuern ist auch im Kontext der Kaufpreisallokation generell nicht erlaubt (IAS 12.53).

Der bei der Bewertung zur Verwendung kommende **Steuersatz** ist weiterhin unternehmens- und postenspezifisch zu wählen. Dies ist der Steuersatz, der voraussichtlich in der Periode gültig sein wird, in der sich die Steuerlatenz ausgleicht. Bei temporären Differenzen wäre damit theoretisch zB zu überlegen, wann ein spezifischer Vermögenswert realisiert bzw die jeweils zugehörige Schuld erfüllt wird (IAS 12.47; vgl → § 25 Rn 50). Weiterhin sind auch alle weiteren steuerlichen Konsequenzen zu berücksichtigen, die die Umkehr der Steuerlatenz voraussichtlich nach sich ziehen wird (IAS 12.51 f). 167

Praktisch gestaltet sich die Bewertung latenter Steuern unter diesen Gesichtspunkten zumeist so, dass einheitliche Steuersätze für alle Bilanzposten je steuerrechtlicher Einheit des erworbenen Unternehmens zur Anwendung kommen. Im Einzelfall ist jedoch auch zu überlegen, wie bzw wann eine Steuerlatenz ausgeglichen wird.

Beispiel: Ein Konzern erwirbt zum 1. Januar 20X0 einen Geschäftsbetrieb im Rechtsmantel einer KapGes in einem Entwicklungsland. Das Entwicklungsland weist für den erworbenen Geschäftsbetrieb reguläre Ertragsteuersätze von 15% auf. Gleichwohl gilt als Anreiz für ausländische Investitionen eine zeitlich befristete Befreiung der Besteuerung aller KapGes bis zum 31. Dezember 20X5.

Im Rahmen der Kaufpreisallokation werden temporäre Differenzen aus dem Anlagevermögen und einem leistungsorientierten Altersversorgungsplan festgestellt. Da aber die voraussichtliche Restlaufzeit des Anlagevermögens vier Jahre beträgt, wird der Ausgleich der temporären Differenzen keine steuerlichen Konsequenzen haben. Folglich werden die hieraus resultierenden latenten Steuern mit einem Buchwert von null angesetzt. Beim leistungsorientierten Altersversorgungsplan wird hingegen festgestellt, dass ein Steuerabzug erst im Leistungszeitpunkt möglich sein wird, mit dem ab dem Jahr 20X9 gerechnet wird. Infolgedessen werden die hieraus resultierenden aktiven latenten Steuern – vorbehaltlich ihrer Werthaltigkeit – mit dem regulären Ertragsteuersatz in Höhe von 15% bewertet.

Fraglich ist in diesem Zusammenhang, wie mit **verwendungsabhängigen steuerlichen Konsequenzen** umzugehen ist. Die tatsächlichen Absichten des Käufers *(buyer's intent)* dürfen sich gem den Grundsätzen der Kaufpreisallokation nicht auf den Ansatz und die Bewertung auswirken. Steuerliche Konsequenzen können sich jedoch im Einzelfall nach der konkreten Verfahrensweise des Käufers richten. Dieser Konfliktfall wird weder von IFRS 3 noch von IAS 12 abschließend behandelt. 168

Beispiel: Im Rahmen einer Kaufpreisallokation kommt eine Reihe von Renditeimmobilien zum Ansatz. Ihr beizulegender Zeitwert unterscheidet sich von den jeweiligen Steuerwerten, sodass latente Ertragsteuern für passive temporäre Differenzen zu bewerten sind. Das relevante Steuerrecht sieht vor, dass lfd Ein- und Ausgaben aus der Vermietung des Objekts mit dem regulären Steuersatz belastet werden. Wird die Immobilie jedoch nachfolgend veräußert, kommt ein reduzierter Steuersatz *(capital gains tax)* zur Anwendung.

Bei dem Erwerber handelt es sich um einen Private Equity-Investor, dessen Strategie in der Zerlegung und der kurz- bis mittelfristigen Weiterveräußerung einzelner Immobilien besteht; eine Klassifikation als „zur Veräußerung gehalten" ist jedoch noch nicht erfolgt. Eine Analyse der bei dem Unternehmenskauf unterlegenen Mitbieter zeigt, dass diese entgegen der Strategie des tatsächlichen Erwerbers als Immobilienmanager den Immobilienbestand zur Erzielung von Mieten im Portfolio gehalten hätten.

Würde in dem geschilderten Sachverhalt dem Grundsatz von IFRS 3 gefolgt, wären auch die latenten Steuern nach Maßgabe der vermuteten Verwendung durch den typischen Marktteilnehmer zu bewerten. Da die Analyse zeigt, dass diese voraussichtlich den Immobilienbestand zur Erzielung von Mieten erhalten hätten, wäre die temporäre Differenz mit dem regulären Steuersatz zu bewerten gewesen.

Jedoch wird in IFRS 3.24f als **weitere Ausnahme** zu den allgemeinen Ansatz- und Bewertungsregeln des Standards hinsichtlich der Behandlung latenter Steuern explizit auf die **Regelungen des IAS 12** verwiesen. Diese gehen in der Rangfolge deshalb den allgemeinen Regelungen des IFRS 3 vor, sodass bei möglichen unterschiedlichen Verwendungsabsichten mit voneinander abweichenden ertragsteuerlichen Konsequenzen diejenige der Bewertung zugrunde zu legen ist, die auch bei lfd IAS-12-Bilanzierung anzuwenden wäre. Dies schließt auch die (widerlegbare) Verwendungsvermutung für Renditeimmobilien in IAS 12.51A ff ein, wonach bei diesen Immobilen davon auszugehen ist, dass eine Realisation durch Verkauf erfolgen wird, sofern eine Bilanzierung zum beizulegenden Zeitwert erfolgt (zur Bewertung von Renditeimmobilen vgl ausführlich → § 6 Rn 51ff, zur ertragsteuerlichen Verwendungsvermutung bei Renditeimmobilien → § 25 Rn 167ff).

169 Der **Ausweis** latenter Steuern im Konzernabschluss folgt ebenfalls den Grundsätzen des IAS 12 (hier IAS 12.74ff; zu detaillierten Regelungen vgl → § 25 Rn 181ff). Danach sind latente Steuern zu saldieren, wenn ein Ausgleich auf saldierter Basis rechtlich möglich und durch das Steuersubjekt auch beabsichtigt ist. Während somit eine entspr Analyse für den konsolidierten Ausweis im Konzernabschluss ohnehin notwendig ist, sind diese Vorgaben auch bereits bei den Pflichtangaben im Anhang zu beachten, die Unternehmenszusammenschlüsse nach sich ziehen (IFRS 3.B64(i); vgl ausführlich → Rn 267ff).

2. Tatsächliche Ertragsteuern

170 Für den **Ansatz** von Ertragsteuern im Rahmen der Kaufpreisallokation kommen grds alle **Nachzahlungs-** und **Vorauszahlungsverpflichtungen** des erworbenen Geschäftsbetriebs als Schuld in Betracht. Als Vermögenswert sind Rückzahlungsansprüche ggü den Finanzbehörden in die Kaufpreisallokation einzubeziehen. Bei deutschen KapGes sind in diesem Zusammenhang insbes nach § 37 KStG beim erworbenen Unternehmen bestehende Körperschaftsteuerguthaben zu beachten (→ § 25 Rn 19ff). International können darüber hinaus zB Ansprüche aus Verlustrücktrag oder ähnliche Sachverhalte zum Tragen kommen.

Tatsächliche Ertragsteueransprüche und -schulden sind dabei unter Anwendung von IFRS 3 grds **zum beizulegenden Zeitwert** anzusetzen. Die Ausnahmeregelungen der IFRS 3.24f gelten allein für latente Ertragsteuern. Folglich ist eine Einschätzung der Werthaltigkeit vorzunehmen; materielle Effekte aus der Abzinsung insbes langfristiger Ansprüche und Verpflichtungen sind in die Bewertung einzubeziehen. Zur Abzinsung tatsächlicher Ertragsteuern wird auf → § 25 Rn 22ff verwiesen.

D. Ermittlung von Anschaffungskosten, Anteilen nicht-beherrschender Gesellschafter sowie von Geschäfts- oder Firmenwerten bzw negativen Unterschiedsbeträgen

I. Überblick

171 Zur bilanziellen Erfassung eines Unternehmenszusammenschlusses sind systematisch der Gesamtbetrag der für den Erwerb aufgewendeten **Gegenleistung** *(consideration transferred)* und der **Anteil der nicht-beherrschenden Gesellschafter** der Nettoposition aus der Bewertung der erworbenen Vermögenswerte und Schulden im Rahmen der Kaufpreisallokation gegenüberzustellen, um den Unterschiedsbetrag zu ermitteln. Dabei sind vor Beginn des Beherrschungsverhältnisses gehaltene Anteile an dem erworbenen TU bei einem sukzessiven An-

teilserwerb mit ihrem beizulegenden Zeitwert zu berücksichtigen. Die Vorgehensweise kann schematisch wie folgt veranschaulicht werden:

	Gegenleistung des Erwerbs (Anschaffungskosten)
+	Anteile nicht-beherrschender Gesellschafter (Buchwert oder beizulegender Zeitwert)
+	Altanteile (beizulegender Zeitwert)
–	Nettoposition der Kaufpreisallokation (beizulegender Zeitwert der Vermögenswerte und Schulden)
=	Unterschiedsbetrag aus dem Unternehmenszusammenschluss

Zur Ermittlung des Unterschiedsbetrags im Rahmen der Erstkonsolidierung ist dementsprechend zunächst der Wert der zum Erwerb aufgewendeten Gegenleistung zu ermitteln. IFRS 3 verwendet den Begriff *consideration transferred* anstelle von *cost.* Mit dieser Begriffsabgrenzung soll der Tatsache Rechnung getragen werden, dass es sich auch bei der Bemessung der heranzuziehenden Gegenleistung um einen **Bewertungsvorgang** handelt. Legt man jedoch eine weitere Begriffsauslegung zugrunde, so kann sicherlich auch nach IFRS 3 der in der Praxis gängige Begriff **„Anschaffungskosten“** als Übersetzung der *consideration transferred* verwendet werden. 172

Die **Nettoposition aus der Kaufpreisallokation** ergibt sich als Saldogröße aller nach den Grundsätzen des IFRS 3 identifizierten, angesetzten und bewerteten Vermögenswerte, Schulden und Eventualschulden. Diesbezüglich wird auf die Ausführungen in → Rn 230f verwiesen.

Bei **negativen Unterschiedsbeträgen** ist ihre sofortige erfolgswirksame Vereinnahmung zu prüfen (→ Rn 235ff). Resultiert aus dieser Berechnung ein **positiver Unterschiedsbetrag,** ist dieser als Geschäfts- oder Firmenwert zu aktivieren (vgl ausführlich → Rn 232ff). Rückwirkungen können sich dabei aus aktiven latenten Steuern auf temporäre Differenzen ergeben, die sich aus dem erstmaligen Ansatz eines steuerlich relevanten Geschäfts- oder Firmenwerts ergeben können. 173

Die hier vorgestellte Vorgehensweise gilt generell für alle Unternehmenszusammenschlüsse im Erwerbszeitpunkt. Ergeben sich im Nachhinein **Änderungen der Eingangsgrößen,** ist das Wertgerüst aus Kaufpreisallokation, Anschaffungskosten und Bewertung der Anteile nicht-beherrschender Gesellschafter sowie des daraus resultierenden Unterschiedsbetrags uU nachträglich anzupassen (→ Rn 250ff). 174

Es ist darauf hinzuweisen, dass sich auch im Falle eines ***asset deal*** Ansatz und Bewertung des übernommenen **Gesamthandsvermögens** nach den dargestellten Regelungen des IFRS 3 richten. Ein verbleibender Unterschiedsbetrag ergibt sich jedoch mangels Anteilen an der erworbenen Einheit nicht erst im Zuge der Kapitalkonsolidierung, sondern durch die direkte Gegenüberstellung von Anschaffungskosten und den zum beizulegenden Zeitwert bewerteten Vermögenswerten und Schulden. 175

	***share deal*/Kapitalkonsolidierung:**	***asset deal*/Einzelabschluss:**
	Erworbene Anteile	Anschaffungskosten
–	anteiliges neubewertetes Eigenkapital	beizulegender Zeitwert der Vermögenswerte
+		beizulegender Zeitwert der Schulden
=	**Verbleibender Unterschiedsbetrag**	

II. Anschaffungskosten

1. Bewertung

176 Die Ermittlung der Anschaffungskosten *(consideration transferred)* kann in Abhängigkeit vom Charakter des Erwerbsvorgangs unterschiedlich **komplexe Formen** annehmen. Während bei einem Unternehmenserwerb gegen **Barmittel** der beizulegende Zeitwert mit dem Nominalwert der abgeführten Zahlungsmittel und Zahlungsmitteläquivalente gleichzusetzen ist, setzt der **Tausch** der Anteile gegen nicht monetäre Vermögenswerte oder Anteile des erwerbenden oder eines dritten Unternehmens idR eine gesonderte Bewertung voraus, um den beizulegenden Zeitwert des hingegebenen Vermögenswerts zu bestimmen. Daneben sind in der Praxis des Unternehmenserwerbs regelmäßig **Mischformen** zu beobachten, die auch die **Übernahme von Schulden** einschließen können. In diesen Fällen ist zur Feststellung der Höhe der Anschaffungskosten die Trennung der Einzelkomponenten und deren jeweils separate Bewertung mit anschließender Aggregation zum Gesamtwert der Gegenleistung des Unternehmenserwerbs erforderlich.

a) Stichtagsbetrachtung

177 Auch für den Fall, dass der Erwerb einerseits und die korrespondierende Gegenleistung andererseits in **zeitlicher Hinsicht auseinanderfallen,** sieht IFRS 3.37 vor, dass die Bewertung der verzögerten Komponente zum beizulegenden Zeitwert konsequent umgesetzt wird. Dies gilt allerdings nur für zeitlich nachgelagert zu leistende Bestandteile der Anschaffungskosten (sog *deferred settlement*). Werden so zB Anteile an einem TU erworben, für die eine Gegenleistung noch erbracht werden muss, ist der zukünftig abzuführende Betrag auf den Barwert zum Zeitpunkt des Unternehmenserwerbs abzuzinsen. Dabei sind explizit sämtliche Kostenzuschläge oder Abzüge zu berücksichtigen, die dann realisiert werden können, wenn die fehlende Komponente abgegolten wird.

b) Vorerwerbsbeziehungen

178 Weiterhin ist eine klare Unterscheidung zwischen den Bilanzposten erforderlich, die Gegenstand des Unternehmenszusammenschlusses sind, und solchen, die außerhalb des Unternehmenszusammenschlusses zu bilanzieren sind. IFRS 3.51 ff enthält **explizite Regelungen** in Bezug auf die Abgrenzung dieser Sachverhalte, die in IFRS 3.IE54 ff anhand der folgenden zwei Beispiele illustriert werden:

Beispiel 1: Das Unternehmen AC bezieht von dem Unternehmen TC elektronische Bauteile aufgrund eines Vertrags mit einer Laufzeit von fünf Jahren. Die dabei zur Anwendung kommenden vertraglich vereinbarten Preise für die Bauteile liegen über denjenigen, die gegenwärtig bei einem Vertragsschluss mit einem Dritten vereinbart werden könnten. Eine vorzeitige Vertragsauflösung ist möglich, ist allerdings mit einer Vertragsstrafe von Mio € 6 belegt.

AC erwirbt TC zu einem Kaufpreis von Mio € 50, der *fair value* des übrigen Nettovermögens (ohne Abnahmevertrag) von TC zum Zeitpunkt des Erwerbs beläuft sich auf Mio € 35. Zu diesem Zeitpunkt hat der Abnahmevertrag noch eine Restlaufzeit von drei Jahren. Der innerhalb des Gesamtkaufpreises auf den Abnahmevertrag entfallende Anteil beläuft sich auf Mio € 8, wovon Mio € 3 einem Marktpreis der Abnahmeverpflichtung entsprechen und Mio € 5 auf den Nachteil ggü den Marktgegebenheiten entfallen. Weitere identifizierbare Vermögenswerte und Schulden im Zusammenhang mit dem Abnahmevertrag existieren nicht.

In diesem Beispiel hat AC in Übereinstimmung mit IFRS 3.B52(b) und IFRS 3.53 einen Verlust von Mio € 5 außerhalb des Unternehmenszusammenschlusses zu erfassen. Dieser Betrag ist der geringere der beiden Werte aus vorzeitiger Vertragsauflösung (Mio € 6) und dem Marktwertnachteil (Mio € 5). Der marktorientierte Betrag von Mio € 3 geht in die Erstkonsolidierung und damit in die Berechnung des Geschäfts- oder Firmenwerts ein. Der Verlust dagegen ist als Aufwand aus der Beendigung des Vertragsverhältnisses bei AC zu erfassen und geht damit unabhängig von der Erwerbstransaktion in die Konzern-Erfolgsrechnung ein. Somit sind folgende Buchungen im Zusammenhang mit der Gesamttransaktion zu berücksichtigen:

Mio €	Soll	Haben
Zu erfassen außerhalb (vor) der Erstkonsolidierung:		
Verlust aus Abwicklung der Vorerwerbsbeziehung (erfolgswirksam in Gesamtergebnisrechnung)	5	
Gegenleistung (Gesamtkaufpreis)		5
Zu erfasssen im Rahmen der Erstkonsolidierung:		
Abnahmevertrag (immaterieller Vermögenswert)	3	
Übriges Nettovermögen (Vermögenswerte und Schulden)	35	
Geschäfts- oder Firmenwert	7	
Gegenleistung (Gesamtkaufpreis)		45

Für die Erfassung ist auch bedeutsam, ob AC bereits vor der Erwerbstransaktion die Vertragsbeendigung innerhalb des Abschlusses berücksichtigt hatte. In dem Fall, in dem zuvor bereits eine Verpflichtung von Mio € 6 für eine vorzeitige Vertragsauflösung passiviert worden ist, hat AC zum Erwerbszeitpunkt einen Gewinn von Mio € 1 erfolgswirksam zu erfassen, da insgesamt nur Mio € 5 im Rahmen der Abwicklung der Vorerwerbsbeziehung zu berücksichtigen sind.

Beispiel 2: Das Unternehmen TC hat mit einem Vorstand einen zehn-Jahres-Vertrag geschlossen. Der Vertrag verpflichtet TC zu einer Zahlung von Mio € 5 an den Vorstand, falls TC während der Vertragslaufzeit von einem anderen Unternehmen erworben wird. Nach Ablauf von acht Jahren wird TC durch AC erworben. Der Vorstand, der unverändert bei TC beschäftigt ist, hat somit einen Anspruch auf die vereinbarte Kompensationszahlung.

In diesem Beispiel wurde der Vertrag weit vor den Erwerbsverhandlungen zwischen AC und TC geschlossen und diente dem Ziel, dem Vorstand eine Gegenleistung für die von ihm geleisteten Dienste zuzusichern. Es gibt entspr keine Anhaltspunkte, dass es Ziel des Vertragsschlusses war, Vorteile für AC als Erwerber oder den Konzern nach der Akquisition zu erzielen. Deshalb geht der Betrag von Mio € 5 in die Erwerbsbilanzierung und die Ermittlung eines Geschäfts- oder Firmenwerts mit ein.

Wäre hingegen die Vereinbarung zwischen TC und dem Vorstand im Zusammenhang mit der Akquisition von TC durch AC zustande gekommen, wäre zu prüfen, ob der primäre Zweck der Vereinbarung nicht in einer Abfindungszahlung an den Vorstand bestanden hätte, von der AC als Erwerber oder der Konzern nach erfolgter Akquisition durch ein Ausscheiden des Vorstands profitiert hätte. Wäre dies der Fall, so hätte AC die Zahlungsverpflichtung der Erwerbsbilanzierung nachgelagert zu bilanzieren.

Im Hinblick auf den **Zusammenhang** von **Transaktionen** mit einem **Unternehmenszusammenschluss** sind drei Kategorien zu unterscheiden:

(1) Bereits vor dem Unternehmenszusammenschluss bzw parallel dazu initiierte Beziehungen zwischen dem Erwerber und dem erworbenen Unternehmen;
(2) Geschäftsbeziehungen, die durch den Unternehmenszusammenschluss erst begründet werden sowie

(3) Geschäftsbeziehungen, die erst infolge des Unternehmenszusammenschlusses ansatzfähig werden.

179 Im Regelfall werden in unmittelbarem zeitlichem Zusammenhang mit einem Unternehmenszusammenschluss verschiedenste Transaktionen zwischen dem Erwerber einerseits und den Anteilseignern des Erwerbsobjekts oder Dritten andererseits getätigt. In IFRS 3.51 wird explizit klargestellt, dass sich der Regelungsbereich des Standards hinsichtlich der Kaufpreisallokation sowie der Bewertung der Gegenleistung nur auf solche Transaktionen erstreckt, die **unmittelbar zur Erlangung der Beherrschungsmöglichkeit** getätigt wurden und damit Gegenstand des Unternehmenserwerbs sind.

Umgekehrt werden im Rahmen der Erwerbsbilanzierung keine Transaktionen erfasst, die bereits vor dem Erwerbszeitpunkt oder aber parallel dazu initiiert wurden. Es ist daher sicherzustellen, dass Zahlungsströme und nicht-monetäre Entgeltregelungen für diese **Vorerwerbsbeziehungen** ***(pre-existing-relationships)*** bzw für **parallel zum Unternehmenserwerb initiierte Transaktionen** nicht als Bestandteil der Anschaffungskosten behandelt werden. Die Transaktionen selbst werden nach den üblichen Standards und Interpretationen des IFRS-Regelwerks bilanziert (IFRS 3.51). IFRS 3.B50 erfordert daher eine Analyse von im zeitlichen Zusammenhang mit dem Erwerb zu beobachtenden Transaktionen aus drei verschiedenen Blickwinkeln:

(1) Grund der Transaktion,
(2) Initiator der Transaktion,
(3) zeitlicher Abgleich der Transaktion.

180 Im Zweifel ist zu bestimmen, ob eine im Zusammenhang mit dem Unternehmenszusammenschluss stehende Transaktion dem Erwerber bzw dem zusammengeschlossenen Unternehmen **nutzt** oder aber dem Veräußerer bzw dem veräußernden Unternehmen. Kann nicht ausgeschlossen werden, dass eine noch vor dem Erwerb initiierte Transaktion dem Erwerber oder dem zusammengeschlossenen Unternehmen nutzt, darf IFRS 3 auf diese Transaktion nicht angewendet werden; diese ist dann nicht im Rahmen der Kaufpreisallokation zu berücksichtigen (IFRS 3.52). Der Standard nennt hier als Beispiele Abstandszahlungen zur Begleichung von Vertragsbeziehungen, die bereits vor dem Unternehmenserwerb existierten. Entgeltleistungen an Mitarbeiter des erworbenen Geschäftsbetriebs oder die vorherigen Eigentümer, die für deren künftige (Arbeits-)Leistung erbracht werden, dürfen ebenfalls nicht als Anschaffungskosten in die Kaufpreisallokation eingehen. Gleiches gilt für Sachverhalte, in denen der Erwerber Entgeltleistungen an das erworbene Unternehmen oder dessen Veräußerer erbringt, die eigentlich Anschaffungsnebenkosten des Erwerbers darstellen.

Beispiel 1: Bedingung eines Bieterprozesses für ein TU ist es, dass der Käufer sämtliche Transaktionskosten des Verkäufers übernehmen wird. Im Rahmen des *due diligence*-Prozesses wird daraufhin ein neutraler Gutachter beauftragt, den beizulegenden Zeitwert der Immobilien des potenziellen Kaufobjekts zeitnah zum Transaktionszeitpunkt zu schätzen.

Der Erwerb erfolgt schließlich gegen die Ausgabe von Aktien durch das erwerbende Unternehmen, wobei die Gutachterkosten in die Bestimmung der Anzahl der auszugebenden Aktien nicht explizit eingeflossen sind. Gleichwohl ist der Anteil an den ausgegebenen Aktien, der auf die Kosten für den Grundstücksgutachter entfällt, im Rahmen einer separaten Transaktion zu behandeln. Bei der Bestimmung der Anschaffungskosten für den Unternehmenserwerb dürfen diese jedenfalls keine Berücksichtigung finden.

Beispiel 2: Unternehmen A erwirbt Unternehmen B, mit dem im Vorfeld des Unternehmenszusammenschlusses ein Rechtsstreit aufgeflammt ist, der voraussichtlich zu Lasten von A ausgehen würde. Im Rahmen der Vertragsverhandlungen vereinbart A mit B die Beilegung der Rechtsstreitigkeiten, ohne dabei jedoch eine hierfür zu erbringende Gegenleistung zu definieren.

In diesem Fall wäre aus der vertraglich vereinbarten Kaufpreissumme der Anteil herauszurechnen, der auf die Beilegung des Rechtsstreits entfällt. Da ein Betrag nicht explizit definiert wurde, wird eine Schätzung der Schadensersatzleistung und der sonstigen Abstandszahlungen erforderlich, die bei A entstanden wären, wenn A nicht B erworben hätte. Nur der um diese Schätzung reduzierte Restbetrag darf als Anschaffungskosten im Rahmen der Kaufpreisallokation Berücksichtigung finden.

Grds sind damit alle Beziehungen, Zahlungs- und Leistungsströme zwischen dem Erwerber einerseits und dem erworbenen Unternehmen sowie den Veräußerer(n) andererseits daraufhin zu überprüfen, ob vorerwerbliche Beziehungen beigelegt oder aber zusätzliche Transaktionen initiiert werden. Diese Elemente sind **nicht Gegenstand der Kaufpreisallokation sowie der Bestimmung der Gegenleistung,** entspr dürfen sie nicht nach den Regelungen des IFRS 3 behandelt werden (vgl *Beyhs/Wagner* DB 2008, 73 (74f)).

Die einzige **Ausnahme** von diesem Grundsatz stellen **zurückerworbene** 181
Rechte *(reacquired rights)* dar (vgl → Rn 118), also die bereits vor dem Unternehmenszusammenschluss existierenden Rechte über die Nutzung von Ressourcen des Erwerbers, die dieser dem erworbenen Unternehmen zu einem früheren Zeitpunkt eingeräumt hatte. In Betracht zu ziehen sind dabei ua Lizenzen über Markenrechte, Patente oder Software, aber auch Franchisevereinbarungen und Miet- sowie Leasingverhältnisse. Unerheblich ist es dabei, ob diese Ressourcen auch als Vermögenswert in der Bilanz des Erwerbers auftauchen (IFRS 3.B35). Obwohl wiedererworbene Rechte auf eine vorerwerbliche Beziehung zurückgehen, sind sie im Rahmen der Kaufpreisallokation als Vermögenswert anzusetzen. Dies führt zu dem ungewöhnlichen Ergebnis, dass Vermögenswerte für vertragliche Rechte bilanziert werden, deren Vertragsparteien durch den Unternehmenszusammenschluss der gleichen wirtschaftlichen Einheit angehören (vgl auch *Bryois* IRZ 2008, 281 (285)).

In der Praxis sind des Weiteren eine Reihe von Ansprüchen und Verpflich- 182
tungen zu beobachten, die erst **durch den Unternehmenszusammenschluss selbst begründet** werden. Sog *change of control*-Klauseln können bspw dazu führen, dass Anstellungs- oder Leasingverträge im Falle eines Unternehmenserwerbs außerordentlich kündbar oder dass Call- und Put-Optionen über Anteile an Konzernunternehmen wirksam werden.

Die durch den Unternehmenszusammenschluss begründete Wirksamkeit von *change of control*-Klauseln sind im Regelfall beim Ansatz und der Bewertung **im Rahmen der Kaufpreisallokation zu berücksichtigen.** Es handelt sich prinzipiell um Eventualverbindlichkeiten bzw Eventualansprüche des erworbenen Unternehmens (ähnlich wie hier *pwc* 2015 Rz 25.294ff; *KPMG* 2014/15 Rz 2.6.260). Regelmäßig wird hier die Fallkonstellation vorzufinden sein, dass vertragliche Regelungen bereits weit vor dem Erwerbsstichtag getroffen wurden und weder in einem engen zeitlichen, noch einem funktionalen Zusammenhang mit dem Unternehmenszusammenschluss stehen und auch nicht von dem Erwerber initiiert wurden. Kein typischer Marktteilnehmer kann sich somit ihrer Wirksamkeit entziehen.

Beispiel 1: Das MU A erwirbt von dem unabhängigen Unternehmen E eine 40%-Beteiligung an Unternehmen E in 20X0. Im Rahmen der Vertragsverhandlungen wird vereinbart, dass im Falle einer Übernahme von A durch einen fremden Dritten eine Call-Option für B wirksam wird. Diese Option sieht vor, das B die 40%-Beteiligung zurück erwerben darf. Als Kaufpreis wird der Kaufpreis zum Erwerbsstichtag der Anteile abzüglich eines 25%igen Abschlags vereinbart.

Im Jahr 20X4 wird A von dem internationalen Konzern X übernommen sodass die Call-Option wirksam wird. In der Folge sind bei der von X durchzuführenden Kaufpreisallokation die Anteile an E als Vermögenswert und die Call-Option von B als Schuld in Höhe des Abschlags von 25% anzusetzen.

Beispiel 2: Unternehmen E vereinbart im Rahmen seiner regelmäßig neu aufgesetzten Vorstandsverträge standardmäßig vorformulierte *change-of-control* Klauseln. Diese sehen vor, dass Vorstandsmitglieder im Falle einer Übernahme durch ein konzernfremdes Unternehmen innerhalb einer Frist von drei Monaten von einem Sonderkündigungsrecht Gebrauch machen können. Bestandteil des Sonderkündigungsrechts ist die Auszahlung einer Abfindung.

Als E übernommen wird, machen zwei der fünf Vorstandsmitglieder bereits im Vorfeld klar, dass sie von ihrem Sonderkündigungsrecht Gebrauch machen. Zeitnah zum Erwerbsstichtag erfolgt dementsprechend auch ihre Kündigung. Die übrigen Vorstandsmitglieder haben sich gegen die Inanspruchnahme des ihnen eingeräumten Sonderkündigungsrechts entschieden und unterschreiben nach dem Erwerb eine Abstandserklärung.

In der Kaufpreisallokation sind die Verpflichtungen aus den Abfindungen für sämtliche Vorstandsmitglieder als Schuld anzusetzen. Die von den verbleibenden Vorstandsmitgliedern eingeholte Abstandserklärung hebt nicht die Wirksamkeit des Sonderkündigungsrechts und die durch die Abfindung bedingten ökonomischen Belastungen im Erwerbszeitpunkt auf. Die Ungewissheit über die Inanspruchnahme des Sonderkündigungsrechts ist vielmehr als Element der Unsicherheit im Rahmen der Bewertung zu berücksichtigen.

183 Die dritte Gruppe stellen **Bilanzposten dar, die erst im Nachgang des Unternehmenszusammenschlusses ansatzfähig** werden. Insbes für Restrukturierungsmaßnahmen und drohende Verluste sind Schulden häufig erstmalig im Zuge von Unternehmenszusammenschlüssen zu bilanzieren. Eine genaue Überprüfung der Umstände ist erforderlich, um zu bestimmen, ob sie bereits erfolgsneutral innerhalb der Kaufpreisallokation anzusetzen sind oder aber ob sie erst dem Unternehmenszusammenschluss nachgelagert bilanzierungsfähig werden. Eine nachgelagerte bilanzielle Erfassung erfolgt nicht nach den Regelungen des IFRS 3, sondern in Übereinstimmung mit den übrigen einschlägigen Standards und Interpretationen des IFRS-Regelwerks. Restrukturierungs- und Drohverlustrückstellungen sind in diesem Fall erfolgswirksam anzusetzen.

Ausschlaggebend für die Entscheidung, ob diese Transaktionen als Bestandteil des Unternehmenszusammenschlusses anzusehen sind oder nicht, ist, ob bereits im Zeitraum bis zum Erwerbsstichtag eine **Außenverpflichtung** des **erworbenen Unternehmens** vorlag (IFRS 3.BC132), die eine Schuld bzw Eventualschuld aus Sicht des **erworbenen Geschäftsbetriebs** begründete.

Beispiel 1: Unternehmen A befindet sich in den Vertragsverhandlungen mit Unternehmen B. Ziel ist die Übernahme von B durch A. Auf der Grundlage der im *due diligence*-Prozess gewonnenen Erkenntnisse beginnt A bereits im Vorfeld des Erwerbsstichtags ein Postakquisitionsszenario zu entwerfen, das die Integration von B in das wirtschaftliche Umfeld von A ermöglichen soll. Zu erwarten ist demnach, dass durch umfangreiche Restrukturierungen Kosten in erheblicher Höhe entstehen werden. B fasst im Vorfeld der Akquisition keine Pläne, das eigene Unternehmen zu restrukturieren. A ist hingegen fest entschlossen, die Restrukturierungsmaßnahmen umzusetzen und beginnt damit ohne große Verzögerung, nachdem die Kontrolle über B übernommen wird.

Trotz der bereits im Vorfeld mit großer Wahrscheinlichkeit erwarteten Restrukturierungskosten darf in dieser Fallkonstellation im Rahmen der Kaufpreisallokation keine Restrukturierungsrückstellung angesetzt werden. Die Restrukturierungsmaßnahmen gehen auf die Pläne des Erwerbers zurück und stellen damit im Erwerbszeitpunkt keine Schulden des erworbenen Unternehmens dar.

Beispiel 2: Unternehmen A befindet sich in den Vertragsverhandlungen mit Unternehmen B. Ziel ist die Übernahme von B durch A. Auf der Grundlage der im *due diligence*-Prozess gewonnenen Erkenntnisse regt A Restrukturierungsmaßnahmen an, die sofort zu initiieren sind. Andernfalls werden die Vertragsverhandlungen nicht fortgesetzt. B greift die Anregung auf und beginnt mit der Vornahme von Restrukturierungsmaßnahmen. Alle von IAS 37.70 ff vorgesehenen Kriterien werden dabei erfüllt. In der Folge werden die Vertragsverhandlungen erfolgreich abgeschlossen und A übernimmt 100% der Anteile an B.

Da hier von B die Restrukturierung angefangen und umgesetzt wird, ist für die nach dem Erwerbsstichtag noch auszugleichenden Verpflichtungen von B eine entspr Schuld im Rahmen der Kaufpreisallokation anzusetzen. Ausschlaggebend hierfür ist, dass die Notwendigkeit zur Restrukturierung von B freiwillig aufgegriffen und umgesetzt wurde.

Die Beurteilung, ob der Ansatz einer **Eventualschuld aus Restrukturierungsmaßnahmen** zum Zeitpunkt der Erstkonsolidierung gerechtfertigt ist, kann mit großen Schwierigkeiten verbunden sein. So ist zB die Existenz einer Eventualschuld des erworbenen Unternehmens zum Erwerbszeitpunkt idR zu bestätigen, wenn bereits **vor** dem Unternehmenserwerb die Notwendigkeit von Restrukturierungsmaßnahmen auch ohne Unternehmenszusammenschluss deutlich wird. Ein Ermessensspielraum eröffnet sich jedoch dann, wenn durch die Übernahmeverhandlungen bedingt im Vorfeld des Unternehmenserwerbs die Notwendigkeit von Restrukturierungen offensichtlich wird und diese noch vor dem Unternehmenserwerb vom erworbenen Unternehmen als Eventualschuld identifiziert werden. In diesen Fällen ist uE grds eine ***stand-alone*-Betrachtung** des erworbenen Unternehmens vorzunehmen. Würde eine Eventualschuld auch dann bestehen, wenn ein Unternehmenszusammenschluss nicht stattfindet, ist diese im Zuge der Erstkonsolidierung in Ansatz zu bringen. Wird eine Eventualschuld des erworbenen Unternehmens jedoch erst durch den Erwerbsvorgang deutlich, ist uE von einem Bilanzansatz abzusehen und stattdessen eine Pflichtangabe gem IAS 37 zu machen. **184**

In der Literatur (vgl *pwc* 2015 Rz 25.167) werden in diesem Zusammenhang auch Fallkonstellationen diskutiert, bei denen bereits vor *control*-Beginn in einem fortgeschrittenen Verhandlungsstadium das Management des zu erwerbenden Geschäftsbetriebs Restrukturierungsmaßnahmen **im Interesse und ggf auf Veranlassung des zukünftigen Erwerbers** initiiert, die zu einer Restrukturierungsrückstellung iSv IAS 37 führen. Folgt man in diesen Fällen den vorstehend beschriebenen Regelungen zur Erwerbsbilanzierung, so werden diese Verpflichtungen in die Kaufpreisallokation miteinbezogen. IdS handelt es sich dann nicht um nacherwerbliche Vorgänge, auch wenn die wirtschaftliche Wirkung der Maßnahmen erst nach dem Erwerbszeitpunkt zum Tragen kommt. Allerdings sollte uE in diesen Fällen geprüft werden, ob die Einwirkungsmöglichkeit des Erwerbers auf das bisherige Management mit dem Ziel der Initiierung der Restrukturierungsmaßnahmen nicht bereits dazu führt, dass ein *de-facto-control*-Verhältnis in Erwägung zu ziehen ist mit der Folge, dass sich der Erwerbszeitpunkt entspr vorverlagert (zu *de-facto-control* vgl → § 30 Rn 40). **185**

(einstweilen frei) **186–194**

c) Anteilstausch

IFRS 3 enthält keine gesonderten Bewertungsregeln für Fälle des Anteilstauschs. UE können hier jedoch nur die gleichen Regeln anzuwenden sein, wie sie für die Bewertung der übernommenen Vermögenswerte gelten, denn nur die Bemessung nach gleichen Grundsätzen für Leistung und Gegenleistung bei einem fiktiven Erwerb von Reinvermögen führt zu einer zutreffenden, weil ausgewogenen Abbildung des Erwerbsvorgangs. Gleiches gilt für **abgelöste Schulden** des Veräußerers. Werden **Eigenkapitalinstrumente** vom Erwerber **emittiert,** um im Tausch die Anteile am TU zu erwerben, so sind diese ausgegebenen Wertpapiere ebenfalls zum beizulegenden Zeitwert zu bewerten (IFRS 3.37). Als **bestmögliche Schätzung** dieses Zeitwerts iSd *fair-value*-Hierarchie des IFRS 13.72ff ist für börsennotierte Unternehmen idR der **Börsenkurs** am Tag der Transaktion heranzuziehen. Nur in seltenen **Ausnahmefäl-** **195**

len sind weitere Indikatoren für die Bestimmung des beizulegenden Zeitwerts zu berücksichtigen.

196 Nach IFRS 3.33 liegt eine solche **Ausnahme** nur dann vor, wenn aufgrund einer besonderen **Marktenge** des für das Eigenkapitalinstrument relevanten Kapitalmarkts von einem unzuverlässigen Wertindikator auszugehen ist. Kann nachgewiesen werden, dass eine besondere Marktenge zu einer nicht zum beizulegenden Zeitwert konformen Bewertung führt oder ist für das emittierte Eigenkapitalinstrument **kein Börsenkurs** ermittelbar, ist auf **Sekundärbewertungsmaßstäbe** zurückzugreifen. Dabei besteht grds Übereinstimmung mit den Regelungen des IAS 39/IFRS 9. Kann zB der beizulegende Zeitwert des erwerbenden oder erworbenen Unternehmens anderweitig ermittelt werden, können die ausgegebenen Anteile in Höhe des quotalen Anspruchs am jeweils bewerteten Unternehmen dotiert werden. Der beizulegende Zeitwert kann dabei zB auf Basis einer anderweitigen Börsennotierung der Unternehmen oder einer separat durchzuführenden **Unternehmensbewertung** ermittelt werden. Alternativ kann auch ein wahlweise anstatt des Eigenkapitalinstruments angebotener monetärer Betrag zur Bestimmung des beizulegenden Zeitwerts der ausgegebenen Anteile genutzt werden. Grds sind bei der Wahl der Bewertungsmethode die Vorgaben für Eigenkapitalinstrumente des IFRS 13.34 ff zu beachten.

Für den seltenen Fall, dass der Wert der vom Erwerber als Gegenleistung ausgegebenen Anteile nicht verlässlich ermittelt werden kann, der Wert der Anteile an dem erworbenen Geschäftsbetrieb hingegen bestimmbar ist, kann auch eine **umgekehrte Wertermittlung** zu einem sachgerechten Ergebnis führen (vgl *Lüdenbach/Hoffmann/Freiberg* IFRS § 31 Rz 45). In diesem Fall erfolgt die Bestimmung des zu berücksichtigenden Kaufpreises auf der Basis des Börsen- oder Marktwerts der erworbenen Einheit.

d) Unentgeltlicher Unternehmenszusammenschluss

197 IFRS 3.43 stellt klar, dass die Erwerbsmethode auch auf solche Transaktionen anzuwenden ist, bei denen der Erwerber **keine Gegenleistung** erbringt. Der Standard zählt Beispiele für Vorgänge auf, die zu Unternehmenszusammenschlüssen auch ohne Gegenleistung führen können:

(1) Ein Unternehmen erwirbt eigene Anteile in einem Umfang, der dazu führt, dass ein bisheriger nicht-beherrschender Gesellschafter nunmehr in eine Beherrschungsfunktion gelangt. Dieser Gesellschafter ist mithin als Erwerber zu betrachten, auch wenn er selbst zu dem Erwerbsvorgang nicht aktiv beigetragen und keine (zusätzliche) Gegenleistung erbracht hat.

(2) Veto- oder vergleichbare Rechte von nicht-beherrschenden Gesellschaftern entfallen, die zuvor dazu geführt hatten, dass trotz einer Mehrheit der Stimmrechte nicht von einem Beherrschungsverhältnis iSv IFRS 10 ausgegangen werden konnte. Durch den Wegfall der Vetorechte ist nunmehr ein Beherrschungsverhältnis des Mehrheitsgesellschafters gegeben, ohne dass hierfür eine Gegenleistung erbracht wird.

(3) Erwerber und erworbener Geschäftsbetrieb vereinbaren eine Zusammenlegung ihrer Geschäftstätigkeiten auf rein vertraglicher Basis *(contract alone)*. Dabei leistet der Erwerber keine Gegenleistung für die Erlangung der Beherrschungsmöglichkeit und hält auch keine Beteiligung an dem erworbenen Geschäftsbetrieb.

In den Fällen (1) und (2) besteht eine Beteiligung des Erwerbers am Akquisitionsobjekt. Der beizulegende Zeitwert dieser Beteiligung am Erwerbsstichtag ist als Bewertungsgrundlage der Gegenleistung im Rahmen der Erwerbsbilanzierung heranzuziehen (IFRS 3.33 iVm IFRS 3.B46 ff). Im Fall (3) eines rein vertraglichen Zusammenschlusses hingegen besteht kein Beteiligungsverhältnis und entspr keine Anschaffungskosten/Gegenleistung. Um die Erwerbsmethode dennoch anwenden zu können legt IFRS 3.44 fest, dass der Saldo aus den Zeitwerten der erworbenen Vermögenswerte und Schulden den Anteilseignern des „erworbenen“ Unternehmens zuzurechnen ist. Diese sind dann als **Anteile nicht-beherrschender Gesellschafter** in der Konzernbilanz des Erwerbers auszuweisen (vgl *Deloitte* 2015, 1902).

e) Umgekehrter Unternehmenserwerb

Abweichend von den grds Regelungen der Erwerbsbilanzierung bestimmt IFRS 3.B20, dass im Falle eines umgekehrten Unternehmenserwerbs die Gegenleistung unter der Fiktion bestimmt werden soll, dass das TU Eigenkapitalinstrumente in dem Umfang emittiert hat, der zu demselben wirtschaftlichen Ergebnis geführt hätte wie der umgekehrte Unternehmenserwerb (vgl *Lüdenbach/Hoffmann/Freiberg* IFRS § 31 Rz 202). Diese **fiktiven Eigenkapitalinstrumente des TU** sind zu ihrem beizulegenden Zeitwert zu bewerten, um zu dem maßgeblichen Kaufpreis im Rahmen der Transaktion zu gelangen. Damit wird das rechtliche Kaufobjekt für Bilanzierungszwecke zum Käufer umqualifiziert, der juristische Käufer wird zum faktischen Kaufobjekt. **198**

Für den Fall, dass der beizulegende Zeitwert der fiktiven Eigenkapitalinstrumente des TU nicht unmittelbar bestimmbar ist, soll nach IFRS 3.B20 aus **Vereinfachungsgründen** der beizulegende Zeitwert aller von dem MU im Zuge der Transaktion ausgegebenen Eigenkapitalinstrumente zugrunde gelegt werden. Damit wird der Tatsache Rechnung getragen, dass bei vielen Akquisitionen ein eindeutiger beizulegender Zeitwert (zB aus Markttransaktionen) der fiktiven Eigenkapitalinstrumente nicht ermittelt werden kann. Der auf diese Weise ermittelte Kaufpreis liefert anschließend im Rahmen der Kapitalkonsolidierung die aufzurechnenden Anschaffungskosten des Unternehmenserwerbs. **199**

f) Sukzessiver Anteilserwerb

Erfolgt der Unternehmenserwerb in mehreren Schritten **(sukzessiver Erwerb),** dh werden im Zeitablauf verschiedene Anteilstranchen erworben, die schließlich die Verfügungsmacht über ein Unternehmen gewährleisten, so ist nach IFRS 3.42 eine Bewertung zum beizulegenden Zeitwert der urspr Anteile im Zeitpunkt des Statuswechsels (Zeitpunkt der Erlangung der Beherrschungsmöglichkeit) erforderlich (s ausführlich → § 37 Rn 11 ff). Nachgelagerte Erwerbsschritte ohne Statuswechsel werden als reine Eigenkapitaltransaktionen behandelt und führen nicht mehr zu einer erneuten Bewertung der zuvor erworben Tranchen (→ Rn 254). **200**

g) Teilkonzerne

Aufgrund der vom IASB prinzipiell innerhalb der Konzernrechnungslegung zugrunde gelegten Einheitstheorie in Bezug auf die Bilanzierung von Konzernsachverhalten ist auch beim **Erwerb eines Teilkonzerns** bei der Bestimmung der Anschaffungskosten eine **Gesamtbetrachtung** vorzunehmen. Setzen sich zB die vertraglichen Gesamtanschaffungskosten aus einzelnen Teilbeträgen und korrespondierenden Vertragsgegenständen zusammen, ist trotzdem ausschließlich der Gesamtbetrag zur Bestimmung der Anschaffungskosten heranzuziehen. Gleichfalls ist für die nachfolgende Bewertung der erworbenen Vermögenswerte und Schulden auf den Gesamtinhalt des Kaufvertrags abzustellen. Die Begrün- **201** dung für diese Vorgehensweise liegt darin, dass solche **rechtlichen Kaufpreisaufteilungen** häufig zu Zwecken der Steuergestaltung genutzt werden, jedoch wirtschaftlich in vielen Fällen ohne Relevanz sind. So können durch Allokation der Anschaffungskosten von TU eines international aufgestellten Teilkonzerns ggf **Steuervorteile** genutzt werden. Dies ist jedoch aus IFRS-Sicht unbeachtlich, da hierbei auf den wirtschaftlichen Gehalt des Kaufvertrags abzustellen ist. Haben die rechtlichen Kaufpreisaufteilungen jedoch reale wirtschaftliche Folgen für den Konzern als Ganzes, so sind diese Auswirkungen innerhalb der Bilanzierung des Unternehmenszusammenschlusses nach IFRS 3 mit abzubilden. Führt bspw eine bestimmte steuerlich motivierte vertragliche Kaufpreisaufteilung dazu, dass sich die anzusetzenden Ertragsteuern verändern, so ist dies bei der Bewertung der entspr Bilanzposten im Rahmen der Erwerbsbilanzierung zu berücksichtigen.

h) Anschaffungsnebenkosten

202 Im Zuge der Überarbeitung der Regelungen zur Erwerbsbilanzierung in IFRS 3 wurde vom IASB der **Bewertungsgedanke** mit dem **zentralen Wertmaßstab des beizulegenden Zeitwerts** als Kernprinzip deutlich gestärkt. Neben der Ermittlung der beizulegenden Zeitwerte der erworbenen Vermögenswerte und Schulden wurde als zweiter Bewertungsbereich die Festlegung des beizulegenden Zeitwerts für die für die Beherrschungserlangung aufgewendete Gegenleistung *(consideration transferred)* etabliert. Diese umfasst nach der *fair-value*-Konzeption nur solche Bestandteile, die unmittelbar im Rahmen der Transaktion zur Erlangung der Beherrschung über den erworbenen Geschäftsbetrieb aufgewendet wurden. Konzeptionell folgerichtig weist IFRS 3.53 explizit darauf hin, dass bei diesem Verständnis der Anschaffungskosten für den Erwerb aufgewendete Anschaffungsnebenkosten – unabhängig davon, ob sie dem Erwerbsvorgang direkt oder indirekt zuzuordnen sind – nicht Bestandteil der *consideration transferred* sein können (vgl *Bryois* IRZ 2008, 282 (282); *Freiberg* PiR 2009, 311 (312)). Sämtliche im Zusammenhang mit dem Erwerb stehenden Kosten, die nicht unmittelbar an den Veräußerer zur Erlangung der Kontrolle über den Geschäftsbetrieb aufgewendet wurden, sind dementsprechend **als Aufwand in der Periode ihrer Entstehung** zu erfassen. Der Standard nennt als typische Beispiele für solche Kosten in IFRS 3.53 Vermittlerprovisionen, Beratungs-, Anwalts-Wirtschaftsprüfungs-, Bewertungs- und sonstige Fachberatungsgebühren.

203 Das Gebot der Nichteinbeziehung von Anschaffungsnebenkosten in die *consideration transferred* gilt grds auch für Kaufvertragskonstellationen, bei denen die Transaktionskosten vom Veräußerer zu tragen sind und im Rahmen des Kaufpreises vergütet werden. Eine solche Vereinbarung ist nach IFRS 3.52(c) als **separate Transaktion im Auftrag des Erwerbers** zu klassifizieren und führt dazu, dass nur der nach Abzug der erstatteten Transaktionskosten verbleibende Betrag als Kaufpreis im Rahmen des Unternehmenserwerbs einzustufen ist. Unter diese Kostenerstattungen an den Erwerber, die mit dem Kaufpreis abgerechnet, für Zwecke der Bestimmung des Kaufpreises jedoch nicht berücksichtigt werden dürfen, fallen neben den direkt mit dem Erwerbsvorgang verbundenen Kosten auch vom Verkäufer erstattete Aufwendungen für eine *vendor due diligence* (vgl *Lüdenbach/Hoffmann/Freiberg* IFRS § 31 Rz 40).

204 Kommt es im Rahmen eines Unternehmenserwerbs zu **Eigenkapitalmaßnahmen** (zB Kapitalerhöhung, Anteilstausch, Ausgabe von derivativen Eigenkapitalinstrumenten), so sind die daraus resultierenden Kosten ebenfalls nicht in die Bestimmung der Gegenleistung einzubeziehen. Da es sich bei Eigenkapitalbeschaffungskosten nach der Systematik der IFRS jedoch nicht um Aufwand handelt, sind diese Kosten gem IFRS 3.53 iVm IAS 32/39 bzw IFRS 9 direkt vom Eigenkapital abzuziehen.

2. Behandlung nachgelagerter Anschaffungskosten mit Eventualcharakter

Vertragliche Regelungen im Rahmen eines Unternehmenserwerbs können nachträgliche Kaufpreisanpassungen *(contingent consideration)* vorsehen. ZB können zusätzliche Kaufpreiskomponenten an das Erreichen bzw Nichterreichen von **Erfolgszielen** der akquirierten Einheit (sog *earn-out*-Modelle) bestimmter **Kursziele** gekoppelt werden. Durch die offene Formulierung in IFRS 3 werden jedoch auch Wertgarantien einzelner Vermögenswerte, Schulden und des Eigenkapitals mit erfasst (eine Übersicht gängiger Vereinbarungen findet sich bei *Küting/Metz* KoR 2012, 394 (394f)). Im Zeitpunkt der vertraglich definierten Zielüberprüfung sind dann vom Erwerber zusätzliche Kaufpreiskomponenten zu erbringen oder es entsteht ein Anspruch auf Rückzahlung bereits erbrachter Kaufpreiszahlungen. 205

Die gesamte Gegenleistung ist gem IFRS 3.37 mit ihrem **beizulegenden Zeitwert im Erwerbszeitpunkt** zu bewerten. Dies gilt auch für nachgelagerte Kaufpreiskomponenten aus Kaufpreisanpassungen. Die Unsicherheiten in Bezug auf den Eintritt der Bedingungen sind dabei als Bewertungskomponente zu berücksichtigen. Die Eintrittswahrscheinlichkeit einer Anschaffungskostenkomponente stellt keine zusätzliche Hürde für den Ansatz innerhalb der Bestimmung des Gesamtwerts der Gegenleistung des Unternehmenserwerbs dar (vgl *Crasselt/Lukas* KoR 2008, 728 (730f)). 206

IFRS 3.40/IFRS 3.40 (geändert 2013) regeln die **bilanzielle Abbildung** von bedingten Kaufpreiskomponenten. Danach ist eine für den Erwerber aus der Unternehmensakquisition resultierende Verpflichtung zur Zahlung einer bedingten Kaufpreiskomponente bei Erfüllung der Kriterien zur Einstufung als Finanzinstrument nach Maßgabe der Regelungen des IAS 32.11 ff entweder als Eigenkapitalinstrument oder als finanzielle Schuld zu bilanzieren. Ein ggf bestehender Rückforderungsanspruch auf bereits gezahlte Kaufpreiskomponenten ist als Vermögenswert zu aktivieren, wenn die Voraussetzungen des Rahmenkonzepts für den Ansatz von Vermögenswerten erfüllt sind.

Hinsichtlich der **Folgebilanzierung** unterscheiden IFRS 3.58/IFRS 3.58 (geändert 2013) zwischen Änderungen des beizulegenden Zeitwerts der bedingten Gegenleistung aufgrund nachträglicher Erkenntnisse im Hinblick auf die Verhältnisse am Erwerbsstichtag innerhalb der Zwölf-Monatsfrist und allen übrigen Änderungen. Während nachträgliche Erkenntnisse innerhalb der Zwölf-Monatsfrist zu einer Veränderung der Erstkonsolidierung und damit des Unterschiedsbetrags aus dem Unternehmenszusammenschluss führen *(measurement period adjustment)*, sind die übrigen Änderungen außerhalb der Erwerbsbilanzierung zu berücksichtigen. Dabei ist es unerheblich, ob es sich um Ereignisse nach dem Erwerbsstichtag handelt oder um bessere Erkenntnisse in Bezug auf den Erwerbszeitpunkt, die jedoch außerhalb der Zwölf-Monatsfrist bekannt werden. Diese Änderungen beeinflussen damit nicht den Unterschiedsbetrag aus der Erstkonsolidierung. Die Art der Anschaffungskostenkomponente gibt dabei den Ausschlag über die nachfolgenden bilanziellen Auswirkungen: 207

(1) Handelt es sich um ein **Eigenkapitalinstrument,** erfolgt keine Bewertungsanpassung. Werden gleichwohl weitere Eigenkapitalinstrumente ausgegeben (bspw bei Erreichen von Erfolgszielen) werden diese als normale Eigenkapitaltransaktion innerhalb des Eigenkapitals erfasst.

(2) Handelt es sich bei der Anschaffungskostenkomponente um einen **finanziellen Vermögenswert** (zB Zahlungsmittel) oder um eine **Finanzschuld,** ist folgende Differenzierung im Hinblick auf die prospektive Anwendung der Änderungen des jährlichen Verbesserungsprojekts des Zyklus 2010–2012 (ohne vorzeitige Anwendung also für jährliche Berichtsperioden mit Beginn ab dem 1. Februar 2015; vgl → Rn 275) vorzunehmen:

(a) Erfolgt der Unternehmenszusammenschluss vor Inkrafttreten der Änderungen, ist eine Anpassung des beizulegenden Zeitwerts in Übereinstimmung mit IAS 39/IFRS 9 erforderlich. Bei den übrigen Schulden oder Vermögenswerten ergibt sich die Folgebilanzierung aus den allgemeinen Regelungen der **jeweiligen Standards.** In beiden Fällen wird die Kaufpreisanpassung grds im Gewinn und Verlust erfasst.

(b) Erfolgt der Unternehmenszusammenschluss dagegen nach Inkrafttreten der Änderungen, ist eine erfolgswirksame Anpassung des beizulegenden Zeitwerts nach Maßgabe der Regelungen in IAS 39/IFRS 9 erforderlich. Schulden oder Vermögenswerte, die nicht in den Anwendungsbereich von IAS 39/IFRS 9 fallen, sind ebenfalls zu jedem Abschlussstichtag mit ihrem **beizulegenden Zeitwert** zu erfassen, wobei die Wertveränderung im Gewinn und Verlust zu erfassen ist

Beispiel: Der im Rahmen eines Unternehmenszusammenschlusses urspr erfasste beizulegende Zeitwert einer bedingten Gegenleistung beläuft sich auf T€ 1.000. Innerhalb des Bewertungszeitraums von zwölf Monaten stellt sich aufgrund des Erreichens von vereinbarten Erfolgszielen heraus, dass der *fair value* der bedingten Gegenleistung unter Zugrundelegung dieser Performance T€ 1.200 betragen hätte.

Ein *measurement period adjustment,* und damit die nachträgliche Änderung des Unterschiedsbetrags aus der Erstkonsolidierung, sind gem IAS 3.58 nicht möglich, da es sich beim Erreichen von Leistungszielen um Ereignisse nach dem Erwerbsstichtag handelt, die nicht zu einer Berichtigung der Gegenleistung des Unternehmenserwerbs führen.

Handelt es sich dabei um ein **Eigenkapitalinstrument,** so erfolgt keine Buchung, da es sich bei der Ausgabe weiterer Eigenkapitalinstrumente aus Sicht des Unternehmens lediglich um eine neue Stückelung des insgesamt unveränderten Eigenkapitals handelt. Ggf ist eine Anpassung in der Darstellung des Gezeichneten Kapitals bzw der Kapitalrücklage erforderlich. Die erfassten Anschaffungskosten für die Beteiligung betragen unverändert T€ 1.000.

Werden dagegen **andere Finanzinstrumente** zur Erfüllung der bedingten Kaufpreiskomponente verwendet, so ist eine aufwandswirksame Erhöhung der Kaufpreisverbindlichkeiten vorzunehmen. Diese betragen dann T€ 1.200. Der entspr Buchungssatz lautet:

Per Aufwand T€ 200 an Verbindlichkeit aus Kaufpreis T€ 200.

208 Die vorstehend dargestellte Behandlung nachträglicher Kaufpreisanpassungen gelten nach IFRS 3.65A ff nur für Unternehmenserwerbe, bei denen der Erwerbszeitpunkt nach dem erstmaligen Inkrafttreten des IFRS 3 in der Fassung des Jahres 2008 liegt. Insoweit ist eine Anpassung für **Altfälle** (also Unternehmenszusammenschlüsse mit einem Erwerbszeitpunkt vor Inkrafttreten der gegenwärtigen Regelung) nicht vorzunehmen. Für bedingte Gegenleistungen aus diesen Altfällen enthält IFRS 3.65B ff **gesonderte Übergangsvorschriften.** Wenn für diese Erwerbsvorgänge eine Anpassung der Anschaffungskosten vorzunehmen ist, sofern bestimmte zukünftige Ereignisse und Umstände eintreten, so sind diese Anpassungen gem IFRS 3.65B in die Anschaffungskosten des Unternehmenserwerbs bereits zum Erwerbstichtag einzubeziehen, soweit sie wahrscheinlich und zuverlässig bewertbar sind. IFRS 3.65C f führt aus, dass eine solche zuverlässige Bewertbarkeit idR bereits zum Erwerbsstichtag – ungeachtet einer immanenten Prognoseunsicherheit – gegeben ist. Sollte, entgegen der Erwartung am Erwerbsstichtag, ein zukünftiges Ereignis nicht eintreten, sind die Anschaffungskosten des Unternehmenserwerbs entspr anzupassen. IFRS 3.65D geht darüber hinaus auf Fälle ein, bei denen eine Kaufpreisanpassung zwar im Erwerbszeitpunkt vertraglich begründet, jedoch zunächst aufgrund mangelnder Eintrittswahrscheinlichkeit oder nicht zuverlässiger Bewertbarkeit nicht erfasst wurde. Fallen diese Gründe weg, so ist zum Zeitpunkt des Wegfalls der Kaufpreis im Rahmen der Erwerbsbilanzierung anzupassen. Damit führen die vorstehend aufgeführten Anpassungen in jedem Fall zu einer Änderung der Erwerbsbilanzierung, einschließlich einer ggf notwendigen Anpassung eines Geschäfts- oder Firmenwerts ohne Berührung der GuV. IFRS 3.65E schließlich geht auf Fälle ein, bei denen vom Erwerber zusätzliche Eigenkapital- oder Fremdkapitalinstrumente im Rahmen der Kaufpreisanpassungen emittiert werden und legt fest, dass bei Eigenkapitalinstrumenten der beizulegende Zeitwert der Nachzahlung durch eine entspr Reduktion des Wertansatzes der urspr emittierten Eigenkapitalinstrumente zu kompensieren ist, sodass sich im Ergebnis keine Änderung der im Rahmen des Erwerbs zugrunde gelegten Anschaffungskosten ergibt. Bei Fremdkapitalinstrumenten dagegen ist die zusätzliche Zahlung als Reduzierung eines urspr ausgewiesenen Ausgabeaufschlags bzw als Ausgabeabschlag zu berücksichtigen und beeinflusst damit den Umfang der Anschaffungskosten.

III. Anteile nicht-beherrschender Gesellschafter

1. Bewertungsalternativen

In IFRS 3 wurde hinsichtlich der Bemessung der Anteile nicht-beherrschender Gesellschafter neben der Neubewertungsmethode die Option zur sog ***full goodwill*-Methode** etabliert. Dies resultiert aus dem konsequent für alle erworbenen Vermögenswerte, Schulden, Anteile nicht-beherrschender Gesellschafter und Gegenleistungen angewendeten Prinzip der **Bewertung** zum beizulegenden Zeitwert. Somit stehen dem bilanzierenden Unternehmen **zwei Alternativen** zur Bewertung der Anteile nicht-beherrschender Gesellschafter im Erwerbszeitpunkt zur Verfügung (IFRS 3.19), wobei die Option für eine dieser Alternativen bei jedem Unternehmenszusammenschluss unabhängig voneinander ausgeübt werden kann (vgl *Schmidt* PiR 2009, 232 (235)). 209

Dieses Wahlrecht ist jedoch dahingehend eingeschränkt, dass es nur auf solche **Eigenkapitalinstrumente** anzuwenden ist, die den Anteilseignern **gegenwärtig das Recht auf einen proportionalen Anteil am Nettovermögen** des TU einräumen. Andere Arten von Anteilen nicht-beherrschender Anteilseigner bzw Bestandteile solcher Finanzinstrumente sind zu ihrem beizulegenden Zeitwert oder gem den für diese Instrumente einschlägigen Regelungen anderer IFRS zu bewerten. So gilt das Wahlrecht des IFRS 3.19 zB nicht für die Eigenkapitalkomponente einer Wandelanleihe. Diese ist vielmehr nach den Regelungen des IAS 32 zu bilanzieren. Als weiteres Beispiel können anteilsbasierte Vergütungen, die als Eigenkapital zu klassifizieren sind (zB im Rahmen von Aktienoptionsprogrammen) genannt werden. Bei ihnen richtet sich die Bilanzierung nach den Sonderregelungen des IFRS 2 (vgl *Bischof/Fink* PiR 2010, 225 (226)). 210

a) Neubewertungsmethode

Zunächst kann der Anteil nicht-beherrschender Gesellschafter als **beteiligungsproportionaler Anteil am Eigenkapital** der Gesellschaft bewertet werden (IFRS 3.19). Da nach IFRS 3 systematisch nur die Erwerbsmethode in Form der sog Neubewertung zulässig ist, erfordert diese Vorgehensweise somit die Berechnung des Saldos der im Rahmen der Kaufpreisallokation angesetzten 211

Vermögenswerte und Schulden. Das auf diese Weise ermittelte identifizierbare Nettovermögen ist mit dem prozentualen Anspruch der nicht-beherrschenden Gesellschafter zu multiplizieren. Der so berechnete Anteil nicht-beherrschender Gesellschafter umfasst damit keinen Anteil am Unterschiedsbetrag, der infolge des Unternehmenszusammenschlusses auszuweisen ist.

b) Beizulegender Zeitwert

212 IFRS 3.19 ermöglicht darüber hinaus als Alternative die **Bewertung** auch des Anteils nicht-beherrschender Gesellschafter zum **beizulegenden Zeitwert** *(full goodwill method)*. Die Bewertung zum beizulegenden Zeitwert des Anteils nicht-beherrschender Gesellschafter stellt dabei ein **Wahlrecht** dar, das für **jeden Unternehmenszusammenschluss** grds **neu** ausgeübt werden kann (IFRS 3.19). Folglich besteht für ein Unternehmen keine Verpflichtung, die einmal bei einem Unternehmenszusammenschluss angewandte Bilanzierungsmethode hinsichtlich der Bewertung der Anteile nicht-beherrschender Gesellschafter bei ähnlichen Transaktionen gem IAS 8.13 stetig anzuwenden.

213 Die Einführung einer **Option** zur *full goodwill*-Methode anstelle der konzeptionell eigentlich gebotenen Pflicht zu deren Anwendung erklärt sich daraus, dass eine – wie sonst in der Bilanzierung von Unternehmenszusammenschlüssen übliche – stringente Orientierung an beizulegenden Zeitwerten hinsichtlich der Bewertung von Anteilen nicht-beherrschender Gesellschafter politisch innerhalb des IASB nicht durchsetzbar war (IFRS 3.BC210ff; vgl auch *Haegler* PiR 2009, 191 (192)). IFRS 3 weicht damit von den korrespondierenden US-amerikanischen Regelungen in FASB ASC 805-30 ab, da dort allein die Bewertung zu beizulegenden Zeitwerten zulässig ist (FASB ASC 805-30-30-1). Ungeachtet dieser Abweichung liegt eine Einschränkung der Wahlrechtsausübung für SEC-gelistete IFRS-Anwender, die für nach dem 15. November 2007 beginnende Geschäftsjahre im Rahmen von Form 20-F keine Überleitung nach US-GAAP mehr vornehmen müssen, derzeit nicht vor.

214 Bei der Bewertung der Anteile nicht-beherrschender Gesellschafter nach der *full goodwill*-Methode kann uU der **Börsenpreis** dieser Anteile zum Zeitpunkt des Erwerbs herangezogen werden, soweit sich dieser aus einem aktiven Markt ergibt (IFRS 3.B44). Gem der *fair value*-Konzeption des IFRS 13 ist dabei jedoch sicherzustellen, dass die herangezogenen Marktwerte nicht durch ein ggf bestehendes Übernahmeangebot beeinflusst sind (IFRS 13.79). Vielmehr ist in diesen Fällen auf den letzten verfügbaren Börsenpreis **vor** Bekanntgabe der Übernahmeabsicht abzustellen, da nur dieser der notwendigen *stand-alone*-Betrachtung des erworbenen Unternehmens Rechnung trägt (vgl *Bader/Schreder* PiR 2012, 276 (277)). Dies kann insbes dann zu Schwierigkeiten in der Bewertung führen, wenn zwischen dem letzten verfügbaren Börsenpreis und dem Erwerbsstichtag ein längerer Zeitraum liegt, sodass der Börsenpreis am Erwerbsstichtag hinsichtlich der Erwartungen der Marktteilnehmer nicht mehr durch den historischen Börsenpreis approximiert werden kann. In diesen Fällen ist vom bilanzierenden Unternehmen im Einzelfall kritisch zu prüfen, ob verfügbare Börsenpreise zur Ermittlung des beizulegenden Zeitwerts am Erwerbsstichtag herangezogen werden können. Kann bei der Bewertung von Anteilen nicht-beherrschender Gesellschafter nicht auf Börsenkurse zurückgegriffen werden, ist auf die gängigen **Instrumente** der **Unternehmensbewertung** zur Ermittlung von *level-3-fair values* gem IFRS 13.86 ff zurückzugreifen (zB dividendengestützte DCF-Verfahren; vgl hierzu *Bader/Schreder* PiR 2012, 276 (278)). Der dabei ermittelte Wert kann von der Kaufpreisermittlung eines Unternehmenserwerbs abweichen, da dort regelmäßig auch Elemente wie Synergien ihre Berücksichtigung finden.

Die Bewertung von Anteilen nicht-beherrschender Gesellschafter zum *fair value* nach IFRS 3 unterscheidet sich von einigen in der Vergangenheit ebenfalls unter dem Stichwort ***„full goodwill method"*** diskutierten Vorgehensweisen. So kann die Bewertung von Anteilen nicht-beherrschender Gesellschafter zu beizulegenden Zeitwerten zwar zum Ausweis von Geschäfts- oder Firmenwerten führen, die partiell auf die nicht-beherrschenden Gesellschafter des erworbenen Geschäftsbetriebs entfallen. Gleichwohl ist dies nicht zwingend, da nicht etwa die zum beizulegenden Zeitwert bewerteten (und tatsächlich geleisteten) Anschaffungskosten des Erwerbers auf die nicht-beherrschenden Gesellschafter „hochgerechnet" werden. IFRS 3 unterstellt keinen unmittelbaren Zusammenhang zwischen den Anschaffungskosten des Unternehmenserwerbs und dem beizulegenden Zeitwert des Anteils nicht-beherrschender Gesellschafter. Vielmehr sieht der IASB explizit die Möglichkeit, dass die Bewertung der vom Erwerber gehaltenen Anteile und der Anteile nicht-beherrschender Gesellschafter auseinanderfallen kann, zB durch die Berücksichtigung einer Kontrollprämie (IFRS 3.B45). 215

Bei **Änderungen der Wertansätze** der im Rahmen der Erwerbsbilanzierung angesetzten Vermögenswerte und Schulden oder der entrichteten Gegenleistung innerhalb der Zwölf-Monatsfrist kommt es, je nach Ausübung der Option zur Anwendung der *full goodwill method,* zu unterschiedlichen Auswirkungen auf den ausgewiesenen Geschäfts- oder Firmenwert einerseits sowie den Ausweis der Anteile nicht-beherrschender Gesellschafter andererseits. Kommt, bei einer Nichtausübung der Option, die *partial goodwill method* zur Anwendung, führt bspw eine anteilige Aufstockung von Vermögenswerten zu einer entspr Erhöhung des ausgewiesenen Anteils nicht-beherrschender Gesellschafter. Da bei dieser Vorgehensweise kein Geschäfts- oder Firmenwert auf die nicht-beherrschenden Gesellschafter entfällt, ist insoweit auch keine Anpassung vorzunehmen. Findet hingegen die ***full goodwill method*** Anwendung, so führt eine Vermögenswert-Aufstockung zu einer entspr Abstockung des den nicht-beherrschenden Gesellschaftern zuzuordnenden Geschäfts- oder Firmenwerts innerhalb des Ausgleichspostens, dessen inhaltliche Zusammensetzung sich damit verändert (s auch das Beispiel bei *B. Hayn/M. Hayn/S. Hayn* in FS Küting, 284). 216

Die Anwendung der *full goodwill method* impliziert damit ggü der *partial goodwill method* deutlich mehr **Beurteilungs- und Ermessensspielräume**. Dies gilt insbes dann, wenn Börsenwerte nicht uneingeschränkt zur Ermittlung des beizulegenden Zeitwerts der Anteile nicht-beherrschender Gesellschafter verwendet werden können und deshalb alternative Bewertungsmaßstäbe herangezogen werden müssen. Darüber hinaus erhöht sich, aufgrund des höheren Bilanzansatzes der Anteile nicht-beherrschender Anteilseigner auch das betragsmäßige Risiko einer außerplanmäßigen Wertminderung (vgl *Haaker/Freiberg* PiR 2013, 22 (22)). Dies ist wahrscheinlich der Grund, warum die *full goodwill method,* zumindest bei deutschen DAX-Unternehmen, bisher kaum zur Anwendung gelangt (vgl *Bader/Schreder* PiR 2012, 276 (282)). 217

(einstweilen frei) 218, 219

2. Besonderheiten

a) Unentgeltlicher Unternehmenszusammenschluss

In den Anwendungsbereich des IFRS 3 fallen auch Unternehmenszusammenschlüsse auf **rein vertraglicher Basis** (→ Rn 17). Dazu zählen bspw der Abschluss eines Beherrschungs- oder Stimmrechtsbindungsvertrags oder Änderungen der satzungsmäßigen Regelungen zu erforderlichen Stimmrechtsmehrheiten hinsichtlich der Entscheidung über wesentliche relevante Prozesse/Aktivitäten iSv IFRS 10.10. In derartigen Fällen kann das Wahlrecht des IFRS 3.19 ebenfalls 220 in Anspruch genommen werden, da dort grds festgestellt wird, dass der Erwerber bei jedem Unternehmenszusammenschluss Anteile nicht-beherrschender Gesellschafter zum beizulegenden Zeitwert oder entspr den Anteilen der nicht-beherrschenden Gesellschafter an den *net assets* des erworbenen Unternehmens bewertet. Bei einem Unternehmenszusammenschluss auf vertraglicher Basis hat der Erwerber den Eigentümern des erworbenen Unternehmens die in Übereinstimmung mit IFRS ermittelten *net assets* zuzuweisen (IFRS 3.44). Die Eigenkapitalanteile des erworbenen Unternehmens, die von einer anderen Partei als dem Erwerber gehalten werden, stellen Anteile nicht-beherrschender Gesellschafter in dem Konzernabschluss des Erwerbers dar, auch wenn möglicherweise 100% der Eigenkapitalanteile auf die nicht-beherrschenden Gesellschafter entfallen. Dabei sind IFRS 3.44 keine Regelungen zur Bewertung der Anteile nicht-beherrschender Gesellschafter zu entnehmen. Eine Einschränkung des in IFRS 3.19 kodifizierten Wahlrechts enthält er jedoch auch nicht, sodass auf eine analoge Anwendung geschlossen werden kann.

b) Umgekehrter Unternehmenserwerb

221 Im Zuge von Unternehmenszusammenschlüssen durch Anteilstausch, die nach IFRS 3 als umgekehrte Unternehmenserwerbe *(reverse acquisitions)* zu qualifizieren sind, kann es vorkommen, dass nicht alle Anteilseigner des TU ihre Anteile in solche des MU tauschen und damit **nach erfolgter Transaktion nicht-beherrschende Gesellschafter** des TU bestehen bleiben.

IFRS 3.B23f regeln die Behandlung dieser Anteile nicht-beherrschender Gesellschafter und schreiben vor, dass innerhalb des Konzernabschlusses der auf diese Gesellschafter entfallende Kapitalanteil als Minderheitenanteil auszuweisen ist (vgl auch *Zwirner* KoR 2009, 138 (141) sowie das Beispiel bei *Deloitte* 2015, 1928f). Obwohl also für Rechnungslegungszwecke die Rollen von Erwerber und Erworbenem getauscht werden, führt dies nicht dazu, dass die nicht-beherrschenden Gesellschafter des TU als Kapitaleigner des Konzerns angesehen werden. Der Grund für diese Behandlung der nicht-beherrschenden Gesellschafter besteht darin, dass diese aufgrund der rechtlichen Gestaltung der Transaktion **nur an dem Ergebnis, den Vermögenswerten und Schulden des TU beteiligt** sind. Aus Sicht des Konzerns haben sie deshalb – unabhängig von der Sichtweise des TU als wirtschaftlichem Erwerber – weiterhin den Status normaler nicht-beherrschender Gesellschafter.

c) Personenhandelsgesellschaften

222 Der Ausweis von Anteilen nicht-beherrschender Gesellschafter eines PersGes-TU steht im **Spannungsfeld zwischen dem Pflichtausweis** als Eigenkapital nach IFRS 10.22 **und der Definition** von Eigenkapital nach IAS 32.

Die Definitionen und weiteren Ausführungen in IFRS 3 und IFRS 10 sind mit einer Berücksichtigung der Eigentümerkapitalausstattung von PersGes deutscher Ausprägung **nicht unmittelbar kompatibel.** So definieren IFRS 10.Anhang A und IFRS 3.Anhang A *non-controlling interests* als Eigenkapitalanteil eines TU, der weder direkt noch indirekt von einem Konzernunternehmen gehalten wird. Auf der anderen Seite stellt bspw IFRS 10 auf den Anspruch der nicht-beherrschenden Gesellschafter am Nettovermögen ab (IFRS 10.B86, ähnlich IFRS 3.19). Beide Sichtweisen sind jedoch nur dann konsistent, wenn sich der Anspruch der nicht-beherrschenden Gesellschafter zum einen auf das Nettovermögen des Konzernunternehmens bezieht und zum anderen gleichzeitig in Form eines Eigenkapitalinstruments verbrieft ist.

Bei TU in der Rechtsform einer deutschen PersGes ist dies jedoch regelmäßig nicht der Fall. Aufgrund der nach §§ 131f HGB **verbrieften Austrittsrechte** des Gesellschafters ist hier grds von einer Klassifikation seines Anteils aus Sicht des TU als Finanzschuld iSv IAS 32 auszugehen. Durch die Ergänzung des IAS 32 wurde die Möglichkeit eröffnet, bei einem Nachweis iSv IAS 32.16Aff ausnahmsweise auch die Anteile des PersGes-Gesellschafters als Eigenkapital im Abschluss der PersGes bilanzieren zu können. Handelt es sich bei der PersGes um ein TU, ist der Nachweis nach IAS 32.16A jedoch nicht aus der Perspektive des Einzelabschlusses, sondern aus der **Perspektive** des **Konzernabschlusses** zu führen. Bereits die Existenz anderer Eigenkapitalinstrumente, deren Rendite sich nach der Ertrags- und Vermögenslage des Konzerns richtet, führt aus Konzernsicht regelmäßig zu einer Nichterfüllung der Kriterien des IAS 32.16A und damit zu einer Qualifikation dieser Anteile als **Fremdkapital** (vgl hierzu ausführlich → § 12 Rn 100). 223

Die **Einordnung von PersGes-Gesellschafteranteilen** als Eigen- oder Fremdkapital hat somit keinen Einfluss auf den Ausweis von Anteilen nicht-beherrschender Gesellschafter an der PersGes. Nach IAS 32.AG29A ist der Eigenkapitalausweis von Anteilen mit Kündigungsrechten nach IAS 32.16A und B bzw IAS 32.16C und D als Ausnahme von den allgemeinen Einstufungsgrundsätzen zu interpretieren. Der IASB stellt in IAS 32.AG29A jedoch explizit klar, dass diese Ausnahme nicht für die Einstufung nicht-beherrschender Gesellschafter im Konzernabschluss anzuwenden ist. 224

Deshalb sind die Anteile nicht-beherrschender Gesellschafter an TU in der Rechtsform einer PersGes aus Konzernsicht in jedem Fall als **finanzielle Schuld** auszuweisen. Die Folgebilanzierung richtet sich entspr nach IAS 39/IFRS 9 und erfordert eine Bilanzierung zum beizulegenden Zeitwert unter Berücksichtigung ihres Anspruchs am Nettovermögen des TU. Weiterhin ist auch die Bilanzierung eines auf nicht-beherrschende Gesellschafter entfallenden Anteils am Geschäfts- oder Firmenwert ausgeschlossen, denn dieser setzt definitionsgemäß die Existenz von Anteilen nicht-beherrschender Gesellschafter am Eigenkapital voraus.

Diese Vorgehensweise scheint zunächst die Intention der **Erweiterung der Eigenkapitaldefinition** in IAS 32 durch den IASB zu **konterkarieren,** die insbes im Einzelabschluss von PersGes den Ausweis von Eigenkapital erlaubt und insoweit der wirtschaftlichen Funktion des PersGes-Gesellschaftskapitals Rechnung tragen soll. Gleichwohl ist die Orientierung des Ausweises der Anteile nicht-beherrschender Gesellschafter an der Eigenkapital-Klassifizierung der zugrunde liegenden Finanzinstrumente vom IASB beabsichtigt, da sich die gleiche Orientierung auch in der Regelung des IFRS 10.B95 erkennen lässt. Demnach sind nur solche Vorzugsaktien bei der Berechnung des den Anteilseignern des MU zustehenden Anteils am Ergebnis zu berücksichtigen, die zum einen als Eigenkapital klassifiziert wurden und zum anderen von nicht-beherrschenden Gesellschaftern gehalten werden. Eine endgültige und konsistente Behandlung von Anteilen nicht-beherrschender Gesellschafter ist damit auch nach Inkrafttreten der Neuregelungen des IFRS 9 derzeit nicht abzusehen. 225

d) Negativer Unterschiedsbetrag aufgrund eines *bargain purchase*

In Fällen, in denen ein Unternehmenszusammenschluss zu einem Überschuss der beizulegenden Zeitwerte der übernommenen Vermögenswerte und Schulden über den Zeitwert der Gegenleistung führt und dies auf eine Zwangslage des Veräußerers zurückzuführen ist, kann es dazu kommen, dass **bei dem erwerbenden MU ein *bargain purchase*** vorliegt, bei dem ein Gewinn ausschließlich 226 dem Erwerber zuzurechnen ist (IFRS 3.34f), ohne dass die nicht-beherrschenden Gesellschafter daran partizipieren. Für sie kann dann gleichwohl ein Geschäfts- oder Firmenwert im Rahmen der *full goodwill*-Methode auszuweisen sein (IFRS 3.IE46ff). Wirtschaftlich zutreffend wird dadurch der Transaktionserfolg aus Sicht des MU auch nur diesem zugewiesen, da die nicht-beherrschenden Gesellschafter an der Transaktion gar nicht beteiligt waren. Allerdings beeinflusst der Wert des Anteils nicht-beherrschender Gesellschafter die Höhe des negativen Unterschiedsbetrags, welcher durch das MU im Rahmen der Erstkonsolidierung zu berücksichtigen ist (vgl *Lüdenbach/Hoffmann/Freiberg* IFRS § 31 Rz 138; *KPMG* 2014/15 Rz 2.6.1010.30; *Deloitte* 2015, 1907f; aA *Heuser/Theile* Rz 5724, wo von einer Korrekturnotwendigkeit bei der Ermittlung des negativen Unterschiedsbetrags in diesen Fällen ausgegangen wird).

Beispiel: Ein MU erwirbt die Stimmrechtsmehrheit von 60% an einem TU. Der Kaufpreis (Gegenleistung) beträgt (unter Berücksichtigung der Notverkaufssituation des Veräußerers) T€ 400 bei einem Nettovermögen zu Zeitwerten des TU von T€ 800. Der *fair value* des Anteils nicht-beherrschender Gesellschafter wird im Rahmen einer Anteilsbewertung zum Erwerbszeitpunkt mit T€ 350 ermittelt.

Bei Anwendung der ***partial goodwill*-Methode** ergibt sich für das berichtende MU ein negativer Unterschiedsbetrag aus der Erstkonsolidierung des TU wie folgt:

		T€
	Anschaffungskosten	400
+	Anteil nicht-beherrschender Gesellschafter (Anteil am Nettovermögen 0,4 von 800 T€)	+ 320
–	Nettovermögen zu *fair values*	– 800
=	negativer Unterschiedsbetrag	– 80

Bei Anwendung der ***full goodwill*-Methode** hat das berichtende MU dagegen einen abweichenden Unterschiedsbetrag zu berücksichtigen, der sich wie folgt errechnet:

		T€
	Anschaffungskosten	400
+	Anteil nicht-beherrschender Gesellschafter (zum *fair value*)	+ 350
–	Nettovermögen zu *fair values*	– 800
=	negativer Unterschiedsbetrag	– 50

227 Die vorstehend beschriebene Vorgehensweise in IFRS 3.IE46ff geht davon aus, dass die nicht-beherrschenden Gesellschafter an der Transaktion nicht partizipieren und deshalb der *fair value* ihrer Anteile unabhängig von dem gezahlten Kaufpreis zu ermitteln ist. Diese Voraussetzung ist grds als erfüllt anzusehen, wenn der Erwerb der Anteile nicht-beherrschender Gesellschafter unabhängig von dem Erwerbsvorgang des MU stattgefunden hat. Zweifelhaft können Situationen sein, bei denen der Erwerb durch das MU und der **Erwerb der Anteile nicht-beherrschender Anteilseigner zeitlich zusammenfallen.** In diesen Fällen wird in Teilen der Literatur eine von IFRS 3.IE46ff abweichende Erfassung als zulässig angesehen (so zB *Lüdenbach/Hoffmann/Freiberg* IFRS § 31 Rz 139). Jedoch ist der zeitliche Zusammenhang der Transaktionen im Hinblick auf die Argumentation des IASB in IFRS 3.IE46 als Kriterium für die Anwendbarkeit der dort dargestellten Vorgehensweise nicht relevant. Vielmehr ist uE allein ausschlaggebend, ob die nicht-beherrschenden Gesellschafter von der Notsituation des Veräußerers ebenfalls direkt oder indirekt profitieren (vgl auch → Rn 237). Ist dies nicht der Fall, so ist – auch bei zeitlichem Zusammentreffen

– nur die vollständige Zuordnung des *bargain purchase* auf das MU (wie in IFRS 3.IE47 dargestellt) als sachgerecht anzusehen.

e) Optionen nicht-beherrschender Gesellschafter

Put- und Call-Optionen nicht-beherrschender Gesellschafter haben vor deren Ausübung grds keine Auswirkungen auf den relevanten Anteil dieser Anteilseigner im Zeitpunkt des Unternehmenszusammenschlusses. Entspr ist die Bewertung dieser Finanzinstrumente nicht von der Ausübung der Option des IFRS 3.19 abhängig. Eine **Ausnahme** hiervon bilden **erworbene Call-Optionen** auf Anteile nicht-beherrschender Anteilseigner, die bereits gegenwärtig mit Rückflüssen an die berichtende Einheit verbunden sind. Gelangt das MU aufgrund dieser Rückflüsse in eine anteilseignerähnliche Position bzgl der von der Option abgedeckten Eigenkapitalinstrumente *(present ownership),* so ist gem IFRS 10.B90 in diesen Fällen bei der Konsolidierung eine Anteilsquote zu berücksichtigen, welche die mit den Rückflüssen verbundenen potenziellen Stimmrechte einbezieht. Entspr gilt für geschriebene Put-Optionen auf Anteile nicht-beherrschender Gesellschafter, sofern nach dem Gesamtbild der zu beurteilenden Faktoren diese dem MU bereits *present ownership* verleihen. Zur Erst- und Folgebilanzierung von Call- und Put-Optionen auf Anteile nicht-beherrschender Gesellschafter s ausführlich → § 35 Rn 54ff. 228

IV. Unterschiedsbeträge aus der Kapitalkonsolidierung am Erwerbsstichtag

Die **Kaufpreisallokation** verfolgt im Rahmen der Erwerbsbilanzierung das **Ziel,** den erworbenen Vermögenswerten und Schulden die hingegebene Gegenleistung in Form von geleisteten Zahlungen, hingegebenen Vermögenswerten und Anteilen nicht-beherrschender Gesellschafter gegenüberzustellen, um so zu einem positiven oder negativen Unterschiedsbetrag aus der Erstkonsolidierung des erworbenen Geschäftsbetriebs zu gelangen. Die konkrete Vorgehensweise bei der Ermittlung eines solchen Unterschiedsbetrags ist Gegenstand der nachfolgenden Ausführungen. 229

Nach den Regelungen des IFRS 3 ist dem Nettowert der erworbenen Vermögenswerte und übernommenen Schulden die Summe der folgenden Posten – jeweils bewertet in Übereinstimmung mit den Vorschriften dieses Standards gegenüberzustellen (IFRS 3.32): 230

	Gegenleistung des Unternehmenserwerbs (beizulegender Zeitwert)
+	Anteile nicht-beherrschender Gesellschafter (beizulegender Zeitwert oder anteiliger beizulegender Zeitwert des Nettovermögens)
+	Altanteile (beizulegender Zeitwert zum Erwerbszeitpunkt)
./.	Saldo aus erworbenen Vermögenswerten und übernommenen Schulden (beizulegende Zeitwerte)
=	positiver oder negativer Unterschiedsbetrag

Grafisch lässt sich die Vorgehensweise zur Ermittlung eines Unterschiedsbetrags nach IFRS 3 im Rahmen der Kapitalkonsolidierung zum Erwerbsstichtag wie folgt zusammenfassen: 231

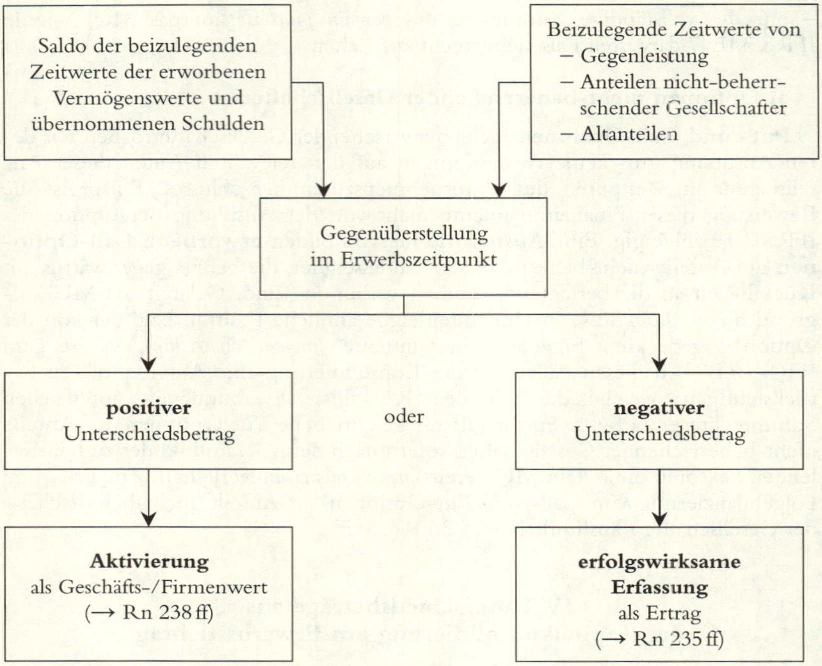

232 Ein im Rahmen der Aufrechnung entstehender **positiver Unterschiedsbetrag** ist nach IFRS 3 **als Geschäfts- oder Firmenwert zu aktivieren.** Dabei wird der Geschäfts- oder Firmenwert als Residualgröße ermittelt, konzeptionell wird, aufgrund der einheitstheoretischen Ausrichtung, die gewährte Gegenleistung iSv IFRS 3.32(a)(i) um den Betrag der bilanzierten Anteile nicht-beherrschender Gesellschafter erhöht. Der so ermittelte Betrag wird dann nicht nur dem konzernanteiligen neu bewerteten Nettovermögen gegenübergestellt, sondern dem Gesamtbetrag des übernommenen und neu bewerteten Nettovermögens (vgl *Hachmeister* IRZ 2008, 115 (120)). Mit IFRS 3.19 wurde vom IASB das Wahlrecht eingeführt, auch den **Anteil der nicht-beherrschenden Gesellschafter zum beizulegenden Zeitwert** zu bewerten und damit anteilig auch den auf diese Gesellschafter entfallenden Anteil in die Berechnung des Unterschiedsbetrags eingehen zu lassen (*full goodwill*-Methode; → Rn 212 ff). Je nach Nutzung dieser Option können bei einem identischen Erwerbsvorgang unterschiedliche Unterschiedsbeträge entstehen. Außerdem wurde durch IFRS 3.32 der beizulegende Zeitwert einer **bereits vor Kontrollerlangung bestehenden Beteiligung** in die Ermittlung des Unterschiedsbetrags einbezogen.

233 Übt der Bilanzierende die **Option zur Anwendung der *full goodwill*-Methode nicht** aus, so ist zum beizulegenden Zeitwert der Gegenleistung der Anteil der nicht-beherrschenden Gesellschafter am anteiligen neu bewerteten Nettovermögen hinzuzurechnen, um im Ergebnis sicherzustellen, dass der beizulegende Zeitwert der Gegenleistung nur mit dem Anteil des Mehrheitsgesellschafters am übernommenen Nettovermögen verglichen wird. Ein aus der Aufrechnung resultierender positiver Unterschiedsbetrag stellt sich damit als ein beteiligungsproportionaler Geschäfts- oder Firmenwert dar (vgl *Küting/Weber/Wirth* KoR 2008, 139 (143)).

Wird hingegen die **Option zur Anwendung der *full-goodwill*-Methode genutzt** und werden die Anteile nicht-beherrschender Gesellschafter mit dem beizulegenden Zeitwert bewertet, entsteht im Vergleich zur beteiligungsproportionalen *goodwill*-Ermittlung in Höhe der Differenz zwischen dem beizulegenden Zeitwert des Beteiligungsanteils konzernfremder Gesellschafter am erworbenen Geschäftsbetrieb und dem korrespondierenden anteiligen Nettovermögen eine weitere *goodwill*-Komponente, die auf die nicht-beherrschenden Gesellschafter entfällt. Gleichwohl ist der so entstandene Geschäfts- oder Firmenwert nicht aufzuteilen, da der IASB konzeptionell davon ausgeht, dass es sich bei einem Geschäfts- oder Firmenwert um einen Residualwert und folglich um einen einheitlichen immateriellen Posten handelt (IFRS 3.BC328). Der auf nicht-beherrschende Gesellschafter entfallende Geschäfts- oder Firmenwert kann jedoch nur in den Fällen aus der für den Unternehmenserwerb aufgewendeten Gegenleistung des Erwerbers rechnerisch abgeleitet werden, wenn im Einzelfall keine Kontrollprämien bzw Abschläge für fehlende Beherrschung vorliegen. Dies ist jedoch bei vielen Unternehmenserwerben nicht gegeben, sodass in diesen Fällen der beizulegende Zeitwert auf der Grundlage einer Unternehmensbewertung zu ermitteln ist (IFRS 3.B45). 234

V. Behandlung von negativen Unterschiedsbeträgen

Die Aufrechnung nach IFRS 3.32 kann zu **einem Überschuss der beizulegenden Zeitwerte** der anteiligen identifizierbaren Vermögenswerte und Schulden über die hingegebene Gegenleistung zum Erwerb des TU führen. Nach der Regelung in IFRS 3.34 ist die Bilanzierung eines solchen negativen Unterschiedsbetrags in Form eines negativen Geschäfts- oder Firmenwerts jedoch nicht vorgesehen. Vielmehr ist ein nach der Neubewertung der Vermögenswerte und Schulden des erworbenen Unternehmens verbleibender Überschuss der beizulegenden Zeitwerte – ggf nach nochmaliger Überprüfung der Kaufpreisallokation sowie der Bewertungen von zuvor gehaltenen Anteilen, Anteilen nicht-beherrschender Gesellschafter sowie der hingegebenen Gegenleistung nach IFRS 3.36 – **unmittelbar erfolgswirksam zu realisieren** (IFRS 3.34). 235

Die vor der Ertragsrealisierung eines negativen Unterschiedsbetrags vorgeschriebene **Überprüfung der verwendeten beizulegenden Zeitwerte** *(reassessment)* erscheint zunächst bei Unterstellung einer sorgfältigen Durchführung der vorgelagerten Bewertungsvorgänge im Rahmen des Unternehmenszusammenschlusses als obsolet. Die Betonung der Notwendigkeit einer Überprüfung der Wertansätze durch den IASB in IFRS 3.36 kann dementsprechend nur als Hinweis zur nochmaligen Hinterfragung nicht nur der Wertansätze an sich, sondern auch der ihnen zugrunde liegenden Prämissen und Rahmenbedingungen sowie einer allgemeinen Plausibilisierung der Gründe für die Entstehung eines negativen Unterschiedsbetrags verstanden werden (idS auch *Haaker/Freiberg* PiR 2014, 344 (345)). 236

Die **erfolgswirksame Vereinnahmung** des negativen Unterschiedsbetrags (nach ggf vorzunehmendem *reassessment*) trägt dessen **Residualcharakter** Rechnung. Denn bei einer zutreffenden Neubewertung sämtlicher identifizierbaren Vermögenswerte und Schulden (einschließlich Eventualschulden) kann der negative Unterschiedsbetrag systematisch keine antizipierten Verlustkomponenten mehr enthalten. Daraus ergibt sich unmittelbar die Realisierungspflicht beim Erwerber, da es sich dann um einen sog *bargain purchase* im Wortlaut des IFRS 3 handeln muss. Allerdings weist IFRS 3.35 darauf hin, dass sich ein negativer Unterschiedsbetrag auch aus den Ausnahmen von den allgemeinen Ansatz- und 237

Bewertungsvorschriften (vgl → Rn 89) im Erwerbszeitpunkt ergeben kann (vgl *Haaker/Freiberg* PiR 2014, 344 (345)). Jedoch ist **unabhängig von der Entstehungsursache** eine erfolgswirksame Vereinnahmung dieses Unterschiedsbetrags geboten.

Sind bei einem Unternehmenszusammenschluss auch **Anteile nicht-beherrschender Gesellschafter** zu berücksichtigen und wird außerdem die Option zur Anwendung der *full goodwill*-Methode genutzt, so ist zu prüfen, ob ein negativer Unterschiedsbetrag auch den nicht-beherrschenden Gesellschaftern zuzurechnen ist. Dies ist dann nicht der Fall, wenn die Ursache dieses Unterschiedsbetrags in einem Notverkauf des Mehrheitsanteils zu sehen ist (vgl → Rn 227). In diesem Fall entspricht die aufgewendete Gegenleistung idR nicht dem beizulegenden Zeitwert des Mehrheitsanteils, sodass ein Transaktionsgewinn beim Erwerber entsteht. Dieser Transaktionsgewinn ist jedoch nicht auf die nichtbeherrschenden Anteile zu übertragen, da diese in die Transaktion überhaupt nicht involviert sind. Diese Anteile sind vielmehr mit dem tatsächlichen beizulegenden Zeitwert zum Erwerbszeitpunkt zu bewerten und beeinflussen dadurch die Höhe des insgesamt ausgewiesenen negativen Unterschiedsbetrags (IFRS 3.35; ausführlich → Rn 230). Die Vorgabe des IFRS 3.34, dass Erträge aus *bargain purchases* dem Erwerber zuzurechnen sind schließt jedoch nicht grds aus, dass auch die nicht-beherrschenden Gesellschafter anteilig an einem negativen Unterschiedsbetrag partizipieren. Bspw kann unterstellt werden, dass in Situationen, in denen Mehrheits- und Minderheitsgesellschafter zeitgleich Anteile an dem Geschäftsbetrieb erwerben, der beizulegende Zeitwert der Gegenleistung auch ein Indikator für die Bewertung der Anteile der nicht-beherrschenden Gesellschafter ist. In diesem Fall ist ein anteiliger negativer Unterschiedsbetrag auch diesen Anteilen zuzurechnen (so im Ergebnis auch *Lüdenbach/Hoffmann/Freiberg* IFRS § 31 Rz 138).

VI. Behandlung von Geschäfts- oder Firmenwerten

238 Der IASB verfolgt mit den Regelungen zur Folgebilanzierung der Geschäfts- oder Firmenwerte in IFRS 3 eine grds andere Folgebewertungskonzeption als das deutsche Handelsrecht und folgt dem sog ***„impairment-only-approach“,*** den bereits der FASB in FASB ASC 805-740-25 als einzig mögliche Geschäfts- oder Firmenwertbehandlung zugelassen hat. Der Geschäfts- oder Firmenwert ist somit nicht planmäßig abzuschreiben, sondern regelmäßigen Wertminderungstests nach IAS 36 zu unterziehen (zur Durchführung vgl ausführlich § 27). IFRS 3.54 iVm IFRS 3.B63 regelt die **Folgebilanzierung,** wobei sich betragsmäßig durch die Option zur Anwendung der *full goodwill*-Methode bei identischen Sachverhalten unterschiedliche Geschäfts- oder Firmenwerte ergeben können.

1. Zuordnung auf zahlungsmittelgenerierende Einheiten

239 **ZGE** werden gem IAS 36.6 **definiert** als kleinste identifizierbare Gruppe von Vermögenswerten, die Mittelzuflüsse aus der fortgesetzten Nutzung erzeugen, die weitestgehend unabhängig von den Mittelzuflüssen anderer Vermögenswerte oder anderer Gruppen von Vermögenswerten sind. Dabei ist ein entscheidendes Kriterium für die Abgrenzung einer ZGE, dass ein **aktiver Markt** für die Erzeugnisse und Dienstleistungen vorhanden ist, welche von den Vermögenswerten oder Gruppen von Vermögenswerten der ZGE produziert oder erbracht werden, unabhängig davon, ob diese Vermögenswerte teilweise zu internen Zwecken genutzt werden (IAS 36.70). Die urspr Abgrenzung der ZGE soll im Zeitablauf

einheitlich erfolgen, solange ein Wechsel zB aufgrund einer strategischen Neuausrichtung des Unternehmens nicht gerechtfertigt ist (IAS 36.72).

In IAS 36.80 sind die **Grundsätze** festgelegt, nach denen ein Geschäfts- oder Firmenwert aus einem Unternehmenszusammenschluss für Zwecke der Feststellung möglicher Wertminderungen auf eine ZGE zu verteilen ist. Die Geschäfts- oder Firmenwerte aus einem Unternehmenszusammenschluss müssen bereits zum Zeitpunkt des Erwerbs des TU einer abgegrenzten ZGE oder einer Gruppe von ZGE zugeordnet werden. Diese Zuordnung zum Erwerbszeitpunkt ist grds auch in der Folgezeit konstant beizubehalten, es sei denn, es gibt nachweisbare Gründe für eine Neuzuordnung (IAS 36.87). **240**

Die Zuordnung im Erwerbszeitpunkt soll zu der ZGE bzw Gruppe von ZGE des Erwerbers erfolgen, von der erwartet wird, dass sie von den **Synergieeffekten** des Unternehmenszusammenschlusses den größten Nutzen erzielt. Bei dieser **nutzenorientierten Zuordnung** ist es unerheblich, ob andere Vermögenswerte und Schulden des erworbenen TU der entspr ZGE oder Gruppe von ZGE zugeordnet bzw für diese bestimmt wurden. Dies bedeutet, dass die Zuordnung des Geschäfts- oder Firmenwerts nicht zwingend zu der gleichen ZGE erfolgen muss, in der auch die mit dem Geschäfts- oder Firmenwert verbundenen Vermögenswerte oder Schulden des erworbenen TU geführt werden (*Küting/Weber/Wirth* KoR 2008, 139 (144); *Lüdenbach/Hoffmann/Freiberg* IFRS § 11 Rz 142 ff). **241**

Die ZGE bzw Gruppe von ZGE, der ein Geschäfts- oder Firmenwert zugeordnet wurde, muss die **niedrigste Ebene** innerhalb des Unternehmens darstellen, auf der der Geschäfts- oder Firmenwert für **interne Managementzwecke** überwacht wird (IAS 36.80(a)) und darf nicht größer sein als ein Segment, wie es in IFRS 8 festgelegt ist (IAS 36.80(b)). Die Geschäfts- oder Firmenwert-Zuordnung ist nicht an den rechtlichen Strukturen orientiert, sondern richtet sich vielmehr nutzenorientiert nach den operativen Strukturen in Übereinstimmung mit den internen Überwachungszielen der Unternehmensleitung.

Die grds **Idee,** die IAS 36 bei der **Allokation** des Geschäfts- oder Firmenwerts zu einer bestimmten ZGE oder Gruppe von ZGE verfolgt, wird aus den Ausführungen in IAS 36.81 f deutlich: Der im Rahmen eines Unternehmenszusammenschlusses erworbene Geschäfts- oder Firmenwert stellt den Mehrwert dar, den der Erwerber für die im Erwerbszeitpunkt erwarteten **zukünftigen Synergien** und anderen Nutzenzuflüsse aus der Zusammenlegung der Vermögenswerte oder Geschäftsaktivitäten des erwerbenden und erworbenen Unternehmens bezahlt hat, ohne dass diese Vermögenswerte einzeln identifiziert und bilanziert werden können. Somit sollte die Zuordnung des Geschäfts- oder Firmenwerts immer zu der ZGE oder Gruppe von ZGE erfolgen, bei der seitens der Unternehmensführung die wesentlichen nicht bilanzierten immateriellen Werttreiber wie zB das erworbene Knowhow oder das Potenzial für eine zukünftige Technologieführerschaft vermutet werden. Die Geschäfts- oder Firmenwert-Zuordnung erfolgt somit entspr dem ***„management approach"*** und einem wirtschaftlichen Verständnis bei der ZGE, mit der der Geschäfts- oder Firmenwert als **antizipiertes Nutzen- und Synergiepotenzial** naturgemäß assoziiert ist. Für die Ermittlung möglicher Wertminderungsverluste der so zugeordneten Geschäfts- oder Firmenwerte (vgl → § 27 Rn 114) soll auf diese Weise auch die Einrichtung zusätzlicher Berichtssysteme vermieden werden, da auf die bereits bestehenden Überwachungssysteme des Unternehmens zurückgegriffen wird. **242**

IAS 36.81 verlangt, dass die Zuordnung des Geschäfts- oder Firmenwerts auf der Ebene der kleinst möglichen ZGE erfolgen muss. Da nicht immer eine **eindeutige Zuordnung** zu einer einzigen ZGE möglich sein wird, kann in solchen Fällen auch eine Zuordnung zu einer **Gruppe** von **ZGE** vorgenommen werden. **243**

Auch hier soll allerdings der kleinste Kreis von ZGE für Zuordnungszwecke verwendet werden, auf dessen Ebene die Unternehmensführung den entspr Geschäfts- oder Firmenwert überwacht.

244 Kann eine **Zuordnung** bis zum Bilanzstichtag des Geschäftsjahrs, innerhalb dessen der Unternehmenszusammenschluss erfolgt ist, nicht **vollständig abgeschlossen** werden, sieht IAS 36.84 vor, dass die Zuordnung spätestens bis zum Abschlussstichtag des auf den Unternehmenszusammenschluss folgenden Geschäftsjahrs abgeschlossen werden muss. Die dem Bilanzierenden damit eingeräumte Frist ist somit grds zunächst länger als die *measurement period* in IFRS 3.45. Gleichwohl soll in solchen Fällen die Abbildung des Unternehmenszusammenschlusses zunächst unter Verwendung der **vorläufigen** Werte stattfinden. Auch die Zuordnung der erworbenen Geschäfts- oder Firmenwerte kann in diesen Fällen vorläufig erfolgen, verbunden mit einer möglichen Änderung der urspr Zuordnung innerhalb der ersten zwölf Monate nach dem Erwerbszeitpunkt (IAS 36.85).

Die Zuordnung der Geschäfts- oder Firmenwerte auf ZGE im Konzern ist die **Voraussetzung** für die Durchführung des mindestens jährlich durchzuführenden **Wertminderungstests** für *goodwill*-tragende ZGE. Werden einer ZGE im Laufe einer Berichtsperiode neue Geschäfts- oder Firmenwerte aus unterjährigen Unternehmenszusammenschlüssen zugeordnet, so sind diese ZGE vor Ablauf der aktuellen jährlichen Berichtsperiode, also ggf noch vor dem regulären jährlichen Überprüfungszeitraum einem Wertminderungstest zu unterziehen (IAS 36.96). Zur Vorgehensweise und Technik des Impairment-Tests wird auf die Ausführungen in § 27 verwiesen.

2. Restrukturierungen und Veräußerungen

245 Ändert sich die Zusammensetzung von ZGE im Konzern durch den **Abgang von Konzerneinheiten** oder durch eine **strukturelle Veränderung der Konzernstrukturen,** so sind die Auswirkungen dieser konzerninternen Restrukturierungen auf die Allokation des Geschäfts- oder Firmenwerts zu beachten. Durch den Abgang von Konzerneinheiten kann eine teilweise Neutralisierung der Nutzenpotenziale erfolgen, die in dem bisher der betroffenen ZGE zugeordneten Geschäfts- oder Firmenwert abgebildet wurden. Durch konzerninterne Restrukturierungen verteilen sich diese Nutzenpotenziale uU auf andere ZGE. Deshalb ist in beiden Fällen eine Überprüfung der Zuordnung von aktivierten Geschäfts- oder Firmenwerten notwendig.

246 **Grundlage** der Überprüfung und ggf Neuzuordnung von Geschäfts- oder Firmenwerten ist nach IAS 36.87 der ***relative value approach.*** Diese Methode verteilt die aktivierten Buchwerte der Geschäfts- oder Firmenwerte nach Maßgabe ihrer relativen beizulegenden Zeitwerte auf die verbleibenden bzw neu strukturierten ZGE (zu ggf möglichen anderen Aufteilungsmaßstäben vgl → § 27 Rn 116). Die den abgehenden Konzerneinheiten zuzuordnenden anteiligen Geschäfts- oder Firmenwerte scheiden damit ebenfalls aus dem Konzern aus und sind im Konzernabschluss entspr als Abgänge darzustellen.

Bei dieser Vorgehensweise ist allerdings zu beachten, dass durch den Residualcharakter des Geschäfts- oder Firmenwerts konzeptionell eine Bestimmung des beizulegenden Zeitwerts nur iVm der jeweiligen ZGE vorgenommen werden kann. Genau dies ist letztlich die Begründung für einen *goodwill-impairment*-Test auf ZGE-Ebene. Deshalb ist die Vorgabe des IAS 36.87 zur Ermittlung der relativen beizulegenden Zeitwerte der im Rahmen einer konzerninternen Restrukturierung neu zu allokierenden Geschäfts- oder Firmenwerte mit **erheblichen Ermessensspielräumen** behaftet.

3. Latente Steuern und Geschäfts- oder Firmenwert

Für den Fall eines aktivierten **Geschäfts- oder Firmenwerts** ist eine temporäre Differenz dann gegeben, wenn für die Ertragsbesteuerung eine erfolgswirksame Abschreibung dieses Geschäfts- oder Firmenwerts nicht zulässig ist. Auf diese temporäre Differenz sind jedoch gem IAS 12.15(a) **keine latenten Steuern** zu berechnen (vgl → § 25 Rn 94). Als Begründung für diese Vorgehensweise wird angeführt, dass es sich bei einem Geschäfts- oder Firmenwert um eine Residualgröße handelt und hierauf gebildete latente Steuern den Unterschiedsbetrag aus der Kapitalkonsolidierung zusätzlich verändern würden, sodass dieser niemals endgültig bestimmt werden könnte (IAS 12.21). 247

Des Weiteren können temporäre Differenzen nach dem Zeitpunkt der Ersterfassung entstehen, wenn die Aktivierung eines Geschäfts- oder Firmenwerts zwar ertragsteuerlich zulässig ist, die Folgebewertung dieses Geschäfts- oder Firmenwerts nach IFRS aber dem *impairment-only* Ansatz folgt. Gleiches gilt, wenn die Höhe des Ansatzes des Geschäfts- oder Firmenwerts aus steuerlicher Sicht von dem nach IAS 12 anzusetzenden Wert im Erwerbszeitpunkt abweicht. In diesen Fällen sind (**sukzessiv**) latente Steuern zu bilanzieren, da mit der Entstehung von temporären Differenzen (im Zeitablauf) eine zukünftige Steuermehr- oder -minderbelastung verbunden ist. 248

(einstweilen frei) 249

VII. Nachträgliche Anpassung der Erstkonsolidierung

IFRS 3 sieht die Möglichkeit einer nachträglichen Anpassung der Zugangsbilanzierung von Unternehmenszusammenschlüssen vor. Thematisch können sich Änderungen des Unterschiedsbetrags aus zwei Richtungen ergeben (vgl *Deloitte* 2015, 1910): 250

(1) **Anpassungen der Kaufpreisallokation,** dh hinsichtlich des Ansatzes und der Bewertung identifizierbarer Vermögenswerte, Schulden und Eventualschulden sowie

(2) **Anpassungen** im Ansatz und der Bewertung der **Gegenleistung,** der **Anteile nicht-beherrschender Gesellschafter** sowie ggf vorhandener **vorerwerblicher Beteiligungen** am erworbenen Geschäftsbetrieb.

Nach der Konzeption des IFRS 3 wirken sich nur solche Änderungen auf die Dotierung des **Unterschiedsbetrags** aus, die innerhalb der **Zwölf-Monatsfrist** (sog *measurement period*) ermittelt werden und sich auf die **Verhältnisse am Erwerbsstichtag** beziehen. Alle übrigen Anpassungen der Kaufpreisallokation (→ Rn 57 ff), der Anschaffungskosten (→ Rn 176 ff), der Anteile nicht-beherrschender Gesellschafter (→ Rn 209 ff) oder bereits im Vorfeld des Unternehmenszusammenschlusses gehaltener Anteile am erworbenen Geschäftsbetrieb (→ Rn 253 ff), die sich auf die Verhältnisse am Erwerbsstichtag beziehen, sind grds als **Fehlerkorrektur** iSv IAS 8 zu berücksichtigen (IFRS 3.50; zur Ausnahme des IAS 12.68 in Bezug auf neuere Erkenntnisse hinsichtlich der Werthaltigkeit von Vermögenswerten aus aktiven latenten Steuern vgl → Rn 165). Nur die Folgebilanzierung von Komponenten der Anschaffungskosten mit Eventualcharakter sind gesondert zu betrachten (→ Rn 205 ff), führen aber zu keiner Anpassung des Unterschiedsbetrags (IFRS 3.58/IFRS 3.58 (geändert 2013)). 251

(einstweilen frei) 252

VIII. Sukzessiver Anteilserwerb

253 Die **Erlangung** der **Beherrschungsmöglichkeit** im Rahmen eines Unternehmenszusammenschlusses kann in einer oder **mehreren Transaktionen** erfolgen. Bei einem sukzessiven Anteilserwerb beeinflussen die im Rahmen der jeweils neuesten Teilakquisition ermittelten beizulegenden Zeitwerte auch den Wertansatz von Anteilen, die im Rahmen einer zurückliegenden Teilakquisition erworben wurden. Ziel der Konzeption der Regelungen zum sukzessiven Anteilserwerb durch den IASB in IFRS 3 war die Synchronisation mit den allgemeinen Regelungen zu Unternehmenszusammenschlüssen.

254 Die Erlangung der Beherrschungsmöglichkeit *(control)* im Rahmen eines Unternehmenserwerbs in mehreren Tranchen wird nach der durch den IASB vertretenen Sichtweise in IFRS 3 und IFRS 10 als determinierend für die Darstellung als TU im Konzernabschluss des berichtenden Unternehmens angesehen. Dieser sog **Statuswechsel** begründet eine vollständig von der Bilanzierung der bis dahin bestehenden Beteiligung abweichende Darstellung als TU vom Zeitpunkt der Kontrollerlangung an (vgl *Küting/Wirth* KoR 2010, 362 (371)). Entspr wird hinsichtlich der Behandlung von zusätzlichen Tranchen einer Beteiligung strikt danach unterschieden, ob es sich um eine Anteilsaufstockung mit Statuswechsel handelt oder nicht.

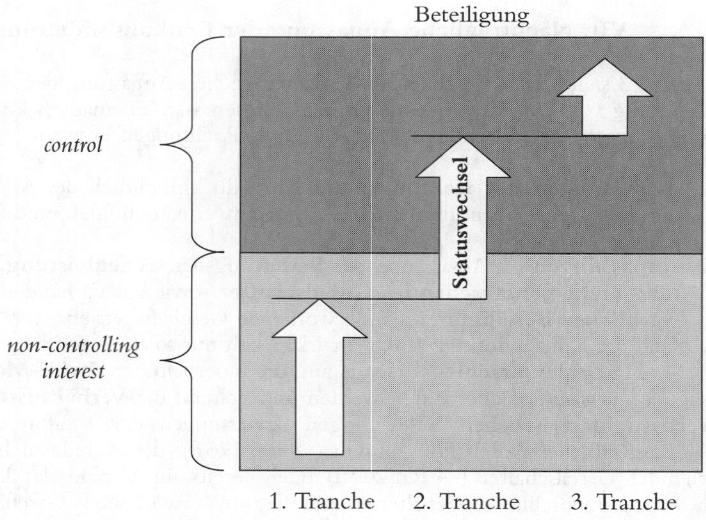

Nur der Erwerb der Anteile, der zu einer Erlangung der Beherrschungsmöglichkeit führt (in der Grafik 2. Tranche), ist Gegenstand der Erwerbsbilanzierung bei sukzessivem Anteilserwerb nach IFRS 3. Die Aufstockung einer bereits zuvor mit einer Beherrschungsmöglichkeit verbundenen Beteiligung wird hingegen als Transaktion zwischen den Anteilseignern des MU und den nicht-beherrschenden Gesellschaftern verstanden und dementsprechend als **reine Eigenkapitaltransaktion** abgebildet.

255 Ausgehend von diesem Konzept wird in IFRS 3.42 die Erlangung der Beherrschungsmöglichkeit als Transaktion mit **zwei Gegenleistungskomponenten** aufgeteilt, nämlich den Erwerb gegen Barzahlung (für die neuen Anteile) sowie den Tausch gegen die Altanteile, bewertet zu deren beizulegenden Zeitwerten.

Damit kommt es gedanklich zum Zweck der *fair value*-Bewertung der Altanteile zu einem Abgang dieser Altanteile ohne Beherrschungsmöglichkeit und einem Zugang der nach der Transaktion verfügbaren Gesamtanteile mit Beherrschungsmöglichkeit, obwohl es in rechtlicher Hinsicht nicht zu einem tatsächlichen Abgang von Anteilen kommt.

Die Differenz zwischen dem Buchwert und dem beizulegenden Zeitwert der Altanteile zum Zeitpunkt der Erlangung der Beherrschungsmöglichkeit ist, gem der Fiktion eines Abgangs dieser Anteile, **erfolgswirksam zu erfassen.** Soweit die Altanteile gem IAS 39 in die Kategorie *available for sale* eingeordnet bzw und entspr bereits erfolgsneutral mit dem beizulegenden Zeitwert bewertet waren, ist die bis zum Zeitpunkt der Erlangung der Beherrschungsmöglichkeit in der Rücklage für Marktbewertung nach IAS 39 akkumulierte Wertentwicklung der Altanteile mit der Erstkonsolidierung erfolgswirksam zu realisieren. Mit Inkrafttreten der Regelungen des IFRS 9 sind bislang im sonstigen Ergebnis erfasste Wertänderungen von Altanteilen, die nach IFRS 9.5.7.5 als *at fair value through other comprehensive income (FVOCI)* designiert wurden, in die Gewinnrücklagen umzubuchen (IFRS 3.42 iVm IFRS 9.B5.7.1; s ausführlich → § 37 Rn 12). 256

Beispiel: Ein MU hat zum Ende des Jahres 20X1 40% der Anteile an einem TU für einen Preis von insgesamt Mio € 30 erworben. Zum Ende des Jahres 20X6 wird die Beteiligung um weitere 40% auf dann 80% erhöht. Für die zweite Tranche wird eine Gegenleistung in Höhe von Mio € 40 gezahlt. Die verbleibenden 20% werden unmittelbar zu Beginn des Jahres 20X7 zu einem Kaufpreis von Mio € 20 erworben.

Die erworbenen Vermögenswerte und Schulden (bewertet nach Maßgabe der Regelungen des IFRS 3, aus Vereinfachungsgründen **ohne** latente Steuern) belaufen sich im Saldo auf Mio € 60, wobei Buchwerte von im Saldo Mio € 50 bilanziert werden.

Durch den Erwerb der zweiten Tranche von 40% zum Ende des Jahres 20X6 erlangt MU die Beherrschungsmöglichkeit über das TU, es handelt sich dementsprechend um einen Erwerbsvorgang mit Statuswechsel.

Wenn das berichtende Unternehmen von der Option zur Anwendung der *full goodwill*-Methode keinen Gebrauch macht, errechnet sich der Geschäfts- oder Firmenwert im Zeitpunkt der Kontrollerlangung wie folgt:

	Gegenleistung (beizulegender Zeitwert) für 40%	Mio € 40
+	Altanteile (beizulegender Zeitwert) für 40%	Mio € 40
+	Anteile nicht-beherrschender Gesellschafter (20%) (= 20% von Mio € 60)	Mio € 12
./.	Saldo erworbene Vermögenswerte und übernommene Schulden (beizulegender Zeitwert)	Mio € 60
=	Geschäfts- und Firmenwert	Mio € 32

Aus dem Erwerb der 2. Tranche ergibt sich folgende Bilanz mit den entspr Buchungen für die Erstkonsolidierung des TU (in Mio €):

in Mio €	MU HB II	TU HB II		Summenbilanz	Konsolidierung Soll	Konsolidierung Haben	Konzernbilanz
Geschäfts- oder Firmenwert					32 (1)		32
Beteiligungen (1. und 2. Tranche)	70			70	10 (2)	80 (1)	0
Übrige Vermögenswerte	50	60		110	8 (1) 2 (3)		120
Summe Aktiva	120	60		180			152
Eigenkapital	120	45		165	36 (1) 9 (3)		120
Gewinnrücklage/ Jahreserfolg		5		5	4 (1) 1 (3)	10 (2)	10
Anteile nicht-beherrschender Gesellschafter						12 (3)	12
Schulden		10		10			10
Summe Passiva	120	60		180	102	102	152

Buchungen:

1. Konsolidierung des Anteils MU (80%):

Per	Geschäfts- und Firmenwert	32
	Übrige Vermögenswerte	8
	Eigenkapital TU (80% von 45)	36
	Gewinnrücklage (80% von 5)	4
An	Beteiligungen	80

2. Ertrag aus Altanteilen (40%)

Per	Beteiligungen (Beizulegender Zeitwert 40 ./. Buchwert 30)	10
An	Jahreserfolg	10

3. Konsolidierung nicht-beherrschende Gesellschafter (20%):

Per	Übrige Vermögenswerte	2
	Eigenkapital TU (20% von 45)	9
	Gewinnrücklage (20% von 5)	1
An	Anteile nicht-beherrschende Gesellschafter	12

Mithin ist nach IFRS 3.42 im Rahmen der erstmaligen Konsolidierung des TU ein Gewinn aus der Bewertung der Altanteile an TU in Höhe von Mio € 10 zu realisieren.

Der Erwerb der restlichen 20% der Anteile an TU zu Beginn des Jahres 20X7 führt nicht zu einem Statuswechsel, da das MU bereits zuvor (mit Erwerb der 2. Tranche) die Beherrschungsmöglichkeit erlangt hatte. Entspr stellt sich der Erwerb der 3. Tranche nach IAS 27.30 (2008)/IFRS 10.B96 als reine Eigenkapitaltransaktion zwischen Mehrheits- und nicht-beherrschenden Gesellschaftern dar. Folgende Konsolidierungsschritte sind erforderlich (in Mio €):

in Mio €	MU HB II	TU HB II		Summenbilanz	Konsolidierung		Konzernbilanz
					Soll	Haben	
Geschäfts- oder Firmenwert					32 (1)		32
Beteiligungen (1.–3. Tranche)	90			90	10 (2)	80 (1) 20 (3)	0
Übrige Vermögenswerte	30	60		90	10 (1)		100
Summe Aktiva	120	60		180			132
Eigenkapital	120	45		165	45 (1)		120
Gewinnrücklage/ Jahresergebnis		5		5	5 (1) 8 (3)	10 (2)	2
Anteile nicht-beherrschender Gesellschafter					12 (3)	12 (1)	0
Schulden		10		10			10
Summe Passiva	120	60		180	124	124	132

Buchungen:

1. Konsolidierung des Anteils MU (80%) und der Anteile nicht-beherrschender Gesellschafter:

Per	Geschäfts- und Firmenwert	32
	Übrige Vermögenswerte	10
	Eigenkapital TU	45
	Gewinnrücklage	5
An	Beteiligungen (80% von 100)	80
	Anteile nicht-beherrschender Gesellschafter	12

2. Ertrag aus Altanteilen (40%)

Per	Beteiligungen (Beizulegender Zeitwert 40 ./. Buchwert 30)	10
An	Gewinnrücklage	10

3. Konsolidierung der 3. Tranche:

Per	Anteile nicht-beherrschender Gesellschafter	12
	Gewinnrücklage	8
An	Beteiligungen (20% von 100)	20

Der Erwerb der 3. Tranche beeinflusst als reine Eigenkapitaltransaktion nicht den Geschäfts- und Firmenwert, der sich somit ausschließlich aus der Erwerbsbilanzierung im Zusammenhang mit dem Erwerb der 2. Tranche errechnet.

(einstweilen frei) 257–259

E. Darstellung im Abschluss

I. Ausweis in der Bilanz und Gesamtergebnisrechnung/Gewinn- und Verlustrechnung

260 Der **Geschäfts- oder Firmenwert** ist aufgrund des Charakters als nichtkörperlicher Residualwert unter dem Pflichtposten **immaterielle Vermögenswerte** (IAS 1.54(c)) auszuweisen. Eine Pflicht zum Ausweis in einem separaten Hauptposten kann hingegen allein mit den Vorschriften des IFRS 3 zunächst nicht begründet werden. Wenn es sich indes um einen wesentlichen Bestandteil der Bilanz handelt, kommt auch ein **gesonderter Posten** oder ein **Unterposten zu den immateriellen Vermögenswerten** in Frage. Dies gebietet dann die Gewährleistung einer fairen Darstellung der Vermögenslage (IAS 1.55; → § 2 Rn 44).

261 Nach den Regelungen von IFRS 3 ist ein **negativer Unterschiedsbetrag aus der Kapitalkonsolidierung** nach Überprüfung der Kaufpreisallokation unmittelbar ertragswirksam zu vereinnahmen (IFRS 3.34) und unter den sonstigen betrieblichen Erträgen auszuweisen; bei wesentlichen Beträgen kann unter Gesichtspunkten der fairen Darstellung der Ertragslage der Ausweis als separater Posten notwendig sein.

262 Die IFRS sehen **grds keine planmäßigen Abschreibungen** auf den Geschäfts- oder Firmenwert vor. Eine nach IAS 36 bestimmte außerplanmäßige Geschäfts- oder Firmenwertminderung ist als Aufwand der Periode zu erfassen. Grds ist für eine solche Wertminderung keine Darstellung als gesonderter Aufwandsposten in der Gesamtergebnisrechnung bzw gesonderten GuV (sofern erstellt) (ausführlich → § 15 Rn 78f) vorgeschrieben (IAS 1.82), jedoch kann auch hier eine Einzelerläuterung bei entspr Wesentlichkeit des Betrags angezeigt sein.

263 Die bilanzielle Behandlung des **umgekehrten Unternehmenserwerbs** führt zu einer Divergenz von rechtlichen Grundlagen und wirtschaftlicher Darstellung innerhalb des Konzernabschlusses. Dies wirkt sich insbes innerhalb des Eigenkapitals der zusammengeführten Einheit aus, da im Konzernabschluss das Eigenkapital des TU fortgeführt und um den Wert der ausgegebenen Eigenkapitalinstrumente des MU erhöht wird. Dabei hat die Struktur dieser Eigenkapitalinstrumente sich an den vom MU emittierten Papieren zu orientieren (IFRS 3.B22).

264 *(einstweilen frei)*

II. Ergebnis je Aktie

265 Die Regelungen des IFRS 3 haben zunächst **keine Auswirkungen** auf die Ermittlung des von börsenorientierten Unternehmen pflichtmäßig anzugebenden Ergebnis je Aktie (*earnings per share,* EPS). Die aus dem Unternehmenszusammenschluss resultierenden Erfolgsbeiträge (zB aus einem sukzessiven Anteilserwerb mit Statuswechsel, vgl → Rn 254) fließen als Bestandteile des jeweiligen Periodenerfolgs in die Berechnung des unverwässerten bzw verwässerten Ergebnisses je Aktie ein (zur Ermittlung der EPS vgl ausführlich § 16).

266 Auswirkungen aus den Vorschriften von IFRS 3 ergeben sich jedoch bei Vorliegen eines **umgekehrten Unternehmenserwerbs.** Dies gilt zunächst für die der Ermittlung zugrunde zu legende Anzahl von ausgegebenen Aktien. Regelungen hierzu enthalten IFRS 3.B26, wo zunächst festgelegt wird, dass die Anzahl der vom MU ausgegebenen Aktien bis zum Zeitpunkt der Transaktion den

Anteilseignern des TU zuzurechnen ist. Der Berechnung der EPS sind hingegen nur die ausgegebenen Aktien vom Erwerbszeitpunkt bis zum Ende der Berichtsperiode zugrunde zu legen.

Die Regelungen des IFRS 3.B27 sehen für die Folgeperioden vor, dass der Periodenerfolg des TU durch die den Anteilseignern des TU zuzurechnenden Aktien des MU zu dividieren ist. Dabei wird davon ausgegangen, dass sich die Anzahl der ausgegebenen Aktien während der Periode nicht verändert hat. Anderenfalls ist eine entspr Korrektur hinsichtlich der Ermittlung des gewichteten Durchschnitts der Aktien erforderlich.

III. Anhangangaben

Die in den Anhang aufzunehmenden Angaben zur Bilanzierung von Unternehmenszusammenschlüssen sind in IFRS 3.59 ff iVm IFRS 3.B64 ff aufgeführt. Dabei wird die Absicht verfolgt, dem Abschlussadressatenkreis Informationen an die Hand zu geben, die eine **allgemeine Einschätzung** von Unternehmenszusammenschlüssen bis zum Zeitpunkt der Veröffentlichung des betreffenden Abschlusses ermöglichen. Darüber hinaus sollen Informationen zur Beurteilung von **nachträglichen Anpassungen** der Bilanzierung von Unternehmenszusammenschlüssen sowie **Änderungen des Geschäfts- oder Firmenwerts** enthalten sein. 267

Die explizit formulierten Vorschriften, welche im Folgenden dargestellt werden, sind jedoch nur als Mindestumfang zu verstehen; sind darüber **hinaus zusätzliche Informationen** notwendig, um den genannten Zielsetzungen gerecht zu werden, sind diese **verpflichtend zusätzlich** in den Anhang aufzunehmen (IFRS 3.63). 268

1. Allgemeine Angaben zu Unternehmenszusammenschlüssen

Die Angabepflichten des IFRS 3.59 formulieren nur **allgemein,** dass dem Abschlussadressaten Informationen zur Verfügung gestellt werden sollen, die ihm eine Beurteilung von Unternehmenszusammenschlüssen und zu deren finanziellen Auswirkungen ermöglichen. Dabei wird unterschieden zwischen Transaktionen, die in der Berichtsperiode stattgefunden haben und solchen, die nach Abschluss dieser Periode, aber vor endgültiger Aufstellung des Abschlusses getätigt wurden. Spezifiziert werden die Anforderungen in IFRS 3.B64, der folgende Angabepflichten vorsieht: 269

(1) **Name** und **Beschreibung** des erworbenen Unternehmens (IFRS 3.B64(a));
(2) **Erwerbsstichtag** (IFRS 3.B64(b));
(3) **erworbener Prozentanteil** des stimmberechtigten Eigenkapitals (IFRS 3.B64(c));
(4) **Hauptgründe** für den Unternehmenszusammenschluss sowie eine Beschreibung, auf welche Weise der Erwerber die Beherrschung über den erworbenen Geschäftsbetrieb erlangt hat (zB Anteilserwerb, Auslaufen von Sonderrechten anderer Gesellschafter, etc; (IFRS 3.B64(d));
(5) qualitative Beschreibung der **Gründe, die zur Entstehung eines Geschäfts- oder Firmenwerts führen,** wie zB erwartete Synergieeffekte oder immaterielle Vermögenswerte, denen vom Erwerber zwar ein Wert beigemessen wird, die jedoch die Ansatzkriterien nicht erfüllen (IFRS 3.B64(e));
(6) beizulegender Zeitwert der gesamten **Gegenleistung** zum Erwerbsstichtag sowie die beizulegenden Zeitwerte der bedeutendsten Gruppen dieser Ge-

genleistung wie Zahlungsmittel, (immaterielle) Vermögenswerte einschließlich eines Geschäftsbetriebs oder eines TU des Erwerbers, eingegangene Verbindlichkeiten wie eine Verbindlichkeit für eine bedingte Kaufpreiszahlung oder Eigenkapitalanteile des Erwerbers einschließlich der Anzahl der ausgegebenen bzw ausgaberelevanten Instrumente oder Anteile sowie die Methode zur Bestimmung des beizulegenden Zeitwerts dieser Instrumente oder Anteile (IFRS 3.B64(f));

(7) bei Vereinbarungen hinsichtlich einer **bedingten Kaufpreiszahlung** und **Erstattungsansprüchen:** Angabe des erfassten Betrags zum Erwerbsstichtag; eine Beschreibung der entspr Vereinbarung sowie die Grundlage zur Bestimmung des Betrags der Zahlung; eine Schätzung der Reichweite der undiskontierten Ergebnisse bzw falls eine derartige Spannbreite nicht bestimmt werden kann, dieser Umstand und die Gründe dafür. Sofern der maximale Betrag der Zahlungen unbegrenzt ist, muss der Erwerber diese Tatsache angeben (IFRS 3.B64(g));

(8) für **erworbene Forderungen** sind die beizulegenden Zeitwerte am Erwerbsstichtag, die vertraglich vereinbarten Bruttobeträge sowie eine Schätzung der voraussichtlichen Zahlungsmittelzuflüsse anzugeben. Diese Angaben sind für wesentliche Klassen der Forderungen (zB Darlehen, Forderungen aus Lieferungen und Leistungen, Forderungen aus Finanzierungs-Leasingverträgen, etc) getrennt zu machen (IFRS 3.B64(h));

(9) erfasste Beträge im Rahmen der Erwerbsbilanzierung für jede wesentliche **Gruppe erworbener Vermögenswerte und übernommener Schulden** (IFRS 3.B64(i));

(10) für jede im Rahmen der Erwerbsbilanzierung passivierte **Eventualschuld** sind die Angaben des IAS 37.85 zu machen. Wurde eine Eventualschuld mangels zuverlässiger Bewertbarkeit nicht angesetzt, so sind die Angaben nach IAS 37.86 zu machen. Zusätzlich ist zu erläutern, warum die Verpflichtung nicht zuverlässig bewertet werden kann (IFRS 3.B64(j));

(11) **steuerlich abzugsfähiger** Betrag des **Geschäfts- oder Firmenwerts** (IFRS 3.B64(k));

(12) für **Transaktionen in zeitlichem Zusammenhang** mit dem Erwerb, die jedoch nach IFRS 3.51 außerhalb der Erwerbsbilanzierung abgebildet werden: Eine Beschreibung der jeweiligen Transaktion und ihrer Abbildung innerhalb des Rechnungswesens, die auf diese Weise erfassten Beträge und, falls durch die Transaktion eine Vorerwerbsbeziehung beendet wird, eine Beschreibung der Methode zur Ermittlung des Betrags zur Vertragsauflösung (IFRS 3.B64(l));

(13) für die unter (12) darzustellenden Transaktionen sind zusätzlich die **mit diesen Transaktionen verbundenen Kosten** sowie deren Erfassung in der Gesamtergebnisrechnung bzw gesonderten GuV (sofern erstellt) darzustellen (IFRS 3.B64(m));

(14) bei einem **negativen Unterschiedsbetrag** ist der Betrag des daraus erfassten Ertrags sowie dessen Ausweis in der Gesamtergebnisrechnung bzw gesonderten GuV (sofern erstellt) des Unternehmens sowie eine Beschreibung der Gründe für den negativen Unterschiedsbetrag anzugeben (IFRS 3.B64(n));

(15) für Unternehmenserwerbe, die **weniger als 100% des Eigenkapitals** des TU umfassen, ist der Betrag der Anteile nicht-beherrschender Gesellschafter anzugeben. Bei einer Bewertung der Anteile der nicht-beherrschenden Gesellschafter zum beizulegenden Zeitwert (*full goodwill*-Methode, vgl → Rn 232 ff) sind darüber hinaus Angaben zum verwendeten Bewertungsmodell und dessen Prämissen zu machen (IFRS 3.B64(o));

(16) bei einem **sukzessiven Unternehmenserwerb** ist der beizulegende Zeitwert der Altanteile zum Erwerbsstichtag sowie jeder erfolgswirksam erfasste Gewinn oder Verlust daraus (vgl → Rn 255 f) anzugeben (IFRS 3.B64(p));

(17) Betrag der **Umsatzerlöse und des Ergebnisses jedes erworbenen Geschäftsbetriebs,** die innerhalb der Berichtsperiode in der Gesamtergebnisrechnung erfasst wurden sowie der Betrag der Umsatzerlöse und des Ergebnisses, der sich ergeben hätte, wenn sämtliche Unternehmenszusammenschlüsse der Berichtsperiode bereits zu Beginn dieser Periode erfolgt wären (IFRS 3.B64(q)).

Wenn einzelne Angabepflichten aus Praktikabilitätsgründen nicht erfüllt werden können, ist dies – unter Angabe der Gründe – im Anhang zu erwähnen.

Die Angaben nach IFRS 3.B64(e) bis (q) können für **unwesentliche Unternehmenserwerbe** aggregiert gemacht werden (IFRS 3.B65). Im Umkehrschluss bedeutet dies, dass die Angaben nach IFRS 3.B64(a) bis (d) auch für jeden isoliert betrachtet unwesentlichen Unternehmenszusammenschluss separat zu machen sind. 270

IFRS 3.B66 verlangt grds sämtliche vorstehenden Angaben auch für **Unternehmenszusammenschlüsse,** die **nach Abschluss der Berichtsperiode,** jedoch vor der endgültigen Aufstellung des Abschlusses stattfinden. Sollten einzelne Angaben aufgrund einer noch nicht abgeschlossenen Ersterfassung der Transaktion nicht gemacht werden können, so ist diese Tatsache unter Angabe der betroffenen Anforderungen unter Nennung der Gründe in den Anhang aufzunehmen. 271

2. Angaben zu Unternehmenserwerben in Vorperioden

Auch in Perioden **nach** einem Unternehmenszusammenschluss wirken einzelne Aspekte der Erwerbsbilanzierung weiterhin auf die Rechnungslegung des berichtenden Unternehmens ein. Um dem Abschlussadressaten eine **Beurteilung dieser Effekte** aus Unternehmenszusammenschlüssen vorangegangener Perioden zu ermöglichen (IFRS 3.61), sieht IFRS 3.B67 folgende Angabepflichten vor, die für wesentliche Erwerbe separat und für unwesentliche Erwerbe in aggregierter Form zu erfüllen sind: 272

(1) Bei **noch nicht abgeschlossener Ersterfassung** der Transaktion hinsichtlich einzelner Vermögenswerte, Schulden, Anteile nicht-beherrschender Gesellschafter sowie der Gegenleistung: Angabe der Gründe für die nur vorläufige Ersterfassung, der betroffenen Vermögenswerte, Schulden, Eigenkapitalanteile oder Gegenleistungskomponenten sowie Art und Umfang der Anpassungen der vorläufigen Werte innerhalb der *measurement period* (IFRS 3.B67(a));

(2) im Hinblick auf **bedingte Kaufpreisanpassungen:** Änderungen der erfassten Beträge, Änderungen der Schätzungen hinsichtlich der Erfüllungsbeträge und eine Erläuterung der Bewertungsmodelle sowie deren wesentlichen Prämissen (IFRS 3.B67(b));

(3) für die im Rahmen eines Unternehmenszusammenschlusses erfassten **Eventualschulden:** Angabe der Informationen gem IAS 37.84 f für die betroffenen Verpflichtungen (IFRS 3.B67(c));

(4) eine **Überleitungsrechnung** für die erfassten **Geschäfts- oder Firmenwerte** vom Beginn zum Ende der Berichtsperiode, in der die folgenden Komponenten getrennt auszuweisen sind:

	Buchwert zu Beginn der Berichtsperiode
+	zusätzlich erfasster Geschäfts- oder Firmenwert der Berichtsperiode (ohne Geschäfts- oder Firmenwert in Veräußerungsgruppen gem IFRS 5)
–	Anpassungen aus der nachträglichen Erfassung von aktiven latenten Steuern gem IFRS 3.67
±	Anpassungen von Geschäfts- oder Firmenwert-Komponenten, die auf Veräußerungsgruppen iSv IFRS 5 entfallen
–	Wertminderungen des Geschäfts- oder Firmenwerts nach IAS 36 in der Berichtsperiode
±	Effekte aus der Änderung von Währungskursen nach IAS 21, wenn der Geschäfts- oder Firmenwert in einer abweichenden Währung geführt wird
±	andere Veränderungen des Buchwerts des Geschäfts- oder Firmenwerts innerhalb der Berichtsperiode
=	**Buchwert zum Ende der Berichtsperiode**

(5) Für jeden Posten der aufgrund seiner Art, Größe oder seines Auftretens **relevant für das Verständnis des Konzernabschlusses** ist und sich auf einen Vermögenswert oder eine Schuld aus einem Unternehmenszusammenschluss bezieht: Angabe des Betrags und Erläuterung eines Gewinns oder Verlusts aus diesen Posten in der Berichtsperiode (IFRS 3.B67(e)).

3. Umsetzung der Angabepflichten

273 Obwohl IFRS 3 konkrete Vorgaben zu Inhalt und Detaillierungsgrad enthält, wird in dem Standard **keine explizite Vorgabe** hinsichtlich des **Umfangs und der Darstellung** innerhalb des Anhangs gemacht. Insbes enthält IFRS 3 keine Regelung, an welcher Stelle des Anhangs Informationen zu Unternehmenszusammenschlüssen bereitzustellen sind. Dies führt dazu, dass diese Informationen in den IFRS-Konzernabschlüssen deutscher börsennotierter Unternehmen idR an drei verschiedenen Stellen enthalten sind:

(1) Generelle Informationen über die Behandlung von Unternehmenszusammenschlüssen werden im Zusammenhang mit den grundlegenden Bilanzierungs-, Bewertungs- und Konsolidierungsmethoden gegeben.

(2) Über konkrete Unternehmenszusammenschlüsse im Berichtsjahr bzw den Vorjahren und ihre Auswirkungen auf den Konzernabschluss gem IFRS 3.59 ff wird meist in einem gesonderten Abschnitt berichtet.

(3) Angaben zu Veränderungen in der Zusammensetzung von Vermögenswerten und Schulden durch Unternehmenszusammenschlüsse sind darüber hinaus im Zusammenhang mit den Erläuterungen zu Einzelposten der Bilanz zu machen.

274 Auswertungen veröffentlichter IFRS-Konzernabschlüsse deutscher börsennotierter Unternehmen (*Küting/Ellmann* PiR 2011, 282 (284 ff)) zeigen, dass der Umfang und die konkrete Ausgestaltung der **Angaben zu Unternehmenszusammenschlüssen zT sehr unterschiedlich** sind. Dies gilt insbes hinsichtlich der Angaben zu identifizierten immateriellen Vermögenswerten, die als Folge eines Unternehmenszusammenschlusses erstmalig in der Konzernbilanz anzusetzen sind. Auch wenn deren Einfluss auf die Wertverhältnisse in vielen Fällen nicht unwesentlich ist und die identifizierten stillen Reserven diejenigen anderer Bilanzposten häufig betragsmäßig deutlich übersteigen, werden in vielen Fällen nur sehr wenige Informationen zu diesen immateriellen Vermögenswerten in den Anhang aufgenommen. Dies kann als Indiz dafür gesehen werden, dass in der Unternehmenspraxis die Anforderung des IFRS 3.63, wonach zusätzliche Angaben zu machen sind, sofern eine ausreichende Information der Abschlussadressaten durch die Pflichtangaben in IFRS 3.59 ff nicht gewährleistet ist, unterschiedlich restriktiv ausgelegt wird.

F. Wesentliche Änderungen und deren Anwendungszeitpunkte

Die vom IASB im Oktober 2012 veröffentlichte **Standardergänzung** von IFRS 10, IFRS 12 und IAS 27 hinsichtlich der bilanziellen Abbildung von **Investmentgesellschaften** führte zur Ergänzung von IFRS 3.7 und zur Einfügung von IFRS 3.2A. Diese Änderungen waren erstmals verpflichtend für Geschäftsjahre anzuwenden, die am oder nach dem 1. Januar 2014 begannen. 275

Im Rahmen des ***Annual Improvements to IFRSs 2010–2012 Cycle*** ergänzte der IASB im Dezember 2013 IFRS 3.40 und IFRS 3.58 und fügte IFRS 3.67A neu ein. Diese Änderungen sind für IFRS-Anwender in der EU verpflichtend für Geschäftsjahre, die am oder nach dem 1. Februar 2015 beginnen, anzuwenden. Darüber hinaus wurde im Rahmen des ***Annual Improvements to IFRSs 2011–2013 Cycle*** IFRS 3.2(a) ergänzt; diese Änderung ist für IFRS-Anwender in der EU verpflichtend erstmalig für Geschäftsjahre anzuwenden, die am oder nach dem 1. Januar 2015 beginnen.

Auch durch die im Juli 2014 vom IASB veröffentlichte **finale Fassung des IFRS 9** kam es zu Folgeänderungen in IFRS 3. So wurden die Paragraphen 16, 42, 53, 56 und 58 ergänzt, die bisherigen Folgeänderungen in IFRS 3.64A, IFRS 3.64D und IFRS 3.64H wurden gestrichen und durch IFRS 3.64L ersetzt. Diese Änderungen sind zeitgleich mit der erstmaligen Anwendung von IFRS 9 verpflichtend anzuwenden. Dieser Standard ist – vorbehaltlich der derzeit (Stand: 31. Juli 2015) noch ausstehenden Anerkennung von IFRS 9 in der EU – erstmals verpflichtend für Geschäftsjahre anzuwenden, die am oder nach dem 1. Januar 2018 beginnen.

Die vorliegende Kommentierung hat wesentliche materielle Änderungen herausgehoben, darüber hinaus haben die Überarbeitungen klarstellenden Charakter.

G. Gegenüberstellung zu HGB/DRS

Die kodifizierten Vorschriften zur deutschen **handelsrechtlichen Erwerbsbilanzierung** sind in den §§ 301 f HGB niedergelegt und werden durch die Regelungen in DRS 4 weiter spezifiziert. Mit den Standardentwürfen E-DRS 30 zur Kapitalkonsolidierung und E-DRS 32 zur konzernbilanziellen Abbildung immaterieller Vermögensgegenstände hat der HGB-Fachausschuss des DRSC weitere detaillierte Regelungen für diese Bereiche vorgeschlagen, wobei sich diese Regelungen nicht auf Fälle des Unternehmenserwerbs beschränken. Die handelsrechtlichen Regelungen unterscheiden sich nicht grds hinsichtlich der zugrunde liegenden Systematik von den Regelungen in IFRS 3 und IFRS 10. Unterschiede bestehen allerdings in Teilbereichen bei Definitionen und Abgrenzungen sowie insbes auch hinsichtlich Art und Umfang der Erläuterungen zu Unternehmenszusammenschlüssen im Anhang. Auch die Sondervorschriften in IFRS 10 und die daraus resultierenden Folgeänderungen in IFRS 3 zu Investmentgesellschaften finden in der deutschen handelsrechtlichen Rechnungslegung keine Entsprechung. 276

277 Die handelsrechtliche Vorgehensweise mit der verpflichtend anzuwendenden **Neubewertungsmethode** entspricht konzeptionell den Regelungen nach IFRS 3. Eine Abweichung ergibt sich allerdings durch die Option zur Anwendung der *full goodwill*-Methode in IFRS 3.19, da § 301 Abs 1 HGB die Aufdeckung eines Geschäfts- oder Firmenwerts auf nicht-beherrschende Gesellschafter nicht vorsieht.

278 Ein wesentlicher Unterschied bei Anwendung der Erwerbsmethode hinsichtlich der Kapitalkonsolidierung zwischen HGB und IFRS besteht in der **Identifikation des Erwerbers.** Während § 301 HGB den Erwerber unter ausschließlich juristischer Sichtweise bestimmt, stellt IFRS 3.7 mit Verweis auf IFRS 10 auf den wirtschaftlichen Gehalt des zu beurteilenden Unternehmenszusammenschlusses ab. Dies führt insbes im Fall eines umgekehrten Unternehmenserwerbs zu einem grds anderen Eigenkapitalausweis nach IFRS als nach deutschen handelsrechtlichen Vorschriften (vgl *Förschle/Deubert* in BeBiKo § 301 HGB Rz 514ff).

279 Die handelsrechtlichen Regelungen zur Festlegung des **Erwerbsstichtags** in § 301 Abs 2 HGB entsprechen grds denjenigen in IFRS 3. In beiden Regelwerken ist der Zeitpunkt der Erlangung der Beherrschungsmöglichkeit über ein TU maßgeblich für den Erstkonsolidierungszeitpunkt. Die in § 301 Abs 2 Satz 3 und 4 enthaltenen Erleichterungen zum Zeitpunkt der erstmaligen Einbeziehung bei erstmaliger Konzernabschlusspflicht sowie bei bisher nach § 296 nicht einbezogenen TU finden sich in IFRS 3 nicht, woraus sich im Einzelfall Abweichungen zwischen HGB und IFRS ergeben können.

280 Auch hinsichtlich der Berücksichtigung von **Anschaffungsnebenkosten** bei der Ermittlung der Anschaffungskosten einer Beteiligung weichen die Regelungen des IFRS 3 von denen in § 301 Abs 1 HGB ab. Durch die Sichtweise der Erwerbsbilanzierung primär als *fair-value*-orientierten Bewertungsprozess in IFRS 3 sind dort Anschaffungsnebenkosten nicht als Bestandteil der Gegenleistung für die Erlangung der Beherrschungsmöglichkeit zu betrachten und dementsprechend unmittelbar aufwandswirksam zu erfassen (IFRS 3.53). Die dem Anschaffungskosten-Konzept folgende Erwerbsbilanzierung des § 301 Abs 1 HGB sieht die Anschaffungsnebenkosten hingegen als Bestandteil des Erwerbsvorgangs mit der Folge, dass sie bei der Bestimmung der Anschaffungskosten als Kaufpreisbestandteil zu berücksichtigen sind.

281 Abweichungen ergeben sich auch bei der **Abgrenzung der erworbenen und separat identifizierbaren Vermögenswerte und Schulden.** Beispielhaft sind hier die abweichende Abgrenzung von immateriellen Vermögenswerten und der Umfang der Aktivierungsmöglichkeit eines Vermögenswerts aus steuerlichen Verlustvorträgen zu nennen. Hinsichtlich der Identifikation, des Ansatzes und der Bewertung immaterieller Vermögensgegenstände werden in E-DRS 32 erstmals detaillierte Vorgaben für die deutsche handelsrechtliche Rechnungslegung festgelegt. Dabei beschränkt sich der Geltungsbereich des E-DRS 32 jedoch nicht auf Regelungen im Zusammenhang mit Unternehmenszusammenschlüssen, sondern befasst sich schwerpunktmäßig mit der Regelbilanzierung im Konzernabschluss. Die konzeptionellen Abweichungen des Begriffs der handelsrechtlichen immateriellen Vermögensgegenstände und dem IFRS-Konzept der immateriellen Vermögenswerte, die zu Abweichungen bei Ansatz und Bewertung führen können, werden jedoch auch durch E-DRS 32 nicht beseitigt.

282 Weitere, wenn auch hinsichtlich ihrer Auswirkung weniger gravierende konzeptionelle Unterschiede zwischen den Vorschriften des § 301 HGB und IFRS 3 treten im Bereich der **Bestimmung der beizulegenden Zeitwerte** auf. Während bei der Zeitwertbestimmung im Rahmen der Kapitalkonsolidierung nach § 301 HGB nach hM die Verwendung der zu bewertenden Vermögensgegen-

stände und Schulden insoweit mit einfließt, als dass zur Veräußerung nach der Akquisition vorgesehene Vermögensgegenstände mit ihrem voraussichtlichen Verkaufspreis angesetzt werden, verlangt IFRS 3.18 ff eine objektivierte Zeitwertbestimmung, bei der – vorbehaltlich der Vorschriften des IFRS 5 – irrelevant ist, ob ein Erwerber die Vermögenswerte/Schulden weiter nutzen oder nach der Akquisition veräußern will. Die Differenz zwischen einem solchermaßen objektivierten Zeitwert einerseits und dem anschließend tatsächlich erzielten Verkaufserlös andererseits mindert oder erhöht damit das lfd Ergebnis nach erfolgter Akquisition (hierzu auch *Förschle/Deubert* in BeBiKo § 301 HGB Rz 438). Durch die vom HGB-Fachausschuss des DRSC vorgeschlagenen Regelungen in E-DRS 30 werden die Konzepte zur Ermittlung des beizulegenden Zeitwerts zwischen HGB und IFRS konzeptionell näher zusammengeführt. So enthält E-DRS 30 eine dem Konzept von IFRS 3 iVm IFRS 13 vergleichbare Hierarchie von Bewertungsverfahren (→ Rn 113 ff) mit einer Präferenz für marktbasierte Bewertungsverfahren. Allerdings bleiben auch nach E-DRS 30 diejenigen Unterschiede, die sich aus den Sondervorschriften in IFRS 3 ergeben und zu einer von einer reinen *fair-value*-Bewertung abweichenden Vorgehensweise bei der Erwerbsbilanzierung führen.

Eine konzeptionell deutlich unterschiedliche Behandlung erfahren **bedingte Gegenleistungen** nach HGB im Vergleich zu den IFRS-Regelungen. Während eine bedingte Gegenleistung nach IFRS 3 mit ihrem beizulegenden Zeitwert im Erwerbszeitpunkt in die für den Unternehmenszusammenschluss maßgebliche Gegenleistung eingeht, sind nach HGB bedingte Anschaffungskosten erst dann zu erfassen, wenn der Eintritt der Bedingung wahrscheinlich und die Höhe zuverlässig ermittelbar ist. Da diese Voraussetzungen häufig am Erwerbsstichtag noch nicht vorliegen, erfolgt in diesen Fällen eine Berücksichtigung der bedingten Gegenleistung nach HGB zeitlich nachgelagert im Vergleich zur Erfassung nach den Regelungen des IFRS 3. 283

Die in IFRS 3.19 enthaltene **Option zur Anwendung der *full goodwill*-Methode** bei der Bewertung der Anteile nicht-beherrschender Gesellschafter führt zu einer weiteren Divergenz zwischen IFRS und deutschen handelsrechtlichen Vorschriften, da nach § 301 HGB die Aufdeckung eines anteiligen Geschäfts- oder Firmenwerts auf Anteile nicht-beherrschender Gesellschafter nicht vorgesehen ist. Ungeachtet der einheitstheoretisch konzeptionell eigentlich gebotenen Aufdeckung des vollen Geschäfts- oder Firmenwerts wird diese in weiten Teilen der Kommentarliteratur deutlich kritisch gesehen (zB *Heuser/Theile* Rz 5722; *Buschhüter* in Buschhüter/Striegel IFRS 3 Rz 109 f). Als Argumente werden vor allem die praktischen Schwierigkeiten einer intersubjektiv nachprüfbaren Bestimmung des *full goodwill* sowie die damit verbundene problematische Durchsetzbarkeit im Rahmen des Enforcement gesehen (vgl *Wollmert/Oser* PiR 2010, 348 (354)). 284

Bei **sukzessivem Anteilserwerb** fordert IFRS 3 eine Erwerbsbilanzierung bei einem Statuswechsel mit einer gleichzeitigen Bewertung zum beizulegenden Zeitwert von Altanteilen. Eine entspr explizite Vorschrift findet sich innerhalb des deutschen Handelsrechts nicht mit der Folge, dass auch eine gesonderte Kapitalkonsolidierung für jeden Teilerwerbsschritt mit einer erfolgsneutralen Neubewertung von Altanteilen handelsrechtlich zulässig erscheint. Diese Vorgehensweise findet sich ebenfalls im überwiegenden Teil der deutschen handelsrechtlichen Kommentarliteratur, wobei der Meinungsbildungsprozess noch nicht als abgeschlossen angesehen werden kann (vgl *Förschle/Deubert* in BeBiKo § 301 HGB Rz 483) Auch E-DRS 30 stellt beide Vorgehensweisen als möglich dar und führt daher in diesem Bereich nicht zu einer Annäherung der handelsrechtlichen und der IFRS-Vorschriften. 285

286 Ein weiterer Bereich substanzieller Abweichungen besteht in der **Behandlung positiver und negativer Unterschiedsbeträge** aus der Erstkonsolidierung. Während ein positiver Unterschiedsbetrag nach beiden Regelwerken auf der Aktivseite der Bilanz zu erfassen ist, muss nach § 301 Abs 3 HGB ein negativer Unterschiedsbetrag aus der Kapitalkonsolidierung auf der Passivseite der Bilanz ausgewiesen werden. Er darf nach § 309 Abs 2 HGB nur dann erfolgswirksam aufgelöst werden, wenn er sich auf antizipierte Verluste oder bereits realisierte Gewinne bezieht. Demgegenüber verlangt IFRS 3 – nach Durchführung einer Überprüfung der Bewertung des erworbenen Nettovermögens, der Gegenleistung und der nicht-beherrschenden Gesellschafter – in jedem Fall eine Erfassung im Gewinn und Verlust innerhalb der Gesamtergebnisrechnung. Auch im Rahmen der **Folgekonsolidierung** bleibt ein konzeptioneller Unterschied bestehen, da das vom IASB verfolgte Konzept der nur noch einzelfallinduzierten Wertminderung des Geschäfts- oder Firmenwerts *(impairment only approach)* unvereinbar mit der unverändert bestehenden Pflicht zur planmäßigen Abschreibung eines Konzerngeschäfts- oder Firmenwerts nach § 309 Abs 1 HGB ist. Darüber hinaus ist nach IFRS 3 jeder Geschäfts- oder Firmenwert einer ZGE zuzuordnen, die nicht notwendigerweise mit dem erworbenen Unternehmen identisch ist, während nach HGB eine vom Erwerbsobjekt abweichende Allokation des Geschäfts- oder Firmenwerts nicht vorgesehen ist. Diese Unterschiede, die auf bestehenden Unterschieden im jeweils zugrunde liegenden Regelwerk basieren, bleiben auch im Zusammenhang mit den vorgeschlagenen Änderungen in E-DRS 30 bestehen.

287 Die **nachträgliche Änderung der Erstkonsolidierung** ist in IFRS 3.45 detailliert geregelt. Entspr Vorschriften enthält das HGB nicht. Demzufolge sind hinsichtlich der Anpassung der Erstkonsolidierung die allgemeinen Regelungen zur Wertaufhellung heranzuziehen. Mit E-DRS 30 werden erstmals Regelungen im Zusammenhang mit nachträglichen Änderungen der Erwerbsbilanzierung aufgrund von Kaufpreisanpassungsklauseln vorgeschlagen. Sie regeln die Zuordnung von Anpassungen zu den erworbenen Bilanzposten bzw dem aus der Transaktion resultierenden Geschäfts- oder Firmenwert.

H. Aktuelle Entwicklungen/IASB-Projekte

288 Mit der Veröffentlichung von IFRS 3 für die Erwerbsbilanzierung in 2008 sowie des sog „Konsolidierungspakets“, insbes von IFRS 10, in 2011, sind die Aktivitäten des IASB in Bezug auf die Konzernrechnungslegung **im Wesentlichen abgeschlossen.**

Im Rahmen der Entwicklung eines umfassenden Standards **zur Bilanzierung von Versicherungsverträgen** hat der IASB im Juni 2013 den Standardentwurf ED/2013/7 *Insurance Contracts* (A revision of ED/2010/8 *Insurance Contracts*) veröffentlicht. Dieser sieht eine Folgeänderung von IFRS 3 dahingehend vor, dass im Rahmen eines Unternehmenszusammenschlusses erworbene Versicherungsverträge bzw Portfolien solcher Versicherungsverträge nach Maßgabe der Vorschriften des zukünftigen Standards zu bewerten sein sollen.

289 Im Rahmen des Prozesses zur Nachverfolgung von veröffentlichten Standards hat der IASB im Juli 2013 mit einer **Überprüfung von IFRS 3** begonnen. Der Prozess gliedert sich in zwei Phasen, deren erste aus der Sammlung von Daten aus der Anwendung des Standards in den Jahren seit seiner Veröffentlichung besteht. Die Erkenntnisse aus dieser ersten Phase führten im Februar 2015 zur Aufnahme der folgenden Punkte in das Forschungsprogramm des IASB:

(1) Verbesserung des Wertminderungstests nach IAS 36,

(2) Klarstellung der Abgrenzung eines Geschäftsbetriebs nach IFRS 3,

(3) Überprüfung der Folgebilanzierung des Geschäfts- oder Firmenwerts (Vor- und Nachteile des *impairment-only*-Ansatzes im Vergleich zu einer planmäßigen Abschreibung), und
(4) Verbesserungen bei Ansatz und Bewertung immaterieller Vermögenswerte.

Diese Bereiche sollen der Ausgangspunkt für die zweite Phase des Überprüfungsprojekts des IASB sein, in dem mögliche konkrete Standardänderungen oder -ergänzungen entwickelt werden sollen. Konkrete Ergebnisse der Arbeiten der zweiten Phase sind derzeit (Stand: 31. Juli 2015) noch nicht absehbar.

Darüber hinaus sind derzeit **keine Projekte** auf der Agenda des IASB, aus **290**
denen wesentliche Auswirkungen auf die Erwerbsbilanzierung zu erwarten sind.

§ 35. Vollkonsolidierung

Übersicht

Schrifttum: *Baetge/Kirsch/Thiele* Konzernbilanzen, 10. Aufl, Düsseldorf 2013; *Beyhs/Buschhüter/Schurbohm* IFRS 10 und IFRS 12: Die neuen IFRS zum Konsolidierungskreis, WPg 2011, 662; *Broser/Hoffjan/Strauch* Bilanzierung des Eigenkapitals von Kommanditgesellschaften nach IAS 32 (rev. 2003), KoR 2004, 452; *Busse von Colbe/Ordelheide* Konzernabschlüsse/Übungsaufgaben zur Bilanzierung nach IAS/IFRS und HGB, 11. Aufl, Wiesbaden 2010; *DRSC* Interpretation 1 (IFRS) Bilanzgliederung nach Fristigkeit gemäß IAS 1 Darstellung des Abschlusses, Berlin 2013; *Erchinger/Melcher* IFRS-Konzernrechnungslegung – Neuerungen nach IFRS 10, DB 2011, 1220; *Freiberg* Zweifelsfragen der Behandlung von nichtbeherrschenden Gesellschaftern, PiR 2011, 263; *Freiberg* Bilanzierung bei einem Verlust der Kontrolle, PiR 2014, 284; *Haegler* Bilanzierung von Anteilen nicht-beherrschender Gesellschafter im mehrstufigen Konzern nach IFRS, PiR 2009, 191; *B. Hayn* Konsolidierungstechnik bei Erwerb und Veräußerung von Anteilen, Herne/Berlin 1999; *S. Hayn/Graf Waldersee* IFRS und HGB im Vergleich – Synoptische Darstellung für den Einzel- und Konzernabschluss, 8. Aufl, Stuttgart 2014; *Husmann/Hettich* Aufkauf von Minderheitenanteilen im IFRS-Konzernabschluss, PiR 2008, 150; *IASB* IFRS 10 and IFRS 12 Effect analysis September 2011 (updated January 2012), London 2012; *IDW* RS HFA 2 Stellungnahme zur Rechnungslegung: Einzelfragen zur Anwendung von IFRS, FN IDW 2012, 380; *IDW* RS HFA 45 Einzelfragen zur Darstellung von Finanzinstrumenten nach IAS 32, FN IDW 2011, 386; *Kagermann/Küting/Wirth* IFRS-

Konzernabschlüsse mit SAP, 2. Aufl, Saarbrücken/Walldorf 2008; *Kessler ua* Identifizierung des Unterschiedsbetrags nach IFRS 3.51 ff. beim Erwerb mehrerer businesses in einer einheitlichen Transaktion, PiR 2007, 125; *Küting/Harth* Vergleich der Kapitalkonsolidierung nach HGB, US-GAAP und IAS (Teil I und II), BB 1999, 1370 und 1424; *Küting/Mojadadr* Das neue Control-Konzept nach IFRS 10, KoR 2011, 273; *Küting/Weber* Der Konzernabschluss, 13. Aufl, Stuttgart 2012; *Küting/Weber/Wirth* Die Goodwillbilanzierung im finalisierten Business Combinations Project Phase II, KoR 2008, 139; *Küting/Wirth* Konzernrechnungslegung nach IFRS, BBK 2004, 163; *Küting/Wirth* Die Berücksichtigung von Geschäfts- oder Firmenwerten bei der Endkonsolidierung von Tochterunternehmen unter Geltung von IAS 36 (rev. 2004), WPg 2005, 704; *Laubach/Pütz* Die Bilanzierung von Minderheitsanteilen an Tochterpersonengesellschaften in einem IFRS-Konzernabschluss – Neuregelungen in IFRS 3 (rev. 2008) und IAS 27 (amend 2008) und Übergangsprobleme bei Anwendung der neuen Standards, WPg 2009, 943; *Leibfried/Weber/Rummel* Notes – Handbuch für den IFRS-Anhang, 3. Aufl, Berlin 2015; *Leitner-Henetseder/Schausberger* Änderung der Einbezugskriterien gem. IFRS 10, KoR 2011, 379; *Löw/Antonakopoulos* Die Bilanzierung ausgewählter Gesellschaftsanteile nach IFRS unter Berücksichtigung der Neuregelungen nach IAS 32 (rev 2008), KoR 2008, 261; *Martens/Oldewurtel/Kümpel* Neuerungen der Konzernrechnungslegung nach IFRS 10 und IFRS 12, PiR 2013, 41; *Müller/Kreipl* Quantitative Analyse der Behandlung indirekter Anteile anderer Gesellschafter im mehrstufigen Konzern, KoR 2010, 280; *Pellens ua* Internationale Rechnungslegung, 9. Aufl, Stuttgart 2014; *Rühl/Althoff* Faktische Beherrschung durch Präsenzmehrheit im Konzernabschluss nach HGB und IFRS, KoR 2012, 553; *Schwarzkopf/Hachmeister* Put-Optionen auf Anteile nicht beherrschender Gesellschafter, WPg 2015, 533; *Senger* Bilanzierung eines Termingeschäfts zum Erwerb nicht beherrschender Anteile – Entlohnung für die Tätigkeit oder finanzielle Verbindlichkeit?, IRZ 2013, 49; *Watrin/Hoehne/Pott* Konzernspezifische Einflussfaktoren auf die Endkonsolidierung nach IAS 27, KoR 2008, 736; *Weber/Wirth* Goodwillbehandlung einer teilweisen Endkonsolidierung ohne Wechsel der Konsolidierungsmethode (Teilabgang), KoR 2014, 18; *Wirth* Firmenwertbilanzierung nach IFRS, Stuttgart 2005; *Zwirner/Boecker/Busch* Neuregelungen zum Konsolidierungskreis in IFRS 10 bis IFRS 12, KoR 2014, 608.

Wesentliche Rechtsgrundlagen: IFRS 10, IAS 36, IAS 38

A. Grundlagen

Seit Veröffentlichung des sog **„Konsolidierungspakets"** durch den IASB im Mai 2011 befinden sich neben dem neugefassten Beherrschungsbegriff und damit der Abgrenzung des Konsolidierungskreises (vgl §§ 30 und 32) auch sämtliche konsolidierungstechnischen Vorschriften in IFRS 10 „Konzernabschlüsse". IFRS 10 war – ebenso wie die übrigen Standards des „Konsolidierungspakets" – gem dem EU-Endorsement für IFRS-Anwender in der EU erstmalig für Geschäftsjahre anzuwenden, die am oder nach dem 1. Januar 2014 begannen; demgegenüber war die erstmalige Anwendung für MU mit Sitz außerhalb der EU bereits für Geschäftsjahre, die am oder nach dem 1. Januar 2013 begannen, verpflichtend. 1

Die nach IFRS aufgestellten und ggf im Rahmen der konzerneinheitlichen Bilanzierung und Bewertung angepassten Einzelabschlüsse sind zur Erstellung des **Konzernabschlusses** in einem Summenabschluss zusammenzuführen. In diesem sind damit alle Vermögenswerte, Schulden, Aufwendungen und Erträge des MU sowie der einbezogenen TU enthalten (*Baetge/S. Hayn/Ströher* in Baetge ua IFRS-Komm IFRS 10 Rz 6f). 2

Dem Grundgedanken der in IFRS 10.1f herausgestellten **wirtschaftlichen Einheit des Konzerns** folgend, sind im Rahmen der Vollkonsolidierung alle Doppelerfassungen von Vermögenswerten und Schulden, unabhängig von etwaigen Anteilen nicht-beherrschender Gesellschafter, vollständig zu beseitigen.

Ebenso sind in der Gesamtergebnisrechnung die konzerninternen Liefer- und Leistungsbeziehungen zu eliminieren.

3 IFRS 10, welcher die konzernrechnungslegungsrelevanten Aspekte des früheren IAS 27 (2008) sowie die Regelungen des früheren SIC-12 ersetzt hat, beinhaltet ein einheitliches Konsolidierungskonzept auf Basis des Beherrschungsverhältnisses (vgl *Lüdenbach/Hoffmann/Freiberg* IFRS § 32 Rz 6f). Die oberste Zielsetzung des IFRS 10 ist die Verbesserung der Entscheidungsnützlichkeit von Konzernabschlüssen durch die Bereitstellung eines **präzisen, singulären Konsolidierungsmodells,** sodass letztlich alle Gesellschaften, die vom berichterstattenden Unternehmen kontrolliert werden, in den Vollkonsolidierungskreis einbezogen werden (vgl *Martens/Oldewurtel/Kümpel* PiR 2013, 41 (43)).

Nach IFRS 10.1f und IFRS 10.7 muss daher das beherrschende Unternehmen einen **konsolidierten Abschluss** unter Einbeziehung aller beherrschten Einheiten aufstellen, wenn das übergeordnete Unternehmen (Investor oder MU) im Rahmen eines Beherrschungsverhältnisses:

(1) die **Leitungs-** bzw **Entscheidungsmacht** über die zu beurteilende Einheit hat,

(2) aus der Beziehung zum Investitionsobjekt (TU) **variablen Rückflüssen** (positiver wie negativer Art) ausgesetzt ist und

(3) die Leitungs- oder Entscheidungsmacht über das TU nutzen kann, um die Höhe dieser Rückflüsse zu **beeinflussen.**

Vgl zum Beherrschungsverhältnis des IFRS 10.7 im Einzelnen → § 30 Rn 10ff.

I. Bestandteile

4 Die Vollkonsolidierung lässt sich hinsichtlich ihrer technischen Durchführung in unterschiedliche Abschnitte aufgliedern. In Abhängigkeit von den betroffenen Abschlussposten wird zwischen der **Kapitalkonsolidierung** (→ Rn 9ff), der **Schuldenkonsolidierung** (→ Rn 77ff), der **Zwischenergebniseliminierung** (→ Rn 106ff) sowie der **Aufwands- und Ertragskonsolidierung** (→ Rn 100ff) unterschieden.

II. Dauer der Vollkonsolidierung

5 Die Zeitpunkte der Erst- und Entkonsolidierung im Anwendungsbereich der Vollkonsolidierung richten sich nach der **Zeitspanne,** in der ein beherrschender Einfluss auf die Unternehmen ausgeübt wird bzw ausgeübt werden kann. So sind nur die wirtschaftlich während der Vollkonsolidierung entstandenen Ergebnisse in den Konzernabschluss einzubeziehen. Parallel dazu sind nur solche Vermögenswerte und Schulden in der Konzernbilanz abzubilden, welche zum Bilanzstichtag in der Verfügungsgewalt der konsolidierten Einheit liegen (*Küting/Weber,* 96).

In IFRS 10 wird die Zeitspanne von Erst- bis Entkonsolidierung klar definiert als der Zeitraum zwischen dem Tag der Kontrollerlangung durch das beherrschende Unternehmen und dem Tag des Kontrollverlusts (IFRS 10.20). Danach ist für Zwecke der **Erstkonsolidierung** auf den Tag abzustellen, ab dem die wirtschaftliche Kontrolle (→ § 30 Rn 10ff) über das erworbene Unternehmen ausgeübt werden kann.

6 Die beteiligten Parteien müssen somit nicht nur Leistung und Gegenleistung des Veräußerungs- bzw Erwerbsvorgangs definieren, sondern auch aus wirtschaft-

licher Sicht erfüllt haben. **Nicht notwendig** ist hingegen der **formalrechtliche Abschluss** der Transaktionen. IFRS 3.9 nennt als maßgebenden Zeitpunkt, ab dem die Beherrschung über ein *business* ausgeübt wird, den sog *closing date*. Dieser entspricht dem Zeitpunkt, zu dem die Gegenleistung erbracht sowie die Vermögenswerte und Schulden übertragen werden. Die Beherrschungsmöglichkeit kann jedoch auch schon vor dem *closing date* vorliegen, sodass sich die Beurteilung des Zeitpunkts, an dem die Beherrschung und somit die wirtschaftliche Kontrolle erlangt wurde, an den Gesamtumständen des Sachverhalts und nicht nur an der formalrechtlichen Ausgestaltung auszurichten hat.

So kann in Situationen, in denen dem beherrschenden Einfluss auf ein TU **kein Unternehmenszusammenschluss** vorangegangen ist, uE bereits im Zeitpunkt der Abspaltung, Aufspaltung oder Ausgliederung von Unternehmensaktivitäten in rechtlich (teil-)selbstständige Unternehmenseinheiten ein beherrschender Einfluss über das TU erlangt werden. Werden die oben erläuterten Regelungen (IFRS 3.9) analog angewendet, richtet sich in diesem Zusammenhang der **Beginn der Vollkonsolidierung (Erstkonsolidierungszeitpunkt)** nach dem Zeitpunkt der Entstehung des neu gegründeten TU. Nach IFRS 10.20 stellt dieser Zeitpunkt ebenfalls den zutreffenden Erstkonsolidierungszeitpunkt dar. 7

Das **Ende der Vollkonsolidierung (Entkonsolidierungszeitpunkt)** ist grds analog zum Beginn der Vollkonsolidierung zu ermitteln. Folglich ist hier auf den Abgang der wirtschaftlichen Verfügungsmacht über die Vermögenswerte und Schulden sowie den Verlust der Kontrolle über die Geschäftstätigkeit des TU abzustellen (IFRS 10.20). Maßgebend ist auch hier der wirtschaftliche Gehalt der Transaktion, die mit dem Verlust der Kontrolle verbunden ist. Der Vollzug aus rechtlicher Sicht ist dabei keine notwendige Voraussetzung für die Bestimmung des Entkonsolidierungszeitpunkts. Nach IFRS 10.B80 ff muss der Verlust der Beherrschungsmöglichkeit nicht unbedingt mit einer Veränderung der absoluten oder relativen Eigentumsverhältnisse einhergehen, sondern kann auch auf äußeren Umständen beruhen. Dazu gehören Fälle, in denen das TU unter die Kontrolle staatlicher Behörden, Gerichte, Verwalter oder Aufsichtsbehörden gelangt oder der Verlust des beherrschenden Einflusses aus einer vertraglichen Vereinbarung resultiert. Daher kann bspw auch eine vertragliche Veränderung eine geänderte Einschätzung hinsichtlich einer bisherigen Prinzipal-Agenten Beziehung (→ § 30 Rn 52 ff) bewirken, mit der Folge, dass die bisherige Beziehung iSe Beherrschungsverhältnisses beendet wird (IFRS 10.B84). Ungeachtet des Entkonsolidierungszeitpunkts sind Vermögenswerte und Schulden, deren Veräußerung im Rahmen von Desinvestitionen geplant ist und welche die Voraussetzungen des IFRS 5 erfüllen, in einem gesonderten Posten der Bilanz auszuweisen und ggf abweichend zu bewerten. Die Pflicht zum gesonderten Ausweis für eingestellte Aktivitäten gilt im Fall von aufgegebenen Geschäftsbereichen gleichermaßen innerhalb der Gesamtergebnisrechnung (→ § 28 Rn 109). Die Konsolidierungspflicht besteht jedenfalls auch für TU, welche insgesamt als zur Veräußerung gehalten eingestuft werden, solange sie noch im Beherrschungsverhältnis zum MU stehen (vgl *EY* 2015, 457). 8

B. Kapitalkonsolidierung

Die Kapitalkonsolidierung ist im Rahmen der Vollkonsolidierung für solche Konzernunternehmen durchzuführen, auf die ein **beherrschender Einfluss ausgeübt** wird. Ausgenommen ist damit das MU des Konzerns. Für die Durchführung der Kapitalkonsolidierung ist darüber hinaus zu unterscheiden, wie der beherrschende Einfluss auf das einzubeziehende Konzernunternehmen hergestellt wurde. Ist der Kontrolle über ein rechtlich (teil-)selbständiges Konzernun- 9 ternehmen kein Unternehmenszusammenschluss vorangegangen (bspw im Fall einer Ausgliederung), ist lediglich die Aufrechnungsmethodik für die Kapitalkonsolidierung relevant. **Nur für Unternehmenszusammenschlüsse** sind hingegen die **Bewertungsvorschriften** der übernommenen Vermögenswerte und Schulden zu berücksichtigen (→ § 34 Rn 80 ff). Die Beurteilung darüber, ob ein Zusammenschluss vorliegt, richtet sich dabei trotz der grds wirtschaftlich geprägten Sichtweise der IFRS zunächst danach, ob ein **Unternehmenserwerb im rechtlichen Sinne** vorliegt. Dieser kann durch den Kauf des Konzernunternehmens, durch Anteilstausch, einen sonstigen Erwerbsvorgang oder auf rein vertraglicher Ebene erfolgen.

I. Technik der Kapitalkonsolidierung

10 Die Kapitalkonsolidierung ist in IFRS 10.B86 geregelt. So sind auf Basis des Summenabschlusses Anteile an TU gegen das anteilige Eigenkapital der TU aufzurechnen. Diese Technik trägt der **Konzeption des Konzerns als eigene ökonomische Einheit** Rechnung: Ein Konzern kann eigene Anteile ebenso wenig als Vermögenswert ausweisen wie ein Einzelunternehmen. Die Eliminierung dieser Anteile gegen das korrespondierende Eigenkapital der TU reduziert folglich das Eigenkapital des Summenabschlusses ceteris paribus auf das Eigenkapital des MU zuzüglich aller erwirtschafteten Ergebnisbeiträge der TU während der Konzernzugehörigkeit und den verbleibenden Anspruch von nicht-beherrschenden Gesellschaftern am Konzerneigenkapital.

11 Der zu **eliminierende Anteil am Eigenkapital** ist unter Berücksichtigung sämtlicher Eigenkapitalbeteiligungen an dem TU zu ermitteln, welche in den Summenabschluss eingegangen sind. Während für die Beurteilung darüber, ob ein beherrschender Einfluss vorliegt, in erster Linie Stimmrechtsaktien herangezogen werden (→ § 30 Rn 32 ff), sind für Zwecke der Kapitalkonsolidierung auch stimmrechtslose Vorzugsaktien und andere Instrumente mit Eigenkapitalcharakter in die Bestimmung der Konsolidierungsquote einzubeziehen. Kommt es infolge dieser Berechnung zu einer unvollständigen Eigenkapitaleliminierung, weil **nicht-beherrschende Gesellschafter** *(non-controlling interests)* existieren, so ist der auf diese Gesellschaftergruppe entfallende Anspruch gesondert auszuweisen (zum Ausweis → Rn 50 ff).

12 Die im Rahmen der Kapitalkonsolidierung aufzurechnenden Posten werden in IFRS 10.B86 für den Fall beschrieben, dass ein TU Eigenkapital ausweist. Kommt bei dem TU nach den Regelungen des IAS 32.15 ff **kein Eigenkapitalausweis** in Betracht, wird in der Literatur die Frage aufgeworfen, ob statt der Kapitalkonsolidierung nicht eine Schuldenkonsolidierung vorzunehmen sei (vgl *Lüdenbach/Hoffmann/Freiberg* IFRS § 20 Rz 42 f). Materiell bedeutsam wird diese Frage nur dann, wenn damit die Anwendbarkeit des IFRS 3 für den Erwerb einer Tochter-PersGes, welche kein Eigenkapital iSv IAS 32 ausweisen kann, verknüpft ist. Aus dem Wortlaut des IFRS 3.B7 ist jedoch eindeutig ableitbar, dass auch der Erwerb einer Tochter-PersGes einen Unternehmenszusammenschluss darstellt. Insofern reduziert sich dieses „Problem" auf die buchungstechnische Umsetzung einer ansonsten unbestrittenen Aufrechnungsnotwendigkeit außerhalb eines Unternehmenszusammenschlusses (so auch *Heuser/Theile* Rz 5822). UE wird auch die Aufrechnung der Anteile an Tochter-PersGes gegen die als Fremdkapital auszuweisende Einlage des MU von der Kapitalkonsolidierung erfasst (so auch *Broser/Hoffjan/Strauch* KoR 2004, 452 (452 ff)). Insoweit ergibt sich hinsichtlich der Technik der Kapitalkonsolidierung bei einer 100%-Beteiligung an einer PersGes kein Unterschied zur Behandlung einer gleich hohen Beteiligung an einer KapGes.

Sind an einem TU in der Rechtsform einer PersGes jedoch noch **weitere Anteilseigner** beteiligt, so sind durch die Eigenkapitalqualifikationskriterien nach IAS 32 die Anteile nicht-beherrschender Gesellschafter im **Fremdkapital** in Höhe des Barwerts des Abfindungsanspruchs zu bilanzieren. Diese Vorgehensweise ändert sich auch nach der Veröffentlichung der Ergänzung des IAS 32.16A nicht, da der IASB von der Fiktion einer *bottom-up-liquidation* eines Konzerns ausgeht und die Anteile von nicht-beherrschenden Gesellschaftern an Personen-TU somit nicht der nachrangigsten Kapitalklasse zuzurechnen sind (IAS 32.AG29A). Die Eigenkapitalquote verringert sich folglich im Vergleich zu einer anteiligen Beteiligung an einer KapGes, da Anteile nicht-beherrschender Gesellschafter an diesen gem IFRS 10.22 im Eigenkapital auszuweisen sind (*Löw/Antonakopoulos* KoR 2008, 261 (266)). 13

Ferner ist stets auf den Buchwert der Anteile und das Eigenkapital zum **Zeitpunkt der Erstkonsolidierung** abzustellen (→ § 34 Rn 57 ff). Dies ist auf die Tatsache zurückzuführen, dass der Konzernerfolg und das Konzerneigenkapital nur aus Sicht der konsolidierenden Einheit zu ermitteln sind. Vorgänge des Einzelabschlusses, welche den Buchwert der Anteile oder des Eigenkapitals tangieren, sind somit aus Konzernsicht zu negieren und durch Anpassungsbuchungen zu stornieren. Sofern kein Unternehmenszusammenschluss der Kontrolle vorangegangen ist, sollten sich idR Anteilsbuchwert und korrespondierendes Eigenkapital in gleicher Höhe gegenüberstehen. Bei Unternehmenszusammenschlüssen hingegen liegt häufig eine betragsmäßige Abweichung zwischen dem Buchwert der erworbenen Anteile am TU und dem Buchwert des anteiligen neubewerteten Eigenkapitals vor. In diesen Fällen sind die Bilanzierungsvorschriften eines Geschäfts- oder Firmenwerts oder eines negativen Unterschiedsbetrags zu beachten (→ § 34 Rn 229 ff). 14

Eine Erstkonsolidierung auf den Zeitpunkt der Erlangung der Beherrschungsmöglichkeit ist grds auch dann durchzuführen, wenn die Erstkonsolidierung eines TU **aus Wesentlichkeitsgründen zunächst unterblieben** ist, diese Einschätzung sich jedoch im Zeitverlauf ändert. Dies bedeutet, dass ggf auch Vorperioden rückwirkend anzupassen sind. Im Hinblick auf die Unwesentlichkeit der dadurch verursachten Abweichung erscheint in Erwerbsfällen jedoch auch eine erstmalige Konsolidierung zum Beginn der Berichtsperiode möglich, in der das TU erstmals als wesentlich einzustufen ist. In diesen Fällen ist die Entstehung eines Unterschiedsbetrags aus der nachträglichen Erstkonsolidierung systematisch mit den Grundprinzipien des IFRS 3 vereinbar, da auch bei einer Erstkonsolidierung zum Erwerbsstichtag ein Unterschiedsbetrag entstanden wäre. Die Abweichung zwischen beiden Beträgen kann dann unter Berücksichtigung des Wesentlichkeitsaspekts vernachlässigt werden. Handelt es sich dagegen um die erstmalige Konsolidierung von TU, deren Einbeziehungspflicht kein Unternehmenserwerb iSv IFRS 3 zugrunde liegt (zB Gründungen), ist uE eine spätere erstmalige Konsolidierung, die zu einem Unterschiedsbetrag führt, systematisch – auch unter Berücksichtigung von Wesentlichkeitsgesichtspunkten – nicht zutreffend, da ein solcher Unterschiedsbetrag zum Zeitpunkt der Erlangung der Beherrschung nicht auszuweisen war. Deshalb ist in diesen Fällen eine Rückbeziehung der Erstkonsolidierung auf den Zeitpunkt der Erlangung der Beherrschung notwendig (→ § 37 Rn 53). 15

Entstehen bei der Aufrechnung der Anteile an TU **Differenzen,** so sind diese auf ihre Entstehungsursache zu untersuchen und spiegelbildlich sowie periodengerecht zu eliminieren. 16

Beispiel: Ein in der Praxis häufig im Zusammenhang mit der Kapitalkonsolidierung anzutreffender Fall unechter Aufrechnungsdifferenzen liegt vor, **wenn Abschreibungen des Beteiligungsbuchwerts an Konzernunternehmen** im Einzelabschluss vorgenommen wurden. Um die Differenz, welche im Vergleich mit dem Eigenkapital des TU im Zeitpunkt der Erstkonsolidierung entsteht, zu bereinigen, ist daher eine Stornierung des ebenfalls im Summenabschluss enthaltenen Abschreibungsvorgangs durchzuführen. Damit wird der Ergebniseffekt aus Konzernsicht storniert und der urspr Buchwert der Anteile zum Zeitpunkt der Erstkonsolidierung wieder hergestellt.

17 Ein **Unterschiedsbetrag** kann nach der Systematik der Kapitalkonsolidierung gem IFRS 10.B86 nur dann entstehen, wenn dem beherrschenden Einfluss auf das Konzernunternehmen ein Unternehmenszusammenschluss zugrunde liegt. Dies liegt darin begründet, dass für alle Unternehmensverbindungen zwischen Konzernunternehmen eine stichtagsgenaue Erstkonsolidierung vorzunehmen ist (→ § 34 Rn 177). Folglich stehen sich Anteilsbuchwert und aufzurechnendes Eigenkapital, vorbehaltlich von Anpassungsbuchungen in gleicher Höhe ggü, wenn das Unternehmen von einem Konzernunternehmen selbst gegründet wurde. Bei einem Unternehmenszusammenschluss kann hingegen die Gegenleistung für die Anteile von dem korrespondierenden (anteiligen) Eigenkapital abweichen. Als Ursache hierfür kommen im Rahmen der zwingend durchzuführenden Kaufpreisallokation einerseits ermittelte Mehr- oder Minderwerte der konzernbilanziell anzusetzenden Bilanzposten (→ § 34 Rn 80 ff), andererseits eine verbleibende Residualgröße in Form eines Geschäfts- oder Firmenwerts oder negativen Unterschiedsbetrags in Frage (→ § 34 Rn 232 ff).

18 Die aus dem Unternehmenserwerb resultierenden identifizierten und daraufhin bewerteten Vermögenswerte, Schulden und Eventualschulden sind im Anschluss an die **Bewertung aus Erwerbersicht** mit den ermittelten Beträgen anzusetzen. Ein nach der Aufdeckung stiller Reserven und Lasten verbleibender Saldo in der Bilanz ist hierbei in eine **konsolidierungspflichtige Neubewertungsrücklage** einzustellen. Diese wird im Zuge der Kapitalkonsolidierung vollständig eliminiert. Die in den Summenabschluss eingehenden Anteile am Konzernunternehmen werden zum Erstkonsolidierungszeitpunkt sowie zu den folgenden Abschlussstichtagen gegen das anteilige konsolidierungspflichtige Eigenkapital – einschließlich der Neubewertungsrücklage aus der Erstkonsolidierungsbewertung – aufgerechnet. Ob die im Rahmen der Konzernabschlusserstellung ggü dem Einzelabschluss erforderlichen Anpassungsbuchungen dabei technisch auf der Ebene des Einzelabschlusses, zB durch HB III-Anpassungsmaßnahmen, vorgenommen werden oder erst im Rahmen der Kapitalkonsolidierung, wird innerhalb der IFRS nicht geregelt. Aus praktischen Gründen bietet sich hier jedoch in vielen Fällen die Anpassung auf Ebene des Einzelabschlusses bzw – sofern praktikabel – auf der Ebene von zahlungsmittelgenerierenden Einheiten (ZGE) an. Diese Variante des sog *push down accounting* erleichtert den zwingend zumindest jährlich durchzuführenden Wertminderungstest des Geschäfts- oder Firmenwerts, bei dem eine Bewertung auf Ebene der ZGE einschließlich aller zugehörigen Vermögenswerte und Schulden durchzuführen ist (→ § 27 Rn 25).

II. Erstkonsolidierung von TU

19 Die erstmalige Kapitalkonsolidierung von TU im Rahmen eines Unternehmenszusammenschlusses *(business combination)* wird durch IFRS 3 geregelt. Danach hat die Erstkonsolidierung von TU ausschließlich unter Anwendung der **Erwerbsmethode** *(acquisition method)* zu erfolgen. Einzelfragen, die sowohl die Erst-, wie auch die Folgekonsolidierung betreffen, sind darüber hinaus nach Maßgabe der Regelungen des IFRS 10 zu beurteilen (bspw Ausweis von Anteilen nicht-beherrschender Gesellschafter im Konzern). Zur Durchführung der Erstkonsolidierung bei Unternehmenszusammenschlüssen iSv IFRS 3 wird auf die Ausführungen in § 34 verwiesen.

Hinsichtlich des Sonderfalls der Kapitalkonsolidierung von Konzernunternehmen, die auf dem Wege eines rein vertraglichen Erwerbsvorgangs in die Beherrschung des Konzerns gelangt sind, wird auf → § 34 Rn 197 verwiesen. Der in → § 34 Rn 253 ff dargestellte Fall eines sukzessiven Anteilserwerbs sowie der umgekehrte Unternehmenserwerb (*reverse acquisition;* → § 34 Rn 221) stellen **Sonderfälle** der Erwerbsmethode dar.

III. Folgekonsolidierung von TU

20 Während die Erstkonsolidierung nach IFRS 3 iVm IFRS 10 durch die Aufdeckung stiller Reserven und die Erfassung des Unterschiedsbetrags als Geschäfts- oder Firmenwert idR erfolgsneutral erfolgt (mit Ausnahme der erfolgswirksamen Erfassung eines negativen Unterschiedsbetrags aus der Erstkonsolidierung; vgl → § 34 Rn 235), führt die **Folgekonsolidierung** nach IFRS 10.B86 ff zu **Erfolgsauswirkungen.** Aufwendungen ergeben sich durch die planmäßige und außerplanmäßige Abschreibung der aufgedeckten stillen Reserven. Erträge resultieren aus der Auflösung der anlässlich der Erstkonsolidierung passivierten stillen Lasten, insbes in Form von Eventualschulden, sowie ggf aus Wertaufholungen zuvor vorgenommener außerplanmäßiger Wertminderungen auf Konzernbuchmehrwerte.

Ein im Rahmen der Erstkonsolidierung ermittelter und als Geschäfts- oder Firmenwert ausgewiesener **aktiver Unterschiedsbetrag** ist nach IFRS 3.B63(a) im Rahmen der Folgekonsolidierung nicht planmäßig abzuschreiben, sondern **nur außerplanmäßig wertzumindern.** Dazu ist in jährlichem Abstand ein pflichtmäßiger Wertminderungstest nach IAS 36 vorzunehmen (vgl → § 27 Rn 6). Darüber hinaus ist – wie bei anderen langfristigen Vermögenswerten – ggf zusätzlich anlassbezogen die Werthaltigkeit des Geschäfts- oder Firmenwerts zu überprüfen. Dabei bildet die im Erwerbszeitpunkt vorgenommene Zuordnung des Geschäfts- oder Firmenwerts auf ZGE die Grundlage für die Durchführung des Wertminderungstests. Aufwendungen aus der außerplanmäßigen Wertminderung des Geschäfts- oder Firmenwerts mindern nach IAS 36.104 iVm IAS 36.60 den Konzern-Periodenerfolg und sind nach Maßgabe der Regelungen des IAS 36.126 ff im Anhang zu erläutern.

21 Wurden zum Erwerbszeitpunkt im Rahmen der Erstkonsolidierung erstmals **Forschungs- und Entwicklungskosten** aktiviert, so sind die mit den entspr Projekten in Zusammenhang stehenden Folgeaufwendungen nach den allgemeinen Ansatzkriterien des IAS 38.52 ff für die Aktivierung von Entwicklungskosten zu beurteilen. Soweit Forschungs-Know-how, das – isoliert betrachtet – die Voraussetzungen des IAS 38.57 nicht erfüllt, jedoch für den Erwerber unmittelbar verwertbar war, im Rahmen der Kaufpreisallokation des IFRS 3 entspr als immaterieller Vermögenswert angesetzt wurde, ist dieser im Rahmen der Folgebewertung planmäßig über die ermittelte Nutzungsdauer abzuschreiben.

22 Im Rahmen der Folgekonsolidierung sind darüber hinaus die bei der Erstkonsolidierung passivierten **Eventualschulden** im Zeitverlauf fortzuentwickeln. Da diese Verpflichtungen eine Eintrittswahrscheinlichkeit von weniger als 50% aufweisen, erfüllen sie nicht die Voraussetzungen für Rückstellungen nach IAS 37. Gleichwohl ist ihr Ansatz im Erwerbszeitpunkt nach IFRS 3.23 zu ihrem beizulegenden Zeitwert vorzunehmen. Eine Beurteilung dieser Passivposten allein anhand der Regelungen des IAS 37 würde zu einem Ansatzverbot führen. Deshalb enthält IFRS 3.56 eine Sondervorschrift für die Folgebewertung dieser passivierten Eventualschulden. Diese Verpflichtungen sind mit dem höheren Wert aus

(1) dem Betrag, der sich aus einer Bewertung nach IAS 37 ergibt, und
(2) dem erstmalig angesetzten Betrag (ggf vermindert um ertragswirksame Auflösungen nach IAS 18)

anzusetzen. Zuführungsbeträge bei Anwendung der Alternative (1) sind aufwandswirksam in der Gesamtergebnisrechnung des Konzerns zu erfassen.

23 IFRS 3.56 stellt klar, dass die Regelungen für die Folgebewertung von Eventualschulden nicht auf **Finanzinstrumente iSv IAS 39** bzw IFRS 9 anzuwenden sind. Anpassungen an den beizulegenden Zeitwert zum Erwerbszeitpunkt bei finanziellen Vermögenswerten und Schulden, die zu fortgeführten Anschaffungskosten bewertet werden, können zur Notwendigkeit einer Neubestimmung der effektiven Zinssätze führen (*Heuser/Theile* Rz 5762). Diese Zinssätze sind den Zinsaufwendungen und -erträgen in den Folgeperioden zugrunde zu legen, sodass deren Höhe im Konzernabschluss von derjenigen im Einzelabschluss abweichen kann. Diese Abweichungen beeinflussen das Finanzergebnis in der Konzern-Gesamtergebnisrechnung.

Weitere erfolgswirksame Auswirkungen auf die Folgekonsolidierung von TU ergeben sich zudem aus den Änderungen aufgrund der **Jährlichen Verbesserungen an den IFRSs Zyklus 2010–2012.** Diese betreffen die Klassifikation und Folgebewertung von **bedingten Gegenleistungen** *(contingent consideration)* bei Unternehmenszusammenschlüssen (vgl → § 34 Rn 207). Demnach sind bedingte Gegenleistungen, die die Voraussetzungen eines Finanzinstruments erfüllen, ausschließlich nach den Vorschriften des IAS 32 entweder als Eigenkapitalinstrument oder aber finanzielle Verbindlichkeit zu klassifizieren. Hinsichtlich der **Folgebewertung** einer bedingten Gegenleistung wird zudem klargestellt, dass diese zu jedem Abschlussstichtag zwingend zum beizulegenden Zeitwert zu bewerten ist, wobei daraus resultierende Wertänderungen **erfolgswirksam** zu erfassen sind, unabhängig davon, ob die bedingte Gegenleistung in den Anwendungsbereich des IFRS 9/IAS 39 fällt oder nicht (IFRS 3.40 (geändert 2013) und IFRS 3.58(b) (geändert 2013) sowie IFRS 9.4.2.1 (geändert 2013) und IFRS 9.5.7.5 (geändert 2013)). Zu Einzelheiten verweisen wir auf → § 34 Rn 205 ff.

IV. Entkonsolidierung von TU

24 Als Entkonsolidierung werden jene rechnerischen Schritte bezeichnet, die erforderlich sind, um das **Ausscheiden eines TU aus dem Konsolidierungskreis** zu berücksichtigen, insbes bei der vollständigen Veräußerung eines TU. Die Notwendigkeit einer Entkonsolidierung ergibt sich aus IFRS 10.25; IFRS 10.B98 enthält Detailregelungen zur Berechnung des Entkonsolidierungserfolgs.

Analog zum Erwerb eines TU kann auch die Veräußerung **sukzessive** erfolgen (zur wirtschaftlichen Betrachtung der Einheitlichkeit von Teilveräußerungsvorgängen vgl → Rn 42 ff). Die Teilveräußerung von Anteilen eines TU kann dazu führen, dass die Beherrschung durch das MU fortbestehen bleibt oder aber aufgegeben wird.

25 Nach IFRS 10.23 sind **Veränderungen des Anteils** des MU am TU, **ohne** dass ein **Beherrschungsverlust** vorliegt, ausschließlich als Eigenkapitaltransaktion abzubilden. In derartigen Fällen sind die Buchwerte der *controlling interests* und der *non-controlling interests* anzupassen, um die Veränderung der relativen Anteile am TU darzustellen (vgl IFRS 10.B96; bei TU mit abweichender funktionaler Währung zusätzlich IAS 21.48C). Die Differenzbeträge zwischen der Anpassung der *non-controlling interests* und dem beizulegenden Zeitwert der Ge-

genleistung sind direkt im Eigenkapital zu erfassen und den Anteilseignern des MU zuzurechnen.

Bei einem **Verlust der Beherrschungsmöglichkeit** hingegen ist eine Entkonsolidierung nach den Regelungen des IFRS 10.25 iVm IFRS 10.B97ff vorzunehmen (→ Rn 30).

Im Fall des Verlusts der Beherrschung ist für die veräußerten Anteile eine **Entkonsolidierung,** für die verbleibenden Anteile eine **Übergangskonsolidierung** vorzunehmen, die den nach der Teilveräußerung relevanten Status des ehemaligen TU berücksichtigt (→ § 37 Rn 55ff). Ein Beherrschungsverlust kann auch ohne eine Teilveräußerung aufgrund des Verwässerungseffekts von Eigenkapitalinstrumenten (zB Ausübung von Optionen durch Dritte) oder durch eine unterproportionale Teilnahme des berichtenden Unternehmens an einer Kapitalerhöhung des TU entstehen. In diesen Fällen ist aufgrund der Beendigung der Beherrschungsmöglichkeit ebenfalls eine Entkonsolidierung vorzunehmen (*KPMG* 2014/15 Rz 2.5.760). 26

Erfüllt das zu veräußernde TU vor dem Entkonsolidierungszeitpunkt die Anforderungen der IFRS 5.6ff an eine **Veräußerungsgruppe,** so sind hinsichtlich des Ausweises der dem TU zuzurechnenden Vermögenswerte innerhalb des Konzernabschlusses die Anforderungen des IFRS 5.38 und hinsichtlich deren Bewertung die Vorgaben des IFRS 5.15 zu beachten. Dies ist gem IFRS 5.8A gegeben, wenn eine beabsichtigte Veräußerung von Anteilen an dem bisherigen TU zu einem **Verlust der Beherrschung** führt, unabhängig davon, ob das berichtende Unternehmen im Anschluss an den Veräußerungsvorgang eine nichtbeherrschende Anteilseignerstellung behält oder nicht. Die betroffenen Vermögenswerte sind dementsprechend nicht mehr planmäßig abzuschreiben und bis zu ihrem endgültigen Abgang entweder zu ihrem Buchwert oder zu ihrem beizulegenden Zeitwert abzüglich der erwarteten Veräußerungskosten anzusetzen, falls der letzte Wert niedriger ist. Die abgehenden Vermögenswerte sind als gesonderter Posten auf der Aktivseite der Bilanz, die abgehenden Schulden separat auf der Passivseite der Bilanz auszuweisen, wobei wesentliche Gruppen jeweils in der Bilanz oder im Anhang aufzuschlüsseln sind. Darüber hinaus sind auch die direkt im sonstigen Ergebnis gebuchten und der abgehenden Einheit zuzurechnenden Beträge gesondert auszuweisen (IFRS 5.38). Handelt es sich bei den abgehenden Vermögenswerten und Schulden zusätzlich um einen **aufgegebenen Geschäftsbereich** iSv IFRS 5.31, so sind weitergehende Angaben im Anhang zu machen (vgl zur Qualifikation von TU als aufgegebene Geschäftsbereiche → § 28 Rn 81ff sowie zu den daraus resultierenden Anhangangaben → § 28 Rn 123ff) und darüber hinaus ist innerhalb der Gesamtergebnisrechnung bzw gesonderten GuV (sofern erstellt) oder im Anhang das Ergebnis dieser Aktivitäten gem IFRS 5.33 gesondert auszuweisen. 27

Hinsichtlich der sich auf die zu veräußernden Einheiten beziehenden Konsolidierungsmaßnahmen besteht konzeptionell ein **Konflikt zwischen IFRS 5 und IFRS 10.** Während letztere Vorschrift geprägt ist von der Einheitlichkeit des Konzerns und hieraus die Notwendigkeit zur konsolidierten Darstellung abgeleitet wird, besteht das Konzept des IFRS 5 aus einer möglichst isolierten Betrachtung der zur Veräußerung vorgesehenen Einheit. Vor diesem Hintergrund ist fraglich, welcher Konzeption hinsichtlich der Einbeziehung des zur Veräußerung vorgesehenen TU in die Zwischenergebniseliminierung, Schulden-, sowie Aufwands- und Ertragskonsolidierung zu folgen ist, dh ob in diesen Fällen eine Ab- oder Aufwertung der Vermögenswerte bzw eine Aufrechnung der Forderungen und Schulden sowie der Aufwendungen und Erträge zwischen dem aufzugebenden Geschäftsbereich und den fortzuführenden übrigen Geschäftsbereichen durchzuführen bzw beizubehalten ist. 28

29 Diesbezüglich hat das IFRSIC im September 2015 entschieden, dass eine Konsolidierung von konzerninternen Forderungen und Verbindlichkeiten bzw Erträgen und Aufwendungen **zwingend** durchzuführen ist. Das IFRSIC begründet seine Entscheidung damit, dass weder IFRS 5 noch IAS 1 Regelungen enthalten, die die Konsolidierungsvorschriften nach IFRS 10 außer Kraft setzen. Demzufolge sieht das IFRSIC auch keinen weiteren Regelungsbedarf iSd Anpassung eines Standards oder Verabschiedung eines IFRIC ((vorläufiger) NIFRIC; *IFRIC* Update September 2015, 7f; s ausführlich → § 28 Rn 116ff). Um dem Regelungsziel des IFRS 5 gleichwohl Rechnung zu tragen, sind bei wesentlichem Umfang die entspr Konsolidierungsmaßnahmen ergänzende Anhangangaben erforderlich, die es dem Abschlussadressaten ermöglichen, die finanziellen Auswirkungen von aufgegebenen Geschäftsbereichen und der Veräußerung langfristiger Vermögenswerte oder Veräußerungsgruppen zu beurteilen (IFRS 5.30).

1. Zeitpunkt der Entkonsolidierung

30 Nach IFRS 10.20 iVm IFRS 10.25 bestimmt sich der Entkonsolidierungszeitpunkt für den Fall der vollständigen Anteilsveräußerung nach dem Veräußerungszeitpunkt der Anteile. Dabei handelt es sich um den Zeitpunkt, in dem die **Beherrschungsmöglichkeit über das (ehemalige) TU nicht mehr besteht.** Analog hierzu sind der oder die Zeitpunkte bei der sukzessiven Anteilsveräußerung zu ermitteln. Bei Bestehen einer Veräußerungsabsicht iSv IFRS 5 sind bis zum Zeitpunkt der Entkonsolidierung für die Vermögenswerte und Schulden des TU die Regelungen dieses Standards anzuwenden.

Sofern ein MU die Beherrschungsmöglichkeit nicht aufgrund einer Veränderung der Eigentumsverhältnisse verliert, ist bei der Bestimmung des Entkonsolidierungszeitpunkts ebenfalls auf den Zeitpunkt abzustellen, ab dem die **Beherrschung** durch das MU **nicht** mehr **möglich** ist. Soweit es sich jedoch lediglich um kurzfristige Beschränkungen der Beherrschungsmöglichkeit von einer absehbaren Dauer handelt, hat keine Entkonsolidierung des TU zu erfolgen.

2. Berechnung des Entkonsolidierungserfolgs bei vollständiger Veräußerung

31 Aus Konzernsicht stellt die **vollständige Veräußerung** der Anteile eines TU eine entgeltliche Übertragung aller hinter dieser Beteiligung stehenden Vermögenswerte, Schulden und ggf Eventualschulden aus der Erstkonsolidierung, bewertet zu den fortgeführten Konzernbuchwerten, einschließlich eines etwaigen zugehörigen Geschäfts- oder Firmenwerts dar. Mithin ist eine **Einzelveräußerung** zu unterstellen (vgl *Lüdenbach/Hoffmann/Freiberg* § 31 Rz 164).

Sind im Zeitpunkt der Entkonsolidierung noch weitere Gesellschafter an dem TU beteiligt (Fall der Vollkonsolidierung mit Minderheitenanteil), so ist nur ein **anteiliger Wert der Vermögenswerte und Schulden** entspr dem Beteiligungsanteil des MU anzusetzen. Die auf nicht-beherrschende Gesellschafter entfallenden anteiligen Vermögenswerte und Schulden korrespondieren mit dem auf der Passivseite ausgewiesenen Posten Anteile nicht-beherrschender Gesellschafter, sodass die Entkonsolidierung insoweit erfolgsneutral ist.

32 Die **Regelungen zur Entkonsolidierung** sind in IFRS 10.B98f festgelegt. Danach sind zum Zeitpunkt des Beherrschungsverlusts bei vollständiger Veräußerung folgende Entkonsolidierungsschritte durchzuführen:

(1) Ausbuchung der Vermögenswerte (einschließlich des Geschäfts- oder Firmenwerts) und Schulden des TU zum Zeitpunkt des Kontrollverlusts;

(2) Ausbuchung der Anteile nicht-beherrschender Gesellschafter des bisherigen TU (unter Einschluss jedweder Komponenten des sonstigen Gesamtergebnisses, die diesen zuzuweisen sind);
(3) Erfassung der beizulegenden Zeitwerte der gesamten erhaltenen Gegenleistungen im Zusammenhang mit dem Beherrschungsverlust (falls vorhanden);
(4) Reklassifizierung von bisher erfolgsneutral innerhalb des sonstigen Ergebnisses *(other comprehensive income)* erfassten Wertänderungen des TU in dem Umfang, als ob die entspr Vermögenswerte und Schulden unmittelbar durch das berichtende Unternehmen veräußert worden wären;
(5) Erfassung der verbleibenden Differenz als Gewinn oder Verlust in der Gesamtergebnisrechnung bzw gesonderten GuV (sofern erstellt) im Jahresergebnis, das den Anteilseignern des MU zuzurechnen ist.

Sofern der Verlust der Beherrschung aufgrund der **Verteilung von Anteilen** des TU durch das MU an seine eigenen Anteilseigner, die in ihrer Eigenschaft als Eigentümer handeln, erfolgt, ist diese Verteilung der Anteile nach IFRS 10.B98(b)(ii) im Zuge der Entkonsolidierung abzubilden. IFRS 10 enthält indessen keine diesbezüglichen Bewertungsregeln (IFRS 10.BCZ184); die Bilanzierung hat vielmehr nach Maßgabe des **IFRIC 17** zu erfolgen, sofern folgende Kriterien des IFRIC 17.3ff erfüllt sind (vgl → § 12 Rn 95 sowie *KPMG* 2014/15 Rz 2.5.780; *EY* 2015, 475f):

IFRIC 17 ist für die Bilanzierung beim ausschüttenden Unternehmen auf folgende Verteilungen von Vermögenswerten an die Anteilseigner eines Unternehmens anzuzuwenden, die in ihrer Eigenschaft als Eigentümer handeln:
(1) Verteilungen von Sachwerten wie zB Eigentumsanteile an einem anderen Unternehmen und
(2) Verteilungen, die die Eigentümer wahlweise als Sachwerte oder als Barausgleich erhalten können.

Dabei müssen alle Eigentümer von Eigenkapitalinstrumenten derselben Gattung gleich behandelt werden. IFRIC 17 findet hingegen **keine Anwendung** auf **konzerninterne Anteilsverteilungen,** bei denen die betreffenden Anteile vor und nach ihrer Verteilung von denselben Eigentümern beherrscht werden (*common control transactions* iSv IFRS 3.B2; IFRIC 17.6) oder auf Teil-Anteilsausschüttungen, bei denen das ausschüttende Unternehmen die Beherrschung am TU behält und anschließend Anteile nicht-beherrschender Gesellschafter gem IFRS 10 bilanziert (IFRIC 17.7).

In den Fällen des Anwendungsbereichs von IFRIC 17 werden die zu verteilenden Vermögenswerte (Anteile des TU) im **Zeitpunkt der Beschlussfassung** über die Ausschüttung (IFRIC 17.10) mit ihrem beizulegenden Zeitwert bewertet und als Dividendenverbindlichkeit bilanziert. Eine zum Zeitpunkt der tatsächlichen Ausschüttung resultierende Differenz zwischen dem Buchwert der ausgeschütteten Vermögenswerte und dem Buchwert der Dividendenverbindlichkeit ist als Gewinn oder Verlust in der Gesamtergebnisrechnung bzw gesonderten GuV (sofern erstellt) zu berücksichtigen und dort als gesonderter Posten auszuweisen (IFRIC 17.14f).

Für Anteilsverteilungen, die **nicht** in den **Anwendungsbereich** des **IFRIC 17** fallen, sehen die IFRS keine expliziten Regelungen vor. UE sollten solche Anteilsverteilungen in konsistenter Weise entweder zu Buchwerten oder zum beizulegenden Zeitwert der Anteile bewertet werden (glA *KPMG* 2014/15 Rz 2.5.780.50).

Konzeptionell erfolgt somit die Ermittlung des Entkonsolidierungserfolgs **33**
durch einen Vergleich des beizulegenden Zeitwerts der erhaltenen Gegenleistung mit den vor der Entkonsolidierung innerhalb der Konzernbilanz ausgewiesenen Vermögenswerten und Schulden.

Die ermittelte Differenz (= Entkonsolidierungserfolg) zwischen dem Abgangswert (= Summe der abgehenden Vermögenswerte abzüglich Schulden) und dem Veräußerungserlös der Anteile ist erfolgswirksam als Gewinn bzw Verlust in der Gesamtergebnisrechnung bzw gesonderten GuV (sofern erstellt) zu erfassen.

a) Entkonsolidierung eines 100%igen TU

34 Die **Berechnung des Gesamterfolgs aus dem Abgang eines 100%igen TU** im Konzern kann grds auf zwei verschiedene Arten durchgeführt werden. Es besteht zum einen die Möglichkeit, ausgehend vom **Veräußerungserlös** den **Abgangswert** des TU abzuziehen, zum anderen kann der Gesamterfolg aus dem **Veräußerungserfolg des MU auf Einzelabschlussebene** abgeleitet werden. Ausgehend vom Veräußerungserlös des MU ergibt sich im Fall der Veräußerung eines 100%igen TU folgendes Berechnungsschema:

Schema 1: **Veräußerungserlös des MU**		
(1)	–	Vermögenswerte des TU zu Buchwerten lt IFRS-HB II zum Entkonsolidierungszeitpunkt
(2)	–	Noch nicht erfolgswirksam verrechnete stille Reserven aus der Kaufpreisallokation zum Entkonsolidierungszeitpunkt
(3)	+	Schulden des TU zu Buchwerten lt IFRS-HB II zum Entkonsolidierungszeitpunkt
(4)	+	Noch nicht erfolgswirksam verrechnete stille Lasten und Eventualschulden aus der Kaufpreisallokation zum Entkonsolidierungszeitpunkt
(5)	–	Anteiliger aus dem historischen Unternehmenserwerb resultierender Geschäfts- oder Firmenwert, der nach dem relativen Unternehmenswertvergleich ausscheidet, wenn der abgehende Teilbereich als *operation* iSv IAS 36.86 zu werten ist
(6)	–	Anteiliger aufgrund des relativen Unternehmenswertvergleichs ausscheidender Geschäfts- oder Firmenwert, welcher der abgehenden ZGE nach dem historischen Unternehmenserwerb zugeordnet ist
(7)	–/+	Bislang im sonstigen Ergebnis erfasste Verluste/Gewinne aus der Marktwertbewertung nach IAS 39/IFRS 9 (sofern recyclingfähig)
(8)	–/+	Aktiver/passiver Unterschiedsbetrag aus der Währungsumrechnung
=		**Gesamterfolg aus dem Abgang eines 100%igen TU**

35 Der Abgangswert der Vermögenswerte und Schulden des ausscheidenden TU zu Konzernbuchwerten beinhaltet die Vermögenswerte und Schulden zu IFRS-HB II Werten im Entkonsolidierungszeitpunkt unter Berücksichtigung noch nicht erfolgswirksam verrechneter stiller Reserven/Lasten und Eventualschulden aus der Kaufpreisallokation im Erstkonsolidierungszeitpunkt (Nr (1) bis (4) des Berechnungsschemas 1). Im Zusammenhang mit der Ermittlung des der ZGE zugeordneten, **aus dem historischen Unternehmenserwerb resultierenden Geschäfts- oder Firmenwerts,** der nach dem relativen Unternehmenswertvergleich ausscheidet, wenn der abgehende Teilbereich als *operation* iSv IAS 36.86 zu werten ist, fehlt es in IFRS 10 an einer Klärung seitens des IASB, in welchem Verhältnis die entkonsolidierungsrelevanten Vorschriften des IFRS 10 zu der eigentlich wertminderungsbezogenen Norm des IAS 36.86 stehen (hierauf weisen auch *Küting/Weber/Wirth* KoR 2008, 139 (149), hin). Dort wird festgelegt, dass bei Abgang von Vermögenswerten und Schulden, die als *operation* zu werten sind, der abgehende Geschäfts- oder Firmenwert grds anhand der aktuellen Wertrelation zwischen dem Unternehmenswert der betroffenen ZGE, auf die ein Geschäfts- oder Firmenwert allokiert wurde, vor der Veräußerung und dem Unternehmenswert des Abgangsanteils zu ermitteln ist. Die Ermittlung kann auf eine andere Weise

erfolgen, wenn diese die Zuordnung des Geschäfts- oder Firmenwerts zu der abgehenden Einheit nachweisbar besser abbildet. Die auf diese Weise ermittelte Wertrelation ist mit dem **Gesamtbetrag** des auf die ZGE allokierten Geschäfts- oder Firmenwerts zu multiplizieren, um den in die Entkonsolidierung eingehenden Betrag des Geschäfts- oder Firmenwerts zu errechnen (vgl *KPMG* 2014/15 Rz 2.5.760.20 Rz 3.10.490.10; zum Begriff der *operation* in diesem Zusammenhang vgl → § 37 Rn 61).

Die generelle Vorgehensweise bei der Bestimmung des abgehenden Geschäfts- oder Firmenwerts verdeutlicht das nachstehende Beispiel:

Beispiel: Im Jahr X1 hat MU 100% der Anteile an TU1 erworben. Im Zuge der Erwerbsbilanzierung wurde ein Geschäfts- oder Firmenwert von T€ 1.000 ermittelt.

Im Jahr X3 wurde innerhalb des Konzerns eine umfassende Reorganisation der Geschäftsfelder durchgeführt. Diese Reorganisation führte dazu, dass die bisherigen Aktivitäten von TU1 nunmehr in den Geschäftsbereichen A und B enthalten sind. Die Hauptaktivitäten von TU1 wurden dem Geschäftsbereich A zugeordnet. Auf der Grundlage von Unternehmensbewertungen zum Zeitpunkt der Reorganisation wurden relative Unternehmenswerte für die Geschäftsbereiche A und B innerhalb von TU1 ermittelt. Danach ergab sich eine neue Goodwillzuordnung von T€ 700 für Geschäftsbereich A (Nr (5) des Berechnungsschemas 1 → Rn 34) und von T€ 300 für Geschäftsbereich B.

Weiterhin wurde von TU2, das teilweise ebenfalls im Geschäftsbereich A tätig war, nach der gleichen Methodik ein Geschäfts- oder Firmenwert von T€ 100 für den Geschäftsbereich A ermittelt (Nr (6) des Berechnungsschemas 1 → Rn 34). In der neuen Konzernstruktur soll TU1 den Geschäftsbereich A und TU2 den Geschäftsbereich B abdecken.

MU verkauft im Jahr X4 alle Anteile an TU1.

Die in die Berechnung des Entkonsolidierungserfolgs einfließenden Bestandteile des Geschäfts- oder Firmenwerts bei Verwendung des Ermittlungsschemas 1 ausgehend vom Veräußerungserlös (→ Rn 34) werden wie folgt ermittelt:

		T€
	Historischer Geschäfts- oder Firmenwert für TU1	1.000
./.	Auf Geschäftsbereich B entfallender Anteil von TU1	300
+	Auf Geschäftsbereich A entfallender Anteil von TU2	100
=	TU1 zugeordnete Geschäfts- oder Firmenwerte bei Entkonsolidierung	800

Soweit im Rahmen einer Restrukturierung der historisch aus dem Erwerb eines TU entstandene Geschäfts- oder Firmenwert dem MU zugeordnet wird, wird der dem MU zugeordnete Anteil am Geschäfts- oder Firmenwert nicht im Entkonsolidierungserfolg berücksichtigt.

Der wesentliche Unterschied zwischen dem unter → Rn 34 dargestellten Schema 1 zur Ermittlung des **Gesamterfolgs** aus dem Abgang eines 100%igen TU und dem **Entkonsolidierungserfolg** aus dieser Transaktion besteht im Ausweis der zuvor im **sonstigen Ergebnis erfassten Gewinne und Verluste.** Nach IFRS 10.B98(c) (ggf iVm IAS 21.48A ff) sind die im sonstigen Ergebnis erfassten Gewinne und Verluste im Zeitpunkt des Verlusts der Beherrschungsmöglichkeit entweder direkt in den erfolgswirksamen Teil der Gesamtergebnisrechnung oder in die gesonderte GuV (sofern erstellt) umzugliedern oder in Übereinstimmung mit einem anderen Standard direkt in die Gewinnrücklagen zu übertragen. Somit sind im sonstigen Ergebnis erfasste Gewinne und Verluste aus der Zeit der Konzernzugehörigkeit des TU **nicht** erfolgswirksam bei der Berechnung des Entkonsolidierungserfolgs zu berücksichtigen, sondern **direkt** in die üblichen betreffenden Posten im erfolgswirksamen Teil der Gesamtergebnisrechnung oder die gesonderte GuV (sofern erstellt) umzugliedern, es sei denn, ein anderer Standard schreibt die direkte Erfassung in den Gewinnrücklagen vor. **Anwendungsfälle der Umgliederung** in den erfolgswirksamen Teil der Gesamtergebnisrechnung oder die gesonderte GuV stellen die erfolgsneutral behandelte Rücklage aus der Bewertung von Wertpapieren der Kategorie *available for sale* nach IAS 39 bzw von finanziellen Vermögenswerten der Bewertungskategorie *fair value throuh OCI* iSv IFRS 9.4.1.2A mit einer nach IFRS 9.5.7.10 erfolgten Erfassung der Wertänderungen im sonstigen Ergebnis, die nach IAS 39.95/IFRS 9.6.5.11 zuvor im sonstigen Ergebnis erfassten Wertänderungen von *cashflow hedges* oder die Behandlung von während der Konzernzugehörigkeit im sonstigen Ergebnis erfassten Währungsumrechnungsdifferenzen nach IAS 21.48 und IAS 21.48A dar (Nr (7) und (8) des Berechnungsschemas 1 → Rn 34). **Dagegen** sind vormals in der Neubewertungsrücklage gem IAS 16 oder IAS 38 erfasste Beträge erfolgsneutral in die Gewinnrücklagen umzubuchen (IFRS 10.B99). Neubewertungen der Nettoschuld aus leistungsorientierten Versorgungsplänen gem IAS 19.120(c), Wertänderungen von als *at fair value through OCI* designierten Investments in Eigenkapitalinstrumente eines anderen Unternehmens (IFRS 9.5.7.5) sowie Wertänderungen aus Veränderungen des eigenen Kreditrisikos von finanziellen Schulden, die nach ihrer erstmaligen Erfassung zu ihrem beizulegenden Zeitwert bewertet werden (IFRS 9.5.7.7), sind im Zeitpunkt ihrer Entstehung ebenfalls im sonstigen Ergebnis zu erfassen. Auch für diese Wertveränderungen ist eine spätere Umbuchung in die GuV bzw den erfolgswirksamen Teil der Gesamtergebnisrechnung ausgeschlossen; allerdings ist eine Umgliederung innerhalb des Eigenkapitals (zB in die Gewinnrücklagen) zulässig (IAS 19.122, IFRS 9.B5.7.1, IFRS 9.B.5.7.9; vgl ausführlich zu den Komponenten des sonstigen Ergebnisses → § 15 Rn 143 ff, → § 17 Rn 36 ff). Zwar enthält IAS 19.122 keine explizite Vorgabe über den Zeitpunkt der vorzunehmenden Umgliederung (vgl → § 17 Rn 52), jedoch stützen die Regelungen des IFRS 10.B98(c) uE die Vorgehensweise, die Umgliederung erst im Rahmen der Entkonsolidierung vorzunehmen.

Für die **Erstanwender,** welche die Erleichterung nach IFRS 1.C1 iVm IFRS 1.C4i(i) in Anspruch nehmen, ist der bislang mit den Rücklagen verrechnete Geschäfts- oder Firmenwert bei der Berechnung des Entkonsolidierungserfolgs ausgehend vom Veräußerungserlös (Berechnungsschema 1) ebenfalls nicht zu berücksichtigen.

36 Damit **verkürzt** sich das in → Rn 34 dargestellte Ermittlungsschema zur Berechnung des im erfolgswirksamen Teil der Gesamtergebnisrechnung oder gesonderten GuV (sofern erstellt) **auszuweisenden Entkonsolidierungserfolgs** im Konzern unter Zugrundelegung der Regelungen des IFRS 10 wie folgt:

Veräußerungserlös des MU	
–	Vermögenswerte des TU zu Buchwerten lt IFRS-HB II zum Entkonsolidierungszeitpunkt
–	Noch nicht erfolgswirksam verrechnete stille Reserven aus der Kaufpreisallokation zum Entkonsolidierungszeitpunkt
+	Schulden des TU zu Buchwerten lt IFRS-HB II zum Entkonsolidierungszeitpunkt
+	Noch nicht erfolgswirksam verrechnete stille Lasten und Eventualschulden aus der Kaufpreisallokation zum Entkonsolidierungszeitpunkt
–	Anteiliger aus dem historischen Unternehmenserwerb resultierender Geschäfts- oder Firmenwert, der nach dem relativen Unternehmenswertvergleich ausscheidet, wenn der abgehende Teilbereich als *operation* iSv IAS 36.86 zu werten ist
–	Anteiliger aufgrund des relativen Unternehmenswertvergleichs ausscheidender Geschäfts- oder Firmenwert, welcher der abgehenden ZGE nach dem historischen Unternehmenserwerb zugeordnet ist
=	**Entkonsolidierungserfolg des Konzerns**

Ein zB aus der Umgliederung von zuvor im sonstigen Ergebnis erfassten Währungsumrechnungsdifferenzen nach IAS 21.48 und IAS 21.48A resultierender sonstiger betrieblicher Ertrag oder Aufwand ist somit unabhängig vom hier dargestellten Entkonsolidierungserfolg des Konzerns zu sehen, auch wenn er uU in demselben Posten des erfolgswirksamen Teils der Gesamtergebnisrechnung oder gesonderten GuV (sofern erstellt) enthalten ist.

Nach IFRS 12.19(b) sind die jeweiligen Posten der Gesamtergebnisrechnung anzugeben, in denen die einzelnen Bestandteile des Gewinns oder Verlusts infolge des Verlusts der Beherrschung über das TU ausgewiesen sind. Zusätzlich ist nach IFRS 12.19 iVm IFRS 10.25/IFRS 10.B99 der Gesamtbetrag des Gewinns oder Verlusts aus dem Verlust der Beherrschung über das TU anzugeben, welcher dem oben dargestellten Gesamterfolg aus dem Abgang des TU entspricht (vgl *pwc* 2015 Rz 24.202).

Die mögliche Alternative zur Ableitung des Gesamterfolgs ausgehend vom Veräußerungserlös des MU (→ Rn 34) stellt die Ableitung des Gesamterfolgs ausgehend vom **Veräußerungserfolg des MU auf Einzelabschlussebene** dar. Hierbei errechnet sich der **Gesamterfolg aus dem Abgang eines 100%igen TU** wie folgt: 37

Schema 2:
Veräußerungserfolg des MU im Einzelabschluss

		Veräußerungserlös des MU nach HB II
	–	Buchwert der Anteile
	=	Veräußerungserfolg auf Einzelabschluss-Ebene nach IFRS
(1)	+/–	Bislang erfasste Auf-/Abwertungen der Anteile im Einzelabschluss des Anteilseigners gem IAS 39/IFRS 9/IAS 28 (geändert 2014)
(2)	–	Kumulierte außerplanmäßige Abschreibungen (unter Verrechnung der kumulierten Zuschreibungen) auf die Anteile im Einzelabschluss gem IAS 36
(3)	+	Bislang gebuchte Wertminderungen auf den im Buchwert der Anteile enthaltenen Geschäfts- oder Firmenwert
(4)	–	Aufgrund des relativen Unternehmenswertvergleichs ausscheidender Geschäfts- oder Firmenwert, welcher der abgehenden ZGE nach dem historischen Unternehmenserwerb zugeordnet ist
(5)	+	im Buchwert der Anteile enthaltener, aber im Konzernabschluss verbleibender Geschäfts- oder Firmenwert nach IAS 36.86
(6)	–	Bereits erfolgswirksam verrechneter negativer Unterschiedsbetrag
(7)	+/–	Rücklagenentnahmen/-zuführungen im TU aus Konzernsicht seit Beteiligungserwerb, sofern erfolgswirksam behandelt
(8)	+	Bislang aufwandswirksam verrechnete stille Reserven aus der Kaufpreisallokation
(9)	–	Bislang ertragswirksam verrechnete stille Lasten und Eventualschulden aus der Kaufpreisallokation
(10)	–/+	Jahresergebnis zum Veräußerungszeitpunkt (sofern positiv und anteilig mitverkauft oder negativ)
(11)	–	Erfolgsneutral in die Gewinnrücklagen umgegliederte Neubewertungsrücklagen gem IAS 16 und IAS 38, Neubewertungen der Nettoschuld aus leistungsorientierten Versorgungsplänen gem IAS 19 und Gewinne und Verluste aus Marktbewertungen nach IFRS 9 (sofern nicht recyclingfähig)
=		**Gesamterfolg aus dem Abgang eines 100%igen TU**

Ausgehend vom Veräußerungserfolg auf Ebene des IFRS-Einzelabschlusses werden zur Ermittlung des Gesamterfolgs aus der Veräußerung eines 100%igen TU sämtliche bis zum Abgangszeitpunkt auf IFRS-Einzelabschlussebene vorgenommenen Fortschreibungen des Beteiligungsbuchwerts aus der Bewertung zum beizulegenden Zeitwert gem IAS 39/IFRS 9 bzw zu fortgeführten Anschaffungskosten (außerplanmäßige Wertminderungen und Wertaufholungen nach IAS 36) korrigiert (Nr (1) und (2) des Berechnungsschemas 2). Sofern entspr den Änderungen des IAS 27.10 aufgrund des *Amendments to IAS 27: Equity Method in*

Separate Financial Statements (veröffentlicht am 12. August 2014) zukünftig in einem IFRS-Einzelabschluss die Anteile an dem nunmehr ausscheidenden TU nach der Equity-Methode bewertet werden, sind auch die diesbezüglichen Fortschreibungen zunächst zu korrigieren. Die weiteren Korrekturposten beinhalten neben den Anpassungen des Geschäfts- oder Firmenwerts aufgrund eines diesbezüglich von dem im Buchwert der Beteiligung enthaltenen abweichenden Abgangswerts (Nr (3) bis (5) des Berechnungsschemas 2) Anpassungen betreffend bereits im Konzernabschluss während der Konzernzugehörigkeit des TU aufwandswirksam (+) oder ertragswirksam (–) berücksichtigter Beträge (Nr (6) bis (10) des Berechnungsschemas 2). Eine derartige Erfolgswirksamkeit ist zur Ermittlung des Gesamterfolgs auch für nicht (in die GuV) umgliederungsfähige Komponenten des sonstigen Ergebnisses sowie in der Vergangenheit erfolgsneutral verrechnete Geschäfts- oder Firmenwerte und erfolgsneutral in die Gewinnrücklagen umgegliederte negative Unterschiedsbeträge zu unterstellen (Nr (11) des Berechnungsschemas 2).

Eine Überleitung des Gesamterfolgs zum **Entkonsolidierungserfolg** aus dem Abgang eines 100%igen TU ausgehend vom Veräußerungserfolg des MU erfordert zudem eine Korrektur um sämtliche umgliederungsfähigen Komponenten des sonstigen Ergebnisses, die in anderen Posten des erfolgswirksamen Teils der Gesamtergebnisrechnung bzw GuV (sofern erstellt) ausgewiesen werden.

38 Aufgrund der Pflicht, bestimmte Sachverhalte wie zB Neubewertungen der Nettoschuld aus leistungsorientierten Versorgungsplänen (IAS 19.122) permanent erfolgsneutral zu behandeln, ist nach IFRS **keine Totalgewinngleichheit** zwischen Einzelabschluss und Konzernabschluss gegeben.

Unter Beachtung dieses Umstands führen die oben dargestellten Berechnungsschemata grds zum **gleichen Ergebnis.** Die Ableitung des Entkonsolidierungserfolgs im Konzern aus dem Veräußerungserfolg im Einzelabschluss des MU ist jedoch in den Fällen nicht praktikabel, in denen eine Überleitung durch die vorzunehmenden Korrekturen für die konzernspezifischen Sachverhalte aufgrund **mangelnder Datenverfügbarkeit** nicht möglich ist. Es ist jedoch darauf hinzuweisen, dass standardisierte Konsolidierungssoftwareprogramme grds der Logik der Ermittlung des Gesamt- bzw Entkonsolidierungserfolgs ausgehend vom Veräußerungserfolg des MU folgen.

b) Entkonsolidierung eines TU bei Existenz nicht-beherrschender Gesellschafter

39 Sofern an einem vollständig veräußerten TU nicht-beherrschende Gesellschafter beteiligt sind, ist dies im Rahmen der Ermittlung des Gesamt- bzw Entkonsolidierungserfolgs zu berücksichtigen. Nach IFRS 10.B98(a)(i) und (ii) sind folglich neben den **Vermögenswerten** (einschließlich des Geschäfts- oder Firmenwerts) und Schulden des TU auch die Anteile nicht-beherrschender Gesellschafter (einschließlich der ihnen zugerechneten Komponenten des sonstigen Ergebnisses) zum Zeitpunkt des Verlusts der Beherrschungsmöglichkeit mit den Buchwerten **auszubuchen.** Das Ermittlungsschema 1 (→ Rn 34) ist insoweit um den Buchwert der Anteile nicht beherrschender Gesellschafter zu ergänzen. Bei der Ermittlung des abgangsrelevanten Betrags des Geschäfts- oder Firmenwerts (→ Rn 34) ist dabei nach IFRS 10 zu berücksichtigen, ob bei der Erstkonsolidierung die **beteiligungsproportionale Neubewertungsmethode** zur Anwendung gekommen ist, oder ob die ***full-goodwill*-Methode** genutzt wurde. Im ersten Fall darf nur der Konzernanteil des abgehenden Geschäfts- oder Firmenwerts bei der Entkonsolidierung berücksichtigt werden. Kommt hingegen die *full-goodwill*-Methode zur Anwendung, so geht der Gesamtbetrag des ausscheidenden Geschäfts- oder Firmenwerts – einschließlich der implizit auf die Anteile nicht-beherrschender Gesellschafter ent-

fallenden Beträge – in den konzernbilanziellen Abgangswert ein (vgl *Küting/Weber/Wirth* KoR 2008, 139 (150) sowie zur Berechnung des Abgangswerts des Geschäfts- oder Firmenwerts bei Anwendung der beteiligungsproportionalen Neubewertungsmethode versus der *full-goodwill*-Methode → § 27 Rn 112 ff). Dementsprechend scheidet auch der im Rahmen der Erstkonsolidierung mit dem beizulegenden Zeitwert bewertete und fortentwickelte Ausgleichsposten für Anteile nicht-beherrschender Gesellschafter mit der Entkonsolidierung aus. Mit dieser Vorgehensweise soll nach der Intention des IASB das anteilige, auf die nicht-beherrschenden Gesellschafter entfallende Nettovermögen in derselben Höhe ermittelt werden wie der fortgeschriebene Ausgleichsposten bei Anwendung der *full-goodwill*-Methode. In diesem Fall erfolgt der Abgang des auf die nicht-beherrschenden Gesellschafter entfallenden Ausgleichspostens **erfolgsneutral** (IFRS 10.B98(a)(ii) iVm IFRS 10.B98(d)). Dies setzt jedoch eine zutreffende **beteiligungsspezifische Fortschreibung** des **Geschäfts- oder Firmenwerts** und damit eine entspr Zuordnung von ggf während der Konzernzugehörigkeit vorgenommenen Wertminderungen des Geschäfts- oder Firmenwerts voraus.

Bei Anwendung der ***full goodwill*-Methode** kann die **Beurteilungsebene** für den auf nicht-beherrschende Gesellschafter entfallenden Geschäfts- oder Firmenwert für Zwecke des obligatorischen Wertminderungstests nach IAS 36 (vgl → § 27 Rn 119) von derjenigen abweichen, die im Falle der Entkonsolidierung zu berücksichtigen ist. Wird ein im Zuge eines Unternehmenszusammenschlusses entstandener Geschäfts- oder Firmenwert für Zwecke des **Impairment-Tests** einer ZGE zugeordnet, die auf einer höheren Ebene als das erworbene TU angeordnet ist (bspw auf Segmentebene), so ist der gesamte Geschäfts- oder Firmenwert (einschließlich des den nicht-beherrschenden Gesellschaftern zuzuordnenden Anteils) auf dieser Ebene auf die Notwendigkeit einer Wertminderung zu testen. Ungeachtet dieser Vorgehensweise bleibt der den nicht-beherrschenden Gesellschaftern zuzuordnende Anteil am Geschäfts- oder Firmenwert jedoch für Zwecke der **Entkonsolidierung** weiterhin dem TU zugeordnet, an dem die nicht-beherrschenden Gesellschafter beteiligt sind. Dies bedeutet insbes, dass auch bei einer Veränderung der Zuordnung des Geschäfts- oder Firmenwerts zu einer anderen ZGE für Zwecke des Werthaltigkeitstests der den nicht-beherrschenden Gesellschaftern zuzurechnende Anteil am Geschäfts- oder Firmenwert im Hinblick auf eine Entkonsolidierung weiterhin dem entspr TU zugeordnet bleibt.

Beispiel: Sofern im obigen Beispiel (→ Rn 35) MU nur 80% der Anteile an TU1 hält und die *full-goodwill*-Methode angewandt wird, ist der in die Berechnung des Entkonsolidierungserfolgs einfließende Geschäfts- oder Firmenwert bei Veräußerung dieser 80% der Anteile an TU1 wie folgt zu ermitteln:

		T€
	Historischer Geschäfts- oder Firmenwert für TU1	1.000
./.	80% des auf Geschäftsbereich B entfallenden Anteils von TU1	240
+	Auf Geschäftsbereich A entfallender Anteil von TU2	100
=	TU1 zugeordnete Geschäfts- oder Firmenwerte bei Entkonsolidierung	860
	davon auf Gesellschafter des MU entfallend ((1000 – 300) × 0,8 + 100)	660
	davon auf nicht-beherrschende Gesellschafter entfallend (1.000 × 0,2)	200

Im Zeitpunkt des Verlusts der Beherrschung über ein TU sollte uE eine **erfolgswirksame Umgliederung** von umgliederungsfähigen Bestandteilen des sonstigen Ergebnisses lediglich in Bezug auf die **Anteile des MU** erfolgen (IFRS 10.B98(d)), nicht jedoch hinsichtlich der Anteile der nicht-beherrschenden Gesellschafter. Denn diese sind entspr IFRS 10.B98(a)(ii) mit ihrem Buchwert im Zeitpunkt des Beherrschungsverlusts auszubuchen (vgl *EY* 2015, 463 ff, dort dargestellt als die bevorzugte Bilanzierung ggü der akzeptablen Alternative einer erfolgswirksamen Berücksichtigung auch der auf nicht-beherrschende Anteile entfallenden Anteile an umgliederungsfähigen Bestandteilen des sonstigen Ergebnisses; ebenso *KPMG* 2014/15 Rz 2.5.760.50; aA *Freiberg* PiR 2014, 284 (286)).

40 Unter Berücksichtigung der Anteile nicht-beherrschender Gesellschafter lässt sich der Gesamterfolg ausgehend vom **Veräußerungserlös des MU** aus folgendem Berechnungsschema ableiten:

Schema 1: Veräußerungserlös des MU		
(1)	–	Vermögenswerte des TU zu Buchwerten lt IFRS-HB II zum Entkonsolidierungszeitpunkt
(2)	–	Noch nicht erfolgswirksam verrechnete stille Reserven aus der Kaufpreisallokation zum Entkonsolidierungszeitpunkt
(3)	+	Schulden des TU zu Buchwerten lt IFRS-HB II zum Entkonsolidierungszeitpunkt
(4)	+	Noch nicht erfolgswirksam verrechnete stille Lasten und Eventualschulden aus der Kaufpreisallokation zum Entkonsolidierungszeitpunkt
(5)	–	Anteiliger aus dem historischen Unternehmenserwerb resultierender Geschäfts- oder Firmenwert, der nach dem relativen Unternehmenswertvergleich ausscheidet, wenn der abgehende Teilbereich als *operation* iSv IAS 36.86 zu werten ist (Anteil Gesellschafter des MU und Anteil der nicht-beherrschenden Gesellschafter)
(6)	–	Anteiliger aufgrund des relativen Unternehmenswertvergleichs ausscheidender Geschäfts- oder Firmenwert, welcher der abgehenden ZGE nach dem historischen Unternehmenserwerb zugeordnet ist (Anteil Gesellschafter des MU)
(7)	–/+	Aktiver/Passiver Ausgleichsposten für Anteile nicht-beherrschender Gesellschafter
(8)	–/+	Anteilige bislang im sonstigen Ergebnis erfasste Verluste/Gewinne aus der Marktwertbewertung nach IAS 39/IFRS 9 (sofern recyclingfähig) (Anteil Gesellschafter des MU)
(9)	–/+	Anteiliger aktiver/passiver Unterschiedsbetrag aus der Währungsumrechnung (Anteil Gesellschafter des MU)
=		**Gesamterfolg aus dem Abgang eines TU bei Existenz von nicht-beherrschenden Gesellschaftern**

41 Die Ableitung des Gesamterfolgs ausgehend vom **Veräußerungserfolg des MU auf Einzelabschlussebene** bei Ausscheiden eines nicht im Vollbesitz des MU stehenden TU zeigt das nachfolgende Berechnungsschema:

Schema 2:
Veräußerungserfolg des MU im Einzelabschluss

		Veräußerungserlös des MU nach HB II
	–	Buchwert der Anteile
	=	Veräußerungserfolg auf Einzelabschluss-Ebene nach IFRS
(1)	+/–	Bislang erfasste Auf-/Abwertungen der Anteile im Einzelabschluss des MU gem IAS 39/IFRS 9/IAS 28 (geändert 2014)
(2)	–	Kumulierte außerplanmäßige Abschreibungen (unter Verrechnung der kumulierten Zuschreibungen) auf die Anteile im Einzelabschluss des MU gem IAS 36
(3)	+	Bislang gebuchte Wertminderungen auf den im Buchwert der Anteile im Einzelabschluss des MU enthaltenen Geschäfts- oder Firmenwert
(4)	–	Anteiliger aufgrund des relativen Unternehmenswertvergleichs ausscheidender Geschäfts- oder Firmenwert, welcher der abgehenden ZGE nach dem historischen Unternehmenserwerb zugeordnet ist (Anteil der Gesellschafter des MU)
(5)	+	Anteiliger im Buchwert der Anteile enthaltener, aber im Konzernabschluss verbleibender Geschäfts- oder Firmenwert nach IAS 36.86 (Anteil der Gesellschafter des MU)
(6)	–	Bereits erfolgswirksam verrechneter negativer Unterschiedsbetrag
(7)	+/–	Anteilige Rücklagenentnahmen/-zuführungen im TU aus Konzernsicht seit Beteiligungserwerb, sofern erfolgswirksam behandelt (Anteil der Gesellschafter des MU)
(8)	+	Anteilige bislang aufwandswirksam verrechnete stille Reserven aus der Kaufpreisallokation (Anteil der Gesellschafter des MU)
(9)	–	Anteilige bislang ertragswirksam verrechnete stille Lasten und Eventualschulden aus der Kaufpreisallokation (Anteil der Gesellschafter des MU)
(10)	–/+	Anteiliges Jahresergebnis zum Veräußerungszeitpunkt (sofern positiv und anteilig mitverkauft oder negativ) (Anteil der Gesellschafter des MU)
(11)	–	Anteilige erfolgsneutral in die Gewinnrücklagen umgegliederte Neubewertungsrücklagen gem IAS 16 und IAS 38, Neubewertungen der Nettoschuld aus leistungsorientierten Versorgungsplänen gem IAS 19 und Gewinne und Verluste aus Marktbewertungen nach IFRS 9 (sofern nicht recyclingfähig) (Anteil der Gesellschafter des MU)
=		**Gesamterfolg aus dem Abgang eines TU bei Existenz von nicht-beherrschenden Gesellschaftern**

Zur Gewährleistung der **Erfolgsneutralität** des Abgangs der Anteile nicht-beherrschender Gesellschafter ist im Rahmen der Ermittlung des Gesamterfolgs aus der Veräußerung des TU zu berücksichtigen, dass die jeweiligen Korrekturposten lediglich in Höhe des Anteils, der auf die Gesellschafter des MU entfällt, anzusetzen sind.

3. Besonderheiten bei Teilveräußerungen

Der Verlust der Beherrschungsmöglichkeit über ein TU kann sich in einer **einzigen oder in mehreren aufeinanderfolgenden Transaktionen** vollziehen. Dabei weist IFRS 10.B97 darauf hin, dass auch bei Vorliegen mehrerer formaler Teiltransaktionen wirtschaftlich eine einheitliche Veräußerung gegeben sein kann. Die Beurteilung, ob es sich materiell um einen oder mehrere Veräußerungsvorgänge handelt, ist grds für jeden Einzelfall unter Berücksichtigung aller relevanten Vertragsbedingungen und deren wirtschaftlichen Konsequenzen vorzunehmen. IFRS 10.B97 führt beispielhaft **Indikatoren** auf, die auf eine einheitliche Transaktion trotz des Vorliegens mehrerer formaler Teilveräußerungen hindeuten: 42

(1) die Vereinbarungen wurden in unmittelbarem zeitlichen oder sachlichen Zusammenhang getroffen;
(2) die Vereinbarungen wurden zur Erzielung eines einheitlichen wirtschaftlichen Effekts durchgeführt;
(3) das Zustandekommen einer Teilvereinbarung ist abhängig vom Zustandekommen mindestens einer weiteren Teilvereinbarung;
(4) die Durchführung einer Transaktion ist isoliert betrachtet wirtschaftlich nicht sinnvoll, im Zusammenhang mit anderen Transaktionen ist die wirtschaftliche Vorteilhaftigkeit jedoch gegeben.

Handelt es sich nach Maßgabe der in IFRS 10.B97 geforderten vorgelagerten Beurteilung um eine einheitliche Transaktion, so ist diese als Ganzes der Ermittlung des Veräußerungserfolgs zugrunde zu legen. Sind die einzelnen Transaktionen nicht als einheitlicher Veräußerungsvorgang zu werten, ergeben sich die nachfolgend aufgeführten Konsequenzen.

43 *(einstweilen frei)*

44 Führt eine **Teilveräußerung zum Beherrschungsverlust über ein TU (Teilveräußerung mit Statuswechsel),** ist eine Übergangskonsolidierung (→ § 37 Rn 55 ff und → § 37 Rn 95 ff) vorzunehmen. In diesen Fällen erfolgt die Folgebilanzierung der verbleibenden Anteile nach Maßgabe von IAS 39/IFRS 9 oder IAS 28, je nach Umfang der nach der Veräußerung verbleibenden Einflussmöglichkeit auf das ehemalige TU. Hinsichtlich der Besonderheiten der Gewinnrealisierung bei Veräußerung eines TU an ein assoziiertes oder Gemeinschaftsunternehmen entspr dem im September 2014 vom IASB veröffentlichen Ergänzungsstandard „Veräußerung oder Einbringung von Vermögenswerten zwischen einem Investor und einem assoziierten Unternehmen oder Joint Venture (Änderungen an IFRS 10 und IAS 28)" vgl → § 37 Rn 97 ff.

45 Wird eine Beteiligung **innerhalb des Konsolidierungskreises** veräußert, so kann im IFRS-Einzelabschluss des Konzernunternehmens, das die Beteiligung hält, der Ausweis der Beteiligung als „zur Veräußerung bestimmt" iSv IFRS 5 geboten sein (vgl → § 28 Rn 106). Aus Konzernperspektive liegt jedoch kein geplanter Veräußerungssachverhalt nach IFRS 5 vor, da die Beteiligung den Konsolidierungskreis nicht verlässt. Die grds auf der Ebene des Einzelabschlusses vorzunehmende bilanzielle Separation der betroffenen Vermögenswerte und Schulden bzw Veräußerungsgruppe verursacht in vielen Fällen der Bilanzierungspraxis einen nicht unerheblichen Arbeits- und Ressourcenaufwand. Deshalb kann uE grds auf einen gesonderten Ausweis gem IFRS 5 auf Einzelabschlussebene verzichtet werden, wenn die aufzustellenden IFRS-Einzelabschlüsse ausschließlich als Konsolidierungsgrundlage für die Aufstellung eines IFRS-Konzernabschlusses dienen. Hat ein IFRS-Einzelabschluss hingegen eine über die reine Konsolidierungsgrundlage hinausgehende Funktion (bspw als offenzulegender Einzelabschluss gem § 325 Abs 2a HGB), so ist der gesonderte Ausweis nach IFRS 5 auch auf Ebene des Einzelabschlusses zwingend. In diesen Fällen sind die Auswirkungen dieser Bilanzierung auf Einzelabschlussebene anschließend im Rahmen der Konsolidierung zu eliminieren.

IFRS 10 sieht bei einer Teilveräußerung ohne Beherrschungsverlust **(Teilveräußerung ohne Statuswechsel)** vor, dass die Veräußerung der betroffenen Anteile als Eigenkapitaltransaktion darzustellen ist (IFRS 10.23). Der Einheitstheorie folgend sieht IFRS 10.B96 entspr die Erfassung einer solchen Transaktion unmittelbar im Eigenkapital vor. Eine Vollkonsolidierung der Vermögenswerte und Schulden sowie der Aufwendungen und Erträge ist weiterhin unverändert vorzunehmen. Lediglich der Anteil nicht-beherrschender Gesellschafter wird um den Betrag des auf die veräußerten Anteile entfallenden Eigenkapitals erhöht. Des Weiteren muss der Ausgleichsposten für Anteile nicht-beherrschender Gesellschafter um den noch bestehenden Anteil der im Rahmen der Erstkonsolidierung aufgedeckten stillen Reserven und stillen Lasten sowie des zugeordneten Geschäfts- oder Firmenwerts angepasst werden. Die Begründung für diese Vorgehensweise, die unabhängig ist von der Anwendung der *full-goodwill*-Methode, ergibt sich aus dem Vermögenswertcharakter des Geschäfts- oder Firmenwerts, der im Zusammenhang mit der Neufassung des IFRS 3 vom IASB explizit betont wurde (IFRS 3.BC318 ff; ebenso *pwc* 2015 Rz 24.258 sowie *EY* 2015, 472). Damit kommt die Reduzierung eines bereits bilanzierten Geschäfts- oder Firmenwert-Betrags aufgrund von statuswahrenden Anteilsveräußerungen nicht in Betracht (s auch *Freiberg* PiR 2011, 263 (265)). Jegliche Differenz zwischen dem Anpassungsbetrag der Anteile nicht-beherrschenden Gesellschafter und dem beizulegenden Zeitwert der erhaltenen Gegenleistung ist mit den auf die Anteilseigner des MU entfallenden Konzernrücklagen zu verrechnen.

Vermindert sich statuswahrend die Anteilsquote an einem TU aufgrund der **unterproportionalen** Teilnahme des MU an einer **effektiven Kapitalerhöhung** des TU, und ergeben sich infolge eines Abweichens von Bilanz- und Ausgabekurs Änderungen des auf die Anteilseigner des MU entfallenden Eigenkapitals, sind diese uE unter analoger Anwendung der Regelungen des IFRS 10.23 als Eigenkapitaltransaktion und damit erfolgsneutral zu behandeln. Dies gilt analog, sofern sich die Anteilsquote an einem TU infolge der **überproportionalen** Teilnahme des MU an einer **effektiven Kapitalherabsetzung** (durch Einziehung von Anteilen) reduziert. 46

(einstweilen frei) 47–49

V. Ausweisregelungen

1. Anteile nicht-beherrschender Gesellschafter

Wird die **vollkonsolidierte Darstellung** von einbezogenen Unternehmen gewählt, sind als Nebenfunktion auch die **Ansprüche von nicht-beherrschenden Gesellschaftern** an der konsolidierten Einheit darzustellen. Die Abbildung dieser anderen Konzerngesellschafter ist abhängig von der zugrunde liegenden Konzeption der wirtschaftlichen Einheit: Wählt man dem ***parent company concept*** folgend den Standpunkt, dass diese aus Sicht der Hauptgesellschafter mangels wirtschaftlicher Kontrolle lediglich als Quasigläubiger am Konzern beteiligt sind, folgt auch die Darstellung der Ansprüche dieser Gruppe dieser Auffassung (*Küting/Harth* BB 1999, 1370 (1370 f)). Der Ausweis der Anteile nicht-beherrschender Gesellschafter erfolgt dann außerhalb des Eigenkapitals, das ausschließlich den Anteil der Gesellschafter des MU am Konzerneigenkapital repräsentiert. Diesem Gedanken waren bis zu den Überarbeitungen der Kapitalkonsolidierungsvorschriften durch die *business combinations*-Projekte des FASB und des IASC/IASB in den 90er Jahren sowohl die Standardsetzer der IFRS als auch der US-GAAP verhaftet (*Küting/Harth* BB 1999, 1370 (1370 f)). 50

Neuere Tendenzen in der angelsächsischen Bilanzierungswelt verfolgen jedoch das ***economic unit concept*** (*pwc* 2015 Rz 24.280.1), welches die Darstellung von Anteilen nicht-beherrschender Gesellschafter innerhalb des Konzerneigenkapitals präferiert (so IFRS 10.BCZ161). In diesem Zusammenhang ist auch IFRS 10.22 zu sehen. Die Anteile nicht-beherrschender Gesellschafter sind als separater Posten innerhalb des Eigenkapitals, aber getrennt vom Eigenkapital der Eigentümer des MU zu erfassen (→ § 12 Rn 130 ff). Der auf die nicht-beherrschenden Gesellschafter entfallende Anteil am Jahreserfolg und am Gesamtergebnis wird in der Gesamtergebnisrechnung separat ausgewiesen (IFRS 10.B94, IAS 1.81B). 51

52 Nach IFRS 10.B94 ist das auf die nicht-beherrschenden Gesellschafter entfallende Gesamtergebnis diesen **vollumfänglich zuzuordnen,** auch für den Fall, dass dieses den Eigenkapitalanteil übersteigt und keine Nachschussverpflichtung besteht (vgl auch *EY* 2015, 482). Dementsprechend ist in diesem Fall der Ausweis eines negativen Anteils nicht-beherrschender Gesellschafter erforderlich.

53 Aus IFRS 10.BCZ162 und IFRS 10.BCZ165 geht hervor, dass der IASB eine Fortschreibung der Anteile nicht-beherrschender Gesellschafter auch im Fall eines Negativsaldos als den sachgerechten Ausweis ansieht und zwar auch dann, wenn eine vertragliche Nachschusspflicht des MU zum Ausgleich der anteiligen Verluste der nicht-beherrschenden Gesellschafter besteht. Nur so kann nach Ansicht des IASB eine Eigenkapitaldarstellung erreicht werden, die mit dem ***econonmic unit concept*** konsistent ist und zum Ausdruck bringt, dass auch die nicht-beherrschenden Gesellschafter anteilig an den Chancen und Risiken des TU beteiligt sind. Etwaige Ansprüche der nicht-beherrschenden Gesellschafter aus Nachschussverpflichtungen des MU sollen hingegen separat bilanziert werden und dürfen nicht die Verteilung des Gesamtergebnisses auf herrschende und nicht-beherrschende Gesellschafter beeinflussen (IFRS 10.BCZ162). Sollte das MU die Bilanzierung der Anteile nicht-beherrschender Gesellschafter abweichend von diesen geltenden Vorschriften entspr den früheren Regelungen des IAS 27 vor Änderung im Jahr 2008 vorgenommen haben, so sieht die Übergangsvorschrift des IFRS 10.C6(a) vor, dass die bilanzierten Gewinn- oder Verlustzuweisungen für Berichtszeiträume vor der erstmaligen Anwendung des IFRS 10.B94 nicht neu festgelegt werden dürfen.

54 Nicht-beherrschende Gesellschafter können im Zusammenhang mit Unternehmenszusammenschlüssen oder in Folgeperioden mit dem berichtenden Unternehmen **Call- oder Put-Optionen** vereinbaren. Je nach Verteilung der Rechte und Pflichten aus diesen Optionen lassen sich vier Fallkonstellationen unterscheiden:

(1) **Erworbene Call-Optionen,** bei denen das berichtende Unternehmen als Optionsinhaber hinsichtlich des Erwerbsrechts von Anteilen und der nicht-beherrschende Gesellschafter als Stillhalter fungieren;

(2) **geschriebene Call-Optionen,** die zu einer Optionsinhaber-Stellung des nicht-beherrschenden Gesellschafters bzgl der Erwerbsberechtigung von Anteilen führen, während das berichtende Unternehmen die Stillhalter-Position ausübt;

(3) **erworbene Put-Optionen,** die das berichtende Unternehmen zur Veräußerung von Anteilen berechtigen, wobei die Stillhalterposition vom nicht-beherrschenden Gesellschafter eingenommen wird;

(4) **geschriebene Put-Optionen,** die den nicht-beherrschenden Gesellschafter zum Verkauf berechtigen und das berichtende Unternehmen als Stillhalter entspr verpflichten.

55 Hinsichtlich der Beurteilung solcher Optionen ist zu unterscheiden zwischen den Auswirkungen auf die Abgrenzung des Konsolidierungskreises und der Darstellung der Optionen als solche in der Konzernrechnungslegung.

Einfluss auf die **Abgrenzung des Konsolidierungskreises** haben sowohl erworbene als auch geschriebene Call-Optionen. Dabei ist innerhalb der Systematik des IFRS 10 zu unterscheiden, ob **aus der möglichen Optionsausübung ein Statuswechsel** für die nicht-beherrschenden Gesellschafter bzw das berichtende Unternehmen resultiert oder nicht.

56 IFRS 10.B47 ff sehen explizite Regelungen nur für **erworbene Call-Optionen** vor. Danach sind bei Existenz von Eigenkapitalinstrumenten, die potenziell zu einem Stimmrecht führen können, diese potenziellen Stimmrechte *(potential voting rights)* bei der Beurteilung heranzuziehen, ob eine Beherrschung

des Unternehmens auch bei einer aktuellen Anteilsquote von weniger als 50% vorliegt, sofern diese Rechte substanziell sind (vgl → § 30 Rn 36 ff). Entspr kann das Vorliegen von **geschriebenen Call-Optionen** dazu führen, dass ein potenzielles TU trotz einer aktuellen Anteilsquote von mehr als 50% der Stimmrechte nicht beherrscht wird und damit nicht in den Konsolidierungskreis einzubeziehen ist. Demgegenüber nehmen weder erworbene noch geschriebene Put-Optionen Einfluss auf die Abgrenzung des Konsolidierungskreises, da nach IFRS 10 hinsichtlich des *control*-Kriteriums auf die Möglichkeit der Beherrschung abgestellt wird. Put-Optionen beeinflussen die Beherrschungsmöglichkeit jedoch allenfalls ab dem Zeitpunkt ihrer Ausübung. Damit führt die Existenz von Put-Optionen nicht zu einer unmittelbaren Auswirkung auf die Konsolidierungspflicht von TU aus Sicht des berichtenden Unternehmens (glA *Lüdenbach/Hoffmann/Freiberg* IFRS § 32 Rz 166; aA *Schwarzkopf/Hachmeister* WPg 2015, 533 (534 f)).

Explizite Regelungen hinsichtlich der Auswirkungen von **Put-Optionen** auf eine Einbeziehungspflicht in den Konsolidierungskreis enthält IFRS 10 nicht.

Hinsichtlich der Bilanzierung von Put- und Call-Optionen auf Anteile nicht beherrschender Gesellschafter ist wie folgt zu differenzieren: **Geschriebene Call-** sowie **erworbene Put-Optionen** betreffend Anteile nicht-beherrschender Gesellschafter an TU sind entspr IAS 39.2(a) iVm IAS 39.2(g)/IFRS 9.2.1(a)) erfolgswirksam als finanzieller Vermögenswert (Ausübungspreis ist größer als beizulegender Zeitwert der Anteile bei erworbenen Put-Optionen) oder finanzielle Verbindlichkeit (Ausübungspreis ist kleiner als beizulegender Zeitwert der Anteile bei geschriebenen Call-Optionen) zu bilanzieren, sofern es sich nicht um Eigenkapitalinstrumente handelt (*Lüdenbach/Hoffmann/Freiberg* IFRS § 32 Rz 169). 57

Sind mit den potenziellen Stimmrechten aus **erworbenen Call-Optionen** bereits gegenwärtig Rückflüsse an das berichtende Unternehmen verbunden, die einer Anteilseignerposition ***(present ownership)*** entsprechen, so ist gem IFRS 10.B90 in diesen Fällen bei der Konsolidierung eine Anteilsquote zu berücksichtigen, welche die mit den Rückflüssen verbundenen potenziellen Stimmrechte einbezieht. 58

Als Kriterien für eine Bestimmung, ob *present ownership* des berichtenden MU vorliegt bzw wem der wirtschaftliche Nutzen zufließt, werden die nachfolgenden genannt (*EY* 2015, 484 f, 487):

(1) **Preisgestaltung:** Ist der Ausübungspreis der Option fix oder bestimmt und *deeply in the money* bei Optionserwerb, ist dies ein Indikator dafür, dass die Chancen und Risiken auf das MU übergegangen sind;

(2) **Stimmrechte und Entscheidungsbefugnisse:** Sofern die mit den Anteilen verbundenen Stimmrechte und Entscheidungsbefugnisse beschränkt sind, ist dies ein Indikator dafür, dass die Chancen und Risiken auf den Konzern (MU) übergegangen sind;

(3) **Dividendenrechte**: Sofern mit den Anteilen verbundene Dividendenrechte beschränkt sind oder ausgeschüttete Dividenden zu einer korrespondierenden Anpassung des Ausübungspreises führen, ist dies ein Indikator dafür, dass die Chancen und Risiken auf den Konzern (MU) übergegangen sind;

(4) **Gleichzeitige Ausgabe von Put-Optionen:** Sofern eine Kombination von Put- und Call-Optionen existiert mit gleicher Ausübungsfrist und zu vergleichbaren (fixen) Ausübungspreisen, so ist dies ein Indikator dafür, dass es sich hierbei um einen *forward contract* handelt und damit die Chancen und Risiken auf das MU übergegangen sind.

Von einer ***present ownership*** des MU kann bspw dann ausgegangen werden, 59
wenn der Ausübungspreis der Option fix ist und eine Vereinbarung zwischen

dem MU und den nicht-beherrschenden Gesellschaftern besteht, dass keine Dividendenausschüttungen erfolgen (*EY* 2015, 484). Ebenso impliziert das Vorliegen einer Kombination von Put- und Call-Optionen, die Gemeinsamkeiten hinsichtlich Ausübungspreis und Ausübungszeitraum aufweisen, einen Übergang des Nutzens iSe *present ownership* (*Schwarzkopf/Hachmeister* WPg 2015, 533 (536)). Die genannten Indikatoren müssen nicht kumulativ erfüllt sein, es sind vielmehr alle Faktoren und Umstände einzelfallabhängig zu würdigen (vgl hierzu auch die Beurteilung einer Kaufoption zum Erwerb nicht-beherrschender Anteile im Zusammenhang mit hiermit verbundenen Geschäftsführungstätigkeiten beim erworbenen TU bei *Senger* IRZ 2013, 49 (49f)). Sind die **Kriterien** der *present ownership* als **erfüllt** anzusehen und alle Anteile nicht-beherrschender Gesellschafter mit einer derartigen Call-Option belegt, erfolgt die Erstkonsolidierung auf der Grundlage von 100% der Anteile an dem betreffenden TU; ein Ausweis von Anteilen nicht-beherrschender Gesellschafter unterbleibt mithin systemimmanent. Zudem hat der Erwerber eine finanzielle Verbindlichkeit iSe **bedingten Gegenleistung/Kaufpreiszahlung** *(contingent consideration)* in Höhe des Barwerts des Ausübungsbetrags anzusetzen, deren wertmäßige Veränderungen in Folgeperioden erfolgswirksam zu erfassen sind. Wird die erworbene Call-Option ausgeübt, ist die finanzielle Verbindlichkeit erfolgsneutral gegen die abgehenden Zahlungsmittel auszubuchen. Bei Verfall der Option ist die Transaktion hingegen wie eine Teilveräußerung und damit erfolgsneutral als Eigenkapitaltransaktion zu bilanzieren, indem der Differenzbetrag zwischen der abgehenden finanziellen Verbindlichkeit und den nunmehr zu berücksichtigenden Anteilen nicht-beherrschender Gesellschafter erfolgsneutral mit den auf die Anteile des MU entfallenden Konzernrücklagen verrechnet wird (zur Bilanzierung von Teilveräußerungen s ausführlich → Rn 42ff). Bei gleichzeitigem Bestehen von erworbener Call- und geschriebener Put-Option mit den gleichen oder annähernd gleichen Optionsbedingungen wird die finanzielle Verbindlichkeit bereits durch die Bilanzierung der Put-Option abgebildet (vgl → Rn 62), sodass es in einem solchen Fall keiner zusätzlichen Bilanzierung einer finanziellen Verbindlichkeit für die Call-Option bedarf (*Lüdenbach/Hoffmann/Freiberg* § 32 Rz 172; *pwc* 2015 Rz 24.278).

60 Sofern die **erworbene Call-Option** auf Anteile nicht-beherrschender Gesellschafter an TU aufgrund ihrer Bedingungen **keine *present ownership*** begründet, ist sie grds in Übereinstimmung mit IFRS 10.B91 nach IAS 39 bzw IFRS 9 als **finanzieller Vermögenswert** zu bilanzieren, dessen Wertänderungen erfolgswirksam zu erfassen sind. Wird die Call-Option ausgeübt, ist ihr beizulegender Zeitwert in die Anschaffungskosten für den Erwerb der Anteile nicht-beherrschender Gesellschafter einzurechnen. Der Anteilserwerb ist dabei entspr IFRS 10.B96 als Teilerwerb von Anteilen nicht-beherrschender Gesellschafter und damit erfolgsneutral als Eigenkapitaltransaktion zwischen den Anteilseignern zu bilanzieren (→ § 34 Rn 200). Verfällt die Option, hat eine aufwandswirksame Ausbuchung zu erfolgen.

Erfüllt eine **erworbene Call-Option** hingegen die Voraussetzungen an **Eigenkapitalinstrumente,** sind ihre Anschaffungskosten gegen das Konzerneigenkapital zu verrechnen (s IAS 32.IE15). Eine wertmäßige Anpassung dieses Betrags in Folgeperioden erfolgt unabhängig von der Ausübung der Call-Option nicht; die Bilanzierung des Erwerbs der Anteile nicht-beherrschender Gesellschafter bei Ausübung der Option erfolgt entspr den unter → § 34 Rn 253ff dargestellten Regeln.

61 **Geschriebene Put-Optionen** auf Anteile nicht-beherrschender Gesellschafter an TU im Zusammenhang mit Unternehmenserwerben stellen ebenso wie Andienungsrechte von nicht-beherrschenden Gesellschaftern bei PerGes aus Konzernsicht Verträge zum Kauf eigener Eigenkapitalinstrumente dar (*IFRIC* Update November 2006, 8). Folglich ist im Zeitpunkt ihrer Entstehung eine finanzielle Verbindlichkeit in Höhe des Barwerts des Rückkaufsbetrags zu Lasten des Eigenkapitals einzubuchen (IAS 32.23, IAS 32.AG29). Hinsichtlich der konkreten Bilanzierung werden im Wesentlichen zwei unterschiedliche Ansätze diskutiert und unter mehr oder weniger restriktiven Bedingungen für zulässig gehalten.

Einerseits können Put-Optionen nicht-beherrschender Gesellschafter als **be- 62
dingte Kaufpreiszahlungen** angesehen werden. Dieser Sichtweise – auch als „antizipierte Erwerbsmethode" (IDW RS HFA 45 Rz 55f; *Pütz/Laubach,* WPg 2009, 943 (945)) bezeichnet – liegt die Prämisse zugrunde, dass es sich um die Anpassung von Anschaffungskosten eines Unternehmenszusammenschlusses handelt, die abhängig von zukünftigen Ereignissen ist. Die Bilanzierung richtet sich sodann nach den Regeln für bedingte Kaufpreiszahlungen gem IFRS 3.40 iVm IAS 39/IFRS 9. Dies bedeutet für die **erstmalige Bilanzierung,** dass die finanzielle Verbindlichkeit einen Teil der übertragenen Gegenleistung für die Anteile darstellt. Im Konzerneigenkapital wird kein Anteil nicht-beherrschender Gesellschafter für die Anteile, die mit einer Put-Option ausgestattet sind, ausgewiesen. Vielmehr wird das auf die nicht-beherrschenden Gesellschafter entfallende Nettovermögen vom Eigen- ins Fremdkapital umgegliedert und als (Teil der) Finanzschuld aus der Verkaufsoption ausgewiesen *(one credit approach).* Da die finanzielle Verbindlichkeit aus der Verkaufsoption stets zum Barwert des erwarteten Kaufpreises anzusetzen ist, wird in Höhe der Differenz zwischen diesem Barwert und dem umgegliederten (Minderheiten-)Eigenkapitalanteil auf der Aktivseite ein Geschäfts- oder Firmenwert angesetzt (Barwert des erwarteten Kaufpreises ist größer als der Anteil der nicht-beherrschenden Gesellschafter am Nettovermögen des TU) bzw die Konzerngewinnrücklage erhöht (Barwert des erwarteten Kaufpreises ist kleiner als der Anteil der nicht-beherrschenden Gesellschafter am Nettovermögen des TU). Die erstmalige Berücksichtigung der Verkaufsoption erfolgt stets erfolgsneutral.

Im Rahmen der **Folgebilanzierung** ist dann zu beachten, dass 63

(1) Bewertungsänderungen der finanziellen Verbindlichkeit aufgrund der Variabilität der Ausübungsbedingungen entspr den Regeln zu bedingten Kaufpreiszahlungen nach IFRS 3.40 iVm IAS 39/IFRS 9 **erfolgswirksam** zu erfassen sind, sofern sie gem IFRS 3.39 wahrscheinlich sind und verlässlich bewertet werden können (glA *Pütz/Laubach,* WPg 2009, 943 (950f); dies hat das IFRSIC auch in seiner Draft Interpretation DI/2012/2 *Put Options Written on Non-controlling Interests* bestätigt; → Rn 150),
(2) Aufzinsungen oder Anpassungen der finanziellen Verbindlichkeit aufgrund von Zinsänderungen in späteren Perioden aufwandswirksam als Finanzierungskosten zu erfassen sind,
(3) Anteile nicht-beherrschender Gesellschafter am Gewinn des TU aufwandswirksam im Finanzaufwand als Teil der Erhöhung der Verbindlichkeit aus Verkaufsoptionen berücksichtigt werden (IAS 32.35),
(4) die Ausübung der Verkaufsoption einen erfolgsneutralen Vorgang darstellt, bei dem die finanzielle Verbindlichkeit erfolgsneutral gegen die abgehenden Zahlungsmittel (bzw die nunmehr erworbenen Anteile (Finanzanlagen)) ausgebucht werden,
(5) bei Verfall der Put-Option die Bilanzierung nach den Regeln der Teilveräußerung von weiterhin beherrschten TU erfolgsneutral zu erfolgen hat, indem jeglicher Differenzbetrag zwischen der abgehenden finanziellen Verbindlichkeit und dem nunmehr zu berücksichtigenden Anteil nicht-beherrschender Gesellschafter erfolgsneutral mit dem auf die Anteile des MU entfallenden Konzerneigenkapital zu verrechnen ist.

64 Bei dieser Art der Bilanzierung werden die Put-Optionen so bilanziert, als seien sie **bereits ausgeübt** worden. Die Behandlung von Put-Optionen als bedingte Kaufpreiszahlungen ist zwingend anzuwenden, sofern die Chancen und Risiken in Bezug auf die Anteile bspw aufgrund von Festpreisvereinbarungen etc auf das MU übergegangen sind ***(present ownership;*** zu den Kriterien → Rn 58). Aufgrund des Fehlens eindeutiger Regelungen innerhalb von IAS 32 kann eine solche Voraussetzung uE jedoch nicht als zwingend für diese Form der Bilanzierung angesehen werden; vielmehr ist die antizipierte Erwerbsmethode auch dann anwendbar, wenn die nicht-beherrschenden Gesellschafter über den wirtschaftlichen Nutzen aus den mit einer Put-Option belegten Anteilen verfügen (glA *EY* 2015, 487; *Pütz/Laubach,* WPg 2009, 943 (946)). Erfolgte die Einräumung der Put-Optionen noch im Zusammenhang mit Unternehmenzusammenschlüssen in Geschäftsjahren, die vor dem 1. Juli 2009 begannen, und erfolgte in diesen Fällen eine Bilanzierung nach den Regelungen für bedingte Kaufpreiszahlungen gem IFRS 3.35 (2004), so ist die erfolgsneutrale Berücksichtigung der Veränderung der finanziellen Verbindlichkeit zugunsten/Lasten eines aus der Erstkonsolidierung dieser Anteile resultierenden Geschäfts- oder Firmenwerts unter entspr Anwendung der Übergangsregelungen der IFRS 3.65Aff auch in Folgeperioden beizubehalten (s ausführlich *Pütz/Laubach* WPg 2009, 943 (952ff)).

65 Hat **kein Übergang der *present ownership*** auf das MU stattgefunden, können Put-Optionen nicht-beherrschender Gesellschafter alternativ als **Finanzinstrument** betrachtet werden. In diesem Fall richtet sich die Bilanzierung nach den allgemeinen Regeln für Put-Optionen auf Eigenkapitalinstrumente gem IAS 39/ IFRS 9. Die finanzielle Verbindlichkeit wird bei der **erstmaligen Bilanzierung** in Höhe des Barwerts des Ausübungspreises erfolgsneutral zu Lasten des auf die Anteilseigner des MU entfallenden Konzerneigenkapitals eingestellt. Bis es zu einer Ausübung der Put-Option kommt, wird im Konzerneigenkapital weiterhin ein Ausweis für die Anteile nicht-beherrschender Gesellschafter, die mit einer Put-Option ausgestattet sind, vorgenommen. Auch in diesem Fall erfolgt die erstmalige Berücksichtigung der Verkaufsoption stets erfolgsneutral. Infolge der parallelen Erfassung und Fortschreibung der finanziellen Verbindlichkeit einerseits und der Anteile nicht-beherrschender Gesellschafter andererseits wird diese Vorgehensweise auch als „Doppelerfassungsmethode“ (*Pütz/Laubach* WPg 2009, 943 (945)) bezeichnet.

66 Im Rahmen der **Folgebilanzierung** ist in diesem Fall zu beachten, dass

(1) Bewertungsänderungen der finanziellen Verbindlichkeit aufgrund der Variabilität der Ausübungsbedingungen aufwandswirksam als Finanzierungsaufwand zu erfassen sind,

(2) Aufzinsungen oder Anpassungen der finanziellen Verbindlichkeit aufgrund von Zinsänderungen in späteren Perioden aufwandswirksam als Finanzierungskosten zu erfassen sind,

(3) Anteile nicht-beherrschender Gesellschafter am Gewinn des TU in der Gesamtergebnisrechnung/GuV als Gewinnverwendung berücksichtigt werden,

(4) bei Ausübung der Verkaufsoption in Höhe der abgehenden Verbindlichkeit erfolgsneutral das auf die Anteilseigner des MU entfallende Konzerneigenkapital zu erhöhen ist. Zugleich hat die Bilanzierung der zugekauften Anteile nach den Regeln des Teilerwerbs von Anteilen nicht-beherrschender Gesellschafter gem IFRS 10.B96 (→ § 34 Rn 200) stets als reine Eigenkapitaltransaktion zu erfolgen,

(5) bei Verfall der Put-Option in Höhe der abgehenden Verbindlichkeit erfolgsneutral das auf die Anteilseigner des MU entfallende Konzerneigenkapital erhöht wird.

Beide Darstellungsweisen **unterscheiden** sich also nicht hinsichtlich der erfolgsneutralen Erfassung innerhalb der erstmaligen Bilanzierung und der Tatsache, dass die geschriebenen Verkaufsoptionen gem IAS 32.23 stets als finanzielle Verbindlichkeit in Höhe des Barwerts des Ausübungspreises zu bilanzieren sind. Unterschiede bestehen jedoch in der Gegenbuchung des Erfassungsbetrags. Zusätzlich zu den beiden dargestellten werden im Schrifttum **weitere Bilanzierungsalternativen** für zulässig gehalten, die sich insbes durch eine erfolgsneutrale Erfassung der Bewertungsänderungen betreffend die finanzielle Verbindlichkeit auszeichnen (vgl *EY* 2015, 489 ff sowie zur Ablehnung dieser Vorgehensweise durch das IFRSIC im Rahmen seiner Draft IFRIC Interpretation DI/2012/2 *Put Options Written on Non-controlling Interest* → Rn 152). Unabhängig davon, welche Bilanzierungsalternative im Fall des fehlenden Übergangs von *present ownership* angewendet wird, ist diese Vorgehensweise **stetig** auf alle vergleichbaren Sachverhalte anzuwenden. 67

Die dargestellten Ausführungen zur Bilanzierungsweise gelten analog, sofern die geschriebenen Put- und erworbenen Call-Optionen betreffend Anteile nicht-beherrschender Gesellschafter nicht bereits im Zusammenhang mit Unternehmenszusammenschlüssen iSv IFRS 3, sondern erst zu einem **späteren Zeitpunkt** vereinbart werden. In diesem Fall sind die Optionen jedoch bei (unterstellter) Ausübung stets als Erwerb von Anteilen nicht-beherrschender Gesellschafter zu bilanzieren und damit gem IFRS 10.B96 als erfolgsneutrale Eigenkapitaltransaktionen zu erfassen (→ Rn 45). 68

Dies wird in dem folgenden Beispiel deutlich:

Beispiel: Das berichtende Unternehmen MU hält einen 70%-Anteil an TU. Die verbleibenden 30% werden von Z gehalten. Am 1. Januar 20X1 schreibt MU eine Put-Option, die Z das Recht gewährt, bis zum 31. Dezember 20X2 seinen Anteil MU für einen Betrag von T€ 1.000 anzudienen. Zusätzlich zu diesem Betrag ist ein Zuschlag bei der Optionsausübung von MU an Z zu zahlen für den Fall, dass der Gewinn von TU einen bestimmten Mindestbetrag für die Jahre 20X1 und 20X2 überschreitet. Für die Gewährung der Put-Option erhält MU einen Betrag von T€ 100. Die aus der Put-Option resultierende Finanzschuld unterliegt einer Abzinsungsrate von 6% pa.

Zu Beginn der Optionslaufzeit geht MU davon aus, dass eine Optionsausübung zum Sockelbetrag von T€ 1.000 wahrscheinlich ist. Aufgrund der guten Ertragslage von TU erhöht sich diese Einschätzung zum 31. Dezember 20X1 auf einen Ausübungspreis von T€ 1.200. Dieser Wert bleibt für den Rest der Optionslaufzeit unverändert. Am 31. Dezember 20X1 und am 31. Dezember 20X2 beläuft sich der Anteil von Z am Eigenkapital von TU auf T€ 600 und das Netto-Eigenkapital von TU auf T€ 2.000.

Bei einer Behandlung der Put-Option als ***contingent consideration*** (antizipierte Erwerbsmethode) sind damit folgende Buchungen vorzunehmen:

Zum **1. Januar 20X1** (Beginn der Optionslaufzeit):		
Per:	Eigenkapital TU (auf Anteil nicht-beherrschender Gesellschafter mit Put-Option entfallend)	600
	Kasse (erhaltene Optionsprämie)	100
	Konzerngewinnrücklagen	190
An:	Finanzschuld (T€ 1.000 abdiskontiert mit 6% über 2 Jahre)	890
	Zum **31. Dezember 20X1**:	
Per:	Zinsaufwand (6% × 890)	53
	Finanzaufwand	189
An:	Finanzschuld (1.200 abdiskontiert mit 6% über ein Jahr abzüglich Vorjahreswert)	242
Zum **31. Dezember 20X2** (bei **Nichtausübung der Option**):		
Per:	Zinsaufwand (6% × 1.132)	68
	Finanzschuld (1.200 abzüglich 68)	1.132
An:	Eigenkapital (Anteil nicht-beherrschender Gesellschafter)	600
	Konzerngewinnrücklagen	600

Zum **31. Dezember 20X2** (bei **Ausübung der Option**):

Per:	Zinsaufwand (6% × 1.132)	68
	Finanzschuld	1.200
An:	Finanzschuld (1.200 abzüglich 1.132)	68
	Kasse (Optionsausübungspreis)	1.200

Ein Abgang der Anteile nicht-beherrschender Gesellschafter ist bei Optionsausübung nicht vorzunehmen, da dieser bereits zu Beginn der Optionslaufzeit erfasst wurde.

Wird die Put-Option hingegen als **Finanzinstrument** behandelt, ergeben sich folgende Buchungen:

Zum **1. Januar 20X1** (Beginn der Optionslaufzeit):

Per:	Konzerngewinnrücklagen	790
	Kasse (erhaltene Optionsprämie)	100
An:	Finanzschuld (1.000 abdiskontiert mit 6% über 2 Jahre)	890

Zum **31. Dezember 20X1**:

Per:	Zinsaufwand (6% × 890)	53
	Finanzaufwand	189
An:	Finanzschuld (1.200 abdiskontiert mit 6% über ein Jahr abzüglich Vorjahreswert)	242

Zum **31. Dezember 20X2** (bei **Nichtausübung der Option**):

Per:	Zinsaufwand (6% × 1.132)	68
	Finanzschuld (1.200 abzüglich 68)	1.132
An:	Konzerngewinnrücklagen	1.200

Zum **31. Dezember 20X2** (bei **Ausübung der Option**):

Per:	Zinsaufwand (6% × 1.132)	68
	Finanzschuld	1.200
	Eigenkapital (Anteil nicht-beherrschender Gesellschafter)	600
An:	Finanzschuld (1.200 abzüglich 1.132)	68
	Kasse (Optionsausübungspreis)	1.200
	Eigenkapital	600

In diesem Fall kommt es erst im Zeitpunkt der Ausübung der Option zu einem Abgang der Anteile nicht-beherrschender Gesellschafter.

2. Behandlung eines konsolidierungsbedingten Unterschiedsbetrags

69 Für den **Geschäfts- oder Firmenwert** bietet sich aufgrund des Charakters als nicht-körperlicher Vermögenswert ein Ausweis unter dem Pflichtposten **immaterielle Vermögenswerte** (IAS 1.54(c)) an. Eine Pflicht zum Ausweis in einem separaten Hauptposten kann hingegen mit den Vorschriften des IFRS 10 bzw IFRS 3 zunächst nicht begründet werden. Wenn es sich indes um einen wesentlichen Bestandteil der Bilanz handelt, kommt auch ein **gesonderter Posten** oder ein **Unterposten zu den immateriellen Vermögenswerten** in Frage. Dies gebietet dann die Gewährleistung einer fairen Darstellung der Vermögenslage (IAS 1.57; → § 2 Rn 44). IAS 38.107 schreibt explizit vor, dass im Rahmen der Folgebilanzierung nach der erstmaligen Erfassung **keine planmäßigen Abschreibungen** auf den Geschäfts- oder Firmenwert vorgenommen werden dürfen. Stattdessen ist der Geschäfts- oder Firmenwert mindestens einmal jährlich auf die Notwendigkeit einer Wertminderung zu untersuchen (vgl IAS 36.90; → § 27 Rn 6).

70 Nach den Regelungen des IFRS 3 ist ein **negativer Unterschiedsbetrag aus der Kapitalkonsolidierung** nach Überprüfung der Kaufpreisallokation unmittelbar ertragswirksam zu vereinnahmen (IFRS 3.34) und unter den sonstigen betrieblichen Erträgen auszuweisen; bei wesentlichen Beträgen kann unter dem Gesichtspunkt der fairen Darstellung der Ertragslage der Ausweis als separater Posten notwendig sein.

VI. Kapitalkonsolidierung bei mehrstufigen Konzernstrukturen

Die Kapitalkonsolidierung bei mehrstufigen Konzernstrukturen wird in IFRS 3 **nicht gesondert** geregelt. In Teilen der Literatur wird daraus geschlossen, dass sich die Kapitalkonsolidierung im mehrstufigen Konzern nicht von der eines zweistufigen Konzerns unterscheidet (so *Heuser/Theile* Rz 5830). Andere Literaturquellen sehen Problembereiche insbes hinsichtlich der Frage, inwieweit ein Geschäfts- oder Firmenwert vollständig oder nur anteilig mit der durchgerechneten Anteilsquote des MU aufgedeckt werden darf (so *Lüdenbach/Hoffmann/Freiberg* IFRS § 31 Rz 179). 71

Eine mehrstufige Konzernstruktur kann entstehen, indem ein TU eine Enkelgesellschaft erwirbt. In diesem Fall ist bei **indirekten Anteilen nicht-beherrschender Gesellschafter** der auf den Erwerbsvorgang anzuwendende effektive Eigenanteil zu bestimmen. Während die Ausübung der Option des IFRS 3.19 iVm IFRS 3.B44f keinen Einfluss auf die Berechnung der Quote indirekter Fremdanteile bei Erwerbsvorgängen in mehrstufigen Konzernstrukturen hat, ist hinsichtlich der Höhe der gesondert auszuweisenden Anteile nicht-beherrschender Gesellschafter zu beachten, ob die *full-goodwill*-Methode oder die *partial-goodwill*-Methode im Rahmen der Erstkonsolidierung zur Anwendung gekommen ist. 72

Eine mehrstufige Konzernstruktur kann auch entstehen, indem ein MU Anteile am MU eines Teilkonzerns erwirbt. In diesem Fall stellt sich zusätzlich die Frage, ob im Zuge dieser Transaktion von einem oder ggf mehreren Unternehmenserwerben auszugehen ist. Von der Beantwortung dieser Frage hängt ab, ob beim **Erwerb eines Teilkonzerns** nur ein Unterschiedsbetrag (*Haegler* PiR 2009, 191 (193)) oder ggf mehrere (so *Kessler ua* PiR 2007, 125 (128 ff)) Unterschiedsbeträge (Geschäfts- oder Firmenwerte als auch negative Unterschiedsbeträge) ermittelt werden müssen (ausführlich → § 34 Rn 31 f). 73

1. Multiplikative Berechnung des effektiven Eigenanteils

Bei einer einstufigen Konzernstruktur ist die Ermittlung der auf die nicht-beherrschenden Gesellschafter entfallenden Kapitalanteile unmittelbar möglich. Liegen hingegen mehrstufige Konzernstrukturen vor, so sind neben den direkten auch **indirekte Anteile von nicht-beherrschenden Gesellschaftern** am Eigenkapital von Konzernunternehmen zu berücksichtigen. 74

Die dabei anzuwendende Vorgehensweise ist in IFRS 10 nicht explizit geregelt. Ausgehend von der Sicht des Konzerns als einheitliches Rechnungslegungsobjekt kommt bei der Berücksichtigung von indirekten Anteilen nicht-beherrschender Gesellschafter nur eine **multiplikative Verknüpfung** zur Ermittlung der Konzernbeteiligungsquote in Betracht.

Beispiel: Das MU M ist mit 80% an der Zwischenholding ZH beteiligt. 20% an ZH werden von Fremdgesellschaftern gehalten. Die Zwischenholding ihrerseits ist mit 70% an dem Konzernunternehmen K beteiligt.

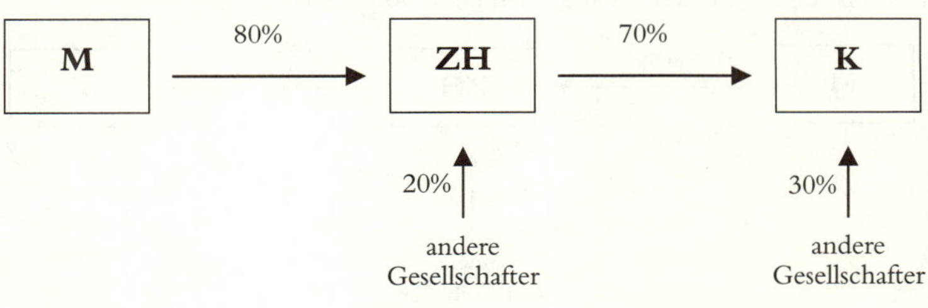

Aus Sicht des MU M sind somit zunächst direkte Anteile nicht-beherrschender Gesellschafter an ZH in Höhe von 20% zu berücksichtigen. Hinsichtlich des Konzernunternehmens K beläuft sich der **Anteil von nicht-beherrschenden Gesellschaftern auf insgesamt 44%** (= 30% direkt + (20% × 70%) indirekt).

75 Konsolidierungstechnisch kann die Aufteilung des Eigenkapitals lt HB II der jeweiligen einbezogenen Konzernunternehmen in den Eigenanteil und den auf die nicht-beherrschenden Gesellschafter entfallenden Anteil entweder im Wege der **Simultankonsolidierung** oder im Wege der **Kettenkonsolidierung** erfolgen. Letztere führt jedoch bei Vorliegen von indirekten Fremdanteilen nur dann zu einem zutreffenden Ergebnis, wenn die **Ausgleichsposten für Anteile nicht-beherrschender Gesellschafter aus Vorstufen** auf der jeweils nächst höheren Stufe nicht als konsolidierungspflichtiges Kapital betrachtet werden. Vielmehr müssen diese Posten (zunächst) unverändert bis zur Konzernebene fortgeführt werden. Damit ist bei einer multiplikativen Ermittlung der Konzernbeteiligungsquote grds das Eigenkapital der HB II der Zwischenholding zur Bestimmung des konsolidierungspflichtigen Kapitals und zur Berechnung der auszuweisenden Anteile nicht-beherrschender Gesellschafter auf Konzernebene heranzuziehen.

Aufgrund der nach IFRS 3 verpflichtenden Anwendung der vollständigen **Neubewertungsmethode** ist die Zuweisung der anteiligen Vermögenswerte und Schulden zum Ausgleichsposten für nicht-beherrschende Gesellschafter unter Berücksichtigung der zuvor ermittelten effektiven Anteilsquote unproblematisch.

Die Frage, ob **indirekte Anteile** nicht-beherrschender Gesellschafter bei der Ermittlung eines **Geschäfts- oder Firmenwerts** zu berücksichtigen sind, ist weder in IFRS 10 noch in IFRS 3 explizit geregelt und wird daher im Fall des Verzichts auf die Ausübung der Option zur *full-goodwill*-Methode kontrovers diskutiert. Teilweise wird die Auffassung vertreten, mangels expliziter Reglungen in IFRS 3 bestehe im mehrstufigen Konzern bei Nichtausübung der *full-goodwill*-Methode ein faktisches Wahlrecht, den Geschäfts- oder Firmenwert unterer Ebenen nur quotal, also gekürzt um den auf die nicht-behrrschenden Gesellschafter entfallenden Anteil am Geschäfts- oder Firmenwert, auszuweisen (so *Müller/Kreipl* KoR 2010, 280 (283 f)). Unter Berufung auf die Einheitstheorie des Konzerns wird andererseits die Ansicht vertreten, dass der Geschäfts- oder Firmenwert unterer Ebenen zwingend zu 100% zu bilanzieren sei (*Haegler* PiR 2009, 191 (192 f)). Diese, von der Einheitstheorie geprägte Sichtweise eines grds ungekürzten Ausweises des Geschäfts- oder Firmenwerts, dh einschließlich des auf die indirekten nicht-beherrschenden Gesellschafter entfallenden Anteils, scheint auch die vom IASB beabsichtigte Sichtweise zu sein (vgl IFRS 3.BC207; *pwc* 2015 Rz 24.250; *Deloitte* 2015, 1903 Example 9.1.2). Der Einheitstheorie folgend sollte somit dieser ungekürzten Bilanzierung des Geschäfts- oder Firmenwerts der Vorzug gegeben werden. Dies soll anhand des folgenden Beispiels verdeutlicht werden:

Beispiel: Das MU M ist mit 80% an der Zwischenholding ZH beteiligt. 20% an ZH werden von Fremdgesellschaftern gehalten. Die Zwischenholding erwirbt ihrerseits 100% an der Enkelgesellschaft E zu einem Kaufpreis von T€ 100 bei einem neubewerteten Nettovermögen von E im Erwerbszeitpunkt in Höhe von T€ 80.

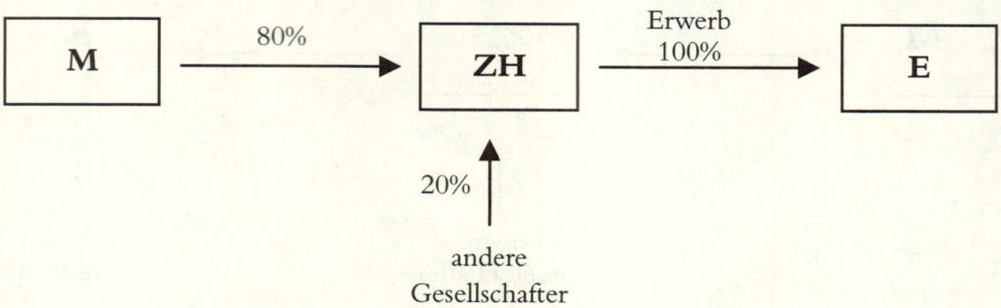

Wenn die Option zur Anwendung der *full-goodwill*-Methode **ausgeübt** wird, ist der ungekürzte Geschäfts- oder Firmenwerts unter Berücksichtigung der indirekten Anteile nicht-beherrschender Gesellschafter auszuweisen, da der Geschäfts- oder Firmenwert konzeptionell auch sämtliche Anteile nicht-beherrschender Gesellschafter mit abdeckt.

Wenn die Option **nicht** ausgeübt wird, ergibt sich aus Sicht der Zwischenholding ZH ein Geschäfts- oder Firmenwert iHv T€ 20, der 100% des Unterschieds zwischen den Anschaffungskosten des Unternehmenserwerbs (T€ 100) und dem aufzurechnenden Eigenkapital von E nach Kaufpreisallokation (T€ 80) umfasst. Aus Sicht des Gesamtkonzerns werden lediglich 80% des Nettovermögens von E erworben; 20% des Nettovermögens stehen den nicht-beherrschenden Gesellschaftern zu. Der Einheitstheorie folgend stehen den nicht-beherrschenden Gesellschaften aber auch 20% des Geschäfts- oder Firmenwerts aus der Transaktion zu, sodass auch im Gesamtkonzern aus Sicht M derselbe 100%ige Geschäfts- oder Firmenwert in Höhe von T€ 20 wie aus Sicht der Zwischenholding ZH auszuweisen ist, wobei 20% des so bilanzierten Geschäfts- oder Firmenwerts den (indirekten) Anteilen nicht-beherrschender Gesellschafter zuzuweisen sind.

Damit ist die Höhe des aus dem Erwerb eines Unternehmens auf einer nachgelagerten Konzernstufe auszuweisenden Geschäfts- oder Firmenwerts aus Gesamtkonzernsicht in beiden Fällen identisch und folglich in Bezug auf die indirekten Anteile nicht-beherrschender Gesellschafter unabhängig von der Ausübung der Option zur Anwendung der *full-goodwill-Methode* auf zwischengeschalteten Konzernstufen. Dies gilt zumindest dann, wenn bei Anwendung der *partial-goodwill-Methode* eine einheitstheoretische Sichtweise zugrunde gelegt wird.

2. Zurechnung von sonstigen Konsolidierungseffekten

Neben der Berücksichtigung indirekter Anteile nicht-beherrschender Gesellschafter bei der Ermittlung der Konzernbeteiligungsquote und Fragen der Kapitalkonsolidierung ergeben sich Besonderheiten bei mehrstufigen Konzernstrukturen hinsichtlich der Partizipation von nicht-beherrschenden Gesellschaftern an sonstigen **konsolidierungsbedingten Effekten.** Diese können resultieren aus 76

(1) der Schuldenkonsolidierung,
(2) der Zwischenergebniseliminierung,
(3) der Abgrenzung latenter Steuern auf Konsolidierungsmaßnahmen,
(4) der Konsolidierung konzerninterner Gewinnausschüttungen.

Die Eigenkapitalauswirkungen dieser Konsolidierungsmaßnahmen sind uE ebenfalls nach Maßgabe der effektiven Beteiligungsquote der **Anteile nicht-beherrschender Gesellschafter** diesen **zuzuordnen** (so auch *Förschle/Hoffmann* in BeBiKo § 307 HGB Rz 81). Es ergeben sich insoweit keine Besonderheiten ggü der deutschen handelsrechtlichen Literatur.

C. Schuldenkonsolidierung

I. Gegenstand der Schuldenkonsolidierung

Der wirtschaftlichen Einheit des Konzerns folgend, sind alle aus dem Summenabschluss übernommenen Ansprüche und Verpflichtungen, die zwischen den in den Konzernabschluss einbezogenen Konzernunternehmen bestehen, in voller Höhe zu eliminieren (IFRS 10.B86(c)). Dabei erstreckt sich die Schuldenkonsolidierung neben der **Konzernbilanz** auch auf alle im **Konzernanhang** gemachten Angaben. 77

Ziel der Konsolidierungsmaßnahmen in diesem Bereich ist es, in der Konzernbilanz und im Konzernanhang nur die Geschäftsvorfälle abzubilden, die auch in einem rechtlich einheitlichen Unternehmen zum Ausweis kämen.

Die Schuldenkonsolidierung erstreckt sich **nicht nur auf Forderungen und Verbindlichkeiten** zwischen verbundenen Unternehmen, sondern kann auch andere Bilanzposten, konzerninterne Sicherungsgeschäfte sowie konzerninterne im Rahmen eines Unternehmenszusammenschlusses passivierte Eventualverbindlichkeiten umfassen. Dabei ist auch die von den lokalen Rechnungslegungsvorschriften ggf abweichende Bilanzgliederung nach IAS 1.54 zu berücksichtigen, die eine strikte Aufgliederung der Bilanzposten in kurz- und langfristige Posten fordert (für IFRS-Anwender in Deutschland ist hierbei DRSC-I zu beachten).

78 Sofern sich die Posten in gleicher Höhe gegenüberstehen, besteht die Konsolidierung ausschließlich in einem erfolgsneutralen Weglassen der entspr Posten. Dies ist jedoch nicht immer der Fall, sodass es zu **Aufrechnungsdifferenzen** kommen kann. Die Behandlung solcher Aufrechnungsdifferenzen aus der Schuldenkonsolidierung richtet sich dann nach der Ursache ihrer Entstehung.

Wie sämtliche IFRS steht auch die Anwendung der Vorschriften des IFRS 10 zur Schuldenkonsolidierung unter dem Vorbehalt der **Wesentlichkeit.**

II. Beginn und Ende der Schuldenkonsolidierung

79 Ansprüche und Verpflichtungen zwischen in den Konzernabschluss einbezogenen Unternehmen sind **unabhängig vom Zeitpunkt ihres Entstehens** aufzurechnen. Führt die Eliminierung eines Geschäftsvorfalls, der vor Eintritt eines Unternehmens in den Konzernkreis entstanden ist, zu **echten** Aufrechnungsdifferenzen, so sind diese **erfolgsneutral** zu behandeln. Der Ausweis hat entspr der unter → Rn 91 ff dargestellten Vorgehensweise zu erfolgen. Im Fall der Identifizierung von vor Konzernzugehörigkeit entstandenen Vertragsbeziehungen als **Vorerwerbsbeziehungen *(pre-existing relationships)*** iSv IFRS 3.51 iVm IFRS 3.B52, die im Zuge des Unternehmenserwerbs wirtschaftlich erfüllt werden, sind Aufrechnungsdifferenzen im Zeitpunkt der Erstkonsolidierung erfolgswirksam zu erfassen (*settlement gain/loss;* zur generellen Bilanzierung von Vorerwerbsbeziehungen nach IFRS 3 vgl → § 34 Rn 178 ff).

Unechte Aufrechnungsdifferenzen aus Vorperioden sind erfolgsneutral innerhalb des Konzernabschlusses zu korrigieren. Einen Sonderfall stellen unechte Aufrechnungsdifferenzen der innerhalb des IFRS-Abschlusses dargestellten Vorperiode dar. Diese sind erfolgswirksam in der Vorperiode zu korrigieren, in der Berichtsperiode sind die Korrekturen durch eine entspr Anpassung des Ergebnisvortrags des Berichtsjahrs zu berücksichtigen.

80 Scheidet ein Unternehmen aus dem Konsolidierungskreis aus, so sind alle Ansprüche und Verpflichtungen ggü diesem Unternehmen ab dem Zeitpunkt des Ausscheidens, als Ansprüche und **Verpflichtungen ggü Dritten** darzustellen. Diese unterliegen anschließend nicht mehr der Schuldenkonsolidierung. Wurde ein Vortrag für die Fortschreibung von Aufrechnungsdifferenzen aus Vorperioden im Konzernabschluss gebildet (→ Rn 97), so ist der entspr Betrag wieder zu stornieren (ausführlich *B. Hayn,* 259 ff sowie *Watrin/Hoehne/Pott* KoR 2008, 736 (738 ff)). Zur Durchführung der Schuldenkonsolidierung bei abgehenden TU, welche die Voraussetzungen des IFRS 5 erfüllen, wird auf → Rn 27 verwiesen.

III. Ausgewählte Beispiele

1. Ausstehende Einlagen auf das gezeichnete Kapital von Tochterunternehmen

81 Ausstehende Einlagen stellen formalrechtlich **Forderungen** des TU an seine Anteilseigner dar. Unter wirtschaftlicher Betrachtungsweise handelt es sich um einen **Korrekturposten zum Eigenkapital,** weshalb nach IFRS die ausstehenden Einlagen vom Stammkapital der Gesellschaft passiv abzusetzen sind. Ist eine Einlage eingefordert, steht ihr in selber Höhe eine Einzahlungsverpflichtung ggü. Soweit es sich bei den Anteilseignern um andere Konzernunternehmen handelt, besteht zwischen dem eingeforderten Betrag und der Kapitaleinzahlungsverpflichtung des (Konzern-)Anteilseigners ein Schuldverhältnis, das gem IFRS 10.B86(c) aufzurechnen ist. Im Rahmen der Schuldenkonsolidierung wird diese Einlage nach den allgemeinen Grundsätzen konsolidiert. Nicht eingeforderte ausstehende Einlagen werden nicht im Rahmen der Schuldenkonsolidierung, sondern als Bestandteil des aufzurechnenden Eigenkapitals im Rahmen der Kapitalkonsolidierung erfasst.

2. Konzerninterne Finanzierungstitel

Hat ein in den Konzernabschluss einbezogenes Unternehmen **Schuldtitel** 82
emittiert, die von einem anderen Konzernunternehmen gehalten werden, so liegt ein konzerninternes Schuldverhältnis iSv IFRS 10.B86(c) vor. Damit sind die festverzinslichen Wertpapiere im Bestand des einen Konzernunternehmens gegen die entspr Anleiheverpflichtung des anderen TU aufzurechnen.

3. Rückstellungen, Haftungsverhältnisse, Eventualforderungen

Sämtliche Schuldverhältnisse sind unter IFRS gemeinsam geregelt. Neben den 83
Verbindlichkeiten fallen hierunter auch Rückstellungen und Haftungsverhältnisse bzw Eventualschulden.

Rückstellungen sind nach F.4.15ff nur für **ungewisse Verpflichtungen ggü Dritten** zu bilanzieren. Aus der Sicht des Konzerns als Einheit sind solche Rückstellungen, die ggü Konzernunternehmen bestehen, im Konzern als Verpflichtungen ggü sich selbst zu eliminieren. Da einer konzerninternen Rückstellung im Regelfall keine Forderung eines anderen Konzernunternehmens gegenübersteht, erfolgt die Eliminierung idR erfolgswirksam. Dies entspricht auch dem wirtschaftlichen Gehalt einer solchen Rückstellung aus Konzernsicht, die aufgrund der fehlenden Drittverpflichtung den Charakter einer Aufwandsrückstellung hat. Diese jedoch sind nach F.4.16 nicht passivierungsfähig.

Haftungsverhältnisse bzw Eventualverbindlichkeiten und Eventual- 84
forderungen sind nach IAS 37.27 bzw IAS 37.31 nicht in der Bilanz anzusetzen, da ein Drittschuldverhältnis noch nicht begründet oder von zukünftig eintretenden Ereignissen abhängig ist. Sofern der Ab- oder Zufluss wirtschaftlichen Nutzens wahrscheinlich ist, sind Eventualschulden und -forderungen jedoch in den Anhang aufzunehmen (IAS 37.28 bzw IAS 37.34). Bestehen sie zwischen zwei Konzernunternehmen, so sind auch sie im Zuge der Schuldenkonsolidierung gegeneinander aufzurechnen.

4. Drittschuldverhältnisse

Drittschuldverhältnisse liegen vor, wenn aus Konzernsicht **ggü einem drit-** 85
ten, nicht in den Konzernabschluss einbezogenen Unternehmen Forderungen und auch Verbindlichkeiten bestehen, wobei die Forderungen bei anderen Konzernunternehmen ausgewiesen werden als die Verbindlichkeiten.

Mangels expliziter Regelung ist die Frage nach einer Aufrechnungspflicht bzw -möglichkeit nur vor dem Hintergrund der Sichtweise des Konzerns als homogene Einheit zu beantworten. Dabei ist eine Konsolidierung der Drittschuldverhältnisse erforderlich, soweit im Einzelabschluss gem IAS 1.32 die Saldierungskriterien erfüllt sind. Ein weitergehendes, an die deutsche handelsrechtliche Kommentarliteratur angelehntes Konsolidierungswahlrecht (*Baetge/S. Hayn/Ströher* in Baetge ua IFRS-Komm IFRS 10 Rz 269) steht angesichts der Wortwahl des IAS 1.32 uE nicht im Einklang mit den Regelungen der IFRS.

5. Währungskursdifferenzen aus konzerninternen Forderungen und Verbindlichkeiten

86 Konzernunternehmen können in ihren Einzelabschlüssen Währungskursgewinne oder -verluste aus konzerninternen Forderungen und Schulden ausweisen, wenn die funktionale Währung des MU von der des TU abweicht. Gem IAS 21.45 sind solche Umrechnungsdifferenzen **im Rahmen der Schuldenkonsolidierung grds nicht zu eliminieren.** Dieses Verbot resultiert aus der wirtschaftlichen Selbständigkeit, die sich in der von der Berichtswährung abweichenden funktionalen Währung des TU ausdrückt (vgl *Lüdenbach/Hoffmann/Freiberg* IFRS § 27 Rz 63).

Währungskursgewinne bzw -verluste aus konzerninternen Forderungen und Schulden ggü selbstständigen ausländischen TU haben nur dann keinen Einfluss auf den Konzernerfolg, wenn die Forderung oder Schuld als Teil der **Nettoinvestition in die ausländische Einheit** zu werten ist. Nach IAS 21.32 ist die daraus resultierende Währungskursdifferenz erfolgsneutral als Ausgleichsposten aus Währungsumrechnung innerhalb des Eigenkapitals zu erfassen. Erst wenn die ausländische Einheit veräußert wird, ist der zunächst erfolgsneutral erfasste Betrag erfolgswirksam umzubuchen. Als Veräußerung ist dabei auch die Ablösung der betroffenen Forderung/Schuld anzusehen (so auch *Lüdenbach/Hoffmann/Freiberg* IFRS § 27 Rz 64).

87 Entscheidend für die Entstehung konzernergebnisrelevanter Währungskursgewinne oder -verluste ist somit die **Qualifikation der entspr Forderung oder Schuld** entweder als operativ oder als Teil der Nettoinvestition in das ausländische TU. Eine Qualifikation monetärer Posten als Teil der Nettoinvestition liegt nach IAS 21.15 vor, wenn eine Tilgung oder sonstige Begleichung für die absehbare Zukunft weder geplant oder wahrscheinlich ist. Langfristige Forderungen und Darlehen können hierunter fallen; Forderungen und Verbindlichkeiten aus Lieferungen und Leistungen kommen hingegen nicht als Bestandteil der Nettoinvestition in Frage.

In der Literatur wird der innerhalb des Standards nicht näher erläuterte Begriff der „absehbaren Zukunft" unterschiedlich ausgelegt. Aufgrund des Wortlauts des IAS 21.15 wird die Abgrenzung teilweise anhand der **Fristigkeit** vorgenommen. Entspr wird als Qualifikationskriterium für eine Nettoinvestition eine Laufzeit von **mindestens zwölf Monaten** zugrunde gelegt (vgl *Lüdenbach/Hoffmann/Freiberg* IFRS § 27 Rz 66). Nach dieser Sichtweise bestehen bei langfristigen Forderungen/Verbindlichkeiten erhebliche Spielräume hinsichtlich der Qualifikation als Nettoinvestition.

88 Berücksichtigt man die begriffliche Konzeption der Nettoinvestition in eine ausländische Einheit in IAS 21.8, so sind uE die **Anforderungen** an eine Forderung oder Verbindlichkeit als Teil dieser Nettoinvestition **deutlich höher** anzusetzen. IAS 21.8 verdeutlicht den Eigenkapitalcharakter der Position, indem auf die Beteiligung am Nettoreinvermögen der ausländischen Einheit verwiesen wird. Dementsprechend ist nicht nur die ihrem wirtschaftlichen Charakter nach gegebene **Langfristigkeit** einer Forderung/Verbindlichkeit, sondern auch die **dauerhafte Investitionsabsicht** als Grundlage für eine Aufnahme als Nettoinvestition zu fordern. Dies bedeutet für die Bilanzierungspraxis, dass eine Qualifikation als Nettoinvestition – und damit die Erfassung von Währungskursdifferenzen unmittelbar innerhalb des Eigenkapitals – erst ab dem Zeitpunkt vorzunehmen ist, ab

dem ein Forderungssaldo aus Sicht des MU einen Eigenkapitalcharakter zugewiesen bekommt. Dies kann bspw bei der Umwandlung einer Forderung in ein Gesellschafterdarlehen der Fall sein.

Bei **PersGes,** die nach IAS 32.15 kein Eigenkapital ausweisen, ist uE für die Qualifikation als Nettoinvestition eine analoge Vorgehensweise geboten, weil für die Definition der Nettoinvestition die Investitionsabsicht des MU und nicht die Rechtsform des TU entscheidend ist. 89

Werden operative Forderungen/Verbindlichkeiten ggü einem ausländischen TU permanent verlängert, bleibt ihr Charakter dennoch operativ, was eine Qualifikation als Bestandteil der Nettoinvestition in die Einheit ausschließt. Denn die faktische Verlängerung begründet allein keine dauerhafte **Investitionsabsicht** (vgl hierzu ausführlich → § 33 Rn 23 ff). Vielmehr ist hierfür eine Umwandlung der operativen Forderung/Verbindlichkeit in eine Darlehensform erforderlich, die aufgrund ihrer Ausgestaltung die dauerhafte Investitionsabsicht erkennen lässt. 90

IV. Behandlung der entstehenden Aufrechnungsdifferenzen

Stehen sich die Ansprüche und Verpflichtungen nicht in gleicher Höhe gegenüber, kommt es zu **Aufrechnungsdifferenzen,** die dem Grunde nach sowohl **aktiv** (Forderung > Schuld) als auch **passiv** (Schuld > Forderung) sein können. 91

Die IFRS regeln die Art der Konsolidierung dieser Differenzen nicht explizit. Im Folgenden werden daher die verschiedenen Möglichkeiten der Behandlung dieser Aufrechnungsdifferenzen in Anlehnung an die allgemeinen Grundsätze des Konzernabschlusses nach IFRS besprochen. Die Behandlung der bei der Konsolidierung entstehenden Unterschiedsbeträge (Aufrechnungsdifferenzen) hängt dabei von ihrer Entstehung ab. Es sind unechte, stichtagsbedingte und echte Aufrechnungsdifferenzen voneinander abzugrenzen.

1. Unechte Aufrechnungsdifferenzen

Aufrechnungsdifferenzen, die auf buchungstechnischen Unzulänglichkeiten beruhen, werden als **unechte Aufrechnungsdifferenzen** bezeichnet. Grund für diese Unzulänglichkeiten können zum einen zeitliche Buchungsunterschiede, die mit einem unterschiedlichen Realisationszeitpunkt zwischen den einbezogenen Unternehmen zusammenhängen, zum anderen aber auch Fehlbuchungen bei einem Unternehmen sein. 92

Entstehen im Rahmen der Schuldenkonsolidierung unechte Aufrechnungsdifferenzen, so müssen diese **im Konzernabschluss korrigiert** werden. Es ist dabei dem Grundsatz, dass der Konzern eine wirtschaftliche Einheit (IFRS 10.1 f und IFRS 10.7) darstellt, zu folgen. Dementsprechend sind die aufgrund eines unterschiedlichen Realisationszeitpunkts entstandenen Unterschiede daraufhin zu untersuchen, wie der den Unterschied verursachende Sachverhalt aus Konzernsicht zu beurteilen ist. Dabei können diese Differenzen und ihre Eliminierung je nach Sachverhalt erfolgsneutral oder erfolgswirksam zu konsolidieren sein. Ebenso sind Fehlbuchungen zu korrigieren. Diese Korrekturen sollten – soweit möglich – bereits auf Ebene der HB II erfolgen. Ist dort die Berücksichtigung nicht (mehr) möglich, so sind die Korrekturbuchungen im Konzernabschluss vorzunehmen. 93

Beispiele: Konzerninterner Verkauf von Waren, die bei Unternehmen A zu einer Realisation im Jahr X1 führen, bei Unternehmen B aber aufgrund der Erlangung der Verfügungsmacht über diese Ware im Jahr X2 erst dann zu dem entspr Ausweis führen. In diesem Fall sind die Forderung sowie der Ertrag des Unternehmens A im Jahr X1 zu eliminieren (erfolgswirksam).

Ausgleich einer Verbindlichkeit ggü Konzernunternehmen B seitens Unternehmen A durch Überweisung kurz vor dem Bilanzstichtag. Der Ausgleich führt bei Unternehmen A zu einem Zahlungsmittelabfluss sowie einer Abnahme der Verbindlichkeiten im Jahr X1, da bei Unternehmen B jedoch im Jahr X1 noch keine Gutschrift erfolgt ist, besteht hier weiterhin eine Forderung ggü Unternehmen A. In diesem Fall ist die Forderung ggü Unternehmen A in die flüssigen Mittel umzugliedern (erfolgsneutral).

2. Stichtagsbezogene Aufrechnungsdifferenzen

94 Werden Unternehmen in den Konzernabschluss aufgenommen, die einen weniger als drei Monate abweichenden Bilanzstichtag haben und für die es nicht möglich ist, einen Zwischenabschluss auf den Abschlussstichtag des MU aufzustellen, oder für die es wirtschaftlich nicht vertretbar ist, einen Zwischenabschluss aufzustellen, dürfen diese mit dem **abweichenden Abschlussstichtag** in den Konzernabschluss einbezogen werden (IFRS 10.B93). Aufrechnungsdifferenzen entstehen bspw dann, wenn konzerninterne Schuldverhältnisse zwar zum abweichenden Stichtag des Unternehmens noch bestanden haben und dementsprechend auch in dessen Einzelabschluss ausgewiesen werden, die Schuldverhältnisse bis zum Konzernbilanzstichtag jedoch erloschen sind. Solche Aufrechnungsunterschiede haben den Charakter von **zeitlichen Buchungsunterschieden,** die im Rahmen der Schuldenkonsolidierung im Regelfall als unechte Aufrechnungsdifferenzen zu behandeln sind.

3. Echte Aufrechnungsdifferenzen

95 Stehen sich Ansprüche und Verpflichtungen in der Summenbilanz **auch bei Verwendung konzerneinheitlicher Ansatz- und Bewertungsvorschriften** (IFRS 10.19) in unterschiedlicher Höhe gegenüber, und handelt es sich nicht um unechte oder stichtagsbezogene Unterschiede, so bezeichnet man diese Aufrechnungsdifferenzen als echt. Die Eliminierung echter Aufrechnungsdifferenzen hat in der Weise zu erfolgen, dass die aus den Einzelabschlüssen übernommenen Sachverhalte, die zu der Differenz geführt haben, im Konzernabschluss vollständig eliminiert werden. Die zugrunde liegenden Geschäftsvorfälle sind aus Konzernsicht komplett zu stornieren.

96 Hat sich ein erfolgswirksamer Geschäftsvorfall ausschließlich im aktuellen Geschäftsjahr abgespielt, so muss die Konsolidierung spiegelverkehrt zur Einbuchung ebenfalls **erfolgswirksam** durchgeführt werden. Damit wird ein im Jahresabschluss erfasster Ertrag oder Aufwand im Konzernabschluss neutralisiert. Ist dagegen der zu stornierende Geschäftsvorfall **erfolgsneutral** eingebucht worden, so hat die Konsolidierung auch erfolgsneutral zu erfolgen. Hinsichtlich erfolgswirksamer Aufrechnungsdifferenzen bei Existenz von nicht-beherrschenden Gesellschaftern wird sinngemäß auf die Ausführungen unter → Rn 50 ff verwiesen.

Zur Bildung **latenter Steuern** auf die vorgenommenen Konsolidierungsbuchungen wird auf → Rn 119 verwiesen.

Beispiele: Unternehmen A hat im Jahr X1 ggü Unternehmen B eine Forderung aus Lieferungen und Leistungen, aufgrund der Bonität von Unternehmen B hat A diese Forderung wertberichtigt. Im Rahmen der Schuldenkonsolidierung ist diese erfolgswirksam gebildete Wertberichtigung zu stornieren (erfolgswirksam).

Unternehmen A begibt eine Anleihe, die bis zur Endfälligkeit mit ihrem Rückzahlungsbetrag bilanziert wird, Unternehmen B erwirbt diese Anleihe und klassifiziert diese als *available for sale* Wertpapiere gem IAS 39 mit der Folge, dass Wertschwankungen über die Laufzeit erfolgsneutral im (kumulierten) sonstigen Ergebnis erfasst werden (erfolgsneutrale Schuldenkonsolidierung unter Einbeziehung des (kumulierten) sonstigen Ergebnisses).

In **Folgeperioden** sind die im Vorjahr erfolgswirksam korrigierten echten Differenzen als erfolgsneutrale Konzernvortragsbuchungen zu berücksichtigen, um den Konzernbilanzzusammenhang sicherzustellen. Diese Vortragsbuchungen erfolgen innerhalb des Konzernergebnisvortrags bzw innerhalb der Konzerngewinnrücklagen. **Änderungen der echten (erfolgswirksam zu berücksichtigenden) Aufrechnungsdifferenzen ggü dem Vorjahr** sind erfolgswirksam zu eliminieren. 97

(einstweilen frei) 98, 99

D. Aufwands- und Ertragskonsolidierung

I. Gegenstand der Aufwands- und Ertragskonsolidierung

Dem Konzept der **wirtschaftlichen Einheit** des Konzerns folgend, sind alle aus dem Summenabschluss übernommenen Aufwendungen und Erträge zwischen einbezogenen verbundenen Unternehmen in voller Höhe zu eliminieren (IFRS 10.B86(c)). Dabei erstreckt sich die Aufwands- und Ertragskonsolidierung neben der Gesamtergebnisrechnung bzw gesonderten GuV (sofern erstellt) auch auf alle Anhangangaben. 100

Ziel der Konsolidierungsmaßnahmen in diesem Bereich ist es, in der Konzern-Gesamtergebnisrechnung bzw gesonderten GuV (sofern erstellt) nur die Geschäftsvorfälle auszuweisen, die in einem wirtschaftlich einheitlichen Unternehmen ebenfalls abgebildet werden, nämlich Aufwendungen und Erträge ggü Konzernfremden.

IFRS 10.B86(c) enthält **keine detaillierten Vorgaben** zur Umsetzung der Aufwands- und Ertragskonsolidierung. Es ist deshalb davon auszugehen, dass die international üblichen Vorgehensweisen (so auch die nach HGB), die dasselbe Ziel hinsichtlich des Ausweises innerhalb der Konzern-GuV verfolgen, mit den Anforderungen nach IFRS kompatibel sind.

Auch die Anwendung der Vorschrift des IFRS 10.B86(c) zur Aufwands- und Ertragskonsolidierung steht unter dem Vorbehalt der **Wesentlichkeit.**

II. Beginn und Ende der Aufwands- und Ertragskonsolidierung

Die erstmalige Konsolidierung von Aufwendungen und Erträgen richtet sich danach, von welchem Zeitpunkt an das zu konsolidierende Unternehmen in den Konzernabschluss einbezogen wird. Soweit ein Konzernunternehmen nicht für das gesamte Geschäftsjahr einbezogen wird, ist die Aufwands- und Ertragskonsolidierung auf die Beträge beschränkt, die während der **Zugehörigkeit zum Konsolidierungskreis** entstanden sind. Scheidet ein Unternehmen aus dem Konsolidierungskreis aus, so sind alle Aufwendungen und Erträge ggü diesem Unternehmen ab dem Zeitpunkt des Ausscheidens als Ansprüche und Verpflichtungen ggü Dritten darzustellen und fallen somit nicht unter die Konsolidierungspflicht nach IFRS 10.B86(c). Hinsichtlich der Notwendigkeit der Durchführung der Aufwands- und Ertragskonsolidierung bei zur Veräußerung vorgesehenen TU wird auf → Rn 28f verwiesen. 101

III. Behandlung der entstehenden Aufrechnungsdifferenzen

102 Die Aufwands- und Ertragskonsolidierung bei sich **in gleicher Höhe** gegenüberstehenden Posten in den Jahresabschlüssen der einzelnen Konzernunternehmen gestaltet sich unproblematisch, da sich keine Aufrechnungsdifferenzen ergeben.

Stehen sich die Aufwendungen und Erträge nicht in gleicher Höhe gegenüber, kann es zu **stichtagsbezogenen und unechten Aufrechnungsdifferenzen** kommen, deren Behandlung derjenigen von Differenzen im Rahmen der Schuldenkonsolidierung (→ Rn 91 ff) entspricht. **Echte Aufrechnungsdifferenzen** kann es uE bei der Aufwands- und Ertragskonsolidierung nicht geben, weil eine eigenständige Bewertung der erbrachten Aufwendungen und Erträge unterbleibt.

103 Aufwendungen und Erträge bei TU mit **abweichender Währung** fließen, in Abhängigkeit von der funktionalen Währung des TU (→ § 33 Rn 12 ff), grds mit Transaktionskursen oder Durchschnittskursen in den Konzernabschluss ein. Um zu einer der Zielsetzung der Aufwands- und Ertragskonsolidierung entspr Eliminierung von Aufrechnungsdifferenzen zu gelangen, sind bei der Konsolidierung **dieselben Kurse** wie bei der urspr Einbuchung in den Jahresabschluss des TU zugrunde zu legen.

104 Konzerninterne Gewinntransfers sind ebenfalls zu eliminieren. Nach IAS 18.30(c) ist eine **phasengleiche Gewinnvereinnahmung** nur in den Fällen zulässig, in denen ein Ergebnisabführungsvertrag besteht (IAS 10.12 f). Bei **zeitverschobener Gewinnausschüttung** ist eine erfolgswirksame Eliminierung der Beteiligungserträge zu Lasten des Konzernergebnisvortrags bzw der Gewinnrücklagen erforderlich, da der betreffende Erfolg der ausschüttenden Gesellschaft in der Vorperiode bereits im Konzernerfolg enthalten war.

105 Neben der Eliminierung von Aufwendungen und Erträgen in der Konzernerfolgsrechnung können konzerninterne Vorgänge aus Konzernsicht auch dazu führen, dass es innerhalb der Gesamtergebnisrechnung bzw gesonderten GuV (sofern erstellt) zu einer **Umwidmung von Sachverhalten** kommt. Diese müssen dann im Rahmen der Aufwands- und Ertragskonsolidierung umgegliedert werden.

Beispiel: Unternehmen A stellt eine Maschine (Vorratsvermögen) im Jahr X1 her, die in derselben Periode an Unternehmen B (langfristiges Vermögen) ohne Gewinn verkauft wird. Aus Sicht von Unternehmen A handelt es sich um einen gewöhnlichen Veräußerungsvorgang, aus Sicht von Unternehmen B um einen gewöhnlichen Anschaffungsvorgang. Aus Konzernsicht handelt es sich bei der Maschine um einen innerbetrieblich selbst hergestellten Vermögenswert, der Vorgang führt dazu, dass der innerbetriebliche Umsatzausweis aus Unternehmen A bei Anwendung des GKV in die anderen aktivierten Eigenleistungen umgegliedert werden muss.

Aus Sicht eines in den Konzernabschluss einbezogenen Unternehmens können typische Außenumsätze im Konzern untypische Lieferungen oder Leistungen sein, die in die sonstigen betrieblichen Erträge umgegliedert werden müssen.

E. Zwischenergebniseliminierung

I. Gegenstand und Zweck der Zwischenergebniseliminierung

106 Der wirtschaftlichen Einheit des Konzerns (IFRS 10.1 f und IFRS 10.7) folgend, sind alle aus Transaktionen zwischen einbezogenen Konzernunternehmen resultierenden **Gewinne** und **Verluste** in voller Höhe zu eliminieren (IFRS 10.B86(c)).

Die uneingeschränkte Anwendung dieses Grundsatzes hat für Fälle der Zwischenverlusteliminierung zur Folge, dass ein Wertansatz für Vermögenswerte möglich wird, der den jeweiligen beizumessenden Wert *(recoverable amount)* übersteigt. Damit wäre aus Konzernsicht eine Überbewertung dieser Vermögenswerte gegeben. In IFRS 10.B86(c) ist deshalb der Umfang der Zwischenverlusteliminierungspflicht durch die beizumessenden Werte der Vermögenswerte begrenzt.

II. Beginn und Ende der Zwischenergebniseliminierung

Zwischenergebnisse sind ab dem Zeitpunkt der **erstmaligen Einbeziehung** 107
in den Konzernabschluss zu eliminieren. Soweit ein Konzernunternehmen nicht für das gesamte Geschäftsjahr einbezogen wird, ist die Zwischenergebniseliminierung auf die Beträge beschränkt, die während der Zugehörigkeit zum Konsolidierungskreis realisiert werden. Scheidet ein Unternehmen aus dem Konsolidierungskreis aus, so ist die Zwischenergebniseliminierung insofern zu beenden, als mit der **Entkonsolidierung** des TU der betreffende Vermögenswert den Konsolidierungsbereich verlässt. Dieser vermögensorientierte Ansatz der Zwischenergebniseliminierung führt in den Fällen der *downstream*-Transaktion zu einer Ergebnisrealisierung, während bei *upstream*-Transaktionen das Zwischenergebnis weiterhin zu eliminieren ist (zur abweichenden Vorgehensweise im Rahmen der Equity-Methode vgl → § 36 Rn 59 ff). Zur Behandlung von Zwischenergebnissen aus *upstream*- bzw *downstream*-Geschäften im Rahmen der Übergangskonsolidierung wird auf die Ausführungen in § 37 verwiesen.

III. Erhebungsverfahren für das eliminierungspflichtige Zwischenergebnis

Zur Durchführung der Zwischenergebniseliminierung ist es erforderlich, die 108
im Summenabschluss enthaltenen Zwischengewinne und Zwischenverluste zu **identifizieren.** Eine auf Transaktionsebene durchzuführende Einzelerhebung erweist sich idR als zu aufwändig. Daher haben sich in der Praxis, abhängig von den Bilanzposten, die nachfolgend beschriebenen Erhebungsverfahren etabliert.

Im **langfristigen Vermögen** erfolgt für wesentliche Transaktionen im Rah- 109
men einer separaten Konzernbuchhaltung eine Ermittlung und Fortschreibung von Zwischenergebnissen und ggf korrespondierenden Abschreibungskorrekturen über die Nutzungsdauer des gelieferten Vermögenswerts.

Zwischenergebnisse in **Beteiligungsbuchwerten** von einbezogenen Kon- 110
zernunternehmen sind vor Durchführung der eigentlichen Kapitalkonsolidierung zurückzunehmen.

Bei **Vorräten** erfolgt typischerweise zunächst die Erhebung der zum jeweili- 111
gen Stichtag vorhandenen konzernintern erworbenen Bestände. Auf dieser Grundlage wird von den (jeweiligen) liefernden Konzernunternehmen die zur Anwendung gelangte Marge erhoben, um damit das Zwischenergebnis zu errechnen. Durch diese vereinfachende Vorgehensweise kann es vorkommen, dass nicht alle im Summenabschluss enthaltenen Zwischenergebnisse identifiziert werden. Darüber hinaus verbleibt ein bilanzpolitisch nutzbares Potenzial durch die Anwendung von Verbrauchsfolgefiktionen im Konzernabschluss. Gleichwohl sind nach der hier vertretenen Auffassung die oben beschriebenen Erhebungsverfahren hinreichend genau.

Auf die Zwischenergebniseliminierung kann in **Fällen untergeordneter** 112
Bedeutung verzichtet werden. Dabei ist letztlich entscheidend, ob die kumu-

lierten Zwischenergebnisse insgesamt für die Beurteilung der wirtschaftlichen Lage des Konzerns wesentlich oder unwesentlich sind. Dh, dass die zu eliminierenden Zwischenergebnisse vor einem möglichen Verzicht der Eliminierung geschätzt werden müssen. In Abhängigkeit vom Ergebnis der Schätzung der Zwischenergebnisse ist die Auswirkung des Verzichts auf ihre Eliminierung zu beurteilen. Dabei liefert das Regelwerk der IFRS keine eindeutige Bezugsgröße. Auch wenn in der Literatur mitunter ein Wert von 5% vom Konzernergebnis als Wesentlichkeitsschwelle angegeben wird (zB *Lüdenbach/Hoffmann/Freiberg* IFRS § 1 Rz 63 ff), ist uE **anhand des Einzelfalls** zu beurteilen, ob nicht bereits bei einem deutlich geringeren Wert eine Information für den Abschlussadressaten entscheidungsrelevant sein kann und damit wesentlich iSv F.QC11 ist.

IV. Zwischenergebniseliminierung bei Existenz von nicht-beherrschenden Gesellschaftern

113 Vor dem Hintergrund der Anforderungen des IFRS 10.B86(c), welcher eine **vollständige Eliminierung von Zwischenerfolgen** fordert, wird innerhalb der Literatur strittig diskutiert, (1) ob die nicht-beherrschenden Gesellschafter an der erfolgswirksamen Zwischenergebniseliminierung zu **beteiligen** sind bzw (2) ob die nicht-beherrschenden Gesellschafter des liefernden/leistenden Konzernunternehmens **(erfolgsorientierte Sichtweise)** oder des empfangenden Konzernunternehmens **(vermögensorientierte Sichtweise)** bei der Zurechnung der erfolgswirksamen Effekte aus der Zwischenergebniseliminierung maßgebend sind. Nach der hier vertretenen Auffassung sind die eliminierten Zwischenergebnisse der vermögensorientierten Sichtweise folgend den Gesellschaftern des empfangenden Konzernunternehmens zuzuordnen (so auch *Förschle/Hoffmann* in BeBiKo § 307 Rz 54 ff mit ausführlichen Beispielen).

Dem Sinn und Zweck des IFRS 10.B86(c) entspr gilt Folgendes:

(1) Der den Zwischengewinn/-verlust verursachende Geschäftsvorfall ist vollständig in den entspr Posten der Gesamtergebnisrechnung bzw der gesonderten GuV (sofern erstellt) zu eliminieren und

(2) der den nicht-beherrschenden Gesellschaftern zustehende Anteil des empfangenden Konzernunternehmens ist innerhalb des Postens Anteile nicht-beherrschender Gesellschafter (IAS 1.81B) auszuweisen.

Alternativ dazu wird es auch für zulässig erachtet, eine Zwischenergebniseliminierung in voller Höhe vorzunehmen, jedoch auf die Berücksichtigung des Anteils nicht-beherrschender Gesellschafter bei der Verteilung des Periodenergebnisses zu verzichten (so *Lüdenbach/Hoffmann/Freiberg* IFRS § 32 Rz 151).

114 UE ist die zweite Alternative, ungeachtet ihrer verbreiteten Anwendung in der Bilanzierungspraxis, nicht zulässig. Die **Notwendigkeit einer Zuordnung von anteiligen Zwischenergebniseliminierungen** zu nicht-beherrschenden Gesellschaftern ergibt sich zum einen aus der Unterscheidung von Ergebnisentstehung und Ergebnisverwendung im Rahmen der Gliederung der Gesamtergebnisrechnung. Zum anderen ist in der Eigenkapitalveränderungsrechnung diese Aufteilung ebenfalls geboten.

115 Bei **Zwischenergebniseliminierungen von TU untereinander** ist bei Existenz von Anteilen nicht-beherrschender Gesellschafter an beiden die Transaktion durchführenden TU fraglich, welcher Anteil für die Dotierung des Postens Anteile nicht-beherrschender Gesellschafter innerhalb der Konzernbilanz maßgeblich ist. Dem vermögensorientierten Ansatz folgend ist auch hier der Anteil nicht-beherrschender Gesellschafter bei dem Unternehmen maßgeblich, in dessen Vermögen sich der gelieferte Vermögenswert zum Bilanzstichtag befindet.

Beispiel: MU ist an TU 1 mit 70% beteiligt, an TU 2 mit 80%; beide TU werden voll konsolidiert. TU 1 liefert an TU 2 und realisiert dabei einen Zwischengewinn. Die Konstellation verdeutlicht folgende Grafik:

Im Rahmen der Zwischenergebniseliminierung ist der Zwischengewinn vollständig zu eliminieren (IFRS 10.B86(c)). Dabei sind in Höhe der Anteile nicht-beherrschender Gesellschafter am Empfängerunternehmen die nicht-beherrschenden Gesellschafter im Konzern zu belasten. Mithin sind 20% des Zwischengewinns (= Fremdanteilsquote bei TU 2) dem Posten für Anteile nicht-beherrschender Gesellschafter im Konzern zuzuordnen.

V. Zwischenergebniseliminierung bei Anwendung der Percentage of Completion Methode für Fertigungsaufträge im Konzern

116 Für **kundenspezifische Fertigungsaufträge** iSv IAS 11 ist unter den in diesem Standard angegebenen Voraussetzungen eine Gewinnrealisierung nach Leistungsfortschritt unter Zugrundelegung der ***percentage of completion*-Methode** (PoC) vorzunehmen (vgl hierzu ausführlich § 9). IAS 11 wird durch IFRS 15 ersetzt werden, welcher – vorbehaltlich einer Anerkennung durch die EU – erstmalig verpflichtend für Geschäftsjahre anzuwenden sein wird, die am oder nach dem 1. Januar 2018 beginnen. Auch IFRS 15.41 iVm IFRS 15.B14 ff verweist bei Vorliegen eines **kontinuierlichen Übergangs der Verfügungsmacht** *(continuous transfer of control)* auf verschiedene input- bzw outputorientierte Verfahren der Ermittlung des Fertigstellungsgrads, die im Wesentlichen den zuvor gültigen Regelungen des IAS 11 entsprechen (vgl → § 9 Rn 145 ff).

Dabei ist auf der Ebene des Einzelabschlusses der Fertigstellungsgrad und damit das Ausmaß der **anteiligen Gewinnrealisierung aus der Sicht des berichtenden Unternehmens** zu beurteilen.

Soweit kundenspezifische Fertigungsaufträge **nur in einer konsolidierungspflichtigen Konzerneinheit** abgearbeitet werden, ist die Darstellung unverändert in den Konzernabschluss zu übernehmen. Eine Korrektur des anteilig ausgewiesenen Projektergebnisses aus Konzernsicht ist insoweit nicht erforderlich.

117 Wirken an der Durchführung kundenspezifischer Fertigungsaufträge jedoch **mehrere Konzernunternehmen** durch die Erstellung einzelner Fertigungskomponenten mit, so wird es bei der Auslieferung der Komponenten zu einer konzerninternen Fakturierung kommen. Aus Sicht des liefernden Konzernunternehmens wird damit auf Einzelabschlussebene ein Dritterlös realisiert und die PoC-Bilanzierung beendet. Aus Sicht des Konzerns handelt es sich jedoch unverändert um einen noch nicht beendeten Fertigungsauftrag, der insgesamt nach der PoC-Methode im Konzernabschluss darzustellen ist. Die Vornahme einer unabgestimmten Zwischenergebniseliminierung bei den beteiligten Konzernunternehmen könnte in diesen Fällen dazu führen, dass der anteilige Gewinnausweis nach der PoC-Methode nach Vornahme der Zwischenergebniseliminierung im Konzern nicht dem Fertigstellungsgrad aus Konzernsicht entspricht.

118 Um einen zutreffenden PoC-Gewinnausweis auch bei konzerninternen Liefer- und Leistungsbeziehungen sicherzustellen, ist deshalb die Einrichtung eines

konzernweiten Meldesystems in Bezug auf kundenspezifische Fertigungsaufträge erforderlich. Auf der Basis der in diesem System verfügbaren Daten ist bei der Zwischenergebniseliminierung dann in den folgenden Schritten vorzugehen:
(1) Ermittlung der von den TU gemeldeten Zwischenergebnisse,
(2) Berechnung des Fertigstellungsgrads aus Konzernsicht,
(3) Ermittlung des anteilig auszuweisenden PoC-Gewinns auf der Basis des unter (2) ermittelten Fertigstellungsgrads und der um die Zwischenergebnisse aus (1) bereinigten Auftragskosten,
(4) Vergleich des Zwischengewinns aus (1) mit dem anteiligen Gewinn aus (3),
(5) Eliminierung des Anteils der Zwischengewinne, die den anteilig auszuweisenden PoC-Gewinn übersteigen.

F. Latente Steuern auf Konsolidierungsmaßnahmen

119 Die Bilanzierung latenter Steuern nach IAS 12 innerhalb des vollkonsolidierten Abschlusses kann in zwei Entstehungsbereiche gegliedert werden. Zum einen wird bereits in den Einzelabschlüssen durch die Trennung der handels- und steuerrechtlichen Bilanzierung bzw Ergebnisermittlung die bilanzielle Erfassung von Steuerabgrenzungen notwendig. Zum anderen beeinflussen die **Konsolidierungsmaßnahmen** selbst Ansatz, Bewertung und Ausweis latenter Steuern im Konzernabschluss, indem sie die auf HB II-Ebene berücksichtigten sog *inside basis differences I* und *II* sowie *outside basis differences* verändern. Nachfolgend werden ausschließlich Bilanzierungsfragen latenter Steuern im Zusammenhang mit der Vollkonsolidierung von TU besprochen, während die grds konzeptionellen Grundlagen sowie die einzelbilanziellen Vorschriften (einschließlich der Anpassungen auf HB II-Ebene) des IAS 12 in § 25 dargestellt sind.

I. Synchronisation von steuerlicher Beurteilungseinheit und Konsolidierungskreis

120 Im Gegensatz zum Einzelabschluss bezieht sich der Konzernabschluss nicht auf die bilanzielle Abbildung einer gesellschaftsrechtlich definierten Einheit, sondern vielmehr auf die wirtschaftliche Einheit „Konzern", die jedoch insbes im grenzüberschreitenden Kontext **kein Steuersubjekt** ist.

Dies führt regelmäßig dazu, dass einerseits Konzernunternehmen im Konsolidierungskreis nach IFRS 10.B86(a) enthalten sind, **nicht** aber in der korrespondierenden **ertragsteuerlichen Beurteilungseinheit.** Aus dieser Konstellation ergeben sich keine Besonderheiten, da durch den Vergleich der IFRS-Wertansätze mit den ertragsteuerlichen Wertansätzen im Einzelabschluss bereits alle temporären Differenzen erfasst werden.

Andererseits können in ertragsteuerlichen Sonderregelungen Beurteilungseinheiten definiert werden, die auch **nicht einbezogene Konzernunternehmen** umfassen. Die nachfolgende Übersicht verdeutlicht die in diesem Zusammenhang möglichen Fallkonstellationen:

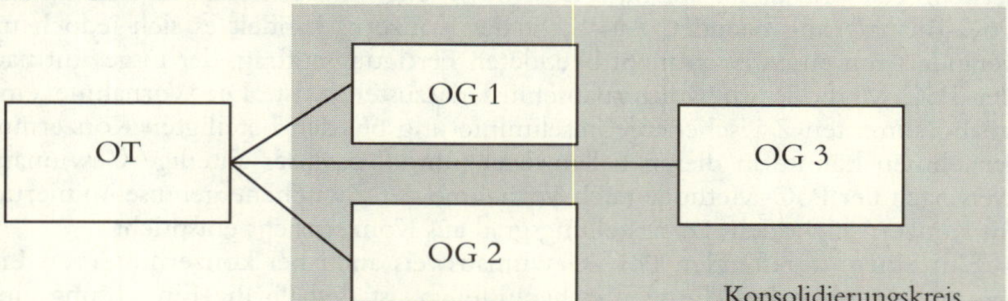

Soweit es sich bei dem nicht einbezogenen Unternehmen zB um den Organträger (OT) einer ertragsteuerlichen Organschaft handelt (Fall 1), fällt im Konsolidierungskreis **keine Ertragsteuerbelastung** an. Insoweit entfällt auch mangels zuordnungsfähiger Steuerwerte die Bildung von latenten Steuern. Anders wäre der Fall nur dann zu würdigen, wenn der nicht einbezogene Organträger seinerseits Steuerumlagen berechnet. In diesem Falle sind uE die Steuerumlagen wie tatsächliche Steuern iSv IAS 12 zu würdigen und auf die sich danach ergebenden temporären Differenzen latente Steuern zu bilden. Diese Fälle treten regelmäßig auf, wenn zB aufgrund von nicht-beherrschenden Gesellschaftern eine Aufstellungspflicht für einen Teilkonzernabschluss besteht. 121

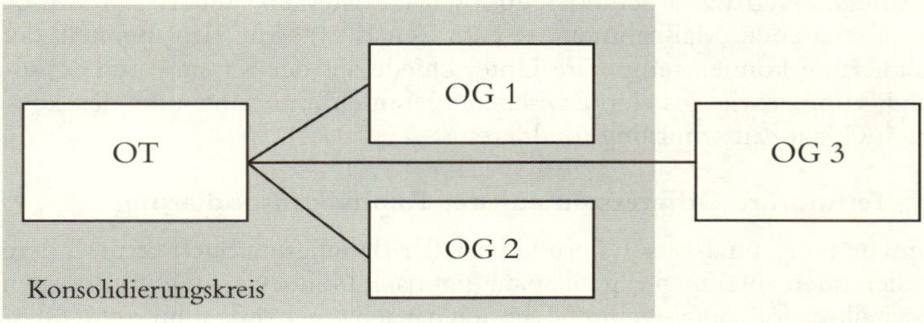

Wenn ein wegen Unwesentlichkeit nicht einbezogenes TU Bestandteil einer ertragsteuerlichen Organschaft ist, deren Organträger zum Konsolidierungskreis gehört (Fall 2), wird im Konzernabschluss die nicht einbezogene Beteiligung mit dem beizulegenden Zeitwert bewertet. Die latenten Steuern auf etwaige Wertunterschiede des Beteiligungsansatzes richten sich nach IAS 12.39 bzw IAS 12.44 (→ § 25 Rn 131 ff). Hinsichtlich der Frage der Werthaltigkeit von aktiven latenten Steuern beim Organträger sind positive Steuerergebnisse des nicht einbezogenen TU **wertbegründend** zu berücksichtigen. Gleiches gilt für Verluste der nicht einbezogenen Organgesellschaft, die einen ertragsteuerlichen Verlustvortrag des Organträgers beeinflussen. 122

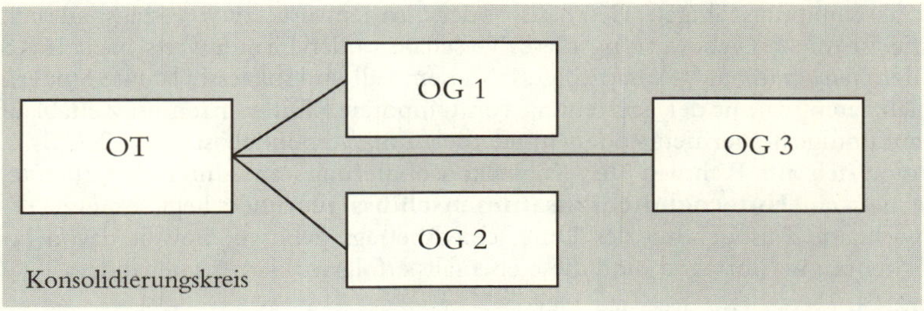

123

Für den Fall, dass aus der Zusammenfassung der HB II der einbezogenen TU, die zugleich zu einer ertragsteuerlichen Beurteilungseinheit gehören (Fall 3), ein Überhang passiver latenter Steuern resultiert, wirkt dieser **wertbegründend** für bislang im Einzelabschluss nicht aktivierte latente Steuern (IAS 12.44), da die Aufrechnungskriterien innerhalb einer steuerlichen Beurteilungseinheit stets gegeben sind.

II. Steuerlatenzen aus Konsolidierungsmaßnahmen

Bereits bei der Bilanzierung von Steuerabgrenzungen auf Einzelabschlussebene, also der Konsolidierung vorgelagert, werden die steuerlichen Wertansätze 124 von Vermögenswerten und Schulden mit den IFRS-Buchwerten verglichen (hierzu → § 25 Rn 42 ff). Diese Perspektive wird durch die Einbeziehung von TU in einen Konzern durch die Konsolidierung erweitert. Dies liegt darin begründet, dass die für die Konzernrechnungslegung gem IFRS 10 notwendigen Konsolidierungsbuchungen idR für die Ertragsbesteuerung nicht relevant sind (vgl → § 25 Rn 159). Um eine periodengerechte Erfassung aller Konsolidierungsbuchungen einschließlich ihrer ertragsteuerlichen Auswirkungen innerhalb der IFRS-Bilanz zutreffend darstellen zu können, sind **latente Steuern** iSd *temporary concept* auf diejenigen Konsolidierungsmaßnahmen zu berechnen und auszuweisen, die eine Wertveränderung der in den Summenabschluss übernommenen Vermögenswerte und Schulden auslösen (zu latenten Steuern auf konsolidierungsvorbereitende Maßnahmen → § 25 Rn 129 f). Für den Bereich der Vollkonsolidierung können temporäre Unterschiede aus der Kapital- und Schuldenkonsolidierung sowie aus der Zwischenergebniseliminierung und der konzerninternen Gewinnausschüttung resultieren.

1. Temporäre Differenzen aus der Kapitalkonsolidierung

125 Im Rahmen der Kapitalkonsolidierung wird der Beteiligungsbuchwert mit dem korrespondierenden anteiligen Eigenkapital (ggf nach Neubewertung im Rahmen der Kaufpreisallokation) aufgerechnet. Der sich danach ergebende Unterschiedsbetrag ist im Falle eines Unternehmenszusammenschlusses entweder ein zu aktivierender Geschäfts- oder Firmenwert oder ein sog *bargain purchase,* der zu einer sofortigen Ertragserfassung führt.

126 Für den Fall eines aktivierten **Geschäfts- oder Firmenwerts** ist eine temporäre Differenz dann gegeben, wenn für die Ertragsbesteuerung eine erfolgswirksame Abschreibung dieses Geschäfts- oder Firmenwerts nicht zulässig ist. Auf diese temporäre Differenz sind gem IAS 12.15(a) **keine** latenten Steuern zu berechnen, weil es sich beim Geschäfts- oder Firmenwert um eine Residualgröße handelt und der Ansatz einer latenten Steuerschuld wiederum eine Erhöhung des Geschäfts- oder Firmenwerts zur Folge hätte (IAS 12.21).

127 Des Weiteren können temporäre Differenzen entstehen, wenn die Aktivierung eines abschreibungsfähigen Geschäfts- oder Firmenwerts zwar ertragsteuerlich zulässig ist, die Folgebewertung dieses Geschäfts- oder Firmenwerts nach IFRS aber dem *impairment only*-Ansatz folgt. In diesem Fall sind sukzessiv latente Steuern zu bilanzieren, da mit der Entstehung von temporären Differenzen im Zeitablauf eine zukünftige Steuermehr- oder -minderbelastung verbunden ist (IAS 12.21B).

Ergibt sich im Rahmen der Kapitalkonsolidierung ein Unterschiedsbetrag, **ohne** dass ein **Unternehmenszusammenschluss** zugrunde liegt, ist eine erfolgswirksame Ausbuchung des Unterschiedsbetrags geboten. Soweit davon latente Steuern berührt sind, sind diese ebenfalls erfolgswirksam zu behandeln.

Beispiel: IAS 32.37 verlangt die erfolgsneutrale Kürzung der Eigenkapitalbeschaffungskosten vom Eigenkapital. Damit verbundene latente Steuern sind dann ebenfalls erfolgsneutral zu berücksichtigen. Für den Fall einer konzerninternen Kapitalerhöhung, die nicht mit einem Unternehmenszusammenschluss in Verbindung steht, ergibt sich damit im Rahmen der Kapitalkonsolidierung ein Unterschiedsbetrag. Aus Konzernsicht sind die im IFRS-Einzelabschluss erfolgten Buchungen der Eigenkapitalbeschaffungskosten und der damit verbundenen latenten Steuern zu stornieren, sodass die Eigenkapitalbeschaffungskosten wie in der Steuerbilanz als Aufwand behandelt werden.

2. Temporäre Differenzen aus der Schuldenkonsolidierung

128 IFRS 10.B86(c) fordert die vollständige Eliminierung von Ansprüchen und Verpflichtungen zwischen einbezogenen Konzernunternehmen. Stehen sich da-

bei die Salden in derselben Höhe ggü, kommt es zu keinen Aufrechnungsdifferenzen und dementsprechend auch nicht zu temporären Differenzen. Bilanzierungs- und Bewertungsunterschiede iSv IAS 12.5 zwischen Summen- und Konzernbilanz nach IFRS ergeben sich vielmehr nur dann, wenn sich Ansprüche und Verpflichtungen in unterschiedlicher Höhe gegenüberstehen und es mithin zu **Aufrechnungsdifferenzen** kommt.

Die Verpflichtung zur Abgrenzung latenter Steuern auf Aufrechnungsdifferenzen aus der Schuldenkonsolidierung ergibt sich **explizit aus IFRS 10.B86(c)** aufgrund des Verweises auf IAS 12, sodass nach den allgemeinen Regelungen zu temporären Differenzen des IAS 12 zwingend eine Steuerlatenzbetrachtung auf erfolgswirksame konzerninterne Schuldenkonsoldierungsvorgänge vorzunehmen ist. **129**

Beispiel: In einem Konzernunternehmen wurde eine Rückstellung iSv IAS 37 für Gewährleistungsverpflichtungen ggü einem anderen Konzernunternehmen gebildet. Dieses Unternehmen weist aber aufgrund der Unsicherheit hinsichtlich Höhe und/oder Fälligkeit in seinem Einzelabschluss keine entspr Forderung aus.

Konzernunternehmen A hat ggü Konzernunternehmen B eine Darlehensforderung. Aufgrund eines bestehenden Bonitätsrisikos bzgl B wurde die Forderung im IFRS-Einzelabschluss von A wertberichtigt, während sie bei B in voller Höhe passiviert ist.

Für diese temporären Differenzen sind latente Steuern abzugrenzen, da ihre Umkehr im Zeitverlauf das **steuerliche Ergebnis** der entspr Einzelabschlüsse beeinflussen wird. Die Veränderungen der latenten Steuern auf echte Unterschiedsbeträge aus der Schuldenkonsolidierung sind grds erfolgswirksam zu berücksichtigen. Dabei kommt der Steuersatz desjenigen Konzernunternehmens zur Anwendung, das den die Steuerlatenz auslösenden erfolgswirksamen Effekt zu buchen hatte. **130**

Differenzen aus der Schuldenkonsolidierung, die aus **erfolgsneutralen Anpassungen** der Wertansätze von Finanzinstrumenten resultieren, sind erfolgsneutral zu stornieren. Für diesen Fall sind auch die darauf gebildeten latenten Steuern erfolgsneutral auszubuchen. **131**

Beispiel: Ein Konzernunternehmen begibt eine Schuldverschreibung, die von einem anderen einbezogenen Konzernunternehmen erworben wird. Das erwerbende Konzernunternehmen klassifiziert diese Schuldverschreibung innerhalb seines Wertpapierbestands nach IAS 39.9 als *available for sale*. Die Wertveränderung am Stichtag wird beim Erwerber dementsprechend erfolgsneutral im sonstigen Ergebnis verrechnet. Der Emittent bewertet die ausgegebene Schuldverschreibung zum Erfüllungswert (IAS 39.47). Die sich bei der Schuldenkonsolidierung ergebende Differenz ist mithin durch die beim Erwerber erfolgsneutral im sonstigen Ergebnis erfasste Wertänderung bedingt, woraus die erfolgsneutrale Stornierung des Unterschiedsbetrags aus der Schuldenkonsolidierung gegen die Rücklage aus Marktbewertungen resultiert. Die in der HB II des Erwerbers erfolgsneutral erfassten latenten Steuern auf die Marktwertänderung sind ebenfalls erfolgsneutral zu stornieren.

3. Temporäre Differenzen aus der Zwischenergebniseliminierung

Ebenso gilt nach IFRS 10.B86(c), dass temporäre Differenzen aus der Zwischenergebniseliminierung gem IAS 12 zum Ausweis latenter Steuern führen sollen. **132**

Im Regelfall sehen **Konzernertragsbesteuerungskonzepte** keine Zwischenergebniseliminierung vor. Insoweit führt die Zwischenergebniseliminierung zu temporären Differenzen, auf die eine latente Steuer zu bilden ist. In Ausnahmefällen (zB *integration fiscale* in Frankreich) werden auch in Konzernsteuerrechtssystemen in bestimmtem Umfang Zwischenergebnisse eliminiert. Ist dies der Fall, führt die Zwischenergebniseliminierung insoweit nicht zu temporären Differenzen und damit nicht zum Ansatz latenter Steuern.

4. Temporäre Differenzen aus konzerninternen Gewinnausschüttungen

133 Nach IAS 18.30 (c) ist eine **phasengleiche Gewinnvereinnahmung** nur in den Fällen zulässig, in denen ein Ergebnisabführungsvertrag besteht. Die Aufrechnung der abgeführten bzw erhaltenen Ergebnisse ist Gegenstand der Aufwands- und Ertragskonsolidierung iwS (Gewinnverwendung) und führt nicht zu temporären Differenzen.

134 Bei **zeitverschobener Gewinnausschüttung** ist eine erfolgswirksame Eliminierung der Beteiligungserträge zu Lasten des Konzernergebnisvortrags bzw der Gewinnrücklagen erforderlich, da das betreffende Ergebnis der ausschüttenden Gesellschaft in der Vorperiode bereits im Konzernerfolg enthalten war. Auch hieraus resultieren keine temporären Differenzen, sodass grds keine latenten Steuern im Rahmen der Eliminierung konzerninterner Gewinnausschüttung zu berücksichtigen sind. Da jedoch Gewinnausschüttungen von in- und ausländischen Beteiligungen **durch KapGes** gem § 8b Abs 2 und 3 KStG grds nur zu 95% steuerfrei sind, sind latente Steuern auf diese sog *outside basis differences* betreffend Anteile an TU im Fall einer geplanten oder beschlossenen **Gewinnausschüttung** in absehbarer Zeit (IAS 12.39) abzugrenzen (ausführlich → § 25 Rn 124f und → § 25 Rn 139ff).

III. Anzuwendender Steuersatz im Konzern

135 Die Verwendung unternehmensspezifischer Steuersätze bei der Ermittlung latenter Steueransprüche und Steuerschulden ist sowohl auf HB I als auch auf HB II-Ebene sowie für Wertanpassungen im Rahmen der Kaufpreisallokation uneingeschränkt möglich. Hinsichtlich derjenigen Steuerlatenzen, die auf Aufrechnungsdifferenzen aus Konsolidierungsmaßnahmen beruhen, ist im Grundsatz eine unternehmensindividuelle Zuordnung erforderlich. Dabei ist die temporäre Differenz dem Unternehmen zuzuordnen, bei welchem aufgrund von konsolidierungsspezifischen Aufrechnungsdifferenzen steuerergebniswirksame Effekte zugrunde liegen. Nur bei der Zwischenergebniseliminierung erfolgt uE grds eine Zuordnung der temporären Differenz zum empfangenden Konzernunternehmen (vermögenswertorientierter Ansatz → Rn 137).

Beispiel: Ein Konzernunternehmen bildet eine Gewährleistungsrückstellung für eine konzerninterne Lieferung. Soweit die Rückstellung steuerlich in voller Höhe anerkannt wird, liegt auf Ebene der HB II keine temporäre Differenz vor. Folglich ist in diesem Fall auch keine latente Steuer in der HB II hierfür enthalten. Im Rahmen der Schuldenkonsolidierung wird diese Gewährleistungsrückstellung eliminiert. Damit entsteht eine temporäre Differenz zwischen dem Ansatz im steuerlichen Abschluss des Konzernunternehmens und dem IFRS-Konzernabschluss. Auf diese Differenz ist der Steuersatz des Konzernunternehmens anzuwenden, welches im Einzelabschluss die Gewährleistungsrückstellung gebildet hat.

136 Entstehen aus der **Schuldenkonsolidierung** temporäre Differenzen, ist grds eine einzelfallbezogene Zuordnung zu den betroffenen Konzernunternehmen und die anschließende Bewertung mit deren unternehmensindividuellen Steuersätzen erforderlich. In Abhängigkeit vom Gesamtbetrag der nicht individuell zugerechneten Aufrechnungsdifferenzen ist ein solches Vorgehen unter dem Aspekt der Wesentlichkeit jedoch in vielen Fällen nicht notwendig. Vielmehr erscheint für diese Fälle aus Vereinfachungsgründen ein **konzerneinheitlicher Steuersatz** sachgerecht.

137 Hinsichtlich der bei der **Zwischenergebniseliminierung** auftretenden temporären Differenzen enthält IAS 12 keine Angaben bzgl der anzuwendenden Steuersätze. Dem vermögensorientierten Ansatz folgend sind diese Differenzen dem

Konzernunternehmen zuzuordnen, das die Lieferung oder Leistung erhalten hat. Damit korrespondierend ist uE der **Steuersatz des Empfängerunternehmens** für die Bewertung der latenten Steuern auf Zwischenergebnisse anzuwenden.

Die Anwendung des Empfängersteuersatzes auf eliminierte Zwischenergebnisse hat zur Konsequenz, dass ein Ertragsteueraufwand auf ein aus Konzernsicht noch nicht realisiertes Ergebnis ausgewiesen wird. Dies ist immer dann gegeben, wenn für das liefernde Unternehmen in der Periode der konzerninternen Transaktion ein **anderer Steuersatz** gilt als für das empfangende Unternehmen. 138

Diese Vorgehensweise verdeutlicht das nachstehende Beispiel:

Beispiel: TU A veräußert ein Grundstück mit einem Gewinnaufschlag in Höhe von T€ 100 an TU B. Der für den Gewinnaufschlag relevante Ertragsteuersatz beträgt 40% (Ertragsteuersatz des liefernden TU A). Der relevante Ertragsteuersatz des empfangenden TU B beträgt 30%. Im Zuge der Zwischenergebniseliminierung ist der Gewinnaufschlag aus dieser konzerninternen Transaktion auf Konzernebene zu stornieren. In den Steuerbilanzen der TU A und B bleiben die Effekte aus der konzerninternen Lieferung hingegen unverändert bestehen, sodass auf die im Konzernabschluss entstehende temporäre Differenz aus dieser Zwischengewinneliminierung aktive latente Steuern zu bilden sind und zwar – dem vermögenswertorientierten Ansatz folgend – iHv T€ 30 unter Berücksichtigung des Ertragsteuersatzes des empfangenden TU B (30%). Das nunmehr ausgewiesene steuerliche Nutzenpotential ergibt sich aus dem unterstellten späteren Weiterverkauf des Grundstücks bei TU B an einen fremden Dritten. Aufgrund der Anwendung des Empfänger-Ertragsteuersatzes kommt es im Konzernabschluss jedoch zu einem Ausweis eines Ertragsteueraufwands von T€ 10 auf diesen noch nicht realisierten Konzernzwischengewinn (T€ 40 tatsächlicher Ertragsteueraufwand bei TU A aus der steuerlich realisierten konzerninternen Grundstückslieferung und T€ 30 Steuerertrag aus der Aktivierung latenter Ertragsteuern bei TU B).

Die Anwendung des jeweiligen Empfängersteuersatzes erfordert eine Erhebung der zu eliminierenden Zwischenergebnisse auf Ebene des empfangenden TU. Soweit aus Vereinfachungsgründen ein **konzerneinheitlicher Steuersatz** in Form eines Mischsatzes zulässigerweise zur Anwendung kommt, kann die Steuerabgrenzung auf Zwischenergebniseliminierungen konzerneinheitlich erfolgen. Dieser konzerneinheitliche Steuersatz sollte sich an der durchschnittlichen Ertragsteuerquote des Konzerns und, sofern vertretbar, vereinfachend am Steuersystem des MU orientieren. 139

IV. Besonderheiten bei latenten Steuern im Konzern

Die in IAS 12.15 ff dargestellten **Grundsätze** des Ansatzes, der Bewertung und des Ausweises latenter Steueransprüche und latenter Steuerschulden gelten mangels Differenzierung innerhalb des Standards sowohl für den IFRS-Einzelabschluss als auch für den IFRS-Konzernabschluss. Diese Grundsätze werden in § 25 dargestellt. Hinsichtlich der latenten Steuern auf Konsolidierungsmaßnahmen ergeben sich jedoch Besonderheiten, auf die im Folgenden eingegangen wird. 140

1. Beginn und Ende der Abgrenzung latenter Steuern

Die Abgrenzung von latenten Steuern, die auf Konsolidierungsmaßnahmen zurückzuführen sind, ist **erstmalig** ab dem Zeitpunkt der erstmaligen Einbeziehung in den Konzernabschluss vorzunehmen. Analog dazu ist die Bilanzierung solcher latenter Steuern mit dem **Ausscheiden** aus dem Konsolidierungskreis zu beenden. Die Auflösung der latenten Steueransprüche oder latenten Steuerschulden richtet sich nach der Behandlung der der Steuerabgrenzung zugrunde liegenden Sachverhalte. Da latente Steuern nach dem *temporary-concept* die Eigen- 141 schaft eines Vermögenswerts bzw einer Schuld haben, sind sie im Zuge der Entkonsolidierung auszubuchen und vermindern/erhöhen somit den Entkonsolidierungserfolg. Sofern die Bilanzierung der latenten Steuern entspr den zugrunde liegenden Geschäftsvorfällen zuvor erfolgsneutral über das sonstige Ergebnis erfolgte, ist eine Umgliederung dieser Beträge aus dem sonstigen Ergebnis in den Gewinn und Verlust im Zeitpunkt der Entkonsolidierung nur insoweit zulässig, als dies auch für den zugrunde liegenden Geschäftsvorfall angezeigt ist. Somit werden bspw bislang im sonstigen Ergebnis erfasste latente Steuerbeträge in Zusammenhang mit Neubewertungen der Nettoschuld aus leistungsorientierten Versorgungsplänen im Entkonsolidierungszeitpunkt nicht in die GuV umgegliedert; eine erfolgsneutrale Umgliederung der entspr Beträge (*net of tax*) innerhalb des Eigenkapitals zB in die Gewinnrücklagen ist jedoch zulässig (IAS 19.122).

2. Saldierung von latenten Steuern im Konzernabschluss

142 Die Saldierung von latenten Steuern ist in IAS 12.74 geregelt. Danach sind latente Steuern zu saldieren, wenn ein Ausgleich auf saldierter Basis rechtlich möglich und durch das Steuersubjekt auch beabsichtigt ist (zu detaillierten Regelungen vgl → § 25 Rn 182). IAS 12.75 präzisiert diese Anforderung dahingehend, dass eine Saldierung durch ein Steuersubjekt nur erfolgen darf, wenn sich der latente Steueranspruch und die latente Steuerschuld auf Ertragsteuern ggü **derselben Fiskalbehörde** beziehen und wenn es ein **einklagbares Recht** auf Aufrechnung von Steuerschulden und Steuerforderungen hat.

143 Diese Saldierungsvoraussetzungen führen hinsichtlich der Saldierungsmöglichkeiten von latenten Steueransprüchen und latenten Steuerschulden aus Konsolidierungsmaßnahmen idR **zu einem unsaldierten Ausweis** dieser Posten in der Konzernbilanz. Dies ist im Wesentlichen auf zwei Gründe zurückzuführen.

Zum einen ist der **Konzern selbst nicht Steuersubjekt.** Die Besteuerung findet vielmehr auf der Ebene der einzelnen Konzerngesellschaften statt. Die in → Rn 124 ff beschriebene Zuordnung der temporären Differenzen aus Konsolidierungsmaßnahmen zu den einzelnen Konzernunternehmen führt jedoch nicht zu einem Aufrechnungsanspruch iSv IAS 12.74 f, da es sich ausschließlich um eine interne Zuordnung für Zwecke der Bestimmung des anzuwendenden Steuersatzes handelt.

Zum anderen bestehen Ansprüche und Schulden aus latenten Steuern auf Konsolidierungsmaßnahmen idR **nicht ggü derselben Fiskalbehörde.** Dies ist jedoch nach IAS 12.75 Voraussetzung für eine Aufrechnung. Verlangt wird außerdem, dass ein einklagbares Recht ggü der Fiskalbehörde auf Aufrechnung besteht. Aufgrund der bereits dargestellten nur internen Zuordnung der Steuerlatenzen aus Konsolidierungsmaßnahmen auf Konzernunternehmen sind diese Voraussetzungen regelmäßig nicht erfüllt.

144 Die Saldierungsmöglichkeiten hinsichtlich latenter Steuern aus Konsolidierungsmaßnahmen erfahren eine Erweiterung bei Vorliegen **ertragsteuerlicher Organschaften** innerhalb des Konsolidierungskreises. In diesen Fällen sind Saldierungen nach IAS 12.74 möglich und insoweit geboten, als die Konsolidierungsmaßnahmen sich auf Konzernunternehmen beziehen, die demselben steuerlichen Organkreis angehören. Aber auch wenn damit die Steuerschuldner- und Fiskalbehördenidentität gewährleistet ist, bleibt vor einem saldierten Ausweis die Notwendigkeit der Prüfung der rechtlichen Aufrechnungsmöglichkeit bestehen.

3. Beurteilung der Werthaltigkeit steuerlicher Vermögenswerte

145 Unternehmen haben Ansatz und **Werthaltigkeit** von aktiven latenten Steuern aus temporären Differenzen und aus steuerlichen Verlustvorträgen bzw Steuergutschriften zu jedem Bilanzstichtag zu überprüfen und ggf anzupassen (IAS 12.37 und IAS 12.56). Diese Beurteilung (hierzu → § 25 Rn 50 ff und → § 25 Rn 176) vollzieht sich zunächst auf der Ebene der einzelnen Konzerngesellschaft. Im Zusammenhang mit der Konsolidierung ist jedoch auch zu prüfen, ob der Ansatz und die Werthaltigkeit aktiver latenter Steuern aus Konzernsicht anders einzuschätzen ist als aus Einzelabschluss-Perspektive.

Grds ist auch innerhalb des Konzerns das einzelne Unternehmen Steuersubjekt, sodass sich allein aus der Konzernzugehörigkeit keine abweichende Beurteilung aktiver latenter Steuern ergeben kann. Zu einer aus Konzernsicht abweichenden Beurteilung kann es gleichwohl bei Vorliegen ertragsteuerlicher **Organschaftsverhältnisse** innerhalb des Konzernkreises kommen. Auch **konzerninterne Restrukturierungsmaßnahmen** wie Verschmelzungen können bei Vorliegen einer konzernweiten Steuerplanung zu einer vom Einzelabschluss abweichenden Beurteilung des Ansatzes bzw der Werthaltigkeit aktiver latenter Steuern führen.

Beispiel: Ein TU weist einen steuerlichen Verlustvortrag aus, dessen Werthaltigkeit jedoch auf der Grundlage der bisherigen steuerlichen Ergebnisplanung nicht nachgewiesen werden kann. Dementsprechend ist bisher die Bilanzierung aktiver latenter Ertragsteuern aus den Verlustvorträgen unterblieben. Durch die konzerninterne Übertragung von Vermögenswerten und Aktivitäten auf das TU ist die steuerliche Ergebnisplanung dahingehend zu revidieren, dass eine Verwertung der bisher angefallenen steuerlichen Verlustvorträge zu unterstellen ist. Dementsprechend sind innerhalb des IFRS-Einzelabschlusses des TU aktive latente Steuern in Höhe der voraussichtlichen Steuerreduktion aufgrund der Verwertung der steuerlichen Verlustvorträge zu aktivieren.

Voraussetzung für die fundierte Beurteilung der Werthaltigkeit aktiver laten- 146
ter Steuern ist jedoch eine **detaillierte Erfassung** auf der Grundlage des *temporary-concept* sowie einer **zuverlässigen steuerlichen Ergebnisplanung** auf Unternehmensebene einerseits und einer zu den Einzelplanungsrechnungen konsistenten Steuerplanung auf Konzernebene andererseits. Dies impliziert auch ein einheitliches steuerliches Berichtswesen *(tax reporting)* innerhalb des Konzerns. Dieses sollte insbes auch die in IAS 12.80 f vorgesehenen Überleitungsrechnungen für die entspr Konzernunternehmen umfassen, da die relevanten Informationen hierfür idR dezentral vorliegen. Zur Sicherstellung dieser Voraussetzung ist eine abgestimmte Organisation des Rechnungswesens und der Konzernsteuerabteilung unabdingbar. Es wird in diesem Zusammenhang auf die Ausführungen in → § 25 Rn 50 ff verwiesen.

G. Konsolidierungsbezogene Anhangangaben

Die in den Anhang aufzunehmenden konsolidierungsbezogenen Angaben er- 147
geben sich aus den Vorschriften des IFRS 12, wobei dort zT auf Regelungen des IFRS 10 zu spezifischen Sachverhalten verwiesen wird. Zu den Anhangangaben betreffend Unternehmenszusammenschlüsse vgl IFRS 3.59 ff iVm IFRS 3.B64 ff → § 34 Rn 267 ff.

Mit den konsolidierungsbezogenen Anhangangaben wird generell die Absicht verfolgt, dem Abschlussadressatenkreis Informationen zur Wesensart der Anteile an anderen Unternehmen und damit einhergehender Risiken und Auswirkungen auf die VFE-Lage des berichtenden Unternehmens bzw des Konzerns zu vermitteln (vgl IFRS 12.1; *Leibfried/Weber/Rummel* 2015, 41 ff).

So sieht IFRS 12.2 generell folgende Angaben des berichtenden Unternehmens zum Konsolidierungskreis vor:

(1) **Maßgebliche Ermessensausübung und Annahmen** bei der Bestimmung der Wesensart seiner Anteile an einem anderen Unternehmen oder einer anderen Vereinbarung und bei der Bestimmung der Art der gemeinsamen Vereinbarung, an der es Anteile hält (IFRS 12.7 ff);
(2) Angaben zu seinen **Anteilen an TU** (IFRS 12.10 ff) und **gemeinsamen Vereinbarungen** sowie **assoziierten Unternehmen** (IFRS 12.20 ff);
(3) Angaben zu strukturierten Unternehmen, die nicht vom berichtenden Unternehmen konsolidiert werden **(nicht konsolidierte strukturierte Unternehmen;** IFRS 12.24 ff).

Investmentgesellschaften sind gem IFRS 10.31 von der Konsolidierung ihrer TU ausgenommen und müssen gem IFRS 12.9A ihre Annahmen über Ermessensentscheidungen zu ihrer Eigenschaft als Investmentgesellschaft offenlegen (→ § 32 Rn 69). Zudem haben Investmentgesellschaften umfassende Angabepflichten betreffend ihre (nicht konsolidierten) TU zu erfüllen (IFRS 12.19A bis IFRS 12.19G).

Darüber hinaus sollen vom berichtenden Unternehmen generell zusätzliche Informationen offengelegt werden, falls dies für die Realisierung der allgemeinen Zielsetzung des IFRS 12.1 erforderlich ist (vgl IFRS 12.3).

148 Im Zusammenhang mit **bestehenden TU** sind gem IFRS 12.10 Angaben über die Zusammensetzung des Konzerns und den Anteil nicht-beherrschender Gesellschafter an den Tätigkeiten und Zahlungsströmen des Konzerns offenzulegen (vgl IFRS 12.12) und es ist über Art und Umfang möglicher Beschränkungen der Zugangs- und Verwendungsmöglichkeiten von Vermögenswerten sowie der Schuldentilgung (vgl IFRS 12.13) zu berichten. Außerdem ist über die Art der Risiken im Zusammenhang mit konsolidierten strukturierten Unternehmen (vgl IFRS 12.14 ff) sowie über die Folgen der Änderungen der Anteilshöhe bei TU jeweils ohne und mit Beherrschungsverlust (vgl IFRS 12.18 f) zu berichten.

Zu den **TU mit Anteilen nicht-beherrschender Gesellschafter** sieht IFRS 12.12 im Einzelnen folgende Pflichtangaben vor:
(1) **Name** des TU (IFRS 12.12(a));
(2) **Sitz** des TU (IFRS 12.12(b));
(3) **Teil der Eigentumsanteile**, die die nicht-beherrschenden Anteile ausmachen (IFRS 12.12(c));
(4) **Teil der Stimmrechte,** die die nicht-beherrschenden Anteile ausmachen, falls abweichend vom Teil der Eigentumsrechte (IFRS 12.12(d));
(5) **Gewinn oder Verlust,** der den nicht beherrschenden Anteilen des TU während der Berichtsperiode zugewiesen wird (IFRS 12.12(e));
(6) **kumulierte**, nicht kontrollierende Anteile des TU **am Ende der Berichtsperiode** (IFRS 12.12(f));
(7) **zusammengefasste Finanzinformationen** über das TU (IFRS 12.12(g) iVm IFRS 12.B10).

149 Im Falle des **Beherrschungsverlusts** aufgrund von Anteilsveräußerungen ist gem IFRS 12.19 neben dem Gewinn oder Verlust iSv IFRS 10.25 (= Gesamterfolg aus dem Abgang der Anteile am TU → Rn 34) auch der Anteil des Gewinns oder Verlusts, welcher im Fall einer Übergangskonsolidierung mit Abwärtswechsel auf die Bewertung der verbleibenden Anteile zum beizulegenden Zeitwert entfällt, anzugeben sowie der oder die Posten im erfolgswirksamen Teil der Gesamtergebnisrechnung, in denen der Gesamterfolg aus dem Abgang der Anteile am TU ausgewiesen ist.

Im Fall von **Entkonsolidierungen von TU aufgrund von Verteilungen von Anteilen** an deren Anteilseigner in ihrer Eigenschaft als Eigentümer (→ Rn 32) sehen IFRIC 17.16 f weitere Pflichtangaben zu den Buchwerten der Dividendenverbindlichkeit zu Beginn und zum Ende der Berichtsperiode und zur Erhöhung oder Verminderung des Buchwerts der Dividendenverbindlichkeit infolge einer erfassten Änderung des beizulegenden Zeitwerts der auszuschüttenden Vermögenswerte in der Berichtsperiode vor. Bei einem nachträglich, jedoch vor der Genehmigung zur Veröffentlichung des Abschlusses, erfolgten Beschluss der Ausschüttung einer Sachdividende sind die Art des auszuschüttenden Vermögenswerts, der Buchwert des auszuschüttenden Vermögenswerts am Abschlussstichtag und dessen beizulegender Zeitwert einschließlich dessen Ermittlungsmethoden und -parameter iSv IFRS 13 darzustellen, falls dieser vom Buchwert der auszuschüttenden Vermögenswerte abweicht.

H. Wesentliche Änderungen und deren Anwendungszeitpunkte

Die derzeit geltende Fassung des **IFRS 10** einschließlich der ergänzten Regelungen zu den Investmentgesellschaften (vgl § 30) war für IFRS-Anwender in der EU verpflichtend für Berichtsperioden, die am oder nach dem 1. Januar 2014 beginnen, anzuwenden. IFRS 10 ersetzt die konzernrechnungsrelevanten Regelungen des früheren IAS 27 (2001) sowie SIC-12. 150

Änderungen betreffend die Klassifikation und Folgebewertung von bedingten Gegenleistungen *(contingent consideration)* bei Unternehmenszusammenschlüssen ergeben sich aus den im Dezember 2013 vom IASB veröffentlichten **Jährlichen Verbesserungen an den IFRSs Zyklus 2010–2012.** Die dargestellten Änderungen wurden durch entspr Änderungen von IFRS 3.40, IFRS 3.58(b), IFRS 3.64I und IFRS 3.67A sowie IFRS 9.4.2.1 und IFRS 9.5.7.5 umgesetzt. Die Änderungen sind für IFRS-Anwender in der EU prospektiv für Geschäftsjahre, die am oder nach dem 1. Februar 2015 beginnen, verpflichtend anzuwenden; eine frühere Anwendung bedingt die gleichzeitige frühere Anwendung von IFRS 9 und IAS 37 jeweils in den durch die Jährlichen Verbesserungen an den IFRSs Zyklus 2010–2012 geänderten Fassungen.

Hinsichtlich des im September 2014 vom IASB veröffentlichten Ergänzungsstandards **„Veräußerung oder Einbringung von Vermögenswerten zwischen einem Investor und einem assoziierten Unternehmen oder Joint Venture (Änderungen an IFRS 10 und IAS 28)“** wird auf → § 36 Rn 166 verwiesen.

Die vorliegende Kommentierung hat wesentliche materielle Änderungen herausgehoben. Darüber hinaus haben die Überarbeitungen klarstellenden Charakter.

I. Gegenüberstellung zu HGB/DRS

Konzeptionell entsprechen die handelsrechtlichen Regelungen zur Vollkonsolidierung von TU in §§ 301 ff HGB weitgehend den Regelungen in IFRS 10 und IFRS 3. Die wesentlichen Unterschiede liegen dabei im Bereich der Erstkonsolidierung. Hierzu wird auf die Ausführungen in → § 34 Rn 171 ff verwiesen. 151

Die handelsrechtlichen Konsolidierungsvorschriften der §§ 301 ff HGB werden durch die Regelungen in DRS 4 weiter spezifiziert. Mit dem Standardentwurf E-DRS 30 zur Kapitalkonsolidierung, der DRS 4 für Geschäftsjahre, die nach dem 31. Dezember 2015 beginnen, ersetzen soll, hat der HGB-Fachausschuss des DRSC weitere detaillierte Regelungen vorgeschlagen. In der endgültigen Fassung des E-DRS 30 werden insbes die handelsrechtlichen Änderungen aufgrund des BilRUG Berücksichtigung finden.

Aus Unterschieden im Rahmen der Durchführung der Erstkonsolidierung zwischen IFRS 3 und HGB resultieren auch Abweichungen bei der **Folgekonsolidierung.** Dies betrifft insbes die Behandlung eines im Rahmen der Erstkonsolidierung ermittelten **Geschäfts- oder Firmenwerts** in den Folgeperioden, da das vom IASB verfolgte Konzept der nur noch **einzelfallinduzierten Wertminderung** des Geschäfts- oder Firmenwerts unvereinbar mit der Pflicht zur planmäßigen Abschreibung eines Konzerngeschäfts- oder -firmenwerts nach § 309 Abs 1 HGB ist. Auch nach E-DRS 30.114ff wird es im HGB-Konzernabschluss bei einer planmäßigen Abschreibung des Konzerngeschäfts- oder Firmenwerts bleiben. Darüber hinaus ist nach IFRS 3 jeder Geschäfts- oder Firmenwert einer ZGE zuzuordnen, die nicht notwendigerweise mit dem erworbenen Unternehmen identisch ist, während nach HGB eine vom Erwerbsobjekt abweichende Allokation des Geschäfts- oder Firmenwerts nicht vorgesehen ist. Hier sehen E-DRS 30.85ff eine Annäherung an die Regelungen der IFRS insofern vor, als nach HGB zukünftig eine Aufteilung des Geschäfts- oder Firmenwerts auf Geschäftsfelder bzw Segmente des erworbenen TU empfohlen wird und eine Zusammenfassung von Geschäfts- oder Firmenwerten eines Geschäftsfelds innerhalb eines Konzerns über mehrere TU hinweg nicht zulässig sein wird.

Die in IFRS 3.34 vorgeschriebene **sofortige Realisierung eines Ertrags** im Zeitpunkt der Entstehung eines negativen Unterschiedsbetrags aus der Kapitalkonsolidierung weicht von den Regelungen des § 309 Abs 2 HGB und DRS 4.38ff ab. § 309 Abs 2 HGB lässt eine erfolgswirksame Auflösung nur bei Eintreten der bei der Akquisition antizipierten Verluste oder beim Feststehen eines realisierten Gewinns zu. Nach den derzeitigen Regelungen des E-DRS 30.134ff, die der Auslegung des neuen prinzipienorientierten § 309 Abs 2 HGB idF BilRUG dienen, ist zukünftig im handelrechtlichen Konzernabschluss je nach Art des negativen Unterschiedsbetrags unter wirtschaftlicher Betrachtungsweise (Fremdkapitalcharakter, Eigenkapitalcharakter oder technischer Unterschiedsbetrag) eine (ratierliche) erfolgswirksame oder sofortige erfolgsneutrale Vereinnahmung vorgesehen. Der konzeptionelle Unterschied zu den Regelungen des IFRS 3 mit einer sofortigen erfolgswirksamen Auflösung des negativen Unterschiedsbetrags im Erwerbszeitpunkt bleibt somit auch nach den Vorschlägen des E-DRS 30 bzw des § 309 Abs 2 HGB idF BilRUG bestehen.

Weitere konzeptionelle Abweichungen ergeben sich aus dem **Ansatz und der Fortentwicklung** in Folgeperioden **von Eventualschulden.** Während IFRS 3.23 abweichend zu den Regelungen des IAS 37 eine Passivierung zum beizulegenden Zeitwert fordert und IFRS 3.56 ebenfalls abweichend zu IAS 37 deren Folgebewertung determiniert, gibt es im deutschen Handelsrecht bislang keine Sondervorschriften für die bilanzielle Berücksichtigung von Eventualschulden. Hier sehen die vorgeschlagenen Regelungen der E-DRS 30.51ff eine deutliche Ausweitung der im Erwerbszeitpunkt zu berücksichtigenden Schuldposten (und auch Vermögenswerte) des erworbenden TU ähnlich den Regelungen der IFRS vor.

In den Bereichen der **Schulden-, Aufwands- und Ertragskonsolidierung** und der **Zwischenergebniseliminierung** sind **keine konzeptionellen Unterschiede** zwischen den dargestellten Regelungen in IFRS 10 und den entspr handelsrechtlichen Regelungen in §§ 303 bis 305 HGB zu verzeichnen.

Generell enthalten die Konzernrechnungslegungsvorschriften des HGB (auch nach E-DRS 30) – anders als IFRS 10 – jedoch keine gesonderten Regelungen zur Bilanzierung von Investmentgesellschaften. Zur weiteren Darstellung der konzeptionellen Unterschiede vgl auch → § 34 Rn 276ff.

J. Aktuelle Entwicklungen/IASB-Projekte

Mit dem Abschluss des Projekts *„Consolidation"* des IASB, das zur Veröffentlichung des sog „Konsolidierungspakets" bestehend aus IFRS 10, IFRS 11 und IFRS 12 sowie IAS 27 und IAS 28 im Mai 2011 führte, der Verabschiedung des Änderungsstandards „Investmentgesellschaften" im Oktober 2012 sowie der Veröffentlichung des Änderungsstandards *Investment Entities: Applying the Consolidation Exception – Amendments to IFRS 10, IFRS 12 and IAS 28* wurden die **Arbeiten im Bereich der Konzernrechnungslegung vom IASB weitgehend abgeschlossen.** Weitere Auswirkungen auf die Vollkonsolidierung und hier insbes auf die Zwischenergebniseliminierung gem IFRS 10 werden sich jedoch aus den geplanten Änderungen von IFRS 10 und IAS 28 zur Ausräumung bestehender Widersprüchlichkeiten zwischen beiden Standards ergeben. Der im September 2014 verabschiedete Standard *Sale or Contribution of Assets between an Investor and its Associate or Joint Venture – Amendments to IFRS 10 and IAS 28* konnte dieses Ziel auch für den dort eng umgrenzten Sachverhalt nicht erreichen, sondern führte zu weiteren Inkonsistenzen zwischen IFRS 10 und IAS 28. Daher beschloss der IASB im Januar 2015, den verpflichtenden Erstanwendungszeitpunkt des Änderungsstandards (1. Januar 2016) zu verschieben und die bestehenden Inkonsistenzen im Rahmen seines Projekts *Gains or Losses Arising from Transactions between an Entity and its Associate or Joint Venture* zu klären (*IASB* Update January 2015, 8; ausführlich → § 36 Rn 166). 152

Einfluss auf die Vollkonsolidierung sollten zudem die in der Draft IFRIC Interpretation **DI/2012/2 *Put Options Written on Non-controlling Interests*** vom IFRSIC im Mai 2012 vorgeschlagenen Bilanzierungsregeln nehmen. Der Entwurf nimmt Stellung zur Folgebilanzierung von finanziellen Verbindlichkeiten im IFRS-Konzernabschluss eines MU, die aufgrund eines Andienungsrechts (Put-Option) eines nicht-beherrschenden Gesellschafters in Bezug auf Anteile an einem TU erfasst wurden. Die Put-Optionen sind als finanzielle Verbindlichkeiten sowohl bei ihrer erstmaligen Erfassung als auch bei der Folgebewertung zum beizulegenden Zeitwert (Barwert des Rückkaufbetrags) zu erfassen (IAS 32.23, IAS 39.AG8). Da nicht abschließend geregelt, wurde hingegen im Rahmen der Folgebilanzierung neben einer erfolgswirksamen Erfassung auch eine erfolgsneutrale Erfassung der Wertänderungen im Rahmen der Folgebewertung für zulässig erachtet. In DI/2012/2 wird diesbezüglich klargestellt, dass sämtliche Bewertungsunterschiede nach IAS 39.55 f/IFRS 9.5.7.1 erfolgswirksam im Gewinn oder Verlust der Periode *(profit or loss)* zu erfassen sind.

Im zweiten Quartal 2014 hat das IFRSIC dieses eigenständige Projekt unterbrochen und die Fortführung der Diskussion dieser Thematik als Bestandteil des Projekts *Financial Instruments With Characteristics Of Equity* angekündigt.

§ 36. Equity-Methode

Übersicht

Schrifttum: *Baumgartner/Nowothy* Welche Auswirkungen hat der Kauf und Verkauf eigener Anteile des assoziierten Unternehmens auf die Anwendung der Equity-Methode beim Investor?, IRZ 2013, 425; *Brune* Darstellung der Zwischengewinneliminierung bei Downstream-Transaktionen mit assoziierten Unternehmen oder Joint Ventures bei einem Equity-Buchwert von null, IRZ 2014, 132; *Dietrich/Stoek* Wenn Schutzrechte zu Mitwirkungsrechten werden – Anwendung des IAS 28 auf reine Kreditbeziehungen bei Banken, IRZ 2013, 349; *Freiberg* Aktuelle Anwendungsfragen der Bilanzierung nach IFRS 5, PiR 2011, 142; *Freiberg* Entstehen eines negativen at equity-Wertansatzes; PiR 2015, 118; *Geisel/Schmidt* Anwendung der Equity-Methode bei assoziierten Unternehmen mit kündbaren Anteilen, KoR 2010, 81; *Haaker/Freiberg* Lucky-Buy-Fiktion für einen negativen Unterschiedsbetrag aus der Kapitalkonsolidierung?, PiR 2014, 344; *B. Hayn* Konsolidierungstechnik bei Erwerb und Veräußerung von Anteilen, Herne/Berlin 1999; *B. Hayn/S. Hayn* Vorschläge zur Änderung von IAS 28 – ED/2012/3 Equity Method: Share of Other Net Asset Changes, WPg 2013, 353; *Heintges/Urbanczik* Erwerb und Folgebewertung assoziierter Unternehmen nach IAS 28, KoR 2011, 418; *Holzwarth* ED/2012/3 „Equity Method: Share of Other Net Asset Changes" – eine kritische Analyse der „reasonable and expeditious short-term solution", KoR 2013, 173; *IDW* RS HFA 40 Stellungnahme zur Rechnungslegung: Einzelfragen zu Wertminderungen von Vermögenswerten nach IAS 36, FN IDW 2015, 335; *Klose* Kapitalkonsolidierungs- und Bewertungsmethoden in der Konzernrechnungslegung nach IFRS, Aachen 2014; *Küting/Seel* Konvergenz der Equity-Methode zwischen neuem HGB und IFRS?, DB 2011, 1005; *Lienau* Die Bilanzierung nach der Equity-Methode unter Berücksichtigung latenter Steuern nach IFRS, KoR 2007, 14; *Melcher/Erchinger* Bilanzierung von assoziierten Unternehmen unter IFRS at Equity bei Vorliegen von komplexen Beteiligungsstrukturen nach der Hypothetischen Liquidationsmethode, KoR 2012, 234; *Melcher/Murer* Die Auswirkungen des BilMoG auf die Equity-Methode nach § 312 HGB, DB 2010, 1597; *Richter* Sukzessive Erwerbe nach IFRS bei Anwendung der Equity-Methode, KoR 2014, 289; *Schmidt* Die Equity-Methode – Interessentheoretische *One-Line-Consolidation* oder Bilanzierung eines Vermögenswerts?, PiR 2010, 61; *Schmidt* ED/2012/3 Equity Method: Share of Other Net Asset Changes – Conceptual confusion statt Bekenntnis zur one-line-consolidation, PiR 2013, 35; *Stibi* Aktuelle Vorschläge zur Überarbeitung der (neuen) IFRS-Konzernrechnungslegungsvorschriften – mehr als nur punktuelle Änderungen?, BB 2013, 491; *Wirth* Firmenwertbilanzierung nach IFRS, Stuttgart 2005; *Zülch/Popp* IFRS 12 „Disclosure of Interests in Other Entities" – Neuformulierung der konzernbezogenen Anhangangaben im Überblick, KoR 2011, 509; *Zülch/Popp/Teuteberg* Die Bilanzierung von Beteiligungen an assoziierten Unternehmen sowie Gemeinschaftsunternehmen auf Basis des überarbeiteten IAS 28, WPg 2014, 34.

Wesentliche Rechtsgrundlagen: IAS 28, IFRS 12

A. Allgemeines

I. Grundlagen

1 Besonderes Kennzeichen der Equity-Methode zur Abbildung von Beteiligungen an assoziierten und Gemeinschaftsunternehmen ist die **spiegelbildliche Fortschreibung** des urspr Beteiligungsbuchwerts um die auf den Anteilseigner entfallenden Eigenkapitalveränderungen beim Beteiligungsunternehmen. Dabei sind die bei der Fortschreibung des Equity-Werts zu berücksichtigenden anteiligen Nettovermögensänderungen in Abhängigkeit von ihrem wirtschaftlichen Gehalt entweder erfolgswirksam oder aber erfolgsneutral zu erfassen. Im Gegensatz zur Voll- und Quotenkonsolidierung werden somit im Rahmen der Equity-Methode **keine Abschlussposten** des Beteiligungsunternehmens in den Konzernabschluss übernommen. Gleichwohl bedarf die Anwendung der Equity-Methode als sog *one-line-consolidation* eines gesonderten Ausweises in Bilanz und Gesamtergebnisrechnung bzw gesonderter GuV (sofern erstellt) sowie besonderer Anhangangaben. Daneben besteht auch die Pflicht zur (beteiligungsproportionalen) Zwischenergebniseliminierung.

2 Die Equity-Methode beinhaltet somit sowohl Elemente einer **Konsolidierungs-** als auch einer **Bewertungsmethode.** Diese **Uneindeutigkeit** führt bei Regelungslücken regelmäßig zu Auslegungsalternativen. Trotz der Verweise in IAS 28 im Rahmen der Darstellung der Equity-Methode auf IFRS 10 sowie die Grundsätze, die den Konsolidierungsverfahren beim Erwerb von TU zugrunde liegen, hat sich der IASB – entgegen seiner Ankündigung, eine Umsetzung im Rahmen des IFRS 11 vorzunehmen (vgl *IASB* Update May 2009, 5) – noch nicht abschließend zur **Wechselbeziehung** zwischen IFRS 3 und IFRS 10 einerseits und den Regelungen des IAS 28 zur Equity-Methode andererseits geäußert. Infolge zahlreicher ungeklärter Anwendungsfragen, die in der Praxis zu einer uneinheitlichen Bilanzierung führten, wurden in der Vergangenheit verschiedene Anfragen an das IFRSIC gestellt. Ein IFRIC zur Auslegung von IAS 28 wurde indessen nicht verabschiedet; vielmehr wurden Einzelfragen zT in Form einer *rejection note* (NIFRIC) beantwortet (s *IFRIC* Update May 2013, 3f) oder an den IASB überwiesen (s bspw *IFRIC* Update July 2013, 8f; *IFRIC* Update November 2013, 6). Der IASB hat jedoch bislang nur für Teilaspekte begrenzte Standardänderungen (→ Rn 156) und Entwürfe veröffentlicht oder angekündigt (→ Rn 165ff); die – mittlerweile auch vom IASB als notwendig erachtete – Überarbeitung des IAS 28 zur Equity-Methode befindet sich jedoch noch im Forschungsstadium (→ Rn 171). Folglich werden in der (Kommentar-) Literatur weiterhin diverse Auslegungsalternativen für die ungelösten Anwendungsfragen diskutiert, die sich je nachdem, ob die Equity-Methode als eine Konsolidierungs- oder aber eine Bewertungsmethode angesehen wird, zT erheblich unterscheiden. Zu den nicht abschließend geregelten Sachverhalten zählen insbes:

(1) Festlegung des Erwerbsstichtag (→ Rn 21ff, → Rn 34) und Ermittlung beizulegender Zeitwerte bei Erstbewertung (→ Rn 39ff);
(2) Anwendbarkeit der Regelungen des IFRS 3 zur *measurement period* (→ Rn 42) und zu bedingten Gegenleistungen (*contingent consideration;* → Rn 37);
(3) Notwendigkeit der Durchführung einer Schuldenkonsolidierung (→ Rn 65) und einer Aufwands- und Ertragskonsolidierung (→ Rn 66);
(4) Zwischenergebniseliminierung bei Satelliten-Lieferungen und *cross-stream*-Lieferungen (→ Rn 60) sowie aus Transaktionen zwischen einem assoziierten oder Gemeinschaftsunternehmen und seinem Anteilseigner (→ Rn 62ff, → Rn 124ff, → Rn 166f);

(5) sukzessiver Anteilserwerb (→ § 37 Rn 20ff);
(6) sukzessive Anteilserhöhung und -verminderung (→ Rn 113ff und → Rn 118ff) inklusive Kapitalerhöhungen und -herabsetzungen beim assoziierten bzw Gemeinschaftsunternehmen sowie dem Rückkauf eigener Anteile von Dritten (→ Rn 133);
(7) Berücksichtigung der Eigenkapitaleffekte aus dem Erwerb/der Veräußerung von Anteilen nicht-beherrschender Gesellschafter an TU unter Beibehaltung der Beherrschung im Konzernabschluss des assoziierten Unternehmens/ Gemeinschaftsunternehmens (*changes in non-controlling interests;* → Rn 134);
(8) Berücksichtigung von Eigenkapitaleffekten aus der Bilanzierung von Aktienoptionsplänen im Abschluss des assoziierten oder Gemeinschaftsunternehmens (→ Rn 135f);
(9) konzerninterne Umstrukturierungen (→ Rn 124ff) und Einbringung/Veräußerung von TU des Anteilseigners in/an assoziierte oder Gemeinschaftsunternehmen mit Kontrollverlust (→ § 37 Rn 95ff).

3 Obwohl sich der IASB bislang nicht abschließend zur Einordnung der Equity-Methode als Konsolidierungs- oder Bewertungsmethode geäußert hat – wenngleich uE insbes die Regelungen betreffend Wertminderungen (→ Rn 67) und Übergangskonsolidierungen (→ § 37 Rn 27ff) eher eine Klassifikation als Bewertungsmethode nahe legen (glA *Geisel/Schmidt* KoR 2010, 81 (82f)) –, sollten die Regelungslücken konsistent iSe **Orientierung** an der einen oder anderen Auslegung in Übereinstimmung mit IAS 8.10ff geschlossen werden. Mithin handelt es sich insoweit um die **Wahl einer Bilanzierungsmethode,** die stetig zu erfolgen hat und nach IAS 1.117 erläuterungspflichtig ist.

4 Die **Bilanzierungs- und Ausweisregeln** betreffend die Equity-Methode sind im Wesentlichen in IAS 28 zusammengefasst, der die verpflichtende Anwendung (zu Ausnahmen vom Anwendungsbereich → Rn 8ff) der Equity-Methode für assoziierte und Gemeinschaftsunternehmen im Konzernabschluss manifestiert. Sofern im Folgenden damit auf IAS 28 verwiesen wird, beziehen sich die Ausführungen sowohl auf Anteile an assoziierten als auch an Gemeinschaftsunternehmen (zur Definition von assoziierten und Gemeinschaftsunternehmen → § 30 Rn 71ff).

II. Anwendungsbereich

5 Der Equity-Methode ist eine **Erfassung** von über den reinen Dividendenertrag hinausgehenden **Erfolgsbeiträgen** des Beteiligungsunternehmens systemimmanent. Anwendbar ist die Equity-Methode daher ausschließlich bei der Bilanzierung von Anteilen an Unternehmen, deren Status über den einer reinen Finanzinvestition hinausgeht, weil der Anteilseigner zumindest in gewissem Maße Einfluss nehmen kann und insoweit an der Ertragskraft des Beteiligungsunternehmens bzw der Verzinsung des eingesetzten Kapitals beteiligt ist (IAS 28.11).

6 Nach IAS 28 ist die Equity-Methode im **Konzernabschluss** folgerichtig sowohl für die Bilanzierung von Anteilen an Unternehmen, auf die ein Anteilseigner maßgeblichen Einfluss hat (assoziierte Unternehmen), als auch von Anteilen an Unternehmen, die der Anteilseigner gemeinschaftlich mit anderen kontrolliert (*joint control;* Gemeinschaftsunternehmen), **verpflichtend** anzuwenden (IAS 28.2) Aufgrund der Anpassungen des IAS 27 durch den im August 2014 verabschiedeten Änderungsstandard *Equity Method in Separate Financial Statements – Amendments to IAS 27* ist die Equity-Methode darüber hinaus für Geschäftsjahre, die am oder nach dem 31. Dezember 2016 beginnen – eine Übernahme

durch die EU vorausgesetzt – auch im **Einzelabschluss** für die Bewertung von Anteilen an TU, assoziierten oder Gemeinschaftsunternehmen als Alternative zur Bewertung zu Anschaffungskosten oder gem IAS 39/IFRS 9 erlaubt (IAS 27.10 (geändert 2014); → § 7 Rn 52).

Vom Grundsatz der zwingenden Bilanzierung von Anteilen an assoziierten 7 und Gemeinschaftsunternehmen nach der Equity-Methode gibt es indessen drei **explizite Ausnahmen.**

(1) **Keine Anwendung der Equity-Methode bei Inanspruchnahme der** 8 **Befreiung von der Aufstellung eines Konzernabschlusses durch den Anteilseigner gem IFRS 10.4(a):** Erfüllt ein MU, das auch Anteile an assoziierten oder Gemeinschaftsunternehmen besitzt, die Voraussetzungen des IFRS 10.4(a) und stellt es folglich keinen Konzernabschluss auf bzw sind alle in IAS 28.17(a) bis IAS 28.17(d) genannten Kriterien erfüllt, so kann auf die Anwendung der Equity-Methode verzichtet werden (IAS 28.17). Die Ausnahmeregelung gilt nach der Änderung des IAS 28.17 (geändert 2014) infolge der im Dezember 2014 vom IASB veröffentlichten begrenzten Änderungen an IFRS 10, IFRS 12 und IAS 28 betreffend die Anwendung der Konsolidierungsausnahme bei Investmentgesellschaften analog für den Fall, dass das oberste oder ein zwischengeschaltetes MU des berichtenden Unternehmens aufgrund seiner Eigenschaft als Investmentgesellschaft keinen konsolidierten Abschluss aufstellt. Die Aufstellungspflicht für einen Konzernabschluss von Unternehmen mit Sitz in der Bundesrepublik Deutschland ergibt sich indessen nach aktuellem Rechtsstand aus den §§ 290ff HGB, für Geschäftsjahre ab dem 1. Januar 2016 unter Berücksichtigung der im Juli 2015 ins **nationale Recht transferierten** neuen Bilanzrichtlinie 2013/34/EU, mit der ua die 4. und 7. EU-Richtlinie aufgehoben werden (s ausführlich → § 31 Rn 5). Folglich ist eine Bezugnahme auf die Befreiungsvorschrift des IFRS 10.4(a) für IFRS-Anwender in Deutschland derzeit nicht möglich. Dies gilt **auch** für kapitalmarktorientierte Unternehmen, die in den Regelungsbereich der EU-VO zur Einführung der IFRS fallen (ausführlich → § 31 Rn 1ff). Von der grds nach den §§ 290ff HGB zu beurteilenden Konzernaufstellungspflicht zu trennen ist die Tatsache, dass MU, die sich als Investmentgesellschaften iSd IFRS 10.27ff qualifizieren, gem IFRS 10.4B (geändert 2014) keinen Konzernabschluss aufstellen, weil diese Vorschrift die der grds Aufstellungspflicht nachgelagerte Frage der Einbeziehungsform von TU thematisiert (→ § 31 Rn 32 sowie → § 32 Rn 17ff).

(2) **Keine Anwendung der Equity-Methode infolge bestimmter Ge-** 9 **schäftstätigkeiten des Anteilseigners:**
Nach IAS 28.18 besteht für Wagniskapital-Organisationen, Investmentfonds, Unit Trusts oder vergleichbare Einheiten einschließlich fondsgebundenen Versicherungen, die Anteile an assoziierten oder Gemeinschaftsunternehmen halten, ein **Wahlrecht,** diese Anteile entweder *at equity* oder aber erfolgswirksam zum beizulegenden Zeitwert nach IAS 39/IFRS 9 zu bewerten (zur Abgrenzung des Bilanzierungsobjekts bei börsennotierten Anteilen s → Rn 166). Gem IAS 28.19 ist dabei explizit eine **gesplittete Behandlung** von Anteilen an assoziierten Unternehmen möglich, sofern diese innerhalb eines Konzerns bspw teilweise von Investmentgesellschaften und teilweise von anderen Konzernunternehmen (TU oder oberstes MU) mit Halteabsicht gehalten werden. Für eine getrennte Bilanzierung nach IAS 39/IFRS 9 einerseits und IAS 28 andererseits ist es dabei nicht erforderlich, dass die einzelnen Anteilstranchen bereits für sich genommen einen maßgeblichen Einfluss begründen. Die Ausführungen in IAS 28.19 beziehen sich explizit nur auf Anteile an assoziierten Unternehmen, da der IASB vergleichbare Sach-

verhalte bei Gemeinschaftsunternehmen für praktisch unwahrscheinlich hält (s IAS 28.BC21).

10 In IAS 28.18 ist das Wahlrecht nicht als **Ausnahme** vom Anwendungsbereich des IAS 28 definiert, sondern vielmehr als Ausnahme von der Bewertung nach der Equity-Methode formuliert (s IAS 28.BC10ff); es ist nach derzeit vorläufiger Ansicht des IFRSIC für jedes einzelne Investment ausübbar (*IFRIC* Update November 2014, 6; zur diesbezüglichen Kritik s → § 29 Rn 32). Dennoch ist auf nachfolgende Inkonsistenz hinzuweisen: Der nicht in IAS 28 definierte Begriff der Wagniskapital-Organisation *(venture capitalist organization)* bzw Investmentfonds *(mutual fund)* umfasst auch Investmentgesellschaften *(investment entities)* iSd IFRS 10.27ff (IAS 28.BC46A (geändert 2014); ausführlich zur Definition einer Investmentgesellschaft → § 32 Rn 17ff). Infolge der vom IASB im Oktober 2012 veröffentlichten Ergänzung zu IFRS 10 sind MU, die als **Investmentgesellschaften** zu klassifizieren sind, **von der Konsolidierungspflicht** für die von ihr beherrschten Investments (TU) befreit; vielmehr sind die von dem MU gehaltenen Beteiligungen an TU **zwingend erfolgswirksam zum beizulegenden Zeitwert** nach Maßgabe der Vorschriften des IAS 39 bzw IFRS 9 (vgl → § 3 Rn 165ff, → § 3 Rn 408ff) zu bilanzieren (IFRS 10.31; ausführlich → § 32 Rn 17ff). Im Unterschied zu der Regelung in IAS 28.18 handelt es sich bei den Sonderregelungen zu Investmentgesellschaften nach IFRS 10 **nicht um ein Wahlrecht.** Diese unterschiedliche Behandlung (Wahlrecht zur *fair-value*-Bilanzierung für assoziierte und Gemeinschaftsunternehmen von Investmentgesellschaften nach IAS 28, verpflichtende Bewertung zum beizulegenden Zeitwert für TU von Investmentgesellschaften nach IFRS 10) ist systematisch inkonsistent und sollte uE bei weiteren Überarbeitungen von IAS 28 den Regelungen in IFRS 10 angepasst werden. Das Wahlrecht zur alternativen Bilanzierung von Anteilen an assoziierten und Gemeinschaftsunternehmen nach der Equity-Methode oder erfolgswirksam zum beizulegenden Zeitwert gem IAS 39/IFRS 9 würde sinnvollerweise dann nur noch für Wagniskapital-Organisationen, Investmentfonds, Unit Trusts oder vergleichbare Einheiten einschließlich fondsgebundenen Versicherungen gelten, die sich nicht als Investmentgesellschaften iSd IFRS 10.27ff qualifizieren (*„a wider range of entities"*, IAS 28.BC46A (geändert 2014)). Aus Konsistenzgründen sollten Investmentgesellschaften das Wahlrecht iSe Bilanzierung zum beizulegenden Zeitwert ausüben (→ § 32 Rn 32).

11 (3) **Keine Anwendung der Equity-Methode infolge des Erwerbs mit Weiterveräußerungsabsicht:** Weder in IAS 28 noch in IFRS 5 existiert ein generelles Anwendungsverbot für die Equity-Methode, sofern der maßgebliche Einfluss respektive die gemeinschaftliche Führung nur **vorübergehend** sind (s IAS 28.BCZ17). Werden die Anteile an einem assoziierten Unternehmen jedoch (nachweislich) ausschließlich zum Zwecke der Weiterveräußerung **erworben**, ist eine Weiterveräußerung innerhalb von zwölf Monaten ab Erwerbsstichtag zu erwarten und werden die weiteren Voraussetzungen der IFRS 5.7f höchstwahrscheinlich spätestens innerhalb von drei Monaten nach dem Erwerbsstichtag erfüllt (IFRS 5.11; zu Einzelheiten betreffend diese Voraussetzungen → § 28 Rn 30ff), ist die Anwendung der Equity-Methode gem IAS 28.20 ausgeschlossen. Da die Anteile in diesem (Ausnahme-)Fall als zur Veräußerung gehalten zu klassifizieren sind, hat eine Bilanzierung gem IFRS 5 zu erfolgen (IAS 28.20). Folglich sind die **Anteile** gesondert auf der Aktivseite **auszuweisen** (IFRS 5.38) und zwingend mit dem niedrigeren Wert aus Buchwert (hier: Anschaffungskosten) und beizulegendem Zeitwert abzüglich Veräußerungskosten anzusetzen (IFRS 5.15; zur Definition des beizulegenden

Zeitwerts vgl IFRS 5.Anhang A und IFRS 13.Anhang A). Wertminderungen ggü den Anschaffungskosten der Anteile sind gem IAS 28.42 bzw IFRS 5.20 (ausführlich → § 28 Rn 42 ff) aufwandswirksam zu erfassen. Im Gegensatz zur Vorgehensweise bei TU, die trotz einer Klassifizierung als zur Veräußerung gehalten – wenn auch nach den abweichenden Vorschriften des IFRS 5 – voll zu konsolidieren sind (IFRS 10.Anhang A; → § 28 Rn 107 ff, → § 28 Rn 137 ff und → § 32 Rn 7), ist somit für Anteile an assoziierten und Gemeinschaftsunternehmen die grds vorgesehene konzernbilanzielle Einbeziehungsform (Equity-Methode) nicht erlaubt (IAS 28.20).

Der Erwerb **mit** Weiterveräußerungsabsicht ist stets zu unterstellen, wenn 12
die erworbenen Anteile infolge **gesetzlicher oder behördlicher Anordnungen** veräußert werden müssen (vgl *Baetge/Klaholz/Graupe* in Baetge ua IFRS-Komm IAS 28 Rz 45). Ansonsten sind zur Beurteilung, ob eine Weiterveräußerungsabsicht vorliegt, die Kriterien der IFRS 5.6 ff maßgebend (→ § 28 Rn 30 ff). Die Voraussetzung, dass der Erwerb und das Halten der Anteile **ausschließlich** zum Zwecke der Weiterveräußerung erfolgen, ist nicht (mehr) als erfüllt anzusehen, sofern der **maßgebliche Einfluss** (bzw die gemeinschaftliche Führung) durch den Anteilseigner – zB im Hinblick auf eine längerfristige Reorganisation des assoziierten oder Gemeinschaftsunternehmens – **geltend** gemacht wird. In diesem Fall ist zwingend die Equity-Methode anzuwenden, es sei denn, die Einflussnahme erfolgt gezielt, um die angestrebte Veräußerung voranzutreiben.

Gelingt die beim Erwerb beabsichtigte und in der Folgezeit durch konkrete 13
Handlungen (Beschluss des Aufsichtsrats, Beauftragung eines Maklers oder Vermittlers, eingeleitete Verkaufsmaßnahmen, Abschluss von Vorverträgen, etc) zu dokumentierende **Veräußerung nicht innerhalb eines Zeitraums von zwölf** Monaten **seit Erwerb,** ist zum Bilanzstichtag zu überprüfen, ob die bisherige Intensität der Veräußerungsversuche sowie die diesbezüglichen Erfolgsaussichten die bisherige Nichtanwendung der Equity-Methode tatsächlich rechtfertigten. War die bisherige Einschätzung sachgerecht, ist des Weiteren zu untersuchen, ob die Kriterien des **IFRS 5.9** (Verzögerungen liegen außerhalb des Einflussbereichs des Anteilseigners bei unveränderter Weiterveräußerungsabsicht) erfüllt sind. Liegen die genannten Voraussetzungen **nicht** vor, hat zum Bilanzstichtag grds eine Umklassifizierung der Anteile aus dem Posten zur Veräußerung gehalten in den Posten Anteile an assoziierten Unternehmen/Gemeinschaftsunternehmen zu erfolgen. Zudem sind die Anteile nunmehr **rückwirkend** an den Equity-Wert anzupassen, der sich ergeben hätte, wenn bereits im Erwerbs- bzw Tauschzeitpunkt eine Bewertung nach der Equity-Methode erfolgt wäre; frühere Abschlüsse sind entspr anzupassen (IAS 28.21 iVm IFRS 5.28; ausführlich → Rn 101). UE kann indessen auf eine Umgliederung und Anwendung der Equity-Methode dann verzichtet werden, wenn der Verkaufsprozess am Bilanzstichtag zwar eingeleitet, aber innerhalb des Zwölf-Monatszeitraums noch nicht vollständig abgeschlossen ist, und keine Zweifel bestehen, dass die Weiterveräußerung kurz nach dem Bilanzstichtag – uE noch vor der Aufstellung des Konzernabschlusses – erfolgt.

Werden die Kriterien des **IFRS 5.9** hingegen zum Bilanzstichtag **erfüllt,** 14
steht einer (kurzfristigen) **Beibehaltung der Bilanzierung der Anteile** zum Bilanzstichtag gem IFRS 5 nichts entgegen, sofern das Unternehmen weiterhin den Verkauf der Anteile plant. Um eine später nach IAS 28.21 iVm IFRS 5.28 ggf notwendige rückwirkende Erstkonsolidierung mit den Wertansätzen zum Erwerbszeitpunkt im Rahmen der Equity-Methode zutreffend durchführen zu können, ist es aus praktischen Erwägungen sinnvoll, bereits im Rahmen der Abschlusserstellung des ersten auf den Erwerb folgenden

Konzernabschlusses eine vorläufige Kaufpreisallokation *(purchase price allocation)* auf den Tauschstichtag vorzunehmen, es sei denn, die Anteile werden innerhalb des Aufstellungszeitraums veräußert.

15 Rechtfertigen hingegen die bisherige Intensität der Veräußerungsversuche sowie die diesbezüglichen Erfolgsaussichten rückblickend die bisherige Nichtanwendung der Equity-Methode zum früheren Erwerbs- bzw Bilanzstichtag nicht, handelt es sich um einen **Fehler gem IAS 8.** Dieser ist zwar gem IAS 8.41 ff ebenfalls durch eine retrospektive Erstkonsolidierung zu korrigieren, bedingt darüber hinaus jedoch neben einer Korrektur der Vorjahresabschlüsse und der Aufstellung einer dritten Bilanz gem IAS 1.10(f) iVm IAS 1.40A bis IAS 1.40D auch weitergehende Anhangangaben entspr IAS 8.49 (→ § 45 Rn 47; retrospektive Anpassung).

16 Werden **nicht alle Anteile** mit **Weiterveräußerungsabsicht** erworben, ist nach IAS 28.20 eine **gesplittete Bilanzierung** geboten, indem nur die mit Weiterveräußerungsabsicht erworbenen Anteile nach IFRS 5 zu bilanzieren sind, während die mit Halteabsicht erworbenen Anteile **stets *at equity*** zu bewerten sind. Dies gilt zunächst unabhängig davon, ob die mit den verbleibenden Anteilen verbundenen Stimmrechte die maßgebliche Einflussnahme des Anteilseigners gewährleisten. Sofern dies nicht der Fall ist, hat im Zeitpunkt der Veräußerung der mit Weiterveräußerungsabsicht erworbenen Anteile eine Bewertung der verbleibenden Anteile gem IAS 39/IFRS 9 zu erfolgen (IAS 28.20). Hinsichtlich der Vorgehensweise bei späterer Änderung der Verwertungsintention urspr **ohne** Weiterveräußerungsabsicht erworbener und daher zunächst auf der Grundlage der Equity-Methode bilanzierter Anteile → Rn 97 ff.

17 Letztlich besteht **faktisch** ein **Wahlrecht,** auf die Anwendung der Equity-Methode bei der Bilanzierung von Anteilen an assoziierten und Gemeinschaftsunternehmen zu verzichten, sofern die betreffenden Unternehmen in Übereinstimmung mit dem Grundsatz der Wesentlichkeit (IAS 1.29 iVm F.QC11 f) als von untergeordneter Bedeutung einzustufen sind. Mehrere Unternehmen können nur dann von der Equity-Bilanzierung ausgenommen werden, wenn sie **insgesamt** unwesentlich sind (so auch *Baetge/Klaholz/Graupe* in Baetge ua IFRS-Komm IAS 28 Rz 49). Kommt die Equity-Methode nicht zur Anwendung, hat eine Bilanzierung grds gem IAS 39/IFRS 9 zu erfolgen; aus Wesentlichkeitsgründen kann ggf auch eine Bewertung zu Anschaffungskosten zulässig sein.

18 Die nachfolgenden Ausführungen beziehen sich auf die Anwendung der Equity-Methode zur Bilanzierung von Anteilen an assoziierten und Gemeinschaftsunternehmen im **Konzernabschluss.** Sie sind jedoch auch auf die Bilanzierung von Anteilen an TU, assoziierten und Gemeinschaftsunternehmen, die unter Bezugnahme auf den geänderten IAS 27 *Einzelabschlüsse* (→ Rn 6) im **Einzelabschluss** *at equity* bewertet werden (IAS 27.10 (geändert 2014)), übertragbar (→ § 7 Rn 52).

19–20 *(einstweilen frei)*

B. Zeitpunkt der erstmaligen/letztmaligen Equity-Bewertung

I. Beginn der Anwendung der Equity-Methode

21 Maßgebend für den Zeitpunkt der erstmaligen Bilanzierung von Anteilen an assoziierten bzw Gemeinschaftsunternehmen ist gem IAS 28.32 der Zeitpunkt, ab dem der Tatbestand eines assoziierten bzw Gemeinschaftsunternehmens erfüllt

ist **(Erstanwendungszeitpunkt).** Entscheidend für die erstmalige Anwendung der Equity-Methode in zeitlicher Hinsicht ist demnach die Erfüllung des Kriteriums der **Möglichkeit** zur Ausübung des maßgeblichen Einflusses bzw der gemeinschaftlichen Führung durch den Anteilseigner. Wenngleich es an einer expliziten definitorischen Gleichstellung des Erwerbszeitpunkts mit dem Tag des Übergangs der Möglichkeit, maßgeblichen Einfluss bzw gemeinschaftliche Führung auszuüben, mangelt (s aber IAS 28.10 *(date of acquisition)* iVm IAS 28.32), ist auch hier von einer entspr Gleichstellung analog zu IFRS 3.8f auszugehen. Insofern wird – wie auch bei der Bestimmung des Zeitpunkts der erstmaligen Vollkonsolidierung von TU (IFRS 3.8f sowie → § 35 Rn 5ff) – der **wirtschaftlichen Betrachtungsweise** (als Bestandteil der glaubwürdigen Darstellung) **Vorrang** vor der rechtlichen eingeräumt (vgl F.QC12ff iVm F.BC3.26 sowie → § 2 Rn 69f). Folglich wird auf den Zeitpunkt des tatsächlichen Übergangs der „Verfügungsgewalt über die mit den Anteilen verbundenen Rechte" (*Baetge/Klaholz/Graupe* in Baetge ua IFRS-Komm IAS 28 Rz 55) abgestellt. Der Stichtag des Abschlusses einer rechtlichen Transaktion (zB Vertragsunterzeichnung) ist demgegenüber ebenso wenig relevant wie das Datum eines vertraglich fixierten rückwirkenden oder zukünftigen Erwerbs- bzw Übertragungszeitpunkts (... mit wirtschaftlicher Wirkung zum ...). Vielmehr sind zur Bestimmung des Erstanwendungszeitpunkts in erster Linie die das Vorliegen eines maßgeblichen Einflusses kennzeichnenden Kriterien in IAS 28.6 (→ § 30 Rn 62ff; hinsichtlich der gemeinschaftlichen Führung bzw des Vorliegens eines Gemeinschaftsunternehmens s IFRS 11.7ff iVm IFRS 11.16 und → § 30 Rn 56ff) zu überprüfen. Wenngleich der Tag, ab dem der Anteilseigner einen maßgeblichen Einfluss auf das assoziierte Unternehmen bzw gemeinschaftliche Führung auf ein Gemeinschaftsunternehmen ausüben kann, somit vor oder nach dem Tag des rechtlichen Übergangs der Anteile an den Erwerber liegen kann *(closing date)*, werden beide Zeitpunkte oftmals übereinstimmen (so auch IFRS 3.9).

Bei **börsennotierten** assoziierten Unternehmen ist der Nachweis der Gremienbesetzung im Einzelfall erst zum Zeitpunkt der nächsten Hauptversammlung möglich, der sodann den spätesten Zeitpunkt der Erstanwendung darstellt. 22

Die eindeutige und strenge Orientierung des Beginns der Bilanzierung von Anteilen nach der Equity-Methode an der Erfüllung der Kriterien eines assoziierten bzw Gemeinschaftsunternehmens gilt selbstverständlich auch im (Regel-)Fall des **unterjährigen Erwerbs** von Anteilen. Da gem IAS 28.10 bei Anwendung der Equity-Methode nur die **nach** dem Erwerbszeitpunkt erwirtschafteten Erfolgsbestandteile bzw Bestandteile des sonstigen Ergebnisses anteilig in der Konzerngesamtergebnisrechnung berücksichtigt werden dürfen, muss in diesem (Regel-)Fall entweder ein echter Zwischenabschluss auf den Erwerbszeitpunkt aufgestellt werden, oder es muss ersatzweise statistisch durch Rückrechnung vom gesamten Jahreserfolg bzw Gesamtergebnis der Anteil der Aufwendungen und Erträge respektive Gewinne und Verluste errechnet und eliminiert werden, der **vor** der Erfüllung der Voraussetzung zur erstmaligen Anwendung der Equity-Methode von dem assoziierten bzw Gemeinschaftsunternehmen erwirtschaftet wurde. Letztere Methode ist indessen nur anwendbar, wenn sichergestellt ist, dass die Ergebnisse hinreichend verlässlich und auch alle anderen im Rahmen der Erstkonsolidierung notwendigen Informationen (zB beizulegende Zeitwerte des identifizierbaren Nettovermögens) zutreffend ermittelbar sind. So ist eine zeitanteilige Schätzung (pro rata temporis) des erworbenen Erfolgs- bzw Gesamtergebnisses bei **Saisonbetrieben** unzweckmäßig und daher adäquat anzupassen. **Verzichtet** werden kann auf die Aufteilung der Aufwendungen und Erträge des *at equity* zu bewertenden Unternehmens lediglich im Fall der **Unwesentlichkeit** der zu eliminierenden Erfolgs- bzw Gesamtergebnisbestandteile. 23

24 Fallen infolge **früherer Nichtkonsolidierung** wegen urspr Weiterveräußerungsabsicht beim Erwerb ausnahmsweise Erwerbsstichtag und der Stichtag, an dem die Anteile an dem assoziierten bzw Gemeinschaftsunternehmen erstmals auf der Grundlage der Equity-Methode im Konzernabschluss bilanziert werden, auseinander, hat gem IAS 28.21 iVm IFRS 5.28 im Jahr der Reklassifizierung der Anteile eine **retrospektive Anpassung,** dh inklusive Anpassung von Abschlüssen früherer Perioden, an den fortgeführten Equity-Wert zu erfolgen. Wurden Anteile an einem assoziierten oder Gemeinschaftsunternehmen hingegen bislang infolge von Unwesentlichkeit nicht bilanziert, können der Erstkonsolidierung vereinfachend die Wertansätze des Zeitpunkts, an dem das Unternehmen für den Konzernabschluss wesentlich geworden ist, zugrunde gelegt werden. Alternativ kann die Erstkonsolidierung in der aktuellen Berichtsperiode retroaktiv mit den Wertansätzen zum früheren Erwerbszeitpunkt durchgeführt werden; eine Anpassung von Abschlüssen früherer Perioden erfolgt dabei nicht.

Zur Übergangskonsolidierung auf die Equity-Methode vgl → § 37 Rn 20ff, → § 37 Rn 55ff.

II. Beendigung der Anwendung der Equity-Methode

25 Abweichend vom Zeitpunkt der Erstanwendung der Equity-Methode wird der Stichtag der **letztmaligen** Anwendung **nicht** notwendigerweise durch das Datum bestimmt, ab dem der Anteilseigner den maßgeblichen Einfluss verliert bzw die gemeinschaftliche Führung **erlischt** (so aber IAS 28.22; hier als **Entkonsolidierungszeitpunkt** bezeichnet). Im Fall einer geplanten Veräußerung von Anteilen ist der Zeitpunkt maßgebend, an dem die Kriterien der IFRS 5.6ff erfüllt und die Anteile als zur Veräußerung gehalten zu klassifizieren sind (s IAS 28.20). Zumindest unterjährig werden diese beiden Zeitpunkte auseinander fallen, sodass es im Rahmen der Zwischenberichterstattung in aller Regel bereits zu einer Beendigung der Equity-Methode zugunsten einer Bewertung gem IFRS 5.15 (niedrigerer Wert aus Buchwert (= letztmaligem Equity-Wert) und dem beizulegenden Zeitwert der Anteile abzüglich der Veräußerungskosten) verbunden mit dem gesonderten Ausweis nach IFRS 5.38 kommt. Entscheidend für die Beendigung der Equity-Methode im Fall einer geplanten Veräußerung sind somit nicht die **tatsächlichen Verhältnisse** betreffend den **Wegfall** der mit den Stimmrechten verbundenen Einflussmöglichkeiten, sondern die **konkretisierten Veräußerungspläne** des Managements (IFRS 5.7f). Insofern sind an die Erfüllung der Voraussetzungen gem IFRS 5.6ff strenge Maßstäbe anzulegen.

26 Bis zum – im Regelfall unterjährig gelegenen – Zeitpunkt der Erfüllung dieser Voraussetzungen hat der Anteilseigner die erwirtschafteten (anteiligen) **Erfolgsbestandteile** bzw Bestandteile des sonstigen Ergebnisses des assoziierten oder Gemeinschaftsunternehmens in der Konzern-GuV bzw -Gesamtergebnisrechnung zu berücksichtigen. Dies bedingt grds die Aufstellung eines Zwischenabschlusses auf den Zeitpunkt der letztmaligen Anwendung der Equity-Methode. Kann der veräußernde Anteilseigner die Aufstellung eines Zwischenabschlusses nicht durchsetzen, hat – unter Rückgriff auf vorliegende Quartalszahlen – vereinfachend eine statistische Schätzung der entspr Erfolgskomponenten respektive Komponenten des sonstigen Ergebnisses des assoziierten bzw Gemeinschaftsunternehmens unter angemessener Berücksichtigung der Anpassungen gem IAS 28.32 (→ Rn 53ff) zu erfolgen. Liegen auch keine Quartalszahlen vor, ist der Wertansatz des letzten (Konzern-)Abschlussstichtags zugrunde zu legen.

27 Im Fall einer **Reklassifizierung** der Anteile in späteren (Zwischen-)Perioden infolge des Wegfalls der Veräußerungsabsicht nach IFRS 5 ist zur Equity-Methode

zurückzukehren, indem die zwischenzeitlich abweichende Bilanzierung negiert wird. Letztlich hat die Bilanzierung damit so zu erfolgen, als ob die Equity-Methode nie ausgesetzt worden wäre. Frühere Abschlüsse sind entspr anzupassen (retrospektive Anpassung; IAS 28.21 iVm IFRS 5.28; s ausführlich → Rn 101).

Zur Übergangskonsolidierung von der Equity-Methode vgl → § 37 Rn 32ff und → § 37 Rn 68ff.

(einstweilen frei) 28–33

C. Verfahrensweise der Equity-Methode

I. Vorgehen bei erstmaliger Anwendung der Equity-Methode

Grds kann infolge des Verweises in IAS 28.26 auf IFRS 10 und die Regeln zur 34 Vollkonsolidierung von einer impliziten **Gleichsetzung** von **Erwerbsstichtag** und **Erstanwendungszeitpunkt** der Equity-Methode (= Stichtag, an dem die Möglichkeit der Ausübung eines maßgeblichen Einflusses bzw der gemeinschaftlichen Führung bei Gemeinschaftsunternehmen durch den Anteilseigner erstmals besteht) ausgegangen werden. Wichtig ist diese Feststellung insofern, als die erworbenen Anteile nach IAS 28.10 zwar zunächst mit den **Anschaffungskosten** angesetzt werden. Gem IAS 28.32 hat jedoch bei erstmaliger Anwendung der Equity-Methode in einer außerbilanziellen Nebenrechnung eine Aufrechnung der Anschaffungskosten für die Anteile mit dem auf den Anteilseigner entfallenden Anteil am identifizierbaren Nettovermögen bewertet zum beizulegenden Zeitwert im Erwerbszeitpunkt zu erfolgen (Kapitalkonsolidierung). Inhaltliche Unterschiede zum Vorgehen bei der Kapitalkonsolidierung im Rahmen der Vollkonsolidierung von TU (→ § 35 Rn 10ff) bestehen – abgesehen von der Bestimmung der Anschaffungskosten der Anteile – nicht. Die notwendigen Maßnahmen bei der erstmaligen Anwendung der Equity-Methode werden daher im Folgenden nur kurz dargestellt.

1. Vorbereitende Maßnahmen

Der erstmaligen Anwendung der Equity-Methode ist ein auf den **Erstanwendungszeitpunkt aufgestellter Abschluss** des assoziierten bzw Gemeinschaftsunternehmens zugrunde zu legen. Sofern das assoziierte oder Gemeinschaftsunternehmen selbst MU ist und einen **Konzernabschluss** aufstellt, stellt dieser anstelle des Einzelabschlusses die Grundlage für die Equity-Bilanzierung dar (IAS 28.27). Der auf den Erwerbszeitpunkt aufgestellte Abschluss muss dabei an die **konzerneinheitlichen Bilanzierungs- und Bewertungsmethoden** (vgl IAS 28.35f/IAS 28.35f (geändert 2014) und → § 32 Rn 50ff) angepasst sein (zum Vorgehen bei ggf erforderlicher Währungsumrechnung s § 33 und IAS 29.20). Allerdings fehlt in IAS 28.35f/IAS 28.35f (geändert 2014) eine Beschreibung der Konsequenzen für den Fall, dass der Anteilseigner eine Anpassung an die konzerneinheitliche Bilanzierung und Bewertung nicht durchsetzen kann. Da die Verpflichtung zu einer derartigen Anpassung explizit und **nachdrücklich gefordert** wird, sind zur Durchsetzung der Maßnahmen bei assoziierten Unternehmen sämtliche Bemühungen durch den Anteilseigner auszuschöpfen, inklusive der Ermittlung der Anpassungsbeträge durch eigene Mitarbeiter des MU. Letztere kann bspw unter Heranziehung des letzten veröffentlichten Abschlusses des assoziierten Unternehmens erfolgen, indem anhand der Anhangangaben zu den Bilanzierungs- und Bewertungsmethoden Abweichungen identifiziert und im Wege der Schätzung quantifiziert werden. Dies gilt ana- 35 log, sofern zB aufgrund der gesellschaftsrechtlichen Verhältnisse eine Anpassung an die konzerneinheitliche Bilanzierung und Bewertung mehrerer Anteilseigner notwendig wäre und aus wirtschaftlichen Gründen unterbleibt.

Beispiel: An einem assoziierten Unternehmen sind drei Anteilseigner zu 40%, 25% bzw 35% beteiligt, sodass das assoziierte Unternehmen prinzipiell für jeden Anteilseigner einen an dessen Bilanzierungs- und Bewertungsmethoden orientierten Abschluss aufstellen müsste.

Sofern das assoziierte oder Gemeinschaftsunternehmen selbst TU, assoziierte oder Gemeinschaftsunternehmen besitzt, umfasst die konzerneinheitliche Bilanzierung grds auch die aus Gesamtkonzernsicht IFRS-konforme Einbeziehung dieser Unternehmen auf der Grundlage der Vollkonsolidierung bzw Equity-Methode in den (Konzern-)Abschluss dieses assoziierten oder Gemeinschaftsunternehmens (IAS.BC46E (geändert 2014)). Wird eine assoziierte oder gemeinschaftlich geführte **Investmentgesellschaft** iSd IFRS 10.27ff, die sämtliche Anteile an ihren eigenen TU, assoziierten und Gemeinschaftsunternehmen gem IFRS 10.31 bzw IAS 28.18 in ihrem Abschluss erfolgswirksam zum beizulegenden Zeitwert bewertet hat, hingegen in den **Konzernabschluss** einer **Nicht-Investmentgesellschaft** einbezogen, so kann nicht nur die *fair value* Bewertung ihrer assoziierten und Gemeinschaftsunternehmen beibehalten werden, sondern darüber hinaus auch auf die Anpassung ihres Abschlusses bzgl der für Nicht-Investmentgesellschaften notwendigen Vollkonsolidierung von TU verzichtet werden. Dies ergibt sich für von Investmentgesellschaften gehaltene Anteile an assoziierten Unternehmen bereits aus der Regelung des IAS 28.18 und weitergehend nach IAS 28.19 (diesbezüglich IFRS 28.BC46Bff (geändert 2014) iVm IFRS 10.BC283 (geändert 2014), wobei der IASB in diesem Sonderfall offensichtlich nicht voraussetzt, dass das betreffende Unternehmen auch aus Konzernsicht als assoziiertes Unternehmen anzusehen ist). Für TU einer assoziierten oder gemeinschaftlich geführten Investmentgeselschaft wurde diese **Ausnahmeregelung** im Zuge des Änderungsstandards *„Investment Entities: Applying the Consolidation Exception – Amendments to IFRS 10, IFRS 12 and IAS 28"* – ausdrücklich in IAS 28.36A (geändert 2014) aufgenommen.

Beispiel: M stellt einen Konzernabschluss auf, in den auch die 30%ige Beteiligung an seinem assoziierten Unternehmen, der Investmentgesellschaft A, auf der Grundlage der Equity-Methode einbezogen wird. A wiederum herrscht über diverse TU, die A ebenso wie ihre Anteile an diversen assoziierten Unternehmen, in ihrem IFRS-Einzelabschluss – zur Aufstellung eines Konzernabschlusses ist A gem IFRS 10.4B (geändert 2014) nicht autorisiert – gem IFRS 10.31 und IAS 28.18 sämtlich erfolgswirksam zum beizulegenden Zeitwert bewertet. Wird A nunmehr im Konzernabschluss von M *at equity* bewertet, so kann dies auf der Grundlage ihres IFRS-Einzelabschlusses ohne weitere Anpassungen iSe Vollkonsoliderung von TU erfolgen, da die *fair value*-Bewertung der TU gem IAS 28.36A (geändert 2014) und der assoziierten bzw Gemeinschaftsunternehmen gem IAS 28.19 beibehalten werden darf.

2. Erstmalige Bewertung und ihre Parameter

36 Entspr IAS 28.27 ergibt sich der Konzernanteil an einem assoziierten oder Gemeinschaftsunternehmen aus der Summe der dem **MU** und den **TU** gehörenden **Anteile.** Ausgenommen sind demgegenüber Anteile, die von anderen assoziierten oder Gemeinschaftsunternehmen des MU gehalten werden. Gewähren **potenzielle Stimmrechte** dem MU bereits gegenwärtig Zugang zu den Rückflüssen aus dem assoziierten oder Gemeinschaftsunternehmen, sind diese ebenfalls in die Anwendung der Equity-Methode einzubeziehen und dementsprechend nicht in Übereinstimmung mit IAS 39 respektive IFRS 9 als finanzielle Vermögenswerte zu bilanzieren (IAS 28.14; *pwc* 2015 Rz 27.91ff).

Sofern **Rückbeteiligungen,** dh Beteiligungen eines assoziierten oder Gemeinschaftsunternehmen an seinem Anteilseigner (MU/TU aus Gesamtkonzernsicht) bestehen, ist dies bei der Anwendung der Equity-Methode adäquat zu berücksichtigen, um Doppelerfassungen zu vermeiden (s ausführlich *EY* 2015, 753ff; *pwc* 2015 Rz 27.100f). Entspr gilt für wechselseitige Beteiligungen zwischen assoziierten und/oder Gemeinschaftsunternehmen.

Nach der Identifikation der bei der Equity-Methode zu berücksichtigenden Anteile sind deren **Anschaffungskosten** zu ermitteln. Diese setzen sich – abweichend von der übertragenen Gegenleistung gem IFRS 3.37f, IFRS 3.53 – aus der **Summe** von **Kaufpreis** und **Anschaffungsnebenkosten** (dem Anteilserwerb direkt zurechenbare Kosten) zusammen (s *IFRIC* Update July 2009, 3; *Heintges/Urbanczik* KoR 2011, 418 (420)). Hinsichtlich der Ermittlung des Kaufpreises iSe für die Anteile übertragenen Gegenleistung sollte auf die Regelungen des IFRS 3.37f zurückgegriffen werden, die eine Bewertung der vom Erwerber ausgegebenen Eigenkapitalinstrumente, hingegebenen Vermögenswerte und ggü den Veräußerern eingegangenen Schulden zum beizulegenden Zeitwert fordern (s ausführlich → § 34 Rn 176ff). Eine analoge Anwendung ist uE auch bzgl der **Sondervorschriften** für Anpassungen von Gegenleistungen im Fall des Erwerbs in Abhängigkeit von künftigen Ereignissen (***contingent consideration;*** IFRS 3.45f → § 34 Rn 205ff) zweckadäquat (glA *EY* 2015, 734; hiervon abweichend *pwc* 2015 Rz 27.109; *Baetge/Klaholz/Graupe* in Baetge ua IFRS-Komm IAS 28 Rz 67, die daneben unter Bezugnahme auf IAS 8.37 bzw IFRIC 1.5(a) auch eine erfolgsneutrale Behandlung verbunden mit einer Anpassung des Equity-Buchwerts bzw der erstmaligen Kapitalkonsolidierung für zulässig halten; letztere Sichtweise präferierend *Heintges/Urbanczik* KoR 2011, 418 (422)). Die analoge Anwendung von IFRS 3.45f lässt sich grds aus IAS 28.26 ableiten. 37

Zu Besonderheiten bei der Ermittlung der Anschaffungskosten für den Fall, dass die Anteile an dem assoziierten oder Gemeinschaftsunternehmen mittels Einbringung von **Sachgesamtheiten** (Vermögenswerten und Schulden) erworben werden, vgl → Rn 62. 38

Auch bei der Bestimmung der **Bestandteile** und der **Höhe** des **konsolidierungspflichtigen Eigenkapitals** des assoziierten oder Gemeinschaftsunternehmens kann auf die Ausführungen zur Vollkonsolidierung verwiesen werden. So setzt sich das konsolidierungspflichtige Kapital generell aus dem anteiligen gezeichneten Kapital, der Kapitalrücklage, sämtlichen Gewinnrücklagen sowie dem (kumulierten) Gesamtergebnis zum Erwerbsstichtag zusammen. Dies gilt auch, sofern einzelne Eigenkapitalbestandteile oder deren Summe **negativ** sind. Für die **Höhe** des aufrechnungspflichtigen Eigenkapitals ist dabei maßgebend allein die Verpflichtung zum **Ansatz** der identifizierbaren Vermögenswerte – jedoch ohne einen im Abschluss des assoziierten oder Gemeinschaftsunternehmens enthaltenen Geschäfts- oder Firmenwert – und Schulden (zu den Ansatzprinzipien vgl IFRS 3.10ff iVm IAS 28.26) zum beizulegenden Zeitwert im Erwerbszeitpunkt (IAS 28.32). Der Ansatz eines im Einzel- oder Konzernabschluss des assoziierten bzw Gemeinschaftsunternehmens ausgewiesenen Geschäfts- oder Firmenwerts muss trotz Vermögenswerteigenschaft (IFRS 3.BC318ff) unterbleiben, weil dieser als Residualgröße auf der Grundlage von Wertverhältnissen zu einem anderen Stichtag berechnet wurde und nunmehr im neuen Geschäfts- oder Firmenwert (ggf auch negativen Unterschiedsbetrag) aus der erstmaligen Kapitalkonsolidierung (→ Rn 44) im Rahmen der Equity-Methode aufgeht (so auch *IDW* RS HFA 40 Rz 144). 39

Die **Bewertung** zum beizulegenden Zeitwert der übernommenen identifizierbaren Vermögenswerte und Schulden richtet sich für Erstkonsolidierungen nach IAS 28 nach der angepassten Definition und Vorgehensweise gem IFRS 13 40

(→ § 34 Rn 85 f und IFRS 3.Anhang A). Ausnahmen von der Bewertung zum beizulegenden Zeitwert existieren insbes für langfristige Vermögenswerte oder Veräußerungsgruppen, die aufgrund ihrer Klassifikation als zur Veräußerung gehalten gem IFRS 5.15 zum beizulegenden Zeitwert abzüglich Veräußerungskosten anzusetzen sind (so explizit IFRS 3.31; zu weiteren Ausnahmen betreffend die Bewertung zum beizulegenden Zeitwert s IFRS 3.24 ff). Der Ansatz der identifizierbaren Vermögenswerte und Schulden hat dabei jeweils unter Berücksichtigung von **latenten Steuern** gem IAS 12.19 und IAS 12.26(c) zu erfolgen (*inside basis differences II;* → § 25 Rn 129 f).

41 Eine quantitative **Begrenzung** der damit verbundenen Aufdeckung von stillen Reserven und Lasten besteht somit **nicht.** Dennoch wird eine Neubewertung **einzelner** Vermögenswerte und Schulden insbes von *at equity* bewerteten assoziierten Unternehmen mangels beherrschenden Einflusses des Anteilseigners häufig nicht durchführbar sein. Insofern ist im Regelfall mit Blick auf den Grundsatz der **Wesentlichkeit** die Anwendung von Vereinfachungslösungen wie zB eine Aufdeckung stiller Reserven und Lasten **pro Bilanzposten** (zB betreffend die Vorräte) oder – bei der planmäßigen Abschreibung unterliegenden Sachanlagen – eine Abschreibung über die gewichtete durchschnittliche Restnutzungsdauer als ausreichend anzusehen. Analog zur Vollkonsolidierung von TU stellt die Abbildung der immateriellen Vermögenswerte die größte Herausforderung dar (→ § 34 Rn 102 ff).

42 Sofern bei der erstmaligen Bewertung nach der Equity-Methode nur vorläufige Werte vorliegen, sind mangels expliziter Regelungen in IAS 28 über den Verweis in IAS 28.26 die Regeln des IFRS 3 betreffend die ***measurement period*** (IFRS 3.45 ff; ausführlich → § 34 Rn 93 ff) analog anzuwenden (glA *Baetge/Klaholz/Graupe* in Baetge ua IFRS-Komm IAS 28 Rz 76).

43 **Nicht** Bestandteil des konsolidierungspflichtigen Eigenkapitals sind indessen auf **nicht-beherrschende Anteilseigner entfallende Nettovermögensbestandteile,** sofern der Equity-Methode der **Konzernabschluss** eines assoziierten oder Gemeinschaftsunternehmens zugrunde gelegt wird. Diese sind gem IFRS 10.22 zwar gesondert innerhalb des Eigenkapitals auszuweisen. Sie gehören jedoch gerade nicht dem den Konzernabschluss aufstellenden MU oder einem seiner TU und sind insoweit nicht in die Kapitalkonsolidierung einzubeziehen. Dies gilt auch für die auf nicht-beherrschende Anteile entfallenden Beträge im Rahmen der Anpassung des identifizierbaren Nettovermögens an die beizulegenden Zeitwerte.

44 Jegliche **Differenz** zwischen den Anschaffungskosten für die Anteile und dem auf den Anteilseigner entfallenden konsolidierungspflichtigen neubewerteten Eigenkapital ist gem IAS 28.32 als Geschäfts- oder Firmenwert (positiver Unterschiedsbetrag) oder negativer Unterschiedsbetrag zu bilanzieren. Werden die Anteile an einem assoziierten oder Gemeinschaftsunternehmen **direkt** erworben, so entfällt indessen ein gesonderter Ausweis dieser Unterschiedsbeträge. Vielmehr wird in IAS 28.32 explizit determiniert, dass ein mit dem assoziierten oder Gemeinschaftsunternehmen **verbundener** Geschäfts- oder Firmenwert bzw **jeglicher** sich ergebender negativer Unterschiedsbetrag nach ertragswirksamer Auflösung Bestandteil des gesondert auszuweisenden Equity-Werts ist (sog *one-line consolidation*).

Gleichwohl kann es zu einem gesonderten Ausweis eines (auch) mit den *at equity* bilanzierten Anteilen eines assoziierten oder Gemeinschaftsunternehmens verbundenen Unterschiedsbetrags aus der Kapitalkonsolidierung kommen. Werden bspw die Anteile an einem assoziierten Unternehmen im Rahmen des Erwerbs eines **Teilkonzerns** miterworben, so ist für **jede ZGE** dieses Teilkonzerns – zu dieser werden regelmäßig auch miterworbene Anteile an assoziierten Unternehmen gehören – insgesamt nur **ein** Unterschiedsbetrag zu ermitteln und gesondert als Geschäfts- oder Firmenwert auszuweisen bzw im Fall eines negativen Unterschiedsbetrags ertragswirksam zu vereinnahmen (→ § 34 Rn 31 f). Zudem kann es zu einem vom Equity-Wert getrennten Ausweis kommen, wenn aus der Erstkonsolidierung eines TU ein Geschäfts- oder Firmenwert resultiert, der einer ZGE zugeordnet wird, die auch assoziierte Unternehmen enthält. In diesen Fällen sind die Regelungen in IFRS 3.54 iVm IFRS 3.B63(a) und IAS 36.80 zur Vollkonsolidierung anzuwenden.

Ist das aufrechnungspflichtige Eigenkapital **negativ,** so ergibt sich der Geschäfts- oder Firmenwert grds als **Summe** aus dem anteiligen negativen konsolidierungspflichtigen Nettovermögen und den Anschaffungskosten. Gleichwohl ist der erstmalige Equity-Wert stets durch die Höhe der Anschaffungskosten begrenzt. 45

Da ein verbleibender negativer Unterschiedsbetrag gem IAS 28.32(b) als Ertrag bei der Bestimmung des Anteils des Gesellschafters am Gewinn oder Verlust des assoziierten oder Gemeinschaftsunternehmens zu vereinnahmen ist, erfolgt bereits unmittelbar im Anschluss an die Erstbewertung zu Anschaffungskosten eine **ertragswirksame Erhöhung des Equity-Werts.** 46

Weicht die **Berichtswährung** von der funktionalen Währung des assoziierten oder Gemeinschaftsunternehmens ab, verlangt IAS 21.47 zwingend, dass jeglicher Geschäfts- oder Firmenwert sowie sämtliche aufgedeckten stillen Reserven und Lasten als Vermögenswerte und Schulden des **ausländischen Beteiligungsunternehmens** betrachtet werden und folglich zum **Stichtagskurs** umzurechnen sind (s ausführlich → § 33 Rn 29). Für nach der Equity-Methode bewertete Unternehmen, die in der Währung eines Hochinflationslands berichten, gelten gem IAS 29.20 die allgemeinen Regeln zur Umrechnung von Abschlüssen aus Hochinflationsländern (→ § 33 Rn 32 ff). 47

II. Vorgehen bei Folgebewertungen

1. Vorbereitende Maßnahmen

Der **Fortschreibung** des Equity-Werts in Folgeperioden ist grds ein auf den Stichtag des Konzernabschlusses des Anteilseigners (MU) aufgestellter (Konzern-) Abschluss des assoziierten oder Gemeinschaftsunternehmens unter Beachtung der konzerneinheitlichen Bilanzierung und Bewertung zugrunde zu legen (→ § 32 Rn 40 ff). Sofern der Abschlussstichtag des assoziierten oder Gemeinschaftsunternehmens **nicht mehr** als drei Monate **vor** oder **nach** (dies wird in den Fällen eines *fast close* regelmäßig keine Alternative darstellen) dem Konzernabschlussstichtag des MU liegt **und** die Erstellung eines Zwischenabschlusses auf den Konzernabschlussstichtag iSd IAS 1.7 **nicht durchführbar oder wirtschaftlich vertretbar ist,** darf die Equity-Fortschreibung auch auf Basis eines auf diesen Zeitpunkt aufgestellten Abschlusses erfolgen (IAS 28.33 f). Wesentliche Transaktionen oder Ereignisse in der Zeit zwischen den abweichenden Abschlussstichtagen, die bei Nicht-Berücksichtigung zu einer falschen Aussage des Konzernabschlusses führen würden, sind dann jedoch durch angemessene **Anpassungen** (quantitativ) zu berücksichtigen (IAS 28.34). Im Hinblick auf den **Stetigkeitsgrundsatz** sind die Länge der Berichtsperiode und die Abweichung zwischen den Abschlussstichtagen im Zeitablauf konstant zu halten (IAS 28.34). Die Aufstellung eines Zwischenabschlusses ist vom Anteilseigner nachdrücklich zu fordern und ggf auch durch Einsatz eigener Mitarbeiter zu unterstützen. Kann die Aufstellung eines Zwischenabschlusses trotz Vorliegen eines maßgeblichen Einflusses nicht erreicht werden, sollte zumindest eine Korrektur bekannter Abweichungen im Wege der Schätzung erfolgen. 48

2. Erfolgswirksam zu erfassende Fortschreibungskomponenten

49 In den Folgeperioden ist der Equity-Wert generell um die auf den Anteilseigner entfallenden **Eigenkapitalveränderungen** beim assoziierten bzw Gemeinschaftsunternehmen fortzuschreiben. Je nach Charakter sind diese Eigenkapitalveränderungen im Konzernabschluss des MU **erfolgswirksam** oder **erfolgsneutral** bzw im **sonstigen Ergebnis** zu erfassen. In Ausnahmefällen (→ Rn 82 ff) ist zudem auf eine Fortschreibung des Equity-Werts zugunsten des Aussetzens der Equity-Methode zu verzichten.

a) Anteiliger Jahreserfolg und vereinnahmte Ausschüttungen

50 Wesentliches Kennzeichen der Equity-Methode ist die beteiligungsproportionale Fortschreibung des Equity-Werts um die beim assoziierten oder Gemeinschaftsunternehmen **nach** dem Erwerbszeitpunkt erwirtschafteten Erfolgsbestandteile. Dabei ist der bilanzielle Equity-Ansatz um den anteiligen **(Jahres-) Erfolg** zu erhöhen oder zu vermindern IAS 28.10 iVm IAS 1.82(c); zur Ermittlung des anteiligen Jahreserfolgs für die Fortschreibung des Equity-Werts im Sonderfall von assoziierten Unternehmen mit kündbaren Anteilen s *Geisel/Schmidt* KoR 2010, 81 (83 ff)). Ggf anrechenbare Ertragsteuern sind ebenso wenig zu berücksichtigen wie steuerliche Minderungspotenziale bei thesaurierten Erfolgsbeiträgen im Fall von gespaltenen Steuersätzen (ausführlich *Baetge/Klaholz/Graupe* in Baetge ua IFRS-Komm IAS 28 Rz 114 ff). Der für die Fortschreibung maßgebende anteilige Jahreserfolg ist dabei aus dem an die konzerneinheitlichen Bilanzierungs- und Bewertungsmethoden **angepassten** Abschluss des assoziierten oder Gemeinschaftsunternehmens abzuleiten. Potenzielle Stimmrechte und andere Derivate, die potenzielle Stimmrechte enthalten, sind bei der Berechnung des auf den Anteilseigner entfallenden Anteils am Jahreserfolg grds nicht zu berücksichtigen (IAS 28.12). Sind die potenziellen Stimmrechte oder entspr Derivate indessen so ausgestaltet, dass sie dem Anteilseigner bereits gegenwärtig Zugang zu den Rückflüssen aus dem assoziierten oder Gemeinschaftsunternehmen gewähren, hat – korrespondierend mit der dann erforderlichen Einbeziehung dieser Rechte in die Erstkonsolidierung (→ Rn 36) – eine Berücksichtigung bei der Ermittlung des anteiligen Jahreserfolgs zu erfolgen.

51 Gem IAS 28.37 ist bei der Equity-Fortschreibung von einem um Dividenden auf **(kumulative) Vorzugsaktien** (§ 11 AktG und § 139 AktG) geminderten Erfolg auszugehen, sofern diese Vorzugsaktien als Eigenkapital zu klassifizieren sind (→ § 12 Rn 43 ff) und von konzernfremden Dritten gehalten werden. Dies gilt mithin unabhängig davon, ob bereits ein Ausschüttungsbeschluss vorliegt oder nicht. Besitzt der Anteilseigner selbst (kumulative) Vorzugsaktien, ist diese Tatsache bei der Berechnung des anteiligen Jahreserfolgs für die Equity-Fortschreibung gleichermaßen adäquat zu berücksichtigen.

52 Ist der **Konzernabschluss** des assoziierten oder Gemeinschaftsunternehmens Grundlage der Equity-Fortschreibung, bemisst sich der für die Fortschreibung maßgebende Anteil am Konzernjahreserfolg nach Anteilen nicht-beherrschender Gesellschafter (IAS 1.IG6/IAS 1.IG6 (geändert 2014)).

Korrespondierend mit der Fortschreibung des Equity-Werts um die anteiligen Jahreserfolge des Beteiligungsunternehmens sind in Folgeperioden durch den Anteilseigner **vereinnahmte Ausschüttungen** vom Equity-Wert abzusetzen (IAS 28.10). Dabei wird der Equity-Ansatz zu Lasten des vereinnahmten Beteiligungsertrags gekürzt, sodass sich der Sachverhalt buchungstechnisch letztlich als **erfolgsneutraler Aktivtausch** (per Bank/Forderungen an Anteile an assoziierten Unternehmen/Equity-Wert) niederschlägt.

b) Im Rahmen der Kapitalkonsolidierung aufgedeckte stille Reserven und Lasten

Gem IAS 28.32 ist der auf den Anteilseigner entfallende Anteil an den Gewinnen oder Verlusten des assoziierten oder Gemeinschaftsunternehmens um die planmäßigen oder außerplanmäßigen **Abschreibungen/Auflösungen** der bei der Neubewertung im Rahmen der erstmaligen Kapitalkonsolidierung aufgedeckten stillen Reserven/Lasten anzupassen. So ist zB die für die Equity-Fortschreibung maßgebende Abschreibungsbasis von Sachvermögenswerten durch die beizulegenden Zeitwerte im Erwerbszeitpunkt geprägt, dh die aufgedeckten stillen Reserven/Lasten werden ebenso behandelt wie die Vermögenswerte und Schulden, denen sie bei der erstmaligen Kapitalkonsolidierung in der außerbilanziellen Nebenrechnung zugeordnet wurden. Seinerzeit bei der Neubewertung abgegrenzte **latente Steuern** sind dabei korrespondierend zu den stillen Reserven/Lasten **erfolgswirksam** aufzulösen (*inside basis differences II;* → § 25 Rn 129f). Sofern für Zwecke der Equity-Fortschreibung in Folgeperioden – idealerweise – tatsächlich ein spezieller, die Besonderheiten der Equity-Methode berücksichtigender Abschluss aufgestellt wird, werden die Fortführungen der Wertansätze der Vermögenswerte und Schulden auf Basis der beizulegenden Zeitwerte inklusive der latenten Steuern bereits automatisch im Jahreserfolg des assoziierten oder Gemeinschaftsunternehmens berücksichtigt. Andernfalls ist in der außerbilanziellen Nebenbuchhaltung der jährliche Anpassungsbetrag zu ermitteln und gesondert in die Equity-Fortschreibung einzubeziehen. Dies gilt neben der Anpassung von planmäßigen auch für die zutreffende Ermittlung von außerplanmäßigen Abschreibungen (*IDW* RS HFA 40 Rz 142f), die zwingend vor einer Überprüfung der Nettoinvestition als Ganzes (→ Rn 67ff) auf Wertminderung durchzuführen ist (*IDW* RS HFA 40 Rz 146). 53

Weicht die **Berichtswährung** von der funktionalen Währung des Beteiligungsunternehmens ab, so sollten aufgrund der zwingenden Umrechnung zum Stichtagskurs gem IAS 21.47 die aufgedeckten stillen Reserven/Lasten zunächst in der funktionalen Währung fortgeführt und dann zum Stichtagskurs in die Berichtswährung umgerechnet werden. 54

c) Geschäfts- oder Firmenwert

Infolge der Regelungen des IAS 28.32 stellt ein im Zuge der (außerbilanziellen) Erstkonsolidierung verbleibender positiver Unterschiedsbetrag einen Geschäfts- oder Firmenwert dar, der jedoch nicht planmäßig abzuschreiben ist. Der **Besonderheit,** dass der Geschäfts- oder Firmenwert bei Anwendung der Equity-Methode im Regelfall (zu Ausnahmen → Rn 44) im Buchwert der Anteile eingeschlossen und damit anders als bei der Vollkonsolidierung von TU nicht gesondert ausgewiesen wird, trägt IAS 28.42/IAS 28.42 (geändert 2014) Rechnung: Eine **gesonderte** jährliche Überprüfung des Geschäfts- oder Firmenwerts auf Wertminderung gem IAS 36 entfällt. Vielmehr ist – bei Vorliegen von Anzeichen für eine Wertminderung gem IAS 39 respektive IAS 28.41Aff (geändert 2014 durch IFRS 9) – der **gesamte Equity-Wert** der Anteile gem IAS 36 auf eine Wertminderung zu überprüfen (im Einzelnen → Rn 67ff). Dabei werden Wertminderungen nicht auf einzelne Vermögenswerte – inklusive den im Buchwert enthaltenen Geschäfts- oder Firmenwert – verteilt; vielmehr ist der Equity-Wert als solcher außerplanmäßig abzuschreiben. Der IASB vertritt diesbezüglich die Auffassung, dass der Eigner von Anteilen an einem assoziierten bzw Gemeinschaftsunternehmen nur dieses Investment, nicht aber die dahinter stehenden Vermögenswerte und Schulden kontrolliert (IAS 28.BCZ45). Deshalb ist der Equity-Wert nur in seiner Gesamtheit zu bewerten und entspr als Gesamtbetrag 55 abzuschreiben (zu den bilanziellen Auswirkungen einschließlich Wertaufholungen in Folgeperioden → Rn 67 ff).

56 **Unkorrigiert** in die Equity-Fortschreibung zu übernehmen sind Wertminderungen gem IAS 36 von **Geschäfts- oder Firmenwerten** aus Investments des assoziierten oder Gemeinschaftsunternehmens, die **nach** dem Erwerb des assoziierten oder Gemeinschaftsunternehmens durch den Anteilseigner erfolgt sind (*IDW* RS HFA 40 Rz 144).

57 In IAS 21.49 wird zudem klargestellt, dass der Fall einer vom Anteilseigner erfassten Wertminderung betreffend Anteile an assoziierten oder Gemeinschaftsunternehmen **keine Teilveräußerung** (→ Rn 118 ff) darstellt und folglich eine (anteilige) Umgliederung von bislang im sonstigen Ergebnis berücksichtigten Währungsumrechnungsdifferenzen in die GuV nicht erfolgen darf.

d) Negativer Unterschiedsbetrag

58 Nach IAS IAS 28.32(b) ist ein verbleibender negativer Unterschiedsbetrag aus der erstmaligen Kapitalkonsolidierung unmittelbar im Anschluss an die erstmalige Erfassung des Equity-Werts **ertragswirksam** und damit Equity-Wert erhöhend aufzulösen. Da gem IAS 39 als bester Indikator für den beizulegenden Zeitwert bzw Marktpreis einer Beteiligung ihre Anschaffungskosten gelten, ist im Anschluss an die ertragswirksame Erfassung des negativen Unterschiedsbetrags ein Wertminderungstest nach IAS 28.42 (→ Rn 67 ff) durchzuführen. Im Fall der Anwendung des IFRS 9 verweist IAS 28.42 (geändert 2014) auf die nunmehr in IAS 28.41A (geändert 2014) bis IAS 28.41C (geändert 2014) neu eingeführten Regelungen zur Bestimmung, wann ein Wertminderungstest (→ Rn 67 ff) durchzuführen ist.

e) Zwischenergebniseliminierung

59 Bei Anwendung der Equity-Methode sind generell (unrealisierte) **Gewinne und Verluste** aus Transaktionen zwischen *at equity* einbezogenen assoziierten bzw Gemeinschaftsunternehmen einerseits und dem Anteilseigner (MU) sowie seinen vollkonsolidierten TU andererseits **beteiligungsproportional** zu eliminieren (IAS 28.28; s zur grds Vorgehensweise im Rahmen der Zwischenergebniseliminierung → § 35 Rn 106 ff). Im Fall von mehrstufigen Konzernstrukturen ist die relevante Quote für die Zwischenergebniseliminierung multiplikativ zu ermitteln (effektive Beteiligungsquote).

Beispiel 1: Ein MU ist zu 80% an einem TU T beteiligt, das wiederum 25% der Anteile an einem assoziierten Unternehmen A hält. Veräußert M (oder T) einen Vermögenswert an A, so sind 20% (80% × 25%) der daraus resultierenden Zwischenerfolge für die Equity-Bewertung von A im Konzernabschluss von MU zu eliminieren. Entspr gilt auch für Zwischenerfolge aus *upstream*-Lieferungen vom assoziierten Unternehmen an MU (oder T).

Beispiel 2: Ein MU hält 25% der Anteile an einem assoziierten Unternehmen A, das MU eines 80%igen TU T ist. Auch in dieser Konzernstruktur ist für die Zwischenerfolgseliminierung die effektive Beteiligungsquote maßgebend, dh Zwischenerfolge aus Lieferungen und Leistungen zwischen MU und T werden ebenfalls zu 20% eliminiert.

60 Eine Verpflichtung zur Eliminierung von Zwischenergebnissen aus Transaktionen zwischen assoziierten Unternehmen (sog **Satelliten-Lieferungen oder *side-stream-Lieferungen***) und/oder Gemeinschaftsunternehmen (sog ***cross-stream-*Lieferungen**) besteht nicht (aA mit Verweis auf IAS 28.26 iVm IFRS 10.B86: *EY* 2015, 752 f). Vor dem Hintergrund der Definition von nahe stehenden Unternehmen gem IAS 24.9 (→ § 20 Rn 8 ff) kann jedoch von einem Eliminierungswahlrecht ausgegangen werden, dass iSe Rechnungslegungsmethode konzern-

weit einheitlich auszuüben und nach IAS 1.117 auch erläuterungspflichtig ist (glA *KPMG* 2014/15 Rz 3.5.490.20).

61 Die Pflicht zur Zwischenergebniseliminierung betrifft sowohl Lieferungen und Leistungen vom assoziierten bzw Gemeinschaftsunternehmen an das MU oder eines seiner konsolidierten TU (sog **„*upstream*"-Transaktionen**) als auch den umgekehrten Fall der sog **„*downstream*"**-Transaktionen. IAS 28.29 enthält explizit die Verpflichtung, auf die **Zwischenverlusteliminierung** aus *„upstream"*- oder *„downstream"*-Transaktionen zu verzichten, sofern die Verluste substanzielle Hinweise auf eine Verringerung des Nettoveräußerungswerts oder eine Wertminderung des ver- oder gekauften Vermögenswerts anzeigen. Dabei sind Verluste aus **„*upstream*"-Transaktionen** lediglich **beteiligungsproportional** zu realisieren, während im Fall von **„*downstream*"-Transaktionen** eine **vollständige** Realisation des (Zwischen-)Verlusts gefordert wird. Entspr gilt auch im Fall von Sacheinlagen des Anteilseigners in ein assoziiertes oder Gemeinschaftsunternehmen (IAS 28.29).

62 IAS 28.30 enthält weitergehende Regelungen betreffend nicht monetäre Einlagen durch den Anteilseigner im Tausch gegen (erstmalige oder weitere) Kapitalanteile an einem assoziierten oder **Gemeinschaftsunternehmen.** Sofern es bei einer **Sacheinlage** in ein nach der Equity-Methode bewertetes assoziiertes oder Gemeinschaftsunternehmen an **wirtschaftlicher Substanz fehlt** (IAS 16.25 sowie → § 5 Rn 55 ff; *EY* 2015, 758), sind die sich aus der Transaktion ergebenden Gewinne und Verluste **vollständig** als **nicht realisiert** zu betrachten und im Rahmen der Zwischenergebniseliminierung **in voller Höhe** mit dem Equity-Wert der betreffenden Anteile am assoziierten oder Gemeinschaftsunternehmen zu verrechnen; eine Erfassung als Abgrenzungsposten ist nicht zulässig (IAS 28.30). Die Transaktion wird im (Konzern-)Abschluss des Anteilseigners somit – vorbehaltlich der Überprüfung von außerplanmäßigen Wertminderungen – als Aktivtausch abgebildet (per Anteile an assoziierten oder Gemeinschaftsunternehmen an nicht monetäre Vermögenswerte). Abweichendes gilt nur, sofern das berichtende Unternehmen neben einem Kapitalanteil auch monetäre oder nicht monetäre Vermögenswerte erhält. In diesem Fall ist ein diesen erhaltenen Vermögenswerten entspr Anteil der hingegebenen nicht monetären Vermögenswerte erfolgswirksam zu realisieren (IAS 28.31).

Bei **wirtschaftlich substanziellen Sacheinlagen** eines Anteilseigners im Tausch gegen Anteile des assoziierten oder Gemeinschaftsunternehmens gelten die allgemeinen Regeln der **beteiligungsproportionalen** Zwischenergebniseliminierung (IAS 28.30 iVm IAS 28.28; zur Anwendung dieser Regelung bei Einbringung von TU in ein assoziiertes oder Gemeinschaftsunternehmen → § 37 Rn 95 ff).

Beispiel: MU ist an dem assoziierten Unternehmen A zu 20% beteiligt. A führt eine Kapitalerhöhung durch, an der MU entspr seiner 20%igen Anteilsquote teilnimmt. Es wird vereinbart, dass MU zum Erwerb der Anteile einen immateriellen Vermögenswert (Buchwert T€ 500, beizulegender Zeitwert T€ 600) einlegt. Die anderen Gesellschafter von A leisten im Rahmen der Kapitalerhöhung Bareinlagen in Höhe von T€ 2.400.

Da das Kriterium der „wirtschaftlichen Substanz" erfüllt ist, realisiert MU einen Gewinn in Höhe von T€ 80 ((T€ 600 – T€ 500 – (T€ 100 × 0,2)), dh der auf die Sacheinlage entfallende Zwischengewinn wird beteiligungsproportional (20%) eliminiert. Die Buchungen für den im Rahmen der Kapitalerhöhung erworbenen Anteil (entspr der bisherigen Beteiligung in Höhe von 20%) stellen sich wie folgt dar:

per Anteil MU an Kapitalerhöhung bei A (zusätzlicher Equity-Wert unter Berücksichtigung der beteiligungsproportionalen Zwischengewinneliminierung) (0,2 × (T€ 600 – T€ 100 + T€ 2.400))	T€ 580
an eingelegter immaterieller Vermögenswert	T€ 500
an Gewinn aus der Einbringung	T€ 80

Abwandlung: Der immaterielle Vermögenswert (Buchwert T€ 500) hat einen beizulegenden Zeitwert von T€ 650. MU erhält weiterhin Anteile an A in Höhe seiner bisherigen Beteiligungsquote von 20% (= 600 T€) und darüber hinaus eine Ausgleichszahlung der anderen Gesellschafter von A in Höhe von T€ 50, die darauf schließen lässt, dass das Kriterium der „wirtschaftlichen Substanz“ erfüllt ist. Somit realisiert MU einen Gewinn in Höhe von T€ 130 ((T€ 650 – T€ 500 – (T€ 100 × 0,2)), dh nur der auf die Sacheinlage entfallende und nicht durch anderweitige Zahlungen abgegoltene Gewinn (T€ 650 – T€ 500 – T€ 50 = T€ 100) wird beteiligungsproportional (20%) eliminiert.

per Anteil MU an Kapitalerhöhung bei A (zusätzlicher Equity-Wert unter Berücksichtigung der Zwischengewinneliminierung)	
(0,2 × (T€ 600 – T€ 100 + T€ 2.400))	T€ 580
per Kasse	T€ 50
an eingelegter immaterieller Vermögenswert	T€ 500
an Gewinn aus der Einbringung	T€ 130

Die dargestellten Regelungen in IAS 28.31 stehen im **Widerspruch** zu den weiteren Regelungen zur Zwischenergebniseliminierung in IAS 28, da die Eliminierungspflicht von der **Art der Gegenleistung** abhängig gemacht wird. Die Vorschriften korrelieren auch nicht mit den Anpassungen des IAS 28 aus dem Änderungsstandard *Sale or Contribution of Assets between an Investor and its Associate or Joint Venture* (→ Rn 63). Das IFRSIC hat diesen Widerspruch erkannt und dem IASB zur Kenntnis gebracht; eine Änderung bzw Streichung des IAS 28.31 soll im Rahmen des Projekts zur Zwischenergebniseliminierung im Rahmen der Equity-Methode (→ Rn 167) erfolgen (*IASB* Update March 2014, 9).

63 Aufgrund konfliktärer Regelungen in IAS 28 und IFRS 10 für den Fall der Einbringung/Veräußerung von TU in/an assoziierte oder Gemeinschaftsunternehmen durch ein MU (ausführlich → Rn 124 ff und → § 37 Rn 95 ff) wurde im Rahmen der begrenzten Änderungen an IFRS 10 und IAS 28 durch den Standard *Sale or Contribution of Assets between an Investor and its Associate or Joint Venture* klargestellt, dass die obigen Regelungen nur für den Fall gelten, dass die (*upstream*- und *downstream*-)Transaktionen (Veräußerungen bzw Lieferungen und Leistungen) zwischen einem Investor und seinem assoziierten oder Gemeinschaftsunternehmen (→ Rn 61) bzw die Sacheinlage von nicht-monetären Vermögenswerten in ein assoziiertes oder Gemeinschaftsunternehmen (→ Rn 62) **keinen Geschäftsbetrieb** iSd IFRS 3 betreffen (IAS 28.28 (geändert 2014), IAS 28.30 (geändert 2014)). Werden hingegen (Netto-)Vermögenswerte, die einen Geschäftsbetrieb iSd IFRS 3 darstellen, im Zuge einer *downstream*-Transaktion veräußert oder eingebracht, sind daraus resultierende Gewinne oder Verluste vollständig zu realisieren (IAS 28.31A (geändert 2014) iVm IFRS 10.B98 f). Dies gilt mithin unabhängig davon, ob die entspr Transaktion im Rahmen eines *share deal* oder eines *asset deal* erfolgt (s als Beispiel für einen *share deal* → § 37 Rn 99). Entspr unterliegen Veräußerungen von Geschäftsbetrieben iSd IFRS 3 durch assoziierte oder Gemeinschaftsunternehmen an ihren Investor (*upstream*-Transaktion) unter der Voraussetzung, dass der Investor die Beherrschung über diesen Geschäftsbetrieb erlangt, den Regelungen des IFRS 3 zu Unternehmenszusammenschlüssen (IAS 28.BC37H (geändert 2014)). Um bilanzpolitisches Gestaltungspotenzial einzugrenzen ist gem IAS 28.31B (geändert 2014) iVm IFRS 10.B97 bei schrittweisen Übertragungen von Vermögenswerten im Hinblick auf die Beurteilung, ob es sich um die Übertragung eines Geschäftsbetriebs iSd IFRS 3 handelt, zu überprüfen, ob diese als einheitlicher Übertragungsvorgang zu bilanzieren sind. Die EU hat eine Übernahme der Änderungen mit Hinweis auf die weiterhin bestehenden Widersprüchlichkeiten zwischen den Regelungen in IFRS 10 und IAS 28 und den diesbezüglich geplanten weiteren Änderungen an den Standards durch den IASB derzeit (Stand: 31. Juli 2015) verschoben (ausführlich → Rn 166 f).

Grds kann die Zwischenergebniseliminierung bei **Unwesentlichkeit** unterbleiben. Überdies wird es insbes im Fall von *„upstream"*-Transaktionen regelmäßig zu einem **Informationsbeschaffungsproblem** kommen, da hier zur Ermittlung der Zwischenergebnisse Kenntnisse über die Kalkulationen des assoziierten bzw Gemeinschaftsunternehmens erforderlich sind. Stehen die zur Zwischenergebniseliminierung notwendigen Informationen trotz intensiver Einflussnahme durch den Anteilseigner nicht zur Verfügung, ist eine bestmögliche Schätzung basierend auf der Beurteilung durch das Management des MU durchzuführen.

Schließlich ist darauf hinzuweisen, dass die Zwischenergebniseliminierung in aller Regel die Abgrenzung **latenter Steuern** nach sich zieht.

Wenngleich in IAS 28 eine Regelung bzgl des **Ausweises** der zu eliminieren- 64
den Zwischenergebnisse und damit verbundener latenter Steuern fehlt, ist nach der hier vertretenen Ansicht unabhängig vom Vorliegen einer *„upstream"*- oder *„downstream"*-Transaktion im Regelfall buchungstechnisch eine Berücksichtigung der Saldogröße im (bilanziellen) Equity-Ansatz einerseits und dem korrespondierenden erfolgsrechnerischen Posten andererseits zu präferieren (s auch die Beispiele unter → Rn 144ff). Diese Ausweisform spiegelt überdies die notwendige **erfolgsorientierte** Zuordnung der Zwischenergebnisse wider, die infolge des lediglich maßgeblichen Einflusses aus der mangelnden Übernahme der Vermögenswerte und Schulden des assoziierten bzw Gemeinschaftsunternehmens im Rahmen der Equity-Methode resultiert. Alternativ zur Gegenbuchung im bilanziellen Equity-Wert wird im Fall von *„upstream"*-Transaktionen die Eliminierung der unrealisierten Zwischenergebnisse beim gelieferten Vermögenswert als zulässig angesehen; im Fall von *„downstream"*-Transaktionen kommt dagegen anstelle der Buchung im Ergebnis aus assoziierten Unternehmen auch eine Eliminierung der beim liefernden MU oder vollkonsolidierten TU entstandenen Aufwendungen und Erträge in Betracht (s nur *pwc* 2015 Rz 27.127ff).

f) Schuldenkonsolidierung

Nach IAS 28.26 ist es vielfach sachgerecht, die auf die Vollkonsolidierung an- 65
zuwendenden Konsolidierungsverfahren (IFRS 10) analog bei der Anwendung der Equity-Methode zu berücksichtigen. Demnach muss grds von einer Pflicht zur Schuldenkonsolidierung ausgegangen werden (diesbezüglich differenzierend hinsichtlich der Einordnung der Equity-Methode als Bewertungs- oder Konsolidierungsmethode *Lüdenbach/Hoffmann/Freiberg* IFRS § 33 Rz 75), wenngleich im Gegensatz zur Zwischenergebniseliminierung diesbezüglich auf explizite Regelungen verzichtet wurde. Dies lässt sich zum einen mit dem im Vergleich zu TU geringeren Einfluss auf die Beschaffbarkeit von **Informationen** begründen. Zum anderen ist mangels Übernahme der Abschlussposten von at *equity* einbezogenen Unternehmen zugunsten eines saldierten Ausweises im Rahmen der Equity-Fortschreibung lediglich die Berücksichtigung sich aus den Konsolidierungsmaßnahmen ergebender **erfolgswirksamer Differenzen** sinnvoll.

Eine Schuldenkonsolidierung iSd Eliminierung erfolgswirksamer Differenzen 66
wäre bspw dann sachgerecht, wenn das assoziierte bzw Gemeinschaftsunternehmen zugunsten des Anteilseigners eine Gewährleistungsrückstellung gebildet hat, während das MU in seinem Abschluss keine entspr Forderung bilanziert. Wird in diesem und vergleichbaren Fällen eine Schuldenkonsolidierung – insbes mit dem Ziel der Eliminierung bilanzpolitischen Gestaltungspotenzials – durchgeführt, so hat die Eliminierung der Erfolgsbeiträge analog zur Zwischenergebniseliminierung **beteiligungsproportional** zu erfolgen. Regelmäßig wird dabei auch die Abgrenzung **latenter Steuern** notwendig werden. Der **Ausweis** der resultierenden Saldogröße ist entspr dem Vorgehen bei der Zwischenergebniseliminierung vorzunehmen (→ Rn 138ff).

Die Durchführung einer (erfolgsneutralen) Aufwands- und Ertragskonsolidierung im Rahmen der Equity-Methode scheidet mangels Übernahme der entspr Aufwendungen und Erträge des assoziierten oder Gemeinschaftsunternehmens aus (dieses bei konsequenter Interpretation der Equity-Methode als Konsolidierungsmethode im Fall von *downstream*-Transaktionen verneinend *Lüdenbach/Hoffmann/Freiberg* IFRS § 33 Rz 75).

g) Wertminderungsaufwendungen

67 Im Anschluss an die Fortschreibung des Equity-Werts (inklusive der diesem gleich gestellten übrigen Bestandteile des finanziellen Engagements um anteilige Verluste gem IAS 28.38 (Nettoinvestition); zum Begriff → Rn 82ff) ist gem IAS 28.40 zu überprüfen, ob entspr **IAS 39.58ff** (→ § 3 Rn 232ff) objektive Hinweise für eine **zusätzliche Wertminderung** eines verbleibenden positiven Equity-Werts bzw der Nettoinvestition des Investors beim assoziierten oder Gemeinschaftsunternehmen vorliegen. Ergeben sich dabei Hinweise auf eine **dauerhafte** oder **wesentliche** Wertminderung der Nettoinvestitition in ein assoziiertes oder Gemeinschaftsunternehmen, ist in Übereinstimmung mit **IAS 36** (→ § 27 Rn 18ff) zu überprüfen, ob eine außerplanmäßige Abschreibung vorzunehmen ist (IAS 28.42; *IDW* RS HFA 40 Rz 145). „Vorübergehende Wertminderungen, die lediglich über einen absehbaren Zeitraum bestehen, mindern den Equity-Wert indirekt über die Erfolgsentwicklung des Beteiligungsunternehmens, da anteilige Verluste vom Equity-Wert abgezogen werden" (*Baetge/Klaholz/Graupe* ua IFRS-Komm IAS 28 Rz 162). Die zweistufige Ermittlung von Wertminderungsbedarf unter Berücksichtigung der Regeln des IAS 39 (Prüfung des Vorliegens eines Wertminderungsindikators entspr dem Vorgehen bei Finanzinstrumenten, obwohl gem IAS 39.2(a) *at equity* bewertete Anteile vom Anwendungsbereich des IAS 39 ausgenommen sind) und des IAS 36 (Durchführung eines Wertminderungstests entspr dem Vorgehen bei langfristigen Vermögenswerten) korrespondiert insoweit mit der **„Zwitterstellung"** (*Lüdenbach/Hoffmann/Freiberg* IFRS § 33 Rz 101) von nach der Equity-Methode bewerteten Anteilen.

Im Zuge der Verabschiedung des **IFRS 9** erfolgte eine Anpassung der Regelungen zur Wertminderungsindikation in IAS 28. So verweist IAS 28.40 (geändert 2014) für die Überprüfung des Vorliegens eines Wertminderungsindikators nicht auf die Vorschriften des IFRS 9, sondern regelt diese in den neu eingefügten IAS 28.41A (geändert 2014) bis IAS 28.41C (geändert 2014), weil Wertminderungen nach IAS 28 (geändert 2014) im Gegensatz zu IFRS 9 nicht auf der Grundlage des *expected loss model* (→ § 3 Rn 386ff), sondern unverändert auf Basis des *incurred loss model* (→ § 3 Rn 231ff) zu ermitteln sind. Letzlich werden damit die derzeitigen Regelungen der IAS 39.59ff zum *incurred loss model* in IAS 28.41Aff (geändert 2014) integriert. Demnach wird eine Wertminderung einer Nettoinvestition in ein assoziiertes oder Gemeinschaftsunternehmen durch den Eintritt eines oder mehrerer verlustbringender Ereignisse (*loss events,* Schadensfälle) nach dem erstmaligen Ansatz indiziert (IAS 28.41A), sofern diese(s) eine verlässlich schätzbare Auswirkung auf die zukünftig erwarteten Cashflows des assoziierten oder Gemeinschaftsunternehmens hat/haben. Nicht erforderlich ist es dabei, einzelne abgrenzbare Ereignisse und deren Auswirkungen zu identifizieren; vielmehr ist es ausreichend, wenn mehrere Sachverhalte eine (verlässlich) **schätzbare Wertminderung indizieren.** Abgestellt wird auf bereits eingetretene Wertminderungen *(incurred loss model),* demgegenüber dürfen Verluste aufgrund von künftig erwarteten Ereignissen *(expected loss model)* unabhängig von der Wahrscheinlichkeit ihres Eintritts nicht berücksichtigt werden. Als **objektive Nachweise** für das Vorliegen einer Wertminderung nennt der Standard die folgenden Sachverhalte (IAS 28.41A (geändert 2014)):

(1) erhebliche finanzielle Schwierigkeiten des assoziierten oder Gemeinschaftsunternehmens,
(2) Vertragsbrüche des assoziierten oder Gemeinschaftsunternehmens bspw betreffend den Ausfall oder Verzug von Zahlungen,
(3) unübliche Zugeständnisse des berichtenden MU aus wirtschaftlichen oder rechtlichen Gründen im Zusammenhang mit finanziellen Schwierigkeiten seines assoziierten oder Gemeinschaftsunternehmens,
(4) erhöhte Wahrscheinlichkeit, dass das assoziierte oder Gemeinschaftsunternehmen in die Insolvenz oder ein sonstiges Sanierungsverfahren geht,
(5) der Wegfall eines aktiven Markts für die Nettoinvestition wegen finanzieller Schwierigkeiten des assoziierten oder Gemeinschaftsunternehmens,
(6) erhebliche negative Entwicklungen des technologischen, wirtschaftlichen oder rechtlichen Umfelds, in dem das assoziierte oder Gemeinschaftsunternehmen agiert (IAS 28.41C (geändert 2014)).

Der **Wegfall eines aktiven Markts** aufgrund der Einstellung des öffentlichen Handels eines Eigen- bzw Finanzinstruments eines assoziierten oder Gemeinschaftsunternehmens indiziert demgegenüber ebenso wenig eine Wertminderung wie – isoliert betrachtet – ein sinkender beizulegender Zeitwert des assoziierten oder Gemeinschaftsunternehmens oder seine Herabstufung durch eine Ratingagentur (IAS 28.41B (geändert 2014)). Ein signifikanter oder länger anhaltender Rückgang des beizulegenden Zeitwerts der Beteiligung unter seinen Buchwert ist jedoch als objektiver Hinweis auf eine Wertminderung zu werten (IAS 28.41C (geändert 2014)).

Bei der anschließenden **Ermittlung der Höhe der Wertminderung,** ist der 68
Equity-Wert der betreffenden Anteile (vollständiger Beteiligungsbuchwert) bzw die Nettoinvestition mit dem erzielbaren Betrag, der durch den höheren Wert von Nettoveräußerungs- und Nutzungswert bestimmt wird (IAS 36.6), zu vergleichen. Der **gegenwärtige Nutzungswert** ermittelt sich dabei (IAS 28.42) – abweichend von IAS 36.30 ff – entweder
(1) als auf den Anteilseigner entfallender **Barwert** der geschätzten, zukünftig vom assoziierten bzw Gemeinschaftsunternehmen **als Ganzem erzielbaren Cashflows,** inklusive der Cashflows aus den Aktivitäten und dem endgültigen Abgang des Beteiligungsunternehmens oder als
(2) **Barwert** der geschätzten zukünftigen **Cashflows** aus den erwarteten **Dividenden** und dem endgültigen Abgang des assoziierten bzw Gemeinschaftsunternehmens.

Beide Vorgehensweisen sollten modelltheoretisch bei Zugrundelegung korrekter Annahmen (Vollausschüttung) letztlich zum gleichen Ergebnis führen. Liegt der erzielbare Betrag unter dem vollständigen Beteiligungsbuchwert, ist eine außerplanmäßige Abschreibung erforderlich.

Die dargestellten Regelungen zur Ermittlung der Wertminderung nach IAS 36 gelten auch nach Inkrafttreten des IFRS 9 fort (IAS 28.42 (geändert 2014)).

Die **Erfassung** eines sich ergebenden **Wertminderungsbedarfs** ist nicht au- 69
ßerbilanziell auf einzelne Vermögenswerte zu verteilen und führt damit auch nicht zu einer vorrangigen außerplanmäßigen Abschreibung eines im Equity-Wert enthaltenen Geschäfts- oder Firmenwerts. IAS 28.42 regelt, dass der Equity-Wert pauschal als solcher wertzuberichtigen ist, und zwar ohne Auswirkungen auf die im Rahmen der Equity-Fortschreibung in Folgeperioden zu berücksichtigenden anteiligen Gewinne und Verluste des assoziierten bzw Gemeinschaftsunternehmens (entgegen den eindeutigen Regelungen des IAS 28.42 für ein Wahlrecht plädierend *Lüdenbach/Hoffmann/Freiberg* IFRS § 33 Rz 103). Eine Anpassung der Abschreibungspläne für langfristige Vermögenswerte ist damit nicht möglich.

Beispiel: Zum 31. Dezember X1 erwirbt ein MU 40% der Anteile an einem assoziierten Unternehmen A zu einem Kaufpreis von T€ 1.000. Das **anteilige** Eigenkapital nach Neubewertung der Vermögenswerte und Schulden im Konzernabschluss von A beträgt T€ 800 (darin enthalten aufgedeckte stille Reserven in Höhe von T€ 250 (Restnutzungsdauer: fünf Jahre)), sodass sich im Rahmen der erstmaligen Equity-Bilanzierung in der außerbilanziellen Nebenrechnung ein Geschäfts- oder Firmenwert in Höhe von T€ 200 ergibt. Im Geschäftsjahr X2 erwirtschaftet A einen Verlust in Höhe von T€ 250, im Geschäftsjahr X3 einen Verlust in Höhe von T€ 500. Zudem ergibt ein Wertminderungstest, dass die gesamte Beteiligung um weitere T€ 400 wertzumindern ist. Im Geschäftsjahr X4 werden weitere Verluste bei A in Höhe von T€ 200 erwirtschaftet. Die Equity-Fortschreibung stellt sich damit wie folgt dar:

		T€
	Equity-Wert zum 31. Dezember X1	1.000
–	Abschreibung stille Reserven (T€ 250 × 0,2)	–50
–	anteiliger Jahresfehlbetrag von A (T€ 250 × 0,4)	–100
=	Equity-Wert zum 31. Dezember X2	850
–	Abschreibung stille Reserven (T€ 250 × 0,2)	–50
–	anteiliger Jahresfehlbetrag von A (T€ 500 × 0,4)	–200
–	Wertminderung Equity-Wert	–400
=	Equity-Wert zum 31. Dezember X3	200
–	Abschreibung stille Reserven (T€ 250 × 0,2)	–50
–	anteiliger Jahresfehlbetrag von A (T€ 200 × 0,4)	–80
=	Equity-Wert zum 31. Dezember X4	70

Die Fortführung der Abschreibung der stillen Reserven hat selbst dann zu erfolgen, wenn der Equity-Wert aufgrund des Erreichens der Nullgrenze ausgesetzt wird (→ Rn 82 ff).

70 Generell ist bei der Ermittlung des Wertminderungsbedarfs **einzelfallbezogen,** dh separat für jedes assoziierte und Gemeinschaftsunternehmen, vorzugehen (IAS 28.43). Erzielt das assoziierte respektive Gemeinschaftsunternehmen hingegen operative Cashflows, die **nicht** weitgehend **unabhängig** von denen anderer Vermögenswerte des Anteilseigners sind, wird darüber hinaus die übergeordnete ZGE auf Wertminderung überprüft. Diese Überprüfung (Ermittlung von Anhaltspunkten für eine Wertminderung und Ermittlung der Höhe der Wertminderung) richtet sich indessen nach IAS 36. Sofern damit ein nach der Equity-Methode bewertetes Unternehmen Teil einer ZGE ist, der ein Geschäfts- oder Firmenwert zugeordnet wurde, hat gem IAS 36.90 eine **jährliche** Überprüfung zu erfolgen, auch wenn nach IAS 39/IAS 28.41A ff (geändert 2014) möglicherweise keine Indikatoren für eine Wertminderungsüberprüfung nach IAS 28.40/IAS 28.40 (geändert 2014) vorliegen. Ein ggf resultierender Wertminderungsbedarf ist dabei zunächst von einem der ZGE zugeordneten und gesondert ausgewiesenen Geschäfts- oder Firmenwert abzusetzen. Reicht dieser Geschäfts- oder Firmenwert zur Erfassung der Wertminderung nicht aus, ist der Equity-Wert von assoziierten oder Gemeinschaftsunternehmen entspr IAS 36.4(b) in die Zuordnungsregel des IAS 36.104(b) einzubeziehen.

Fraglich ist, welche Regelungen für die **übrigen Bestandteile einer Nettoinvestition** in ein assoziiertes oder Gemeinschaftsunternehmen (zB langfristige Darlehen ohne Tilgungsvereinbarungen) anzuwenden sind, sofern der eigentliche Equity-Buchwert aufgrund der Verrechnung von Verlusten der Periode bereits einen Wert von null erreicht hat. Aus dem Wortlaut des IAS 28.40 f/

IAS 28.40f (geändert 2014) ist zu schlussfolgern, dass die Ermittlung der Höhe eines ggf zu berücksichtigenden Wertminderungsbedarfs der entspr Posten in jedem Fall nach IAS 36 zu erfolgen hat (Vorrang der Regelungen des IAS 28 iVm IAS 36 vor den Regelungen des IAS 39/IFRS 9; *pwc* 2015 Rz 27.158).

h) Wertaufholungen

Korrespondierend mit der Regelung in IAS 28.42/IAS 28.42 (geändert 2014) **Wertminderungen,** die das gesamte Investment in ein assoziiertes oder Gemeinschaftsunternehmen betreffen, nicht auf einzelne Vermögenswerte (Geschäfts- oder Firmenwert etc) aufzuteilen, sondern den Equity-Wert (Nettoinvestition) selbst insgesamt gem IAS 36 wertzumindern, ist auch eine spätere **Wertaufholung** in Übereinstimmung mit IAS 36 zu bilanzieren. Demzufolge existiert gem IAS 28.42/IAS 28.42 (geändert 2014) iVm IAS 36.4 und IAS 36.109ff ein **Zuschreibungsgebot** auf den erzielbaren Betrag, wenn sich in Folgeperioden die Höhe der Wertberichtigung aufgrund eines objektiv **nach** der Erfassung der Wertminderung aufgetretenen Sachverhalts verringert hat. Voraussetzung hierfür ist, dass sich die **Zusammensetzung der Cashflows** geändert haben muss; bloße „*time value of money*-Änderungen", die daraus resultieren, dass die erwarteten Zahlungsströme, die vormals zu einer Wertminderung führten, nunmehr entspr der Unternehmensplanung eintreten, stellen keinen Wertaufholungsgrund dar. Insoweit kommt es bei Eintritt von erwarteten (negativen) Zahlungsströmen, zu einer Doppelerfassung – einerseits im Rahmen der Wertminderung und andererseits bei tatsächlichem Eintritt im Zuge der jährlichen Equity-Fortschreibung. 71

Ändert sich die Unternehmensplanung jedoch infolge eines objektiv **nach** der Erfassung der Wertminderung aufgetretenen Sachverhalts richtet sich die Ermittlung der ertragswirksam zu erfassenden Wertaufholung auf den höheren erzielbaren Betrag wiederum nach IAS 36. Gem IAS 36.117 (bzw IAS 36.122) stellt somit der Betrag, der sich bei „normaler" Fortschreibung des Equity-Werts (Nettoinvestition) um anteilige Eigenkapitalveränderungen, Abschreibungen stiller Reserven etc ohne Wertminderungsaufwand zum Stichtag ergeben hätte, die **absolute Wertobergrenze** der Wertaufholung dar. Entspr dem Vorgehen bei der Erfassung von Wertminderungen des gesamten Investments ist auch im umgekehrten Fall der Wertaufholung aufgrund des Wegfalls des Abschreibungsgrunds keine Separierung vorzunehmen. Das in IAS 36.124 kodifizierte Wertaufholungsverbot für den Geschäfts- oder Firmenwert greift somit nicht.

i) Latente Steuern

Die Pflicht zur Berücksichtigung latenter Steuern im Rahmen der Equity-Bewertung ergibt sich zum einen aus IAS 28.26 sowie zum anderen aus IAS 12. Dabei sind die infolge der **Anwendung der Equity-Methode** abzugrenzenden latenten Steuern sinnvollerweise wie folgt zu differenzieren: 72

(1) **Latente Steuern, die (hypothetisch) in dem der Equity-Fortschreibung zugrunde liegenden Abschluss des assoziierten bzw Gemeinschaftsunternehmens abzugrenzen sind** *(inside basis differences II):* Diese latenten Steuern betreffen neben der Auflösung von im Zuge der erstmaligen Kapitalkonsolidierung erfolgneutral abgegrenzten latenten Steuern auf aufgedeckte stille Reserven/Lasten auch latente Steuern aus der Zwischenergebniseliminierung und der erfolgswirksamen Schuldenkonsolidierung. Diese latenten Steuern gehen **nicht** als solche in den **Konzernabschluss** des Anteilseigners ein, sondern beeinflussen – ebenso wie die latenten Steuern auf *inside basis differences I* (s ausführlich zur Abgrenzung von latenten Steuern auf

inside basis differences → § 25 Rn 127 ff) – **saldiert** mit den übrigen unter → Rn 50–54 und → Rn 59–66 dargestellten Komponenten den der (erfolgsrechnerischen) Equity-Fortschreibung zugrunde zu legenden (Jahres-)Erfolg (s auch das Beispiel unter → Rn 81). Infolge dieses Nettoausweises ist im Rahmen der in IAS 12.81(c) geforderten Überleitungsrechnung die Einfügung einer gesonderten Zeile betreffend die Auswirkungen der Equity-Methode notwendig.

73 (2) **Latente Steuern aufgrund der Anwendung der Equity-Methode:** Diese latenten Steuern sind im **Konzernabschluss** des Anteilseigners (erfolgswirksam) abzugrenzen und als solche auszuweisen (*outside basis differences;* → § 25 Rn 124 f). Sie resultieren (ggf) aus temporären Differenzen zwischen dem in der Konzernbilanz fortgeschriebenen Equity-Wert und dem Beteiligungsbuchwert lt Steuerbilanz (IAS 12.39 und IAS 12.44 sowie ausführlich → § 25 Rn 131 ff und *Lienau* KoR 2007, 14 (19 ff)). Eine Abgrenzung passiver latenter Steuern auf *outside basis differences* für Beteiligungen an **assoziierten Unternehmen** hat nach IAS 12.42 zu unterbleiben, wenn **vertraglich** vereinbart wurde, dass die Gewinne des assoziierten Unternehmens in absehbarer Zeit nicht ausgeschüttet werden. Da Partnerunternehmen den zeitlichen Verlauf der Ausschüttung ihres Anteils an den Gewinnen ihres **Gemeinschaftsunternehmens** idR steuern können, ist auf eine Bilanzierung latenter Steuern auf *outside basis differences* zu verzichten, wenn es wahrscheinlich ist, dass ein Gewinnanteil in absehbarer Zeit nicht ausgeschüttet wird (IAS 12.43).

3. Fortschreibungskomponenten des sonstigen Ergebnisses

74 Neben den erfolgswirksam zu erfassenden Fortschreibungskomponenten wird in IAS 28.10 (explizit darauf hingewiesen, dass **Änderungen des sonstigen Ergebnisses** *(other comprehensive income)* des assoziierten oder Gemeinschaftsunternehmens entspr der Beteiligungsquote des Anteilseigners als **Fortschreibungskomponente im sonstigen Ergebnis** des Konzernabschlusses zu erfassen sind (zu den Bestandteilen des sonstigen Ergebnisses IAS 1.7 und → § 15 Rn 119 f). Hierzu zählen auch Währungsumrechnungsdifferenzen aus der Umrechnung von Abschlüssen ausländischer assoziierter oder Gemeinschaftsunternehmen.

Eine **Umgliederung** der im sonstigen Ergebnis fortgeschriebenen Komponenten in die GuV *(reclassification adjustment)* oder die Gewinnrücklagen erfolgt erst bei (Teil-)Veräußerung der Anteile an dem assoziierten oder Gemeinschaftsunternehmen (→ Rn 89 ff). Wertminderungen von nach der Equity-Methode bewerteten Anteilen an assoziierten oder Gemeinschaftsunternehmen gelten nicht als Teilveräußerungen (IAS 21.49).

a) Neubewertung von Sachanlagen und immateriellen Vermögenswerten, Marktbewertungen gem IAS 39/IFRS 9, Neubewertungen der Nettoschuld

75 Folgende Wertänderungen in dem der Equity-Fortschreibung zugrunde liegenden Abschluss eines assoziierten oder Gemeinschaftsunternehmen sind bei der Fortschreibung des Equity-Werts **im sonstigen Ergebnis des Anteilseigners** zu erfassen (vgl zu den Posten IAS 1.7/IAS 1.7 (geändert 2014)):

(1) **Neubewertungen** von Sachanlagen oder immateriellen Vermögenswerten gem IAS 16.31 bzw IAS 38.75 ff (ausführlich → § 4 Rn 116 ff; → § 5 Rn 123 ff), die in erfolgsneutral zu erfassenden Auf- oder Abwertungsbeträgen nach IAS 16.39 f respektive IAS 38.85 resultieren (Erhöhung/Vermin-

derung des sonstigen Ergebnisses). Entspr gilt für in der Neubewertungsrücklage zu erfassende Änderungen von Rückstellungen für Entsorgungs-, Wiederherstellungs- und ähnliche Verpflichtungen gem IFRIC 1.6(d) (→ § 17 Rn 41);

(2) im periodischen sonstigen Ergebnis des assoziierten oder Gemeinschaftsunternehmens erfasste Neubewertungen der Nettoschuld aus leistungsorientierten Versorgungsplänen gem IAS 19.120(c) (→ § 17 Rn 50 ff).

(3) Gewinne und Verluste aus der Bewertung zum beizulegenden Zeitwert von zur **Veräußerung verfügbaren Finanzinvestitionen** gem IAS 39.55(b) sowie von ***cashflow hedge*-Reserven** gem IAS 39.95(a) des assoziierten oder Gemeinschaftsunternehmens.

Nach Inkrafttreten des **IFRS 9** werden die unter (3) aufgeführten Wertänderungen ersetzt durch

(4) Wertänderungen aus **Investitionen** des assoziierten oder Gemeinschaftsunternehmens **in Eigenkapitalpapiere** eines anderen Unternehmens, die in die Kategorie erfolgsneutral zum beizulegenden Zeitwert bewertet (*at fair value through other comprehensive income, FVOCI;* IFRS 9.5.7.5) designiert werden;

(5) Gewinne und Verluste aus finanziellen Vermögenswerten, die beim assoziierten oder Gemeinschaftsunternehmen in Übereinstimmung mit IFRS 9.4.1.2A erfolgsneutral zum beizulegenden Zeitwert *(fair value through other comprehensive income, FVOCI)* bewertet werden;

(6) Gewinne und Verluste aus *cash flow hedges* sowie aus *hedge* Instrumenten, die das assoziierte oder Gemeinschaftsunternehmen zur Sicherung von Investitionen in **Eigenkapitalpapiere** eines anderen Unternehmens, die in Übereinstimmung mit IFRS 9.5.7.5 zum *FVOCI* bewertet werden, einsetzt;

(7) Wertänderungen aus **Veränderungen des eigenen Kreditrisikos von finanziellen Schulden** des assoziierten oder Gemeinschaftsunternehmens, die nach ihrer erstmaligen Erfassung als erfolgswirksam zu ihrem beizulegenden Zeitwert bewertet designiert werden (*fair value through profit or loss, FVPL;* IFRS 9.5.7.7);

(8) Wertänderungen des Marktwerts von Optionen, wenn gem IFRS 9.6.2.4(a) der innere und der Zeitwert einer Option getrennt werden und nur die Veränderung des inneren Werts der Option als Sicherungsinstrument designiert wird (IFRS 9.6.5.15);

(9) Wertänderungen der Zinskomponente eines *forwards,* sofern eine Separierung der Zinskomponente und des Kassakurses erfolgt und nur letzterer als Sicherungsinstrument in einer Sicherungsbeziehung designiert wird. Entspr gilt für Wertänderungen des Fremdwährungbasisspreads eines Finanzinstruments, sofern das Finanzinstrument ohne diesen als Sicherungsinstrument designiert wird (IFRS 9.6.2.4(b) iVm IFRS 9.6.5.16).

Die Equity-Fortschreibung im sonstigen Ergebnis im Abschluss des Anteils- **76**
eigners umfasst den **Saldobetrag** aus der Neubewertung (zugrunde liegender Sachverhalt) und der diesen Effekt teilweise kompensierenden erfolgsneutralen latenten Steuerabgrenzung (s IAS 12.61, IAS 1.90 ff), die bereits im Abschluss des assoziierten oder Gemeinschaftsunternehmens erfolgt (*inside basis differences I und II;* IAS 1.BC54L (geändert 2014) und → Rn 72).

Die im sonstigen Ergebnis zu berücksichtigenden Fortschreibungsbeträge aus **77**
der Anwendung der Equity-Methode sind nach IAS 1.82A **gesondert im sonstigen Ergebnis** in der Gesamtergebnisrechnung des Anteilseigners zu erfassen und danach zu untergliedern, ob eine spätere Umgliederung in den Gewinn oder Verlust erfolgt, oder nicht (→ Rn 139 ff). Eine ebenfalls gesonderte Darstellung der auf assoziierte oder Gemeinschaftsunternehmen entfallenden kumulier-

ten sonstigen Ergebnisse innerhalb der Eigenkapitalveränderungsrechnung wird hingegen nicht explizit gefordert, ist jedoch aus Transparenzgründen zu präferieren (→ § 17 Rn 63; demgegenüber den Ausweis in der Eigenkapitalveränderungsrechnung von der Interpretation der Equity-Methode als Konsolidierungs- oder Bewertungsmethode abhängig machend *Schmidt* PiR 2010, 61 (63f)). Dies gilt mithin nicht, sofern nicht umgliederungsfähige Komponenten des sonstigen Ergebnisses im Jahr ihrer Entstehung in die (Konzern-)Gewinnrücklagen umgegliedert werden (ausführlich → § 17 Rn 44f und → § 17 Rn 52). Hierzu zählen

(1) Neubewertungen der Nettoschuld aus leistungsorientierten Versorgungsplänen nach IAS 19.122 iVm IAS 19.BC100,
(2) Wertänderungen von Investitionen in Eigenkapitalinstrumente, die gem IFRS 9.5.7.5 designiert werden (IFRS 9.B5.7.1) sowie
(3) Wertänderungen aus **Veränderungen des eigenen Kreditrisikos von finanziellen Schulden** des assoziierten oder Gemeinschaftsunternehmens, die nach ihrer erstmaligen Erfassung zu ihrem beizulegenden Zeitwert bewertet werden (IFRS 9.B.5.7.9).

b) Differenzen aus der Währungsumrechnung

78 Weicht die funktionale Währung eines *at equity* bewerteten Unternehmens von der Berichtswährung des Anteilseigners ab und wird der Abschluss des assoziierten bzw Gemeinschaftsunternehmens demzufolge in einer anderen als der Berichtswährung aufgestellt, hat für Zwecke der Einbeziehung in den Konzernabschluss des Anteilseigners eine Umrechnung nach IAS 21.38ff (Stichtagskursmethode) in die Berichtswährung zu erfolgen. Sofern dabei **Währungsumrechnungsdifferenzen** entstehen, sind diese gem IAS 21.39(c) **im sonstigen Ergebnis** des Beteiligungsunternehmens zu erfassen (beachte auch IAS 21.47 hinsichtlich der zwingend zum Stichtagskurs umzurechnenden stillen Reserven/Lasten sowie des Geschäfts- oder Firmenwerts in Folgeperioden). Derartige Eigenkapitaländerungen unterliegen – ebenso wie im sonstigen Ergebnis erfasste Umrechnungsdifferenzen in einem Konzernabschluss des assoziierten bzw Gemeinschaftsunternehmens – grds der (ebenfalls erfolgsneutralen) Abgrenzung latenter Steuern (IAS 21.50 iVm IAS 12.61; → § 25 Rn 153ff).

79 Da der Fortschreibungsbetrag aus der Umrechnung des Abschlusses des assoziierten oder Gemeinschaftsunternehmens nicht originär in dessen Einzelabschluss entsteht, sondern vielmehr durch die Umrechnung in die Konzernwährung bedingt ist, handelt es sich nicht um Bestandteile des sonstigen Ergebnisses des assoziierten oder Gemeinschaftsunternehmens ieS. UE ist aber unter **praktischen Gesichtspunkten** eine Erfassung des Fortschreibungsbetrags aus diesen Währungsumrechnungsdifferenzen in der Konzern-Gesamtergebnisrechnung zusammen mit den unter → Rn 75ff beschriebenen in **einem** gesonderten Posten des sonstigen Ergebnisses möglich. Der Ausweis in der Eigenkapitalveränderungsrechnung hat korrespondierend zur Behandlung in der Gesamtergebnisrechnung zu erfolgen.

Eine Erfassung im sonstigen Ergebnis des Anteilseigners ist auch für Fortschreibungen des Equity-Werts aufgrund von Differenzen aus der Währungsumrechnung von TU etc in Konzernabschlüssen assoziierter Unternehmen bzw Gemeinschaftsunternehmen vorzunehmen (→ Rn 81).

c) Latente Steuern

80 Die unter → Rn 75–77 dargestellten Sachverhalte führen bereits in dem der Equity-Fortschreibung zugrunde liegenden Abschluss des assoziierten Unternehmens bzw Gemeinschaftsunternehmens zur erfolgsneutralen Abgrenzung latenter Steuern und beeinflussen somit die Höhe des im sonstigen Ergebnis des Anteilseigners zu erfassenden Fortschreibungsbetrags. Darüber hinaus sind grds latente Steuern **erfolgsneutral** im **Konzernabschluss des Anteilseigners** abzugrenzen, sofern aus der Währungsumrechnung von Abschlüssen ausländischer assoziierter oder Gemeinschaftsunternehmen temporäre Differenzen zwischen dem in der Konzernbilanz fortgeschriebenen Equity-Wert und dem Beteiligungsbuchwert lt Steuerbilanz resultieren (*outside basis differences;* IAS 12.39 und IAS 12.44, → § 25 Rn 124 und → § 25 Rn 131 ff).

d) Zusammengefasstes Beispiel zur Equity-Fortschreibung in Folgeperioden

Beispiel: Zum 31. Dezember X1 erwirbt ein MU (KapGes) 30% der Anteile an einem assoziierten Unternehmen A (inländische KapGes, selbst MU) zu einem Kaufpreis von T€ 1.000. Das **anteilige** Eigenkapital nach Neubewertung der Vermögenswerte und Schulden im Konzernabschluss von A beträgt T€ 800 (darin enthalten aufgedeckte stille Reserven in Höhe von T€ 250 (Restnutzungsdauer: fünf Jahre) und darauf entfallende passive latente Steuern (40%) in Höhe von T€ 100), sodass sich im Rahmen der erstmaligen Equity-Bilanzierung in der außerbilanziellen Nebenrechnung ein Geschäfts- oder Firmenwert in Höhe von T€ 200 ergibt. In den Folgeperioden erwirtschaftet A Jahreserfolge (vor Berücksichtigung von Abschreibungen auf aufgedeckte stille Reserven) von T€ 150 (Jahr X2) und T€ 120 (Jahr X3). In der Periode X3 wurden zudem T€ 25 an das MU ausgeschüttet. Darüber hinaus erwirtschaftete das MU Zwischengewinne aus Transaktionen mit A in Höhe von T€ 50 (Jahr X2) und T€ 20 (Jahr X3). Die Zwischengewinne aus dem Jahr X2 werden im Jahr X3 realisiert. Die erfolgsneutral erfasste passive Währungsumrechnungsdifferenz im Abschluss von A stieg von T€ 50 (Jahr X1) auf T€ 90 (Jahr X2) und sank schließlich auf T€ 70 (Jahr X3). 81

Die Fortschreibung des Equity-Werts im Konzernabschluss des MU stellt sich damit wie folgt dar (Werte in T€):

		Jahr X2	Jahr X3
	Equity-Wert zum Jahresbeginn	1.000	1.018
–	Abschreibung stille Reserven (T€ 250 × 0,2)	–50	–50
+	auf Auflösung stille Reserven entfallende Auflösung der passiven latenten Steuer (T€ 100 × 0,2)	20	20
+	anteiliger Jahreserfolg von A (HB I, T€ 150 × 0,3 bzw T€ 120 × 0,3)	45	36
–	Dividendenausschüttung	–	–25
–/+	Eliminierung der Veränderung anteiliger Zwischenerfolge ggü dem Vorjahr (T€ –50 × 0,3 bzw T€ 30 × 0,3)	–15	9
+/–	Abgrenzung/Auflösung aktiver latenter Steuern auf die Zwischenerfolgseliminierung (40%)	6	–3,6
+/–	Anteilige Erhöhung/Verminderung der passiven Währungsumrechnungsdifferenz (T€ 40 × 0,3 bzw T€ –20 × 0,3)	12	–6
=	Equity-Wert zum Jahresende	1.018	998,4

Abgesehen von der Berücksichtigung der Veränderung der Währungsumrechnungsdifferenz (WUD) sind sämtliche Fortschreibungskomponenten erfolgswirksam zu erfassen, wobei die Dividendenausschüttung durch die Eliminierung des (einzelgesellschaftlichen) Beteiligungsertrags berücksichtigt wird, sodass es hier letztlich zu einem Aktivtausch (per Bank an Anteile an assoziierten Unternehmen) kommt. Es bestehen annahmegemäß keine Anzeichen für eine Wertminderung der Anteile gem IAS 28.40 ff/IAS 28.40 ff (geändert 2014). Die Equity-Fortschreibung ist somit buchungstechnisch wie folgt abzubilden:

Jahr X2:	per Anteile an assoziierten Unternehmen	18
	an Ergebnis aus assoziierten Unternehmen	6
	an sonstiges Ergebnis aus assoziierten Unternehmen (WUD)	12
Jahr X3:	per sonstiges Ergebnis aus assoziierten Unternehmen (WUD)	6
	per Beteiligungsertrag	25
	an Ergebnis aus assoziierten Unternehmen	11,4
	an Anteile an assoziierten Unternehmen	19,6.

Eine Abgrenzung latenter Steuern auf die Währungsumrechnungsdifferenzen bzw den ggü der steuerlichen Rechnungslegung abweichenden Wertansatz der Beteiligung in der IFRS-Konzernbilanz gem IAS 12.39 und IAS 12.44 *(outside basis differences)* kommt aufgrund von § 8b Abs 1, 2 und 3 KStG grds nicht in Betracht. Infolge der Pauschalzurechnung gem § 8b Abs 5 KStG sind jedoch im Jahr X2 auf 5% des Differenzbetrags zwischen dem steuerlichen Beteiligungsbuchwert (T€ 1.000) und dem Equity-Wert im IFRS-Konzernabschluss (T€ 1.018) passive latente Steuern (Steuersatz: 40%) abzugrenzen (T€ 18 × 0,05 × 0,4 = € 360; s ausführlich → § 25 Rn 139 ff). Sofern auf die Abgrenzung dieser passiven latenten Steuer nicht wegen Unwesentlichkeit verzichtet wird, ist sie aufgrund der Dividendenausschüttung im Jahr X3 wieder aufzulösen.

4. Sonderfall: Aussetzen der Equity-Methode und negativer Beteiligungsbuchwert

82 Entspricht oder übersteigt der auf den Anteilseigner entfallende **Verlust** eines *at equity* einbezogenen Unternehmens sein **finanzielles Engagement** an dem betreffenden assoziierten oder Gemeinschaftsunternehmen, wird die Equity-Methode in aller Regel ausgesetzt. Die Verlusterfassung ist dabei jedoch ebenso wenig wie die (nachgelagerte) Erfassung außerplanmäßiger Wertminderungen (→ Rn 67) auf den Buchwert von Instrumenten beschränkt, „die unbegrenzte Rechte an den Gewinn- und Verlustanteilen und einen Rechtsanspruch auf das Eigenkapital des Beteiligungsunternehmens gewähren" (so noch SIC-20.5). Vielmehr sind neben dem Equity-Wert der Beteiligung sämtliche Komponenten in die Verrechnung mit einzubeziehen, die **wirtschaftlich** betrachtet Teil des finanziellen Engagements (Nettoinvestition) des Anteilseigners bzw eigenkapitalsubstituierend sind, weil zB ihre Begleichung in absehbarer Zukunft weder geplant noch wahrscheinlich ist. Folglich stellen neben dem eigentlichen Equity-Wert insbes auch langfristige Forderungen oder Kredite (Ausleihungen, eigenkapitalersetzende Darlehen) aktives Verrechnungspotenzial dar. Indessen sind Forderungen (und Verbindlichkeiten) aus Lieferungen und Leistungen sowie langfristige, angemessen dinglich gesicherte Forderungen explizit nicht in die Verlustverrechnung mit einzubeziehen (IAS 28.38).

83 **Übersteigen** die anteiligen Verluste die Höhe des vorrangig zu verrechnenden eigentlichen Equity-Werts, darf die Kompensation mit den anderen Komponenten des finanziellen Engagements des Anteilseigners **nicht willkürlich** durchgeführt werden. Die Verrechnung hat in **umgekehrter** Reihenfolge zu ihrem (Vor-)Rang im Liquidationsfall zu erfolgen (vgl IAS 28.38). Verbleibt nach der Berücksichtigung der anteiligen Verluste ein positiver Betrag der weiteren, im Zusammenhang mit dem Beteiligungsunternehmen stehenden finanziellen Vermögenswerte (Nettoinvestition), hat der Anteilseigner diese gem den Anforderungen des IAS 39/IAS 28.41A ff (geändert 2014) auf die Notwendigkeit der Erfassung zusätzlicher Wertminderungsaufwendungen zu überprüfen (IAS 28.40 iVm IAS 39.58, IAS 39.63 und IAS 39.66 f/IAS 28.40 (geändert 2014) iVm IAS 28.41A ff (geändert 2014), → Rn 70). Die aufgrund der unterschiedlichen Aufwertungsvoraussetzungen – Vorliegen der Bedingungen des IAS 39.65 bzw gegenläufiger Entwicklungen zu den in IAS 28.41A ff (geändert 2014) genannten einerseits versus Gewinnerzielung des assoziierten oder Gemeinschaftsunternehmens in Folgeperioden andererseits – notwendige strikte Trennung zwischen beiden Abwertungsursachen ist dabei durch eine entspr **Dokumentation** zu gewährleisten.

Nach Abwertung aller Komponenten des finanziellen Engagements eines Anteilseigners auf null wird die Equity-Methode grds **ausgesetzt.** Zusätzliche Verluste, die letztlich zum Ansatz eines negativen Equity-Werts in Form einer **Rückstellung** führen, werden nur in dem Umfang berücksichtigt, in dem der Anteilseigner rechtliche oder faktische Verpflichtungen eingegangen ist (zB zur Übernahme anteiliger Verluste; *Baetge/Klaholz/Graupe* in Baetge ua IFRS-Komm IAS 28 Rz 178) oder Zahlungen im Namen des assoziierten Unternehmens bzw Gemeinschaftsunternehmens geleistet hat (IAS 28.39; daneben dürfte im Fall von bereits geleisteten Zahlungen auch eine (direkte) Abschreibung der korrespondierenden Forderung in Betracht kommen; so auch *Lüdenbach/Hoffmann/Freiberg* IFRS § 33 Rz 94). Ansonsten werden die **nach** dem **Aussetzen** der Equity-Methode anfallenden Verluste des assoziierten oder Gemeinschaftsunternehmens zwar mangels Verrechnungspotenzials nicht mehr anteilig in der Konzern-Gesamtergebnisrechnung bzw gesonderten Konzern-GuV (sofern erstellt) erfasst, sie sind jedoch in der außerbilanziellen Nebenbuchhaltung zu vermerken. Dies gilt zB auch für die fortzuführende Abschreibung stiller Reserven. Werden von dem assoziierten oder Gemeinschaftsunternehmen in Folgeperioden wieder Gewinne erwirtschaftet, sind diese zunächst – außerbilanziell – mit den in der Nebenbuchhaltung erfassten, bisher nicht berücksichtigten Verlusten zu verrechnen. Eine Erfassung anteiliger Gewinne in der Konzern-Gesamtergebnisrechnung bzw gesonderten Konzern-GuV kommt demnach erst nach Ausgleich sämtlicher **kumulierter** Verluste in Betracht (vgl IAS 28.39). 84

Nicht geregelt ist hingegen, welchem Aktivposten der Ertrag **buchungstechnisch** zuzuordnen ist. Insofern ist im Einzelfall zu entscheiden, ob als Gegenbuchung eine Erhöhung des Equity-Werts oder anderer aufgrund von anteiligen Verlusten außerplanmäßig wertgeminderter Komponenten des finanziellen Engagements des Anteilseigners sachgerecht ist. Häufig wird es sinnvoll sein, gegensätzlich zur Abwertungsreihenfolge zu verfahren, dh zunächst die zuletzt abgewerteten Posten wieder zu erhöhen. 85

In IAS 28.38f wird explizit nur auf die – nach deutschem Verständnis – erfolgsrechnerisch geprägten Begriffe Verluste *(losses)* und Gewinne *(profits)* Bezug genommen. Gleichwohl sind die Regelungen analog auf gem IAS 28.10 **im sonstigen Ergebnis** zu erfassende Eigenkapitalveränderungen des Beteiligungsunternehmens anzuwenden, da auch im Fall eines positiven Equity-Werts eine Vermischung von erfolgswirksamen und erfolgsneutralen Fortschreibungskomponenten im Equity-Wert erfolgt (→ Rn 48 ff). Die Gewährleistung einer zutreffenden Buchungstechnik stellt dabei erhöhte Anforderungen an die Dokumentation. Dies gilt insbes auch im Hinblick auf die bei der Bestimmung des Verlustverrechnungspotenzials notwendige Berücksichtigung des **Entstehungszeitpunkts** des Jahreserfolgs und der Komponenten des sonstigen Ergebnisses innerhalb einer Berichtsperiode (*Freiberg* PiR 2015, 118 (119 ff); *Deloitte* 2015, 1989 f). 86

Die Vorgehensweise im Fall des Aussetzens der Equity-Methode verdeutlicht das nachstehende Beispiel:

Beispiel: Zum 31. Dezember X1 erwirbt ein MU (KapGes) 30% der Anteile an einem ausländischen Unternehmen A (assoziiertes Unternehmen) zu einem Kaufpreis von T€ 1.000. Das anteilige Eigenkapital von A nach Neubewertung gem IFRS 3.18 beträgt ebenfalls T€ 1.000 (darin enthalten aufgedeckte stille Reserven in Höhe von T€ 250 (Restnutzungsdauer: 5 Jahre) und darauf entfallende passive latente Steuern (40%) in Höhe von T€ 100), sodass sich im Rahmen der erstmaligen Equity-Bilanzierung in der außerbilanziellen Nebenrechnung kein positiver oder negativer Geschäfts- oder Firmenwert ergibt. In den Folgeperioden erwirtschaftet A Jahreserfolge (vor Berücksichtigung von Abschreibungen auf aufgedeckte stille Reserven) von T€ –2.000 (Jahr X2) und T€ –2.000 (Jahr X3) bzw T€ 500 (Jahr X4). Darüber hinaus bewilligt MU seinem assoziierten Unternehmen im Jahr X3 ein langfristiges Darlehen in Höhe von T€ 250 ohne Rückzahlungsvereinbarung. Die erfolgsneutral erfasste **aktive** Währungsumrechnungsdifferenz (WUD) aus der Umrechnung des Abschlusses von A in die funktionale Währung von MU beträgt im Jahr X2 T€ –30 sowie T€ –80 (Jahr X3) und T€ –60 (Jahr X4).

Die Fortschreibung des Equity-Werts im Konzernabschluss des MU stellt sich damit wie folgt dar (Werte in T€):

		Jahr X2	Jahr X3	Jahr X4
	Equity-Wert zum Jahresbeginn	1.000	361	–34
–	Abschreibung stille Reserven (T€ 250 × 0,2)	–50	–50	–50
+	auf Auflösung stille Reserven entfallende Auflösung der passiven latenten Steuer (T€ 100 × 0,2)	20	20	20
+	anteiliger Jahreserfolg von A (HB I, T€ –2.000 × 0,3 bzw T€ –2.000 × 0,3 bzw T€ 500 × 0,3)	–600	–600	150
–/+	anteilige Erhöhung/Verminderung der aktiven Währungsumrechnungsdifferenz (T€ –30 × 0,3 bzw T€ –50 × 0,3 bzw T€ 20 × 0,3)	–9	–15	6
=	Equity-Wert zum Jahresende (vorläufig)	361	–284	92
+/–	Verminderung/Erhöhung des langfristigen Darlehens	–	+250	–92
=	Equity-Wert zum Jahresende (nach Verrechnung)	361	–34	–
	Ansatz in der Konzernbilanz	361	–	–
	nicht berücksichtigte Verluste (Nebenrechnung)	–	–34	–

Im Jahr X3 reicht der Equity-Wert nicht mehr aus, um sämtliche negativen Fortschreibungskomponenten zu berücksichtigen. Folglich hat gem IAS 28.38f eine Einbeziehung des langfristigen Darlehens in das Verrechnungspotenzial zu erfolgen. Der danach noch verbleibende Verlust in Höhe von T€ –34 kann nicht in der Konzernbilanz berücksichtigt werden und wird somit allein in der außerbilanziellen Nebenrechnung festgehalten. Bevor im Jahr X4 der Equity-Wert wieder fortgeschrieben wird, sind zunächst die bislang nur in der außerbilanziellen Nebenrechnung erfassten Verluste in Höhe von T€ –34 auszugleichen. Im Anschluss daran wird zunächst das Darlehen wieder eingestellt, bevor der Equity-Wert als solcher erhöht wird. Die Equity-Fortschreibung ist somit buchungstechnisch wie folgt abzubilden:

Jahr X2:	per Ergebnis aus assoziierten Unternehmen	630
	per sonstiges Ergebnis aus assoziierten Unternehmen (WUD)	9
	an Anteile an assoziierten Unternehmen	639
Jahr X3:	per Ergebnis aus assoziierten Unternehmen	346
	per sonstiges Ergebnis aus assoziierten Unternehmen (WUD)	15
	per Abschreibung Darlehen	250
	an Anteile an assoziierten Unternehmen	361
	an Darlehen	250
Jahr X4:	per Darlehen	92
	an sonstiges Ergebnis aus assoziierten Unternehmen (WUD)	6
	an Zuschreibung Darlehen	86.

Im Zuge der Verlustverrechnung mit eigenkapitalsubstituierenden Finanzinstrumenten im Abschluss des MU ist sicherzustellen, dass eine **Doppelerfassung** von Verlusten aufgrund von auf einzelgesellschaftlicher Ebene erfassten Wertminderungen dieser finanziellen Vermögenswerte vermieden wird (s das Beispiel bei *pwc* 2015 Rz 27.180).

Zum Problem eines negativen Equity-Werts infolge der Eliminierung von Zwischengewinnen → Rn 144 ff.

Gem IAS 28.41/IAS 28.41 (geändert 2014) hat der Anteilseigner anhand der Regelungen des IAS 39/IFRS 9 darüber hinaus zu prüfen, ob auch Anteile an assoziierten Unternehmen, die **keinen Bestandteil der Nettoinvestition** (→ Rn 82) des Anteilseigners beim assoziierten Unternehmen darstellen, wie bspw kurzfristige Forderungen aus Lieferungen und Leistungen oder gesicherte langfristige Forderungen, **wertzuberichtigen** sind. Die Berechnung von Wertminderungen dieser Finanzinstrumente richtet sich nach IAS 39/IFRS 9. 87

Bestehen **ausschließlich Kreditbeziehungen** mit einem Unternehmen, die als eigenkapitalersetzend einzustufen sind, **ohne** dass der Kreditgeber zugleich auch einen **Kapitalanteil** an dem assoziierten Unternehmen hält, unterliegen diese eigenkapitalsubstituierenden Finanzinstrumente ebenfalls den Regeln des IAS 39/IFRS 9 (*Dietrich/Stoek* IRZ 2013, 349 (351 ff)).

III. Vorgehen bei Beendigung der Equity-Methode

Wie unter → Rn 25 ff dargestellt, ist die Equity-Methode zum früheren der beiden nachfolgend aufgeführten **Zeitpunkte** zu beenden: 88

(1) Wegfall der Möglichkeit zur Ausübung maßgeblichen Einflusses oder der Beteiligung an der gemeinschaftlichen Führung (IAS 28.22) oder
(2) im Fall einer geplanten Veräußerung von Anteilen, Erfüllung der Kriterien der IFRS 5.6 ff (s IAS 28.20 f).

Aufgrund der unterschiedlichen Vorgehensweisen im Rahmen der Beendigung der Equity-Methode in Abhängigkeit von der Erfüllung einer der beiden oben genannten Voraussetzungen werden nachfolgend beide Varianten getrennt dargestellt.

Zur Bilanzierung der Beendigung der Equity-Methode im Rahmen von Übergangskonsolidierungen mit Auf- und Abwärtswechsel → § 37 Rn 32 ff und → § 37 Rn 68 ff.

1. Wegfall der Möglichkeit zur Ausübung des maßgeblichen Einflusses

Ist die Möglichkeit zur Ausübung eines maßgeblichen Einflusses bzw der gemeinschaftlichen Führung nicht mehr gegeben, weil die Anteile an einem assoziierten bzw Gemeinschaftsunternehmen im Rahmen einer Kapitalherabsetzung **vollständig** eingezogen oder **vollständig veräußert** werden, ohne dass zuvor die Voraussetzungen des IFRS 5 erfüllt werden – bspw weil das Management das Kriterium der höchstwahrscheinlichen Veräußerung (IFRS 5.7) sehr restriktiv auslegt – ist die Anwendung der Equity-Methode zu beenden. Grds kann der aus Konzernsicht zutreffende Veräußerungs- bzw Entkonsolidierungserfolg aus der (vollständigen) Entkonsolidierung (zur sukzessiven Anteilsverminderung unter Beibehaltung der Equity-Methode → Rn 118 ff) auf zwei Arten ermittelt werden: ausgehend vom **Veräußerungserlös** für die Anteile oder aber ausgehend vom **einzelgesellschaftlichen Veräußerungserfolg** (vgl grds *B. Hayn*, 336 ff). Die Ermittlung des Entkonsolidierungserfolgs ausgehend vom Veräußerungserlös für die Anteile wird in IAS 28.22 beschrieben: 89

	Veräußerungserlös für die Anteile (bzw beizulegender Zeitwert der erhaltenen Gegenleistung)
–	Equity-Wert im Entkonsolidierungszeitpunkt
+	Wiederaufleben werthaltiger Darlehen etc des Anteilseigners ggü dem assoziierten Unternehmen/Gemeinschaftsunternehmen, die in die Verlustverrechnung gem IAS 28.38 einbezogen wurden
=	Entkonsolidierungserfolg
+/–	Bislang im sonstigen Ergebnis bei der Fortschreibung des Equity-Werts erfasste erfasste passive/aktive Differenzen aus der Währungsumrechnung
+/–	Umgliederungsfähige, bislang im sonstigen Ergebnis bei der Fortschreibung des Equity-Werts erfasste Gewinne/Verluste aus Bewertungen gem IAS 39/IFRS 9 beim assoziierten oder Gemeinschaftsunternehmen
+/–	Im Konzernabschluss des Anteilseigners im Zusammenhang mit der Fortschreibung des Equity-Werts abgegrenzte passive/aktive latente Steuern
=	Gesamterfolg aus der Beendigung der Equity-Methode

90 Im Rahmen der Ermittlung des Entkonsolidierungserfolgs ausgehend vom Veräußerungserlös wird dem **Veräußerungserlös** für die Anteile (bzw der erhaltenen Gegenleistung bewertet zum beizulegenden Zeitwert (IAS 28.22(b)(i)) zunächst der auf den Entkonsolidierungszeitpunkt (= Zeitpunkt des Verlusts des maßgeblichen Einflusses) fortgeführte Equity-Wert gegenübergestellt. Sofern eliminierte Zwischenergebnisse aus *up-* und *downstream*-Transaktionen sowie erfolgswirksame Differenzen aus der Schuldenkonsolidierung – wie hier befürwortet (→ Rn 64 und → Rn 66) – ausschließlich als (erfolgswirksame) Veränderung des Equity-Werts erfasst werden, resultiert aus der Subtraktion des so ermittelten Equity-Werts vom Veräußerungserlös automatisch die **Realisierung** sämtlicher zuvor eliminierter **Zwischenergebnisse** sowie eine **erfolgswirksame** Auflösung zuvor eliminierter **Aufrechnungsdifferenzen** aus der Schuldenkonsolidierung (s aber → auch Rn 144 ff). Dieses Ergebnis ist in Bezug auf die Aufrechnungsdifferenzen sowie für Zwischenergebnisse aus *downstream*-Transaktionen infolge des Ausscheidens der betreffenden Vermögenswerte aus dem (erweiterten) Konzernkreis zweifellos sachgerecht. Dagegen muss dieses Resultat in Bezug auf Zwischenergebnisse aus *upstream*-Transaktionen zumindest hinterfragt werden, da in diesem Fall die betreffenden Vermögenswerte auch weiterhin im Konzernkreis verbleiben. Nach der hier vertretenen Auffassung hat die Zuordnung der Zwischenergebnisse im Rahmen der Equity-Methode im Gegensatz zur Vollkonsolidierung nicht vermögens-, sondern erfolgsorientiert zu erfolgen (→ Rn 64), sodass die Realisierung im Zeitpunkt der Entkonsolidierung des assoziierten bzw Gemeinschaftsunternehmens folgerichtig ist.

91 Soll hingegen eine **Realisierung** der Zwischenergebnisse aus *upstream*-Transaktionen bei Anwendung der Equity-Methode vermieden werden, ist im Zeitpunkt der Entkonsolidierung zu Lasten/zu Gunsten des Entkonsolidierungserfolgs eine Ab-/Aufwertung der betreffenden Vermögenswerte im Konzernabschluss um die (anteiligen) Zwischengewinne/-verluste durchzuführen.

92 Wurden in die (frühere) **Verlustverrechnung** gem IAS 28.38 auch langfristige Forderungen uÄ des Anteilseigners ggü dem assoziierten oder Gemeinschaftsunternehmen einbezogen, leben diese bei Werthaltigkeit im Zeitpunkt der

Entkonsolidierung in Höhe des sich aus IAS 39/IFRS 9 ergebenden Betrags wieder auf und erhöhen mithin den Entkonsolidierungserfolg (so auch *Lüdenbach/Hoffmann/Freiberg* IFRS § 33 Rz 99).

Sofern der Equity-Wert des assoziierten oder Gemeinschaftsunternehmens vormals durch Erfassung der Wertänderungen im **sonstigen Ergebnis** fortgeschrieben wurde, gilt es im Zuge der Entkonsolidierung, die betreffenden Beträge aus den entspr Eigenkapitalposten im Konzernabschluss des Anteilseigners zu eliminieren (IAS 28.22(c) und IAS 28.23). Bislang im sonstigen Ergebnis im Equity-Wert erfasste Gewinne/Verluste aus der Bewertung zum beizulegenden Zeitwert von zur Veräußerung verfügbaren finanziellen Vermögenswerten nach IAS 39 oder *cashflow hedge*-Reserven beim assoziierten oder Gemeinschaftsunternehmen sowie vormals im sonstigen Ergebnis verrechnete passive und aktive Differenzen aus der Währungsumrechnung sind dabei in analoger Anwendung von IAS 39.55 (b), IAS 39.102 respektive IAS 21.48 im Zeitpunkt der Entkonsolidierung **erfolgswirksam** als Umgliederungsbeträge *(reclassification adjustments)* im erfolgswirksamen Teil der Gesamtergebnisrechnung bzw in der gesonderten Konzern-GuV (sofern erstellt) zu erfassen. Eine Erfassung als Teil des Entkonsolidierungserfolgs kommt für diese Umgliederungsbeträge uE nicht in Betracht (aA *pwc* 2015 Rz 27.201); vielmehr erfolgt ein Ausweis entspr dem Vorgehen bei direkter Veräußerung der dahinterstehenden Vermögenswerte in der GuV (IAS 28.22(c)). Entspr gilt für umgliederungfähige, bislang im Rahmen der Equity-Fortschreibung erfasste Komponenten des sonstigen Ergebnisses nach IFRS 9, zB in Bezug auf finanzielle Vermögenswerte iSv IFRS 9.4.1.2A oder *cashflow hedge* Reserven (vgl IFRS 9.6.5.11(d)). 93

Demgegenüber sind Fortschreibungen des Equity-Werts aufgrund von im sonstigen Ergebnis erfassten Aufwertungen aus der **Neubewertung von Sachanlagen** und **immateriellen Vermögenswerten** beim assoziierten oder Gemeinschaftsunternehmen im Entkonsolidierungszeitpunkt direkt, dh erfolgsneutral, in die (Konzern-)Gewinnrücklagen umzugliedern (IAS 16.41, IAS 38.87). Dies gilt für Fortschreibungen des Equity-Werts aus Neubewertungen der Nettoschuld aus leistungsorientierten Versorgungsplänen (IAS 19.122) bei assoziierten und Gemeinschaftsunternehmen nur insoweit, als diese Beträge nicht bereits im Jahr ihrer Entstehung in die (Konzern-)Gewinnrücklagen umgegliedert wurden. Eine erfolgswirksame Erfassung kommt zudem bspw nicht für Wertänderungen von Investments des assoziierten bzw Gemeinschaftsunternehmens in Eigenkapitalpapiere anderer Unternehmen, die gem IFRS 9.5.7.5 als *FVOCI* bewertet designiert werden (IFRS 9.B5.7.1), sowie für Wertänderungen aus **Veränderungen des eigenen Kreditrisikos von finanziellen Schulden** des assoziierten oder Gemeinschaftsunternehmens, die nach ihrer erstmaligen Erfassung erfolgsunwirksam zu ihrem beizulegenden Zeitwert bewertet werden (IFRS 9.B.5.7.9), in Betracht. 94

Letztlich sind auch die vormals auf die Equity-Fortschreibungen im Konzernabschluss des Anteilseigners abgegrenzten **latenten Steuern** auf *outside basis differences* im Zuge der Entkonsolidierung erfolgswirksam aufzulösen und im Steueraufwand/-ertrag auszuweisen. Zugleich sind in aller Regel tatsächliche Steuerschulden aufwandswirksam zu erfassen. 95

War das assoziierte oder Gemeinschaftsunternehmen im Konzernabschluss des Anteilseigners Teil einer (größeren) **ZGE,** der gem IAS 36.80 ein Geschäfts- oder Firmenwert zugeordnet war, so ist gem IAS 36.86(a) ein Teil dieses übergeordneten Geschäfts- oder Firmenwerts bei der Ermittlung des Abgangserfolgs als Abzugsposten zu berücksichtigen, sofern der in diesem Zusammenhang selten auftretende Ausnahmefall des **Abgangs eines Geschäftsbetriebs** vorliegt. Die Bewertung des betreffenden Geschäfts- oder Firmenwerts hat dabei gem 96

IAS 36.86(b) auf der Grundlage der relativen (Unternehmens-)Werte des veräußerten Geschäftsbereichs (s zur Definition des Begriffs *„operation"* → § 37 Rn 61) zum verbleibenden Teil der ZGE zu erfolgen (ausführlich → § 27 Rn 116). Die Ausführungen betreffend die Zuordnung von Geschäfts- oder Firmenwerten bei veräußerten TU gelten insoweit analog (*Wirth,* 299 ff; → § 27 Rn 116 und → § 35 Rn 34 f).

Sofern der Gesamterfolg nicht ausgehend vom Veräußerungserlös für die Beteiligung, sondern ausgehend vom **einzelgesellschaftlichen Veräußerungserfolg** ermittelt wird, ist durch geeignete Anpassungsbuchungen sicherzustellen, dass der einzelgesellschaftliche Veräußerungserfolg an die Konzernsicht angepasst wird. Hierzu sind grds

(1) sämtliche einzelgesellschaftlich erfassten Anpassungen der urspr Anschaffungskosten (zB außerplanmäßige Abschreibungen des Beteiligungsbuchwerts) zu eliminieren,

(2) sämtliche konzernbilanziellen Fortschreibungsbuchungen gem IAS 28 mit Ausnahme der umgliederungsfähigen Komponenten des sonstigen Ergebnisses mit umgekehrtem Vorzeichen zu berücksichtigen,

(3) uU ein außerhalb des Equity-Buchwerts erfasster, dem abgehenden Geschäftsbetrieb zuzuordnender Geschäfts- oder Firmenwert aufwandswirksam und

(4) werthaltige Darlehen etc des Anteilseigners ggü dem assoziierten Unternehmen/Gemeinschaftsunternehmen, die in die Verlustverrechnung gem IAS 28.38 einbezogen wurden, ertragswirksam zu erfassen sowie

(5) im Konzernabschluss des Anteilseigners im Zusammenhang mit der Fortschreibung des Equity-Werts abgegrenzte passive/aktive latente Steuern auf *outside basis differences* erfolgswirksam auszubuchen.

Eine Überleitung des Gesamterfolgs zum **Entkonsolidierungserfolg** aus dem Abgang des assoziierten bzw Gemeinschaftsunternehmens ausgehend vom **Veräußerungserfolg** des MU erfordert zudem eine Korrektur um sämtliche umgliederungsfähigen Komponenten des sonstigen Ergebnisses und die auszubuchenden latenten Steuern auf *outside basis differences.*

	Veräußerungserlös für die Anteile (bzw beizulegender Zeitwert der erhaltenen Gegenleistung)
–	Buchwert der Anteile im IFRS Einzelabschluss
=	Veräußerungserfolg auf Einzelabschluss-Ebene nach IFRS
+/–	Bislang erfasste Auf-/Abwertungen der Anteile im Einzelabschluss des Anteilseigners gem IAS 39/IFRS 9/IAS 28 (geändert 2014)
–	Kumulierte außerplanmäßige Abschreibungen (unter Verrechnung der kumulierten Zuschreibungen) auf die Anteile im Einzelabschluss gem IAS 36
+/–	Im Rahmen der Fortschreibung des Equity-Werts erfolgswirksam erfasste Verluste/Gewinne
–/+	Jahresergebnis zum Veräußerungszeitpunkt (sofern positiv und anteilig mitverkauft oder negativ)
–/+	Im Rahmen der Fortschreibung des Equity-Werts erfasste, nicht umgliederungsfähige Komponenten des sonstigen Ergebnisses (Neubewertungsrücklagen gem IAS 16 und IAS 38, Neubewertungen der Nettoschuld aus leistungsorientierten Versorgungsplänen gem IAS 19 und Gewinne/Verluste aus Marktbewertungen nach IFRS 9 (sofern nicht recyclingfähig))
–	uU aufgrund des relativen Unternehmenswertvergleichs ausscheidender Geschäfts- oder Firmenwert, welcher der abgehenden ZGE nach dem historischen Unternehmenserwerb zugeordnet ist
+	Wiederaufleben werthaltiger Darlehen etc des Anteilseigners ggü dem assoziierten Unternehmen/Gemeinschaftsunternehmen, die in die Verlustverrechnung gem IAS 28.38 einbezogen wurden
+/–	Im Konzernabschluss des Anteilseigners im Zusammenhang mit der Equity-Fortschreibung abgegrenzten passiven/aktiven latenten Steuern
=	Gesamterfolg aus der Beendigung der Equity-Methode
+/–	Bislang im sonstigen Ergebnis bei der Fortschreibung des im Equity-Werts erfasste aktive/passive Differenzen aus der Währungsumrechnung
+/–	Umgliederungsfähige, bislang im sonstigen Ergebnis bei der Fortschreibung des Equity-Buchwerts erfasste Verluste/Gewinne aus Bewertungen gem IAS 39/IFRS 9 beim assoziierten oder Gemeinschaftsunternehmen
+/–	Im Konzernabschluss des Anteilseigners im Zusammenhang mit der Fortschreibung des Equity-Werts abgegrenzte aktive/passive latente Steuern
=	Entkonsolidierungserfolg aus der Beendigung der Equity-Methode

2. Erfüllung der Kriterien des IFRS 5

Im Fall der (vollständigen) Veräußerung von Anteilen an assoziierten oder 97 Gemeinschaftsunternehmen wird im Einzelfall vor dem tatsächlichen Verlust des maßgeblichen Einflusses eine **Erfüllung der Kriterien** des IFRS 5 vorliegen. Sobald demnach die entspr Anteile als zur Veräußerung gehalten einzustufen sind, weil der zugehörige Buchwert überwiegend durch ein Veräußerungsgeschäft und nicht durch die fortgesetzte Nutzung realisiert wird (IFRS 5.6) und die übrigen Voraussetzungen gem IFRS 5.7 ff (ausführlich → § 28 Rn 30 ff) vorliegen, ist die Equity-Methode zu beenden. Die entspr Anteile und ggf damit verbundene Vermögenswerte und Schulden einerseits sowie mit dem assoziierten oder Gemeinschaftsunternehmen in Zusammenhang stehende Komponenten des sonstigen Ergebnisses andererseits sind sodann letztmalig nach Maßgabe der einschlägigen IFRS zu bewerten. Im Anschluss daran wird in **bewertungstechnischer** Hinsicht die unter den → Rn 89 ff dargestellte Entkonsolidierung in zwei Schritten vollzogen:

(1) **Übergang von der Equity-Methode auf die Bewertung gem IFRS 5:** Aufwandswirksame Erfassung einer Differenz zwischen dem bisherigen Equity-Wert (ggf erweitert um den Wertansatz von anderen Vermögenswerten und Schulden; s ausführlich → § 28 Rn 16 ff, → § 28 Rn 111 ff) und dem beizulegenden Zeitwert abzüglich Veräußerungskosten gem IFRS 5.15, sofern letzterer niedriger ist;

(2) **Übergang von der Bewertung gem IFRS 5 zum vollständigen Ausscheiden der Anteile:** Erfolgswirksame Erfassung der Differenz zwischen dem Veräußerungserlös und dem Wertansatz gem IFRS 5.15 unter Einbeziehung von als Umgliederungsbeträgen *(reclassification adjustments)* zu berücksichtigenden Eigenkapitalkomponenten des sonstigen Ergebnisses sowie werthaltiger Kredite etc des Anteilseigners ggü dem assoziierten oder Gemeinschaftsunternehmen, die in die Verlustverrechnung gem IAS 28.38 einbezogen wurden.

98 Sofern im ersten Schritt eine Abwertung vorgenommen werden muss, sind ggf im Abschluss des Anteilseigners abgegrenzte **latente Steuern** auf *outside basis differences* betraglich anzupassen. Im **sonstigen Ergebnis** erfasste Equity-Fortschreibungen infolge von im Abschluss des assoziierten bzw Gemeinschaftsunternehmens erfolgten Neubewertungen gem IAS 16 und IAS 38 sind im Entkonsolidierungszeitpunkt direkt, dh erfolgsneutral, in die Konzerngewinnrücklagen umzugliedern (→ Rn 94).

99 Wird im Rahmen der Umklassifizierung der Anteile ein **Abwertungsbedarf** ermittelt, so ist dieser gem IAS 36 (letztmalige Anwendung der einschlägigen IFRS vor Umklassifizierung) bzw IFRS 5.20 (erstmalige Bewertung nach Umklassifizierung) **aufwandswirksam** zu erfassen. Insoweit werden im Vergleich zur Entkonsolidierung in einem Schritt (→ Rn 89 ff) negative Abgangserfolgskomponenten zeitlich bereits vorgezogen. Folglich fällt ein sich in Schritt 2 ergebender Abgangsgewinn entspr höher bzw Abgangsverlust entspr niedriger aus, da letztlich die Summe dieser beiden (Teil-)Erfolge betraglich identisch sein muss mit dem Entkonsolidierungserfolg bzw Gesamterfolg aus der Beendigung der Equity-Methode in einem Schritt (abzüglich Veräußerungskosten).

Nach der Umklassifizierung als ‚zur Veräußerung gehalten' unterliegen die Anteile den Bewertungsregeln des IFRS 5, dh insbes, dass die **Equity-Fortschreibung** ab diesem Zeitpunkt **entfällt** (zu daraus resultierenden Problemen bzgl nachfolgend entstehender Gewinne und deren Ausschüttung → § 28 Rn 112). Weitere Abwertungen kommen allerdings in Form außerplanmäßiger Abschreibungen sowie Wertaufholungen in Form von Zuschreibungen gem IFRS 5.20 ff in Betracht. Eine Analyse ist dabei **anlassunabhängig** zu jedem Berichtsstichtag durchzuführen (IFRS 5.19).

100 Die Anteile an dem zur Veräußerung stehenden assoziierten oder Gemeinschaftsunternehmen sind darüber hinaus (ggf erweitert um den Wertansatz von anderen Vermögenswerten) auf der Aktivseite **separat** als letzter Posten der kurzfristigen Vermögenswerte unter der Postenbezeichnung „Zur Veräußerung gehaltene Vermögenswerte" **auszuweisen** (IAS 1.54(j)). Sind der Veräußerungsgruppe auch Schulden zuzurechnen, sind diese als letzter Posten der kurzfristigen Verbindlichkeiten unter der Bezeichnung „Schulden iVm zur Veräußerung gehaltenen Vermögenswerten" darzustellen (IAS 1.54(p)).

Eine Klassifizierung einer nach der Equity-Methode bewerteten Beteiligung als **aufgegebener Geschäftsbereich** iSd IFRS 5.31 dürfte dagegen regelmäßig ausscheiden, da die Voraussetzungen an das Vorliegen eines Geschäftsbetriebs fehlen. In dem seltenen Ausnahmefall des Wegfalls eines Segments gem IFRS 8 infolge der Erfüllung der Kriterien der IFRS 5.7 ff als zur Veräußerung gehalten kann jedoch auch ein Ausweis als aufgegebener Geschäftsbereich gerechtfertigt sein.

Besteht in Folge(-Zwischen-)Perioden die Notwendigkeit zur **Reklassifizierung** der Anteile, so sind diese in den Posten Anteile an assoziierten Unternehmen umzugliedern und gem IAS 28.21 mit dem Equity-Wert anzusetzen, der sich bei Nicht-Aussetzen der Equity-Methode ergeben hätte. Die Wertänderungen sind dabei jedoch nicht erfolgswirksam in der lfd Berichtsperiode zu erfassen, sondern nach IAS 28.21 iVm IFRS 5.28 **retrospektiv** durch Anpassung der Vorjahresabschlüsse. Die Forderung nach entspr Anpassung der Vorjahresabschlüsse beinhaltet indessen **keine (Rückwärts-)Änderung** des **Vorjahresabschlusses** gem IAS 8, dh kein Ersetzen des Vorjahresabschlusses durch einen anderen Abschluss. Vielmehr erfolgt (lediglich) eine **Anpassung der Vergleichsbeträge** für das Vorjahr und ggf der (Eigenkapital-)Eröffnungsbilanzwerte der Vorjahresperiode im Konzernabschluss der Berichtsperiode, in der die Reklassifizierung vorgenommen wurde (*IDW* RS HFA 2 Rz 106; s diesbezüglich die Diskussion beim IFRSIC in *IFRIC* Update May 2015, 3 f). Damit werden an die Reklassifizierung von *at equity* bewerteten Anteilen strengere Maßstäbe angelegt, als an die Reklassifizierung anderer Vermögenswerte und Schulden nach IFRS 5.28. **101**

(einstweilen frei) **102–112**

IV. Sukzessive Anteilszunahme/ -abnahme unter Beibehaltung der Equity-Methode

1. Sukzessive Anteilserhöhung

Werden weitere Anteile an einem bereits *at equity* bilanzierten assoziierten oder Gemeinschaftsunternehmen von Dritten hinzuerworben, ohne dass damit **Änderungen der Einflussmöglichkeiten** des Anteilseigners verbunden sind, führt dies zunächst zu einer Erhöhung des Equity-Werts entspr den Anschaffungskosten. Zugleich ist für die hinzuerworbenen Anteile eine **Kapitalkonsolidierung** basierend auf den Wertverhältnissen im Zeitpunkt des Erwerbs dieser Anteile durchzuführen. **113**

Dabei wird **keine** vollständige Neubewertung analog zu IFRS 3.59(b) (2004) vorgenommen (hM; s nur *Richter* KoR 2014, 289 (295) mwN; *Baetge/Klaholz/Graupe* in Baetge ua IFRS-Komm IAS 28 Rz 144), sondern eine Aufdeckung stiller Reserven/Lasten erfolgt nur beteiligungsproportional für die zugekauften Anteile (*IFRIC* Update March 2012, 3). Die Regelungen gelten entspr, wenn sich infolge des Zuerwerbs von Anteilen die Einflussmöglichkeiten erhöhen und ein vormals assoziiertes Unternehmen nunmehr als Gemeinschaftsunternehmen zu klassifizieren ist (IAS 28.24). **114**

Einen **Sonderfall** stellt die Situation dar, in der die Equity-Methode in Bezug auf die Altanteile gem IAS 28.38 f ausgesetzt wurde (→ Rn 82 ff). Werden in dieser Situation Anteile hinzuerworben, ist infolge der Verpflichtung, vor einem Aussetzen der Equity-Methode anteilige Verluste sogar mit ausgewählten, nicht Eigenkapital verbriefenden Posten zu verrechnen (IAS 28.38 und → Rn 82 f), zu **115** schlussfolgern, dass die Anschaffungskosten der Neuanteile ebenfalls unmittelbar als **Verrechnungspotenzial** dienen. Demnach sind die allein in der außerbilanziellen Nebenrechnung erfassten kumulierten Verluste je nach Charakter direkt erfolgswirksam oder im sonstigen Ergebnis mit den Anschaffungskosten der Neuanteile (zuzüglich eines sich ggf aus der Erstkonsolidierung ergebenden negativen Unterschiedsbetrags) zu verrechnen. Im Rahmen der Kapitalkonsolidierung aufgedeckte stille Reserven/Lasten sind dennoch in Übereinstimmung mit IAS 28.32 in Folgeperioden gesondert fortzuführen.

116 Erhöht sich die Beteiligungsquote an dem Beteiligungsunternehmen nicht aufgrund eines Anteilserwerbs von Dritten, sondern infolge der **überproportionalen** Teilnahme an einer **effektiven Kapitalerhöhung** des assoziierten oder Gemeinschaftsunternehmens, so spiegelt sich dies ebenfalls in einer Aufwertung des Equity-Werts in Höhe der Einlage zuzüglich der Anschaffungsnebenkosten wider. Dabei sind die Anschaffungskosten – soweit sie die bisherige Anteilsquote sichern – entspr dem Vorgehen bei proportionaler Teilnahme an einer Kapitalerhöhung als **nachträgliche Anschaffungskosten** dieser Altanteile anzusehen. Ein neuer Unterschiedsbetrag aus der Kapitalkonsolidierung resultiert infolge der Übereinstimmung von Einlage und Veränderung des anteiligen Eigenkapitals des assoziierten bzw Gemeinschaftsunternehmens lediglich in Höhe der anteiligen Anschaffungsnebenkosten. Dieser Unterschiedsbetrag ist direkt aufwandswirksam zu verrechnen (demgegenüber in Übereinstimmung mit der Anschaffungskostendefinition des IFRSIC (*IFRIC* Update July 2009, 3) auch den Ausweis als Geschäfts- oder Firmenwert für sachgerecht erachtend: *Richter* KoR 2014, 289 (295)). Die für die Steigerung der Beteiligungsquote ursächlichen Anteile sind demgegenüber wie „normale Zukäufe" (*Baetge/Klaholz/Graupe* in Baetge ua IFRS-Komm IAS 28 Rz 155) zu behandeln, indem eine Konsolidierung mit dem auf die neuen Anteile entfallenden Eigenkapital (gezeichnetes Kapital, Kapitalrücklage, Gewinnrücklagen etc) des assoziierten bzw Gemeinschaftsunternehmens basierend auf den Wertverhältnissen im Zeitpunkt des **Erwerbs dieser Anteile** erfolgt (*IFRIC* Update March 2012, 3). Vom assoziierten bzw Gemeinschaftsunternehmen zu tragende Nebenkosten im Zusammenhang mit der Ausgabe neuer Anteile sind gem IAS 32.37 – unter Berücksichtigung von (latenten) Steuern – unmittelbar mit dem Eigenkapital zu verrechnen. Diese Eigenkapitalreduktion ist nach IAS 28.3 im Rahmen der Fortschreibung des Equity-Werts des Investors zu berücksichtigen. Die Art der Erfassung ist aufgrund einer Regelungslücke in IAS 28.10 unklar (s hierzu ausführlich → Rn 131); sie sollte uE aber **erfolgswirksam** erfolgen.

117 Letztlich kann die Erhöhung der Beteiligungsquote auch aus der **unterproportionalen** Teilnahme des Anteilseigners an einer **effektiven Kapitalherabsetzung** (durch Einziehung von Anteilen) des assoziierten bzw Gemeinschaftsunternehmens resultieren. Der Equity-Wert ist zunächst **erfolgsneutral** in Höhe des Betrags, der an den Anteilseigner bei der Kapitalherabsetzung zurückbezahlt wurde, zugunsten einer Erhöhung der flüssigen Mittel oder Forderungen zu vermindern (Aktivtausch). Darüber hinaus ist zu ermitteln, ob sich aus der Kapitalherabsetzung weitere, auf den Anteilseigner entfallende Veränderungen des Eigenkapitals des assoziierten bzw Gemeinschaftsunternehmens ergeben. Wie derartige aus der unterproportionalen Teilnahme des Anteilseigners an der Kapitalherabsetzung resultierende Veränderungen des anteiligen Eigenkapitals im Abschluss des Anteilseigners bei der Equity-Fortschreibung zu berücksichtigen sind, ist im Standard nicht geregelt, da sie nicht unter die nach IAS 28.10 zu berücksichtigenden Fortschreibungskomponenten fallen. So käme einerseits eine **erfolgswirksame** Erfassung in Betracht; andererseits könnte jedoch auch in analoger Anwendung zum Vorgehen beim Rückerwerb eigener Anteile durch ein assoziiertes bzw Gemeinschaftsunternehmen auf eine Anpassung des Equity-Buchwerts zugunsten einer geänderten Aufteilung verzichtet werden. Regelmäßig wird zu überprüfen sein, ob die Kapitalherabsetzung auf eine anhaltend schlechte Ertragslage des Beteiligungsunternehmens zurückzuführen ist, die eine außerplanmäßige Abschreibung erforderlich macht.

Auch im Fall des **Rückkaufs eigener Anteile** durch ein assoziiertes oder Gemeinschaftsunternehmen von Dritten erhöht sich die Anteilsquote des Investors, ohne dass hiermit Zahlungen des Anteilseigners einhergehen. Wirtschaftlich kann dieser Vorgang wie der Erwerb zusätzlicher Anteile durch den Investor interpretiert werden. Insgesamt bleibt der Equity-Buchwert somit unverändert, es kommt jedoch zu einer veränderten Aufteilung. Der auf den Investor entfallende Anteil an dem Rückkaufpreis führt zugleich zu einer entspr Reduzierung des auf ihn entfallenden Anteils am Nettovermögen des assoziierten oder Gemeinschaftsunternehmens bezogen auf seine bisherige Anteilsquote. Der Anteil des Investors an der Gegenleistung des assoziierten bzw Gemeinschaftsunternehmen für die zurückerworbenen Anteile ist als Anschaffungskosten für die erhöhte Beteiligungsquote des Investors anzusehen, mit der Folge, dass für diese zusätzlich „erworbenen" Anteile eine Erstkonsolidierung durchzuführen ist (*Baumgartner/Nowotny* IRZ 2013, 425 (426f); *pwc* 2015 Rz 27.212). Werden die eigenen Anteile in einer späteren Berichtsperiode durch das assoziierte oder Gemeinschaftsunternehmen wieder veräußert, hat dies eine Verminderung der Beteiligungsquote des Investors zur Folge, die nach den Regeln bei sukzessiver Anteilsveräußerung abzubilden ist (→ Rn 120; *Baumgartner/Nowotny* IRZ 2013, 425 (427f)).

Entgegen den hier dargestellten Vorgehensweisen war im (mittlerweile wieder verworfenen) Standardentwurf **ED/2012/3** *Equity Methof: Share of Other Net Asset Changes* eine **vollständig erfolgsneutrale** Erfassung der Auswirkungen von dem Investor zuzurechnenden (erfolgsneutralen) Eigenkapitalveränderungen im Rahmen der Fortschreibung des Equitys-Werts des Investors vorgesehen. Diese unmittelbar im Konzerneigenkapital erfassten Fortschreibungen des Equity-Werts sollten im Zuge der Entkonsolidierung des assoziierten oder Gemeinschaftsunternehmens in die GuV umgegliedert, dh *recycelt* werden (ausführlich → Rn 131). Die hier dargestellten Bilanzierungen entsprechen jedoch der Ansicht des IFRSIC (*IFRIC* Update July 2013, 9).

Zum sukzessiven Anteilserwerb mit Aufwärtswechsel von der Equity-Methode → § 37 Rn 32ff.

2. Sukzessive Anteilsverminderung

Veräußert der Anteilseigner Anteile an einen Dritten, ohne dass sein maßgeblicher Einfluss bzw die gemeinschaftliche einheitliche Leitung dabei verloren geht, ist betreffend diese Anteile entspr den oben dargestellten Regeln (→ Rn 89ff) eine erfolgswirksame **Entkonsolidierung** (in einem Schritt oder aber unter Einfügung des Zwischenschritts der Bilanzierung nach IFRS 5) durchzuführen. Der Equity-Wert ist demzufolge in Höhe des abgehenden Eigenkapitals zu reduzieren. Dies beinhaltet auch eine **beteiligungsproportionale** Reduzierung noch nicht erfolgswirksam verrechneter stiller Reserven/Lasten sowie eines noch vorhandenen Geschäfts- oder Firmenwerts. Sofern die veräußerten Anteile zuvor sukzessiv erworben wurden, ist hinsichtlich der Berechnung der anteiligen stillen Reserven/Lasten sowie des anteiligen Geschäfts- oder Firmenwerts/aufgelösten negativen Unterschiedsbetrags auf eine Durchschnittsbetrachtung abzustellen. Darüber hinaus sind bislang im sonstigen Ergebnis erfasste Eigenkapitaländerungen **beteiligungsproportional** erfolgswirksam als Umgliederungsbeträge *(reclassification adjustments)* zu erfassen oder – bspw im Fall von 118

Neubewertungsrücklagen gem IAS 16 und IAS 38 – erfolgsneutral in die Gewinnrücklagen umzugliedern (IAS 28.25/IAS 28.25 (geändert 2014) iVm IAS 28.23; in Bezug auf Währungsumrechnungsdifferenzen s IAS 21.48C und IAS 21.49).

119 IAS 28.20 legt eindeutig fest, dass die Regeln des IFRS 5 auch im Fall von Teilveräußerungen anzuwenden sind. Folglich kommt es – zu einer **gesplitteten Bilanzierung,** da nur die zur Veräußerung gehaltenen Anteile nach IFRS 5 zu bilanzieren sind, während die verbleibenden Anteile **weiterhin *at equity*** zu bewerten sind (→ Rn 16).

Die Erfordernisse im Fall einer späteren **Reklassifizierung** der Anteile gelten entspr (→ Rn 101).

120 Daneben kann sich die Beteiligungsquote an dem Beteiligungsunternehmen auch infolge der **unterproportionalen** Teilnahme des Anteilseigners an einer **effektiven Kapitalerhöhung** des assoziierten oder Gemeinschaftsunternehmens vermindern *(deemed disposal)*. In diesem Fall ist differenziert vorzugehen. Zunächst erhöht sich der Equity-Wert erfolgsneutral in Höhe der Anschaffungskosten für ggf erworbene junge Anteile. Aus der erforderlichen Kapitalkonsolidierung dieser als nachträgliche Anschaffungskosten für den Erhalt eines Teils der bisherigen Beteiligungsquote zu klassifizierenden Ausgaben resultiert dabei ein aktiver Unterschiedsbetrag in Höhe der Anschaffungsnebenkosten, der uE direkt aufwandswirksam zu verrechnen ist. Ferner verändern zwei weitere Effekte den Equity-Wert. Einerseits ist der Equity-Wert aufgrund der Verminderung der Beteiligungsquote beteiligungsproportional um noch nicht erfolgswirksam verrechnete stille Reserven sowie einen noch vorhandenen Geschäfts- oder Firmenwert **erfolgswirksam** zu reduzieren (teilweise Entkonsolidierung). Bislang im **sonstigen Ergebnis** erfasste Eigenkapitaländerungen sind beteiligungsproportional erfolgswirksam als Umgliederungsbeträge *(reclassification adjustments)* zu erfassen oder – bspw im Fall von Neubewertungsrücklagen gem IAS 16 und IAS 38 – erfolgsneutral in die Gewinnrücklagen umzugliedern (IAS 28.22(c) und IAS 28.23, IAS 21.48C und IAS 21.49). Die aus der unterproportionalen Teilnahme an einer Kapitalerhöhung des assoziierten oder Gemeinschaftsunternehmens ggf resultierenden Veränderungen des auf den Anteilseigner entfallenden Eigenkapitals sind **erfolgswirksam** im Equity-Wert zu berücksichtigen (glA *EY* 2015, 780 f; → Rn 133). Derartige positive oder negative Eigenkapitaländerungen ergeben sich, wenn der Ausgabekurs der neuen Anteile vom Bilanzkurs vor der Kapitalerhöhung abweicht (ausführlich *B. Hayn,* 417 ff).

121 Entspr differenziert ist auch vorzugehen, wenn sich die Beteiligungsquote aufgrund der **überproportionalen** Teilnahme des Anteilseigners an einer **effektiven Kapitalherabsetzung** (durch Einziehung von Anteilen) des assoziierten bzw Gemeinschaftsunternehmens vermindert. Neben der erfolgsneutralen Reduzierung des Equity-Werts in Höhe des im Rahmen der Kapitalherabsetzung an den Anteilseigner zurückgezahlten Betrags (Aktivtausch) sind die Effekte aus der **erfolgswirksamen** Entkonsolidierung aufgrund der Verminderung der Beteiligungsquote einerseits und der **erfolgswirksam** (in Analogie zu → Rn 120) zu erfassenden Verminderung des anteiligen Eigenkapitals infolge der Kapitalherabsetzung andererseits zu berücksichtigen. Die Entkonsolidierungsquote ergibt sich dabei als Differenz aus dem Verhältnis von Nennbetrag der Anteile und gezeichnetem Kapital **nach** Kapitalherabsetzung und **vor** Kapitalherabsetzung (vgl ausführlich *B. Hayn,* 440).

Die hier dargestellte Bilanzierung für *deemed disposal* korrespondiert mit der Ansicht des IFRSIC (*IFRIC* Update July 2013, 9) und ist weiterhin anwendbar, da die abweichenden Vorschläge des IASB in ED/2012/3 *Equity Method: Share of Other Net Assets*, die eine ausschließlich erfolgsneutrale Berücksichtigung sonstiger Eigenkapitaländerungen beim assoziierten oder Gemeinschaftsunternehmen bei der Fortschreibung des Equity-Buchwerts im Abschluss des Anteilseigners vorsahen, mangels Unterstützung nicht in einen finalen (Änderungs-)Standard mündeten (→ Rn 165).

Zur sukzessiven Anteilsveräußerung mit Abwärtswechsel von der Equity-Methode → § 37 Rn 68ff.

(einstweilen frei) 122, 123

3. Konzerninterne Umstrukturierungen

Im **Spannungsverhältnis** der Vorschriften des IAS 28 und des IFRS 10 steht 124
auch die Bilanzierung von konzerninternen Umstrukturierungen mit (sukzessiver) Erhöhung oder Verminderung der effektiven Beteiligungsquote an nach der Equity-Methode bewerteten assoziierten oder Gemeinschaftsunternehmen.

Beispiel: Ein MU P hält 40% der Anteile seines assoziierten Unternehmens A und 70% der Anteile an seinem TU S. Die anderen Anteile an A und S werden von konzernfremden Dritten gehalten. Damit stellt sich die Konzernstruktur wie folgt dar:

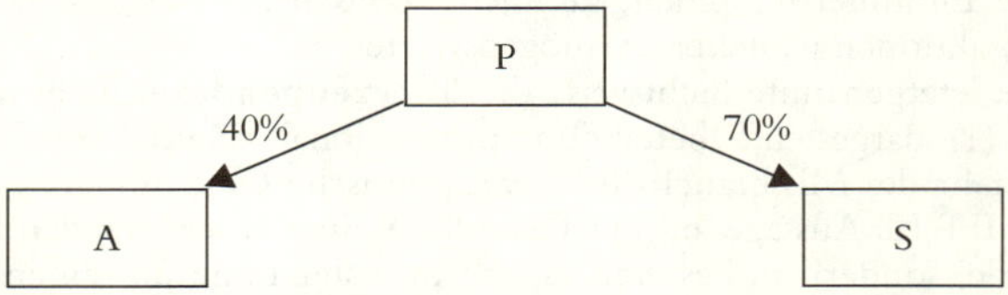

P veräußert seine 40%ige Beteiligung an A an sein TU S. Damit behält P infolge der additiven Ermittlung der Anteilsquote für Zwecke der Konsolidierungskreisabgrenzung (IAS 28.27) zwar den maßgeblichen Einfluss, effektiv sinkt jedoch seine Anteilsquote an A von 40% auf 28% (multiplikative Ermittlung, dh 70% × 40%), da die übrigen 12% (dh 30% × 40%) effektiv von den (30%) nicht-beherrschenden Gesellschaftern von T erworben wurden.

Nach der konzerninternen Veräußerung sieht die Konzernstruktur damit folgendermaßen aus:

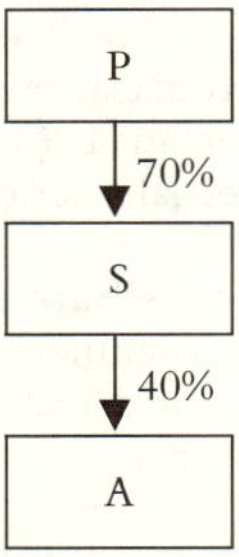

Fraglich ist nunmehr, wie die **Reduktion** der **effektiven Anteilsquote** infolge der konzerninternen Veräußerung zu bilanzieren ist. Konkret geht es dabei um die Frage, ob die Eliminierung des konzerninternen Veräußerungserfolgs im Rahmen der Zwischenergebniseliminierung anteilig oder aber vollständig zu erfolgen hat:

(1) **Anteilige Eliminierung des Veräußerungserfolgs gem IAS 28.23:** Da aus der konzerninternen Veräußerung eine Verminderung der effektiven Beteiligungsquote in Höhe von 12% resultiert, indem die entspr Anteile an die (direkten) nicht-beherrschenden Gesellschafter von S (indirekte Gesellschafter in Bezug auf A) übertragen werden, ist dieser Vorgang einer sukzessiven An-

teilsverminderung vergleichbar. Folglich ist es angemessen, einen Gewinn oder Verlust aus der Veräußerung des 12%igen Anteils an die nicht-beherrschenden Gesellschafter zu realisieren und nicht im Zuge der Zwischenergebniseliminierung zu eliminieren. Diese Vorgehensweise kann ggf durch die nachfolgende Aussage des IFRIC gestützt werden: „*where an investor's share ownership interest in the associate is reduced, whether directly or indirectly, the impact of the change should be recognised in profit and loss of the investor*" (*IFRIC* Update July 2013, 9).

(2) **Vollständige Eliminierung des Veräußerungserfolgs gem IFRS 10.B86(c):** Infolge der Tatsache, dass es sich bei der Veräußerung um eine konzerninterne Transaktion zwischen einem MU und einem TU handelt, ist der sich daraus ergebende Zwischenerfolg entspr den Regeln der Vollkonsolidierung vollständig zu eliminieren. Aus Konzernsicht mangelt es der Veräußerung an wirtschaftlicher Substanz, sodass eine (anteilige) Erfolgsrealisierung nicht sachgemäß ist. Die in IFRS 10.B86(c) enthaltene Aufzählung von Vermögenswerten, die Zwischengewinne enthalten können (Vorräte und Anlagevermögen *(fixed assets)*) ist nicht abschließend; vielmehr fallen unter die Eliminierungspflicht sämtliche Zwischenerfolge aus konzerninternen Transaktionen jeglicher Vermögenswerte.

125 UE ist die letztgenannte Sichtweise die **überzeugendere,** nicht nur, weil die oben unter (1) dargestellte beteiligungsproportionale Zwischenerfolgseliminierung die Gefahr des Missbrauchs für bilanzpolitische Gestaltungen birgt und die dort zitierte IFRIC Aussage auf der Grundlage eines abweichenden Sachverhalts getätigt wurde, sondern insbes weil es sich in erster Linie um einen konzerninternen Vorgang zwischen vollkonsolidierten Unternehmen handelt. Entspr der Rangfolge bei der Abgrenzung des Konsolidierungskreises – zunächst ist das Vorliegen von *control* nach IFRS 10 abzuprüfen (→ § 30 Rn 10ff) – sollten damit im Fall der Beherrschung auch die diesbezüglichen Regelungen zur Vollkonsolidierung den Vorrang haben. Da die Zwischenergebniseliminierung im Rahmen der Vollkonsolidierung grds bei dem empfangenden Unternehmen, dh vermögensorientiert, zu erfolgen hat (→ § 35 Rn 113ff), sind die nicht-beherrschenden Gesellschafter von T in Höhe ihrer 30%igen Beteiligungsquote an der Zwischenergebniseliminierung zu beteiligen. Der bisherige Equity-Buchwert des assoziierten Unternehmens ist im Konzernabschluss fortzuführen; die Anteile der nicht-beherrschenden Gesellschafter an T (30%) an der Equity-Fortschreibung sind indessen bei der Aufteilung des Jahreserfolgs bzw Gesamtergebnisses zu berücksichtigen.

126 Auch im umgekehrten Fall – **mittelbare Beteiligung** eines MU an einem assoziierten oder Gemeinschaftsunternehmen wird zur **unmittelbaren Beteiligung** verbunden mit einer Erhöhung der effektiven Beteiligungsquote – kommen grds zwei Lösungswege in Frage:

Beispiel: Ein MU P hält 70% der Anteile an seinem TU S, das wiederum zu 40% an dem assoziierten Unternehmens A beteiligt ist. Die anderen Anteile an A und S werden von konzernfremden Dritten gehalten. S veräußert P seine 40%ige Beteiligung an A. Damit wird A unmittelbares assoziiertes Unternehmen von MU, die effektive Anteilsquote an A steigt von 28% (multiplikative Ermittlung, dh 70% × 40%) auf 40%, da P 12% der Anteile (dh 30% × 40%) effektiv von den (30%) nicht-beherrschenden Gesellschaftern von S erwirbt.

Die Bilanzierung der **Steigerung der effektiven Anteilsquote** infolge der konzerninternen Veräußerung ist wiederum davon abhängig, ob IAS 28 oder IFRS 10 der Vorrang eingeräumt wird:

(1) **Anteilige Eliminierung des Veräußerungserfolgs und Erstkonsolidierung der neu hinzuerworbenen Anteile gem IAS 28.32:** Da aus der

konzerninternen Veräußerung eine Erhöhung der effektiven Beteiligungsquote in Höhe von 12% resultiert, indem die entspr Anteile von den nicht-beherrschenden Gesellschaftern von S erworben werden, ist dieser Vorgang einer sukzessiven Anteilserhöhung vergleichbar. Folglich ist es angemessen, einen Gewinn oder Verlust aus dem Erwerb des 12%igen Anteils von den nicht-beherrschenden Gesellschaftern zu realisieren und nicht im Zuge der Zwischenergebniseliminierung zu eliminieren. Für die neu hinzuerworbenen Anteile ist sodann auf der Grundlage der Wertverhältnisse des Erwerbsstichtags eine Erstkonsolidierung durchzuführen.

(2) **Vollständige Eliminierung des Veräußerungserfolgs gem IFRS 10.B86(c):** Analog zur Begründung bei Senkung der effektiven Anteilsquote (→ Rn 124) sind Zwischenerfolge aus konzerninternen Transaktionen zwischen MU und TU unabhängig von der Art des zugrunde liegenden Vermögenswerts entspr den Regeln der Vollkonsolidierung vollständig zu eliminieren.

Korrespondierend mit der obigen (→ Rn 125) Begründung sind uE auch in diesem Fall die Argumente des **zweiten Lösungswegs** die **stichhaltigeren.** Infolge der vermögensorientierten Zwischenergebniseliminierung (→ § 35 Rn 113 ff), sind die nicht-beherrschenden Gesellschafter von T nicht an der Zwischenergebniseliminierung zu beteiligen. Der bisherige Equity-Buchwert des assoziierten Unternehmens ist im Konzernabschluss fortzuführen; die Equity-Fortschreibung in den Folgeperioden wird mithin vollständig den Gesellschaftern des MU zugeordnet. **127**

Unabhängig davon, welcher Sichtweise der Vorzug gegeben wird, handelt es sich um die **Wahl einer Bilanzierungsmethode,** die für sämtliche konzerninternen Umstrukturierungen verbunden mit einer Erhöhung/Verminderung der effektiven Anteilsquote von nach der Equity-Methode bewerteten Anteilen an assoziierten und Gemeinschaftsunternehmen **einheitlich** anzuwenden und nach IAS 1.117 auch erläuterungspflichtig ist. **128**

(einstweilen frei) **129, 130**

D. Equity-Fortschreibung von erfolgsneutralen Eigenkapitalveränderungen im Abschluss des assoziierten Unternehmens/Gemeinschaftsunternehmens

Nach IAS 28.3 sind im Equity-Buchwert nach dem erstmaligen Ansatz zu Anschaffungskosten etwaige anteilige Veränderungen des Nettovermögens des assoziierten oder Gemeinschaftsunternehmens spiegelbildlich zu erfassen. IAS 28.10 enthält lediglich Regelungen zur Berücksichtigung des Jahreserfolgs oder des sonstigen Ergebnisses eines assoziierten bzw Gemeinschaftsunternehmens im Rahmen der Equity-Fortschreibung. Nicht geregelt ist hingegen, wie sonstige **erfolgsneutrale Eigenkapitalveränderungen** im Abschluss des assoziierten oder Gemeinschaftsunternehmens bei der Fortschreibung des Equity-Buchwerts im Konzernabschluss des Anteilseigners zu berücksichtigen sind. Hierzu zählen insbes die Berücksichtigung der auf den Anteilseigner entfallenden Eigenkapitaleffekte aus **131**

(1) Dividendenausschüttungen,
(2) retrospektiven Änderungen von Bilanzierungs- und Bewertungsmethoden sowie Berichtigungen (wesentlicher) Fehler gem IAS 8 (→ § 17 Rn 71 ff) im Abschluss des assoziierten oder Gemeinschaftsunternehmens,
(3) einer unterproportionalen Teilnahme an einer Kapitalerhöhung oder unterproportionalen/überproportionalen Teilnahme an der Kapitalherabsetzung

des assoziierten oder Gemeinschaftsunternehmens sowie dem Rückkauf eigener Anteile von Dritten durch das assoziierte oder Gemeinschaftsunternehmen,

(4) dem Erwerb/der Veräußerung von Anteilen nicht-beherrschender Gesellschafter an TU unter Beibehaltung der Beherrschung im Konzernabschluss des assoziierten Unternehmens/Gemeinschaftsunternehmens *(changes in non-controlling interests),*

(5) der Bilanzierung von Aktienoptionsplänen im Abschluss des assoziierten oder Gemeinschaftsunternehmens.

Explizite Regelungen zur Berücksichtigung im Rahmen der Equity-Fortschreibungen existieren nur für Dividendenausschüttungen eines assoziierten oder Gemeinschaftsunternehmens. Nach IAS 28. 10 sind in Folgeperioden durch den Anteilseigner **vereinnahmte Ausschüttungen** vom Equity-Wert abzusetzen (→ Rn 52).

Als Folge der aus der Regelungslücke zwischen IAS 28.3 und IAS 28.10 resultierenden **divergierenden Bilanzierungspraxis** *(diversity in practice)* veröffentlichte der IASB im November 2012 ED/2012/3 *Equity-Method: Share of Other Net Asset Changes,* der – entgegen den eindeutigen Empfehlungen des IFRSIC (*IFRIC* Update July 2013, 9) – für alle oben dargestellten Sachverhalte eine erfolgsneutrale Abbildung im Rahmen der Fortschreibung des Equity-Buchwerts im Konzerneigenkapital des Investors und eine Umgliederung in die GuV im Zeitpunkt der Beendigung der Equity-Methode vorsah. Aufgrund massiver Kritik an diesen Vorschlägen (s nur *B. Hayn/S. Hayn* WPg 2013, 353 (355 f); *Schmidt* PiR 2013, 35 (39 f)) im Rahmen der Stellungnahmen, wurde der Entwurf zurückgezogen, sodass die nachstehend dargestellten Ausführungen weiterhin Gültigkeit besitzen.

Die Auswirkungen der Sachverhalte (2) bis (5) auf die Equity-Fortschreibung werden im Folgenden näher untersucht.

I. Änderungen von Bilanzierungs- und Bewertungsmethoden sowie Fehlerkorrekturen

132 **Eindeutig** ist die Vorgehensweise für erfolgsneutral erfasste Änderungen von Bilanzierungs- und Bewertungsmethoden sowie für die Berichtigung (wesentlicher) Fehler beim assoziierten bzw Gemeinschaftsunternehmen. Diese sind bei der Equity-Fortschreibung **erfolgsneutral** im Konzerneigenkapital zu berücksichtigen, da sie systemimmanent aus Sicht des den Konzernabschluss aufstellenden MU Änderungen von Bilanzierungs- und Bewertungsmethoden bzw Fehlerkorrekturen nach IAS 8 darstellen. Die erfolgsneutrale Behandlung ist dabei endgültig; eine erfolgswirksame Erfassung im Rahmen der Entkonsolidierung kommt nicht in Betracht. Ein vollständiger Verzicht auf eine Berücksichtigung oder eine erfolgswirksame Erfassung der Eigenkapitaleffekte von Änderungen von Bilanzierungs- und Bewertungsmethoden bzw Fehlerkorrekturen beim assoziierten oder Gemeinschaftsunternehmen im Rahmen der Equity-Fortschreibung kommt nur dann in Betracht, wenn die betreffenden Beträge aus Konzernsicht unwesentlich sind.

II. Kapitalerhöhungen und Kapitalherabsetzungen/Rückkauf eigener Anteile

133 Hinsichtlich der Eigenkapitaleffekte aus Kapitalerhöhungen und -herabsetzungen beim assoziierten oder Gemeinschaftsunternehmen wurde bereits oben

(→ Rn 120f) dargestellt, dass nach der hier vertretenen Ansicht eine **erfolgswirksame Berücksichtigung** der Effekte im Rahmen der Equity-Fortschreibung zumindest dann zu erfolgen hat, wenn sich infolge einer unterproportionalen/überproportionalen Teilnahme des MU an der Kapitalerhöhung/-herabsetzung eines assoziierten oder Gemeinschaftsunternehmens dessen Anteilsquote vermindert. Korrespondierend dazu können auch die Eigenkapitaleffekte aus einer unterproportionalen Teilnahme des MU an einer Kapitalherabsetzung des assoziierten oder Gemeinschaftsunternehmens erfolgswirksam bei der Equity-Fortschreibung zu berücksichtigt werden (→ Rn 117). Alternativ ist – wie auch im Fall des Rückkauf eigener Anteile durch ein assoziiertes oder Gemeinschaftsunternehmen von Dritten – eine Interpretation als Erwerb zusätzlicher Anteile möglich. Überproportionale Teilnahmen an der Kapitalerhöhung eines assoziierten oder Gemeinschaftsunternehmens sind wie sukzessive Anteilskäufe zu bilanzieren (→ Rn 116).

III. Erwerb/Veräußerung von Anteilen nicht-beherrschender Gesellschafter

Sofern ein assoziiertes oder Gemeinschaftsunternehmen zugleich MU ist, hat es 134
in seinem, der Equity-Fortschreibung zugrunde liegenden IFRS-Konzernabschluss **Auf- und Abstockungen von Beteiligungen** an weiterhin vollkonsolidierten TU wie **reine Eigenkapitaltransaktionen** zu behandeln (IFRS 10.23). Folglich sind sämtliche Differenzen zwischen der übertragenen Gegenleistung für den Erwerb zusätzlicher Anteile an (bislang) nicht im Vollbesitz stehenden TU und dem von den nicht-beherrschenden Gesellschaftern erworbenen Eigenkapital des TU erfolgsneutral mit den **Konzernrücklagen** zu verrechnen (→ § 34 Rn 254). Entspr gilt bei Teilveräußerungen für Unterschiedsbeträge zwischen dem erhaltenen Veräußerungserlös und dem an die nicht-beherrschenden Gesellschafter veräußerten Nettovermögen des TU (IFRS 10.B96; → § 35 Rn 45).

Hinsichtlich der Frage, wie derartige erfolgsneutrale Eigenkapitalveränderungen im (Konzern-)Abschluss des assoziierten oder Gemeinschaftsunternehmens im Rahmen der Equity-Fortschreibung im Konzernabschluss des Anteilseigners zu berücksichtigen sind, werden in der Literatur drei Bilanzierungsalternativen diskutiert (s nur *Lüdenbach/Hoffmann/Freiberg* IFRS § 33 Rz 66; *EY* 2015, 774ff; *KPMG* 2014/15 Rz 3.5.370.30):

(1) Da sich die Eigenkapitalveränderungen weder erfolgswirksam noch im sonstigen Ergebnis widerspiegeln und somit nicht von IAS 28.10 erfasst werden, **unterbleibt** eine Fortschreibung des Equity-Werts um diese Eigenkapitaleffekte.

(2) Entspr der Definition der Equity-Methode in IAS 28.3 iVm IAS 28.27 werden die auf den Anteilseigner entfallenden Veränderungen am Nettovermögen des assoziierten oder Gemeinschaftsunternehmens unter analoger Anwendung der Regelungen des IFRS 10.B96 **erfolgsneutral** mit der Buchung „per Equity-Wert an Gewinnrücklagen" (et vice versa) im Zuge der Equity-Fortschreibung erfasst.

(3) Unter Bezugnahme auf die Definition der Equity-Methode in IAS 28.3 iVm IAS 28.27 erfolgt eine **erfolgswirksame** Fortschreibung des Equity-Werts um die anteiligen Eigenkapitalveränderungen, da es sich aus der Sicht des Anteilseigners gerade nicht um eine Transaktion zwischen Eigenkapitalgebern handelt und insofern IAS 1.88 einschlägig ist, der eine erfolgswirksame Erfassung sämtlicher Aufwendungen und Erträge *(all items of income and expense)* fordert, sofern nicht ein IFRS Abweichendes vorschreibt.

Variante (1) ist **abzulehnen,** da sie sich zu starr am Wortlaut des IAS 28.10 orientiert und dem eigentlich mit der Anwendung der Equity-Methode verfolgten Ziel – Abbildung eines dem anteiligen Eigenkapital entspr Beteiligungsansatzes – zuwiderläuft (aA *Lüdenbach/Hoffmann/Freiberg* IFRS § 33 Rz 66). Hinsichtlich der Alternativen (2) und (3) besteht uE ein **Wahlrecht,** das jedoch iSe Bilanzierungsmethode **einheitlich** anzuwenden und nach IAS 1.117 auch erläuterungspflichtig ist. Bei Wahl der Alternative (2) ist zu berücksichtigen, dass die erfolgsneutrale Behandlung endgültig ist und somit eine erfolgswirksame Erfassung im Rahmen der Entkonsolidierung nicht erfolgt. In der **Eigenkapitalveränderungsrechnung** kann die Darstellung alternativ in einer separaten Gewinnrücklage aus assoziierten bzw Gemeinschaftsunternehmen oder zusammengefasst mit den übrigen Konzerngewinnrücklagen erfolgen.

IV. Anteilsbasierte Vergütungen

135 Gewährt ein assoziiertes oder Gemeinschaftsunternehmen **anteilsbasierte Vergütungen mit Ausgleich in Eigenkapitalinstrumenten** *(equity-settled share-based payment transactions)* so sind diese in seinem der Equity-Fortschreibung zugrunde liegenden IFRS-Abschluss entspr den Regeln des IFRS 2.10 ff zu bilanzieren, indem die Gegenbuchung zum (Personal-)Aufwand für die Ausgabe von Aktienoptionen im Eigenkapital (Kapitalrücklage) erfasst wird (IFRS 2.7). Für die Berücksichtigung dieser erfolgswirksamen und erfolgsneutralen Eigenkapitalveränderungen bei der Fortschreibung des Equity-Werts im Abschluss des Anteilseigners werden in der Literatur nachfolgende Bilanzierungsvarianten vorgeschlagen (s nur *Lüdenbach/Hoffmann/Freiberg* IFRS § 33 Rz 65; *EY* 2015, 772 ff; *KPMG* 2014/15 Rz 3.5.400):

(1) Im Hinblick auf die Definition in IAS 28.3 **unterbleibt** eine Berücksichtigung bei der Fortschreibung des Equity-Werts, da aus der Transaktion gerade keine Veränderung des auf den Anteilseigner entfallenden Nettovermögens des assoziierten oder Gemeinschaftsunternehmen resultiert.

(2) Gem IAS 28.10 wird nur der **erfolgswirksame Teil** (Personalaufwand) mit der Buchung „per Ergebnis aus assoziierten/Gemeinschaftsunternehmen an Anteil an assoziierten/Gemeinschaftsunternehmen" bei der Fortschreibung des Equity-Werts berücksichtigt.

(3) Buchung **beider** Eigenkapitaländerungen (net) „per Ergebnis aus assoziierten Unternehmen an Gewinnrücklage".

136 Ein **vollständiger Verzicht** auf die Berücksichtigung von Eigenkapitaländerungen aus *equity-settled share-based payment transactions* bei der Fortschreibung des Equity-Werts wie unter Variante (1) beschrieben ist uE **abzulehnen,** da sie sich zu eng am Wortlaut des IAS 28.3 orientiert und die Regelungen des IAS 28.10 außer Acht lässt (aA *Lüdenbach/Hoffmann/Freiberg* IFRS § 33 Rz 65). Bzgl der Alternativen (2) und (3) besteht uE ein **Wahlrecht,** das jedoch iSe Bilanzierungsmethode **einheitlich** anzuwenden und nach IAS 1.117 auch erläuterungspflichtig ist. Die in der Literatur (*EY* 2015, 771; *KPMG* 2014/15 Rz 3.5.400; *Deloitte* 2015, 1966 f) bevorzugte Alternative (2) führt (zunächst) zu einem Auseinanderfallen von Equity-Buchwert und anteiligem Eigenkapital. **Verfallen** die ausübbaren Optionen, so darf im Abschluss des assoziierten oder Gemeinschaftsunternehmens nach IFRS 2.23 keine Anpassung des vormals als Kapitalrücklage erfassten Betrags erfolgen; allenfalls ist eine erfolgsneutrale Umgliederung innerhalb des Eigenkapitals gestattet. Folglich ist zu diesem Zeitpunkt der Equity-Wert durch eine entspr Fortschreibungsbuchung an das anteilige Eigenkapital des assoziierten oder Gemeinschaftsunternehmens erfolgswirksam oder

erfolgsneutral anzupassen (*EY* 2015, 773; dagegen nur eine erfolgswirksame Erfassung für sinnvoll haltend: *Stibi* BB 2013, 491 (493)). Sowohl bei Anwendung von Variante (2) als auch (3) ist bei **Ausübung** der Optionen der verwässernde Effekt auf die Beteiligungsquote des Anteilseigners nach den allgemeinen Bilanzierungsregeln für Anteilsverminderungen infolge von Kapitalerhöhungen bei assoziierten oder Gemeinschaftsunternehmen mit unterproportionaler Teilnahme des Anteilseigners (*deemed disposal;* → Rn 120) erfolgswirksam zu erfassen. Im Fall der erfolgsneutralen Fortschreibung kann der Ausweis der Eigenkapitalveränderung in der **Eigenkapitalveränderungsrechnung** entweder in einer separaten Gewinnrücklage aus assoziierten bzw Gemeinschaftsunternehmen oder zusammengefasst mit den übrigen Konzerngewinnrücklagen erfolgen.

E. Ausweisregelungen

Anteile an assoziierten und Gemeinschaftsunternehmen, die nach der Equity-Methode bilanziert werden, sind gem IAS 1.54(e) **bilanziell** in einem gesonderten Posten als Teil des langfristigen Vermögens auszuweisen. Entspr IAS 28.32(a) (*„goodwill* ***relating*** *to an associate is included in the carrying amount of the investment“)* ist ausweistechnisch in aller Regel (zu Ausnahmen → Rn 44) allein die sog *„one-line-consolidation“*, die der handelsrechtlichen Buchwertmethode entspricht, zulässig. 137

Mit Ausnahme der latenten Steuern aufgrund der Anwendung der Equity-Methode, die als solche im Konzernabschluss des Anteilseigners auszuweisen sind (*outside basis differences,* → Rn 73, → Rn 80), ist uE generell ohnehin eine Erfassung sämtlicher mit der Equity-Methode verbundener erfolgswirksamer und erfolgsneutraler Fortschreibungskomponenten in **einem** Aktivposten zu befürworten. Folglich sind grds insbes auch die Eliminierung von Zwischenergebnissen aus *up-* und *downstream*-Transaktionen und jegliche Aufrechnungsdifferenzen aus der Schuldenkonsolidierung inklusive korrespondierender latenter Steuern bilanziell als Veränderung des Equity-Werts zu erfassen (zu Ausnahmen vgl → Rn 144 ff). 138

Aus IAS 28.38 ließe sich ggf ableiten, dass in dem gesonderten Posten Anteile an assoziierten Unternehmen nicht nur der Equity-Buchwert als solcher, sondern darüber hinaus auch die weiteren **eigenkapitalsubstituierenden Finanzinstrumente** auszuweisen sind (*EY* 2015, 789). UE sollten letztere jedoch unter den gewöhnlich hierfür verwendeten Bilanzposten dargestellt werden.

Fortschreibungsbeträge, die beim assoziierten oder Gemeinschaftsunternehmen im **sonstigen Ergebnis** erfasst werden, sind gem IAS 1.82A korrespondierend auch im Konzernabschluss des Anteilseigners als Veränderung des sonstigen Ergebnisses auszuweisen. Ein entspr gesonderter Ausweis dieser Komponente des sonstigen Ergebnisses sollte uE auch in der **Eigenkapitalveränderungsrechnung** gem IAS 1.106(d) erfolgen (→ § 17 Rn 63; demgegenüber werden die entspr Beträge in IAS 1.IG6/IAS 1.IG6 (geändert 2014) nicht gesondert, sondern mit den jeweiligen Beträgen von MU und TU zusammengefasst ausgewiesen). 139

Nach IAS 1.82A iVm IAS 1.IG6 ist der Ausweis der Komponenten des sonstigen Ergebnisses weitergehend danach zu **differenzieren,** ob sie bei Eintritt der entspr Voraussetzungen in die GuV umgegliedert werden *(reclassification adjustments)* oder nicht (ausführlich → § 15 Rn 145 ff). Demnach besteht das sonstige Ergebnis aus zwei gesondert darzustellenden Bereichen, zum einen dem Teilbereich der umgliederungsfähigen Posten (Rücklage für Marktbewertungen aus *cashflow hedges* und zur Veräußerung verfügbaren Wertpapieren nach IAS 39 140 sowie Ausgleichsposten für Währungsumrechnungsdifferenzen) und dem anderen Teilbereich der nicht umgliederungsfähigen Posten (zB Neubewertungsrücklagen nach IAS 16 und 38, Neubewertungen der Nettoschuld aus leistungsorientierten Versorgungsplänen sowie Investitionen in Eigenkapitalinstrumente gem IFRS 9.5.7.5). Bereits IAS 1.82A fordert eine Einbeziehung der im Rahmen der Fortschreibung des Equity-Buchwerts berücksichtigten Beträge des sonstigen Ergebnisses des assoziierten oder Gemeinschaftsunternehmens in die zweigeteilte Darstellung nach umgliederungsfähigen und nicht umgliederungsfähigen Komponenten des sonstigen Ergebnisses. Im Rahmen des im Dezember 2014 veröffentlichten Änderungsstandards *Disclosure Initiative* wurde IAS 1.82A neu gegliedert und ergänzt sowie das Beispiel in IAS 1.IG6 überarbeitet, um die vom IASB beabsichtigte Darstellung zu präzisieren (IAS 1.BC105D). Aus IAS 1.82A(b) (geändert 2014) iVm IAS 1.IG6 (geändert 2014) ergibt sich nunmehr, dass im Hinblick auf den Anteil eines Investors am sonstigen Ergebnis von assoziierten oder Gemeinschaftsunternehmen der Ausweis jeweils **eines** Postens im (nicht) umgliederungsfähigen Teilbereich ausreichend ist. Eine weitergehende Unterteilung nach einzelnen Komponenten (Posten) des sonstigen Ergebnisses, wie sie für Beiträge des MU und der vollkonsolidierten TU gefordert wird (IAS 1.82A/ IAS 1.82A(a) (geändert 2014)) ist hingegen nicht erforderlich.

Beispiel: A ist zu 30% an seinem assoziierten Unternehmen B beteiligt. Für das lfd Geschäftsjahr sind folgende Fortschreibungsbeträge bei der Equity-Bewertung im Konzernabschluss von A zu berücksichtigen:

30%	des Jahreserfolgs von B	T€ + 20
30%	der Veränderung der Rücklage für Marktbewertungen *(cashflow hedge)*	T€ + 10
30%	der Veränderung des Ausgleichspostens für Währungsumrechnungsdifferenzen	T€ – 15
30%	der Veränderung der Neubewertungsrücklage gem IAS 16	T€ + 25

Die Fortschreibung des Equity-Werts um den anteiligen Jahreserfolg von B ist im Ergebnis aus assoziierten Unternehmen im erfolgswirksamen Teil der Konzern-Gesamtergebnisrechnung bzw der gesonderten Konzern-GuV (sofern erstellt) vorzunehmen (→ Rn 50 f und → Rn 142).

Die Erhöhung des Equity-Werts aus den letzten drei Posten ist demgegenüber nach IAS 1.82A/IAS 1.82A (geändert 2014) im Konzernabschluss von A in Höhe von T€ –5 in einem gesonderten Posten „Anteil am sonstigen Ergebnis von *at equity* bilanzierten assoziierten und Gemeinschaftsunternehmen" im umgliederungsfähigen Teil des sonstigen Ergebnisses auszuweisen. Zudem ist ein entspr bezeichneter gesonderter Posten in Höhe von T€ 25 unter den nicht umgliederungsfähigen Posten darzustellen.

141 Der IASB hat im Rahmen der *Basis for Conclusions* zum Änderungsstandard *Disclosure Initiative* zudem klargestellt, dass der Anteil eines Investors am sonstigen Ergebnis seines assoziierten oder Gemeinschaftsunternehmens ein Betrag **nach Steuern** und – im Fall der Einbeziehung eines Konzernabschlusses eines assoziierten oder Gemeinschaftsunternehmens – **ohne Berücksichtigung der Anteile nicht-beherrschender Gesellschafter** ist. Insoweit greifen die Erläuterungspflichten der IAS 1.90 f in Bezug auf das sonstige Ergebnis von assoziierten oder Gemeinschaftsunternehmen nicht. Die Erläuterungspflichten der IAS 1.90 f sind jedoch dann einschlägig, wenn der Anteilseigner selbst steuerpflichtig in Bezug auf seinen Anteil am sonstigen Ergebnis des assoziierten oder Gemeinschaftsunternehmens ist (IAS 1.BC54L (geändert 2014)).

Die sachgerechte Fortführung der sonstigen Ergebniskomponenten „Anteil am sonstigen Ergebnis von *at equity* bilanzierten assoziierten und Gemeinschaftsunternehmen" nach IAS 1.82A/IAS 1.82A (geändert 2014) in Folgeperioden erfordert nicht nur die Kenntnis der betreffenden Beträge pro assoziiertem bzw Gemeinschaftsunternehmen, sondern auch der einzelnen zugrunde liegenden

Komponenten des sonstigen Ergebnisses des jeweiligen assoziierten bzw Gemeinschaftsunternehmens.

Im **erfolgswirksamen Teil** der Konzern-Gesamtergebnisrechnung bzw in der gesonderten **Konzern-GuV** (sofern erstellt) ist der Anteil des Anteilseigners am **Jahreserfolg** (nach Steuern) eines assoziierten und Gemeinschaftsunternehmen in **einem** gesonderten Posten zu zeigen (s IAS 1.82(c)). Eine Aufteilung dergestalt, das (Nachsteuer-)Ergebnis einzelner assoziierter bzw Gemeinschaftsunternehmen als Teil des operativen Ergebnisses zu zeigen und das (Nachsteuer-) Ergebnis anderer assoziierter respektive Gemeinschaftsunternehmen außerhalb des operativen Ergebnisses bspw als Teil des Finanzergebnisses (so *EY* 2015, 99 und *pwc* 2015 Rz 27.223) ist uE nicht begründbar (s ausführlich → § 29 Rn 69). 142

Zusätzlich wird in IFRS 12.B12(b)(vi) und (vii) sowie IFRS 12.B16(a) und (b) der separate Ausweis des auf den Anteilseigner entfallenden Anteils an jeglichen Erfolgsbeiträgen aus **aufgegebenen Geschäftsbereichen** (→ § 28 Rn 81 ff) von assoziierten oder Gemeinschaftsunternehmen gefordert. Diesbezüglich kommt sowohl eine Angabe als Davon-Vermerk in der Konzern-Gesamtergebnisrechnung bzw der gesonderten Konzern-GuV (sofern erstellt) als auch eine Anhangangabe in Betracht.

UE sind sämtliche erfolgwirksamen Fortschreibungskomponenten in **einem** Erfolgsposten zu berücksichtigen. Insofern ist eine weite Interpretation hinsichtlich dessen, was als *„the investor's share of profit or loss"* (IAS 28.38, IAS 1.82(c)/ IAS 1.82(c) (geändert 2014)) anzusehen ist, angemessen. Folglich beinhaltet dieser Posten nicht nur anteilige Jahreserfolge ieS, sondern daneben auch Abschreibungen von stillen Reserven bzw Auflösungen negativer Unterschiedsbeträge/stiller Lasten, Ergebnisse aus der Zwischenergebniseliminierung, ggf Differenzen aus der Schuldenkonsolidierung inklusive der hiermit korrespondierenden latenten Steuern und letztlich auch außerplanmäßige Wertminderungen und Wertaufholungen (aA *pwc* 2015 Rz 27.224 in Bezug auf Wertminderungen). Allein die Erfolge aus der (teilweisen oder vollständigen) **Entkonsolidierung** sind mangels des Tatbestands einer Fortschreibungskomponente unter den sonstigen betrieblichen Erträgen/Aufwendungen auszuweisen. 143

Der präferierte Ausweis sämtlicher Veränderungen des Equity-Werts innerhalb eines Bilanz- respektive Erfolgspostens ist jedoch dann nicht mehr sachgerecht, wenn in **Sonderfällen** die Zwischengewinneliminierung zu einem negativen Equity-Wert führen würde. Im Fall von *upstream*-Transaktionen sind dann die Anschaffungskosten der betreffenden Vermögenswerte in Höhe eliminierungspflichtiger Zwischengewinne zu korrigieren. 144

Beispiel: Die Anschaffungskosten für 30% der Anteile eines assoziierten Unternehmens zu Beginn des Jahrs X1 belaufen sich auf T€ 100; sie entsprechen dem anteiligen konsolidierungspflichtigen Eigenkapital (Buchwert = Zeitwert). Sonstige finanzielle Verflechtungen mit dem assoziierten Unternehmen (Ausleihungen, etc) bestehen nicht. Die auf den Anteilseigner entfallenden Jahresüberschüsse (in T€) nach Steuern (Definitivsteuer in Höhe von 25%) der Folgejahre sind der folgenden Tabelle zu entnehmen:

Jahr X1	Jahr X2	Jahr X3	Jahr X4
50	60	80	20

Fall (1) *Upstream*-Transaktion: Das assoziierte Unternehmen tätigt in den Geschäftsjahren X1 bis X3 nahezu ausschließlich Geschäfte mit dem Anteilseigner. Die daraus resultierenden Zwischengewinne unter Berücksichtigung aktiver latenter Steuern, die im Rahmen der Equity-Fortschreibung zu eliminieren sind, entsprechen den auf den Anteilseigner entfallenden Jahreserfolgen nach Steuern. Im jeweiligen Folgejahr schüttet das assoziierte Unternehmen den Vorjahreserfolg aus. Erfolgt die Zwischengewinneliminierung in diesem Fall gegen den bilanziellen Equity-Wert, führt dies zu nachstehenden Wertansätzen (in T€):

		Jahr X1	Jahr X2	Jahr X3	Jahr X4
	Equity-Wert am Jahresbeginn	100	100	50	–
+	anteiliger Jahresüberschuss	50	60	80	20
–	zu eliminierender Zwischengewinn (netto)	–50	–60	–80	–
–	Zu eliminierender Beteiligungsertrag (netto)	–	–50	–60	–80
=	Equity-Wert am Jahresende	100	50	–	–
	nicht eliminierte Dividendenzahlungen (vorläufig)	–	–	–10	–70

145 Aufgrund der Ausschüttung der (annahmegemäß auch im Zeitablauf nicht realisierten) Zwischengewinne im jeweiligen Folgejahr muss der Equity-Wert mangels Verrechnungsmasse im Jahr X3 ausgesetzt werden. Weitere Ausschüttungen können nicht mehr gegen den Equity-Wert verrechnet werden und würden somit als solche im Konzernabschluss erfasst werden. Eine (aufwandswirksame) Verrechnung mit dem bilanziellen Equity-Wert wäre erst wieder möglich, wenn dieser aufgrund der Berücksichtigung anderer Fortschreibungskomponenten einen positiven Wert ausweisen würde. Das dargestellte Resultat ist nicht sachgerecht, da die erfolgswirksame Erfassung von **Dividenden** betreffend assoziierte Unternehmen grds nicht mit der Equity-Methode im Einklang steht. Daher sollte die Eliminierung des Zwischengewinns respektive Beteiligungsertrags erfolgswirksam zu Lasten des Vermögenswerts, der die bislang mangels Veräußerung an Dritte, Anpassung der Abschreibung etc nicht realisierten Zwischengewinne aus der *upstream*-Transaktion enthält, in der Konzernbilanz erfolgen.

146 Vergleichbare Probleme bei der Equity-Fortschreibung können auch im Fall von ***downstream***-Transaktionen infolge des letztlich nicht gegebenen Zusammenhangs zwischen der Höhe des Equity-Werts und der Höhe zu eliminierender Zwischengewinne aus *downstream*-Transaktionen auftreten. In diesem Fall sind den Equity-Wert bzw die Nettoinvestition übersteigende Zwischengewinne bevorzugt in einem passiven Abgrenzungsposten *(deferred income)* zu erfassen.

Fall (2) *downstream*-Transaktionen: Ausgangslage wie oben (→ Rn 144). Aus Verkäufen vom Anteilseigner an das assoziierte Unternehmen resultieren folgende auf den Anteilseigner entfallende Zwischengewinne (netto):

Jahr X1	Jahr X2	Jahr X3	Jahr X4
80	100	150	30

Erfolgt die Zwischengewinneliminierung in diesem Fall gegen den bilanziellen Equity-Wert, führt dies zu nachstehenden Wertansätzen (in T€):

		Jahr X1	Jahr X2	Jahr X3	Jahr X4
	Equity-Wert am Jahresbeginn	100	70	30	–
+	anteiliger Jahresüberschuss	50	60	80	20
–	zu eliminierender Zwischengewinn (netto)	–80	–100	–150	–30
=	Equity-Wert am Jahresende	70	30	–	–
	nicht eliminierte Zwischengewinne (vorläufig)	–	–	–40	–50

Aufgrund der im Vergleich zu den anteiligen Jahresüberschüssen (annahmegemäß auch im Zeitablauf nicht realisierten) überproportionalen Zwischengewinne aus *downstream*-Transaktionen muss der Equity-Wert bei Erreichen der Null-Grenze im Jahr X3 ausgesetzt werden. Weitere Zwischengewinne können nicht mehr als Verminderung des Equity-Werts erfasst werden und würden somit als solche in den Konzernabschluss eingehen. Eine (aufwandswirksame) Verrechnung mit dem bilanziellen Equity-Wert wäre erst wieder möglich, wenn dieser aufgrund der Berücksichtigung anderer Fortschreibungskomponenten einen positiven Wert ausweisen würde. Obwohl in Einklang mit IAS 28.39 stehend kann dieses

Resultat nicht überzeugen. Analog zur oben erläuterten Vorgehensweise (→ Rn 144f) sind uE die Netto-Zwischengewinne aus *downstream*-Transaktionen zwingend zu eliminieren. Zunächst sollte dabei eine ggf ggü dem assoziierten oder Gemeinschaftsunternehmen bestehende Forderung aufwandswirksam abgewertet werden. Bestehen keine abwertungsfähigen Forderungen, sollte die Eliminierung der Netto-Zwischengewinne mit der Buchung „per Ergebnis aus assoziierten Unternehmen an passiver Abgrenzungsposten (*deferred income)*" erfolgen.

147 Der **IASB** entschied bzgl der dargestellten Problematik vorläufig, dass bei *downstream*-Transaktionen stets eine **vollständige anteilsproportionale Zwischengewinneliminierung** zu erfolgen hat und für den Equity-Buchwert übersteigende Zwischengewinne die Erfassung in einem **passiven Abgrenzungsposten** sachgerecht ist (*IASB* Update July 2013, 8f). Damit wird der Regelung des IAS 28.28 zur Zwischenergebniseliminierung ggü den Vorschriften des IAS 28.39 betreffend das Aussetzen des Equity-Buchwerts bei einem Buchwert von null der Vorrang eingeräumt. Angesichts der klaren Präferenz des IASB für eine Erfassung der betreffenden Zwischengewinne in einem passiven Abgrenzungsposten sollte somit bereits derzeit die Bilanzierung eines derartigen Bilanzpostens erfolgen (s auch *Brune* IRZ 2014, 132 (134)).

148–151 *(einstweilen frei)*

F. Angaben im Anhang

152 Sämtliche **Angabepflichten** im Hinblick auf Beteiligungen an anderen Unternehmen **enthält IFRS 12.** Die Anhangangaben betreffend die auf der Grundlage der Equity-Methode gem IAS 28 im Konzernabschluss berücksichtigten assoziierten und Gemeinschaftsunternehmen sind dabei in IFRS 12.20 bis IFRS 12.24 iVm IFRS 12.B12ff geregelt (*Zülch/Popp* KoR 2011, 509 (510f)). Danach hat ein Anteilseigner in seinem Konzernabschluss für *at equity* bewertete assoziierte und Gemeinschaftsunternehmen Folgendes anzugeben:

(1) Für jedes **wesentliche** assoziierte und Gemeinschaftsunternehmen Angabe, ob die Beteiligung nach der Equity-Methode oder aber zum beizulegenden Zeitwert bewertet wurde (IFRS 12.21(b)(i)), wesentliche finanzielle Informationen betreffend das assoziierte oder Gemeinschaftsunternehmen entspr IFRS 12.B12f (IFRS 21.21(b)(ii)) sowie – für den Fall, dass notierte Marktpreise existieren – Angabe des beizulegenden Zeitwerts für jedes Investment (IFRS 21.21(b)(iii)). Die nach IFRS 12.B12f geforderten Angaben umfassen eine detaillierte Darstellung einzelner Vermögens- und Schuldposten sowie Aufwendungen und Erträge (auch: Angabe des Nachsteuer-Ergebnisses aus aufgegebenen Geschäftsbereichen) sowie die Angabe der Dividendenausschüttungen jedes wesentlichen assoziierten und Gemeinschaftsunternehmens. Nach IFRS 12.B14 sind die Abschlussposten dabei aus dem IFRS Abschluss des assoziierten Unternehmens oder Gemeinschaftsunternehmens nicht beteiligungsproportional entspr der Beteiligungsquote des Anteilseigners, sondern zu 100% anzugeben, wobei Anpassungen im Rahmen der Equity-Methode bspw aus der Erstkonsolidierung oder der Anpassung an konzerneinheitliche Bilanzierungs- und Bewertungsmethoden zu berücksichtigen sind (IFRS 12.B14(a)). Zudem hat eine Überleitung der detailliert dargestellten Finanzinformationen auf den Equity-Buchwert zu erfolgen (IFRS 12.B14(b)). Erleichterungen bestehen, sofern assoziierte und Gemeinschaftsunternehmen in Übereinstimmung mit IAS 28 zum beizulegenden Zeitwert bewertet werden (IFRS 12.B15).

(2) Für jedes – einzeln betrachtet – **nicht wesentliche** assoziierte und Gemeinschaftsunternehmen **zusammengefasst** (i) für alle nicht wesentlichen Ge-

meinschaftsunternehmen und (ii) für alle nicht wesentlichen assoziierten Unternehmen Angabe der Equity-Buchwerte sowie des Ergebnisses aus fortgeführten und des Nachsteuer-Ergebnisses aus aufgegebenen Geschäftsbereichen, des sonstigen Ergebnisses und des Gesamtergebnisses (IFRS 12.B16).

153 Sofern Anteile an assoziierten oder Gemeinschaftsunternehmen teilweise oder vollständig als **zur Veräußerung gehalten** gem IFRS 5 klassifiziert werden, kann auf eine Darstellung der in IFRS 12.B12 bis IFRS 12.B16 geforderten Angaben verzichtet werden (IFRS 12.B17).

Auch **Investmentgesellschaften** können gem IFRS 2.21A auf die Angaben nach IFRS 12.21(b) und (c) bzw IFRS 12.B12 bis IFRS 12.B16 verzichten. Dies gilt mangels anderslautender Regelungen mithin unabhängig davon, wie die Investmentgesellschaft das Wahlrecht, ihre assoziierten und Gemeinschaftsunternehmen zum beizulegenden Zeitwert oder aber *at equity* zu bewerten, ausübt.

Des Weiteren sind anzugeben:

(3) Art und Ausmaß wesentlicher Finanzmitteltransferbeschränkungen (IFRS 12.22(a));
(4) der Abschlussstichtag für den Fall, dass der der Equity-Fortschreibung zugrunde liegende Abschluss auf einen anderen Abschlussstichtag oder für eine andere Periode als der Abschluss des Anteilseigners (Konzernabschluss) aufgestellt ist verbunden mit einer Begründung für diese Abweichung (IFRS 12.22(b));
(5) sofern die Equity-Methode ausgesetzt wurde, der nicht realisierte Anteil am Verlust eines assoziierten oder Gemeinschaftsunternehmens sowohl für die jeweilige Berichtsperiode als auch kumuliert IFRS 12.22(c));
(6) diverse (bilanzierte und nicht-bilanzierte) Verpflichtungen insbes in Zusammenhang mit Gemeinschaftsunternehmen (IFRS 12.23 iVm IFRS 12.B18 bis IFRS 12.B20).

IAS 28 iVm IFRS 12 sind darüber hinaus erläuternde Anhangangaben notwendig, wenn eine Anpassung des Abschlussstichtags unterbleibt, obwohl der Abschlussstichtag des assoziierten bzw Gemeinschaftsunternehmens um mehr als drei Monate vom Konzernabschlussstichtag abweicht (→ Rn 48). Zu weiteren Angabepflichten betreffend assoziierte und Gemeinschaftsunternehmen → § 32 Rn 56 ff.

Eine **Kurzfassung** sämtlicher nach IFRS 12 erforderlichen Anhangangaben befindet sich in der **Checkliste** in der Anlage zu diesem Handbuch.

154, 155 *(einstweilen frei)*

G. Wesentliche Änderungen und deren Anwendungszeitpunkte

156 **IFRS 9** idF vom Juli 2014 führte zu Änderungen an IAS 28.40 bis IAS 28.42 und der Einfügung von IAS 28.41A bis IAS 28.41C. Die Änderungen sind – sofern ein Endorsement erfolgt – für Geschäftsjahre, die am oder nach dem 1. Januar 2018 beginnen, erstmals verpflichtend anzuwenden.

Im August 2014 verabschiedete der IASB den ***Änderungsstandards Equity-Method in Separate Financial Statements,*** der den Anwendungsbereich der Equity-Methode auf die Bewertung von Anteilen an TU, assoziierten und Gemeinschaftsunternehmen im Einzelabschluss als Alternative zur Bewertung zu Anschaffungskosten bzw Bewertung nach IAS 39/IFRS 9 ausdehnte. Zudem wurde IAS 28.25 geändert. Der Standard und die Folgeänderung sind – eine Übernahme durch die EU vorausgesetzt – erstmalig für Geschäftsjahre, die am oder nach dem 1. Januar 2016 beginnen, anzuwenden (IAS 27.18J (geändert 2014, IAS 28.45B (geändert 2014)).

Darüber hinaus wurde im September 2014 der ***Änderungsstandard Sale or Contributions of Assets between an Investor and its Associate or Joint Venture – Amendments to IFRS 10 and IAS 28*** verabschiedet, durch den IAS 28.28, IAS 28.30 geändert sowie IAS 28.31A und IAS 28.31B eingefügt wurden. Der Standard sollte erstmalig für Veräufe und Einbringungen in Geschäftsjahren, die am 1. Januar 2016 beginnen, prospektiv anzuwenden sein (IAS 28.45C (geändert 2014)); der IASB beschloss jedoch eine Verschiebung des Anwendungszeitpunkts (*IASB* Update July 2015, 3f). Der Endorsement-Prozess wurde ausgesetzt (→ Rn 166).

Die Verabschiedung des ***Änderungsstandards Investment Entities: Applying the Consolidation Exception – Amendments to IFRS 10, IFRS 12 and IAS 28*** im Dezember 2014 hat zu Änderungen an IAS 28.17, IAS 28.27 und IAS 28.36 sowie zur Einfügung von IAS 28.36A geführt. Die Änderungen sind – sofern ein Endorsement erfolgt – erstmals für Geschäftsjahre, die am oder nach dem 1. Januar 2016 beginnen, anzuwenden (IAS 28.45D (geändert 2014)).

Schließlich wurde mit der Änderung des IAS 1.82A als Folge der Verabschiedung des Standards ***Disclosure Initiative – Amendments to IAS 1*** im Dezember 2014 IAS 1.82A in Bezug auf den Ausweis von sonstigen Ergebnissen im Rahmen der Equity-Fortschreibung angepasst. Auch diese Änderungen sind unter der Voraussetzung einer Übernahme durch die EU erstmalig für Geschäftsjahre, die am oder nach dem 1. Januar 2016 beginnen, anzuwenden.

Die vorliegende Kommentierung hat wesentliche materielle Änderungen herausgehoben, darüber hinaus haben die Überarbeitungen klarstellenden Charakter.

H. Gegenüberstellung zu HGB/DRS

Bei einer Gegenüberstellung der Regelungen zur Equity-Methode nach IAS 28, § 312 HGB und DRS 8 ergeben sich die folgenden Unterschiede (s auch *Küting/Seel* DB 2010, 1005 (1005ff)): **157**

(1) **Anwendungsbereich:** Im Gegensatz zum HGB und DRS 8 ist die Equity-Methode gem IAS 28.18 nicht verpflichtend anzuwenden, sofern die Anteile an assoziierten Unternehmen von Venture Capitalists Organisationen, Investmentfonds, Unit Trusts und vergleichbaren Einheiten wie Versicherungsfonds gehalten und gem IAS 39/IFRS 9 bewertet werden. Sofern Anteile mit Weiterveräußerungsabsicht erworben werden, liegt gem § 311 Abs 1 HGB kein assoziiertes Unternehmen vor bzw ist von einer Anwendung der Equity-Methode abzusehen (DRS 8.6f), sodass in diesem Fall zwingend eine Bewertung nach der Anschaffungskostenmethode zu erfolgen hat. Eine IFRS 5 entspr Bewertung kennen die nationalen Vorschriften hingegen nicht. Darüber hinaus stimmen die Voraussetzungen zur Befreiung von der Konzernrechnungslegung gem IFRS 10.4(a) nicht im Einzelnen mit denen gem § 291 HGB überein. Zudem ist eine § 296 HGB entspr Anwendung der Equity-Methode auf nicht voll konsolidierte TU nach IFRS 10 und IAS 28 nicht zulässig. Nach IAS 28 ist die Anwendung der Equity-Methode verpflichtend für assoziierte und Gemeinschaftsunternehmen. Gem § 310 HGB besteht für Gemeinschaftsunternehmen ein Wahlrecht, diese auf der Grundlage der Quotenkonsolidierung oder aber der Equity-Methode in den Konzernabschluss einzubeziehen.

(2) **Anwendungsvoraussetzung:** Während § 311 Abs 1 HGB für das Vorliegen eines assoziierten Unternehmens und damit für die Anwendung der Equity-Methode die tatsächliche Ausübung des maßgeblichen Einflusses fordert, genügt nach IAS 28.3 bereits die Möglichkeit einer Einflussnahme. **158**

159 (3) **Konzerneinheitliche Bilanzierung und Bewertung:** Gem IAS 28.35f und DRS 8.8 ist ein der Equity-Bilanzierung zugrunde zu legender Abschluss an die konzerneinheitliche Bilanzierung und Bewertung anzupassen. Demgegenüber enthält § 312 Abs 5 Satz 1 HGB ein Wahlrecht zur Anpassung an die konzerneinheitliche Bilanzierung und Bewertung. Im Gegensatz zu IAS 12 besteht nach HGB für aktive latente Steuern aus sämtlichen *inside basis differences* betreffend die HB I und HB II ein Ansatzwahlrecht (§ 298 Abs 1 HGB iVm § 274 Abs 1 HGB).

160 (4) **Erstbewertung:** Abweichungen bestehen hinsichtlich der Abgrenzung des konsolidierungspflichtigen Eigenkapitals, in das gem IAS 28 auch dem deutschen Recht fremde Komponenten wie zB Neubewertungsrücklagen gem IAS 16.39f respektive IAS 38.85f einzubeziehen sind. Weitere Abweichungen zwischen den IFRS und dem HGB ergeben sich bei der Abgrenzung der erworbenen und separat identifizierbaren Vermögenswerte und Schulden (inklusive latenter Steuern und Restrukturierungsrückstellungen nach IFRS 3) sowie uU bei der Bestimmung der beizulegenden Zeitwerte (→ § 34 Rn 80ff). Zudem gilt im Gegensatz zu IAS 28.32 nach hM (vgl nur *Melcher/Murer* DB 2010, 1597 (1600f) mwN) nach § 312 Abs 2 Satz 1 HGB die **Anschaffungskostenrestriktion,** die eine Aufdeckung stiller Reserven auf die Höhe eines sich aus der Kapitalkonsolidierung ergebenden aktiven Unterschiedsbetrags begrenzt.

161 (5) **Folgebewertung:** Abweichungen zwischen IAS 28.33f, § 312 Abs 6 HGB und DRS 8.12f resultieren hinsichtlich des **Abschlussstichtags** des der Equity-Bilanzierung zugrunde zu legenden Abschlusses des assoziierten oder Gemeinschaftsunternehmens. Ferner erfolgt eine Wertminderung des Equity-Werts nach IAS 28.40ff nur bei **dauernder oder wesentlicher Wertminderung,** während nach § 298 Abs 1 HGB iVm § 253 Abs 3 Satz 3 HGB zudem ein Abschreibungswahlrecht bei nur vorübergehender Wertminderung besteht. Unterschiede bestehen auch hinsichtlich der Berechnung der Wertminderungshöhe, die nach IAS 28.40ff in einem zweistufigen Verfahren zu ermitteln ist und dem Unterschied zwischen dem Equity-Buchwert und dem niedrigeren erzielbaren Betrag entspricht, während im HGB kein gesetzliches Ermittlungsverfahren für die Bestimmung des (niedrigeren) beizulegenden Werts nach § 253 Abs 3 HGB oder DRS 8.28f kodifiziert ist. Darüber hinaus ergeben sich Unterschiede hinsichtlich der Fortführung von **Geschäfts- oder Firmenwerten.** Nach IAS 28.32 wird der Geschäfts- oder Firmenwert nicht planmäßig abgeschrieben und gem IAS 28.42 nicht gesondert, sondern nur im Zuge der außerplanmäßigen Abschreibung des Equity-Werts als Bestandteil der *at equity* bewerteten Anteile wertgemindert. Demgegenüber ist der Geschäfts- oder Firmenwert als Vermögensgegenstand mit zeitlich begrenzter Nutzungsdauer nach DRS 8.23 iVm DRS 8.28 und § 246 Abs 1 Satz 4 HGB iVm § 253 Abs 3 HGB planmäßig über die Nutzungsdauer und ggf darüber hinaus außerplanmäßig abzuschreiben, indem Wertberichtigungen stets vorrangig den Geschäfts- oder Firmenwert mindern. Abweichend von IAS 28.42 besteht nach § 298 Abs 1 HGB iVm § 253 Abs 5 Satz 2 HGB und DRS 8.29 ein Wertaufholungsverbot für Beträge, die zuvor den Geschäfts- oder Firmenwert wertgemindert haben. Schließlich sind im Gegensatz zu IAS 28.38 weder nach § 312 HGB noch nach DRS 8 bei der Equity-Fortschreibung langfristige Forderungen oder Kredite des Anteilseigners vor dem Aussetzen der Equity-Methode infolge eines **negativen Beteiligungsbuchwerts** in das Verrechnungspotenzial einzubeziehen.

Abweichungen existieren – neben dem Entstehen im Rahmen der Erstbewertung – auch hinsichtlich der Fortführung **passiver Unterschiedsbeträge,** die gem IAS 28.32 ausschließlich unmittelbar ertragswirksam im Rahmen der

erstmaligen Kapitalkonsolidierung zu erfassen sind. Demgegenüber hat nach § 312 Abs 2 HGB iVm § 309 Abs 2 HGB entweder eine Auflösung bei Anfall antizipierter künftiger Verluste und Aufwendungen oder aber dann zu erfolgen, wenn feststeht, dass der negative Unterschiedsbetrag einem realisierten Gewinn entspricht. Der (derzeit noch gültige) DRS 8.24 fordert eine ursachengerechte Auflösung bei Anfall antizipierter künftiger Verluste und Aufwendungen, dh planmäßig ertragswirksam über die gewichtete durchschnittliche Nutzungsdauer der erworbenen nicht-monetären Vermögenswerte, oder aber – in Ausnahmefällen – unmittelbar ertragswirksam. Aufgrund des geänderten Art 24 Abs 3 Buchst f der Richtl 2013/34/EU wurde § 309 Abs 2 HGB im Rahmen der Änderungen des HGB durch das BilRuG neu gefasst. Künftig ist für Geschäftsjahre, die nach dem 31. Dezember 2015 beginnen, eine erfolgswirksame Auflösung des passiven Unterschiedsbetrags dann zulässig, wenn die erfolgswirksame Vereinnahmung den allgemeinen Bewertungsgrundsätzen und -methoden entspricht (*Haaker/Freiberg* PiR 2014, 344 (344f)). Nach den derzeitigen Regelungen des E-DRS 30.134ff, die der Auslegung des neuen prinzipienorientierten § 309 Abs 2 HGB idF BilRUG dienen, ist zukünftig im handelrechtlichen Konzernabschluss je nach Art des negativen Unterschiedsbetrags unter wirtschaftlicher Betrachtungsweise (Fremdkapitalcharakter, Eigenkapitalcharakter oder technischer Unterschiedsbetrag) eine (ratierliche) erfolgswirksame oder sofortige erfolgsneutrale Vereinnahmung vorgesehen.
Unterschiede zwischen den handelsrechtlichen und den IFRS-Regelungen ergeben sich des Weiteren hinsichtlich der Abgrenzung und Auflösung **latenter Steuern** (zB aus IAS 12.39 und IAS 12.44 im Vergleich mit § 306 Satz 4 HGB für *outside basis differences*) und **der Entstehung im sonstigen Ergebnis zu erfassender Fortschreibungskomponenten** (s bspw IAS 28.10 iVm IAS 16.39f respektive IAS 38.76f betreffend Neubewertungsrücklagen und IAS 39.55(b) betreffend erfolgsneutral zu erfassende Gewinne und Verluste aus der Bewertung zum beizulegenden Zeitwert von zur Veräußerung verfügbaren Finanzinvestitionen).

(6) **Zwischenergebniseliminierung:** Im Gegensatz zu IAS 28.28 und 162
DRS 8.30 ergibt sich nach dem Wortlaut des § 312 Abs 5 Satz 4 HGB ein Wahlrecht, die Zwischenergebniseliminierung beteiligungsproportional (hM) oder in voller Höhe durchzuführen. Aufgrund des Wegfalls des Wahlrechts zur anteiligen Zwischenergebniseliminierung in der Richtlinie 2013/34/EU wurde § 312 Abs 5 Satz 4 HGB im Rahmen des BilRuG gestrichen. Für Geschäftsjahre, die nach dem 31. Dezember 2015 beginnen, ist somit allein eine beteiligungsproportionale Zwischenergebniseliminierung zulässig. Zudem besteht gesetzlich nur eine Pflicht zur Zwischenergebniseliminierung bei *upstream*-Transaktionen (von der hM wird hingegen eine Zwischenergebniseliminierung auch bei *downstream*-Transaktionen gefordert; s stellvertretend *Winkeljohann/Böcker* in BeBiKo § 312 Rz 78ff).

(7) **Ausweis- und Angabepflichten:** Im Gegensatz zu den handelsrechtlichen 163
Regelungen (vgl § 298 HGB iVm § 268 HGB) besteht nach den IFRS keine Verpflichtung, die Anteile an assoziierten Unternehmen im Anlagespiegel zu zeigen. Demgegenüber werden in IFRS 12.21ff jedoch erweiterte Angabepflichten im Vergleich zu §§ 312ff HGB und DRS 8.47ff gefordert.

I. Aktuelle Entwicklungen/IASB-Projekte

Der Klärung der dringensten **Inkonsistenzen** und **Anwendungsfragen** im 164
Zusammenhang mit der Equity-Methode (→ Rn 2) versucht(e) der IASB kurzfristig durch die Verabschiedung begrenzter Änderungen an IAS 28 herbeizufüh-

ren. Dies zeigen die Arbeitsprogramme des IASB und des IFRSIC, wobei Fortschritte iSv konsistenten Lösungen sich allenfalls bedingt belegen lassen. Die anstehenden (bzw verworfenen) Einzel-Projekte zur Equity-Methode befassen sich mit den nachfolgenden Themen:

(1) Berücksichtigung erfolgsneutraler Eigenkapitaländerungen beim assoziierten oder Gemeinschaftsunternehmen im Rahmen der Fortschreibung des Equity-Buchwerts beim Investor (→ Rn 165),
(2) Bewertung notierter Anteile an TU, assoziierten und Gemeinschaftsunternehmen zum bei zulegenden Zeitwert (→ Rn 166);
(3) Bilanzierung der Veräußerung oder Einlage von Vermögenswerten aus Transaktionen eines Anteilseigners mit seinen assoziierten oder Gemeinschaftsunternehmen (→ Rn 166);
(4) Einzelfragen der Zwischenergebniseliminierung (→ Rn 167);
(5) Ausübung des Wahlrechts zur Bilanzierung von Anteilen an assoziierten oder Gemeinschaftsunternehmen zum beizulegenden Zeitwert für Wagniskapital-Organisationen, Investmentfonds, Unit Trusts oder vergleichbare Einheiten einschließlich fondsgebundenen Versicherungen (→ Rn 168);
(6) Beurteilung des maßgeblichen Einflusses von Fondsmanagern (→ Rn 169);
(7) Bilanzierung des Erwerbs von Anteilen an assoziierten oder Gemeinschaftsunternehmen unter *common control* (→ Rn 170).

165 Im November 2012 veröffentlichte der IASB den Standardentwurf ED/2012/3 *Equity-Method: Share of Other Net Asset Changes – Proposed Amendments to IAS 28.* Mit der Veröffentlichung sollte eine **Regelungslücke** in IAS 28.10 geschlossen bzw eine **Inkonsistenz** zwischen IAS 28.3 und IAS 28.10 korrigiert werden. Denn während IAS 28.3 eine Berücksichtigung sämtlicher anteiliger Veränderungen des Nettovermögens des assoziierten bzw Gemeinschaftsunternehmens im Rahmen der Fortschreibung des Equity-Werts im Abschluss des Investors fordert, enthält IAS 28.10 bislang nur Vorschriften zur Berücksichtigung von erhaltenen Ausschüttungen, erfolgswirksamen Eigenkapitalveränderungen und Veränderungen des sonstigen Ergebnisses. Ungeregelt ist somit, wie der Anteil des Investors an anderen **(erfolgsneutralen) Veränderungen des Nettovermögens** eines assoziierten oder Gemeinschaftsunternehmens, die bspw aus anteilsbasierten Vergütungstransaktionen, die durch Eigenkapitalinstrumente zu erfüllen sind, oder der unter- oder überproportionalen Teilnahme des Investors an einer Kapitalerhöhung resultieren, bei der Equity-Fortschreibung zu berücksichtigen sind (→ Rn 133). Der Standardentwurf stellte diesbezüglich – abweichend von der Empfehlung des IFRSIC (*IFRIC* Update July 2013, 9) – klar, dass der Anteil des Investors an derartigen sonstigen Änderungen des Nettovermögens eines assoziierten oder Gemeinschaftsunternehmens im Rahmen der Equity-Fortschreibung im Abschluss des Investors ebenfalls erfolgsneutral im Eigenkapital zu erfassen ist. Im Zuge der Beendigung der Equity-Methode in einer späteren Periode sollte nach dem Vorschlag in ED/2012/3 der bislang erfolgsneutral im Eigenkapital des Investors erfasste Betrag in die GuV umgegliedert und damit erfolgswirksam *recycelt* werden. Die vorgeschlagenen Änderungen wurden in den eingegangenen Stellungnahmen (*IFRIC* Update July 2013, 8f) und im Schrifttum (s nur *B. Hayn/S. Hayn* WPg 2013, 353 (355f); *Holzwarth* KoR 2013, 173 (175ff)) massiv kritisiert. Aufgrund der Ankündigung mehrerer Board-Mitglieder, gegen eine Verabschiedung des Standards zu stimmen, beschloss der IASB, die geplanten Standardänderungen nicht weiterzuverfolgen (*IASB* Update May 2014, 6).

166 Auswirkungen auf IAS 28 hat auch der im September 2014 vom IASB veröffentlichte Standardentwurf ED/2014/4 *Measuring Quoted Investments in Subsidiaries, Joint Ventures and Associates at Fair Value – Proposed Amendments to IFRS 10, IFRS 12, IAS 27, IAS 28 and IAS 36 and Illustrative Examples for IFRS 13.* Mit den vorgeschlagenen Änderungen wird klargestellt, dass das **Bilanzierungsobjekt** *(unit of account)* in Bezug auf Beteiligungen an TU, assoziierten und Gemeinschaftsunternehmen die Beteiligung als Ganzes ist. Der beizulegende Zeitwert solcher Beteiligungen, der bspw bei Ausübung des Wahlrecht gem IAS 28.18 → Rn 9) bestimmt werden muss, stellt bei einer Marktnotierung jedoch das Produkt aus dem notierten Preis je Einheit und der Anzahl der gehaltenen Finanzinstrumente ohne weitere Anpassungen dar. **Paketzu-** oder **-abschläge** dürfen somit nicht berücksichtigt werden.

Bislang **veröffentlicht** wurden die **beiden Änderungsstandards** *Investment Entities: Applying the Consolidation Exception – Amendments to IFRS 10, IFRS 12 and IAS 28* (→ Rn 35) und *Sale or Contribution of Assets between an Investor and its Associate or Joint Venture – Amendments to IFRS 10 and IAS 28* (→ s Rn 63). Die letztgenannten Änderungen, die im September 2014 verabschiedet wurden, stehen jedoch immer noch in der Diskussion, da die Regelungen eine Reihe weiterer Fragen aufwerfen und in Teilbereichen (Übergangskonsolidierung von einem vollkonsolidierten TU, das keinen Geschäftsbetrieb darstellt, auf die Equity-Methode) zu einem unbeabsichtigten Widerspruch mit IAS 28.32(b) führen (→ § 37 Rn 128). Der IASB entschied daraufhin zunächst, den Widerspruch zu IAS 28.32(b) in einem Projekt *Transactions between an Entity and its Associate or Joint Venture* aufzugreifen und durch entspr Anpassungen des bereits verabschiedeten Änderungsstandards sowie weiterer Paragrafen des IFRS 10 und IAS 28 zu klären. Im Januar 2015 beschloss der IASB jedoch, das vorgenannte Projekt in sein Projekt *Elimination of Gains or Losses Arising from Transactions between an Entity and its Associate or Joint Venture* zu integrieren und schlug vor, den verpflichtenden Erstanwendungszeitpunkt des Änderungsstandards *Sale or Contribution of Assets between an Investor and its Associate or Joint Venture – Amendments to IFRS 10 and IAS 28* bis zum Abschluss des Projekts betreffend die Zwischenergebniseliminierung zu verschieben (*IASB* Update January 2015, 8). Aus den vorstehend genannten Gründen hat auch die EFRAG der EU-Kommission im Februar 2015 empfohlen, den Endorsement Prozess des bereits veröffentlichten Standards bis zum Abschluss des Projekts zur Zwischenergebniseliminierung zu verschieben.

Inhaltlich geht es bei dem Projekt *Elimination of Gains or Losses Arising from Transactions between an Entity and its Associate or Joint Venture* neben den genannten Anpassungen insbes um die Klärung der Frage, wie die **Zwischengewinneliminierung** aus *downstream*-Transaktionen zwischen einem Investor und seinem assoziierten bzw Gemeinschaftsunternehmen zu bilanzieren ist, wenn diese Zwischengewinne den Equity-Buchwert übersteigen (s nur *Brune* IRZ 2014, 132 (132ff) und → Rn 146). Der IASB entschied diesbezüglich, dass bei *downstream*-Transaktionen stets eine **vollständige anteilsproportionale Zwischengewinneliminierung** zu erfolgen hat und für den Equity-Buchwert übersteigende Zwischengewinne die Erfassung in einem passiven Abgrenzungsposten sachgerecht ist (*IASB* Update July 2013, 8f). Damit wird der Regelung des IAS 28.28 zur Zwischenergebniseliminierung ggü den Vorschriften des IAS 28.39 betreffend das Aussetzen des Equity-Buchwerts bei einem Buchwert von null der Vorrang eingeräumt. Im Rahmen des umfassenden Projekts zur Zwischenergebniseliminierung soll zudem die Regelung des IAS 28.31, die die Zwischenergebniseliminierungpflicht von der Art der Gegenleistung abhängig macht (→ Rn 62), dahingehend angepasst werden, dass auch im Fall von Sacheinlagen, die keinen Geschäftsbetrieb iSd IFRS 3 darstellen, stets eine beteiligungsproportionale Zwischenergebniseliminierung zu erfolgen hat (*IASB* Update March 2014, 9). Auf seiner Sitzung im Juni 2015 beschloss der IASB, die Beratungen über diese Vorschläge auszusetzen und die aufgeworfenen Fragen im Rahmen eines umfassenderen Forschungsprojekts über die Equity-Methode zu berücksichtigen (*IASB* Update July 2015, 3ff). 167

168 Im Mai 2015 genehmigte der IASB vorläufig die Aufnahme einer Bilanzierungsfrage zu IAS 28 in den Standardentwurf zu *Annual Improvements to IFRS 2014–2016 Cycle,* dessen Veröffentlichung derzeit (Stand: 31. Juli 2015) spätestens im vierten Quartal 2015 geplant ist (*IASB* Update May 2015, 7f). Konkret handelt es sich hierbei um die Klarstellung, dass das Wahlrecht des IAS 28.18, assoziierte oder Gemeinschaftsunternehmen *at equity* oder erfolgswirksam zum beizulegenden Zeitwert zu bewerten, von Wagniskapital-Organisationen und vergleichbaren Unternehmen für jedes assoziierte oder Gemeinschaftsunternehmen einzeln ausgeübt werden darf, also keine Bilanzierungsmethode darstellt, die stetig anzuwenden ist. Entspr soll auch in Bezug auf IAS 28.36A (geändert 2014) (→ Rn 35) gelten.

169 Im Hinblick auf das vom IASB initiierte **Forschungsprojekt** (→ Rn 170) zur Equity-Methode hat das IFRSIC sein Projekt *IAS 28 Investments in Associates and Joint Ventures: Assessment of significant influence: Fund manager acting as agent and holding own investment* vorläufig zurückgestellt. Inhaltlich befasst sich dieses Projekt mit der Frage, welche Faktoren darauf hinweisen, dass ein **Fondsmanager** einen **maßgeblichen Einfluss** auf den von ihm geführten Fonds, an dem er selbst **direkt beteiligt** ist, hat. Eine Wiederaufnahme durch das IFRSIC ist geplant, sofern Fragen der Beurteilung des maßgeblichen Einflusses nicht Bestandteil des Forschungsprojekts sein werden.

170 Mit gleicher Begründung – Aufnahme eines Forschungsprojekts des IASB zur Equity-Methode und darüber hinaus Aufnahme eines Forschungsprojekts zur Bilanzierung von Unternehmenszusammenschlüssen unter gemeinsamer Beherrschung (*common control*) – hat das IFRSIC auch die Aufnahme eines Projekts zur **Bilanzierung** des **Erwerbs** von Anteilen an assoziierten oder Gemeinschaftsunternehmen unter ***common control*** auf seine Agenda abgelehnt (*IFRIC* Update May 2013, 3f; s zu Anwendungsbeispielen *pwc* 2015 Rz 27.213).

171 Dass eine intensivere Auseinandersetzung mit den Regelungen zur Equity-Methode erforderlich ist, hat mittlerweile auch der IASB erkannt und – ua als Folge der Rückmeldungen im Rahmen der *Agenda Consultation* 2011 – ein entspr **Forschungsprojekt** *(Equity Method of Accounting)* in sein Arbeitsprogramm aufgenommen. Gegenwärtig diskutiert der IASB Umfang, methodisches Vorgehen und zugrunde zu legende Grundsätze. Die Diskussionen lassen eine Zweiteilung des Forschungsprojekts erkennen: Kurzfristig sollen in einem begrenzten Forschungsprojekt die derzeit an das IFRSIC herangetragenen Fragestellungen adressiert werden. Die Veröffentlichung eines entspr Diskussionspapiers (DP) wird derzeit (Stand: 31. Juli 2015) in 2016 erwartet. Ein größeres Forschungsprojekt soll hingegen erst nach dem Abschluss der *Post Implementation Reviews* (PIR) von IFRS 10, IFRS 11 und IFRS 12 erfolgen (*IASB* Update June 2015, 10f).

Vor dem Hintergrund der zahlreichen ungeklärten Bilanzierungsprobleme ist es bemerkenswert, dass zukünftig die Anwendung der Equity-Methode als Alternative zur Bewertung von Anteilen an TU, assoziierten und Gemeinschaftsunternehmen zu Anschaffungskosten bzw in Übereinstimmung mit IAS 39/IFRS 9 im Einzelabschluss zulässig ist (→ § 7 Rn 52). Der IASB hat vorläufig entschieden, eine separate Untersuchung der Equity-Methode zur Bewertung von TU im Einzelabschluss vorzunehmen (*IASB* Update June 2015, 11).

Die vorstehenden Ausführungen verdeutlichen, dass die Vorschriften des IAS 28 dringend einer umfassenden konzeptionellen Überarbeitung bedürfen. Mit einer derartigen grundlegenden Auseinandersetzung durch den IASB, die auch eine abschließende Klärung der Klassifizierung der Equity-Methode als Bewertungs- oder Konsolidierungsmethode beinhalten muss, ist in naher Zukunft jedoch nicht zu rechnen.

§ 37. Fragen der Übergangskonsolidierung

Übersicht

Schrifttum: *Busch/Zwirner* Wechsel der Einbeziehungsmethode im Konzernabschluss – Übergang von der Vollkonsolidierung zur Equity-Bewertung, IRZ 2014, 327; *B. Hayn* Konsolidierungstechnik bei Erwerb und Veräußerung von Anteilen, Herne/Berlin 1999; *Heintges/Urbanczik* Erwerb und Folgebewertung assoziierter Unternehmen nach IAS 28, KoR 2011, 418; *IDW* S 1 Grundsätze zur Durchführung von Unternehmensbewertungen, FN IDW 2008, 271; *IDW* RS HFA 2 Stellungnahme zur Rechnungslegung: Einzelfragen zur Anwendung von IFRS, FN IDW 2012, 380; *IDW* RS HFA 47 Einzelfragen zur Ermittlung des Fair Value nach IFRS 13, FN IDW 2014, 84; *Klose* Kapitalkonsolidierungs- und Bewertungsmethoden in der Konzernrechnungslegung nach IFRS, Aachen 2014; *Küting/Weber/Wirth* Die Goodwillbilanzierung im finalisierten Business Combinations Project Phase II, KoR 2008, 139; *Küting/Wirth* Controlerlangung über Tochterunternehmen mittels sukzessiver Anteilserwerbe (Teil 1 und 2), KoR 2010, 362, 455; *Leitner-Hanetseder/Rohatschek* Sukzessiver Anteilserwerb nach IFRS 3, IRZ 2012, 177; *Milla/Butollo* Übergangskonsolidierung nach IFRS bei Veränderung der Beteiligungshöhe mit Statuswechsel, IRZ 2007, 81; *Richter* Sukzessive Erwerbe nach IFRS bei Anwendung der Equity-Methode, KoR 2014, 289; *Staff Paper* Interpretations Committee Meeting, July 2010, Agenda Reference 16, IAS 28 Investments in Associates – Purchase on Stages – Fair Value as Deemed Cost, London 2010; *Wenk/Jagosch* Reduzierung einer Mehrheitsbeteiligung durch IPO nach IAS 27 (rev. 2008), KoR 2009, 113; *Wirth* Firmenwertbilanzierung nach IAS, Stuttgart 2005; *Zülch/Fischer* Neu gestaltete IFRS-Konzernrechnungslegung – IFRS 3 und IAS 27, PiR 2007, 358.

Wesentliche Rechtsgrundlagen: IFRS 3, IFRS 10, IFRS 12, IAS 28

A. Grundlagen

1 Unter den Begriff **Übergangskonsolidierung** werden sämtliche (Konsolidierungs-)Maßnahmen subsumiert, die notwendig werden, wenn sich aus Konzernsicht infolge veränderter Möglichkeiten der Einflussnahme eine Statusänderung eines einfachen Beteiligungs-, assoziierten, Gemeinschafts- oder TU ergibt, die eine entspr angepasste Abbildungsform im Konzernabschluss bedingt. Je nachdem, ob der Grad der Einflussnahme auf das betreffende Unternehmen zu- oder abnimmt, wird zwischen der Übergangskonsolidierung mit Aufwärtswechsel und der Übergangskonsolidierung mit Abwärtswechsel unterschieden. Beide Richtungen der Übergangskonsolidierung im hier verwandten Sinne umfassen zum einen die **Übergangskonsolidierung ieS,** zu der ausschließlich Wechsel zwischen der Equity-Methode und der Vollkonsolidierung zählen. Zum anderen fällt hierunter die Übergangskonsolidierung iwS, die auch Übergänge von/zur reinen Finanzinvestition, dh von und zur Anschaffungskostenmethode bzw Bewertung gem IAS 39/IFRS 9, einbezieht. Hinsichtlich der Bilanzierung von veränderten Beteiligungsverhältnissen betreffend TU, Gemeinschafts- und assoziierte Unternehmen **ohne Statuswechsel** vgl → § 34 Rn 253ff, → § 35 Rn 45 und → § 36 Rn 113ff sowie für TU auch im Folgenden → Rn 39ff und → Rn 84ff.

2 Im **Regelfall** sind veränderte Beteiligungsverhältnisse aufgrund von **Anteilszu- oder -verkäufen** von/an Dritte oder aber der unter- oder überproportionalen Teilnahme an einer Kapitalerhöhung/-herabsetzung eines Unternehmens der Grund für eine Übergangskonsolidierung. Die Pflicht zur Durchführung einer Übergangskonsolidierung setzt indessen **nicht notwendigerweise veränderte Beteiligungskonstellationen** voraus. Vielmehr kann eine Übergangskonsolidierung auch bei unveränderten Beteiligungsverhältnissen verpflichtend sein, zB durch den Abschluss von Stimmrechtsbindungsverträgen bzw sonstige Übertragung von Stimmrechten oder infolge des Wegfalls einer bei Erwerb von Anteilen an einem assoziierten Unternehmen bestehenden Weiterveräußerungsabsicht, die zunächst eine Bilanzierung der Anteile nach den Regeln des IFRS 5 erforderte. Unter die Übergangskonsolidierung sind folglich auch Fälle zu subsumieren, in denen ein TU, Gemeinschafts- oder assoziiertes Unternehmen aus Gründen der Wesentlichkeit bislang zulässigerweise nicht auf der Grundlage der Vollkonsolidierung bzw Equity-Methode einbezogen wurde, dies aber nunmehr infolge des Wegfalls der Unwesentlichkeit angezeigt ist.

Für eine Übergangskonsolidierung ist der **Zeitpunkt** maßgebend, ab dem die **Definition** einer Finanzinvestition, eines assoziierten Unternehmens, eines Gemeinschaftsunternehmens oder eines TU erstmals bzw letztmals erfüllt ist. Die Übergangskonsolidierung von respektive zur Equity-Methode oder Vollkonsolidierung hat somit dann zu erfolgen, sobald die Möglichkeit, 3

(1) einen maßgeblichen Einfluss (IAS 28.22, IAS 28.32),
(2) die gemeinschaftliche Führung (IFRS 11.7 ff und IFRS 11.B5 ff iVm IAS 28.22 und IAS 28.32) oder
(3) einen beherrschenden Einfluss auszuüben (IFRS 3.8 f, IFRS 10.7 f, IFRS 10.25(a) und (b))

(nicht mehr) gegeben ist (vgl zu den Gründen des Wegfalls IFRS 10.B83, IAS 28.9). Auch in diesem Zusammenhang wird mithin der wirtschaftlichen Betrachtungsweise Vorrang vor der rechtlichen eingeräumt (vgl → § 34 Rn 58 ff, → § 35 Rn 5 ff und → § 2 Rn 69).

Inwiefern **IFRS 5** im Rahmen der Übergangskonsolidierung mit Abwärtswechsel anzuwenden ist, wird einer gesonderten Betrachtung unterzogen (→ Rn 73 ff). 4

(einstweilen frei) 5–10

B. Übergangskonsolidierung mit Aufwärtswechsel

I. Übergangskonsolidierung mit Aufwärtswechsel aufgrund des Zukaufs von Anteilen

1. Übergang von der Finanzinvestition auf die Vollkonsolidierung

Führt der Zukauf von Anteilen dazu, dass ein bislang als **Finanzinvestition** qualifiziertes Unternehmen nunmehr als **TU** einzustufen ist, wird im Konzernabschluss der **Wechsel** von der **Anschaffungskostenbewertung** bzw der Bewertung zum beizulegenden Zeitwert **gem IAS 39/IFRS 9** zur **Vollkonsolidierung** zwingend erforderlich. Nach den Vorschriften des IFRS 3.37 ff ist dabei **keine Erstkonsolidierung** der **einzelnen Anteilstranchen** unter Berücksichtigung der Wertverhältnisse zu den jeweiligen Erwerbszeitpunkten vorzunehmen. Die Umstände und Wertverhältnisse des sukzessiven Anteilserwerbs werden vielmehr außer Betracht gelassen. Stattdessen wird für **sämtliche Anteile** bzw die dahinter stehenden Vermögenswerte und Schulden eine **einheitliche Anschaffung** im Zeitpunkt der Beherrschungserlangung (zur Ausgestaltung des Beherrschungsbegriffs nach IFRS 10 ausführlich → § 30 Rn 10 ff) fingiert (IFRS 3.41 f). Folglich sind allein die Wertverhältnisse im Übergangszeitpunkt maßgebend; dies gilt sowohl für die Bewertung der (sukzessiv) gekauften Anteile als auch für die erworbenen Vermögenswerte und übernommenen Schulden. Der **Übergangszeitpunkt** wird dabei gem IFRS 3.8 bestimmt durch den Zeitpunkt der Erlangung der Beherrschung über das TU *(acquisition date)*. Dieser ist nach IFRS 3.9 grds der Zeitpunkt des rechtlichen Austauschs von Leistung und Gegenleistung für den Erwerb der Anteile und damit identisch mit dem *closing date*. Der Übergangszeitpunkt kann nach Würdigung aller Umstände in begründeten Ausnahmefällen aber auch vor oder nach dem *acquisition date* liegen (ausführlich → § 34 Rn 58 ff, → § 35 Rn 5 ff und IFRS 3.BC106 ff). Sofern die Übergangskonsolidierung unterjährig erfolgt, bedingt dies gem IFRS 3.10 ff iVm IFRS 10.B88 grds die Aufstellung eines auf den Zeitpunkt der *control*-Erlangung aufgestellten Zwischenabschlusses des erworbenen TU. Dabei wird es bei Erlangung der Beherrschung innerhalb eines Monats unter Wesentlichkeitsaspekten regelmäßig mög- 11 lich sein, auf den Monatsabschluss zum Ende des vorangegangenen oder zum Anfang des folgenden Monats abzustellen (IFRS 3.BC110). Weitere Erleichterungen hinsichtlich der Verwendung von Quartalsabschlüssen sind ebenfalls unter dem Wesentlichkeitsaspekt zu würdigen.

12 Im Einzelnen lassen sich die mit dem **Übergang** von einer Finanzinvestition auf die Vollkonsolidierung mit Minderheitenausweis einhergehenden **(Kapital-)Konsolidierungsmaßnahmen** wie folgt skizzieren:

(1) **Bewertung sämtlicher Anteile zu ihrem beizulegenden Zeitwert** im Übergangskonsolidierungszeitpunkt (Erlangung der Beherrschung). Dabei entstehende Differenzen zwischen der Bewertung der Altanteile zum beizulegenden Zeitwert im Übergangskonsolidierungszeitpunkt und ihrem Buchwert sind erfolgswirksam im Finanzergebnis zu erfassen. Soweit die Altanteile zuvor als „zur Veräußerung verfügbar" eingestuft und die Wertänderungen gem IAS 39.55(b) im sonstigen Ergebnis in einer Rücklage für Marktbewertungen (→ § 17 Rn 42f) erfasst wurden, ist diese Rücklage – inklusive der korrespondierenden latenten Steuern – nunmehr ebenfalls entspr erfolgswirksam (Umgliederungsbetrag – *reclassification adjustment*) aufzulösen (IFRS 3.32(iii) iVm IFRS 3.42). Durch eine Folgeänderung des IFRS 3.42 (geändert 2014) erfolgte diesbezüglich eine Anpassung an die Neuregelungen des IFRS 9. Die Folgeänderung ist der Streichung der Kategorie „zur Veräußerung verfügbar" und der damit verbundenen erfolgswirksamen Umgliederung im Zeitpunkt des Übergangs auf die Vollkonsolidierung geschuldet. Nach IFRS 9.5.7.1(b) iVm IFRS 9.5.7.5 besteht zwar für Unternehmensanteile die (irreversible) Möglichkeit, diese erfolgsneutral zum beizulegenden Zeitwert zu bewerten (Designation als *at fair value through other comprehensive income, FVOCI*), indem die Bewertungsänderungen im sonstigen Ergebnis erfasst werden. Indessen ist abweichend von IAS 39.55(b) iVm IAS 1.95 eine erfolgswirksame Umgliederung dieser Beträge zu keinem Zeitpunkt erlaubt; lediglich eine erfolgsneutrale Umbuchung innerhalb des Eigenkapitals (zB in die Konzerngewinnrücklagen) ist nach IFRS 9.B5.7.1 zulässig. Eine derartige erfolgsneutrale Umbuchung kann damit nach dem Wortlaut des IFRS 3.42 (geändert 2014) (und sollte uE auch, → § 17 Rn 44) im Zeitpunkt des Übergangs auf die Vollkonsolidierung erfolgen.

13 (2) **Aufwandswirksame Erfassung der Anschaffungsnebenkosten.** Dies gilt mithin nicht für Kosten, die im Zusammenhang mit der Ausgabe von Eigenkapital- oder Schuldtiteln entstehen (IFRS 3.53). Erstere sind – unter Berücksichtigung der korrespondierenden (latenten) Steuern – gem IAS 32.35 und IAS 32.37 direkt vom (Konzern-)Eigenkapital abzusetzen; letztere vermindern zunächst den Wertansatz der zu bilanzierenden Schuld und werden anschließend über die Laufzeit ratierlich entspr der Effektivzinsmethode amortisiert (IAS 39.47/IFRS 9.4.2.1 iVm IFRS 9.Anhang A).

14 (3) **Vollständige Neubewertung** der identifizierbaren erworbenen Vermögenswerte und übernommenen Schulden (IFRS 3.10ff iVm den in IFRS 3.21ff genannten Ausnahmen) des erworbenen Unternehmens zu ihren beizulegenden Zeitwerten zum Zeitpunkt der Erlangung der Beherrschung *(acquisition date)* gem IFRS 3.18 unter Berücksichtigung der in IFRS 3.24ff genannten Ausnahmen (zur Begründung vgl IFRS 3.BC198). Infolge des Verzichts auf eine tranchenweise Erstkonsolidierung (→ Rn 16) entfällt somit die Dotierung einer im Konzernabschluss fortzuführenden Neubewertungsrücklage im Hinblick auf die Altanteile. Zu Einzelheiten hinsichtlich des Ansatzes und der Bewertung der identifizierbaren erworbenen Vermögenswerte und übernommenen Schulden im Rahmen einer Erstkonsolidierung nach IFRS 3.10ff → § 34 Rn 65ff.

(4) **Bewertung der Anteile nicht-beherrschender Gesellschafter** *(non-controlling interests)* alternativ zum anteiligen beizulegenden Zeitwert der identifizierbaren erworbenen Vermögenswerte und übernommenen Schulden oder aber zum beizulegenden Zeitwert der Anteile selbst (IFRS 3.19). Das Wahlrecht hinsichtlich der Bewertung der Anteile nicht-beherrschender Gesellschafter gilt für jeden einzelnen Unternehmenszusammenschluss; die Ausübung unterliegt damit nicht dem Stetigkeitsgebot. 15

(5) **Erstkonsolidierung** sämtlicher Anteile des MU durch Gegenüberstellung der Summe der beizulegenden Zeitwerte aller erworbenen Anteile an dem TU sowie den Anteilen nicht-beherrschender Gesellschafter einerseits und dem beizulegenden Zeitwert der identifizierbaren erworbenen Vermögenswerte und Schulden andererseits basierend auf den Wertverhältnissen des Zeitpunkts der Kontrollerlangung (IFRS 3.32). Je nachdem, ob die Anteile der nicht-beherrschenden Gesellschafter zum anteiligen beizulegenden Zeitwert des übernommenen Nettovermögens des TU oder aber zu ihrem beizulegenden Zeitwert angesetzt werden, variiert die Höhe eines sich ergebenden Geschäfts- oder Firmenwerts (beteiligungsproportionaler Geschäfts- oder Firmenwert versus *full goodwill*) bzw eines negativen Unterschiedsbetrags (s ausführlich → § 34 Rn 209ff und → § 34 Rn 226f). Die *full goodwill* Methode stellt dabei zwar nicht explizit (keine Bezeichnung als *benchmark*-Methode in IFRS 3.19) aber implizit die vom IASB bevorzugte Methode dar (vgl IFRS 3.BC207). 16

Der **Geschäfts- oder Firmenwert** im Rahmen der Übergangskonsolidierung von der Finanzinvestition auf die Vollkonsolidierung ermittelt sich dabei in Abhängigkeit von der Bewertung der Anteile nicht-beherrschender Gesellschafter wie folgt: 17

	Beizulegender Zeitwert der gewährten Gegenleistung für die die Übergangskonsolidierung (Beherrschungsübergang) auslösenden Anteile	Beizulegender Zeitwert der gewährten Gegenleistung für die die Übergangskonsolidierung (Beherrschungsübergang) auslösenden Anteile
+	Anteile nicht-beherrschender Gesellschafter am identifizierbaren (neu bewerteten) Nettovermögen des TU	Beizulegender Zeitwert der Anteile nicht-beherrschender Gesellschafter am TU
+	Beizulegender Zeitwert der Altanteile des MU	Beizulegender Zeitwert der Altanteile des MU
./.	Wertansätze der zum Übergangskonsolidierungszeitpunkt identifizierbaren (neu bewerteten) erworbenen Vermögenswerte und übernommenen Schulden des TU (inklusive des Anteils, der auf nicht-beherrschende Gesellschafter entfällt)	Wertansätze der zum Übergangskonsolidierungszeitpunkt identifizierbaren (neu bewerteten) erworbenen Vermögenswerte und übernommenen Schulden des TU (inklusive des Anteils, der auf nicht-beherrschende Gesellschafter entfällt)
=	Beteiligungsproportionaler Geschäfts- oder Firmenwert	*full goodwill*

Beispiel: Unternehmen A erwirbt am 31. Dezember X1 zunächst 10% der Anteile an Unternehmen B zu einem Kaufpreis von Mio € 18 zuzüglich Transaktionskosten (Anschaffungsnebenkosten) von Mio € 0,5 sowie am 31. Dezember X3 weitere 60% der Anteile zu einem Kaufpreis von Mio € 120 und Anschaffungsnebenkosten von Mio € 3, sodass A zum 31. Dezember X3 insgesamt 70% der Anteile von B hält. Das gem IFRS 3 angesetzte und bewertete Nettovermögen von B per 31. Dezember X3 beträgt Mio € 150. Die Bilanzierung der 10%igen Beteiligung des ersten Erwerbs im Konzernabschluss von A erfolgt zunächst gem IAS 39 (Kategorie „zur Veräußerung verfügbar"), wobei Wertänderungen gem IAS 39.55(b) jeweils im sonstigen Ergebnis *(other comprehensive income)* erfasst werden. Der beizulegende Zeitwert der ersten Anteilstranche zum 31. Dezember X2 beträgt Mio € 18,0 und zum 31. Dezember X3 Mio € 20. Somit stellt sich die Fortschreibung der Anteile im Einzel-(IFRS-HB II) und Konzernabschluss (bis 31. Dezember X3) des Investors wie folgt dar:

	Per	An	Wertansatz in Mio €
31. Dezember X1	Beteiligungen (zur Veräußerung verfügbar)	Kasse	18,5
31. Dezember X2	sonstiges Ergebnis	Beteiligungen (zur Veräußerung verfügbar)	0,5
31. Dezember X3	Beteiligungen (zur Veräußerung verfügbar)	sonstiges Ergebnis	2,0
Summe			20,0

Nach Erwerb der zweiten Anteilstranche zum 31. Dezember X3 erfüllt B aus Sicht von A die Voraussetzungen eines TU und ist damit erstmals in den Konzernabschluss im Wege der Vollkonsolidierung einzubeziehen. Im Rahmen der Erstkonsolidierung sind nunmehr **sämtliche** Anteile an dem TU zu ihrem beizulegenden Zeitwert anzusetzen. Dies gilt – mit wenigen Ausnahmen auch für die identifizierbaren erworbenen Vermögenswerte und übernommenen Schulden. Die zuvor infolge der Einstufung als zur Veräußerung verfügbar im sonstigen Ergebnis erfassten Beträge betreffend die Altanteile sind nunmehr erfolgswirksam als Umgliederungsbeträge zu behandeln. Da die im Rahmen der Klassifizierung als zur Veräußerung verfügbar bei der Erstbewertung zu aktivierenden Transaktionskosten (Anschaffungsnebenkosten; IAS 39.43) bereits bei der Folgebewertung nach IAS 39.AG67 eigenkapitalmindernd zu berücksichtigen sind, sofern der beizulegende Zeitwert der Altanteile nicht entspr angestiegen ist, hat keine gesonderte aufwandswirksame Erfassung der Anschaffungsnebenkosten betreffend die Altanteile im Übergangszeitpunkt zu erfolgen. Die Berücksichtigung der Anschaffungsnebenkosten der Altanteile erfolgt vielmehr implizit als Bestandteil des erfolgswirksam als Umgliederungsbetrag zu behandelnden kumulierten sonstigen Ergebnisses (Rücklage für Marktbewertung) oder aber im ggü der Erstbewertung gestiegenen beizulegenden Zeitwert der Altanteile. Im obigen Beispielfall hatte sich der beizulegende Zeitwert der Anteile zum 31. Dezember X2 ggü dem Vorjahr nicht geändert, sodass die Transaktionskosten als negatives sonstiges Ergebnis zu erfassen waren. Zum 31. Dezember X3 war der beizulegende Zeitwert dagegen um Mio € 2 gestiegen; insgesamt ist somit im Übergangskonsolidierungszeitpunkt ein Betrag von Mio € 1,5 aus dem kumulierten sonstigen Ergebnis (Rücklage für Marktbewertungen) in die GuV umzugliedern *(reclassification adjustment)*.

Je nachdem, ob sich das MU A für die *full goodwill* Methode oder aber den Ansatz eines beteiligungsproportionalen Geschäfts- oder Firmenwerts entscheidet, ergeben sich folgende Wertansätze (in Mio €):

		Beteiligungs-proportionaler Geschäfts- oder Firmenwert	*full goodwill*
	Beizulegender Zeitwert der gewährten Gegenleistung für die zum 31. Dezember X3 erworbenen Anteile	120	120
+	Anteile nicht-beherrschender Gesellschafter am identifizierbaren Nettovermögen des TU (150 × 0,3)	45	
+	Beizulegender Zeitwert der Anteile nicht-beherrschender Gesellschafter am TU (abgeleitet aus beizulegendem Zeitwert der Altanteile; 20 × $^{30}/_{10}$)		60
+	Beizulegender Zeitwert der Altanteile	20	20
./.	Identifizierbare (neu bewertete) erworbene Vermögenswerte und übernommene Schulden des TU (100%)	150	150
=	Geschäfts- oder Firmenwert	35	50

Die Übergangskonsolidierung per 31. Dezember X3 bei Ansatz eines **beteiligungsproportionalen Geschäfts- oder Firmenwerts** stellt sich wie folgt dar

	A (IFRS-HB II)	B (IFRS-HB III)	Konsolidierung		Konzern-bilanz
			S	H	
Geschäfts- oder Firmenwert	–	–	(3) 35		35
Grundstücke	570	126			696
Sachanlagen	287	84			371
Anteile an verbundenen Unternehmen	143	–		(2) 3 (3) 140	–
Summe Aktiva	1.000	210			1.102
Eingezahltes Kapital	200	60	(3) 42 (4) 18		200
Erwirtschaftetes Kapital	398,5	80	(2) 3 (3) 56 (4) 24	(1) 1,5	397
Rücklage für Marktbewertung *(OCI)*	1,5	10	(1) 1,5 (3) 7 (4) 3		–
Anteile nicht-beherrschender Gesellschafter	–	–		(4) 45	45
Schulden	400	60			460
Summe Passiva	1.000	210			1.102

Mit der Buchung (1) wird das kumulierte sonstige Ergebnis (Rücklage für Marktbewertung) betreffend die Altanteile beim MU erfolgswirksam erfasst *(reclassification adjustment)*. Mit Buchung (2) werden demgegenüber die Anschaffungsnebenkosten für die 2. Anteilstranche, die in der HB II von A noch als Transaktions- bzw Anschaffungsnebenkosten aktiviert sind, aufwandswirksam ausgebucht, während Buchung (3) die Erstkonsolidierung sämtlicher Anteile zum 31. Dezember X3 vornimmt. Buchung (2) und (3) werden in der Praxis in aller Regel zusammengefasst. Mit Buchung (4) wird der Posten für Anteile nicht-beherrschender Gesellschafter dotiert. Wäre die *full goodwill* Methode angewendet worden, müsste Buchung (4) um die Buchung:

Per Geschäfts- oder Firmenwert an Anteile nicht-beherrschender Gesellschafter 15

ergänzt werden.

Wären die Altanteile demgegenüber bis zur Übergangskonsolidierung (ausnahmsweise) gem IAS 39.46(c) zu Anschaffungskosten bewertet worden, so wären im Rahmen der Übergangskonsolidierung nicht nur die bis dahin aktivierten Transaktions- bzw Anschaffungsnebenkosten aufwandswirksam zu erfassen (obiges Beispiel: Mio € 0,5), sondern zudem auch die Altanteile erfolgswirksam an ihren beizulegenden Zeitwert anzupassen (obiges Beispiel: Mio € 2,0). Der saldierte Effekt aus diesen Maßnahmen im Rahmen der Übergangskonsolidierung entspricht dabei demjenigen bei bisheriger Bewertung gem IAS 39 für zur Veräußerung verfügbar kategorisierte Anteile. Sofern die Altanteile indessen bislang – als erfolgswirksam zum beizulegenden Zeitwert bewertet *(fair value through profit or loss, FVPL)* designiert waren, sind die entspr Erfolgswirkungen bereits im Jahr X1 (aufwandswirksame Berücksichtigung der Transaktions-/Anschaffungsnebenkosten) bzw X3 (ertragswirksame Erfassung des gestiegenen beizulegenden Zeitwerts der Altanteile) vor der Übergangskonsolidierung erfasst worden, sodass sich betreffend die Altanteile insofern keine erfolgswirksamen Auswirkungen mehr ergeben. Dies gilt analog für den Fall, dass die Anteile gem IFRS 9.4.1.4 iVm IFRS 9.5.1.1 erfolgswirksam zum beizulegenden Zeitwert bewertet werden. Sofern hingegen die Anteile gem IFRS 9.5.7.5 erfolgsneutral zum beizulegenden Zeitwert bewertet wurden *(FVOCI)*, ist im Zeitpunkt der Übergangskonsolidierung keine erfolgswirksame Umgliederung in die GuV *(reclassification adjustment)*, sondern eine erfolgsneutrale Umbuchung in die Konzerngewinnrücklagen vorzunehmen (IFRS 9.B5.7.1 iVm IFRS 3.42 (geändert 2014)).

Zur Bestimmung des **beizulegenden Zeitwerts** der (Alt-)Anteile und der Anteile nicht-beherrschender Gesellschafter bei Anwendung der *full goodwill*-Methode vgl → Rn 101 ff.

18 Ab dem Übergangszeitpunkt erfolgt eine Übernahme der vollständigen Aufwendungen und Erträge des TU. Zudem wird im Zuge des Übergangs auf die Vollkonsolidierung die Durchführung sämtlicher übriger Konsolidierungsmaßnahmen (Schulden-, Aufwands- und Ertragskonsolidierung, Zwischenergebniseliminierung) notwendig.

19 *(einstweilen frei)*

2. Übergang von der Finanzinvestition auf die Equity-Bewertung

20 IAS 28 enthält keine Regelungen, die eine eindeutige Vorgehensweise für den Fall erkennen lassen, dass aufgrund des mit dem Zuerwerb von Anteilen verbundenen Einflusszuwachses der Übergang von einer Finanzinvestition auf die Equity-Methode notwendig wird. Die Ermittlung einer **IFRS-konsistenten Lösung** wird darüber hinaus durch **widersprüchliche Aussagen** des IFRSIC erschwert. Denn während im Juli 2009 das (damalige) IFRIC die im Rahmen der erstmaligen Anwendung der Equity-Methode anzusetzenden Anschaffungskosten als Summe von Kaufpreis und Anschaffungsnebenkosten (dem Anteilserwerb direkt zurechenbare Kosten) definierte (*IFRIC* Update July 2009, 3), wurde dem IFRSIC vom *Staff* auf die Anfrage, wie zuvor als „zur Veräußerung verfügbar" klassifizierte Anteile im Fall eines sukzessiven Anteilserwerbs beim Übergang auf die Equity-Methode zu behandeln sind, eine analoge Anwendung der Regelungen des IFRS 3.32 f empfohlen (*Staff Paper* IAS 28 Investments in

Associates – Purchase on Stages – Fair Value as Deemed Cost, Rz 24 und Rz 29). Dies hätte zum einen die Behandlung des bislang im Rahmen der Bewertung als „zur Veräußerung verfügbar“ angesetzten beizulegenden Zeitwerts als unterstellte Anschaffungskosten *(deemed cost)* und zum anderen die erfolgswirksame Umgliederung der bislang im sonstigen Ergebnis erfassten Beträge im Übergangskonsolidierungszeitpunkt zur Folge gehabt. Indessen wurde vom IFRSIC diesbezüglich im IFRSIC Meeting im Juli 2010 kein Kommentar abgegeben, sondern eine Verweisung an den IASB empfohlen (*IFRIC* Update July 2010, 6). Bislang hat sich der IASB nicht zu dieser Fragestellung geäußert.

In der Kommentarliteratur werden folglich **diverse Vorgehensweisen** zur 21 Bilanzierung der Altanteile bei sukzessivem Anteilserwerb im Rahmen der Equity-Methode diskutiert, die sich einerseits in anschaffungskostenbasierte *(cost approach)* und andererseits in *fair value* basierte *(remeasurement approach)* Ansätze unterscheiden lassen, wobei jedoch die Begrifflichkeiten wiederum nicht einheitlich verwendet werden (s nur *EY* 2015, 736 ff; *Heintges/Urbancik* KoR 2011, 418 (423 f); *Baetge/Klaholz/Graupe* in Baetge ua IFRS-Komm IAS 28 Rz 88 ff; *KPMG* 2014/15 Rz 3.5.530 ff; *pwc* 2015 Rz 27.188 ff; ein Gesamtüberblick mit sechs unterschiedlichen Varianten findet sich bei *Richter* KoR 2014, 289 (290 ff)). UE sind im Wesentlichen drei alternative Vorgehensweisen denkbar:

(1) Übergangskonsolidierung mit einheitlichen Wertansätzen entspr den Regelungen des IFRS 3.42/IFRS 3.42 (geändert 2014),
(2) Übergangskonsolidierung als tranchenweise Erstkonsolidierung der jeweiligen Anteile,
(3) Übergangskonsolidierung unter Berücksichtigung der Charakterisierung der Equity-Methode als Bewertungsmethode.

Der **Übergangskonsolidierungszeitpunkt** wird dabei stets durch den Zeitpunkt der Erlangung eines maßgeblichen Einflusses determiniert.

Für die **1. Alternative – Übernahme der Regelungen des IFRS 3** betref- 22 fend den sukzessiven Anteilserwerb – spricht die Begründung des Board, mit der Übergangskonsolidierung auf der **Grundlage einheitlicher Wertansätze** eine **Komplexitätsreduktion** der für eine tranchenweise Erstkonsolidierung notwendigen zeit- und kostenintensiven Ermittlung der historischen Wertansätze herbeiführen zu wollen (IFRS 3.BC328). Wenn diese Vereinfachungsregel schon für die Übergangskonsolidierung betreffend TU gilt, so ließe sich argumentieren, muss dies erst recht in Bezug auf den Übergang zur Equity-Methode gelten, da hier aufgrund des geringeren, nur maßgeblichen Einflusses die Ermittlung der historischen Wertansätze mangels Informationen sich als noch schwieriger und oftmals als undurchführbar erweist. Des Weiteren wurden auch die Regelungen bei der Übergangskonsolidierung mit Abwärtswechsel mit denjenigen nach IFRS 10 derart synchronisiert, dass nunmehr beim Übergang von der Equity-Methode auf die Finanzinvestition ebenso wie beim Übergang von der Vollkonsolidierung auf die Equity-Methode oder Finanzinvestition stets der beizulegende Zeitwert der verbleibenden Anteile als Zugangswert festgelegt wird (IAS 28.22(b)(i); ausführlich → Rn 55 ff). Diese analoge Vorgehensweise wurde kodifiziert, obwohl der Verlust der gemeinschaftlichen Führung betreffend Gemeinschaftsunternehmen sowie der Verlust des maßgeblichen Einflusses auf ein assoziiertes Unternehmen **keine** dem Beherrschungsverlust in Bezug auf ein TU vergleichbaren wesentlichen wirtschaftlichen Ereignisse darstellen, sondern – ganz im Gegenteil – nach Ansicht des IASB fundamental unterschiedlich zu werten sind (IAS 28.BC28, IAS 28.BC31). Insofern kann die Tatsache, dass der Board den Tatbestand der Kontrollerlangung über einzelne Vermögenswerte und Schulden bei TU im Gegensatz zum Zugewinn an Einflussmöglichkeiten beim Übergang auf die Equity-Methode als signifikant beurteilt, uE nicht gegen eine analoge Anwendung der Regelungen des IFRS 3.42/IFRS 3.42 (geändert 2014) im Fall des sukzessiven Anteilserwerbs bei Anwendung der Equity-Methode angeführt werden.

23 Zudem verweist IAS 28.26 darauf, dass viele der für die Anwendung der Equity-Methode sachgerechten Verfahren den Konsolidierungsmethoden des IFRS 10 entsprechen und dass die Vorgehensweisen, welche den Konsolidierungsverfahren beim Erwerb eines TU zugrunde liegen, auch bei der Bilanzierung des Erwerbs von Anteilen an einem assoziierten oder Gemeinschaftsunternehmen übernommen werden.

24 Vorbehaltlich einer Bilanzierungsvorgabe durch das IFRSIC bzw den IASB ist somit im Hinblick auf IAS 8.10f eine analoge Anwendung der Regelungen des IFRS 3.42/IFRS 3.42 (2014) unter IAS 28 möglich. Werden die Regelungen im Fall der Übergangskonsolidierung von der Finanzinvestition auf die Equity-Methode – analog angewendet, stellt der **beizulegende Zeitwert der Altanteile** im Übergangszeitpunkt ihre **fingierten Anschaffungskosten** *(deemed cost)* dar. Hinzuweisen ist jedoch darauf, dass im Gegensatz zu IFRS 3.53 die Anschaffungskosten der neu erworbenen Anteile im Rahmen der erstmaligen Anwendung der Equity-Methode neben dem Kaufpreis auch die **Anschaffungsnebenkosten** umfassen.

25 Wird der Argumentation unter → Rn 22ff nicht gefolgt, sondern eine Orientierung am Wortlaut der allgemeinen Vorschriften zur erstmaligen Konsolidierung in IAS 28.32 präferiert, muss die Übergangskonsolidierung auf die Equity-Methode **tranchenweise** erfolgen **(Alternative 2),** da in IAS 28.32 weiterhin auf die *cost of an investment,* dh die **Anschaffungskosten** der Altanteile, Bezug genommen wird (zu weiteren Auslegungsalternativen s *EY* 2015, 748ff; *Richter* KoR 2014, 289 (291ff)). Diese setzen sich aus dem Betrag zusammen, der beim Anteilserwerb in bar bzw bargeldähnlichen Mitteln geleistet wird, und/oder dem beizulegenden Zeitwert anderer Gegenleistungen (zB im Fall eines Anteilstauschs) zuzüglich dem Erwerb direkt zurechenbarer Kosten (*IFRIC* Update July 2009, 3). Diesen historischen Anschaffungskosten ist sodann das anteilige Nettovermögen auf Basis der jeweiligen historischen Wertverhältnisse gegenüberzustellen **(tranchenweise Erstkonsolidierung).** Folglich ist im Fall einer vorangegangenen Bewertung der ersten Anteilstranche(n) zum beizulegenden Zeitwert gem IAS 39 eine **Anpassung** des **Wertansatzes** an die **historischen Anschaffungskosten** (inklusive Anschaffungsnebenkosten) im Vorfeld der (retroaktiven) Erstkonsolidierung erforderlich. Dabei sind sämtliche früheren Auf- und Abwertungen der Altanteile im Vergleich zu den historischen Anschaffungskosten seit Anteilserwerb **erfolgsneutral** zu eliminieren; mithin umfasst die Eliminierung auch vormals aufwandswirksam erfasste Wertminderungen gem IAS 36 im (Ausnahme-)Fall der vorangegangenen Bewertung zu Anschaffungskosten (IAS 39.46(c)). Soweit die Anteile zuvor als „zur Veräußerung gehalten" eingestuft und die Wertänderungen gem IAS 39.55(b) im sonstigen Ergebnis (Rücklage für Marktbewertungen; → § 17 Rn 42f) erfasst wurden, ist diese Rücklage ebenfalls erfolgsneutral aufzulösen.

26 Sodann ist eine **separate Erstkonsolidierung** jeder (wesentlichen) Tranche durch Gegenüberstellung von **Anschaffungskosten** und anteiligem **beizulegendem Zeitwert** der erworbenen Vermögenswerte und Schulden basierend auf den Wertverhältnissen der jeweiligen Tauschzeitpunkte (= Zeitpunkt, zu dem jede einzelne Finanzinvestition im Abschluss des Erwerbers angesetzt wird) zur Bestimmung des jeweiligen Geschäfts- oder Firmenwerts bzw negativen Unterschiedsbetrags (retroaktive Anpassung) durchzuführen. Gerade die Ermittlung der beizulegenden Zeitwerte vorangegangener Transaktionen gestaltet sich dabei oft als schwierig und verlangt nach praxistauglichen Vereinfachungslösungen (s nur

Milla/Butollo IRZ 2007, 81 (84 ff)). Abschließend ist der Wertansatz der Altanteile erfolgsneutral durch Berücksichtigung von Abschreibungen stiller Reserven, Gewinnthesaurierungen, Dividenden, Wertminderungen etc unter analoger Anwendung der Regelungen zur Equity-Bewertung auf den Übergangsstichtag fortzuschreiben.

Letztlich ließe sich jedoch auch eine **3. Alternative** für die Abbildung des Übergangs von der Finanzinvestition auf die Equity-Methode begründen. Mangels Verweises in IAS 28.32, der die Erstkonsolidierung im Rahmen der Equity-Methode regelt, auf IFRS 3 erfolgt eine Abkopplung von den Vorschriften zu Unternehmenszusammenschlüssen im Fall der erstmaligen Konsolidierung zugunsten einer **separaten Regelung** in IAS 28, um den Charakter der Equity-Methode als **Bewertungsmethode** zu betonen (→ § 36 Rn 67 ff). Durch die ggü der Bilanzierung von Unternehmenszusammenschlüssen abweichenden Regelungen rückt die Equity-Methode damit eher in die Nähe der Bilanzierung von Finanzinvestitionen gem IAS 39/IFRS 9. Diese Hinwendung zur Charakterisierung der Equity-Methode als Bewertungsmethode würde dazu führen, beim Übergang von der Finanzinvestition auf die Equity-Methode den **bisherigen Wertansatz** der **Altanteile** gem IAS 39 (beizulegender Zeitwert oder aber Anschaffungskosten) bzw IFRS 9 im Übergangskonsolidierungszeitpunkt als **fingierte Anschaffungskosten** *(deemed cost)* zugrunde zu legen. Im Gegensatz zur Alternative 1 – analoge Anwendung der Regelungen des IFRS 3.42/IFRS 3.42 (geändert 2014) – werden damit für die Altanteile **keine** (zusätzlichen) **erfolgswirksamen Anpassungen** an den beizulegenden Zeitwert im Übergangskonsolidierungszeitpunkt vorgenommen; ebenso wenig erfolgt eine aufwandswirksame Erfassung von bislang aktivierten Anschaffungsnebenkosten oder aber eine erfolgswirksame Berücksichtigung von Umgliederungsbeträgen *(reclassification adjustments)* im Fall von bislang nach IAS 39 als zur Veräußerung verfügbar klassifizierten Altanteilen. 27

Die **Summe** aus diesen **fingierten Anschaffungskosten** für die **Altanteile** und dem **beizulegenden Zeitwert** der hingegebenen Gegenleistung für die zusätzlich **erworbenen Anteile** (inklusive Anschaffungsnebenkosten) ist sodann im Rahmen der außerbilanziellen Erstkonsolidierung gem IAS 28.32 dem **anteiligen beizulegenden Zeitwert** der **Vermögenswerte** und **Schulden** des assoziierten oder Gemeinschaftsunternehmens im Übergangszeitpunkt gegenüberzustellen (*KPMG* 2014/15 Rz 3.5.550). Damit entfällt eine zeit- und kostenintensive Ermittlung der historischen Wertansätze, die als wesentlicher Nachteil der tranchenweisen retroaktiven Erstkonsolidierung identifiziert wurde. Bislang im sonstigen Ergebnis erfasste Wertänderungen der Altanteile aufgrund ihrer bisherigen Klassifizierung als zur Veräußerung verfügbar gem IAS 39 werden erst im Zeitpunkt der Veräußerung der Anteile an dem assoziierten Unternehmen oder aber bei einem ggf erforderlichen Übergang auf die Vollkonsolidierung als Umgliederungsbetrag erfolgswirksam erfasst (aA *KPMG* 2014/15 Rz 3.5.550, die bereits im Übergangskonsolidierungszeitpunkt eine endgültige Umgliederung dieser Beträge in die Gewinnrücklagen als sachgerecht ansehen). 28

Zusammenfassend lässt sich somit für die Übergangskonsolidierung mit Aufwärtswechsel von der Finanzinvestition auf die Equity-Methode Folgendes konstatieren: 29

(1) Eine analoge Anwendung der Vorschriften zum sukzessiven Anteilserwerbs gem IFRS 3.42/IFRS 3.42 (geändert 2014) ist trotz des fehlenden Kriteriums der Beherrschungserlangung über einzelne Vermögenswerte und Schulden möglich. Somit kann die erstmalige Konsolidierung im Rahmen der Equity-Methode auf der Basis **einheitlicher Wertansätze** zum Übergangskonsoli-

dierungszeitpunkt inklusive einer erfolgswirksamen Erfassung von Wertänderungen der Altanteile sowie Umgliederungsbeträgen erfolgen.

(2) Der **tranchenweisen Erstkonsolidierung** auf Basis der historischen Wertverhältnisse haftet der Nachteil der Zeit- und Kostenintensität sowie – gerade im Hinblick auf den nur maßgeblichen Einfluss – des Informationsbeschaffungsproblems an. Zudem kann aus IAS 28.32 nicht zwingend die Durchführung einer tranchenweisen Erstkonsolidierung bei sukzessivem Anteilserwerb im Rahmen der Equity-Methode abgeleitet werden. Folglich ist diese Vorgehensweise uE abzulehnen.

(3) Eine Übergangskonsolidierung, bei der in die Erstkonsolidierung für die Altanteile der **bisherige Wertansatz gem IAS 39/IFRS 9** und das anteilige (Alt- und Neuanteile betreffende) Nettovermögen des assoziierten Unternehmens zum beizulegenden Zeitwert im Übergangskonsolidierungszeitpunkt eingehen, vermeidet nicht nur die mit der tranchenweisen Erstkonsolidierung verbundenen Probleme, sondern ist auch unter dem Aspekt der uE durch den IASB erfolgten Hinwendung zur Charakterisierung der Equity-Methode als Bewertungsmethode sachgerecht.

Beispiel: Unternehmen A erwirbt am 31. Dezember X1 zunächst 10% der Anteile an Unternehmen B zu einem Kaufpreis von Mio € 15 zuzüglich Transaktionskosten (Anschaffungsnebenkosten) von Mio € 0,5; sowie am 31. Dezember X3 weitere 20% der Anteile zu einem Kaufpreis von Mio € 34 und Anschaffungsnebenkosten von Mio € 1, sodass A zum 31. Dezember X3 insgesamt 30% an B hält. Das zum beizulegenden Zeitwert bewertete Nettovermögen von B per 31. Dezember X3 beträgt Mio € 100. Die Bilanzierung der 10%igen Beteiligung des ersten Erwerbs im Konzernabschluss von A erfolgt zunächst gem IAS 39 (zur Veräußerung verfügbar), wobei Wertänderungen gem IAS 39.55(b) jeweils im sonstigen Ergebnis erfasst werden. Der beizulegende Zeitwert der ersten Anteilstranche zum 31. Dezember X2 beträgt Mio € 15 und zum 31. Dezember X3 Mio € 17. Die Fortschreibung der Anteile im Einzel-(IFRS-HB II) und Konzernabschluss (bis 31. Dezember X2) des Investors stellt sich analog zur Vorgehensweise im obigen Beispiel (→ Rn 17) dar.

Entspr den unter → Rn 22ff beschriebenen alternativen Vorgehensweisen 1 oder 3 ermittelt sich der Equity-Wert zum 31. Dezember X3 wie folgt (in Mio €):

	Alternative 1	Alternative 3
„Anschaffungskosten" der 1. Tranche *(deemed cost)*	17	17
Kaufpreis 2. Tranche	34	34
Anschaffungsnebenkosten der 2. Tranche	1	1
Equity-Wert per 31. Dezember X3	52	52
Abzüglich anteiliges Nettovermögen bewertet zum beizulegenden Zeitwert per 31. Dezember X3 (100 × 0,3)	–30	–30
Geschäfts- oder Firmenwert	22	22

Wird nach der 1. Alternative (analoge Anwendung des IFRS 3.42/IFRS 3.42 (geändert 2014)) vorgegangen, ist neben der Einbuchung des Kaufpreises der Neuanteile zuzüglich der Anschaffungsnebenkosten (€ 35) und der Umgliederung der Altanteile in den Posten Anteile an assoziierten Unternehmen noch die erfolgswirksame Umgliederung des kumulierten sonstigen Ergebnisses (Rücklage für Marktbewertung) in Höhe von Mio € 1,5 für die bislang als zur Veräußerung verfügbar eingestuften Altanteile in die GuV zu berücksichtigen. Eine erfolgswirksame Erfassung der Anschaffungsnebenkosten für die 2. Tranche kommt entgegen IFRS 3.53 aufgrund der Definition der Anschaffungskosten im Rahmen der Equity-Bewertung (→ Rn 20) nicht in Betracht.

Der Umgliederungsbetrag würde entfallen, sofern die Altanteile bislang nach IAS 39/ IFRS 9 als erfolgswirksam zum beizulegenden Zeitwert bewertet oder nach IFRS 9.5.7.5 als erfolgsneutral zum beizulegenden Zeitwert designiert waren. Wären die Altanteile demgegenüber bis zur Übergangskonsolidierung ausnahmsweise gem IAS 39.46(c) zu Anschaffungskosten bewertet worden, so wären diese Anteile zunächst ertragswirksam an den beizulegenden Zeitwert im Übergangskonsolidierungszeitpunkt anzupassen (+ Mio € 1,5). Der Equity-Wert zum 31. Dezember X3 und damit der Geschäfts- oder Firmenwert wäre in allen drei Fällen betragsmäßig identisch.

Wird hingegen nach **Alternative 3** (Berücksichtigung der Equity-Methode als Bewertungsmethode) vorgegangen, ergibt sich Folgendes: Abgesehen von der Einbuchung der Anschaffungskosten in Höhe von Mio € 35 für die hinzuerworbenen Anteile und einer entspr Umgliederung der Altanteile von den Finanzanlagen in den Posten Anteile an assoziierten Unternehmen sind keine Buchungen erforderlich. Die auf das nunmehr assoziierte Unternehmen entfallende, bislang bereits im Konzernabschluss von A erfasste Rücklage für Marktbewertungen (kumuliertes sonstiges Ergebnis aus der bisherigen Einstufung der Altanteile als zur Veräußerung verfügbar) in Höhe von Mio € 1,5 bleibt weiterhin bestehen.

Mit Ausnahme der fehlenden Rücklage für Marktbewertungen zugunsten entspr höherer Gewinnrücklagen von Mio € 1,5 ergäben sich die gleichen Werte, sofern die Altanteile bislang als erfolgswirksam zum beizulegenden Zeitwert bewertet designiert waren. Wären die Altanteile demgegenüber bis zur Übergangskonsolidierung – ausnahmsweise – zu Anschaffungskosten bewertet worden, so wäre der Equity-Wert per 31. Dezember X3 in Höhe von Mio € 50,5 (Mio € 15,5 + Mio € 35) auszuweisen; eine Rücklage für Marktbewertungen (kumuliertes sonstiges Ergebnis) existierte nicht. Der zugehörige Geschäfts- oder Firmenwert ermittelte sich dabei in einer Höhe von Mio € 20,5.

Hinsichtlich eines Beispiels zur tranchenweisen Erstkonsolidierung beim Übergang von der Finanzinvestition auf die Equity-Methode vgl *Klose*, 218 f.

Eine einmal gewählte Vorgehensweise beim sukzessiven Anteilserwerb im Rahmen der Equity-Methode ist **stetig** auf alle derartigen Konstellationen anzuwenden. 30

Zur Ermittlung des beizulegenden Zeitwerts der Altanteile → Rn 101 ff.

(einstweilen frei) 31

3. Übergang von der Equity-Bewertung auf die Vollkonsolidierung

Die für den Übergang von der Finanzinvestition auf die Vollkonsolidierung anzuwendenden **Konsolidierungsregeln** gem IFRS 3.42/IFRS 3.42 (geändert 2014) gelten auch für den Wechsel von der Equity-Methode auf die Vollkonsolidierung infolge des Zukaufs von Anteilen. Im Einzelnen bedeutet dies, dass die **bisherige Equity-Bewertung,** mit der auch eine Kapitalkonsolidierung inklusive einer Kaufpreisallokation *(purchase price allocation)* zum damaligen Erwerbszeitpunkt der Altanteile und deren Fortführung auf den Übergangskonsolidierungsstichtag verbunden war, **vollständig negiert** wird. Vielmehr erfolgt eine **Erstkonsolidierung sämtlicher Anteile** mit **einheitlichen Wertansätzen** im Zeitpunkt der Beherrschungserlangung *(acquisition date);* für die Altanteile kommt dies einer zweiten „Erst"-Konsolidierung – nun allerdings mit veränderten Wertansätzen – gleich. Differenzen zwischen dem Equity-Wert der Altanteile und ihrem beizulegenden Zeitwert im *acquisition date* sind **erfolgswirksam** zu berücksichtigen. Zudem sind sämtliche zuvor im sonstigen Ergebnis des Konzerns erfassten Änderungen des Equity-Werts aufgrund von entspr Eigenkapitalveränderungen beim (bislang) assoziierten oder Gemeinschaftsunternehmen (bspw aufgrund einer Rücklage für Marktbewertungen oder Währungsumrechnungsdifferenzen; ausführlich → § 36 Rn 75 f, → § 36 Rn 79) aber auch bislang erfolgsneutral im sonstigen Ergebnis des Konzerns erfasste Währungsumrechnungsdifferenzen aus der Umrechnung des Einzelabschlusses des (bislang) assoziierten Unternehmens selbst (→ § 36 Rn 78 f) im Übergangskonsolidierungszeitpunkt 32

erfolgswirksam als Umgliederungsbeträge zu erfassen. Nicht zu den Umgliederungsbeträgen gehören gem IAS 1.96 indessen ausdrücklich Veränderungen von Neubewertungsrücklagen gem IAS 16 und IAS 38 sowie Neubewertungen der Nettoschuld von leistungsorientierten Versorgungsplänen (IAS 19.122). Neubewertungsrücklagen sind vielmehr im Übergangskonsolidierungszeitpunkt erfolgsneutral in die Gewinnrücklagen umzugliedern (s IAS 1.96 iVm IAS 16.41 sowie → § 5 Rn 137 ff, → § 36 Rn 75 ff). Eine Beibehaltung der Neubewertungsrücklagen kommt nicht in Betracht, da nach IFRS 3.42/IFRS 3.42 (geändert 2014) mit dem Übergang auf die Vollkonsolidierung von sämtlichen bisherigen konsolidierungsverwandten Vorgängen bei der Equity-Methode zu abstrahieren ist. Für Neubewertungen der Nettoschuld aus leistungsorientierten Versorgungsplänen besteht nach IAS 19.122, für als *FVOCI* (IFRS 9.5.7.1(b)) designierte Unternehmensanteile nach IFRS 9.B5.7.1 und für Gewinne/Verluste, die auf einer Veränderung des Kreditrisiko einer erfolgswirksamen zum beizulegenden Zeitwert bewerteten finanziellen Verbindlichkeit beruhen (IFRS 9.5.7.1(c) iVm IFRS 9.5.7.7(a)) nach IFRS 9.B5.7.9 ein **Wahlrecht** zur Umgliederung innerhalb des Eigenkapitals, das jedoch uE (spätestens) im Übergangskonsolidierungszeitpunkt ausgeübt werden sollte.

33 Soweit der beizulegende Zeitwert der Altanteile nicht den bislang ausgewiesenen Equity-Buchwert (inklusive **aktivierter Anschaffungsnebenkosten**) abdeckt, ist der Differenzbetrag im Übergangskonsolidierungszeitpunkt **aufwandswirksam** in der Konzern-Gesamtergebnisrechnung bzw gesonderten Konzern-GuV (sofern erstellt) zu erfassen. Eine derartige Situation kann sich dann ergeben, wenn im Rahmen der Equity-Bewertung aufgrund des Vorliegens eines Wertminderungsindikators gem IAS 39.58 ff der sich daran anschließende Wertminderungstest gem IAS 36 als Ergebnis liefert, dass der **erzielbare Betrag** und damit anzusetzende Equity-Wert durch den im Vergleich zum beizulegenden Zeitwert **höheren Nutzungswert** bestimmt wurde (vgl zu außerplanmäßigen Abschreibungen des Equity-Werts ausführlich → § 36 Rn 67 ff).

34 Die Übergangskonsolidierung von der Equity-Methode auf die Vollkonsolidierung gem IFRS 3.42/IFRS 3.42 (geändert 2014) stellt damit einen **erfolgswirksamen Vorgang dar.** Begründet wird dies ebenfalls damit, dass die Kontrollerlangung über einzelne Vermögenswerte und Schulden eine ggü dem nur maßgeblichen Einfluss wesentliche wirtschaftliche Veränderung darstellt, die eine vollständige Abkehr von der bisherigen Einbeziehungsform erforderlich macht (IFRS 3.BC384). UE signalisiert diese Begründung zudem, dass die Equity-Methode nach dem Verständnis des IASB eher als Bewertungsmethode denn als Konsolidierungsmethode zu charakterisieren ist (ausführlich → Rn 28).

Beispiel: Unternehmen A erwirbt am 31. Dezember X1 zunächst 30% der Anteile an Unternehmen B zu einem Kaufpreis von Mio € 25 inklusive Transaktionskosten (Anschaffungsnebenkosten). Zum 30. Juni X5 erwirbt A weitere 50% der Anteile an B zu einem Kaufpreis von Mio € 50 und Anschaffungsnebenkosten von Mio € 2, sodass A zum 30. Juni X5 insgesamt 80% der Anteile an B hält. Das zum beizulegenden Zeitwert bewertete Nettovermögen von B per 30. Juni X5 beträgt Mio € 80. Der Equity-Wert der Altanteile per 31. Dezember X4 beträgt Mio € 26,5, wobei Mio € 0,3 aufgrund von Marktbewertungen von zur Veräußerung verfügbaren Wertpapieren bei B und Mio € 0,4 aufgrund von Neubewertungen gem IAS 16 bei B entspr auch im Konzernabschluss von A bislang im periodischen sonstigen Ergebnis in zwei Posten getrennt nach umgliederungsfähigen und nicht umgliederungsfähigen Komponenten gem IAS 1.82A/IAS 1.82A(b) (geändert 2014) gesondert erfasst wurden (s ausführlich → § 36 Rn 139 f). Bis zum 30. Juni X5 sind noch Gewinne aus assoziierten Unternehmen in Höhe von Mio € 0,8 zu berücksichtigen. Der beizulegende Zeitwert der Altanteile zum 30. Juni X5 wird mit Mio € 30 ermittelt.

Im Rahmen der Übergangskonsolidierung sind demnach folgende Wertansätze zu berücksichtigen (es wird die *full goodwill* Methode gewählt):

		Mio €	Mio €
	Equity-Wert per 31. Dezember X4	26,5	
+	Erfolgswirksame Equity-Fortschreibung per 30. Juni X5	0,8	
+	Aufwertung der Altanteile auf beizulegenden Zeitwert (30 – (26,5 + 0,8))	2,7	
+	Beizulegender Zeitwert der Neuanteile	50	
=	Wert der hingegebenen Gegenleistung der Neuanteile zuzüglich beizulegendem Zeitwert der Altanteile		80
+	Beizulegender Zeitwert der Anteile nicht-beherrschender Gesellschafter		20
./.	Identifizierbare (neu bewertete) erworbene Vermögenswerte und übernommene Schulden des TU (100%)		80
=	Geschäfts- oder Firmenwert		20
	Davon auf A entfallend	16	
	Davon auf nicht-beherrschende Gesellschafter entfallend	4	

Im Übergangskonsolidierungszeitpunkt sind folgende Beträge erfolgswirksam zu erfassen (in Mio €):

		Mio €
+	Erfolgswirksame Equity-Fortschreibung per 30. Juni X5	0,8
+	Aufwertung der Altanteile auf beizulegenden Zeitwert (30 – (26,5 + 0,8))	2,7
+	Umgliederungsbetrag betreffend „Anteil am sonstigen Ergebnis, der auf nach der Equity-Methode bilanzierte assoziierte Unternehmen entfällt" (Anteil Rücklage für Marktbewertung)	0,3
./.	Anschaffungsnebenkosten Neuanteile	2,0
=	Summe	1,8

Zudem ist im Konzernabschluss von A der Anteil der sonstigen Ergebniskomponente betreffend die Neubewertungsrücklage gem IAS 16 bei B (Mio € 0,4) erfolgsneutral in die Konzern-Gewinnrücklagen umzugliedern.

In der **GuV** ist uE eine **saldierte Darstellung** der Effekte aus dem Abgang des Equity-Werts der Altanteile und ihrer Anpassung an den beizulegenden Zeitwert im Übergangskonsolidierungsstichtag einem unsaldierten Ausweis vorzuziehen (*Küting/Wirth* KoR 2010, 362 (369)). 35

Ab dem Zeitpunkt der **Kontrollerlangung** ergibt sich darüber hinaus die Notwendigkeit zur Durchführung der übrigen, im Rahmen der **Vollkonsolidierung** erforderlichen Konsolidierungsmaßnahmen.

Zur Ermittlung des beizulegenden Zeitwerts der Altanteile und der Anteile nicht-beherrschender Gesellschafter → Rn 101 ff.

Der im September 2014 verabschiedete Änderungsstandard *Sale or Contributions of Assets between an Investor and its Associate or Joint Venture – Amendments to IFRS 10 and IAS 28* regelt in Bezug auf die Veräußerung von Geschäftsbetrieben im Rahmen von ***upstream*-Transaktionen** Folgendes: 36

Veräußert ein *at equity* bewertetes assoziiertes oder Gemeinschaftsunternehmen Nettovermögenswerte, die einen **Geschäftsbetrieb iSd IFRS 3** darstellen, an seinen Anteilseigner (hier: MU) und erlangt der Anteilseigner (MU) die Beherrschung über diesen Geschäftsbetrieb, sind die Regelungen des **IFRS 3** betreffend Unternehmenszusammenschlüsse im Konzernabschluss des MU anzuwenden

(IAS 28.BC37H (geändert 2014)). Handelt es sich bei dem veräußerten Geschäftsbetrieb um ein bislang vollkonsolidiertes TU des assoziierten oder Gemeinschaftsunternehmens, hat letzteres in seinem Konzernabschluss eine Entkonsolidierung des TU vorzunehmen, deren Ergebnisse in die Fortschreibung des Equity-Buchwerts im Konzernabschluss des MU eingehen. Eine Zwischenergebniseliminierung hat dabei nicht zu erfolgen; vielmehr konsolidiert das MU die direkte Beteiligung an seinem TU erstmalig nach den Regelungen des IFRS 3 (Umkehrschluss aus den Regelungen zur Bilanzierung von *downstream*-Transaktionen mit Beherrschungsverlust im Fall der Veräußerung von TU, die einen Geschäftsbetrieb iSd IFRS 3 darstellen; → Rn 97 ff).

Der Standard sollte erstmalig für Verkäufe und Einbringungen in Geschäftsjahren, die am 1. Januar 2016 beginnen, prospektiv anzuwenden sein (IAS 28.45C (geändert 2014)); der IASB beschloss jedoch eine Verschiebung des Anwendungszeitpunkts (*IASB* Update July 2015, 3 f). Der Endorsement-Prozess wurde ausgesetzt (→ Rn 128).

37 Sofern ein assoziiertes Unternehmen durch den Erwerb zusätzlicher Anteile zum Gemeinschaftsunternehmen wird, ist nach **IAS 28** weiterhin die **Equity-Methode** anzuwenden. Eine Neubewertung der bislang nach der Equity-Methode bilanzierten Anteile kommt indessen nicht in Betracht (IAS 28.24). Insofern gelten hier die Regeln, die für die Bilanzierung zusätzlich erworbener Anteile ohne Einflusszunahme an einem bislang schon nach der Equity-Methode bilanzierten assoziierten Unternehmen entwickelt wurden (→ § 36 Rn 113 ff).

38 *(einstweilen frei)*

4. Übergang auf die Vollkonsolidierung und späterer Erwerb von Anteilen nicht-beherrschender Gesellschafter

39 Nach IFRS 10.23 iVm IFRS 10.B96 ist der **Erwerb von Anteilen nicht-beherrschender Gesellschafter nach Kontrollerlangung erfolgsneutral** als **Eigenkapitaltransaktion** zwischen zwei Gesellschaftergruppen zu behandeln. Entspr gilt gem IFRS 10.23 iVm IFRS 10.B96, sofern die Veräußerung von Anteilen an einem TU an nicht-beherrschende Gesellschafter nicht zum Verlust der Kontrolle führt. Für den Fall des **Zuerwerbs** von Anteilen bedeutet dies, dass der sich ergebende Differenzbetrag zwischen der zum beizulegenden Zeitwert bewerteten hingegebenen Gegenleistung für die erworbenen Anteile und dem entspr auf die nicht-beherrschenden Gesellschafter entfallenden bilanziellen Nettovermögen des TU mit den Konzernrücklagen zu verrechnen ist (zu Einzelheiten → § 34 Rn 254 ff). Die Höhe des mit den Konzernrücklagen zu verrechnenden Unterschiedsbetrags variiert dabei in Abhängigkeit von der (früheren) Ausübung des Wahlrechts zur Anwendung der *full goodwill method* (s auch IFRS 3.BC218). Die mit den Konzernrücklagen verrechneten Beträge stellen auch im Rahmen der Entkonsolidierung keine Umgliederungsbeträge dar; ihre erfolgsneutrale Behandlung ist vielmehr endgültig.

40 Die unterschiedliche Behandlung von Unterschiedsbeträgen aus der Kapitalkonsolidierung – Ausweis eines Geschäfts- oder Firmenwerts bei Erlangung der Beherrschung versus erfolgsneutrale Verrechnung bei Erwerb von Anteilen nicht-beherrschender Gesellschafter nach Kontrollerlangung – könnte sich als Einfallstor für **bilanzpolitische Gestaltungsmöglichkeiten** erweisen (so auch *Brücks/Richter* KoR 2005, 407 (411 f)). Dies gilt umso mehr, als der IASB im Gegensatz zur Übergangskonsolidierung mit Abwärtswechsel auf explizite Vorschriften zur einheitlichen (erfolgswirksamen) Bilanzierung von zusammenhängenden Transaktionen, die (aus bilanzpolitischen Gründen) aufgespalten wurden (IFRS 10.B97; ausführlich → Rn 84 ff), verzichtet. Dieser Verzicht ist mit einer

gewissen **Inkonsistenz** verbunden, muss jedoch vor dem Hintergrund zweier Umstände gewertet werden: Einerseits der Tatsache, dass das Abrücken von der Pflicht zur Anwendung der *full goodwill method* zugunsten eines Wahlrechts endgültig erst im Rahmen der Überarbeitung des *near final draft* des ED-IFRS 3 (2007) erfolgte und andererseits der bislang noch ausstehenden Regelungen der Bilanzierung von **Put-Optionen** betreffend die Anteile nicht-beherrschender Gesellschafter. Dass entspr Put-Optionen wegen der analogen Anwendung des IAS 32.23 im Zeitpunkt ihrer Entstehung vom Eigen- ins Fremdkapital umzugliedern sind, ist mittlerweile unstrittig (*IFRIC* Update November 2006, 8; → § 12 Rn 9, → § 12 Rn 132 und → § 35 Rn 61 ff). Infolge fehlender Vorschriften ist jedoch unklar, ob die Erstbewertung grds entspr IAS 39/IFRS 9 zu erfolgen hat oder aber die Put-Option im Zeitpunkt ihrer Einräumung als *contingent consideration* und damit in Übereinstimmung mit IFRS 3 zu bilanzieren ist. Letztere Sichtweise führt dazu, dass bereits im Zeitpunkt der Entstehung der Put-Optionen eine Einbeziehung dieser Anteile in die Erstkonsolidierung verbunden mit dem Ausweis eines Geschäfts- oder Firmenwerts erfolgt (vgl im Einzelnen → § 35 Rn 61 ff).

Werden demnach im **Zeitpunkt der Beherrschungserlangung** *(acquisition date)* oder in zeitlicher Nähe dazu zugleich **Put-Optionen** betreffend die Anteile nicht-beherrschender Gesellschafter geschaffen, so ist bei analoger Anwendung der Indizien in IFRS 10.B97, IFRS 10.B97(a) und (c), regelmäßig eine **einzige Transaktion** zu unterstellen, die zu einer entspr Einbeziehung der mit einer Put-Option belegten Anteile in die Vollkonsolidierung zum Zeitpunkt der Kontrollerlangung führen würde. 41

UE ist **einzelfallabhängig** anhand der in IFRS 10.B97 genannten Indizien zu überprüfen, ob ein Erwerb zusätzlicher Anteile nach Beherrschungserlangung aufgrund der Zeitnähe und der sonstigen Umstände nicht bereits im Zeitpunkt der Kontrollerlangung zu einer Einbeziehung aller Anteile in die Vollkonsolidierung führen muss, um **Missbrauchsgestaltungen** hinsichtlich der erfolgsneutralen Verrechnung von Unterschiedsbeträgen gerade bei Ausnutzung des Wahlrechts zugunsten der beteiligungsproportionalen Ermittlung des Geschäfts- oder Firmenwerts vorzubeugen. 42

(einstweilen frei) 43–45

II. Übergangskonsolidierung mit Aufwärtswechsel aufgrund von Kapitalmaßnahmen und bei unveränderten Beteiligungsverhältnissen

Erfolgt der Zuerwerb von Anteilen nicht im Rahmen eines Kaufs, sondern durch die **überproportionale** Teilnahme an einer **effektiven Kapitalerhöhung** des Beteiligungsunternehmens, so sind die Übergangskonsolidierungsregeln, die für den Übergang von der Finanzinvestition auf die Vollkonsolidierung (→ Rn 11 ff) und beim Übergang von der Equity-Methode auf die Vollkonsolidierung (→ Rn 32 ff) infolge eines Kaufs von Anteilen abgeleitet wurden, ohne Einschränkung übertragbar. 46

Dies gilt auch für den Fall, dass die Erhöhung der Anteilsquote und der damit verbundene Einflusszuwachs durch die **unterproportionale** (nicht paritätische) Teilnahme des MU an einer **effektiven Kapitalherabsetzung** des Beteiligungsunternehmens begründet werden. Hinsichtlich der **Bewertung** der verbleibenden Anteile können aufgrund der Analogie der Sachverhalte die Vorschriften zu Unternehmenszusammenschlüssen, die **ohne den Transfer einer Gegenleistung** erfolgen, herangezogen werden. 47

48 IFRS 3.43 stellt ausdrücklich klar, dass ein Unternehmenszusammenschluss nicht notwendigerweise mit **veränderten Beteiligungsverhältnissen** oder aber dem (aktuellen) **Transfer einer Gegenleistung** verbunden sein muss. Der IFRS 3.43 vorangestellte Titel *„a business combination achieved without the transfer of consideration"* ist insofern missverständlich, als – wie aus den in IFRS 3.43(a) bis (c) angeführten Beispielen deutlich wird – durchaus in früheren Perioden Anteile erworben worden sein können. Kennzeichnend für diese Form der Unternehmenszusammenschlüsse ist somit, dass im **Zeitpunkt der Beherrschungserlangung keine Gegenleistung** entrichtet wurde, mithin bestehende (Alt-)Anteile aber entspr den Vorgaben des IFRS 3.32(a)(iii) zum beizulegenden Zeitwert zu bewerten sind (IFRS 3.33 iVm IFRS 3.B46). Sofern eine in früheren Jahren erworbene Beteiligung an dem TU besteht, erfordern diese Unternehmenszusammenschlüsse regelmäßig eine **Übergangskonsolidierung mit Aufwärtswechsel** wie die in IFRS 3.43 genannten Beispiele erkennen lassen:

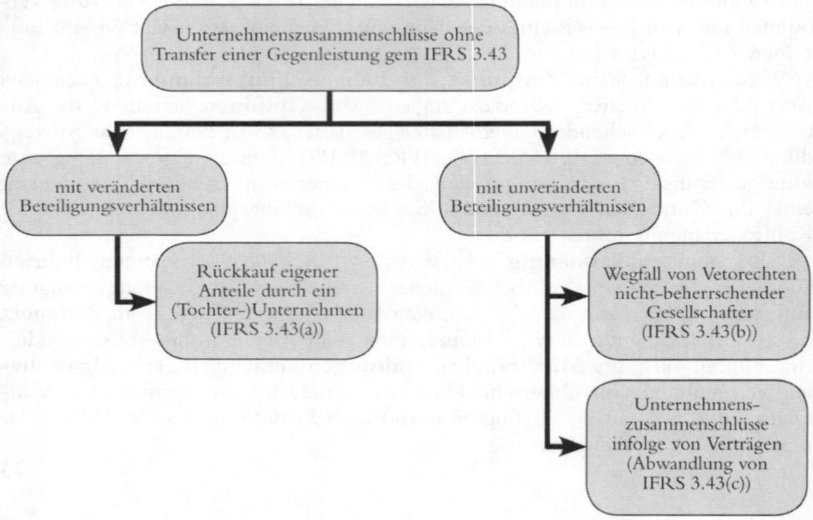

49 Sofern ein Unternehmen (TU) **eigene Anteile** erwirbt, um einem bereits vorhandenen Anteilseigner (MU) zur Kontrollerlangung zu verhelfen, wird der Unternehmenszusammenschluss zwar durch veränderte Beteiligungsverhältnisse ausgelöst, jedoch ohne (aktuellen) Transfer einer Gegenleistung durch das MU. Dieser Kategorie zuzuordnen ist auch die – in IFRS 3.43 nicht genannte – **unterproportionale** (nicht paritätische) Teilnahme des MU an einer **effektiven Kapitalherabsetzung** des Beteiligungsunternehmens. Sofern bislang bestehende Vetorechte von nicht-beherrschenden Gesellschaftern betreffend TU, an denen das MU die Mehrheit der Stimmrechte besitzt, erlöschen oder aber ein Unternehmenszusammenschluss allein aufgrund vertraglicher Regelungen zustande kommt (ggf sogar ohne dass das MU überhaupt Anteile an dem TU besitzt → § 34 Rn 197), liegt ein Unternehmenszusammenschluss ohne (aktuellen) Transfer einer Gegenleistung und ohne Veränderung der Beteiligungsverhältnisse vor. Unter diese Kategorie fallen auch Unternehmenszusammenschlüsse, in denen wegen **Unwesentlichkeit** zunächst auf eine Vollkonsolidierung verzichtet wurde, in späteren Jahren indessen infolge der zunehmenden Bedeutung des TU für den Konzern eine Einbeziehung notwendig wird (→ Rn 53). Hinsichtlich der Bewertung vorhandener Altanteile im Übergangskonsolidierungszeitpunkt → Rn 101 ff.

Erhält der Anteilseigner tatsächlich zusätzliche Anteile hinzu und wird für diese eine Übergangskonsolidierung auslösenden (zusätzlichen) Anteile keine Gegenleistung gewährt (bspw im Falle eines Geschenks), sind diese Anteile gem IFRS 3.33 iVm IFRS 3.B46 ebenfalls zu ihrem beizulegenden Zeitwert in Übereinstimmung mit den Regelungen des IFRS 13 zu bewerten.

Trotz der häufig auftretenden Probleme hinsichtlich der Feststellung des beizulegenden Zeitwerts von Altanteilen (und im Ausnahmefall (→ Rn 49) von Neuanteilen) wird auch für den Fall der Übergangskonsolidierung mit Aufwärtswechsel aufgrund von Kapitalmaßnahmen und unveränderten Beteiligungsverhältnissen durch die in IFRS 3 kodifizierte Übergangskonsolidierung auf der Grundlage einheitlicher Wertansätze ggü einer tranchenweisen Erstkonsolidierung eine deutliche **Komplexitätsreduktion** erreicht. 50

Investmentgesellschaften (→ § 32 Rn 17ff) dürfen ihre TU gem IFRS 10.31 nicht vollkonsolidieren, sondern haben diese zwingend erfolgswirksam zum beizulegenden Zeitwert zu bewerten (zu Ausnahmen s IFRS 10.32). Sofern eine Investmentgesellschaft die Voraussetzungen der IFRS 10.27ff in späteren Perioden nicht mehr erfüllt, sind die TU in Übereinstimmung mit IFRS 3 erstmalig zu konsolidieren. Dabei gilt der Tag des Wegfalls der Voraussetzungen, die an das Vorliegen einer Investmentgesellschaft gestellt werden, als Erwerbsstichtag *(deemed acquisition date)* und der beizulegende Zeitwert des TU an diesem Tag als gezahlte Gegenleistung *(transferred deemed consideration)*, dem für die Ermittlung eines Geschäfts- oder Firmenwerts bzw negativen Unterschiedsbetrags aus der Erstkonsolidierung der *fair value* des anteiligen Eigenkapitals des TU gegenüberzustellen ist (IFRS 10.B100). 51

Entscheidet eine Wagniskapital-Organisation oder ähnliche Gesellschaft, das Wahlrecht des IAS 28.18 abweichend von der bisherigen Vorgehensweise auszuüben und ein bislang erfolgswirksam zum beizulegenden Zeitwert bewertetes assoziiertes oder Gemeinschaftsunternehmen zukünftig nach der Equity-Methode in seinem Konzernabschluss zu bewerten, hat uE die **Übergangskonsolidierung von der Finanzinvestition auf die Equity-Methode** auf Basis einheitlicher Wertansätze (1. Alternative, → Rn 22ff) zu erfolgen. Da die Ausübung des Wahlrechts – dieses ist nach derzeit noch vorläufiger Ansicht des IFRSIC für jedes Investment einzeln ausübbar (*IFRIC* Update November 2014, 6; → § 29 Rn 32) – dem Stetigkeitsgebot gem F.QC22ff, IAS 1.45f unterliegt, handelt es sich hierbei um eine echte Durchbrechung des Stetigkeitsgrundsatzes, die den strengen Anforderungen der IAS 8.14ff inklusive der Angabe- und Begründungspflichten unterliegt (→ § 45 Rn 26ff). 52

Eine Übergangskonsolidierung auf die Vollkonsolidierung (entspr gilt auch für den Übergang auf die Equity-Methode) ohne Änderung der Beteiligungsverhältnisse kann auch notwendig werden, wenn Anteile an einem TU urspr wegen **Unwesentlichkeit** nicht voll konsolidiert wurden, infolge der zwischenzeitlich eingetretenen Wesentlichkeit des betreffenden TU in einer späteren Periode die Vollkonsolidierung indessen obligatorisch wird. In diesem Fall können der nunmehr erforderlichen Erstkonsolidierung des TU **vereinfachend** die Wertansätze des Zeitpunkts, an dem das TU für den Konzernabschluss wesentlich geworden ist, zugrunde gelegt werden (→ § 45 Rn 3). Alternativ kann die Durchführung der Erstkonsolidierung auch **retroaktiv** mit den Wertansätzen zum früheren Erwerbszeitpunkt erfolgen; diese Vorgehensweise ist uE zu präferieren, sofern das betreffende TU nicht erworben, sondern selbst gegründet worden ist (→ § 35 Rn 15). 53

Beispiel: Unternehmen A gründet ein TU B zum 31. Dezember X1. Trotz des Vorliegens der Beherrschung unterbleibt die Vollkonsolidierung zunächst infolge der Unwesentlichkeit von B. Am 31. Dezember X5 ist diese Einschätzung nicht mehr zutreffend; B ist vollzukonsolidieren. Während der Phase der Nicht-Konsolidierung liefen Anlaufverluste bei B in Höhe von Mio € 1 an, die aus Konzernsicht (bislang) unwesentlich gewesen sein müssen, weil ansonsten bereits früher zwingend eine Vollkonsolidierung von B hätte erfolgen müssen. Wird B nunmehr vereinfachend auf der Grundlage der Wertverhältnisse zum 31. Dezember X5 vollkonsolidiert, erhöhen die Mio € 1 Anlaufverluste ceteris paribus einen sich aus der Erstkonsolidierung ergebenden Geschäfts- oder Firmenwert, der sodann gem IAS 36 grds auf seine Werthaltigkeit zu überprüfen wäre. Erfolgt hingegen eine retroaktive Erstkonsolidierung mit den Wertansätzen zum 31. Dezember X1 resultiert hieraus – in Übereinstimmung mit den der Gründung zugrunde liegenden Prinzipien – kein Geschäfts- oder Firmenwert. Die Anlaufverluste bis zum 31. Dezember X5 gehen vielmehr als negatives Eigenkapital (Bilanzverlust) des TU in den Konzernabschluss ein und führen damit zu einer entspr erfolgsneutralen Minderung des Konzerneigenkapitals.

54 *(einstweilen frei)*

C. Übergangskonsolidierung mit Abwärtswechsel

I. Übergangskonsolidierung mit Abwärtswechsel aufgrund des Verkaufs von Anteilen

1. Übergang von der Vollkonsolidierung auf die Equity-Bewertung

55 Analog zur Vorgehensweise bei der Übergangskonsolidierung mit Aufwärtswechsel stellt auch die Übergangskonsolidierung mit Abwärtswechsel nach den Regelungen des IFRS 10 einen **erfolgswirksamen Vorgang** dar. Begründet wird diese Vorgehensweise analog zu IFRS 3.BC384 für die Übergangskonsolidierung mit Aufwärtswechsel mit dem Argument, dass der Verlust der Kontrolle über die einzelnen Vermögenswerte und Schulden des TU ein einschneidendes ökonomisches Ereignis *(significant economic event)* darstellt. Die Mutter-Tochter-Beziehung wird beendet; die neu beginnende Investor-Investment-Beziehung ist indessen von solch anderer („minderer") Qualität, dass eine Bewertung zum beizulegenden Zeitwert zu Beginn ihres Entstehens gerechtfertigt ist verbunden mit einer entspr Realisation von Gewinnen und Verlusten betreffend die verbleibenden Anteile (IFRS 10.BCZ182).

Wird aufgrund der mit der Anteilsveräußerung induzierten Statusänderung der Übergang von der Vollkonsolidierung auf die Equity-Methode erforderlich, sind gem IFRS 10.B98 auf der Grundlage der **Wertverhältnisse im Zeitpunkt des Kontrollverlusts** eine **Entkonsolidierung** der veräußerten und eine **Übergangskonsolidierung** der verbleibenden Anteile vorzunehmen, indem

(1) die **Vermögenswerte** (ggf inklusive eines anteiligen Geschäfts- oder Firmenwerts) und **Schulden** des **TU** vollständig zu Konzernwerten ausgebucht werden,

(2) die auf **nicht-beherrschende Gesellschafter** des TU entfallenden Eigenkapitalanteile ausgebucht werden (inklusive sämtlicher auf sie entfallenden Komponenten des sonstigen Ergebnisses),

(3) die **erhaltene Gegenleistung** zum beizulegenden Zeitwert angesetzt wird,

(4) sofern der Kontrollverlust mit einer **Übertragung von Anteilen** des TU an die Anteilseigner des MU verbunden ist, diese als solche abgebildet wird (→ § 35 Rn 32),

(5) die **verbleibenden Anteile** zum beizulegenden Zeitwert angesetzt werden. Dieser beizulegende Zeitwert stellt dann als *deemed cost* den Ausgangswert bzw die fingierten Anschaffungskosten für die anschließend durchzuführende Equity-Bewertung dar (IFRS 10.25(b) iVm IFRS 10.B98(b)(iii)) und ist als Pendant zum Veräußerungserlös für die veräußerten Anteile zu interpretieren,

(6) sämtliche auf das MU entfallende, das ausscheidende TU betreffende Bestandteile des **sonstigen Ergebnisses** entspr den Regelungen der Einzelstandards erfolgswirksam erfasst (Rücklage für Marktbewertungen nach IAS 39 bzw umgliederungsfähige Komponenten gem IFRS 9, Währungsumrechnungsdifferenzen (IAS 21.48A iVm IAS 21.48D); gem IAS 21.48D ist der Verlust der Beherrschung bilanziell wie die vollständige Veräußerung eines TU zu behandeln) oder in die Gewinnrücklagen umgebucht werden (zB Neubewertungsrücklage nach IAS 16, IAS 38) (IFRS 10.B99) und

(7) jegliche **verbleibende Differenz** als auf das MU entfallender Gewinn oder Verlust in der Konzern-Gesamtergebnisrechnung bzw gesonderten Konzern-GuV (sofern erstellt) erfasst wird.

Zudem wird in IFRS 10.25(b) explizit darauf hingewiesen, dass bislang im 56
Rahmen der **Schuldenkonsolidierung** eliminierte Forderungen und Verbindlichkeiten ggü dem ehemaligen TU nunmehr nach den einschlägigen IFRS zu bilanzieren sind, dh im Zeitpunkt des Kontrollverlusts wieder aufleben.

Demgegenüber trifft IFRS 10 hinsichtlich zuvor eliminierter **Zwischenergebnisse** keine Aussage; mithin ist davon auszugehen, dass bislang eliminierte Zwischenergebnisse aus ***upstream*-Transaktionen** von der Übergangskonsolidierung **unberührt** bleiben. Diese Zwischenergebnisse werden weiterhin gem der vermögensorientierten Sichtweise (→ § 35 Rn 113 ff) in voller Höhe bei den betreffenden Vermögenswerten eliminiert. Zuvor eliminierte Zwischenergebnisse aus ***downstream*-Transaktionen** werden demgegenüber im Rahmen der Übergangskonsolidierung **vollständig realisiert,** da einerseits die entspr Vermögenswerte des TU im Übergangskonsolidierungszeitpunkt zu ihren Konzernbuchwerten abgehen (IFRS 10.B98(a)(i)) und andererseits der Zugangswert der verbleibenden Anteile nicht dem korrespondierenden anteiligen Nettovermögen des TU zu Konzernbuchwerten entspricht. Vielmehr sind diese zum beizulegenden Zeitwert anzusetzen (IFRS 10.B98(b)(iii); zur Problematik der Ermittlung des beizulegenden Zeitwerts der verbleibenden Anteile → Rn 101 ff).

Eine weitere Besonderheit ergibt sich hinsichtlich der **Behandlung der An-** 57
teile nicht-beherrschender Gesellschafter am sonstigen Ergebnis des ehemaligen TU im Übergangskonsolidierungszeitpunkt. Sofern ein TU in lfd Rechnung Bestandteile seines sonstigen Ergebnisses bspw aufgrund der Veräußerung von *avaliable for sale* Wertpapieren als Umgliederungsbetrag erfolgswirksam werden lässt, sind die nicht-beherrschenden Gesellschafter im Konzernabschluss entspr ihrer Anteilsquote an dem TU an dieser Erfolgswirkung beteiligt. Im Gegensatz dazu und auch im Gegensatz zu den Komponenten des sonstigen Ergebnisses des ehemaligen TU, die auf das MU entfallen und im Zeitpunkt der Übergangskonsolidierung erfolgswirksam als Umgliederungsbeträge zu erfassen sind (IFRS 10.B98(c), IFRS 10.B99 sowie IFRS 10.BCZ183), sollten uE die entspr Eigenkapitalkomponenten der nicht-beherrschenden Gesellschafter im Übergangskonsolidierungszeitpunkt nicht erfolgswirksam berücksichtigt, sondern einfach als Bestandteil des Eigenkapitals nicht-beherrschender Gesellschafter am TU ausgebucht werden (so explizit gefordert in IAS 21.48B für Währungsumrechnungsdifferenzen; glA *KPMG* 2014/15 Rz 2.5.760.60; *Küting/Weber/Wirth* KoR 2008, 139 (151); → § 35 Rn 39). Die Entkonsolidierung der Anteile nicht-beherrschender Gesellschafter stellt damit einen erfolgsneutralen Vorgang dar (zur Problematik der Übergangskonsolidierung mit Abwärtswechsel unter vorheriger Anwendung der *full goodwill method* → § 35 Rn 39 analog).

Da gem IFRS 10.B98(d) nur eine nach Berücksichtigung der in → Rn 55 un- 58
ter (1) bis (5) aufgeführten Posten **verbleibende** Differenz als Ent- und Übergangskonsolidierungserfolg zu erfassen ist, ist zu folgern, dass die Umgliederungsbeträge **nicht Teil des Ent- und Übergangskonsolidierungserfolgs**

sind, sondern entspr dem Vorgehen bei direkter Veräußerung der dahinterstehenden Vermögenswerte in der Erfolgsrechnung auszuweisen sind (vgl → § 35 Rn 35; glA *Küting/Weber/Wirth* KoR 2008, 139 (151)).

Beispiel: Unternehmen A erwirbt am 31. Dezember X1 60% der Anteile am Unternehmen B zu einem Kaufpreis von Mio € 30, der dem anteiligen Nettovermögen von B zum Erwerbszeitpunkt entspricht. Aus der Erstkonsolidierung resultiert somit kein Geschäfts- oder Firmenwert. Zum 1. Januar X9 veräußert A 34% der Anteile an B zu einem Kaufpreis von Mio € 20,7. Das Nettovermögen von B zu Konzernbuchwerten zu diesem Zeitpunkt beträgt Mio € 55, wobei Mio € 5 auf eine Rücklage für Marktbewertung (sonstiges Ergebnis) entfallen. Der beizulegende Zeitwert der verbleibenden Anteile wird mit Mio € 15,3 ermittelt. Aufgrund der Anteilsveräußerung ist B nunmehr aus Sicht von A nur noch als assoziiertes Unternehmen einzustufen.

Der **Gesamterfolg** aus der **Ent- und Übergangskonsolidierung** per 1. Januar X9 ermittelt sich wie folgt:

		Mio €	Mio €
	Verkaufspreis für 34% der Anteile	20,7	
./.	Anteiliges, auf die veräußerten Anteile entfallendes Nettovermögen von B zu Konzernbuchwerten (55 × 0,34)	18,7	
=	Entkonsolidierungserfolg		2
./.	Anteiliges, auf nicht-beherrschende Gesellschafter entfallendes Nettovermögen von B zu Konzernbuchwerten (55 × 0,4)	22	
+	Ausgleichsposten für Anteile nicht-beherrschender Gesellschafter (55 × 0,4)	22	
=	Entkonsolidierungserfolg betreffend Anteile nicht-beherrschender Gesellschafter		0
./.	Anteiliges, auf die verbleibenden Anteile entfallendes Nettovermögen von B zu Konzernbuchwerten (55 × 0,26)	14,3	
+	Beizulegender Zeitwert der verbleibenden Anteile (26%; Zugangswert Equity-Methode)	15,3	
=	Übergangskonsolidierungserfolg		1
+	Umgliederungsbetrag (5 × 0,6)		3
=	Gesamterfolg aus der Ent- und Übergangskonsolidierung		6

59 Da die verbleibenden Anteile nach IFRS 10.B98(b)(iii) erfolgswirksam zum beizulegenden Zeitwert anzusetzen sind, ergeben sich für den Fall eines **(früheren) sukzessiven Anteilserwerbs keine (Bewertungs-)Probleme.** Dies gilt mithin unabhängig davon, ob die Erstkonsolidierung der zuvor sukzessiv erworbenen Anteile gem IFRS 3.42 auf Basis einheitlicher Wertansätze zum Zeitpunkt der Kontrollerlangung erfolgte oder aber – wegen der prospektiven Anwendung des IFRS 3 – noch unter Anwendung des IFRS 3.58f (2004) tranchenweise durchgeführt wurde. Sofern in diesem Zusammenhang noch Neubewertungsrücklagen gem IFRS 3.59 (2004) im Übergangskonsolidierungszeitpunkt bestehen (nach IFRS 3.65 war die Neufassung des IFRS 3 aus dem Jahr 2008 prospektiv anzuwenden) ist es uE sachgerecht, diese im Übergangskonsolidierungszeitpunkt vollständig in die Konzerngewinnrücklagen umzugliedern.

60 Bis zum Zeitpunkt des Kontrollverlusts **(Übergangskonsolidierungszeitpunkt)** ist die Vollkonsolidierung des TU inklusive der Übernahme der während der Konzernzugehörigkeit erwirtschafteten Aufwendungen und Erträge durchzuführen. Ab dem Übergangskonsolidierungszeitpunkt ist die Beteiligung entspr der **Equity-Methode** fortzuführen (ausführlich § 36), wobei sämtliche ab

diesem Zeitpunkt entstehenden Zwischenergebnisse aus *up-* und *down stream-*Transaktionen bei der Ermittlung des Equity-Werts nur noch anteilig Berücksichtigung finden. Eine Schulden- sowie Aufwands- und Ertragskonsolidierung entfällt grds (→ § 36 Rn 65 f). Unmittelbar im Anschluss an die Übergangskonsolidierung ist die zum beizulegenden Zeitwert anzusetzende Restbeteiligung (*deemed cost;* IFRS 10.25(b) iVm IFRS 10.B98(b)(iii)) entspr dem in IAS 28.32 beschriebenen Vorgehen in der außerbilanziellen Nebenrechnung erstzukonsolidieren. Maßgebend sind dabei nicht nur für die Bewertung der Anteile, sondern auch für die Bewertung des anteiligen Nettovermögens des nunmehr assoziierten oder Gemeinschaftsunternehmens einheitlich die Wertverhältnisse des Übergangskonsolidierungszeitpunkts. Ein aus dieser Kapitalkonsolidierung resultierender Geschäfts- oder Firmenwert beinhaltet somit auch während der Konzernzugehörigkeit geschaffene (originäre) Mehrwerte, deren Realisation nunmehr aufgrund des mit der Veräußerung verbundenen Kontrollverlusts gleichermaßen für die veräußerten und die verbleibenden Anteile unterstellt wird.

Beispiel: Unternehmen A gründet am 1. Januar X1 TU B. Aus der Erstkonsolidierung (Verrechnung von eingezahltem Kapital in Höhe von T€ 100 und gleichhohem Anteilsbuchwert) entsteht folgerichtig kein Geschäfts- oder Firmenwert. Am 31. Dezember X8 veräußert A 60% der Anteile an B zu einem Verkaufspreis von T€ 600, der beizulegende Zeitwert der verbleibenden Anteile wird mit T€ 380 ermittelt. Das Nettovermögen zu Konzernbuchwerten von B im Zeitpunkt des Kontrollverlusts beträgt T€ 700; der beizulegende Zeitwert des anteiligen, auf die verbleibenden Anteile entfallenden Nettovermögens T€ 300.

Der Ent- und Übergangskonsolidierungserfolg ermittelt sich wie folgt:

		T€
	Verkaufspreis für 60% der Anteile	600
./.	Nettovermögen von B zu Konzernbuchwerten (100%)	700
+	Beizulegender Zeitwert der verbleibenden Anteile (40%)	380
=	Ent- und Übergangskonsolidierungserfolg	280

Die Erstkonsolidierung im Rahmen der erstmaligen Anwendung der Equity-Methode für die verbleibenden Anteile ergibt Folgendes:

		T€
	Equity-Wert per 31. Dezember X8	380
./.	Anteiliges Nettovermögen von B zu beizulegendem Zeitwert per 31. Dezember X8	300
=	Geschäfts- oder Firmenwert	80

Der im Equity-Buchwert ausgewiesene Geschäfts- oder Firmenwert wurde vollständig während der Konzernzugehörigkeit des ehemaligen TU geschaffen. Aufgrund des mit der Veräußerung von 60% der Anteile verbundenen Kontrollverlusts hält der IASB indessen eine Realisation für gerechtfertigt (IFRS 10.BCZ182). Zudem werden im Rahmen der Übergangskonsolidierung während der Konzernzugehörigkeit entstandene stille Reserven bei der Erstkonsolidierung der verbleibenden Anteile nach der Equity-Methode aufgedeckt (hier: 300 – (700 × 0,4) = 20).

In welcher Höhe ein **Geschäfts- oder Firmenwert** bei der Berechnung des Entkonsolidierungserfolgs für die veräußerten Anteile zu berücksichtigen ist, muss nach den allgemeinen Regeln des IAS 36.86 entschieden werden. Demnach ist ein Geschäfts- oder Firmenwert, der einer zahlungsmittelgenerierenden Einheit (ZGE) zugeordnet wurde, bei Abgang einer *operation* dieser ZGE grds 61 entspr dem Verhältnis des beizulegenden Zeitwerts der abgehenden *operation* zum beizulegenden Zeitwert des verbleibenden Teils der ZGE in den Abgangswert des TU respektive die Berechnung des Entkonsolidierungserfolgs einzubeziehen. Eine Aufteilung auf der Grundlage einer anderen Verteilungsregel ist nur dann erlaubt, wenn dadurch eine bessere Zuordnung des Geschäfts- oder Firmenwerts auf die abgehende *operation* erreicht wird (IAS 36.86(b)). Die deutsche Übersetzung ist bzgl des Begriffs *operation* insoweit missverständlich, als hier auf die Veräußerung eines Geschäftsbereichs abgestellt wird. Letztlich muss jedoch grds bei jeglicher Veräußerung von (wesentlichen) Teilen einer firmenwerttragenden ZGE ein anteiliger Geschäfts- oder Firmenwert in den Abgangswert bzw die Berechnung des Entkonsolidierungserfolgs einbezogen werden (→ § 35 Rn 34 ff).

Beispiel: Ein zu 100% erworbenes TU A und ein gegründetes TU B bilden eine ZGE. Dieser ZGE wurde der aus dem Erwerb des 100%igen TU A resultierende Geschäfts- oder Firmenwert in Höhe von T€ 1.000 zugeordnet. Der beizulegende Zeitwert beider TU beträgt jeweils T€ 2.000. Werden nunmehr 60% der Anteile an TU A veräußert, ist dieser abgehenden *operation* ceteris paribus ein anteiliger Geschäfts- oder Firmenwert (hier: T€ 300) zuzuordnen. Entspr gilt auch, sofern bspw 60% der Anteile des TU B veräußert werden. Die verbleibenden 40% der Anteile an TU A (oder TU B) sind auf der Grundlage der Equity-Methode einzubeziehen (s auch das Beispiel unter → Rn 60). Dies ist im Hinblick auf die Erfassung des auf die verbleibenden Anteile entfallenden Geschäfts- oder Firmenwerts im Rahmen der Übergangskonsolidierung buchungstechnisch sachgerecht zu berücksichtigen (s das Beispiel unter → Rn 62).

62 **Problematisch** ist in diesem Zusammenhang der **Ausweis des Geschäfts- oder Firmenwerts,** der auf die nunmehr auf der Grundlage der Equity-Methode einzubeziehenden **verbleibenden Anteile** an dem bisherigen TU entfällt. IAS 36.86 zielt nur auf die Ermittlung und Berücksichtigung des Geschäfts- oder Firmenwerts ab, der der veräußerten *operation* zuzuordnen ist. Davon unberührt bleibt somit der Geschäfts- oder Firmenwert, der auf die verbleibenden Anteile entfällt. Da nach IFRS 10.25(b) iVm IFRS 10.B98(b)(iii) die verbleibenden Anteile indessen mit ihrem beizulegenden Zeitwert anzusetzen sind, der auch den anteiligen, bislang in einem gesonderten Bilanzposten ausgewiesenen Geschäfts- oder Firmenwert umfasst, ist zu schlussfolgern, dass der auf die verbleibenden Anteile entfallende Geschäfts- oder Firmenwert aus dem entspr Bilanzposten auszubuchen und sodann als Teil des Equity-Werts zu erfassen ist.

Beispiel: Unternehmen A erwirbt am 31. Dezember X1 60% der Anteile an Unternehmen B zu einem Kaufpreis von Mio € 35. Aus der Erstkonsolidierung (anteiliges gezeichnetes Kapital Mio € 12, anteiliges erwirtschaftetes Kapital Mio € 13, keine stillen Reserven/Lasten) resultiert ein beteiligungsproportionaler Geschäfts- oder Firmenwert in Höhe von Mio € 10. Da Unternehmen B aus Sicht des Konzerns eine eigene ZGE darstellt, wird der Geschäfts- oder Firmenwert vollständig dem (rechtlichen) Unternehmen B zugeordnet. Zum 1. Januar X9 veräußert A 30% der Anteile an B zu einem Kaufpreis von Mio € 32 an den bisherigen nicht-beherrschenden Gesellschafter. Im HGB-Einzelabschluss wird demnach aus der Anteilsveräußerung ein Gewinn in Höhe von Mio € 14,5 ausgewiesen. Das Nettovermögen von B zu Konzernbuchwerten zu diesem Zeitpunkt beträgt Mio € 70, wobei Mio € 10 auf eine Rücklage für Marktbewertung (sonstiges Ergebnis) entfallen. Der beizulegende Zeitwert der verbleibenden Anteile wird mit Mio € 30 ermittelt. Aufgrund der Anteilsveräußerung ist B nunmehr aus Sicht von A nur noch als assoziiertes Unternehmen einzustufen. Der der ZGE B zugeordnete Geschäfts- oder Firmenwert entfällt im Verhältnis 1 : 1 auf die abgehenden und die verbleibenden Anteile an B.

Der **Gesamterfolg** aus der **Ent- und Übergangskonsolidierung** per 1. Januar X9 ermittelt sich wie folgt:

		Mio €
	Verkaufspreis für 30% der Anteile	32
./.	Nettovermögen von B zu Konzernbuchwerten (100%)	70
./.	der ZGE „Unternehmen B" zugeordneter (gesamter) Geschäfts- oder Firmenwert	10
+	Ausgleichsposten für Anteile nicht-beherrschender Gesellschafter (70 × 0,4)	28
+	beizulegender Zeitwert der verbleibenden Anteile (30%)	30
+	Umgliederungsbetrag (10 × 0,6)	6
=	Gesamterfolg aus der Ent- und Übergangskonsolidierung	16

Da der auf die verbleibenden Anteile (30%) an B entfallende Geschäfts- oder Firmenwert aus der Erstkonsolidierung in Höhe von Mio € 5 im beizulegenden Zeitwert dieser Anteile (Zugangswert *(deemed cost)* für die Equity-Methode) enthalten ist, ist der gesamte, der ZGE „Unternehmen B" zugeordnete Geschäfts- oder Firmenwert bei der Übergangskonsolidierung als Abgang zu erfassen.

Die Übergangskonsolidierung zum 1. Januar X9 stellt sich buchungstechnisch wie folgt dar (in Mio €):

	A	B	Konsolidierung				Konzern-bilanz
			S		H		
Geschäfts- oder Firmenwert	–	–	(2)	10	(4)	10	–
Grundstücke	560	80			(4)	80	560
Anteile an assoziierten Unternehmen	17,5	–	(1) (4)	17,5 30	(2)	35	30
Sonstige Aktiva	422,5	70	(4)	32	(1) (4)	32 70	422,5
Summe Aktiva	1.000	150					1.012,5
Eingezahltes Kapital	200	20	(2) (3)	12 8			200
Erwirtschaftetes Kapital	400	40	(1) (2) (3)	14,5 13 16	(4) (5)	10 6	412,5
Rücklage für Marktbewertung	–	10	(3) (5)	4 6			–
Anteile nicht-beherrschender Gesellschafter	–	–	(4)	28	(3)	28	–
Schulden	400	80	(4)	80			400
Summe Passiva	1.000	150		259			1.012,5

Mit der Buchung (1) wird zunächst die beteiligungsproportionale einzelgesellschaftliche Veräußerungsbuchung wieder rückgängig gemacht. Mit der Buchung (2) erfolgen sodann die Erstkonsolidierung und die Folgekonsolidierungen (hier mangels Wertminderungsbedarf betreffend den Geschäfts- oder Firmenwert gem IAS 36 identisch mit der Erstkonsolidierung) der Anteile von B bis zum 31. Dezember X8. Buchung (3) nimmt die Dotierung des Ausgleichspostens für Anteile nicht-beherrschender Gesellschafter per 31. Dezember X8 vor. Mit Buchung (4) erfolgt die erfolgswirksame Entkonsolidierung der Altanteile inklusive des Abgangs der Anteile nicht-beherrschender Gesellschafter und die erfolgswirksame Übergangskonsolidierung für die verbleibenden Anteile auf die Equity-Methode per 1. Januar X9 unter Einbeziehung des gesamten Geschäfts- oder Firmenwerts. Buchung (5) beinhaltet das erfolgswirksam zu erfassende *reclassification adjustment* betreffend die Rücklage für Marktbewertung für den auf A entfallenden Anteil (60%).

Die verbleibenden Anteile werden nunmehr zu ihrem beizulegenden Zeitwert angesetzt und nach der Equity-Methode bewertet. Die Erstkonsolidierung dieser Anteile in der außerbilanziellen Nebenrechnung zum 1. Januar X9 stellt sich unter der Prämisse, dass der beizulegende Zeitwert des Nettovermögens von B aufgrund von stillen Reserven im Posten Grundstücke im Vergleich zum Konzernbuchwert (Mio € 70) um Mio € 5 höher ist, wie folgt dar:

		Mio €
	Beizulegender Zeitwert der verbleibenden Anteile	30
./.	Anteiliges (30%) Nettovermögen von B bewertet zum beizulegenden Zeitwert ((70 + 5) × 0,3)	22,5
=	Geschäfts- oder Firmenwert	7,5

Der im Equity-Wert enthaltene Geschäfts- oder Firmenwert beinhaltet somit nicht nur den bislang auf diese Anteile im Konzernabschluss gesondert ausgewiesenen Teil in Höhe von Mio € 5, sondern darüber hinaus auch einen während der Konzernzugehörigkeit von B geschaffenen anteiligen (originären) Geschäfts- oder Firmenwert in Höhe von Mio € 2,5 (→ Rn 60).

63 Zur Frage, wie auf nicht-beherrschende Gesellschafter entfallende Geschäfts- oder Firmenwerte aus der Anwendung der ***full goodwill method*** im Rahmen der **Ent- und Übergangskonsolidierung** iVm IAS 36.86 zu berücksichtigen sind → § 35 Rn 39 sowie *Küting/Weber/Wirth* KoR 2008, 139 (150f).

64 Besonderheiten ergeben sich, wenn das **konzernbilanzielle Nettovermögen** des anteilig veräußerten TU im Zeitpunkt der Übergangskonsolidierung **negativ** ist.

Nach den Regelungen des IFRS 10.25(b) iVm IFRS 10.B98(b)(iii) ist der **Equity-Zugangswert** der verbleibenden Anteile im Übergangskonsolidierungszeitpunkt – unter der Prämisse, dass keine rechtliche oder faktische Verpflichtung des Anteilseigners vorliegt – mit null anzusetzen (beizulegender Zeitwert bzw Aussetzen der Equity-Methode bei einem Wert von (unter) null) verbunden mit der Erfassung eines entspr Übergangskonsolidierungsertrags. In der außerbilanziellen Nebenrechnung wird indessen eine Erstkonsolidierung auf der Grundlage der Wertverhältnisse des Übergangskonsolidierungszeitpunkts durchgeführt, sodass sich rein rechnerisch – außerbilanziell – in Höhe des anteiligen negativen Eigenkapitals ein Geschäfts- oder Firmenwert ergibt. Inwieweit eine (positive) Fortschreibung des Equity-Werts in der Bilanz in Folgeperioden erfolgen darf, ist anhand der Wertminderungsregeln des IAS 28.42/IAS 28.42 (geändert 2014) zu entscheiden. Demnach ist – bei Vorliegen von Anzeichen für eine Wertminderung gem IAS 39.58ff/IAS 28.41Aff (geändert 2014) – der **gesamte Equity-Wert** der Anteile gem IAS 36 auf eine Wertminderung zu überprüfen und ggf abzuschreiben (ausführlich → § 36 Rn 55 und → § 36 Rn 67ff). Die Bedingung des IAS 39.59/IAS 28.41A (geändert 2014), dass das die Wertminderung auslösende Ereignis **nach** dem erstmaligen Ansatz des Vermögenswerts bzw der Nettoinvestition eingetreten sein muss *(„objective evidence of an impairment as a result of one or more events occurred* ***after*** *the initial recognition of the asset/net investment“)*, ist uE in diesem Fall – ebenso wie im Fall von negativem Nettovermögen bei Erwerb eines assoziierten Unternehmen (→ § 36 Rn 45) – weit auszulegen.

Sofern in späteren Perioden die **gemeinschaftliche Führung verloren** geht, auf das bisherige Gemeinschaftsunternehmen aber weiterhin ein maßgeblicher Einfluss ausgeübt werden kann, ist nach den Regelungen des IAS 28 für die veräußerten Anteile eine Entkonsolidierung vorzunehmen, während die verbleibenden Anteile unverändert weiter nach der Equity-Methode zu bilanzieren sind. Eine Neubewertung der verbleibenden Anteile ist nicht zulässig (IAS 28.24; zur Begründung s IAS 28.BC30). Die im Konzernabschluss des Anteilseigners enthaltenen umgliederungsfähigen Komponenten des sonstigen Ergebnisses des Gemeinschaftsunternehmens sind entspr der abgehenden Anteilsquote erfolgswirksam in der GuV zu erfassen (IAS 28.25/IAS 28.25 (geändert 2014)). 65

Zum Zusammenwirkungen von IFRS 10 und IFRS 5 im Rahmen der Übergangskonsolidierung mit Abwärtswechsel → Rn 73 ff.

(einstweilen frei) 66, 67

2. Übergang von der Vollkonsolidierung bzw der Equity-Bewertung auf die Finanzinvestition

Verliert das MU aufgrund einer Veräußerung von Anteilen seinen beherrschenden oder maßgeblichen Einfluss bzw die gemeinschaftliche Beherrschung auf ein TU respektive ein assoziiertes Unternehmen oder Gemeinschaftsunternehmen, so wird für die verbleibenden Anteile gem IFRS 10.25(b) bzw IAS 28.22 der **Übergang von der Vollkonsolidierung bzw Equity-Bewertung zur Bewertung eines finanziellen Vermögenswerts gem IAS 39/IFRS 9** notwendig. In beiden Fällen stellt die Übergangskonsolidierung mit Abwärtswechsel auf die Finanzinvestition einen **erfolgswirksamen Vorgang** dar. Beim Übergang von der Vollkonsolidierung sind die unter → Rn 55 beschriebenen Regeln analog anzuwenden, allerdings mit dem Unterschied, dass nunmehr der beizulegende Zeitwert für die verbleibenden Anteile den Ausgangspunkt für die zukünftige Bewertung dieser finanziellen Vermögenswerte nach IAS 39/IFRS 9 iVm IFRS 13 darstellt (IFRS 10.25(b) iVm IFRS 10.B98(b)(iii)). 68

Entspr gestaltet sich auch die Übergangskonsolidierung mit Abwärtswechsel von der **Equity-Methode.** Gem IAS 28.22(b)(i) ist jegliche verbleibende Beteiligung zum beizulegenden Zeitwert zu bewerten und als Ausgangswert der Folgebilanzierung des finanziellen Vermögenswerts gem IAS 39/IFRS 9 zu betrachten. Der Ent- und Übergangskonsolidierungserfolg ermittelt sich gem IAS 28.22(b) als Differenz zwischen der erhaltenen Gegenleistung für die veräußerten Anteile zuzüglich dem beizulegenden Zeitwert der verbleibenden Anteile und dem Equity-Wert im Übergangskonsolidierungszeitpunkt (Verlust des maßgeblichen Einflusses bzw der gemeinschaftlichen Führung). Zudem sind gem IAS IAS 28.23 und IAS 21.48A(b) sämtliche das ausscheidende assoziierte Unternehmen bzw Gemeinschaftsunternehmen betreffenden Bestandteile des **sonstigen Ergebnisses** (s diesbezüglich ausführlich → § 36 Rn 93) aufzulösen. Eine Rücklage für Marktbewertungen und Währungsumrechnungsdifferenzen – gem IAS 21.48D iVm IAS 21.48A(b) ist der Verlust des maßgeblichen Einflusses bilanziell wie die vollständige Veräußerung eines assoziierten Unternehmens zu behandeln – sind erfolgswirksam als Umgliederungsbeträge zu erfassen. Entspr gilt für umgliederungsfähige Komponenten des sonstigen Ergebnisses gem IFRS 9 (→ § 15 Rn 148). Neubewertungsrücklagen nach IAS 16 und IAS 38 sind hingegen in die Gewinnrücklagen umzubuchen; dies gilt analog, soweit Effekte im sonstigen Ergebnis aus der Neubewertung der Nettoschuld von leistungsorientierten Versorgungsplänen sowie nicht umgliederungsfähige Komponenten des sonstigen Ergebnisse gem IFRS 9 (→ § 15 Rn 148) bislang noch nicht in andere Konzerneigenkapitalposten umgebucht wurden. Die getrennte 69

Aufzählung der Umgliederungsbeträge von den übrigen Erfolgswirkungen verdeutlicht, dass auch im Rahmen der Übergangskonsolidierung mit Abwärtswechsel von der Equity-Methode diese Anpassungen nicht Teil des Ent- oder Übergangskonsolidierungserfolgs, sondern entspr dem Vorgehen bei direkter Veräußerung der dahinterstehenden Vermögenswerte in der Erfolgsrechnung auszuweisen sind (IAS 28.23 iVm IAS 21.BC34).

70 Sofern die veräußerten Anteile zuvor sukzessiv erworben wurden, gelten die Ausführungen unter → Rn 59 sinngemäß.

71, 72 *(einstweilen frei)*

3. Anwendbarkeit des IFRS 5

73 Die zur Veräußerung vorgesehenen Anteile an TU, Gemeinschafts- und assoziierten Unternehmen unterliegen bei Erfüllung der Kriterien der IFRS 5.6 ff in einem IFRS-**Einzelabschluss** vor der eigentlichen Veräußerung in einem Zwischenschritt den Ausweis- und Bewertungsregeln des IFRS 5 (vgl IAS 27.10).

74 Für den Konzernabschluss ist in Bezug auf **vollkonsolidierte TU** zu unterscheiden zwischen einerseits **Anteilsverkäufen,** mit denen ein **Beherrschungsverlust** durch das MU einhergeht, und andererseits **Teilveräußerungen ohne Verlust der Kontrolle** (IFRS 5.8A). Hat sich ein MU aufgrund konkreter Planungen zur Veräußerung von Anteilen an einem vollkonsolidierten TU entschieden und verliert das MU dadurch die Beherrschung iSd IFRS 10, so ist das TU als Veräußerungsgruppe iSd IFRS 5 zu behandeln. Dies gilt mithin unabhängig von der Höhe der veräußerten Anteilstranche, auch im Verhältnis zu einem ggf verbleibenden Beteiligungsengagement des MU, das anschließend infolge des Beherrschungsverlusts bspw als assoziiertes Unternehmen nach der Equity-Methode oder aber als Finanzinvestition nach IAS 39 zu bilanzieren ist. Als Konsequenz des Beherrschungsverlusts sind im Konzernabschluss sämtliche, das TU betreffende Vermögenswerte und Schulden als Veräußerungsgruppe zu klassifizieren (IFRS 5.8A). Verbunden damit ist nach IFRS 5.38 der gesonderte Ausweis (ggf erweitert um den Wertansatz von weiteren Vermögenswerten und Schulden wie eines zugeordneten Geschäfts- oder Firmenwerts; ausführlich → § 28 Rn 106 ff, → § 28 Rn 120 ff) dieser Vermögenswerte und Schulden als zur Veräußerung gehalten als letzter Posten auf der Aktiv- bzw Passivseite. Zudem sind in Zusammenhang mit dem betreffenden TU stehende Komponenten des sonstigen Ergebnisses gesondert auszuweisen. Darüber hinaus sind die besonderen Bewertungsregeln des IFRS 5 zu berücksichtigen. Ggf auftretende Wertminderungen zwischen dem niedrigeren beizulegenden Zeitwert der Veräußerungsgruppe abzüglich Veräußerungskosten und den bisherigen Konzernbuchwerten (IFRS 5.15) der einzelnen Vermögenswerte und Schulden sind gem IAS 36.59 und IAS 36.104 bzw IFRS 5.20 aufwandswirksam zu berücksichtigen. Sofern das veräußerte TU einen aufgegebenen Geschäftsbereich iSd IFRS 5.32 darstellt, unterliegt es zudem den besonderen Angabepflichten des IFRS 5.33 (vgl IFRS 5.36A).

Beispiel: Die MU-AG hält 60% der Anteile an der TU-AG. Im September X9 entschließt sich das Management der MU-AG, 20% dieser Anteile zu veräußern. Aufgrund der Veräußerung wird der beherrschende Einfluss verlorengehen. Allerdings ist die MU-AG weiterhin in der Lage, einen maßgeblichen Einfluss auf die TU-AG auszuüben, sodass diese als assoziiertes Unternehmen auf der Grundlage der Equity-Methode einzubeziehen ist. Im Dezember X9 liegen bereits entspr konkrete Veräußerungspläne vor. Auch hat die aktive Suche nach einem Investor begonnen.

Infolge des Kontrollverlusts verlassen aus Konzernsicht nach der Veräußerung der Anteile die Vermögenswerte und Schulden des TU vollständig den Konzernkreis; dies gilt unbeachtlich der Tatsache, dass die verbleibende 40%ige Beteiligung an der TU-AG aufgrund des zukünftig maßgeblichen Einflusses als assoziiertes Unternehmen nach der

Equity-Methode zu bewerten ist. Sofern die Kriterien der IFRS 5.6ff erfüllt sind, ist dem bevorstehenden Ausscheiden aus dem Konzernkreis bereits im Zeitpunkt der konkreten Veräußerungsabsicht durch eine Separierung der dem TU zuzurechnenden Vermögenswerte und Schulden Rechnung zu tragen.

Zu beachten ist, dass die Anwendung des IFRS 5.8A ausschließlich darauf abstellt, dass nach der Veräußerung der Anteile **keine Kontrolle** mehr über das (bisherige) TU besteht. Sollen demgegenüber bspw bei Bestehen einer 100%igen Beteiligung 40% der Anteile veräußert werden, ohne dass damit ein Kontrollverlust verbunden ist, sind die Regeln des IFRS 5 nicht anwendbar. Die die (zur Veräußerung stehenden) Anteile repräsentierenden Vermögenswerte und Schulden des TU sind weiterhin vollständig nach den einschlägigen IFRS auszuweisen und zu bewerten. 75

Sofern IFRS 5.8A Anwendung findet, sind im späteren **Übergangskonsolidierungszeitpunkt** die **verbleibenden Anteile** sodann in Höhe ihres beizulegenden Zeitwerts zu erfassen (IFRS 10.25(b) iVm IFRS 10.B98(b)(iii)). Eine Differenz zwischen dem Veräußerungserlös, dem beizulegenden Zeitwert der verbleibenden Anteile und den ggf ausscheidenden Anteilen nicht-beherrschender Gesellschafter einerseits sowie dem Wertansatz der zur Veräußerungsgruppe zählenden Vermögenswerte und Schulden gem IFRS 5.15 andererseits ist ebenso erfolgswirksam zu berücksichtigen wie die Umgliederungsbeträge. 76

Besteht in Folge(-Zwischen-)Perioden mangels Erfüllung der Voraussetzungen der IFRS 5.6ff die Notwendigkeit zur **Reklassifizierung** der Vermögenswerte und Schulden, so sind diese wieder nach der bisherigen Einbeziehungsform (Vollkonsolidierung) in die entspr Bilanzposten umzugliedern. Der Wertansatz hat dabei so zu erfolgen, als ob die Vollkonsolidierung nie ausgesetzt worden wäre (Konsequenz aus der Anwendung von IFRS 5.27). Ggf resultierende Wertänderungen sind durch eine entspr Anpassung der Abschlüsse seit der Klassifizierung des TU als ‚zur Veräußerung gehalten' zu berücksichtigen. Diese **rückwirkende Anpassung** ist dabei indessen nicht durch eine Korrektur der Vorjahresabschlüsse iSd IAS 8, sondern (lediglich) durch eine Anpassung der Vorjahresangaben im Konzernabschluss der Berichtsperiode zu berücksichtigen, in der die Reklassifizierung vorgenommen wurde (→ § 28 Rn 110; s jedoch auch die diesbezügliche Diskussion beim IFRSIC in *IFRIC* Update May 2015, 3f). 77

Hinsichtlich der **Veräußerung von Anteilen an Gemeinschafts- und assoziierten Unternehmen** stellt IAS 28.21 explizit klar, dass unabhängig davon, ob mit der Veräußerung von Anteilen der maßgebliche Einfluss oder die gemeinschaftliche Führung verloren geht, bei Erfüllung der Kriterien der IFRS 5.6ff die **zur Veräußerung gehaltenen Anteile** stets nach **IFRS 5** zu bilanzieren sind. Demnach ist der bisherige anteilige Equity-Wert der zur Veräußerung gehaltenen Anteile mit dem beizulegenden Zeitwert abzüglich Veräußerungskosten zu vergleichen. Eine Besonderheit besteht, falls bei der Equity-Methode Forderungen des Anteilseigners in die Verlustverrechnung einbezogen wurden (→ § 36 Rn 82ff), da diese dann anteilig im „Buchwert" der zur Veräußerung gehaltenen Anteile enthalten sind. Ist der beizulegende Zeitwert abzüglich der Veräußerungskosten niedriger als der Konzernbuchwert der Anteile, ist die sich ergebende **Wertminderung** aufwandswirksam zu erfassen. Die **verbleibenden Anteile** werden demgegenüber (zunächst) weiterhin nach der Equity-Methode bewertet; sie sind im späteren **Übergangskonsolidierungszeitpunkt** nach den allgemeinen Regeln (→ Rn 55 und → Rn 69f) zum beizulegenden Zeitwert anzusetzen (IAS 28.20). Eine Ausnahme ergibt sich lediglich dann, wenn infolge des Verlusts der gemeinschaftlichen Führung ein Gemeinschaftsunternehmen zu einem assoziierten Unternehmen wird (IAS 28.24; → Rn 65). Eine Differenz zwischen dem Veräußerungserlös und dem beizulegenden Zeitwert der verbleibenden An- 78 teile einerseits sowie dem Wertansatz der veräußerten Anteile gem IFRS 5.15 andererseits ist ebenso erfolgswirksam zu berücksichtigen wie die Umgliederungsbeträge.

79 Besteht in Folge(-Zwischen-)Perioden die Notwendigkeit zur **Reklassifizierung** der Anteile, so sind diese wieder entspr der bisherigen Einbeziehungsform in den Posten Anteile an assoziierten Unternehmen/Gemeinschaftsunternehmen umzugliedern. Der Wertansatz hat dabei so zu erfolgen, als ob die Equity-Methode nie ausgesetzt worden wäre (s IAS 28.21; *IDW* RS HFA 2 Rz 106). Die Wertänderungen ggü der Bewertung gem IFRS 5 sind dabei **retrospektiv** zu erfassen; frühere Abschlüsse sind entspr anzupassen (so ausdrücklich gefordert in IAS 28.21 iVm IFRS 5.28; ausführlich → § 36 Rn 101).

80–83 *(einstweilen frei)*

4. Abwärtswechsel von der Vollkonsolidierung und frühere Veräußerung von Anteilen ohne Beherrschungsverlust

84 Nach IFRS 10.23 und IFRS 10.B96 ist die **Veräußerung** von Anteilen an vollkonsolidierten TU an nicht-beherrschende Gesellschafter **erfolgsneutral** als **Eigenkapitaltransaktion** zwischen zwei Gesellschaftergruppen zu behandeln, wenn diese Transaktion **nicht** zum **Beherrschungsverlust** führt. Für den Fall der teilweisen Veräußerung von Anteilen bedeutet dies, dass der sich ergebende Differenzbetrag zwischen der zum beizulegenden Zeitwert bewerteten erhaltenen Gegenleistung für die veräußerten Anteile und dem entspr nunmehr auf die nicht-beherrschenden Gesellschafter entfallenden bilanziellen Nettovermögen des TU mit den Konzernrücklagen zu verrechnen ist (zu Einzelheiten → § 35 Rn 45). Die Verrechnung mit den Konzernrücklagen ist endgültig, dh im Zeitpunkt einer späteren Übergangs- oder Entkonsolidierung werden die verrechneten Beträge nicht als Umgliederungsbeträge behandelt (*pwc* 2015 Rz 26.188.6.1).

85 Die **unterschiedliche Behandlung von Unterschiedsbeträgen** aus der Veräußerung von Anteilen – erfolgswirksame Erfassung im Fall der Ent- und Übergangskonsolidierung versus erfolgsneutrale Verrechnung bei teilweiser Anteilsveräußerung an nicht-beherrschende Gesellschafter ohne Kontrollverlust – könnte gerade im Fall von verlustbringenden TU zu **bilanzpolitischen Gestaltungen** ermutigen. Diese Gefahr hat der IASB erkannt und deshalb in IFRS 10.B97 festgelegt, dass mehrere Vereinbarungen bzw Einzeltransaktionen, die (letztlich) zum Kontrollverlust führen, nur dann getrennt voneinander zu bilanzieren sind, wenn dies aus wirtschaftlicher Sicht rational nachvollziehbar ist. Nach IFRS 10.B97 weist das Vorliegen eines oder mehrerer der folgenden Indizien auf die Existenz **einer** – in mehrere Vereinbarungen aufgespaltenen – **einzigen** Transaktion hin:

(1) Die einzelnen Vereinbarungen wurden zeitgleich getroffen oder aber in Abhängigkeit/Berücksichtigung voneinander.
(2) Die Vereinbarungen stellen eine Gesamttransaktion dar, die auf einen wirtschaftlichen Gesamterfolg abzielt.
(3) Das Zustandekommen einer Vereinbarung ist abhängig vom Zustandekommen wenigstens einer weiteren Vereinbarung.
(4) Eine einzelne Vereinbarung ist nur in Zusammenhang mit (den) anderen Vereinbarungen und nicht für sich allein betrachtet wirtschaftlich zu begründen. Dies ist bspw der Fall, wenn zunächst Anteile unter Marktpreis veräußert werden und eine diesbezügliche Kompensation durch die nachfolgende Veräußerung weiterer Anteile über Marktpreis erfolgt.

86 Sofern aufgrund dieser Indizien aus **wirtschaftlicher Betrachtungsweise** *(substance over form)*, auf der die glaubwürdige Darstellung basiert (s F.QC12 ff

iVm F.BC3.26; → § 2 Rn 87ff) auf eine einzige Transaktion zu schließen ist, ist diese insgesamt nach den Regelungen für Ent- oder Übergangskonsolidierungen abzubilden. Maßgebender Bilanzierungszeitpunkt ist dabei der Zeitpunkt des Kontrollverlusts (so auch *Zülch/Fischer* PiR 2007, 358 (360)); indessen kann gem IFRS 5.8A (→ Rn 74) bereits ein früherer gesonderter Ausweis der betroffenen Vermögenswerte und Schulden verbunden mit einer Berücksichtigung der besonderen Bewertungsregeln des IFRS 5.15 geboten sein.

(einstweilen frei) 87–89

II. Übergangskonsolidierung mit Abwärtswechsel aufgrund von Kapitalmaßnahmen und bei unveränderten Beteiligungsverhältnissen

Sinkt die Beteiligungsquote und der damit verbundene Einfluss an einem TU, Gemeinschafts- oder assoziierten Unternehmen aufgrund der **unterproportionalen** Teilnahme des Anteilseigners an einer **effektiven Kapitalerhöhung** des Beteiligungsunternehmens derart stark, dass eine Übergangskonsolidierung mit Abwärtswechsel notwendig wird, sind die für die einzelnen Übergangsformen infolge von Anteilsveräußerungen erläuterten Regeln (→ Rn 55ff, → Rn 68ff) vollumfänglich anwendbar (IFRS 10.BCZ180; *IFRIC* Update July 2013, 9; *Wenk/Jagosch* KoR 2009, 113 (118ff)). Ggf erworbene junge Aktien gehen mit dem beizulegenden Zeitwert der für sie hingegebenen Gegenleistung in den Ausgangswert der nunmehr anzuwendenden Konsolidierungs- bzw Bewertungsmethode ein. Anschaffungsnebenkosten sind dabei beim Übergang auf die Equity-Methode direkt aufwandswirksam zu erfassen; beim Übergang auf die Bewertung gem IAS 39/IFRS 9 erfolgt die Behandlung der Anschaffungsnebenkosten – aufwandswirksame Verrechnung versus Aktivierung – hingegen in Abhängigkeit von der Klassifikation der verbleibenden Anteile nach IAS 39/IFRS 9. Hinsichtlich der Bewertung der nunmehr zum beizulegenden Zeitwert anzusetzenden Anteile vgl → Rn 101ff. 90

Die analoge Anwendung der vorgenannten Regeln zur Abbildung von Übergangskonsolidierungen mit Abwärtswechsel infolge von Anteilsveräußerungen (→ Rn 55ff und → Rn 68ff) gilt auch dann, wenn die Verminderung der Anteilsquote und des damit verbundenen, eine Übergangskonsolidierung auslösenden Einflussverlusts durch die **überproportionale** Teilnahme des Anteilseigners an einer **effektiven Kapitalherabsetzung** verursacht wird. Im Vorfeld der Übergangskonsolidierung sind zudem die aus der Kapitalherabsetzung resultierenden (handelsrechtlichen) Erfolgswirkungen (einzelgesellschaftlicher Abgangserfolg beim MU, Ertrag aus der Kapitalherabsetzung beim Beteiligungsunternehmen) zu eliminieren. Betreffend die Bewertung der nunmehr zum beizulegenden Zeitwert anzusetzenden Anteile vgl → Rn 101ff. 91

IFRS 10.B83 weist explizit darauf hin, dass der Verlust der Beherrschung auch **ohne veränderte Beteiligungsverhältnisse** erfolgen kann. So kann der Kontrollverlust bspw aus der Übertragung der Beherrschung auf eine Regierung, Gerichte oÄ resultieren oder aber die Folge des Eingehens oder der Beendigung von vertraglichen Vereinbarungen sein IFRS 10.B83 iVm IFRS 10.BCZ180). Die in derartigen Fällen notwendige Übergangskonsolidierung mit Abwärtswechsel ist nach den allgemeinen Regeln (→ Rn 55ff, → Rn 68ff) erfolgswirksam vorzunehmen. 92

Offen bleibt die Frage, ob **IFRS 5** auch dann anwendbar ist, wenn der Beherrschungsverlust nicht durch eine Veräußerung von Anteilen des TU, sondern durch die nicht proportionale Teilnahme eines MU an Kapitalmaßnahmen des 93

TU verursacht wird. UE ist diese Frage einzelfallabhängig zu beantworten (so auch *IDW* RS HFA 2 Rz 91).

94 Sofern ein MU erstmals die Kriterien einer **Investmentgesellschaft** erfüllt, hat es zu diesem Stichtag *(date of change in status)* die Vollkonsolidierung seiner TU zu beenden (zu Ausnahmen s IFRS 10.32) und im Hinblick auf die dann notwendige Bewertung seiner TU zum beizulegenden Zeitwert die Regelungen der IFRS 10.25 f zur Übergangskonsolidierung entspr anzuwenden (IFRS 10.B101).

Entscheidet eine Wagniskapital-Organisation oder ähnliche Gesellschaft, das Wahlrecht des IAS 28.18 abweichend von der bisherigen Vorgehensweise auszuüben und ein bislang in seinen Konzernabschluss nach der Equity-Methode bewertetes assoziiertes oder Gemeinschaftsunternehmen zukünftig erfolgswirksam zum beizulegenden Zeitwert zu bewerten, gelten die Regeln der **Übergangskonsolidierung von der Equity-Methode auf die Finanzinvestition** entspr. Die Ausübung des Wahlrechts, das nach derzeit noch vorläufiger Ansicht des IFRSIC für jedes Investment einzeln ausübbar ist (*IFRIC* Update November 2014, 6; → § 29 Rn 32), unterliegt dem Stetigkeitsgebot gem F.QC22 ff, IAS 1.45 f. Insofern handelt es sich bei der veränderten Ausübung des Wahlrechts gem IAS 28.18 um eine echte Durchbrechung des Stetigkeitsgrundsatzes aufgrund von Änderungen einer Bilanzierungs- und Bewertungsmethode. Diese unterliegt den strengen Anforderungen der IAS 8.14 ff inklusive der Angabe- und Begründungspflichten (→ § 45 Rn 26 ff).

III. Übergangskonsolidierung mit Abwärtswechsel aufgrund der Einbringung/Veräußerung eines TU in/an ein assoziiertes Unternehmen oder Gemeinschaftsunternehmen

95 Ein MU kann die Beherrschung über ein TU auch durch die **Einbringung** oder **Veräußerung** der Anteile an dem TU in/an eines seiner assoziierten Unternehmen oder Gemeinschaftsunternehmen verlieren. Mangels Anwendbarkeit der Regeln zu *common control transactions* (hierzu → § 34 Rn 20 ff) – das assoziierte Unternehmen bzw Gemeinschaftsunternehmen steht nicht unter der Beherrschung des einbringenden/veräußernden MU – ist fraglich, in welcher Höhe ein aus der Einbringung/Veräußerung entstehender Gewinn oder Verlust zu realisieren ist. Denn während IFRS 10.25 iVm IFRS 10.B98 f infolge des Beherrschungsverlusts eine **vollständige Realisierung** des Erfolgs aus der Transaktion und eine Bewertung der verbleibenden Anteile zum beizulegenden Zeitwert fordern, hat nach IAS 28.28 ff eine **beteiligungsproportionale Eliminierung** des (Zwischen-)Erfolgs in Höhe der verbleibenden Anteilsquote zu erfolgen.

Beispiel: MU veräußert sein 100%iges TU an ein assoziiertes Unternehmen A, an dem MU 40% der Anteile hält. Das Nettovermögen des TU im Konzernabschluss des MU im Zeitpunkt der Veräußerung beträgt Mio € 5; TU verfügt über kein sonstiges Ergebnis. Der Veräußerungspreis für die 100%ige Beteiligung beträgt Mio € 8; er entspricht zugleich dem beizulegenden Zeitwert der Anteile. Somit weist MU in seinem Konzernabschluss (zunächst) einen Veräußerungsgewinn in Höhe von Mio € 3 aus.

Wird die Transaktion gem IFRS 10.25 iVm IFRS 10.B98 bilanziert, bleibt es bei der vollständigen Realisierung des Veräußerungsgewinns. Die verbleibende indirekte Beteiligung von MU an TU ist im (unveränderten) Equity-Wert an A in Höhe von Mio € 3,2 (= Mio € 8 × 0,4) im Konzernabschluss von MU enthalten.

Wird hingegen den Regelungen der IAS 28.28 ff der Vorrang eingeräumt, hat eine beteiligungsproportionale Eliminierung des Veräußerungserfolgs in Höhe von 40% zu erfolgen. Der vorläufige Veräußerungserfolg ist somit entspr den hier bevorzugten Ausweisregeln (→ § 36 Rn 143) mit der Buchung „per Ergebnis aus assoziiertem Unternehmen A an Anteile an assoziiertem Unternehmen A" um Mio € 1,2 (Mio € 3 × 0,4) zu kürzen.

Folglich ist die verbleibende Beteiligung von MU an TU im Equity-Wert an A nur in Höhe von Mio € 2 (= Mio € 8 × 0,4 – Mio € 1,2) im Konzernabschluss von MU enthalten. Dies entspricht einem 30%igen Anteil am Nettovermögen an TU im Konzernabschluss von M vor der Veräußerung (Mio € 5 × 0,4 = Mio € 2).

Sofern TU auch über sonstige Ergebniskomponenten verfügt, sind diese vollständig in die GuV umzugliedern oder aber ins Eigenkapital umzubuchen (so ausdrücklich geregelt für Differenzen aus der Währungsumrechnung in IAS 21.48A; demgegenüber für den Fall der Bilanzierung nach IAS 28.28 lediglich eine beteiligungsproportionale Auflösung für sachgerecht haltend: *KPMG* 2014/15 Rz 3.5.470.80).

Infolge der dargestellten Inkonsistenzen besteht (derzeit noch) grds ein **Wahlrecht** zur anteiligen oder vollständigen Gewinnrealisierung. Diese Bilanzierungsmethodenwahl ist mithin stetig anzuwenden und nach IAS 1.117 auch erläuterungspflichtig. UE ist die **vollständige Gewinnrealisierung** zu **präferieren,** da – analog zum Fall der konzerninternen Veräußerung von assoziierten Unternehmen (→ § 36 Rn 124 ff) – entspr der Rangfolge der abzuprüfenden Tatbestände bei der Abgrenzung des Konsolidierungskreises, nach der zunächst das Vorliegen von *control* nach IFRS 10 festzustellen ist (→ § 30 Rn 10 ff), die diesbezüglichen Regelungen für den Fall des Beherrschungsverlusts Vorrang haben. Nach IFRS 10.25(b) iVm IFRS 10.98(b)(iii) sind **verbleibende direkte Anteile** zum beizulegenden Zeitwert zu bewerten. 96

Die dargestellte Problematik ist Teil der bekannten **Inkonsistenzen** zwischen IFRS 3 und IFRS 10 einerseits und den Regelungen des IAS 28 zur Equity-Methode (ausführlich → § 36 Rn 2) andererseits. Als Folge der diesbezüglich an das IFRSIC und den IASB herangetragenen Fragestellungen verabschiedete der IASB im September 2014 den Änderungsstandard *Sale or Contribution of Assets between an Investor and its Associate or Joint Venture – Amendments to IFRS 10 and IAS 28*. Durch die Änderungen wird klargestellt, dass die Frage der Zwischenerfolgseliminierung im Zuge von Veräußerungen/Einbringungen von TU an/in *at equity* bewertete assoziierte oder Gemeinschaftsunternehmen und der Bewertung verbleibender Anteile davon abhängig ist, ob das betreffende TU einen **Geschäftsbetrieb iSd IFRS 10** darstellt. Ist dies der Fall, sind im Zuge der Veräußerung/Einbringung entstehende Gewinne oder Verluste vollständig zu realisieren und verbleibende Anteile gem IFRS 10.25(b) (geändert 2014) iVm IFRS 10.98(b)(iii) zum beizulegenden Zeitwert zu bewerten. 97

Stellt das veräußerte/eingebrachte TU hingegen **keinen Geschäftsbetrieb** iSd IFRS 10 dar, dürfen aus der Veräußerung/Einbringung resultierende Gewinne und Verluste (inklusive der gem IFRS 10.B99 umzugliedernden Beträge) im Konzernabschluss des MU lediglich in Höhe der Anteilsquote außenstehender Dritter (unabhängige Eigentümer, *unrelated investors' interests*) realisiert werden. Eine Zwischenerfolgseliminierung hat folglich proportional zur Anteilsquote des MU zu Lasten/zu Gunsten des Equity-Werts des erwerbenden/die Anteile ausgebenden assoziierten oder Gemeinschaftsunternehmen zu erfolgen (IFRS 10.25(b) und (c) (geändert 2014) iVm IFRS 10.B99A (geändert 2014)). 98

Hinsichtlich der Bewertung **verbleibender Anteile** des MU an dem ehemaligen TU ist wie folgt zu unterscheiden (IFRS 10.B99A (geändert 2014)): 99

(1) **Das ehemalige TU wird nunmehr aufgrund seiner Klassifizierung als assoziiertes oder Gemeinschaftsunternehmen nach der Equity-Methode bewertet**: Die Anteile sind zum beizulegenden Zeitwert zu bewerten, jedoch mit der Einschränkung, dass dabei entstehende Gewinne und Verluste nur in Höhe der Beteiligungsquote außenstehender Dritter (*unrelated investors' interests,* unabhängige Eigentümer) an dem ehemaligen TU *(new associate or joint venture)* zu realisieren sind. Die auf die Anteile des MU entfallenden Gewinne/Verluste sind dagegen zu Lasten/zu Gunsten des Equity-

Buchwerts an diesem neuen assoziierten bzw Gemeinschaftsunternehmen zu eliminieren.

(2) **Das ehemalige TU wird nunmehr aufgrund seiner Klassifizierung als einfache Beteiligung gem IAS 39/IFRS 9 bilanziert:** Die Anteile sind zum beizulegenden Zeitwert zu bewerten und jeglicher daraus resultierender Gewinn oder Verlust ist vollständig zu realisieren.

Beispiel: MU veräußert 80% seines 100%iges TU an sein assoziiertes Unternehmen A, an dem MU 40% der Anteile hält. Als Folge der Transaktion verliert MU die Beherrschungsmöglichkeit über TU. Das Nettovermögen des TU im Konzernabschluss des MU im Zeitpunkt der Veräußerung beträgt Mio € 5; TU verfügt über kein sonstiges Ergebnis. Der Veräußerungspreis für die 80%ige Beteiligung beträgt Mio € 6,4; er entspricht zugleich dem beizulegenden Zeitwert der veräußerten Anteile. Die bei MU verbleibenden Anteile an TU (20%) werden nach der Equity-Methode bewertet, da TU nunmehr als assoziiertes Unternehmen von MU zu klassifizieren ist. Der beizulegende Zeitwert dieser Anteile beträgt Mio € 1,6.

Da TU als Geschäftsbetrieb iSd IFRS 10 zu klassifizieren ist, weist MU in seinem Konzernabschluss einen Gesamtgewinn aus der Transaktion in Höhe von insgesamt Mio € 3 aus, und zwar Mio € 2,4 (= Mio € 6,4 – Mio € 5 × 0,8) aus der Veräußerung der Anteile an A und Mio € 0,6 (= Mio € 1,6 – Mio € 5 × 0,2) aus der Bewertung der verbleibenden Anteile zum beizulegenden Zeitwert. Buchungstechnisch ist der Sachverhalt wie folgt abzubilden:

per Kasse	Mio € 6,4
per Anteile an assoziierten Unternehmen	Mio € 1,6
an Nettovermögen TU	Mio € 5,0
an sonstigen betrieblichen Ertrag	Mio € 3,0.

Ist TU demgegenüber eine Ein-Objekt-Gesellschaft, die keinen Geschäftsbetrieb iSd IFRS 10 darstellt, sind diese beiden Gewinnkomponenten zu korrigieren. Der Gewinn aus der **Veräußerung** der Anteile darf nur in Höhe der Beteiligung der anderen Investoren (hier: 60%) an A realisiert werden, dh es hat eine der Anteilsquote von MU an A proportionale (40%) Zwischengewinneliminierung zu erfolgen. Der vorläufige Gewinn aus der Veräußerung ist somit um Mio € 2,4 × 0,4 = Mio € 0,96 zu Lasten des Equity-Buchwerts von A im Konzernabschluss von MU zu korrigieren. Auch der Gewinn aus der Neubewertung der verbleibenden Anteile an TU in Höhe von Mio € 0,6 ist proportional zur Höhe der verbleibenden Beteiligungsquote von MU (direkte Anteile an TU: 20%) und ihm nahestehender Unternehmen (indirekte Anteile an TU, hier über A gehalten: 40% × 80% = 32%) zu Lasten des Equity-Buchwerts von MU an TU zu eliminieren (= Mio € 0,312 = Mio € 0,6 × (0,2 + 0,32)). Auch hier ist eine Erfolgsrealisation lediglich in Höhe der Anteilsquote der (nicht nahestehenden) anderen Investoren (*unrelated investors' interests; hier:* andere Anteilseigner von A) an TU (= Mio € 0,288 = Mio € 0,6 × 0,6 × 0,8) zulässig. Der Equity-Buchwert der Anteile an TU im Konzernabschluss von MU beträgt folglich Mio € 1,288 (= Mio € 1,6 – Mio € 0,312).

Insgesamt stellen sich die Buchungen damit wie folgt dar:

per Kasse	Mio € 6,4
per Anteile an assoziierten Unternehmen	Mio € 1,288
an Nettovermögen TU	Mio € 5,0
an Equity-Buchwert A	Mio € 0,96
an sonstigen betrieblichen Ertrag	Mio € 1,728.

Abwandlung: Sind die verbleibenden Anteile an dem ehemaligen TU aufgrund ihres Charakters als einfache Beteiligung nach IFRS 9 zu bilanzieren, findet keine Anpassung des Gewinns (hier: Mio € 0,312) aus der Neubewertung der Anteile zum beizulegenden Zeitwert statt. In diesem Fall würden somit der Gesamtgewinn Mio € 2,040 und der Zugangswert der Anteile am ehemaligen TU im Konzernabschluss von MU Mio € 1,6 betragen.

100 Grds besteht kein Zusammenhang zwischen der Höhe des Equity-Buchwerts des erwerbenden/Anteile ausgebenden assoziierten bzw Gemeinschaftsunternehmens und ggf zu eliminierender Zwischengewinne aus der Veräußerung/

Einbringung von nicht als Geschäftsbetrieb zu klassifizierenden TU. Insofern ist es durchaus möglich, dass die zu eliminierenden Zwischengewinne aus der Veräußerung/Einbringung von **nicht** als **Geschäftsbetrieb** zu klassifizierenden TU die Höhe des Equity-Buchwerts des erwerbenden/Anteile ausgebenden assoziierten bzw Gemeinschaftsunternehmens im (Konzern-)Abschluss des MU übersteigen. Zur Vorgehensweise in diesem Fall verweisen wir auf → § 36 Rn 147. Hinsichtlich der Einbringung von **Vermögenswerten** bzw TU, die keinen Geschäftsbetrieb darstellen, durch einen Anteilseigner in ein assoziiertes oder Gemeinschaftsunternehmen im Austausch gegen Anteile und weitere monetäre oder nicht-monetäre Vermögenswerte → § 36 Rn 62 ff.

Zur Eindämmung von **bilanzpolitischem Gestaltungspotenzial** ist gem IAS 28.31B (geändert 2014) iVm IFRS 10.B97 bei schrittweisen Übertragungen von Vermögenswerten im Hinlick auf die Beurteilung, ob es sich um die Übertragung eines Geschäftsbetriebs iSd IFRS 3 handelt, zu überprüfen, ob diese als einheitlicher Übertragungsvorgang zu bilanzieren sind.

Der Änderungsstandard sollte erstmalig für Veräufe und Einbringungen in Geschäftsjahren, die am 1. Januar 2016 beginnen, prospektiv anzuwenden sein (IFRS 10.C1C (geändert 2014), IAS 28.45C (geändert 2014)); der IASB beschloss jedoch eine Verschiebung des Anwendungszeitpunkts (*IASB* Update July 2015, 3 f). Der Endorsement-Prozess wurde ausgesetzt (→ Rn 128).

D. Bewertung von Anteilen zum beizulegenden Zeitwert

Sowohl im Fall der Übergangskonsolidierung mit Aufwärtswechsel als auch in **101** den Fällen der Übergangskonsolidierung mit Abwärtswechsel sind bislang bereits gehaltene Anteile **(Altanteile)** bzw **verbleibende Anteile mit dem beizulegenden Zeitwert** zu bewerten. Der beizulegende Zeitwert ist zudem der maßgebende Bewertungsmaßstab für die Bewertung von TU (und assozierten bzw Gemeinschaftsunternehmen) von **Investmentgesellschaften.** Die Ermittlung dieser beizulegenden Zeitwerte hat nach IFRS 13 zu erfolgen und gestaltet sich häufig schwierig.

Im Fall des **sukzessiven Unternehmenszusammenschlusses** ist gem **102** IFRS 3.32(a)(i) der beizulegende Zeitwert der hingegebenen Gegenleistung maßgebend – zumindest soweit die aktuell erworbenen Anteile betroffen sind. Nähere Informationen zur Ermittlung des beizulegenden Zeitwerts der Gegenleistung finden sich in IFRS 3.37 f sowie IFRS 3.BC330 ff (hierzu – auch in Bezug auf die Berücksichtigung bedingter Gegenleistungen – ausführlich → § 34 Rn 176 ff und → § 34 Rn 205 ff sowie generell → § 3 Rn 187 ff). Abweichend davon lässt sich der beizulegende Zeitwert der Altanteile nicht anhand einer (aktuell) hingegebenen Gegenleistung bestimmen. Sofern die Bewertung der **Altanteile** im Einzel- und/oder Konzernabschluss nach IFRS allerdings bislang **gem IAS 39/IFRS 9 iVm IFRS 13 zum beizulegenden Zeitwert** erfolgte, kann die bisher verwandte Vorgehensweise für die Wertermittlung – Ableitung vom aktiven Markt oder aber Berechnung anhand anerkannter Bewertungstechniken – in aller Regel auch im Zeitpunkt der Übergangskonsolidierung zur Bestimmung des beizulegenden Zeitwerts der Altanteile beibehalten werden.

Definition und Ableitung beizulegender Zeitwerte richten sich nach IFRS 13 **103** (eine detaillierte Darstellung der Regelungen des IFRS 13 findet sich in → § 2 Rn 221 ff). Der **beizulegende Zeitwert** ist gem IFRS 13.9 und IFRS 3.Anhang A als der Betrag definiert, zu dem unter aktuellen Marktbedingungen am Bewertungsstichtag eine Transaktion im normalen Geschäftsverkehr zwischen unabhängigen Marktteilnehmern stattfinden würde, bei der entweder ein Vermögenswert veräußert oder eine Schuld übertragen würde. Es handelt sich somit um einen ***exit price,*** wobei für nicht-finanzielle Vermögenswerte jeweils die vorteilhafteste Verwertung unterstellt wird. Dabei ist stets das Bewertungsverfahren anzuwenden, das den jeweiligen Umständen am ehesten entspricht und für das ausreichend Daten zur Bemessung des *fair value* verfügbar sind (IFRS 13.61 ff; *IDW* RS HFA 47 Rz 56 ff).

104 Bei der Wahl des Bewertungsverfahrens ist insbes auch die Verfügbarkeit der benötigten **Input-Daten** zu berücksichtigen (*IDW* RS HFA 47 Rz 73 ff). Im Rahmen einer **Hierarchie** teilt IFRS 13 diese Input-Faktoren in drei Stufen ein (ausführlich → § 2 Rn 259 ff, → § 3 Rn 193 ff):

(1) Inputfaktoren des ***level* 1** sind Preisnotierungen auf aktiven Märkten für identische Vermögenswerte bzw Schulden, zu denen die berichtende Einheit am Bewertungsstichtag unmittelbar Zugang hat (→ § 3 Rn 194).

(2) Inputfaktoren des ***level* 2** sind Marktpreisnotierungen von Inputfaktoren, die entweder direkt oder indirekt beobachtbar sind und nicht in *level* 1 fallen (→ § 3 Rn 195 ff).

(3) Inputfaktoren des ***level* 3** sind nicht auf Märkten beobachtbare Faktoren, die unter Verwendung der bestmöglichen verfügbaren Informationen aus unternehmensexternen oder unternehmensinternen Daten abgeleitet werden (→ § 3 Rn 211 ff).

Falls die zur Bemessung des beizulegenden Zeitwerts im Einzelfall verwendeten Inputfaktoren **verschiedenen *level* angehören,** richtet sich die Einstufung des beizulegenden Zeitwerts insgesamt nach dem niedrigsten *level,* der wesentlich für die Bestimmung des beizulegenden Zeitwerts ist.

105 Für die Ermittlung des beizulegenden Zeitwerts des ***level* 1** dürfen ausschließlich notierte Preise von aktiven Märkten für identische Instrumente (unverändert übernehmbare Preise) herangezogen werden, zu denen das Unternehmen am Bewertungsstichtag Zugang hat (IFRS 13.76). Festgestellte Preise dürfen grds nicht angepasst werden (IFRS 13.77; zu Ausnahmen IFRS 13.79). Folglich dürfen keine Preismodifikationen vorgenommen werden, in denen sich die Größe des Unternehmens als Merkmal widerspiegelt, die aber kein eigentliches Merkmal des Vermögenswerts oder der Schuld reflektieren (IFRS 13.69).

106 Für die Ermittlung des beizulegenden Zeitwerts des ***level* 2** werden sowohl auf aktiven Märkten notierte Preise für ähnliche Instrumente, als auch Preise auf inaktiven Märkten sowie beobachtbare Inputparameter herangezogen. Ggf bestehende Unterschiede zwischen dem zum beizulegenden Zeitwert zu bewertenden Finanzinstrument und dem gleichartigen Finanzinstrument, für das ein Marktpreis gegeben ist, sind festzustellen und zu adjustieren. Folglich ist in *level* 2 eine Anpassung der Parameter zulässig, sofern zB die Aktivität eines Markts, auf dem diese Parameter beobachtet werden, dies erfordert (IFRS 13.83(c)).

107 Hinsichtlich der grds zur Auswahl stehenden **Bewertungsverfahren** für Ermittlungen beizulegender Zeitwerte unterscheidet IFRS 13.62 f zwischen marktbasierten, kostenbasierten und einkommensbasierten Ansätzen und weist darauf hin, dass in einigen Fällen aufgrund der Anwendungsvoraussetzungen oder der Datenlage nur ein einziges Bewertungsverfahren sachgerecht ist, während in anderen Fällen mehrere Verfahren in Betracht kommen können.

108 Für die Bewertung von Anteilen zum beizulegenden Zeitwert – auch im Rahmen von Übergangskonsolidierungen – bedeuten die vorstehenden Ausführungen Folgendes:

Steht für die Anteile ein **Marktpreis,** der auf einem aktiven Markt ermittelt wurde, zur Verfügung, ist die Bewertung **zwingend** zu diesem vorzunehmen. Somit ist bei einer Börsennotierung der Börsenpreis je Einheit der Bewertung der Alt- oder verbleibenden Anteile zum beizulegenden Zeitwert zugrunde zu legen, sofern dieser unter normalen Bedingungen zustande gekommen ist (IFRS 13.77 iVm IFRS 13.79).

Grds fraglich war in diesem Zusammenhang, inwieweit bspw **Beherrschungsaufschläge** *(control premiums)* bei der Bewertung von beherrschenden Anteilen zum beizulegenden Zeitwert (zB bei der Bewertung von Anteilen an TU von Investmentgesellschaften gem IFRS 10.31) zu berücksichtigen sind. Die Beantwortung dieser Frage hängt von der Bestimmung, was als Bilanzierungsobjekt *(unit of account)* und damit als Vermögenswert anzusehen ist, ab. Diesbezüglich hat der IASB im September 2014 den Standardentwurf ED/2014/4 *Measuring Quoted Investments in Subsidiaries, Joint Ventures and Associates at Fair Value – Proposed Amendments to IFRS 10, IFRS 12, IAS 27, IAS 28 and IAS 36 and Illustrative Examples for IFRS 13* veröffentlicht. Mit den vorgeschlagenen Änderungen wird klargestellt, dass das **Bilanzierungsobjekt** *(unit of account)* in Bezug auf Beteiligungen an TU, assoziierten und Gemeinschaftsunternehmen die Beteiligung als Ganzes ist. Der beizulegende Zeitwert solcher Beteiligungen, der bspw bei Ausübung des Wahlrechts gem IAS 28.18 (→ § 36 Rn 9) bestimmt werden muss, stellt bei einer Marktnotierung jedoch das Produkt aus dem notierten Preis je Einheit und der Anzahl der gehaltenen Finanzinstrumente **ohne weitere Anpassungen** dar. Paketzuschläge dürfen somit nicht berücksichtigt werden.

Im Fall einer Marktnotierung ist der Börsenpreis auch als Preis je Einheit für die Bewertung der Anteile nicht-beherrschender Gesellschafter zum beizulegenden Zeitwert im Rahmen der *full-goodwill*-Methode zugrunde zu legen (IFRS 3.B44).

In der überwiegenden Mehrzahl der Fälle von Übergangskonsolidierungen 109
existieren jedoch **keine objektiven Marktpreise** für die sachgerechte Bewertung der Altanteile, der Anteile nicht-beherrschender Gesellschafter bei Anwendung der *full-goodwill*-Methode (IFRS 3.19 1. Alternative) oder der verbleibenden Anteile zum beizulegenden Zeitwert. In diesen Fällen ist der Einsatz geeigneter (marktpreis-, kapitalwert- oder kostenorientierter) Bewertungsverfahren und mit diesen konsistenter Bewertungsmethoden erforderlich (IDW RS HFA 47 Rz 56; s ausführlich → § 3 Rn 211 ff). Die Ableitung des beizulegenden Zeitwerts der Anteile nicht-beherrschender Gesellschafter bei Anwendung der ***full goodwill* Methode** mittels anerkannter Bewertungsverfahren bei Nicht-Existenz eines aktiven Markts wird in IFRS 3.B44 explizit gefordert. In IFRS 3.B45 wird für die Bewertung dieser Anteile ausdrücklich ausgeführt, dass gezahlte Kontrollprämien außer Acht zu lassen sind, wenn Marktteilnehmer derartige Paketzu- und -abschläge ebenso unberücksichtigt lassen würden. **Praktische Hinweise** zur Ermittlung der zu ignorierenden Kontrollprämie liefert der Standard indes nicht; insofern bleibt es der Praxis vorbehalten, unter Beachtung der Vorgaben des IFRS 13 einzelfallabhängig fundierte Lösungen zu entwickeln. Eine Berücksichtigung des Kaufpreises für die zur Erlangung der Beherrschung führenden Anteile im Rahmen der Plausibilisierung der für die Altanteile und die Anteile nicht-beherrschender Gesellschafter ermittelten beizulegenden Zeitwerte ist jedoch angezeigt (vgl *IDW* S 1 Rz 23). Entspr gilt für den Verkaufspreis von Anteilen für die Bewertung von **verbleibenden Anteilen** zum beizulegenden Zeitwert im Rahmen der Übergangskonsolidierung mit Abwärtswechsel.

Auch im Fall eines **Unternehmenszusammenschlusses ohne Gegenleistung** (IFRS 3.43(a) und (b)) bestimmen hinsichtlich der **Bewertung vorhandener (Alt-)Anteile** im Übergangskonsolidierungszeitpunkt IFRS 3.33 aE iVm IFRS 3.B46, dass der beizulegende Zeitwert der Altanteile mangels aktueller Gegenleistung unter Verwendung von **Bewertungstechniken** zu ermitteln ist.

110 Dass die **Wertfindung** bei Anteilen ohne aktuell hingegebene Gegenleistung häufig **kompliziert** ist, ist dem Board offenbar bewusst (IFRS 3.BC332ff). Dennoch wurde mit Verweis auf das Projekt *„Guidance on Measuring Fair Value"* auf **Hinweise** bzw **Anleitungen** zur Anwendung von Bewertungstechniken **absichtlich verzichtet** (IFRS 3.BC335). Der IASB trägt der Problematik der Wertfindung für die Altanteile im Rahmen von sukzessiven Anteilserwerben jedoch durch explizite Nennung als möglicher Anpassungstatbestand im Rahmen der *measurement period* Rechnung (IFRS 3.46(c); s zur *measurement period* ausführlich → § 34 Rn 94f).

111–115 *(einstweilen frei)*

E. Angaben im Anhang

116 Nach IFRS 3 und IFRS 12 werden die folgenden **spezifischen Anhangangaben** zur Übergangskonsolidierung gefordert:

(1) bei der Übergangskonsolidierung mit Aufwärtswechsel zum TU (IFRS 3.B64(p)):
   (a) Angabe des beizulegenden Zeitwerts der Altanteile im Übergangskonsolidierungszeitpunkt,
   (b) Angabe des Gewinns oder Verlusts aus der (Neu-)Bewertung der Altanteile zum beizulegenden Zeitwert im Übergangskonsolidierungszeitpunkt (ggf inklusive Angabe der Bewertungsbasis, die der Ermittlung dieses Erfolgs zugrunde gelegt wurde; *Küting/Wirth* KoR 2010, 362 (369)) sowie Angabe des Postens in der Gesamtergebnisrechnung, in dem dieser Bewertungserfolg ausgewiesen wird;

(2) bei der **Übergangskonsolidierung mit Abwärtswechsel vom TU** (IFRS 12.19):
   (a) Angabe des Gesamterfolgs infolge des Beherrschungsverlusts gem IFRS 10.25,
   (b) Angabe des Gewinns oder Verlusts, der aus der Bewertung der verbleibenden Anteile zum beizulegenden Zeitwert resultiert (Übergangskonsolidierungserfolg), und
   (c) Angabe des/der Posten(s) in der Gesamtergebnisrechnung, in dem/denen der Gesamterfolg aus der Ent- und Übergangskonsolidierung ausgewiesen wird, sofern ein gesonderter Ausweis unterbleibt.

117 Derartige **Angaben** werden im Rahmen der Übergangskonsolidierung vom/zum **assoziierten oder Gemeinschaftsunternehmen** in IFRS 12 nicht gefordert. Es sind jedoch die generellen Angabepflichten für TU, Gemeinschafts- und assoziierte Unternehmen bzw bei Anwendung der entspr Einbeziehungsmethoden (Voll-, Quotenkonsolidierung, Equity-Methode) sowie die Angabepflichten des IFRS 5 zu beachten.

118–120 *(einstweilen frei)*

F. Wesentliche Änderungen und deren Anwendungszeitpunkte

121 Als Folgeänderung der Verabschiedung des **IFRS 9** im Juli 2014 wurde IFRS 3.42 zum sukzessiven Erwerb bei Unternehmenszusammenschlüssen (→ Rn 12) geändert. Die Änderung ist gemeinsam mit IFRS 9 – eine Übernahme durch die EU vorausgesetzt – für Geschäftsjahre, die am oder nach dem 1. Januar 2018 beginnen, anzuwenden.

Änderungen mit Bezug zur Übergangskonsolidierung ergeben sich des weiteren aus dem im September 2014 veröffentlichten **Änderungsstandard *Sale or Contribution of Assets between an Investor and its Associate or Joint Venture – Amendments to IFRS 10 and IAS 28*** (→ Rn 97 ff). Im Zuge dieses Standards wurden IFRS 10.25, IFRS 10.26, IAS 28.28 und IAS 28.30 geändert sowie IFRS 10.B99A, IAS 28.31A und IAS 28.31B eingefügt. Der Standard sollte erstmalig für Veräufe und Einbringungen in Geschäftsjahren, die am 1. Januar 2016 beginnen, prospektiv anzuwenden sein (IFRS 10.C1C (geändert 2014), IAS 28.45C (geändert 2014)); der IASB beschloss jedoch eine Verschiebung des Anwendungszeitpunkts (*IASB* Update July 2015, 3 f). Der Endorsement-Prozess wurde ausgesetzt (→ Rn 128).

(einstweilen frei) **122, 123**

G. Gegenüberstellung zu HGB/DRS

Fragen der Übergangskonsolidierung werden im **HGB** grds nicht geregelt. Allein die Vorgehensweise beim **sukzessiven Anteilserwerb** und der damit verbundene Übergang von der Anschaffungskostenbewertung auf die Voll- oder Quotenkonsolidierung bzw die Equity-Bewertung sind in § 301 Abs 2 HGB, § 310 Abs 2 HGB iVm § 301 Abs 2 HGB, § 312 Abs 3 HGB kodifiziert. Demnach hat die Übergangskonsolidierung zwingend mit den Wertansätzen zu dem Zeitpunkt, zu dem ein Unternehmen TU, Gemeinschafts- oder assoziiertes Unternehmen geworden ist, zu erfolgen. Eine tranchenweise Erstkonsolidierung ist somit nicht möglich; vielmehr werden die (fortgeführten) Anschaffungskosten der Altanteile wie zusätzliche Anschaffungskosten behandelt und mit dem beizulegenden Zeitwert des Eigenkapitals im Übergangskonsolidierungszeitpunkt verrechnet. **124**

Mangels handelsrechtlicher Vorschriften zu den übrigen Formen der Übergangskonsolidierung mit Aufwärts- und Abwärtswechsel wurde vor der Verabschiedung von DRS 4, DRS 8 und DRS 9 auf die handelsrechtliche Kommentarliteratur mit ihren vielfältigen Ansichten zurückgegriffen (s diesbezüglich *B. Hayn,* 176 ff). In den genannten **DRS** wurde schließlich fixiert, dass **125**

(1) beim Übergang von der Equity-Bewertung auf die Voll- oder Quotenkonsolidierung der Equity-Wert im Zeitpunkt des Übergangs auf die Voll- oder Quotenkonsolidierung die anteiligen Anschaffungskosten der entspr Beteiligung darstellt (DRS 8.33 f iVm DRS 4.9 ff),
(2) der Übergang von der Quoten- auf die Vollkonsolidierung erfolgsneutral vorzunehmen ist (DRS 9.15),
(3) der Übergang von der Voll- auf die Quotenkonsolidierung für die verbleibenden Anteile einen erfolgsneutralen, für die veräußerten Anteile hingegen einen erfolgswirksam Vorgang (Entkonsolidierung) darstellt (DRS 4.47, DRS 4.50 f),
(4) der Übergang von der Voll- oder Quotenkonsolidierung auf die Equity-Bewertung für die verbleibenden Anteile erfolgsneutral durch Ansatz des entspr Nettovermögens zu Konzernbilanzbuchwerten durchzuführen ist, während die veräußerten Anteile erfolgswirksam zu entkonsolidieren sind (DRS 4.47, DRS 4.49, DRS 9.16),
(5) der Übergang von der Voll- oder Quotenkonsolidierung bzw der Equity-Bewertung auf die Anschaffungskostenbewertung ebenfalls erfolgsneutral durch Ansatz des entspr Nettovermögens zu Konzernbilanzbuchwerten vorzunehmen ist, während die veräußerten Anteile erfolgswirksam zu entkonsolidieren sind (DRS 4.47, DRS 4.49, DRS 8.37 f, DRS 8.41, DRS 9.17).

126 Weder das HGB noch die DRS kennen eine **IFRS 5** spezifische (Zwischen-) Bilanzierung im Rahmen der Veräußerung von Anteilen. Auch die Abgangsregeln bzgl eines sich aus der Konsolidierung ergebenden Geschäfts- oder Firmenwerts weichen von den IFRS-Regelungen ab, da die Zuordnung von Geschäfts- oder Firmenwerten nach HGB nicht auf ZGE, sondern stets auf Basis der erworbenen Anteile bzw rechtlicher Einheiten erfolgt.

Der im März 2015 veröffentlichte Entwurf E-DRS 30: Kapitalkonsolidierung (Einbeziehung von Tochterunternehmen in den Konzernabschluss), der DRS 4: Unternehmenserwerbe im Konzernabschluss ersetzen soll, enthält ebenfalls Vorschriften zur Übergangskonsolidierung von der und auf die Vollkonsolidierung, die sich indes von den bisherigen Regelungen nicht unterscheiden (vgl E-DRS 30.180ff).

H. Aktuelle Entwicklungen/IASB-Projekte

127 Trotz der im Jahr 2008 erfolgten Neuregelungen zur Übergangskonsolidierung mit Aufwärts- und Abwärtswechsel im Rahmen der Neufassung des IFRS 3 nach Abschluss des *„Business Combinations Projects Phase II"*, kann in diesem Bereich **nicht** von einer ***stable platform*** für kommende Jahre ausgegangen werden. Grund hierfür ist die Tatsache, dass der IASB verneint hat, sich im Rahmen des überarbeiteten Standards IFRS 3 als auch der Veröffentlichung des sog „Konsolidierungspakets" (IFRS 10, IFRS 11, IFRS 12, IAS 27 (2011) und IAS 28 (2011)) auf eine bestimmte Konzernabschlusstheorie festgelegt zu haben (IFRS 10.BCZ170). Darüber hinaus existieren zahlreiche Regelungslücken (→ § 36 Rn 2) betreffend die Anwendung der Equity-Methode, die zu unterschiedlichsten Ansätzen in der Praxis führen. Der IASB hat mittlerweile ein Forschungsprojekt zur Equity-Methode in seinen Arbeitsplan aufgenommen (s ausführlich → § 36 Rn 171).

128 Mit der Verabschiedung des Änderungsstandards *Sale or Contribution of Assets between an Investor and its Associate or Joint Venture – Amendments to IFRS 10 and IAS 28* im September 2014 sollten **Inkonsistenzen** zwischen IFRS 10 und IAS 28 betreffend die **Erfolgsrealisierung** bei Veräußerung oder Einbringung von TU an/in ein assoziiertes bzw Gemeinschaftsunternehmen ausgeräumt werden. Konkret behandelt der Standard die Bilanzierung (Zwischenergebniseliminierung) für den Fall, dass

(1) ein MU die Beherrschung über ein TU durch eine Transaktion (Veräußerung oder Einbringung) mit einem seiner assoziierten oder Gemeinschaftsunternehmen verliert und zugleich
(2) einen Anteil an dem betreffenden TU behält, der nunmehr nach der Equity-Methode zu bilanzieren ist (→ Rn 97ff).

Die Regelungen stehen jedoch weiterhin in der Diskussion, da sie eine Reihe weiterer Fragen aufwerfen und in Teilbereichen (Übergangskonsolidierung von einem vollkonsolidierten TU, das keinen Geschäftsbetrieb darstellt, auf die Equity-Methode) zu einem unbeabsichtigten Widerspruch mit IAS 28.32(b) führen. Dieser Konflikt resultiert daraus, dass gem IFRS 10.B99A (geändert 2014) bei der Bewertung der verbleibenden direkten Anteile des MU an dem ehemaligen TU eine beteiligungsproportionale Zwischenergebniseliminierung durchzuführen ist. Demgegenüber verlangt IAS 28.32(b), dass im Zuge der erstmaligen Equity-Bewertung ein sich ergebender negativer Unterschiedsbetrag zwischen den Anschaffungskosten (hier: beizulegender Zeitwert der verbleibenden Anteile **nach** Zwischenergebniseliminierung) und dem anteiligen Eigenkapital des nunmehr assoziierten Unternehmens unmittelbar ertragswirksam zu vereinnahmen ist. Insofern besteht die Gefahr, dass zuvor gem IFRS 10.B99A (geändert 2014) eliminierte Zwischengewinne bei Anwendung des IAS 28.32(b) doch realisiert werden. Um dieses Ergebnis zu vermeiden, plant der IASB eine Klarstellung des IFRS 10.99A (geändert 2014) und IAS 28.32 dahingehend, dass der Ermittlung eines Unterschiedsbetrags gem IAS 28.32 der beizulegende Zeitwert der verbleibenden Anteile **vor** Zwischenergebniseliminierung zugrunde zu legen ist und die Zwischenergebniseliminierung gem IFRS 10.B99A (geändert 2014) insofern ein der erstmaligen Equity-Bewertung nachgelagerter Bewertungsvorgang ist (*IASB* Update January 2015, 8). Die Klarstellung sollte zunächst – wie auch die Behebung weiterer Widersprüche und Unklarheiten – im Rahmen des Projekts *Elimination of Gains or Losses Arising from Transactions between an Entity and its Associate or Joint Venture* erfolgen; zudem schlug der IASB vor, den verpflichtenden Erstanwendungszeitpunkt des Änderungsstandards *Sale or Contribution of Assets between an Investor and its Associate or Joint Venture – Amendments to IFRS 10 and IAS 28* bis zum Abschluss des Projekts betreffend die Zwischenergebniseliminierung zu verschieben (IASB Update January 2015, 8). Aus den vorstehend genannten Gründen hat auch die EFRAG der EU-Kommission im Februar 2015 empfohlen, den Endorsement Prozess des bereits veröffentlichten Standards bis zum Abschluss des Projekts *Elimination of Gains or Losses Arising from Transactions between an Entity and its Associate or Joint Venture* zu verschieben (zum weiteren Inhalt dieses Projekts s → § 36 Rn 167). Auf seiner Sitzung im Juni 2015 beschloss der IASB jedoch, die Beratungen über sämtliche Fragestellungen betreffend die Equity-Methode auszusetzen und die aufgeworfenen Probleme im Rahmen eines umfassenderen Forschungsprojekts über die Equity-Methode zu berücksichtigen (*IASB* Update July 2015, 3f).

Auswirkungen auf die Übergangskonsolidierung hat auch der im September 2014 vom IASB veröffentlichte Standardentwurf ED/2014/4 *Measuring Quoted Investments in Subsidiaries, Joint Ventures and Associates at Fair Value – Proposed Amendments to IFRS 10, IFRS 12, IAS 27, IAS 28 and IAS 36 and Illustrative Examples for IFRS 13*. Mit den vorgeschlagenen Änderungen wird klargestellt, dass das **Bilanzierungsobjekt** *(unit of account)* in Bezug auf Beteiligungen an TU, assoziierten und Gemeinschaftsunternehmen die Beteiligung als Ganzes ist. Der beizulegende Zeitwert solcher Beteiligungen stellt bei einer **Marktnotierung** jedoch das Produkt aus dem notierten Preis je Einheit und der Anzahl der gehaltenen Finanzinstrumente ohne weitere Anpassungen dar. Paketzu- oder -abschläge dürfen somit nicht berücksichtigt werden. 129

Weitere Auswirkungen auf die Übergangskonsolidierung können sich in Abhängigkeit vom Fortschritt und Umfang des vom IASB initiierten Forschungsprojekts zur Equity-Methode (→ § 36 Rn 171) ergeben.

§ 38. Konzernlageberichterstattung

Übersicht

Schrifttum: *Arbeitskreis Externe Unternehmensrechnung der Schmalenbach-Gesellschaft für Betriebswirtschaft e. V.* Integrated Reporting – Herausforderungen für die Finanzberichterstattung, BB 2013, 875; *Baetge/Fischer/Paskert* Der Lagebericht: Aufstellung, Prüfung und Offenlegung, Stuttgart 1989; *Barth/Rahe/Rabenhorst* Ausgewählte Anwendungsfragen zur Konzernlageberichterstattung nach DRS 20, KoR 2014, 47; *Beiersdorf* Nachhaltigkeit in der Unternehmensberichterstattung, Marburg 2012; *Boecker/Froschhammer* IFRS Practice Statement „Management Commentary" – Wesentliche Inhalte und Vergleich mit DRS 20, IRZ 2013, 319; *Dienes/Velte* Das finale IIRC-Rahmenkonzept zum Integrated Reporting, IRZ 2014, 67; *DRSC e.V.* Konzept des BMJV zur Umsetzung der CSR-Richtlinie 2014/95/EU, Berlin 2015; *Druckman* Ein neues Rahmenkonzept für eine integrierte Berichterstattung, WPg 2013, I; *Eisenschmidt/Wennekamp* Zur praktischen Umsetzung der Prognoseberichterstattung nach DRS 20, KoR 2014, 363; *Ergün/Lange/Müller*

Darstellung des konzernweiten Risikomanagementsystems nach DRS 20, StuB 2013, 909; *Ewelt-Knauer/Flottmeyer/Knauer* Zur Novellierung der Konzernlageberichterstattung gemäß DRS 20, DStR 2013, 2714; *Fink/Kajüter* Das IFRS Practice Statement „Management Commentary", KoR 2011, 177; *Freidank/Sepetauz* (Konzern-)Lageberichterstattung nach DRS 20, StuB 2013, 54; *Glaser/Hachmeister* Fortentwicklung der (Konzern-)Lageberichterstattung, IRZ 2014, 119; *Grottke/Höschele* Anwendungsempfehlung zum IASB-Management Commentary, PiR 2011, 125; *Haller/Schnabel/Koch* Behandlung nichtfinanzieller Leistungsindikatoren in der Unternehmensberichterstattung nichtkapitalmarktorientierter Konzerne, DB 2014, 2541; *Haller/Schnabel/Koch* Wahrnehmung des Integrated Reporting in nicht kapitalmarktorientierten Unternehmen, BB 2014, 2923; *Haller/Zellner* Integrated Reporting Framework – eine neue Basis für die Weiterentwicklung der Unternehmensberichterstattung, DB 2014, 253; *IDW* PS 203: Ereignisse nach dem Bilanzstichtag, FN IDW 2009, 440; *Kajüter* Nachhaltigkeitsberichterstattung nach den G4-Leitlinien der GRI, WPg 2014, 599; *Kajüter/Fink* Management Commentary – Kritische Punkte und offene Fragen zum IFRS Pratice Statement des IASB, KoR 2012, 247; *Kirsch* Managementberichterstattung nach IFRS, StuB 2012, 425; *Kümpel/Luksch/Oriolo* Auswirkung des DRS 20 auf die Praxis der Prognoseberichterstattung im Lagebericht Teil 1, 2 und 3, IRZ 2015, 199, 247 und 307; *KPMG* Accounting Insights DRS 20 – Konzernlagebericht, Dezember 2012, 22, abrufbar unter www.assets.kpmg.com/content/dam/kpmg/pdf/2013/01/Accounting-Insights-DRS-20.pdf; *KPMG* International Survey of Corporate Responsibility Reporting 2013, Niederlande 2013; *Lackmann/Steinmeier/Stich* Status Quo der Chancen- und Risikoberichterstattung gem. DRS 20, KoR 2015, 44; *Lanfermann* EU-Richtlinie zur Angabe von nichtfinanziellen Informationen, WPg 2015, 322; *Pauli/Albrecht* Wachsende Bedeutung der Risikoberichterstattung in Konzernen durch DRS 20, BB 2014, 1195; *Philipps* Berichtspraxis zur voraussichtlichen Konzernentwicklung (Prognosebericht) nach DRS 20, DB 2015, 445; *pwc* Integrated Reporting in Germany – The DAX-30 Benchmark Survey 2014, Frankfurt am Main 2014; *Scholl/Herr* Nachhaltigkeit und Ressourcenschutz in Handelsunternehmen, Institut für ökologische Wirtschaftsförderung (IÖW), Berlin 2014; *Senger/Brune* DRS 20: neue und geänderte Anforderungen an den Konzernlagebericht, WPg 2012, 1285; *Simon-Heckroth* Nachhaltigkeitsberichterstattung und Integrated Reporting, WPg 2014, 312; *Spießhofer* Die neue europäische Richtlinie über die Offenlegung nichtfinanzieller Informationen – Paradigmenwechsel oder Papiertiger?, NZG 2014, 1281; *Steinmeier/Stich* Nachhaltigkeitsberichterstattung in Deutschland, WPg 2015, 413; *Unrein* Das IASB-Practice-Statement zum Management Commentary – Darstellung und Analyse des neuen Rahmenkonzepts zur Lageberichterstattung, PiR 2011, 66.

Wesentliche Rechtsgrundlagen: DRS 20, IFRS Practice Statement Management Commentary (PS MC)

A. Allgemeines

I. Pflicht zur Erstellung eines Lageberichts für IFRS-Bilanzierer

1. Anforderungen nach IFRS

1 Ein vollständiger IFRS-Abschluss besteht gem IAS 1.10 (→ § 2 Rn 25) aus Bilanz, Gesamtergebnisrechnung, Eigenkapitalveränderungsrechnung, Kapitalflussrechnung, Anhang (idR mit Vorjahresvergleichswerten). Ein **Lagebericht** (bzw Managementbericht, *management commentary*) ist dagegen **nicht Bestandteil** des IFRS-Abschlusses. Auch als darüber hinausgehendes Informationsinstrument schreiben die IFRS einen Lagebericht **nicht verpflichtend** vor.

2 Allerdings erkennt der IASB zum einen in den bestehenden Normen die Bedeutung von ergänzenden und erläuternden Informationen außerhalb des Jahresabschlusses an (vgl IFRS-Vorwort *(preface.7)* oder auch Rahmenkonzept F.OB6 ff bzgl ggf bestehender weiterer Informationserfordernisse) und weist in IAS 1.13 f

auf solche Berichte hin, die das Management als zusätzliche Information über die Unternehmenslage erstellt. Zum anderen befasst sich der IASB zunehmend mit Unternehmensinformationen außerhalb der durch IFRS normierten Finanzinformationen. Dies ist insbes der seit einigen Jahren anhaltenden Diskussion um die Integration von nichtfinanziellen Unternehmensinformationen in die Finanzberichterstattung, zB nichtfinanzielle Informationen zu sozialen oder ökologischen Aspekten der Unternehmenstätigkeit, geschuldet. So ist der IASB bspw auch Gründungsmitglied des erst im Jahr 2011 etablierten *International Integrated Reporting Council* (IIRC → Rn 100).

Die in IAS 1.13(a) bis IAS 1.13(c) angesprochenen **Berichte des Managements** beschreiben und erläutern die Unternehmenslage und die wesentlichen Merkmale der VFE-Lage des Unternehmens sowie die wichtigsten Unsicherheiten, denen sich das Unternehmen gegenübersieht. Diese Berichte können **Überblick** verschaffen über: 3

(1) Hauptfaktoren und Einflüsse, welche die Ertragskraft bestimmen, einschließlich Veränderungen des Unternehmensumfelds, Reaktionen des Unternehmens darauf, deren Auswirkungen und die Investitionspolitik des Unternehmens, um die Ertragskraft zu erhalten und zu verbessern sowie einen Einblick in die Dividendenpolitik,
(2) Finanzierungsquellen des Unternehmens und das angestrebte Eigenkapital-/Fremdkapitalverhältnis, sowie
(3) Ressourcen, die nicht in der IFRS-Bilanz enthalten sind.

Weitere mögliche Instrumente der Unternehmensberichterstattung können Umweltberichte oder Wertschöpfungsrechnungen sein, die – wie die Managementberichte – von vielen Unternehmen veröffentlicht werden (IAS 1.14).

Zwar sind solche Managementberichte Teil der zum Regelungsbereich des IASB gehörenden Finanzberichterstattung (*financial reporting,* vgl F.OB1 iVm PS MC.IN4), jedoch nicht Bestandteil des IFRS-Abschlusses (→ Rn 1) und fallen damit – wie andere Berichterstattungen **außerhalb des IFRS-Abschlusses** – nicht in den Anwendungsbereich der IFRS (IAS 1.14). 4

Mit der Veröffentlichung des *Practice Statement* ***Management Commentary,*** *A Framework for Presentation* (PS MC) im Dezember 2010 (dazu ua *Fink/Kajüter* KoR 2011, 177 (177); *Unrein* PiR 2011, 66 (66)) hat der IASB auf den international (zumindest im Rahmen der Kapitalmarktberichterstattung) bestehenden Bedarf an Normen zu einem solchen Berichtsinstrument (so *Beiersdorf/Buchheim* BB 2006, 96 (97)) reagiert. Allerdings stellt das PS MC eine neue Art der IASB-Verlautbarungen dar: es ist kein Rechnungslegungsstandard (IFRS), sondern eine **unverbindliche Anwendungsleitlinie** für die Erstellung von Managementberichten *(management commentary).* Dies entspricht dem Verständnis des IASB, wonach diese den Jahresabschluss ergänzenden Informationen grds freiwillig sind. Entspr ist die Beachtung durch die Unternehmen daher grds **freiwillig** (PS MC.4). Eine teilweise oder völlige Nichtanwendung hat somit auch keine Auswirkungen auf die Übereinstimmung *(compliance)* des Abschlusses mit den IFRS-Regeln (PS MC.IN2). Zu der Konzeption und den Inhalten des PS MC → Rn 90 ff. 5

2. Gesetzliche Anforderungen nach HGB

Abweichend von der IFRS-Konzeption, die auf freiwillige Managementberichte abstellt, besteht für **deutsche KapGes** nach §§ 264 Abs 1 Satz 1 und 290 Abs 1 HGB die **Pflicht** zur (Konzern-)Lageberichterstellung. Ausgenommen sind lediglich kleine KapGes. Dies gilt gleichermaßen für deutsche Unternehmen, die verpflichtend oder freiwillig einen Konzernabschluss nach IFRS 6 aufstellen. Entspr schreibt § 315a Abs 1 HGB auch für diese Unternehmen die Erstellung eines **Konzernlageberichts** nach § 315 HGB verpflichtend vor.

3. Konkretisierung der HGB-Normen durch DRS 20

7 Konkretisiert werden die Anforderungen an die Konzernlageberichterstattung gem § 315 HGB durch den Deutschen Rechnunglegungs Standard Nr 20 **(DRS 20) Konzernlagebericht.** Mit der Erarbeitung und Veröffentlichung des DRS 20 hat das DRSC seine Aufgabe (→ § 1 Rn 87) wahrgenommen, Empfehlungen zur Anwendung der Grundsätze über die Konzernrechnungslegung zu entwickeln. Im Dezember 2012 wurde der Standard durch das BMJ bekanntgemacht. Der DRS 20 gilt für **alle MU,** die gesetzlich zur Aufstellung eines Konzernlageberichts gem § 315 HGB verpflichtet sind (→ Rn 6) oder diesen freiwillig erstellen (DRS 20.5). Die entspr Anwendung des DRS 20 für Lageberichte gem § 289 HGB wird empfohlen (DRS 20.2).

Zu der Konzeption und den Inhalten des DRS 20 → Rn 15 ff.

II. Zusammenspiel von internationalen und nationalen Normen

8 Unternehmen wenden PS MC ausschließlich **freiwillig** an (PS MC.4). Eine teilweise oder völlige Nichtanwendung hat somit auch keine Auswirkungen auf die Übereinstimmung *(compliance)* des Abschlusses mit den IFRS-Regeln (PS MC.IN2, sowie → § 2 Rn 30 zum *compliance statement*), sodass grds keine Konflikte zwischen ggf einzuhaltenden nationalen Berichtsanforderungen und dem PS MC bestehen.

9 Die Art der Umsetzung des PS MC auf nationaler Ebene obliegt den jeweiligen Gesetzgebern bzw Standardsetzern oder Börsenaufsichtsbehörden. Nach den Vorstellungen des IASB sollen die nationalen Institutionen entspr entscheiden, ob und ggf für welche Unternehmen (zB nur kapitalmarktorientierte Unternehmen) das PS MC (freiwillig oder verpflichtend) zur Anwendung kommt. Der deutsche Gesetzgeber nimmt derzeit nicht auf das PS MC Bezug. Der deutsche Standardsetzer (dh HGB- und IFRS-Fachausschuss des DRSC) hat im Rahmen der Überarbeitung der Anforderungen an die Konzernlageberichterstattung urspr eine Erklärung zur Übereinstimmung mit dem PS MC vorgeschlagen. In dem im Jahr 2012 final bekanntgemachten DRS 20 ist diese Übereinstimmungserklärung jedoch nicht enthalten. Im Ergebnis gibt es derzeit kein Zusammenspiel zwischen dem PS MC einerseits und dem DRS 20 (bzw § 315 HGB) andererseits. Unternehmen erstellen damit unabhängig vom PS MC des IASB ihren Konzernlagebericht gem § 315 HGB iVm DRS 20.

Mögliche Überschneidungen mit den nach IFRS geforderten Anhangangaben (§ 19) adressiert der DRS 20 dadurch, dass in bestimmten Fällen Verweise auf bereits im Anhang dargestellte Informationen möglich sind (vgl DRS 20.21).

10 Konzernlageberichte gem § 315 HGB, die die IFRS-Abschlüsse ergänzen und nach den Anforderungen des **DRS 20** erstellt werden, erfüllen nicht automatisch die Anforderungen dieses PS MC des IASB. Von den durch den DRS 20 konkretisierten handelsrechtlichen Normen zur Konzernlageberichterstattung **weicht** der **PS MC** im Wesentlichen durch die dort erforderlichen Angaben zu den **strategischen Zielen eines Unternehmens ab.** Diese Angabe ist nach DRS 20.39 ff freiwillig (→ Rn 31; für einen Vergleich von PS MC und DRS 20 vgl *Boecker/Froschhammer* IRZ 2013, 319 (319 ff)). Allerdings sehen die nach HGB/DRS bestehenden Anforderungen an die Lageberichterstattung an anderer Stelle über den PS MC hinausgehende Informationen (etwa einen Forschungs- und Entwicklungsbericht oder Vergütungsbericht gem DRS 17) vor, sodass der

PS MC derzeit nicht als gleichwertig angesehen werden kann (vgl dazu ausführlich *Grottke/Höschele* PiR 2011, 125 (128ff)).

(einstweilen frei) 11–14

B. Konzernlagebericht nach DRS 20

I. Überblick

Die DRS legen unbestimmte Rechtsbegriffe aus und sollen gesetzliche Regelungslücken füllen. Gem § 342 Abs 2 HGB stellen die Verlautbarungen des DRSC eine inhaltliche Ausgestaltung der **Grundsätze ordnungsmäßiger Buchführung (GoB)** dar. Die daraus resultierende faktische Bindungswirkung entfalten sie mit der Bekanntmachung durch das BMJ (zur Rechtstellung der DRS vgl vertiefend *Freidank/Sepetauz* StuB 2013, 54 (55) mwN). 15

DRS 20 wurde im Dezember 2012 veröffentlicht und **ersetzte** die zuvor gültigen Regelungen zur Konzernlageberichterstattung in DRS 5 (einschließlich DRS 5–10 und DRS 5–20) sowie in DRS 15. Die Vorschriften über Angaben zur Vergütung der Organmitglieder (vgl hierzu auch den entspr Teil der Angaben zu nahestehenden Personen in → § 20 Rn 50), die ebenfalls im Konzernlagebericht zu machen sind, wurden aus dem Regelungsbereich des DRS 20 ausgeklammert und sind weiterhin in DRS 17 geregelt. 16

Der **sachliche Anwendungsbereich** des Standards erstreckt sich auf sämtliche MU, die nach § 315 HGB verpflichtend einen Konzernlagebericht aufzustellen haben oder freiwillig einen solchen aufstellen. Unbeachtlich für die Anwendung des DRS 20 ist dabei, ob das zur Konzernlageberichterstattung verpflichtete Unternehmen seinen Konzernabschluss nach den Vorschriften des HGB aufstellt oder ob es sich um einen IFRS-Konzernabschluss handelt. 17

Der **zeitliche Anwendungsbereich** der Regelungen umfasst alle Geschäftsjahre, die nach dem 31. Dezember 2012 begonnen haben, wobei bereits eine frühere freiwillige Anwendung der Regelungen möglich war. 18

(einstweilen frei) 19

II. Struktur und Grundsätze

Der Standard gliedert sich in einen Hauptteil, zwei Anhänge sowie einen Begründungsteil. Im Interesse einer einheitlichen und vergleichbaren Darstellung wurde im Hauptteil auf eine Unterscheidung zwischen verpflichtend anzuwendenden Regelungen und Empfehlungen (wie sie noch in DRS 15 vorgenommen wurde) verzichtet. Damit sind **alle Textziffern** des DRS 20 nunmehr **verpflichtend** von allen berichtenden Unternehmen anzuwenden. Um den spezifisch höheren Informationsbedürfnissen der Adressaten kapitalmarktorientierter Unternehmen jedoch ausreichend Rechnung zu tragen, wurden besonders gekennzeichnete Textziffern (sog K-Ziffern) in den Standard aufgenommen, die nur von kapitalmarktorientierten Unternehmen zu beachten sind. Darüber hinaus sind Regelungen für die Konzernlageberichterstattung von Finanzdienstleistern und Versicherungsunternehmen in die Anlagen zu DRS 20 verlagert worden. Mit dieser **differenzierten Berichterstattungspflicht** soll ein möglichst hoher Informationsnutzen für die jeweiligen Adressaten erreicht werden (vgl *Freidank/Sepetauz* StuB 2013, 34 (35)). 20

DRS 20 gibt für die **Gliederung des Konzernlageberichts** nur ein grds Schema vor. Aufgrund der Gliederung der Regelungen innerhalb des Standards ergeben sich folgende Hauptgliederungspunkte: 21

1. Grundlagen des Konzerns,
2. Wirtschaftsbericht,
3. Nachtragsbericht,
4. Prognose-, Chancen- und Risikobericht.
5. Sonderregelungen für Kapitalmarktunternehmen (sofern anwendbar).

Bei diesen Punkten handelt es sich nicht um eine **Pflichtgliederung,** vielmehr ergibt sie sich implizit aus dem Standardaufbau. Eine weitere sinnvolle Untergliederung sowie die konkrete Ausgestaltung der Angaben sind durch das Unternehmen unter Berücksichtigung der konzernspezifischen Rahmenbedingungen selbst vorzunehmen. DRS 20.34 weist ausdrücklich darauf hin, dass Ausführlichkeit und Detaillierungsgrad der Ausführungen im Konzernlagebericht von den spezifischen Gegebenheiten des Konzerns, wie insbes von der Art seiner Geschäftstätigkeit, seiner Größe und der Inanspruchnahme des Kapitalmarkts, abhängen. Konzeptionell folgt der Standard damit weitgehend einem *management approach*, indem die konkrete Ausgestaltung des Lageberichts weitgehend dem berichtenden Unternehmen überlassen wird, soweit die in DRS 20 aufgeführten Angabepflichten erfüllt werden.

22 Der Konzernlagebericht soll den Adressaten auch ohne Rückgriff auf den Konzernabschluss ein den tatsächlichen Verhältnissen entspr Bild des Geschäftsverlaufs, der Lage des Konzerns und der voraussichtlichen zukünftigen Entwicklung vermitteln und ihnen gleichzeitig entscheidungsrelevante und verlässliche Informationen zur Verfügung stellen. Dazu muss die Konzernlageberichterstattung bestimmten **Grundsätzen** genügen (vgl auch *Pauli/Albrecht* BB 2014, 1195 (1196)). Diese sind in DRS 20.12 bis DRS 20.35 definiert.

23 Zunächst gilt das **Gebot der Vollständigkeit,** dh in den Konzernlagebericht sind sämtliche wesentliche bzw entscheidungsrelevante Informationen einzubeziehen. Er muss aus sich selbst heraus verständlich sein, ohne dass ein Rückgriff auf andere veröffentlichte Dokumente notwendig ist, wie zB den Konzernjahresabschluss, mit dem er jedoch inhaltlich im Einklang stehen muss. Hinsichtlich der Darstellung von Chancen und Risiken besteht ein Saldierungsverbot, um den Adressaten ein umfassendes und ausgewogenes Urteil zu erlauben.

24 Der **Grundsatz der Verlässlichkeit und Ausgewogenheit** der Darstellung fordert zunächst eine zutreffende und nachvollziehbare Vermittlung von Informationen. Dabei müssen Tatsachenangaben deutlich von Meinungen abgegrenzt werden. DRS 20 fordert eine ausgewogene Darstellung positiver und negativer Aspekte. Die Angaben müssen plausibel und konsistent mit den im Konzernabschluss vermittelten Informationen sein. Da der Konzernlagebericht jedoch in größerem Umfang als der Konzernjahresabschluss zukunftsbezogene Aussagen enthält, müssen gezogene Folgerungen schlüssig abgeleitet werden und zukunftsbezogene Aussagen sind von vergangenheitsbezogenen Informationen klar zu trennen.

25 Die in DRS 20.29 ff niedergelegten **Grundsätze der Klarheit und Übersichtlichkeit** führen zunächst zu der Forderung nach einer eindeutigen Abgrenzung des Konzernlageberichts vom Konzernabschluss einerseits und von sonstigen veröffentlichten Informationen des Unternehmens andererseits. Allerdings besteht die Möglichkeit, den Konzernlagebericht mit dem Lagebericht des MU zusammenzufassen. Eine solche Zusammenfassung ist jedoch insbes bei Vorliegen eines HGB-Einzelabschlusses und eines IFRS-Konzernabschlusses uE nicht sinnvoll, da die Bezugnahme auf zwei unterschiedliche Rechnungslegungssysteme die Klarheit der Berichterstattung nicht in ausreichendem Maße gewährleistet. Der Standard gibt keine explizite Gliederung des Konzernlageberichts vor (→ Rn 21), sondern fordert eine Unterteilung in inhaltlich abgegrenzte Abschnitte, die grds stetig fortzuführen ist. Eine Durchbrechung dieser Stetigkeit

aufgrund inhaltlicher Erfordernisse kann in Einzelfällen gleichwohl notwendig sein. In diesen Fällen sollen Vorjahresinformationen rückwirkend an die neue Struktur angepasst werden, sofern dies mit vertretbarem Aufwand möglich ist. Berichtet ein Konzern in seinem Abschluss über Segmente, so ist im Konzernlagebericht hinsichtlich der dort anzugebenden Segmentangaben dieselbe Segmentabgrenzung zugrunde zu legen. Nur in Fällen, in denen die Segmentberichterstattung im folgenden Konzernabschluss auf einer abweichenden Segmentierung beruhen wird, ist diese bei den Segmentangaben im Konzernlagebericht für Prognoseinformationen bereits im Voraus zu verwenden. In diesen Fällen ist jedoch eine Überleitung von der bisherigen zu der zukünftigen Segmentstruktur erforderlich, um eine Kohärenz der Informationen zwischen Wirtschafts- und Prognosebericht sicherzustellen.

Nach dem **Grundsatz der Vermittlung der Sicht der Konzernleitung** in 26
DRS 20.31 soll die Lageberichterstattung den Adressaten Einblick in den Geschäftsverlauf und die wirtschaftliche Lage des Konzerns aus der Perspektive des den Bericht aufstellenden Managements ermöglichen. Deshalb steht deren Einschätzung und Beurteilung der im Lagebericht enthaltenen Aspekte im Vordergrund.

Der **Grundsatz der Wesentlichkeit** in DRS 20.32f soll eine Konzentration 27
der Berichterstattung auf relevante Sachverhalte und Zusammenhänge ermöglichen. Deshalb hat sich die Darstellung auf wesentliche Sachverhalte zu beschränken, wobei sich diese Wesentlichkeit an den Informations- und Verständnisbedürfnissen der Adressaten auszurichten hat. Die Definition der Wesentlichkeit entspricht damit konzeptionell derjenigen der IFRS (vgl hierzu → § 2 Rn 59ff). Die Aufnahme der Wesentlichkeit als Grundsatz der Konzernlageberichterstattung ist dabei auch als Reaktion auf eine nach Meinung des deutschen Standardsetzers in vielen Fällen ausufernde Berichterstattung durch eine extensive Darstellung von nicht informations- bzw entscheidungsrelevanten Informationen zu verstehen, bspw bzgl externer Rahmenbedingungen oder gesamtwirtschaftlicher Informationen.

Schließlich wird der Unterschiedlichkeit der berichtenden Konzern-MU 28
durch den in DRS 20.34f kodifizierten **Grundsatz der Informationsabstufung** Rechnung getragen. Danach sollen Umfang und Detaillierungsgrad der Darstellung von den spezifischen Gegebenheiten des Konzerns abhängen. Genannt werden in diesem Zusammenhang explizit die Art der Geschäftstätigkeit, die Größe und die Inanspruchnahme des Kapitalmarkts. Der Grundsatz ermöglicht jedoch nicht einen vollständigen Verzicht auf die Angabe einzelner Pflichtangaben des § 315 HGB (DRS 20.35). Vielmehr soll verdeutlicht werden, dass die Größe und Komplexität der Konzernstruktur sich auch in der Konzernlageberichterstattung widerspiegeln muss. Formal drückt sich dies auch in einer Differenzierung der Anforderungen zwischen kapitalmarktorientierten und nicht kapitalmarktorientierten Unternehmen durch die Aufnahme von Regelungen in den Standard aus, die nur für kapitalmarktorientierte Unternehmen anzuwenden sind. Gleiches gilt für die Sondervorschriften für Finanzdienstleister und Versicherungsunternehmen in den Anlagen zu DRS 20. Die explizite Bezugnahme auf die Inanspruchnahme des Kapitalmarkts bzw der Eigenschaft als Finanzdienstleister oder Versicherungsunternehmen beschränkt sich jedoch nicht auf die Erfüllung dieser zusätzlichen, gesondert gekennzeichneten Anforderungen des Standards. Vielmehr resultieren aus einer Kapitalmarktorientierung systematisch höhere Anforderungen an Umfang und Detaillierungsgrad auch der übrigen Angaben im Konzernlagebericht, wobei Umfang und Ausgestaltung im Einzelfall zu bestimmen sind.

(einstweilen frei) 29

III. Grundlagen des Konzerns

30 Ausgangspunkt der Darstellung, der Analyse und der Beurteilung des Geschäftsverlaufs sowie der wirtschaftlichen Lage jedes Konzerns bilden nach DRS 20.36 Angaben zu den Grundlagen des Konzerns. Sie sollen den Adressaten ein **Grundverständnis** der wirtschaftlichen Aktivitäten sowie der wirtschaftlichen Rahmenbedingungen, in denen der Konzern agiert, ermöglichen. Haben sich diese Grundlagen ggü dem Vorjahr wesentlich verändert, so ist auch dies zu erläutern, um einen intertemporalen Vergleich zumindest qualitativ zu ermöglichen. Quantitative Angaben sind darüber hinaus dann zu machen, wenn solche Angaben wesentliche, dh für die Adressaten entscheidungsrelevante Informationen darstellen. Dasselbe gilt nach DRS 20.38, wenn sich die Zusammensetzung des Konzerns im Vergleich zum Vorjahr wesentlich geändert hat. Dies kann aus Zugängen oder Abgängen aus dem Konzernkreis aufgrund des Kaufs oder der Veräußerung von Unternehmenseinheiten resultieren oder aus der Abwicklung aufgegebener Geschäftsbereiche (zu deren Darstellung im IFRS-Konzernabschluss vgl § 28). Im Gegensatz zu der Darstellung im Konzernabschluss ist jedoch auch über zukünftige Veränderungen und deren Auswirkungen im Rahmen der Prognoseberichterstattung zu berichten. Der Standard nennt im Zusammenhang mit den Ausführungen zum Geschäftsmodell folgende Bereiche, auf die im Konzernlagebericht einzugehen ist, allerdings nur, **soweit eine solche Darstellung für das Verständnis der weiteren Ausführungen** in der Berichterstattung **erforderlich ist** (DRS 20.37):

(a) organisatorische Struktur des Konzerns,
(b) Segmente,
(c) Standorte,
(d) Produkte und Dienstleistungen,
(e) Geschäftsprozesse,
(f) Absatzmärkte,
(g) externe Einflussfaktoren für das Geschäft.

Die Formulierung der Anforderungen an die Darstellung des relevanten Geschäftsmodells lässt deutlich das Bemühen des Standardsetzers erkennen, die Ausführungen auf ein für das Verständnis notwendige Maß zu begrenzen und eine zu ausufernde Berichterstattung über nicht konzernspezifische Sachverhalte und damit nicht entscheidungsnützlicher Informationen zu begrenzen.

31 Die Ausführungen in DRS 20.39 ff zur Darstellung von **Zielen und Strategien** beziehen sich auf ggf **freiwillig** von dem berichtenden MU gemachte Angaben, da § 315 HGB verpflichtende Angaben dazu nicht vorsieht (vgl *Senger/Brune* WPg 2012, 1285 (1286)). Sind Ausführungen dazu im Konzernlagebericht enthalten, so sollen diese es ermöglichen, Geschäftsverlauf, Wirtschafts-, Prognose- und Chancen/Risikobericht im Kontext der verfolgten Ziele und Strategien zu beurteilen. Als Beispiele für strategische Ziele auf Konzernebene werden Marktführerschaft bzw die Erreichung bestimmter Marktanteile, Kundenzufriedenheit oder ein bestimmter Unternehmenswert bzw die Steigerung dieses Unternehmenswerts genannt. Die zur Umsetzung dieser Ziele erforderlichen Konzernstrategien können Diversifikation bzw Fokussierung, Internationalisierung oder organisches bzw akquisitionsbasiertes Wachstum sein. Bei den im Standard genannten Zielen und Strategien handelt es sich nicht um abschließende Aufzählungen. Vielmehr sollen die Angaben – sofern sie auf freiwilliger Basis in den Konzernlagebericht aufgenommen werden – die jeweils für den berichtenden Konzern geltenden Spezifika berücksichtigen.

32 Innerhalb der Grundlagen des Konzerns sind auch die Aktivitäten bzgl **Forschung und Entwicklung** zu erläutern. Diese sollen ein Verständnis der

Ausrichtung der Forschungs- und Entwicklungsaktivitäten des Konzern sowie deren Umfang ermöglichen, und zwar unabhängig davon, ob innerhalb des Konzernabschlusses Entwicklungsaufwendungen aktiviert wurden (vgl hierzu → § 4 Rn 42ff). Neben einer vorwiegend qualitativen Beschreibung sind auch quantitative Angaben zum Faktoreinsatz sowie ggf zu Aktivierungen im Konzernabschluss und deren Anteil an den gesamten Forschungs- und Entwicklungskosten (Aktivierungsquote) zu machen, sofern diese Größen wesentlich sind. Darüber hinaus sind wesentliche Veränderungen der forschungs- und entwicklungsbezogenen Aktivitäten ggü der Vorperiode anzugeben und zu erläutern.

Der Umfang der grds von allen MU bereitzustellenden Informationen zu Forschung und Entwicklung **kann konzern- und branchenspezifisch sehr unterschiedlich** sein. In einzelnen Wirtschaftsbereichen (zB Groß- und Einzelhandel) kommt diesem Teil der Grundlagen eines Konzerns nur eine untergeordnete Bedeutung zu, während er in anderen Bereichen (zB Pharmaindustrie, Kraftwerks- und Maschinenbau) von zentraler Bedeutung für das Verständnis der Konzernaktivitäten sein kann.

Kapitalmarktorientierte MU haben in ihrem Konzernlagebericht Angaben zu dem im Konzern eingesetzten **Steuerungssystem** zu machen (DRS 20.K45ff). Diese Angabepflicht umfasst auch die zur Steuerung verwendeten **Kennzahlen** sowie – bei komplexeren Steuerungskennzahlen – deren Berechnung. Werden in verschiedenen Segmenten unterschiedliche Steuerungsmechanismen und -kennzahlen eingesetzt, so ist im Rahmen der Segmentberichterstattungspflicht innerhalb des Konzernlageberichts auch auf diese segmentspezifischen Kennzahlen einzugehen. Haben sich innerhalb des Steuerungssystems, bei der Bestimmung der Kennzahlen oder bei deren Einsatz zur Steuerung wesentliche Änderungen ggü der Vorperiode ergeben, so sind auch diese zu erläutern. 33

(einstweilen frei) 34

IV. Wirtschaftsbericht

Ein erster zentraler Bereich der Darstellung der wirtschaftlichen Lage des Konzerns ist der Wirtschaftsbericht. In ihm sind der **Geschäftsverlauf** (einschließlich des Geschäftsergebnisses) und die **Lage des Konzerns** darzustellen, zu analysieren und zu beurteilen. Der Begriff „Geschäftsergebnis" ist dabei jedoch gesetzlich nicht normiert. Nach Sinn und Zweck der Vorschrift erscheint es jedoch zweckmäßig als Geschäftsergebnis das Jahresergebnis des Konzernabschlusses zugrunde zu legen und auf die darin eingeflossenen Ergebniskomponenten, -strukturen und -trends in der Konzernlageberichterstattung einzugehen. Neben der Darstellung der wirtschaftlichen Lage wird eine ausgewogene und umfassende Analyse gefordert. Problematisch kann in diesem Zusammenhang die Abgrenzung zwischen Darstellung und Analyse sein. In DRS 20.11 wird der Begriff der „Analyse" als das „Aufzeigen von Ursachen und Wirkungszusammenhängen" und Darstellung als die „Nennung von Fakten oder Beschreibung von Sachverhalten" definiert. Eine trennscharfe Abgrenzung dieser beiden Perspektiven kann sich im Einzelfall als schwierig darstellen, steht jedoch in der praktischen Anwendung der Regelung auch nicht im Vordergrund, solange den Adressaten entscheidungsrelevante Informationen (→ Rn 22f) zur Verfügung gestellt werden. 35

1. Rahmenbedingungen

Ausgangspunkt für die konzernspezifische Darstellung und Analyse der Geschäftsentwicklung ist eine Beschreibung der **gesamtwirtschaftlichen bzw** 36

branchenspezifischen Rahmenbedingungen, in die diese Entwicklung eingebettet ist sowie deren Veränderung im Zeitablauf. Dazu können ua die nationale und internationale Wettbewerbssituation der Branche, konjunkturelle Einflüsse, die Marktstellung des berichtenden Konzerns, das regulatorische Umfeld oder politische Rahmenbedingungen gehören.

37 Hinsichtlich des Umfangs der Angaben in diesem Bereich stellt DRS 20.59 jedoch explizit klar, dass Ausführungen zu Rahmenbedingungen **nur insoweit** zu machen sind, **als sie zum Verständnis der Analyse des Geschäftsverlaufs und der wirtschaftlichen Lage** des Konzerns **erforderlich** sind. Einer nach Ansicht des Standardsetzers vor Inkrafttreten des DRS 20 zu beobachtenden ausufernden Berichterstattung über nicht verständnisrelevante Sachverhalte, und der damit einhergehenden Reduzierung des Informationsnutzens für die Adressaten, soll mit dieser Einschränkung entgegengewirkt werden.

2. Geschäftsverlauf

38 Der im Rahmen des Wirtschaftsberichts zu erläuternde Geschäftsverlauf wird definiert als **vergangenheitsorientierte und zeitraumbezogene Entwicklung der Geschäftstätigkeit** im abgelaufenen Konzerngeschäftsjahr einschließlich der hierfür ursächlichen Ereignisse (DRS 20.11). Der Standard verlangt einen Überblick über den Geschäftsverlauf vor dem Hintergrund der gesamtwirtschaftlichen und branchenspezifischen Rahmenbedingungen sowie eine Darstellung der wesentlichen Einflussfaktoren aus Sicht der Unternehmensleitung. Das Management hat auch zu beurteilen, ob die Geschäftsentwicklung insgesamt günstig oder ungünstig verlaufen ist und ob wesentliche Abweichungen ggü den Erwartungen aufgetreten sind. Ist dies der Fall, so sind diese Abweichungen zu erläutern. Es ist auch auf die Entwicklung der Wettbewerbssituation und der Marktstellung des Konzerns im Vergleich zur Branchen- und Marktentwicklung einzugehen (DRS 20.59 f). In diesem Zusammenhang ist über die Wettbewerbssituation und die Marktstellung des Konzerns und seiner Segmente sowie die Veränderung von Marktanteilen und Abweichungen der tatsächlichen Geschäftsentwicklung von früher formulierten Erwartungen zu berichten.

39 Entspr der grds Ausrichtung der Konzernlageberichterstattung nach DRS 20 am *management approach* sind die **Angaben zum Geschäftsverlauf** nicht explizit im Standard vorgegeben. Gleichwohl werden in DRS 20.63 verschiedene Sachverhalte exemplarisch aufgezählt, die im Zusammenhang mit dem Geschäftsverlauf zu berichten sein können. Es handelt sich hierbei um

(1) Umstrukturierungs- und Rationalisierungsmaßnahmen,
(2) Unternehmenskäufe oder -verkäufe,
(3) Abschluss oder Beendigung von wesentlichen Verträgen,
(4) Veränderungen rechtlicher oder wirtschaftlicher Rahmenbedingungen,
(5) Veränderungen der Markt- und Wettbewerbsbedingungen,
(6) Veränderungen des Marktanteils oder der Wettbewerbsposition,
(7) besondere saisonale Einflüsse,
(8) besondere Schadens- und Unglücksfälle.

Letztlich hat das den Konzernlagebericht aufstellende MU zu jedem Abschlussstichtag erneut zu beurteilen, welche Sachverhalte ursächlich für den Geschäftsverlauf in der jeweiligen Periode waren. Dies schließt eine grds Stetigkeit in der Auswahl der berichteten Sachverhalte konzeptionell aus und erfordert von dem Aufsteller ein erhebliches Maß an Beurteilungsvermögen.

3. Lage des Konzerns

Die Analyse der Ertrags-, Finanz- und Vermögenslage soll Informationen über die Entwicklung der Geschäftstätigkeit vermitteln. Dabei ist auf **wesentliche Ereignisse und Entwicklungen** einzugehen. Dabei soll sich die Darstellung nicht auf verbale Ausführungen beschränken, sondern auch Quantifizierungen enthalten (vgl *Grottel* in BeBiKo § 315 HGB Rz 13). 40

Die **Ergebnisentwicklung** ist darzustellen und anhand der Ergebnisstruktur zu erläutern. Hinsichtlich der Umsatzentwicklung sind Preis- und Mengeneinflüsse gesondert darzustellen. Wesentliche Veränderungen in der Struktur der Aufwendungen und Erträge sowie wesentliche inflations- oder wechselkursbedingte Auswirkungen sind ebenso zu erläutern wie die Auswirkungen ungewöhnlicher bzw nicht regelmäßig wiederkehrender Ereignisse. Regelmäßig wird die Veränderung auf das Zusammenwirken mehrerer Faktoren zurückzuführen sein. DRS 20.67 verlangt nicht nur die vollständige und getrennte Darstellung dieser Faktoren, sondern auch die Darstellung einer Rangfolge der einzelnen Faktoren, sofern diese für das Verständnis der Ergebnisentwicklung wesentlich ist. 41

Hinsichtlich der **Finanzlage** sind Grundsätze und Ziele des Finanzmanagements darzustellen und es ist die Kapital- und Fälligkeitenstruktur zu erläutern. Bilanzielle Finanzierungsmaßnahmen und außerbilanzielle Finanzierungsinstrumente sowie deren mögliche künftige Auswirkungen sind zu erläutern, ebenso die Änderung von bedeutsamen Kreditkonditionen. Die getätigten Investitionen sind hinsichtlich ihrer Höhe und ihres Zwecks im Konzernzusammenhang darzustellen. Dies umfasst auch eine Darstellung der am Abschlussstichtag bestehenden wesentlichen Investitionsvorhaben und deren geplante Finanzierung. Es ist eine Liquiditätsanalyse anhand der Kapitalflussrechnung vorzunehmen, wobei Zu- und Abflüsse sowie Verfügbarkeitsbeschränkungen für liquide Mittel zu erläutern sind. Zentraler Aspekt dieser Angaben ist die Darstellung der Fähigkeit des Konzerns, seinen Zahlungsverpflichtungen nachzukommen. Die Angaben sind bei Erstellung einer Segmentberichterstattung auch für die einzelnen Segmente zu machen, soweit dies zum Verständnis der Finanzlage des Konzerns wesentlich ist. 42

Die **Vermögenslage** als Zusammensetzung von Vermögensgegenständen, Schulden und Eigenkapital ist ebenfalls darzustellen und zu erläutern. Ist es während der Berichtsperiode zu wesentlichen Erhöhungen oder Verminderungen des Konzernvermögens gekommen, so sind die zugrunde liegenden Sachverhalte zu nennen und zu erläutern. Dies gilt auch für Inflations- und Wechselkurseinflüssen auf die Vermögenslage, soweit sie einen materiellen Einfluss auf die Vermögenshöhe haben. 43

Die **Analyse** des dargestellten Geschäftsverlaufs umfasst die systematische Untersuchung der dargestellten Ergebnisse und der Lage des Konzerns hinsichtlich aller einzelnen Komponenten und Faktoren, die sie bestimmen. Nach dem Gesetzeswortlaut muss die Analyse ausgewogen und umfassend sein, sie muss dementsprechend einerseits alle Funktionsbereiche des Konzerns enthalten und andererseits alle einzelnen Komponenten und Faktoren hierzu herausstellen und untersuchen. Die Forderung der Ausgewogenheit ist dabei so zu verstehen, dass diese Komponenten und Faktoren in sich abgestimmt und ausgeglichen dargestellt werden müssen. Der Detaillierungsgrad der Analyse ist dabei – gem dem Grundsatz der Informationsabstufung – an der Konzerngröße und dem Charakter der Geschäftstätigkeit auszurichten. Die bei der Analyse zu berücksichtigenden Faktoren, die auf Geschäftsverlauf, Geschäftsergebnis und Lage des Konzerns eingewirkt haben, können sowohl extern (wie sämtliche Rahmenbedingungen von Umfeld und Umwelt des Konzerns, von Markt und Wettbewerb) als auch 44 intern (wie Bilanzpolitik, Ausnutzung von Ermessensspielräumen, Sachverhaltsgestaltung) sein.

45 Schließlich ist auf der Basis der im Wirtschaftsbericht dargestellten und analysierten Sachverhalte eine **Gesamtaussage über die wirtschaftliche Lage** des Konzerns zu treffen (DRS 20.58). Dabei muss es sich um eine einfach qualifizierte Aussage handeln, dh das Management hat zu beurteilen und auszuführen, ob es die Geschäftsentwicklung des Konzerns in der Berichtsperiode insgesamt als günstig oder ungünstig einstuft.

4. Leistungsindikatoren

46 § 315 Abs 1 Satz 3 HGB schreibt vor, dass in die Analyse die für die Geschäftstätigkeit bedeutsamsten **finanziellen Leistungsindikatoren** einzubeziehen und unter Bezugnahme auf die im Konzernabschluss enthaltenen ausgewiesenen Beträge und Angaben zu erläutern sind (so auch DRS 20.101). Das Gesetz unterscheidet zwar zwischen finanziellen und nichtfinanziellen Leistungsindikatoren, grenzt den Begriff selbst jedoch nicht näher ab. Auf der Basis der Gesetzesbegründung des BilReG (BT-Drucksache 15/3419, 30) erscheint es zunächst sachgerecht, unter Leistungsindikatoren Kennzahlen zu verstehen, die auch für die Abschlussanalyse verwendet werden. Die Definition des Begriffs in DRS 20.11 geht etwas darüber hinaus: Ein finanzieller Leistungsindikator ist danach eine Größe, die der Beurteilung eines Aspekts der Leistung eines Unternehmens (bzw Konzerns) dient. Dazu zählen bspw Ergebniskomponenten wie EBIT oder EBITDA, Cashflow, Eigenkapitalrentabilität, *working capital* oder *return on investment* (diese und weitere Beispiele nennt DRS 20.103). Da es sich bei diesen Kennzahlen um nicht kodifizierte Größen handelt, schreibt DRS 20.104 vor, dass die Berechnung der finanziellen Leistungsindikatoren innerhalb des Konzernlageberichts zu erläutern ist, falls dies nicht schon innerhalb des Konzernanhangs erfolgt ist. Weichen die verwendeten Kennzahlen von denen ab, die innerhalb des Konzernabschlusses ermittelt werden, ist zudem eine Überleitung auf die Zahlen des Konzernabschlusses vorzunehmen. Diese Anforderung stellt insbes für Ersteller eines zusammengefassten Lage- und Konzernlageberichts dann eine Herausforderung dar, wenn der Konzernabschluss nach IFRS erstellt wird. In diesem Fall ist in besonderer Weise darauf zu achten, dass die Verständlichkeit der Ausführungen im Konzernlagebericht trotz der Bezugnahme auf zwei unterschiedliche Rechnungslegungssysteme (HGB im Einzel- und IFRS im Konzernabschluss) gewahrt bleibt. Auch deshalb ist es uE idR bei einer (freiwilligen oder verpflichtenden) IFRS-Konzernabschlusserstellung sinnvoll, von einer Zusammenfassung des Lageberichts mit dem Konzernlageberichts abzusehen.

47 Darüber hinaus sind gem § 315 Abs 1 Satz 4 HGB auch die bedeutsamsten **nichtfinanziellen Leistungsindikatoren,** wie etwa Informationen über die Umwelt und Arbeitnehmerbelange einzubeziehen. Wenngleich im Gesetz keine Einschränkung hinsichtlich des Anwendungsbereiches dieser Vorschrift getroffen wird, kann aufgrund des mit § 289 Abs 3 HGB identischen Wortlauts geschlossen werden, dass sie nur für große KapGes gem § 267 Abs 3 HGB (und damit auch für solche, die einen organisierten Markt iSd § 2 Abs 5 WpHG in Anspruch nehmen) gilt. DRS 20.107 nennt folgende Bereiche nichtfinanzieller Leistungsindikatoren, wobei die aufgeführten Indikatoren aufgrund der Vielzahl möglicher Ausprägungen nur exemplarischen Charakter haben können:

(1) Kundenbelange (Indikatoren zB Kundenstamm, Kundenzufriedenheit),
(2) Umweltbelange (zB Emissionswerte, Energieverbrauch),
(3) Arbeitnehmerbelange (Indikatoren zur Mitarbeiterfluktuation, Mitarbeiterzufriedenheit, Betriebszugehörigkeit, Fortbildungsmaßnahmen usw),

(4) Indikatoren zu Forschung und Entwicklung (sofern diese Angaben nicht bereits im Forschungs- und Entwicklungsbericht gemacht werden) und
(5) die gesellschaftliche Reputation des Konzerns (Indikatoren zB zum sozialen und kulturellen Engagement, Wahrnehmung, gesellschaftlicher Verantwortung).

Nichtfinanzielle Leistungsindikatoren sind nur dann und nur in dem Umfang einzubeziehen und ggf zu quantifizieren, soweit sie zur **internen Steuerung** verwendet werden und ihre Einbeziehung in die Analyse für das **Verständnis des Geschäftsverlaufs** oder der **Lage** von Bedeutung ist (vgl *Lackmann/Stich* KoR 2013, 236 (241)). Eine weitergehende Berichterstattung kommt unter dem Grundsatz der Wesentlichkeit nicht in Betracht, wenn dies die Klarheit und Übersichtlichkeit der Analyse beeinträchtigen würde. Vor allem darf die wirtschaftliche Lage des Konzerns durch die ergänzende Berichterstattung über nichtfinanzielle Indikatoren nicht in den Hintergrund rücken. In der Praxis ist jedoch insoweit eher ein gegenteiliger Effekt zu beobachten, als die Berichterstattung über nichtfinanzielle Leistungsindikatoren oft noch eher rudimentär ausgestaltet ist. Dies gilt insbes für die Konzernlageberichterstattung nicht kapitalmarktorientierter MU, bei denen diesen Indikatoren vielfach nur eine untergeordnete Rolle zukommt (vgl *Haller/Schnabel/Koch* DB 2014, 2541 (2546)).

Das vom deutschen Gesetzgeber vorgegebene und in DRS 20 aufgegriffene **48** Konzept der Darstellung sowohl finanzieller als auch nichtfinanzieller Leistungsindikatoren kann als eine **übergreifende Grundlage** der unterschiedlichen Bestandteile des Konzernlageberichts angesehen werden, da in sämtlichen Berichtsteilen konsistent auf die für den Konzern relevanten Leistungsindikatoren, ihre Steuerungswirkung sowie ihre tatsächliche und erwartete Entwicklung im Zeitablauf als Grundlage der Geschäftsentwicklung des Konzerns Bezug genommen werden soll. Sofern finanzielle und nichtfinanzielle Leistungsindikatoren bei der Konzernsteuerung zusammenwirken (DRS 20.111 nennt in diesem Zusammenhang die Nachhaltigkeitsberichterstattung), so ist dieses Zusammenwirken ebenfalls zu erläutern.

V. Nachtragsbericht

Im Nachtragsbericht gem DRS 20.114f sind Vorgänge von besonderer Bedeu- **49** tung anzugeben, die nach dem Schluss des Konzerngeschäftsjahrs eingetreten sind. Diese sind dann relevant, wenn sie bei Eintritt vor dem Bilanzstichtag eine andere Darstellung der Ertrags-, Finanz- und Vermögenslage des Konzerns bewirkt hätten. Damit entspricht die Abgrenzung derjenigen der **nicht im Konzernabschluss zu berücksichtigenden Ereignisse** nach dem Abschlussstichtag iSv IAS 10.10f (→ § 2 Rn 104ff). Neben der Nennung der Vorgänge sind auch deren erwartete Auswirkungen auf die Ertrags-, Finanz- und Vermögenslage zu erläutern. Eine Negativerklärung ist nach DRS 20.114 erforderlich, falls keine solchen Vorgänge eingetreten sind.

Konzeptionelles Ziel der Nachtragsberichterstattung ist es, das vom Kon- **50** zernabschluss gezeichnete Bild der Lage des Konzerns zu aktualisieren und ggf zu korrigieren. Zu berichten ist ausschließlich über wertbegründende Informationen, da wertaufhellende Informationen bereits im Konzernabschluss bzw in den übrigen Teilen des Konzernlageberichts zu berücksichtigen sind.

Die Nachtragsberichterstattung bezieht sich nach dem Standardwortlaut auf **51** **Vorgänge.** Solche Vorgänge können zunächst bedeutsame Entwicklungen und Tendenzen nach Ablauf des abgelaufenen Berichtszeitraums sein, also Veränderungen der wirtschaftlichen Rahmenbedingungen und des wirtschaftlichen Umfelds des Konzerns. Darüber hinaus umfasst die Berichtspflicht aber auch einzelne Geschäftsvorfälle, soweit sie aus Konzernsicht von besonderer Bedeutung sind. Dies bedeutet, dass die Vorgänge geeignet sein müssen, das tatsächliche Bild, das der Konzernabschluss am Abschlussstichtag vermittelt, substanziell zu beeinflussen, so dass ein Weglassen der Information zu einer in wesentlichen Punkten anderen Beurteilung der Konzernentwicklung nach dem Stichtag führen würde. Diese Voraussetzung stellt an die berichtspflichtigen Vorgänge erheblich höhere Anforderungen als das Wesentlichkeitskriterium im herkömmlichen Sinn. Das Verhältnis der beiden Begriffe lässt sich damit wie folgt abgrenzen: Alle signifikanten Sachverhalte sind notwendigerweise wesentlich, nicht alle wesentlichen Sachverhalte sind jedoch auch signifikant iSd Nachtragsberichterstattungspflicht.

52 Auch für den Nachtragsbericht gilt grds die Forderung nach einer **ausgewogenen Berichterstattung.** Es sind deshalb sowohl positive als auch negative Vorgänge zu berücksichtigen. Vor dem Hintergrund der Informationsfunktion des Konzernabschlusses, insbes bei kapitalmarktorientierten MU, steht in der Praxis jedoch vielfach die Darstellung negativer Vorfälle nach dem Ende der Berichtsperiode im Vordergrund.

53 Der Beginn des **Zeitraums,** den der Nachtragsbericht abdecken soll, ist durch den Anfang des neuen Geschäftsjahrs determiniert. Hinsichtlich des Endes der Berichtspflicht werden unterschiedliche Ansichten vertreten. Im Hinblick auf eine möglichst zeitnahe Information wird gefordert, dass der Nachtragsbericht alle Vorgänge bis zur Auslieferung an die Adressaten berücksichtigen solle (so zB *Baetge/Fischer/Paskert,* 39). Eine solche zeitliche Ausdehnung erscheint jedoch im Hinblick auf die Prüfungspflicht des Konzernlageberichts durch den Abschlussprüfer als nicht praktikabel, weshalb ein Ende des Nachtragsberichts-Zeitraums mit Erteilung des Bestätigungsvermerks sinnvoll erscheint (so auch *IDW* PS 203 Rn 11 ff; *Grottel* in BeBiKo § 289 HGB Rz 64). Bei einer noch weiter gehenden Einengung des Zeitraums der Nachtragsberichterstattung erstreckt sich die Berichtspflicht nur auf Vorgänge bis zum Zeitpunkt der Freigabe des Konzernabschlusses durch die zuständigen Organe des Konzern-MU, dh der Beendigung der Aufstellungsarbeiten (vgl *Lück* in HdR § 289 HGB Rz 85), was jedoch uE im Hinblick auf den Normenzweck problematisch erscheint.

54 *(einstweilen frei)*

VI. Prognose-, Chancen- und Risikobericht

1. Prognosebericht

55 Anknüpfend an die Aussagen des Wirtschaftsberichts (→ Rn 35 ff) hinsichtlich der abgelaufenen Berichtsperiode sind innerhalb des Prognoseberichts die dargestellten **Entwicklungen des Geschäftsverlaufs und der Lage des Konzerns** fortzuentwickeln und zusammen mit neuen Sachverhalten zu beurteilen und zu erläutern. Zur Erhöhung der Kohärenz der Darstellung ist dabei auf die bereits im Wirtschaftsbericht dargestellten wesentlichen finanziellen und nicht-finanziellen Leistungsindikatoren abzustellen. Dabei sind positive und negative Einflussfaktoren anzugeben und zu einer Gesamtaussage – vergleichbar derjenigen am Ende des Wirtschaftsberichts – zu verdichten (DRS 20.118).

56 Der **Prognosezeitraum** umfasst nach DRS 20.127 mindestens ein Jahr, gerechnet vom letzten Konzernabschlussstichtag. Darüber hinaus sind absehbare Sondereinflüsse auf die wirtschaftliche Lage des Konzerns nach Ablauf dieser

Zeitspanne zusätzlich anzugeben und zu analysieren. Bei Geschäftsmodellen mit längeren Marktzyklen oder bei komplexen Großprojekten empfiehlt sich gleichwohl ein insgesamt längerer Betrachtungszeitraum. Die Begrenzung des verpflichtend zu berücksichtigenden Prognosehorizonts auf ein Jahresfenster wird vom DRSC mit den qualitativen Anforderungen an die Prognosegenauigkeit begründet. Die im Übrigen geforderte Prognosequalität wird als inkompatibel mit einem Prognosezeitraum von mehr als zwölf Monaten angesehen (DRS 20.B33 f; vgl *Eisenschmidt/Wennekamp* KoR 2014, 363 (364)). Diese Prognosequalität ergibt sich dabei aus den spezifischen Anforderungen des DRS 20.128. Danach müssen die Prognosen Aussagen zur erwarteten Veränderung der prognostizierten Leistungsindikatoren ggü dem entspr Istwert des Berichtsjahrs enthalten. Außerdem ist die Richtung und Intensität der Veränderung zu verdeutlichen.

Die Festlegung des verpflichtenden Prognosezeitraums auf ein Jahr in DRS 20 57
wird in Teilen der Literatur gleichwohl als **nicht unproblematisch** angesehen. So wird darauf hingewiesen, dass die maximale Offenlegungsfrist für den Konzernabschluss nicht kapitalmarktorientierter Unternehmen nach § 325 Abs 3 iVm Abs 1 Satz 2 ebenfalls ein Jahr nach dem Abschlussstichtag beträgt, so dass bei Ausschöpfung der Fristen die Möglichkeit besteht, dass zum Zeitpunkt der Offenlegung materiell keinerlei relevante prognostische Informationen veröffentlicht werden. Dieser Gefahr soll zwar durch die Regelung in DRS 20.127 begegnet werden, die vorschreibt, dass absehbare Sondereinflüsse auf die wirtschaftliche Lage des Konzerns nach dem Prognosezeitraum ebenfalls darzustellen und zu analysieren sind. Diese Regelung kann jedoch den Verzicht auf einen generell längeren Prognosezeitraum nicht kompensieren, da lediglich Sondereinflüsse zu berücksichtigen sind, was eine deutlich geringere Prognosedichte und eine ggü dem einjährigen Prognosezeitraum reduzierte Prognosequalität impliziert.

Um den Adressaten des Konzernlageberichts ein fundiertes Verständnis des 58
Prognoseberichts und der in ihm dargestellten künftigen Entwicklungen einschließlich deren Chancen und Risiken zu ermöglichen, verlangt DRS 20.120, dass auch die **Prognose- bzw Schätzungsgrundlagen** einschließlich der zugrunde liegenden Annahmen zu beschreiben sind. Darüber hinaus müssen diese Annahmen mit den Prämissen in Einklang stehen, welche Eingang in die Konzernabschlusserstellung gefunden haben. Grds ist bei diesen Angaben auf den Gesamtkonzern abzustellen; sofern allerdings die Entwicklung eines für den Konzern wesentlichen Bereichs deutlich von jener des Gesamtkonzerns abweicht, ist hierauf nach DRS 20.132 gesondert einzugehen.

In den Prognosebericht aufzunehmen sind weiterhin Aussagen zu den durch 59
das Management **erwarteten Veränderungen** der prognostizierten Leistungsindikatoren ggü deren Ausprägung in der Berichtsperiode (wie im Wirtschaftsbericht dargestellt), aus denen nicht nur die Richtung der Veränderung, sondern auch deren Intensität hervorgehen soll (DRS 20.128, vgl *Pauli/Albrecht* BB 2014, 1195 (1197)). Ausgehend von der definitorischen Beschreibung in DRS 20.11 lässt sich folgende Übersicht (in Anlehnung an *KPMG* Dezember 2012, 22) zulässiger und nicht zulässiger Prognoseaussagen entwickeln:

	Art der Prognose	Definition	Beispiel
zulässig	Punkt-Prognose	Prognose mit Angabe eines Zahlenwerts	„Für das Geschäftsjahr 20XX erwarten wir einen Umsatz von 100 Mio. Euro."
zulässig	Intervall-Prognose	Prognose mit Angabe einer Bandbreite zwischen zwei Zahlenwerten	„Wir rechnen für das Geschäftsjahr 20XX mit einem Umsatz zwischen 90 und 110 Mio. Euro."
zulässig	Qualifiziert-komparative Prognose	Prognose mit Angabe einer Veränderung im Vergleich zum Istwert der Berichtsperiode unter Angabe der Richtung und der Intensität der Veränderung	„Wir erwarten für das Geschäftsjahr 20XX einen leicht steigenden Umsatz."
nicht zulässig	(Einfach-) komparative Prognose	Prognose mit Angabe einer Veränderung im Vergleich zum Istwert der Berichtsperiode unter Angabe der Richtung dieser Veränderung	„Für das Geschäftsjahr 20XX rechnen wir mit einem steigenden Umsatz."
nicht zulässig	Qualitative Prognose	Prognose, die allein verbal-argumentativ vorgenommen wird	„Wir erwarten für das Geschäftsjahr 20XX einen zufriedenstellenden Umsatz."

60 Vor dem Hintergrund massiver Prognoseunsicherheiten im Zuge der Finanzmarktkrise wurde bereits vor Inkrafttreten des DRS 20 eine **Einschränkung der Prognoseberichterstattungspflicht** im Lagebericht bzw Konzernlagebericht in bestimmten, allerdings sehr restriktiv abgegrenzten Situationen in den Vorgängerstandard DRS 15 aufgenommen. Danach konnte von konkreten Aussagen zur voraussichtlichen wirtschaftlichen Entwicklung des Konzerns abgesehen werden, wenn hinsichtlich der zukünftigen Entwicklung der wirtschaftlichen Rahmenbedingungen außergewöhnlich hohe Unsicherheiten zu beobachten sind und daher die Prognosefähigkeit der Unternehmen wesentlich beeinträchtigt ist. Diese Sonderregelung wurde mit DRS 20.133 grds beibehalten. In den betroffenen Fällen sind komparative Prognosen ebenso möglich wie die Darstellung der voraussichtlichen Entwicklung der Leistungsindikatoren in verschiedenen Zukunftsszenarien, wobei die jeweils den einzelnen dargestellten Szenarien zugrunde liegenden Prämissen anzugeben sind. Ein vollständiger Verzicht auf zukunftsgerichtete Angaben ist aber auch in diesen Fällen nicht zulässig. Die restriktive Formulierung des DRS 20.133 und die Beschränkung auf „besondere Umstände" verdeutlichen darüber hinaus, dass das Vorliegen der notwendigen Voraussetzungen für eine Einschränkung des Prognoseberichts auf extrem seltene Anwendungsfälle beschränkt werden soll. Trotz des sich darin ausdrückenden Willens des Standardsetzers zur weitgehenden Eingrenzung der Anwendungsvoraussetzungen sind die Vorgaben des DRS 20.133 uE wenig operational und eröffnen – bei Vorliegen entspr wirtschaftlicher Rahmenbedingungen – teilweise

erhebliche Ermessenspielräume für das Management des MU hinsichtlich der Anwendung der Regelung insgesamt sowie der Art und des Umfangs der Angaben.

Die Regelungen des DRS 20 zum Prognose-, Chancen- und Risikobericht werden innerhalb der Gliederung des Standards **in einem sachlichen Zusammenhang** dargestellt. Gleichwohl soll nach DRS 20.117 eine Trennung der Risikoberichterstattung von der Darstellung des Prognose- und Chancenberichts möglich sein, wenn diese Darstellung aus Sicht der Konzernleitung die voraussichtliche Entwicklung sowie ihre Chancen und Risiken im konkreten Einzelfall dem verständigen Adressaten klarer vermittelt. In diesen Fällen ist im Prognosebericht auf die Chancen und Risiken inhaltlich Bezug zu nehmen, sofern die Zusammenhänge nicht offensichtlich sind. In der Praxis dürften diese Voraussetzungen jedoch nur selten vorliegen, sodass es in den meisten Fällen zu einer integrierten Berichterstattung von Prognosen, Chancen und Risiken kommen dürfte. Darüber hinaus legt auch der Wortlaut des § 315 Abs 1 Satz 5 HGB nahe, dass über Chancen und Risiken in unmittelbarem Zusammenhang zur Prognoseberichterstattung zu berichten ist. Die in DRS 20.117 vorgesehene abweichende Vorgehensweise dürfte deshalb vergleichsweise selten zur Anwendung kommen. 61

Die mit der Neuregelung die Prognoseberichterstattung in 2012 vom deutschen Standardsetzer angestrebte **Verbesserung der Prognoseberichterstattung** ließ sich nach Inkrafttreten des Standards in empirischen Untersuchungen der Erstanwendung von DRS 20 (vgl zB *Eisenschmidt/Wennekamp* KoR 2014, 363 (371); *Ewelt-Knauer/Flottmeyer/Knauer* DStR 2013, 2784 (2788)) in der Praxis nur teilweise erkennen. So wurden die Regelungen des DRS 20 in vielen Fällen nicht vollständig umgesetzt, was sich zB im Fortbestand einfach komparativer Aussagen, der nur unvollständigen Offenlegung der Prognoseparameter oder der oft nur unzureichenden Verwendung nichtfinanzieller Leistungsindikatoren niederschlug. Auch auf Basis der in jüngerer Zeit untersuchten Konzernlageberichte von durchweg kapitalmarktorientierten MU werden weiterhin Verbesserungen bei der Umsetzung der Anforderungen des DRS 20 im Bereich der Prognoseberichterstattung angemahnt (vgl *Kümpel/Luksch/Oriolo* IRZ 2015, 307 (311f); *Philipps* DB 2015, 445 (450)). 62

2. Risikobericht

Der Risikobericht nach DRS 20.135ff umfasst drei wesentliche Elemente, nämlich Angaben zum Risikomanagementsystem, Aussagen zu einzelnen Risiken oder Risikogruppen sowie eine zusammenfassende Aussage zur Risikosituation des Konzerns. 63

Dabei sind **Aussagen zum Risikomanagementsystem** verpflichtend in alle Konzernlageberichte aufzunehmen. Die Tatsache, dass Pflichtinhalte im Standard nur für kapitalmarktorientierte Unternehmen vorgeschrieben werden (vgl *Lackmann/Steinmeier/Stich* KoR 2015, 44 (46)), bedeutet nicht, dass nicht-kapitalmarktorientierte MU auf entspr Angaben verzichten können, da es sich nach § 315 Abs 2 Nr 5 HGB um gesetzliche Pflichtangaben handelt. Die Beschränkung der Vorschriften zur Berichterstattung über das Risikomanagementsystem in DRS 20.K137ff auf kapitalmarktorientierte Unternehmen bedeutet lediglich, dass alle übrigen berichtenden MU bei der Ausgestaltung der Angaben gem dem *management approach* einen entspr Gestaltungsspielraum haben (aA hier *Ergün/Lange/Müller* StuB 2013, 909 (910), die eine Berichterstattungspflicht insgesamt nur für kapitalmarktorientierte MU für verpflichtend halten). Letztlich empfiehlt sich jedoch auch für diese Unternehmen eine gewisse Orientierung an den Vorgaben des DRS 20. 64

65 Ausgehend von dem unter → Rn 27ff dargestellten Wesentlichkeitsbegriff ist über **Einzelrisiken** zu berichten, wenn sie für die Adressaten eine Entscheidungsrelevanz besitzen. Aus dieser Darstellung, deren konkrete Ausgestaltung sowohl von den spezifischen Konzernverhältnissen als auch vom branchen- und marktbezogenen Umfeld abhängt, muss auch die Bedeutung eines dargestellten Risikos für den Konzern hervorgehen. Dies bedeutet insbes auch, dass Risiken, die den Bestand des Konzerns als Ganzes, jedoch auch den wesentlicher Konzernunternehmen allein gefährden, als bestandsgefährdend zu bezeichnen und in angemessenem Umfang zu erläutern sind (DRS 20.148). Diese Erläuterung beinhaltet auch eine Quantifizierung der dargestellten Risiken, soweit eine quantitative Abgrenzung möglich ist, in der internen Konzernsteuerung verwendet wird und für die Adressaten wesentlich ist. Liegen diese Voraussetzungen vor, so sind neben den quantitativen Risiken auch die Grundlagen und Prämissen der Quantifizierung zu erläutern.

66 Die Risikobeurteilung hat nach DRS 20.155ff stichtagsbezogen zu erfolgen und muss hinsichtlich der Darstellung der **zeitlichen Auswirkungen** der Risiken mindestens den Prognosezeitraum umfassen. Dies impliziert auch eine Berücksichtigung von neuentstandenen, weggefallenen oder veränderten Risiken innerhalb dieses Zeitraums. Diese (voraussichtlichen) Auswirkungen sind darzustellen und zu beurteilen, wobei bei segmentberichterstattungspflichtigen Konzernen auch eine Aufteilung der Risiken auf die Segmente bzw eine segmentspezifische Beurteilung der Risiken vorzunehmen ist.

67 In die Darstellung der berichtspflichtigen Risiken sind auch **Maßnahmen zur Risikobegrenzung** einzubeziehen. Hinsichtlich der Darstellung der Wirkungsweise solcher Maßnahmen räumt der Standard ein Wahlrecht ein:

(1) Die Risiken können **vor** den ergriffenen Maßnahmen dargestellt werden **(Bruttobetrachtung).** In diesem Fall sind zusätzlich die Maßnahmen darzustellen und ihre Wirkungsweise zu erläutern.

(2) Es können die **nach** Wirksamwerden der risikobegrenzenden Maßnahmen verbleibenden (Rest-)Risiken dargestellt und beurteilt werden **(Nettobetrachtung).** In diesem Fall sind die Maßnahmen lediglich darzustellen, da ihre Wirkung ja bereits bei der Bestimmung des Restrisikos zu berücksichtigen ist.

Auf der Grundlage der bisher vorliegenden empirischen Untersuchungen (vgl hier insbes *Lackmann/Steinmeier/Stich* KoR 2015, 44 (50) mwN) wird dieses Wahlrecht überwiegend zugunsten einer Nettobetrachtung ausgeübt, was uE auch eine bessere Information hinsichtlich der tatsächlichen Risikoexposition des Konzerns liefert. Gleichwohl ist festzuhalten, dass aus einem größeren Teil der in die Untersuchungen einbezogenen Konzernlageberichte die Wahlrechtsausübung nicht eindeutig hervorgeht.

68 Dem Konzept der durchgehenden intertemporalen Vergleichbarkeit der Lageberichtsaussagen folgend, verlangt DRS 20.159 die Aufnahme eines **Vergleichs der dargestellten Risiken mit denjenigen der Vorperiode** und eine Erläuterung wesentlicher Veränderungen. Zusätzlich verlangt der Standard eine **systematische Darstellung** innerhalb des Risikoberichts, wobei die Einzelrisiken entweder nach ihrer Rangfolge (ggf aggregiert nach Risikoklassen) zu ordnen oder zu Kategorien gleichartiger Risiken zusammenzufassen sind. Exemplarisch wird in DRS 20.164 die folgende Kategorienbildung vorgeschlagen, sofern nicht das interne Kontroll- und Steuerungssystem im Rahmen des *management approach* eine andere Kategorisierung erfordert:

(1) Umfeldrisiken,
(2) Branchenrisiken,
(3) leistungswirtschaftliche Risiken,

(4) finanzwirtschaftliche Risiken,
(5) sonstige Risiken.

Damit wird, gerade bei großen und diversifizierten Konzernen, der Vielzahl berichtspflichtiger Einzelrisiken Rechnung getragen. Gleichzeitig soll die Systematisierung auch die Beurteilung der Bedeutung der Risiken durch die Adressaten des Konzernlageberichts erleichtern.

DRS 20.160 fordert eine **Aussage zur zusammengefassten Risikolage des Konzerns** als Ergebnis der Risikoberichterstattung. Dabei muss sich diese Aussage aus der Darstellung und Beurteilung der Einzelrisiken konsistent ableiten lassen. Weitere Vorgaben zur Aggregation enthält der Standard nicht, allerdings eröffnet er die Möglichkeit, in die Gesamtaussage risikomindernde Effekte aus Diversifizierungen des Konzerns einzubeziehen bzw Aussagen zur Risikotragfähigkeit des Konzerns zu integrieren. 69

3. Chancenbericht

Hinsichtlich der Berichterstattung über Chancen im Konzernlagebericht verweist DRS 20.165 auf die **Aussagen zur Risikoberichterstattung** in DRS 20.135 ff und verlangt deren **analoge Anwendung** auch für die Darstellung und Beurteilung der Chancen des Konzerns. Diese zunächst symmetrisch erscheinende Berichtspflicht stößt jedoch an systematische und konzeptionelle Grenzen: 70

Zunächst sind **einzelne Vorschriften** zur Risikoberichterstattung **nicht** auf die Chancenberichterstattung **übertragbar.** So finden bspw die Aussagen zu bestandsgefährdenden Risiken keine Entsprechung in Bezug auf die Chancen des Konzerns. Auch eine Clusterung von Chancen in analoger Anwendung der Vorschriften in DRS 20.162 ff dürfte in der Praxis nur in Teilen praktisch durchführbar sein. 71

Obwohl DRS 20.166 explizit eine ausgewogene Darstellung von Chancen und Risiken fordert, stößt eine an den Grundsätzen der Risikoberichterstattung ausgerichtete analoge Chancenberichterstattung auch an grds **konzeptionelle Grenzen** (s hierzu auch *Senger/Brune* WPg 2012, 1285 (1288)). Diese sind der Außenwirkung der Konzernlageberichterstattung systemimmanent und führen dazu, dass eine ausführliche Beschreibung und Bewertung von Chancen diese relativieren oder einschränken könnte. Dies gilt insbes für leistungswirtschaftliche und finanzwirtschaftliche Chancen, die zu einer positiven Beeinflussung der Konzernlage führen können, jedoch noch von zukünftigen Ereignissen (zB Vertragsverhandlungen) abhängen. Hier kann eine extensive Berichterstattung zu einer substanziellen Schwächung der Verhandlungsposition führen. Entspr ist in der Praxis eine im Vergleich zur Risikoberichterstattung nur sehr restriktive Chancenberichterstattung innerhalb der Konzernlageberichts zu verzeichnen (vgl *Lackmann/Steinmeier/Stich* KoR 2015, 44 (53)). 72

(einstweilen frei) 73, 74

VII. Weitere Berichtselemente

1. Risikoberichterstattung zu Finanzinstrumenten

Durch die Umsetzung der Fair Value-Richtlinie der EU in deutsches Recht wurde mit § 311 Abs 2 Nr 2 HGB eine **Berichterstattungspflicht in Bezug auf die Verwendung von Finanzinstrumenten** in den Konzernlagebericht eingeführt, sofern dies für eine Lage- oder Entwicklungsbeurteilung wesentlich ist. Damit trifft die Berichtspflicht zwar grds sämtliche berichtenden Konzern-MU, gleichwohl kann auf entspr Ausführungen im Konzernlagebericht verzich- 75 tet werden, wenn der dadurch ermöglichte Erkenntnisgewinn für die Adressaten als unwesentlich einzustufen ist. Letzteres dürfte jedoch, zumindest bei größeren und in nahezu jedem Fall bei kapitalmarktnutzenden Konzernen nicht zutreffen, sodass eine entspr Berichterstattung in den Konzernlagebericht aufgenommen werden muss. Im Rahmen der in DRS 20.179 ff festgelegten Regelungen ist einerseits auf Risikomanagementziele und -methoden sowie andererseits auf Preisänderungs-, Ausfall-, Liquiditäts- und Cashflow-Risiken aus Zahlungsstromschwankungen einzugehen.

76 Nach DRS 20.181 sind zunächst **Risikomanagementziele und -methoden** darzustellen. Hierzu gehören Aussagen über die grds Risikobereitschaft des Konzerns, eine Darstellung der Sicherungsziele und eine Beschreibung der Methoden zur Absicherung von Transaktionen sowie eine Beschreibung der gesicherten Grundgeschäfte. Eine verbale Beschreibung ist ausreichend. Dabei besteht eine Berichtspflicht unabhängig von der Bilanzierung der Finanzinstrumente; es ist demnach bspw auch über schwebende Geschäfte zu berichten.

77 Die Berichterstattung zu Risiken aus dem Einsatz von Finanzinstrumenten im Konzern beinhaltet zunächst **Preisänderungsrisiken,** die darin bestehen können, dass der Wert eines Finanzinstruments aufgrund von Veränderungen des Marktpreises schwankt. **Ausfallrisiken** ergeben sich dadurch, dass der Vertragspartner eines Geschäfts über ein Finanzinstrument seinen Zahlungsverpflichtungen nicht oder nicht fristgerecht nachkommen kann. **Liquiditätsrisiken** entstehen, wenn der Konzern seinen Verpflichtungen aus einem Geschäft über ein Finanzinstrument nicht nachkommt oder wenn ein Vermögensgegenstand nicht kurzfristig zu seinem beizulegenden Zeitwert veräußert werden kann. Cashflow-Risiken schließlich resultieren aus Schwankungen erwarteter Zahlungsströme, bspw wenn der Marktzins steigt und der Konzern als Emittent eines variabel verzinslichen Schuldinstruments höhere Auszahlungen leisten muss. Nach DRS 20.182 sind Art und Ausmaß jedes dieser Risiken anzugeben, soweit sie mit eingesetzten Finanzinstrumenten verbunden sind; dies gilt unabhängig davon, ob diese bilanziert sind oder nicht. Zu erläutern sind nur offene, dh nicht durch konkrete Sicherungsgeschäfte gedeckte Risiken.

78 Nach DRS 20.185 wird bei der Beschreibung der Risikomanagementmethoden für Finanzinstrumente auch eine Erläuterung der getroffenen Maßnahmen zur Risikoreduktion bzw -überwälzung verlangt. Umfang und Detaillierungsgrad der Angaben richten sich dabei nach dem Ausmaß der mit den Finanzinstrumenten verbundenen Risiken einerseits und der Bedeutung der risikobehafteten Finanzinstrumente in Bezug auf die VFE-Lage andererseits. Die erforderlichen Angaben schließen auch eine Darstellung und Systematisierung eingegangener **Sicherungsgeschäfte** mit ein. Für sämtliche Finanzinstrumente (unabhängig von der bilanziellen Abbildung einer Sicherungsbeziehung zB im Rahmen eines *hedge accounting* nach IAS 39/IFRS 9) ist bei der Darstellung der auf Finanzinstrumente bezogenen Risiken auf folgende Bereiche einzugehen:

(1) die Art der Risiken, die gesichert werden,
(2) die Art der Sicherungsbeziehung (Absicherung von einzelnen Posten, Postengruppen und Nettopositionen),
(3) Maßnahmen zur Sicherstellung der beabsichtigten Effektivität der Risikoabsicherungen,
(4) antizipative Sicherungsbeziehungen.

Darüber hinaus verlangt DRS 20.186 die Verknüpfung mit dem Konzernabschluss indem angegeben werden muss, ob ökonomische Sicherungsbeziehungen, über die im Konzernlagebericht zu berichten ist, als bilanzielle Sicherungsbeziehungen abgebildet werden.

2. Weitere Angaben für kapitalmarktorientierte Konzerne

Sofern das den Konzernlagebericht aufstellende MU oder eines der in den Konzernabschluss einbezogenen TU kapitalmarktorientiert ist, sind im Konzernlagebericht die wesentlichen Merkmale des **internen Kontroll- und Risikomanagementsystems in Bezug auf den Konzernrechnungslegungsprozess** anzugeben. Die Berichterstattungspflicht nach § 315 Abs 2 Nr 5 HGB besteht – bei gleichen Voraussetzungen – außerdem für dem PublG unterliegende MU (§ 11 PublG) sowie für Kredit- und Finanzdienstleistungsinstitute (§ 340i Abs 1 Satz 1 HGB) und Versicherungsunternehmen (§ 341i Abs 1 Satz 1 HGB). Für die beiden letztgenannten Konzerngruppen sind branchenbezogene Anforderungen in den Anlagen 1 und 2 zu DRS 20 zusammengefasst. Dagegen löst eine Kapitalmarktorientierung eines in den Konzernabschluss einbezogenen assoziierten Unternehmens iSv IAS 28 oder eines Gemeinschaftsunternehmens iSv IFRS 11 nach dem Wortlaut der Vorschrift keine Berichterstattungspflicht nach § 315 Abs 2 Nr 5 HGB aus. 79

Obwohl die Berichterstattungspflicht weitgehend derjenigen entspricht, der ein kapitalmarktorientiertes MU bereits in seinem Einzel-Lagebericht unterliegt, bezieht sie sich innerhalb des Konzernlageberichts eindeutig auf den **Konzernrechnungslegungsprozess,** der im Einzelfall von den Vorgehensweisen in Bezug auf die Rechnungslegung der einzelnen Konzernunternehmen abweichen kann. Dies umfasst die Vorgehensweisen und Prozesse der Gruppe insgesamt und bezieht sich nicht nur auf die relevanten Systeme und Prozesse lediglich bei dem Unternehmen mit Kapitalmarktorientierung. Vielmehr stehen beim Prozess der Konzernrechnungslegung sowohl die einbezogenen Jahresabschlüsse der Konzernunternehmen (HB I), die Anpassungen an die konzerneinheitliche Bilanzierung und Bewertung (HB II), die einzelnen Konsolidierungsmaßnahmen, die Konzernbuchführung sowie die Konzernrechnungslegungsbestandteile im Mittelpunkt der Berichterstattung. Erfolgt eine Segmentberichterstattung, so ist diese als Bestandteil des Konzernrechnungslegungsprozesses ebenfalls in die Berichterstattungspflicht einbezogen. Gleiches gilt unter den Voraussetzungen des § 37y WpHG für den von den betroffenen Konzernen zu erstellenden Halbjahres- und ggf Quartalsfinanzbericht, nicht hingegen für freiwillige Finanzpublikationen. 80

Hinsichtlich des Umfangs der Berichterstattung ergeben sich die **Detailanforderungen** aus DRS 20.K169 ff. Aussagen zur Wirksamkeit der dargestellten Systeme des konzernrechnungslegungsbezogenen internen Kontroll- und Risikomanagementsystems werden nach DRS 20.178 in Übereinstimmung mit § 315 Abs 2 Nr 5 HGB ausdrücklich nicht verlangt. 81

Als weiterer Bereich der ausschließlich für kapitalmarktorientierte Unternehmen verpflichtend anzuwendenden Angabevorschriften für den Konzernlagebericht werden in DRS 20.188 ff die **übernahmerelevanten Angaben** behandelt. Die Angaben sind auch dann im Konzernlagebericht zu machen, wenn sie in Teilen bereits im Lagebericht des MU enthalten sind, ein Verweis ist nicht zulässig (vgl *Grottel* in BeBiKo § 315 HGB Rz 45 mwN). Hiervon betroffen sind jedoch nicht alle kapitalmarktorientierten Konzerne, sondern ausschließlich MU, die durch die Ausgabe stimmberechtigter Aktien einen organisierten Kapitalmarkt iSv § 2 Absatz 7 WpÜG in Anspruch nehmen. 82

Die im Einzelnen **anzugebenden Sachverhalte** sind in DRS 20.188 ff detailliert dargestellt und erläutert, so dass insoweit auf diese Ausführungen verwiesen wird. 83

(einstweilen frei) 84–89

C. Managementbericht *(Management Commentary)*

I. Überblick

90 Die Erstellung eines Managementberichts ist **freiwillig** (PS MC.4). Sofern ein Managementbericht erstellt wird, soll allerdings angegeben werden, in welchem Umfang dieser dem PS MC entspricht (PS MC.10). Bei freiwilliger Anwendung des PS MC besteht zudem eine faktische Bindung eines Unternehmens, PS MC auch in den Folgeperioden zu veröffentlichen. Nur so ist der durch PS MC vorgegebene Vergleich der erzielten Geschäftsergebnisse mit den Prognosen des Vorjahrs zu erreichen. Diese Konsistenz und Stetigkeit wird auch vom IASB intendiert (vgl *Kajüter/Fink* KoR 2012, 247 (249)).

91 Der Managementbericht ist eine **Ergänzung und Erläuterung des IFRS-Abschlusses,** nicht ein Bestandteil desselben. Der Managementbericht kann sowohl Einzel-, Konzern- als auch Zwischenabschlüsse ergänzen und erläutern. Ob sich ein Managementbericht eines MU gleichzeitig auf einen Einzel- und Konzernabschluss beziehen kann, regelt PS MC nicht. Grds steht einer derartigen Vorgehensweise nichts entgegen, sofern die Klarheit und Übersichtlichkeit nicht beeinträchtigt wird (*Kajüter/Fink* KoR 2012, 247 (249)). Aufgrund des engen Bezugs ist der Managementbericht jedoch gemeinsam mit dem IFRS-Abschluss und getrennt von anderen Informationen zu veröffentlichen (PS MC.5f). **Ziel** des Managementberichts ist die Vermittlung des **Kontexts,** in dem der IFRS-Abschluss von Adressaten interpretiert werden kann, sowie eine Einschätzung des Managements hinsichtlich der für das Unternehmen bedeutsamen Entwicklungen sowie daraus resultierender **Implikationen** für die **Zukunft** (PS MC.9ff). Um den Abschluss im Gesamtkontext des Unternehmens beurteilen zu können, sollen zudem die relevanten Trends und Einflussfaktoren dargestellt werden, die den zukünftigen Erfolg, die Lage und die Entwicklung des Unternehmens beeinflussen können (PS MC.11). Der Managementbericht enthält somit nicht nur vergangenheitsorientierte, sondern insbes zukunftsorientierte Informationen (so auch PS MC.13(a)).

II. Grundsätze

92 PS MC richtet sich an potenzielle Eigen- und Fremdkapitalgeber (PS MC.8) und soll ihnen entscheidungsnützliche Informationen vermitteln (PS MC.9). Der PS MC.12 definiert die folgenden **Grundsätze** der Managementberichterstattung:

(1) **Sichtweise des Managements** *(management's view)* bei der Analyse von Unternehmenserfolg, -lage und -entwicklung (zB Informationen über die Positionierung im Wettbewerb, relevante Umweltbedingungen, größte Chancen- und Risikopotenziale; vgl *Kirsch* StuB 2012, 425 (426)) und

(2) **Ergänzung** und **Erläuterung** des IFRS-Abschlusses um Hintergrundinformationen, die die im Abschluss ausgewiesenen Zahlen erklären, sowie um finanzielle und nicht-finanzielle Daten, die sich nicht auf den Abschluss ausgewirkt haben (wie zB besondere Vorteile oder nicht ansatzfähige immaterielle Vermögenswerte; vgl *Kirsch* StuB 2012, 425 (426)).

Aufgrund des Fokus auf die Ergänzung und Erläuterung der Informationen des IFRS-Abschlusses wird der Managementbericht von etwaiger weiterführender Unternehmensberichterstattung (zB zu sozialen und ökologischen Aspekten) deutlich abgegrenzt (so auch *Fink/Kajüter* KoR 2011, 177 (177f)). Durch die

Sichtweise des Managements erhöht sich zwar einerseits die Subjektivität der Darstellung der Informationen, andererseits ist davon auszugehen, dass die Verwendung solcher Informationen, die auch intern zur Entscheidungsfindung und Steuerung verwendet werden, auch als Grundlage für die Entscheidungen der Adressaten sinnvoll sind. Damit wird der bereits aus IFRS 8 zur Segmentberichterstattung bekannte *management approach* (→ § 21 Rn 15) konsequent auch für den Managementbericht umgesetzt. Zur Abgrenzung des Begriffs Management verweist der IASB im Übrigen gerade nicht auf IAS 24, sondern auf nationale – ggf managementberichtspezifische – Vorgaben (PS MC.BC30). Der Managementbericht soll Beträge im Abschluss sowie deren Zustandekommen erläutern und um Informationen ergänzen, die nicht im Abschluss enthalten sind, jedoch für die Entscheidungen des Managements wichtig sind (PS MC.16). Von großer Bedeutung ist dabei die **Konsistenz** der Informationen im Managementbericht mit den entspr Informationen im Abschluss (PS MC.23(a)).

Für die Darstellung der Informationen gilt ferner, dass allgemeine, nicht unter- 93
nehmensspezifische Inhalte sowie Wiederholungen zu Angaben im Anhang vermieden werden sollen (PS MC.23(b) und PS MC.23(c)). Letzteres dürfte allerdings im Zweifelsfall schwierig sein, weil die meisten Anhangangaben im Gegensatz zum Managementbericht verpflichtend sind. Der IASB hat jedoch die erforderliche Grundsatzdiskussion zur **Abgrenzung** von **Anhang- und Managementinformationen** zunächst (auf nicht absehbare Zeit) verschoben (vgl PS MC.BC50 ff). Sofern bereits im Anhang erfolgte Angaben auch für das Verständnis des Managementberichts unerlässlich sind, werden daher Dopplungen kaum vermieden werden können; es sei denn, es handelt sich um Anhangangaben, auf die entspr verwiesen werden kann (DRS 20.21). Solche Verweise könnten teilweise jedoch der Lesbarkeit des Managementberichts abträglich sein. Des Weiteren ist die **Zukunftsorientierung** ein wichtiges Merkmal, um den zuvor genannten Grundsätzen (→ Rn 92) der Managementberichterstattung zu entsprechen (s PS MC.13(a) und PS MC.17 ff). Zudem müssen die Informationen des Managementberichts den entspr Anforderungen des Rahmenkonzepts (vgl F.QC) genügen.

(einstweilen frei) 94

III. Kernelemente

Die **Kernelemente** des Inhalts des Managementberichts sind gem PS MC.24 ff: 95
(1) Art der Geschäftstätigkeit,
(2) Ziele und Strategien,
(3) Ressourcen, Risiken und Beziehungen des Unternehmens,
(4) Geschäftsergebnis und -aussichten sowie
(5) Leistungsmaßstäbe und -indikatoren.

Diese Inhalte sind im PS MC jeweils grob umrissen und sind von den Unternehmen zu konkretisieren. Die Beschreibung der **Art der Geschäftstätigkeit** ist grundlegend für das Verständnis des Unternehmens und seines Umfelds. Sie ermöglicht die Analyse und das Verständnis des Unternehmenserfolgs, der Strategien und der Geschäftsaussichten.

Die Darstellung der **Ziele und Strategien** soll dem Adressaten erlauben, einerseits die Ausrichtung der Geschäftstätigkeit und der dafür erforderlichen Ressourcen und andererseits die Zielerreichung einzuschätzen. Dafür sollen nicht nur der Zeithorizont für die Ziele und die Umsetzung der Strategien oder die Maßnahmen des Managements dargestellt, sondern auch wesentliche Abweichungen von in der Vergangenheit angestrebten Zielen und verfolgten Strategien analysiert werden.

Hinsichtlich wesentlicher **Ressourcen, Risiken und Beziehungen** des Unternehmens sieht PS MC.29ff vor, dass sowohl **finanzielle** als auch **nichtfinanzielle Ressourcen** jeweils in Abhängigkeit branchenüblicher Informationen dargestellt werden. Beispiele sind Analysen der Kapitalstruktur, der Liquidität sowie der Kapitalflüsse, aber auch Informationen zu Human- und intellektuellem Kapital. Ferner ist eine Diskussion wesentlicher interner und externer Risiken vorgesehen, die auch den Umgang mit diesen Risiken, dh die Ausgestaltung und die Effektivität des Risikomanagementsystems des Unternehmens beinhalten. Es wird zwischen strategischen, ökonomischen, operationellen und finanziellen Risiken unterschieden, wobei der Risikobegriff des IASB hier sowohl negative (Risiken ieS) als auch positive (Chancen) Abweichungen vom Erwartungswert umfasst. Ferner sollen die Beziehungen des Unternehmens zu wichtigen Stakeholdergruppen dargestellt und auf die mögliche Beeinflussung des Unternehmenserfolgs hin analysiert werden.

Die Analyse von **Geschäftsergebnis und -aussichten** sollte finanzielle und nichtfinanzielle Leistungen insbes insoweit umfassen, als sie Rückschlüsse auf die künftige Entwicklung des Unternehmens erlauben. Die Erläuterung der Entwicklung während der Berichtsperiode und zum Stand am Periodenende sollte ua Trendanalysen und Angaben zu wesentlichen Änderungen im Vergleich zur Vorperiode, zu nicht wiederkehrenden Ereignissen, wesentlichen Einflussfaktoren auf den Geschäftsverlauf sowie zu möglichen Auswirkungen auf die künftige Entwicklung enthalten. Werden für die zukünftige Geschäftsentwicklung Zielvorgaben quantifiziert, sollen die dafür zugrunde gelegten Annahmen und damit verbundene Risiken dargestellt werden.

Leistungsmaßstäbe sind quantitative Angaben, die den maßgeblichen Erfolgsfaktoren des Unternehmens entsprechen. **Leistungsindikatoren** können dagegen qualitative Merkmale oder quantitative Größen sein, die indirekt auf den Unternehmenserfolg schließen lassen. Die vom Management verwendeten finanziellen und nichtfinanziellen Leistungsmaßstäbe und -indikatoren sind darzustellen. Dabei empfiehlt der IASB die Orientierung an branchenspezifischen oder allgemein anerkannten Kennzahlen. Für finanzielle Leistungsindikatoren ist der Zusammenhang mit dem IFRS-Abschluss anhand einer Überleitungsrechnung darzustellen.

96 Der PS MC gibt dem Anwender darüber hinaus zahlreiche Hinweise und Beispiele zur inhaltlichen Gestaltung des Managementberichts, etwa zum wirtschaftlichen Umfeld (PS MC.26), zu Kennzahlen (PS MC.27), Ressourcen, Risiken (PS MC.29) und Chancen (PS MC.30f) oder zur Darstellung der Geschäftsentwicklung (PS MC.34ff).

97–99 *(einstweilen frei)*

D. Aktuelle Entwicklungen

I. Internationale Entwicklung zum *Integrated Reporting*

100 Der IASB hat sein Projekt zur (Weiter-)Entwicklung der Unternehmensberichterstattung mit der Veröffentlichung des PS MC im Jahr 2010 abgeschlossen und seitdem keine Bemühungen gezeigt, den Managementbericht erneut zu diskutieren (Stand: 31. Juli 2015). Allerdings kann sich auch der IASB der aktuellen Diskussion um die Erweiterung der Unternehmensberichterstattung, insbes um ökologische und soziale Aspekte bzw deren Integration in die Finanzberichterstattung nicht entziehen (vgl hierzu *Dienes/Velte* IRZ 2014, 67 (67f);

Haller/Schnabel/Koch BB 2014, 2923 (2923f); *Haller/Zellner* DB 2014, 253 (253f); *Steinmeier/Stich* WPg 2015, 413 (413f)). Denkbar ist, dass diese Themen zukünftig auch die Ausgestaltung der Finanzberichterstattung und damit originärer IFRS-Themen betreffen können. Vor diesem Hintergrund hat sich auch der IASB in diese Debatte eingeschaltet und ist neben verschiedensten Organisationen (ua auch dem FASB) Gründungsmitglied des im August 2010 gegründeten *International Integrated Reporting Council* (IIRC, dazu *Druckman* WPg 2013 I (I)). ***Integrated Reporting* (IR)** ist nach Auffassung des IIRC insbes auch ein Konzept der Corporate Governance, das darauf abstellt, alle wesentlichen Ressourcenverbräuche und Umfeldimplikationen der Unternehmenstätigkeit in der Unternehmensführung abzubilden. Damit einher geht die Erfassung entspr Sachverhalte und die Entwicklung adäquater Messkriterien in den internen Berichtsprozessen, was wiederum die Erfassung monetär nicht messbarer bzw nur eingeschränkt objektivierbarer Faktoren zur Folge hat (zur bilanziellen Abbildung des Verbrauchs natürlicher Ressourcen vgl *Beiersdorf* 2012, 315ff).

Im November 2014 haben der IASB und die IIRC die Intensivierung der Zusammenarbeit in einem *Memorandum of Understanding* (MoU) vereinbart, um in diesem Rahmen auch Möglichkeiten der Ergänzung bzw Ausweitung der jeweiligen Normenwerke auszuloten und miteinander zu diskutieren.

Zwar haben auch zuvor nationale und internationale Organisationen und deren Verlautbarungen, wie etwa der vom Deutschen Nachhaltigkeitsrat entwickelte und veröffentlichte **Nachhaltigkeitskodex** (2015, abrufbar unter www.deutschernachhaltigkeitskodex.de, Stand: 31. Juli 2015) oder die Global Reporting Initiative mit den seit dem Jahr 1999 veröffentlichten Anwendungsleitlinien (mit GRI 4 in der aktuellsten Version vom Mai 2013) der Nachhaltigkeitsberichterstattung einen institutionellen Rahmen verliehen. Jedoch hat die Initiative des IIRC der Diskussion um eine entscheidungsnützliche, effiziente und dabei wertorientierte Unternehmensberichterstattung zu einer neuen weltweiten Dynamik verholfen.

Im Dezember 2013 wurde das sog **IR Framework** (www.theiirc.org) veröffentlicht (dazu *Haller/Zellner* DB 2014, 253 (253ff)). Im Mittelpunkt steht dabei die prägnante und kondensierte Berichterstattung darüber, wie ein Unternehmen durch den Einsatz verschiedener Typen von Ressourcen im Kontext seines natürlichen und sozialen Umfelds und unter Beachtung der Interdependenzen zwischen wesentlichen finanziellen und nichtfinanziellen Faktoren in der Lage ist, Wert zu schaffen. Dabei wird IR als zukünftige Norm der Unternehmensberichterstattung dargestellt, die sich aus dem in der Unternehmenspraxis zukünftig vorherrschenden *„integrated thinking"* logisch ergeben würde. Diesem Konzept zufolge wird bei der Unternehmensführung die Verwendung der vielfältigen verschiedenen finanziellen und nichtfinanziellen (zB ökologischen, sozialen) Ressourcen berücksichtigt und entspr darüber in integrierter Form berichtet. Für diese Berichterstattung stellt das IR Framework den Rahmen dar, den es zukünftig auszugestalten gilt.

Wie erwähnt, hatte sich bereits zuvor ein umfangreicher Kanon an Nachhaltigkeitsliteratur herausgebildet, um den neuen Informationsanforderungen Rechnung zu tragen. Auf nationaler, europäischer und auch internationaler Ebene gibt es eine beinahe unüberschaubare Zahl an Verlautbarungen zur Nachhaltigkeitsberichterstattung. Diese reichen von zahlreichen Studien zur „Best Practice" bei Nachhaltigkeitsberichten (zB *Scholl/Herr* 2014; *KPMG* 2013 oder *pwc* 2014), konzeptionell-strategischen Leitlinien (zB *UN Global Compact* oder der Deutsche Nachhaltigkeitskodex, DNK) bis hin zu detaillierten, branchenspezifischen Anforderungen an die inhaltliche Ausgestaltung der Nachhaltigkeitsberichterstattung.

Ein bereits lange vor dem IIRC vergleichsweise einflussreicher Normengeber ist die ***Global Reporting Initiative* (GRI)** – ebenfalls Gründungsmitglied der IIRC. Deren derzeit in vierter (überarbeiteter) Fassung veröffentlichten GRI-Leitlinien sind derart gestaltet, dass bei deren Einhaltung auch andere wichtige globale Berichtsnormen, wie die Prinzipien des *UN Global Compact* und die *OECD*-Leitsätze eingehalten werden. Die GRI verankern – vergleichbar mit den qualitativen Anforderungen des IASB-Rahmenkonzepts – qualitative Anforderungen an die Nachhaltigkeitsberichterstattung. Diese ist an allen Stakeholdern ausgerichtet und soll diesen die Beurteilung der ökonomischen, ökologischen und sozialen Unternehmensleistung ermöglichen. Dafür werden zum einen bestimmte Mindestangaben festgelegt, zB zur Nachhaltigkeitsstrategie und zu zentralen Leistungsindikatoren (sog KPI, *key performance indicators*). Die GRI dominieren derzeit die Nachhaltigkeitsberichterstattung in Deutschland (vgl *Steinmeier/Stich* WPg 2015, 413 (416); *Kajüter* WPg 2014, 599 (604)).

Jedoch besteht grds Konsens zwischen den Konzepten der IIRC und GRI. Fraglich wird sein, ob das Konzept des *Integrated Reporting* oder aber auch die Vorgaben der GRI in die Vorgaben zur Lageberichterstattung nach § 315 HGB iVm DRS 20 integriert werden (vgl *Dienes/Velte* IRZ 2014, 67 (72)).

Mit dem IIRC oder GRI vergleichbare – wenn auch weitaus weniger detaillierte – Vorgaben für deutsche Unternehmen enthält der im Jahr 2015 in überarbeiteter Fassung veröffentlichte **Deutsche Nachhaltigkeitskodex** (DNK). Darin werden ua Angaben zu (quantitativen und qualitativen) Nachhaltigkeitszielen sowie zur Unternehmensstrategie und zu implementierten Prozessen und Regeln zu deren Umsetzung gefordert. Der DNK sieht ferner vor, Nachhaltigkeitsziele auch in Ziel- und Vergütungsvereinbarungen festzuhalten und darüber zu berichten. Des Weiteren werden Informationen zur Kommunikation mit und Einbindung von Stakeholder-Gruppen, zur Inanspruchnahme natürlicher Ressourcen und Emissionen sowie zu sozialen und gesellschaftlichen Aspekten wie Arbeitnehmerrechten, politischen Einflussnahmen und Korruption gefordert. Unterlegt werden die formulierten Prinzipien durch wesentliche Indikatoren, die zB aus den GRI entnommen sind.

Diese **Vorgaben** und **Leitlinien** zur **Nachhaltigkeitsberichterstattung** sind jedoch lediglich **freiwillig anwendbar.** Zudem sind etwa die GRI-Leitlinien in unterschiedlichen Stufen (A, B, C; ggf erfolgte Prüfung der Stufe (+)) anwendbar. Sie wurden im Jahr 2014 von ca 4.800 insbes großen, multinationalen Unternehmen (davon 46 aus Deutschland) angewandt. Die Entsprechungserklärung des DNK haben aktuell 23 deutsche Unternehmen abgegeben. Diese freiwillig anwendbaren Vorgaben sind wichtige Treiber der Weiterentwicklung der Nachhaltigkeitsberichterstattung und befruchten die Diskussion um Notwendigkeit und Möglichkeiten dieser Berichterstattung. In Bezug auf deren Harmonisierung und Vergleichbarkeit bleiben solche Vorgaben jedoch hinter verpflichtenden Anforderungen zurück.

Inwieweit die verschiedenen Konzepte die konkrete Ausgestaltung der IFRS bzw des IFRS-Abschlusses oder die Weiterentwicklung des bestehenden PS MC beeinflussen werden, bleibt abzuwarten. Es ist derzeit – trotz des Engagements des IASB beim IIRC sowie der im MoU vereinbarten Zusammenarbeit – jedoch nicht von kurz- oder mittelfristigen Entwicklungen in Richtung integriertem IFRS-Abschluss auszugehen.

II. Ausweitung der Lageberichterstattung durch die EU und den nationalen Gesetzgeber

Derzeit ergibt sich eine **Verpflichtung zur Nachhaltigkeitsberichterstattung** für deutsche Unternehmen ausschließlich aus den Anforderungen an die Lageberichterstattung gem §§ 289 Abs 3 und 315 Abs 1 Satz 4 HGB. Danach müssen große Kapitalgesellschaften und Konzernunternehmen im (Konzern-)Lagebericht auch nichtfinanzielle Leistungsindikatoren analysieren und erläutern, sofern diese für das Verständnis des Geschäftsverlaufs oder der Lage des Unternehmens von Bedeutung sind. Beispiele für solche Indikatoren sind Informationen über Umwelt- und Arbeitnehmerbelange, wobei nach Auffassung des Gesetzgebers nicht zwingend bzw nicht ausschließlich diese Themen adressiert werden müssen. 101

Konkretisiert werden die Vorschriften des § 315 HGB durch DRS 20 (→ Rn 15ff), der in Rz 105ff mit Kunden-, Umwelt- und Arbeitnehmerbelangen, Indikatoren zu Forschung und Entwicklung sowie zur gesellschaftlichen Reputation des Konzerns Beispiele für nichtfinanzielle Leistungsindikatoren enthält. Diese Informationen sollen dem *management approach* entspr der internen Berichterstattung folgen und auch quantitative Angaben enthalten, sofern diese zur internen Steuerung verwendet werden. Zusammenhänge zwischen finanziellen und nichtfinanziellen Indikatoren sollen erläutert werden, sofern diese intern unter dem Aspekt der Nachhaltigkeit verwendet werden.

Im November 2014 wurde die **EU-Richtlinie zur Offenlegung von nichtfinanziellen Informationen** veröffentlicht (RL 2014/95/EU vom 22. Oktober 2014, ABl EU Nr L 330/1 vom 15. November 2014). Folge dieser sog CSR-RL (*Corporate Social Responsibility*) ist es nunmehr, dass große Unternehmen des öffentlichen Interesses mit mehr als 500 Arbeitnehmern (zu den Voraussetzungen ausführlich *Lanfermann* WPg 2015, 322 (323)) die Pflicht haben, über nichtfinanzielle Informationen zu berichten. 102

Damit werden bekannte Angabepflichten (§§ 289 Abs 3 und 315 Abs 1 Satz 4 HGB) umfangreich erweitert. Zusätzlich zu den darin geforderten Angaben über Umwelt- und Sozialbelange, sehen Art 19a und Art 29a der CSR-RL die Berichterstattung über Arbeitnehmerangelegenheiten, Achtung der Menschenrechte sowie Korruptionsmaßnahmen und Bestechungsaspekte vor, wobei die Grundsätze der Relevanz und Wesentlichkeit zu berücksichtigen sind (dazu *Spießhofer* NZG 2014, 1281 (1284)). Die Angaben gehen zudem über die eigene Geschäftstätigkeit hinaus und schließen Unternehmen der Lieferkette sowie Subunternehmer ein. Entspr dem sog *comply-or-explain*-Ansatz können die Angaben nur dann unterbleiben, wenn das Unternehmen zum einen über kein entspr Konzept verfügt und zum anderen Gründe für fehlende Angaben erläutert. Die Angaben können entweder im Rahmen des Lageberichts oder in einem gesonderten Bericht erfolgen, womit eine höhere Flexibilität ggü den bisherigen Anforderungen des HGB verbunden ist (vgl *Lanfermann* WPg 2015, 322 (324)). Damit einher geht jedoch auch die Gefahr, relevante Informationen nicht zusammengefasst in einem Berichtsinstrument zu erhalten. Die Möglichkeit der verschiedenen Berichte scheint auch dem derzeit angestrebten *Integrated-Reporting*-Ansatz (→ Rn 100) zu widersprechen.

Darüber hinaus müssen große KapGes gem **Art 20** der **CSR-RL** eine **Diversitätserklärung** abgeben und darin das Diversitätskonzept für Vorstand und Aufsichtsrat (etwa hinsichtlich Alter, Geschlecht, Bildungs- oder Berufshintergrund) erklären (jedoch keiner Prüfung durch den Abschlussprüfer unterziehen). Ferner müssen große Unternehmen im Rohstoffsektor zur Stärkung der Transparenz ggf 103 erfolgte Zahlungen an staatliche Stellen weltweit in einem gesonderten Bericht offenlegen.

Die CSR-RL sieht vor, dass die Unternehmen ihren Erklärungen bzgl der nichtfinanziellen Informationen wahlweise nationale, europäische oder internationale Rahmenkonzepte zugrunde legen (bspw DNK, EMAS, UN Global Compact, GRI oder IR) und sich somit das geeignetste Rahmenkonzept auswählen (so auch *DRSC* 2015, 5).

Die Umsetzung der RL soll innerhalb von zwei Jahren nach ihrem Inkrafttreten in nationales Recht erfolgen und vier Jahre später einer Überprüfung unterzogen werden (vgl Art 3 CSR-RL). Der nationale Gesetzgeber hat bereits ein Konzept zur Umsetzung vorgeschlagen und etliche Institutionen sind der Bitte um Stellungnahme gefolgt (ua auch DRSC und IDW).

In eben dieser Stellungnahme führt das DRSC konzeptionell zu der CSR-RL aus (*DRSC* 2015, 1 ff), dass damit eine „Umkehrung der Berichterstattung" erfolgt, da nicht mehr die Auswirkungen des Unternehmensumfelds auf die Unternehmenslage, sondern die Auswirkungen der Unternehmenstätigkeit auf die Gesellschaft dargelegt würden. Auch wenn die CSR-RL-Vorgaben sicherlich eine (umfassende) Erweiterung vom bisherigen finanziellen Fokus auch auf nichtfinanzielle Aspekte beinhalten, ist darin uE nicht notwendigerweise eine „Loslösung von den bisherigen Aufgaben" oder eine „Änderung der bisherigen Grundkonzeption des Lageberichts" zu sehen. Letztlich haben gerade auch die Einflüsse der Unternehmenstätigkeit auf gesellschaftliche, ökologische und soziale Belange Rückwirkungen auf die Unternehmenslage, auch wenn diese bislang nur selten konkret benannt oder gar quantifiziert werden können. Insofern sind Informationen zum Umgang des Unternehmens mit diesen wichtigen Fragen zunächst der erste Schritt. Diese Weiterentwicklung der gesetzlichen Anforderungen an die (Konzern-)Lageberichterstattung durch den europäischen und (in absehbarer Zeit) den nationalen Normengeber unterstreichen allerdings die Bedeutung dieser Aspekte und nicht zuletzt die Bedeutung der zukunftsweisenden Diskussion um die Integrierte Berichterstattung.

Teil E. Branchenbesonderheiten

§ 39. Banken

Übersicht

Schrifttum: *Commerzbank AG* Geschäftsbericht 2014; *Eckes/Sittmann-Haury* ED IFRS 7 „Financial Instruments: Disclosures" – Offenlegungsvorschriften für Finanzinstrumente und Auswirkungen auf die Ablösung von IAS 30 für Kreditinstitute, WPg 2004, 1195; *Gehrer/Krakuhn/Schüz* IFRS 9 Financial Instruments – die finale Fassung im Überblick, IRZ 2014, 385; *Gramlich* Bankgeschäftspolitik im Kontext von HGB und IFRS, KoR 2003, 359; *Hirsch* International Accounting Standards: Eine neue Qualität im Jahresabschluss von Banken, Frankfurt am Main 1998; *IDW* RS HFA 9 Stellungnahme zur Rechnungslegung: Einzelfragen zur Bilanzierung von Finanzinstrumenten nach IFRS, FN IDW 2011, 326; *IDW* RS HFA 24 Stellungnahme zur Rechnungslegung: Einzelfragen zu den Angabepflichten des IFRS 7 zu Finanzinstrumenten, FN IDW 2010, 7; *KPMG Deutsche-Treuhand Gesellschaft AG* Offenlegung von Finanzinstrumenten und Risikoberichterstattung nach IFRS 7, Stuttgart 2007; *Löw* in Löw (Hrsg), Rechnungslegung für Banken nach IFRS, Wiesbaden 2005; *Löw* Ausweis negativer Zinsen im Abschluss einer Bank, WPg 2015, 66; *pwc* IFRS für Banken, 5. Aufl, Frankfurt am Main 2012; *Scharpf* Bilanzierung von Financial Instruments nach IAS 39, FB 2000, 125, 208, 284, 372; *Scharpf/Schaber* Handbuch Bankbilanz, 6. Aufl, Düsseldorf 2015; VO (EU) Nr 575/2013 CRR (*Capital Requirements Regulation*, Kapitaladäquanzverordnung).

Wesentliche Rechtsgrundlagen: IAS 32, IAS 39, IFRS 7, IFRS 9

A. Allgemeines

I. Anzuwendende IFRS

1 Die Rechnungslegung von Banken stellt grds **keinen eigenen Regelungsbereich** der IFRS dar. Bei der Rechnungslegung von Banken sind daher die allgemeinen IFRS zu berücksichtigen, wobei bei deren Auslegung den branchenspezifischen Besonderheiten Rechnung zu tragen ist.

Als **allgemeine Standards** sind insbes

(1) IAS 1 Darstellung des Abschlusses,
(2) IAS 7 Kapitalflussrechnungen,
(3) IAS 12 Ertragsteuern,
(4) IAS 17 Leasingverhältnisse,
(5) IAS 21 Auswirkungen von Wechselkursänderungen,
(6) IAS 32 Finanzinstrumente: Darstellung,
(7) IAS 39 Finanzinstrumente: Ansatz und Bewertung,
(8) IFRS 3 Unternehmenszusammenschlüsse,
(9) IFRS 5 Zur Veräußerung gehaltene langfristige Vermögenswerte und aufgegebene Geschäftsbereiche,
(10) IFRS 7 Finanzinstrumente: Angaben,
(11) IFRS 8 Geschäftssegmente,
(12) IFRS 9 Finanzinstrumente sowie
(13) IFRS 13 Bemessung des beizulegenden Zeitwerts

zu beachten.

Von **herausragender Bedeutung** sind dabei die Regelungen zu den Finanzinstrumenten (IAS 32, IAS 39/IFRS 9 sowie IFRS 7), da die Bankbilanz zum weit überwiegenden Teil aus Finanzinstrumenten besteht. Der im Juli 2014 veröffentlichte – bislang noch nicht durch die EU übernommene – IFRS 9 ist dabei gem IFRS 9.7.1.1 auf Geschäftsjahre anzuwenden, die am oder nach dem 1. Januar 2018 beginnen; eine frühere Anwendung ist zulässig. 2

II. Bedeutung der Rechnungslegung nach IFRS für Banken

Banken sind unter den in **§ 315a HGB** genannten Voraussetzungen zur Aufstellung eines Konzernabschlusses und -lageberichts nach international anerkannten Rechnungslegungsgrundsätzen verpflichtet. Entspr der EG-VO 1606/2002 vom 19. Juli 2002 haben auch Banken, die die in der VO genannten Kriterien erfüllen, ihre Konzernabschlüsse nach den IFRS aufzustellen. Für die Einzelabschlüsse der Banken bleibt es zunächst bei den jeweiligen nationalen Regelungen. Damit besteht für die betroffenen Banken die Schwierigkeit, ihr Rechnungswesen nach Möglichkeit so einzurichten, dass dieses nicht nur in der Lage ist, den Anforderungen unterschiedlicher Rechnungslegungsregime gerecht zu werden, sondern auch darüber hinaus bestehende Berichtspflichten (zB aufsichtsrechtliche Meldung von Finanzdaten (*Financial Reporting* (FinRep)) und bzgl der Solvabilitäts- und Kapitaladäquanzmeldungen (*Common Reporting* (COREP)) zu erfüllen. 3

Die Anwendung der grds branchenunabhängigen IFRS stellt für die deutschen Banken dabei eine **deutliche Komplexitätserhöhung** der Rechnungslegung dar. Die Rechnungslegung der Banken ist in Deutschland neben den allgemeinen Vorschriften des HGB durch die bankenspezifischen Regelungen im Dritten Buch, Vierter Abschnitt, Erster Unterabschnitt des HGB (Ergänzende Vorschriften für Kreditinstitute und Finanzdienstleistungsinstitute (§§ 340 bis 340o HGB)) sowie die hierzu erlassene Verordnung über die Rechnungslegung der Kreditinstitute und Finanzdienstleistungsinstitute (Kreditinstituts-Rechnungslegungsverordnung – RechKredV)) geregelt. Darüber hinaus haben sich auf Basis dieser gesetzlichen Grundlagen allgemein anerkannte Bilanzierungsgrundsätze zB zur Portfoliobewertung entwickelt, die mit der Anwendung der Rechnungslegungsvorschriften nach den IFRS ebenfalls nicht fortgeführt werden können. Die wesentlichen Abweichungen sind in Abschnitt G (→ Rn 86 ff) und in → § 3 Rn 559 ff dargestellt. Die **bedeutendsten Änderungen** resultieren aus der Anwendung von IAS 39/IFRS 9 und betreffen die Bilanzierung bestimmter Finanzinstrumente zum beizulegenden Zeitwert *(fair value)* und die restriktiven Bestimmungen bei der Bilanzierung von Sicherungszusammenhängen *(hedge accounting)*. Darüber hinaus verwehren die IFRS die Bildung von stillen Vorsorgereserven. Folge dieser Regelungen ist eine Zunahme der Volatilität des Ergebnisausweises von Banken (hierzu kritisch *Gramlich* KoR 2003, 350 (359)). Diesem Effekt ist der Standardsetzer im Oktober 2008 angesichts der drohenden Auswirkungen aus der Finanzmarktkrise insoweit entgegengetreten, als dass er die bis dahin nur sehr restriktiv bestehenden Möglichkeiten zur Umwidmung von Finanzinstrumenten zwischen den in IAS 39 definierten Kategorien erweitert hat (ausführlich zu den Möglichkeiten der Umwidmung → § 3 Rn 72 ff). Nach IFRS 9.4.4.1 ist eine Umwidmung nur noch in den Fällen vorgesehen, in denen sich das Geschäftsmodell, unter dem finanzielle Vermögenswerte gehalten werden, geändert hat (→ § 3 Rn 490). 4

Insbes die Vorschriften von IAS 39 stoßen bei den deutschen Banken teilweise auf **Ablehnung.** Aus Sicht der Banken bestehen zB erhebliche Bedenken gegen einzelne Regelungen, wie die Begrenzung des *hedge accounting* auf externe Ge- 5 schäfte → § 23 Rn 52ff. Die Kritik – insbes an der Komplexität – der Regelungen zur Bilanzierung von Finanzinstrumenten hat dazu geführt, dass diese vollständig überarbeitet wurden. Ab 2018 wird IAS 39 durch IFRS 9 ersetzt (IFRS 9.IN1); vgl hierzu → § 3 Rn 3ff und → § 3 Rn 360ff.

6 IFRS-Konzernabschlüsse von Banken erhalten im Rahmen der Ermittlung der Eigenmittelausstattung von Institutsgruppen eine **eigenständige Bedeutung.** So ist nach Maßgabe des § 10a KWG und der VO (EU) Nr 575/2013 CRR sowohl der Ermittlung der zusammengefassten Eigenmittel als auch der zusammengefassten Risikopositionen der Konzernabschluss zugrunde zu legen. Darüber hinaus bilden IFRS Abschlüsse bzw die Rechnungslegung nach den IFRS eine wesentliche Grundlage für die aufsichtsrechtlich geforderten Meldungen ua nach den Vorgaben des *Financial Reporting* (FinRep).

B. Bestandteile des Bankenabschlusses

7 Die Abschlüsse von Banken setzen sich aus den in → § 2 Rn 288ff näher beschriebenen **Bestandteilen** zusammen. Im Einzelnen sind dies (IAS 1.10):
(1) Bilanz (vgl §§ 2–14),
(2) Gesamtergebnisrechnung (§ 15),
(3) Eigenkapitalveränderungsrechnung (§ 17),
(4) Kapitalflussrechnung (§ 18),
(5) Anhang (inklusive Segmentberichterstattung; §§ 19 bis 21),
(6) Vergleichsangaben betreffend die vorangegangene Periode und
(7) Eröffnungsbilanz für die vorangegangene Periode (sog dritte Bilanz), sofern im Berichtsjahr retrospektive Anpassungsmaßnahmen oder Umgliederungen vorgenommen wurden.

8–10 *(einstweilen frei)*

C. Bilanz

I. Gliederung

11 Für die Bilanz der Banken bestehen keine über die Regelungen in **IAS 1** hinausgehenden Gliederungsvorschriften. Gleichwohl weisen IAS 1.57(b) und IAS 1.86 darauf hin, dass Finanzinstitute eine Anpassung der in IAS 1.54/IAS 1.82 vorgesehenen Mindestgliederung vornehmen können, um für ihr Tätigkeitsfeld relevante Angaben zu machen. Darüber hinaus regelt IAS 1.63 iVm IAS 1.60, dass Banken ihre Vermögenswerte und Verbindlichkeiten absteigend oder aufsteigend nach **Liquidität** darzustellen haben. In Übereinstimmung mit den diesbezüglichen Vorgaben der RechKredV (vgl § 2 RechKredV, Formblatt 1) wird in der Praxis überwiegend ein Ausweis nach absteigender Liquidität gewählt.

Die Entscheidung über den Ausweis eines (zusätzlichen) Postens in der Bilanz oder im Anhang ist in Abhängigkeit von der **Wesentlichkeit** des entspr Postens zu treffen (IAS 1.55, IAS 1.77). Hinsichtlich der einmal gewählten Untergliederung ist der **Stetigkeitsgrundsatz** zu beachten (IAS 1.45).

12 Der Bilanzansatz von Vermögenswerten und Verbindlichkeiten hat gem IAS 1.32 **unsaldiert** zu erfolgen. Eine Ausnahme besteht nach IAS 32.42 nur für den Fall, dass ein Rechtsanspruch zur Aufrechnung besteht (zB §§ 387ff BGB) und die Saldierung die Erwartung über die Realisierung des Vermögenswerts bzw die Tilgung der Schuld wiedergibt. Weitere Ausnahmen ergeben sich aus

IAS 12.71 und IAS 12.74 bzgl bestimmter (latenter) Steuerforderungen und -verbindlichkeiten sowie aus IAS 19.131 bzgl Vermögenswerten und Verbindlichkeiten aus Pensionsplänen.

Die nachfolgend dargestellte **Bilanz der Commerzbank AG** stellt eine mögliche Gliederungsform dar: 13

Aktiva	**31. Dezember 2014 in Mio €**	**31. Dezember 2013 in Mio €**	**Veränderung in %**
Barreserve	4.897	12.397	– 60,5
Forderungen an Kreditinstitute	80.036	87.545	– 8,6
darunter: als Sicherheit übertragen	–	29	.
Forderungen an Kunden	232.867	245.938	– 5,3
darunter: als Sicherheit übertragen	–	–	.
Wertanpassung aus Portfolio *fair value hedges*	415	74	.
Positive Marktwerte aus derivativen Sicherungsinstrumenten	4.456	3.641	22,4
Handelsaktiva	130.343	103.616	25,8
darunter: als Sicherheit übertragen	5.532	3.601	53,6
Finanzanlagen	90.358	82.051	10,1
darunter: als Sicherheit übertragen	569	1.921	– 70,4
Anteile an *at equity* bewerteten Unternehmen	677	719	– 5,8
Immaterielle Anlagewerte	3.330	3.207	3,8
Sachanlagen	1.916	1.768	8,4
Als Finanzinvestition gehaltene Immobilien	620	638	– 2,8
Zur Veräußerung gehaltene langfristige Vermögenswerte und Vermögenswerte aus Veräußerungsgruppen	421	1.166	– 63,9
Tatsächliche Ertragsteueransprüche	716	812	– 11,8
Latente Ertragsteueransprüche	3.358	3.146	6,7
Sonstige Aktiva	3.199	2.936	9,0
Gesamt	**557.609**	**549.654**	**1,4**

Passiva	31. Dezember 2014 in Mio €	31. Dezember 2013 in Mio €	Veränderung in %
Verbindlichkeiten ggü Kreditinstituten	99.443	77.694	28,0
Verbindlichkeiten ggü Kunden	248.977	276.486	– 9,9
Verbriefte Verbindlichkeiten	48.813	64.670	– 24,5
Wertanpassung aus Portfolio *fair value hedges*	1.278	714	79,0
Negative Marktwerte aus derivativen Sicherungsinstrumenten	9.355	7.655	22,2
Handelspassiva	97.163	71.010	36,8
Rückstellungen	5.251	3.875	35,5
Tatsächliche Ertragsteuerschulden	239	245	– 2,4
Latente Ertragsteuerschulden	131	83	57,8
Verbindlichkeiten von zur Veräußerung gehaltenen Veräußerungsgruppen	142	24	.
Sonstige Passiva	7.499	6.551	14,5
Nachrangige Schuldinstrumente	12.358	13.714	– 9,9
Eigenkapital	26.960	26.933	0,1
Gezeichnetes Kapital	1.139	1.139	0,0
Kapitalrücklage	15.928	15.928	0,0
Gewinnrücklagen	10.383	10.660	– 2,6
Stille Einlagen	–	–	.
Andere Rücklagen	– 1.396	– 1.744	– 20,0
Gesamt vor nicht-beherrschenden Anteilen	26.054	25.983	0,3
Nicht-beherrschende Anteile	906	950	– 4,6
Gesamt	**557.609**	**549.654**	**1,4**

(Vgl *Commerzbank AG* Geschäftsbericht 2014, 150 f).

II. Erläuterung von Einzelkomponenten und ausgewählten Bilanzierungsaspekten

1. Forderungen an Kunden

14 Ungeachtet der nur rudimentären Gliederungsvorgaben in IAS 1 sind die Forderungen an Kunden aufgrund ihrer Bedeutung für die Bankbilanz regelmäßig als **separater Posten** gesondert auszuweisen. Aufgrund der fehlenden Begriffsabgrenzung in den IFRS hat die Bank eine **zweckmäßige Abgrenzung** vorzunehmen, zu dokumentieren und stetig anzuwenden. In Anlehnung an § 15 Abs 1 RechKredV können unter dem Posten alle Forderungen an Kunden, ungeachtet, ob diese aus dem Bankgeschäft oder nicht stammen, subsumiert werden. Aus IFRS 7 ergeben sich umfangreiche Angabepflichten zB bzgl Fälligkei-

ten, Bilanzierungs- und Bewertungsmethoden sowie zu den mit dem Posten verbundenen Risiken → § 3 Rn 270ff.

2. Risikovorsorge im Kreditgeschäft

Nach IAS 39.63 sind **Wertberichtigungen** direkt vom Buchwert der jeweiligen Forderungskategorie abzusetzen (Nettoausweis), oder – so IAS 39.63 – zunächst auf einem gesonderten Wertberichtigungskonto zu erfassen (Bruttoausweis), das dann den Buchwert mindert. Soweit der Ausweis auf einem gesonderten Wertberichtigungskonto erfolgt, ist dessen Entwicklung im Berichtszeitraum für jede Klasse finanzieller Vermögenswerte gesondert darzustellen (**Risikovorsorgespiegel;** IFRS 7.16). Risikovorsorgen für außerbilanzielle Geschäfte sind als Rückstellung auszuweisen. 15

In **IFRS 9** wird der Begriff *loss allowance* als **Oberbegriff** für Wertberichtigungen verwendet. Ihre Darstellung (direkte Kürzung des Buchwerts versus Erfassung auf einem gesonderten Wertberichtigungskonto) kann uE ungeachtet der nicht mehr expliziten Erwähnung dieser Alternativen in IFRS 9 wie bislang erfolgen. Ein Risikovorsorgespiegel ist hingegen **unabhängig** von der Darstellung von Wertberichtigungen gefordert (IFRS 7.35H (geändert 2014)).

Eine mögliche Darstellungsform zeigt das nachstehende Beispiel der Commerzbank AG:

	Wertberichtigungen für Einzelrisiken		**Wertberichtigungen für Portfoliorisiken**		**Wertberichtigungen Gesamt**		**Veränderung**
	2014	**2013**	**2014**	**2013**	**2014**	**2013**	
	Mio €	**Mio €**	**Mio €**	**Mio €**	**Mio €**	**Mio €**	**in %**
Stand 1. Januar	5.945	6.993	800	767	6.745	7.760	– 13,1
Zuführungen	2.112	2.966	163	261	2.275	3.227	– 29,5
Abgänge	2.975	3.134	244	223	3.219	3.357	– 4,1
darunter: Inanspruchnahmen	1.956	1.683	–	–	1.956	1.683	16,2
darunter: Auflösungen	1.019	1.451	244	223	1.263	1.674	– 24,6
Veränderungen im Konsolidierungskreis	– 8	–	– 9	–	– 17	–	.
Wechselkursänderungen/ Umbuchungen	5	– 880	– 14	– 5	– 9	– 885	– 99,0
Stand 31. Dezember	5.079	5.945	696	800	5.775	6.745	– 14,4

Die Risikovorsorge wurde gebildet für:

in Mio €	Stand 1.1.2014	Zuführungen	Auflösungen	Verbrauch	Veränderungen im Konsolidierungskreis	Wechsel-kursänderungen/ Umbuchungen	Stand 31.12.2014
Risikovorsorge für bilanzwirksame Risiken im Kreditgeschäft	6.745	2.275	1.263	1.956	– 17	– 9	5.775
Forderungen an Kreditinstitute	93	25	5	5	–	4	112
Forderungen an Kunden	6.652	2.250	1.258	1.951	– 17	– 13	5.663
Rückstellungen für außerbilanzielle Risiken im Kreditgeschäft	274	90	127	–	–	1	238
Gesamt	**7.019**	**2.365**	**1.390**	**1.956**	**– 17**	**– 8**	**6.013**

(Vgl *Commerzbank AG* Geschäftsbericht 2014, 203).

3. Sicherheiten

16 Die **(Ein- und) Ausbuchung** gewährter (sowie erhaltener) Sicherheiten erfolgt nach den **allgemeinen Regelungen** der IFRS (vgl zB → § 3 Rn 86ff für Finanzinstrumente; → § 5 Rn 11ff für Sachanlagevermögen; → § 4 Rn 24ff für immaterielle Vermögenswerte). Maßgebend ist die wirtschaftliche Zuordnung des Sicherungsgegenstands, die regelmäßig beim Sicherungsgeber liegt. Abweichend von diesem Grundsatz sind Barsicherheiten hingegen beim Sicherungsnehmer zu bilanzieren (IAS 39.IG D.1.1/IFRS 9.IG D.1.1).

Nach IFRS 7.14/IFRS 7.14 (geändert 2014) hat der Sicherungsgeber den Buchwert der als Sicherheit für Verbindlichkeiten oder Eventualverbindlichkeiten gestellten finanziellen Vermögenswerte sowie die wesentlichen Bedingungen der Sicherungsabrede anzugeben.

Die Regelung korrespondiert mit § 35 Abs 5 der RechKredV, der die Angabe der gewährten Sicherheiten differenziert für jeden in der Bilanz ausgewiesenen Verbindlichkeitsposten sowie die unter dem Strich vermerkten Eventualschulden in einem Gesamtbetrag verlangt.

Der Sicherungsnehmer hat, wenn er zur Verwertung (Veräußerung/Sicherheitenstellung) der Sicherheit auch unabhängig vom Ausfall des Sicherungsgebers berechtigt ist, anzugeben:

(1) den beizulegenden Zeitwert der gehaltenen Sicherheit (IFRS 7.15(a)),

(2) den beizulegenden Zeitwert der veräußerten oder weitergereichten Sicherheiten (IFRS 7.15(b)) und ob der Sicherungsnehmer zur Rückgabe an den Eigentümer verpflichtet ist sowie

(3) die wesentlichen mit der Sicherheitenverwendung einhergehenden Bedingungen (IFRS 7.15(c)).

4. Marktwerte derivativer Sicherungsinstrumente

17 Für den **Ausweis** von Derivaten, die Gegenstand einer nach den Regeln des *hedge accounting* bilanzierten Sicherungsbeziehung sind, bestehen angesichts feh-

lender Vorgaben in den IFRS unterschiedliche Alternativen → § 23 Rn 89f. Für einen gesonderten Ausweis spricht neben den spezifischen Bewertungsregeln für Sicherungsinstrumente auch deren besondere Zweckbestimmung. Soweit ein gesonderter Ausweis der derivativen Sicherungsinstrumente erfolgt, wird das abgesicherte Grundgeschäft weiterhin in dem Posten ausgewiesen, dem es ohne die Sicherungsbeziehung zuzuordnen ist. Der Ausweis hat unsaldiert zu erfolgen, dh, dass Derivate mit positivem Wert aktivisch, solche mit negativem Wert passivisch auszuweisen sind.

5. Handelsaktiva/-passiva

Nach IFRS 7.8 iVm IAS 39.9 bzw IFRS 7.8 (geändert 2014) iVm IFRS 9.4.1.1, IFRS 9.4.2.1 und IFRS 9.Anhang A sind Handelsaktiva/-passiva in der **Bilanz** oder im **Anhang gesondert** anzugeben. Aufgrund der von anderen Finanzinstrumenten abweichenden Bewertung und Zweckbestimmung der Handelsbestände erscheint ein separater Bilanzausweis sinnvoll, wenn er nicht bereits aufgrund des Postenumfangs nach IAS 1.55 geboten ist. Hinsichtlich der Postenabgrenzung sind IAS 39.9/IFRS 9.Anhang A zu beachten; danach werden Finanzinstrumente bzw finanzielle Verbindlichkeiten als zu Handelszwecken eingestuft, wenn sie 18
(1) kurzfristig weiterverkauft werden sollen,
(2) Teil eines Portfolios sind, für das kurzfristig Gewinnerzielungsabsicht besteht oder
(3) Derivate außerhalb von Sicherungsgeschäften, die nach den Regeln des *hedge accounting* abgebildet werden, sind.

Nach **IFRS 9** werden die urspr vier Kategorien auf drei Kategorien reduziert. 19
Die Zuordnung der finanziellen Vermögenswerte richtet sich nach dem Geschäftsmodell für die jeweiligen Vermögenswerte sowie den Charakteristika der vertraglichen Cashflows. Vermögenswerte, die gehalten werden, um ausschließlich vertragliche Cashflows zu erzielen und deren Cashflows ausschließlich Zins und Tilgung beinhalten, die zu vertraglich festgelegten Zeitpunkten fließen, sind der Kategorie **zu fortgeführten Anschaffungskosten bewertet** *(amortised cost (AC))* zuzuordnen (IFRS 9.4.1.2). Vermögenswerte, die nach dem Geschäftsmodell sowohl gehalten als auch verkauft werden sollen und deren vertragliche Regelungen ausschließlich Zins- und Tilgungsleistungen vorsehen, sind der Kategorie **zum beizulegenden Zeitwert** (bewertet) **mit Erfassung von Wertänderungen im sonstigen Ergebnis** (*at fair value through other comprehensive income (FVOCI)*) zuzuordnen (IFRS 9.4.1.2A). Alle anderen – nicht unter die vorstehenden Kategorien fallenden – finanziellen Vermögenswerte sind in der Kategorie zum **beizulegenden Zeitwert mit Erfassung von Wertänderungen in der GuV** *(at fair value through profit and loss (FVPL))* zu erfassen und zu bewerten (IFRS 9.4.1.4). Daneben ist es bei der erstmaligen Erfassung eines finanziellen Vermögenswerts zulässig, (unwiderruflich) in die Kategorie zum beizulegenden Zeitwert mit Erfassung von Wertänderungen in der GuV zu **designieren,** wenn dies der Vermeidung von Inkonsistenzen *(accounting mismatch)* dient (IFRS 9.4.1.5). Zur Abgrenzung zwischen den unterschiedlichen Geschäftsmodellen geben IFRS 9.B4.1.1 bis IFRS 9.B4.1.26 weitere Erläuterungen. Geschäftsmodelle werden danach auf der Ebene des Managements in Schlüsselpositionen (IAS 24) festgelegt (IFRS 9.B4.1.1). Die notwendige Beurteilung von Verkäufen finanzieller Vermögenswerte hat dabei nach IFRS 9.B.4.1.2C
(1) Frequenz, Umfang und Zeitpunkt von Verkäufen in vergangenen Perioden,
(2) Gründe für die Verkäufe sowie
(3) die Erwartungen über zukünftige Verkaufsaktivitäten
zu berücksichtigen.

Grds sind beim Geschäftsmodell „Halten" nur unregelmäßige oder (einzeln und kumuliert) unwesentliche Verkäufe unschädlich. Weitere Ausnahmen bilden nach IFRS 9.B4.1.3a zB Verkäufe aufgrund eines erhöhten Ausfallrisikos, die einer Halteabsicht nicht entgegenstehen. Im Gegensatz zur reinen Halteabsicht werden im Geschäftsmodell „Halten und Verkaufen" Verkäufe in größerem Umfang stattfinden, ohne dass eine Handelsabsicht oder eine Portfoliosteuerung auf Basis des beizulegenden Zeitwerts erfolgt (IFRS 9.B.4.1.5). Die unter IAS 39 mögliche *fair value option* zur Vermeidung einer Aufteilung strukturierter Produkte (IAS 39.11A) sowie im Falle einer Fair-Value-Steuerung (IAS 39.9) besteht nicht mehr.

Bei **Eigenkapitalinstrumenten** (die ansonsten grds der Kategorie *FVPL* zuzuordnen sind) besteht für jedes Instrument zum Zeitpunkt des Erwerbs das unwiderrufliche Wahlrecht, Wertänderungen die sich im Rahmen der Folgebewertung ergeben, **im sonstigen Ergebnis** *(FVOCI)* zu erfassen (IFRS 9.5.7.5). Eine Umgliederung *(reclassification adjustment)* der im sonstigen Ergebnis erfassten Beträge in die GuV ist nicht zulässig. Damit ist die Kategorie 4 des IAS 39 zumindest teilweise erhalten geblieben.

Handelsaktiva und -passiva werden der Kategorie erfolgswirksam zum beizulegenden Zeitwert (bewertet) mit Erfassung von Wertänderungen in der GuV zugeordnet.

20 Als Handelsaktiva und -passiva kommen neben **Wertpapieren,** Derivaten und Devisenpositionen zB auch handelbare Forderungen und Schuldscheindarlehen, wenn sie mit Handelsabsicht gehalten werden, in Betracht. Auch externe Geldhandelsgeschäfte, die Teil eines mit kurzfristiger Gewinnerzielungsabsicht geführten Portfolios sind, können unter bestimmten Voraussetzungen (vgl hierzu im Einzelnen *pwc* 2012, 1161) hierunter ausgewiesen werden.

Hinsichtlich der aus IFRS 7 resultierenden Angabepflichten zB bzgl Bilanzierungs- und Bewertungsmethoden sowie zu den mit dem Posten verbundenen Risiken wird auf → § 3 Rn 306 ff verwiesen.

6. Nachrangkapital

21 Unter den Posten Nachrangkapital sind Finanzierungsformen zu erfassen, die ungeachtet ihrer möglichen Anerkennung als aufsichtsrechtliche Eigenmittel aufgrund der in den IFRS enthaltenen Abgrenzungskriterien grds als **Verbindlichkeiten** zu klassifizieren sind. Charakteristisch für die hier auszuweisenden Mittel ist, dass diese aufgrund der vertraglichen Vereinbarungen im Insolvenz- oder Liquidationsfall erst nach der Befriedigung aller nicht nachrangigen Gläubiger erfüllt werden dürfen. In Betracht kommen:

(1) stille Einlagen, die nach IAS 32 nicht als Eigenkapital zu klassifizieren sind,
(2) **Genussrechte,**
(3) sonstige nachrangige Verbindlichkeiten.

Zu den Verbindlichkeiten bestehen nach IFRS 7 zahlreiche Angabepflichten → § 3 Rn 270 ff.

7. Hybridkapital

22 Als hybride bzw strukturierte Produkte werden Finanzinstrumente bezeichnet, bei denen ein **Basisvertrag** bestimmte Regelungen enthält, die bei isolierter Betrachtung ein **Derivat** darstellen (zB Wandelschuldverschreibung, mit Schuldverschreibung als Basisvertrag und der Option zum Aktienbezug als eingebettetes Derivat). Nach den Regelungen in IAS 39 sind Basisvertrag und eingebettetes Derivat unter bestimmten Voraussetzungen zu trennen und jeweils gesondert zu bilanzieren → § 23 Rn 25 ff.

Nach IFRS 9.4.3.3 ist nur für Instrumente, deren Basisvertrag kein finanzieller Vermögenswert iSd IFRS 9 ist, zu prüfen, ob eine **Trennungspflicht** vorliegt. Die Regelungen zur Trennungspflicht entsprechen denen des IAS 39.11 (IFRS 9.4.3.3 ff und IFRS 9.B4.3.1 ff), beziehen sich aber aufgrund der Regelung in IFRS 9.4.3.2 ausschließlich auf finanzielle Verpflichtungen, sodass sich eine abweichende Behandlung von Aktiva und Passiva ergibt.

Wie das Nachrangkapital stellen hybride Produkte oftmals eine **Mischform** aus **Eigen- und Fremdkapital** dar, bei der die Interessen der Investoren zB im Hinblick auf Rendite, Risikoübernahme und gesellschaftsrechtlichen Einfluss mit den Interessen der Bank zB im Hinblick auf Finanzierungskosten und Eigenmittelausstattung kombiniert werden. Als Produkte kommen wie beim Nachrangkapital zB stille Einlagen, Genussrechte oder Nachrangdarlehen in Betracht. Die Erscheinungsformen hybrider Produkte sind in der Praxis vielfältig und erfordern daher eine einzelfallbezogene Betrachtung der vertraglichen Vereinbarungen. In Abhängigkeit von den vertraglichen Regelungen ist nach den Bestimmungen der VO (EU) Nr 575/2013 CRR (*Capital Requirements Regulation,* Kapitaladäquanzverordnung) eine Anrechnung von Einzelkomponenten auf die Eigenmittel der Bank möglich, da sie nach Art 28 Abs 1 Buchstabe c) ii) CRR als Instrument des harten Kernkapitals gelten, wenn sie als Eigenkapital iSd zugrunde gelegten Rechnungslegungsrahmens (hier: IFRS) gelten.

8. Eigenkapital

Abgrenzung und Ausweis des Eigenkapitals sind für Banken – mehr noch als für andere Wirtschaftszweige – von **herausragender Bedeutung.** Dies liegt insbes daran, dass das mögliche **Geschäftsvolumen** von Banken aufgrund aufsichtsrechtlicher Bestimmungen durch die aus dem Eigenkapital abgeleiteten aufsichtsrechtlichen Eigenmittel **begrenzt** wird. Zudem ist das Eigenkapital von Banken ein wesentliches Element ihrer Einstufung durch Ratingagenturen, die wiederum Möglichkeiten und Kosten der Finanzierung beeinflusst. Nicht zuletzt dient die Eigenkapitalrentabilität vielen Banken als Erfolgsmaßstab und Steuerungsgröße. Während die beiden erstgenannten Aspekte tendenziell einen möglichst hohen Eigenkapitalausweis nahe legen, wird die Erfüllung der Anforderungen an eine bestimmte Eigenkapitalrentabilität durch ein niedrigeres Eigenkapital erleichtert. In dem vorstehenden **Spannungsfeld** haben sich bei vielen Banken Finanzierungsformen (zB Nachrang- oder Hybridkapital) etabliert, die zwar **bilanzrechtlich** grds als Fremdkapital behandelt werden, **aufsichtsrechtlich** jedoch unter bestimmten Voraussetzungen den Eigenmitteln zugeordnet werden. 23

Die Abgrenzung von Eigen- und Fremdkapital ist in **IAS 32** geregelt und wird ergänzt durch IFRIC 2 und Begriffsabgrenzungen im Rahmenkonzept. Anders als die gesellschaftsrechtlich geprägte Eigenkapitalabgrenzung im HGB verstehen die IFRS das Eigenkapital als **Residualgröße** des Vermögens nach Abzug aller Verpflichtungen (F.4.4(c), IAS 32.11). Aufgrund abweichender Ansatz- und Bewertungsregeln zwischen den IFRS und dem HGB kann es zu erheblichen Abweichungen zwischen dem Ausweis des Eigenkapitals in nach dem jeweiligen Regelungsregime erstellten Abschlüssen kommen. Beispielhaft genannt seien die Bewertung zum beizulegenden Zeitwert abzüglich eines Risikoabschlags (§ 340e Abs 3 HGB) des Handelsbestands, die Bildung eines Sonderpostens „Fonds für allgemeine Bankrisiken" nach § 340g HGB (§ 340e Abs 4 HGB), der Ausweis von Neubewertungsrücklagen und die Bilanzierung von Hybridkapital sowie die (stille) Vorsorge für allgemeine Bankrisiken nach § 340f HGB. 24

25 Ungeachtet der vom Handelsrecht abweichenden Abgrenzung des Eigenkapitals nach den IFRS ist für die Ableitung der aufsichtsrechtlich relevanten **Eigenmittel** auf die Regelungen der CRR abzustellen. Diese basieren zwar auf dem in der Rechnungslegung ausgewiesenen Eigenkapital, das ggf um weitere Anrechnungspositionen ergänzt wird, definieren aber darüber hinaus eigene Voraussetzungen, unter denen Finanzinstrumente als Eigenmittel anerkannt werden. Zur Erreichung aufsichtsrechtlicher Zwecke nimmt die CRR ergänzend Korrekturen an den in der Rechnungslegung erfassten Werten vor (vgl zB Art 32ff der CRR für *sog prudential filters*, für die zudem technische Regulierungsstandards von der EBA (Europäische Bankenaufsichtsbehörde) entwickelt wurden.

26 *(einstweilen frei)*

27 Durch die aufsichtsrechtlichen Vorgaben soll die **Funktion der Eigenmittel** für einen möglichen Verlustausgleich stärker betont werden und eine vom jeweiligen Rechnungslegungsregime weitgehend unabhängige Ermittlung der Eigenmittel erfolgen.

28 Die nachstehende Übersicht zeigt anhand des Abschlusses 2014 der Commerzbank AG **beispielhaft** die **Zusammensetzung der Eigenmittel,** differenziert nach hartem Kern-, zusätzlichem Kern- und Ergänzungskapital. Dabei weist die Spalte *„phase-in"* die Zusammensetzung der Eigenmittel unter Berücksichtigung der Übergangsvorschriften zur Eigenmittelermittlung der CRR aus, während die Spalte *„fully loaded"* die Zusammensetzung der Eigenmittel ohne Berücksichtigung dieser Übergangsvorschriften beinhaltet.

	31. Dezember 2014 in Mio € ***phase-in***	**31. Dezember 2014 in Mio €** ***fully loaded***
Bilanzielles Eigenkapital	**26.960**	**26.960**
Effekt aus Debit Valuation Adjustments	– 38	– 188
Korrektur der Neubewertungsrücklage	906	–
Korrektur der Rücklage aus Cash Flow Hedges	246	246
Korrektur zum Phase-in (IAS 19)	1.022	–
Korrektur der nicht-beherrschenden Anteile (Minderheiten)	– 135	– 426
Geschäfts- oder Firmenwerte	– 2.090	– 2.090
Immaterielle Vermögenswerte	– 969	– 969
Aktivüberhang des Planvermögens	– 57	– 283
Latente Ertragsteueransprüche aus Verlustvorträgen	– 128	– 639
Unterdeckung aus erwartetem Verlust (Shortfall)	– 496	– 827
Prudential Valuation	– 469	– 469
Eigene Aktien	– 17	– 68
Erstverlust-Positionen aus Verbriefungen (first loss)	– 360	– 360
Vorleistungsrisiken	–	–
Abzug verrechneter Bestandteile aus zusätzlichem Kernkapital (AT 1)	935	–
Latente Ertragsteueransprüche aus temporären Differenzen, die den 10-%-Schwellenwert übersteigen	– 89	– 886

	31. Dezember 2014 in Mio € *phase-in*	31. Dezember 2014 in Mio € *fully loaded*
Sonstiges und Rundungen	– 98	– 99
Hartes Kernkapital (CET 1)	**25.123**	**19.902**
Zusätzliches Kernkapital (AT 1)	**–**	**–**
Kernkapital (Tier 1)	**25.123**	**19.902**
Ergänzungskapital (Tier 2)	**6.353**	**6.404**
Eigenkapital	**31.476**	**26.306**
Gewichtete Risikoaktiva	**215.178**	**214.072**
Harte Kernkapitalquote (CET-1-Ratio, %)	**11,7**	**9,3**
Eigenkapitalquote (%)	**14,6**	**12,3**

(Vgl *Commerzbank AG* Geschäftsbericht 2014, 270).

Neben den von den IFRS abweichenden Vorschriften zur Eigenmittelermittlung nach der CRR stellen auch die erhöhten Anforderungen an die Eigenmittelausstattung eine Herausforderung für die Institute dar. Die nachstehende Abbildung zeigt (differenziert nach den einzelnen Eigenmittelbestandteilen), dass die Eigenmittelunterlegung der ***risk weighted assets*** (RWA) von derzeit 8,0% auf bis zu 13,0% in 2019 ansteigt.

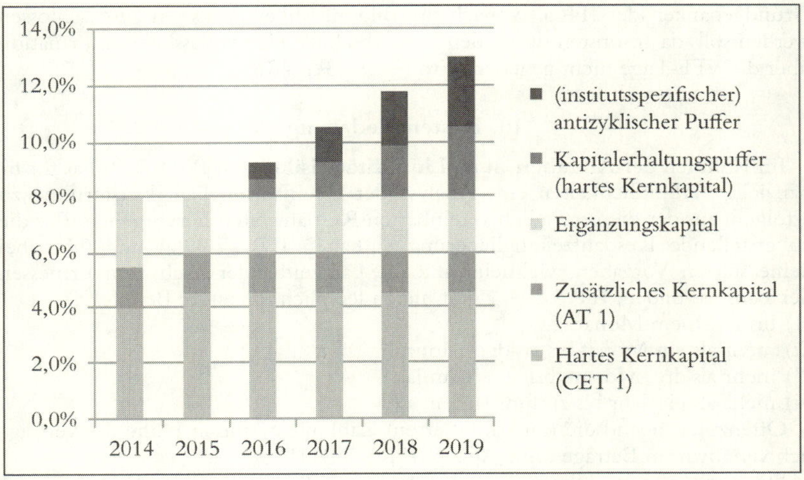

9. Vorsorgen für allgemeine Risiken des Bankgeschäfts

a) Offene Vorsorgereserven für allgemeine Risiken des Bankgeschäfts

Die Bildung offener **Vorsorgereserven** ist im Rahmen der durch F.4.21 gesetzten Grenzen zulässig. Der Ausweis hat innerhalb der Bilanz separat von den übrigen Rücklagen zu erfolgen. Die Bildung und Auflösung dieses Sonderpos- 29 tens darf den Periodenerfolg nicht beeinflussen, hat somit nach der Ermittlung des Jahreserfolgs im Rahmen der Gewinnverwendung zu erfolgen.

30 Im Vergleich zu den handelsrechtlichen Vorschriften, bei denen eine Veränderung der Vorsorgen nach § 340g HGB das Ergebnis beeinflusst, wirft die Aussage in F.4.21 jedoch die Frage auf, wer über die **Höhe der Vorsorge** entscheidet. Diese ist darauf zurückzuführen, dass in Deutschland die Kompetenzen für die Bilanzierung des Sonderpostens nach § 340g HGB und Maßnahmen der Gewinnverwendung zwischen den geschäftsleitenden Organen und den Anteilseignern unterschiedlich verteilt sind. So entscheidet über die Bilanzierung des Sonderpostens nach § 340g HGB die Geschäftsleitung (Geschäftsführung, Vorstand), während die Entscheidungen über die Gewinnverwendung grds den Anteilseignern zustehen. Nach § 58 Abs 2 AktG können bei AG Vorstand und Aufsichtsrat maximal 50% des Jahresüberschusses in die Gewinnrücklagen einstellen (wenn sie den Jahresabschluss feststellen). Die Aussage in F.4.21 ist daher wohl so zu interpretieren, dass die Dispositionsbefugnis bzgl der Dotierung des Sonderpostens für allgemeine Risiken des Bankgeschäfts der Geschäftsleitung als Maßnahme der Geschäftsführung zusteht. Die Bildung des Sonderpostens ist daher im Rahmen der Gewinnverwendung möglich; Veränderungen der Rücklagen sind nach IAS 1 gesondert darzustellen (IDW RS HFA 24 Rz 76).

b) Stille Vorsorgereserven für allgemeine Risiken des Bankgeschäfts

31 Die Bildung **stiller Vorsorgereserven** ist nach F.4.21 nicht zulässig. Die gem § 340f Abs 1 HGB bestehende Möglichkeit, im Rahmen der Bewertung stille Reserven zu legen (sowie die Möglichkeit der Überkreuzkompensation nach § 340f Abs 3 HGB), besteht nicht. Das Verbot entspricht dem allgemeinen Grundgedanken der IFRS, wonach die Bildung stiller Reserven ausgeschlossen werden soll, da ansonsten durch den Jahresabschluss eine verlässliche Information über die VFE-Lage nicht gegeben wird (→ § 2 Rn 48ff).

10. Fristengliederung

32 Im Rahmen der **Angaben zum Liquiditätsrisiko** gem IFRS 7.39 hat für finanzielle Verbindlichkeiten eine Analyse der vereinbarten Fälligkeitstermine zu erfolgen, aus der die vertraglich vereinbarten Restlaufzeiten hervorgehen. Für die zu erstellende Restlaufzeitengliederung enthalten IFRS 7.39(a) und (b) dabei keine starren Vorgaben, vielmehr sind die Laufzeitbänder nach dem Ermessen der Bank zu bilden. IFRS 7.B11 gibt hierzu lediglich folgendes Beispiel:

(1) bis zu einem Monat,
(2) mehr als ein Monat bis zu drei Monaten,
(3) mehr als drei Monate bis zu einem Jahr,
(4) mehr als ein Jahr bis zu fünf Jahren.

Offenzulegen sind die (undiskontierten) Zahlungsströme in Höhe der vertraglich vereinbarten Beträge ohne Abzug (IFRS 7.B11D).

33 Die nachstehende Übersicht gibt anhand der **Restlaufzeitengliederung** im Abschluss 2014 der Commerzbank AG eine mögliche Untergliederung wieder; die Angaben erfolgten dabei jeweils für das Berichtsjahr sowie das Vorjahr:

	Restlaufzeiten zum 31. Dezember 2014				
Mio €	täglich fällig und unbefristet	bis drei Monate	drei Monate bis ein Jahr	ein Jahr bis fünf Jahre	mehr als fünf Jahre
Forderungen an Kreditinstitute	29.070	22.944	22.164	5.587	383
Forderungen an Kunden	26.368	37.407	25.732	65.371	83.652
Schuldverschreibungen und andere zinsbezogene Wertpapiere sowie Schuldscheindarlehen der Handelsaktiva	117	892	2.562	5.153	6.437
Schuldverschreibungen und andere zinsbezogene Wertpapiere der Finanzanlagen	–	3.818	7.537	33.655	44.066
Gesamt	**55.555**	**65.061**	**57.995**	**109.766**	**134.538**
Verbindlichkeiten ggü Kreditinstituten	43.629	24.850	5.824	14.040	11.100
Verbindlichkeiten ggü Kunden	151.728	40.523	20.503	13.357	22.866
Verbriefte Verbindlichkeiten	–	5.031	10.245	24.888	8.649
Handelspassiva	–	722	1.844	1.381	1.324
Nachrangige Schuldinstrumente*	–	95	1.244	6.221	5.075
Gesamt	**195.357**	**71.221**	**39.660**	**59.887**	**49.014**

*) ohne Zinsabgrenzungen und Disagien (Mio € – 1.010) sowie Bewertungseffekte (Mio € 733)

Als Restlaufzeit wird der Zeitraum zwischen dem Bilanzstichtag und der vertraglichen Fälligkeit der Finanzinstrumente angesehen. Bei Finanzinstrumenten, die in Teilbeträgen gezahlt werden, ist die Restlaufzeit für jeden einzelnen Teilbetrag angesetzt worden.

(Vgl *Commerzbank AG* Geschäftsbericht 2014, 246).

Für **täglich fällige Einlagen** besteht in der Praxis idR ein Bodensatz, der 34
tatsächlich ohne Verfügungen oder Rückzahlungen längerfristig zur Verfügung steht. Trotz des von der vertraglichen Vereinbarung idR abweichenden, im Ermessen des Gläubigers stehenden tatsächlichen Rückzahlungszeitpunkts hat die Klassifizierung nach IFRS 7.B11C nach der vertraglich vereinbarten Fälligkeit, im Zweifel nach dem frühest möglichen Rückzahlungszeitpunkt, zu erfolgen. Sichteinlagen sind daher dem frühesten Laufzeitband zuzuordnen (IFRS 7.B11C(a)).

In Fällen der **Teilzahlung** sind die einzelnen Raten dem jeweiligen Laufzeitband zuzuordnen, in dem die Raten frühestens fällig werden (IFRS 7.B11C(b)).

Wenn IFRS 7.39(a) und (b) auch lediglich auf finanzielle Verbindlichkeiten 35
abstellen, ist es zur Vermittlung eines umfassenden Bilds über das Liquiditätsrisiko erforderlich, dass daneben (wie auch nach § 9 Abs 1 RechKredV) Angaben zu finanziellen Vermögenswerten zu machen sind (vgl *pwc* 2012, 1593). Entspr Angaben sind darüber hinaus auch aufsichtsrechtlich relevant und entsprechen daher der gängigen Praxis in der Rechnungslegung von Banken.

11. Treuhandgeschäfte

36 Die Bilanzierung von Treuhandgeschäften erfolgt nach IAS 39/IFRS 9 in **Abhängigkeit** von der **Art des Treuhandverhältnisses.** Unterschieden werden kann zwischen der Sicherungstreuhandschaft und der Verwaltungstreuhandschaft. Bei der Sicherungstreuhand (zB Sicherungsübereignung) kann der Treuhänder die ihm eingeräumten Rechte nur nach Maßgabe der Sicherungsabrede wahrnehmen. Bei der Verwaltungstreuhand übt der Treuhänder seine Rechte nicht in eigenem Interesse, sondern für Rechnung des Treugebers aus. Abweichend zur Regelung in § 6 RechKredV, der eine Differenzierung danach vornimmt, ob die Tätigkeit in eigenem oder fremdem Namen erfolgt, ist nach IAS 39/IFRS 9 allein auf die wirtschaftliche Verfügungsgewalt abzustellen (IAS 39.IG.E.4.8/IFRS 9.3.2.23). Das Treuhandvermögen gehört aufgrund der dem Treuhandverhältnis zugrunde liegenden Vereinbarungen daher regelmäßig nicht zum Vermögen der Bank. Dementsprechend sind die betreffenden Vermögenswerte **grds nicht in der Bankbilanz anzusetzen.** Dieser Grundsatz besteht bei der Sicherungstreuhand zumindest solange, wie eine Verwertungsmöglichkeit für den Sicherungstreuhänder (Sicherungsnehmer) aufgrund der Sicherungsabrede nicht besteht. Ist hingegen der Verwertungsfall eingetreten und hat der Sicherungstreuhänder die Möglichkeit zur Sicherheitenverwertung, erfolgt die Bilanzierung beim Treuhänder.

37 Soweit die Bank **wesentlichen Treuhandaktivitäten** nachgeht, wird dies – aufgrund der potenziellen Haftung, falls die Bank gegen ihre fiduziarischen Pflichten verstößt – mit einem Hinweis auf das Ausmaß im Jahresabschluss angegeben. Die Darstellung wird regelmäßig im **Anhang** vorgenommen.

12. Pensionsgeschäfte

38 Pensionsgeschäfte sind Verträge, durch die sich ein **Pensionsgeber** verpflichtet, ihm gehörende Vermögensgegenstände auf den **Pensionsnehmer** zu übertragen und in denen gleichzeitig vereinbart wird, dass die Vermögensgegenstände später gegen Entrichtung eines im Voraus vereinbarten Betrags zurückübertragen werden können oder müssen (§ 340b Abs 1 HGB). In Abhängigkeit davon, ob der Pensionsnehmer zur Rückübertragung der Vermögensgegenstände verpflichtet oder berechtigt ist, wird zwischen echten und unechten Pensionsgeschäften unterschieden. Während der Pensionsnehmer beim **echten Pensionsgeschäft** zur Rückübertragung verpflichtet ist (§ 340b Abs 2 HGB), ist er beim **unechten Pensionsgeschäft** lediglich zur Rückübertragung berechtigt (§ 340b Abs 3 HGB). Bei beiden Formen des Pensionsgeschäfts bleibt der Pensionsgeber zur Rücknahme verpflichtet. Die Bilanzierung von Pensionsgeschäften erfolgt nach IAS 39/IFRS 9 in Abhängigkeit davon, ob aufgrund der getroffenen Vereinbarung ein Abgang beim Pensionsgeber/Zugang beim Pensionsnehmer anzunehmen ist oder nicht. Die Entscheidung ist auf der Grundlage einer wirtschaftlichen Betrachtungsweise zu treffen, die davon abhängt, ob die wesentlichen Chancen und Risiken sowie die Kontrollrechte an dem finanziellen Vermögenswert übergegangen sind.

39 Da beim **echten Pensionsgeschäft** aufgrund der Rückübertragungsverpflichtung des Pensionsnehmers die Abgangskriterien nicht erfüllt werden, sind die Vermögenswerte weiterhin beim Pensionsgeber zu bilanzieren (IAS 39.AG40(a)/ IFRS 9.B3.2.5(a); *IDW* RS HFA 9 Rz 207). Der Pensionsgeber bilanziert darüber hinaus eine Verpflichtung ggü dem Pensionsnehmer (*IDW* RS HFA 9 Rz 208). Der Pensionsnehmer bilanziert in Höhe des hingegebenen Betrags eine Forderung gegen den Pensionsgeber (*IDW* RS HFA 9 Rz 209). Die Abbildung entspricht hier der Regelung in § 340b Abs 4 HGB.

Bei einem **unechten Pensionsgeschäft** hängt die Entscheidung darüber, ob ein Abgang anzunehmen ist, von der Wahrscheinlichkeit ab, mit der der Pensionsnehmer sein Recht zur Rückübertragung ausüben wird. Im Ergebnis liegt beim **Pensionsnehmer** eine **Verkaufsoption** vor, bei der der **Pensionsgeber** die **Stillhalterposition** einnimmt (*IDW* RS HFA 9 Rz 205). Ist davon auszugehen, dass der Pensionsnehmer seine Rückübertragungsoption ausüben wird, ist der (übertragene) Vermögenswert weiterhin beim Pensionsgeber zu bilanzieren. Die Ausübungswahrscheinlichkeit für diese Option hängt dabei davon ab, ob und wieweit diese aus oder im Geld ist. IAS 39.AG40(d)/IFRS 9.B3.2.5(d) gehen davon aus, dass bei einer weit im Geld liegenden Verkaufsoption, die nur noch mit geringer Wahrscheinlichkeit bis zur Fälligkeit aus dem Geld sein wird, mit einer Ausübung der Verkaufsoption zu rechnen ist, sodass wesentliche Chancen und Risiken aus dem finanziellen Vermögenswert beim Pensionsgeber verbleiben und dieser ihn daher weiterhin zu bilanzieren hat. Umgekehrt ist die Situation, wenn die Verkaufsoption weit aus dem Geld ist, sodass mit einer Ausübung der Option bei Fälligkeit nicht zu rechnen ist. In diesem Fall ist davon auszugehen, dass der Vermögenswert beim Pensionsnehmer verbleibt, sodass der Pensionsgeber zur Ausbuchung verpflichtet ist (IAS 39.AG51(g)/IFRS 9.B.3.2.16(g); *IDW* RS HFA 9 Rz 210ff). Entgegen der differenzierten Betrachtung nach IAS 39/IFRS 9 werden die Vermögenswerte bei unechten Pensionsgeschäften gem § 340b Abs 5 HGB grds beim Pensionsnehmer zu bilanzieren sein. 40

13. Wertpapierleihgeschäfte

Beim Wertpapierleihgeschäft werden Wertpapiere vom Verleiher (gegen Entgelt) auf den Entleiher **übertragen,** der nach Ablauf der Leihfrist verpflichtet ist, Wertpapiere gleicher Art, Güte und Menge **zurück zu übertragen.** Als rechtlicher Eigentümer kann der Entleiher frei über die entliehenen Wertpapiere verfügen, er erhält auch (unmittelbar) jeglichen Nutzen aus den Wertpapieren. Für letzteres hat er idR **Kompensationszahlungen** an den Verleiher zu leisten. Entgegen der handelsrechtlichen Würdigung (Bilanzierung der entliehenen Wertpapiere beim Entleiher) ist nach IAS 39/IFRS 9 auf die wirtschaftliche Betrachtung abzustellen. Da der Entleiher zur Rückübertragung gleichartiger Wertpapiere verpflichtet ist, verbleibt das Marktpreisrisiko beim Verleiher. Durch die regelmäßig vom Entleiher zu leistenden Kompensationszahlungen verbleibt mittelbar auch der Nutzen aus dem Wertpapier beim Verleiher, sodass dieser die wesentlichen Chancen und Risiken zurückbehält. Aufgrund dieser Chancen- und Risikozuordnung hat der Verleiher die Wertpapiere – ungeachtet der Veräußerungsmöglichkeit des Entleihers – weiter zu bilanzieren (IAS 39.20(b), IAS 39.AG51(a) und (b)/IFRS 9.3.2.6(b), IFRS 9.B3.2.16(a) und (b)), da die Voraussetzungen für eine Ausbuchung nach IAS 39.15ff/IFRS 9.3.2.1ff nicht erfüllt sind. 41

III. Bewertung

Für die Bewertung im Rahmen des Jahresabschlusses von Banken bestehen **keine branchenspezifischen Regelungen,** sodass auf die Regelungen in anderen Standards zurückzugreifen ist. 42

Der wesentliche Teil der in der Bankbilanz auszuweisenden Posten entfällt auf **Finanzinstrumente** iSv IAS 32 und IAS 39/IFRS 9, sodass diese Standards und ihre sachgerechte Anwendung für die Bankbilanz von zentraler Bedeutung sind. Dabei stoßen insbes einzelne Bewertungsvorschriften von IAS 39/IFRS 9 iVm IFRS 13 im Rahmen der Bankbilanzierung trotz zwischenzeitlich erfolgter Anpassungen und Ergänzungen auf Kritik bei den Banken, da sie zT als nicht sachgerecht empfundene Änderungen ggü der bestehenden Bilanzierungspraxis mit sich bringen.

43 **Begriffsbestimmungen** und **grundlegende Fragen** zur Bilanzierung von Finanzinstrumenten sind in § 3 (Finanzinstrumente) und § 23 (Derivate) enthalten, auf die daher verwiesen wird. Von besonderer Bedeutung für Banken sind dabei die

(1) Bewertung des Handelsbestands zum beizulegenden Zeitwert *(fair value)* und die

(2) Darstellung von Sicherungsbeziehungen *(hedge accounting)* zwischen einzelnen Geschäften und/oder noch nicht bilanzierten Ansprüchen und Verpflichtungen, die eine weitere Einschränkung der bisher zulässigerweise gebildeten Bewertungseinheiten beinhaltet (Verbot von *macro hedges,* keine Berücksichtigung interner Geschäfte). Die Regelungen zur Behandlung von Sicherungsbeziehungen wurden bis auf die Regelungen zum Portfolio-Fair Value Hedge von Zinsrisiken (→ Rn 47) in IFRS 9 integriert.

44 Der **Wertpapierbestand** ist nach den **Vorschriften des HGB** für Zwecke der Bewertung und des Ausweises von Aufwendungen und Erträgen in drei Gruppen aufzuteilen (vgl *Scharpf/Schaber,* 224):

HGB		
Wertpapierkategorie	**Bewertung**	**GuV-Ausweis von Bewertungs- und Veräußerungsergebnissen**
Handelsbestand	Beizulegender Zeitwert abzüglich eines Risikoabschlags (§ 340e Abs 3 HGB) (Darüber hinaus ist gem § 340e Abs 4 HGB der Sonderposten „Fonds für allgemeine Bankrisiken" nach § 340g HGB zu dotieren)	Formblatt 2 – Aufwendungen Nr 3 – Erträge Nr 5 Formblatt 3 – Ergebnissaldo Nr 7 Verrechnungsgebot (§ 340c Abs 1 HGB)
Liquiditätsreserve (Vorsorgewertpapierbestand)	Strenges Niederstwertprinzip (§ 340e Abs 1 Satz 2 iVm § 253 Abs 1 und 3 HGB) Wahlrecht nach § 340f Abs 1 zum Ansatz eines niedrigeren Werts	Formblatt 2 – Aufwendungen Nr 7 – Erträge Nr 6 Formblatt 3 – Aufwendungen Nr 13 – Erträge Nr 14 Verrechnungswahlrecht (§ 340f Abs 3 HGB iVm § 32 RechKredV)
Wie Anlagevermögen behandelter Bestand	Gemildertes Niederstwertprinzip (§ 340e Abs 1 Satz 2 iVm § 253 Abs 1 und 2 HGB)	Formblatt 2 – Aufwendungen Nr 8 – Erträge Nr 7 Formblatt 3 – Aufwendungen Nr 15 – Erträge Nr 16 Verrechnungswahlrecht (§ 340c Abs 2 HGB iVm § 33 RechKredV)

Die Zeitwertbilanzierung für die Finanzinstrumente des Handelsbestands ist eine Annährung des HGB an die Bewertungsregeln in IAS 39/IFRS 9; gleichwohl wird es aufgrund des handelsrechtlich vorgeschriebenen Risikoabschlags (§ 340e Abs 3 HGB) sowie der geforderten Dotierung des Sonderpostens nach § 340g HGB (§ 340e Abs 4 HGB) weiterhin zu Abweichungen zwischen beiden Rechenwerken kommen.

Demgegenüber sieht IAS 39.9 iVm IAS 39.45 für Finanzinstrumente vier Kategorien vor: 45

IAS 39	
Kategorie	**(Folge-)Bewertung**
Erfolgswirksam mit dem beizulegenden Zeitwert *(fair value)* bewertet – zu Handelszwecken gehalten – designiert	Beizulegender Zeitwert *(fair value)* – erfolgswirksam
Bis zur Endfälligkeit gehalten	Anschaffungskosten
Zur Veräußerung verfügbar	Beizulegender Zeitwert *(fair value)* – sonstiges Ergebnis
Kredite und Forderungen	Anschaffungskosten

Die **Abgrenzung** der Kategorien entspricht nur teilweise den nach dem HGB zu bildenden Gruppen für den Wertpapierbestand. Während die in der ersten Kategorie enthaltene Gruppe zu Handelszwecken gehalten weitgehend dem Handelsbestand nach HGB entspricht, umfasst die Kategorie bis zur Endfälligkeit gehalten zB nur Wertpapiere mit einer festen Laufzeit, sodass zB Aktien oder Investmentanteile nicht hierunter subsumiert werden können (vgl *Scharpf,* 125 (129). Das durch IAS 39.9/IFRS 9.4.1.5 geregelte Wahlrecht, Finanzinstrumente im Rahmen der Ersterfassung unter bestimmten Voraussetzungen der ersten Kategorie zuzuordnen und damit mit dem beizulegenden Zeitwert zu bewerten, bietet hier jedoch ggf die Möglichkeit einer einheitlichen Vorgehensweise. Die in der Übersicht zuletzt genannte Kategorie (Kredite und Forderungen) umfasst nach der Regelung von IAS 39.9 grds **sämtliche** Kredite und Forderungen, also nicht nur die vom bilanzierenden Unternehmen ausgereichten, soweit diese nicht an einem aktiven Markt gehandelt werden. Wegen weiterer Einzelheiten wird auf die Ausführungen unter → § 3 Rn 49 ff verwiesen.

Nach **IFRS 9** werden die urspr vier Kategorien zu drei Kategorien zusammengefasst. Die Zuordnung der finanziellen Vermögenswerte richtet sich dabei nach dem Geschäftsmodell für die jeweiligen Vermögenswerte sowie den Charakteristika der vertraglichen Cashflows. 46

IFRS 9	
Kategorie	**Geschäftsmodell**
Zu fortgeführten Anschaffungskosten bewertet (IFRS 9.4.1.2) *(amortised cost (AC))*	Vermögenswerte werden ausschließlich mit der Absicht der Erzielung von vertraglichen Cashflows gehalten und Cashflows beinhalten ausschließlich Zinsen und Tilgung zu vertraglich festgelegten Zeitpunkten.
Erfolgsneutral zum beizulegenden Zeitwert bewertet (IFRS 9.4.1.2A) *(fair value through other comprehensive income (FVOCI))*	Vermögenswerte werden sowohl gehalten als auch verkauft; vertragliche Regelungen sehen ausschließlich Zins- und Tilgungsleistungen vor.

IFRS 9	
Kategorie	**Geschäftsmodell**
Erfolgswirksam zum beizulegenden Zeitwert bewertet (IFRS 9.4.1.4) *(fair value through profit or loss (FVPL))*	Alle anderen – nicht unter die vorstehenden Kategorien fallenden – finanziellen Vermögenswerte. Daneben ist es zulässig, in diese Kategorie zu **designieren,** wenn dies der Vermeidung von Inkonsistenzen *(accounting mismatch)* dient (IFRS 9.4.1.5).

Bei nicht zu Handelszwecken gehaltenen **Eigenkapitalinstrumenten** besteht für jedes Instrument zum Zeitpunkt des Erwerbs das unwiderrufliche Wahlrecht, Wertänderungen, die sich im Rahmen der Folgebewertung ergeben, im sonstigen Ergebnis zu erfassen (IFRS 9.4.1.4 iVm IFRS 9.5.7.5). Eine erfolgswirksame Umgliederung dieser Beträge aus dem sonstigen Ergebnis in späteren Perioden ist unzulässig. Damit ist die Kategorie 4 des IAS 39 zumindest teilweise erhalten geblieben.

IFRS 9	
Kategorie	**(Folge-)Bewertung**
Zu fortgeführten Anschaffungskosten bewertet (IFRS 9.4.1.2)	Anschaffungskosten *(amortised cost)*
Erfolgsneutral zum beizulegenden Zeitwert bewertet (IFRS 9.4.1.2A)	Beizulegender Zeitwert – sonstiges Ergebnis *(fair value through other comprehensive income (FVOCI))*
Erfolgswirksam zum beizulegenden Zeitwert *(fair value)* bewertet (IFRS 9.4.1.4)	Beizulegender Zeitwert – erfolgswirksam *(fair value through profit or loss (FVPL))*

47 Die Bilanzierung von **Sicherungsgeschäften** *(hedge accounting)* ist in IAS 39.71 ff ausdrücklich geregelt → § 23 Rn 52 ff. Die Voraussetzungen und Möglichkeiten für ein *hedge accounting* sind dabei restriktiver geregelt als die bisherige Bilanzierungspraxis in Deutschland. Nur wenn die durch IAS 39 gestellten Anforderungen erfüllt sind, dürfen die sich aus dem *hedge accounting* resultierenden Bewertungs- und Ausweiskonsequenzen gezogen werden. Insbes für Banken ergeben sich daraus Einschränkungen, da die dort bislang im Rahmen der Risikoabsicherung und -steuerung eingesetzten *macro hedges* und internen Geschäfte unter IAS 39 nicht den Anforderungen an die Bilanzierung von Sicherungsgeschäften genügen. Die Möglichkeit zur Absicherung von Zinsänderungsrisiken auf Portfoliobasis (IAS 39.78, IAS 39.AG114 ff) trägt der diesbezüglich vorgetragenen Kritik zwar in Teilbereichen Rechnung, löst die mit den vorstehend genannten Einschränkungen verbundenen Probleme aufgrund der Begrenzung auf Zinsänderungsrisiken und den im Einzelnen geregelten Anforderungen aber nur teilweise. Dies führt in Teilbereichen zu einem Auseinanderfallen von praktizierter Risikosteuerung und der Abbildung in der Bilanz und erschwert dadurch den Einblick in die Ertragslage.

Die Regelungen zum *hedge accounting* sind durch IFRS 9 stärker als in IAS 39 auf die Abbildung der **Risikomanagementaktivitäten** ausgerichtet → § 3 Rn 523 ff, → § 23 Rn 52 ff. Da IFRS 9 Regelungen zu *macro hedges* bislang ausgeklammert hat, können nach IFRS 9.7.2.21 die Regelungen zum *hedge account-*

ing in IAS 39 für die Übergangszeit insgesamt oder – so IFRS 9.6.1.3 – ausschließlich in Bezug auf die Absicherung von Zinsänderungsrisiken auf Portfoliobasis weiter angewendet werden.

Die Bemessung der **Risikovorsorge** → § 3 Rn 230ff im Kreditgeschäft hängt von der Beurteilung der entspr Risiken durch das Management der Bank ab. **Wertberichtigungen** sind nach **IAS 39** zu bilden, wenn objektive Hinweise auf eine Wertminderung vorliegen (IAS 39.58). Dh, das wertmindernde Ereignis ist am jeweiligen Bilanzstichtag bereits eingetreten (sog *incurred loss model;* → § 3 Rn 231ff); nicht erforderlich ist hingegen, dass die entspr Kenntnis bereits am Bilanzstichtag bestand. In Frage kommen neben Einzel- und pauschalierten Einzelwertberichtigungen auch Portfoliowertberichtigungen. Zur Ermittlung der erforderlichen Wertberichtigung sieht IAS 39.58ff ein mehrspuriges Verfahren vor: Bedeutsame Forderungen sind zunächst einzeln auf eine mögliche Wertminderung zu untersuchen und ggf wertzuberichtigen. Ergeben sich im Rahmen dieser Einzelbeurteilung keine Hinweise auf eine Wertminderung, sind diese Forderungen – soweit sie vergleichbare Risikoprofile aufweisen – zu Portfolien zusammen zu fassen und auf Portfoliobasis auf Wertminderungen zu untersuchen. Darüber hinaus hat eine Portfoliobetrachtung bzgl der nicht einzeln bedeutsamen Forderungen zu erfolgen (IAS 39.64). Die Höhe der Wertberichtigung ergibt sich aus der Differenz des (unter Verwendung des urspr Effektivzinssatzes ermittelten) Barwerts der noch erwarteten Zahlungsströme und dem Buchwert der Forderung (vgl IAS 39.63). Entfällt der Grund für eine Wertberichtigung, ist diese erfolgswirksam aufzulösen. Die Wertaufholung wird jedoch durch die fortgeführten Anschaffungskosten begrenzt, die sich ohne Wertminderung im Zeitpunkt der Wertaufholung ergeben hätten. 48

Mit der Einführung von **IFRS 9** wird das bisherige *incurred loss model* gem IAS 39 abgelöst und durch ein *expected loss model* ersetzt. Der Anwendungsbereich erstreckt sich dabei nicht nur auf bilanzierte Forderungen, sondern insbes auch auf (unwiderrufliche) Kreditzusagen und Finanzgarantien (IFRS 9.5.5.1). Neben dem allgemeinen Ansatz *(general approach)* bestehen Sonderregelungen bzgl Forderungen, die im Zugangszeitpunkt bereits wertgemindert sind (*purchased or originated credit-impaired (POCI),* IFRS 9.5.5.13f) sowie ein vereinfachter Ansatz *(simplified approach)* für die in IFRS 9.5.5.15 genannten Forderungen. Die Bildung der Risikovorsorge erfolgt in einem dreistufigen Verfahren. Kredite sind im Zugangszeitpunkt und, soweit ihr Kreditrisiko sich seit dem nicht signifikant verändert hat, der Stufe 1 zuzuordnen. Innerhalb der Stufe 1 ist die Kreditrisikovorsorge in Höhe der erwarteten Zahlungsausfälle der nächsten zwölf Monate zu bilden (*12-month expected loss*, IFRS 9.5.5.5). Erfolgt eine signifikante Erhöhung des Kreditrisikos, ohne dass bereits ein objektiver Hinweis auf eine Wertminderung vorliegt, sind Kredite der Stufe 2 zuzuordnen. In Stufe 2 ist die Kreditrisikovorsorge in Höhe des über die gesamte Restlaufzeit erwarteten Zahlungsausfalls zu bilden (*lifetime expected loss*, IFRS 9.5.5.3). Stufe 3 umfasst alle Kredite, für die ein objektiver Hinweis auf eine Wertminderung vorliegt; die Risikovorsorge ist in Höhe des über die gesamte Restlaufzeit erwarteten Zahlungsausfalls zu bilden. Abgrenzung und Auswirkungen der drei Stufen der Kreditrisikovorsorgeermittlung im Rahmen des allgemeinen Ansatzes können wie folgt zusammengefasst werden (*vgl Gehrer/Krakuhn/Schülz* IRZ 2014, 385 (390ff)): 49

	Stufe 1	Stufe 2	Stufe 3
Inhalt	Kredite zum Zugangszeitpunkt und Kredite ohne signifikant erhöhtes Kreditrisiko	Kredite, deren Kreditrisiko sich seit dem Zugangszeitpunkt signifikant erhöht hat, ohne dass ein objektiver Hinweis auf eine Wertminderung vorliegt	Kredite, für die ein objektiver Hinweis auf eine Wertminderung vorliegt
Ausfallwahrscheinlichkeit	kleiner 100 %		100 %
Höhe der Risikovorsorge	Erwarteter Zahlungsausfall der nächsten zwölf Monate	Erwarteter Zahlungsausfall über die gesamte Restlaufzeit	
Basis für Zinserfassung	Bruttobuchwert		Nettobuchwert

Erfolgt nach einer vorhergehenden Schlechtereinstufung eine **Verbesserung** des **Kreditrisikos,** die (wieder) eine Zuordnung zu einer niedrigeren Stufe erlaubt, ist der Kredit seiner dem aktuellen Kreditrisiko entspr Stufe zuzuordnen. Die Angabepflichten zur Risikovorsorge werden durch IFRS 9 nochmals erweitert. Neben quantitativen Angaben zur Entwicklung der Risikovorsorge (IFRS 7.35H (geändert 2014)) betrifft dies auch qualitative Angaben zu den Änderungen der Bruttobuchwerte der Finanzinstrumente, die zu einer Veränderung der Risikovorsorge geführt haben (IFRS 7.35I (geändert 2014)), sowie umfassende Informationen über das interne Risikomanagement (IFRS 7.35B (geändert 2014); vgl *Gehrer/Krakuhn/Schülz* IRZ 2014, 385 (394)). Hinsichtlich weiterer Einzelheiten wird auf die Ausführungen in → Rn 66 ff verwiesen.

50 *(einstweilen frei)*

D. Gesamtergebnisrechnung/Gewinn- und Verlustrechnung

I. Gliederung

51 Für den erfolgswirksamen Teil der Gesamtergebnisrechnung → § 15 Rn 94 ff bzw die gesonderte GuV (sofern erstellt) der Banken bestehen **keine starren Vorgaben zur Mindestgliederung;** auch ist nicht festgelegt, ob der erfolgswirksame Teil der Gesamtergebnisrechnung bzw die gesonderte GuV (sofern erstellt) in der international üblichen Staffelform oder in der Kontenform zu erstellen ist. Es sind diesbezüglich die allgemeinen Vorschriften (vgl IAS 1) zu beachten. Ungeachtet der in IAS 1.82 (branchenunabhängigen) vorgegebenen Mindestgliederung für die Erfolgsrechnung ist daher insbes IAS 1.85 zu beachten, wonach Anpassungen der Mindestgliederung vorzunehmen sind, wenn dies für die Darstellung der Ertragslage des Unternehmens relevant ist. Aufgrund der **geschäftszweigspezifischen Besonderheiten** von Banken wird die Gliederung nach IAS 1.82 daher regelmäßig anzupassen sein.

Die nachfolgend dargestellte **GuV sowie zusammengefasste Gesamtergebnisrechnung der Commerzbank AG** stellt eine mögliche Gliederungsform dar: 52

GuV	1. Januar – 31. Dezember 2014 in Mio €	1. Januar – 31. Dezember 2013 in Mio €	Veränderung in %
Zinserträge	12.555	13.871	– 9,5
Zinsaufwendungen	6.948	7.710	– 9,9
Zinsüberschuss	5.607	6.161	– 9,0
Risikovorsorge im Kreditgeschäft	– 1.144	– 1.747	– 34,5
Zinsüberschuss nach Risikovorsorge	4.463	4.414	1,1
Provisionserträge	3.837	3.776	1,6
Provisionsaufwendungen	632	570	10,9
Provisionsüberschuss	3.205	3.206	0,0
Handelsergebnis	377	– 96	.
Ergebnis aus Sicherungszusammenhängen	16	14	14,3
Handelsergebnis und Ergebnis aus Sicherungszusammenhängen	393	– 82	.
Ergebnis aus Finanzanlagen	82	17	.
Laufendes Ergebnis aus *at equity* bewerteten Unternehmen	44	60	– 26,7
Sonstiges Ergebnis	– 577	– 87	.
Verwaltungsaufwendungen	6.926	6.797	1,9
Restrukturierungsaufwendungen	61	493	– 87,6
Ergebnis vor Steuern	**623**	**238**	**.**
Steuern vom Einkommen und vom Ertrag	253	66	.
Konzernergebnis	**370**	**172**	**.**
Den nicht-beherrschenden Anteilen zurechenbares Konzernergebnis	106	91	+ 16,5
Den Commerzbank-Aktionären zurechenbares Konzernergebnis	264	81	.

(Vgl *Commerzbank AG* Geschäftsbericht 2014, 147).

Zusammengefasste Gesamtergebnisrechnung	**1. Januar – 31. Dezember 2014 in Mio €**	**1. Januar – 31. Dezember 2013 in Mio €**	**Veränderung in %**
Konzernergebnis	370	172	.
Erfolgsneutrale Veränderung aus der Neubewertung von leistungsorientierten Versorgungsplänen	– 566	– 36	.
Veränderung bei *at equity* bewerteten Unternehmen	0	– 1	– 100,0
Nicht in die GuV umbuchbare Posten	– 566	– 37	.
Veränderung der Neubewertungsrücklage			
Umbuchung in die GuV	– 73	– 80	– 8,8
Erfolgsneutrale Wertänderung	335	576	– 41,8
Veränderung der Rücklage aus *cashflow hedges*			
Umbuchung in die GuV	113	198	– 42,9
Erfolgsneutrale Wertänderung	– 2	61	.
Veränderung der Rücklage aus der Währungsumrechnung			
Umbuchung in die GuV	67	– 2	.
Erfolgsneutrale Wertänderung	– 94	– 163	– 42,3
Veränderung bei *at equity* bewerteten Unternehmen	5	– 3	.
In die GuV umbuchbare Posten	351	587	– 40,2
Sonstiges Periodenergebnis	– 215	550	.
Gesamtergebnis	**155**	**722**	**– 78,5**
Den nicht-beherrschenden Anteilen zurechenbares Periodenergebnis	108	69	56,5
Den Commerzbank-Aktionären zurechenbares Periodenergebnis	47	653	– 92,8

(Vgl *Commerzbank AG* Geschäftsbericht 2014, 148).

Durch **IFRS 9** wird die Mindestgliederung ua erweitert um die Posten „Ergebnisse aus der Ausbuchung finanzieller Vermögenswerte, die zu fortgeführten Anschaffungskosten bewertet wurden“ (IAS 1.82(aa) (geändert 2014)), „Wertberichtigungen gem IFRS 9.5.5“ (IAS 1.82(ba) (geändert 2014)) sowie „Ergebnisse aus der Reklassifizierung finanzieller Vermögenswerte“ (IAS 1.82(ca) (geändert 2014), IAS 1.82(cb) (geändert 2014)).

II. Saldierung/Kompensation

Gem IAS 1.32 dürfen **Ertrags- und Aufwandsposten grds nicht miteinander saldiert** werden. Eine **Ausnahme** besteht bzgl Aufwendungen und Erträgen aus einem Geschäftsvorfall außerhalb der primären Geschäftstätigkeit, wenn dessen Gehalt durch die saldierte Darstellung besser wiedergegeben wird. IAS 1.34 nennt als Beispiele Gewinne und Verluste aus der Veräußerung von Anlagevermögen (IAS 1.34(a)) sowie Aufwendungen, die aufgrund vertraglicher Vereinbarungen von einem Dritten erstattet werden (IAS 1.34(b)). Darüber hinaus erlaubt IAS 1.35 in nicht wesentlichen Fällen die Saldierung von Gewinnen und Verlusten aus einer Gruppe einheitlicher Geschäftsvorfälle wie zB Fremdwährungsgeschäften oder Finanzinstrumenten des Handelsbestands. Sind die Gewinne oder Verluste wesentlich, verbleibt es hingegen beim Saldierungsverbot. Die nach dem Bankbilanzrichtlinie-Gesetz zulässige **Saldierung** von Aufwendungen und Erträgen aus dem Kreditgeschäft und die Überkreuzkompensation von Ergebnisbeiträgen aus dem Kreditgeschäft mit Ergebnisbeiträgen aus den Wertpapieren der Liquiditätsreserve sind somit nicht möglich. 53

III. Inhalt einzelner Ergebniskomponenten

Eine abschließende Festlegung des Inhalts einzelner Ergebniskomponenten wird in den IFRS nicht vorgenommen, sodass es weitgehend dem bilanzierenden Unternehmen überlassen bleibt, eine **zweckmäßige Abgrenzung** vorzunehmen. Bezeichnung und Inhalt der im erfolgswirksamen Teil der Gesamtergebnisrechnung bzw in der gesonderten GuV (sofern erstellt) aufgeführten Posten entsprechen in der Praxis in weiten Teilen den aus der EU-Bilanzierungsrichtlinie bekannten Begriffen und deren Abgrenzung, sodass auf diese zurückgegriffen werden kann. 54

1. Zinserträge und -aufwendungen

Unter den Zinserträgen und -aufwendungen sind sämtliche Erträge bzw Aufwendungen mit **Zinscharakter** zu erfassen. Nach IAS 18.5(a)/IFRS 15.65 iVm IFRS 15.BC247 gilt dabei eine weite Abgrenzung, die alle Entgelte für die Überlassung bzw Hereinnahme von Zahlungsmitteln oder Zahlungsmitteläquivalenten umfasst. Da die IFRS keine Regelungen über die im Einzelnen hierunter zu subsumierenden Erträge und Aufwendungen enthalten, kann auf die Abgrenzung der §§ 28 und 29 RechKredV zurückgegriffen werden. Die Zinserträge umfassen Zinserträge aus Kredit- und Geldmarktgeschäften sowie Zinserträge und Dividenden aus Wertpapieren, soweit letztere nicht dem Handelsergebnis zuzuordnen sind. Dazu gehören zB auch die Erträge aus der Auflösung von Disagien sowie der Zuschreibung zu Null-Kupon-Anleihen. Darüber hinaus werden hierunter auch lfd Erträge aus Beteiligungen an TU und assoziierten Unternehmen sowie aus dem Leasinggeschäft ausgewiesen. Weiterhin sind hierunter Erträge aus Gebühren und Provisionen, soweit diese Zinscharakter haben, auszuweisen. Unter den Zinsaufwendungen sind im Wesentlichen die Zinsaufwendungen für Einlagen und übrige Verbindlichkeiten (einschließlich verbriefter Verbindlichkeiten) sowie für Nachrangkapital zu erfassen. Korrespondierend zu den Zinserträgen zählen aber auch Aufwendungen aus Agien, Null-Kupon-Anleihen sowie Gebühren und Provisionen mit Zinscharakter zu den Zinsaufwendungen. Die Abgrenzung der Zinserträge und -aufwendungen erfolgt nach Maßgabe der **Effektivzinsmethode** (IAS 18.30(a) iVm IAS 39.9 einerseits bzw IFRS 9.5.2.1, 55

IFRS 9.5.3.1, IFRS 9.Anhang A, IFRS 9.B5.4.1ff andererseits). Zinserträge und -aufwendungen sind gem IAS 1.82(a) und (b) jeweils gesondert in der GuV auszuweisen. Weiterhin kontrovers diskutiert wird der **Ausweis negativer Zinsen.** Nachdem das IFRSIC sich hierzu im September 2012 zunächst dahingehend geäußert hatte, dass negative Zinsen nicht unter den Zinserträgen/-aufwendungen, sondern ggf in einem Sonderposten auszuweisen sind, hat es diese Auffassung im Januar 2013 zurückgezogen. Diskutiert wurde – neben einem Sonderposten – ein Ausweis unter den Zinserträgen/-aufwendungen, den Provisionsaufwendungen oder dem sonstigen betrieblichen Aufwand. Das IFRSIC hat sich Anfang 2015 erneut zum Ausweis negativer Zinsen geäußert (*IFRIC* Update January 2015, 8). Danach vertritt das IFRSIC die Auffassung, dass negative Zinsen mangels Zufluss eines ökonomischen Nutzens keine Erträge iSd IAS 18 sind. Dementsprechend seien negative Zinsen auch nicht im Zinsertrag, sondern in einem „angemessenen Aufwandsposten" auszuweisen. Die noch in einem vorlaufenden *Staff Paper* dargestellte Möglichkeit, negative Zinsen auf Vermögenswerte in einem gesonderten Aufwandsposten (bzw negative Zinsen auf Verbindlichkeiten in einem gesonderten Ertragsposten) darzustellen, diese Sonderposten dann aber innerhalb des Zinsergebnisses auszuweisen, hat das IFRSIC nicht aufgegriffen. Vielmehr folgt das IFRSIC nunmehr wieder seiner schon im September 2012 vertretenen formalen Betrachtungsweise, ohne aber eine konkrete Aussage darüber zu treffen, in welchem GuV-Posten negative Zinsen auszuweisen sind. Nach Auffassung des IFRSIC sind negative Zinsen auf finanzielle Vermögenswerte in einem geeigneten Aufwandsposten (*appropriate expense classification*) außerhalb der Zinserträge auszuweisen. Entspr wird wohl auch für positive Zinsen auf finanzielle Verbindlichkeiten gelten. Die Entscheidung des IFRSIC ist wenig überzeugend; *Löw* (WPg 2015, 66 (68f)) fordert zu Recht einen Ausweis negativer Zinsen (auf Vermögenswerte) unter den Zinserträgen, da nur dieser den ökonomischen Sachverhalt zutreffend abbildet.

2. Risikovorsorge im Kreditgeschäft

56 Der als **„Risikovorsorge im Kreditgeschäft"** bezeichnete Posten umfasst:
(1) Aufwendungen für die Bildung/Erträge aus der Auflösung von Wertberichtigungen (Einzel-, pauschalierte Einzel- und Portfoliowertberichtigungen),
(2) Abschreibungen (Sofortabschreibungen),
(3) Aufwendungen aus der Dotierung/Erträge aus der Auflösung von Rückstellungen im Kreditgeschäft sowie
(4) Aufwendungen/Erträge aus dem Abgang von Forderungen.

Zur **Erläuterung** der **Risikovorsorgeaufwendungen** fordern IFRS 7.20(e)/IFRS 7.35H (geändert 2014) die Angabe der Wertminderungsaufwendungen für jede Klasse finanzieller Vermögenswerte → § 3 Rn 305. Auch wenn die Regelung des IFRS 7.20(e) lediglich auf Aufwendungen ausgerichtet ist, kann davon ausgegangen werden, dass ein Nettoausweis von Aufwendungen aus der Zuführung von Risikovorsorgen sowie Erträgen aus deren Auflösung sowie dem Eingang abgeschriebener Forderungen der Intention der Regelung besser entspricht und daher zulässig ist.

Vorsorgebeträge, die über die nach IAS 39/IFRS 9 (s unten) zu bildenden Wertberichtigungen hinausgehen, sind im Rahmen der Gewinnverwendung, dh ohne Beeinflussung des Periodenerfolgs, den Gewinnrücklagen zuzuführen.

Ebenso dürfen **Reduzierungen** dieser Risikovorsorgen nicht in den Periodenerfolg einbezogen werden, sondern führen zu einer Erhöhung der Gewinnrücklagen (vgl auch die Ausführungen unter → Rn 29).

57 IAS 39.58 ff befassen sich mit den im Rahmen des lfd Geschäftsverkehrs einer Bank üblichen Verlusten aus dem Kreditgeschäft. Sowohl die Vorsorge für im Einzelfall identifizierte Risiken **(Einzelwertberichtigung)** als auch die Vorsorge für eine Gruppe aus Krediten mit vergleichbaren Ausfallrisikoprofilen (**Portfoliowertberichtigung;** IAS 39.64) sind danach als Aufwand im erfolgswirksamen Teil der Gesamtergebnisrechnung bzw in der gesonderten GuV (sofern erstellt) zu erfassen. Einzel- und Portfoliowertberichtigungen dürfen dabei nach IAS 39.59 nur dann gebildet werden, wenn aufgrund eines eingetretenen Verlustereignisses ein objektiver Hinweis auf eine Wertminderung gegeben ist (*incurred loss model;* vgl *IDW* RS HFA 9 Rz 241 ff).

Uneinbringliche Kredite sind abzuschreiben (vgl IAS 39.58 ff). Im Hinblick darauf, dass die Abschreibungen uneinheitlich vorgenommen werden – so erfolgt teilweise eine Abschreibung erst nach Abschluss aller rechtlichen Verfahren, teilweise aber auch schon, wenn zB innerhalb eines bestimmten Zeitraums keine Zins- und Tilgungsleistungen erbracht werden –, sind Angaben über die Bilanzierungsgrundsätze, nach denen Abschreibungen auf uneinbringliche Kredite vorgenommen werden, zu machen. Hinsichtlich der Neuregelungen zur Bildung und Bemessung der Risikovorsorge durch IFRS 9 wird auf die Ausführungen unter → Rn 49 sowie → § 3 Rn 385 ff verwiesen. Im Zusammenhang mit der Einführung des *expected loss model* werden auch die Angaben zur Entwicklung der Risikovorsorge erweitert. IFRS 7.35H (geändert 2014) verlangt hierzu eine Berichterstattung in Form eines Risikovorsorgespiegels, der differenziert nach Klassen von Finanzinstrumenten und den jeweiligen Wertberichtigungsstufen die Entwicklung der Risikovorsorge zwischen den Stichtagen darstellt.

3. Provisionserträge und -aufwendungen

58 Unter die Provisionserträge und -aufwendungen fallen neben den Provisionserträgen und -aufwendungen aus dem **Wertpapiergeschäft** auch Provisionen aus **Privatplatzierungen, syndizierten Krediten** und **anderen Finanzdienstleistungen.** Ebenso werden hierunter Provisionen aus dem Treuhandgeschäft und der Vermittlung von Versicherungen, Kreditkarten, Bausparverträgen und Immobilien erfasst. Mangels einer Regelung der Posteninhalte durch die IFRS kann auf die Abgrenzung in § 30 RechKredV zurückgegriffen werden. Hinsichtlich der Erträge aus dem Dienstleistungsgeschäft sind ergänzend die Regelungen in IAS 18.20 bzw IFRS 15.35 ff iVm IAS 39/IFRS 9 zur zeitraumbezogenen Erfassung der Erträge zu beachten. Da Provisionserträge und -aufwendungen bei Banken regelmäßig zu den Hauptertrags- bzw Hauptaufwandsarten gehören, sind sie jeweils gesondert im erfolgswirksamen Teil der Gesamtergebnisrechnung bzw in der separaten GuV (sofern erstellt) auszuweisen (IAS 1.35 iVm IAS 1.85).

4. Ergebnis aus Sicherungszusammenhängen

59 Durch die IFRS nicht vorgeschrieben, in der Praxis jedoch üblich, ist der gesonderte Ausweis des Ergebnisses aus Sicherungszusammenhängen **(*hedge* Ergebnis).** Hierunter wird idR im Wesentlichen der Saldo des Bewertungsergebnisses aus effektiven Sicherungsgeschäften im Rahmen von *fair value hedges,* dh Wertveränderungen des Sicherungsinstruments sowie des Grundgeschäfts, Letzteres bzgl des abgesicherten Risikos, zusammengefasst. Darüber hinaus werden hierunter auch die ineffektiven Teilbeträge aus effektiven *cashflow hedges* ausgewiesen.

5. Handelsergebnis

60 Die Abgrenzung des Handelsergebnisses folgt der in der Bilanz vorgenommenen **Abgrenzung der Handelsaktiva und -passiva** und der dem Handelsbe-

reich zugeordneten Geschäftsaktivitäten. Neben dem Kurs- und Bewertungsergebnis können auch die durch den Handelsbestand erwirtschafteten lfd Erträge (Zinsen und Dividenden), Provisionsbeiträge und die mit diesen verbundenen Refinanzierungsaufwendungen im Handelsergebnis berücksichtigt werden. Auch gegen die Einbeziehung der Ergebnisse aus dem Devisenauftragshandel bestehen keine Bedenken. Nach IFRS 7.20(a) ist das Handelsergebnis (getrennt von dem Nettoergebnis der aufgrund der *fair value option* designierten Finanzinstrumente) als Nettobetrag in einem gesonderten Erfolgsposten oder im Anhang auszuweisen. Wegen der Bedeutung des Handelsergebnisses wird nach IAS 1.85 regelmäßig ein Ausweis im erfolgswirksamen Teil der Gesamtergebnisrechnung bzw der gesonderten GuV (sofern erstellt) vorzuziehen sein. Durch IFRS 9 besteht die Kategorie für Handelszwecke gehalten nicht mehr als eigenständige Kategorie (→ § 3 Rn 361 ff, → Rn 19). Da Handelsbestände nach IFRS 9.4.1.4 aber grds der Kategorie zum beizulegenden Zeitwert mit Erfassung von Wertänderungen in der GuV (*fair value through profit or loss*) zuzuordnen sind, ergeben sich nach IFRS 7.20(a)(i) (geändert 2014) zu der bisherigen vorstehend dargestellten Behandlung keine Abweichungen.

6. Ergebnis aus Finanzanlagen

61 Einen **gesonderten Ausweis** des Ergebnisses aus Finanzanlagen sehen die IFRS **nicht** vor, vielmehr verlangt IFRS 7.20(a)/IFRS 7.20(a) (geändert 2014) diesbezüglich ausschließlich den Ausweis eines Nettoergebnisses aus den in IAS 39.9 iVm IAS 39.45; IFRS 9.4.1.1 ff genannten Bewertungskategorien in der GuV bzw dem erfolgswirksamen Teil der Gesamtergebnisrechnung oder im Anhang. Soweit – entspr der bisherigen Praxis – unter dem Finanzanlageergebnis Erfolge aus diesen Kategorien zusammengefasst werden, ist im Anhang eine kategoriespezifische Aufteilung vorzunehmen, soweit nach IAS 1.85 kein gesonderter GuV-Ausweis bzw Ausweis im erfolgswirksamen Teil der Gesamtergebnisrechnung geboten ist. Zinserträge und -aufwendungen aus Finanzanlagen werden in Anlehnung an IFRS 7.20(b)/IFRS 7.20(b) (geändert 2014) regelmäßig im **Zinsergebnis** ausgewiesen. Damit fallen unter das Ergebnis aus Finanzanlagen insbes Abgangsgewinne und -verluste sowie Ab- und Zuschreibungen. Mangels anderslautender Regelungen in den IFRS können unter diesem Posten aber auch Ergebnisse aus der **Währungsumrechnung** erfasst werden.

7. Erträge und Aufwendungen aus Treuhandgeschäften

62 Erträge und Aufwendungen aus Treuhandgeschäften, die die **Vermögensverwaltung für Dritte** auf fremde Rechnung beinhalten, sind nach IFRS 7.20 (c)(ii) im erfolgswirksamen Teil der Gesamtergebnisrechnung bzw in der gesonderten GuV (sofern erstellt) oder im Anhang anzugeben.

8. Verwaltungsaufwand

63 Der Verwaltungsaufwand umfasst (entspr der Abgrenzung in § 31 RechKredV) insbes den **Personal- und Sachaufwand.** Darüber hinaus werden hierunter – abweichend von den Regelungen der RechKredV, die diesbezüglich einen gesonderten Ausweis vorschreiben – auch die Abschreibungen ausgewiesen. Entspr IAS 1.82 stellt der Verwaltungsaufwand zwar keinen Mindestgliederungsposten dar, ist aufgrund seiner Bedeutung für Banken jedoch nach IAS 1.85 regelmäßig als gesonderter Posten in der GuV bzw dem erfolgswirksamen Teil der Gesamtergebnisrechnung anzugeben.

64, 65 *(einstweilen frei)*

E. Angaben im Anhang

I. Überblick

Die im Anhang zu veröffentlichenden Informationen ergeben sich mangels einer branchenspezifischen Regelung aus den **allgemeinen Standards.** Da das Geschäft der Banken hauptsächlich mit Finanzinstrumenten erfolgt, haben die Regelungen in IFRS 7 eine besondere Relevanz. Auf die entspr Ausführungen, insbes in § 19 und → § 3 Rn 270ff, wird verwiesen. Die teilweise in der Bilanz oder Gesamtergebnisrechnung möglichen Angaben werden in der Praxis, soweit möglich, im Anhang präsentiert. 66

II. Angaben zu Finanzinstrumenten nach IFRS 7 – Risikoberichterstattung

Besondere Bedeutung für die Berichterstattung von Banken haben die Angaben zu Finanzinstrumenten, die in IFRS 7 zusammengefasst sind. Durch IFRS 7 soll den Adressaten der Rechnungslegung eine umfassende Information über Finanzinstrumente und daraus resultierende **Risiken** gegeben werden. Die Angaben sollen die Adressaten in die Lage versetzen, die Bedeutung der Finanzinstrumente für die **Finanzlage** und den **Unternehmenserfolg** zu beurteilen (IFRS 7.7). Entspr dem Aufbau des Standards sind Angaben 67
(1) zur Bilanz (IFRS 7.8 bis IFRS 7.19),
(2) zur Gesamtergebnisrechnung (IFRS 7.20),
(3) zu sonstigen Bereichen (IFRS 7.21 bis IFRS 7.30),
(4) zu Risiken aus Finanzinstrumenten (IFRS 7.31 bis IFRS 7.42) sowie
(5) zur Übertragung finanzieller Vermögenswerte (IFRS 7.42A bis IFRS 7.42H)
zu machen.

Hinsichtlich der erforderlichen Einzelangaben zu (1) bis (5) wird ergänzend auf die Kommentierung in → § 3 Rn 270ff verwiesen.

Die Angaben zu **Risiken aus Finanzinstrumenten** stellen ungeachtet des Umstands, dass IFRS 7 branchenunabhängig für alle Unternehmen gilt, insbes an Banken **weitreichende Anforderungen.** Dies ist zum einen darauf zurückzuführen, dass Finanzinstrumente bei Banken sowohl vom Umfang als auch von der Komplexität her eine ggü anderen Branchen herausragende Stellung aufweisen, zum anderen verfügen Banken idR über weit entwickelte Risikomanagementsysteme. Letzteres ist insoweit von Bedeutung, als dass die Angaben im Rahmen der Risikoberichterstattung auf der Grundlage von Informationen zu machen sind, die die Geschäftsleitung intern zur Risikosteuerung verwendet (sog *management approach*).

Im Rahmen der Risikoberichterstattung unterscheidet IFRS 7 qualitative und quantitative Angaben → § 3 Rn 311ff. Dabei dienen die qualitativen Angaben dazu, ein allgemeines Bild der Art und der Risiken von Finanzinstrumenten zu vermitteln und iVm den quantitativen Angaben Informationen zu liefern, die es den Adressaten ermöglichen, die entspr Risiken zu bewerten (IFRS 7.32A). Die **qualitativen Angaben** erfordern je Risikokategorie die Angabe von Risikoumfang und Risikoentstehung (IFRS 7.33(a)), der Verfahren und Methoden zur Risikosteuerung und -bewertung (IFRS 7.33(b)) sowie der Veränderungen in den vorstehenden Punkten ggü dem Vorjahr (IFRS 7.33(c)). Einen Überblick über die **quantitativen Angaben** gibt die nachstehende Übersicht: 68

Quantitative Angaben im Rahmen der Risikoberichterstattung nach IFRS 7 für jede Risikoart	
Risikokonzentration (IFRS 7.34(c))	
Kreditrisiko (IFRS 7.36 f)	– maximales Ausfallrisiko (IFRS 7.36(a) – Kreditsicherheiten (IFRS 7.36(b)) – Kreditqualität (IFRS 7.36(c)) – Altersstrukturanalyse (IFRS 7.37(a)) – Posten mit EWB (IFRS 7.37(b)) – Sicherheiten (IFRS 7.38)
Liquiditätsrisiko (IFRS 7.39)	– Restlaufzeitanalyse (IFRS 7.39(a) und (b)) – Risikosteuerung (IFRS 7.39(c))
Marktpreisrisiko (IFRS 7.40 f, IFRS 7.Anhang A) – Wechselkursrisiko – Zinsrisiko – sonstige Preisrisiken	– Sensitivitätsanalyse (IFRS 7.40) – *value-at-risk*-Analyse (IFRS 7.41) – Ersatzangaben (IFRS 7.42)

Die Angaben zu Risiken aus Finanzinstrumenten nach IFRS 7.31 bis IFRS 7.42 können – mit entspr Verweis im Abschluss – auch in einer anderen Erklärung gemacht werden (IFRS 7.B6). Hierdurch besteht insbes die Möglichkeit, die erforderlichen Angaben mit der **Risikoberichterstattung** im **Lagebericht** zu verbinden und dort zusammengefasst zu präsentieren.

69 Die **Angaben zum Kreditrisiko** werden durch die mit **IFRS 9** einhergehenden Änderungen von IFRS 7 deutlich erweitert. Als allgemeinen Grundsatz formuliert IFRS 7.35B (geändert 2014), dass die Angaben zum Kreditrisiko den Adressaten ermöglichen sollen, mögliche Auswirkungen aus dem Kreditrisiko nach der Höhe, der zeitlichen Zuordnung und der Ungewissheit in Hinblick auf zukünftige Cashflows einzuschätzen. Soweit die im Einzelnen durch IFRS 7 (geändert 2014) vorgegebenen Angabepflichten nicht ausreichen, um dem vorstehenden Grundsatz gerecht zu werden, sind ergänzende Angaben zu machen, sodass der allgemeine Grundsatz erfüllt wird (IFRS 7.35E (geändert 2014)). Gem IFRS 7.35F (geändert 2014) sind die Verfahren zum Management von Kreditrisiken und deren Beziehung zur Identifizierung und Bestimmung von erwarteten Kreditausfällen zu erläutern. In diesem Zusammenhang sind auch die zugrunde gelegten Informationen, Annahmen und Schätzmethoden zu erläutern, die das Unternehmen verwendet, um den Anforderungen aus IFRS 9.5.5 ff gerecht zu werden. Die Angaben zum Kreditmangementprozess sind um qualitative und quantitative Angaben zum Kreditrisiko zu ergänzen. Hierzu gehören

(1) ein erweiterter Kreditvorsorgespiegel, der die Entwicklung der Risikovorsorge – differenziert nach den jeweiligen Stufen im Wertberichtigungsverfahren (→ Rn 49) – vom Periodenanfang bis zum Periodenende zeigt (IFRS 7.45H (geändert 2014)),
(2) Angaben zu wesentlichen Änderungen der Bruttobuchwerte von Finanzinstrumenten, die zu einer Veränderung der Risikovorsorge geführt haben (IFRS 7.35I (geändert 2014)),
(3) Angaben, die den Adressaten in die Lage versetzen, Auswirkungen aus einer Veränderung der vertraglich vereinbarten Zahlungsflüsse zu erkennen (IFRS 7.35J (geändert 2014)),

(4) für jede Klasse von Finanzinstrumenten Angaben zum Verständnis der Auswirkungen von Kreditsicherheiten auf erwartete Kreditausfälle (IFRS 7.35K (geändert 2014)) sowie
(5) Angaben zu in der Berichtsperiode abgeschriebenen Forderungen, die weiterhin Gegenstand von Vollstreckungsmaßnahmen sind (IFRS 7.35L (geändert 2014)).

Ergänzend sind zum Verständnis des Kreditrisikos, dem ein Unternehmen ausgesetzt ist, sowie zu möglichen Risikokonzentrationen – gesondert für jede Stufe im Rahmen des Wertberichtigungsverfahrens (→ Rn 49) und Risikoklasse *(credit risk rating grades)* – Angaben zum Bruttobuchwert finanzieller Vermögenswerte sowie von Kreditzusagen und Finanzgarantien zu machen (IFRS 7.35M (geändert 2014)).

Wegen weiterer Einzelheiten wird auf die Ausführungen unter → § 3 Rn 311 ff verwiesen.

III. Geschäfte mit nahestehenden Unternehmen/Personen

Die Angabepflichten bzgl Geschäften mit nahestehenden Unternehmen und Personen werden allgemein in IAS 24 geregelt, ohne dass dort auf die speziellen Verhältnisse bei Banken eingegangen wird. Der Begriff der **nahestehenden Unternehmen/Personen** wird in IAS 24.9 definiert. Danach sind hierunter Unternehmen oder natürliche Personen zu fassen, die die Möglichkeit haben, eine andere Partei zu beherrschen oder einen maßgeblichen Einfluss auf deren Finanz- oder Geschäftspolitik auszuüben (vgl im Einzelnen → § 20 Rn 8 ff). 70

Verbindungen zu nahestehenden Unternehmen/Personen können einen besonderen Einfluss auf die VFE-Lage der berichtspflichtigen Bank haben. Dies liegt daran, dass zwischen nahestehenden Unternehmen/Personen möglicherweise Geschäftsbeziehungen bestehen, die zwischen unabhängigen Dritten nicht oder nicht in der Art und Weise unterhalten würden. So kann zB eine Bank einem nahestehenden Unternehmen oder einer nahestehenden Person höhere Kredite oder niedrigere Zinsen – als einem Dritten – gewähren. Auch können Kredite und Einlagen zwischen nahestehenden Unternehmen/Personen schneller und unter geringerer Formalität als unter Dritten bewegt werden. Die in IAS 24 geforderten Angaben sind auch dann für die Abschlussadressaten von Bedeutung, wenn die Geschäfte mit nahestehenden Unternehmen/Personen zur üblichen Geschäftstätigkeit der Bank gehören und zu marktüblichen Bedingungen erfolgten. 71

Um den **Anforderungen** von IAS 24.13 ff gerecht zu werden, kommen idR neben einer 72
(1) Erläuterung der Kreditpolitik ggü nahestehenden Unternehmen/Personen Angaben über:
(2) Kredite, Einlagen, Akzeptkredite und Schuldscheine,
(3) die wichtigsten Hauptertragskomponenten, Zins- und Provisionsaufwendungen,
(4) die im Geschäftsjahr erfassten Aufwendungen und Verluste aus dem Kreditgeschäft sowie die Rückstellungen zum Bilanzstichtag und
(5) unwiderrufliche Zusagen, Eventualschulden sowie andere Verpflichtungen, die aus bilanzunwirksamen Posten resultieren,
in Betracht.

IV. Eventualschulden

Die bilanzielle Behandlung von Eventualschulden ist insbes in **IAS 37** geregelt → § 13 Rn 16 ff. Darüber hinaus ergeben sich zB aus IAS 19 weitergehende Anforderungen. 73

Nach der in IAS 37.10 gegebenen **Definition** liegen Eventualschulden vor, wenn

(1) mögliche Verpflichtungen aus einem in der Vergangenheit liegenden Ereignis bestehen, deren Realisierung von weiteren ungewissen Ereignissen in der Zukunft abhängt, die nicht durch das Unternehmen kontrolliert werden können oder

(2) eine gegenwärtige, auf vergangenen Ereignissen beruhende Verpflichtung nicht erfasst wurde, da
 (a) eine Vermögensbelastung des Unternehmens unwahrscheinlich ist oder
 (b) keine hinreichend zuverlässige Schätzung der Belastung möglich ist.

Die **Abgrenzung** der **Eventualschulden** zu den **Rückstellungen** erfolgt auf Basis der Wahrscheinlichkeit, mit der mit einer Belastung des Vermögens des Unternehmens gerechnet wird. Ist oder wird eine Vermögensbelastung wahrscheinlich, ist eine **Rückstellung** zu bilden (IAS 37.30). Soweit für die entspr Posten Rückstellungen gebildet werden, ist der Ausweis der Eventualschulden um den passivierten Betrag zu kürzen. Die Bilanzierung einer Eventualschuld ist unzulässig (IAS 37.27). Darüber hinaus scheidet eine Angabe aus, wenn eine Vermögensbelastung unwahrscheinlich ist (IAS 37.28, IAS 37.86).

74 Anzugeben sind nach IAS 37.86 – für jede Gruppe von Eventualschulden – neben einer Beschreibung der Eventualschuld

(1) eine nach IAS 37.36 bis IAS 37.52 zu bewertende Schätzung der finanziellen Auswirkungen,

(2) Unsicherheiten hinsichtlich der Höhe oder der Fälligkeit von Abflüssen und

(3) mögliche Erstattungsansprüche.

75 In der **Praxis** orientieren sich die Darstellungen an den differenzierten Anforderungen aus §§ 26 und 27 RechKredV, wie das nachstehende Beispiel der Commerzbank AG zeigt:

	31. Dezember 2014 Mio €	**31. Dezember 2013 Mio €**	**Veränderung in %**
Eventualverbindlichkeiten	**37.147**	**35.250**	**5,4**
aus weitergegebenen abgerechneten Wechseln	7	6	16,7
aus Bürgschaften und Gewährleistungsverträgen	37.069	35.220	5,2
Kreditbürgschaften	2.508	2.277	10,1
Sonstige Bürgschaften	26.027	25.037	4,0
Akkreditive	8.128	7.481	8,6
Garantien für ABS-Verbriefungen	–	–	.
Sonstige Gewährleistungen	406	425	– 4,5
Sonstige Verpflichtungen	71	24	.
Unwiderrufliche Kreditzusagen	**59.850**	**52.326**	**14,4**
Buchkredite an Kreditinstitute	992	1.148	– 13,6
Buchkredite an Kunden	57.118	49.952	14,3
Avalkredite	1.452	954	52,2
Akkreditive	288	272	5,9
Gesamt	**96.997**	**87.576**	**10,8**

(Vgl *Commerzbank AG* Geschäftsbericht 2014, 264).

V. Segmentberichterstattung

Notwendigkeit und Umfang der ggf im Anhang aufzunehmenden Segmentberichterstattung sind in **IFRS 8** geregelt. Auf die diesbezügliche Kommentierung in § 21 wird verwiesen. 76

Das **DRSC** hat neben seinem allgemeinen Standard zur Segmentberichterstattung DRS 3 einen eigenen Standard für die Segmentberichterstattung von Kreditinstituten (DRS 3–10) veröffentlicht, der spezifische Vorgaben für die gem § 297 Abs 1 Satz 2 HGB iVm § 340i HGB ggf vorzunehmende Segmentberichterstattung von Banken enthält.

IFRS 8 sieht eine Segmentabgrenzung nach dem sog ***management approach*** vor. Maßgeblich ist danach eine Segmentierung, die der internen Organisationsstruktur des Unternehmens entspricht und die das Management im Rahmen der internen Berichterstattung und Unternehmenssteuerung verwendet. Entspr der derzeitigen Organisationsstruktur der deutschen Großbanken haben diese für die **Segmentberichterstattung ieS** die Geschäftsfelder gewählt, während die Berichterstattung nach geographischen Regionen (IFRS 8.33) im Rahmen der sog unternehmensweiten Angaben erfolgt. Eine einheitliche Segmentierung erfolgt – vor dem Hintergrund unterschiedlicher Organisationsstrukturen – jedoch nicht, sowohl die Anzahl als auch die Abgrenzung der einzelnen Segmente weichen voneinander ab. 77

Die nachstehende Übersicht gibt die **einzelnen Segmente** der Segmentberichterstattung sowie die dazu gemachten Segmentangaben im Abschluss 2014 der Commerzbank AG wieder: 78

in Mio €	**Privatkunden**	**Mittelstandsbank**	**Central & Eastern Europe**	**Corporates & Markets**	**Non-Core Assets**	**Sonstige und Konsolidierung**	**Konzern**
Zinsüberschuss	1.861	1.792	585	1.536	13	– 180	5.607
Risikovorsorge im Kreditgeschäft	– 79	– 342	– 123	55	– 654	– 1	– 1.144
Zinsüberschuss nach Risikovorsorge	1.782	1.450	462	1.591	– 641	– 181	4.463
Provisionsüberschuss	1.538	1.086	215	368	28	– 30	3.205
Handelsergebnis und Ergebnis aus Sicherungszusammenhängen	2	– 7	86	24	215	73	393
Ergebnis aus Finanzanlagen	– 8	11	13	49	– 81	98	82
Laufendes Ergebnis aus *at equity* bewerteten Unternehmen	27	9	–	11	– 6	3	44
Sonstiges Ergebnis	– 3	25	24	– 17	13	– 619	– 577
Erträge vor Risikovorsorge	*3.417*	*2.916*	*923*	*1.971*	*182*	*– 655*	*8.754*
Erträge nach Risikovorsorge	*3.338*	*2.574*	*800*	*2.026*	*– 472*	*– 656*	*7.610*
Verwaltungsaufwendungen	2.918	1.357	436	1.351	314	550	6.926
Operatives Ergebnis	**420**	**1.217**	**364**	**675**	**– 786**	**– 1.206**	**684**
Restrukturierungsaufwendungen	–	–	–	–	61	–	61
Ergebnis vor Steuern	**420**	**1.217**	**364**	**675**	**– 847**	**– 1.206**	**623**
Aktiva	**72.577**	**89.691**	**27.657**	**184.734**	**102.849**	**80.101**	**557.609**
Passiva	**101.963**	**136.138**	**22.945**	**163.637**	**67.889**	**65.037**	**557.609**

in Mio €	Privatkunden	Mittelstandsbank	Central & Eastern Europe	Corporates & Markets	Non-Core Assets	Sonstige und Konsolidierung	Konzern
Durchschnittlich gebundenes Eigenkapital	**3.956**	**6.926**	**1.587**	**4.193**	**7.606**	**3.029**	**27.297**
Operative Eigenkapitalrendite (%)	**10,6**	**17,6**	**22,9**	**16,1**	**– 10,3**	**–**	**2,5**
Aufwandsquote im operativen Geschäft (%)	**85,4**	**46,5**	**47,2**	**68,5**	**172,5**	**–**	**79,1**
Eigenkapitalrendite des Ergebnisses vor Steuern (%)	**10,6**	**17,6**	**22,9**	**16,1**	**– 11,1**	**–**	**2,3**
Mitarbeiterdurchschnitt	15.844	5.817	7.757	1.963	566	17.920	49.867

(Vgl *Commerzbank AG* Geschäftsbericht 2014, 197).

79 Ebenfalls in **Abhängigkeit** von den **internen Berichtsstrukturen** können sich aus IFRS 8.23 weitere – dort im Einzelnen genannte – quantitative Angabepflichten ergeben. Die in IFRS 8.23 enthaltene Aufzählung trägt den branchenspezifischen Besonderheiten von Banken nicht Rechnung. Wesentliche Ergebniskomponenten, die bei Banken nach IAS 1.85 bzw IAS 1.97 regelmäßig gesondert in der Gesamtergebnisrechnung oder im Anhang anzugeben sind, werden in IFRS 8.23 nicht genannt. Soweit sich aus IAS 1.97 infolge der Wesentlichkeit von Aufwands- und Ertragsposten jedoch gesonderte Angabepflichten ergeben, sind diese gem IFRS 8.23(f) auch im Rahmen der Segmentberichterstattung gesondert zu berücksichtigen. In der Praxis der Banken dominiert bislang eine an der Gliederung der GuV orientierte Berichterstattung, die für die einzelnen Posten auch eine nach IFRS 8.28 erforderliche Überleitung der Segmentangaben zur Gesamtzahl für das Unternehmen/den Konzern enthält.

Neben der Segmentberichterstattung ieS sind nach IFRS 8.31 ff ungeachtet des *management approach* weitere Angaben zu
(1) Produkten und Dienstleistungen (IFRS 8.32),
(2) geografischen Bereichen (IFRS 8.33) und
(3) wichtigen Kunden (IFRS 8.34)
zu machen.

80 Die nachstehende Übersicht gibt die Berichterstattung nach **geografischen Märkten** sowie die diesbezüglichen Angaben im Abschluss 2014 der Commerzbank AG wieder:

in Mio €	Deutschland	Europa ohne Deutschland	Amerika	Asien	Sonstige	Gesamt
Zinsüberschuss	3.424	1.864	250	69	–	5.607
Risikovorsorge im Kreditgeschäft	– 953	– 201	13	– 3	–	– 1.144
Zinsüberschuss nach Risikovorsorge	2.471	1.663	263	66	–	4.463
Provisionsüberschuss	2.552	547	40	66	–	3.205
Handelsergebnis und Ergebnis aus Sicherungszusammenhängen	+ 287	39	– 78	145	–	393

in Mio €	Deutschland	Europa ohne Deutschland	Amerika	Asien	Sonstige	Gesamt
Ergebnis aus Finanzanlagen	119	– 42	4	1	–	82
Laufendes Ergebnis aus *at equity* bewerteten Unternehmen	34	4	4	2	–	44
Sonstiges Ergebnis	– 692	112	3	–	–	– 577
Erträge vor Risikovorsorge	*5.724*	*2.524*	*223*	*283*	–	*8.754*
Erträge nach Risikovorsorge	*4.771*	*2.323*	*236*	*280*	–	*7.610*
Verwaltungsaufwendungen	5.385	1.289	122	130	–	6.926
Operatives Ergebnis	**– 614**	**1.034**	**114**	**150**	**–**	**684**
Risikoaktiva für Kreditrisiken	**113.874**	**53.793**	**3.296**	**2.600**	**–**	**173.563**

(Vgl *Commerzbank AG* Geschäftsbericht 2014, 200).

F. Kapitalflussrechnung

Entspr dem allgemeinen Grundsatz (IAS 7.1) haben auch Kreditinstitute die **Pflicht,** eine Kapitalflussrechnung zu erstellen. Auf die Kommentierung in § 18 wird insoweit verwiesen. Aufgrund der spezifischen Geschäftstätigkeit von Banken hat Geld bei diesen nicht die in Industrieunternehmen übliche Transformationsfunktion zwischen dem real- und dem finanzwirtschaftlichen Bereich, sodass die Kapitalflussrechnung von Banken über eine nur geringe Aussagekraft verfügt (*Gahlen/Haaker* in *Lüdenbach/Hoffmann/Freiberg* IFRS § 38 Rz 16). 81

Der grds auf Handels- und Produktionsunternehmen ausgerichtete IAS 7 enthält für Finanzinstitutionen *(financial institutions)* folgende **Sonderregelungen:**

(1) IAS 7.15: Behandlung von Cashflows aus dem Verkauf und Erwerb von Wertpapieren sowie der Gewährung von Krediten als betriebliche Tätigkeit,

(2) IAS 7.16(e): Auszahlungen aus der Gewährung von Krediten zählen nicht zur Investitionstätigkeit, sondern zur betrieblichen Tätigkeit,

(3) IAS 7.16(f): Einzahlungen aus der Tilgung von Krediten zählen nicht zur Investitionstätigkeit, sondern zur betrieblichen Tätigkeit,

(4) IAS 7.19(b): Behandlung von Zinserträgen und -aufwendungen sowie ähnlichen Erträgen und Aufwendungen, die bei Anwendung der direkten Methode zu den Umsatzerlösen bzw -kosten gehören,

(5) IAS 7.22 iVm IAS 7.23(a): Annahme und Rückzahlung von Sichteinlagen können bei einer Bank saldiert ausgewiesen werden,

(6) IAS 7.24: Saldierungsmöglichkeit von Cashflows aus
   (a) Ein- und Auszahlungen aus Einlagen mit fester Laufzeit,
   (b) Platzierung von Einlagen bei und Rücknahme von Einlagen von anderen Finanzinstitutionen,
   (c) Ein- und Auszahlungen aus Kundenkrediten,

(7) IAS 7.33: Gezahlte Zinsen sowie erhaltene Zinsen und Dividenden gehören im Normalfall zur betrieblichen Tätigkeit.

82 Für die von IAS 7.19 präferierte Aufstellung der Cashflow-Rechnung nach der **direkten Methode** gibt IAS 7 folgendes Gliederungsbeispiel:

Beispiel für ein Gliederungsschema bei Anwendung der direkten Methode gem IAS 7.IE B1:

Mittelzuflüsse/-abflüsse aus lfd Geschäftstätigkeit		
Erhaltene Zinsen und Provisionen	Xxx	
Auszahlungen Zinsen	– xxx	
Einzahlungen aus zuvor abgeschriebenen Darlehen	Xxx	
Auszahlungen an Arbeitnehmer und Lieferanten	– xxx	
	xxx	
(Erhöhung) Abnahme der betrieblichen Vermögenswerte:		
Kurzfristige Mittel	– xxx	
Einlagen, die für gesetzliche oder monetäre Kontrollzwecke gehalten werden	xxx	
Vorauszahlungen an Kunden	– xxx	
Nettozunahme der Kreditkartenforderungen	xxx	
Andere kurzfristige Wertpapiere	– xxx	
(Erhöhung) Abnahme der betrieblichen Verbindlichkeiten:		
Einlagen von Kunden	xxx	
Begebbare Einlagenzertifikate	– xxx	
Nettozahlungsmittel aus lfd Geschäftstätigkeit vor Ertragsteuern	xxx	
Gezahlte Ertragsteuern	– xxx	
Nettozahlungsmittel aus lfd Geschäftstätigkeit		**Xxx**
Mittelzuflüsse/-abflüsse aus Investitionstätigkeit		
Veräußerung von TU Y	xxx	
Erhaltene Dividenden	xxx	
Erhaltene Zinsen	xxx	
Erlöse aus dem Verkauf von Wertpapieren außerhalb des Handelsbestands	xxx	
Erwerb von Wertpapieren außerhalb des Handelsbestands	– xxx	
Erwerb von Sacheinlagen	– xxx	
Nettozahlungsmittel aus Investitionstätigkeit		**Xxx**
Mittelzuflüsse/-abflüsse aus der Finanzierungstätigkeit		
Emissionen von Schuldverschreibungen	xxx	
Emissionen von Vorzugsanteilen durch TU	xxx	
Rückzahlung langfristiger Ausleihungen	– xxx	
Nettorückgang anderer Ausleihungen	– xxx	
Gezahlte Dividenden	– xxx	
Nettozahlungsmittel aus Finanzierungstätigkeit		**Xxx**
Auswirkungen von Wechselkursänderungen auf Zahlungsmittel und Zahlungsmitteläquivalente		Xxx
Nettozunahme der Zahlungsmittel und Zahlungsmitteläquivalente		Xxx
Zahlungsmittel und Zahlungsmitteläquivalente zu Beginn der Berichtsperiode		xxx
Zahlungsmittel und Zahlungsmitteläquivalente am Ende der Berichtsperiode		**Xxx**

83 Die deutschen Großbanken erstellen ihre Kapitalflussrechnung für den Cashflow aus der lfd Geschäftstätigkeit nach der **indirekten Methode** und orientieren sich dabei an der vom DRSC zu seinem allgemeinen Standard zu Kapitalflussrechnungen (DRS 21) herausgegebenen Anlage 2 „Besonderheiten der Kapitalflussrechnung von Kredit- und Finanzdienstleistungsinstituten", die bei Anwendung der indirekten Methode die nachfolgende **Mindestgliederung** vorsieht:

1.		Periodenergebnis (Konzernjahresüberschuss/-fehlbetrag einschließlich Ergebnisanteile anderer Gesellschafter)
2.	+/–	Abschreibungen, Wertberichtigungen/Zuschreibungen auf Forderungen und Gegenstände des Anlagevermögens
3.	+/–	Zunahme/Abnahme von Rückstellungen
4.	+/–	Andere zahlungsunwirksame Aufwendungen/Erträge
5.	–/+	Gewinn/Verlust aus der Veräußerung von Gegenständen des Anlagevermögens
6.	–/+	Sonstige Anpassungen (Saldo)
7.	–/+	Zunahme/Abnahme der Forderungen an Kreditinstitute
8.	–/+	Zunahme/Abnahme der Forderungen an Kunden
9.	+/–	Zunahme/Abnahme der Wertpapiere (soweit nicht Finanzanlagen)
10.	+/–	Zunahme/Abnahme anderer Aktiva aus lfd Geschäftstätigkeit
11.	+/–	Zunahme/Abnahme der Verbindlichkeiten ggü Kreditinstituten
12.	+/–	Zunahme/Abnahme der Verbindlichkeiten ggü Kunden
13.	+/–	Zunahme/Abnahme verbriefter Verbindlichkeiten
14.	+/–	Zunahme/Abnahme andere Passiva aus lfd Geschäftstätigkeit
15.	+/-	Zinsaufwendungen/-erträge
16.	+/–	Aufwendungen/Erträge aus außerordentlichen Posten
17.	+/–	Ertragssteueraufwand/-ertrag
18.	+	Erhaltene Zinszahlungen und Dividendenerträge
19.	–	Gezahlte Zinsen
20.	+	Außerordentliche Einzahlungen
21.	–	Außerordentliche Auszahlungen
22.	–/+	Ertragssteuerzahlungen
23.	**=**	**Cashflow aus der lfd Geschäftstätigkeit (Summe aus 1 bis 22)**
24.	+	Einzahlungen aus Abgängen des Finanzanlagevermögens
25.	–	Auszahlungen für Investitionen in das Finanzanlagevermögen
26.	+	Einzahlungen aus Abgängen des Sachanlagevermögens
27.	–	Auszahlungen für Investitionen in das Sachanlagevermögen
28.	+	Einzahlungen aus Abgängen des immateriellen Anlagevermögens
29.	–	Auszahlungen für Investitionen in das immaterielle Anlagevermögen
30.	+	Einzahlungen aus Abgängen aus dem Konsolidierungskreis
31.	–	Auszahlungen für Zugänge zum Konsolidierungskreis
32.	+/–	Mittelveränderungen aus sonstiger Investitionstätigkeit (Saldo)
33.	+	Einzahlungen aus außerordentlichen Posten
34.	–	Auszahlungen aus außerordentlichen Posten
35.	**=**	**Cashflow aus der Investitionstätigkeit (Summe aus 24 bis 34)**
36.	+	Einzahlungen aus Eigenkapitalzuführungen von Gesellschaftern des MU
37.	+	Einzahlungen aus Eigenkapitalzuführungen von anderen Gesellschaftern

38.	–	Auszahlungen aus Eigenkapitalherabsetzungen an Gesellschafter des MU
39.	–	Auszahlungen aus Eigenkapitalherabsetzungen an andere Gesellschafter
40.	+	Einzahlungen aus außerordentlichen Posten
41.	–	Auszahlungen aus außerordentlichen Posten
42.	–	Gezahlte Dividenden an Gesellschafter des MU
43.	–	Gezahlte Dividenden an andere Gesellschafter
44.	+/–	Mittelveränderungen aus sonstigem Kapital (Saldo)
45.	=	**Cashflow aus der Finanzierungstätigkeit (Summe aus 36 bis 44)**
46.		Zahlungswirksame Veränderungen des Finanzmittelfonds (Summe aus 23, 35, 45)
47.	+/–	Wechselkurs und bewertungsbedingte Änderungen des Finanzmittelfonds
48.	+/–	Konsolidierungskreis bedingte Änderungen des Finanzmittelfonds
49.	+	Finanzmittelfonds am Anfang der Periode
50.	=	**Finanzmittelfonds am Ende der Periode (Summe aus 46 bis 49)**

84 Hinsichtlich der vorstehenden Gliederung des DRSC ist zu beachten, dass **außerordentliche Posten** (vgl Nr 20, 21, 33, 34, 40 und 41 des Gliederungsschemas) nach IAS 7 nicht gesondert ausgewiesen werden, da diese entspr der Regelung in IAS 1.87 nicht gesondert in der Gesamtergebnisrechnung aufgeführt werden dürfen. Zur Behandlung wesentlicher (ggf einmaliger) Posten vgl → § 18 Rn 60.

85 *(einstweilen frei)*

G. Gegenüberstellung zu HGB/DRS

86 Die Rechnungslegung der Banken nach IFRS weist ggü den handelsrechtlichen Vorschriften, wie sie im HGB und ergänzend in der Verordnung über die Rechnungslegung der Kreditinstitute und Finanzdienstleistungsinstitute (Kreditinstituts-Rechnungslegungsverordnung – RechKredV) festgelegt sind, eine **Vielzahl von Abweichungen** auf.

87 Hinsichtlich des **Ansatzes** ist nach IFRS insbes die Bilanzierung von Treuhandvermögen (→ Rn 36 f) sowie der Ansatz stiller Vorsorgereserven (→ Rn 31) nicht zulässig. Demgegenüber sind nach IFRS sämtliche derivativen Finanzinstrumente zu bilanzieren, während handelsrechtlich nur die Derivate des Handelsbestands bilanzierungsfähig sind.

88 Im Rahmen der **Bewertung** führen insbes der Risikoabschlag und die Dotierung des Sonderpostens „Fonds für allgemeine Bankrisiken" im Rahmen der handelsrechtlichen Bewertung des Handelsbestands sowie die weiterhin bestehenden Abweichungen bei der Bilanzierung von Sicherungszusammenhängen zu Abweichungen ggü dem HGB. Letzteres insbes aufgrund des nach IFRS nicht zulässigen *macro hedges* sowie der nicht zulässigen Berücksichtigung interner Geschäfte. Darüber hinaus ist die Bildung stiller Vorsorgereserven iSv § 340 f HGB nach den IFRS nicht zulässig (→ Rn 31).

89 Beim **Ausweis** geben die IFRS für die Bankbilanz und Bank-Gesamtergebnisrechnung hingegen nur sehr geringe Gliederungsvorgaben. Während nach

IAS 1 nur wenige Posten verbindlich vorgegeben werden und in weiten Teilen ein Wahlrecht zur Angabe in der Bilanz/Gesamtergebnisrechnung oder im Anhang besteht, haben Banken nach der RechKredV die dort in den Formblättern enthaltenen, wesentlich weiter differenzierten Posten in der Bilanz/GuV auszuweisen. Die Möglichkeit zur Überkreuzkompensation gem § 340f Abs 3 HGB besteht hingegen nach IFRS nicht (→ Rn 31).

Der Kreis der erforderlichen **Anhangangaben** wird durch die IFRS erheblich 90
erweitert und hängt darüber hinaus deutlich stärker als nach den Regelungen des HGB und der RechKredV von der Ausübung der Ausweiswahlrechte in der Bilanz und Gesamtergebnisrechnung ab.

H. Aktuelle Entwicklungen/IASB-Projekte

Wesentliche Änderungen werden sich aus **IFRS 9** ergeben, der für die Ge- 91
schäftsjahre, die am oder nach dem 1. Januar 2018 beginnen, IAS 39 vollständig ersetzen wird und zudem zahlreiche Folgeänderungen anderer Standards (insbes IFRS 7) beinhaltet. Nicht durch IFRS 9 geregelt ist bislang die Abbildung von Sicherungsbeziehungen auf Portfoliobasis ***(macro hedging)***. Der IASB hat aufgrund der Komplexität dieses Regelungsbereichs im April 2014 ein Diskussionspapier (DP/2014/1) veröffentlicht, in dem er Regelungen zu dynamischen Portfolioabsicherungen präsentiert. Das vom IASB vorgestellte Modell sieht einen sog Neubewertungsansatz (*Portfolio Revaluation Approach* (PRA)) vor. Demnach soll die Nettoposition in Bezug auf das gesicherte Risiko neu bewertet und für diesen Bewertungseffekt ein zusätzlicher Bewertungsposten in der Bilanz erfasst werden. Die Gegenbuchung soll im Periodenerfolg erfolgen. Die Ergebnisse der im Oktober 2014 abgelaufenen Kommentierungsfrist werden derzeit (Stand: 31. Juli 2015) noch diskutiert. Ebenfalls noch in der Abstimmung sind die Regelungen zur Bewertung von Investitionen in an aktiven Märkten notierten Anteilen an TU-, Gemeinschafts- oder assoziierten Unternehmen zum beizulegenden Zeitwert. Der IASB hat hierzu im September 2014 einen Entwurf ED/2014/4 *Measuring Quoted Investments in Subsidiaries, Joint Ventures and Associates at Fair Value* veröffentlicht, zu dem bis Mitte Januar 2015 Stellung genommen werden konnte. Der Entwurf stellt klar, dass Bilanzierungsobjekt zwar die Beteiligung als Ganzes ist, deren Wert sich aber aus dem Produkt des für einen Anteil notierten Preises (ohne weitere Zuschläge) und der Zahl der gehaltenen Anteile ergibt. Darüber hinaus enthält der Entwurf ein ergänzendes Beispiel für die Portfoliobewertung von Finanzinstrumenten in IFRS 13. Auf die Ausführungen in → § 3 Rn 581 wird verwiesen.

§ 40. Versicherungsverträge

Übersicht

Schrifttum: *Bacher/Hofmann* Auswirkungen der Einführung von IFRS 4.38–39 (rev 0032005) auf die Risikoberichterstattung im IFRS-Konzernabschluss von Versicherungsunternehmen, IRZ 2007, 123; *Bacher/Hofmann* Versicherungsbilanzierung, quo vadis?, IRZ 2007, 311; *de la Viña/Trump* Bilanzierung von Versicherungsverträgen – Ist die letzte Runde eingeläutet?, IRZ 2013, 473; *Ebbers* IFRS 4: Insurance Contracts, WPg 2004, 1377; *Ellenbürger/Engeländer/Kölschbach* Der letzte Schritt zum IFRS für Versicherungsverträge – Zum Exposure Draft ED/2013/7, WPg 2013, 813; *Ellenbürger/Husch* Vorschläge zur Bilanzierung von Versicherungsverträgen nach IFRS (ED/2010(8), WPg 2011, 264; *Engeländer/Kölschbach* Der IFRS 4 für Versicherungsverträge – Das IASB hat am 31.3.2004 erstmals einen Standard für Versicherungen veröffentlicht, VW 2004, 576; *Farny* Versicherungsbetriebslehre, 4. Aufl, Köln 2005; *Fischer/Pronobis* Der Standardentwurf Insurance Contracts (ED/2013/7), PiR 2013, 263; *Hommel/Bielke/Zicke* Bilanzierung von Versicherungsverträgen nach ED/2013/7 – Gewinnglättung dominiert fair value, KoR 2013, 404; *Knoller/Sauer* Re-Exposure Draft Insurance Contracts, PiR 2014, 108; *Nguyen/Grosche* Exposure Draft IFRS 4 zur Bilanzierung von Versicherungsverträgen aus aufsichtsrechtlicher Perspektive, KoR 2011, 425; *Nguyen/Molinari* Bilanzierungen Versicherungsverträgen nach IFRS-Exposure Draft ED/2010/8, ZfV 2011, 19; *Perlet* in: Geib (Hrsg), Rechnungslegung von Versicherungsunternehmen, Festschrift für Richter, Düsseldorf 2001, 295;

Rockel/Helten/Loy/Ott Versicherungsbilanzen, München 2005; *Rockel/Sauer* Bilanzierung von Versicherungsverträgen – IASB Discussions „Preliminary Views on Insurance Contracts", WPg 2007, 741; *Zielke* IFRS für Versicherer: Hintergründe und Auswirkungen, Wiesbaden 2005; *Zielke* Fair Value Accounting für Versicherer bereits im nächsten Jahr?, VW 2008, 353; *Zimmermann/Schweinberger* Zukunftsperspektiven der internationalen Rechnungslegung: Hinweise aus dem Diskussionspapier des IASB zur Bilanzierung von Versicherungsverträgen, DB 2007, 2157.

Wesentliche Rechtsgrundlagen: IFRS 4

A. Einleitung und Zielsetzung

1 Der IFRS 4 Versicherungsverträge enthält nur wenige eigenständige Regelungen, sondern setzt die Grenzen so weit und allgemein, dass die fortgesetzte Anwendung von nationalen Rechnungslegungsnormen für Versicherungsverträge auch unter IFRS 4 weitgehend zulässig bleibt. Erst ein zukünftiger Standard für Versicherungsverträge soll zu einer umfassenden Vereinheitlichung der Rechnungslegung führen. Insoweit gilt der IFRS 4, obwohl bereits im Jahr 2004 verabschiedet, als **Übergangsstandard.**

Die bilanzielle Rechtslage ist für deutsche Bilanzierer ungewohnt, da wenig präzise geregelt. Anstelle wesentlicher materieller Regelungen hat IFRS 4 **umfangreiche Wahlrechte,** vor allem im Bereich des Bilanzansatzes und der Bewertung, eingeräumt. Diese Wahlrechte und die weiterhin durch IFRS 4 bestehenden mangelnde Vergleichbarkeit von Abschlüssen verschiedener Versicherungsunternehmen soll der im Rahmen des Projekts *„Insurance Contracts (Phase II)"* vom IASB zu entwickelnde Nachfolgestandard zu IFRS 4, der sämtliche Aspekte der Bilanzierung von Versicherungsverträgen, also auch deren Ansatz und Bewertung, umfassend und eindeutig regeln soll, beseitigen. Bis zur Verabschiedung eines Nachfolgestandards wird jedoch voraussichtlich noch einige Zeit vergehen (→ Rn 2 sowie → Rn 76 ff).

2 **Zielsetzung** des IFRS 4 ist es, die **Rechnungslegung für Versicherungsverträge** für **jedes Unternehmen,** das derartige Verträge im Bestand hält (in IFRS 4 als „Versicherer" bezeichnet), zu normieren. Diese Normen behalten solange Gültigkeit, bis der IASB die zweite Phase des Projekts „Versicherungsverträge" abgeschlossen hat (IFRS 4.1). IFRS 4 hat somit eine interimistische Aufgabenstellung zu erfüllen: Der IASB wollte einerseits für die Versicherungswirtschaft vor dem Inkrafttreten der IFRS-Bilanzierungspflicht gem EU-VO vom 19. Juli 2002 internationale Bilanzierungsgrundlagen schaffen. Andererseits musste der IASB dabei aber berücksichtigen, dass ein Konsens zu dem DSOP *(Draft Statement of Principles)* aus den Jahren 2001 und 2002 und den darin enthaltenen Thesen zum Bilanzierungskonzept und zu Ansatz und Bewertung (insbes der Passivseite) bisher nicht herstellbar war. Entspr der im Jahr 2002 getroffenen Entscheidung des IASB zu einer **Zwei-Phasen-Aufteilung** des IFRS-Umsetzungsprozesses für das Projekt „Versicherungsverträge" enthält IFRS 4 daher „nur" Übergangsregelungen, die seit dem Jahr 2005 anzuwenden sind (Phase I) und will für die Phase II materiell keine Entscheidung präjudizieren. Das vom IASB verfolgte Ziel der **Vergleichbarkeit** der Jahresabschlüsse von Versicherungsunternehmen bleibt damit weiterhin **unerreicht.** Phase II des Versicherungsprojekts wurde im Jahr 2004 gestartet. Dazu wurde eine Arbeitsgruppe gegründet, die den IASB bei den Beratungen unterstützt. Als Zwischenergebnis der Diskussion wurde am 3. Mai 2007 das Diskussionspapier *„Preliminary Views on Insurance Contracts"* veröffentlicht. Im Juli 2010 folgte der Entwurf *(Exposure Draft)* ED/2010/8 *Insurance Contracts.* Aufgrund der heftigen Kritik aus den Stel-

lungnahmen an den IASB und den anschließenden Diskussionsrunden (sog *Round Tables*) kam der IASB im April 2011 zu dem Schluss, den Entwurf zu überarbeiten. Deshalb wurde im Juni 2013 ein überarbeiteter Entwurf zur Diskussion vorgelegt (ED/2013/7 A revision of ED/2010/8 *Insurance Contracts*). Derzeit gibt es keinen geplanten Termin für die Veröffentlichung eines finalen Standards.

Ziel des IFRS 4 ist es, einen gewissen Fortschritt bei der Bilanzierung von Versicherungsverhältnissen zu erreichen, ohne dass in dieser Phase I für die Anwender größere Veränderungen im Vergleich zu deren bisheriger Bilanzierungspraxis notwendig werden. Materiell bedeutet dies für die Versicherungsunternehmen, dass sie in wesentlichen Kernbereichen mit ihrer bisher angewandten Bilanzierungs- und Bewertungspraxis fortfahren können. Der IASB gesteht somit den Versicherungsunternehmen zu, dass eine Änderung von Bilanzierungsgrundsätzen für Versicherungsverträge in zwei Schritten unzumutbar wäre. Korrelierend hierzu verlangt IFRS 4.1(b) jedoch, dass Versicherungsunternehmen auch ohne Zeitwertbilanzierung für die Passivseite seit dem Jahr 2005 ihre **Abschlussinformationen** über ihren Vertragsbestand verbessern und deutlich **erweitern** müssen. Mit einem Mindestmaß an Transparenz und Vergleichbarkeit soll den Abschlussadressaten geholfen werden; sie sollen zumindest solche Informationen erhalten, um aus der Bilanz und den Anhangangaben heraus den Betrag, den Zeitpunkt und die Unsicherheit der künftigen Cashflows aus Versicherungsverträgen verstehen zu können.

Dazu konkretisieren IFRS 4.36 ff die für notwendig erachteten Anhangangaben, der IASB ergänzt diese Paragrafen durch relativ detaillierte Beispiele (vgl auch IFRS 4.IG11 ff). 3

B. Der Regelungsinhalt von IFRS 4

I. Anwendungsbereich

IFRS 4.2(a) bestimmt den branchenspezifischen Anwendungsbereich, der sich auf **Versicherungsverträge und Rückversicherungsverträge** erstreckt, wobei nur der Zeichner der Verträge (Versicherer) in den Regelungskontext fällt. Dabei ist es irrelevant, ob der Versicherer iSv IFRS 4 unter aufsichtsrechtlichen Vorschriften als Versicherungsunternehmen qualifiziert ist (IFRS 4.5). Die Versicherungsnehmer fallen nicht in den Anwendungsbereich von IFRS 4. Allerdings haben gem IFRS 4.4(f) Erstversicherer als Zedenten die Regelungen des IFRS 4 für die Abbildung der Rückversicherungsbeziehung zu beachten. 4

Der Bilanzansatz und die Bewertung der Kapitalanlagen von Versicherungsunternehmen wird von IFRS 4 nicht berührt, es bleibt bei den allgemeinen Regelungen (→ § 3 Rn 49 ff). Dies führt in einigen Fällen zu einem buchhalterischen *asset-liability-mismatch,* dh zu einem grds Auseinanderfallen der Bewertungsansätze (beizulegender Zeitwert für den überwiegenden Teil der Aktivseite; fortgeführte Anschaffungskosten für die (versicherungstechnischen) Passivposten (vgl *Zielke,* 29 ff)). Da die Praxis der IFRS-Anwender sich offensichtlich damit abgefunden hat, sah der IASB für Phase I keinen Handlungsbedarf zur Lösung des *asset-liability-mismatch* (vgl *Ebbers* WPg 2004, 1377 (1379)).

1. Versicherungsverträge

IFRS 4 bestimmt ausdrücklich, dass der Standard nur **Regelungen zu Versicherungsverträgen** enthält und andere Aspekte der Rechnungslegung von Ver- 5 sicherern (wie zB die Bilanzierung von Kapitalanlagen und von finanziellen Verbindlichkeiten) nach den allgemeinen IFRS (zB IAS 32 und IAS 39 bzw IFRS 9) zu beurteilen sind (IFRS 4.3). IFRS 9 wurde zuletzt am 24. Juli 2014 vom IASB veröffentlicht und ersetzt (Teile des) IAS 39. Er ist grds für Geschäftsjahre anzuwenden, die am oder nach dem 1. Januar 2018 beginnen. Eine frühere Anwendung ist erlaubt. Die Übernahme durch die EU-Kommission steht zwar noch aus, ist jedoch für das zweite Halbjahr 2015 angekündigt. Für Versicherungen erscheint es sinnvoll, die Erstanwendung von IFRS 9 gleichzeitig mit der Umstellung auf den bis dahin erwarteten neuen Versicherungsstandard zu vollziehen, um die Klassifizierung von Finanzinstrumenten und die sich daran anlehnende Bewertung von Versicherungsverpflichtung so zu gestalten, dass *accounting mismatches* minimiert werden können. Sollte sich jedoch die Verabschiedung des neuen Versicherungsstandards auf unbestimmte Zeit verschieben, so müssten für Versicherungsunternehmen nachträglich Umklassifizierungsoptionen bei der Anwendung von IFRS 9 eingeräumt werden.

IFRS 4.45 ermöglicht dem Erstanwender sowie im Falle von zulässigen Änderungen der Bilanzierungs- und Bewertungsmethoden (IFRS 4.22 ff) die Zuordnung (aller) Kapitalanlagen in die Rubrik „erfolgswirksam zum beizulegenden Zeitwert bewertet" (zu Einzelheiten → § 3 Rn 59 und → § 44 Rn 107 f).

6 IFRS 4 ist nach IFRS 4.4 explizit **nicht anzuwenden** auf:
(1) Produktgarantien des Herstellers oder Händlers,
(2) Vermögenswerte und Verbindlichkeiten von Arbeitgebern aus Versorgungsplänen für Arbeitnehmer sowie Verpflichtungen aus Versorgungszusagen von leistungsorientierten Altersversorgungsplänen,
(3) vertragliche Rechte oder Verpflichtungen, die von dem künftigen Gebrauch oder Nutzungsrecht an nicht-finanziellen Vermögenswerten (zB Lizenzgebühren, Nutzungsentgelte, Leasingvergütungen) sowie einer Restwertgarantie bei Finanzierungsleasing abhängen,
(4) finanzielle Garantien, es sei denn, der Garantiegeber hat zuvor ausdrücklich erklärt, dass er solche Verträge als Versicherungsverträge betrachtet,
(5) bei Unternehmenszusammenschlüssen gewährte Zahlungszusagen und
(6) die Bilanzierung von Erstversicherungsverträgen durch den Versicherungsnehmer (mit Ausnahme des Zedenten).

Des Weiteren ist IFRS 4 nicht auf in Versicherungsverträgen enthaltene abspaltungspflichtige eingebettete Derivate (IFRS 4.7) sowie aus Versicherungsverträgen abgespaltene Einlagen- oder Finanzierungskomponenten, sog *deposit components* (IFRS 4.12(b)) anzuwenden.

7 Der Begriff **„Versicherungsvertrag"** wird in **Anhang A** zu IFRS 4 definiert. Danach ist der Versicherungsvertrag ein Vertrag, bei dem eine Partei (der **Versicherer**) ein **signifikantes Versicherungsrisiko** von einer anderen Partei (dem **Versicherungsnehmer**) übernimmt, indem der Versicherer zustimmt, dem Versicherungsnehmer eine Entschädigung zu leisten, wenn ein spezifiziertes ungewisses künftiges Ereignis (das **versicherte Ereignis**) den Versicherungsnehmer nachteilig betrifft.

Diese Definition des Versicherungsvertrags in Anhang A erfolgt ausschließlich für Zwecke der IFRS. Sie wurde im Hinblick auf die Zwecksetzung des IFRS 4 so weit gewählt, damit alle Verträge, bei denen der enthaltene Versicherungsschutz unter einer Bilanzierung nach IAS 39 zu Schwierigkeiten führen könnte, von IFRS 4 erfasst werden. Damit werden komplexe Bilanzierungsfragestellungen, die sich aus einer Anwendung von IAS 39 (bzw IFRS 9) ergeben könnten, vermieden.

8 Während die Begriffe **„Versicherer"** und **„Versicherungsnehmer"** neben den Definitionen im Anhang A weiterer Erläuterungen nicht bedürfen, werden im **Anhang B** ausführlich die Begriffe des **„ungewissen künftigen Ereignis-**

ses" sowie der Unterschied zwischen **„Versicherungsrisiko"** und **„Finanzrisiko"** erläutert. Von besonderer Bedeutung ist die Frage, ob ein **„signifikantes Versicherungsrisiko"** vorliegt, denn nur dann ist man im Regelungsbereich von IFRS 4.

Ungewissheit iSv **Risiko** ist das Kernelement eines Versicherungsvertrags. Bzgl des (versicherten) ungewissen künftigen Ereignisses besteht bei Abschluss eines Versicherungsvertrags das Risiko, ob es überhaupt eintreten wird, wann es ggf eintritt und/oder wie hoch der Schaden/die Entschädigung des Versicherers sein wird (IFRS 4.B2).

Versicherungsrisiko ist lt Anhang A – mit Ausnahme des Finanzrisikos – dasjenige Risiko, das vom Versicherungsnehmer auf den Versicherer **übertragen** wird. Damit sind die mit der Zeichnung des Risikos für den Versicherer resultierenden Kostenrisiken (Bearbeitungskosten, Stornokosten) kein Versicherungsrisiko (IFRS 4.B15), da diese originär mit dem Vertragsschluss entstehen und nicht vom Versicherungsnehmer auf den Versicherer übertragen werden. Für den Rückversicherer sind diese Kosten des Erstversicherers allerdings übertragene Risiken. 9

Wichtig ist hier die Abgrenzung zum **Finanzrisiko.** Dieses wird in Anhang A definiert als Risiko einer möglichen künftigen Änderung eines spezifischen Zinsrisikos, Wertpapierkurses, Rohstoffpreises, Wechselkurses, Preis- oder Ratenindexes, Bonitätsratings oder Kreditindexes oder einer anderen Variablen unter der Voraussetzung, dass die **nicht-finanzielle Variable nicht spezifisch für eine der Vertragsparteien** ist. Dazu gehören nach IFRS 4.B9 zB der Erdbebenindex für eine Region oder ein bestimmter regionaler Temperaturindex. Die nicht-finanziellen Variablen, die für eine Vertragspartei spezifisch sind, wie zB der Eintritt eines Feuers, das einen (versicherten) Vermögenswert der Partei vernichtet, schließen dagegen ein Versicherungsrisiko nicht aus. Das Risiko, dass sich der beizulegende Zeitwert eines nicht-finanziellen Vermögenswerts (zB Kfz) ändert, ist dann kein Finanzrisiko, wenn der beizulegende Zeitwert nicht nur Marktpreisänderungen widerspiegelt, sondern auch den physischen Zustand berücksichtigt. Wenn etwa die Restwertgarantie für das bestimmte Kfz des Versicherungsnehmers den Garantiegeber (Versicherer) dem Risiko der Veränderung des physischen Zustands des Kfz aussetzt, handelt es sich um ein Versicherungsrisiko und kein Finanzrisiko. Ein Versicherungsvertrag liegt zB dann nicht vor (vgl IFRS 4.B14), wenn Leistungspflicht des Vertragspartners besteht, obwohl eine nachteilige Auswirkung des Ereignisses auf den Versicherungsnehmer nicht erfolgt ist. Benutzt bspw ein Versicherungsnehmer ein Derivat, um eine zugrunde liegende nicht-finanzielle Variable abzusichern, die mit Cashflows von einem Vermögenswert des Unternehmens korreliert, so ist das Derivat kein Versicherungsvertrag, weil die Zahlung nicht davon abhängt, ob der Versicherungsnehmer nachteilig durch die Minderung der Cashflows aus dem Vermögenswert betroffen ist. 10

Ein Vertrag, der den Halter neben einem signifikanten Versicherungsrisiko zusätzlich einem Finanzrisiko aussetzt, ist als Versicherungsvertrag zu qualifizieren (IFRS 4.B10).

Nach den in IFRS 4.B18 beschriebenen Beispielen kann davon ausgegangen werden, dass die **üblichen** in **Deutschland gezeichneten Risiken,** die auch nach Aufsichts-, Vertrags- oder Steuerrecht als Versicherungen anerkannt werden, auch nach IFRS 4 **Versicherungsverträge** sind. 11

Nicht als Versicherungsvertrag sind ua folgende **Anlageformen** anzusehen (auch wenn sie als „Versicherungsverträge" bezeichnet werden (IFRS 4.B19)): 12

(1) Lebensversicherungsverträge, bei denen der Versicherer kein signifikantes Sterblichkeitsrisiko trägt (zB fondsgebundene Lebensversicherung mit Todesfallleistung in Höhe des Fondswerts) und
(2) Finanzrückversicherungsverträge.

Sofern diese Verträge finanzielle Vermögenswerte oder finanzielle Verbindlichkeiten bewirken, fallen sie in den Anwendungsbereich von IAS 39 bzw IFRS 9 (IFRS 4.B20), anderenfalls unter IAS 18 (IFRS 4.B21).

13 Die Bezugnahme auf **ein spezifiziertes ungewisses künftiges Ereignis** (Schadenereignis) als **Voraussetzung** für eine Entschädigungszahlung ist das wesentliche Kriterium für das Vorliegen eines Versicherungsvertrags. Nach IFRS 4.B18(c) und (d) sind sowohl das Erleben eines bestimmten Zeitpunkts (Erlebensfallversicherung) als auch Rentenversicherungen Versicherungsverträge (vgl auch IFRS 4.B26). Gleiches gilt für Verträge mit Rentenwahlrecht bei marktgerechten Rentenfaktoren (IFRS 4.B29). Ist der Versicherer allerdings im Zeitpunkt der Ausübung des Rentenwahlrechts frei, den Rentenbetrag zu bestimmen, liegt nach IFRS 4.IG2 Beispiel 1.7 ein Versicherungsvertrag erst dann vor, wenn der Rentenbetrag – nach Ausübung des Wahlrechts – festgelegt wird (es sei denn, die Konditionen sind so marktgemäß, dass ein signifikantes Risiko nicht übernommen wird).

14 **Voraussetzung** für die Anwendung von IFRS 4 ist die Übertragung eines **signifikanten Versicherungsrisikos** auf den Versicherer. **Signifikanz** liegt nach IFRS 4.B23 vor, wenn ein versichertes Ereignis bewirken kann, dass der Versicherer uU umfangreiche (signifikante) zusätzliche Leistungen zu erbringen hat. Dabei ist die Leistung des Versicherers **bei Eintritt** des versicherten Ereignisses mit der Situation **ohne Eintritt** dieses Ergebnisses zu vergleichen. Die Schadenregulierungskosten sind dabei in den Vergleich einzubeziehen (IFRS 4.B24). Dabei hat grds die Beurteilung für jeden Vertrag einzeln zu erfolgen. Daher kann das Versicherungsrisiko auch signifikant sein, wenn die Wahrscheinlichkeit wesentlicher Verluste aus dem Bestand in Summe minimal ist (IFRS 4.B25).

Sofern sich Änderungen im Umfang des Versicherungsrisikos während der Laufzeit ergeben sollten, bleiben diese für den zum Zeitpunkt des Vertragsabschlusses qualifizierten Versicherungsvertrag unbeachtlich. Nach IFRS 4.B30 bleibt ein Vertrag, der die Kriterien eines Versicherungsvertrags erfüllt, so lange ein Versicherungsvertrag, bis alle Rechte und Verpflichtungen aus diesem Vertrag aufgehoben oder erloschen sind.

Neben den beschriebenen Versicherungsverträgen fallen auch **Finanzinstrumente mit einer ermessensabhängigen Überschussbeteiligung** nach IFRS 4.2(b) in den Regelungsbereich des IFRS 4.

15 Nach der Definition von Anhang A ist die **ermessensabhängige Überschussbeteiligung** ein vertragliches Recht, als Ergänzung zu garantierten Leistungen zusätzliche Leistungen zu erhalten,

(1) die wahrscheinlich einen signifikanten Anteil an den gesamten vertraglichen Leistungen ausmachen,
(2) deren Betrag oder Fälligkeit vertraglich im Ermessen des Verpflichteten liegt und
(3) die vertraglich beruhen auf
  (a) dem Ergebnis eines bestimmten Bestands an Verträgen oder eines bestimmten Typs von Verträgen,
  (b) den realisierten und/oder nicht realisierten Kapitalerträgen eines bestimmten Portefeuilles von Vermögenswerten, die vom Versicherer gehalten werden oder
  (c) dem Gewinn oder Verlust des Versicherers (oder eines Tarifs).

In diesen Anwendungsbereich fällt zB die gesetzlich vorgeschriebene Mindestüberschussbeteiligung, die dem Versicherungsnehmer von deutschen Lebens- und Krankenversicherungsunternehmen zu gewähren ist.

2. Eingebettete Derivate

IFRS 4.7 stellt mit Verweis auf IAS 39/IFRS 9 den Grundsatz auf, dass in Finanzinstrumente **eingebettete Derivate** von ihrem **Basisvertrag** zu **separieren,** mit dem beizulegenden Zeitwert zu bewerten und ggf Änderungen dieses beizulegenden Zeitwerts **erfolgswirksam** zu erfassen sind. Dies gilt für Versicherungsverträge allerdings nur dann, wenn das eingebettete Derivat nicht selbst ein Versicherungsvertrag ist. Dies ist konsequent, da Versicherungsverträge nach IAS 39.2(e)/IFRS 9.2.1(e) nicht in den Anwendungsbereich von IAS 39/IFRS 9 fallen. 16

Ob ein eingebettetes Derivat vorliegt, ist anhand der **Definition** des IAS 39.9/ IFRS 9.4.3.1 für das Derivat zu prüfen (→ § 3 Rn 28 und → § 23 Rn 4ff). Wesentliche Beispiele hierzu ergeben sich aus IFRS 4.IG4 Beispiel 2.

Es lässt sich, uE nur unwesentlich vereinfacht, feststellen, dass übliche Versicherungsverträge (zB klassische Todesfalllebensversicherung, Feuerversicherung) ohne zu separierende Derivate konstruiert sind (vgl auch *Sauer* in Lüdenbach/ Hoffmann/Freiberg IFRS § 39 Rz 14).

Zerlegungspflichtig sind hybride Versicherungsverträge, die derivate Komponenten, welche nicht aus Versicherungsverträgen bestehen, enthalten. Dazu gehören nach den Beispielen in IFRS 4.IG4 ua:
(1) bestimmte indexgebundene Rentenversicherungen,
(2) bestimmte fondsgebundene Lebensversicherungen und
(3) Schaden-/Unfallversicherungsverträge, die neben der herkömmlichen Risikoabsicherung Fremdwährungspositionen enthalten.

Nach IFRS 4.7 ist das abzuspaltende Derivat wie ein **Handelswert** mit dem beizulegenden Zeitwert zu bilanzieren, wobei Änderungen erfolgswirksam zu berücksichtigen sind. Sofern eine Abspaltung nicht möglich ist (→ § 23 Rn 29ff), muss das kombinierte Instrument insgesamt erfolgswirksam zum beizulegenden Zeitwert bewertet werden.

Für die **Praxis** wichtig ist der Hinweis, dass IFRS 4.8 ausdrücklich die **Ausnahme** von der **Zerlegung** für die Fälle vorsieht, in denen der Versicherungsvertrag ein betragsmäßig festgelegtes Rückkaufsrecht enthält. Dies gilt auch dann, wenn der Rückkaufswert vom Buchwert der Basisversicherungsverbindlichkeit abweicht. Somit sind die üblichen deutschen Lebensversicherungen mit Rückkaufsoption nicht zu zerlegen. Ist der Wert der Rückkaufoption jedoch variabel (zB durch Koppelung an einen Index oder ein anderes Finanzinstrument) ist die Option separat zum beizulegenden Zeitwert zu bilanzieren (*Ebbers* WPg 2004, 1377 (1381)). Dies gilt auch für in Investmentverträge mit Überschussbeteiligung eingebettete Derivate. Zusammenfassend kann festgestellt werden, dass die in den von deutschen Versicherungsunternehmen angebotenen Versicherungsprodukten enthaltenen eingebetteten Derivate derzeit regelmäßig nicht die Voraussetzungen für eine Abspaltung erfüllen.

Aus eingebetteten Derivaten können sich **Zins- und Marktrisiken** ergeben. 17
Werden diese nach dem Wahlrecht von IFRS 4.8 nicht getrennt bilanziert und zum Verkehrswert bewertet, muss nach IFRS 4.39(e) im Anhang eine Angabe zum Zinsänderungsrisiko und den Marktrisiken aus eingebetteten Derivaten erfolgen.

3. Entflechtung von Einlagenkomponenten

Wenn Versicherungsverträge neben den Versicherungskomponenten auch eine 18
Finanzkomponente enthalten, so ist ein Entflechtungswahlrecht (IFRS 4.10(b)) bzw eine Entflechtungsverpflichtung (IFRS 4.10(a)) bzgl der (zumeist) Sparkomponente (oder sonstigen Finanzkomponente) vorgesehen.

Die Versicherungskomponente ist nach IFRS 4 zu behandeln, für die übrigen Komponenten gilt vor allem IAS 39 bzw IFRS 9.

19 **Voraussetzung** für die **Entflechtung** ist, dass eine getrennte Bewertung erfolgen kann. Dies ist ua dann der Fall, wenn die Finanzkomponente „künstlich" in den Versicherungsvertrag eingebaut ist, aber auch isoliert existieren könnte. Da in Deutschland aufgrund des Vollständigkeitsgebots für Aktiva und Passiva (insbes drohende Verluste aus schwebenden Geschäften) alle Vertragskomponenten erfasst werden, ist die Voraussetzung des IFRS 4.10(a)(ii) regelmäßig nicht erfüllt, sodass grds kein Anwendungsfall der Entflechtungspflicht erkennbar ist und es daher bei dem **Entflechtungswahlrecht** des IFRS 4.10(b) verbleibt. Denkbar ist vielleicht nur ein Rückversicherungsvertrag mit Erfahrungstarifierung (IFRS 4.10 iVm IFRS 4.IG5 Beispiel 3). Eine Zerlegung (insbes der Prämienanteile) wäre nur mit hohem EDV-technischem Aufwand möglich und ist in der Praxis daher unüblich.

II. Ansatz und Bewertung

1. Vorübergehende Befreiung von der Anwendung einiger anderer IFRS

20 Im Fall von **Regelungslücken** sind diese für Versicherungsverträge grds **nicht** nach den dafür geltenden IFRS zu bilanzieren. IFRS 4.13 schließt IAS 8.10 ff ausdrücklich von der Anwendbarkeit für Versicherungsverträge aus. Dies bedeutet, dass die **bisherigen Bilanzierungsmethoden** für Versicherungsverträge **unverändert fortzuführen** sind und zwar unabhängig davon, ob der Versicherer erstmals einen IFRS-Abschluss aufstellt oder für seinen schon bisher nach IFRS aufgestellten Konzernabschluss IFRS 4 anzuwenden hat. Voraussetzung hierfür ist allerdings, dass die bislang angewandten Bilanzierungs- und Bewertungsmethoden den in IFRS 4.14. bis IFRS 4.20 dargestellten Mindestanforderungen genügen. Für die Bilanzierungspraxis ergibt sich hieraus folgende Situation:

(1) Für Versicherer, die bereits vor Inkrafttreten von IFRS 4 einen IFRS-Abschluss aufgestellt haben, gelten die in diesem IFRS-Abschluss bei der Bilanzierung und Bewertung von Versicherungsverträgen angewandten Bilanzierungs- und Bewertungsmethoden, unter Berücksichtigung der Mindestanforderungen, als bislang angewandte Bilanzierungs- und Bewertungsmethoden iSv IFRS 4. Dies bedeutet bspw für deutsche Versicherungsunternehmen, die einen Konzernabschluss nach § 292a HGB aF, also vor Inkrafttreten von IFRS 4 aufgestellt und dabei die im IFRS-Regelungswerk enthaltenen Regelungslücken durch Rückgriffe auf die einschlägigen Regelungen der US-GAAP (ASC Topic 944) geschlossen haben, dass die entspr US-GAAP-Regelungen als bislang angewandte Bilanzierungs- und Bewertungsmethoden anzusehen sind.

(2) Für Versicherer, die erstmals nach Inkrafttreten von IFRS 4 einen IFRS-Abschluss aufgestellt haben, gelten die bisher im Jahres- oder Konzernabschluss angewandten handelsrechtlichen Rechnungslegungsvorschriften als bislang angewandte Bilanzierungs- und Bewertungsmethoden iSv IFRS 4. Für deutsche Versicherer, die nach § 315a HGB einen IFRS-Abschluss erstmals nach Inkrafttreten von IFRS 4 aufgestellt haben, gelten die bisher im handelsrechtlichen Jahres- oder Konzernabschluss angewandten handelsrechtlichen Rechnungslegungsvorschriften, dh vor allem die in den § 341 ff HGB sowie in der RechVersV enthaltenen Vorschriften, als bislang angewandte Bilanzierungs- und Bewertungsmethoden iSv IFRS 4.

Die in den IFRS zur Bilanzierung von Versicherungsverträgen bzw von Sparverträgen mit ermessensabhängiger Überschussbeteiligung bestehenden **Regelungslücken** sollen **nicht** nach den **allgemeinen IFRS-Grundsätzen** geschlossen werden. Dieser einigermaßen ungewöhnliche Regelungsinhalt ist nur aus der Intention des IASB heraus zu verstehen, bis zum Beginn der Phase II möglichst jeden Änderungsaufwand für die bilanzierenden Unternehmen zu vermeiden. Eindeutige, **materielle Regelungen zur Bilanzierung** und **Bewertung** sollen erst von dem in Phase II anzuwendenden Nachfolgestandard zu IFRS 4 umfasst sein. 21

Für die derzeitig gültige Rechtslage bedeutet dies, dass in Phase I die angestrebte internationale Vergleichbarkeit von Jahresabschlüssen von Versicherern nur sehr eingeschränkt erreicht wird, und diesem Ziel ausschließlich über die **Anhangangaben** nach IFRS 4.36ff näher gekommen wird.

Zu den wenigen **materiell bedeutsamen Bilanzierungsregelungen des IFRS 4** gehören folgende: 22

(1) Rückstellungen für Verpflichtungen aus noch nicht bestehenden Verträgen dürfen nicht gebildet werden (zB Schwankungsrückstellung),
(2) Durchführung eines Angemessenheitstests für versicherungstechnische Verbindlichkeiten,
(3) Versicherungsverbindlichkeiten sind nur auszubuchen, wenn die Verpflichtung (teilweise) erfüllt, gekündigt oder erloschen ist,
(4) Verbot der Saldierung von Rückversicherungsposten in Bilanz und Gesamtergebnisrechnung sowie
(5) Pflicht zur Überprüfung der Werthaltigkeit der Rückversicherungsforderungen.

Eine bedeutsame Ausnahme vom Grundsatz der (unveränderten) Fortführung der versicherungstechnischen Passiva ist das **Bilanzierungsverbot für Schwankungsrückstellungen.** Es ergibt sich aus dem Rahmenkonzept (F.4.4ff), wonach nur Vermögenswerte, Schulden und Eigenkapital bilanziert werden dürfen. Schwankungsrückstellungen nach § 341h HGB, die einen Ausgleich von Schadenshäufigkeit und -höhe über einen längeren Zeitraum ermöglichen sollen, sind keine Schulden iSd *asset/liability*-Konzepts des Rahmenkonzepts. Im Hinblick auf die Bedeutung solcher zyklischen Schwankungen ist nach IFRS 4.IG55ff die verbale Berichterstattung im Rahmen des Anhangs verpflichtend. Es sei darauf hingewiesen, dass Schwankungsrückstellungen nach dem langfristig angelegten Versicherungsgeschäft und dem Prinzip des Schadenausgleichs über die Zeit nach unserem Verständnis ein Bilanzinstrument sind, um das Geschäft und die daraus resultierenden Risiken sachgerecht abzubilden. Die angelsächsisch geprägte Praxis betreibt hierfür Eigenmittelvorsorge (vgl *Perlet* in FS Richter, 296f). Für deutsche Versicherungsunternehmen bedeutet dies bspw, dass sie im Rahmen der Aufstellung ihres IFRS-Konzernabschlusses ihre nach handelsrechtlicher Rechnungslegung (und mit steuerlicher Wirkung) gebildeten Schwankungsrückstellungen bzw der Schwankungsrückstellung ähnliche Rückstellungen erfolgswirksam unter Berücksichtigung von latenten Steuern auflösen müssen. 23

IFRS 4.14(b) verpflichtet Versicherer dazu, für versicherungstechnische Verbindlichkeiten einen **Angemessenheitstest** durchzuführen. Nach IFRS 4.15ff muss zu jedem Bilanzstichtag unter Berücksichtigung aller erwarteten Zahlungsströme eine Schätzung vorgenommen werden, ob der Buchwert der Versicherungsverbindlichkeiten dem Barwert der erwarteten Zahlungsströme mindestens entspricht. Der Ansatz des Erwartungswerts (bester Schätzwert) genügt, dh die Bewertung muss nicht (übermäßig) vorsichtig iSd § 341e HGB sein. Sofern allerdings die bislang vom Versicherungsunternehmen angewandten Bilanzierungs- und Bewertungsmethoden die Durchführung eines den Anforderungen 24 des IFRS 4.16 genügenden Angemessenheitstests für Verbindlichkeiten *(liability adequacy tests)* vorschreiben, kann das Versicherungsunternehmen auf die gesonderte/erneute Durchführung eines dieses Angemessenheitstests nach IFRS 4.16 verzichten. ZB können die von deutschen Krankenversicherungen durchgeführten Berechnungen zur Überprüfung der Beitragsanpassung als Angemessenheitstest für Verbindlichkeiten iSv IFRS 4.16 angesehen werden. Gleiches gilt für die von deutschen Schaden- und Unfallversicherungsunternehmen im Rahmen von § 341e Abs 2 Nr 3 HGB durchzuführende Überprüfung, ob die Dotierung einer Drohverlustrückstellung erforderlich ist. Schließlich können die vom verantwortlichen Aktuar eines deutschen Lebensversicherungsunternehmens durchgeführten Berechnungen zur Sicherstellung der Angemessenheit der versicherungstechnischen Rückstellungen als Angemessenheitstest für Verbindlichkeiten angesehen werden.

Zum Diskontierungszinssatz für die notwendige Cashflow-Berechnung sowie zu der Aggregationsstufe, auf der der Angemessenheitstest für Verbindlichkeiten durchzuführen ist, erfolgen in IFRS 4.15 ff keine Vorgaben. Die im Einklang mit den HGB-Bewertungsgrundsätzen entwickelten Bilanzierungsmethoden genügen regelmäßig diesen Mindestanforderungen.

25 Die in Deutschland vorgesehene **Saldierung** von Bruttorückstellungen abzüglich **Rückversicherungsanteil** auf der Passivseite der Bilanz ist nach IFRS 4.14(d) **nicht zulässig.** Gleiches gilt für die in Deutschland übliche Saldierung in der GuV. Bzgl des Saldierungsverbots gehen die IFRS damit über die Grundsätze der US-GAAP hinaus, die eine Saldierung in der GuV erlauben.

26 Eine **Abwertung** von aktivierten Ansprüchen aus dem passiven **Rückversicherungsvertrag** ist nach IFRS 4.20 vorzunehmen, wenn objektive Hinweise darauf vorliegen, dass die Ansprüche nicht (voll) erfüllt werden können.

In diesem Fall wären die Buchwerte entspr den Vorgaben des IAS 39.59 zu mindern.

27 Im Folgenden geben wir für ausgewählte Posten der Versicherungsbilanz einen kurzen Überblick über **Besonderheiten,** die sich aus der Bilanzierung von Versicherungsverträgen nach IFRS 4 ergeben. Bei den versicherungstechnischen Rückstellungen wird dabei, mit Ausnahme der Schwankungsrückstellung, ausschließlich auf diejenigen Besonderheiten eingegangen, die sich aus der Bilanzierung nach US-GAAP ergeben. Für eine ausführliche Darstellung der Bilanzierung der versicherungstechnischen Posten verweisen wir auf *Rockel/Helten/Loy/Ott,* 106 ff.

28 (1) Die **Bilanzierung des Grundbesitzes** richtet sich in Abhängigkeit der tatsächlichen Nutzung nach IAS 16 (Eigennutzung) bzw IAS 40 (Fremdnutzung). Das bilanzierende Versicherungsunternehmen kann nach IAS 16 zwischen der Bewertung zu fortgeführten Anschaffungs- oder Herstellungskosten und der Bewertung zu einem Neubewertungswert wählen (IAS 16.29). IAS 40 sieht dagegen grds eine Bewertung zum beizulegenden Zeitwert vor, sofern dieser zuverlässig ermittelt werden kann (IAS 40.33, → § 6 Rn 40 ff).

29 (2) Die Bilanzierung der **Anteile an verbundenen Unternehmen,** Beteiligungen sowie **Ausleihungen** an diese Unternehmensgruppen ist in IFRS 10, IAS 27 bzw IAS 28 geregelt. Die Bewertung der Anteile an verbundenen Unternehmen erfolgt zu Anschaffungskosten oder in Übereinstimmung mit den Vorschriften des IAS 39/IFRS 9 (IAS 27.10). Die Bewertung von Anteilen an assoziierten Unternehmen wird grds nach der Equity-Methode vorgenommen, es sei denn, die Anteile werden nach IFRS 5 klassifiziert, oder die Ausnahmen gem IAS 28.17 ff treffen zu.

30 (3) Die Bilanzierung der **restlichen Kapitalanlagen** ist grds in IAS 39 *(Financial Instruments)* bzw IFRS 9 geregelt. Ein Finanzinstrument wird definiert als

ein Vertrag, der gleichzeitig bei dem einen Unternehmen zu einem finanziellen Vermögenswert und bei einem anderen zu einer finanziellen Verbindlichkeit oder einem Eigenkapitalinstrument führt (IAS 32.11). Die Bewertung der Finanzinstrumente erfolgt in Abhängigkeit der Zuordnung zu den Kategorien (a) finanzielle Vermögenswerte, die erfolgswirksam zum beizulegenden Zeitwert bewertet werden, (b) bis zur Endfälligkeit gehaltene Finanzinvestitionen, (c) Kredite und Forderungen und (d) zur Veräußerung verfügbare finanzielle Vermögenswerte (IAS 39.45) bzw gem IFRS 9-Kategorien (b) finanzielle Vermögenswerte, die zum beizulegenden Zeitwert bewertet werden und bei denen die Änderung des Zeitwerts im sonstigen Ergebnis erfasst wird oder (c) finanzielle Vermögenswerte zu fortgeführten Anschaffungskosten (IFRS 9.5.2.1). Beim erstmaligen Ansatz sind finanzielle Vermögenswerte idR mit dem beizulegenden Zeitwert abzüglich von eventuell angefallenen Transaktionskosten zu bewerten (IAS 39.46/IFRS 9.5.1.1).

(4) **Erträge** werden gem US-GAAP nach dem Leistungsfortschritt (*percentage of completion*-Methode) vereinnahmt. Daher sind in der Schaden- und Unfallversicherung Beiträge so über die Laufzeit zu verteilen, wie der entspr Versicherungsschutz gewährt wird (ASC 944-605-25-1). Beiträge, die in der einen Periode zu einer Einzahlung, jedoch erst in der Folgeperiode zu einem Ertrag führen, sind am Abschlussstichtag abzugrenzen *(unearned premiums)*. Das versicherungstechnische Risiko wird dabei in der Regel gleichmäßig über die Laufzeit des Vertrags verteilt (zeitproportional). Die Ermittlung der Beitragsüberträge erfolgt grds pro rata temporis ohne Kostenabzug. Die Abschlusskosten werden aktiviert *(deferred acquisition costs)* und über die Laufzeit verteilt. In der Lebensversicherung mit natürlicher Gewinnbeteiligung und in der Krankenversicherung werden Beiträge nicht über die Beitragsüberträge abgegrenzt (ASC 944-605-25-3). Aus der sofortigen Ertragsvereinnahmung resultiert eine entspr Erhöhung der Deckungsrückstellung. 31

(5) Die US-GAAP enthalten keine konkreten Vorschriften zur Zuführung zur **Rückstellung für Beitragsrückerstattung.** Für die in Deutschland typische Lebensversicherung mit natürlicher Gewinnbeteiligung (Produkte nach ASC 944-20 iVm ASC 944-605-25-3) erfolgt auch nach US-GAAP die Bildung einer Rückstellung für Beitragsrückerstattung in Einklang mit dem deutschen Überschussbeteiligungssystem. Dabei wird auf die Regelungen der HGB-Bilanzierung zurückgegriffen. Die Teilrückstellung für Schlussüberschussanteile ist allerdings für US-GAAP-Zwecke von der Rückstellung für Beitragsrückerstattung abzuziehen und als Bestandteil der Deckungsrückstellung *(liability for terminal dividends)* auszuweisen. Für Versicherungsprodukte, die nach ASC Topic 944 bilanziert werden, kann ebenfalls auf die Bilanzierung nach HGB zurückgegriffen werden. Die im Rahmen der IFRS-Erstanwendung bzw bei der Umbewertung vom Einzelabschluss nach HGB auf den Konzernabschluss nach IFRS bzw US-GAAP resultierenden Unterschiedsbeträge führen bei natürlichen Überschusssystemen iSd ASC 944-20 zu einer latenten Beitragsrückerstattung sowie zu latenten Steuern (*Rockel/Helten/Loy/Ott,* 168). 32

(6) Für die **Lebensversicherung ohne natürliche Gewinnbeteiligung** (ASC Topic 944) und die **Lebensversicherung mit natürlicher Gewinnbeteiligung** (ASC 944-20) gelten jeweils eigenständige Rechnungsgrundlagen, unterschiedliche Bewertungsvorschriften für die Deckungsrückstellung sowie eine unterschiedliche Behandlung der Abschlusskosten. Darüber hinaus sieht ASC 944-20-15 spezielle Regelungen für bestimmte Verträge, wie zB Investmentverträge, die kein signifikantes versicherungstechnisches Risiko ent- 33

halten, vor. Für Lebensversicherungsverträge ohne natürliche Gewinnbeteiligung (ASC Topic 944) sind realitätsnahe Rechnungsgrundlagen (Zinsen, biometrische Rechnungsgrundlagen, Stornowahrscheinlichkeiten) unter Berücksichtigung von Sicherheitsmargen zu verwenden. Es gilt das sog Lock-in-Prinzip, es sei denn, es liegt ein Prämiendefizit vor. Nach ASC Topic 944 kann die Deckungsrückstellung sowohl prospektiv als auch retrospektiv berechnet werden. Des Weiteren werden nach US-GAAP Abschlusskosten, die im engen Zusammenhang mit dem Vertragsabschluss stehen und variabel zu dem akquirierten Neugeschäft sind, aktiviert und entspr der Ertragsrealisation über die Laufzeit des Versicherungsbestands verteilt (ASC 944-30). Für Lebensversicherungsverträge mit natürlicher Gewinnbeteiligung (ASC 944-20 iVm ASC 944-605-25-3) setzt sich die Deckungsrückstellung aus den folgenden drei Teilrückstellungen zusammen:
(a) Rückstellung für Versicherungsleistungen,
(b) Rückstellung für Schlusszahlungen und
(c) Rückstellungen für drohende Verluste.
Auch hier dienen als Rechnungsgrundlagen der Rechnungszins, die biometrischen Rechnungsgrundlagen und Stornowahrscheinlichkeiten. Nach ASC Topic 944 werden keine Sicherheitszuschläge auf die ermittelten Rechnungsgrundlagen erhoben. Die aktivierten Abschlusskosten werden über die Laufzeit des jeweiligen Versicherungsbestands konstant abgeschrieben. Vor der Tilgung der Abschlusskosten ist allerdings ein Werthaltigkeitstest *(test of recoverability)* durchzuführen.

34 (7) Die Bilanzierung der **Schadenrückstellungen** *(liability for unpaid claims)* nach US-GAAP ist vor allem in ASC Topic 944 geregelt. Als **Teilrückstellungen** unterscheidet ASC 944-40-25-1
(a) Teilschadenrückstellung für bekannte Versicherungsfälle *(incurred and reported claims),*
(b) Teilschadenrückstellung für Spätschäden *(incurred but not reported claims)* und
(c) Teilrückstellung für Schadenregulierungsaufwendungen *(claim adjustment expenses).*
Die Bewertung der Schadenrückstellung nach US-GAAP folgt nicht zwingend dem Grundsatz der Einzelbewertung, sondern erfolgt idR auf Teil-Portefeuillebasis unter Anwendung versicherungsmathematischer Schadenreservierungsverfahren wie dem *chain-ladder*-Verfahren oder dem Bornhuetter-Ferguson-Verfahren. Eine Abzinsung ist grds nur dann gestattet, wenn die aufsichtsrechtlichen Vorschriften eine Abzinsung vorsehen und bzw oder wenn der genaue Betrag und der genaue Zeitpunkt der Rückstellung zuverlässig bestimmbar sind. Somit sind Schadenrückstellungen für Versicherungsverträge, die der Aufsicht durch die BaFin unterliegen, mit Ausnahme von Rentenverpflichtungen auch für US-GAAP-Anwender nicht abzuzinsen. Hinsichtlich der Höhe der Rückstellungsbewertung ist nach US-GAAP kein dem HGB vergleichbares Vorsichtsprinzip maßgeblich. Die Bewertung erfolgt nach FASB ASC 944-40 mit dem wahrscheinlichsten Wert *(best estimate),* wobei die Verhältnisse zum Erfüllungszeitpunkt *(ultimate-cost-principle)* ausschlaggebend sind (*Rockel/Helten/Loy/Ott,* 194f).

35 (8) In den US-GAAP finden sich keine Vorschriften für die Bildung von **Schwankungsrückstellungen** bzw der Schwankungsrückstellung ähnliche Rückstellungen. Auch nach den Vorschriften des IASB erfüllen die Schwankungs- und Großrisikenrückstellungen nicht die Anforderungen an eine *liabilty* (F.4.4(b); → Rn 23).

2. Änderung der Bilanzierungs- und Bewertungsmethoden

Die Regelungen des IFRS 4 zur **Zulässigkeit von Methodenänderungen** gelten nach IFRS 4.21 unbeschadet der Tatsache, ob der bilanzierende Versicherer schon bisher nach IFRS bilanziert hat oder ob der Jahresabschluss erstmalig nach IFRS erstellt wird oder zukünftig geändert werden soll. 36

Die weit reichende Bedeutung der IFRS 4.22 ff ergibt sich daraus, dass mit der erstmaligen Anwendung des IFRS 4 grds die versicherungstechnischen Verpflichtungen nach unveränderten Methoden zu bilanzieren sind, dh eine Fortführung der bestehenden Bilanzierungspolitik weitestgehend erlaubt ist (→ Rn 20).

Wann und unter welchen Restriktionen Methodenänderungen auch im Zusammenhang mit der erstmaligen Umstellung auf IFRS erlaubt sind, regeln detailliert IFRS 4.22 ff. Diesbezüglich gilt der Grundsatz, dass der Jahresabschluss mit einer **Änderung** für die wirtschaftliche Entscheidungsfindung der Abschlussadressaten **relevanter** oder **verlässlicher** werden muss, ohne gleichzeitig das jeweils andere Kriterium zu beeinträchtigen. Die Frage, ob die Relevanz oder Verlässlichkeit des Abschlusses durch die Änderung verbessert wird, ist nach den Kriterien des IAS 8 zu beurteilen.

Versicherungsunternehmen dürfen nach IFRS 4.45 im Rahmen der Änderung der Bilanzierungs- und Bewertungsmethoden gem IFRS 4.22 im Bestand befindliche **finanzielle Vermögenswerte** in die Kategorie erfolgswirksam zum beizulegenden Zeitwert umwidmen. 37

Nach IFRS 4.24 **darf** ein Versicherer seine **versicherungstechnischen Verbindlichkeiten** unter Einbeziehung von **Abzinsungen** mit **marktüblichen Zinssätzen** erfolgswirksam neu bewerten. Nicht zulässig ist es aber, den umgekehrten Weg zu gehen und bisher abgezinste Verbindlichkeiten mit dem Nominalwert anzusetzen (IFRS 4.25(a)). 38

Ein Übergang von einer Abzinsung mit **Marktzinssätzen** zu einer Berücksichtigung von **unternehmensindividuellen Zinssätzen** ist nach IFRS 4.27 grds nicht zulässig. Die von den erwarteten unternehmensindividuellen Kapitalanlageerträgen abhängige Bewertung wird als weniger relevant und zuverlässig eingestuft, kann daher nur durch den Beweis des Gegenteils, dh der höheren Relevanz oder Verlässlichkeit, widerlegt und damit als berechtigte Änderung akzeptiert werden. In IFRS 4.28 werden Beispiele dargestellt, wann die widerlegbare Vermutung erfüllt ist, und damit unternehmensindividuelle Zinsannahmen bei der Kalkulation der Abzinsung der versicherungstechnischen Passiva angewandt werden dürfen. So kann zB ein Übergang dann die Relevanz und Verlässlichkeit verbessern, wenn nach der bisherigen (für den HGB-Abschluss verwandten) Methode aufsichtsrechtlich vorgegebene, sehr konservative langfristige Annahmen zugrunde lagen (vgl auch *Engeländer/Kölschbach* VW 2004, 576 (576)). 39

Unzulässig wäre weiterhin die Einführung einer über den beizulegenden Zeitwert hinausgehenden Bewertung von künftigen Gewinnen aus Verwaltungs- und Betriebskostenzuschlägen (IFRS 4.25(b)). Dies betrifft insbes die in britischen Bankkonzernen praktizierte Bewertung des Vertragsbestands von Versicherungstochterunternehmen mit dem ***embedded value,*** der sich oft nicht mit Marktwerten rechtfertigen lässt. 40

IFRS 4.25(c) lässt zu, dass bestehende **uneinheitliche Bilanzierungs- und Bewertungsmethoden im Konzernabschluss** – sofern nach § 300 Abs 2 HGB und § 308 Abs 2 Satz 2 HGB zulässig – zwar nach dem Übergang auf die IFRS fortgeführt werden können, aber bei einer Änderung der Umfang der Abweichungen nicht vergrößert werden darf. 41

Wichtig erscheint die Regelung in IFRS 4.26, wonach explizit festgehalten wird, dass **übermäßige Vorsicht** (zB iSv § 341e HGB) **beibehalten** werden darf (was nach dem Grundsatz der unveränderten Fortführung der Bewertungsmethode selbstverständlich ist und daher uE nicht hätte hervorgehoben werden müssen). Ergänzt wird die Regel um den Zusatz, dass bei vorhandener ausreichender Vorsicht (was bei Anwendung der HGB-Grundsätze nicht zweifelhaft sein sollte) eine zusätzliche Vorsicht nicht in die Bewertungsmethode eingeführt werden darf.

42 IFRS 4.30 enthält eine weitere Regelung zu einem Änderungstatbestand. Danach darf der Versicherer seine Bilanzierungs- und Bewertungsmethoden so ändern, dass ein erfasster aber **nicht realisierter Gewinn oder Verlust** aus einem Vermögenswert die Bewertung der versicherungstechnischen Passiva (einschließlich der zugehörigen abgegrenzten Abschlusskosten) in gleicher Weise beeinflusst, wie ein realisierter Gewinn oder Verlust es täte. Dies bedeutet, dass die in Deutschland davon idR betroffene Rückstellung für Beitragsrückerstattung so bemessen werden darf, wie sie bei einem realisierten Gewinn oder Verlust darzustellen wäre **(Schattenbilanzierung).** Die Darstellung erfolgt dann allerdings als „latente Beitragsrückerstattung" (vgl *Engländer/Kölschbach* VW 2004, 576 (578)). Im Ergebnis wird durch die Bilanzierung der latenten Rückstellung für Beitragsrückerstattung die Beteiligung der Versicherungsnehmer an der zukünftigen Realisierung der zu diesem Zeitpunkt noch nicht realisierten Gewinne antizipiert.

Die Frage, wie die Zuführung zur (latenten) **Rückstellung für Beitragsrückerstattung (RfB)** buchhalterisch zu erfassen ist, hängt davon ab, wie der korrespondierende unrealisierte Gewinn oder Verlust ausgewiesen wird. Erfolgt die Buchung hier erfolgswirksam (wie zB bei Marktwertschwankungen von zu Handelszwecken gehaltenen Wertpapieren), so gilt dies auch für die „Schattenbilanzierung" der RfB. Erfolgt umgekehrt eine Buchung erfolgsneutral im sonstigen Ergebnis, so gilt dies auch für die korrespondierende „Schattenbilanzierung".

43 Im Fall der Ausübung von **Methodenänderungen** ergibt sich eine Berichterstattungspflicht im **Anhang** entspr den Regeln von IAS 8. Dies gilt sowohl für Änderungen im Zusammenhang mit der erstmaligen Bilanzierung nach IFRS wie auch bei Änderungen zu nachfolgenden Bilanzierungszeitpunkten. Angabepflichten ergeben sich dabei aus IAS 8.28 ff und IAS 8.39 f (→ § 45 Rn 9 ff).

3. Erwerb aus Versicherungsverträgen durch Unternehmenszusammenschluss oder Bestandsübertragung

44 IFRS 4.31 gewährt Versicherern für den Fall von **erworbenen Versicherungsbeständen** bzw des Erwerbs von ganzen Versicherungsunternehmen eine Ausnahme von der Regelung des IFRS 3. Grds wäre nach IFRS 3 eine Bewertung aller Rechte und Pflichten mit dem beizulegenden Zeitwert zum Zeitpunkt des Erwerbs vorzunehmen. Erworbene Versicherungsverträge sollen aber nicht mit dem beizulegenden Zeitwert bewertet werden. Daher musste konsequenterweise eine Ausnahme von IFRS 3 für Versicherer geschaffen werden. Somit erlaubt IFRS 4.31 solche (erworbenen) Versicherungsbestände mit dem Wert anzusetzen, der sich aus der Fortführung der derzeitigen Bilanzierungsmethode ergibt. Dazu dürfen **erworbene Versicherungsverträge** gem IFRS 4.31 bzw IFRS 4.32 in **zwei Komponenten** aufgeteilt werden:

(1) Neben den versicherungstechnischen Verbindlichkeiten, die zu den (nicht neu bewerteten) Werten fortgeführt werden dürfen, ergibt sich
(2) ein immaterieller Vermögenswert als ein sog Bestandswert, als Differenz zwischen dem fortgeführten Rückstellungsbetrag und dem Zeitwert der aus dem

erworbenen Vertragsbestand resultierenden Rechte und Verpflichtungen. Dieser Wert ist in den Folgejahren wertmäßig im Einklang mit der Bewertung der zugehörigen Versicherungsverbindlichkeit fortzuführen.

Dies bedeutet – anders als bei einem Geschäfts- oder Firmenwert nach IFRS 3.55 – eine planmäßige Abschreibung des immateriellen Vermögenswerts **(Bewertungsunterschiede erworbener Versicherungsverbindlichkeiten)** entspr der Abwicklung der im Rahmen des Erwerbs übernommenen versicherungstechnischen Rückstellungen. Dh im Ergebnis, dass die bei der Bestandsübertragung vergüteten stillen Reserven in den versicherungstechnischen Rückstellungen, die uA aus Nichtabzinsung, Einzelbewertung, der besonders vorsichtigen Bewertung gem § 341e HGB oä Bewertungsmaßnahmen resultieren können, in einer Bruttobilanzierung gesondert erfasst werden müssen und damit nicht linear, sondern entspr der Schadenzahlung, aufzulösen sind.

Für **Bestandsübertragungen** gilt nach IFRS 4.32 naturgemäß dasselbe wie für aus gleichem wirtschaftlichem Grund entstandene Unterschiedsbeträge aus der Konsolidierung erworbener TU.

Für diese immateriellen Vermögenswerte aus dem „Bewertungsunterschied 45
erworbener Versicherungsverbindlichkeiten" gelten die **allgemeinen Regeln** zu Wertminderungen (IAS 36) und immateriellen Vermögenswerten (IAS 38) **nicht** (IFRS 4.33).

Die hier beschriebene **Ausnahmeregelung** für den Ansatz von immateriellen Vermögenswerten aus versicherungstechnischen Passiva gilt systemkonform **nicht** für solche Kaufpreisbestandteile, die nicht für stille Reserven in den Schadenrückstellungen bezahlt wurden, sondern für das **zukünftige Neugeschäft.** In diesem Falle stehen nicht Bewertungsfragen von bestehenden Versicherungsverträgen iSd Anwendungsbereichs von IFRS 4.2, IFRS 4.31 ff in Rede, sondern ganz normale immaterielle Vermögenswerte iSd IAS 38.

Auf die Beispiele zu **IFRS 3** sei an dieser Stelle ergänzend hingewiesen. Danach (IFRS 3.IE30(d) (2008)) sind die kaufpreisbeeinflussenden Chancen, die sich aus *cross-selling*-Potenzialen oder Vertragsverlängerungen ergeben, im Rahmen eines bei Unternehmenszusammenschlüssen erworbenen immateriellen Vermögenswerts auszuweisen und nicht als „Bewertungsunterschied erworbener Versicherungsverbindlichkeiten" (IFRS 4.33) zu bewerten.

Die **Anhangangaben** bzgl des aktivierten immateriellen Vermögenswerts aus 46
dem „Bewertungsunterschied erworbener Versicherungsverbindlichkeiten" ergeben sich aus IFRS 4.37(b), im Übrigen aus IFRS 3.B60.

4. Ermessensabhängige Überschussbeteiligung

IFRS 4.34 bietet für die Bilanzierung von **Versicherungsverträgen** mit er- 47
messensabhängiger Überschussbeteiligung **Wahlrechte** an, legt dabei aber abschließend fest, dass der Ausweis als **Zwischenkategorie** zwischen Eigen- und Fremdkapital unzulässig ist.

Die **fondsgebundene Lebensversicherung** fällt nicht unter die Kategorie der ermessenabhängigen Überschussbeteiligung, da hier die Ablaufleistung ohne Ermessen des Versicherers direkt aus dem Wert der anteiligen Fondsanteile abzuleiten ist.

IFRS 4.34 hat in Deutschland Bedeutung für den Bilanzausweis der freien Anteile an der **Rückstellung für Beitragsrückerstattung (RfB).** Nach den allerdings nur für den Einzelabschluss relevanten Vorschriften des VAG (§ 56a VAG) handelt es sich bei dem (noch) nicht gebundenen Teil der RfB um Gewinnanteile, die den Versicherungsnehmern noch nicht zugeordnet sind. Aus steuerlichen Gründen (§ 21 Abs 2 KStG) dürfen sie nicht höher sein, als die Zuführungen zur

RfB innerhalb der letzten drei Jahre (bis Veranlagungszeitraum 2015: Zuführungen der letzten vier Jahre, aber nicht höher als das 1,2-fache der Summe der drei zulässigen Zuführungen für den Veranlagungszeitraum 2009) einschließlich des bis zum Bilanzstichtag verbindlich festgelegten Ausschüttungsbetrags. Die freie RfB kann nach § 56a VAG auch in Anspruch genommen werden, um im Interesse der Versicherungsnehmer einen Notstand abzuwenden oder einen Verlustausweis des Versicherers zu vermeiden.

48 IFRS 4.34 regelt, dass die ermessensabhängigen Bestandteile von den garantierten Überschussanteilen getrennt ausgewiesen werden dürfen. In diesem Fall ist der **garantierte Anteil** als **Verbindlichkeit** auszuweisen, der **ermessensabhängige** Teil **kann** dann entweder als Verbindlichkeit oder als **gesonderte Komponente des Eigenkapitals** ausgewiesen werden. Eine Zwischenkategorie, die weder Eigen- noch Fremdkapital ist, ist nicht erlaubt. Der Standard setzt keine Maßstäbe nach welchen Grundsätzen die Aufteilung in Eigen- oder Fremdkapital zu erfolgen hat, verlangt aber eine einheitliche Methode.

Nach dem von IFRS 4 festgelegten Grundsatz der unveränderten Übernahme der bisherigen Bilanzierung (idR nach nationalem Recht) in die IFRS bedeutet dies, dass die freie RfB als Hauptanwendungsfall von IFRS 4.34 auch nach IFRS als Verbindlichkeit (versicherungstechnische Rückstellung) auszuweisen ist. Eine nach IFRS 4.22 theoretisch zulässige Methodenänderung scheidet uE aus, da eine Umgliederung ins Eigenkapital weder eine Verbesserung der Relevanz noch der Verlässlichkeit darstellt, denn auch die freie RfB nach § 56a VAG unterliegt einer restriktiven Verwendungsmöglichkeit und steht im Grundsatz (nach Verwendung) den Versicherungsnehmern zu. Die Auflösung zum Ausgleich zukünftiger Verluste kommt zum einen im Normalfall nicht vor, zum anderen kann durch eine vorgezogene Darstellung im Eigenkapital (die Auflösung der freien RfB zum Verlustausgleich wäre nur mit Zustimmung der BaFin möglich) uE unter keinem vorstellbaren Gesichtspunkt eine verlässlichere Darstellung der Situation des Versicherers erreicht werden.

49 IFRS 4.34(c) erlaubt, dass alle **Prämien** aus einem solchen Versicherungsvertrag erfolgswirksam erfasst werden, auch wenn ein Teil bei einer entspr Ausübung des Wahlrechts in der Eigenkapitalkomponente erfasst wird. Die Regelung legt weiter fest, dass der Teil, der schlussendlich der Eigenkapitalkomponente zugerechnet werden kann, als Ergebnisverwendung auszuweisen ist.

50 Gleiche Bilanzierungsgrundsätze/-wahlrechte bestehen nach IFRS 4.35 auch für **Finanzinstrumente mit ermessensabhängigen Überschussbeteiligungen.**

51 Es wird ergänzend (IFRS 4.35(a)) darauf hingewiesen, dass für den Fall eines nicht getrennten Ausweises die gesonderte Überschussbeteiligung als Verbindlichkeit dem **Angemessenheitstest** nach IFRS 4.15 ff unterliegt (→ Rn 24) und damit nur die für Versicherungsverträge geltenden Bestimmungen des IFRS 4 maßgeblich sind.

Für den **umgekehrten Fall** des getrennten Ausweises muss die ausgewiesene Verbindlichkeit (dh für das garantierte Element) mindestens die Höhe haben, die sich hierfür nach IAS 39 ergibt; somit sind insbes anfängliche Abschlusskosten nur beschränkt berücksichtigungsfähig.

Beiträge für solche Sparverträge dürfen nach IFRS 4.35(c) als Erträge gezeigt werden, obwohl es sich bei diesen Verträgen um Finanzinstrumente handelt.

Nach IFRS 4.35(d) hat der Verpflichtete, der IFRS 7.20(b) auf Verträge mit einer ermessensabhängigen Überschussbeteiligung anwendet, sämtliche erfolgswirksam erfassten Zinsaufwendungen anzugeben, wobei er aber nicht die **Effektivverzinsungsmethode** anwenden muss.

III. Angaben im Anhang

Wie in → Rn 21 dargelegt, beschränkt sich IFRS 4 auf **wenige materiellrechtliche Vorschriften.** Der Standard geht für die Phase I davon aus, dass die versicherungsspezifischen Bilanzierungs- und Bewertungsvorschriften unzureichend sind, um eine einheitliche und vergleichbare Rechnungslegung für Versicherer zu gewährleisten. Die wenigen materiellrechtlichen Regelungsinhalte (wie zB das Verbot der Bilanzierung von Großschadenrückstellungen, → Rn 23) scheinen das Ergebnis eines denkbar geringen Konsens zwischen den Interessenvertretern zu sein. 52

Schwerpunkt des IFRS 4 ist daher nach dem eigenen Verständnis des IASB als Minimalergebnis die Verbesserung und Erhöhung der Transparenz durch ein **Mindestmaß an Anhangangaben,** um so bei der Vergleichbarkeit der IFRS-Abschlüsse Fortschritte zu erzielen. 53

Um dieses, nach den urspr deutlich höher gesteckten Forderungen (vgl DSOP 2002 und ED 5 vom 31. Juli 2003), nicht mehr sehr weit reichende Ziel zu erreichen, enthält IFRS 4 zwei Absätze (IFRS 4.36 und IFRS 4.38), die jeweils eine Art **Generalnorm** darstellen und in anschließenden Absätzen konkretisiert werden.

Zur Verbesserung der Transparenz und Vergleichbarkeit wird vorgeschrieben, dass ein Versicherer **Angaben** zu machen hat, die

(1) die **Beträge** in seinem Abschluss, die aus **Versicherungsverträgen** stammen, identifizieren und erläutern (IFRS 4.36) und
(2) es den Abschlussadressaten ermöglichen sollen, Art und Ausmaß der Risiken aufgrund von Versicherungsverträgen zu beurteilen (IFRS 4.38).

Während die **erste Kategorie abschlussbezogen** ist und sich damit auf die Erläuterung der Bilanzierungs- und Bewertungsmethoden, der Parameter (zB für die Ermittlung der Schadenrückstellungen), der Änderungen und der Rückversicherungsverhältnisse konzentriert, ist die **zweite Kategorie** vor allem auf die Berichterstattung über die aus Versicherungsverträgen resultierenden **versicherungstechnischen Risiken** sowie die aus Versicherungsverträgen und Finanzinstrumenten resultierenden **Ausfall-, Liquiditäts- und Marktrisiken** ausgerichtet. Nach IFRS 4.IG41 sollen dabei die Angaben über Art und Ausmaß auf zwei Grundsätzen beruhen: 54

(1) qualitative und quantitative Angaben sollen zueinander in einem ausgewogenen Verhältnis stehen,
(2) die Angaben sollen mit der Risikowahrnehmung des Managements, mit den vom Management angewandten Risikomanagementverfahren und den im Rahmen des Risikomanagements verfolgten Zielsetzungen in Einklang stehen.

Die erforderlichen Angaben sollen folglich zwei Gesichtspunkte berücksichtigen. Zum einen soll ein **sinnvolles Gleichgewicht** aus quantitativen wie aus qualitativen Angaben bestehen, um insbes die Konsequenzen des Risikoszenarios darzustellen. Daneben soll die Berichterstattung von der **internen Organisationsstruktur** sowie den Berichtsgrößen des internen Meldewesens ausgehen, die für die Steuerung der Risiken zugrunde gelegt wird bzw werden. Dazu sollte zB von einer **Spartengliederung** ausgegangen werden, die auch intern den Verantwortungsbereichen entspricht. IFRS 4.IG43 verweist in diesem Zusammenhang ausdrücklich auf den zur Segmentberichterstattung in IFRS 8 (Zielsetzung) aufgestellten Grundsatz (→ § 21 Rn 2). Die deutschen Versicherungszweige nach § 51 Abs 3 RechVersV bieten hierfür Ansatzpunkte. Entscheidend ist aber auch die Frage der Relevanz der Gliederungstiefe für den Abschlussadressaten. 55

56 Das **übergeordnete Ausweisprinzip** des IFRS 4.38 wird durch IFRS 4.39 und IFRS 4.39A konkretisiert. Hiernach sollen insbes eine Darstellung des Risikomanagementsystems vorgenommen werden und Angaben zur versicherungstechnischen Risikoexposition (Sensitivität, Konzentration, Schadenentwicklung), zu aus Versicherungsverträgen resultierenden Ausfall-, Liquiditäts- und Marktrisiken sowie zu Marktrisiken aus in Versicherungsverträgen eingebetteten Derivaten gemacht werden.

57 Den Forderungen nach Verbesserung der Transparenz und Vergleichbarkeit soll in IFRS 4.37 mit folgenden **abschlussbezogenen Angaben** nachgekommen werden:

(1) die Bilanzierungs- und Bewertungsmethoden für Versicherungsverträge und zugehörige Vermögenswerte, Verbindlichkeiten, Erträge und Aufwendungen, Abschlusskosten,

(2) die angesetzten Vermögenswerte, Verbindlichkeiten, Erträge und Aufwendungen (und, wenn zur Darstellung der Kapitalflussrechnung die direkte Methode verwendet wird, Cashflows), die sich aus Versicherungsverträgen ergeben. Der Erstversicherer hat weiter die erfolgswirksam erfassten Gewinne und Verluste aus dem Rückversicherungsvertrag auszuweisen und sofern er die Gewinne und Verluste, die sich aus Rückversicherungsverträgen ergeben, abgrenzt und in Folgeperioden auflöst, sind der Auflösungsbetrag der Berichtsperiode und die Abgrenzungsposten am Anfang und Ende der Periode zu nennen,

(3) die zur Bestimmung der Annahmen angewandten Verfahren mit wesentlichen Auswirkungen auf die Bewertung sind anzugeben. Daneben sollen auch zahlenmäßige Angaben zu diesen Annahmen gemacht werden,

(4) die Auswirkung von Änderungen der zur Bewertung von Versicherungsvermögenswerten und Versicherungsverbindlichkeiten verwendeten Annahmen ist für jeden wesentlichen Posten darzustellen,

(5) die Änderungen der Versicherungsverbindlichkeiten und der Vermögenswerte aus Rückversicherungsverträgen und ggf zugehöriger abgegrenzter Abschlusskosten sind zu erläutern.

58 Nach IFRS 4.39 hat der Versicherer folgende **zukunftsbezogenen** Angaben zu Art und Ausmaß der aus den Versicherungsverträgen resultierenden Risiken zu machen:

(1) Ziele, Strategien und Verfahren zur Steuerung der versicherungstechnischen Risiken und die Methoden zur Steuerung dieser Risiken.

(2) Informationen über die Versicherungsrisiken (vor und nach Abzug der Rückversicherung), einschließlich Informationen über:

(a) die **Sensitivität** hinsichtlich der Versicherungsrisiken,

(b) die **Konzentration** von Versicherungsrisiken mit Beschreibung der Art und Weise, in der die Unternehmensleitung Konzentrationen ermittelt sowie Beschreibung der gemeinsamen Merkmale der einzelnen Konzentrationen und

(c) die tatsächlichen Schäden verglichen mit früheren Schätzungen **(Schadenentwicklung);** wobei die Angaben zur Schadenentwicklung noch nicht abgewickelte Schäden, für die noch Unsicherheiten bestehen, betreffen. Die Angaben sollen über die gesamte Abwicklungsdauer, längstens aber zehn Jahre gemacht werden. Diese Angaben brauchen nicht für Schäden gemacht zu werden, die regelmäßig innerhalb eines Jahrs abgewickelt werden.

(3) Informationen über Ausfallrisiken, Liquiditätsrisiken und Marktrisiken, die IFRS 7.31 bis IFRS 7.42 fordern würden, wenn die Versicherungsverträge in den Anwendungsbereich von IFRS 7 fielen. Eine nach IFRS 7.39(a) anzufer-

tigende Fälligkeitsanalyse ist allerdings nicht erforderlich, sofern der Versicherer stattdessen Angaben über den voraussichtlichen zeitlichen Ablauf der Nettomittelabflüsse aufgrund von anerkannten Versicherungsverbindlichkeiten macht. Durch die Anwendung einer alternativen Methode zur Steuerung der Sensitivität bzgl Marktrisiken kann der Versicherer mit dieser Sensitivitätsanalyse der Anforderung nach IFRS 7.40(a) nachkommen und gleichzeitig die nach IFRS 7.41 erforderlichen Angaben machen.

(4) Informationen über Marktrisiken aus eingebetteten Derivaten, die gem IFRS 4.8 nicht zum beizulegenden Zeitwert bewertet werden.

Die Ausweisvorschrift IFRS 4.39(c)(i), nach der Versicherer Angaben über ihre Sensitivität bzgl versicherungstechnischer Risiken darzustellen haben, wird durch IFRS 4.39A ergänzt. Hiernach hat ein Versicherer, um den in IFRS 4.39(c)(i) genannten Anforderungen nachzukommen, entweder 59

(1) im Rahmen einer **Sensitivitätsanalyse** darzustellen, welche Auswirkungen auf Gewinn bzw Verlust und Eigenkapital sich ergeben hätten, wenn Änderungen der relevanten Risikovariablen (zB der statistischen Lebenserwartung, der durchschnittlichen Schadenhäufigkeit oder -höhe) eingetreten wären, die am Bilanzstichtag nach vernünftigem Ermessen möglich gewesen wären sowie die Methoden und zugrunde liegenden Annahmen einschließlich deren Änderungen ggü dem vorangegangenen Berichtszeitraum anzugeben (IFRS 4.39A(a) 1. Satz),
(2) im Fall der Anwendung einer alternativen Methode zur Steuerung der Sensitivität bzgl Marktrisiken (zB *embedded value*-Analysen) diese **alternative Sensitivitätsanalyse** anzugeben sowie die angewandte Methode einschließlich der wichtigsten Parameter und Annahmen zu erläutern (IFRS 4.39A(a) 2. Satz iVm IFRS 7.41) oder
(3) **qualitative Informationen** über die Sensitivität und Vertragsvereinbarungen, die materielle Auswirkungen auf Höhe, Zeitpunkt oder Ungewissheit künftiger Zahlungsströme des Versicherers haben können, anzugeben (IFRS 4.39A(b)).

Entspr der Zielsetzung des IFRS 4, durch Anhangangaben die **Transparenz und Vergleichbarkeit** der IFRS-Abschlüsse zu verbessern (und so die Chancengleichheit der Versicherungswirtschaft auf den Kapitalmärkten ggü anderen Industrien zu erhöhen), werden im Folgenden die Empfehlungen des IASB in den Anwendungsleitlinien selektiv beschrieben und dargelegt. Obwohl es sich hierbei **nicht** um **verbindliche** Regelungen handelt, erfolgt an dieser Stelle eine umfassende Erläuterung, da der IASB die Umsetzung seiner Vorschläge für notwendig hält, um in Phase I das mit den Anhangangaben von IFRS 4.36 ff definierte Ziel zu erreichen. 60

1. Erläuterung der ausgewiesenen Beträge

Die Erläuterungen der Bilanzierungs- und Bewertungsmethoden für Versicherungsverträge haben **herausragende Bedeutung,** da ein geschlossenes System von anzuwendenden Methoden in den IFRS für Versicherer fehlt und nur über die verbale und möglichst umfassende und auch quantitative Aspekte berücksichtigende Beschreibung die Zielsetzung von IFRS 4 in Phase I einigermaßen realisiert werden kann. 61

Der Abschlussadressat kann den Jahresabschluss iSv IFRS 4.1(b) nur verstehen, wenn mindestens die Bilanzierungs- und Bewertungsmethoden, Beiträge und Beitragsüberträge, Schadenreserven und Schadenaufwendungen einschließlich Schadenbearbeitungskosten, die Behandlung von Regressen, Details zur Rück- und Mitversicherung, Abschlusskosten, Informationen zum Angemessenheitstest für Rückstellungen und zur Frage der Diskontierung etc dargestellt und nachvollziehbar erläutert werden. Dabei ist insbes auch auf Verfahren einzugehen, wobei hier technische Erläuterungen gegeben werden sollten. Unterschiedliche Bewertungsmethoden sind darzustellen, sofern eine konzerneinheitliche Bewertung nicht vorgenommen wird (vgl hierzu IFRS 4.IG17ff).

Wesentliche Unterschiede zu den Erläuterungen von Bilanzierungs- und Bewertungsmethoden nach HGB sind nicht ersichtlich.

62 Unter Beachtung dessen, dass es **keine verbindlichen IFRS-Gliederungsvorschriften** gibt (→ § 2 Rn 294ff), muss die Aufzählung der zu erläuternden Posten in IFRS 4.IG19ff berücksichtigt werden. Die beispielhaft gegebenen Erläuterungen beziehen sich darauf, dass entspr den IFRS-Grundsätzen die Erläuterungen sowohl in Bilanz und Gesamtergebnisrechnung offen gelegt werden können, als auch bei einer sehr komprimierten Darstellung von Bilanz und GuV entspr ergänzende Anhangangaben gemacht werden können (allgemeine Erläuterungen zur Gliederung → § 2 Rn 294ff).

63 Die Erläuterungen der Beträge, die aus Versicherungsverträgen stammen, (IFRS 4.37) entsprechen insgesamt den gewohnten Erläuterungen zu den Abschlussposten, wie sie die **HGB-Vorschriften** fordern. Umfangreicher als nach deutschen Standards dürften die Angabepflichten zu den **Ermittlungsverfahren,** die für die Bestimmung der Annahmen verwandt wurden (IFRS 4.37(c)), sein. Hier werden möglichst quantitative und genauere Angaben zu Sterblichkeitsannahmen, Diskontierungszinssätzen, Trendentscheidungen und zB erwarteten Preissteigerungsraten zu machen sein (IFRS 4.IG32). Auch eine Darstellung des Umgangs mit der Unsicherheit bzgl der Bewertung der (bekannten und unbekannten) Schäden und der angewandten aktuariellen Methoden ist erforderlich, ebenso wie eine Erläuterung der gegenseitigen Abhängigkeiten von diversen Annahmen (zB Überschussbeteiligung und Stornoquote). Hinzuweisen ist darauf, dass diese Angaben jeweils brutto und netto erfolgen sollen. Zu den Erläuterungspflichten bzgl der Veränderungen bei Abschlussposten gehört nach IFRS 4.IG37f die Darstellung der Entwicklung der Schadenrückstellung vom Anfangsbestand zum Bilanzwert (auch für den Vorjahresvergleichszeitraum).

2. Angaben zu Art und Ausmaß der Risiken aufgrund von Versicherungsverträgen

64 Dieser Teil der in IFRS 4.39 und IFRS 4.39A **katalogisierten Angabepflichten,** die mit Beispielen (IFRS 4.IG41ff) unterlegt werden, geht in einigen Bereichen weit über in HGB-Abschlüssen gewohnte Darstellungen hinaus.

Wie bereits unter → Rn 54 dargelegt, fordert IFRS 4.IG41 eine **ausgewogene** quantitative und qualitative Berichterstattung zu Art und Ausmaß der Risiken aufgrund von Versicherungsverträgen, wobei die Angaben mit der Risikowahrnehmung des Managements, mit den vom Management angewandten Risikomanagementverfahren und den im Rahmen des Risikomanagements verfolgten Zielsetzungen in Einklang stehen sollen. Umfang und Detailtiefe sind nicht vorgegeben. Bei der Auswahl und Aggregation ist grds entscheidend, welche Informationen nützlich und notwendig sind, weil sie die Entscheidungsfindung beeinflussen können. Dabei wird es auch auf den Diversifikationsgrad ankommen (vgl *Geib* in MüKo BilR, IFRS 4 Rz 67).

65 In IFRS 4.IG42 bis IFRS 4.IG47 wird, um den Anforderungen der IFRS 4.38ff nachzukommen, die Möglichkeit dargestellt, die im Bestand enthaltenen Versicherungsverträge in **Klassen** einzuteilen und jeweils gesonderte Informationen für die unterschiedlichen Klassen von Versicherungsverträgen anzugeben (*Bacher/Hofmann* IRZ 2007, 123 (124)).

Zur Darstellung der **Ziele, Strategien** und **Verfahren** zur **Steuerung** der versicherungstechnischen Risiken und der Methoden zur Steuerung dieser Risiken (IFRS 4.39(a)) können Versicherer nach IFRS 4.IG48 zB Angaben zur Struktur und Organisation des Risikomanagementsystems machen und die zur Risikoquantifizierung und Risikosteuerung eingesetzten Verfahren beschreiben (*Bacher/Hofmann* IRZ 2007, 123 (125)). 66

IFRS 4.IG51 zählt die **Anforderungen** zur **Darstellung** des **Versicherungsrisikos** (IFRS 4.39(c)) auf, für die in IFRS 4.IG51A beispielhafte Angaben zur Information angeführt werden. Die nach IFRS 4.39(c) erforderlichen Angaben (→ Rn 59) werden durch die Empfehlungen des IASB in IFRS 4.IG52ff (Angaben zur Sensitivität bzgl Versicherungsrisiken (IFRS 4.39(c)(i)), IFRS 4.IG55ff (Angaben zur Konzentration von Versicherungsrisiken (IFRS 4.39(c)(ii)) sowie IFRS 4.IG59ff (Angaben zur Schadenentwicklung (IFRS 4.39(c)(iii)) konkretisiert. Nach IFRS 4.IG52A ist es zB möglich, die in IFRS 4.39(c)(i) iVm IFRS 4.39A zur Erfüllung der Angabepflicht einzeln dargestellten Methoden zu kombinieren. Im Ergebnis können Versicherer einerseits die Auswirkungen einer möglichen Veränderung von einzelnen Risikovariablen quantifizieren und andererseits die Auswirkungen einer möglichen Veränderung von anderen Risikovariablen lediglich verbal beschreiben (*Bacher/Hofmann* IRZ 2007, 123 (125)). 67

IFRS 4.IG62ff gibt die Empfehlungen des IASB zu Informationen über **Ausfall-, Liquiditäts- und Marktrisiken** wieder und konkretisiert somit die Anforderungen, die sich aus IFRS 4.39(d) ergeben. Da der Zeitpunkt der aus Versicherungsverträgen resultierenden Auszahlungen häufig nicht genau bestimmbar ist, wird zB hinsichtlich der Angaben zu Liquiditätsrisiken in IFRS 4.IG65B klargestellt, dass als vertraglich vereinbarter Fälligkeitszeitpunkt der vom Versicherer geschätzte zukünftige Zahlungszeitpunkt anzusehen ist (*Bacher/Hofmann* IRZ 2007, 123 (127)). 68

Die Angabepflichten nach IFRS 4.39(e) zu aus in Versicherungsverträgen enthaltenen eingebetteten Derivaten resultierenden Marktrisiken werden in IFRS 4.IG66ff konkretisiert. Hiernach können Versicherer zur Erfüllung dieser Angabepflichten zB geeignete Sensitivitätsanalysen durchführen, Angaben zum Zeitpunkt der wesentlichen Einflussnahme der eingebetteten Derivate auf die Zahlungsströme machen oder den Zeitwert der jeweiligen eingebetteten Derivate angeben (IFRS 4.IG70). 69

Während die Vorschriften in IFRS 4.37 und IFRS 4.39 **verbindliche Mindestangaben** darstellen, sind die Beispiele in IFRS 4.IG11 bis IFRS 4.IG71 weder vollständig oder verpflichtend, noch erwecken sie den Anschein einer gewichteten Auswahl. Es bleibt dem Anwender überlassen, welche Schlussfolgerungen er hieraus ziehen will und mit welchen Details und unter welcher Aufgliederung er den Vorgaben von IFRS 4.36 bis IFRS 4.39 folgen will. 70

(einstweilen frei) 71–75

C. Ausblick/Aktuelle Entwicklungen/IASB-Projekte

I. IASB-Entwurf zu Versicherungsverträgen (ED/2013/7 *Insurance Contracts*, eine Revision von ED/2010/8)

Derzeit verfügen die IFRS über keinen umfassenden Standard für die Rechnungslegung von Versicherungsverträgen. IFRS 4 Versicherungsverträge gilt seit seiner Veröffentlichung im Jahr 2004 als Übergangsstandard, der eine große Bandbreite an Rechnungslegungspraktiken und „vorübergehende Ausnahmen“ 76 zulässt (→ Rn 22ff). So lässt IFRS 4 explizit zu, dass ein Versicherer nicht sicherstellen muss, dass seine Rechnungslegungsgrundsätze relevant und zuverlässig für die ökonomische Entscheidungsfindung der Nutzer des Abschlusses sein müssen. Dies führt in der Rechnungslegungspraxis in Abhängigkeit der Jurisdiktion und dem Produkttyp zu verschiedensten Rechnungslegungsmodellen für Versicherungsverträge.

Im Juni 2013 hat der IASB einen überarbeiteten Entwurf für einen Versicherungsstandard veröffentlicht, der Phase II des Versicherungsprojekts abschließen soll (ED/2013/7 *Insurance Contracts*). Der Entwurf ist eine Revision des Entwurfs vom Juli 2010 (ED/2010/8 *Insurance Contracts*) und reflektiert die Reaktionen auf dessen Veröffentlichung. Der aktuelle Entwurf sieht vor, dass Versicherungsverträge mit dem Erfüllungswert bilanziert werden, der mit den verfügbaren Marktinformationen konsistent ist. Der Entwurf bringt die Überzeugung des IASB zum Ausdruck, dass Versicherungsverträge in vielerlei Hinsicht eine Vermischung von Finanz- und Dienstleistungselementen sind. Er schlägt deshalb vor, dass sich die Bewertung aus der aktuellen Einschätzung der aus diesem Paket von verschiedenen Elementen entstehenden Zahlungsflüssen ergibt. Dabei geht der Versicherer davon aus, die Verpflichtungen aus dem Vertrag zu erfüllen. märkten herstellen.

77 Grundlage für die Rechnungslegung soll ein Bewertungsansatz sein, der alle Typen von Versicherungsverträgen umfasst. Der Ansatz beruht auf dem Prinzip, das ein Versicherungsvertrag ein Bündel von Rechten und Pflichten ist, die zusammenwirken und Zahlungszuflüsse (Prämien) und Zahlungsabflüsse (Leistungen, Schäden und Kosten) erzeugen. Deshalb schlägt der IASB vor, auf dieses Paket von Zahlungsflüssen einen Bewertungsansatz anzuwenden, der folgende **Bausteine (sog *building blocks*)** verwendet:

(1) aktuelle Schätzung der zukünftigen Zahlungsflüsse,
(2) Diskontierungssatz, der die Zahlungsflüsse an den Zeitwert anpasst,
(3) explizite Risikoanpassung *(risk adjustment)* und
(4) Servicemarge *(contractual service margin)*.

78 Eine Ausnahme soll für Verträge, die eine Beteiligung der Versicherungsnehmer an Erträgen aus bestimmten Vermögenswerten vorsehen ***(participating contracts)*** gelten. Dies betrifft in Deutschland im Wesentlichen Lebensversicherungsverträge, die eine Beteiligung an den Überschüssen und Bewertungsreserven gewähren (§ 153 VVG). Für diese Verträge gilt der **„*mirroring*"-Ansatz.** Demnach sind die Zahlungsflüsse, die unmittelbar von den zu Grunde liegenden Vermögenswerten abhängen entspr den Bilanzwerten dieser Vermögenswerte zu bilanzieren. Es ergibt sich somit ein „spiegelbildlicher" Bewertungsansatz. Für diese Zahlungsflüsse gelten deshalb nicht die üblichen Regeln bezüglich der Bausteine Zahlungsflüsse, Diskontierung und Risikoanpassung, wohl aber die Regeln für die Bildung und Fortführung der Servicemarge. Die Zahlungsflüsse aus den Verträgen, die nicht unmittelbar mit den Erträgen aus zu Grunde liegenden Vermögenswerten variieren, werden jedoch nach dem allgemeinen Bausteineansatz bewertet. Der besondere Ansatz wird vom IASB damit gerechtfertigt, dass durch die Verknüpfung der Zahlungsflüsse aus dem Versicherungsvertrag mit der Bewertung der zu Grunde liegenden Vermögenswerte ein *„accounting mismatch"* vermieden wird.

Für **kurzlaufende Versicherungsverträge** (dh für Verträge mit einer Deckungsperiode von einem Jahr oder weniger) soll folgender vereinfachter Ansatz gelten (vgl *Ellenbürger/Engeländer/Kölschbach* WPg 2013, 813 (813)):

(1) Während der Deckungsperiode bewertet der Versicherer den Vertrag durch die Aufteilung der erhaltenen Prämie, abzüglich anteiliger Akquisitionskosten und zuzüglich eines eventuell drohenden Verlusts.

(2) Der Versicherer verwendet den Bausteineansatz um die Verpflichtung aus den versicherten Schäden zu bewerten. Der Ansatz einer Servicemarge entfällt jedoch.

Die Erfassung des Umsatzes in der GuV erfolgt grds nach dem Zeitablauf. Sollte jedoch der Risikoverlauf wesentlich vom Zeitablauf abweichen, soll die Umsatzrealisierung dem erwarteten Schadenverlauf folgen. Dh, dass zB bei Versicherungen, bei denen das Risiko typischerweise nur zu einem bestimmten Zeitraum auftritt und somit nur zu diesem Zeitpunkt getragen werden muss, auch die Prämie in diesem Zeitraum erfolgswirksam erfasst wird (etwa Glatteis im Winter oder Hagelschäden bei Landwirtschaft im Sommer/Herbst).

1. Der Bausteineansatz – Zahlungsflüsse

Ausgangspunkt für den Bausteineansatz sind die erwarteten **zukünftigen Zahlungsflüsse** aus dem Versicherungsvertrag. Dies umfasst zum einen die Zahlungszuflüsse aus Prämien, die der Versicherer erwartet einzunehmen, und zum anderen die Zahlungsabflüsse für Schäden, Leistungen und Kosten. Zur Bestimmung dieser Zahlungsflüsse soll der Versicherer die jeweils zum Abschlussstichtag aktuellen Erwartungen zugrunde legen. Dies erfolgt nach der ***best-estimate*-Methode.** Dazu sind alle Zahlungsabflüsse zu berücksichtigen, die bis zur endgültigen Schadenabwicklung aus der Perspektive des Versicherers erwartet werden. Leitbild für die Ermittlung der Zahlungsflüsse ist der **Erfüllungswert,** dh bei der Bewertung geht man davon aus, dass der Versicherungsvertrag vom rechnungslegenden Versicherer erfüllt wird. Grundlage der Bewertung sind deshalb alle Ein- und Auszahlungen, die durch die zum Bewertungszeitpunkt bestehenden Verträge veranlasst sind. Dazu zählen die erwarteten Prämien, Kosten und Schadenleistungen. Zur Schätzung der zum Bewertungszeitpunkt noch ausstehenden Zahlungsflüsse sind alle verfügbaren Informationen **unverzerrt** zu berücksichtigen. Dies umfasst externe Informationen wie zB Zinssätze und Inflationserwartungen, aber auch Schätzungen auf Grundlage von internen Quellen ua hinsichtlich Schadenverlauf (zB unternehmensindividuelle Langlebigkeitserwartungen oder Schadenstatistiken), Stornowahrscheinlichkeiten, Überschussbeteiligung der Versicherungsnehmer, Abwicklungsaufwendungen und Bearbeitungskosten. 79

Der Entwurf stellt klar, dass es sich um die erwarteten Zahlungsflüsse handeln soll und stets **aktuelle Erwartungen** zu berücksichtigen sind. Demnach erscheint es nicht zulässig, zu Vertragsbeginn festgelegte Werte lediglich rechnerisch über die Vertrags- bzw Abwicklungslaufzeit zu verteilen *(locked-in)*. Der IASB hat klargestellt, dass zur Schätzung nicht „alle möglichen", jedoch in statistisch ausreichender Anzahl, Szenarien verwendet werden müssen. Dazu soll es im finalen Standard weitere Hinweise geben. 80

Die während des Berichtszeitraums eingetretenen Zahlungsflüsse werden erfolgswirksam erfasst. Die Veränderungen der zukünftigen, erwarteten Zahlungsflüsse werden **mit der Servicemarge verrechnet.** Sollte die Servicemarge aufgebraucht sein, werden auch die Veränderungen der zukünftigen Zahlungsflüsse erfolgswirksam in der Berichtsperiode erfasst. Ein erneuter Aufbau der Servicemarge erfolgt erst, wenn die vorangegangen (erfolgswirksam erfasste erwartete) Verluste vollständig durch gegenläufige Änderungen dieser Erwartungen und entspr Abbau der Verluste ausgeglichen wurden.

Zu den zukünftigen Zahlungsflüssen zählen auch **Akquisitionskosten,** die nicht dem einzelnen Versicherungsvertrag sondern nur den einzelnen Vertragsportfolien direkt zugerechnet werden können (ED/2013/7.B66(c)). Ebenso zählen die den Versicherungsnehmern zustehenden Beteiligungen an den Kapitalerträgen zu den zukünftigen Zahlungsflüssen. Dies gilt auch für die Zahlungsflüsse, die erst zukünftigen Versicherungsnehmern zugeteilt werden (ED/2013/7.B66(k)). Somit ist auch die gesamte **Rückstellung für Beitragsrückerstattung** im Sinne der deutschen, handelsrechtlichen Rechnungslegung Bestandteil der zukünftigen Zahlungsflüsse und somit der Verbindlichkeit aus Versicherungsverträgen.

81 Die Verpflichtung aus dem Versicherungsvertrag ist erstmals mit dem Beginn der Deckungsperiode anzusetzen. Es sei denn, dass die Fälligkeit der ersten Prämienzahlung früher eintritt oder für das Vertragsportfolio, zu dem der Vertrag gehört, bereits vorher eine **Drohverlustrückstellung** zu bilden ist. Dann sind jeweils diese Zeitpunkte für die Erfassung des Versicherungsvertrags maßgeblich.

Zahlungsflüsse sind nur innerhalb der **Vertragsgrenzen** zu berücksichtigen. Der Entwurf sieht vor, dass alle Zahlungsflüsse aus Ereignissen, die bis zum Ende der Deckungs- bzw Leistungsperiode eintreten, im Rahmen des Zahlungsflüsse-Bausteins zu erfassen sind. Die Verpflichtung zur Gewährung von Versicherungsschutz bzw anderer Dienstleistungen und damit auch die Erfassung von Zahlungsflüssen endet jedoch mit dem Zeitpunkt, ab dem der Versicherer das Recht oder die praktische Fähigkeit hat die Prämie so anzupassen, dass sie das aktuelle Risiko des Versicherungsvertrags in vollem Umfang widerspiegelt. Somit entfallen typischerweise die Zahlungsflüsse aus **Vertragsverlängerung** *(renewals),* da es sich dabei um Zahlungsflüsse jenseits der Vertragsgrenze des Ursprungsvertrags handelt, auch wenn es ökonomisch betrachtet der Zahlungsfluss aus einer Kundenbeziehung ist. Eine Vertrags- und somit Zahlungsflussgrenze ist ebenso erreicht, wenn der Versicherer über die Möglichkeit verfügt, auf Portfolioebene die zukünftigen Beiträge gem der aktuellen Risikoeinschätzung anzupassen und die Prämie bis zu diesem Zeitpunkt das weitere Risiko nicht berücksichtigt hat. Demnach sollte bei üblichen Krankenversicherungsverträgen die Möglichkeit zur Beitragsanpassung auf Grund von Kostensteigerungen für die Leistungserbringung (§ 12b VAG) keine Vertragsgrenze bilden.

2. Der Bausteineansatz – Diskontierung

82 Um den Zeitwert der erwarteten Zahlungsflüsse zu ermitteln, sind die Zahlungsflüsse mit einem Zinssatz zu diskontieren, der die Eigenschaft der Verbindlichkeit widerspiegelt. Der ED/2013/7 sieht vor, dass die erfolgswirksame Aufzinsung der Zahlungsflüsse zu den nachfolgenden Berichtszeitpunkten mit den Zinssätzen zu erfolgen hat, die zum Zeitpunkt der erstmaligen Erfassung des Versicherungsvertrags galten (ED/2013/7.60(h)). Zudem werden die **Zinssatzänderungen** zu den nachfolgenden Berichtszeitpunkten im sonstigen Ergebnis *(other comprehensive income)* erfasst. Dies geschieht in Höhe der Differenz zwischen dem mit den Zinssätzen zum Zeitpunkt der erstmaligen Vertragserfassung ermittelten Wert des Versicherungsvertrags und dem mit den Zinssätzen zum Berichtszeitpunkt ermittelten Wert. Im Rahmen der Diskussion der eingegangenen Stellungnahmen zum Entwurf ED/2013/7 hat das IASB jedoch vorläufig entschieden, dass der Versicherer wahlweise den Effekt aus der Zinssatzänderung im sonstigen Ergebnis oder in der Gewinn- und Verlustrechnung ausweisen kann (vgl *IASB* Insurance contracts: Project Overview, May 2015).

In den Anwendungshinweisen des ED/2013/7 werden ua **zwei Wege zur Ermittlung des angemessenen Zinssatzes zum jeweiligen Zahlungszeitpunkt** aufgezeigt. Zum einen kann die am Zinsmarkt beobachtbare risikolose Zinsstrukturkurve als Ausgangspunkt gewählt werden, von dem aus durch Hinzufügung von Faktoren, die für die Verbindlichkeit aus den Versicherungsverträgen charakteristisch sind (zB Zuschläge für Illiquidität), der vertragsspezifische

Zinssatz ermittelt wird (sog *bottom-up*-Ansatz). Zum anderen können ausgehend von einer aus dem eigenen Investmentportfolio oder einem Marktindex (zB für Unternehmensanleihen hoher Bonität) ermittelten Zinsstrukturkurve diejenigen Faktoren herausgerechnet werden, die nicht charakteristisch für die Verbindlichkeit aus den Versicherungsverträgen sind (zB Zuschläge für Ausfallrisiko). Dies wird als *top-down*-Ansatz bezeichnet. Unklar bleibt, ob aus Vereinfachungsgründen möglicherweise nur ein Zinssatz (zB interner Zinsfuß) für alle Zeitpunkte der geschätzten Zahlungsflüsse gewählt werden darf oder ob eine Zinsstrukturkurve notwendig ist, aus der sich für jeden Zahlungszeitpunkt ein spezifischer Zinssatz ergibt. Es werden vom IASB auch keine **Zinsstrukturkurven** wie etwa unter HGB für Pensionsrückstellungen oder unter Solvency II vorgegeben oder eine Institution benannt, die solche vorgeben würde. Dies führte insbes zu großer Verunsicherung hinsichtlich des langen Endes der Zinsstrukturkurve, das von vielen als am Markt nicht verlässlich beobachtbar eingeschätzt wird. Möglicherweise wird sich deshalb in Europa die für Solvency II von der EIOPA *(European Insurance and Corporate Pensions Authority)* veröffentlichte Zinsstrukturkurve als Hilfsgröße durchsetzen.

3. Der Bausteineansatz – Risikoanpassung

Der IASB bleibt trotz der Kritik am Entwurf aus dem Jahr 2010 (ED/2010/8) 83
auch im ED/2013/7 bei seiner Forderung, dass die Risikoanpassung für die in der Schätzung der Zahlungsflüsse enthaltene Unsicherheit explizit bei der Bewertung zu berücksichtigen ist. Die **Definition der Risikoanpassung** wurde zur Klarstellung nun wie folgt präzisiert (ED/2013/7.Appendix A, Defined terms): Die Risikoanpassung ist die Kompensation, die der Versicherer für die Übernahme der Unsicherheit hinsichtlich Höhe und Zeitpunkt der Zahlungsflüsse, die bei der Erfüllung des Versicherungsvertrags entstehen, benötigt. Der ED/2013/7 schreibt keine Technik zur Ermittlung der Risikoanpassung vor, sondern nennt nur Kriterien, die bei der gewählten Methode erfüllt sein müssen (ED/2013/7.B81). Die genannten Eigenschaften entsprechen allgemeinen stochastischen Grundprinzipien. Um die Vergleichbarkeit zwischen den Techniken für die Abschlussadressaten zu ermöglichen, ist vom jeweiligen Versicherer anzugeben, welchem Konfidenzniveau das Ergebnis aus dem angewandten Verfahren entspricht (ED/2013/7.84).

Der Entwurf macht keine expliziten Angaben zur Abgrenzung der **Bewer-** 84
tungseinheit, für die eine Risikoanpassung zu ermitteln ist. Er lässt aber Diversifikationseffekte bei der Ermittlung zu (ED/2013/7.B37(b)). Damit ist es auch möglich, über verschiedene rechtliche Einheiten und Landesgrenzen hinweg eine „globale" Risikoanpassung zu ermitteln und somit Diversifikationseffekte zu nutzen. Folglich können auch kompensierende Wirkungen zwischen Langlebigkeitsrisiken aus Rentenversicherungen einerseits und Sterblichkeitsrisiken aus Todesfallversicherungen andererseits berücksichtigt werden. Die Abgrenzung der Bewertungseinheit kann damit sogar über die Grenzen der Segmentberichterstattung hinausgehen.

4. Der Bausteineansatz – Servicemarge

Um nicht bereits zu Vertragsbeginn einen Gewinn auszuweisen, der der wirt- 85
schaftlichen Substanz des Vertragsabschlusses nicht entspräche, wird der positive Unterschiedsbetrag zwischen den erwarteten und diskontierten Zahlungszugängen einerseits und den erwarteten und diskontierten Zahlungsabgängen andererseits zuzüglich der Risikoanpassung als Teil der Verpflichtung aus dem Versicherungsvertrag erfasst. Diese Differenz wird als Servicemarge bezeichnet und

repräsentiert somit den **risikoadjustierten, erwarteten Gewinn** aus dem Versicherungsvertrag. Im Entwurf aus dem Jahr 2010 wurde gefordert, dass die Höhe der Residualmarge bei der Erstbewertung festgestellt wird und dann planmäßig und erfolgswirksam über die Deckungslaufzeit aufzulösen ist *(locked-in at inception)*. Ein negativer Unterschiedsbetrag stellt einen erwarteten Verlust dar, der entspr der Behandlung von Drohverlustrückstellungen sofort als Aufwand erfasst würde. Der IASB ist nach Auswertung und Diskussion der Stellungnahmen jedoch von dieser strengen Auffassung abgerückt und hat im ED/2013/7.30 vorgeschlagen, dass die Servicemarge an nachfolgenden Berichtszeitpunkten mit Erwartungsänderungen bzgl der zukünftigen Zahlungsflüsse aus Prämien und für Leistungen verrechnet wird. Nach ersten Diskussionen der Stellungnahmen zum ED/2013/7 hat der IASB vorläufig entschieden, in einem finalen Standard auch die Veränderungen der Risikoanpassung an nachfolgenden Berichtszeitpunkten zur Verrechnung mit der Servicemarge zuzulassen. Der jeweils verbleibende Betrag der Servicemarge wäre dann über die Restlaufzeit zu verteilen. Es wird bislang jedoch abgelehnt auch nachfolgende Änderungen der Diskontierungssätze zur Verrechnung mit der Servicemarge zuzulassen.

Da die Servicemarge auch nach diesen Änderungen planmäßig nach dem Verlauf dsr erbrachten Dienstleistungen aufzulösen ist, müssen Gruppen von Versicherungsverträgen mit gleichem Leistungsprofil gebildet werden **(Kohorten).** Die Verteilung erfolgt in einer Weise, die am besten der verbleibenden Erbringung der Leistung entspricht.

5. Weitere Themen

86 Die Definition von Versicherungsverträgen, wie sie bereits in IFRS 4 enthalten ist, wurde bekräftigt (ED/2013/7.Appendix A). Im Entwurf ED/2015/7 werden zudem einige Verträge genannt, die zwar die Kriterien eines Versicherungsvertrags erfüllen, aber nicht unter den Versicherungsstandard fallen sollen (zB Reparaturleistungen, für die eine pauschale Vergütung vereinbart wird, und der Zeitpunkt und/oder der Umfang der Reparaturleistung ungewiss sind). Für Finanzgarantien in Form von Kreditversicherungsverträgen gelten weiterhin die Regelungen aus IFRS 4.4(d). Somit fallen **Finanzgarantien** wahlweise unter den Standard für Versicherungsverträge, wenn sie bislang auch als solche vermarktet wurden. Alternativ kann das Unternehmen solche Finanzgarantien auch nach IAS 32 *Financial Instruments: Presentation*, IFRS 7 *Financial Instruments: Disclosures* und IFRS 9 *Financial Instruments* bilanzieren.

87 **Versicherungsverträge,** die eine **Überschussbeteiligung** beinhalten *(participating contracts)*, werden im ED gesondert geregelt (ED/2013/7.33f und ED/2013/7.66). In Deutschland fallen unter diese Bezeichnung insbes Lebensversicherungsverträge mit einer Überschussbeteiligung. Die aus diesen Verträgen resultierenden Zahlungsflüsse werden aufgespalten. Die Zahlungsflüsse, die von den Erträgen aus den zu Grunde liegenden Vermögenswerten abhängen, werden entspr den Bilanzwerten dieser Vermögenswerte bilanziert und dementsprechend werden die Änderungen dieser Zahlungsflüsse entweder in der GuV oder der Gesamtergebnisrechnung erfasst **(*mirroring*-Ansatz).** Eine Besonderheit gilt für die Zahlungsflüsse, die indirekt von den zu Grunde liegenden Vermögenswerten abhängen. Dies trifft insbes auf die eingebetteten Zinsgarantien zu. Die Änderung dieser Zahlungsflüsse ist stets erfolgswirksam zu erfassen. Das dürfte bei einer sinkenden Zinserwartung zu erheblichen Ergebnisbelastung führen und ähnelt insoweit dem Mechanismus der **Zinszusatzreserve** in Deutschland (§ 341f Abs 2 HGB iVm § 5 Deckungsrückstellungsverordnung). Die Zahlungsflüsse, die sich unabhängig von den zu Grunde liegenden Vermögenswerten ergeben, werden entspr dem allgemeinen Bausteineansatz bewertet und dementsprechend wird auch die Veränderung entweder gegen die Servicemarge verrechnet (zB Änderung der Zahlungsflüsse auf Grund geänderter Sterblichkeitserwartung), erfolgswirksam erfasst (zB Abweichungen zwischen erwarteten und eingetreten Versicherungsleistungen oder Aufzinsung mit der Zinsstrukturkurve zu Vertragsbeginn) oder in der Gesamtergebnisrechnung dargestellt (Änderung des Diskontsatzes).

Durch die Einführung des *mirroring*-Ansatzes für Teile der Zahlungsflüsse beabsichtigt der IASB einen ***„accounting mismatch"*** zu verhindern, der sich durch uneinheitliche Bewertungsmethoden bei Kapitalanlagen (IFRS 9: Fortgeführte Anschaffungskosten (IFRS 9.4.1.2), erfolgsneutral zum beizulegenden Zeitwert mit Umgliederung in die GuV (IFRS 9.4.1.2A, erfolgswirksam zum beizulegenden Zeitwert (IFRS 9.4.1.4), erfolgsneutral zum beizulegenden Zeitwert ohne Umgliederung in die GuV (IFRS 9.4.1.4)), und Verbindlichkeiten aus Versicherungsverträgen ergeben könnte. Das Problem von Ergebnisvolatilität durch unterschiedliche Arten der Erfassung von Wertänderungen der Zahlungsflüsse des Versicherungsvertrags und die diese induzierenden Wertänderung der sie bedeckenden Kapitalanlagen wird somit berücksichtigt. 88

Rückversicherer haben Rückversicherungsverträge ebenfalls nach dem Bausteine-Modell zu bewerten. Das Verfahren entspricht dem oben beschriebenen Prozess und ist somit analog zur Bewertung von Erstversicherungsverträgen. Zedenten, die Rückversicherungsverträge abgeschlossen haben, müssen diese ebenfalls nach dem Bausteine-Modell bewerten. Bei den Zahlungsflüssen sind die Rückversicherungsprämien und -provisionen ebenso wie die erwarteten Erstattungen für Schäden aus dem zu Grunde liegenden Erstversicherungsgeschäft einzubeziehen. Für die Schätzung der Zahlungszuflüsse ggü dem Rückversicherer sind dabei Annahmen zu verwenden, die mit der Bewertung des zu Grunde liegenden Erstversicherungsvertrags konsistent sind. Bei der Schätzung der vom Rückversicherer erwarteten Zahlungsflüsse ist im Gegensatz zur Bewertung von Erstversicherungsverträgen das Ausfallrisiko des Rückversicherers zu berücksichtigen (*expected loss*-Ansatz). Die Risikomarge ist aus Sicht des Zedenten zu ermitteln. 89

Ein sich aus der Gegenüberstellung der diskontierten Zahlungsflüsse und der Risikomarge ergebender Nettogewinn oder –verlust ist als Servicemarge zu erfassen, es sei denn der Rückversicherungsvertrag bezieht sich auf Ereignisse der Vergangenheit. Dann ist die Differenz zu Vertragsbeginn vollständig erfolgswirksam zu erfassen. Dagegen war noch im vorherigen Entwurf (ED/2010/8.45) vorgesehen, dass Gewinne sofort erfolgswirksam erfasst werden und Verluste generell über die Bildung einer Residualmarge über die Laufzeit verteilt werden.

Im Weiteren wird die Servicemarge entspr der erhaltenen Rückversicherungsdienstleistungen aufgelöst. Änderungen der zukünftigen Zahlungsflüsse werden gegen die Servicemarge erfolgsneutral verrechnet. Änderungen der zukünftigen Zahlungsflüsse die sich aus einem geänderten Ausfallrisiko des Rückversicherers ergeben werden jedoch sofort erfolgswirksam erfasst.

Unter bestimmten Voraussetzungen sind **Komponenten vom Versicherungsvertrag** zu trennen. Dabei werden folgende Arten unterschieden: Derivate, Sparanteile und Dienstleistungen (ED/2013/7.10). Wenn die ökonomischen Eigenschaften und Risiken eines eingebetteten Derivates nicht eng mit dem Versicherungsvertrag verbunden sind und die Anforderung gem IFRS 9 Appendix A an ein Derivat erfüllt sind, ist es gesondert nach IFRS 9 zu bewerten und von den Zahlungsflüssen des Versicherungsvertrags zu trennen. Dies trifft auch auf Sparkomponenten zu, die nicht in hohem Maße mit dem Versicherungsvertrag zusammenhängen, oder auf von der Gewährung der Versicherungsleistung ge- 90 sonderte Dienstleistungen, für deren Erbringung eine eigenständige Verpflichtung besteht.

91 Nach der heftigen Kritik des Margenansatzes zur Darstellung der Erfolgsrechnung eines Versicherers im ED/2010/8 wurde das Konzept zur Darstellung von Umsatz und Aufwand im ED/2013/7 grundlegend überarbeitet. In der **Gesamtergebnisrechnung** sind der Umsatz, der angefallene Schadenaufwand und die Aufwendungen für den Versicherungsbetrieb explizit aufzuführen. Die Sparanteile sind ausdrücklich nicht Bestandteil der Gesamtergebnisrechnung.

Der **Umsatz** ist definiert als Entgelt für die Erbringung von im Versicherungsvertrag versprochenen Dienstleistungen (ED/2013/7.B88). Die versicherungstechnische Verbindlichkeit am Ende der Berichtsperiode entspricht der Verpflichtung, die ausstehenden Leistungen aus dem Versicherungsvertrag in der Zukunft zu erbringen. Demnach ergibt sich der Umsatz in der Berichtsperiode als die Differenz zwischen der versicherungstechnischen Verbindlichkeit zu Beginn und Ende der Berichtsperiode, abzüglich von Änderungen, die nicht mit der Erbringung der vertraglichen Dienstleistungen in Verbindung stehen. Die versicherungstechnische Verbindlichkeit vom Anfang der Periode zum Ende der Periode lässt sich somit wie folgt überleiten:

Versicherungstechnische Verbindlichkeit zu Periodenbeginn
\+ Erhaltene Prämie (einschließlich Sparanteil)
\+ Aufzinsung (einschließlich Effekt aus Aktualisierung des Diskontsatzes)
– Umsatz
– Rückzahlung von Sparkomponenten
= Versicherungstechnische Verbindlichkeit zum Periodenende

92 Der Umsatz entspricht dabei der Summe aus den für die Berichtsperiode erwarteten Aufwendungen für Schäden und versicherungstechnischen Betrieb sowie der erfolgswirksamen Auflösung der Servicemarge und der Risikoanpassung. Zu den Kosten zählen auch die auf die Periode entfallenden direkt zurechenbaren Akquisitionskosten. Nicht im Umsatz enthalten sind Verlust bei Vertragsbeginn und erfolgswirksame Anpassung der Servicemarge. Diese werden direkt in der GuV erfasst.

Im Rahmen der Stellungnahmen zum ED/ 2013/7 wurde die schärfste Kritik an dem Ausschluss der **Sparkomponente** bei der Umsatzerfassung geübt (ED/ 2013/7.B89(b)). In der Bilanzierungspraxis bedeutet dies zB für deutsche Lebensversicherungen, dass ein Großteil der vereinnahmten Prämien, dh die Sparanteile, nicht mehr als Umsatz gezeigt werden darf.

Durch die im ED/2013/7 vorgeschlagene Darstellung der Posten können die Nutzer des Abschlusses die üblichen **Kennzahlen,** wie Kosten- oder Schadenquote oder eine daraus kombinierte Kennzahl (sog *combined ratio*), weiterhin aus der Gesamtergebnisrechnung ableiten, auch wenn sie inhaltlich im Detail nicht mit den aus der Analyse der HGB-Abschlüsse bekannten Größen identisch sind.

93 Ein wesentlicher Kritikpunkt am ED/2010/8 zur Bilanzierung von Versicherungsverträgen bezog sich auf das **Missverhältnis zwischen den Bewertungsansätzen** von IFRS 9, der für die Kapitalanlagen des Versicherers maßgebend ist, und dem Bausteine-Ansatz für die Versicherungstechnik. Im ED/2013/7 hat man deshalb die Aufzinsung der versicherungstechnischen Verbindlichkeit anders geregelt. Demnach wird die Verbindlichkeit mit der zum Zeitpunkt der erstmaligen Vertragserfassung gültigen Zinsstruktur zu den nachfolgenden Berichtszeitpunkten erfolgswirksam aufgezinst. Änderungen der Zinsstruktur an den nachfolgenden Berichtszeitpunkten werden erfolgsneutral im sonstigen Ergebnis (OCI) erfasst. Aber auch unter diesem Regime bleibt die Gefahr eines *„accounting mismatch"* bestehen. Dies entsteht immer dann, wenn die Kapitalanlagen, die zur Bedeckung der versicherungstechnischen Verbindlichkeiten gehalten werden,

nach einer abweichenden Logik bewertet werden. Dies zeigen beispielhaft die folgenden Überlegungen.

Derivate, die zur Steuerung von Zinsrisiken gehalten werden, sind nach IFRS 9 als erfolgswirksam zum beizulegenden Zeitwert bewertet klassifiziert. Wertänderungen werden deshalb erfolgswirksam erfasst. Zinsänderungen werden jedoch bei der Bewertung der versicherungstechnischen Verbindlichkeit erfolgsneutral erfasst. Dies würde zu **Volatilitäten in der GuV** führen, obwohl gerade durch den Einsatz der Derivate ein ökonomischer Gleichlauf der Wertänderungen auf Aktiv- und Passivseite erzeugt wurde. Hat die Versicherung das Kapital in Eigenkapitalinstrumente investiert, so werden diese in der Kategorie erfolgsneutral zum beizulegenden Zeitwert bewertet klassifiziert. Wertänderungen werden hier erfolgsneutral erfasst, jedoch ohne späteres *recycling,* dh ohne mögliche spätere Auflösung der OCI-Position bei Verkauf durch die GuV. Somit werden zwar im Abschluss Wertänderungen von Aktiv- und Passivseite jeweils erfolgsneutral abgebildet. Wenn es aber zB zur Realisierung von Kursreserven kommt, dann werden diese nicht mehr in der GuV gezeigt. Die dagegen lfd Aufzinsungsaufwendungen sind jedoch voll erfolgswirksam. Über die Gesamtperiode betrachtet, werden somit Ertrag und Aufwand nicht vollständig ausgewiesen.

Durch den intensiven Standardsetzungsprozess, den **IFRS 9** durchlaufen hat, wurde auch noch eine Kategorie erfolgsneutral zum beizulegenden Zeitwert bewertet (*Fair value through other comprehensive income* mit *recycling,* FVOCI mit *recycling)* eingeführt. Diese Kategorie kommt den Wünschen der Versicherungswirtschaft entgegen, um „künstliche", weil durch Rechnungslegungsregeln verursachte Volatilität zu vermindern. Der Mechanismus dieser Kategorie sieht vor, dass festverzinsliche Finanzinstrumente, die zur Erzielung der vertraglichen Zahlungsflüsse gehalten werden, aber auch veräußert werden dürfen, mit dem beizulegenden Zeitwert anzusetzen sind. Änderungen des beizulegenden Zeitwerts werden erfolgsneutral im sonstigen Ergebnis erfasst. Die im Eigenkapital „gespeicherten" Wertänderungen werden bei Veräußerung der Papiere erfolgswirksam erfasst *(recycling).* Ein großer Teil der Kapitalanlagen von Versicherern erfüllt diese Voraussetzungen und die Auswirkungen dieser Klassifizierung auf das Periodenergebnis ähnelt den Effekten, die sich aus der Behandlung der Aufzinsung der versicherungstechnischen Verbindlichkeiten gem ED/2013/7 ergeben. Somit wird ein bilanzielles *matching* über das sonstige Ergebnis erreicht. Dies gilt jedoch nur für Änderungen des beizulegenden Zeitwerts der festverzinslichen Finanzinstrumente, die durch Änderungen der Zinsstruktur eintreten, die für die versicherungstechnischen Verbindlichkeiten gilt. So schlagen sich Änderungen des Kreditrisikos auf den beizulegenden Zeitwert der Finanzinstrumente nieder, jedoch nicht auf den Diskontsatz der versicherungstechnischen Verbindlichkeiten (ED/2013/7.B70). Turbulenzen an den Kapitalmärkten, die sich auf den Kreditspread auswirken, führen somit auch bei der Klassifizierung der Anleihen als FVOCI mit *recycling* zumindest zu Volatilitäten in der Gesamtergebnisrechnung.

Um ein *accounting mismatch* angesichts der oben beschriebenen Fallkonstellatio- **94**
nen wirkungsvoller zu vermeiden, wurde in den Stellungnahmen zum ED/2013/7 die Forderung erhoben, Änderungen des Diskontsatzes bei versicherungstechnischen Verbindlichkeiten **wahlweise erfolgswirksam** über die GuV **oder erfolgsneutral** über die Gesamtergebnisrechnung zu erfassen. Des IASB hat dieser Forderung durch einen vorläufigen Beschluss zugestimmt. Demnach könnte der Versicherer dieses Bilanzierungswahlrecht für unterschiedliche Vertragsportfolien gesondert ausüben (vgl *IASB* Update March 2014, 2f).

Im ED/2013/7 ist der IASB davon ausgegangen, dass ein finaler Standard erst **95**
drei Jahre nach seiner Veröffentlichung verpflichtend anzuwenden ist. Bei der **erstmaligen Anwendung** ist der Standard im Einklang mit IAS 8 retrospektiv

anzuwenden, sofern dies durchführbar ist. Eine rückwirkende Anwendung hat zur Folge, dass der Abschluss so aufzustellen ist, als wäre er stets angewandt worden. Ist dies nicht durchführbar, sieht ED/2013/7 einen vereinfachten Ansatz zur erstmaligen Anwendung vor. Demnach ergibt sich die Verbindlichkeit zum Umstellungszeitpunkt aus den noch erwarteten Zahlungsflüssen und der darauf entfallenden Risikoanpassung. Die Diskontierung erfolgt mit einer zum Umstellungszeitpunkt angepassten Zinsstruktur. Die Schwierigkeit bei diesem Ansatz besteht darin, die Servicemarge zum Umstellungszeitpunkt so zu bewerten, dass sie verifizierbar ist und die Vergleichbarkeit zwischen der Darstellung von bestehenden und zukünftigen Versicherungsverträgen gewährleistet ist.

96–98 *(einstweilen frei)*

II. Zusammenhang zwischen IFRS 4 Phase II und Solvency II

1. Solvency II

99 Mit der Verabschiedung der **Solvency II-Rahmenrichtlinie** (RL 2009/138/EG des Europäischen Parlaments und des Rates vom 25. November 2009, kurz Solvency II) wurde der regulatorische Rahmen für Versicherungsunternehmen in der EU neu gestaltet. Die Grundlage der Rahmenrichtlinie bildet ein prinzipien- und risikoorientierter ökonomischer Ansatz, der, analog zum Bankensektor, weg von einer quantitativen hin zu einer qualitativen Finanzaufsicht in der EU führen wird. Mit Solvency II wird ein neues Solvabilitätssystem in Europa eingeführt, dessen Ziel es ist, die heutigen Solvabilitätsvorschriften (Eigenmittelanforderungen) für Versicherungsunternehmen zu einem konsequent risikoorientierten System der Finanzaufsicht weiterzuentwickeln. Dabei gilt das Dreisäulenprinzip, wie es schon für Kreditinstitute vom Basler Ausschuss der Bank für Internationalen Zahlungsausgleich (BIZ) bei **Basel II** (vgl **Richtlinien** der Europäischen Union 2006/48/EG (Bankenrichtlinie) und 2006/49/EG (Kapitaladäquanzrichtlinie) und Basel III (vgl Eigenkapitalrichtlinie bestehend aus der Richtlinie 2013/36/EU vom 26. Juni 2013 und der Verordnung (EU) No 575/2013 vom 26. Juni 2013) entwickelt wurde. Durch die Umsetzung der Anforderungen aus Solvency II werden die Versicherungsunternehmen animiert, ihr eigenes, internes Risikomanagement zu verbessern. Mit der Einführung strengerer Vorschriften für die Veröffentlichung von ausgewählten Informationen (Bericht zur Solvenz- und Finanzlage (Solvency and Financial Condition Report – kurz: SFCR) wird zudem eine höhere Markttransparenz erreicht. Darüber hinaus wird mit Solvency II eine angemessene Harmonisierung der Aufsicht in Europa angestrebt.

100 Am 10. April 2015 ist das Gesetz zur Modernisierung der Finanzaufsicht über Versicherungen im Bundesgesetzblatt verkündet worden (Bundesgesetzblatt Jahrgang 2015 Teil I Nr 14) Mit diesem Gesetz wurde die Solvency II-Rahmenrichtlinie in deutsches Recht umgesetzt und das Versicherungsaufsichtsgesetz geändert (VAG-Novelle). Das Gesetz tritt zum 1. Januar 2016 in Kraft. Am 31. Oktober 2013 hat die Europäische Aufsichtsbehörde für das Versicherungswesen und die betriebliche Altersversorgung (EIOPA) die Texte der Leitlinien zur Vorbereitung auf Solvency II veröffentlicht. Die Bundesanstalt für Finanzdienstleistungsaufsicht (BaFin) hat diese Leitlinien in deutscher Sprache veröffentlicht und zu 15 Themenblöcken gruppiert. Zu den entspr Themenblöcken werden im Laufe der Vorbereitungsphase zusätzlich Hinweise der BaFin herausgegeben. Diese Hinweise sollen den Versicherern während der Vorbereitungsphase bei der Implementierung der Anforderungen aus Solvency II helfen.

2. Solvabilitätsübersicht

Versicherungsunternehmen haben gem §§ 74ff VAG-Novelle eine Solvabilitätsübersicht als Gegenüberstellung von Aktiva und Passiva zur Bestimmung der vorhandenen Eigenmittel zu erstellen. Diese Darstellung wird auch als **Solvenzbilanz** bezeichnet. Bewertungsgrundsatz sowohl auf der Aktiv- wie auch auf der Passiv-Seite ist der Marktwert als fiktiver Transaktionswert. Der Wert der versicherungstechnischen Rückstellungen ergibt sich aus dem **besten Schätzwert** und der berechneten **Risikomarge.** Diese sind getrennt voneinander zu ermitteln. Grds hat die Ermittlung gem § 75 VAG-auf vorsichtige, verlässliche und objektive Art und Weise zu erfolgen. Die Berechnung ist dabei nicht zwingend einzelvertraglich vorzunehmen, sondern kann auf Basis homogener Risikogruppen beruhen. Für die Berechnung des besten Schätzwerts wird der Zeitpunkt angesetzt, zu dem Versicherungsschutz gewährt wird oder der Vertag beginnt, wobei der frühere Zeitpunkt maßgeblich ist (vgl Artikel 17 Delegierter Rechtsakt der EU-Verordnung am 17. Januar 2015 als Delegierte Verordnung (EU) 2015/35 veröffentlicht). Der beste Schätzwert entspricht dem wahrscheinlichkeitsgewichteten Durchschnitt der künftigen geschätzten Zahlungsströme. Zu den Zahlungsströmen zählen sämtliche zur Bedienung der Versicherungsverpflichtung anfallende Aufwendung und Zahlungen an den Versicherungsnehmer (§ 84 Abs 1 VAG-Novelle), die innerhalb der in Artikel 18 Delegierte Verordnung (EU) 2015/35 definierten Vertragsgrenzen fallen. Dazu zählt unter anderem auch die erwartete künftige Überschussbeteiligung gem § 84 Abs 1 Nr 3 VAG-Entwurf. Der Wert der Optionen und Zinsgarantien ist ebenfalls im Wert der versicherungstechnischen Rückstellung zu berücksichtigen. Insgesamt besteht hinsichtlich der Zahlungsströme folglich eine hohe Übereinstimmung mit den Anforderungen an den IFRS-Abschluss, wie er sich aus dem ED/2013/7 ergibt. 101

Im Detail ergeben sich jedoch vereinzelt Unterschiede. Zum Beispiel unterscheidet sich der Umfang der in die Verpflichtung einbezogenen Aufwendungen. Während nach IFRS nur die direkt **zurechenbaren Akquisitionskosten** in den Zahlungsflüssen erfasst werden, sind gem Entwurf der VAG-Novelle sämtliche anfallenden Aufwendungen zu erfassen (§ 84 VAG-Novelle). 102

Die Zahlungsflüsse sind mit der **risikofreien Zinskurve** zu diskontieren. Da die Zinsstruktur für lange Laufzeiten nicht am Markt beobachtbar ist, veröffentlicht EIOPA monatlich die risikofreie Zinsstrukturkurve. Diese Zinsstrukturkurve erfüllt ebenfalls die formalen Anforderungen des ED/2013/7 an die Diskontierung der Zahlungsflüsse und könnte somit wohl in der Rechnungslegungspraxis auch für IFRS-Abschlüsse von Versicherern genutzt werden, die dem Solvency II-Regime unterliegen.

Die **Risikomarge** wird entspr den Kapitalkosten für die aufsichtsrechtlich erforderlichen Eigenmittel unter Verwendung eines vorgegebenen Kapitalkostensatzes von 6% ermittelt. Die Regelungen nach Solvency II sind somit enger als für IFRS-Abschlüsse. Der ED/2013/7 sieht keine Beschränkung auf den Kapitalkostenansatz vor. Dies spricht möglicherweise dafür, dass Versicherungsunternehmen für den IFRS-Abschluss die Risikoanpassung nach einem anderen Verfahren ermitteln, das aus bilanzpolitischen Gründen vorteilhafter ist. Sofern in IFRS das Kapitalkostenverfahren verwendet wird, muss jedoch aus Gründen der Vergleichbarkeit zumindest das dazu äquivalente Value-at-Risk-(VaR)-Konfidenzniveau veröffentlicht werden.

Im Gegensatz zum Bausteine-Ansatz nach IFRS wird bei den versicherungstechnischen Rückstellungen für Solvency II **keine Servicemarge** berücksichtigt. Dies hat zur Folge, dass der erwartete Gewinn aus dem Versicherungsportfolio im 103

IFRS-Abschluss zunächst vollständig Bestandteil der versicherungstechnischen Verpflichtung ist und erst über die Vertragslaufzeit erfolgswirksam wird. Dagegen wird in der Solvenzbilanz der Gewinn aus dem Versicherungsbestand bei Vertragsbeginn bereits vollständig den Eigenmittel nach Solvency II zugerechnet.

Zusammenfassend ist zu vermuten, dass sich die europäischen Versicherungsunternehmen wohl bei der Erstellung zukünftiger IFRS-Abschlüsse auf die Berechnungen der versicherungstechnischen Rückstellung gem Solvency II stützen werden, da sich die Datenbasis und Berechnungsmethodik weitestgehend gleichen und sich die Erstellungsprozesse für die Solvenzbilanz auf Grund der früheren Anwendung von Solvency II bereits etabliert haben. Allerdings liegen in den Details Unterschiede, die eine separate Berechnung in Teilbereichen erforderlich machen.

§ 41. Landwirtschaft

Übersicht

Schrifttum: *Bundesministerium für Verbraucherschutz Ernährung und Landwirtschaft* Agrarbericht 2002, Bonn 2002; *Haller/Egger* Bilanzierung landwirtschaftlicher Tätigkeiten nach IFRS, WPg 2006, 281; *IDW* Stellungnahme zum Exposure Draft E65, Düsseldorf 2000; *Kümpel* IAS 41 als spezielle Bewertungsvorschrift für die Landwirtschaft, KoR 2006, 550; *McGregor* Accounting for Agricultural Activities, in FS Knorr Globale Finanzberichterstattung/Global Financial Reporting, Stuttgart 2008, 233; *pwc* Forest Industry: Application Review of IAS 41: The Fair Value of Standing Timber, 2011; *Rieko* Focus on Farming, Accountancy 2001, 102; *Schulte* Bewertung von biologischen Vermögenswerten nach IFRS, PiR 2012, 84.

Wesentliche Rechtsgrundlage: IAS 41

A. Überblick

I. Landwirtschaftliche Tätigkeit als Anwendungsbereich

Zu den Unternehmen, die auf der Grundlage der IFRS Rechnung legen 1
können, gehören auch die Unternehmen der **Landwirtschaft.** Diese werden nach IFRS (IAS 41) und nach deutschem Rechtsverständnis als **Unternehmen** angesehen (*WPH I* T 337 ff). In Betracht kommen Einzelunternehmen, GbR oder Handelsgesellschaften (OHG, KG, GmbH & Co KG, GmbH, AG). Größen-, branchen- und rechtsformunabhängig müssen Unternehmen mit landwirtschaftlichen Tätigkeiten **zwingend IAS 41** für die bilanzielle Abbildung von biologischen Vermögenswerten, landwirtschaftlichen Erzeugnissen zum Zeitpunkt der Ernte und bestimmten Zuwendungen der öffentlichen Hand anwen-

den, sofern diese im Zusammenhang mit einer landwirtschaftlichen Tätigkeit stehen (IAS 41.1).

Der Begriff **landwirtschaftliche Tätigkeit** ist in IAS 41.5 definiert und bezeichnet das Management der biologischen Transformation und die Ernte von biologischen Vermögenswerten zum Zwecke des Verkaufs oder der Umwandlung in landwirtschaftliche Erzeugnisse bzw in zusätzliche biologische Vermögenswerte durch ein Unternehmen. Es muss sich um planvolle und gezielte Prozesse handeln, die Wachstum, Fruchtbringung und/oder Vermehrung verursachen. So sind weder die Hochseefischerei noch das Abholzen von Wäldern hierunter zu subsumieren, weil im ersten Beispiel der Hochseefischer zum Entstehen und Wachsen der Fische nichts beiträgt (vgl *Kümpel* KoR 2006, 550 (550)) und im zweiten Beispiel die Holzgewinnung ebenfalls gerade keinen Transformationsprozess von der Aussaat bis zur Ernte umfasst, wie es bei einer Plantagenwirtschaft der Fall ist.

Die unterschiedlichen landwirtschaftlichen Tätigkeiten, die unter diesen Begriff fallen, zeichnen sich durch bestimmte gemeinsame Merkmale aus, die in IAS 41.6 niedergelegt sind:

1. Fähigkeit zur Änderung. Lebende Tiere und Pflanzen sind zur biologischen Transformation fähig,
2. Management der Änderung. Das Management fördert die biologische Transformation durch Verbesserung oder zumindest Stabilisierung der Bedingungen, die für die Durchführung des Prozesses notwendig sind,
3. Beurteilung von Änderungen. Als routinemäßige Managementfunktion wird die biologische Transformation oder Ernte herbeigeführte Änderung der Qualität oder Quantität beurteilt und überwacht.

Wendet ein bilanzierendes Unternehmen die IFRS an, muss es **sämtliche** Standards des IFRS-Normenwerks beachten. Der mit „Landwirtschaft" überschriebene Standard IAS 41 regelt nur Teilbereiche.

Er betrifft im Wesentlichen die Bilanzierung **lebender Tiere und lebender Pflanzen,** die sich im biologischen Transformationsprozess befinden, wie zB Getreide auf dem Halm oder Kälber in der Aufzucht (→ Rn 6) sowie die landwirtschaftlichen Erzeugnisse bis zum Zeitpunkt der Ernte. Nicht unter den Begriff der landwirtschaftlichen Tätigkeit im Sinne des IAS 41 und damit nicht in den Anwendungsbereich des IAS 41 fallen demnach zB Kälber in der Hand eines Tierhändlers oder geerntetes Getreide beim Landhandel bzw generell landwirtschaftliche Erzeugnisse (zB Äpfel) **nach der Ernte,** die wie Vorräte nach IAS 2 zu bilanzieren sind (IAS 41.3).

IAS 41 enthält ferner Regeln für **Zuwendungen der öffentlichen Hand** an landwirtschaftliche Betriebe, die teils von IAS 20 abweichen (→ Rn 30f).

Dagegen nicht in den Anwendungsbereich des Standards fallen gem IAS 41.2 (geändert 2014):

(1) landwirtschaftlich genutzte Grundstücke, für die IAS 16 anzuwenden ist (IAS 41.2(a)),
(2) fruchttragende Pflanzen, für die seit der Änderung des IAS 41 im Juni 2014 nunmehr IAS 16 anzuwenden ist (→ Rn 7, IAS 41.2(b)) sowie
(3) zu diesen fruchttragenden Pflanzen gehörige Zuwendungen der öffentlichen Hand, die gem IAS 20 zu bilanzieren sind (IAS 41.2(c)),
(4) Rechte an Pflanzensorten, die wie andere immaterielle Vermögenswerte nach IAS 38 zu bilanzieren sind (IAS 41.2(d)).

Weiterhin im Anwendungsbereich sind aber die Früchte der fruchttragenden Pflanzen, die, solange sie nicht geerntet wurden, weiterhin nach IAS 41 zu bilanzieren und zu bewerten sind. Hintergrund dieser Änderung ist (vgl IAS 41.BC4A), dass fruchttragende Pflanzen von den Unternehmen lediglich gehalten werden, damit sie Früchte produzieren. Die Nutzungsdauer ergibt sich aus dem Zeitraum, über den die Pflanze ausreichend produktiv ist. Eine biologische Transformation findet insoweit bzgl der Pflanze nicht (mehr) statt. Anders verhält es sich dagegen mit den Früchten selbst, die einer kontinuierlichen biologischen Transformation bis zur Ernte unterliegen und aus deren zukünftigen Verkauf Einnahmen generiert werden. Daher werden Informationen zum beizulegenden Zeitwert dieser Früchte für die Jahresabschlussadressaten auch als entscheidungsnützlich angesehen.

Die Änderungen beziehen sich ausdrücklich nur auf Pflanzen. Systematisch konsequent wurden auch die Zuwendungen der öffentlichen Hand, die sich auf fruchttragende Pflanzen beziehen, ebenfalls aus dem Anwendungsbereich des IAS 41 herausgenommen. Für sie gelten zukünftig die allgemeinen Regeln des IAS 20.

Für den Anwendungszeitpunkt → Rn 39.

II. Bedeutung von IAS 41 für deutsche Unternehmen

2 Für die ganz überwiegende Zahl der in Deutschland tätigen landwirtschaftlichen Unternehmen dürften die **IFRS** heute noch **keine große Bedeutung** haben. Deutsche landwirtschaftliche Unternehmen sind nur buchführungspflichtig, soweit sie die Größenkriterien des § 141 AO überschreiten oder in der Rechtsform einer Handelsgesellschaft geführt werden. Landwirtschaftlich tätige Handelsgesellschaften gibt es insbes in den neuen Bundesländern; diese sind häufig aus ehemaligen landwirtschaftlichen Produktionsgenossenschaften hervorgegangen. Kleine landwirtschaftliche Unternehmen ermitteln ihre Ergebnisse mit Hilfe einer Einnahme-Überschussrechnung iSd § 4 Abs 3 EStG.

Von den in Deutschland ansässigen **börsennotierten Unternehmen,** die eine landwirtschaftliche Tätigkeit betreiben und damit in den Anwendungsbereich des IAS 41 fallen, seien die Bayer AG und die KWS Saat AG genannt. Die Bayer AG betreibt neben den Kerngeschäften einen Gemüseanbau. Die landwirtschaftlichen Betriebe der KWS Saat AG dienen dazu, Samenkörner für Zuckerrüben, Mais und Getreide zu erzeugen, was jedoch nur in wenigen Fällen in Eigenbetrieben und idR mit Hilfe von externen, selbständig tätigen Landwirten geschieht.

Im zweiten Halbjahr 2007 ist die KTG Agrar SE, Hamburg, hinzugekommen. Die Aktien der Gesellschaft sind im Freiverkehr *(Open Market/Entry Standard)* der Frankfurter Wertpapierbörse zugelassen. Die KTG Agrar AG hat aber ihren Konzernabschluss bisher nach HGB aufgestellt.

Angesichts der zunehmenden Konzentrationstendenzen nicht nur in der Tierhaltung sondern auch im Landbau hin zu Betrieben bzw regelrechten Landbaukonzernen mit landwirtschaftlich genutzten Flächen von mehreren tausend aber auch über 10.000 Hektar kann erwartet werden, dass die Bedeutung von IAS 41 auch in Deutschland zunehmen wird.

III. Bedeutung im internationalen Vergleich

3 Die Bedeutung von IAS 41 liegt innerhalb Europas insbes bei Unternehmen in Skandinavien, die in der Holzwirtschaft oder auch im Bereich Fischfarmen tätig sind, wie zB SCA (Svenska Cellulosa Aktiebolaget), Sveaskog AB, Marine Harvest ASA und UPM-Kymmene Oyi. Die Precious Woods Holding AG, Zug (Schweiz), betreibt über TU Holzwirtschaft, insbes in Südamerika. Diese Gesellschaften bilanzieren nach IFRS. **Außerhalb Europas** findet IAS 41 Anwendung in erster Linie bei Unternehmen zB in der Holzwirtschaft, der Rinderzucht oder

des Bananenanbaus, der zB von der Del Monte Pacific Limited betrieben wird (vgl *Kümpel* KoR 2006, 550 (550)).

Nach Feststellung von *McGregor* wenden seit dem Jahr 2005 eine Vielzahl von Agrarunternehmen die IFRS an, darunter Unternehmen der Forstwirtschaft, Viehzüchter, Obstbauern, Kautschuk-, Tee- und Kaffeeplantagen sowie Aquakulturen wie Fischzucht (*McGregor* in FS Knorr, 236).

Die EU-Kommission hat ein Interesse an der Anwendung des IAS 41, weil dessen Regeln zur Kontrolle und Anregung für das **Informationsnetz Landwirtschaftlicher Buchführungen** (INLB) der EU herangezogen werden können. Das INLB dient dazu, agrarpolitische Entscheidungen der EU vorzubereiten (*Kümpel* KoR 2006, 552 (550)).

4, 5 *(einstweilen frei)*

B. Definition biologischer Vermögenswerte und landwirtschaftlicher Erzeugnisse

6 Ein **biologischer Vermögenswert** iSd IAS 41 „ist ein lebendes Tier oder eine lebende Pflanze" (IAS 41.5).

Von den biologischen Vermögenswerten sind deren **Früchte** (zB Milch, Wolle, Fleisch, Obst, Teeblätter) **abzugrenzen.** Die Früchte werden als **landwirtschaftliche Erzeugnisse** bezeichnet (IAS 41.5) und ebenfalls wie Vorräte nach IAS 2 bilanziert. Ebenso wenig fallen die Produkte, die aus einer Weiterverarbeitung der landwirtschaftlichen Erzeugnisse resultieren, unter IAS 41.

7 Die biologischen Vermögenswerte lassen sich gem IAS 41.43 grds noch weiter unterteilen in Vermögenswerte, die unmittelbar dem Verbrauch zugeführt werden wie zB Masttiere, Getreide **(verbrauchbare biologische Vermögenswerte)** und **produzierende biologische Vermögenswerte**, die als Träger landwirtschaftlicher Erzeugnisse über einen Produktionszyklus hinweg regelmäßig und wiederholt andere biologische Vermögenswerte erzeugen (zB Obstbäume, Zuchttiere).

Der Anwendungsbereich des IAS 41 wurde vom IASB in dem Ergänzungsstandard vom 30. Juni 2014 „Landwirtschaft: **Fruchtragende Pflanzen** (Änderungen an IAS 16 und IAS 41)" bezüglich spezifischer biologischen Vermögenswerte angepasst. Danach sind fruchtragende Pflanzen, die nicht länger deutlichen biologischen Änderungen unterworfen sind, nunmehr nicht mehr im Anwendungsbereich des IAS 41 (→ Rn 1), sondern gem IAS 16, dh wie Sachanlagen zu bilanzieren. Als fruchttragende Pflanzen werden gem IAS 41.5 (geändert 2014) Pflanzen bezeichnet, die

(1) für die Erstellung landwirtschaftlicher Erzeugnisse genutzt werden,
(2) voraussichtlich mehr als eine Berichtsperiode lang Früchte tragen wird und
(3) nur mit geringer *(remote)* Wahrscheinlichkeit selbst als landwirtschaftliches Erzeugnis verkauft wird. Ausgenommen sind nicht geplante Verkäufe zum Restwert.

In Anlehnung an IAS 41.4. zeigt folgende Übersicht eine anschauliche Abgrenzung der Begriffe:

Biologische Vermögenswerte	Landwirtschaftliche Erzeugnisse	Produkte aus Weiterverarbeitung
Zum Verbrauch bestimmt		
Schweinemastbestand	Rümpfe geschlachteter Tiere	Würste, geräucherter Schinken
Baumbestand	gefällte Bäume	Bauholz, Nutzholz

Biologische Vermögenswerte	Landwirtschaftliche Erzeugnisse	Produkte aus Weiterverarbeitung
Feldfrüchte (Getreide, Kartoffeln, etc) am Halm bzw an der Pflanze	geerntete Feldfrüchte	Mehl, Pommes Frites
Träger landwirtschaftlicher Erzeugnisse (Tiere)		
Schafe	Wolle	Garne, Teppiche
Milchvieh	Milch	Käse, Joghurt
Zuchttiere	Jungtiere	
Träger landwirtschaftlicher Erzeugnisse (fruchtragende Pflanzen)		
Baumwollpflanze	Baumwolle	Fäden, Kleidung
Zuckerrohrpflanze	geerntetes Zuckerrohr	Zucker
Teepflanzen	Blätter	Tee, getrockneter Tabak
Weinstöcke	Weintrauben	Wein
Obstbäume	gepflücktes Obst	verarbeitetes Obst
Zuchtpflanzen	Saatgut	

Zu beachten ist, dass biologische Vermögenswerte, die als fruchttragende Pflanzen einzustufen sind, gem IAS 41 (geändert 2014) zukünftig in den Anwendungsbereich des IAS 16 fallen (hier zB Teepflanzen, Weinpflanzen, Obstbäume). Allerdings die an den fruchttragenden Pflanzen wachsenden landwirtschaftlichen Erzeugnisse (hier zB Teeblätter, Weintrauben, Obst) unterliegen weiterhin dem IAS 41.

C. Bilanzierung biologischer Vermögenswerte

I. Ansatz

8 Ein biologischer Vermögenswert wird zu dem Zeitpunkt bilanziert, in dem das Unternehmen die **Kontrolle** über ihn gewinnt. Das ist bei einem Tier der Kauf oder die Geburt, bei einer Pflanze die Anpflanzung oder die Aussaat. Die allgemeinen Voraussetzungen für eine Bilanzierung sind in IAS 41.10 dargestellt. Dabei handelt es sich um die Kontrolle über den Vermögenswert, die Wahrscheinlichkeit künftigen Nutzens und die Möglichkeit, den beizulegenden Zeitwert oder die Anschaffungs- oder Herstellungskosten verlässlich ermitteln zu können.

II. Bewertung

9 IAS 41.12 bestimmt: „Ein biologischer Vermögenswert ist beim erstmaligen Ansatz und an jedem Bilanzstichtag zu seinem **beizulegenden Zeitwert** abzüglich der geschätzten Verkaufskosten zu bewerten". Dem beizulegenden Zeitwert wird eine höhere Relevanz, Verlässlichkeit, Vergleichbarkeit und Verständlichkeit als den historischen Anschaffungs- und Herstellungskosten zugewiesen (IAS 41.B16).

Zum **Zeitpunkt der Ernte** wird für landwirtschaftliche Erzeugnisse als Früchte der biologischen Vermögenswerte ebenfalls der beizulegende Zeitwert *(fair value)* ermittelt. Die landwirtschaftlichen Erzeugnisse werden nach der Ernte wie Vorräte nach IAS 2 bilanziert, entspr dem dortigen Grundsatz also mit den Anschaffungs- oder Herstellungskosten (IAS 41.13). Als Anschaffungs- oder Herstellungskosten wird dafür der jeweilige beizulegende Zeitwert abzüglich der geschätzten Verkaufskosten zum Zeitpunkt der Ernte fingiert (IAS 41.13).

Die Gewinne und Verluste aus der Bewertung zum beizulegenden Zeitwert werden sowohl bei der erstmaligen Erfassung als auch der Folgebilanzierung (Veränderungen des beizulegenden Zeitwerts) unmittelbar in der erfolgswirksamen Teilrechnung der Gesamtergebnisrechnung (bzw GuV, sofern erstellt) berücksichtigt.

10 Die Grundsätze zur Ermittlung des beizulegenden Zeitwerts ergeben sich aus IFRS 13 Bemessung des beizulegenden Zeitwerts (dazu ausführlicher → § 2 Rn 233 ff).

11 Bei der Ermittlung des beizulegenden Zeitwerts begrenzt IFRS 13 grds nicht die anwendbaren Bewertungsmethoden bzw -techniken, die aber gleichwohl einem der drei folgenden Ansätze folgen sollten: Marktpreis-, einkommens- oder kostenbasiert.

IFRS 13 schreibt zwar keine Hierarchie der Bewertungsmethoden vor. Nichtsdestoweniger legt IFRS 13 eine Bemessungshierarchie hinsichtlich der Inputparameter fest, die in den Bewertungstechniken verwendet werden, indem die Inputgrößen im Rahmen der Bewertungen bevorzugt aus beobachtbaren Marktdaten und nur dann, wenn diese nicht vorhanden sind, aus nicht beobachtbaren Daten abzuleiten sind. Danach wird zwischen Inputfaktoren der Stufen 1 bis 3 unterschieden, die sich in IFRS 13.72 ff wie folgt darstellen:

(1) Inputfaktoren der Stufe 1 sind in aktiven, für das Unternehmen am Bemessungsstichtag zugänglichen Märkten für identische Vermögenswerte oder Schulden notierte Preise.

(2) Inputfaktoren der Stufe 2 sind andere Marktpreisnotierungen, die für den Vermögensgegenstand oder die Schuld entweder unmittelbar oder mittelbar zu beobachten sind.

(3) Inputfaktoren der Stufe 3 sind Faktoren, die nicht beobachtbar sind.

Es gibt aber auch Situationen, in denen die Anschaffungs- und Herstellungskosten als Näherungsgröße für den beizulegenden Zeitwert herangezogen werden können (→ Rn 13).

In erster Linie soll der Bewertende nach der Bemessungshierarchie prüfen, ob für den biologischen Vermögenswert ein **aktiver Markt** vorhanden ist (IFRS 13.76 iVm IFRS 13 Anhang A Definitionen). Dabei kommt es auf den Zustand und Standort des biologischen Vermögenswerts an, wie er an dem jeweiligen Bilanzstichtag oder zum Zeitpunkt seiner erstmaligen Einbuchung steht und liegt. Dies ist insbes deshalb von Bedeutung, da die Transportkosten erheblich sein können, um die biologischen Vermögenswerte zum relevanten Markt zu transportieren. Die Transportkosten werden in der Ermittlung des beizulegenden Zeitwerts mindernd berücksichtigt (IFRS 13.26). Vor dem Hintergrund der logistischen Herausforderungen und Höhe der Transportkosten bei einigen biologischen Vermögenswerten ist zu erwarten, dass regional begrenzte Märkte mit unterschiedlichen beizulegenden Zeitwerten existieren. Für das bilanzierende Unternehmen wäre der Markt relevant, von dem erwartet werden kann, das er von dem Unternehmen genutzt wird (Hauptmarkt iSd IFRS 13). Im Ergebnis ist zu erwarten, dass insoweit bei verschiedenen bilanzierenden Unternehmen unterschiedliche beizulegende Zeitwerte beobachtbar sein sollten.

IFRS 13 definiert den beizulegenden Zeitwert als Verkaufspreis (IFRS 13.24) und nicht als Einstandspreis und startet von der Prämisse, dass der Vermögenswert auf dem Markt veräußert wird, der den Wert des Vermögenswerts maximiert. Grds wird dabei angenommen, dass die aktuelle Verwendung durch das Unternehmen der besten Verwendung entspricht, soweit nicht andere Marktteilnehmer eine abweichende Verwendung bzw einen anderen Markt vorziehen würden, um den Wert des Vermögenswerts zu maximieren. IFRS 13 geht für die Bewertungsannahmen von Markttransaktionen zwischen Gruppen von Marktteilnehmern allgemein aus und nicht von Markttransaktionen einzelner ausgewählter Marktteilnehmer oder sogar des bilanzierenden Unternehmens mit anderen Marktteilnehmern.

Die Bewertung der biologischen Vermögenswerte mit dem Verkaufspreis aus einem bereits **abgeschlossenen Terminkontrakt** als beizulegender Zeitwert wird nicht notwendigerweise als relevant angesehen (IAS 41.16). Der beizulegende Zeitwert reflektiert den aktuellen Marktpreis, wie er durch vertragswillige Käufer und Verkäufer verhandelt würde. Der beizulegende Zeitwert wird daher nicht durch das Vorliegen eines Terminverkaufs angepasst. Soweit ein derartiger Vertrag über einen Terminverkauf als für das Unternehmen belastend einzustufen wäre, finden die Regelungen des IAS 37 Anwendung (→ § 13 Rn 117 ff). Als belastend ist nach unserem Verständnis ein Vertrag anzusehen, der Verkaufspreise vorsieht, die unter dem beizulegenden Zeitwert der biologischen Vermögenswerte liegen, zu denen diese bilanziert sind. 12

Für ein neugeborenes Kalb mag ein aktiver Markt iSv IFRS 13 denkbar sein, der für Bewertungszwecke herangezogen werden könnte, auch wenn es nicht dem Geschäftsmodell des bilanzierenden Unternehmens entspricht, in diesem Stadium der biologischen Transformation die biologischen Vermögenswerte zu veräußern. 13

Für einen heute ausgesäten Zuckerrübensamen bzw einen Baumbestand, der erst in mehreren Jahren oder auch Jahrzehnten geerntet wird, gibt es idR jedoch keinen aktiven Markt.

IFRS 13.63 iVm IFRS 13.B5ff bietet für den Fall eines fehlenden aktiven Markts verschiedene Möglichkeiten an, um über andere Bewertungstechniken und geeignete Marktdaten zu einem Zeitwert zu gelangen.

Existieren derartige marktbestimmte Werte nicht, kann der Bewertende die aus der Anpflanzung erwarteten Netto-Cashflows (Einkommensbasierter Ansatz) ermitteln, die mit einem aktuellen marktbestimmten Zinssatz auf den Barwert abzuzinsen sind.

Bei diesem Verfahren sind sowohl **künftige Werterhöhungen** durch das weitere Wachstum als auch die Risiken wie zB Dürren, Überschwemmungen und Frostperioden, mit denen bei der weiteren biologischen Transformation zu rechnen ist, zu berücksichtigen. Dies kann bei der Schätzung der Cashflows oder bei der Festlegung des Diskontierungszinssatzes geschehen (IFRS 13.B17).

In einigen Fällen können die **Anschaffungs- oder Herstellungskosten** einen geeigneten Näherungswert für den beizulegenden Zeitwert darstellen (IAS 41.24). Dies gilt insbes wenn,

(1) seit dem erstmaligen Kostenanfall nur eine geringe biologische Transformation stattgefunden hat (zB Obstbaumsetzlinge, die kurz vor dem Bilanzstichtag gepflanzt wurden) oder
(2) zu erwarten ist, dass der Einfluss der biologischen Transformation auf den Wert nicht wesentlich ist (zB zu Anfang eines 30jährigen Produktionszyklus bei einer Pinienplantage).

Führen die vorstehend beschriebenen Verfahren beim erstmaligen Ansatz, zB bei der Aussaat, nicht zu **verlässlichen Werten,** so kann der biologische Ver- 14 mögenswert zu den Anschaffungs- oder Herstellungskosten bewertet werden (IAS 41.30), und zwar abzüglich „aller kumulierten Abschreibungen und aller kumulierten Wertminderungsaufwendungen". Gleichwohl setzt diese Vorgehensweise voraus, dass die fortgeführten Anschaffungs- oder Herstellungskosten tatsächlich näherungsweise dem beizulegenden Zeitwert entsprechen und dies insofern auch im Rahmen der Bilanzierung sorgfältig hinterfragt wird. Die fortgeführten Anschaffungs- oder Herstellungskosten dürfen allerdings nur so lange beibehalten werden, bis der biologische Wachstumsprozess einen Punkt erreicht hat, zu dem der beizulegende Zeitwert nach den Vorschriften der IAS 41.10ff verlässlich ermittelbar ist. Die „Umstellung" auf den beizulegenden Zeitwert kommt insbes bei langen Wachstumsprozessen in Betracht, wie zB bei der Aufzucht von Bäumen, die als Nutzholz erst nach 30 Jahren und später geschlagen werden. In diesen Fällen wird der jährliche Wachstumsprozess Jahr für Jahr durch Wertzuschreibungen in der Ertragsrechnung abgebildet. Bei der Bewertung zum beizulegenden Zeitwert sind die geschätzten Verkaufskosten (IAS 41.12) und latente Steuerlasten zu berücksichtigen (*Kümpel* KoR 2006, 550 (550)).

15 IAS 41.5 definiert die zu berücksichtigenden **Verkaufskosten** *(costs to sell)*. Dieser Begriff wird bereits in IFRS 5 und IAS 36 verwendet. Nach der einheitlichen Definition der Verkaufskosten in allen drei Standards (IFRS 5.Anhang A, IAS 36.6, IAS 41.5) beinhalten diese auch zusätzliche Kosten, die dem Verkauf eines Vermögenswerts (bzw einer zahlungsmittelgenerierenden Einheit (ZGE)) direkt zugeordnet werden können, mit Ausnahme der Finanzierungskosten und der Ertragsteuern. Da es sich bei den Verkaufskosten definitionsgemäß um **zusätzliche** Kosten handelt, stellen Kosten, die – wie Transportkosten – bereits bei der Bewertung zum beizulegenden Zeitwert berücksichtigt wurden, keine Verkaufskosten dar (IAS 41.BC3). Vielmehr umfassen diese Provisionen an Makler und Händler, Abgaben an Aufsichtsbehörden und Warenterminbörsen sowie Verkehrssteuern und Zölle, also Kosten, die im Verkaufszeitpunkt anfallen (IAS 41.BC3).

16 **Rekultivierungskosten** werden bei der Bestimmung des beizulegenden Zeitwerts der biologischen Vermögenswerte nicht berücksichtigt (*IFRIC* Update May 2004, 3; *Kümpel* KoR 2006, 550 (550)). Diese Vorgehensweise beruht auf der Vorstellung, dass die Verpflichtung nicht den beizulegenden Zeitwert der biologischen Vermögenswerte betrifft, sondern lediglich den Wert des Grund und Bodens beeinflusst. Rückstellungen für Rekultivierungskosten sind gem IAS 37 zu bilden (→ § 13 Rn 132ff).

17 Biologische Vermögenswerte sind sehr häufig **körperlich** mit dem **Grundstück fest verbunden,** wie zB Bäume. Das bedeutet, dass die am Markt für die biologischen Vermögenswerte erzielten Einnahmen letztlich nicht nur den biologischen Vermögenswerten zuzuordnen sind, sondern auch auf die Nutzung des Grundstücks entfallen, das eben nicht im Rahmen des IAS 41 bilanziert wird. Während für die biologischen Vermögenswerte eine Bilanzierung zum beizulegenden Zeitwert vorzunehmen ist, gilt für das Grundstück ein Ansatz im Einklang mit IAS 16 oder IAS 40.

Diesbezüglich wird in IAS 41.25 als mögliche Vorgehensweise aufgeführt, dass der Wert der biologischen Vermögenswerte durch eine Differenzrechnung zwischen dem Wert des unbestellten Grundstücks und dem Wert des Grundstücks einschließlich Aufwuchs ermittelt werden könnte. Dieses Verfahren soll nach *Kümpel* (KoR 2006, 550 (550)) zB in der Weinindustrie angewandt werden. Dieses Verfahren könnte aber in dem Fall zu wenig sachgerechten Ergebnissen führen, falls für das Grundstück auch eine andere zB nicht landwirtschaftliche Verwendung in Betracht käme, die die Realisierung eines höheren Werts iSe bestmöglichen Nutzung erlauben könnte. Alternativ könnte auch ein kalkulatorischer Pachtzins für das Grundstück bei den der Bewertung der biologischen Vermögenswerte zugrundeliegenden Zahlungsströmen berücksichtigt werden, um den Wert der biologischen Vermögenswerte losgelöst vom Grundstück zu ermitteln. Die Herausforderungen im Zusammenhang mit dieser Bewertungsfrage relativieren sich vor dem Hintergrund der Änderungen des IAS 41 (geändert 2014), wonach fruchttragende Pflanzen zukünftig wie Sachanlagen nach IAS 16 und damit im Wesentlichen zu fortgeführten Anschaffungs- oder Herstellungskosten zu bilanzieren sind (→ Rn 1). Allerdings müssen die Früchte solcher Pflanzen als landwirtschaftliche Erzeugnisse auch weiterhin bis zu deren Ernte nach IAS 41 bilanziert werden.

Bewertungsschwierigkeiten treten insbes bei biologischen Vermögenswerten auf, wenn die Zeit bis zur Ernte noch über zwölf Monate beträgt. Aktive Märkte liegen für die biologischen Vermögenswerte zu diesem Zeitpunkt im Produktionszyklus idR nicht vor. 18

Die Ermittlung des beizulegenden Zeitwerts als **Barwert der erwarteten Netto-Cashflows,** die in diesen Fällen regelmäßig zur Anwendung kommt, kann in der Praxis sehr komplex werden. Die Komplexität resultiert zum einen aus der Struktur des spezifischen Produktionszyklus sowie der Vielzahl der individuellen kritischen Annahmen und Schätzungen. Der IASB hat aber Vorschläge zurückgewiesen, dass ein externer unabhängiger Gutachter zur Bewertung der biologischen Vermögenswerte notwendig ist. 19

Die Methode der Berechnung des Barwerts der erwarteten Netto-Cashflows gem IFRS 13.B23 ff, findet zB in der Holzwirtschaft mehrheitlich Anwendung, soweit die Bestände nicht kurz vor der Ernte stehen und daher eine Ableitung der beizulegenden Zeitwerte von einem aktiven Markt in Betracht kommt (*pwc* 2011, 9, Schweden). Folgende **Schätzungen** und **Annahmen** sind dabei ua von wesentlicher Bedeutung und in dem jeweiligen Bewertungsmodell zu spezifizieren:

(1) zukünftige Verkaufspreise, die aus aktuellen Preisen oder auch historischen Preistrends abgeleitet werden können; unterschiedliche Verwendungen der Ernte implizieren auch andere relevante Marktpreise,
(2) zukünftiges Erntevolumen, das wiederum bestimmt wird von den Annahmen über Wachstumsraten, biologische Risiken (wie Schädlingsbefall, Feuer/Blitzschlag, Stürme und Hochwasser) sowie geplante Ausdünnungen der Plantagen während der Wachstumsphase,
(3) Wachstums- und Erntezyklen, die sich von wenigen Jahren bis zu vielen Jahrzehnten erstrecken können und die geplanten Zuflusszeitpunkte der Cashflows bestimmen,
(4) Preissteigerungen und Höhe der Bewirtschaftungs- und Erntekosten und
(5) Diskontierungsfaktor, der aufgrund der langen Zeiträume einen erheblichen Bewertungseffekt hat.

Diese Faktoren werden sich wiederum in der Holzwirtschaft in Abhängigkeit von der Baumart, der Geographie und der Bodenverhältnisse sowie der Qualität der Bewirtschaftung und Pflege der Pflanzungen erheblich unterscheiden.

Vergleichbare **komplexe Bewertungsmodelle** ergeben sich zB bei der Bewertung eines Tierzuchtbestands. In der Tierzucht werden im Rahmen eines mehrjährigen Produktionszyklus kontinuierlich in einem festgelegten Rhythmus durch das Muttertier Jungtiere geworfen. Die Anzahl der Würfe und Jungtiere je Wurf über einen gesamten Produktionszyklus werden standardisiert auf Basis der historischen Erfahrungswerte festgelegt. Der beizulegende Zeitwert eines Zuchttiers ergibt sich dann aus dem Barwert der erwarteten Einnahmen aus dem Verkauf von geworfenen Jungtieren und des Schlachtwerts am Ende des Produktionszyklus abzüglich des Barwerts der noch anfallenden Kosten für das Zuchttier, wie zB Fut- 20 ter, Unterbringung, ärztliche Versorgung. Dabei sind biologische Risiken wie Krankheiten, Unfruchtbarkeit und Todesfälle zu berücksichtigen. Die Risiken und Unsicherheiten bzgl des Eintritts der erwarteten Cashflows können entweder im Diskontierungsfaktor oder auch bei der Bestimmung der in die Barwertermittlung eingehenden erwarteten Cashflows berücksichtigt werden oder theoretisch auch in einer Kombination von beiden. Bei Letzteren darf es nur nicht zu einer Doppelerfassung oder Auslassung von Unsicherheiten kommen. In IFRS 13.17 ist ein Kombinationsmodell nicht vorgesehen. Dies ist auch im Einklang mit der allgemeinen Bewertungstheorie, die eine Berücksichtigung des Risikos entweder im erwarteten Zahlungsstrom oder im Diskontierungszinssatz vorsieht.

Es bietet sich an, einen Zuchttierbestand entspr dem Stand der Zuchttiere im Produktionszyklus gem IAS 41.15 zu gruppieren und standardisiert zu bewerten. Dabei ist festzustellen, dass der ermittelte beizulegende Zeitwert einer Gruppe aus einem Zuchttierbestand anders als ein Baumbestand mit fortschreitendem Produktionszyklus zurückgehen wird. Diesen Wertminderungen im Zeitablauf stehen aber auch die lfd realisierten Erlöse aus dem Verkauf der Jungtiere ggü, während zB die Ernte eines Baumbestands nur zu einem im Wesentlichen einmaligen Erlös am Ende des Produktionszyklus erfolgt.

III. Ausweis in der Bilanz

21 Nach IAS 1.54 sind **biologische Vermögenswerte** in der Bilanz **gesondert** auszuweisen.

Nach IAS 1.66 ist ein Vermögenswert ua dann als **kurzfristig** auszuweisen, wenn seine Realisation innerhalb des normalen Verlaufs des Geschäftszyklus des Unternehmens erwartet wird. Diese Voraussetzung wird idR auf die biologischen Vermögenswerte zutreffen, sodass sie als kurzfristig auszuweisen sind (*Haller/Egger* WPg 2006, 281). Fraglich ist, ob ein kurzfristiger Ausweis auch bei solchen biologischen Vermögenswerten sachgerecht ist, deren Wachstumszyklus 30 und mehr Jahre in Anspruch nimmt, wie das zB bei Bäumen vorkommen kann. Zwar kann in diesen Fällen ein 30-Jahreszeitraum als „normaler Verlauf des Geschäftszyklus" eingeordnet werden. Andererseits gebietet die Gesamtbetrachtung eines Unternehmens mit so langen Prozessen uE einen Ausweis der entspr Vermögenswerte als langfristig.

22 Bei fruchttragenden Pflanzen ist aufgrund des geänderten Anwendungsbereichs des IAS 41 (→ Rn 1) in Bezug auf die Fristigkeit zwischen den Pflanzen einerseits und den Früchten andererseits zu unterscheiden. Die fruchttragenden Pflanzen sind gem IAS 16.6 als langfristig einzustufen, während die Früchte selbst dem kurzfristigen Vermögen zuzuordnen sind, da eine Ernte der Früchte idR innerhalb von zwölf Monaten erfolgen wird.

Des Weiteren bietet es sich für eine verbesserte Aussagekraft an, zwischen reifen und unreifen biologischen Vermögenswerten zu unterscheiden (vgl IAS 41.43 ff).

23, 24 *(einstweilen frei)*

IV. Erfolgsausweis und Überleitungsrechnung

25 Die in → Rn 9 ff dargestellten Bewertungen haben im Jahresvergleich zur Folge, dass Mehr- oder Minderwerte ggü dem Vorjahr entstehen. Diese Unterschiede sind im jeweiligen Geschäftsjahr ihrer Entstehung **erfolgswirksam** in der Gesamtergebnisrechnung (→ § 15 Rn 75 ff) oder der gesonderten GuV (sofern erstellt) zu erfassen (IAS 41.26). Dies gilt auch für einen Mehrwert/Minderwert,

der durch den erstmaligen Ansatz eines biologischen Vermögenswerts (zB durch die Geburt eines Kalbs) entsteht. Eine **Aufgliederung** der Mehr- oder Minderwerte wird **nicht** gefordert (IAS 41.B78). Der Ausweis in der Gesamtergebnisrechnung oder der gesonderten GuV (sofern erstellt) erfolgt in einem eigenen Posten nahe der Umsatzerlöse, der als **Wertänderung der biologischen Vermögenswerte** bezeichnet werden kann.

In einer **Überleitungsrechnung** ist außerhalb der Gesamtergebnisrechnung oder der gesonderten GuV (sofern erstellt) anzugeben, welche Änderungen des Buchwerts der biologischen Vermögenswerte sich zwischen Beginn und Ende der Berichtsperiode ergeben haben (IAS 41.50). Für diese Überleitungsrechnung werden folgende Detailangaben verlangt: 26

(1) Gewinn oder Verlust durch Änderung des beizulegenden Zeitwerts abzüglich der geschätzten Verkaufskosten,
(2) Erhöhungen infolge von Käufen,
(3) Verringerungen infolge von Verkäufen und infolge einer Bilanzierung nach IFRS 5,
(4) Verringerungen infolge von Ernten,
(5) Erhöhungen, die aus Unternehmenszusammenschlüssen resultieren,
(6) Nettowährungsdifferenzen infolge der Umrechnung des Abschlusses einer ausländischen Teileinheit und
(7) andere Änderungen.

(einstweilen frei) 27–29

D. Zuwendungen der öffentlichen Hand

Die bilanzielle Behandlung von Zuwendungen der öffentlichen Hand ist in IAS 20 geregelt. IAS 41.34ff enthalten **abweichende Regeln** für den Fall, dass die Zuwendungen mit einem biologischen Vermögenswert in Zusammenhang stehen. In diesem Fall sind die Zuwendungen nicht von dem Wertansatz für die biologischen Vermögenswerte abzusetzen, sondern – vorbehaltlich der Ausführungen in → Rn 31 – in dem Jahr als **Ertrag** zu **vereinnahmen,** in welchem sie **einforderbar** sind. Handelt es sich um bedingte Ansprüche, dürfen sie erst als Ertrag vereinnahmt werden, wenn die Bedingung eingetreten ist (IAS 41.35). Dieses steht im Gegensatz zu den Regeln von IAS 20.7. Nach IAS 20.7 reicht es aus, „wenn eine angemessene Sicherheit dafür besteht, dass das Unternehmen die damit verbundenen Bedingungen erfüllen wird". Ist eine Zuwendung zB an die Bedingung geknüpft, dass eine bestimmte Fläche fünf Jahre bewirtschaftet wird oder fünf Jahre brach liegen bleibt, so darf die Zuwendung erst nach Ablauf der fünf Jahre als Ertrag vereinnahmt werden (Beispiel aus IAS 41.36). 30

Eine **Ausnahme** gilt für den Fall, dass die biologischen Vermögenswerte gem IAS 41.30 nicht mit dem beizulegenden Zeitwert, sondern mit den **Anschaffungs- oder Herstellungskosten** angesetzt werden (→ Rn 9). In diesem Fall werden Zuwendungen der öffentlichen Hand nach den **Grundsätzen von IAS 20** bilanziert (IAS 41.37). Zuwendungen werden demnach von den Wertansätzen der entspr biologischen Vermögenswerte abgesetzt oder über passive Abgrenzungsposten auf die Nutzungsdauer der biologischen Vermögenswerte verteilt (IAS 20.24). 31

Darüber hinaus sind Zuwendungen der öffentlichen Hand dann gem IAS 20 zu bilanzieren, wenn sie im Zusammenhang mit fruchttragenden Pflanzen stehen (→ Rn 1).

(einstweilen frei) 32–34

E. Angaben im Anhang

35 Neben der bereits in → Rn 26 erwähnten Überleitungsrechnung fordern IAS 41.40ff **detaillierte Angaben** im Anhang. Im Einzelnen handelt es sich dabei um die folgenden Angaben:

(1) Angabe des Gewinns/Verlusts, der in der Berichtsperiode entstanden ist:
  (a) durch den erstmaligen Ansatz biologischer Vermögenswerte und landwirtschaftlicher Erzeugnisse und
  (b) durch Änderung des beizulegenden Zeitwerts abzüglich der geschätzten Verkaufskosten biologischer Vermögenswerte (IAS 41.40).

(2) Jede Gruppe der biologischen Vermögenswerte ist in verbaler oder wertmäßiger Form zu beschreiben (IAS 41.41f), wobei die wertmäßige Beschreibung empfohlen wird (IAS 41.43). Im Rahmen der Beschreibung der biologischen Vermögenswerte wird empfohlen, diese danach zu differenzieren, ob es sich um zum Verbrauch bestimmte biologische Vermögenswerte handelt oder um Träger landwirtschaftlicher Erzeugnisse (produzierende biologische Vermögenswerte). Des Weiteren kann eine Differenzierung zwischen reifen und unreifen biologischen Vermögenswerten sinnvoll sein, um Informationen zu liefern, die Anhaltspunkte im Hinblick auf den Zeitpunkt zukünftiger Zahlungsmittelzuflüsse aus den biologischen Vermögenswerten geben. Bei langfristigen Produktionszyklen käme grds auch eine Klassifizierung von erwarteten Restlaufzeiten bis zur Ernte in Betracht, um dem Informationsbedarf zur Abschätzung der zeitlichen Struktur zukünftiger Cashflows Rechnung zu tragen.

(3) Sofern ein Ausweis nicht schon an anderer Stelle erfolgt ist, ist im Anhang die Art der Tätigkeiten, die mit jeder Gruppe der biologischen Vermögenswerte verbunden sind, anzugeben (IAS 41.46(a)).

(4) Weiterhin sind nicht finanzielle Maßgrößen oder Schätzungen für körperliche Mengen von jeder Gruppe der biologischen Vermögenswerte zum Periodenende sowie die Produktionsmenge landwirtschaftlicher Erzeugnisse während der Periode (IAS 41.46(b)) anzugeben.

(5) Sind biologische Vermögenswerte mit besonderen Risiken oder Lasten verbunden, wie zB einem beschränkten Eigentumsrecht oder bei Übereignungen zur Sicherung von Verbindlichkeiten, ist dies anzugeben.

(6) Verpflichtungen zum Erwerb oder zur Entwicklung biologischer Vermögenswerte, sind anzugeben. Darüber hinaus sind auch Strategien zum Finanzrisikomanagement in Bezug auf die landwirtschaftlichen Aktivitäten darzustellen (IAS 41.49).

(7) Außerdem gibt es eine Fülle von verpflichtenden Angaben, wenn der **beizulegende Zeitwert nicht verlässlich** ermittelt werden kann (IAS 41.54ff). Dann sind folgende Informationen offenzulegen:
  (a) Beschreibung des biologischen Vermögenswerts,
  (b) Erklärung, warum eine Bewertung zum beizulegenden Zeitwert nicht verlässlich möglich ist,
  (c) wenn möglich, Angabe der Spannweite der Schätzungen, in der der beizulegende Zeitwert höchstwahrscheinlich liegt,
  (d) angewandte Abschreibungsmethode sowie die verwendeten Nutzungsdauern oder Abschreibungssätze,
  (e) historische Anschaffungs- oder Herstellungskosten und die kumulierte Abschreibung am Anfang und am Ende der Periode,
  (f) in der Periode realisierte Gewinne und Verluste aus Abgängen biologischer Vermögenswerte,

(g) gesonderte Überleitungsrechnung iSv von IAS 41.50 zuzüglich Informationen zu außerplanmäßigen Abschreibungen, Wertaufholungen und planmäßigen Abschreibungen,
(h) soweit die Ermittlung des beizulegenden Zeitwerts in der Periode verlässlich wird, nachdem die biologischen Vermögenswerte in der Vergangenheit mit den Anschaffungs- oder Herstellungskosten bewertet waren, sind folgende Angaben zu machen:
– Beschreibung der biologischen Vermögenswerte,
– Erklärung, warum der beizulegende Zeitwert verlässlich ermittelbar geworden ist und
– betragsmäßiger Effekt der Änderung der Bewertungsmethode.

(8) Erhält das Unternehmen Zuwendungen der öffentlichen Hand, so hat es Art und Ausmaß der Zuwendungen, mit den Zuwendungen im Zusammenhang stehende Erfolgsunsicherheiten sowie wesentliche zu erwartende Verringerungen des Zuwendungsumfangs auszuweisen (IAS 41.57).

Diese Angaben sollen dem Adressaten ua ein eigenes Urteil über die Bewertungsverfahren und deren Folgen für den Ertrags- und Vermögensausweis ermöglichen.

Auch zu den Ermittlungen des beizulegenden Zeitwerts gibt es verschiedene Angabepflichten, die nun in IFRS 13 aufgeführt sind. Dieses sind im Wesentlichen: 36

Zum ermittelten beizulegenden Zeitwert zum Erntezeitpunkt jeder Gruppe landwirtschaftlicher Erzeugnisse und jeder Gruppe biologischer Vermögenswerte hat das bilanzierende Unternehmen die Bewertungsverfahren und Inputfaktoren anzugeben sowie die Auswirkungen aus der Verwendung nicht beobachtbaren Inputfaktoren auf Gewinn und Verlust für die Periode (IFRS 13.91).

Im Übrigen verweisen wir auf die Ausführungen zu IFRS 13 (→ § 2 Rn 233 ff).

(einstweilen frei) 37, 38

F. Wesentliche Änderungen und deren Anwendungszeitpunkte

IAS 41 war erstmals verpflichtend für Geschäftsjahre, die am oder nach dem 1. Januar 2003 begannen, anzuwenden. 39

Die Änderungen an IAS 41 durch den Änderungsstandard „Fruchttragende Pflanzen – Änderungen an IAS 16 und IAS 41“ wurden im Juni 2014 vom IASB veröffentlicht. Damit wurden IAS 41.1 bis IAS 41.5, IAS 41.8, IAS 41.24 und IS 41.44 geändert sowie IAS 41.5A bis IAS 41.5C, IAS 41.62 und IAS 41.63 hinzugefügt. Die Änderungen betreffen im Wesentlichen den Anwendungsbereich des IAS 41 (→ Rn 1). Sie sind anzuwenden für Berichtsperioden, die am oder nach dem 1. Januar 2016 beginnen. Eine frühere Anwendung ist zulässig. Eine Übernahme der Änderungen in der EU ist derzeit (Stand: 31. Juli 2015) noch nicht erfolgt, jedoch für das zweite Halbjahr 2015 angekündigt.

G. Gegenüberstellung zum HGB

Nach den Vorschriften des HGB und den deutschen GoB werden die **biologischen Vermögenswerte** mit Richtsätzen oder Standardherstellungskosten bewertet, die insbes für steuerliche Zwecke Verwendung finden. Dies steht im Gegensatz zum IAS 41, der eine Bewertung mit dem beizulegenden Zeitwert abzüglich der geschätzten Verkaufskosten verlangt (→ Rn 9). 40

Nach den Vorschriften des HGB darf nur ein realisierter Gewinn ausgewiesen werden. Im beizulegenden Zeitwert-Modell des IAS 41 werden auch nicht realisierte Gewinne ausgewiesen.

41 IAS 41 sieht außerdem im Unterschied zum HGB eine Vielzahl von Anhangangaben vor.

42–44 *(einstweilen frei)*

H. Aktuelle Entwicklungen/IASB-Projekte

45 Das IASB plant **keine Neufassung** des IAS 41. Allerdings kann das IASB-Projekt zur Leasingbilanzierung (→ § 22 Rn 201 ff) Änderungen des IAS 41 erfordern, weil landwirtschaftliche Unternehmen ihre biologischen Vermögenswerte zT als Leasingnehmer nutzen.

§ 42. Exploration und Wertbestimmung mineralischer Vorkommen

Übersicht

Schrifttum: *Fischer* IFRIC Interpretation 20 – Stripping costs in the Production Phase of a Surface Mine, PiR 2012, 26; *Paarz/Meyer* Arbeitsentwurf zum Projekt Rohstoffindustrie des IASB (Extractive Activities Research Project), KoR 2009, 605; *Willms* Explorations- und Evaluierungsausgaben in der Rechnungslegung nach IFRS, Lohmar-Köln 2006; *Wulf/Lange* Das Diskussionspapier des IASB „Extractive Activities", WPg 2011, 320; *Zülch/Willms* Exploration und Bewertung von mineralischen Ressourcen – Eine kritische Betrachtung des IFRS 6, KoR 2005, 116; *Zülch/Willms* Möglichkeiten der Bilanzierung von Explorations- und Evaluierungsausgaben auf der Grundlage von IFRS 6, WPg 2006, 1201.

Wesentliche Rechtsgrundlagen: IFRS 6, IFRIC 20

A. Allgemeines

I. Vorbemerkung

IFRS 6 *(Exploration for and Evaluation of Mineral Resources)* richtet sich an **rohstofffördernde Industrien,** die ua in den Industriezweigen der Öl- oder Gasexploration oder der Erkundung von Erz- oder Kohlevorkommen und anderen nicht regenerativen Ressourcen angesiedelt sind. 1

Dieser Standard gehört mithin zu denjenigen Regelungen, deren **Anwendungsbereich** sich auf **bestimmte Branchen** beschränkt, wie dies zB auch IFRS 4 hinsichtlich der Versicherungswirtschaft oder IAS 41 hinsichtlich landwirtschaftlicher Produktionsbetriebe intendiert. 2

Gleichwohl stellt IFRS 6 in seiner jetzigen Fassung nur eine **Zwischenlösung** dar, die hinsichtlich ihres sachlichen Anwendungsbereichs lediglich einen Ausschnitt abbildet; eine **umfassende Behandlung** aller die mineraliengewinnenden Industrien tangierenden Bilanzierungs- und Bewertungsfragen hatte der IASB für einen späteren Zeitpunkt vorgesehen; wobei dieses Projekt derzeit nicht aktiv vorangetrieben wird (→ Rn 57). IFRS 6 in der jetzigen Fassung ermöglicht den bilanzierenden Unternehmen über weit reichende Ausnahmeregelungen faktisch die Weiterführung ihrer bisherigen Bilanzierungs- und Bewertungsmethoden.

3–5 *(einstweilen frei)*

II. Zielsetzung und Anwendungsbereich von IFRS 6

6 Vor Verabschiedung des IFRS 6, der erstmals im Jahr 2006 anzuwenden war, war die Bilanzierungspraxis der mit der Exploration mineralischer Vorkommen befassten Industrien wegen **Fehlens spezifischer IFRS** ausgesprochen heterogen, da diese Industriezweige vom Regelungsbereich einschlägiger Standards, so ua von IAS 16 Sachanlagen und IAS 38 Immaterielle Vermögenswerte, explizit ausgenommen waren (vgl *Zülch/Willms* KoR 2005, 116 (116)). Die erhebliche **Bandbreite der in der Praxis angewandten Bilanzierungs- und Bewertungsmethoden** führte folglich dazu, dass eine Vergleichbarkeit der Abschlüsse so gut wie unmöglich war (vgl *Lüdenbach/Hoffmann/Freiberg* IFRS § 42 Rz 13; *Becker/Beermann/Schmidt* in Baetge ua IFRS-Komm IFRS 6 Rz 1).

7 Nach IFRS bilanzierende Unternehmen dieser Branchen waren wegen des Fehlens einschlägiger Standards insoweit auf die allgemeinen Regelungen von IAS 8.10 bis IAS 8.12 verwiesen und hatten nach IAS 8.10 die von ihnen anzuwendenden Bilanzierungs- und Bewertungsmethoden eigenständig zu entwickeln (→ § 2 Rn 115f).

8 Mit der Veröffentlichung von IFRS 6 verband der IASB die **Zielsetzung**, den betroffenen Unternehmen wenigstens in einem begrenzten Umfang ein spezifisches Regelwerk zur Verfügung zu stellen. Die **Zielsetzungen** des IASB sind (IFRS 6.IN4):

(1) Verbesserung der Praxis der Rechnungslegung für Ausgaben im Rahmen der Exploration und Bewertung von mineralischen Vorkommen;
(2) Spezifizierung der Bedingungen, unter denen ein Wertminderungstest für in diesem Zusammenhang aktivierte Vermögenswerte nach IAS 36 vorzunehmen ist;
(3) Erläuterungen im Anhang betreffend diese Vermögenswerte und in diesem Zusammenhang durchgeführte Wertminderungstests.

9 IFRS 6 trifft – bezogen auf in einer Zeitachse typischerweise anfallende Ausgaben der Explorationsindustrien – nur für einen spezifischen Ausschnitt Regelungen. Die **typischen Stadien** der in Betracht kommenden Aktivitäten sind nachfolgend dargestellt:

	Stadien	Regelungsbereich	Behandlung der Ausgaben
ZEITACHSE ↓	**Prospektionsphase** Bis zur Erlangung der relevanten behördlichen oder privatrechtlichen Genehmigungen	Rahmenkonzept	idR Erfassung als Aufwand, ggf Aktivierung als Anschaffungsnebenkosten eines immateriellen Vermögenswerts oder als Sachanlagen
	Exploration und Wertbestimmung	IFRS 6	Aktivierung als – materielle oder – immaterielle Vermögenswerte
	Entwicklungsphase Nach Feststellung der technischen und wirtschaftlichen Durchführbarkeit	Rahmenkonzept IAS 38	Aktivierung als Entwicklungskosten

Die vorstehende Abgrenzung erschließt sich aus IFRS 6.5. Der Standard ver- 10
zichtet auf eine genaue Umschreibung der in der **Prospektionsphase** anfallenden Ausgaben (IFRS 6.BC11). Es ist davon auszugehen, dass es sich im Wesentlichen um solche Ausgaben handelt, die iVm Suchverfahren anfallen, mit Hilfe derer aus einem Gesamtgebiet solche Bereiche bestimmt werden, die weiteren Untersuchungen zugeführt werden sollen (vgl *Zülch/Willms* KoR 2005, 116 (117)). IFRS 6.BC12, der zur Behandlung dieser Ausgaben auf das Rahmenkonzept verweist, gibt den Hinweis, dass im Einzelfall Ausgaben in der Prospektionsphase auch als Anschaffungsnebenkosten zB einer behördlichen Genehmigung und damit ggf als Teil eines immateriellen Vermögenswerts aktiviert werden könnten; insoweit richtet sich die Bilanzierung dann nach IAS 38. In aller Regel führen Ausgaben in diesem Stadium jedoch zu sofortigem Aufwand. Hiervon zu unterscheiden sind aber in der Prospektionsphase erforderliche Investitionen in Infrastrukturmaßnahmen, zB Zugangswege. Deren Bilanzierung richtet sich nach IAS 16 Sachanlagen (IFRS 6.BC13).

Ausgaben, die in der **Entwicklungsphase** anfallen, also dem Stadium der Er- 11
kundung und Wertbestimmung mineralischer Ressourcen zeitlich nachgelagert sind, liegen ebenfalls außerhalb des Regelungsbereichs von IFRS 6. Sie werden in dem Standard nicht näher beschrieben. Diese Ausgaben fallen regelmäßig an, nachdem die technische Machbarkeit und die wirtschaftliche Verwertbarkeit der Erkundung einer mineralischen Ressource nachgewiesen wurden. Es handelt sich zB um Planungskosten für Bohrlöcher oder Bergwerke (vgl *Lüdenbach/Hoffmann/Freiberg* IFRS § 42 Rz 2). IFRS 6.10 und IFRS 6.BC27 verweisen hinsichtlich der bilanziellen Behandlung dieser Ausgaben auf das Rahmenkonzept bzw auf IAS 38.57. Demzufolge sind die Bilanzierungsregeln für Entwicklungskosten anzuwenden (→ § 4 Rn 42ff).

Die im **Stadium der Exploration und Wertbestimmung** mineralischer 12
Ressourcen anfallenden Ausgaben werden schließlich in IFRS 6.9 beispielhaft aufgeführt. Es kann sich ua um folgende Ausgaben handeln:

(1) Ausgaben für die Beschaffung von Bohr- und Abbaurechten,
(2) Ausgaben für topographische, geologische, geochemische und geophysikalische Studien,
(3) Ausgaben für Probebohrungen,
(4) Ausgaben für Ausschachtungen,
(5) Ausgaben für die Entnahme von Proben,

(6) Ausgaben für Studien zur technischen Machbarkeit und zur wirtschaftlichen Verwertbarkeit.

Es handelt sich hierbei nicht um eine abschließende Aufzählung der diesem Standard unterliegenden Ausgaben. Sie führen grds zur Aktivierung eines Vermögenswerts (→ Rn 26).

Leippe/Falkenhahn (in Thiele/von Keitz/Brücks Internationales Bilanzrecht IFRS 6 Rz 120) identifizieren indes für **Ausgaben für die Beschaffung von Bohr- und Abbaurechten** einen Widerspruch in IFRS 6, der zu einem **faktischen Wahlrecht** hinsichtlich des Einbezugs in die Anschaffungs- oder Herstellungskosten führen könnte. Während – wie oben beschrieben – IFRS 6.9(a) diese Ausgaben in die Anschaffungs- oder Herstellungskosten einbezieht, werden diese regelmäßig der Erlangung der relevanten behördlichen oder privatrechtlichen Genehmigungen vorlaufenden Ausgaben nach IFRS 6.5(a) und IFRS 6.Anhang A nicht der Phase der Exploration und Evaluation zugeordnet, da diese erst mit Erlangung ebendieser Rechte beginnt. Hiernach lägen diese Ausgaben außerhalb des Anwendungsbereichs des IFRS 6. Da die Ausgaben für die Beschaffung von Bohr- und Abbaurechten indes explizit in IFRS 6.9(a) genannt werden, erscheint es sachgerecht, dass die Aufwendungen aufgrund dieser Spezialregelung unabhängig von ihrer Phasenzuordnung in die Anschaffungs- oder Herstellungskosten einbezogen werden. Dies erscheint insbes vor dem hinreichenden Konkretisierungsgrad des Vermögenswerts im Zeitpunkt der Rechtebeschaffung als vertretbar, sofern ein Erfolg der Rechtebeschaffung wahrscheinlich ist.

13 Erst im Anschluss an das Stadium der Entwicklung beginnt die eigentliche **Produktionsphase** zB als Kohle-, Gas- oder Ölförderung. Die hiermit in Zusammenhang stehenden investiven Ausgaben fallen hinsichtlich ihrer bilanziellen Behandlung zB unter die Regelungen für Sachanlagen (s IAS 16 und → § 5 Rn 23ff).

14 Für die Behandlung von Kosten, die bei **Tagebauminen** in der Produktionsphase als **Abraumaktivitäten** *(stripping costs)* anfallen, hat das IFRSIC mit dem am 19. Oktober 2011 veröffentlichten IFRIC 20 – Abraumkosten in der Produktionsphase eines Tagebauwerks Auslegungshinweise betreffend Ansatz, Zugangs- und Folgebewertung sog aktivierter Abraumtätigkeit *(stripping activity assets)* gegeben. Die Abraumaktivitäten dienen der Beseitigung von Erdmassen und sichern bzw verbessern den Zugang zu den erzführenden Schichten. Da die zu beseitigenden Erdmassen ebenfalls Erze enthalten, kann bei ausreichender Konzentration eine Weiterverarbeitung des Abraums lohnenswert sein. In diesem Falle dienen die Abraumaktivitäten auch der Produktion von Vorräten (IFRIC 20.4; s ausführlich *Fischer* PiR 2012, 26 (26f)).

15 Führen diese Kosten wahrscheinlich zu einem künftigen **wirtschaftlichen Nutzen** in Form von produzierten Vorräten der Rohstoffförderung, so sind sie nach IFRIC 20.8 als **Vorratsvermögen** gem IAS 2 zu erfassen. Unter den **Voraussetzungen** des IFRIC 20.9, dass die Kosten der Abraumaktivitäten zu einem verbesserten Zugang zu den Erzvorkommen beitragen und sie

(1) wahrscheinlich zu einem künftigen Zufluss von wirtschaftlichem Nutzen führen,
(2) einem Erzvorkommen zuordenbar sind sowie
(3) verlässlich bestimmt werden können,

sind sie als sog ***stripping activity assets*** zu aktivieren. Dabei stellen sie keinen eigenen Vermögenswert dar, sondern sind bestehenden Vermögenswerten, zB Abbaurechten oder materiellen Vermögenswerten, zuzuordnen (IFRIC 20.10f; IFRIC 20.BC10; *Fischer* PiR 2012, 26 (27)). Die **Erstbewertung** der Abraumaktivitäten hat dabei zu direkt entstandenen Einzelkosten zuzüglich verursachungsgerecht zurechenbaren Gemeinkosten zu erfolgen (IFRIC 20.12). Sofern die Abraumaktivitäten sowohl zu Vorratsvermögen, zB in Form von Erz, als auch zu einem besseren Zugang zu weiteren Vorkommen führen, ist eine Zuordnung zu diesen beiden Vermögenswerten vorzunehmen. IFRIC 20.13 nennt Beispiele für eine sachgerechte **Schlüsselung.** Wenngleich in IFRIC 20.BC15 eine Aufteilung nach Verkaufswerten abgelehnt wird, verbleibt dem bilanzierenden Unternehmen im Ergebnis in diesem Punkt indes ein weiter Ermessensspielraum (vgl *Lüdenbach/Hoffmann/Freiberg* IFRS § 42 Rz 10). Die **Folgebewertung** richtet sich sodann hinsichtlich der Bewertungsmethode (Bilanzierung zu fortgeführten Anschaffungs- oder Herstellungskosten oder Neubewertungsverfahren) und hinsichtlich der Durchführung des Wertminderungstests nach den Vermögenswerten, denen die Abraumaktivitäten zugerechnet wurden. Zur planmäßigen Wertminderung der Abraumaktivitäten wird eine leistungsabhängige Abschreibungsmethode, basierend auf der Menge der besser zugänglich gemachten Vorkommen, vorgeschlagen. Diese soll stets dann gewählt werden, wenn keine sachgerechtere Abschreibungsmethode ersichtlich ist (IFRIC 20.14 ff, IFRIC 20.BC17 f; s ausführlich *Fischer* PiR 2012, 26 (26 f)).

B. Ansatz und Bewertung

I. Bilanzierung und Bewertung mit den bisher angewandten Methoden

16 IFRS 6 eröffnet den Anwendern eine außergewöhnliche **Erleichterung:** Die bilanzierenden Unternehmen dürfen ihre **bisher praktizierten Bilanzierungs- und Bewertungsmethoden** weiterführen (IFRS 6.7, IFRS 6.IN5(a), IFRS 6.BC17). Soweit Unternehmen nunmehr mit der Bilanzierung **erstmalig** auf die Vorschriften nach IFRS übergehen, bedeutet dies, dass IFRS 6 die bisher nach anderen Rechnungslegungsvorschriften angewandten Bilanzierungs- und Bewertungsregeln als mit IFRS 6 übereinstimmend anerkennt. IFRS 6.7 normiert einen Verzicht auf die Auslegungshierarchie nach IAS 8.11 f, wonach eine Lückenschließung über das Heranziehen anderer Standards, des Rahmenkonzepts etc verlangt wird (→ Rn 7). Für Unternehmen, die bisher schon nach IFRS bilanziert haben und hinsichtlich der relevanten Bilanzierungsfragen auf die Auslegungshierarchie nach IAS 8.11 f verweisen, bedeutet die erstmalige Anwendung von IFRS 6 gleichfalls, dass die nach diesen Grundsätzen entwickelten Bilanzierungs- und Bewertungsmethoden nunmehr mit IFRS 6 in Einklang stehen.

17 Im Falle einer **Methodenänderung** ist sowohl für Erstanwender als auch für Altanwender IFRS 6.13 einschlägig: Danach ist ein Wechsel der angewandten Bilanzierungs- und Bewertungsmethoden zulässig, sofern dies für das bilanzierende Unternehmen von größerem Nutzen ist und die Relevanz bei gleichbleibender Verlässlichkeit der Jahresabschlussinformationen erhöht wird oder aber wenn die Verlässlichkeit bei gleichbleibender Relevanz der durch die genutzten Methoden vermittelten Informationen gesteigert wird. IFRS 6.14 verzichtet gleichwohl auf die volle Übereinstimmung mit den Beurteilungskriterien nach IAS 8.

In der **Praxis** werden für den Ansatz und die Bewertung die folgenden Methoden angewandt (*Lüdenbach/Hoffmann/Freiberg* IFRS § 42 Rz 13):
(1) *full costing,*
(2) *successful efforts* und
(3) *area of interests.*

18 Nach der ***full costing*** **Methode** sind die anfallenden Kosten für Erkundung und Entwicklung zu aktivieren. In einer finalen Betrachtungsweise werden sämtliche Ausgaben als Mittel zum Zweck der späteren Leistungserstellung und damit der Ertragserzielung dienend verstanden. Konzeptionell sind auch erfolglose Bohrungen erforderlich, um in einem vermuteten Ölfeld erfolgreich nach Rohstoffen zu suchen (*Zülch/Willms* KoR 2005, 116 (117)).

19 Dagegen differenziert die ***successful efforts*** **Methode** insofern, als letztlich auf den Erfolg des jeweiligen Projekts abgestellt wird: aktivierungsfähig sind nur die Ausgaben, die in einem unmittelbaren Zusammenhang mit dem erfolgreichen Erschließen zB eines Gasvorkommens stehen. „Die Aktivitäten müssen zumindest mittelbar zur Entdeckung, Rechtebeschaffung oder Erschließung einer konkreten wirtschaftlich nutzbaren Reserve beigetragen haben" (*Zülch/Willms* WPg 2006, 1201 (1201)). Bis dahin aktivierte Ausgaben sind aufwandswirksam zu buchen, wenn ein Projekt wahrscheinlich nicht mehr zum Erfolg führt (*Willms,* 13).

20 Die ***area of interests*** **Methode** schließlich wird je nach Betrachtungsweise als eine Variante der *successful efforts* Methode oder der *full costing* Methode gesehen. Sie ordnet unmittelbar mit einem bestimmten, als nutzbringend eingeschätzten geologischen Gebiet in Zusammenhang stehende Ausgaben diesem gleichsam als Projektkosten zu.

21 **Beispiel:** Die Explore AG hat für das Recht, in einem bestimmten Gebiet nach Erzvorkommen zu suchen und diese im Erfolgsfalle auszubeuten, € 1.000 an staatliche Behörden gezahlt. In der Folge werden in drei vermuteten Abbaufeldern Grabungen vorgenommen und Gesteinsproben entnommen; je Feld werden € 200 aufgewendet. Es stellt sich nach der für € 300 in Auftrag gegebenen Studie zur Auswertung der technischen Machbarkeit und der wirtschaftlichen Verwertung heraus, dass lediglich zwei Vorkommen wirtschaftlichen Erfolg versprechen.

Nach der ***full costing*** **Methode** sind alle angefallenen Ausgaben von insgesamt € 1.900 zu aktivieren. Die „erfolglosen" Ausgaben des sich als unwirtschaftlich erwiesenen Vorkommens werden als erforderlich angesehen, um die Erzvorkommen in dem Gebiet erfolgreich zu erschließen. Nach der ***successful efforts*** **Methode** hingegen werden € 200 für die Grabungen und Probeentnahmen in den Periodenaufwand genommen. Die Ausgaben für das Abbaurecht und die Machbarkeitsstudie (eine eindeutige bzw anteilige Zuordnung zu den erfolgreichen Grabungen ist annahmegemäß nicht möglich) werden hingegen voll aktiviert. Es kommt zu einem Bilanzausweis von € 1.700.

22 Die Wahl der angewandten Methode kann erheblichen **Einfluss** auf die Darstellung der **Vermögens- und Ertragslage** nehmen (vgl das informative Beispiel bei *Zülch/Willms* WPg 2006, 1201 (1205 ff)). Tendenziell kommt es bei Anwendung der *successful efforts* Methode im Zeitraum des Anfalls der hier relevanten Ausgaben zu einer stärkeren Erfolgsbelastung. Dagegen liegt der Aktivierungsanteil bei der *full costing* Methode höher, wodurch die Anwendung dieser Methode zu einer stärkeren Periodisierung der Ausgaben führt. Im Hinblick auf die Relevanz der Abschlussinformationen wird die *successful effort* Methode grds der *full cost* Methode vorgezogen, da hier sowohl beim Ansatz als auch bei der Bewertung und Periodisierung relevante und zugleich zuverlässige Informationen bereitgestellt werden (*Willms,* 249).

23–25 *(einstweilen frei)*

II. Zugangsbewertung

26 Relevanter Bewertungsmaßstab für zugehende Vermögenswerte sind die **Anschaffungs- oder Herstellungskosten**. Dies ergibt sich aus IFRS 6.8. Welche Ausgaben unter die hiernach zu bewertenden Vermögenswerte fallen können, enumeriert beispielhaft IFRS 6.9 (→ Rn 12).

Über IFRS 6.BC28 wird dem Bilanzierenden ein **Wahlrecht** zur Einbeziehung von Verwaltungskosten und anderen Gemeinkosten eingeräumt, sofern ein direkter Bezug zu den nach IFRS 6 zu aktivierenden Ausgaben besteht. 27

Sofern aus der Erkundung von mineralischen Ressourcen Wiederherstellungs- oder Entfernungsverpflichtungen folgen, sind diese in Übereinstimmung mit IAS 37 als **Rückstellung** zu erfassen und den Anschaffungs- oder Herstellungskosten zuzurechnen (IFRS 6.11). Diese Verpflichtung stellt die einzige Ausnahme zur Weiterführungsmöglichkeit der bisherigen Bilanzierungsmethoden dar. 28

Fremdkapitalkosten im Zusammenhang mit der Exploration und Wertbestimmung mineralischer Vorkommen sind nach IAS 23 zu behandeln. Sie sind dann in die Anschaffungs- oder Herstellungskosten mit einzubeziehen, wenn sie einem qualifizierten Vermögenswert zuzuordnen sind und es wahrscheinlich ist, dass dem bilanzierenden Unternehmen aus dem finanzierten Vermögenswert künftig wirtschaftlicher Nutzen zufließen wird (IAS 23.8f).

Wenngleich Explorations- und Wertbestimmungsprojekte regelmäßig das Kriterium des qualifizierten Vermögenswerts nach IAS 23.5 erfüllen sollten, werden sie in vielen Fällen aufgrund der projektinhärenten Unsicherheit am Kriterium des Nachweises der Wahrscheinlichkeit des künftigen Nutzenzuflusses scheitern (vgl IFRS 6.BC36). Fremdkapitalkosten werden somit nach IAS 23 in diesen Fällen nicht Teil der Anschaffungs- oder Herstellungskosten sein können. Vielmehr ist es sachgerecht, sie in der Periode ihres Anfalls aufwandswirksam zu verrechnen (vgl *EY* 2015, 2909f).

Gehen einem Unternehmen Vermögenswerte aus der Exploration und Wertbestimmung mineralischer Vorkommen aus einem **Unternehmenszusammenschluss** zu, so sind diese in Übereinstimmung mit IFRS 3 zu behandeln (IFRS 6.BC31). Die hiermit zusammenhängenden einzeln identifizierbaren Vermögenswerte und Schulden sind im Rahmen der Kaufpreisallokation nach IFRS 3.10 anzusetzen und nach IFRS 3.18 zum beizulegenden Zeitwert zu bewerten (→ § 34 Rn 71ff; vgl *Becker/Beermann/Schmidt* in Baetge ua IFRS-Komm IFRS 6 Rz 13). 29

(einstweilen frei) 30

III. Folgebewertung

1. Allgemeines

IFRS 6.12 räumt für die Folgebewertung das **Wahlrecht** ein, entweder zu fortgeführten Anschaffungs- oder Herstellungskosten ***(cost model)*** zu bilanzieren oder das Neubewertungsverfahren ***(revaluation model)*** anzuwenden. Im Hinblick auf ggf vorzunehmende außerplanmäßige Abschreibungen sind die nach IFRS 6 bilanzierten Vermögenswerte einem Wertminderungstest zu unterziehen. 31

Durch IFRS 6.13 wird den bilanzierenden Unternehmen die Möglichkeit eröffnet, die **Bilanzierungs- und Bewertungsmethoden** im **Zeitablauf zu ändern.** Voraussetzung ist, dass sich durch den Methodenwechsel die Relevanz oder die Verlässlichkeit der Jahresabschlussaussagen erhöht und durch die Änderung den allgemeinen Beurteilungsmaßstäben des IAS 8 weitgehender entsprochen wird, ohne dass jedoch verlangt wird, dass hierdurch eine volle Übereinstimmung mit diesen Kriterien erreicht werden muss (IFRS 6.14; → Rn 17).

2. Bewertung zu fortgeführten Anschaffungs- oder Herstellungskosten

Wird nach dem **Anschaffungskostenmodell** bilanziert, ist das weitere Vorgehen von der Einstufung der aktivierten Ausgaben als **materieller** oder 32

immaterieller Vermögenswert abhängig. Entspr gilt im Übrigen auch bei Anwendung des **Neubewertungsverfahrens.** Die Einstufung ist nach der Eigenschaft der angefallenen Ausgaben vorzunehmen und konsistent weiterzuführen (IFRS 6.15). So erfüllen zB Bohrrechte die Eigenschaften für immaterielle Vermögenswerte; Fahrzeuge und Bohrinseln sind hingegen als Sachanlagen zu behandeln. Der Werteverzehr eines materiellen Vermögenswerts kann uU in die Herstellungskosten eines immateriellen Vermögenswerts einzubeziehen sein, wenn dieser zur Entwicklung des immateriellen Vermögenswerts verwendet wird (IFRS 6.16).

33 Die grds anzuwendenden Regelungen der **Folgebewertung** sind mithin für Sachanlagen IAS 16 und für immaterielle Vermögenswerte IAS 38 zu entnehmen. Nach dem Anschaffungskostenmodell ist eine Sachanlage oder ein immaterieller Vermögenswert danach zu ihren/seinen **Anschaffungs- oder Herstellungskosten** abzüglich der kumulierten Abschreibungen und der kumulierten Wertminderungsaufwendungen anzusetzen (IAS 16.30, IAS 38.74; → § 4 Rn 99ff und → § 5 Rn 102ff). Als Abschreibungsmethoden kommen sowohl die lineare **Abschreibung** als auch die Leistungsabschreibung (Abschreibung nach Maßgabe der abgebauten Reserven) in Betracht (*Zülch/Willms* WPg 2006, 1201 (1204)). Da die Nutzung des Vermögenswerts erst mit Aufnahme der Produktion beginnt, sind planmäßige Abschreibungen erst in der Produktionsphase und noch nicht während der Exploration und Wertbestimmung zu verrechnen (vgl *Becker/Beermann/Schmidt* in Baetge ua IFRS-Komm IFRS 6 Rz 21).

3. Bewertung nach dem Neubewertungsverfahren

34 Bei Anwendung des **Neubewertungsmodells** sind die zu aktivierenden Ausgaben in der Folgebewertung mit dem **beizulegenden Zeitwert** anzusetzen.

Auch die Anwendung dieses Verfahrens erfordert die vorgelagerte Einstufung der zu aktivierenden Ausgaben als materielle oder immaterielle Vermögenswerte. Diese Einstufung ist im Rahmen des Neubewertungsverfahrens von grds Bedeutung: Während der beizulegende Zeitwert für nach IAS 16 zu behandelnde Vermögenswerte aus **Marktpreisen** abgeleitet werden kann (IAS 16.31), ist für die Ermittlung des beizulegenden Zeitwerts eines immateriellen Vermögenswerts auf einen **aktiven Markt** Bezug zu nehmen (IAS 38.75).

35 Das Vorhandensein eines **aktiven Markts** ist in den hier relevanten Fällen regelmäßig nicht gegeben, sodass die Neubewertungsmethode als Konzept der Folgebewertung kaum von praktischer Relevanz sein dürfte (*Zülch/Willms* KoR 2005, 116 (119); *Lüdenbach/Hoffmann/Freiberg* IFRS § 42 Rz 20). Nach Inkrafttreten des IFRS 13 richtet sich die Ableitung des beizulegenden Zeitwerts für nicht-finanzielle Vermögenswerte nach dem Konzept der **höchsten und besten Verwendung** (s IFRS 13.27f; ausführlich → § 2 Rn 245ff, für Sachanlagen → § 5 Rn 125ff, sowie für immaterielle Vermögenswerte → § 4 Rn 82f). Wenn das Neubewertungsverfahren gleichwohl in den Regelungsbereich von IFRS 6 übernommen wurde, so war hierfür in erster Linie die Vermeidung systematischer Inkonsistenzen innerhalb der IASB-Rechnungslegung ausschlaggebend (IFRS 6.BC30).

4. Wertminderungen

36 Für die nach IFRS 6 aktivierten Vermögenswerte der Erkundung und Wertbestimmung mineralischer Vorkommen ist ein **Wertminderungstest** durchzuführen, um die Notwendigkeit **außerplanmäßiger Abschreibungen** zu untersuchen. Dabei gelten die Regelungen von IAS 36 zur Wertminderung von

Vermögenswerten nur eingeschränkt. Während IAS 36.8 dazu verpflichtet, an jedem Bilanzstichtag zu prüfen, ob Anhaltspunkte dafür vorliegen, dass ein Vermögenswert wertgemindert sein könnte, knüpft IFRS 6.20 für die hier relevanten Vermögenswerte vereinfachend an auslösende Ereignisse an (*Zülch/Willms* KoR 2005, 116 (119)). Insofern sind die Regelungen des IAS 36.8ff nicht anzuwenden. Eine Pflicht zur Vornahme eines Wertminderungstests ist bei Vorliegen folgender beispielhafter tatsächlicher Verhältnisse angezeigt, die **Wertminderungsvermutungen** begründen:

(1) Der Zeitraum des Explorationsrechts ist in der Berichtsperiode abgelaufen oder wird in naher Zukunft ablaufen; eine Verlängerung wird nicht erwartet. Der Terminus „nahe Zukunft" kann hier als Zeitraum von zwölf Monaten verstanden werden (vgl *KPMG* 2014/15 Rz 5.11.180.30).

(2) Weder die Planung noch das Budget des Unternehmens sehen wesentliche Ausgaben für weitere Explorations- und Wertbestimmungstätigkeiten in dem betreffenden Gebiet vor.

(3) Die Aktivitäten zur Exploration und Wertbestimmung in dem betreffenden Gebiet haben nicht zur Entdeckung kommerziell verwertbarer Vorkommen geführt und die Unternehmensleitung hat sich zur Einstellung der Aktivitäten in diesem Gebiet entschlossen.

(4) Die Erschließungsaktivitäten in dem betreffenden Gebiet sollen weitergeführt werden; gleichwohl liegen verlässliche Anhaltspunkte dafür vor, dass die aktivierten Ausgaben nicht in voller Höhe durch die wirtschaftliche Verwertung (im Rahmen der Ausbeutung oder durch Verkauf an Dritte) gedeckt werden.

Hinsichtlich der Vorgehensweise zur Durchführung des Wertminderungstests verweist IFRS 6.20 auf die **entspr Anwendung** der Regelungen in **IAS 36.** Eine außerplanmäßige Abschreibung ist dann vorzunehmen, wenn der **Buchwert** des Vermögenswerts oberhalb des für ihn **erzielbaren Betrags** liegt. Dieser Wert ist definiert als der höhere Betrag aus beizulegendem Zeitwert abzüglich der Verkaufskosten und dem Nutzungswert, der dem Vermögenswert beizumessen ist (IAS 36.6). Die Wertdifferenz zwischen Buchwert und dem darunter liegenden erzielbaren Betrag des Vermögenswerts ist als **Wertminderungsaufwand** zu erfassen. 37

Die Bezugnahme auf IAS 36 hat zur Konsequenz, dass den Vermögenswerten im Rahmen der vorgegebenen Bewertungsverfahren Cashflows zugeordnet werden müssen. Die Besonderheit der rohstofffördernden Industrien liegt jedoch gerade darin, dass in der Explorationsphase die in Rede stehenden Vermögenswerte keine Cashflows generieren und dass auch noch **keine ausreichenden Informationen** über die Ergiebigkeit der Vorkommen und damit die Werthaltigkeit der im Rahmen der Exploration angesetzten Vermögenswerte vorliegen. Die fehlende Informationsbasis macht es unmöglich, auf der Ebene des Vermögenswerts den **beizulegenden Zeitwert** oder den **Nutzungswert** als die den erzielbaren Betrag bestimmenden Wertgrößen zu ermitteln. Dieser Umstand würde im Ergebnis in vielen Fällen dazu führen, dass ein Abschreibungsbedarf gegeben ist (IFRS 6.BC36) und die Ausgaben für Exploration und Wertbestimmung überwiegend erfolgswirksam zu erfassen wären (*Zülch/Willms* KoR 2005, 116 (119)). 38

Um diese im Einzelfall unplausiblen, jedenfalls aber von den bisherigen Bilanzierungsgepflogenheiten abweichenden Auswirkungen zu vermeiden, räumt IFRS 6 dem Bilanzierenden einen nicht unerheblichen **Spielraum** ein: Für Zwecke des Wertminderungstests können die aktivierten Vermögenswerte 39

(1) einer zahlungsmittelgenerierenden Einheit (ZGE) oder

(2) einer Gruppe von ZGE

zugeordnet werden. Der Umfang der (Gruppe von) ZGE, der die betreffenden Vermögenswerte in diesem Zusammenhang zugeordnet werden, ist in seiner

Größe begrenzt. Die (Gruppe von) ZGE darf nicht größer sein als ein nach den Regelungen von **IFRS 8** gebildetes operatives **Segment** (IFRS 6.21; → § 21 Rn 18 ff).

40 **Beispiel:** Die Explore AG ist in Afrika und in Australien im Rahmen der Erschließung und Ausbeutung von mineralischen Vorkommen tätig. Sie berichtet nach in Übereinstimmung mit IFRS 8 gebildeten operativen Segmenten, die geographischen Gesichtspunkten folgen. Die Vorkommen befinden sich in unterschiedlichen Stadien, die von der Prospektionsphase bis zur Ausbeutung einzelner Vorkommen reichen. Jedes dieser Vorkommen wäre nach den Kriterien von IAS 36 als eigene einem Wertminderungstest grds zugängliche Einheit zu beurteilen.

Zwei von mehreren in Afrika angesiedelten Projekten befinden sich in der Explorationsphase, wobei sich aber verlässlich abzeichnet, dass bei keinem dieser beiden Projekte wirtschaftlich verwertbare Vorkommen gefunden werden; gleichwohl soll die Exploration in begrenztem Umfang weiter geführt werden. Weitere Projekte befinden sich in der Phase der wirtschaftlich erfolgreichen Mineraliengewinnung.

Ein Wertminderungstest auf der Ebene der jeweiligen Vermögenswerte oder der ZGE entspr IAS 36 würde zu einem Wertminderungsaufwand führen, da der Buchwert der jeweils aktivierten Explorationsaufwendungen oberhalb der voraussichtlichen Cashflows (unterstellt: null) liegen würde. Eine Betrachtung auf Ebene des geographischen Segments Afrika ermöglicht dagegen die Zusammenfassung der in Exploration befindlichen Projekte mit den bereits produzierenden Vorkommen; überwiegen die positiven Ertragsaussichten der produzierenden Vorkommen, würde eine außerplanmäßige Abschreibung der beiden Explorationsprojekte vermieden.

41 Der **Umfang** des potenziellen **Wertminderungsaufwands** ist abhängig von der gewählten Methode (→ Rn 17 ff) im Rahmen der Bemessung der Anschaffungskosten (Zugangsbewertung). Bei Anwendung der *successful efforts* Methode sind bereits Ausgaben (zB für nicht erfolgreiche Probebohrungen) aufwandswirksam erfasst, die hingegen nach der *full costing* Methode aktiviert werden. Insoweit ist das mögliche Abschreibungsvolumen bei Anwendung der *full costing* Methode größer als bei Anwendung der *successful efforts* Methode.

42 Zu jedem Bilanzstichtag ist zu prüfen, ob Anhaltspunkte dafür vorliegen, dass eine in vorangegangenen Berichtsperioden erfasste Wertminderung ganz oder teilweise aufzuheben ist. Die in IAS 36.109 ff formulierten Voraussetzungen für eine **Wertaufholung** gelten für nach IFRS 6 zu erfassende Vermögenswerte entspr (IFRS 6.BC48).

43–45 *(einstweilen frei)*

C. Ausweis

46 Entspr der Qualifikation der im Rahmen der Exploration und Wertbestimmung anfallenden Ausgaben als materielle oder immaterielle Vermögenswerte ist auch der Ausweis in der Bilanz vorzunehmen: entweder sind die Vermögenswerte unter den **Sachanlagen** oder unter den **immateriellen Vermögenswerten** auszuweisen.

47 Innerhalb der Vorschriften zum Ausweis regelt IFRS 6.17 grds, wie zu verfahren ist, wenn die technische Machbarkeit und die wirtschaftliche Verwertbarkeit eines Explorationsprojekts **endgültig feststeht.** In diesem Falle sind die aktivierten Vermögenswerte nicht mehr als im Rahmen der Exploration und Wertbestimmung aktivierte Ausgaben auszuweisen. Der Anwendungsbereich von IFRS 6 reicht über dieses Stadium nicht hinaus. Es muss davon ausgegangen werden, dass diese Vorschrift keine Implikationen für Ansatz- oder Bewertungsfragen betrifft, sondern ausschließlich den Ausweis regelt. Nähere Einzelheiten finden sich weder im Standard noch in der *Basis for Conclusions, Lüdenbach/*

Hoffmann/Freiberg (IFRS § 42 Rz 27) vertreten in diesem Zusammenhang zutreffend die Auffassung, dass bisher als Sachanlagen bilanzierte Mineralgewinnungsrechte mit Abschluss der Explorations- und Wertbestimmungsphase als **immaterielle Vermögenswerte** zu behandeln sind.

(einstweilen frei) **48–50**

D. Angaben im Anhang

Spezifische Vorschriften zu den erforderlichen Anhangangaben finden sich in IFRS 6.23ff. Danach sind folgende Informationen zur Erläuterung der durch Exploration und Wertbestimmung mineralischer Vorkommen verursachten Ausgaben zu machen: **51**

(1) Darstellung der angewandten **Bilanzierungs- und Bewertungsmethoden** (zB *full costing* Methode, *successful efforts* Methode, *area of interests* Methode).

(2) Angabe der im Rahmen der Explorations- und Wertbestimmungsphase bestehenden bzw angefallenen **Vermögenswerte, Schulden, Einnahmen, Ausgaben** sowie die **Cashflows** aus operativer und aus Investitionstätigkeit.

(3) Je nach Klassifikation der betreffenden Vermögenswerte als Sachanlagen oder als immaterielle Vermögenswerte sind die auch nach **IAS 16 bzw IAS 38 geforderten Angaben** zu machen. Dabei sind die betreffenden Vermögenswerte für Zwecke der Angaben als eine eigenständige Gruppierung zu behandeln (IFRS 6.25).

(einstweilen frei) **52–55**

E. Wesentliche Änderungen und deren Anwendungszeitpunkte

In der jüngeren Vergangenheit hat es keine wesentlichen Änderungen des IFRS 6 gegeben. **56**

F. Aktuelle Entwicklungen/IASB-Projekte

Mit IFRS 6 hat der IASB erstmals einen Standard entwickelt, der Regelungen zu **bilanziellen Fragestellungen** der rohstofffördernden Industrien trifft. Bislang klammerten verschiedene Standards diesen Industriezweig explizit aus ihrem Anwendungsbereich aus. **57**

Am 20. August 2009 hat der IASB einen **Arbeitsentwurf *„Extractive Activities Research Project"*** (ein Überblick über die vorläufigen Ergebnisse findet sich bei *Paarz/Meyer* KoR 2009, 605 (605ff)) und zudem am 6. April 2010 das **Diskussionspapier DP/2010/1 *„Extractive Activities"*** vorgelegt. Ziel des Papiers ist es, eine Basis für einen neuen Standard zu schaffen, der eine einheitliche Bilanzierungspraxis und alle Prozessphasen der Rohstoffförderung beinhaltende Regelungen schafft. Dieser Standard sollte den jetzigen IFRS 6 ablösen. Allerdings ist dieses Projekt nach Information auf der IASB Homepage derzeit (Stand: 31. Juli 2015) ausgesetzt und es ist offen, wann (und ob) dieses Projekt wieder auf die aktive Agenda des IASB gesetzt wird (s http://www.ifrs.org/Current-Projects/IASB-Projects/Extractive-Activities/Pages/Summary.aspx Stand 9. Juli 2015).

Das Diskussionspapier enthält verschiedene grds Änderungen ggü den Regelungen des IFRS 6:

Der **Anwendungsbereich** neuer Regelungen soll sich auf die mineralischen Ressourcen und auf öl- und gasfördernde Industrien beschränken und schließt damit von IFRS 6 erfasste technisch ähnliche Unternehmungen aus (*Wulf/Lange* WPg 2011, 320 (321)). Zudem sollen **alle Phasen** der Förderung nicht erneuerbarer natürlicher Ressourcen abgedeckt werden, nicht nur die Phase der Exploration und Wertbestimmung, wie IFRS 6 dies regelt. Die für die **Zugangsbewertung** im Diskussionspapier getroffenen Regelungen führen praktisch zur ausschließlichen Anwendung der *full costing* Methode; die mit der in der Praxis häufig anzutreffenden *successful efforts* Methode verbundene Aufwandsverbuchung der Kosten für nicht erfolgreiche Bohrungen oder Grabungen wären dagegen nicht mehr zulässig (*Wulf/Lange* WPg 2011, 320 (322)). Für die **Folgebewertung** soll nach dem Diskussionspapier künftig nur noch die Bewertung zu fortgeführten Anschaffungs- oder Herstellungskosten möglich sein (DP/2010/1 Rz 4.83 ff). Das bisherige Wahlrecht zur Anwendung auch der Neubewertungsmethode soll entfallen. Die Anhangangaben werden nach dem Diskussionspapier künftig erheblich ausgeweitet (DP/2010/1 Table 5.1).

Im Mai 2012 hat der IASB indes einstimmig entschieden, das Projekt vorerst in ein Forschungsprojekt zu überführen, welches derzeit (Stand: 31. Juli 2015) nicht Teil des aktiven Arbeitsprogramms ist.

Teil F. Zwischenberichterstattung

§ 43. Zwischenberichterstattung

Übersicht

Schrifttum: *Alvarez/Wotschofsky* Zwischenberichterstattung nach Börsenrecht/DRS, IAS und US-GAAP, 2. Aufl, Bielefeld 2003; *Baetge/Haenelt* Anforderungen des Kapitalmarkts an die IFRS-Zwischenberichterstattung und empirische Befunde zur derzeitigen Qualität publizierter IFRS-Zwischenberichte, DB 2009, 2501; *Bosse* Wesentliche Neuregelungen ab 2007 aufgrund des Transparenzrichtlinie-Umsetzungsgesetz für börsennotierte Unternehmen, DB 2007, 39; *Ernstberger/Pfauntsch* Die Qualität von Zwischenberichten börsennotierter Unternehmen in Deutschland, IRZ 2008, 195; *EU-Kommission* Richtlinie 2004/109/EG vom 19. Dezember 2004 zur Harmonisierung der Transparenzanforderungen in Bezug auf Informationen über Emittenten, deren Wertpapiere zum Handel auf einem geregelten Markt zugelassen sind, und zur Änderung der Richtlinie 2001/34/EG, ABl EG L 390/39 vom 31.12.2004; *EU-Kommission* Decision of 12 December 2008 on the use by third countries' issuers of securities of certain third country's national accounting standards and International Financial Reporting Standards to prepare their consolidated financial statements (2008/961/EC), ABl EU L 340/112 vom 19. Dezember 2008; *EU-Kommission* Durchführungsbeschluss der Kommission vom 11. April 2012 zur Änderung der Entscheidung 2008/961/EG über die Verwendung der nationalen Rechnungslegungsgrundsätze bestimmter Drittländer und der International Financial Reporting Standards durch Wertpapieremittenten aus Drittländern bei der Erstellung ihrer konsolidierten Abschlüsse, C(2012) 2256, ABl EU L 103/49 vom 13. April 2012; *EU-Parlament und Rat* Richtline 2013/50/EU vom 22. Oktober 2013 zur Änderung der Richtlinie 2004/109/EG, ABl EU L 294/13 vom 6.11.2013; *FASB* Interim Financial Accounting and Reporting, Discussion Memorandum, Stanford 1978; *Green* Towards a Theory of Interim Reports, JAR 1964, 35; *Hahn* Der Bilanzeid – Neue Rechtsfigur im deutschen Kapitalmarktrecht, IRZ 2007, 375; *Hebestreit/Rahe* Die neue Zwischenberichterstattung nach dem Transparenzrichtlinie-Umsetzungsgesetz (TUG), IRZ 2007, 111; *Hebestreit/Teitler*

IFRIC 21 Abgaben (Levies), IRZ 2014, 233; *Höhn* Theorie und Praxis der Zwischenberichterstattung im Prime Standard, KoR 2011, 530; *IDW HFA* Berichterstattung über die 207. Sitzung des HFA, FN IDW 2007, 262; *IDW HFA* Berichterstattung über die 208. Sitzung des HFA, FN IDW 2007, 442; *Kajüter/Barth/Meyer* Zwischenlageberichterstattung nach § 37w WpHG, WPg 2009, 462; *Kajüter/Reisloh* Zwischenmitteilungen der Geschäftsführung nach § 37x WpHG, KoR 2007, 620; *Köster* Grundsätze ordnungsmäßiger Zwischenberichterstattung börsennotierter Aktiengesellschaften, Düsseldorf 1992; *Kumm* Praxisfragen der Regelpublizität nach Inkrafttreten des TUG, BB 2009, 1118; *Loitz* Erfassung von Steuersatzänderungen in der Zwischenberichterstattung nach IAS 34, DB 2007, 2048; *Mujkanovic* Rechnungslegung und erstmalige Zwischenberichterstattung nach IFRS unter Berücksichtigung der Transparenzrichtlinie, KoR 2005, 146; *Peemöller* in Ballwieser ua (Hrsg), Wiley Handbuch International Financial Reporting Standards 2011, Abschn 21, Weinheim 2011; *Pellens/Jödicke/Jödicke* Anwendbarkeit nicht freigegebener IFRS innerhalb der EU, BB 2007, 2503; *Rabenhorst/Wiechens* Praxis der Halbjahresberichterstattung der DAX 30-Unternehmen, DB 2009, 521; *Riedel/Leippe* in Vater ua (Hrsg) Wiley IFRS Änderungskommentar, IFRIC 10, Bielefeld 2007; *Seibt* Prognosen im Kapitalmarktrecht, Corporate Finance 2010, 294; *Strieder* Sonderprobleme der kapitalmarktorientierten Rechnungslegung: Unterzeichnung und Rumpfgeschäftsjahr, BB 2001, 1998; *Strieder/Ammedick* Zwischenberichterstattung im Jahr 2005 durch zur Umstellung auf IFRS verpflichtete Unternehmen, BB 2004, 2679; *Strieder/Ammedick* Der Zwischenlagebericht als neues Instrument der Zwischenberichterstattung, DB 2007, 1368; *von Eitzen/Dahlke* Bilanzierung von Steuerpositionen nach IFRS, Stuttgart 2008; *Wagner* Die Bestellung des Abschlussprüfers für die prüferische Durchsicht – Fragen bei der aktuellen Vorbereitung der Hauptversammlung, BB 2007, 454.

Wesentliche Rechtsgrundlagen: IAS 34, IFRIC 10

A. Allgemeines

1 IAS 34 legt die Grundsätze fest, die für den Mindestinhalt eines Zwischenberichts (unterjährige Finanzberichterstattung) sowie für die Erfassung und die Bewertung von Geschäftsvorfällen in einem für Zwecke der Zwischenberichterstattung aufzustellenden Abschluss gelten. Über eine diesen Grundsätzen folgende, zeitnahe und verlässliche Zwischenberichterstattung (Quartals- und/oder Halbjahresfinanzberichterstattung) soll den Investoren, Gläubigern und anderen Adressaten des Zwischenberichts eine bessere **unterjährige Beurteilung** der **VFE-Lage** des Unternehmens ermöglicht werden. Im Einklang mit F. OB2f stehen damit nicht nur die Informationsbedürfnisse der derzeitigen und potenziellen Investoren, sondern auch anderer Abschlussadressaten im Vordergrund. Zur Bedeutung der einzelnen Berichtsinhalte und der Qualität publizierter Zwischenberichte aus der Sicht des Kapitalmarkts vgl *Baetge/Haenelt* DB 2009, 2501 (2501 ff).

B. Anwendungsbereich

2 IAS 34 gibt nicht vor, welche Unternehmen Zwischenberichte zu erstellen und zu veröffentlichen haben. Gleiches gilt für die Anzahl der Zwischenberichte in einem Geschäftsjahr und die Frist, innerhalb derer Zwischenberichte zu veröffentlichen sind. Gem IAS 34.1 ist anhand der jeweiligen **länderspezifischen Rahmenbedingungen** zu beurteilen, ob ein Unternehmen zur Zwischenberichterstattung (Quartals- und/oder Halbjahresfinanzberichterstattung) verpflichtet ist. Besteht eine derartige Verpflichtung und ist aufgrund dieser Verpflichtung der Zwischenbericht zwingend nach IFRS aufzustellen oder wird er freiwillig nach IFRS aufgestellt und als mit den IFRS (vollständiger Zwischenabschluss)

bzw IAS 34 (verkürzter Zwischenabschluss) übereinstimmend (→ Rn 51 ff) bezeichnet, so ist IAS 34 vollumfänglich anzuwenden (IAS 34.1 und IAS 34.3).

3 Die EU-Kommission hat im Jahr 2004 mit der Transparenzrichtlinie (TranspRL) den Kreis der zur Halbjahresfinanzberichterstattung verpflichteten Unternehmen erheblich ausgeweitet. Mit dem Transparenzrichtlinie-Umsetzungsgesetz (TUG) wurde daraufhin die Zwischenberichterstattung im WpHG **gesetzlich geregelt.** Das TUG wurde durch die §§ 10 bis 15 Transparenzrichtlinie-Durchführungsverordnung (TranspRLDV) ergänzt. Gem § 37w Abs 1 WpHG haben Inlandsemittenten bei Notierung an einem **organisierten Markt** zur Zeit (→ Rn 10 zu anstehenden Änderungen) noch einen Halbjahresfinanzbericht, bei Aktienemission gem § 37x Abs 1 WpHG zudem zwei unterjährige Zwischenmitteilungen der Geschäftsführung oder alternativ gem § 37x Abs 3 WpHG zwei Quartalsfinanzberichte zu veröffentlichen (→ Rn 51 ff). Als organisierter Markt gilt dabei jeder Markt, der von staatlich anerkannten Stellen geregelt und überwacht wird, regelmäßig stattfindet und für das Publikum unmittelbar oder mittelbar zugänglich ist (§ 2 Abs 5 WpHG). Bezogen auf die Frankfurter Wertpapierbörse ist der **regulierte Markt** *(General Standard)* als organisierter Markt iSd WpHG anzusehen. Keine gesetzliche Pflicht zur Zwischenberichterstattung besteht grds hingegen für Unternehmen, die im Marktsegment des **Freiverkehrs** (an der Frankfurter Wertpapierbörse als *Open Market* bezeichnet) zugelassen sind, da dieses ausdrücklich nicht als regulierter Markt und damit als organisierter Markt gem WpHG gilt (§ 116 Börsenordnung der Frankfurter Wertpapierbörse).

4 Eine **vertragliche Pflicht** zur Zwischenberichterstattung kann sich aus der Zulassung zu bestimmten Marktsegmenten aus der jeweiligen Börsenordnung ergeben. Während Unternehmen des **General Standard** lediglich einen Halbjahresfinanzbericht nach § 37w WpHG sowie, bei Aktienemission, zusätzlich die Zwischenmitteilungen der Geschäftsführung nach § 37x WpHG zu veröffentlichen haben, müssen Unternehmen, die zum Teilbereich des regulierten Markts mit erweiterten Zulassungsfolgepflichten, dem sog **Prime Standard,** zugelassen sind, gem § 51 Börsenordnung der Frankfurter Wertpapierbörse anstelle von Zwischenmitteilungen Quartalsberichte nach § 37x Abs 3 WpHG veröffentlichen. Unternehmen, die dem **Entry Standard** als Teilbereich des Freiverkehrs *(Open Market)* angehören, haben gem § 19 Abs 1 Buchstabe b der Allgemeinen Geschäftsbedingungen für den Freiverkehr an der Frankfurter Wertpapierbörse nur einen Halbjahresfinanzbericht zu veröffentlichen. Angesichts der Tatsache, dass für konsolidierungspflichtige MU des Entry Standards § 315a HGB nicht einschlägig ist, weil es sich nicht um einen regulierten bzw organisierten Markt handelt, kann der Konzernabschluss und damit auch der Zwischenabschluss wahlweise nach handelsrechtlichen oder nach internationalen Rechnungslegungsstandards erstellt werden. Regelmäßig wird sich der Zwischenabschluss an den im Konzernabschluss angewandten Standards orientieren, weshalb auch für Emittenten des Entry Standards ggf IAS 34 vollumfänglich anzuwenden ist (IAS 34.1 und IAS 34.28).

5 Gleichwohl kann sich für Unternehmen aus dem Marktsegment Freiverkehr und für alle nicht börsennotierten Unternehmen eine Verpflichtung zur Zwischenberichterstattung aus **anderen privatrechtlichen Vereinbarungen,** zB aus Satzung, Gesellschaftsvertrag oder Kreditvereinbarungen, ergeben. Sofern in diesen Fällen der Zwischenbericht zwingend nach IFRS aufzustellen ist oder sofern freiwillig ein IFRS-konformer Zwischenbericht erstellt werden soll, ist IAS 34 zu beachten.

6 Aus der **Koexistenz** von **WpHG** und **IAS 34** ergibt sich gem § 37w Abs 1 WpHG, dass sämtliche nach IFRS bilanzierenden Unternehmen für den Zwischenabschluss IAS 34, hingegen für den Zwischenlagebericht § 37w Abs 4

WpHG bzw DRS 16.34 ff und für Zwischenmitteilungen § 37x WpHG bzw DRS 16.61 ff zu beachten haben.

7 Welches Unternehmen als **Inlandsemittent** gilt, richtet sich nach der in diesem Falle komplexen Normstruktur des § 2 WpHG. Im Wesentlichen gilt ein Unternehmen im Kontext der Zwischenberichterstattung immer dann als Inlandsemittent, sofern es Aktien oder Schuldtitel begeben hat und Deutschland als Herkunftsstaat iSd § 2 Abs 6 WpHG anzusehen ist. Im Einzelnen bedeutet dies, dass neben Unternehmen mit Sitz im Inland, die an einem organisierten Markt in Deutschland notiert sind, auch Unternehmen des EU-Auslands oder aus Drittstaaten, die ausschließlich in Deutschland an einem organisierten Markt notiert sind, als Inlandsemittenten gelten. Selbiges trifft auf ausländische Unternehmen zu, die neben ihrer Notierung in Deutschland weitere Börsen des EU-Auslands in Anspruch nehmen, aber Deutschland als Herkunftsstaat iSv § 2b WpHG für mindestens drei aufeinanderfolgende Jahre gewählt haben. Keine Inlandsemittenten iSd WpHG sind im Umkehrschluss daher Unternehmen mit Sitz im Inland, die ausschließlich an ausländischen Börsen gelistet sind bzw bei gleichzeitiger Notierung im Inland ihr Herkunftsstaatenwahlrecht entspr ausgeübt haben.

8 **Ausnahmetatbestände** von der Pflicht zur Zwischenberichterstattung existieren gem § 37z WpHG für Inlandsemittenten von Schuldtiteln mit einer Mindeststückelung oberhalb von € 100.000 oder noch ausstehenden bereits vor dem 31.12.2010 zugelassenen Schuldtiteln mit einer Mindeststückelung oberhalb von € 50.000, für Kreditinstitute, die ausschließlich Schuldtitel mit einem Gesamtvolumen unter Mio € 100 ausgegeben haben, sowie für Schuldtitelemittenten, deren Papiere mit unbedingten und unwiderruflichen Garantien der öffentlichen Hand versehen sind. In den vorgenannten Fällen sind die Inlandsemittenten von der Zwischenberichterstattung nach WpHG befreit.

9 **Sonderregeln** gelten auch für **bestimmte Abschlüsse aus Drittstaaten.** Die EU-Kommission hat am 12. Dezember 2008 mit Wirkung zum 1. Januar 2009 entschieden, dass Konzernabschlüsse, die nach den IFRS bzw den Rechnungslegungsstandards von Japan oder den USA erstellt werden, als gleichwertig mit Konzernabschlüssen angesehen werden, die nach den von der EU übernommenen IFRS erstellt wurden. Gleiches gilt seit dem Durchführungsbeschluss der EU-Kommission vom 11. April 2012 ebenfalls unbefristet für Konzernabschlüsse, die auf der Grundlage der Rechnungslegungsnormen der Volksrepublik China, Kanadas oder der Republik Korea erstellt werden. Entspr können auch Zwischenberichte nach diesen Rechnungslegungsstandards erstellt werden. Für die Republik Indien wurde die Anerkennung bis zum 31. Dezember 2014 begrenzt (s *EU-Kommission* Durchführungsbeschluss C(2012) 2256, Art 1 f). Eine Entscheidung neueren Datums zur Republik Indien lag zum Redaktionsschluss (Stand: 31. Juli 2015) nicht vor, weshalb davon auszugehen ist, dass zurzeit keine Gleichwertigkeit besteht.

Hinsichtlich der **Frist,** in der Zwischenberichte zu veröffentlichen sind, gelten für diese anerkannten ausländischen Abschlüsse ebenfalls die länderspezifischen Rahmenbedingungen (IAS 34.1). Für alle anderen in Deutschland zu veröffentlichenden Zwischenberichte beträgt die Frist zur Veröffentlichung zwei Monate nach Abschluss der Zwischenberichtsperiode. Durch die im Jahr 2013 geänderte TranspRL wird diese Frist auf drei Monate erweitert. Die Umsetzung der geänderten RL in deutsches Recht ist derzeit (Stand: 31. Juli 2015) noch nicht erfolgt (→ Rn 129).

10 IAS 34 schreibt im Gegensatz zu § 37w Abs 3 iVm § 37y Nr 2 WpHG nicht vor, dass bei Anwendung der **IFRS im Jahres- oder Konzernabschluss** auch die Zwischenabschlüsse nach IFRS zu erstellen sind (IAS 34.2). Gleichwohl empfiehlt sich diese Vorgehensweise aus Gründen der Einheitlichkeit der Rech-

nungslegung sowie der damit einhergehenden höheren Transparenz, Vergleichbarkeit und Verständlichkeit der gesamten Finanzberichterstattung. Dies gilt uE auch in den Fällen, in denen der Zwischenbericht nicht als mit den IFRS (vollständiger Zwischenabschluss) bzw IAS 34 (verkürzter Zwischenabschluss) übereinstimmend (→ Rn 49) bezeichnet wird.

Durch die im Jahr 2013 geänderte **TranspRL** wird die **Pflicht** zur Veröffentlichung von **vierteljährlichen Finanzinformationen** (Zwischenmitteilungen und Quartalsfinanzberichten) für alle Unternehmen aufgehoben. Die Umsetzung der geänderten RL **in deutsches Recht** ist derzeit (Stand: 31. Juli 2015) noch nicht erfolgt. Es liegt lediglich ein Gesetzentwurf des Bundesfinanzministeriums vor, der einen Entfall von Zwischenmitteilungen und damit auch von Quartalsfinanzberichten sowie eine Verlängerung der Veröffentlichungsfrist von zwei auf drei Monate vorsieht. Die deutschen Börsen verfolgen die Entwicklung, es ist derzeit jedoch offen, ob und in welchem Umfang diese Erleichterungen auch in den jeweiligen Börsenordnungen an die Emittenten weitergegeben werden, sodass sich für im Primestandard notierte Unternehmen aus der Umsetzung zurzeit noch keine Änderungen ergeben.

C. Definitionen

I. Zwischenbericht

11 Ein **Zwischenbericht ist nach IAS 34** ein Finanzbericht, der einen vollständigen oder verkürzten Abschluss (Zwischenabschluss) für eine Zwischenberichtsperiode beinhaltet (IAS 34.4). Zwischenmitteilungen der Geschäftsführung nach WpHG sind somit nicht unter den Begriff „Zwischenbericht“ zu subsumieren.

Ein **vollständiger Abschluss** ist ein Zwischenabschluss, der eine Bilanz, eine Gesamtergebnisrechnung (s ausführlich → § 15 Rn 75 ff) und eine gesonderte GuV (sofern erstellt), eine Eigenkapitalveränderungsrechnung, eine Kapitalflussrechnung und einen Anhang umfasst (IAS 34.5) sowie alle von IAS 34 und anderen IFRS geforderten Angaben enthält (IAS 34.9). Bestandteil des vollständigen Zwischenabschlusses sind auch ausdrücklich Vergleichsangaben betreffend die vorausgegangene Berichtsperiode (IAS 34.5(ea)) und ggf eine angepasste Bilanz zum Beginn der vorausgegangenen Berichtsperiode, ua bei retrospektiver Anwendung geänderter Bilanzierungs- und Bewertungsmethoden (IAS 34.5(f)). Damit entspricht der Zwischenabschluss inhaltlich einem vollständigen Jahres- oder Konzernabschluss.

Gem IAS 34.6 iVm IAS 34.8 beinhaltet ein **verkürzter Abschluss** die gleichen Bestandteile wie der Jahresabschluss, lediglich der Umfang der Inhalte eines jeden Abschlussbestandteils ist im Vergleich zum Jahresabschluss reduziert. Insofern stellt ein verkürzter Abschluss eine **komprimierte Darstellung** der einzelnen Bestandteile des Zwischenberichts dar. Für den Anhang bedeutet dies zB, dass nur einzelne ausgewählte Angaben offen zu legen sind (→ Rn 26 ff).

12 Der vollständige oder verkürzte Zwischenabschluss ist gem §§ 37w Abs 2 WpHG und § 37x Abs 3 WpHG um einen **Zwischenlagebericht** iSd § 37w Abs 4 WpHG sowie – nur im Kontext der Halbjahresberichterstattung – um eine **Erklärung der gesetzlichen Vertreter** zum Inhalt des Zwischenberichts zu ergänzen. Die zwei bzw drei genannten Instrumente ergeben in Summe den Quartals- bzw Halbjahresfinanzbericht iSd WpHG **(Zwischenbericht nach WpHG).**

II. Zwischenberichtsperiode

Eine Zwischenberichtsperiode ist eine Finanzberichtsperiode, die **kürzer als ein Geschäftsjahr** ist (IAS 34.4). Als Zwischenberichtsperiode kann damit ein Monat, ein Quartal, ein Halbjahr oder jede andere unterjährige Periode bezeichnet werden. 13

D. Form und Inhalt des Zwischenberichts

I. Mindestbestandteile des Zwischenberichts

1. In sachlicher Hinsicht

Die Mindestbestandteile eines Zwischenabschlusses stellen gem IAS 34.8 und IAS 34.8A eine verkürzte **Bilanz,** eine verkürzte **Gesamtergebnisrechnung** und eine verkürzte **gesonderte GuV** (sofern erstellt), eine verkürzte **Eigenkapitalveränderungsrechnung,** eine verkürzte **Kapitalflussrechnung** und ausgewählte erläuternde **Anhangangaben** dar. Die verkürzten Bestandteile sind als solche zu bezeichnen (*Deloitte* 2015, 2252). Aus Sicht des Kapitalmarkts nimmt die Gesamtergebnisrechnung die höchste Bedeutung ein, gefolgt von Bilanz, Kapitalflussrechnung, Anhang und Eigenkapitalveränderungsrechnung (*Baetge/Haenelt* DB 2009, 2501 (2504)). 14

Sofern Inlandsemittenten durch die Vorschriften des WpHG zur Zwischenberichterstattung verpflichtet sind, haben der Halbjahresfinanzbericht und der ggf erstellte Quartalsfinanzbericht (s ausführlich hierzu → Rn 51 ff) zudem einen **Zwischenlagebericht** zu enthalten. Weder IAS 34 noch das IFRS Practice Statement *Management Commentary* enthalten Vorschriften zu einem solchen Zwischenbericht.

Auf Halbjahresbasis ist darüber hinaus eine **Erklärung der gesetzlichen Vertreter** beizufügen (→ Rn 47 f). Den Unternehmen steht es frei, über diese Mindestbestandteile hinaus, insbes in Bezug auf die komprimierte Form einzelner oder aller Bestandteile, weitere Angaben aufzunehmen. In ihrer weitesten Form entsprechen die Bestandteile eines Zwischenberichts inhaltlich einem vollständigen Jahres- oder Konzernabschluss.

2. In zeitlicher Hinsicht

Zwischenberichte haben verkürzte oder vollständige Zwischenabschlüsse für folgende **Berichtsperioden** zu enthalten (IAS 34.20): 15

(1) Eine Bilanz zum Ende der aktuellen Zwischenberichtsperiode und eine vergleichende Bilanz zum Ende des unmittelbar vorangegangenen Geschäftsjahrs. In der Praxis ist die zusätzliche Aufnahme einer Bilanz zum Ende der vorhergehenden Zwischenberichtsperiode zu beobachten (*EY* 2015, 2767).

(2) Eine Gesamtergebnisrechnung und eine gesonderte GuV (sofern erstellt) für die aktuelle Zwischenberichtsperiode mit Vergleichszahlen für die entspr Periode des letzten Geschäftsjahrs (zB nur drittes Quartal). Diese Angabepflicht besteht nur im Fall einer Quartalsfinanzberichterstattung.

(3) Eine Gesamtergebnisrechnung und eine gesonderte GuV (sofern erstellt) für den gesamten Zeitraum vom Beginn des aktuellen Geschäftsjahrs bis zum Stichtag der Zwischenberichtsperiode (kumulierte Gesamtergebnisrechnung bzw kumulierte GuV) mit Vergleichszahlen für die entspr Periode des letzten

Geschäftsjahrs (zB erstes bis drittes Quartal). In der Praxis ist die zusätzliche Aufnahme der Gesamtergebnisrechnung und gesonderten GuV (sofern erstellt) für das letzte Geschäftsjahr zu beobachten (*EY* 2015, 2767).

(4) Eine Eigenkapitalveränderungsrechnung für Veränderungen des Eigenkapitals vom Beginn des Geschäftsjahrs bis zum Stichtag der Zwischenberichtsperiode mit Vergleichszahlen für die entspr Periode des letzten Geschäftsjahrs.

(5) Eine Kapitalflussrechnung für den gesamten Zeitraum vom Beginn des aktuellen Geschäftsjahrs bis zum Stichtag der Zwischenberichtsperiode mit Vergleichszahlen für die entspr Periode des letzten Geschäftsjahrs.

16 In der Bilanz entsprechen die **Vergleichszahlen** damit stets dem Jahres- oder Konzernabschluss des letzten Geschäftsjahrs, während bei allen anderen Bestandteilen des Zwischenabschlusses die Vergleichszahlen der korrespondierenden Zwischenberichtsperiode des letzten Geschäftsjahrs zu entnehmen sind.

Für die Gesamtergebnisrechnung und eine gesonderte GuV (sofern erstellt) sind zudem zwei Perioden mit Vergleichszahlen anzugeben. Dies bedeutet, dass bei einer Quartalsberichterstattung spätestens ab dem zweiten Quartal mindestens vier Perioden darzustellen sind. Der Angabe einer kumulierten Gesamtergebnisrechnung und kumulierten GuV (sofern erstellt) kann aber auch durch eine Darstellung der einzelnen Quartale und eine Addition der einzelnen Quartale entsprochen werden. In diesem Fall sind entweder sechs (Halbjahresbericht) oder acht Perioden (Neunmonatsbericht) bzw Spalten in den Zwischenbericht aufzunehmen.

Beispiel für den Neunmonatsbericht:

	1	2	3	4	5	6	7	8
	Periode 02	Periode 01	Periode 02	Periode 01	Periode 02	Periode 01	Periode 02	Periode 01
	1.1.–30.9.	1.1.–30.9.	1.7.–30.9.	1.7.–30.9.	1.4.–30.6.	1.4.–30.6.	1.1.–31.3.	1.1.–31.3.
Umsatzerlöse								
……								
…….								

Für Unternehmen, deren Geschäfte **saisonabhängig** sind, empfiehlt IAS 34.21 zusätzlich die Angabe von Informationen über die letzten zwölf Monate vor dem Zwischenberichtsstichtag einschließlich Vergleichszahlen.

Bei den **erläuternden Anhangangaben** sind bei quantitativen Informationen die korrespondierenden Zahlen der jeweiligen Vergleichsperiode zu nennen (IAS 1.38). Soweit es sich dabei nicht um Angaben handelt, die im Zusammenhang mit den vorgenannten Mindestbestandteilen stehen, zB Auftragsbestand und -eingang, ist im Einzelfall zu unterscheiden, welche Referenzperiode einen geeigneten Vergleichsmaßstab darstellt.

Ist das Vergleichsgeschäftsjahr ein **Rumpfgeschäftsjahr,** ist die Vergleichsperiode so zu wählen, dass diese der Länge der Berichtsperiode entspricht. Dies kann in Einzelfällen dazu führen, dass eine neue Vergleichsperiode entsteht, für die erstmals Daten zu erheben sind (*EY* 2015, 2772), oder für die Ermittlung der Vergleichsperiode Perioden aus unterschiedlichen (Rumpf-)Geschäftsjahren herangezogen und die Vergleichszahlen ebenfalls neu ermittelt werden müssen (*Lüdenbach/Hoffmann/Freiberg* IFRS § 37 Rz 14; *Strieder* BB 2001, 1998 (2000f); *Deloitte* 2015, 2248). Wird der erste Zwischenbericht im Gründungsjahr erstellt, entfallen Vergleichsangaben. Wird der erste Zwischenbericht im auf das Gründungsjahr folgenden Geschäftsjahr erstellt, kann die Vergleichsperiode kürzer als die Berichtsperiode sein.

Falls bei **erstmaliger Erstellung eines Zwischenabschlusses** aus besonderen Gründen keine Vergleichszahlen für die entspr Perioden des Vorjahrs vorliegen, kann der Zwischenabschluss nicht ohne Hinzufügung eines Zusatzes, wie zB „mit Ausnahme fehlender Angaben für die entspr Perioden des Vorjahrs", als mit den IFRS (vollständiger Zwischenabschluss) bzw IAS 34 (verkürzter Zwischenabschluss) übereinstimmend (→ Rn 49) bezeichnet werden (*Deloitte* 2015, 2248 f).

II. Form von Zwischenabschlüssen

Ein Zwischenbericht ist als **Konzernzwischenbericht** aufzustellen, wenn der Abschluss für das vorhergehende Geschäftsjahr ein Konzernabschluss war (IAS 34.14). In diesem Fall liegen im Regelfall auch die erforderlichen Vergleichszahlen auf konsolidierter Basis vor. Informationen zum Zwischenabschluss des MU können freiwillig in den Konzernzwischenbericht aufgenommen werden (IAS 34.14). 17

Im Umkehrschluss gilt, dass bei **erstmaliger Aufstellung** eines Konzernabschlusses nicht bereits ein Konzernzwischenbericht für die unterjährigen Berichtsperioden erstellt werden muss, wohl aber freiwillig erstellt werden kann. Wird bei einem zur Quartalsberichterstattung verpflichteten Unternehmen erst im zweiten oder dritten Quartal von einem Einzel- auf einen Konzernzwischenbericht umgestellt, ist eine Anpassung der im vorhergehenden Quartalsbericht für das gleiche Geschäftsjahr gemachten Angaben ebenfalls nicht zwingend vorgesehen, aber empfehlenswert.

Dieses nach IAS 34 faktisch bestehende **Wahlrecht** wird durch § 37y WpHG **aufgehoben.** Hiernach ist bereits dann ein Konzernzwischenbericht zu erstellen, sobald die Verpflichtung zur Konzernrechnungslegung besteht. Dies gilt unabhängig davon, ob im Vorjahr oder im lfd Geschäftsjahr bereits ein entspr (freiwilliger) Abschluss aufgestellt worden ist. Inwieweit in diesem Fall auch Vorjahreszahlen auf konsolidierter Grundlage zu ermitteln sind, hängt uE davon ab, ob ein Konzern bereits im Vorjahr bestand oder erstmals im Berichtsjahr, zB aufgrund von Akquisitionen, entstanden ist. Im ersten Fall sind konsolidierte Vorjahreszahlen nach allgemeinen Grundsätzen zu ermitteln. Im zweiten Fall sind uE sog Pro-Forma-Angaben als Vorjahreszahlen in den Zwischenbericht aufzunehmen. Hierbei wird bei der Erstellung des Zwischenabschlusses unterstellt, dass der zum Berichtsstichtag bestehende Konzern bereits zu Beginn der (ersten) Vergleichsperiode des Vorjahrs bestanden hat. Zur Frage, welche Rechnungslegungsgrundsätze in diesem Fall zur Anwendung kommen → Rn 113 ff.

Bei Entfall der Voraussetzungen für die Erstellung eines Konzernabschlusses in einer Zwischenberichtsperiode, zB durch Veräußerung des letzten oder aller TU, ist uE kein Konzernzwischenbericht zu erstellen, auch wenn der Abschluss für das vorhergehende Geschäftsjahr ein Konzernabschluss war. In diesem Fall ist ein Zwischenabschluss des MU einschließlich entspr Vergleichszahlen zu erstellen (glA *KPMG* 2014/15 Rz 5.9.10.40; aA *Deloitte* 2015, 2249, die für die Gesamtergebnisrechnung und die gesonderte GuV (sofern erstellt), sowie die Kapitalfluss- und Eigenkapitalveränderungsrechnung eine Erstellung nach konsolidierten Grundsätzen fordern).

III. Inhalt von Zwischenabschlüssen

18 IAS 34 geht davon aus, dass der Adressat eines Zwischenberichts auch Zugang zu dem letzten Geschäftsbericht des Unternehmens hat (IAS 34.15A). Unabhängig von der Aufstellung eines verkürzten oder vollständigen Zwischenabschlusses soll der Zwischenbericht daher vor allem eine **Aktualisierung** des letzten Jahres- oder Konzernabschlusses bzw Geschäftsberichts darstellen. Dementsprechend soll im Zwischenbericht primär auf neue Aktivitäten, Ereignisse und Umstände eingegangen werden. Bereits berichtete Informationen sollten nicht wiederholt werden (IAS 34.6).

1. Verkürzter Zwischenabschluss

19 Sofern ein Unternehmen einen verkürzten Abschluss veröffentlicht, hat dieser Abschluss mindestens jede der **Überschriften** und **Zwischensummen** zu enthalten, die in dem letzten Jahres- oder Konzernabschluss enthalten waren sowie die von IAS 34 **vorgeschriebenen** erläuternden **Anhangangaben.** Zusätzliche Posten oder Anhangangaben sind einzubeziehen, wenn der Zwischenbericht ohne diese Angaben irreführend oder nicht mit dem letzten Jahres- oder Konzernabschluss vergleichbar wäre (IAS 34.10). Entspr muss uE auch für die Vergleichbarkeit mit einem für das gleiche Geschäftsjahr bereits veröffentlichten Zwischenbericht gelten.

IAS 34 gibt keine konkreten Hinweise, welche Posten in einem verkürzten Abschluss mindestens aufzuführen sind, verweist aber für Überschriften und Zwischensummen auf IAS 1 (IAS 34.12; zu IAS 1 vgl → § 2 Rn 288ff).

20 Die Entscheidung, welche Posten des Zwischenabschlusses in komprimierter Form und welche Posten wie im Jahres- oder Konzernabschluss dargestellt werden, ist letztendlich eine Frage der **Wesentlichkeit** (→ Rn 73). Nach IAS 34.23 ist die Wesentlichkeit eines Postens unter gliederungs- und/oder ausweistechnischen Gesichtspunkten ausschließlich an dem Verhältnis des Postens zu den Finanzdaten der Zwischenberichtsperiode zu beurteilen. Damit sind weder der letzte Jahres- oder Konzernabschluss noch der letzte Quartalsbericht und auch nicht der voraussichtliche Jahres- oder Konzernabschluss des lfd Geschäftsjahrs für die Beurteilung der Wesentlichkeit maßgeblich.

Allerdings ist in Bezug auf die Gesamtergebnisrechnung und eine gesonderte GuV (sofern erstellt) im Falle einer Quartalsberichterstattung zu beachten, dass die Zwischenberichtsperiode nach IAS 34.20 zwei Perioden umfasst. Zum einen die aktuelle Zwischenberichtsperiode, dh das Quartal, und zum anderen die Periode vom Beginn des Geschäftsjahrs bis zum Zwischenberichtsstichtag. UE ist die Wesentlichkeit in diesem Fall nicht an der kumulierten Gesamtergebnisrechnung und kumulierten GuV (sofern erstellt), sondern an dem Quartal zu messen, über das berichtet wird. Nach IAS 34.25 ist das übergeordnete Ziel sicherzustellen, dass ein Zwischenbericht alle Informationen enthält, die für ein Verständnis der VFE-Lage eines Unternehmens während der Zwischenberichtsperiode, dh des Quartals oder Halbjahrs, wesentlich sind.

Zur Inanspruchnahme des Wahlrechts zwischen einem verkürzten und vollständigen Zwischenabschluss in der Praxis vgl *Rabenhorst/Wiechens* DB 2009, 521 (523f).

a) Verkürzte Bilanz

21 Die **Gliederung** der Bilanz muss mindestens die Posten umfassen, die auch IAS 1.54 und IAS 1.55 als Mindestbestandteile einer Bilanz fordern (*Baetge/Rolvering/Haenelt/Graupe* in Baetge ua IFRS-Komm IAS 34 Rz 19ff; zu den

Bestandteilen der Bilanz → § 2 Rn 307ff). Soweit die letzte Jahres- oder Konzernbilanz über diese Mindestposten hinaus weitere Überschriften oder Zwischensummen enthält, sind auch diese anzugeben (IAS 34.10). Weitere Angaben können sich aus anderen IFRS ergeben, wenn die entspr Voraussetzungen in der Zwischenberichtsperiode oder zum Zwischenberichtsstichtag erstmals gegeben sind, zB nach IFRS 5. Eine Aggregation von Posten der Jahresbilanz kommt in der Zwischenbilanz nur in Betracht, wenn der gesonderte Ausweis dieser Posten für ein Verständnis der Entwicklung der Vermögens- und/oder Finanzlage nicht erforderlich ist. Dies kann zB beim Finanzanlagevermögen, Vorratsvermögen, bei den kurz- und langfristigen sonstigen Vermögenswerte oder Verbindlichkeiten der Fall sein.

b) Verkürzte Gesamtergebnisrechnung und Gewinn- und Verlustrechnung

Nach IAS 34.8(b) besteht das gem IAS 1.10A für den Jahres- oder Konzernabschluss existierende **Wahlrecht** zur Aufstellung **einer Gesamtergebnisrechnung** oder von **zwei Teilrechnungen** (gesonderte GuV und eigentliche Gesamtergebnisrechnung mit Überleitung des Periodenerfolgs zum Gesamtergebnis; s ausführlich → § 15 Rn 75ff) auch für den Zwischenbericht. Dieses Wahlrecht ist in der unterjährigen und jährlichen Finanzberichterstattung einheitlich auszuüben (IAS 34.8A). 22

Die **Gliederung** der Gesamtergebnisrechnung und der gesonderten GuV (sofern erstellt) hat mindestens die Posten zu umfassen, die auch IAS 1.81Aff als Mindestbestandteile fordern (*Baetge/Rolvering/Haenelt/Graupe* in Baetge ua IFRS-Komm IAS 34 Rn 26; zu den Bestandteilen der Gesamtergebnisrechnung bzw gesonderten GuV → § 2 Rn 313ff). Soweit die letzte Jahres- oder Konzern-Gesamtergebnisrechnung und -GuV (sofern erstellt) über diese Mindestposten hinaus weitere Überschriften oder Zwischensummen enthalten, sind auch diese anzugeben (IAS 34.10). Eine Aggregation von Posten der jährlichen Gesamtergebnisrechnung und der gesonderten GuV (sofern erstellt) kommt nur in Betracht, wenn der gesonderte Ausweis dieser Posten für ein Verständnis der Entwicklung der Ertragslage nicht erforderlich ist. Dies kann zB bei der Aufgliederug der Umsatzerlöse und den Vertriebs-, Verwaltungs- und sonstigen Aufwendungen der Fall sein.

Zusätzlich ist gem IAS 34.11 das unverwässerte und das verwässerte **Ergebnis je Aktie** (zum Ergebnis je Aktie s § 16) der Zwischenberichtsperiode, dh bezogen auf das Quartal und den kumulierten Zeitraum einschließlich der entspr Vergleichsperioden, anzugeben, wenn der Emittent IAS 33 unterliegt. Sofern bei einer Gesamtergebnisrechnung die Option nach IAS 1.10A zur gesonderten Aufstellung von zwei Teilrechnungen ausgeübt wird, ist das Ergebnis je Aktie innerhalb der gesonderten GuV und nicht innerhalb der eigentlichen Gesamtergebnisrechnung auszuweisen (IAS 34.11A). Unterjährige Änderungen in den Annahmen, die der Berechnung des Ergebnisses je Aktie zugrunde liegen, können bei einer Quartalsfinanzberichterstattung dazu führen, dass die Summe der Quartalsergebnisse je Aktie nicht dem Betrag entspricht, der sich ergibt, wenn das Ergebnis je Aktie auf Basis der Daten der Gesamtperiode berechnet wird. Ursächlich hierfür ist, dass eine rückwirkende Anpassung bereits berichteter Quartalsergebnisse je Aktie nicht in Betracht kommt (vgl mit Beispiel *Deloitte* 2015, 2253f).

Des Weiteren können sich **weitere Angaben aus anderen IFRS** ergeben, wenn die entspr Voraussetzungen in der Zwischenberichtsperiode oder zum Zwischenberichtsstichtag erstmals gegeben sind, zB nach IFRS 5.

c) Verkürzte Kapitalflussrechnung

23 Für die verkürzte Kapitalflussrechnung sind gem IAS 34.12 iVm IAS 1.111 die Grundsätze von **IAS 7** maßgeblich (zur Kapitalflussrechnung s § 18). Gem IFRIC sind alle Posten gesondert auszuweisen, die für ein Verständnis der Entwicklung der Finanzlage erforderlich sind, weshalb es idR nicht ausreichend ist, nur den Mittelzu-/-abfluss aus lfd Geschäftstätigkeit, aus Investitionstätigkeit und aus Finanzierungstätigkeit sowie die Finanzmittelbestände zu Beginn und Ende der Periode einschließlich der Zusammensetzung sowie wechsel- bzw konsolidierungskreisbedingte Änderungen der Finanzmittelbestände anzugeben.

d) Verkürzte Eigenkapitalveränderungsrechnung

24 Nach IAS 34.8(c) iVm IAS 1.106f sind **sämtliche Eigenkapitalveränderungen** einschließlich der Transaktionen mit Eigentümern zwingend innerhalb der Eigenkapitalveränderungsrechnung auszuweisen.

Die Darstellung der einzelnen Eigenkapitalposten kann sich grds an der für die **Bilanz** gewählten Untergliederung des Eigenkapitals orientieren (zum Eigenkapital s § 12). Soweit die letzte Jahres- oder Konzern-Eigenkapitalveränderungsrechnung über diese Mindestposten hinaus weitere Überschriften oder Zwischensummen enthält, sind auch diese anzugeben (IAS 34.10). Im Regelfall wird sich daher die verkürzte Eigenkapitalveränderungsrechnung nicht wesentlich von der jährlichen Eigenkapitalveränderungsrechnung unterscheiden (zur jährlichen Eigenkapitalveränderungsrechnung s § 17).

25 UE kann für eine verkürzte Eigenkapitalveränderungsrechnung eine **Aufspaltung erfolgsneutraler Eigenkapitalveränderungen** nur dann gefordert werden, wenn es sich um wesentliche Veränderungen handelt oder die jeweiligen Posten wesentliche, gegenläufige Entwicklungen enthalten.

e) Ausgewählte erläuternde Anhangangaben

26 Erläuternde Anhangangaben sind in einem verkürzten **Zwischenabschluss** anzugeben, sofern diese Informationen wesentlich (→ Rn 20, → Rn 73) und nicht bereits an anderer Stelle des Zwischenberichts enthalten sind. Die Berichterstattung kann somit entweder im Anhang oder im nach WpHG vorgesehenen **Zwischenlagebericht** erfolgen, was für die Mehrzahl der Angaben der Regelfall sein wird. In diesem Fall sind gem dem im September 2014 verabschiedeten *Annual Improvements to IFRSs 2012–2014 Cycle* in den Anhang von Zwischenberichten für ab dem 1. Januar 2016 beginnende Geschäftsjahre erstmals **Querverweise** auf die Stellen des Zwischenlageberichts aufzunehmen, in denen diese Angaben erfolgen (→ Rn 126).

Mittels dieser Angaben sollen die Adressaten vor allem über die Entwicklung der VFE-Lage seit dem letzten Geschäftsbericht informiert werden. Dementsprechend sind die Pflichtangaben idR auf einer vom Geschäftsjahresbeginn bis zum Zwischenberichtsstichtag fortgeführten Grundlage darzustellen. Von diesem Grundsatz gibt es im Fall einer Quartalsfinanzberichterstattung zwei Ausnahmen. Zum einen ist für die Gesamtergebnisrechnung und eine gesonderte GuV (sofern erstellt) nicht nur die **kumulierte Periode** seit Geschäftsjahresbeginn, sondern auch die **aktuelle Zwischenberichtsperiode** (idR ein Quartal) anzugeben. Für Angaben zur Gesamtergebnisrechnung und zu einer gesonderten GuV (sofern erstellt) ist also uE eine zweifache Referenzperiode maßgeblich. Zum anderen sind auch alle Ereignisse oder Geschäftsvorfälle anzugeben, die für ein Verständnis der aktuellen Zwischenberichtsperiode wesentlich sind. Insofern ergibt sich im Einklang mit dem Grundsatz der Wesentlichkeit (→ Rn 20, → Rn 73), dass auch Angaben, die für die kumulierte Periode unwesentlich, aber für die Zwischenberichtsperiode wesentlich sind, im Zwischenbericht zwingend anzugeben sind.

Die durch **andere IFRS** vorgeschriebenen Anhangangaben müssen in einen verkürzten Zwischenabschluss nicht aufgenommen werden (→ Rn 19). Es steht den Unternehmen jedoch frei, freiwillig weitere Anhangangaben auszuweisen (IAS 34.7).

Eine Pflicht zu quantitativen oder qualitativen **Vergleichsangaben** ist nicht explizit vorgesehen, ergibt sich uE aber aus den in IAS 34.15 enthaltenen allgemeinen Grundsätzen (glA *Deloitte* 2015, 2246 und 2261 f).

aa) Bilanzierungs- und Bewertungsmethoden. Grds sind für die Bilanzierung und Bewertung im Zwischenabschluss die **gleichen Grundsätze** anzuwenden wie im vorhergehenden **Jahres- oder Konzernabschluss** (IAS 34.28; → Rn 72). Aus diesem Grund fordert IAS 34.16A(a) eine explizite Aussage darüber, ob die im Zwischenabschluss angewandten Bilanzierungs-, Bewertungs- und Berechnungsmethoden ggü dem letzten Jahres- oder Konzernabschluss unverändert geblieben sind oder sich geändert haben. 27

Sofern eine **Methodenänderung** eingetreten ist, sei es durch einen neuen IFRS oder durch eine Entscheidung der Unternehmensleitung, sind die Methodenänderung sowie ihre Ursachen und Auswirkungen zu beschreiben. Wird die Höhe der Methodenänderung in der Eigenkapitalveränderungsrechnung gesondert angegeben, kann unter den Anhangangaben auf eine Wiederholung des Betrags verzichtet werden.

Soweit im Jahres- oder Konzernabschluss des lfd Geschäftsjahrs **neue oder geänderte IFRS** zur Anwendung kommen, sind diese IFRS auch bereits in den jeweiligen Zwischenabschlüssen des lfd Geschäftsjahrs anzuwenden, sofern die Übergangsvorschriften nicht etwas anderes vorsehen oder gestatten (glA *KPMG* 2014/15 Rz 5.9.220.30). Dies kann dazu führen, dass bei einer Quartalsfinanzberichterstattung innerhalb eines Geschäftsjahrs unterschiedliche Bilanzierungs- und Bewertungsmethoden zur Anwendung kommen, wenn die Übernahme der geänderten Methoden erst im zweiten oder dritten Quartal erfolgt (→ Rn 72).

Falls der Zwischenbericht nicht zwingend nach IFRS aufzustellen oder nicht als mit den IFRS (vollständiger Zwischenabschluss) bzw IAS 34 (verkürzter Zwischenabschluss) übereinstimmend zu bezeichnen ist (→ Rn 49), kann der Zwischenabschluss auch nach **anderen als** den **im letzten Jahres- oder Konzernabschluss angewandten Bilanzierungs- und Bewertungsmethoden** erstellt werden. Dies schließt nicht aus, dass der folgende Jahres- oder Konzernabschluss als mit den IFRS übereinstimmend bezeichnet wird (*Deloitte* 2015, 2244).

Bei **Veröffentlichung vorläufiger Informationen** zu einer Zwischenberichtsperiode ist bei jedweder Bezugnahme auf die IFRS klarzustellen, dass es sich bei dieser Veröffentlichung nicht um einen Zwischenbericht iSv IAS 34 handelt, sofern nicht allen Anforderungen von IAS 34 entsprochen wird (vgl zu einem Formulierungsbeispiel *Deloitte* 2015, 2244).

bb) Saison- oder Konjunktureinflüsse. Soweit bei einem Unternehmen die Geschäfte stark saisonabhängig sind, werden bereits bei der Darstellung der Berichtsperioden **zusätzliche Angaben** empfohlen (IAS 34.21). Unabhängig davon, ob von dieser Empfehlung Gebrauch gemacht wird, sind saisonale oder konjunkturelle Einflüsse innerhalb einer Zwischenberichtsperiode zu erläutern (IAS 34.16A(b)). 28

cc) Wesentliche Ereignisse und Geschäftsvorfälle. Gem IAS 34.15 sind alle Ereignisse und Geschäftsvorfälle, die für die Beurteilung der Entwicklung der VFE-Lage seit dem letzten Geschäftsjahr erforderlich sind, im Anhang (oder Zwischenlagebericht) zu erläutern. Bereits in Vorperioden gemachte Erläuterun- 29 gen sind zu aktualisieren, wenn das Ereignis oder der Geschäftsvorfall unverändert wesentlich ist; zur Wesentlichkeit → Rn 20, → Rn 73.

Nicht abschließende **Beispiele** für derartige Ereignisse und Geschäftsvorfälle sind (ua IAS 34.15B):

(1) außerplanmäßige Abschreibungen und Zuschreibungen auf Vermögenswerte des Vorratsvermögens (eine quantitative Aufgliederung auf die einzelnen Bestandteile des Vorratsvermögens ist nicht erforderlich; glA *Deloitte* 2015, 2257),
(2) Wertminderungen und Wertaufholungen bei anderen Vermögenswerten (eine quantitative Aufgliederung auf einzelne Gruppen von Vermögenswerten ist nicht erforderlich; glA *Deloitte* 2015, 2257),
(3) die Bildung und Auflösung von (Restrukturierungs-)Rückstellungen,
(4) (Des-)Investitionen und Verpflichtungen zum Erwerb von/in Sachanlagen,
(5) Beendigung von Rechtsstreitigkeiten,
(6) Berichtigung von (Bilanzierungs-)Fehlern vorhergehender Perioden,
(7) Veränderungen im Unternehmensumfeld oder bei den wirtschaftlichen Rahmenbedingungen, die sich auf den beizulegenden Zeitwert der finanziellen Vermögenswerte und Schulden des Unternehmens auswirken,
(8) Änderungen bei der Einstufung finanzieller Vermögenswerte, die auf eine geänderte Zweckbestimmung oder Nutzung dieser Vermögenswerte zurückzuführen sind,
(9) Verschiebungen zwischen den verschiedenen Stufen der Fair-Value-Hierarchie, die zur Bestimmung des beizulegenden Zeitwerts von Finanzinstrumenten zugrunde gelegt wird,
(10) jede(r) Kreditausfall oder Verletzung einer Kreditvereinbarung, die nicht bei oder vor Ablauf der Berichtsperiode behoben ist,
(11) Geschäfte mit nahestehenden Unternehmen und Personen (s hierzu auch die weitergehende Angabepflicht nach § 37w Abs 4 Satz 2 WpHG und → Rn 36),
(12) Veränderungen von Eventualforderungen und -verbindlichkeiten,
(13) Aufgabe eines Geschäftsbereichs, (Betriebs-)Stilllegungen,
(14) Forderungsausfälle und
(15) Veräußerungsverluste.

30 **dd) Ungewöhnliche Geschäftsvorfälle.** Geschäftsvorfälle, die aufgrund ihrer Art, ihres Ausmaßes oder ihrer Häufigkeit ungewöhnlich sind, und Vermögenswerte, Schulden, Eigenkapital, Periodengewinne oder Cashflows wesentlich (→ Rn 20, → Rn 73) beeinflussen, sind hinsichtlich ihrer **Art** und ihrer **Höhe** zu erläutern (IAS 34.16A(c)). In Einzelfällen kann eine Überschneidung mit der Angabepflicht nach IAS 34.15 (→ Rn 29) bestehen.

31 **ee) Änderungen von Schätzungen.** Soweit wesentliche (→ Rn 20, → Rn 73) Änderungen bei der Schätzung von Beträgen zu verzeichnen sind, die in früheren Zwischenberichtsperioden des aktuellen Geschäftsjahrs oder früherer Geschäftsjahre ausgewiesen wurden, sind die **Art** und die **Höhe** dieser Änderungen anzugeben (IAS 34.16A(d); → Rn 77 ff). Beispiele stellen die Vornahme oder Rücknahme von außerplanmäßigen Abschreibungen sowie die Aufstockung oder Auflösung von Rückstellungen dar. In Einzelfällen kann eine Überschneidung mit den Angabepflichten nach → Rn 27 und → Rn 28 bestehen.

32 **ff) Eigenkapital und Schuldverschreibungen.** Gem IAS 34.16A(e) ist über Emissionen, Rückkäufe und Rückzahlungen von Eigenkapitaltiteln oder Schuldverschreibungen zu berichten. Soweit Eigenkapitaltitel betroffen sind, erfolgt die Berichterstattung zweckmäßiger Weise im Rahmen der **Eigenkapitalveränderungsrechnung.** Soweit Veränderungen bei Schuldverschreibungen

eingetreten sind, sollten die Erläuterungen im Rahmen der **Kapitalflussrechnung** erfolgen. Dabei haben sich die Angaben nicht auf rein quantitative Bilanz- oder Cashflow-Größen zu beschränken, vielmehr ist der Geschäftsvorfall als solcher auch ausreichend zu beschreiben.

gg) Gezahlte Dividenden. IAS 34.16A(f) sieht vor, dass für während der Berichtsperiode gezahlte Dividenden der **Gesamtbetrag** der Ausschüttung oder der **Betrag je Aktie** gesondert für jede Aktiengattung zu nennen ist. Für eine deutsche börsennotierte AG ist die Bestimmung nur bei Dividendenzahlungen für das vorangegangene Geschäftsjahr relevant, da § 59 AktG keine Abschlagszahlungen auf den Bilanzgewinn des lfd Geschäftsjahrs zulässt. 33

hh) Segmentinformationen. Sofern ein Unternehmen zur Segmentberichterstattung nach IFRS 8 verpflichtet ist, sind gem IAS 34.16A(g) die Segmenterträge von externen Kunden und Erträge, die zwischen den einzelnen Segmenten erzielt wurden, anzugeben, wenn diese Informationen regelmäßig an die Unternehmensleitung zu Überwachungs- und Steuerungszwecken kommuniziert werden. Gleiches gilt für das Gesamtvermögen und die Gesamtschulden eines Segments, wenn sich zusätzlich wesentliche Veränderungen ggü dem/den im letzten Jahres- oder Konzernabschlusses offengelegten Gesamtvermögen und -schulden des Segments ergeben haben. Darüber hinaus sind die Segmentergebnisse anzugeben und eine Überleitungsrechnung der Segmentergebnisse zum Gesamtunternehmensergebnis aufzunehmen (einschließlich der Erläuterung wesentlicher Überleitungsposten). In methodischer Hinsicht sind zudem Angaben zu etwaigen Veränderungen der Segmentierungsgrundlage und der Ermittlung des Segmentergebnisses erforderlich. Die Regelungen des IAS 34 entsprechen damit denen des IFRS 8. 34

ii) Ereignisse nach dem Zwischenberichtsstichtag. Wie im Lagebericht nach § 289 Abs 2 Nr 1 HGB ist auch im Zwischen(lage)bericht über wesentliche (→ Rn 20 → Rn 73) Ereignisse zu berichten, die nach dem Zwischenberichtsstichtag, aber vor der Freigabe zur Veröffentlichung des Zwischenberichts eingetreten sind (IAS 34.16A(h); → § 2 Rn 104 ff). 35

jj) Änderungen in der Unternehmens-/Konzernstruktur. Gem IAS 34.16A(i) sind im Zwischenbericht Änderungen in der Zusammensetzung eines Unternehmens, wie etwa die Aufgabe oder Zusammenlegung von Geschäftsbereichen, Unternehmenszusammenschlüsse, Erlangung oder Verlust der Kontrolle über TU, Erwerb oder Veräußerung langfristiger Finanzinvestitionen oder Restrukturierungsmaßnahmen während der Berichtsperiode anzugeben. Soweit derartige Änderungen erst nach dem Zwischenberichtsstichtag eintreten, besteht eine Angabepflicht nach IAS 34.16A(h) (→ Rn 35). 36

Bei **Unternehmenszusammenschlüssen** sind auch im Zwischenbericht die Angabepflichten nach IFRS 3 zu beachten (IAS 34.16A(i); zu den Angabepflichten nach IFRS 3 → § 34 Rn 267 ff). IFRS 3 fordert für Unternehmenszusammenschlüsse, die einzeln betrachtet unwesentlich sind, eine aggregierte Angabe. Da die Wesentlichkeit in einem Zwischenabschluss nach den Verhältnissen dieses Abschlusses (→ Rn 20, → Rn 73) zu beurteilen ist, kann sich hieraus eine Angabepflicht für Unternehmenszusammenschlüsse ergeben, die in einem Jahres- oder Konzernabschluss nicht bestehen würde.

Für **aufgegebene Geschäftsbereiche** erfolgt eine Konkretisierung der Angabepflichten durch IFRS 5 (→ § 28 Rn 128 ff). Tritt das die erstmalige Angabe auslösende Ereignis nach dem Zwischenberichtsstichtag, aber vor der Genehmigung des Abschlusses durch ein Aufsichtsgremium bzw vor Veröffentlichung ein, sind zumindest sämtliche in IFRS 5.12 geforderten Angaben in den Zwischenbericht aufzunehmen (ähnlich *Baetge/Rolvering/Haenelt/Graupe* in Baetge ua IFRS-Komm IAS 34 Rz 68).

Wird über einen aufgegebenen Geschäftsbereich erstmalig in einem Jahres- oder Konzernabschluss bzw Zwischenbericht informiert, sind in nachfolgenden Zwischenberichten alle bedeutenden Ereignisse seit dem Ende der letzten Berichtsperiode zu erläutern, die sich auf den aufgegebenen Geschäftsbereich beziehen.

37 **kk) Finanzinstrumente.** Auch im Zwischenbericht sind für Finanzinstrumente die **Angabepflichten** von IFRS 13.91 bis IFRS 13.93(h), IFRS 13.94 bis IFRS 13.96, IFRS 13.98 und IFRS 13.99 sowie von IFRS 7.25f und IFRS 7.28 bis IFRS 7.30 **im Zusammenhang mit beizulegenden Zeitwerten** zu beachten (IAS 34.16A(j); → § 3 Rn 282ff), sofern diese Angaben für ein Verständnis der VFE-Lage der Zwischenberichtsperiode wesentlich sind (glA *EY* 2015, 2764).

Im Zusammenhang mit Finanzinstrumenten wird durch die im Rahmen des ***Annual Improvements to IFRSs 2012–2014 Cycle*** geänderten IFRS 7.44R und IFRS 7.BC72Bf klargestellt, dass die Angaben nach IFRS 7.13A bis IFRS 7.13F und IFRS 7.B40 bis IFRS 7.B53 nur im Rahmen der allgemeinen Grundsätze von IAS 34.15 und IAS 34.25 und nicht grds in den Anhang des Zwischenabschlusses aufzunehmen sind. Dies setzt voraus, dass der Zwischenbericht ohne diese Angaben kein den tatsächlichen Verhältnissen entspr Bild der VFE-Lage vermittelt. Hierdurch wird zugleich klargestellt, dass nur in diesen engen Grenzen Angabepflichten aus anderen IFRS auch auf den Zwischenbericht durchschlagen können. Diese Änderung ist derzeit (Stand: 31. Juli 2015) noch nicht von der EU übernommen worden → Rn 126.

ll) Investmentgesellschaften. Für Unternehmen, die in der Zwischenberichtsperiode erstmalig oder nicht mehr als Investmentgesellschaften zu qualifizieren sind (→ § 32 Rn 17ff), sind die Angaben nach IFRS 12.9B zu machen.

38 **mm) Geschäfte mit nahestehenden Unternehmen und Personen.** Nach § 37w Abs 4 Satz 2 WpHG haben Aktienemittenten grds im Rahmen des Zwischenlageberichts Geschäfte mit nahestehenden Unternehmen und Personen anzugeben (→ Rn 46). Alternativ kann der Pflicht zur Erläuterung der im Berichtszeitraum neu abgeschlossenen und/oder geänderten Verträge, die einen wesentlichen (→ Rn 20, → Rn 73) Einfluss auf die VFE-Lage hatten, gem § 37w Abs 4 Satz 2 zweiter Halbsatz WpHG auch im Anhang des Abschlusses nachgekommen werden. Für die Identifikation der nahestehenden Unternehmen und Personen ist für Unternehmen, die nach IFRS bilanzieren, IAS 24 maßgeblich; für Unternehmen, die ihren Konzernabschluss nach HGB aufstellen, ergibt sich die Definition aus dem § 314 Abs 1 Nr 13 HGB zugrunde liegenden Verständnis, sodass der Begriff der nahestehenden Unternehmen und Personen ebenso gem IAS 24 zu verstehen ist.

nn) Verträge mit Kunden. Als Folge der Verabschiedung von **IFRS 15** sind nach IAS 34.15B(b) wesentliche Wertminderungen und -aufholungen bei Vermögenswerten aus **Verträgen mit Kunden** (→ § 15 Rn 46ff) gesondert anzugeben und nach IAS 34.16A(l) die Erlöse aus Verträgen mit Kunden gem IFRS 15.114f aufzugliedern. Diese Änderungen sind bei erstmaliger Anwendung von IFRS 15 umzusetzen, der derzeit (Stand: 31. Juli 2015) noch nicht in die EU übernommen wurde.

oo) Weitere Angaben können gem der allgemeinen Grundsätze von IAS 34.15 und IAS 34.25 in den Anhang des Zwischenberichts aufzunehmen sein, wenn dieser ohne diese Angaben kein den tatsächlichen Verhältnissen entspr Bild der VFE-Lage vermittelt, wie zB bei wesentlichen Veränderungen in den Wertansätzen von mit Zeitwerten angesetzten Vermögenswerten oder Schulden.

2. Vollständiger Zwischenabschluss

39 Ein vollständiger Zwischenabschluss unterscheidet sich von einem verkürzten Zwischenabschluss dadurch, dass zu den Mindestbestandteilen des verkürzten Zwischenabschlusses unter den in IAS 34.5(f) genannten Voraussetzungen eine Bilanz zum Beginn der Vergleichsperiode des Vorjahrs hinzutritt, dass für alle Betragsangaben Vergleichszahlen anzugeben sind und dass – soweit relevant und wesentlich – auch für qualitative Angaben Vergleichsangaben erforderlich sind. Ferner sind alle anderen nach IAS 1 und **anderen IFRS** geforderten Bestandteile und Informationen einschließlich der jeweiligen Vergleichszahlen anzugeben (IAS 34.5 und IAS 34.9). Inhaltlich entspricht der Zwischenabschluss damit einem vollständigen Jahres- oder Konzernabschluss.

IV. Inhalt des Zwischenlageberichts

40 Dem von Inlandsemittenten iSd WpHG zu erstellenden Halbjahresfinanzbericht ist ein Zwischenlagebericht nach § 37w Abs 4 WpHG beizufügen. Werden zudem den Anforderungen von § 37x Abs 3 WpHG genügende Quartalsfinanzberichte erstellt, so haben auch diese einen entspr Zwischenlagebericht zu enthalten. Das **WpHG erweitert** insoweit die inhaltlichen **Bestandteile** der unterjährigen Finanzberichterstattung nach IAS 34. Zahlreiche nach IAS 34.15, IAS 34.15B und IAS 34.16A aufzunehmende Anhangangaben werden in praxi in die Zwischenlageberichterstattung integriert, was gem IAS 34.16A zulässig ist (→ Rn 26, → Rn 126).

41 Bzgl des Inhalts erfordert die Ausgestaltung eines Zwischenlageberichts die Angabe der **wichtigen Ereignisse** des Berichtszeitraums im Unternehmen des Emittenten und ihrer Auswirkungen auf den verkürzten Abschluss und damit auf die durch diesen Abschluss vermittelte **VFE-Lage** (DRS 16.40). Nach der durch DRS 16.41 vorgenommenen, nicht abschließenden Enumeration können hierbei sowohl externe als auch interne Ereignisse berichtspflichtige Tatbestände darstellen. Gem DRS 16.42 ist auf ungewöhnliche, singuläre sowie saisonale Ereignisse gesondert einzugehen. Zu Beispielen, welche Ereignisse in der Praxis genannt werden, vgl *Kajüter/Barth/Meyer* WPg 2009, 462 (465f). DRS 16.41 ergänzt diese Angabepflicht um in der Berichtsperiode eingetretene Ereignisse, die wesentlich (→ Rn 20, → Rn 73) sind, aber sich noch nicht auf die VFE-Lage ausgewirkt haben. Hierzu können zB Verträge zählen, die die Beschaffung oder den Absatz eines Unternehmens langfristig sichern, aber sich erst in Folgeperioden in der Bilanz und/oder Gesamtergebnisrechnung und gesonderten GuV (sofern erstellt) niederschlagen.

42 Gem § 37w Abs 4 Satz 1 WpHG hat der Zwischenlagebericht zudem eine Beschreibung der **wesentlichen Chancen und Risiken** für die dem Berichtszeitraum folgenden sechs Monate bzw drei oder neun Monate im Fall einer Quartalsfinanzberichterstattung zu enthalten. UE kann zu diesem Zwecke, wie in DRS 16.46 vorgeschlagen, auf den entspr Berichtsteil des letzten Konzern- oder Zwischenlageberichts verwiesen werden, verbunden mit der Maßgabe, lediglich wesentliche Änderungen der Chancen- und Risikoposition des Unternehmens gesondert darzulegen. Eine Saldierung der Auswirkungen einzelner Chancen und Risiken oder deren positiver und negativer Veränderungen ist nicht zulässig. Bestandsgefährdende Risiken sind stets als solche zu bezeichnen und gesondert zu erläutern, ein Verweis auf den letzten Konzern-(Zwischen-) Lagebericht reicht in diesem Fall nicht aus. Sofern ggü dem letzten Konzern- oder Zwischenlagebericht ein in diesen nicht genanntes bestandsgefährdendes Risiko erstmals erkennbar ist, bei bestehenden Risiken eine veränderte Risiko-

einschätzung vorgenommen wurde oder ein bestandsgefährdendes Risiko entfallen ist, ist dies ebenfalls anzugeben und zu erläutern. Wie im Jahres- oder Konzernabschluss ist bei der Going-Concern-Prognose ein Zeitraum von mindestens 12 Monaten zugrunde zu legen (IAS 34.15 iVm IAS 1.25 f; *KPMG* 2014/15 Rz 5.9.10.32 ff).

Durch das Erfordernis, nicht, wie in der TranspRL als europäische Vorgabe formuliert, ausschließlich auf die Risiken zukünftiger Entwicklungen einzugehen, sondern auch Chancen erläutern zu müssen, kommt es auf nationaler Ebene qualitativ wie quantitativ zu einer Ausdehnung berichtspflichtiger Inhalte. Hierdurch erreicht der Gesetzgeber im Ergebnis die inhaltliche Konsistenz von unterjähriger und jährlicher Lageberichtspublizität nach § 289 bzw § 315 HGB, auch wenn der prospektiv abzudeckende Zeitraum unterjährig mit sechs Monaten bzw drei oder neun Monaten im Fall einer Quartalsfinanzberichterstattung wesentlich kürzer ist. Zur Umsetzung dieser Vorschrift in der Praxis vgl *Kajüter/Barth/Meyer* WPg 2009, 462 (467 ff); *Rabenhorst/Wiechens* DB 2009, 521 (524).

Die Berichterstattung über die **Chancen (Chancenbericht)** der voraussichtlichen Entwicklung kann gemeinsam mit oder getrennt von der Berichterstattung über die **Risiken (Risikobericht)** erfolgen. Die gewählte Form der Darstellung ist grds beizubehalten und sollte sich uE an der im jährlichen Abschluss gewählten Darstellung orientieren (DRS 16.39(a)).

43 Über die Anforderungen des WpHG hinausgehend fordern DRS 16.35(b) und DRS 16.43 einen Berichtsteil über **Prognosen** und sonstige Aussagen zur voraussichtlichen Entwicklung **(Prognosebericht)**. Die getrennten Chancen- und Risikoberichte oder der gemeinsame Chancen-/Risikobericht können in den Prognosebericht integriert oder von diesem getrennt erfolgen (DRS 16.39a); zur Stetigkeit → Rn 42.

Sofern das Unternehmen aufgrund im Berichtszeitraum gewonnener Erkenntnisse zu dem Ergebnis kommt, dass sich im letzten Konzern- oder Zwischenlagebericht veröffentlichte **Prognosen** und sonstige Aussagen zur voraussichtlichen Entwicklung in der Zwischenberichtsperiode **wesentlich verändert** haben, so ist hierüber zu berichten, auch wenn diese Veränderungen zwischenzeitlich bereits anderweitig, zB über eine ad-hoc-Mitteilung, kommuniziert wurden. Eine **Pflicht** besteht nach DRS 16.35 f nur für eine **Aktualisierung** der für das lfd Geschäftsjahr abgegebenen zukunftsorientierten Aussagen. DRS 16.36 empfiehlt jedoch auch eine Aktualisierung wesentlicher über das lfd Geschäftsjahr hinausreichender zukunftsorientierter Aussagen. Diese Angaben sollte uE nicht nur auf im letzten Konzern- oder Zwischenlagebericht abgegebene Prognosen beschränkt werden, sondern alle Prognosen, die bis zum Zwischenberichtsstichtag abgegeben wurden, berücksichtigen (so wohl auch DRS 16.36 durch explizite Bezugnahme auf den letzten Zwischenlagebericht). Dabei ist eine ausschließliche Meldung der nicht mehr gegebenen Aktualität bereits kommunizierter Prognosen uE nicht als ausreichend anzusehen. Stattdessen ist zumindest die Angabe der Richtung der einzelnen Veränderungen erforderlich (*Seibt* Corporate Finance 2010, 294 (294)). Sofern die Aktualität kommunizierter Prognosen und sonstiger Aussagen zur zukünftigen Entwicklung unverändert gegeben ist, ist dies im Zwischenlagebericht ebenfalls anzugeben (DRS 16.45). Die Vorschrift unterstreicht die einer zeitnahen Aktualisierung unternehmensspezifischer zukunftsbezogener Aussagen beigemessene Signalwirkung im Rahmen der Kapitalmarktkommunikation. Zur Umsetzung dieser Vorschrift in der Praxis vgl *Kajüter/Barth/Meyer* WPg 2009, 432 (466 f); *Rabenhorst/Wiechens* DB 2009, 521 (523 f).

44 Neben inhaltlichen Konkretisierungen stellt DRS 16.37 klar, dass die **Grundsätze der Lageberichterstattung** nach DRS 20 auch im Rahmen der Zwischenberichterstattung Anwendung finden (ablehnend *Strieder/Ammedick* DB

2007, 1368 (1369) noch mit Bezug auf DRS 15). Entspr sieht DRS 16.39 vor, dass sich die **Gliederung** des Zwischenlageberichts an der Gliederung des letzten Konzernlageberichts orientieren sollte.

In praxi zeigt sich, dass innerhalb des Zwischenlageberichts die Berichterstattung über wesentliche wirtschaftliche Vorgänge und Entwicklungen vergleichsweise ausführlich erfolgt, während Informationen mit prognostischem Charakter sich im Wesentlichen auf die Ertragslage beschränken und speziell für die Finanzlage selten erfolgen (*Ernstberger/Pfauntsch* IRZ 2008, 195 (205)). Aus Sicht des Kapitalmarkts nehmen in der Zwischenberichterstattung die Erläuterungen der VFE-Lage den höchsten Stellenwert ein, gefolgt vom Chancen- und Risikobericht und Prognosebericht (*Baetge/Haenelt* DB 2009, 2501 (2504)). 45

Aktienemittenten haben gem § 37w Abs 4 Satz 2 WpHG zudem **wesentliche Geschäfte mit nahestehenden Unternehmen und Personen** anzugeben (→ Rn 38). Zur Identifikation nahestehender Unternehmen und Personen ist hierbei nach DRS 16.54 letztlich sowohl für Unternehmen, die ihren Konzernabschluss nach IFRS erstellen, als auch für Emittenten, die nach HGB bilanzieren, IAS 24 zu beachten. Inhaltlich erstreckt sich die Angabepflicht auf Geschäfte, die während des Berichtszeitraums abgeschlossen und/oder geändert wurden und einen wesentlichen Einfluss auf die VFE-Lage des Unternehmens in diesem Zeitraum hatten (vgl DRS 16.50). Alternativ können entspr Angaben gem § 37w Abs 4 Satz 2 zweiter Halbsatz WpHG auch im Anhang des Abschlusses gemacht werden. Zur Umsetzung dieser Vorschrift in der Praxis vgl *Kajüter/Barth/Meyer* WPg 2009, 462 (469). 46

V. Versicherung der gesetzlichen Vertreter

Neben den gesetzlichen Vorgaben zur Halbjahresberichterstattung verpflichtet das TUG Inlandsemittenten über § 37w Abs 2 Nr 3 WpHG, eine auf den Inhalt des Halbjahresabschlusses und des Zwischenlageberichts bezogene **Erklärung** zu veröffentlichen, und ergänzt damit die sich aus IAS 34 ergebenden Mindestbestandteile. Die gesetzlichen Vertreter des Unternehmens haben demnach in inhaltlicher Parallele zu § 264 Abs 2 und § 289 Abs 1 HGB bzw § 297 Abs 2 und § 315 Abs 1 HGB die Richtigkeit der Darstellungen im Halbjahres(-konzern-)abschluss und (Konzern-)Zwischenlagebericht zu versichern. Eine entspr Pflicht besteht für die Quartalsfinanzberichterstattung hingegen nicht. 47

Gem der **textlichen Konkretisierung** durch DRS 16.56 ist zu erklären, dass der Konzernzwischenabschluss unter Beachtung der anzuwendenden Rechnungslegungsgrundsätze für die Zwischenberichterstattung ein den tatsächlichen Verhältnissen entspr Bild der VFE-Lage des Konzerns vermittelt und im Konzernzwischenlagebericht der Geschäftsverlauf einschließlich des Geschäftsergebnisses und die Lage des Konzerns so dargestellt sind, dass ein den tatsächlichen Verhältnissen entspr Bild vermittelt wird, sowie die wesentlichen Chancen und Risiken der voraussichtlichen Entwicklung des Konzerns im verbleibenden Geschäftsjahr beschrieben sind (s zum Zwischenlagebericht auch → Rn 40ff). Zur Umsetzung dieser Vorschrift in der Praxis vgl *Rabenhorst/Wiechens* DB 2009, 521 (524f).

Der Bezug auf die anzuwendenden Rechnungslegungsgrundsätze ergibt sich zum einen aus der notwendigen Differenzierung zwischen IFRS- und HGB-Bilanzierern, zum anderen aber insbes aus dem Umstand, dass für die unterjährige Abschlusserstellung die für die jährliche Finanzberichterstattung geltenden Grundsätze nicht in vollem Umfang zur Anwendung kommen, wie dies zB durch die Aufstellung verkürzter Abschlüsse zum Ausdruck kommt.

48 Die entspr Erklärung ist nach DRS 16.56 als **„Versicherung der gesetzlichen Vertreter"** zu bezeichnen; sie ist lt Gesetz **nach bestem Wissen** durch sämtliche Vorstandsmitglieder zu erbringen. Die in Anlehnung an einschlägige Regelungen des US-amerikanischen *Sarbanes-Oxley-Act* vielfach als **„Bilanzeid"** bezeichnete Erklärung ist somit nicht als objektive Feststellung, sondern als auf der Grundlage des subjektiven Wissensstands abgegebene Versicherung zu verstehen. Ob in diesem Kontext nur die vorsätzliche Falschabgabe der Versicherung oder auch bereits Fahrlässigkeit rechtliche Konsequenzen haben kann, ist mangels judikativer Vorgaben weitgehend ungeklärt (ablehnend: *Höhn* KoR 2011, 530 (533); *Bosse* DB 2007, 39 (45); abwägend: *Hahn* IRZ 2007, 375 (378)).

VI. Angabe der Übereinstimmung mit den IFRS

49 Die Angabe der **Übereinstimmung** mit den IFRS, sog *compliance statement,* setzt voraus, dass der Zwischenabschluss (einschließlich der Vergleichszahlen) ohne Ausnahme nach IFRS erstellt wird, dh alle Angaben nach IAS 34 und IAS 1 enthält. Bei einem Konzernzwischenabschluss gilt dieser Grundsatz zudem für alle Angaben zu sämtlichen einbezogenen Unternehmen. Diese Voraussetzung wird idR nur bei einem vollständigen Zwischenabschluss erfüllt sein (IAS 34.7; *EY* 2015, 2737).

Ein verkürzter Zwischenabschluss erfüllt hingegen diese Voraussetzung idR nicht. In diesem Fall ist das *compliance statement* durch einen Hinweis auf IAS 34 zu ergänzen und der Zwischenabschluss explizit als mit IAS 34 übereinstimmend zu bezeichnen. Durch diesen Hinweis wird klargestellt, dass sich die Übereinstimmung nur auf IAS 34, nicht aber auf alle IFRS bezieht.

Soweit der Zwischenbericht nur auf der Grundlage der in die EU übernommenen IFRS erstellt wird, ist das *compliance statement* wie im Jahres- oder Konzernabschluss anzupassen.

VII. Unterzeichnung, Datumsangabe und Veröffentlichung

50 Grds stellt sich bei Zwischenberichten die Frage, inwieweit diese einer Unterzeichnung der gesetzlichen Vertreter, die das Berichtsinstrument erstellen, bedürfen. Während sich die **Unterzeichnungspflicht** für den Jahresabschluss unmittelbar aus § 245 HGB ergibt, wurde eine Unterzeichnung der Zwischenberichte börsennotierter Unternehmen bisher regelmäßig als verzichtbar erachtet (*Winkeljohann/Schellhorn* in BeBiKo § 245 HGB Rz 1).

Diese Frage wird faktisch – zumindest für die Halbjahresfinanzberichte – dadurch beantwortet, dass diese nach § 37w Abs 2 Nr 3 WpHG eine unterzeichnungspflichtige **Versicherung der gesetzlichen Vertreter** zu enthalten haben. Aus Gründen der Praktikabilität wird sich dieser „Bilanzeid" regelmäßig am Ende des Halbjahresfinanzberichts befinden, die Unterschrift der gesetzlichen Vertreter daher für die **Gesamtheit des Zwischenberichts** erfolgen (glA *Hahn* IRZ 2007, 375 (377); *Strieder/Ammedick* DB 2007, 1368 (1371 f)). Dieser Ansicht folgend darf die Unterzeichnungspflicht von nach dem WpHG erstellten **Quartalsfinanzberichten** aufgrund der nicht vorgesehenen Versicherung der gesetzlichen Vertreter als offene Frage angesehen werden. In der Literatur wurde vor Aufnahme der Versicherung der gesetzlichen Vertreter in den Halbjahresfinanzbericht die Auffassung vertreten, dass der Halbjahresfinanzbericht nicht unterzeichnet werden muss. Dieser Ansicht folgend ist uE der Quartalsfinanzbericht nicht zu unterzeichnen, kann gleichwohl aber freiwillig unterzeichnet werden.

Eine Pflicht zur Angabe des **Datums** der **Freigabe des Zwischenberichts** besteht nicht. Eine Angabe ist jedoch empfehlenswert (glA *KPMG* 2014/15 Rz 5.9.60.25). IdR wird im Zusammenhang mit der Versicherung der gesetzlichen Vertreter eine Datumsangabe erfolgen, die als Datum der Freigabe des Zwischenberichts zu werten ist.

Gem § 37w Abs 1 Satz 2 WpHG ist vor der Veröffentlichung des Halbjahresfinanzberichts auf der **Internetseite** eine Bekanntmachung darüber zu veröffentlichen, ab welchem Zeitpunkt und unter welcher Internetadresse der Bericht der Öffentlichkeit zur Verfügung steht. Die Bekanntmachung ist gem § 37w Abs 1 Satz 3 WpHG der BaFin mitzuteilen und dem Unternehmensregister zur Speicherung zu übermitteln. Nach der Veröffentlichung des Halbjahresfinanzberichts auf der Internetseite des Unternehmens ist gem § 37w Abs 1 Satz 4 WpHG der Bericht auch an das Unternehmensregister zur Speicherung zu übermitteln. Zur Umsetzung dieser Vorschriften in der Praxis vgl *Rabenhorst/Wiechens* DB 2009, 521 (526).

VIII. Besonderheiten der Quartalsberichterstattung

Im Gegensatz zum Halbjahresfinanzbericht, der für Inlandsemittenten, die Ak- 51
tien oder Schuldtitel iSd § 2 Abs 1 Satz 1 WpHG begeben haben, nach § 37w WpHG obligatorisch ist, ist eine auf das Quartal abstellende Zwischenberichterstattung nach geltender Rechtslage als **freiwillig** einzustufen, sofern sich nicht aus der Börsenzulassung oder aus privatrechtlichen Bestimmungen eine derartige Pflicht ergibt (→ Rn 4f).

Bedeutung erlangt die Erstellung eines Quartalsfinanzberichts jedoch durch 52
die **befreiende Wirkung** des Berichtsinstruments im Verhältnis zur gem § 37x Abs 1 WpHG für Aktienemittenten verpflichtenden Erstellung einer sog **Zwischenmitteilung** der Geschäftsführung (→ Rn 54ff). Zentrale Bedingung einer wirksamen Befreiung ist dabei die Übereinstimmung der im Quartalsfinanzbericht angewandten Rechnungslegungsgrundsätze mit den im Jahres- oder Konzernabschluss angewandten Rechnungslegungsgrundsätzen (§ 37x Abs 3 Satz 1 iVm § 37w Abs 3 Satz 2 und § 37y Nr 2 WpHG). Dabei ist es unerheblich, ob eine solche Erstellung und Veröffentlichung freiwillig oder aufgrund einer hierzu verpflichtenden Bestimmung, zB einer Börsenordnung, erfolgt.

In praxi führt dies für die zu einer Abschlusserstellung nach IFRS verpflichteten Unternehmen zu einer vollständigen Konformität des verkürzten Quartalsabschlusses mit den Regelungen des IAS 34. In Bezug auf die Quartals-Gesamtergebnisrechnung und Quartals-GuV (sofern erstellt) ist auf das stetig auszuübende Wahlrecht des DRS 16.60 hinzuweisen, nach dem hieran anknüpfende Kommentierungen sich entweder auf das entspr Quartal oder den kumulierten Zeitraum seit Beginn des Geschäftsjahrs beziehen können. Der gewählte Zeitbezug muss jedoch aus den Angaben deutlich werden. Allerdings sind bei IFRS-Anwendern die durch IAS 34.16A gesetzten Grenzen, welcher (zumindest) eine grds kumulierte Erläuterungsperspektive zugrunde legt, zu beachten. Schließlich ist der Quartalsabschluss um einen Zwischenlagebericht (→ Rn 40ff) zu ergänzen. Sofern das Unternehmen zur Konzernrechnungslegung verpflichtet ist, muss uE auch der befreiende Quartalsbericht auf konsolidierter Grundlage erstellt werden, da nur in diesem Fall die Gleichwertigkeit zur entfallenden konsolidierten Zwischenmitteilung (→ Rn 54) gegeben ist (glA *Bosse* DB 2007, 39 (45); *Kumm* BB 2009, 1118 (1122)). Für eine **befreiende Wirkung** muss der (konsolidierte) Quartalsfinanzbericht damit einem (konsolidierten) Halbjahresfinanzbericht entsprechen.

53 Aufgrund seines befreienden Charakters und in Ermangelung spezifischer Regelungen ist der Quartalsfinanzbericht uE innerhalb der auf die Zwischenmitteilung der Geschäftsführung anzuwendenden **Fristen** zu veröffentlichen. Dies bedeutet für den ersten Quartalsfinanzbericht eine **Veröffentlichung** bis sechs Wochen vor Ende des Geschäftsjahrshalbjahrs und somit bis maximal sieben Wochen nach Ende des Quartals (glA *Kajüter/Reisloh* KoR 2007, 620 (621); aA *Kumm* BB 2009, 1118 (1122), nach deren Auffassung der Quartalsfinanzbericht lediglich vor dem ihm nachfolgenden (Halb-)Jahresfinanzbericht veröffentlicht werden muss). Gleiches gilt für den zweiten Quartalsfinanzbericht, der ebenfalls bis maximal sieben Wochen nach Ende des Quartals zu veröffentlichen ist. Die konkreten Veröffentlichungspflichten entsprechen uE denen des Halbjahresfinanzberichts (→ Rn 50).

Durch die im Jahr 2014 geänderte **TranspRL** wird die **Pflicht** zur Veröffentlichung von **vierteljährlichen Finanzinformationen** (Zwischenmitteilungen und Quartalsfinanzberichten) für alle Unternehmen aufgehoben. Die Umsetzung der geänderten RL **in deutsches Recht** ist derzeit (Stand: 31. Juli 2015) noch nicht erfolgt. Es liegt lediglich ein Gesetzentwurf des Bundesfinanzministeriums vor, der einen Entfall von Zwischenmitteilungen und damit auch von Quartalsfinanzberichten sowie eine Verlängerung der Veröffentlichungsfrist von zwei auf drei Monate vorsieht. Die deutschen Börsen verfolgen die Entwicklung, es ist derzeit jedoch offen, ob und in welchem Umfang diese Erleichterungen auch in den jeweiligen Börsenordnungen an die Emittenten weitergegeben werden, sodass sich für im Primestandard notierte Unternehmen aus der Umsetzung zurzeit noch keine Änderungen ergeben.

IX. Exkurs: Zwischenmitteilung der Geschäftsführung

54 Die in § 37x WpHG kodifizierten **Zwischenmitteilungen der Geschäftsführung** sind von Inlandsemittenten abzugeben, die Aktien an einem organisierten Markt iSd WpHG emittiert haben, sofern diese keinen befreienden Quartalsfinanzbericht erstellen (→ Rn 52). Diese haben eine Beschreibung der Finanzlage und des (Konzern-)Geschäftsergebnisses zu enthalten, wobei beide Größen beeinflussende Ereignisse und Geschäfte zusätzlich zu erläutern und in ihren Auswirkungen zu beschreiben sind (§ 37x Abs 2 Satz 2 WpHG). Dabei ist der Gesetzeswortlaut in Übereinstimmung mit DRS 16.64 so zu interpretieren, dass neben der Finanzlage auch auf die Vermögens- und Ertragslage einzugehen ist (*Kajüter/Reisloh* KoR 2007, 620 (621)). Zusätzlich sind – wie im Halbjahresfinanzbericht – bestandsgefährdende Risiken als solche zu bezeichnen (→ Rn 42). Inhaltlich hat die Zwischenmitteilung durch Bereitstellung von, in überwiegendem Maße, qualitativen Informationen eine zeitnahe Beurteilung der Entwicklungsrichtung der wirtschaftlichen Lage des Unternehmens seit dem letzten Bilanzstichtag zu ermöglichen. Sie stellt insofern eine **trendorientierte Aktualisierung** des Jahres- oder Konzernabschlusses dar. Die Quantifizierung von Berichtsinhalten ist unterjährig weitestgehend den Halbjahres- und Quartalsfinanzberichten vorbehalten. In praxi werden jedoch insbes zur Beschreibung der Ertrags- und Liquiditätslage zentrale Messgrößen wie zB Umsatz- und Ergebniskennzahlen innerhalb von Zwischenmitteilungen quantifiziert (s ausführlich die empirische Auswertung bei *Kajüter/Reisloh* KoR 2007, 620 (626f)).

55 In zeitlicher Hinsicht hat sich die Zwischenmitteilung auf einen **Mitteilungszeitraum** zu erstrecken, der mindestens die ersten zehn Wochen, maximal aber die ersten 20 Wochen des Geschäftshalbjahrs umfasst (§ 37x Abs 1 Satz 1 WpHG). Die Zwischenmitteilung ist gem § 37x Abs 2 Satz 1 WpHG am letzten

Tag des durch das berichtspflichtige Unternehmen in obigen Grenzen flexibel gestaltbaren Mitteilungszeitraums zu veröffentlichen. Als problematisch in der praktischen Umsetzung erweist sich in diesem Zusammenhang, dass zwischen der Erstellung/Verabschiedung durch die gesetzlichen Vertreter und der Veröffentlichung regelmäßig einige Tage vergehen werden. Hier besteht uE keine der **Erstellung nachgelagerte Berichtspflicht,** aber es muss durch geeignete organisatorische Teilprozesse des Managementinformationssystems sichergestellt werden, dass Ereignisse, die sich wesentlich auf die Zwischenmitteilung auswirken, im Wege einer **kurzfristigen Aktualisierung** noch berücksichtigt werden können; zur Veröffentlichungsfrist → Rn 53. Die konkreten Veröffentlichungspflichten entsprechen gem § 37x Abs 1 WpHG denen des Halbjahresfinanzberichts (→ Rn 50).

Durch die im Jahr 2014 geänderte **TranspRL** wird die **Pflicht** zur Veröffentlichung von **vierteljährlichen Finanzinformationen** (Zwischenmitteilungen und Quartalsfinanzberichten) für alle Unternehmen aufgehoben. Die Umsetzung der geänderten RL **in deutsches Recht** ist derzeit (Stand: 31. Juli 2015) noch nicht erfolgt. Auch die deutschen Börsen haben diese Erleichterung noch nicht an die Emittenten weitergegeben.

(einstweilen frei) **56–60**

E. Bilanzierung und Bewertung

I. Bilanzierungs- und Bewertungsmethoden

1. Funktionen des Zwischenberichts

Als primäre **Funktion des Zwischenberichts** ist die Informationsfunktion, **61** als sekundäre Funktion *Investor Relations* anzusehen. Innerhalb der Informationsfunktion kann zwischen der Kontroll-, der Prognose- und der Verbindungsfunktion unterschieden werden (*Alvarez/Wotschofsky,* 155 ff).

Nach der **Kontrollfunktion** dient der Zwischenbericht insbes der Kontrolle des Managements, indem er über die abgelaufene Zwischenberichtsperiode Rechenschaft ablegt. Des Weiteren soll der Zwischenbericht eine Überprüfung der bisherigen Prognosen gegenwärtiger und potenzieller Investoren ermöglichen und damit als Grundlage für Investitionsentscheidungen dienen.

Bei der **Prognosefunktion** steht das Ziel im Vordergrund, über unterjährige Finanzinformationen eine verbesserte Prognose des Jahresergebnisses und der zu erwartenden Dividende zu ermöglichen.

Die **Verbindungsfunktion** vereint beide Ansätze. Kontroll- und Prognoseaspekten soll gleichermaßen Rechnung getragen werden.

2. Eigenständige versus integrative Erfolgsermittlung

In Abhängigkeit der Funktionen, die einem Zwischenbericht zugemessen **62** werden, ist zwischen einer eigenständigen (diskreten) und einer integrativen Erfolgsermittlung zu unterscheiden (*FASB* Rz 67 ff).

Wird die **Kontrollfunktion** des Zwischenberichts in den Vordergrund ge- **63** stellt, ist die primäre Aufgabe die Darstellung der abgelaufenen Zwischenberichtsperiode. Daher wird die Zwischenberichtsperiode als vom Geschäftsjahr unabhängige, dh eigenständige Berichtsperiode angesehen. Unterjährige und jährliche Finanzberichterstattung stehen als abschnittsbezogene Ausschnitte aus der Totalperiode des Unternehmens gleichberechtigt nebeneinander. Die Berichterstattung ist folglich primär retrospektiv und kaum prospektiv angelegt. Die Fokussierung auf die Kontrollfunktion geht mit einer **eigenständigen Erfolgsermittlung** einher, bei der die gleichen Bilanzierungs- und Bewertungsmethoden bzw Abgrenzungsgrundsätze wie im Jahres- oder Konzernabschluss zur Anwendung kommen (*Alvarez/Wotschofsky*, 101f). Dies hat zur Folge, dass das Periodenergebnis, zB durch saisonale oder einmalige Einflüsse, stark schwanken kann.

64 Wird hingegen die **Prognosefunktion** als Hauptaufgabe angesehen, stellt die Zwischenberichtsperiode einen integralen Bestandteil des Geschäftsjahrs dar und ist damit nicht mehr losgelöst von der Entwicklung innerhalb des gesamten Geschäftsjahrs zu betrachten. In diesem Fall ist die Berichterstattung primär prospektiv und weniger retrospektiv auszurichten. Aus diesem Grund sollen Abgrenzungsgrundsätze zur Anwendung kommen, die eine bessere Prognostizierbarkeit des Jahresergebnisses ermöglichen (*Green* JAR 1964, 35 (35f)). Die bei der **integrativen Erfolgsermittlung** anzuwendenden Bilanzierungs- und Bewertungsmethoden lösen sich daher weitgehend von denen, die dem Jahres- oder Konzernabschluss zugrunde gelegt werden. Allen in der Literatur vorgeschlagenen Abgrenzungsmethoden ist gemeinsam, dass sie zu einer Glättung des Periodenergebnisses führen und Schwankungen des Periodenergebnisses weitestgehend reduzieren. In ihrer reinsten Form würde eine integrative Erfolgsermittlung zu einer zeitanteiligen (Gleich-)Verteilung der für das gesamte Geschäftsjahr geplanten Erfolgsgrößen führen (*Alvarez/Wotschofsky*, 100f).

65 Die **kombinierte Erfolgsermittlung** steht für die **Verbindungsfunktion** des Zwischenberichts und vereint folglich eigenständige und integrative Abgrenzungsmethoden. Aufwendungen und Erträge werden bestimmten Gruppen zugeordnet, die entweder eigenständig oder integrativ erfasst werden (*FASB* Rz 92ff und Rz 151ff; *Alvarez/Wotschofsky*, 102f; *Köster*, 73ff).

3. Abgeleitete allgemeine Grundsätze

a) Übertragung der Bilanzierungs- und Bewertungsmethoden aus dem jährlichen Abschluss auf den Zwischenabschluss

66 Gem IAS 34.28 sind im Zwischenabschluss die gleichen Bilanzierungs- und Bewertungsmethoden anzuwenden, die auch dem letzten Jahres- oder Konzernabschluss zugrunde gelegen haben (→ Rn 72). Demnach geht IAS 34 von einer primär **eigenständigen Erfolgsermittlung** aus (*Baetge/Rolvering/Haenelt/Graupe* in Baetge ua IFRS-Komm IAS 34 Rz 96; *Heuser/Theile* Rz 8261f; aA *Peemöller* in Wiley IFRS 2011 Abschn 21 Rz 25, für den IAS 34 der kombinierten Methode folgt). Allerdings finden sich in IAS 34 auch integrative Elemente. So enthält IAS 34.29 die Aussage, dass eine Zwischenberichtsperiode Teil des umfassenderen Geschäftsjahrs ist. Des Weiteren wird in IAS 34.30(c) die Anwendung eines gewichteten durchschnittlichen jährlichen Steuersatzes zur Ermittlung des Ertragsteueraufwands der Zwischenberichtsperiode gefordert. In Zweifelsfragen geht jedoch die eigenständige der integrativen Erfolgsermittlung vor.

67 Für die Beantwortung der Frage, ob ein aktivierungspflichtiger Vermögenswert oder eine passivierungspflichtige Schuld vorliegt, ist nach IAS 34.29, IAS 34.30(b) und IAS 34.31f ausschließlich auf die **Verhältnisse zum Zwischenberichtsstichtag** abzustellen. Wenn daher die Erfassungskriterien des F.4.37ff am Zwischenberichtsstichtag (nicht) erfüllt sind, ist eine Bilanzierung vorzunehmen (zu unterlassen). Eine Aktivierung oder Passivierung kann nicht in der Hoffnung erfolgen, dass die Erfassungskriterien erst zu einem späteren Zeitpunkt im Geschäftsjahr gegeben sind (IAS 34.30(b)). Dies gilt auch für den folgenden Jahres- oder Konzernabschluss. Es können daher bei Erfüllung der Erfassungskriterien nur die ab diesem Zeitpunkt angefallenen Aufwendungen aktiviert werden. Vor diesem Zeitpunkt angefallene Aufwendungen bleiben erfolgswirksam.

Aus diesen Grundsätzen folgt auch, dass Aufwendungen, deren Aktivierung zu einem Zwischenberichtsstichtag wegen Nichterfüllung der Erfassungskriterien unterblieben ist, nicht **nachträglich aktiviert** werden dürfen, wenn diese zu einem späteren Zeitpunkt innerhalb eines Geschäftsjahrs erstmals erfüllt sind. Einmal als Aufwand erfasste Ausgaben bleiben damit Aufwand (s für immaterielle Vermögenswerte IAS 38.71). Dies bedeutet, dass aufgrund der unterjährigen Berichterstattung verstärkt auf den Zeitpunkt geachtet werden muss, zu dem die für eine Aktivierung maßgeblichen Kriterien erfüllt sind. 68

Die Bilanzierung und Bewertung im **folgenden Jahres- oder Konzernabschluss** muss auf den im letzten veröffentlichten Zwischenabschluss angewandten Bilanzierungs- und Bewertungsmethoden aufbauen. Dieser Zwischenabschluss enthält bereits alle im Erstellungszeitpunkt des Zwischenabschlusses vom Unternehmen beschlossenen zukünftigen Änderungen von Bilanzierungs- und Bewertungsmethoden (→ Rn 72) und stellt somit den Stand der für das Unternehmen für den folgenden Jahres- oder Konzernabschluss voraussichtlich geltenden Bilanzierungs- und Bewertungsgrundsätze dar. Dies schließt nicht aus, dass das Unternehmen bis zum Jahres- oder Konzernabschluss weitere Methodenänderungen vornimmt. 69

Die Bilanzierung und Bewertung im folgenden Jahres- oder Konzernabschluss orientiert sich ausschließlich an den Verhältnissen zum Bilanzstichtag dieses Jahres- oder Konzernabschlusses, auch wenn hierdurch die Erfassung und/oder die Bewertung von Vermögenswerten und/oder Schulden in vorhergehenden Zwischenperioden aufgrund geänderter Verhältnisse korrigiert bzw angepasst werden muss, soweit dem nicht IFRS-Vorschriften entgegenstehen.

Im Kontext der Darstellung dieser Anpassungen ist es notwendig, den zu diesem Zweck als Referenzgröße zugrunde zu legenden Abschluss zu identifizieren. Die Bedeutung dieser Festlegung erlangt insbes im Zusammenhang mit unterjährig aufgrund von **Wertminderungen** ***(impairment)*** vorgenommenen außerplanmäßigen Abschreibungen Relevanz. Falls zB zur Geschäftsjahreshälfte ein Wertminderungsaufwand nach IAS 36 innerhalb des Zwischenabschlusses abgebildet wurde, ist fraglich, ob bei Wegfall des Grundes bis zum nächsten Zwischenberichts- oder Bilanzstichtag der entspr Vermögenswert im nächsten Zwischen-, Jahres- oder Konzernabschluss wieder erfolgswirksam zugeschrieben werden konnte. 70

Das IFRSIC hat mittels **IFRIC 10** in diesem Zusammenhang klargestellt, dass für bestimmte Vermögenswerte, bei denen in vorhergehenden (Zwischen-)Berichtsperioden (zB im Halbjahresfinanzbericht zum 30. Juni X1) ein Wertminderungsaufwand erfasst wurde, bei Entfall des Grundes in nachfolgenden (Zwischen-)Berichtsperioden (zB im Quartalsfinanzbericht zum 30. September X1 oder im Konzernabschluss zum 31. Dezember X1) eine derartige **Zuschreibung nicht zulässig** ist. 71

Dies betrifft derzeit folgende Kategorien von Vermögenswerten:

(1) Geschäfts- oder Firmenwerte,

(2) Eigenkapitalinstrumente, die als zur Veräußerung verfügbar eingestuft wurden und

(3) finanzielle Vermögenswerte, die zu Anschaffungskosten bilanziert werden.

Das bisher in IFRIC 10 enthaltene Zuschreibungsverbot für Eigenkapitalinstrumente und finanzielle Vermögenswerte wird jedoch nach Übernahme von IFRS 9 in die EU (voraussichtlich im zweiten Halbjahr 2015) mit Wirkung zum

1. Januar 2018 aufgehoben (→ Rn 126), da nach IFRS 9 Eigenkapitalinstrumente und finanzielle Vermögenswerte nicht mehr zu Anschaffungskosten zu bewerten sind.

Der Regelungsinhalt von IFRIC 10 ist dabei auch Ausdruck des der Zwischenberichterstattung **immanenten Spannungsfelds** zwischen eigenständiger und integrativer Erfolgsermittlung (→ Rn 62ff). ISe eigenständigen Erfolgsermittlungskonzeption unterstreicht IAS 34.28 Satz 1, ein Unternehmen habe im Rahmen seiner Zwischenabschlüsse grds die gleichen Bilanzierungs- und Bewertungsmethoden anzuwenden, die auch den Abschlüssen des Geschäftsjahrs zugrunde liegen. Dieser Ratio folgend, ergäbe sich nach Auffassung des IFRSIC demnach sachlogisch, dass auch die auf obige Vermögenswerte bezogenen, in IAS 36.124 bzw IAS 39.69 und IAS 39.66 enthaltenen Zuschreibungsverbote im Kontext der unterjährigen Finanzberichterstattung uneingeschränkte Gültigkeit hätten.

Zugleich fordert IAS 34.28 Satz 2 aber auch, die Frequenz unterjähriger Berichterstattung dürfe keinen Einfluss auf die Höhe des sich am Bilanzstichtag ergebenden Jahresüberschusses haben. Der Konzeption der integrativen Erfolgsermittlung entlehnt, sind Bewertungen in Zwischenabschlüssen daher auf einer vom Geschäftsjahresbeginn bis zum Zeitpunkt der Zwischenberichterstattung kumulierten Grundlage vorzunehmen (IAS 34.28 Satz 3).

Beispiel: Unternehmen A schreibt in Szenario 1 in Rahmen der Erstellung seines Halbjahresabschlusses einen Geschäfts- oder Firmenwert von T € 200 auf T € 100 ab. Im Verlauf der zweiten Hälfte des Geschäftsjahrs entwickelt sich der Geschäfts- oder Firmenwert allerdings derart, dass zum Ende des Geschäftsjahrs im Vergleich zum vorangegangenen Jahresabschluss kein Wertminderungsbedarf mehr besteht. Eine Wertaufholung ist indes nicht zulässig, die Jahresbilanz weist einen Geschäfts- oder Firmenwert in Höhe von T € 100 aus. Nun sei für Szenario 2 angenommen, dass dieses Unternehmen A keinen Halbjahresbericht erstellt; sich somit die Frage der bereits unterjährig zu erfassenden Wertminderung nicht stellt. Zum Ende des Geschäftsjahrs besteht – wie in Szenario 1 – kein Wertminderungsbedarf, sodass bilanziell weiterhin T € 200 erfasst sind. Im Ergebnis wirkt sich die Frequenz der Zwischenberichterstattung entgegen dem Grundsatz von IAS 34.28 Satz 2 auf die Ermittlung des Jahresergebnisses von Unternehmen A aus.

Durch IFRIC 10 kommt es damit zu einer grds **Bestätigung** der primär an der **eigenständigen Erfolgsermittlung** orientierten Konzeption der Zwischenberichterstattung nach IAS 34. Nachrangig ist dementsprechend der Grundsatz von IAS 34.28 Satz 2, dass sich die Frequenz der Zwischenberichterstattung nicht auf die Ermittlung des Jahresergebnisses auswirken soll. Die Beschlussfassung unterstreicht zwar den Vorrang der spezifischen Regelungen zu Wertminderungsaufwendungen, untersagt aber auch pauschal Analogieschlüsse, sollten im Zusammenhang mit anderen Einzelnormen weitere Kollisionen mit IAS 34 zu konstatieren sein (IFRIC 10.9), sodass stets eine an den konkreten Verhältnissen des jeweiligen Sachverhalts orientierte Abwägung vorzunehmen ist.

Aus methodischer Perspektive sind die Regelungen des IFRIC 10 als kasuistisch zu bezeichnen, ihre **fehlende konzeptionelle Grundlage** eröffnet mittelfristig die Perspektive einer grundlegenden Neuausrichtung der entspr Standards (*Riedel/Leippe* in Wiley IFRS Änderungskommentar 2007 IFRIC 10 Rz 22f).

72 Demnach sind im Zwischenabschluss, bis auf die in IAS 34 klar genannten **Ausnahmen,** die gleichen Bilanzierungs- und Bewertungsmethoden wie im letzten Jahres- oder Konzernabschluss anzuwenden (IAS 34.28f). Bei diesen Ausnahmen handelt es sich im Einzelnen um folgende Sachverhalte:

(1) Soweit im Zeitpunkt der Erstellung eines Zwischenabschlusses vom Unternehmen bereits beschlossen ist, dass zum nächsten Jahres- oder Konzernabschluss **Bilanzierungs- und Bewertungsmethoden** (freiwillig) **geändert**

werden, sind diese Änderungen auch schon dem Zwischenabschluss zugrunde zu legen (IAS 34.28). In diesem Fall sind alle bereits dargestellten Zwischenberichtsperioden mit Wirkung zum Beginn des Geschäftsjahrs anzupassen (→ Rn 111 f).

Soweit im Jahres- oder Konzernabschluss des lfd Geschäftsjahrs neue oder geänderte IFRS zur Anwendung kommen, sind diese ebenfalls bereits in den jeweiligen Zwischenabschlüssen des lfd Geschäftsjahrs mit Wirkung zum Beginn des Geschäftsjahrs anzuwenden, sofern die Übergangsvorschriften nicht ausnahmsweise etwas anderes vorsehen oder gestatten (glA *KPMG* 2014/2015 Rz 5.9.220.30).

(2) Die **Steuern vom Einkommen und vom Ertrag** sind für jede Zwischenberichtsperiode auf der Grundlage der Schätzung des gewichteten durchschnittlichen jährlichen Ertragsteuersatzes zu erfassen. Soweit es in nachfolgenden Zwischenberichtsperioden aufgrund einer Korrektur des geschätzten jährlichen Ertragsteuersatzes zu Änderungen in den abgegrenzten Beträgen kommt, ist eine Anpassung dieser Beträge zu Lasten oder zu Gunsten des aktuellen Periodenergebnisses vorzunehmen (IAS 34.30(c)). Die in früheren Zwischenberichtsperioden berichteten Beträge werden nicht angepasst (IAS 34.35 f). Wesentliche Schätzungsänderungen sind aber nach IAS 34.16A(d) zu erläutern.

(3) Soweit die Höhe von im Zwischenabschluss zu erfassenden Vermögenswerten, Schulden, Erträgen und Aufwendungen davon abhängt, welche **Bezugsgröße** für das gesamte Geschäftsjahr realisiert wird, ist, wie bei der Ermittlung der Steuern vom Einkommen und vom Ertrag, die voraussichtliche jährliche Bezugsgröße zu schätzen und anteilig der jeweiligen Zwischenberichtsperiode zugrunde zu legen (zB IAS 34.IE.B1 zu Sozialversicherungsaufwendungen, IAS 34.IE.B7 zu bedingten Leasingzahlungen, IAS 34.IE.B23 zu Kaufpreisänderungen sowie IAS 23.14 zu in die Anschaffungs- oder Herstellungskosten von qualifizierten Vermögenswerten einzubeziehenden Finanzierungsaufwendungen). Bei einer Änderung der geschätzten Bezugsgrößen sind die in vorhergehenden Zwischenberichtsperioden ausgewiesenen Beträge nicht anzupassen (IAS 34.35 f). Wesentliche Schätzungsänderungen sind aber nach IAS 34.16A(d) zu erläutern. Die Rechtfertigung für den Ansatz einer jährlichen Bezugsgröße liegt darin, dass in diesem Fall ein Vermögenswert oder eine Schuld rechtlich oder faktisch iSd Rahmenkonzepts bereits entstanden ist und lediglich die Höhe des Postens unsicher ist.

(4) Bei **negativer Fortführungsprognose** (IAS 1.4, IAS 1.25 f) (→ § 2 Rn 50 f).

Darüber hinaus wird in der Literatur die Auffassung vertreten, dass bei einer Anwendung von IAS 29 (Währungsumrechnung in **Hochinflationsländern**) auf ein einbezogenes TU die Vorjahreszahlen in den Konzernzwischenberichten des MU, die für das auf die erstmalige Anwendung folgende Geschäftsjahr erstellt werden, angepasst werden können (*EY* 2015, 2799 ff). UE kommt in diesem Fall nur eine freiwillige, zusätzliche Angabe angepasster Vergleichszahlen einschließlich entspr Erläuterungen in Betracht, da eine andere Vorgehensweise weder in IAS 29 noch in IAS 34 vorgesehen ist. Bei Entfall der Voraussetzungen von IAS 29 ist keine Anpassung von Vergleichszahlen zulässig und als Ausgangswerte sind die in der letzten (Zwischen-)Bilanz ausgewiesenen Werte zu verwenden (*EY* 2015, 2800).

b) Grundsatz der Wesentlichkeit

In Übereinstimmung mit anderen IFRS gibt IAS 34 keine quantitativen Richtl für die Bestimmung der Wesentlichkeit vor. Als Bezugsgröße für die Be- 73 stimmung der Wesentlichkeit sind nach IAS 34.23 jedoch die **Daten der Zwischenberichtsperiode** und nicht die für das gesamte Geschäftsjahr erwarteten Daten zugrunde zu legen.

Soweit ein Unternehmen Quartalsberichte veröffentlicht, ergibt sich aus der Angabe von gesamtergebnisrechnungsbezogenen und GuV-bezogenen (sofern erstellt) Finanzinformationen für das aktuelle Quartal und die kumulierten Quartale uE eine **doppelte Wesentlichkeit.** Dabei ist bereits bei Überschreitung eines Wesentlichkeitsmaßstabs von einer Angabepflicht auszugehen.

4. Exkurs: Anwendung von „EU-IFRS"

74 Aufgrund der Ausgestaltung des Normsetzungsprozesses besteht bei der Änderung von IFRS durch den IASB regelmäßig eine **zeitliche Verzögerung** zwischen der **Verabschiedung** der IFRS durch das standardsetzende Gremium und der **Transformation** dieser Regelungen in europäisches Gemeinschaftsrecht durch die EU-Kommission.

UE sind die verabschiedeten, aber noch nicht übernommenen *(endorsed)* IFRS im Rahmen der Zwischenberichterstattung nicht vorzeitig, sondern erst ab dem Zeitpunkt der **Veröffentlichung im Amtsblatt** der Europäischen Union anzuwenden (differenzierend *Pellens/Jödicke/Jödicke* BB 2007, 2503 (2507); glA *IDW HFA* 208 FN IDW 2007, 442 (442)). Dies schließt jedoch die freiwillige Anwendung ab dem Zeitpunkt der Übernahme durch die EU und somit ggf vor dem lt Standardtext verbindlichen Erstanwendungszeitpunkt nicht aus (s zum Endorsement-Verfahren ausführlich → § 1 Rn 70 ff).

II. Verwendung von Schätzungen

1. Grundsätze

75 Bereits im Jahres- oder Konzernabschluss werden zahlreiche Sachverhalte abgebildet, bei denen die aus ihnen resultierenden Erfolgskomponenten im Beurteilungszeitpunkt nicht abschließend und/oder nicht eindeutig bestimmt werden können. Dies gilt umso mehr für Abgrenzungen und Bewertungen in einem Zwischenabschluss, bei dem aus Gründen der Wirtschaftlichkeit und kurzer Veröffentlichungsfristen in verstärktem Umfang Schätzungen erforderlich werden. Die Verwendung vernünftiger **Schätzungen** ist daher ein notwendiger Beitrag zur Aufstellung des (Zwischen-)Abschlusses (dazu grds IAS 8.32 ff).

Gem IAS 34.41 ist auch bei einem umfangreicheren Einsatz von Schätzungen sicherzustellen, dass bei einer Schätzung die sich hieraus ergebenden Informationen verlässlich sind. Dies bedeutet, dass unter Beachtung des Grundsatzes der **Willkürfreiheit** alle im Beurteilungszeitpunkt verfügbaren Informationen in einem ausgewogenen Verhältnis zu berücksichtigen sind.

76 Ferner sind im Zusammenhang mit einer Schätzung, die einen wesentlichen Einfluss (→ Rn 20, → Rn 73) auf die VFE-Lage des Unternehmens nimmt, alle Informationen, die für ein Verständnis dieses Einflusses von Bedeutung sind, unter die erläuternden **Anhangangaben** aufzunehmen (IAS 34.41; → Rn 31).

2. Änderung von Schätzungen

77 Eine Schätzung ist zu korrigieren, wenn sich die Umstände, auf deren Grundlage die Schätzung erfolgt ist, ändern oder neue Informationen, Erfahrungen oder Entwicklungen vorliegen (IAS 8.34). Soweit Zweifel bestehen, ob es sich um die **Änderung** einer **Bilanzierungs- oder Bewertungsmethode** oder

Schätzung handelt, ist die Korrektur als Änderung einer Schätzung zu behandeln (IAS 8.35 sowie dazu → § 45 Rn 13).

In Übereinstimmung mit IAS 8.36 führen Änderungen von Schätzungen nicht zu einer **Anpassung** bereits **dargestellter Zwischenberichtsperioden.** Die Effekte aus der Änderung der Schätzung sind vielmehr bei der Ermittlung des Ergebnisses der Periode zu berücksichtigen, in der die Änderung eintritt, soweit die Änderung den bis zum Zwischenberichtszeitpunkt abgelaufenen Zeitraum betrifft (IAS 34.29). Entspr spiegeln die Erträge und Aufwendungen einer Zwischenberichtsperiode alle Änderungen früherer Schätzungen wider (IAS 34.36). 78

Art und Umfang der Änderung einer Schätzung sind gem IAS 34.16A(d) unter den erläuternden **Anhangangaben** bzw gem IAS 34.26 im (Konzern-)Anhang darzustellen. Die Änderung einer Schätzung bezieht sich in diesem Zusammenhang gem IAS 34.16A(d) nicht nur auf das lfd Geschäftsjahr, sondern auch auf Änderungen von Schätzungen, die in den jeweiligen Vergleichszahlen enthalten sind und für das Verständnis der VFE-Lage (auch unter intertemporalen Aspekten) von Bedeutung sind. 79

III. Gesamtkostenverfahren

Aufgrund der Übertragung der Grundsätze für den Jahres- und Konzernabschluss auf den Zwischenabschluss wird auch der Erfolg der Zwischenberichtsperiode nach den gleichen Grundsätzen ermittelt wie in der Jahres- und Konzern-Gesamtergebnisrechnung bzw gesonderten GuV (sofern erstellt). Im Folgenden soll jedoch auf einige **Besonderheiten** im Zusammenhang mit einer unterjährigen Berichterstattung eingegangen werden. 80

Umsatzerlöse, Bestandsveränderungen und **andere aktivierte Eigenleistungen** werden nach den gleichen Grundsätzen ermittelt wie im Jahres- oder Konzernabschluss. Das **Realisationsprinzip** kommt uneingeschränkt zur Anwendung. Dementsprechend dürfen Erträge, die innerhalb eines Geschäftsjahrs **saisonal** oder konjunkturell bedingt erzielt werden, am Zwischenberichtsstichtag nur dann abgegrenzt oder vorgezogen werden, wenn dies auch im Jahres- oder Konzernabschluss zulässig wäre (IAS 34.37), was idR nicht der Fall ist. Die hiermit verbundenen stärkeren Schwankungen der leistungsbezogenen Erträge werden im Rahmen des eigenständigen Ansatzes bewusst in Kauf genommen und sollen durch die Angabe von Vergleichszahlen der entspr Vorperiode und der vorangegangenen zwölfmonatigen Berichtsperiode erklärt werden (IAS 34.21). Bei **langfristiger Fertigung** sieht IAS 34 ebenfalls keine Ausnahmen vor. Die Grundsätze von IAS 11 (bzw zukünftig IFRS 15 nach Übernahme in die EU) finden auch im Zwischenabschluss uneingeschränkt Anwendung (zur langfristigen Fertigung s § 9). 81

Nach IAS 34.IE.C1 ist eine ausführliche **Inventur** nicht erforderlich. So können die Vorräte und damit auch die Bestandsveränderung geschätzt werden, indem verstärkt auf repräsentative Stichproben zurückgegriffen wird, mit denen auf die Grundgesamtheit hochgerechnet wird, und ggf Inflationsindizes zur Anwendung kommen. Bei einer zuverlässigen Lagerbestandsführung können die Vorräte auch über eine rechnerische Ermittlung der Zu- und Abgänge ermittelt werden (*Köster*, 168f). 82

Bei der Ermittlung der **Herstellungskosten** sind gem IAS 34.IE.B28 und entspr der diskreten Methode Preis-, Effizienz-, Materialeinsatz- und Mengenabweichungen auch dann in vollem Umfang erfolgswirksam zu berücksichtigen, wenn erwartet wird, dass sich diese bis zum Bilanzstichtag wieder umkehren. 83

84 Gem IAS 2.9 und IAS 36.58ff sind **Wertminderungen** bei Vorräten und anderen Vermögenswerten dann zu berücksichtigen, wenn der erzielbare Betrag unter den Buchwert gesunken ist. Bei Aufstellung des Zwischenabschlusses sind aus Zeit- und Wirtschaftlichkeitsgründen an den Detaillierungsgrad der Werterermittlung niedrigere Anforderungen zu stellen als bei der Erstellung des Jahres- und/oder Konzernabschlusses. So ist es nach IAS 34.IE.B36 zulässig und ausreichend, am Zwischenberichtsstichtag zu prüfen, ob Anzeichen für eine Wertminderung vorliegen und nur bei deren Existenz in eine detaillierte Wertermittlung einzutreten. Diese Erleichterung betrifft Vorräte, immaterielle Vermögenswerte mit unbestimmbarer Lebensdauer und Geschäfts- oder Firmenwerte, da bei allen anderen Vermögenswerten (zB IAS 36.9) ohnehin nur bei Existenz einer Wertminderungsindikation eine detaillierte Wertermittlung vorzunehmen ist

Bei der (absatzmarktorientierten) **verlustfreien Bewertung** sind die Absatzpreise am Bilanzstichtag bzw bis zum Zeitpunkt der Aufstellung des Zwischenabschlusses und nicht die am Geschäftsjahresende erwarteten Preisverhältnisse maßgeblich. Gleiches gilt für die Schätzung der nach dem Zwischenberichtsstichtag noch anfallenden Herstellungskosten bzw der bis zum Verkauf noch anfallenden Kosten (IAS 34.IE.B26; zur verlustfreien Bewertung → § 8 Rn 91ff).

Sofern zum Zwischenberichtsstichtag aufgrund einer Wertminderung eine Abschreibung des Vermögenswerts erfolgt ist, darf eine **Zuschreibung** an nachfolgenden Zwischenberichts- oder Bilanzstichtagen nur insoweit erfolgen, wie die Gründe für die Wertminderung entfallen sind (IAS 34.IE.B26) und kein Zuschreibungsverbot besteht (s hierzu → Rn 71).

85 Besonderheiten bei der Ermittlung des **Materialaufwands** ergeben sich ebenfalls aus den aufgrund von Zeit- und Wirtschaftlichkeitsgründen anzuwendenden Vereinfachungen bzw Schätzungen. So kann zB die Veränderung der Bestände an Roh-, Hilfs- und Betriebsstoffen sowie der Waren bei einer zuverlässigen Lagerbuchführung ohne Inventur allein anhand der rechnerischen Zu- und Abgänge (*Köster,* 168f) oder über repräsentative Stichproben ermittelt werden.

86 **Mengenrabatte** und andere **vertragliche Preisänderungen** von Rohmaterialien, Arbeitskraft und anderen erworbenen Gütern und Dienstleistungen sind im Zwischenabschluss des Verpflichteten oder Berechtigten nur dann zu berücksichtigen, wenn die Preisänderungen bereits erwirtschaftet wurden oder mit hinreichender Wahrscheinlichkeit realisiert werden. Dementsprechend sind grds nur vertragliche Rabatte und Nachlässe vorwegzunehmen, auch wenn diese lediglich auf Jahresbasis eingeräumt werden (und somit bspw zum ersten Quartal regelmäßig noch nicht erwirtschaftet wurden). Freiwillige Rabatte und Nachlässe sollen nach IAS 34.IE.B23 hingegen nicht berücksichtigt werden, da diese nicht die Voraussetzungen für die Bilanzierung einer Schuld oder eines Vermögenswerts erfüllen. UE handelt es sich bei IAS 34.IE.B23 um eine zu undifferenzierte Aussage, denn auch freiwillige Mengenrabatte und Preisänderungen müssen bilanziert werden, sofern sich das Unternehmen der Verpflichtung faktisch nicht mehr entziehen kann (aA *Deloitte* 2015, 2286; *EY* 2015, 2789).

87 Die Ermittlung des monatlichen **Lohn- und Gehaltsaufwands** ist idR auch für eine Zwischenberichtsperiode unproblematisch. Soweit **ansammelbare Ansprüche** bestehen, wie zB auf Urlaubsgeld, sind diese Ansprüche mit den am Zwischenberichtsstichtag angesammelten Beträgen zu passivieren. UE kann von einer Passivierung auch dann nicht abgesehen werden, wenn diese Rückstellungen in nachfolgenden Zwischenperioden in Anspruch genommen werden, mithin zum Bilanzstichtag keine oder keine so hohen Rückstellungen für die jeweiligen ansammelbaren Ansprüche zu bilden sind. Soweit **nicht ansammelbare Ansprüche,** wie zB auf Krankengeld, bestehen, sind diese Ansprüche im Zeit-

punkt der Zahlung als Aufwand zu erfassen. Eine vorzeitige Abgrenzung als Schuld kommt nicht in Betracht (IAS 34.IE.B10).

Eine Bilanzierung von **Prämien, Sonderzahlungen** und **Tantiemen** ist vorzunehmen, wenn die Anspruchsgrundlage auf die Erfüllung von Bedingungen in einem unterjährigen Zeitraum gerichtet ist und die Bedingungen am Zwischenberichtsstichtag erfüllt sind, zB bei projektbezogenen Sonderzahlungen. Gleiches gilt, wenn die Grundlage für die Vergütung das lfd Geschäftsjahr ist und zum Zwischenberichtsstichtag bereits feststeht, dass das Unternehmen auf Jahresbasis wieder eine Vergütung gewähren muss/wird, zB aufgrund einer rechtlichen oder faktischen Verpflichtung. In diesem Fall liegt uE zum Zwischenberichtsstichtag eine bilanzierungspflichtige faktische Verpflichtung vor (s diesbezüglich → § 13 Rn 43f). Soweit sich die Höhe der Vergütung an der Erreichung von für das gesamte Geschäftsjahr vereinbarten Zielgrößen oder schlicht am Zeitablauf orientiert, ist uE eine (zeit-)anteilige Abgrenzung auf der Grundlage der zum Zwischenberichtsstichtag realisierten (zeitanteiligen) Zielerreichung vorzunehmen (glA *EY* 2015, 2787 mit einem Beispiel). Des Weiteren muss in Übereinstimmung mit den allgemeinen Grundsätzen zur Passivierung einer Schuld eine verlässliche Schätzung des Rückstellungsbetrags möglich sein (IAS 34.IE.B6). UE kann im Rahmen der Zwischenberichterstattung aus Vereinfachungsgründen eine Gruppenbewertung erfolgen, indem Anspruchsberechtigte mit gleichen Anspruchsgrundlagen in einer Gruppe zusammengefasst werden und für diese Gruppe die voraussichtliche Vergütung geschätzt wird. 88

Die Erfassung der **Arbeitgeberanteile** zur **Sozialversicherung** ist in der Bundesrepublik Deutschland grds unproblematisch, da diese an die monatlichen Lohn- und Gehaltszahlungen anknüpfen und insofern periodengerecht aufwandswirksam werden. Etwas Anderes gilt nur dann, wenn die Verpflichtung von Jahresbeträgen abhängt, die am Zwischenberichtsstichtag der Höhe nach nicht genau bestimmt werden können. In diesem Fall sind die Arbeitgeberbeiträge zur Sozialversicherung anhand einer geschätzten jährlichen durchschnittlichen Sozialabgabenrate unter Berücksichtigung etwaiger Vorauszahlungen zu ermitteln (IAS 34.IE.B1). 89

Die Erfassung der **Pensionsaufwendungen** erfordert nicht, dass zu jedem Zwischenberichtsstichtag neue Pensionsgutachten erstellt werden. Es ist vielmehr ausreichend, wenn die Verpflichtungen des letzten Bilanzstichtags extrapoliert werden (IAS 34.IE.C4, IAS 19.BC.58ff). Zu diesem Zweck kann eine sog Pensionsaufwandsrate ermittelt werden, die sich aus den Pensionsaufwendungen des letzten Geschäftsjahrs dividiert durch die durchschnittliche Anzahl der Mitarbeiter oder Anspruchsberechtigten des letzten Geschäftsjahrs ergibt. Diese Pensionsaufwandsrate bzw dieser durchschnittliche Pensionsaufwand je Mitarbeiter oder Anspruchsberechtigtem ist bei wesentlichen Veränderungen der maßgeblichen Parameter, wie zB Planänpassungen, -kürzungen und -abgeltungen, Fluktuation oder Marktzins, die in ihrer Gesamtheit wesentliche Änderungen der Verpflichtung erwarten lassen, anzupassen (IAS 34.IE.B9). Gleiches gilt für Jubiläumsverpflichtungen oder andere Verpflichtungen aus Leistungen ggü Arbeitnehmern. 90

Planmäßige Abschreibungen sind nur für solche Vermögenswerte zu berücksichtigen, die während der Zwischenberichtsperiode im Eigentum des Unternehmens standen oder stehen. Zukünftige Investitionen des lfd Geschäftsjahrs fließen in die Bemessung der Abschreibungen nicht ein (IAS 34.33 und IAS 34.IE.B24; zu außerplanmäßigen Abschreibungen → Rn 84). Eine Neubeurteilung von Restwerten ist nur bei Vorliegen von Indikatoren für eine wesentliche Änderung erforderlich. 91

Zu **Zuschreibungsverboten** → Rn 71. 92

93 Bei den **sonstigen betrieblichen Erträgen und Aufwendungen** wird im Schrifttum differenziert zwischen streng zeitraumbezogenen und nicht streng zeitraumbezogenen Erfolgskomponenten. **Streng zeitraumbezogene** Erträge und Aufwendungen, wie zB Mieterträge oder -aufwendungen, sind unabhängig vom Zahlungszeitpunkt entspr dem abgelaufenen Zeitraum in der Gesamtergebnisrechnung bzw gesonderten GuV (sofern erstellt) zu erfassen. Bei **nicht streng zeitraumbezogenen** Erfolgskomponenten wird weiter unterschieden zwischen regel- und unregelmäßig anfallenden Erträgen und Aufwendungen. Soweit regelmäßige Erfolgskomponenten auch unterjährig kontinuierlich anfallen, wie zB Portogebühren und Büromaterial, sind diese Posten im Verursachungszeitpunkt als Ertrag oder Aufwand zu erfassen (*Baetge/Rolvering/Haenelt/Graupe* in Baetge ua IFRS-Komm IAS 34 Rz 144). Soweit regelmäßige Erfolgskomponenten unterjährig nicht kontinuierlich, sondern in größeren Zeitabständen oder im intertemporalen Vergleich zu unterschiedlichen Zeitpunkten innerhalb verschiedener Geschäftsjahre anfallen, sind diese Posten grds ebenfalls im Verursachungszeitpunkt in der Gesamtergebnisrechnung bzw gesonderten GuV (sofern erstellt) auszuweisen (IAS 34.39, IAS 34.IE.B2 und IAS 34.IE.B11). Eine Abgrenzung oder vorzeitige Erfassung dieser Posten ist nur möglich, wenn eine entspr Vorgehensweise auch am Bilanzstichtag angemessen bzw zulässig wäre, die Posten mithin die Voraussetzungen für die Erfassung eines Vermögenswerts oder einer Schuld erfüllen, was idR nicht der Fall sein wird. Dabei reicht für die Frage, ob diese Voraussetzungen gegeben sind, die bloße Absicht oder Notwendigkeit, diese Erträge oder Aufwendungen entstehen zu lassen, nicht aus (IAS 34.IE.B2). Für unregelmäßig entstehende Erträge und Aufwendungen, dh für Erfolgskomponenten, die in einem Geschäftsjahr, aber nicht regelmäßig in jedem Geschäftsjahr anfallen, wie zB bedeutende periodische Erhaltungen oder Überholungen, gelten uE die gleichen Grundsätze (IAS 34.39, IAS 34.IE.B2 und IAS 34.IE.B11).

Gleiches gilt gem IFRIC 21 für **Abgaben der öffentlichen Hand** wie zB Substanz- oder Verkehrsteuern. Aufgrund von IFRIC 21 sind daher einige bislang in Zwischenabschlüssen eher zeitraumbezogen erfasste Abgaben nunmehr verstärkt zeitpunktbezogen zu erfassen (vgl mit Beispielen *Hebestreit/Teitler* IRZ 2014, 233 (234 f)).

Zusammenfassend kann damit festgehalten werden, dass bei der Erfassung von sonstigen betrieblichen Erträgen und Aufwendungen **die allgemeinen Kriterien,** wie sie für den **Jahres- oder Konzernabschluss** gelten, uneingeschränkt zur Anwendung kommen.

94 Etwas Anderes kann uE nur für **wesentliche Erträge und Aufwendungen** gelten, die vorhersehbar sind und regelmäßig erst **am Geschäftsjahresende** anfallen, wie zB Inventurdifferenzen, Hauptversammlungs- oder Prüfungskosten. Bei diesen Posten handelt sich um Erfolgskomponenten, die am Zwischenberichtsstichtag zwar nicht rechtlich aber faktisch verursacht sind und dementsprechend in Einklang mit den allgemeinen Grundsätzen zu erfassen sind. Hinsichtlich der Höhe der zu berücksichtigenden Erträge und Aufwendungen gelten die Grundsätze für Schätzungen (→ Rn 75 f) und sonstige, regelmäßige Erträge und Aufwendungen (→ Rn 93).

95 **Rückstellungen** sind im Zwischenabschluss nach den gleichen Grundsätzen zu bilden, zu erhöhen, in Anspruch zu nehmen oder aufzulösen wie im Jahres- oder Konzernabschluss. Aus Zeit- und Wirtschaftlichkeitsgründen müssen für die Bewertung der Rückstellungen im Zwischenabschluss nicht zwingend externe Fachleute in dem Umfang herangezogen werden wie im Jahres- oder Konzernabschluss (IAS 34.IE.C3). Unter Berücksichtigung der im Aufstellungszeitpunkt vorliegenden Erkenntnisse wird es vielmehr für zulässig erachtet, die im vorher-

gehenden Jahres- oder Konzernabschluss bilanzierten Sachverhalte auf der Grundlage von Schätzungen fortzuschreiben bzw bei der erstmaligen Bildung die Höhe der Rückstellung im Wege der „besten" Schätzung zu bestimmen (IAS 34.IE.B3; *Baetge/Rolvering/Haenelt/Graupe* in Baetge ua IFRS-Komm IAS 34 Rz 152). Bei erstmaliger Bildung bzw der Anpassung von Rückstellungen ist zu prüfen, inwieweit diese in die Anschaffungs- oder Herstellungskosten von Vermögenswerten einzubeziehen sind, zB nach IFRIC 1 (→ § 5 Rn 54). Die sich hieraus ergebenden Anpassungsbeträge sind erfolgswirksam in der Gesamtergebnisrechnung bzw der gesonderten GuV (sofern erstellt) der betroffenen Zwischenberichtsperiode auszuweisen und – sofern wesentlich (→ Rn 20, → Rn 73) – zu erläutern (IAS 34.16A(d)). Bei wesentlichen Erfolgsunsicherheiten legt IAS 34.IE.C6 indessen die Einholung von Gutachten nahe.

Gem IAS 34.IE.B29 sind **Fremdwährungsgeschäfte** nach den gleichen Grundsätzen wie im Jahres- oder Konzernabschluss zu bilanzieren. Folglich werden auch Erträge und Aufwendungen aus der Währungsumrechnung nach den gleichen Grundsätzen wie im Jahres- oder Konzernabschluss erfasst. In Übereinstimmung mit IAS 21 sind die tatsächlichen Stichtagskurse für die Zwischenberichtsperiode zu verwenden. Zukünftige Wechselkursänderungen sind nicht zu berücksichtigen (IAS 34.IE.B30f). 96

Gleiches gilt für die **Umrechnung von Abschlüssen** ausländischer Konzerngesellschaften. Bei Zwischenabschlüssen von Unternehmen aus Hochinflationsländern sind die (Preis-)Verhältnisse am Zwischenberichtsstichtag maßgeblich, dh, es kommt keine geschätzte jährliche Inflationsrate zur Anwendung (IAS 34.IE.B32ff). 97

Für die Ermittlung des **Zinsergebnisses** ergeben sich keine Besonderheiten, da die Zinserträge und -aufwendungen idR zeitraumbezogen anfallen und so den Zwischenberichtsperioden eindeutig und unter Erfüllung der Voraussetzungen für die Bilanzierung eines Vermögenswerts oder einer Schuld zugeordnet werden können (vgl auch IAS 18.30(a); nach Übernahme von IFRS 9 und IFRS 15 in die EU vgl zur Effektivzinsmethode IFRS 9.5.3.1 (finanzielle Schulden) und IFRS 9.5.4.1 (finanzielle Vermögenswerte) sowie zu in Kundenverträgen enthaltenen Finanzierungsleistungen IFRS 15.60ff). 98

Das **Beteiligungsergebnis** umfasst regelmäßig Erträge und Aufwendungen aus Beteiligungen und aus assoziierten Unternehmen sowie Abschreibungen auf Beteiligungen. 99

Bei den **Erträgen aus Beteiligungen** dürfen Dividendenerträge nur erfasst werden, wenn dies auch im Jahres- oder Konzernabschluss möglich wäre (IAS 34.37f). Nach IAS 18.30(c) (nach Übernahme von IFRS 9 in die EU nach IFRS 9.5.7.1A) sind Dividendenerträge erst im Zeitpunkt der Entstehung des Rechtsanspruchs auf Zahlung in der Gesamtergebnisrechnung bzw der gesonderten GuV (sofern erstellt) zu erfassen. Dieser Rechtsanspruch ergibt sich aus einem entspr Gewinnverwendungsbeschluss, bei PersGes auch ohne einen derartigen Beschluss, sofern der Gesellschaftsvertrag entspr Regelungen vorsieht. Somit kommt eine phasengleiche Vereinnahmung bei PersGes nur unter bestimmten Voraussetzungen in Betracht. Entspr gilt für einen nicht auf einem Unternehmensvertrag beruhenden Verlustausgleich. 100

Erträge und Aufwendungen aus **assoziierten Unternehmen** werden im Zwischenabschluss nur dann ausgewiesen, wenn das assoziierte Unternehmen entweder einen Zwischenabschluss erstellt hat, der der Equity-Bewertung im Konzernzwischenabschluss zugrunde gelegt werden kann, oder wenn zum letzten Konzernabschluss noch kein aktueller Jahresabschluss des assoziierten Unternehmens vorlag, dies aber mittlerweile der Fall ist. Das/der in der Gesamtergebnisrechnung bzw der gesonderten GuV (sofern erstellt) zu erfassende Ergebnis/Erfolg ergibt sich dann aus dem im jeweiligen Abschluss ausgewiesenen Ergebnis/Erfolg abzüglich der ggf bereits zuvor berücksichtigten Ergebnis-/Erfolgsanteile.

101 **Abschreibungen auf Beteiligungsbuchwerte** sind im Zwischenabschluss nach den gleichen Grundsätzen vorzunehmen wie im Jahres- oder Konzernabschluss. Sofern daher Anzeichen für eine Wertminderung vorliegen und eine weitergehende Überprüfung den Abschreibungsbedarf bestätigt, ist die außerplanmäßige Abschreibung in vollem Umfang in der Gesamtergebnisrechnung bzw der gesonderten GuV (sofern erstellt) der jeweiligen Zwischenberichtsperiode zu erfassen. Zum **Zuschreibungsverbot** → Rn 71.

102 Die **Steuern vom Einkommen und vom Ertrag** setzen sich aus tatsächlichen und latenten Ertragsteuern zusammen (zu Ertragsteuern s § 25). Ein gesonderter Ausweis in der Gesamtergebnisrechnung oder der gesonderten GuV (sofern erstellt) ist uE nicht erforderlich, da nicht in IAS 34 vorgesehen (aA *KMPG* 2014/15 Rz 5.9.190.10). Der in einer Zwischenberichtsperiode zu berücksichtigende Ertragsteueraufwand ist auf der Grundlage des geschätzten, jährlichen **Effektivsteuersatzes,** der auf das Vorsteuerergebnis nach IFRS der Zwischenberichtsperiode bezogen wird, zu ermitteln (IAS 34.30(c)). Die Bestimmung eines jährlichen Effektivsteuersatzes setzt zwei Prognosen voraus. Zum einen ist das voraussichtliche Vorsteuerergebnis nach IFRS des lfd Geschäftsjahrs zu schätzen. Zum anderen ist der voraussichtliche Ertragsteueraufwand zu bestimmen, der auf dieses Vorsteuerergebnis entfällt. Dies wiederum setzt voraus, dass das voraussichtliche steuerliche Ergebnis des lfd Geschäftsjahrs ermittelt wird. Dabei sind die Verhältnisse am Stichtag des Jahres- oder Konzernabschlusses maßgeblich. Sämtliche steuergestaltenden Maßnahmen, die für das lfd Geschäftsjahr geplant, aber noch nicht realisiert sind, sind daher in die Prognose des Steuersatzes mit einzubeziehen, wenn mit hinreichender Sicherheit davon auszugehen ist, dass die Maßnahmen bis zum Ende des Geschäftsjahrs umgesetzt werden. Ebenso sind realisierte oder noch erwartete steuerfreie Erträge, steuerlich nicht abzugsfähige Aufwendungen und sonstige Anpassungsposten, die einzeln oder in ihrer Gesamtheit wesentlich sind, zu berücksichtigen. Bei progressiven Steuersätzen ist die voraussichtliche Progression zugrunde zu legen.

Bei der Ermittlung des Effektivsteuersatzes können zwei unterschiedliche Verfahren zur Anwendung kommen. Zum einen kann der Effektivsteuersatz aus dem Verhältnis von Ertragsteueraufwand zu Vorsteuerergebnis nach IFRS, zum anderen aus dem Verhältnis von Ertragsteueraufwand zu steuerlichem Ergebnis abgeleitet werden. Im ersten Fall ist dieser Effektivsteuersatz dann auf das IFRS-Vorsteuerergebnis der Zwischenberichtsperiode anzuwenden, im zweiten Fall hingegen auf das steuerliche Ergebnis der Zwischenberichtsperiode. Die gewählte Methode ist stetig anzuwenden (*KPMG* 2014/15 Rz 5.9.170.10 ff).

In der Praxis ist zu beobachten, dass die Ertragsteuern auf der Grundlage des Ergebnisses der Zwischenperiode und damit des **Iststeuersatzes** ermittelt werden. In diesem Fall ist keine Prognose des voraussichtlichen Vorsteuerergebnisses und Ertragsteueraufwands des lfd Geschäftsjahrs erforderlich. Der Iststeuersatz ist uE nur dann zu verwenden, wenn der erwartete Effektivsteuersatz nicht mit hinreichender Sicherheit bestimmt werden kann, zB wenn bereits relativ kleine Änderungen des Vorsteuergebnisses wesentliche Steuersatzänderungen nach sich ziehen. In diesem Fall stellt der Iststeuersatz die beste Annäherung an den erwarteten Effektivsteuersatz dar (glA *KPMG* 2014/15 Rz 5.9.160.80).

103 Die Ermittlung des Steuersatzes kann für jede Steuerart und jedes in den Konzernabschluss einbezogene Unternehmen bzw für jedes Land gesondert erfolgen. Aus Zeit- und Wirtschaftlichkeitsgründen kann aber auch ein **gewichteter Durchschnitt** der Steuersätze für mehrere Steuerarten und/oder Unternehmen bzw Länder zur Anwendung kommen, wenn dieser Durchschnitt eine vernünftige

Annäherung an die Auswirkungen darstellt, die sich bei der Verwendung länderspezifischer Steuersätze ergeben würde (IAS 34.IE.B14 und IAS 34.IE.C5). Indikatoren für die Anwendung länderspezifischer Steuersätze können starke saisonale Einflüsse bei Konzernunternehmen, Zwischenergebnisse mit unterschiedlichen Vorzeichen bei Konzernunternehmen, wesentliche Steuersatzunterschiede zwischen den Konzernunternehmen und wesentliche Abweichungen der Ergebnisse der Konzernunternehmen vom durchschnittlichen Ergebnis je einbezogenem Unternehmen sein (s auch das Beispiel bei *KPMG* 2014/15 Rz 5.9.160.40).

Bei einem unterschiedlichen **Geschäfts- und Steuerjahr** ist auf die Quartale bzw das Halbjahr der prognostizierte Steuersatz des Steuerjahrs anzuwenden, in das die Berichtsperiode fällt, sodass ggf zwei Steuersätze bestimmt werden müssen (vgl auch das Beispiel in IAS 34.IE.B17 f).

Die Einführung einer neuen Unternehmenssteuer oder **Änderung eines** 104
Steuersatzes ist ab dem Zeitpunkt zu berücksichtigen, zu dem die Einführung/Änderung bereits beschlossen ist oder zu einem späteren Zeitpunkt beschlossen wird, aber noch für das lfd Geschäftsjahr in Kraft treten wird (IAS 12.46 ff). Erfolgt die Verabschiedung einer neuen Unternehmenssteuer bzw einer Steuersatzänderung **unterjährig,** so kommt je nach Auslegung des **IAS 34** die Anwendung zweier unterschiedlicher Methoden in Betracht: die Behandlung der Steuersatzänderung als **Sondereffekt der eigenständigen (Zwischenberichts-) Periode** oder die Berücksichtigung mittels **Anpassung des erwarteten effektiven Steuersatzes.** Wird die Steuersatzänderung als einmaliges Ereignis der eigenständigen Zwischenberichtsperiode behandelt, so erfolgt eine Anpassung der Bewertung der bislang bilanzierten (latenten) Steuern **einmalig** zum Stichtag der Verabschiedung der Steuersatzänderung auf Basis der zu diesem Zeitpunkt bilanzierten (latenten) Steuern. Latente Steuern, die sich bis zum Bilanzstichtag noch umkehren werden, sind von der Neubewertung auszunehmen. Erfolgt eine Anpassung des erwarteten effektiven Steuersatzes, so wird der Effekt aus der Steuersatzänderung über die bis zum Bilanzstichtag verbleibenden Quartale geglättet (s ausführlich *Loitz* DB 2007, 2048 (2049 ff) sowie mit Beispielen → § 25 Rn 170 ff und *Deloitte* 2015, 2278 ff). Die gewählte Methode ist anzugeben und stetig anzuwenden.

Bei einer engen Auslegung von IAS 34, insbes IAS 34.IE.B13, kann man zu der Auffassung kommen, dass im Fall einer Steuersatzänderung bei latenten Steuern nur die auf das lfd Geschäftsjahr entfallenden Auswirkungen zu berücksichtigen sind. Dieser, uE zu engen Auslegung stehen IAS 34.29 und IAS 12.47 entgegen, die bei der Ermittlung der Auswirkungen auch die Berücksichtigung der in zukünftigen Perioden sich ergebenden Auswirkungen fordern (glA *EY* 2015, 2794).

In der Literatur wird darüber hinaus vereinzelt noch zwischen effektiven und latenten Steuern differenziert. Für die effektiven Steuern soll nur eine Anpassung des Effektivsteuersatzes erfolgen, während für die latenten Steuern das obige Wahlrecht besteht (*Deloitte* 2015, 2278 ff; *EY* 2015, 2793 f). Die gewählte Methode ist anzugeben und stetig anzuwenden.

IAS 34.41 erkennt an, dass bei diesen Prognosen erhebliche Unsicherheiten bestehen können. Dementsprechend sind gem IAS 34.16A(d) und IAS 34.26 wesentliche **Änderungen von Schätzungen** in nachfolgenden Zwischenabschlüssen bzw dem nachfolgenden Jahres- oder Konzernabschluss anzugeben und zu erläutern (→ Rn 29, → Rn 77 ff). Die sich hieraus ergebenden Anpassungsbeträge für zurückliegende Perioden sind in der Periode in vollem Umfang in der Gesamtergebnisrechnung bzw der gesonderten GuV (sofern erstellt) zu erfassen, in der die Anpassung erforderlich wird (IAS 34.30(c); aA *von Eitzen/Dahlke,* 170 f, die eine Verteilung über die verbleibenden Quartale fordern). Dies gilt auch bei der Anpassung von steuerlichen Gutschriften oder -zuschüssen, die bereits in einem vorhergehenden Geschäftsjahr erfasst wurden. Eine Anpassung des Effektivsteuersatzes kommt nicht in Betracht.

105 Zu **Anwendungsbeispielen,** insbes bei Quartalsergebnissen mit wechselnden Vorzeichen vgl IAS 34.B15f sowie *Baetge/Rolvering/Haenelt/Graupe* in Baetge ua IFRS-Komm IAS 34 Rz 162ff. An dieser Stelle sei auf einen Widerspruch in IAS 34 hingewiesen. Nach dem Wortlaut von IAS 34.30(c) und IAS 34.IE.B13f ist ein Effektivsteuersatz zugrunde zu legen. Bei Quartalsergebnissen mit wechselnden Vorzeichen sollten daher dann keine Ertragsteuern anzusetzen sein, wenn das Geschäftsjahr insgesamt mit einem ausgeglichenen (steuerlichen) Jahresergebnis und folglich mit einem Effektivsteuersatz von Null abschließt. Dies stünde auch im Einklang mit der Aussage in IAS 34.IE.B13, dass Ertragsteuern auf einer jährlichen Grundlage festgesetzt werden, es mithin nur auf die effektiven Ertragsteuern des gesamten Geschäftsjahrs ankommen kann. Das Beispiel in IAS 34.IE.B16 sieht in diesem Fall jedoch explizit die Berücksichtigung von Ertragsteuern (Aufwendungen und Erstattungen) in einzelnen Quartalen vor, obwohl für das gesamte Geschäftsjahr ein ausgeglichenes (steuerliches) Ergebnis erwartet wird, sodass es zum Ausweis fiktiver Ertragsteuern kommt. UE sollten nur bei einem insgesamt positiven (steuerlichen) Ergebnis des Geschäftsjahrs in die Quartalsergebnisse (latente) Ertragsteueraufwendungen oder -erträge auf der Grundlage des jährlichen Effektivsteuersatzes einfließen (glA *KPMG* 2014/15 Rz 5.9.180.30; diese Ermittlung als zumindest zweifelhaft ansehend *von Eitzen/Dahlke,* 166; aA *Deloitte* 2015, 2278, wobei nicht klar ist, ob dem dortigen Beispiel der gesetzliche Steuersatz oder der Effektivsteuersatz des Unternehmens zugrunde liegt).

106 Steuererstattungen aus einem **Verlustrücktrag** sind in der Zwischenberichtsperiode zu erfassen, in der der rücktragsfähige Verlust entstanden ist (IAS 34.B20). Dies setzt voraus, dass für das gesamte Geschäftsjahr ein rücktragsfähiger Verlust erwartet wird. In diesem Fall ist in dem Verhältnis, in dem der Verlust der Zwischenberichtsperiode zum Verlustrücktrag beiträgt, die insgesamt erwartete Steuererstattung der Zwischenberichtsperiode zuzuordnen. Entspr ist in Quartalen oder in einem Halbjahr mit positivem Ergebnis dann kein Steueraufwand zu erfassen.

107 Soweit für das gesamte Geschäftsjahr ein **(steuerlicher) Verlust** erwartet wird, der auf nachfolgende Geschäftsjahre vorzutragen ist, sind nach IAS 12.34 grds latente Steueransprüche zu aktivieren, soweit die Aktivierungsvoraussetzungen zum Zwischenberichtsstichtag gegeben sind (zu latenten Steuern → § 25 Rn 60ff). UE sind in Verlustquartalen bzw -halbjahren aktive latente Steuern in dem Verhältnis, in dem der Verlust der Zwischenberichtsperiode zum **Verlustvortrag** beiträgt, der Zwischenberichtsperiode zuzuordnen. Entspr ist in Quartalen oder in einem Halbjahr mit positivem Ergebnis kein Steueraufwand zu erfassen.

Wurden für Verlustvorträge aus vorherigen Geschäftsjahren bisher keine aktiven latenten Steueransprüche bilanziert und können diese nunmehr **erstmals** wegen **Erfüllung der Aktivierungsvoraussetzungen** berücksichtigt werden, sind die sich hieraus ergebenden Auswirkungen nach IAS 34.IE.B21f in die Ermittlung des effektiven jährlichen Steuersatzes mit einzubeziehen, auch wenn diese über das lfd Geschäftsjahr hinausreichen. Soweit in diesem Fall ein Verlustvortrag nicht vollständig durch das Ergebnis des lfd Geschäftsjahrs genutzt wird, wird in der Literatur für den verbleibenden Verlustvortrag auch die sofortige Erfassung der aktiven Latenz im Ergebnis der Zwischenberichtsperiode für zulässig erachtet, in der die Aktivierungsvoraussetzungen erstmals erfüllt sind (*EY* 2015, 2795ff).

Soweit sich hierdurch eine Änderung des geschätzten Effektivsteuersatzes ggü dem in vorhergehenden Zwischenberichtsperioden des gleichen Geschäftsjahrs verwendeten Effektivsteuersatzes ergibt, ist das Ergebnis vorhergehender Zwischenberichtsperioden nicht anzupassen, sondern der sich hierdurch ergebende Effekt vollständig im Ergebnis der lfd Periode zu erfassen (glA *KPMG* 2014/15 Rz 5.9.180.50f).

Im umgekehrten Fall einer **nicht mehr** gegebenen **Erfüllung der Aktivierungsvoraussetzungen** ist die Auswirkung der Ausbuchung uE in den Effektivsteuersatz einzubeziehen. In der Literatur wird auch die sofortige aufwandwirksame Erfassung für zulässig erachtet (*Deloitte* 2015, 2284f).

Steuererstattungen oder -aufwendungen im Zusammenhang mit steuerlichen **Außenprüfungen** sind uE in der Zwischenberichtsperiode in vollem Umfang zu erfassen, in der das Unternehmen Kenntnis über die zu bilanzierenden Sachverhalte erlangt und die Voraussetzungen für den Ansatz eines Vermögenswerts oder einer Schuld erfüllt sind. Gleiches gilt für etwaige Anpassungsbeträge. 108

Soweit in der Zwischenberichtsperiode wesentliche **erfolgsneutrale temporäre Differenzen** entstanden sind, die zu wesentlichen aktiven oder passiven latenten Steuern führen, sind diese gesondert zu erfassen, da über den Effektivsteuersatz nur erfolgswirksame temporäre Differenzen erfasst werden (glA *KPMG* 2014/15 Rz 5.9.190.20).

IV. Umsatzkostenverfahren

Über die bei dem GKV dargestellten Grundsätze hinaus sind bei der Anwendung des UKV mit Ausnahme der konzeptionellen Unterschiede zwischen beiden Verfahren (s hierzu → § 15 Rn 94ff) **keine weiteren Besonderheiten** zu verzeichnen. Für die Abgrenzung der Ertrags- und Aufwandsarten, insbes der Verwaltungs- und Vertriebskosten, sind gem dem Grundsatz der Darstellungsstetigkeit die gleichen Maßstäbe anzulegen wie im Jahres- oder Konzernabschluss. 109

(einstweilen frei) 110

F. Anpassung bereits dargestellter Zwischenberichtsperioden

Eine Anpassung bereits dargestellter Zwischenberichtsperioden kommt nur bei einer **Änderung von Bilanzierungs- und/oder Bewertungsmethoden** ggü einer vorhergehenden Zwischenberichtsperiode oder einem vorhergehenden Jahres- oder Konzernabschluss oder im Falle einer **Darstellungs- oder Ausweisänderung** in Betracht. In allen anderen Fällen, wie zB bei der Änderung von Schätzparametern, hat mit Ausnahme der Übergangsregelungen, die durch einen neuen IFRS vorgeschrieben werden, eine rückwirkende Anpassung zu unterbleiben. 111

Entspr der nach IAS 8.19ff vorgesehenen **Vorgehensweise** kann eine Änderung von Bilanzierungs- und Bewertungsmethoden erfolgen durch:

(1) eine Anpassung aller Abschlüsse früherer Zwischenberichtsperioden des aktuellen Geschäftsjahrs und der entspr Vergleichszahlen (IAS 34.43(a)). In diesem Fall wird die Methodenänderung auf den Beginn der frühesten Zwischenberichtsperiode bezogen, für die Vergleichszahlen dargestellt werden, also den Beginn des lfd Geschäftsjahrs, zB bei einem kalenderjahrgleichen Geschäftsjahr und einer Quartalsberichterstattung zum 30. Juni des Jahrs X2 auf den 1. Januar des Jahrs X1 (aufgrund der Angabe kumulierter Zahlen). Der sich

zu diesem Zeitpunkt, dh dem 1. Januar des Jahrs X1, ergebende kumulierte Unterschiedsbetrag aus der Methodenänderung wird erfolgsneutral mit den Rücklagen verrechnet und

(2) eine ausschließliche Anpassung der Abschlüsse früherer Zwischenberichtsperioden des aktuellen Geschäftsjahrs, sofern der Anpassungsbetrag, der sich auf die Vergleichsperioden bezieht, nicht ohne unverhältnismäßig hohe Kosten und Mühen bestimmbar ist. In diesem Fall werden die Vergleichszahlen nicht angepasst (IAS 34.43(b)) und die Buchwerte zu Beginn des aktuellen Geschäftsjahrs auf der Grundlage der neuen Bilanzierungs- und/oder Bewertungsmethode fortgeführt.

Auf diese Weise wird sichergestellt, dass innerhalb des gesamten Geschäftsjahrs nur eine einzige Bilanzierungs- oder Bewertungsmethode auf eine bestimmte Gruppe von Geschäftsvorfällen angewandt wird (IAS 34.44).

112 UE ist das Unternehmen iSd **Darstellungsstetigkeit** an die Methode gebunden, die es auch im Jahres- oder Konzernabschluss für die Darstellung einer Methodenänderung angewandt hat bzw anwenden wird.

Unabhängig von der gewählten Methode sind **bisher veröffentliche Zwischenberichte** nicht zu korrigieren oder neu zu veröffentlichen. IAS 34.43 sieht lediglich vor, dass die entspr Vergleichszahlen des aktuellen Zwischenberichts in Abhängigkeit von der gewählten Darstellungsmethode anzupassen sind.

Bei einer **Änderung** in der **Darstellung** oder im **Ausweis** sind bereits dargestellte Zwischenberichtsperioden des lfd Geschäftsjahrs und der Vergleichsperiode ebenfalls anzupassen (IAS 34.43(a)).

Sofern ein Unternehmen einen **vollständigen Zwischenabschluss** erstellt, hat es bei einer Änderung von Bilanzierungs- und Bewertungsmethoden oder einer Darstellungs- oder Ausweisänderung zusätzlich eine Bilanz zu Beginn der ersten Vergleichsperiode zu veröffentlichen (IAS 34.5(f)).

G. Erstmalige Anwendung der IFRS in einem Zwischenabschluss

113 Bei der erstmaligen Anwendung der IFRS in einem Zwischenabschluss ist dahingehend zu differenzieren, ob zuvor bereits ein IFRS-Jahres- oder Konzernabschluss **pflichtgemäß** oder **freiwillig** veröffentlicht wurde oder ob der Zwischenabschluss auf einen nach vorherigen Rechnungslegungsgrundsätzen, zB HGB oder US-GAAP, erstellten Jahres- oder Konzernabschluss folgt.

114 Für den Fall, dass **zuvor bereits ein IFRS-Jahres- oder Konzernabschluss** veröffentlicht wurde, ergeben sich für den ersten IFRS-Zwischenabschluss keine Besonderheiten. Der Zwischenbericht ist nach IAS 34 zu erstellen. Als Vergleichszahlen sind die IFRS-Zahlen für die jeweils geforderten Vergleichsperioden und erläuternden Anhangangaben anzugeben. Da IAS 34 keine Übergangsvorschriften für den Fall der erstmaligen Anwendung enthält, bedeutet dies, dass bei Umstellung auf IFRS auch die Zwischenabschlüsse auf IFRS übergeleitet werden müssen, die aufgrund der ersten IFRS-Zwischenberichterstattung für die Vergleichszahlen benötigt werden.

115 Für den Fall, dass **zuvor kein IFRS-Jahres- oder Konzernabschluss** veröffentlicht wurde, besteht uE nach IFRS keine Pflicht im ersten IFRS-Geschäftsjahr auch bereits den Zwischenabschluss nach IFRS zu erstellen (glA *ADS* Int Abschn 3a Rz 254; *Mujkanovic* KoR 2005, 146 (148f); aA *Strieder/Ammedick* BB 2004, 2679 (2680)). In diesem Fall können die im vorhergehenden Jahres- oder Konzernabschluss angewandten Rechnungslegungsgrundsätze fortgeführt

werden. GlA ist auch die Frankfurter Wertpapierbörse, die in ihrem Rundschreiben vom 4. Februar 2004 klargestellt hat, dass die Unternehmen erst in dem Geschäftsjahr, das der erstmaligen IFRS-Bilanzierung folgt, ihre Zwischenberichte nach IFRS aufstellen müssen.

Wird der Zwischenabschluss **freiwillig** nach IFRS erstellt, sind nach IFRS 1.32f über IAS 34 hinausgehende Angaben aufzunehmen. In diesem Fall ist es erforderlich, nicht nur für das Geschäftsjahr des Übergangs zur Bilanzierung nach IFRS eine Zwischenberichterstattung vorzunehmen, sondern auch die ggf nach bisherigen Rechnungslegungsstandards erstellten Zwischenberichte des Vorjahrs an IFRS anzupassen, um entspr Vergleichszahlen darstellen zu können. Folgende **Angaben** sind dann **zusätzlich** erforderlich:

(1) Erläuterungen zu den wesentlichen Rechnungslegungsmethoden gem IAS 1.117ff (*Mujkanovic* KoR 2005, 146 (152); → § 19 Rn 28ff), da der letzte vollständige Abschluss noch nach bisherigen Rechnungslegungsstandards aufgestellt wurde und daher nicht alle Informationen enthält, die erforderlich sind, um den IFRS-Zwischenabschluss zu verstehen.
(2) Eigenkapitalüberleitungsrechnung für das Ende des vorhergehenden Geschäftsjahrs (IFRS 1.32(b), IFRS 1.24(a)) sowie das Ende der Vergleichsperiode(n) (IFRS 1.32(a)(i)); → § 44 Rn 166ff),
(3) Periodenergebnisüberleitungsrechnung für das vorhergehende Geschäftsjahr (IFRS 1.32(b), IFRS 1.24(b)) und die Vergleichsperiode(n) (IFRS 1.32(a)(ii); → § 44 Rn 166ff),
(4) Angaben zu den Überleitungsrechnungen nach IFRS 1.32(b) iVm IFRS 1.25 und IFRS 1.26 (→ § 44 Rn 166ff),
(5) Angaben nach IAS 36 bei erstmaligen Wertminderungen oder Wertaufholungen in der IFRS-Eröffnungsbilanz (IFRS 1.32 iVm IFRS 1.24(c)),
(6) (verbale) Erläuterungen zu den wesentlichen Anpassungen der Kapitalflussrechnung für das vorangegangene Geschäftsjahr nach IFRS 1.32(b) iVm IFRS 1.25, sofern eine Kapitalflussrechnung unter den bisherigen Rechnungslegungsgrundsätzen erstellt wurde (→ § 44 Rn 166ff) und
(7) Erläuterungen von Änderungen der Bewertungsmethoden oder der Inanspruchnahme der durch IFRS 1 gewährten Ausnahmen und Aktualisierung der Eigenkapital- und Periodenergebnisüberleitungsrechnung(en) (IFRS 1.32(c)).

Die nach IFRS 1.24, IFRS 1.25 und IFRS 1.26 geforderten Angaben müssen nicht in den ersten IFRS-Zwischenabschluss aufgenommen werden, sondern können auch in einem anderen Dokument veröffentlicht werden. In diesem Fall ist in den Zwischenbericht ein entspr Querverweis aufzunehmen (IFRS 1.32(b), IFRS 1.33).

H. Prüfung und prüferische Durchsicht des Zwischenberichts

Eine **Prüfung oder prüferische Durchsicht des Zwischenberichts** durch 116
den Abschlussprüfer sehen weder IAS 34 noch die Regelwerke der Deutschen Börse AG vor. § 37w Abs 5 WpHG erwähnt lediglich die Möglichkeit einer Prüfung oder prüferischen Durchsicht *(review)* von Zwischenabschlüssen. Insofern existiert für die Zwischenberichterstattung weiterhin keine gesetzlich normierte Prüfungs- oder Reviewpflicht.

Zwischenabschluss und Zwischenlagebericht des **Halbjahresfinanzberichts** 117
(und auch des Quartalsfinanzberichts) können jedoch freiwillig einer **Prüfung iSd § 317 HGB** (§ 37w Abs 5 Satz 5 WpHG) oder einer **prüferischen Durchsicht** (§ 37w Abs 5 Satz 1 WpHG) unterzogen werden. Wird auf diese Möglichkeit verzichtet, so ist dies gem § 37w Abs 5 Satz 6 WpHG explizit im

Halbjahresfinanzbericht (aufgrund fehlenden Verweises in § 37x Abs 3 aber nicht im Quartalsfinanzbericht) anzugeben.

118 Hinsichtlich der Prüfungsdurchführung stellt § 37w Abs 5 Satz 2 WpHG klar, dass die **Bestellung des verantwortlichen Prüfers** für den Halbjahresfinanzbericht den Vorschriften über die Bestellung des Abschlussprüfers und damit insbes § 318 HGB zu entsprechen hat. Notwendig ist mithin ein ausdrücklicher Bestellungsbeschluss der Hauptversammlung. Zusätzlich ist eine Beauftragung durch den Aufsichtsrat (bei der AG) bzw das zuständige Gesellschaftsorgan erforderlich (*IDW HFA* 207 FN IDW 2007, 262 (262); *Wagner* BB 2007, 454 (455f)). Sachlich gilt dies sowohl für die unterjährige Prüfung iSd § 317 HGB als auch für die prüferische Durchsicht. Bei **Quartalsfinanzberichten** ist hingegen keine Bestellung erforderlich. Die Beauftragung kann durch das Aufsichtsorgan oder den Vorstand bzw die Geschäftsführung nach vorheriger Abstimmung mit dem Aufsichtsorgan erfolgen (*IDW HFA* 207 FN IDW 2007, 262 (262)).

119 Die grds **Entscheidung,** ob eine Prüfung bzw prüferische Durchsicht des Zwischenberichts erfolgen soll, obliegt uE iSe unternehmerischen Leitungsentscheidung zur Steuerung der Kommunikation mit den Kapitalmärkten dem **Vorstand,** soweit hierzu mit dem Aufsichtsorgan keine andere Verständigung getroffen wurde.

120 Über das **Ergebnis der Prüfung** iSd § 317 HGB ist durch Wiedergabe des Bestätigungs- bzw Versagungsvermerks und über das Ergebnis der prüferischen Durchsicht mittels einer zusammenfassenden Bescheinigung zu berichten (§ 37w Abs 5 Satz 4f WpHG).

121 Oftmals wird in praxi aus Zeit- und Wirtschaftlichkeitsgründen nur eine **prüferische Durchsicht** vorgenommen (so auch die Ergebnisse entspr empirischer Untersuchungen; vgl zB für die Jahre 2005 bis 2009 *Höhn* KoR 2011, 530 (536); für das Jahr 2007 *Kajüter/Barth/Meyer* WPg 2009, 462 (469); sowie für das Jahr 2008 *Rabenhorst/Wiechens* DB 2009, 521 (525)). Standards, nach denen eine prüferische Durchsicht durchgeführt werden kann, sind der durch das IDW veröffentlichte Prüfungsstandard PS 900 (*IDW* PS 900) sowie der vom IAASB vorliegende ISRE 2410 *„Review of Interim Financial Information Performed by the Independent Auditor of the Entity“*. Der PS 900 behandelt allgemein die prüferische Durchsicht von Abschlüssen und ist nicht nur auf Zwischenabschlüsse anzuwenden, ISRE 2410 ist als spezifisches, auf Zwischenberichte bezogenes Komplement hierzu zu sehen.

Nach diesen Standards ist eine prüferische Durchsicht die kritische Würdigung eines (Zwischen-)Abschlusses auf der Grundlage von Plausibilitätsbeurteilungen, die mit einer **negativ formulierten Aussage** abschließt (Bescheinigung). Ziel der prüferischen Durchsicht ist, dass der Abschlussprüfer nach kritischer Würdigung mit gewisser Sicherheit ausschließen kann, dass der Zwischenbericht in wesentlichen Belangen nicht in Übereinstimmung mit den angewandten Rechnungslegungsgrundsätzen erstellt worden ist (*IDW* PS 900 Rz 6 und Rz 9 und ISRE 2410.7). Eine prüferische Durchsicht ist daher keine, auch keine in ihrem Umfang reduzierte Abschlussprüfung. Im Gegensatz zu gesetzlichen Abschlussprüfungen von Unternehmen mit Sitz in Deutschland, welche nach deutschen Prüfungsgrundsätzen durchzuführen sind, kann die prüferische Durchsicht unabhängig von den angewandten Rechnungslegungsvorschriften nach einem der oben genannten Standards durchgeführt werden.

122 Hinsichtlich der **Haftung** sind über die Verweisung in § 37w Abs 5 Satz 7 WpHG die entspr Vorschriften der §§ 320 und 323 HGB nicht nur bei der Prüfung, sondern auch bei der prüferischen Durchsicht eines Halbjahresfinanzberichts als einschlägig anzusehen. Neben den Regelungen zu Vorlagepflicht und Auskunftsrecht greifen damit insbes die sich aus der Verantwortlichkeit des Abschluss-

prüfers ergebenden handelsrechtlichen Haftungsbeschränkungen (*Hebestreit/Rahe* IRZ 2007, 111 (115)). Diese limitieren die Haftungssumme bei börsennotierten Mandaten auf Mio € 4, bei allen anderen Gesellschaften auf Mio € 1. Eine privatrechtliche Ausweitung der Haftungsgrenzen ist nicht mit der in § 16 der Berufssatzung der WPK zum Ausdruck kommenden Berufsauffassung vereinbar. Gleiches gilt gem § 37x Abs 3 Satz 3 WpHG auch für **Quartalsfinanzberichte.**

Gem HFA kann von der Erteilung einer **Bescheinigung über die prüferische Durchsicht** abgesehen werden, wenn erwartet wird, dass die Bescheinigung ggü Dritten benutzt wird und hierdurch besondere Risiken für den Wirtschaftsprüfer entstehen können (*IDW* PS 900 Rz 8).

Mit Blick auf das ***Enforcement*** nach § 342b Abs 2 HGB ergibt sich aus dem 123
Gesetz bzw seiner Begründung, dass dem Verfahren ausschließlich die **Halbjahresfinanzberichte** unterliegen. In sachlicher Hinsicht können gem § 37o Abs 1 Satz 6 WpHG zudem lediglich **anlassbezogene Prüfungen** der Halbjahresfinanzberichte durchgeführt werden; anders als bei Jahres- und Konzernabschlüssen sind routinemäßige Prüfungen auf Basis einer Stichprobenauswahl damit ausgeschlossen.

I. Anhangangaben in jährlichen Abschlüssen

Nach IAS 34.26 ist in einem Jahres- oder Konzernabschluss über die **Ände-** 124
rung einer Schätzung zu berichten, wenn über den geschätzten Betrag in einer vorhergehenden Zwischenberichtsperiode des lfd Geschäftsjahrs berichtet wurde, sich der Betrag der Schätzung wesentlich verändert hat und kein gesonderter Zwischenbericht für die das Geschäftsjahr abschließende Zwischenberichtsperiode veröffentlicht wird. Im Anhang des jährlichen Abschlusses sind in diesem Fall die Art und der Betrag der Änderung der Schätzung anzugeben. Die Angabepflicht betrifft nur Änderungen von Schätzungen und keine anderen Informationen vorhergehender Zwischenberichtsperioden eines Geschäftsjahrs (IAS 34.27).

Offen bleibt uE dabei, ob über den geschätzten Betrag bzw den diesem Betrag zugrunde liegenden Sachverhalt in einer **vorhergehenden Zwischenberichtsperiode** gesondert berichtet worden sein muss oder ob eine Angabepflicht bereits dann eintritt, wenn der Sachverhalt als solcher ohne explizite Nennung in einen Zwischenbericht eingeflossen ist. UE wird nur die Zugrundelegung der letztgenannten Auffassung der mit IAS 34.26 verfolgten Zielsetzung gerecht, den Adressaten über wesentliche Veränderungen in Schätzungen zwischen dem letzten Zwischenbericht und dem Jahres- bzw Konzernabschluss zu informieren. Dabei kann es nicht darauf ankommen, ob über den diesen Schätzungen zugrunde liegenden Sachverhalt bereits gesondert berichtet wurde.

Ob eine Änderung von Schätzungen **wesentlich** ist, ist uE anhand der Daten 125
der Zwischenberichtsperiode zu beurteilen, in der letztmalig der zugrunde liegende Sachverhalt im Zwischenabschluss berücksichtigt wurde. Auf diese Weise wird sichergestellt, dass der Abschluss als Bezugsbasis dient, der den Ausgangspunkt für die Änderung der Schätzung darstellt, und dass Informationen bereitgestellt werden, die es dem Adressaten ermöglichen, diesen Zwischenbericht an die geänderten Rahmenbedingungen anzupassen.

J. Wesentliche Änderungen und deren Anwendungszeitpunkte

126 Die Regelungen des IAS 34 haben sich im Grundsatz nicht geändert. Allerdings ändern sich einzelne Aspekte der Zwischenberichterstattung aufgrund von Folgeänderungen aus anderen Standards.

Als Folge der Verabschiedung von **IFRS 9** wird das in IFRIC 10 enthaltene **Zuschreibungsverbot** für **Eigenkapitalinstrumente** und **finanzielle Vermögenswerte** aufgehoben (Folgeänderungen des IFRIC 10.1, IFRIC 10.2, IFRIC 10.5 bis IFRIC 10.8 und IFRIC 10.12). Diese Änderungen gelten für Geschäftsjahre ab dem 1. Januar 2018.

Als Folge der Verabschiedung von **IFRS 15** sind nach IAS 34.15B(b) wesentliche Wertminderungen und -aufholungen bei Vermögenswerten aus **Verträgen mit Kunden** gesondert anzugeben und nach IAS 34.16A(l) sind die Erlöse aus Verträgen mit Kunden gem IFRS 15.114f aufzugliedern. Diese Änderungen sind bei erstmaliger Anwendung von IFRS 15 umzusetzen (→ Rn 38).

Gem den im September 2014 verabschiedeten ***Annual Improvements to IFRSs 2012–2014 Cycle*** müssen Anhangangaben nicht zwingend im Zwischenabschluss erfolgen, sofern sie den Adressaten innerhalb des Zwischenberichts an anderer Stelle mitgeteilt werden. In diesem Fall muss der Anhang Querverweise auf den Berichtsteil enthalten, der diese Angaben enthält. Sofern daher im Zwischenbericht nach WpHG Anhangangaben in den Zwischenlagebericht integriert werden, sind in den Anhang entspr Querverweise aufzunehmen (→ Rn 26). Ferner wird in IFRS 7.44R und IFRS 7.BC72Bf klargestellt, dass die Angaben zu Finanzinstrumenten nach IFRS 7.13A bis IFRS 7.13F und IFRS 7.B40 bis IFRS 7.B.53 nur im Rahmen der allgemeinen Grundsätze von IAS 34.15 und IAS 34.25 in den Anhang des Zwischenberichts aufzunehmen sind (→ Rn 37). Dies setzt voraus, dass der Zwischenbericht ohne diese Angaben kein den tatsächlichen Verhältnissen entspr Bild der VFE-Lage vermittelt. Hierdurch wird zugleich klargestellt, dass nur in diesen engen Grenzen Angabepflichten aus anderen IFRS auch auf den Zwischenbericht durchschlagen können. Beide Änderungen sind für Geschäftsjahre, die am oder nach dem 1. Januar 2016 beginnen, rückwirkend anzuwenden (IAS 34.56 und IFRS 7.44AA).

Eine **Übernahme** von IFRS 9, IFRS 15 sowie der Verbesserungen aus den *Annual Improvements to IFRSs 2012–2014 Cycle* und der damit einhergehenden Folgeänderungen **in die EU** ist derzeit (Stand: 31. Juli 2015) noch nicht erfolgt.

Die vorliegende Kommentierung hat wesentliche materielle Änderungen herausgehoben. Darüber hinaus haben die Überarbeitungen klarstellenden Charakter.

K. Gegenüberstellung zu einschlägigen Bestimmungen des HGB, WpHG und DRS 16

127 Der Regulierungsrahmen für die Zwischenberichterstattung in der Bundesrepublik Deutschland ist geprägt von der Koexistenz rechnungslegungsspezifischer und kapitalmarktorientierter Vorschriften. Das **HGB** selbst enthält auch nach Inkrafttreten des TUG keine Regelungen zur Zwischenberichterstattung, wirkt aber über die in ihm verankerten (Konzern-)Rechnungslegungsgrundsätze auf den (Konzern-)Zwischenbericht ein.

128 Die Pflicht zur Erstellung und der Inhalt eines Zwischenberichts ergeben sich ausschließlich aus wertpapier- und/oder privatrechtlichen Bestimmungen bzw

DRS 16. Zu den Bestimmungen des **WpHG** hinsichtlich der Pflicht, einen Zwischenbericht zu erstellen, und dessen Inhalten → Rn 3 ff und → Rn 14 ff. Ein Zwischenbericht nach WpHG umfasst zusätzlich zu einem Zwischenabschluss nach IAS 34 einen Zwischenlagebericht und nur im Halbjahresfinanzbericht auch eine Versicherung der gesetzlichen Vertreter.

DRS 16 begründet keine eigenständige Pflicht zur Erstellung eines Zwischenberichts und enthält ausschließlich Bestimmungen zum Inhalt. Bei der Erstellung des Zwischenabschlusses bestehen unabhängig von den unterschiedlichen Rechnungslegungsgrundsätzen (HGB bzw IFRS) Unterschiede nur im Bereich der Ertragsteuern, bei denen nach DRS 16.25 auch jede genauere Schätzung anstelle des durch IAS 34 explizit vorgegebenen Verfahrens verwendet werden kann.

L. Aktuelle Entwicklungen/IASB-Projekte

Am 6. November 2013 wurde im Amtsblatt der EU die geänderte **TranspRL** 129
veröffentlicht (*EU-Parlament und Rat* Richtline 2013/50/EU vom 22. Oktober 2013 zur Änderung der Richtlinie 2004/109/EG, ABl EU L 294/13 vom 6.11.2013), die bis zum 26. November 2015 in deutsches Recht umzusetzen ist. Hieraus ergeben sich folgende **Änderungen** in der Zwischenberichterstattung:

(1) **Drittlandsemittenten**, die binnen drei Monaten keinen **Herkunftsstaat** gewählt haben, wird ein solcher nunmehr verbindlich zugewiesen (Art 1, Gliederungspunkt 1.a)ii) TranspRL). Dies betrifft den Kreis der nach deutschen Vorschriften zur Zwischenberichterstattung verpflichteten Unternehmen (→ Rn 7).

(2) Die Pflicht zur Veröffentlichung von **vierteljährlichen Finanzinformationen (Zwischenmitteilungen und Quartalsfinanzberichte),** der bisherige Art 6 der Richtl, wird für alle Unternehmen aufgehoben. Es handelt sich hierbei um eine sog Vollharmonisierung, dh die Mitgliedstaaten dürfen den Emittenten nach der Umsetzung der Richtl in nationales Recht keine strengeren Verpflichtungen mehr auferlegen (Art 1 Gliederungspunkt 2.a) TranspRL).

(3) Die **Frist zur Veröffentlichung** des Halbjahresfinanzberichts wird von 60 auf **90 Tage** verlängert (Art 1 Gliederungspunkt 4. TranspRL).

Eine Umsetzung der geänderten **TranspRL** in deutsches Recht ist derzeit (Stand: 31. Juli 2015) noch nicht erfolgt. Es liegt lediglich ein Gesetzentwurf des Bundesfinanzministeriums vor, der einen Entfall von Zwischenmitteilungen und damit auch von Quartalsfinanzberichten sowie eine Verlängerung der Veröffentlichungsfrist von zwei auf drei Monate vorsieht. Die deutschen Börsen verfolgen die Entwicklung, es ist derzeit jedoch offen, ob und in welchem Umfang diese Erleichterungen auch in den jeweiligen Börsenordnungen an die Emittenten weitergegeben werden, sodass sich für im Primestandard notierte Unternehmen zurzeit noch keine Änderungen ergeben. Aufgrund der bisherigen Praxis ist es jedoch wahrscheinlich, dass diese Erleichterungen weitergeben werden.

Teil G. Sonderfälle der IFRS-Anwendung

§ 44. Erstmalige Anwendung der IFRS

Übersicht

Schrifttum: *Andrejewski/Böckem* Einzelfragen zur Anwendung der Befreiungswahlrechte nach IFRS 1 (Erstmalige Anwendung der IFRS), KoR 2004, 332; *Andrejewski/Grube* IFRS-Erstanwendung i. S. d. IFRS 1 (First-Time Adoption of IFRS) – Grundlagen und Anwendungsfragen, Der Konzern 2005, 98; *Budde* Bilanzierung von Common-Control-Transaktionen bei erstmaliger Anwendung der IFRS, KoR 2007, 29; *Haller/Froschhammer/Denk* Umstellung der Rechnungslegung von HGB auf IFRS, Eine empirische Analyse der Ausübung der Wahlrechte des IFRS 1, KoR 2010, 554; *IDW* RS HFA 19, IDW Stellungnahme zur Rechnungslegung: Einzelfragen zur erstmaligen Anwendung der International Financial Reporting Standards nach IFRS 1, WPg 2006, 1378; *Komarek* Die Bilanzierung regulatorischer Abgrenzungsposten nach IFRS: Gegenwart und Ausblick, IRZ 2014, 345; *Kuhn/Scharpf* Finanzinstrumente: Welche Gestaltungsspielräume enthalten die Regelungen zur erstmaligen Anwendung von IAS 32 und IAS 39 für die Praxis?, DB 2004, 261; *Küting/Schwieters* IFRS 14 „Regulatorische Abgrenzungsposten" – ein sinnvolles Zugeständnis aus purer Hilflosigkeit?, KoR 2014, 416; 1498; *Müller/Reinke* Empirische Analyse der IFRS-Erstanwendung, KoR 2008, 26; *Schwinger/Mühlberger* Gestaltungsspielräume bei der Erstanwendung der IFRS am Beispiel von Pensionsverpflichtungen, KoR 2004, 29; *Senger* Begleitung mittelständischer Unternehmen bei der Umstellung auf IFRS, WPg 2007, 412; *Zeimes* Anschaffungskosten von Anteilen an einem Tochterunternehmen – Geplante Änderungen von IFRS 1, WPg 2007, 333; *Zwirner/Boecker/Reuter* Umstellung der Rechnungslegung von HGB auf IFRS, KoR 2004, 217.

Wesentliche Rechtsgrundlage: IFRS 1, IFRS 14

A. Grundlagen

I. Einleitung

1 Die erstmalige Anwendung der IFRS iSd IFRS 1 bezeichnet den **Übergang der Rechnungslegung von nationalen Vorschriften (bspw HGB) zur Rechnungslegung nach IFRS.** Im Gegensatz zu den Regelungen des IAS 8 (→ § 45 Rn 1 ff), die bei jedem Wechsel der Bilanzierungs- und Bewertungsmethode zur Anwendung gelangen, hat ein Unternehmen für seinen Jahres- und Konzernabschluss den IFRS 1 grds jeweils nur einmal anzuwenden und zwar für den Zeitpunkt des Übergangs von einer primären Rechnungslegung nach nationalen Vorschriften, etwa HGB, zur primären Rechnungslegung nach IFRS (zu Ausnahmen hierzu → Rn 26). Für die Frage der erstmaligen IFRS-Bilanzierung wird daher einleitend dargestellt, auf welcher gesetzlichen Grundlage für deut-

sche Unternehmen ein Übergang zur vollständigen IFRS-Bilanzierung erforderlich bzw möglich ist:

Art 4 der Verordnung (EG) Nr 1606/2002 des Europäischen Parlaments und des Rats vom 19. Juli 2002 betreffend die Anwendung internationaler Rechnungslegungsstandards (ABl EG Nr L 243, S 1; nachfolgend: IAS-VO) sieht vor, dass sog **kapitalmarktorientierte Unternehmen** ihre Konzernabschlüsse für das am oder nach dem 1. Januar 2005 beginnende Geschäftsjahr nach den IFRS aufstellen müssen. 2

Die IAS-VO entfaltet **unmittelbare rechtliche Wirkung** in Deutschland und den übrigen EU-Mitgliedstaaten, da es sich um eine VO handelt und nicht um eine Richtlinie, die erst von den Mitgliedstaaten in nationales Recht transformiert werden muss. 3

Kapitalmarktorientierte Unternehmen iSd Art 4 der IAS-VO sind Unternehmen, die unter das Recht eines Mitgliedstaats fallen und deren Wertpapiere am jeweiligen Bilanzstichtag in einem beliebigen Mitgliedstaat zum Handel in einem geregelten Markt iSv Art 1 Abs 13 der Richtlinie 93/22/EWG des Rats vom 10. Mai 1993 über Wertpapierdienstleistungen zugelassen sind. Damit fallen unter diese Vorschrift zB alle Unternehmen, deren Wertpapiere zum Amtlichen Handel oder zum Geregelten Markt zugelassen sind bzw einen Antrag auf Zulassung ihrer Wertpapiere zu einem der genannten Segmente beantragt haben. Der Freiverkehr ist kein geregelter Markt iSd Richtlinie 93/22/EWG. Diese Definition eines kapitalmarktorientierten Unternehmens deckt sich mit derjenigen des § 264d HGB. Danach liegt ein kapitalmarktorientiertes Unternehmen vor, wenn es Wertpapiere iSd § 2 Abs 1 WpHG emittiert hat und diese an einem organisierten Markt iSd § 2 Abs 5 WpHG gehandelt werden bzw deren Zulassung zu einem derartigen Markt beantragt worden ist. 4

Art 5 der IAS-VO sieht vor, dass die Mitgliedstaaten auch den **nicht kapitalmarktorientierten Unternehmen** gestatten können, den Konzernabschluss und den Einzelabschluss nach IFRS aufzustellen. Ebenso kann es den kapitalmarktorientierten Unternehmen erlaubt werden, auch den Einzelabschluss nach IFRS aufzustellen. In Deutschland wurde dieses Mitgliedstaatenwahlrecht derart ausgelegt (§ 315a HGB), dass auch nicht kapitalmarktorientierte Unternehmen einen IFRS-Konzernabschluss mit befreiender Wirkung erstellen können. IFRS-Einzelabschlüsse entfalten keine befreiende Wirkung, sondern können lediglich zusätzlich zum HGB-Einzelabschluss aufgestellt werden (§ 325 Abs 2a HGB). Daher ist in Deutschland der Übergang zur IFRS-Bilanzierung vor allem für den Konzernabschluss von Bedeutung. 5

Diese Ausgestaltung der Art 4 und Art 5 der IAS-VO findet sich in § 315a HGB wieder. Eine gesonderte Verpflichtung, die materiell von der nach Art 4 der IAS-VO abweicht, ergibt sich mit Ausnahme der in § 315a Abs 1 HGB geforderten zusätzlichen Anhangangaben daraus nicht (→ § 19 Rn 66f). 6

(einstweilen frei) 7–9

II. Überblick über die Regelungen zur erstmaligen IFRS-Bilanzierung

Für den **Übergang** zur **vollständigen Bilanzierung** nach IFRS ist zwingend IFRS 1 zu beachten. 10

IFRS 1 besteht aus drei separaten Bestandteilen:

(1) verbindlichen Regelungen des Standards (inklusive Anhänge A bis E),

(2) Grundlagen für Schlussfolgerungen *(Basis for Conclusions)*, die die Überlegungen des IASB für bestimmte Regelungen des Standards darlegen und

(3) Hinweise zur Umsetzung *(Implementation Guidance)* des IFRS 1, die typische Fragen bei der erstmaligen Anwendung der IFRS aufgreifen und Wechselwirkungen mit anderen IFRS bei der erstmaligen Anwendung erläutern.

11 Für IFRS-Anwender in der EU effektiv **verbindlichen Charakter** hat nur der erste Teil, der den Standard IFRS 1 selber beinhaltet, da nur dieser Teil im EU-Amtsblatt veröffentlicht wurde und somit unmittelbar rechtliche Wirkung entfaltet. Der zweite Teil kann als Auslegungshilfe herangezogen werden, um die Überlegungen des IASB zu berücksichtigen, die letztlich zu den im Standard enthaltenen Formulierungen geführt haben. Der dritte Teil kann ebenfalls bei Zweifelsfragen und bei Wechselwirkungen des IFRS 1 mit den Vorschriften anderer IFRS herangezogen werden. Unabhängig von der EU-rechtlichen Bedeutung sind der zweite und dritte Teil auch in der IFRS-Systematik kein Bestandteil des Standards selber; sie begleiten den IFRS 1 lediglich (vgl IFRS 1.vorBC1, IFRS 1.vorIG1).

12, 13 *(einstweilen frei)*

14 Die für eine erstmalige retrospektive Bilanzierung nach IFRS **erforderlichen Informationen sind häufig nur schwer zu ermitteln.** IFRS 1 erkennt diese Schwierigkeiten an und differenziert daher hinsichtlich der Zielsetzung der **Vergleichbarkeit** wie folgt: die Vergleichbarkeit soll primär zwischen den einzelnen Abschlüssen **desselben** IFRS-Erstanwenders im Zeitablauf gewährleistet sein und parallel dazu sollen die Abschlüsse **verschiedener** Unternehmen, die zum selben Zeitpunkt die IFRS erstmals anwenden, vergleichbar sein. Die Vergleichbarkeit der Abschlüsse von Unternehmen, die erstmals die IFRS anwenden, mit den Abschlüssen von anderen Unternehmen, die bereits seit längerem die IFRS anwenden, ist nur von sekundärer Bedeutung (IFRS 1.BC10). Die im Rahmenkonzept *(Conceptual Framework)* unter F.QC20 ff geforderte und definierte allgemeine Vergleichbarkeit *(comparability,* → § 2 Rn 76 ff) erfährt im Zusammenhang mit der erstmaligen IFRS-Bilanzierung nach IFRS 1 insbes durch die zahlreichen Wahlrechte eine starke Einschränkung.

15 IFRS 1 ist immer dann anzuwenden, wenn das Unternehmen die IFRS erstmals als Grundlage der Rechnungslegung verwendet und dies durch eine **ausdrückliche uneingeschränkte Stellungnahme,** dass der Abschluss in vollständiger Übereinstimmung mit allen Standards und Interpretationen nach den IFRS aufgestellt worden ist (IAS 1.16), zum Ausdruck bringt.

16 IFRS 1 verwendet bestimmte Termini, die wichtig für das Verständnis der Regelungen sind und die in Anlage A des IFRS 1 erläutert werden. Zwei wichtige Begriffe sind:

(1) Der **Zeitpunkt des Übergangs auf IFRS** *(date of transition to IFRS);* dies ist der Anfang des Geschäftsjahrs, das im ersten IFRS-Abschluss das Vorjahr und somit Grundlage für die Ermittlung der Vorjahresvergleichszahlen darstellt. Dieser Zeitpunkt ist entscheidend, da auf diesen Tag die IFRS-Eröffnungsbilanz aufzustellen ist.

(2) Der **Abschlussstichtag** *(reporting date)*; dies ist der letzte Tag des aktuellen Geschäftsjahrs/Quartals, für das ein Abschluss nach IFRS erstellt wird. Dieser Bilanzstichtag ist relevant, da die an diesem Abschlussstichtag geltenden IFRS auch für die Bilanzierung und Bewertung in der IFRS-Eröffnungsbilanz und für die Vergleichszahlen des Vorjahrs anzuwenden sind.

Beispiel: Ein Unternehmen, das bisher ausschließlich nach HGB bilanziert hat und bei dem das Wirtschaftsjahr mit dem Kalenderjahr übereinstimmt, entscheidet sich dazu, den Konzernabschluss zum 31. Dezember X3 nach IFRS als primäre Grundlage der Rechnungslegung aufzustellen. Der Zeitpunkt des Übergangs auf IFRS *(transition date)* ist der 1. Januar X2 und der Abschlussstichtag *(reporting date)* der 31. Dezember X3.

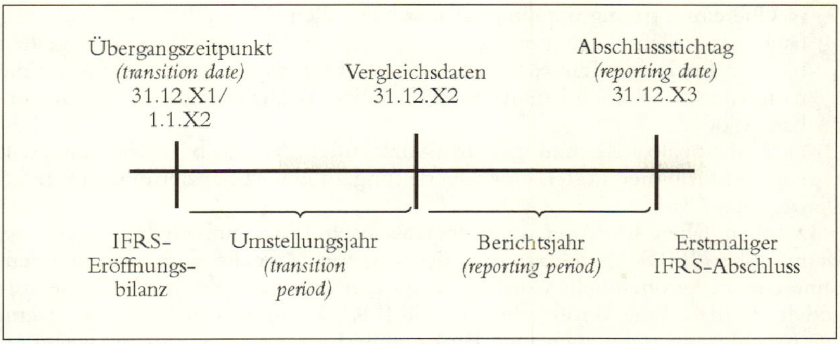

IFRS 1.10 beschreibt die **grds Prinzipien des IFRS 1** wie folgt (im Detail → Rn 32 ff): 17

(1) In der IFRS-Eröffnungsbilanz sind alle Vermögenswerte und Schulden anzusetzen, die nach den anwendbaren IFRS bilanziert werden müssen.

(2) Umgekehrt dürfen keine Vermögenswerte und Schulden bilanziert werden, die nicht nach den Vorschriften eines anderen IFRS bilanzierungsfähig sind.

(3) Es sind entspr den Ausweisvorschriften der IFRS in der Eröffnungsbilanz Umgliederungen vorzunehmen, um alle Vermögenswerte, Schulden und Eigenkapitalbestandteile entspr den Ausweis- und Gliederungsvorschriften der IFRS zu bilanzieren.

(4) Sämtliche Vermögenswerte und Schulden sind nach den Vorschriften der IFRS zu bewerten.

Von diesen Grundsätzen gibt es **Ausnahmen** (im Detail → Rn 48 ff) in be- 18
stimmten Bereichen, in denen erwartet wird, dass die Kosten einer Darstellung des Abschlusses entspr den oben genannten grds Prinzipien den Nutzen für die Abschlussadressaten übersteigen. Ferner ist es in anderen konkreten Fällen verboten, die IFRS retrospektiv anzuwenden. Das **Verbot der retrospektiven Anwendung** der IFRS erstreckt sich im Wesentlichen auf Bereiche, in denen das Management im Nachhinein Einschätzungen und Würdigungen von Gegebenheiten und Bedingungen zu Beginn einer Transaktion vornehmen muss, obwohl das tatsächliche Ergebnis einer Transaktion bereits bekannt ist und feststeht. In diesen Fällen könnte es anderenfalls leicht zu Fehlern infolge unsachgemäßer Berücksichtigung von wertbegründenden Ereignissen kommen. IFRS 1 fordert darüber hinaus detaillierte Angaben, wie der Übergang der Bilanzierung von bisherigen Rechnungslegungsstandards zu IFRS die VFE-Lage des Unternehmens beeinflusst.

III. Persönliche, sachliche und zeitliche Anwendung

Nach IFRS 1.3 liegt ein **erstmaliger IFRS-Jahresabschluss** eines Unter- 19
nehmens vor, wenn dieser Jahresabschluss durch eine IAS 1.16 entspr Erläuterung im Anhang als mit allen IFRS übereinstimmend erklärt wurde. Darunter fallen erstmals nach IFRS aufgestellte Abschlüsse, wenn ein Unternehmen seinen letzten zurückliegenden Abschluss der Vergangenheit

(1) nach nationalen Rechnungslegungsvorschriften (zB nach HGB) aufgestellt hat,

(2) in Übereinstimmung mit IFRS, aber ohne die erforderliche Erläuterung nach IAS 1.16 aufgestellt hat,

(3) in Übereinstimmung mit einigen, aber nicht allen IFRS aufgestellt hat,
(4) nach nationalen Rechnungslegungsvorschriften (zB nach HGB) aufgestellt hat und für einige Transaktionen einzelne IFRS angewendet hat, für die die nationalen Rechnungslegungsstandards keine Bilanzierungsvorschriften enthalten, oder
(5) nach nationalen Rechnungslegungsvorschriften (zB nach HGB) aufgestellt hat und für einige Posten eine Überleitung zu einer Bilanzierung nach IFRS dargestellt hat.

20 Daneben fallen hierunter auch erstmals nach IFRS aufgestellte Abschlüsse, wenn bisher IFRS-Abschlüsse **nur für interne Zwecke** aufgestellt wurden, ohne dass sie veröffentlicht wurden, oder wenn bisher gar keine Abschlüsse aufgestellt wurden. Eine Veröffentlichung iSd IFRS 1.3(b) liegt nur dann vor, wenn der Abschluss an mindestens eine Person außerhalb des Managements weitergegeben wurde, die nicht für die Erstellung des Abschlusses verantwortlich war, zB an einen Lieferanten oder eine Bank (vgl *ADS* Int Abschn 3a Rz 16; *Andrejewski/Grube* Der Konzern 2005, 100; *Zeimes* WPg 2003, 982).

21 Nach IFRS 1.3(c) gehören hierzu auch solche Unternehmen, die bisher bereits für **Konsolidierungszwecke** ein **Berichtspaket** (sog *reporting package*) nach IFRS, jedoch keinen vollständigen Abschluss mit allen nach IAS 1.10 erforderlichen Bestandteilen erstellt haben. Diese Unternehmen gehören zum Anwenderkreis der erstmaligen vollständigen Bilanzierer nach IFRS 1; für diese Unternehmen gibt es jedoch Sonderregelungen für die Bilanzierung und Bewertung in der IFRS-Eröffnungsbilanz in IFRS 1.D16f (→ Rn 134ff).

22 Nach IFRS 1.4 ist ein Unternehmen ein Erstanwender iSd IFRS 1, wenn es die **IFRS als neue Grundlage der Rechnungslegung** verwendet. Es werden daher bestimmte Unternehmen eindeutig von der Anwendung des IFRS 1 ausgeschlossen: Ein Unternehmen darf danach in der Vergangenheit nicht parallel einen Abschluss nach HGB und einen vollständig den IFRS entspr Abschluss aufgestellt haben und nunmehr nur noch einen Abschluss nach IFRS weiterführen. Ebenso liegt kein Anwendungsfall des IFRS 1 vor, wenn ein Unternehmen bisher einen Abschluss nach nationalen Rechnungslegungsstandards (zB HGB) aufgestellt hat, dieser Abschluss zugleich mit allen IFRS im Einklang stand und eine Erläuterung der Übereinstimmung mit allen IFRS nach IAS 1.16 enthielt. Dies betrifft sog duale Abschlüsse; dieser Fall dürfte in Deutschland nicht zuletzt aufgrund der Regelungen des IAS 39 (IFRS 9) kaum anzutreffen sein. Zwingende Voraussetzung für die Nichtanwendbarkeit des IFRS 1 ist in allen vorgenannten Fällen aber eine Veröffentlichung (→ Rn 20) des bisher bereits den IFRS entspr Abschlusses in der Vergangenheit. Die Veröffentlichung zu einem späteren Zeitpunkt, zB zugleich mit dem Abschluss der lfd Berichtsperiode, schließt die Anwendung des IFRS 1 hingegen nicht aus.

23 Sofern ein Abschluss im Vorjahr vollständig nach den IFRS aufgestellt war und eine Erläuterung der Übereinstimmung mit allen IFRS nach IAS 1.16 enthielt, der Abschlussprüfer jedoch infolge von wesentlichen Fehlern in der Anwendung von IFRS-Bilanzierungs- und Bewertungsmethoden seinen **Bestätigungsvermerk eingeschränkt** hat, liegt im Folgejahr ebenfalls kein Anwendungsfall des IFRS 1 vor. In diesem Fall und auch im Fall von wesentlichen Abweichungen von den IFRS, die nicht zu einer Einschränkung des Bestätigungsvermerks geführt haben, handelt es sich um Fehler, die nach IAS 8 im Folgejahr zu korrigieren sind (vgl IFRS 1.BC6; *ADS* Int Abschn 3a Rz 19; *EY* 2015, 183). Im Fall der **Versagung eines Bestätigungsvermerks** ist zu differenzieren, ob die Abweichungen von den Rechnungslegungsvorschriften insgesamt so gravierend sind, dass der gesamte Abschluss nicht IFRS-konform ist, oder ob die Versagung allein aufgrund von Prüfungshemmnissen erfolgt ist, die die Ordnungsmäßigkeit

der Rechnungslegung im Übrigen nicht beeinträchtigt haben. Im letzten Fall kann eine erstmalige vollständige Bilanzierung nach IFRS 1 vorliegen. Enthielt der im Vorjahr aufgestellte IFRS-Konzernabschluss hingegen nur eine **eingeschränkte Übereinstimmungserklärung** nach IAS 1.16 zB dergestalt, dass in diesem Abschluss den Vorschriften eines bestimmten IFRS nicht entsprochen wurde, handelt es sich bei dem Abschluss des Vorjahrs nicht um einen vollständigen IFRS-Konzernabschluss. Das hat zur Folge, dass dieses Unternehmen Erstanwender gem IFRS 1 ist (vgl *Baetge/Bischof/Harms/Lappenküper* in Baetge ua IFRS-Komm IFRS 1 Rz 5).

Bei **umgekehrten Unternehmenserwerben** kommt es für die Beurteilung der Frage der IFRS-Erstanwendung auf den für Bilanzierungszwecke festgestellten Erwerber an und nicht auf den rechtlichen Erwerber. Dies ist bspw in den Fällen von Bedeutung, in denen eine bereits nach IFRS bilanzierende Gesellschaft in eine noch nicht nach IFRS bilanzierende Vorratsgesellschaft gegen Gewährung von Anteilen eingebracht wird oder von einer anderen noch nicht nach IFRS bilanzierenden Gesellschaft erworben wird (vgl *IDW* RS HFA 19 Rz 3). Auch wenn hier nach strenger Auslegung von IFRS 3 ein umgekehrter Unternehmenserwerb nicht gegeben ist, da eine Vorratsgesellschaft keinen Geschäftsbetrieb darstellt, wird dieser Sachverhalt wie ein solcher bilanziert. 24

Beispiel: Ein Unternehmen A (Eigenkapital Mio € 10, Umsatzerlöse Mio € 50, Bilanzsumme Mio € 25), das bisher einen Konzernabschluss nach IFRS erstellt und publiziert, wird von den Anteilseignern in eine Vorratsgesellschaft B (Eigenkapital T€ 100, Umsatzerlöse T€ 0, Bilanzsumme T€ 100) gegen Gewährung von neuen Anteilen an B eingebracht. B bilanzierte bisher nicht nach IFRS. Unternehmen B ist zwar der rechtliche Erwerber des Unternehmens A und wäre erstmaliger Ersteller eines IFRS Konzernabschlusses, für Zwecke des IFRS 1 kommt es aber bei umgekehrten Unternehmenserwerben auf den sog Erwerber für Bilanzierungszwecke an. Da im Beispiel A zwar das rechtlich erworbene Unternehmen, gleichzeitig aber der Erwerber für Bilanzierungszwecke ist, muss B die IFRS-Buchwerte von A in seinem Abschluss fortführen und ist kein IFRS-Erstanwender iSd IFRS 1.

IFRS 1 ist nicht anzuwenden für **Änderungen von Bilanzierungs- und Bewertungsmethoden** von Unternehmen, die bereits nach IFRS bilanzieren (IFRS 1.5). Diese sind nach IAS 8 (→ § 45 Rn 9 ff) oder gem den spezifischen Übergangsvorschriften in den betreffenden IFRS zu behandeln. Dies gilt vor allem für die bereits nach § 315a HGB nach IFRS bilanzierenden Unternehmen, die die durch verschiedene Überarbeitungen des IASB geänderten IAS 1 bis IAS 41, IFRS 2 bis IFRS 15 oder neuere Interpretationen für am oder nach dem 1. Januar 2016 beginnende Geschäftsjahre erstmals anwenden. Trotz der zT wesentlichen Auswirkungen der geänderten Standards dürfen diese Unternehmen nicht den IFRS 1 anwenden. 25

IFRS 1 enthält eine Regelung für Unternehmen, die bereits in zurückliegenden Jahren ihre Rechnungslegung vollständig auf IFRS umgestellt hatten (inkl einer IAS 1.16 entspr Erläuterung im Anhang, dass der Abschluss mit allen IFRS übereinstimmt), aber deren letzter verfügbarer Abschluss keine Erklärung nach IAS 1.16 mehr enthält. Diese Unternehmen haben nach IFRS 1.4A entweder IFRS 1 erneut anzuwenden oder unter Anwendung von IAS 8 so zu bilanzieren, als ob sie niemals die IFRS-Bilanzierung unterbrochen hätten. Unabhängig von der Inanspruchnahme der Wahlmöglichkeit müssen Unternehmen die Angabevorschriften in IFRS 1.23A f beachten und angeben, warum sie die IFRS-Bilanzierung unterbrochen haben und wieder fortführen. Ferner muss in den Fällen, in denen das Unternehmen nach der zeitlichen Unterbrechung das **Wahlrecht, IFRS 1 erneut anzuwenden,** nicht ausgeübt hat, angegeben werden, warum 26 das Unternehmen nach IAS 8 bilanziert, so als ob nie eine Unterbrechung in der IFRS-Bilanzierung eingetreten wäre.

27–31 *(einstweilen frei)*

B. Ansatz und Bewertung

I. IFRS-Eröffnungsbilanz

32 Die **erstmalige vollständige Bilanzierung** nach IFRS erfordert die Erstellung einer Eröffnungsbilanz nach IFRS, die die buchhalterische Grundlage für die folgenden nach IFRS aufgestellten Abschlüsse darstellt. Eine derartige Eröffnungsbilanz ist notwendig, da anderenfalls eine GuV bzw Gesamtergebnisrechnung (ausführlich → § 15 Rn 75 ff), die für das Geschäftsjahr der Umstellung der Rechnungslegung erstellt wird, nicht den IFRS entsprechen würde.

Beispiel: Ein Unternehmen, das bisher ausschließlich nach HGB bilanziert hat und bei dem das Wirtschaftsjahr mit dem Kalenderjahr übereinstimmt, entscheidet sich dazu, den Konzernabschluss zum 31. Dezember X2 nach IFRS als primärer Grundlage der Rechnungslegung aufzustellen. Die einzigen Unterschiede zwischen HGB und IFRS bestehen in der Bewertung der Vorräte, die zum 1. Januar X1 nach IFRS höher zu bewerten wären. Zum 1. Januar X1 ist eine IFRS-Eröffnungsbilanz aufzustellen, auf deren Grundlage die Bilanz zum 31. Dezember X1, die als Vergleichszahlen dargestellt werden muss, und die Bilanz für das aktuelle Geschäftsjahr zum 31. Dezember X2 fortentwickelt werden. Würde zum 1. Januar X1 keine Eröffnungsbilanz erstellt werden, wäre die IFRS-GuV bzw IFRS-Gesamtergebnisrechnung für das Jahr X1 aufgrund von ggf nach HGB abweichenden Wertansätzen der Vermögenswerte und Schulden zum 1. Januar X1 nicht IFRS-konform und würde ggf Erträge und Aufwendungen in falscher Höhe ausweisen.

33 Die IFRS-Eröffnungsbilanz selber muss gem IFRS 1.6 erstellt und im erstmaligen vollständig nach IFRS aufgestellten Abschluss veröffentlicht werden. Dies ergibt sich aus IFRS 1.21 bzw IAS 1.39. Es ist ferner zu beachten, dass der erstmalige vollständig nach IFRS aufgestellte Abschluss im Anhang ua eine **Überleitung des Eigenkapitals zum Tag des Übergangs auf die IFRS-Bilanzierung** zu enthalten hat (IFRS 1.24(a)(i)). Diese Überleitungsrechnung kann in Form einer Bilanz dargestellt werden, die durch eine Anpassungsspalte von ei-ner Bewertung nach bisherigen Rechnungslegungsstandards (zB HGB) auf die IFRS-Eröffnungsbilanz übergeleitet wird, die der als Abschlussbestandteil nach IAS 1.39 aufgestellten Bilanz auf den Beginn der Vergleichsperiode entspricht. IFRS 1.IG63 zeigt ein Beispiel einer derartigen Darstellung der nach IFRS 1.24 geforderten Überleitung. Sofern ein Unternehmen der beispielhaften Darstellung der Überleitung in IFRS 1.IG63 folgt, ist damit die IFRS-Eröffnungsbilanz zusätzlich im Rahmen der Anhangangaben des erstmaligen vollständig nach IFRS aufgestellten Abschlusses offengelegt, hier jedoch beschränkt auf die wesentlichen Posten (vgl zu den Anhangangaben im erstmaligen IFRS Abschluss → Rn 166 ff).

34 Als Konsequenz der grds retrospektiven Anwendung der IFRS beim Übergang zur IFRS-Bilanzierung und der Beachtung der Grundprinzipien des IFRS 1 (→ Rn 17) ergeben sich die folgenden typischen Anpassungseffekte in der IFRS-Eröffnungsbilanz (vgl *ADS* Int Abschn 3a Rz 42; *Baetge/Bischof/Harms/Lappenküper* in Baetge ua IFRS-Komm IFRS 1 Rz 31; *Böcking/Busam/Dietz* Der Konzern 2003, 457):

Zusätzlich zu erfassende Vermögenswerte und Schulden betreffen zB

(1) selbst erstellte immaterielle Vermögenswerte (IAS 38.12, IAS 38.21 und IAS 38.57), soweit sie nicht bereits nach § 255 Abs 2a HGB aktiviert wurden,

(2) Ansatz aktiver latenter Steuern, insbes auf Verlustvorträge (IAS 12.24 und IAS 12.34), soweit sie nicht bereits nach § 274 Abs 1 HGB aktiviert wurden,
(3) Ansatz von Vermögenswerten und Schulden aus Finanzierungs-Leasingverhältnissen (IAS 17.8 ff),
(4) Ansatz von derivativen Finanzinstrumenten, die isoliert oder in Form von Sicherungsbeziehungen zu Grundgeschäften bestehen (IAS 39.46 f),
(5) Ansatz von finanziellen Vermögenswerten, die die Ausbuchungskriterien des IAS 39 nicht erfüllen (IAS 39.15 ff).

Die folgenden Posten sind ua beim Übergang zur IFRS-Bilanzierung **auszubuchen:** 35
(1) Rückstellungen, die den Ansatzkriterien des IAS 37 nicht genügen, weil zB der zukünftige Abfluss von Ressourcen nicht hinreichend wahrscheinlich ist,
(2) als Bilanzierungshilfen angesetzte Aufwendungen für die Ingangsetzung und Erweiterung des Geschäftsbetriebs, die nicht die Ansatzkriterien eines immateriellen Vermögenswerts nach IFRS erfüllen,
(3) steuerliche Sonderposten mit Rücklageanteil, die nicht bereits infolge des Wegfalls des § 308 Abs 3 HGB ausgebucht wurden.

Die nach IFRS 1 erforderliche Gliederung aller Vermögenswerte und Schulden erfordert ua eine **Umgliederung** folgender Posten: 36
(1) Rückstellungen für ausstehende Rechnungen sind nicht unter den Rückstellungen auszuweisen, wenn nur ein geringer Grad der Unsicherheit besteht, sondern unter den abgegrenzten Schulden (Verbindlichkeiten aus Lieferungen und Leistungen),
(2) Finanzinstrumente, die bisher als Eigenkapital klassifiziert wurden, nach IAS 39 bzw IFRS 9 jedoch als Fremdkapital auszuweisen sind,
(3) saldiert ausgewiesene Rückstellungen, bei denen Erstattungsbeträge von Dritten in die Bewertung einbezogen wurden, die jedoch nach IAS 37.53 separat als Forderung erfasst werden müssen,
(4) Umgliederung einzelner Bilanzposten, um einen Ausweis entspr der nach IAS 1.60 ff geforderten Fristigkeit zu erreichen,
(5) gesonderter Ausweis von latenten Steuern und lfd Ertragsteuern (IAS 1.54) sowie gesonderter Ausweis von als Finanzinvestition gehaltenen Immobilien (IAS 1.54).

In Bezug auf die **Bewertung** aller in der IFRS-Eröffnungsbilanz ausgewiesenen Vermögenswerte und Schulden können zB die folgenden Anpassungen erforderlich sein: 37
(1) Bewertung von immateriellen Vermögenswerten und Sachanlagen unter Verwendung wirtschaftlicher Nutzungsdauern und dem tatsächlichen Nutzenverbrauch entspr Abschreibungsmethoden,
(2) Bewertung von Vorräten und Forderungen im Zusammenhang mit Fertigungsaufträgen nach der Teilgewinnrealisierung (IAS 11 bzw IFRS 15),
(3) Bewertung zum beizulegenden Zeitwert für finanzielle Vermögenswerte der Kategorien zur Veräußerung verfügbar und erfolgswirksame Folgebewertung zum beizulegenden Zeitwert,
(4) Bilanzierung von latenten Steueransprüchen und Schulden nach der bilanzorientierten Verbindlichkeitenmethode nach IAS 12 oder
(5) Bilanzierung von Rückstellungen (Restrukturierungsrückstellungen, Abzinsung etc).

II. Grundsatz der retrospektiven Umstellung

Nach IFRS 1.7 sind sowohl in der IFRS-Eröffnungsbilanz als auch für das anhand von Vergleichszahlen dargestellte Vorjahr und das aktuelle Berichtsjahr 38 dieselben Bilanzierungs- und Bewertungsmethoden anzuwenden. Es sind – vorbehaltlich bestimmter Ausnahmen – die **IFRS** anzuwenden, die zum **Bilanzstichtag des Jahrs der erstmaligen vollständigen Bilanzierung gültig** sind.

Beispiel: Ein Unternehmen, das bisher ausschließlich nach HGB bilanziert hat und bei dem das Wirtschaftsjahr mit dem Kalenderjahr übereinstimmt, entscheidet sich dazu, den Konzernabschluss zum 31. Dezember X2 nach IFRS als primärer Grundlage der Rechnungslegung aufzustellen. In der IFRS-Eröffnungsbilanz zum 1. Januar X1, für den als Vergleichszahlen dargestellten Abschluss zum 31. Dezember X1 und den Abschluss zum 31. Dezember X2 sind jeweils dieselben IFRS anzuwenden, und zwar diejenigen, die zum 31. Dezember X2 angewendet werden (müssen).

IFRS 1.BC11A enthält eine Definition des Ausdrucks „IFRS, die am Ende der Berichtsperiode gelten". Danach können Unternehmen in ihren ersten IFRS-Abschlüssen entweder die bestehenden und derzeit geltenden IFRS anwenden oder die neuen bzw überarbeiteten, noch nicht verpflichtend anzuwendenden IFRS, sofern deren vorzeitige Anwendung zulässig ist. Jedoch muss im ersten IFRS-Abschluss für alle dort dargestellten Perioden, dh inklusive Vergleichsperioden und IFRS-Eröffnungsbilanz dieselbe Fassung eines Standards angewendet werden.

39 Nach IFRS 1 dürfen grds zu keinem Zeitpunkt, der innerhalb der Zeitspanne liegt, über die im erstmaligen vollständig nach IFRS aufgestellten Abschluss berichtet wird, unterschiedliche Versionen der IFRS angewendet werden. Stattdessen gelten einzig die am Bilanzstichtag des Berichtsjahrs geltenden IFRS. Die **Übergangsvorschriften einzelner IFRS** gelten für den Übergang eines erstmaligen IFRS-Anwenders somit grds nicht (IFRS 1.9). Dieser Grundsatz wird in einzelnen Fällen durchbrochen, auf die nachfolgend hingewiesen wird (zB IFRS 1.D4, → Rn 106 ff; IFRS 1.D9, → Rn 122 ff; IFRS 1.D22, → Rn 154 f).

40 Abgesehen von den wenigen expliziten Durchbrechungen des Grundsatzes bedeutet dies, dass ein Unternehmen bei Anwendung des IFRS 1 weder zum Stichtag des Vergleichsjahrs noch zum Abschlussstichtag des Berichtsjahrs die Bilanzierungs- und Bewertungsmethoden nach den Vorschriften des IAS 8 ändern darf. Auch bei im Übrigen vorliegenden Voraussetzungen für die **Änderung der Bilanzierungs- und Bewertungsmethoden** (IAS 8.14) ist dies nach IFRS 1.7 für den Abschluss des Vergleichsjahrs und den Abschlussstichtag **unzulässig;** IFRS 1 geht als speziellere Regelung insoweit den allgemeinen Vorschriften zur Änderung von Bilanzierungs- und Bewertungsmethoden im Rahmen der lfd IFRS-Bilanzierung vor (hierzu → § 45 Rn 5, → Rn 25 ff).

41 **Neue IFRS,** die zum Bilanzstichtag der aktuellen Berichtsperiode noch nicht verbindlich sind, aber nach den Übergangsvorschriften des betreffenden IFRS **vorzeitig angewendet werden können,** dürfen dagegen bereits in der IFRS-Eröffnungsbilanz, dem Abschluss des Vergleichsjahrs und des Berichtsjahrs angewendet werden (→ Rn 38).

Beispiel: Ein Unternehmen, das bisher ausschließlich nach HGB bilanziert hat und bei dem das Wirtschaftsjahr mit dem Kalenderjahr übereinstimmt, entscheidet sich dazu, den Konzernabschluss zum 31. Dezember 2015 nach IFRS als primärer Grundlage der Rechnungslegung aufzustellen. Die IFRS-Eröffnungsbilanz ist auf den 1. Januar 2014 aufzustellen. Bei der Umstellung der Rechnungslegung auf IFRS kann – ein Endorsement durch die EU bis zum 31.12.2015 vorausgesetzt – bereits IFRS 15 angewendet werden, obwohl dieser Standard verpflichtend erst für Geschäftsjahre anzuwenden ist, die am oder nach dem 1. Januar 2017 beginnen; IFRS 15.C1 lässt aber eine vorzeitige Anwendung zu. Bei vorzeitiger Anwendung des IFRS 15 ist dieser nach IFRS 1.7 in der IFRS-Eröffnungsbilanz zum 1. Januar 2014, für den als Vergleichszahlen dargestellten Abschluss zum 31. Dezember 2014 und den Abschluss zum 31. Dezember 2015 anzuwenden.

42 Durch die Regelungen in IFRS 1.7, denen zufolge auch in der IFRS-Eröffnungsbilanz die Bilanzierungs- und Bewertungsmethoden anzuwenden sind, die zum Abschlussstichtag der Berichtsperiode gelten, ergeben sich in der **praktischen Durchführung der IFRS-Umstellung** ggf dann Probleme, wenn zum Abschlussstichtag neue IFRS gelten, deren genauer Regelungsinhalt zum Zeitpunkt der Aufstellung der IFRS-Eröffnungsbilanz noch nicht bekannt war. Dies dürfte insbes solche Unternehmen betreffen, die – dem Leitbild des IASB (IFRS 1.BC27) folgend – ihre IFRS-Eröffnungsbilanz zeitgleich bzw zeitnah zum Zeitpunkt des Übergangs auf IFRS erstellen. Dadurch kann es erforderlich werden, die bereits erstellte IFRS-Eröffnungsbilanz im Nachhinein an solche IFRS anzupassen, die innerhalb der nachfolgenden zwei Jahre bis zum Abschlussstichtag des Berichtsjahrs verpflichtend anzuwenden sind bzw die vorzeitig angewendet werden können. Daher empfiehlt es sich, bei Erstellung der IFRS-Eröffnungsbilanz bereits die **Entwicklung der neueren IFRS und die Agenda des IASB zu beobachten,** um rechtzeitig zu erkennen, ob bis zum Abschlussstichtag neue IFRS Gültigkeit erlangen werden bzw vorzeitig angewendet werden können.

43 Durch die Anwendung der nach IFRS 1 vorgeschriebenen Bilanzierungs- und Bewertungsmethoden ergeben sich in der IFRS-Eröffnungsbilanz idR Wertansätze für Vermögenswerte und Schulden, die von den Wertansätzen nach bisherigen Rechnungslegungsstandards abweichen. Die Beträge aus der Anpassung der bisherigen Buchwerte an die nach IFRS erforderlichen Werte sind in der IFRS-Eröffnungsbilanz unmittelbar mit dem **Eröffnungsbilanzwert der Gewinnrücklagen** *(retained earnings)* zu verrechnen. IFRS 1.11 erlaubt alternativ auch eine Verrechnung mit einem anderen Posten des Eigenkapitals, sofern dies zutreffender ist.

44 Der Begriff *retained earnings* wird auch in den beispielhaften Abschlussstrukturen in IAS 1.IG6 ff verwendet. Dieser Begriff beinhaltet sowohl die Gewinnrücklagen als auch den Bilanzgewinn bzw Konzerngewinn. Dies ist darauf zurückzuführen, dass der IASB keine zwingende Gliederung der Posten des Eigenkapitals, wie sie nach dem AktG oder HGB vorgesehen sind, vorschreibt (→ § 12 Rn 23 ff). Die Vorschriften in den IFRS sollen bewusst allgemein gehalten werden, sodass sie für alle international vorkommenden Rechtsformen anwendbar sind. Eine Unterscheidung von Gewinnrücklagen und Gewinnvortrag ist daher nach dem Wortlaut der IFRS nicht zwingend geboten. Da die Vorschrift zur Verrechnung des Anpassungsbetrags mit den *retained earnings* insoweit unpräzise ist, ist gegen eine Verrechnung des Anpassungsbetrags mit dem **Eröffnungsbilanzwert des Gewinnvortrags** (als Alternative zur Verrechnung mit den Gewinnrücklagen) nichts einzuwenden. Diese gelegentlich in der Praxis anzutreffende Handhabung wird durch die explizite Erlaubnis der Verrechnung auch mit anderen zutreffenderen Eigenkapitalposten durch den IASB legitimiert (IFRS 1.11).

45 Die Vorschrift des IFRS 1.11 hat im Kern jedoch einen anderen Hintergrund: Eine Erfassung des Anpassungsbetrags aus der Umstellung der Bewertung auf IFRS in **anderen Eigenkapitalposten** kommt in den Fällen in Betracht, in denen die IFRS vorschreiben, bestimmte Wertveränderungen erfolgsneutral in einem gesonderten Posten im Eigenkapital (sonstiges Ergebnis – *other comprehensive income*) und ggf später als Umgliederungsbeträge *(reclassification adjustments)* in der GuV bzw in dem erfolgswirksamen Teil der Gesamtergebnisrechnung zu erfassen. Hierunter fallen Anpassungsbeträge (vgl *ADS* Int Abschn 3a Rz 39) aus der

(1) Anwendung der Neubewertungsmethode für Sachanlagen und immaterielle Vermögenswerte (→ § 5 Rn 123 ff bzw → § 4 Rn 116 ff),
(2) Bewertung von zur Veräußerung verfügbaren finanziellen Vermögenswerten zum beizulegenden Zeitwert (→ § 3 Rn 168) und

(3) Wertveränderung von Sicherungsgeschäften im Zusammenhang mit Geschäften zur Absicherung von Zahlungsströmen *(cashflow hedges,* → § 23 Rn 82 ff).

46 Zu beachten ist, dass auf Anpassungsbeträge in der IFRS-Eröffnungsbilanz, die aus dem nach IFRS abweichenden Ansatz oder der Bewertung der Vermögenswerte und Schulden resultieren, **latente Steuern** abzugrenzen und ggf **Anteile nicht-beherrschender Gesellschafter** zu berücksichtigen sind. Hierbei ergibt sich die Besonderheit, dass die latenten Steuern, die in Bezug auf temporäre Differenzen entstehen, bei denen die Gegenbuchung der Transaktion unmittelbar im Eigenkapital (sonstigen Ergebnis) erfolgte (→ Rn 45), ebenfalls unmittelbar in dem besonderen Eigenkapitalposten des sonstigen Ergebnisses erfasst werden (IFRS 1.IG5, IAS 12.61A).

47 *(einstweilen frei)*

III. Verbot der retrospektiven Anwendung anderer IFRS

1. Ausbuchung von finanziellen Vermögenswerten und Schulden

48 Die Grundsätze des IAS 39 bzw IFRS 9 für die Ausbuchung von **nicht derivativen finanziellen Vermögenswerten und Schulden** sind im Rahmen der IFRS-Eröffnungsbilanz nach IFRS 1.B2 bzw IFRS 1.B2 (geändert 2014) **nicht retrospektiv** anzuwenden, sondern **prospektiv** für Transaktionen, die am oder nach dem IFRS-Übergangszeitpunkt erfolgt sind, sofern nicht von dem weiteren Wahlrecht in IFRS 1.B3 bzw IFRS 1.B3 (geändert 2014) Gebrauch gemacht wird (→ Rn 49).

Beispiel: Ein Unternehmen, das bisher ausschließlich nach HGB bilanziert hat und bei dem das Wirtschaftsjahr mit dem Kalenderjahr übereinstimmt, entscheidet sich dazu, den Konzernabschluss zum 31. Dezember 2015 nach IFRS als primärer Grundlage der Rechnungslegung aufzustellen. Die IFRS-Eröffnungsbilanz ist auf den 1. Januar 2014 aufzustellen. Das Unternehmen hat in seinem Abschluss zum 31. Dezember 2013 nach bisherigen Rechnungslegungsstandards einen Vermögenswert zulässigerweise ausgebucht, obwohl die Verfügungsmacht nach IAS 39.15 ff nicht übertragen wurde, weil nicht der gesamte Nutzen aus dem Vermögenswert auf den Empfänger übergegangen ist. Der ausgebuchte Vermögenswert ist nicht in der IFRS-Eröffnungsbilanz zum 1. Januar 2014 anzusetzen, weil er zu einem Zeitpunkt vor dem 1. Januar 2014 übertragen wurde. In der IFRS-Eröffnungsbilanz ist jedoch zu prüfen, ob aus der Transaktion spätere Rechte oder Verpflichtungen resultierten, die eine selbstständige Erfassung als finanzieller Vermögenswert oder Schuld nach IAS 39 bzw IFRS 9 erfordern.

49 Der **Hintergrund für das Verbot der retrospektiven Bilanzierung** liegt vor allem darin, Schwierigkeiten beim Übergang zur Bilanzierung nach IAS 39 bzw IFRS 9 zu vermeiden, da die Unternehmen vergangene Transaktionen rekonstruieren müssten, was zulasten einer konsistenten Bewertung gehen würde (IFRS 1.BC20).

IFRS 1.B2 bzw IFRS 1.B2 (geändert 2014) gilt nicht für derivative Finanzinstrumente, die zwingend in der IFRS-Eröffnungsbilanz angesetzt werden müssen (IFRS 1.B4(a)), unabhängig davon, ob sie vor dem IFRS-Umstellungszeitpunkt nach bisherigen Rechnungslegungsgrundsätzen ausgebucht wurden oder ggf gar nicht bilanziert wurden (IFRS 1.IG53).

Nach **IFRS 1.B3 bzw IFRS 1.B3 (geändert 2014)** ist es Unternehmen erlaubt, nach eigener Wahl einen Tag **vor** dem IFRS-Umstellungszeitpunkt zu bestimmen und für sämtliche Transaktionen, die **nach** diesem gewählten Tag erfolgt sind, die Ausbuchungsvorschriften des IAS 39 bzw IFRS 9 retrospektiv zu befolgen. Diese Möglichkeit darf jedoch nur von solchen Unternehmen gewählt werden, die für alle Transaktionen nach diesem gewählten Tag (zB ab dem

1. Januar 2009) alle Informationen verfügbar haben, die benötigt werden, um die bisher ausgebuchten finanziellen Vermögenswerte oder Schulden entspr den Vorschriften des IAS 39 bzw IFRS 9 weiterhin zu bilanzieren. Das könnten zB Unternehmen sein, die bisher nach US-GAAP bilanziert haben und die erforderlichen Informationen aufgrund der bisher angewandten US-GAAP-Regelungen verfügbar haben.

2. Bilanzierung von Sicherungsbeziehungen

Die **retrospektive Bilanzierung von Sicherungsbeziehungen** (→ § 23 Rn 1 ff) in der IFRS-Eröffnungsbilanz ist nach IFRS 1.B4 ff bzw IFRS 1.B4 ff (geändert 2014) **unzulässig.** Der Grund für dieses Verbot liegt darin, dass eine retrospektive Zuordnung von Sicherungsgeschäften zu Grundgeschäften eine gewisse Willkür des Managements erlauben würde, was wiederum die Vergleichbarkeit der Abschlüsse verschiedener Unternehmen, die alle zum selben Zeitpunkt die IFRS erstmals vollständig anwenden, einschränken würde. Der IASB hat daher für die Bilanzierung von Sicherungsbeziehungen im Zusammenhang mit der erstmaligen vollständigen Bilanzierung nach IFRS dieselben Regelungen vorgesehen, die für solche Unternehmen galten, die zum Zeitpunkt des Inkrafttretens des IAS 39 bzw IFRS 9 bereits nach IFRS bilanzierten. 50

Für die IFRS-Eröffnungsbilanz ist es daher **nicht zulässig,** einzelne Sicherungsinstrumente, die bisher nicht als Sicherungszusammenhang mit einem Grundgeschäft bilanziert wurden, durch **retrospektive Zuordnung** durch das Management **als Sicherungsbeziehungen zu bilanzieren.** Ferner ist es nicht zulässig, Sicherungsbeziehungen, die vor dem Stichtag der IFRS-Eröffnungsbilanz abgeschlossen und nach bisherigen Rechnungslegungsgrundsätzen als Sicherungsbeziehungen bilanziert wurden, die jedoch nicht die Anforderungen des IAS 39.88 (zB Dokumentationspflichten, Effektivitätstest) bzw des IFRS 9.6.6.1 für die Bilanzierung von Sicherungsbeziehungen erfüllen, in der IFRS-Eröffnungsbilanz als Sicherungsbeziehungen zu bilanzieren (IFRS 1.B5 bzw IFRS 1.B5 (geändert 2014)). Ebenso fallen hierunter nach IFRS 1.B5 bzw IFRS 1.B5 (geändert 2014) bestimmte Arten von Grundgeschäften oder Sicherungsgeschäften, die sich nach IAS 39 bzw IFRS 9 nicht als Grundgeschäfte (IAS 39.78 ff) oder Sicherungsgeschäfte (IAS 39.72 ff bzw IFRS 9.6.3.1 ff) in Sicherungsbeziehungen qualifizieren. Es handelt sich zB um: 51

(1) Kassainstrumente oder geschriebene Optionen, die als Sicherungsgeschäfte verwendet werden,
(2) Nettopositionen als Grundgeschäft oder
(3) Absicherung von bis zur Endfälligkeit zu haltenden Finanzinvestitionen gegen Zinsrisiken.

Wenn ein Unternehmen vor dem Tag des Übergangs zur IFRS-Bilanzierung bestimmte Transaktionen als Sicherungsbeziehungen bilanziert hat, diese Transaktionen jedoch **nicht die Voraussetzungen für die Bilanzierung von Sicherungsbeziehungen nach IAS 39 bzw IFRS 9 erfüllen,** dann hat das Unternehmen nach IFRS 1.B6 bzw IFRS 1.B6 (geändert 2014) für die IFRS-Eröffnungsbilanz die Vorschriften in IAS 39.91/IFRS 9.6.5.6 bzw IAS 39.101/IFRS 9.5.7 zu befolgen, die die Beendigung der Bilanzierung von Sicherungsbeziehungen zur Absicherung des beizulegenden Zeitwerts bzw des Cashflows regeln. 52

Damit sind sog ***macro hedges,*** die nach bisherigen Rechnungslegungsgrundsätzen gebildet wurden, **nach IFRS unzulässig;** die beteiligten Grundgeschäfte und Sicherungsgeschäfte müssen jeweils separat nach den für sie geltenden Vorschriften der IFRS bilanziert werden. IFRS 1.B5 bzw IFRS 1.B5 (geändert 53

2014) enthält für diese Fälle eine **Ausnahmeregelung:** Sofern ein Unternehmen bisher eine Nettoposition als ein Grundgeschäft eingestuft hatte, darf es einen Einzelposten aus dieser Nettoposition als Grundgeschäft einstufen und diesem Einzelposten ein Sicherungsgeschäft zuordnen. Diese Bildung einer Sicherungsbeziehung ist nur dann zulässig, wenn zum Stichtag der IFRS-Eröffnungsbilanz alle übrigen Voraussetzungen des IAS 39.71 ff bzw IFRS 9.6.1 ff für die Bilanzierung von Sicherungsbeziehungen erfüllt sind.

54 In der IFRS-Eröffnungsbilanz sind nach IFRS 1.B4(a) bzw IFRS 1.B4(a) (geändert 2014) **alle Derivate zu erfassen und mit ihrem beizulegenden Zeitwert zu bilanzieren.** Im Gegensatz dazu sind alle nach bisherigen Rechnungslegungsstandards abgegrenzten Erträge und Aufwendungen (zB aktive Rechnungsabgrenzungsposten, sonstige Rückstellungen etc), die aus den erfassten Derivaten resultieren, auszubuchen (IFRS 1.B4(b) bzw IFRS 1.B4(b) (geändert 2014)).

55 In der IFRS-Eröffnungsbilanz dürfen nur solche Sicherungsbeziehungen bilanziert werden, für die sämtliche **Voraussetzungen zur Bilanzierung als Sicherungsbeziehung kumulativ erfüllt sind** (vgl zu den Voraussetzungen IAS 39.71 ff bzw IFRS 9.6.1 ff). Für Sicherungsbeziehungen, bei denen diese Voraussetzungen zum Stichtag der IFRS-Eröffnungsbilanz nicht erfüllt sind, aber danach im Zeitablauf erfüllt werden, dürfen die Vorschriften für die Bilanzierung von Sicherungsbeziehungen nur prospektiv ab dem Zeitpunkt, ab dem alle Voraussetzungen des IAS 39.71 ff bzw IFRS 9.6.1 ff erfüllt sind, angewendet werden.

56 Die Anwendung dieser Vorschriften bei **Sicherungsbeziehungen zur Absicherung des beizulegenden Zeitwerts** verdeutlicht das folgende Beispiel:

Beispiel: Unternehmen A entscheidet sich, den Konzernabschluss zum 31. Dezember X3 nach den IFRS als primärer Grundlage der Rechnungslegung aufzustellen und erstellt eine IFRS-Eröffnungsbilanz zum 1. Januar X2. Am 1. Juli X1 hat das Unternehmen ein betrags- und fristenkongruentes Devisentermingeschäft abgeschlossen, das die Wechselkursrisiken einer auf US-$ lautenden Verbindlichkeit, die zum 31. März X2 fällig ist, abdecken soll. Es wurde bei Abschluss des Sicherungsgeschäfts lediglich eine grobe Zuordnung vorgenommen, **nicht jedoch alle Formerfordernisse des IAS 39.88 erfüllt** (zB fehlender Effektivitätstest). Die Transaktion wurde nach HGB zum 31. Dezember X1 als Microhedge behandelt, wobei die US-$-Verbindlichkeit zum Sicherungskurs passiviert und das Devisentermingeschäft im Übrigen nicht bilanziert wurde. Für die **IFRS-Eröffnungsbilanz** sind das Grundgeschäft und das Sicherungsgeschäft separat zu bilanzieren. Die US-$-Verbindlichkeit ist zum Stichtagskurs und das Devisentermingeschäft zum Marktwert in der IFRS-Eröffnungsbilanz anzusetzen, wobei der Anpassungsbetrag aus der Umbewertung der US-$-Verbindlichkeit vom Sicherungskurs zum Stichtagskurs sowie aus der Einbuchung des Devisentermingeschäfts zum Marktwert mit dem Eröffnungsbilanzwert der Gewinnrücklagen zu verrechnen ist. Für die Zeit nach der IFRS-Eröffnungsbilanz ist zu prüfen, ob eine prospektive Bilanzierung nach den Grundsätzen von Sicherungsbeziehungen erfolgen kann, wenn zu einem späteren Zeitpunkt die Voraussetzungen des IAS 39.71 ff bzw IFRS 9.6.1 ff erfüllt werden.

Abwandlung: Sofern zum Zeitpunkt der IFRS-Eröffnungsbilanz am 1. Januar X2 sämtliche Erfordernisse des IAS 39.71 ff bzw IFRS 9.6.1 ff erfüllt waren, wären das Grundgeschäft und das Devisentermingeschäft in der IFRS-Eröffnungsbilanz nach den Vorschriften für die Bilanzierung von Sicherungsbeziehungen zu bilanzieren. Hier ist jedoch zu beachten, dass es für die erstmalige Bilanzierung von Sicherungsbeziehungen zur Absicherung des beizulegenden Zeitwerts in IFRS 1.IG60A eine Spezialvorschrift gibt: Das Derivat ist, wie sonst auch üblich, zum beizulegenden Zeitwert zu bilanzieren, das Grundgeschäft ist um den geringeren der folgenden Beträge anzupassen:

(1) die kumulierten Änderungen des beizulegenden Zeitwerts des Grundgeschäfts in Bezug auf die abgesicherten Risiken, die nach bisherigen Rechnungslegungsgrundsätzen nicht erfasst wurden (zB die Differenz zwischen dem Sicherungskurs und dem Stichtagskurs),

(2) die kumulierten Änderungen des beizulegenden Zeitwerts des Sicherungsgeschäfts, die nach bisherigen Rechnungslegungsgrundsätzen bisher nicht erfasst wurden oder als Abgrenzungsposten in der Bilanz angesetzt wurden (zB die vollständige Änderung des beizulegenden Zeitwerts des Devisentermingeschäfts, da dieses bisher nicht bilanziert wurde).

Die Anwendung dieser Vorschriften bei **Sicherungsbeziehungen zur Absicherung des Cashflows** wird durch das folgende Beispiel verdeutlicht: 57

Beispiel: Unternehmen A entscheidet sich, den Konzernabschluss zum 31. Dezember X5 nach IFRS als primärer Grundlage der Rechnungslegung aufzustellen und erstellt eine IFRS-Eröffnungsbilanz zum 1. Januar X4. Am 1. Juli X1 hat das Unternehmen ein Swapgeschäft (Swapsatz 5,3%) abgeschlossen, das die Zinsänderungsrisiken eines variabel verzinsten Darlehens (Mio € 1, Laufzeit 1. Juli X1 bis 30. Juni X5, Zinssatz bei Beginn: 5,0% pa, Fälligkeit der Zinsen halbjährlich nachschüssig) abdecken soll. Es wurde bei Abschluss des Sicherungsgeschäfts eine exakte Zuordnung von Grundgeschäft und Sicherungsgeschäft vorgenommen und alle übrigen Erfordernisse des IAS 39.71 ff erfüllt. Die Transaktion wurde nach HGB zum 31. Dezember X3 bei einem variablen Zinssatz für das zweite Halbjahr X3 von 5,5% wie folgt bilanziert: Das Darlehen wird mit Mio € 1 passiviert, die Zinsverbindlichkeiten für die Zeit vom 1. Juli X3 bis 31. Dezember X3 sind mit € 27.500 berücksichtigt, wobei die Zinsforderungen aus dem Swap von 0,2% auf Mio € 1 für 6 Monate von € 1.000 in Abzug gebracht sind, sodass € 26.500 Zinsverbindlichkeiten passiviert sind. Für die **IFRS-Eröffnungsbilanz** sind das Grundgeschäft und das Sicherungsgeschäft nach den Vorschriften des IAS 39.71 ff bzw IFRS 9.6.1 ff für die Bilanzierung von Sicherungsbeziehungen zu bilanzieren: Das Darlehen ist zu fortgeführten Anschaffungskosten von Mio € 1 zu passivieren, die Zinsverbindlichkeiten für die Zeit vom 1. Juli X3 bis 31. Dezember X3 sind mit € 27.500 zu passivieren, es ist eine Zinsforderung von € 1.000 zu aktivieren und der Swap als derivatives Finanzinstrument ist zum Marktwert (Annahme: Marktwert zum 1. Januar X4 = € 20.000) in der IFRS-Eröffnungsbilanz anzusetzen. Diese Anpassungsbuchungen erfolgen jeweils mit Gegenbuchung im Eröffnungsbilanzwert der Gewinnrücklagen. Die Einbuchung des Marktwerts des Swap von € 20.000 erfolgt (nach Abzug latenter Steuern nach IAS 12.61) erfolgsneutral gegen einen gesonderten Posten im Eigenkapital/sonstigen Ergebnis (*cashflow hedge* Rücklage) (IFRS 1.IG60B). Wenn die Erfordernisse der IAS 39.71 ff bzw IFRS 9.6.1 ff auch nach dem Stichtag der IFRS-Eröffnungsbilanz erfüllt bleiben, ist die Bilanzierung als Sicherungsbeziehung beizubehalten. Die *cashflow hedge* Rücklage ist aufzulösen, sobald das gesicherte Grundgeschäft erfolgswirksam wird.

3. Anteile nicht-beherrschender Gesellschafter

IFRS 10 beinhaltet ua Regelungen hinsichtlich des Ausweises und der Bewertung von Anteilen nicht-beherrschender Gesellschafter in der Gesamtergebnisrechnung und Bilanz. Diese Vorschriften müssten ohne eine anders lautende spezielle Regelung im IFRS 1 von einem IFRS-Erstanwender vollständig retrospektiv angewendet werden. Nach IFRS 1.B1(c) und IFRS 1.B7 ist ein **Verbot** der **retrospektiven Anwendung** folgender Regelungen des IFRS 10 vorgesehen: 58

(1) Verteilung des Gesamtergebnisses *(total comprehensive income)* sowohl auf die Gesellschafter des MU als auch auf die nicht-beherrschenden Gesellschafter, für den Fall, dass der Anteil der anderen Gesellschafter dadurch negativ wird (IFRS 10.B94),

(2) Anpassungen der Bilanzierung von Veränderungen des Anteils des MU in Bezug auf ein TU, die nicht zu einem Verlust der Beherrschung führen nach IFRS 10.23, IFRS 10.B96,

(3) Anwendung der Regelungen der IFRS 10.B97 ff für Transaktionen, die zu einem Verlust der Beherrschung eines TU führen einschließlich der Regelungen des IFRS 5.8A. Nach IFRS 5.8A hat ein MU bei der Veräußerung eines Anteils an einem TU, der mit dem Verlust der Beherrschung einhergeht, sämtliche Anteile als zur Veräußerung bestimmt zu klassifizieren.

Die vorgenannten Regelungen des IFRS 10 sind nach IFRS 1.B7 **prospektiv** ab dem Übergangszeitpunkt zur IFRS-Bilanzierung anzuwenden.

59 Sollte ein Unternehmen von dem Wahlrecht in IFRS 1.C1 keinen Gebrauch machen und mithin vergangene Unternehmenszusammenschlüsse retrospektiv nach IFRS 3 bilanzieren, muss es auch IFRS 10 retrospektiv anwenden (IFRS 1.B7).

60 *(einstweilen frei)*

4. Klassifikation und Bewertung von finanziellen Vermögenswerten

61 Nach IFRS 9.4.1.2 hat ein Unternehmen **finanzielle Vermögenswerte** auf der Grundlage des jeweiligen Geschäftsmodells danach zu unterscheiden, ob diese zu **fortgeführten Anschaffungskosten** bewertet werden oder zum **beizulegenden Zeitwert.** Für eine Bilanzierung zu fortgeführten Anschaffungskosten müssen die finanziellen Vermögenswerte im Rahmen eines Geschäftsmodells gehalten werden, das darauf ausgerichtet ist, die vertraglich vereinbarten Cashflows zu vereinnahmen, die ausschließlich aus der Rückzahlung des Nominalbetrages und der vereinbarten Zinsen bestehen dürfen (→ § 3 Rn 362ff). Diese Analyse des Geschäftsmodells hat nach IFRS 1.B8 anhand der Fakten und Umstände zu erfolgen, die am **IFRS-Übergangsstichtag** gegeben sind. Eine retrospektive Betrachtung des Geschäftsmodells für die Einordnung finanzieller Vermögenswerte in die Kategorie zu fortgeführten Anschaffungskosten bewertet, ist mithin unzulässig.

Mit Verabschiedung der finalen Fassung von IFRS 9 im Juli 2014 wurden die Paragrafen IFRS 1.B8A bis IFRS 1.B8C eingefügt. Sollte es sich bei der Beurteilung der Zahlungsstrombedingungen als nicht praktikabel herausstellen zu bestimmen, ob der Zeitwert des Geldes gem IFRS 9.B4.1.9B bis IFRS 9.B4.1.9D als modifiziert anzusehen ist, oder ob der beizulegende Zeitwert einer Vorauszahlungsoption gem IFRS 9.B4. 1. 12(c) als unwesentlich einzustufen ist, sind die Regelungen in IFRS 1.B8A bzw IFRS 1.B8B zu beachten. Ist eine rückwirkende Anwendung der Effektivitätszinsmethode ebenfalls nicht praktikabel, ist der beizulegende Zeitwert eines finanziellen Vermögenswerts bzw einer finanziellen Verbindlichkeit zum Übergangszeitpunkt der neue Bruttobuchwert für den finanziellen Vermögenswert bzw die neuen fortgeführten Anschaffungskosten für die finanzielle Verbindlichkeit (IFRS 1.B8C).

Durch die finale Fassung des IFRS 9 in Bezug auf die Regelungen zur Wertminderung von Finanzinstrumenten (Juli 2014) wurden ferner in IFRS 1 Regelungen eingefügt, die ein Verbot der retrospektiven Anpassung vorsehen. In IFRS 1.B8D bis IFRS 1.B8G wird unter der neu eingefügten Überschrift „Wertminderung finanzieller Vermögenswerte" die retrospektive Anwendung der Wertminderungsvorschriften des IFRS 9 unter Berücksichtigung der in IFRS 9.7.2.15 und IFRS 9.7.2.18ff dargelegten Übergangsvorschriften geregelt. Erstanwender haben gem IFRS 1.B8E zum Übergangszeitpunkt das Kreditrisiko für finanzielle Vermögenswerte zum Zeitpunkt des erstmaligen Ansatzes – unter Berücksichtigung eines ausgewogenen Kosten-/Nutzenverhältnisses – zu ermitteln und mit dem Kreditrisiko zum Zeitpunkt des Übergangs auf IFRS zu vergleichen. Die Beurteilung des Kreditrisikos erfolgt nach IFRS 1.B8F. Danach kann ein Erstanwender zum einen die Vorschriften des IFRS 9.5.5.10 und IFRS 9.B5.5.27ff anwenden, wonach das Kreditrisiko als geringer eingestuft werden kann, sollte dieses sich nicht wesentlich erhöht haben. Zum anderen kann ein Erstanwender die widerlegbare Vermutung des IFRS 9.5.5.11 anwenden, nach der von einem wesentlichen Anstieg des Kreditrisikos ausgegangen werden kann, wenn die vertraglich vereinbarten Zahlungsströme zum Zeitpunkt der Neubewertung mehr als 30 Tage überfällig sind. Gem IFRS 1.B8G hat ein Erstanwender bei einem wesentlichen Anstieg des Kreditrisikos zum Übergangszeitpunkt als auch zu jedem nachfolgenden Berichtsstichtag eine Wertminderung in Höhe der über die restliche Gesamtlaufzeit erwarteten Kreditausfälle zu erfassen. Bei einem geringen Kreditrisiko sind die Regelungen des IFRS 1.B8F(a) anzuwenden.

Diese Regelungen des IFRS 1 gelten für Geschäftsjahre, in denen IFRS 9 angewendet wird, dh – das Endorsement durch die EU vorausgesetzt – ab dem 1. Januar 2018.

5. Eingebettete Derivate

Sobald das Unternehmen **Vertragspartner** geworden ist, sind eingebettete 62
Derivate gem IFRS 9.B4. 3. 11 daraufhin zu untersuchen, ob das eingebettete Derivat vom Basisvertrag zu trennen und **separat** zu bilanzieren ist (→ § 3 Rn 516 ff). Eine spätere Untersuchung ist untersagt, es sei denn, die vertraglichen Regelungen in Bezug auf das eingebettete Derivat werden nach der Erstverbuchung wesentlich geändert, sodass sich die daraus resultierenden Cashflows signifikant verändern. Ein IFRS-Erstanwender darf keine vollständig retrospektive Anwendung dieser Regelungen vornehmen, sondern hat eingebettete Derivate anhand der Umstände zu untersuchen, die zum **Zeitpunkt** vorgelegen haben als er **Vertragspartner** wurde oder – falls später – eine Neueinstufung nach IFRS 9.B.4.3.11 gefordert wurde (IFRS 1.B9). Diese Regelung des IFRS 1 gilt für Geschäftsjahre, in denen IFRS 9 angewendet wird, dh – das Endorsement durch die EU vorausgesetzt – ab dem 1. Januar 2018.

6. Darlehen der öffentlichen Hand

Für Darlehen der öffentlichen Hand, die zu vorteilhaften Zinskonditionen 63
gewährt wurden, sieht IFRS 1 **spezifische Übergangsregelungen** vor. Eine vollständig retrospektive Anwendung der entspr Regelungen des **IFRS 9** und **IAS 20** wird somit untersagt. Ein IFRS-Erstanwender hat nach IFRS 1.B10 Darlehen der öffentlichen Hand nach IAS 32 entweder als Eigenkapital- oder Fremdkapitalinstrument zu klassifizieren und die Anforderungen der IFRS 9 und IAS 20 **prospektiv** ab dem IFRS-Übergangszeitpunkt zu erfüllen. Damit ist kein Vorteil aus dem zinsgünstigen Darlehen zu separieren und separat als Zuschuss zu bilanzieren, sondern der Buchwert des Darlehens der öffentlichen Hand nach bisherigen Rechnungslegungsstandards **unverändert** in die IFRS-Eröffnungsbilanz zu übernehmen. Die Regelungen des IFRS 9 sind dann prospektiv ab dem IFRS-Umstellungszeitpunkt auf ein derartiges zinsgünstiges Darlehen der öffentlichen Hand anzuwenden.

IFRS 1.B11 sieht als Wahlrecht vor, die Regelungen der IFRS 9 und IAS 20 für ausgewählte Darlehen der öffentlichen Hand retrospektiv ab dem Datum der Kreditgewährung anzuwenden, vorausgesetzt, die erforderlichen Informationen für die sachgerechte Anwendung des IFRS 9 liegen vor.

7. Schätzungen und Annahmen

Schätzungen und Annahmen sind für die **Bewertung vieler Bilanzpos-** 64
ten relevant (zB Schätzung des Wertberichtigungsbedarfs für Forderungen, Wahl des Abzinsungssatzes für die Bewertung langfristiger Rückstellungen, Bestimmung der Parameter für die Bewertung von leistungsorientierten Versorgungsplänen etc). Der Zeitpunkt, zu dem derartige Schätzungen und Annahmen vorgenommen werden, kann daher erheblichen Einfluss auf die Bewertung von

Vermögenswerten und Schulden haben. Im Rahmen der Umstellung der Rechnungslegung auf IFRS werden oft die IFRS-Eröffnungsbilanz und die Vergleichszahlen für das Vorjahr erheblich später auf IFRS umgestellt, als die jeweiligen Bilanzen nach bisherigen Rechnungslegungsstandards urspr aufgestellt wurden. Fraglich ist hierbei, welcher **Wertaufhellungszeitraum** in diesem Zusammenhang anzuwenden ist und welche nachträglichen Ereignisse in den erstmals nach IFRS aufgestellten Bilanzen berücksichtigt werden müssen.

65 Für Annahmen und Schätzungen untersagt IFRS 1.14ff die retrospektive Bilanzierung. IFRS 1.14ff regeln explizit die Berücksichtigung von **wertaufhellenden Ereignissen** bei der erstmaligen Bilanzierung nach IFRS. Der Wertaufhellungszeitraum für die IFRS-Eröffnungsbilanz eines Unternehmens zum 1. Januar 2015 stimmt nach IFRS 1.14 mit dem nach bisherigen Rechnungslegungsstandards erstellten Abschluss zum 31. Dezember 2014 überein. Ebenso gilt dies für die Vergleichszahlen zum 31. Dezember 2015, bei denen der Wertaufhellungszeitraum ebenfalls mit dem nach bisherigen Rechnungslegungsstandards erstellten Abschluss zum 31. Dezember 2015 übereinstimmt.

66 Der Zeitraum, innerhalb dessen berücksichtigungspflichtige (wertaufhellende) Ereignisse eintreten können, die für die Bewertung zu berücksichtigen sind, **verlängert sich damit nicht bis zum Zeitpunkt der tatsächlichen Erstellung der IFRS-Eröffnungsbilanz,** der Vergleichszahlen oder des vollständigen ersten IFRS-Abschlusses für die Berichtsperiode (*Baetge/Bischof/Harms/Lappenküper* in Baetge ua IFRS-Komm IFRS 1 Rz 46).

67 Im Weiteren wird unterschieden, ob für die zu beurteilenden Sachverhalte bereits nach bisherigen Rechnungslegungsvorschriften Schätzungen und Annahmen getroffen wurden oder nicht. Wenn für die zugrunde liegenden Sachverhalte **nach bisherigen Rechnungslegungsstandards keine Schätzungen und Annahmen getroffen** wurden, werden Wertaufhellungen grds nach IAS 10 *Ereignisse nach dem Bilanzstichtag* behandelt (→ § 2 Rn 104ff). Die Schätzungen und Annahmen, die dann im Rahmen der Bilanzierung nach IFRS erstmals vorgenommen werden, dürfen jedoch nur die Gegebenheiten und Bedingungen (zB Ausfallrisiken, Marktpreise, Zinssätze oder Wechselkurse) zum Zeitpunkt des Übergangs auf die Bilanzierung nach IFRS widerspiegeln (IFRS 1.16, IFRS 1.IG3(c)). Die Unterscheidung zwischen berücksichtigungspflichtigen und nicht berücksichtigungspflichtigen Ereignissen nach IAS 10 gilt hier analog (IFRS 1.15f).

68 Wenn nach **bisherigen Rechnungslegungsstandards bereits Schätzungen und Annahmen** für bestimmte Sachverhalte getroffen wurden, dann werden diese Annahmen und Schätzungen nach IFRS 1.14 auch unverändert für die IFRS-Bilanzierung beibehalten, es sei denn, es liegt bei den vorhandenen Schätzungen und Annahmen ein Fehler iSd IAS 8 vor, der nach den Vorschriften des IAS 8 zu beheben ist (→ § 45 Rn 41ff). Eine spätere Anpassung der in den bisherigen Rechnungslegungsstandards getroffenen und in die IFRS-Bilanzierung übernommenen Schätzungen und Annahmen ist prospektiv in der späteren Periode der Änderung zu berücksichtigen und nicht bereits im Rahmen des Übergangs auf die IFRS-Bilanzierung (IFRS 1.IG3(a)).

69 Dasselbe gilt auch für Annahmen und Schätzungen für Sachverhalte, die sowohl nach bisherigen Rechnungslegungsstandards bilanzierungspflichtig sind als auch nach IFRS, bei denen jedoch die **Bilanzierungs- und Bewertungsmethoden abweichen,** zB die angewendeten Zinssätze für die Abzinsung von bestimmten Rückstellungen. In diesem Fall ist lediglich die Bewertungsmethode anzupassen, indem ein auf den Übergang zur Bilanzierung nach IFRS geltender Zinssatz verwendet wird; die übrigen Schätzungen und Annahmen, die der Bewertung der Rückstellung zugrunde lagen, sind unverändert zu übernehmen (IFRS 1.IG3(b)).

Die Grundsätze zur Berücksichtigung von wertaufhellenden Ereignissen gelten nach IFRS 1.17 sowohl für die IFRS-Eröffnungsbilanz als auch für das Ende des anhand von Vergleichszahlen dargestellten **Vorjahrs.** 70

IFRS 1.IG3 enthält ein sehr anschauliches **Beispiel** für die Anwendung dieser Grundsätze beim Übergang zur Bilanzierung nach IFRS. IFRS 1.IG4 stellt klar, dass die vorgenannten Grundsätze zur Berücksichtigung von Annahmen und Schätzungen nicht den **speziellen Anforderungen anderer IFRS** vorgehen, bei denen Bilanzierungskonsequenzen davon abhängig sind, dass zu einem bestimmten Tag bestimmte Voraussetzungen erfüllt sind. Beispielhaft werden genannt: 71

(1) die Analyse von Leasingverträgen auf das Vorliegen von Finanzierungs-Leasingverhältnissen, die zu Beginn des Leasingvertrags erfolgen muss (IAS 17),
(2) das Verbot der Aktivierung von Entwicklungskosten, wenn der betreffende immaterielle Vermögenswert die Ansatzkriterien zum Zeitpunkt des Anfalls der Aufwendungen nicht erfüllte,
(3) die Unterscheidung zwischen finanziellen Schulden und Eigenkapitalinstrumenten nach IAS 32, die bei der erstmaligen Erfassung zu erfolgen hat.

(einstweilen frei) 72

IV. Befreiungen von den Regelungen anderer IFRS/Wahlrechte

IFRS 1.D1 ff stellen Erleichterungen für den erstmaligen IFRS-Bilanzierer dar, da sie ein Abweichen von den Regelungen der übrigen IFRS erlauben und stattdessen eine Bilanzierung nach den in diesen Abschn des IFRS 1 aufgeführten Regelungen fordern. Die für die Ausnahmetatbestände nach IFRS 1 anzuwendenden Bilanzierungsmethoden stellen für einen erstmaligen IFRS-Bilanzierer überwiegend **erhebliche Vereinfachungen für den Übergang zu einer IFRS-Bilanzierung** dar. Diese Ausnahmeregelungen in IFRS 1.D1 ff dürfen auch einzeln nach Wunsch des jeweiligen Unternehmens gewählt werden, dh bestimmte Ausnahmeregelungen können angewandt werden und andere nicht. 73

Die in IFRS 1.D1 ff enthaltenen Ausnahmeregelungen dürfen nach freiem Ermessen des jeweiligen Unternehmens in Anspruch genommen werden, ohne dass dieses als Voraussetzung einer Inanspruchnahme unverhältnismäßige Aufwendungen für die Ermittlung der sonst erforderlichen Anpassungsbeträge nachweisen müsste. 74

Die in IFRS 1.D1(a) bis IFRS 1.D1(t) aufgelisteten Ausnahmeregelungen dürfen nur für diese genau umschriebenen Sachverhalte angewendet werden. **Analoge Anwendungen** dieser Regelungen auf ähnliche Sachverhalte sind nach IFRS 1.D1 Satz 2 **unzulässig.** 75

Einige der Ausnahmeregelungen in IFRS 1.D1 ff erlauben anstelle der nach den übrigen IFRS geforderten Bilanzierungs- und Bewertungsmethoden eine **Bewertung zum beizulegenden Zeitwert.** Diese beizulegenden Zeitwerte sind entspr der Definition des beizulegenden Zeitwerts in Anhang A des IFRS 1 zu bestimmen, der bzgl der Definition des beizulegenden Zeitwerts *(fair value)* ausschließlich auf IFRS 13 verweist (→ § 2 Rn 233 ff). 76

1. Unternehmenszusammenschlüsse

Die Ausnahmeregelungen zur Darstellung von Unternehmenszusammenschlüssen, die vor dem Tag des Übergangs zur IFRS-Bilanzierung erfolgten, sind vollständig im Anhang C zu IFRS 1 erläutert, der einen Bestandteil der verbindlichen Regelungen des IFRS 1 darstellt. Die Erleichterungen des Anhang C des IFRS 1 für Unternehmenszusammenschlüsse gelten sowohl für den **Erwerb von** 77

TU als auch für erworbene Anteile an Gemeinschafts- und assoziierten Unternehmen (IFRS 1.C5). Mit der Verabschiedung von einer Änderung an IFRS 11 im Mai 2014 gelten diese Erleichterungen ebenfalls für den Erwerb von Anteilen an gemeinschaftlichen Tätigkeiten, die einen Geschäftsbetrieb iSd IFRS 3 darstellen. Diese Erweiterung ist – vorbehaltlich Endorsement – für Geschäftsjahre anzuwenden, die am oder nach dem 1. Januar 2016 beginnen. Nach IFRS 1.C1 braucht ein Unternehmen in der IFRS-Eröffnungsbilanz für alle Unternehmenszusammenschlüsse, die vor dem Tag des Übergangs zur IFRS-Bilanzierung erfolgten, nicht IFRS 3 retrospektiv anzuwenden. Es wären danach nur die Unternehmenszusammenschlüsse nach IFRS 3 zu bilanzieren, die ab dem Tag des Übergangs zur IFRS-Bilanzierung erfolgten. Das **Wahlrecht** kann jedoch auch so ausgeübt werden, dass alle Unternehmenszusammenschlüsse, die vor einem bestimmten Tag (der vor dem Übergang zur IFRS-Bilanzierung liegt) stattgefunden haben, nicht retrospektiv nach IFRS 3 bilanziert werden und alle Unternehmenszusammenschlüsse, die nach diesem festzulegenden Tag stattgefunden haben, unter Beachtung von IFRS 3 bilanziert werden (sog **limitierte retrospektive Bilanzierung** nach IFRS 3). In diesem Fall ist mit demselben festzulegenden Tag zeitgleich mit IFRS 3 auch IFRS 10 anzuwenden (IFRS 1.C1). Ferner ist zu beachten, dass das nach IFRS 1.C1 gewählte Datum, ab dem IFRS 3 retrospektiv angewendet wird, auch für den Erwerb von Anteilen an Gemeinschafts- und assoziierten Unternehmen sowie von Anteilen an gemeinschaftlichen Tätigkeiten, die einen Geschäftsbetrieb iSd IFRS 3 darstellen, gilt (IFRS 1.C5).

Beispiel: Ein Unternehmen, das bisher ausschließlich nach HGB bilanziert hat und bei dem das Wirtschaftsjahr mit dem Kalenderjahr übereinstimmt, entscheidet sich dazu, den Konzernabschluss zum 31. Dezember X5 nach IFRS als primärer Grundlage der Rechnungslegung aufzustellen. Die IFRS-Eröffnungsbilanz ist auf den 1. Januar X4 aufzustellen. Es sind nur solche Unternehmenszusammenschlüsse retrospektiv nach IFRS 3 zu bilanzieren, die nach dem 1. Januar X4 erfolgten. Alternativ könnte das Unternehmen auch entscheiden, alle Unternehmenszusammenschlüsse, die zB nach dem 30. Juni X1 erfolgten, retrospektiv nach IFRS 3 bzw IFRS 10 zu bilanzieren. Die vor dem 30. Juni X1 erfolgten Unternehmenszusammenschlüsse müssten danach nur entspr den Vorschriften in IFRS 1.C4 angepasst werden, jedoch nicht vollständig retrospektiv nach IFRS 3 und IFRS 10 bilanziert werden.

78 Es ist in der Praxis jedoch schwer vorstellbar, IFRS 3 retrospektiv anzuwenden, ohne dass die entspr Informationen für die Kaufpreisverteilung zum Zeitpunkt des Unternehmenserwerbs vorgelegen haben und ohne dass für die Zeitpunkte der nachfolgenden Wertminderungstests die entspr Planungsrechnungen zur Verfügung standen. Praktisch dürfte dieses Wahlrecht somit insbes für die Unternehmen von Bedeutung sein, die **bisher nach US-GAAP bilanziert haben** und ihre Rechnungslegung auf IFRS umstellen. Aufgrund der Anforderungen der ASC Topic 805/810, ASC Topic 350/360 bzw ASC Topic 820 mussten diese Unternehmen bereits ab dem Anwendungszeitpunkt dieser Standards die nach IFRS 3 erforderlichen Informationen verfügbar haben. Für andere Unternehmen, die die erforderlichen Informationen ebenfalls verfügbar haben, ergeben sich durch die beliebig wählbare begrenzte retrospektive Anwendung des IFRS 3 erhebliche Gestaltungsspielräume für die IFRS-Eröffnungsbilanz. Die bereits in der Vergangenheit erfolgten planmäßigen Abschreibungen auf den Geschäfts- oder Firmenwert können für Unternehmenszusammenschlüsse nach einem bestimmbaren Datum wieder erfolgsneutral eliminiert werden.

79 Sofern von dem Wahlrecht Gebrauch gemacht wird und **IFRS 3 in der IFRS-Eröffnungsbilanz nicht retrospektiv** angewendet wird, hat dies für die Bilanzierung folgende Konsequenzen: Die nach bisherigen Rechnungslegungsstandards getroffenen **Klassifizierungen der Unternehmenszusammen-**

schlüsse als Unternehmenserwerb, umgekehrter Unternehmenserwerb oder Interessenzusammenführung bleiben auch für die IFRS-Bilanzierung bestehen (IFRS 1.C4(a)).

In der IFRS-Eröffnungsbilanz sind **alle Vermögenswerte und Schulden anzusetzen,** die im Rahmen des Unternehmenszusammenschlusses erworben wurden, mit Ausnahme von 80

(1) finanziellen Vermögenswerten und Schulden, die nach IFRS 1.B2 vor dem Zeitpunkt der IFRS-Eröffnungsbilanz nach bisheriger Rechnungslegung ausgebucht wurden (IFRS 1.C4(b)(i); auch bei Anwendung von IFRS 9 gilt dies soweit die Ausbuchung zu einem beliebigen Zeitpunkt vor dem Übergang auf IFRS erfolgt ist; → Rn 48) und
(2) solchen Vermögenswerten und Schulden, die im Konzernabschluss nach bisherigen Rechnungslegungsstandards nicht erfasst wurden und zugleich nicht nach IFRS in einem Einzelabschluss des erworbenen Unternehmens zu erfassen wären (IFRS 1.C4(b)(ii), IFRS 1.IG22 Beispiel 4/Beispiel 7 (2008); → Rn 85 ff).

Der Anpassungsbetrag aus dem nach IFRS ggü HGB **abweichenden Ansatz von Vermögenswerten und Schulden** ist unmittelbar mit den Gewinnrücklagen zu verrechnen. Dies gilt nach IFRS 1.C4(b) Satz 2 jedoch nicht für den Ansatz von **immateriellen Vermögenswerten,** die zuvor nach HGB wertmäßig im Rahmen des Geschäfts- oder Firmenwerts aus dem Unternehmenszusammenschluss berücksichtigt wurden, jedoch die Aktivierungsvoraussetzungen des IAS 38 für einen Ansatz erfüllen; in diesen Fällen ist der Betrag des in der IFRS-Eröffnungsbilanz erfassten Geschäfts- oder Firmenwerts (ggf korrigiert um latente Steuern und Anteile nicht-beherrschender Gesellschafter) zu vermindern (IFRS 1.C4(f), IFRS 1.C4(g)(i)). 81

In der IFRS-Eröffnungsbilanz dürfen keine Vermögenswerte und Schulden angesetzt werden, die aus Unternehmenszusammenschlüssen resultieren, aber **nicht die IFRS-Ansatzkriterien erfüllen** (IFRS 1.C4(c)). Derartige Posten sind auszubuchen, wobei der hieraus resultierende Anpassungsbetrag grds unmittelbar mit den Gewinnrücklagen zu verrechnen ist. Sollte dagegen ein **immaterieller Vermögenswert,** der aus einem Unternehmenserwerb nach HGB resultiert, nicht die Ansatzkriterien des IAS 38 erfüllen, wäre dieser Betrag in der IFRS-Eröffnungsbilanz (ggf korrigiert um latente Steuern und Anteile nicht-beherrschender Gesellschafter) umzugliedern in den Posten Geschäfts- oder Firmenwert (IFRS 1.C4(c)(i), IFRS 1.C4(g)(i), IFRS 1.IG22 Beispiel 4). Wurde der Geschäfts- oder Firmenwert nach HGB mit den Rücklagen verrechnet, wäre die entspr Anpassung ebenfalls in den Gewinnrücklagen zu erfassen (vgl IFRS 1.C4(c)(ii), IFRS 1.IG22 Beispiel 5). In IFRS 1.C4(f) wird ferner klargestellt, dass zu den Schulden, die in der IFRS-Eröffnungsbilanz angesetzt werden müssen, auch solche **Eventualschulden** gehören, die zum Zeitpunkt der IFRS-Eröffnungsbilanz noch bestehen, die das erworbene Unternehmen nach bisherigen Rechnungslegungsmethoden aber nicht bilanziert hatte. Entscheidende Voraussetzung ist hier jedoch, dass derartige Eventualschulden auch nach IAS 37 im Abschluss des erworbenen Unternehmens ansatzfähig und -pflichtig wären. Dh die nur nach IFRS 3.23 im Rahmen von Unternehmenserwerben ansatzfähigen Eventualschulden, die nicht alle Voraussetzungen für eine Bilanzierung nach IAS 37 erfüllen, scheiden für einen Ansatz in der IFRS-Eröffnungsbilanz nach IFRS 1.C4(f) aus. 82

Vermögenswerte und Schulden, die durch einen Unternehmenszusammenschluss erworben wurden und die nach IFRS in der Folgebilanzierung zum beizulegenden Zeitwert zu bewerten sind, sind mit dem **beizulegenden Zeitwert** in der IFRS-Eröffnungsbilanz anzusetzen und Anpassungsbeträge aus dem Ver- 83 gleich mit dem bisherigen Buchwert nach HGB mit den Gewinnrücklagen zu verrechnen (IFRS 1.C4(d)). Die beizulegenden Zeitwerte sind entspr Anhang A des IFRS 1 nach IFRS 13 zu ermitteln (→ Rn 76).

84 Für Vermögenswerte und Schulden, die durch einen Unternehmenszusammenschluss erworben wurden und für die die IFRS eine Bilanzierung zu **(fortgeführten) Anschaffungskosten** vorschreiben, sind die Buchwerte dieser Posten nach HGB unmittelbar nach dem Unternehmenszusammenschluss die **als Ersatz für die Anschaffungskosten angesetzten Werte (*deemed cost*).** Diese Ersatz-Anschaffungskosten werden für die IFRS-Bilanzierung ab dem Zeitpunkt des Unternehmenszusammenschlusses als Basis für Abschreibungen verwendet (IFRS 1.C4(e)). Das bedeutet jedoch nicht, dass die Buchwerte dieser Vermögenswerte und Schulden unreflektiert in die IFRS-Eröffnungsbilanz übernommen werden können; es ist zusätzlich erforderlich zu überprüfen, ob die Abschreibungsmethoden und Nutzungsdauern, die ab dem Zeitpunkt des Unternehmenszusammenschlusses verwendet wurden, IFRS-konform sind. Sind zB die Nutzungsdauern und Abschreibungsmethoden rein steuerlich motiviert, sind in Bezug auf die Vermögenswerte und Schulden Anpassungen der Buchwerte in der IFRS-Eröffnungsbilanz vorzunehmen, die mit den Gewinnrücklagen zu verrechnen sind (vgl IFRS 1.IG22 Beispiel 2(d), *Baetge/Bischof/Harms/Lappenküper* in Baetge ua IFRS-Komm IFRS 1 Rz 88f).

85 Vermögenswerte und Schulden, die durch einen Unternehmenszusammenschluss erworben wurden, die jedoch unter HGB nicht angesetzt wurden, haben dennoch keine Ersatz-Anschaffungskosten von null. Derartige Vermögenswerte und Schulden wären in der IFRS-Eröffnungsbilanz mit dem Betrag anzusetzen, mit dem diese Posten in einem **IFRS-Einzelabschluss des erworbenen Unternehmens** zu bilanzieren wären (IFRS 1.C4(f)).

Beispiel: Ein MU hat in seinem HGB-Konzernabschluss einen Finanzierungs-Leasingvertrag des TU A nicht bilanziert. Bei Umstellung der Rechnungslegung auf IFRS betragen die Anschaffungskosten für den geleasten Vermögenswert in der IFRS-Eröffnungsbilanz nicht null, sondern sind mit dem Betrag anzusetzen, der nach IAS 17 im Einzelabschluss des TU A nach IFRS anzusetzen wäre. Entspr gilt für die korrespondierende Leasingverbindlichkeit.

86 Der Betrag des **Geschäfts- oder Firmenwerts,** der in der IFRS-Eröffnungsbilanz für Unternehmenszusammenschlüsse dargestellt wird, entspricht dem bisher nach HGB ausgewiesenen Betrag vorbehaltlich der folgenden Anpassungen (IFRS 1.C4(g)(i) bis IFRS 1.C4(g)(ii)):

(1) Der Geschäfts- oder Firmenwert ist um den Betrag der **immateriellen Vermögenswerte** zu erhöhen, die nach HGB erfasst waren, jedoch die Ansatzkriterien nach IAS 38 nicht erfüllen; umgekehrt ist der Geschäfts- oder Firmenwert zu vermindern, wenn immaterielle Vermögenswerte, die zuvor nach HGB wertmäßig im Rahmen des Geschäfts- oder Firmenwerts berücksichtigt wurden, in der IFRS-Eröffnungsbilanz separat nach IAS 38 aktiviert wurden. Die Anpassungen des Geschäfts- oder Firmenwerts sind ggf abzüglich latenter Steuern und Anteilen nicht-beherrschender Gesellschafter vorzunehmen.

(2) Unabhängig davon, ob Anhaltspunkte dafür vorliegen, dass der Geschäfts- oder Firmenwert im Wert gemindert sein könnte, ist für den in der IFRS-Eröffnungsbilanz ausgewiesenen Geschäfts- oder Firmenwert ein **Wertminderungstest nach IAS 36** durchzuführen; ein ggf ermittelter Wertminderungsaufwand ist mit den Gewinnrücklagen zu verrechnen.

87 Abgesehen von den vorgenannten Anpassungen sind nach IFRS 1.C4(h) **keine weiteren Änderungen des Geschäfts- oder Firmenwerts** in der IFRS-

Eröffnungsbilanz vorzunehmen. Insbes sind keine Anpassungen vorzunehmen für erworbene Forschungs- und Entwicklungsleistungen (außer wenn diese nach IAS 38 im Jahresabschluss des erworbenen Unternehmens bilanziert werden müssen), um in der Vergangenheit nach HGB bilanzierte Abschreibungen oder sonstige Anpassungen des Geschäfts- oder Firmenwerts zu korrigieren, die nach HGB vorgenommen wurden, aber nach IFRS 3 unzulässig wären. Nach IFRS 3.39 f, IFRS 3.58 sind bei Anpassungen der Anschaffungskosten eines Unternehmenserwerbs, die von zukünftigen Ereignissen abhängen (zB ***earn-out*-Klauseln**), keine Anpassungen des Geschäfts- oder Firmenwerts vorzunehmen. Dementsprechend ist der Geschäfts- oder Firmenwert auch in der IFRS-Eröffnungsbilanz nicht mehr anzupassen, wenn zum Zeitpunkt der IFRS-Eröffnungsbilanz bessere Erkenntnisse über das Vorliegen weiterer Anschaffungskosten eines Unternehmenserwerbs aufgrund von bedingten Kaufpreisvereinbarungen bestehen. Derartige Verpflichtungen sind in der IFRS-Eröffnungsbilanz mit den Gewinnrücklagen zu verrechnen.

Dennoch sind weitere Anpassungen des Geschäfts- oder Firmenwerts möglich, die aus folgenden Ursachen resultieren können (vgl *EY* 2015 228; *Baetge/Bischof/Harms/Lappenküper* in Baetge ua IFRS-Komm IFRS 1 Rz 97): 88
(1) Anpassung aufgrund retrospektiver Anwendung des IAS 21 (vgl → Rn 94),
(2) Konsolidierung bisher nicht konsolidierter Unternehmen nach der modifizierten Erstkonsolidierungsmethode gem IFRS 1.C4(j) (vgl → Rn 91),
(3) Eliminierung von Geschäfts- oder Firmenwerten aus Transaktionen, die sich nach IFRS nicht als Unternehmenszusammenschluss qualifizieren und
(4) Eliminierung von negativen Geschäfts- oder Firmenwerten (→ Rn 90).

Sonderregeln gelten für diejenigen Unternehmen, die den **Geschäfts- oder Firmenwert** nach bisherigen Rechnungslegungsstandards (zB HGB) **mit den Rücklagen verrechnet** haben. Diese Unternehmen haben in der IFRS-Eröffnungsbilanz keinen Geschäfts- oder Firmenwert zu erfassen. Anpassungen, die daraus resultieren, dass nach HGB immaterielle Vermögenswerte angesetzt wurden, die nach IAS 38 nicht bilanzierungsfähig sind oder umgekehrt, sind in diesen Fällen mit den Gewinnrücklagen zu verrechnen. Bei der Entkonsolidierung eines derartigen TU, Gemeinschafts- oder assoziierten Unternehmens oder der Erfassung eines Wertminderungsaufwands darf nach IFRS 1.C4(i) keine erfolgswirksame Auflösung der verrechneten Geschäfts- oder Firmenwerte erfolgen. Anpassungen des Kaufpreises eines erworbenen Unternehmens durch nachträgliche Erfüllung oder Wegfall von Bedingungen, die den Kaufpreis beeinflussen können, sind in diesen Fällen in der IFRS-Eröffnungsbilanz unmittelbar mit den Gewinnrücklagen zu verrechnen. 89

Die Behandlung von **negativen Unterschiedsbeträgen aus der Kapitalkonsolidierung** im Rahmen der IFRS-Eröffnungsbilanz und bei späteren Entkonsolidierungen ist in IFRS 1 nicht explizit geregelt. Nach IFRS 3.34 sind negative Unterschiedsbeträge bei Entstehung ertragswirksam zu vereinnahmen. Diese Vorschrift muss jedoch vor dem Hintergrund betrachtet werden, dass IFRS 3 im Rahmen der Erstkonsolidierung auch den Ansatz von bestimmten Eventualverbindlichkeiten vorsieht und dadurch die Möglichkeit des Entstehens von negativen Unterschiedsbeträgen deutlich reduziert wird. Die Regelungslücke besteht demnach weiterhin bei nicht retrospektiver Anwendung des IFRS 3 in Bezug auf negative Unterschiedsbeträge, die aus Unternehmenszusammenschlüssen vor dem Übergangszeitpunkt zu IFRS entstanden sind. Diese Regelungslücke im Rahmen der besonderen Vorschriften des IFRS 1 für Unternehmenszusammenschlüsse kann jedoch durch die Anwendung der übrigen Vorschriften des IFRS 1 geschlossen werden. Da ein negativer Unterschiedsbetrag nicht die Ansatzvoraussetzungen für einen Vermögenswert oder eine Schuld erfüllt, ist er **in der IFRS-Eröff-** 90

nungsbilanz erfolgsneutral in die Gewinnrücklagen umzugliedern (IFRS 1.10(b); vgl *ADS* Int Abschn 3a Rz 83; *Baetge/Bischof/Harms/Lappenküper* in Baetge ua IFRS-Komm IFRS 1 Rz 102; *EY* 2015, 229).

91 IFRS 1.C4(j) sieht besondere Regelungen für die Bewertung der Vermögenswerte und Schulden von **TU** vor, **die nach bisherigen Rechnungslegungsstandards (zB HGB) nicht konsolidiert** wurden, jedoch nach IFRS konsolidierungspflichtig sind. Für derartige Unternehmen ist keine rückwirkende Erstkonsolidierung vorzunehmen, sondern eine **modifizierte Erstkonsolidierung** (IFRS 1.C4(j)). Auf den Stichtag der IFRS-Eröffnungsbilanz sind die Vermögenswerte und Schulden eines derartigen TU mit den Werten anzusetzen, die dieses TU in seinem Einzelabschluss nach IFRS ansetzen müsste. Daraus ergibt sich ein Geschäfts- oder Firmenwert in Höhe der Differenz zwischen den Anschaffungskosten des MU in seinem Einzelabschluss nach HGB (IFRS 1.C4(j)(ii), vgl IFRS 1.IG22 Beispiel 6) und dem Anteil des MU an den angepassten Buchwerten des TU (IFRS 1.C4(j)(i)). Abweichend von den Grundsätzen der Erwerbsmethode erfolgt dabei kein Vergleich der Anschaffungskosten der Beteiligung des MU mit dem anteiligen Eigenkapital des TU zum Erwerbszeitpunkt, sondern mit dem anteiligen nach IFRS angepassten Eigenkapital des TU **zum Stichtag der IFRS-Eröffnungsbilanz.**

92 Eine **positive Differenz** zwischen den Anschaffungskosten des MU und dem anteiligen nach IFRS bewerteten Eigenkapital des TU ist als Geschäfts- oder Firmenwert in der IFRS-Eröffnungsbilanz anzusetzen, für den zum Übergangszeitpunkt nach IFRS 1.C4(g)(ii) ein Wertminderungstest durchzuführen ist. Sollte es sich bei dem TU um ein in der Vergangenheit selbst **gegründetes TU** handeln, darf kein Geschäfts- oder Firmenwert erfasst werden (IFRS 1.IG27(c)), stattdessen ist die Differenz mit den Gewinnrücklagen zu verrechnen. In diesen Fällen kann kein Geschäfts- oder Firmenwert entstanden sein, sondern das Eigenkapital des TU ist wahrscheinlich durch Verluste zwischen dem Gründungszeitpunkt und dem Übergang zu IFRS gemindert worden.

93 Eine **negative Differenz** ist unabhängig vom Grund ihrer Verursachung in die Gewinnrücklagen umzubuchen, da ein negativer Unterschiedsbetrag nicht in der IFRS-Eröffnungsbilanz angesetzt werden darf (→ Rn 90; IFRS 1.IG22 Beispiel 6; vgl *ADS* Int Abschn 3a Rz 90; *Baetge/Bischof/Harms/Lappenküper* in Baetge ua IFRS-Komm IFRS 1 Rz 106).

94 Gem IAS 21.47 sind der aus der Erstkonsolidierung resultierende Geschäfts- oder Firmenwert aus dem Erwerb eines **ausländischen Geschäftsbetriebs** sowie die Anpassungsbeträge aus der Kaufpreisverteilung als Vermögenswerte und Schulden des ausländischen Geschäftsbetriebs anzusehen. Sie sind somit zum Stichtagskurs umzurechnen (IAS 21.47), wobei **Währungsdifferenzen** entstehen können. IAS 21.59 beinhaltet das Wahlrecht, IAS 21.47 prospektiv anzuwenden. Dieses Wahlrecht wird in IFRS 1.C2 auch an IFRS-Erstanwender weitergegeben. Ohne diese Erleichterungsregelung müssten sämtliche Unternehmenszusammenschlüsse vor dem Übergang zur IFRS-Bilanzierung hinsichtlich der Fremdwährungsumrechnung des Geschäfts- oder Firmenwerts und der Anpassungsbeträge aus der Kaufpreisverteilung überprüft werden und ggf die planmäßigen Abschreibungen der zu den jeweiligen Stichtagskursen bewerteten Posten angepasst werden. Bei **Anwendung des Wahlrechts** in IFRS 1.C2 sind der Geschäfts- oder Firmenwert sowie die Anpassungsbeträge aus der Kaufpreisverteilung als Vermögenswerte und Schulden des erwerbenden Unternehmens zu behandeln und sind daher bereits in der funktionalen Währung des berichtenden Unternehmens angegeben, oder es handelt sich um nicht-monetäre Fremdwährungsposten, die mit dem nach bisherigen Rechnungslegungsstandards anzuwendenden Wechselkurs umgerechnet werden (IFRS 1.C2).

IFRS 1.C2 und IFRS 1.C3 erlauben – unter Ausübung des **Wahlrechts** – folgende Anwendung des IAS 21 in Bezug auf den Geschäfts- oder Firmenwert sowie die Anpassungsbeträge aus der Kaufpreisverteilung (vgl *ADS* Int Abschn 3a Rz 96; *Baetge/Bischof/Harms/Lappenküper* in Baetge ua IFRS-Komm IFRS 1 Rz 112): 95

(1) **prospektive** Anwendung des IAS 21 nur auf nach dem Übergangszeitpunkt erfolgte Unternehmenszusammenschlüsse,
(2) **retrospektive** Anwendung des IAS 21 auf alle Unternehmenszusammenschlüsse, die vor dem Übergangszeitpunkt erfolgt sind oder
(3) **retrospektive** Anwendung des IAS 21 auf alle Unternehmenszusammenschlüsse, für die IFRS 3 rückwirkend nach IFRS 1.C1 angewendet wird.

Die gewählte Alternative ist **einheitlich auf alle entspr Unternehmenszusammenschlüsse anzuwenden.** Aus IFRS 1.C3 ergibt sich jedoch die Möglichkeit, zB IAS 21 retrospektiv auf alle Unternehmenszusammenschlüsse vor dem Übergangszeitpunkt anzuwenden, während IFRS 3 nur prospektiv für alle Unternehmenszusammenschlüsse nach dem Übergangszeitpunkt angewendet wird. 96

Bei allen Anpassungen der Vermögenswerte und Schulden aus Unternehmenszusammenschlüssen in der IFRS-Eröffnungsbilanz durch Ansatz- oder Bewertungsvorschriften des Anhangs C des IFRS 1 ist zu beachten, dass korrespondierende Anpassungsbeträge für **latente Steuern** und **Anteile nicht-beherrschender Gesellschafter** zu ermitteln sind (IFRS 1.C4(k)). 97

Nach IFRS 1.C1 ist eine **limitierte retrospektive Anwendung des IFRS 3** für Unternehmenszusammenschlüsse vor dem Übergangszeitpunkt zur IFRS-Bilanzierung nur zulässig, wenn zeitgleich auch IFRS 10 angewendet wird. 98

2. Aktienbasierte Vergütungen

IFRS 2 regelt die Bilanzierung von aktienbasierten Vergütungen (→ § 24 Rn 1 ff). Darunter fallen von einem Unternehmen für eine erhaltene Leistung oder bezogene Güter gewährte **Eigenkapitalinstrumente** (Aktien, Aktienoptionen etc) oder **Barvergütungen,** deren Höhe auf dem Wert von Eigenkapitalinstrumenten basiert (*stock appreciation rights,* virtuelle Aktien etc); ferner fallen hierunter Mischformen, bei denen entweder das Unternehmen oder der die Leistung erbringende bzw die Güter liefernde Partner wählen kann zwischen einer Vergütung in Form von Eigenkapitalinstrumenten oder in bar (IFRS 2.2). 99

Für einen erstmaligen IFRS-Anwender wäre grds eine **retrospektive Bilanzierung aller aktienbasierten Transaktionen erforderlich,** da die Übergangsvorschriften des zum 31. Dezember 2005 erstmalig anzuwendenden IFRS 2 nach IFRS 1.9 nicht beim Übergang zur erstmaligen IFRS-Bilanzierung anzuwenden sind. Durch die **Wahlrechte des IFRS 1.D2 und IFRS 1.D3** wird erreicht, dass ein erstmaliger IFRS-Anwender in Bezug auf die Bilanzierung aktienbasierter Vergütungen mit einem bereits seit längerem nach IFRS bilanzierenden Unternehmen **gleich gestellt** wird. 100

Die Vorschriften des IFRS 1.D2 und IFRS 1.D3 unterscheiden zwischen aktienbasierten Vergütungen mit Ausgleich in Form von Eigenkapitalinstrumenten und solchen Vergütungen mit Barausgleich. **Bei Inanspruchnahme des Wahlrechts** in IFRS 1.D2 muss ein Unternehmen **nicht die Vorschriften des IFRS 2** in Bezug auf folgende gewährte Eigenkapitalinstrumente anwenden: 101

(1) vor dem 7. November 2002 gewährte Eigenkapitalinstrumente (IFRS 1.D2 Satz 1) und
(2) sämtliche nach dem 7. November 2002 gewährten Eigenkapitalinstrumente, die bis zum Tag der IFRS-Eröffnungsbilanz ausübbar wurden.

102 IFRS 1.D2 Satz 4 stellt aber klar, dass für alle vor dem 7. November 2002 gewährten Eigenkapitalinstrumente die Anhangangabepflichten des IFRS 2.44 und IFRS 2.45 zu beachten sind. IFRS 1.D2 Satz 5 enthält ein weiteres Wahlrecht, demzufolge ein IFRS-Erstanwender, der die **Vertragsbedingungen für bestimmte gewährte Eigenkapitalinstrumente ändert,** auf die IFRS 2 nicht angewendet wurde, IFRS 2.26 ff für derartige Bewertungsänderungen nicht anzuwenden braucht, vorausgesetzt die Änderungen der Vertragsbedingungen sind vor dem Tag der IFRS-Eröffnungsbilanz erfolgt. IFRS 1.D2 enthält keinen zwingenden Bezug mehr zum 1. Januar 2005, da dies aufgrund der zeitlichen Anwendungsvorschriften des IFRS 1 in der geltenden Fassung nicht mehr sachgerecht erscheint.

103 Folgt ein Unternehmen der Empfehlung des IFRS 1.D2 und **wendet es den IFRS 2 vorzeitig** auf zB **vor dem 7. November 2002 gewährte Eigenkapitalinstrumente an,** dann kann dies nur unter Beachtung des IFRS 1.D2 Satz 3 erfolgen: Eine frühere Anwendung des IFRS 2 ist nur zulässig, wenn das Unternehmen den beizulegenden Zeitwert der Eigenkapitalinstrumente am Bewertungsstichtag lt Definition des IFRS 2 offen gelegt hat. Das bedeutet, dass der beizulegende Zeitwert zum Bewertungszeitpunkt nach IFRS 2.16 ff ermittelt werden musste und bereits in der Vergangenheit veröffentlicht wurde. Es ist nicht ausreichend, wenn die Veröffentlichung in dem Jahr der Gewährung oder des erstmaligen IFRS-Abschlusses erfolgt (*Andrejewski/Böckem* KoR 2004, 332). Diese Veröffentlichung kann zB in einem bisherigen nach US-GAAP aufgestellten Abschluss erfolgt sein, in dem diese beizulegenden Zeitwerte nach ASC 718 anzugeben waren (IFRS 2.IG8; *ADS* Int Abschn 3a Rz 166; *Baetge/Bischof/Harms/Lappenküper* in Baetge ua IFRS-Komm IFRS 1 Rz 125).

104 Für aus aktienbasierten Vergütungen resultierende Verbindlichkeiten (aufgrund von Barvergütungen) gewährt IFRS 1.D3 das **Wahlrecht,** diese nicht nach IFRS 2 zu bilanzieren, sofern die Verbindlichkeiten bis zum Stichtag der IFRS-Eröffnungsbilanz beglichen sind.

105 Die Wahlrechte der IFRS 1.D2 und IFRS 1.D3 können **individuell** auf einzelne aktienbasierte Transaktionen angewendet werden. Es ist nicht erforderlich, die Wahlrechte einheitlich auf alle aktienbasierten Transaktionen anzuwenden (*IDW* RS HFA 19 Rz 22). Soweit die erforderlichen Informationen nach IFRS 1.D2 (veröffentlichte beizulegende Zeitwerte der Eigenkapitalinstrumente) nicht vorliegen, muss ein Erstanwender von dem Wahlrecht des IFRS 1.D2 Gebrauch machen und darf den IFRS 2 auf diese Eigenkapitalinstrumente nicht früher anwenden (*ADS* Int Abschn 3a Rz 169).

3. Versicherungsverträge

106 Der erste Teil des zweiphasigen Versicherungsprojekts wurde mit IFRS 4 im März 2004 veröffentlicht (→ § 40 Rn 2). IFRS 4 ist nach IFRS 4.41 für Geschäftsjahre anzuwenden, die ab dem 1. Januar 2005 beginnen. Die **Übergangsvorschriften des IFRS 4** sind nach IFRS 4.40 sowohl für bereits nach IFRS bilanzierende Unternehmen als auch **für IFRS-Erstanwender anzuwenden.** Da die Übergangsvorschriften einzelner IFRS nach IFRS 1.9 jedoch nicht für einen IFRS-Erstanwender gelten, stellt IFRS 1.D4 explizit klar, dass ein erstmaliger IFRS-Anwender neben der vollständigen retrospektiven Anwendung des IFRS 4 auch die Übergangsvorschriften des IFRS 4 anwenden kann.

107 Die **Übergangsvorschriften** des IFRS 4.42 ff enthalten folgende Regelungen:

(1) Der erstmalige IFRS-Anwender kann auf die Angabe von Ansprüchen nach IFRS 4.39(c)(iii) verzichten, sofern diese Ansprüche früher als fünf Jahre vor

dem Ende des Geschäftsjahrs aufgetreten sind, in dem IFRS 4 erstmals angewendet wird (IFRS 4.44).

(2) Nach IFRS 4.45 kann ein erstmaliger IFRS-Anwender einige oder alle seiner finanziellen Vermögenswerte in die Kategorie erfolgswirksam zum beizulegenden Zeitwert bewertete finanzielle Vermögenswerte und Schulden einstufen, wenn er seine Bilanzierungs- und Bewertungsmethoden für Versicherungsverbindlichkeiten ändert.

IFRS 4.42 und IFRS 4.44 beinhalten ferner Befreiungen von der Angabe bestimmter Vorjahresvergleichsinformationen, die sich auf vor dem 1. Januar 2005 beginnende Geschäftsjahre beziehen. Diese Erleichterungen dürften in der Praxis kaum noch von Bedeutung sein. **108**

4. Als Ersatz für Anschaffungs- oder Herstellungskosten angesetzte Werte (*deemed cost*)

a) Beizulegender Zeitwert oder Neubewertung

Der Übergang zur Bilanzierung nach IFRS erfordert bei Vermögenswerten des Anlagevermögens eine Überprüfung der bisher angesetzten Anschaffungskosten, der angewandten Abschreibungsmethoden und der verwendeten Nutzungsdauern. Sollten diese nicht akzeptabel iSd IFRS sein, wären sie grds retrospektiv an IFRS-konforme Methoden anzupassen und die Anschaffungskosten sowie der Betrag der kumulierten Abschreibungen – vorausgesetzt er ist wesentlich – in der IFRS-Eröffnungsbilanz anzupassen (IFRS 1.IG7). In IFRS 1 ist nicht näher definiert, was unter einer **akzeptablen Abschreibungsmethode oder Nutzungsdauer** zu verstehen ist. Es ist daher nach allgemeinen Wesentlichkeitsüberlegungen zu entscheiden, ob die Beibehaltung der bisherigen Abschreibungsmethoden und Nutzungsdauern zu sachgerechten, unter Wesentlichkeitsaspekten akzeptablen Buchwerten nach IFRS führt. Sollten wesentliche Abweichungen aus der Beibehaltung bisheriger Abschreibungsmethoden und Nutzungsdauern zu erwarten sein, ist grds eine retrospektive Ermittlung der Anschaffungs- oder Herstellungskosten und kumulierten Abschreibungen erforderlich. **109**

Als Erleichterungswahlrecht erlaubt IFRS 1.D5 Unternehmen, bestimmte Vermögenswerte in der IFRS-Eröffnungsbilanz zum **beizulegenden Zeitwert** zu bewerten und diesen beizulegenden Zeitwert als **Ersatz für Anschaffungs- oder Herstellungskosten (*deemed cost*)** zu diesem Zeitpunkt zu verwenden. Nach IFRS 1.D5 und IFRS 1.D7 gilt diese Ausnahmeregelung für **110**

(1) Vermögenswerte des Sachanlagevermögens,

(2) als Finanzinvestition gehaltene Immobilien, sofern das Anschaffungskostenmodell nach IAS 40 angewendet wird und

(3) immaterielle Vermögenswerte, die sowohl die Ansatzkriterien des IAS 38 erfüllen als auch die Voraussetzungen für eine Neubewertung von immateriellen Vermögenswerten nach IAS 38 (dh, es muss ein aktiver Markt bestehen).

Diese Ausnahmeregelung wurde aus Praktikabilitätsgründen eingeführt (IFRS 1.BC44), da der IASB den Nutzen **rekonstruierter fortgeführter Anschaffungskosten** für bestimmte in der IFRS-Eröffnungsbilanz angesetzte Vermögenswerte nicht so hoch einschätzt, dass dies erhebliche Anstrengungen bei der Umstellung der Rechnungslegung rechtfertigen würde. Die Ausnahmeregelung kann, anders als die nach IAS 16 und IAS 38 zulässige Neubewertungsmethode, die nur auf Gruppen von Vermögenswerten angewendet werden darf, auch auf **einzelne Vermögenswerte** angewendet werden. Zur Anwendung der Ausnahmeregelung ist es nicht erforderlich, dass das Unternehmen nachweist, dass die Rekonstruktion fortgeführter Anschaffungskosten unzumutbare Auf- **111** wendungen erfordern würde. Die Inanspruchnahme dieses Wahlrechts ist vollständig in das Ermessen des betreffenden Unternehmens gestellt. Die Erleichterungsvorschriften beziehen sich auch auf einzelne Vermögenswerte, die nach den Regelungen für Komponenten (IAS 16.13) oder für Großreparaturen (IAS 16.14) aktiviert werden müssen. Bei der Beurteilung der Separierungsverpflichtung und gesonderten Aktivierung und Abschreibung sind die Grundsätze der Wesentlichkeit und die diesbezüglichen Auslegungshinweise in IFRS 1.IG7, IFRS 1.IG12, IAS 16.9 und IAS 16.43 zu beachten (→ § 5 Rn 15 ff).

112 Eine Bewertung einzelner oben genannter Vermögenswerte zum beizulegenden Zeitwert oberhalb des bisherigen Buchwerts erfordert daher eine sorgfältige Prüfung, ob Indikatoren einer Wertminderung nach IAS 36 vorliegen. Der beizulegende Zeitwert ist der Ausgangswert, auf dessen Grundlage die Vermögenswerte unter Anwendung IFRS konformer (Rest-)Nutzungsdauern und Abschreibungsmethoden bilanziert werden. Für die **Bestimmung des beizulegenden Zeitwerts der Vermögenswerte** verweist Anhang A des IFRS 1 auf IFRS 13 (→ Rn 76). Sofern der beizulegende Zeitwert als Ersatz für die Anschaffungs- oder Herstellungskosten verwendet wird, stellt dieser im Anlagespiegel die Anschaffungskosten- oder Herstellungskosten zum Zeitpunkt der IFRS-Eröffnungsbilanz dar; kumulierte Abschreibungen entstehen erst zukünftig ab dem Übergangszeitpunkt (IFRS 1.IG9; *IDW* RS HFA 19 Rz 11).

113 Für die Bilanzierungspraxis ergeben sich durch die Ausübung dieses Wahlrechts **bilanzpolitische Gestaltungsmöglichkeiten** in der IFRS-Eröffnungsbilanz, da ein erstmaliger IFRS-Anwender zB entscheiden kann, Grundstücke, die erhebliche stille Reserven enthalten, in der IFRS-Eröffnungsbilanz zum beizulegenden Zeitwert nach IFRS 1.D5 anzusetzen, während alle übrigen abschreibungspflichtigen Vermögenswerte zu fortgeführten Anschaffungskosten bilanziert werden.

114 Neben einer Bewertung zum beizulegenden Zeitwert erlaubt IFRS 1.D6 auch die Beibehaltung der Wertansätze infolge einer **Neubewertung nach bisherigen Rechnungslegungsstandards.** Voraussetzung für die Anwendung dieser Alternative ist, dass die Neubewertung nach bisherigen Rechnungslegungsstandards zu Wertansätzen geführt hat, die entweder mit dem beizulegenden Zeitwert oder fortgeführten Anschaffungskosten, die an einen allgemeinen oder speziellen Preisindex angepasst wurden, vergleichbar sind. Das Wahlrecht des IFRS 1.D6 ist für dieselben Kategorien von Vermögenswerten anwendbar wie das Wahlrecht des IFRS 1.D5 (→ Rn 110). Für bisher nach HGB bilanzierende Unternehmen hat dieses Wahlrecht nach IFRS 1.D6 jedoch keine Bedeutung, da nach HGB keine Neubewertungen zulässig sind.

115 Ferner ist eine sog **ereignisorientierte Bilanzierung** zulässig (IFRS 1.D8), bei der das Unternehmen zB im Rahmen einer zurückliegenden Privatisierung oder eines Börsengangs einige oder alle Vermögenswerte und Schulden zum beizulegenden Zeitwert bilanziert hat. Bei Privatisierungen werden ggf Vermögenswerte und Schulden zu Zeitwerten in eine Gesellschaft privatrechtlicher Rechtsform eingebracht, die nach IFRS 1.D8 herangezogen werden können. Bei Börsengängen allein kann es nicht zu einer Bewertung von Vermögenswerten und Schulden zu beizulegenden Zeitwerten kommen; dies kann nur bei zeitlich vorgelagerten Einbringungsvorgängen erfolgen (vgl *ADS* Int Abschn 3a Rz 109). Derartige Wertansätze dürfen als Ersatz für Anschaffungs- oder Herstellungskosten nach IFRS für den Zeitpunkt des jeweiligen Ereignisses verwendet werden. Anders als die Wahlrechte in IFRS 1.D5 und IFRS 1.D6, die nur für bestimmte Vermögenswerte des Anlagevermögens gelten, ist das Wahlrecht des IFRS 1.D8 (vgl *ADS* Int Abschn 3a Rz 98) für **alle Vermögenswerte und Schulden, die zu fortgeführten Anschaffungskosten bilanziert werden,**

anwendbar. IFRS 1 begrenzt nicht den Zeitraum innerhalb dessen eine ereignisorientierte Bewertung vor dem Übergang zur IFRS-Bilanzierung erfolgt sein muss. Ausgehend vom Zeitpunkt der ereignisorientierten Bewertung müssen diese Wertansätze durch IFRS-konforme planmäßige Abschreibungen bis zum Stichtag der IFRS-Eröffnungsbilanz fortentwickelt werden (vgl *Baetge/Bischof/Harms/Lappenküper* in Baetge ua IFRS-Komm IFRS 1 Rz 149f).

b) Öl- und Gasvorkommen

Neben den zum beizulegenden Zeitwert als Ersatz für Anschaffungs- oder Herstellungskosten angesetzten Vermögenswerten hat der IASB eine Ausnahme für Unternehmen aus dem Bereich der **Öl- und Gasindustrie** geschaffen. Derartige Unternehmen bilanzieren oft nach lokalen Rechnungslegungsvorschriften Vermögenswerte für die Erforschung, Evaluierung oder Entwicklung von Rohstoffvorkommen bzw die Produktion (Abbau von Öl- oder Gasvorkommen) in umfassenden Cost Centern, die alle Vermögenswerte in größeren geografischen Arealen umfassen. Das Wahlrecht in IFRS 1.D8A sieht folgende Erleichterungen vor: Die Vermögenswerte, die für die Erforschung und Evaluierung von Rohstoffvorkommen eingesetzt werden, sind mit den Werten nach bisherigen Rechnungslegungsstandards in die IFRS-Eröffnungsbilanz zu übernehmen. Bei den Vermögenswerten, die für Entwicklung und den Abbau von Öl- oder Gasvorkommen eingesetzt werden, sind die nach bisherigen Rechnungslegungsstandards angesetzten Buchwerte entspr den noch vorhandenen Öl- und Gasreserven proportional auf die Vermögenswerte aufzuteilen. Sofern diese Erleichterungsregeln Anwendung finden, sind die in der IFRS-Eröffnungsbilanz angesetzten Vermögenswerte für Erforschung und Evaluierung sowie Entwicklung und Produktion nach IFRS 6 bzw IAS 36 auf Wertminderung zu überprüfen. Sofern das Wahlrecht des IFRS 1.D8A(b) für Vermögenswerte, die für Entwicklung und den Abbau von Öl- oder Gasvorkommen eingesetzt werden, angewendet wird, ist dies im Anhang nach IFRS 1.31A anzugeben. Ferner ist anzugeben, wie die nach bisherigen Rechnungslegungsstandards angesetzten Buchwerte aufgeteilt wurden. 116

c) Sonderfall Regulatorische Abgrenzungsposten (IFRS 14)

Der IASB hat ebenfalls Erleichterungen für Unternehmen geschaffen, die in einem Markt tätig sind, der **regulatorischen Preisfestsetzungen** unterliegt (zB Energie- und Wasserversorgung, Telekommunikation- und Postsektor, öffentlicher Nahverkehr, Abfallbewirtschaftung). Die in diesem Zusammenhang nach bisherigen Rechnungslegungsmethoden aktivierten Vermögenswerte, die ggf nicht die Aktivierungsvoraussetzungen der IFRS erfüllen, können nach IFRS 1.D8B beim Übergang zur IFRS-Rechnungslegung beibehalten werden. Bei Anwendung dieses Wahlrechts ist dies gem IFRS 1.31B im Anhang anzugeben. Es ist zu erläutern, auf welcher Grundlage die Buchwerte dieser Vermögenswerte nach bisherigen Rechnungslegungsstandards ermittelt wurden. 117

Im Januar 2014 hat der IASB den **Interimsstandard IFRS 14** *Regulatorische Abgrenzungsposten (regulartory deferral accounts)* verabschiedet (vgl dazu *Petersen/Bansbach/Dornbach* IFRS Praxishandbuch 2015, 35; *Komarek* IRZ 2014, 345 (348); *Küting/Schwieters* KoR 2014, 416 (423 f)). IFRS 1.D8B verweist nunmehr auf IFRS 14. Dieser Standard ist als Zwischenlösung gedacht und soll IFRS-Erstanwendern kurzfristig Hilfestellung geben, bis der IASB sein eigentliches Forschungsprojekt zu Preisregulierungen abgeschlossen hat. Erstes Ergebnis dieses Forschungsprojekts war die Veröffentlichung des Diskussionspapiers DP/2014/2 zur Berichterstattung über die finanziellen Auswirkungen von Preisregulierungen im September 2014. 118

119 Zielsetzung des IFRS 14 ist es, die Vergleichbarkeit von Abschlüssen solcher Unternehmen zu erhöhen, die preisregulierte Absatzgeschäfte erbringen. Preisregulierungen können zu **wirtschaftlichen Vor- oder Nachteilen** führen, wenn Ausgaben des Unternehmens in deren aktuellem Geschäftsjahr Auswirkungen auf (regulierte) verlangte Preise in künftigen Geschäftsjahren haben. Die nationalen Bilanzierungsvorschriften einiger Länder erlauben die Aktivierung/Abgrenzung der wirtschaftlichen Vorteile (oder Passivierung/Abgrenzung der wirtschaftlichen Nachteile) bzw schreiben diese vor.

Für die künftige Anwendung von IFRS 14 müssen folgende **Kriterien** erfüllt sein (IFRS 14.5):

(1) Bei dem Unternehmen handelt es sich um einen IFRS-Erstanwender iSv IFRS 1.

(2) Der Preis, den ein Unternehmen von Kunden für Waren oder Dienstleistungen verlangen kann, muss durch eine Behörde reguliert werden.

120 Da bei Anwendung von IFRS 14 **Ansatz und Bewertung der regulatorischen Abgrenzungsposten** nach den nationalen Regelungen erfolgt (IFRS 14.11), enthält IFRS 14 lediglich (spezifische) Regelungen hinsichtlich des **Ausweises** und der **Anhangangaben.** Die regulatorischen Abgrenzungsposten sind dabei separat in der Bilanz und deren Veränderungen separat in der Gesamtergebnisrechnung, konkret im sonstigen Ergebnis, auszuweisen. Letzterer Ausweis ist gem IFRS 14.:22 differenziert danach vorzunehmen, ob die Bestandteile in einer künftigen Periode GuV-Wirkung entfalten können (*reclassification adjustments*). Darüber hinaus werden spezifische Angaben zur Art der Preisregulierung und zu den damit verbundenen Risiken gefordert, insbes umfangreiche Angaben zu Details der Regulierung und detaillierte quantitative Angaben. IFRS 14.33(a) fordert zudem eine Überleitungsrechnung der Eröffnungsbilanzwerte der regulatorischen Abgrenzungsposten unterteilt in verschiedene Klassen auf die Stichtagswerte. Aus den regulatorischen Abgrenzungsposten resultierende **latente Steuern** sind mit diesen zusammenzufassen (in einer Summe oder separate Zeile, jedoch nicht saldiert) und nicht mit den aktiven oder passiven latenten Steuern in der Bilanz darzustellen.

121 Die Anwendung von IFRS 14 ist **fakultativ.** IFRS 14 kann – vorbehaltlich eines Endorsements durch die EU – angewendet werden, wenn der erste IFRS-Abschluss eines Unternehmens für Berichtsperioden erstellt wird, die am oder nach dem 1. Januar 2016 beginnen. Eine vorzeitige Anwendung ist zulässig. Daher kann ein Unternehmen IFRS 14 zum Umstellungszeitpunkt anwenden (*KPMG* 2014/15 Rz 6.2A.140.10). Wenn sich ein Unternehmen entscheidet, IFRS 14 im Rahmen der erstmaligen IFRS-Anwendung anzuwenden, muss er auch in allen Folgeperioden angewendet werden.

5. Leasingverhältnisse

122 **IFRIC 4** regelt die Bilanzierung von Vereinbarungen, die die Nutzung eines Vermögenswerts erlauben, die jedoch nicht in der Form eines Leasingvertrags gestaltet wurden. IFRIC 4 erläutert dabei wie die Zahlungen, die im Rahmen der Vereinbarung zB für sonstige Lieferungen oder Leistungen gezahlt, separiert und als Leasingzahlungen qualifiziert werden, für die Bilanzierung nach IAS 17 herangezogen werden (→ § 22 Rn 12ff). IFRIC 4 ist nach der Übergangsvorschrift in IFRIC 4.17 **grds retrospektiv** auf alle zu Beginn der jeweiligen Berichtsperiode noch bestehenden Vereinbarungen anzuwenden, dh es ist eine Einschätzung zu treffen, ob rückwirkend zum Vereinbarungsbeginn *(inception of the arrangement)* alle Vereinbarungen Leasingverhälntisse enthalten haben *(pwc 2015, 2063)* Nach der Übergangsvorschrift in IFRIC 4.17 ist alternativ eine **be-**

schränkte retrospektive Anwendung erlaubt, der zufolge nur die zu Beginn der frühesten als Vergleichszahlen dargestellten Periode noch existenten Vereinbarungen auf Basis der zu diesem Zeitpunkt vorhandenen Daten und Verhältnisse daraufhin zu beurteilen sind, ob die Vereinbarungen ggf ein Leasingverhältnis beinhalten. Dadurch erübrigt es sich, sämtliche Vereinbarungen, die zu Beginn der Berichtsperiode bestehen, rückwirkend zum Zeitpunkt des Entstehens der Vereinbarungen zu überprüfen (*Deloitte* 2015, 105).

Durch IFRIC 4 wurde ein weiteres Wahlrecht in IFRS 1 eingefügt. Ein erst- 123 maliger IFRS-Anwender hätte ohne dieses Wahlrecht IFRIC 4 vollständig retrospektiv anzuwenden. Das **Wahlrecht des IFRS 1.D9** erlaubt einem erstmaligen IFRS-Anwender jedoch die beschränkt retrospektive Anwendung des IFRIC 4 nach Maßgabe des IFRIC 4.17. Die Untersuchung der existenten Vereinbarungen auf mögliche Leasingverhältnisse hat dabei auf den Zeitpunkt des Übergangs auf die IFRS (IFRS-Eröffnungsbilanz) zu erfolgen.

Für Unternehmen, die Leasingverträge schon nach bisherigen Rechnungsle- 124 gungsmethoden in Übereinstimmung mit den grundlegenden Anforderungen des IFRIC 4 bilanziert haben, die nach IFRIC 4 erforderliche Einschätzung sämtlicher Verträge aber zu einem abweichenden Stichtag erfolgt ist, hat der IASB in IFRS 1.D9A ein weiteres Wahlrecht geschaffen: Diese Unternehmen müssen **keine erneute Einschätzung der Verträge nach IFRIC 4** zum IFRS Übergangsstichtag vornehmen.

6. Kumulierte Währungsumrechnungsdifferenzen

Grds sind für die **Fremdwährungsumrechnung** im Rahmen der IFRS- 125 Eröffnungsbilanz diejenigen IFRS retrospektiv anzuwenden, die zum Ende des Geschäftsjahrs der erstmaligen Anwendung der IFRS als Grundlage der Rechnungslegung gelten. Die Fremdwährungsumrechnungsdifferenzen müssten nach der in IAS 21 vorgeschriebenen Methode für die **Vergangenheit** seit dem Bestehen der jeweiligen Fremdwährungsposten ermittelt werden.

IAS 21 regelt die **Umrechnung von Abschlüssen ausländischer Ge- 126 schäftsbetriebe.** Posten in fremder Währung sind in die funktionale Währung des ausländischen Geschäftsbetriebs unter Anwendung der Zeitbezugsmethode umzurechnen, während es sich bei der Umrechnung der funktionalen Währung des ausländischen Geschäftsbetriebs in die Berichtswährung um einen Transformationsprozess handelt, der das Ergebnis des berichtenden Unternehmens nicht beeinflussen darf. Diese Differenzen aus der Umrechnung der funktionalen Währung des ausländischen Geschäftsbetriebs in die Berichtswährung des MU sind nach IAS 21.39 ebenso wie die Differenzen aus der Umrechnung monetärer Posten als Teil einer **Nettoinvestition in eine ausländische Teileinheit** nach IAS 21.15 und IAS 21.32 erfolgsneutral im sonstigen Ergebnis zu erfassen.

Nach IFRS 1.D13 braucht ein Unternehmen in der IFRS-Eröffnungsbilanz 127 diese Vorschriften für die Behandlung **kumulierter Fremdwährungsumrechnungsdifferenzen ausländischer Geschäftsbetriebe** nicht zu beachten. Derartige kumulierte Fremdwährungsumrechnungsdifferenzen ausländischer Geschäftsbetriebe werden bei Ausübung des Wahlrechts in der IFRS-Eröffnungsbilanz mit null angesetzt. Zum Bilanzstichtag des als Vergleichszahlen dargestellten Abschlusses des Vorjahrs und zum Bilanzstichtag des Geschäftsjahrs, in dem die IFRS erstmals als Grundlage der Rechnungslegung angewendet werden, sind die kumulierten Fremdwährungsdifferenzen **prospektiv** nach IAS 21.39 für die bestehenden ausländischen Geschäftsbetriebe zu berechnen und im sonstigen Ergebnis zu erfassen bzw kumuliert als gesonderter Posten des Eigenkapitals auszuweisen. Dem Wortlaut des IFRS 1.D13 nach gilt diese Ausnahmeregelung nur für die kumulierten Fremdwährungsumrechnungsdifferenzen ausländischer Geschäftsbetriebe. Nach IFRS 1.BC53 gilt dies jedoch auch für solche Umrechnungsdifferenzen, die aus der Umrechnung monetärer Posten als Teil einer **Nettoinvestition in eine ausländische Teileinheit** nach IAS 21.15 resultieren. Da derartige Differenzen im Konzernabschluss (IAS 21.32) ebenso zu behandeln sind wie Differenzen aus der Fremdwährungsumrechnung ausländischer Geschäftsbetriebe nach IAS 21.39 dürfen diese bei Inanspruchnahme des Wahlrechts des IFRS 1.D13 ebenso in der IFRS-Eröffnungsbilanz mit null angesetzt werden (ebenso *ADS* Int Abschn 3a Rz 127; *Baetge/Bischof/Harms/Lappenküper* in Baetge ua IFRS-Komm IFRS 1 Rz 176 f).

128 Sofern ein Unternehmen dieses **Wahlrecht** in Anspruch nimmt, muss es dies **für alle ausländischen Geschäftsbetriebe und Nettoinvestitionen in ausländische Teileinheiten** machen. Es braucht dabei jedoch nicht nachzuweisen, dass die retrospektive Ermittlung der kumulierten Fremdwährungsumrechnungsdifferenzen nach IAS 21 zu unverhältnismäßigen Kosten führen würde.

Beispiel: Ein MU A (mit zwei ausländischen TU B und C, die eine von MU A abweichende funktionale Währung haben), das bisher ausschließlich nach HGB bilanziert hat und bei dem das Wirtschaftsjahr mit dem Kalenderjahr übereinstimmt, entscheidet sich dazu, den Konzernabschluss zum 31. Dezember X2 nach IFRS als primärer Grundlage der Rechnungslegung aufzustellen. In der IFRS-Eröffnungsbilanz zum 1. Januar X1 wäre – bei Inanspruchnahme des Wahlrechts in IFRS 1.D13 – eine kumulierte Fremdwährungsumrechnungsdifferenz in Bezug auf B und C mit null anzusetzen. Im Abschluss zum 31. Dezember X1 wäre eine kumulierte Fremdwährungsumrechnungsdifferenz in Bezug auf B und C erfolgsneutral im sonstigen Ergebnis auszuweisen, die der Veränderung der Wechselkurse zwischen funktionaler Währung und Berichtswährung vom 1. Januar X1 bis zum 31. Dezember X1 entspricht. Analog wäre im Abschluss zum 31. Dezember X2 eine kumulierte Fremdwährungsumrechnungsdifferenz in Bezug auf B und C erfolgsneutral im kumulierten sonstigen Ergebnis auszuweisen, die der Veränderung der Wechselkurse zwischen funktionaler Währung und Berichtswährung vom 1. Januar X1 bis zum 31. Dezember X2 entspricht.

129 Bei Anwendung des Wahlrechts des IFRS 1.D13, die kumulierten Umrechnungsdifferenzen in der IFRS-Eröffnungsbilanz mit null anzusetzen, sind die **nach bisherigen Rechnungslegungsgrundsätzen bilanzierten Währungsumrechnungsdifferenzen auszubuchen** und in die Gewinnrücklagen umzugliedern.

130 Das Wahlrecht des IFRS 1.D13 befreit jedoch nicht davon, IAS 21 im Übrigen retrospektiv anzuwenden. Das bedeutet, dass das Prinzip der Fremdwährungsumrechnung der funktionalen Währungsumrechnung nach IAS 21 entsprechen muss. Sollte in der Vergangenheit eine unzutreffende funktionale Währung für die Fremdwährungsumrechnung verwendet worden sein, wurde zB der Abschluss des ausländischen TU in Landeswährung aufgestellt und mittels Stichtagskursmethode in die Berichtswährung Euro umgerechnet, während sich nach IAS 21 die Berichtswährung Euro als funktionale Währung darstellt, muss der Abschluss des ausländischen TU retrospektiv nach IAS 21 so berichtigt werden, als wenn er schon immer in der funktionalen Währung Euro aufgestellt worden wäre (vgl *Baetge/Bischof/Harms/Lappenküper* in Baetge ua IFRS-Komm IFRS 1 Rz 180).

7. Anteile an Tochterunternehmen, gemeinschaftlich geführten Unternehmen und assoziierten Unternehmen im Einzelabschluss des Mutterunternehmens

131 Ein weiteres Wahlrecht beinhalten IFRS 1.31, IFRS 1.D14 und IFRS 1.D15 in Bezug auf die Bilanzierung von Anteilen an TU, gemeinschaftlich geführten

Unternehmen und assoziierten Unternehmen im separaten Einzelabschluss des MU. Nach IAS 27.10 sind Anteile an derartigen Unternehmen im Einzelabschluss des MU entweder zu **Anschaffungskosten** oder nach **IAS 39** (sofern noch nicht IFRS 9 angewendet wird; vgl IAS 27.19) zu bilanzieren. Für Geschäftsjahre, die am oder nach dem 1. Januar 2016 beginnen, können Unternehmen gem der im August 2014 verabschiedeten Änderung an IAS 27 diese Anteile auch *at equity* bilanzieren. Bei der Wahl der Equity-Methode gelten die Erleichterungen des neu eingefügten IFRS 1.D15A. IAS 27 enthält keine eigene Anschaffungskostendefinition. Die Anschaffungskosten sind nach allgemeinen Maßstäben zu bestimmen. Die Frage, ob der Anteilseigner Erträge aus Ausschüttungen erfolgswirksam erfassen darf, hat unter Berücksichtigung der Regelungen zur Wertminderung von derartigen Anteilen in IAS 36.12(h) zu erfolgen. Bei Beteiligungen, die seit vielen Jahren gehalten werden, kann es im Einzelfall schwierig sein, die nach IAS 27 zutreffenden Anschaffungskosten zu ermitteln.

Da diese Untersuchungen erhebliche Zeit in Anspruch nehmen bzw Kosten **132** verursachen können und es zT unmöglich sein dürfte, die zutreffenden Anschaffungskosten nach IAS 27.10 zu ermitteln, wurde in IFRS 1.D1(g) ein Wahlrecht zur Bilanzierung von Anteilen an TU, gemeinschaftlich geführten Unternehmen und assoziierten Unternehmen im separaten Einzelabschluss des MU geschaffen. Nach IFRS 1.D14 sind derartige Beteiligungen entweder mit den Anschaffungskosten oder nach IAS 39/IFRS 9 zu bewerten. Wenn ein erstmaliger IFRS-Bilanzierer die Beteiligungen zu Anschaffungskosten ansetzt, hat er das Wahlrecht, die Beteiligungen zu Anschaffungskosten iSv IAS 27 oder zu Werten, die als Ersatz für die Anschaffungskosten angenommen werden *(deemed cost),* anzusetzen. Als Ersatz-Anschaffungskosten kann nach IFRS 1.D15 alternativ – jeweils zum Stichtag der IFRS-Eröffnungsbilanz – entweder der beizulegende Zeitwert oder der bisherige Buchwert nach HGB verwendet werden.

Sofern von dem Wahlrecht Gebrauch gemacht wird und entspr Beteiligungen **133** im Einzelabschluss des MU zu **Ersatz-Anschaffungskosten** angesetzt werden, ist im Anhang nach IFRS 1.31 Folgendes anzugeben:
(1) der Gesamtbetrag der zum bisherigen Buchwert nach HGB angesetzten Beteiligungen,
(2) der Gesamtbetrag der zum beizulegenden Zeitwert als Ersatz-Anschaffungskosten angesetzten Beteiligungen,
(3) der Gesamtbetrag der Anpassungen der bisherigen Buchwerte der Beteiligungen nach HGB zu den Wertansätzen in der IFRS-Eröffnungsbilanz.

8. Unterschiedliche Erstanwendungszeitpunkte von Mutterunternehmen und Tochterunternehmen

IFRS 1.D16 und IFRS 1.D17 adressieren das Problem **abweichender Stichtage der erstmaligen vollständigen IFRS-Bilanzierung** zwischen MU, TU, **134** Gemeinschafts- und assoziierten Unternehmen sowie dem Einzel- und Konzernabschluss des MU. Durch die Ausnahmeregelungen und Verbote der retrospektiven Bilanzierung in IFRS 1 kommt es in der IFRS-Eröffnungsbilanz zu anderen Wertansätzen als bei vollständiger retrospektiver Anwendung der IFRS.

Für ein **Konzernunternehmen, das in seinem Abschluss später als das MU** im Konzernabschluss die IFRS erstmalig vollständig anwendet, sieht **135** IFRS 1.D16 zwei Alternativen der Bilanzierung vor: Nach IFRS 1.D16(a) kann das Konzernunternehmen in diesem Fall die Vermögenswerte und Schulden in seiner IFRS-Eröffnungsbilanz mit den Buchwerten ansetzen, mit denen diese Vermögenswerte und Schulden in der IFRS-Konzernbilanz des MU angesetzt werden, vorbehaltlich der Konsolidierungsbuchungen und der Anpassungsbuchungen, die im Konzernabschluss zur Abbildung des Unternehmenszusammenschlusses erfasst wurden. Der Wertansatz dürfte somit den Wertansätzen der Vermögenswerte und Schulden im IFRS-Konzernberichtspaket (sog HB II bzw Summenabschluss) entsprechen.

136 Alternativ können die Vermögenswerte und Schulden in der IFRS-Eröffnungsbilanz des Konzernunternehmens nach IFRS 1.D16(b) mit den **Buchwerten** angesetzt werden, die sich aus den **Vorschriften des IFRS 1** ergeben. Bei dieser Alternative können sich Abweichungen ggü der ersten Alternative ergeben, wenn sich aus den Erleichterungsvorschriften des IFRS 1 Wertansätze ergeben, die vom gewählten Tag des Übergangs zur IFRS-Bilanzierung abhängen (zB Ansatz von Sachanlagen zum beizulegenden Zeitwert nach IFRS 1.D5). Ferner können Abweichungen dadurch begründet sein, dass das TU in seiner IFRS-Eröffnungsbilanz sonstige Bilanzierungswahlrechte anders ausübt als das MU (zB Bilanzierung der Sachanlagen nach der alternativ zulässigen Methode in IAS 16). Unabhängig von der gewählten Methode des TU nach IFRS 1.D16(a) oder (b) bleibt der Buchwert der Vermögenswerte und Schulden in der IFRS-Konzernbilanz des MU unverändert (vgl IFRS 1.IG29 Beispiel 8).

137 Die beiden vorgenannten alternativen Bilanzierungsmethoden des IFRS 1.D16 stehen **TU, Gemeinschafts- oder assoziierten Unternehmen** offen, die später als das Unternehmen, von dem sie beherrscht bzw unter dessen gemeinsamer Führung sie stehen bzw das einen maßgeblichen Einfluss auf sie ausüben kann, ihre eigenen Abschlüsse vollständig nach IFRS aufstellen. Einem Konzernunternehmen einer Investmentgesellschaft iSd IFRS 10, das erfolgswirksam zum beizulegenden Zeitwert bewertet werden muss, steht das Wahlrecht in IFRS 1.D16(a) nicht zu.

138 Im umgekehrten Fall, in dem ein **MU seinen Konzernabschluss später als das TU, Gemeinschafts- oder assoziierte Unternehmen** vollständig nach IFRS aufstellt, bleibt das MU an die Wertansätze gebunden, die die Vermögenswerte und Schulden in den IFRS-Abschlüssen des TU, Gemeinschafts- oder assoziierten Unternehmens haben (IFRS 1.D17). Anpassungen sind nur erforderlich für vorzunehmende Konsolidierungsbuchungen bzw zur Abbildung des Unternehmenszusammenschlusses (vgl IFRS 1.IG29 Beispiel 9). Dies gilt jedoch nicht für Vermögenswerte und Schulden, die das TU vor dem Übergangszeitpunkt des MU zu IFRS durch Unternehmenserwerbe erworben hat (IFRS 1.IG30(a)). Zu derartigen Unternehmenserwerben gehören einerseits der Erwerb des TU durch das MU, andererseits aber auch weitere Unternehmenserwerbe durch das TU. Für alle Vermögenswerte und Schulden, die aus derartigen Unternehmenserwerben vor dem Übergangszeitpunkt des MU resultieren, gilt das Wahlrecht des IFRS 1.C5 (→ Rn 77 ff); IFRS 1.D17 ist insoweit nicht anwendbar (vgl *IDW* RS HFA 19 Rz 15; *Lüdenbach/Hoffmann/Freiberg*, IFRS § 6 Rz 90). MU, die keine Investmentgesellschaft sind, haben die für TU von Investmentgesellschaften geltende Ausnahme von der Konsolidierung nicht anzuwenden (IFRS 1D.17).

139 Ein **MU, das in seinem Einzelabschluss später als in seinem Konzernabschluss** vollständig nach IFRS bilanziert, hat in seiner IFRS-Eröffnungsbilanz die Vermögenswerte und Schulden mit den Wertansätzen zu erfassen, mit denen diese, vorbehaltlich der Konsolidierungsbuchungen, in der IFRS-Konzernbilanz ausgewiesen werden (IFRS 1.D17).

140 Das Wahlrecht des IFRS 1.D16 gilt nach hM (vgl *Baetge/Bischof/Harms/Lappenküper* in Baetge ua IFRS-Komm IFRS 1 Rz 184; *Lüdenbach/Hoffmann/Freiberg* IFRS § 6 Rz 89 f) sowohl für zeitlich nachgelagert aufgestellte erstmalige **IFRS-Einzelabschlüsse als auch Teilkonzernabschlüsse** von TU, assoziierten Unternehmen und Gemeinschaftsunternehmen. Ebenso gilt die Verpflichtung des IFRS 1.D17 für den zeitlich nachgelagerten erstmaligen IFRS-Konzernab-

schluss eines MU, die Wertansätze aus bereits vorhandenen IFRS-Einzelabschlüssen und Teilkonzernabschlüssen von TU, assoziierten Unternehmen und Gemeinschaftsunternehmen zu beachten.

9. Zusammengesetzte Finanzinstrumente

Der Emittent eines zusammengesetzten Finanzinstruments (zB Wandelschuldverschreibung), das sowohl **Eigen- als auch Fremdkapitalelemente** enthält, hat diese nach IAS 32.28 getrennt darzustellen. Durch die retrospektive Anwendung des IAS 32 wäre es erforderlich, diese beiden **Bestandteile rückwirkend zum Zeitpunkt der Emission des Finanzinstruments zu separieren** und diese Bestandteile bis zum Stichtag der IFRS-Eröffnungsbilanz weiterzuentwickeln. Sofern die Fremdkapitalkomponente zum Stichtag der IFRS-Eröffnungsbilanz noch nicht bzw nicht vollständig getilgt ist, sind in der IFRS-Eröffnungsbilanz zwei unterschiedliche Bestandteile im Eigenkapital zu erfassen und die noch ausstehende Fremdkapitalkomponente im Fremdkapital. Die erste Komponente des Eigenkapitals besteht aus dem urspr Eigenkapitalbestandteil des strukturierten Finanzinstruments bei dessen Emission. Die zweite Komponente des Eigenkapitals stellt die kumulierten Zinsen des Fremdkapitalbestandteils dar. Sofern die Fremdkapitalkomponente zum Zeitpunkt der IFRS-Eröffnungsbilanz nicht mehr zu passivieren ist, weil keine Verpflichtung mehr besteht, würden sich nach IAS 32 nur die beiden vorgenannten Eigenkapitalkomponenten ergeben. 141

IFRS 1.D18 erlaubt es Unternehmen, auf die **separate Ermittlung der beiden Eigenkapitalkomponenten** zu verzichten, wenn die Fremdkapitalkomponente eines strukturierten Finanzinstruments zum Stichtag der IFRS-Eröffnungsbilanz nicht mehr bilanzierungspflichtig ist. Die nach IAS 32 vorzunehmende retrospektive Ermittlung der Eigenkapitalkomponenten würde nur zu einer Umbuchung zwischen Kapitalrücklage und Gewinnrücklagen führen. 142

10. Klassifizierung von bisher bereits angesetzten Finanzinstrumenten

Durch IAS 39 wurde Unternehmen die Möglichkeit eingeräumt, bestimmte Arten von Finanzinstrumenten (IAS 39.9) bei ihrer erstmaligen Erfassung der Gruppe der **erfolgswirksam zum beizulegenden Zeitwert bewerteten finanziellen Vermögenswerte und Schulden** oder der Kategorie **zur Veräußerung verfügbare finanzielle Vermögenswerte** zuzuordnen. Diese, von der Unternehmensleitung zu treffende Klassifizierung darf nach den Vorschriften des IAS 39.9 nur bei der erstmaligen Erfassung derartiger finanzieller Vermögenswerte und Schulden erfolgen. Nach IFRS 1.D19 darf dieses Wahlrecht der Klassifizierung jedoch auch bei der **Klassifizierung der finanziellen Vermögenswerte und Schulden im Rahmen der IFRS-Eröffnungsbilanz** ausgeübt werden, dh zu einem Zeitpunkt nach der urspr ersten bilanziellen Erfassung. Hierdurch kann das Unternehmen bei der Aufstellung der IFRS-Eröffnungsbilanz die Entscheidung treffen, welche finanziellen Vermögenswerte und Schulden zukünftig zum beizulegenden Zeitwert bilanziert werden sollen und bei welchen finanziellen Vermögenswerten und Schulden die zukünftigen Veränderungen des beizulegenden Zeitwerts erfolgswirksam bzw erfolgsneutral erfasst werden sollen. 143

Nach IFRS 1.D19(a) kann ein Unternehmen nunmehr beliebig einen finanziellen Vermögenswert zum Stichtag der IFRS-Eröffnungsbilanz der Kategorie **zur Veräußerung verfügbare finanzielle Vermögenswerte** zuordnen. Nach IFRS 1.D19(b) darf eine Einordnung in die Kategorie **erfolgswirksam zum beizulegenden Zeitwert bewertete finanzielle Vermögenswerte und Schulden** erfolgen, sofern die Voraussetzungen der Paragrafen 9(b)(i), 9(b)(ii) oder 11A des IAS 39 zum Zeitpunkt der IFRS-Eröffnungsbilanz erfüllt sind. 144

145 Aufgrund der **neuen Regelungen des IFRS 9** wurde IFRS 1.D19 angepasst und IFRS 1.D19A bis IFRS 1.D19D eingefügt. Diese nachfolgend erläuterten Änderungen des IFRS 1 gelten jedoch – ein Endorsement des IFRS 9 vorausgesetzt – erst für Geschäftsjahre, in denen IFRS 9 angewendet wird, dh voraussichtlich ab dem 1. Januar 2018. Der überarbeitete IFRS 1.D19 bezieht sich auf finanzielle Schulden, die unter bestimmten Voraussetzungen bei der erstmalige Erfassung erfolgswirksam zum beizulegenden Zeitwert bewertet werden dürfen. IFRS 1.D19 ermöglicht es dem IFRS-Erstanwender, jede beliebige finanzielle Schuld in der IFRS-Eröffnungsbilanz erfolgswirksam zum beizulegenden Zeitwert anzusetzen, sofern die finanzielle Schuld die Kriterien in IFRS 9.4.2.2 (*accounting mismatch* bzw Management auf Portfolio Basis; → § 3 Rn 510ff) erfüllt. IFRS 1.D19A erlaubt, einen finanziellen Vermögenswert erfolgswirksam zum beizulegenden Zeitwert nach IFRS 9.4.1.5 zu bewerten, basierend auf den Gegebenheiten zum Zeitpunkt der IFRS-Eröffnungsbilanz. IFRS 1.D19B gestattet, ein Eigenkapitalinstrument erfolgsneutral zum beizulegenden Zeitwert im sonstigen Ergebnis nach IFRS 9.5.7.5 zu bewerten, basierend auf den Gegebenheiten zum Zeitpunkt der IFRS-Eröffnungsbilanz. IFRS 1.D19C sieht für die Bewertung von finanziellen Vermögenswerten zu fortgeführten Anschaffungskosten ebenfalls Erleichterungen vor: Wenn es für ein Unternehmen undurchführbar (iSv IAS 8; → § 45 Rn 24) ist, retrospektiv die Anforderungen zur Ermittlung der Effektivzinsmethode in IAS 39.58ff bzw für die Durchführung des Wertminderungstests nach IAS 39.AG84ff umzusetzen, kann es ersatzweise den beizulegenden Zeitwert der betreffenden finanziellen Vermögenswerte als fortgeführte Anschaffungskosten in der IFRS-Eröffnungsbilanz ansetzen. Bei der Einstufung von finanziellen Schulden, die erfolgswirksam zum beizulegenden Zeitwert bewertet werden, hat ein Unternehmen nach IFRS 1.D19D anhand der Gegebenheiten zum Stichtag der IFRS-Eröffnungsbilanz zu beurteilen, ob ein sog *accounting mismatch* nach IFRS 9.5.7.7 vorliegt.

11. Zeitwertbewertung von finanziellen Vermögenswerten und finanziellen Schulden

146 IAS 39.AG76 regelt die Zugangsbewertung bei finanziellen Vermögenswerten und Schulden, für die **kein aktiver Markt** besteht. IAS 39.AG76A beinhaltet Anwendungsleitlinien für die Folgebewertung derartiger finanzieller Vermögenswerte und Schulden. Diese beiden Absätze wurden durch eine Änderung des IAS 39 im Dezember 2004 überarbeitet und zeitgleich ein weiteres Wahlrecht in IFRS 1.D20 eingeführt.

147 Nach IAS 39.AG76 erster Satz ist beim erstmaligen Ansatz der **Transaktionspreis** (die Anschaffungskosten) der beste Nachweis für den beizulegenden Zeitwert eines Finanzinstruments. Hiervon kann es Abweichungen geben, wenn ein Marktpreis aus anderen beobachtbaren Transaktionen desselben Finanzinstruments ermittelbar ist oder wenn der beizulegende Zeitwert auf Bewertungsverfahren beruht, bei dem die Bewertungsparameter ausschließlich Daten aus beobachtbaren Märkten beinhalten. ZB können sich Abweichungen zwischen Transaktionspreis und beizulegendem Zeitwert ergeben bei einem zinslosen Darlehen, wenn letzterer durch die Bewertung mit einem Bewertungsmodell unter Verwendung marktüblicher Konditionen ermittelt wird. Die ggf vorhandene Abweichung zwischen Transaktionspreis und beizulegendem Zeitwert ist dann als sog ***day one profit or loss*** zu erfassen (vgl *Heuser/Theile* Rz 8615).

148 Nach IAS 39.AG76A sind Gewinne und Verluste in der **Folgebewertung** von finanziellen Vermögenswerten und Schulden ohne aktiven Markt nur dann zu erfassen, – soweit nicht nach IAS 39.AG76 Gewinne oder Verluste zu erfassen

waren – wenn diese im Rahmen von Bewertungsmodellen ermittelt wurden, bei denen ausschließlich am Markt beobachtbare Parameter wie Laufzeiten, Zinssätze etc verwendet wurden.

Für einen erstmaligen IFRS-Bilanzierer bedeutet diese Regelung bei vollständig retrospektiver Anwendung der IAS 39.AG76 und IAS 39.AG76A, dass sämtliche Finanzinstrumente des Unternehmens rückwirkend auf einen möglichen *day one profit or loss* untersucht werden müssen, um den Effekt in der Eröffnungsbilanz der Gewinnrücklagen darstellen zu können. Mit der Änderung des IAS 39 wurde daher ein weiteres **Wahlrecht in IFRS 1.D20** aufgenommen: Ein erstmaliger IFRS-Anwender kann danach den überarbeiteten IAS 39.AG76 und IAS 39.AG76A entweder: 149

(a) vollständig retrospektiv,
(b) prospektiv auf nach dem 25. Oktober 2002 erfolgte Transaktionen oder
(c) prospektiv auf nach dem 1. Januar 2004 erfolgte Transaktionen anwenden (*Baetge/Bischof/Harms/Lappenküper* in Baetge ua IFRS-Komm IFRS 1 Rz 216).

Durch die Änderung des IFRS 1 im Dezember 2010 *(Severe Hyperinflation and Removal of Fixed Dates for First-Time Adopters)*, die für Geschäftsjahre anzuwenden ist, die am oder nach dem 1. Juli 2011 beginnen, sind die vorgenannten fixen Termine entfallen. Der IFRS-Erstanwender darf danach die *day one profit or loss*-Regelungen der IAS 39.AG76 und IAS 39.AG76A prospektiv beginnend in der IFRS-Eröffnungsbilanz anwenden (IFRS 1.BC83A).

IFRS 1.D20 wurde im Oktober 2010 **als Folgeänderung des IFRS 9 im Wortlaut angepasst** und die Bezugnahme auf die bisherigen IAS 39.AG76 und IAS 39.AG76A ersetzt durch eine Bezugnahme auf IFRS 9.B.5.4.8 und IFRS 9.B.5.4.9. Diese Bewertungsvorschriften wurden zwischenzeitlich als Folge der **Veröffentlichung von IFRS 13** gestrichen, weil diese Regelungen nunmehr in IFRS 13 enthalten sind. IFRS 13.60 sieht für einen *day one profit or loss* weiterhin eine erfolgswirksame Erfassung vor (Einzelheiten vgl → § 3 Rn 222), die nach IFRS 1.D20 – als Wahlrecht zu einer retrospektiven Anwendung – prospektiv ab dem IFRS-Umstellungszeitpunkt zur Anwendung kommt. 150

12. Rückstellungen für Entsorgungs-, Wiederherstellungs- und ähnliche Verpflichtungen

IFRIC 1 regelt die Veränderung von bestehenden Rückstellungen für Entsorgungs-, Wiederherstellungs- und ähnliche Verpflichtungen (→ § 5 Rn 51 ff). IFRS-Erstanwender haben **IFRIC 1** grds **retrospektiv** anzuwenden. IFRIC 1 regelt, dass bei Änderungen von Entsorgungsverpflichtungen, die Bestandteil der Anschaffungskosten einer Sachanlage sind, aufgrund von veränderten Kostenschätzungen oder Änderungen in Diskontierungssätzen, die sich ergebenden Anpassungsbeträge von dem Buchwert der Sachanlagen zu subtrahieren oder ggf hinzuzufügen sind und dass der angepasste Buchwert der Sachanlagen über die jeweilige Restnutzungsdauer abgeschrieben wird. Die Überprüfung der Wertentwicklung der Entsorgungsrückstellung muss bei vollständig retrospektiver Anwendung des IFRIC 1 zu jedem Bilanzstichtag zwischen Entstehen der Entsorgungsverpflichtung und dem Übergang zur IFRS-Bilanzierung erfolgen, wobei Anpassungsbeträge jeweils nur prospektiv über die jeweilige Restnutzungsdauer der Anlagen abgeschrieben werden dürfen. Diese retrospektive Ermittlung für jede Anlage, bei der eine Entsorgungsverpflichtung gegeben ist, kann sehr aufwändig sein. Daher wurde das **Wahlrecht in IFRS 1.D21** eingeführt, das eine Bilanzierung wie folgt zulässt: 151

(1) Die Entsorgungsverpflichtung wird nach IAS 37 zum Zeitpunkt der **IFRS-Eröffnungsbilanz bewertet;** 152

(2) Als Teil der Anschaffungskosten der Sachanlage wird der **Barwert der Rückstellung,** der sich zum Zeitpunkt der Entstehung der Verpflichtung unter Anwendung eines risikobereinigten Abzinsungssatzes ergibt, angesetzt und

(3) Die **kumulierte Abschreibung** der Sachanlage in der IFRS-Eröffnungsbilanz ergibt sich durch Anwendung der lfd Schätzungen der Nutzungsdauer und der IFRS-konformen Abschreibungsmethoden.

153 Eine weitere Erleichterung wurde für Unternehmen der **Öl- und Gasindustrie** geschaffen. Für Unternehmen, die nach lokalen Rechnungslegungsvorschriften Vermögenswerte für die Erforschung, Evaluierung oder Entwicklung von Rohstoffvorkommen bzw die Produktion (Abbau von Öl- oder Gasvorkommen) in umfassenden Cost Centern, die alle Vermögenswerte in größeren geografischen Arealen umfassen, bilanziert haben und das Wahlrecht in IFRS 1.D8A(b) anwenden, dürfen anstatt des Wahlrechts in IFRS 1.D21 ihre Rückbauverpflichtungen wie folgt bewerten (→ Rn 116):

(a) Die Rückstellungen für Entsorgungs-, Wiederherstellungs- und ähnliche Verpflichtungen sind zum Stichtag der IFRS-Eröffnungsbilanz nach IAS 37 zu bewerten und

(b) Die Differenz zwischen dem auf diese Weise ermittelten Betrag der Verpflichtungen und dem Buchwert der Verpflichtungen nach bisherigen Rechnungslegungsstandards ist unmittelbar mit den Gewinnrücklagen zu verrechnen.

13. Nach IFRIC 12 angesetzte Vermögenswerte

154 IFRIC 12 (→ § 9 Rn 103ff) regelt die Bilanzierung von Vermögenswerten, Schulden sowie Erträgen und Aufwendungen des Lizenznehmers im Zusammenhang mit **Infrastrukturkonzessionsverträgen** im Rahmen von sog **PPP-Projekten** (*public private partnership*-Projekte). Nach IFRIC 12.14 sind während der **Bau- bzw Errichtungsphase** der Infrastruktur Vermögenswerte und Schulden nach IAS 11 bzw IFRS 15 zu bilanzieren. Je nach Ausgestaltung der vertraglichen Vergütungsregelungen für den Lizenznehmer bzw Betreiber der Infrastruktur hat dieser während der **Betriebsphase** immaterielle oder finanzielle Vermögenswerte anzusetzen. Die Erfassung von Erträgen und Aufwendungen des Lizenznehmers hat während der Betriebsphase nach IFRIC 12.20 entspr IAS 18 bzw IFRS 15 zu erfolgen, ggf zu erbringende Instandhaltungsverpflichtungen sind nach IAS 37 zu bilanzieren.

155 Da die Regelungen des IFRIC 12 relativ komplex sind, sehen die **Übergangsvorschriften** des IFRIC 12 – neben der grds retrospektiven Anwendung nach IAS 8 (IFRIC 12.29) – auch für bereits nach IFRS bilanzierende Unternehmen eine limitierte retrospektive Anwendung vor: Nach IFRIC 12.30 darf der Lizenznehmer im Rahmen eines von IFRIC 12 erfassten Infrastrukturkonzessionsvertrags die nach bisherigen Rechnungslegungsmethoden erfassten Buchwerte von immateriellen Vermögenswerten und finanziellen Vermögenswerten, unabhängig davon wie sie bisher ausgewiesen wurden, als Wertansätze in der Eröffnungsbilanz der Vorjahresvergleichsperiode ansetzen. Die übernommenen Wertansätze der immateriellen und finanziellen Vermögenswerte sind einem Wertminderungstest zu unterziehen, der auf denselben Stichtag durchzuführen ist oder bei Undurchführbarkeit auf den Eröffnungsbilanzstichtag des aktuellen Geschäftsjahrs. Grds hat ein erstmaliger IFRS-Anwender IFRIC 12 **vollständig retrospektiv anzuwenden**. Das Wahlrecht des IFRIC 12.30, das bereits nach IFRS bilanzierende Unternehmen als Übergangserleichterung in Anspruch nehmen können, räumt IFRS 1.D1(m) iVm IFRS 1.D22 auch erstmaligen IFRS-Anwendern ein.

14. Zinsaufwendungen

IAS 23 sieht eine **verpflichtende Aktivierung von Fremdkapitalzinsen** 156
im Zusammenhang mit dem Erwerb, Bau oder Herstellung von **qualifizierten Vermögenswerten** vor. Ein **erstmaliger IFRS-Anwender** müsste grds die Vorschriften des IAS 23 vollständig retrospektiv anwenden. Allerdings enthält IFRS 1 in IFRS 1.D1(n) und IFRS 1.D23 für erstmalige IFRS-Anwender das Wahlrecht, die Übergangsbestimmungen des IAS 23.27 f anzuwenden.

Ein erstmaliger IFRS-Anwender kann gem **IFRS 1.D23** wählen, ob er die 157
Regelungen des IAS 23 ab dem Zeitpunkt des Übergangs zur IFRS-Rechnungslegung oder ab einem früheren nach IAS 23.28 zulässigen Zeitpunkt anwendet. Ab dem gewählten Zeitpunkt hat das Unternehmen jedoch keine Anpassungen oder Ausbuchungen von nach bisherigen Rechnungslegungsstandards aktivierten Fremdkapitalkosten vorzunehmen (IFRS 1.D23(a)). Darüber hinaus hat ab dem gewählten Zeitpunkt für alle qualifizierten Vermögenswerte die Aktivierung von Fremdkapitalkosten nach IAS 23 zu erfolgen. Das gilt einschließlich solcher qualifizierter Vermögenswerte, die sich zu diesem Zeitpunkt bereits in der Erstellung befinden (IFRS 1.D23(b)). Das Wahlrecht des IFRS 1.D23 ist einheitlich auf alle Fremdkapitalzinsen anzuwenden. Entscheidet sich ein Unternehmen, zum Übergangszeitpunkt IAS 23 rückwirkend anzuwenden, hat es diesen Standard für alle qualifizierten Vermögenswerte anzuwenden (*Deloitte* 2015, 124).

15. Von Kunden übertragene Vermögenswerte (IFRIC 18)

Die Interpretation **IFRIC 18** Von Kunden übertragene Vermögenswerte 158
(Transfers of Assets from Customers) befasst sich mit der Bilanzierung von Zuwendungen, die bspw Versorgungsunternehmen oder Outsourcing-Leistungen anbietende Unternehmen von ihren Kunden erhalten, um diese entweder mit einem Leitungsnetz zu verbinden oder ihnen permanenten Zugang zur Versorgung mit Gütern oder Dienstleistungen zu gewähren. IFRIC 18 ist nach den Übergangsvorschriften in IFRIC 18.22 prospektiv für von Kunden übertragene Vermögenswerte anzuwenden, die am oder nach dem 1. Juli 2009 empfangen wurden. Eine vorzeitige Anwendung ist zulässig, sofern die dafür notwendigen Informationen bereits zum Zeitpunkt der Übertragung vorlagen. Durch IFRIC 18 wurde ein Wahlrecht in IFRS 1.D1(o) und IFRS 1.D24 geschaffen. Ein erstmaliger IFRS-Anwender darf demnach die Übergangsvorschriften in IFRIC 18.22 anwenden, wobei die **prospektive Anwendung** des IFRIC 18 dann ab dem 1. Juli 2009 oder dem späteren Zeitpunkt des Übergangs zur IFRS-Bilanzierung zu erfolgen hat.

Durch den im Mai 2014 verabschiedeten neuen Standard zur Umsatzrealisierung IFRS 15 *Erlöse aus Verträgen mit Kunden* ergibt sich eine Folgeänderung an IFRS 1: Durch die Einfügung von IFRS 1.D34 und IFRS 1.D35 wurde ein weiteres Wahlrecht eingefügt. Danach wird es Unternehmen ermöglicht, die Übergangsbestimmungen in IFRS 15.C5 anzuwenden (unter der Voraussetzung einer gleichzeitigen Anwendung von IFRS 15.C6). Die Übergangsbestimmungen des IFRS 15.C5 sehen vor, dass vor dem Zeitpunkt der ersten Anwendung beendete Verträge nicht nach IFRS 15 neu beurteilt werden müssen, wenn diese im selben Geschäftsjahr vereinbart und verwendet wurden (IFRS 15.C5(a)). Bei Verträgen mit variabler Gegenleistung, die vor dem Zeitpunkt der erstmaligen Anwendung beendet wurden, kann ein Unternehmen den tatsächlichen Transaktionspreis zum Zeitpunkt der Vertragserfüllung anstelle einer Schätzung der variablen Beträge in den Vergleichsperioden verwenden (IFRS 15.C5(b)). Ebenso muss keine Angabe der Beträge des Transaktionspreises erfolgen, die den noch nicht erfüllten Leistungsverpflichtungen zugeordnet wurden. Ebensowenig muss eine Erläuterung erfolgen, wann ein Unternehmen die Erfassung der Erlöse erwartet (IFRS 15.C5(c)). Erstanwender sind jedoch nicht verpflichtet, Verträge, die vor dem Übergangszeitpunkt erfüllt wurden, anzupassen. Ein Vertrag gilt nach IFRS 1.D35 als erfüllt, wenn ein Unternehmen alle darin aufgeführten Güter oder Dienstleistungen übertragen hat. Ebenso müssen diese Güter und Dienstleistungen nach den bisherigen Rechnungslegungsvorschriften identifiziert worden sein. Durch IFRS 15 werden die bisherigen Regelungen des IFRS 1.D24 gestrichen. Die durch IFRS 15 neu eingefügten Vorschriften sind verpflichtend für Geschäftsjahre anzuwenden, die nach dem 1. Januar 2017 beginnen. Eine vorzeitige Anwendung ist unter der Voraussetzung eines EU-Endorsements von IFRS 15 möglich.

16. Tilgung finanzieller Verbindlichkeiten durch Eigenkapitalinstrumente (IFRIC 19)

159 **IFRIC 19** regelt die Bilanzierungsmethoden für die Tilgung von finanziellen Verbindlichkeiten durch die Ausgabe von Eigenkapitalinstrumenten des Schuldners. Danach ist ein Unterschied zwischen dem Buchwert der getilgten Verbindlichkeit und dem beizulegenden Zeitwert der hingegebenen Eigenkapitalinstrumente **erfolgswirksam** zu erfassen. Die Übergangsvorschriften des IFRIC 19.12 regeln, dass eine retrospektive Anwendung zu erfolgen hat, jedoch erst mit Beginn der jeweiligen Vergleichsperiode, dh keine vollständige retrospektive Anwendung. Diese Übergangsvorschrift gilt nach IFRS 1.D1(p) und IFRS 1.D25 optional auch für IFRS-Erstanwender.

17. Hochinflation

160 Für Unternehmen, deren funktionale Währung von **Hochinflation** betroffen ist, sieht IFRS 1 (*severe hyperinflation*, vgl IFRS 1.39H) eine Erleichterung für die Bewertung der Vermögenswerte und Schulden in der IFRS-Eröffnungsbilanz vor. Als Voraussetzung für die Anwendung der Wahlrechte in IFRS 1.D27 bis IFRS 1.D30 muss es sich bei der funktionalen Währung des Unternehmens um eine Hochinflationswährung handeln. Dies liegt vor, wenn
(1) kein verlässlicher Preisindex für alle Unternehmen verfügbar ist **und**
(2) keine Wechselmöglichkeit in eine andere stabile ausländische Währung möglich ist.

Das Wahlrecht gilt für Unternehmen, die nach der **Normalisierung** der funktionalen Währung ihre Rechnungslegung auf IFRS umstellen. Die Normalisierung ist gegeben, wenn eine oder beide vorgenannten Bedingungen ((1) und (2)) entfallen sind oder wenn das Unternehmen seine funktionale Währung auf eine andere nicht von Hochinflation betroffene funktionale Währung umstellt. Bei der Umstellung der Rechnungslegung auf IFRS nach der Normalisierung darf das Unternehmen alle Vermögenswerte und Schulden zum beizulegenden Zeitwert in der IFRS-Eröffnungsbilanz ansetzen. Die beizulegenden Zeitwerte sind in diesem Fall nach IFRS 13 zu ermitteln. Bei Anwendung dieses Wahlrechts hat das Unternehmen gem IFRS 1.31C im Anhang anzugeben, warum und in welchem Umfang kein verlässlicher Preisindex für alle Unternehmen verfügbar war und keine Wechselmöglichkeit in eine andere stabile ausländische Währung möglich war. Ferner ist darzulegen, warum und in welchem Umfang diese beiden Voraussetzungen jeweils entfallen sind.

18. Gemeinschaftsunternehmen

161 Der IASB hat die **Bilanzierung von Gemeinschaftsunternehmen** in **IFRS 11** geregelt (→ § 29 Rn 3ff). Danach sind gemeinschaftlich geführte

Unternehmen **ausschließlich** nach der **Equity-Methode** zu bilanzieren. IFRS 11.C2ff sehen umfangreiche Übergangsvorschriften für die Erstanwendung des IFRS 11 vor, ua zum Übergang von der Quotenkonsolidierung auf die Equity-Methode, bspw zur Durchführung eines Wertminderungstest nach IAS 28.40ff. Dabei ist nach den Regeln von IAS 39 (bzw nach den infolge von IFRS 9 neu eingefügten Paragrafen IAS 28.41A bis IAS 28.41C) zu prüfen, ob ggf eine Wertminderung vorliegt. Sofern dies gegeben ist, ist der Wertminderungstest sodann nach IAS 36 durchzuführen (IAS 28.42). IFRS 1.D1(s) und IFRS 1.D31 sehen in diesem Zusammenhang eine optionale Erleichterung wie folgt vor:

Ein IFRS-Erstanwender darf die Übergangsvorschriften des IFRS 11 anwenden, wobei in jedem Fall ein Wertminderungstest nach IAS 36 zum Zeitpunkt der IFRS-Eröffnungsbilanz durchzuführen ist, unabhängig davon, ob Anzeichen für eine Wertminderung nach IAS 39 (bzw IAS 28.41A bis IAS 28.41C) gegeben sind. Eine ggf vorzunehmende Abwertung ist mit dem Eröffnungsbilanzwert der Gewinnrücklagen zu verrechnen.

19. Abraumkosten von Tagebauminen (IFRIC 20)

IFRIC 20 normiert Abraumkosten in der Produktionsphase einer über Tagebau erschlossenen Mine *(Stripping Cost in the Production Phase of a Surface Mine)*. IFRS 1 enthält diesbezüglich das Wahlrecht (IFRS 1.D1(s) und IFRS 1.D32), die **Übergangsvorschriften des IFRIC 20.A1 bis IFRIC 20.A4 anzuwenden.** Die Anwendung der Regelungen des IFRIC 20 hat zu Beginn der ersten dargestellten Periode, dh ab Beginn der Vergleichsperiode, zu erfolgen (*Deloitte* 2015, 129f). Die bis zu diesem Zeitpunkt nach bisherigen Rechnungslegungsstandards aktivierten Abraumkosten sind als separater Vermögenswert auszuweisen und den noch nicht abgebauten Vorkommen an Mineralien oder Erzen zuzuordnen. Sofern kein derartiger Bestand identifiziert werden kann, sind die bisher aktivierten Abraumkosten mit dem Eröffnungsbilanzwert der Gewinnrücklagen zu verrechnen. **162**

20. Verträge über den Kauf oder Verkauf nicht-finanzieller Posten

IFRS 9.2.4 beinhaltet Regelungen zur Bilanzierung von Verträgen über den Kauf oder Verkauf von nicht-finanziellen Posten. Derartige Verträge, die in bar erfüllt werden können oder durch den Tausch in andere Finanzinstrumente, fallen unter die Vorschriften des IFRS 9, wenn diese Verträge nicht zur tatsächlichen physischen Lieferung und Erfüllung eigener Liefer- oder Abnahmeverpflichtungen geschlossen wurden (*own-use exemption*, vgl *KPMG* 2014/15, 6.1.660ff). Derartige Verträge, die unter IFRS 9 fallen, aber auch solche Verträge, die zur tatsächlichen physischen Lieferung und Erfüllung eigener Liefer- oder Abnahmeverpflichtungen geschlossen wurden, können nach IFRS 9.2.5 unwiderruflich als Finanzinstrumente, die erfolgswirksam zum beizulegenden Zeitwert bewertet werden, kategorisiert werden. Dieses Wahlrecht nach IFRS 9.2.5 ist unter der Bedingung, dass es einen anderenfalls vorliegenden sog *accounting missmatch* verhindert oder reduziert, nur zum Zeitpunkt des Vertragsabschlusses ausübbar (→ § 3 Rn 360). Davon abweichend ist dieses Wahlrecht nach dem durch IFRS 9 in IFRS 1.D33 eingefügten Wahlrecht für erstmalige IFRS-Bilanzierer auch zum Übergangszeitpunkt in der IFRS-Eröffnungsbilanz ausübbar, dann aber nur konsistent für alle gleichartigen Verträge. **163**

(einstweilen frei) **164, 165**

C. Darstellung und Angaben im Anhang

I. Vergleichszahlen

166 Der erstmalige IFRS-Abschluss hat gem IAS 1.38 für **mindestens eine Periode Vergleichszahlen** darzustellen. Diese Vergleichszahlen müssen in allen Belangen und Aspekten den IFRS entsprechen, da anderenfalls nicht die Erklärung der Übereinstimmung mit allen IFRS nach IAS 1.16 abgegeben werden könnte. Vergleichszahlen sind somit für alle Zahlenangaben in der Bilanz, Gesamtergebnisrechnung, gesonderten GuV (sofern erstellt), in der Eigenkapitalveränderungsrechnung, der Kapitalflussrechnung und dem Anhang anzugeben. Zu beachten ist aber, dass nach IAS 1.39 und dem IFRS 1.21 grds auch eine **Bilanz auf den Beginn der Vergleichsperiode (IFRS-Eröffnungsbilanz)** darzustellen ist. Ferner sind nach IAS 1.38 auch Vergleichsinformationen für bestimmte verbale Informationen anzugeben, sofern dies für das Verständnis des Abschlusses der aktuellen Berichtsperiode erforderlich ist.

167 IFRS 1 verlangt keine Angabe von über die eine Periode hinausgehenden Vergleichszahlen. Den Unternehmen ist es freigestellt, neben den IFRS entspr Vergleichszahlen für eine Periode auch **Vergleichszahlen für eine oder mehrere Perioden nach bisherigen Rechnungslegungsstandards** innerhalb des Abschlusses (zB in der Bilanz oder im Anhang) darzustellen (IFRS 1.22). Ferner ist es zulässig, Mehrjahresübersichten in komprimierter Form basierend auf Abschlüssen nach bisherigen Rechnungslegungsstandards **innerhalb des Abschlusses** aufzunehmen. Sofern in dem erstmals vollständig nach IFRS aufgestellten Abschluss neben den IFRS entspr Vergleichzahlen zusätzlich Vergleichszahlen nach HGB oder komprimierte Mehrjahresübersichten nach HGB dargestellt werden, müssen diese nicht IFRS entspr Informationen deutlich als nicht IFRS-konform bezeichnet werden und verbal die Anpassungen beschrieben werden, die erforderlich wären, um die dargestellten Informationen auf IFRS überzuleiten (IFRS 1.22(a) und (b)). Die erforderlichen Anpassungsbeträge müssen jedoch nicht angegeben werden. Sofern Vergleichszahlen für eine oder mehrere Perioden oder komprimierte Mehrjahresübersichten nach HGB angegeben werden, diese jedoch **nicht innerhalb des Abschlusses** gezeigt werden, sind die Vorschriften in IFRS 1.22 nicht einschlägig. Dh in einem Geschäftsbericht (zB im Umschlag), aber außerhalb des eigentlichen Abschlusses können Mehrjahresübersichten nach bisherigen Rechnungslegungsstandards dargestellt werden, ohne dass die zusätzlichen Angaben nach IFRS 1.22(a) und IFRS 1.22(b) erforderlich wären.

II. Erläuterung der Umstellung

168 Der erstmals vollständig nach den IFRS aufgestellte Abschluss muss **alle in den einzelnen IFRS geforderten Anhangangaben** enthalten. IFRS 1 beinhaltet keine Erleichterungen bzgl der Anhangangaben, die von anderen IFRS gefordert werden (zum Anhang → § 19 Rn 11 ff sowie IFRS-Anhangcheckliste, in der Anlage zu diesem Handbuch). Nach IFRS 1.23 muss das Unternehmen ferner die Effekte erläutern, die die Umstellung von bisherigen Rechnungslegungsstandards auf IFRS auf die VFE-Lage hatte. In IFRS 1.24 wird gefordert, dass folgende **Überleitungsrechnungen** in den Abschluss aufzunehmen sind:

169 (1) Überleitung des Eigenkapitals (IFRS 1.24(a)) nach bisherigen Rechnungslegungsstandards zur Bilanzierung nach IFRS zum

(a) Tag des Übergangs zur Bilanzierung nach IFRS (Eröffnungsbilanz),
(b) Ende des letzten Geschäftsjahrs, für das nach bisherigen Rechnungslegungsstandards bilanziert wurde.

(2) Überleitung des Gesamtergebnisses des letzten Geschäftsjahrs (IFRS 1.24(b)), für das nach bisherigen Rechnungslegungsstandards bilanziert wurde, von nationalem Recht auf IFRS.

IFRS 1 schreibt keinen Ort für diese Angaben vor; aus Praktikabilitätsgründen sollten diese Angaben im Anhang erfolgen. Die dargestellten Angaben sollen nach IFRS 1.25 so detailliert sein, dass ein Abschlussadressat die **wesentlichen Anpassungen in der Bilanz und Gesamtergebnisrechnung bzw gesonderten GuV (sofern erstellt)** verstehen kann. Diese Anforderungen können auf verschiedene Art und Weise erfüllt werden. IFRS 1.IG63 enthält ein Beispiel wie diese Überleitungen dargestellt werden können. Die Überleitung des Eigenkapitals zum Tag des Übergangs zur Bilanzierung nach IFRS wird dort anhand der Bilanz nach bisherigen Rechnungslegungsstandards mittels einer Überleitungsspalte auf die Bilanz nach IFRS zum selben Stichtag übergeleitet. Bei sämtlichen Anpassungsbeträgen verweist eine Ziffer auf die zugehörigen Erläuterungen. Analog erfolgt diese Darstellung für die Überleitung des Ergebnisses. Diese in IFRS 1.IG63 gewählte Methode ist sehr übersichtlich und aussagekräftig. Es wird jedoch nichts gegen eine **kürzere Darstellung** einzuwenden sein, in der nur das Eigenkapital übergeleitet wird und die Eigenkapitalerhöhungen und -reduzierungen den betreffenden Bilanzposten zugeordnet werden (analog für die Gesamtergebnisrechnung bzw gesonderte GuV (sofern erstellt)). 170

Beispiel:

Anhang	Bilanzposten	Betrag (T€)
	Eigenkapital nach HGB	25.000
1	Anlagevermögen	1.500
2	Vorräte	700
3	Pensionsrückstellungen	– 600
4	Sonstige Rückstellungen	1.000
5	Passive latente Steuern	– 900
	Eigenkapital nach IFRS	26.700

Besonderheiten können sich ergeben, wenn ein Unternehmen die IFRS erstmalig in einem **Zwischenabschluss** anwendet (→ Rn 176 ff) und sich nach Veröffentlichung des Zwischenabschlusses bis zum Bilanzstichtag des ersten vollen Geschäftsjahrs der IFRS-Bilanzierung die angewendeten IFRS Standards oder in Anspruch genommenen Wahlrechte des IFRS 1 geändert haben. Diese Unternehmen sind nach IFRS 1.BC97 von der Anwendung des **IAS 8,** der im Übrigen für Änderungen von Bilanzierungs- und Bewertungsmethoden gilt, in ihrem IFRS-Abschluss **für das erste volle Geschäftsjahr ausgenommen.** Stattdessen müssen diese Unternehmen nach IFRS 1.27A in ihrem IFRS-Abschluss für das ganze Geschäftsjahr die seit dem Zwischenabschluss vorgenommenen Änderungen der Bilanzierungs- und Bewertungsmethoden oder in Anspruch genommenen Wahlrechte des IFRS 1 erläutern und müssen die in IFRS 1.24(a) und IFRS 1.24(b) geforderten Überleitungen (→ Rn 169) aktualisieren. 171

Nach IFRS 1.25 sind ferner die wesentlichen Anpassungen in der **Kapitalflussrechnung** zu erläutern, falls das Unternehmen nach bisherigen Rechnungslegungsstandards verpflichtet war, eine Kapitalflussrechnung aufzustellen. Diese Erläuterungen können in verbaler Form erfolgen (vgl hierzu IFRS 1.IG63). Wenn bei der Aufstellung der IFRS-Eröffnungsbilanz **wesentliche Fehler** fest- 172 gestellt werden, die im zugrunde liegenden Abschluss nach bisherigen Rechnungslegungsstandards gemacht wurden, so sollen die Anpassungsbeträge in den nach IFRS 1.24(a) und IFRS 1.24(b) geforderten Überleitungsrechnungen wie folgt aufgeteilt werden in:

(1) Anpassungen aufgrund von Korrekturen festgestellter Fehler und

(2) Anpassungen aufgrund von unterschiedlichen Rechnungslegungsmethoden.

173 Sofern ein Unternehmen im Rahmen der Erstellung der IFRS-Eröffnungsbilanz **Wertminderungsaufwendungen** nach IAS 36 erfasst oder **Wertaufholungen** von in Vorjahren gebuchten Wertminderungen vorgenommen hat, sind nach IFRS 1.24(c) sämtliche Angaben zu machen, die erforderlich gewesen wären, wenn die Wertminderungen oder Wertaufholungen nach IAS 36 im aktuellen Geschäftsjahr oder in der dargestellten Vergleichsperiode vorgenommen worden wären. Diese Angaben sollen verdeutlichen, dass Wertminderungen oder Zuschreibungen nach IAS 36 erfolgsneutral in der Eröffnungsbilanz erfolgen, die anderenfalls erfolgswirksam hätten erfolgen müssen. Mit der Anhangangabe sollen die Adressaten zumindest auf diesen Sachverhalt hingewiesen werden. Diese Angabeverpflichtung gilt jedoch nicht für Wertminderungen oder Zuschreibungen, die nach anderen Standards (zB IAS 2, IAS 12, IAS 39) in der IFRS-Eröffnungsbilanz vorgenommen wurden.

174 Im Anhang ist nach IFRS 1.29/IFRS 1.29A anzugeben, wenn ein Unternehmen von dem Wahlrecht nach IFRS 1.D19/IFRS 1.D19A (→ Rn 145) Gebrauch gemacht hat, bestimmte finanzielle Vermögenswerte und Schulden, die schon bisher bilanziert wurden, in die Kategorie **erfolgswirksam zum beizulegenden Zeitwert bewertete finanzielle Vermögenswerte und Schulden** oder als **zur Veräußerung verfügbare finanzielle Vermögenswerte** einzustufen. Für diese finanziellen Vermögenswerte und Schulden sind nach IFRS 1.29/IFRS 1.29A die beizulegenden Zeitwerte, der bisherige bilanzielle Ausweis und die bisherigen Buchwerte anzugeben.

175 Im Anhang sind nach IFRS 1.30 ferner Angaben zu machen, wenn ein Unternehmen **immaterielle Vermögenswerte, Sachanlagen oder als Finanzinvestition gehaltene Immobilien** in der IFRS-Eröffnungsbilanz **zum beizulegenden Zeitwert** nach IFRS 1.D5 und IFRS 1.D7 bewertet hat und diese Werte als Grundlage für die planmäßigen Abschreibungen der Folgeperioden verwendet. Für jeden separaten Bilanzposten sind die Summe der Marktwerte sowie die Summe der Anpassungsbeträge im Vergleich zur Bilanzierung nach bisherigen Rechnungslegungsstandards anzugeben. Eine Erläuterung, warum die Ermittlung der sonstigen nach IAS 16 erforderlichen Bewertungsgrundlage (fortgeführte Anschaffungskosten) nur mit unverhältnismäßigen Kosten oder unverhältnismäßigem Arbeitsaufwand möglich gewesen wäre, ist nicht erforderlich.

III. Zwischenberichterstattung

176 Die allgemeinen Grundsätze der Zwischenberichterstattung sind in IAS 34 geregelt. Hier soll nur auf die **Besonderheiten** bei der **erstmaligen Zwischenberichterstattung** nach IFRS 1 eingegangen werden; im Übrigen wird auf → § 43 Rn 1ff verwiesen. In IFRS 1.32 werden für die Zwischenberichterstattung, die im Geschäftsjahr des Übergangs zur Bilanzierung nach IFRS erfolgt, Überleitungsrechnungen von bisheriger Rechnungslegung zur Rechnungslegung nach IFRS für das Eigenkapital und das Ergebnis der Zwischenberichtsperiode der als Vorjahreszahlen dargestellten Vergleichsperiode gefordert. Daher ist es erforderlich, nicht nur für das Geschäftsjahr des Übergangs zur Bilanzierung nach IFRS eine Zwischenberichterstattung vorzunehmen, sondern auch die ggf nach

bisherigen Rechnungslegungsstandards erstellten Zwischenberichte des Vorjahrs an IFRS anzupassen.

Beispiel: Ein Unternehmen plant, zum 31. Dezember X2 seinen Konzernabschluss erstmals vollständig nach IFRS aufzustellen. Wenn es bereits in X2 Zwischenberichte unter Anwendung von IAS 34 erstellt (freiwillig oder verpflichtend durch zB Börsenordnungen), dann sind auch für die Zwischenberichtszeiträume des Vorjahrs (X1) die Zwischenberichte nach IFRS unter Anwendung der Vorschriften des IFRS 1 als Vergleichszahlen und die in IFRS 1.32 geforderten Überleitungsrechnungen zu erstellen.

Zusätzlich zu den Überleitungen für die oben genannten Zwischenberichtsperioden fordert IFRS 1.32(b), dass der **erste Zwischenbericht** nach IAS 34 für das Geschäftsjahr des Übergangs zur Bilanzierung nach IFRS auch die Überleitungen, die in IFRS 1.24(a) und (b) verlangt werden, enthält. 177

Beispiel: Ein Unternehmen plant, zum 31. Dezember X2 seinen Konzernabschluss erstmals vollständig nach IFRS aufzustellen. Wenn es bereits in X2 Zwischenberichte unter Anwendung von IAS 34 erstellt (freiwillig oder verpflichtet durch zB Börsenordnungen), dann sind im Rahmen der ersten Zwischenberichterstattung in X2 (1. Quartal X2) folgende Überleitungen zwischen bisherigen Rechnungslegungsstandards und IFRS darzustellen:
(1) Eigenkapital zum 31. März X1 (IFRS 1.32(a)(i)),
(2) Gesamtergebnis des 1. Quartals X1 (IFRS 1.32(a)(ii)),
(3) Eigenkapital zum 1. Januar X1 und 31. Dezember X1 (IFRS 1.32(b), IFRS 1.24(a)),
(4) Gesamtergebnis für das Geschäftsjahr X1 (IFRS 1.32(b), IFRS 1.24(b)).
Die Überleitungen unter (3) und (4) können auch in einem anderen veröffentlichten Dokument gemacht werden, auf das verwiesen wird.

IAS 34 verlangt in der Zwischenberichterstattung nur minimale Angaben und geht davon aus, dass der Adressat **Zugang zum letzten vollständigen Abschluss** hat, in dem alle erforderlichen Angaben zu Bilanzierungs- und Bewertungsmethoden und sonstige Erläuterungen enthalten sind. Wurde der letzte vollständige Abschluss noch nach bisherigen Rechnungslegungsstandards aufgestellt, enthält dieser Abschluss nicht alle Informationen, die erforderlich sind, um den Abschluss der Zwischenberichtsperiode nach IFRS zu verstehen. Nach IAS 34.15 ff sind daher in der Zwischenberichtsperiode, in der erstmals nach IFRS bilanziert wird, **weitere Angaben** zu machen (insbes zu Bilanzierungs- und Bewertungsmethoden), die wesentlich für das Verständnis der jeweiligen Zwischenberichterstattung sind (IFRS 1.33). 178

IFRS 1.32 **fordert jedoch keine Zwischenberichterstattung** nach IAS 34. Sofern das Unternehmen nicht aus anderen Gründen (zB aus Gesetz oder Börsenordnung) bereits verpflichtet ist, im Jahr des Übergangs zur Bilanzierung nach IFRS eine Zwischenberichterstattung nach IAS 34 vorzunehmen oder freiwillig die Zwischenberichterstattung nach IAS 34 vornimmt, ist die Anwendung des IFRS 1.32 nicht zwingend (vgl IFRS 1.IG37). § 37w WpHG regelt, dass Unternehmen, die im Inland Wertpapiere iSd § 2 Abs 1 WpHG emittiert haben, einen Halbjahresbericht erstellen müssen, der nach denselben Rechnungslegungsgrundsätzen wie der Jahresabschluss aufgestellt ist. Für im Primestandard notierte Wertpapiere haben die Emittenten entspr der Börsenordnung der Frankfurter Wertpapierbörse zusätzlich Quartalsberichte zu erstellen. Die Empfehlung der CESR *(Committee of European Securities Regulators)*, die Zwischenberichterstattung nach IFRS bereits im lfd Geschäftsjahr der erstmaligen IFRS-Bilanzierung vorzuschreiben, wurde nicht in die §§ 37v bis 37z WpHG aufgenommen. Die Zwischenberichterstattung kann mithin auch im Jahr des Übergangs zur IFRS-Bilanzierung noch nach anderen Rechnungslegungsstandards (zB HGB) erfolgen. Die Frankfurter Wertpapierbörse hat ferner in ihrem Rundschreiben vom 4. Februar 2004 klargestellt, dass die Unternehmen erst in dem 179

Jahr, das der erstmaligen IFRS-Bilanzierung folgt, ihre Zwischenberichte nach IFRS aufstellen müssen (vgl *ADS* Int Abschn 3a Rz 254; *Baetge/Bischof/Harms/Lappenküper* in Baetge ua IFRS-Komm IFRS 1 Rz 252). Die Frankfurter Wertpapierbörse will damit an die Unternehmen keine höheren Anforderungen stellen, als dies gesetzlich gefordert wird.

IV. Zeitlich befristete Ausnahmeregelungen

180 Der IASB hat für Unternehmen, die keine IFRS-Erstanwender sind, in bestimmten neueren Standards spezifische Erleichterungen für den Übergang geschaffen, die nur in ganz bestimmten Jahren anzuwenden sind. Diese Erleichterungen sollen auch an erstmalige IFRS-Anwender weitergegeben werden, um diese nicht zu benachteiligen. Da die Erleichterungen nur ganz bestimmte Übergangsjahre betreffen, ist es bereits abzusehen, wann diese Erleichterungen aufgrund der fortgeschrittenen Zeit keine Relevanz mehr haben werden. Deshalb wurden diese **zeitlich befristeten Ausnahmeregelungen** in einen gesonderten Anhang E des IFRS 1 aufgenommen. Derzeit sind folgende befristete Erleichterungen für IFRS-Erstanwender vorgesehen:

181 Bei der erstmaligen Anwendung der Regelungen des IFRS 9 in Geschäftsjahren, die vor dem 1. Januar 2012 begonnen haben, brauchen keine **Vergleichsinformationen** dargestellt zu werden, **die IFRS 7 und IFRS 9** entsprechen (IFRS 1.E1). Für den Fall der Inanspruchnahme dieses Wahlrechts hat das Unternehmen die Ansatz- und Bewertungsvorschriften nach bisherigen Rechnungslegungsstandards für die Vergleichszahlen anzuwenden (IFRS 1.E2(a)) und dies entspr im Anhang anzugeben. Ferner sind in diesem Fall besondere Angaben erforderlich, die die Unterschiede im Ansatz und der Bewertung zwischen dem Bilanzstichtag der Vergleichsperiode, die nicht IFRS 7 und IFRS 9 entspricht, und dem Eröffnungsbilanzstichtag der Berichtsperiode zu erläutern, die IFRS 7 und IFRS 9 entspricht. Diese zeitlich befristeten Ausnahmeregelungen sind jedoch in der EU mangels Endorsement des IFRS 9 nicht einschlägig.

182 Ferner sehen IFRS 1.E3f vor, dass ein IFRS-Erstanwender die Übergangsvorschriften des IFRS 7.44G, IFRS 7.44M und IFRS 7.44AA anwenden darf, die Erleichterungen bei der Angabe bestimmter Informationen zu **Finanzinstrumenten** vorsehen. IFRS 1.E5 erlaubt einem IFRS-Erstanwender die Anwendung der Übergangsvorschrift des überarbeiteten IAS 19.173(b), wonach in einem Abschluss, der für einen Stichtag vor dem 1. Januar 2014 aufgestellt wird, keine Vergleichszahlen für das Vorjahr für die Angaben nach IAS 19.145 **(Sensitivität der leistungsorientierten Verpflichtung)** angegeben werden müssen. Gem IFRS 1.E6f können Erstanwender, die Investmentgesellschaften iSv IFRS 10 sind, die Übergangsvorschriften in IFRS 10.C3C bis IFRS 10.C3D und IAS 27.18C bis IAS 27.18G anwenden, sofern der erste IFRS-Abschluss am oder vor dem 31. Dezember 2014 endet.

D. Wesentliche Änderungen und deren Anwendungszeitpunkte

183 Mit der Verabschiedung von Änderungen an **IFRS 1 in Bezug auf die Bilanzierung von Darlehen der öffentlichen Hand,** die zu einem unter dem Marktniveau liegenden Zinssatz gewährt werden, wurden IFRS 1.B1(f) sowie IFRS 1.B.10–12 hinzugefügt. Damit wurde klargestellt, dass derartige Darlehen von der grundsätzlichen retrospektiven Anwendung der IFRS beim Übergang

auf IFRS ausgenommen sind. Gem IFRS 1.39 N-O sind diese Änderungen für Geschäftsjahre anzuwenden, die am oder nach dem 1. Januar 2013 beginnen. Das Endorsement erfolgte im März 2013.

Im März 2012 führte die Verabschiedung des ***Annual Improvements to IFRSs 2009–2011 Cycle*** zu einer Klarstellung von IFRS 1.4A und IFRS 1.4B in Bezug auf die Zulässigkeit der wiederholten Anwendung von IFRS 1. IFRS 1.23A und IFRS 1.23B fordern Anhangangaben zu den Gründen für die Beendigung und spätere Wiederaufnahme der Anwendung der IFRS-Vorschriften. Diese Änderung des IFRS 1 ist für Geschäftsjahre anzuwenden, die am oder nach dem 1. Januar 2013 beginnen; eine vorzeitige Anwendung ist nach IFRS 1.39P zulässig. Die *Annual Improvements to IFRSs 2009–2011 Cycle* führten ebenfalls zu einer Klarstellung im Hinblick auf die Erleichterungen für Zinsaufwendungen. Hierfür wurde IFRS 1.D23 geändert. Diese Klarstellung ist für ebenfalls Geschäftsjahre anzuwenden, die am oder nach dem 1. Januar 2013 beginnen. Das Endorsement der *Annual Improvements 2009–2011* erfolgte im März 2013.

Im Juni 2012 wurden **Änderungen an IFRS 10, IFRS 11 und IFRS 12** 184
zu den Übergangsvorschriften dieser Standards verabschiedet. Die Änderung an IFRS 11 hatte zu einer Folgeänderung an IFRS 1.D31 geführt, die gem IFRS 1.39S für Geschäftsjahre, die am oder nach dem 1. Januar 2013 (für IFRS-Anwender innerhalb der EU: 1. Januar 2014) beginnen, anzuwenden sind. Diese Änderung wurde im April 2013 von der EU übernommen.

Die Änderungen durch die ***Annual Improvements to IFRSs 2011–2013 Cycle*** wurde in der Basis for Conclusions die Defintion des Ausdrucks „IFRS, die am Ende Berichtsperiode gelten" klarer gefasst (IFRS 1.BC11A). Diese Änderung ist seit dem 1. Januar 2014 verpflichtend anzuwenden. Ein Endorsement durch die EU erfolgt nicht, da die Basis for Conclusions nicht Gegenstand des Endorsementprozesses sind.

Durch die Verabschiedung von Änderungen an **IFRS 10, IFRS 12 und IAS 27** von Oktober 2012 wurde IFRS 1.D16(a) ergänzt. Danach steht einem Konzernunternehmen einer Investmentgesellschaft iSd IFRS 10, welches erfolgswirksam zum beizulegenden Zeitwert bewertet werden muss, das Wahlrecht gem IFRS 1.D16(a) nicht zu. Ebenso wurde in IFRS 1.D17 ergänzende klargestellt, dass die für TU von Investmentgesellschaften geltende Ausnahme von der Konsolidierung von MU, die keine Investmentgesellschaften sind, nicht angewendet werden dürfen. Nach dem neu eingefügten zeitlich begrenzten Ausnahmeregelungen IFRS 1.E6f können Erstanwender, die Investmentgesellschaften iSv IFRS 10 sind, die Übergangsvorschriften in IFRS 10.C3C bis IFRS 10.C3D und IAS 27.18C bis IAS 27.18G anwenden, sofern der erste IFRS-Abschluss am oder vor dem 31. Dezember 2014 endet. Darüber hinaus führten die Änderungen an IFRS 10, IFRS 12 und IAS 27 noch zu klarstellenden Fußnoten in der Basis for Conclusions (IFRS 1.BC31 und IFRS 1.BC63).

Die Verabschiedung von **IFRS 14** im Januar 2014 hat zu einer Folgeänderung in IFRS 1.D8B geführt, wonach darin für das Wahlrecht in Bezug auf regulatorische Abgrenzungsposten nunmehr auf IFRS 14 verwiesen wird. Gem IFRS 1.39V ist die Folgeänderung für Geschäftsjahre, die am oder nach dem 1. Januar 2016 beginnen, anzuwenden. Eine vorzeitige Anwendung ist – vorbehaltlich eines Endorsements – bei gleichzeitiger Anwendung von IFRS 14 zulässig.

Die **Änderungen an IFRS 11,** die der IASB im Mai 2014 verabschiedet hat- 185
te, zogen eine Änderung an IFRS 1 nach sich: Gem des geänderten IFRS 1.C5 gelten die Erleichterungen für Unternehmenszusammenschlüsse ebenfalls für den Erwerb von Anteilen an gemeinschaftlichen Tätigkeiten, die einen Geschäftsbetrieb iSd IFRS 3 darstellen. Diese Änderung ist – vorbehaltlich Endorsement

durch die EU – für Geschäftsjahre, die am oder nach dem 1. Januar 2016 beginnen, anzuwenden.

Durch die vom IASB im Juli 2014 verabschiedete **finale Fassung von IFRS 9** ergibt sich als Folgeänderung an IFRS 1 ein weiteres Verbot der retrospektiven Anwendung anderer IFRS: In IFRS 1.B8D bis IFRS 1.B8G wird unter der neu eingefügten Überschrift „Wertminderung finanzieller Vermögenswerte" die retrospektive Anwendung der Wertminderungsvorschriften des IFRS 9.5.5 unter Berücksichtigung der in IFRS 9.7. 2. 15 und IFRS 9.7.2.18 ff dargelegten Übergangsvorschriften geregelt. Erstanwender haben gem IFRS 1.B8E zum Übergangszeitpunkt das Kreditrisiko für finanzielle Vermögenswerte zum Zeitpunkt des erstmaligen Ansatzes – unter Berücksichtigung eines ausgewogenen Kosten-/Nutzenverhältnisses – zu ermitteln und mit dem Kreditrisiko zum Zeitpunkt des Übergangs auf IFRS zu vergleichen. Die Beurteilung des Kreditrisikos erfolgt nach IFRS 1.B8F. Danach kann ein Erstanwender zum einen die Vorschriften des IFRS 9.5.5.10 und IFRS 9.B5.5.27 ff anwenden, wonach das Kreditrisiko als nicht signifikant erhöht eingestuft werden kann, sollte dieses nach den Regelungen in IFRS 9.B5.5.22 bis IFRS 9.B5.5.24 zum relevanten Bilanzstichtag als niedrig eingestuft werden. Zum anderen kann ein Erstanwender die widerlegbare Vermutung des IFRS 9.5.5.11 anwenden, nach der von einem wesentlichen Anstieg des Kreditrisikos ausgegangen werden kann, wenn die vertraglich vereinbarten Zahlungsströme zum Zeitpunkt der Neubeurteilung mehr als 30 Tage überfällig sind. Gem IFRS 1.B8G hat ein Erstanwender bei einem wesentlichen Anstieg des Kreditrisikos zum Übergangszeitpunkt als auch zu jedem nachfolgenden Berichtsstichtag eine Wertminderung in Höhe der über die restliche Gesamtlaufzeit erwarteten Kreditausfälle zu erfassen. Bei einem geringen Kreditrisiko sind die Regelungen des IFRS 1.B8F(a) anzuwenden.

186 Ebenfalls im Zuge der Verabschiedung der finalen Fassung von IFRS 9 ergibt sich eine weitere optionale Befreiung: Unter der neuen Überschrift „Designation von Verträgen über den Kauf oder Verkauf von nicht-finanziellen Posten" wurde der neue IFRS 1.D33 eingefügt. Grds ist es Erstanwendern gem IFRS 9 gestattet, einige Verträge über den Kauf und Verkauf von nicht-finanziellen Posten bei Vertragsschluss als zum erfolgswirksam beizulegenden Zeitwert zu designieren. Trotz dieser Regelung können Erstanwender zum Zeitpunkt des Übergangs auf IFRS bereits bestehende derartige Verträge als erfolgswirksam zum beizulegenden Zeitwert designieren, vorausgesetzt, es handelt sich um Verträge, die die Bedingungen für diese Designation zum Übergangszeitpunkt erfüllen. Ebenfalls muss die Voraussetzung erfüllt sein, dass alle derartigen Verträge über nicht-finanzielle Posten designiert werden.

Diese Regelung des IFRS 1 gilt für Geschäftsjahre, in denen IFRS 9 angewendet wird, dh – ein Endorsement durch die EU vorausgesetzt – ab dem 1. Januar 2018.

187 Durch die Verabschiedung von **IFRS 15** im Mai 2014 wurden IFRS 1.D34 und IFRS 1.D35 eingefügt, durch die die Übergangsbestimmungen des IFRS 15 auch für Erstanwender gilt. Diese Änderungen sind verpflichtend für Geschäftsjahre anzuwenden, die am oder nach dem 1. Januar 2017 (gem ED/2015/2 Effective Date of IFRS 15: 1. Januar 2018 → Rn 190) beginnen. Eine vorzeitige Anwendung ist – vorbehaltlich Endorsement – zulässig.

Durch **Änderungen an IAS 27** von August 2014 wurde IFRS 1.D14 um die nunmehr wieder zugelassene Equity-Methode ergänzt. IFRS 1.D15A wurde neu eingefügt. Dieser Paragraph enthält Erleichterungen hinsichtlich der wieder zulässigen Anwendung (ab 2016) der Equity-Methode. IFRS 1.39Z lässt – vorbehaltlich Endorsement – eine vorzeitige Anwendung zu.

Die im ***Annual Improvements to IFRSs 2012–2014 Cycle*** verabschiedete Änderung an IFRS 7 von September 2014 beinhaltete eine Folgeänderung in Anhang E zu IFRS 1. Gem IFRS 1.E4A dürfen IFRS-Erstanwender die Übergangsbestimmungen des IFRS 7.44A ab dem Geschäftsjahr 2016 anwenden. IFRS 1.39AA sieht eine vorzeitige Anwendung vor, sofern diese Änderungen von der EU übernommen werden.

E. Aktuelle Entwicklungen/IASB-Projekte

IFRS 1 wird durch den IASB **regelmäßig angepasst,** wenn durch Änderungen anderer Standards oder Verabschiedung neuer Standards komplexe Bilanzierungs- und Bewertungsmethodenänderungen gefordert werden. In derartigen Fällen werden **Übergangserleichterungen** für die erstmaligen IFRS-Bilanzierer geschaffen, die idR den Erleichterungen für bestehende IFRS-Bilanzierer für den Übergang auf die neuen Regelungen entsprechen. 188

Im Juni 2013 hat der IASB einen Entwurf zur Änderung der Versicherungsbilanzierung **ED/2013/7 *Insurance Contracts*** herausgeben, der Folgeänderungen an IFRS 1 vorsieht: Nach dem Entwurf wird die Befreiung von der retrospektiven Anwendung für Versicherungsverträge durch Streichung des IFRS 1.D1(b) und IFRS 1.D4 wieder aufgehoben. Für Versicherungsverträge ist geplant, künftig ein Verbot von retrospektiven Anwendung vorzusehen (ED-IFRS 4.B1(g) und ED-IFRS 4.B13). 189

Durch den vom IASB im Mai 2013 veröffentlichten Entwurf **ED/2013/6 *Leases*** soll IFRIC 4 zurückgezogen werden. Darüber hinaus soll die Verwendung des beizulegenden Zeitwerts als Ersatz für Anschaffungs- und Herstellungskosten durch entsprechende Ergänzung in IFRS 1.30 auch auf *right-of-use assets* ausgedehnt werden. Im Nachgang zu diesem Entwurf haben sich durch die Auswertung der Stellungnahmen hierzu jedoch weitere Änderungen ergeben. Im Hinblick auf die Übergangsvorschriften sollen nach aktuellem Diskussionsstand beim IASB (IASB Update February 2015) IFRS-Erstanwender denselben geplanten *modified retrospective approach* wie bestehende IFRS-Bilanzier anwenden. IFRS-Erstanwender haben zu beachten, dass das Datum der erstmaligen Anwendung als Übergangszeitpunkt anzusehen ist. Darüber hinaus soll es IFRS-Erstanwendern nicht gestattet sein, die ausdrückliche Ausnahme zu Ansatz und Bewertung von Leasingverhältnissen mit einer Leasingdauer von unter zwölf Monaten ab erstmaliger Anwendung des neuen Leasingstandards, anzuwenden.

In dem für das dritte Quartal 2015 geplante Entwurf zu den ***Annual Improvements 2014–2016 Cycle*** sieht der IASB vor, bestimmte kurzfristige Befreiungen von IFRS *(short-term exemptions)* in Anhang E zu streichen, die im Zeitverlauf wieder hinfällig geworden sind. Der IASB entschied, die Streichung von IFRS 1E3-E7, dh die Regelungen zur Anwendung von Übergangsvorschriften des IFRS 7, IFRS 10 und IAS 19, für Geschäftsjahre, die am oder nach dem 1. Juli 2016 beginnen, vorzuschlagen (IASB Update April 2015, 3). 190

Im Mai 2015 hat der IASB einen **Änderungsentwurf zu IFRS 15** (**ED/2015/2** *Effective Date of IFRS 15*) veröffentlicht, durch den der Zeitpunkt der erstmaligen Anwendung von IFRS 15 auf Geschäftsjahre, die am oder nach dem 2018 beginnen, verschoben werden soll. Im Juli 2015 wurde die Verschiebung beim IASB einstimmig beschlossen. Zudem hat der IASB mit **ED/2015/6** am 30. Juli 2015 weitere Klarstellungen an IFRS 15 zur Diskussion gestellt (→ § 15 Rn 169).

§ 45. Änderungen der Bilanzierungs- und Bewertungsmethoden, Änderungen von Schätzungen und Fehlerberichtigungen

Übersicht

Schrifttum: *Erchinger/Melcher* Fehler in der internationalen Rechnungslegung, KoR 2008, 616 und 679; *Friedel/Buchner* Die Änderung des Jahresabschlusses, Wesentlichkeitskriterien, Umfang und Folgewirkungen nach handelsrechtlichen Vorgaben, StuB 2014, 211; *Hennrichs* Fehlerbegriff und Fehlerbeurteilung im Enforcementverfahren, DStR 2009, 1446; *IDW* RS HFA 6 Stellungnahme zur Rechnungslegung: Änderung von Jahresabschlüssen und Anpassung der Handelsbilanz an die Steuerbilanz, Düsseldorf 2007; *Kleinmanns* Die „offene Gesellschaft der IFRS-Interpreten", Über Akteure, Kompetenzen und Bindungswirkungen beim Fehlen ausdrücklich zutreffender IFRS, DB 2014, 1325; *Kumm/Müller* Drei Jahre Fehlerveröffentlichung im Enforcementverfahren – Von der Fehlerfeststellung zur Fehlerveröffentlichung, IRZ 2009, 77; *Küting/Weber/Keßler/Metz* Der

Fehlerbegriff in IAS 8 als Maßstab zur Beurteilung einer regelkonformen Normanwendung, DB 2007, Beilage 7 zu Heft 45, 1; *Pellens ua* Internationale Rechnungslegung, 9. Aufl, Stuttgart 2014; *Roos* Erstellung einer dritten Bilanz nach IAS 1 (rev. 2007) – Financial Statement Presentation, PiR 2012, 150; *Scheffler* in: Heyd/von Keitz, IFRS Management, München 2007, 88; *Zülch/Willms* Jahresabschlussänderungen und ihre bilanzielle Behandlung nach IAS 8 (revised 2003), KoR 2004, 128.

Wesentliche Rechtsgrundlage: IAS 8

A. Allgemeines

1 IAS 8 ist ein Standard, der eine **Vielzahl** von Themen behandelt. So beinhaltet der Standard einerseits Vorschriften zur **Auswahl und Anwendung von Bilanzierungs- und Bewertungsmethoden,** wozu auch Regelungen zur Vorgehensweise bei fehlenden Bilanzierungsvorschriften (sog Regelungslücken) und die Beachtung des Stetigkeitsgebots gehören. Das Stetigkeitsgebot selbst ist in F. QC22 und in IAS 1.45 (→ § 2 Rn 77 f) geregelt. Bei Abweichungen vom Gebot der Stetigkeit durch Umgliederungen, Änderungen von Bilanzierungs- und Bewertungsmethoden oder Fehlerkorrekturen verweist IAS 1.44 auf die speziellen Regelungen des IAS 8. Dieser Standard regelt andererseits explizit die **Durchbrechung der Stetigkeit** und erläutert, in welchen Fällen eine Abweichung vom Stetigkeitsgebot zulässig ist und welche Auswirkungen sich daraus im Abschluss ergeben. IAS 8 beinhaltet Vorschriften zum Ausweis in der Bilanz und Gesamtergebnisrechnung und zu erforderlichen Anhangangaben bei Änderungen der Bilanzierungs- und Bewertungsmethoden, Änderungen von Schätzungen und bei Fehlerkorrekturen. Der Umfang und Detaillierungsgrad der allgemeinen Angaben zu Bilanzierungs- und Bewertungsmethoden, die sich nicht auf die vorgenannten Fälle beziehen, ist demgegenüber in IAS 1 geregelt (→ § 19 Rn 28 ff).

Die Regelungen des IAS 8 bezwecken eine **interne und externe Vergleichbarkeit der IFRS-Abschlüsse,** dh eine Konsistenz des Abschlusses eines Unternehmens, um einerseits eine Vergleichbarkeit der Abschlüsse eines Unternehmens im Zeitablauf zu gewährleisten und andererseits eine Vergleichbarkeit zu Abschlüssen anderer Unternehmen zu ermöglichen (IAS 8.1, IAS 8.15). Die externe Vergleichbarkeit der Abschlüsse verschiedener Unternehmen hat aufgrund der zahlreichen echten und unechten Wahlrechte der IFRS eine etwas geringere Bedeutung als die interne Vergleichbarkeit der Abschlüsse eines Unternehmens im Zeitablauf. Der Standard basiert demnach auf dem Konzept der internen Vergleichbarkeit (→ § 2 Rn 76 ff), das im Wesentlichen über den Stetigkeitsgrundsatz (→ Rn 10 f) realisiert werden soll. Die Vergleichbarkeit soll letztendlich dem Abschlussadressaten eine verlässliche Basis für wirtschaftliche Entscheidungen liefern.

2 Gegenstand der nachfolgenden Kommentierung ist indessen nicht der vollständige Regelungsinhalt des IAS 8. Dieses Kapitel befasst sich vielmehr ausschließlich mit dem unter → Rn 1 aufgeführten zweiten Schwerpunkt des IAS 8, der **Durchbrechung der Stetigkeit** durch Änderungen der Bilanzierungs- und Bewertungsmethoden sowie Änderungen von Schätzungen und Fehlerkorrekturen. Der erste Schwerpunkt des IAS 8 (Regelungen zur Auswahl und Anwendung von Bilanzierungs- und Bewertungsmethoden) wird in § 2 kommentiert. Dort wird detailliert auf die Auswahl und Anwendung von Bilanzierungs- und Bewertungsmethoden (→ § 2 Rn 156 ff), das Vorgehen bei Regelungslücken (→ § 2 Rn 115 ff) sowie das Stetigkeitsprinzip (→ § 2 Rn 76 ff) eingegangen.

3 Generell findet IAS 8 nicht bei allen im Abschluss ggü der Vorperiode vorgenommenen Änderungen von Bilanzierungs- und Bewertungsmethoden Anwen-

dung. Vielmehr ist durch Definitionen und Negativabgrenzungen klar abgegrenzt, bei welchen Sachverhalten die Regelungen des IAS 8 einschlägig sind. **Keine Änderung von Bilanzierungs- und Bewertungsmethoden** – und damit keinen Anwendungsfall von IAS 8 – stellen folgende Sachverhalte dar (IAS 8.16):

(1) die Anwendung einer Bilanzierungs- und Bewertungsmethode für Ereignisse oder Geschäftsvorfälle, die sich grundlegend von früheren Ereignissen und Geschäftsvorfällen unterscheiden sowie

(2) die Anwendung einer Bilanzierungs- und Bewertungsmethode für Ereignisse oder Geschäftsvorfälle, die in früheren Geschäftsjahren nicht vorgekommen sind oder unwesentlich waren.

Damit stellt IAS 8.16 klar, dass in diesen Fällen der **Stetigkeitsgrundsatz** (→ Rn 10f) nicht anwendbar sein kann. Insbes der zweite Fall tritt in der Praxis häufiger auf und führt zu der Frage, wie solche Fälle sachgerecht abgebildet werden. Wurde zB bislang auf die Vollkonsolidierung eines erworbenen TU wegen Unwesentlichkeit verzichtet und rechtfertigt die zunehmende Bedeutung des TU im Zeitverlauf eine derartige Vorgehensweise nicht mehr, so hat grds eine Erstkonsolidierung des TU auf den Zeitpunkt zu erfolgen, an dem das TU für den Konzernabschluss wesentlich geworden ist (s ausführlich → § 37 Rn 52), ohne dass IAS 8 zu beachten wäre.

Weiter **ausgenommen** von der Anwendung der Bestimmungen des IAS 8 zur Änderung von Bilanzierungs- und Bewertungsmethoden ist die erstmalige Anwendung der Neubewertungsmethode für Vermögenswerte nach IAS 16 und IAS 38; in diesen Fällen gelten die Bestimmungen der entspr Standards (IAS 8.17f, IAS 16.31ff, IAS 38.75ff). Die erstmalige Anwendung der Neubewertungsmethode ist als eine Neubewertung iSd IAS 16 (vgl → § 5 Rn 123ff) bzw IAS 38 (vgl → § 4 Rn 101ff) vorzunehmen und nicht als eine Änderung der Bilanzierungs- und Bewertungsmethode, dh es entfällt die retrospektive Bilanzierung und die Darstellung einer dritten Bilanz. Für die erstmalige Bilanzierung von als Finanzinvestition gehaltenen Immobilien nach IAS 40 gelten abweichend von IAS 8 besondere Übergangsvorschriften (IAS 40.80ff). 4

Darüber hinaus findet IAS 8 keine Anwendung, wenn ein Unternehmen **erstmalig nach IFRS bilanziert.** In diesem Fall greifen die Vorschriften des IFRS 1 (vgl hierzu ausführlich → § 44 Rn 1ff). 5

Zusätzlich zu IAS 8 müssen ggf die Regelungen des IAS 12 zur Behandlung der **steuerlichen Auswirkungen** der Änderungen herangezogen werden (IAS 8.4). So sind mögliche steuerliche Folgen aus der Änderung von Bilanzierungs- und Bewertungsmethoden und der Korrektur von Fehlern nach den Vorschriften des IAS 12 zu beachten. Dh, sollten durch die Änderung einer Bilanzierungs- und Bewertungsmethode oder die Korrektur eines Fehlers temporäre Differenzen entstehen, sind auf diese nach den Vorschriften des IAS 12 **latente Steuern** abzugrenzen (vgl generell → § 25 Rn 37ff). 6

(einstweilen frei) **7, 8**

B. Änderungen von Bilanzierungs- und Bewertungsmethoden

I. Grundlagen

Bilanzierungs- und Bewertungsmethoden sind nach IAS 8.5 die Summe der Prinzipien, Grundlagen, Konventionen, Regeln und Verfahrensweisen, die ein Unternehmen bei der Abschlusserstellung anwendet. Zur Anwendung der 9

Bilanzierungs- und Bewertungsmethoden hat der Bilanzierende im Anhang umfassende Angaben zu machen (IAS 1.114(b) und IAS 1.117; → § 19 Rn 28ff). Sollen die angegebenen Bilanzierungs- und Bewertungsmethoden zu einem bestimmten Zeitpunkt **geändert** werden, so sind die im Folgenden dargestellten Vorschriften des IAS 8.14ff anzuwenden.

II. Stetigkeitsgrundsatz

10 Die **Generalnorm der Vergleichbarkeit** (→ § 2 Rn 76ff) bezweckt nach IAS 8.15, dass der Abschlussadressat in der Lage ist, Abschlüsse eines Unternehmens im Zeitablauf zu vergleichen, um letztendlich Tendenzen in der Entwicklung der VFE-Lage und der Cashflows zu erkennen.

Um diese Vergleichbarkeit zu gewährleisten, ist sowohl für die Art der Darstellung (IAS 1.45) als auch für die Anwendung von Bilanzierungs- und Bewertungsmethoden der Stetigkeitsgrundsatz (IAS 8.13) einzuhalten. Ansonsten wäre es insbes vor dem Hintergrund verschiedener Wahlrechte im IFRS-Regelwerk nur schwer möglich, näherungsweise eine Vergleichbarkeit im Zeitablauf zu erreichen.

11 Allerdings soll der Stetigkeitsgrundsatz keiner Verbesserung der Abschlussqualität entgegenstehen; daher ist es unter bestimmten Voraussetzungen geboten, die **Stetigkeit zu durchbrechen** (IAS 8.14(b); → Rn 14ff).

III. Begriffliche Abgrenzung zu Schätzungen

12 Um zu prüfen, ob die **Stetigkeit durchbrochen** und die Bilanzierungs- und Bewertungsmethoden geändert werden dürfen, muss in einem ersten Schritt geklärt werden, ob überhaupt eine Bilanzierungs- und Bewertungsmethode oder nicht vielmehr eine Schätzung vorliegt, da die beiden Varianten bilanziell unterschiedlich behandelt werden. Im ersten Fall ist zwingend eine retrospektive Anpassung (IAS 8.19(b)), im zweiten Fall dagegen eine prospektive Änderung (IAS 8.36) vorgeschrieben.

13 In den IFRS existiert **keine eindeutige Abgrenzung** zwischen den beiden Begrifflichkeiten. Lediglich für die Bilanzierungs- und Bewertungsmethoden existiert eine Definition (IAS 8.5): Es handelt sich um besondere Prinzipien, grundlegende Überlegungen, Konventionen, Regeln und Praktiken, die ein Unternehmen bei der Aufstellung von Abschlüssen anwendet. Nach IAS 8.5 liegt eine **Änderung von Schätzungen** vor, wenn der Buchwert eines Vermögenswerts oder einer Schuld bzw der periodengerechte Verbrauch eines Vermögenswerts angepasst wird und diese Anpassung aus der Einschätzung des derzeitigen Status von Vermögenswerten und Schulden sowie aus der Einschätzung des künftigen Nutzens und künftiger Verpflichtungen im Zusammenhang mit Vermögenswerten und Schulden resultiert. Änderungen von Schätzungen können sich aus neuen Informationen oder Erkenntnissen ergeben. IAS 8.32 führt verschiedene Sachverhalte auf, bei denen Schätzungen erforderlich sein können, zB risikobehaftete Forderungen, Überalterung von Vorräten, beizulegende Zeitwerte von finanziellen Vermögenswerten oder Schulden, Nutzungsdauern bzw erwarteter Abschreibungsverlauf von abnutzbaren Vermögenswerten sowie Rückstellungen für Gewährleistungsverpflichtungen. Vorgegebene Regelungen, zu denen auch durchaus **Ermessensentscheidungen** bei echten Verfahrenswahlrechten (zB Bilanzierung von als Finanzinvestition gehaltenen Immobilien unter Verwendung des Zeitwertmodells oder des Anschaffungskostenmodells, Ausweis

von Investitionszuschüssen als passivischer eigener Posten oder direkte Verrechnung mit dem Buchwert des bezuschussten Vermögenswerts) gehören, zählen zu den Bilanzierungs- und Bewertungsmethoden; Schätzungen dienen hingegen eher dazu, die vorgegebenen Regelungen auszufüllen (so auch *Heuser/Theile,* Rz 925; *Lüdenbach/Hoffmann/Freiberg* IFRS § 24 Rz 34ff).

Hilfreich ist in diesem Zusammenhang die in IAS 8.35 getroffene Aussage, dass die **Änderung der verwendeten Bewertungsgrundlage** in jedem Fall eine Änderung einer Bilanzierungs- und Bewertungsmethode darstellt. Bei Bewertungsgrundlagen handelt es sich um die der Bilanzierung zugrunde gelegten Prinzipien der Bewertung, sozusagen Vorstufen für die Anwendung einer Bilanzierungs- und Bewertungsmethode; hierunter fallen bspw die Anwendung historischer Anschaffungs- oder Herstellungskosten, des Nettoveräußerungswerts oder auch des erzielbaren Betrags (IAS 1.117(a)).

Sollte es im Einzelfall schwierig sein, zwischen einer Änderung der Bilanzierungs- und Bewertungsmethode und der Änderung einer Schätzung zu unterscheiden, so ist nach Maßgabe des IAS 8.35 davon auszugehen, dass es sich um eine Schätzungsänderung handelt.

IV. Zulässige Methodenänderungen

1. Überblick

Die IFRS gebieten in zwei Ausnahmefällen die **Durchbrechung des Stetigkeitsgrundsatzes** in Bezug auf die angewandten Bilanzierungs- und Bewertungsmethoden: Eine Bilanzierungs- und Bewertungsmethode darf gem IAS 8.14 nur dann geändert werden, wenn 14

(1) dies durch einen Standard oder eine Interpretation verlangt wird oder
(2) eine Änderung zu einer verlässlichen und relevanteren Darstellung von Geschäftsvorfällen oder der VFE-Lage führt.

2. Methodenänderungen durch einen Standard oder eine Interpretation

Die Regelungen des IAS 8 gelten nur für Unternehmen, die schon mindestens für ein Geschäftsjahr (inklusive der Darstellung eines Vorjahrs als Vergleichszahlen) vollständig nach IFRS bilanzieren. Hingegen hat ein Unternehmen, das die IFRS **erstmals** vollständig anwendet, den Übergang von bisherigen Rechnungslegungsmethoden zu den IFRS-Vorschriften nach IFRS 1 zu vollziehen. IAS 8.14 ist demnach dahingehend zu interpretieren, dass die Änderung der Bilanzierungs- und Bewertungsmethode aufgrund der Vorgabe eines Standards oder einer Interpretation bei einem Unternehmen, das bereits nach IFRS bilanziert, lediglich als Folge einer **Neufassung eines Standards/einer Interpretation** oder der erstmaligen Verabschiedung eines IFRS (so zB IFRS 9 oder IFRS 15) oder eines neuen IFRIC auftreten kann (zum Umgang mit sog NIFRICs → Rn 20). In diesem Fall sind dem neuen Standard oder der neuen Interpretation idR spezifische Übergangsvorschriften beigefügt, die bei der Änderung zu berücksichtigen sind (IAS 8.19(a)). Fehlen diese spezifischen Übergangsvorschriften, so gelten die Regelungen der IAS 8.19ff. Dies bedeutet, dass die Änderung grds **retrospektiv** (IAS 8.19(b)) und unter Anpassung der Eröffnungsbilanzwerte und Vorjahresvergleichswerte vorzunehmen ist (IAS 8.22). Die rückwirkende Anwendung der neuen Rechnungslegungsmethode verlangt, dass alle vergleichbaren Transaktionen seit Existenz des Unternehmens nach derselben neuen Rechnungslegungsmethode ausgewiesen und bewertet werden (→ Rn 21). 15

Die im Abschluss der lfd Berichtsperiode dargestellten Abschlussposten und die entspr Vorjahresvergleichszahlen werden mithin so dargestellt, als ob die neue, geänderte Bilanzierungs- und Bewertungsmethode schon immer angewendet worden wäre.

3. Methodenänderungen zur Verbesserung der Darstellung

16 Bilanzierungs- und Bewertungsmethoden sollen trotz des Stetigkeitsgrundsatzes (→ Rn 10f) angepasst werden, wenn eine Änderung zu einer **verlässlichen** und **relevanteren Darstellung** von Geschäftsvorfällen oder der VFE-Lage führt. Dies ist einerseits möglich, wenn ein explizit in den IFRS verankertes Wahlrecht genutzt wird, oder andererseits, wenn ein Unternehmen den äußerst seltenen Fall einer verbesserten Darstellung durch Abweichung von den IFRS begründen kann (IAS 1.19f). Die Anwendung der zweiten Alternative setzt gem IAS 1.19 jedoch voraus, dass die jeweiligen regulatorischen Rahmenbedingungen eine derartige Abweichung verlangen oder zumindest nicht verbieten. Eine derartige Öffnungsklausel findet sich nicht in den Anwendungsgrundlagen im HGB. Mithin kann angenommen werden, dass der Fall der verlässlichen und relevanteren Darstellung eher selten auftritt, und zwar nur dann, wenn ein durch IFRS gestattetes Wahlrecht ausgeübt wird. Zu den direkt in den IFRS verankerten Bilanzierungswahlrechten zählen im Wesentlichen folgende (vgl auch *Heuser/Theile* Rz 943):

17 (1) Nach IAS 2.25 besteht für bestimmte **Vorräte** ein Bewertungswahlrecht im Rahmen von Verbrauchsfolgeverfahren. So können die Anschaffungs- oder Herstellungskosten entweder nach der FIFO-Methode oder nach der Durchschnittsmethode ermittelt werden (→ § 8 Rn 82). Bei sachlich ähnlichen Vorräten ist die jeweilige Methode stetig anzuwenden, bei unterschiedlichen Vorratsgütern kann eine unterschiedliche Bewertung durchaus sachgerecht sein.

(2) Ein Methodenwahlrecht liegt bei der Bilanzierung von **als Finanzinvestition gehaltenen Immobilien** vor. Ein Unternehmen hat entweder das Modell des beizulegenden Zeitwerts oder das Anschaffungskostenmodell anzuwenden (IAS 40.30ff). Allerdings wird nur dem Wechsel zum Modell des beizulegenden Zeitwerts die Möglichkeit einer verbesserten (*more relevant*) Darstellung zugeschrieben (IAS 40.31).

(3) Der marktübliche Kauf oder Verkauf von **finanziellen Vermögenswerten** ist entweder zum Handelstag oder zum Erfüllungstag anzusetzen bzw auszubuchen (IAS 39.38/IFRS 9.3.1.1 (2014)).

(4) **Investitionszuschüsse** dürfen passivisch als eigener Posten ausgewiesen werden oder aber direkt mit dem Buchwert der entspr Vermögenswerte verrechnet werden (IAS 20.24).

(5) **Handelsunternehmen** dürfen zur Ermittlung der Anschaffungskosten der **Vorräte** anstatt der originären Anschaffungskostenmethode die sog retrograde Methode (*retail*-Methode) anwenden (IAS 2.22).

18 Sofern ein Unternehmen sich zwischen den beispielhaft aufgeführten Methoden neu entscheidet und der Methodenwechsel sachgerecht mit einer verbesserten (verlässlichen und relevanteren) Darstellung der VFE-Lage begründet werden kann, handelt es sich um eine Änderung der Bilanzierungs- und Bewertungsmethode, die retrospektiv durchzuführen ist. Abweichend davon finden die Vorschriften zur Änderung der Bilanzierungs- und Bewertungsmethoden keine Anwendung, wenn sog **unechte Wahlrechte** (zum Begriff vgl *Lüdenbach/Hoffmann/Freiberg* IFRS § 24 Rz 8ff; *Hammen* in Buschhüter/Striegel IFRS, IAS 8 Rz 28; *Heuser/Theile* Rz 926, sprechen von sog verdeckten Wahlrechten) geän-

dert werden, weil eine verbesserte Darstellung bewirkt werden kann. Bei unechten Wahlrechten handelt es sich nicht um explizit in den IFRS genannte Alternativen, sondern um notwendige **Ermessensentscheidungen** im Rahmen von sich aus einzelnen IFRS ergebenden Verfahrenswahlrechten. Diese gehören zu den Schätzungsänderungen (*Heuser/Theile* Rz 925). Die Unterscheidung zwischen Methodenwechseln einerseits und Schätzungsänderungen andererseits ist aufgrund der unterschiedlichen bilanziellen Behandlung bedeutsam. Allerdings gibt IAS 8.35 vor, dass in Zweifelsfällen von Schätzungsänderungen auszugehen ist (→ Rn 31 ff).

Zu den genannten unechten Wahlrechten zählen zB der Wechsel von der *cost-to-cost*-Methode zur *labor-hours*-Methode bei der Bewertung von Fertigungsaufträgen oder die Verwendung von unterschiedlichen Bewertungsmodellen (Binomialmodell oder Black Scholes-Modell) zur Bewertung von Optionen. Dies gilt jedoch nur, wenn die geänderten Verfahren auf Grundlage neuer Erkenntnisse oder Sachverhalte (Schätzungen) angewendet werden, die bei der bisherigen Auswahl noch nicht vorhanden oder nach objektiven Maßstäben weniger geeignet waren, um eine verlässliche und relevantere Darstellung im Abschluss zu erreichen. Derartige Änderungen in der Ausübung von unechten Wahlrechten müssen mithin sachlich begründet sein.

Beispiel: Ein Unternehmen hat bisher den Fertigstellungsgrad von Fertigungsaufträgen nach der *cost-to-cost*-Methode ermittelt. In nachfolgenden Geschäftsjahren kommt die Geschäftsführung zu neuen Erkenntnissen derart, dass bei neueren Projekten die Gesamtkosten stark degressiv verlaufen. Entspr dieser neuen Informationen spiegelt der Fertigstellungsgrad auf Grundlage der angefallenen Fertigungsstunden den Leistungsfortschritt bei den Fertigungsaufträgen besser wieder, als die *cost-to-cost*-Methode. Die Anwendung der *labor-hours*-Methode hat dann als Schätzungsänderung prospektiv zu erfolgen.

Ohne zutreffende sachliche Begründung dürfen unechte bzw verdeckte Wahlrechte nicht geändert werden (glA *Heuser/Theile* Rz 926).

In Fällen, in denen das Management der Auffassung ist, mit der Änderung einer Bilanzierungs- und Bewertungsmethode eine **verbesserte (verlässliche und relevantere) Darstellung** der VFE-Lage zu erreichen, könnte eine mögliche Begründung in einer zwischenzeitlich verbesserten Informations- und Datenlage liegen, aufgrund derer nunmehr andere zuverlässige und relevantere Bilanzierungs- und Bewertungsmethoden anwendbar sind. Die in der *Implementation Guidance* zu IAS 8 dargestellten Beispiele zu diesem Thema verweisen auf ähnliche Begründungen (IAS 8.IG Example 3). Dort wird ua folgendes Beispiel angeführt: 19

Beispiel: Ein Unternehmen schreibt ein bestimmtes Anlagegut nicht mehr einheitlich, sondern nach der Nutzungsdauer der wichtigsten Komponenten ab, nachdem eine gesonderte Untersuchung des Anlageguts neue Informationsgrundlagen über den Werteverzehr einzelner wesentlicher Komponenten geschaffen hat. Dieser Wechsel wird in dem Beispiel folgendermaßen begründet: Das Management ist – unter Berücksichtigung der neuen Informationsgrundlagen – der Ansicht, dass der Komponentenansatz zuverlässige und relevantere Informationen liefert, da er die Wertverhältnisse und Nutzungsdauern der Komponenten differenzierter berücksichtigt.

Die in diesem Fall und auch im anderen Beispiel der *Implementation Guidance* zu IAS 8 angegebenen **Begründungen** für die Änderung der Bilanzierungs- und Bewertungsmethode bleiben aber doch unkonkret. Hieraus schließt ein Teil der Literatur, dass für die Änderung von Bilanzierungs- und Bewertungsmethoden gem IAS 8 keine sonderlich detaillierten Begründungen notwendig sind (*Lüdenbach/Hoffmann/Freiberg* IFRS § 24 Rz 23; aA *Blaum/Holzwarth/Wendtland* in Baetge ua IFRS-Komm IAS 8 Rz 88). Die Begründung für eine Änderung von Bilanzierungs- und Bewertungsmethoden kann nach der hier vertretenen Auffassung kurz ausfallen; zwingend notwendig ist indessen, dass die Änderung der Bilanzierungs- und Bewertungsmethode zu einer verbesserten (verlässlichen und relevanteren) Darstellung der VFE-Lage führt und dies im Abschluss erläutert wird; rein bilanzpolitische Motivationen sind danach ausgeschlossen. Diese Auffassung wurde von der Europäischen Wertpapieraufsichtsbehörde (ESMA) bestätigt (*ESMA,* EECS/0114-06 vom 9. April 2014). Ein Unternehmen hatte bislang seinen Anteil an der Ergebnisrechnung von assoziierten Unternehmen und Joint Ventures, die nach der Equity-Methode bilanziert werden, in einer separaten Zeile innerhalb des operativen Ergebnisses ausgewiesen. Mit der erstmaligen Anwendung von IFRS 11, die grds für das bilanzierende Unternehmen keine Änderungen zur Folge hatte, intendierte das Unternehmen, Anteile an einem in der Start-Up-Phase befindlichen Joint Ventures in einer separaten Zeile innerhalb des nicht betrieblichen Ergebnisses auszuweisen. Die ESMA kam jedoch zu der Einschätzung, dass diese Änderung zu keiner verlässlichen und gleichzeitig relevanteren Darstellung führe. Der Ausweis von Posten als nicht betrieblich, die eindeutig betrieblicher Natur sind, sei irreführend. Eine zulässige Änderung der Bilanzierungs- und Bewertungsmethoden in Einklang mit IAS 8.14 sei gem ESMA nicht gegeben.

20 Einige andere Fragestellungen ergeben sich durch die vorliegenden **Entscheidungen** des **IFRSIC,** bestimmte Bilanzierungsfragen nicht aufzugreifen und nicht in Form einer IFRSIC-Interpretation zu entscheiden. Es handelt sich dabei um Zurückweisungen von Anträgen, in deren Zusammenhang gelegentlich Hinweise zur Auslegung des fraglichen IFRS gegeben werden. Diese Hinweise seitens des IFRSIC im Zusammenhang mit der Zurückweisung bzw Nichtaufnahme einer Fragestellung auf die IFRSIC-Agenda werden in der Praxis als *Agenda Decisions* oder auch als **NIFRIC** (Non-IFRIC) bezeichnet. Sollte sich aus den IFRSIC-Ausführungen im Zusammenhang mit einem NIFRIC ergeben, dass ein Unternehmen bisher einen bestimmten IFRS nicht bzw nicht so angewendet hat, wie es das IFRSIC für offensichtlich eindeutig hält, und ändert das Unternehmen infolgedessen seine Bilanzierungs- und Bewertungsmethode, stellt sich die Frage, ob es sich dabei um eine Änderung der Bilanzierungs- und Bewertungsmethode, eine Schätzungsänderung oder eine Fehlerkorrektur handelt. Die NIFRICs haben nach Ansicht des IASB denselben Status wie die Umsetzungsleitlinien (*Implementation Guidance*) und sind damit unverbindlich. Nach Auffassung des RIC entfalten die NIFRICs eine gewisse Bindungswirkung, sodass eine andere, davon abweichende und bisher für vertretbar gehaltene Bilanzierungsmethode nicht mehr beibehalten werden kann (*Blaum/Holzwarth/Wendtland* in Baetge ua IFRS-Komm IAS 8 Rz 70). Die Anpassung an die Bilanzierungsmethode, die ein NIFRIC als einzig zulässig betrachtet, ist grds retrospektiv nach den Regeln für die Änderung der Bilanzierungs- und Bewertungsmethode vorzunehmen. Es ist aber zusätzlich zu untersuchen, ob ggf ein IFRS für bestimmte Transaktionen – anders als es nach Auffassung des NIFRIC geboten wäre – überhaupt nicht angewendet wurde. Sollten diese Transaktionen wesentlich sein, liegt ein Fehler im Abschluss vor, der nach den Fehlerkorrekturvorschriften zu korrigieren ist (→ Rn 41 ff). Behandeln die Hinweise des IFRSIC im Rahmen eines NIFRIC bestimmte Vorgehensweisen oder Schätzungsmethoden im Rahmen einer übergeordneten Bilanzierungs- und Bewertungsmethode, liegt eine Schätzungsänderung vor, die nach den Vorschriften zur Schätzungsänderung zu behandeln ist (→ Rn 31 ff). Der IASB hat auf seiner Website eine Übersicht aller NIFRICs veröffentlicht (www.ifrs.org/Current+Projects/IFRIC+Projects/IFRIC+Projects.htm (Stand: 31. Juli 2015), dort unter „Issues Rejected").

V. Praktisches Vorgehen bei der Methodenänderung

1. Normalfall

Liegt einer der beiden in IAS 8.14 beschriebenen Sachverhalte vor, ist also 21
entweder ein Standard erstmals anzuwenden oder liefert eine Methodenänderung eine verbesserte Darstellung, so wird die jeweilige Bilanzierungs- und Bewertungsmethode gem den Anforderungen des IAS 8.22 geändert. Grds hat die Änderung **retrospektiv und erfolgsneutral** zu erfolgen, dh so als ob die neu angewandte Methode schon immer angewandt worden wäre (IAS 8.22). Dabei wird im Regelfall wie folgt vorgegangen: In einem ersten Schritt sind die Daten der Vorjahre so anzupassen, als sei die neue Methode schon immer angewendet worden. Ein Unternehmen hat die geänderte Rechnungslegungsmethode soweit wie möglich in die Vergangenheit zurück anzuwenden. Die Grenzen der Vergangenheitsorientierung dürften hier – vorbehaltlich des Wesentlichkeitsgrundsatzes und allgemeiner Kosten-Nutzen-Überlegungen – die Aufbewahrungspflichten für Geschäftsunterlagen oder die Verfügbarkeit von geeigneten Informationen aus IT-Anwendungen darstellen. Der Zeitraum der Rückwirkung wird somit ggf dadurch verkürzt, dass die retrospektive Anpassung undurchführbar ist (IAS 8.23; zur Definition der Undurchführbarkeit vgl → Rn 24). Die sich aus der Umbewertung der Transaktionen ergebenden Anpassungseffekte werden mit den Buchwerten der in der Eröffnungsbilanz der Vorjahresvergleichszahlen ausgewiesenen jeweiligen Vermögenswerte und Schulden verrechnet und ein sich daraus per Saldo ergebender Anpassungsbetrag im Eigenkapital zB mit den Gewinnrücklagen oder dem Bilanzgewinn verrechnet.

Allerdings können auch andere Eigenkapitalbestandteile angepasst werden, wenn dies von einem Standard gefordert wird. Hierunter fallen folgende **gesonderten Eigenkapitalposten** aus der Bilanzierung nachfolgender Sachverhalte:

(1) Anwendung der **Neubewertungsmethode** für Sachanlagen und immaterielle Vermögenswerte (→ § 4 Rn 101 ff bzw → § 5 Rn 123 ff; Neubewertungsrücklage); hier ist aber zu beachten, dass die erstmalige Anwendung der Neubewertungsmethode nach IAS 8.17 nicht nach den Regelungen des IAS 8 erfolgt, sondern nach den Regelungen der IAS 16 und IAS 38,

(2) Bewertung von **zur Veräußerung verfügbaren finanziellen Vermögenswerten** zum beizulegenden Zeitwert (→ § 3 Rn 71, → § 3 Rn 165 ff; Rücklage für Marktbewertungen),

(3) Wertveränderung von **Sicherungsgeschäften** im Zusammenhang mit Geschäften zur Absicherung von Zahlungsströmen (*cashflow hedges;* → § 23 Rn 82 ff; Rücklage für Marktbewertungen),

(4) Darstellung **versicherungsmathematischer** Gewinne und Verluste aus leistungsorientierten Pensionsplänen (vgl § 26 Rn 87 ff),

(5) Erfassung von Wechselkurseffekten im sonstigen Ergebnis (→ § 33 Rn 21).

Nachdem die vor der frühesten dargestellten Periode angefallenen Anpassungen verrechnet wurden, werden abschließend die im aktuellen Abschluss offen gelegten Perioden korrigiert – idR die aktuelle und die Vorjahresperiode. In der Vorjahresperiode wird der Anpassungseffekt, der auf das Vorjahr entfällt, als Erfolgsveränderung in der GuV (sofern erstellt) bzw dem erfolgswirksamen Teil der Gesamtergebnisrechnung (→ § 15 Rn 75 ff) erfasst und in der aktuellen Periode wird der Sachverhalt so bilanziert, als sei die Methodenänderung nie aufgetreten.

Beispiel: Entscheidet sich ein Unternehmen im Geschäftsjahr X3, Vorräte nicht mehr nach der FIFO-Methode zu bewerten, sondern die Durchschnittsmethode anzuwenden, so sind folgende Anpassungen vorzunehmen:

Änderung der Bilanzierungs- und Bewertungsmethode in X3 und damit auch des Abschlusses zum 31. Dezember X3.

Für die Vergleichszahlen des Abschlusses zum 31. Dezember X2 wird ebenso die Durchschnittsmethode angewendet und auch im Berichtsjahr so dargestellt, da nach IAS 1.38 immer ein Vergleichsjahr mit angegeben werden muss.

Für die übrigen nicht mehr dargestellten Perioden (X1 und früher) wird die Methode bis zur erstmaligen Einbuchung der Vorräte im Bestand zurückverfolgt und die Anpassungsbeträge aus der retrospektiven Anwendung der Durchschnittsmethode im Vergleich zur FIFO-Methode werden mit dem Eröffnungsbilanzwert der Gewinnrücklagen der frühesten, im Abschluss dargestellten Periode verrechnet – in diesem Fall also für den 1. Januar X2. Die vollständige, geänderte Bilanz zum 1. Januar X2 ist nach IAS 1.10(f), IAS 1.40A ebenfalls in den Abschluss aufzunehmen. Die sich für X2 ergebenden Bewertungseffekte aus der Anwendung der Durchschnittsmethode anstatt der FIFO-Methode werden in der GuV (sofern erstellt) bzw in dem erfolgswirksamen Teil der Gesamtergebnisrechnung für X2 erfasst.

22 Wenn eine Änderung der Bilanzierungs- und Bewertungsmethode vorgenommen wird, sind ggf nicht nur Bilanz und GuV bzw Gesamtergebnisrechnung anzupassen, sondern auch die übrigen Bestandteile des Abschlusses, wie **Eigenkapitalspiegel, Anlagespiegel, Ergebnis je Aktie, Segmentberichterstattung** und **Kapitalflussrechnung.**

23 Nach IAS 1.10(ea) sind **Vergleichsinformationen** für die unmittelbare Vorjahresperiode als zwingender Abschlussbestandteil eines vollständigen IFRS-Abschlusses anzugeben. IAS 1.40A bis IAS 1.40D beinhalten Regelungen für die Angabe von Vergleichsinformationen bei der Änderung von Bilanzierungs- und Bewertungsmethoden, anderer rückwirkender Bilanzierungsanpassungen oder Ausweisänderungen. Nach IAS 1.40A ist in diesen Fällen (sofern die Änderungen wesentliche Auswirkungen haben) eine dritte Bilanz gefordert, die auf den Stichtag der Eröffnungsbilanz der unmittelbaren Vorjahresperiode aufzustellen ist (IAS 1.40B). Zusätzlich müssen in diesen Fällen die Anhangangaben nach IAS 1.41 bis IAS 1.44 (bei Änderungen von Ausweis und Gliederung) und IAS 8 (bei Änderungen der Bilanzierungs- und Bewertungsmethoden oder Fehlerkorrekturen) gemacht werden. Nach IAS 1.40C sind Anhangangaben zu der zusätzlichen dritten Bilanz zum Eröffnungsbilanzstichtag der Vorjahresperiode nicht erforderlich. Die dritte Bilanz muss in den relevanten Fällen zwingend zum Stichtag der Eröffnungsbilanz der unmittelbaren Vorjahresperiode aufgestellt werden, unabhängig davon, ob das Unternehmen noch weitere Vergleichszahlen für frühere Perioden darstellt (IAS 1.40D).

2. Ausnahmen

24 IAS 8 erlaubt, von der rückwirkenden Anwendung einer neuen Bilanzierungs- und Bewertungsmethode abzusehen, wenn die Änderung der Vorjahre undurchführbar ist (IAS 8.23). **Undurchführbarkeit** liegt nach IAS 8.5 vor, wenn eine Bilanzierungs- und Bewertungsmethode trotz aller angemessenen Anstrengungen des Unternehmens nicht rückwirkend angewendet werden kann. IAS 8.5 konkretisiert weiter, unter welchen Umständen eine Undurchführbarkeit vorliegt. Dies ist der Fall, wenn:

(1) die Auswirkungen der rückwirkenden Anpassung nicht zu ermitteln sind,
(2) Annahmen über die Intentionen des Managements in der entspr zurückliegenden Periode erforderlich sind oder
(3) für die rückwirkende Anwendung Schätzungen zu den früheren Perioden notwendig sind, die in der Vergangenheit noch nicht bekannt waren.

Diese Kriterien werden in den IAS 8.50 ff noch **detaillierter** ausgeführt. So liegt eine Undurchführbarkeit nach Punkt (1) gem IAS 8.50 auch vor, wenn notwendige Daten zwar vorhanden, aber nicht entspr aufbereitet wurden oder nicht wieder herstellbar sind.

Für den Punkt (2) könnte folgendes Beispiel zur Verdeutlichung der **Intentionen des Managements** und der entspr Auswirkungen angeführt werden.

Beispiel: Ein Unternehmen korrigiert einen Fehler bei der Bewertung von finanziellen Vermögenswerten aus der Berichtsperiode 20X1, die vormals nach IAS 39 als bis zur Endfälligkeit gehaltene Finanzinvestitionen klassifiziert wurden. In der Korrekturperiode (20X2) klassifiziert das Management den Vermögenswert um, da er nach neuerer Einschätzung nicht mehr bis zur Endfälligkeit gehalten werden soll. Damit ändert sich automatisch die Bewertungsgrundlage. In Anwendung von IAS 8.5 ändert diese sich aber nicht rückwirkend, da das Management den Vermögenswert erst in der aktuellen Periode umklassifiziert hat und in der Vergangenheit noch nicht wissen konnte, dass in der Zukunft die Absicht bestehen wird, eine Umklassifizierung vorzunehmen. Die bessere Erkenntnis aus der Korrekturperiode (20X2) über die Halteabsichten darf hier also nicht bei der im Übrigen retrospektiven Fehlerkorrektur berücksichtigt werden. Im Ergebnis wird die Fehlerkorrektur zwar retrospektiv für die Berichtsperiode 20X1 vorgenommen, die Bewertungsänderung aus der neuen Halteabsicht jedoch nicht rückwirkend erfasst.

IAS 8.51 und IAS 8.52 erläutern die Anwendung des obigen Punkts (3). Als Beispiel für einen Anwendungsfall dieser **Ausnahme** wird Folgendes aufgeführt: Die rückwirkende Anpassung einer Bilanzierungs- und Bewertungsgrundlage erfordert die Bestimmung beizulegender Zeitwerte für die Vergangenheit (IAS 8.52). Besonders problematisch ist die Bestimmung von beizulegenden Zeitwerten dann, wenn diese auf Schätzungen nicht-beobachtbarer Marktpreise oder Leistungen basieren. Sollten zwischenzeitlich zwar beizulegende Zeitwerte ermittelbar sein, diese nunmehr bekannten Informationen sich aber nicht von den zu den zurückliegenden Zeitpunkten bekannten Werten unterscheiden lassen, so ist die rückwirkende Anwendung der Bilanzierungs- und Bewertungsmethode undurchführbar.

Finden diese Kriterien Anwendung, so sind die neuen Bilanzierungs- und Bewertungsmethoden **prospektiv** anzuwenden. Die prospektive Anwendung der neuen Bilanzierungs- und Bewertungsgrundlagen gem IAS 8.5 und IAS 8.50 wird mit IAS 8.26 allerdings noch in zeitlicher Hinsicht eingeschränkt. Demnach kann die prospektive Anwendung erst in der Periode erfolgen, in der die in IAS 8.5 aufgeführten Kriterien greifen. In IAS 8.27 wird ergänzend erläutert, dass die Anwendung einer neuen Bilanzierungs- und Bewertungsmethode zum frühest möglichen Zeitpunkt zu erfolgen hat. Wären also für die retrospektive Anwendung einer neuen Bilanzierungs- und Bewertungsmethode die zurückliegenden zehn Jahre anzupassen, für vier Jahre allerdings nur adäquate Aufzeichnungen vorhanden, so sind diese vier Jahre retrospektiv anzupassen. Die kumulierten Anpassungen der Vermögenswerte und Schulden, die auf die davor liegenden sechs Jahre entfallen, bleiben dann bei der retrospektiven Anpassung unberücksichtigt (IAS 8.27). 25

Aus diesen Vorschriften ergibt sich folgende praktische Vorgehensweise: Es ist die Periode zu bestimmen, bis zu der die rückwirkende Anwendung durchführbar ist. Dabei handelt es sich um die erste Periode, in der keine Undurchführbarkeit mehr nach IAS 8.5 vorliegt. Nach IAS 8.24 kann es sich dabei durchaus um die aktuelle Berichtsperiode handeln.

In der Praxis wird immer dann ein unangemessener Aufwand für die Anpassung der Vergangenheit vorliegen, wenn in Geschäftsjahre zurückgegangen werden müsste, für die Konten und Belege nicht mehr vorhanden sind. In diesen Fällen ist die Ermittlung von Anpassungsbeträgen objektiv unmöglich. Sofern die erforderlichen Informationen zwar grds vorhanden sind, aber aufgrund von IT-Systemänderungen oder mangelnder detaillierter buchhalterischer Erfassung in weit zurückliegenden Jahren nicht ohne umfangreiche Nachbearbeitung ermittelt werden können, wird man von einem unangemessenen Aufwand ausgehen können. Für die Ermittlung der Informationen für unmittelbar vor der Änderung liegende ein oder zwei Jahre wird der Anpassungsaufwand idR vertretbar sein.

VI. Angaben im Anhang

26 Für den Fall der **Änderung** einer Bilanzierungs- und Bewertungsmethode sind nach IAS 8.28 ff umfangreiche Angaben erforderlich.

Im Fall der **Erstanwendung** eines Standards oder einer Interpretation ist dies anzugeben; zudem sind umfangreiche Angabepflichten gem IAS 8.28 zu beachten, auch wenn für den Standard gesonderte Übergangsvorschriften existieren.

27 Wird eine Methode gewechselt, um die **Darstellung zu verbessern,** so ist gem IAS 8.29 neben Angaben zur Art der Änderung oder zu den Anpassungsbeträgen auch zu erläutern, aus welchen Gründen eine Verbesserung der Informationsdarstellung angenommen wird.

28 Wird aus Gründen der **Praktikabilität/Undurchführbarkeit** auf die retrospektive Anpassung verzichtet (→ Rn 24), sind auch hier genaue Gründe anzugeben, weshalb eine rückwirkende Änderung undurchführbar ist und ab wann die neue Bilanzierungs- und Bewertungsmethode angewendet wurde (IAS 8.28(h), IAS 8.29(e)).

29 Alle Angaben haben nur im **Berichtsjahr** der Anpassung zu erfolgen (IAS 8.28 und IAS 8.29 jeweils aE).

30 Eine vollständige Auflistung der notwendigen Anhangangaben findet sich in der Anhangcheckliste in der Anlage zu diesem Handbuch.

C. Änderungen von Schätzungen

I. Grundlagen

31 Schätzungen sind nach IAS 8.32 für Abschlussposten notwendig, die **nicht präzise bewertet** werden können. Damit sind Schätzungen ein notwendiger Bestandteil der Abschlusserstellung und erforderlich, um Beurteilungs- und Ermessensspielräume auszufüllen (zur Abgrenzung von Bilanzierungs- und Bewertungsmethoden → Rn 13 ff).

Grds hat die Schätzung auf der Grundlage der zuletzt verfügbaren und verlässlichen Informationen zu erfolgen (IAS 8.32). In verschiedenen Einzelstandards sind konkrete Angaben zu Schätzungen, die einzelne Posten betreffen, gefordert.

32 Der **Unterschied zu Fehlerkorrekturen** besteht darin, dass es sich bei der Fehlerkorrektur um Anpassungen von Annahmen handelt, die von vornherein falsch waren oder auf unzureichenden Informationen basierten, obwohl ausreichende Informationen hätten ermittelt werden können (vgl auch die Definition von Fehlern in → Rn 41).

Das folgende Beispiel verdeutlicht die Abgrenzung von Schätzungen und Fehlern:

Beispiel: Ein Unternehmen hat gesetzliche Gewährleistungsverpflichtungen, die aufgrund von Erfahrungswerten in prozentualer Relation zu den Umsatzerlösen anfallen. Aus diesen Erfahrungswerten ergibt sich, dass für die vergangenen Jahre eine Rückstellung von 5 % des Umsatzes notwendig war und auch gebildet wurde. Für das aktuelle Berichtsjahr wurde nun festgestellt, dass

(1) keine Rückstellung gebildet wurde. In diesem Fall liegt ein **Fehler** vor (zur weiteren bilanziellen Behandlung → Rn 45),
(2) die Gewährleistungsfälle nunmehr eher 6% der Umsätze entsprachen. In diesem Fall ist also die **Schätzung** von bisher 5% nicht mehr angemessen und muss für die Zukunft angepasst werden (→ Rn 35 f).

Bei Anpassungen von Wertansätzen für Vermögenswerte und Schulden, die auf Feststellungen einer **steuerlichen Betriebsprüfung** resultieren, ist im Einzelfall zu analysieren, ob die Feststellungen auch Auswirkungen für die IFRS-Bilanz haben oder nur auf die Steuerbilanz. Sofern die Feststellungen der Betriebsprüfung nur die Steuerbilanz (zB verbotswidriger Ansatz einer Drohverlustrückstellung in der Steuerbilanz) tangieren, handelt es sich bei der Neufestsetzung von lfd Ertragsteuern für vergangene Perioden um **Änderungen von Schätzungen,** dh die Steuernachzahlungen oder -erstattungen sind erfolgswirksam in der Periode der geänderten Festsetzung zu erfassen. Gegenläufig wird sich in diesem Fall ggf der Ansatz latenter Ertragsteuern nach IAS 12 auswirken. Stellt die Betriebsprüfung fest, dass die verwendeten Nutzungsdauern für die Abschreibung von Sachanlagen unzutreffend sind und setzt längere wirtschaftliche Nutzungsdauern an (die dem tatsächlichen und beobachtbaren Werteverzehr entsprechen), so ist dies als eine Änderung von Schätzungen zu interpretieren, die für die IFRS-Bilanzierung zu übernehmen ist; der im Jahr der Schätzungsänderung vorhandene Restbuchwert wird danach über die geänderte voraussichtliche Restnutzungsdauer verteilt. Die sich als Konsequenz ergebende Anpassung der in der IFRS-Bilanz bisher ggf angesetzten aktiven oder passiven latenten Steuern stellt ebenfalls eine Schätzungsänderung dar. Stellt die Betriebsprüfung fest, dass unzulässigerweise Aufwandsrückstellungen (zB Restrukturierungsrückstellungen ohne externe Verpflichtung) in der Steuerbilanz angesetzt worden sind, hat dies auch Konsequenzen für die IFRS-Bilanzierung, sofern diese Rückstellung auch in der IFRS-Bilanz unzulässigerweise angesetzt worden ist. Dieser Sachverhalt würde sich als **Fehler** qualifizieren, der nach den hierfür geltenden Vorschriften des IAS 8 erfolgsneutral zu korrigieren wäre (→ Rn 42 ff). 33

II. Verpflichtende Änderungen von Schätzungen

Da eine Schätzung grds auf der Grundlage der **zuletzt verfügbaren und verlässlichen Informationen** zu erfolgen hat, ergeben sich Änderungen von Schätzungen aus dem Vorliegen neuer Informationen oder Entwicklungen (IAS 8.5). Gehen dem Management also neue Informationen zu, sei es zB durch neue Bewertungsumstände oder aufgrund neuer Entwicklungen, so sind die Schätzungen anzupassen. Dies kann bspw der Fall sein, wenn die Höhe einer Rückstellung nach neueren Erkenntnissen nicht mehr angemessen ist (vgl das Beispiel in → Rn 32), wenn eine Forderung zu einem anderen Anteil wertberichtigt werden muss oder sich bei Vorräten, die wertgemindert wurden, der Nettoveräußerungswert ggü der bisherigen Wertminderung geändert hat. 34

III. Praktisches Vorgehen bei der Änderung von Schätzungen

Die bilanziellen Auswirkungen der Änderungen von Schätzungen sind **erfolgswirksam** in der Periode der Änderung (zB Höhe von Einzelwertberichtigungen oder Rückstellungen) und evtl nachfolgenden betroffenen Perioden (zB Änderungen der Nutzungsdauern von Sachanlagen) zu erfassen (IAS 8.36). 35

Bezieht sich die Änderung einer Schätzung auf einen Bilanzposten, so ist eine Buchwertanpassung in der Periode der Änderung vorzunehmen (IAS 8.37).

Beispiel: Ein Unternehmen hat zum 1. Januar X1 eine Maschine angeschafft. Das Management stellt im Berichtsjahr X10 fest, dass die Maschine, für die es urspr eine Nutzungsdauer von 20 Jahren angenommen hatte, insgesamt nur 15 Jahre nutzbar sein wird, da die Technik der Maschine sich schneller überholt als in der Vergangenheit erwartet. Daraufhin hat das Management die in X10 verbleibende Restnutzungsdauer auf die neu geschätzte Restnutzungsdauer anzupassen. Die Abschreibung des zum 1. Januar X10 bestehenden Restbuchwerts hat folglich nur noch über sechs und nicht mehr über elf Jahre zu erfolgen. Die Abschreibungen der Vergangenheit und auch der Buchwert der Anlage zum 1. Januar X10 bleiben infolge der Schätzungsänderung unverändert; es ändern sich nur die zukünftige Restnutzungsdauer und damit der Abschreibungsaufwand der lfd und der zukünftigen Perioden. Parallel ist für den Vermögenswert jedoch uU ein Wertminderungstest vorzunehmen, weil die signifikante Verkürzung der Restnutzungsdauer ein Indikator für eine Wertminderung sein kann.

36 Sind allerdings **Abbruchkostenrückstellungen** von der Änderung der Schätzung betroffen, bspw durch einen veränderten Zinssatz zur Barwertermittlung oder die Veränderung einer Mietvertragslaufzeit und somit Nutzungsdauer, so sind die speziellen Vorschriften des IFRIC 1 zu beachten (→ § 5 Rn 51 ff). Der Betrag der Abbruchkosten, der als Teil der Anschaffungskosten der Sachanlagen aktiviert wird, ist retrospektiv zu ermitteln, so als ob von Anfang an der zutreffende Betrag als Anschaffungskostenkomponente angesetzt worden wäre. Der sich ergebende Restbuchwert der Sachanlage ist allerdings prospektiv über den verbleibenden Zeitraum der Nutzung abzuschreiben. Die speziellen Regelungen des IFRIC 1 führen bei Änderungen der geschätzten Abbruchkosten somit zu einer Kombination der retrospektiven und der prospektiven Anpassung.

IV. Angaben im Anhang

37 Nach der Änderung von Schätzungen sind lediglich **Art**, die **betragsmäßige Auswirkung** der Schätzungsänderung für die **Berichtsperiode** und – sofern zutreffend ermittelbar – auch die Auswirkungen auf **Folgeperioden** anzugeben (IAS 8.39).

38 Wird auf die Angabe der betragsmäßigen Auswirkung auf zukünftige Perioden wegen **Undurchführbarkeit** der betreffenden Schätzung **verzichtet,** so hat das Unternehmen darauf hinzuweisen (IAS 8.40; eine vollständige Erfassung der Anhangangaben findet sich in der Anhangcheckliste in Anlage I dieses Handbuchs).

39, 40 *(einstweilen frei)*

D. Fehlerberichtigungen

I. Grundlagen

41 IAS 8.5 definiert einen **Fehler** als fehlende oder unrichtige Information im Abschluss eines Unternehmens, der sich aus einer Nicht- oder Fehlanwendung von zuverlässigen Informationen ergeben hat. Voraussetzung ist demnach, dass bei der früheren, fehlerhaften Abschlusserstellung verlässliche Informationen verfügbar waren und es hätte erwartet werden können, dass das Unternehmen diese damals vorhandenen Informationen einholt und sie berücksichtigt. Für die Beurteilung der Frage, ob eine fehlerhafte Berücksichtigung von Informationen

in einem Abschluss vorliegt, ist es daher erforderlich, die theoretisch vorliegenden Informationen (objektiver Informationsumfang) von den Informationen zu differenzieren, die dem Bilanzierenden bei sorgfältiger Sachverhaltswürdigung tatsächlich vorlagen bzw bei denen es dem Bilanzierenden unter Abwägung von Kosten-Nutzen-Erwägungen zuzumuten war, sie einzuholen (subjektiver Informationsumfang). Ein Fehler iSd IAS 8.5 liegt nur vor bei **fehlerhafter** oder **Nichtanwendung** von **subjektiv vorhandenen Informationen** (vgl *Küting/Weber/Keßler/Metz* DB 2007, 1 (4)). Hierbei ist es entscheidend, dass diese subjektiven Informationen zum Zeitpunkt der Bilanzaufstellung und bis zum Ende des nach IAS 10 zu berücksichtigenden Wertaufhellungszeitraums vorgelegen haben müssen; alle nicht darunter fallenden Informationen, die nicht im Abschluss berücksichtigt wurden, stellen keine Fehler iSd IAS 8.5 dar. Bei der zeitlich nachgelagerten Untersuchung eines veröffentlichten Abschlusses durch Enforcementeinrichtungen (Untersuchungen durch DPR, BaFin oder WPK) ist diese Differenzierung zu beachten.

Der **Art** nach geht es bei Fehlern iSd IAS 8.5 ua um Rechenfehler, um die unrichtige Anwendung von Bewertungs- und Bilanzierungsmethoden, um ein Übersehen oder eine unrichtige Würdigung von Tatsachen und um (vorsätzlichen) Betrug *(fraud)*. Betrug idS ist nicht die absichtliche fehlerhafte Anwendung von Rechnungslegungsmethoden, sondern die fehlerhafte Bilanzierung infolge von Unterschlagungen, Täuschungen oder andere Arten von Unregelmäßigkeiten. Ein Fehler liegt hingegen nicht vor, wenn frühere Schätzungen sich aus heutiger Sicht, zB aufgrund neuerer Erkenntnisse oder Ereignisse, als unrichtig erweisen (→ Rn 31).

II. Verpflichtende Korrektur von Fehlern

Ein Abschluss, der **wesentliche Fehler** oder aber **absichtlich herbeigeführte unwesentliche Fehler** enthält, die eine bestimmte Darstellung der VFE-Lage 42
oder der Cashflows ermöglichen sollen, steht nicht mit den IFRS im Einklang. Dabei kann ein Fehler hinsichtlich der Erfassung, Ermittlung, Darstellung oder Offenlegung eines Abschlusses entstehen (IAS 8.41). Sofern ein derartiger Fehler in einem Abschluss vorliegt, ist er zwingend zu korrigieren. Zunächst ist daher zu analysieren, wann ein Fehler **wesentlich** ist. Sowohl IAS 1.7 als auch IAS 8.5 enthalten wortgleiche Definitionen von Wesentlichkeit: „Auslassungen oder fehlerhafte Darstellungen sind wesentlich, wenn sie einzeln oder insgesamt die auf der Basis des Abschlusses getroffenen wirtschaftlichen Entscheidungen der Adressaten beeinflussen können. Die Wesentlichkeit hängt vom Umfang und von der Art der Auslassung oder fehlerhaften Darstellung ab, wobei diese unter den gegebenen Begleitumständen beurteilt werden. Der Umfang oder die Art dieses Postens bzw eine Kombination dieser beiden Aspekte könnte dabei der entscheidende Faktor sein." Auch das Rahmenkonzept definiert die Wesentlichkeit in F.QC11 nur in geringfügig anderen Worten. Bei der Beurteilung, ob ein potenzieller Fehler die wirtschaftlichen Entscheidungen eines Adressaten beeinflussen kann, ist zu berücksichtigen, dass die IFRS nach IAS 1.7, IAS 8.6 und Rahmenkonzept F.OB2 bis F.OB10 sowie F.QC32 einen Adressaten unterstellen, der über ein angemessenes wirtschaftliches Verständnis und grundlegende Rechnungslegungskenntnisse verfügt und den betreffenden Abschluss sorgfältig lesen wird.

Bei der **Beurteilung der Wesentlichkeit** sind sowohl einzelne Fehler als auch die Gesamtwirkung mehrerer einzelner Fehler zu betrachten. Ferner sind nicht nur quantitative Fehler, sondern auch qualitative Fehler, bei denen es sich im Wesentlichen um fehlerhafte Darstellungen oder Auslassungen von Informationen (zB fehlende Anhangangaben) handelt, zu betrachten. Aus der Definition in IAS 1.7, IAS 8.5 bzw F.QC11 ergibt sich, dass keine allgemeingültigen Aussagen zur Wesentlichkeit von Fehlern getroffen werden können. Die Beurteilung hängt immer vom jeweiligen Einzelfall ab, dessen besondere Umstände jeweils individuell gewürdigt werden müssen. Die in der Abschlussprüfung weit verbreiteten Regeln zu Ermittlung quantitativer Wesentlichkeitsgrößen sind als Vergleichsmaßstab geeignet, um die quantitative Wesentlichkeit einzelner oder mehrerer Fehler zu beurteilen. Ungeeignet sind diese Regeln jedoch, um die Wesentlichkeit qualitativer Fehler zu beurteilen. Hier muss es bei einer Einzelfallbetrachtung bleiben, bei der die Art und der Umfang des qualitativen Fehlers und dessen Potenzial, die wirtschaftlichen Entscheidungen des Adressaten zu beeinflussen, gewürdigt werden müssen. Die ESMA hat eine einmalige Bewertung einer Renditeimmobilie zum beizulegenden Zeitwert – entgegen der vom Unternehmen gewählten Bilanzierung zu fortgeführten Anschaffungskosten als gewählte Rechnungslegungsmethode – als wesentlichen Fehler beurteilt (*ESMA* EECS/0113-05 vom 3. April 2013). Ein Unternehmen hatte den entsprechenden Neubewertungsgewinn in der Gesamtergebnisrechnung erfasst, jedoch die Angabe über eine freiwillige Änderung in der Bilanzierungsmethode sowie die Neubewertung der übrigen Renditeimmobilien unterlassen. Nach Ansicht der ESMA handelt es sich hierbei um einen wesentlichen Fehler, der gem IAS 8.42 retrospektiv zu korrigieren sei.

43 Neben wesentlichen Fehlern sind auch **absichtlich herbeigeführte unwesentliche Fehler,** die eine bestimmte Darstellung der VFE-Lage oder der Cashflows ermöglichen sollen, zwingend zu korrigieren. Bei der Analyse dieser Art von Fehlern ist mithin sorgfältig zu betrachten, mit welcher Intention ein unwesentlicher Fehler in einem Abschluss herbeigeführt wurde. Allein das bewusste Abweichen von den Vorschriften eines IFRS, das quantitativ betrachtet einen unwesentlichen Fehler im Abschluss nach sich zieht, stellt noch keinen Fehler idS dar (ebenso *Küting/Weber/Keßler/Metz* DB 2007, 1 (13f)). Bspw verstößt die Bildung von Festwerten für bestimmte Arten von Vorräten, die im Abschluss von untergeordneter Bedeutung sind, gegen IAS 2 oder die Beibehaltung von Abschreibungen auf geringwertige Wirtschaftsgüter, die nach rein steuerrechtlichen Vorschriften vorgenommen wurden, entspricht möglicherweise nicht IAS 16. Bei diesen Verstößen handelt es sich zwar um absichtlich herbeigeführte Fehler, die aber im Wesentlichen aus Kosten-Nutzen-Überlegungen oder auch zeitlichen Aspekten begangen wurden und im Regelfall nicht, um die Darstellung der VFE-Lage zu beeinflussen. Hiervon zu unterscheiden sind jedoch **absichtliche Normabweichungen,** die mit dem Ziel herbeigeführt wurden, eine bestimmte **gewünschte Darstellung der VFE-Lage** zu erreichen und damit ggf Entscheidungen der Adressaten zu beeinflussen (vgl *Küting/Weber/Keßler/Metz* DB 2007, 1 (13f)). Realisiert ein Unternehmen bewusst Umsatzerlöse – in absolut betrachtet unwesentlichem Umfang – zu früh, um dadurch eine bestimmte den Adressaten ggü bereits kommunizierte Rendite zu erzielen oder um ein geringfügig negatives Betriebsergebnis in ein geringfügig positives Betriebsergebnis zu modifizieren, kann es sich um einen Fehler iSv IAS 8.41 handeln.

44 Liegt ein Fehler in einem Abschluss vor, ist dieser zunächst folgenden **Kategorien** zuzuordnen:

(1) Unwesentliche Fehler; diese stellen keinen Fehler iSv IAS 8.5 oder IAS 8.41 dar; der Abschluss ist IFRS-konform,

(2) unwesentliche Fehler, die absichtlich begangen wurden, um die Darstellung der VFE-Lage oder der Cashflows zu beeinflussen; ein Abschluss, der derartige Fehler enthält, ist nicht IFRS-konform (IAS 8.41) oder

(3) wesentliche Fehler iSd IAS 8.5; ein Abschluss, der derartige Fehler enthält, ist nicht IFRS-konform (IAS 8.41).

Unwesentliche Fehler (1) sind nicht berichtigungspflichtig. IAS 8.42 beinhaltet nur **Korrekturvorschriften** für wesentliche Fehler (3) und regelt, dass diese Fehler retrospektiv zu korrigieren sind (Einzelheiten → Rn 45f). Für absichtlich herbeigeführte unwesentliche Fehler, die begangen wurden, um die Darstellung der VFE-Lage bzw der Cashflows zu beeinflussen, enthält IAS 8.42 keine Korrekturvorschriften. Hierin ist eine Inkonsistenz des IAS 8 zu sehen. Es ist fraglich, ob der Bilanzierende in diesen Fällen infolge der **Regelungslücke** ein allgemeines Wahlrecht hat, nach IAS 8.11(a) alle in IAS 8 genannten Methoden der Fehlerkorrektur (retrospektiv, prospektiv oder keine Korrektur infolge der Unwesentlichkeit) anwenden zu dürfen. Da ein Abschluss, der derartige Fehler nach IAS 8.41 enthält, nicht IFRS-konform ist, erscheint es naheliegender, die Korrekturvorschriften des IAS 8.42, die für wesentliche Fehler gelten, auch für diese Art von unwesentlichen Fehlern anzuwenden (glA *Küting/Weber/Keßler/Metz* DB 2007, 1 (18)).

III. Praktisches Vorgehen bei der Fehlerkorrektur

1. Normalfall

Ist ein berichtigungspflichtiger Fehler identifiziert, so muss er je nach **Entdeckungs- und Entstehungszeitpunkt** unterschiedlich behandelt werden. Handelt es sich um einen potenziellen Fehler in der Berichtsperiode, der aber noch in der Periode entdeckt wird, so ist er zu korrigieren, bevor der Abschluss veröffentlicht wird (IAS 8.41). Handelt es sich aber um einen berichtigungspflichtigen Fehler, der bereits in einer früheren Periode verursacht wurde, so ist der Fehler retrospektiv zu korrigieren, als wäre er nie gemacht worden (IAS 8.42). Der betroffene Bilanz- oder GuV-Posten bzw Posten im erfolgswirksamen Teil der Gesamtergebnisrechnung ist nach den einschlägigen Bilanzierungs- und Bewertungsmethoden zu bewerten. Sich aus dem korrigierten neuen Bilanzansatz oder der Bewertung ergebende Differenzen ggü dem/der bisherigen Ansatz/Bewertung sind in der Eröffnungsbilanz der ersten dargestellten betroffenen Periode **erfolgsneutral** mit den Gewinnrücklagen zu verrechnen (idR dem Eröffnungsbilanzwert der Gewinnrücklagen des Vorjahrs). In diesem Fall ist nach IAS 1.40A eine vollständige Bilanz auf den Beginn der Vorjahresperiode aufzustellen, in der alle geänderten und auch nicht geänderten Posten dargestellt werden. Als Konsequenz sind ferner auch die Wertansätze der Vermögenswerte und Schulden zum Ende der Vorjahresperiode anzupassen, wenn die betreffenden Vermögenswerte und Schulden dann noch vorhanden sind. Entspr gilt dies für die zum Ende der lfd Periode noch vorhandenen Vermögenswerte und Schulden. 45

Beispiel: Ein Unternehmen hat am 1. Dezember X3 festgestellt, dass leitende Angestellte in den Jahren X1 bis X3 Unterschlagungen von jeweils T€ 1.000 pa begangen haben. Es handelt sich um einen Fehler iSv IAS 8.41, da infolge der Unterschlagung die Ergebnisse der betreffenden Jahre um jeweils T€ 1.000 zu niedrig ausgewiesen wurden. In X1 liegt ein Fehler von T€ 1.000 vor. Dieser ist in der Eröffnungsbilanz zum 1. Januar X2 des Abschlusses zum 31. Dezember X3 erfolgsneutral zu korrigieren (Erhöhung der Forderungen und Gewinnrücklagen). Der Fehler des Jahrs X2 ist in den Vorjahresvergleichszahlen für das Jahr X2 im Abschluss zum 31. Dezember X3 erfolgswirksam zu korrigieren, sodass in den Vorjahresvergleichszahlen für X2 im Abschluss zum 31. Dezember X3 Erstattungsforderungen von T€ 2.000 ausgewiesen werden. Die Erstattungsforderungen aus der Unterschlagung in X3 sind in X3 erfolgswirksam zu erfassen, sodass zum 31. Dezember X3 Forderungen von T€ 3.000 bilanziert werden. Im Abschuss zum 31. Dezember X3 sind drei Bilanzen darzustellen: 1. Januar X2, 31. Dezember X2 und 31. Dezember X3.

2. Ausnahmen

46 Wie bei der Änderung von Bilanzierungs- und Bewertungsmethoden darf auf die retrospektive Anpassung **verzichtet** werden, soweit die Ermittlung der Anpassungsbeträge **undurchführbar** ist (IAS 8.43 ff). Auch das Vorgehen bei Undurchführbarkeit ist identisch zu den Bilanzierungs- und Bewertungsmethoden, insofern wird an dieser Stelle auf → Rn 24 f verwiesen.

IV. Angaben im Anhang

47 Werden **Korrekturen berichtigungspflichtiger Fehler** vorgenommen, so sind Angaben gem IAS 8.49 erforderlich. Auch diese entsprechen den Angaben bei Änderungen von Bilanzierungs- und Bewertungsmethoden weitestgehend. Insofern wird auf → Rn 26 ff und den IAS 8.49 verwiesen (eine vollständige Auflistung der Anhangangaben findet sich in der Anhangcheckliste in Anlage I dieses Handbuchs).

48, 49 *(einstweilen frei)*

E. Wesentliche Änderungen und deren Anwendungszeitpunkte

50 IAS 8 wurde bereits durch IFRS 9 (2010) in Paragraf 53 geändert (beibehalten in IFRS 9 (2014)). Dadurch wurde der Verweis in IAS 8.53 auf Finanzinstrumente, die bis zur Endfälligkeit gehalten werden, gestrichen, da es diese Klassifikation nach IFRS 9 nicht mehr gibt. Diese Änderung ist nach IAS 8.54E zeitgleich mit der Anwendung von IFRS 9 vorzunehmen (→ § 3 Rn 545). Materielle Auswirkungen ergeben sich dadurch nicht; es handelt sich lediglich um eine Folgeanpassung des IAS 8 an die neue Klassifikation von Finanzinstrumenten nach IFRS 9.

F. Gegenüberstellung zu HGB/DRS

51 Grds enthält das HGB in Bezug auf Änderungen von Bilanzierungs- und Bewertungsmethoden, Änderungen von Schätzungen und Fehlerberichtigungen **keine** den **expliziten Vorschriften** der IFRS vergleichbaren Regelungen. Dennoch lassen sich anhand der GoB Gemeinsamkeiten oder auch Unterschiede ableiten.

52 Bilanzierungs- und Bewertungsmethoden unterliegen auch nach HGB dem **Stetigkeitsgrundsatz** des § 252 Abs 1 Nr 6 HGB. Zwar bezieht sich das HGB dem Wortlaut nach nur auf Bewertungsmethoden, es sind nach einhelliger Literaturauffassung jedoch auch Bilanzierungsmethoden mit eingeschlossen. In begründeten Ausnahmefällen kann nach § 252 Abs 2 HGB von den bisherigen Bilanzierungs- und Bewertungsmethoden abgewichen werden (zur Stetigkeit nach HGB vgl auch *ADS* § 252 Rz 103 ff oder *Winkeljohann/Büssow* in BeBiKo § 252 HGB Rz 55 ff). Inhaltlich entsprechen sich an dieser Stelle IFRS und HGB also weitestgehend, die IFRS verlangen jedoch stets entspr Angaben im Anhang, die im HGB nur für bestimmte Gesellschaften gefordert werden (§ 284 Abs 2 Nr 3 HGB, *Winkeljohann/Büssow* in BeBiKo § 252 HGB Rz 86).

53 Zudem enthalten die deutschen Rechnungslegungsvorschriften auch Aussagen zu Fehlern und deren Berichtigung. So stimmt die **Fehlerdefinition** von IAS 8

mit derjenigen überein, die das IDW in RS HFA 6 für das deutsche Handelsrecht dargestellt hat. Das HGB gestattet eine Anpassung an die Fehlerberichtigung, verlangt sie jedoch im Gegensatz zu IAS 8 **nicht** (§ 265 Abs 2 Satz 2f HGB). Allerdings ist die Korrektur eines fehlerhaften Abschlusses ggf rückwirkend geboten (s zu Einzelheiten *IDW* RS HFA 6 Rz 16ff). In anderen Fällen erfolgt die Fehlerkorrektur in laufender Rechnung im ersten noch nicht festgestellten Abschluss (*IDW* RS HFA 6 Rz 21f).

Zu **Schätzungsänderungen** äußert sich das HGB nicht. Logisch lässt sich eine prospektive Änderung ableiten, was den Regelungen der IFRS entspricht. 54

Allerdings geben die deutschen gesetzlichen Vorschriften auch keinerlei Anhaltspunkte vor, wie eine **Änderung von Bilanzierungs- und Bewertungsmethoden** zu erfolgen hat. Die **retrospektive Korrektur** ist in den meisten Fällen ausgeschlossen, da eine formelle Berichtigung früherer Abschlüsse, die ordnungsgemäß festgestellt sind, auf Grenzen im deutschen Handelsrecht stößt. Bei einer retrospektiven Änderung ist es fraglich, ob die Änderung von Abschlüssen der Vergangenheit aus Anlass eines Methodenwechsels zulässig ist. **Unzulässig** sind Änderungen, wenn dadurch in Rechte der Gesellschafter oder Dritter eingegriffen wird (*IDW* RS HFA 6 Rz 11). Dies dürfte jedoch idR nur bei Änderungen, die den Jahresabschluss betreffen, der Fall sein (*IDW* RS HFA 6 Rz 42). Sind ordnungsgemäß festgestellte Abschlüsse zu ändern, bedarf es jedenfalls erneuter Beschlüsse der jeweils zuständigen Organe, wobei diese Beschlüsse auf Rechte Dritter Rücksicht nehmen müssen. Werden Änderungen der Bilanzierungs- und Bewertungsmethoden vorgenommen, so ist dies im Anhang nach HGB ebenso wie nach IFRS zu erläutern (vgl § 284 Abs 2 Nr 3 HGB). 55

DRS 13 regelt die Anwendung des **Grundsatzes der Stetigkeit und die Berichtigung von Fehlern im Konzernabschluss.** Nach DRS 13 sind die Bilanzierungsgrundsätze in sachlicher und zeitlicher Hinsicht beizubehalten. Eine Durchbrechung des Stetigkeitsgrundsatzes ist nur in begründeten Ausnahmefällen zulässig. Die Auswirkungen aus einer Änderung der Bilanzierungsgrundsätze sind rückwirkend zu ermitteln. Die Auswirkungen, die die lfd Berichtsperiode betreffen, sind in den zutreffenden Posten der GuV zu berücksichtigen. Die kumulierten Anpassungseffekte aus Vorperioden sind in der lfd Berichtsperiode ebenfalls in der GuV zu erfassen, aber gesondert auszuweisen. Für die Abschlusszahlen der Vorperiode sind Proforma-Angaben zu machen. 56

Änderungen von Konsolidierungsmethoden sind nur in bestimmten Ausnahmefällen zulässig, in denen Proforma-Angaben erforderlich sind. Schätzungen müssen plausibel, nachvollziehbar und willkürfrei sein. Sie sind zu jedem Abschlussstichtag zu überprüfen, um insbes neue Ereignisse, bessere Erkenntnisse bzw zusätzliche Informationen berücksichtigen zu können. Auswirkungen aus evtl Änderungen sind in der lfd Periode erfolgswirksam zu erfassen.

DRS 13 regelt darüber hinaus die **Berichtigung von Fehlern.** Die Auswirkungen von Fehlern in früheren Berichtsperioden sind im Ergebnis der lfd Periode zu berücksichtigen. Fehler, welche die Darstellung der VFE-Lage beeinträchtigen, erfordern eine Änderung der betreffenden Abschlüsse. Die Empfehlung des DRSC, den Standard auch auf den Jahresabschluss anzuwenden, gilt nicht für die Fehlerberichtigung früherer Geschäftsjahre, weil die Änderung von Jahresabschlüssen erhebliche gesellschafts- und steuerrechtliche Konsequenzen nach sich ziehen kann. DRS 13 konkretisiert ferner den **Umfang der Angaben,** die bei Änderungen von Bilanzierungsgrundsätzen oder der Korrektur von Fehlern im Anhang zu machen sind.

G. Aktuelle Entwicklungen/IASB-Projekte

57 Derzeit betreibt der IASB **keine konkreten Projekte,** die ausschließlich IAS 8 betreffen und wesentliche Änderungen erwarten lassen. Es sind aber möglicherweise gewisse Folgeänderungen aus lfd Projekten wie zB dem Abschluss des Projekts *Conceptual Framework* zu erwarten. Am 28. Mai 2015 hat der IASB den Exposure Draft ED/2015/3 *„Conceptual Framework for Finanial Reporting"* veröffentlicht. Grundlegende Änderungen der bisher geltenden Regelungen des IAS 8 zu Änderungen der Bilanzierungs- und Bewertungsmethoden, Änderungen von Schätzungen und Fehlerberichtigungen sind daraus jedoch nicht zu erkennen.

§ 46. IFRS für den Mittelstand (SME-IFRS)

Übersicht

Schrifttum: *AK KMU (Arbeitskreis Fortentwicklung der Rechnungslegung für KMU)* Stellungnahme zum Vorschlag der Europäischen Kommission vom 25. Oktober 2011 zur Änderung der Bilanzrichtlinien (KOM(2011) 684 final), DB 2012, 991; *ASB* The Future of Financial Reporting in the UK and Republic of Ireland, FREP 44, London 2010 und revised FREP 48, London 2012; *Beiersdorf/Davis* IASB-Standards for Small and Medium-sized Entities: keine unmittelbare Rechtswirkung in Europa, BB 2006, 987; *Beiersdorf/Eierle/Haller* International Financial Reporting Standard for Small and Medium-sized Entities (IFRS for SMEs): Überblick über den finalen Standard des IASB, DB 2009, 1549; *Beiersdorf/Schubert* Überarbeitung des IFRS for SMEs – Beständigkeit steht im Vordergrund!, IRZ 2013, 401; *Biebel* Rechnungslegung aus Europäischer Sicht, IRZ 2008, 79; *Bruns/Eierle/Klein/Knorr/Marten* (Hrsg) IFRS for SMEs – Kommentar zur Rechnungslegung nach IFRS für nicht kapitalmarktorientierte Unternehmen, Stuttgart 2010 (IFRS-SMEs-Kommentar); *DRSC/Haller/Löffelmann* Rechnungslegung aus Sicht von Kreditinstituten als Rechnungslegungsadressaten, Berlin/Regensburg 2008; *DRSC* Stellungnahme vom 5. Mai 2015 zur Konsultation der EU-Kommission zu Building Capital Markets Union, Frage 8, Berlin 2015; *Eierle/Haller* IFRS for SMEs – Ergebnisse einer Befragung von nicht kapitalmarktorientierten Unternehmen in Deutschland, Berlin 2010; *Eierle/Haller/Beiersdorf* Ergebnisse einer Befragung deutscher mittelständischer Unternehmen zum ED-IFRS for SMEs, DRSC ua (Hrsg), Berlin/Regensburg 2007; *Eierle/Haller/Beiersdorf* IFRS for SMEs – eine „attraktive" Alternative für nicht-kapitalmarktorientierte Unternehmen in Deutschland?, DB 2011, 1589; *Eierle/Kummer/Ketterer/Shirkhani* Überarbeitung des IFRS for SMEs durch den Comprehensive Review (Teil 1 und 2), DB 2014, 2180 und 2239; *EU-Kommission* Summary Report of the Responses Received to the Commission Consultation on the International Financial Reporting Standard for Small and Medium-sized Entities, 2010 (Summary Report); *Europäische Kommission* Financial reporting obligations for limited liability companies (Accounting Directive) – frequently asked questions, Memo/13/540 vom 12. Juni 2013, Brüssel 2013; *Europäische Komission* Evaluation of Regulation (EC) No 1606/2002 of 19 July 2002 on the application of International Accounting Standards, (KOM(2015) 301 final) vom 18. Juni 2015, Brüssel 2015; *Europäisches Parlament* Bericht über die Internationalen Rechnungslegungsstandards (IFRS) und die Leitung des International Accounting Standards Board (IASB) 2006/2248; *Fülbier/Gassen/Ott* IFRS for SMEs für den europäischen Mittelstand? – Einige theoretische und empirische Überlegungen, DB 2010, 1357; *Glanz/Pfaff* Perspektiven des „IFRS für KMU" in der Schweiz, Treuhand und Revision – Jahrbuch 2011, Zürich 2011; *Grottke/Späth/Haendel* IFRS for SMEs – Vorteil oder Nachteil für den Mittelstand im internationalen Wettbewerb?, DStR 2011, 2422; *Homeier* Vereinheitlichung der Rechnungslegung innerhalb der EU – Bietet der IFRS for SMEs eine Lösung?, KoR 2011, 187; *IASB,* A Guide for micro-sized entities applying the IFRS for SMEs, London 2009; *IASB* A Guide to the IFRS for SMEs, März 2012, London 2012 *Janssen/Gronewold* IFRS for Small and Medium-sized Entities – Konzeptionelle Schwächen des neuen Standards und ihre Implikationen, KoR 2010, 75; *Kajüter/Saucke/Hebestreit/Schellhorn* Weltweite Relevanz des IFRS for SMEs – Quo vadis Europäische Union?, IRZ 2015, 15; *Kirsch/Schellhorn* IFRS for SMEs – Deutschland ist keine Insel, DB 2011, M1; *Pacter* The IFRS for SMEs is all about access to capital, IRZ 2012, 463; *Schildbach* Einsatzmöglichkeiten des IFRS for SMEs in Europa, WPg 2011, 114; *Schmidt* IAS 32 (rev. 2008): Ergebnis- statt Prinzipienorientierung, BB 2008, 434; *Vaessen* IFRS for SMEs: A Sustainable Solution for Medium-sized Entities?/IFRS für KMU: Tragfähige Lösung für den Mittelstand?, WPg 2010, 517; *von Keitz/Stibi/Klaholz* IFRS – (auch) nach Verabschiedung des BilMoG ein Thema für den Mittelstand? Ergebnisse einer empirischen Befragung des (gehobenen) Mittelstands in Nordrhein-Westfalen, KoR Beilage 1/2011, 1; *Wolz/Janssen* Ist der Fair Value fair zum Mittelstand? – Ein Plädoyer für KMU-Rahmengrundsätze mit Augenmaß am Beispiel von Finanzinstrumenten, WPg 2009, 593; *Zülch/Güth/Stamm* Der Entwurf einer neuen Bilanzrichtlinie – Implikationen für die künftige Ausgestaltung des Europäischen Bilanzrechts, DB 2012, 413.

Wesentliche Rechtsgrundlage: SME-IFRS
(Hinweis: im Folgenden sind die Paragrafen des SME-IFRS immer dann mit „(geändert 2015)" gekennzeichnet, wenn sich darin im Rahmen der Überarbeitung im Jahr 2015 Änderungen ergeben haben.)

A. Einführung

I. Hintergrund der Entwicklung des SME-IFRS

Die **volkswirtschaftliche Bedeutung** sog kleiner und mittelgroßer Unternehmen (englisch: *small and medium-sized entities*, SMEs) ist unbestreitbar. Weltweit machen SMEs ca 95% der Unternehmen aus und stellen somit einen weitaus größeren potenziellen Anwenderkreis für den SME-IFRS als Anwender der der Full-IFRS (vgl *Kajüter/Saucke/Hebestreit/Schellhorn* IRZ, 15 (15f)). Allerdings gehen die Meinungen darüber auseinander, ob für diese Marktteilnehmer auch weltweit **einheitliche Rechnungslegungsnormen** notwendig sind. Zumindest zu Beginn der Diskussion beim IASB wurde dies weltweit bejaht, sodass der IASB bereits im Jahr 2001 ein entspr Projekt initiiert hat. Seit dem Jahr 2002 ist in der Satzung der IFRS-Foundation (→ § 1 Rn 1ff) und im Vorwort zu den IFRS auch explizit das Ziel verankert, Unternehmensspezifika (wie zB Unternehmensgröße) bei der Entwicklung von Rechnungslegungsnormen zu berücksichtigen (s *preface to* IFRSs.6(c), *preface to* SME-IFRS. 3 (geändert 2015)). Bis dahin war die Arbeit des IASB ausschließlich darauf ausgerichtet, Normen für Abschlüsse zu entwickeln, die für (anonyme) Kapitalmarktteilnehmer bzw Investoren entscheidungsnützliche Informationen enthalten. Im Einklang mit der Ausweitung der Zielsetzung formuliert der IASB nunmehr den Anspruch, ein für alle Unternehmen weltweit gültiges Normenwerk zu entwickeln (vgl SME-IFRS.BC42). Mit dem SME-IFRS soll dabei den Unterschieden zwischen SMEs und den – vereinfacht formuliert – kapitalmarktorientierten Unternehmen Rechnung getragen werden. Da der potenzielle Anwenderkreis des SME-IFRS trotz seiner Bezeichnung *(small and medium-sized entities)* nicht mit dem handelsrechtlichen Verständnis etwa von kleinen und mittelgroßen Kapitalgesellschaften (§ 267 HGB) übereinstimmt (→ Rn 11), wird nachfolgend der Begriff „SMEs" (nicht KMU) verwendet. 1

Der SME-IFRS wurde im Jahr 2009 verabschiedet. Der Standard soll für bestimmte (im Wesentlichen nicht-kapitalmarktorientierte) Unternehmen spürbare Erleichterungen ggü den anderen IFRS bieten, da diese IFRS (im Folgenden: **Full-IFRS**) vorrangig auf die Anforderungen kapitalmarktorientierter Unternehmen ausgerichtet sind. Dadurch sollen die spezifischen SME-Rahmenbedingungen (zB andere Informationsbedürfnisse der Adressaten, Kosten-Nutzen-Verhältnis) berücksichtigt und die Akzeptanz beim potenziellen Anwenderkreis erhöht werden. Andererseits soll der Charakter der IFRS auch im SME-IFRS erhalten bleiben, um qualitativ hochwertige Abschlussinformationen zu gewährleisten. 2

Im Rahmen der Überlegungen zu diesem konzeptionellen Konflikt hat der IASB im Ergebnis den SME-IFRS nach dem sog ***top-down*-Ansatz** entwickelt: ausgehend von den Full-IFRS wurde ein eigenständiger SME-IFRS entwickelt, der in wesentlichen Fragen von den Normen der Full-IFRS abweicht (→ Rn 15ff). Von der Anwendung dieses Standards profitieren nach Vorstellung des IASB insbes Unternehmen, deren Geschäftstätigkeit und/oder Finanzierungsstrukturen in hohem Maße grenzüberschreitend ausgestaltet sind (SME-IFRS.BC37). In diesen Fällen hätten (internationale) Banken, Kreditratingagenturen und nicht geschäftsführende Gesellschafter ein Interesse an international vergleichbaren Abschlussinformationen.

II. Aufnahme des SME-IFRS in Europa und Deutschland

Empirische Untersuchungen in Deutschland zeigen zwar, dass neben dem wesentlichen Merkmal der Konzernzugehörigkeit auch ein hohes Maß an ausländi- 3 schen Unternehmensaktivitäten die (potenzielle) Bedeutung der IFRS für mittelständische Unternehmen steigert (vgl *von Keitz/Stibi/Klaholz* KoR Beilage 1/2011, 1 (4 ff) sowie *Eierle/Haller* 2010, 12 ff). Allerdings ist der SME-IFRS in **Deutschland** in weiten Teilen auf **Ablehnung** gestoßen. Begründet wird dies damit, dass es weder bei den Unternehmen noch bei den möglichen Adressaten Bedarf hierfür gebe. Dies gilt ua deshalb, weil die Finanzierung weitgehend über nationale Finanzinstitute erfolgt und kaum Bedarf für international vergleichbare Jahresabschlüsse besteht (vgl *DRSC* 2015, 1). Aus Sicht mittelständischer Unternehmen spricht gegen die Anwendung von IFRS im Allgemeinen auch, dass der handelsrechtliche Abschluss in erster Linie die Grundlage für die steuerliche Gewinnermittlung darstellt. Der weitgehenden Übereinstimmung mit dem nationalen Steuerrecht, mithin der Möglichkeit zur Erstellung der sog **Einheitsbilanz,** kommt daher große Bedeutung zu. Dadurch sollen einerseits Kosten gespart und andererseits – für die Adressaten von SME-Abschlüssen möglicherweise kaum nachvollziehbare – Unterschiede zwischen diesen Rechenwerken vermieden werden.

Für **Europa** wird die Etablierung einheitlicher Rechnungslegungsnormen für kleine und mittelgroße Unternehmen zB mit dem Hinweis auf die heterogenen Rahmenbedingungen und den daher mangelnden Nutzen abgelehnt. Hier stünde der Harmonisierungsprozess der Rechnungslegung, der sich dann aber wohl auch auf die europäischen Richtlinien beziehen muss, „am Ende […], nicht am Anfang" (*Fülbier/Gassen/Ott* DB 2011, 1357 (1360), im Original kursiv). Zudem wird der IASB grds nicht als das geeignete Gremium angesehen, mittelstandsorientierte Rechnungslegungsnormen zu entwickeln.

Hinzu tritt, dass in Jurisdiktionen wie Deutschland oder Frankreich, in denen ein über viele Jahrzehnte entwickeltes und aufeinander abgestimmtes Bilanz- und Gesellschaftsrecht sowie (wenn auch in zunehmend geringerem Maße) Steuerrecht etabliert ist, die (befreiende) Anwendung des SME-IFRS einen großen Reformbedarf nach sich ziehen würde. Trotz der Übernahme des SME-IFRS in zahlreichen anderen Ländern kann daher nicht unmittelbar auf dessen Eignung für deutsche SMEs geschlossen werden. Bspw zeigen Befragungen zur Funktion und zu den Adressaten der (Konzern-)Abschlüsse von SMEs in Deutschland, dass die Rechnungslegung mittelständischer Unternehmen in hohem Maße von anderen Faktoren beeinflusst ist, als dies für – relativ homogene – kapitalmarktorientierte Unternehmen der Fall ist.

4 Aus Sicht des IASB können nationale Überlegungen, wie bspw die Vereinbarkeit mit dem nationalen Steuerrecht, in einem **weltweit gültigen** Standard jedoch kaum Beachtung finden. Vielmehr sind die Vorteile gerade in der angestrebten weltweiten Verbreitung des Standards zu sehen, die bspw auch für mittelständische Unternehmen im Konzernverbund oder international agierende Unternehmen vorstellbar sind (vgl *Kirsch/Schellhorn* DB 2011, M1 (M1); *von Keitz/Stibi/Klaholz* KoR Beilage 1/2011, 1 (16)). Weltweit betrachtet besteht offensichtlich ein großer Bedarf an dem SME-IFRS, insbes in Entwicklungs- und Schwellenländern. Dies spiegelt sich konkret in den nationalen Normen zur freiwilligen oder auch verpflichtenden Anwendung des SME-IFRS in ca 80 Ländern weltweit wider (vgl *IASB* 2012, 5). Dazu zählen auch Volkswirtschaften wie Argentinien, Brasilien, Hong Kong, die Philippinen, Südafrika oder Türkei. Anwendbar ist der SME-IFRS bspw aber auch in der Schweiz. Dort ergänzt der Standard die bestehende breite Auswahl an Regelwerken, durch die der Heterogenität der Unternehmen Rechnung getragen werden soll. Eine Vielzahl an Regelwerken sei zudem dem Wettbewerb und damit der stetigen Entwicklung bedürfnisgerechter Lösungen zuträglich (*Glanz/Pfaff,* 31 f). Es wird angenommen, dass der SME-IFRS in der Schweiz seine Anwender gerade bei international tätigen Unternehmen finden wird.

III. Überarbeitung des SME-IFRS

Die bereits bei der Veröffentlichung des SME-IFRS im Jahr 2009 geplante Überprüfung des Standards im Rahmen des ca dreijährigen Überarbeitungsturnus wurde im Jahr 2012 initiiert. Im Jahr 2013 wurde ein entspr Entwurf (ED/2013/9 *Proposed Amendments to the IFRS for SMEs*) zur Überarbeitung des SME-IFRS veröffentlicht (vgl ua *Beiersdorf/Schubert,* IRZ 2013, 401 (401 f)). Die finalen Änderungen des SME-IFRS aus diesem Überarbeitungsturnus wurden im Mai 2015 vom IASB veröffentlicht *(Amendments to the IFRS for SMEs).* Diese umfassen jedoch nur wenige materielle Änderungen (→ Rn 26 ff), da der IASB um Beständigkeit bei den Normen des SME-IFRS bemüht war. Dies entsprach einer wesentlichen Forderung in den Stellungnahmen an den IASB (vgl *Eierle/Kummer/Ketterer/Shirkhani* DB 2014, 2180 (2181)). Die wesentlichen Änderungen sind in den folgenden jeweils einschlägigen Abschn kommentiert. Eine **Liste aller (56)** materiellen oder lediglich geringfügigen Änderungen ist dem überarbeiteten Standard (SME-IFRS (geändert 2015)) vorangestellt. Der IASB identifiziert in SME-IFRS.BC236 (geändert 2015) **drei wesentliche Änderungen**: (1) Ergänzung des Wahlrechts zur Anwendung der Neubewertungsmethode für Sachanlagen (→ Rn 45 ff), (2) Angleichung der SME-Regelungen zur Abbildung von latenten Steuern an IAS 12 (→ Rn 116 ff) und (3) Angleichung der SME-Regelungen zur Abbildung von Vermögenswerten für Exploration und Evaluierung an IFRS 6. Die Änderungen sind für SME-IFRS-Ersteller ab 1. Januar 2017 verpflichtend anzuwenden (SME-IFRS A1 (geändert 2015)). 5

IV. Zukünftige Bedeutung des SME-IFRS in der Europäischen Union und in Deutschland

Der SME-IFRS entfaltet in der Europäischen Union und damit auch in Deutschland derzeit **keine Rechtswirkung.** Anders als die Full-IFRS fällt dieser Standard nicht unter die sog IAS-VO (Verordnung (EG) 1606/2002 des Europäischen Parlaments und des Rates vom 19. Juli 2002 betreffend die Anwendung internationaler Rechnungslegungsstandards). Das darin für die Full-IFRS bzw für die Rechnungslegungsnormen kapitalmarktorientierter Unternehmen etablierte Komitologie-Verfahren (sog Endorsement, → § 1 Rn 71 f) zur Übernahme dieser Normen in europäisches Recht greift damit für den SME-IFRS nicht (vgl *Beiersdorf/Davis* BB 2006, 987 (989); *Biebel* in IFRS-SMEs-Kommentar Teil A. III Rz 19 f sowie *Europäisches Parlament* 2006 Rz 38). Stattdessen wäre zunächst ein anderer Rechtsakt, wie zB eine SME-IFRS-spezifische VO oder die Ausdehnung des Anwendungsbereichs der IAS-VO erforderlich. Eine aktuelle Untersuchung der EU-Kommission hat jedoch gezeigt, dass der derzeitige Anwendungsbereich der IAS-VO grds als angemessen angesehen wird (*EU-Kommission* 2015, 23). 6

Gleichwohl **befürwortet** eine Mehrheit der europäischen Mitgliedstaaten grds die **Übernahme** des SME-IFRS in europäisches Recht (19 befürwortend; zu den sechs ablehnenden Mitgliedstaaten zählen allerdings ua wirtschaftlich bedeutende Länder wie Deutschland, Frankreich und Italien; vgl *EU-Kommission* 2010, 10). Die Ausgestaltung der Anwendung des SME-IFRS sollte jedoch durch die Mitgliedstaaten konkretisiert werden können (sog Mitgliedstaatenwahlrecht), sodass auf Ebene der Mitgliedstaaten jeweils separat über Anwenderkreis und/oder die verpflichtende oder optionale Anwendung des SME-IFRS ent- 7 schieden würde (*EU-Kommission* 2010, 11). Auch ein explizites Unternehmenswahlrecht ist grds vorstellbar (vgl *EU-Kommission* 2015, 23).

Theoretisch ist auch denkbar, dass der SME-IFRS über den Weg der **nationalen Auslegung** der verpflichtend anzuwendenden europäischen Bilanzrichtlinie (2013/34/EU) in den einzelnen Mitgliedstaaten als nationales Recht übernommen würde. Voraussetzung dafür ist allerdings, dass der SME-IFRS im Einklang mit der RL steht. Dies ist jedoch nicht gegeben; bspw ist nach SME-IFRS 3.17(d) verpflichtend eine Kapitalflussrechnung zu erstellen, während die RL diesen Abschlussbestandteil explizit ausschließt (Art 4 Abs 1 iVm Abs 6 der RL). Aufgrund der Unterschiede zwischen EU-RL und SME-IFRS würde der nach den EU-RL (bzw dem entspr nationalen Recht) erstellte Abschluss damit nicht als SME-IFRS-Abschluss bezeichnet werden können.

Zudem hätte der SME-IFRS als **Ausgangspunkt** für die **Weiterentwicklung des europäischen und nationalen Bilanzrechts** dienen können. Bei der Erarbeitung der Bilanzrichtlinie wurde dem Einklang mit dem SME-IFRS allerdings keine Bedeutung beigemessen.

8 Stattdessen wurde am Rande der Veröffentlichung der Bilanzrichtlinie 2013/34/EU von der EU-Kommission dargelegt, dass der Standard nicht der von der EU angestrebten Reduzierung und Vereinfachung der Verwaltungsanforderungen diene, es aber den Mitgliedstaaten weiterhin freistehe, den SME-IFRS – ggf in modifizierter Form, um den Gleichklang mit der RL zu erreichen – in nationales Recht zu übernehmen (vgl *EU-Kommission* 2013, Frage 12).

9 Der deutsche Gesetzgeber hat betont, dass das **BilMoG** eine im Vergleich zum SME-IFRS vollwertige, und gleichzeitig kostengünstigere und einfachere Alternative schaffen soll. Damit ist in Deutschland mittelfristig der SME-IFRS allenfalls **zusätzlich** zu einem HGB- oder Full-IFRS-Abschluss anwendbar. Dies dürfte in der Praxis höchst selten vorkommen.

Kleinstunternehmen sind weder nach europäischen Vorgaben (Richtlinie 2012/6/EU, sog Micro-RL) noch aus nationaler Sicht (MicroBilG) im potenziellen Anwenderkreis des SME-IFRS, da Kleinstunternehmen unter bestimmten Bedingungen von der Pflicht zur Erstellung eines Anhangs und der Veröffentlichung des Jahresabschlusses befreit sind.

10 Insgesamt ist der SME-IFRS daher bislang in nur **wenigen europäischen Ländern** und auch nur in **modifizierter Form** anwendbar (vgl *Pacter* IRZ 2012, 463 (465)). Bspw haben Großbritannien und Irland mit FRS 102 einen, auf dem SME-IFRS basierenden, jedoch erheblich modifizierten, Rechnungslegungsstandard eingeführt. Die Modifikationen bestehen insbes in der Einführung zusätzlicher Wahlrechte, die nach SME-IFRS nicht zur Verfügung stehen.

Mit der Finalisierung der **europäischen Bilanzrichtlinie** im Jahr 2013 und der Umsetzung derselben in den Mitgliedstaaten (bis zum Jahr 2015) scheint nunmehr zunächst eine Möglichkeit zur Berücksichtigung oder gar Integration des SME-IFRS im europäischen bzw nationalen Bilanzrecht verstrichen zu sein. Allerdings wird weiterhin angeregt, bei ggf zukünftig für erforderlich gehaltenen separaten Normen zur Vereinheitlichung des Bilanzrechts für SMEs, auch den SME-IFRS als einen möglichen Ausgangspunkt in Erwägung zu ziehen (*DRSC* 2015). Dies scheint jedoch zunächst in weite Ferne gerückt zu sein. Die freiwillige Anwendung des SME-IFRS für reine Informationszwecke ist jedoch nicht ausgeschlossen, wenn auch nur selten praxisrelevant. Es ist ferner zwar theoretisch denkbar, dass den Mitgliedstaaten die Zulassung des SME-IFRS zur Wahl gestellt werden wird; allerdings ist auch hiermit nach den Ergebnissen der jüngsten EU-Konsultation zur Evaluierung der IAS-VO mittelfristig nicht zu rechnen (vgl *EU-Kommission* 2015, 23).

B. Konzeption des IFRS for Small and Medium-Sized Entities

I. Anwenderkreis des SME-IFRS und Ziel der Abschlüsse nach SME-IFRS

Der IASB überlässt es – analog zu den Full-IFRS – den Gesetzgebern bzw Standardsetzern, den Anwendungsbereich des SME-IFRS jeweils spezifisch für ihre Jurisdiktion festzulegen. Allerdings ist der SME-IFRS nur für solche Unternehmen intendiert, die die SME-Definition des IASB erfüllen. Diese Definition stellt aufgrund der jeweiligen nationalen Besonderheiten (und entgegen dem wörtlichen Verständnis) nicht auf quantitative Kriterien für „kleine und mittelgroße Unternehmen" ab. Stattdessen sind gem SME-IFRS 1.2 sämtliche Unternehmen von der Definition erfasst, die **keiner öffentlichen Rechenschaftspflicht** unterliegen und (bzw aber dennoch) Abschlüsse für externe Adressaten erstellen, die **keine spezifische Zweckbestimmung** haben (sog **Mehrzweckabschlüsse**). Aus SME-IFRS 1.3(a) geht hervor, dass insbes **nicht-kapitalmarktorientierte Unternehmen** als nicht öffentlich rechenschaftspflichtig angesehen werden. Bei kapitalmarktorientierten Unternehmen wird eine öffentliche Rechenschaftspflicht idS *(public accountability)* angenommen, da diese Unternehmen aufgrund einer (beantragten) öffentlichen Notierung von Wertpapieren zur Einreichung ihrer Finanzberichte bei einer öffentlich-rechtlichen Behörde verpflichtet sind. Ferner sind gem SME-IFRS 1.3(b) (geändert 2015) solche Unternehmen öffentlich rechenschaftspflichtig und damit von der Anwendung des SME-IFRS ausgenommen, deren Hauptgeschäftstätigkeit in der treuhänderischen Verwaltung von Vermögenswerten liegt (zB die meisten Banken und Versicherungen). 11

Diese Definition ist somit **größenunabhängig.** Sie umfasst nicht nur große nicht-kapitalmarktorientierte Unternehmen, wie bspw international tätige (eigentümergeführte) Konzernunternehmen, sondern grds auch Kleinstunternehmen. Für solche *micro-sized entities* hat der IASB zur einfacheren Anwendung des SME-IFRS Leitlinien erlassen (vgl *IASB* 2009). Kleine kapitalmarktorientierte Unternehmen sind von der Definition jedoch auch weiterhin ausgeschlossen (SME-IFRS.BC76).

Der IASB geht davon aus, dass die Anwendung des SME-IFRS für öffentlich rechenschaftspflichtige Unternehmen nicht zu einem den tatsächlichen Verhältnissen entspr Bild der VFE-Lage führt (SME-IFRS 3.2(b)). Wird der SME-IFRS von einem der öffentlichen Rechenschaftspflicht unterliegenden Unternehmen angewendet, darf dessen Abschluss demzufolge nicht als konform mit dem SME-IFRS (und zwangsläufig auch nicht als konform mit den Full-IFRS) bezeichnet werden (SME-IFRS 1.5).

Unter dem Begriff **Mehrzweckabschlüsse** *(general purpose financial statements)* als zusätzliches Anforderungskriterium sind IFRS-Abschlüsse zu verstehen, die keine spezifische Zweckbestimmung haben, sondern den Informationsbedürfnissen verschiedener Adressaten nachkommen. ZB kann ein Abschluss, der ausschließlich für die Finanzverwaltung bestimmt ist, nicht als Mehrzweckabschluss bezeichnet werden. Gleiches gilt für Abschlüsse, die lediglich für geschäftsführende Gesellschafter erstellt werden (SME-IFRS.BC49ff). Zwar zeigen empirische Untersuchungen, dass dies mit die wichtigsten Funktionen und Adressaten von SME-Abschlüssen sind (vgl zB für Deutschland *Eierle/Haller/Beiersdorf* 2007, 8f); allerdings stellt der IASB explizit auf andere Adressaten ab. Ziel des nach 12

SME-IFRS erstellten Abschlusses ist es stattdessen, verschiedenen Rechnungslegungsadressaten, die selbst nicht in der Lage sind, auf ihre Bedürfnisse zugeschnittene Rechnungslegungsinformationen einzufordern, entscheidungsnützliche Informationen über die VFE-Lage eines Unternehmens zur Verfügung zu stellen. Als **Hauptadressaten** werden Banken, Lieferanten, Ratingagenturen, Kunden und nicht geschäftsführende Gesellschafter angeführt (SME-IFRS.BC80). Der IASB geht davon aus, dass sich die Bedürfnisse der Adressaten von SME-Abschlüssen von denen kapitalmarktorientierter Abschlüsse unterscheiden (SME-IFRS.BC44 f), ohne jedoch darzulegen, worin die Unterschiede konkret bestehen. Dass die anderen Zwecke von Abschlüssen nicht-kapitalmarktorientierter Unternehmen sowie die Besonderheiten der Beziehungen dieser Unternehmen zu seinen wichtigsten Abschlussadressaten (neben Gesellschaftern und Fiskus insbes Kreditinstitute) im SME-IFRS nicht ausreichend zur Geltung kommen, ist ein wesentlicher Kritikpunkt am SME-IFRS (vgl *Schildbach* WPg 2011, 114 (117 f) sowie *AK KMU* DB 2012, 991 (991 ff)).

13 Theoretisch umfasst der **Anwendungsbereich** des SME-IFRS damit auch in **Deutschland** alle nicht-kapitalmarktorientierten Unternehmen mit Ausnahme von zB Banken und Versicherungen. Allerdings ist der potenzielle Anwendungsbereich auf Unternehmen begrenzt, die zur Veröffentlichung von Abschlussinformationen verpflichtet sind (auch wenn dies dem Wortlaut „nicht öffentlich rechenschaftspflichtig" zu widersprechen scheint, ist bei mangelnder gesetzlicher Verpflichtung zur Abschlusserstellung auch nicht mit der Anwendung des SME-IFRS zu rechnen). Ein potenzieller Anwenderkreis wurde allerdings weder vom europäischen noch vom nationalen Gesetzgeber in Erwägung gezogen (→ Rn 3 ff).

14 *(einstweilen frei)*

II. Eigenständigkeit des SME-IFRS

15 Beim SME-IFRS handelt es sich um einen in sich geschlossenen Standard (SME-IFRS.BC82 f). Zwar wurden die Regelungen im Wege eines ***top-down*-Ansatzes** entwickelt, indem sie aus den bestehenden Full-IFRS abgeleitet und modifiziert wurden (*Beiersdorf/Eierle/Haller* DB 2009, 1549 (1550)). Jedoch ist für die Anwendung des SME-IFRS kein Rückgriff auf die Full-IFRS erforderlich. Einzig im Fall von Regelungslücken **können** die Unternehmen auch auf Full-IFRS zurückgreifen (→ Rn 21). In der konkreten Umsetzung des *top-down*-Ansatzes sollten die Regelungen der Full-IFRS auf die für den potenziellen Anwenderkreis relevanten Geschäftsvorfälle reduziert und unter Berücksichtigung der spezifischen Bedürfnisse der Nutzer von SME-Abschlüssen sowie Kosten-Nutzen-Abwägungen modifiziert werden (SME-IFRS.BC95 f). Zudem sollen die Regelungen durch einfachere Formulierungen verständlicher sein.

16 Der SME-IFRS nimmt somit innerhalb des IFRS-Regelwerks eine **Sonderstellung** ein. Einerseits ist dieser Standard nicht Bestandteil der Full-IFRS, andererseits steht er aber auch nicht außerhalb der IFRS-Regelungen. Vom Charakter her handelt es sich hierbei also um einen Standard eigener Art. Diese – vom IASB intendierte – **Eigenständigkeit** ist ein entscheidendes Merkmal des SME-IFRS. Sie ist zugleich Voraussetzung dafür, dass trotz gleicher oder ähnlich gelagerter Sachverhalte die **bilanzielle Abbildung** im Abschluss nach SME-IFRS vom Full-IFRS-Abschluss **abweichen** kann. Dies resultiert zum einen aus den Unterschieden zwischen diesen Normen, wie sie zB hinsichtlich der Folgebewertung immaterieller Vermögenswerte und des Geschäfts- oder Firmenwerts bestehen (→ Rn 90). Zum anderen sind Lösungen im Fall von **Regelungslü-**

cken im Rahmen des SME-IFRS zu entwickeln; die Berücksichtigung einschlägiger Full-IFRS ist möglich, aber nicht zwingend. Für einen übersichtlichen und leicht handhabbaren SME-IFRS hat der IASB auch bewusst Regelungslücken in Kauf genommen; so wird zB die Segmentberichterstattung nicht normiert (→ Rn 20, → Rn 39).

Der IASB hat sich ebenfalls bewusst für eine **Beschränkung** der in den Full-IFRS vorhandenen **Wahlrechte** entschieden. Eine Integration sämtlicher Wahlrechte hätte die Komplexität des SME-IFRS deutlich erhöht, Verweise auf die entspr Full-IFRS hätten dem Ziel der Eigenständigkeit des SME-IFRS widersprochen. Allerdings wurde diese Einschränkung der Wahlrechte im Zuge der Überarbeitung des SME-IFRS im Jahr 2015 wiederum kontrovers diskutiert. Im Ergebnis wurden wenige Wahlrechte im SME-IFRS neu aufgenommen, insbes das Wahlrecht, Sachanlagen nach der Neubewertungsmethode zu bilanzieren. Für immaterielle Vermögenswerte gilt dieses Wahlrecht weiterhin nicht. Die verbliebenen Wahlrechte werden im Standard selbst normiert. Einzig für das Wahlrecht zur Bilanzierung von Finanzinstrumenten nach IAS 39 (bzw zukünftig IFRS 9) wird auf die Full-IFRS selbst verwiesen (→ Rn 58). Den Wahlrechten wird in der Praxis große Bedeutung beigemessen zu werden. So hat sich der britische Standardsetzer nach öffentlicher Konsultation entschieden, das nationale Recht, dem der SME-IFRS zugrunde gelegt wurde, um eben diese Wahlrechte wieder zu erweitern (*ASB* 2012 FREP 48, Par 9 ff).

Die Eigenständigkeit des SME-IFRS wird ferner in dem von den Full-IFRS **unabhängigen Überarbeitungsturnus** deutlich. Der IASB plant, diesen Standard regelmäßig, frühestens alle drei Jahre zu überarbeiten (SME-IFRS.P16 (geändert 2015) sowie SME-IFRS.BC165 (geändert 2015)). Mit jeder Überarbeitung sollen auch Anpassungen des SME-IFRS an neue und geänderte Full-IFRS geprüft werden. Bis dahin beschlossene Änderungen der Full-IFRS entfalten somit grds keine Wirkung für Anwender des SME-IFRS. Zwischenzeitliche Änderungen des SME-IFRS können jedoch im Ausnahmefall (auch unabhängig von Änderungen der Full-IFRS) erforderlich sein. 17

Im Fall von **dringenden Anwendungsfragen** können vor Ablauf des Überarbeitungsturnus zudem sog „Fragen & Antworten“ *(Q&As)* veröffentlicht werden. Die Q&As sind unverbindliche Ausführungen der SME *Implementation Group (SMEIG)* des IASB. Die bis zur Überarbeitung im Jahr 2015 veröffentlichten *Q&As* wurden vom IASB entweder in den SME-IFRS eingearbeitet oder – sofern die Inhalte eher erläuternder Art waren – in das Lehrmaterial integriert (dazu SME-IFRS.BC227 ff (geändert 2015)). Dh derzeit gibt es keine verabschiedeten *Q&As*. 18

III. Aufbau des SME-IFRS

Der Standard ist in 35 Abschn *(sections)* unterteilt, die nach **Themengebieten** geordnet sind. Ihre Reihenfolge orientiert sich aber nicht an den Full-IFRS. Diesem Hauptteil schließen sich Glossar und Überleitungstabelle an. Alle Absätze des Standards entfalten die gleiche Verbindlichkeitswirkung (SME-IFRS.P15). 19

Dagegen sind **Anwendungshinweise,** die ausgewählte Abschn ergänzen, nicht integraler Bestandteil des SME-IFRS und haben daher lediglich empfehlenden Charakter (SME-IFRS.P15). Gleiches gilt für die Grundlage der Schlussfolgerungen *(Basis for Conclusions)* sowie die Anwendungsleitlinien *(Implementation Guidance),* die eine für die Praxis hilfreiche Checkliste zur Erfüllung der Anhangangaben enthalten. Ebenfalls ohne Verpflichtungswirkung ist das von der IFRS Foundation zum SME-IFRS herausgegebene **Schulungsmaterial.** Zwischenzeitlich sind mit Ausnahme von Abschn 12 zu allen Abschn des Standards sog **Trainingsmodule** erarbeitet und kostenfrei öffentlich verfügbar (abrufbar unter der IASB-Website: www.ifrs.org).

IV. Regelungstechnik

20 Nicht alle denkbaren Sachverhalte können durch den Standard normiert werden. Zudem hat der IASB auf die Normierung ausgewählter, für SMEs eher weniger bedeutsamer Themen wie Zwischen- und Segmentberichterstattung bewusst verzichtet (SME-IFRS.BC87f). Wie im Fall von **Regelungslücken** Lösungen herbeizuführen sind, wird in SME-IFRS 10.4ff festgelegt. Beim Fehlen einer eindeutigen Regelung soll die Unternehmensführung eine Bilanzierungsmethode entwickeln, die zu relevanten und verlässlichen Informationen führt. Bei der dafür erforderlichen Ermessenausübung ist zuerst zu prüfen, ob ein anderer Abschn des SME-IFRS einen ähnlichen Sachverhalt regelt. Ist dies nicht der Fall, so ist auf die **allgemeinen Konzepte und Prinzipien in Abschn 2** des SME-IFRS zurückzugreifen.

21 Daneben hat der Anwender auch die **Wahl,** die Full-IFRS zu berücksichtigen, in denen ein (ähnlicher) Sachverhalt ggf geregelt ist. Eine Verpflichtung zum Rückgriff auf die Full-IFRS *(mandatory fallback)* besteht nicht. Die Regelungshierarchie des SME-IFRS stellt nicht auf Verlautbarungen anderer Standardsetzer oder auf anerkannte Praktiken ab. Der IASB unterstreicht damit einmal mehr die Eigenständigkeit des SME-IFRS. Dies ist insoweit konsequent, als ein damit letztlich verpflichtender Rückgriff auf die Full-IFRS einen **Mehraufwand** darstellen würde, der im Kontrast zu dem Ziel stünde, einen für SMEs verständlichen und handhabbaren Standard bereitzustellen. Zudem hätte ein verpflichtender Rückgriff auf die Full-IFRS konsequenterweise auch eine Beachtung sämtlicher IFRIC und anderer Verlautbarungen des IASB zur Folge. ISe möglichst mittelstandsorientierten Anwendung des SME-IFRS sollten bilanzielle Spezialfragen daher grds gem SME-IFRS 10.4ff unter Rückgriff auf die grundlegenden Prinzipien im Abschn 2 des SME-IFRS gelöst werden. Ein Rückgriff auf die Full-IFRS sollte weitestgehend vermieden werden.

22–25 *(einstweilen frei)*

C. Wesentliche Inhalte des SME-IFRS

I. Konzeptionelle Grundlagen

26 Das **theoretische Fundament** der SME-IFRS bildet Abschn 2 mit den Konzepten und grundlegenden Prinzipien. Im Gegensatz zu den Full-IFRS, bei denen das Rahmenkonzept aufgrund seiner Stellung außerhalb der Standards lediglich einen Empfehlungscharakter hat, ist dieser Abschn in den SME-IFRS integriert. Dadurch kommt ihm eine größere Bindungswirkung zu, die auch durch den zwingenden Rückgriff auf diese Vorschriften bei Auslegungsfragen und Regelungslücken zum Ausdruck kommt. Der IASB vermeidet durch die Integration dieser zentralen Inhalte des Rahmenkonzepts eine (zu starke) Entkopplung des SME-IFRS von den Ansatz- und Bewertungsprinzipien der Full-IFRS, während gleichzeitig die Eigenständigkeit des SME-Standards gewährleistet werden kann. In SME-IFRS 2.35 wird explizit darauf hingewiesen, dass die Inhalte des Abschn 2 aus dem IASB-Rahmenkonzept abgeleitet wurden.

Ein SME-IFRS-Abschluss soll **entscheidungsnützliche Informationen** über die VFE-Lage sowie die Cashflows eines kleinen oder mittelgroßen Unternehmens für die verschiedenen Adressaten bereitstellen, die keine auf ihre Bedürfnisse ausgerichteten Abschlüsse dieser Unternehmen einfordern können (SME-IFRS 2.2). Die Schwierigkeit bei der Entwicklung des Standards lag dabei darin, dass Unternehmen weltweit unterschiedliche Abschlussadressaten haben (zB in Deutschland insbes Fiskus und Banken) und die Adressaten weltweit divergierende Anforderungen an entscheidungsnützliche Informationen stellen, die zB vom rechtlichen Umfeld abhängig sind. Daneben soll der Abschluss auch der Rechenschaftslegung der Unternehmensleitung über den Umgang mit den ihr anvertrauten Ressourcen dienen (SME-IFRS 2.3). 27

Die Erreichung dieser Zielsetzung soll durch bestimmte **qualitative Anforderungen** an die Abschlussinformationen sichergestellt werden (SME-IFRS 2.4 bis SME-IFRS 2.14, dazu *Haller/Eierle* in IFRS-SMEs-Kommentar Teil B, Abschn 2 Rz 17 ff). Danach müssen die Abschlussinformationen verständlich, relevant, wesentlich und verlässlich sein. Sie müssen einer wirtschaftlichen Betrachtungsweise folgen sowie vollständig, vergleichbar und zeitnah sein. Es wird ferner der Grundsatz der Vorsicht formuliert, der jedoch einzig auf die mit der Abschlusserstellung verbundenen Unsicherheiten abstellt. Anders als nach HGB dient dieser Grundsatz nicht in erster Linie dem Gläubigerschutz, das so verstandene Vorsichtsprinzip mündet daher auch nicht in einem mit dem HGB vergleichbaren Realisationsprinzip. 28

Zudem wird auf die bei der Abschlusserstellung grds erforderliche **Abwägung zwischen Kosten und Nutzen** hingewiesen. Dabei ist nicht nur der Nutzen der Unternehmen, sondern insbes der Nutzen der externen Adressaten zu berücksichtigen. Diesem Grundsatz kam bei der Entwicklung der Normen des SME-IFRS große Bedeutung zu, da Abweichungen von den Full-IFRS letztlich ausschließlich hierüber begründbar sind. Für die Abschlusserstellung kommt diesem Grundsatz lediglich dann Bedeutung zu, wenn für konkrete Bilanzierungsentscheidungen unternehmensspezifische Abwägungen bzgl der Verhältnismäßigkeit der Kosten und des Aufwands zu treffen sind (zB SME-IFRS 14.10, SME-IFRS 16.7). Diese bislang Abschn-spezifisch enthaltenen Ausnahmen für den Fall „unverhältnismäßig hoher Kosten oder Aufwand" *(undue cost or effort)* sind mit der Überarbeitung im Jahr 2015 nunmehr explizit als in Abschn 2 dargelegtes Prinzip eingegangen. Allerdings findet diese Ausnahme weiterhin nur dann Anwendung, wenn darauf in einem Abschn konkret Bezug genommen wird (SME-IFRS 2.14A ff (geändert 2015)). Jedoch wird diese Ausnahme in Abschn 2 – basierend auf einer früheren *Q&A* (→ Rn 18) – eingehender erläutert. Die Anwendung dieser Ausnahme wird für jeden in Frage kommenden Sachverhalt einzeln vom Management geprüft. Das Management muss dabei zwangsläufig nicht nur die eigenen Kosten, sondern auch den Nutzen der Abschlussadressaten berücksichtigen. Der IASB geht davon aus, dass diese Ausnahmeregelung für SME vergleichsweise häufiger zur Anwendung kommen wird, da SME gerade keiner öffentlichen Rechenschaftspflicht unterliegen und kein Bedürfnis nach einem vergleichbaren Berichtsumfang bei den Adressaten anzunehmen ist. Zwar wird damit einerseits ein steigendes Maß an Subjektivität im Abschluss gegeben sein (so auch *Kirsch* IRZ 2014, 27 (31)), allerdings wird damit auch die Anpassungsfähigkeit an die einzelnen Bedürfnisse der unterschiedlichen klein- und mittelständischen Unternehmen (und damit letztlich die Akzeptanz des SME-IFRS) erhöht. Sofern von der *undue-cost-or-effort*-Ausnahme Gebrauch gemacht wird, ist darüber zu informieren.

Gleichsam unternehmensspezifisch ist der Grundsatz der Wesentlichkeit, der bei den Anwendern des SME-IFRS sehr heterogen ausgelegt werden dürfte. Beeinflusst wird die konkrete Ausgestaltung des Wesentlichkeitsgrundsatzes nicht nur durch die Unterschiede zwischen den Unternehmen, sondern auch zwischen deren (zB rechtlichem und volkswirtschaftlichem) Umfeld.

Die Grundsätze sind nicht hierarchisch, sondern **gleichrangig formuliert.** Dennoch stellen „Relevanz" und „Verlässlichkeit" entscheidende Maßstäbe für die im Fall von **Regelungslücken** notwendigen Ermessensentscheidungen des Unternehmens dar (SME-IFRS 10.4). Wenn ein Sachverhalt nicht eindeutig geregelt ist, ist zudem auch auf die anderen Grundsätze des Abschn 2 zurückzugreifen. Außerdem bezieht sich der IASB bei der Entwicklung neuer SME-Normen auf diese Grundsätze. Mitunter können diese Grundsätze aber Zielkonflikte beinhalten, zB wenn eine Information relevant, aber nicht zuverlässig quantifizierbar ist. In diesem Fall ist eine adressatenorientierte Abwägung zu treffen, auf welche Weise die Darstellung zu einem Abschluss führt, der ein den tatsächlichen Verhältnissen entspr Bild der VFE-Lage vermittelt und dem Bedürfnis des Adressaten nach entscheidungsnützlichen Informationen am besten gerecht wird (SME-IFRS 2.12). Hierüber sind dann entspr Angaben im Anhang erforderlich.

29 Im Abschn 2 finden sich auch die **Definitionen** der Bestandteile der Bilanz und der Erfolgsrechnung sowie die **Ansatz- und Bewertungsgrundsätze.** Im Gegensatz zu den Full-IFRS wurden Redundanzen dahingehend beseitigt, dass diese Definitionen bis auf wenige Ausnahmen in den einzelnen Abschn nicht noch einmal auftauchen. Redundant erscheint allenfalls Abschn 2 selbst, wenn mit SME-IFRS 2.35 ff im Wesentlichen die Ansatzkriterien von SME-IFRS 2.15 bis SME-IFRS 2.32 wiederholt werden (dazu *Haller/Eierle* in IFRS-SMEs-Kommentar Teil B, Abschn 2 Rz 7).

Die Einhaltung der in Abschn 2 normierten Grundsätze ist Voraussetzung für eine den tatsächlichen wirtschaftlichen Verhältnissen entspr Darstellung der VFE-Lage der SMEs (*fair presentation;* SME-IFRS 3.2).

II. Ansatz- und Bewertungsgrundsätze

30 Eine SME-IFRS-Bilanz besteht nur aus **Vermögenswerten, Schulden** und dem **Eigenkapital.** Rechnungsabgrenzungsposten iSd HGB oder Bilanzierungshilfen tauchen hier – wie auch in den Full-IFRS – deshalb nicht auf. Sofern ein Abschn nichts Abweichendes vorsieht, dürfen Vermögenswerte und Schulden nicht miteinander verrechnet werden. Gleiches gilt für die Bestandteile der Erfolgsrechnung, Aufwendungen und Erträge (SME-IFRS 2.52). Ausnahmen sind zB die Pflicht zur Saldierung der Verpflichtung aus einem Pensionsplan mit den dazugehörigen Planvermögenswerten (SME-IFRS 28.15) oder tatsächlicher Steuererstattungsansprüche und -verpflichtungen sowie – unter bestimmten Bedingungen – die Saldierung aktiver und passiver latenter Steuern (SME-IFRS 29.29).

31 Für den **Ansatz** eines **Vermögenswerts** wird verlangt, dass dieser eine Ressource in der Verfügungsmacht eines Unternehmens darstellt, die auf ein in der Vergangenheit liegendes Ereignis zurückzuführen ist und aus der voraussichtlich ein künftiger wirtschaftlicher Nutzen in Form von Zahlungsmitteln zufließt (SME-IFRS 2.15(a)). **Schulden** stellen dagegen gegenwärtige Verpflichtungen dar, die in Ereignissen der Vergangenheit begründet sind und voraussichtlich zu einem Abfluss an Zahlungsmitteln führen werden (SME-IFRS 2.15(b)). Sind diese Kriterien erfüllt, ist die abstrakte Bilanzierungsfähigkeit gegeben. Für die konkrete Bilanzierungsfähigkeit müssen die zukünftigen Nutzenzu- und -abflüsse **wahrscheinlich** (Eintrittswahrscheinlichkeit größer 50%) und die Werte jeweils

verlässlich ermittelbar sein (SME-IFRS 2.27). Ferner sind Ansatzverbote zu beachten wie bspw für selbst erstellte immaterielle Vermögenswerte (SME-IFRS 18.15). Das **Eigenkapital** bildet den Saldo der Vermögenswerte und Schulden ab.

Für die **Bewertung** der Abschlussposten definiert der SME-IFRS im Gegensatz zu den Full-IFRS zunächst nur die zwei „üblichen" *(common)* Bewertungsmaßstäbe: (fortgeführte) **historische Anschaffungs- oder Herstellungskosten** und **beizulegender Zeitwert** (SME-IFRS 2.34). Insbes die Bewertung zum beizulegenden Zeitwert wird immer wieder als Vorteil der IFRS herausgestellt, da stille Reserven aufgedeckt werden und neben einem höheren Vermögen auch ein höheres Eigenkapital ausgewiesen wird, wodurch ein zutreffenderes Bild der VFE-Lage des Unternehmens gezeichnet und den Abschlussadressaten entscheidungsnützlichere Informationen vermittelt werden sollen. ZB für Kreditinstitute, als zentrale Adressaten von SME-IFRS-Abschlüssen, sind beizulegende Zeitwerte wichtige Informationen für die Bonitätsanalyse (*DRSC/Haller/Löffelmann,* 25). Dabei ist aber zu bedenken, dass sich bei der Realisierung der Vermögenswerte durch Abschreibung in den Folgeperioden der eigenkapitalerhöhende Effekt ins Gegenteil umkehren kann. Außerdem ist die Ermittlung des beizulegenden Zeitwerts häufig mit einem höheren Ermittlungsaufwand verbunden. Der IASB schränkt daher die Bewertung zum beizulegenden Zeitwert häufig dahingehend ein, dass diese nur dann zu erfolgen hat, wenn dies ohne „unverhältnismäßig hohe Kosten oder Aufwand" *(undue cost or effort)* möglich ist (SME-IFRS 14.10, SME-IFRS 15.15, SME-IFRS 16.7 oder SME-IFRS 34.2(a) sowie grds SME-IFRS 2.14A (geändert 2015), → Rn 28 ff). Grds können mit der Ermittlung beizulegender Zeitwerte hohe Kosten verbunden sein. Insbes wenn die beizulegenden Zeitwerte nicht anhand von aktiven Märkten feststellbar sind, müssen uU komplexe finanzmathematische Bewertungsverfahren angewendet werden. Die damit einhergehende Subjektivität aufgrund der Ermessensspielräume und bestehenden Schätzproblematik stellt hohe Anforderungen an die Rechnungslegung in mittelständischen Unternehmen (*Wolz/Janssen* WPg 2009, 593 (601)). 32

Die **Zugangsbewertung** erfolgt idR zu Anschaffungs- oder Herstellungskosten (SME-IFRS 2.46). Bei der **Folgebewertung** ist zwischen finanziellen sowie nicht-finanziellen Vermögenswerten bzw Schulden zu unterscheiden (SME-IFRS 2.47 ff). Finanzielle Vermögenswerte und Schulden wiederum sind als „einfache" *(basic)* oder „andere" *(other)* Finanzinstrumente zu klassifizieren. Einfache Finanzinstrumente, wie Zahlungsmittel, Forderungen/Verbindlichkeiten aus Lieferung und Leistung oder (im Regelfall) Eigenkapitalinstrumente sind nach Abschn 11 abzubilden (→ Rn 63 ff). Dieser sieht grds die Bewertung zu Anschaffungskosten abzüglich etwaiger Wertminderungen vor. Davon ausgenommen sind solche Eigenkapitalinstrumente, die öffentlich gehandelt werden oder deren beizulegender Zeitwert auf andere Weise verlässlich ermittelt werden kann (zB Aktien oder Fondsanteile). Diese unterliegen der Bewertung zum beizulegenden Zeitwert. „Andere", mithin komplexere Finanzinstrumente (zB Derivate) sind nach den (entspr komplexeren) Normen des Abschn 12 abzubilden (→ Rn 65 ff). Dieser sieht grds die Bewertung zum beizulegenden Zeitwert vor. Ausgenommen sind Eigenkapitalinstrumente, die nicht öffentlich gehandelt werden und für die der beizulegende Zeitwert auch anderweitig nicht verlässlich ermittelt werden kann. 33

Nicht-finanzielle Vermögenswerte sind grds zu fortgeführten Anschaffungs- oder Herstellungskosten zu bewerten, die entspr des nach SME-IFRS geltenden Niederstwertprinzips einen ggf bestehenden Wertminderungsbedarf berücksichtigen. Die Ermittlung des Wertminderungsbedarfs ist für nicht-finanzielle Vermögenswerte grds in Abschn 27 geregelt. Die in SME-IFRS 2.49 aufgeführten Folgebewertungsmaßstäbe nicht-finanzieller Vermögenswerte sollen daher gewährleisten, dass diese nicht mit einem Wert bilanziert werden, der über dem Wert liegt, den das Unternehmen erwartungsgemäß aus der Nutzung oder dem Verkauf des Vermögenswerts erzielen kann. Daraus ergibt sich bspw für Sachanlagen die Bewertung zum niedrigeren Wert aus fortgeführten Anschaffungs- oder Herstellungskosten einerseits und dem erzielbaren Betrag *(recoverable amount)* andererseits (SME-IFRS 2.49(a)). Letzterer ergibt sich aus dem Vergleich zwischen beizulegendem Zeitwert abzüglich Veräußerungskosten und dem Nutzungswert. Für die Bewertung nicht-finanzieller Verbindlichkeiten ist der Rückzahlungsbetrag maßgebend (SME-IFRS 2.51).

34 Der Unternehmenserfolg bemisst sich aus der Differenz zwischen Erträgen und Aufwendungen innerhalb einer Berichtsperiode (SME-IFRS 2.23). **Erträge** sind Steigerungen des wirtschaftlichen Nutzens in der Berichtsperiode durch Zunahme von Vermögenswerten oder Abnahme von Schulden, die zu einer Erhöhung des Eigenkapitals führen. Ausgenommen sind Eigenkapitalerhöhungen, die auf Einlagen der Eigentümer zurückgehen (SME-IFRS 2.23(a)). **Aufwendungen** sind spiegelbildlich definiert als Abnahme des wirtschaftlichen Nutzens in der Berichtsperiode durch Abnahme der Vermögenswerte bzw Zunahme der Schulden, die zu einer Verringerung des Eigenkapitals führen. Wiederum ausgenommen sind Reduktionen des Eigenkapitals, die aus Entnahmen der Eigentümer resultieren (zB Gewinnausschüttungen; SME-IFRS 2.23(b)). Erträge werden unterteilt in Erträge aus der gewöhnlichen Geschäftstätigkeit (Erlöse) und sog andere Erträge, die außerhalb der gewöhnlichen Geschäftstätigkeit anfallen. Erlöse können bspw Umsatz-, Zins- oder Mieterlöse sein. Andere Erträge können bspw durch Veräußerung von Vermögenswerten oder Steigerung beizulegender Zeitwerte erzielt werden. Ebenso wird zwischen Aufwendungen aus der gewöhnlichen Geschäftstätigkeit (zB Material- und Lohnkosten) und anderen Aufwendungen (zB Minderungen der beizulegenden Zeitwerte) unterschieden. Während Erlöse und Aufwendungen aus der gewöhnlichen Geschäftstätigkeit immer Bestandteil des Jahresüberschusses sind, werden andere Erträge und andere Aufwendungen teilweise außerhalb der GuV (sofern erstellt) im sonstigen Ergebnis *(other comprehensive income)* dargestellt (SME-IFRS 5.4(b) (geändert 2015)). Die Bestandteile des sonstigen Ergebnisses sind zudem unterteilt danach darzustellen, ob die Möglichkeit zur Umklassifizierung in die GuV besteht oder nicht (SME-IFRS 5.5(g) (geändert 2015)).

35 Für die Erfassung von Erträgen und Aufwendungen gilt – wie für die Bilanzbestandteile – das **Prinzip der Periodenabgrenzung** (SME-IFRS 2.36). Darauf basierend werden Erträge und Aufwendungen (abstrakte Ansatzfähigkeit) und konkrete Ansatzkriterien definiert. Daher gilt – wie bereits für Vermögenswerte und Schulden – auch für Erträge und Aufwendungen, die die Definition erfüllen, dass sie dann anzusetzen sind, wenn der mit ihnen verbundene Zu- oder Abfluss zukünftigen Nutzens wahrscheinlich und zuverlässig bewertbar ist (SME-IFRS 2.27). Die Erfassung von Erträgen ist in Abschn 23 konkretisiert (→ Rn 132 ff). Die Erfassung von Aufwendungen wird im SME-IFRS nicht konkretisiert. Hier ist das Prinzip der sachlichen Abgrenzung ***(matching principle)*** zugrunde zu legen, wonach Ausgaben in der Periode ergebniswirksam zu berücksichtigen sind, in der die sachlich zugehörigen Erträge ergebniswirksam erfasst werden. So ist zB der Abgang von Vorratsvermögen in der Periode als Aufwand zu berücksichtigen, in der der zugehörige Umsatz erfasst wird (SME-IFRS 13.20).

Die Bewertung von Erträgen und Aufwendungen leitet sich aus den Ansatz- und Bewertungsnormen für Vermögenswerte und Schulden (zB jahresüberschusswirksame Bewertung zum beizulegenden Zeitwert) sowie dem Wert des Nutzenverzehrs (zB Abschreibungen) ab.

(einstweilen frei) 36, 37

III. Abschlussbestandteile

Die **Bestandteile** eines SME-IFRS-Abschlusses sind in SME-IFRS 3.17 aufgezählt. Neben Bilanz, Gesamtergebnisrechnung und Anhang sind auch eine Kapitalflussrechnung sowie eine Eigenkapitalveränderungsrechnung Bestandteile eines SME-IFRS-Abschlusses. Die GuV kann wahlweise in die Gesamtergebnisrechnung integriert werden *(single-statement approach)* oder daneben als separater Abschlussbestandteil offengelegt werden *(two-statement approach)*. Die Abschlussbestandteile können anders bezeichnet werden, sofern diese Bezeichnungen eindeutig auf das jeweilige Rechenwerk schließen lassen (SME-IFRS 3.22). 38

Der SME-IFRS schreibt weder für die Bilanz noch für die Gesamtergebnisrechnung bzw die GuV (sofern erstellt) ein bestimmtes Gliederungsschema oder Format, sondern lediglich **Mindestangaben** vor (SME-IFRS 4.2ff (geändert 2015) und SME-IFRS 5.5ff (geändert 2015); *Beiersdorf/Haller/Eierle* DB 2009, 1549 (1552f)). Die Mindestangaben sind jedoch zu erweitern, sofern dies für das Verständnis der Unternehmenslage erforderlich ist. Die **Bilanz** ist demnach in kurz- und langfristige Vermögenswerte und Schulden zu gliedern.

Die **Gesamtergebnisrechnung** kann wahlweise nach dem Umsatz- oder Gesamtkostenverfahren erstellt werden (SME-IFRS 5.11). Der Ausweis außerordentlicher Aufwendungen und Erträge ist verboten (SME-IFRS 5.10). Die in SME-IFRS 5.5 (geändert 2015) vorgegebenen Mindestangaben für die Gesamtergebnisrechnung wurden ergänzt um die Angabe der insgesamt ermittelten Wertminderungen für aufgegebene Geschäftsbereiche und separate Angaben für Bestandteile des sonstigen Ergebnisses in Abhängigkeit davon, ob diese zu einem späteren Zeitpunkt in die GuV umgegliedert werden (*recycling*) oder nicht. Die **Kapitalflussrechnung** kann entweder nach der direkten oder der indirekten Methode erstellt werden (SME-IFRS 7.7).

Eine **Segmentberichterstattung** muss nicht erstellt werden (SME-IFRS 3.25). Die Nichtanwendung von IFRS 8 ergibt sich auch aus IFRS 8 selbst, da dieser Standard nur von kapitalmarktorientierten Unternehmen verpflichtend anzuwenden ist (IFRS 8.2). Der SME-IFRS fordert lediglich, die Grundlagen darzulegen, nach denen ggf Segmentinformationen freiwillig erstellt und veröffentlicht werden. Stellt ein Unternehmen freiwillig Segmentinformationen zur Verfügung, ist es somit **nicht** erforderlich, diese **in Übereinstimmung mit IFRS 8** zu erstellen. 39

Eine weitere Besonderheit stellt die Möglichkeit des **Verzichts** auf die Erstellung einer separaten **Eigenkapitalveränderungsrechnung** dar, sofern im Berichtsjahr die Veränderung des Eigenkapitals lediglich auf das Periodenergebnis, Dividendenzahlungen sowie Fehlerkorrekturen bzw Änderungen der Bilanzierungsmethoden zurückzuführen ist. In diesem Fall kann eine zusammengefasste **Aufstellung über das Ergebnis und die Veränderung der Gewinnrücklagen** erfolgen (SME-IFRS 3.18 und SME-IFRS 6.4f). Zusätzlich zu den für die Gesamtergebnisrechnung geforderten Angaben enthält diese Aufstellung Informationen, aus denen ersichtlich wird, welche Sachverhalte zu einer Erhöhung bzw Verminderung der Gewinnrücklagen geführt haben. Sobald aber erfolgsneutrale Neubewertungen, erfolgsneutrale Verrechnungen von Währungsdifferenzen oder kapitalverändernde Maßnahmen vorgenommen werden, ist eine vollständige Eigenkapitalveränderungsrechnung zusätzlich zur Gesamtergebnisrechnung zu erstellen. 40

IV. Bilanzierung ausgewählter Posten der Bilanz und der Gesamtergebnisrechnung

1. Vorräte

41 Die Bewertung von Vorräten erfolgt zu **Anschaffungs- oder Herstellungskosten.** Im Falle eines Wertverlusts (zB aufgrund Beschädigung, Veralterung, rückläufiger Preise oder neuer Schätzungen hinsichtlich der Verkaufskosten) ist eine Abschreibung auf den niedrigeren Verkaufspreis abzüglich noch anfallender Aufwendungen *(selling price less costs to complete and sell)* vorzunehmen (SME-IFRS 13.4 iVm SME-IFRS 13.19). Für diesen Wert sind grds die Verhältnisse am Absatzmarkt (und nicht am Beschaffungsmarkt) relevant. Zudem handelt es sich dabei – im Gegensatz zum beizulegenden Zeitwert – um einen unternehmensspezifischen Wert (*Quick* in IFRS-SMEs-Kommentar Teil B, Abschn 13 Rz 54). Dazu ist ein jährlicher **Wertminderungstest** erforderlich, bei dem der Buchwert dem Verkaufspreis abzüglich der für die Fertigstellung und den Verkauf noch anfallenden Kosten (zB Verpackungs- und Versandkosten) gegenübergestellt wird. Ist der Grund für die Wertminderung weggefallen, ist bis maximal zur Höhe der Anschaffungs- oder Herstellungskosten zuzuschreiben (SME-IFRS 27.4). Eine Bewertung über die Anschaffungs- oder Herstellungskosten hinaus ist nicht zulässig.

42 Die Ermittlung der Herstellungskosten erfolgt nach dem **Vollkostenprinzip** (SME-IFRS 13.5), dh neben den direkt zurechenbaren Einzelkosten (insbes Material- und Fertigungseinzelkosten) sind auch notwendige Anteile der variablen und fixen Produktionsgemeinkosten in angemessener Höhe zu berücksichtigen. Dazu zählen neben Abschreibungen auch Kosten der Verwaltung und Geschäftsleitung (SME-IFRS 13.8 f). Ein Einbeziehungswahlrecht bzgl bestimmter Gemeinkostenbestandteile ist nicht vorgesehen. In die Herstellungskosten sind auch Kosten einzubeziehen, die anfallen, um die Vorräte an ihren gegenwärtigen Ort zu bringen und in ihren vorgesehenen Zustand zu versetzen. Fremdkapitalkosten dürfen weder in die Anschaffungskosten noch in die Herstellungskosten einbezogen werden (SME-IFRS 25.2); sie sind vollständig als Aufwand zu erfassen. Als **Bewertungsvereinfachungsverfahren** sind die Methode des gewogenen Durchschnitts sowie die Verbrauchsfolgefiktion *first-in-first-out* (FIFO) zulässig. Die Anwendung der *last-in-first-out*-Fiktion (LIFO) ist nicht erlaubt (SME-IFRS 13.18).

43, 44 *(einstweilen frei)*

2. Sachanlagen

45 Sachanlagen sind Vermögenswerte, die der Herstellung von Gütern bzw Dienstleistungen dienen oder für Verwaltungszwecke benötigt werden, wenn sie **länger als einen Geschäftszyklus** genutzt werden sollen (SME-IFRS 17.2). Die **Zugangsbewertung** erfolgt zu den Anschaffungskosten, zu denen neben dem Erwerbspreis ua auch die Anschaffungsnebenkosten abzüglich Preisminderungen gehören (SME-IFRS 17.9 f und SME-IFRS 16.10(a)).

46 In den **Folgeperioden** sind Sachanlagen entweder zum Anschaffungswert abzüglich planmäßiger sowie ggf außerplanmäßiger Abschreibungen oder nach der Neubewertungsmethode zu bewerten (SME-IFRS 17.15 (geändert 2015)). Die im Jahr 2015 neu eingeräumte Möglichkeit der Neubewertung bietet sich jedoch nur, wenn der Neubewertungsbetrag *(revalued amount)* basierend auf dem beizulegenden Zeitwert verlässlich ermittelt werden kann (vgl SME-IFRS 17.15B sowie SME-IFRS 17.31 bis SME-IFRS 17.33 (jeweils geändert 2015)). Die Neubewertung ist in regelmäßigen Abständen, jeweils für die gesamte Klasse von Ver-

mögenswerten, vorzunehmen. Erforderliche Abwertungen sind ergebniswirksam in der Gesamtergebnisrechnung zu erfassen, sofern ihnen keine – zuvor im sonstigen Ergebnis erfassten – Aufwertungen gegenüber stehen. Aufwertungen sind nur dann ergebniswirksam zu erfassen, wenn zuvor in entspr Höhe Abwertungen ergebniswirksam erfasst wurden (SME-IFRS 17.15C f (geändert 2015). Dieses im Jahr 2015 neu eingeräumten Wahlrecht ist bei erstmaliger Ausübung nicht gem der einschlägigen Regelung retrospektiv (SME-IFRS 10.11 f), sondern prospektiv anzuwenden (SME-IFRS 10.10A (geändert 2015)).

Der SME-IFRS folgt dem sog **Komponentenansatz** und sieht dementsprechend vor, **wesentliche Bestandteile** des Vermögenswerts dann getrennt abzuschreiben, wenn deren Nutzungsdauern maßgeblich voneinander abweichen. Eine grds Aufspaltung des Vermögenswerts in seine wesentlichen Bestandteile ist hingegen nicht erforderlich (*Köster* in IFRS-SMEs-Kommentar Teil B, Abschn 17 Rz 64). Die separate Erfassung und Abschreibung von Komponenten einer Sachanlage kann bspw bei deren regelmäßigem Ersatz angebracht sein. Allerdings sieht der Standard keine Kriterien vor, wonach die Wesentlichkeit eines einzelnen Bestandteils zu beurteilen ist. Zweckmäßig scheint die Bezugsgröße der Anschaffungs- oder Herstellungskosten, wobei zunächst auch der Anteil der gesamten Anschaffungs- oder Herstellungskosten des Vermögenswerts an der Bilanzsumme oder den gesamten Sachanlagen als Indikator für die Notwendigkeit zur Erfassung von Komponenten herangezogen werden sollte.

Zu den aktivierungspflichtigen Kosten können in den Folgeperioden auch **Ersatzteile** gehören, wenn sie die Definition von Sachanlagen erfüllen (SME-IFRS 17.5 (geändert 2015)), dh wenn ua erwartet wird, dass sie mehr als eine Berichtsperiode genutzt werden. Gleiches gilt für **Wartungsaufwendungen.** So sind die Aufwendungen für größere Wartungen *(major inspections)* zu aktivieren, wenn sie regelmäßig durchgeführt werden und eine Bedingung für die Betriebsfähigkeit einer Sachanlage darstellen (SME-IFRS 17.7). 47

Während die Bewertung anhand der getätigten Ausgaben idR unproblematisch ist, wäre dem Wortlaut entspr hinsichtlich der Beurteilung eines zukünftigen Nutzenzuflusses abzuschätzen, ob die Wartungsaufwendungen eigenständig Cashflows generieren können. Dies wird nur selten der Fall sein. Allerdings kann sich das Nutzenkriterium auch darin ausdrücken, dass sie einen Nutzenabfluss oder eine Verringerung des zukünftig erwarteten wirtschaftlichen Nutzens verhindern, die zB aus einer geminderten Leistungsfähigkeit oder Schädigung vor Ablauf der geplanten Nutzungsdauer resultieren können. Hiernach dürfte es uE nicht allein darauf ankommen, dass die Wartung vorgeschrieben ist, um evtl Garantieansprüche zu wahren, sondern dass sie **technisch erforderlich** ist. Aufgrund der dann bestehenden Aktivierungspflicht für die Wartungsaufwendungen werden diese nicht unmittelbar im Jahr der Wartung erfolgswirksam, sondern indirekt über eine höhere planmäßige Abschreibung des betreffenden Vermögenswerts in den Folgeperioden.

Eine **außerplanmäßige Abschreibung** des Vermögenswerts hat zu erfolgen, wenn der erzielbare Betrag unter dem Buchwert liegt. Der **erzielbare Betrag** *(recoverable amount)* ist der höhere Wert aus beizulegendem Zeitwert abzüglich der Veräußerungskosten einerseits und unternehmensspezifischem Nutzungswert andererseits (SME-IFRS 17.24 iVm SME-IFRS 27.5 ff). Dieser Betrag ist immer dann zu ermitteln, wenn die in Abschn 27 dargestellten externen oder internen Indikatoren einen Wertminderungsbedarf erkennen lassen. 48

Liegen Anhaltspunkte dafür vor, dass der Grund für eine außerplanmäßige Abschreibung in den Folgeperioden entfallen ist, so hat eine ergebniswirksame **Zuschreibung** auf den fortgeführten Buchwert zu erfolgen, der sich ohne die Wertminderung ergeben hätte (SME-IFRS 27.29 f).

49 Vom Sachanlagevermögen iSd Abschn 17 muss dasjenige **Immobilienvermögen** separiert werden, das ausschließlich als Finanzanlage zur Erzielung von Einnahmen aus Vermietung oder Wertsteigerung dient. Hierfür ist Abschn 16 maßgebend. Immobilien, die von einem Leasingnehmer im Wege eines Finanzierungs-Leasingverhältnisses zur Erzielung von Einnahmen erworben werden, können wahlweise nach Abschn 16 bilanziert werden (SME-IFRS 16.3). **Als Finanzinvestition gehaltene Immobilien** sind in den Folgeperioden nach dem Erwerb bzw der Herstellung zum beizulegenden Zeitwert zu bewerten, sofern dieser verlässlich und ohne unverhältnismäßig hohe Kosten oder Aufwand ermittelt werden kann (SME-IFRS 16.7, zur „*without undue cost or effort*-Ausnahme" → Rn 28 ff). Anderenfalls ist nach dem Anschaffungskostenmodell zu bewerten. Die Ermittlung des beizulegenden Zeitwerts richtet sich nach SME-IFRS Abschn 11, der – übertragen auf die Bewertung von Immobilien – verschiedene Bewertungsmethoden zulässt, die bspw auf Parametern wie Marktmieten und deren Entwicklung, Bewirtschaftungskosten, Leerstand, Fluktuation oder Neuvermietungskosten abstellen können (*Baumunk* in IFRS-SMEs-Kommentar Teil B, Abschn 16 Rz 26). Diese Informationen sollten bspw immer dann ohne unverhältnismäßig hohe Kosten oder Aufwand verfügbar sein, wenn die typische Geschäftstätigkeit des SME auf die Erwirtschaftung von Immobilienerträgen ausgerichtet ist oder mit einer Immobilie Mieterträge erzielt werden. Ein Rückgriff auf das Anschaffungskostenmodell könnte dagegen bspw dann notwendig sein, wenn das SME derartige Informationen nicht nachhält, da dies nicht Gegenstand des typischen Geschäftsmodells ist oder die Immobilie für das Unternehmen nicht wesentlich ist.

50, 51 *(einstweilen frei)*

3. Immaterielle Vermögenswerte

52 Bei immateriellen Vermögenswerten ist zwischen erworbenen und selbst erstellten Vermögenswerten zu unterscheiden. Für **separat erworbene immaterielle Vermögenswerte** gelten die allgemeinen Ansatzkriterien des wahrscheinlichen zukünftigen wirtschaftlichen Nutzens und der zuverlässigen Bewertbarkeit (SME-IFRS 18.4) durch den Erwerb als erfüllt (SME-IFRS 18.7). Immaterielle Vermögenswerte, die **im Rahmen eines Unternehmenszusammenschlusses erworben** wurden, sind grds immer zu aktivieren. Ausgenommen sind immaterielle Vermögenswerte deren beizulegender Zeitwert **nicht ohne unverhältnismäßig hohe Kosten oder Aufwand** verlässlich ermittelbar ist. Mit der Überarbeitung des SME-IFRS im Jahr 2015 wurde die *undue-cost-or-effort*-Ausnahme auf diese immateriellen Vermögenswerte ausgeweitet (SME-IFRS 18.8 (geändert 2015)). In diesen Fällen geht deren Wert im Geschäfts- oder Firmenwert auf.

53 Die **Herstellungskosten** für **selbst erstellte immaterielle Vermögenswerte** sind sofort aufwandswirksam zu erfassen. Dies schließt auch Entwicklungskosten ein. Wenngleich gerade die Aktivierung selbsterstellter immaterieller Vermögenswerte das zukünftige wirtschaftliche Potenzial eines Unternehmens zeigen könnte, ist die sofortige Erfassung aller Forschungs- und Entwicklungskosten als eine erhebliche Erleichterung anzusehen, da hier keine umfangreichen Dokumentationspflichten zu erfüllen sind, wie sie IAS 38.57 ff vorsieht (*Prasse* in Baetge ua IFRS-Komm Teil A, Kapitel V, IFRS für KMU Rz 121). Des Weiteren entfällt die oftmals nicht trennscharf vorzunehmende Abgrenzung der Forschungs- von der Entwicklungsphase.

54 In den Folgeperioden sind immaterielle Vermögenswerte zu Anschaffungskosten unter Berücksichtigung planmäßiger und ggf erforderlicher außerplanmäßi-

ger Abschreibungen zu bewerten. Dabei ist bei allen immateriellen Vermögenswerten eine **endliche Nutzungsdauer** zu unterstellen, wie der IASB aus Kosten-Nutzen-Erwägungen (und explizit nicht aus konzeptionellen Gründen) heraus entschieden hat (SME-IFRS.BC112). Für die Schätzung der Nutzungsdauer können die steuerlichen Abschreibungsdauern einen geeigneten Indikator darstellen. Sofern eine verlässliche Schätzung nicht möglich ist, ist gem SME-IFRS 18.20 (geändert 2015) die Nutzungsdauer vom Management bestmöglich zu schätzen. Sie darf jedoch maximal (anstelle von bisher genau) **zehn Jahre** betragen, wodurch aus Unternehmenssicht das bilanzpolitische Potenzial steigt. Die Nutzungsdauer kann sich zB an vertraglichen Vereinbarungen (inklusive Verlängerungsoptionen) orientieren und darf diese nicht überschreiten (SME-IFRS 18.19f).

Ergeben sich bei der jährlich durchzuführenden Überprüfung der in Abschn 27 festgelegten externen und internen Wertminderungsindikatoren Anhaltspunkte für eine **Wertminderung,** so ist der erzielbare Betrag *(recoverable amount)* zu ermitteln (SME-IFRS 27.7). Sofern dieser unter dem Buchwert liegt, ist auf den erzielbaren Betrag abzuschreiben (SME-IFRS 18.25 iVm SME-IFRS 27.5ff). Der erzielbare Betrag ist der höhere Wert aus beizulegendem Zeitwert abzüglich der Veräußerungskosten einerseits und unternehmensspezifischem Nutzungswert andererseits. Kann der erzielbare Betrag nicht für einen Vermögenswert einzeln bestimmt werden, so muss die Bewertung für die kleinste identifizierbare Gruppe der Vermögenswerte erfolgen, welcher dieser erzielbare Betrag zuzuordnen ist (SME-IFRS 27.8). Sind die Gründe für eine außerplanmäßige Abschreibung in den Folgeperioden entfallen, so hat eine erfolgswirksame Zuschreibung auf die fortgeführten Anschaffungskosten zu erfolgen (SME-IFRS 27.29). 55

Für die Bilanzierung des Geschäfts- und Firmenwerts ist Abschn 19 maßgebend.

(einstweilen frei) 56, 57

4. Finanzielle Vermögenswerte und Schulden

Die **Bilanzierung von Finanzinstrumenten** betrifft regelmäßig alle Unternehmen jedweder Größe und Branche, da finanzielle Vermögenswerte und Schulden in vielen Formen vorliegen können. So fallen zB Barmittel, Forderungen und Verbindlichkeiten aus Lieferungen und Leistungen oder „einfache" Kreditverträge ebenso unter die Definition von Finanzinstrumenten wie Optionen, Swaps oder Darlehen mit Kündigungsrechten oder Zinsanpassungsklauseln. Daher nimmt die Normierung von Finanzinstrumenten im SME-IFRS großen Raum ein. Um dem **unterschiedlichen Umfang** bzw den **verschiedenen Komplexitätsgraden** der in SMEs vorkommenden Finanzinstrumente Rechnung zu tragen, wird deren bilanzielle Abbildung in zwei Abschn (Abschn 11 Einfache Finanzinstrumente und Abschn 12 Komplexe Finanzinstrumente und weitere Sachverhalte) normiert. Der diesbezüglichen Heterogenität der SMEs (weltweit) ebenfalls angemessen ist das in SME-IFRS 12.2 eingeräumte Wahlrecht für Unternehmen, ihre Finanzinstrumente in Gänze nach IAS 39 zu bilanzieren. SME-IFRS 11.2(b), Fußnote (geändert 2015) stellt nunmehr klar, dass jeweils die Version des IAS 39 gilt, die am Bilanzierungsstichtag verpflichtend anzuwenden ist. Sofern IAS 39 im Rahmen der Full-IFRS durch IFRS 9 abgelöst wird, gilt die zu diesem Zeitpunkt bestehende Fassung des IAS 39 weiter; sie wird vom IASB auf der Website bereitgestellt werden. Der Verweis gilt damit ausschließlich für IAS 39 und nicht für IFRS 9. Dies entspricht dem Ziel der Eigenständigkeit des SME-IFRS, indem Änderungen der Full-IFRS nicht zwangsläufig auch in diesem Standard nachvollzogen werden. 58

59 Für die Normierung der Finanzinstrumente innerhalb des SME-IFRS gilt der Grundsatz, dass Finanzinstrumente, die bestimmte Kriterien erfüllen, zu **fortgeführten Anschaffungskosten** bewertet werden (SME-IFRS 11.14 (geändert 2015)). Sofern die Kriterien nicht erfüllt sind, schreibt SME-IFRS 12.7f die Bewertung zum **beizulegenden Zeitwert** vor. Damit entfällt die Komplexität, die mit der nach IAS 39 erforderlichen Kategorisierung von Finanzinstrumenten verbundenen ist (→ § 3 Rn 49ff).

60 Ein **Finanzinstrument** ist **definiert** als (zweiseitiger) Vertrag, der für eine Vertragspartei einen finanziellen Vermögenswert und für die andere Vertragspartei eine finanzielle Schuld oder ein Eigenkapitalinstrument darstellt.

Anteile an TU, assoziierten Unternehmen oder Joint Ventures erfüllen zwar die Definition eines Finanzinstruments, fallen jedoch nicht in den **Anwendungsbereich** des Abschn 11 (SME-IFRS 11.3). Gleiches gilt für Rechte und Verpflichtungen aus Leasingverhältnissen und Versicherungsverträgen, sofern aus ihnen keine Verluste resultieren können, die der Vertragspartner nicht beeinflussen kann. Hierzu finden sich im Standard eigene Abschn. Gleiches gilt für Finanzinstrumente die gem Abschn 26 (Anteilsbasierte Vergütung) oder Abschn 21 (Rückstellungen und Eventualverbindlichkeiten) abzubilden sind. Zu einer weiteren Abgrenzung des Anwendungsbereichs vgl SME-IFRS 11.7 (geändert 2015).

61 **Finanzielle Vermögenswerte und finanzielle Schulden** werden im Glossar des SME-IFRS anhand einer **abschließenden Aufzählung** von Sachverhalten **definiert.** Finanzielle Vermögenswerte sind demnach im Wesentlichen Barmittel, Eigenkapitalinstrumente eines anderen Unternehmens (zB Aktien oder GmbH-Anteile) sowie vertragliche Ansprüche auf den Erhalt von finanziellen Vermögenswerten oder deren Tausch unter für das bilanzierende Unternehmen potenziell vorteilhaften Bedingungen. Die Erfassung von Tauschverträgen, die für das Unternehmen potenziell vorteilhaft sind, stellt auf sog Termingeschäfte ab. Hier liegt zwischen Vertragsabschluss (Verpflichtungsgeschäft) und Zeitpunkt des Erfüllungsgeschäfts eine größere Zeitspanne, sodass sich in der Zwischenzeit der beizulegende Zeitwert des Vertrags ändern und daraus ein Vermögenswert für das bilanzierende Unternehmen resultieren kann. Von dieser Formulierung sind auch Wandel- oder Optionsanleihen erfasst, die neben der Anleihekomponente auch ein Options- oder Wandlungsrecht beinhalten. Eine nach Full-IFRS erforderliche (uU sehr diffizile) Differenzierung zwischen sog originären oder – wie hier vorliegend – derivativen (Bestandteilen von) Finanzinstrumenten ist jedoch aufgrund der Systematik des SME-IFRS nicht erforderlich (*Große/Schmidt* in IFRS-SMEs-Kommentar Teil B, Abschn 11 Rz 13ff, dort auch die Merkmale von Derivaten darstellend). Damit sind auch explizite Regelungen für die Behandlung sog „eingebetteter Derivate“ entbehrlich. Allerdings geht aus dem SME-IFRS hervor, dass die Bilanzierung des zugrunde liegenden Finanzinstruments (einschließlich des eingebetteten Derivats) zum beizulegenden Zeitwert zu erfolgen hat. Eine Separierung des eingebetteten Derivats entfällt (*Beiersdorf/Eierle/Haller* DB 2009, 1549 (1555) sowie SME-IFRS.BC101(d) und SME-IFRS.BC105).

Finanzielle Schulden werden weitgehend „spiegelbildlich“ zu finanziellen Vermögenswerten definiert als Verpflichtung zur Hingabe von finanziellen Vermögenswerten oder deren Tausch, wobei der Tausch mit für das bilanzierende Unternehmen potenziell nachteiligen Bedingungen verbunden ist. Ferner stellen Verpflichtungen zur Hingabe eigener Eigenkapitalinstrumente unter bestimmten Bedingungen finanzielle Schulden dar.

62 Der erforderlichen **Einteilung** in **„einfache“** und **„komplexe“** finanzielle Verbindlichkeiten und finanzielle Schulden kommt vor dem Hintergrund der

bilanziellen Konsequenzen herausragende Bedeutung zu. SME-IFRS 11.8 definiert einfache Finanzinstrumente. Diese sind demnach in vier Gruppen aufteilbar (vgl *Große/Schmidt* in IFRS-SMEs-Kommentar Teil B, Abschn 11 Rz 29ff):
(1) Barmittel und Sichteinlagen,
(2) bestimmte „reguläre“ Kreditzusagen aus Sicht des Kreditnehmers (zB Auszahlung des Kredits ist an rechtswirksame Bestellung von Sicherheiten geknüpft),
(3) „einfache“ Schuldinstrumente und
(4) „einfache“ Eigenkapitalinstrumente.

Einfache Schuldinstrumente werden in SME-IFRS 11.9 (geändert 2015) definiert. Zunächst muss gem SME-IFRS 11.9(a) die Rendite determiniert (zB fester Zinssatz) oder ex ante bestimmt sein (zB an beobachtbare Referenzzinssätze wie EURIBOR geknüpfte Rendite). Ferner muss gem SME-IFRS 11.9(b) (geändert 2015) sichergestellt sein, dass der Inhaber dieser Schuldinstrumente den Anspruch auf den Kapitalbetrag oder (lfd und frühere) Zinsansprüche nicht verlieren kann. Dies zielt auf Bedingungen ab, bei denen die vertraglich festgelegten Ansprüche an zukünftige Ereignisse geknüpft sind. Demzufolge sind davon Situationen nicht erfasst, in denen der Schuldner zahlungsunfähig ist (hier bleibt der Anspruch erhalten). SME-IFRS 11.9(c) (geändert 2015) fordert, dass mögliche Rechte zur vorzeitigen Rückzahlung durch den Emittenten oder vorzeitigen Rückgabe durch den Halter nicht an zukünftige Ereignisse geknüpft sind. Sofern die zukünftigen Ereignisse ganz klar keinen Bezug zum Schuldinstrument haben, wie etwa der Stand des DAX oder die Wetterlage an einem beliebigen Tag in der Zukunft, erscheint diese Anforderung sinnvoll. So wäre bspw das gesetzliche ordentliche Kündigungsrecht davon nicht erfasst. Bislang war allerdings fraglich, ob bereits ein (bei Krediten üblicherweise bestehendes) **außerordentliches Kündigungsrecht** zur Zuordnung zu den komplexen Finanzinstrumenten führt. Dieses außerordentliche Kündigungsrecht besteht nur bei wichtigen Gründen, dh es greift nur bei bestimmten zukünftigen Ereignissen (vgl dazu *Große/Schmidt* in IFRS-SMEs-Kommentar Teil B, Abschn 11 Rz 40ff). Dies wurde vom IASB im Rahmen der Überarbeitung nunmehr dahingehend klargestellt (SME-IFRS 11.9(c) (geändert 2015)), dass bestimmte außerordentliche Kündigungsrechte ausgenommen sind. Diese betreffen bspw den Schutz gegen Verschlechterung des Kreditrisikos des Kreditnehmers (zB *credit downgrades,* Nichteinhaltung von *covenants*). Diese stehen der Zuordnung zu einfachen Finanzinstrumenten nicht entgegen. Ferner ist in SME-IFRS 11.9(d) festgelegt, dass abgesehen von bestimmten variablen Renditen (zB Verknüpfung an Referenzzinssätze wie EURIBOR) oder bestimmten Rückzahlungs-/Rückgaberechten die Rückflüsse und Rückzahlungsbestimmungen nicht an Bedingungen geknüpft sind. Beispiele für finanzielle Vermögenswerte und finanzielle Schulden, die einfache Schuldinstrumente darstellen, sind gem SME-IFRS 11.10 Bankguthaben, Forderungen/Verbindlichkeiten aus Lieferungen und Leistungen (auch in Fremdwährung) oder „einfache“ Kredite wie Investitionsdarlehen. 63

„Einfache“ Eigenkapitalinstrumente sind vereinfacht formuliert, Anteile an einem Unternehmen (zB Aktien oder GmbH-Anteile), die nicht kündbar sind. Schädlich für die Klassifizierung als „einfache“ Finanzinstrumente sind damit Anteile an Unternehmen jener Rechtsformen, bei denen der Gesellschafter ein gesetzliches oder vertragliches Kündigungsrecht hat. Aus der deutschen Perspektive könnten dies (auch in Abhängigkeit der Gesellschaftsvertragsgestaltung) Anteile an GmbH, Genossenschaften oder PersGes sein. Einzig Aktien würden somit als „einfache“ Finanzinstrumente angesehen werden.

Wie zuvor erwähnt, werden „einfache“ Finanzinstrumente grds zu fortgeführten Anschaffungskosten unter Anwendung der **Effektivzinsmethode** abzüglich 64 einer erfolgswirksamen Berücksichtigung eventueller Wertminderungen bilanziert. Die Erstbewertung erfolgt zum Transaktionspreis unter Berücksichtigung möglicher Transaktionskosten. SME-IFRS 11.22 liefert Anhaltspunkte dafür, wann eine Überprüfung der Werthaltigkeit besonders geboten ist. Im Wesentlichen handelt es sich hierbei um Zweifel an der Zahlungsfähigkeit von Schuldnern (dazu ausführlich *Große/Schmidt* in IFRS-SMEs-Kommentar Teil B, Abschn 11 Rz 73ff). Ist der Grund für die Wertminderung weggefallen, so ist eine erfolgswirksame Zuschreibung bis maximal zu den urspr Anschaffungskosten vorzunehmen (SME-IFRS 11.26). Ausgenommen von der Bilanzierung zu fortgeführten Anschaffungskosten sind Eigenkapitalinstrumente, die öffentlich gehandelt werden oder deren beizulegender Zeitwert auf andere Weise verlässlich ermittelbar ist. Diese sind dann immer zum beizulegenden Zeitwert zu bilanzieren, auch wenn es sich um „einfache" Eigenkapitalinstrumente handelt. Dies gilt für nicht öffentlich gehandelte Eigenkapitalinstrumente (zB GmbH-Anteile) gem der in SME-IFRS 11.14(c)(i) (geändert 2015) neu eingefügten Ausnahmeregelung jedoch nur dann, wenn eine Bewertung zum beilzulegenden Zeitwert nicht mit unverhältnismäßig hohen Kosten oder Aufwand *(undue cost or effort)* verbunden ist. Diese Ausnahmeregel gilt auch dann, wenn im Zeitablauf der aktive Markt entfallen ist, somit kein beizulegender Zeitwert mehr verfügbar ist oder dieser nur mit unverhältnismäßig hohen Kosten oder Aufwand ermittelbar ist. Sofern von dieser Ausnahmeregelung Gebrauch gemacht wurde oder der beizulegende Zeitwert nicht mehr verfügbar ist, ist darüber zu informieren (vgl SME-IFRS 11.44 (geändert 2015)).

65 **Komplexe Finanzinstrumente** sind idR **erfolgswirksam** zum **beizulegenden Zeitwert** zu bilanzieren. SME-IFRS 11.27 (geändert 2015) normiert die Hierarchie zur Ermittlung des beizulegenden Zeitwerts. Diese Bewertungshierarchie gilt sowohl für einfache als auch für komplexe Finanzinstrumente. Danach ist zunächst auf Marktpreise abzustellen. Dies sind demnach Preise, die an einem aktiven Markt für aktuelle Transaktionen mit (1) identischen oder (seit der entspr Ergänzung im Jahr 2015) mit (2) ähnlichen Finanzinstrumenten festgestellt wurden. Sofern keine aktuell notierten Preise verfügbar sind, kann gem SME-IFRS 11.27(b) (geändert 2015) auf einen Kaufvertrag oder die letzte tatsächliche Transaktion abgestellt werden. Dieser Preis ist anzupassen, wenn die jüngste Transaktion oder der Vertragsabschluss zu weit zurückliegen oder sich seitdem preisbestimmende Parameter geändert haben (angepasster Marktpreis). Auf dritter Stufe (SME-IFRS 11.27(c) (geändert 2015)) werden in Ermangelung von Marktdaten oder Kaufverträgen die beizulegenden Zeitwerte anhand von Bewertungsmodellen ermittelt, die in SME-IFRS 11.28f näher beschrieben werden (dazu *Große/Schmidt* in IFRS-SMEs-Kommentar Teil B, Abschn 12 Rz 34f).

66 Abschn 12 normiert auch die bilanzielle Abbildung von **Sicherungsgeschäften** (sog *hedge accounting*). Wenn bei SMEs in Deutschland Sicherungsgeschäfte eingegangen werden, dann geschieht dies idR hauptsächlich zur Absicherung von Geschäften in Fremdwährung; eine geringere Rolle spielt die Absicherung schwankender Zinssätze, Preisrisiken oder Währungsrisiken aus schwebenden oder hoch wahrscheinlichen Geschäften (*Eierle/Haller/Beiersdorf* 2007, 18). Darüber hinaus wird **Sicherungsgeschäften** bei dem avisierten Anwenderkreis keine hohe Bedeutung beigemessen. Deshalb ist es folgerichtig, dass die Regelungen zur Bilanzierung solcher Sicherungsbeziehungen im Vergleich zu Full-IFRS deutlich komplexitätsreduziert sind. So ist das *hedge accounting* gem SME-IFRS 12.17 auf das Zins-, Währungs- und Preisrisiko in konkret normierten Konstellationen begrenzt. Zudem kommen gem SME-IFRS 12.18 lediglich Zins- oder Währungsswaps sowie Devisen- oder Warentermingeschäfte als Siche-

rungsinstrumente in Frage. Dagegen sind zB Optionen vom *hedge accounting* ausgeschlossen. Von Beginn an muss von einer hohen Wirksamkeit **(Effektivität)** der Sicherungsbeziehung ausgegangen werden können (SME-IFRS 12.16(d)). Auf einen retrospektiven Effektivitätstest hat der IASB indes verzichtet. Zwar ist die Wirksamkeit der Sicherungsbeziehung ex post zu messen; allerdings wäre eine ggf erforderliche Beendigung der Sicherungsbeziehung nicht rückwirkend, sondern prospektiv vorzunehmen.

Auskunft darüber, welche (Kombinationen aus) Grundgeschäfte(n) und abzusichernden Risiken nach SME-IFRS zulässig sind, gibt die nachfolgende Tabelle (aus *Große/Schmidt* in IFRS-SMEs-Kommentar Teil B, Abschn 12 Rz 72).

Zulässiges Risiko / **Zulässiges Grundgeschäft**	**Festzinsrisiko**	**Variables Zinsrisiko**	**Währungsrisiko**	**Waren- und Rohstoffpreisrisiko**
bilanziertes nicht-derivatives Fremdkapitalinstrument	zulässig (12.17(a))	zulässig (12.17(a))	–	–
(nicht-bilanzierte) feste Zusage	zulässig (12.17(b))	zulässig (12.17(b))	zulässig (12.17(b))	zulässig (12.17(c))
(nicht-bilanzierte) hochwahrscheinliche geplante Transaktion	zulässig (12.17(b))	zulässig (12.17(b))	zulässig (12.17(b))	zulässig (12.17(c))
Waren oder Rohstoffe	–	–	–	zulässig (12.17(c))
Nettoinvestition in ausländische Einheit	–	–	zulässig (12.17(d))	–

Die **Ausbuchungsnormen** sind zwar im Vergleich zu den Full-IFRS vereinfacht (SME-IFRS.BC101), müssen aber dennoch der Komplexität der ökonomischen Realität Rechnung tragen. Die Ausbuchung von Schulden ist gem SME-IFRS 11.36 dann vorzunehmen, wenn die zugrunde liegende Verpflichtung erloschen ist, dh beglichen wurde (Tilgung), aufgehoben wurde (zB Forderungsverzicht) oder ausgelaufen ist (zB bei Verjährung). Den Entscheidungsweg für die komplexere Ausbuchung finanzieller Vermögenswerte verdeutlicht die nachfolgende Abbildung (aus *Große/Schmidt* in IFRS-SMEs-Kommentar Teil B, Abschn 11 Rz 118). 67

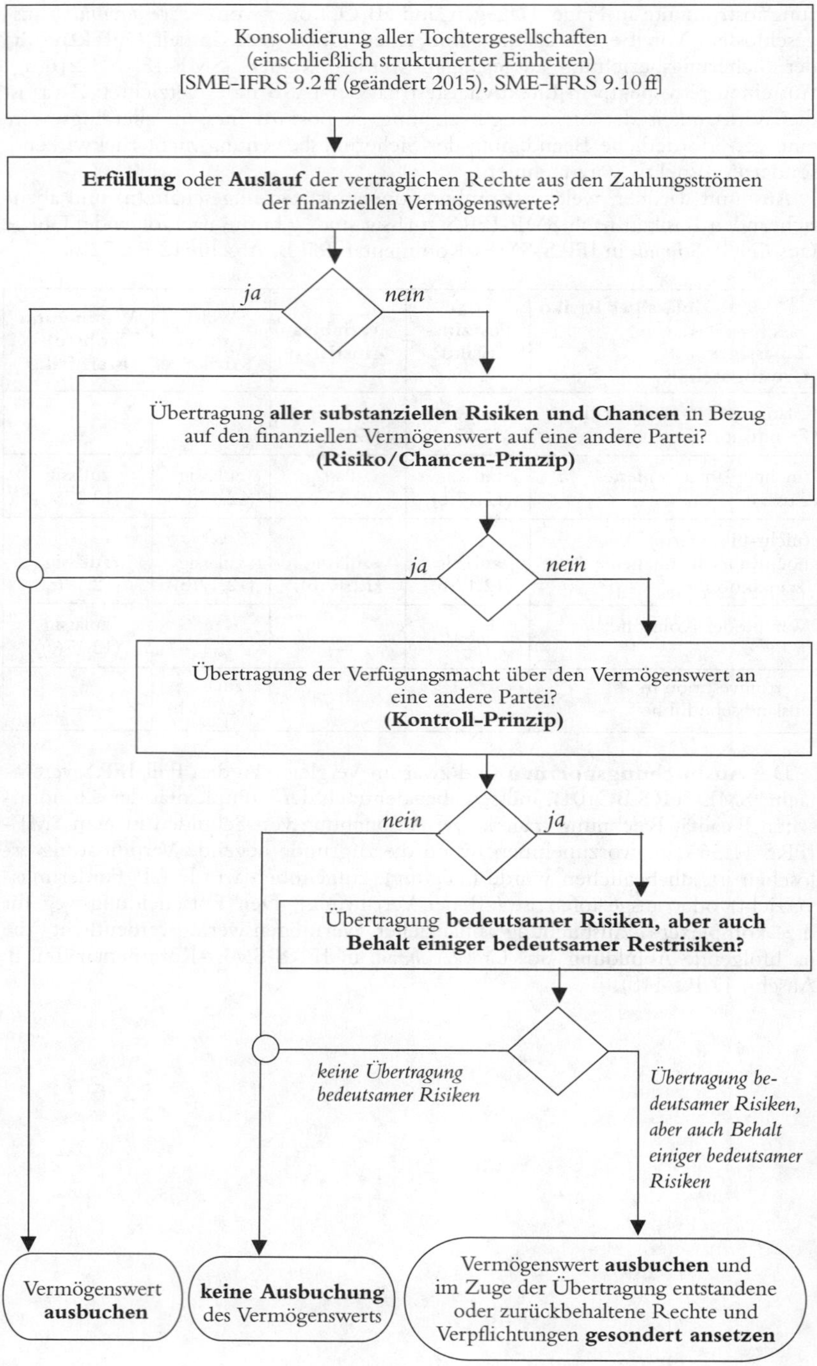

Konsolidierung aller Tochtergesellschaften (einschließlich strukturierter Einheiten) [SME-IFRS 9.2 ff (geändert 2015), SME-IFRS 9.10 ff]
Erfüllung oder Auslauf der vertraglichen Rechte aus den Zahlungsströmen der finanziellen Vermögenswerte?
ja
nein
Übertragung aller substanziellen Risiken und Chancen in Bezug auf den finanziellen Vermögenswert auf eine andere Partei? (Risiko/Chancen-Prinzip)
ja
nein
Übertragung der Verfügungsmacht über den Vermögenswert an eine andere Partei? (Kontroll-Prinzip)
nein
ja
Übertragung bedeutsamer Risiken, aber auch Behalt einiger bedeutsamer Restrisiken?
keine Übertragung bedeutsamer Risiken
Übertragung bedeutsamer Risiken, aber auch Behalt einiger bedeutsamer Risiken
Vermögenswert ausbuchen
keine Ausbuchung des Vermögenswerts
Vermögenswert ausbuchen und im Zuge der Übertragung entstandene oder zurückbehaltene Rechte und Verpflichtungen gesondert ansetzen

Unterstellt man, dass kleine und mittelgroße Unternehmen finanzielle Vermögenswerte und Schulden hauptsächlich im Zusammenhang mit dem **Waren- und Dienstleistungsverkehr** besitzen, dürften die Normen zu Finanzinstrumenten trotz beachtlichen Regelungsumfangs und -tiefe keine besondere Hürde darstellen. 68

(einstweilen frei) 69, 70

5. Anteile an assoziierten Unternehmen

Assoziierte Unternehmen stellen Beteiligungen dar, bei denen das beteiligte Unternehmen die Möglichkeit eines **maßgeblichen Einflusses** auf das Unternehmen besitzt, ohne aber eine vollständige Kontrolle zu erlangen. Gem SME-IFRS 14.3(a) wird ein maßgeblicher Einfluss bei einem direkten oder indirekten Stimmrechtsanteil von mindestens 20% angenommen, solange dies nicht widerlegt werden kann. 71

Für die Bilanzierung von Anteilen an assoziierten Unternehmen besteht ein **Wahlrecht,** diese entweder zu Anschaffungskosten, erfolgswirksam zum beizulegenden Zeitwert oder nach der Equity-Methode zu bewerten. Lediglich bei öffentlich notierten assoziierten Unternehmen ist die Anwendung des Anschaffungskostenmodells untersagt, sodass hier das Wahlrecht auf die Bewertung zum beizulegenden Zeitwert und die Anwendung der Equity-Methode beschränkt ist (SME-IFRS 14.5). Die Möglichkeit des Verzichts auf die Anwendung der buchhalterisch aufwendigeren Equity-Methode stellt allerdings eine erhebliche Vereinfachung des SME-IFRS im Vergleich zu den Full-IFRS dar. 72

Beim **Anschaffungskostenmodell** sind Wertminderungen nach den allgemeinen Regeln in Abschn 27 zu berücksichtigen (SME-IFRS 14.5). Ausschüttungen sind als Erträge zu erfassen. Dies gilt unabhängig vom Zeitpunkt, zu dem das assoziierte Unternehmen die ausgeschütteten Gewinne erwirtschaftet hat. So ist auch dann keine Anpassung der Anschaffungskosten vorzunehmen, wenn die vom assoziierten Unternehmen ausgeschütteten Gewinne nach dem Zeitpunkt des Erwerbs der Anteile an dem assoziierten Unternehmen erwirtschaftet wurden (SME-IFRS 14.6). 73

Die **erfolgswirksame Bewertung zum beizulegenden Zeitwert** erfolgt nach den Regelungen des Abschn 11. Voraussetzung für die Anwendung dieser Bewertungsmethode ist, dass der beizulegende Zeitwert verlässlich und ohne unverhältnismäßig hohe Kosten oder Aufwand ermittelt werden kann (SME-IFRS 14.10). Sollte sich das Unternehmen bei der Bewertung gem SME-IFRS 14.15 (geändert 2015) darauf berufen, dass eine Bewertung aufgrund unverhältnismäßiger Kosten oder Aufwand nicht möglich ist, ist dies – zusammen mit den Gründen – anzugeben. Da gem SME-IFRS 11.27 für die Ermittlung dieses Werts nicht zwingend ein aktiver Markt vorausgesetzt werden muss, kann der beizulegende Zeitwert iSd SME-IFRS 14.10 auch mit einem anerkannten Bewertungsverfahren geschätzt werden. 74

Die Anwendung der **Equity-Methode** läuft im Kern darauf hinaus, die Anteile an einem assoziierten Unternehmen mit dem anteiligen Eigenkapital zum Stichtag zu bewerten. Im Gegensatz zum Anschaffungskosten- oder Zeitwertmodell kann diese Methode technisch weitaus anspruchsvoller sein, wenn zB umfangreiche Lieferungs- und Leistungsbeziehungen zwischen dem assoziierten und dem beteiligten Unternehmen bestehen oder aufgrund erworbener stiller Reserven eine umfangreiche Nebenbuchhaltung erforderlich ist. 75

Unabhängig von der Anwendung der Bewertungsmethode sind für Anteile mit einem öffentlich verfügbaren Marktpreis immer die beizulegenden Zeitwerte im Anhang anzugeben (SME-IFRS 14.12(c)).

(einstweilen frei) 76, 77

6. Joint Ventures

78 Ein Joint Venture ist eine vertragliche Vereinbarung, wonach zwei oder mehr Vertragspartner wirtschaftliche Aktivitäten unter gemeinschaftlicher Kontrolle durchführen. Joint Ventures umfassen sowohl gemeinschaftlich kontrollierte Tätigkeiten, gemeinschaftlich kontrollierte Vermögenswerte als auch die sog Joint Ventures ieS, also die **gemeinschaftliche Führung** eines Unternehmens durch zwei oder mehrere Vertragspartner. Dabei kann keiner der Beteiligten einen alleinigen beherrschenden Einfluss über die gemeinschaftlich durchgeführte Tätigkeit, den Vermögenswert oder über das Unternehmen ausüben, sondern nur gemeinsam und in Absprache mit dem bzw den Partnerunternehmen (zB können strategische oder operative Entscheidungen nur gemeinsam getroffen werden; SME-IFRS 15.2f).

79 Genauso wie für Anteile an assoziierten Unternehmen wird auch für **Anteile an gemeinschaftlich geführten Unternehmen** ein **Wahlrecht** eingeräumt, diese nach der Equity-Methode, der Anschaffungskostenmethode oder erfolgswirksam zum beizulegenden Zeitwert zu bewerten (SME-IFRS 15.9). Die Quotenkonsolidierung darf nicht angewendet werden. Ferner kann für öffentlich notierte gemeinschaftlich geführte Unternehmen das Anschaffungskostenmodell nicht angewendet werden (SME-IFRS 15.10). Beim Anschaffungskostenmodell sind Wertminderungen nach den Vorgaben des Abschn 27 zu berücksichtigen. Hinsichtlich der Anwendung der Equity-Methode wird auf die entspr Ausführungen in Abschn 14 ‚Assoziierte Unternehmen' verwiesen. Ebenfalls wie in den dortigen Ausführungen wird für die Bewertung zum beizulegenden Zeitwert auf Abschn 11 verwiesen. Die Anwendung des Zeitwertmodells ist wiederum ausgeschlossen, sofern der beizulegende Zeitwert nicht verlässlich und ohne unverhältnismäßig hohe Kosten oder Aufwand ermittelt werden kann. Sofern sich ein Unternehmen auf diese Ausnahme beruft, ist dies zusammen mit den Gründen dafür anzugeben (SME-IFRS 15.21 (geändert 2015)).

80 **Veräußert** ein **Partnerunternehmen** an das Joint Venture einen **Vermögenswert,** der dann dort verbleibt, so darf ein Ertrag aus diesem Geschäft nur in Höhe der Anteilsquote der anderen Partnerunternehmen ausgewiesen werden (SME-IFRS 15.16). Diese Regel, die für assoziierte Unternehmen lediglich bei Anwendung der Equity-Methode greift, gilt hier unabhängig von der gewählten Abbildungsmethode. Gewinne und Verluste aus solchen Geschäften werden allerdings imparitätisch behandelt. Erfolgt die Veräußerung zu einem Preis unter dem Buchwert, so deutet dies auf einen Wertminderungsbedarf hin. Dieser Verlust ist nicht anteilig, sondern vollständig zu vereinnahmen (SME-IFRS 15.16).

81 Bei **gemeinschaftlich durchgeführten wirtschaftlichen Aktivitäten** verwendet jedes Partnerunternehmen seine eigenen Vermögenswerte. Die Erträge sowie bestimmte Aufwendungen werden dann aufgeteilt. Folglich tauchen jeweils im Abschluss der an der gemeinsamen Tätigkeit beteiligten Unternehmen auch nur die in dem jeweiligen wirtschaftlichen Eigentum stehenden Vermögenswerte und Schulden sowie die auf das jeweilige Unternehmen entfallenden Aufwendungen und Erträge auf (SME-IFRS 15.4f).

82 Wird ein bestimmter **Vermögenswert für Zwecke eines Joint Ventures gemeinsam erworben,** so weist das daran beteiligte Unternehmen seinen Anteil an diesem Vermögenswert sowie die in seinem Namen eingegangene Schuld aus. Die zum Erwerb des Vermögenswerts gemeinsam mit den anderen Partnern eingegangenen Schulden werden anteilig abgebildet. Gleiches gilt für die damit verbundenen Aufwendungen und Erträge (SME-IFRS 15.6f).

83, 84 *(einstweilen frei)*

7. Unternehmenszusammenschlüsse und Geschäfts- oder Firmenwert

Als Unternehmenszusammenschlüsse werden in der internationalen Rechnungslegung die **Zusammenführungen rechtlich selbständiger Unternehmen oder Geschäftsbetriebe** zu einer berichterstattenden Einheit bezeichnet. IdR finden solche Zusammenschlüsse in Form von ***asset*** oder ***share deals*** statt. Im einfachsten Fall heißt das, dass das berichtende Unternehmen alle Anteile an einem anderen Unternehmen gegen die Ausgabe liquider Mittel und/oder anderer Vermögenswerte bzw gegen Ausgabe von Anteilen an dem berichtenden Unternehmen erwirbt. Die Definition von Unternehmenszusammenschlüssen ist auch dann erfüllt, wenn nicht alle Anteile, sondern nur so viele Anteile erworben werden, dass das berichtende Unternehmen die Beherrschung über das andere Unternehmen erlangt (SME-IFRS 19.3 ff). Zusammenschlüsse von Unternehmen oder Geschäftsbetrieben unter gemeinsamer **Beherrschung** (sog *common control transactions*) sind gem SME-IFRS 19.2(a) von diesen Regeln ausgenommen. 85

Von zentraler Bedeutung ist diesbezüglich die Identifizierung und Bewertung der erworbenen Vermögenswerte, Schulden und Eventualschulden, mithin die Verteilung der Anschaffungskosten (sog Kaufpreisallokation, *purchase price allocation*). Gem SME-IFRS 19.6 ist die **Erwerbsmethode** anzuwenden, wonach der Erwerber die erworbenen Vermögenswerte sowie übernommene Schulden und Eventualschulden einzeln in seiner Konzernbilanz aufnimmt (Einzelerwerbsfiktion). Dabei sind sämtliche stillen Reserven (oder auch Lasten) aufzudecken. Dies schließt auch die ggf auf konzernfremde Gesellschafter entfallenden stillen Reserven ein (SME-IFRS 19.6 iVm SME-IFRS 19.14). Die Erwerbsmethode beinhaltet gem SME-IFRS 19.7 drei Schritte, da vor der bereits genannten erforderlichen Kaufpreisallokation zunächst der Erwerber zu identifizieren und die Anschaffungskosten zu bestimmen sind. 86

SME-IFRS 19.10 enthält einige Kriterien anhand derer die **Identifizierung des Erwerbers** erfolgen soll, also desjenigen Unternehmens, welches die Beherrschung über andere Unternehmen oder Geschäftsbetriebe erlangt. Dabei ist es unerheblich, ob die wirtschaftlich erlangte Beherrschung auch beim rechtlichen Erwerber liegt. Fallen diese auseinander, spricht man von umgekehrten Unternehmenszusammenschlüssen, die allerdings im SME-IFRS nicht explizit geregelt sind (*Buschhüter/Schwedler* in IFRS-SMEs-Kommentar Teil B, Abschn 19 Rz 24). Bzgl der **Anschaffungskosten des Unternehmenserwerbs** regelt SME-IFRS 19.11 (geändert 2015), dass diese die beizulegenden Zeitwerte der hingegebenen Vermögenswerte (zB liquide Mittel), ausgegebenen Eigenkapitalinstrumente sowie der eingegangenen oder übernommenen Schulden zum Erwerbszeitpunkt darstellen. Anschaffungsnebenkosten wie zB Berateraufwendungen gehören ebenfalls zu den Anschaffungskosten. Kaufpreisanpassungen, die von zukünftigen Ereignissen abhängen (zB *earn-out*-Klauseln), sind zum Zeitpunkt des Unternehmenserwerbs zu schätzen und, sofern sie wahrscheinlich eintreten und verlässlich ermittelt werden können, bereits zum Erwerbszeitpunkt in die Anschaffungskosten einzubeziehen. Anderenfalls sind sie zum späteren Zeitpunkt als nachträgliche Anpassung der Anschaffungskosten des Unternehmenserwerbs zu erfassen. Dies resultiert regelmäßig in einer Anpassung des Geschäfts- oder Firmenwerts. 87

Im dritten Schritt sind die ermittelten Anschaffungskosten des Unternehmenserwerbs auf die erworbenen Vermögenswerte, Schulden und Eventualschulden zu verteilen. Insbes **immaterielle Vermögenswerte,** die beim übertragenden Unternehmen nicht die Ansatzkriterien für einen Vermögenswert erfüllt haben, kön- 88 nen dann beim Erwerber zu bilanzieren sein. Voraussetzung dafür ist, dass diese identifizierbar sind und der beizulegende Zeitwert verlässlich bestimmt werden kann. Die verlässliche Bestimmbarkeit des beizulegenden Zeitwerts kann für SMEs zB dann beeinträchtigt sein, wenn komplexe Bewertungsmodelle anzuwenden sind, für die jedoch keine Marktparameter vorhanden sind. Erfüllen die immateriellen Vermögenswerte die Kriterien nicht, so gehen sie im Geschäfts- oder Firmenwert auf. Dies gilt auch dann, wenn die beizulegenden Zeitwerte von immateriellen Vermögenswerten nicht ohne unverhältnismäßige Kosten oder Aufwand ermittelt werden können (SME-IFRS 29.15 (geändert 2015)). Auch sog **Eventualschulden,** die beim Veräußerer mangels hinreichender Eintrittswahrscheinlichkeit nicht angesetzt werden durften, können im Zuge der Verteilung der Anschaffungskosten zu passivieren sein. Dazu genügt es, wenn ihr beizulegender Zeitwert verlässlich bemessen werden kann (SME-IFRS 19.20).

89 Der **Identifizierung** sämtlicher erworbener immaterieller Vermögenswerte kommt eine besondere Bedeutung zu: sie sollen separiert vom Geschäfts- oder Firmenwert gezeigt werden, wenn sie eigenständig Cashflows generieren können. Ohne den eigenständigen Ansatz würde der Aussagegehalt des ohnehin ein Wertekonglomerat darstellenden Geschäfts- oder Firmenwerts zusätzlich eingeschränkt.

90 Der **Geschäfts- oder Firmenwert** soll in der Folge **planmäßig abgeschrieben** werden. Sofern die Nutzungsdauer nicht verlässlich geschätzt werden kann, nimmt das Management eine bestmögliche Schätzung vor. Die Nutzungsdauer beträgt in diesen Fällen maximal zehn Jahre (SME-IFRS 19.23 (geändert 2015)). Darüber hinaus ist gem SME-IFRS 27.7 jährlich zu prüfen, ob mögliche (interne oder externe) Anhaltspunkte für eine Wertminderung des Geschäfts- oder Firmenwerts vorliegen. Nur dann, wenn Anhaltspunkte für eine Wertminderung vorliegen, ist ein **Wertminderungstest** durchzuführen. Diese Norm stellt eine wesentliche Erleichterung im Vergleich zum nach IAS 36.10(b) verpflichtend jährlich durchzuführenden Wertminderungstest dar (→ § 27 Rn 6 und SME-IFRS.BC108 ff).

Die eigenständige Überprüfung der **Werthaltigkeit eines Geschäfts- oder Firmenwerts** ist mangels separat generierter Cashflows nicht möglich. Daher ist dieser gem SME-IFRS 27.24 bereits zum Erwerbszeitpunkt auf zahlungsmittelgenerierende Einheiten (ZGE) nach Maßgabe des erwarteten wirtschaftlichen Nutzens für diese ZGE aufzuteilen (*Senger* in IFRS-SMEs-Kommentar Teil B, Abschn 27 Rz 46). ZGE sind die kleinsten identifizierbaren Gruppen von Vermögenswerten, denen von anderen Vermögenswerten unabhängige Cashflows zugeordnet werden können. Der Wertminderungstest sieht dann die Ermittlung des erzielbaren Betrags für diese ZGE inklusive des Geschäfts- oder Firmenwerts vor. Sofern ein Wertminderungsbedarf ermittelt wurde, ist dieser zunächst mit dem Buchwert des Geschäfts- oder Firmenwerts zu verrechnen. Ein ggf verbleibender Betrag ist entspr der Buchwerte auf die übrigen Vermögenswerte der ZGE zu verteilen. Die Zuordnung auf voneinander unabhängige ZGE oder ZGE-Gruppen dürfte in kleinen und mittelgroßen Unternehmen regelmäßig an praktische Grenzen stoßen (*Senger* in IFRS-SMEs-Kommentar Teil B, Abschn 27 Rz 46). SME-IFRS 27.27 sieht daher eine Ausnahme vor, wenn der Geschäfts- oder Firmenwert nicht sinnvoll auf ZGE verteilt werden kann. In diesen Fällen ist eine Werthaltigkeitsprüfung auf einer höheren Aggregationsstufe der Rechnungslegung durchzuführen, dh auf Ebene des erworbenen Unternehmens, sofern dieses Unternehmen nicht in das Gesamtunternehmen integriert wurde. Für den Fall, dass das erworbene Unternehmen jedoch umstrukturiert bzw in das Unternehmen (oder andere TU) eingegliedert wurde, ist der Werthaltigkeitstest auf Ebene des Gesamtunternehmens durchzuführen.

Auch wenn die **Gründe** für die **Wertberichtigung** des Geschäfts- oder Firmenwerts in den Folgeperioden **entfallen** sind, darf dieser nicht wieder zugeschrieben werden (SME-IFRS 27.28).

91 Ergibt sich im Zuge der Kaufpreisallokation ein **negativer Unterschiedsbetrag,** da der beizulegende Zeitwert des übernommenen Reinvermögens die Anschaffungskosten übersteigt, hat der Erwerber erneut die Werthaltigkeit der identifizierbaren Vermögenswerte und Schulden zu überprüfen. Verbleibt danach immer noch ein negativer Unterschiedsbetrag, so ist dieser erfolgswirksam zu vereinnahmen (SME-IFRS 19.24).

92, 93 *(einstweilen frei)*

8. Leasing

94 Vor eine besondere Herausforderung werden IFRS-Anwender häufig bei der Identifizierung und korrekten Bilanzierung von Leasingverträgen gestellt.

Gem SME-IFRS 20.4 sind Leasingverhältnisse entweder als **Finanzierungs-Leasing** *(finance lease)* oder **operatives Leasing** *(operate lease)* zu klassifizieren. Um **Finanzierungs-Leasing** handelt es sich immer dann, wenn der wirtschaftliche Gehalt des Leasingvertrags darauf hindeutet, dass der Leasingnehmer wirtschaftlicher Eigentümer ist, da er die Chancen und Risiken aus dem Leasinggegenstand trägt. Hier ist ein verdeckter Finanzierungskauf zu vermuten. SME-IFRS 20.5 ff konkretisiert hierfür die Kriterien. Das Vorliegen eines Finanzierungs-Leasingverhältnisses führt dazu, dass der Leasingnehmer den Gegenstand aktiviert und korrespondierend dazu eine Verbindlichkeit in gleicher Höhe ausweist.

95 Die **Zugangsbewertung** beim Leasingnehmer erfolgt mit dem niedrigeren Betrag aus dem Barwert der Mindestleasingzahlungen und dem beizulegenden Zeitwert des Leasingobjekts (SME-IFRS 20.9). Die Kosten des Abschlusses des Leasingvertrags werden ebenfalls aktiviert.

96 Bei der **Folgebewertung** sind die Leasingraten unter Anwendung der Effektivzinsmethode über die Laufzeit des Leasingverhältnisses in einen Zins- und Tilgungsanteil aufzuspalten (SME-IFRS 20.11). Aufwandswirksam wird dann nur der Zinsanteil, der im Zinsergebnis auszuweisen ist. Ein zusätzlicher Aufwand entsteht darüber hinaus aus der planmäßigen Abschreibung des aktivierten Leasingguts über die Laufzeit und ggf anfallenden außerplanmäßigen Abschreibungen (SME-IFRS 20.12).

97 Kleine und mittelgroße Unternehmen treten – zumindest in Deutschland – selten selber als **Leasinggeber** von **Finanzierungs-Leasingverhältnissen** auf (*Eierle/Haller/Beiersdorf* 2007, 17). Dennoch wird zur Wahrung der Eigenständigkeit des Standards auch diese Bilanzierung im SME-IFRS geregelt. Finanzierungs-Leasingverhältnisse werden beim Leasinggeber als Veräußerung behandelt. Entspr wird der Leasinggegenstand zu Beginn der Laufzeit des Leasingverhältnisses gegen eine Forderung auf künftige Leasingraten ausgebucht (SME-IFRS 20.17). Diese Forderung wird zum Nettoinvestitionswert bewertet. Dieser ist der mit dem Zinssatz des Leasingverhältnisses abgezinste Bruttoinvestitionswert, der sich wiederum aus den Mindestleasingzahlungen und dem nicht garantierten Restwert ergibt. Anfängliche direkte Kosten sind bei der Bewertung der Forderung zu berücksichtigen (SME-IFRS 20.18). Für die Folgebewertung sind die Leasingraten in einen Zins- und einen Tilgungsanteil aufzuspalten. Während der Tilgungsanteil den Wert der Forderung reduziert, ist der Zinsanteil erfolgswirksam als Finanzertrag zu erfassen (SME-IFRS 20.19). Die Forderung ist auf Werthaltigkeit (zB Verminderung ungarantierter Restwerte) zu überprüfen.

98 Sind die Voraussetzungen für ein Finanzierungs-Leasingverhältnis nicht erfüllt, so liegt **operatives Leasing** vor, bei dem lediglich die Leasingzahlungen aufwandswirksam über die Dauer des Leasingverhältnisses zu verrechnen sind (SME-IFRS 20.15). Ist der SME-IFRS-Anwender ein Leasinggeber im Rahmen eines operativen Leasingverhältnisses, so hat er den Leasinggegenstand zu aktivieren und planmäßig abzuschreiben (SME-IFRS 20.24 und SME-IFRS 20.26). Die Leasingerträge werden erfolgswirksam erfasst (SME-IFRS 20.25).

Anders als in IFRIC 4 finden sich in Abschn 20 keine Hinweise auf die Identifizierung sog **verdeckter Leasingverhältnisse.** Dies ist als eine besondere Erleichterung im Vergleich zur Anwendung der Full-IFRS anzusehen.

99 Der SME-IFRS normiert auch ***sale-and-lease-back*-Geschäfte,** die dadurch gekennzeichnet sind, dass durch ein Veräußerungsgeschäft das rechtliche Eigentum zwar auf den Erwerber übergeht, der veräußerte Vermögenswert jedoch aufgrund eines gleichzeitig abgeschlossenen Leasingvertrags dem Veräußerer weiterhin zur Verfügung steht. Dabei geht SME-IFRS 20.32 davon aus, dass Leasingzahlungen und Veräußerungspreis üblicherweise als Gesamtverhandlungspaket zu betrachten sind und voneinander abhängig festgelegt werden. Die Bilanzierungsnormen zielen darauf ab, den tatsächlichen wirtschaftlichen Gehalt der Transaktion abzubilden. Die Bilanzierung richtet sich danach, ob ein *sale-and-lease-back*-Geschäft im Ergebnis ein Finanzierungs-Leasing oder operatives Leasing darstellt. Beim Finanzierungs-Leasing findet wirtschaftlich betrachtet keine Veräußerung statt. Beim Veräußerer (und gleichzeitigem Leasingnehmer) ggf entstandene Veräußerungsgewinne sind gem SME-IFRS 20.33 daher nicht sofort erfolgswirksam zu erfassen, sondern zunächst abzugrenzen und dann über die Laufzeit des Leasingverhältnisses erfolgswirksam zu realisieren. Veräußerungsverluste normiert Abschn 20 nicht. Analog zur Behandlung von Veräußerungsgewinnen sollten diese nur dann sofort erfolgswirksam erfasst werden, wenn wirtschaftlich betrachtet ein Verlust bzw mangels eines Veräußerungsvorgangs eine Wertminderung vorliegt. Dies ist gem SME-IFRS 27.5 dann der Fall, wenn der erzielbare Betrag unter dem Buchwert liegt. Wurde jedoch ein Veräußerungspreis unterhalb des Marktpreises vereinbart, so ist dieser Verlust wiederum abzugrenzen und über die Laufzeit des Leasingverhältnisses zu verteilen (*Gruber* in IFRS-SMEs-Kommentar Teil B, Abschn 20 Rz 94). Sofern das *sale-and-lease-back*-Geschäft als operatives Leasing klassifiziert wird, werden ggf entstandene Veräußerungsgewinne oder -verluste beim Veräußerer/Leasingnehmer sofort erfolgswirksam erfasst. Sofern der Veräußerungspreis den beizulegenden Zeitwert übersteigt, ist die Differenz abzugrenzen und über die Laufzeit des Leasingverhältnisses zu verteilen. Gleiches gilt, sofern der Veräußerungspreis unter dem beizulegenden Zeitwert liegt und dadurch ein Veräußerungsverlust entsteht, der jedoch durch Leasingraten unterhalb marktüblicher Raten ausgeglichen wird (SME-IFRS 20.34).

100, 101 *(einstweilen frei)*

9. Rückstellungen und Eventualschulden

102 Als Ansatzvoraussetzung für eine Rückstellung verlangt Abschn 21, dass ein Ereignis aus der Vergangenheit zu einer **Verpflichtung** führt, deren Eintritt **wahrscheinlich** und deren Bewertung **verlässlich** ist (SME-IFRS 21.4). Der Verpflichtungscharakter wird dadurch konkretisiert, dass sich das Unternehmen dieser Schuld nicht mehr entziehen kann (SME-IFRS 21.6). Für den Ansatz reiner Aufwandsrückstellungen besteht somit nach Abschn 21 kein Raum, da hier keine Verpflichtung ggü Unternehmensexternen vorliegt, der sich das Unternehmen nicht entziehen kann. Die Nichtentziehbarkeit aus einer Verpflichtung als Ansatzvoraussetzung für eine Rückstellung wird in der IFRS-Rech-

nungslegung sehr weit ausgelegt. So wird auch in SME-IFRS 21.6 explizit hervorgehoben, dass eine rechtliche oder wirtschaftliche Verpflichtung, der sich das Unternehmen durch Einstellung oder Änderung seines Geschäftsbetriebs entziehen kann, keine Rückstellung begründet.

Neben rechtlich begründeten Verpflichtungen können aber auch **faktische Verpflichtungen** eine Rückstellungspflicht begründen (SME-IFRS 21.6), wenn aufgrund vergangener Ereignisse (zB das bisherige Geschäftsgebaren des Unternehmens) bei den Marktteilnehmern eine Erwartungshaltung dahingehend ausgelöst wird, dass die Verpflichtung erfüllt wird. Ein Beispiel hierfür sind in der Vergangenheit zugestandene Kulanzhandlungen, auf die die Kunden trotz Ablaufens der gesetzlichen Garantiefrist vertrauen. 103

Zu Zweifelsfragen kann insbes der Ansatz von **Restrukturierungsrückstellungen** führen. Aus der Erläuterung zu Abschn 21 (SME-IFRS 21A.3) wird deutlich, dass die voraussichtlichen Aufwendungen für konkrete Restrukturierungspläne dann zurückzustellen sind, wenn das Unternehmen bspw durch öffentliche Ankündigung sowohl bei den Arbeitnehmern als auch bei sonstigen Parteien den Eindruck erweckt hat, dass die Maßnahmen auch tatsächlich durchgeführt werden. In diesem Fall ist die Restrukturierungsrückstellung faktisch begründet. 104

Eventualschulden sind zwar absehbare, aber noch nicht hinreichend konkretisierte Verpflichtungen. Da das Ansatzkriterium des wahrscheinlichen Nutzenabflusses nicht erfüllt ist, dürfen sie nicht passiviert werden. Davon ausgenommen sind gem SME-IFRS 19.20 Eventualschulden, die im Zuge eines Unternehmenszusammenschlusses erworben wurden. Eventualschulden sind aber im Anhang angabepflichtig (SME-IFRS 21.12). 105

Die **Bewertung** der Rückstellungen erfolgt mit dem Betrag der bestmöglichen Schätzung. Dies sind die für die Erfüllung der Verpflichtung am Bilanzstichtag wahrscheinlich anfallenden Zahlungsmittelabflüsse (Erfüllungs- bzw Ablösungsbetrag; SME-IFRS 21.7). Handelt es sich um Massenverpflichtungen, dh eine Vielzahl gleichartiger Verpflichtungen, so ist der Erwartungswert der bestmögliche Schätzwert (SME-IFRS 21.7(a)). Bei Einzelverpflichtungen stellt das wahrscheinlichste Ergebnis den bestmöglichen Schätzwert dar (SME-IFRS 21.7(b)). Sofern ein Abzinsungseffekt wesentlich ist, ist die Rückstellung zum **Barwert** anzusetzen (SME-IFRS 21.7) und jährlich aufzuzinsen. Die einer Rückstellung immanente Bewertungsunsicherheit ist dabei entweder im Diskontierungszins **oder** in der Schätzung des Erfüllungsbetrags zu berücksichtigen (SME-IFRS 21.7). Ein **Erstattungsanspruch** im Zusammenhang mit einer Verpflichtung, der sich zB aus einer Versicherungsleistung ergibt, darf nicht mit der Rückstellung saldiert werden, sondern ist als separater Vermögenswert zu aktivieren, wenn die Erstattung so gut wie sicher ist (SME-IFRS 21.9). 106

Eine Besonderheit gilt für aktivierte Vermögenswerte, die gleichzeitig eine Verpflichtung beinhalten. Hier sind in der Höhe des zurückzustellenden Betrags zugleich Anschaffungskosten zu aktivieren (SME-IFRS 17.10(c)). In der Praxis betrifft dies in erster Linie **Rückbau- oder Abbruchverpflichtungen.** Die Rückstellung wird dadurch nicht bei der Ersterfassung erfolgswirksam eingebucht, sondern die Aufwandswirksamkeit tritt erst indirekt in den Folgeperioden durch eine höhere planmäßige Abschreibung des Vermögenswerts sowie ggf einen Aufzinsungseffekt bei der Folgebewertung der Rückstellung ein (SME-IFRS 21.5). 107

Mit der Änderung im Jahr 2015 hat der IASB für die Angaben zu *contingent assets* in Bezug auf Schätzungen zu deren zukünftigen finanziellen Auswirkungen eine *undue-cost-or-effort*-Ausnahme eingefügt (SME-IFRS 21.16 (geändert 2015)).

(einstweilen frei) 108, 109

10. Leistungen an Arbeitnehmer

110 Zu den Leistungen an Arbeitnehmer nach Beendigung eines Arbeitsverhältnisses zählen in erster Linie Versorgungszusagen in Form von Rentenzahlungen. Um zukünftige Pensionsleistungen bilanziell abzubilden, wird – genauso wie in IAS 19 – danach differenziert, auf welchem Wege diese dem Arbeitnehmer zukommen (SME-IFRS 28.10). Bei sog **beitragsorientierten Plänen** entrichtet das Unternehmen festgelegte Beiträge an einen externen Versorgungsträger (Pensionskasse, Fonds, etc). Dieser legt die Mittel an und erbringt daraus die Pensionsleistungen. Das Unternehmen trägt weder das Risiko einer Unterdeckung, noch ist es darüber hinaus zu weiteren Zahlungen verpflichtet (SME-IFRS 28.10(a)). Die Bilanzierung solcher beitragsorientierter Pläne bereitet keine besonderen Schwierigkeiten, da das Unternehmen lediglich die regelmäßigen Zuführungen an den Versorgungsträger als lfd Personalaufwand ausweist. Eine Verbindlichkeit wird lediglich für noch ausstehende Einzahlungen ausgewiesen (SME-IFRS 28.13).

111 Die andere Form der Pensionsleistung kann in sog **leistungsorientierten Plänen** bestehen. Diese zeichnen sich dadurch aus, dass das Unternehmen nicht (nur) das Leisten bestimmter Beiträge an einen externen Versorgungsträger schuldet, sondern (darüber hinaus) das Erbringen einer bestimmten Leistung an den Arbeitnehmer in Form einer Pension. Damit trägt das Unternehmen zugleich das Anlagerisiko sowie das Risiko einer Unterdeckung (SME-IFRS 28.10(b)). Leistungsorientierte Pläne führen zum Ansatz einer **Pensionsrückstellung.** Die Pensionsrückstellung wird allerdings nur in Höhe ihres Nettobetrags ausgewiesen, dh vom **Barwert der zukünftigen Leistungsverpflichtungen** wird der **beizulegende Zeitwert des Planvermögens** abgezogen (SME-IFRS 28.15). Das Planvermögen besteht aus finanziellen Vermögenswerten, die ausschließlich für die Erfüllung der zukünftigen Pensionsansprüche bestimmt sind. Im Falle einer Überdeckung ist unter bestimmten Voraussetzungen ein Vermögenswert auszuweisen (SME-IFRS 28.22). Zu leistungsorientierten Pläne sind zudem umfangreiche Anhangangaben erforderlich (SME-IFRS 28.41), in denen insbes die zugrunde liegenden Parameter sowie die getroffenen Annahmen zur Bewertung der Pensionsrückstellung bzw der zukünftigen Leistungsverpflichtung zu erläutern und diverse Überleitungsrechnungen darzulegen sind.

112 Zur **Bestimmung der zukünftigen Leistungsverpflichtung** *(defined benefit obligation)* sind versicherungsmathematische Annahmen zu treffen, die bestimmte Parameter wie zB Fluktuation, Sterbewahrscheinlichkeit und Gehaltstrends berücksichtigen (SME-IFRS 28.16). Die Diskontierung erfolgt auf Basis einer langfristigen Rendite für erstrangige Industrieanleihen (SME-IFRS 28.17). Die Leistungszusage ist unter Zugrundelegung der Methode der lfd Einmalprämien *(projected unit credit method)* zu bestimmen (SME-IFRS 28.18). Sollte diese Bewertung nicht ohne unverhältnismäßig hohe Kosten oder Aufwand möglich sein, sieht SME-IFRS 28.19 Vereinfachungen vor; die Gründe für deren Inanspruchnahme sind im Anhang offenzulegen (SME-IFRS 28.41(c) (geändert 2015)). Diese erlauben es den Unternehmen, künftige Gehaltssteigerungen, künftige Dienstzeiten und mögliche Sterbefälle während der Dienstzeit außer Acht zu lassen. Eine wörtliche Auslegung dieser Erleichterungen kann jedoch irreführend sein; vielmehr scheint es die Intention des IASB gewesen zu sein, dynamische Bemessungsgrundlagen ohne Dynamik zu rechnen (allerdings dennoch zB von einer konstanten Gehaltssteigerung auszugehen; so auch *Gohdes* in IFRS-SMEs-Kommentar Teil B, Abschn 28 Rz 26). Die Vereinfachungen sollen explizit auch die Bewertung der Leistungszusage durch das Unternehmen selbst ermöglichen

(SME-IFRS 28.20). Eine für die Unternehmen kostensparende Erleichterung besteht zudem darin, dass eine umfassende versicherungsmathematische Bewertung nicht jährlich durchzuführen ist. Da zudem von mehreren zwischen den Bewertungen liegenden Berichtsperioden gesprochen wird (*„periods"*; SME-IFRS 28.20), sind auch mehrjährige Abstände zwischen den umfassenden Bewertungen der Leistungszusage denkbar. Für SMEs kann daher auch eine **drei- bis fünfjährige Bewertung** angemessen sein. In dem dazwischen liegenden Zeitraum sind lediglich Fortschreibungen hinsichtlich der Zusammensetzung der Arbeitnehmerschaft (Anzahl der Mitarbeiter) sowie der Gehälter, nicht jedoch versicherungsmathematische Bewertungen erforderlich.

Die Nettoveränderung der Pensionsrückstellung wird – abgesehen von den **113** geleisteten Pensionszahlungen – grds erfolgswirksam gebucht. Die Nettoveränderung der Pensionsrückstellung resultiert ua aus **versicherungsmathematischen Gewinnen und Verlusten,** die dadurch entstehen, dass die der aktuellen Wertermittlung zugrunde liegenden Parameter von den bisher gewählten Parametern abweichen (SME-IFRS 28.25(d)). Für die versicherungsmathematischen Gewinne und Verluste besteht ein Wahlrecht, diese entweder erfolgswirksam in der GuV oder im sonstigen Ergebnis *(other comprehensive income)* zu erfassen. Die sofortige erfolgswirksame Verrechnung oder sofortige Erfassung versicherungsmathematischer Gewinne und Verluste im sonstigen Ergebnis sind zwar vergleichsweise einfach zu handhaben. Allerdings kann die jährliche erfolgswirksame Vereinnahmung Gewinnschwankungen hervorrufen, die mitunter nicht gewollt sind.

(einstweilen frei) **114, 115**

11. Latente Steuern

Im Bereich der bilanziellen Abbildung der latenten Steuern hat der IASB eine **116** der drei bedeutsamsten Änderungen vorgenommen. Der urspr SME-IFRS aus dem Jahr 2009 hatte in diesem Abschn 29 bereits eine noch in der Diskussion befindliche Entwicklung der Full-IFRS (IAS 12) vorwegnehmen wollen; diese damaligen Überlegungen hatte der IASB jedoch anschließend verworfen (SME-IFRS.BC219 (geändert 2015)). Insofern ist es nachvollziehbar, dass Abschn 29 im Zuge der ersten Überarbeitung im Jahr 2015 an den IAS 12 angepasst wurde. Dieser Gleichlauf mit den Full-IFRS sollte auch urspr nicht aufgegeben werden, auch wenn diese „nachträgliche" Rückkehr zu den Grundsätzen des IAS 12 aktuell als eine restriktive Anlehnung an IAS 12 verstanden werden könnte (so etwa *Kirsch* IRZ 2013, 467 (470)).

Latente Steuern werden auf **temporäre Differenzen** zwischen dem SME-IFRS-Buchwert und dem korrespondierenden Steuerwert abgegrenzt, um eine zukünftige Steuermehr- oder -minderzahlung zu antizipieren und dadurch die derzeitige Vermögenslage des Unternehmens zutreffend darzustellen. Der Steuerwert ist der Wert, der für Zwecke der steuerlichen Gewinnermittlung anzusetzen ist. Steuerwerte bilden die sog Steuerbasis *(tax basis)* und damit die Grundlage für die Ermittlung latenter Steuern. Eine Steuerbasis kann auch aus Geschäftsvorfällen resultieren, die nicht in der SME-IFRS-Bilanz erfasst werden. SME-IFRS 29.11 (geändert 2015) führt hier beispielhaft Forschungskosten an, die ggf (abhängig von der konkreten Ausgestaltung der Steuergesetzgebung) erst zu einem späteren Zeitpunkt steuerlich abziehbar sind. Die so entstehende Steuerbasis basiert dann nicht auf einem Bilanzposten. Weitere Beispiele für solche temporären Differenzen werden in SME-IFRS 29.13 (geändert 2015) dargestellt (bspw Neubewertungen von Vermögenswerten zum beizulegenden Zeitwert, während steuerlich der bisherige Buchwert beibehalten wird).

117 Sowohl latente Steueransprüche als auch latente Steuerschulden sind grds bilanzierungspflichtig (SME-IFRS 29.7 (geändert 2015)). **Latente Steueransprüche** entstehen, wenn der Steuerwert eines Vermögenswerts höher oder der Steuerwert einer Schuld niedriger als der SME-IFRS-Buchwert ist. Im umgekehrten Fall entstehen **latente Steuerschulden.**

118 Latente Steueransprüche können insbes auch aus einem steuerlichen **Verlustvortrag** oder ungenutzten Steuergutschriften resultieren (SME-IFRS 29.8 (geändert 2015)). Dadurch weist das Unternehmen zukünftige wirtschaftliche Vorteile in Form verminderter Steuerzahlungen aus. Für den Ansatz latenter Steueransprüche ist es unbedingte Voraussetzung, dass in zukünftigen Perioden ausreichend hohe zu versteuernde Erträge zur Verfügung stehen, mit denen die Verlustvorträge verrechnet werden können (SME-IFRS 29.19 ff (geändert 2015)).

Die **Werthaltigkeit** latenter Steueransprüche ist jährlich zu überprüfen (SME-IFRS 29.31 (geändert 2015)). Ist eine vollständige Verwertung dieser Ansprüche in zukünftigen Perioden nicht mehr wahrscheinlich, sind die Buchwerte der latenten Steueransprüche zu mindern. Die Wertminderung soll so bemessen sein, dass der verbleibende Buchwert der Steueransprüche den höchsten Betrag darstellt, der wahrscheinlich vereinnahmt werden kann. Sofern es jedoch zu einem späteren Zeitpunkt wieder wahrscheinlich wird, dass ausreichend hohe zu versteuernde Erträge erzielt werden, sind die Wertminderungen rückgängig zu machen (SME-IFRS 29.21 f). Zudem ist jährlich zu überprüfen, ob bislang mangels ausreichend hoher zukünftiger zu versteuernder Erträge nicht bilanzierte latente Steueransprüche nunmehr zu bilanzieren sind (SME-IFRS 29.23 (geändert 2015)).

119 Konzeptionell erfolgt die **Bewertung der latenten Steuern** in Höhe des im Zeitpunkt der Auflösung der Differenz voraussichtlich geltenden Steuersatzes. Da dieser im Zeitpunkt der Berichterstattung bei langfristigen Differenzen nicht prognostizierbar ist, ist der am Stichtag gültige bzw aller Voraussicht nach zukünftig geltende Steuersatz zu berücksichtigen (vgl SME-IFRS 29.27 (geändert 2015) sowie *Senger* in IFRS-SMEs-Kommentar Teil B, Abschn 29 Rz 73). Bei einer Änderung des Steuersatzes sind die latenten Steuerposten zu korrigieren. Latente Steuern sind nicht zu diskontieren (SME-IFRS 29.32).

Es ist bei der Berechnung darauf zu achten, dass nur die **Ertragsteuern** in die Berechnung einfließen, mit denen die Gesellschaft effektiv belastet wird. So fällt bspw bei deutschen PersGes die Einkommensteuer in die Privatsphäre der Gesellschafter. Eine Steuerabgrenzung findet in diesem Fall nur in Höhe der Gewerbeertragsteuer statt.

120 Die **Erfassung** der latenten Steuern hat immer **korrespondierend** zu dem Geschäftsvorfall zu erfolgen, aus dem die Differenz resultiert. Das bedeutet, dass für erfolgswirksam entstandene Differenzen auch die latenten Steuern erfolgswirksam zu bilden sind, während latente Steuern auf erfolgsneutral entstandene Differenzen auch erfolgsneutral abgegrenzt werden müssen. Bei der auf den zugrunde liegenden Sachverhalt ausgerichteten Zuordnung ist ferner zwischen aufgegebenen Geschäftsbereichen und fortgeführten Geschäftsbereichen zu differenzieren (SME-IFRS 29.35 (geändert 2015)). Latente Steuern sind immer als langfristige Vermögenswerte bzw Schulden auszuweisen, sie unterliegen zudem grds dem Saldierungsverbot (SME-IFRS 29.36 f (geändert 2015)). Eine Saldierung für lfd Steueransprüche und -schulden einerseits und latente Steueransprüche und -schulden andererseits ist nur dann zulässig, wenn die Aufrechnung rechtlich durchsetzbar ist und das Unternehmen die tatsächlich vorgesehene Aufrechnung anhand von Steuerplanungen nachweisen kann. Der Nachweis anhand der Steuerplanung kann allerdings dann entfallen, wenn dies nur mit unverhält-

nismäßig hohen Kosten oder Aufwand möglich wäre (*undue-cost-or-effort*-Ausnahme, SME-IFRS 29.37 (geändert 2015)).

Bei der Abgrenzung latenter Steuern im **Konzernabschluss** sind zusätzlich zum einen Abweichungen zu den Steuerwerten von Vermögenswerten und Schulden eines einbezogenen Unternehmens zu berücksichtigen, die aufgrund der Anpassung an eine konzerneinheitliche Bilanzierung und Bewertung entstehen (sog ***inside basis differences***). Zum anderen sind Unterschiede zwischen dem Ansatz einer Beteiligung des MU im Abschluss des MU sowohl auf Ebene der Steuerbilanz als auch auf Einzel- und Konzernabschlussebene zu berücksichtigen. Diese sog ***outside basis differences*** können zB bei Unterschieden zwischen dem steuerlichen Beteiligungsbuchwert und dem auf Konzernebene abgebildeten Nettovermögen eines TU zB aufgrund von nicht-ausgeschütteten Gewinnen entstehen (zur Behandlung konzernspezifischer Differenzen weiterführend *Senger* in IFRS-SMEs-Kommentar Teil B, Abschn 29 Rz 115 ff). 121

(einstweilen frei) 122, 123

12. Eigenkapital

Die Klassifizierung von Eigen- und Fremdkapitalinstrumenten und die Bilanzierung des Eigenkapitals (bzw von Kapitalmaßnahmen) werden separat im Abschn 22 geregelt. In Übereinstimmung mit Full-IFRS definiert SME-IFRS 22.3 Eigenkapital als die Residualgröße aus der Summe der Vermögenswerte abzüglich der Schulden. Die Klassifizierung soll sich dabei nicht nur nach der rechtlichen Grundlage, sondern nach dem wirtschaftlichen Gehalt der Vereinbarung richten. Zudem wird klargestellt, dass es sich immer dann um finanzielle Verbindlichkeiten bzw Fremdkapital handelt, wenn das Unternehmen nicht das unabdingbare Recht innehat, die Barzahlung oder Zahlung anderer finanzieller Vermögenswerte zu vermeiden (SME-IFRS 22.3A (geändert 2015)). 124

Ausgenommen ist weiterhin die auch in IAS 32 und IAS 1 eingefügte **Ausnahmeregelung** für bestimmte Finanzinstrumente, die durch den Inhaber **kündbar** sind (sog ***puttable instruments;*** SME-IFRS 22.4; vgl dazu *Schmidt* BB 2008, 434 (434 ff)). Damit wird explizit die insbes für SMEs in Deutschland wichtige Frage aufgegriffen, inwieweit **Anteile an PersGes** oder durch den Gesellschafter kündbare **GmbH-Anteile** Eigenkapital darstellen. Dem deutschen Gesellschaftsrecht entspr handelt es sich hier jeweils um Eigenkapital. Gem IFRS gilt jedoch grds, dass ein für den Gesellschafter bestehendes Recht der Kündigung seiner Anteile, wenn die Kündigung zu einem Abfluss von Vermögenswerten seitens des bilanzierenden Unternehmens führt, eine Klassifizierung als Fremdkapital nach sich zieht. Die Kündigung eines Gesellschafters einer PersGes oder (bei entspr gesellschaftsvertraglicher Einräumung eines ordentlichen Kündigungsrechts) einer GmbH löst regelmäßig den Anspruch auf eine Abfindung aus. Zwar können Höhe und die konkreten Auszahlungsbedingungen gesellschaftsvertraglich in Grenzen ausgestaltet werden, aber nicht abbedungen werden. Demzufolge ist die Definition einer finanziellen Schuld erfüllt und das gesellschaftsrechtliche Kapital stellt **prinzipiell Fremdkapital** dar. Allerdings gilt gem der **Ausnahmeregelung** (SME-IFRS 22.4), dass bestimmte Finanzinstrumente, die dem Klassifizierungsprinzip folgend eigentlich Fremdkapital darstellen, als Eigenkapital zu klassifizieren sind, da sie gleichzeitig einen Residualanspruch auf das Nettovermögen des Unternehmens beinhalten. Dies gilt für jederzeit kündbare Finanzinstrumente sowie für Finanzinstrumente, die vom Unternehmen bei Eintritt bestimmter Ereignisse zurückgenommen werden müssen. Die Klassifizierung dieser *puttable* bzw *redeemable instruments* als Eigenkapital ist an bestimmte Bedingungen geknüpft: zB muss der Halter dieses Instruments im Fall der Liquidation (ausschließlich) proportional an den Nettovermögenswerten des Unternehmens beteiligt sein (Recht auf Teilhabe am Liquidationserlös, SME-IFRS 22.4(a)(i)). Eine nicht dem Eigenkapitalanteil entspr Teilhabe am Liquidationserlös entspräche nicht den Bedingungen für die Eigenkapitalklassifizierung; allerdings ist eine beteiligungsproportionale Beteiligung an einem Liquidationsverlust nicht erforderlich. Letzteres wäre insbes für Kommanditgesellschaften aufgrund der unbegrenzten Haftung des Komplementärs im Verhältnis zur auf die Haftsumme beschränkten Haftung der Kommanditisten regelmäßig nicht erfüllbar: Ein über die Haftsummen der Kommanditisten hinausgehender Liquidationsverlust fällt allein dem Komplementär zu, weshalb die Verteilung gerade nicht beteiligungsproportional wäre. Ferner müssen diese Finanzinstrumente der nachrangigsten Klasse angehören, dh nachrangig ggü allen anderen Verbindlichkeiten zu bedienen sein; Vorzugsrechte im Verhältnis zu anderen Inhabern vergleichbarer Finanzinstrumente sind für die Klassifizierbarkeit als Eigenkapital schädlich. Zudem müssen die aus diesen Finanzinstrumenten über dessen Laufzeit erzielten Zahlungsströme substanziell auf der Unternehmensentwicklung *(performance)* basieren. Darüber hinaus dürfen gem SME-IFRS 22.4(a)(iv) abgesehen von dem bestehenden Kündigungsrecht aus dem Finanzinstrument für das Unternehmen keine weiteren Verpflichtungen resultieren.

Beispiel 1: Der Gesellschaftervertrag von Unternehmen A, einer OHG, sieht keine von §§ 121 Abs 1 und 122 Abs 1 HGB abweichenden Regelungen vor, sodass für Unternehmen A die Pflicht zur Verzinsung der Kapitalanteile besteht und zudem den Gesellschaftern ein Entnahmerecht zusteht. Unter diesen Umständen führen die handelsrechtlichen Normen dazu, dass für das Unternehmen A abgesehen von der Verpflichtung zur Rücknahme der Anteile bei Kündigung weitere Verpflichtungen bestehen. Somit wären diese Anteile des Unternehmens A als Fremdkapital zu klassifizieren.

Beispiel 2: Anders als Unternehmen A macht Unternehmen B, ebenfalls eine OHG, von der nach § 109 HGB bestehenden Möglichkeit Gebrauch, in seinem Gesellschaftervertrag die in § 121 Abs 1 HGB vorgesehene Verzinsung und das nach § 122 Abs 1 HGB bestehende Entnahmerecht explizit auszuschließen. Annahmegemäß begründen die Anteile für das Unternehmen B (neben der Pflicht zur Rücknahme bei Kündigung) auch keine weiteren Verpflichtungen, sodass diese Anteile als Eigenkapital zu klassifizieren sind.

125 Aufgrund dieser Ausnahmeregelung sind in Deutschland **Anteile an PersGes** in vielen Fällen als **Eigenkapital** zu klassifizieren, die anderenfalls – aufgrund des gesetzlich bestehenden Kündigungsrechts verbunden mit dem Abfindungsanspruch in Bezug auf diese Anteile – als Fremdkapital zu klassifizieren wären. **Schädlich** für die Eigenkapitalklassifizierung können hingegen Klauseln sein, die die Abfindung des ausscheidenden Gesellschafters dermaßen beschränken, dass die Kombination aus Abfindung und ausgeschütteten Ergebnisbestandteilen keinen Zahlungsstrom bewirkt, der substanziell auf der Entwicklung *(performance)* des Unternehmens basiert (dazu im Detail *Schmidt* BB 2008, 434 (434)).

Die Ausnahmeregelung ist insoweit wichtig, als die Mehrheit der SMEs in Deutschland in dieser Rechtsform geführt wird. Eine andere SME-spezifische Rechtsform stellt die Genossenschaft dar. Im Hinblick auf die Klassifizierung der Geschäftsguthaben von Genossen bedarf es einer Prüfung der Satzung der Genossenschaft. Die Neufassungen von §§ 8a, 73 Abs 4 GenG erlauben es deutschen Genossenschaften, ihre Satzung derart zu ändern, dass der ausscheidende Genosse auch beteiligungsproportional an den gebildeten Rücklagen partizipiert. Eine solche Partizipation kann einen substanziell auf der Unternehmensentwicklung basierenden Zahlungsstrom bewirken, der eine Eigenkapitalklassifizierung nach SME-IFRS ermöglicht (*Schmidt* BB 2008, 434 (434)). Ohne eine entspr Anpassung der Satzung iSv § 8a GenG oder alternativ § 73 Abs GenG wird eine Eigenkapitalklassifizierung zumeist daran scheitern, dass die Abfindung des ausscheidenden Genossen auf das eingezahlte Geschäftsguthaben beschränkt ist, sodass sich insgesamt kein Zahlungsstrom ergibt, der substanziell auf der Entwicklung *(performance)* der Genossenschaft basiert. Daneben sieht SME-IFRS 22.6 vor, dass Genossenschaftsanteile nur dann als Eigenkapital zu klassifizieren sind, wenn die Genossenschaft die Rücknahme der Anteile verweigern kann oder eine Rücknahme der Anteile aufgrund der nationalen Gesetzgebung ausgeschlossen ist. Hierbei handelt es sich dann jedoch nicht um eine Eigenkapitalklassifizierung, die der Ausnahme (SME-IFRS 22.4) folgt, sondern dem Prinzip: Wenn die Genossenschaft den Abfluss von Vermögenswerten bei Kündigung aufgrund der Satzung vermeiden kann oder der Abfluss gesetzlich ausgeschlossen ist, ist die Definition einer finanziellen Schuld gerade nicht erfüllt. Für Finanzinstrumente, die nach dem SME-IFRS als Fremdkapital zu klassifizieren sind, schließt der SME-IFRS allerdings nicht aus, diese als „kündbare Gesellschaftsanteile" auszuweisen (*IFRS Foundation* 2012, 14).

Abschn 22 normiert neben der **Klassifizierung** von Finanzinstrumenten ins- 126
bes die **bilanzielle Abbildung** von Kapitalmaßnahmen. Diese umfassen Maßnahmen unter Verwendung reiner Eigenkapitalinstrumente aber auch Optionen, Teilung von Geschäftsanteilen oder hybride Finanzinstrumente (dazu *Brune* in IFRS-SMEs-Kommentar Teil B, Abschn 22 Rz 39 ff). Die bilanzielle Abbildung richtet sich dabei nach den Umständen der Abwicklung der Transaktion: gibt es zB noch ausstehende Einlagen, so sind diese vom Eigenkapital abzusetzen. Eine Aktivierung eines Vermögenswerts ist nicht möglich.

Der **Ausweis der Eigenkapitalerhöhung** in der Bilanz richtet sich gem 127
SME-IFRS 22.10 nach den einschlägigen nationalen Vorgaben. So sieht zB § 266 Abs 3 HGB für Kapitalgesellschaften eine Unterteilung in gezeichnetes Kapital und Kapitalrücklage vor.

Die Bewertung der ausgegebenen Eigenkapitalinstrumente erfolgt gem SME-IFRS 22.8 (geändert 2015) zum beizulegenden Zeitwert der bereits erhaltenen oder noch zu empfangenden Gegenleistung. Ausgenommen davon sind jedoch seit der Überarbeitung im Jahr 2015 Eigenkapitalinstrumente, die im Rahmen von Unternehmenszusammenschlüssen begeben wurden. Deren Bewertung richtet sich nach SME-IFRS 19.11 (geändert 2015), der die Ermittlung der Kosten des Unternehmenserwerbs vorgibt. Des Weiteren gelten die spezifischen Bewertungsnormen des SME-IFRS 22.15A ff (geändert 2015) für solche Eigenkapitalinstrumente, die zur Tilgung finanzieller Verbindlichkeiten an die bisherigen Gläubiger ausgegeben werden. Diese Eigenkapitalinstrumente sind damit zwar grds auch zum beizulegenden Zeitwert zu bewerten, ist dieser jedoch nicht ohne unverhältnismäßig hohe Kosten oder Aufwand ermittelbar, ist der beizulegende Zeitwert der getilgten Verbindlichkeit zugrunde zu legen (SME-IFRS 22.15A (geändert 2015)) sowie zur Aufteilung bei nur teilweiser Tilgung der Verbindlichkeit SME-IFRS 22.15B (geändert 2015)).

Grds gilt jedoch, dass für die Ermittlung des beizulegenden Zeitwerts (sofern dieser nicht dem Nominalwert der Barmittel entspricht) die in SME-IFRS 11.27 (geändert 2015) dargelegte Bewertungshierarchie zur Anwendung kommt. Ggf angefallene Kosten der Eigenkapitalbeschaffung sind direkt vom Eigenkapital abzuziehen. Denkbar sind hier insbes Notar- und Registergebühren oder Honorare für Beratungen.

Die genaue **Zusammensetzung des Eigenkapitals** ist sowohl von Kap- 128
Ges als auch von PersGes in der Bilanz oder im Anhang zu erläutern (SME-IFRS 4.12 f). Die bloße Angabe eines Postens „Kapitalanteile" oÄ reicht bei PersGes zur Erfüllung dieser Angabepflicht nicht aus.

Ergänzt wird die Erläuterung des Eigenkapitals durch den bereits erwähnten 129
Eigenkapitalspiegel, der aber mit dem erfolgswirksamen Teil der Gesamter-

gebnisrechnung bzw der GuV (sofern erstellt) zusammengefasst werden kann, wenn die Veränderung des Eigenkapitals nicht auf erfolgsneutrale Neubewertungen, Währungsergebnisse oder gesellschaftsrechtliche Kapitalveränderungen zurückzuführen ist (→ Rn 40).

130, 131 *(einstweilen frei)*

V. Sonstige Sachverhalte

1. Erfassung von Erträgen

132 Erträge sind zu **realisieren,** sobald der Verkäufer keine wesentlichen Risiken aus dem Vermögenswert mehr zurückbehält. IdR ist dies der Zeitpunkt der Lieferung des Guts bzw der Erbringung einer Dienstleistung (SME-IFRS 23.10 und SME-IFRS 23.14).

Eine Erfassung von Erträgen ist bei **Fertigungsaufträgen,** deren Ausführung in mindestens zwei Berichtsperioden fällt, nach dem Fertigstellungsgrad vorzunehmen (sog *percentage-of-completion*-Methode). Voraussetzung dafür ist, dass am Stichtag die mit dem Fertigungsauftrag verbundenen Kosten und Erträge sowie der Fertigstellungsgrad zuverlässig geschätzt werden können (SME-IFRS 23.17). SME-IFRS 23.22 sieht verschiedene Methoden zur Bestimmung des Fertigstellungsgrads vor. Dabei kann zwischen inputorientierten (*cost-to-cost*-Verfahren) und outputorientierten Verfahren (zB Ermittlung nach definierten Arbeitsabschnitten oder nach direkter Leistungserfassung) unterschieden werden. Das jeweils sachgerechteste Verfahren soll zur Anwendung kommen. So ist zB zu berücksichtigen, ob die für inputorientierte Verfahren angenommene Korrelation zwischen bereits entstandenen Kosten und bereits erbrachter Leistung zutrifft. Outputorientierte Verfahren eignen sich insbes dann, wenn die bereits erbrachte Leistung zuverlässig bestimmt werden kann. Dies ist bspw in der Bauindustrie gegeben. Voraussetzung ist eine entspr Dokumentation im Rechnungswesen. Neuere Erkenntnisse bei der Schätzung der Kosten und Erträge sind sofort zu berücksichtigen (SME-IFRS 23.21). Resultiert aus dem Fertigungsauftrag wahrscheinlich ein Verlust, so ist dieser sofort ergebniswirksam zu erfassen und eine entspr Drohverlustrückstellung (für den belastenden Vertrag, *onerous contract*) zu bilden.

133 Die *percentage-of-completion*-Methode bietet den Vorteil, dass die Erträge aus einem langfristigen Fertigungsauftrag entspr dem **Projektfortschritt** als realisiert gelten. Hohe Ergebnisschwankungen, durch welche möglicherweise die Periodenergebnisse einzelner Berichtsperioden nicht miteinander verglichen werden können, werden so vermieden. Allerdings sind mit der *percentage-of-completion*-Methode auch entspr Dokumentationsanforderungen verbunden, die eine zuverlässige Projektkontrolle erfordern.

Sind die Voraussetzungen für die Erfassung der Erträge nach dem Fertigstellungsgrad nicht erfüllt, dh kann das Ergebnis eines Fertigungsauftrags nicht verlässlich geschätzt werden, so sind während des Herstellungszeitraums lediglich die aktivierungsfähigen Herstellungskosten anzusetzen (SME-IFRS 23.25; sog *zero-profit*-Methode). Der Gewinn aus dem Fertigungsgeschäft kann dann erst mit Projektabschluss vereinnahmt werden.

134 Die Frage der Realisierung von Erträgen stellt sich auch bei Tauschgeschäften. Aus dem **Tausch gleichartiger und -wertiger Waren oder Dienstleistungen** dürfen keine Erträge realisiert werden, dh der Tausch ist zum Buchwert vorzunehmen (SME-IFRS 23.6), da diese Transaktion einen Aktivtausch und keinen Umsatzvorgang darstellt (zu der weiten Auslegung von Gleichartigkeit und Gleichwertigkeit mit dem Ziel der Normenvereinfachung für SMEs vgl

Brune in IFRS-SMEs-Kommentar Teil B, Abschn 23 Rz 18). Anders sieht dies für den **Tausch ungleichartiger Waren und Dienstleistungen** aus: Die zu erfassenden Erträge sind anhand des beizulegenden Zeitwerts der erhaltenen Güter oder Dienstleistungen (unter Berücksichtigung ggf erfolgter Zahlungen) zu bemessen, sofern dieser verlässlich ermittelbar ist und das Tauschgeschäft von wirtschaftlicher Substanz ist (SME-IFRS 23.7). Sofern dieser beizulegende Zeitwert nicht verlässlich ermittelbar ist, kann auf zweiter Stufe der beizulegende Zeitwert der hingegebenen Güter oder Dienstleistungen (unter Berücksichtigung erfolgter Zahlungen) oder auf dritter Stufe deren Buchwert für die Bewertung der Erträge und erfolgswirksame Erfassung des Tauschgeschäfts herangezogen werden. Die wirtschaftliche Substanz ist zB nicht gegeben, wenn Tauschgeschäfte zum Geschäftsjahresende stattfinden, jedoch im neuen Geschäftsjahr unmittelbar rückabgewickelt werden.

Gem SME-IFRS 23.8 ist jeder Geschäftsvorfall für sich genommen auf die Kri- 135
terien der Ertragserfassung hin zu überprüfen. Bei sog **Mehrkomponentengeschäften** ist jedoch die Überprüfung der einzelnen Komponenten eines Geschäftsvorfalls erforderlich. Verkauft ein Unternehmen zB eine Ware und ist mit dem Kaufvertrag gleichzeitig eine Serviceleistung für die Zukunft verbunden, so werden der Warenverkauf und der Servicevertrag als getrennte Geschäfte angesehen. Auch bei Transaktionen im Zusammenhang mit Bonus- oder Kundenbindungsprogrammen sind das abgeschlossene Geschäft und das zB zu günstigeren Konditionen angebotene „Bonusgeschäft" separat zu bewerten und gesondert hinsichtlich der Ertragsrealisation zu beurteilen (vgl Beispiel SME-IFRS 23A.16f). Dies setzt allerdings voraus, dass die Service- bzw Bonusleistung abgrenzbar und vor allem verlässlich quantifizierbar ist.

Abschn 23 wird durch einen Anhang ergänzt, der die Erfassung von Erträgen anhand zahlreicher **Beispiele** veranschaulicht. Dieser Anhang ist allerdings nicht Bestandteil des SME-IFRS und damit nicht verpflichtend anzuwenden.

(einstweilen frei) 136, 137

2. Änderung von Schätzungen und Korrektur von Fehlern

Auch in der SME-IFRS-Rechnungslegung nimmt der Grundsatz der **Stetig-** 138
keit einen **hohen Stellenwert** ein. Dennoch kann es verschiedene Gründe für ein Abweichen von diesem Grundsatz geben. Zunächst kann eine von der bisherigen Abbildung abweichende Bilanzierungsmethode aufgrund von Änderungen des SME-IFRS (bilanzielle Abbildung gem spezifischer Vorschriften) oder für die Vermittlung entscheidungsnützlicherer Informationen erforderlich sein (SME-IFRS 10.8). Im letzteren Fall sind die Änderungen der Bilanzierungsmethode retrospektiv abzubilden. Einzige Ausnahme stellt die erstmalige Anwendung des im Jahr 2015 neu eingeräumten Wahlrechts zur Anwendung der Neubewertungsmethode für Sachanlagen dar (→ Rn 46): hier ist die prospektive Anwendung vorgesehen (SME-IFRS 10.10A (geändert 2015)). Eine Durchbrechung des Stetigkeitsgrundsatzes kann zudem aufgrund der Änderung von Schätzungen und der Korrektur von Fehlern in der Rechnungslegung geboten sein.

Änderungen von **Schätzungen** sind immer dann vorzunehmen, wenn **neue** 139
Erkenntnisse dazu führen, dass ein genaueres Bild der VFE-Lage dargestellt werden kann. Anhaltspunkte für eine Änderung der Schätzungsannahmen ergeben sich, wenn sich der Nutzen aus einem Vermögenswert bzw die Verpflichtung aus einer Schuld verändert hat. Typische Beispiele hierfür sind veränderte Annahmen hinsichtlich Nutzungsdauern oder beizulegender Zeitwerte sowie bei der Rückstellungsbewertung.

Die neuen Erkenntnisse sind grds **prospektiv** und **erfolgswirksam** in der Periode ihres Bekanntwerdens zu berücksichtigen (SME-IFRS 10.16). Sofern die veränderten Schätzungen zu Änderungen von Vermögenswerten bzw Schulden führen, sind die Buchwerte entspr anzupassen (SME-IFRS 10.17).

140 Anders als bei Schätzungsänderungen, resultieren **Fehler in der Rechnungslegung** daraus, dass zum Zeitpunkt der Abschlusserstellung verfügbare, verlässliche Informationen nicht bzw falsch berücksichtigt wurden, obwohl die Kenntnis und Verwendung dieser Informationen hätte erwartet werden können. Beispiele sind Rechenfehler, bewusste oder unbewusste Fehler bei der Anwendung oder Auslegung von Bilanzierungsnormen. Fehler sind **retrospektiv** zu korrigieren, indem die Beträge für die vergangenen Perioden soweit wie möglich rückwirkend angepasst werden (SME-IFRS 10.21). Nach der Korrektur sollte sich der Abschluss so darstellen, als sei der Fehler nie begangen worden. Deshalb werden die Effekte aus der retrospektiven Anpassung auch stets erfolgsneutral mit den Gewinnrücklagen verrechnet.

141 Von der Pflicht zur retrospektiven Anpassung kann gem SME-IFRS 10.20 abgesehen werden, soweit dies für die vorangegangenen Perioden **undurchführbar** ist *(impracticable)*. Darunter ist gem Glossar zu verstehen, dass das Unternehmen der Vorgabe mit vertretbarem Aufwand nicht nachkommen kann. Für die Auslegung dieses Kriteriums kann auf den Grundsatz der Abwägung von Nutzen und Kosten einer zusätzlichen Information gem SME-IFRS 2.13f zurückgegriffen werden. Aber auch dieses Kriterium ist nur schwer zu operationalisieren. Es kommt hier immer auf eine Würdigung der Umstände des Einzelfalls an. Neben der objektiven Verfügbarkeit der relevanten Daten sind auch die Kosten für deren weitere Aufbereitung zu berücksichtigen.

142, 143 *(einstweilen frei)*

3. Anteilsbasierte Vergütungen

144 Unter dem Begriff „Anteilsbasierte Vergütungen" wird in erster Linie die **Ausgabe von Belegschaftsanteilen** in Form von eigenen Anteilen oder Optionen auf eigene Anteile an Mitarbeiter für deren Arbeitsleistung verstanden. Daneben fallen unter die Regelung des Abschn 26 aber auch Geschäftsvorfälle, bei denen der Verkäufer einer Ware oder Erbringer einer Dienstleistung nicht mit liquiden Mitteln, sondern in Form von eigenen Anteilen oder Optionen auf eigene Anteile am Unternehmen vergütet wird. Besonders häufig sind solche Vergütungsformen allerdings bei börsennotierten AG. Diese fallen jedoch gerade nicht in den Anwendungsbereich des SME-IFRS (→ Rn 11). Für SMEs sind anteilsbasierte Vergütungen dagegen kaum von praktischer Relevanz (*Eierle/Haller/Beiersdorf* 2007, 17).

145 Abschn 25 regelt sowohl anteilsbasierte Vergütungstransaktionen mit **Ausgleich durch Eigenkapitalinstrumente** als auch solche mit **Barausgleich** (SME-IFRS 26.1 (geändert 2015)), bei denen eine der Wertentwicklung der eigenen Anteile entspr Zahlung geleistet wird (in der deutschsprachigen Literatur eine sog Vergütung mit virtuellen Anteilsscheinen). Im Zuge der Überarbeitung wurde in Übereinstimmung mit den Full-IFRS (IFRS 2.3A (geändert 2015)) klargestellt, dass diese Regelungen auch für solche anteilsbasierte Vergütungen gelten, bei denen der Ausgleich mittels Eigenkapitalinstrumenten eines anderen Unternehmens der Gruppe und nicht durch Eigenkapitalunternehmen des Unternehmens erfolgt, welches die Güter oder Dienstleistungen erhält (SME-IFRS 26.1A (geändert 2015)).

146 Grds werden bei **anteilsbasierten Vergütungen mit Ausgleich durch Eigenkapitalinstrumente** die erhaltenen Waren oder Dienstleistungen zu ihrem beizulegenden Zeitwert bewertet und in gleicher Höhe wird eine Gegenbuchung im Eigenkapital des Unternehmens vorgenommen (SME-IFRS 26.3 und SME-IFRS 26.7). Sofern der beizulegende Zeitwert der Waren oder Dienstleistungen nicht verlässlich ermittelbar ist, wird der beizulegende Zeitwert der hingegebenen Eigenkapitalinstrumente herangezogen. Bei der Vergütung der Arbeitsleistungen von Mitarbeitern erfolgt die Bewertung grds anhand des beizulegenden Zeitwerts der hingegebenen Eigenkapitalinstrumente, da der beizulegende Zeitwert der Arbeitsleistungen typischerweise nicht verlässlich ermittelbar ist.

Für die **Bewertung** eigener Anteile und Optionen darauf gilt gem SME-IFRS 26.10f jeweils eine dreistufige Bewertungshierarchie:
(1) beobachtbare Marktpreise,
(2) abgeleitete Vergleichswerte und
(3) (durchaus sehr komplexe) Bewertungsmodelle.

Als **Erleichterung** für SMEs wird die Möglichkeit eingeräumt, auf Stufe 3 (Bewertungsmodelle) auf die bestmöglichen Schätzungen der Unternehmensleitung zurückzugreifen (*directors' best estimate;* SME-IFRS.BC130). Allerdings sind auch hier fundierte Schätzungen erforderlich, um der Anforderung der „bestmöglichen" Schätzung Rechnung zu tragen.

Häufig sind an die Verfügbarkeit der Eigenkapitalinstrumente bestimmte **Ausübungsbedingungen** *(vesting conditions)* geknüpft, die bei der Bewertung zu berücksichtigen sind. Im Zuge der Überarbeitung im Jahr 2015 wurde dazu klargestellt: Je nach Art der Ausübungsbedingung sind diese bei der Ermittlung der Anzahl der Eigenkapitalanteile (Leistungsbedingungen, wie bspw die nichtmarktbezogene Bedingung hinsichtlich der Verbleibedauer im Unternehmen) oder im Rahmen der Ermittlung des beizulegenden Zeitwerts der Anteile (marktbezogene Bedingungen wie bspw Zielkurs) berücksichtigen (dazu SME-IFRS 26.9 (geändert 2015)). Leistungsbedingungen können sich zB auf eine festgelegte Steigerung des Jahresüberschusses beziehen; Dienstbedingungen beinhalten zB eine Sperrfrist, dh, die Ansprüche des Mitarbeiters verfallen, sofern dieser innerhalb dieser Frist das Unternehmen verlässt.

Bei **Erfüllung durch Barausgleich** erfolgt eine erfolgswirksame Erfassung 147
eines Schuldpostens in Höhe des beizulegenden Zeitwerts der erhaltenen Güter oder Dienstleistungen, wobei die Wertänderung der Verpflichtung bis zu deren Begleichung ebenfalls **erfolgswirksam** erfasst wird (SME-IFRS 26.14).

Für den Fall, dass der Arbeitnehmer zwischen einem Barausgleich oder einer 148
Vergütung durch Eigenkapitalinstrumente **wählen** kann, greift grds die Regelung für anteilsbasierte Vergütungen mit Barausgleich. In Ausnahmefällen, zB wenn das Unternehmen in der Vergangenheit einen Ausgleich mit Eigenkapitalinstrumenten vorgenommen hat, kommen die Regeln für den Eigenkapitalausgleich zur Anwendung (SME-IFRS 26.15).

(einstweilen frei) 149, 150

4. Ereignisse nach dem Bilanzstichtag

Die Berücksichtigung von Ereignissen nach dem Bilanzstichtag ist in Abschn 32 151
geregelt. Als Zeitraum, in dem sog **wertaufhellende Tatsachen** noch zu berücksichtigen sind und Angaben zu sog **wertbegründenden (bzw wertbeeinflussenden) Ereignissen** erforderlich sind, definiert SME-IFRS 32.2 die Zeit vom Bilanzstichtag bis zur Freigabe des Abschlusses. Mit Letzterem ist der Zeitpunkt gemeint, an dem je nach Rechtsform entweder der Gesellschafterausschuss oder der Aufsichts- bzw Verwaltungsrat den Abschluss gebilligt hat.

Wertaufhellende Tatsachen, wie zB Insolvenz eines Kunden, bestätigen Gegebenheiten, die bereits zum Ende der Berichtsperiode vorlagen. Diese sind im gesamten Jahresabschluss (somit ggf auch bei den Anhangangaben) zu berücksichtigen. Ausschließlich im Anhang zu berücksichtigen sind **wertbegründende Ereignisse.** Dies sind Ereignisse, die bedeutende Änderungen darstellen, die jedoch erst nach Abschluss der Berichtsperiode eingetreten sind. SME-IFRS 32.11 nennt hierzu verschiedene Beispiele, die aber nicht abschließend sind. Hierzu zählen ua bedeutende Anschaffungen oder Veräußerungen von Vermögenswerten, eintretende Rechtsstreitigkeiten oder bedeutende Transaktionen in Bezug auf das Eigenkapital der Gesellschaft.

Werden **Ausschüttungen** nach dem Bilanzstichtag beschlossen, so dürfen diese im Abschluss des Berichtsjahrs noch nicht als Schulden passiviert werden (SME-IFRS 32.8).

152 *(einstweilen frei)*

5. Angaben über Beziehungen zu nahestehenden Unternehmen und Personen

153 Als nahestehende Unternehmen und Personen sind Marktteilnehmer zu betrachten, die aufgrund ihrer Stellung zum Unternehmen **Einflussmöglichkeiten** besitzen, die anderen Personen verwehrt bleiben. Dazu zählen neben MU und einzelnen beherrschenden Gesellschaftern sowie allen anderen Konzernunternehmen zB auch Geschäftsführungs- und Aufsichtsratsmitglieder (SME-IFRS 33.2 (geändert 2015)). Es sind Angaben über alle Geschäfte des Unternehmens mit den nahestehenden Unternehmen und Personen zu machen, unabhängig davon, ob diese Geschäfte unter marktüblichen Transaktionen vorgenommen wurden oder nicht (SME-IFRS 33.9). Für Geschäftsführungs- und Aufsichtsratsmitglieder (bzw Mitglieder des Managements in Schlüsselpositionen; *key management personnel*) ist daneben die **Angabe zu deren insgesamt erhaltenen Bezügen** erforderlich (SME-IFRS 33.6 f). Im Vergleich zu kapitalmarktorientierten Unternehmen mit einer großen Anzahl entspr Mitglieder in Schlüsselpositionen, könnte die Angabe der Gesamtbezüge in kleinen Unternehmen im Extremfall allerdings auf eine Offenlegung der Bezüge eines geschäftsführenden Eigentümers hinauslaufen. Die Offenlegungsanforderung gilt nach der Ergänzung im Jahr 2015 auch dann, wenn die Managementleistungen durch andere Unternehmen erbracht werden (sog *management entity,* vgl SME-IFRS 33.2 und Glossar (geändert 2015)).

154 Eine Angabe, dass die Geschäfte zu **marktüblichen Konditionen** vorgenommen wurden, darf nur erfolgen, wenn dies auch eindeutig belegbar ist (SME-IFRS 33.13). Die weiteren Angabepflichten werden durch die Aufzählungen in SME-IFRS 33.9 ff konkretisiert.

155 *(einstweilen frei)*

6. Aufgegebene Geschäftsbereiche und zur Veräußerung gehaltene Vermögenswerte

156 Der SME-IFRS enthält – anders als IFRS 5 – **keine gesonderten Ausweis- und Bewertungsvorschriften** für aufgegebene Geschäftsbereiche und zur Veräußerung gehaltene langfristige Vermögenswerte. Lediglich dann, wenn ein bindender Verkaufsvertrag *(binding sale agreement)* vorliegt, verlangt SME-IFRS 4.14 **Angaben** zu den zu veräußernden Vermögenswerten und Schulden (Beschreibung, Buchwert) sowie zu weiteren Rahmenbedingungen der Veräußerung. Um sicherzustellen, dass zur Veräußerung gehaltene Vermögenswerte und aufgegebene Geschäftsbereiche verlustfrei bewertet werden, löst die Verkaufsabsicht zwangsläufig die Durchführung des Wertminderungstests aus (SME-IFRS 27.9(f) und SME-IFRS 17.26). Dazu wird der erzielbare Betrag der zur Veräußerung gehaltenen Vermögenswerte und aufgegebenen Geschäftsbereiche ermittelt und

mit deren Buchwerten verglichen, um einen ggf bestehenden Wertminderungsbedarf festzustellen.

(einstweilen frei) 157

VI. Angaben im Anhang

Eine Systematisierung der obligatorischen Anhangangaben findet sich in Abschn 8 des SME-IFRS. Dazu zählt neben der Angabe über die **Ausübung von Wahlrechten** in erster Linie die Erläuterung der **zugrunde liegenden Annahmen** (SME-IFRS 8.5). Für nahezu jeden Bilanzposten werden darüber hinaus in den einzelnen Abschn noch zusätzliche umfangreiche Anhangangaben gefordert. 158

Urspr war für die Anwender der SME-IFRS eine deutliche **Reduzierung** der Anhangangaben geplant, dennoch sind die **Berichtspflichten** (auch nach der Überarbeitung im Jahr 2015) immer noch **sehr umfassend.** Dies kann als ein Widerspruch zum Anwendungsbereich der SME-IFRS gesehen werden, da diese Standards ausschließlich für Unternehmen anwendbar sind, die keiner öffentlichen Rechenschaftspflicht unterliegen. Anhaltspunkte für den Umfang der geforderten Angaben gibt eine Befragung von Kreditinstituten, die den geforderten Anhangangaben grds hohe Bedeutung beimessen (*DRSC/Haller/Löffelmann* 2008, 51 ff).

Viele mittelständische Unternehmen erachten die im SME-IFRS geforderten Anhangangaben jedoch als **besonders sensibel.** Dies gilt insbes für Geschäftsvorfälle mit Gesellschaftern und Mitgliedern des Managements, die Angabe von Kaufpreisen bei Unternehmenserwerben oder Angaben zu gestellten Sicherheiten und Auflagen für Kreditverträge (sog *covenants; Grottke/Späth/Haendel* DStR 2011, 2422 (2425 f)). 159

Hilfreich zur vollständigen Erfüllung der Angabepflichten ist eine Checkliste sämtlicher Angaben, die sich in der Anwendungsleitlinie befindet.

(einstweilen frei) 160

VII. Übergang auf SME-IFRS

Als Erstanwender gilt, wer den SME-IFRS zum ersten Mal **vollumfänglich** anwendet oder aber früher bereits SME-IFRS-Anwender war, jedoch in der Zwischenzeit keinen Abschluss in Übereinstimmung mit SME-IFRS erstellt hat. Im letzteren Fall kann das Unternehmen sich für eine erneute Anwendung des Abschn 35 entscheiden oder den SME-IFRS vollständig retrospektiv anwenden (SME-IFRS 35.2 (geändert 2015)). Für die vollumfängliche Anwendung des SME-IFRS ist eine entspr Bestätigung im Anhang anzugeben (SME-IFRS 35.4). Um den nach SME-IFRS 3.14 geforderten Vergleichsangaben der Vorperiode nachzukommen, muss bereits für die der erstmaligen Veröffentlichung vorangegangene Periode (bzw beginnend mit der ersten ggf früheren Vergleichsperiode) ein SME-IFRS-Abschluss aufgestellt werden (SME-IFRS 35.6). 161

Die Umstellung auf SME-IFRS erfolgt analog zu IFRS 1 **grds retrospektiv** (*Senger* in IFRS-SMEs-Kommentar Teil B, Abschn 35 Rz 23). Das bedeutet, die Wertverhältnisse in der SME-IFRS-Bilanz müssen sich so darstellen, als hätte das Unternehmen schon immer nach diesem Standard Rechnung gelegt. Die retrospektive Anpassung von Ansatz und Bewertung erfolgt erfolgsneutral über das Eigenkapital (SME-IFRS 35.8). 162

Vom Grundsatz der retrospektiven Anpassung sieht SME-IFRS 35.9 ff (geändert 2015) einige Ausnahmen vor, die im Zuge der Überarbeitung im Jahr 2015 im Wesentlichen an die weiteren entspr Erleichterungen der Full-IFRS (IFRS 1) an- 163 gepasst wurden. Ein **Verbot der retrospektiven Anpassung** gilt für die Ausbuchung finanzieller Vermögenswerte und Verbindlichkeiten, die Bilanzierung von Sicherungsbeziehungen, Schätzungen, Ausweis- und Bewertungsregeln für aufgegebene Geschäftsbereiche, die Aufteilung des Gewinns oder Verlusts bzw des Gesamtergebnisses der Periode auf Gesellschafter des MU und nicht-beherrschende Gesellschafter sowie für Zuwendungen der öffentlichen Hand (SME-IFRS 35.9 (geändert 2015)). Des Weiteren **kann** in folgenden Fällen vom Grundsatz der retrospektiven Umstellung abgewichen werden (SME-IFRS 35.10 (geändert 2015)):

(1) **Unternehmenszusammenschlüsse:** Abschn 19 braucht auf vergangene Unternehmenszusammenschlüsse nicht angewendet zu werden. Das bedeutet zB, dass eine Erstkonsolidierung, die nach einer Methode vorgenommen wurde, die im SME-IFRS nicht erlaubt ist, beibehalten werden kann. Dies gilt zB für eine Erstkonsolidierung nach der *pooling-of-interests*-Methode. Gleiches würde zB auch für eine Verschmelzung iSd UmwG gelten, die nach der Buchwertfortführungsmethode gem § 24 UmwG bilanziert wurde.

(2) **Anteilsbasierte Vergütungen:** SME-IFRS Abschn 26 braucht nicht angewendet zu werden.

(3) **Beizulegender Zeitwert:** der zum Übergangszeitpunkt ermittelte beizulegende Zeitwert kann für die Bewertung von Sachanlagen, zu Investitionszwecken gehaltenen Immobilien oder immateriellen Vermögenswerten an die Stelle der anderenfalls zu ermittelnden fortgeführten Anschaffungs- oder Herstellungskosten treten.

(4) **Neubewertung:** eine nach vormals anderen Rechnungslegungsgrundsätzen vorgenommene Neubewertung von Sachanlagen, von zu Investitionszwecken gehaltenen Immobilien oder von immateriellen Vermögenswerten kann beibehalten werden.

(5) **Ereignisbezogene Ermittlung des beizulegenden Zeitwerts**: Ein zu einem bestimmten Ereignis wie bspw im Rahmen einer (Teil-)Unternehmensbewertung zum Zweck der Veräußerung ermittelter beizulegender Zeitwert kann beibehalten werden.

(6) **Kumulierte Umrechnungsdifferenzen:** kumulative Umrechnungsdifferenzen aus der Währungsumrechnung von Abschlüssen ausländischer TU brauchen im Zeitpunkt der Umstellung der Rechnungslegung nicht im Eigenkapital gebucht zu werden.

(7) **Einzelabschluss des MU:** sofern im Einzelabschluss des MU die Anschaffungskostenmethode für die Bilanzierung von TU, assoziierten Unternehmen und gemeinschaftlich geführten Unternehmen gewählt wurde, können der beizulegende Zeitwert oder der nach den vorherigen Rechnungslegungsnormen ermittelte Buchwert als Anschaffungskosten für die Beteiligungen herangezogen werden.

(8) **Hybride Finanzinstrumente:** eine Aufteilung in einen Fremd- und Eigenkapitalanteil braucht nicht vorgenommen zu werden, wenn der Fremdkapitalanteil nicht mehr aussteht.

(9) **Dienstleistungskonzessionsvereinbarungen:** Dienstleistungskonzessionsvereinbarungen, die vor dem Zeitpunkt des Übergangs auf den SME-IFRS abgeschlossen wurden, müssen nicht nach den relativ komplexen Regeln des SME-IFRS 34.12 ff bilanziert werden.

(10) **Rohstoff fördernde Industrie:** Öl- und Gasvermögenswerte können mit dem nach Vollkostenansatz ermittelten Wert der zuvor angewandten Rechnungslegungsvorschriften angesetzt werden. Allerdings sind sie zum Zeitpunkt des Übergangs auf SME-IFRS gem Abschn 27 auf Wertminderungsbedarf zu prüfen.

(11) **Leasingverhältnisse:** Vereinbarungen, die zwar nicht rechtlich, ggf jedoch wirtschaftlich betrachtet Leasingverhältnisse darstellen, brauchen nicht rückwirkend (zum Zeitpunkt des Abschlusses der Vereinbarung) entspr klassifiziert zu werden. Die Klassifizierung kann stattdessen zum Zeitpunkt des Übergangs auf SME-IFRS unter Berücksichtigung der dann gegebenen Umstände vorgenommen werden.

(12) **Abbruch- und Wiederherstellungskosten:** Gem SME-IFRS 17.10(c) umfassen die Anschaffungs- oder Herstellungskosten von Sachanlagen auch die anfänglich geschätzten Kosten des Abbruchs und der Beseitigung der Sachanlage und Wiederherstellung des Standorts, an dem sich die Sachanlage befindet. Anstelle einer retrospektiven Schätzung dieses Kostenbestandteils kann eine Schätzung zum Zeitpunkt des Übergangs auf SME-IFRS erfolgen.

(13) **Preisregulierte Absatzgeschäfte**: Für Sachanlagen oder immaterielle Vermögenswerte, die für preisregulierte Absatzgeschäfte genutzt werden, können die nach bisherigen Normen ermittelten Buchwerte herangezogen werden.

Bei diesen Geschäftsvorfällen handelt es sich um ein **Wahlrecht** der retrospektiven Anpassung, durch welches der Umstellungsaufwand verringert werden soll. Das Wahlrecht kann für jede Ausnahme einzeln ausgeübt werden. Allerdings sollte uE für jeden Sachverhalt, der unter die entspr Ausnahme fällt, das Wahlrecht **einheitlich** ausgeübt werden. Dh es ist uE nicht möglich, einen Unternehmenszusammenschluss retrospektiv, einen anderen Unternehmenszusammenschluss dagegen prospektiv darzustellen. Dies würde die Palette der bilanzpolitischen Möglichkeiten in unzulässiger Weise erweitern und die Vergleichbarkeit verschiedener Abschlüsse würde nahezu unmöglich werden. Ausgenommen davon sind die zulässigen Wertmaßstäbe für Sachanlagen, als Finanzinvestition gehaltene Immobilien und immaterielle Vermögenswerte (s (3) und (4)). Es besteht keine Verpflichtung, gleichartige Vermögenswerte hinsichtlich dieses Wahlrechts gleich zu behandeln, sodass eine gezielte Bewertung je Vermögenswert zulässig ist (*Senger* in IFRS-SMEs-Kommentar Teil B, Abschn 35 Rz 57).

Beim Übergang auf die SME-IFRS gilt für die Abbildung **latenter Steuern das Wahlrecht,** den entspr Abschn 29 prospektiv anzuwenden (SME-IFRS 35.10(h) (geändert 2015)). 164

Zudem enthält SME-IFRS 35.11 (geändert 2015) eine **Impraktikabilitätsklausel.** Danach kann auf die nach SME-IFRS 35.7 geforderten Anpassungsmaßnahmen zum Zeitpunkt des Übergangs auf SME-IFRS verzichtet werden, wenn die erforderlichen Anpassungen zum Eröffnungsbilanzstichtag nicht durchführbar *(impracticable)* sind. Die Anpassungen müssen jedoch zu Beginn der Periode nachgeholt werden, zu der dies erstmals möglich ist; spätestens jedoch zu Beginn der Berichtsperiode, in der erstmals ein Abschluss nach SME-IFRS vorgelegt wird. 165

Im **Anhang** ist zudem für den erstmaligen SME-IFRS-Abschluss eine **Überleitungsrechnung** vom bisherigen **Eigenkapital** auf das nach SME-IFRS ausgewiesene Eigenkapital anzugeben. Dasselbe gilt für die Überleitung des Jahresergebnisses (SME-IFRS 35.13). Aus diesen Überleitungsrechnungen werden die Umstellungseffekte ersichtlich.

D. Gesamtbeurteilung und Ausblick

Dem IASB ist es gelungen, mit dem im Jahr 2009 vorgelegten SME-IFRS einen **eigenständigen** und **verhältnismäßig kompakten SME-IFRS** zu erarbeiten. Die dabei zugrunde gelegte SME-spezifische Kosten-Nutzen-Abwägung 166 zeigt sich in den im Vergleich zu Full-IFRS vereinfachten Bilanzierungsnormen und in reduzierten Angabepflichten. Die aus Sicht kleiner und mittelgroßer Unternehmen wichtige **Eigenständigkeit** des SME-IFRS wird zukünftig maßgeblich abhängig sein von der Anwendung dieses Standards in der Praxis. Entscheidend wird sein, von den Full-IFRS emanzipierte Lösungen in Fällen von Regelungslücken zu schaffen. Verbleibende Zweifelsfragen sollten die Anwender uE deshalb durch Anwendung der allgemeinen Prinzipien in Abschn 2 des SME-IFRS lösen. Eine freiwillige Anwendung der SME-IFRS ist für den avisierten Anwenderkreis schließlich nur dann interessant, wenn der Nutzen eines SME-IFRS (zB bessere Akzeptanz bei Kapitalgebern) den Umstellungs- und Anwendungsaufwand rechtfertigt. Allerdings wird der SME-IFRS in Deutschland und Europa bis auf wenige Ausnahmen kaum freiwillig angewendet. In seltenen Fällen kommt die Anwendung infrage, um mittelständischen Unternehmen mit der Anwendung des SME-IFRS Zugang zu weiteren Finanzierungsalternativen zu ermöglichen, insbes wenn für diese Unternehmen die Anwendung der Full-IFRS aufgrund von deren Komplexität und Umfang ausgeschlossen wurde (vgl zum Ziel des SME-IFRS, Finanzierungsmöglichkeiten zu schaffen, *Pacter* IRZ 2012, 463 (463)).

167 Die erste (turnusmäßig ca alle drei Jahre durchzuführende) **Überarbeitung des SME-IFRS** wurde im Jahr 2015 abgeschlossen. Im Ergebnis wurde der Heterogenität von SMEs durch wenige **zusätzliche Wahlrechte** Rechnung getragen. Zudem wurden im Wesentlichen ausgewählte Änderungen der Full-IFRS in den SME-IFRS übernommen. Darüber hinaus wurden an etlichen Stellen Klarstellungen der Inhalte des SME-IFRS vorgenommen. Diese maßvolle Überarbeitung des SME-IFRS entsprach dem in den Stellungnahmen vorgetragenen Wunsch nach weitgehender Stabilität der Regelungen. Dies liegt insbes im Interesse der Anwender des SME-IFRS, für die regelmäßige umfassende Änderungen der Normen mit einem hohen Aufwand verbunden wären. Die nächste Überarbeitung wird in ca drei Jahren initiiert werden.

Wie zuvor dargestellt (→ Rn 6 ff), kommt dem SME-IFRS in Deutschland und Europa kaum Bedeutung zu. Dies gilt umso mehr, als nunmehr die grundlegende Überarbeitung der europäischen Bilanzrichtlinie und deren Umsetzung in den Mitgliedstaaten erfolgt ist. Eine Öffnung hin zur freiwilligen oder gar verpflichtenden Anwendung des SME-IFRS für ausgewählte Unternehmen ist hierbei nicht erfolgt. Vielmehr stand explizit die Eigenständigkeit europäischer Normen im Vordergrund. Auch in der näheren Zukunft scheint der SME-IFRS daher in Europa kaum an Bedeutung zu gewinnen.

168 Dies stellt sich **weltweit** anders da. Zumindest in den ersten Anwendungsjahren scheinen keine gravierenden Schwierigkeiten mit der Anwendung des SME-IFRS aufgekommen zu sein, sodass zu vermuten ist, dass sich der SME-IFRS in vielen Jurisdiktionen außerhalb der EU als ein Baustein nationaler Rechnungslegungsnormen etablieren könnte. Soweit sich der SME-IFRS im internationalen Umfeld weiter verbreitet, mag sich die Frage nach der praktischen Relevanz auch im europäischen und damit auch deutschem Umfeld erneut stellen.

Anlage: IFRS-Anhangcheckliste

Die nachfolgend abgedruckte Checkliste in Kurzfassung bzw in Stichworten berücksichtigt alle Interpretationen, Standards und (Folge-)Änderungen, die bis zum 31. Juli 2015 vom IASB verabschiedet waren, unabhängig von ihrem verpflichtenden Erstanwendungszeitpunkt (zu den unterschiedlichen Erstanwendungszeitpunkten vgl die Darstellungen in den jeweils einschlägigen §§). Ausgenommen hiervon ist der SME-IFRS; dessen Angabepflichten aufgrund der derzeit (und auf absehbare Zeit) nicht bestehenden Anwendungspflicht nicht nachfolgend, sondern lediglich in dem entspr Abschn ausgeführt sind (→ § 46 Rn 158f). Diese Checkliste kann somit für Geschäftsjahre angewendet werden, die am oder nach dem 1. Januar 2016 beginnen, bzw für frühere Geschäftsjahre, sofern sämtliche geänderten Standards und Interpretationen (Endorsement vorausgesetzt) vorzeitig angewendet werden.

Bis zur Drucklegung (31. Juli 2015) waren folgende Interpretationen, Standards und (Folge-)Änderungen noch **nicht** in **europäisches Recht** übernommen:

(1) **IFRS 14** Regulatorische Abgrenzungsposten (vom IASB veröffentlicht am 30. Januar 2014),

(2) **IFRS 15** Erlöse aus Verträgen mit Kunden (vom IASB veröffentlicht am 28. Mai 2014),

(3) **IFRS 9** Finanzinstrumente (vom IASB veröffentlicht am 24. Juli 2014),

(4) **Änderungen des IFRS 11** Gemeinsame Vereinbarungen, *Accounting for Acquisitions of Interests in Joint Operations* (vom IASB veröffentlicht am 6. Mai 2014),

(5) **Änderungen des IAS 16 und IAS 38** *Clarification of Acceptable Methods of Depreciation and Amotisation* (vom IASB veröffentlicht am 12. Mai 2014),

(6) **Änderungen des IAS 16 und IAS 41** *Agriculture: Bearer Plants* (vom IASB veröffentlicht am 30. Juni 2014),

(7) **Änderungen des IAS 27** Einzelabschlüsse, *Equity Method in Separate Financial Statements* (vom IASB veröffentlicht am 12. August 2014),

(8) **Änderungen des IFRS 10 und IAS 28** *Sale or Contribution of Assets between an Investor and its Associate or Joint Venture* (vom IASB veröffentlicht am 11. September 2014),

(9) ***Annual Improvements to IFRSs 2012–2014 Cycle*** (vom IASB veröffentlicht am 25. September 2014),

(10) **Änderungen des IAS 1** Darstellung des Abschlusses, *Disclosure Initiative* (vom IASB veröffentlicht am 18. Dezember 2014) und

(11) **Änderungen des IFRS 10, IFRS 12 und IAS 28** *Investment Entities: Applying the Consolidation Exception* (vom IASB veröffentlicht am 18. Dezember 2014).

Für deutsche Unternehmen, die basierend auf der IAS-VO bzw §§ 290, 315a bzw 325 Abs 2a HGB nach IFRS bilanzieren, ergeben sich zusätzlich Anhangangaben, die in → § 19 Rn 66ff aufgeführt sind.

Die Stichworte, die in die Checkliste aufgenommen sind, werden durch die zitierten IFRS-Texte und durch die Hinweise auf die entspr Abschn des Handbuchs erläutert. Die Verweise auf das Handbuch bezeichnen die §§ des Handbuchs und die Randnummern (Rn) der einzelnen §§. Die Stichworte allein können die jeweiligen Anforderungen nicht vollständig vermitteln.

Die Checkliste ist wie folgt gegliedert:

Angaben	Fundstelle	Handbuch		
	IAS	§	Rn	
I. Angaben, die von allen Unternehmen gemacht werden müssen				1
1. Allgemeine Angaben				
• **Sieben Bestandteile des Abschlusses (Bilanz, Gesamtergebnisrechnung, Eigenkapitalveränderungsrechnung, Kapitalflussrechnung, Anhang, Vergleichsinformation der Vorperiode (gem IAS 1.38 und IAS 1.38A), Bilanz zu Beginn der Vorperiode (nur bei rückwirkender Anpassung oder Umgliederung von Posten oder rückwirkender Anwendung von Rechnungslegungsmethoden))**	**1.10**	**2** **19**	**25 ff, 100, 288** **1**	
• **Gleichwertige Darstellung** aller Abschlussbestandteile	**1.11**	**19**	**3**	
• **Übereinstimmung mit IFRS** angeben; Voraussetzungen beachten	**1.16**	**2** **19**	**101** **26 f, 52**	
• Wesentliche Posten **gesondert darstellen,** unwesentliche Posten hingegen **zusammengefasst**	**1.29**	**2**	**311, 326**	
• **Quantitative Angaben** zu Vorjahreszahlen sowie verbale und beschreibende Vergleichsinformationen: • Die **(minimalen) Vergleichsinformationen umfassen:** – zwei Bilanzen – zwei Gesamtergebnisrechnungen – zwei GuV (sofern erstellt) – zwei Kapitalflussrechnungen – zwei Eigenkapitalveränderungsrechnungen – sowie die zugehörigen Anhangangaben (für einen beispielhaft systematischen Aufbau des Anhangs vgl IAS 1.114)	**1.38** **1.38A**	**2** **19**	**76 ff** **20 f**	
• Ggf **freiwillige Angabe** weiterer den IFRS entspr Vergleichsinformationen	**1.38C** **1.38D**	**2**	**27, 80**	
• Bei **rückwirkender Änderung** einer Rechnungslegungsmethode, umgegliederten oder rückwirkend angepassten Abschlussposten (**wesentlicher Einfluss** auf die Bilanz der Vorperiode erforderlich):	**1.40A**	**2**	**27**	

Angaben	Fundstelle IAS	Handbuch §	Handbuch Rn
– Zusätzliche Darlegung einer **dritten Bilanz** zu **Beginn der Vorperiode** nebst der Bilanz zum Ende der Vorperiode sowie zum Ende der Berichtsperiode	**1.40B**		
– Angabe der **gem IAS 1.41 bis IAS 1.44** sowie **IAS 8 geforderten Informationen** (jedoch keine entspr Anhangangaben erforderlich)	**1.40C**		
Hinweis: Die Darlegung der dritten Bilanz sollte unabhängig von einer Bereitstellung weiterer freiwilliger Vergleichsinformationen gem IAS 1.38C stets zu Beginn der Vorperiode erfolgen.	**1.40D**		
• Bei **geänderter Darstellung oder Gliederung von Posten** im Abschluss ist grds auch eine Umgliederung von Vergleichsbeträgen erforderlich ebenso wie die Angabe von (einschließlich Informationen zu Beginn der Vorperiode): – Art und Grund der Umgliederung sowie Betrag der umgegliederten Posten/Postengruppe	**1.41**	**2**	**79**
• Bei **Undurchführbarkeit der Umgliederung von Vergleichsbeträgen:** – Gründe für unterlassene Umgliederung – Art der Anpassungen, die bei Umgliederung erfolgt wären	**1.42**	**2**	**79**
• **Stetigkeit** in Darstellung und Ausweis von Posten	**1.45**	**2**	**76 ff**
• **Unterscheidbarkeit** der Abschlussbestandteile von anderen Informationen	**1.49**	**2**	**100**
• **Zur Identifikation sind folgende Angaben zu machen:** – Name des Unternehmens – Angabe ob Einzel- oder Konzernabschluss – Stichtag bzw Berichtsperiode – Währung – Angabe ob Zahlen in Tausend	**1.51** **1.51(a)** **1.51(b)** **1.51(c)** **1.51(d)** **1.51(e)**	**2**	**100**
• **Weiter sind im Abschluss oder an anderer Stelle anzugeben:** – Sitz, Rechtsform, Land, Anschrift – Beschreibung der Art der Geschäftstätigkeit und der Haupttätigkeiten sowie – Name des MU und des obersten MU des Konzerns – bei begrenzter Lebensdauer des Unternehmens Angabe der Lebensdauer	**1.138** **1.138(a)** **1.138(b)** **1.138(c)** **1.138(d)**	**19**	**49**
• **Grundlagen** für die Abschlusserstellung; Besonderheiten für Bilanzierung und Bewertung hervorheben	**1.112(a)**	**19**	**6, 14, 26 f**
• **Pflicht- und Zusatzinformationen,** falls für Verständnis notwendig	**1.112(b)–1.112(c)**	**19**	**6, 19, 51**

Angaben	**Fundstelle**	**Handbuch**	
	IAS	**§**	**Rn**
• **Querverweise** in Bilanz, Gesamtergebnisrechnung, gesonderter GuV (sofern erstellt), Eigenkapitalveränderungsrechnung und Kapitalflussrechnung; systematischer Aufbau des Anhangs	**1.113**	**19**	**11**
• Bei **geändertem Berichtszeitraum:** Angabe des Grundes sowie der Nichtvergleichbarkeit von Beträgen des Abschlusses	**1.36**	**2** **19**	**103** **27**
• Angaben zum **Kapitalmanagement** • **Qualitative Angaben** zu Zielen, Methoden und Prozessen beim Kapitalmanagement inklusive – Beschreibung, was als Kapital gemanagt wird – ggf Art und Anforderungen **externer Mindestkapitalanforderungen** und Art und Weise, wie in Kapitalmanagement einbezogen – Angabe, wie Ziele erfüllt werden • Zusammengefasste **quantitative Angaben,** was als Kapital gemanagt wird • Veränderungen ggü vorangegangener Periode betreffend IAS 1.135(a) und IAS 1.135(b) • Angabe, ob externe Mindestkapitalanforderungen erfüllt • Angabe, der Konsequenzen bei Nichterfüllung externer Mindestkapitalanforderungen • Ggf gesonderte Angaben bei verschiedenen Mindestkapitalanforderungen	**1.134** **1.135(a)** **1.135(a)(i)** **1.135(a)(ii)** **1.135(a)(iii)** **1.135(b)** **1.135(c)** **1.135(d)** **1.135(e)** **1.136**	**12** **19**	**141** **46**
• Zeitpunkt der **Freigabe des Abschlusses;** Wer ist für Freigabe zuständig? • Ggf, dass eine **Änderung** nach Veröffentlichung möglich ist	**10.17**	**2**	**107**
2. Bilanzierungs- und Bewertungsmethoden			
• Angabe, wenn IFRS vor deren **Inkrafttreten** angewandt werden/noch nicht angewandt werden	**8.30**	**19**	**27**
• **Wesentliche Ermessensentscheidungen** des Managements bzgl Rechnungslegungsmethoden (vgl die Beispiele in IAS 1.123)	**1.125, 1.131**	**19**	**37 ff**
• Angabe der **herangezogenen Bewertungsgrundlagen** und sonstige **angewandte Rechnungslegungsmethoden,** sofern relevant, sowie die Ausübung von Wahlrechten	**1.117–1.119**	**2** **19**	**61** **28 ff**
• Für folgende **Bereiche** Angaben der Bilanzierungs- und Bewertungsmethoden (allgemein): – Forschungs- und Entwicklungskosten (→ Rn 8) – Leasing (→ Rn 26 ff) – Vorräte (→ Rn 18) – Rückstellungen (→ Rn 24)	**1.117–1.119** **38.126** **17.31, 17.35, 17.47, 17.56** **2.36** **37.84 ff**	**19** **4** **22** **8** **13**	**28 ff** **36 ff, 153** **121 ff** **201 ff**

2

Angaben	Fundstelle	Handbuch	
	IAS	§	Rn
– Leistungen an Arbeitnehmer (→ Rn 110 ff)/Altersversorgungspläne (→ Rn 113) – Steuern (inklusive latente) (→ Rn 21) – Erfassung von Erlösen – bei Dienstleistungen und Fertigungsaufträgen (→ Rn 19) – Zuwendungen der öffentlichen Hand (→ Rn 30)	**19.53** **26.34 ff** **12.79** **11.39 ff** **20.39**	**26** **26** **25** **15** **9** **5**	**160 ff** **174** **212 ff** **20 ff, 163** **8 ff, 116** **59 ff, 81**
3 **3. Gesamtergebnisrechnung**			
• Bei **vereinter Darstellung** von Gewinn/Verlust und sonstigem Ergebnis Ausweis der beiden Positionen in **getrennten Abschnitten** (dabei Abschnitt GuV zuerst, gefolgt von Aufstellung des sonstigen Ergebnisses) • Bei **separater Darstellung** der GuV muss diese der Darstellung des sonstigen Ergebnisses unmittelbar vorangehen; Darstellung des sonstigen Ergebnisses muss wiederum mit Gewinn/Verlust beginnen	**1.10A**	**2** **15**	**313 ff** **4, 78 ff**
• Neben den Abschnitten „Gewinn oder Verlust" und „sonstigem Ergebnis" muss die **Gesamtergebnisrechnung** Folgendes zeigen: – Gewinn oder Verlust – Summe des sonstigen Ergebnisses – Gesamtergebnis für die Periode (Summe aus Gewinn/Verlust und sonstigem Ergebnis) **Hinweis:** Bei gesonderter Darstellung einer GuV entfällt der Abschnitt „Gewinn oder Verlust" in der Gesamtergebnisrechnung.	**1.81A** **1.81A(a)** **1.81A(b)** **1.81A(c)**	**15**	**78**
• **Zusätzliche Darstellung** von: – der den nicht-beherrschenden Gesellschaftern sowie den Eigentümern des MU zuzurechnende Gewinn/Verlust der Periode – das den nicht-beherrschenden Gesellschaftern sowie den Eigentümern des MU zuzurechnende Gesamtergebnis der Periode **Hinweis:** Bei gesonderter Darstellung einer GuV muss diese die unter IAS 1.81B(a) geforderten Angaben enthalten.	**1.81B** **1.81B(a)** **1.81B(b)**	**15**	**78**
• **Gliederungsanforderungen für den Abschnitt „Gewinn oder Verlust" bzw die gesonderte GuV:** – Umsatzerlöse – Gewinne/Verluste aus der Ausbuchung von zu fortgeführten Anschaffungskosten bewerteten finanziellen Vermögenswerten – Finanzierungsaufwendungen – Wertminderungsaufwand auf finanzielle Vermögenswerte – Gewinn- und Verlustanteile an assoziierten Unternehmen und Gemeinschaftsunternehmen, die nach der Equity-Methode bilanziert werden	**1.82** **1.82(a)** **1.82(aa)** **1.82(b)** **1.82(ba)** **1.82(c)**	**2** **15** **15** **15** **36**	**313 ff** **79** **101 ff** **130 ff** **142**

Angaben	**Fundstelle** IAS	**Handbuch** §	Rn
– Gewinne/Verluste aus der Reklassifizierung von zuvor zu fortgeführten Anschaffungskosten bewerteten finanziellen Vermögenswerten in die Kategorie der zum beizulegenden Zeitwert bewerteten finanziellen Vermögenswerte – Gewinne/Verluste aus der Reklassifizierung von zuvor erfolgsneutral zum beizulegenden Zeitwert bewerteten finanziellen Vermögenswerten – Steueraufwendungen – gesonderter Betrag für die Summe aufgegebener Geschäftsbereiche (gem IFRS 5)	**1.82(ca)** **1.82(cb)** **1.82(d)** **1.82(ea)**	 **15** **15**	 **136 ff** **139 ff**
• Weitere **zusätzliche Angabe von Posten** (durch Aufgliederung der nach IAS 1.82 geforderten Posten), sofern für das Verständnis der Erfolgslage notwendig	**1.85**	**15** **2**	**87** **155** **320**
• Bei Verwendung von **zusätzlichen Zwischensummen** nach IAS 1.85: – innerhalb der Zwischensummen nur Verwendung von Posten, welche in **Übereinstimmung** mit den **IFRS** erfasst und bemessen wurden – Darstellung lediglich in der Art, dass die in einer Zwischensumme enthaltenen Posten **eindeutig** und **verständlich** dargelegt und bezeichnet sind – **Stetigkeit** in der Anwendung der zusätzlichen Zwischensumme – **keine Hervorhebung** von Zwischensummen gegenüber den unmittelbar durch IFRS vorgeschriebene (Zwischen-)Summen in der Gesamtergebnisrechnung **Hinweis:** Es sollten die Posten in der Gesamtergebnisrechnung dargestellt werden, welche zusätzlich nach IAS 1.85 eingefügte Zwischensummen mit durch IFRS vorgeschriebenen (Zwischen-)Summen in Einklang bringt.	**1.85A** **1.85A(a)** **1.85A(b)** **1.85A(c)** **1.85A(d)** **1.85B**	**2**	**320**
• **Verbot** des Ausweises von **außerordentlichen Posten**	**1.87**	**15** **2**	**89** **313**
• Separater Ausweis **wesentlicher Aufwendungen und Erträge,** wenn für das Verständnis der Ertragskraft des Unternehmens relevant; zB die Restrukturierung von Unternehmensteilen oder die Beilegung von Rechtsstreitigkeiten	**1.97, 1.98**	**15** **2**	**88, 126 f** **321**
• Gliederung der betrieblichen Aufwendungen nach **Funktionsbereichen (UKV)** oder **Aufwandsarten (GKV)**	**1.99**	**15**	**94,** **163**
• Bei Anwendung des **UKV:** Analyse der Umsatzkosten nach Kostenarten	**1.104** **2.39**	**15**	**96,** **163**

Angaben	Fundstelle	Handbuch	
	IAS	§	Rn
• **Angabe von Dividenden,** die in der lfd Periode ausgeschüttet wurden sowie den entspr Betrag je Anteil (alternativ im Anhang oder in der Eigenkapitalveränderungsrechnung)	**1.107**	**–**	**–**
• Bilanzierungs- und Bewertungsmethode der Umsatzerlös- bzw Ertragserfassung inklusive der Methode der **Gewinnrealisierung** sowie Methode zur **Ermittlung des Fertigstellungsgrads** bei Dienstleistungsaufträgen	**18.35(a)**	**15** **9**	**160** **61**
• **Bedeutsame Arten von** Umsatzerlösen bzw **Erträgen** wie zB Umsatzerlöse/Erträge aus dem Verkauf von Gütern, der Erbringung von Dienstleistungen, aus Zinserträgen, Nutzungsentgelten oder Dividenden sowie die Umsatzerlöse/Erträge aus Tauschgeschäften mit Waren oder Dienstleistungen, die darin enthalten sind	**18.35(b)** **18.35(c)**	**15**	**105,** **160 ff**
• Bzgl Pflichtangaben in der GuV (sofern erstellt) zum **Pensionsaufwand** → Rn 110 ff			
• Bei **Ausgabe von Eigenkapitalinstrumenten** zur vollständigen oder teilweisen **Tilgung einer finanziellen Verbindlichkeit:** – Angabe der erfolgswirksam erfassten **Differenz** zwischen dem **Buchwert der getilgten Verbindlichkeit** und dem **gezahlten Entgelt** als **gesonderter Posten** in der Gesamtergebnisrechnung bzw GuV (sofern erstellt) oder im Anhang	**IFRIC 19.11**	**–**	**–**
• **Gliederung** des **sonstigen Ergebnisses** – Darstellung der einzelnen Posten des **sonstigen Ergebnisses** in der Periode: › **Einstufung und Gruppierung von Posten** danach, ob sie gem anderer IFRS später nicht aufwands- oder ertragswirksam umgegliedert werden oder später aufwands- oder ertragswirksam umgegliedert werden, sofern bestimmte Voraussetzungen erfüllt werden › der **Anteil von assoziierten Unternehmen** und **Gemeinschaftsunternehmen**, die nach der Equitymethode bilanziert werden, aufgeteilt danach, ob der Anteil gem anderer IFRS später nicht aufwands- oder ertragswirksam umgegliedert werden oder später aufwands- oder ertragswirksam umgegliedert werden, sofern bestimmte Voraussetzungen erfüllt werden	**1.82A** **1.82A(a)** **1.82A(b)**	**2**	**315, 325**
• **Darstellung** der Bestandteile des **sonstigen Ergebnisses** – nach Berücksichtigung aller damit verbundenen steuerlichen Auswirkungen oder – vor Berücksichtigung der damit verbundenen steuerlichen Auswirkungen und Ausweis der Summe der Ertragsteuern dieser Bestandteile als zusammengefasster Betrag	**1.91** **1.91(a)** **1.91(b)**	**2** **15**	**325** **98,** **150**

Angaben	**Fundstelle**	**Handbuch**	
	IAS	**§**	**Rn**
• Bei Anwendung des IAS 1.91(b) **Aufteilung** der Steuern auf die Posten, die anschließend in den Teil „Gewinn oder Verlust" umgegliedert werden bzw nicht umgegliedert werden	**1.91 aE**		
• Angabe der **Umgliederungsbeträge,** die sich auf Bestandteile des **sonstigen Ergebnisses** beziehen in der Gesamtergebnisrechnung oder im Anhang	**1.92, 1.94**	**2** **15**	**323** **149**
• Bei Darstellung von Umgliederungsbeträgen im Anhang, Angabe der Bestandteile des sonstigen Ergebnisses nach deren Berücksichtigung	**1.94**	**2**	**323**
• Angabe der **Ertragsteuern** für jeden einzelnen Bestandteil des sonstigen Ergebnisses einschließlich der **Umgliederungsbeträge**	**1.90**	**2** **15**	**325** **150**
4. Eigenkapitalveränderungsrechnung			
• In der **Eigenkapitalveränderungsrechnung** sind zumindest nachfolgende Bestandteile abzubilden:	**1.106, 1.108**	**17**	**18 ff**
– das Gesamtperiodenergebnis getrennt nach dem Anteil der auf die Anteilseigner des MU und dem Anteil, der auf nichtbeherrschende Anteile entfällt	**1.106(a)**		
– je Eigenkapitalkomponente **Auswirkungen von Änderungen oder Anpassungen** der Bilanzierungs- und Bewertungsmethoden sowie Fehlerkorrekturen gem IAS 8 für jede Vorperiode und für den Periodenanfang	**1.106(b),** **1.110**		
– **Überleitungsrechnung** der Buchwerte jeder Eigenkapitalkomponente zu Beginn und am Ende der Periode, wobei folgende Änderungen gesondert anzugeben sind:	**1.106(d)**		
– Gewinn oder Verlust	**1.106(d)(i)**		
– sonstiges Ergebnis	**1.106(d)(ii)**		
– **Transaktionen mit Anteilseignern** in ihrer Eigenschaft als Anteilseigner getrennt nach Kapitalzuführungen von und Ausschüttungen an Anteilseigner sowie Änderungen der Eigentumsanteile an TU, die nicht zu einem Verlust der Beherrschung führen	**1.106(d)(iii)**		
• Folgende Bestandteile sind entweder in der **Eigenkapitalveränderungsrechnung** oder im **Anhang** auszuweisen:	**1.106A,** **1.107**	**17**	**24 ff**
– nach Posten gegliederte Analyse des sonstigen Ergebnisses für jeden Eigenkapitalbestandteil gem IAS 1.106(d)(ii)	**1.106A**		
– Gesamtbetrag der an die Anteilseigner ausgeschütteten Dividende innerhalb des Berichtszeitraums	**1.107**		
– ausgeschüttete Dividende pro Aktie	**1.107**		

4

Angaben	Fundstelle	Handbuch	
	IAS	§	Rn
• Angabe von **Transaktionskosten,** die im Zusammenhang mit der Ausgabe von Aktien-/Grundkapital stehen und von diesem abzuziehen sind	**32.35 32.22 32.39**	**12**	**34 ff**
5 **5. Bilanz**			
5.1 Allgemeine Angaben			
• **Saldierungsverbot** beachten	**1.32**	**2**	**110 ff**
• Unterteilung der Bilanzposten in **kurzfristige** und **langfristige (gem IAS 1.66) mit** – für jeden solchen Posten Angabe des Betrags, der nach mehr als 12 Monaten realisiert oder erfüllt wird – Ausweis des kurzfristigen Teils langfristiger finanzieller Vermögenswerte und langfristiger Schulden als kurzfristig – Ausweis latenter Steuern als langfristig	**1.60** **1.61** **1.61** **1.56**	**2** **2** **2** **7** **13** **14** **7** **25**	**294 ff** **298 ff** **298 ff** **11** **202** **187** **102** **181**
• **Darstellung folgender Posten:** – Sachanlagen – als Finanzinvestition gehaltene Immobilien – immaterielle Vermögenswerte – finanzielle Vermögenswerte ohne IAS 1.54(e), IAS 1.54(h) und IAS 1.54(i) – nach der Equity-Methode bilanzierte Finanzanlagen – biologische Vermögenswerte – Vorräte – Forderungen aus Lieferungen und Leistungen und sonstige Forderungen – Zahlungsmittel und -äquivalente – zur Veräußerung gehaltene Vermögenswerte und Veräußerungsgruppen – Verbindlichkeiten aus Lieferungen und Leistungen und sonstige Verbindlichkeiten – Rückstellungen – finanzielle Schulden ohne IAS 1.54(k) und IAS 1.54(l) – Steuerschulden und -erstattungsansprüche – latente Steueransprüche und -schulden – Schulden, die einer Veräußerungsgruppe zugeordnet wurden – nicht-beherrschende Anteile am Eigenkapital und – gezeichnetes Kapital und Rücklagen, die auf Anteilseigner des MU entfallen (beim gezeichneten Kapital und bei den Rücklagen werden die verschiedenen Gruppen von eingezahltem Kapital, Agio und Rücklagen in der Bilanz oder im Anhang gesondert dargestellt)	**1.54** **1.54(a)** **1.54(b)** **1.54(c)** **1.54(d)** **1.54(e)** **1.54(f)** **1.54(g)** **1.54(h)** **1.54(i)** **1.54(j)** **(gem IFRS 5)** **1.54(k)** **1.54(l)** **1.54(m)** **1.54(n)** **1.54(o)** **1.54(p)** **(gem IFRS 5)** **1.54(q)** **1.54(r),** **1.78(e)**	**2** **5** **6** **4** **3** **23** **36** **41** **8** **3** **11** **28** **14** **13** **3** **25** **25** **28** **12** **12**	**307 ff** **216 ff** **97** **142 ff** **256 ff** **87 ff** **137 ff** **21** **116 ff** **256 ff** **35** **123 ff** **16,** **188 ff** **86** **256 ff** **26** **181** **123** **130** **23 ff, 67**

Angaben	**Fundstelle**	**Handbuch**	
	IAS	**§**	**Rn**
• Aufnahme **relevanter zusätzlicher Posten** (durch Aufgliederung der nach IAS 1.54 geforderten Posten), **Überschriften und Zwischensummen**	**1.55**	**2**	**311**
• Bei Verwendung von **zusätzlichen Zwischensummen** nach IAS 1.55: – innerhalb der Zwischensummen nur Verwendung von Posten, welche in **Übereinstimmung** mit den **IFRS** erfasst und bemessen wurden – Darstellung lediglich in der Art, dass die in einer Zwischensumme enthaltenen Posten **eindeutig** und **verständlich** dargelegt und bezeichnet sind – **Stetigkeit** in der Anwendung der zusätzlichen Zwischensumme – **keine Hervorhebung** von Zwischensummen gegenüber den unmittelbar durch IFRS vorgeschriebenen (Zwischen-)Summen in der Bilanz	**1.55A** **1.55A(a)** **1.55A(b)** **1.55A(c)** **1.55A(d)**	**2**	**311**
• **Untergliederung** von Posten in Bilanz oder Anhang	**1.77**	**2** **19**	**292 f, 311** **16**
• Vor der Abschlussfreigabe **vorgeschlagene oder beschlossene Dividende** – insgesamt und je Anteil – sowie deren ertragsteuerliche Konsequenz • Betrag der aufgelaufenen, noch nicht bilanzierten **Vorzugsdividenden (unter Beachtung von IAS 32.18(a))**	**1.137(a)** **10.13** **12.82A** **1.137(b)**	**12** **19** **25** **12** **19**	**140** **48** **214** **140** **48**
5.2 Sachanlagen			
• **Je Gruppe von Sachanlagen** (ähnlicher Art und Verwendung): – Bewertungsgrundlage Anschaffungs- oder Herstellungskosten – Abschreibungsmethoden – Nutzungsdauer oder Abschreibungssätze – Bruttobuchwert und kumulierte Abschreibungen zu Beginn und Ende der Periode – Informationen eines Anlagespiegels mit gesondertem Ausweis der Zugänge, Abgänge, zur Veräußerung gehaltener Vermögenswerte gem IFRS 5, Erwerbe durch Unternehmenszusammenschlüsse, Neubewertungen, erfolgsneutraler und erfolgswirksamer Wertminderungen und Wertaufholungen, Abschreibungen, Nettoumrechnungsdifferenzen aus der Umrechnung von Abschlüssen und Nettoinvestitionen (IAS 21) und sonstiger Bewegungen	**1.78(a), 16.73** **16.73(a)** **16.73(b)** **16.73(c)** **16.73(d)** **16.73(e)**	**5** **5** **5** **5** **5** **5**	**124, 221** **23 ff** **111 ff** **105 ff** **221** **221**

6

Angaben	Fundstelle	Handbuch	
	IAS	§	Rn
• **Weitere Angaben:** – Beschränkungen der Verfügungsrechte und die Gewährung von Sachanlagen als Sicherheiten – aktivierte Ausgaben für Anlagen im Bau – vertragliche Verpflichtungen zum Erwerb von Sachanlagen – Entschädigungen für Wertminderungen	**16.74** **16.74(a)** **16.74(b)** **16.74(c)** **16.74(d)**	**5**	**223**
• Bei **Anwendung** der **Neubewertungsmethode** (zusätzlich zu den gem IFRS 13 geforderten Angaben zum beizulegenden Zeitwert, s Kapitel **X.**): – Zeitpunkt der Neubewertungen – ob unabhängiger Gutachter hinzugezogen – hypothetischer Buchwert bei Anschaffungskostenmethode – Höhe, Veränderung und Ausschüttungsbeschränkungen der Neubewertungsrücklage	**16.77** **16.77(a)** **16.77(b)** **16.77(e)** **16.77(f)**	**5** **12**	**123 ff, 224** **75 ff**
• **Ertragsteuerliche** Konsequenzen (IAS 12)	**16.42**	**25**	**103**
• Folgende **freiwillige Angaben** werden empfohlen: – Buchwert temporär ungenutzter Sachanlagen – Buchwert vollabgeschriebener und genutzter Sachanlagen – Buchwert nicht genutzter und nicht als zum Verkauf nach IFRS 5 bestimmter Sachanlagen – bei Anwendung des Anschaffungskostenmodells: bei wesentlicher Abweichung vom Buchwert Angabe des beizulegenden Zeitwerts – Verwendete Grundannahmen zur Bestimmung des erzielbaren Betrags, wie zB Regeln über die Basis (Nettoveräußerungspreis oder Nutzungswert) und Prognosezeiträume	**16.79** **16.79(a)** **16.79(b)** **16.79(c)** **16.79(d)** **36.132**	**5**	**215, 225**
• Weitere Angaben bei Aktivierung von **Fremdkapitalkosten, Zuwendungen** der öffentlichen Hand, **Wertminderungen** und **Wertaufholungen** sowie in bestimmten Situationen	**23.26** **20.36, 20.39** **36.126 ff**	**5**	**37 ff,** **70 ff,** **152 ff,** **202 ff,** **227**
7 **5.3 Als Finanzinvestition gehaltene Immobilien**			
Folgende Angaben sind verpflichtend **unabhängig** von der Bewertungsmethode: • **Bewertungsmodell** (Zeitwert, Anschaffungskosten) • Zeitwert-Modell: Klassifikation von **Operate-Lease-Immobilien** als Finanzinvestition • Bei Zuordnungsschwierigkeiten (vgl IAS 40.14): **Zuordnungskriterien**	**40.75** **40.75(a)** **40.75(b)** **40.75(c)**	**6** **6** **6** **6**	**122** **34 ff** **14 ff** **14**

Angaben	Fundstelle	Handbuch	
	IAS	§	Rn
• Stützung auf **unabhängige Gutachter** (bzw Fehlanzeige)	**40.75(e)**	**6**	**38**
• Die im Ergebnis erfassten Beträge für als **Finanzinvestition gehaltene Immobilien:**	**40.75(f)**	**6**	**122**
– Mieterträge	**40.75(f)(i)**		
– direkte betriebliche Aufwendungen für vermietete Objekte			
– direkte betriebliche Aufwendungen für Objekte ohne Mieteinnahmen	**40.75(f)(iii)**		
– Änderung des ergebniswirksam erfassten beizulegenden Zeitwerts bei Verkauf von als Finanzinvestition gehaltenen Immobilien von einem Pool, in dem das Anschaffungskostenmodell verfolgt wird, in einen Pool mit Anwendung des Modells des beizulegenden Zeitwerts	**40.75(f)(iv)**		
• **Beschränkungen** der Veräußerbarkeit und der Überweisung von Erträgen/Erlösen	**40.75(g)**		
• **Vertragliche Verpflichtungen** zum Erwerb, zur Herstellung, Entwicklung, Reparatur, Instandhaltung oder Verbesserung	**40.75(h)**		
Beim Modell **„Beizulegender Zeitwert"** haben folgende Angaben zusätzlich zu den Angaben nach IAS 40.75 (und zusätzlich zu den gem IFRS 13 geforderten Angaben zum beizulegenden Zeitwert, s Kapitel **X.**) zu erfolgen:	**40.76**	**6**	**125 f**
• **Überleitungsrechnung** für Buchwerte			
– Zugänge (Erwerb und Nachaktivierungen getrennt)	**40.76(a)**	**6**	**26 ff**
– Zugänge aus Unternehmenszusammenschlüssen	**40.76(b)**	**34**	**101**
– Vermögenswerte zur Veräußerung iSv IFRS 5 und andere Abgänge	**40.76(c)**	**6**	**118 ff**
– Nettogewinne oder -verluste aus der Anpassung des beizulegenden Zeitwerts	**40.76(d)**	**6**	**40 ff**
– Nettoumrechnungsdifferenzen aus der Umrechnung von Abschlüssen und Nettoinvestitionen (IAS 21)	**40.76(e)**	**33**	**4 ff**
– Übertragungen in den bzw aus dem Bestand der Vorräte und der selbst genutzten Immobilien	**40.76(f)**	**6**	**110 ff**
– sonstige Änderungen	**40.76(g)**		
• Bei **wesentlichen Wertanpassungen:** Überleitungsrechnung auf den neuen Buchwert mit besonderen Angaben	**40.77**	**6**	**125**
Bei **ausnahmsweiser** Anschaffungskostenmethode wegen nicht bestimmbarem Zeitwert: **Gesonderte Überleitungsrechnung** gem IAS 40.76:	**40.78**	**6**	**126**
• **Beschreibung** der Immobilien	**40.78(a)**	**6**	**126**
• **Erklärung,** warum der beizulegende Zeitwert nicht verlässlich bestimmt werden kann	**40.78(b)**	**6**	**126**
• **Schätzungsbreite** für Zeitwert	**40.78(c)**		

Angaben	Fundstelle	Handbuch	
	IAS	§	Rn
• bei **Abgang:**	**40.78(d)**	**6**	**115 ff**
– den Umstand	**40.78(d)(i)**		
– den Buchwert zum Verkaufszeitpunkt	**40.78(d)(ii)**		
– den erfassten Gewinn oder Verlust	**40.78(d)(iii)**		
Anschaffungskostenmodell	**40.79(a)–40.79(e)**	**6**	**39, 123 f**
• **Abschreibungsmethoden**	**40.79(a)**		
• **Nutzungsdauern** oder Abschreibungssätze	**40.79(b)**		
• **Bruttobuchwert** und kumulierte Abschreibungen zu Beginn und Ende der Periode	**40.79(c)**		
• **Überleitungsrechnung für Buchwerte:**	**40.79(d)**		
– Zugänge (Erwerb und Nachaktivierungen getrennt)	**40.79(d)(i)**	**6**	**26 ff**
– Zugänge aus Unternehmenszusammenschlüssen	**40.79(d)(ii)**	**34**	**101**
– Vermögenswerte zur Veräußerung iSv IFRS 5 und andere Abgänge	**40.79(d)(iii)**	**6**	**118 ff**
– Abschreibungen	**40.79(d)(iv)**	**5**	**103 ff**
– Wertminderungsaufwendungen und Wertaufholungen gem IAS 36	**40.79(d)(v)**	**5**	**161 ff, 213 ff**
– Nettoumrechnungsdifferenzen aus der Umrechnung von Abschlüssen und Nettoinvestitionen (IAS 21)	**40.79(d)(vi)**	**33**	**4 ff**
– Übertragungen in den bzw aus dem Bestand der Vorräte und der selbst genutzten Immobilien	**40.79(d)(vii)**	**6**	**107 ff**
– sonstige Änderungen	**40.79(d)(viii)**	**6**	**123**
• **Beizulegender Zeitwert;** wenn nicht bestimmbar:	**40.79(e)**	**6**	**35**
– Beschreibung der Immobilien	**40.79(e)(i)**	**6**	**124**
– Erklärung, warum der beizulegende Zeitwert nicht verlässlich bestimmt werden kann	**40.79(e)(ii)**	**6**	**40 ff**
– Schätzungsbreite für Zeitwert	**40.79(e)(iii)**	**6**	**40 ff**
8 **5.4 Immaterielle Vermögenswerte (ohne Geschäfts- oder Firmenwert)**			
Für jede **Gruppe** – getrennt für **selbst geschaffene** und **sonstige** immaterielle Vermögenswerte:	**38.118**	**4**	**149 ff**
• **Nutzungsdauern**	**38.118(a)**		
• **Abschreibungsmethode,** ggf Hinweis, dass unbegrenzte Nutzung	**38.118(b)**		
• **Bruttobuchwert** und kumulierte Abschreibungen zu Beginn und Ende der Periode	**38.118(c)**		
• **Posten der Gesamtergebnisrechnung,** in dem/denen die Abschreibungen enthalten sind	**38.118(d)**		
• Aufnahme in **Anlagespiegel** (bzw entspr Angaben) mit **gesonderter Angabe** der:	**38.118(e)**		
– **Zugänge:** separate Bezeichnung der unternehmensintern entwickelten, gesondert erworbenen und der aus Unternehmenszusammenschlüssen	**38.118(e)(i)**	**4**	**75 ff**
– **Vermögenswerte** zur Veräußerung iSv IFRS 5 und andere Abgänge	**38.118(e)(ii)**	**4**	**123 ff**
– **erfolgsneutralen** Wertänderungen	**38.118(e)(iii)**	**4**	**116 ff**

Angaben	**Fundstelle**	**Handbuch**	
	IAS	**§**	**Rn**
– erfolgswirksamen **Wertminderungen** – erfolgswirksamen **Wertaufholungen** – **Abschreibungen** – **Nettoumrechnungsdifferenzen** aus der Umrechnung von Abschlüssen und Nettoinvestitionen (IAS 21) – sonstigen Buchwertänderungen	**38.118(e)(iv)** **38.118(e)(v)** **38.118(e)(vi)** **38.118(e)(vii)** **38.118(e)(viii)**	**4** **4** **4** **33**	**122** **122** **101 ff,** **124** **4 ff**
• Hat das Unternehmen zusätzlich zu den von IAS 38.118(e)(iii) bis IAS 38.118(e)(v) verpflichtenden Angaben Informationen zu gem IAS 36 **im Wert geminderten immateriellen Vermögenswerten** gemacht?	**38.120**	**4**	**151**
• Evtl **Einschätzungsänderungen** gem IAS 8 mit wesentlichen Auswirkungen angeben (zB Einschätzung Nutzungsdauer, Abschreibungsmethode, Restwert)	**38.121**	**4**	**153**
Weitere Angaben: • Bei immateriellen Vermögenswerten mit **unbegrenzter** Nutzungsdauer: – Begründung für die Einschätzung einer unbegrenzten Nutzungsdauer – Buchwert dieser Vermögenswerte • Für einzelne **wesentliche** Vermögenswerte – Beschreibung – Buchwert – verbleibender Abschreibungszeitraum • Bei **Zuwendung** der öffentlichen Hand mit Zugangsbewertung zum **beizulegenden Zeitwert:** – beizulegender Zeitwert im Zugangszeitpunkt – Buchwert – Methode der Folgebewertung • Bei **Beschränkung der Eigentumsrechte:** – Art der Beschränkung – Buchwerte – bei Vermögenswerten, die Sicherheiten für Verbindlichkeiten sind: Buchwerte • Betrag der **vertraglichen Verpflichtungen** zum Erwerb immaterieller Vermögenswerte	**38.122(a)–** **38.122(e)** **38.122(a)** **38.122(b)** **38.122(c)** **38.122(c)(i)** **38.122(c)(ii)** **38.122(c)(iii)** **38.122(d)** **38.122(e)**	**4** **4** **4**	**151** **100** **87 f**
Bei Anwendung der **Neubewertungsmethode** (zusätzlich zu den gem IFRS 13 geforderten Angaben zum beizulegenden Zeitwert, s Kapitel **X.**): • Für **jede Gruppe:** – Stichtag der Neubewertung – Buchwerte neubewerteter Vermögenswerte – hypothetischer Buchwert bei Anschaffungskostenmethode • Zugehörige Beträge, Periodenüberleitung und Ausschüttungsbeschränkungen der **Neubewertungsrücklage**	**38.124** **38.124(a)** **38.124(a)(i)** **38.124(a)(ii)** **38.124(a)(iii)** **38.124(b)**	**4** **4**	**152** **116 ff**

Angaben	Fundstelle	Handbuch	
	IAS	§	Rn
• Aufwendungen für **Forschung und Entwicklung**	**38.126**	**4**	**153**
• Weitere Anhangangaben sind notwendig bei der **Aktivierung von Fremdkapitalkosten** und bei der Bilanzierung von **Zuwendungen** der öffentlichen Hand	**23.26 20.36, 20.39 36.126 ff**	**4**	**79, 87 f, 154**
• Werden immaterielle Vermögenswerte in der Bilanz des Unternehmens ausgewiesen, die durch **Finanzierungs-Leasingverhältnisse** finanziert werden, sind ergänzende Angaben erforderlich	**17.32**	**22**	**146**
Über die vorgenannten Pflichtangaben hinaus, werden folgende Angaben vom IASB **empfohlen:** • Beschreibung der Vermögenswerte, die **vollständig abgeschrieben** und noch im Gebrauch des Unternehmens sind und • kurze Beschreibung von **Ressourcen** in der Verfügungsmacht des Unternehmens, die nicht als immaterielle Vermögenswerte aktiviert sind	**38.128(a)–38.128(b)** **38.128(a)** **38.128(b)**	**4**	**154**
9 **5.5 Geschäfts- oder Firmenwert**			
Damit Abschlussadressaten die Entwicklung des Geschäfts- oder Firmenwerts während der Berichtsperiode beurteilen können, ist folgende **Überleitungsrechnung** (Anlagespiegel) zu erstellen:	**IFRS 3.B67(d)**	**34**	**238 ff, 272**
• **Bruttobuchwert** und **kumulierter Wertminderungsaufwand** zum Beginn der Berichtsperiode	**IFRS 3.B67(d)(i)**	**34**	**238 ff**
• **Zugänge** durch zusätzlichen Ansatz von Geschäfts- oder Firmenwerten (ohne solche, die bei Erwerb einer Veräußerungseinheit iSv IFRS 5 zugeordnet wurden)	**IFRS 3.B67(d)(ii)**		
• Berichtigungen aufgrund nachträglich gem IFRS 3.67 erfasster latenter Steueransprüche	**IFRS 3.B67(d)(iii)**	**34**	**97**
• Geschäfts- oder Firmenwerte von **Veräußerungseinheiten** iSv IFRS 5 sowie Geschäfts- oder Firmenwerte, die in der Berichtsperiode als Abgang behandelt wurden, ohne zuvor einer solchen Veräußerungseinheit zugeordnet gewesen zu sein	**IFRS 3.B67(d)(iv)**	**28 35**	**137 f 24 ff**
• **außerplanmäßige Abschreibungen** gem IAS 36 sowie Angaben zu **Wertminderungen** und erzielbarem Betrag	**IFRS 3.B67(d)(v)**	**34**	**238**
• **Währungsumrechnungsdifferenzen** gem IAS 21	**IFRS 3.B67(d)(vi)**		
• **übrige Wertveränderungen**	**IFRS 3.B67(d)(vii)**		
• **Bruttobuchwert** und **kumulierte Abschreibungen zum Ende** der Berichtsperiode	**IFRS 3.B67(d)(viii)**		

10

Angaben	**Fundstelle**	**Handbuch**	
	IAS	**§**	**Rn**
5.6 Wertminderung/-aufholung von Vermögenswerten			
Angabe der	**36.126(a)–36.126(d)**	**27**	**149 ff**
• **Wertminderungsaufwendungen** sowie der **Posten** der Gesamtergebnisrechnung, in dem diese enthalten sind	**36.126(a)**		
• **Wertaufholungen** sowie der **Posten** der Gesamtergebnisrechnung, in dem diese enthalten sind	**36.126(b)**		
• Im **sonstigen Ergebnis** erfassten Wertminderungen und Wertaufholungen der Berichtsperiode	**36.126(c)–36.126(d)**		
• Im Rahmen der **Segmentberichterstattung** sind Angaben zu in der Berichtsperiode erfolgsneutral und/oder erfolgswirksam erfassten Wertminderungen/Wertaufholungen zu machen	**36.129**	**27**	**151**
Bei Wertminderungen oder Wertaufholungen in der Berichtsperiode, Angabe der	**36.130(a)**	**27**	**152**
• **Ereignisse/Umstände**	**36.130(a)**	**27**	**6 ff**
• Betrag der **Wertminderung/-aufholung**	**36.130(b)**	**27**	**37 ff**
• Bei **einzelnen Vermögenswerten** Angabe der **Art** des Vermögenswerts und des betroffenen **Segments**	**36.130(c)**	**21**	**62 ff**
• Bei zahlungsmittelgenerierenden Einheiten (ZGE) eine **Beschreibung der ZGE,** inklusive etwaiger Änderungen in der Zusammenfassung der Vermögenswerte, die Höhe der Wertminderungen oder Wertaufholungen pro Gruppe und Segment	**36.130(d)**	**27** **21**	**86 ff, 152** **44 ff**
• den für den Vermögenswert (die ZGE) **erzielbaren Betrag** und Angabe, ob beizulegender Zeitwert abzüglich Veräußerungskosten oder Nutzungswert **Berechnungsbasis** ist	**36.130(e)**	**27**	**57 ff, 152**
• Wenn **beizulegender Zeitwert abzüglich Veräußerungskosten** Berechnungsbasis ist:	**36.130(f)**	**27**	**37 ff, 152**
– **Hierarchiestufe** der Bewertungshierarchie (gem IFRS 13), auf der die Ermittlung des beizulegenden Zeitwerts eingeordnet wird	**36.130(f)(i)**		
– bei Ermittlungen der Stufe 2 und 3, Beschreibung der zur Ermittlung eingesetzten **Bewertungstechniken** sowie bei Änderung der Bewertungstechnik Angabe und Begründung der Änderung	**36.130(f)(ii)**		
– bei Ermittlungen der Stufe 2 und 3, jede wesentliche **Annahme,** auf die das Management die Bestimmung des beizulegenden Zeitwerts gestützt hat (bei Barwertermittlung Angabe der verwendeten Abzinsungssätze der lfd und der Vorperiode)	**36.130(f)(iii)**		

Angaben	Fundstelle	Handbuch	
	IAS	§	Rn
• Wenn **Nutzungswert** Berechnungsbasis ist: Abzinsungssatz der lfd und der Vorperiode	**36.130(g)**	**27**	**71 ff, 152**
Für die **Summe** von Wertminderungen oder Wertaufholungen, für welche keine Angaben nach IAS 36.130 gemacht wurden, Angabe der:	**36.131**	**27**	**153**
• Wichtigsten **Gruppen** von Vermögenswerten, die von Wertminderungen/-aufholungen betroffen sind	**36.131(a)**		
• Wichtigsten **Ereignisse und Umstände,** die zu Wertminderungen/-aufholungen geführt haben	**36.131(b)**		
• Folgende **freiwillige Angaben** werden empfohlen:			
– verwendete Grundannahmen zur Bestimmung des erzielbaren Betrags, wie zB Regeln über die Basis (Nettoveräußerungspreis oder Nutzungswert) und Prognosezeiträume	**36.132**	**5** **27**	**215** **153**
Bei am Stichtag **nicht abgeschlossener Zuordnung des Geschäfts- oder Firmenwerts** zu einer ZGE (IAS 36.84): • Noch **nicht zugeordneter Betrag** • **Gründe** für die Nicht-Zuordnung	**36.133**	**34**	**244**
Für **ZGE,** denen ein **Geschäfts- oder Firmenwert oder ein immaterieller Vermögenswert mit unbestimmter Nutzungsdauer** in **signifikantem** Umfang **zugeordnet wurde,** sind folgende Angaben verpflichtend:	**36.134**	**27**	**154**
• **Buchwert** des zugeordneten **Geschäfts- oder Firmenwerts**	**36.134(a)**		
• **Buchwert** des zugeordneten **immateriellen Vermögenswerts**	**36.134(b)**		
• die **Grundlage** der Bestimmung des **erzielbaren Betrags** der ZGE (Nutzungswert oder beizulegender Zeitwert abzüglich Veräußerungskosten)	**36.134(c)**	**27**	**37 ff,** **57 ff**
• Sofern der erzielbare Betrag auf dem **Nutzungswert** basiert, sind darüber hinaus weitere Angaben nötig:	**36.134(d)**	**27**	**57 ff**
– wesentliche Prämissen bei der Ableitung der Cashflows	**36.134(d)(i)**		
– Angabe, ob Erfahrungen aus der Vergangenheit oder externe Daten in die Planung eingeflossen sind, Begründung für eventuelle Abweichungen von Erfahrungswerten und externen Daten	**36.134(d)(ii)**		
– Länge des Detailplanungszeitraums; Begründung, sofern der Detailplanungszeitraum den Zeitraum von fünf Jahren überschreitet	**36.134(d)(iii)**		
– Wachstumsrate, die der Fortschreibung der Planung nach dem Detailplanungszeitraum zugrunde liegt, sowie eine Begründung,	**36.134(d)(iv)**		

Angaben	**Fundstelle**	**Handbuch**	
	IAS	**§**	**Rn**
falls die Wachstumsrate über dem langfristigen Durchschnitt für die Produkte, Branche oder das Land, in dem die ZGE tätig ist, liegt – Kapitalisierungszinssatz	**36.134(d)(v)**	**27**	**71 ff**
• Sofern der **erzielbare Betrag** auf dem beizulegenden Zeitwert abzüglich Veräußerungskosten basiert, ist die Methode, mit der der Wert ermittelt wurde, anzugeben. Weitere Angaben sind notwendig, wenn der Wert nicht anhand eines beobachtbaren Marktpreises abgeleitet wurde:	**36.134(e)**	**27**	**37 ff**
– wesentliche, bei der Ableitung des Werts getroffene Annahmen	**36.134(e)(i)**		
– Angabe, ob Erfahrungen aus der Vergangenheit oder externe Daten in die Planung eingeflossen sind, Begründung für eventuelle Abweichungen von Erfahrungswerten und externen Daten	**36.134(e)(ii)**		
– *level* der *fair value* Hierarchie (gem IFRS 13)	**36.134(e)(iiA)**		
– ggf Angabe über Änderung in der Bewertungstechnik sowie Begründung hierfür	**36.134(e)(iiB)**		
• Bei Ermittlung des beizulegenden Zeitwerts abzüglich Veräußerungskosten mit Hilfe von **Cashflow-Prognosen:**			
– Periode, für die Cashflows prognostiziert wurden	**36.134(e)(iii)**		
– unterstellte Wachstumsrate	**36.134(e)(iv)**		
– angewandte Abzinsungssätze	**36.134(e)(v)**		
• Wenn das Management es für möglich hält, dass sich eine wesentliche Berechnungsprämisse des erzielbaren Betrags so verändert, dass der **erzielbare Betrag unter den Buchwert der ZGE sinkt,** sind ebenfalls zusätzliche Angaben erforderlich:	**36.134(f)**		
– der Betrag, mit dem der erzielbare Betrag den Buchwert übersteigt	**36.134(f)(i)**		
– der der wesentlichen Annahme zugewiesene Wert	**36.134(f)(ii)**		
– der Wert, den die entspr Annahme erreichen darf, damit der erzielbare Betrag dem Buchwert entspricht, es also zu keinem Wertminderungsbedarf kommt	**36.134(f)(iii)**		
Wenn ein **Geschäfts- oder Firmenwert oder ein immaterieller Vermögenswert mit unbestimmter Nutzungsdauer** in nicht **signifikantem** Umfang **verschiedenen** ZGE **zugeordnet wurde,** sind folgende Angaben verpflichtend: • die **Tatsache** als solche • die als **insignifikant** eingestuften Buchwerte	**36.135 (Satz 1)**	**27**	**156**

Angaben	Fundstelle	Handbuch	
	IAS	§	Rn
Wenn die Bewertung von ZGE, denen **insignifikante** Beträge von Geschäfts- oder Firmenwerten oder immateriellen Vermögenswerten mit unbestimmter Nutzungsdauer zugeordnet wurden, auf denselben wesentlichen Annahmen beruht, wie ZGE, denen entspr signifikante Beträge zugeordnet wurden, und diese verschiedenen, eigentlich als insignifikant eingestuften Beträge von Geschäfts- oder Firmenwerten bzw von immateriellen Vermögenswerten mit unbestimmter Nutzungsdauer gemeinsam im Vergleich zum bilanziell ausgewiesenen Gesamt-Geschäfts- oder Firmenwert bzw immateriellen Vermögenswerten mit unbestimmter Nutzungsdauer als signifikant einzustufen sind, sind folgende Angaben verpflichtend:	**36.135 (Satz 2)**		
• Wiedergabe dieses Aspekts des Wertminderungstests von insignifikanten Beträgen von Geschäfts- oder Firmenwerten bzw von immateriellen Vermögenswerten mit unbestimmter Nutzungsdauer			
• **Buchwert** jener insignifikanten Beträge, die diesen ZGE zugeordnet wurden	**36.135(a)– 36.135(b)**	**27**	**86 ff**
• Beschreibung der **wesentlichen Annahmen,** nach denen der erzielbare Betrag dieser ZGE bewertet wird bzw Verweis auf die Angabe dieser wesentlichen Annahmen im Zusammenhang mit signifikanten Beträgen	**36.135(c)**	**27**	**57 ff, 86 ff**
• **Beschreibung** des **Managementansatzes,** welcher der Bestimmung der – jeder wesentlichen Annahme zugewiesenen – Werte zugrunde liegt	**36.135(d)**	**34**	**241 f**
• Wenn das Management **Änderungen** von **wesentlichen Annahmen** für möglich hält, die bei der Bestimmung des erzielbaren Betrags von einzeln betrachtet insignifikanten Beträgen getroffen wurden, und diese Änderungen von wesentlichen Annahmen dazu führen könnten, dass zusätzlicher Wertminderungsbedarf entstünde:	**36.135(e)**	**27**	**57 ff**
– Betrag, um den der erzielbare Betrag der ZGE (Gruppe von ZGE) den Buchwert der ZGE (Gruppe von ZGE) unterschreiten würde, wenn die wesentlichen, für möglich gehaltenen Annahmen im Rahmen des Wertminderungstests tatsächlich geändert würden	**36.135(e)(i)**		
– der den wesentlichen, für möglich gehaltenen Annahmen zugewiesene Wert	**36.135(e)(ii)**		
– Angabe, um welchen Betrag sich die für möglich gehaltenen Alternativannahmen inklusive aller Folgewirkungen auf die übrigen für die Bewertung herangezogenen Variablen ändern müssten, damit der erzielbare Betrag der ZGE (Gruppe von ZGE) dem derzeit bilanzierten Buchwert der ZGE (Gruppe von ZGE) entspricht	**36.135(e)(iii)**		

Angaben	**Fundstelle**	**Handbuch**		
	IAS	**§**	**Rn**	
5.7 Allgemeine Angaben zu Anteilen an anderen Unternehmen				11
(Die Angaben nach IFRS 12 zu TU sind gem IFRS 12.6(b) nur im Konzernabschluss zu machen. Ausnahmen gelten für Angaben zu nicht konsolidierten strukturierten Einheiten (IFRS 12.24 bis IFRS 12.31), wenn das Unternehmen nur einen Einzelabschluss aufstellt. Für den Einzelabschluss sind in Bezug auf TU im Übrigen die Angabevorschriften des IAS 27 zu beachten).				
• **Erhebliche Ermessensentscheidungen und zugrunde gelegte Annahmen** bei der Feststellung eines Unternehmens in Bezug auf (s Beispiele in IFRS 12.9):	**IFRS 12.7**	32	56	
– Beherrschung eines anderen Unternehmens (gem IFRS 10.5 f)	**IFRS 12.7(a)**			
– Innehaben einer gemeinschaftlichen Führung oder maßgeblichen Einflusses auf ein anderes Unternehmen	**IFRS 12.7(b)**			
– Art der gemeinschaftlichen Vereinbarung bei Strukturierung über ein separates Vehikel	**IFRS 12.7(c)**			
Hinweis: Auch bei **unterjähriger Änderung** bzgl des mit Anteilen an anderen Unternehmen verbundenen Einflusses sind Angaben zu erheblichen Ermessensentscheidungen und zugrunde gelegten Annahmen erforderlich.	**IFRS 12.8**			
5.8 Tochterunternehmen				12
• **Informationen** zum **Verständnis:**				
– der Zusammensetzung des Konzerns	**IFRS 12.10(a)(i)**	32	57	
– des Anteils nicht-beherrschender Gesellschafter an Tätigkeiten und Cashflows des Konzerns	**IFRS 12.10(a)(ii)**			
• **Informationen** zur **Beurteilung** von:				
– Art und Umfang erheblicher Beschränkungen der Fähigkeit des Unternehmens, Zugang zu Vermögenswerten des Konzerns zu haben oder diese zu nutzen oder Schulden des Konzern zu begleichen (vgl auch IFRS 12.13)	**IFRS 12.10(b)(i)**			
– Art und Änderungen der Risiken, die mit seinen Anteilen an konsolidierten strukturierten Unternehmen verbunden sind (vgl auch IFRS 12.14 ff)	**IFRS 12.10(b)(ii)**			
– Auswirkungen von Änderungen seiner Beteiligungsquote, die nicht zu einem Verlust der Beherrschung führen (vgl auch IFRS 12.18)	**IFRS 12.10(b)(iii)**			
– Auswirkungen des Verlusts der Beherrschung über ein TU während der Berichtsperiode (vgl auch IFRS 12.19)	**IFRS 12.10(b)(iv)**			

Angaben	Fundstelle	Handbuch	
	IAS	§	Rn
• **Abweichende** der Konsolidierung zugrunde liegende **Abschlussstichtage** von TU mit Begründung der Abweichung	**IFRS 12.11(a)** **IFRS 12.11(b)**	s32	71
• Für jedes TU, an dem **wesentliche nicht-beherrschende Gesellschafter beteiligt sind:** – Name des TU – Hauptgeschäftssitz (sowie Gründungsland falls abweichend) des TU – Beteiligungsquote nicht-beherrschender Gesellschafter – Stimmrechtsquote nicht-beherrschender Gesellschafter (falls von Beteiligungsquote abweichend) – den auf nicht-beherrschende Gesellschafter entfallenden Gewinn/Verlust der Berichtsperiode – kumulierter Eigenkapitalanteil nicht-beherrschende Gesellschafter am TU zum Abschlussstichtag – zusammenfassende Finanzinformationen über das TU – an nicht-beherrschende Gesellschafter gezahlte Dividenden	 **IFRS 12.12(a)** **IFRS 12.12(b)** **IFRS 12.12(c)** **IFRS 12.12(d)** **IFRS 12.12(e)** **IFRS 12.12(f)** **IFRS 12.12(g)** **IFRS 12.B10(b)** **IFRS 12.B11** **IFRS 12.B10(a)**	32	58
• Erhebliche **Beschränkungen** der Fähigkeit des Unternehmens, Zugang zu den Vermögenswerten des Konzern zu haben oder diese zu nutzen und die Schulden des Konzerns zu begleichen • Art und Umfang, in dem **Schutzrechte** nicht-beherrschender Gesellschafter die Fähigkeit des Unternehmens erheblich beschränken können, Zugang zu den Vermögenswerten des Konzern zu haben oder diese zu nutzen und die Schulden des Konzerns zu begleichen • **Buchwerte** der Vermögenswerte und Schulden, für die die Beschränkungen gelten	**IFRS 12.13(a)** **IFRS 12.13(b)** **IFRS 12.13(c)**	32	59
• **Bedingungen vertraglicher Vereinbarungen,** die MU oder TU verpflichten könnten, ein konsolidiertes strukturiertes Unternehmen **finanziell** zu **unterstützen**	**IFRS 12.14**	32	61
• Bei freiwilliger **finanzieller Unterstützung** des konsolidierten strukturierten Unternehmens von MU oder eines seiner TU: – Art und Betrag der Unterstützung – Gründe für die Unterstützung	**IFRS 12.15** **IFRS 12.15(a)** **IFRS 12.15(b)**	32	62
• Bei **freiwilliger finanzieller Unterstützung** eines bisher nicht konsolidierten strukturierten Unternehmens, welches **aufgrund der Unterstützung beherrscht wird,** Angabe der für diese Entscheidung relevanten Faktoren	**IFRS 12.16**	32	62

Angaben	Fundstelle IAS	Handbuch §	Handbuch Rn
• **Gegenwärtige Absichten,** ein konsolidiertes strukturiertes Unternehmen **finanziell zu unterstützen** bzw bei der **Gewinnung** finanzieller Unterstützung zu **helfen**	**IFRS 12.17**	**32**	**63**
• **Aufstellung**, aus der die **Auswirkungen** aller **Änderungen der Beteiligungsquote** eines MU an einem TU, die nicht zu einem Verlust der Beherrschung führen, hervorgehen und aus dem das den Eigentümern des MU zuzurechnende Eigenkapital ersichtlich ist	**IFRS 12.18**	**32**	**64**
5.9 Anteile an nicht konsolidierten TU (Investmentgesellschaften)			
• **Erhebliche Ermessensentscheidungen** und zugrunde gelegte **Annahmen** in Bezug auf: – **Festlegung** als Investmentgesellschaft (gem IFRS 10.27) – Begründung, warum Definition als Investmentgesellschaft erfüllt, obwohl **nicht** eines oder mehrere **typische Merkmale** einer Investmentgesellschaft vorliegen (gem IFRS 10.28)	**IFRS 12.9A**	**32** **35**	**67 ff** **147**
• Angabe über **Änderung des Status** als Investmentgesellschaft sowie die Gründe hierfür	**IFRS 12.9B**		
• Für ein Unternehmen, das eine Investmentgesellschaft wird, Angabe der **Auswirkung der Statusänderung** auf den Abschluss einschließlich:			
– des gesamten **beizulegenden Zeitwerts** der nicht mehr konsolidierten TU zum Zeitpunkt der Statusänderung	**IFRS 12.9B(a)**		
– des Gesamtbetrags etwaiger **Gewinne oder Verluste** gem IFRS 10.B101	**IFRS 12.9B(b)**		
– des **Abschlusspostens**, in dem dieser Gewinn oder Verlust erfasst wird	**IFRS 12.9B(c)**		
• **Angabe** der **Tatsache**, dass eine Investmentgesellschaft ihre Beteiligung an einem TU aufwands- oder ertragswirksam **zum beizulegenden Zeitwert** bilanziert (Anwendung der Konsolidierungsausnahme gem IFRS 10)	**IFRS 12.19A**	**32**	**70**
• Für jedes **nicht konsolidierte TU einer Investmentgesellschaft**:	**IFRS 12.19B**	**32**	**70**
– **Name** des TU	**IFRS 12.19B(a)**		
– **Hauptgeschäftssitz** (sowie Gründungsland falls abweichend) des TU	**IFRS 12.19B(b)**		
– **Beteiligungsquote** der Investmentgesellschaft (Stimmrechtsquote, falls von Beteiligungsquote abweichend)	**IFRS 12.19B(c)**		

13

Angaben	Fundstelle IAS	Handbuch §	Handbuch Rn
• Angaben nach IFRS 12.19B für jede Beteiligung, die von einem Investment-TU beherrscht wird, sofern diese Investmentgesellschaft das **TU** einer **anderen Investmentgesellschaft** ist	**IFRS 12.19C**	**32**	**70**
• Für jede Investmentgesellschaft: – Art und Umfang **erheblicher Beschränkungen des Finanzmitteltranfers** eines nicht konsolidierten TU an die Investmentgesellschaft – Angabe über **gegenwärtige Verpflichtungen oder Absichten**, ein nicht konsolidiertes TU **finanziell** oder auf andere Weise **zu unterstützen** bzw bei der Erlangung finanzieller Unterstützung zu helfen	**IFRS 12.19D** **IFRS 12.19D(a)** **IFRS 12.19D(b)**	**32**	**70**
• Bei **freiwilliger finanzieller Unterstützung** eines nicht konsolidierten TU durch eine Investmentgesellschaft oder eines ihrer TU: – **Art** und **Betrag** der Unterstützung – **Gründe** für die Unterstützung	**IFRS 12.19E** **IFRS 12.19E(a)** **IFRS 12.19E(b)**	**32**	**70**
• Angabe der Bedingungen vertraglicher **Vereinbarungen**, die die Investmentgesellschaft oder seine nicht konsolidierten TU verpflichten könnten, ein nicht konsolidiertes beherrschtes strukturiertes Unternehmen **finanziell zu unterstützen** (auch Ereignisse, die das berichtende Unternehmen einem Verlust aussetzen könnten)	**IFRS 12.19F**	**32**	**70**
• Bei **freiwilliger finanzieller Unterstützung** eines nicht konsolidierten strukturierten Unternehmens durch eine Investmentgesellschaft oder eines ihrer TU, welches aufgrund der Unterstützung beherrscht wird, Angabe der für diese Entscheidung **relevanten Faktoren**	**IFRS 12.19G**	**32**	**70**
14 **5.10 Gemeinschaftliche Vereinbarungen, assoziierte Unternehmen**			
• **Informationen zur Beurteilung** von: – Art, Umfang und finanziellen Auswirkungen der Anteile an gemeinschaftlichen Vereinbarungen und assoziierten Unternehmen einschließlich Art und Auswirkungen vertraglicher Beziehungen zu anderen Investoren, die an gemeinschaftlicher Führung von gemeinschaftlichen Vereinbarungen und assoziierten Unternehmen beteiligt sind, oder maßgeblichen Einfluss auf diese haben – Art und Änderungen der Risiken, die mit Anteilen an Gemeinschaftsunternehmen und assoziierten Unternehmen verbunden sind	**IFRS 12.20** **IFRS 12.20(a)** **IFRS 12.20(b)**	**35**	**147**

Angaben	**Fundstelle**	**Handbuch**	
	IAS	**§**	**Rn**
• Für **jede/s wesentliche/s gemeinschaftliche Vereinbarung/assoziiertes Unternehmen:**	**IFRS 12.21(a)**	32 36	66 152
– Name	**IFRS 12.21(a)(i)**		
– Art der Beziehung zur gemeinschaftlichen Vereinbarung oder zum assoziierten Unternehmen	**IFRS 12.21(a)(ii)**		
– Hauptgeschäftssitz (sowie Gründungsland falls abweichend)	**IFRS 12.21(a)(iii)**		
– Beteiligungs- oder Anteilsquote (Stimmrechtsquote falls abweichend)	**IFRS 12.21(a)(iv)**		
• Für jedes **wesentliche Gemeinschaftsunternehmen und assoziierte Unternehmen:**	**IFRS 12.21(b)**	32 36	73 152
– **Art** der **Bewertung** (Equity-Methode oder beizulegender Zeitwert)	**IFRS 12.21(b)(i)**		
– vom Gemeinschaftsunternehmen oder assoziierten Unternehmen **erhaltene Dividende**	**IFRS 12.21(b)(ii)** **IFRS 12.B12(a)**		
– zusammenfassende **Finanzinformationen** für das Gemeinschaftsunternehmen/assoziierte Unternehmen, ua:	**IFRS 12.21(b)(ii)** **IFRS 12.B12(b)**		
› kurzfristige Vermögenswerte	**IFRS 12.B12(b)(i)**		
› langfristige Vermögenswerte	**IFRS 12.B12(b)(ii)**		
› kurzfristige Schulden	**IFRS 12.B12(b)(iii)**		
› langfristige Schulden	**IFRS 12.B12(b)(iv)**		
› Umsatzerlöse	**IFRS 12.B12(b)(v)**		
› Gewinn/Verlust aus fortzuführenden Geschäftsbereichen	**IFRS 12.B12(b)(vi)**		
› Ergebnis nach Steuern aus aufgegebenen Geschäftsbereichen	**IFRS 12.B12(b)(vii)**		
› sonstiges Ergebnis	**IFRS 12.B12(b)(viii)**		
› Gesamtergebnis	**IFRS 12.B12(b)(ix)**		
– zusätzlich für jedes **wesentliche Gemeinschaftsunternehmen:**	**IFRS 12.21(b)(ii)** **IFRS 12.B13**		
› in den kurzfristigen Vermögenswerten enthaltene Zahlungsmittel und Zahlungsmitteläquivalente	**IFRS 12.B13(a)**		
› in den kurzfristigen Schulden enthaltene kurzfristige finanzielle Verbindlichkeiten	**IFRS 12.B13(b)**		
› in den langfristigen Schulden enthaltene langfristige finanzielle Verbindlichkeiten	**IFRS 12.B13(c)**		
› planmäßige Abschreibungen	**IFRS 12.B13(d)**		
› Zinserträge	**IFRS 12.B13(e)**		
› Zinsaufwendungen	**IFRS 12.B13(f)**		
› Ertragsteueraufwand oder -ertrag	**IFRS 12.B13(g)**		

Angaben	Fundstelle	Handbuch	
	IAS	§	Rn
– bei Bewertung nach **Equity-Methode Angabe des beizulegenden Zeitwerts** der Beteiligung am Gemeinschaftsunternehmen oder assoziierten Unternehmen (sofern notierter Marktpreis vorliegt)	IFRS 12.21(b)(iii)		
• Für Anteile an Gemeinschaftsunternehmen und assoziierten Unternehmen, die **einzeln unwesentlich** sind, folgende Finanzinformationen (gesondert je Gruppe):	IFRS 12.21(c) IFRS 12.B16	36	152
– Summe der **Buchwerte** an den Gemeinschaftsunternehmen und assoziierten Unternehmen, welche nach der **Equity-Methode** bilanziert werden	IFRS 12.B16		
– **Summe der Anteile** an:			
› Gewinn/Verlust aus fortzuführenden Geschäftsbereichen	IFRS 12.B16(a)	36	142
› Ergebnis nach Steuern aus aufgegebenen Geschäftsbereichen	IFRS 12.B16(b)	36	142
› sonstigem Ergebnis	IFRS 12.B16(c)		
› Gesamtergebnis	IFRS 12.B16(d)		
Ausnahme: Eine Investmentgesellschaft braucht die nach IFRS 12.21(b) bis IFRS 12.21(c) geforderten Angaben nicht zu machen.	IFRS 12.21A		
• Art und Umfang **erheblicher Beschränkungen** des **Finanzmitteltransfers** von Gemeinschaftsunternehmen oder assoziierten Unternehmen an MU	IFRS 12.22(a)	36	153
• bei Anwendung der Equity-Methode und Vorliegen eines **abweichenden Abschlussstichtags** des Abschlusses des Gemeinschaftsunternehmens/assoziierten Unternehmens Angabe mit Begründung	IFRS 12.22(b)	32 36	71 153
• **nicht erfasster anteiliger Verlust** (für Berichtsperiode sowie kumulativ) eines Gemeinschaftsunternehmens/assoziierten Unternehmens, wenn Unternehmen seine Verlustanteile am Gemeinschaftsunternehmen oder assoziierten Unternehmen bei Anwendung der Equity-Methode nicht mehr erfasst	IFRS 12.22(c)	36	153
• in Bezug auf Gemeinschaftsunternehmen **bestehende Verpflichtungen** des Unternehmens, getrennt von dem Betrag anderer Verpflichtungen gem IFRS 12.B18 bis IFRS 12.B20	IFRS 12.23(a)	36	153
• in Bezug auf Anteile an Gemeinschaftsunternehmen/assoziierten Unternehmen die **Eventualverbindlichkeiten** gem IAS 37, getrennt von dem Betrag anderer Eventualverbindlichkeiten (es sei denn, Möglichkeit eines Verlusts ist unwahrscheinlich)	IFRS 12.23(b)	36	153

Angaben	Fundstelle	Handbuch	
	IAS	§	Rn
5.11 Anteile an nicht konsolidierten strukturierten Unternehmen			
• Informationen, die es ermöglichen: – **Art und Umfang der Anteile** an nicht konsolidierten strukturierten Unternehmen zu **verstehen** – **Art und Änderungen der Risiken,** die mit diesen Anteilen verbunden sind, zu **beurteilen** (auch Risiken, denen das Unternehmen früher ausgesetzt war) **Ausnahme:** Eine Investmentgesellschaft braucht die nach IFRS 12.24 geforderten Angaben nicht zu machen.	**IFRS 12.24(a)** **IFRS 12.24(b)** **IFRS 12.25** **IFRS 12.25A**	32	75
• **Qualitative und quantitative Informationen** über Anteile an nicht konsolidierten strukturierten Unternehmen, insbes **Art, Zweck** und **Umfang** umfassend sowie Angabe der Tätigkeiten und der Finanzierung des strukturierten Unternehmens	**IFRS 12.26**	32	76
• Bei **Nichtangabe** der gem IFRS 12.29 geforderten Informationen und **Tätigkeit als Sponsor** tabellarische Darstellung von: – Art der Ermittlung der Tätigkeit als Sponsor – Erträgen (einschließlich Beschreibung der Art der Erträge) aus diesen strukturierten Unternehmen – Buchwerte aller Vermögenswerte, die in der Berichtsperiode auf strukturierte Unternehmen übertragen wurden	**IFRS 12.27** **IFRS 12.28** **IFRS 12.27(a)** **IFRS 12.27(b)** **IFRS 12.27(c)**	32	76
• **Tabellarische Darstellung:** – der Buchwerte der bei einem Unternehmen angesetzten Vermögenswerte und Schulden in Bezug auf nicht konsolidierte strukturierte Unternehmen – Bilanzposten, in denen diese Vermögenswerte und Schulden erfasst sind – Betrag, der das maximale Verlustrisiko aufgrund des Anteils darstellt einschließlich Informationen zur Bestimmung des Risikos; bei Nichtquantifizierbarkeit Angabe sowie Begründung – Vergleich der Buchwerte der Vermögenswerte und Schulden, die sich auf Anteile an nicht konsolidierten strukturierten Unternehmen beziehen mit maximalem Verlustrisiko aufgrund dieser Unternehmen	**IFRS 12.29** **IFRS 12.29(a)** **IFRS 12.29(b)** **IFRS 12.29(c)** **IFRS 12.29(d)**	32	77
• Bei **finanzieller Unterstützung** eines nicht konsolidierten strukturierten Unternehmens **ohne vertragliche Verpflichtung:** – Art und Betrag der geleisteten Unterstützung einschließlich Sachverhalten, in	**IFRS 12.30** **IFRS 12.30(a)**	32	78

15

Angaben	Fundstelle IAS	Handbuch §	Handbuch Rn
denen bei der Erlangung finanzieller Unterstützung geholfen wurde – Gründe für die Unterstützung	**IFRS 12.30(b)**		
• Angabe **gegenwärtiger Absichten,** ein nicht konsolidiertes strukturiertes Unternehmen zu unterstützen bzw bei der Erlangung finanzieller Unterstützung zu helfen	**IFRS 12.31**	**32**	**78**
• Alle **weiteren notwendigen Informationen** zu Risiken, die sich aus Anteilen an nicht konsolidierten strukturierten Unternehmen ergeben und die zur Erfüllung der Zielsetzung des IFRS 12.24(b) notwendig sind (s Beispiele in IFRS 12.B26)	**IFRS 12.B25** **IFRS 12.B26**	**32**	**79**
16 **5.12 Angaben im Einzelabschluss des MU in Bezug auf Anteile an TU, Gemeinschaftsunternehmen und assoziierte Unternehmen**			
Im **Einzelabschluss** des MU, wenn von der Befreiung zur Aufstellung eines Konzernabschlusses gem IFRS 10.4(a) Gebrauch gemacht wird:	**27.16**	**–**	**–**
• **Tatsache,** dass es sich bei dem Abschluss um einen **Einzelabschluss** handelt sowie, dass von der **Befreiung** Gebrauch gemacht wurde; Name und Hauptgeschäftssitz (sowie Gründungsland falls abweichend) des Unternehmens, das einen Konzernabschluss nach IFRS veröffentlicht, Ort der Verfügbarkeit des Konzernabschlusses	**27.16(a)**		
• Eine **Liste** aller **wesentlichen Anteile** an TU, Gemeinschafts- und assoziierten Unternehmen unter Angabe des Namens, des Hauptgeschäftssitzes (sowie Gründungsland falls abweichend) und der Beteiligungsquote (Stimmrechtsquote falls abweichend)	**27.16(b)**		
• Beschreibung der **Bilanzierungsmethode** für diese Anteile	**27.16(c)**		
• Wenn eine Investmentgesellschaft, die ein MU ist, gem IAS 27.8A einen **Einzelabschluss** als ihren **einzigen Abschluss** erstellt, **Angabe dieser Tatsache**	**27.16A**		
Im **Einzelabschluss** des MU bzw eines Investors, der an gemeinschaftlicher Führung beteiligt ist oder maßgeblichen Einfluss auf ein Beteiligungsunternehmen hat, in anderen Fällen als denen gem IAS 27.16 bis IAS 27.16A:	**27.17**	**–**	**–**
• **Angabe,** auf welche in Übereinstimmung mit IFRS 10, 11 oder IAS 28 erstellten Abschlüsse sich der Einzelabschluss bezieht			
• **Tatsache,** dass es sich bei den Abschlüssen um **Einzelabschlüsse** handelt sowie die Gründe, weshalb diese Abschlüsse erstellt wurden (sofern nicht gesetzlich vorgeschrieben)	**27.17(a)**		

Angaben	Fundstelle IAS	Handbuch §	Handbuch Rn	
• Eine **Liste** aller **wesentlichen Beteiligungen** an TU, Gemeinschafts- und assoziierten Unternehmen unter Angabe des Namens, des Hauptgeschäftssitzes (sowie Gründungsland falls abweichend) und der Beteiligungsquote (Stimmrechtsquote falls abweichend)	**27.17(b)**			
• Beschreibung der **Bilanzierungsmethode** für die unter IAS 27.17(b) aufgeführten Beteiligungen	**27.17(c)**			
5.13 Finanzinstrumente				17
→ Rn 38 ff für Angaben zu Finanzinstrumenten gem **IFRS 7 iVm IAS 39** (derzeit verpflichtend anzuwenden) → Rn 58 ff für Angaben zu Finanzinstrumenten gem **IFRS 7 iVm IFRS 9** (zukünftige Regelungen, voraussichtlich verpflichtend anzuwenden für Geschäftsjahre beginnend am oder nach dem 1. Januar 2018)				
5.14 Vorräte				18
Zu den **Vorräten** haben folgende Angaben zu erfolgen:	**2.36**	**8**	**121 f**	
• **Bilanzierungs- und Bewertungsmethoden** einschließlich Zuordnungsverfahren	**2.36(a)**	**8**	**16 ff**	
• **Buchwert** der Vorräte mit **unternehmensspezifischer** Untergliederung (zB Handelsware, Roh-, Hilfs- und Betriebsstoffe, unfertige Erzeugnisse/Leistungen und Fertigerzeugnisse, vgl IAS 2.37)	**2.36(b)** **1.78(c)**	**8**	**116 ff**	
• **Buchwert** der zum **beizulegenden Zeitwert abzüglich Vertriebsaufwendungen** angesetzten Vorräte	**2.36(c)**	**8**	**91 ff**	
• **Anschaffungs- oder Herstellungskosten** der Vorräte, die als Aufwand der Berichtsperiode erfasst worden sind	**2.36(d)**	**8**	**111**	
• Zusätzlich für **UKV** zu beachten: evtl nicht aktivierte Produktionskosten und ggf Vertriebskosten	**2.38**	**8**	**122**	
• Zusätzlich für **GKV:** Unterteilung der Aufwendungen nach Kostenarten sowie Angabe der Bestandsveränderungen	**2.39**	**8**	**122**	
• **Wertminderungsaufwand** der Periode gem IAS 2.34	**2.36(e)**	**8**	**111**	
• Erträge aus **Wertaufholungen** der Periode gem IAS 2.34	**2.36(f)**	**8**	**102**	
• **Umstände/Ursachen** der Wertaufholungen	**2.36(g)**	**8**	**102**	
• Buchwert der als **Sicherheit verpfändeten** Vorräte	**2.36(h)**	**8**	**122**	
• Angabe **wertbeeinflussender Ereignisse** mit Bezug zu den Vorräten	**10.20**	**8**	**122**	
• Einbeziehung von **Fremdkapitalkosten** unter Angabe des Betrags und des angewendeten Finanzierungskostensatzes	**23.26**	**8**	**122**	

	Angaben	Fundstelle	Handbuch	
		IAS	**§**	**Rn**
19	**5.15 Fertigungsaufträge**			
	• **Erlöse** aus Fertigungsaufträgen • **Methoden zur Ermittlung** dieser Erlöse (*percentage-of-completion*-Methode und/oder *zero-profit-margin*-Methode) • Methoden zur Ermittlung des **Fertigstellungsgrads** der lfd Projekte	**11.39(a)** **11.39(b)** **11.39(c)**	**9** **9** **9**	**35 ff, 116** **70 ff, 116** **70 ff, 116**
	Zu **lfd Projekten:** • Summe der **angefallenen Kosten** und **ausgewiesenen Gewinne** (abzüglich geschätzter Verluste) • Betrag **erhaltener Anzahlungen** • Betrag von **Einbehalten**	**11.40** **11.40(a)** **11.40(b)** **11.40(c)**	**9**	**116**
	Bilanzieller Ausweis: • Aufträge mit **aktivischem Saldo** ggü dem Kunden als Vermögenswert • Aufträge mit passivischem Saldo als Schulden	**11.42** **11.42(a)** **11.42(b)**	**9** **9** **9**	**116** **88 ff** **90**
	Bei Verträgen, bei denen im Laufe der Bauarbeiten kontinuierlich alle nach **IAS 18.14** genannten Kriterien erfüllt sind und die Umsatzerlöse **entspr** dem **Fertigstellungsgrad** erfasst werden, Angabe von: • **Erläuterung** über die **Bestimmung,** welche Verträge während der gesamten Bauarbeiten die Kriterien nach IAS 18.14 erfüllen • **Höhe** der mit diesen Verträgen erzielten **Umsatzerlöse** • **Methoden** zur Ermittlung des **Fertigstellungsgrads** lfd Projekte	**IFRIC 15.20 iVm IAS 18.14** **IFRIC 15.20(a)** **IFRIC 15.20(b)** **IFRIC 15.20(c)**		
	Für am Bilanzstichtag **in Arbeit befindliche Verträge**: • Summe der bis zum Stichtag angefallenen **Kosten** und **ausgewiesenen Gewinne** (abzüglich Verluste) • Betrag erhaltener **Anzahlungen**	**IFRIC 15.21** **IFRIC 15.21(a)** **IFRIC 15.21(b)**		
	• Einbeziehung von **Fremdkapitalkosten** unter Angabe des Betrags und des angewendeten Finanzierungskostensatzes	**23.26**	**9**	**50**
	• Mit Fertigungsaufträgen in Verbindung stehende **Rückstellungen** (vgl → Rn 24)	**11.45**	**9**	**82**
20	**5.16 Forderungen aus Lieferungen und Leistungen**			
	• **Gesonderte** Angabe von: – Forderungen ggü Handelskunden – Forderungen ggü nahestehenden Unternehmen und Personen	**1.78(b)**	**10**	**72**
	• Fälligkeiten von **mehr als 12 Monaten** nach Bilanzstichtag	**1.61**	**2**	**298**
	• Angaben für **Finanzinstrumente** (vgl → Rn 38 ff sowie → Rn 58 ff)	**IFRS 7**	**10**	**4 ff**

Angaben	Fundstelle	Handbuch	
	IAS	§	Rn
5.17 Ertragsteueransprüche und -schulden			
Hauptbestandteile des Steueraufwands/-ertrags sind getrennt anzugeben. Dies **können** sein:	**12.79**	**25**	**212 ff**
• **Aufgliederung** des tatsächlichen und latenten Steueraufwands bzw -ertrags	**12.80(a)**	**25**	**186, 213**
• Alle in dem Geschäftsjahr erfassten **Anpassungen für periodenfremde** tatsächliche Ertragsteuern	**12.80(b)**	**25**	**15, 213**
• Betrag des latenten Steueraufwands bzw -ertrags, der auf das Entstehen bzw die Umkehrung **temporärer Unterschiede** zurückzuführen ist	**12.80(c)**	**25**	**213**
• Betrag des latenten Steueraufwands bzw -ertrags, der auf **Änderungen der Steuersätze oder Ertragsteuergesetze** beruht	**12.80(d)**	**25**	**173, 213**
• Betrag, um den sich der **tatsächliche** Steueraufwand aufgrund der Nutzung bisher nicht berücksichtigter steuerlicher Verluste bzw Steuergutschriften oder bisher nicht berücksichtigter temporärer Differenzen mindert	**12.80(e)**	**25**	**83, 213**
• Betrag, um den sich der **latente** Steueraufwand aufgrund der Nutzung bisher nicht berücksichtigter steuerlicher Verluste bzw Steuergutschriften oder bisher nicht berücksichtigter temporärer Differenzen mindert	**12.80(f)**	**25**	**83, 213**
• Latenter Steueraufwand, der auf einer **Abwertung** oder auf einer **Wertaufholung** vorausgegangener Abwertungen beruht	**12.80(g)**	**25**	**180**
• Betrag des Ertragsteueraufwands bzw -ertrags, der aus **Änderungen der Bilanzierungs- und Bewertungsmethoden** oder der **Berichtigung von Fehlern gem IAS 8** resultiert, sofern er sich ertragswirksam in der GuV niederschlägt, weil er nicht rückwirkend berücksichtigt werden kann	**12.80(h)**	**25** **45**	**213** **6**
Folgende Sachverhalte sind **zwingend** getrennt auszuweisen/anzugeben:	**12.77, 12.81**	**25**	**214**
• In der Gesamtergebnisrechnung bzw der gesonderten GuV (sofern erstellt), der der **gewöhnlichen Geschäftstätigkeit** zuzurechnende Steueraufwand/-ertrag	**12.77**	**25**	**29**
• Gesamtbetrag der tatsächlichen und latenten Steuern, die **direkt** mit dem **Eigenkapital** verrechnet wurden	**12.81(a)**	**25**	**117, 214**
• Höhe der Ertragsteuer für jeden Bestandteil des **sonstigen Ergebnisses**	**12.81(ab)**	**25**	**117, 186**
• Die Erläuterung des **Verhältnisses** zwischen dem Steueraufwand bzw -ertrag und dem handelsrechtlichen Periodenergebnis vor Ertragsteuern, und zwar entweder in einer **Überleitungsrechnung** zwischen dem Steueraufwand bzw -ertrag und dem Produkt aus dem handelsrechtlichen Periodenergebnis	**12.81(c**	**25**	**15, 214**

21

Angaben	Fundstelle	Handbuch	
	IAS	§	Rn
vor Ertragsteuern und dem anzuwendenden Steuersatz oder in einer Überleitungsrechnung zwischen dem durchschnittlichen effektiven Steuersatz und dem anzuwendenden Steuersatz, wobei der anzuwendende Steuersatz und die Grundlagen seiner Ermittlung anzugeben sind			
• Eine Erläuterung zu **Änderungen des anzuwendenden Steuersatzes** im Vergleich zur vorhergehenden Berichtsperiode. Haben sich die bei der Berechnung der Ertragsteuern zugrunde gelegten Steuersätze ggü dem Vorjahr geändert, so sind neben den geänderten Steuersätzen auch die sich aus den Steuersatzänderungen ergebenden Steuereffekte anzugeben	**12.81(d)**	**25**	**160 ff, 173**
• Der Betrag und, sofern vorhanden, das Verfallsdatum der temporären Differenzen aus **nicht genutzten steuerlichen Verlustvorträgen** und nicht genutzten Steuergutschriften, für die in der Bilanz keine aktiven latenten Steuern berücksichtigt wurden	**12.81(e)**	**25**	**47 ff, 83**
• Der Gesamtbetrag der temporären Differenzen, die im Zusammenhang mit Anteilen an **TU, Zweigniederlassungen und assoziierten Unternehmen sowie Anteilen an Gemeinschaftsunternehmen** entstanden sind und für die keine latenten Steuern bilanziert wurden. Aus Praktikabilitätsgründen kann auf die Angabe der auf die temporären Differenzen entfallenden latenten Steuern **verzichtet** werden. Sind diese jedoch ohne unzumutbaren Aufwand ermittelbar, so empfiehlt der Standard auch die Angabe des Gesamtbetrags der latenten Steuern	**12.81(f)** **12.87**	**25**	**145, 214**
• Für **jede Art von temporären Differenzen** und jede Art von nicht genutzten steuerlichen Verlusten bzw Steuergutschriften den in der Bilanz angesetzten Betrag für latente aktive und passive Steuern, und zwar für jede dargestellte Periode, sowie den Betrag des in der GuV erfassten latenten Steuerertrags oder -aufwands, sofern er nicht bereits aus den Änderungen der in der Bilanz dargestellten Beträge hervorgeht. Für die Darstellung der temporären Differenzen wird auf das Schema in → § 25 Rn 214 verwiesen	**12.81(g)**	**25**	**83, 213**
• Der Steueraufwand, der auf Gewinne bzw Verluste aus der **Aufgabe oder Veräußerung von Geschäftsbereichen** entfällt, sowie Steueraufwand, der auf den Gewinn/Verlust aus der gewöhnlichen Geschäftstätigkeit des aufgegebenen Geschäftsbereichs entfällt, inklusive Vergleichszahlen für jede dargestellte Vorperiode	**12.81(h)**	**25**	**183**

Angaben	**Fundstelle**	**Handbuch**	
	IAS	**§**	**Rn**
• Der Gesamtbetrag latenter Steuern, der aus **Dividendenzahlungen** an die Anteilseigner des Unternehmens resultiert, die im Abschluss noch keine Berücksichtigung fanden	**12.81(i)**	**25**	**214**
• Betrag der **Änderungen** latenter Steueransprüche des **erwerbenden Unternehmens** resultierend aus einem Unternehmenszusammenschluss	**12.81(j)**	**25**	**214**
• Bei **nachträglicher Erfassung** von latenten Steuervorteilen des **erworbenen Unternehmens** nach Erwerbszeitpunkt Beschreibung des Ereignisses oder Änderung der Gegebenheiten, die Erfassung nun begründen	**12.81(k)**	**25**	**180**
• Der Betrag eines **latenten Steueranspruchs** und die Begründung für seinen Ansatz, wenn die Realisierung des latenten Steueranspruchs von zukünftigen zu versteuernden Ergebnissen abhängt, die größer sind als die Ergebniseffekte aus der Umkehrung bestehender zu versteuernder temporärer Differenzen, und wenn das Unternehmen in der lfd oder Vorperiode im gleichen Steuerrechtskreis, auf den sich der latente Steueranspruch bezieht, Verluste erlitten hat	**12.82**	**25**	**83, 214**
• Bei Umständen gem IAS 12.52A: Art und Betrag der **potenziellen ertragsteuerlichen Konsequenzen** bei Zahlung von Dividenden an Anteilseigner	**12.82A**	**25**	**214**
• Zusätzlich zu den Angaben gem IAS 12.82A sind die **wichtigsten Bestandteile des ertragsteuerlichen Systems** sowie Faktoren, die es beeinflussen, anzugeben	**12.87A**	**25**	**214**
• Im **separaten Abschluss** des MU, falls vorhanden, beziehen sich die Angaben des IAS 12.82A auf die ausschüttungsfähigen Gewinne des Unternehmens	**12.87B**	**25**	**214**
• Ist ein Unternehmen verpflichtet, Angaben zu **temporären Differenzen** zu machen, die aus Anteilen an TU, Zweigniederlassungen und assoziierten Unternehmen sowie Anteilen an Gemeinschaftsunternehmen entstanden sind, dann soll dies bei den Angaben nach IAS 12.87A berücksichtigt werden	**12.87C**	**25**	**214**
• Angabe aller **steuerbezogenen Eventualschulden und -forderungen** gem IAS 37 sowie Auswirkungen wesentlicher Änderungen von Steuersätzen und Steuervorschriften	**12.88**	**25**	**12, 214**
• Der Betrag an aktiven und passiven latenten Steuern, der erwartungsgemäß innerhalb von **zwölf Monaten nach** dem Abschlussstichtag **realisiert** wird	**1.61**	**–**	**–**

Angaben	Fundstelle IAS	Handbuch §	Handbuch Rn
22 **5.18 Eigenkapital**			
Kapitalgesellschaften			
• Für jede **Klasse von Anteilen** an dem Unternehmen	1.79(a)	12	140 ff
– Anzahl der genehmigten Anteile	1.79(a)(i)		
– Anzahl der ausgegebenen und voll eingezahlten Anteile und Anzahl der ausgegebenen und nicht voll eingezahlten Anteile	1.79(a)(ii)	12	41 f, 140
– Nennwert der Anteile oder Aussage, dass die Anteile keinen Nennwert haben	1.79(a)(iii)	12	31
– Überleitungsrechnung der Anzahl der im Umlauf befindlichen Anteile am Anfang und am Ende der Periode	1.79(a)(iv)	12	46 ff, 140
– Rechte, Vorzugsrechte und Beschränkungen für die jeweilige Kategorie von Anteilen einschließlich Beschränkungen bei der Ausschüttung von Dividenden und der Rückzahlung des Kapitals	1.79(a)(v)	12	43 ff
– Anteile am Unternehmen, die das Unternehmen selbst, seine TU oder assoziierte Unternehmen halten	1.79(a) (vi)	12	87
– Anteile, die für eine Ausgabe aufgrund von Optionen und Verkaufsverträgen vorgehalten wurden, unter Angabe der Modalitäten und Beträge	1.79(a)(vii), 32.34	12	140
• Beschreibung von **Art und Zweck jeder Rücklage** innerhalb des Eigenkapitals	1.79(b)	12	140
• Bei **kündbaren Finanzinstrumenten,** die als Eigenkapital eingestuft sind:	1.136A	12	142
– zusammengefasste quantitative Angaben zu dem als Eigenkapital klassifizierten Betrag	1.136A(a)		
– Angabe der Ziele, Methoden und Verfahren, mit denen die Instrumente zurückgekauft bzw zurückgenommen werden, wenn Inhaber dies verlangen, inklusive aller Änderungen ggü vorangegangener Periode	1.136A(b)		
– Angabe des erwarteten Mittelabflusses bei Rückkauf oder Rücknahme sowie diesbezügliche Berechnungsmethode	1.136A(c)–1.136A(d)		
• Bei **Umgliederung** eines **als Eigenkapitalinstrument eingestuften kündbaren Finanzinstruments** oder Instrument, das das Unternehmen dazu verpflichtet, einer anderen Partei im Falle der Liquidation einen proportionalen Anteil an seinem Nettovermögen zu liefern, **zwischen finanziellen Verbindlichkeiten und Eigenkapital** für jede Kategorie Angabe des – ein- bzw ausgegliederten Betrags – Zeitpunkts und der Gründe der Umgliederung	1.80A	–	–

Angaben	**Fundstelle IAS**	**Handbuch §**	**Handbuch Rn**	
• Bei Sachdividenden ist folgendes anzugeben:	**IFRIC 17**	**12**	**96**	
– der **Buchwert der zu zahlenden Dividende,** am Anfang und am Ende der Berichtsperiode	**IFRIC 17.16(a)**			
– ggf die **Buchwerterhöhung oder -minderung** resultierend aus einer Änderung des beizulegenden Zeitwerts der zur Ausschüttung vorgesehenen Vermögenswerte	**IFRIC 17.16(b)**			
• Wenn **nach dem Stichtag**, jedoch **vor der Freigabe** des Abschlusses zur Veröffentlichung, das Unternehmen entscheidet eine Sachdividende auszuschütten, ist anzugeben:				
– die Art des auszuschüttenden Vermögenswerts	**IFRIC 17.17(a)**			
– der Buchwert des auszuschüttenden Vermögenswerts am Ende der Berichtsperiode und	**IFRIC 17.17(b)**			
– der beizulegende Zeitwert des auszuschüttenden Vermögenswerts am Ende der Berichtsperiode, wenn dieser vom Buchwert abweicht sowie die zugrunde gelegte Bewertungsmethode	**IFRIC 17.17(c)**			
Personengesellschaften, sonstige Unternehmen ohne gezeichnetes Kapital				
• Geeignete **gleichwertige Angaben** wie KapGes	**1.80**	**12**	**105**	
Sonstige Angaben				
• Betrag der **Transaktionskosten**, der in der Periode als Abzug vom Eigenkapital bilanziert wurde	**32.39 iVm IAS 1**	**12**	**39**	
• **Anschaffungskosten** für **eigene Anteile**	**32.34**	**12**	**86 ff**	
• Ggf Angaben gem IAS 24 bei **Erwerb/Veräußerung von eigenen Anteilen von/an nahestehende Personen**		**20**	**40 ff**	
5.19 Verbindlichkeiten aus Warenlieferungen und Leistungen				23
• Angaben wie zu → **Rn 20**	**1.61**	**14**	**20, 187**	
• Angabe des **beizulegenden Zeitwerts,** wenn dieser von dem Anschaffungswert abweicht	**IFRS 7.25 ff**	**14**	**146**	
• Angaben für **Finanzinstrumente** (vgl → Rn 38 ff sowie → Rn 58 ff)	**IFRS 7**			
5.20 Sonstige Rückstellungen				24
• **Gruppen bilden** von Risiken, die vergleichbar sind, und je Gruppe erläuternde Angaben zu	**37.84, 37.85**	**13**	**201 ff**	
– Buchwert zu Beginn und Ende der Berichtsperiode	**37.84(a)**	**13**	**202**	

Angaben	Fundstelle IAS	Handbuch §	Rn
– Zuführungen, Inanspruchnahme und Auflösungen	**37.84(b)–37.84(d)**	**13**	**81 ff**
– Auswirkungen des Zinssatzes und Änderungen des Zinssatzes	**37.84(e)**	**13**	**74**
– Beschreibung der Art der Verpflichtung und erwarteter Zeitpunkt des Abflusses wirtschaftlichen Nutzens	**37.85 (a)**	**13**	**206**
– Erläuterung der Unsicherheiten hinsichtlich IAS 37.85(a)	**37.85(b)**	**13**	**206**
– Höhe aller erwarteten Erstattungen unter Angabe der Höhe aller Vermögenswerte, die für die jeweils erwartete Erstattung angesetzt wurden	**37.85(c)**	**13**	**68 ff**
• Bei Beginn der Umsetzung eines **Restrukturierungsplans** (mit wesentlichem Umfang) nach dem Bilanzstichtag Angaben nach IAS 10 „Ereignisse nach dem Bilanzstichtag"	**37.75**	**13**	**87**
• Gesonderte Angaben für **Rückstellungen für Gewährleistung und Restrukturierung;** falls Restrukturierung mit der Aufgabe eines Geschäftsbereichs zusammenhängt, weitere Angaben notwendig	**37.87** **37.10** **IFRS 5.30 ff**	**13**	**201, 168 ff**
• Betragsmäßige Angaben je Gruppe von Rückstellungen bei **Realisierung nach 12 Monaten**	**1.61**	**13**	**86, 202**
Für **Rechte auf Anteile an Fonds** für Entsorgung, Rekultivierung und Umweltsanierung:		**13**	**140**
• Angabe der **Art des Anteils** an einem Fonds sowie mögliche Zugriffsbeschränkungen zu den Vermögenswerten des Fonds	**IFRIC 5.11**		
• Bei einer Verpflichtung zur möglichen Leistung von Beiträgen, die nicht als Schuld angesetzt ist, die **Angaben nach IAS 37.86**	**IFRIC 5.12**		
• Bei Bilanzierung des Anteils an einem Fonds nach IFRIC 5.9, **Angabe** der nach **IAS 37.85(c)** geforderten Angaben	**IFRIC 5.13**		
5.21 Pensionsrückstellungen			
25 • Zu Leistungen an Arbeitnehmer und Altersversorgungsplänen → Rn 110 ff und → Rn 113			
26 **5.22 Leasingverträge**			
5.22.1 Anhangangaben beim Leasingnehmer			
Bei einem **Finanzierungs-Leasingverhältnis** sind folgende Angaben zusätzlich zu den Anforderungen des IFRS 7 beim **Leasingnehmer** zu machen:	**17.31**	**22**	**130 ff, 146**

Angaben	**Fundstelle**	**Handbuch**	
	IAS	**§**	**Rn**
• (Netto-)**Buchwert** für jede Gruppe von Vermögenswerten	**17.31(a)**		
• **Überleitungsrechnung** von der Summe der künftigen Mindestleasingzahlungen zu deren Barwerten am Stichtag, wobei die Summe der künftigen Mindestleasingzahlungen und deren Barwerte gegliedert nach folgenden Fälligkeiten angegeben werden:	**17.31(b)**		
– bis 1 Jahr	**17.31(b)(i)**		
– über 1 bis 5 Jahre	**17.31(b)(ii)**		
– über 5 Jahre	**17.31(b)(iii)**		
• Erfolgswirksam erfasste, **bedingte** Leasingzahlungen	**17.31(c)**		
• Summe der künftigen Mindestleasingzahlungen, deren Erhalt auf Grund von **unkündbaren Untermietverhältnissen** am Bilanzstichtag erwartet wird	**17.31(d)**		
• Allgemeine Beschreibung der **wesentlichen Leasingvereinbarungen** insbes unter Angabe der folgenden Informationen:	**17.31(e)**		
– Grundlage, auf der bedingte **Mietzahlungen** festgelegt sind	**17.31(e)(i)**		
– das Bestehen und Bestimmungen von **Verlängerungs- oder Kaufpreisoptionen** und **Preisanpassungsklauseln** und	**17.31(e)(ii)**		
– durch Leasingvereinbarungen auferlegte **Beschränkungen**	**17.31(e)(iii)**		
• Beachtung der **Angabepflichten** gem IAS 16, 36, 38, 40, 41	**17.32**	**22**	**146**
Bei einem **Operating-Leasingverhältnis** sind folgende Angaben zusätzlich zu den Anforderungen des IFRS 7 beim **Leasingnehmer** zu machen:	**17.35**	**22**	**115 ff, 144**
• Summe der künftigen Mindestleasingzahlungen der **unkündbaren Operating-Leasingverhältnisse,** gegliedert nach Fälligkeit:	**17.35(a)**		
– bis 1 Jahr,	**17.35(a)(i)**		
– über 1 bis 5 Jahre,	**17.35(a)(ii)**		
– über 5 Jahre	**17.35(a)(iii)**		
• Summe der künftigen Mindestleasingzahlungen, deren Erhalt auf Grund von **unkündbaren Untermietverhältnissen** am Bilanzstichtag erwartet wird	**17.35(b)**		
• Zahlungen aus Leasingverhältnissen und Untermietverhältnissen, die **erfolgswirksam** in der GuV erfasst sind, getrennt für Mindestleasingzahlungen, bedingte Mietzahlungen und Zahlungen aus Untermietverhältnissen	**17.35(c)**		
• **Allgemeine Beschreibung** der wesentlichen Leasingvereinbarungen insbes unter Angabe der folgenden Informationen:	**17.35(d)**		
– Grundlage, auf der bedingte Mietzahlungen festgelegt sind	**17.35(d)(i)**		

Angaben	Fundstelle IAS	Handbuch §	Handbuch Rn
– das Bestehen und Bestimmungen von Verlängerungs- oder Kaufpreisoptionen und Preisanpassungsklauseln und – durch Leasingvereinbarungen auferlegte Beschränkungen	**17.35(d)(ii)** **17.35(d)(iii)**		
Ist bei einem verdeckten Operating-Leasingverhältnis eine Trennung von Leasingzahlungen von Zahlungen für andere Bestandteile undurchführbar, sind alle Zahlungen als Leasingzahlungen zu behandeln und folgende Angaben zu machen: • **getrennte Angabe** von jenen Mindestleasingzahlungen aus Leasingverträgen, die keine leasingfremden Elemente enthalten • **Erklärung,** dass die angegebenen Zahlungen auch Zahlungen für nicht zum Leasingverhältnis gehörende Bestandteile der Vereinbarung enthalten	**IFRIC 4.15(b)** **IFRIC 4.15(b)(i)** **IFRIC 4.15(b)(ii)**	**22**	**136**
27 **5.22.2 Anhangangaben beim Leasinggeber**			
Leasinggeber haben bei einem **Finanzierungs-Leasingverhältnis** ergänzend zu den Vorgaben des IFRS 7 folgende Angaben zu machen: • **Überleitung** der Bruttogesamtinvestitionen in das Leasingverhältnis am Stichtag zum Barwert der ausstehenden Mindestleasingzahlungen sowie Bruttoinvestitionen und Barwert der ausstehenden Mindestleasingzahlungen, gegliedert nach der Fälligkeit: – bis 1 Jahr – über 1 bis 5 Jahre – über 5 Jahre • Noch nicht realisierter **Finanzertrag** • Nicht garantierte **Restwerte,** die zugunsten des Leasinggebers anfallen • Kumulierte **Wertberichtigungen** für uneinbringliche ausstehende Mindestleasingzahlungen • Erfolgswirksam erfasste **bedingte** Mietzahlungen • Allgemeine Beschreibung der **wesentlichen Leasingvereinbarungen** des Leasinggebers • **Empfohlen** wird die Angabe eines **Wachstumsfaktors:** Bruttoinvestition ./. nicht realisierte Erträge aus in der Periode abgeschlossenem Neugeschäft ./. Beträge aus gekündigten Leasingverhältnissen = **Wachstumsindikator**	**17.47** **17.47(a)** **17.47(a)(i)** **17.47(a)(ii)** **17.47(a)(iii)** **17.47(b)** **17.47(c)** **17.47(d)** **17.47(e)** **17.47(f)** **17.48**	**22**	**124 ff, 143**
Leasinggeber haben bei einem **Operating-Leasingverhältnis** Vermögenswerte, die Gegenstand des Operating-Leasingverhältnisses sind, in ihrer Bilanz darzustellen und ergänzend	**17.49** **17.56**	**22**	**103 ff, 141**

Angaben	**Fundstelle IAS**	**Handbuch §**	**Handbuch Rn**	
zu den Vorgaben des IFRS 7 folgende Angaben zu machen: • Summe der künftigen Mindestleasingzahlungen der **unkündbaren Operating-Leasingverhältnisse,** gegliedert nach Fälligkeit: – bis 1 Jahr, – über 1 bis 5 Jahre, – über 5 Jahre • Summe der **erfolgswirksam** erfassten **bedingten** Mietzahlungen • **Allgemeine Beschreibung** zu den Leasingvereinbarungen • Zusätzlich Beachtung der **Angabepflichten** gem IAS 16, 36, 38, 40, 41	**17.56(a)** **17.56(a)(i)** **17.56(a)(ii)** **17.56(a)(iii)** **17.56(b)** **17.56(c)** **17.57**			
5.22.3 Besondere Anhangangaben				**28**
Für Vereinbarungen in der rechtlichen Form von Leasingverhältnissen, die nach ihrem wirtschaftlichen Gehalt kein Leasingverhältnis nach IAS 17 darstellen: • **Beschreibung der Vereinbarung** mit folgenden Angaben: – betreffender Vermögenswert und etwaige **Nutzungsbeschränkung** – **Laufzeit** und andere wichtige Bedingungen der Vereinbarung – miteinander **verknüpfte Transaktionen** einschließlich aller Optionen • Weiter ist anzugeben: – die Bilanzierungsmethode, die auf die **erhaltenen Entgelte** angewandt wurde – der Betrag, der in der Berichtsperiode als **Ertrag** erfasst wurde – der **Posten** in der **GuV,** in dem der Ertrag erfasst wurde	**SIC-27.10** **SIC-27.10(a)** **SIC-27.10(a)(i)** **SIC-27.10(a)(ii)** **SIC-27.10(a)(iii)** **SIC-27.10(b)**	**22**	**174 ff**	
Bei ***sale-and-lease-back*-Transaktionen** sind die Angabepflichten für Leasingnehmer und -geber anzuwenden; die erforderliche Beschreibung der wesentlichen Leasingvereinbarungen führt zur Angabe der Vertragsbestimmungen	**17.65 f**	**22**	**141 ff,** **156 ff**	
5.23 Darlehens- und sonstige Verbindlichkeiten				**29**
• **Angemessene Untergliederung** in der Bilanz und im Anhang • Gliederung nach **Fristigkeit** (bis 1 Jahr, mehr als 1 Jahr) • **Beizulegender Zeitwert**	**1.77 f** **1.69 ff** **IFRS 7.26**	**14** **14** **14**	**18 ff** **21 ff** **133, 146**	
• Enthält ein Finanzinstrument sowohl **Schuld-** als auch **Eigenkapitalelemente,** Angaben zu den Bestandteilen	**32.28** **IFRS 7.17**	**12** **12**	**14** **17**	

	Angaben	Fundstelle IAS	Handbuch §	Handbuch Rn
30	**5.24 Zuwendungen der öffentlichen Hand**			
	• **Bilanzierungs- und Bewertungsmethoden, Darstellungsmethoden** • **Art** und **Umfang** der Zuwendungen • **Unerfüllte** Zuwendungsbedingungen, andere Erfolgsunsicherheiten	**20.39(a)** **20.39(b)** **20.39(c)**	**5** **5** **5**	**70 ff, 81** **60 ff, 81** **81**
31	**5.25 Nahestehende Unternehmen/Personen**			
	• **Beziehungen** zwischen MU und TU – Name des MU – falls abweichend: Name des obersten beherrschenden Unternehmens – falls abweichend: Name des nächst höheren MU, das Abschlüsse veröffentlicht	**24.13**	**20**	**40 ff**
	• Beziehungen zu **anderen Unternehmen/Personen,** zu denen ein **Beherrschungsverhältnis** besteht	**24.14**	**20**	**48**
	• **Managementvergütungen für Schüsselpositionen** insgesamt und je Kategorie: – kurzfristig fällige Leistungen – Leistungen nach Beendigung des Arbeitsverhältnisses – andere langfristig fällige Leistungen – Zahlungen aus Anlass der Beendigung des Arbeitsverhältnisses – anteilsbasierte Vergütungen **Ausnahme:** Ein Unternehmen erhält Leistungen im Bereich des Managements in Schlüsselpositionen von einem anderen Unternehmen („leistungserbringendes Unternehmen").	**24.17** **24.17(a)** **24.17(b)** **24.17(c)** **24.17(d)** **24.17(e)** **24.17A**	**20** **26** **26** **26** **26** **24**	**24, 50** **126 ff** **20 ff** **130 ff** **140 ff** **11 ff**
	Bei **Geschäften zwischen** nahestehenden Unternehmen/Personen: • **Art** der Beziehung • **Information** über das Geschäft • **Betrag** des Geschäftsvorfalls • **Ausstehende Salden,** dazu – Bedingungen, Konditionen inklusive möglicher Besicherung sowie Art der Leistungserfüllung – gewährte und erhaltene Garantien • **Wertberichtigungen** auf offene Salden • Aufwand für **Forderungsabschreibungen** und dergleichen • Beträge, die Unternehmen für die von einem **leistungserbringenden Unternehmen** entgegengenommenen Leistungen für das Management in Schlüsselpositionen aufgewendet haben	**24.18** **24.18 (Satz 1)** **24.18 (Satz 1)** **24.18(a)** **24.18(b)** **24.18(b)(i)** **24.18(b)(ii)** **24.18(c)** **24.18(d)** **24.18A**	**20**	**43**
	Die gem IAS 24.18 geforderten Angaben **gesondert** für:	**24.19**	**20**	**46**

Angaben	Fundstelle	Handbuch	
	IAS	§	Rn
• **MU**	**24.19(a)**	**20**	**9**
• Gesellschafter von **Gemeinschafts- und assoziierten Unternehmen**	**24.19(b)**	**20**	**11**
• **TU**	**24.19(c)**	**20**	**9**
• **Assoziierte Unternehmen**	**24.19(d)**	**30**	**75 f**
• **Gemeinschaftsunternehmen**	**24.19(e)**	**30**	**71 ff**
• **Management** in Schlüsselpositionen des berichtenden Unternehmens oder dessen MU	**24.19(f)**	**20**	**50**
• **Andere** nahestehende Unternehmen/ Personen	**24.19(g)**	**20**	**15**
• Bei **Inanspruchnahme** der **Erleichterungen** gem IAS 24.25 für ein der öffentlichen Hand nahestehendes Unternehmen:	**24.25** **24.26**	**20**	**29, 33**
– **Name** der **öffentlichen Hand** und **Art der Beziehung** zum berichtenden Unternehmen	**24.26(a)**		
– **Art** und **Höhe** jedes **signifikanten Geschäftsvorfalls**	**24.26(b)(i)**		
– Hinweis auf **qualitativen** und **quantitativen Umfang anderer Geschäftsvorfälle,** die nicht für sich genommen, jedoch **insgesamt signifikant** sind	**24.26(b)(ii)**		
5.26 Verpflichtungen 32			
• Zum Erwerb von **Sachanlagen**	**16.74(c)**	**5**	**223**
• Zum Erwerb **immaterieller Vermögenswerte**	**38.122(e)**	**4**	**151**
5.27 Eventualverbindlichkeiten und -forderungen 33			
• **Gruppen** von Eventualschulden/-forderungen bilden und je Gruppe	**37.86**	**13**	**16 ff**
– finanzielle Auswirkungen angeben	**37.86(a)**		
– Unsicherheiten für Betrag, Fälligkeit und Abfluss erläutern	**37.86(b)**		
– Möglichkeiten einer Erstattung erläutern	**37.86(c)**		
• Falls ein **Zufluss aus Eventualforderungen** wahrscheinlich ist: – kurze **Beschreibung** der Art – Schätzung der finanziellen Auswirkungen	**37.89**	**10**	**74**
• Erfolgen die Angaben gem IAS 37.86, IAS 37.89 **nicht,** so ist dies anzugeben	**37.91**	**–**	**–**
• Bei **Unternehmenszusammenschlüssen:** Angaben zu Eventualverbindlichkeiten, die im Rahmen der Verteilung der Anschaffungskosten angesetzt bzw ausnahmsweise nicht angesetzt wurden	**IFRS 3.B64(j)** **iVm** **IAS 37**	**34**	**152 ff, 269**
• Ggf **Zusammenhang mit Rückstellungen** herstellen	**37.88** **19.125**	**–**	**–**
• Eventualschuld aus Angebot auf **Beendigung eines Arbeitsverhältnisses**	**19.141**	**13**	**90 ff**

	Angaben	Fundstelle IAS	Handbuch §	Handbuch Rn
34	**5.28 Ereignisse nach dem Bilanzstichtag**			
	• Vor der Abschlussfreigabe **vorgeschlagene oder beschlossene Dividende** insgesamt und je Anteil und alle kumulierten **Vorzugsdividenden**, die bisher unberücksichtigt sind – und deren ertragsteuerliche Konsequenz	**1.137** **10.13** **12.82A**	**12** **19** **25**	**140** **48** **214**
	• **Aktualisierung** von Angaben bei **wertaufhellenden** Informationen	**10.19**	**2**	**104 ff**
	• Erläuterung von **Ereignissen von besonderer Wichtigkeit,** die im Abschluss nicht berücksichtigt sind – Art – finanzielle Auswirkungen (Beispiele in IAS 10.22) – bei Unmöglichkeit der Angabe finanzieller Auswirkungen: Angabe dieser Tatsache	**10.21** **10.21(a)** **10.21(b)** **10.21(b)**	**2**	**104 ff**
35	**5.29 Dienstleistungslizenzen**			
	Angaben bei **Betreiber und Konzessionsgeber** für jede einzelne Vereinbarung oder für Gruppen von Vereinbarungen: • **Beschreibung** der Vereinbarung • **Wesentliche Bestimmungen** der Vereinbarung, die künftige Cashflows beeinflussen können • **Art** und **Umfang** von: – Rechten, bestimmte Vermögenswerte zu nutzen – zu erfüllenden Verpflichtungen oder Rechten auf das Erbringen von Dienstleistungen – Verpflichtungen, Sachanlagen zu erwerben oder zu errichten – Verpflichtungen, bestimmte Vermögenswerte am Ende der Laufzeit der Lizenz zu übergeben oder – Ansprüche, solche zu diesem Zeitpunkt zu erhalten – Verlängerungs- und Kündigungsoptionen – anderen Rechten und Verpflichtungen (zB Großreparaturen und -instandhaltungen); • **Veränderungen der Vereinbarung** während der Laufzeit der Lizenz • **Einstufung** der Vereinbarung • Beim **Betreiber** Angabe der Umsätze, Gewinne und Verluste, die innerhalb des Berichtszeitraums durch die Einbringung der Bauleistung gegen einen finanziellen oder immateriellen Vermögenswert entstanden sind	**SIC-29.6** **SIC-29.6(a)** **SIC-29.6(b)** **SIC-29.6(c)** **SIC-29.6(c)(i)** **SIC-29.6(c)(ii)** **SIC-29.6(c)(iii)** **SIC-29.6(c)(iv)** **SIC-29.6(c)(iv)** **SIC-29.6(c)(v)** **SIC-29.6(c)(vi)** **SIC-29.6(d)** **SIC-29.6(e)** **SIC-29.6A**	**4** **9**	**154** **100 ff**

Angaben	**Fundstelle**	**Handbuch**	
	IAS	**§**	**Rn**
6. Kapitalflussrechnung			
• **Klassifizierung** der Kapitalflussrechnung nach: – Cashflow aus lfd Geschäftstätigkeit – Cashflow aus der Investitionstätigkeit und – Cashflow aus der Finanzierungstätigkeit	7.10	18 18 18 18	5, 17 f 19 ff 22 ff 26 ff
• Separater Ausweis wesentlicher Posten von **Mittelzu- und -abflüssen aus der Investitions- und Finanzierungstätigkeit** (Nettoausweis von Cashflows gem IAS 7.22 möglich)	7.16 7.17	18 18	22 ff 26 ff
• Die Kapitalflussrechnung kann nach **der indirekten** oder der **direkten** Methode aufgestellt werden, aus der Methodenwahl ergeben sich folgende Anhangangaben: – **direkte Methode:** wesentliche Bruttoein- und -auszahlungen aus lfd Geschäftstätigkeit einzeln angeben – **indirekte Methode:** Ermittlung der Cashflows aus lfd Geschäftstätigkeit durch Korrektur des Jahreserfolgs um nichtzahlungswirksame Geschäftsvorfälle, Veränderungen bestimmter Bilanzposten und Erträge und Aufwendungen im Zusammenhang mit der Investitions- und Finanzierungstätigkeit	7.18 7.18(a) 7.18(b)	18	31 ff
In der Kapitalflussrechnung hat ein separater Ausweis der • **Zinszahlungen** • **Dividendenzahlungen** und • **Ertragsteuerzahlungen** zu erfolgen	 7.31 7.34 7.35	 18 18 18	 53 55 57
Angaben zu **Ein- und Auszahlungen** im Zusammenhang mit der Übernahme oder dem Verlust der **Beherrschung** über TU oder sonstige Geschäftseinheiten	7.40	18	68 ff, 89
• Das **gesamte gezahlte oder erhaltene Entgelt**	7.40(a)	34	176 ff
• Der Teil des Entgelts, der durch **Zahlungsmittel- bzw Zahlungsmitteläquivalente** beglichen wurde	7.40(b)	18	8 ff
• Der Betrag der Zahlungsmittel bzw Zahlungsmitteläquivalente des Unternehmens, über welche die **Beherrschung erlangt** oder **verloren** wurde	7.40(c)	18	8 ff
• Die Beträge der nach **Hauptgruppen gegliederten Vermögenswerte und Schulden** – mit Ausnahme der Zahlungsmittel und Zahlungsmitteläquivalente – der TU oder sonstigen Geschäftseinheiten, über welche die Beherrschung erlangt oder verloren wurde	7.40(d)	34	99 ff, 143 ff

36

Angaben	Fundstelle	Handbuch	
	IAS	§	Rn
• Darstellung **wesentlicher zahlungsunwirksamer Geschäftsvorfälle** im Anhang, wie zB Erwerb eines Unternehmens gegen Anteilsausgabe, Erwerb von Vermögenswerten durch Schuldenübernahme oder Umwandlung von Schulden in Eigenkapital	**7.43, 7.44**	**18**	**59, 90**
• Erläuterung der Zusammensetzung des **Finanzmittelfonds** (sofern sich Änderungen der Zusammensetzung ggü der Vorperiode ergeben haben: Angabepflicht gem IAS 7.47)	**7.45, 7.46**	**18**	**8 ff, 87**
• **Überleitungsrechnung** zu den korrespondierenden Bilanzposten	**7.45**	**18**	**87**
• Angabe wesentlicher, in den Finanzmittelfonds **eingeflossener Zahlungsmittel/ Zahlungsmitteläquivalente,** über die das Unternehmen nicht verfügen kann	**7.48**	**18**	**13, 88**
• Separater Ausweis der **Cashflows aus aufgegebenen Geschäftsbereichen** wahlweise in der Kapitalflussrechnung oder im Anhang (ebenfalls unterteilt in Cashflow aus lfd Geschäftstätigkeit, Investitions- und Finanzierungstätigkeit); Angabe nicht notwendig für Veräußerungsgruppen in der Form von neu erworbenen TU, welche den Status nach IFRS 5.11 (Veräußerungsabsicht) erfüllen	**IFRS 5.33(c)**	**18**	**6**
Weitere **freiwillige Angaben** werden empfohlen:	**7.50**	**18**	**91**
• Gesamtbetrag **nicht ausgenutzter Kreditlinien** (etwaige Verfügungsbeschränkungen sind anzugeben)	**7.50(a)**		
• Gesamtbetrag der **Zahlungsflüsse, die für die Erweiterung des Geschäftsbetriebs** einerseits und die Erhaltung der bestehenden Kapazitäten andererseits erforderlich sind	**7.50(c)**		
• Die Aufteilung der Zahlungsmittelzu- und -abflüsse für Bereiche der betrieblichen Tätigkeit, der Investitionstätigkeit und der Finanzierungstätigkeit aufgegliedert nach den einzelnen **berichtspflichtigen Segmenten** gem IFRS 8	**7.50(d)**		
37 **7. Unternehmenszusammenschlüsse**			
• Allgemeine Angaben über **Art und finanzielle Auswirkungen** von Unternehmenszusammenschlüssen	**IFRS 3.59**	**34**	**267 ff**
– der Berichtsperiode	**IFRS 3.59(a)**		
– im Zeitraum zwischen Stichtag und Freigabe des Abschlusses zur Veröffentlichung	**IFRS 3.59(b)**		
Hinweis: Die im Folgenden genannten Angaben der IFRS 3.B64 und IFRS 3.B65 müssen separat für beide Fälle erfolgen (IFRS 3.60 iVm IFRS 3.64 ff).			

Angaben	Fundstelle	Handbuch	
	IAS	§	Rn
• **Name und Beschreibung** des erworbenen Unternehmens	IFRS 3.B64(a)	34	269
• **Zeitpunkt** des Erwerbs	IFRS 3.B64(b)	34	57 ff, 269
• **Prozentsatz** der erworbenen Stimmrechte	IFRS 3.B64(c)	34	269
• **Hauptgründe** für Unternehmenszusammenschluss und Beschreibung der **Art und Weise,** wie Beherrschung erlangt wurde	IFRS 3.B64(d)	34	14 f, 269
• **Qualitative Beschreibung der Faktoren,** die zur Erfassung eines **Geschäfts- oder Firmenwerts** führen (zB erwartete Synergien, nicht gesondert angesetzte immaterielle Vermögenswerte, sonstige Faktoren)	IFRS 3.B64(e)	34	242, 269
• **Beizulegende Zeitwerte** zum Erwerbszeitpunkt der gesamten **übertragenen Gegenleistung** sowie jeder Hauptgruppe von Gegenleistungen, wie:	IFRS 3.B64(f)	34	176 ff
– Zahlungsmittel	IFRS 3.B64(f)(i)		
– sonstige materielle oder immaterielle Vermögenswerte (einschließlich Geschäftsbetrieb oder TU des Erwerbers)	IFRS 3.B64(f)(ii)		
– eingegangene Schulden	IFRS 3.B64(f)(iii)		
– Eigenkapitalanteile des Erwerbers (einschließlich Anzahl der ausgegebenen bzw noch auszugebenden Instrumente oder Anteile) sowie deren Methode der Bestimmung des beizulegenden Zeitwerts	IFRS 3.B64(f)(iv)		
• Bei Vereinbarungen über **bedingte Gegenleistung** und Vermögenswerte für Entschädigungsleistungen:	IFRS 3.B64(g)	34	205 ff
– erfasster Betrag zum Erwerbszeitpunkt	IFRS 3.B64(g)(i)		
– Beschreibung der Vereinbarung und Grundlage der Ermittlung des Zahlungsbetrags	IFRS 3.B64(g)(ii)		
– Schätzung der Bandbreite der Ergebnisse bzw Gründe, wenn diese nicht geschätzt werden kann, sowie Angabe, wenn Höchstbetrag der Zahlung unbegrenzt	IFRS 3.B64(g)(iii)		
• Bei **erworbenen Forderungen** für die Hauptgruppen, wie Kredite, direkte Finanzierungs-Leasingverhältnisse und sonstige Gruppen von Forderungen:	IFRS 3.B64(h)	34	130 f
– beizulegender Zeitwert der Forderungen	IFRS 3.B64(h)(i)		
– Bruttobeträge der vertraglichen Forderungen	IFRS 3.B64 (h)(ii)		
– zum Erwerbszeitpunkt bestmögliche Schätzung der vertraglichen Cashflows, die voraussichtlich uneinbringlich sein werden	IFRS 3.B64(h)(iii)		
• Erfasste Beträge zum Erwerbszeitpunkt für jede **Hauptgruppe** von erworbenen Vermögenswerten und übernommenen Schulden	IFRS 3.B64(i)	34	269

Angaben	Fundstelle IAS	Handbuch §	Handbuch Rn
• Angaben gem IAS 37.85 für **Eventualverbindlichkeiten** und, wenn beizulegender Zeitwert nicht verlässlich ermittelt werden kann: – Angaben gem IAS 37.86 – Gründe für Unmöglichkeit der verlässlichen Bewertung	**IFRS 3.B64(j)** **IFRS 3.B64(j)(i)** **IFRS 3.B64(j)(ii)**	**34** **13**	**152 ff** **206 f**
• **Steuerlich abzugsfähige** Gesamtsumme des Geschäfts- oder Firmenwerts	**IFRS 3.B64(k)**	**25** **34**	**96 f** **269**
• Für gem IFRS 3.51 vom Erwerb der Vermögenswerte oder der Übernahme der Schulden **getrennt ausgewiesene Transaktionen:** – Beschreibung jeder Transaktion – wie der Erwerber jede Transaktion bilanziert – die für jede Transaktion ausgewiesenen Beträge und Posten im Abschluss, in denen jeder Betrag erfasst ist – Ermittlungsmethode des Erfüllungsbetrags, wenn Transaktion die tatsächliche Erfüllung der zuvor bestehenden Beziehung ist • Betrag, der zu IFRS 3.B64(l) gehörigen **Abschlusskosten** und separat diejenigen Kosten, die als Aufwand erfasst wurden und die Posten der Gesamtergebnisrechnung, in welchen diese erfasst wurde • Nicht als Aufwand erfasste **Ausgabekosten** sowie deren Erfassung	**IFRS 3.B64(l)** **IFRS 3.B64(l)(i)** **IFRS 3.B64(l)(ii)** **IFRS 3.B64(l)(iii)** **IFRS 3.B64(l)(iv)** **IFRS 3.B64(m)** **IFRS 3.B64(m)**	**34**	**178 ff**
• Bei Erwerb zu einem **Preis unter Marktwert:** – Betrag eines gem IFRS 3.34 erfassten Gewinns sowie der zugehörige Posten der Gesamtergebnisrechnung – Beschreibung der Gründe, weshalb die Transaktion zu einem Gewinn führte	**IFRS 3.B64(n)** **IFRS 3.B64(n)(i)** **IFRS 3.B64(n)(ii)**	**34**	**235 ff**
• Für jeden Unternehmenszusammenschluss, bei dem der Erwerber zum Erwerbszeitpunkt **weniger als 100 % der Eigenkapitalanteile** an dem erworbenen Unternehmen hält: – der zum Erwerbszeitpunkt angesetzte Betrag der Anteile nicht-beherrschender Gesellschafter an dem erworbenen Unternehmen und Bewertungsgrundlage für diesen Betrag – Bewertungstechniken und wesentliche Parameter zur Bestimmung des beizulegenden Zeitwerts für jeden Anteil nicht-beherrschender Gesellschafter	**IFRS 3.B64(o)** **IFRS 3.B64(o)(i)** **IFRS 3.B64(o)(ii)**	**34** **34** **34**	**269** **209 ff** **269**
• Bei sukzessivem Unternehmenszusammenschluss: – der zum Erwerbszeitpunkt geltende **beizulegende Zeitwert des Eigenkapital-**	**IFRS 3.B64(p)** **IFRS 3.B64(p)(i)**	**34**	**253 ff**

Angaben	**Fundstelle**	**Handbuch**	
	IAS	**§**	**Rn**
anteils an dem erworbenen Unternehmen, der unmittelbar vor dem Erwerbszeitpunkt vom Erwerber gehalten wurde – **Gewinn oder Verlust** der aufgrund einer **Neubewertung des Eigenkapitalanteils** an dem erworbenen Unternehmen, der vor dem Unternehmenszusammenschluss vom Erwerber gehalten wurde, mit dem beizulegenden Zeitwert erfasst wurde und der zugehörige Posten der Gesamtergebnisrechnung	**IFRS 3.B64(p)(ii)**		
• **Erlöse, Gewinne oder Verluste** des **erworbenen Unternehmens** seit dem Erwerbszeitpunkt, welche in der Konzerngesamtergebnisrechnung der betreffenden Periode enthalten sind	**IFRS 3.B64(q)(i)**	**34**	**269**
• **Erlöse, Gewinne oder Verluste des zusammengeschlossenen Unternehmens** für die aktuelle Periode unter der Annahme, dass der Erwerbszeitpunkt für alle Unternehmenszusammenschlüsse am Anfang der Berichtsperiode gelegen hätte	**IFRS 3.B64(q)(ii)**	**34**	**269**
• Erklärung und Begründung bei **Undurchführbarkeit** (iSd IAS 8) der Offenlegung der in IFRS 3.B64 geforderten Angaben	**IFRS 3.B64 aE**	**34**	**269**
• Sind einzelne Unternehmenszusammenschlüsse während der Berichtsperiode **unwesentlich,** sind zumindest zusammengefasste Angaben gem IFRS 3.B64(e) bis IFRS 3.B64(q) erforderlich	**IFRS 3.B65**	**34**	**269**
• Liegt der Erwerbszeitpunkt eines Unternehmenszusammenschlusses nach dem Ende der Berichtsperiode jedoch **vor Genehmigung zur Veröffentlichung,** hat der Erwerber die in IFRS 3.B64f vorgeschriebenen Angaben zu machen. Ist die erstmalige Bilanzierung des Unternehmenszusammenschlusses zum Zeitpunkt der Genehmigung nicht vollständig, hat der Erwerber zu beschreiben, welche Angaben nicht gemacht werden konnten und die Gründe hierfür	**IFRS 3.B66**	**34**	**269**
• Angaben, durch die die Abschlussadressaten die **finanziellen Auswirkungen** der in der aktuellen Berichtsperiode erfassten **Berichtigungen** beurteilen können bzgl Unternehmenszusammenschlüssen der aktuellen oder früheren Berichtsperiode	**IFRS 3.61**	**34**	**272**
Hinweis: Alle im Folgenden genannten Angaben müssen für jeden wesentlichen Unternehmenszusammenschluss bzw zusammengefasst für unwesentliche Unternehmenszusammenschlüsse, die gemeinsam wesentlich sind, gemacht werden.	**IFRS 3.B67**		

Angaben	Fundstelle IAS	Handbuch §	Handbuch Rn
• Bei **unvollständiger Bilanzierung** eines Unternehmenszusammenschlusses während der Berichtsperiode (vgl IFRS 3.45) und nur **vorläufiger Ermittlung** der ausgewiesenen Beträge:	**IFRS 3.B67(a)**	**34**	**93 ff, 272**
– **Gründe** für eine unvollständige Bilanzierung	**IFRS 3.B67(a)(i)**		
– **Vermögenswerte, Schulden, Eigenkapitalanteile** oder zu **berücksichtigende Posten,** für welche die erstmalige Bilanzierung unvollständig ist	**IFRS 3.B67(a)(ii)**		
– **Art und Betrag aller Berichtigungen** im Bewertungszeitraum, die gem IFRS 3.49 in der Berichtsperiode erfasst wurden	**IFRS 3.B67(a)(iii)**		
• Für **jede Periode nach Erwerbszeitpunkt** bis Unternehmen einen Vermögenswert einer bedingten Gegenleistung vereinnahmt, veräußert oder Anspruch darauf verliert oder bis Unternehmen eine Schuld als eine bedingte Gegenleistung erfüllt oder diese Schuld aufgehoben oder erloschen ist:	**IFRS 3.B67(b)**	**34**	**205 ff, 272**
– **Änderungen** der **angesetzten Beträge** sowie **Differenzen** resultierend aus der **Erfüllung**	**IFRS 3.B67(b)(i)**		
– **Änderungen der Bandbreite** der nicht abgezinsten Ergebnisse sowie **Gründe** der Änderungen	**IFRS 3.B67(b)(ii)**		
– **Bewertungstechniken** und die einfließenden Parameter des Hauptmodells zur Bewertung **der bedingten Gegenleistung**	**IFRS 3.B67(b) (iii)**		
• Angaben zu **Eventualschulden,** die gem IAS 37.84 und IAS 37.85 vorgeschrieben sind	**IFRS 3.B67(c) iVm IAS 37**	**13** **34**	**201** **272**
• Überleitungsrechnung für **Geschäfts- oder Firmenwert** → Rn 9	**IFRS 3.B67(d)**	**34**	**272**
• Angabe des in der aktuellen Periode erfassten **Gewinns oder Verlusts** mit Erläuterungen	**IFRS 3.B67(e)**	**34**	**272**
– zu mit diesen in Zusammenhang stehenden erworbenen Vermögenswerten oder übernommenen Schulden im Rahmen eines Unternehmenszusammenschlusses innerhalb der aktuellen oder einer vorherigen Periode	**IFRS 3.B67(e)(i)**		
– wenn Umfang, Höhe oder Häufigkeit für Verständnis des Abschlusses des zusammengeschlossenen Unternehmens bedeutsam	**IFRS 3.B67(e)(ii)**		
• **Zusätzliche Angaben,** sofern zur Erfüllung der Zielsetzungen von IFRS 3.59 und IFRS 3.61 erforderlich	**IFRS 3.63**	**34**	**268**

Angaben	**Fundstelle** IAS	**Handbuch** §	Rn	
• Im Fall eines **umgekehrten Unternehmenserwerbs** Angabe, dass es sich um die Fortführung des Abschlusses des rechtlichen TU (des bilanziellen Erwerbers) handelt	**IFRS 3.B21**	**34**	**198 f**	
8. Finanzinstrumente (IFRS 7 iVm IAS 39)				38
8.1 Klassen von Finanzinstrumenten				
• Wenn IFRS 7 Angaben zu **Klassen** von Finanzinstrumenten vorschreibt, sind diese entspr ihren Charakteristika so **zusammenzufassen,** dass sie der **Wesensart** der anzugebenden Informationen Rechnung tragen • Es sind **Informationen** bereitzustellen, die eine **Überleitungsrechnung** zu den entspr Posten der Bilanz ermöglichen	**IFRS 7.6**	**3** **3**	**273 f** **274**	
• Die **„Klassen"** entspr nicht den „Kategorien" gem IAS 39; mindestens sind folgende Klassen auszuweisen: – Instrumente, die zu fortgeführten Anschaffungs- oder Herstellungskosten ausgewiesen werden – Instrumente, die zum beizulegenden Zeitwert ausgewiesen werden – Instrumente, die nicht in den Anwendungsbereich des IFRS 7 fallen	**IFRS 7.B1–IFRS 7.B3**	**3**	**274**	
• Informationen, aus denen die Bedeutung der Finanzinstrumente für die **VFE-Lage** erkenntlich wird	**IFRS 7.7**	**3**	**271**	
8.2 Bilanz				39
8.2.1 Kategorien finanzieller Vermögenswerte und Verbindlichkeiten				
• **Buchwert** für jede der folgenden Kategorien (gem IAS 39): – **erfolgswirksam zum beizulegenden Zeitwert** bewertete **finanzielle Vermögenswerte,** getrennt nach: in diese Kategorie eingestuft beim erstmaligen Ansatz und gem IAS 39 als zu Handelszwecken gehalten eingestuft – **bis zur Endfälligkeit zu haltende** Finanzinvestitionen – **Kredite** und **Forderungen** – zur **Veräußerung** verfügbare finanzielle Vermögenswerte – **erfolgswirksam zum beizulegenden Zeitwert** bewertete **finanzielle Verbindlichkeiten,** getrennt nach: in diese Kategorie eingestuft beim erstmaligen Ansatz und gem IAS 39 als zu Handelszwecken gehalten eingestuft – finanzielle Verbindlichkeiten bewertet zu **fortgeführten Anschaffungskosten**	**IFRS 7.8** **IFRS 7.8(a)** **IFRS 7.8(b)** **IFRS 7.8(c)** **IFRS 7.8(d)** **IFRS 7.8(e)** **IFRS 7.8(f)**	 **3** **3** **3** **3** **3** **3**	 **55 ff** **62 ff** **69 f** **71** **55 ff** **175**	

	Angaben	Fundstelle	Handbuch	
		IAS	§	Rn
40	**8.2.2 Erfolgswirksam zum beizulegenden Zeitwert bewertete finanzielle Vermögenswerte oder Verbindlichkeiten**			
	• Bei **Krediten** oder **Forderungen** eingestuft als **erfolgswirksam zum beizulegenden Zeitwert bewertet** (bzw eine Gruppe von Krediten oder Forderungen) ist anzugeben:	**IFRS 7.9**	**3**	**55 ff, 289**
	– **maximales Ausfallrisiko** (s IFRS 7.36) des Kredits oder der Forderung zum Abschlussstichtag	**IFRS 7.9(a)**	**3**	**314**
	– **Betrag,** um welchen das maximale Ausfallrisiko durch ein zugehöriges **Kreditderivat** oä Instrument kompensiert wird	**IFRS 7.9(b)**	**3**	**289**
	– **Betrag** der **kumulierten Änderung** des beizulegenden Zeitwerts des Kredits oder der Forderung innerhalb der Berichtsperiode, der **resultiert aus Änderungen des Ausfallrisikos** des finanziellen Vermögenswerts. Dieser wird bestimmt entweder:	**IFRS 7.9(c)**	**3**	**289**
	› als **Änderung** des **beizulegenden Zeitwerts** (sofern nicht bedingt durch Änderungen des Marktrisikos resultierend aus veränderten Marktbedingungen) oder	**IFRS 7.9(c)(i)**		
	› einer aus Sicht des Unternehmens besser geeigneten und exakteren **alternativen Methode**	**IFRS 7.9(c)(ii)**		
	– **Betrag** der **Änderung** des beizulegenden Zeitwerts jedes zugehörigen Kreditderivats oä Instruments während der Berichtsperiode und **seit Einstufung** des Kredits oder der Forderung als erfolgswirksam zum beizulegenden Zeitwert bewertet	**IFRS 7.9(d)**	**3**	**289**
	• Sofern eine finanzielle Verbindlichkeit als Finanzinstrument als erfolgswirksam zum beizulegenden Zeitwert (gem IAS 39.9) bewertet eingestuft wurde:	**IFRS 7.10**	**3**	**290 ff**
	– **Betrag** der **kumulierten Änderung** des beizulegenden Zeitwerts der finanziellen Verbindlichkeit innerhalb der Berichtsperiode, der **resultiert aus Änderungen des Ausfallrisikos** der finanziellen Verbindlichkeit, bestimmt:	**IFRS 7.10(a)**		
	› als **Änderung** des **beizulegenden Zeitwerts** s IFRS 7.B4 (sofern nicht bedingt durch Änderungen des Marktrisikos resultierend aus veränderten Marktbedingungen) oder	**IFRS 7.10(a)(i)**		
	› aus Sicht des Unternehmens besser geeigneten und exakteren **alternativen Methode**	**IFRS 7.10(a)(ii)**		
	– **Differenz** zwischen **Buchwert** der finanziellen Verbindlichkeit und **vertragsgemäßen Betrag** bei Fälligkeit	**IFRS 7.10(b)**		

41

Angaben	Fundstelle	Handbuch	
	IAS	§	Rn
• Angabe der für IFRS 7.9(c) und IFRS 7.10(a) angewendeten **Methode,** ggf **Grund** und **verantwortliche Faktoren,** warum Änderung des beizulegenden Zeitwerts nicht zweckmäßig	**IFRS 7.11**	3	292
8.2.3 Umgliederungen			
• Bei **Umgliederung** eines **finanziellen Vermögenswerts** (gem IAS 39.51 f) von bewertet zum beizulegenden Zeitwert zu bewertet zu (fortgeführten) Anschaffungskosten bzw umgekehrt: **umgegliederter Betrag** je Kategorie sowie **Gründe** der Umgliederung	**IFRS 7.12**	3	72 ff, 294
• Bei **Umgliederung** eines **finanziellen Vermögenswerts** aus der Kategorie finanzielle Vermögenswerte **bewertet zum beizulegenden Zeitwert** (gem IAS 39.50B oder IAS 39.50D) bzw aus der Kategorie **zur Veräußerung verfügbar** (gem IAS 39.50E):	**IFRS 7.12A**	3	72 ff, 79 f, 295
– **umgegliederter Betrag** je Kategorie	**IFRS 7.12A(a)**		
– **Buchwerte** und **beizulegende Zeitwerte** für jede Berichtsperiode bis zur Ausbuchung für alle finanzielle Vermögenswerte, die in der lfd bzw einer früheren Periode umgegliedert wurden	**IFRS 7.12A(b)**		
– **Indikatoren** und **Umstände,** die die besondere Situation begründen, einen Vermögenswert gem IAS 39.50B umzugliedern	**IFRS 7.12A(c)**		
– bei **Umgliederung** eines finanziellen Vermögenswerts in der Berichtsperiode **Gewinn** oder **Verlust** durch die **Bewertung** zum **beizulegenden Zeitwert,** welcher in der Gesamtergebnisrechnung bzw GuV (sofern erstellt) in der aktuellen und vorangegangenen Berichtsperiode erfasst wurde	**IFRS 7.12A(d)**		
– für die lfd und folgenden Perioden bis zur Ausbuchung des finanziellen Vermögenswerts den **Gewinn** oder **Verlust** (erfasst in der Gesamtergebnisrechnung bzw GuV (sofern erstellt)) durch die **Bewertung** zum **beizulegenden Zeitwert,** wenn die **Umgliederung nicht erfolgt wäre** sowie **erfasster Gewinn** oder **Verlust** und **Ertrag** und **Aufwand**	**IFRS 7.12A(e)**		
– **Effektivzinssatz** und **erwartete Cashflows** zum Zeitpunkt der Umgliederung	**IFRS 7.12A(f)**		
• Bei **Reklassifizierung** finanzieller Verbindlichkeiten in Eigenkapital wegen Änderung des Rücknahmeverbots: – Betrag der Umgliederung – Zeitpunkt der Umgliederung – Grund für die Umgliederung	**IFRIC 2.13**	–	–

	Angaben	Fundstelle IAS	Handbuch §	Handbuch Rn
42	**8.2.4 Saldierung von finanziellen Vermögenswerten und finanziellen Verbindlichkeiten**			
	Für alle **angesetzten Finanzinstrumente**, die gem IAS 32.42 **saldiert** werden, sowie (unabhängig von einer Saldierung gem IAS 32.42) für alle angesetzten Finanzinstrumente, die **einklagbaren Globalverrechnungsverträgen (Masternetting-Vereinbarungen)** oder ähnlichen Vereinbarungen unterliegen:	**IFRS 7.13A** **IFRS 7.B40** **IFRS 7.B41** **32.43**	3	293
	• Informationen zur Beurteilung (potenzieller) **Auswirkungen von Verrechnungsvereinbarungen** bzw **von Ansprüchen auf Aufrechnung** auf die Vermögens- und Finanzlage eines Unternehmens	**IFRS 7.13B**	3	293
	• Zur Erfüllung der Zielsetzung in IFRS 7.13B tabellarisch getrennte Angabe folgender **quantitativer Informationen für angesetzte finanzielle Vermögenswerte und Verbindlichkeiten,** die in den Anwendungsbereich des IFRS 7.13A fallen (zuzüglich Erläuterung von Bewertungsunterschieden zwischen den Finanzinstrumenten):	**IFRS 7.13C** **IFRS 7.B42** **IFRS 7.B51** **IFRS 7.B52** **IFRS 7.B53**	3	293, 522
	– **Bruttobeträge** der angesetzten finanziellen Vermögenswerte und Verbindlichkeiten	**IFRS 7.13C(a)** **IFRS 7.B43**		
	– **Beträge,** die bei Ermittlung der in der Bilanz ausgewiesenen Nettobeträge **saldiert** werden	**IFRS 7.13C(b)** **IFRS 7.B44**		
	– in der **Bilanz ausgewiesene Nettobeträge**	**IFRS 7.13C(c)** **IFRS 7.B45** **IFRS 7.B46**		
	– **Beträge,** die **einklagbaren Globalverrechnungsverträgen** oder ähnlichen Vereinbarungen unterliegen und nicht in Angaben gem IFRS 7.13C(b) enthalten sind einschließlich der Beträge im Zusammenhang mit **angesetzten Finanzinstrumenten,** die die **Saldierungskriterien gem IAS 32.42 nicht erfüllen,** und der Beträge im Zusammenhang mit **finanziellen Sicherheiten**	**IFRS 7.13C(d)** **IFRS 7.B47** **IFRS 7.B48**		
	– **Nettobetrag** nach Abzug der Beträge unter IFRS 7.13C(d) von den Beträgen unter IFRS 7.13C(c)	**IFRS 7.13C(e)**		
	Hinweis: Der gem IFRS 7.13C(d) angegebene Gesamtbetrag für ein Finanzinstrument ist auf den Betrag in IFRS 7.13C(c) für das betreffende Finanzinstrument begrenzt.	**IFRS 7.13D** **IFRS 7.B49** **IFRS 7.B53**	–	–
	• Beschreibung von **Ansprüchen auf Aufrechnung** (einschließlich Art) im Zusammenhang mit angesetzten finanziellen Vermögenswerten und Verbindlichkeiten, welche einklagbaren Globalverrechnungsbe-	**IFRS 7.13E** **IFRS 7.B50** **IFRS 7.B53**	3	293

Angaben	Fundstelle	Handbuch	
	IAS	§	Rn
trägen und ähnlichen gem IFRS 7.13C(d) anzugebenden Vereinbarungen unterliegen			
• bei Darstellung der gem IFRS 7.13B bis IFRS 7.13E vorgeschriebenen Informationen in **mehr als einer Anhangangabe** jeweils Einfügen von **Querverweisen**	**IFRS 7.13F**	–	–
8.2.5 Übertragung finanzieller Vermögenswerte			
• **Darstellung** der nach IFRS 7.42B bis IFRS 7.42H vorgeschriebenen Angaben für alle übertragenen finanziellen Vermögenswerte, die nicht ausgebucht wurden sowie für alle übertragenen Vermögenswerte nach Maßgabe des zum Abschlussstichtag bestehenden anhaltenden Engagements in einer **einzelnen Anhangangabe**	**IFRS 7.42A**	–	–
• **Informationen** zur: – **Beziehung** zwischen **übertragenen Vermögenswerten** und den **zugehörigen Verbindlichkeiten** – **Art** des anhaltenden **Engagements** an den ausgebuchten Vermögenswerten und damit einhergehende Risiken	 **IFRS 7.42B(a)** **IFRS 7.42B(b)**	**3**	**341**
• Für übertragene finanzielle Vermögenswerte, die **nicht vollständig ausgebucht** werden: – **Art** der übertragenen Vermögenswerte – **Art** der mit dem Eigentum verbundenen **Risiken** und **Chancen** – Art der **Beziehung** zwischen **den übertragenen Vermögenswerten** und den **zugehörigen Verbindlichkeiten** – Wenn Vertragspartei der zugehörigen Verbindlichkeiten nur Rückgriff auf die übertragenen Vermögenswerte nehmen kann, **Aufstellung** der beizulegenden Zeitwerte der übertragenen Vermögenswerte, der zugehörigen Verbindlichkeiten sowie der Nettoposition – Bei **andauerndem Ansatz** aller übertragenen Vermögenswerte, Angabe der **Buchwerte** der **übertragenen Vermögenswerte** und der **zugehörigen Verbindlichkeiten** – Bei **andauerndem Ansatz** der Vermögenswerte nach Maßgabe eines **anhaltenden Engagements,** Angabe des **Gesamtbuchwerts** der urspr Vermögenswerte vor Übertragung, des Buchwerts der weiterhin angesetzten Vermögenswerte sowie des Buchwerts der zugehörigen Verbindlichkeiten	 **IFRS 7.42D(a)** **IFRS 7.42D(b)** **IFRS 7.42D(c)** **IFRS 7.42D(d)** **IFRS 7.42D(e)** **IFRS 7.42D(f)**	**3**	**343**

43

Angaben	Fundstelle IAS	Handbuch §	Handbuch Rn
Hinweis: Die nach IFRS 7.42D geforderten Angaben sind unabhängig vom Übertragungszeitpunkt zu jedem Abschlussstichtag erforderlich, an dem das Unternehmen die übertragenen finanziellen Vermögenswerte weiter ansetzt.	**IFRS 7.B32**		
• Für übertragene finanzielle Vermögenswerte, die **vollständig ausgebucht** werden, wenn Unternehmen **anhaltendes Engagement** daran hält (Definition von anhaltendem Engagement gem IFRS 7.42C):		**3**	**344**
– **Buchwert** der Vermögenswerte und Verbindlichkeiten, die anhaltendes Engagement an den ausgebuchten finanziellen Vermögenswerten darstellen	**IFRS 7.42E(a)**		
– **Beizulegender Zeitwert** der Vermögenswerte und Verbindlichkeiten, die anhaltendes Engagement darstellen	**IFRS 7.42E(b)**		
– **Betrag,** der das **maximale Ausfallrisiko** aufgrund des anhaltenden Engagements am besten darstellt, und Angaben zur **Bestimmung** des Risikos	**IFRS 7.42E(c)**		
– Nicht abgezinste **Mittelabflüsse** oder **andere Beträge,** die für **Rückkauf** der übertragenen Vermögenswerte erforderlich wären oder sein können	**IFRS 7.42E(d)**		
– **Fälligkeitsanalyse** der nicht abgezinsten Mittelabflüsse oder anderer Beträge, die für Rückkauf der übertragenen Vermögenswerte erforderlich wären oder sein können, aus der die Restlaufzeiten des anhaltenden Engagements ersichtlich sind	**IFRS 7.42E(e)** **IFRS 7.B34** **IFRS 7.B35** **IFRS 7.B36**		
– **Qualitative Informationen,** die die vorhergehenden quantitativen Angaben erläutern und stützen	**IFRS 7.42E(f)** **IFRS 7.B37**		
• Für **jede Art von anhaltendem Engagement** sowie für jede Periode, für die eine Gesamtergebnisrechnung erstellt wird:	**IFRS 7.42G**		
– **Erfasster Gewinn/Verlust** zum Zeitpunkt der Übertragung der Vermögenswerte	**IFRS 7.42G(a)** **IFRS 7.B38**		
– **Erträge und Aufwendungen** (in Berichtsperiode und kumulativ) aus anhaltendem Engagement an ausgebuchten Vermögenswerten	**IFRS 7.42G(b)**		
– Bei **nicht gleichmäßiger Verteilung** des **Gesamtertrags** der in der Berichtsperiode angefallenen Erlöse aus Übertragungsaktivitäten:	**IFRS 7.42G(c)**		
– Angabe des **Zeitraums** mit höchster Übertragungsaktivität	**IFRS 7.42G(c)(i)**		
– Angabe des **Betrags** der im Zeitraum mit höchster Übertragungsaktivität erfasst wurde	**IFRS 7.42G(c)(ii)**		
– Angabe des **Gesamtbetrags der Erlöse** aus Übertragungsaktivitäten im Zeitraum mit höchster Übertragungsaktivität	**IFRS 7.42G (c)(iii)**		

Angaben	**Fundstelle**	**Handbuch**		
	IAS	**§**	**Rn**	
• **Zusätzliche Informationen** zur **Erfüllung** der **Zielsetzungen** von IFRS 7.42B **Hinweis:** Die nach IFRS 7.42E bis IFRS 7.42H geforderten qualitativen und quantitativen Angaben hat ein Unternehmen **nach Arten zusammenzufassen,** die für die Risiken repräsentativ sind.	**IFRS 7.42H** **IFRS 7.B39** **IFRS 7.B33**	**3** **3**	**347** **346**	
8.2.6 Sicherheiten				**44**
• Für **Sicherheiten** beim **Sicherungsgeber:** – **Buchwert** der finanziellen Vermögenswerte, die als Sicherheit für Verbindlichkeiten oder Eventualverbindlichkeiten gestellt wurden, einschließlich der gem IAS 39.37(a) umgegliederten Beträge – **Vertragsbedingungen** der Besicherungen	**IFRS 7.14** **IFRS 7.14(a)** **IFRS 7.14(b)**	**23**	**59**	
• Beim **Sicherungsnehmer** für **Sicherheiten,** die **ohne Zahlungsverzug** des Eigentümers **verkauft** oder **verpfändet** werden können: – **beizulegender Zeitwert** der gehaltenen Sicherheiten – **beizulegender Zeitwert** aller **verkauften** oder **weiterverpfändeten** Sicherheiten und ob **Verpflichtung zur Rückgabe** an Eigentümer besteht – **Vertragsbedingungen** zur Nutzung der Sicherheiten	**IFRS 7.15** **IFRS 7.15(a)** **IFRS 7.15(b)** **IFRS 7.15(c)**	–	–	
8.2.7 Wertberichtigungskonten				**45**
• Bei **Wertminderung** finanzieller Vermögenswerte durch Kreditausfall und **Verbuchung** dieser Minderung auf einem **separaten Konto** ist für jede Klasse finanzieller Vermögenswerte eine **Überleitungsrechnung** zu erstellen, aus der die Änderungen auf den jeweiligen Konten in der Berichtsperiode hervorgehen	**IFRS 7.16**	**3**	**230 ff, 296**	
8.2.8 Zusammengesetzte Finanzinstrumente mit mehreren eingebetteten Derivaten				**46**
• Bei Ausgabe von **Finanzinstrumenten** bestehend aus einer **Fremd- und Eigenkapitalkomponente** (s IAS 32.28) mit mehreren **eingebetteten Derivaten,** deren Werte voneinander abhängen, die Existenz dieser Merkmale	**IFRS 7.17**	**3** **23**	**297** **24 ff**	
8.2.9 Forderungsausfälle und Vertragsverletzungen				**47**
• Für am Abschlussstichtag angesetzte **Darlehensverbindlichkeiten:**	**IFRS 7.18**	**3**	**298**	

Angaben	Fundstelle	Handbuch	
	IAS	§	Rn
– Informationen zu in der Berichtsperiode eingetretenen **Zahlungsverzögerungen** bzw **-ausfällen,** die Tilgungs- oder Zinszahlungen, den Tilgungsfonds oder die Tilgungsbedingungen betreffen	**IFRS 7.18(a)**		
– Buchwert der Kredite, bei denen zum Ende der Berichtsperiode ein Zahlungsverzug vorliegt	**IFRS 7.18(b)**		
– Angabe, ob Zahlungsverzug beseitigt wurde oder die Konditionen neu verhandelt wurden, bevor der Abschluss zur Veröffentlichung freigegeben wurde	**IFRS 7.18(c)**		
• Angaben gem IFRS 7.18 auch bei **anderen Verletzungen** von **Darlehensverträgen,** sofern diese den Kreditgeber berechtigen, eine **vorzeitige Rückzahlung** zu fordern und die Verletzungen am oder vor dem Berichtsstichtag nicht behoben oder die Darlehenskonditionen neu verhandelt wurden	**IFRS 7.19**	**3**	**298**
48 **8.3 Gesamtergebnisrechnung**			
Angabe der nachstehenden Ertrags-, Aufwands-, Gewinn- oder Verlustposten:	**IFRS 7.20**	**3**	**300 ff**
• **Nettogewinne oder -verluste** aus:			
– erfolgswirksam zum beizulegenden Zeitwert bewerteten finanziellen Vermögenswerten oder Verbindlichkeiten getrennt nach denjenigen, die beim erstmaligen Ansatz als solche eingestuft wurden, und denen, die zu Handelszwecken iSv IAS 39 gehalten werden	**IFRS 7.20(a)(i)**	**3**	**300, 55 ff**
– zur Veräußerung verfügbaren finanziellen Vermögenswerten, wobei die Gewinne oder Verluste, die in der Berichtsperiode im sonstigen Ergebnis erfasst wurden, und die vom Eigenkapital in die GuV umgegliederten Gewinne und Verluste getrennt auszuweisen sind	**IFRS 7.20(a)(ii)**	**3**	**71**
– bis zur Endfälligkeit zu haltende Finanzinvestitionen	**IFRS 7.20(a)(iii)**	**3**	**62 ff**
– Kredite und Forderungen	**IFRS 7.20(a)(iv)**	**3**	**69 f**
– finanzielle Verbindlichkeiten, die zu fortgeführten Anschaffungskosten bewertet werden	**IFRS 7.20(a)(v)**	**–**	**–**
• Der (nach der **Effektivzinsmethode** berechnete) **gesamte Zinsertrag** und der **gesamte Zinsaufwand** für finanzielle Vermögenswerte und finanzielle Verbindlichkeiten, die nicht erfolgswirksam zum beizulegenden Zeitwert bewertet werden	**IFRS 7.20(b)**	**3**	**302**
• Erträge und Aufwendungen aus **Gebühren und Provisionen** (die nicht in die Berechnung des Effektivzinssatzes einbezogen wurden), die resultieren aus:	**IFRS 7.20(c)**	**3**	**303**

Angaben	Fundstelle IAS	Handbuch §	Handbuch Rn
– finanziellen Vermögenswerten oder finanziellen Verbindlichkeiten, die nicht erfolgswirksam zum beizulegenden Zeitwert bewertet wurden	**IFRS 7.20(c)(i)**		
– Treuhändertätigkeiten und anderen treuhänderischen Funktionen mit der Folge, dass Vermögenswerte für fremde Rechnung einzelner Personen, Treuhandeinrichtungen, Pensionsfonds und anderer Institutionen gehalten oder investiert werden	**IFRS 7.20(c)(ii)**		
• **Zinserträge** auf wertgeminderte finanzielle Vermögenswerte, die gem IAS 39.AG93 abgegrenzt werden	**IFRS 7.20(d)**	**3**	**304, 237**
• Betrag von **Wertminderungsaufwendungen** für jede Klasse finanzieller Vermögenswerte	**IFRS 7.20(e)**	**3**	**305, 230 ff**
8.4 Andere Angaben			
8.4.1 Bilanzierungs- und Bewertungsmethoden			
• In der Angabe der wesentlichen Bilanzierungs- und Bewertungsmethoden sind die bei der Erstellung des Abschlusses herangezogenen **Bewertungsgrundlagen und sonstigen Bilanzierungs- und Bewertungsmethoden** anzugeben, die für das **Verständnis** des Abschlusses **relevant** sind (IAS 1.117), diese umfassen:	**IFRS 7.21**	**3**	**306**
– bei erfolgswirksam zum beizulegenden Zeitwert bewerteten finanziellen Vermögenswerten und Verbindlichkeiten:	**IFRS 7.B5(a)**	**3**	**55, 306**
› Art des finanziellen Vermögenswerts oder Verbindlichkeit	**IFRS 7.B5(a)(i)**		
› Kriterien für deren Einstufung bei erstmaliger Erfassung	**IFRS 7.B5(a)(ii)**		
› wie die Kriterien gem IAS 39.9, IAS 39.11A und IAS 39.12 für eine solche Einstufung erfüllt wurden sowie eine Erläuterung der Umstände, der sich ansonsten ergebenden Inkongruenzen bei der Bewertung oder dem Ansatz und inwiefern die Einstufung mit der dokumentierten Risikomanagement- oder Anlagestrategie im Einklang steht	**IFRS 7.B5(a)(iii)**	**3**	**59 ff**
– **Kriterien** für die **Einstufung** von finanziellen Vermögenswerten als zur Veräußerung verfügbar	**IFRS 7.B5(b)**	**3**	**71**
– ob marktübliche Käufe oder Verkäufe von finanziellen Vermögenswerten zum Handels- oder Erfüllungstag bilanziert werden (s IAS 39.38)	**IFRS 7.B5(c)**	**3**	**95 ff**
– sofern ein **Wertberichtigungskonto** verwendet wird, um den durch Kreditausfälle geminderten Buchwert von finanziellen Vermögenswerten herabzusetzen:	**IFRS 7.B5(d)**	**3**	**296, 306**

49

Angaben	Fundstelle IAS	Handbuch §	Handbuch Rn
› **Kriterien** für die **Entscheidung,** wann der **Buchwert** eines im Wert geminderten finanziellen Vermögenswerts **direkt herabgesetzt** (oder – im Falle einer Wertaufholung – direkt erhöht) wird und **wann das Wertberichtigungskonto verwendet** wird und	**IFRS 7.B5(d)(i)**		
› **Kriterien** für die **Abschreibung** von Beträgen **zu Lasten des Wertberichtigungskontos** bei Aufrechnung gegen den Buchwert wertgeminderter finanzieller Vermögenswerte	**IFRS 7.B5(d)(ii)**		
– **wie Nettogewinne und -verluste** bei den einzelnen Kategorien von Finanzinstrumenten **ermittelt werden,** zB ob in die Nettogewinne und -verluste bei erfolgswirksam zum beizulegenden Zeitwert bewerteten Posten Zins- oder Dividendenerträge eingehen	**IFRS 7.B5(e)**	**3**	**300**
– **Kriterien** anhand derer ein **Wertminderungsaufwand** objektiv nachweisbar **festgestellt** wurde	**IFRS 7.B5(f)**	**3**	**230 ff**
– bei **Aushandlung neuer Konditionen** für finanzielle Vermögenswerte, die ansonsten überfällig oder wertgemindert würden, deren **Bilanzierungs- und Bewertungsmethoden**	**IFRS 7.B5(g)**	**3**	**306**
– **Ermessensausübungen des Managements** bei der Anwendung der Bilanzierungs- und Bewertungsmethoden – mit Ausnahme solcher, bei denen Schätzungen verwendet werden – die die Beträge im Abschluss am Wesentlichsten beeinflussen (gem IAS 1.122)	**IFRS 7.B5 aE**	**19**	**33 ff**
50 **8.4.2 Bilanzierung von Sicherungsgeschäften**			
• Getrennt für **jede Kategorie** von **Sicherungsbeziehungen** iSv IAS 39:	**IFRS 7.22**	**23** **3**	**52 ff** **307**
– **Beschreibung** der einzelnen **Arten**	**IFRS 7.22(a)**		
– **Beschreibung** der Finanzinstrumente, die als Sicherungsinstrument eingesetzt wurden, und deren **beizulegenden Zeitwerte** am Ende der Berichtsperiode	**IFRS 7.22(b)**		
– Art der abgesicherten **Risiken**	**IFRS 7.22(c)**		
• Hinsichtlich ***cashflow hedges*** ist anzugeben:		**23** **3**	**52 ff** **308**
– **Perioden,** in denen die **Zahlungsströme** wahrscheinlich **eintreten** werden, sowie einen **Einfluss** auf den **Gewinn und Verlust** entfalten werden	**IFRS 7.23(a)**		
– Beschreibung von **erwarteten zukünftigen Transaktionen,** die wie Sicherungsgeschäfte bilanziert wurden, deren **Eintritt** aber **nicht mehr wahrscheinlich** ist	**IFRS 7.23(b)**		

Angaben	Fundstelle	Handbuch	
	IAS	§	Rn
– im sonstigen Ergebnis erfasster Betrag während der Berichtsperiode	**IFRS 7.23(c)**	23	83
– vom **Eigenkapital** in **Gewinn oder Verlust umgegliederter Betrag** mit Angabe des Betrags, der in den einzelnen Posten der Gesamtergebnisrechnung enthalten ist	**IFRS 7.23(d)**	23	84
– vom **Eigenkapital entfernter Betrag,** der in der Periode in die **erstmaligen Anschaffungskosten** oder in den **Buchwert** eines nicht finanziellen Vermögenswerts oder Verbindlichkeit **einbezogen** wurde, dessen Erwerb oder Eingehen eine absehbare abgesicherte Transaktion war und deren Eintritt höchst wahrscheinlich war	**IFRS 7.23(e)**		
– bei ***fair value hedges:*** **Gewinne oder Verluste** aus dem **Sicherungsinstrument** und aus dem **gesicherten Grundgeschäft,** sofern durch das abgesicherte Risiko bedingt	**IFRS 7.24(a)**	23 3	63 ff 310
– **Ineffektivitäten der Absicherung** von **Zahlungsströmen** und **Nettoinvestitionen** in **ausländische Geschäftsbetriebe,** die erfolgswirksam erfasst wurden	**IFRS 7.24(b)–** **IFRS 7.24(c)**	23 3	58 309
8.4.3 Beizulegender Zeitwert				51
• Beizulegender Zeitwert für **jede Klasse** von finanziellen Vermögenswerten und finanziellen Verbindlichkeiten **Hinweis:** Die Angaben sind **nicht erforderlich,** wenn der Buchwert einen angemessenen Näherungswert für den beizulegenden Zeitwert darstellt bzw wenn bei einem Vertrag mit einer ermessensabhängigen Überschussbeteiligung (s IFRS 4) deren beizulegender Zeitwert nicht verlässlich bestimmbar ist.	**IFRS 7.25** **IFRS 7.26** **IFRS 7.29**	3	187 ff, 277
• Im Falle der **Nichterfassung eines Gewinns/Verlusts** beim erstmaligen Ansatz eines finanziellen Vermögenswerts oder einer finanziellen Verbindlichkeit (aufgrund mangelnder Verfügbarkeit eines notierten Preises in einem aktiven Markt oder eines Preises basierend auf einer Bewertungstechnik, welche einen beobachtbaren Markt nutzt), für jede Klasse von finanziellen Vermögenswerten und finanziellen Verbindlichkeiten:	**IFRS 7.28**	3	279
– **Rechnungslegungsmethoden** zur erfolgswirksamen **Erfassung** der Differenz zwischen beizulegendem Zeitwert beim erstmaligen Ansatz und Transaktionspreis	**IFRS 7.28(a)**		
– **Summe** der **noch erfolgswirksam zu erfassenden Differenzen** zu Beginn und am Ende der Berichtsperiode und einer **Überleitungsrechnung**	**IFRS 7.28(b)**		

Angaben	Fundstelle	Handbuch	
	IAS	§	Rn
– **Gründe für Annahme,** dass **Transaktionspreis** nicht den **verlässlichsten substanziellen Hinweis** auf den beizulegenden Zeitwert darstellt (einschließlich Beweis)	IFRS 7.28(c)		
• Wenn gem den in IFRS 7.29(b) bis IFRS 7.29(c) beschriebenen Fällen **keine Angaben zum beizulegenden Zeitwert** gemacht werden müssen:	IFRS 7.30	3	281
– die Tatsache, dass Informationen zum beizulegenden Zeitwert dieser Instrumente nicht angegeben werden konnten, da dieser nicht verlässlich ermittelt werden konnte	IFRS 7.30(a)		
– Beschreibung der Finanzinstrumente – Buchwerte – Erläuterung, warum der beizulegende Zeitwert nicht verlässlich bestimmt werden kann	IFRS 7.30(b)		
– Informationen über den Markt für diese Finanzinstrumente	IFRS 7.30(c)		
– ob und auf welche Weise diese Finanzinstrumente veräußert werden sollen	IFRS 7.30(d)		
• Bei **Ausbuchung** von Finanzinstrumenten, deren **beizulegender Zeitwert früher nicht verlässlich ermittelt** werden konnte: – die Tatsache, dass Finanzinstrumente, deren beizulegender Zeitwert nicht ermittelbar war, ausgebucht werden – Buchwert zum Zeitpunkt der Ausbuchung – der erfolgswirksam erfasste Betrag	IFRS 7.30(e)	3	100 ff, 281
52 **8.5 Art und Ausmaß von Risiken aus Finanzinstrumenten**			
• Es müssen Angaben gemacht werden, die es den Adressaten seines Abschlusses ermöglichen, **Art und Ausmaß der Risiken** zu beurteilen, die sich aus Finanzinstrumenten ergeben und denen das Unternehmen zum Abschlussstichtag ausgesetzt ist	IFRS 7.31 IFRS 7.32 IFRS 7.32A IFRS 7.B6	3	311 ff
53 **8.5.1 Qualitative Angaben**			
• Für jede **Risikoart** iVm Finanzinstrumenten (s IFRS 7.IG15 ff):	IFRS 7.33	3	311
– Umfang und Ursache der Risiken	IFRS 7.33(a)		
– Ziele, Methoden und Prozesse zur Steuerung der Risiken und deren Bewertungsmethoden	IFRS 7.33(b)		
– ggf Änderungen von IFRS 7.33(a) oder IFRS 7.33(b) ggü der vorhergehenden Periode	IFRS 7.33(c)		
54 **8.5.2 Quantitative Angaben**			
• Für jede **Risikoart** iVm Finanzinstrumenten:	IFRS 7.34	3	311 ff

Angaben	**Fundstelle**	**Handbuch**	
	IAS	**§**	**Rn**
– Zusammenfassung **quantitativer Auswertungen** hinsichtlich der **einzelnen Risikopositionen** am Ende der Berichtsperiode	**IFRS 7.34(a)**		
– wenn ein wesentlich **früherer oder größerer Mittelabfluss** erwartet wird, als aus den quantitativen Daten ersichtlich wird, ist diese Tatsache anzugeben und es sind zusätzliche Informationen bereitzustellen (sofern nicht in den Angaben gem IFRS 7.39(a) oder IFRS 7.39(b) berücksichtigt)	**IFRS 7.B10A**		
– bei Einsatz verschiedener Methoden zur Durchführung des Risikomanagements, sind die **Methoden** anzugeben, die **die relevantesten und verlässlichsten Informationen vermitteln**	**IFRS 7.B7**	3	313
– Angaben gem IFRS 7.36 bis IFRS 7.42 (sofern nicht bereits gem IFRS 7.34(a) und Risiko nicht unwesentlich)	**IFRS 7.34(b)**		
– Risikokonzentrationen (sofern nicht bereits aus IFRS 7.34(a) und IFRS 7.34(b) ersichtlich)	**IFRS 7.34(c)**		
• Bei **Risikokonzentrationen:**	**IFRS 7.B8**	–	–
– Beschreibung der Art und Weise, wie Management diese bestimmt	**IFRS 7.B8(a)**		
– Beschreibung der gemeinsamen Merkmale, die für jede einzelne Risikokonzentration charakteristisch sind	**IFRS 7.B8(b)**		
– Gesamtbetrag der Risikoposition aller Finanzinstrumente, die das betreffende Merkmal aufweisen	**IFRS 7.B8(c)**		
• Bei **nicht repräsentativen quantitativen Daten** für die Risiken am Abschlussstichtag sind zusätzliche **kennzeichnende Angaben** zu machen	**IFRS 7.35**	3	312
8.5.2.1 Ausfallrisiko			
• Für **jede Klasse** von Finanzinstrumenten:	**IFRS 7.36**	3	314
– maximales **Ausfallrisiko** (ohne gehaltene Sicherheiten oder andere Instrumente zur Bonitätsverbesserung; Ausnahme gem IFRS 7.36(a) aE)	**IFRS 7.36(a)** **IFRS 7.B9– IFRS 7.B10**		
– Beschreibung hinsichtlich des Betrags, der das maximale Ausfallrisiko am besten darstellt, der **gehaltenen Kreditsicherheiten** und sonstigen risikomindernden Vereinbarungen und ihrer **finanziellen Auswirkungen**	**IFRS 7.36(b)**		
– **Werthaltigkeit** der finanziellen Vermögenswerte, die weder überfällig noch wertgemindert sind	**IFRS 7.36(c)**		
• Für **überfällige** oder **wertgeminderte** finanzielle Vermögenswerte je Klasse:	**IFRS 7.37**	3	315
– Analyse der Altersstruktur der finanziellen Vermögenswerte, die zum Abschlussstichtag überfällig aber nicht wertgemindert sind	**IFRS 7.37(a)**		

55

Angaben	Fundstelle	Handbuch	
	IAS	§	Rn
– Analyse der finanziellen Vermögenswerte, bei denen individuelle Gründe für eine Wertminderung festgestellt wurden, und die dafür berücksichtigten Faktoren	**IFRS 7.37(b)**		
• Bei **Erwerb** von finanziellen oder nicht finanziellen **Vermögenswerten durch Inbesitznahme** von als Sicherheit gehaltenen Sicherungsgegenständen oder Inanspruchnahme anderer Maßnahmen zur Bonitätsverbesserungen sind – sofern diese Vermögenswerte die Ansatzkriterien anderer Standards erfüllen und diese zum Abschlussstichtag gehalten werden – sind folgende Angaben zu machen: – **Art und Buchwert** der erhaltenen Vermögenswerte – **Methode** der **Veräußerung** oder **Nutzung** im Geschäftsbetrieb, wenn Vermögenswert nicht ohne weiteres liquidierbar	**IFRS 7.38** **IFRS 7.38(a)** **IFRS 7.38(b)**	–	–
56 **8.5.2.2 Liquiditätsrisiko**			
• **Analyse der Fälligkeiten** von nicht derivativen finanziellen Verbindlichkeiten (einschließlich ausgegebener Finanzgarantien und hybriden Finanzinstrumenten mit eingebettetem Derivat), aus der die Restlaufzeiten hervorgehen • Analyse der Fälligkeiten von derivativen finanziellen Verbindlichkeiten aus der insbes die **Restlaufzeiten** für solche hervorgehen, bei denen die vertragsgemäße Restlaufzeit entscheidend ist für das Verständnis des Zuflusszeitpunkts der Cashflows • **Beschreibung der Steuerung** des mit IFRS 7.39(a) und IFRS 7.39(b) verbundenen **Liquiditätsrisikos**	**IFRS 7.39(a)** **IFRS 7.B11** **IFRS 7.B11A–** **IFRS 7.B11D** **IFRS 7.39(b)** **IFRS 7.B11** **IFRS 7.B11A–** **IFRS 7.B11D** **IFRS 7.39(c)** **IFRS 7.B11E–** **IFRS 7.B11F**	3	317 ff
57 **8.5.2.3 Marktrisiko**			
• Sofern nicht IFRS 7.41 zur Anwendung kommt, sind folgende Angaben zu machen: – **Sensitivitätsanalyse** für jede Art von **Marktrisiko,** die das Unternehmen am Abschlussstichtag betrifft, und die aufzeigt, wie **Änderungen der Risikoparameter** – die an dem Stichtag nach vernünftigem Ermessen möglich waren – sich auf Gewinn oder Verlust und Eigenkapital auswirkt hätten – **Sensitivitäten,** die sich auf das **Ergebnis** auswirken, werden **getrennt von Sensitivitäten** ausgewiesen, die Auswirkungen auf das **Eigenkapital** haben	**IFRS 7.40** **IFRS 7.B17–** **IFRS 7.B28** **IFRS 7.40(a)** **IFRS 7.B17–** **IFRS 7.B19** **IFRS 7.B27**	3	325 f

Angaben	Fundstelle IAS	Handbuch §	Handbuch Rn
– **Methoden** und **Annahmen** zur Erstellung der Sensitivitätsanalyse – **Änderungen** der verwendeten **Methoden** und **Annahmen** ggü der vorangegangenen Periode sowie die Gründe dafür	**IFRS 7.40(b)** **IFRS 7.40(c)**		
• Bei Erstellung einer **Sensitivitätsanalyse** (zB ***value-at-risk*-Analyse**), die die **Interdependenzen** der Risikoparameter **widerspiegelt** und Verwendung dieser Sensitivitätsanalyse **zur Steuerung finanzieller Risiken:** – Informationen über **Methode, Hauptparameter** und **Annahmen** bei der Erstellung der Sensitivitätsanalyse (IFRS 7.B20) – Erläuterung der **Ziele,** der verwendeten **Methode** sowie Erklärungen, wenn die Informationen die beizulegenden Zeitwerte der entspr Vermögenswerte und Verbindlichkeiten nicht verlässlich widerspiegeln	**IFRS 7.41** **IFRS 7.41(a)** **IFRS 7.B20** **IFRS 7.41(b)**	**3**	**326**
• Wenn die **Sensitivitätsanalysen** gem IFRS 7.40 und IFRS 7.41 den **Risikogehalt** eines Finanzinstruments **nicht verlässlich widerspiegeln,** sind diese Tatsache sowie die dafür vermuteten Gründe anzugeben	**IFRS 7.42**	**3**	**331**
9. Finanzinstrumente (IFRS 7 iVm IFRS 9)			
9.1 Klassen von Finanzinstrumenten			
• Wenn IFRS 7 Angaben zu **Klassen** von Finanzinstrumenten vorschreibt, sind diese entspr ihren Charakteristika so **zusammenzufassen,** dass sie der **Wesensart** der anzugebenden Informationen Rechnung tragen • Es sind **Informationen** bereitzustellen, die eine **Überleitungsrechnung** zu den entspr Posten der Bilanz ermöglichen	**IFRS 7.6**	**3** **3**	**273 f** **277**
• Die **„Klassen“** entspr nicht den „Kategorien“ gem IFRS 9; mindestens sind folgende Klassen auszuweisen: – Instrumente, die zu fortgeführten Anschaffungs- oder Herstellungskosten ausgewiesen werden – Instrumente, die zum beizulegenden Zeitwert ausgewiesen werden – Instrumente, die nicht in den Anwendungsbereich des IFRS 7 fallen	**IFRS 7.B1–IFRS 7.B3**	**3**	**274**
• Informationen, aus denen die Bedeutung der Finanzinstrumente für die **VFE-Lage** erkenntlich wird	**IFRS 7.7**	**3**	**271**

58

	Angaben	Fundstelle IAS	Handbuch §	Handbuch Rn
59	**9.2 Bilanz**			
	9.2.1 Kategorien finanzieller Vermögenswerte und Verbindlichkeiten			
	• **Buchwert** für jede der folgenden Kategorien (gem IFRS 9):	**IFRS 7.8**		
	– **erfolgswirksam zum beizulegenden Zeitwert** bewertete **finanzielle Vermögenswerte (FVPL),** getrennt nach verpflichtender und freiwilliger Zuordnung	**IFRS 7.8(a)**	**3**	**404 ff**
	– **erfolgswirksam zum beizulegenden Zeitwert** bewertete **finanzielle Verbindlichkeiten (FVPL),** getrennt nach verpflichtender und freiwilliger Zuordnung	**IFRS 7.8(e)**	**3**	**497 ff**
	– finanzielle Vermögenswerte bewertet zu **fortgeführten Anschaffungskosten**	**IFRS 7.8(f)**	**3**	**362 ff**
	– finanzielle Verbindlichkeiten bewertet zu **fortgeführten Anschaffungskosten**	**IFRS 7.8(g)**	**3**	**491 ff**
60	**9.2.2 Erfolgswirksam zum beizulegenden Zeitwert bewertete finanzielle Vermögenswerte oder Verbindlichkeiten (FVPL)**			
	• Sofern finanzielle Vermögenswerte als FVPL **designiert** werden (bzw eine Gruppe von finanziellen Vermögenswerten), ist anzugeben:	**IFRS 7.9**	**3**	**289**
	– **maximales Ausfallrisiko** (s IFRS 7.36) des finanziellen Vermögenswerts zum Abschlussstichtag	**IFRS 7.9(a)**	**3**	**289**
	– **Betrag,** um welchen das maximale Ausfallrisiko durch ein zugehöriges **Kreditderivat** oä Instrument kompensiert wird	**IFRS 7.9(b)**	**3**	**289**
	– **Betrag** der **kumulierten Änderung** des beizulegenden Zeitwerts des finanziellen Vermögenswerts innerhalb der Berichtsperiode, der **resultiert aus Änderungen des Ausfallrisikos** des finanziellen Vermögenswerts. Dieser wird bestimmt entweder:	**IFRS 7.9(c)**	**3**	**289**
	› als **Änderung** des **beizulegenden Zeitwerts** (sofern nicht bedingt durch Änderungen des Marktrisikos resultierend aus veränderten Marktbedingungen) oder	**IFRS 7.9(c)(i)**		
	› einer aus Sicht des Unternehmens besser geeigneten und exakteren **alternativen Methode**	**IFRS 7.9(c)(ii)**		
	– **Betrag** der **Änderung** des beizulegenden Zeitwerts jedes zugehörigen Kreditderivats oä Instruments während der Berichtsperiode und **seit Einstufung** des finanziellen Vermögenswerts als erfolgswirksam zum beizulegenden Zeitwert bewertet	**IFRS 7.9(d)**	**3**	**289**

Angaben	Fundstelle IAS	Handbuch §	Handbuch Rn
• Sofern eine finanzielle Verbindlichkeit als FVPL (gem IFRS 9.4.2.2) bewertet eingestuft wurde und die Verpflichtung besteht die Auswirkungen aus der **Veränderung des Ausfallrisikos innerhalb des sonstigen Ergebnisses** auszuweisen (gem IFRS 9.5.7.7), sind folgende Angaben zu machen:	**IFRS 7.10**	**3**	**290 ff**
– **Betrag** der **kumulierten Änderung** des beizulegenden Zeitwerts der finanziellen Verbindlichkeit innerhalb der Berichtsperiode, der **resultiert aus Änderungen des Ausfallrisikos** der finanziellen Verbindlichkeit, bestimmt:	**IFRS 7.10(a)**		
› als **Änderung** des **beizulegenden Zeitwerts** s IFRS 7.B4 (sofern nicht bedingt durch Änderungen des Marktrisikos resultierend aus veränderten Marktbedingungen) oder	**IFRS 7.10(a)(i)**		
› aus Sicht des Unternehmens besser geeigneten und exakteren **alternativen Methode**	**IFRS 7.10(a)(ii)**		
– **Differenz** zwischen **Buchwert** der finanziellen Verbindlichkeit und **vertragsgemäßen Betrag** bei Fälligkeit	**IFRS 7.10(b)**		
– **Übertragungen des kumulativen Gewinns oder Verlusts** innerhalb des Eigenkapitals und die Ursachen für den Übertrag	**IFRS 7.10(c)**		
– Höhe des **sonstiges Ergebnisses** bei Ausbuchung der finanziellen Verbindlichkeit	**IFRS 7.10(d)**		
• Sofern eine **finanzielle Verbindlichkeit** als FVPL (gem IFRS 9.4.2.2) bewertet eingestuft wurde und die Verpflichtung besteht die **gesamte Wertveränderung erfolgswirksam** auszuweisen (gem IFRS 9.5.7.7 f), sind folgende Angaben zu machen:	**IFRS 7.10A**	**3**	**514**
– Betrag der periodenbezogenen und der kumulierten Änderung des beizulegenden Zeitwerts innerhalb der Berichtsperiode, der **aus Änderungen des Ausfallrisikos** resultiert	**IFRS 7.10A(a)**		
– Differenz zwischen Buchwert und **vertraglichem Rückzahlungsbetrag** bei Fälligkeit	**IFRS 7.10A(b)**		
• Angabe der für IFRS 7.9(c), IFRS 7.10(a), IFRS 7.10A(a) und IFRS 9.5.7.7(a) angewendeten **Methode** und einer Begründung, warum diese Methoden sachgerecht sind	**IFRS 7.11(a)**	**3**	**292**
– ggf Grund und verantwortliche Faktoren, sofern Angabe über Änderung des beizulegenden Zeitwerts aufgrund von **Änderungen des Ausfallrisikos** als **nicht zweckmäßig** angesehen	**IFRS 7.11(b)**		

Angaben	Fundstelle IAS	Handbuch §	Handbuch Rn
– Erläuterung der Methoden, auf deren Basis ggf beurteilt wird, dass die Auswirkungen der Veränderungen des Ausfallrisikos innerhalb des **sonstigen Ergebnisses** zu einem ***accounting mismatch*** führen	**IFRS 7.11(c)**		
61 **9.2.3 Investitionen in Eigenkapitalinstrumente, die erfolgsneutral zum beizulegenden Zeitwert (FVOCI) designiert werden**			
• Sofern **Eigenkapitalinstrumente zum FVOCI** designiert werden, sind folgende Angaben zu machen: – Angabe, welche Eigenkapitalinstrumente designiert worden sind – Gründe für die Verwendung dieser Bewertungsalternative – beizulegender Zeitwert von jeder Investition zum Stichtag – Dividenden getrennt nach Investitionen, die während der Rechnungslegungsperiode abgegangen sind und die zum Ende der Rechnungslegungsperiode noch gehalten werden – Übertragungen von kumuliertem Gewinn oder Verlust innerhalb des Eigenkapitals	**IFRS 7.11A** **IFRS 7.11A(a)** **IFRS 7.11A(b)** **IFRS 7.11A(c)** **IFRS 7.11A(d)** **IFRS 7.11A(e)**		
• Sofern **Eigenkapitalinstrumente abgegangen** sind, die zum FVOCI bewertet wurden, sind folgende Angaben zu machen: – Gründe für den Abgang – beizulegender Zeitwert zum Zeitpunkt des Abgangs – kumulativer Gewinn oder Verlust bei Abgang	**IFRS 7.11B** **IFRS 7.11B(a)** **IFRS 7.11B(b)** **IFRS 7.11B(c)**		
62 **9.2.4 Reklassifizierungen**			
• Bei **Reklassifizierung** finanzieller Vermögenswerte nach IFRS 9.4.4.1 (Änderung des Geschäftsmodells) sind folgende Angaben zu machen: – **Tag** der Reklassifizierung – detaillierte **Begründung** für die Veränderung des Geschäftsmodells und qualitative Beschreibung der Auswirkung auf den Abschluss – **Betrag,** der in und aus jeder Kategorie reklassifiziert worden ist	**IFRS 7.12B** **IFRS 7.12B(a)** **IFRS 7.12B(b)** **IFRS 7.12B(c)**		
• Sofern eine Reklassifizierung von finanziellen Vermögenswerten erfolgt, die **zuvor erfolgswirksam zum beizulegenden Zeitwert bewertet** wurden, sind bis zum Zeitpunkt des Abgangs folgende Angaben zu machen:	**IFRS 7.12C**		

Angaben	**Fundstelle**	**Handbuch**	
	IAS	**§**	**Rn**
– **Effektivzins,** der am Tag der Reklassifizierung bestimmt wurde – realisierter **Zinsertrag**	**IFRS 7.12C(a)** **IFRS 7.12C(b)**		
• Sofern in der abgelaufenen Rechnungslegungsperiode finanzielle Vermögenswerte in die Kategorie **zu fortgeführten Anschaffungskosten bewertet reklassifiziert** worden sind, sind folgende Angaben zu machen: – beizulegender Zeitwert der finanziellen Vermögenswerte zum Abschlussstichtag – Gewinn oder Verlust, der erfasst worden wäre, wenn keine Reklassifizierung stattgefunden hätte	**IFRS 7.12D** **IFRS 7.12D(a)** **IFRS 7.12D(b)**		
9.2.5 Saldierung von finanziellen Vermögenswerten und finanziellen Verbindlichkeiten			
Für alle **angesetzten Finanzinstrumente,** die gem IAS 32.42 **saldiert** werden, sowie (unabhängig von einer Saldierung gem IAS 32.42) für alle angesetzten Finanzinstrumente, die **einklagbaren Globalverrechnungsverträgen (Masternetting-Vereinbarungen)** oder ähnlichen Vereinbarungen unterliegen:	**IFRS 7.13A** **IFRS 7.B40** **IFRS 7.B41** **32.43**	3	293, 522
• Informationen zur Beurteilung (potenzieller) **Auswirkungen von Verrechnungsvereinbarungen** bzw **von Ansprüchen auf Aufrechnung** auf die Vermögens- und Finanzlage eines Unternehmens	**IFRS 7.13B**	3	293
• Zur Erfüllung der Zielsetzung in IFRS 7.13B tabellarisch getrennte Angabe folgender **quantitativer Informationen für angesetzte finanzielle Vermögenswerte und Verbindlichkeiten,** die in den Anwendungsbereich des IFRS 7.13A fallen (zuzüglich Erläuterung von Bewertungsunterschieden zwischen den Finanzinstrumenten): – **Bruttobeträge** der angesetzten finanziellen Vermögenswerte und Verbindlichkeiten – **Beträge,** die bei Ermittlung der in der Bilanz ausgewiesenen Nettobeträge **saldiert** werden – in der **Bilanz ausgewiesene Nettobeträge** – **Beträge**, die **einklagbaren Globalverrechnungsverträgen** oder ähnlichen Vereinbarungen unterliegen und nicht in Angaben gem IFRS 7.13C(b) enthalten sind einschließlich der Beträge im Zusammenhang mit **angesetzten Finanzinstrumenten,** die die **Saldierungskriterien gem IAS 32.42 nicht erfüllen,** und der Beträge im Zusammenhang mit **finanziellen Sicherheiten**	**IFRS 7.13C** **IFRS 7.B42** **IFRS 7.B51** **IFRS 7.B52** **IFRS 7.B53** **IFRS 7.13C(a)** **IFRS 7.B43** **IFRS 7.13C(b)** **IFRS 7.B44** **IFRS 7.13C(c)** **IFRS 7.B45** **IFRS 7.B46** **IFRS 7.13C(d)** **IFRS 7.B47** **IFRS 7.B48**	3	293, 522

63

Angaben	Fundstelle IAS	Handbuch §	Handbuch Rn
– **Nettobetrag** nach Abzug der Beträge unter IFRS 7.13C(d) von den Beträgen unter IFRS 7.13C(c)	**IFRS 7.13C(e)**		
Hinweis: Der gem IFRS 7.13C(d) angegebene Gesamtbetrag für ein Finanzinstrument ist auf den Betrag in IFRS 7.13C(c) für das betreffende Finanzinstrument begrenzt.	**IFRS 7.13D** **IFRS 7.B49** **IFRS 7.B53**	–	–
• Beschreibung von **Ansprüchen** auf **Aufrechnung** (einschließlich Art) im Zusammenhang mit angesetzten finanziellen Vermögenswerten und Verbindlichkeiten, welche einklagbaren Globalverrechnungsbeträgen und ähnlichen gem IFRS 7.13C(d) anzugebenden Vereinbarungen unterliegen	**IFRS 7.13E** **IFRS 7.B50** **IFRS 7.B53**	3	293
• bei Darstellung der gem IFRS 7.13B bis IFRS 7.13E vorgeschriebenen Informationen in **mehr als einer Anhangangabe** jeweils Einfügen von **Querverweisen**	**IFRS 7.13F**	–	–
64 **9.2.6 Übertragung finanzieller Vermögenswerte**			
• **Darstellung** der nach IFRS 7.42B bis IFRS 7.42H vorgeschriebenen Angaben für alle übertragenen finanziellen Vermögenswerte, die nicht ausgebucht wurden sowie für alle übertragenen Vermögenswerte nach Maßgabe des zum Abschlussstichtag bestehenden anhaltenden Engagements in einer **einzelnen Anhangangabe**	**IFRS 7.42A**	3	340 ff
• **Informationen** zur: – **Beziehung** zwischen **übertragenen Vermögenswerten** und den **zugehörigen Verbindlichkeiten** – **Art** des anhaltenden **Engagements** an den ausgebuchten Vermögenswerten und damit einhergehende Risiken	 **IFRS 7.42B(a)** **IFRS 7.42B(b)**	3	341
• Für übertragene finanzielle Vermögenswerte, die **nicht vollständig ausgebucht** werden: – **Art** der übertragenen Vermögenswerte – **Art** der mit dem Eigentum verbundenen **Risiken** und **Chancen** – Art der **Beziehung** zwischen **den übertragenen Vermögenswerten** und den **zugehörigen Verbindlichkeiten** – Wenn Vertragspartei der zugehörigen Verbindlichkeiten nur Rückgriff auf die übertragenen Vermögenswerte nehmen kann, **Aufstellung** der beizulegenden Zeitwerte der übertragenen Vermögenswerte, der zugehörigen Verbindlichkeiten sowie der Nettoposition	 **IFRS 7.42D(a)** **IFRS 7.42D(b)** **IFRS 7.42D(c)** **IFRS 7.42D(d)**	3	343

Angaben	Fundstelle	Handbuch	
	IAS	§	Rn
– Bei **andauerndem Ansatz** aller übertragenen Vermögenswerte, Angabe der **Buchwerte** der **übertragenen Vermögenswerte** und der **zugehörigen Verbindlichkeiten** – Bei **andauerndem Ansatz** der Vermögenswerte nach Maßgabe eines **anhaltenden Engagements,** Angabe des **Gesamtbuchwerts** der urspr Vermögenswerte vor Übertragung, des Buchwerts der weiterhin angesetzten Vermögenswerte sowie des Buchwerts der zugehörigen Verbindlichkeiten **Hinweis:** Die nach IFRS 7.42D geforderten Angaben sind unabhängig vom Übertragungszeitpunkt zu jedem Abschlussstichtag erforderlich, an dem das Unternehmen die übertragenen finanziellen Vermögenswerte weiter ansetzt.	**IFRS 7.42D(e)** **IFRS 7.42D(f)** **IFRS 7.B32**		
• Für übertragene finanzielle Vermögenswerte, die **vollständig ausgebucht** werden, wenn Unternehmen **anhaltendes Engagement** daran hält (Definition von anhaltendem Engagement gem IFRS 7.42C): – **Buchwert** der Vermögenswerte und Verbindlichkeiten, die anhaltendes Engagement an den ausgebuchten finanziellen Vermögenswerten darstellen – **Beizulegender Zeitwert** der Vermögenswerte und Verbindlichkeiten, die anhaltendes Engagement darstellen – **Betrag,** der das **maximale Ausfallrisiko** aufgrund des anhaltenden Engagements am besten darstellt, und Angaben zur **Bestimmung** des Risikos – Nicht abgezinste **Mittelabflüsse** oder **andere Beträge,** die für **Rückkauf** der übertragenen Vermögenswerte erforderlich wären oder sein können – **Fälligkeitsanalyse** der nicht abgezinsten Mittelabflüsse oder anderer Beträge, die für Rückkauf der übertragenen Vermögenswerte erforderlich wären oder sein können, aus der die Restlaufzeiten des anhaltenden Engagements ersichtlich sind – **Qualitative Informationen,** die die vorhergehenden quantitativen Angaben erläutern und stützen • Für **jede Art von anhaltendem Engagement** sowie für jede Periode, für die eine Gesamtergebnisrechnung erstellt wird: – **Erfasster Gewinn/Verlust** zum Zeitpunkt der Übertragung der Vermögenswerte – **Erträge und Aufwendungen** (in Berichtsperiode und kumulativ) aus anhalten-	 **IFRS 7.42E(a)** **IFRS 7.42E(b)** **IFRS 7.42E(c)** **IFRS 7.42E(d)** **IFRS 7.42E(e)** **IFRS 7.B34** **IFRS 7.B35** **IFRS 7.B36** **IFRS 7.42E(f)** **IFRS 7.B37** **IFRS 7.42G** **IFRS 7.42G(a)** **IFRS 7.B38** **IFRS 7.42G(b)**	**3**	**344**

Angaben	Fundstelle IAS	Handbuch §	Handbuch Rn
dem Engagement an ausgebuchten Vermögenswerten – Bei **nicht gleichmäßiger Verteilung** des **Gesamtertrags** der in der Berichtsperiode angefallenen Erlöse aus Übertragungsaktivitäten: – Angabe des **Zeitraums** mit höchster Übertragungsaktivität – Angabe des **Betrags** der im Zeitraum mit höchster Übertragungsaktivität erfasst wurde – Angabe des **Gesamtbetrags der Erlöse** aus Übertragungsaktivitäten im Zeitraum mit höchster Übertragungsaktivität	 **IFRS 7.42G(c)** **IFRS 7.42G(c)(i)** **IFRS 7.42G(c)(ii)** **IFRS 7.42G (c)(iii)**		
• **Zusätzliche Informationen** zur **Erfüllung** der **Zielsetzungen** von IFRS 7.42B **Hinweis:** Die nach IFRS 7.42E bis IFRS 7.42H geforderten qualitativen und quantitativen Angaben hat ein Unternehmen **nach Arten zusammenzufassen,** die für die Risiken repräsentativ sind.	**IFRS 7.42H** **IFRS 7.B39** **IFRS 7.B33**	**3** **3**	**347** **346**
65 **9.2.7 Sicherheiten**			
• Für **Sicherheiten** beim **Sicherungsgeber:** – **Buchwert** der finanziellen Vermögenswerte, die als Sicherheit für Verbindlichkeiten oder Eventualverbindlichkeiten gestellt wurden, einschließlich der gem IFRS 9.3.2.23(a) umgegliederten Beträge – **Vertragsbedingungen** der Besicherungen	**IFRS 7.14** **IFRS 7.14(a)** **IFRS 7.14(b)**	**23**	**59**
• Beim **Sicherungsnehmer** für **Sicherheiten,** die **ohne Zahlungsverzug** des Eigentümers **verkauft** oder **verpfändet** werden können: – **beizulegender Zeitwert** der gehaltenen Sicherheiten – **beizulegender Zeitwert** aller **verkauften** oder **weiterverpfändeten** Sicherheiten und ob **Verpflichtung zur Rückgabe** an Eigentümer besteht – **Vertragsbedingungen** zur Nutzung der Sicherheiten	**IFRS 7.15** **IFRS 7.15(a)** **IFRS 7.15(b)** **IFRS 7.15(c)**	**–**	**–**
66 **9.2.8 Wertberichtigungskonten**			
• Der Buchwert eines finanziellen Vermögenswerts, der gem IFRS 9.4.1.2A zum FVOCI bewertet wird, wird nicht durch eine (separate) **Wertminderung** reduziert. Es ist jedoch eine Angabe über die Höhe der Wertminderung im Anhang zu machen.	**IFRS 7.16A**	**3**	**296**

Angaben	**Fundstelle**	**Handbuch**		
	IAS	**§**	**Rn**	
9.2.9 Zusammengesetzte Finanzinstrumente mit mehreren eingebetteten Derivaten				67
• Bei Ausgabe von **Finanzinstrumenten** bestehend aus einer **Fremd- und Eigenkapitalkomponente** (s IAS 32.28) mit mehreren **eingebetteten Derivaten,** deren Werte voneinander abhängen, die Existenz dieser Merkmale	**IFRS 7.17**	**3** **23**	**297** **24 ff**	
9.2.10 Forderungsausfälle und Vertragsverletzungen				68
• Für am Abschlussstichtag angesetzte **Darlehensverbindlichkeiten:**	**IFRS 7.18**	**3**	**298**	
– Informationen zu in der Berichtsperiode eingetretenen **Zahlungsverzögerungen** bzw **-ausfällen,** die Tilgungs- oder Zinszahlungen, den Tilgungsfonds oder die Tilgungsbedingungen betreffen	**IFRS 7.18(a)**			
– Buchwert der Kredite, bei denen zum Ende der Berichtsperiode ein Zahlungsverzug vorliegt	**IFRS 7.18(b)**			
– Angabe, ob Zahlungsverzug beseitigt wurde oder die Konditionen neu verhandelt wurden, bevor der Abschluss zur Veröffentlichung freigegeben wurde	**IFRS 7.18(c)**			
• Angaben gem IFRS 7.18 auch bei **anderen Verletzungen** von **Darlehensverträgen,** sofern diese den Kreditgeber berechtigen, eine **vorzeitige Rückzahlung** zu fordern und die Verletzungen am oder vor dem Berichtsstichtag nicht behoben oder die Darlehenskonditionen neu verhandelt wurden	**IFRS 7.19**	**3**	**298**	
9.3 Gesamtergebnisrechnung				69
Angabe der nachstehenden Ertrags-, Aufwands-, Gewinn- oder Verlustposten:	**IFRS 7.20**	**3**	**300 ff**	
• **Nettogewinne oder -verluste** aus:				
– **zum FVPL bewerteten** finanziellen Vermögenswerten oder Verbindlichkeiten getrennt nach verpflichtender und freiwilliger Zuordnung gem IFRS 9.6.7.1	**IFRS 7.20(a)(i)**	**3**	**300**	
– finanziellen **Verbindlichkeiten,** die zu **fortgeführten Anschaffungskosten** bewertet werden	**IFRS 7.20(a)(v)**	**–**	**–**	
– finanziellen **Vermögenswerten,** die zu **fortgeführten Anschaffungskosten** bewertet werden	**IFRS 7.20(a)(vi)**			
– **Eigenkapitalinstrumenten,** die **zum FVOCI** designiert wurden gem IFRS 9.5.7.5	**IFRS 7.20(a)(vii)**			
– finanziellen **Vermögenswerten,** die **zum FVOCI** designiert wurden gem IFRS 9.4.1.2A, wobei der Gewinn oder Verlust innerhalb des sonstigen Ergebnisses	**IFRS 7.20(a)(viii)**			

Angaben	Fundstelle	Handbuch	
	IAS	§	Rn
getrennt nach dem sonstigen Ergebnis aus einer Umgliederung und dem sonstigen Ergebnis aus der laufenden Rechnungslegungsperiode auszuweisen ist			
• Der (nach der **Effektivzinsmethode** berechnete) **gesamte Zinsertrag** und der **gesamte Zinsaufwand** für finanzielle Vermögenswerte und finanzielle Verbindlichkeiten, die nicht erfolgswirksam zum beizulegenden Zeitwert bewertet werden	**IFRS 7.20(b)**	**3**	**302**
• Erträge und Aufwendungen aus **Gebühren und Provisionen** (die nicht in die Berechnung des Effektivzinssatzes einbezogen wurden), die resultieren aus:	**IFRS 7.20(c)**	**3**	**303**
– finanziellen Vermögenswerten oder finanziellen Verbindlichkeiten, die nicht erfolgswirksam zum beizulegenden Zeitwert bewertet wurden	**IFRS 7.20(c)(i)**		**305**
– Treuhändertätigkeiten und anderen treuhänderischen Funktionen mit der Folge, dass Vermögenswerte für fremde Rechnung einzelner Personen, Treuhandeinrichtungen, Pensionsfonds und anderer Institutionen gehalten oder investiert werden	**IFRS 7.20(c)(ii)**		
• Beim Abgang von finanziellen Vermögenswerten, die zu fortgeführten Anschaffungskosten bewertet wurden, ist eine **Analyse des entstandenen Gewinns oder Verlustes** getrennt nach Gewinnen und Verlusten vorzunehmen. Die Analyse soll auch den Grund für den Abgang umfassen.	**IFRS 7.20A**		
70 **9.4 Andere Angaben**			
9.4.1 Bilanzierungs- und Bewertungsmethoden			
• In der Angabe der wesentlichen Bilanzierungs- und Bewertungsmethoden sind die bei der Erstellung des Abschlusses herangezogenen **Bewertungsgrundlagen und sonstigen Bilanzierungs- und Bewertungsmethoden** anzugeben, die für das **Verständnis** des Abschlusses **relevant** sind (IAS 1.117), diese umfassen:	**IFRS 7.21**	**3**	**306**
– bei zum FVPL bewerteten finanziellen **Verbindlichkeiten,** die designiert wurden:	**IFRS 7.B5(a)**	**3**	**306**
› Art der finanziellen Verbindlichkeit	**IFRS 7.B5(a)(i)**		
› Kriterien für deren Einstufung bei erstmaliger Erfassung	**IFRS 7.B5(a)(ii)**		
› wie die Kriterien gem IFRS 9.4.2.2 für eine solche Einstufung erfüllt wurden	**IFRS 7.B5(a)(iii)**		
– bei zum FVPL bewerteten **Vermögenswerten**, die designiert wurden:	**IFRS 7.B5(aa)**		

Angaben	**Fundstelle**	**Handbuch**		
	IAS	**§**	**Rn**	
› Art des finanziellen Vermögenswerts › wie die Kriterien gem IFRS 9.4.1.5 für eine solche Einstufung erfüllt wurden	**IFRS 7.B5(aa)(i)** **IFRS 7.B5(aa)(ii)**	 **3**	 **306**	
– ob marktübliche Käufe oder Verkäufe von finanziellen Vermögenswerten zum Handels- oder Erfüllungstag bilanziert werden (s IFRS 9.3.1.2)	**IFRS 7.B5(c)**			
– **wie Nettogewinne und -verluste** bei den einzelnen Kategorien von Finanzinstrumenten **ermittelt werden,** zB ob in die Nettogewinne und -verluste bei zum FVPL bewerteten Posten Zins- oder Dividendenerträge eingehen	**IFRS 7.B5(e)**	**3**	**300**	
– **Ermessensausübungen des Managements** bei der Anwendung der Bilanzierungs- und Bewertungsmethoden – mit Ausnahme solcher, bei denen Schätzungen verwendet werden – die die Beträge im Abschluss am Wesentlichsten beeinflussen (gem IAS 1.122)	**IFRS 7.B5 aE**	**3** **19**	**306** **33 ff**	
9.4.2 Bilanzierung von Sicherungsgeschäften				71
• Folgende Angaben sind im Falle von Sicherungsgeschäften zu machen:	**IFRS 7.21A**			
– **Risikomanagementstrategie** und die Art und Weise der Implementierung im Unternehmen	**IFRS 7.21A(a)**			
– welche **Auswirkungen** die *hedging*-Aktivitäten auf die **Zahlungsströme** haben	**IFRS 7.21A(b)**			
– welche **Auswirkungen** die *hedging*-Aktivitäten auf **Bilanz, Gesamtergebnisrechnung** und **Eigenkapitalüberleitungsrechnung** haben	**IFRS 7.21A(c)**			
• Angaben sind an einer **gesonderten Stelle** vorzunehmen, wobei Verweise zu anderen Stellen im Abschluss erlaubt sind	**IFRS 7.21B**			
• Die Angaben gem IFRS 7.22 A bis IFRS 7.24F sind für jede einzelne **Risikokategorie** vorzunehmen, für die Sicherungsgeschäfte abgeschlossen worden sind	**IFRS 7.21C**			
• Der **Umfang** an Angaben sowie deren Aufteilung bzw Zusammenfassung richtet sich nach der Verständlichkeit für den Bilanzleser und den Kriterien gem IFRS 13	**IFRS 7.21D**			
9.4.2.1 Risikomanagementstrategie				72
• Für jede **Risikokategorie,** für die *hedge accounting* vorgenommen wird, sind folgende Angaben zu machen:	**IFRS 7.22A**			
– wie das jeweilige Risiko **entsteht**	**IFRS 7.22A(a)**			
– wie das jeweilige Risiko **behandelt** wird	**IFRS 7.22A(b)**			
– das **Ausmaß** des jeweiligen Risikos, dass behandelt wird	**IFRS 7.22A(c)**			

Angaben	Fundstelle	Handbuch	
	IAS	§	Rn
• Dazu sollen folgende **Informationen** enthalten sein:	**IFRS 7.22B**		
– die **Sicherungsinstrumente** zur Absicherung	**IFRS 7.22B(a)**		
– wie das Unternehmen den **Sicherungszusammenhang** zwischen Sicherungsinstrument und Grundgeschäft beurteilt	**IFRS 7.22B(b)**		
– wie das **Sicherungsverhältnis** bestimmt wird und welche Ursachen für Ineffektivitäten bestehen	**IFRS 7.22B(c)**		
• Sofern eine **spezifische Risikokomponente** gem IFRS 9.6.3.7 als Grundgeschäft designiert wird, sind folgende qualitative oder quantitative Angaben darüber IFRS 7.22A bzw IFRS 7.22B zu geben:	**IFRS 7.22C**		
– wie die spezifische Risikokomponente **bestimmt** worden ist	**IFRS 7.22C(a)**		
– wie sich die spezifische Risikokomponente zum gesamten Grundgeschäft **verhält**	**IFRS 7.22C(b)**		
73 **9.4.2.2 Umfang, zeitliches Auftreten und Unsicherheit von Zahlungsströmen**			
• Für jede Risikokategorie sind **quantitative Informationen** zur Beurteilung von Sicherungsinstrumenten und deren Auswirkungen auf zukünftige Zahlungsströme zu geben, sofern kein dynamisches *hedging* gem **IFRS 7.23C** vorliegt. Dazu sind folgende Übersichten zu erstellen:	**IFRS 7.23A**		
– **Fälligkeiten** der Nominalwerte des Sicherungsinstruments	**IFRS 7.23B(a)**		
– durchschnittlicher **Ausübungspreis** des Sicherungsinstruments	**IFRS 7.23B(b)**		
• Im Falle eines **dynamischen *hedgings*** sind anstelle der Angaben gem IFRS 7.23A bzw IFRS 7.23B folgende Angaben zu machen:	**IFRS 7.23C(b)**		
– Informationen darüber, welche **äußerste Risikomanagementstrategie** für die Sicherungsgeschäfte gegeben ist	**IFRS 7.23C(b)(i)**		
– eine **Beschreibung** wie sich die Verwendung von *hedge accounting* und die Designation von Sicherungsbeziehungen in der Risikomanagementstrategie widerspiegelt	**IFRS 7.23C (b)(ii)**		
– eine Indikation, **wie häufig** die Sicherungsbeziehungen eingestellt und erneuert werden	**IFRS 7.23C (b)(iii)**		
• Ferner sind folgende Angaben zu machen:			
– Beschreibung der **Ursachen für Ineffektivitäten** für jede Risikokategorie	**IFRS 7.23D**		
– Sofern **andere Ursachen** für Ineffektivitäten auftreten, sind diese für jede Risikokategorie offen zu legen	**IFRS 7.23E**		
– Für *cashflow hedges* ist eine Beschreibung anzugeben, für welche zukünftigen Trans-	**IFRS 7.23F**		

Angaben	**Fundstelle**	**Handbuch**	
	IAS	**§**	**Rn**
tionen in der vorangegangen Periode *hedge accounting* angewandt wurde und die aber **voraussichtlich nicht mehr eintreten** werden			
9.4.2.3 Auswirkung von *hedge accounting* auf die Vermögenslage und die Erfolgsmessung			
• In einer tabellarischen Aufstellung sind bezogen auf die **Sicherungsinstrumente** für jede Risikokategorie und für jede Art von Sicherungsgeschäft folgende Angaben zu machen:	**IFRS 7.24A**		
– **Buchwert** der Sicherungsinstrumente getrennt nach Vermögenswerten und Schulden	**IFRS 7.24A(a)**		
– **Bilanzposten,** der das Sicherungsinstrument enthält	**IFRS 7.24A(b)**		
– **Veränderung des beizulegenden Zeitwerts** als Basis für die Berücksichtigung der Ineffektivität	**IFRS 7.24A(c)**		
– **Nominalwerte** (einschließlich Mengenangaben wie Tonnen ua) der Sicherungsinstrumente	**IFRS 7.24A(d)**		
• In einer tabellarischen Aufstellung sind bezogenen auf die **Grundgeschäfte** für jede Risikokategorie und für jede Art von Sicherungsgeschäft folgende Angaben zu machen.	**IFRS 7.24B**		
Für ***fair value hedges*** sind dabei folgende Angaben zu machen:	**IFRS 7.24B(a)**		
– **Buchwert** der Grundgeschäfte im Bilanzposten getrennt nach Vermögenswerten und Schulden	**IFRS 7.24B(a) (i)**		
– der **kumulierte Betrag der Änderungen des beizulegenden Zeitwerts** im Buchwert des Grundgeschäfts getrennt nach Vermögenswerten und Schulden	**IFRS 7.24B (a)(ii)**		
– **Bilanzposten,** der das Grundgeschäft enthält	**IFRS 7.24B (a)(iii)**		
– Veränderung des Wertes des Grundgeschäfts als Basis für die Berücksichtigung der **Ineffektivität**	**IFRS 7.24B (a)(iv)**		
– der **kumulierte Betrag der Anpassungen des beizulegenden Zeitwerts,** die in der Bilanz nach Beendigung des *hedge accountings* gem IFRS 9.6.5.10 verbleiben	**IFRS 7.24B (a)(v)**		
• Für ***cashflow hedges*** und die **Absicherung von Nettoinvestitionen** sind dabei folgende Angaben zu machen:	**IFRS 7.24B(b)**		
– Veränderung des Werts des Grundgeschäfts als Basis für die Berücksichtigung der **Ineffektivität**	**IFRS 7.24B(b) (i)**		
– die Höhe der *cashflow-hedge*-Rücklage sowie des Währungsausgleichspostens für Sicherungsgeschäfte mit **bestehendem *hedge accounting***	**IFRS 7.24B (b)(ii)**		

74

Angaben	Fundstelle	Handbuch	
	IAS	§	Rn
– die Höhe der *cashflow-hedge*-Rücklage sowie des Währungsausgleichspostens für Sicherungsgeschäfte, für die ***hedge accounting* nicht fortgeführt** wird	**IFRS 7.24B (b)(iii)**		
• Für ***fair value hedges*** sind in einer tabellarischen Aufstellung die folgenden Beträge für jede Risikokategorie anzugeben:	**IFRS 7.24C(a)**		
– **Ineffektivität** des Sicherungsgeschäftes	**IFRS 7.24C (a)(i)**		
– Posten der **Gesamtergebnisrechnung,** in der die Ineffektivität enthalten ist	**IFRS 7.24C (a)(ii)**		
• Für ***cashflow hedges* und Absicherungen von Nettoinvestitionen** sind in einer tabellarischen Aufstellung die folgenden Beträge für jede Risikokategorie anzugeben:	**IFRS 7.24C(b)**		
– **Sicherungsgewinne und -verluste,** die innerhalb des **sonstigen Ergebnisses** ausgewiesen werden	**IFRS 7.24C (b)(i)**		
– **Ineffektivität,** die **erfolgswirksam** erfasst worden ist	**IFRS 7.24C (b)(ii)**		
– Posten der **Gesamtergebnisrechnung,** die die Ineffektivität enthält	**IFRS 7.24C (b)(iii)**		
– **erfolgswirksame Umgliederung** von Posten aus der *cashflow hedge* Rücklage oder des Währungsausgleichspostens (getrennt nach Sicherungsgeschäften, für die weiterhin *hedge accounting* vorgenommen wird und für die *hedge accounting* beendet worden ist)	**IFRS 7.24C (b)(iv)**		
– Posten der **Gesamtergebnisrechnung**, der die Umgliederung enthält	**IFRS 7.24C (b)(v)**		
– Sicherungsgewinne, die in einem separaten Posten der Gesamtergebnisrechnung ausgewiesen werden und bei der **Absicherung von Nettopositionen** entstehen	**IFRS 7.24C (b)(vi)**		
• Sofern das Ausmaß an Sicherungsbeziehungen gem **IFRS 7.23C** das gewöhnliche Ausmaß während der Rechnungslegungsperiode überschreitet, ist dieser Umstand offen zu legen	**IFRS 7.24D**		
• Es ist eine **Überleitungsrechnung** von jedem Bestandteil des **Eigenkapitals** (separat für jede Risikokategorie gem IFRS 7.24F) zuzüglich einer Analyse des sonstigen Ergebnisses nach IAS 1 zu erstellen, die folgende Informationen umfasst:	**IFRS 7.24E IFRS 7.24F**		
– Unterscheidung Veränderung des **sonstigen Ergebnisses** bezüglich der entstandenen Sicherungsgewinne (IFRS 7.24(b)(i)), der Umgliederungen (IFRS 7.24(b)(ii) und IFRS 9.6.5.11(d)(i)) sowie der Auflösungen gem IFRS 9.6.5.11(d)(iii)	**IFRS 7.24E(a)**		
– Unterscheidung von Beträgen bzgl des **Zeitwerts von Optionen**, die transaktionsbezogene Grundgeschäfte und die zeitraumbezogene Grundgeschäfte absi-	**IFRS 7.24E(b)**		

Angaben	Fundstelle IAS	Handbuch §	Handbuch Rn	
chern, sofern der Zeitwert vom Gesamtwert der Option nach IFRS 9.6.5.15 getrennt wird – Unterscheidung von Beträgen bezüglich von ***forward*-Elementen** bzw ***basis spreads*** im Fremdwährungsbereich, die transaktionsbezogene Grundgeschäfte und die zeitraumbezogene Grundgeschäfte absichern, sofern die *forward*-Elemente bzw *basis spreads* vom Gesamtwert des Forwards bzw des Fremdwährungsderivats nach IFRS 9.6.5.16 getrennt wird	 **IFRS 7.24E(c)**			
9.4.2.4 Wahlrecht das Ausfallrisiko als erfolgswirksam zum beizulegenden Zeitwert bewertet zu designieren				**75**
• Sofern ein Finanzinstrument (oder ein Teil davon) als erfolgswirksam zum beizulegenden Zeitwert bewertet designiert worden ist, weil ein **Kreditderivat** zur Absicherung verwendet worden ist, so sind folgende Angaben zu machen: – **Überleitung** der Kreditderivative jeweils vom Nominalwert und vom beizulegenden Zeitwert zu Beginn und Ende der Rechnungslegungsperiode – **Gewinn oder Verlust** aus der Designation des Finanzinstruments, das erfolgswirksam zum beizulegenden Zeitwert bewertet wird gem IFRS 9.6.7.1 – bei **Beendigung der Designation** der beizulegende Zeitwert, der als Buchwert zu erfassen ist gem IFRS 9.6.7.4 und der entspr Nominalwert	**IFRS 7.24G** **IFRS 7.24G(a)** **IFRS 7.24G(b)** **IFRS 7.24G(c)**			
9.4.3 Beizulegender Zeitwert				**76**
• Beizulegender Zeitwert für **jede Klasse** von finanziellen Vermögenswerten und finanziellen Verbindlichkeiten **Hinweis:** Die Angaben sind **nicht erforderlich,** wenn der Buchwert einen angemessenen Näherungswert für den beizulegenden Zeitwert darstellt bzw wenn bei einem Vertrag mit einer ermessensabhängigen Überschussbeteiligung (s IFRS 4) deren beizulegender Zeitwert nicht verlässlich bestimmbar ist.	**IFRS 7.25** **IFRS 7.26** **IFRS 7.29**	**3**	**187 ff, 277**	
• Im Falle der **Nichterfassung eines Gewinns/Verlusts** beim erstmaligen Ansatz eines finanziellen Vermögenswerts oder einer finanziellen Verbindlichkeit (aufgrund mangelnder Verfügbarkeit eines notierten Preises in einem aktiven Markt oder eines Preises basierend auf einer Bewertungstechnik, welche einen beobachtbaren Markt nutzt), für jede Klasse von finanziellen Vermögenswerten und finanziellen Verbindlichkeiten:	**IFRS 7.28**	**3**	**279**	

Angaben	Fundstelle IAS	Handbuch §	Handbuch Rn
– **Rechnungslegungsmethoden** zur erfolgswirksamen **Erfassung** der Differenz zwischen beizulegendem Zeitwert beim erstmaligen Ansatz und Transaktionspreis	IFRS 7.28(a)		
– **Summe** der **noch erfolgswirksam zu erfassenden Differenzen** zu Beginn und am Ende der Berichtsperiode und einer **Überleitungsrechnung**	IFRS 7.28(b)		
– **Gründe für Annahme**, dass **Transaktionspreis** nicht den **verlässlichsten substanziellen Hinweis** auf den beizulegenden Zeitwert darstellt (einschließlich Beweis)	IFRS 7.28(c)		
• Wenn gem den in IFRS 7.29(c) beschriebenen Fällen **keine Angaben zum beizulegenden Zeitwert** gemacht werden müssen:	IFRS 7.30	3	281
– die Tatsache, dass Informationen zum beizulegenden Zeitwert dieser Instrumente nicht angegeben werden konnten, da dieser nicht verlässlich ermittelt werden konnte	IFRS 7.30(a)		
– Beschreibung der Finanzinstrumente – Buchwerte – Erläuterung, warum der beizulegende Zeitwert nicht verlässlich bestimmt werden kann	IFRS 7.30(b)		
– Informationen über den Markt für diese Finanzinstrumente	IFRS 7.30(c)		
– ob und auf welche Weise diese Finanzinstrumente veräußert werden sollen	IFRS 7.30(d)		
• Bei **Ausbuchung** von Finanzinstrumenten, deren **beizulegender Zeitwert früher nicht verlässlich ermittelt** werden konnte: – die Tatsache, dass Finanzinstrumente, deren beizulegender Zeitwert nicht ermittelbar war, ausgebucht werden – Buchwert zum Zeitpunkt der Ausbuchung – der erfolgswirksam erfasste Betrag	IFRS 7.30(e)	3	281
77 **9.5 Art und Ausmaß von Risiken aus Finanzinstrumenten**			
• Es müssen Angaben gemacht werden, die es den Adressaten seines Abschlusses ermöglichen, Art und Ausmaß der Risiken zu beurteilen, die sich aus Finanzinstrumenten ergeben und denen das Unternehmen zum Abschlussstichtag ausgesetzt ist	IFRS 7.31 IFRS 7.32 IFRS 7.32A IFRS 7.B6	3	311 ff
78 **9.5.1 Qualitative Angaben**			
• Für jede **Risikoart** iVm Finanzinstrumenten (s IFRS 7.IG15 ff):	IFRS 7.33	3	311
– Umfang und Ursache der Risiken	IFRS 7.33(a)		
– Ziele, Methoden und Prozesse zur Steuerung der Risiken und deren Bewertungsmethoden	IFRS 7.33(b)		

Angaben	Fundstelle	Handbuch		
	IAS	§	Rn	
– ggf Änderungen von IFRS 7.33(a) oder IFRS 7.33(b) ggü der vorhergehenden Periode	**IFRS 7.33(c)**	**3**	**311**	
9.5.2 Quantitative Angaben				79
• Für jede **Risikoart** iVm Finanzinstrumenten: – Zusammenfassung **quantitativer Auswertungen** hinsichtlich der **einzelnen Risikopositionen** am Ende der Berichtsperiode – wenn ein wesentlich **früherer oder größerer Mittelabfluss** erwartet wird, als aus den quantitativen Daten ersichtlich wird, ist diese Tatsache anzugeben und es sind zusätzliche Informationen bereitzustellen (sofern nicht in den Angaben gem IFRS 7.39(a) oder IFRS 7.39(b) berücksichtigt) – bei Einsatz verschiedener Methoden zur Durchführung des Risikomanagements, sind die **Methoden** anzugeben, die **die relevantesten und verlässlichsten Informationen vermitteln** – Angaben gem IFRS 7.36 bis IFRS 7.42 (sofern nicht bereits gem IFRS 7.34(a) und Risiko nicht unwesentlich) – Risikokonzentrationen (sofern nicht bereits aus IFRS 7.34(a) und IFRS 7.34(b) ersichtlich)	**IFRS 7.34** **IFRS 7.34(a)** **IFRS 7.B10A** **IFRS 7.B7** **IFRS 7.34(b)** **IFRS 7.34(c)**	**3** **3**	**311 ff** **313**	
• Bei **Risikokonzentrationen:** – Beschreibung der Art und Weise, wie Management diese bestimmt – Beschreibung der gemeinsamen Merkmale, die für jede einzelne Risikokonzentration charakteristisch sind – Gesamtbetrag der Risikoposition aller Finanzinstrumente, die das betreffende Merkmal aufweisen	**IFRS 7.B8** **IFRS 7.B8(a)** **IFRS 7.B8(b)** **IFRS 7.B8(c)**	**–**	**–**	
• Bei **nicht repräsentativen quantitativen Daten** für die Risiken am Abschlussstichtag sind zusätzliche **kennzeichnende Angaben** zu machen	**IFRS 7.35**	**3**	**312**	
9.5.2.1 Ausfallrisiko				80
9.5.2.1.1 Anwendungsbereich und Ziele				
• Anwendungsbereich sind **grds alle Finanzinstrumente,** auf die die Vorschriften zur Ermittlung von Wertberichtigungen Anwendung finden, **ausgenommen**: – für **Forderungen aus Lieferungen und Leistungen, vertragliche Vermögenswerte und Leasingforderungen** findet IFRS 7.35J(a) nur dann Anwendung, wenn die Modifizierung erfolgt, während diese finanziellen Vermögenswerte mehr als 30 Tage überfällig sind	**IFRS 7.35A** **IFRS 7.35A(a)**			

Angaben	Fundstelle IAS	Handbuch §	Handbuch Rn
– IFRS 7.35K(a) findet keine Anwendung auf **Leasingforderungen**	**IFRS 7.35A(b)**		
• Angaben über Kreditrisiken sollen die Auswirkungen auf den **Umfang, das zeitliche Auftreten** und **die Unsicherheit von Zahlungsströmen** beschreiben. Dazu sollen die Angaben folgende Informationen enthalten, wobei Querverweise erlaubt sind und sich der Umfang der Berichterstattung an der Zielsetzung des IFRS 7.35B orientiert:	**IFRS 7.35B** **IFRS 7.35C** **IFRS 7.35D** **IFRS 7.35E**		
– Informationen über das **Kreditrisikomanagement** des Unternehmens und dessen Verhältnis zur Erfassung und Bewertung von Kreditrisiken	**IFRS 7.35B(a)**		
– qualitative und quantitative Informationen zur Bestimmung von **Auswirkungen** aufgrund von Kreditrisiken auf den Jahresabschluss (einschließlich Veränderungen in den Auswirkungen)	**IFRS 7.35B(b)**		
– Information über den **Umfang** der Kreditrisiken einschließlich besonderer **Konzentrationen** von Kreditrisiken	**IFRS 7.35B(c)**		
81 **9.5.2.1.2 Kreditrisikomanagement in der Unternehmenspraxis**			
• **Erläuterung** des Kreditrisikomanagements in der Unternehmenspraxis und dessen Verhältnis zur Erfassung und Bewertung von erwarteten Kreditausfällen. Dazu sollen folgende Informationen enthalten sein:	**IFRS 7.35F**		
– wie ein Unternehmen beurteilt, ob das Ausfallrisiko **signifikant gestiegen** ist. Dies schließt folgende Beurteilungen mit ein:	**IFRS 7.35F(a)**		
› wie beurteilt wird, dass Finanzinstrumente bezogen auf die jeweilige Klasse von Finanzinstrumenten ein **geringes Ausfallrisiko** aufweisen	**IFRS 7.35F(a)(i)**		
› wie die Annahme entkräftet worden ist, dass das Ausfallrisiko signifikant gestiegen ist bei finanziellen Vermögenswerten, die **mehr als 30 Tage überfällig** sind (IFRS 9.5.5.11)	**IFRS 7.35F(a)(ii)**		
– wie das Unternehmen definiert, wann ein Kredit notleidend ist. Mögliche Angaben sind ua:	**IFRS 7.35F(b)**		
› qualitative und quantitative **Faktoren** zur Bestimmung	**IFRS 7.B8A(a)**		
› wurden **unterschiedliche Definitionen** auf unterschiedliche Finanzinstrumente angewendet?	**IFRS 7.B8A(b)**		
› Annahmen über das Verhältnis von finanziellen Vermögenswerten, bei denen **wieder Leistungen erbracht** werden, nachdem sie notleidend geworden sind	**IFRS 7.B8A(c)**		

Angaben	Fundstelle	Handbuch	
	IAS	§	Rn
– die Art und Weise der **Zusammenfassung** von erwarteten Kreditausfällen, sofern eine Bewertung auf Gruppenebene erfolgt – wie ein Unternehmen beurteilt, ob für einen finanziellen Vermögenswert eine **Wertberichtigung** zu berücksichtigen ist – **Unternehmensregelungen** zur Berücksichtigung von Wertberichtigungen – wie ein Unternehmen beurteilt, ob bei einer **Vertragsanpassung** ein signifikantes verändertes Ausfallrisiko gem IFRS 9.5.5.12 gegeben ist. Dazu ist zu beurteilen: › ob ein **Wechsel** von einer Wertberichtigung auf Basis der erwarteten Verluste über die Restlaufzeit hin zu einer Wertberichtigung auf Basis der erwarteten Verluste über die nächsten zwölf Monate gem IFRS 9.5.5.5 erfolgt › wie hoch die Wertberichtigungsanpassung wäre, sofern eine Wertberichtigung auf Basis der erwarteten **Verluste über die Restlaufzeit** IFRS 9.5.5.3 erfolgte	**IFRS 7.35F(c)** **IFRS 7.35F(d)** **IFRS 7.35F(e)** **IFRS 7.35F(f)** **IFRS 7.B8B** **IFRS 7.35F(f)(i)** **IFRS 7.35F(f)(ii)**		
• Erläuterung der **Grundlagen, Erwartungen und Annahmen** zur Ermittlung der Wertberichtigungen gem IFRS 9.5.5. Zu diesem Zweck sollen folgende Angaben gemacht werden: – Grundlagen, Erwartungen und Annahmen › zur Bewertung von erwarteten Verlusten über die nächsten **zwölf Monate und über die Restlaufzeit** › zur Beurteilung, ob das Ausfallrisiko **signifikant zugenommen** hat › zur Beurteilung, ob für einen finanziellen Vermögenswert eine **Wertberichtigung** zu berücksichtigen ist – diese **Grundlagen** können ua auf Basis von internen historischen Daten, Ratingberichten, der erwarteten Laufzeit von Finanzinstrumenten und dem Zeitpunkt der Veräußerung von Sicherheiten ermittelt werden – wie **zukunftsbezogene** Informationen in der Beurteilung von erwarteten Kreditverlusten berücksichtigt wird – **Änderungen** in den Schätzungsgrundlagen oder den Annahmen während der Rechnungslegungsperiode	**IFRS 7.35G** **IFRS 7.35G(a)** **IFRS 7.35G(a)(i)** **IFRS 7.35G(a)(ii)** **IFRS 7.35G(a)(iii)** **IFRS 7.B8C** **IFRS 7.35G(b)** **IFRS 7.35G(c)**		
9.5.2.1.3 Quantitative und qualitative Angaben über den Umfang von erwarteten Ausfallrisiken			**82**
• Erstellung einer **Überleitungsrechnung** für die Veränderungen der **Wertberichtigung** für jede Klasse von Finanzinstrumenten. Da-	**IFRS 7.35H**	**3**	**397**

Angaben	Fundstelle IAS	Handbuch §	Rn
bei sind separat folgende Veränderungen offenzulegen:			
– Wertberichtigung für erwartete Verluste innerhalb eines Zeitraums von **zwölf Monaten**	**IFRS 7.35H(a)**		
– Wertberichtigung für erwartete Verluste über die **Restlaufzeit** für:	**IFRS 7.35H(b)**		
› Finanzinstrumente mit **signifikant gestiegenen Kreditrisiken** seit erstmaliger Erfassung	**IFRS 7.35H(b)(i)**		
› **finanzielle Vermögenswerte mit Wertberichtigungen** (außer bei Wertberichtigungen, die unmittelbar bei Erwerb/Entstehung zu berücksichtigen waren)	**IFRS 7.35H(b)(ii)**		
› **Forderungen aus Lieferungen und Leistungen, vertragliche Vermögenswerte oder Leasingforderungen,** für die Wertberichtigungen gem IFRS 9.5.5.15 berücksichtigt sind	**IFRS 7.35H(b) (iii)**		
– bei finanziellen Vermögenswerten, bei denen **unmittelbar bei Erwerb/Entstehung** eine **Wertberichtigung** zu berücksichtigen ist, ist der Betrag an undiskontierten erwarteten Kreditverlusten für finanzielle Vermögenswerte offenzulegen, die in der Rechnungslegungsperiode erstmalig erfasst wurden	**IFRS 7.35H(c)**		
– darüber hinaus kann es erforderlich sein, **Erläuterungen** über folgende Posten zu geben:	**IFRS 7.B8D**		
› **Zusammensetzung** des Portfolios	**IFRS 7.B8D(a)**		
› **Volumen** der erworbenen oder entstandenen Finanzinstrumente	**IFRS 7.B8D(b)**		
› **Ausmaß** der erwarteten Kreditverluste	**IFRS 7.B8D(c)**		
Die Angaben sind dabei **getrennt nach finanziellen Vermögenswerten** auf der einen Seite und **nicht bilanzierten Darlehenszusagen und finanziellen Garantien** auf der anderen Seite vorzunehmen. Sofern bei finanziellen Vermögenswerten eine Darlehenszusage enthalten ist und keine Trennung möglich ist, soll das erwartete Ausfallrisiko zusammen mit der Wertberichtigung für den finanziellen Vermögenswert bilanziert werden (sofern das erwartete Ausfallrisiko den bilanzierten Vermögenswert übersteigt bzw kein bilanzierter Vermögenswert existiert, ist eine Rückstellung zu bilanzieren).	**IFRS 7.B8E**		
• Um die **Veränderungen der Wertberichtigungen** gem IFRS 7.35H zu verstehen, sollen Erläuterungen über die Auswirkungen von Veränderungen des Bruttobuchwerts auf die Veränderungen von Wertberichtigungen gegeben werden. Die Erläuterungen sollen separat für Finanzinstrumente gemacht wer-	**IFRS 7.35I**	**3**	**397**

Angaben	**Fundstelle** IAS	**Handbuch** §	Rn
den, die die Wertberichtigungen gem IFRS 7.35H beinhalten und sollen quantitative und qualitative Informationen enthalten. (s Beispiele in IFRS 7.35I(a) bis IFRS 7.35I(d))			
• Erläuterungen über **Anpassungen von Zahlungsströmen bei finanziellen Vermögenswerten** und deren Auswirkung auf die Bewertung von erwarteten Kreditverlusten inklusive Angaben über:	**IFRS 7.35J**		
– **fortgeführte Anschaffungskosten** vor Anpassung und **Nettoerfolg** aus der Anpassung, sofern die Wertberichtigung auf Basis der Verlusterwartungen über die Restlaufzeit ermittelt wird (bei Forderungen aus Lieferungen und Leistungen, vertraglichen Vermögenswerten und Leasingforderungen nur dann, wenn diese finanziellen Vermögenswerte modifizierte werden, während sie bereits mehr als 30 Tage überfällig sind	**IFRS 7.35J(a)** **IFRS 7.35A(a)**		
– **Bruttobuchwert** zum Ende der Rechnungslegungsperiode, sofern die Wertberichtigung auf Basis der Verlusterwartungen über die Restlaufzeit ermittelt wird und auch wenn die Verlusterwartung auf Basis einer zwölfmonatigen Laufzeit verändert wird	**IFRS 7.35J(b)**		
• Zum Verständnis der **Besicherung** von erwarteten Kreditverlusten sind für jede Klasse von Finanzinstrumenten folgende Angaben zu machen:	**IFRS 7.35K**		
– **maximales erwartetes Verlustrisiko** ohne Berücksichtigung jeglicher Sicherheiten	**IFRS 7.35K(a)**		
– Erläuterungen zur **Besicherung** (ausgenommen für Leasingforderungen):	**IFRS 7.35K(b)** **IFRS 7.35A(b)**		
› Art der Sicherheit	**IFRS 7.35K(b)(i)**		
› Veränderungen der Besicherungsqualität	**IFRS 7.35K(b)(ii)**		
› Informationen über Finanzinstrumente, für die keine Wertberichtigungen aufgrund der Besicherung berücksichtigt wurden	**IFRS 7.35K(b) (iii)**		
– **quantitative Informationen** über die Besicherung von finanziellen Vermögenswerten, für die eine Wertberichtigung berücksichtigt worden ist.	**IFRS 7.35K(c)**		
Hinweis: Dies umfasst aber **nicht** die Angabe des beizulegenden Zeitwerts der Besicherung und auch nicht die Angabe der Verlustquote (*loss given default*). Mögliche Angaben umfassen:	**IFRS 7.B8F**		
– wesentliche **Arten der Besicherung**	**IFRS 7.B8G(a)**		
– das **Volumen** an gehaltenen Besicherungen und deren Bedeutung in Bezug auf die Wertberichtigung	**IFRS 7.B8G(b)**		

Angaben	Fundstelle IAS	Handbuch §	Handbuch Rn
– **Regelungen** zur Bewertung und Behandlung	IFRS 7.B8G(c)		
– wichtige Arten von **Vertragspartnern** und deren Bonität	IFRS 7.B8G(d)		
– Informationen über **Risikokonzentrationen** innerhalb der Besicherungen	IFRS 7.B8G(e)		
• Offenlegung des Betrags an finanziellen Vermögenswerten, der wertberichtigt ist, dessen **Ausgleich** durch das Unternehmen aber **weiterhin verfolgt** wird	IFRS 7.35L		
83 **9.5.2.1.4 Umfang des Ausfallrisikos**			
• Zum Verständnis über den Umfang des Ausfallrisikos und besonderer Ausfallrisikokonzentrationen sind **Bruttobuchwerte, Darlehenszusagen und finanzielle Garantien** versehen mit einem entspr **Kreditrisikorating** anzugeben Diese Angaben sind getrennt zu machen für Finanzinstrumente:	IFRS 7.35M		
– bei denen die Wertberichtigung auf Basis von erwarteten Verlusten über einen **zwölfmonatigen Zeitraum** ermittelt werden	IFRS 7.35M(a)		
– bei denen die Wertberichtigung über die **Restlaufzeit** ermittelt wird und	IFRS 7.35M(b)		
› für Finanzinstrumente mit einer signifikanten Verschlechterung des Ausfallrisikos, für die aber keine Wertberichtigungen berücksichtigt sind	IFRS 7.35M(b)(i)		
› finanzielle Vermögenswerte, für die eine Wertberichtigung berücksichtigt worden ist (aber nicht bei Erwerb bzw Entstehung)	IFRS 7.35M(b)(ii)		
› Forderungen aus Lieferungen und Leistungen, vertragliche Vermögenswerte und Leasingforderungen, für die Wertberichtigungen nach IFRS 9.5.5.15 berücksichtigt worden sind (zulässig als Wertberichtigungsmatrix IFRS 9.B5.5.35)	IFRS 7.35M(b)(iii) IFRS 7.35N		
– bei denen die Wertberichtigung **bei Erwerb bzw erstmaliger Erfassung** berücksichtigt worden ist	IFRS 7.35M(c)		
Hinweise:			
• Informationen über **Ausfallrisikokonzentrationen** kann dabei eine **Gruppierung** nach Regionen, Branche, Schuldner ua umfassen	IFRS 7.B8H		
• Die Angaben über das **Kreditrisikorating** soll mit der internen Berichterstattung an das Management in Schlüsselpositionen übereinstimmen	IFRS 7.B8I		
• Sofern die Beurteilung, ob das Ausfallrisiko signifikant gestiegen ist, ausschließlich auf der Basis von **schuldnerspezifischen Vergangenheitsdaten** beruht, ist eine Analyse auf der Basis der Vergangenheitsdaten für diese Vermögenswerte offenzulegen	IFRS 7.B8IaE		

Angaben	Fundstelle	Handbuch		
	IAS	**§**	**Rn**	
• Sofern das Ausfallrisiko von Finanzinstrumenten auf Gruppenebene beurteilt wird und daher **keine Einzelzuordnung des Bruttobuchwerts zu einem Kreditrisikorating** möglich ist, ist der Bruttobuchwert von diesen Finanzinstrumenten getrennt anzugeben	**IFRS 7.B8J**			
• Für **jede Klasse** von Finanzinstrumenten: – maximales **Ausfallrisiko** (ohne gehaltene Sicherheiten oder andere Instrumente zur Bonitätsverbesserung; Ausnahme gem IFRS 7.36(a) aE) – Beschreibung hinsichtlich des Betrags, der das maximale Ausfallrisiko am besten darstellt, der **gehaltenen Kreditsicherheiten** und sonstigen risikomindernden Vereinbarungen und ihrer **finanziellen Auswirkungen**	**IFRS 7.36** **IFRS 7.36(a)** **IFRS 7.B9–** **IFRS 7.B10** **IFRS 7.36(b)**	**3**	**314**	
• Bei **Erwerb** von finanziellen oder nicht finanziellen **Vermögenswerten durch Inbesitznahme** von als Sicherheit gehaltenen Sicherungsgegenständen oder Inanspruchnahme anderer Maßnahmen zur Bonitätsverbesserungen sind – sofern diese Vermögenswerte die Ansatzkriterien anderer Standards erfüllen und diese zum Abschlussstichtag gehalten werden – sind folgende Angaben zu machen: – **Art und Buchwert** der erhaltenen Vermögenswerte – **Methode** der **Veräußerung** oder **Nutzung** im Geschäftsbetrieb, wenn Vermögenswert nicht ohne weiteres liquidierbar	**IFRS 7.38** **IFRS 7.38(a)** **IFRS 7.38(b)**			
9.5.2.2 Liquiditätsrisiko				84
• **Analyse der Fälligkeiten** von nicht derivativen finanziellen Verbindlichkeiten (einschließlich ausgegebener Finanzgarantien und hybriden Finanzinstrumenten mit eingebettetem Derivat), aus der die Restlaufzeiten hervorgehen • Analyse der Fälligkeiten von derivativen finanziellen Verbindlichkeiten aus der insbes die **Restlaufzeiten** für solche hervorgehen, bei denen die vertragsgemäße Restlaufzeit entscheidend ist für das Verständnis des Zuflusszeitpunkts der Cashflows • **Beschreibung der Steuerung** des mit IFRS 7.39(a) und IFRS 7.39(b) verbundenen **Liquiditätsrisikos**	**IFRS 7.39(a)** **IFRS 7.B11** **IFRS 7.B11A–** **IFRS 7.B11D** **IFRS 7.39(b)** **IFRS 7.B11** **IFRS 7.B11A–** **IFRS 7.B11D** **IFRS 7.39(c)** **IFRS 7.B11E–** **IFRS 7.B11F**	**3**	**317 ff**	
9.5.2.3 Marktrisiko				85
• Sofern nicht IFRS 7.41 zur Anwendung kommt, sind folgende Angaben zu machen:	**IFRS 7.40** **IFRS 7.B17–** **IFRS 7.B28**	**3**	**324 ff**	

Angaben	Fundstelle	Handbuch	
	IAS	§	Rn
– **Sensitivitätsanalyse** für jede Art von **Marktrisiko,** die das Unternehmen am Abschlussstichtag betrifft, und die aufzeigt, wie **Änderungen der Risikoparameter** – die an dem Stichtag nach vernünftigem Ermessen möglich waren – sich auf Gewinn oder Verlust und Eigenkapital auswirkt hätten	**IFRS 7.B17– IFRS 7.B28** **IFRS 7.40(a)** **IFRS 7.B17– IFRS 7.B19**		
– **Sensitivitäten,** die sich auf das **Ergebnis** auswirken, werden **getrennt von Sensitivitäten** ausgewiesen, die Auswirkungen auf das **Eigenkapital** haben	**IFRS 7.B27**		
– **Methoden** und **Annahmen** zur Erstellung der Sensitivitätsanalyse	**IFRS 7.40(b)**		
– **Änderungen** der verwendeten **Methoden** und **Annahmen** ggü der vorangegangenen Periode sowie die Gründe dafür	**IFRS 7.40(c)**		
• Bei Erstellung einer **Sensitivitätsanalyse** (zB ***value-at-risk*-Analyse**), die die **Interdependenzen** der Risikoparameter **widerspiegelt** und Verwendung dieser Sensitivitätsanalyse **zur Steuerung finanzieller Risiken:**	**IFRS 7.41**	**3**	**326**
– Informationen über **Methode**, **Hauptparameter** und **Annahmen** bei der Erstellung der Sensitivitätsanalyse (IFRS 7.B20)	**IFRS 7.41(a)** **IFRS 7.B20**		
– Erläuterung der **Ziele,** der verwendeten **Methode** sowie Erklärungen, wenn die Informationen die beizulegenden Zeitwerte der entspr Vermögenswerte und Verbindlichkeiten nicht verlässlich widerspiegeln	**IFRS 7.41(b)**		
• Wenn die **Sensitivitätsanalysen** gem IFRS 7.40 und IFRS 7.41 den **Risikogehalt** eines Finanzinstruments **nicht verlässlich widerspiegeln,** sind diese Tatsache sowie die dafür vermuteten Gründe anzugeben	**IFRS 7.42**	**3**	**331**
86 **9.6 Erstmalige Anwendung von IFRS 9**			
• Bei erstmaliger Anwendung von IFRS 9 sind folgende Angaben **für jede Klasse von finanziellen Vermögenswerten und finanziellen Verbindlichkeiten** zu machen (gem IFRS 9.7.2.2 kann es dabei mehrere Stichtage geben, bei denen eine Erstanwendung von IFRS 9 erfolgt):	**IFRS 7.42I**	**3**	**555**
– Bewertungskategorie und Buchwert gem **IAS 39**	**IFRS 7.42I(a)**		
– neue Bewertungskategorie und Buchwert gem **IFRS 9**	**IFRS 7.42I(b)**		
– Betrag der finanziellen Vermögenswerte und finanziellen Verbindlichkeiten, die gem IAS 39 **erfolgswirksam zum beizulegenden Zeitwert bewertet designiert** worden sind und die nunmehr nach	**IFRS 7.42I(c)**		

Angaben	**Fundstelle**	**Handbuch**	
	IAS	**§**	**Rn**
IFRS 9 die dafür erforderlichen Voraussetzungen nicht mehr erfüllen (getrennt danach, ob die Reklassifizierung verpflichtend oder freiwillig erfolgte). • Die Angaben sind in einer **Tabelle** vorzunehmen, sofern nicht eine andere Darstellung angemessener ist	 **IFRS 7.42I aE**		
• Zur Erläuterung der Auswirkungen der erstmaligen Anwendung von IFRS 9 sind ebenfalls folgende **qualitative Angaben** zu machen: – wie die Vorschriften zur Klassifizierung bei den finanziellen Vermögenswerten angewendet werden, deren Klassifizierung sich geändert hat – die Gründe für die Designation bzw die Aufhebung der Designation von finanziellen Vermögenswerten und finanziellen Verbindlichkeiten, die zum FVPL bewertet werden	**IFRS 7.42J** **IFRS 7.42J(a)** **IFRS 7.42J(b)**	**3**	**555**
• Im Falle der erstmaligen Anwendung des IFRS 9, sind die **Angaben gem IFRS 7.42L bis IFRS 7.42O** unter Beachtung von IFRS 9.7.2.15 zu machen. Demnach ist keine retrospektive Anwendung erforderlich. Eine retrospektive Anwendung (dh *restatement* früherer Perioden) ist nur dann erlaubt, wenn dafür in die Bewertung von Finanzinstrumenten keine späteren Erkenntnisse einfließen. IFRS 7.42L bis IFRS 7.42O findet dabei Anwendung für diejenigen Perioden, in denen IFRS 9 erstmalig angewendet wird.	**IFRS 7.42K** **IFRS 7.IG40E**	**3**	**556**
• Die **Veränderungen in den Klassifizierungen** von finanziellen Vermögenswerten und finanziellen Verbindlichkeiten sind für folgende Sachverhalte **getrennt** anzugeben (sofern erforderlich gem IFRS 7.42K): – Veränderungen in den Buchwerten auf Basis der Bewertungskategorien gem IAS 39 (dh nicht aufgrund des Wechsels zu IFRS 9) und – Veränderungen in den Buchwerten aufgrund des Wechsels zu IFRS 9	**IFRS 7.42L** **IFRS 7.42L(a)** **IFRS 7.42L(b)** **IFRS 7.IG40E**	**3**	**555**
• Sofern finanzielle Vermögenswerte und finanzielle Verbindlichkeiten **nach Reklassifizierung zu fortgeführten Anschaffungskosten bewertet** werden oder sofern finanzielle Vermögenswerte nach vorheriger FVPL-Bewertung nunmehr zum FVOCI bewertet werden, sind folgende Angaben zu machen (sofern erforderlich gem IFRS 7.42K): – **beizulegender Zeitwert** von finanziellen Vermögenswerten und finanziellen Verbindlichkeiten zum Abschlussstichtag	**IFRS 7.42M** **IFRS 7.42M(a)**	**3**	**555**

Angaben	Fundstelle IAS	Handbuch §	Rn
– **Erfolg** aus der Veränderung des beizulegenden Zeitwerts, der ohne Reklassifizierung erfasst worden wäre	**IFRS 7.42M(b)**		
• Bei finanziellen Vermögenswerten und finanziellen Verbindlichkeiten, die nach der Reklassifizierung **nicht mehr zum FVPL bewertet** werden, sind folgende Angaben aus der Umstellung zu IFRS 9 zu machen (sofern erforderlich gem IFRS 7.42K): – **Effektivzins** zum Tag der erstmaligen Erfassung – **Zins**ertrag oder Zinsaufwand • Sofern der beizulegende Zeitwert mit dem neuen Bruttobuchwert gem IFRS 9.7.2.11 übereinstimmt, sind diese Angaben bis zum Zeitpunkt der Ausbuchung zu machen	**IFRS 7.42N** **IFRS 7.42N(a)** **IFRS 7.42N(b)** **IFRS 7.42N**	**3**	**556**
• Angaben gem IFRS 7.42K bis IFRS 7.42N haben derart zu erfolgen, dass **Überleitungsrechnungen:** – von den **Bewertungskategorien** von IAS 39 und IFRS 9 zu – den **Klassen** von Finanzinstrumenten möglich sind (IFRS 7.IG40)	**IFRS 7.42O**	**3**	**556**
• Informationen, die eine **Überleitungsrechnung** vom Endbestand an **Wertberichtungen** gem IAS 39 zum Anfangsbestand an Wertberichtigungen gem IFRS 9 ermöglichen, getrennt nach den Bewertungskategorien von IAS 39 und IFRS 9	**IFRS 7.42P**	**3**	**556**
• Es sind keine Angaben zu den Bilanzposten entspr der Bewertungskategorien zu machen: – für das **vorhergehende Jahr** gem IFRS 9 – für das **aktuelle Jahr** gem IAS 39	**IFRS 7.42Q**	**3**	**557**
• Sofern die Berücksichtigung von angepassten Zahlungsströmen (aufgrund der **Veränderung der risikolosen Zinsstruktur**) mit einem erheblichen Aufwand gem IFRS 7.2.4 verbunden ist, ist eine Bemessung der Zahlungsströme auf Basis der Verhältnisse bei erstmaliger Erfassung ohne nachträgliche Anpassungen zulässig. Für diese finanziellen Vermögenswerte ist der Buchwert bis zum Zeitpunkt des Abgangs offenzulegen.	**IFRS 7.42R**	**3**	**557**
• Sofern die Bestimmung des beizulegenden Zeitwerts einer **Option zur vorfälligen Tilgung** gem IFRS 7.2.5 nicht praktikabel umsetzbar ist, sind die Zahlungsströme für den finanziellen Vermögenswert ohne diese Vorfälligkeitsoption zugrunde zu legen. Für diese Vermögenswerte ist der Buchwert bis zum Zeitpunkt des Abgangs offenzulegen.	**IFRS 7.42S**	**3**	**557**

Angaben	Fundstelle	Handbuch	
	IAS	§	Rn
10. Erlöse aus Verträgen mit Kunden			
• Angabe **qualitativer und quantitativer Informationen** zu	IFRS 15.110	9	153
– **Verträgen** mit Kunden (vgl IFRS 15.113 bis IFRS 15.122)	IFRS 15.110(a)		
– wesentlichen **Ermessensentscheidungen** sowie deren Änderungen, die bei der Anwendung von IFRS 15 gemacht wurden (vgl IFRS 15.123 bis IFRS 15.126)	IFRS 15.110(b)		
– sämtlichen **Vermögenswerten** aus aktivierten Kosten für die Erlangung und Erfüllung eines Vertrags mit einem Kunden (vgl IFRS 15.127 f)	IFRS 15.110(c)		
• zur **Erfüllung der Zielsetzung** des IFRS 15.110 sollte ein Unternehmen den notwendigen **Detaillierungsgrad** sowie eine **individuelle Gewichtung** beachten	IFRS 15.111		
• werden in IFRS 15 geforderte Angaben bereits aufgrund der Angaben zu anderen Standards offengelegt, können diese **entfallen**	IFRS 15.112		
• Angabe folgender Beträge für das Berichtsjahr:	IFRS 15.113		
– Umsatzerlöse aus **Verträgen mit Kunden**, getrennt von anderen Umsatzquellen	IFRS 15.113(a)		
– alle **Wertminderungsaufwendungen gem IFRS 9** auf Forderungen oder andere vertragliche Vermögenswerte, getrennt von anderen erfassten Wertminderungsaufwendungen auf andere Verträge	IFRS 15.113(b)		
• **Aufgliederung der Umsatzerlöse nach Kategorien,** welche Art, Betrag, Zeitpunkt und Unsicherheit der Erlöse und Cashflows in Abhängigkeit der wirtschaftlichen Faktoren darstellen	IFRS 15.114 iVm IFRS 15.B87- IFRS 15.B89		
• Bei Anwendung von **IFRS 8 Geschäftssegmente:** Überleitung bzw Erläuterung der nach IFRS 15 aufgegliederten Umsatzerlöse zu den Umsatzerlösen nach Segmenten	IFRS 15.115		
• Folgende Angaben in Bezug auf **Vertragssalden** sind zu machen:	IFRS 15.116		
– **Anfangs- und Endbestand** von Forderungen, vertraglichen Vermögenswerten und Schulden aus Verträgen mit Kunden	IFRS 15.116(a)		
– in der Berichtsperiode erfasste Umsatzerlöse, die zu **Beginn der Periode** Bestandteil einer **vertraglichen Schuld** waren	IFRS 15.116(b)		
– in der Berichtsperiode erfasste Umsatzerlöse aus **Leistungsverpflichtungen,** die in **Vorperioden** (teilweise) **erfüllt** wurden (zB Änderungen des Transaktionspreises)	IFRS 15.116(c)		

87

Angaben	Fundstelle	Handbuch	
	IAS	§	Rn
• Erläuterung des **Zusammenhangs** zwischen dem Zeitpunkt der Erfüllung der Leistungsverpflichtungen (s IFRS 15.119(a)) und dem üblichen Zahlungsziel (s IFRS 15.119(b)) sowie die Auswirkung dieser Faktoren auf die vertraglichen Vermögenswerte und Schulden (die dargelegte Erläuterung kann qualitative Informationen beinhalten)	**IFRS 15.117**		
• Erläuterung **wesentlicher Wertänderungen** im Berichtsjahr der Salden von vertraglichen Vermögenswerten oder Schulden aus Verträgen mit Kunden (qualitative und quantitative Informationen); Beispiele für Wertänderungen sind:	**IFRS 15.118**		
– Veränderungen aufgrund von **Unternehmenszusammenschlüssen**	**IFRS 15.118(a)**		
– **kumulative Anpassungen der Umsatzerlöse**, die Auswirkungen auf den entspr vertraglichen Vermögenswert oder die entspr vertragliche Verbindlichkeit haben	**IFRS 15.118(b)**		
– **Wertminderungen** von vertraglichen Vermögenswerten	**IFRS 15.118(c)**		
– **Änderung des Zeitrahmens** bis ein Anspruch auf Erhalt einer Gegenleistung **unbedingt** wird (zB bis ein vertraglicher Vermögenswert in eine Forderung umgegliedert wird)	**IFRS 15.118(d)**		
– **Änderung des Zeitrahmens** bis eine Leistungsverpflichtung **erfüllt** wird (zB bis zur Erfassung von Erlösen aus einer vertraglichen Verbindlichkeit)	**IFRS 15.118(e)**		
• Folgende Angaben zu Informationen hinsichtlich der **Leistungsverpflichtungen** aus Verträgen mit Kunden:	**IFRS 15.119**		
– **üblicher Zeitpunkt** der Leistungserfüllung (zB Versand, Lieferung etc)	**IFRS 15.119(a)**		
– **wesentliche Zahlungsbedingungen** (zB übliche Fälligkeit, Vorhandensein einer wesentlichen Finanzierungskomponente, Begrenzung der Schätzung der variablen Gegenleistung)	**IFRS 15.119(b)**		
– **Art** der zu liefernden **Güter** oder **Dienstleistungen**, gesonderter Hinweis auf Leistungsverpflichtungen, die für Dritte arrangiert wurden (dh Unternehmen handelt als Vermittler)	**IFRS 15.119(c)**		
– **Rücknahme-** und **Erstattungsverpflichtungen** sowie ähnliche Verpflichtungen	**IFRS 15.119(d)**		
– Arten von **Garantien** und entspr Verpflichtungen	**IFRS 15.119(e)**		
• Folgende Angaben hinsichtlich der **verbleibenden Leistungsverpflichtungen:**	**IFRS 15.120**		

Angaben	**Fundstelle**	**Handbuch**	
	IAS	**§**	**Rn**
– **Gesamtbetrag** des **Transaktionspreises,** der den zum Ende der Berichtsperiode nicht erfüllten (oder teilweise nicht erfüllten) Leistungsverpflichtungen zugeordnet wird – **Erläuterung,** wann mit der **Realisation** der **Leistungsverpflichtungen** gerechnet wird, wahlweise auf qualitativer oder quantitativer Basis (zB durch Verwendung von für die Laufzeiten geeigneten Zeitbändern)	**IFRS 15.120(a)** **IFRS 15.120(b)**		
• Hinweis: Aus **Vereinfachungsgründen** kann das Unternehmen die gem IFRS 15.120 gemachten Angaben unterlassen, wenn eine der folgenden Bedingungen erfüllt ist: – die Leistungsverpflichtung ist Teil eines Vertrags, dessen ursprünglich erwartete **Laufzeit maximal ein Jahr** beträgt – das Unternehmen hat **Anspruch** auf eine **Gegenleistung** von einem Kunden in einer Höhe, die direkt dem Wert der vom Unternehmen bisher erbrachten Leistung für den Kunden entspricht	**IFRS 15.121** **IFRS 15.121(a)** **IFRS 15.121(b)**		
• Qualitative Angaben dazu, ob die **Vereinfachungsregelung** gem IFRS 15.121 **angewendet** wurde und diesbezügliche Angaben daher nicht in den veröffentlichten Informationen gem IFRS 15.120 enthalten sind	**IFRS 15.122**		
• **Ermessensentscheidungen,** die einen wesentlichen Einfluss auf Höhe und Zeitpunkt der Erfassung von Erlösen aus Verträgen mit Kunden haben, insbes: – Zeitpunkt der Erfüllung von Leistungsverpflichtungen – Transaktionspreis und Beträge, die den Leistungsverpflichtungen zugeordnet wurden	**IFRS 15.123** **IFRS 15.123(a)** **IFRS 15.123(b)**		
• bzgl der im **Zeitablauf zu erfüllenden Leistungsverpflichtungen** Angabe von Folgendem: – die zur Erlösrealisierung verwendete **Methoden** (zB Input- oder Outputmethoden und deren Anwendung) – **Begründung,** warum die verwendeten Methoden den Transfer von Gütern und Dienstleistungen glaubwürdig darstellen	**IFRS 15.124** **IFRS 15.124(a)** **IFRS 15.124(b)**		
• bei zeitpunktbezogenen Leistungsverpflichtungen ist der **Übergang der Kontrolle** des Guts/der Dienstleistung auf den Kunden anzugeben	**IFRS 15.125**		
• bei der **Bestimmung des Transaktionspreises** und **der den Leistungsverpflichtungen zugeordneten Beträgen** sind Informationen über die verwendeten Methoden, Inputs und gemachten Annahmen wie folgt anzugeben:	**IFRS 15.126**		

Angaben	Fundstelle IAS	Handbuch §	Handbuch Rn
– **Bestimmung** des **Transaktionspreises** inklusive Schätzung der variablen Gegenleistung, die Anpassung der Gegenleistung aufgrund des Zinseffekts und die Bewertung nicht zahlungswirksamer Gegenleistungen – Beurteilung, ob die **Schätzung** der variablen Gegenleistung **bedingt** ist – **Zuordnung** des **Transaktionspreises** einschließlich Schätzung der Einzelveräußerungspreise der zugesagten Güter oder Dienstleistungen sowie Zuordnung von Preisnachlässen und variablen Gegenleistungen zu spezifischen Teilen des Vertrags – **Bewertung** der **Rücknahme- und Erstattungsverpflichtungen** sowie ähnlichen Verpflichtungen	**IFRS 15.126(a)** **IFRS 15.126(b)** **IFRS 15.126(c)** **IFRS 15.126(d)**		
• für **Vermögenswerte,** die aus der Aktivierung von Kosten für die Erlangung und Erfüllung eines Vertrags mit einem Kunden entstanden sind, Folgendes: – **Ermessensentscheidungen,** die für die Ermittlung der Höhe der Kosten, die im Rahmen der Vertragsanbahnung oder mit der Erfüllung des Vertrags entstanden sind, getroffen wurden – gewählte **Abschreibungsmethode** – **Schlusssalden** aller im Rahmen der Vertragsanbahnung und Vertragserfüllung aktivierten Kosten unterteilt nach Hauptkategorien des Vermögenswerts (zB Kosten für die Erlangung eines Vertrags mit einem Kunden, vorvertragliche Kosten etc) – Höhe der **Abschreibungen** und **Wertminderungsaufwendungen** der Periode	**IFRS 15.127, IFRS 15.128** **IFRS 15.127(a)** **IFRS 15.127(b)** **IFRS 15.128(a)** **IFRS 15.128(b)**		
• Angabe bei **Inanspruchnahme** der **Erleichterungsvorschriften** des IFRS 15.63 oder des IFRS 15.94	**IFRS 15.129**		
88 **II. Zusätzliche Angaben für kapitalmarktorientierte Unternehmen**			
1. Geschäftssegmente (Segmentberichterstattung)			
• **Geschäftssegmente:** – Definition von Geschäftssegmenten; – Abgrenzung berichtspflichtiger Segmente • IFRS 8 fordert die Segmentberichterstattung für den **gesonderten Abschluss** oder **Einzelabschluss** von Unternehmen und für den **konsolidierten Abschluss** einer Gruppe mit seinem **MU,** dessen **Schuld- oder Eigenkapitalinstrumente** auf einem öffentlichen Markt gehandelt werden oder das seinen Abschluss einer Wertpapieraufsichtsbehörde zukommen lässt	 **1.117** **IFRS 8.11 ff** **IFRS 8.2**	 **21** **21** **21**	 **18 ff** **31 ff** **6**

Angaben	Fundstelle IAS	Handbuch §	Handbuch Rn	
1.1 Allgemeine Informationen				89
• **Faktoren,** die **zur Identifizierung** der berichtspflichtigen Segmente des Unternehmens verwendet werden	**IFRS 8.22(a)**	**21**	**60 f**	
• **Beurteilungen,** die von der Geschäftsführung bei der Anwendung der in IFRS 8.12 genannten Kriterien getroffen wurden	**IFRS 8.22(aa)**			
• **Arten** von **Produkten** und **Dienstleistungen,** die Grundlage der Erträge jedes Segments bilden	**IFRS 8.22(b)**			
1.2 Informationen über Gewinne und Verluste sowie Vermögenswerte und Schulden				90
• Angaben zur **Bewertung** des **Gewinns oder Verlusts** sowie aller **Vermögenswerte** und der **Schulden,** sofern diese der verantwortlichen Unternehmensinstanz regelmäßig gemeldet werden, und:	**IFRS 8.23**	**21**	**62 ff**	
– **(Umsatz-)Erträge** von **externen** Kunden	**IFRS 8.23(a)**	**21**	**67 f**	
– **(Umsatz-)Erträge** aufgrund von Transaktionen mit **anderen Geschäftssegmenten**	**IFRS 8.23(b)**	**21**	**67 f**	
– **Zinserträge**	**IFRS 8.23(c)**	**21**	**69**	
– **Zinsaufwendungen**	**IFRS 8.23(d)**	**21**	**69**	
– planmäßige **Abschreibungen** und **Amortisationen**	**IFRS 8.23(e)**	**21**	**70 f**	
– wesentliche **Ertrags- und Aufwandsposten** gem IAS 1.97	**IFRS 8.23(f)**	**21**	**72 f**	
– Anteil am Gewinn oder Verlust an assoziierten Unternehmen, die nach der Equity-Methode bilanziert werden	**IFRS 8.23(g)**	**21** **36**	**62** **1 ff**	
– Ertragsteueraufwand oder -ertrag	**IFRS 8.23(h)**	**21**	**62**	
– **wesentliche zahlungsunwirksame Posten,** sofern keine planmäßige Abschreibungen	**IFRS 8.23(i)**	**21**	**74**	
– **Zinssaldo,** sofern die meisten Umsatzerlöse mit Zinsen erwirtschaftet wurden und Nettozinserträge Hauptkriterium zur Beurteilung der Ertragskraft des Segments	**IFRS 8.23 aE**	**21**	**69**	
• Angabe der Beträge, die in die Bewertung der Vermögenswerte des Segments einfließen, auch wenn sie selbst nicht Gegenstand der Bewertung sind:	**IFRS 8.24**	**21**	**75 f**	
– **Beteiligungen,** die nach der **Equity-Methode** bilanziert werden	**IFRS 8.24(a)**			
– **Zugänge** zu den **langfristigen Vermögenswerten** (ohne Finanzinstrumente, latente Steueransprüche, Vermögenswerte aus leistungsorientierten Versorgungsplänen und Rechte aus Versicherungsverträgen)	**IFRS 8.24(b)**			

	Angaben	Fundstelle IAS	Handbuch §	Handbuch Rn
91	**1.3 Angaben zur Bewertung**			
	• Angabe der **Bewertungsgrundlagen** für Gewinn und Verlust eines Segments sowie **Erläuterungen** zu Vermögenswerten und Schulden	**IFRS 8.27**	**21**	**52 ff**
	– **Rechnungslegungsgrundlage** aller Geschäftsvorfälle zwischen berichtspflichtigen Segmenten	**IFRS 8.27(a)**		
	– **Art** möglicher **Unterschiede** zwischen den **Bewertungen des Gewinns oder Verlusts** eines Segments und des Unternehmens vor Steueraufwand oder -ertrag und Aufgabe von Geschäftsbereichen	**IFRS 8.27(b)**		
	– **Art** möglicher **Unterschiede** zwischen den **Bewertungen von Vermögenswerten** eines Segments und des Unternehmens	**IFRS 8.27(c)**		
	– **Art** möglicher **Unterschiede** zwischen den **Bewertungen der Schulden** eines Segments und des Unternehmens	**IFRS 8.27(d)**		
	– **Art** etwaiger **Änderungen der Bewertungsmethoden** im Vergleich zu früheren Perioden die zur Bestimmung des Gewinns oder Verlusts des Segments verwendet werden und ggf deren Auswirkungen	**IFRS 8.27(e)**		
	– **Art** und **Auswirkungen** möglicher **asymmetrischer Allokationen** auf berichtspflichtige Segmente	**IFRS 8.27(f)**		
92	**1.4 Überleitungsrechnungen**			
	• **Überleitungsrechnungen** für folgende Beträge berichtspflichtiger Segmente:	**IFRS 8.28**	**21**	**80 ff**
	– **Gesamtbetrag** der **(Umsatz-)Erträge** der Segmente zu denen des Unternehmens	**IFRS 8.28(a)**		
	– **Gesamtbetrag** der **Bewertungen des Gewinns oder Verlusts** der Segmente und des Unternehmens vor Steueraufwand oder -ertrag und Aufgabe von Geschäftsbereichen (bei Zuweisung von Posten wie Steueraufwand (Steuerertrag) seitens des Unternehmens zu Segmenten können diese Posten in der Überleitungsrechnung ausgelassen werden)	**IFRS 8.28(b)**		
	– Gesamtbetrag der **Vermögenswerte** der Segmente zu denen des Unternehmens, wenn Ausweis der Vermögenswerte der Segmente gem IFRS 8.23 erfolgt	**IFRS 8.28(c)**		
	– Gesamtbetrag der **Schulden** der Segmente zu denen des Unternehmens, sofern Segmentschulden gem IFRS 8.23 ausgewiesen werden	**IFRS 8.28(d)**		
	– Summe der **Beträge** der Segmente für jede andere **wesentliche** angegebene **Information** auf den entspr Betrag für das Unternehmen	**IFRS 8.28(e)**		

Angaben	**Fundstelle** IAS	**Handbuch** §	**Handbuch** Rn	
• **Wesentliche Abstimmungsposten** in den Überleitungsrechnungen sind gesondert zu identifizieren und zu beschreiben	**IFRS 8.28 aE**			
1.5 Anpassungen von in vorangegangenen Berichtszeiträumen veröffentlichten Informationen				93
• Bei **Strukturänderungen** der internen Organisation, die die Zusammensetzung der Segmente verändert, müssen zuvor veröffentliche Informationen angepasst werden – Angabe, ob **entspr Posten der Segmentinformationen** für frühere Perioden angepasst wurden – bei **Nichtanpassung** der Informationen: Angaben zu den Segmentinformationen für die Berichtsperiode, in der die Änderung eintritt, sowohl auf der Grundlage der alten als auch der neuen Segmentstruktur	**IFRS 8.29** **IFRS 8.29** **IFRS 8.30**	**21**	**58**	
1.6 Informationen über Produkte und Dienstleistungen				94
• Angabe der **(Umsatz-)Erträge** von **externen Kunden** für jedes Produkt und jede Dienstleistung bzw jede Gruppe vergleichbarer Produkte und Dienstleistungen oder Angabe, dass Informationen nicht verfügbar bzw Kosten für Erstellung der Angaben zu hoch	**IFRS 8.32**	**21**	**87**	
1.7 Informationen über geografische Regionen				95
• **Geografische Angaben** (sofern verfügbar und Kosten für Erstellung nicht zu hoch): • Von externen Kunden erwirtschaftete **(Umsatz-)Erträge:** – die dem **Herkunftsland** des Unternehmens zugewiesen werden – die **allen Drittländern insgesamt** zugewiesen werden, in denen das Unternehmen Umsatzerlöse erwirtschaftet – gesondert die (Umsatz-)Erträge, die eine **wesentliche Höhe** erreichen und einem **einzigen Drittland** zugewiesen werden – **Grundlage der Zuweisung** der Umsatzerlöse mit externen Kunden auf die einzelnen Länder • **Langfristige Vermögenswerte** (ohne Finanzinstrumente, latente Steueransprüche, Leistungen nach Beendigung des Arbeitsverhältnisses und Rechte aus Versicherungsverträgen): – die im **Herkunftsland** des Unternehmens gelegen sind	**IFRS 8.33** **IFRS 8.33(a)** **IFRS 8.33(b)**	**21**	**88**	

	Angaben	Fundstelle IAS	Handbuch §	Handbuch Rn
	– die in **allen Drittländern insgesamt** gelegen sind, in denen das Unternehmen Vermögenswerte hält – gesondert die Vermögenswerte, die in einem einzigen Drittland eine wesentliche Höhe erreichen • Angabe, wenn Informationen **nicht verfügbar** oder Kosten für Erstellung zu hoch	**IFRS 8.33 aE**	**21**	**86**
96	**1.8 Informationen über wesentliche Kunden**			
	• Angabe von Informationen über den Grad der Abhängigkeit von wichtigen Kunden • Berichterstattung über (Umsatz-)Erträge mit einem externen Kunden, wenn die **(Umsatz-)Erträge 10 %** und mehr der Gesamterlöse ausmachen, sowie Segment, in welchem diese ausgewiesen werden	**IFRS 8.34**	**21**	**89**
97	**1.9 Sonstige Angaben**			
	• Je Segment Angaben zum **Wertminderungsaufwand** und zu **Wertaufholungen**	**36.129**	**21**	**71**
	• Empfohlene Angabe der **Cashflows aus betrieblicher, Investitions- und Finanzierungstätigkeit** je Segment	**7.50(d)**	**21**	**78**
98	**2. Ergebnisse je Aktie (EPS)**			
	• IAS 33 verlangt von Unternehmen, deren Stammaktien oder potenzielle Stammaktien öffentlich gehandelt werden, die **Angabe des Ergebnisses je Aktie** (sowohl Gewinn als auch Verlust)	**33.2, 33.69**	**16**	**1 ff, 45**
	• Es sind für jede Klasse von Stammaktien auf der Grundlage der Ergebnisse aus der operativen Tätigkeit und des Gesamtergebnisses Kennzahlen sowohl zu **unverwässerten EPS** als auch zu **verwässerten EPS** offen zu legen	**33.66**	**16**	**2, 5, 45**
	• Ein Ausweis hat für **alle veröffentlichten Perioden** zu erfolgen; entspricht das unverwässerte dem verwässerten Ergebnis, ist eine einzige Angabe ausreichend (umgekehrt nicht)	**33.67**	**16**	**45**
	• Werden EPS-Kennzahlen für **aufgegebene Geschäftsbereiche veröffentlicht,** so sind hierfür sowohl unverwässerte wie auch verwässerte Kennzahlen in der GuV oder im Anhang anzugeben	**33.68**	**16**	**5, 45**
	• Errechnung der als **Zähler** verwendeten Beträge (Gewinn oder Verlust) und Überleitung zum **Periodenergebnis**	**33.70(a)**	**16**	**46**

Angaben	Fundstelle	Handbuch	
	IAS	§	Rn
• Errechnung der als **Nenner** verwendeten Beträge (gewichteter Durchschnitt der Anzahl der Aktien) und Überleitungsrechnung für die Verwendung beim unverwässerten und verwässerten Ergebnis	**33.70(b)**	**16**	**3, 11 ff, 46**
• Instrumente, die **in der Zukunft** einen potenziell verwässernden Einfluss haben können	**33.70(c)**	**16**	**46**
• **Beschreibung aller Transaktionen** mit Stammaktien oder potenziellen Stammaktien, soweit es sich nicht um Neuemissionen oder Ausgabe von Gratisaktien, Aktiensplits oder Aktienkonsolidierungen handelt, welche sich nach dem Bilanzstichtag ereignen	**33.70(d)**	**16**	**46**
• **Die Vergleichszahlen** für alle veröffentlichten Vorjahre sind anzupassen, wenn sich die Aktienzahl aufgrund der in IAS 33.64 genannten Tatbestände geändert hat	**33.64**	**16**	**41**
• Anforderungen des IAS 33.73 beachten, falls **zusätzlich** weitere Ergebnisse je Aktie angegeben werden, die auf anderen Grundlagen (zB Teilen des Periodengewinns) beruhen	**33.73**	**16**	**47**
• Beachtung der Anforderung, dass separate EPS-Kennzahlen, die **Einzelabschlüsse** betreffen, auch nur dort in den Gesamtergebnisrechnungen ausgewiesen werden dürfen	**33.4**	**16**	**1**
• Bei Darstellung der Ergebnisbestandteile in einer **gesonderten GuV** (gem IAS 1.10A) sind die Ergebnisse je Aktie, Angaben gem IAS 33.66 ff und IAS 33.73 in diesem Abschlussbestandteil auszuweisen	**33.4A** **33.67A** **33.68A** **33.73A**	**16**	**45**
III. Angaben in bestimmten Situationen			
1. Erstmalige Anwendung			
• Erstabschluss nach IFRS (zB 31.12.20X0) muss **sämtliche Angaben** enthalten, die in den einzelnen IFRS gefordert werden	**IFRS 1.20**	**44**	**168**
• Der **erstmalige Abschluss** muss mindestens enthalten: – drei Bilanzen – zwei Gesamtergebnisrechnungen – zwei gesonderte GuV (sofern erstellt) – zwei Kapitalflussrechnungen – zwei Eigenkapitalveränderungsrechnungen – zugehörige Anhangangaben – Vergleichsinformationen für alle Bestandteile	**IFRS 1.21**	**44**	**38, 166**
• Enthält ein Abschluss Zusammenfassungen historischer Daten oder Vergleichsinformationen **nach vorherigen Rechnungsle-**	**IFRS 1.22**	**44**	**167**

99

Angaben	Fundstelle IAS	Handbuch §	Handbuch Rn
gungsinformationen, sind diese als nicht IFRS-konform zu kennzeichnen und die wichtigsten Anpassungen für eine Übereinstimmung mit IFRS anzugeben			
• Im Erstabschluss müssen die **Einflüsse** dargestellt werden, die die **Umstellung** von der bisherigen Rechnungslegung (zB HGB) zum IFRS-Abschluss auf die VFE-Lage sowie Cashflows hatte (s Beispiel in IFRS 1.IG63)	**IFRS 1.23**	**44**	**168**
• Für Unternehmen, welche **vormals,** aber nicht in ihrem letzten Abschluss**, die IFRS** angewendet haben (s IFRS 1.4A): – **Gründe** für die **Beendigung** der Anwendung der IFRS – **Gründe** für die **Wiederaufnahme** der Anwendung der IFRS	**IFRS 1.23A**	**44**	**26**
• Für den Fall, dass solch ein Unternehmen (s IFRS 1.4A) sich dazu entschließt, **IFRS 1** nicht **anzuwenden** (und stattdessen die IFRS gem IAS 8 retrospektiv anzuwenden): – Erläuterung der **Gründe** für den Beschluss zur Anwendung der IFRS gem IAS 8 (dh retrospektive Anwendung, so als ob eine Anwendungsunterbrechung nie stattgefunden hätte)	**IFRS 1.23B**	**44**	**183**
Dazu muss eine **Überleitungsrechnung** mit folgenden Komponenten aufgestellt werden	**IFRS 1.24**	**44** **12**	**33** **29**
• **Eigenkapitalüberleitung:**			
– HGB-IFRS zum Eröffnungsbilanzstichtag	**IFRS 1.24(a)**	**44**	**168 f**
– HGB-IFRS zum letzten HGB-Abschlussstichtag	**IFRS 1.24(a)(i)**		
– Anpassungen aufgrund von Korrekturen festgestellter Fehler	**IFRS 1.24(a)(ii)**	**44**	**172**
– Anpassungen aufgrund von unterschiedlichen Rechnungslegungsmethoden	**IFRS 1.26**		
• **Ergebnisüberleitung:**			
– letztes HGB-Geschäftsjahresergebnis zu vergleichbarem IFRS-Ergebnis desselben Jahres	**IFRS 1.24(b)**	**44**	**169**
– bei vorheriger Aufstellung einer Kapitalflussrechnung: Erläuterung der wesentlichen Anpassungen der Kapitalflussrechnung von HGB nach IFRS für das letzte HGB-Geschäftsjahr	**IFRS 1.25**	**44**	**172**
– Anpassungen aufgrund von Korrekturen festgestellter Fehler	**IFRS 1.26**	**44**	**172**
– Anpassungen aufgrund von unterschiedlichen Rechnungslegungsmethoden			
• Angaben nach **IAS 36** zu **Wertminderungsaufwendungen** oder **Wertaufholungen** in der IFRS-Eröffnungsbilanz, die normalerweise für im Geschäftsjahr erfolgte Wertminderungen/-aufholungen vorgesehen sind	**IFRS 1.24(c)**	**44**	**173**

Angaben	**Fundstelle** IAS	**Handbuch** §	Rn
• Bei **Änderung der Rechnungslegungsmethode** oder **Inanspruchnahme** der in IFRS 1 vorgesehenen **Befreiungen** in einer vor dem ersten IFRS-Abschluss erfassten Periode: – **Erläuterung** der zwischen dem ersten IFRS-Zwischenbericht und dem ersten IFRS-Abschluss vorgenommenen **Änderungen** und **Aktualisierung** der in IFRS 1.24(a) und IFRS 1.24(b) vorgeschriebenen **Überleitungsrechnungen**	**IFRS 1.27A**	**44**	**171**
• Hat das Unternehmen in **vorangegangenen Berichtsperioden keine Abschlüsse** veröffentlicht, so ist dies anzugeben	**IFRS 1.28**	**–**	**–**
• Hat ein Unternehmen von dem **Wahlrecht** nach IFRS 1.D19 Gebrauch gemacht hat, bestimmte **finanzielle Vermögenswerte und Schulden,** die schon bisher bilanziert wurden, in die Kategorie „erfolgswirksam zum beizulegenden Zeitwert bewertete finanzielle Vermögenswerte und Schulden" oder „als zur Veräußerung verfügbare finanzielle Vermögenswerte" einzustufen, hat es folgende Angaben zu machen: – die beizulegenden Zeitwerte der designierten finanziellen Vermögenswerte/Verbindlichkeiten – der bisherige bilanzielle Ausweis und – die bisherigen Buchwerte	**IFRS 1.29**	**44**	**174**
Bei der Verwendung des **beizulegenden Zeitwerts als Ersatz** für Anschaffungs- oder Herstellungskosten bei • **immateriellen Vermögenswerten** • **Sachanlagen** • **als Finanzinvestition gehaltenen Immobilien** ist Folgendes anzugeben: • **Summe** der **beizulegenden Zeitwerte** und • **Gesamtanpassung** der nach vorherigen Rechnungslegungsstandards ausgewiesenen **Buchwerte**	**IFRS 1.30** **IFRS 1.D5** **IFRS 1.D7** **IFRS 1.30(a)** **IFRS 1.30(b)**	**44**	**109 ff,** **175**
Bei der Verwendung eines gem IFRS 1.D15 ermittelten Ersatzes für Anschaffungs- oder Herstellungskosten von Anteilen an TU, gemeinschaftlich geführten oder assoziierten Unternehmen ist im ersten Einzelabschluss nach IFRS anzugeben: • der aggregierte als Ersatz für die Anschaffungskosten von Anteilen angesetzte Wert, der dem gem den **vorherigen Rechnungslegungsmethoden ermittelten Buchwert** entspricht	**IFRS 1.31** **IFRS 1.31(a)**	**44**	**131 ff**

Angaben	Fundstelle	Handbuch	
	IAS	§	Rn
• der aggregierte als Ersatz für die Anschaffungskosten von Anteilen angesetzte Wert, der dem **beizulegenden Zeitwert** entspricht • die **Gesamtanpassung** der nach **vorherigen Rechnungslegungsgrundsätzen ausgewiesenen Buchwerte**	**IFRS 1.31(b)** **IFRS 1.31(c)**		
Bei Inanspruchnahme der Befreiung für **Erdöl- und Erdgasvermögenswerte** gem IFRS 1.D8A(b): • **Angabe** der Inanspruchnahme sowie der Grundlage, auf der die nach vorherigen Rechnungslegungsgrundsätzen ermittelten Buchwerte zugeordnet werden	**IFRS 1.31A**	**44**	**116**
Bei Inanspruchnahme der Befreiung für **preisregulierte Tätigkeiten** gem IFRS 1.D8B: • **Angabe** der Inanspruchnahme sowie Erläuterung der Grundlage für die Ermittlung der Buchwerte nach den vorherigen Rechnungslegungsgrundsätzen	**IFRS 1.31B**	**44**	**117**
Bei Verwendung des als Ersatz für Anschaffungs- oder Herstellungskosten angesetzten beizulegenden Zeitwerts nach einer **ausgeprägten Hochinflation** gem IFRS 1.D26 bis IFRS 1.D30: • **Erläuterung**, warum Unternehmen funktionale Währung hatte und warum dies nicht mehr vorliegt	**IFRS 1.31C**	**44**	**160**
Neben den allgemeinen Grundsätzen zur **Zwischenberichterstattung** nach IAS 34 (→ Rn 116 f) sind bei der erstmaligen Anwendung folgende Angaben verpflichtend:	**IFRS 1.32**		
• Falls das Unternehmen auch im Vorjahr Zwischenberichte nach bisherigen Rechnungslegungsmethoden erstellt hat, sind **verschiedene Überleitungen** zwischen bisheriger Rechnungslegungsmethode und IFRS anzugeben:	**IFRS 1.32(a)**	**44**	**176 f**
– Überleitung des Eigenkapitals (zum Ende der Vorjahres-Zwischenberichtsperiode)	**IFRS 1.32(a)(i)**		
– Überleitung des Gesamtergebnisses (zum Ende der Vorjahres-Zwischenberichtsperiode)	**IFRS 1.32(a)(ii)**		
• Überleitung von **Eigenkapital** und **Ergebnis** gem IFRS 1.24 (s oben)	**IFRS 1.32(b)**	**44**	**177**
• Bei **Änderung der Rechnungslegungsmethode** oder **Inanspruchnahme** der in IFRS 1 vorgesehenen **Befreiungen:** – **Erläuterung** der Änderungen in jedem Zwischenbericht gem IFRS 1.23 und **Aktualisierung** der unter IFRS 1.24(a) und IFRS 1.24(b) vorgeschriebenen **Überleitungsrechnungen**	**IFRS 1.32(c)**		
Weiter sind für das **Verständnis** wesentliche Angaben gem IAS 34.15 ff zu machen.	**IFRS 1.33**	**44**	**178**

Angaben	Fundstelle	Handbuch	
	IAS	§	Rn
Angaben zu **Finanzinstrumenten**: • Angabe, wenn die Übergangsvorschriften des IFRS 7.44G, IFRS 7.44M oder IFRS 7.44AA angewendet wurden	**IFRS 1.E3, IFRS 1.E4, IFRS 1.E4A**		
2. Regulatorische Abgrenzungsposten im Rahmen von Preisregulierungen			
• separater **Ausweis** der aktivischen und passivischen regulatorischen Abgrenzungsposten in der Bilanz (hierbei keine Aufgliederung nach Kurz- und Langfristigkeit, sofern die Bilanz eine solche Aufgliederung vorsieht)	**IFRS 14.20, IFRS 14.21**	**44**	**117 ff**
• Darstellung der **Veränderungen** in den regulatorischen Abgrenzungsposten in der Gesamtergebnisrechnung in separaten Ausweiszeilen getrennt danach, ob sie gem anderer IFRS – später nicht aufwands- oder ertragswirksam umgegliedert werden oder – später ertragswirksam umgegliedert werden, sofern bestimmte Voraussetzungen erfüllt sind • separate Ausweiszeile im Abschnitt Gewinn/Verlust für die **übrigen Veränderungen** in den regulatorischen Abgrenzungsposten	**IFRS 14.22** **IFRS 14.23**	**44**	**120**
• zur Erlangungen eines Verständnisses zu den regulatorischen Abgrenzungsposten **Angabe** von – **Art** der Preisregulierung sowie mit der Preisregulierung verbundenen **Risiken** – **Effekte** der Preisregulierung auf Bilanzposten, die VFE-Lage und Cashflows des Unternehmens **Hinweis**: Falls die nach IFRS 14.30 bis IFRS 14.36 zu tätigenden Angaben nicht relevant zur Erfüllung der Zielsetzung des IFRS 14.27 sind, können diese weggelassen werden; falls weitere Informationen zur Erfüllung der Zielsetzung des IFRS 14.27 erforderlich sind, sind diese aufzunehmen.	**IFRS 14.27** **IFRS 14.27(a)** **IFRS 14.27(b)** **IFRS 14.28**		
• zur **Erfüllung der Zielsetzung** des IFRS 14.27 sollte ein Unternehmen Angaben zu Folgendem berücksichtigen: – Detaillierungsgrad in Bezug auf die Angaben – individuelle Schwerpunkte in den Angaben – Grad der Verdichtung bzw Aufgliederung – mögliche Zusatzangaben für ein besseres Verständnis der Informationen	**IFRS 14.29** **IFRS 14.29(a)** **IFRS 14.29(b)** **IFRS 14.29(c)** **IFRS 14.29(d)**		
• zum besseren **Verständnis** in Bezug auf die **Art** der Preisregulierung sowie mit der Preisregulierung verbundenen **Risiken** Beschreibung für jede Art von Preisregulierung	**IFRS 14.30**		

100

Angaben	Fundstelle IAS	Handbuch §	Handbuch Rn
– **Art** und **Umfang** der preisregulierten Tätigkeit des Unternehmens und Art des Preisregulierungsmechanismus	IFRS 14.30(a)		
– Identität der **preisregulierenden Stelle** (besonderer Hinweis, falls es sich um ein nahestehendes Unternehmen iSd IAS 24 handelt)	IFRS 14.30(b)		
– wie eine Realisierung/Einbringung der aktivischen bzw passivischen regulatorischen Rechnungsabgrenzungsposten durch **Risiken** und **Unsicherheit** beeinflusst sind, zB in Bezug auf	IFRS 14.30(c)		
› Risiken in der Nachfrage	IFRS 14.30(c)(i)		
› regulatorische Risiken	IFRS 14.30(c)(ii)		
› sonstige Risiken (zB Währungsrisiken)	IFRS 14.30(c)(iii)		
Hinweis: Die Angaben sind wahlweise im Anhang oder mittels Querverweisen in anderen an gleicher Stelle zugänglichen Verlautbarungen (zB Kommentierung des Managements oder Risikoreport) anzugeben.	IFRS 14.31		
• Angabe der Grundlagen für die Erfassung und Ausbuchung von regulatorischen Abgrenzungsposten einschließlich der Angaben über die **Erst- und Folgebewertung** insbes in Bezug auf die Werthaltigkeit und die Erfassung von Wertminderungen	IFRS 14.32		
• Angabe für jede Klasse von regulatorischen Abgrenzungsposten und jede Art von Preisregulierung	IFRS 14.33		
– **Überleitungsrechnung des Buchwerts** zu Beginn und Ende der Periode	IFRS 14.33(a)	44	120
› die in der Periode als regulatorische Abgrenzungsposten in der Bilanz erfassten Beträge	IFRS 14.33(a)(i)		
› die in der GuV und Gesamtergebnisrechnung erfassten Beträge in Bezug auf die Realisation und Auflösung	IFRS 14.33(a)(ii)		
› andere, im Zusammenhang mit den regulatorischen Abgrenzungsposten separat erfasste Beträge (aus Wertminderungen, Unternehmenszusammenschlüssen oÄ)	IFRS 14.33(a)(iii)		
– die **Rendite** oder der **Diskontierungssatz** zur Wiedergabe des Zeitwerts in Bezug auf jede Klasse von regulatorischen Abgrenzungsposten	IFRS 14.33(b)		
– die erwartete **Restlaufzeit,** über welche die Verwertung der aktivischen bzw eine Auflösung der passivischen regulatorischen Rechnungsabgrenzungsposten erfolgt	IFRS 14.33(c)		
• falls die Preisregulierung Betrag oder Zeitpunkt von **Steueraufwendungen** und **-erträgen** beeinflusst, Angabe dieser Auswirkung auf die tatsächlichen sowie latenten Steuern	IFRS 14.34		

Angaben	**Fundstelle**	**Handbuch**	
	IAS	**§**	**Rn**
• darüber hinaus separate Angabe der regulatorischen **Abgrenzungsposten,** welche auf die **Besteuerung entfallen** sowie die auf diesen Betrag entfallenden Veränderungen (vgl IFRS 14.24)			
• falls ein Unternehmen Angaben nach **IFRS 12** für Anteile an TU macht, zusätzliche Angabe zu bei den Beteiligungen erfassten Beträgen für die aktivischen und passivischen regulatorischen Abgrenzungsposten sowie der hiermit verbundenen Veränderungen	**IFRS 14.35**		
• Angabe, falls ein regulatorischer Abgrenzungsposten **nicht länger vollständig erzielbar** noch **aufhebbar** ist unter Angabe der Gründe und unter Angabe des reduzierten Betrags	**IFRS 14.36**		
3. Aufgabe von Geschäftsbereichen und Veräußerungsabsicht bei langfristigen Vermögenswerten 101			
• **Allgemeiner Umfang** der zu erfüllenden Anhangangaben für zur Veräußerung stehende langfristige Vermögenswerte und aufgegebene Geschäftsbereiche	**IFRS 5.5B**	**28**	**122**
• Informationen zur **finanziellen Auswirkung** der Aufgabe bzw Veräußerung	**IFRS 5.30**	**28**	**81 ff**
• Separat **in der Gesamtergebnisrechnung:** – Nachsteuerergebnis des aufgegebenen Geschäftsbereichs – Bewertungs- oder Veräußerungsergebnis nach Steuern des aufgegebenen Geschäftsbereichs • Hierzu **Untergliederung** (Anhang oder Gesamtergebnisrechnung): – Erlöse, Aufwendungen, Ergebnis vor Steuern – den dazugehörigen Ertragsteueraufwand – Bewertungs- oder Veräußerungsergebnis nach Steuern des aufgegebenen Geschäftsbereichs – den dazugehörigen Ertragsteueraufwand	**IFRS 5.33** **IFRS 5.33(a)(i)** **IFRS 5.33(a)(ii)** **IFRS 5.33(b)** **IFRS 5.33(b)(i)** **IFRS 5.33(b)(ii)** **IFRS 5.33(b)(iii)** **IFRS 5.33(b)(iv)**	**28** **15** **28**	**128, 133** **139 ff** **129**
• **Netto-Cashflows,** die der lfd Geschäftstätigkeit, der Investitions- und der Finanzierungstätigkeit des aufgegebenen Geschäftsbereichs zuzurechnen sind (Anhang oder Bilanz)	**IFRS 5.33(c)**	**28** **18**	**131** **6**
• **Betrag der Erträge aus fortzuführenden und aufgegebenen Geschäftsbereichen,** der den Eigentümern des MU zuzurechnen ist (Anhang oder Gesamtergebnisrechnung)	**IFRS 5.33(d)**	**28**	**136**

Angaben	Fundstelle	Handbuch	
	IAS	§	Rn
• Sofern die Darstellung in einer **gesonderten GuV** gem IAS 1.10A erfolgt, muss diese einen **separaten Abschn für aufgegebene Geschäftsbereiche** enthalten	**IFRS 5.33A**	**28**	**129**
• **Anpassung** der Angaben gem IFRS 5.33 für dargestellte **Vorperioden**	**IFRS 5.34**	**28**	**132, 144**
• Gesonderter Ausweis von **Änderungen** von Beträgen, die bereits früher im Abschn für aufgegebene Geschäftsbereiche dargestellt wurden und im Zusammenhang mit der Veräußerung in einer Vorperiode stehen • Angabe der **Art und Höhe** der Anpassungen	**IFRS 5.35**	**28**	**143**
• Bei **Aufgabe der Veräußerungsabsicht:** Umgliederung, Anpassung der dargestellten Vorperioden und Kennzeichnung der angepassten Beträge	**IFRS 5.36**	**28**	**143**
• Bei Bindung an einen **Verkaufsplan** der den **Verlust der Beherrschung** eines TU zur Folge hat, sind **Angaben gem IFRS 5.33 ff** offen zulegen, sofern TU eine Veräußerungsgruppe ist, die die Definition eines aufgegebenen Geschäftsbereich erfüllt (iSv IFRS 5.32)	**IFRS 5.36A**	**28**	**132**
• Separater Ausweis und Aufgliederung der zur Veräußerung bestimmten **langfristigen Vermögenswerte** und der **als zur Veräußerung gehaltenen Verbindlichkeiten** in wesentliche Gruppen (gilt nicht für mit Veräußerungsabsicht erworbene TU; vgl IFRS 5.39) • Im sonstigen Ergebnis erfasster **kumulierter Aufwand/Ertrag** im Zusammenhang mit zur Veräußerung bestimmten langfristigen Vermögenswerten	**IFRS 5.38**	**28**	**16 ff, 123 ff**
• Wenn in der Berichtsperiode ein langfristiger Vermögenswert als **zur Veräußerung gehalten klassifiziert** oder veräußert wurde: – **Beschreibung** des Vermögenswerts – weitergehende Informationen zu der **(erwarteten) Veräußerung** – der **erfasste Gewinn** oder **Verlust** und **wo** dieser in der GuV **ausgewiesen** wird – ggf das **berichtspflichtige Segment,** in dem der Vermögenswert ausgewiesen wird	**IFRS 5.41** **IFRS 5.41(a)** **IFRS 5.41(b)** **IFRS 5.41(c)** **IFRS 5.41(d)**	**28**	**16 ff, 126**
• Bei einer **Planänderung** hinsichtlich der Veräußerung eines langfristigen Vermögenswerts in der Berichtsperiode: – Erläuterung der Sachverhalte und **Umstände,** die zur Planänderung führten – **Auswirkung** der Planänderung auf das Ergebnis der Berichtsperiode und Vorperiode	**IFRS 5.42**	**28**	**66 ff, 127**

Angaben	Fundstelle IAS	Handbuch §	Handbuch Rn	
4. Änderungen von Schätzungen				102
• **Art und Betrag** der Änderungen von Schätzungen mit Auswirkungen in der Berichtsperiode oder in einer zukünftigen Periode	8.39	45	31 ff, 37	
• Hinweis, wenn Angabe der Auswirkungen auf **zukünftige Perioden** unmöglich	8.40	45	31 ff, 38	
• Angaben zu Änderungen von Schätzungen ggü dem letzten **Zwischenbericht**	34.26	–	–	
5. Fehlerkorrektur				103
Angaben **bei rückwirkender** Korrektur: • **Art** des Fehlers • **Berichtigungsbetrag** für jede dargestellte frühere Periode und für jeden betroffenen Posten • Wenn IAS 33 anwendbar: Auswirkungen auf die anzugebenden **Ergebnisse je Aktie** für jede Periode	8.49 8.49(a) 8.49(b)(i) 8.49(b)(ii)	45	47	
• Berichtigungsbetrag zu Beginn der frühesten dargestellten Periode (Neudarstellung der **Eröffnungsbilanzwerte** gem IAS 8.42)	8.49(c)	45	45	
• Falls die rückwirkende Anpassung einzelner vergangener Perioden **nicht durchführbar** ist, sind die **Umstände** aufzuzeigen, und es ist darzulegen, wie und ab wann der Fehler berichtigt wurde	8.49(d)	45	46	
6. Änderungen von Bilanzierungs- und Bewertungsmethoden				104
Bei Auswirkungen der **erstmaligen Anwendung von Standards und Interpretationen** ist Folgendes anzugeben: • **Titel** des Standards oder der Interpretation • Ggf: dass die Änderung der Bilanzierungs- und Bewertungsmethoden in Übereinstimmung mit den **Übergangsvorschriften** erfolgte • **Art** der Änderung der Bilanzierungs- oder Bewertungsmethode • Ggf: eine **Beschreibung** der Übergangsvorschriften • Ggf: die Übergangsvorschriften, die einen Effekt auf **zukünftige Perioden** haben könnten • **Anpassungsbetrag** für jede dargestellte Periode und jeden Posten (soweit durchführbar) • Wenn IAS 33 anwendbar: Auswirkungen auf die anzugebenden **Ergebnisse je Aktie** für jede Periode • Der Betrag der Anpassung, der sich auf **frühere Perioden** bezieht, die im Abschluss nicht dargestellt sind (soweit durchführbar) • Falls die rückwirkende Anwendung für frühere Perioden **nicht durchführbar** ist, sind	8.28 8.28(a) 8.28(b) 8.28(c) 8.28(d) 8.28(e) 8.28(f)(i) 8.28(f)(ii) 8.28(g) 8.28(h)	45	26 ff	

Angaben	Fundstelle IAS	Handbuch §	Handbuch Rn
die **Umstände** aufzuzeigen, und es ist darzulegen, wie und ab wann die Änderung angewendet wurde			
Bei Auswirkungen von **freiwilligen Änderungen** der Bilanzierungs- oder Bewertungsmethoden haben folgende Angaben zu erfolgen:	**8.29**	**45**	**16 ff, 27**
• **Art** der Änderung	**8.29(a)**		
• **Gründe** für verlässlichere oder relevantere Informationen durch geänderte Methode	**8.29(b)**		
• **Anpassungsbetrag** für jede dargestellte Periode und jeden Posten (soweit durchführbar)	**8.29(c)(i)**		
• Wenn IAS 33 anwendbar: Auswirkungen auf die anzugebenden **Ergebnisse je Aktie** für jede Periode	**8.29(c)(ii)**		
• Der Betrag der Anpassung, der sich auf **frühere Perioden** bezieht, die im Abschluss nicht dargestellt sind (soweit durchführbar)	**8.29(d)**		
• Falls die rückwirkende Anwendung für frühere Perioden **nicht durchführbar** ist, sind die **Umstände** aufzuzeigen, und es ist darzulegen, wie und ab wann die Änderung angewendet wurde	**8.29(e)**		
Bei **Nichtanwendung** von herausgegebenen, aber noch nicht in Kraft getretenen Standards und Interpretationen:	**8.30**	**–**	**–**
• Diese **Tatsache**	**8.30(a)**		
• Angaben zu den **Auswirkungen** in der Periode der erstmaligen Anwendung	**8.30(b)**		
Mögliche **konkrete** Angaben:	**8.31**	**–**	**–**
• **Titel** des neuen Standards oder der neuen Interpretation	**8.31(a)**		
• **Art** der (bevorstehenden) Änderung der Bilanzierungs- und Bewertungsmethoden	**8.31(b)**		
• **Zeitpunkt,** zu dem eine Anwendung des Standards bzw der Interpretation **erforderlich** ist	**8.31(c)**		
• **Zeitpunkt,** zu dem eine Anwendung des Standards bzw der Interpretation erstmals **beabsichtigt** ist	**8.31(d)**		
• Entweder: eine Diskussion der **erwarteten Auswirkungen** der erstmaligen Anwendung des Standards/der Interpretation auf den Abschluss	**8.31(e)(i)**		
• Oder: eine Erklärung, dass diese **Auswirkungen unbekannt** oder nicht verlässlich abzuschätzen sind	**8.31(e)(ii)**		
• Angabe der **erlaubten vorzeitigen Anwendung** eines Standards in aktueller Fassung (dh für Berichtsperioden, die vor dem jeweiligen pflichtmäßigen Erstanwendungszeitpunkt liegen; vgl die jeweiligen Vorschriften über das Inkrafttreten)	**diverse**	**–**	**–**
Hinweis: Für **Erstanwender** gelten abweichende Vorschriften (→ Rn 99).			

Angaben	**Fundstelle**	**Handbuch**		
	IAS	**§**	**Rn**	
7. Währungsumrechnung				**105**
7.1 Allgemeine Angaben				
• Betrag der **erfolgswirksam** verrechneten Umrechnungsdifferenzen (erfolgswirksame Zeitwertbewertung nach IFRS) • **Saldo der Umrechnungsdifferenzen,** der im sonstigen Ergebnis erfasst und als separater Posten in das Eigenkapitals eingestellt wurde sowie eine **Überleitungsrechnung** des Betrags solcher Umrechnungsdifferenzen zum Beginn und am Ende der Berichtsperiode	**21.52(a)** **21.52(b)**	**2** **33** **33**	**207 ff** **50** **51**	
• Ggf Angabe und Begründung, dass Berichtswährung nicht **funktionale** Währung	**21.53**	**33**	**4 ff, 52**	
• Angabe und Begründung eines **Wechsels** der funktionalen Währung	**21.54**	**33**	**45 ff, 53**	
• Bei **zusätzlichen Angaben** in Fremdwährung: – Kennzeichnung als zusätzliche Informationen – Währung – funktionale Währung des Unternehmens sowie die auf die zusätzlichen Informationen angewendete Umrechnungsmethode	**21.57** **21.57(a)** **21.57(b)** **21.57(c)**	**33**	**55**	
7.2 Angaben bei Hochinflation				**106**
• Angabe der **Rechnungslegungsgrundsätze** für die Hochinflation	**1.117**	**33**	**32 ff**	
• Angabe, dass eine Anpassung aufgrund von **Kaufkraftänderungen** erfolgt ist	**29.39(a)**	**33**	**56**	
• Angabe, ob der Abschluss auf (historischen) **Anschaffungs-/Herstellungskosten** oder auf **Wiederbeschaffungskosten** basiert	**29.39(b)**	**33**	**56**	
• Angabe des angewandten **Preisindexes** und seiner Veränderung	**29.39(c)**	**33**	**36 ff, 56**	
• Angabe des Gewinns oder Verlusts aus der **Nettoposition** der monetären Posten	**29.9**	**33**	**39**	
8. Zweifel an der Unternehmensfortführung				**107**
• Bestehen **Zweifel,** dass das Unternehmen mindestens während der **zwölf Monate,** die auf den Bilanzstichtag folgen, **fortgeführt** werden kann, ist eine Angabe erforderlich	**1.25**	**2**	**47 ff**	
• Wird bei der **Bilanzierung** und **Bewertung** nicht von der Unternehmensfortführung ausgegangen, ist dies anzugeben	**1.25**	**2**	**47 ff**	

	Angaben	Fundstelle	Handbuch	
		IAS	§	Rn
108	**9. Abweichen von einem Standard**			
	Weicht ein Unternehmen in einem Ausnahmefall von einem Standard ab, weil nur so eine ***„fair presentation"*** möglich ist, sind anzugeben:	**1.19**	**2** **45**	**45** **16**
	• Aussage, dass der Abschluss den **tatsächlichen Verhältnissen** entspricht	**1.20(a)**	**2**	**12, 46**
	• **Angabe** der **Abweichung**	**1.20(b)**		
	• **Gründe** für die Abweichung	**1.20(c)**		
	• Angabe der **Bilanzierungsweise,** die der Standard fordert und die Art der Abweichung	**1.20(c)**		
	• **Auswirkungen** auf: – das Periodenergebnis – die Vermögenswerte und Schulden – das Eigenkapital	**1.20(d)**		
	• Hat eine **Abweichung aus einer früheren Periode** Auswirkungen auf die aktuelle Periode sind die Angaben gem IAS 1.20(c) und IAS 1.20(d) ebenfalls anzugeben	**1.21**	**–**	**–**
	• **Verbieten** gesetzliche Rahmenbedingungen das für eine *„fair presentation"* notwendige **Abweichen** von einer Vorschrift, sind die für irreführend erachteten Aspekte durch Angaben zur betreffenden Vorschrift, eine Begründung für den Konflikt sowie notwendige Anpassungen für eine *„fair presentation"* bestmöglich zu verringern	**1.23**	**19**	**19**
109	**10. Änderung des Bilanzstichtags**			
	• Ist die Berichtsperiode **länger** oder **kürzer** als ein Jahr:	**1.36**	**2**	**103**
	– Grund für die Verwendung einer längeren/kürzeren Periode	**1.36(a)**		
	– Hinweis darauf, dass die Zahlen nicht vergleichbar sind	**1.36(b)**		
110	**IV. Leistungen an Arbeitnehmer**			
	1. Allgemeines			
	Unterscheidung zwischen **beitrags- und leistungsorientierten Versorgungsplänen**			
	Falls ein **gemeinschaftlicher Plan mehrerer Arbeitgeber** als leistungsorientiert eingestuft ist: • Angabe der gem IAS 19.135 bis IAS 19.148 erforderlichen Informationen (unter Ausschluss von IAS 19.148(d))	**19.33**	**26**	**123, 173**
	Falls **keine ausreichenden Informationen** zur Verfügung stehen, um einen leistungsorientierten gemeinschaftlichen Plan wie einen leistungsorientierten Plan zu bilanzieren: • Bilanzierung wie beitragsorientierten Plan und Angabe der gem IAS 19.148 erforderlichen Informationen	**19.34**	**26**	**123**

Angaben	Fundstelle	Handbuch	
	IAS	§	Rn
2. Beitragsorientierte Versorgungspläne				111
• Erfasster **Aufwand** der Periode	**IAS 19.53**	**26**	**24, 160**
3. Leistungsorientierte Versorgungspläne				112
• Für **leistungsorientierte Versorgungspläne** bestehen umfangreiche Angabepflichten zur **Erläuterung der Merkmale** von leistungsorientierten Versorgungsplänen sowie der damit verbundenen **Risiken;** des Weiteren sind die in den Abschlüssen ausgewiesenen **Beträge** aus leistungsorientierten Versorgungsplänen zu **erläutern** und es ist zu beschreiben, in welcher Weise die beitragsorientierten Versorgungspläne **Betrag, Fälligkeit und Unsicherheit künftiger Zahlungsströme** beeinflussen können. Die Angaben haben unter Berücksichtigung eines hinreichenden **Detaillierungsgrads, möglicher Gewichtungen** von einzelnen Vorschriften, des Umfangs vorzunehmender **Zusammenfassungen oder Aufgliederungen** sowie der Notwendigkeit von **zusätzlichen Angaben** zu erfolgen.	**19.135** **19.136** **19.137** **19.138**	**26**	**164 ff**
• Informationen über **Merkmale** der leistungsorientierten Versorgungspläne: – **Art** der durch den Plan bereitgestellten Leistungen – Beschreibung des **regulatorischen Rahmens** – Beschreibung der **Verantwortlichkeiten anderer Unternehmen** für die Führung des Plans • Beschreibung der **Risiken** des Plans, die das Unternehmen belasten • Beschreibung von **Ergänzungen, Kürzungen** und **Abgeltungen** des Plans	**19.139** **19.139(a)(i)** **19.139(a)(ii)** **19.139(a)(iii)** **19.139(b)** **19.139(c)**	**26**	**164 f**
• **Getrennte Überleitungsrechnung** von Eröffnungs- zu Schlussbilanz der Nettoschuld aus leistungsorientierten Versorgungsplänen für: – Planvermögen – Barwert der definierten Leistungsverpflichtungen – Auswirkung der Vermögensobergrenze	**19.140** **19.140(a)(i)** **19.140(a)(ii)** **19.140(a)(iii)**	**26** **26**	**166 ff** **45**
• Überleitungsrechnung von Eröffnungs- zu Schlussbilanz für **Erstattungsansprüche** inklusive Beschreibung der Beziehung zwischen Erstattungsanspruch und zugehöriger Verpflichtung	**19.140(b)**		
• **Entwicklung der** unter IAS 19.140 aufgeführten **Posten** unter Angabe von:	**19.141**	**26**	**70 ff, 167**

Angaben	Fundstelle	Handbuch	
	IAS	§	Rn
– lfd Dienstzeitaufwand	**19.141(a)**	**26**	**71 ff**
– Zinsaufwand/-ertrag	**19.141(b)**	**26**	**83 f**
– Neubewertung der Nettoschuld mit Einzelnachweis von: Erträgen aus Planvermögen, versicherungsmathematischen Gewinnen/Verlusten aus Veränderungen demographischer bzw finanzieller Annahmen sowie Veränderung der Auswirkungen einer Begrenzung des Versorgungsplans auf die Vermögensobergrenze unter Angabe der Art der Ermittlung des verfügbaren maximalen wirtschaftlichen Nutzens	**19.141(c)**	**26**	**84 ff**
– nachzuverrechnender Dienstzeitaufwand und Gewinne/Verlust aus Abgeltungen	**19.141(d)**	**26**	**77 ff**
– Auswirkungen von Wechselkursänderungen	**19.141(e)**	**26**	**167**
– Beiträge zum Versorgungsplan (getrennt nach Beiträgen des Arbeitgebers und begünstigter Arbeitnehmer)	**19.141(f)**	**26**	**167**
– geleistete Zahlungen (getrennter Ausweis von im Zusammenhang mit Abgeltungen gezahlten Beträgen)	**19.141(g)**	**26**	**167**
– Auswirkungen von Unternehmenszusammenschlüssen und Veräußerungen	**19.141(h)**	**26**	**167**
• **Aufteilung** des **beizulegenden Zeitwerts des Planvermögens** in **Klassen** mit Unterscheidung nach Beschaffenheit und Risiko; in diesen Klassen wiederum Unterteilung in Vermögenswerte, für die eine Marktpreisdotierung in einem aktivem Markt besteht sowie Vermögenswerte, bei denen dies nicht der Fall ist	**19.142**	**26**	**169**
• **Beizulegender Zeitwert** eigener als Planvermögen gehaltenen übertragbaren Finanzinstrumente, Immobilien oder anderen Vermögenswerte, die das Unternehmen selbst nutzt	**19.143**	**26**	**169**
• **Erhebliche versicherungsmathematische Annahmen** zur Ermittlung des Barwerts der definierten Leistungsverpflichtungen unter Angabe absoluter Werte (bei zusammenfassenden Angaben für eine Gruppe von Plänen Angabe in Form von gewichteten Durchschnitten)	**19.144**	**26**	**170**
– **Sensitivitätsbetrachtung** jeder erheblichen versicherungsmathematischen Annahme zum Ende der Berichtsperiode inklusive der Auswirkungen von zum Berichtsdatum möglichen Änderungen versicherungsmathematischer Annahmen auf die definierte Leistungsverpflichtung	**19.145(a)**	**26**	**171**

Angaben	Fundstelle	Handbuch	
	IAS	§	Rn
– **Methoden und Annahmen** der in IAS 19.145(a) vorgeschriebenen Sensitivitätsbetrachtung sowie Grenzen dieser Methoden – **Änderungen der Methoden und Annahmen**, die bei der Erstellung der in IAS 19.145(a) vorgeschriebenen Sensitivitätsbetrachtung eingesetzt wurden sowie **Gründe** der Änderungen	**19.145(b)** **19.145(c)**		
• Beschreibung der **Strategien** des Versorgungsplans bzw des Unternehmens zum **Ausgleich** der **Risiken auf Aktiv- und Passivseite**	**19.146**	**26**	**172**
• Zur Beschreibung der **Auswirkungen** des leistungsorientierten Versorgungsplans **auf künftige Zahlungsströme** des Unternehmens: – Beschreibung der **Finanzierungsvereinbarungen und -richtlinien** mit Auswirkung auf zukünftige Beiträge – **erwartete Beiträge** für die nächste Berichtsperiode – Informationen über **Fälligkeitsprofil** der Leistungsverpflichtung	**19.147** **19.147(a)** **19.147(b)** **19.147(c)**	**26**	**172**
• Bei Beteiligung des Unternehmens an einem **gemeinschaftlichen,** als **leistungsorientiert** eingestuften Plan mehrerer Arbeitgeber: – Beschreibung der **Finanzierungsvereinbarungen** einschließlich Beschreibung der Methode zur Ermittlung des Beitragssatzes sowie einer Beschreibung der Mindestdotierungsverpflichtung – Beschreibung des **Umfangs der Haftung** für die Verpflichtungen anderer Unternehmen – Beschreibung der evtl **vereinbarten Aufteilung von Fehlbeträgen und Vermögensüberdeckungen** bei Abwicklung des Plans oder Ausscheiden des Unternehmens aus dem Plan	**19.148** **19.148(a)** **19.148(b)** **19.148(c)**	**26**	**173**
• Bei Bilanzierung eines gemeinschaftlichen Plans als **handele** es sich um einen **beitragsorientierten** Plan (gem IAS 19.34) zusätzlich zu den in IAS 19.148(a) bis IAS 19.148(c) und anstelle der in IAS 19.139 bis IAS 19.147 geforderten Angaben: – **Angabe,** dass es sich um einen **leistungsorientierten Plan** handelt – **Grund** für das **Fehlen ausreichender Informationen** zur Bilanzierung als leistungsorientierten Plan – **erwartete Beiträge** zum Plan für die nächste Berichtsperiode	**19.148(d)** **19.148(d)(i)** **19.148(d)(ii)** **19.148(d)(iii)**	**26**	**123**

Angaben	Fundstelle	Handbuch	
	IAS	§	Rn
– Informationen über **Fehlbeträge oder Vermögensüberdeckungen** im Plan, die sich auf **Höhe künftiger Beitragszahlungen auswirken** könnten inklusive der Grundlage für die Ermittlung des Fehlbetrags oder der Vermögensüberdeckung und möglicher **Konsequenzen** für das Unternehmen – Angabe des **Umfangs,** in dem sich das Unternehmen im Vergleich zu anderen Unternehmen am Plan beteiligt	**19.148(d)(iv)** **19.148(d)(v)**		
• bei **Beteiligung** des Unternehmens an einem leistungsorientierten Versorgungsplan, der Risiken zwischen verschiedenen Unternehmen unter **gemeinsamer Beherrschung** aufteilt, Angabe von: – **vertraglicher Vereinbarung** oder **erklärter Richtlinie** zur Anlastung der leistungsorientierten Nettokosten oder Sachverhalt, dass eine solche Richtlinie nicht besteht – **Richtlinie** für die **Ermittlung** des durch das Unternehmen zu zahlenden **Beitrags** – bei Bilanzierung einer **Zuweisung** der **leistungsorientierten Nettokosten** gem IAS 19.41 sämtliche **Informationen** über den **Plan** gem IAS 19.135 bis IAS 19.147 – bei Bilanzierung des für die Periode zu **zahlenden Beitrags** gem IAS 19.41 sämtliche **Informationen** über den **Plan** gem der Paragraphen 135–137, 139, 142–144, 147(a) und 147(b) des IAS 19 **Hinweis:** Die unter IAS 19.149(c) und IAS 19.149(d) geforderten Informationen können unter den Voraussetzungen des IAS 19.150 mittels **Querverweis** auf Angaben in Abschlüssen eines **anderen Gruppenunternehmens** ausgewiesen werden.	**19.149** **19.149(a)** **19.149(b)** **19.149(c)** **19.149(d)** **19.150**	**–**	**–**
• Wenn **Berichtspflicht gem IAS 24** besteht: – Geschäftsvorfälle mit **nahestehenden Unternehmen und Personen** bei Versorgungsplänen nach Beendigung des Arbeitsverhältnisses – Leistungen nach Beendigung des Arbeitsverhältnisses für **Mitglieder der Geschäftsleitung**	**19.151**	**26**	**161**
• Wenn **Berichtspflicht gem IAS 37** besteht: – **Eventualschulden,** die aus Leistungen nach Beendigung des Arbeitsverhältnisses resultieren	**19.152**	**–**	**–**

Angaben	Fundstelle	Handbuch	
	IAS	§	Rn
V. Altersversorgungspläne				113
• **Begründung,** falls eine Schätzung des beizulegenden Zeitwerts von Kapitalanlagen des Altersversorgungsplans nicht möglich ist	**26.32**		
• **Bewegungsbilanz** des für Leistungen zur Verfügung stehenden Nettovermögens • Zusammenfassung der **maßgeblichen Bilanzierungs- und Bewertungsmethoden** • **Beschreibung** des Planes und der Auswirkung aller **Änderungen** im Plan während der Periode	**26.34(a)** **26.34(b)** **26.34(c)**	**26**	**174**
Dh falls zutreffend: • Aufstellung des für Leistungen zur Verfügung stehenden **Nettovermögens** mit **folgenden Angaben:** – Aufgliederung der Vermögenswerte zum Ende der Periode – Grundlage der Bewertung – Einzelheiten zu jeder einzelnen Kapitalanlage, die entweder 5% des für Leistungen zur Verfügung stehenden Nettovermögens oder 5% einer Wertpapiergattung oder -art übersteigt – Einzelheiten jeder Beteiligung am Arbeitgeber – andere Schulden als den versicherungsmathematischen Barwert der zugesagten Versorgungsleistungen	**26.35(a)** **26.35(a)(i)** **26.35(a)(ii)** **26.35(a)(iii)** **26.35(a)(iv)** **26.35(a)(v)**	**26**	**174**
• Angaben zur **Bewegungsbilanz:** – Arbeitgeberbeiträge – Arbeitnehmerbeiträge – Anlageerträge wie Zinsen und Dividenden – sonstige Erträge – gezahlte oder zu zahlende Leistungen – Verwaltungsaufwand – andere Aufwendungen – Ertragsteuern – Gewinne und Verluste aus der Veräußerung von Kapitalanlagen und Wertänderungen der Kapitalanlagen – Vermögensübertragungen von und an andere Pläne	**26.35(b)** **26.35(b)(i)** **26.35(b)(ii)** **26.35(b)(iii)** **26.35(b)(iv)** **26.35(b)(v)** **26.35(b)(vi)** **26.35(b)(vii)** **26.35(b)(viii)** **26.35(b)(ix)** **26.35(b)(x)**	**26**	**174**
• Beschreibung der **Grundsätze** der Fondsfinanzierung	**26.35(c)**	**26**	**174**
• Bei **leistungsorientierten Plänen:** der **versicherungsmathematische Barwert** der zugesagten Versorgungsleistungen	**26.35(d)**	**26**	**174**
• Bei **leistungsorientierten Plänen:** Beschreibung der **maßgeblichen versicherungsmathematischen Annahmen** und Methoden	**26.35(e)**	**26**	**58 ff, 174**

Angaben	Fundstelle	Handbuch	
	IAS	§	Rn
• **Beschreibung** des **Altersversorgungsplans,** zB durch folgende Angaben:	26.36	26	174
– Namen der Arbeitgeber und der vom Plan erfassten Arbeitnehmergruppen	26.36(a)		
– Anzahl der Begünstigten, welche Leistungen erhalten, und die Anzahl der anderen Begünstigten, in geeigneter Gruppierung	26.36(b)		
– Art des Plans – beitrags- oder leistungsorientiert	26.36(c)	26	21 ff, 30 ff
– Angabe dazu, ob Begünstigte an den Plan Beiträge leisten	26.36(d)		
– Beschreibung der den Begünstigten zugesagten Versorgungsleistungen	26.36(e)		
– Beschreibung aller Regelungen hinsichtlich einer Schließung des Plans sowie	26.36(f)		
– Veränderungen in den vorgenannten Posten während der Periode, die durch den Bericht behandelt wird	26.36(g)		
114 **VI. Anteilsbasierte Vergütungsformen**			
IFRS 2 sieht umfangreiche Anhangangaben zu **Art und Umfang** von **anteilsbasierten Vergütungsformen** vor, um sie für den Abschlussadressaten nachvollziehbar zu machen:	IFRS 2.44	24	59
• **Beschreibung** der zugrunde liegenden **Verträge** durch Angabe von Ausübungsbedingungen, maximaler Anzahl gewährter Optionen und Form des Ausgleichs	IFRS 2.45(a)	24	14, 25 ff, 59
• Die **Anzahl** und der **gewichtete Ausübungspreis** der ausstehenden (zu Beginn und Ende), der gewährten, der verwirkten, der ausgeübten, der verfallenen und der ausübbaren **Optionen**	IFRS 2.45(b)		
• Der der Ausübung zugrunde liegende gewichtete **Durchschnittsaktienkurs**	IFRS 2.45(c)		
• Wertangaben zu den **offenen Optionen** hinsichtlich Ausübungspreisspanne, durchschnittliche Dauer bis zur Ausübung und Zeitpunkt bis zum Verfall	IFRS 2.45(d)	24	59
Um dem Abschlussadressaten deutlich zu machen, wie der **beizulegende Zeitwert** der erhaltenen Güter oder Dienstleistungen bzw der gewährten Eigenkapitalinstrumente in der Berichtsperiode **bestimmt** wurden, sind folgende Angaben notwendig:	IFRS 2.46	24	60
Wurde der beizulegende Zeitwert **indirekt unter Bezugnahme auf den beizulegenden Zeitwert der Eigenkapitalinstrumente** bemessen, sind mindestens folgende Angaben zu machen:	IFRS 2.47		
• Für **gewährte Aktienoptionen:**	IFRS 2.47(a)		
– Angabe des Bewertungsmodells	IFRS 2.47(a)(i)	24	36 ff
– Ermittlung der Parameter des Modells, insbes Volatilität und risikofreier Zinssatz	IFRS 2.47(a)(i)	24	39 ff

Angaben	**Fundstelle**	**Handbuch**	
	IAS	**§**	**Rn**
– Angabe, wie die erwartete Volatilität bestimmt wurde und inwieweit sie auf der historischen Volatilität beruht	**IFRS 2.47(a)(ii)**	**24**	**39 ff**
– sollten Marktpreise bei der Bewertung herangezogen worden sein, ist die Ermittlung zu erläutern	**IFRS 2.47(a)(iii)**	**24**	**39 ff**
• Für **gewährte Eigenkapitalinstrumente:**	**IFRS 2.47(b)**	**24**	**59 f**
– wie der beizulegende Zeitwert ermittelt wurde, wenn er nicht anhand eines beobachtbaren Marktpreises ermittelt wurde	**IFRS 2.47(b)(i)**		
– Berücksichtigung erwarteter Dividenden bei der Ermittlung des beizulegenden Zeitwerts	**IFRS 2.47(b)(ii)**		
– Einfluss anderer Ausstattungsmerkmale der gewährten Eigenkapitalinstrumente auf die Bestimmung des beizulegenden Zeitwerts	**IFRS 2.47(b)(iii)**		
• Für **aktienbasierte Vergütungstransaktionen:**	**IFRS 2.47(c)**		
– Begründung der vorgenommenen Änderungen	**IFRS 2.47(c)(i)**	**24**	**33**
– der gewährte zusätzliche beizulegende Zeitwert	**IFRS 2.47(c)(ii)**	**24**	**33**
– Angaben darüber, wie der gewährte beizulegende Zeitwert unter Beachtung von IFRS 2.47(a) und IFRS 2.47(b) bestimmt wurde	**IFRS 2.47(c)(iii)**		
Wurden die in der Berichtsperiode erhaltenen Güter oder Dienstleistungen **direkt** zum **beizulegenden Zeitwert** angesetzt:	**IFRS 2.48**	**24**	**60**
• **Art** der **Bestimmung** des beizulegenden Zeitwerts			
• Angabe, falls beizulegender Zeitwert bezogener Güter und Dienstleistungen **indirekt** unter Bezugnahme auf den beizulegenden Zeitwert der gewährten Eigenkapitalinstrumente bestimmt wurde einschließlich **Begründung**	**IFRS 2.49**		
Als Angaben zum **Einfluss** der aktienbasierten Bezahlung **auf die VFE-Lage** des Unternehmens sind folgende Angaben vorgeschrieben:	**IFRS 2.50**	**24**	**61**
• **Gesamtaufwand** der Berichtsperiode für anteilsbasierte Vergütungstransaktionen, bei denen die erhaltenen Güter und Dienstleistungen nicht für eine sofortige Erfassung als Vermögenswert in Betracht kamen und die **sofort aufwandswirksam** verbucht wurden	**IFRS 2.51(a)**		
• **Anteil am Gesamtaufwand,** der auf aktienbasierte Vergütungstransaktionen mit Ausgleich durch **Eigenkapitalinstrumente** entfällt	**IFRS 2.51(a)**		
• **Gesamtbuchwert der Schulden** aus anteilsbasierten Vergütungsformen am Ende der Berichtsperiode	**IFRS 2.51(b)(i)**		

Angaben	Fundstelle IAS	Handbuch §	Handbuch Rn
• **Gesamter innerer Wert der Schulden** am Ende der Berichtsperiode, bei denen das Recht der Gegenpartei auf Erhalt von flüssigen Mitteln oder anderen Vermögenswerten zum Ende der Berichtsperiode ausübbar war	**IFRS 2.51(b)(ii)**		
Soweit es das **Verständnis der Lage** des Unternehmens erfordert, werden darüber hinaus weitere Angaben gefordert, welche das Unternehmen für sinnvoll erachtet (zB Umfang der Akzeptanz bei Mitarbeitern)	**IFRS 2.52**	**24**	**61**
115 **VII. Empfohlene Angaben außerhalb des Abschlusses (Lagebericht)**			
• IFRS verlangen **keinen Lagebericht** wie ihn §§ 289, 315 HGB vorschreiben. IAS 1.13 beschreibt die **Möglichkeit** eines **entspr Berichts** mit folgenden Angaben:	**1.10** **1.13**	**2**	**31**
– Faktoren, welche die Ertragskraft bestimmen	**1.13(a)**		
– Investitions- und Dividendenpolitik	**1.13(a)**		
– bilanzielle und außerbilanzielle Finanzierungsquellen	**1.13(b)**		
– Verschuldungs- sowie Zielverschuldungsgrad	**1.13(b)**		
– nicht in der Bilanz ausgewiesene Ressourcen	**1.13(c)**		
• Nach der 4. und 7. EU-Richtlinie ist ein **Lagebericht** erforderlich, der über die Anforderungen gem IAS 1 hinausgeht (§§ 289, 315 HGB)	–		
116 **VIII. Angaben im Zwischenbericht**			
1. Verkürzter Zwischenbericht			
Bestandteile und Berichtsperioden			
• **Mindestbestandteile**	**34.8**	**43**	**14**
– verkürzte Bilanz	**34.8(a)**		
– verkürzte Gesamtergebnisrechnung oder verkürzte GuV (sofern erstellt) und verkürzte Gesamtergebnisrechnung	**34.8(b)**		
– verkürzte Eigenkapitalveränderungsrechnung	**34.8(c)**		
– verkürzte Kapitalflussrechnung	**34.8(d)**		
– ausgewählte erläuternde Anhangangaben	**34.8(e)**		
• Bei Darstellung der Ergebnisbestandteile in einer **gesonderten GuV** gem IAS 1.10A, sind die verkürzten Zwischenberichtsdaten dort auszuweisen	**34.8A**	**43**	**22**
• **Darzustellende Perioden/Stichtage**	**34.20**	**43**	**15 f**
– **Bilanz:** Ende der Berichtsperiode und Ende des letzten Geschäftsjahres	**34.20(a)**		
– **Gesamtergebnisrechnung:** Berichtsperiode und kumuliert lfd Geschäftsjahr – jeweils mit Vergleichszahlen für entspr Perioden des vorangegangenen Geschäftsjahres	**34.20(b)**		

Angaben	Fundstelle	Handbuch	
	IAS	§	Rn
– **Eigenkapitalspiegel:** Geschäftsjahresbeginn bis Stichtag des Zwischenberichts und vergleichbarer Vorjahreszeitraum – **Kapitalflussrechnung:** Geschäftsjahresbeginn bis Stichtag des Zwischenberichts und vergleichbarer Vorjahreszeitraum	**34.20(c)** **34.20(d)**		
Einzelne Angaben			
• Sämtliche **Überschriften und Zwischensummen** des letzten Geschäftsjahresabschlusses sowie die erläuternden Anhangangaben gem IAS 34	**34.10**	**43**	**19**
• **Zusätzliche** Posten und Angaben, ohne die der Zwischenbericht irreführend ist	**34.10**	**43**	**19 f**
• **Ergebnisse je Aktie** gem IAS 33 in dem Abschlussbestandteil, der die Ergebnisbestandteile für die Periode darstellt • Sofern die Ergebnisbestandteile in einer **gesonderten GuV** gem IAS 1.10A dargestellt werden, sind die Ergebnisse je Aktie gem IAS 33 dort auszuweisen	**34.11** **34.11A**	**43**	**22**
• **Ereignisse und Geschäftsvorfälle,** die für ein Verständnis von Veränderungen der VFE-Lage seit dem letzten Abschlussstichtag von **erheblicher Bedeutung** sind (s Beispiele in IAS 34.15B)	**34.15**	**43**	**29**
• **Erläuterung** und **Aktualisierung** der im Abschluss des letzten Geschäftsjahrs getätigten Angaben bzgl Ereignisse und Geschäftsvorfälle von erheblicher Bedeutung	**34.15C**	**–**	**–**
Hinweis: Die nach IAS 34.16A zu machenden Angaben sind wahlweise im Anhang/an anderer geeigneter Stelle im Zwischenbericht oder mittels Querverweisen in anderen an gleicher Stelle zugänglichen Verlautbarungen (zB Kommentierung des Managements oder Risikoreport) anzugeben. • Aussage, dass die **Bilanzierungs- und Bewertungsmethoden des letzten Geschäftsjahresabschlusses** angewendet wurden bzw • Angaben zu **Methodenänderungen**	**34.16A** **34.16A(a)**	**43**	**27 f**
• Auswirkungen von **Saison- oder Konjunktureinflüssen** in der Periode	**34.16A(b)**	**43**	**28**
• Angaben zu **ungewöhnlichen Sachverhalten** mit Auswirkung auf den Zwischenabschluss	**34.16A(c)**	**43**	**30**
• Angaben zu **Änderungen von Schätzungen**	**34.16A(d)**	**43**	**31**
• **Emissionen, Rückkäufe** und **Rückzahlungen** von Schuldverschreibungen und Eigenkapitaltiteln	**34.16A(e)**	**43**	**32**

Angaben	Fundstelle IAS	Handbuch §	Handbuch Rn
• **Gezahlte Dividenden** (zusammengefasst oder je Aktie), gesondert je Aktiengattung	**34.16A(f)**	**43**	**33**
• Ggf **Segmentinformationen:**	**34.16A(g)**	**43** **21**	**34** **92**
– **(Umsatz-)Erträge von externen Kunden,** sofern sie in die Berechnung der Segmentgewinne oder -verluste eingehen und vom Hauptentscheidungsträger regelmäßig überprüft werden	**34.16A(g)(i)**		
– **(Umsatz-)Erträge zwischen den einzelnen Segmenten,** sofern sie in die Berechnung der Segmentgewinne oder -verluste eingehen und vom Hauptentscheidungsträger regelmäßig überprüft werden	**34.16A(g)(ii)**		
– **Segmentgewinn oder -verlust**	**34.16A(g)(iii)**		
– Maß für den **Gesamtbetrag der Vermögenswerte und Verbindlichkeiten für ein spezifisches berichtspflichtiges Segment,** bei denen sich die im vorangegangenen Jahresabschluss angegebenen **Beträge in diesem Segment wesentlich geändert** haben (sofern diese Beträge dem Hauptentscheidungsträger des Unternehmens regelmäßig zur Verfügung gestellt werden)	**34.16A(g)(iv)**		
– Beschreibung der vorgenommenen **Änderungen bzgl der Segmentierungsgrundsätze** und **Ermittlung der Segmentgewinne und -verluste**	**34.16A(g)(v)**		
– **Überleitungsrechnung** der Summe der Gewinne und Verluste sämtlicher berichtspflichtiger Segmente auf den Gewinn oder Verlust des Unternehmens	**34.16A(g)(vi)**		
• **Ereignisse nach dem Stichtag,** die nicht im Abschluss der Zwischenberichtsperiode widergespiegelt worden sind	**34.16A(h)**	**43**	**35**
• Auswirkungen von **Änderungen in der Zusammensetzung des Unternehmens** während der Zwischenberichtperiode (einschließlich Unternehmenszusammenschlüssen (weitere Angaben gem IFRS 3), Erwerb oder Veräußerung von TU und langfristigen Finanzinvestitionen, Restrukturierungsmaßnahmen und Aufgabe von Geschäftsbereichen)	**34.16A(i)**	**43**	**36**
• für **Finanzinstrumente** die Angaben zum beizulegenden Zeitwert gem der Paragraphen 91–93(h), 94–96, 98 und 99 des IFRS 13 sowie gem der Paragraphen 25, 26 und 28–30 des IFRS 7	**34.16A(j)**	**43**	**37**
• für **Unternehmen,** die **Investmentgesellschaften** im Sinne des IFRS 10 werden oder nicht mehr sind, die Angaben nach IFRS 12.9B	**34.16A(k)**	**43**	**37**

Angaben	**Fundstelle**	**Handbuch**		
	IAS	**§**	**Rn**	
• **Aufgliederung** der Erlöse aus Verträgen mit Kunden gem IFRS 15.114 bis IFRS 15.115	**34.16A(l)**	**43**	**38**	
• Angabe der **Übereinstimmung mit IFRS**	**34.19**	**43**	**49**	
2. Vollständiger Zwischenbericht				117
Wird der Zwischenbericht als vollständiger Abschluss aufgestellt, sind sämtliche für einen **vollständigen Abschluss** geforderten Angaben aufzuführen	**34.9**	**43**	**39, 49**	
Für Besonderheiten eines Zwischenberichts bei **erstmaliger Anwendung** gem IFRS 1 → Rn 99.				
IX. Spezielle (Branchen-)Vorschriften				
1. Banken				118
Die im Anhang zu veröffentlichenden Informationen ergeben sich **mangels** einer **branchenspezifischen Regelung** aus den allgemeinen Standards. Da das Geschäft der Banken hauptsächlich mit Finanzinstrumenten erfolgt, haben die Regelungen in IFRS 7 eine besondere Relevanz, darüber hinaus sind aber auch bspw Angaben zu nahestehende Unternehmen, Eventualschulden, Geschäftssegmenten und der Kapitalflussrechnung hervorzuheben.	–	**39**	**66 ff**	
Für die Kapitalflussrechnung von Banken gelten folgende Sonderregeln:		**39**	**81 ff**	
• **Cashflows** aus dem Verkauf und Erwerb von **Wertpapieren** sowie der Gewährung von **Krediten** gehören zur betrieblichen Tätigkeit	**7.15**			
• **Auszahlungen** aus der Gewährung von Krediten gehören zur betrieblichen Tätigkeit	**7.16(e)**			
• **Einzahlungen** aus der Tilgung von Krediten gehören zur betrieblichen Tätigkeit	**7.16(f)**			
• **Gezahlte und erhaltene Zinsen und Dividenden** gehören zur betrieblichen Tätigkeit	**7.33**			
• **Saldierung** von Annahme und Rückzahlung von **Sichteinlagen**	**7.23(a)**			
• Für **Cashflows** aus einer der folgenden Tätigkeiten einer Finanzinstitution ist eine **saldierte Darstellung** möglich:	**7.24**			
– Einzahlungen und Auszahlungen für die Annahme und die Rückzahlung von Einlagen mit fester Laufzeit	**7.24(a)**			
– Platzierung von Einlagen bei und Rücknahme von Einlagen von anderen Finanzinvestitionen	**7.24(b)**			
– Kredite und Darlehen für Kunden und die Rückzahlung dieser Kredite und Darlehen	**7.24(c)**			

Angaben	Fundstelle	Handbuch	
	IAS	§	Rn
2. Versicherungsverträge			
IFRS 4 ist auf alle **Versicherungs- und Rückversicherungsverträge** anzuwenden, die ein Unternehmen als **Versicherer** abschließt (genaueres vgl IFRS 4.2)	**IFRS 4.2**	**40**	**4**
Ein **Versicherer** hat die Beträge aus seinem Abschluss, die aus **Versicherungsverträgen** stammen, folgendermaßen zu identifizieren und zu erläutern:	**IFRS 4.36**	**40**	**53**
• Bilanzierungs- und Bewertungsmethoden für Versicherungsverträge sowie zugehörige Vermögenswerte, Verbindlichkeiten, Erträge und Aufwendungen	**IFRS 4.37(a)**	**40**	**57**
• Angesetzte Vermögenswerte, Verbindlichkeiten, Erträge und Aufwendungen, die sich aus **Versicherungsverträgen** ergeben (kurz: **„Werte"**)	**IFRS 4.37(b)**	**40**	**57**
– ein Zedent hat zusätzlich erfolgswirksam erfasste Gewinne und Verluste aus der Rückversicherungsmaßnahme anzugeben	**IFRS 4.37(b)(i)**		
– weiter hat ein Zedent, sofern er Gewinne/Verluste aus Rückversicherungsmaßnahmen abgrenzt und tilgt, die Tilgung für die Berichtsperiode und die ungetilgt verbleibenden Beträge am Anfang und Ende der Periode anzugeben	**IFRS 4.37(b)(ii)**		
• **Verfahren** zur **Bestimmung** der **Annahmen** hinsichtlich der angesetzten „Werte", welche die größten Auswirkungen auf die Bewertung der Werte haben	**IFRS 4.37(c)**	**40**	**57, 63**
• Auswirkungen von **Änderungen der Bewertungsannahmen;** jeder Effekt, der einen wesentlichen Einfluss auf den Abschluss hat, ist separat zu erläutern	**IFRS 4.37(d)**	**40**	**57**
• **Überleitungsrechnungen** der Änderungen der Versicherungsverbindlichkeiten, Rückversicherungsvermögenswerte und, sofern vorhanden, zugehöriger abgegrenzter Abschlusskosten	**IFRS 4.37(e)**	**40**	**57**
Weiter hat der Versicherer den Abschlussadressaten das **Verständnis für Art und Ausmaß der Risiken** aufgrund von Versicherungsverträgen zu erleichtern, indem er Folgendes angibt:	**IFRS 4.38**	**40**	**53**
• Beschreibung des Risikomanagements	**IFRS 4.39(a)**	**40**	**64 ff**
• Information über das **Versicherungsrisiko** (vor und nach Rückversicherung) inklusive Sensitivität bzgl Versicherungsrisiko (s IFRS 4.39A), Konzentration von Versicherungsrisiken und Schadensentwicklung	**IFRS 4.39(c)**	**40**	**9, 67**
• Informationen zu **Markt-, Liquiditäts- und Ausfallrisiken** gem IFRS 7.31 bis IFRS 7.42 (→ Rn 54 ff sowie → Rn 80 ff), wenn sie in den Anwendungsbereich von IFRS 7 fallen, jedoch:	**IFRS 4.39(d)**	**40**	**58, 68**

Angaben	Fundstelle	Handbuch	
	IAS	§	Rn
– bei Angaben über den voraussichtlichen zeitlichen Ablauf der Nettomittelabflüsse aufgrund von anerkannten Versicherungsverbindlichkeiten braucht eine Fälligkeitsanalyse gem IFRS 7.39(a) und IFRS 7.39(b) nicht vorgelegt zu werden	**IFRS 4.39(d)(i)**		
– bei Anwendung einer alternative Methode zur Steuerung der Sensitivität bzgl Marktrisiken gelten die Anforderungen des IFRS 7.40(a) als erfüllt und es sind Angaben gem IFRS 7.41 anzugeben	**IFRS 4.39(d)(ii)**		
• Informationen über **Marktrisiken von eingebetteten Derivaten,** die in einem Basisversicherungsvertrag enthalten sind, wenn der Versicherer die eingebetteten Derivate nicht zum beizulegenden Zeitwert bewerten muss und dies auch nicht tut	**IFRS 4.39(e)**	**40**	**17, 69**
• Um IFRS 4.39(c) zu entspr: – **Sensitivitätsanalyse,** aus der Auswirkungen von möglichen Änderungen der Risikoparameter auf Gewinn oder Verlust und Eigenkapital hervorgehen, die zugrunde gelegten Methoden und Annahmen sowie ggf deren Änderungen im Vergleich zur Vorperiode	**IFRS 4.39A(a) (Satz 1)**	**40**	**59**
– bei Anwendung einer **alternativen Sensitivitätsanalyse** ist diese Tatsache anzugeben sowie die geforderten **Angaben gem IFRS 7.41** oder	**IFRS 4.39A(a)**	**40**	**59**
– **qualitative Informationen** über die **Sensitivität** und über diejenigen **Konditionen von Versicherungsverträgen,** die materielle Auswirkungen auf Höhe, Zeitpunkt und Ungewissheit künftiger Mittelflüsse beim Versicherer haben	**IFRS 4.39A(b)**	**40**	**59**
• Angabepflichten des IFRS 4 sind mit Ausnahme der Angaben gem IFRS 4.37(a) und IFRS 4.37(b) **nicht auf Vergleichsinformationen** anzuwenden, die sich auf vor dem 1. Januar 2005 beginnende Geschäftsjahre beziehen	**IFRS 4.42**	**–**	**–**
• Wenn es **undurchführbar** ist, eine bestimmte Vorschrift der IFRS 4.10 ff auf Vergleichsinformationen anzuwenden, die sich auf Geschäftsjahre beziehen, die vor dem 1. Januar 2005 beginnen, hat ein Unternehmen dies anzugeben	**IFRS 4.43**	**–**	**–**
• Bei Anwendung von IFRS 4.39(c)(iii) müssen keine Informationen über Schadensentwicklungen angegeben werden, bei denen der Schaden **mehr als fünf Jahre** vor dem Ende des ersten Geschäftsjahres, für das IFRS 4 angewendet wurde, zurückliegt	**IFRS 4.44**	**–**	**–**

Angaben	Fundstelle	Handbuch	
	IAS	§	Rn
120 **3. Landwirtschaftliche Betriebe**			
Von **landwirtschaftlichen Betrieben** werden gem IAS 41 folgende Angaben verlangt: • **Beschreibung** jeder **Gruppe** der biologischen Vermögenswerte (wertmäßig oder verbal)	**41.41, 41.42**	**41**	**35**
• Angabe des **Gewinns/Verlusts,** der in der Berichtsperiode entstanden ist: – durch den **erstmaligen Ansatz** biologischer Vermögenswerte und landwirtschaftlicher Erzeugnisse, – durch **Änderung des beizulegenden Zeitwerts abzüglich geschätzter Verkaufskosten** biologischer Vermögenswerte	**41.40**	**41**	**35**
Sofern ein Ausweis nicht schon an anderer Stelle erfolgt ist, sind im Anhang anzugeben: • **Art der Tätigkeiten,** die mit jeder Gruppe der biologischen Vermögenswerte verbunden sind, • **Nicht finanzielle Maßgrößen** oder Schätzungen für körperliche Mengen von jeder Gruppe der biologischen Vermögenswerte zum Periodenende sowie die Produktionsmenge landwirtschaftlicher Erzeugnisse während der Periode	**41.46** **41.46(a)** **41.46(b)**	**41**	**35**
• Sind biologische Vermögenswerte mit besonderen **Risiken oder Lasten** verbunden, wie zB einem beschränkten Eigentumsrecht, Verpflichtungen zum Erwerb oder zur Entwicklung biologischer Vermögenswerte, so ist dies anzugeben. Darüber hinaus sind auch Strategien zum Finanzrisikomanagement darzustellen	**41.49**	**41**	**35**
Es ist eine **Überleitungsrechnung** der Änderung des Buchwerts der biologischen Vermögenswerte über das Berichtsjahr (Anfang und Ende) zu erstellen, die folgende Angaben zu enthalten hat: • **Gewinn/Verlust durch Änderung des beizulegenden Zeitwerts** abzüglich der geschätzten Verkaufskosten • **Erhöhungen** infolge von **Käufen** • **Verringerungen** infolge von **Verkäufen** und biologische Vermögenswerte, die gem **IFRS 5** als zur Veräußerung gehalten klassifiziert werden • **Verringerungen** infolge der **Ernte** • **Erhöhungen**, die aus **Unternehmenszusammenschlüssen** resultieren • **Nettowährungsdifferenzen** infolge der Umrechnung des Abschlusses einer ausländischen Teileinheit	**41.50** **41.50(a)** **41.50(b)** **41.50(c)** **41.50(d)** **41.50(e)** **41.50(f)**	**41**	**26**

Angaben	Fundstelle IAS	Handbuch §	Handbuch Rn
• **Andere Änderungen**	**41.50(g)**		
Eine Fülle von verpflichtenden Angaben sind darzustellen, wenn der **beizulegende Zeitwert nicht verlässlich ermittelt** werden kann:	**41.54**	**41**	**35**
• **Beschreibung** der biologischen Vermögenswerte	**41.54(a)**		
• **Begründung,** warum der beizulegende Zeitwert nicht verlässlich ermittelt werden kann	**41.54(b)**		
• Sofern möglich, eine **Schätzungsbandbreite,** innerhalb welcher der beizulegende Zeitwert höchstwahrscheinlich liegt	**41.54(c)**		
• Verwendete **Abschreibungsmethode**	**41.54(d)**		
• Verwendete **Nutzungsdauern** oder **Abschreibungssätze**	**41.54(e)**		
• **Bruttobuchwert** und die kumulierten Abschreibungen (zusammengefasst mit den kumulierten Wertminderungsaufwendungen) zu Beginn und zum Ende der Periode	**41.54(f)**		
Werden biologische Vermögenswerte zu ihren **Anschaffungs- oder Herstellungskosten abzüglich aller kumulierten Abschreibungen und aller kumulierten Wertminderungsaufwendungen** (s IAS 41.30) bewertet, so sind zusätzlich anzugeben:	**41.55**	**41**	**35**
• Gesonderte Erfassung jedes **Gewinn/Verlust beim Ausscheiden** eines solchen Vemögenswerts	**41.55**	**41**	**35**
• **Überleitungsrechnung** gem IAS 41.50 gesondert für solche Vermögenswerte	**41.55**	**41**	**26, 35**
• **Überleitungsrechnung** für solche Vermögenswerte ergänzt um Wertminderungsaufwendungen, Wertaufholungen aufgrund früherer Wertminderungsaufwendungen und Abschreibungen	**41.55(a)–41.55(c)**		
Bei **Änderung** der **Bewertung von Anschaffungs- oder Herstellungskosten** abzüglich aller kumulierten Abschreibungen und aller kumulierten Wertminderungsaufwendungen zum beizulegenden Zeitwert:			
• **Beschreibung** der biologischen Vermögenswerte	**41.56(a)**	**41**	**6**
• **Begründung**, warum der beizulegende Zeitwert verlässlich ermittelbar wurde	**41.56(b)**	**41**	**35**
• **Auswirkung** der Änderung	**41.56(c)**	**41**	**35**
Erhält das Unternehmen **Zuwendungen** der öffentlichen Hand, so hat es Art und Ausmaß der Zuwendungen, mit den Zuwendungen im Zusammenhang stehende Erfolgsunsicherheiten sowie wesentliche zu erwartende Verringerungen des Zuwendungsumfangs auszuweisen	**41.57**	**41**	**30 f, 35**

	Angaben	Fundstelle IAS	Handbuch §	Handbuch Rn
121	**4. Bodenschätze**			
	Um die in seinem Abschluss erfassten **Beträge für die Exploration und Evaluierung von mineralischen Ressourcen** zu kennzeichnen und zu erläutern, hat ein Unternehmen folgende Angaben zu machen:	**IFRS 6.23**	**42**	**51**
	• Darstellung der **angewandten Bilanzierungs- und Bewertungsmethoden**	**IFRS 6.24(a)**	**42**	**51**
	• **Höhe** der Vermögenswerte, Schulden, Erträge und Aufwendungen sowie Cashflows aus betrieblicher und Investitionstätigkeit, die aus der Exploration und Evaluierung von mineralischen Ressourcen resultieren	**IFRS 6.24(b)**	**42**	**51**
	• Je nach **Klassifikation** der betreffenden Vermögenswerte als Sachanlagen oder als immaterielle Vermögenswerte sind auch die nach IAS 16 und IAS 38 geforderten Angaben zu beachten	**IFRS 6.25**	**42**	**51**
122	**X. Bewertung zum beizulegenden Zeitwert**			
	Die nachfolgenden Angaben zu IFRS 13 sind für **jeden relevanten Posten** des Abschlusses zu machen, der zum **beizulegenden Zeitwert** angesetzt wird.			
	• Informationen zur **Einschätzung** von:		**3**	**282**
	– **Bewertungsverfahren** sowie **verwendeten Eingangsparametern** für Vermögenswerte und Schulden, die regelmäßig oder einmalig zum beizulegenden Zeitwert bewertet werden	**IFRS 13.91(a)**		
	– bei regelmäßigen Bewertungen verwendete **nicht beobachtbare Eingangsparameter** (gem *level* 3) sowie deren Auswirkungen auf den Gewinn oder Verlust sowie das sonstige Ergebnis der Periode	**IFRS 13.91(b)**		
	• Ggf **zusätzliche Informationen** zur Erfüllung der in IFRS 13.91 genannten Zielsetzung	**IFRS 13.92**	**3**	**282 f**
	• **Angabe** der Bewertung zum beizulegenden Zeitwert sowie bei **einmaliger Bewertung** zum beizulegenden Zeitwert **Angabe der Begründung**	**IFRS 13.93(a)**		
	• **Hierarchiestufe** der Zuordnung der Bewertung zum beizulegenden Zeitwert	**IFRS 13.93(b)**		
	• Für regelmäßig zum beizulegenden Zeitwert bewerte Vermögenswerte und Schulden Beträge aller **Umgliederungen** zwischen *level* 1 und 2 der *fair value* Hierarchie, **Begründung** sowie **Methode zur Bestimmung der Umgliederung;** Umgliederungen in einzelne Stufen sind dabei gesondert von Umgliederungen aus einzelnen Stufen anzugeben und zu erläutern	**IFRS 13.93(c)**		

Angaben	Fundstelle	Handbuch	
	IAS	§	Rn
• Für dem *level* 2 **und** 3 zugeordneten Bewertungen **Beschreibung des Bewertungsverfahrens** sowie der **Eingangsparameter;** bei **Änderung des Bewertungsverfahrens Angabe** sowie **Begründung** (bei Zuordnung zu *level* 3 zusätzlich quantitative Informationen über die bedeutenden nicht beobachtbaren Eingangsparameter)	**IFRS 13.93(d)**		
• Bei **regelmäßiger Bewertung** zum beizulegenden Zeitwert auf ***level*** **3 Überleitungsrechnung** von Eröffnungs- zu Schlusssalden mit gesonderter Angabe von:	**IFRS 13.93(e)**		
– gesamten **Gewinnen und Verlusten** der Periode sowie die **Posten** der Gesamtergebnisrechnung bzw GuV (sofern erstellt), in denen diese erfasst sind	**IFRS 13.93(e)(i)**		
– gesamten Gewinnen und Verlusten der Periode, die im **sonstigen Ergebnis** erfasst sind, und die **Posten** der Gesamtergebnisrechnung, in denen jene Gewinne oder Verluste erfasst sind	**IFRS 13.93(e)(ii)**		
– Käufen, Verkäufen, Emissionen und Rückzahlungen/Rückführungen	**IFRS 13.93(e)(iii)**		
– **Beträgen** aller **Umgliederungen** in oder aus ***level*** **3** sowie **Gründe** hierfür und **Methode** zur **Bestimmung** der Umgliederung; Umgliederungen in *level* 3 sind dabei gesondert von Umgliederungen aus *level* 3 anzugeben und zu erläutern	**IFRS 13.93(e)(iv)**		
• Bei **regelmäßiger Bewertung** zum beizulegenden Zeitwert auf ***level*** **3 Betrag** der unter IFRS 13.93(e)(i) angegebenen **Summe,** der auf eine **Veränderung nicht realisierter Gewinne/Verluste** aus am Abschlussstichtag gehaltenen Vermögenswerten und Schulden entfällt sowie Posten der Gesamtergebnisrechnung bzw GuV (sofern erstellt), in dem jene nicht realisierten Gewinne oder Verluste erfasst sind	**IFRS 13.93(f)**		
• **Beschreibung** des **verwendeten Bewertungsprozesses** für **regelmäßige und einmalige Bewertungen** zum beizulegenden Zeitwert auf ***level*** **3** der Hierarchie	**IFRS 13.93(g)**		
• Für **regelmäßige Bewertungen** zum beizulegenden Zeitwert auf ***level*** **3:**	**IFRS 13.93(h)**		
– Schilderung der **Sensitivität** der Bewertungen ggü Änderungen nicht beobachtbarer Eingangsparameter; bei wechselseitigen Zusammenhängen verschiedener nicht beobachtbarer Eingangsparameter Erläuterung der Zusammenhänge	**IFRS 13.93(h)(i)**		
– bei **signifikanter Änderung** des beizulegenden Zeitwerts bei **Ersatz** von ein oder mehreren nicht beobachtbaren **Eingangsparametern** durch Alternativen, Angabe dieser Tatsache sowie Auswirkung der Än-	**IFRS 13.93(h)(ii)**		

Angaben	**Fundstelle**	**Handbuch**	
	IAS	**§**	**Rn**
derung; ferner Angabe über Berechnung der Auswirkung der Änderung	**IFRS 13.93(h)(ii)**		
• Bei **Abweichung** der **höchst- und bestmöglichen Nutzung** eines nicht finanziellen Vermögenswerts von aktueller Nutzung Angabe dieser Tatsache und Begründung für Abweichung	**IFRS 13.93(i)**		
• Angabe der **Methode zur Bestimmung von Umgliederungen** zwischen *leveln* der Hierarchie gem IFRS 13.93(c) und IFRS 13.93(e)(iv)	**IFRS 13.95**		
• Angabe der **Inanspruchnahme der Ausnahme** in IFRS 13.48	**IFRS 13.96**	3	219
• **Angabe** der in IFRS 13.93(b), IFRS 13.93(d) und IFRS 13.93(i) **vorgeschriebenen Informationen** für jede Klasse von Vermögenswerten und Schulden, die **nicht zum beizulegenden Zeitwert bewertet** werden, für die **dieser** aber **angegeben wird**	**IFRS 13.97**	3	286
• **Angabe** der **Existenz der Kreditsicherheit** sowie mögliche Berücksichtigung bei Bewertung zum beizulegenden Zeitwert der Schuld bei Bestehen einer untrennbaren Kreditsicherheit eines Dritten in Bezug zu einer zum beizulegenden Zeitwert bewerteten Schuld	**IFRS 13.98**	3	287
• Darstellung **aller quantitativen Angaben gem IFRS 13** in **tabellarischer Form**	**IFRS 13.99**	3	288

Sachverzeichnis

Die fetten Zahlen verweisen auf die Paragraphen,
die mageren Zahlen auf die Randziffern.

Rückstellungen

Sonstige Schulden